SCHÄFFER
POESCHEL

Rüdiger Weimann/Fritz Lang (Hrsg.)

Umsatzsteuer national und international

Kompakt-Kommentar

5., aktualisierte Auflage

2018
Schäffer-Poeschel Verlag Stuttgart

Bibliografische Information der Deutschen Nationalbibliothek
Die Deutsche Nationalbibliothek verzeichnet diese Publikation in der Deutschen Nationalbibliografie; detaillierte bibliografische Daten sind im Internet über http://dnb.d-nb.de abrufbar.

Print ISBN: 978-3-7910-3764-6 Bestell-Nr. 20849-0002
EPDF ISBN: 978-3-7910-3765-3 Bestell-Nr. 20849-0150

www.schaeffer-poeschel.de
service@schaeffer-poeschel.de

Einbandgestaltung: Goldener Westen, Berlin
Satz: Reemers, Krefeld

Dezember 2018

Schäffer-Poeschel Verlag Stuttgart
Ein Unternehmen der Haufe Group

Vorwort

Die Eingangsfeststellung zur Vorauflage hat auch für die vorliegende 5. Auflage Gültigkeit: Das Umsatzsteuerrecht kommt nicht zur Ruhe. Insbesondere der Kampf gegen den Umsatzsteuerbetrug und das Streben nach Steuervereinfachung haben die EU-Kommission dazu veranlasst, mittelfristig auf umfassende Reformen des Binnenhandels hinzuwirken. Hierfür ist es notwendig, das derzeitige System, das auf einer steuerbefreiten Lieferung im Abgangsmitgliedstaat der Gegenstände und einem steuerpflichtigen innergemeinschaftlichen Erwerb der Gegenstände im Bestimmungsmitgliedstaat beruht, durch ein System zu ersetzen, bei dem

- eine einzige Lieferung,
- die im Bestimmungsmitgliedstaat besteuert wird,
- dessen Mehrwertsteuersätzen unterliegt.

Grundsätzlich wird die Mehrwertsteuer vom Lieferer in Rechnung gestellt werden, der in der Lage sein wird, den geltenden **Mehrwertsteuersatz jedes Mitgliedstaats online über ein Webportal** zu überprüfen.

Falls der Erwerber der Gegenstände jedoch ein **zertifizierter Steuerpflichtiger** (ein von den Mitgliedstaaten anerkannter zuverlässiger Steuerpflichtiger) ist, würde die **Umkehrung der Steuerschuldnerschaft** zur Anwendung kommen und der zertifizierte Steuerpflichtige sollte für die Lieferung innerhalb der Union mehrwertsteuerpflichtig sein.

Das endgültige Mehrwertsteuersystem wird außerdem auf einem System der einzigen Registrierung für Unternehmen basieren. Dabei handelt es sich um eine **einzige Anlaufstelle,** bei der die Zahlung und der Abzug der geschuldeten Mehrwertsteuer erfolgen kann.

Diese Grundsätze sollten in der MwStSystRL festgelegt werden und das derzeitige Konzept ersetzen, demzufolge die endgültige Regelung auf der Besteuerung im Ursprungsmitgliedstaat liegt. Da für den Wechsel auf ein endgültiges Besteuerungssystems ein **zeitlicher Vorlauf bis mindestens 2022** unabdingbar ist, sollen **ab 2019 Sofortmaßnahmen** greifen.

Flankiert werden die Vorstellungen der EU-Kommission von realen **Rechtsprechungsänderungen** – die auch vor scheinbar gesicherten Erkenntnissen nicht haltmachen – und von vielen **Verwaltungsverlautbarungen**. Gutes zu berichten gibt es zur **Rechnungsstellung**:

- EuGH (Urteil vom 15.09.2016) und BFH (Urteil vom 20.10.2016) halten die **rückwirkende Rechnungsberichtigung** für zulässig. Die Urteile wirken sich insbesondere auf den \,Betriebsprüfungsklassiker\6 aus: eine Rechnung wird nachgereicht und der Prüfer gewährt den Vorsteuerabzug ex nunc – derzeit mit der Konsequenz der Vollverzinsung nach § 233 a AO. Letztere müsste mit der neuen Rechtsprechung eigentlich entfallen. Zur Zeit der Drucklegung stehen aber die Veröffentlichung der Urteile im BStBl oder ein BMF-Schreiben in der Sache noch aus, was auf Bedenken der Finanzverwaltung schließen lässt.
- Der EuGH (Urteil vom 15.11.2017) hat darauf erkannt, dass das Recht zum Vorsteuerabzug unabhängig davon besteht, dass in der Eingangsrechnung die Anschrift angegeben ist, unter der der Rechnungsaussteller seine wirtschaftliche Tätigkeit ausübt. Mit Urteilen vom 13.06.2018 sowie 21.06.2018 sind die Umsatzsteuersenate des BFH der Rechtsprechung des EuGH grundsätzlich gefolgt. Gleichzeitig hält der Generalanwalt (Schlussanträge vom 05.07.2017) den **Schutz des Vertrauens** in das Vorliegen der Voraussetzungen des Rechts auf Vorsteuerabzug in Deutschland für nur unzureichend und stärkt damit entsprechende Verfahren der Unternehmer vor den deutschen Finanzbehörden und -gerichten.

Die 5. Auflage dieses Kommentars berücksichtigt alle aktuellen Entwicklungen, wobei die Kommentierung entsprechend unserer Zielsetzung **auf den** mit Umsatzsteuerfragen beschäftigten **Praktiker ausgerichtet** ist. Damit liegt der Fokus der Erläuterungen auf den für das Tagesgeschäft relevanten Schwerpunkten des Umsatzsteuerrechts.

Ihre Anregungen, Verbesserungsvorschläge und Kritik sind uns jederzeit willkommen.

Dortmund/Niederau, im November 2018 Rüdiger Weimann/Fritz Lang

Bearbeiterübersicht

Achatz
Länderanhang Österreich

Bartol Lesar
Länderanhang Slowenien

Birgel
§§ 1, 3g

Djedović
Länderanhang Kroatien

Eichmann
§§ 19, 22, 23, 23a, 24

Fábryová
Länderanhang Slowakei

Frotscher
§§ 17, 4 Nr. 12

Fuisting
§ 15a

Geiger
Länderanhang Schweiz

Grobbel
§§ 13c, 27b

Gurtner
Länderanhang Österreich

Hahn
§ 4 Nr. 22

Heizmann
§ 15

Henseler
§§ 13b, 18g, 20, 26

Bearbeiterübersicht

Heß
§§ 16, 18

Kern
§§ 4 Nr. 14, 4 Nr. 16

Klüver
§§ 4b, 5, 11, 21

Lang
§§ 1a, 2b, 4 Nr. 1, 4 Nr. 2, 4 Nr. 3, 4 Nr. 4, 4 Nr. 5, 4 Nr. 6, 6, 6a, 7, 8, 14, 14a bis 14c

Menczel-Kiss
Länderanhang Ungarn

Pommer
Länderanhang Vereinigtes Königreich

Prätzler
Länderanhänge Belgien, Bulgarien, Dänemark, Estland, Finnland, Frankreich, Griechenland, Irland, Italien, Lettland, Litauen, Luxemburg, Malta, Niederlande, Norwegen, Polen, Portugal, Rumänien, Schweden, Spanien, USA, Zypern

Rácz
Länderanhang Ungarn

Rademacher-Gottwald
§§ 15, 15a

Raudszus
§§ 1c, 2a, 4 Nr. 11a und b, 4 Nr. 19, 4 Nr. 25 bis 28, 4a, 10, 18a bis 18e, 22a bis 22e, 27, 29

Rocktäschel
§§ 4 Nr. 17, 4 Nr. 18, 4 Nr. 20, 4 Nr. 23 bis 24, 26a bis 26c

Valášek
Länderanhang Tschechien

Vogt
§ 2

Weimann
Einführung UStG, §§ 1b, 3 bis 3f, 4, 4 Nr. 4a, 4 Nr. 4b, 4 Nr. 7, 4 Nr. 8, 4 Nr. 9, 4 Nr. 13, 4 Nr. 15, 4 Nr. 15a bis c, 4 Nr. 18a, 4 Nr. 21, 9, 12, 13, 13a, 13d, 18f, 18h, 25, 25a bis 25d, 27a, Einführung in die Arbeit mit den Länderanhängen

Weitze-Scholl
§§ 4 Nr. 10 und Nr. 11

Die Herausgeber

Rüdiger Weimann,
Diplom-Finanzwirt, Dortmund; Lehrbeauftragter der DHBW Duale Hochschule Baden-Württemberg, Dozent diverser Lehreinrichtungen sowie freier Gutachter in Umsatzsteuerfragen, Autor zahlreicher Veröffentlichungen zum deutschen und europäischen Umsatzsteuerrecht, Begründer des Netzwerks umsatzsteuerDIALOG.

Fritz Lang,
Professor, Fachbereichsleiter des Fachbereichs Steuer- und Staatsfinanzverwaltung an der Hochschule für öffentliche Verwaltung und und Rechtspflege (FH), Fortbildungszentrum des Freistaates Sachsen in Meißen; daneben als Fachbuchautor und Dozent im Bereich der Steuerberaterfortbildung tätig.

Die Autoren

Univ.-Prof. Dr. Markus Achatz,
Steuerberater und Partner bei LeitnerLeitner, Österreich; Leiter der Abteilung Steuerrecht und Vorstand des Instituts für Verwaltungsrecht und Verwaltungslehre an der Universität Linz, Gastprofessor an der Universität St. Gallen.

Mojca Bartol Lesar,
Steuerberaterin bei LeitnerLeitner, Slowenien.

Karl Birgel,
Diplom-Betriebswirt, freiberuflicher Unternehmensberater und Wirtschaftsjournalist, neben mehreren Buchveröffentlichungen Autor zahlreicher Fachbeiträge im Bereich Rechnungswesen und Steuern.

Pavo Djedović,
Wirtschaftsprüfer und Steuerberater, Partner bei LeitnerLeitner, Kroatien.

Paul Eichmann,
Diplom-Finanzwirt (FH), Sachgebietsleiter für Umsatzsteuer.

Anna Fábryová,
Steuerberaterin, Partnerin bei BMB Leitner, Slowakei.

Dr. Pierre Frotscher,
Assessor iur., an der Fachhochschule der Sächsischen Verwaltung Meißen als hauptamtlicher Dozent im Fachbereich Steuer- und Staatsfinanzverwaltung in den Lehrfächern Umsatzsteuer und Privatrecht tätig.

Lars Fuisting,
Diplom-Betriebwirt, Steuerberater, Gesellschafter-Geschäftsführer der Fachwerk Steuerberatungsgesellschaft mbH, Düsseldorf.

lic.iur. Felix Geiger,
Rechtsanwalt, MWSt-Experte FH, Inhaber und Steuerberater der VAT Consulting AG (Basel), Mitglied der Expertenkommission der Eidg. Steuerverwaltung für die Reform des MWStG.

Tim Grobbel,
Rechtsanwalt, Steuerberater und Geschäftsführer der kmk Steuerberatungsgesellschaft mbH, Dresden.

Dr. Hannes Gurtner,
Wirtschaftsprüfer und Steuerberater, Partner bei LeitnerLeitner, Österreich.

Christoph Hahn
Diplom-Finanzwirt (FH), Steuerberater, Zertifizierter Prüfer EU Finanzkontrolle, Geschäftsführer Unternehmenswerte Ulm Steuerberatungsgesellschaft, Lehrbeauftragter für Umsatzsteuerrecht an der Hochschule für Wirtschaft und Umwelt Nürtingen/Geislingen.

Prof. Dr. Elke Heizmann,
Dipl.-Kauffrau, LL.M. Steuerberater, Studiengangsleitung Betriebswirtschaftliche Steuerlehre, Unternehmensrechnung und Finanzen an der DHBW Mosbach, Zusatzqualifikation: Zertifizierte Mediatorin.

Frank Henseler,
Diplom-Finanzwirt, Sinzig, Sachbearbeiter im Bundeszentralamt für Steuern.

Josef Heß,
Diplom-Jurist (U), Diplom-Finanzwirt (FH), Steuerberater und Fachautor.

Roland Kern,
Diplom-Betriebswirt (FH), Steuerberater, Geschäftsführer der OT-Osterburken GmbH Steuerberatungsgesellschaft.

Burkhard Klüver,
Rechtsanwalt und Notar bei Ahlers & Vogel Rechtsanwälte PartG mbB in Bremen, Fachanwalt für Steuerrecht mit den Schwerpunkten Zölle und Verbrauchsteuern sowie internationales Handels- und Gesellschaftsrecht; ehemals langjähriger Dozent für Zollrecht bei der DeutscheAnwaltAkademie.

Dr. Gellért Menczel-Kiss,
Steuerberater, Tax Manager bei LeitnerLeitner, Ungarn.

Benedikt Pommer,
Diplom-Betriebswirt, Senior Director EMEA TAX, Open Text UK Limited, London, Großbritannien.

Robert C. Prätzler,
Steuerberater, Partner Ernst & Young GmbH, Eschborn, Lehrbeauftragter an der Hochschule Worms mit dem Schwerpunkt Umsatzsteuerrecht.

Dr. Nóra Rácz,
Steuerberaterin, Partnerin bei LeitnerLeitner, Ungarn.

Dr. Claudia Rademacher-Gottwald,
Diplom-Kauffrau, Diplom-Finanzwirtin, FOM-Hochschule für Ökonomie & Management, Hochschulzentrum Berlin.

Holger Raudszus,
Diplom-Finanzwirt (FH), Dozent an der Norddeutschen Akademie für Finanzen und Steuerrecht Hamburg und Autor zahlreicher Fachbeiträge.

Dirk Rocktäschel,
Assessor iur., Diplom-Finanzwirt (FH), an der Fachhochschule der Sächsischen Verwaltung in Meißen als hauptamtlicher Dozent im Fachbereich Steuer- und Staatsfinanzverwaltung in den Lehrfächern Umsatzsteuer und Einkommensteuer tätig.

Martin Valášek,
Steuerberater, Tax Manager bei LeitnerLeitner, Tschechien.

Joachim Vogt
Diplom-Finanzwirt (FH), Regierungsdirektor, Referatsleiter für Umsatzsteuer an der Oberfinanzdirektion Chemnitz, Lehrbeauftragter an der Fachhochschule der Sächsischen Verwaltung Meißen.

Dr. Dirk Weitze-Scholl,
LL.M. (Taxation), Rechtsanwalt und Notar bei Ahlers & Vogel Rechtsanwälte PartG mbB in Bremen, Fachanwalt für Steuerrecht mit den Schwerpunkten Steuerverfahrensrecht und Steuerberaterhaftung; Mitglied des Instituts für Handelsrecht an der Universität Bremen.

Inhaltsübersicht

Abkürzungsverzeichnis

a. A.	anderer Ansicht
a. a. O.	am angegebenen Ort
Abl.	Amtsblatt
Abs.	Absatz
Abschn.	Abschnitt
abzgl.	abzüglich
AdV	Aussetzung der Vollziehung
a. E.	am Ende
AEAO	Anwendungserlass zur Abgabenordnung
AEUV	Vertrag über die Arbeitsweise der Europäischen Union
a. F.	alte Fassung
AfA	Absetzung für Abnutzung
AG	Aktiengesellschaft
Alt.	Alternative
AMRabG	Gesetz über Rabatte für Arzneimittel
Anm.	Anmerkung
AO	Abgabenordnung
Art.	Artikel
ASiG	Arbeitssicherheitsgesetz
ATS	Österreichische Schilling
Aufl.	Auflage
AW-Prax	Außenwirtschaftliche Praxis
Az	Aktenzeichen
AZO	Allgemeine Zollordnung
BAMF	Bundesamt für Migration und Flüchtlinge
(Bay)LfSt	Bayerisches Landesamt für Steuern
BB	Betriebsberater
BeckRS	Beck Rechtsprechung
BEF	Belgische Franken
BerlinFG	Berlinförderungsgesetz
BewG	Bewertungsgesetz
BfF	Bundesamt für Finanzen
BGBl	Bundesgesetzblatt
BFDG	Bundesfreiwilligendienstgesetz
BFH	Bundesfinanzhof
BFHE	Sammlung der Entscheidungen des Bundesfinanzhofs
BFH/NV	Sammlung amtlich nicht veröffentlichter Entscheidungen des BFH
BGB	Bürgerliches Gesetzbuch
BGH	Bundesgerichtshof
BGN	Bulgarischer Lew
BMBF	Bundesministerium für Bildung und Forschung
BMF	Bundesfinanzministerium
BMWi	Bundesministerium für Wirtschaft und Technologie
BR	Bundesrat

Abkürzungsverzeichnis

BStBl	Bundessteuerblatt
BT	Bundestag
Buchst.	Buchstabe
Bunjes	Bunjes, Umsatzsteuerkommentar
BVerwG	Bundesverwaltungsgericht
BZ	Berichtigungszeitraum
bzgl.	bezüglich
BZSt	Bundeszentralamt für Steuern
bzw.	beziehungsweise
CH	Schweiz
CHF	Schweizer Franken
CR	Tschechische Republik
CP	Zyprische Pfund
DB	Deutsche Bundesbahn/Der Betrieb
d.h.	das heißt
DKK	Dänische Kronen
Drucks.	Drucksache
DStR	Deutsches Steuerrecht
EBM	einheitlicher Bewertungsmaßstab
ECU	Europäische Währungseinheit
EDIFACT	Electronic Data Interchange for Administration commerce and Transport
EDV	elektronische Datenverarbeitung
EEB	Erneuerbare-Energien-Gesetz
EEK	Estnische Kronen
EFG	Entscheidungen der Finanzgerichte
EF-VO	Einreise-Freimengenverordnung
EG	Europäische Gemeinschaft
EG-RL	EG-Richtlinie
ESP	Spanische Peseten
EStG	Einkommensteuergesetz
EStH	Einkommensteuerhinweise
EStR	Einkommensteuerrichtlinien
EU	Europäische Union
EURLUmsG	EU Richtlinien-Umsetzungsgesetz
EuG	Gericht erster Instanz
EuGH	Europäischer Gerichtshof
EURLUmsG	Richtlinien-Umsetzungsgesetz
EUSt	Einfuhrumsatzsteuer
EUStBV	EUSt-Befreiungsverordnung
e.V.	eingetragener Verein
E-VSF N	Elektronische Vorschriftensammlung Bundesfinanzverwaltung Nachrichten
EWG	Europäische Wirtschaftsgemeinschaft

FA	Finanzamt
ff.	fortfolgende
FG	Finanzgericht
FIM	Finnmark
FinBeh	Finanzbehörde
FinMin	Finanzministerium
FRF	Französische Francs
FVG	Finanzverwaltungsgesetz
GAP-Reform	Reform der gemeinsamen Agrarpolitik
GBP	Englische Pfund
GbR	Gesellschaft bürgerlichen Rechts
GdbR	Gesellschaft des bürgerlichen Rechts
GdpdU	Grundsätze zum Datenzugriff und zur Prüfbarkeit digitaler Unterlagen
GG	Grundgesetz
gem.	gemäß
ggf.	gegebenenfalls
GiG	Geschäftsveräußerung im Ganzen
GmbH	Gesellschaft mit beschränkter Haftung
GmbHG	GmbH Gesetz
GOÄ	Gebührenordnung für Ärzte
GoBS	Grundsätze ordnungsmäßiger DV-gestützter Buchführungssysteme
GRD	Griechische Drachmen
GrESt	Grunderwerbsteuer
GrEStG	Grunderwerbsteuergesetz
GStB	Gestaltende Steuerberatung
GwG	Geldwäschegesetz
GZD	Generalzolldirektion
H/M	Hartmann†/Metzenmacher, Kommentar zum UStG
HBeglG	Haushaltsbegleitgesetz
HFördG	Hochschulförderungsgesetz
HFR	Höchstrichterliche Finanzrechtsprechung
HGB	Handelsgesetzbuch
HI	Haufe-Index
HRG	Hochschulrahmengesetz
HS	Halbsatz
HSO	Haufe-Steuer-Office
HStruktG	Haushaltsstrukturgesetz
IdNr.	Identifikationsnummer
i. d. F.	in der Fassung
i. d. R.	in der Regel
i. (d.) Z.	in diesem Zusammenhang
IEP	Irische Pfund
INF	Information über Steuer und Wirtschaft

Abkürzungsverzeichnis

i.g.	innergemeinschaftlichen/er/es
i. H. v.	in Höhe von
inkl.	inklusive
InsO	Insolvenzordnung
i. R.d.	im Rahmen der/des
i. E.	im Einzelnen
i. S. d.	im Sinne der/des
i. e. S.	Im engeren Sinne
i. S. v.	im Sinne von
IStR	Internationales Steuerrecht
ITL	Italienische Lire
i. V. m.	in Verbindung mit
IWB	Internationale Wirtschaftsbriefe
i.Z.m.	in Zusammenhang mit
JStG	Jahressteuergesetz
Kap.	Kapitel
KF-VO	Kleinsendungs-Einfuhrfreimengenverordnung
KG	Kommanditgesellschaft
Kj.	Kalenderjahr
KO	Konkursordnung
KÖSDI	Kölner Steuerdialog
KStG	Körperschaftsteuergesetz
KStR	Körperschaftsteuerrichtlinien
KWG	Kreditwesengesetz
LFD	Landesfinanzdirektion
LStDV	Lohnsteuerdurchführungsverordnung
LStR	Lohnsteuerrichtlinien
lt.	laut
LUF	Luxemburgische Franken
LVL	Lettische Lats
m.a.W.	mit anderen Worten
MBR	Maschinen- und Betriebshilferinge
MDR	Monatsschrift für Deutsches Recht
m./u. E.	meines/unseres Erachtens
Mio.	Millionen
MTL	Maltesische Lira
MwStR	Mehrwertsteuerrecht
MWSTG	Bundesgesetz über die Mehrwertsteuer
MwStSystRL	Mehrwertsteuer-Systemrichtlinie
MwSTVO	Verordnung über die Mehrwertsteuer
m. w. N.	mit weiteren Nachweisen
m. W. v.	mit Wirkung vom
m.W.z.	mit Wirkung zum

NATO	Nordatlantikpakt (North Atlantic Treaty Organization)
NATO-ZAbk.	Zusatzabkommen zum NATO-Truppenstatut
n.F.	neue Fassung
NJW	Neue Juristische Wochenschrift
NL	Niederlande
NLG	Niederländische Gulden
Nr./Nrn.	Nummer/Nummern
nrkr.	nichtrechtskräftig
n.v.	nicht veröffentlicht
NWB	Neue Wirtschaftsbriefe
NZB	Nichtzulassungsbeschwerde/Nationale Zentralbank
o.a.	oben angeführt
ÖUStG	Österreichisches Umsatzsteuergesetz
o.F.	ohne Fundstelle
o.g.	oben genannte/r
OFD	Oberfinanzdirektion
OHG	Offene Handelsgesellschaft
OLG	Oberlandesgericht
OR	Obligationenrecht
OT	Organträger
o.V.	ohne Verfasser
OwiG	Ordnungswidrigkeitengesetz
PostG	Postgesetz
PStR	Praxis Steuerstrafrecht
PTE	Portugiesische Escudos
PTNeuOG	Gesetz zur Neuordnung des Postwesens
PVDLV	
R	Richtlinie
R/D	Rau/Dürrwächter, Umsatzsteuerkommentar
Rdverf.	Rundverfügung
Rev.	Revision
RFH	Reichsfinanzhof
R/K/L	Reiß/Kraeusel/Langer, Umsatzsteuerkommentar
rkr.	rechtskräftig
RL	Richtlinie
RLEWG	Richtlinie der EWG
Rn.	Randnummer
Rs.	Rechtssache
s.	siehe
S.	Satz
s.a.	siehe auch
SGB	Sozialgesetzbuch
SEK	Schwedische Kroner

Abkürzungsverzeichnis

s.o.	siehe oben
sog.	so genannte/er/es
S/R	Sölch/Ringleb, Umsatzsteuerkommentar
StÄndG	Steueränderungsgesetz
StBerG	Steuerberatungsgesetz
StBereinG	Steuerbereinigungsgesetz
StBp	Steuerliche Betriebsprüfung
StED	Steuer-Eildienst
StEK	Steuererlasse in Karteiform
StLex	Steuer-Lexikon (Fachzeitschrift und Loseblattwerk)
StMBG	Missbrauchsbekämpfungs- und Steuerbereinigungsgesetz
stfr.	steuerfrei
str.	streitig
StSem	Steuer-Seminar
StuB	Steuern und Bilanzen
StVBG	Steuerverkürzungsbekämpfungsgesetz
StVergAbG	Steuervergünstigungsabbaugesetz
s.u.	siehe unten
S/W/R	Schwarz/Widmann/Radeisen, Kommentar zum Umsatzsteuergesetz Online
TabStG	Tabaksteuergesetz
Tz.	Textziffer
UA	Unterabschnitt
u.a.	unter anderem
u.Ä.	und Ähnliches
UidP	Weimann, Umsatzsteuer in der Praxis
UK	Vereinigtes Königreich
üGG	übriges Gemeinschaftsgebiet
UA	Unterabsatz
UidP	Umsatzsteuer in der Praxis
UR	Umsatzsteuerrundschau
US	Vereinigte Staaten
USt	Umsatzsteuer
UStAE	Umsatzsteuer Anwendungserlass
UStB	Der Umsatz-Steuer-Berater
UStDB	Durchführungsbestimmungen zum Umsatzsteuergesetz
UStDV	Umsatzsteuerdurchführungsverordnung
UStG	Umsatzsteuergesetz
USt-IdNr.	Umsatzsteuer-Identifikationsnummer
UStR	Umsatzsteuerrichtlinien
u.U.	unter Umständen
UVR	Umsatzsteuer- und Verkehrsteuer-Recht
UZK	Unionszollkodex
UZK-DA	Delegierte Verordnung (EU) 2015/2446 der Kommission vom 28.7.2015 zur Ergänzung der Verordnung (EU) Nr. 952/2013 des Europäischen Parlaments und des Rates vom 9.10.2013 zur Festlegung des Zollkodex der Union

UZK-IA	Durchführungsverordnung (EU) Nr. 2015/2447 vom 24.11.2015 mit Einzelheiten zur Umsetzung von Bestimmungen der Verordnung (EU) Nr. 952/2013 des Europäischen Parlaments und des Rates vom 9.10.2013 zur Festlegung des Zollkodex der Union
v.a.	vor allem
VAT	Value Added Tax
VATU	Gesetz über die Steuer von Waren und Dienstleistungen und die Akzisesteuer
VE	Vieheinheiten
vgl.	vergleiche
Verf.	Verfügung
v.H.	vom Hundert
v.g.	vorgenannte/r/s
vs	Versus
V/S	Vogel/Schwarz, Kommentar zum Umsatzsteuergesetz, vgl. S/W/R
VSTR	Richlinie über den Bau und Betrieb von Verkaufsstätten
VSF	Vorschriftensammlung der Finanzverwaltung
VwV.	Verwaltungsverordnung
VZ	Voranmeldungszeitraum/Veranlagungszeitraum
WM	Wertpapiermitteilungen
WUSt	Warenumsatzsteuer
z.B.	zum Beispiel
ZfZ	Zeitschrift für Zölle und Verbrauchsteuern
ZG	Zollgesetz
Ziff.	Ziffer
ZK	Zollkodex
ZK-DVO	Zollkodex-Durchführungsverordnung
ZM	Zusammenfassende Meldung
ZollV	Zollverordnung
ZollVG	Zollverwaltungsgesetz
ZR	Rechtsprechungsdatenbank in Zivilsachen
z.T.	zum Teil

Einführung in das deutsche Umsatzsteuerrecht

Literatur

DStV, EU-Kommissions-Vorschlag von Rechtsvorschriften zum endgültigen Mehrwertsteuersystem für den unionsinternen Handel zwischen Unternehmen (B2B); COM(2017) 566 final, COM(2017) 567 final, COM(2017) 568 final, COM(2017) 569 final, Stellungnahme S 01/18 vom 16.02.2018, www.dstv.de > Interessenvertretung > Steuern. **Hacke**, Teures Steuersystem/Steuern: Erhebung kostet Finanzverwaltung jährlich rund 15. Mrd. Euro – Studie: Selbstveranlagung wäre kostengünstiger, VDI-Nachrichten Nr. 34 vom 22.08.2003, 12. **Heidner**, Wirkungsweise von EG-Richtlinien im deutschen Steuerecht/Wie kommt die 6. EG-Richtlinie ins deutsche Umsatzsteuerrecht?, UR 2003, 69. **Holzer**, Meilensteine, Steuer-Seminar 7/2005 [Rubrik »Die Kehrseite«]. **Jacobs**, Der neue Umsatzsteuer-Anwendungserlass (UStAE), NWB 2010, 3873. **Klenk**, Aus der im Jahre 1992 veröffentlichten französischen Rechtsprechung zur Mehrwertsteuer, UVR 1993, 193. **Krimphove**, Europarecht Basiswissen, 1. Auflage 2003. **Lohse**, Menschenrechtskonvention und richtlinienwidrige Mehrwertsteuererhebung/Das EuGHMR-Entschädigungsurteil Dangeville gegen Frankreich und seine Folgen, Abschnitt I, UR 2003, 182. **Lohse/Peltner**, Mehrwertsteuersystem-Richtlinie, 1. Auflage 2007. **o. V.**, Steuerspirale 2016, NWB 2017,

1867. **Strunk**, Einfluss der EuGH-Rechtsprechung auf die Arbeit der Steuerberater, Stbg 8/2004, Editorial. **Weimann**, Umsatzsteuer in der Praxis (UidP), 16. Auflage 2018. **Weimann**, Ausländische EuGH-Verfahren: Kenntnis für Steuerberater unerlässlich!, UStB 2004, 335. **Weimann**, Hochwasserkatastrophe: Beschränkung der gesetzgeberischen Möglichkeiten durch die 6. EG-RL, UStB 2005, 360. **Weimann**, Die neue EU-Mehrwertsteuer-Richtlinie: Klarere Übersicht über das gemeinsame Mehrwertsteuerrecht, UStB 2007, 91. **Weimann**, Gelangt die Umsatzsteuer-Voranmeldung zu ungeahnter Wichtigkeit für den Vorsteuerabzug?, UStB 2007, 206. **Weimann**, MwStSystRL: Kenntnis der europäischen Rahmenbedingungen für Steuerberater unerlässlich, UStB 2007, 301. **Weimann**, Mehrwertsteuer-Systemrichtlinie/Beraterhinweise zum Umgang mit den neuen europäischen Vorgaben für die Umsatzsteuer, IWB 2007, 997 (Fach 11a Gruppe 2 S. 783). **Weimann**, BGH rügt Umsatzbesteuerung von »Schadensersatz« bei Leasingverträgen, UStB 2008, 157. **Weimann**, Bauherren: Spätere unternehmerische Nutzung von Anfang an zum Ausdruck bringen, UStB 2008, 324. **Weimann**, Aktuell: BMF zur neuen Leasingrechtsprechung des BGH, UStB 2008, 208. **Weimann**, Dienstleistungen und Auslandsumsatzsteuer ab 2010: Mandanten über gravierende Neuerungen informieren, UStB 2008, 323. **Weimann**, Kfz-Leasing: Zivilrechtsprechung lehnt Umsatzsteuer auf Leasingausgleich auch weiterhin ab, UStB 2010, 127. **Weimann**, Ihre Taktik gegen die Umsatzsteuer auf den Leasing-Minderwertausgleich, ASR 4/2011, 6. **Weimann**, Japan-Hilfe: Mandanten über »Umsatzsteuerfalle« bei Sachspenden aufklären, GStB 2011, 167. **Weimann**, Ausführen sollen bei Kenntnis vom Weiterverkauf durch den Kunden steuerpflichtig sein, GStB 2014, 345. **Weimann**, »Problemfall« Reihengeschäfte: Zur Zuordunung der Warenbewegung bei einem EU-Abholfall, GStB 2015, 335. **Weimann**, Umsatzsteuerliche Behandlung von Auslieferungs- und Konsignationslagern, PiStB 2016, 130. **Weimann**, Reform des Mehrwertsteuersystems/Vorschläge von EU-Kommission und -Rat für eine Neuregelung des EU-Binnenhandels, AStW 2018, 208. **Weimann**, Schwerpunkt Reform des Mehrwertsteuersystems/Geplante Einführung eines »zertifizierten Steuerpflichtigen«, AStW 2018, 215. **Weimann**, Schwerpunkt Reform des Mehrwertsteuersystems/Geplante Neuregelung eines Konsignationslagers, AStW 2018, 218. **Weimann**, Schwerpunkt Reform des Mehrwertsteuersystems/MwSt-IdNr. als materielle Voraussetzung für innergemeinschaftliche Lieferungen, AStW 2018, 221. **Weimann**, Schwerpunkt Reform des Mehrwertsteuersystems/Neuregelung des Reihengeschäfts nach den Plänen der EU, AStW 2018, 224. **Weimann**, Schwerpunkt Reform des Mehrwertsteuersystems/Gemeinsamer Rahmen für den Nachweis einer innergemeinschaftlichen Lieferung, AStW 2018, 229. **Weimann/Fuisting**, Vorschläge von EU-Kommission und -Rat für eine Neuregelung des EU-Binnenhandels, PIStB 2018, 122, 156, 180, 212.

Verwaltungsanweisungen

BMF vom 06.02.2014, Az: IV D 2 – S 7100/07,10007, 2017/0107895, Umsatzsteuerrechtliche Behandlung von Ausgleichzahlungen bei Beendigung des Leasingverhältnisses, BStBl I 2014, 267.

BMF vom 19.03.2018, Az: IV A 2 – O 2000/17/10001, 2018/0151652, BStBl I 2018, 322 (Anwendung von BMF-Schreiben; BMF-Schreiben, die bis zum 16.03.2018 ergangen sind.

Hinweis: Zur Problematik der zeitlichen Geltungsdauer von BMF-Schreiben vgl. Einführung UStG, Rz. 100 ff.

Sonstige behördliche Verlautbarungen

Vorschlag für eine Verordnung des Rates zur Änderung der Verordnung (EU) Nr. 904/2010 hinsichtlich des zertifizierten Steuerpflichtigen, BR-Drs. 659/17 vom 04.10.2017, www.bundesrat.de > Archiv > Drucksachen.

Vorschlag für eine Richtlinie des Rates zur Änderung der Richtlinie 2006/112/EG in Bezug auf die Harmonisierung und Vereinfachung bestimmter Regelungen des Mehrwertsteuersystems und zur Einführung des endgültigen Systems der Besteuerung des Handels zwischen Mitgliedstaaten, BR-Drs. 660/17 vom 04.10.2017, www.bundesrat.de > Archiv > Drucksachen.

1 Entwicklungsgeschichte der Umsatzsteuer

Am 01.01.1968 wurde das seit 1918 geltende Brutto-Umsatzsteuer-System durch das sog. Mehrwertsteuergesetz vom 29.05.1967 abgelöst. Dieses neue UStG ersetzte die wettbewerbsverzerrende, kumulative Bruttoumsatzsteuer durch eine **Allphasen-Netto-Umsatzsteuer mit Vorsteuerabzug**. 1

2 Mit dem UStG 1980 kam die Bundesrepublik Deutschland der Verpflichtung nach, das nationale Umsatzsteuerrecht der 6. EG-RL anzupassen. Das **Umsatzsteuer-Binnenmarktgesetz** vom 25.08.1992 brachte m. W. v. 01.01.1993 eine Übergangsregelung mit dem Ziel, vier Jahre später einen »echten« umsatzsteuerlichen Binnenmarkt zu schaffen. Die Übergangsregelung ist allerdings immer noch und auf unbestimmte Zeit auch künftig weiterhin in Kraft.

3 Mit geringfügigen Abweichungen wurde durch die beiden vorgenannten Rechtsänderungen die **USt innerhalb der Europäischen Gemeinschaft einheitlich gestaltet**; unterschiedlich sind allerdings insbesondere noch die Steuersätze. Auch weitere nach der MwStSystRL/6. EG-RL zugelassene Gestaltungsspielräume führen zu diversen Unterschieden zwischen den verschiedenen Umsatzsteuergesetzen innerhalb der EU, was insbesondere die im Binnenmarkt tätigen Unternehmen in der Praxis vor Probleme stellt. Zwischenzeitlich wurde die 6. EG-RL durch die MwStSystRL abgelöst (vgl. Rn. 7 ff.).

Die EU-Kommission hat im Oktober 2017 Pläne für eine neuerliche **Reform des Umsatzsteuerrechts** vorgelegt – mit den Zielen **Betrugsbekämpfung und Vereinfachung.**

2 Grundlagen des materiellen Umsatzsteuerrechts

4 Die wesentlichen Grundlagen des deutschen Umsatzsteuerrechts sind derzeit:

- Mehrwertsteuer-Systemrichtlinie (**MwStSystRL**; genau: »Richtline 2006/112/EG des Rates vom 28.11.2006 über das gemeinsame Mehrwertsteuersystem«),
- Umsatzsteuergesetz **(UStG)**,
- Umsatzsteuer-Durchführungsverordnung **(UStDV)**,
- Umsatzsteuer-Anwendungserlass **(UStAE)**.

3 Die Mehrwertsteuer-Systemrichtlinie

3.1 Überblick

5 Der Rat der Europäischen Union hat am 28.11.2006 die RL 2006/112/EG über das gemeinsame Mehrwertsteuersystem (ABl. EU 2006 Nr. L 347, 1 – MwStSystRL) verabschiedet. Die neue RL ist am **01.01.2007 in Kraft getreten und ersetzt die bisherige 6. RL** 77/388/EWG vom 17.05.1977 zur Harmonisierung der Rechtsvorschriften der Mitgliedstaaten über die Umsatzsteuer – Gemeinsames Mehrwertsteuersystem: einheitliche Bemessungsgrundlage – (**6. EG-RL**, ABl. EG 1977 Nr. L 145, 1) einschließlich der später dazu ergangenen Änderungsrichtlinien. Darüber hinaus wurden auch die noch geltenden Regelungen der 1. EG-RL (67/227/EWG vom 11.04.1967, ABl. EG 1967, 1301) eingearbeitet.

6 Die MwStSystRL enthält Vorgaben des europäischen Gemeinschaftsrechts an das deutsche Umsatzsteuerrecht. Grundsätzlich entfalten die Vorgaben für den deutschen Unternehmer nur dann ihre Wirkung, wenn sie auch durch ein deutsches Gesetz – z. B. das UStG – zu deutschem Recht werden. Anders ist dies immer dann, wenn das europäische Recht für den Unternehmer günstiger ist als das deutsche Recht; dann kann das europäische Recht unmittelbar in das deutsche Recht hineinwirken.

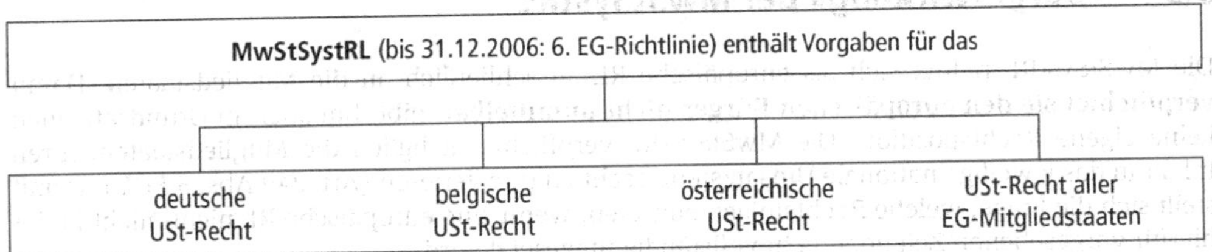

3.2 Ablösung der 6. EG-RL zum 01.01.2007

Die MwStSystRL ist damit im Grunde eine **Neufassung der 6. EG-RL**. Letztere wurde erforderlich, da die 6. EG-RL seit ihrem Inkrafttreten am 01.01.1978 oft und umfänglich geändert wurde, ohne dass es jemals zu einer Konsolidierung des Rechtstextes kam. Die sicher weiteste Änderung brachte die Errichtung des Binnenmarkts zum 01.01.1993 und die damit verbundene Beseitigung der Steuergrenzen zwischen den Mitgliedstaaten. Der Rechtsanwender musste sich, um für »seinen Fall« auf jeweils aktuellem Stand zu sein, mühsam durch die verschiedenen Änderungsrichtlinien »wühlen«. Der nunmehr konsolidierte Text soll dem Praktiker diese Arbeit abnehmen – erst einmal, denn in der Folgezeit hat auch die MwStSystRL bekanntermaßen schon zahlreiche Änderungen erfahren. 7

Zusammengefasst ist die MwStSystRL dadurch gekennzeichnet, dass sie alle wesentlichen bisherigen mehrwertsteuerlichen Vorschriften bündelt, überholte Bestimmungen und vorläufige Fassungen streicht, lange und komplexe Bestimmungen entflechtet und die Anweisungen insgesamt neu strukturiert (Huschens, NWB 2007, 77; Weimann, UStB2007, 91). Die damals neue RL umfasste zum 01.01.2007 414 Artikel und 12 Anhänge. Ursächlich für die im Vergleich zur »alten« 6. EG-RL hohe Anzahl der Vorschriften ist, dass nunmehr (in der MwStSystRL) selbständige Vorschriften in der damaligen 6. EG-RL lediglich Absätze und Unterabsätze übergeordneter Bestimmungen darstellten. 8

Beispiel:
Art. 6 der 6. EG-RL (Definition der Dienstleistungen) hatte fünf Absätze; diese führten nunmehr zu sechs eigenständigen Vorschriften (Art. 24 bis 29 MwStSystRL).

TIPP

1. Der Praktiker steht – zumindest in einer Übergangsphase – vor dem Problem, dass Urteile, Verwaltungsanweisungen sowie Kommentierungen und andere Literaturbeiträge auf der 6. EG-RL basieren werden. Zur Erleichterung der praktischen Arbeit ist auf Anhang XII der MwStSystRL hinzuweisen, der in einer vom Richtliniengeber so genannten **»Entsprechungstabelle«** synoptisch darstellt, wo sich die alten Vorschriften in der neuen RL wieder finden.
2. Der neue Text führt grundsätzlich nicht zu inhaltlichen Änderungen des geltenden Rechts. Dennoch haben sich durch die Neufassung einige inhaltliche Änderungen ergeben, die in den Bestimmungen über die Umsetzung und das Inkrafttreten der RL (vgl. Art. 411 und 412 der MwStSystRL) abschließend aufgeführt sind. Für das deutsche Umsatzsteuerrecht ergibt sich allerdings kein Änderungs- bzw. Umsetzungsbedarf aus dem neuen Rechtstext. Damit sind auch für den Rechtsanwender (Steuerberater) **keine neuen Vorschriften** zu beachten.
3. Der Text der MwStSystRL steht unter http://eur-lex.europa.eu zum **Download** bereit (einfache Suche über ABl. EU 2006 Nr. L 347 S. 1.

Zur Einführung der damals neuen RL ausführlich Weimann, IWB 2007, 997 (Fach 11a Gruppe 2 S. 783).

3.3 »Bürgerwirkung« der MwStSystRL

9 Die MwStSystRL richtet sich als europäische RL ausschließlich an die Mitgliedstaaten. Damit **verpflichtet sie den europäischen Bürger nicht unmittelbar**, gibt ihm aber im Grundsatz auch keine eigene Rechtsposition. Die MwStSystRL verpflichtet lediglich die Mitgliedstaaten, ihren Inhalt in das jeweilige nationale Umsatzsteuerrecht zu transferieren (Art. 249 Abs. 3 EGV). Damit stellt sich die Frage, welche Rechtsfolgen eintreten, wenn eine europäische RL nicht, nicht in der hierfür vorgesehenen Zeit oder nicht vollständig umgesetzt wird.

3.3.1 Keine den Bürger belastende Wirkung der MwStSystRL

10 Der pflichtwidrig unterlassende Staat kann sich nie zum Nachteil des Bürgers auf eine nicht umgesetzte europäische RL berufen; ansonsten müsste der Bürger für die negativen Folgen des Fehlverhaltens seines Mitgliedstaates einstehen. Letzteres darf nicht sein, denn der Staat und nicht einzelne Bürger hat Einfluss auf die rechtzeitige Umsetzung des europäischen Rechts in nationales Recht. Der EuGH hat daher bereits im Urteil vom 26.02.1986 ausdrücklich festgestellt, dass sich der Bürger zwar gegenüber dem Staat unter den genannten Voraussetzungen auf die nicht rechtzeitig umgesetzte RL berufen kann (EuGH vom 26.02.1986, Rs. C-152/84, M. H. Marshall gegen Southhampton and South-West Hampshire Area Health Authority, Slg. 1986, 723). Die staatlicherseits unterlassene Umsetzung einer RL schaffe aber selbst keine Verpflichtung für den einzelnen Bürger gegenüber dem Staat. Eine nicht rechtzeitige umgesetzte RL hat daher **keine »Direkt«-Wirkung zu Lasten des Bürgers** (so auch EuGH vom 19.01.1982, Rs. C-8/81, Ursula Becker, Slg. 1982, 53).

Beispiel:

1. Nach bisheriger Verwaltungsauffassung genügte eine Eingangsrechnung den formalen Voraussetzungen für den Vorsteuerabzug, wenn neben dem Rechnungsbetrag (Bruttobetrag) der in diesem enthaltene Steuerbetrag vermerkt war (vgl. Abschn. 202 Abs. 4 S. 2 UStR 2000 und BMF vom 05.06.2001, BStBl I 2001, 360). Der BFH teilte diese – für den Steuerbürger günstige und in der Praxis seit 1968 bewährte – Rechtsauffassung unter Hinweis auf das Gemeinschaftsrecht nicht und betrachtete den zusätzlichen Ausweis des Nettoentgelts in der Rechnung als zwingende Voraussetzung für den Vorsteuerabzug (BFH vom 27.07.2000, Az: V R 55/99, BFH/NV 2001, 130, UR 2001, 29). An diese Rechtsprechung knüpft die seit dem 01.01.2002 gültige Neufassung des § 14 Abs. 1 S. 2 Nr. 6 UStG an (dazu ausführlich Weimann, UVR 2002, 105).
2. Nach Art. 22 Abs. 3 Buchst. a der 6. EG-RL besteht eine Verpflichtung zur Rechnungslegung auch bei steuerfreien Leistungen an andere Unternehmer sowie bei Leistungen an eine nicht steuerpflichtige juristische Person. Entsprechend sieht Art. 22 Abs. 3 Buchst. b Unterabsatz 1 der 6. EG-RL vor, dass in die Rechnung ggf. ein Hinweis auf die Steuerbefreiung aufzunehmen ist. Diese Verpflichtung hat das Gesetz zur Änderungen steuerlicher Vorschriften (StÄndG 2001 vom 20.12.2001, BGBl I 2001, 3794)) durch die Neufassung des § 14 Abs. 1 S. 2 Nr. 6 UStG umgesetzt. So wird auch gewährleistet, dass in den Fällen des § 13b UStG der Leistungsempfänger Kenntnis über eine Steuerbefreiung erlangt.
3. Die Vorschriften über die umsatzsteuerliche Rechnungsstellung waren innerhalb der EG bis 2003 nur ansatzweise harmonisiert. Entsprechend unterschiedlich waren daher die Rechnungsanforderungen der einzelnen Mitgliedstaaten, was grenzüberschreitenden unternehmerischen Betätigungen wenig dienlich war. Auch wurden die »alten« Vorgaben der 6. EG-RL dem technischen Fortschritt nicht mehr gerecht; insbesondere war eine elektronische Rechnungsstellung nicht vorgesehen. Aus diesem Grund verabschiedete der Rat der Europäischen Union am 20.12.2001 eine neue RL zur Änderung der 6. EG-RL mit dem Ziel, die Rechnungsstellung zu vereinfachen und zu modernisieren sowie insbesondere die obligatorischen Rechnungsangaben zu harmonisieren (RL 2001/115/EG des Rates vom 20.12.2001 zur Änderung der RL 77/388/EWG mit dem Ziel der Vereinfachung, Modernisierung und Harmonisierung der mehrwertsteuerlichen Anforderungen an die Rechnungsstellung, Amtsblatt EG Nr. L15/24 vom 17.01.2002). Die RL war von den Mitgliedstaaten spätestens zum 01.01.2004 in nationales Recht umzusetzen. Deutschland hat dieser Verpflichtung durch das StÄndG 2003 (BStBl I 2003, 710) entsprochen.

TIPP
Der Ausschluss der belastenden Bürgerwirkung ist einer der tragenden Gedanken der aktuellen Rechtsprechung des BFH zur Umsatzsteuerbefreiung für **humanmedizinische Analysen einer Labor-GmbH** (BFH vom 15.03.2007, Az: V R 55/03, UR 2007, 497).

3.3.2 Begünstigende Wirkung der MwStSystRL für den Bürger in seinem Verhältnis zum Staat

Da die Wirkung einer europäischen RL für und gegen den Bürger erst mit deren Umsetzung ins nationale Recht eintritt, könnten Mitgliedsländer eine missliebige europäische Rechtslage dadurch vermeiden, dass sie eine RL pflichtwidrig nicht umsetzen. Ein wirksames »Druckmittel«, mit dem die Europäischen Gemeinschaften das Mitgliedsland zu Umsetzung zwingen könnten, gibt es formell nicht. Der EuGH hat dennoch ein probates Mittel gefunden, um einem derartigen Fehlverhalten vorzubeugen, und gewährt **zu Gunsten des Bürgers** die unmittelbare Wirkung der europäischen RL, obschon ein europäisches Mitgliedsland diese eben (noch) nicht in nationales Recht umgesetzt hat (EuGH vom 05.04.1979, Rs. C-148/78, Ministère public/Tulio Ratti, Slg. 1979, 1629). 11

Sachverhalt des Besprechungsurteils (EuGH, Fall »Ratti«):
RL 73/173/EWG des Rates zur Angleichung der Rechts- und Verwaltungsvorschriften der Mitgliedstaaten für die Einstufung, Verpackung und Kennzeichnung von Zubereitungen gefährlicher Stoffe (Lösungsmittel, ABl. 1973 L. Nr. 189, 7 ff.) enthält Kennzeichnungsvorschriften für gefährliche Stoffe. Das italienische Warenkennzeichnungsrecht sieht gegenüber der europäischen RL strengere Kennzeichnungsvorschriften und sogar die Bestrafung für den Fall vor, dass der Verpflichtete dieser strengen Kennzeichnungspflicht nicht nachkommt.
Ein italienisches Gericht verurteilte Herrn Ratti wegen eines Verstoßes gegen die strengeren italienischen Kennzeichnungsvorschriften und ließ dabei das mildere europäische Recht der RL unbeachtet. Der italienische Gesetzgeber hatte die europäischen RL nicht in nationales Recht umgesetzt, obschon die 18-monatige Frist zur Umsetzung der RL abgelaufen war.

Der EuGH bejaht grundsätzlich die Möglichkeit der nationalen Gesetzgeber, strengere Vorschriften neben das europäische Recht zu stellen. In diesem Fall verstoßen die strengeren nationalen Regelungen jedoch gegen das europäische Recht. Im Urteilsfall widersprechen die italienischen Vorschriften insbesondere dem Wortlaut, der Systematik und dem Zweck der RL, das Kennzeichnungsrecht für die genannten Produkte für den gesamten europäischen Markt zu vereinheitlichen. So würden Verbraucher irritiert und gefährdet, ließe man unterschiedliche nationale Kennzeichnungen für gefährliche, gesundheitsschädliche Produkte in jedem einzelnen europäischen Mitgliedstaat doch wieder zu. Somit gebührt der RL der Vorrang gegenüber dem italienischen Gesetz. Nach Ansicht des EuGH ist es ohne Bedeutung, dass die RL selbst grundsätzlich keine unmittelbare Wirkung gegenüber Bürgern hat und auch nicht in nationales (hier: italienisches) Recht umgesetzt war: denn der italienische Staat habe die RL 73/173/EWG nicht fristgerecht umgesetzt und diese gewähre dem Bürger die unbedingte und hinreichend bestimmte Vergünstigung geringerer Kennzeichnungsanforderungen. Italien durfte sich daher nach Ablauf der Umsetzungsfrist für die RL nicht zu Lasten des Bürgers auf sein eigenes Fehlverhalten, nämlich der nicht fristgerechten Umsetzung der RL in das italienische Recht, berufen. Italienische Gerichte können also nicht mehr die strengere (gegen das RL-Recht verstoßende) italienische Norm anwenden. Herr Ratti war somit freizusprechen. 12

CHECKLISTE

Eine europäische RL wirkt dann unmittelbar zu Gunsten des europäischen Bürgers, wenn

1. die (nicht umgesetzte) RL,
2. ein dem Einzelnen zustehendes Recht i.S. einer den Bürger individuell begünstigten Rechtsposition enthält (Hinweis: Durch Auslegung einer Norm ist zu ermitteln, ob diese dem einzelnen Bürger einer (individuelle) Rechtsposition verschaffen will, oder ob sie sich nur begünstigend an die Allgemeinheit wendet) und
3. die RL-Vorschrift diese hinreichend klar und bestimmt zum Ausdruck bringt (»self executing norm«).

(Checkliste nach Krimphove, Europarecht Basiswissen, 28)

13 Der EuGH verfolgt mit seiner Rechtsprechung folgenden Gedanken: Es wäre ein Missbrauch des Rechts, wenn sich der Staat auf sein eigenes pflichtwidriges Verhalten (nämlich die nicht fristgerechte Umsetzung der europäischen RL) berufen könnte, um die Wirkung der europäischen RL dem Bürger (dem die bei pflichtgemäßem Verhalten zu Gute gekommen wäre) zu versagen. Lohse (UR 2003, 182) fasst all dies griffig wie folgt zusammen:

TIPP

Mit dieser Rechtsprechung soll verhindert werden, dass der Staat aus der Nichtbeachtung des Gemeinschaftsrechts Nutzen ziehen kann.

14 Schon 1982 erkannte der EuGH unter den o.a. Voraussetzungen auch die unmittelbare Wirkung bestimmter Regelungen der bis zum 31.12.2006 gültigen 6. EG-RL (EuGH vom 19.01.1982, Rs. C-8/81, Ursula Becker, EuGHE 1982, 53 = UR 1982, 71).

Sachverhalt des Besprechungsurteils (EuGH, Fall »Becker«):

Die Klägerin führte im Jahre 1979 Umsätze aus, für die der deutsche Gesetzgeber noch nicht die nach der 6. EG-RL vorgeschriebene Steuerfreiheit in das UStG übernommen hatte. Sie erreichte vor Gericht durch die Vorabentscheidung des EuGH die unmittelbare Anwendung dieser Steuerbefreiungsvorschrift vor der im damaligen UStG noch vorgeschriebenen Steuerpflicht.

15 Die sicherlich populärsten deutschen Anwendungsfälle der unmittelbaren Drittwirkung der bis zum 31.12.2006 gültigen 6. EG-RL zugunsten des Steuerpflichtigen betreffen den Vorsteuerabzug aus Reisekosten (BFH vom 23.11.2000, Az: V R 49/00, BStBl I 2000, 251), aus Repräsentationsaufwendungen (BFH vom 10.02.2005, Az: V R 76/03, BStBl II 2005, 509; hierzu BMF vom 23.06.2005, Az: IV A 5 – S 7303a – 18/05, BStBl I 2005, 816) und Umzugskosten für einen Wohnungswechsel (BMF vom 18.07.2006, Az: IV A 57303a – 7/06, BStBl I 2006, 450).

TIPP

- BFH vom 19.04.2007, Az: V R 48/05, BFH/NV 2007, 1798; DStR 2007, 1345: Bei **»Vorsteuerkappungsfahrzeugen«** kann für 2003 über § 15 a UStG der Vorsteuerabzug nachgeholt werden. In diesem Fall ist die unentgeltliche Wertabgabe entgegen § 27 Abs. 5 UStG i.V.m. § 3 Abs. 9a S. 2 UStG zu versteuern.
- FG Düsseldorf, Beschluss vom 27.03.2007, Az: 5 V 3840/06 A (U), Beschwerde eingelegt, Az des BFH: V B 97/07, EFG 2007, 1116 (Entscheidung 545): **Geldspielautomatenumsätze** sind nicht nach § 4 Nr. 9 Buchst. b UStG n.F. von der Umsatzsteuer befreit, weil sie nicht unter das Rennwett- und Lotteriegesetz fallen. Ernstlich zweifelhaft ist aber, ob diese Steuerbefreiung nicht unmittelbar aus Art. 13 Teil B Buchst. f der 6. EG-RL folgt. Es ist rechtlich ungeklärt, ob die in dieser Vorschrift den Mitgliedsstaaten eingeräumte Befugnis zur Festlegung von Bedingungen und Beschränkungen es erlaubt, sonstige Glücksspiele mit Geldeinsatz, zu denen auch Geldspielautomaten gehören, insgesamt von der Steuerbefreiung auszunehmen und damit die Steuerbefreiung zur Ausnahme statt zur Regel zu machen.
- Verfahren zu den Geldspielautomatenumsätzen sind weiter offen zu halten.

3.3.3 Keine belastende Wirkung der MwStSystRL im Verhältnis der Bürger untereinander

Ebenso wie eine unmittelbare Wirkung einer nicht umgesetzten RL, den Bürger im Verhältnis zum Staat nicht belasten darf, kann die unmittelbare Wirkung einer staatlicherseits pflichtwidrig nicht umgesetzten RL auch nicht die **Bürger in ihrem Verhältnis untereinander** nachteilig treffen. Denn auch in dieser Konstellation trifft den Bürger keine Verantwortung für die Nichtumsetzung der RL. Dieses stellte der EuGH im Urteil vom 14.07.1994 (Rs. C-91/92, Paola Faccini Dori, Slg. 1994, 3225) klar. 16

Sachverhalt des Besprechungsurteils (EuGH, Fall »Dori«):
Vor dem Hauptbahnhof von Milano spricht ein Straßenhändler Frau Dori an. Diese bestellt darauf kurzerhand bei ihm einen Sprachkurs. Als sie sich zu Hause besinnt, möchte sie das Geschäft rückgängig machen. Die europäische RL sieht einen solchen Widerruf bei Haustüre und Straßengeschäften vor. Die RL 88/557/EWG sieht einen solchen Widerruf bei »Haustür- und Straßengeschäften« vor, ist jedoch vom italienischen Gesetzgeber pflichtwidrig nicht in nationales Recht umgesetzt worden.

Würde die nicht umgesetzte RL eine unmittelbare Wirkung entfalten, wären der Straßenhändler und/oder das den Sprachkurs vertreibende Unternehmen durch die Möglichkeit des Widerrufs des Geschäfts benachteiligt. Das darf nicht sein, da beiden Beteiligten nicht der Vorwurf der nur verspäteten oder nicht erfolgten Umsetzung der RL gemacht werden kann. Der EuGH verneint daher eine unmittelbare Wirkung pflichtwidrig nicht umgesetzter europäischer RL auch im Verhältnis des Bürgers zu einem anderen Bürger **(horizontales Verhältnis)**. Frau Dori kann daher keine Rechte aus der nicht umgesetzten RL herleiten. Sie durfte somit den Kauf des Sprachkurses nicht widerrufen und musste ihn auch vollständig bezahlen (Krimphove, Europarecht Basiswissen, 29). 17

TIPP
Es gibt keine belastende Wirkung einer pflichtwidrig nicht umgesetzten europäischen RL zum Nachteil des Bürgers. Weder der Staat (»vertikales Verhältnis«) noch ein anderer Bürger (»horizontales Verhältnis«) können sich zu Lasten eines Bürgers auf eine vermeintliche unmittelbare Wirkung einer nicht umgesetzten europäischen RL berufen.

3.4 Der »europäische Schadenersatzanspruch«

Das Ergebnis im Fall Dori (vgl. Rn. 17) erscheint zunächst unbefriedigend; denn nun trüge doch wieder ein Bürger einen Schaden aus dem Versäumnis eines Mitgliedstaates. Der EuGH korrigiert dieses Ergebnis und gibt dem Bürger, der nun durch die Nichtumsetzung der RL geschädigt ist, einen eigenen Schadenersatzanspruch gegenüber dem pflichtwidrig nicht umsetzenden Staat. 18

CHECKLISTE
Dieser Schadenersatzanspruch hat folgende Voraussetzungen:
1. Ein Mitgliedstaat der Europäischen Gemeinschaft hat
2. eine europäische RL
3. pflichtwidrig (auf ein Verschulden kommt es nicht an, vgl. EuGH vom 05.03.1996, Rs. C-46/93, brasserie du pêcheur, Slg. I 1996, 1029 Rn. 78 ff.)
4. in der hierfür vorgeschriebenen Zeit (i. d. R. zwei bis drei Jahre)
5. nicht in seine nationales Recht umgesetzt.
6. Die europäische RL erhält eine inhaltlich hinreichend bestimmte Norm,

7. die dem Bürger einen eigenen unmittelbaren Anspruch i. S. einer eigenen Rechtsposition gewährt.
8. Dieser Anspruch ist nicht vom Eintritt weiterer Bedingungen abhängig (6–8 = self executing norm).
9. Dem Bürger ist ein Schaden entstanden.
10. Die Nichtumsetzung der RL ist für den Eintritt des Schadens und seiner Höhe ursächlich.

(Checkliste nach Krimphove, Europarecht Basiswissen, 30; vgl. auch Lohse, UR 2003, 182 Abschnitt I)

19 Im Fall Dori (vgl. Rn. 17) hat der EuGH Frau Dori einen Schadenersatzanspruch i. H. d. Kaufpreises für den Sprachkurs gegenüber dem italienischen Staat zugesprochen. Denn Italien hat die RL, die Frau Dori bei deren pflichtgemäßer Umsetzung einen eigenen, unbedingt und auch hinreichend bestimmten Anspruch auf Widerruf dieses »Haustürgeschäftes« einräumte, nicht – wie es seine Pflicht gewesen wäre – in der hierfür vorgeschriebenen Umsetzungsfrist in nationales Recht umgesetzt. Den Schaden, den Frau Dori bei der ganzen Sache hatte, ist der Kaufpreis, den sie – wegen der Nichtumsetzung der RL – nun an den Händler oder den Hersteller zahlen muss. Dieser Schaden ist auch durch die Nichtumsetzung der RL verursacht. Zu weiteren Hinweisen auf die Rspr. des EuGH vgl. Krimphove, Europarecht Basiswissen, 31.

TIPP

Bei der Überprüfung von Sachverhalten nicht umgesetzte RL geht der EuGH in zwei Schritten vor:

1. Zunächst verneint der EuGH eine unmittelbar den Bürger (im horizontalen Verhältnis) belastende unmittelbare Wirkung der RL.
2. Dann spricht der EuGH demjenigen Bürger, zu dessen Gunsten die europäische RL (Schutz-)Rechte beinhaltet, einen Schadenersatzanspruch zu.

Bei dieser Vorgehensweise ändert sich die Qualität des Bürgeranspruchs; von einem – in der RL ausgedrückten – Leistungs- oder Unterlassensanspruch wandelt er sich in einen Schadenersatzanspruch.
Einen Fall mit Musterlösung enthält die CD zu dem Werk von Krimphove, Europarecht Basiswissen.

20 Die vorstehenden Gedanken der Schadenersatzrechtsprechung überträgt der EuGH (EuGHMR, Urteil vom 16.04.2002, Nr. 36.677/97, S. A. Dangeville ./. Frankreich, Fundstelle: http://curia.europa.int [Homepage des EuGH]) auf die Mehrwertsteuer. Im Urteil vom 16.04.2002 wurde der Klägerin ein **Entschädigungsanspruch dem Grunde nach** wegen rechtskräftig verweigerter Erstattung richtlinienwidrig erhobener Mehrwertsteuer zuerkannt.

Sachverhalt des Besprechungsurteils (EuGH, Fall »Dangeville«):

Die Klägerin (S. A. Dangeville) führte im Jahre 1978 in Frankreich Umsätze aus, für die der französische Gesetzgeber noch nicht die nach der 6. EG-RL vorgeschriebene Steuerfreiheit übernommen hatte.
Eine Klage auf Rückzahlung der zunächst entrichteten Mehrwertsteuer hatte in letzter Instanz beim französischen Staatsgerichtshof (Conseil d'Etat) keinen Erfolg. Dieser vertrat in seiner Entscheidung vom 19.03.1986 die Auffassung, dass es dem Bürger nicht möglich sei, sich unmittelbar auf eine EG-RL zu berufen, wenn eine Vorschrift nationalen Rechts entgegenstehe (hierzu Klenk, UVR 1993, 193).
Durch eine Verwaltungsanordnung hatte Frankreich im Urteilszeitpunkt bereits darauf verzichtet, Mehrwertsteuer auf Umsätze zu erheben, die denen der Klägerin entsprachen und im Streitjahr ausgeführt worden waren. Auf eine zweite Klage der Klägerin hin verurteilte der französische Verwaltungsgerichtshof (cour administrative d'appel) den französischen Staat daher zur Erstattung der auf die Umsätze entfallenden Mehrwertsteuer. Dieses Urteil hob der Staatsgerichtshof wegen »gegenentgegenstehender Rechtskraft« in seinem Urteil vom 30.10.1996 wieder auf.
Die Klägerin machte daraufhin vor dem EuGHMR eine Verletzung ihres durch Art. 1 Zusatzprotokoll EMRK geschützten Eigentumsrechts geltend.

21 Der EuGHMR gab der Klage statt. Die Forderung der Klägerin gegenüber dem Staat über die zu Unrecht abgeführte Mehrwertsteuer sei ein Vermögenswert und somit dem Wesen nach Eigentum. Dieses Eigentum sei sowohl durch das Unterlassen des französischen Gesetzgebers als auch durch die letztlich erfolglosen Vorverfahren und das Fehlen innerstaatlicher Rechtsmittel, die einen ausreichenden Schutz des Rechts auf Achtung ihres Eigentums ermöglichen, unverhältnismäßig

und damit rechtswidrig beeinträchtigt worden. Auf Grund dieser Erwägungen wurden der Klägerin gem. Art. 41 EMRK sowohl **Schadenersatz** als auch **Kosten- und Auslagenersatz** zugesprochen (ausführlich zum Urteil Lohse, UR 2003, 182, Abschn. II).

Zur **Höhe eines möglichen Schadenersatzanspruchs** gibt das – allerdings nicht zur USt ergangene – EuGH vom 08.03.2001 (Rs. C-397/98, C-410/98, Metallgesellschaft u.a., EuGHE 2001 I-727) folgende Eckdaten vor (vgl. Lohse, UR 2003, 182, Abschnitt III): der Anspruch umfasst 22

- die richtlinienwidrig erhobene **Steuer**;
- den **Ausgleich anderer finanzieller Nachteile** (insbes. Verzinsung von Erstattungsforderungen);
- die **Kosten und Auslagen der Rechtsverfolgung**;
- die **Steuerberatungskosten** nebst Zinsen für ein erfolgreich abgeschlossenes (unnötiges) Einspruchsverfahren.

Das Gemeinschaftsrecht lässt als **Verfahren** mit dem Ziel der Erstattung richtlinienwidrig entrichteter Mehrwertsteuerbeträge sowohl die Anfechtung der Steuerfestsetzung (Erstattungsklage) als auch die Haftungsinanspruchnahme des Staates (Schadenersatzklage) zu; die Entscheidung über das richtige Rechtsmittel obliegt den Klägern (EuGH vom 08.03.2001, Rs. C-397/98, C-410/98, Metallgesellschaft u. a., EuGHE 2001 I-727). 23

Da Gemeinschaftsregelungen über die Erstattung rechtsgrundlos erhobener nationaler Abgaben fehlen, ist es Sache der **innerstaatlichen Rechtsordnung der einzelnen Mitgliedstaaten**, die zuständigen Gerichte zu bestimmen und die Verfahrensmodalitäten der Klage zu regeln, die den Schutz der dem Einzelnen aus dem Gemeinschaftsrecht erwachsenen Rechte Gewähr leisten sollen. Dabei ist zu beachten, dass die Verfahrensmodalitäten nicht weniger günstig ausgestaltet sind als die entsprechender innerstaatlicher Klagen **(Äquivalenzgrundsatz)** und die Ausübung der durch die Gemeinschaftsrechtsordnung verliehenen Rechte nicht praktisch unmöglich gemacht oder übermäßig erschwert wird (**Effektivitätsgrundsatz**, EuGH vom 11.07.2002, Rs. C-62/00, Marks Spencer, Rz. 34, UR 2002, 436). 24

Die Verweisung auf das nationale Recht führte bei einem durch Amtspflichtverletzung begründeten Schadenersatzanspruch in **Deutschland** wohl zu **Art. 34 GG i.V.m. § 839 BGB** und damit zu den **Zivilgerichten**. Nicht nur wegen des auch als Subsidiaritätsklausel zu verstehenden § 839 Abs. 3 BGB, sondern auch wegen der Fachkompetenz der Steuergerichte empfiehlt es sich, vorab die Möglichkeiten des **steuerrechtlichen Verfahrensrechts auszuschöpfen**. Dazu gehören nicht nur das Steuerfestsetzungs- und Rechtsbehelfsverfahren, sondern auch die Billigkeitsmaßnahmen nach §§ 163, 227 AO. Soweit Steuerfestsetzungen nicht mehr im Festsetzungs- oder Rechtsbehelfsverfahren änderbar sind, eignen sich diese Billigkeitsmaßnahmen häufig besser zur Wiedergutmachung, insbesondere zur Erstattung richtlinienwidrig erhobener Steuern, als eine Schadenersatzklage. Dabei ist zu beachten, dass sich für eine gemeinschaftsrechtlich gebotene Erstattung das i.R. v. Billigkeitsmaßnahmen regelmäßig auszuübende Ermessen auf Null reduziert. Die deutschen **Ausschlussfristen für die Rechtsverfolgung** widersprechen dem Effektivitätsgrundsatz nicht; letzterer ist vielmehr i. R. d. § 110 AO als besonderer, gemeinschaftsrechtlich erforderlicher Wiedereinsetzungsgrund zu berücksichtigen (zu den Verfahrensfragen ausführlich Lohse, UR 2003, 182, Abschn. III). 25

3.5 Interpretation ohne Rückgriff auf das nationale Recht

3.5.1 Allgemeines

26 Der EuGH hatte in einem deutschen Vorlageverfahren (Urteil vom 16.01.2003, Rs. C-31.500, Rudolf Maierhofer, UR 2003, 86) den Begriff der »Vermietung von Grundstücken« zu beurteilen. In Deutschland war es bislang üblich, im Hinblick auf den Grundsatz der »Einheitlichkeit der Rechtsordnung« hierzu auf das Zivilrecht zurückzugreifen (vgl. z. B. Abschn. 76 Abs. 1 UStR 2000). Diesem Gedanken erteilte der EuGH eine klare Absage. Der Begriff der »Vermietung von Grundstücken« sei ein **eigenständiger Begriff des Gemeinschaftsrechts** (vgl. bereits EuGH, Urteil vom 03.02.2000, Rs. C-12/98, Amengual Far, UR 2000, 123) und daher vom Zivilrecht der Mitgliedstaaten unabhängig und unter Berücksichtigung von

- **Wortlaut,**
- **Regelungszusammenhang** und
- **Zielen** des Art. 13 Teil B Buchst. b der 6. EG-RL

zu finden (vgl. EuGH vom 14.10.1999, Rs. C-23/98, Adidas, EuGHE 1999 I 7081, Rz. 23; EuGH vom 14.06.2001, Rs. C-191/99, Kvaerner, EuGHE 2001 I 4447, Rz. 30).

TIPP
Die Besprechungsurteile verdeutlichen, dass die Auslegung des Gemeinschaftsrechts losgelöst von nationalen Rechtsvorgaben zu erfolgen hat.

3.5.2 Besonderheiten der »Zahlungen am Ende des Leasing«

27 Verpflichtet sich der Leasingnehmer im Leasingvertrag, für am Leasingfahrzeug durch eine nicht vertragsgemäße Nutzung eingetretene Schäden nachträglich einen Minderwertausgleich zu zahlen, ist diese Zahlung beim Leasinggeber nicht der Umsatzsteuer zu unterwerfen (BFH vom 20.03.2013, Az: XI R 6/11, BStBl II 2014, 206). Der BFH schlägt sich damit in dem seit Langem zwischen Zivilrechtsprechung (z. B. BGH vom 14.03.2007, Az: VIII ZR 68/06, UR 2007, 416; BGH vom 18.05.2011, Az: VIII ZR 260/10, BFH/NV 2011, 1647; LG München I vom 07.08.2008, Az: 34 S 24052/07, NWB 2008, 4703; OLG Stuttgart vom 08.12.2009, Az: 6 U 99/09, rkr., ASR 2/2010, 6; OLG Stuttgart vom 05.10.2010, Az: 6 U 115/10, rkr., DStR 45/2010, Vorblatt X) einerseits und Finanzverwaltung (Abschn. 1.3 Abs. 17 UStAE; BMF vom 20.02.2006, Az: IV A 5 – S 7100 – 23/06, BStBl I 2006, 241; BMF vom 22.05.2008, Az: IV B 8 – S 7100/07/10007, BStBl I 2008, 632; OFD Karlsruhe, Vfg. vom 16.02.2010, Az: S 7100, DB 2010, 984) andererseits schwelenden Streit auf die Seite der Zivilrechtsprechung:

Beispiel:
Ein Autohaus errechnet sich für das Ende eines Leasingvertrages einen (Netto-) Minderwertausgleich i. H. v. 2000 €.

Lösung:
Nach Auffassung des BMF sind gegenüber dem Kunden 2000 € zzgl. 380 € Umsatzsteuer abzurechnen, da der Minderwertausgleich für das Autohaus zu einem »normalen« Umsatz führt.
Nach Auffassung des BGH sind gegenüber dem Kunden lediglich 2000 € abzurechnen, da der Minderwertausgleich als Schadenersatz außerhalb eines Umsatzgeschäfts gezahlt wird.
Rechnet das Autohaus dann – etwa nach dem Urteil eines Zivilgerichts – den Minderwertausgleich netto ab, rechnet das Finanzamt aus dem vermeintlichen Netto die Umsatzsteuer heraus:
$2000\,€ : 1{,}19 \times 0{,}19 = 319{,}33\,€$
Dem Autohaus verbleiben damit als Minderwertausgleich lediglich 2000 € ./. 319,33 € = 1680,67 €!

Der BFH bestätigt das Urteil des FG (Niedersächsisches FG vom 02.10.2012, Az: 5 K 224/09, EFG 2011, 1020), wonach der leasingtypische Minderwertausgleich nicht der Umsatzsteuer unterliegt. Nach Auffassung des BFH fehlt insoweit der für einen Leistungsaustausch erforderliche unmittelbare Zusammenhang zwischen Leistung und Gegenleistung, weil der Ausgleichszahlung objektiv keine eigenständige Leistung des Leasinggebers gegenübersteht. Der Leasingnehmer schuldet insoweit also kein Entgelt für eine vereinbarte Leistung; er leistet vielmehr **Ersatz für einen Schaden**, der seine Ursache in einer nicht mehr vertragsgemäßen Nutzung des Fahrzeugs hat. 28

HINWEIS

Das **BMF** hat den UStAE unter Berücksichtigung einer Übergangsfrist entsprechend angepasst (BMF vom 06.02.2014, BStBl I 2014, 267) Abschn. 1.3 Abs. 17 lautet nunmehr (Änderungen = fett): »[1]Für die Beurteilung von Ausgleichszahlungen im Zusammenhang mit der Beendigung von Leasingverträgen ist entscheidend, ob der Zahlung für den jeweiligen ‚Schadensfall' eine mit ihr eng verknüpfte Leistung gegenübersteht. [2]Verpflichtet sich der Leasingnehmer im Leasingvertrag, für am Leasinggegenstand durch eine nicht vertragsgemäße Nutzung eingetretene Schäden nachträglich einen Minderwertausgleich zu zahlen, ist diese Zahlung beim Leasinggeber als Schadensersatz nicht der Umsatzsteuer zu unterwerfen (vgl. BFH-Urteil vom 20.3.2013, XI R 6/11, BStBl 2014 II S. 206). [3]Ausgleichzahlungen, die darauf gerichtet sind, Ansprüche aus dem Leasingverhältnis an die tatsächliche Nutzung des Leasinggegenstandes durch den Leasingnehmer anzupassen (z. B. Mehr- und Minderkilometervereinbarungen bei Fahrzeugleasingverhältnissen) stellen hingegen je nach Zahlungsrichtung zusätzliches Entgelt oder aber eine Entgeltminderung für die Nutzungsüberlassung dar. [4]Dies gilt entsprechend für Vergütungen zum Ausgleich von Restwertdifferenzen in Leasingverträgen mit Restwertausgleich. [5]Nutzungsentschädigungen wegen verspäteter Rückgabe des Leasinggegenstandes stellen ebenfalls keinen Schadensersatz dar, sondern sind Entgelt für die Nutzungsüberlassung zwischen vereinbarter und tatsächlicher Rückgabe des Leasinggegenstandes. [6]Soweit bei Kündigung des Leasingverhältnisses Ausgleichszahlungen für künftige Leasingraten geleistet werden, handelt es sich um echten Schadensersatz, da durch die Kündigung die vertragliche Hauptleistungspflicht des Leasinggebers beendet und deren Erbringung tatsächlich nicht mehr möglich ist. [7]Dies gilt nicht für die Fälle des Finanzierungsleasings, bei denen eine Lieferung an den Leasingnehmer vorliegt, vgl. Abschnitt 3.5 Abs. 5.«

3.6 Umsatzsteuerrecht der anderen EU-Mitgliedstaaten

Das Umsatzsteuerrecht der EU-Mitgliedstaaten ist weitgehend harmonisiert (vgl. Rn. 5 ff.). Kompetente und haftungsfreie Umsatzsteuerberatung setzt daher neben der umfassenden Kenntnis des jeweiligen nationalen Umsatzsteuerrechts auch immer die Kenntnis der europarechtlichen Rahmenbedingungen voraus (Strunk, Stbg 8/2004 Editorial; Weimann, UStB 2004, 335). 29

3.6.1 Kenntnis der EU-ausländischen Gesetzesfassungen

Wer die MwStSystRL anwendet, muss sich – wie allgemein bei der Anwendung von Gemeinschaftsrecht – bewusst sein, dass ihr Inhalt nicht allein durch die deutsche Sprachfassung bestimmt werden kann. Nach ständiger EuGH-Rechtsprechung verbietet es die Notwendigkeit einer einheitlichen Auslegung des Gemeinschaftsrechts, eine Bestimmung für sich allein zu betrachten. Der Rechtsanwender ist vielmehr dazu gezwungen, die Bestimmung unter Berücksichtigung ihrer Fassungen in den anderen Amtssprachen auszulegen. So ist dem Umstand Rechnung zu tragen, dass die Vorschriften des Gemeinschaftsrechts in mehreren Sprachen abgefasst sind und dass die verschiedenen sprachlichen Fassungen gleichermaßen verbindlich sind. Die Auslegung einer gemeinschaftsrechtlichen Vorschrift erfordert somit einen Vergleich der 30 sprachlichen Fassungen. Dabei erscheint die Beschränkung auf drei (etwa die deutsche, englische und französische) Fassungen ausreichend; es ist kaum vorstellbar, dass ein aus diesen Sprachfassungen gewonnenes Auslegungsergebnis durch die derzeit zusätzlich geltenden 20 Sprachfassungen noch in Zweifel gezogen werden kann (Lohse/Peltner, 2007, Einführung, Anm. 28.; Weimann, UStB 2007, 301).

31 Der Gemeinschaftsgesetzgeber hat der Verbindlichkeit aller Sprachfassungen bei der Neukodifizierung Rechnung getragen und in einzelnen Sprachfassungen **zweifelhafte Formulierungen der 6. EG-RL** an die übrigen Sprachfassungen **angeglichen**. Die deutsche Sprachfassung ist insofern davon betroffen, dass die in Art. 13 Teil A Abs. 1 Buchst. a der 6. EG-RL von der Steuerbefreiung der Post ausgenommenen Dienstleistungen des »Fernmeldewesens« in Art. 13 Teil A Abs. 1 Buchst. a der 6. EG-RL als »Telekommunikationsdienstleistungen« bezeichnet werden. In Abschnitt 4.4.1.4 der Neufassungsbegründung hat die Kommission dazu folgende Erklärung gegeben: »Aus Gründen der Übereinstimmung mit den anderen Sprachversionen muss überall der gleiche Ausdruck verwendet werden.« Da der Telekommunikationsbegriff auch »ansonsten verwendet wird«, sei er zur gegenseitigen Angleichung »am besten geeignet«. Der Umfang der in § 4 Nr. 11b UStG befreiten Postdienstleistungen wird dadurch nicht berührt (Lohse/Peltner, 2007, Einführung, Anm. 28.; Weimann, UStB 2007, 301).

3.6.2 Kenntnis der aus dem EU-Ausland anhängigen EuGH-Verfahren

32 Unabdingbar ist auch die Kenntnis der EuGH-Verfahren. Dabei ist zu beachten, dass nicht nur Verfahren betrachtet werden dürfen, die das deutsche Umsatzsteuerrecht unmittelbar betreffen, sondern auch solche zum ausländischen Umsatzsteuerrecht, bei denen Gegenstand der Prüfung Regelungen sind, die in identischer oder sehr ähnlicher Form auch in Deutschland zur Anwendung gelangen.

33 Zunächst muss sich der Berater mit dem Inhalt der zum ausländischen Umsatzsteuerrecht beim EuGH anhängigen Verfahren vertraut machen und dabei einschätzen, ob und inwieweit sich diese Verfahren auf »seinen Fall« auswirken und mit Maßnahmen des deutschen Gesetzgebers oder der deutschen Finanzverwaltung zu rechnen ist. Ausgangspunkt der Betrachtung sollte immer die **offizielle Verfahrensübersicht des BFH** sein (www.bundesfinanzhof.de/Anhängige Verfahren/Anhängige Revisionsverfahren online/Suchbegriff »EuGH«). Daneben erleichtert auch die Fachliteratur diese Arbeit mit diversen Verfahrensübersichten.

TIPP
Im Hinblick auf die Informationspflicht des Beraters sollten wichtige Erkenntnisse zum europäischen Umsatzsteuerrecht – wie die zu allen anderen Beratungsgebieten auch – gegenüber der Mandantschaft kommuniziert werden und etwa in Mandantenrundschreiben eingehen.

34 In Verfahren vor der Finanzverwaltung oder den Finanzgerichten ist es zwingend erforderlich, dass der Steuerpflichtige wie bzw. sein Berater sich ausdrücklich **auf die Verletzung Europäischen Rechts berufen**, wenn z. B. im Hinblick auf die »Bürgerwirkung der MwStSystRL« Aussicht auf eine günstigere Entscheidung besteht (vgl. Rn. 10 ff.). Außerdem ist im Einzelfall anzuraten, unter Hinweis auf die anhängigen Verfahren vor dem EuGH eine **Aussetzung der Vollziehung** zu beantragen (vgl. § 363 Abs. 2 AO).

TIPP
An dieser Stelle soll allerdings davor gewarnt werden, zum Teil in der Literatur vertretene – eher »radikal« erscheinende – Beurteilungen unmittelbar in die eigene Beratung zu übernehmen. Auch wenn den Autoren solcher Beurteilungen in der Sache oftmals (ansatzweise) zuzustimmen ist, so ist doch häufig absehbar, dass der EuGH diese Auffassungen ohne Schaden für die Mitgliedstaaten nicht teilen kann und daher auch nicht teilen wird!

Eindrucksvoll verdeutlichte sich die hier angesprochene Problematik am damaligen Rechtsstreit in Österreich bzgl. der **UMTS-Lizenzen** (hierzu Weimann, UStB 2004, 335 und UVR 2004, 88). Der Vollständigkeit halber ist darauf hinzuweisen, dass der EuGH vermehrt auch bei den **direkten Steuern** nationale Vorschriften als gemeinschaftsrechtswidrig qualifiziert und dem klagenden Steuerpflichtigen einen **unmittelbaren Rechtsanspruch auf diskriminierungsfreie steuerliche Behandlung** eröffnet. 35

3.6.3 Abweichungen von der deutschen Rechtsauffassung (bzw. von der Rechtsauffassung der deutschen Finanzverwaltung) offen legen

Abschließend ist auf die Problematik der **Steuerhinterziehung beim Verschweigen einer abweichenden Rechtsauffassung** hinzuweisen. Vermehrt wurde nach den damaligen Vorsteuerausschlüssen durch das Steuerentlastungsgesetz 1999/2000/2002 (vgl. dazu Weimann/Raudszus, INF 1999, 261) den Beratern im Fachschrifttum empfohlen, zu Gunsten des Mandanten direkt die aus der 6. EG-RL gewonnene Auslegungserkenntnis anzuwenden und auf die Abweichungen zu § 15 UStG nicht ausdrücklich hinzuweisen – ein fataler Fehler. Der BGH hat nämlich darauf erkannt, dass der Steuerbürger auch bei einer abweichenden (vertretbaren) Rechtsauffassung dazu verpflichtet ist, alle steuerlich erheblichen Tatsachen richtig und vollständig vorzutragen und es dem Finanzamt dadurch zu ermöglichen, die Steuer unter abweichender rechtlicher Beurteilung zutreffend festzusetzen (BGH, Urteil vom 10.11.1999, Az: 5 StR 221/99, www.hrr-strafrecht.de). Auch für Sachverhaltselemente, deren **rechtliche Relevanz objektiv zweifelhaft** ist, besteht eine Offenbarungspflicht; ansonsten sind die Angaben i.S.v. § 370 Abs. 1 Nr. 1 AO »unvollständig«. Der **vorsichtige Steuerberater** sollte daher fortan bei auch nur möglicherweise strittigen Rechtsfragen gegenüber der Finanzverwaltung sowohl in tatsächlicher als auch in rechtlicher Hinsicht möglichst viel vortragen, um sich abzusichern und sich so der Gefahr strafrechtlicher Konsequenzen zu entziehen. Voraussetzung für die Rechtsanwendung ist in jedem Fall eine umfassende, breit angelegte Kenntnis nicht nur der **aktuellen Rechtsprechung**, sondern auch der **finanzbehördlichen RL** und deren Umsetzung in den vorgelegten Erklärungen, gleichermaßen die Berücksichtigung der **momentanen Veranlagungspraxis** der Finanzverwaltung. Jede Abweichung hiervon birgt künftig bereits die Gefahr strafrechtlicher Vorwürfe. Dies gilt zumindest für Berufsangehörige; der Steuerpflichtige selbst wird sich mit dem Hinweis auf die an den Steuerberater vorgenommene Delegation steuerlicher Obliegenheiten vor dem Vorwurf der Steuerhinterziehung schützen können (Weimann, UStB 2007, 301). 36

3.7 Beschränkung der gesetzgeberischen Möglichkeiten durch die MwStSystRL

Immer wieder verursachen (Natur-)Katastrophen beträchtliche Schäden, die Solidarmaßnahmen erfordern. Diese unterstützt die Bundesrepublik Deutschland durch flankierende steuerliche Billigkeitsmaßnahmen (vgl. z.B. zum jüngsten Hochwasser BMF, Schreiben vom 21.06.2013, Az: IV C 4 – S 2223/07/0015 :008, BStBl I 2013, 769; zur Hungersnot in Ostafrika BMF vom 02.08.2011, Az: IV C 4 – S 2223/07/0015 :006, BStBl I 2011, 785; zur Japanhilfe BMF vom 16.05.2011, Az: IV C 4 – S 2223/07/0015 :005, BStBl I 2011, 560). 37

Die Billigkeitsmaßnahmen betreffen vor allem die **Ertragsteuern** sowie das Verfahrensrecht und gelten bis zum 28.02.2006. Das EU-Umsatzsteuerrecht dagegen kennt **keine Möglichkeit**, die es 38 einem Mitgliedstaat zur Bewältigung von Naturkatastrophen – wenn auch nur zeitlich und sachlich begrenzt – gestatten würde, von den verbindlichen Richtlinienvorschriften abzuweichen. Sachliche Billigkeitsmaßnahmen bei unentgeltlichen Zuwendungen aus einem Unternehmen nach § 3 Abs. 1b UStG sind daher ebenso wenig möglich wie eine Ausweitung der Steuervergütung nach § 4a UStG (Weimann, UidP, Kap. 18.2).

TIPP

1. Steuerberater müssen ihre Mandanten darauf hinweisen, dass sie im Fall der Sachspende neben der »reinen« Sacheinbuße grundsätzlich auch die zusätzliche Umsatzsteuerbelastung zu tragen haben.
2. Auch nach der Verwaltungsauffassung nicht steuerbar ist dagegen die Gewährung unentgeltlicher sonstiger Leistungen aus unternehmerischen Gründen. Hierunter fällt zum Beispiel die unentgeltliche Überlassung von Gegenständen, die im Eigentum des Zuwendenden verbleiben und die der Empfänger später den Zuwendenden zurückgeben muss (vgl. Abschn. 3.3 Abs. 10 Sätze 10 und 11 UStAE).

3.8 Unterschiedliche Behandlung einer Leistungsbeziehung bei leistendem Unternehmer und Leistungsempfänger

39 Leistender Unternehmer und Leistungsempfänger machen leider immer wieder die Erfahrung, dass die jeweils für sie zuständigen Finanzämter eine Leistungsbeziehung – z. B. hinsichtlich des Vorsteuerabzugs oder der Steuerschuldnerschaft nach § 13b UStG – umsatzsteuerlich unterschiedlich beurteilen.

3.8.1 Die Bedenken des FG Hamburg

40 Das FG Hamburg sah darin einen Verstoß gegen das **Gebot widerspruchsfreien Verwaltungshandelns**. Es hat daher beim EuGH angefragt, ob das EG-Recht die Nationalstaaten nicht dazu verpflichten kann, hier Abhilfe zu schaffen (FG Hamburg vom 20.04.2010, Az: 3 K 3/09, EFG 2010, 1170). Das FG hielt es für völlig inakzeptabel, dass die beiden jeweils für den Leistenden bzw. den Leistungsempfänger zuständigen Finanzbehörden einfach auf ihren unterschiedlichen Rechtsauffassungen zum Nachteil des Steuerpflichtigen beharren dürfen. Es fragte daher per Vorabentscheidungsersuchen beim EuGH an, ob das Gemeinschaftsrecht im Hinblick auf den **Neutralitätsgrundsatz** und die **unternehmerische Planungssicherheit** den einzelnen Nationalstaat nicht dazu verpflichtet, verfahrensrechtliche Vorkehrungen zu schaffen, um eine einheitliche Rechtsbeurteilung auch in solchen Fällen zu gewährleisten.

3.8.2 Die Reaktion des EuGH

41 **In das Urteil wurden von der Praxis hohe Erwartungen gesetzt – und leider enttäuscht!** Der EuGH betont, dass es nach ständiger Rechtsprechung mangels einer einschlägigen Unionsregelung Aufgabe des innerstaatlichen Rechts der einzelnen Mitgliedstaaten ist, u. a. die zuständigen Behörden zu bestimmen und die Modalitäten der Verfahren zu regeln, die den Schutz der dem Einzelnen aus dem Unionsrecht erwachsenden Rechte gewährleisten sollen, wobei diese Modalitäten jedoch

- nicht weniger günstig ausgestaltet sein dürfen als die entsprechender innerstaatlicher Rechtsbehelfe (**Äquivalenzgrundsatz**) und
- die Ausübung der durch die Unionsrechtsordnung verliehenen Rechte nicht praktisch unmöglich machen oder übermäßig erschweren dürfen (**Effektivitätsgrundsatz**).

Vgl. hierzu EuGH vom 26.01.2012, Rs. C-218/10, ADV Allround Vermittlungs AG in Liquidation, UR 2012, 175, Rz. 35. All diese Voraussetzungen würde das deutsche Recht erfüllen. 42

4 Umsatzsteuer-Anwendungserlass (UStAE)

Die Bundesregierung hatte am 22. 09./06.10.2010 beschlossen, 43

- die Umsatzsteuer-Richtlinien (UStR) 2008 aufzuheben und
- durch einen vom BMF in Abstimmung mit den Landesfinanzministerien herausgegebenen Umsatzsteuer-Anwendungserlass (UStAE) zu ersetzen.

Beides trat in Kraft m. W. v. **01.11.2010**. Mit Schreiben des BMF vom 01.10.2010 (Az: IV D 3 – S 7015/10/10002) wurde die »Verwaltungsregelung zur Anwendung des Umsatzsteuergesetzes – Umsatzsteuer-Anwendungserlass (UStAE)« herausgegeben (BStBl I 2010, 846).

Der bislang zwangsläufig feste Redaktionsschluss führte – verbunden mit dem Vier-Jahres-Turnus bei der Geltungsdauer – zu einer schnellen Überalterung der UStR. Aus diesem Grund hat die Finanzverwaltung geprüft, ob nicht – wie im Verfahrensrecht – die Umstellung auf einen Anwendungserlass sinnvoll wäre. Der Vorteil sind die wesentlich kürzere Aktualisierungszyklen.

Um die in der Praxis dringend benötigte Aktualität zu schaffen, kann der UStAE laufend ergänzt bzw. geändert werden. Damit kann zukünftig auch die aktuelle Rechtsprechung von EuGH, BVerfG und BFH schnell integriert werden. Die jeweils **tagesaktuelle (konsolidierte) Fassung** des UStAE ist **auf den Internetseiten des BMF abrufbar** (www.bundesfinanzministerium.de > Themen > Steuern > Steuerarten > Umsatzsteuer > Umsatzsteuer-Anwendungserlass).

Für Unternehmer und Steuerberater ist das Umsatzsteuerrecht ein Stück weit unberechenbarer geworden. Die laufenden **Änderungen** des UStAE müssen ständig im Blick behalten werden und sind **weniger auffällig**. 44

Obwohl der Erlass zum 01.11.2010 insgesamt neu war, sind materiell-rechtliche Änderungen und Ergänzungen gegenüber den UStR 2008 leicht zu erkennen, da diese durch Fettdruck hervorgehoben sind. Das gilt allerdings nicht für aufgehobene Textpassagen; diese zu erkennen wird im Zweifel die Synopse des UStAE mit den UStR 2008 erfordern.

Der UStAE bindet als allgemeine Verwaltungsvorschrift (vgl. Art. 108 Abs. 7 GG) ausschließlich die Finanzbehörden und nicht den BFH und die Finanzgerichte. Unternehmer und Steuerberater sollten daher ggf. auch abweichende Auffassungen durchzusetzen versuchen.

Der UStAE gilt grundsätzlich nur für Umsätze, die nach dem 31.10.2010 – und damit nach Bekanntgabe der neuen Vorschriften – ausgeführt werden (vgl. Abschn. 29.2 UStAE). Die meisten Regelungen erläutern jedoch nur eine bereits vor diesem formellen Anwendungszeitraum bestehende Rechtslage. Der Blick in den UStAE verdeutlicht m. a. W. auch die Verwaltungsauffassung für vorherige Zeiträume, weshalb insoweit nach Möglichkeit die Fundstellen der den Änderungen zu Grunde liegenden BMF-Schreiben angegeben werden. 45

Vertrauensschutz besteht im Hinblick auf verschärfende Neuregelungen. Diese sind erst ab dem Inkrafttreten anzuwenden. Im Streitfall kann sich der Unternehmer für Altjahre auf die günstigeren Regelungen der UStR 2008 berufen.

Bei Dauersachverhalten u. Ä. empfiehlt es sich, neben den Fundstellen im UStAE auch die bisherige Richtlinien-Fundstelle anzugeben, wobei die Darstellung so erfolgen sollte, dass die alten Richtlinien-Fundstellen in Klammern hinter die Fundstellen des UStAE gesetzt werden:

Beispiel:
Abschn. 13b.1 Abs. 2 S. 1 Nr. 4 UStAE (bis 31.10.2010: Abschn. 182a Abs. 2 S. 1 Nr. 4 UStR 2008).

5 Wesensmerkmale der Umsatzsteuer

46 Die USt gehört zu den **Objektsteuern**, da sie sich nach bestimmten Merkmalen des Steuergegenstandes bemisst und grundsätzlich keine Rücksicht auf persönliche Verhältnisse nimmt.

Da sie einen wirtschaftlichen Verkehrsvorgang, nämlich den Umsatz, der Besteuerung unterwirft, zählt sie zu den **Verkehrsteuern**.

Verfahrensmäßig ist die USt eine **Veranlagungssteuer**, und zwar nach dem Prinzip der Selbstveranlagung des § 18 UStG.

Nach ihrer Belastungswirkung ist die USt eine **allgemeine Verbrauchsteuer**, da sie auf die steuerliche Belastung der Einkommens- und Vermögensverwendung abzielt, ohne jedoch zu den Verbrauchsteuern i. S. d. AO zu gehören.

Sie zählt, da der Unternehmer die Steuer über den Preis auf den Leistungsempfänger abwälzt, zu den **indirekten Steuern**. Der Steuerschuldner ist in der Regel Unternehmer (§ 13 Abs. 2 UStG), der Steuerträger, da er wirtschaftlich belastet ist, der Verbraucher ohne Vorsteuerabzug, also der private Letztverbraucher.

47 Die **Gesetzgebungshoheit** über die USt hat der Bund (Art. 105 Abs. 2 GG; konkurrierende Gesetzgebung).

Die USt ist eine sog. **Gemeinschaftssteuer**, d.h. ihr Aufkommen steht dem Bund und den Ländern gemeinsam zu (Art. 106 Abs. 3 S. 1 GG). Seit dem 01.01.1998 sind auch die Gemeinden am Umsatzsteueraufkommen mit 2,2 % beteiligt. Für die restlichen 97,8 % beträgt der Bundesanteil 50,5 % und der Landesanteil 49,5 %. Im Jahr 2012 betrug das Umsatzsteueraufkommen 194,6 Mrd. EUR; das waren ca. 30 % des Gesamtsteueraufkommens (600 Mrd. EUR).

Verwaltet, d.h. festgesetzt, erhoben und ggf. beigetrieben wird die USt von den **Landesfinanzbehörden** (Art. 108 Abs. 2 und 3 GG). Zuständig sind nach § 17 Abs. 2 Finanzverwaltungsgesetz (FVG) die Finanzämter. Zur örtlichen Zuständigkeit vgl. § 21 AO.

48 Die USt zählt ferner, da sie bei der Gewinnermittlung als Betriebsausgabe abzugsfähig ist, zu den **Betriebssteuern**.

Die USt erfasst Umsätze auf sämtlichen Wirtschaftsstufen (Erzeugung, Großhandel, Einzelhandel); sie wird daher als **Allphasen-Steuer** bezeichnet.

Da die Steuer nach dem vom jeweiligen Leistungsempfänger aufgewendeten Kaufpreis ohne USt (Entgelt) berechnet (Bemessungsgrundlage) wird (vgl. § 10 Abs. 1 S. 1, 2 UStG), spricht man von einer **Nettoumsatzsteuer**.

Der Unternehmer kann von seiner eigenen Steuerschuld die ihm von anderen Unternehmern für Leistungen an sein Unternehmen (Eingangsumsätze) gesondert in Rechnung gestellte USt als

Vorsteuer von seiner Steuerschuld abziehen (vgl. §§ 14, 15, 16 Abs. 2 UStG). Es handelt sich somit um eine **Allphasen-Netto-Umsatzsteuer mit Vorsteuerabzug**.

Dadurch, dass der Unternehmer die USt für den eigenen Umsatz auf den Leistungsempfänger abwälzen kann und die USt, die ihm von seinen Lieferanten in Rechnung gestellt wurde (Vorsteuer), von seiner eigenen USt abziehen kann, ist die USt **wettbewerbsneutral**.

TIPP

Die USt ist im Allgemeinen **kein Kostenbestandteil**, der in die Kalkulation eines Unternehmens eingeht.

Die USt stellt somit im Ergebnis eine **Einzelhandelssteuer** dar, die jedoch aus wirtschaftlichen, 49
fiskalischen, steuertechnischen und psychologischen Gründen so gestaltet wurde, dass sämtliche Unternehmer (Erzeuger, Großhandel, Einzelhandel) in den Besteuerungsprozess eingeschaltet werden und somit eine Unterteilung des Zahlungsvorgangs erfolgt.

6 Stellung der Umsatzsteuer im deutschen Steuerrechtssystem

Die USt ist gemessen am Steueraufkommen neben der Einkommensteuer (in all ihren Erhebungs- 50
formen) die bedeutendste Steuerart (vgl. Steuerspirale 2012, NWB 2013, 2450).

Zugleich erweist sie sich als **besonders kostengünstige Form der Steuererhebung** (vgl. Hacke, VDI-Nachrichten Nr. 34 vom 22.08.2003, 12). Ca. 15 Mrd. EUR p.a. kostet derzeit die deutsche Steuererhebung. Zu diesem Ergebnis kommt das Rheinisch-Westfälische Institut für Wirtschaftsforschung (RWI), das im Auftrag des BMF die Erhebungskosten ermittelt und analysiert hat. Jeder »Steuer-Euro« verursacht danach durchschnittlich 5 Cent Verwaltungs-, Beratungs- und Gerichtskosten. Dabei erweist sich das Selbstveranlagungssystem der Umsatzsteuer als das kostengünstigste. Die Studie weist zutreffend darauf hin, dass die Steuererhebungskosten über die Steuerzahllast hinaus gesamtwirtschaftliche Ressourcen beansprucht, die für andere öffentliche wie für private Investitionen verloren gehen.

Verwaltungs- und Gerichtskosten auf der einen, Steuerberatungskosten und Zeitaufwand auf 51
der anderen Seite: die Vollzugskosten für die Steuererhebung werden größtenteils vom Steuerzahler direkt getragen und belaufen sich im Durchschnitt auf 4,7 % der Steuereinnahmen oder mit anderen Worten auf etwa 5 Cent pro Steuer-Euro. So summieren sich etwa die Ausgaben bei der Einkommensteuer auf Seiten der Steuerzahler auf 3,4 % und auf Seiten der Finanzverwaltung 2,2 %. Als wesentlich kostengünstiger erweist sich die Umsatzsteuer. Die Steuerzahler wenden hier 2,6 % des Steueraufkommens für Steuererklärung und -beratung auf; die Verwaltungskosten betragen lediglich 0,5 % der Steuereinnahmen.

	Verwaltungskosten		Befolgungskosten (Steuerzahler)		Vollzugskosten insgesamt	
	in Mrd. €	in %	in Mrd. €	in %	in Mrd. €	in %
USt	0,613	0,5	3,118	2,6	3,731	3,1
ESt	3,731	2,2	5,725	3,4	9,456	5,6
KöSt	0,460	5,0	0,460	5,0	0,920	10,0
GewSt	0,255	1,2	0,817	3,8	1,072	5,0
KfzSt	0,204	2,9	0,102	1,4	0,306	4,3
Summe	5,263	1,6	10,222	3,1	15,485	4,7

Aktuell: Zahlen der EU-Kommission aus 2017

Die vorgeschlagene Reform der Mehrwertsteuer (vgl. Rz. 62 ff.) soll das System für Unternehmen einfacher machen und es den europäischen Unternehmen ermöglichen, alle Vorteile des Binnenmarktes zu nutzen und auf den Weltmärkten zu bestehen. Grenzüberschreitend tätige Unternehmen haben derzeit um 11 % höhere Kosten für die Vorschrifteneinhaltung als nur im Inland tätige Unternehmen (Hacke, a. a. O.) Diese **Kosten** dürften durch die Vereinfachung und Modernisierung des Mehrwertsteuersystems um **schätzungsweise 1 Milliarde €** verringert werden können.

52 Die Selbstveranlagung zur Umsatzsteuer erweist sich trotz erhöhter Kontrollkosten als besonders günstig für die Finanzverwaltung; in diese Richtung könnten daher auch Überlegungen zur Kostensenkung bei den anderen Steuerarten gehen. Ein weiterer Denkansatz könnte sich aus einem Übergang zu **relativ autonomen (dezentralen) Steuerbehörden** ergeben – also einer mehr oder weniger strikten Trennung von Politik und operativer Ebene, wie sie Neuseeland, Schweden oder Finnland und zuletzt Italien vollzogen haben.

7 Besteuerungsformen

53 Die grundsätzliche Besteuerungsform ist die **Regelbesteuerung** (auch Normalbesteuerung). Diese richtet sich nach den Grundsätzen der §§ 16 bis 18 UStG und gilt für alle Unternehmer, für die nicht eine andere Besteuerungsform in Frage kommt. Andere Besteuerungsformen sind

- **Besteuerung der Kleinunternehmer** (§ 19 Abs. 1 UStG): Die Besteuerung der Kleinunternehmer richtet sich nach § 19 Abs. 1 UStG. Sie stellt auf den Bruttoumsatz des Vorjahres ab, der 17.500 € nicht überschritten haben darf, wobei steuerpflichtige Lieferungen von Wirtschaftsgütern des Anlagevermögens und steuerfreie Umsätze nach § 4 Nr. 8 Buchst. i, Nr. 9 Buchst. b und Nr. 11 bis 28 UStG nicht zum Gesamtumsatz zählen. Umsätze nach § 4 Nr. 8 Buchst. a bis h, Nr. 9 Buchst. a und Nr. 10 UStG scheiden aus dem Gesamtumsatz aus, wenn sie Hilfsumsätze sind (§ 19 Abs. 3 UStG). Diese Besteuerungsform wirkt wie eine Umsatzsteuerbefreiung, weil eine entstandene USt nicht erhoben wird. Es besteht die Möglichkeit einer Option zur Normalbesteuerung mit fünfjähriger Bindungsfrist (§ 19 Abs. 2 UStG).

Beispiel:
1. Ein pensionierter Hochschullehrer hilft einem Seminaranbieter gelegentlich als Dozent aus.
2. Ein »im Hauptberuf« als Arbeitnehmer tätiger Elektrotechniker, der sich gern »was nebenher« verdient, wartet für eine Werbeagentur die Schreibcomputer.
3. Ein Feuerwehrmann betreut in seiner »Freizeit« die Gerätschaften einer Werksfeuerwehr.

- **Durchschnittssatzbesteuerung** (§§ 23, 23a UStG): Zur Vereinfachung des Besteuerungsverfahrens können gemäß § 23 UStG für bestimmte Gruppen von Unternehmern entweder die nach § 15 UStG abziehbaren Vorsteuerbeträge oder die zu entrichtende USt nach Durchschnittssätzen festgesetzt werden. Der Gesetzgeber hat diese Möglichkeiten bisher nur für die abziehbaren Vorsteuerbeträge ausgeschöpft (vgl. §§ 69 und 70 UStDV). Für Körperschaften, Personenvereinigungen und Vermögensmassen i.S.d. § 5 Abs. 1 Nr. 9 KStG sieht § 23a UStG einen besonderen Durchschnittssatz für die abziehbaren Vorsteuerbeträge vor. Die Inanspruchnahme ist antragsabhängig und bindet für fünf Jahre. Der Vorjahresumsatz darf 30.678 € nicht überstiegen haben.
- **Besteuerung land- und forstwirtschaftlicher Betriebe** (§ 24 UStG): Abweichend von § 12 UStG gilt für bestimmte Umsätze land- und forstwirtschaftlicher Betriebe gem. § 24 Abs. 1 UStG ein niedrigerer Steuersatz. Gleichzeitig werden die Vorsteuerbeträge grundsätzlich auf die Höhe dieser Steuer pauschaliert. Das bedeutet im Ergebnis, dass der Land- und Forstwirt grundsätzlich keine Umsatzsteuerschuld hat. Steuerbefreiungen werden nicht gewährt. Wer Land- und Forstwirt ist, richtet sich nach ertragsteuerlichen Vorschriften. Es kann auch für einen Teilbetrieb eines Unternehmens die Vorschrift des § 24 UStG in Anspruch genommen werden. Der Grundsatz der Einheitlichkeit des Unternehmens (ein Unternehmer hat nur ein Unternehmen, das insgesamt auch einheitlich zu besteuern ist) wird hier verlassen (vgl. § 24 Abs. 3 UStG). Am Ende eines Jahres kann zur Regelbesteuerung optiert werden. Die Bindungsfrist beträgt fünf Jahre.
- **Besteuerung von Reiseleistungen** (§ 25 UStG): Für Unternehmer der Reisebranche gelten die Vorschriften über die Besteuerung von Reiseleistungen gem. § 25 UStG. Reiseleistungen, die der Veranstalter von Dritten einkauft und die den Reisenden unmittelbar (= unverändert) zugutekommen (z.B. Leistungen des Hoteliers), nennt das UStG »Reisevorleistungen«. Die Einnahmen für diese Reisevorleistungen kann sich der Unternehmer von seinem Gesamtentgelt abziehen, so dass er nur die sog. Marge zu versteuern hat. Werden die Reisevorleistungen im Drittland erbracht, ist die sonstige Leistung steuerfrei.
- **Differenzbesteuerung** (§ 25a UStG): Unternehmerisch tätige Wiederverkäufer können nach § 25a UStG die sog. Differenzbesteuerung in Anspruch nehmen. Voraussetzung ist, dass der Gegenstand unbelastet mit USt erworben wurde. Das ist bei Ankäufen von Privat oder von einem Kleinunternehmer der Fall. Auch Ankäufe von Unternehmern, die den Verkauf steuerfrei belassen (z.B. befreite Umsätze gem. § 4 Nr. 28 UStG), können beim Wiederverkauf der Differenzbesteuerung unterworfen werden. Eine Ausnahme bildet der steuerpflichtige Ankauf von Kunstgegenständen vom Künstler selbst. Besteuert wird nur die positive Differenz zwischen dem Einkaufspreis und dem Verkaufspreis. Verkauft der Wiederverkäufer unter Einkaufspreis, findet eine Umsatzbesteuerung nicht statt. Der Steuersatz beträgt ohne Ausnahme 19 %. Wendet der Wiederverkäufer die Differenzbesteuerung auch auf Kunstgegenstände an, ist er daran zwei Jahre gebunden. Ansonsten kann er für jeden Umsatz entscheiden, ob er die Differenzbesteuerung in Anspruch nehmen will oder nicht.

8 Aufbau des Steuertatbestandes

8.1 Überblick

54 § 1 Abs. 1 UStG legt fest, dass nur bestimmte Vorgänge (Umsätze) unter das deutsche UStG fallen; sie sind **steuerbar**. Wird auf den steuerbaren Umsatz auch eine USt erhoben, so ist er **steuerpflichtig**. Aus verschiedenen Gründen werden jedoch einige Umsätze **von der Steuerpflicht befreit** (vgl. § 4 UStG). Die Steuer bemisst sich nach dem vom jeweiligen Leistungsempfänger aufgewendeten Kaufpreis ohne Umsatzsteuer (**Entgelt**, vgl. § 10 Abs. 1 UStG).

55 Für die steuerpflichtigen Umsätze beträgt der **Steuersatz** 19 % bzw. 7 % (§ 12 UStG).

Entscheidungsmatrix:
Die Prüfung der Ausgangs- und Eingangsumsätze in den Grundfällen

1. Prüfung der Ausgangsseite (des »eigentlichen« Umsatzes)
   - 1.1 Steuerbarkeit (Grundtatbestand, § 1 Abs. 1 Nr. 1 S. 1 UStG)
     - 1.1.1 Unternehmer (§ 2 Abs. 1 S. 1, Abs. 2, Abs. 3 UStG)
     - 1.1.2 im Rahmen seines Unternehmens (§ 2 Abs. 1 S. 2, Abs. 2 Nr. 2 UStG)
     - 1.1.3 gegen Entgelt (= im Leistungsaustausch, § 10 UStG)
     - 1.1.4 im Inland (§ 1 Abs. 2 UStG)
   - 1.2 Steuerpflicht (§§ 4, 4b ff. UStG)
   - 1.3 Bemessungsgrundlage (§ 10 UStG)
   - 1.4 Steuersatz (§ 12 UStG)
     - 1.4.1 Prüfung der Voraussetzungen für die Anwendung eines speziellen Steuersatzes (§§ 12 Abs. 2, 24 UStG)
     - 1.4.2 falls kein spezieller Steuersatz anzuwenden ist: Anwendung des allgemeinen Steuersatzes (§ 12 Abs. 1 UStG)
2. Prüfung der Eingangsseite (des Vorsteuerabzugs)
   - 2.1 Abzugsfähigkeit von Vorsteuerbeträgen/Grundtatbestand des § 15 Abs. 1 Satz 1 Nr. 1 UStG
     - 2.1.1 Leistungsbezug für das Unternehmen
     - 2.1.2 von einem anderen Unternehmer
     - 2.1.3 Vorsteuer in Rechnungen (§ 14 UStG) ausgewiesen
   - 2.2 Abziehbarkeit (§ 15 Abs. 1a-4 UStG): Inwieweit entfallen die Vorsteuerbeträge auf Umsätze, die den Vorsteuerabzug ausschließen?
   - 2.3 Berichtigung des Vorsteuerabzugs (§ 15a UStG)

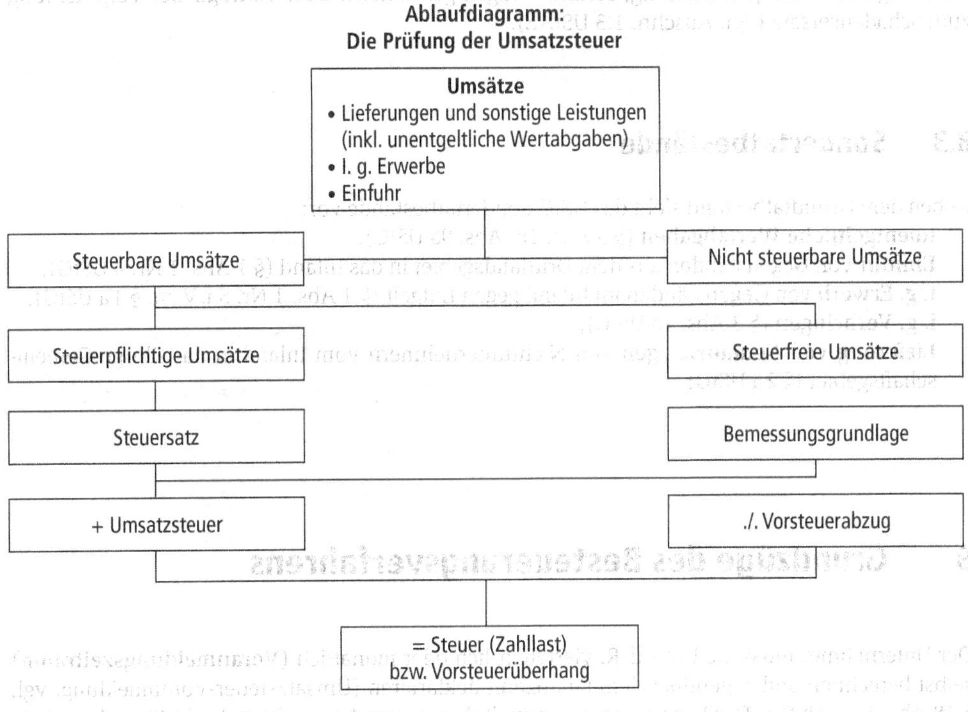

8.2 Grundtatbestand: Leistungsaustausch

Der umsatzsteuerliche Grundtatbestand ergibt sich aus § 1 Abs. 1 Nr. 1 S. 1 UStG. Danach unterliegen der Umsatzsteuer die Lieferungen und sonstigen Leistungen, die ein Unternehmer i. R. seines Unternehmens im Inland gegen Entgelt ausführt. 56

Der Grundtatbestand hat danach **fünf Merkmale**: 57

1. Lieferungen oder sonstige Leistungen (§ 3 Abs. 1 UStG, § 3 Abs. 9 UStG),
2. Unternehmer (§ 2 Abs. 1 S. 1, Abs. 2, Abs. 3 UStG),
3. i. R. seines Unternehmens (§ 2 Abs. 1 S. 2, Abs. 2 Nr. 2 UStG),
4. gegen Entgelt (= im Leistungsaustausch, § 10 UStG),
5. im Inland (§ 1 Abs. 2 UStG).

Es muss ein **Leistungsaustausch** stattfinden. Der Leistende und der Leistungsempfänger dürfen nicht identisch sein. Leistungsaustausch ist das Erbringen einer Leistung an einen anderen um der Gegenleistung willen. Kein Leistungsaustausch und damit auch kein steuerbarer Umsatz liegt demnach vor, wenn es an einer Gegenleistung fehlt, wie z. B. beim **echten Zuschuss**. Von einem solchen ist auszugehen, wenn Zahlungen nicht an bestimmte Umsätze anknüpfen, sondern unabhängig von einer bestimmten Leistung gewährt werden (vgl. Abschn. 10.2 UStAE). Gleiches gilt bei der Leistung von **Schadenersatz**. Die Zahlung erfolgt hier nicht aufgrund einer gewollten 58

Lieferung oder sonstigen Leistung, sondern wegen gesetzlicher oder vertraglicher Verpflichtung zum Schadensersatz (vgl. Abschn. 1.3 UStAE).

8.3 Sondertatbestände

59 Neben dem Grundtatbestand sieht das UStG Sondertatbestände vor:

- **unentgeltliche Wertabgaben** (§ 3 Abs. 1b, Abs. 9a UStG),
- **Einfuhr** von Gegenständen aus dem Drittlandsgebiet in das Inland (§ 1 Abs. 1 Nr. 4 UStG),
- **i. g. Erwerb** von Gegenständen im Inland gegen Entgelt (§ 1 Abs. 1 Nr. 5 i. V. m. § 1 a UStG),
- **i. g. Verbringen** (§ 3 Abs. 1a UStG),
- **Lieferung von Neufahrzeugen** von Nichtunternehmern vom Inland in das übrige Gemeinschaftsgebiet (§ 2 a UStG).

9 Grundzüge des Besteuerungsverfahrens

60 Der Unternehmer muss die USt i. d. R. vierteljährlich oder monatlich **(Voranmeldungszeitraum)** selbst berechnen und gegenüber dem Finanzamt deklarieren (Umsatzsteuer-Voranmeldung, vgl. § 18 Abs. 1–2a UStG). Der Unternehmer ermittelt dazu unter Anwendung des in Frage kommenden Steuersatzes auf sämtlichen Bemessungsgrundlagen eines Voranmeldungszeitraums die Steuer (Ausgangsumsatzsteuer). Die Ausgangsumsatzsteuer kürzt der Unternehmer um die Summe der ihm von anderen Unternehmern im Voranmeldungszeitraum in Rechnung gestellten abziehbaren Vorsteuerbeträge (Eingangsumsatzsteuer). Der nach Verrechnung der Steuerschuld mit den abziehbaren Vorsteuerbeträgen (§ 15 UStG) verbleibende Betrag ist als sog. Steuerzahlungsschuld oder **Zahllast** an das Finanzamt abzuführen (§ 16 Abs. 1 und 2, § 18 UStG; beachte auch § 16 Abs. 6 UStG). Sind die abziehbaren Vorsteuerbeträge des Voranmeldungszeitraums bzw. des Besteuerungszeitraums höher als die für eigene Umsätze geschuldete Steuer, so hat der Unternehmer gegenüber dem Finanzamt einen **Erstattungsanspruch**.

61 Für das gesamte Kj. **(Besteuerungszeitraum)** erklärt der Unternehmer nochmals sämtliche Bemessungsgrundlagen und Vorsteuern des Besteuerungszeitraums in einer Umsatzsteuererklärung.

Die vom Unternehmer im Voranmeldungs- bzw. im Besteuerungszeitraum abziehbaren Vorsteuern sind **eine Besteuerungsgrundlage** i. S. v. § 199 Abs. 1, § 157 Abs. 2 und § 162 Abs. 1 AO).

10 Vorschläge von EU-Kommission und -Rat für eine Neuregelung des EU-Binnenhandels

Die EU-Kommission hat im Oktober 2017 Pläne für die **größte Reform** der Mehrwertsteuervorschriften **seit einem Vierteljahrhundert** vorgelegt. Durch die Neuregelung soll das System für Regierungen und Unternehmen gleichermaßen verbessert und modernisiert werden. Da hierzu ein zeitlicher Vorlauf unabdingbar ist, sollen bereits **ab 2019 Sofortmaßnahmen** greifen. 62

10.1 Bisherige Regelung

Am 17.05.1977 wurde die 6. EG-Richtlinie zur Harmonisierung der Umsatzsteuern verabschiedet, die mit dem UStG 1980 in nationales Recht umgesetzt wurde. Seitdem ist das Umsatzsteuerrecht der EU-Mitgliedstaaten weitestgehend harmonisiert. Am 16.12.1991 wurde die Richtlinie 91/680/EWG verabschiedet, die im Wesentlichen die 6. EG-RL dahingehend ergänzte, dass ab dem 01.01.1993 die Einfuhrumsatzsteuer im Wirtschaftsverkehr der EU-Mitgliedstaaten nicht mehr erhoben wird und für den innergemeinschaftlichen Handel eine »**Übergangsregelung**« gilt. Die Übergangsregelung sollte nach ursprünglicher Planung vier Jahre später durch eine **»echte« Binnenmarktregelung mit grenzüberschreitendem Vorsteuerabzug** ersetzt werden. 63

Beispiel:
Der deutsche Unternehmer D verkauft Ware an einen italienischen Unternehmer I. Zukünftig soll ein solches Geschäft einmal im Ursprungsland (Deutschland) steuerpflichtig sein. Das Bestimmungsland (Italien) soll dem Abnehmer im »normalen« Besteuerungsverfahren die deutschen Vorsteuern erstatten (grenzüberschreitender Vorsteuerabzug).

a) D führt die Umsatzsteuer an sein deutsches Finanzamt ab.
b) I macht die deutsche Umsatzsteuer in Italien als Vorsteuer geltend.

Lösung:

a) Deutschland vereinnahmt damit die Umsatzsteuer.
b) Italien erstattet damit die von Deutschland vereinnahmte Umsatzsteuer.

Diese **Idee des grenzüberschreitenden Vorsteuerabzugs scheitert bislang** daran, dass ungeklärt ist, wie ein finanzieller Ausgleich (Clearing) zwischen dem vereinnahmenden Ursprungsland (im Beispiel: Deutschland) und dem erstattenden Bestimmungsland (im Beispiel: Italien) erreicht werden kann. Die vermeintliche Übergangsregelung ist daher immer noch und **auf unbestimmte Zeit auch zukünftig weiterhin in Kraft** und wurde im Wesentlichen unverändert in die seit dem 01.01.2007 gültige MwStSystRL übernommen.

Umsatzsteuerlich ist damit für den **Letztverbraucher** zum 01.01.1993 ein **echter Binnenmarkt** entstanden, da er grundsätzlich überall innerhalb der EU ohne wert- und mengenmäßige Beschränkung Waren erwerben und mit nach Hause nehmen darf. Der Letztverbraucher zahlt allerdings am Ort des Kaufes die dort gültige Umsatzsteuer; ein etwaiger Grenzausgleich ist nicht vorgesehen. Da die Belastung des Umsatzes am Ort des Verkaufs erhoben wird, folgt diese Art der Besteuerung dem sogenannten **Ursprungslandprinzip**. 64

Für den **gewerblichen Handel** dagegen konnte das Ursprungslandprinzip bislang nicht verwirklicht werden. Der Handel zwischen den Unternehmern der EU-Staaten folgt seitdem eigenen Regeln. Das beruht auf zwei Umständen: 65

- Einerseits sind innerhalb der EU die Zollgrenzen verschwunden, sodass eine Kontrolle des innergemeinschaftlichen Warenverkehrs nicht mehr durch die Zollverwaltung erfolgen kann und soll.
- Andererseits bestehen die Mitgliedstaaten auch weiterhin auf ihrem Besteuerungsrecht. Bei einer Warenlieferung von Deutschland nach Italien – wie im Beispiel – soll nicht deutsche Umsatzsteuer (dies wäre das sog. Ursprungslandsprinzip), sondern nach dem sog. **Bestimmungslandprinzip** italienische Umsatzsteuer anfallen. Die Besteuerung soll damit im Verbrauchsstaat erfolgen.

10.2 Derzeitige Schwachstellen

66 Insgesamt gehen jedes Jahr mehr als **150.000.000.000 €** (= 150 Milliarden Euro) an Mehrwertsteuern verloren. Schätzungen zufolge verursacht allein der grenzüberschreitende Betrug jährliche Mehrwertsteuereinbußen von rund **50 Milliarden €**, d. h. 100 € pro EU-Bürger.

Grenzüberschreitend tätige Unternehmen haben derzeit **um 11 % höhere Kosten** für die Vorschrifteneinhaltung als nur im Inland tätige Unternehmen.

10.3 Beseitigung der Schwachstellen durch ein endgültiges Mehrwertsteuersystem

10.3.1 Der Mehrwertsteuer-Aktionsplan

67 In ihrem **Mehrwertsteuer-Aktionsplan** (Mitteilung der Kommission an das Europäische Parlament, den Rat und den Europäischen Wirtschafts- und Sozialausschuss über einen Aktionsplan im Bereich der Mehrwertsteuer – Auf dem Weg zu einem einheitlichen europäischen Mehrwertsteuerraum: Zeit für Reformen vom 07.04.2016, https:\EUROPA\EU law and publications\EUR-Lex\EUR-Lex – 52016DC0148 – EN) verkündete die Kommission ihre Absicht, einen Vorschlag mit Grundsätzen für ein endgültiges Mehrwertsteuersystem für den grenzüberschreitenden Handel zwischen Unternehmen der Mitgliedstaaten vorzulegen, der auf einer Besteuerung grenzüberschreitender Lieferungen von Gegenständen im Bestimmungsmitgliedstaat basiert.

68 Hierfür wäre es notwendig, das derzeitige System, das auf einer steuerbefreiten Lieferung im Abgangsmitgliedstaat der Gegenstände und einem steuerpflichtigen innergemeinschaftlichen Erwerb der Gegenstände im Bestimmungsmitgliedstaat beruht, durch ein System zu ersetzen

- mit **einer einzigen Lieferung**,
- die **im Bestimmungsmitgliedstaat besteuert** wird und
- **dessen Mehrwertsteuersätzen** unterliegt.

69 Grundsätzlich wird die Mehrwertsteuer vom Lieferer in Rechnung gestellt werden, der in der Lage sein wird, den geltenden **Mehrwertsteuersatz jedes Mitgliedstaats online** über ein Webportal zu überprüfen. Falls der Erwerber der Gegenstände jedoch ein **zertifizierter Steuerpflichtiger** (ein von den Mitgliedstaaten anerkannter zuverlässiger Steuerpflichtiger, vgl. Rz. 83j u. 83k ff.) ist, würde die Umkehrung der Steuerschuldnerschaft zur Anwendung kommen und der zertifizierte Steuerpflichtige sollte für die Lieferung innerhalb der Union mehrwertsteuerpflichtig sein.

Das endgültige Mehrwertsteuersystem wird außerdem auf einem System der einzigen Registrierung **(einzige Anlaufstelle)** für Unternehmen basieren, bei der die Zahlung und der Abzug der geschuldeten Mehrwertsteuer erfolgen kann.

Diese Grundsätze sollten in der Richtlinie festgelegt werden und das derzeitige Konzept ersetzen, demzufolge die endgültige Regelung auf der **Besteuerung im Ursprungsmitgliedstaat** basiert.

10.3.2 Die vier »Eckpfeiler« der Neuregelung

Damit lassen sich vier **grundlegende Prinzipien** als »Eckpfeiler« eines neuen endgültigen und gemeinsamen EU-Mehrwertsteuerraums ausmachen: 70

- **Betrugsbekämpfung:** Künftig wird auf den grenzüberschreitenden Handel zwischen Unternehmen Mehrwertsteuer erhoben. Diese Art von Handel ist derzeit von der Mehrwertsteuer befreit, was skrupellose Unternehmen dazu verleitet, die Mehrwertsteuer einzuziehen und dann zu verschwinden, ohne die Mehrwertsteuer an die Regierung abzuführen.
- **Zentrale Anlaufstelle:** Dank einer zentralen Anlaufstelle wird es einfacher für grenzüberschreitend tätige Unternehmen, ihren mehrwertsteuerlichen Pflichten nachzukommen. Unternehmer können in einem einzigen Online-Portal in ihrer eigenen Sprache und nach den gleichen Regeln und administrativen Mustern wie in ihrem Heimatland Erklärungen abgeben und Zahlungen durchführen. Die Mitgliedstaaten leiten einander dann die Mehrwertsteuer weiter, wie dies bei elektronischen Dienstleistungen bereits der Fall ist.
- **Größere Kohärenz:** Umstellung auf das Bestimmungslandprinzip, bei dem der endgültige Betrag der Mehrwertsteuer stets an den Mitgliedstaat des Endverbrauchers entrichtet wird und dem in diesem Mitgliedstaat geltenden Satz entspricht. Die Kommission hat seit Langem auf dieses Ziel hingearbeitet und wird dabei von den Mitgliedstaaten unterstützt. Bei elektronischen Dienstleistungen gilt der Grundsatz bereits.
- **Weniger Bürokratie:** Vereinfachung der Vorschriften für die Rechnungslegung, sodass die Verkäufer auch beim grenzüberschreitenden Handel Rechnungen gemäß den Vorschriften ihres eigenen Landes stellen können. Die Unternehmen müssen künftig keine Liste von grenzüberschreitenden Transaktionen (Zusammenfassende Meldung) für ihre Finanzbehörde mehr erstellen.

10.3.3 Sofortmaßnahmen ab 2019

Da für den Wechsel auf ein endgültiges Besteuerungssystem ein zeitlicher Vorlauf unabdingbar ist, sollen ab 2019 Sofortmaßnahmen greifen: 71

- **Einführung eines »zertifizierten Steuerpflichtigen«:** Darunter werden vertrauenswürdige Unternehmen verstanden, die von einfacheren und zeitsparenden Vorschriften profitieren werden.
- **Konsignationslager (Call-off-Stock):** Der Rat ersuchte die Kommission, Änderungen der geltenden Mehrwertsteuervorschriften vorzuschlagen, damit in Bezug auf Konsignationslager im Rahmen des grenzüberschreitenden Handels eine Vereinfachung und einheitliche Behandlung erreicht werden kann. »Konsignationslager« bezieht sich auf einen Sachverhalt, bei dem ein Verkäufer die Gegenstände in ein Lager verbringt, das einem bekannten Erwerber in einem anderen Mitgliedstaat zur Verfügung steht, wobei dieser Erwerber zum Zeitpunkt der Entnahme der Gegenstände aus dem Lager Eigentümer der Gegenstände wird.
- **MwSt-IdNr. als materielle Voraussetzung für innergemeinschaftliche Lieferungen:** Der Rat ersuchte die Kommission um Vorlage eines Gesetzgebungsvorschlags, der darauf abzielt, dass

die gültige MwSt-IdNr. des die Gegenstände erwerbenden Steuerpflichtigen oder der die Gegenstände erwerbenden nichtsteuerpflichtigen juristischen Person, die von einem anderen Mitgliedstaat als dem des Beginns der Versendung oder Beförderung der Gegenstände zugeteilt wurde, eine zusätzliche materielle Voraussetzung für die Anwendung einer Steuerbefreiung bei einer innergemeinschaftlichen Lieferung von Gegenständen darstellen sollte.

- **Reihengeschäfte:** Der Rat ersuchte die Kommission, einheitliche Kriterien und angemessene gesetzgeberische Verbesserungen vorzuschlagen, die zu mehr Rechtssicherheit und zu einer harmonisierten Anwendung der Mehrwertsteuervorschriften führen, wenn es um die Bestimmung der mehrwertsteuerlichen Behandlung der Geschäftsreihe einschließlich Dreiecksgeschäften geht.
- **Nachweis der innergemeinschaftlichen Lieferung:** Der Rat ersuchte die Kommission, mit der Sondierung von Möglichkeiten eines gemeinsamen Rahmens empfohlener Kriterien für die Belege, die für die Beantragung einer Steuerbefreiung von Lieferungen innergemeinschaftlich erforderlich sind, fortzufahren.

10.4 Details zu den Sofortmaßnahmen

10.4.1 Einführung eines zertifizierten Steuerpflichtigen

72 Mit Art. 13a (neu) MwStSystRL wird der Begriff des zertifizierten Steuerpflichtigen eingeführt (Volltext der Bestimmung: BR-Drs. 660/17, a. a. O.).

10.4.1.1 Sinn und Zweck

73 In der Regel werden Steuerpflichtige zu Mehrwertsteuerzwecken anhand der MwSt-IdNr identifiziert. Derzeit wird bei der Vergabe dieser Nummer nicht nach zuverlässigen und weniger zuverlässigen Steuerpflichtigen unterschieden. Die Mehrwertsteuervorschriften gelten hinsichtlich der Identifizierung gleichermaßen für beide Kategorien von Steuerpflichtigen.

Beispiel:
Der Begriff des zertifizierten Steuerpflichtigen ermöglicht es zu bescheinigen, dass ein bestimmtes Unternehmen insgesamt **als zuverlässiger Steuerpflichtiger angesehen** werden kann. Dieser Begriff ist wichtig, weil **bestimmte Vereinfachungsregeln,** die betrugsanfällig sein könnten, nur dann zum Tragen kommen, wenn ein zertifizierter Steuerpflichtiger am jeweiligen Umsatz beteiligt ist.

Der Begriff des zertifizierten Steuerpflichtigen wird eines der **wesentlichen Elemente** der ersten Stufe des endgültigen Mehrwertsteuersystems für den Handel zwischen Unternehmen innerhalb der Union sein. Dieses endgültige System wird die derzeitige Übergangsregelung, die eine steuerbefreite Lieferung von Gegenständen im Abgangsmitgliedstaat und einen besteuerten innergemeinschaftlichen Erwerb im Bestimmungsmitgliedstaat umfasst, für den der Erwerber die Mehrwertsteuer schuldet, durch eine einzige für Mehrwertsteuerzwecke im Bestimmungsmitgliedstaat steuerpflichtige Lieferung von Gegenständen **(die sog. Lieferung von Gegenständen innerhalb der Union)** ersetzen. Der Begriff des zertifizierten Steuerpflichtigen erlaubt eine schrittweise Umsetzung des endgültigen Mehrwertsteuersystems, weil auf der ersten Stufe dieses Systems die **Umkehrung der Steuerschuldnerschaft** (d. h. der Erwerber und nicht der Lieferer schuldet die Mehrwertsteuer, was in der Praxis zu einer ähnlichen Situation wie derzeit im Rahmen der Übergangsregelung führt) gelten wird, wenn der Erwerber bei Lieferungen innerhalb der Union ein zertifizierter Steuerpflichtiger ist.

Beispiel:
In einem **zweiten Gesetzgebungsschritt** auf dem Weg zum endgültigen Mehrwertsteuersystem soll die Besteuerung für alle grenzüberschreitenden Lieferungen von Gegenständen und Dienstleistungen gelten. Damit würde nicht der Erwerber, sondern der Lieferer die Mehrwertsteuer für alle in einem anderen Mitgliedstaat erworbenen Gegenstände und Dienstleistungen schulden), sodass alle – inländischen wie grenzüberschreitenden – Lieferungen von Gegenständen und Dienstleistungen innerhalb des Binnenmarktes gleich behandelt würden.

Die **Begründung hierfür** lautet, dass es zu keinem Betrug kommen dürfte, wenn die Mehrwertsteuer nicht auf Lieferungen innerhalb der Union an einen zertifizierten Steuerpflichtigen in Rechnung gestellt wird, da der zertifizierte Steuerpflichtige definitionsgemäß ein zuverlässiger Steuerpflichtiger ist.

10.4.1.2 Auswahlkriterien

In Art. 13a (neu) MwStSystRL werden die allgemeinen Kriterien festgelegt, anhand derer die Mitgliedstaaten Steuerpflichtige zertifizieren können. Nach Annahme des vorliegenden Vorschlags muss eine Durchführungsverordnung des Rates auf der Grundlage von Art. 397 MwStSystRL erlassen werden, um die praktischen Aspekte des Status des zertifizierten Steuerpflichtigen festzulegen und sicherzustellen, dass das Verfahren für die Gewährung und Aberkennung dieses Status innerhalb der Union **ausreichend harmonisiert und standardisiert** ist, damit eine einheitliche Anwendung gewährleistet ist. 74

10.4.1.3 Verfahrensfragen

Ferner muss eine Änderung der Verordnung über die Zusammenarbeit der Verwaltungsbehörden (Verordnung – EU – Nr. 904/2010 des Rates vom 07.10.2010, ABl. L 268 vom 12.10.2010, 1) vorgeschlagen werden, damit der Status des zertifizierten Steuerpflichtigen in das Mehrwertsteuer-Informationsaustauschsystem (MIAS) aufgenommen werden kann und somit 75

- sowohl die Steuerbehörden
- als auch die Unternehmen

den Status eines bestimmten Unternehmens **online überprüfen** können. Hierzu ausführlich BR-Drs. 659/17 (a. a. O.).

10.4.1.4 Ausschluss von der Zertifizierung

Da der Status eines zertifizierten Steuerpflichtigen mit Berichts- und Zahlungspflichten verbunden ist, kommen **Nichtsteuerpflichtige** hierfür nicht infrage. 76

Aus demselben Grund schließt der Vorschlag

- Pauschallandwirte,
- steuerbefreite kleinere und mittlere Unternehmen (KMU),
- sonstige mehrwertsteuerbefreite Steuerpflichtige ohne Vorsteuerabzugsberechtigung und
- gelegentlich steuerpflichtige Personen

von der Möglichkeit aus, den Status eines zertifizierten Steuerpflichtigen zu erhalten.

Beispiel:
Allerdings können alle KMU, die keine Steuerbefreiungsregelung anwenden, den Status eines zertifizierten Steuerpflichtigen unter denselben Bedingungen wie alle anderen Steuerpflichtigen beantragen. Er ist daher mit der im Small Business Act festgelegten KMU-Politik der EU vereinbar.

Es bestehen Ähnlichkeiten zwischen den Kriterien, die für die Gewährung des Status eines zertifizierten Steuerpflichtigen verwendet werden, und den **Kriterien für den im Zollkodex** (Art. 39) definierten zugelassenen Wirtschaftsbeteiligten. Auch der Vorschlag für die **Mehrwertsteuer im elektronischen Handel** vom 01.12.2016 enthält ähnliche Kriterien, die auf dem Status des zugelassenen Wirtschaftsbeteiligten basieren.

10.4.1.5 Kritische Stellungnahme von Beraterseite

77 Der Deutsche Steuerberater Verband e. V. sieht die Einführung des zertifizierten Steuerpflichtigen zu Recht kritisch (vgl. DStV, Stellungnahme S 01/18 vom 16.02.2018, a. a. O.):

»[. . .]

II. Der zertifizierte Steuerpflichtige als Bestandteil des Mehrwertsteuersystems ist als kritisch zu bewerten:

Die EU-Kommission plant, den sog. zertifizierten Steuerpflichtigen einzuführen. Dieser stellt ein Novum im Mehrwertsteuersystem dar. Die neuen positiv zu sehenden Provisorien sollen nur dem zertifizierten Steuerpflichtigen zugutekommen. Auch in der Übergangsphase profitiert der zertifizierte Steuerpflichtige. Als Empfänger wendet er im grenzüberschreitenden Warenverkehr das Reverse-Charge-Verfahren an. Der DStV lehnt diese Entwicklungen ab.

1. Hoher Umstellungsaufwand droht

Die Implementierung des Qualitätsmerkmals »zertifizierter Steuerpflichtiger« wird mit einem hohen Umstellungsaufwand für die Betroffenen verbunden sein. Steuerpflichtige müssen beispielsweise zunächst prüfen, ob sie die notwendigen Voraussetzungen erfüllen. Sie müssen danach ein Antragsverfahren durchlaufen und letztlich sicherstellen, dass keine Änderungen eintreten, die den Status gefährden. Das bindet Kapazitäten. Insbesondere ***kleine und mittlere Unternehmen werden hier Mühe haben,*** *entsprechende Ressourcen vorzuhalten.*

2. Zweiklasseneinteilung von Steuerpflichtigen und Wettbewerbsverzerrung zu befürchten

Die Voraussetzungen, die ein zertifizierter Steuerpflichtiger nachweisen muss, um den Status zu erlangen, sind sehr umfangreich. ***Kleine Unternehmen würden diese Nachweise deutlich schwerer erbringen können als große Konzernunternehmen,*** *da sie weniger Personalressourcen haben. Kleine Unternehmen, die aufgrund des zu hohen Aufwands auf die Zertifizierung verzichten müssten, könnten darüber hinaus automatisch in Verdacht geraten, weniger zuverlässige Geschäftspartner zu sein. Dies könnte unweigerlich zu einer Benachteiligung, zum Beispiel bei etwaigen Ausschreibungsverfahren, führen. Der Rückschluss, dass gegenüber nicht zertifizierten Steuerpflichtigen erhöhtes Misstrauen geboten ist, kann eine fatale Signalwirkung im grenzüberschreitenden Warenverkehr setzen. In Folge würde statt des verfolgten Ziels, den Binnenmarkt zu stärken, die gegenteilige Wirkung erreicht. Der grenzüberschreitende Handel würde insoweit erschwert. Der DStV lehnt solche Auswirkungen ausdrücklich ab.*

Die Zweiklasseneinteilung würde zu einer unnötigen ***Wettbewerbsverzerrung*** *am Markt führen. Diese würde den funktionierenden Binnenmarkt einschränken. Es besteht zudem die Gefahr, dass die Mitgliedstaaten die Voraussetzungen für das Antrags- und Kontrollverfahren unterschiedlich streng auslegen. So kann es zu zusätzlichen Verzerrungen im Wettbewerb kommen.*

3. Rechtsstreitigkeiten durch unklare Anforderungen zu erwarten

Auch die Voraussetzungen, die ein Steuerpflichtiger erfüllen muss, um die Zertifizierung zu erhalten, rufen mehr als nur ein Fragezeichen hervor. Sie ***orientieren sich stark an den Voraussetzungen des Art. 39 Buchst. a bis c des Zollkodex*** *der Europäischen Union (UZK). Dieser regelt die Bewilligung des Status eines sog.* ***zugelassenen Wirtschaftsbeteiligten (ZWB)*** *im Unionszollrecht.*

An dieser Stelle weist der DStV darauf hin, dass das Motiv des ZWB rein zollrechtlicher Art ist. Es ist ***kein Instrument der Einnahmensicherung.*** *Vielmehr dient es der Gefahrenabwehr, also der*

Sicherheit bei der Bewegung der Ware. Daher erscheint eine so starke Anlehnung an die Vorschriften des UZK für Zwecke der Mehrwertbesteuerung zweifelhaft.
Im Zollrecht wird die Regelung des Art. 39 UZK durch Durchführungsverordnungen ergänzt, die die Auslegung der einzelnen Tatbestandsmerkmale erleichtern. Für Zwecke der Einführung des zertifizierten Steuerpflichtigen im Mehrwertsteuersystem fehlen bislang sämtliche Konkretisierungen. Der DStV fordert hier dringend Abhilfe, falls das Merkmal des zertifizierten Steuerpflichtigen verwirklicht werden soll.
Warum bedarf es solcher Konkretisierungen? Ein Beispiel: Antragsteller dürfen zur Erreichung des Status keine schwerwiegenden oder wiederholten Verstöße gegen die steuer- oder zollrechtlichen Vorschriften sowie keine weiteren Straftaten im Rahmen ihrer Wirtschaftstätigkeit begangen haben. Für Zwecke der Mehrwertbesteuerung ist bislang völlig unklar, ab wann ein Verstoß als »schwerwiegend« zu qualifizieren ist.
*Auch ist nicht klar, ob, etwa wie im Zollrecht (vgl. Art. 24 UZK-IA), unter **»Antragsteller« auch leitende Angestellte** in die Prüfung einbezogen werden können. Hierzu ist zu sagen, dass insbesondere die Abfrage von Steueridentifikationsnummern von Mitarbeitern im Rahmen der Neubewertung von zollrechtlichen Bewilligungen stark umstritten ist. Das Finanzgericht Düsseldorf hat in diesem Zusammenhang dem Gerichtshof der Europäischen Union (EuGH) die Frage vorgelegt, ob eine solche Abfrage überhaupt mit geltendem Datenschutzrecht vereinbar ist (EuGH, anhängiges Verfahren, Az. C-496/17).*
[. . .]«

10.4.2 Konsignationslager

Die Konsignationslagerregelung besteht darin, dass ein Lieferer Gegenstände einem bekannten Erwerber überlässt, ohne zunächst das Eigentum an den Gegenständen zu übertragen. Der Erwerber hat das Recht, die Gegenstände nach Belieben aus dem Lager des Lieferers zu entnehmen; zu diesem Zeitpunkt findet eine Lieferung von Gegenständen statt. 78

Bei **inländischen Sachverhalten** ist die Anwendung dieses Modells mit keinen speziellen Problemen verbunden. Problematisch wird es jedoch, wenn der **Lieferer und der Erwerber in unterschiedlichen Mitgliedstaaten** ansässig sind (vgl. Weimann, PIStB 2016, 130).

Grenzüberschreitende Lagergeschäfte werden derzeit nach den allgemeinen Vorschriften beurteilt (vgl. § 3, Rz. 153 ff und Weimann, PIStB 5/2016, 130): 79

- Ein Unternehmen, das eigene Gegenstände in einen anderen Mitgliedstaat verbringt, um für einen Erwerber ein Lager aufzubauen, tätigt zunächst eine mehrwertsteuerbefreite Lieferung von Gegenständen im Abgangsmitgliedstaat.
- Die Ankunft der Gegenstände bewirkt einen innergemeinschaftlichen Erwerb durch das Unternehmen, das die Gegenstände verbracht hat, der in diesem anderen Mitgliedstaat mehrwertsteuerpflichtig ist. Das Unternehmen, das die Gegenstände verbracht hat, ist grundsätzlich verpflichtet, für Mehrwertsteuerzwecke in dem Eingangsmitgliedstaat registriert zu sein, damit es den innergemeinschaftlichen Erwerb in seiner Mehrwertsteuererklärung angeben kann.
- Wenn die Gegenstände aus dem Lager entnommen und an den Erwerber geliefert werden, kommt es zu einer zweiten Lieferung, deren Ort der Mitgliedstaat ist, in dem sich das Lager befindet.

Um die Schwierigkeiten zu bewältigen, die sich dadurch in der Praxis stellen können, wenden einige Mitgliedstaaten **Vereinfachungsmaßnahmen** bei derartigen Umsätzen an, andere jedoch nicht. Diese Unterschiede laufen der einheitlichen Anwendung der **Mehrwertsteuervorschriften im Binnenmarkt zuwider.** 80

10.4.2.1 Vorgeschlagene Neuregelung zum Konsignationslager

81 Die in Art. 17a (neu), Art. 243 Abs. 3 und Art. 262 (geändert) MwStSystRL vorgeschlagene Lösung besteht darin, die Konsignationslagerregelung

- als einzige Lieferung im Abgangsmitgliedstaat und
- als innergemeinschaftlichen Erwerb in dem Mitgliedstaat anzusehen, in dem sich das Lager befindet,
- sofern der Umsatz zwischen zwei zertifizierten Steuerpflichtigen stattfindet.

(Volltext der Bestimmung in BR-Drs. 660/17).

Beispiel:
Die Anwendung der neuen Vereinfachung soll also die Anerkennung beider Beteiligten als zertifizierte Steuerpflichtige (s.o., Rz. 83.11 ff.) voraussetzen.

Beispiel:
Der deutsche Unternehmer D liefert Ware auf ein beim griechischen Kunden G eingerichtetes Konsignationslager.

Lösung:
Die Lagerbeschickung führte bei D in Deutschland zu einer steuerfreien innergemeinschaftlichen Lieferung. Die Lagerbeschickung führte bei G in Griechenland zu einem innergemeinschaftlichen Erwerb, vgl. § 1a Abs. 2 UStG.

82 Dadurch wird **vermieden, dass der Lieferer** in jedem Mitgliedstaat, in den er Gegenstände in ein Konsignationslager überführt, **registriert werden muss.**

10.4.2.2 Verfahrensfragen

83 Um jedoch eine angemessene Verfolgung der Gegenstände durch die Steuerverwaltungen sicherzustellen, müssen sowohl der Lieferer als auch der Erwerber ein **Verzeichnis der Gegenstände** im Konsignationslager führen, für die diese Regeln gelten. Darüber hinaus muss in der **Zusammenfassenden Meldung des Lieferers** die Identität der Erwerber, an die zu einem späteren Zeitpunkt Gegenstände im Rahmen der Konsignationslagerregelung geliefert werden, offengelegt werden.

10.4.3 MwSt-IdNr. als materielle Voraussetzung für innergemeinschaftliche Lieferungen

84 Die in Art. 138 Abs. 1 MwStSystRL festgelegte Mehrwertsteuerbefreiung für innergemeinschaftliche Lieferungen von Gegenständen bildet das **Kernstück der derzeitigen Übergangsregelung.** Gleichzeitig bietet diese Steuerbefreiung auch die **Grundlage für den sog. Karussellbetrug** (vgl. § 25d Rz. 5ff.).

Das endgültige Mehrwertsteuersystem für den Handel innerhalb der EU soll dieses Problem lösen, aber für die Zeit bis dahin haben die Mitgliedstaaten **Zwischenlösungen gefordert.** Insbesondere verlangten sie, dass die Anforderung in die MwStSystRL aufgenommen wird, dass der Erwerber, der in einem anderen Mitgliedstaat als dem Mitgliedstaat, in dem die Beförderung der Gegenstände beginnt, ansässig ist, eine gültige MwSt-IdNr. besitzen muss, damit der Lieferer die Steuerbefreiung überhaupt erst anwenden darf. Dies geht über die derzeitige Sachlage hinaus, bei der die MwSt-IdNr. des Erwerbers der **Auslegung des EuGH** zufolge **lediglich eine formale Voraussetzung** für die Steuerbefreiung einer innergemeinschaftlichen Lieferung ist. Aufgrund dessen können die Mitgliedstaaten, wenn diese Bedingung nicht erfüllt ist, derzeit lediglich Geldbußen oder Verwaltungssanktionen verhängen, jedoch die Steuerbefreiung an sich nicht verweigern (vgl. EuGH vom 06.09.2012, Rs. C-273/1, Mecsek-Gabona; vom 27.09.2012, Rs. C-587/10, VStR; vom 20.10.2016, Rs. C-24/15, Plöckl; vom 09.02.2017, Rs. C 21/16, Euro-Tyre).

Die derzeitige Übergangsregelung basiert ferner auf der Verpflichtung des Lieferers, eine **zusammenfassende Meldung** (der sog. MIAS-Eintrag, der die MwSt-IdNr. des Erwerbers enthält) einzureichen. Dies ist ebenfalls eine formale, aber keine materielle Voraussetzung für die Steuerbefreiung. Diese Information können die Steuerbehörden des Mitgliedstaats des Erwerbers über das MIAS-System abrufen, sodass sie über die Ankunft von Gegenständen in ihrem Hoheitsgebiet informiert werden, die normalerweise einem steuerpflichtigen innergemeinschaftlichen Erwerb unterliegen. Der Erwerber muss diesen innergemeinschaftlichen Erwerb in seiner Mehrwertsteuererklärung angeben, und die Steuerbehörden können diese Angabe mit den Daten im MIAS-System abgleichen. Der MIAS-Eintrag ist daher seit der Abschaffung der Steuergrenzen und des damit verbundenen Wegfalls der Zollunterlagen eine entscheidende Komponente des Mehrwertsteuersystems. 85

Beispiel:
Ohne korrekte Informationen aus dem MIAS-System werden die Steuerbehörden der Mitgliedstaaten nicht ordnungsgemäß über die Ankunft nicht versteuerter Gegenstände in ihrem Hoheitsgebiet unterrichtet und müssen sich ausschließlich darauf verlassen, was ihre Steuerpflichtigen melden. Wenn der Eintrag für eine Lieferung nicht ausgefüllt wird, **können zwar Sanktionen verhängt werden, die Steuerbefreiung als solche kann jedoch nicht verweigert werden.**

10.4.3.1 Die vorgeschlagene Regelung

Der vorgeschlagene neue Art. 138 Abs. 1 (geändert) MwStSystRL umfasst daher Änderungen in Bezug auf diese beiden Aspekte: 86

- Während derzeit auf den Erwerber als Steuerpflichtigen oder als nichtsteuerpflichtige juristische Person, der/die als solche/r handelt, Bezug genommen wird, wird **nun als materielle Voraussetzung** für die Anwendung der Steuerbefreiung festgelegt, dass der Erwerber für Mehrwertsteuerzwecke in einem anderen Mitgliedstaat als dem des Beginns der Versendung oder Beförderung der Gegenstände für Mehrwertsteuerzwecke registriert sein muss. Wie bereits bisher muss der Lieferer den Status des Erwerbers über das MIAS-System überprüfen, bevor er die Steuerbefreiung anwendet. Aus dieser Perspektive gibt es für den Lieferer in der Praxis keinen Unterschied, jedoch können die Folgen unterschiedlich sein, da auf dieser Grundlage die Steuerbefreiung abgelehnt werden kann, wenn der Erwerber nicht identifiziert werden kann.
- Die korrekte Erfassung des MIAS-Eintrags wird auch zu einer materiellen Voraussetzung, was dazu führen kann, dass eine Steuerbefreiung von der Steuerbehörde abgelehnt wird, wenn diese Voraussetzung nicht erfüllt ist.

(Volltext der Bestimmung in BR-Drs. 660/17).

10.4.3.2 Kritische Stellungnahme von Beraterseite

Der Deutsche Steuerberater Verband e. V. sieht auch diese mögliche Neuregelung kritisch (vgl. DStV, Stellungnahme S 01/18 vom 16.2.2018, a. a. O.): 87

»*[. . .]*
MwSt-Identifikationsnummer und Zusammenfassende Meldung (ZM) sollen materiell-rechtliche Voraussetzungen für die Steuerbefreiung einer innergemeinschaftlichen Lieferung werden. Wenn die korrekte ZM Tatbestandsvoraussetzung zur Gewährung der Steuerbefreiung wird, ***erhöht sich***

ihr rechtlicher Stellenwert enorm. *Nach derzeitiger Rechtslage stellt die unrichtige Abgabe einer ZM lediglich eine Ordnungswidrigkeit dar. Diese kann mit Geldbuße geahndet werden. Künftig könnte eine fehlerhafte ZM dazu führen, dass die* ***Steuerbefreiung versagt*** *und in Folge eine steuerpflichtige Lieferung vorliegt. Erkennt der Steuerpflichtige dies nicht rechtzeitig, drohen ihm* ***steuerstrafrechtliche Konsequenzen*** *wegen unterlassener Mehrwertsteueranmeldung. Der DStV plädiert daher dafür, auf die Einbeziehung der korrekten ZM für die Steuerbefreiung zu verzichten. [. . .]«*

10.4.4 Erstmalige Regelung der Reihengeschäfte

88 Zunächst bedarf es der Klarstellung, dass die innergemeinschaftlichen Dreiecksgeschäfte als Sonderform der innergemeinschaftlichen Reihengeschäfte bereits geregelt sind (vgl. Art. 141, 197 MwStSystRL).

Beispiel:
Die Neuregelung gilt damit **für andere Reihengeschäfte als innergemeinschaftliche Dreiecksgeschäfte.**

Vorgeschlagen wird die Aufnahme folgender Vorschrift:

Art. 138a (neu) MwStSystRL

(1) Zum Zweck der Anwendung der Steuerbefreiung des Artikels 138 im Zusammenhang mit Reihengeschäften wird die innergemeinschaftliche Beförderung der Lieferung durch den ersten Lieferer an den Zwischenhändler zugeschrieben, sofern die folgenden Bedingungen erfüllt sind:

(a) der Zwischenhändler teilt dem Verkäufer den Namen des Eingangsmitgliedstaat der Gegenstände mit;

(b) der Zwischenhändler ist für Mehrwertsteuerzwecke in einem anderen Mitgliedstaat als dem Mitgliedstaat registriert, in dem die Versendung oder Beförderung der Gegenstände beginnt.

(2) Wenn eine der in Absatz 1 festgelegten Bedingungen nicht erfüllt ist, wird bei Reihengeschäften die innergemeinschaftliche Beförderung der Lieferung durch den Zwischenhändler an den Erwerber zugeschrieben.

(3) Für die Zwecke dieses Artikels gelten folgende Begriffsbestimmungen:

(a) »Reihengeschäft«: ein Sachverhalt, bei dem aufeinanderfolgende Lieferungen derselben Gegenstände durch Steuerpflichtige zu einer einzigen innergemeinschaftlichen Beförderung dieser Gegenstände führen und bei dem sowohl der Zwischenhändler als auch der Verkäufer zertifizierte Steuerpflichtige sind;

(b) »Zwischenhändler«: Lieferer innerhalb der Lieferkette (mit Ausnahme des ersten Lieferers), der die Gegenstände selbst oder durch einen Dritten auf seine Rechnung versendet oder befördert;

(c) »Verkäufer«: Steuerpflichtiger innerhalb der Lieferkette, der die Gegenstände an den Zwischenhändler liefert;

(d) »Erwerber«: Steuerpflichtiger innerhalb der Lieferkette, an den der Zwischenhändler die Gegenstände liefert.

89 **Reihengeschäfte** im Rahmen des vorliegenden Vorschlags sind demnach zu verstehen als

- aufeinanderfolgende Lieferungen
- derselben Gegenstände, bei denen die gelieferten Gegenstände
- einer einzigen innergemeinschaftlichen Beförderung zwischen zwei Mitgliedstaaten unterliegen.

10.4.4.1 Von den Mitgliedstaaten geforderte Nachbesserungen

In diesem Fall ist die Beförderung gemäß der Rechtsprechung (EuGH vom 06.04.2006, C-245/04, EMAG Handel, Rs. C-245/04) **einer einzigen Lieferung innerhalb der Kette zuzurechnen,** um festzustellen, auf welchen der Umsätze die Steuerbefreiung für innergemeinschaftliche Lieferungen gemäß Art. 138 MwStSystRL anzuwenden ist. Diese Bestimmung legt als Voraussetzung für die Steuerbefreiung fest, dass die Gegenstände »durch den Verkäufer, den Erwerber oder auf deren Rechnung von einem Mitgliedstaat in einen anderen versandt oder befördert« werden. 90

In diesem Zusammenhang haben die Mitgliedstaaten legislative Verbesserungen gefordert, um die **Rechtssicherheit für Wirtschaftsbeteiligte** bei der Feststellung der Lieferung innerhalb der Geschäftsreihe, der die innergemeinschaftliche Beförderung zuzuschreiben ist, zu erhöhen (zur derzeitigen Unsicherheit vgl. nachfolgende Rz. 32 ff. sowie Weimann, GStB 2014, 345 u. GStB 2015, 335). 91

10.4.4.2 Zuordnung des Transports

Für den Fall, dass die Beförderung durch oder auf Rechnung eines der Zwischenlieferer der Reihe erfolgt ist, werden Bestimmungen vorgeschlagen, nach denen die Beförderung zuzuschreiben ist 92

a) der Lieferung an diesen Zwischenlieferer, sofern er für Mehrwertsteuerzwecke in einem anderen Mitgliedstaat als dem Mitgliedstaat der Lieferung registriert ist **und** den Namen des Eingangsmitgliedstaats der Gegenstände an seinen Lieferer übermittelt hat;
b) der Lieferung durch den Zwischenlieferer an den nächsten Wirtschaftsbeteiligten in der Reihe, wenn eine der beiden vorab genannten Voraussetzungen nicht erfüllt ist.

Beispiel:
Bis zur Verabschiedung von Art. 138a (neu) MwStSystRL und der Übernahme in das deutsche Umsatzsteuerrecht bleibt es für Abholfälle bei den bisherigen Empfehlungen (vgl. § 3, 148h ff. sowie Weimann, GStB 2014, 345 und GStB 2015, 335):

- In den Kaufvertrag ist eine der nachfolgenden Musterklauseln aufzunehmen. Der Kunde muss sich dazu also eindeutig äußern!
- Bei einer Nettoabrechnung ist unbedingt auch die Nachzahlungsvereinbarung vom Kunden einzufordern.
- Im Zweifel steht sich der Händler natürlich bei einer Bruttoabrechnung besser.

Musterklausel: 93
Information über eine weitere Übereignung noch in Deutschland

»Der Vertragspartner zu § ... (Käufer) informiert den Vertragspartner zu § ... (Verkäufer) dahingehend, dass er die Befugnis, über die Kaufsache (§ ...) wie ein Eigentümer zu verfügen (Verfügungsmacht), bereits in Deutschland auf einen Dritten übertragen wird.

Aus diesem Grunde erklärt sich der Käufer mit einer Bruttoabrechnung (inklusive deutsche Umsatzsteuer) einverstanden.«

Musterklausel: 94
Information über das Unterlassen einer weiteren Übereignung noch in Deutschland

»Der Vertragspartner zu § ... (Käufer) informiert den Vertragspartner zu § ... (Verkäufer) dahingehend, dass er die Befugnis, über die Kaufsache (§ ...) wie ein Eigentümer zu verfügen (Verfügungsmacht), nicht auf einen Dritten übertragen wird, bevor der Gegenstand der Lieferung die Bundesrepublik Deutschland verlassen hat.

Sollte dies unzutreffend sein oder von der deutschen Finanzverwaltung anders beurteilt werden, wird der Käufer dem Verkäufer die gegen ihn festgesetzte Umsatzsteuer mit Nebenleistungen (Zinsen) nachzahlen.

Sollte der Käufer sich nach Abschluss dieses Vertrages umentscheiden, wird er den Verkäufer umgehend informieren und dann mit einer Bruttoabrechnung (inklusive deutsche Umsatzsteuer) einverstanden sein.«

95 Eine Bestimmung wie Art. 138a (neu) MwStSystRL ist **nicht erforderlich**, wenn

- die Beförderung auf Rechnung des ersten Lieferers in der Reihe (in diesem Fall kann die Beförderung nur der ersten Lieferung zugeschrieben werden) oder
- des letzten Steuerpflichtigen in der Reihe gemacht wird (in diesem Fall kann die Beförderung nur der Lieferung für diesen Steuerpflichtigen zugeschrieben werden).

10.4.4.3 Zertifizierte Vertragspartner

96 Die Bestimmungen und die damit verbundene Rechtssicherheit gelten nur, wenn

- sowohl der Zwischenlieferer
- als auch der Steuerpflichtige, der die Gegenstände an ihn geliefert hat,

zertifizierte Steuerpflichtige sind.

Beispiel:
Es wird nicht ausgeschlossen, dass bei einer Beteiligung eines nicht zertifizierten Steuerpflichtigen die Beförderung dieser Lieferung zugeschrieben werden könnte. In diesem Fall gelten jedoch die Rechtsvorschriften des Artikels 138a (neu) MwStSystRL nicht und der betreffende Steuerpflichtige muss wie nach den derzeitigen Bestimmungen nach wie vor nachweisen, dass die Beförderung und die Steuerbefreiung mit dieser konkreten Lieferung zusammenhängen.

10.4.4.4 Kritische Stellungnahme von Beraterseite

97 Dem Deutschen Steuerberater Verband e. V. geht die mögliche Neuregelung nicht weit genug (DStV, Stellungnahme S 01/18 vom 16.2.2018, a. a. O., Hervorhebungen durch Fettdruck vom Autoren):

»*[. . .]*

III. Verbesserung beim innergemeinschaftlichen Reihengeschäft greift zu kurz

Der DStV begrüßt, dass die EU-Kommission Regelungen zum innergemeinschaftlichen Reihengeschäft in der Mehrwertsteuersystemrichtlinie verankern möchte. Dies ist im Zuge der Rechtsklarheit ein Schritt in die richtige Richtung. Fragen, die bisher der EuGH klären musste, würden reduziert. Bedauernswert ist jedoch, dass nach den Plänen der EU-Kommission nur dann ein Reihengeschäft vorliegt, wenn sowohl der Verkäufer als auch der Zwischenhändler zertifizierte Steuerpflichtige sind. Es ist aber für alle am Warenverkehr Beteiligte eine Klarstellung hinsichtlich der Zuordnung der Lieferung geboten. Der DStV plädiert daher dafür, die ***Anknüpfung an den Status des zertifizierten Steuerpflichtigen zu streichen.***

IV. Ausweitung des Reverse-Charge-Verfahrens gefordert

Der zertifizierte Steuerpflichtige soll auch in der Übergangsphase zur Umsetzung des endgültigen Mehrwertsteuersystems eine Rolle spielen: Ist der Empfänger im grenzüberschreitenden Handel zertifizierter Steuerpflichtiger, so soll das Reverse-Charge-Verfahren greifen. Der zertifizierte Steuerpflichtige würde mithin die Mehrwertsteuer schulden.

Das Reverse-Charge-Verfahren ist ein ***gängiges Mittel gegen Mehrwertsteuerbetrug.*** *Dadurch, dass der Warenempfänger sowohl Schuldner der Mehrwertsteuer als auch Vorsteuerabzugsberechtigter ist, sinkt das Risiko des Mehrwertsteuerbetrugs. Aus Sicht des DStV sollte das Verfahren daher* ***nicht auf die ohnehin zuverlässigen zertifizierten Steuerpflichtigen beschränkt*** *sein. Vielmehr sollte das Verfahren auf sämtliche grenzüberschreitenden Warenbewegungen im B2B-Bereich angewendet werden.*

[. . .]«

10.4.5 Nachweis der innergemeinschaftlichen Lieferung

Die Mehrwertsteuer-Durchführungsverordnung (Verordnung – EU – Nr. 282/2011 des Rates zur Festlegung von Durchführungsbestimmungen zur Richtlinie 2006/112/EG über das gemeinsame Mehrwertsteuersystem – MwStSystRL-DVO –) soll einen neuen Art. 45a mit Ausführungsbestimmungen zu den Art. 138–142 MwStSystRL erhalten: **98**

Art. 45a (neu) MwStSystRL-DVO

(1) Für die Zwecke der Anwendung der Befreiungen gem. Art. 138 MwStSystRL wird vermutet, dass Gegenstände an einen Bestimmungsort außerhalb ihres Gebiets, jedoch innerhalb der Gemeinschaft versandt oder befördert wurden, wenn eine der folgenden Voraussetzungen erfüllt ist:

a) Der Verkäufer ist ein zertifizierter Steuerpflichtiger i. S. v. Art. 13a MwStSystRL, er gibt an, dass die Gegenstände von ihm oder für seine Rechnung von einem Dritten befördert oder versandt wurden, und er ist im Besitz von mindestens zwei der in Abs. 3 aufgeführten, einander nicht widersprechenden Nachweisen, die die Beförderung oder den Versand bestätigen;

b) der Erwerber der Gegenstände ist ein zertifizierter Steuerpflichtiger i. S. v. Art. 13a MwStSystRL, und der Verkäufer ist im Besitz folgender Nachweise:
   i) einer schriftlichen Erklärung des Erwerbers der Gegenstände, dass die Gegenstände von ihm oder für seine Rechnung von einem Dritten befördert oder versandt wurden, wobei der Bestimmungsmitgliedstaat der Gegenstände anzugeben ist;
   ii) zwei der in Absatz 3 aufgeführten, einander nicht widersprechenden Nachweise, die die Beförderung oder den Versand bestätigen.

Der Erwerber der Gegenstände legt dem Verkäufer die schriftliche Erklärung gem. Buchst. b Ziffer i spätestens am 10. Tag des auf die Lieferung folgenden Monats vor.

(2) Eine Steuerbehörde kann die gem. Abs. 1 aufgestellte Vermutung widerlegen, wenn es Hinweise auf falsche Anwendung oder Missbrauch durch den Verkäufer oder den Erwerber der Gegenstände gibt.

(3) Für die Zwecke von Absatz 1 werden folgende Nachweise der Beförderung oder des Versands akzeptiert:

a) ein vom Erwerber der Gegenstände oder von einer von ihm bevollmächtigten Person unterzeichnetes Schriftstück, mit dem der Empfang der Gegenstände im Bestimmungsmitgliedstaat bestätigt wird;

b) Unterlagen zur Beförderung oder zum Versand der Gegenstände wie z. B. ein unterzeichneter CMR-Frachtbrief, ein Konnossement, eine Luftfracht-Rechnung, eine Rechnung des Beförderers der Gegenstände, eine Versicherungspolice für die Beförderung oder den Versand der Gegenstände oder Bankunterlagen, die die Bezahlung der Beförderung oder des Versands der Gegenstände belegen;

c) von einer öffentlichen Stelle wie z. B. einem Notar ausgestellte offizielle Unterlagen, die die Ankunft der Gegenstände im Bestimmungsmitgliedstaat bestätigen;

d) eine im Bestimmungsmitgliedstaat ausgestellte Quittung, die die Lagerung der Gegenstände in dem Mitgliedstaat bestätigt;

e) eine Bescheinigung, die von einer berufsständischen Vertretung wie z. B. einer Industrie- oder Handelskammer im Bestimmungsmitgliedstaat ausgestellt wurde und den Bestimmungsort der Gegenstände bestätigt;

f) ein Vertrag zwischen dem Verkäufer und dem Erwerber der Gegenstände oder ein Bestellschein, in dem der Bestimmungsort der Gegenstände angegeben ist;

g) ein Schriftwechsel zwischen den an der Transaktion beteiligten Parteien, in dem der Bestimmungsort der Gegenstände angegeben ist;

h) die Mehrwertsteuererklärung des Erwerbers der Gegenstände, in der der innergemeinschaftliche Erwerb der Gegenstände deklariert wird.

Beispiel:
Sollte Art. 45a Abs. 3 Buchst. a MwStSystRL-DVO tatsächlich so verabschiedet werden, hätte damit die deutsche **Gelangensbestätigung** (§ 17a UStDV) auch europarechtlich ihre – bislang ja äußerst zweifelhafte – Bestätigung gefunden.

10.4.6 Inkrafttreten

99 Die Sofortmaßnahmen sollen **am 01.01.2019** in Kraft treten.

Noch in diesem Jahr (2018) will die EU-Kommission einen Vorschlag zur Änderung der MwStSystRL auf technischer Ebene vorlegen, damit die Oktober 2017 vorgeschlagene endgültige Regelung reibungslos umgesetzt werden kann.

Zum 01.01.2019 sollen die Sofortmaßnahmen in Kraft treten.

Am 01.01.2022 soll der Wechsel auf das endgültige Mehrwertsteuersystem vollzogen werden.

Auch wenn es noch zu früh ist, die Vorschläge abschließend im Hinblick auf Ihre Praxistauglichkeit zu beurteilen, lässt sich aber jetzt bereits feststellen, dass **umfangreiche Änderungen in den Bereichen IT und Steuerfindung erforderlich** sein werden. Gleichzeitig sollte sobald als möglich versucht werden, den **Status »zertifizierter Steuerpflichtiger«** zu erhalten. Letztlich wird es erforderlich sein, alle betroffenen **langfristigen Lieferverträge** diesbezüglich zu überprüfen.

11 Vereinfachung des deutschen (Umsatz-)Steuerrechts durch die alljährliche Aufhebung von BMF-Schreiben?

11.1 Bestandsaufnahme

100 Die Antwort der Bundesregierung auf eine große Anfrage der Fraktion der FDP verdeutlichte recht eindrucksvoll, wie wenig das Attribut »einfach« auf das Steuerrecht und insbesondere das Umsatzsteuerrecht anzuwenden ist (vgl. BT-Drucks. 15/1548 vom 16.09.2003):

- **Zahl der Steuergesetze unbezifferbar:** Derzeit regeln 118 Gesetze als Stammnormen das Steuerrecht. Gesetze, die neben ihrem außersteuerlichen Regelungsgehalt auch Vorschriften zur Besteuerung enthalten, lassen sich nicht beziffern.
- **4853 BMF-Schreiben:** Ausweislich der Bundesdatenbank »VV-Steuer« gibt es 2042 gültige – im BStBl I veröffentlichte – BMF-Schreiben. Hinzu kommen 1193 BMF-Schreiben, die eine zeitliche Beschränkung in ihrer Anwendung aufweisen. Darüber hinaus werden 1618 nicht im Bundessteuerblatt Teil I veröffentlichte BMF-Schreiben in der Datenbank nachgewiesen.
- **Mehrfachänderung von Gesetzen:** Allein in der 14. Legislaturperiode wurden folgende Vorschriften des UStG mehrfach geändert: § 3c Abs. 3, § 4 Nr. 8, § 4 Nr. 19, § 7 Abs. 5, § 10 Abs. 4, § 13 Abs. 2, § 14 Abs. 1, § 14 Abs. 4, § 15 Abs. 1, § 15 Abs. 5, § 15a Abs. 4 bis 6, § 16 Abs. 6, § 17 Abs. 1, § 18 Abs. 2, § 19 Abs. 1, § 22 Abs. 2, § 22a Abs. 2, § 24 Abs. 1, § 27 Abs. 1a, § 27 Abs. 3, Nr. 41 der Anlage zu § 12 Abs. 2 Nr. 1 und 2.
- **Nichtanwendungserlasse:** Allein in der 14. Legislaturperiode sind 28 BMF-Schreiben oder gleichlautende Erlasse der obersten Finanzbehörden der Länder ergangen, die anordnen, dass BFH-Entscheidungen über den entschiedenen Einzelfall hinaus nicht anzuwenden sind.

11.2 Gegensteuern des BMF

Mit Schreiben vom 07.06.2005 wollte das BMF das »Anweisungsdickicht« erstmalig lüften. Auf einen Schlag wurden unter der Überschrift »Eindämmung der Normenflut« ca. 1000 BMF-Schreiben aufgehoben, die vor dem 01.01.1980 ergangen sind. Weiter gültig blieben schon damals immerhin 134 BMF-Schreiben aus der Zeit vor 1980. 101

In der Folgezeit arbeitete das BMF regelmäßig den Gesamtbestand seiner Schreiben durch und ist aktuell bei der Sichtung aller Schreiben angelangt, die bis zum 16.03.2018 ergangen sind (BMF vom 19.03.2018, Az: IV A 2 – O 2000/17/10001, 2018/0151652, a. a. O.).

Für frühere Zeiträume vgl. BMF vom 21.03.2017, Az. IV A 2 – O 2000/16/10001, 2017/0209070, BStBl. I 2017, 486 (BMF-Schreiben, die bis zum 20.03.2017 ergangen sind); BMF vom 14.03.2016, Az. IV A 2 – O 2000/15/10001, 2016/0210799, BStBl. I 2016, 290 (BMF-Schreiben, die bis zum 11.03.2016 ergangen sind); BMF vom 23.03.2015, Az. IV A 2 – O 2000/14/10001, 2015/0188422, BStBl. I 2015, 278 (BMF-Schreiben, die bis zum 20.03.2015 ergangen sind); BMF vom 24.03.2014, Az. IV A 2 – O 2000/13/10002, 2014/0205033, BStBl. I 2014, 606 (BMF-Schreiben, die bis zum 24.03.2014 ergangen sind); BMF vom 09.04.2013, Az: IV A 2 – O 2000/12/10001, 2013/0110996, BStBl I 2013, 522 (BMF-Schreiben, die bis zum 08.04.2013 ergangen sind); BMF vom 27.03.2012, Az: IV A 2 – O 2000/11/10006, BStBl I 2012, 370 (BMF-Schreiben, die bis zum 26.032012 ergangen sind), vom 04.04.2011, Az: IV A 2 – O 1000/10/10283, BStBl I 2011, 356 (BMF-Schreiben, die bis zum 01.04.2011 ergangen sind), vom 23.04.2010, Az: IV A 6 – O 1000/09/10095, BStBl I 2010, 391 (BMF-Schreiben, die bis zum 31.12.2009 ergangen sind) und vom 29.03.2007 Az: IV C 6 – O 1000/07/0018, BStBl I 2007, 369 (BMF-Schreiben, die vom 01.01.1980 bis zum 31.12.2004 ergangen sind).

Auffällig ist, dass alle diese Schreiben – mit Ausnahme des ersten Schreibens vom 07.06.2005 – **neben einer Positivliste** noch **zusätzlich folgende Regelung** treffen: »Die Aufhebung der BMF-Schreiben bedeutet keine Aufgabe der bisherigen Rechtsauffassung der Verwaltung, sondern dient der Bereinigung der Weisungslage.« 102

11.3 Beratungskonsequenzen

Den Schreiben hängt daher eine **Positivliste** an. Nur die nicht in die Listen aufgenommenen Schreiben werden außer Kraft gesetzt. Daraus ergeben sich folgende Konsequenzen (grundlegend bereits Weimann, GStB 2007, 277): 103

- Wenn die Aufhebung der bis zum 16.03.2018 ergangenen BMF-Schreiben keine Aufgabe der bisherigen Rechtsauffassung der Verwaltung bedeutet, heißt dies – positiv ausgedrückt –, dass die vermeintlich aufgehobenen BMF-Schreiben auch weiterhin die Verwaltungsauffassung wiedergeben. Damit bleiben die formell aufgehobenen Schreiben materiell weiter gültig!
- Für die Praxis folgt daraus, dass der einzelne Finanzbeamte auch die bis zum 16.03.2018 ergangenen BMF-Schreiben weiter anwenden und der Steuerberater diese wie gehabt berücksichtigen muss.
- Damit wird (wissenschaftlich) genau wie folgt zu zitieren sein:
  - BMF-Schreiben, die vor dem 16..03.2018 ergangen und **in der Positivliste erhalten** sind: BMF vom 28.02.2014, Az: IV D 3 – S 7117-a/10/10002, 2014/0197080, BStBl I 2014, 279, weiter gültig gem. BMF vom 19.03.2018, Az: IV A 2 – O 2000/17/10001, 2018/0151652, Positivliste Nr. 1351, BStBl I 2018, 322.
  - BMF-Schreiben, die vor dem 16.03.2018 ergangen sind, in der Positivliste vom 21.03.2017 enthalten waren und nun nicht mehr enthalten sind: BMF vom 21.05.2014, IV D 3 – S 7359/13/10002, 2014/0447383, BStBl I 2014, 863, formell aufgehoben, materiell aber weiter gültig lt. BMF vom 19.03.2018, IV A 2 – O 2000/17/10001, 2018/0151652, Anlage 2 Nr. 83, BStBl I 2018, 322.

- BMF-Schreiben, die vor dem 16.03.2018 ergangen und **nicht** in der Positivliste erhalten sind: BMF vom 16.05.1994, Az: IV C 4 – S 7118-b – 17/94, BStBl I 1994, 321, formell aufgehoben, materiell aber weiter gültig gem. BMF vom 19.03.2018, Az: IV A 2 – O 2000/17/10001, 2018/0151652, BStBl I 2018, 322.

- Da die Zitate der bis zum 16.03.2018 ergangenen Schreiben damit unnötig »aufgebläht« werden, wird die Praxis schnell dazu übergehen, den Hinweis auf das Schreiben vom 19.03.2018 auszusparen.
- Abschließend bleibt der Hinweis, dass alle **BMF-Schreiben deklaratorisch** wirken, soweit die in der jeweiligen Positivliste nicht enthaltenen Schreiben aus anderen Gründen keine Rechtswirkung mehr entfalten.

11.4 Fazit

104 Insbesondere die kassierenden BMF-Schreiben ab dem Schreiben vom 29.03.2007 sind rundherum »**Mogelpackungen**«: Die Normenflut wurde ausgeweitet, es gibt zusätzliche – wenn auch inhaltsleere – Verwaltungsauffassungen, das – zumindest wissenschaftlich genaue – Zitieren wird erschwert, der Regelungsgehalt geht gegen ull (so bereits Weimann, GStB 2007, 277).

12 Checklisten für die Mandantenarbeit

12.1 Checklisten Terminüberwachung 2018–2020

105 Zur Überwachung der **Voranmeldungstermine** in den Jahren 2018, 2019 und 2020 mag die folgende Checkliste hilfreich sein:

Checkliste Terminübersicht USt-Voranmeldungen 2018					
	Fälligkeitstag	UStVA abgegeben? (✔)	Schonfrist* bis	Steuer bezahlt? (✔)	Eigene Anmerkungen
Januar	10.01.2018		15.01.2018**		
Februar	12.02.2018** + ***		15.02.2018		
März	12.03.2018**		15.03.2018		
April	10.04.2018		13.04.2018		
Mai	11.05.2018**		14.05.2018		
Juni	11.06.2018**		14.06.2018		
Juli	10.07.2018		13.07.2018		
August	10.08.2018		13.08.2018		
September	10.09.2018		13.09.2018		
Oktober	10.10.2018		15.10.2018**		
November	12.11.2018**		15.11.2018		
Dezember	10.12.2018		13.12.2018		

* = Ein **Säumniszuschlag,** der wegen Nichtzahlung bei Fälligkeit entstanden ist, wird bei Verspätungen bis zu 3 Tagen nicht erhoben (§ 240 Abs. 3 Satz 1 AO). Die 3 Tage werden allgemein als Frist angesehen (sog. »**Schonfrist**«), auf die § 108 Abs. 3 AO anzuwenden ist (s.u.). Die Schonfrist gilt nicht für Bar- und Scheckzahlungen (§ 240 Abs. 3 Satz 2 i.V.m. § 224 Abs. 2 Nr. 1 AO). Bei Scheckzahlungen ist zu beachten, dass diese erst 3 Tage nach Eingang des Schecks als geleistet gelten. Ist die Umsatzsteuer-Vorauszahlung z.B. am 10.08.2018 fällig, muss der Scheck spätestens am 07.08.2018 beim Finanzamt eingehen.

** = Fällt das **Ende einer Frist** auf einen Sonntag, einen gesetzlichen Feiertag oder einen Sonnabend, so endet die Frist mit dem Ablauf des nächstfolgenden Werktags, § 108 Abs. 3 AO.

*** = Im Fall der **Dauerfristverlängerung** ist im Februar 2018 mit der Anmeldung für Dezember 2017 das insoweit Erforderliche (Anrechnung der Sondervorauszahlung 2017 und Anmeldung der Sondervorauszahlung 2018, vgl. *Weimann*, UStB 2007, 19 u. 2008, 121) zu veranlassen.

Checkliste Terminübersicht USt-Voranmeldungen 2019

	Fälligkeitstag	UStVA abgegeben? (✔)	Schonfrist* bis	Steuer bezahlt? (✔)	Eigene Anmerkungen
Januar	10.01.2019		14.01.2019**		
Februar	11.02.2019** + ***		14.02.2019		
März	11.03.2019**		14.03.2019		
April	10.04.2019		15.04.2019**		
Mai	10.05.2019		13.05.2019		
Juni	11.06.2019**		14.06.2019		
Juli	10.07.2019		15.07.2019		
August	12.08.2019		15.08.2019****		
September	10.09.2019		13.09.2019		
Oktober	10.10.2019		14.10.2019**		
November	11.11.2019**		14.11.2019		
Dezember	10.12.2018		13.12.2018		

* = Ein **Säumniszuschlag,** der wegen Nichtzahlung bei Fälligkeit entstanden ist, wird bei Verspätungen bis zu 3 Tagen nicht erhoben (§ 240 Abs. 3 Satz 1 AO). Die 3 Tage werden allgemein als Frist angesehen (sog. »**Schonfrist**«), auf die § 108 Abs. 3 AO anzuwenden ist (s.u.). Die Schonfrist gilt nicht für Bar- und Scheckzahlungen (§ 240 Abs. 3 Satz 2 i.V.m. § 224 Abs. 2 Nr. 1 AO). Bei Scheckzahlungen ist zu beachten, dass diese erst 3 Tage nach Eingang des Schecks als geleistet gelten. Ist die Umsatzsteuer-Vorauszahlung z.B. am 10.01.2019 fällig, muss der Scheck spätestens am 07.01.2019 beim Finanzamt eingehen.

** = Fällt das **Ende einer Frist** auf einen Sonntag, einen gesetzlichen Feiertag oder einen Sonnabend, so endet die Frist mit dem Ablauf des nächstfolgenden Werktags, § 108 Abs. 3 AO.

*** = Im Fall der **Dauerfristverlängerung** ist im Februar 2019 mit der Anmeldung für Dezember 2018 das insoweit Erforderliche (Anrechnung der Sondervorauszahlung 2018 und Anmeldung der Sondervorauszahlung 2019, vgl. *Weimann*, UStB 2007, 19 u. 2008, 121) zu veranlassen.

**** 15.08.2019 = Mairä Himmelfahrt = Feiertag in Bayern und im Saarland = Schonfrist bis 16.08.2019 (s.o.)

Checkliste Terminübersicht USt-Voranmeldungen 2020					
	Fälligkeitstag	UStVA abgegeben? (✔)	Schonfrist* bis	Steuer bezahlt? (✔)	Eigene Anmerkungen
Januar	10.01.2020		13.01.2020		
Februar	10.02.2020***		13.02.2020		
März	10.03.2020		13.03.2020		
April	14.04.2020		17.04.2020**		
Mai	11.05.2020**		14.05.2020		
Juni	10.06.2020		15.06.2020**		
Juli	10.07.2020		13.07.2020		
August	10.08.2020		13.08.2020		
September	10.09.2020		14.09.2020**		
Oktober	12.10.2020**		15.10.2020		
November	10.11.2020		13.11.2020		
Dezember	10.12.2020		14.12.2020**		

* = Ein **Säumniszuschlag,** der wegen Nichtzahlung bei Fälligkeit entstanden ist, wird bei Verspätungen bis zu 3 Tagen nicht erhoben (§ 240 Abs. 3 Satz 1 AO). Die 3 Tage werden allgemein als Frist angesehen (sog. »**Schonfrist**«), auf die § 108 Abs. 3 AO anzuwenden ist (s. u.). Die Schonfrist gilt nicht für Bar- und Scheckzahlungen (§ 240 Abs. 3 Satz 2 i. V. m. § 224 Abs. 2 Nr. 1 AO). Bei Scheckzahlungen ist zu beachten, dass diese erst 3 Tage nach Eingang des Schecks als geleistet gelten. Ist die Umsatzsteuer-Vorauszahlung z. B. am 10.01.2020 fällig, muss der Scheck spätestens am 07.01.2020 beim Finanzamt eingehen.

** = Fällt das **Ende einer Frist** auf einen Sonntag, einen gesetzlichen Feiertag oder einen Sonnabend, so endet die Frist mit dem Ablauf des nächstfolgenden Werktags, § 108 Abs. 3 AO.

*** = Im Fall der **Dauerfristverlängerung** ist im Februar 2020 mit der Anmeldung für Dezember 2020 das insoweit Erforderliche (Anrechnung der Sondervorauszahlung 2019 und Anmeldung der Sondervorauszahlung 2020, vgl. *Weimann,* UStB 2007, 19 u. 2008, 121) zu veranlassen.

12.2 Checkliste Sicherung des Vorsteuerabzugs beim Mandanten

106 Vermehrt lehnen die Finanzgerichte den Vorsteuerabzug des Mandanten mit dem Hinweis ab, dass dieser nicht rechtzeitig erfolgt sei (vgl. § 15 Rn. 64; ferner Weimann, UStB 2007, 206 und UStB 2008, 324). Diese Praxis hat der BFH bestätigt (BFH vom 17.12.2008, Az: XI R 64/06, BFH/NV 2009, 798; BFH vom 26.06.2009, Az: V B 34/08, BFH/NV 2009, 2011; hierzu ausführlich Nieskoven, GStB 2009, 320).

107 Aktuell betont der BFH, dass die **sofort bei Leistungsbezug zu treffende** Zuordnungsentscheidung **zeitnah dokumentiert werden muss**, d. h. bis spätestens im Rahmen der Jahressteuererklärung. Keine zeitnahe Dokumentation der Zuordnungsentscheidung liegt vor, wenn die Zuordnungsent-

scheidung dem Finanzamt erst nach Ablauf der gesetzlichen Abgabefrist von Steuererklärungen **(31.05. des Folgejahres)** mitgeteilt wird (BFH vom 11.11.2011, Az: V B 19/10, BFH/NV 2012, 459).

Auch für den Fall einer Fristverlängerung für die eigentliche Erklärungsabgabe über den 31. 05. **108**
hinaus muss sichergestellt werden, dass zumindest etwaige Zuordnungsentscheidungen

- dem Finanzamt vorab bekannt oder
- sonst in geeigneter Form unzweifelhaft dokumentiert

werden.

TIPP
Bei langfristigen Projekten – insbesondere bei Bauprojekten – sollte die beabsichtigte unternehmerische Verwendung bereits aus **Planungsunterlagen, Verträgen und dgl.** objektiv nachvollziehbar sein. Hierauf sollte der Berater die Mandanten – die in der Regel ja eher dazu neigen, diesen erst über bereits verwirklichte Sachverhalte zu informieren – aus Haftungsgründen (durch ein **Mandantenrundschreiben** hinweisen. Im Zweifel sollte der Berater sich **immer zunächst für den Vorsteuerabzug des Mandanten entscheiden** und diesen dann ggf. durch eine – höchstwahrscheinlich umsatzsteuerlich per Saldo neutrale – unentgeltliche Wertabgabe rückgängig machen!

Mit Sicherheit hilfreich ist es auch, den Mandanten über **den Voranmeldungszeitraum zum »planvollen Sammeln« der Vorsteuerbeträge anzuhalten**; eine termingerechte Zusammenstellung der Beträge wird damit wahrscheinlicher. Hierzu sollte der Berater für den Mandanten eine – mehr oder weniger individuelle und mandatsbezogene – **Arbeitshilfe** nach folgendem **Muster** an die Hand geben: **109**

Kostenart	Hinweis	Betrag
Arbeitsgerät		
Arbeitskleidung		
Bürogeräte		
Büromaterial		
Büromiete*	ggf. aus Gesamtmiete Büroanteil errechnen	
Büromöbel		
Büro (Sonstiges)		
Ersatzteile		
Fachbücher		
Fensterputzer	ggf. aus Gesamtkosten Büroanteil errechnen	
Garagenmiete*		
Gas*	ggf. aus Gesamtkosten Büroanteil errechnen	
Kfz (Anschaffung)	Eigennutzung als unentgeltliche Wertabgabe erfassen	
Kfz (Benzin)		
Kfz (Sonstige)	nur soweit vorsteuerbelastet	
Software		
Strom*	ggf. aus Gesamtkosten Büroanteil errechnen	
Telefonkosten	ggf. aus Gesamtkosten Büroanteil errechnen	
Verbrauchsstoffe		

Kostenart	Hinweis	Betrag
Wasser*	ggf. aus Gesamtkosten Büroanteil errechnen	
...		
...		
...		

TIPP

Bei den mit * gekennzeichneten Positionen ist darauf zu achten, dass die Leistungen nur dann zum Vorsteuerabzug berechtigen, wenn sie vom **Unternehmer** – also vom Mandanten – **selbst** eingekauft werden. Die den Leistungen zu Grunde liegenden **Verträge** müssen daher auf **den Mandanten** lauten; er muss der Vertragspartner sein:

- Der Mandant sollte dazu veranlasst werden, dies beim **Abschluss neuer Verträge** möglichst von vornherein selbst zu berücksichtigen.
- Bereits **bestehende Verträge** des Mandanten sollten geprüft und ggf. umgestellt werden.

§ 1 UStG
Steuerbare Umsätze

(1) Der Umsatzsteuer unterliegen die folgenden Umsätze:

1. die Lieferungen und sonstigen Leistungen, die ein Unternehmer im Inland gegen Entgelt im Rahmen seines Unternehmens ausführt. Die Steuerbarkeit entfällt nicht, wenn der Umsatz auf Grund gesetzlicher oder behördlicher Anordnung ausgeführt wird oder nach gesetzlicher Vorschrift als ausgeführt gilt;
2. (weggefallen)
3. (weggefallen)
4. die Einfuhr von Gegenständen im Inland oder in den österreichischen Gebieten Jungholz und Mittelberg (Einfuhrumsatzsteuer);
5. der innergemeinschaftliche Erwerb im Inland gegen Entgelt.

(1a) [1]Die Umsätze im Rahmen einer Geschäftsveräußerung an einen anderen Unternehmer für dessen Unternehmen unterliegen nicht der Umsatzsteuer. [2]Eine Geschäftsveräußerung liegt vor, wenn ein Unternehmen oder ein in der Gliederung eines Unternehmens gesondert geführter Betrieb im Ganzen entgeltlich oder unentgeltlich übereignet oder in eine Gesellschaft eingebracht wird. [3]Der erwerbende Unternehmer tritt an die Stelle des Veräußerers.

(2) [1]Inland im Sinne dieses Gesetzes ist das Gebiet der Bundesrepublik Deutschland mit Ausnahme des Gebiets von Büsingen, der Insel Helgoland, der Freizonen des Kontrolltyps I nach § 1 Abs. 1 Satz 1 des Zollverwaltungsgesetzes (Freihäfen), der Gewässer und Watten zwischen der Hoheitsgrenze und der jeweiligen Strandlinie sowie der deutschen Schiffe und der deutschen Luftfahrzeuge in Gebieten, die zu keinem Zollgebiet gehören. [2]Ausland im Sinne dieses Gesetzes ist das Gebiet, das danach nicht Inland ist. [3]Wird ein Umsatz im Inland ausgeführt, so kommt es für die Besteuerung nicht darauf an, ob der Unternehmer deutscher Staatsangehöriger ist, seinen Wohnsitz oder Sitz im Inland hat, im Inland eine Betriebsstätte unterhält, die Rechnung erteilt oder die Zahlung empfängt.

(2a) [1]Das Gemeinschaftsgebiet im Sinne dieses Gesetzes umfasst das Inland im Sinne des Absatzes 2 Satz 1 und die Gebiete der übrigen Mitgliedstaaten der Europäischen Union, die nach dem Gemeinschaftsrecht als Inland dieser Mitgliedstaaten gelten (übriges Gemeinschaftsgebiet). [2]Das Fürstentum Monaco gilt als Gebiet der Französischen Republik; die Insel Man gilt als Gebiet des Vereinigten Königreichs Großbritannien und Nordirland. [3]Drittlandsgebiet im Sinne dieses Gesetzes ist das Gebiet, das nicht Gemeinschaftsgebiet ist.

(3) [1]Folgende Umsätze, die in den Freihäfen und in den Gewässern und Watten zwischen der Hoheitsgrenze und der jeweiligen Strandlinie bewirkt werden, sind wie Umsätze im Inland zu behandeln:

1. die Lieferungen und die innergemeinschaftlichen Erwerbe von Gegenständen, die zum Gebrauch oder Verbrauch in den bezeichneten Gebieten oder zur Ausrüstung oder Versorgung eines Beförderungsmittels bestimmt sind, wenn die Gegenstände
   a) nicht für das Unternehmen des Abnehmers erworben werden, oder
   b) vom Abnehmer ausschließlich oder zum Teil für eine nach § 4 Nr. 8 bis 27 steuerfreie Tätigkeit verwendet werden;
2. die sonstigen Leistungen, die
   a) nicht für das Unternehmen des Leistungsempfängers ausgeführt werden, oder

b) **vom Leistungsempfänger ausschließlich oder zum Teil für eine nach § 4 Nr. 8 bis 27 steuerfreie Tätigkeit verwendet werden;**
3. **die Lieferungen im Sinne des § 3 Abs. 1b und die sonstigen Leistungen im Sinne des § 3 Abs. 9a;**
4. **die Lieferungen von Gegenständen, die sich im Zeitpunkt der Lieferung**
   a) **in einem zollamtlich bewilligten Freihafen-Veredelungsverkehr oder in einer zollamtlich besonders zugelassenen Freihafenlagerung oder**
   b) **einfuhrumsatzsteuerrechtlich im freien Verkehr befinden;**
5. **die sonstigen Leistungen, die im Rahmen eines Veredelungsverkehrs oder einer Lagerung im Sinne der Nummer 4 Buchstabe a ausgeführt werden;**
6. **(weggefallen)**
7. **der innergemeinschaftliche Erwerb eines neuen Fahrzeugs durch die in § 1a Abs. 3 und § 1b Abs. 1 genannten Erwerber.**

[2]Lieferungen und sonstige Leistungen an juristische Personen des öffentlichen Rechts sowie deren innergemeinschaftlicher Erwerb in den bezeichneten Gebieten sind als Umsätze im Sinne der Nummern 1 und 2 anzusehen, soweit der Unternehmer nicht anhand von Aufzeichnungen und Belegen das Gegenteil glaubhaft macht.

Literatur

Birgel, Umsatzsteuerliche Aspekte der Maut-Erhebung in der BRD seit dem 01.01.2005, UVR 2005, 193. **Birgel**, Umsatzsteuerliche Behandlung des Handels mit Zertifikaten zur Treibhausgas-Emission, UVR 2005, 229. **Weimann** in Lang/Ossola-Haring, Kauf, Verkauf und Übertragung von Unternehmen. Teil 13, 1. Aufl. 2011. **Weimann**, Vorsteuerrisiken von Leistungspartnern/Die Umsatzsteuerschuld des Leistenden ist ohne zwingende Aussagekraft für den Vorsteuerabzug des Leistungsempfängers!, StB 2014, 398. **Weimann**, Umsatzsteuer in der Praxis, 14. Aufl. 2016, Kapitel 5.

Verwaltungsanweisungen

BMF vom 15.02.1994, Az: IV C 3 – S 7100 – 4/94, UR 1994, 167.
OFD Hannover vom 24.03.1997, Az: S 7104 – 52 – StO 355/S 7100 – 368 – StH 533, LEXinform 0138335.
BMF vom 30.12.1997, Az: IV C 3 – S 7102 – 41/97, BStBl I 1998, 110.
OFD Chemnitz vom 13.05.2002, Az: S 7100b – 8/1 – St 23.
BMF vom 31.05.2002, Az: IV B 7 – S 7100 – 77/03, BStBl I 2002, 631.
OFD Hannover vom 20.07.2004, Az: S 7100 – 421 –StO 351/S 7100 – 1010 – StH 446, UVR 2004, 341.
BMF vom 27.08.2004, Az: IV B 7 – S 7300 – 70/04, BStBl I 2004, 864.
BMF vom 02.02.2005, Az: IV A 5 – S 7100 – 16/05, BStBl I 2005, 494.
BMF vom 21.09.2005, Az: IV A 5 – S 7104 – 19/05, BStBl I 2005, 936.
OFD Hannover vom 31.05.2006, Az: S 7100b – 1 – StO 171.
OFD Münster vom 06.11.2006, Az: S 7100b – 132 – St 44–32.
BMF vom 04.01.2007, Az: 04.01.2007, IV A 7 – S 1547 – 1/07, BStBl I 2007, 67.
BMF vom 26.01.2007, Az: IV A 5 – S 7300 – 10/07, BStBl I 2007, 211.

BMF vom 31.05.2007, Az: IV A 5 – S 7100/07/0031, BStBl I 2007, 503.
OFD Frankfurt a. M. vom 27.06.2007, Az: S 7100 A – 82 – St 11.
BMF vom 28.01.2008, Az: IV A 5 – S 7106/07/0009, BStBl I 2008, 382.
OFD Karlsruhe vom 29.02.2008, Az: S 7100.
BMF vom 22.05.2008, Az: IV B 8 – S 7100/07/10007, BStBl I 2008, 632.
OFD Münster Kurzinformation USt Nr. 9 vom 03.07.2008.
OFD Hannover vom 23.07.2008, Az: S 7100 – 431 – StO 172.
BMF vom 16.10.2008, Az: IV B 8 – S 7100/07/10050, BStBl I 2008, 949.
BMF vom 01.12.2008, Az: IV B 8 – S 7203/07/10002, BStBl I 2008, 992.
BMF vom 06.02.2009, Az: IV C 5 – S 2334/08/10003, BStBl I 2009, 412.
OFD Frankfurt a. M. vom 18.03.2009, Az: S 7100 A – 203 – St 110.
BMF vom 11.12.2009, Az: IV A 4 – S 1547/0, BStBl I 2009, 1510.
BMF vom 08.12.2010, Az: IV A 4 – S 1547/0 :001, BStBl I 2010, 1344.
BMF vom 24.01.2012, Az: IV A 4 – S 1547/0 :001, BStBl I 2012, 99.
BMF vom 14.12.2012, Az: IV A 4 – S 1547/0 :001.
BMF vom 12.12.2014, Az: IV A 4 – S 1547/13/10001-02, BStBl I 2014, 1575.
BMF vom 16.12.2015, Az: IV A 4 – S 1547/13/10001-03, BStBl I 2015, 1084.
BMF vom 15.12.2016, Az: IV A 4 – S 1547/13/10001-04, BStBl I 2016, 1424.
BMF vom 13.12.2017, Az: IV A 4 – S 1547/13/10001-05, BStBl I 2017, 1618.
Hinweis: Zur Problematik der zeitlichen Geltungsdauer von BMF-Schreiben vgl. Einführung UStG, Rz. 100 ff.

Richtlinien/Hinweise/Verordnungen
UStAE: Abschn. 1.1–1.12.
MwStSystRL: Art. 1 ff., Art. 9 ff.

1 Allgemeines

1.1 Überblick über die Vorschrift

Die USt ist eine Verbrauchsteuer. Sie unterwirft als eine der ältesten Steuerarten den ganz überwiegenden Teil der Liefer- und Leistungsvorgänge im Wirtschaftsleben der Besteuerung. Die Gesetzgebungskompetenz liegt beim Bund, das UStG ist zustimmungspflichtiges Bundesgesetz (Art. 105 Abs. 2 GG). Das Aufkommen aus der USt steht dem Bund und den Ländern gemeinsam zu (Art. 106 Abs. 3 GG), die Verwaltung der USt obliegt den Finanzämtern als Landesfinanzbehörden (Art. 108 Abs. 2 und 3 GG). 1

Nach der Umstellung von der kumulativen Allphasen-Brutto-Umsatzsteuer auf das System der Allphasen-Netto-Umsatzsteuer mit Vorsteuerabzug zum 01.01.1968 war die USt über zwei Jahrzehnte, in denen die Steuersätze schrittweise von anfangs 10 % auf nunmehr 19 % angehoben wurden, ein vergleichsweise ruhiger Bereich des Steuerrechts. Mit der Angleichung des nationalen Umsatzsteuerrechts an Gemeinschaftsrecht im Zuge der Verwirklichung des Binnenmarkts, spätestens seit dem Wegfall der i. g. Grenzen zwischen den damaligen EG-Mitgliedstaaten zum 01.01.1993, hat sich auch dies geändert. Das Umsatzsteuerrecht ist zu einem der komplexesten Steuerthemen geworden. 2

Die Vorschrift des § 1 UStG normiert die Voraussetzungen der Steuerbarkeit, nennt die konkreten Besteuerungstatbestände (Lieferung, sonstige Leistung, Einfuhr, i. g. Erwerb) und regelt bestimmte Sonderfälle (Geschäftsveräußerung im Ganzen, Freihafenumsätze, Veredelungsverkehr). Darüber hinaus enthält § 1 UStG Begriffsdefinitionen (Inland, Ausland, Gemeinschaftsgebiet, Drittland). 3

1.2 Rechtsentwicklung

Die Vorschrift hat ihre Wurzeln bereits im UStG 1918 und ist im Laufe der Zeit mehrfach geändert worden. Zum zeitlichen Anwendungsbereich nachfolgend vgl. Rn. 7ff. 4

1.3 Geltungsbereich

1.3.1 Sachlicher Geltungsbereich

§ 1 UStG regelt als eine der grundlegenden Vorschriften des UStG dessen Steuergegenstand und Geltungsbereich. 5

1.3.2 Persönlicher Geltungsbereich

§ 1 UStG sieht hinsichtlich des persönlichen Geltungsbereichs keine Beschränkungen vor und gilt daher zunächst für **alle Unternehmer** i.S.d. § 2 UStG. Einschränkungen ergeben sich jedoch aus anderen Vorschriften des UStG (vgl. § 19 Abs. 1 S. 4 UStG für Kleinunternehmer, § 25a Abs. 6 S. 1 6

UStG für die Differenzbesteuerung). Das Gesetz legt jedoch ggf. auch **Nichtunternehmern** Pflichten auf (vgl. § 1 b UStG).

1.3.3 Zeitlicher Geltungsbereich

7 Wesentliche Änderungen zum UStG sind durch das StEntlG 1999/2000/2002 eingebracht worden, das zum 01.04.1999 im Hinblick auf die Vorgaben der 6. EG-RL zum **Wegfall der bisherigen Eigenverbrauchstatbestände** (§ 1 Abs. 1 Nr. 1 Buchst. b Nr. 2, Nr. 3 UStG a.F.) führte und die weiterhin zu besteuernden Sachverhalte nunmehr in § 3 Abs. 1a, Abs. 9a UStG den entsprechenden entgeltlichen Leistungen gleichstellt.

8 Durch das **StÄndG 2003** sind die Begriffe Einfuhr (§ 1 Abs. 1 Nr. 4 UStG) und Inland (§ 1 Abs. 2 S. 1 UStG) neu definiert worden.

9 Weitere Änderungen des UStG erfolgten zum 01.01.2005 durch das Gesetz zur Umsetzung von EU-RL in nationales Steuerrecht und zur Änderung weiterer Vorschriften (**Richtlinien-Umsetzungsgesetz** – EURLUmsG vom 09.12.2004, BStBl I 2004, 1158 [1166]), jedoch ohne Auswirkungen auf § 1 UStG.

10 Zur Harmonisierung der umsatzsteuerlichen Bestimmungen bei grenzüberschreitenden Dienstleistungen hat die EU die Regelungen zum Leistungsort durch das »**Mehrwertsteuerpaket 2010**« in der europäischen »**Mehrwertsteuersystemrichtlinie**« (MwStSystRL) als Nachfolgevorschrift der 6. EG-RL neu gefasst. Das deutsche UStG wurde durch das Jahressteuergesetz 2009 (Gesetz vom 19.12.2008, BStBl I 2009, 74) angepasst; die Neuerungen gelten ab dem 01.01.2010.

1.4 Gemeinschaftsrechtliche Grundlagen und Verhältnis zu anderen Vorschriften

11 § 1 UStG beruht auf den Vorgaben der Art. 1 ff., Art. 9 ff. MwStSystRL, die im Ergebnis auch zum Wegfall der bisherigen Eigenverbrauchstatbestände (§ 1 Abs. 1 Nr. 1 Buchst. b, Nr. 2, Nr. 3 UStG a.F.) führten (vgl. Rn. 7).

2 Kommentierung

2.1 Leistungsaustausch, Leistender, Leistungsempfänger

2.1.1 Leistungsaustausch

12 Nach § 1 Abs. 1 Nr. 1 UStG unterliegen der USt die **Lieferungen** (zum Begriff vgl. Rn. 33 ff.) und **sonstigen Leistungen** (zum Begriff vgl. Rn. 36 ff.), die ein **Unternehmer** (zum Begriff vgl. Rn. 46) **im Inland** (zum Begriff vgl. Rn. 47 und Rn. 198 ff.) **gegen Entgelt** (zum Begriff vgl. Rn. 48 ff.) **im Rahmen seines Unternehmens** (zum Begriff vgl. Rn. 60) ausführt.

Als Grundmerkmal der Umsatzsteuerbarkeit muss ein Leistungsaustausch vorliegen. Dazu müssen ein Leistender und ein Leistungsempfänger vorhanden sein. Ferner müssen Leistung und Gegenleistung in einem wechselseitigen Zusammenhang stehen. § 1 Abs. 1 Nr. 1 UStG setzt für den Leistungsaustausch einen unmittelbaren, nicht aber einen inneren (synallagmatischen) Zusammenhang zwischen Leistung und Entgelt voraus (BFH vom 15.04.2010, Az: V R 10/08, BStBl II 2010, 879; Abschn. 1.1 Abs. 1 S. 2 und 3 UStAE). Zum unmittelbaren Zusammenhang zwischen Leistung und Gegenleistung (dem empfangenen Gegenwert) vgl. z. B. BFH vom 06.06.2002, Az: V R 43/01, BStBl II 2003, 36; vom 16.01.2003, Az: V R 92/01, BStBl II 2003, 732; vom 26.01.2006, Az: V R 36/03, BFH/NV 2006, 1525 und vom 24.08.2006, Az: V R 19/05, BStBl II 2007, 187). 13

Es ist nicht Voraussetzung, dass das Entgelt als Gegenleistung vom Leistungsempfänger selbst erbracht wird (BFH vom 26.06.1986, Az: V R 93/77, BStBl II 1986, 723). 14

Die für die Annahme eines Leistungsaustausches erforderliche Zweckgerichtetheit des Handelns des Unternehmers liegt u. a. auch dann vor, wenn der Unternehmer in der erkennbaren Erwartung auf eine Gegenleistung leistet. Ob diese Voraussetzungen vorliegen, beurteilt sich nach den Verhältnissen des Einzelfalles. Eine Leistung gegen Entgelt erfordert aber nicht notwendig eine »Finalität« des Handelns in dem Sinne, dass der Leistende leistet, um eine Gegenleistung zu erhalten (BFH vom 05.12.2007, Az: V R 63/05, BFH/NV 2008, 996). 15

Entscheidend ist nach der Rechtsprechung des EuGH und des BFH, dass zwischen Leistung und Gegenleistung ein unmittelbarer Zusammenhang besteht, der sich regelmäßig aus dem »Rechtsverhältnis«, d. h. den vertraglichen Beziehungen zwischen Leistendem und Leistungsempfänger ergibt (EuGH vom 24.10.1996, Rs. C-317/94, Elida Gibbs, Slg. 1996 I, 5339, BStBl II 2004, 324; vom 03.03.1994, Rs. C-16/93, Tolsma, HFR 1994, 357; vom 25.05.1993, Rs. C-18/92, Bally, Slg. 1993 I, 2871; z. B. BFH vom 26.10.2000, Az: V R 12/00, BFH/NV 2001, 494; vom 13.11.1997, Az: V R 11/97, BStBl II 1998, 169; vom 15.10.1998, Az: V R 51/96, BFH/NV 1999, 833, m. w. N.; vom 16.03.2000, Az: V R 16/99, BFH/NV 2000, 1057). 16

Bei Leistungen, zu deren Ausführung sich die Vertragsparteien in einem **gegenseitigen Vertrag** verpflichtet haben, liegt der erforderliche Leistungsaustausch grundsätzlich vor (BFH vom 08.11.2007, Az: V R 20/05, BStBl II 2009, 483; vom 05.12.2007, Az: V R 63/05, BFH/NV 2008, 996 und vom 18.12.2008, Az: V R 38/06, BStBl II 2009, 749; Abschn. 1.1 Abs. 1 S. 4 UStAE). 17

Eine Leistung i. S. d. § 1 Abs. 1 Nr. 1 UStG liegt nur vor, wenn bzw. soweit der Unternehmer diese »ausführt«, d. h. die Leistung seinem Willen entspricht. 18

Zum fehlenden Leistungsaustausch bei der **Beistellung von Material** des Auftraggebers an der Erbringung einer bestellten Leistung vgl. Rn. 148, ABC Stichwort »Materialbereitstellung«, zum fehlenden Leistungsaustausch bei der **Beistellung von Personal** des Auftraggebers an der Erbringung einer bestellten Leistung vgl. Rn. 148, ABC Stichwort »Personalbeistellung«. Das ernsthaft gegenüber dem Arbeitnehmer ausgesprochene **Verbot**, ein zur Verfügung gestelltes betriebliches Fahrzeug privat zu nutzen, kann eine sonstige Leistung in Form einer **Nutzungsüberlassung** für private Zwecke ausschließen. Ob ein solches Verbot ernsthaft ist, ist aufgrund einer umfassenden Würdigung der Gesamtumstände des Einzelfalles zu beantworten (BFH vom 08.10.2008, Az: XI R 66/07, BFH/NV 2009, 616). 19

Bei **Zahlungen aus öffentlichen Kassen** kann es an einem Leistungsaustausch fehlen, wenn die Zahlung lediglich der Förderung der Tätigkeit des Empfängers allgemein, aus strukturpolitischen, volkswirtschaftlichen oder allgemeinpolitischen Gründen dient und nicht der Gegenwert für eine Leistung des Zahlungsempfängers an den Geldgeber ist, vgl. Rn. 142 ff. 20

Umsätze, die ausschließlich in der Absicht getätigt werden, einen Steuervorteil zu erlangen und sonst keinen wirtschaftlichen Zweck verfolgen, sind dennoch umsatzsteuerbar, wenn sie die objektiven Kriterien der Steuerbarkeit erfüllen (EuGH vom 21.02.2006, Rs. C-223/03, University of Huddersfield, BFH/NV Beilage 2006, 268). 21

22 Wird eine **Lieferung rückgängig** gemacht (**Rückgabe**), liegt eine nicht steuerbare Rückgabe oder eine steuerbare Rücklieferung vor. Konkret ist das aus der Sicht des ursprünglichen Lieferungsempfängers und nicht aus der Sicht des ursprünglichen Lieferers zu beurteilen (BFH vom 27.06.1995, Az: V R 27/94, BStBl II 1995, 756 und vom 12.11.2008, Az: XI R 46/07, BStBl II 2009, 558; Abschn. 1.1 Abs. 4 UStAE).

2.1.2 Leistender

23 Wer bei einem Umsatz als Leistender anzusehen ist, ergibt sich regelmäßig aus den abgeschlossenen zivilrechtlichen Vereinbarungen. Leistender ist i.d.R. derjenige, der die Lieferungen oder sonstigen Leistungen im eigenen Namen gegenüber einem anderen selbst oder durch einen Beauftragten ausführt. Der Leistende muss in der Rechnung bezeichnet sein, mit der über die Leistung abgerechnet wird (§ 14 Abs. 4 Nr. 1 UStG).

24 Ob eine Leistung dem Handelnden oder einem anderen zuzurechnen ist, hängt grundsätzlich davon ab, ob der Handelnde gegenüber Dritten im eigenen Namen oder berechtigterweise im Namen eines anderen bei Ausführung entgeltlicher Leistungen aufgetreten ist (st. Rspr., vgl. z.B. BFH vom 28.01.1999, Az: V R 4/98, BStBl II 1999, 628; vom 28.06.2000, Az: V R 70/99, BFH/NV 2001, 210; vom 05.04.2001, Az: V R 5/00, BFH/NV 2001, 1307; vom 30.09.1999, Az: V R 8/99, BFH/NV 2000, 353; BFH vom 09.11.1999, Az: V B 16/99, BFH/NV 2000, 611). Die Person des Leistenden bestimmt sich nach dem der Leistung zugrundeliegenden Rechtsverhältnis. Bei einem Handeln im eigenen Namen ist danach der Handelnde als Leistender anzusehen (BFH vom 17.05.2017, Az: V R 42/16, BFH/NV 2017, 1465). Bei der Frage nach dem Leistenden kann auch von Bedeutung sein, **ob und von wem** die Leistung umsatzversteuert worden ist. Hat der Vertragspartner des Leistungsempfängers die Umsätze (z.B. Bauleistungen) ordnungsgemäß versteuert, besteht **keine Veranlassung**, die Person des Leistenden abweichend von den zivilrechtlichen Leistungsbeziehungen zu bestimmen. Das gilt auch dann, wenn der Leistungsempfänger die von dem Vertragspartner geschuldete USt an das für diesen zuständige Finanzamt überweist, so dass dieses in der Lage ist, die Umsätze ordnungsgemäß zu erfassen (so BFH vom 30.09.1999, Az: V R 8/99, BFH/NV 2000, 353).

25 Nachdem das Umsatzsteuerrecht für die **Bestimmung der Leistungen und der Leistungsbeziehungen** grundsätzlich dem Zivilrecht folgt, ist entsprechend der Regelung des § 164 Abs. 1 BGB bei einem Handeln **im Namen des Vertretenen** umsatzsteuerrechtlich die dem Leistungsempfänger erbrachte Leistung grundsätzlich **dem Vertretenen** zuzurechnen. Das gilt **ausnahmsweise nicht**, wenn durch das Handeln in fremdem Namen lediglich verdeckt wird, dass der Vertreter und nicht der Vertretene die Leistung erbringt (BFH vom 20.02.1986, Az: V R 133/75, BFH/NV 1986, 311, unter 3.; vom 25.06.1987, Az: V R 78/79, BStBl II 1987, 657, unter II. 1.; vom 21.09.1989, Az: V R 99/85, BFH/NV 1989, 810). Das kann der Fall sein, wenn dem Vertreter von dem Vertretenen Substanz, Wert und Ertrag des Liefergegenstandes vor der Weiterlieferung an den Leistungsempfänger übertragen worden ist (BFH vom 16.03.2000, Az: V R 44/99, BStBl II 2000, 361).

26 Nach der Rechtsprechung des BFH ist derjenige, der im eigenen Laden Waren des täglichen Bedarfs verkauft, umsatzsteuerrechtlich grundsätzlich als Eigenhändler und nicht als Handelsvertreter (Vermittler, Agent) anzusehen (sog. **Ladenrechtsprechung**, vgl. z.B. BFH vom 09.04.1970, Az: V R 80/66, BStBl II 1970, 506, m.w.N.; vom 14.05.1970, Az: V R 77, 78/66, BStBl II 1970, 511; vom 16.12.1987, Az: X R 32/82, BFH/ NV 1988, 331, unter II. 1. b). Ein **Handeln in fremdem Namen** setzt nicht voraus, dass der Name des Vertretenen bei Vertragsabschluss genannt wird. Es reicht aus, dass der Vertretene bestimmbar ist, denn der Kunde, der in einem Laden Waren des täglichen Bedarfs kauft, will grundsätzlich nur mit dem Ladeninhaber in

Geschäftsbeziehungen treten. Ihm sind im Regelfall etwaige Vereinbarungen zwischen dem Ladeninhaber und einem Dritten, dass es sich lediglich um eine Vermittlungstätigkeit handeln soll, nicht bekannt (und im Zweifel auch unwichtig).

Vermittler kann der Ladeninhaber nur sein, wenn zwischen demjenigen, von dem er die Ware bezieht, und dem Käufer unmittelbare Rechtsbeziehungen zustande kommen. Auf das Innenverhältnis des Ladeninhabers zu seinem Vertragspartner, der Ware oder Leistungen zur Verfügung stellt, kommt es für die Frage, ob Eigenhandels- oder Vermittlungsgeschäfte vorliegen, nicht entscheidend an. **Wesentlich ist das Außenverhältnis**, d.h. das Auftreten des Ladeninhabers dem Kunden gegenüber. Wenn der Ladeninhaber in eindeutiger Weise vor oder bei dem Geschäftsabschluss zu erkennen gibt, dass er für einen anderen tätig wird, also in fremdem Namen und für fremde Rechnung handelt, und der Kunde, der dies erkannt hat, sich ausdrücklich oder stillschweigend damit einverstanden erklärt, kann die Vermittlereigenschaft des Ladeninhabers umsatzsteuerrechtlich anerkannt werden (BFH vom 09.04.1970, Az: V R 80/66, BStBl II 1970, 506). 27

Diese Grundsätze gelten ebenfalls beim Verkauf von Gebrauchtwaren in **Secondhandläden**. Bei entsprechender Ausgestaltung des Geschäftsablaufs können auch in diesem Fall **Vermittlungsleistungen** vorliegen (vgl. auch Abschn. 3.7 Abs. 3 S. 6 UStAE). 28

2.1.3 Leistungsempfänger

Zur **Bestimmung des Leistungsempfängers** gelten die **gleichen Grundsätze** wie zur **Bestimmung des Leistenden**. Dabei ist auf das **Auftreten nach außen** abzustellen, d.h. auf die **dem Leistungspartner objektiv erkennbaren Umstände**. 29

Das Umsatzsteuerrecht folgt für die **Bestimmung der Leistungsbeziehungen und des Leistungsempfängers** regelmäßig dem Zivilrecht (BFH vom 20.10.2016, Az: V R 33/14 (NV), BFH/NV 2017, 325). Leistungsempfänger ist grundsätzlich derjenige, der aus dem schuldrechtlichen Vertragsverhältnis, das dem Leistungsaustausch zugrunde liegt, berechtigt und verpflichtet ist, somit z.B. der Käufer eines gelieferten Gegenstands. Der Leistungsempfänger muss in der Rechnung bezeichnet sein (§ 14 Abs. 4 Nr. 1 UStG; BFH vom 04.04.2000, Az: V B 186/99, BFH/NV 2000, 1370). 30

Eine Leistung i.S.d. § 1 Abs. 1 Nr. 1 UStG setzt voraus, dass sie an einen **bestimmbaren Leistungsempfänger** erbracht wird. Der Leistungsempfänger muss also **identifizierbar** sein. Der Leistungsempfänger muss einen **Vorteil** erhalten, der zu einem Verbrauch i.S.d. gemeinsamen Mehrwertsteuerrechts führt (EuGH vom 16.10.1997, Rs. C-258/95, Fillibeck, Slg. 1997, I-5577, UVR 1997, 430; vom 29.02.1996 Rs. C-215/94, Mohr, Slg. 1996, I-959; vom 18.12.1997, Rs. C-384/95, Landboden, Slg. 1997, I-7387, UVR 1998, 51; BFH vom 22.07.1999, Az: V R 74/98, BFH/NV 2000, 240 – **Zuschuss für Verkehrsverein**). 31

Liegt eine **entgeltliche Leistung** i.S.d. § 1 Abs. 1 Nr. 1 UStG vor, ist für deren Besteuerung unerheblich, ob der Leistungsempfänger die Entgeltsverpflichtung **in eigener Person** erfüllt oder ob **ein anderer** vereinbarungsgemäß den vom Leistungsempfänger für die Leistung geschuldeten Betrag bezahlt. Daher ist es ohne Bedeutung, ob der Leistungsempfänger einen »Dritten«, z.B. eine **Bank** oder ein **Kreditkartenunternehmen** (EuGH in Slg. 1993 I, 2871, 2896, Rn. 17), zur Erfüllung seiner Entgeltsverpflichtung **einschaltet** oder ob ein Dritter (z.B. ein **Bürge** im Fall des Ausbleibens der Gegenleistung) für die Erfüllung der Entgeltsverpflichtung des Leistungsempfängers einsteht. Der Beurteilung der Zahlung als Entgelt in einem anderen Rechtsverhältnis steht nicht entgegen, dass der Zahlende möglicherweise zugleich eine eigene Verpflichtung gegenüber dem Leistungsempfänger und/oder gegenüber dem leistenden Unternehmer erfüllt (EuGH in Slg. 1993 I, 2871; UR 2001, 308). 32

2.2 Lieferungen und sonstige Leistungen (§ 1 Abs. 1 Nr. 1 UStG)

2.2.1 Lieferungen

2.2.1.1 Lieferungsbegriff (i.S.v. § 1 Abs. 1 i.V.m. § 3 Abs. 1 UStG)

33 § 3 Abs. 1 UStG definiert **Lieferungen** eines Unternehmers als **Leistungen**, durch die er den Abnehmer befähigt, im eigenen Namen über einen **Gegenstand** zu verfügen (**Verschaffung der Verfügungsmacht**, gem. Art. 14 Abs. 1 MwStSystRL die Befähigung, wie ein Eigentümer über einen körperlichen Gegenstand zu verfügen). Der Begriff der Lieferung **setzt nicht Entgeltlichkeit voraus**, diese ist vielmehr ein gesondertes Tatbestandsmerkmal eines steuerbaren Umsatzes (BFH vom 11.11.1987, Az: X R 62/81, BStBl II 1988, 194).

34 Mit der Verwendung des Wortes »**Gegenstand**« als **Lieferungsmerkmal** in § 3 Abs. 1 UStG 1934 sollte keine wesentliche Änderung gegenüber dem zuvor verwendeten Wort »**Sachen**« (körperliche Gegenstände, § 90 BGB) vorgenommen werden (ständige Rechtsprechung, bereits RFH vom 21.11.1941, Az: V 109/40, RStBl 1942, 285, m.w.N.). Das Wort »**Gegenstand**« wurde deswegen gewählt, damit auch Wirtschaftsgüter, die im Verkehr wie körperliche Sachen behandelt werden, miterfasst werden, z.B. **elektrischer Strom**, **Wasserkraft**, **Firmenwert/Geschäftswert/Praxiswert**, sowie unbewegliche Sachen wie Grundstücke, Sachgesamtheiten und alle übrigen Wirtschaftsgüter, die im Wirtschaftsverkehr wie Sachen behandelt werden (vgl. Art. 14 Abs. 2 MwStSystRL).

Beispiel:
Die Überlassung eines Praxiswerts kann also Lieferung eines Gegenstandes darstellen (BFH vom 21.12.1988, Az: V R 24/87, BStBl II 1989, 430).

2.2.1.2 Abgrenzung zu sonstigen Leistungen

35 Folgende **Lieferungen** sind gegenüber den auf elektronischem Weg erbrachten sonstigen Leistungen abzugrenzen: Lieferungen von Gegenständen, bei denen lediglich die Bestellung und Auftragsbearbeitung auf elektronischem Weg angebahnt und abgewickelt wurde, Lieferungen von körperlichen Datenträgern (z.B. CD, DVD), Lieferungen von Druckerzeugnissen wie Büchern, Newslettern, Zeitungen und Zeitschriften, Lieferungen von Spielen auf CD/DVD. Ausführlich hierzu vgl. die Kommentierung zu § 3.

2.2.2 Sonstige Leistungen

2.2.2.1 Allgemeines

36 Sonstige Leistungen sind **Leistungen, die keine Lieferungen** sind. Sie können auch in einem Unterlassen oder im Dulden einer Handlung oder eines Zustandes bestehen. Dem Unterlassen oder Dulden steht ein Verzicht gleich.

Beispiel:
Gibt der Inhaber einer Genehmigung zum Betrieb einer Sonderabfalldeponie aufgrund eines Vertrages mit einem Bundesland das Vorhaben auf und erhält er dafür vom Land einen Geldbetrag, so liegt in diesem entgeltlichen Verzicht auf eine öffentlich-rechtliche Nutzungsbefugnis ein steuerbarer Umsatz i.S.d. § 1 Abs. 1 Nr. 1 S. 1 UStG vor (BFH vom 24.08.2006, Az: V R 19/05, BStBl II 2007, 187).

37 Lt. EuGH und BFH ist i.d.R. **jede Dienstleistung als eigene, selbständige Leistung zu betrachten**, andererseits darf eine wirtschaftlich einheitliche Dienstleistung nicht künstlich aufgespaltet

werden (EuGH vom 25.02.1999, Rs. C-349/96, UR 1999, 254; BFH vom 21.05.2001, Az: V R 97/98, BStBl II 2001, 658). Nach dem Wesen des fraglichen Umsatzes ist zu ermitteln und festzustellen, ob eine **einheitliche Leistung oder mehrere Leistungen vorliegen**; eine Leistung ist dann als Nebenleistung zu einer Hauptleistung anzusehen, wenn sie für den Leistungsempfänger keinen eigenen Zweck hat, sondern das Mittel darstellt, um die Leistung unter optimalen Bedingungen in Anspruch zu nehmen (BFH vom 02.03.2006, Az: V R 25/03, BStBl II 2006, 788; zum Einklang mit EuGH-Rechtsprechung vgl. BFH vom 22.08.2006, Az: V B 59/04, BFH/NV 2007, 116).

Entgeltliche Leistungen mehrerer Unternehmer sind auch dann für sich einzeln zu beurteilen, wenn sie gegenüber demselben Leistungsempfänger erbracht werden und demselben wirtschaftlichen Ziel dienen (BFH vom 18.04.2007, Az: V B 157/05, BFH/NV 2007, 1544). 38

In den Fällen der §§ 27 und 54 des **Urheberrechtsgesetzes** führen die Verwertungsgesellschaften und die Urheber sonstige Leistungen aus (§ 3 Abs. 9 S. 2 UStG). 39

Die **Abgabe von Speisen und Getränken zum Verzehr an Ort und Stelle** ist eine sonstige Leistung (§ 3 Abs. 9 UStG). Der Gesetzgeber grenzt damit die als sonstige Leistungen anzusehenden Restaurationsumsätze von den Lieferungen von Nahrungsmitteln im Wege der Typisierung ab (vgl. auch BMF vom 16.10.2008, Az: IV B 8 – S 7100/07/10050, BStBl I 2008, 949). Zur Ortsbestimmung von **Restaurationsleistungen** vgl. § 3 a Abs. 3 Nr. 3 Buchst. b UStG. 40

Besorgen einer sonstigen Leistung (i. S. d. § 3 Abs. 11 UStG) liegt vor, wenn ein Unternehmer für Rechnung eines anderen im eigenen Namen Leistungen durch einen Dritten erbringen lässt (**Leistungseinkauf**) oder wenn ein Unternehmer für Rechnung eines anderen im eigenen Namen Leistungen an Dritte erbringt (**Leistungsverkauf**). Besorgt ein Unternehmer für Rechnung eines anderen im eigenen Namen eine sonstige Leistung, so sind die für die besorgten Leistungen geltenden Befreiungsvorschriften (z. B. § 4 Nr. 8 Buchst. a oder d UStG) auf die Besorgungsleistung entsprechend anzuwenden (BFH vom 31.01.2002, Az: V R 40, 41/00, BStBl II 2004, 315 und vom 16.05.2002, Az: V B 89/01, BStBl II 2004, 319). Ausführlich hierzu vgl. die Kommentierung zu § 3 a. 41

2.2.2.2 Auf elektronischem Weg erbrachte sonstige Leistungen

Eine **auf elektronischem Weg erbrachte sonstige Leistung** (§ 3 a Abs. 5 S. 2 Nr. 3 UStG) ist eine Leistung, die **über das Internet oder ein elektronisches Netz**, einschließlich Netze zur Übermittlung digitaler Inhalte, erbracht wird **und** deren Erbringung auf Grund der Merkmale der sonstigen Leistung in hohem Maße auf Informationstechnologie angewiesen ist. Das heißt, dass die Leistung im Wesentlichen **automatisiert** ist, nur **mit minimaler menschlicher Beteiligung** erbracht wird und **ohne Informationstechnologie nicht möglich** wäre (vgl. Anhang II der MwStSystRL). 42

Auf elektronischem Weg erbrachte sonstige Leistungen umfassen im Wesentlichen: 43

- digitale Produkte, wie z. B. Software und zugehörige Änderungen oder Updates,
- Dienste, die in elektronischen Netzen eine Präsenz zu geschäftlichen oder persönlichen Zwecken vermitteln oder unterstützen (z. B. Website, Webpage),
- von einem Computer automatisch generierte Dienstleistungen über das Internet oder ein elektronisches Netz auf der Grundlage spezifischer Dateneingabe des Leistungsempfängers,
- sonstige automatisierte Dienstleistungen, für deren Erbringung das Internet oder ein elektronisches Netz erforderlich ist (z. B. Dienstleistungen, die von Online-Markt-Anbietern erbracht und die z. B. über Provisionen und andere Entgelte für erfolgreiche Vermittlungen abgerechnet werden).

HINWEIS

Die Voraussetzungen der auf elektronischem Wege erbrachten sonstigen Leistungen sind laut BFH vom 01.06.2016 (Az: XI R 29/14, BStBl II 2016, 905) in der Regel erfüllt, wenn ein Unternehmer auf einer

Internet-Plattform seinen Mitgliedern gegen Entgelt eine Datenbank mit einer automatisierten Such- und Filterfunktion zur Kontaktaufnahme mit anderen Mitgliedern i. S. einer Partnervermittlung bereitstellt. Erbringt ein Unternehmer mit Sitz im Drittland (z. B. USA) derartige Leistungen an Nichtunternehmer (Verbraucher) mit Wohnort im Inland, so liegt der Leistungsort im Inland.

2.2.2.3 Abgrenzung

44 In den folgenden Fällen handelt es sich um **andere** als auf elektronischem Weg erbrachte **sonstige Leistungen** i. S. d. § 3 a Abs. 4 Nr. 13 UStG, nämlich um Dienstleistungen, die zum **wesentlichen Teil durch Menschen** erbracht werden, wobei das **Internet** oder ein elektronisches Netz **nur als Kommunikationsmittel dient**:

45 Data-Warehousing – offline – eine themenorientierte, integrierte, statische und nur zeitlich variable **Sammlung von Daten**, die so organisiert sind, dass sie die Bedürfnisse des Managements unterstützt, **Versteigerungen herkömmlicher Art**, bei denen **Menschen direkt tätig** werden, unabhängig davon, wie die Gebote abgegeben werden, z. B. **persönlich, per Internet oder per Telefon**, **nichtautomatisierter Fernunterricht**, z. B. per Post oder Internet, **Reparatur von EDV-Ausrüstung**, **Zeitungs-, Plakat- und Fernsehwerbung**, **Beratungsleistungen** von **Rechtsanwälten, Steuerberatern** und Finanzberatern **per E-Mail**, **Internettelefonie**, **Kommunikation wie z. B. E-Mail**, **Telefon-Helpdesks**, eine telefonische Sofort-Hilfe zur Lösung von EDV-Problemen, **Videofonie**, d. h. Telefonie mit Video-Komponente, Gewährung von **Zugang zum Internet und World Wide Web**, **Rundfunk- und Fernsehdienstleistungen über das Internet** oder ein ähnliches elektronisches Netz **bei gleichzeitiger Übertragung der Sendung auf herkömmlichem Weg**. Zum Leistungsort vgl. die Kommentierung zu § 3 a Rn. 1 ff.

2.2.3 Unternehmer

46 **Unternehmer** ist gem. § 2 Abs. 1 UStG, wer **nachhaltig Leistungen gegen Entgelt** erbringt (z. B. BFH vom 06.05.1993, Az: V R 45/88, BStBl II 1993, 564), vgl. die Kommentierung zu § 2 Rn. 1 ff.

2.2.4 Im Inland

47 Zum Begriff »Inland« vgl. Rn. 198 ff.

2.2.5 Gegen Entgelt

48 Die Annahme einer Leistung **gegen Entgelt** erfordert eine zum Zwecke der Entgeltserzielung erbrachte Leistung (**Leistungsaustausch**). Es muss ein zweckgerichtetes Handeln des Leistenden gegeben sein, das sich auf eine **gewollte, erwartete oder erwartbare Gegenleistung** richtet und sie damit auslöst, so dass die wechselseitigen Leistungen nicht bloß äußerlich miteinander verbunden sind (BFH vom 07.05.1981, Az: V R 47/76, BStBl II 1981, 495). Allerdings setzt ein Leistungsaustausch **keine konkret** nach der Inanspruchnahme der Leistung bemessene **Gegenleistung** voraus. Ist eine konkrete Leistung an den Leistungsempfänger gegeben, kommt – sofern die übrigen Voraussetzungen des Leistungsaustausches vorliegen – der **Höhe der Gegenleistung keine Bedeutung** für den **Steuertatbestand**, sondern nur eine solche für die **Bemessungsgrundlage** zu (BFH vom 18.04.1996, Az: V R 123/93, BStBl II 1996, 387).

Auf die zivilrechtliche Wirksamkeit des zu Grunde liegenden Vertrages kommt es im Übrigen nicht an. Ein Rückzahlungsanspruch des Zahlenden aus ungerechtfertigter Bereicherung steht dem Charakter einer tatsächlich erhaltenen Zahlung als Entgelt nicht entgegen (BFH vom 15.07.2010, Az: XI B 47/09, BFH/NV 2010, 2138) 49

Entgelt für eine umsatzsteuerrechtlich relevante Leistung kann jedoch nicht nur Geld sein. Das Interesse der an einem Leistungsaustausch beteiligten Partner kann auch darauf gerichtet sein, dass der eine für seine Lieferung oder sonstige Leistung von dem Leistungsempfänger eine Gegenleistung erhält, die wiederum in einer Lieferung oder sonstigen Leistung besteht (**Tauschgeschäft**). Werden beide Leistungspartner insoweit in ihrem unternehmerischen Bereich tätig, erbringt jeder der beiden eine steuerbare Leistung, die gleichzeitig Gegenleistung für die Leistung des anderen ist. Wird nur eine der beiden Leistungen im unternehmerischen Bereich des Leistenden erbracht, erschöpft sich die Leistung des anderen in ihrer Funktion als Gegenleistung. 50

Der Gegenwert (= Bemessungsgrundlage) kann beim Tausch oder tauschähnlichen Umsätzen durch eine tatsächlich erhaltene Gegenleistung erbracht werden, die nicht in Geld besteht, aber in Geld ausdrückbar sein muss (BFH vom 15.11.2007, Az: V B 63/06, BFH/NV 2008, 825). 51

Der steuerbare Umsatz wird nach dem Entgelt bemessen (§ 10 Abs. 1 S. 1 UStG). **Entgelt ist** nach § 10 Abs. 1 S. 2 UStG alles, was der Leistungsempfänger aufwendet, um die Leistung zu erhalten, jedoch abzüglich der USt. Maßgebend für die **Höhe des Entgelts** ist, was der **Leistungsempfänger vereinbarungsgemäß für die Leistung aufwendet**. 52

HINWEIS

Die zunächst maßgebende vereinbarte Bemessungsgrundlage kann durch eine nachträgliche Vereinbarung mit umsatzsteuerlicher Wirkung verändert (erhöht oder ermäßigt) werden, so dass diese die endgültige Bemessungsgrundlage für die Besteuerung ergibt (BFH vom 16.01.2003, Az: V R 72/01, BStBl II 2003, 620; vom 30.11.1995, Az: V R 57/94, BStBl II 1996, 206; vom 12.01.2006, Az: V R 3/04, BStBl II 2006, 479).

Als **Entgelt beim Tausch und bei tauschähnlichen Umsätzen** gilt der Wert jedes Umsatzes für den anderen Umsatz. Der Wert des anderen Umsatzes wird durch den subjektiven Wert für die tatsächlich erhaltene und in Geld ausdrückbare Gegenleistung bestimmt. Subjektiver Wert ist derjenige, den der Leistungsempfänger der Leistung beimisst, die er sich verschaffen will, und deren Wert dem Betrag entspricht, den er zu diesem Zweck aufzuwenden bereit ist (BFH vom 16.04.2008, Az: XI R 56/06, BStBl II 2008, 909, und EuGH vom 02.06.1994, Rs. C-33/93, EuGHE I 1994, 2329). Dieser Wert umfasst alle Ausgaben einschließlich der Nebenleistungen, die der Empfänger der jeweiligen Leistung aufwendet, um diese Leistung zu erhalten (BFH vom 01.08.2002, Az: V R 21/01, BStBl II 2003, 438, und vom 16.04.2008, BStBl II 2008, 909). Hat der Leistungsempfänger keine konkreten Aufwendungen für seine Gegenleistung getätigt, ist als Entgelt für die Leistung der gemeine Wert (§ 9 BewG) dieser Gegenleistung anzusetzen; die Umsatzsteuer ist stets herauszurechnen. Soweit der Wert des Entgelts nicht ermittelt werden kann, ist er zu schätzen. Wird ein Geldbetrag zugezahlt, handelt es sich um einen Tausch oder tauschähnlichen Umsatz mit Baraufgabe. In diesen Fällen ist der Wert der Sachleistung um diesen Betrag zu mindern (Abschn. 10.5 Abs. 1 S. 1–9 UStAE). Ein tauschähnlicher Umsatz mit Baraufgabe liegt auch dann vor, wenn eine Gesellschaft auf schuldrechtlicher Grundlage an ihre beiden Gesellschafter Leistungen gegen Entgelt erbringt und ihr die beiden Gesellschafter in unmittelbarem Zusammenhang hiermit auf gesellschaftsrechtlicher Grundlage Personal zur Verfügung stellen (BFH vom 15.04.2010, Az: V R 10/08, BStBl II 2010, 879). 53

Zum Entgelt gehört auch, was **ein anderer** als der Leistungsempfänger dem Unternehmer für die Leistung gewährt (§ 10 Abs. 1 S. 3 UStG). **Zahlungen für Rechnung und zur Erfüllung** von Verpflichtungen des Leistungsempfängers sind Entgelte i. S. v. § 10 Abs. 1 S. 2 UStG, auch wenn sie im abgekürzten Zahlungsweg **von einem Dritten** geleistet werden. 54

55 Hat sich die Bemessungsgrundlage für einen steuerpflichtigen Umsatz i. S. d. § 1 Abs. 1 Nr. 1–3 UStG geändert, so haben nach § 17 Abs. 1 UStG

- der Unternehmer, der diesen Umsatz ausgeführt hat, den dafür geschuldeten Steuerbetrag und
- der Unternehmer, an den dieser Umsatz ausgeführt worden ist, den dafür in Anspruch genommenen Vorsteuerabzug

entsprechend zu berichtigen.

HINWEIS
Eine Minderung des Kaufpreises einer Ware (= Änderung der Bemessungsgrundlage) liegt nicht vor, wenn z. B. der Käufer vom Verkäufer zur Ware einen Parkchip erhält, der damit zum verbilligten Bezug von Leistungen eines Dritten berechtigt, und der Kunde den vereinbarten Kaufpreis für die Ware unabhängig davon, ob er den Chip annimmt, zu zahlen hat und die Rechnung über den Warenkauf diesen Kaufpreis ausweist (BFH vom 11.05.2006, Az: V R 33/03, BStBl II 2006, 699). Solche Parkchips sind nicht gleichzusetzen mit Preisnachlassgutscheinen i. S. d. EuGH vom 24.10.1996, Rs. C-317/94, Elida Gibbs, Slg. 1996, I-5339, BStBl II 2004, 324.

56 Eine Zahlung/Aufwendung ist nach der Rechtsprechung des EuGH sowie des BFH grundsätzlich (nur) dann Entgelt/Gegenleistung **für eine bestimmte Leistung**, wenn sie **»für die Leistung«** bzw. **»für diesen Umsatz«** gewährt wird bzw. der Leistende sie hierfür erhält. Entscheidend ist, dass zwischen Leistendem und Leistungsempfänger ein Rechtsverhältnis besteht, in dessen Rahmen **gegenseitige Leistungen ausgetauscht** werden und zwischen der erbrachten Leistung und dem hierfür erhaltenen Gegenwert ein unmittelbarer Zusammenhang besteht (EuGH vom 03.03.1994, Rs. C-16/93, Tolsma, HFR 1994, 357; vom 15.05.2001, Rs. C-34/99, Primback Ltd., Slg. 2001, 3833, UR 2001, 308, m. w. N.). Leistung und Entgelt müssen sich also aufeinander beziehen.

HINWEIS
Leistung und Entgelt stehen nicht in Beziehung, wenn z. B. der Leistende durch die Versendung sog. Eintragungsofferten, die Handelsregisterschreiben ähneln, beim Leistungsempfänger den Eindruck erweckt, er zahle auf eine bereits erbrachte Leistung einer anderen Person (Handelsregistereintragung durch Registerbehörde), während es sich tatsächlich um eine Zahlung für eine erst noch durch den Unternehmer zu erbringende Leistung (Eintragung in ein privates Firmenregister) handelt (BFH vom 18.06.2009, Az: V R 30/07, BFH/NV 2009, 2005).

57 Diese Grundsätze gelten sinngemäß auch für die Beurteilung der Frage, ob die **Zahlung eines Dritten** für eine bestimmte Leistung des Leistenden gewährt wird (BFH vom 19.10.2001, Az: V R 48/00, BStBl II 2003, 210, m. w. N.). Die Entrichtung der Gegenleistung für Lieferungen oder sonstige Leistungen kann auch durch einen **»anderen als den Leistungsempfänger«** (§ 10 Abs. 1 S. 3 UStG) bzw. durch einen **»Dritten«** (Art. 73 MwStSystRL) erfolgen, d. h. durch einen **nicht mit dem Leistungsempfänger identischen Zahlenden** (EuGH vom 25.05.1993, Rs. C-18/92 Bally Slg. 1993 I, 2871, UR 1994, 72 Rn. 17). Maßgebend ist insoweit, dass die Zahlung des Dritten für die fragliche Leistung des Unternehmers an den Leistungsempfänger gewährt wird bzw. dass er die Zahlung hierfür erhält. Insoweit ist unerheblich, ob diese Zahlung des Dritten zugleich Teil eines anderen Geschäftsvorganges ist (EuGH in Slg. 1993 I, 2871, UR 1994, 72, Rn. 8, 16 und 17).

58 Eine Zahlung von dritter Seite gehört – unabhängig von der Bezeichnung – zum Entgelt für eine Leistung des Zahlungsempfängers, wenn sie mit dieser in unmittelbarem Zusammenhang steht (BFH vom 29.03.2007, Az: V B 208/05, BFH/NV 2007, 1542).

59 **Keine Zahlung eines Dritten** i. S. d. § 10 Abs. 1 S. 3 UStG liegt vor, wenn lediglich ein Dritter – z. B. als Schuldner einer erfüllungshalber abgetretenen Forderung – in den Zahlungsvorgang des Leistungsempfängers **einbezogen** ist. Ausführlich hierzu vgl. die Kommentierung zu § 10 Rn. 1 ff.

2.2.6 Im Rahmen seines Unternehmens

Ferner muss die Leistung (als Unternehmer) im Rahmen des Unternehmens ausgeführt werden. Ausführlich hierzu vgl. die Kommentierung zu § 2 Rn. 1 ff. 60

2.2.7 Sonderfälle des Leistungsaustauschs

2.2.7.1 Entschädigungen, Schadenersatz

Im Fall von **Entschädigungen** oder **Schadenersatzzahlungen** ist danach zu unterscheiden, ob diesen ein Leistungsaustausch zugrunde liegt und die Zahlungen daher Entgeltcharakter haben (= »**unechter**« Schadenersatz) oder ob es an diesen Merkmalen mangelt (= »**echter**« Schadenersatz (Abschn. 1.3 Abs. 1 UStAE). 61

Im Fall einer **echten Schadenersatzleistung fehlt es an einem Leistungsaustausch** (Abschn. 1.3 Abs. 1 S. 1 UStAE). Diesbezügliche Zahlungen sind **kein Entgelt** i. S. d. Umsatzsteuerrechts, da die Zahlung nicht für eine Lieferung oder sonstige Leistung an den Zahlenden erfolgt, sondern weil der Zahlende nach Gesetz oder Vertrag für einen Schaden und seine Folgen einzustehen hat (z. B. BFH vom 10.12.1998, Az: V R 58/97, BFH/NV 1999, 987, m. w. N.). 62

Beispiel:
Zahlt eine Gemeinde dem Eigentümer eines bebauten Grundstücks in einem Sanierungsgebiet für den Abbruch des Gebäudes eine Gebäude-Restwertentschädigung, so ist diese Zahlung kein Entgelt für eine steuerbare und steuerpflichtige Leistung des Grundstückseigentümers an die Gemeinde (BFH vom 26.10.2000, Az: V R 10/00, BFH/NV 2001, 400, bestätigt durch BFH vom 22.02.2006, Az: V B 3/05, BFH/NV 2006, 1363).

Unechten Entschädigungen/Schadenersatzzahlungen liegt – wenn auch nur teilweise – ein Leistungsaustausch zugrunde (BFH vom 22.11.1962, BStBl III 1963, 106 und vom 19.10.2001, Az: V R 48/00, BStBl II 2003, 210 sowie Abschn. 10.2 Abs. 3 S. 6 UStAE). 63

Beispiel:
Zahlungen, die an einen Unternehmer von dessen Wettbewerbern als Aufwendungsersatz aufgrund von **wettbewerbsrechtlichen Abmahnungen** geleistet werden, sind umsatzsteuerrechtlich als Entgelt im Rahmen eines **umsatzsteuerbaren Leistungsaustauschs** zwischen dem Unternehmer und den von ihm abgemahnten Wettbewerbern und nicht als nicht steuerbare Schadensersatzzahlungen zu qualifizieren (BFH vom 21.12.2016, Az: XI R 27/14, BFH/NV 2017, 866).

Beseitigt der Geschädigte im Auftrag des Schädigers einen ihm zugefügten Schaden selbst, ist die Schadenersatzleistung als Entgelt im Rahmen eines Leistungsaustauschs anzusehen (BFH vom 11.03.1965, Az: V 37/62 S, BStBl III 1965, 303; Abschn. 1.3 Abs. 11 UStAE). Zur Abgrenzung zur sonstigen Leistung vgl. auch Abschn. 3.1 UStAE. 64

Verlangt der Besteller eines Werks, das sich als mangelhaft erweist, vom Auftragnehmer **Schadenersatz wegen Nichterfüllung**, so liegt ein unechter Schadenersatz vor, der einer Minderung des Entgelts i. S. v. § 17 Abs. 1 UStG gleichgestellt ist (BFH vom 16.01.2003, Az: V R 72/01, BStBl II 2003, 620; Abschn. 1.3 Abs. 1 S. 5 UStAE). 65

Zur Schadenersatzzahlung des **persönlich in Anspruch genommenen Insolvenzverwalters** vgl. Rn. 135 ff. Zur **Abgrenzung eine Ausgleichszahlung** nach § 89 b HGB an Handelsvertreter **gegenüber Schadenersatz** vgl. Rn. 148, ABC Stichwort »Handelsvertreter, Ausgleichszahlungen«. Zu Schadenersatzleistungen eines Leasingnehmers nach einer von ihm schuldhaft veranlassten **Kündigung des Leasingvertrages** vgl. Rn. 148, ABC Stichwort »Leasing, Schadenersatzleistung«.

Zum Schadenersatz im Fall der **Stornierung einer Hotelreservierung** vgl. Rn. 148, ABC Stichwort »Stornogebühr bei Hotelannullierung«.

2.2.7.2 Gesellschaftsverhältnisse

66 Zwischen Personen- und Kapitalgesellschaften und ihren Gesellschaftern ist ein Leistungsaustausch möglich (BFH vom 23.07.1959, Az: V 6/58 U, BStBl III 1959, 379 und vom 05.12.2007, Az: V R 60/05, BStBl II 2009, 486; Abschn. 1.6 Abs. 1 S. 1 UStAE).

67 Für die Frage, ob im Verhältnis zwischen Gesellschaft und Gesellschafter entgeltliche Leistungen i. S. d. § 1 Abs. 1 Nr. 1 UStG vorliegen, gelten **keine Besonderheiten**, so dass es nur darauf ankommt, ob zwischen Leistendem und Leistungsempfänger ein Rechtsverhältnis besteht, das einen Leistungsaustausch, also einen unmittelbaren Zusammenhang zwischen der Leistung und einem erhaltenen Gegenwert begründet (BFH vom 18.07.2001, Az: V B 14/01, BFH/NV 2001, 1621; BFH vom 06.06.2002, Az: V R 43/01, BStBl II 2003, 36 und vom 05.12.2007, Az: V R 60/05, BStBl II 2009, 486; zum Vertrauensschutz bei der umsatzsteuerrechtlichen Beurteilung von Gesellschafterleistungen an die Gesellschaft BFH vom 28.04.2006, Az: V B 217/04, BFH/NV 2006, 1716; Abschn. 1.1 Abs. 12 und Abschn. 1.6 UStAE). Das der Leistung zugrunde liegende Rechtsverhältnis kann sich allerdings auch aus gesellschaftsvertraglichen Vereinbarungen ergeben (BFH vom 05.12.2007, Az: V R 60/05, BStBl II 2009, 486). Somit können Leistungen eines Gesellschafters an die Gesellschaft ihren Grund sowohl in einem **schuldrechtlichen Austauschverhältnis** als auch in einem **gesellschaftsrechtlichen Verhältnis** haben (Abschn. 1.6 UStAE). Geschäftsführungsleistungen eines GmbH-Geschäftsführers können als selbständig i. S. d. § 2 Abs. 2 Nr. 1 UStG zu beurteilen sein. Die Organstellung des GmbH-Geschäftsführers steht dem nicht entgegen (BMF vom 21.09.2005, Az: IV A 5 – S 7104 – 19/05, BStBl I 2005, 936; BFH vom 10.03.2005, Az: V R 29/03, BStBl II 2005, 730).

68 Die umsatzsteuerrechtliche Behandlung von Leistungen der Gesellschafter an die Gesellschaft richtet sich danach, ob es sich um Leistungen handelt, die als **Gesellschafterbeitrag** durch die Beteiligung am Gewinn und Verlust der Gesellschaft abgegolten werden, **oder** um Leistungen, die **gegen (Sonder-)Entgelt** ausgeführt werden und damit auf einen Leistungsaustausch gerichtet sind (BFH vom 10.06.2002, Az: V B 135/01, BFH/NV 2002, 1504). Ausführlich zu Leistungen zwischen Gesellschaft und Gesellschafter sowie Geschäftsführungs- und Vertretungsleistungen eines Gesellschafters vgl. BMF vom 31.05.2007, Az: IV A 5 – S 7100/07/0031, BStBl I 2007, 503; zur Geschäftsführung als umsatzsteuerliche Leistung vgl. OFD Frankfurt a. M. vom 27.06.2007, Az: S 7100 A – 82 – St 11.

69 Steuerbare entgeltliche Leistungen i. S. d. § 1 Abs. 1 Nr. 1 UStG liegen vor, wenn sie auf **konkreten Leistungsbeziehungen** der Gesellschafter zur Gesellschaft beruhen, die auf den **Austausch der Leistungen gegen Entgelt** gerichtet sind (z. B. BFH vom 08.11.1995, Az: V R 8/94, BStBl II 1996, 176; vom 18.12.1996, Az: XI R 12/96, BStBl II 1997, 374, jeweils m. w. N.; vgl. ferner BFH vom 06.06.2002, Az: V R 43/01, BStBl II 2003, 36, unter Hinweis auf BFH vom 10.05.1990, Az: V R 47/86, BStBl II 1990, 757; vom 05.05.1994, Az: V R 76/92, BFH/NV 1995, 356; vom 24.08.1994, Az: XI R 74/93, BStBl II 1995, 150; vom 08.11.1995, Az: V R 8/94, BStBl II 1996, 176, m. w. N.). Diese Unterscheidung entspricht der Rechtsprechung des EuGH (vgl. EuGH vom 27.01.2000, Rs. C-23/98 – Heerma, Slg. I-2000, 419, UR 2000, 121, Rn. 13). Zwischen der erbrachten Leistung und dem hierfür erhaltenen Gegenwert muss ein **unmittelbarer Zusammenhang** bestehen (EuGH vom 03.03.1994, Rs. C-16/93, Tolsma, HFR 1994, 357).

Beispiel:
Der Gesellschafter einer oHG erhält neben seinem Gewinnanteil (nach Anzahl der Mitgesellschafter und dem Kapitaleinsatz bemessen) für die Geschäftsführung eine Vorabvergütung von 50.000 € als Festbetrag.

Lösung:
Die Vorabvergütung ist Sonderentgelt; der Gesellschafter führt seine Geschäftsführungsleistungen im Rahmen eines Leistungsaustauschs aus.

Persönlich haftende Gesellschafter erhalten je nach gesellschaftsvertraglichen Regelungen für die Haftungsübernahme eine besondere Vergütung (sog. **Haftungsvergütung**). Da die Haftungsübernahme eines persönlich haftenden Gesellschafters regelmäßig unabdingbar mit dem Gesellschafterstatus verbunden ist, wird die Haftungsvergütung grundsätzlich nicht im Rahmen eines eigenen Leistungsaustausches gewährt. Die isoliert gewährte Haftungsvergütung stellt somit keinen umsatzsteuerbaren Vorgang dar. Erbringt der persönlich haftende Gesellschafter jedoch auch steuerbare Geschäftsführungs- und Vertretungsleistungen und erhält hierfür eine Vergütung, so erhöht die Haftungsvergütung die Bemessungsgrundlage und unterliegt ebenfalls der Umsatzsteuer (BMF vom 31.05.2007, Az: IV A 5 – S 7100/07/0031, BStBl I 2007, 503). 70

Die für einen Leistungsaustausch erforderliche **synallagmatische Verknüpfung** zwischen einer von der Gesellschaft erbrachten Leistung mit einer vom Gesellschafter erbrachten Gegenleistung ist zu bejahen, wenn die konkrete Leistung nicht als Wahrnehmung von Gesamtbelangen der Gesellschaft anzusehen ist, sondern dem Individualinteresse eines einzelnen Gesellschafters dient und die Gesellschaft mit dieser Leistung **Sonderbelange des Gesellschafters** verfolgt (BFH vom 18.04.1996, Az: V R 123/93, BStBl II 1996, 387). Für den **Entgeltcharakter** ist es **nicht erforderlich**, dass das Entgelt nach Maßgabe der Inanspruchnahme der Leistungen der Gesellschaft bemessen wird. Dient das Handeln der Gesellschaft ausschließlich und unzweifelhaft dem konkreten Individualinteresse des Gesellschafters, folgt das **Austauschverhältnis** bereits aus der **Art der Leistung**, die Gegenleistung des Gesellschafters hat dann nur Bedeutung für die Bemessungsgrundlage. Zahlungen des Mehrheitsgesellschafters zur vollständigen Übernahme des Verlustes können ein Entgelt darstellen (FG Düsseldorf vom 26.05.1999, Az: 5 K 457/95 U, UVR 2000, 109). Ein Leistungsaustausch liegt allerdings nicht schon dann vor, wenn die Mitglieder einer Personenvereinigung lediglich **gemeinschaftlich die Kosten für den Erwerb und die Unterhaltung eines Wirtschaftsgutes** tragen, das sie gemeinschaftlich nutzen wollen (BFH vom 28.11.2002, BStBl II 2003, 443; Abschn. 1.6 Abs. 3 S. 7 UStAE). 71

Geschäftsführungs- und Vertretungsleistungen, die eine GmbH als Gesellschafterin für eine GbR aufgrund eines Geschäftsbesorgungsvertrages gegen Vergütung ausführt, sind **umsatzsteuerbar** (Abschn. 1.1 Abs. 12 und Abschn. 1.6 UStAE; BFH vom 06.06.2002, Az: V R 43/01, BStBl II 2003, 36, unter Aufgabe der Rechtsprechung des BFH vom 17.07.1980, Az: V R 5/72, BStBl II 1980, 622; ferner BFH vom 16.01.2003, Az: V R 92/01, BStBl II 2003, 732 und vom 05.12.2007, Az: V R 60/05, BStBl II 2009, 486). Ob der Gesellschafter bei der Führung der Geschäfte einer Personengesellschaft zugleich auch Mitgliedschaftsrechte ausübt, ist mithin nicht erheblich, wenn er dafür ein Entgelt erhält. 72

Die **Finanzverwaltung wendet die neue Rechtsprechung an**. Nach dem BMF-Schreiben vom 31.05.2007, Az: IV A 5 – S 7100/07/0031 BStBl I 2007 S. 503 sind die Grundsätze des BFH-Urteils vom 06.06.2002, Az: V R 43/01, BStBl II 2003, 36 allgemein auf **nach dem 31.03.2004** ausgeführte Leistungen anzuwenden (Abschn. 1 Abs. 12 S. 1 UStAE). **Vor diesem Zeitpunkt** können sie **auf Antrag** des Steuerpflichtigen angewendet werden, soweit die nach § 13 Abs. 1 Nr. 1 UStG entstandene Steuer noch festgesetzt werden kann. 73

Gem. EuGH-Rechtsprechung stellen auch die Eingriffe einer **Holding** in die Verwaltung von Unternehmen, an der sie Beteiligungen erworben hat, eine **wirtschaftliche Tätigkeit** i.S.d. Art. 9 MwStSystRL dar, wenn sie **gegen Entgelt** erfolgen (EuGH vom 12.07.2001, Rs. C-102/00, Welthgrove BV, UVR 2002, 21; vom 27.09.2001, Rs. C-16/00, Cibo Participations SA, UR 2001, 500). 74

Bringt ein Gesellschafter Wirtschaftsgüter in eine GbR ein (**Sacheinlage**), kann es sich um eine **Leistung gegen Entgelt** (Gesamthandsbeteiligung) handeln. Die Annahme eines **Leistungsaus-** 75

tausches hängt dabei weder von der zusätzlichen Vereinbarung eines Sonderentgelts noch von dem Ausweis eines Bilanzpostens für die eingebrachten Wirtschaftsgüter ab.

76 Bei dem als **Tauschgeschäft** ausgeführten Umsatz zwischen dem Gesellschafter und der GbR bemisst sich das als Besteuerungsgrundlage maßgebliche Entgelt nach dem Wert der Gegenleistung. Wenn dieser Wert nicht zu ermitteln ist, wird er bestimmt durch den (gemeinen) Wert des auf die GbR übergegangenen Vermögens (BFH vom 30.09.1999, Az: V R 9/97, BFH/NV 2000, 607). Zur umsatzsteuerlichen Beurteilung von **Einbringungsvorgängen anlässlich der Gründung von Personengesellschaften** vgl. insbesondere BFH vom 15.01.1987, Az: V R 3/77, BStBl II 1987, 512. Danach ist das bloße Erwerben und Halten von Beteiligungen an Kapitalgesellschaften keine nachhaltige gewerbliche oder berufliche Tätigkeit i. S. d. § 2 Abs. 1 UStG (EuGH vom 14.11.2000, Rs. C-142/99, EuGHE I 2000, 9567; vom 27.09.2001, Rs. C-16/00, EuGHE I 2001, 6663 und vom 29.04.2004, Rs. C-77/01, EuGHE I 2004, 4295); der Erwerb eines Einzelunternehmens zu dem Zweck, es unmittelbar in eine Personengesellschaft einzubringen, begründet keine unternehmerische Betätigung. Vgl. ferner BFH vom 13.11.2003, Az: V R 79/01, BStBl II 2004, 365.

77 Das Erwerben, Halten und Veräußern einer gesellschaftsrechtlichen Beteiligung stellt jedoch eine unternehmerische Tätigkeit dar (EuGH vom 06.02.1997, Rs. C-80/95, EuGHE I 1997, 745; BMF vom 26.01.2007, Az: IV A 5 – S 7300 – 10/07, BStBl I 2007, 211),

- soweit Beteiligungen im Sinne eines gewerblichen Wertpapierhandels gewerbsmäßig erworben und veräußert werden und dadurch eine nachhaltige, auf Einnahmeerzielungsabsicht gerichtete Tätigkeit entfaltet wird (EuGH vom 29.04.2004, Rs. C-77/01, EuGHE I 2004, 4295) oder
- wenn die Beteiligung nicht um ihrer selbst willen (bloßer Wille, Dividenden zu erhalten) gehalten wird, sondern der Förderung einer bestehenden oder beabsichtigten unternehmerischen Tätigkeit (z. B. Sicherung günstiger Einkaufskonditionen, Verschaffung von Einfluss bei potenziellen Konkurrenten, Sicherung günstiger Absatzkonditionen) dient (EuGH vom 11.07.1996, C-306/94, EuGHE I 1996, 3695), oder
- soweit die Beteiligung, abgesehen von der Ausübung der Rechte als Gesellschafter oder Aktionär, zum Zweck des unmittelbaren Eingreifens in die Verwaltung der Gesellschaften, an denen die Beteiligung besteht, erfolgt (EuGH vom 20.06.1991, Rs. C-60/90, EuGHE I 1991, 3111). Die Eingriffe müssen dabei zwingend durch unternehmerische Leistungen i. S. d. § 1 Abs. 1 Nr. 1 und § 2 Abs. 1 UStG erfolgen, z. B. durch das entgeltliche Erbringen von administrativen, finanziellen, kaufmännischen und technischen Dienstleistungen an die jeweilige Beteiligungsgesellschaft (EuGH vom 27.09.2001, Rs. C-16/00, EuGHE I 2001, 6663 und vom 12.07.2001, Rs. C-102/00, EuGHE I 2001, 5679).

78 Eine Leistung gegen Entgelt liegt regelmäßig auch dann vor, wenn ein **Geschäftsführer** gegen **Aufwendungsersatz** tätig wird. **Keine Leistung** gegen Entgelt liegt dagegen vor, soweit ein Gesellschafter aus Gründen, die im Gesellschaftsverhältnis begründet sind, die **Verluste** seiner Gesellschaft übernimmt, um ihr die weitere Tätigkeit zu ermöglichen (BFH vom 11.04.2002, Az: V R 65/00, BStBl II 2002, 782).

79 Mit der **Ausgabe von Gesellschaftsanteilen** erbringt eine Gesellschaft keine Leistung an die Gesellschafter (EuGH vom 26.06.2003, Rs. C-442/01, UR 2003, 443, BFH-PR 2003, 357). Für den Vorsteuerabzug aus Gründungskosten kommt es auf die (späteren) Ausgangsumsätze der Gesellschaft an (BFH vom 01.07.2004, Az: V R 32/00, BStBl II 2004, 1022).

Beispiel:
Übernimmt eine Person des privaten Rechts Aufgaben einer Körperschaft des öffentlichen Rechts und erhält sie im Zusammenhang damit Geldzahlungen, kann je nach den Umständen des Einzelfalls ein Leistungsaustausch zu bejahen oder abzulehnen sein. Allein der Umstand, dass die Tätigkeiten dem allgemeinen Interesse dienen, schließt nicht aus, dass sie Gegenstand umsatzsteuerbarer Leistungen an einen bestimm-

ten Leistungsempfänger sein können. Auch satzungsgemäße Aufgaben einer Gesellschaft können Gegenstand eines besonderen Geschäftsbesorgungsvertrages sein. Übernimmt ein Gesellschafter aus Gründen, die im Gesellschaftsverhältnis begründet sind, die Verluste seiner Gesellschaft, um ihr die weitere Tätigkeit zu ermöglichen, und dient also die Zahlung nur dazu, die Gesellschaft mit dem für ihre Tätigkeit notwendigen Kapital auszustatten, fehlt es regelmäßig an dem Zusammenhang zwischen erbrachter Leistung und erhaltenem Gegenwert (BFH vom 01.02.2007, Az: V R 69/05, BFH/NV 2007, 1205).

2.2.7.3 Gesetzliche oder behördliche Anordnung

Die Steuerbarkeit einer Lieferung oder sonstigen Leistungen entfällt nicht, wenn der Umsatz aufgrund gesetzlicher oder behördlicher Anordnung ausgeführt wird oder nach gesetzlicher Vorschrift als ausgeführt gilt (§ 1 Abs. 1 Nr. 1 S. 2 UStG). 80

Gem. Art. 5 Abs. 2 Buchst. a MwStSystRL gilt auch die Übertragung des Eigentums aufgrund einer behördlichen Anordnung oder kraft Gesetzes als Lieferung (BFH vom 16.04.1997, Az: XI R 87/96, BStBl II 1997, 585). 81

2.2.7.4 Sachzuwendungen und sonstige Leistungen an das Personal

2.2.7.4.1 Allgemeine Bestimmungen

Wendet der Unternehmer (Arbeitgeber) seinen Arbeitnehmern als Vergütung für geleistete Dienste neben dem Barlohn auch einen Sachlohn zu, bewirkt der Unternehmer mit dieser Sachzuwendung eine entgeltliche Leistung i. S. d. § 1 Abs. 1 Nr. 1 S. 1 UStG, für die der Arbeitnehmer einen Teil seiner Arbeitsleistung als Gegenleistung aufwendet. 82

Ebenfalls steuerbar sind Lieferungen oder sonstige Leistungen, die der Unternehmer an seine Arbeitnehmer oder deren Angehörige aufgrund des Dienstverhältnisses gegen **besonders berechnetes Entgelt, aber verbilligt**, ausführt. Von einer entgeltlichen Leistung in diesem Sinne ist auszugehen, wenn der Unternehmer für die Leistung gegenüber dem einzelnen Arbeitnehmer einen unmittelbaren Anspruch auf eine Geldzahlung oder eine andere – nicht in der Arbeitsleistung bestehende – Gegenleistung in Geldeswert hat. Für die Steuerbarkeit kommt es nicht darauf an, ob der Arbeitnehmer das Entgelt gesondert an den Unternehmer entrichtet oder ob der Unternehmer den entsprechenden Betrag vom Barlohn einbehält. Die Gewährung von **Personalrabatt** durch den Unternehmer beim Einkauf von Waren durch seine Mitarbeiter ist **keine Leistung gegen Entgelt** in Form eines ideellen Arbeitsanteils, sondern **Preisnachlass** (BFH vom 17.09.1981, Az: V B 43/80, BStBl II 1981, 775). 83

Zuwendungen von Gegenständen (**Sachzuwendungen**) und **sonstige Leistungen an das Personal** für dessen **privaten Bedarf** sind nach § 3 Abs. 1b S. 1 Nr. 2 und Abs. 9a Nr. 1 UStG **auch dann steuerbar**, wenn sie **unentgeltlich** sind. Die Steuerbarkeit setzt voraus, dass Leistungen aus unternehmerischen (betrieblichen) Gründen für den privaten, außerhalb des Dienstverhältnisses liegenden Bedarf des Arbeitnehmers ausgeführt werden (BFH vom 11.03.1988, Az: V R 30/84 und V R 114/83, BStBl II 1988, 643 und 651). Steuerbar sind auch Leistungen an **ausgeschiedene Arbeitnehmer** aufgrund eines früheren Dienstverhältnisses. Die Steuerbarkeit setzt in diesem Fall voraus, dass der Gegenstand oder seine Bestandteile zumindest zu einem teilweisen Vorsteuerabzug berechtigt haben (vgl. Abschn. 3.3 und 3.4 UStAE). 84

Bei der Ermittlung der **Bemessungsgrundlage** für die **entgeltlichen** Lieferungen und sonstigen Leistungen an **Arbeitnehmer** ist die Vorschrift über die **Mindestbemessungsgrundlage** in § 10 Abs. 5 Nr. 2 UStG zu beachten. 85

Die Bemessungsgrundlage für die **unentgeltlichen** Lieferungen und sonstigen Leistungen an Arbeitnehmer ist in § 10 Abs. 4 UStG geregelt. 86

2.2.7.4.2 Leistungen im überwiegenden betrieblichen Interesse

87 Nicht steuerbare Leistungen, die überwiegend durch das betriebliche Interesse des Arbeitgebers veranlasst sind, liegen vor, wenn betrieblich veranlasste Maßnahmen zwar auch die Befriedigung eines privaten Bedarfs der Arbeitnehmer zur Folge haben, diese Folge aber durch die mit den Maßnahmen angestrebten **betrieblichen Zwecke überlagert** wird. Dies ist regelmäßig anzunehmen, wenn die Maßnahme die dem Arbeitgeber obliegende Gestaltung der Dienstausübung betrifft (BFH vom 09.07.1998, Az: V R 105/92, BStBl II 1998, 635).

88 Hierzu gehören gemäß Abschn. 1.8 Abs. 4 S. 3 UStAE insbesondere Leistungen zur **Verbesserung der Arbeitsbedingungen**, z. B. die Bereitstellung von Aufenthalts- und Erholungsräumen sowie von betriebseigenen Duschanlagen, die grundsätzlich von allen Betriebsangehörigen in Anspruch genommen werden können. Auch die Bereitstellung von Sportanlagen kann überwiegend betrieblich veranlasst sein, wenn in der Zurverfügungstellung der Anlagen nach der Verkehrsauffassung kein geldwerter Vorteil zu sehen ist, z. B. Bereitstellung von **Fußball- oder Handballsportplätzen**, wohl aber bei **Tennis- oder Golfplätzen** (BFH vom 27.09.1996, Az: VI R 44/96, BStBl II 1997, 146), die **betriebsärztliche Betreuung** sowie die **Vorsorgeuntersuchung** des Arbeitnehmers, wenn sie im ganz überwiegenden betrieblichen Interesse des Arbeitgebers liegt (BFH vom 17.09.1982, Az: VI R 75/79, BStBl II 1983, 39), betriebliche **Fort- und Weiterbildungsleistungen**, die **Überlassung von Arbeitsmitteln** zur beruflichen Nutzung einschließlich der **Arbeitskleidung**, wenn es sich um typische Berufskleidung, insbesondere um **Arbeitsschutzkleidung**, handelt, deren private Nutzung so gut wie ausgeschlossen ist, das Zurverfügungstellen von **Parkplätzen auf dem Betriebsgelände**, **Zuwendungen i. R. v. Betriebsveranstaltungen**, soweit sie sich im üblichen Rahmen halten (gilt nicht für mehr als zwei Betriebsveranstaltungen im Jahr), das Zurverfügungstellen von **Betriebskindergärten**, von **Übernachtungsmöglichkeiten** in gemieteten Zimmern, wenn der Arbeitnehmer an weit von seinem Heimatort entfernten Tätigkeitsstellen eingesetzt wird (BFH vom 21.07.1994, Az: V R 21/92, BStBl II 1994, 881), Schaffung und Förderung von **Rahmenbedingungen für die Teilnahme an einem Verkaufswettbewerb** (BFH vom 16.03.1995, Az: V R 128/92, BStBl II 1995, 651), die **Sammelbeförderung** unter den in Abschn. 1.8 Abs. 15 S. 2 UStAE bezeichneten Voraussetzungen sowie die **unentgeltliche Abgabe von Speisen anlässlich und während eines außergewöhnlichen Arbeitseinsatzes**, z. B. während einer außergewöhnlichen betrieblichen Besprechung oder Sitzung (EuGH vom 11.12.2008, Rs. C-371/07, EuGHE I 2008, 9549).

89 Steuerbare Umsätze an Arbeitnehmer (§ 1 Abs. 1 Nr. 1 S. 1, § 3 Abs. 1b oder § 3 Abs. 9a UStG) können **steuerfrei** sein, z. B. die **Überlassung von Werkdienstwohnungen** durch Arbeitgeber an Arbeitnehmer (§ 4 Nr. 12 UStG, BFH vom 30.07.1986, Az: V R 99/76, BStBl II 1986, 877, und vom 07.10.1987, Az: V R 2/79, BStBl II 1988, 88). Überlässt eine **GmbH ihrem Geschäftsführer unentgeltlich eine Wohnung**, ist dieser Vorgang nicht gemäß § 1 Abs. 1 Nr. 1 S. 2 Buchst. b UStG steuerbar, wenn die Überlassung im überwiegenden betrieblichen Interesse der GmbH geschieht (BFH vom 30.03.2006, Az: V R 6/04, BFH/NV 2006, 2136).

90 Überlässt allerdings ein Unternehmer in seiner **Pension** Räume an eigene **Saisonarbeitnehmer**, ist diese Leistung nach § 4 Nr. 12 S. 2 UStG steuerpflichtig, wenn diese Räume wahlweise zur vorübergehenden Beherbergung von Gästen oder zur Unterbringung des Saisonpersonals bereitgehalten werden (BFH vom 13.09.1988, Az: V R 46/83, BStBl II 1988, 1021).

2.2.7.4.3 Aufmerksamkeiten

91 **Keine** steuerbaren Umsätze sind **Aufmerksamkeiten** und Leistungen, die **überwiegend durch das betriebliche Interesse** des Arbeitgebers veranlasst sind (BFH vom 09.07.1998, Az: V R 105/92, BStBl II 1998, 635).

92 **Aufmerksamkeiten** sind Zuwendungen des Arbeitgebers, die nach ihrer Art und nach ihrem Wert Geschenken entsprechen, die im gesellschaftlichen Verkehr üblicherweise ausgetauscht

werden und zu keiner ins Gewicht fallenden Bereicherung des Arbeitnehmers führen (BFH vom 22.03.1985, Az: VI R 26/82, BStBl II 1985, 641). Zu den Aufmerksamkeiten rechnen danach **gelegentliche Sachzuwendungen** bis zu einem Wert von 40 € (R 19.6 Abs. 1 S. 2 LStR 2011), z. B. Blumen, Genussmittel, ein Buch oder ein Tonträger, die dem Arbeitnehmer oder seinen Angehörigen aus Anlass eines besonderen persönlichen Ereignisses zugewendet werden. Gleiches gilt für **Getränke und Genussmittel**, die der Arbeitgeber den Arbeitnehmern **zum Verzehr im Betrieb unentgeltlich** überlässt.

2.2.7.4.4 Abgabe von Mahlzeiten

Bei der **Abgabe von Mahlzeiten** durch den Unternehmer (Arbeitgeber) an seine **Arbeitnehmer** liegen unter den Voraussetzungen des § 3 Abs. 9a Nr. 2 UStG **sonstige Leistungen** vor. 93

Bei einer **verbilligten Abgabe** von Mahlzeiten eines Unternehmers an seine Arbeitnehmer wird nur bei einer **unternehmenseigenen Kantine** – nicht dagegen bei einer nicht vom Unternehmer selbst betriebenen Kantine (**Catering**) – die Bemessungsgrundlage (lediglich) unter Ansatz der amtlichen Sachbezugswerte nach der Sachbezugsverordnung ermittelt (vgl. Abschn. 1.8 Abs. 9 ff. UStAE, kein Anspruch auf Anwendung der Sachbezugsverordnung bei einer nicht vom Unternehmer selbst betriebenen Kantine gem. Abschn. 1.8 Abs. 10 bis 12 UStAE; BFH vom 18.07.2002, Az: V B 112/01, BStBl II 2003, 675). Der BFH hält es für rechtswidrig, dass bei einer unentgeltlichen Abgabe von Mahlzeiten an die Arbeitnehmer durch unternehmenseigene Kantinen die Bemessungsgrundlage nach der lohnsteuerlichen Sachbezugsverordnung erfolgen kann. 94

Die **Pauschbeträge für unentgeltliche Wertabgaben (Sachentnahmen)** werden durch BMF-Schreiben (Az: IV A 7 – S 1547/0) bekannt gemacht (Angabe von Jahreswerten für eine Person ohne USt); für das Jahr **2014** Schreiben vom 16.12.2013 (BStBl I 2013, 1608), für das Jahr **2015** Schreiben vom 12.12.2014 (BStBl I 2014, 1575), für das Jahr **2016** Schreiben vom 16.12.2015 (BStBl I 2015, 1084), für das Jahr **2017** Schreiben vom 15.12. 2016 (BStBl I 2016, 1424), für das Jahr **2018** Schreiben vom 13.12.2017 (BStBl I 2017, 1618). 95

Gemäß Abschn. 1.8 Abs. 13 UStAE kann der Arbeitgeber einen **Vorsteuerabzug** aus den **Verpflegungsleistungen** anlässlich einer **unternehmerisch bedingten Auswärtstätigkeit** des Arbeitnehmers geltend machen, wenn er die Verpflegungsleistungen in voller Höhe getragen hat und die Aufwendungen durch ordnungsgemäße Rechnungen oder sog. Kleinbetragsrechnungen belegt sind. 96

2.2.7.4.5 Firmenwagen

Die **Überlassung eines Firmenwagens an das Personal** ist **steuerbar**, wenn der Unternehmer seinen Arbeitnehmern die Nutzung firmeneigener Fahrzeuge – auch zur Privatnutzung – **gegen Entgelt** überlässt (BFH vom 06.06.1984, Az: V R 136/83, BStBl II 1984, 688 und vom 10.06.1999, Az: V R 104/98, BStBl II 1999, 582). Eine steuerbare (und steuerpflichtige) sonstige Leistung liegt auch bei Nutzung eines betrieblichen Pkw für Fahrten **von und zur Arbeitsstätte** vor (BFH vom 28.07.1998, Az: V B 64/98, BFH/NV 1999, 222). 97

Die **Steuerbarkeit** entfällt nach § 1 Abs. 1 Nr. 1 S. 2 Buchst. b S. 1 UStG auch dann nicht, wenn ein Unternehmer Lieferungen oder sonstige Leistungen an seine Arbeitnehmer **aufgrund des Dienstverhältnisses** ausführt, für die die Leistungsempfänger **kein besonders berechnetes Entgelt** aufwenden. **Steuerbar** sind danach auch **unentgeltliche Zuwendungen** des Arbeitgebers durch Lieferungen oder sonstige Leistungen für private und damit unternehmensfremde Zwecke der Arbeitnehmer. Unter bestimmten Umständen kann jedoch die **Befriedigung des privaten Bedarfs der Arbeitnehmer** durch die mit der Maßnahme verfolgten **betrieblichen Zwecke überlagert** werden (vgl. dazu BFH vom 21.07.1994, Az: V R 21/92, BStBl II 1994, 881, m. w. N.). 98

Hinsichtlich der umsatzsteuerlichen Behandlung der **Überlassung von Firmenwagen an Arbeitnehmer** zu deren **privater Nutzung** vgl. auch Tz. 4 des BMF-Schreibens vom 27.08.2004 99

(Az: IV B 7 – S 7300 – 70/04, BStBl I 2004, 864), wenn diese **Zuzahlungen** leisten (BMF vom 30.12.1997, Az: IV C 3 – S 7102 – 41/97, BStBl I 1998, 110, BMF vom 06.02.2009, Az: IV C 5 – S 2334/08/10003, BStBl I 2009, 412).

2.2.7.4.6 Sammelbeförderung von Arbeitnehmer

100 Die **unentgeltliche Beförderung von Arbeitnehmern** von der Wohnung zur Arbeitsstätte und zurück mit einem betrieblichen Kfz durch den Arbeitgeber (**Sammelbeförderung**) ist einerseits **betrieblich veranlasst** (BFH vom 09.07.1998, Az: V R 105/92, BStBl II 1998, 635), dient aber andererseits nach Ansicht des EuGH grundsätzlich dem privaten Bedarf der Arbeitnehmer und damit regelmäßig **unternehmensfremden Zwecken** (i. S. d. Art. 26 Abs. 1 Buchst. a MwStSystRL). Anders ist es jedoch, wenn die Erfordernisse des Unternehmens im Hinblick auf besondere Umstände es gebieten, dass die Beförderung der Arbeitnehmer vom Arbeitgeber übernommen wird.

101 Insofern hängt die umsatzsteuerliche Behandlung der Arbeitnehmer-Sammelbeförderung davon ab, ob es sich um eine entgeltliche oder eine unentgeltliche Leistung des Unternehmers handelt (OFD Hannover vom 23.07.2008, Az: S 7100 – 431 – StO 172):

- Entgeltliche Arbeitnehmer-Sammelbeförderung
  Steht die Sammelbeförderung in einer konkreten Verknüpfung mit der Arbeitsleistung oder dem Lohn, so erfolgt sie entgeltlich im Austausch gegen anteilige Arbeitsleistung und ist steuerbar nach § 1 Abs. 1 Nr. 1 UStG (vgl. Abschn. 1.8 Abs. 1 und 4.18.1 Abs. 7 UStAE, EuGH vom 16.10.1997, Rs. C-258/95, UR 1998, 61 sowie BFH vom 09.07.1998, Az: V R 105/92, BStBl II 1998, 635 und vom 10.06.1999, Az: V R 104/98, BStBl II 1999, 582). Für eine Verknüpfung spricht z. B. die Tatsache, dass der Unternehmer wegen geringer Löhne ohne eine Beförderung keine Arbeitnehmer bekommen hätte.
- Unentgeltliche Arbeitnehmer-Sammelbeförderung
  Erfolgt die Sammelbeförderung ohne konkrete Verknüpfung mit der Arbeitsleistung oder dem Lohn, liegt ein unentgeltlicher Vorgang vor. Er ist grundsätzlich steuerbar nach § 3 Abs. 9a Nr. 2 UStG, da die Sammelbeförderung prinzipiell dem privaten Bedarf der Arbeitnehmer und damit unternehmensfremden Zwecken des Arbeitgebers dient.

102 Die unentgeltliche Sammelbeförderung ist nur dann nicht steuerbar, wenn besondere Umstände es gebieten, dass die Beförderung vom Arbeitgeber aufgrund dessen überwiegend betrieblicher Interessen übernommen wird. Abschn. 1.8 Abs. 15 UStAE nennt beispielhaft einige Fälle, bei denen solche besonderen Umstände vorliegen und die Beförderung durch den Arbeitgeber nicht steuerbar ist. Eine Prüfung kann nach folgendem Schema verlaufen:

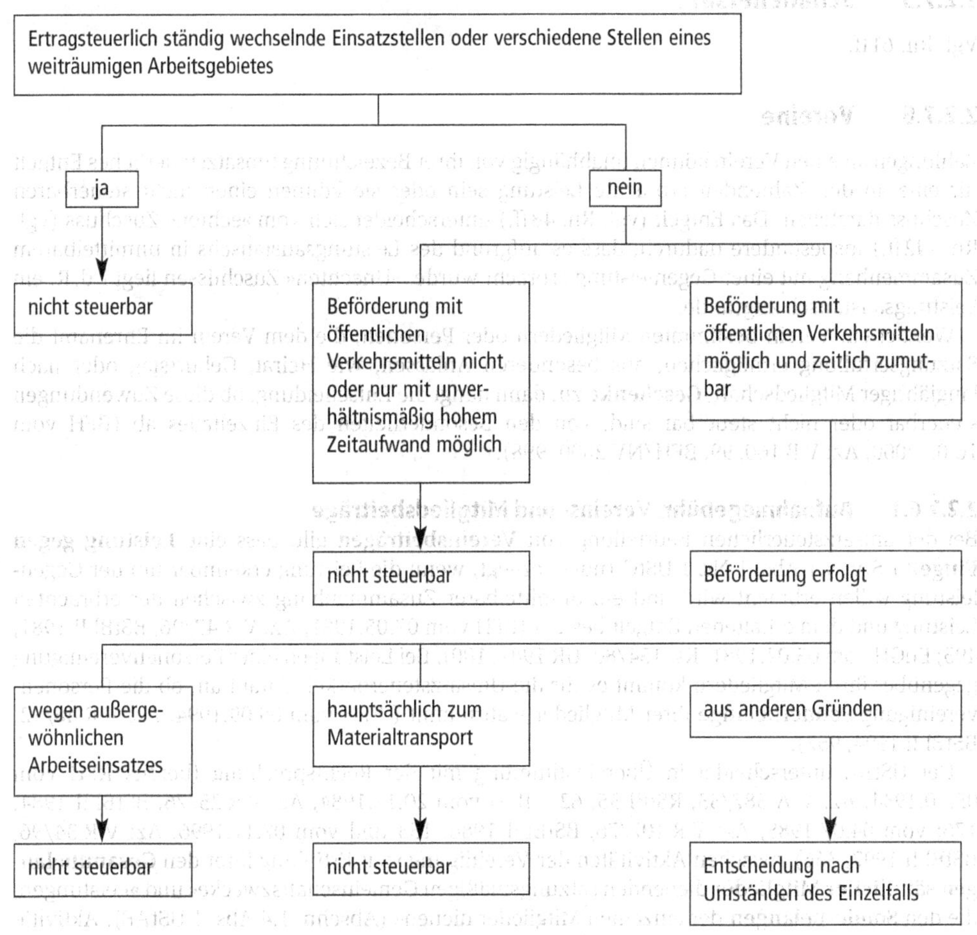

In den verbleibenden Fällen ist das Gesamtbild der Verhältnisse entscheidend. Die Steuerbarkeit entfällt, wenn die Befriedigung des privaten Bedarfs des Arbeitnehmers durch die mit der Beförderung verfolgten betrieblichen Zwecke des Arbeitgebers überlagert wird. Der BFH (Urteil vom 11.05.2000, Az: V R 73/99, BStBl II 2000, 505) führt einige weitere Merkmale an, die gegen eine Steuerbarkeit und für unternehmerische Zwecke der Beförderung sprechen. 103

Indiz für eine Steuerbarkeit der unentgeltlichen Arbeitnehmerbeförderung kann z.B. die Beförderung nur einiger Arbeitnehmer sein, während andere die Fahrten zur Arbeitsstätte selbst ausführen (Niedersächsisches FG vom 26.11.1998, Az: V 53/94). 104

Die **Arbeitsleistungen** der beförderten Arbeitnehmer entfallen lt. BFH (z.B. BFH vom 11.05.2000, Az: V R 73/99, BStBl II 2000, 505) **nicht** – auch nicht zum Teil – als **Entgelt** auf die Beförderungsleistungen des Unternehmers (Arbeitgebers), wenn die Arbeitnehmer ihre Arbeit lediglich für den vereinbarten Barlohn unabhängig davon zu leisten haben, ob und in welchem Ausmaß sie die angebotene Beförderungsleistung in Anspruch nehmen. Hieran ändert es auch nichts, wenn der Unternehmer die Beförderungsleistungen zur Ablösung seiner Verpflichtungen aus dem Tarifvertrag erbringt. 105

2.2.7.5 Schadenersatz

106 Vgl. Rn. 61ff.

2.2.7.6 Vereine

107 Zahlungen an einen Verein können unabhängig von ihrer Bezeichnung umsatzsteuerliches Entgelt für eine an den Zahlenden erbrachte Leistung sein oder sie können einen nicht steuerbaren Zuschuss darstellen. Das Entgelt (vgl. Rn. 48ff.) unterscheidet sich vom »echten« Zuschuss (vgl. Rn. 142ff.) insbesondere dadurch, dass es aufgrund des Leistungsaustauschs in unmittelbarem Zusammenhang mit einer Gegenleistung erbracht wurde. »Unechten« Zuschüssen liegt i.d.R. ein Leistungsaustausch zugrunde.

108 Wendet ein Verein bestimmten Mitgliedern oder Personen, die dem Verein im Ehrenamt die Satzungserfüllung ermöglichen, aus besonderen Anlässen, wie Heirat, Geburtstag oder nach langjähriger Mitgliedschaft, **Geschenke** zu, dann hängt die Entscheidung, ob diese Zuwendungen steuerbar oder nicht steuerbar sind, von den Besonderheiten des Einzelfalles ab (BFH vom 16.02.2000, Az: V B 160/99, BFH/NV 2000, 998).

2.2.7.6.1 Aufnahmegebühr, Vereins- und Mitgliedsbeiträge

109 Bei der umsatzsteuerlichen Beurteilung von **Vereinsbeiträgen** gilt, dass eine **Leistung gegen Entgelt** i.S.v. § 1 Abs. 1 Nr. 1 UStG (nur) vorliegt, wenn die Leistung erkennbar um der Gegenleistung willen erbracht wird und ein unmittelbarer Zusammenhang zwischen der erbrachten Leistung und dem erhaltenen Entgelt besteht (BFH vom 07.05.1981, Az: V R 47/96, BStBl II 1981, 495; EuGH vom 05.02.1981, Rs. 154/80, UR 1981, 100). Bei Leistungen einer Personenvereinigung gegenüber ihren Mitgliedern kommt es für die Umsatzsteuerbarkeit darauf an, ob die Personenvereinigung **Sonderbelange** ihrer Mitglieder wahrnimmt (BFH vom 08.09.1994, Az: V R 46/92, BStBl II 1994, 957).

110 Der UStAE unterscheidet in Übereinstimmung mit der Rechtsprechung (bereits RFH vom 05.10.1934, Az: V A 587/33, RStBl 35, 621; BFH vom 20.12.1984, Az: V R 25/76, BStBl II 1984, 176; vom 04.07.1985, Az: V R 107/76, BStBl II 1986, 153 und vom 07.11.1996, Az: V R 34/96, BStBl II 1997, 366) zwischen Aktivitäten der Vereinigung »zur Erfüllung ihrer den **Gesamtbelangen sämtlicher Mitglieder** dienenden satzungsmäßigen Gemeinschaftszwecke« und »Leistungen, die den **Sonderbelangen** der einzelnen Mitglieder dienen« (Abschn. 1.4 Abs. 1 UStAE). Aktivitäten zur Erfüllung der Gesamtbelange, zu deren Erfüllung die Vereinigung **»echte«** Mitgliedsbeiträge erhebt, werden **nicht** im Rahmen eines Leistungsaustauschs erbracht, wohl aber die den Sonderbelangen eines Mitglieds dienenden Leistungen gegen Beiträge, die der tatsächlichen oder vermuteten Inanspruchnahme der Tätigkeit der Vereinigung entsprechen (FG Berlin vom 11.09.2000, Az: 8 K 8516/97, EFG 2001, 104).

111 **Echte Mitgliedsbeiträge** werden nicht für eine konkrete Gegenleistung erbracht; sie sind **nicht steuerbar** (Abschn. 1.4 Abs. 1 S. 1 UStAE).

112 Soweit ein Verein zwecks Erfüllung satzungsgemäßer Gemeinschaftszwecke für sämtliche Mitglieder tätig wird, leistet er nicht an ein einzelnes Mitglied. Voraussetzung für die Annahme **echter Mitgliedsbeiträge** ist, dass die Beiträge **gleich hoch** sind oder nach einer für alle Mitglieder **gleichen Staffel** erhoben werden (Abschn. 1.4 Abs. 2 UStAE). Erbringt der Verein dagegen Leistungen im Interesse einzelner Mitglieder und erhebt dafür Gebühren entsprechend der tatsächlichen oder vermuteten Inanspruchnahme der Leistungen, so liegt ein Leistungsaustausch vor – **unechte** Mitgliedsbeiträge (BFH vom 04.07.1985, Az: V R 107/76, BStBl II 1986, 153; vom 07.11.1996, Az: V R 34/96, BStBl II 1997, 366; EuGH vom 21.03.2003, Rs. C-174/00, Kennemer Golf).

Bei der **Differenzierung** zwischen echten und unechten Mitgliedsbeiträgen von gemeinnützigen Sportvereinen ist nach Auffassung des FG Hamburg (Urteil vom 16.04.2003, Az: VII 335/98, DStRE 2003, 1110) auch darauf abzustellen, ob die mit den Beiträgen finanzierten Leistungen des Vereins dem Sport oder der Körperertüchtigung der Mitglieder dienen. Denn nach Art. 132 Abs. 1 Buchst. m MwStSystRL befreien die Mitgliedstaaten von der USt bestimmte in engem Zusammenhang mit Sport und Körperertüchtigung stehende Dienstleistungen, die Einrichtungen ohne Gewinnstreben an Personen erbringen, die Sport oder Körperertüchtigung ausüben. 113

Bei **Umlagen** fehlt es an einem Leistungsaustausch (i. S. v. Abschn. 1.4 Abs. 1 UStAE) des Vereins mit seinen Mitgliedern, wenn die erhobenen Umlagen zur Erfüllung der sämtlichen Mitgliedern dienenden, satzungsmäßigen Gemeinschaftszwecke verwendet werden. 114

Bei der Überlassung von **Bootsliegeplätzen** durch einen Anglerverein an seine Mitglieder gegen Entgelt handelt es sich um eine steuerbare Leistung (BFH vom 23.01.2001, Az: V B 129/00, BFH/NV 2001, 940). 115

Bei einem **Flugsportverein** liegt hinsichtlich der Startgelder oder Flugstundengebühren ein Leistungsaustausch vor (FG Berlin vom 28.03.2000, Az: 5 K 5256/98, EFG 2000, 897, bestätigt durch BFH vom 23.01.2001, Az: V B 129/00, BFH/NV 2001, 940). Das Mitglied muss bei Startgeldern die Gebühren erst dann bezahlen, wenn es tatsächlich zu einem Leistungsaustausch gekommen ist, d. h. wenn der Start tatsächlich stattgefunden hat (BFH vom 04.07.1985, Az: V R 107/76, BStBl II 1986, 153, 155). 116

Ein **Golfclub**, der seinen Mitgliedern die vereinseigenen Golfanlagen zur Nutzung überlässt, führt damit keine »sportliche Veranstaltung« i. S. v. § 4 Nr. 22 Buchst. b UStG durch. Mitgliedsbeiträge und Aufnahmegebühren können Entgelt für die Leistungen eines Sportvereins an seine Mitglieder sein (BFH vom 11.10.2007, Az: V R 69/06, BFH/NV 2008, 322). 117

Ein gemeinnütziger **Luftsportverein**, dem Unternehmer »unentgeltlich« Freiballone mit Firmenaufschriften zur Verfügung stellen, die er zu Sport- und Aktionsluftfahrten einzusetzen hat, erbringt mit diesen Luftfahrten steuerbare und mit dem allgemeinen Steuersatz steuerpflichtige Werbeumsätze. Bemessungsgrundlage sind die Kosten, die die Unternehmer dafür getragen haben (BFH vom 01.08.2002, Az: V R 21/01, BStBl II 2003, 438). 118

Mitgliedsbeiträge eines Vereins, der einen **Naturkostladen** betreibt und die Mitglieder zum ermäßigten Bezug der Waren berechtigt, unterliegen der USt (FG Münster vom 12.12.2002, Az: 5 K 4343/02 U, EFG 2003, 650). 119

TIPP

Nach den gemeinschaftsrechtlichen Vorgaben des EuGH-Urteils vom 21.03.2002, UR 2002, 320 ist wie folgt zu unterscheiden:

- Vereinigungen, die an ihre Mitglieder gegen Zahlungen von Mitgliedsbeiträgen konkrete Leistungen erbringen, z. B. durch Bereitstellung einer Sportanlage zur Nutzung, werden im Leistungsaustausch tätig.
- Nur bei Vereinigungen, die überindividuelle Interessen verfolgen, sind die Mitgliedsbeiträge kein Entgelt und daher umsatzsteuerlich nicht zu erfassen.

Die danach von **Sportvereinen** im Leistungsaustausch erbrachten Leistungen sind nach Art. 132 Abs. 1 Buchst. m MwStSystRL zwingend steuerfrei, soweit der Verein eine »Einrichtung ohne Gewinnstreben« ist.

2.2.7.6.2 Lohnsteuerhilfevereine

Bei der **umsatzsteuerlichen Behandlung von Lohnsteuerhilfevereinen** und den von den Mitgliedern zu entrichtenden **Beiträgen** können sich Besonderheiten ergeben. 120

Nach § 13 Abs. 1 StBerG sind Lohnsteuerhilfevereine **Selbsthilfeeinrichtungen** von Arbeitnehmern zur Hilfeleistung in Lohnsteuersachen, es handelt sich nicht um wirtschaftliche Geschäftsbetriebe. Diesem Ziel dient auch das in § 14 Abs. 1 Nr. 5 StBerG enthaltene **Verbot der Erhebung eines besonderen Entgelts** neben dem Mitgliedsbeitrag, das sowohl bei der Anerkennung des 121

Vereins auf der Grundlage seiner Satzung als auch bei seiner nachfolgenden tatsächlichen Geschäftsführung (Beitragspraxis) zu berücksichtigen ist (vgl. § 20 Abs. 2 Nr. 2 StBerG).

122 Die Lohnsteuerhilfevereine rechnen insofern ihre an die Mitglieder zu erbringenden Hilfeleistungen in Lohnsteuersachen i. S. d. § 4 Nr. 11 StBerG **nicht leistungsbezogen** nach Maßgabe einer Gebührenordnung ab (BGH vom 15.06.1989, Az: I ZR 158/87, BB 1989, 2067, 2068, m. w. N.). Eine Beitragsregelung eines Lohnsteuerhilfevereins nach der konkreten Beratungsleistung würde gegen das Verbot verstoßen, für die Hilfeleistung in Lohnsteuersachen neben dem Mitgliedsbeitrag ein besonderes Entgelt zu erheben (BFH vom 09.09.1997, Az: VII R 108/96, BStBl II 1997, 778). Zur Finanzierung der Beratungsleistungen dienen vielmehr allein die **Mitgliedsbeiträge**, die demzufolge als **pauschaliertes Leistungsentgelt** für die Hilfeleistung in Lohnsteuersachen angesehen werden (BGH in BB 1989, 2067, 2068).

123 Durch das in § 14 Abs. 1 Nr. 5 StBerG zum Ausdruck kommende Gebot der **Unentgeltlichkeit der eigentlichen Beratungsleistung** wird sichergestellt, dass der Lohnsteuerhilfeverein als Selbsthilfeeinrichtung nach dem **Kostendeckungsprinzip** arbeitet.

124 Im Hinblick auf den stattfindenden Leistungsaustausch liegen **keine echten Mitgliedsbeiträge** vor. Allerdings ist eine Aufteilung derartiger Beitragszahlungen in **echte Mitgliedsbeiträge** und **Sonderleistungsentgelte** umsatzsteuerrechtlich ausgeschlossen, sodass die Beiträge stets **Entgelte für umsatzsteuerpflichtige Leistungen** dieser Vereinigungen sind (BFH vom 20.08.1992, Az: V R 2/88, BFH/NV 1993, 204 und vom 21.04.1993, Az: XI R 84/90, BFH/NV 1994, 60). Auch wenn regelmäßig nicht alle Mitglieder die Vereinsleistungen jedes Jahr tatsächlich in Anspruch nehmen, sind die **gesamten Vereinsbeiträge umsatzsteuerbar** (BFH vom 09.05.1974, Az: V R 128/71, BStBl II 1974, 530).

2.2.7.6.3 Mietervereine, Vermietervereine (Haus- und Grundbesitzervereine)

125 Ein eingetragener Verein, der lt. Satzung dem Zusammenschluss von Mietern bzw. Vermietern zur gemeinsamen Wahrnehmung ihrer Interessen dient (**Mieterverein** bzw. **Vermietervereinigung**) und der seinen Mitgliedern evtl. Versicherungsschutz vermittelt und **Rechtsberatung** in außergerichtlichen mietrechtlichen Streitigkeiten durchführt, unterliegt mit seinen Leistungen (teilweise) der USt.

126 Die Voraussetzung für einen steuerbaren Umsatz i. S. v. § 1 Abs. 1 Nr. 1 UStG besteht u. a. darin, dass sich die Leistung des Unternehmers auf den Erhalt einer (möglichen) **Gegenleistung** richtet (BFH vom 07.05.1981, Az: V R 47/76, BStBl II 1981, 495). Dem steht es nicht entgegen, wenn eine Personenvereinigung nur gegenüber ihren Mitgliedern tätig wird (BFH vom 04.07.1985, Az: V R 107/76, BStBl II 1986, 153). Die Leistungen einer Personenvereinigung (z. B. Rechtsberatungsleistungen) an ihre Mitglieder sind dann auf den Erhalt einer Gegenleistung gerichtet, wenn sie gegen ein **Sonderentgelt** erbracht werden (BFH vom 20.12.1984, Az: V R 25/76, BStBl II 1985, 176).

127 Während die **Mitgliedsbeiträge** selbst nach der Rechtsprechung des BFH (Urteil vom 08.09.1994, Az: V R 46/92, BStBl II 1994, 957) nicht in der erforderlichen Wechselbeziehung zu den (Rechtsberatungs-)Leistungen des Vereins stehen, stellt das vom Verein **neben den Mitgliedsbeiträgen** gesondert erhobene **Entgelt für die Rechtsberatungsleistungen** (ggf. auch in der vereinseigenen Rechtsabteilung) Entgelt im umsatzsteuerlichen Sinn dar.

128 Haben die Vereinsmitglieder gegen den Verein einen Rechtsanspruch auf außergerichtliche Interessenwahrnehmung durch Rechtsanwälte bei Mietstreitigkeiten oder einen entsprechenden Versicherungsschutz, so handelt es sich hierbei um **wirtschaftlich bedeutsame Leistungen**, die den **Sonderbelangen** der einzelnen Mitglieder dienen und damit zur Umsatzsteuerpflicht des hierauf entfallenden Entgelts führen (vgl. hierzu auch FG Berlin vom 11.09.2001, Az: 8 K 8516/97, EFG 2001, 104).

Ein **Haus- und Grundbesitzerverein** erbringt daher durch **Rechtsberatung und Prozessvertretung** seiner Mitglieder regelmäßig steuerpflichtige Leistungen (BFH vom 08.09.1994, Az: V R 46/92, BStBl II 1994, 957). Selbst wenn der Verein tatsächlich einen Teil der Mitgliedsbeiträge dazu verwendet, die Kosten seiner Rechtsabteilung zu decken, reicht dies allein nicht aus, um die Mitgliedsbeiträge als Entgelt anzusehen (BFH vom 08.09.1994, Az: V R 46/92, BStBl II 1994, 957). 129

Die umsatzsteuerliche Behandlung von Einnahmen des Vereins aus dem **Verkauf von mietrechtlicher Fachliteratur**, von **Vertragsformularen** usw. bleibt davon unberührt. Sie richtet sich nach den allgemeinen Grundsätzen. 130

2.2.7.6.4 Landwirtschaftliche Maschinen- und Betriebshilferinge, Versuchs- und Beratungsringe

Maschinen- und Betriebshilferinge (MBR) erfüllen ihre den **Gesamtbelangen der Mitglieder** dienenden satzungsgemäßen Zwecke, indem sie die Mitglieder informieren und weiterbilden, neue Maschinen vorführen, versuchsweise einsetzen und in Katastrophenfällen Hilfseinsätze organisieren. Sie finanzieren ihre satzungsgemäßen Zwecke durch Grundbeiträge der Mitglieder, Beiträge berufsfremder fördernder Mitglieder, Eintrittsgelder und öffentliche Zuschüsse. Diese Einnahmen knüpfen nicht an eine bestimmte Leistung der MBR an, so dass es an einem Leistungsaustausch mit dem einzelnen Mitglied fehlt. Die Einnahmen sind nicht steuerbar. 131

Die MBR erbringen daneben aber auch Leistungen **im Interesse einzelner Mitglieder**, indem sie sie bei Investitionen und Maschineneinsätzen beraten, den überbetrieblichen Einsatz von Maschinen der Mitglieder organisieren und gegenseitige Arbeitshilfe vermitteln sowie den Einsatz von Betriebshelfern organisieren. Dafür erheben sie von dem einzelnen Mitglied **gesonderte Beiträge** und **Vermittlungsprovisionen**. Insoweit liegt ein **Leistungsaustausch** vor; die Einnahmen sind steuerbar. Da die Einnahmen oft nicht kostendeckend sind, ist die USt nach § 10 Abs. 4 und 5 UStG von den Kosten zu erheben (BFH vom 08.09.1994, Az: V R 46/92, BStBl II 1994, 957). Die Kosten und damit das umsatzsteuerliche Entgelt können aus Vereinfachungsgründen auf 50 % der Summe aus Grundbeiträgen, Sonderbeiträgen und Vermittlungsprovisionen geschätzt werden (OFD Hannover vom 24.03.1997, Az: S 7104 – 52 – StO 355/S 7100 – 368 – StH 533). 132

Bei **landwirtschaftlichen Versuchs- und Beratungsringen** (LBR) verhält es sich ähnlich. Satzungsgemäßer Zweck der LBR ist sowohl die den **Gesamtbelangen aller Mitglieder** dienende Durchführung von Versuchen sowie die Vermittlung von Forschungsergebnissen und Erfahrungen als auch die im **Interesse des einzelnen Mitglieds** erbrachte betriebswirtschaftliche und produktionstechnische Beratung des Mitglieds, dies alles gegen Beitragszahlungen. Ein **Leistungsaustausch** liegt nur vor, **soweit** die LBR im Interesse des einzelnen Mitglieds tätig werden. Die Beiträge sind deshalb aufzuteilen in ein steuerbares Entgelt und einen nichtsteuerbaren echten Mitgliedsbeitrag. Auch hier lässt die Verwaltung aus Vereinfachungsgründen eine Aufteilung der Beiträge ohne Nachweis im Verhältnis 50:50 zu (OFD Hannover vom 24.03.1997, Az: S 7104 – 52 – StO 355/S 7100 – 368 – StH 533). 133

2.2.7.7 Verwertung von Sachen (Insolvenz, Sicherungsübereignung, Verwertung, Zwangsversteigerung; Abschn. 1.2 UStAE)

2.2.7.7.1 Insolvenz

Wird das Entgelt für eine Leistung des Unternehmers wegen **Insolvenz des Leistungsempfängers** uneinbringlich und zahlt eine Bank, die zu dem Leistungsempfänger Geschäftsbeziehungen unterhalten hat, an den Unternehmer gegen Abtretung der Insolvenzforderung einen Betrag, der sich an der Höhe des noch nicht bezahlten Entgelts orientiert, kann diese Zahlung **Entgelt eines Dritten** für die Leistung des Unternehmers sein (BFH vom 19.10.2001, Az: V R 48/00, BStBl II 2003, 210). 134

2.2.7.7.2 Sicherungsübereignung

135 Der Sicherungsgeber führt mit der Übereignung beweglicher Gegenstände zu Sicherungszwecken unter Begründung eines Besitzmittlungsverhältnisses (§ 930 BGB) noch keine umsatzsteuerliche Lieferung an den Sicherungsnehmer aus. Zur Lieferung wird der Übereignungsvorgang erst mit der **Verwertung des Sicherungsguts**, gleichgültig, ob der Sicherungsnehmer das Sicherungsgut dadurch verwertet, dass er es selbst oder der Sicherungsgeber es im Auftrag und für Rechnung des Sicherungsnehmers veräußert (BFH vom 23.07.2009, Az: V R 27/07, BStBl II 2010, 859). Die **Verwertung** der zur Sicherheit übereigneten Gegenstände führt dabei zu zwei Umsätzen (**Doppelumsatz**), und zwar zu einer Lieferung des Sicherungsgebers an den Sicherungsnehmer und zu einer Lieferung des Sicherungsnehmers an den Erwerber (Abschn. 1.2 Abs. 1 S. 2 UStAE; BFH vom 04.06.1987, Az: V R 57/79, BStBl II 1987, 741 und vom 19.07.2007, Az: V B 222/06, BStBl II 2008, 163). Entsprechendes gilt bei der **Versteigerung verfallener Pfandsachen** durch den Pfandleiher (BFH vom 16.04.1997, Az: XI R 87/96, BStBl II 1997, 585). Zwei Umsätze liegen auch vor, wenn die Verwertung vereinbarungsgemäß vom Sicherungsgeber im eigenen oder im Namen des Sicherungsnehmers vorgenommen wird oder die Verwertung zwar durch den Sicherungsnehmer, aber **im Auftrag und für Rechnung des Sicherungsgebers** stattfindet. Dies schließt nicht aus, dass vor der Verwertung des Sicherungsgutes dieses zum Zwecke der Auswechslung des Sicherungsgebers durch den Sicherungsgeber an einen Dritten geliefert wird, ohne dass ein Doppelumsatz vorliegt (BFH vom 09.03.1995, Az: V R 102/89, BStBl II 1995, 564).

136 Veräußert der Sicherungsgeber das Sicherungsgut an einen Dritten, liegt ggf. ein **Dreifachumsatz** (Veräußerung für Rechnung des Sicherungsnehmers) vor. Voraussetzung für diesen Dreifachumsatz ist, dass das Sicherungsgut erst nach Eintritt der Verwertungsreife durch den Sicherungsgeber veräußert wird und es sich hierbei nach den Vereinbarungen zwischen Sicherungsgeber und Sicherungsnehmer um ein Verwertungsgeschäft handelt, um die vom Sicherungsgeber gewährten Darlehen zurückzuführen. **Nicht ausreichend** ist eine Veräußerung, die der Sicherungsgeber im Rahmen seiner ordentlichen Geschäftstätigkeit vornimmt und die ihn berechtigt, den Verwertungserlös anstelle zur Rückführung des Kredits anderweitig, z. B. für den Erwerb neuer Waren zu verwenden (BFH vom 23.07.2009, Az: V R 27/07, BStBl II 2010, 859), oder wenn die Veräußerung zum Zwecke der Auswechslung des Sicherungsgebers unter Fortführung des Sicherungseigentums durch den Erwerber erfolgt (BFH vom 09.03.1995, Az: V R 102/89, BStBl II 1995, 564). In diesen Fällen liegt eine bloße Lieferung des Sicherungsgebers an den Erwerber vor. Ein Doppel- oder Dreifachumsatz ist auch nicht gegeben, wenn das Sicherungsgut bereits vor Eintritt der Verwertungsreife vom Sicherungsgeber an einen Dritten geliefert wird (BFH vom 23.07.2009, Az: V R 27/07, BStBl II 2010, 859) oder wenn bei der Sicherungsverwertung im Insolvenzverfahren der Insolvenzverwalter von seinem Recht zur freihändigen Verwertung eines sicherungsübereigneten Gegenstands nach § 166 Abs. 1 InsO Gebrauch macht (Abschn. 1.2 Abs. 1 S. 6ff. UStAE).

137 Werden in laufenden Insolvenzverfahren Wirtschaftsgüter verwertet, an denen ein Sicherungseigentum bestellt war, legt § 171 Abs. 1 und 2 InsO dem Sicherungsnehmer einen Kostenbeitrag auf. Die Feststellungskostenpauschale und die Verwertungskostenpauschale bzw. die tatsächlichen Kosten der Verwertung sind kein Entgelt für eine steuerbare und steuerpflichtige Leistung des Insolvenzschuldners – vertreten durch den Insolvenzverwalter – an den Sicherungsnehmer (Abschn. 1.2 Abs. 3 UStAE).

138 **Außerhalb des Insolvenzverfahrens** kann die Lieferung sicherungsübereigneter Gegenstände durch den Sicherungsgeber an den Sicherungsnehmer zur **Steuerschuldnerschaft des Leistungsempfängers** führen (Abschn. 1.2 Abs. 2 und 4, 13b.1 Abs. 2 S. 1 Nr. 4 UStAE; § 13b Abs. 1 S. 1 Nr. 2 UStG).

139 Der Anspruch von Massegläubigern gegen einen Insolvenzverwalter umfasst nicht die Umsatzsteuer. Schadenersatzzahlungen sind kein Entgelt i. S. d. Umsatzsteuerrechts, wenn die Zahlung

nicht »für eine Lieferung oder sonstige Leistung« an den Zahlenden erfolgt, sondern weil der zahlende nach Gesetz oder Vertrag für einen Schaden und seine Folgen einzustehen hat. Die **Ersatzzahlung** des persönlich in Anspruch genommenen **Insolvenzverwalters** nach § 61 InsO beruht nicht auf einem Leistungsaustausch (BGH vom 03.11.2005, Az: IX ZR 140/04, BFH/NV Beilage 2006, 214).

2.2.7.7.3 Zwangsvollstreckung

Wird im Rahmen der **Zwangsvollstreckung** eine Sache durch den **Gerichtsvollzieher** oder ein anderes **staatliches Vollstreckungsorgan** öffentlich versteigert oder freihändig verkauft, so liegt darin keine Lieferung des Vollstreckungsschuldners an das jeweilige Bundesland, dem die Vollstreckungsorgane angehören, und keine Lieferung durch dieses an den Erwerber vor, sondern es handelt sich um eine Lieferung des Vollstreckungsschuldners **unmittelbar** an den Erwerber (BFH vom 19.12.1985, Az: V R 139/76, BStBl II 1986, 500 und vom 16.04.1997, Az: XI R 87/96, BStBl II 1997, 585). 140

Auch die **Zwangsversteigerung eines Grundstücks** führt umsatzsteuerrechtlich grundsätzlich zu einer **Lieferung** des **Grundstückseigentümers an den Ersteher** (BFH vom 21.03.2002, Az: V R 62/01, BStBl II 2002, 559; vom 19.12.1985, Az: V R 139/76, BStBl II 1986, 500; vom 06.06.1991, Az: V R 115/87, BStBl II 1991, 817). Dies gilt allerdings **nicht**, wenn eine **Geschäftsveräußerung** i. S. d. § 1 Abs. 1a UStG vorliegt. 141

2.2.7.8 Zuschüsse

Zuschüsse (Zuwendungen, Beihilfen, Prämien oder Ausgleichsbeträge u.Ä.) können entweder Entgelt für eine Leistung an den Zuschussgeber, (zusätzliches) Entgelt eines Dritten oder echter Zuschuss sein (Abschn. 10.2 Abs. 1 UStAE). 142

Zahlungen der öffentlichen Hand können Entgelt für eine steuerbare Leistung sein, wenn der Zahlungsempfänger im Auftrag des Geldgebers eine Aufgabe aus dessen Kompetenzbereich übernimmt und die Zahlung damit zusammenhängt. **Kein Entgelt** liegt aber vor, wenn der **Zuschuss** lediglich der Förderung des Zahlungsempfängers im allgemeinen Interesse dienen und nicht Gegenwert für eine steuerbare Leistung des Zahlungsempfängers an den Geldgeber sein soll. Zahlungen, durch die lediglich eine aus **strukturpolitischen, volkswirtschaftlichen oder allgemeinpolitischen Gründen** erwünschte Tätigkeit des Zahlungsempfängers gefördert werden soll, sind **kein Entgelt** für eine steuerbare Leistung (BFH vom 30.01.1997, Az: V R 133/93, BStBl II 1997, 335; vom 18.12.2008, Az: V R 38/06, BStBl II 2009, 749). Hinsichtlich der Frage, ob die Leistung derart mit der Zahlung verknüpft ist, dass sie sich auf die Erlangung einer Gegenleistung (Zahlung) richtet, ist auf die Vereinbarungen des Leistenden mit dem Zahlenden abzustellen. Ist ein Leistungsaustausch zu verneinen, spricht man von einem **echten Zuschuss** (vgl. auch Abschn. 10.2 Abs. 7 UStAE; BFH vom 28.07.1994, Az: V R 19/92, BStBl II 1995, 86 und vom 13.11.1997, Az: V R 11/97, BStBl II 1998, 169), ansonsten von einem **unechten Zuschuss**. Als Indiz für die Beurteilung der Frage, ob der Leistende seine Aktivitäten um des Entgelts willen durchführt, dient u. a. der Zweck, den der Zahlende mit der Zahlung verfolgt. Soll der Zahlungsempfänger mit dem Zuschuss nur unterstützt werden, damit er seine Tätigkeit ausüben kann, fehlt es an der erforderlichen Verknüpfung von Leistung und Zuschusszahlung zu einem steuerbaren Umsatz (BFH vom 25.01.1996, Az: V R 61/94, BFH/NV 1996, 715). 143

Zu Leistungen, zu denen sich die **Vertragsparteien in einem gegenseitigen Vertrag verpflichtet haben**, liegt grundsätzlich ein Leistungsaustausch vor (vgl. Rn. 12 ff.). 144

Eine **Zahlung von dritter Seite** ist – unabhängig von der Bezeichnung – kein Zuschuss, sondern gehört zum Entgelt für eine Leistung des Zahlungsempfängers, wenn sie mit dieser in unmittelbarem Zusammenhang steht (BFH vom 29.03.2007, Az: V B 208/05, BFH/NV 2007, 1542). Dies ist 145

z. B. der Fall, wenn der »Zuschuss« dem Abnehmer des Gegenstandes oder Dienstleistungsempfänger zugutekommt, der Zuschuss für die Lieferung eines bestimmten Gegenstandes oder die Erbringung einer bestimmten sonstigen Leistung gezahlt wird und mit der Verpflichtung der den Zuschuss gewährenden Stelle zur Zuschusszahlung das Recht des Zahlungsempfängers (des Leistenden) auf Auszahlung des Zuschusses einhergeht, wenn er einen steuerbaren Umsatz bewirkt hat (BFH vom 09.10.2003, Az: V R 51/02, BStBl II 2004, 322; Abschn. 10.2 Abs. 3 S. 5 UStAE).

146 In Fällen, in denen eine Person des privaten Rechts **Aufgaben einer Körperschaft des öffentlichen Rechts übernimmt** und im Zusammenhang damit Geldzahlungen erhält, kann je nach den Umständen des Einzelfalls ein Leistungsaustausch zu bejahen oder abzulehnen sein (ggf. liegt hier ein echter Schadenersatz vor, vgl. Rn. 61 ff.; BFH vom 22.07.1999, Az: V R 74/98, BFH/NV 2000, 240; vom 26.10.2000, Az: V R 10/00, BFH/NV 2001, 400 – **Gebäude-Restwertentschädigung**; vom 13.11.1997, Az: V R 11/97, BStBl II 1998, 169 – **Tiefgaragenerrichtung** für Stadtgemeinde; vom 25.01.1996, Az: V R 61/94, BFH/NV 1996, 715 – **Forschung mit öffentlichen Mitteln**; vom 28.07.1994, Az: V R 19/92, BStBl II 1995, 86 – **Forschungszuschuss**; vom 25.03.1993, Az: V R 84/89, BFH/NV 1994, 59 – **Pauschale für Übernahme der Luftaufsicht**; vom 06.10.1988, Az: V R 101/85, BFH/NV 1989, 327 – **Zahlungen eines Sozialhilfeträgers** für Leistungen einer GmbH). Im Übrigen ist geklärt, unter welchen Voraussetzungen Zahlungen der öffentlichen Hand an eine juristische Person des privaten Rechts, die Aufgaben einer Körperschaft des öffentlichen Rechts übernimmt, Entgelt für eine steuerbare Leistung sind. Ob es sich bei der gegen einen »Zuschuss« übernommenen Aufgabe nach der jeweiligen Gemeindeordnung um eine Pflichtaufgabe oder um eine freiwillige staatliche Aufgabe handelt, ist nicht maßgebend (BFH vom 22.07.2008, Az: V B 34/07, BFH/NV 2008, 1895).

147 Es kann an dem erforderlichen **unmittelbaren Zusammenhang** zwischen Leistung und Gegenleistung fehlen, wenn eine GmbH von ihren Gesellschaftern (z. B. Körperschaften des öffentlichen Rechts) Zahlungen erhält, um der GmbH ihre nicht kostendeckende Tätigkeit (z. B. **Förderung des Fremdenverkehrs**) zu ermöglichen. Ein Leistungsaustausch ist zu verneinen, wenn die Leistungen sich zwar (auch) im Interesse der Gesellschafter der GmbH auswirken, aber nicht an sie als **identifizierbare Verbraucher** erbracht werden. Denn dann dienen die Zahlungen der Gesellschafter ausschließlich dem Zweck, der GmbH ihre nicht kostendeckende Tätigkeit zu ermöglichen. Die Gesellschafter haben die Zahlungen regelmäßig aufgrund der Satzung und nicht für an sie erbrachte Leistungen zu erbringen. Deshalb fehlt hier der nach der Rechtsprechung des EuGH und des BFH **notwendige Zusammenhang zwischen Leistung und Entgelt** (BFH vom 26.10.2000, Az: V R 12/00, BFH/NV 2001, 494).

2.2.8 Sonstige Einzelfälle (Fall-ABC)

148 **Abfälle, werthaltige**

Beauftragt ein Abfallerzeuger oder -besitzer einen Dritten mit der ordnungsgemäßen Entsorgung seines Abfalls, erbringt der Dritte mit der Übernahme und Erfüllung der Entsorgungspflicht eine sonstige Leistung, sofern der Entsorgung eine eigenständige wirtschaftliche Bedeutung zukommt; hiervon ist insbesondere auszugehen, wenn über die Entsorgung ein Entsorgungsnachweis ausgestellt wird. Handelt es sich um sog. werthaltigen Abfall, liegt ein tauschähnlicher Umsatz (Entsorgungsleistung gegen Lieferung des Abfalls), ggf. mit Baraufgabevor (vgl. Abschn. 10.5 Abs. 2 UStAE). Aus Vereinfachungsgründen kann bei der Abgabe werthaltiger Abfälle davon ausgegangen werden, dass eine zum tauschähnlichen Umsatz führende Beeinflussung der Barvergütung im vorgenannten Sinne grundsätzlich nur vorliegt, wenn die Beteiligten ausdrücklich hierauf gerichtete Vereinbarungen getroffen, also neben dem Entsorgungsentgelt einen bestimmten Wert für eine bestimmte Menge der überlassenen Abfälle vereinbart haben oder diese wechselseitige Beeinflussung offensichtlich ist (BMF vom 01.12.2008, Az: IV B 8 – S 7203/07/10002, BStBl I 2008, 992).

Abfallentsorgung/Abwasserbeseitigung

Der BFH geht inzwischen von einem Leistungsaustausch zwischen Entsorgungsunternehmen und »Abfallbesitzern« aus (BFH vom 28.02.2002, Az: V R 19/01, BStBl II 2003, 950). Demnach erbringt ein **Deponiebetreiber**, der sich den Abfallbesitzern gegenüber im eigenen Namen zur Abfallentsorgung verpflichtet und dementsprechend auch deren Abfall entsorgt, an diese steuerpflichtige Leistungen, auch wenn die Deponiebetreiber nach § 3 AbfG, § 16 KrW-/AbfG evtl. nur als Vertreter des entsorgungspflichtigen Landkreises gegenüber den Abfallbesitzern tätig werden dürfen.

Ein Unternehmer, der die einer Gemeinde nach Landesrecht obliegende **Verpflichtung zur Abwasserbeseitigung** einschließlich der Errichtung der dafür benötigten Bauwerke **übernimmt** und dafür u. a. einen vertraglichen Anspruch auf die Förderungsmittel erlangt, die der Gemeinde zustehen, erbringt eine steuerbare Leistung **an die Gemeinde**. Ein für Rechnung der Gemeinde vom Land an den Unternehmer gezahlter **Investitionszuschuss** für die Errichtung einer Kläranlage ist Entgelt (i. S. v. § 10 Abs. 1 S. 2 UStG) und **kein echter Zuschuss** (BFH vom 20.12.2001, Az: V R 81/99, BFH/NV 2002, 740).

Abmahngebühren

Bei Verstößen gegen das Gesetz gegen unlauteren Wettbewerb (UWG) kann der Zuwiderhandelnde ggf. auf Unterlassung in Anspruch genommen werden. Die in § 13 Abs. 2 Nr. 2 und 3 UWG genannten Verbände, die die dort genannten Unterlassungsansprüche geltend machen, haben dann gegen die abgemahnten Unternehmen grundsätzlich einen Anspruch auf Ersatz ihrer Aufwendungen (z. B. Gebühren eines beauftragten Rechtsanwalts, sog. Abmahngebühren) gem. § 683 BGB. Insoweit erbringen sie an die abgemahnten Unternehmer eine Leistung gegen Entgelt i. S. d. § 1 Abs. 1 Nr. 1 UStG (BFH vom 16.01.2003, Az: V R 92/01, BStBl II 2003, 732).

Aktien, Ausgabe neuer

Die Ausgabe neuer Aktien ist kein steuerbarer Umsatz. Der Vorsteuerabzug für Dienstleistungen im Zusammenhang mit dem Börsengang ist zugelassen, weil die dafür entstandenen Aufwendungen zu den Kostenelementen der versteuerten Ausgangsumsätze gehören (EuGH vom 26.05.2005, Rs. C-465/03, Kretztechnik AG, BFH/NV Beilage 2005, 306).

Arbeitnehmer, Freistellung

Wird für die Freistellung eines Arbeitnehmers, z. B. zur Mitwirkung im Gesellenausschuss oder für die Teilnahme an Lehrgängen oder Versammlungen seitens der Gewerkschaften ein Entgelt (Aufwendungsersatz) gezahlt, handelt es sich nicht um einen Leistungsaustausch (OFD Münster, Kurzinformation USt Nr. 9 vom 03.07.2008).

Aufsichtsratsvergütung

Aufsichtsratsmitglieder sind nach h. M. Unternehmer i. S. d. § 2 UStG, so dass eine Aufsichtsratstätigkeit gegen Zahlung eines Entgelts eine steuerbare und steuerpflichtige Leistung darstellt (BFH vom 27.07.1972, Az: V R 136/71, BStBl II 1972, 810; vom 07.08.1975, Az: V R 43/71, BStBl II 1976, 57).

Die Aufsichtsratstätigkeit in einer privatwirtschaftlich tätigen AG ist nicht als Ehrenamt von der Umsatzsteuer befreit. Umsatzsteuerlich werden sämtliche unternehmerischen Aktivitäten als ein

Unternehmen zusammengefasst, sodass einem anderweitig unternehmerisch (z.B. als Rechtsanwalt) tätigen Aufsichtsratsmitglied die Kleinunternehmerregelung nicht zugutekommt, wenn nur die Aufsichtsratsvergütungen die Kleinunternehmergrenzen des § 19 UStG unterschreiten (FG Hamburg vom 25.07.2006, Az: 3 K 66/06, EFG 2007, 453).

Beistellung

Eine Beistellung liegt vor, wenn der Leistungsempfänger dem Leistenden eigenes Personal oder Material zur Verfügung stellt. Mangels Leistungsaustauschs löst eine Beistellung keine Umsatzsteuer aus.

Überlässt ein Unternehmer selbständigen, für ihn tätigen Handelsvertretern Pkws zur betrieblichen Nutzung und überwacht jedoch das private Nutzungsverbot nicht, liegt darin regelmäßig eine steuerbare Leistung. Das Entgelt (vgl. Rn. 48 ff.) muss nicht in Geld oder Geldesform, sondern kann auch in Arbeitsleistung bestehen, so dass es hier zu einem tauschähnlichen Umsatz i. S. d. § 3 Abs. 12 S. 2 UStG kommt. Eine nichtsteuerbare Leistung hätte allerdings dann vorgelegen, wenn der Unternehmer die Pkws ausschließlich zu dem Zweck überlassen hätte, dass die Handelsvertreter Leistungen an ihn erbringen konnten. Allein das vertragliche Verbot ohne tatsächliche Überwachung reicht hierzu nicht aus (BFH vom 12.09.2009, Az: V R 24/08, BStBl II 2010, 854).

Bereitstellungsentgelte eines Spediteurs

Sog. Bereitstellungsentgelte, die ein Speditionsunternehmen erhält, wenn eine Zwangsräumung kurzfristig vom Gerichtsvollzieher abgesagt wird, stellen eine pauschalierte Entschädigung dar und unterliegen mangels eines Leistungsaustauschs nicht der Umsatzsteuer (BFH vom 30.06.2010, Az: XI R 22/08, BStBl II 2010, 1084).

Berufsbetreuer

Gerichtlich bestellte Berufsbetreuer unterliegen mit ihren Leistungen nicht der Umsatzsteuer. Sie handeln als anerkannte Einrichtung i. S. v. Art. 132 Abs. 1g MwStSystRL und können sich für die Steuerfreiheit der aufgrund dieser Bestellung erbrachten Betreuungsleistungen auf das Unionsrecht berufen (BFH vom 25.04.2013, Az: V R 7/11, BFH/NV 2013, 1521).

Berufspokerspieler

Ein »Berufspokerspieler« erbringt keine Leistung im Rahmen eines Leistungsaustausches gegen Entgelt, wenn er an Spielen fremder Veranstalter teilnimmt und ausschließlich im Falle der erfolgreichen Teilnahme Preisgelder oder Spielgewinne erhält. Zwischen der (bloßen) Teilnahme am Pokerspiel und dem im Erfolgsfall erhaltenen Preisgeld oder Gewinn fehlt der für einen Leistungsaustausch erforderliche unmittelbare Zusammenhang. Die Teilnahme an einem Pokerspiel ist jedoch eine im Rahmen eines Leistungsaustausches gegen Entgelt erbrachte Dienstleistung, wenn der Veranstalter für sie eine von der Platzierung unabhängige Vergütung zahlt. In einem solchen Fall ist die vom Veranstalter geleistete Zahlung die tatsächliche Gegenleistung für die vom Spieler erbrachte Dienstleistung, an dem Pokerspiel teilzunehmen (BFH vom 30.08.2017, Az: XI R 37/14, BFH/NV 2017, 1689).

Druckkostenzuschüsse

Verlage verlangen häufig Zuschüsse zu den Herstellungs- und Vertriebskosten von Druckwerken, wenn die vorkalkulierten Verkaufserlöse die zu erwartenden Druckkosten nicht abdecken. Diese sog. Druckkostenzuschüsse sind umsatzsteuerliches Entgelt, sofern sie im Rahmen eines üblicherweise zwischen Verlag und Autor vorliegenden Leistungsaustauschs gezahlt werden. Ein solches Leistungsverhältnis kann aber auch zwischen dem Verlag und einem Dritten vorliegen oder in

Ausnahmefällen ganz fehlen. Die Leistung unterliegt dem allgemeinen Steuersatz nach § 12 Abs. 1 UStG (BFH vom 28.07.1994, Az: V R 27/92, BFH/NV 1995, 550).

eBay-Handel
Beim Verkauf einer Vielzahl von Gebrauchsgegenständen über mehrere Jahre über die Internet-Plattform ebay kann eine nachhaltige, unternehmerische und damit umsatzsteuerbare Tätigkeit vorliegen (BFH vom 26.04.2012, Az: V R 2/11). Das FG Baden-Württemberg (Urteil vom 18.07.2012, Az: 14 K 702/10) hat diverse Kriterien aufgelistet, die bei der Frage, ob Verkäufe über eBay der Umsatzbesteuerung unterliegen, von Bedeutung sein können. Dabei hat das FG klargestellt, dass ein unternehmerisches Tätigwerden nicht schon durch die gelegentliche Veräußerung von Privatvermögen in mehreren gleichartigen Handlungen unter Ausnutzung derselben Gelegenheit und desselben dauernden Verhältnisses begründet wird.

Emissionshandel mit Treibhausgasen
Durch die RL 2003/87/EG des Europäischen Parlaments und des Rates vom 13.10.2003 über ein System für den Handel mit Treibhausgas-Emissionszertifikaten in der Gemeinschaft und zur Änderung der RL 96/61/EG des Rates (Abl. EU Nr. L 275,32) ist europaweit ein System für den Handel mit Treibhausgas-Emissionszertifikaten eingeführt worden. In der BRD ist diese RL durch das Gesetz über den Handel mit Berechtigungen zur Emission von Treibhausgasen (TEHG, Gesetz vom 08.07.2004, BGBl I 2004, 1578) sowie durch das Gesetz über den nationalen Zuteilungsplan für Treibhausgas-Emissionsberechtigungen umgesetzt worden.

Zur umsatzsteuerlichen Beurteilung hat das BMF mit Schreiben vom 02.02.2005 (Az: IV A 5 – S7100 – 16/05, BStBl I 2005, 494) Stellung genommen:

Die **Ausgabe der Emissionszertifikate** (Berechtigungen i. S. d. § 3 Abs. 4 TEHG) erfolgt i. d. R. hoheitlich und ist als solche nicht steuerbar (§ 1 Abs. 1 Nr. 1 UStG). Der **Handel mit Emissionszertifikaten** (sonstige Leistungen) ist in den nachfolgenden Stufen i. d. R. steuerbar und steuerpflichtig. Der **Leistungsort** beurteilt sich nach § 3a Abs. 4 Nr. 1 UStG. Liegt der Leistungsort im Inland und ist der leistende Unternehmer hier nicht ansässig, ist der Leistungsempfänger Steuerschuldner (§ 13b Abs. 1 S. 1 Nr. 1 und Abs. 2 UStG). Dem Leistungsempfänger steht unter den übrigen Voraussetzungen des § 15 UStG der Vorsteuerabzug zu. Beim Handel mit **Future-Kontrakten** auf Emissionsberechtigungen liegt kein umsatzsteuerlicher Leistungsaustausch vor. **Optionsgeschäfte** sind dagegen steuerbar i. S. d. § 1 Abs. 1 Nr. 1 UStG, aber nach § 4 Nr. 8 Buchst. c UStG steuerfrei, wenn die Ausübung der Option nicht zu einer Übertragung der Zertifikate führt. Für Umsätze mit **Derivaten** von Berechtigungen, die an börsengehandelten Wertpapieren verbrieft sind, kommt die Steuerbefreiung nach § 4 Nr. 8 Buchst. c UStG in Betracht (zu weiteren umsatzsteuerlichen Einzelheiten Birgel, UVR 2005, 229).

Erbauseinandersetzung
Die Erbauseinandersetzung folgt dem Erbfall i. d. R. als selbständiger Rechtsvorgang nach und bildet mit diesem keine rechtliche Einheit. Abfindungszahlungen eines Erben im Rahmen der Erbauseinandersetzung und Aufwendungen für den Erwerb des Erbteils eines Miterben führen beim Leistenden grundsätzlich zu Anschaffungskosten; in gleicher Höhe entsteht beim weichenden Miterben ein Veräußerungserlös. Es ist hierbei ohne Einfluss, ob die Leistungen aus dem erlangten Nachlassvermögen erbracht werden (BFH vom 05.07.1990, Az: GrS 2/89, BStBl II 1990, 837, abweichend von der früheren Rechtsprechung). Solche Abfindungszahlungen stellen einen steuerbaren Leistungsaustausch dar, vorausgesetzt, die Erbengemeinschaft hat Unternehmereigenschaft erlangt. Dies ist z. B. der Fall, wenn ein ererbtes Unternehmen unter Erzielung von Umsatzerlösen (wenngleich auch nur kurzfristig) weitergeführt wird.

Erschließungsmaßnahmen

Der Übergang eines Grundstücks im Flurbereinigungsverfahren oder im Umlegungsverfahren unterliegt grundsätzlich nicht der Umsatzsteuer. In den Fällen der Unternehmensflurbereinigung (§§ 87 bis 89 FlurbG) ist die Bereitstellung von Flächen insoweit umsatzsteuerbar, als dafür eine Geldentschädigung gezahlt wird; ggf. Steuerbefreiung nach § 4 Nr. 9 Buchst. a UStG. Zur umsatzsteuerlichen Behandlung von Erschließungsmaßnahmen durch Gemeinden oder eingeschaltete Erschließungsträger siehe BMF vom 31.05.2002 (Az: IV B 7 – S 7100 – 167/02, BStBl I 2002, 631) sowie Abschn. 1 Abs. 19 UStAE.

Folgerechte beim Weiterverkauf

In den Fällen des Folgerechts beim Weiterverkauf des Originals eines Werkes der bildenden Künste (vgl. § 26 UrhG) besteht zwischen dem Anspruchsberechtigten (Urheber bzw. Rechtsnachfolger) und dem Zahlungspflichtigen (Veräußerer) aufgrund mangelnder vertraglicher Beziehungen kein Leistungsaustauschverhältnis (Abschn. 1.1 Abs. 21 UStAE). Das bei einer solchen Weiterveräußerung entstehende Folgerecht zählt nicht zu den urheberrechtlichen Nutzungs- und Verwertungsrechten (Abschn. 12.7 Abs. 16 UStAE).

Forschungszuwendungen

Werden Forschungszuwendungen als »echter« Zuschuss (vgl. Rn. 142 ff.) gezahlt, sind diese nicht steuerbar i. S. d. § 1 Abs. 1 Nr. 1 UStG. Liegt jedoch ein Leistungsaustauschverhältnis vor, handelt es sich um einen »unechten« Zuschuss mit der Folge der Steuerbarkeit. Im Einzelfall ist dies anhand konkreter Indizien zu überprüfen. Für einen Leistungsaustausch sprechen z. B. detaillierte Vorgaben über den Forschungsablauf, Übertragung der Rechte an den Forschungsergebnissen, Einräumung von Mitspracherechten des Zuschussgebers bei Veröffentlichungen oder Patentanmeldungen u. a.

Garantiezusage eines Autoverkäufers

Die Garantiezusage eines Autoverkäufers, durch die der Käufer gegen Entgelt nach seiner Wahl einen Reparaturanspruch gegenüber dem Verkäufer oder einen Reparaturkostenersatzanspruch gegenüber einem Versicherer erhält, ist steuerpflichtig (BFH vom 10.02.2010, Az: XI R 49/07, BStBl II 2010, 1109, Änderung der Rechtsprechung gegenüber Urteil vom 16.01.2003, Az: V R 16/02, BStBl II 2003, 445).

Gewinnpool

Das Bestehen einer Gewinngemeinschaft (Gewinnpool) beinhaltet für sich allein noch keinen Leistungsaustausch zwischen den Beteiligten (Abschn. 1.1 Abs. 15 S. 1 UStAE; BFH vom 26.07.1973, Az: V R 42/70, BStBl II 1973, 766).

Glücksspiel

Die Umsatzsteuerbefreiung von **Glücksspielen mit Geldeinsatz in zugelassenen öffentlichen Spielbanken** ist gemeinschaftsrechtlich unzulässig, wenn gleichzeitig gleichartige **Umsätze außerhalb dieser Spielbanken** umsatzsteuerpflichtig sind (EuGH vom 17.02.2005, Rs. Linneweber und Akritidis, Rs. C-453/02 und C-462/02, BFH/NV Beilage 2005, 94). Der BFH hat in seinen Anschluss-Urteilen (Urteile vom 12.05.2005, Az: V R 7/02, BStBl II 2005, 617 und vom 19.05.2005, Az: V R 50/01, BFH/NV 2005, 1881) entschieden, dass sich die Kläger wegen Unvereinbarkeit des § 4 Nr. 9 Buchst. b UStG mit Art. 135 Abs. 1 Buchst. i MwStSystRL auf diese Bestimmung berufen können, die vorgenannte Vorschrift finde bei ihnen keine Anwendung.

Der Gesetzgeber will allerdings verhindern, dass sich gewerbliche Glücksspielanbieter auf die Steuerbefreiung ihrer Umsätze berufen können. Um die umsatzsteuerliche Neutralität von Spielbanken und von gewerblichen Glücksspielanbietern wiederherzustellen und die durch die Rechtsprechung eröffnete Steuerbefreiung zu beseitigen, wurde durch das Gesetz zur Eindämmung missbräuchlicher Steuergestaltungen (Gesetz vom 28.04.2006, BGBl I 2006, 1095) m. W. z. 06.05.2006 eine Gesetzesänderung zu § 4 Nr. 9 Buchst. b UStG eingebracht. Dadurch werden die bislang umsatzsteuerfreien Umsätze der zugelassenen öffentlichen Spielbanken, die durch den Betrieb der Spielbank bedingt sind, erstmals in die Umsatzsteuerpflicht einbezogen. Infolgedessen sind auch die Umsätze von gewerblichen Glücksspielanbietern wieder umsatzsteuerpflichtig (vgl. OFD Rheinland, Kurzinformation Nr. 9/2006 vom 04.05.2006). Demnach sind jetzt nur noch die Umsätze von der Umsatzsteuer freigestellt, die unter das **Rennwett- und Lotteriegesetz** fallen.

Zu der Frage, ob bzw. unter welchen Voraussetzungen die **unerlaubte Veranstaltung eines Glücksspiels** der Umsatzbesteuerung unterliegt, siehe BFH vom 06.06.2001, Az: V B 152/00, BFH/NV 2001, 1308; vom 06.11.2002, Az: V R 50/01, BFH/NV 2003, 273 sowie EuGH vom 17.02.2005, Rs. C-462/02, BFH/NV Beilage 2005, 94 und nachgehend BFH vom 12.05.2005, Az: V R 7/02, BStBl II 2005, 617.

Handelsvertreter, Ausgleichszahlungen

Erhält ein Handelsvertreter bei Beendigung des Vertragsverhältnisses seitens des von ihm vertretenen Unternehmens eine Ausgleichszahlung (§ 89b HGB), so handelt es sich dabei um einen Leistungsaustausch i. S. d. § 1 Abs. 1 Nr. 1 S. 1 UStG; es liegt kein nichtsteuerbarer Schadenersatz (vgl. Rn. 61 ff.) vor.

Job-Tickets für Arbeitnehmer

Unternehmen schließen Verträge mit Beförderungsunternehmen über die Beförderung von Arbeitnehmern zur Arbeitsstelle und berechnen den Arbeitnehmern dafür i. d. R. einen Pauschalbetrag. Umsatzsteuerlich ist der Sachverhalt wie folgt zu würdigen: Die auf die einzelnen Arbeitnehmer ausgestellten Job-Tickets werden nicht für das Unternehmen des Arbeitgebers bezogen, der Beförderungsunternehmer erbringt seine Beförderungsleistungen ausschließlich gegenüber dem jeweiligen Arbeitnehmer. Da der Arbeitgeber selbst keine Leistung erhält, scheidet ein Vorsteuerabzug aus. Das von den Arbeitnehmern gezahlte Entgelt ist beim Arbeitgeber als durchlaufender Posten i. S. d. § 10 Abs. 1 S. 5 UStG zu behandeln. Soweit der Arbeitgeber Zuzahlungen an den Beförderungsunternehmer leistet, handelt es sich um ein Entgelt von dritter Seite (§ 10 Abs. 1 S. 3 UStG, BMF vom 15.02.1994, Az: IV C 3 – S 7100 – 4/94, UR 1994, 167).

Katasterauskünfte

Auszüge aus dem Liegenschaftskataster durch Vermessungs- und Katasterbehörden gegen Gebühren (Entgelt) sind steuerbare Leistungen i. S. v. § 1 Abs. 1 Nr. 1 UStG, denn die Behörden gelten in diesem Fall als Unternehmer nach § 2 UStG. Dies setzt jedoch voraus, dass in dem betreffenden Bundesland nach den jeweiligen landesrechtlichen Gegebenheiten diese Tätigkeit auch durch öffentlich bestellte Vermessungsingenieure rechtlich und technisch möglich ist. Etwas anderes gilt nur dann, wenn die Vermessungsingenieure lediglich als Erfüllungsgehilfen der Vermessungs- und Katasterbehörden tätig werden (BMF vom 28.01.2008, Az: IV A 5 – S 7106/07/0009, BStBl I 2008, 382).

Konsularservice, Beschaffung von Einreisedokumenten

Die Beschaffung der Betreuung auf der Reise stellt eine gegenüber der bloßen Beschaffung des Touristenvisums eine eigene, selbständige sonstige Leistung dar. Die von einem Unternehmer im eigenen Namen besorgte Betreuungsleistung ist nach § 25 Abs. 2 S. 1 UStG steuerfrei, wenn die von ihm in Anspruch genommene Reisevorleistung durch ein Betreuungsunternehmen im Drittlandsgebiet bewirkt wird. § 25 UStG greift ein, wenn die Leistung gegenüber Endverbrauchern erbracht wird. Die von einem Unternehmer im eigenen Namen für andere Unternehmen auf deren Rechnung besorgte Betreuungsleistung ist nicht steuerbar, wenn die Betreuungsleistung durch ein Betreuungsunternehmen im Drittlandsgebiet erbracht wird (BFH vom 02.03.2006, Az: V R 25/03, BStBl II 2006, 788).

Kreuzfahrten
Lieferungen von Gegenständen während einer Kreuzfahrt an Bord eines Schiffs sind grundsätzlich steuerbar, wenn die Kreuzfahrt in der BRD beginnt und dort oder im übrigen Gemeinschaftsgebiet endet. Ausgenommen von der Steuerbarkeit sind lediglich Lieferungen während eines Zwischenaufenthalts des Schiffs in Häfen von Drittländern, bei denen die Reisenden das Schiff, und sei es auch nur für kurze Zeit, verlassen können (BFH vom 20.12.005, Az: V R 30/02, BStBl II 2007, 139, Folgeentscheidung zu EuGH vom 15.09.2005, Rs. C-58/94, Köhler, BFH/NV Beilage 2006, 17).

Leasing, Schadenersatzleistung
Für die Beurteilung von Ausgleichszahlungen im Zusammenhang mit der Beendigung von Leasingverträgen ist entscheidend, ob der Zahlung für den jeweiligen »Schadensfall« eine mit ihr eng verknüpfte Leistung gegenübersteht (vgl. BMF vom 22.05.2008, Az: IV B 8 – S 7100/07/10007, BStBl I 2008, 632). Die Zahlung eines Minderwertausgleichs ist nicht als Schadenersatz, sondern als Entgelt für die bereits erfolgte Gebrauchsüberlassung und Duldung der Nutzung über den vertragsgemäßen Gebrauch hinaus zu beurteilen. Auf die Art des Leasingvertrags und des überlassenen Leasinggegenstands sowie die Ursache für die Wertminderung kommt es dabei nicht an.

Soweit bei Kündigung des Leasingverhältnisses Ausgleichszahlungen für künftige Leasingraten geleistet werden, handelt es sich um echten Schadenersatz, da durch die Kündigung die vertragliche Hauptleistungspflicht des Leasinggebers beendet und deren Erbringung tatsächlich nicht mehr möglich ist.

Diesen Grundsatz hat der BGH auch auf typische Ausgleichsansprüche des Leasinggebers übertragen, die dieser für seinen noch nicht amortisierten Gesamtaufwand verlangt. Dies gilt gleichermaßen zum Zeitpunkt einer ordentlichen Kündigung, einer nicht durch den Leasingnehmer schuldhaft veranlassten außerordentlichen Kündigung und einer einvernehmlich vorzeitigen Beendigung des Leasingvertrages (BGH vom 14.03.2007, Az: ZR 68/06, BFH/NV Beilage 2007, 316).

Dies gilt nicht für die Fälle des Finanzierungsleasings, bei denen eine Lieferung an den Leasingnehmer vorliegt (vgl. Abschn. 3.5 Abs. 5 UStAE).

Zu Schadenersatzleistungen vgl. auch Rn. 61 ff., im Übrigen vgl. Abschn. 1.3 Abs. 17 UStAE.

Materialbereitstellung
Bei der Abgrenzung zwischen steuerbarer Leistung und nicht steuerbarer Beistellung seitens des Auftraggebers ist darauf abzustellen, ob der Auftraggeber an den Auftragnehmer selbst eine Leistung (als Gegenleistung) erbringen oder nur zur Erbringung der Leistung durch den Auftragnehmer beitragen will (Abschn. 1.1 Abs. 6 und Abschn. 3.8 Abs. 2 bis 4 UStAE).

Maut-Erhebung
In Deutschland ist zum 01.01.2005 eine streckenbezogene Lkw-Maut in Kraft gesetzt worden.

Das Autobahnmautgesetz für schwere Nutzfahrzeuge (ABMG) war die gesetzliche Grundlage für die Erhebung der Lkw-Maut in Deutschland (Birgel, UVR 2005, 193), womit eine öffentlich-rechtliche Mautpflicht für die Benutzung bestimmter Straßen, insbesondere von Autobahnen, deren Höhe sich nach der zurückgelegten Strecke und der Emissionsklasse des Fahrzeugs oder der Fahrzeugkombination richtet, eingeführt wurde. Das ABMG wurde durch § 6 des »Gesetzes zur

Neuregelung mautrechtlicher Vorschriften für Bundesfernstraßen« (AutoBahnMautNeuregelungsGesetz – ABMNG) aufgehoben; seit dem 19.07.2011 gelten hierfür die Regelungen des als § 1 ABMNG am 12.07.2011 beschlossenen Bundesfernstraßenmautgesetzes (BFStrMG, BGBl I 2011, 1378).

Die Straßenmaut ist eine **öffentlich-rechtliche Gebühr**. Ihre Erhebung ist eine hoheitliche Tätigkeit des Bundes, die nicht im Rahmen eines Unternehmens ausgeübt wird. Somit **unterliegt** die Duldung der Straßennutzung, für die Maut erhoben wird, **nicht der Umsatzsteuer**. Die Lkw-Maut wird i.d.R. von den Spediteuren/Transportunternehmen an ihre Auftraggeber weiterberechnet. Diese weiterberechnete Maut durch den Mautschuldner an den Empfänger einer von ihm erbrachten Leistung, z.B. Transportleistung, ist dann in die Bemessungsgrundlage für die Umsatzsteuer einzubeziehen. Die Maut ist somit Teil des Entgelts für diese Leistung (§ 10 Abs. 1 S. 2 UStG), auch wenn sie als gesonderter Entgeltbestandteil in der Rechnung aufgeführt ist.

Medienarbeit

Ein steuerbarer Leistungsaustausch und damit kein Zuschuss liegen vor, wenn ein Verein gegenüber einem Mitglied, einer Körperschaft des öffentlichen Rechts, journalistische Medienarbeit (insbes. Herstellung, Erwerb, Verbreitung und Vertrieb von Rundfunkprogrammen) erbringt und hierfür einen als »Finanzzuweisung« bezeichneten Jahresbetrag erhält. Auch eine durch einen Haushaltsbeschluss gedeckte Ausgabe der öffentlichen Hand oder einer Körperschaft des öffentlichen Rechts kann mit einer Gegenleistung des Empfängers in unmittelbarem Zusammenhang stehen (Abgrenzung zu Abschn. 10.2 Abs. 8 UStAE). Maßgebend ist nicht die haushaltsrechtliche Befugnis zur Ausgabe, sondern der Grund der Zahlung (BFH vom 27.11.2008, Az: V R 8/07, BStBl II 2009, 397).

Mietgarantie, Verzicht

Der Verzicht auf die Rechte aus einem Mietgarantievertrag stellt keine steuerbare sonstige Leistung dar, wenn die dauerhafte Erfüllung der Mietgarantie aus finanziellen Gründen scheitert und der Garantiegeber ansonsten die Eröffnung des Insolvenzverfahrens beantragen müsste, so dass der Mietgarantieanspruch keine wirtschaftlich werthaltige Forderung mehr darstellt. Der bloße Erlass einer umfangreicheren, später zu zahlenden Geldforderung ist jedenfalls dann keine Zuwendung eines umsatzsteuerlichen Vorteils, wenn die sofortige Zahlung letztlich nur eine Einigung über die nach Auffassung beider Parteien endgültig gescheiterte Vertragserfüllung ist. Aufgrund der rein versicherungstechnischen Anknüpfung der Ersatzleistung aus dem Mietgarantievertrag an einen geplanten Vermietungsumsatz ist der Tatbestand »Leistung gegen Entgelt« nicht erfüllt. Wegen der Versicherungsähnlichkeit der Mietgarantie ist die Abstandszahlung auch kein Entgelt für die teilweise umsatzsteuerpflichtig geplante Vermietungsleistung (FG Baden-Württemberg vom 07.11.2006, Az: 1 K 15/04, EFG 2007, 454).

Pannenhilfe

Hilfeleistungen von Automobilclubs (sog. Pannenhilfe) werden in der BRD i.d.R. als nichtsteuerbare Vereinsleistungen an die Mitglieder behandelt. Mangels fehlender Steuerbarkeit stellt sich die Frage einer Steuerbefreiung somit nicht.

Der EuGH (EuGH vom 07.12.2006, Rs. C-13/06, Hellenische Republik) hat entschieden, dass es sich bei einer Kfz-Pannenhilfe um eine steuerbare, jedoch umsatzsteuerfreie Versicherungsleistung handelt. Für diesen Begriff gilt nur die gemeinschaftsrechtliche Definition. Sie setzt voraus, dass der Versicherer sich verpflichtet, dem Versicherten gegen vorherige Zahlung einer Prämie bei Eintritt des Versicherungsfalls die bei Vertragsschluss vereinbarte Leistung zu erbringen. Diese Leistung braucht nicht in der Zahlung eines Geldbetrags, sondern kann auch in Beistandsleistungen bestehen. Es spielt dabei keine Rolle, dass der Automobilclub kein »Versicherer« im herkömmlichen Sinn ist, weil nach EuGH-Rechtsprechung jeder Unternehmer, der nicht selbst Versicherer ist, seinen Kunden durch Einschaltung einer Gruppenversicherung Versicherungsschutz im eigenen Namen verschaffen kann.

Das EuGH-Urteil überrascht aus der Sicht der deutschen Praxis. Die gemeinschaftsrechtliche Beurteilung der Vereinsbeiträge als Entgelt für die Vereinsleistungen (i. d. R. Leistungsbereitschaft) hat sich beim Gesetzgeber und Finanzverwaltung noch nicht durchgesetzt. Im Übrigen sieht das UStG für Körperschaften, die ausschließlich gemeinnützige Zwecke verfolgen, nach § 12 Abs. 2 Nr. 8 UStG bislang nur den ermäßigten Steuersatz vor.

Betroffen von der neuen EuGH-Entscheidung könnten auch die sog. »Rückholdienste« gemeinnütziger Körperschaften sein, die bei festen Mitgliedsbeiträgen oder Förderbeiträgen als »unentgeltlich« angeboten werden. Der Schritt von der nichtsteuerbaren Verbandsleistung an Mitglieder zum (nach dem USt-System gebotenen) Leistungsaustausch wird immer dringender. Über die Anwendung der Befreiungsvorschrift für Versicherungsumsätze wird der gebotenen Steuerbarkeit solcher Leistungen die Schärfe genommen.

Personalbeistellung

Überlässt ein Auftraggeber dem Auftragnehmer Personal zur Erfüllung der Leistung (Personalbeistellung), so regeln Abschn. 1.1 Abs. 6 und 7 UStAE, unter welchen Voraussetzungen tatsächlich eine Beistellung vorliegt, die dann folgerichtig nicht Teil des Leistungsaustausches ist. Eine nicht steuerbare Beistellung von Personal des Auftraggebers setzt voraus, dass das Personal nur im Rahmen der Leistung des Auftragnehmers für den Auftraggeber eingesetzt wird (BFH vom 06.12.2007, Az: V R 42/07, BStBl II 2009, 493). Der Einsatz von Personal des Auftraggebers für Umsätze des Auftragnehmers an Drittkunden muss vertraglich und tatsächlich ausgeschlossen sein. Der Auftragnehmer hat dies sicherzustellen und trägt hierfür die objektive Beweislast. Die Entlohnung des überlassenen Personals muss weiterhin ausschließlich durch den Auftraggeber erfolgen. Ihm allein muss auch grundsätzlich das Weisungsrecht obliegen. Dies kann nur in dem Umfang eingeschränkt und auf den Auftragnehmer übertragen werden, soweit es zur Erbringung der Leistung erforderlich ist.

Es liegt i. d. R. **keine tauschähnliche Leistung** vor, denn Voraussetzung für die Annahme einer tauschähnlichen Leistung ist, dass sich zwei entgeltliche Leistungen i. S. d. § 1 Abs. 1 Nr. 1 UStG gegenüberstehen, die lediglich durch die Modalität der Entgeltvereinbarung (Tausch) miteinander verknüpft sind. Überlässt der Auftraggeber dem Auftragnehmer bei ihm, dem Auftraggeber, unentgeltlich angestellte Mitarbeiter lediglich zur Durchführung des konkreten Auftrages (sog. Personalbeistellung), liegt keine sonstige Leistung i. S. d. § 3 Abs. 9 UStG vor (BFH vom 06.12.2007, Az: V R 42/06, BStBl II 2009, 493).

Ein tauschähnlicher Umsatz mit Baraufgabe liegt auch dann vor, wenn eine Gesellschaft auf schuldrechtlicher Grundlage an ihre beiden Gesellschafter Leistungen gegen Entgelt erbringt und ihr die beiden Gesellschafter in unmittelbarem Zusammenhang hiermit auf gesellschaftsrechtlicher Grundlage Personal zur Verfügung stellen. Um eine Beistellung anstelle eines tauschähnlichen Umsatzes handelt es sich aber nur, wenn das vom jeweiligen Gesellschafter überlassene Personal ausschließlich für Zwecke der Leistungserbringung an den jeweiligen Gesellschafter verwendet wird. (BFH vom 15.04.2010, Az: V R 10/08, BStBl II 2010, 879).

Pkw-Beistellung

Vgl. Stichwort »Beistellung«.

Pkw-Überlassung an den Gesellschafter-Geschäftsführer einer GmbH zur privaten Nutzung

Die umsatzsteuerliche Behandlung der Pkw-Überlassung an den Gesellschafter-Geschäftsführer einer GmbH zur privaten Nutzung hängt davon ab, ob der Gesellschafter-Geschäftsführer **Arbeitnehmer** oder **selbständig** ist. Ist er Arbeitnehmer, kommt es ferner darauf an, ob er den Pkw in dieser Funktion oder als Gesellschafter empfängt. Wenn Letzteres der Fall ist, liegt ertragsteuerlich eine vGA vor und umsatzsteuerlich eine unentgeltliche Wertabgabe i. S. d. § 3 Abs. 9a UStG. Empfängt er den Pkw als Arbeitnehmer, handelt es sich umsatzsteuerlich um eine entgeltliche Leistung der GmbH (ein Teil der Arbeitnehmertätigkeit gilt als Gegenleistung).

Liegen keine klaren und eindeutigen Vereinbarungen vor und hat die GmbH keine umsatzsteuerlichen Konsequenzen gezogen, so wertet die Finanzverwaltung den Vorgang als vGA/unentgeltliche Wertabgabe, falls es sich um einen beherrschenden Gesellschafter handelt. Handelt es sich bei dem Gesellschafter-Geschäftsführer um einen Unternehmer, der seine Geschäftsführungsleistungen gegen Sonderentgelt an die GmbH erbringt, liegt hinsichtlich der Überlassung des Pkws für private Zwecke eine Vermietung vor, bei der hinsichtlich des Entgelts die Vorschriften über die Mindestbemessungsgrundlage (§ 10 Abs. 5 UStG) zu berücksichtigen sind. Wird kein Entgelt entrichtet, liegt ein tauschähnlicher Umsatz vor (OFD Hannover vom 20.07.2004, Az: S 7100 – 421 – StO 351/S 7100 – 1010 – StH 446, UVR 2004, 341).

Pkw-Vermietung seitens Arbeitnehmer an Arbeitgeber

Ein Arbeitnehmer kann durch die Vermietung seines Pkw an seinen Arbeitgeber Unternehmer im umsatzsteuerlichen Sinne (§ 2 UStG) sein, weil diese Tätigkeit das Kriterium der Selbständigkeit erfüllt. Dies gilt selbst dann, wenn die Mietzahlungen des Arbeitgebers ertragsteuerlich als Arbeitslohn zu qualifizieren sind (BFH vom 11.10.2007, Az: V R 77/05, BStBl II 2008, 443; EuGH vom 27.01.2000, Rs. C-23/98, Heerma, Slg. 2000 I-519 Rn. 18; BFH vom 21.07.1994, Az: V R 102/92, BFH/NV 1995, 741).

Prepaid-Verträge, verfallende Restguthaben

Bei der entgeltlichen Aufladung eines Prepaid-Kontos im Zeitpunkt der Aufladung und bei Veräußerung von Guthabenkarten zur späteren Aufladung liegt bereits im Zeitpunkt des Verkaufs eine sonstige Leistung gegen Entgelt vor, selbst wenn Teile des Guthabens später verfallen sollten (FG Köln vom 16.02.2016, Az: 1 K 927/13; Rev. zugelassen, Az: V R 12/16).

Regionen-Cards bzw. Städte-Cards

Bei Regionen-Cards bzw. Städte-Cards handelt es sich um Karten, die der Kunde entgeltlich erwirbt und mit denen er eine Reihe von Vergünstigungen der Region in Anspruch nehmen kann, z. B. kostenlosen oder verbilligten Eintritt, Rabatt in bestimmten Geschäften u. a. Zur umsatzsteuerlichen Behandlung solcher Karten vertritt die Finanzverwaltung (OFD Düsseldorf vom 30.08.2005, o. Az.) folgende Auffassung:

Der Tourismusverband erbringt mit dem Verkauf der WelcomeCard eine Inkassoleistung (keine Vermittlungsleistung) an den Leistungspartner. Bemessungsgrundlage der Inkassoleistung ist der beim Tourismusverband nach Auskehrung an die Leistungspartner verbleibende Betrag, abzüglich der USt. Eine Anzahlungsbesteuerung bei Ausgabe der Karte scheidet aus, da die spätere Leistung zu diesem Zeitpunkt nicht hinreichend konkretisiert ist.

Soweit später eine Auskehrung der von den Touristen gezahlten Beträge an die Leistungspartner erfolgt, stellt dies bei Letzteren Entgelt von dritter Seite für die an den Touristen erbrachte Leistung dar. Der Verkauf der WelcomeCard durch Leistungspartner oder Verkaufsstellen ist eine sonstige Leistung an den Verband. Die unentgeltliche Überlassung der technischen Ausstattung ist nicht steuerbar. Sofern ein Entgelt verlangt wird, ist diese Leistung steuerpflichtig. Die Aufgaben im

Bereich der Organisation und des Marketings sind steuerpflichtige Leistungen gegenüber den Leistungspartnern. Entgelt ist die gezahlte Marketingpauschale (netto).

Rundfunkermittler
Ein Rundfunkermittler, der im Auftrag einer Rundfunkanstalt Schwarzhörer aufspürt, ist kein Arbeitnehmer, sondern Unternehmer, wenn die Höhe seiner Einnahmen weitgehend von seinem eigenen Arbeitseinsatz abhängt und er auch im Übrigen - insbesondere bei Ausfallzeiten - ein Unternehmerrisiko in Gestalt des Entgeltrisikos trägt (BFH vom 02.12.1998, Az: X R 83/96, BStBl II 1999, 534). Zahlt eine Rundfunkanstalt zugunsten ihrer freien Mitarbeiter Beiträge an eine Pensionskasse, gehören auch diese Beiträge zum Entgelt für die Leistungen der Mitarbeiter. Die Rundfunkanstalt tätigt mit der Zahlung ihres Beitrags Aufwendungen zugunsten des Mitarbeiters, um dessen Leistungen zu erhalten. Zum Entgelt zählt in erster Linie die vertraglich vereinbarte Leistungsvergütung, zu deren Zahlung der Leistungsempfänger verpflichtet ist; darüber hinaus können auch weitergehende Aufwendungen des Leistungsempfängers zusätzliches Entgelt »für die Leistung« sein, wenn insoweit kein anderer Zuwendungsgrund als das Leistungsverhältnis zwischen Leistendem und Leistungsempfänger ersichtlich ist (BFH vom 11.05.1995, Az: V R 86/93, BStBl II 1995, 613 m. w. N.; BFH vom 28.08.2006, Az: V B 60/05, BFH/NV 2006, 2311).

Sachverständige, Dolmetscher, Übersetzer
Die Vergütung von Sachverständigen, Dolmetschern und Übersetzern nach Abschn. 3 JVEG (Gesetz über die Vergütung von Sachverständigen, Dolmetscherinnen, Dolmetschern, Übersetzerinnen und Übersetzern sowie die Entschädigung von ehrenamtlichen Richterinnen, ehrenamtlichen Richtern, Zeuginnen, Zeugen und Dritten) ist Entgelt für eine Leistung. Ob jemand als Zeuge, sachverständiger Zeuge oder Sachverständiger anzusehen ist, richtet sich nach der tatsächlich erbrachten Tätigkeit. Für die Einordnung ist ausschlaggebend, ob er als Zeuge »unersetzlich« oder als Sachverständiger »auswechselbar« ist. Bei ärztlichen Befundberichten kann regelmäßig auf die Abrechnung nach dem JVEG abgestellt werden (Abschn. 1.3 Abs. 15 UStAE).

Die Entschädigung der Zeugen (vgl. Abschn. 1.3 Abs. 15 UStAE) und der ehrenamtlichen Richter nach dem JVEG ist echter Schadenersatz (Abschn. 1.3 Abs. 9 UStAE).

Sponsoring
Unter Sponsoring wird üblicherweise die Gewährung von Geld oder geldwerten Vorteilen durch Unternehmen zur Förderung von Personen, Gruppen und/oder Organisationen in sportlichen, kulturellen, kirchlichen, wissenschaftlichen, sozialen, ökologischen oder ähnlich bedeutsamen gesellschaftspolitischen Bereichen verstanden, mit der regelmäßig auch eigene unternehmensbezogene Ziele der Werbung oder Öffentlichkeitsarbeit verfolgt werden. Leistungen eines Sponsors beruhen häufig auf einer vertraglichen Vereinbarung zwischen dem Sponsor und dem Empfänger der Leistungen (Sponsoringvertrag), in dem Art und Umfang der Leistungen des Sponsors und des Empfängers geregelt sind. Für den Empfänger der vom Sponsor gewährten Zuwendung in Geld oder in geldwerten Vorteilen gilt Folgendes:

Die Besteuerung einer Lieferung oder sonstigen Leistung als Umsatz gegen Entgelt nach § 1 Abs. 1 Nr. 1 S. 1 UStG setzt das Bestehen eines unmittelbaren Zusammenhangs zwischen der erbrachten Leistung und dem empfangenen Gegenwert voraus. Der Leistungsempfänger muss identifizierbar sein; er muss einen Vorteil erhalten, der einen Kostenfaktor in seiner Tätigkeit bilden könnte und damit zu einem Verbrauch i. S. d. gemeinsamen Mehrwertsteuerrechts führt (BFH vom 21.04.2005, Az: V R 11/03, BStBl II 2007, 63; vom 27.02.2008, Az: XI R 50/07, BStBl II 2009, 426 und vom 18.12.2008, Az: V R 38/06, BStBl II 2009, 749). Mit der bloßen Nennung des Sponsors – ohne besondere Hervorhebung – wird diesem vom Zuwendungsempfänger weder ein verbrauchsfähiger Vorteil gewährt, noch werden ihm Kosten erspart, die er sonst hätte aufwenden müssen.

Weist also der Empfänger von Zuwendungen aus einem Sponsoringvertrag auf Plakaten, in Veranstaltungshinweisen, in Ausstellungskatalogen, auf seiner Internetseite oder in anderer Weise auf die Unterstützung durch den Sponsor lediglich hin, erbringt er insoweit keine Leistung im Rahmen eines Leistungsaustausches. Dieser Hinweis kann unter Verwendung des Namens, Emblems oder Logos des Sponsors, jedoch ohne besondere Hervorhebung oder Verlinkung zu dessen Internetseiten, erfolgen (Abschn. 1.1 Abs. 23 UStAE).

Starthilfe der Deutschen Bahn
Die Übernahme der Betriebsführung des Eisenbahnverkehrs auf defizitären Teilstrecken als nicht bundeseigene Eisenbahn des öffentlichen Verkehrs von der Deutschen Bundesbahn, verbunden mit einer sog. »Starthilfe« der Deutschen Bundesbahn, kann eine steuerbare Leistung des Übernehmers sein. Trotz zivilrechtlicher Übereignung kann eine umsatzsteuerrechtliche Lieferung noch nicht vorliegen, wenn dem neuen Eigentümer die wirtschaftliche Substanz und der Wert des Gegenstandes nicht endgültig zustehen und er nur mit Zustimmung des bisherigen Eigentümers über ihn verfügen kann (BFH vom 21.04.2005, Az: V R 11/03, BStBl II 2007, 63).

Stornogebühr bei Hotelannullierung
Im Rahmen von (steuerpflichtigen) Beherbergungsleistungen werden häufig Anzahlungen geleistet. Macht der Gast von der Möglichkeit des Rücktritts Gebrauch und hält der Hotelbetreiber diese Beträge ein, so sind diese als pauschalierte Entschädigung zum Ausgleich des infolge des Vertragsrücktritts entstandenen Schadens zu werten und damit nicht umsatzsteuerpflichtig. Es liegt ein echter, nicht steuerbarer Schadenersatz vor (EuGH vom 18.07.2007, Rs. C-277/05, BFH/NV Beilage 2007, 424).

Testamentsvollstreckung
Die Testamentsvollstreckung eines Mitgliedes der Erbengemeinschaft kann eine gegenüber einem anderen erbrachte Leistung i.S.d. § 1 Abs. 1 Nr. 1 UStG sein. Nach der Rechtsprechung des BFH kann eine Tätigkeit als Testamentsvollstrecker auch in nur einem Verfahren zur Auseinandersetzung eines Nachlasses nachhaltig sein. Maßgeblich sind jeweils alle Umstände des Einzelfalls, u.a. der für die Auseinandersetzung erforderliche Arbeitsaufwand und dessen Schwierigkeiten (BFH vom 30.05.1996, Az: V R 26/93, BFH/NV 1996, 938).

Ein Testamentsvollstrecker, der über einen längeren Zeitraum eine Vielzahl von Handlungen vornimmt, wird regelmäßig nachhaltig und damit unternehmerisch tätig; dies gilt auch bei einer »Auseinandersetzungs-Testamentsvollstreckung« (BFH vom 26.09.1991, Az: V R 1/87, BFH/NV 1992, 418 und vom 30.05.1996, Az: V R 26/93, BFH/NV 1996, 938). Die unternehmerische Tätigkeit eines Testamentsvollstreckers unterliegt auch dann der USt, wenn sie aus privatem Anlass aufgenommen wurde; die Rechtsprechung des EuGH zur »nur gelegentlichen« Ausführung von Umsätzen durch Nutzung privater Gegenstände kann hierzu nicht erweiternd angewendet werden (BFH vom 07.09.2006, Az: V R 6/05, BStBl II 2007, 148).

Toilettengroschen
Ein Unternehmer, der Toilettenanlagen in Kaufhäusern und Einkaufszentren wartet und reinigt, erbringt Leistungen nicht gegenüber den Kunden, die die Toiletten benutzen, sondern gegenüber den Betreibern der Kaufhäuser und Einkaufszentren, in denen sich die Toilettenanlagen befinden. Die von den Toilettenbenutzern ohne verbale Aufforderung seitens des Personals freiwillig in eine dafür bereitstehende Schale eingelegten »Toilettengroschen«, auf deren Herausgabe der Auftrag-

geber verzichtet, sind steuerpflichtiges Entgelt für die Reinigungs- und Wartungsarbeiten (FG Berlin-Brandenburg vom 10.06.2008, Az: 7 V 7342/07).

Vertragsrücktritt von Versicherern
Versicherungsunternehmen sind nach § 38 Abs. 1 VVG zum Vertragsrücktritt berechtigt, wenn die erste oder einmalige Versicherungsprämie nicht rechtzeitig geleistet wird. Die in diesen Fällen erhobene Rücktritts-/Geschäftsgebühr ist nicht als Entgelt für eine umsatzsteuerliche Leistung des Versicherers zu sehen (FinMin Niedersachsen vom 08.04.1980, Az: S 7100 – 109–321).

Verzicht auf Genehmigung
Gibt der Inhaber einer Genehmigung (hier: Sonderabfalldeponie) das Vorhaben auf und erhält er dafür einen Geldbetrag, liegt ein steuerbarer Umsatz i. S. d. § 1 Abs. 1 Nr. 1 S. 1 UStG vor (BFH vom 24.08.2006, Az: V R 19/05, BStBl II 2007, 187).

Wasserversorgung
Die von einem Wasserversorgungsverband bei seinen Mitgliedern zur Deckung der Kosten erhobenen Umlagen können Entgelte für Leistungen i. S. d. § 1 Abs. 1 Nr. 1 S. 1 UStG sein (BFH vom 04.07.1985, Az: V R 35/78, BStBl II 1985, 559). Ihr Entgeltcharakter drückt sich ggf. in der durch die Satzung festgelegten Bemessung der Umlage nach dem Wasserverbrauch der in der jeweiligen Gemeinde angesiedelten Nutzer aus (vgl. auch Sächsisches FG vom 10.10.2002, Az: 2 K 315/01, rkr., EFG 2003, 1347).

Werbemobil
Überlässt eine Werbeagentur einer Gemeinde ein mit Werbeaufdrucken versehenes Kfz (sog. Werbemobil) im Rahmen eines tauschähnlichen Umsatzes zur Nutzung mit dem Recht, es nach Ablauf von fünf Jahren ohne Zahlung eines Entgelts zu erwerben, liegt eine Lieferung vor. Als Bemessungsgrundlage sind die Anschaffungskosten des Kfz anzusetzen (OFD Karlsruhe vom 29.02.008, Az: S 7100; BFH vom 16.04.2008, Az: XI R 56/06, BStBl II 2008, 909).

2.3 Einfuhr aus Drittland in das Inland (§ 1 Abs. 1 Nr. 4 UStG)

149 Zu den Begriffen »Inland« und »Drittland« vgl. Rn. 198 ff. und Rn. 204; zur Einfuhrumsatzbesteuerung vgl. die Kommentierungen zu §§ 5, 11 und 21.

2.4 Innergemeinschaftlicher Erwerb (§ 1 Abs. 1 Nr. 5 UStG)

150 Vgl. die Kommentierung zu § 1 a UStG ff.

2.5 Geschäftsveräußerung im Ganzen (§ 1 Abs. 1a UStG)

2.5.1 Grundsätze

Seit dem 01.01.1994 unterliegen die Umsätze im Rahmen einer **Geschäftsveräußerung an einen anderen Unternehmer für dessen Unternehmen** gemäß § 1 Abs. 1a UStG nicht mehr der Umsatzsteuer. Eine Geschäftsveräußerung liegt vor, wenn **ein Unternehmen** oder **ein in der Gliederung eines Unternehmens gesondert geführter Betrieb** im Ganzen entgeltlich oder unentgeltlich übereignet oder in eine Gesellschaft eingebracht wird. Der erwerbende Unternehmer tritt an die Stelle des Veräußerers. Man spricht auch von einer »Geschäftsveräußerung im Ganzen (GiG)«. 151

Die Vorschrift wurde in das nationale Umsatzsteuerrecht eingebracht durch Art. 20 Nr. 1b des Gesetzes zur Bekämpfung des Missbrauchs und zur Bereinigung des Steuerrechts (Missbrauchsbekämpfungs- und Steuerbereinigungsgesetz – StMBG, BStBl I 1993, 2310). § 1 Abs. 1a UStG entspricht damit den **Vorgaben des Gemeinschaftsrechts** (Art. 19 MwStSystRL), die grundsätzlich von einer vorhandenen Steuerbarkeit der im Rahmen einer GiG getätigten Umsätze ausgehen, jedoch den Mitgliedstaaten ermöglichen, diese unbesteuert zu lassen. 152

Zweck der vereinfachenden Regelung des § 1 Abs. 1a UStG ist es, den **Erwerber** im Fall einer GiG **an die Stelle des Veräußerers zu setzen**, ihn also umsatzsteuerlich so zu sehen, als wäre er bereits ursprünglich Erwerber der nun übernommenen Wirtschaftsgüter gewesen. Der erwerbende Unternehmer tritt gem. § 1 Abs. 1a S. 3 UStG an die Stelle des Veräußerers (»**Fußstapfentheorie**«; vgl. auch Weimann in Lang/Ossola-Haring, Teil 13.1). 153

Mit Einführung der Nichtsteuerbarkeit durch § 1 Abs. 1a UStG wurden **gleichzeitig frühere systemwidrige Steuerbelastungen aufgehoben**. So war nach früherem Recht die unentgeltliche GiG z. B. im Rahmen einer vorweggenommenen Erbfolge als Eigenverbrauch zu beurteilen und damit trotz durchgängiger unternehmerischer Verwendung dieser Gegenstände umsatzsteuerpflichtig; der Erwerber hatte seinerseits keine Berechtigung zum Vorsteuerabzug. 154

Die Beschränkung der Vorschrift auf die **Veräußerung an einen Unternehmer** und **für dessen Unternehmen** soll sicherstellen, dass die **Besteuerung des privaten Endverbrauchs** auch bei einer GiG gewährleistet ist. 155

2.5.2 Definition/Abgrenzung

Eine GiG liegt vor, wenn ein Unternehmer die **wesentlichen Grundlagen eines Unternehmens** oder **eines gesondert geführten Betriebs** an einen anderen Unternehmer für dessen Unternehmen überträgt oder in eine Gesellschaft einbringt. Voraussetzung dabei ist, dass eine organische Zusammenfassung von Sachen und Rechten übertragen wird, die dem Erwerber die Fortführung des Unternehmens oder des in der Gliederung gesondert geführten Teils ohne großen finanziellen Aufwand ermöglicht (BFH vom 28.11.2002, Az: V R 3/01, BStBl II 2004, 665). Allerdings ist das Kriterium »**ohne großen finanziellen Aufwand**« (vgl. dazu Abschn. 1.5 Abs. 4 S. 1 UStAE) **keine eigenständige Voraussetzung für die Nichtsteuerbarkeit**, sondern im Rahmen der Gesamtwürdigung zu berücksichtigen, aus der sich ergibt, ob das übertragene Unternehmensvermögen als hinreichendes Ganzes die Ausübung einer wirtschaftlichen Tätigkeit ermöglicht und der Erwerber dies auch tatsächlich tut (Abschn. 1.5 Abs. 1 S. 2 ff. UStAE; BFH vom 18.09.2008, Az: V R 21/07, BStBl II 2009, 254). Im Übrigen ist es anhand des jeweiligen Einzelfalls zu beurteilen, ob die übertragenen Vermögensgegenstände ein hinreichend Ganzes bilden und damit die Ausübung einer wirtschaftlichen Tätigkeit weiterhin möglich ist (BFH vom 23.08.2007, Az: V R 14/05, 156

BStBl II 2008, 165 in Fortführung des Urteils vom 28.11.2002; Abschn. 1.5 Abs. 4 S. 1 UStAE). Hierfür reicht eine langfristige Vermietung oder Verpachtung für z.B. acht Jahre aus (BFH vom 23.08.2007, Az: V R 14/05, BStBl II 2008, 165). Ebenfalls ausreichend ist eine Vermietung oder Verpachtung auf unbestimmte Zeit (EuGH vom 10.11.2011, Rs. C-444/10, BFH/NV 2012, 154 und BFH vom 18.01.2012, Az: XI R 27/08, BFH/NV 2012, 677); die Möglichkeit den Miet- oder Pachtvertrag kurzfristig zu kündigen, ist hierbei unschädlich (Abschn. 1.5 Abs. 3 S. 4 UStAE).

157 Im Rahmen einer Gesamtwürdigung sind dazu die Art der übertragenen Vermögensgegenstände und der Grad der Übereinstimmung oder Ähnlichkeit zwischen den vor und nach der Übertragung ausgeübten Tätigkeiten zu berücksichtigen (BFH vom 23.08.2007, Az: V R 14/05, BStBl II 2008, 165). Der Fortsetzung der bisher durch den Veräußerer ausgeübten Tätigkeit steht nicht entgegen, wenn der Erwerber den von ihm erworbenen Geschäftsbetrieb in seinem Zuschnitt ändert oder modernisiert (BFH vom 23.08.2007, Az: V R 14/05, BStBl II 2008, 165). Die sofortige Abwicklung der übernommenen Geschäftstätigkeit schließt jedoch eine Geschäftsveräußerung aus (EuGH vom 27.11.2003, Rs. C-497/01, EuGHE I 2003, 14393). Eine GiG kann auch dann vorliegen, wenn der tatsächliche Betrieb des Unternehmens noch nicht aufgenommen, also noch kein »lebendes« Unternehmen übertragen wurde (BFH vom 08.03.2001, Az: V R 24/98, BStBl II 2003, 430).

158 Erhält ein Erwerber Vermögensgegenstände von zwei verschiedenen Unternehmen und ermöglicht erst die Zusammenführung dieser Vermögensgegenstände dem Erwerber eine unternehmerische Tätigkeit, nicht aber die Vermögensgegenstände des einen oder anderen Veräußerers für sich betrachtet, so handelt es sich nicht um die Fortführung der bisherigen unternehmerischen Tätigkeit der Veräußerer, eine GiG ist nicht gegeben (BFH vom 04.02.2015, Az: XI R 42/13, BStBl II 2015, 616). In Analogie zu diesem Urteil hat der BFH des Weiteren entschieden, dass die Veräußerung wesentlicher Betriebsgrundlagen an zwei unterschiedliche Erwerber, auch wenn dies verbundene Unternehmen sind, keine GiG darstellt (BFH vom 04.02.2015, Az: XI R 14/14, BStBl II 2015, 908).

159 Die Übertragung eines **Gesellschaftsanteils** kann – unabhängig von dessen Höhe – nur dann einer nicht steuerbaren Geschäftsveräußerung gleichgestellt werden, wenn der Gesellschaftsanteil Teil einer eigenständigen Einheit ist, die eine selbständige wirtschaftliche Betätigung ermöglicht, und diese Tätigkeit vom Erwerber fortgeführt wird. Eine bloße Veräußerung von Anteilen ohne gleichzeitige Übertragung von Vermögenswerten versetzt den Erwerber nicht in die Lage, eine selbständige wirtschaftliche Tätigkeit als Rechtsnachfolger des Veräußerers fortzuführen (EuGH-Urteil vom 30.05.2013, C-651/11, HFR 2013, 754; Abschn. 1.5 Abs. 9 UStAE).

160 Die **Übertragung eines an eine Organgesellschaft vermieteten Grundstücks auf den Organträger** führt nicht zu einer GiG, da der Organträger umsatzsteuerrechtlich keine Vermietungstätigkeit fortsetzt, sondern das Grundstück im Rahmen seines Unternehmens selbst nutzt (BFH vom 06.05.2010, Az: V R 26/09, BStBl II 2010, 1114).

161 Auf der Seite des Veräußerers ist GiG praktisch **letzter Akt der unternehmerischen Tätigkeit**. Unternehmen und Unternehmereigenschaft erlöschen demnach erst dann, wenn der veräußernde Unternehmer alle mit dem aufgegebenen Betrieb im Zusammenhang stehenden Rechtsbeziehungen abgewickelt hat.

TIPP

Bezüglich des Zeitpunkts des Erlöschens des Unternehmens bzw. der Unternehmereigenschaft weichen Ertragsteuerrecht und Umsatzsteuerrecht voneinander ab.

Die **Betriebsaufgabe** beginnt mit den Handlungen, die durch den Entschluss zur Betriebsaufgabe getragen werden und objektiv auf die Auflösung des Betriebs gerichtet sind. Ertragsteuerlich endet sie mit der Veräußerung der letzten wesentlichen Betriebsgrundlage bzw. deren Überführung in das Privatvermögen (BFH vom 26.05.1993, Az: X R 101/90, BStBl II 1993, 710).

Das Umsatzsteuerrecht folgt dem nicht. Die **Unternehmereigenschaft endet** umsatzsteuerlich mit dem **letzten Tätigwerden.** Der Zeitpunkt der Einstellung oder Abmeldung eines Gewerbebetriebs ist unbeachtlich (Abschn. 2.6 Abs. 6 S. 1 und 2 UStAE). Der BFH hat sogar als Zeitpunkt des Erlöschens der Unternehmereigenschaft die **Abwicklung aller betrieblichen Rechtsbeziehungen** des (aufgegeben) Betriebes definiert (BFH vom 21.04.1993, Az: XI R 50/90, BStBl II 1993, 696; Abschn. 2.6 Abs. 6 S. 3 UStAE), wozu auch noch die spätere Veräußerung von Gegenständen des Betriebsvermögens oder die nachträgliche Vereinnahmung von Entgelten gehört (Abschn. 2.6 Abs. 6 S. 4 UStAE).

Voraussetzungen im Einzelnen: Eine GiG liegt vor, wenn **162**

- ein Unternehmer
- an einen anderen Unternehmer
- für dessen Unternehmen
- ein Unternehmen oder einen in der Gliederung des Unternehmens gesondert geführten Betrieb im Ganzen
- entgeltlich oder unentgeltlich
- übereignet oder in eine Gesellschaft einbringt (§ 1 Abs. 1a S. 2 und 3 UStG).

§ 1 Abs. 1a S. 1 UStG hebt die Steuerbarkeit von »Umsätze[n] im Rahmen einer Geschäftsveräußerung« auf. Durch die Formulierung »Umsätze« kommt dabei zum Ausdruck, dass es sich nicht um eine einzelne Lieferung oder sonstige Leistung, sondern ggf. um eine **Vielzahl an Lieferungen und sonstigen Leistungen** handelt, auch wenn diese in einem einzigen geschäftlichen Akt, der Übereignung im Ganzen, erbracht werden. Sofern nicht ein Fall der gesetzlichen Gesamtrechtsnachfolge vorliegt, werden als Folge des zugrunde liegenden Rechtsgeschäftes so viele Erfüllungsgeschäfte verwirklicht wie Sachen und Rechte zu veräußern/zu übertragen sind. Umsatzsteuerrechtlich finden entsprechend viele Umsätze statt. **163**

Weitere Voraussetzung ist, dass die im Rahmen einer GiG gelieferten Wirtschaftsgüter **»übereignet«** werden. Dazu ist eine **rechtsgeschäftliche Übertragung unter Lebenden** erforderlich (Übertragung der Verfügungsmacht i. S. d. § 3 Abs. 1 UStG sowie Übertragung der ausschließlichen Herrschaft an den Werten, die den Charakter einer sonstigen Leistung haben; BFH vom 18.03.1986, Az: VII R 146/81, BStBl II 1986, 589). Hinweis: Der Erwerb von Todes wegen kann somit nicht zur GiG führen. **164**

TIPP

Sofern eine GiG – aus welchen Gründen im Einzelnen auch immer – ausnahmsweise der Steuerbarkeit unterliegt, sie gleichzeitig aber aus vielen Einzellieferungen und -leistungen bestehen kann, können Wirtschaftsgüter und Rechte, sofern es hierfür **Steuerbefreiungsvorschriften** gibt, auch umsatzsteuerfrei veräußert werden (Beispiel: die unter das Grunderwerbsteuergesetz fallenden Geschäfte nach § 4 Nr. 9 Buchst. a UStG wie z. B. Grundstücksgeschäfte).

Das Vorliegen der Voraussetzungen für eine nicht steuerbare Geschäftsveräußerung kann nicht mit der Begründung verneint werden, es werde noch kein »lebendes Unternehmen« übertragen, da der tatsächliche Betrieb des Unternehmens noch nicht aufgenommen worden sei (BFH vom 08.03.2001, Az: V R 24/98, BStBl II 2003, 430).

Die entgeltliche oder unentgeltliche GiG ist nicht mit der **Betriebs- oder Geschäftsaufgabe** zu verwechseln, bei der die Rechtsfolgen des § 1 Abs. 1a UStG nämlich nicht eintreten. In diesem Fall sind Steuerbarkeit und Umsatzsteuerpflicht nach den allgemeinen Grundsätzen zu beurteilen. Typisches Merkmal der Betriebs- oder Geschäftsaufgabe ist die **Veräußerung** aller wesentlichen Betriebsgrundlagen innerhalb kurzer Zeit **an verschiedene Personen** und/oder **Überführung in das Privatvermögen**. **165**

2.5.3 Unternehmen oder ein in der Gliederung des Unternehmens gesondert geführter Betrieb im Ganzen

166 Die Nichtsteuerbarkeit einer GiG nach § 1 Abs. 1a UStG setzt grundsätzlich voraus, dass alle **wesentlichen Betriebsgrundlagen** (vgl. Rn. 169 ff.) oder ein in der Gliederung eines Unternehmens **gesondert geführter Betrieb** (vgl. Rn. 181 ff.) **veräußert werden** (Abschn. 1.5 UStAE).

167 Eine nicht steuerbare GiG kann auf **mehreren zeitlich versetzten Kausalgeschäften** beruhen, wenn diese in einem engen sachlichen und zeitlichen Zusammenhang stehen und die Übertragung des ganzen Vermögens auf einen Erwerber zur Beendigung der bisherigen gewerblichen Tätigkeit – insbesondere auch für den Erwerber – offensichtlich ist (BFH vom 01.08.2002, Az: V R 17/01, BStBl II 2004, 626). Aus dem zuvor genannten Urteil ergibt sich nicht der Umkehrschluss, dass der Tatbestand des § 1 Abs. 1a UStG dann nicht erfüllt ist, wenn im Rahmen einer Geschäftsveräußerung einzelne Betriebsgrundlagen nicht auf den Fortführer übertragen werden (BFH vom 18.08.2008, Az: XI B 192/07, BFN/NV 2008, 2065).

168 Eine GiG liegt auch dann vor, wenn der Erwerber das **Unternehmen in veränderter Form fortführt bzw. zumindest fortführen kann**. Die Fortführung erfordert dennoch eine Kontinuität der Betriebsführung und damit eine gewisse Ähnlichkeit zwischen den vor und nach Übereignung ausgeübten Tätigkeiten (BFH vom 28.11.2002, Az: V R 3/01, BStBl II 2004, 665 und vom 24.02.2005, Az: V R 45/02, BStBl II 2007, 61). Eine GiG kann ferner auch dann vorliegen, wenn der Erwerber mit dem Erwerb des Unternehmens oder des gesondert geführten Betriebs seine unternehmerische Tätigkeit beginnt oder diese nach dem Erwerb in veränderter Form fortführt, nicht jedoch, wenn er beabsichtigt, die übernommene Geschäftstätigkeit sofort abzuwickeln (EuGH vom 27.11.2003, Rs. C-497/01, HFR 2004, 402). Ändert der Erwerber seine Verwendungsabsicht hinsichtlich des erworbenen Unternehmens, ist auf die bei der Übertragung bestehende Absicht abzustellen (OFD Hannover vom 31.05.2006, Az: S 7100 b – 1 – StO 171). Wegen der Bedeutung dieser Aussage einige Beispiele:

Beispiel 1:
V vermietet ein Bürogebäude an M, ein Handelsunternehmen. Er veräußert es an M, der das Gebäude weiterhin für sein Handelsunternehmen nutzt.

Lösung:
Es liegt keine Geschäftsveräußerung vor. Die von M ausgeübte Handelstätigkeit ist keine Fortführung der Vermietungstätigkeit des V.

Beispiel 2:
V errichtet ein Gebäude, in der Absicht, es zu vermieten. Da er keine Mieter findet, veräußert er es an E.

Lösung:
Es liegt eine Geschäftsveräußerung vor, wenn E die Absicht hat, das Gebäude zu vermieten. Es ist unschädlich, dass V das Unternehmen in der Gründungsphase veräußert hat (BFH vom 08.03.2001, Az: V R 24/98, BStBl II 2003, 430). Es liegt jedoch keine Geschäftsveräußerung vor, wenn E nicht die Absicht hat, das Gebäude zu vermieten, sondern es z. B. als Geschäftsgebäude für sein Unternehmen zu nutzen (vgl. Beispiel 1).

Beispiel 3:
V betreibt ein auf ein Großprojekt beschränktes Bauträgerunternehmen. Er erwirbt ein Grundstück und bebaut es. Um es möglichst gut veräußern zu können, sucht er Mieter und schließt mit ihnen Mietverträge ab. Er veräußert das Grundstück an M, der die Büros vermietet.

Lösung:
Es liegt keine Geschäftsveräußerung vor. Die Bauträgertätigkeit des V führt M nicht fort. M ist vielmehr als Vermieter tätig (BFH vom 24.02.2005, Az: V R 45/02, BStBl II 2007, 61).

Beispiel 4:
V vermietet seit Jahren ein Grundstück. Er veräußert es an E. E beabsichtigt, die Vermietungstätigkeit dauerhaft fortzuführen. Um einer drohenden Enteignung zu entgehen, veräußert er das Grundstück drei Jahre nach dem Erwerb.

Lösung:
Es liegt eine Geschäftsveräußerung vor. E führt die Vermietungstätigkeit fort. Die spätere Veräußerung war ursprünglich nicht beabsichtigt und ist deshalb unbeachtlich. Wegen der Geschäftsveräußerung ist auf die bei der Übereignung bestehende Absicht abzustellen.

Beispiel 5:
Überträgt ein Vermietungsunternehmer das Eigentum an einem umsatzsteuerpflichtig vermieteten Grundstück zur Hälfte auf seinen Ehegatten, liegt darin eine GiG, wenn das Grundstück alleiniger Vermietungsgegenstand war (BFH vom 06.09.2007, Az: V R 41/05, BStBl II 2008, 65). (Hinweis: Es handelt sich hierbei nicht um eine steuerfreie Wertabgabe i. S. v. § 4 Nr. 9a UStG, so dass es auch nicht zu einer Vorsteuerkorrektur nach § 15 a UStG als Folge einer Nutzungsänderung kommt.)

Beispiel 6:
Eine GiG liegt auch dann vor, wenn der bisherige Alleineigentümer eines Grundstücks, das er bisher teilweise steuerpflichtig vermietete und teilweise für eigenunternehmerische Zwecke nutzte, einen Miteigentumsanteil auf seinen Sohn überträgt (BFH vom 22.11.2007, Az: V R 5/06, BStBl II 2008, 448; Fortführung von BFH vom 06.09.2007, Az: V R 41/05, BStBl II 2008, 65). Der Gegenstand der Geschäftsveräußerung beschränkt sich auf den vermieteten Grundstücksteil.

2.5.3.1 Wesentliche Betriebsgrundlagen

2.5.3.1.1 Grundsätze

Welche Gegenstände eines Unternehmens als wesentliche Betriebsgrundlage anzusehen sind, 169
richtet sich nach den tatsächlichen Gegebenheiten und Verhältnissen im Zeitpunkt des Übergangs (BFH vom 25.11.1965, Az: V 173/63 U, BStBl III 1966, 333). Anhand der vertraglichen Vereinbarungen und des Anlagenverzeichnisses ist zu überprüfen, ob alle wesentlichen Betriebsgrundlagen (ggf. des Teilbetriebes) übertragen wurden. Bei einer GiG ist der Begriff **»im Ganzen«** nicht streng wörtlich zu nehmen ist; es ist insofern unschädlich, wenn im Rahmen einer GiG einzelne, unwesentliche Wirtschaftsgüter nicht übertragen werden (BFH vom 01.08.2002, Az: V R 17/01, BStBl II 2004, 626; Abschn. 1.5 Abs. 3 S. 1 UStAE).

TIPP
Eine Übereignung in mehreren Akten ist dann als eine GiG anzusehen, wenn die einzelnen Teilakte in wirtschaftlichem Zusammenhang stehen und der Wille auf Erwerb des Unternehmens gerichtet ist (BFH vom 16.03.1982, Az: VII R 105/79, BStBl II 1982, 483). Eine Übereignung ist auch anzunehmen, wenn der Erwerber beim Übergang des Unternehmens Einrichtungsgegenstände, die ihm bereits vorher zur Sicherung übereignet worden sind, und Waren, die er früher unter Eigentumsvorbehalt geliefert hat, übernimmt (BFH vom 20.07.1967, Az: V 240/64, BStBl III 1967, 684).

2.5.3.1.2 Einzelfälle

Auch ein **einzelnes Grundstück** kann wesentliche Betriebsgrundlage sein (Abschn. 1.5 Abs. 4 S. 3 170
UStAE). Sofern das verkaufte Grundstück den Rahmen des Unternehmens bildete, werden die wesentlichen Grundlagen des Unternehmens veräußert. Bei Erfüllung der weiteren Voraussetzungen des § 1 Abs. 1a UStG liegt eine nicht steuerbare GiG vor. Eine Geschäftsveräußerung i. S. d. § 1 Abs. 1a UStG durch Übertragung eines vermieteten oder verpachteten bebauten Grundstücks liegt auch dann vor, wenn dieses nur teilweise vermietet oder verpachtet ist, die nicht genutzten Flächen aber zur Vermietung oder Verpachtung bereitstehen, da hinsichtlich dieser Flächen auf

die Fortsetzung der bisherigen Vermietungsabsicht abzustellen ist. Für die Fortführung einer selbständigen wirtschaftlichen Vermietungstätigkeit durch den erwerbenden Unternehmer reicht es aus, wenn dieser einen Mietvertrag übernimmt, der eine nicht unwesentliche Fläche der Gesamtnutzfläche des Grundstücks umfasst (BFH vom 30.04.2009, Az: V R 4/07, BStBl II 2009, 863; Abschn. 1.5 Abs. 2 S. 3 UStAE).

Überträgt ein Veräußerer ein verpachtetes Geschäftshaus und setzt der Erwerber die Verpachtung nur hinsichtlich eines Teils des Gebäudes fort, liegt hinsichtlich dieses Grundstücksteils eine Geschäftsveräußerung i. S. d. § 1 Abs. 1a UStG vor. Dies gilt unabhängig davon, ob der verpachtete Gebäudeteil »zivilrechtlich selbständig« ist oder nicht (BFH vom 06.07.2016, Az: XI R 1/15, BStBl II 2016, 909).

171 Sofern das verkaufte Grundstück jedoch nur einen Teil des Unternehmens umfasst, wird allenfalls ein Teil der wesentlichen Grundlagen des Unternehmens veräußert. Eine nicht steuerbare GiG ist nur dann anzunehmen, wenn es einen gesondert geführten Betrieb (vgl. Rn. 181 ff.) darstellt. Allerdings ist ein Grundstück kein gesondert geführter Betrieb, wenn er keinen für sich lebensfähigen Organismus bildet, der nach außen hin ein selbstständiges, in sich abgeschlossenes Wirtschaftsgebilde gewesen ist. Dies ist z. B. der Fall bei einem Unternehmer der neben anderen Tätigkeiten ein unbebautes Grundstück mit dem Ziel erwirbt, ein Gebäude zu errichten, Mieter zu beschaffen und anschließend das nun bebaute Grundstück zu veräußern. Hier mangelt es an der Übertragung wesentlicher Betriebsgrundlagen, da das Grundstück nicht dem Unternehmen diente, um als Anlagevermögen für längere Zeit zur Verfügung zu stehen. Stattdessen ist es nur notwendig gewesen, um darauf ein Gebäude errichten zu können. Das Grundstück wird also zum Zwecke der alsbaldigen Veräußerung erworben und hat damit den Charakter von Vorratsvermögen. In diesen Fällen ist von einer steuerbaren Lieferung auszugehen (OFD Münster vom 06.11.2006, Az: S 7100b – 132 – St 44–32, Tz. 2).

172 Die **Lieferung lediglich eines Grundstücks**, also **eines weder vermieteten noch verpachteten Grundstücks**, stellt i. d. R. ebenfalls keine GiG, sondern eine steuerfreie Grundstücksübertragung nach § 4 Nr. 9a UStG dar (BFH vom 11.10.2007, Az: V R 57/06, BStBl II 2008, 447; Abschn. 1.5 Abs. 2 S. 1 UStAE). Nach gemeinschaftsrechtlich geprägtem Verständnis erfordert die GiG die Fortsetzung der bisherigen unternehmerischen Tätigkeit durch den Erwerber. Deshalb ist die Übertragung eines bislang vermieteten Grundstücks grundsätzlich keine GiG, wenn die Mietverhältnisse nicht übergehen, das übertragene Grundstück also unvermietet ist, selbst wenn die unternehmerische Tätigkeit des Veräußerers ausschließlich in dieser Vermietungstätigkeit bestand und der Erwerber alsbald einen neuen Mieter findet. Die Übertragung eines unvermieteten Grundstücks führt also i. d. R. nicht zu einer Übertragung eines Unternehmensanteils, mit dem eine selbständige Tätigkeit fortgeführt werden kann, sondern zur Übertragung eines einzelnen Vermögensgegenstandes.

TIPP

In diesem Fall ist eine GiG erreichbar, wenn nach Ablauf der Mietverhältnisse noch der Grundstücksveräußerer die Neuvermietung vornimmt und der Erwerber in den neuen Mietvertrag eintritt.
Im Fall einer an sich steuerfreien Grundstücksübertragung nach § 4 Nr. 9a UStG kann gemäß § 9 Abs. 1 UStG auf die Steuerbefreiung verzichtet werden. Dies ermöglicht andererseits die Nutzung des Vorsteuerabzuges.

173 Gem. BFH (Urteil vom 06.05.2010, Az: V R 25/09, BFH/NV 2010, 1873) kann aufgrund besonderer Umstände eine nach § 1 Abs. 1a UStG nicht steuerbare GiG durch Grundstücksübertragung i. R. d. erforderlichen Gesamtwürdigung auch dann vorliegen, wenn auf den Erwerber kein bestehender Mietvertrag übergeht (Abgrenzung zu BFH vom 11.10.2007, Az: V R 57/06, BStBl II 2008, 447). Dies kann der Fall sein, wenn der Alteigentümer

- den mit einer GmbH bestehenden Mietvertrag kündigt;

- das unvermietete Grundstück auf den Geschäftsführer und Alleingesellschafter der GmbH überträgt;
- das Unternehmen der GmbH übernimmt;
- mit dem Erwerber des Grundstücks (Geschäftsführer und Alleingesellschafter der GmbH) einen neuen Mietvertrag abschließt und
- Kündigung des Mietvertrages, Grundstücksübertragung, Unternehmenserwerb und Neuabschluss des Mietvertrages in engem zeitlichen Zusammenhang stehen.

Die **Veräußerung eines mit Hallen bebauten Grundstücks**, das im Rahmen einer umsatzsteuerlichen Organschaft vom Besitzunternehmen an das Betriebsunternehmen verpachtet war und durch ein anderes Betriebsgrundstück ersetzt wurde, ist eine Veräußerung eines einzelnen Anlagegegenstandes und keine nichtsteuerbare GiG. Das Hallengrundstück für sich stellt keinen fortführbaren Betrieb dar (BFH vom 18.01.2005, Az: V R 53/02, BStBl II 2007, 730). 174

Ist Gegenstand der Übertragung **ein zu bebauendes Grundstück**, das der Veräußerer unter der Bedingung der Fertigstellung des Bauvorhabens vermietet hat, liegt keine GiG vor (BFH vom 18.09.2008, Az: V R 21/07, BStBl II 2009, 254). 175

Bei einem **Herstellungsunternehmer** bilden die Betriebsgrundstücke mit den **Maschinen und sonstigen der Fertigung dienenden Anlagen** regelmäßig die wesentlichen Grundlagen des Unternehmens (BFH vom 05.02.1970, Az: V R 161/66, BStBl II 1970, 365 und vom 27.03.1987, Az: III R 214/83, BFH/NV 1987, 578). 176

Ein **Warenlager** ist dann keine wesentliche Betriebsgrundlage, wenn (z. B. bei Obst-, Gemüse-, Fleisch- und Fischgeschäften) nach Art der Waren keine Lagerhaltung möglich ist (OFD Chemnitz vom 13.05.2002, Az: S 7100b– 8/1 – St 23). 177

Gehören zu den wesentlichen Grundlagen des Unternehmens bzw. des Betriebs **nicht eigentumsfähige Güter**, z. B. Gebrauchs- und Nutzungsrechte an Sachen, Forderungen, Dienstverträge, Geschäftsbeziehungen usw., so muss der Unternehmer diese Rechte auf den Erwerber übertragen, soweit sie für die Fortführung des Unternehmens erforderlich sind. 178

Wird das Unternehmen bzw. der Betrieb in **gepachteten Räumen und mit gepachteten Maschinen** unterhalten, so gehört das **Pachtrecht** zu den wesentlichen Grundlagen. Dieses Pachtrecht muss der Veräußerer auf den Erwerber übertragen, indem er ihm die Möglichkeit verschafft, mit dem Verpächter einen Pachtvertrag abzuschließen, so dass der Erwerber die dem bisherigen Betrieb dienenden Räume usw. unverändert nutzen kann (BFH vom 19.12.1968, Az: V 225/65, BStBl II 1969, 303). Dies bedeutet selbstverständlich nicht gleichzeitig, dass der Erwerber den Betrieb auch tatsächlich »unverändert« weiterführt; ihm ist freigestellt, den erworbenen Geschäftsbetrieb z. B. aus betriebswirtschaftlichen Gründen in seinem Zuschnitt zu ändern und zu modernisieren (BFH vom 23.08.2007, Az: V R 14/05, BStBl II 2008, 165). 179

Hinsichtlich der Frage, ob der **Verkauf einer Taxikonzession** als nichtsteuerbare Geschäftsveräußerung im Ganzen i. S. d. § 1 Abs. 1a UStG oder als steuerbare Lieferung zu behandeln ist, kommt es darauf an, ob die verkaufte Konzession das gesamte Unternehmen bzw. einen in der Gliederung des Unternehmens gesondert geführten Betrieb oder nur einen unselbständigen Teil des Unternehmens bildete. Hat der Taxiunternehmer lediglich eine Konzession inne und veräußert er diese an einen Dritten, bildet die Taxikonzession das gesamte Unternehmen. Mit der Übertragung der Konzession veräußert der Unternehmer die wesentlichen Grundlagen seines Unternehmens, die ein hinreichendes Ganzes bilden und dem Erwerber die Fortführung des Unternehmens ermöglichen. Bei Erfüllung der weiteren Voraussetzungen des § 1 Abs. 1a UStG – insbesondere muss der Erwerber Unternehmer sein und für sein Unternehmen die Konzession erwerben – liegt eine nichtsteuerbare GiG vor. Hat der Taxiunternehmer eine bestimmte Anzahl von Taxikonzessionen inne und veräußert er lediglich eine oder mehrere davon an einen Dritten, liegt eine nichtsteuerbare GiG nur dann vor, wenn die veräußerte(n) Konzession(en) einen in der 180

Gliederung des Unternehmens gesondert geführten Betrieb darstellen (Bayerisches Landesamt für Steuern vom 29.05.2009, Az: S 7100 b.1.1-2/2 St 34).

2.5.3.2 In der Gliederung des Unternehmens gesondert geführte Betriebe

181 Ein in der Gliederung eines Unternehmens gesondert geführter Betrieb liegt vor, wenn er **wirtschaftlich selbständig** ist. Dies setzt voraus, dass der veräußerte Teil des Unternehmens einen für sich lebensfähigen Organismus gebildet hat, der unabhängig von den anderen Geschäften des Unternehmens nach Art eines selbständigen Unternehmens betrieben worden ist und nach außen hin ein selbständiges, in sich abgeschlossenes Wirtschaftsgebilde gewesen ist. Dabei ist nicht Voraussetzung, dass mit dem Unternehmen oder mit dem in der Gliederung des Unternehmens gesondert geführten Teil in der Vergangenheit bereits Umsätze erzielt wurden; die Absicht, Umsätze erzielen zu wollen, muss jedoch anhand objektiver, vom Unternehmer nachzuweisender Anhaltspunkte spätestens im Zeitpunkt der Übergabe bestanden haben (BFH vom 08.03.2001, Az: V R 24/98, BStBl II 2003, 430; Abschn. 1.5 Abs. 6 UStAE).

TIPP

Soweit einkommensteuerlich eine **Teilbetriebsveräußerung** angenommen wird (R 16.3 EStR 2008), kann umsatzsteuerlich von der **Veräußerung eines gesondert geführten Betriebs** ausgegangen werden (Abschn. 1.5 Abs. 6 S. 3 UStAE). Besondere Einrichtungen einer betrieblichen Organisation muss ein Unternehmen im umsatzsteuerlichen Sinne nicht aufweisen. Nach Ansicht des BFH (Urteil vom 24.08.1989, Az: IV R 120/88, BStBl II 1990, 55) ist nach dem Gesamtbild der Verhältnisse zu entscheiden, ob ein Betriebsteil die für die Annahme eines Teilbetriebs erforderliche gewisse Selbstständigkeit besitzt.

Beispiel:

Veräußert ein Beförderungsunternehmer, der Güterbeförderungen mit mehreren Kraftfahrzeugen betreibt, einen dem Güterfernverkehr dienenden Lastzug, und verzichtet er auf die Konzession zu Gunsten des Erwerbers, so ist diese Übereignung umsatzsteuerlich nicht gleichzusetzen mit einer Übereignung eines in der Gliederung des Unternehmens gesondert geführten Betriebs (BFH vom 01.12.1966, Az: V 226/64, BStBl III 1967, 161).

182 Auch ein **einzelnes Grundstück** kann als gesondert geführter Betrieb in Frage kommen (vgl. »einzelnes Grundstück als wesentliche Betriebsgrundlage« in vgl. Rn. 169ff.). Bei vermieteten Grundstücken kann regelmäßig davon ausgegangen werden, dass sie innerhalb des Unternehmens gesondert geführte Betriebe sind. Ein solches Grundstück ist ein wirtschaftlich selbstständiger Teilbetrieb. Tritt der Erwerber in die Mietverträge ein, kann er grundsätzlich die unternehmerische Tätigkeit ohne nennenswerte finanzielle Aufwendungen fortsetzen (OFD Münster vom 06.11.2006, Az: S 7100b - 132 - St 44-32, Tz. 2).

2.5.4 Persönlicher/sachlicher Anwendungsbereich

2.5.4.1 Veräußerer

183 Der **persönliche Anwendungsbereich** des § 1 Abs. 1a UStG bezieht sich nur auf **Unternehmer** i.S.d. § 2 UStG und damit auf jeden, der eine **gewerbliche oder berufliche Tätigkeit selbstständig ausübt**. Unternehmen und Unternehmereigenschaft erlöschen erst, wenn der Unternehmer alle Rechtsbeziehungen abgewickelt hat, die mit dem aufgegebenen Betrieb im Zusammenhang stehen.

184 Die Rechtsfolge des § 1 Abs. 1a UStG setzt den Übergang der Wirtschaftsgüter »im Rahmen einer Geschäftsveräußerung im Ganzen« voraus. Die GiG bedingt damit, dass der Veräußerer diese im Rahmen eines **einheitlichen Übertragungsvorgangs** an **einen Erwerber** überträgt.

TIPP

Die Veräußerung eines Unternehmens an **zwei getrennte Erwerber**, selbst im Rahmen eines Kaufvertrages, ist schädlich i. S. dieser Vorschrift.

Beispiel:

Zum Betriebsvermögen eines Spediteurs gehören zwei Lkw. Ein Lkw wird an Käufer A, ein Lkw an Käufer B verkauft. Andererseits: Eine Geschäftsveräußerung i. S. d. § 1 Abs. 1a S. 2 UStG kann auf **mehreren zeitlich versetzten Kausalgeschäften** beruhen, wenn diese in einem engen sachlichen und zeitlichen Zusammenhang stehen und die Übertragung des ganzen Vermögens auf **einen Erwerber** zur Beendigung der bisherigen gewerblichen Tätigkeit – insbesondere auch für den Erwerber – offensichtlich ist (BFH vom 01.08.2002, Az: V R 17/01, BStBl II 2004, 626; Abschn. 1.5 Abs. 5 S. 1 UStAE).

Nach richtlinienkonformer Auslegung des Art. 19 MwStSystRL wird gefordert, dass der Veräußerer eine **organisatorische Zusammenfassung von Sachen und Rechten** (vgl. mit dem ertragsteuerlichen Begriff des Teilbetriebes) veräußert/überträgt, wodurch dem Erwerber die Fortführung des Unternehmens oder des in der Gliederung des Unternehmens gesondert geführten Teils ermöglicht wird. Der Annahme einer Geschäftsveräußerung nach § 1 Abs. 1a S. 2 UStG steht nicht mehr entgegen, wenn **einzelne Wirtschaftsgüter nicht übertragen** werden (BFH vom 15.10.1998, Az: V R 69/97, BStBl II 1999, 41; vom 01.08.2002, Az: V R 17/01, BStBl II 2004, 626). Hierzu gehören z. B. insbesondere Betriebsgrundstücke, die nicht auf den Erwerber übertragen, diesem aber durch ein **langfristiges Nutzungsrecht** überlassen werden, so dass damit die **dauerhafte Fortführung des Unternehmens ermöglicht** wird (BFH vom 28.11.2002, Az: V R 3/01, BStBl II 2004, 665), z. B. Vermietung über acht Jahre (BFH vom 23.08.2007, Az: V R 14/05, BStBl II 2008, 165; Abschn. 1.5 Abs. 3 S. 3 UStAE). 185

Diese Problematik ist häufig im Zusammenhang mit einem **häuslichen Arbeitszimmer** anzutreffen. 186

Beispiel:

Ein Steuerberater mit eigener Kanzlei und zusätzlich genutztem häuslichen Arbeitszimmer will seine Praxis veräußern. Das Arbeitszimmer ist notwendiges Betriebsvermögen, soll aber aus verständlichen Gründen nicht übertragen werden. In diesem Zusammenhang stellt sich die Frage, ob trotz der Nichtveräußerung des Arbeitszimmers eine GiG i. S. d. § 1 Abs. 1a UStG vorliegt oder ob die Veräußerung der Umsatzsteuer unterliegt. Voraussetzung für die Annahme einer GiG ist, dass (im Prinzip) alle **wesentlichen** Betriebsgrundlagen auf den Erwerber übergehen (durch Veräußerung und ggf. Verpachtung; siehe vorheriges Beispiel zu verpachtetem Betriebsgrundstück).

Lösung:

Die Umsatzsteuer folgt hier dem Zivilrecht bzw. Ertragsteuerrecht. Der veräußernde Unternehmer muss den Rechtszustand, den er hinsichtlich der wesentlichen Betriebsgrundlagen innehat, auf den Erwerber übertragen. Für den konkreten Fall das Arbeitszimmers bedeutet dies: Die Nichtmitveräußerung des häuslichen Arbeitszimmers ist bezogen auf die Nichtsteuerbarkeit der Geschäftsveräußerung dann schädlich, wenn die Kanzlei ohne das häusliche Arbeitszimmer nicht oder nur mit Mühe fortgeführt werden kann, sie ist unschädlich, wenn die Arbeiten ohne wesentliche Einschränkung in den übrigen Praxisräumen verrichtet werden können.

Der veräußernde Unternehmer kann auch nach der GiG **noch Leistungen für die abschließende Beendigung seiner Unternehmertätigkeit** empfangen und aus Eingangsrechnungen die Vorsteuerbeträge abziehen. 187

Bei der **Veräußerung eines gesondert geführten Betriebs** bleibt der Unternehmer mit seiner übrigen Tätigkeit weiterhin Unternehmer. Gleiches gilt beim bloßen Wechsel der unternehmerischen Tätigkeit. 188

Die Finanzverwaltung hält an der bisher vertretenen Auffassung, dass eine nichtsteuerbare GiG den **Übergang eines gesamten lebenden Unternehmens** erfordert und somit die eines »erfolg- 189 losen Unternehmers« nicht möglich ist, nicht mehr fest (OFD Chemnitz vom 13.05.2002, Az: S 7100b – 8/1 – St 23).

2.5.4.2 Erwerber

190 Die Nichtsteuerbarkeit der GiG nach § 1 Abs. 1a S. 1 UStG verlangt hinsichtlich des **Erwerbers**, dass dieser bereits **Unternehmer** ist bzw. durch den Erwerb Unternehmer wird und der Erwerb **für sein Unternehmen** erfolgt, nicht jedoch, wenn er beabsichtigt, die übernommene Geschäftstätigkeit sofort abzuwickeln (EuGH vom 27.11.2003, Rs. C-497/01, HFR 2004). Eine Übertragung auf ein durch die GiG neu entstehendes Unternehmen ist durchaus denkbar.

191 Ob der Erwerber das Unternehmen »**für sein Unternehmen**« erwirbt, richtet sich ausschließlich nach der **Zuordnungsentscheidung des Erwerbers**, ist also unabhängig vom subjektiven Willen des Veräußerers (Achtung: für den Veräußerer ist hier ein **Risiko** gegeben, das durch eine **zivilrechtliche Vertragsregelung begrenzt** werden sollte, z.B. Versicherung des Erwerbers, den erworbenen Geschäftsbetrieb dem Vermögen seines Unternehmens oder eines neu zu gründenden Unternehmens zuzuordnen und Verpflichtung im Falle nichtunternehmerischer Verwendung die dann seitens des Veräußerers nachzubelastende Umsatzsteuer zu entrichten).

192 Übernimmt ein Erbe im Rahmen der Erbschaft ein Unternehmen i.S.d. UStG, so wird er (spätestens) zu diesem Zeitpunkt Unternehmer i.S..s § 2 UStG. War der Erbe zuvor nicht Unternehmer und wickelt das Unternehmen des Erblassers jetzt lediglich ab, so wird er Unternehmer, die Veräußerung der zum Unternehmensvermögen gehörenden Gegenstände durch den Gesamtrechtsnachfolger ist eine steuerbare und steuerpflichtige Leistung (BFH vom 13.01.2010, Az: V R 24/07, BStBl II 2011, 241).

193 Die Regelung des **§ 1 Abs. 1a UStG gilt nicht**, wenn

- entweder ein Nichtunternehmer (Privatmann) das Geschäft für private Zwecke bzw.
- ein Unternehmer das Geschäft für private Zwecke erwirbt.

194 Die **Nichtsteuerbarkeit der GiG entfällt** trotz Unternehmereigenschaft und Erwerb zu unternehmerischen Zwecken in den Fällen der besonderen Besteuerungsformen der Kleinunternehmer (§ 19 UStG), nach allgemeinen Durchschnittssätzen (§ 23 UStG), nach Durchschnittssätzen für Körperschaften, Personenvereinigungen und Vermögensmassen i.S.d. § 5 Abs. 1 Nr. 9 KStG (§ 23a UStG), nach Durchschnittssätzen für land- und forstwirtschaftliche Betriebe (§ 24 UStG), der Reiseleistungen (§ 25 UStG) und der Differenzbesteuerung (§ 25a UStG) oder wenn der Erwerber nur steuerfreie Umsätze tätigt.

195 Ein Unternehmer, der nur steuerfreie Umsätze tätigt, ist vom Vorsteuerabzug ausgeschlossen (§ 15 Abs. 2 Nr. 1 UStG). Hätte dieser Unternehmer die Wirtschaftsgüter, die er jetzt im Wege der GiG erwirbt, ursprünglich selbst erworben, hätte er Umsatzsteuer zahlen müssen und diese nicht als Vorsteuer geltend machen können. Insofern darf er durch die GiG nicht besser gestellt werden, tritt er gedanklich in die »Fußstapfen« des Veräußerers (vgl. Rn. 153).

196 Der nach Durchschnittssätzen (§ 24 UStG) versteuernde Erwerber muss insbesondere bei übertragenen Grundstücken eine Berichtigung der Vorsteuern nach Maßgabe des § 15a Abs. 1 i.V.m. § 1 Abs. 1a S. 3 UStG durchführen, da im Rahmen des § 24 UStG ein Verzicht auf die Steuerbefreiungen ausgeschlossen ist. Bei der Durchschnittsbesteuerung nach § 23 UStG entfällt überdies die Durchschnittssteuer auf die Umsätze der Geschäftsveräußerung.

2.5.5 Vorsteuerrisiken

Wird fälschlicherweise statt einer Geschäftsveräußerung im Ganzen eine Veräußerung von Einzelwirtschaftsgütern fakturiert und daher Umsatzsteuer ausgewiesen, trägt der Erwerber die Vorsteuerrisiken. Zu den Möglichkeiten der Absicherung des Erwerbers vgl. Weimann, StB 2014 und UidP, beide a. a. O. 197

2.6 Inland, Ausland, Gemeinschaftsgebiet, Drittlandsgebiet (§ 1 Abs. 2 und 2a UStG)

2.6.1 Inland/Ausland (§ 1 Abs. 2 UStG)

2.6.1.1 Inland

Das Inland umfasst nach Abschn. 1.9 Abs. 1 UStAE das **Hoheitsgebiet der Bundesrepublik** 198 **Deutschland** mit Ausnahme der in § 1 Abs. 2 S. 1 UStG bezeichneten Gebiete (Büsingen, Insel Helgoland, Freizonen des Kontrolltyps I i. S. d. § 1 Abs. 1 S. 1 ZollVG, Gewässer und Watten zwischen der Hoheitsgrenze und der jeweiligen Strandlinie sowie die deutschen Schiffe und die deutschen Luftfahrzeuge in Gebieten, die zu keinem Zollgebiet gehören). **Botschaften, Gesandtschaften und Konsulate** anderer Staaten gehören selbst bei bestehender Exterritorialität zum Inland. Das Gleiche gilt für Einrichtungen, die von Truppen anderer Staaten im Inland unterhalten werden. Zum Inland gehört auch der **Transitbereich deutscher Flughäfen** (BFH vom 03.11.2005, Az: V R 63/02, BStBl II 2006, 337).

Zum Inland gehören umsatzsteuerrechtlich nicht die **Zollausschlüsse** und **Zollfreigebiete**. 199 Zollausschlüsse sind deutsche Hoheitsgebiete, die einem ausländischen Zollgebiet angeschlossen sind (§ 2 Abs. 2 S. 2 ZG). Zollausschluss ist das von der Schweiz umgebene Gebiet der Gemeinde Büsingen am Hochrhein. Zollfreigebiete sind deutsche Hoheitsgebiete, die vom deutschen Zollgebiet ausgeschlossen, aber keinem ausländischen Zollgebiet angeschlossen sind. Nach § 2 Abs. 3 ZG sind Zollfreigebiete deutsche Schiffe und deutsche Luftfahrzeuge in Gebieten, die zu keinem Zollgebiet gehören, die Insel Helgoland, vom Zollgebiet ausgeschlossene Teile der Häfen Bremen, Bremerhaven, Cuxhaven, Deggendorf, Duisburg, Emden, Hamburg und Kiel (Freihäfen), Gewässer und Watten zwischen der Hoheitsgrenze und der Zollgrenze an der Küste. Die Freizonen des Kontrolltyps II Deggendorf und Duisburg sind seit dem 01.01.2004 als Inland zu behandeln.

Zollanschlüsse sind ausländische Hoheitsgebiete, die dem deutschen Zollgebiet angeschlossen 200 sind (§ 2 Abs. 2 S. 1 ZG). Sie gehören jedoch zum **Ausland** i. S. d. § 1 Abs. 2 S. 2 UStG. Zollanschlüsse sind die österreichischen Gemeinden Mittelberg (Kleines Walsertal) und Jungholz in Tirol. Hierzu enthält das Abkommen vom 11.10.1972 zwischen der Bundesrepublik Deutschland und der Republik Österreich über die Umsatzbesteuerung des Waren- und Dienstleistungsverkehrs umsatzsteuerliche Sonderregelungen (BStBl I 1973, 32 und BStBl I 1974, 404).

2.6.1.2 Ausland

Ausland ist das Gebiet, das danach nicht Inland ist (§ 1 Abs. 2 S. 2 UStG). Somit gehören zum 201 Ausland das **übrige Gemeinschaftsgebiet** (s. Abschn. 1.10 UStAE; vgl. Rn. 203) und das **Drittlandsgebiet** (vgl. Rn. 204) einschließlich der Gebiete, die nach § 1 Abs. 2 S. 1 UStG vom Inland ausgenommen sind.

Unter Berücksichtigung der sich aus § 1 Abs. 2 S. 1 und 2 UStG ergebenden Unterscheidung zwischen In- und Ausland und der Definition des Auslands »als das Gebiet, das ... nicht Inland ist«, folgt, dass bei Leistungen, bei denen sich der Ort nach dem Empfängerort richtet, aus der Nichterweislichkeit eines ausländischen Empfängerorts auf das Vorliegen eines inländischen Empfängerorts zu schließen ist (BFH vom 28.11.2017, Az: V B 60/17 (NV), BFH/NV 2018, 353).

2.6.2 Gemeinschaftsgebiet, Drittlandsgebiet (§ 1 Abs. 2a UStG)

2.6.2.1 Gemeinschaftsgebiet

202 Das **Gemeinschaftsgebiet** umfasst das **Inland** der Bundesrepublik Deutschland (i. S. v. § 1 Abs. 2 S. 1 UStG) sowie die gemeinschaftsrechtlichen Inlandsgebiete der übrigen EG-Mitgliedstaaten (**übriges Gemeinschaftsgebiet**).

203 Zum **übrigen Gemeinschaftsgebiet** gehören Belgien, Bulgarien, Dänemark (ohne Grönland und die Färöer), Estland, Finnland (ohne die Åland-Inseln), Frankreich (ohne die überseeischen Departements, Guadeloupe, Guyana, Martinique und Réunion und ohne die Inseln Saint-Martin und Saint-Barthélemy) zuzüglich des Fürstentums Monaco, Griechenland (ohne Berg Athos), Irland, Italien (ohne Livigno, Campione d'Italia, San Marino und den zum italienischen Hoheitsgebiet gehörenden Teil des Luganer Sees), Lettland, Litauen, Luxemburg, Malta, Niederlande (ohne das überseeische Gebiet Aruba und ohne die Inseln Curaçao, Sint Maarten, Bonaire, Saba und Sint Eustatius), Österreich, Polen, Portugal (einschließlich Madeira und der Azoren), Rumänien, Schweden, Slowakei, Slowenien, Spanien (einschließlich Balearen, ohne Kanarische Inseln, Ceuta und Melilla), Tschechien, Ungarn, Vereinigtes Königreich und Nordirland (ohne die überseeischen Länder und Gebiete, die Selbstverwaltungsgebiete der Kanalinseln Jersey und Guernsey) zuzüglich der Insel Man, Zypern (ohne die Landesteile, in denen die Regierung der Republik Zypern keine tatsächliche Kontrolle ausübt) einschließlich der Hoheitszonen des Vereinigten Königreichs Großbritannien und Nordirland (Akrotiri und Dhekalia) auf Zypern (Abschn. 1.10 Abs. 1 UStAE).

2.6.2.2 Drittlandsgebiet

204 Das **Drittlandsgebiet** umfasst die Gebiete, die nicht zum Gemeinschaftsgebiet gehören (§ 1 Abs. 2a S. 3 UStG), u. a. auch **Andorra, Gibraltar** und den **Vatikan**. Als Drittlandsgebiet werden auch die Teile der Insel Zypern behandelt, in denen die Regierung der Republik Zypern keine tatsächliche Kontrolle ausübt (Abschn. 1.10 Abs. 2 UStAE).

2.7 Freihäfen und bestimmte Hoheitsgebiete im Wattenbereich (§ 1 Abs. 3 UStG)

2.7.1 Letztverbrauch in Freihäfen

205 Die in § 1 Abs. 3 UStG näher spezifizierten Umsätze, die in den Freihäfen und in den Gewässern und Watten zwischen der Hoheitsgrenze und der jeweiligen Strandlinie bewirkt werden, sind **wie Umsätze im Inland zu behandeln, um einen umsatzsteuerlich unbesteuerten Letztverbrauch in diesen Gebieten zu vermeiden**.

Demnach sind Lieferungen und i. g. Erwerbe von Gegenständen, die zum Gebrauch oder Verbrauch in den bezeichneten Gebieten oder zur Ausrüstung oder Versorgung eines Beförderungsmittels bestimmt sind, wie Inlandsumsätze zu behandeln, wenn die Gegenstände nicht für das Unternehmen des Abnehmers erworben werden oder vom Abnehmer ausschließlich oder zum Teil für eine nach § 4 Nr. 8 bis 27 UStG steuerfreie Tätigkeit verwendet werden (§ 1 Abs. 3 S. 1 Nr. 1 UStG). Hierunter fallen der Verkauf von Tabakwaren aus Automaten in Freizonen des Kontrolltyps I nach § 1 Abs. 1 S. 1 ZollVG (Freihäfen) sowie Lieferungen und i. g. Erwerbe von Schiffsausrüstungsgegenständen, Treibstoff und Proviant an private Schiffseigentümer zur Ausrüstung und Versorgung von Wassersportfahrzeugen. 206

TIPP
Andere Warenverkäufe an Nichtunternehmer an Bord von Schiffen (sog. Mitbringsel) in den bezeichneten Gebieten unterliegen regelmäßig nicht der Besteuerung nach § 1 Abs. 3 S. 1 Nr. 1 UStG, da diese nicht zum Gebrauch oder Verbrauch in diesen Gebieten bestimmt sind (jedoch Beachtung von § 3e UStG).

Die Vorschrift gilt auch in den Fällen, in denen der Abnehmer die Gegenstände ausschließlich oder zum Teil für eine nach § 4 Nr. 8–27 UStG steuerfreie Tätigkeit verwendet. Dadurch wird sichergestellt, dass Leistungen an unternehmerisch tätige Leistungsempfänger, die steuerfreie und damit den Vorsteuerabzug ausschließende Ausgangsumsätze ausführen, auch in den bezeichneten Gebieten mit Umsatzsteuer belastet werden. 207

Wie Inlandsumsätze sind ferner die sonstigen Leistungen, die nicht für das Unternehmen des Leistungsempfängers ausgeführt werden, oder vom Leistungsempfänger ausschließlich oder zum Teil für eine nach § 4 Nr. 8 bis 27 steuerfreie Tätigkeit verwendet werden, zu behandeln (§ 1 Abs. 3 S. 1 Nr. 2 UStG). Hierzu gehören z. B. entgeltliche Abgaben von zum Verzehr an Ort und Stelle bestimmten Speisen und Getränken an Letztverbraucher in Kantinen oder auf Schiffen, Beförderungen für private Zwecke, Reparaturen an privat genutzten Pkw oder Wassersportfahrzeugen, die Veranstaltung von Wassersport-Lehrgängen etc. Die Regelung ist ebenfalls durch das JStG 2007 erweitert worden; vgl. § 1 Abs. 3 S. 1 Nr. 1 UStG). 208

TIPP
Bei grenzüberschreitenden Personenbeförderungen mit Kraftfahrzeugen von und zu den bezeichneten Gebieten und zwischen diesen Gebieten sind die Streckenanteile in diesen Gebieten nach § 6 UStDV als inländische Beförderungsstrecken anzusehen; bei grenzüberschreitenden Beförderungen im Passagier- und Fährverkehr mit Wasserfahrzeugen, die sich ausschließlich auf das Inland und die in § 1 Abs. 3 UStG bezeichneten Gebiete erstrecken, sind die Streckenanteile in diesen Gebieten als inländische Beförderungsstrecken anzusehen (§ 7 Abs. 1 UStDV). Zu weiteren Besonderheiten sei auf § 7 Abs. 2 bis 4 UStDV verwiesen.

Bei Lieferungen und sonstigen Leistungen an juristische Personen des öffentlichen Rechts sowie bei deren i. g. Erwerb in den bezeichneten Gebieten enthält § 1 Abs. 3 S. 2 UStG eine Vermutung, dass die Umsätze an diese Personen für ihren hoheitlichen und nicht für ihren unternehmerischen Bereich ausgeführt werden. Der Unternehmer kann jedoch anhand von Aufzeichnungen und Belegen, z. B. durch eine Bescheinigung des Abnehmers, das Gegenteil glaubhaft machen (Abschn. 1.11 Abs. 3 UStAE). 209

2.7.2 Freihafenveredelungsverkehr, Freihafenlagerung, freier Verkehr

Nach § 1 Abs. 3 UStG sind die dort näher genannten Umsätze, die in den Freihäfen und in den Gewässern und Watten zwischen der Hoheitsgrenze und der jeweiligen Strandlinie bewirkt werden, wie Umsätze im Inland zu behandeln. 210

TIPP
§ 1 Abs. 3 Satz 1 Nr. 2 Buchst. b UStG bewirkt jedoch nicht, dass eine im Freihafen ansässige Organgesellschaft als im Inland ansässig gilt. Die Beschränkung der Wirkungen der Organschaft auf das Inland verstößt weder gegen Unionsrecht noch gegen Verfassungsrecht (BFH vom 22.02.2017, Az: XI R 13/15, BFH/NV 2017, 1001, BFH/NV 2017, 1296).

211 Der Freihafenveredelungsverkehr i. S. v. § 12 b EUStBV dient der Veredelung von Gemeinschaftswaren (Art. 4 Nr. 7 ZK), die in einer Freizone des Kontrolltyps I nach § 1 Abs. 1 S. 1 ZollVG (Freihafen) bearbeitet oder verarbeitet und anschließend im Inland oder in den österreichischen Gebieten Jungholz und Mittelberg eingeführt werden. Die vorübergehende Lagerung von Gemeinschaftswaren kann nach § 12 a EUStBV im Freihafen zugelassen werden, wenn dort für den Außenhandel geschaffene Anlagen sonst nicht wirtschaftlich ausgenutzt werden können und der Freihafen durch die Lagerung seinem Zweck nicht entfremdet wird. Bei der Einfuhr der veredelten oder vorübergehend gelagerten Gegenstände im Inland oder in den österreichischen Gebieten Jungholz und Mittelberg wird keine Einfuhrumsatzsteuer erhoben (Abschn. 1.12 Abs. 1 UStAE).

212 Wie Umsätze im Inland zu behandeln sind nach § 1 Abs. 3 S. 1 Nr. 4 UStG die Lieferungen von Gegenständen, die sich im Zeitpunkt der Lieferung in einem zollamtlich bewilligten Freihafenveredelungsverkehr oder in einer zollamtlich besonders zugelassenen Freihafenlagerung (Buchst. a) oder einfuhrumsatzsteuerrechtlich im freien Verkehr (Buchst. b) befinden (Abschn. 1.12 Abs. 2 und 4 UStAE). Steuerbare Lieferungen nach § 1 Abs. 3 S. 1 Nr. 4 Buchst. a UStG liegen hingegen nicht vor, wenn der Liefergegenstand nicht in das Inland gelangt oder die Befreiung von der EUSt auf anderen Vorschriften als den §§ 12 a oder 12b EUStBV beruht (Abschn. 1.12 Abs. 3 UStAE).

231 Nach § 1 Abs. 3 S. 1 Nr. 5 UStG gelten als Umsätze im Inland die sonstigen Leistungen in einem Freihafen sowie in den Gewässern und Watten zwischen der Hoheitsgrenze und der jeweiligen Strandlinie, die im Rahmen eines zollamtlich bewilligten Freihafenveredelungsverkehrs oder einer zollamtlich besonders zugelassenen Freihafenlagerung ausgeführt werden. Dadurch werden in erster Linie die sonstigen Leistungen eines Lohnveredelers, eines Lagerhalters und eines Beförderungsunternehmers erfasst.

TIPP
Nach § 4 Nr. 3 Buchst. a Doppelbuchst. bb S. 2 UStG gilt die Steuerbefreiung für die grenzüberschreitenden Beförderungen von Gegenständen, die Beförderungen im internationalen Eisenbahnfrachtverkehr und andere sonstige Leistungen nicht für Beförderungen der in § 1 Abs. 3 Nr. 4 Buchst. a UStG bezeichneten Gegenstände aus einem Freihafen in das Inland.

2.7.3 Innergemeinschaftlicher Erwerb neuer Fahrzeuge

214 Der i. g. Erwerb eines neuen Fahrzeugs durch die in § 1 a Abs. 3 und § 1 b Abs. 1 UStG genannten Erwerber ist wie ein Umsatz im Inland zu behandeln (§ 1 Abs. 3 Nr. 7 UStG).

§ 1a UStG
Innergemeinschaftlicher Erwerb

(1) Ein innergemeinschaftlicher Erwerb gegen Entgelt liegt vor, wenn die folgenden Voraussetzungen erfüllt sind:

1. Ein Gegenstand gelangt bei einer Lieferung an den Abnehmer (Erwerber) aus dem Gebiet eines Mitgliedstaates in das Gebiet eines anderen Mitgliedstaates oder aus dem übrigen Gemeinschaftsgebiet in die in § 1 Abs. 3 bezeichneten Gebiete, auch wenn der Lieferer den Gegenstand in das Gemeinschaftsgebiet eingeführt hat,
2. der Erwerber ist
   a) ein Unternehmer, der den Gegenstand für sein Unternehmen erwirbt, oder
   b) eine juristische Person, die nicht Unternehmer ist oder die den Gegenstand nicht für ihr Unternehmen erwirbt,

   und
3. die Lieferung an den Erwerber
   a) wird durch einen Unternehmer gegen Entgelt im Rahmen seines Unternehmens ausgeführt und
   b) ist nach dem Recht des Mitgliedstaates, der für die Besteuerung des Lieferers zuständig ist, nicht auf Grund der Sonderregelung für Kleinunternehmer steuerfrei.

(2) [1]Als innergemeinschaftlicher Erwerb gegen Entgelt gilt das Verbringen eines Gegenstands des Unternehmens aus dem übrigen Gemeinschaftsgebiet in das Inland durch einen Unternehmer zu seiner Verfügung, ausgenommen zu einer nur vorübergehenden Verwendung, auch wenn der Unternehmer den Gegenstand in das Gemeinschaftsgebiet eingeführt hat. [2]Der Unternehmer gilt als Erwerber.

(3) Ein innergemeinschaftlicher Erwerb im Sinne der Absätze 1 und 2 liegt nicht vor, wenn die folgenden Voraussetzungen erfüllt sind:

1. Der Erwerber ist
   a) ein Unternehmer, der nur steuerfreie Umsätze ausführt, die zum Ausschluss vom Vorsteuerabzug führen,
   b) ein Unternehmer, für dessen Umsätze Umsatzsteuer nach § 19 Abs. 1 nicht erhoben wird,
   c) ein Unternehmer, der den Gegenstand zur Ausführung von Umsätzen verwendet, für die die Steuer nach den Durchschnittssätzen des § 24 festgesetzt ist, oder
   d) eine juristische Person, die nicht Unternehmer ist oder die den Gegenstand nicht für ihr Unternehmen erwirbt,

   und
2. der Gesamtbetrag der Entgelte für Erwerbe im Sinne des Absatzes 1 Nr. 1 und des Absatzes 2 hat den Betrag von 12500 Euro im vorangegangenen Kalenderjahr nicht überstiegen und wird diesen Betrag im laufenden Kalenderjahr voraussichtlich nicht übersteigen (Erwerbsschwelle).

(4) [1]Der Erwerber kann auf die Anwendung des Absatzes 3 verzichten. [2]Als Verzicht gilt die Verwendung einer dem Erwerber erteilten Umsatzsteuer-Identifikationsnummer gegenüber dem Lieferer. [3]Der Verzicht bindet den Erwerber mindestens für zwei Kalenderjahre.

(5) [1]Absatz 3 gilt nicht für den Erwerb neuer Fahrzeuge und verbrauchsteuerpflichtiger Waren. [2]Verbrauchsteuerpflichtige Waren im Sinne dieses Gesetzes sind Mineralöle, Alkohol und alkoholische Getränke sowie Tabakwaren.

Literatur

Dankl, »Pommes-Erlass« – neueste Erfahrungen mit der Finanzverwaltung, UR 2011, 454. **Dankl/Robisch**, Vereinfachungsregelung für grenzüberschreitende Beförderungslieferungen – Neue Auffassung der Finanzverwaltung im sog. »Pommes-Erlass«, UR 2013, 372. **Gries/Stößel**, Die umsatzsteuerliche Behandlung grenzüberschreitender Lieferungen über ein Konsignationslager, NWB 2017, 1810ff. **Küffner/Streit**, Kein Vorsteuerabzug bei fiktivem innergemeinschaftlichem Erwerb, BBK 2011, 1147. **Lang**, Aktuelle umsatzsteuerrechtliche Entwicklungen im Bereich des innergemeinschaftlichen Warenverkehrs, SIS Steuerberater-Brief 8/2011. **Langer**, Konsignationslager auf dem Prüfstand, DStR 2017, 242ff. **Liebchen/Kaiser**, Das Konsignationslager in der ertrags- und umsatzsteuerlichen Betrachtung, BB 2017, 224ff. **Liebgott**, Innergemeinschaftlicher Erwerb im Inland – aus dem Inland? – Steuerberater Steubers neues Abenteuer aus dem Grenzland, UR 2017, 49ff. **Mans/Paßgang**, Die Kleinunternehmerfalle – Umsatzsteuerliche sowie steuerstrafrechtliche Fallstricke bei Kleinunternehmern im Zusammenhang mit innergemeinschaftlichen Erwerben i. S. d. § 1a UStG, UStB 2013, 269ff. **Maunz**, Anmerkungen zu den EuGH-Urteilen vom 22.4.2010 »X« und »Facet«, UR 2010, 422. **Meyer-Burow/Connemann**, Umsatzsteuerliche Behandlung von Lieferungen über Konsignationslager, UStB 2018, 148ff. **Monfort**, Konsignationslager im EU-Ausland: Hinfälligkeit der Verwaltungsauffassung – Zugleich Anmerkung zum EuGH-Urteil Plöckl, Rs. C-24/15, UR 2016, 945ff. **Müller**, Warenlieferungen über Auslieferungslager in der Automobilbranche, UR 2017, 615ff. **Pommerin/Paßgang**, Umsatzsteuerrechtliche Verpflichtungen der gesetzlichen Krankenversicherung unter Berücksichtigung des § 1a UStG. **Robisch**, Grenzüberschreitende Warenlieferungen über ein Konsignationslager, NWB 2017, 3486ff. **Rolfes**, Erleichterungen beim Konsignationslager – BFH widerspricht der Verwaltungsauffassung, StuB 2017, 347ff. **Rolfes**, Die Verwaltungsauffassung zum Konsignationslager, StuB 2018, 67ff. **Sterzinger**, Aufhebung der Vereinfachungsregelung für innergemeinschaftliches Verbringen im grenznahen Bereich, UR 2018, 475. **v. Streit**, Recht auf Vorsteuerabzug bei einem innergemeinschaftlichen Erwerb, EU-UStB 2010, 43. **Weimann**, Nun doch keine Vorsteuerautomatik in den Erwerbsfällen des § 3d S. 2 UStG, UStB 2010, 288. **Weimann**, »Falscher« innergemeinschaftlicher Erwerb; Nachweis der Besteuerung i. R. d. § 3d Satz 2 UStG, UStB 2011, 362.

Verwaltungsanweisungen

BMF vom 23.04.2018, Az: III C 3 – S 7103-a/17/10001, juris.;
Hinweis: Zur Problematik der zeitlichen Gültigkeit von BMF-Schreiben vgl. Einführung UStG, Rz. 100ff.

Richtlinien/Hinweise/Verordnungen

UStAE: Abschn. 1a.1 und 1a.2.
MwStSystRL: Art. 2 bis 4, Art. 20ff., Art. 131, 140, 141.

1 Allgemeines

1.1 Überblick über die Vorschrift

Nach § 1 Abs. 1 Nr. 5 UStG unterliegt der i. g. Erwerb im Inland gegen Entgelt der Besteuerung durch das UStG. Die Tatbestandsmerkmale (Legaldefinition) eines i. g. Erwerbs regelt § 1a UStG. Der **Grundfall** eines i. g. Erwerbs besteht darin, dass der Gegenstand einer Lieferung von einem Mitgliedstaat in einen anderen Mitgliedstaat gelangt (vgl. § 1a Abs. 1 Nr. 1 UStG). Dabei erfolgt die Lieferung durch einen Unternehmer im Rahmen seines Unternehmens (vgl. § 1a Abs. 1 Nr. 3 Buchst. a UStG) und erfolgt der Erwerb durch einen Unternehmer, der den Gegenstand der Lieferung für sein Unternehmen erwirbt (vgl. § 1a Abs. 1 Nr. 2 Buchst. a UStG). Insofern stellt der Tatbestand eines i. g. Erwerbs das Spiegelbild einer i. g. Lieferung nach § 6a Abs. 1 UStG dar (vgl. § 6a Rn. 1ff. und vgl. EuGH vom 06.04.2006, Rs. C-245/04, EMAG Handel Eder OHG/Österreich, DStR 2006, 699). Ebenso wie in § 6a Abs. 2 UStG das **i. g. Verbringen** als fiktive i. g. Lieferung definiert wird, behandelt § 1a Abs. 2 UStG das i. g. Verbringen eines Gegenstands des Unternehmens zur eigenen Verfügung als Erwerbstatbestand. **Ausnahmeregelungen** enthält § 1a Abs. 3 UStG für **bestimmte Erwerber** (sog. **Schwellenerwerber**), bei denen das Vorliegen eines 1

i. g. Erwerbs vom Überschreiten einer Erwerbsschwelle abhängig gemacht wird. § 1 a Abs. 4 UStG räumt insoweit jedoch ein **Optionsrecht** ein. Zudem gelten die Beschränkungen des § 1 a Abs. 3 UStG nicht für den Fall des Erwerbs neuer Fahrzeuge sowie verbrauchsteuerpflichtiger Waren durch diesen Erwerberkreis.

2 Der **Ort des** i. g. Erwerbs bestimmt sich nach § 3 d S. 1 UStG grundsätzlich als in dem Gebiet des Mitgliedstaates, in dem sich der Gegenstand am Ende der Beförderung oder Versendung befindet. Wegen weiterer Einzelheiten und der Verwendung einer ggf. hiervon abweichenden USt-IdNr. vgl. die Kommentierung zu § 3 d.

3 **Steuerbefreiungen** des i. g. Erwerbs sind in § 4 b UStG (vgl. die Kommentierung zu § 4 b) und in § 25 c UStG geregelt (vgl. die Kommentierung zu § 25 c).

4 Der Umsatz wird in Fällen des i. g. Erwerbs nach dem **Entgelt** bemessen (§ 10 Abs. 1 S. 1 UStG). Für die **Fälle des Verbringens** regelt § 10 Abs. 4 S. 1 Nr. 1 UStG die Bemessungsgrundlage. Der Steuersatz ergibt sich aus § 12 UStG. Ein i. g. Erwerb kann sowohl dem **Regelsteuersatz** nach § 12 Abs. 1 UStG unterliegen als auch dem **ermäßigten Steuersatz** nach § 12 Abs. 2 Nr. 1 UStG.

5 Die **Steuerentstehung** der Erwerbsteuer für einen i. g. Erwerb nach § 1 a UStG richtet sich gem. § 13 Abs. 1 Nr. 6 UStG nach der Ausstellung der Rechnung, die Steuer entsteht jedoch spätestens mit Ablauf des dem Erwerb folgenden Kalendermonats. **Steuerschuldner** der Erwerbsteuer ist nach § 13 a Abs. 1 Nr. 2 UStG der Erwerber.

6 Dem Erwerber steht nach § 15 Abs. 1 S. 1 Nr. 3 UStG grundsätzlich der **Vorsteuerabzug** aus der Erwerbsteuer zu. Für den Vorsteuerabzug sind die allgemeinen Beschränkungen in § 15 Abs. 2 und Abs. 3 UStG zu beachten.

7 I. g. Erwerbe werden grundsätzlich in der **Umsatzsteuervoranmeldung** erklärt (vgl. § 16 Abs. 1 UStG i. V. m. § 18 Abs. 1 UStG; Vordruck USt 1 A). Ebenso gehen die i. g. Erwerbe in die **Umsatzsteuer-Jahreserklärung** ein (§ 18 Abs. 3 UStG/Vordruck USt 2 A/Anlage UR). Auch Unternehmer und juristische Personen, die ausschließlich Steuern für Umsätze nach § 1 Abs. 1 Nr. 5 UStG zu entrichten haben, müssen Voranmeldungen und eine Jahreserklärung abgeben (vgl. § 18 Abs. 4a S. 1 UStG). In der Anleitung zur Umsatzsteuer-Voranmeldung 2017 (Vordruck USt 1 E) weist die Verwaltung darauf hin, dass für i. g. Erwerbe eine grundsätzliche Meldepflicht im Rahmen der **Intrahandelsstatistik** besteht. Weitere Besonderheiten gelten im Zusammenhang mit dem Erwerb neuer Fahrzeuge durch »Nichtunternehmer« im Rahmen der Fahrzeugeinzelbesteuerung (vgl. § 16 Abs. 5a UStG i. V. m. § 18 Abs. 5a UStG; Vordruck USt 1 B).

8 § 1 a UStG ist nicht die einzige Vorschrift des UStG, die sich mit der Besteuerung des i. g. Erwerbs auseinandersetzt. Wegen weiterer betroffener Vorschriften vgl. Rn. 15.

1.2 Rechtsentwicklung

9 § 1 a UStG wurde durch das USt-Binnenmarktgesetz vom 25.08.1992 (BGBl I 1992, 1548) mit Wirkung ab dem **01.01.1993** in das UStG aufgenommen und regelt innerhalb der europäischen Gemeinschaft den i. g. Erwerb. M.W.z. **01.01.1994** wurde durch Art. 20 des Gesetzes zur Bekämpfung des Mißbrauchs und zur Bereinigung des Steuerrechts (Mißbrauchsbekämpfungs- und Steuerbereinigungsgesetz – **StMBG**, Gesetz vom 21.12.1993, BGBl I 1993, 2310) in § 1 a Abs. 1 Nr. 1 S. 1 UStG der Begriff »Zollfreigebiete« durch den Begriff »Gebiete« ersetzt. Durch Art. 20 des Jahressteuergesetzes 1996 (**JStG 1996**, Gesetz vom 11.10.1995, BGBl I 1995, 1250) wurde § 1 a Abs. 2 UStG mit Wirkung vom **01.01.1996** neu gefasst und die Regelung zur funktionsändernden Werkleistung gestrichen (zuvor § 1 a Abs. 2 Nr. 2 UStG). Durch das **Umsatzsteuer-Änderungsgesetz 1997** (Gesetz vom 12.12.1996, BGBl I 1996, 1851) wurde § 1 a Abs. 1 Nr. 1 S. 2 UStG mit Wirkung vom **01.01.1997** aufgehoben. Die Änderung erfolgte im Zusammenhang mit der Neu-

regelung des Ortes der Lieferung bei Reihengeschäften in § 3 Abs. 6 und 7 UStG und der Einführung des § 25b UStG für die Behandlung i. g. Dreiecksgeschäfte. Durch das **Steuer-Euroglättungsgesetz** (Gesetz vom 19.12.2000, BGBl I 2000, 1790) erfolgt die Umstellung der Erwerbsschwelle in § 1a Abs. 3 Nr. 2 UStG m.W.v. **01.01.2002** von zuvor 25.000 DM auf nunmehr 12.500 €.

M. W. v. 01.01.2011 wird in § 1 a Abs. 4 UStG durch Art. 4 Nr. 2 JStG 2010 (vom 08.12.2010, BGBl I 2010, 1768; zur Anwendung vgl. Art. 32 Abs. 5 JStG 2010) ein Satz 2 eingefügt; der bisherige Satz 2 wird umformuliert zu Satz 3. Nach der Neuregelung gilt bereits die Verwendung einer USt-IdNr. gegenüber dem Lieferer als Verzicht (vgl. Rn. 68, 69). 10

1.3 Geltungsbereich

1.3.1 Persönlicher Geltungsbereich

§ 1a UStG betrifft grundsätzlich **Unternehmer** i.S.d. § 2 UStG (vgl. § 1a Abs. 1 Nr. 2 Buchst. a UStG), die den Gegenstand der Lieferung für ihr Unternehmen erwerben. Daneben betroffen sind juristische Personen, die nicht Unternehmer sind oder nicht für ihr Unternehmen erwerben (vgl. § 1a Abs. 1 Nr. 2 Buchst. b UStG). Für bestimmte sog. **»Schwellenerwerber«** regelt § 1a Abs. 3 UStG die Anwendung der Vorschrift in Abhängigkeit von einer Erwerbsschwelle, die nach § 1a Abs. 3 Nr. 2 UStG 12.500 €/Kj. beträgt. Durch Option nach § 1a Abs. 4 UStG können die Schwellenerwerber jedoch in die normale Besteuerung des i. g. Erwerbs gelangen. Bei Schwellenerwerbern unterliegt der i. g. Erwerb neuer Fahrzeuge sowie verbrauchsteuerpflichtiger Waren nach § 1a Abs. 5 UStG der Besteuerung, unabhängig von den Regelungen des § 1a Abs. 3 UStG. 11

Wegen der Besteuerung eines i. g. Erwerbs in Fällen neuer Fahrzeuge vgl. die Kommentierung zu § 1b. Wegen der Besonderheiten im Zusammenhang mit diplomatischen Missionen, zwischenstaatlichen Einrichtungen, Nato-Streitkräften sowie deutschen Streitkräften vgl. die Kommentierung zu § 1c. 12

1.3.2 Sachlicher Geltungsbereich

Sachlich erfasst § 1a UStG die Lieferung von Gegenständen aus einem Mitgliedstaat in einen anderen Mitgliedstaat. Dabei treten grundsätzlich auf beiden Seiten des Leistungsaustauschs Unternehmer i.S.d. § 2 UStG auf. Der i. g. Erwerb nach § 1a UStG stellt letztlich das Gegenstück zur i. g. Lieferung nach § 6a UStG dar. Während der liefernde Unternehmer nach § 6a UStG steuerfrei gestellt wird, erfolgt die Besteuerung der Lieferung beim Leistungsempfänger nach § 1a UStG als i. g. Erwerb. Zum sachlichen Zusammenhang einer i. g. Lieferung mit einem i. g. Erwerb vgl. Abschn. 6a.1 Abs. 16–18 UStAE und vgl. § 6a Rn. 69ff. Diese Behandlung setzt das Bestimmungslandprinzip um. 13

1.3.3 Zeitlicher Geltungsbereich

Vgl. Rn. 9ff. Die Vorschrift wurde in den letzten Jahren nicht mehr verändert und dürfte daher auf alle offenen Fälle anzuwenden sein. 14

1.4 Gemeinschaftsrechtliche Grundlagen und Verhältnis zu anderen Vorschriften

15 Durch die Einführung des i. g. Erwerbs in § 1 Abs. 1 Nr. 5 UStG i.V.m. § 1a UStG durch das USt-Binnenmarktgesetz m.W.v. 01.01.1993 wurde ursprünglich Art. 28a der 6. EG-RL im nationalen Umsatzsteuerrecht umgesetzt. Bezüglich der MwStSystRL sind im Wesentlichen die folgenden Bestimmungen betroffen: Allgemeiner Steuertatbestand des i. g. Erwerbs (Art. 2 Abs. 1 Buchst. b); verbrauchssteuerpflichtige Waren (Art. 2 Abs. 3); Beschränkung des Erwerberkreises (Art. 3); Differenzbesteuerung (Art. 4); Definition des i. g. Erwerbs (Art. 20); i. g. Verbringen (Art. 21); Erwerb durch Nato-Streitkräfte (Art. 22); Sonderfälle (Art. 23); Steuerbefreiungen (Art. 131, 140); Nichtbesteuerung bei i. g. Dreiecksgeschäften (Art. 141). Im nationalen deutschen Umsatzsteuerrecht finden sich Regelungen zum i. g. Erwerb nicht ausschließlich in § 1a UStG. Daneben wird der i. g. Erwerb neuer Fahrzeuge in § 1b UStG geregelt (vgl. die Kommentierung zu § 1b), der i. g. Erwerb durch diplomatische Missionen, zwischenstaatliche Einrichtungen und Nato-Streitkräfte in § 1c Abs. 1 UStG geregelt (vgl. die Kommentierung zu § 1c), das i. g. Verbringen durch deutsche Streitkräfte in § 1c Abs. 2 UStG geregelt, werden bestimmte i. g. Erwerbe in § 4b UStG steuerfrei gestellt (vgl. die Kommentierung zu § 4b), enthalten § 25a UStG Sonderregelungen hinsichtlich der Differenzbesteuerung (vgl. die Kommentierung zu § 25a), § 25b UStG hinsichtlich i. g. Dreiecksgeschäfte (vgl. die Kommentierung zu § 25b) und § 25c UStG eine Steuerbefreiung für den i. g. Erwerb von Anlagegold (vgl. die Kommentierung zu § 25c).

2 Kommentierung

2.1 Grundfall des innergemeinschaftlichen Erwerbs

16 Der Grundfall des i. g. Erwerbs wird dadurch gekennzeichnet, dass der Gegenstand der Lieferung aus dem Gebiet eines Mitgliedstaats in das Gebiet eines anderen Mitgliedstaats gelangt (vgl. § 1a Abs. 1 Nr. 1 UStG). Dabei ist der Erwerber ein Unternehmer, der den Gegenstand der Lieferung für sein Unternehmen erwirbt (vgl. § 1a Abs. 1 Nr. 2 Buchst. a UStG) und erfolgt die Lieferung durch einen Unternehmer gegen Entgelt im Rahmen seines Unternehmens (vgl. § 1a Abs. 1 Nr. 3 Buchst. a UStG).

Beispiel:
Der französische Unternehmer F liefert eine Maschine an den deutschen Unternehmer D. Beide Unternehmer treten unter den USt-IdNr. ihrer Heimatländer auf. F erteilt an D noch im Liefermonat April 2018 eine Rechnung über 5000 € ohne offenen Steuerausweis und verweist in dieser Rechnung auf das Vorliegen einer i. g. Lieferung.

Lösung:
Der französische Lieferer F erbringt eine i. g. Lieferung. Der Gegenstand der Lieferung gelangt aus seiner Sicht bei der Lieferung in das übrige Gemeinschaftsgebiet (aus seiner Sicht = Deutschland; vgl. national § 6a Abs. 1 Nr. 1 UStG). Sein Abnehmer ist Unternehmer, der den Gegenstand für sein Unternehmen erwirbt (vgl. national § 6a Abs. 1 Nr. 2 Buchst. a UStG; verdeutlicht wird dies durch die Verwendung der deutschen USt-IdNr. des Abnehmers D). Der Erwerb des Liefergegenstandes unterliegt beim Erwerber (= deutscher Unternehmer D) der Erwerbsbesteuerung (vgl. § 6a Abs. 1 Nr. 3 UStG). Gemessen an den deutschen Bestimmungen wäre die Lieferung des F steuerfrei nach § 4 Nr. 1 Buchst. b UStG. Auf Seiten des

deutschen Erwerbers D liegt ein i. g. Erwerb vor. Der Gegenstand der Lieferung gelangt bei der Lieferung aus dem Gebiet eines Mitgliedstaats (= Frankreich) in das Gebiet eines anderen Mitgliedstaats (= Deutschland; vgl. § 1 a Abs. 1 Nr. 1 UStG). Der Erwerber D ist Unternehmer und erwirbt den Gegenstand der Lieferung für sein Unternehmen (vgl. § 1 a Abs. 1 Nr. 2 Buchst. a UStG). D signalisiert diese Voraussetzung durch die Verwendung seiner deutschen USt-IdNr. Die Lieferung erfolgt auch durch einen Unternehmer gegen Entgelt im Rahmen seines Unternehmens (vgl. § 1 a Abs. 1 Nr. 3 Buchst. a UStG). Diese Voraussetzungen signalisiert F dadurch, dass auch er unter seiner französischen USt-IdNr. auftritt. Der Ort des i. g. Erwerbs liegt in Deutschland, da sich der Gegenstand am Ende der Beförderung oder Versendung in diesem Mitgliedstaat befindet (vgl. § 3 d S. 1 UStG). Der i. g. Erwerb ist steuerbar nach § 1 Abs. 1 Nr. 5 UStG und mangels Steuerbefreiung (hier unterstellt) steuerpflichtig. Die Bemessungsgrundlage ist nach § 10 Abs. 1 S. 1 UStG das Entgelt i. H. v. 5000 €. Der Steuersatz entspricht dem Regelsteuersatz von 19 % (950 €; vgl. § 12 Abs. 1 UStG). Die Steuer auf den i. g. Erwerb entsteht im April 2018, da F hier die Rechnung ausstellt (vgl. § 13 Abs. 1 Nr. 6 UStG). Steuerschuldner der Erwerbsteuer ist D (vgl. § 13 a Abs. 1 Nr. 2 UStG). Nach § 15 Abs. 1 S. 1 Nr. 3 UStG kann D aus dem i. g. Erwerb Vorsteuern beanspruchen, sofern er nicht unter einen der Ausschlussgründe in § 15 Abs. 2 und 3 UStG fällt.

2.1.1 Warenbewegung bei einem innergemeinschaftlichen Erwerb

Nach § 1 a Abs. 1 Nr. 1 UStG liegt ein i. g. Erwerb vor, wenn bei einer Lieferung der Gegenstand der Lieferung aus dem Gebiet eines Mitgliedstaats in das Gebiet eines anderen Mitgliedstaats gelangt. Ein i. g. Erwerb kann ebenfalls vorliegen, wenn der Gegenstand der Lieferung aus dem übrigen Gemeinschaftsgebiet (vgl. Abschn. 1.10 UStAE) in eines der in § 1 Abs. 3 UStG bezeichneten Gebiete gelangt (Freihäfen oder in die Gewässer und Watten zwischen der Hoheitsgrenze und der jeweiligen Strandlinie). 17

Entsprechend dem Wortlaut des § 1 a Abs. 1 Nr. 1 UStG muss der Gegenstand in das Gebiet eines anderen Mitgliedstaates gelangen. Wie genau dieses Gelangen erfolgt, wird im Gesetz nicht näher angesprochen. Unter die Vorschrift fallen daher sowohl die **Beförderung** als auch die **Versendung** des Liefergegenstandes. Keine Rolle spielt es, ob die Beförderung oder Versendung (zu den Begriffen vgl. § 3 Abs. 6 UStG) durch den Lieferer, den Abnehmer oder einen beauftragten Dritten erfolgt (vgl. Abschn. 1a.1 Abs. 1 S. 3 UStAE). 18

Eine konkrete Frist für die Beförderung ist in Art. 20 MwStSystRL nicht vorgesehen (vgl. ausführlich EuGH vom 18.11.2010, Rs. C-84/09 »x/Skatteverket«, JStR 2010, 910 – Erwerb eines Segelboots), erforderlich sind jedoch ein zeitlicher und sachlicher Zusammenhang sowie ein kontinuierlicher Ablauf. 19

Da § 1 a Abs. 1 Nr. 1 UStG lediglich den Ausgangs- und den Endpunkt der Beförderung oder Versendung bestimmt, ist eine **Durchfuhr** durch andere EU-Staaten, aber auch durch Drittstaaten unschädlich. Das Gelangen aus dem Gebiet eines Mitgliedstaates in das Gebiet eines anderen Mitgliedstaates liegt auch dann vor, wenn der Lieferer den Gegenstand in das Gemeinschaftsgebiet eingeführt hat. Beginnt demnach die Beförderung und Versendung in einem Drittland, wird der Gegenstand aber im Gebiet eines Mitgliedstaats der **Einfuhrumsatzsteuer** unterworfen, bevor er in das Gebiet des anderen Mitgliedstaats gelangt, sind die Voraussetzungen eines i. g. Erwerbs im Bestimmungsmitgliedstaat ebenfalls erfüllt (vgl. Abschn. 1a.1 Abs. 1 S. 4 UStAE). 20

Beispiel:
Der russische Unternehmer R verkauft Waren an den deutschen Abnehmer D. Die Waren lässt R in Polen zum freien Verkehr abfertigen und bezahlt die polnische EUSt.

Lösung:
Durch die Abfertigung der Waren zum zollrechtlichen und steuerrechtlichen freien Verkehr in Polen werden die Waren zu Gemeinschaftswaren. Der Ort der Lieferung verlagert sich nach Art. 32 Abs. 2 MwStSystRL

nach Polen. Hier beginnt die Warenbewegung, auf die § 1 a UStG abhebt. D verwirklicht somit einen i. g. Erwerb, da die Waren aus dem Mitgliedstaat Polen in den Mitgliedstaat Deutschland gelangen. Ort des i. g. Erwerbs ist nach § 3 d S. 1 UStG Deutschland.

21 Erfolgt keine einfuhrumsatzsteuerliche Abfertigung im übrigen Gemeinschaftsgebiet mit anschließender Weiterlieferung in das Inland, liegt der Tatbestand der Einfuhr vor. Gelangt der Gegenstand der Lieferung aus dem Drittland im Wege der Durchfuhr durch das Gebiet eines anderen Mitgliedstaats in das Inland und wird erst im Inland einfuhrumsatzsteuerrechtlich zum freien Verkehr abgefertigt, liegt auf Seiten des Erwerbers kein i. g. Erwerb vor (vgl. Abschn. 1a.1 Abs. 1 S. 5 UStAE).

Beispiel:
Der russische Unternehmer R verkauft Waren an den deutschen Abnehmer D. R liefert im Wege der Durchfuhr durch Polen an D und lässt die Waren erst in Deutschland zum freien Verkehr abfertigen.

Lösung:
Durch die zollrechtliche und steuerrechtliche Abfertigung der Waren zum freien Verkehr in Deutschland verlagert sich der Ort der Lieferung gem. § 3 Abs. 8 UStG nach Deutschland. Erst in Deutschland werden die Waren zu Gemeinschaftswaren. Die durch R erbrachte Lieferung an D ist eine im Inland steuerbare und steuerpflichtige Lieferung. Für D liegt kein i. g. Erwerb vor, da es am Tatbestandsmerkmale des Gelangens von einem Mitgliedstaat in einen anderen Mitgliedstaat fehlt.

22 Da das Gesetz fordert, der Gegenstand müsse bei einer **Lieferung an den Abnehmer** von einem in einen anderen Mitgliedsstaat gelangen, muss der Abnehmer der Lieferung feststehen, um einen i. g. Erwerb zu verwirklichen (Abgrenzung zu rechtsgeschäftslosem Verbringen/innergemeinschaftlichem Verbringen). Wegen der Besonderheiten im Zusammenhang mit einer **Verkaufskommission** vgl. Abschn. 1a.2 Abs. 7 UStAE (Vereinfachungsregelung der Verwaltung; ergänzend vgl. OFD Frankfurt a. M. vom 04.04.2014, Az: S 7103a A – 8 – St 110, DStR 2014, 1340).

23 In Fällen eines **Reihengeschäftes** (§ 3 Abs. 6 S. 5 UStG) sind die jeweiligen Lieferungen in ruhende und bewegte Lieferungen aufzuteilen. Nach Verwaltungsauffassung kann nur eine bewegte Lieferung eine i. g. Lieferung sein. Da der i. g. Erwerb das Gegenstück zur i. g. Lieferung darstellt, kann folglich auch nur die bewegte Lieferung beim Abnehmer zu einem i. g. Erwerb führen (vgl. Abschn. 3.14 Abs. 13 UStAE; vgl. Robisch in Bunjes, § 1 a Rn. 12; vgl. die Kommentierung zu § 6 a Rn. 36 ff.). Zu den Besonderheiten im Zusammenhang mit einem i. g. Dreiecksgeschäft vgl. die Kommentierung zu § 25 b.

2.1.2 Gegenstände i. S. d. innergemeinschaftlichen Erwerbs

24 Voraussetzung für einen i. g. Erwerb ist, dass der Erwerber einen Gegenstand erwirbt. Zum Begriff des Gegenstandes verweist Abschn. 1a.1 Abs. 1 S. 2 UStAE auf Abschn. 3.1 Abs. 1 UStAE. Demnach umfasst der Begriff »Gegenstand« grundsätzlich:

- körperliche Gegenstände (d. h. Sachen gem. § 90 BGB und Tiere gem. § 90 a BGB),
- Sachgesamtheiten,
- den Gegenständen gleichgestellte Wirtschaftsgüter (z. B. elektrischer Strom, Wärme, Wasserkraft).

25 Wegen der Besonderheiten bei der Lieferung von **Gas** über das Erdgasnetz, von **Elektrizität** sowie von **Wärme oder Kälte** über Wärme- oder Kältenetze (ergänzt durch JStG 2010 vom 08.12.2010, BGBl I 2010, 1768 m. W. v. 01.01.2011) unter den Bedingungen des § 3 g Abs. 1 oder 2 UStG vgl. Abschn. 3g.1 Abs. 6 UStAE und Abschn. 1a.1 Abs. 1 S. 7 UStAE kein i. g. Erwerb; vgl. Abschn. 6a.1

Abs. 1 S. 3 UStAE. Die Anwendung des § 1a Abs. 2 UStG (i. g. Verbringen) wird in Fällen des § 3g UStG durch § 3g Abs. 3 UStG ausdrücklich ausgeschlossen.

Da § 1a Abs. 1 Nr. 1 UStG das Gelangen des Liefergegenstandes voraussetzt, bestehen Besonderheiten bei **Werklieferungen**. Nach Abschn. 6a.1 Abs. 1 S. 4 UStAE können auch Werklieferungen unter den Voraussetzungen des § 3 Abs. 6 S. 1 UStG i. g. Lieferungen nach § 6a UStG sein. Das Spiegelbild davon, der i. g. Erwerb, dürfte demnach erfordern, dass das fertige Werk Gegenstand der Lieferung ist und sich der Ort der Lieferung nach § 3 Abs. 6 UStG bestimmt. Abweichend hiervon bestimmt sich der Ort der Lieferung nach § 3 Abs. 7 UStG (vgl. Abschn. 3.12 Abs. 4, 6 UStAE), wenn das fertige Werk erst vor Ort erstellt wird, beispielsweise bei Errichtung eines Gebäudes oder einer ortsgebundenen Anlage. Vorangehende Materialtransporte betreffen insoweit nicht den Liefergegenstand, sondern Gegenstände anderer Wesensart. Wird dagegen eine betriebsfertig hergestellte Maschine lediglich zum Zweck des besseren und leichteren Transports zerlegt und vor Ort wieder zusammengefügt, bestimmt sich der Ort nach § 3 Abs. 6 UStG (vgl. Abschn. 3.12 Abs. 4 S. 7 UStAE) und dürfte ein i. g. Erwerb vorliegen. 26

Bestimmt sich der Ort der Lieferung nicht nach § 3 Abs. 6 UStG, stellt sich die Frage nach einem i. g. Verbringen i. S. d. § 1a Abs. 2 UStG, da der liefernde Unternehmer Gegenstände anderer Wesensart in das Inland verbringt und es zumindest nicht offenkundig ist, dass das Verbringen zu einem nur vorübergehenden Zweck erfolgen soll, wenn die Gegenstände durch Einfügen in eine stationäre Einrichtung oder Anlage endgültig im Inland verbleiben. Aus Sicht der Verwaltung stellt die Verwendung bei einer Werklieferung eine ihrer Art nach nur vorübergehende Verwendung dar, die nicht als i. g. Verbringen zu behandeln ist (vgl. Abschn. 1a.2 Abs. 10 Nr. 1 UStAE mit Beispiel zu Baustoffen; vgl. auch Art. 17 Abs. 2 Buchst. b MwStSystRL). Da in einem solchen Fall weder eine i. g. Lieferung/i. g. Erwerb nach § 6a UStG/§ 1a Abs. 1 UStG noch ein i. g. Verbringen nach § 1a Abs. 2 UStG vorliegt, bleibt nur das rechtsgeschäftslose Verbringen innerhalb des Unternehmens (vgl. Abschn. 2.7 Abs. 1 S. 3 UStAE). 27

Zu beachten sind in diesem Zusammenhang jedoch auch die Vorschriften des § 13b UStG (= Steuerschuldnerschaft des Leistungsempfängers), durch die letztlich eine dem i. g. Erwerb wirtschaftlich/fiskalisch vergleichbare Situation geschaffen wird. 28

Abzugrenzen ist der i. g. Erwerb von den **sonstigen Leistungen**. § 1a Abs. 1 UStG setzt eine Lieferung voraus. Liegt demgegenüber eine sonstige Leistung vor, scheidet der i. g. Erwerb aus. Zur Abgrenzung zwischen Werklieferung und Werkleistung vgl. Abschn. 3. 8. Abs. 6 UStAE. Ab 01.10.2010 sieht § 3a Abs. 2 UStG grundsätzlich die Ortsbestimmung am Ort des Unternehmens des Leistungsempfängers vor. 29

Der Gegenstand der Lieferung muss nach § 1a Abs. 1 Nr. 2 Buchst. a UStG grundsätzlich **für das Unternehmen** des Erwerbers erworben werden (vgl. Abschn. 15.2b und 15.2c UStAE zur Zuordnung von Wirtschaftsgütern zum Unternehmen). Sofern der Erwerb für die Privatsphäre des Erwerbers erfolgt, liegt demnach grundsätzlich kein i. g. Erwerb vor. Insofern wird der Unternehmer nicht anders behandelt als Nichtunternehmer, die mit ihren Erwerben im Ausland dem Ursprungslandprinzip unterliegen. Durch die **Verwendung seiner USt-IdNr.** signalisiert der Erwerber dem Lieferer, dass diese Voraussetzung erfüllt ist. Eine diesbezügliche Sonderregelung enthält § 1a Abs. 1 Nr. 2 Buchst. b UStG für juristische Personen als Erwerber, die entweder nicht Unternehmer sind oder die den Gegenstand nicht für ihr Unternehmen erwerben. 30

2.1.3 Erwerberkreis eines innergemeinschaftlichen Erwerbs

Allgemein nehmen am USt-Binnenmarkt nur Unternehmer teil (Bestimmungslandprinzip). Der umsatzsteuerliche Nichtunternehmer (oder anders ausgedrückt die Privatperson) erwirbt grundsätzlich zu den Bedingungen des Ursprungslands. Folgerichtig definiert § 1a Abs. 1 Nr. 2 Buchst. a 31

UStG zunächst den Unternehmer als potentiellen Erwerber. Darunter versteht die Vorschrift aber nicht jeglichen Unternehmer (vgl. § 1 a Abs. 3 UStG) und bezieht u. U. auch den Nichtunternehmer ein (vgl. § 1 a Abs. 1 Nr. 2 Buchst. b UStG), sofern dieser eine juristische Person ist. Der Unternehmerbegriff ergibt sich dabei allgemein aus § 2 UStG (vgl. die Kommentierung zu § 2).

2.1.3.1 Der Unternehmer

32 Aus der Abgrenzungsvorschrift des § 1a Abs. 3 UStG ergibt sich im Umkehrschluss, welche Unternehmer allgemein als Erwerber i. S. d. § 1 a Abs. 1 Nr. 2 Buchst. a UStG in Betracht kommen. Nach § 1a Abs. 3 Nr. 1 UStG unterliegen die folgenden Unternehmer grundsätzlich nicht den Bestimmungen über den i. g. Erwerb:

- Unternehmer, die nur steuerfreie Umsätze ausführen, die zum Ausschluss vom Vorsteuerabzug führen,
- Unternehmer, die unter die Kleinunternehmerregelung nach § 19 Abs. 1 UStG fallen,
- Unternehmer, die den Gegenstand zur Ausführung von Umsätzen verwenden, für die die Steuer nach den Durchschnittssätzen des § 24 UStG festgesetzt ist.

33 Im Umkehrschluss zu den genannten Ausnahmen ergibt sich, dass alle Unternehmer im Sinne des Umsatzsteuerrechts zu den betroffenen Erwerbern gehören, wenn sie Umsätze tätigen, die den Vorsteuerabzug ganz oder teilweise ermöglichen. Für diese Unternehmer gilt auch nicht die in § 1 a Abs. 3 Nr. 2 UStG geregelte Erwerbsschwelle (vgl. Abschn. 1a.1 Abs. 2 S. 1 UStAE). Zu den Unternehmern nach § 1 a Abs. 1 Nr. 2 Buchst. a UStG zählen auch juristische Personen, sofern sie ein Unternehmen unterhalten und den Gegenstand der Lieferung für dieses erwerben. Da der i. g. Erwerb einen Erwerb für das Unternehmen zur Voraussetzung hat (vgl. § 1 a Abs. 1 Nr. 2 Buchst. a UStG), kann ein Unternehmer dann keinen i. g. Erwerb verwirklichen, wenn er den Gegenstand für seine Privatsphäre erwirbt. Eine Ausnahme diesbezüglich für juristische Personen beinhaltet § 1 a Abs. 1 Nr. 2 Buchst. b UStG.

2.1.3.2 Sonderfall juristische Person

34 Das Gesetz führt die juristische Person in § 1 a Abs. 1 Nr. 2 Buchst. b UStG und in § 1 a Abs. 3 Nr. 1 Buchst. d UStG auf. Dabei wird nicht zwischen juristischen Personen des privaten oder öffentlichen Rechts unterschieden (zu Letzteren vgl. Abschn. 1a.1 Abs. 3 UStAE; zu Problemen der GKV als Erwerber vgl. Pommerin/Paßgang, UStB 2012, 235, vgl. OFD Karlsruhe vom 15.01.2013, USt-Kartei S 7103a – Karte 1, UR 2013, 397 – Arzneimittellieferungen ausländischer Apotheken; i. g. Erwerb durch gesetzliche Krankenkasse). Aus der Differenzierung zwischen einerseits einer juristischen Person, die nicht Unternehmer ist, und andererseits einem Erwerb, der nicht für das Unternehmen der juristischen Person erfolgt, ergibt sich, dass der Erwerb einer juristischen Person, die Unternehmer ist, und der für deren Unternehmen erfolgt, einen Fall des § 1 a Abs. 1 Nr. 2 Buchst. a UStG verwirklicht. Nur sofern die juristische Person kein Unternehmer ist oder der Erwerb nicht für das Unternehmen erfolgt, wird der i. g. Erwerb über § 1 a Abs. 1 Nr. 2 Buchst. b UStG erfasst. Für diesen Fall zählt die juristische Person nach § 1 a Abs. 3 Nr. 1 Buchst. d UStG auch zu den Schwellenerwerbern.

2.1.3.3 Schwellenerwerber nach § 1 a Abs. 3 UStG

35 Bestimmte in § 1 a Abs. 3 Nr. 1 Buchst. a bis c UStG genannte Unternehmer (Vorsteuerausschlussumsätze/Kleinunternehmer/Durchschnittssatzbesteuerung nach § 24 UStG) unterliegen der Besteuerung des i. g. Erwerbs nur unter der weiteren Bedingung, dass sie die in § 1 a Abs. 3 Nr. 2

UStG genannte Erwerbsschwelle überschreiten oder alternativ nach § 1a Abs. 4 UStG optiert haben (vgl. Rn. 48ff.). In diesen Kreis der sog. Schwellenerwerber fallen auch die juristischen Personen, wenn sie entweder nicht Unternehmer sind oder nicht für ihr Unternehmen erwerben (§ 1a Abs. 3 Nr. 1 Buchst. d UStG). Für Schwellenerwerber ist jedoch die Rückausnahme des § 1a Abs. 5 UStG zu beachten, dass diese mit dem Erwerb neuer Fahrzeuge sowie verbrauchsteuerpflichtiger Waren dem i. g. Erwerb unterliegen.

2.1.3.4 Nichtunternehmer

Der Nichtunternehmer fällt mit seinen Erwerben im Ausland grundsätzlich nicht in den Anwendungsbereich des i. g. Erwerbs nach § 1a UStG. Er unterliegt damit grundsätzlich der Besteuerung nach dem Ursprungslandprinzip. Auch der Unternehmer, der für seine Privatsphäre erwirbt, fällt nicht in den Anwendungsbereich der Vorschrift. Ausnahmen dafür bilden einerseits die juristischen Personen, die nicht Unternehmer sind. Für diese regelt § 1a Abs. 1 Nr. 2 Buchst. b UStG, dass sie auch als Nichtunternehmer in den Anwendungsbereich fallen können, sofern die Erwerbsschwelle des § 1a Abs. 3 Nr. 2 UStG überschritten wird. Unter dieser Bedingung unterliegen auch Erwerbe einer juristischen Person dem i. g. Erwerb, die nicht für deren Unternehmen erfolgen. Andererseits besteht für den Erwerb neuer Fahrzeuge nach § 1b UStG eine Ausnahme, da in diesem Bereich grundsätzlich jeder als Erwerber in Betracht kommt (vgl. die Kommentierung zu § 1b; vgl. korrespondierend auch § 6a Abs. 1 S. 1 Nr. 2 Buchst. c UStG). 36

2.1.4 Voraussetzungen des Lieferers

2.1.4.1 Allgemeines

Während in § 1a Abs. 1 Nr. 2 UStG die durch den Erwerber zu erfüllenden Voraussetzungen benannt werden, regelt § 1a Abs. 1 Nr. 3 UStG die auf der Seite des Lieferers zu erfüllenden Voraussetzungen. Nach § 1a Abs. 1 Nr. 3 Buchst. a UStG muss es sich bei dem Lieferer um einen **Unternehmer** handeln, der die Lieferung gegen Entgelt **im Rahmen seines Unternehmens** erbringt. Bei der Beurteilung des Vorliegens dieser Tatbestandsmerkmale stellt sich die weitergehende Frage, nach welchem Recht die Unternehmereigenschaft und die Voraussetzung der Lieferung im Rahmen des Unternehmens geprüft werden soll. Aus deutscher Sicht bietet sich zunächst die Beurteilung der Unternehmereigenschaft nach § 2 UStG an. Allerdings handelt es sich regelmäßig um einen liefernden Unternehmer, der gerade nicht im Inland ansässig ist und somit nicht unmittelbar den Regelungen des § 2 UStG unterliegt. Daneben könnte die Prüfung nach dem Recht des Staates erfolgen, der für die Besteuerung des Lieferers zuständig ist (vgl. z. B. Schwarz in V/S, § 1a Rn. 108). Als weitere Alternative böte es sich an, diese Frage in Streitfällen richtlinienkonform auszulegen (vgl. z. B. Robisch in Bunjes, § 1a Rn. 13). In der Praxis wird man davon ausgehen können, dass § 2 UStG zumindest einen Anhaltspunkt bietet und insofern auch grundlegend mit dem Recht der anderen Mitgliedstaaten übereinstimmt. In der Masse der Fälle werden sich deshalb m. E. auch keine großen Probleme ergeben. Es stellt sich natürlich auch die Frage nach einer eventuellen Prüfpflicht des Unternehmers und insoweit nach der Verhältnismäßigkeit von Anforderungen, die an einen Unternehmer gestellt werden können. Letztlich kann der Unternehmer nur ausgehend von den Signalen handeln, die sich ihm bieten. Gibt der liefernde Unternehmer in der Rechnung seine ausländische USt-IdNr. an, weist er zudem keine ausländische Umsatzsteuer aus und verweist er auf die Steuerbefreiung für die i. g. Lieferung des anderen Mitgliedstaates, kann der Unternehmer grundsätzlich davon ausgehen, dass die Voraussetzungen nach § 1a Abs. 1 Nr. 3 UStG erfüllt sind und daher auf seiner Seite ein steuerbarer und regelmäßig steuerpflichtiger i. g. Erwerb vorliegt (vgl. BT-Drucks. 12/2463 vom 27.04.1992, 24). Allerdings 37 muss auch bei einem i. g. Erwerb ebenso wie bei einer i. g. Lieferung berücksichtigt werden, dass hier für den Unternehmer ein **gewisses Risiko** besteht. Er selbst verwirklicht den Tatbestand des i. g. Erwerbs, es geht somit um seine ureigenen steuerlichen Belange. Unterlässt er die Besteuerung eines i. g. Erwerbs, obgleich ein solcher nach den objektiven Gegebenheiten vorliegt, hat er Steuern nicht abgeführt, insoweit gegen seine eigenen steuerlichen Verpflichtungen verstoßen und sieht sich im Zweifel mit dem entsprechenden Vorwurf konfrontiert. In einer solchen Situation stellt sich die Frage nach einem Vertrauensschutztatbestand. § 1 a UStG beinhaltet keine ausdrückliche **Vertrauensschutzregelung** vergleichbar § 6a Abs. 4 UStG. Dennoch ist es denkbar, dass auch im Bereich des § 1 a UStG nach dem übergeordneten Grundsatz der Verhältnismäßigkeit ein solcher besteht. Nach der bisherigen Rechtsprechung des EuGH dürfte es dann aber wohl auf die Beachtung der Sorgfalt eines ordentlichen Kaufmanns ankommen und insofern auch auf die Frage, welche Prüfungsschritte noch als angemessene Anforderung zu betrachten sind.

38 Eine weitere Anforderung an den liefernden Unternehmer stellt § 1a Abs. 1 Nr. 3 Buchst. b UStG. Der liefernde Unternehmer darf nicht nach dem Recht des Mitgliedstaates, der für seine Besteuerung zuständig ist, als **Kleinunternehmer** steuerfrei sein. Gegenüber der Regelung in § 1 a Abs. 1 Nr. 3 Buchst. a UStG ist für den Anwendungsbereich des § 1 a Abs. 1 Nr. 3 Buchst. b UStG im Gesetz festgelegt, dass bei der Prüfung der Kleinunternehmereigenschaft auf das Recht desjenigen Staates abzuheben ist, welcher für die Besteuerung des Lieferers zuständig ist. Hierbei ist zu beachten, dass die Regelungen sehr unterschiedlich sein, insbesondere auch die Kleinunternehmergrenzen voneinander abweichen können.

2.1.4.2 Rechnungslegung

39 Führt ein Unternehmer eine i. g. Lieferung aus, ist er nach deutschem Steuerrecht zur Erteilung einer Rechnung verpflichtet (vgl. § 14 Abs. 2 S. 1 Nr. 2 S. 2 und 3 UStG). Daran dürfte sich auch nach den Änderungen durch das Steuerbürokratieabbaugesetz nichts geändert haben (vgl. § 14 Rn. 37 ff.). In dieser Rechnung ist nach § 14 Abs. 4 S. 1 Nr. 8 UStG auf die jeweilige Steuerbefreiung hinzuweisen. Weiterhin beinhaltet § 14a Abs. 3 UStG zusätzliche Anforderungen an eine solche Rechnung. Der Unternehmer muss neben den allgemeinen Rechnungsangaben auch seine eigene USt-IdNr. sowie die des Abnehmers angeben (vgl. § 14a Rn. 22 ff.). An diesen Rechnungsangaben kann der Leistungsempfänger regelmäßig auch erkennen, dass auf der Gegenseite eine steuerfreie i. g. Lieferung vorliegt, die bei ihm selbst zu einem i. g. Erwerb führt.

2.2 Innergemeinschaftliches Verbringen

2.2.1 Allgemeines

40 Grundsätzlich sind innerhalb eines einheitlichen Unternehmens Umsätze nicht möglich (vgl. Abschn. 2.7 Abs. 1 S. 3 UStAE). Transportiert ein Unternehmer demnach Gegenstände seines Unternehmensvermögens von einem Teil seines Unternehmens in einen anderen Teil seines Unternehmens, liegt umsatzsteuerlich ein sog. rechtsgeschäftsloses Verbringen (Innenumsatz) vor, welches keine weiteren umsatzsteuerlichen Folgen auslöst. Eine hiervon abweichende Behandlung gilt kraft gesetzlicher Fiktion jedoch für den Fall, dass das Verbringen entweder aus dem Inland in das übrige Gemeinschaftsgebiet (vgl. Abschn. 1.10 UStAE) erfolgt – für diesen Fall fingiert § 3 Abs. 1a UStG eine Lieferung, die nach § 6a Abs. 2 UStG als i. g. Lieferung gilt – oder dass das Verbringen vom übrigen Gemeinschaftsgebiet in das Inland erfolgt – für diesen Fall fingiert § 1 a Abs. 2 UStG einen i. g. Erwerb (vgl. Abschn. 1a.2 Abs. 1 und 2 UStAE).

2.2.2 Voraussetzungen

Ein i. g. Verbringen liegt nach § 1 a Abs. 2 S. 1 UStG vor, wenn der **Unternehmer** (nicht: juristische Person als Schwellenerwerber nach § 1a Abs. 3 Nr. 1 Buchst. d UStG) einen Gegenstand seines Unternehmens aus dem übrigen Gemeinschaftsgebiet in das Inland zu seiner Verfügung, ausgenommen zu einer nur vorübergehenden Verwendung, verbringt (vgl. Abschn. 1a.2 Abs. 4ff. UStAE). In diesen Fällen gilt der Unternehmer als Erwerber (§ 1 a Abs. 2 S. 1 UStG). Die Vorschrift stellt das Spiegelbild des § 3 Abs. 1a UStG dar. Beide Vorschriften haben die gleichen Tatbestandsvoraussetzungen, lediglich mit dem Unterschied, dass § 3 Abs. 1a UStG die umgekehrte Richtung des Verbringens voraussetzt und den Unternehmer statt zum Erwerber zum Lieferer erklärt. Wegen weiterer Einzelheiten vgl. § 3 Rn. 31ff. und vgl. Abschn. 1a.2 UStAE (zu den Voraussetzungen vgl. EuGH, Urteil vom 06.03.2014, Az: C-606/12, C-607/12 »Dresser Rand SA«). 41

Zu beachten ist im Zusammenhang mit dem i. g. Verbringen auch, dass zwar zunächst die Voraussetzungen nicht vorliegen, später aber eintreten können und dann die Folgen eines i. g. Erwerbs zu ziehen sind (vgl. Abschn. 1a.2 Abs. 11 bis 13 UStAE). 42

Zur Behandlung der Einlagerung in ein **Konsignationslager** hat sich der BFH in jüngster Zeit in zwei Urteilen geäußert (vgl. BFH vom 20.10.2016, Az: V R 31/15, BStBl II 2017, 1076 und BFH vom 16.11.2016, Az: V R 1/16, BStBl II 2017, 1079. Demnach ist der Lieferort nach § 3 Abs. 6 UStG zu bestimmen, wenn der Abnehmer bei Beginn der Versendung feststeht. Eine kurzzeitige Lagerung des Gegenstandes der Lieferung nach Beginn der Versendung in einem Auslieferungslager soll dabei unschädlich sein. Steht der Abnehmer bei Beginn der Versendung hingegen noch nicht fest, liegt ein innergemeinschaftliches Verbringen vor. Die Verwaltung hat die bisherige Regelung in Abschn. 1a.2 Abs. 6 UStAE a.F. und Abschn. 3.12 Abs. 3 UStAE a.F. entsprechend angepasst und die Rechtsprechung des BFH damit übernommen (vgl. Abschn. 1a.2 Abs. 6 S. 4–9 UStAE und Abschn. 3.12 Abs. 3 und Abs. 7 UStAE i.d.F. des BMF-Schreibens vom 10.10.2017, Az: III C 3 – S 7103-a/15/10001, BStBl I 2017, 1442 – grundsätzliche Anwendung auf alle offenen Fälle, Nichtbeanstandungsregelung für Fälle vor dem 01.01.2018 [Nichtbeanstandungsregelung verlängert 01.01.2019, vgl. BMF-Schreiben vom 14.12.2017, Az: III C 3 – S 7103-a/15/10001, DStR 2018, 32]; ergänzend s. a. OFD Frankfurt vom 14.05.2018, Az: S 7100 a A – 004 – St 110, UR 2018, 573). 43

Literaturhinweise: Langer in DStR 2017, 242 ff; Müller in UR 2017, 615ff. (speziell zu den Auswirkungen auf die Automobilindustrie); Liebchen/Kaiser in BB 2017, 224ff.; Robisch in NWB 2017, 3486ff. und in MwStR 2017, 893f.; Rolfes in StuB 2017, 347ff. und StuB 2018, 67ff.; Gries/Stößel in NWB 2017, 1810ff.; Meyer-Burow/Connemann in UStB 5/2018, 148ff.

Zum Vorschlag der Europäischen Kommission, kurzfristig (01.01.2019) eine Regelung zum Konsignationslager in die MwStSystRL aufzunehmen vgl. Com(2017) 569 final vom 04.10.2017, Art. 1 Nr. 2 (Art. 17a MwStSystRL neu). 44

2.2.3 Bemessungsgrundlage

§ 1 a Abs. 2 S. 1 UStG fingiert in Fällen des i. g. Verbringens einen i. g. Erwerb gegen Entgelt. Da es in diesen Fällen an einem tatsächlichen Entgelt mangelt, regelt § 10 Abs. 4 S. 1 Nr. 1 UStG die Bemessungsgrundlage. Der Umsatz bemisst sich demnach nach dem Einkaufspreis zuzüglich der Nebenkosten für den Gegenstand oder für einen gleichartigen Gegenstand oder mangels eines Einkaufspreises nach den Selbstkosten, jeweils zum Zeitpunkt des Umsatzes und ohne Umsatzsteuer (§ 10 Abs. 4 S. 2 UStG). 45

2.2.4 Erwerberkreis

46 Die Regelungen des § 1 a Abs. 3 UStG hinsichtlich der Schwellenerwerber (§ 1 a Abs. 3 Nr. 1 Buchst. a – c UStG; vgl. Rn. 48 ff.) betreffen auch das i. g. Verbringen nach § 1 a Abs. 2 UStG. Bei einem Schwellenerwerber liegt demnach kein i. g. Verbringen vor, wenn er die Erwerbsschwelle des § 1 a Abs. 3 Nr. 2 UStG nicht überschreitet und auch nicht nach § 1 a Abs. 4 UStG auf die Anwendung des § 1 a Abs. 3 UStG verzichtet. In die Ermittlung der Erwerbsschwelle sind sowohl die Erwerbe nach § 1 a Abs. 1 Nr. 1 UStG als auch das i. g. Verbringen nach § 1 a Abs. 2 UStG einzubeziehen (vgl. Rn. 59 ff.).

2.2.5 Lieferung durch Großhändler im grenznahen Raum

47 Aus Vereinfachungsgründen kann in bestimmten Fällen ein i. g. Verbringen angenommen werden, obwohl der Sache nach eine i. g. Lieferung vorliegt. Die Voraussetzungen listet Abschn. 1a.2 Abs. 14 UStAE auf (zur bisherigen Fassung vgl. Dankl, UR 2011, 454). Die bisher relativ offen formulierte Verwaltungsanweisung hat wohl zu »Anwendungsfehlern« geführt, weswegen die Verwaltung mit BMF-Schreiben vom 21.11.2012 (Az: IV D 3 – S 7103-a/12/10002, BStBl. I 2012, 1229; zur Neufassung vgl. Dankl/Robisch, UR 2013, 372) eine Präzisierung/Einschränkung vorgenommen hat. Klar formulierte Voraussetzung soll nunmehr u. a. die Beförderung durch den liefernden Unternehmer an den Abnehmer sein. Daneben muss die Anwendung der Vereinfachungsregelung vor der erstmaligen Anwendung genehmigt werden (ansonsten droht Rückabwicklung). Die Neufassung des UStAE gilt für alle offenen Fälle (wegen Übergangsfrist und ggf. Bestandsschutz in bestimmten Fällen vgl. vorstehendes BMF-Schreiben; Übergangsfrist verlängert bis zum 30.09.2013 durch BMF vom 20.03.2013, Az: IV D 3 – S 7103-a/12/10002, BStBl. I 2013, 335). Mit Schreiben des BMF vom 23.04.2018 (Az.: III C 3 – S 7103-a/17/10001, juris) wird Abschn. 1a.2 Abs. 14 UStAE mit Hinweis auf das Risiko eines Steuerausfalles aufgehoben und damit die bisherige Vereinfachungsregelung abgeschafft (Nichtbeanstandungsregelung für Umsätze vor dem 01.01.2019; Literaturhinweis: Walkenhorst in USB 6/2018, 166; Sterzinger in UR 12/2018, 475).

2.3 Erwerbsschwellenregelung für bestimmte Unternehmer

2.3.1 Allgemeines

48 Nach dem Einleitungssatz in § 1 a Abs. 3 UStG liegt ein i. g. Erwerb nach den Absätzen 1 (= Lieferung) und 2 (i. g. Verbringen) nicht vor, wenn kumulativ zwei Voraussetzungen erfüllt sind. Einerseits muss es sich bei dem Erwerber um einen der in § 1 a Abs. 3 Nr. 1 UStG aufgelisteten Schwellenerwerber handeln, andererseits dürfen die Entgelte für Erwerbe i. S. d. § 1 a Abs. 1 Nr. 1 und Abs. 2 UStG die in § 1 a Abs. 3 Nr. 2 UStG genannte Erwerbsschwelle von 12.500 € nicht übersteigen. Liegen beide Voraussetzungen vor, handelt es sich bei den Erwerben nicht um i. g. Erwerbe, die die Rechtsfolgen des § 1 a UStG auslösen (zur Behandlung der Schwellenerwerber vgl. OFD Frankfurt a. M. vom 24.03.2011, Az: S 7103a A-6-St 110). Für die sog. Schwellenerwerber sieht § 1 a Abs. 4 UStG die Möglichkeit einer freiwilligen Option vor. Zu beachten ist, dass nach § 1 a Abs. 5 S. 1 UStG der Erwerb neuer Fahrzeuge und verbrauchsteuerpflichtiger Waren nicht unter § 1 a Abs. 3 UStG fällt. Derartige Erwerbe unterliegen demnach auch bei sog. Schwellenerwerbern der Erwerbsbesteuerung (vgl. Abschn. 1a.1 Abs. 2 S. 2 UStAE).

2.3.2 Umsätze, die zum Ausschluss vom Vorsteuerabzug führen

Nach § 1a Abs. 3 Nr. 1 Buchst. a UStG fallen in den Kreis der Schwellenerwerber solche Unternehmer, die nur steuerfreie Umsätze ausführen, die zum Ausschluss vom Vorsteuerabzug führen. Diese Frage beurteilt sich nach dem nationalen Steuerrecht. In Deutschland fallen darunter Unternehmer, die Umsätze tätigen, die nach § 4 Nr. 8 bis 28 UStG steuerfrei sind, da für diese regelmäßig über die Regelungen des § 15 Abs. 2 und Abs. 3 UStG ein absoluter Vorsteuerausschluss eintritt. Nicht in den Anwendungsbereich der Regelung fallen demnach Unternehmer, deren Umsätze zwar steuerfrei sind, für die aber dennoch kein Vorsteuerausschluss eintritt (z. B. § 4 Nr. 1 UStG i. V. m. § 15 Abs. 2 S. 1 Nr. 1 UStG i. V. m. § 15 Abs. 3 Nr. 1 Buchst. a UStG). Die Verwendung der Vokabel »nur« ist mit »ausschließlich« gleichzusetzen. Führt der Unternehmer noch anderweitige Umsätze aus, beispielsweise steuerpflichtige Umsätze oder solche steuerfreien Umsätze, für die kein Vorsteuerausschluss eintritt, kann die Regelung ihrem Wortlaut nach nicht greifen. Für diesen Fall unterliegen dann alle i. g. Erwerbe der Besteuerung, da der Unternehmer nicht die Voraussetzungen des § 1a Abs. 3 Nr. 1 UStG erfüllt und somit nicht zum Kreis der Schwellenerwerber zählt. Der Vorsteuerabzug aus der Erwerbsteuer (§ 15 Abs. 1 S. 1 Nr. 3 UStG) richtet sich in einem solchen Fall nach der konkreten Zuordnung des Erwerbes zu den entsprechenden Ausgangsumsätzen. Steht der Erwerb mit steuerfreien Ausgangsumsätzen in Zusammenhang, scheidet der Vorsteuerabzug nach § 15 Abs. 2 S. 1 Nr. 1 UStG aus. Bei Mischfällen ist § 15 Abs. 4 UStG zu beachten. 49

Überschreitet ein Unternehmer mit ausschließlich steuerfreien Umsätzen i. S. d. Vorschrift die in § 1a Abs. 3 Nr. 2 UStG genannte Erwerbsschwelle, unterliegen seine i. g. Erwerbe der Erwerbsbesteuerung, da die Voraussetzungen der Nr. 1 und Nr. 2 kumulativ vorliegen müssen. Gleichzeitig tritt für die Erwerbsteuer regelmäßig der Vorsteuerausschluss ein (§ 15 Abs. 1 S. 1 Nr. 3 i. V. m. Abs. 2 S. 1 Nr. 1 UStG). 50

2.3.3 Kleinunternehmer

Nach § 1a Abs. 3 Nr. 1 Buchst. b UStG fallen auch Kleinunternehmer nach § 19 Abs. 1 UStG in den Kreis der Schwellenerwerber (zu »Fallstricken« i. Z. m. § 1a UStG vgl. Mans/Paßgang in UStB 2013, 269). Kleinunternehmer ist nach § 19 Abs. 1 UStG der Unternehmer, der im Inland oder den in § 1 Abs. 3 UStG bezeichneten Gebieten ansässig ist und dessen Umsätze im vorangegangenen Jahr nicht 17.500 € überstiegen haben und im laufenden Kj. voraussichtlich nicht 50.000 € übersteigen werden (wegen weiterer Einzelheiten vgl. die Kommentierung zu § 19). Der Gesetzeswortlaut hebt darauf ab, dass für die Umsätze des Unternehmers die Umsatzsteuer nach § 19 Abs. 1 UStG tatsächlich nicht erhoben wird. Optiert der Unternehmer demnach nach § 19 Abs. 2 UStG zur Regelbesteuerung, fällt er aus dem Kreis der Schwellenerwerber nach § 1a Abs. 3 Nr. 1 Buchst. b UStG, seine Erwerbe unterliegen der Besteuerung nach § 1a UStG. Für ihn gelten die allgemeinen umsatzsteuerlichen Regelungen, sodass auch der Vorsteuerabzug nach § 15 Abs. 1 S. 1 Nr. 3 UStG in Betracht kommt. 51

Überschreiten die Erwerbe eines Kleinunternehmers die Erwerbsschwelle des § 1a Abs. 3 Nr. 2 UStG, tritt die Besteuerung nach § 1a UStG ein. Da für den Kleinunternehmer die Regelungen zum Vorsteuerabzug nach § 19 Abs. 1 S. 4 UStG nicht gelten, kann er die Erwerbsteuer folglich nicht als Vorsteuer geltend machen. 52

2.3.4 Land- und forstwirtschaftliche Unternehmer

53 Nach § 1 a Abs. 3 Nr. 1 Buchst. c UStG fallen auch Unternehmer in den Kreis der Schwellenerwerber, bei denen die Steuer nach § 24 UStG (Durchschnittssätze für land- und forstwirtschaftliche Betriebe) festgesetzt ist. Allerdings gilt dies nur dann, wenn der Gegenstand des Erwerbs zur Ausführung dieser Umsätze auch verwendet wird. Führt der Unternehmer neben den unter die Durchschnittssätze fallenden Umsätze noch andere Umsätze aus, für die die Steuer nicht nach Durchschnittssätzen ermittelt wird (vgl. § 24 Abs. 3 UStG), ist der land- und forstwirtschaftliche Betrieb in der Gliederung des Unternehmens als gesondert geführter Betrieb zu behandeln. Tätigt der Unternehmer Erwerbe für den nicht der Durchschnittssatzbesteuerung unterliegenden Bereich, unterliegen diese der normalen Besteuerung des § 1 a UStG, da der Unternehmer insoweit nicht zum Kreis der Schwellenerwerber zählt, es sei denn, er ist gleichzeitig Kleinunternehmer und fällt unter § 1 a Abs. 3 Nr. 1 Buchst. b UStG. Bei der Ermittlung der Erwerbsschwelle nach § 1 a Abs. 3 Nr. 2 UStG sind Erwerbe nicht einzubeziehen, die der normalen Erwerbsbesteuerung unterliegen (vgl. Robisch in Bunjes, § 1 a Rn. 29).

54 Auch für die Durchschnittssatzbesteuerung ist in § 24 Abs. 4 UStG die Möglichkeit der Option zur Regelbesteuerung vorgesehen. Für diesen Fall entfallen die Voraussetzungen des § 1 a Abs. 3 Nr. 1 Buchst. c UStG und unterliegen die Erwerber der normalen Besteuerung, es sei denn, der Unternehmer ist gleichzeitig Kleinunternehmer.

55 Zum Vorsteuerabzug eines der Durchschnittssatzbesteuerung unterliegenden Landwirts, der durch Option nach § 1 a Abs. 4 UStG auf die Anwendung der Erwerbsschwelle verzichtet hat, vgl. BFH vom 24.09.1998 (Az: V R 17/98, BStBl. II 1999, 39).

56 Zur Behandlung der **Verwendung einer zugeteilten USt-IdNr.** (vgl. § 27 a UStG) durch einen der Durchschnittssatzbesteuerung unterliegenden Landwirt, der nicht nach § 1 a Abs. 4 UStG optiert hat vgl. OFD Nürnberg vom 29.08.2002 (Az: S 7130a – 12/St 43, UR 2003, 256), OFD Hannover vom 15.10.2008 (Az: S 7103a – 14 – StO 183, UR 2009, 69) und OFD Frankfurt vom 22.06.2010 (Az: S 7103 a A – 6 – St 110, UR 2011, 39 und OFD Frankfurt vom 24.03.2011, Az: S 7103 a A – 6 – St 110). In der Verwendung der USt-IdNr. gegenüber dem Lieferanten liegt keine Option nach § 1 a Abs. 4 UStG, da eine solche gegenüber dem Finanzamt erfolgen muss. Überschreitet der Landwirt nicht die Erwerbsschwelle, muss über eine Spontanauskunft an den anderen Mitgliedstaat sichergestellt werden, dass die Lieferung dort nicht als i. g. Lieferung steuerfrei belassen wird. Auf das Risiko einer gänzlichen Nichtbesteuerung des Umsatzes hat der Gesetzgeber mit der **Neuformulierung des § 1 a Abs. 4 UStG** durch das **JStG 2010** reagiert (vgl. Rn. 68 ff.).

2.3.5 Bestimmte juristische Personen

57 Nach § 1 a Abs. 3 Nr. 1 Buchst. d UStG fallen auch juristische Personen, die nicht Unternehmer sind oder den Gegenstand nicht für ihr Unternehmen erwerben in den Kreis der Schwellenerwerber. Für diesen Erwerberkreis gilt bereits die Besonderheit, dass er mit den Erwerbern nach § 1 a Abs. 1 Nr. 2 Buchst. b UStG überhaupt unter die Regelungen des § 1 a UStG fällt. Grundsätzlich unterliegen die Erwerbe der juristischen Personen damit der Erwerbsbesteuerung, sofern der Erwerb jedoch für den nichtunternehmerischen Bereich erfolgt oder die juristische Person kein Unternehmer ist, gilt dies nur, wenn die Erwerbsschwelle des § 1 a Abs. 3 Nr. 2 UStG überschritten wird oder eine Option nach § 1 a Abs. 4 UStG erfolgt. Bei juristischen Personen des öffentlichen Rechts werden grundsätzlich alle in ihrem Bereich vorgenommenen Erwerbe zusammengefasst (vgl. Abschn. 1a.1 Abs. 3 S. 1 UStAE). Allerdings lässt es die Verwaltung zu, dass bei den Gebietskörperschaften Bund und Länder auch einzelne Organisationseinheiten (z. B. Ressorts, Behörden,

Ämter) als Steuerpflichtige behandelt werden (vgl. Abschn. 1a.1 Abs. 3 S. 2 UStAE). Aus Vereinfachungsgründen geht die Verwaltung hierbei davon aus, dass die Erwerbsschwelle überschritten wird (vgl. Abschn. 1a.1 Abs. 3 S. 3 UStAE). Den einzelnen Organisationseinheiten kann auch eine eigene USt-IdNr. zugewiesen werden (vgl. Abschn. 27a.1 Abs. 3 S. 4 UStAE).

Für die Ermittlung der Erwerbsschwelle bleiben die Erwerbe außer Ansatz, für die bereits die Erwerbsbesteuerung nach den normalen Vorschriften erfolgt (juristische Personen mit einem unternehmerischen und einem nichtunternehmerischen Bereich; vgl. Robisch in Bunjes, § 1a Rn. 31; vgl. Schwarz in V/S, § 1a Rz. 237 mit der weiteren Voraussetzung einer getrennten Führung der Bereiche). Aus dem Gesetzeswortlaut ergibt sich diese Behandlung allerdings nicht zweifelsfrei, da § 1a Abs. 3 Nr. 2 UStG auf die Summe aller Erwerbe nach § 1a Abs. 1 Nr. 1 und Abs. 2 UStG abhebt. Für den Fall der Einbeziehung in die Erwerbsschwelle würde sich m.E. die Frage nach dem Sinn stellen, einerseits die Erwerbe für den nichtunternehmerischen Bereich in die Erwerbsbesteuerung mittels Spezialvorschrift einzubeziehen und diese einer Erwerbsschwelle zu unterwerfen, andererseits dabei aber auch die Erwerbe zu berücksichtigen, die ohnehin der Erwerbsbesteuerung unterliegen. **58**

2.3.6 Erwerbsschwelle

2.3.6.1 Ermittlung der Erwerbsschwelle

Für den Kreis der Schwellenerwerber regelt § 1a Abs. 3 Nr. 2 UStG eine sog. Erwerbsschwelle i. H. v. 12.500 €. Ein i. g. Erwerb liegt nicht vor, wenn der Erwerber einerseits in den Kreis der Schwellenerwerber nach § 1a Abs. 3 Nr. 1 UStG fällt und andererseits (kumulativ) die Erwerbsschwelle nicht überschreitet. In die Ermittlung der Erwerbsschwelle sind grundsätzlich alle Erwerbe nach § 1a Abs. 1 Nr. 1 und Abs. 2 UStG aus allen Mitgliedstaaten im Kj. einzubeziehen. Nicht einzubeziehen sind Erwerbe neuer Fahrzeuge sowie verbrauchsteuerpflichtiger Waren, da diese nach § 1a Abs. 5 UStG auch bei den sog. Schwellenerwerbern generell der Erwerbsbesteuerung unterliegen (vgl. Abschn. 1a.1 Abs. 2 S. 2, 3 UStAE). **59**

In die Ermittlung einzubeziehen sind die Entgelte für die entsprechenden Erwerbe. In Fällen des § 1a Abs. 1 UStG entspricht dies dem Entgelt i. S. d. § 10 Abs. 1 S. 2 UStG, in Fällen des i. g. Verbringens der nach § 10 Abs. 4 Nr. 1 UStG anzusetzenden Bemessungsgrundlagen. Dabei ist auf die vereinbarten Entgelte abzuheben, da auch die Steuerentstehung bei einem i. g. Erwerb nach § 13 Abs. 1 Nr. 6 UStG nicht von der Zahlung abhängt. Außer Ansatz bleiben Erwerbe, für die ohnehin die normale Erwerbsbesteuerung greift (vgl. Rn. 53 ff. und vgl. Rn. 57 ff.). **60**

Maßstab für die Anwendung der Erwerbsschwelle sind dabei grundsätzlich die Erwerbe des vorangegangenen Kj., da aus der Sicht des Beginns eines Kj., für das ggf. eine Erwerbsbesteuerung durchzuführen ist, nur diese zweifelsfrei feststehen. Allerdings fordert § 1a Abs. 3 Nr. 2 UStG auch, dass die Erwerbsschwelle im laufenden Kj. voraussichtlich nicht überschritten werden darf. Letzteres kann nur im Rahmen einer **Prognose** aus der Sicht des Beginns eines Kj. beurteilt werden. Kommt es trotz anfänglich anderer Prognose im laufenden Kj. zu einer Überschreitung, bleibt es dennoch bei der Nichtbesteuerung des i. g. Erwerbs (vgl. Abschn. 1a.1 Abs. 2 S. 5 UStAE). Zur ähnlich gelagerten Problematik bei Prüfung der Kleinunternehmergrenze vgl. Abschn. 19.1 Abs. 3 UStAE. Diese Rechtsfolge kann m. E. aber nur für den Fall eintreten, dass die durch den Unternehmer vorgenommene Prognose realistisch ist. Probleme werden daher insbesondere für den Fall auftreten, dass sich bei einer späteren Überprüfung herausstellt, dass die durch den Unternehmer vorgenommene Prognose von Beginn an zweifelhaft oder unrealistisch war (nicht zu verwechseln mit dem Fall, dass sich erst während des Kj. eine Erweiterung des Unternehmens ergibt, vgl. BFH vom 07.03.1995, Az: XI R 51/94, BStBl. II 1995, 562). **61**

2.3.6.2 Option zur Erwerbsbesteuerung

2.3.6.2.1 Rechtslage bis 31.12.2010

62 Schwellenerwerber nach § 1a Abs. 3 UStG können nach § 1a Abs. 4 S. 1 UStG a.F. auf die Anwendung des § 1a Abs. 3 UStG verzichten. Voraussetzung hierfür ist, dass die Schwellenerwerber nicht ohnehin die in § 1a Abs. 3 Nr. 2 UStG benannte Erwerbsschwelle überschreiten, da für diesen Fall die Folge der normalen Erwerbsbesteuerung auch ohne Verzicht nach § 1a Abs. 4 UStG eintritt. Liegen die Erwerbe eines Schwellenerwerbers demnach unterhalb der Erwerbsschwelle, kann er freiwillig nach § 1a Abs. 4 UStG optieren und muss dann sämtliche i. g. Erwerbe der Erwerbsbesteuerung unterwerfen. Der Verzicht auf die Anwendung des § 1a Abs. 3 UStG kann nach dem Wortlaut der Vorschrift nur insgesamt erfolgen, ein selektiver Verzicht nur für einzelne Erwerbe oder für Erwerbe aus bestimmten Mitgliedstaaten ist nicht zulässig.

63 Mit dem Verzicht nach § 1a Abs. 4 UStG geht m.E. nicht gleichzeitig einher, dass der Unternehmer deswegen auch eine Option nach § 19 Abs. 2 UStG oder § 24 Abs. 4 UStG zur Regelbesteuerung ausgesprochen hätte. Folglich ändert der Verzicht nach § 1a Abs. 4 UStG nichts an den in diesen Vorschriften enthaltenen Vorsteuerausschlüssen oder -beschränkungen (vgl. BFH vom 24.09.1998, Az: V R 17/98, BStBl. II 1999, 39). Sinnvoll kann ein Verzicht nach § 1a Abs. 4 UStG dennoch sein, wenn beispielsweise im Herkunftsland der Lieferung ein höherer Steuersatz als in Deutschland anfällt. In einem solchen Fall würde durch die Steuerfreiheit der i. g. Lieferung unter gleichzeitiger Erwerbsbesteuerung beim Abnehmer eine Verringerung der tatsächlichen Steuerbelastung eintreten.

64 Nach § 1a Abs. 4 S. 2 UStG ist der Verzicht gegenüber dem Finanzamt zu erklären. Die Verwendung einer USt-IdNr. gegenüber dem Lieferanten stellt demgegenüber keinen Verzicht i.S.d. § 1a Abs. 4 UStG dar (vgl. OFD Nürnberg vom 29.08.2002, Az: S 7130a – 12/St 43, UR 2003, 256 – für einen nach § 24 UStG besteuerten Landwirt; vgl. OFD Hannover vom 15.10.2008, Az: S 7103a – 14 – StO 183, UR 2009, 69 ebenso für pauschalierenden Landwirt). Für die **Form des Verzichts** ist im Gesetz keine bestimmte Form vorgeschrieben, die Erklärung kann demnach auch konkludent erfolgen, beispielsweise durch die Abgabe einer entsprechenden Voranmeldung (Vorsicht wegen ggf. gleichzeitiger Option nach § 19 Abs. 2 UStG oder § 24 Abs. 4 UStG).

65 Für den Verzicht ist in § 1a Abs. 4 UStG **keine spezielle Frist** vorgesehen, bis zu der er ggf. spätestens erklärt sein muss. Als zeitliche Grenze wird daher überwiegend in Anlehnung an § 19 Abs. 2 UStG von der Unanfechtbarkeit der Steuerfestsetzung (vgl. Robisch in Bunjes, § 1a Rn. 34; zweifelnd Schwarz in V/S, § 1a Rn. 241 – unter Hinweis auf die Auswirkungen für den Lieferer).

66 Wird der Verzicht erklärt, betrifft er **alle Erwerbe** ab dem Beginn des Kj., für das er erklärt wird. Nach § 1a Abs. 4 S. 2 UStG ist der Unternehmer an den Verzicht für mindestens **zwei Kj.** gebunden. Dies sind das Jahr, für das der Verzicht erstmals erklärt wird, und das Folgejahr. Nach Ablauf der Mindestbindungsfrist kann der Verzicht grundsätzlich mit Wirkung vom Beginn eines Kj. an widerrufen werden (fraglich: analog der Antragsfrist bis zur Unanfechtbarkeit der Steuerfestsetzung, vgl. vorstehend).

67 Ein **Widerruf des Verzichts** soll nur unter der weiteren Voraussetzung möglich sein, dass von der für den i. g. Erwerb erteilten USt-IdNr. noch kein Gebrauch gemacht wurde. Sofern der Unternehmer demgegenüber bereits unter Angabe seiner USt-IdNr. gegenüber dem Lieferer einen i. g. Erwerb getätigt hat, soll ein Widerruf unzulässig sein (vgl. Robisch in Bunjes, § 1a Rn. 35).

2.3.6.2.2 Rechtslage ab 01.01.2011

68 Durch Art. 4 Nr. 2 **JStG 2010** (Gesetz vom 08.12.2010, BGBl I 2010, 1768) wurde mit Wirkung ab 01.01.2011 (vgl. Art. 32 Abs. 5 JStG 2010) § 1a Abs. 4 UStG neu formuliert. Nach bisheriger Rechtslage war der Verzicht auf die Anwendung der Erwerbsschwelle des § 1a Abs. 3 UStG gegenüber dem Finanzamt auszusprechen. Ab **01.01.2011** gilt nach § 1a Abs. 4 S. 2 UStG i.d.F. des JStG 2010 bereits die Verwendung einer dem Erwerber erteilten USt-IdNr. gegenüber dem Lieferer als Verzicht auf die Anwendung der Erwerbsschwelle. Ausweislich der Gesetzesbegrün-

dung (vgl. BT-Drucks. 17/2249 vom 21.06.2010, 73) dient die Regelung der Vermeidung von Besteuerungslücken, die dadurch eintreten können, dass der Schwellenerwerber zwar einerseits gegenüber dem Lieferanten unter der ihm erteilten USt-IdNr. auftritt, der Lieferant folglich vom Vorliegen einer innergemeinschaftlichen Lieferung ausgeht und diese steuerfrei belässt, andererseits jedoch gegenüber dem Finanzamt keine Verzichtserklärung bezüglich der Erwerbsschwelle abgibt, sodass bei ihm die Voraussetzungen eines innergemeinschaftlichen Erwerbs nicht vorliegen. Im Ergebnis droht der Umsatz völlig unbesteuert zu bleiben (vgl. Rn. 56).

Nach der gewählten Formulierung in § 1 a Abs. 4 S. 2 UStG i. d. F. des JStG 2010 »Als Verzicht gilt ...« **69** handelt es sich insoweit um eine Fiktion. Daneben besteht m. E. unverändert die Möglichkeit einer Verzichtserklärung gegenüber dem Finanzamt (vgl. Abschn. 1a.1 Abs. 2 S. 6–9 UStAE). Fraglich erscheint die Handhabung der Bindungsfrist von zwei Kalenderjahren (vgl. § 1 a Abs. 4 S. 3 UStG i. d. F. des JStG 2010) in Fällen des Verzichts durch Verwendung einer USt-IdNr. Beginnt bei einer unterjährigen erstmaligen Verwendung einer USt-IdNr. die Frist zu diesem Zeitpunkt und läuft von da an gerechnet zwei Jahre (so wohl Huschens, NWB 2010, 4092 ff.)? Oder umfasst der solchermaßen ausgesprochene Verzicht das gesamte Kalenderjahr der erstmaligen Verwendung einer USt-IdNr. und das darauffolgende Kalenderjahr? Nach dem Gesetzeswortlaut jedenfalls entfaltet die Bindungsfrist ihre Wirkung auf Kalenderjahre.

2.3.7 Ausnahmen für bestimmte Erwerbe

Nach § 1 a Abs. 5 S. 1 UStG gilt § 1 a Abs. 3 UStG nicht für den Erwerb **neuer Fahrzeuge** und **70** **verbrauchsteuerpflichtiger Waren**. Daraus folgt, dass auch Erwerber aus dem Erwerberkreis nach § 1 a Abs. 3 Nr. 1 UStG, unabhängig davon, ob sie die Erwerbsschwelle nach § 1 a Abs. 3 Nr. 2 UStG überschreiten, mit diesen Erwerben der Erwerbsbesteuerung unterliegen. Bei der Ermittlung der Erwerbsschwelle hinsichtlich der übrigen Erwerbe werden diese Erwerbe nicht berücksichtigt (vgl. Abschn. 1a.1 Abs. 2 S. 2, 3 UStAE und vgl. Rn. 59 ff.).

Die Eigenschaft eines neuen Fahrzeugs i. S. d. Vorschrift ergibt sich aus § 1 b Abs. 2 und 3 UStG. **71** Die unter die Regelung fallenden verbrauchsteuerpflichtigen Waren sind in § 1 a Abs. 5 S. 2 UStG abschließend aufgezählt: Mineralöle, Alkohol und alkoholische Getränke, Tabakwaren.

2.3.8 Verbindung mit anderen Vorschriften

Die Regelung des § 1 a Abs. 3 UStG zu den Schwellenerwerbern steht in einem wechselseitigen **72** Verhältnis zu den Regelungen hinsichtlich des Ortes der Lieferung in Fällen des i. g. Versandhandels nach § 3 c UStG. Grundsätzlich bestimmt sich der Ort einer Lieferung in Fällen der Beförderung oder Versendung nach § 3 Abs. 6 UStG. Demnach liegt der **Ort der Lieferung** dort, wo die Beförderung oder Versendung an den Abnehmer beginnt. Für den Fall eines i. g. Erwerbs nach § 1 a UStG regelt § 3 d S. 1 UStG, dass der Ort des i. g. Erwerbs dort liegt, wo sich der Gegenstand am Ende der Beförderung oder Versendung befindet. Handelt es sich bei dem Erwerber um einen Schwellenerwerber nach § 1 a Abs. 3 UStG, der die Erwerbsschwelle nicht überschreitet und auch nicht darauf verzichtet, liegt nach der Definition dieser Vorschrift jedoch kein i. g. Erwerb vor. Was bleibt, ist allein die Lieferung, deren Ort sich nach § 3 Abs. 6 UStG bestimmt. Die Lieferung unterliegt damit der Besteuerung des Ursprungslandes und den ggf. dort höheren Umsatzsteuersätzen.

Für den Fall, dass der Lieferer den Gegenstand der Lieferung von einem Mitgliedstaat in einen **73** anderen Mitgliedstaat befördert oder versendet, regelt § 3 c Abs. 1 S. 1 UStG demgegenüber einen **abweichenden Lieferort**. Liegen die weiteren Voraussetzungen des § 3 c UStG vor, verlagert sich der Ort der Lieferung an das Ende der Beförderung oder Versendung. Folglich unterliegt eine solche Lieferung dann im Inland der Besteuerung (Bestimmungsland). Da die Regelung des § 3c Abs. 1 UStG nur den Fall betrifft, dass der Lieferer befördert oder versendet, sind **Abholfälle** folglich nicht betroffen (zur Abgrenzung bei Arzneimittellieferungen vgl. BFH vom 20.05.2015, Az: XI R 2/13 (V), BFH/NV 2015, 1775).

Erstes Zwischenergebnis:

a) Holt der Schwellenerwerber, der die Erwerbsschwelle des § 1 a Abs. 3 Nr. 2 UStG nicht überschreitet und auch nicht nach § 1 a Abs. 4 UStG verzichtet hat, den Gegenstand der Lieferung im anderen Mitgliedstaat ab, liegt nach § 1 a Abs. 3 UStG bereits kein i. g. Erwerb vor. Aufgrund des § 3 c Abs. 1 S. 1 UStG kann es auch nicht zu einer Ortsverlagerung ins Inland kommen, da nicht der Lieferer befördert oder versendet. Die Lieferung ist im Ursprungsland steuerbar und steuerpflichtig.

b) Überschreitet der Schwellenerwerber die inländische Erwerbsschwelle nach § 1 a Abs. 3 Nr. 2 UStG oder verzichtet er auf die Anwendung nach § 1 a Abs. 4 UStG, liegt ein i. g. Erwerb vor, dessen Ort sich nach § 3 d S. 1 UStG als im Inland befindlich definiert. Der i. g. Erwerb ist nach § 1 Abs. 1 Nr. 5 UStG steuerbar und regelmäßig steuerpflichtig. Auf der Gegenseite stellt der Vorgang eine i. g. Lieferung dar und ist nach den Bestimmungen des Ursprungslandes steuerfrei gestellt.

74 Erfolgt die **Beförderung oder Versendung** durch den **liefernden Unternehmer**, liegt grundsätzlich ein Fall des § 3 c Abs. 1 S. 1 UStG vor. Es kann zu einer Verlagerung des Lieferorts an das Ende der Beförderung oder Versendung kommen. Weitere Voraussetzung hierfür ist nach § 3 c Abs. 2 UStG, dass es sich bei dem **Abnehmer** der Lieferung um einen **bestimmten Personenkreis** handelt. Nach § 3 c Abs. 2 Nr. 2 Buchst. a bis d UStG zählen auch die Schwellenerwerber nach § 1 a Abs. 3 UStG zu diesen Abnehmern (vgl. Abschn. 3c.1 Abs. 2 S. 2 UStAE und Abschn. 1a.1 Abs. 2 S. 4 UStAE), sofern diese weder die Erwerbsschwelle überschreiten noch auf deren Anwendung verzichtet haben. Allerdings wirkt die Ortsvorschrift des § 3 c Abs. 1 S. 1 UStG nur unter der weiteren Voraussetzung, dass der liefernde Unternehmer die sog. **Lieferschwelle** überschreitet, oder seinerseits bei Nichtüberschreiten der Lieferschwelle nach § 3 c Abs. 4 UStG einen Verzicht ausspricht.

Zweites Zwischenergebnis:

a) Der Lieferer versendet oder befördert den Gegenstand der Lieferung an den Abnehmer und überschreitet dabei die Lieferschwelle oder verzichtet auf deren Anwendung. Der Abnehmer ist ein Schwellenerwerber, der weder die Erwerbsschwelle überschreitet noch auf deren Anwendung verzichtet. In diesem Fall liegt auf Seiten des Abnehmers wegen der Regelungen des § 1 a Abs. 3 UStG kein i. g. Erwerb vor, gleichzeitig ist auf Seiten des Lieferers § 3 c Abs. 2 Nr. 2 UStG erfüllt. Die Lieferung wird nach § 3 c Abs. 1 S. 1 UStG als in Deutschland ausgeführt behandelt und ist somit im Inland steuerbar und steuerpflichtig. Der Vorsteuerabzug aus der Rechnung des Lieferers unterliegt den für die Besteuerung des Abnehmers maßgeblichen Vorschriften und wird bei einem Schwellenerwerber regelmäßig ausscheiden.

b) Der Lieferer versendet oder befördert den Gegenstand der Lieferung an den Abnehmer und überschreitet dabei die Lieferschwelle nicht und verzichtet auch nicht auf deren Anwendung. Der Abnehmer ist ein Schwellenerwerber, der weder die Erwerbsschwelle überschreitet noch auf deren Anwendung verzichtet. Auf Seiten des Abnehmers ändert der Sachverhalt nichts. Er unterliegt mit dem Erwerb wegen § 1 a Abs. 3 UStG nicht der Erwerbsbesteuerung. Da aber der Lieferer die Lieferschwelle nicht überschreitet, kann die besondere Ortsvorschrift des § 3 c Abs. 1 S. 1 UStG für ihn nicht greifen, d. h., der Ort der Lieferung bestimmt sich nach § 3 Abs. 6 UStG im anderen Mitgliedstaat (Ursprungsland), die Lieferung ist dort steuerbar und steuerpflichtig.

c) Der Lieferer versendet oder befördert den Gegenstand der Lieferung an den Abnehmer. Der Abnehmer ist ein Schwellenerwerber, der die Erwerbsschwelle überschreitet oder auf deren Anwendung verzichtet. Durch das Überschreiten oder Verzichten auf die Anwendung der Erwerbsschwelle fällt der Fall aus dem Anwendungsbereich des § 3 c Abs. 1 S. 1 UStG, da § 3 c Abs. 2 Nr. 2 den Schwellenerwerber fordert, der die Erwerbsschwelle weder überschreitet noch auf die Anwendung verzichtet. In diesen Fällen verlässt der Schwellenerwerber den Anwendungsbereich des § 1 a Abs. 3 UStG und unterliegt der normalen Erwerbsbesteuerung. Auf Seiten des Lieferers entfällt das Tatbestandsmerkmal des § 3 c

Abs. 2 Nr. 2 UStG, sodass sich für ihn der Ort der Lieferung am Beginn der Beförderung oder Versendung ergibt, die Lieferschwelle spielt keine Rolle. Er verwirklicht eine i. g. Lieferung (vgl. § 6a Abs. 1 S. 1 Nr. 3 UStG).

Beispiel:
Der in München ansässige Kleinunternehmer (D) bestellt beim Büroversandhändler (NL) in Amsterdam (Niederlande) Schreibpapier für sein Unternehmen. NL versendet die Ware mittels Kurierdienst von Amsterdam nach München, NL überschreitet die Lieferschwelle i. S. d. § 3c UStG.

a) D überschreitet die Erwerbsschwelle i. S. d. § 1 a Abs. 3 UStG nicht und hat auch nicht darauf verzichtet.
b) D überschreitet die Erwerbsschwelle i. S. d. § 1 a Abs. 3 UStG.

Lösung:
Als Kleinunternehmer fällt D grundsätzlich in den Anwendungsbereich des § 1 a Abs. 3 Nr. 1 Buchst. b UStG und gleichzeitig als Abnehmer unter § 3c Abs. 2 Nr. 2 Buchst. b UStG. Im Fall a) erfüllt D die Voraussetzungen des § 3c Abs. 2 Nr. 2 Buchst. b UStG mit der Folge einer Ortverlagerung ins Inland über § 3 Abs. 5a i. V. m. § 3c Abs. 1 S. 1 UStG, weil NL seinerseits die Lieferschwelle überschreitet.
Im Fall b) liegen die Voraussetzungen des § 1 a Abs. 3 Nr. 2 UStG nicht vor, weil D die Erwerbsschwelle überschreitet. D erfüllt den Tatbestand des i. g. Erwerbs nach § 1 a Abs. 1 UStG. Der Ort bestimmt sich nach § 3d S. 1 UStG und liegt im Inland. NL liefert in den Niederlanden (§ 3 Abs. 6 S. 1 und S. 3 i. V. m. § 1 Abs. 1 Nr. 1 UStG) steuerbar, aber steuerfrei (§ 4 Nr. 1b i. V. m. § 6a Abs. 1 UStG).

2.4 Ortsvorschrift und Vorsteuerabzug

Die Erwerbsteuer kann nach § 15 Abs. 1 S. 1 Nr. 3 UStG grundsätzlich auch als Vorsteuer abgezogen werden. Die Erwerbsteuer unterliegt dabei den ganz normalen Beschränkungen des Vorsteuerabzugs. Derartige Beschränkungen können sich aus speziellen Regelungen wie z. B. § 19 Abs. 1 S. 4 UStG oder aus § 15 Abs. 2 und 3 UStG ergeben. Für den Vorsteuerabzug ist ausweislich der Gesetzesbegründung keine Rechnung erforderlich (vgl. BT-Drucks. 12/2463 vom 27.04.1992, 33; vgl. Abschn. 15.10 Abs. 1 UStAE). Das Recht auf Vorsteuerabzug entsteht im selben Zeitpunkt, in dem auch die Erwerbsteuer entsteht. Der Unternehmer kann demnach die Erwerbsteuer und die Vorsteuer in derselben Voranmeldung angeben (vgl. Abschn. 15. 10. Abs. 3 UStAE). Daraus folgt auch, dass der voll vorsteuerabzugsberechtigte Unternehmer durch die Erwerbsbesteuerung letztlich nicht belastet wird. **75**

Schwierigkeiten hinsichtlich des Vorsteuerabzugs aus einem i. g. Erwerb ergeben sich nach der Rechtsprechung des EuGH (vgl. EuGH vom 22.04.2010, Rs. C-536/08 »X« und C-539/08 »Facet Trading BV«, UR 2010, 418) für den Fall der Verwendung einer USt-IdNr. eines anderen Mitgliedsstaates als dem am Ende der Beförderung oder Versendung (vgl. § 3d S. 2 UStG). Nach Auffassung des EuGH scheidet ein Vorsteuerabzug in diesen Fällen aus, da gemeinschaftsrechtlich die Neutralität der Mehrwertsteuer nicht über den Vorsteuerabzug, sondern über die Berichtigung der Bemessungsgrundlage herzustellen ist (weiterführend von Streit, EU-UStB 2010, 43 ff.; Maunz, UR 2010, 422 ff.; Weimann, UStB 2010, 288 ff. und UStB 2011, 362; Lang, SIS Steuerberaterbrief 8/2011; Küffner/Streit, BBK 2011, 1147). Dieser Beurteilung hat sich der BFH mit Urteilen vom 01.09.2010 (Az: V R 39/08, BStBl. II 2011, 658; a. A. Vorinstanz: Sächsisches FG vom 15.10.2008, Az: 8 K 2097/06, EFG 2009, 1416) und vom 08.09.2010 (Az: XI R 40/08, BStBl. II 2011, 661; a. A. Vorinstanz: Sächsisches FG vom 15.10.2008, Az: 8 K 1490/07, EFG 2009, 1423) angeschlossen und schränkt die Vorsteuerabzugsberechtigung des § 15 Abs. 1 S. 1 Nr. 3 UStG richtlinienkonform auf die Fälle des § 3d S. 1 UStG ein (vgl. BMF vom 07.07.2011, Az: IV D 2 – S 7300 – b/09/10001, BStBl. I 2011, 739, Übernahme in UStAE als Abschn. 15. 10. Abs. 2 S. 2 UStAE; Übergangsregelung bis 31.12.2011 hinsichtlich Nachweis/Glaubhaftmachung Besteuerung nach § 3d S. 1 UStG; zum Nachweis für Umsätze nach dem 31.12.2011 vgl. OFD Frankfurt vom 01.03.2012, Az: S 7300 b A -- **76**

1 – St 128, UR 2012, 699, Nachweis insbesondere über im Staat nach § 3d S. 1 UStG abgegebene Steuererklärung). Durch das AmtshilfeRLUmsG (Gesetz vom 26.06.2013, BGBl I 2013, 1809 m.W.v. 30.06.2013) wurde die Vorsteuerabzugsberechtigung in § 15 Abs. 1 S. 1 Nr. 3 UStG auf Fälle des § 3d S. 1 UStG beschränkt (deklaratorische Bedeutung; vgl. BMF-Schreiben vom 15.11.2013, Az: IV D 2 – S 7300/12/10003, BStBl. I 2013, 1475). Zur Problematik vgl. Liebgott in UR 2017, 49ff.

77 Nach Auffassung des LfSt Bayern (vom 02.04.2012, Az: S 7196.1.1–3/2 St 33, UR 2012, 653) wirken sich die Urteile des EuGH vom 22.04.2010 (UR 2010, 418) auch auf die Steuerbefreiungen des § 4b UStG aus, die in Fällen des § 3d S. 2 UStG nicht anwendbar sein sollen.

§ 1b UStG
Innergemeinschaftlicher Erwerb neuer Fahrzeuge

(1) Der Erwerb eines neuen Fahrzeugs durch einen Erwerber, der nicht zu den in § 1a Abs. 1 Nr. 2 genannten Personen gehört, ist unter den Voraussetzungen des § 1a Abs. 1 Nr. 1 innergemeinschaftlicher Erwerb.

(2) [1]Fahrzeuge im Sinne dieses Gesetzes sind

1. **motorbetriebene Landfahrzeuge mit einem Hubraum von mehr als 48 Kubikzentimetern oder einer Leistung von mehr als 7,2 Kilowatt;**
2. **Wasserfahrzeuge mit einer Länge von mehr als 7,5 Metern;**
3. **Luftfahrzeuge, deren Starthöchstmasse mehr als 1550 Kilogramm beträgt.**

[2]Satz 1 gilt nicht für die in § 4 Nr. 12 Satz 2 und Nr. 17 Buchstabe b bezeichneten Fahrzeuge.

(3) Ein Fahrzeug gilt als neu, wenn das

1. **Landfahrzeug nicht mehr als 6000 Kilometer zurückgelegt hat oder wenn seine erste Inbetriebnahme im Zeitpunkt des Erwerbs nicht mehr als sechs Monate zurückliegt;**
2. **Wasserfahrzeug nicht mehr als 100 Betriebsstunden auf dem Wasser zurückgelegt hat oder wenn seine erste Inbetriebnahme im Zeitpunkt des Erwerbs nicht mehr als drei Monate zurückliegt;**
3. **Luftfahrzeug nicht länger als 40 Betriebsstunden genutzt worden ist oder wenn seine erste Inbetriebnahme im Zeitpunkt des Erwerbs nicht mehr als drei Monate zurückliegt.**

Literatur
Ammenwerth/Janzen/Fuß, Umsatzsteuer im Kfz-Gewerbe, 12. Aufl. 2018. **Janzen**, Nutzung eines Fahrzeugs vor Verbringung in anderen Mitgliedstaat unschädlich, ASR 1/2011, 9. **Martin**, Anmerkungen zum EuGH-Urteil vom 18.11.2010, Rs. C-84/09, X, BFH/PR 2011, 93. **o.V.**, Neue Meldepflichten ab 1. Juli 2010/Verkauf neuer Fahrzeuge an Nichtunternehmer, A S R 5/2009, 5. **Weimann**, Umsatzsteuer in der Praxis (UidP), 16. Aufl. 2018, Kapitel 38. **Weimann**, Meldepflicht beim Verkauf von Neufahrzeugen an Privatkunden in der EU beachten!, ASR 3/2013, 6. **Weimann,** EU-Neufahrzeuge niemals differenzbesteuert weiterverkaufen!, ASR 9/2014, 6.

Verwaltungsanweisungen
BMF vom 04.10.2016, Az: III C 3 – S 7103-b/16/10001, 2016/0900109, BStBl I 2016, 1074.
Hinweis: Zur Problematik der zeitlichen Geltungsdauer von BMF-Schreiben vgl. Einführung UStG, Rz. 100 ff.

Richtlinien/Hinweise/Verordnungen
UStAE: Abschn. 1b.1.
MwStSystRL: Art. 2 Abs. 1 Buchst. b Ziff. ii.

1 Allgemeines

1.1 Überblick über die Vorschrift/Gesetzeszweck

1 Die Vorschrift wurde zum 01.01.1993 in das Gesetz eingefügt und hat ihren Ursprung in Art. 28a Abs. 1 Buchst. b der 6. RL. Mit Wirkung ab 01.01.1995 ist der Abs. 3 angehängt worden.

1.2 Geltungsbereich

2 Neben den in § 1 a Abs. 1 Nr. 2 UStG genannten Erwerbern verwirklichen auch Erwerber, die nicht zu diesem Personenkreis gehören, den Tatbestand des innergemeinschaftlichen Erwerbs. Damit sind vorrangig Privatpersonen gemeint, die ein neues Fahrzeug aus dem übrigen Gemeinschaftsgebiet erwerben.

2 Kommentierung

2.1 Die Tatbestandsmerkmale (Übersicht)

3 Nach § 1 b UStG stellt

- der Erwerb eines Fahrzeugs,
- das neu ist,
- durch einen nicht unter § 1 a Abs. 1 Nr. 2 UStG genannten Erwerber
- unter den Voraussetzungen des § 1 a Abs. 1 Nr. 1 UStG

einen i. g. Erwerb dar.

2.2 Erwerb eines Fahrzeugs

Fahrzeuge i.S.d. § 1b UStG sind zur Personen- oder Güterbeförderung bestimmte Wasserfahrzeuge, Luftfahrzeuge und motorbetriebene Landfahrzeuge, die die in § 1b Abs. 2 UStG bezeichneten Merkmale aufweisen. Ausdrücklich **ausgenommen** sind Fahrzeuge, die zur kurzfristigen Beherbergung von Fremden dienen, kurzfristig auf Campingplätzen vermietet werden (§ 1b Abs. 2 S. 2 mit Verweis auf § 4 Nr. 12 S. 2 UStG) sowie Fahrzeuge, die in besonderer Weise für die Beförderung von kranken und verletzten Personen eingerichtet sind (§ 1b Abs. 2 S. 2 mit Verweis auf § 4 Nr. 17 Buchst. b UStG). 4

2.2.1 Landfahrzeuge

Landfahrzeuge müssen motorbetrieben sein und einen Hubraum von mehr als 48 ccm oder mehr als 7,2 kW (= 10 PS) aufweisen. Hierunter fallen insbesondere Personenkraftwagen, Lastkraftwagen, Motorräder, Motorroller, Mopeds und motorbetriebene Wohnmobile und Caravans. Abschn. 1b.1 S. 3 UStAE setzt insoweit unverändert auf Abschn. 15c Satz 3 UStR 2008 auf. Landfahrzeuge sind nach neueren Entscheidungen auch **Pocket-Bikes** (BFH vom 27.02.2014, V R 21/11, BStBl II 2014, 501) sowie **landwirtschaftliche Zugmaschinen** (BMF vom 04.10.2016, III C 3 – S 7103-b/16/10001). 5

Das gilt auch für nur auf dem Werksgelände eingesetzte Landfahrzeuge, denn die **Straßenverkehrszulassung** ist **nicht** erforderlich.

Keine Landfahrzeuge sind dagegen Wohnwagen, Packwagen und andere Anhänger ohne eigenen Motor, die nur von Kraftfahrzeugen mitgeführt werden können, sowie selbstfahrende Arbeitsmaschinen, die nach ihrer Bauart oder ihren besonderen, mit dem Fahrzeug fest verbundenen Einrichtungen nicht zur Beförderung von Personen oder Gütern bestimmt und geeignet sind (Abschn. 1b.1 S. 5 UStAE). Soweit alte Fassungen des UStAE an dieser Stelle auch land- und fortwirtschaftliche Zugmaschinen erwähnen, ist dies mittlerweile überholt (BMF vom 04.10.2016, III C 3 – S 7103-b/16/10001). 6

2.2.2 Wasserfahrzeuge

Wasserfahrzeuge müssen eine Länge von mehr als 7,5 m aufweisen. Auf eine Motorausstattung des Wasserfahrzeuges kommt es nicht an. Hierunter fallen insbesondere Motorboote, Segelschiffe sowie Ruderboote. Ausdrücklich **ausgenommen** sind Wasserfahrzeuge, die in besonderer Weise für die Beförderung von kranken und verletzten Personen eingerichtet sind (§ 1b Abs. 2 S. 2 mit Verweis auf § 4 Nr. 17 Buchst. b UStG), z.B. Rettungsboote oder Bergungsschiffe. 7

2.2.3 Luftfahrzeuge

Luftfahrzeuge müssen eine Starthöchstmasse von mehr als 1550 kg aufweisen. Hierunter fallen insbesondere Flugzeuge, Segelflugzeuge sowie Hubschrauber. Ausdrücklich **ausgenommen** sind Luftfahrzeuge, die in besonderer Weise für die Beförderung von kranken und verletzten Personen eingerichtet sind (§ 1b Abs. 2 S. 2 mit Verweis auf § 4 Nr. 17 Buchst. b UStG), z.B. Rettungsflugzeuge sowie Rettungshubschrauber. 8

2.3 Das Fahrzeug muss nicht fabrikneu sein

2.3.1 Allgemeines

9 **Neben fabrikneuen Fahrzeugen** gelten als neu

- Landfahrzeuge, die noch nicht mehr als 6000 km zurückgelegt haben,
- Landfahrzeuge, deren erste Inbetriebnahme im Zeitpunkt des Erwerbs nicht mehr als sechs Kalendermonate zurückliegt,
- Wasserfahrzeuge, die noch nicht mehr als 100 Betriebsstunden auf dem Wasser zurückgelegt haben,
- Wasserfahrzeuge, deren erste Inbetriebnahme im Zeitpunkt des Erwerbs nicht mehr als drei Kalendermonate zurückliegt,
- Luftfahrzeuge, die noch nicht länger als 40 Betriebsstunden genutzt worden sind,
- Luftfahrzeuge, deren erste Inbetriebnahme im Zeitpunkt des Erwerbs nicht mehr als drei Kalendermonate zurückliegt.

10 Zur **Zeitraumberechnung** vgl. Rn. 12 ff.

Mit der **Inbetriebnahme** ist der Tag gemeint, an dem das Fahrzeug tatsächlich erstmalig genutzt wird. Eine evtl. herbeizuführende Straßenverkehrszulassung ist nicht maßgeblich.

11 In der Praxis ist darauf zu achten, dass für alle Arten Fahrzeuge § 1 b UStG nur dann keine Anwendung findet, wenn

- **beide Grenzen** (erste Inbetriebnahme und Nutzungsdauer) und
- **nicht nur eine** der Grenzen

überschritten sind (Hinweis auch auf Rz. 11a).

Beispiel:
Ein vier Monate alter Pkw mit 100.000 km zurückgelegter Fahrtstrecke gilt umsatzsteuerrechtlich ebenso als neu wie ein 25 Jahre alter Oldtimer mit einem Kilometerstand von 5900 km.

Lösung:
Damit die Sonderregel für Neufahrzeuge **nicht** zur Anwendung kommt, muss ein Landfahrzeug also

- mehr als 6000 km »auf dem Tacho« haben und
- älter als ein halbes Jahr sein.

2.3.2 Aktuell: Fehler beim An- und Verkauf von Jahreswagen

11a Vermehrt decken Betriebsprüfungen derzeit Fahrzeugankäufe und -verkäufe auf, die von deutschen Kfz-Händlern nicht – wie es richtig wäre – zunächst der Erwerbs- und dann der Regelbesteuerung, sondern fälschlicherweise der Differenzbesteuerung unterworfen wurden. Die Verkäufer sind in der Regel Werksangehörige der (auch) im EU-Ausland ansässigen Hersteller. Die Werksangehörigen kaufen die Fahrzeuge vergünstigt und – anders als in Deutschland – häufig ohne Haltefrist von Ihrem Arbeitgeber und verkaufen diese mit Profit an deutsche Händler weiter. Der Einkaufspreis des deutschen Händlers liegt dann immer noch weit unter dem Preis eines Einkaufs vom Hersteller, obwohl der **Kilometerstand nahe der Null** ist (*Weimann*, ASR 9/2014, 6).

Neufahrzeuge (jünger als 6 Monate und 1 Tag oder Fahrleistung noch unter 6.001 km) müssen **immer regelbesteuert** weiterverkauft werden. Die Differenzbesteuerung kommt also keinesfalls zur Anwendung!

Wird das übersehen, kommen auf das Autohaus **erhebliche Mehrsteuern** zu:

Beispiel:
Im Prüfungszeitraum 2012 kaufte das deutsche Autohaus (A) in Polen von Privatpersonen Neufahrzeuge im Wert von ca. € 400.000.
Da die Fahrzeuge sämtlich an deutsche Privatkunden gingen, wollte A nur die eigene Marge (ca. 10 % = € 40.000) der Umsatzsteuer unterwerfen und kalkulierte die Verkaufspreise wie folgt:
Einkaufspreis + Marge + Umsatzsteuer auf die Marge = Verkaufspreis

Lösung:
Die Betriebsprüfung vertritt dagegen zu Recht die Auffassung, dass die Differenzbesteuerung keine Anwendung findet und dass das Gesamtentgelt der Umsatzsteuer unterliegt. Für das Autohaus führt dies zu einer ganz empfindlichen Umsatzsteuermehrbelastung, die selbstverständlich nicht (nachträglich) an den Kunden weitergegeben werden kann:

Einkaufspreis	400.000 €
+ Marge	40.000 €
+ 19 % auf die Marge	7.600 €
Verkaufspreis	**447.600 €**

USt-Belastung lt. Autohaus	7.600 €
USt-Belastung lt. Betriebsprüfung (Verkaufspreis : 119 × 19)	71.465 €

2.3.3 EuGH zur Zeitraumberechnung

Der EuGH hatte über folgenden Sachverhalt zu entscheiden (EuGH vom 18.11.2010, Rs. C-84/09, X, BFH/NV 2011, 179): 12

Eine in Schweden ansässige Privatperson (S) beabsichtigte, im UK ein Segelboot für den privaten Gebrauch zu erwerben. Das Boot sollte zunächst im Liefermitgliedstaat UK für einen Zeitraum von 3–5 Monaten für Freizeitzwecke verwandt werden und dabei mehr als 100 Betriebsstunden auf dem Wasser zurücklegen. Im Anschluss an den Segeltörn beabsichtigte S, das Boot auf dem Seeweg an seinen endgültigen Bestimmungsort in Schweden zu bringen.

Nach Ankunft in Schweden wäre das Boot damit nicht mehr »neu« i. S. d. Umsatzsteuerrechts gewesen (Art. 2 Abs. 2, Art. 20 Abs. 1, Art. 138 Abs. 1 MwStSystRL; zum deutschen Recht vgl. § 1 b Abs. 3 Nr. 2 UStG). Daher wollte S vor dem Kauf von den schwedischen Finanzbehörden wissen, ob er mit der schwedischen Erwerbsteuer (25 %) oder mit der niedrigeren britischen Umsatzsteuer (17,5 %) rechnen muss.

S beantragte hinsichtlich der möglichen Besteuerung in Schweden eine verbindliche Auskunft. Zweifel bestanden hinsichtlich der Frage, ob die Beförderung in den anderen Mitgliedstaat innerhalb einer bestimmten Frist erfolgen muss und welcher Zeitpunkt für die Beurteilung des Fahrzeugs als »neu« maßgeblich sein kann.

Nach Auffassung des EuGH sind die Art. 20 Abs. 1 und 138 Abs. 1 MwStSystRL dahin auszulegen, dass die Qualifikation eines Umsatzes als innergemeinschaftliche Lieferung oder innergemeinschaftlicher Erwerb nicht von der Einhaltung einer Frist abhängen kann, innerhalb derer die Beförderung des in Rede stehenden Gegenstands vom Liefermitgliedstaat in den Bestimmungsmitgliedstaat beginnen oder abgeschlossen sein muss. Vielmehr hat die Bestimmung des innergemeinschaftlichen Charakters des Umsatzes im Wege einer umfassenden Beurteilung zu erfol- 13 gen, anhand derer ermittelt werden kann, in welchem Mitgliedstaat die Endverwendung des betreffenden Gegenstands beabsichtigt ist.

14 Dabei sind

- alle objektiven Umstände des Einzelfalls sowie
- die Absicht des Erwerbers, sofern diese durch objektive Anhaltspunkte untermauert wird,

zu berücksichtigen.

15 Für die Beurteilung, ob ein Fahrzeug, das Gegenstand eines innergemeinschaftlichen Erwerbs ist, »neu« i.S.v. Art. 2 Abs. 2 Buchst. b MwStSystRL ist, ist auf den Zeitpunkt der Lieferung des betreffenden Gegenstands vom Verkäufer an den Käufer abzustellen.

16 Janzen (ASR 1/2011, 9) analysiert diesen Gedanken an einem Fallbeispiel aus der Sicht eines Autohauses:

Beispiel:
Der Privatmann Emilio Totti (T) aus Turin erwirbt von einem deutschen Händler im April ein Wohnmobil (mit zehn Kilometern auf dem Tacho, erste Inbetriebnahme am Tag der Übergabe) und startet gleich von Deutschland aus zu einer siebenmonatigen Skandinavien-Rundreise. Erst im November bringt er das Wohnmobil an seinen Heimatort nach Turin in Italien.

Lösung:
Selbst wenn T auf seinem Skandinavien-Trip mehr als 6000 km zurücklegen würde, ist das Wohnmobil »neu«, weil es dafür nicht auf die Ankunft in Turin, sondern auf die Übergabe in Deutschland ankommt.

Variante:
Hätte T ein **gebrauchtes Wohnmobil** gekauft, das mehr als 6000 km auf dem Tacho hatte und vor mehr als sechs Monaten erstmals in Betrieb genommen wurde, hätte der deutsche Händler einen steuerpflichtigen Umsatz getätigt. Denn nur »neue« Fahrzeuge, die an Privatpersonen verkauft werden, können steuerfrei innergemeinschaftlich geliefert werden.

17 **TIPP**

Für die Anwendung in der Praxis lässt sich Folgendes festhalten:

1. Für die Frage, ob ein Fahrzeug »neu« ist, ist auf den Lieferzeitpunkt abzustellen. Nach Art. 68 Abs. 2 MwStSystRL gilt der innergemeinschaftliche Erwerb von Gegenständen zu dem Zeitpunkt bewirkt, zu dem die korrespondierende innergemeinschaftliche Lieferung als bewirkt gilt. Deshalb ist – auch für die Beurteilung, ob der Gegenstand »neu« ist – der Zeitpunkt der Verschaffung der Verfügungsmacht vom Verkäufer an den Käufer maßgebend (Art. 14 Abs. 1 MwStSystRL; vgl. § 3 Abs. 1 UStG).
2. Nach Auffassung des EuGH ist die Regelung über den Leistungsort für den innergemeinschaftlichen Erwerb (Art. 40 MwStSystRL) insoweit – also für die Beurteilung, ob es sich um ein neues Fahrzeug handelt – ohne Bedeutung (anders noch BFH vom 20.12.2006, Az: V R 11/06, BStBl II 2007, 424 unter II.2.c zu § 3 d UStG – Segelyacht).
3. Der EuGH musste u.a. die Frage beantworten, ob die Qualifikation eines Umsatzes als innergemeinschaftliche Lieferung oder innergemeinschaftlicher Erwerb eines neuen Fahrzeugs von der Einhaltung einer konkreten Frist abhängen kann, innerhalb derer die Beförderung des gelieferten Gegenstands beginnen oder abgeschlossen sein muss. Dies hat der EuGH verneint. Eine solche Frist würde es den Erwerbern ermöglichen, den Mitgliedstaat, in dem der Erwerb eines neuen Fahrzeugs besteuert wird, danach auszuwählen, wo die Steuersätze und Bedingungen für sie am günstigsten sind. Das wiederum würde das mit der Übergangsregelung für den innergemeinschaftlichen Handel verfolgte Ziel gefährden, weil den Mitgliedstaaten, in denen der Endverbrauch tatsächlich stattfindet, die ihnen zustehenden Steuereinnahmen genommen würden. Den Erwerbern eine solche Wahl zu lassen, liefe ferner dem Ziel zuwider, im Rahmen des Handels mit Neufahrzeugen Wettbewerbsverzerrungen zwischen den Mitgliedstaaten vorzubeugen.
4. Für die Beurteilung, ob eine innergemeinschaftliche Lieferung/ein innergemeinschaftlicher Erwerb vorliegen ist nicht auf eine Art Ausschlussfrist abzustellen, sondern auf alle objektiven Kriterien. Um den besonderen Umständen, die Anlass für die Besteuerung des innergemeinschaftlichen Erwerbs neuer Fahrzeuge durch Nichtunternehmer waren, Rechnung zu tragen, sind umfassend alle objektiven tatsächlichen Umstände zu berücksichtigen, die für die Feststellung maßgebend sind, ob der erworbene

Gegenstand das Gebiet des Liefermitgliedstaats tatsächlich verlassen hat und, wenn ja, in welchem Mitgliedstaat sein Endverbrauch stattfinden wird. Hierzu gehören z. B. neben dem zeitlichen Ablauf der Beförderung des in Rede stehenden Gegenstands u. a. der Ort seiner Registrierung und gewöhnlichen Verwendung, der Wohnort des Erwerbers sowie das Bestehen oder Fehlen von Verbindungen, die der Erwerber zum Liefermitgliedstaat oder einem anderen Mitgliedstaat unterhält. Für den Fall des Erwerbs einer Segelyacht können sich auch der Flaggenmitgliedstaat und der Ort als maßgebend erweisen, an dem das Segelboot seinen gewöhnlichen Liege- oder Ankerplatz hat, sowie der Ort, an dem es über Winter untergebracht ist. So weit wie möglich sind auch die Absichten zu berücksichtigen, die der Erwerber zum Zeitpunkt des Erwerbs hatte, wenn sie – wie z. B. die Erklärung des Erwerbers gegenüber dem Verkäufer, den Gegenstand in den Bestimmungsmitgliedstaat zu befördern – durch objektive Gesichtspunkte gestützt sind. Dies entspricht der Rechtsprechung des BFH vom 20.12.2006, Az: V R 11/06, BStBl II 2007, 424.

2.4 Erwerb durch bestimmte Erwerber

Wenn ein Erwerb bereits von § 1 a Abs. 1 Nr. 2 UStG erfasst ist, kommt § 1 b UStG nicht in Betracht. 18
§ 1 b UStG stellt im Gegensatz zu § 1 a Abs. 1 Nr. 2 UStG einen Ergänzungstatbestand dar. Von § 1 b UStG sind ausgenommen

- Unternehmer, die das Fahrzeug für ihr Unternehmen erwerben,
- juristische Personen, die nicht Unternehmer sind,
- juristische Personen, die das Fahrzeug nicht für ihr Unternehmen erwerben,
- Unternehmer, die nur steuerfreie Umsätze ausführen, die zum Ausschluss vom Vorsteuerabzug führen,
- Kleinunternehmer i. S. d. § 19 UStG,
- Unternehmer, die den Gegenstand zur Ausführung von Umsätzen verwenden, für die die Steuer nach den Durchschnittssätzen des § 24 UStG festgesetzt wird.

In den ersten drei Fällen wird der i. g. Erwerb bereits durch § 1 a Abs. 1 Nr. 2 UStG abgedeckt, in 19
den letzten drei Fällen fehlt in § 1 b UStG ein Hinweis auf § 1 a Abs. 3 UStG.

Für die Anwendung des § 1 b UStG kommen insbesondere in Betracht: natürliche Personen, 20
Personengesellschaften sowie nicht als juristische Person fungierende Vermögensmassen, die nicht als Unternehmer auftreten oder das Fahrzeug für außerunternehmerische Zwecke erwerben.

2.5 Nur bei bestimmten Warenbewegungen

Nicht jeder Erwerb eines neuen Fahrzeuges führt zu einem i. g. Erwerb nach § 1 b UStG, sondern 21
nur unter den Voraussetzungen des § 1 a Abs. 1 Nr. 1 UStG. Demnach muss das neue Fahrzeug bei einer Lieferung an den Abnehmer (= Erwerber) aus dem Gebiet eines Mitgliedstaates in das Gebiet eines anderen Mitgliedstaates gelangen oder aus dem übrigen Gemeinschaftsgebiet in die in § 1 Abs. 3 UStG bezeichneten Gebiete.

Die Unternehmereigenschaft des Lieferers ist unerheblich; sie wird bei tatsächlichen Unterneh- 22
mern über § 2 UStG sichergestellt und bei Privatpersonen als Lieferer über § 2 a UStG fingiert.

2.6 Fahrzeugeinzelbesteuerung und Steueranmeldung

23 Beim i. g. Erwerb von neuen Fahrzeugen i. S. d. § 1 b UStG ist die Steuer für jeden einzelnen steuerpflichtigen Erwerb in Form einer **Fahrzeugeinzelbesteuerung** zu berechnen (§ 16 Abs. 5a UStG).

24 Bei der Fahrzeugeinzelbesteuerung kommt ein **Vorsteuerabzug nicht** in Betracht, da der Erwerb durch eine Privatperson, eine nichtunternehmerisch tätige Personenvereinigung oder durch einen Unternehmer erfolgt, der das Fahrzeug für seinen nichtunternehmerischen Bereich bezieht (Abschn. 16.3 Abs. 1 S. 4 UStAE). Unternehmer oder juristische Personen, die von § 1 b UStG nicht erfasst werden, haben den i. g. Erwerb neuer Fahrzeuge in der Voranmeldung und in der Steuererklärung für das Kalenderjahr anzumelden; eine Fahrzeugeinzelbesteuerung unterbleibt insoweit (Abschn. 16.3 Abs. 1 S. 4 UStAE).

25 Der Erwerber hat spätestens bis zum zehnten Tag nach Ablauf des Tages, an dem die Steuer entstanden ist (Tag des Erwerbs nach § 13 Abs. 1 Nr. 7 UStG), eine Steuererklärung nach amtlich vorgeschriebenem Vordruck abzugeben, in der er die zu entrichtende Steuer selbst zu berechnen hat (§ 18 Abs. 5a UStG), und die Steuer zu entrichten. Im Falle der Nichtabgabe der Erklärung oder Falschberechnung kann das Finanzamt ggf. im Schätzwege die Steuer festsetzen. Dabei wird der Schätzung regelmäßig die Mitteilung zugrunde gelegt, die dem Finanzamt von den für die Zulassung oder Registrierung von Fahrzeugen zuständigen Behörden (§ 18 Abs. 10 Nr. 1 UStG) oder dem für die Besteuerung des Fahrzeuglieferers zuständigen EG-Mitgliedstaat zur Verfügung gestellt wird (Abschn. 18.9 Abs. 2 S. 3 UStAE).

2.7 Meldung nach der Fahrzeuglieferungs-Meldepflichtverordnung

26 Insbesondere Kfz-Händler, die

- neue Fahrzeuge
- in einen anderen EU-Mitgliedstaat
- an einen Käufer ohne USt-IdNr.

liefern, haben **seit dem 01.07.2010** eine Meldepflicht (Fahrzeuglieferungsmeldepflichtverordnung – FzgLiefgMeldV, BGBl I 2009, 630).

2.7.1 Das Problem

27 Veräußert ein Kfz-Händler ein neues Fahrzeug in ein anderes EU-Land, ist der Verkauf auch dann umsatzsteuerfrei, wenn der Kunde keine USt-IdNr. hat (§ 6 a Abs. 1 Nr. 2 Buchst. c UStG). Ein Pkw ist neu, wenn er nicht mehr als 6000 km zurückgelegt hat oder seine erste Inbetriebnahme im Zeitpunkt der Lieferung nicht mehr als sechs Monate zurückliegt (§ 1 b Abs. 3 Nr. 1 UStG).

28 Der Kunde muss im Gegenzug im Bestimmungsland einen i. g. Erwerb versteuern (im deutschen Recht nach § 1 b UStG). Dies konnte die Finanzverwaltung des Bestimmungslandes bislang nicht kontrollieren, weil Fahrzeugverkäufe an Abnehmer ohne USt-IdNr. nicht in die Zusammenfassende Meldung eingehen (Weimann, UStB 2010, 52).

2.7.2 Die Lösung: Elektronische Meldung ans Bundeszentralamt für Steuern

Daher müssen Lieferungen neuer Fahrzeuge an Abnehmer ohne USt-IdNr. elektronisch an das BZSt gemeldet werden. Das BZSt übermittelt die Daten an die ausländische Finanzbehörde, die dann die Erwerbsbesteuerung überprüfen kann. 29

2.7.3 Einzelmeldungen

Jedes Fahrzeug ist gesondert zu melden (§ 1 Abs. 1 S. 2 FzgLiefgMeldV). Meldezeitraum ist das Kalendervierteljahr. Die Meldung erfolgt für den Meldezeitraum, in dem das Fahrzeug geliefert worden ist und ist bis zum zehnten Tag nach Ablauf des Meldezeitraums abzugeben. Wird für die UStVA eine Dauerfristverlängerung gewährt, gilt diese auch für die neue Meldepflicht. Die Meldung muss folgende Angaben enthalten (§ 1 Abs. 1 S. 3 FzgLiefgMeldV; hierzu ausführlich Weimann, ASR 3/2013, 6): 30

Pflichtangaben nach der FzgLiefgMeldV:
- Name, Anschrift, Steuernummer und USt-IdNr. des Lieferers,
- Name und Anschrift des Erwerbers,
- Datum der Rechnung,
- Bestimmungsmitgliedstaat,
- Entgelt (Kaufpreis),
- Art des Fahrzeugs (Land-, Wasser- oder Luftfahrzeug),
- Fahrzeughersteller und Fahrzeugtyp (Typschlüsselnummer),
- Datum der ersten Inbetriebnahme, wenn vor Rechnungsdatum,
- Kilometerstand,
- Kraftfahrzeug-Identifizierungsnummer.

HINWEIS
Ein Verstoß gegen die Meldepflicht kann mit einer **Geldbuße i. H. v. 5000 €** geahndet werden (§ 26a Abs. 1 Nr. 6 UStG).

2.7.4 Auswirkungen auf die UStVA (Zeilen 21 und 22 des Vordrucks, Kz. 44 und 49)

Sind Meldungen aufgrund der FzgLiefgMeldV zu tätigen, sind korrespondierend dazu die Bemessungsgrundlagen auch in der UStVA entsprechend anzugeben. 31

§ 1c UStG
Innergemeinschaftlicher Erwerb durch diplomatische Missionen, zwischenstaatliche Einrichtungen und Streitkräfte der Vertragsparteien des Nordatlantikvertrags

(1) [1]Ein innergemeinschaftlicher Erwerb im Sinne des § 1a liegt nicht vor, wenn ein Gegenstand bei einer Lieferung aus dem Gebiet eines anderen Mitgliedstaates in das Inland gelangt und die Erwerber folgende Einrichtungen sind, soweit sie nicht Unternehmer sind oder den Gegenstand nicht für ihr Unternehmen erwerben:

1. im Inland ansässige ständige diplomatische Missionen und berufskonsularische Vertretungen,

2. im Inland ansässige zwischenstaatliche Einrichtungen oder

3. im Inland stationierte Streitkräfte anderer Vertragsparteien des Nordatlantikvertrags.

[2]Diese Einrichtungen gelten nicht als Erwerber im Sinne des § 1a Abs. 1 Nr. 2. [3]§ 1b bleibt unberührt.

(2) Als innergemeinschaftlicher Erwerb gegen Entgelt im Sinne des § 1a Abs. 2 gilt das Verbringen eines Gegenstands durch die deutschen Streitkräfte aus dem übrigen Gemeinschaftsgebiet in das Inland für den Gebrauch oder Verbrauch dieser Streitkräfte oder ihres zivilen Begleitpersonals, wenn die Lieferung des Gegenstands an die deutschen Streitkräfte im übrigen Gemeinschaftsgebiet oder die Einfuhr durch diese Streitkräfte nicht der Besteuerung unterlegen hat.

Literatur
Schlienkamp, Änderungen des UStG durch das StMBG, UR 1994, 93.

Verwaltungsanweisungen
OFD Hannover vom 29.04.1996, Az: S – 3 – StH 543.
Hinweis: Zur Problematik der zeitlichen Geltungsdauer von BMF-Schreiben vgl. Einführung UStG, Rz. 100ff.

Richtlinien/Hinweise/Verordnungen
UStAE: Abschn. 1c.1.
MwStSystRL: Art. 3 Abs. 1 Buchst. a, Art. 21f.

1 Überblick über die Voschrift

Mit der Entlastung von der Erwerbsbesteuerung für die im Gesetzestext aufgeführten Einrichtungen ist ein Tatbestand analog zur Einfuhrumsatzsteuer-Befreiung gem. § 5 UStG geschaffen worden. Allerdings hat der Gesetzgeber hier keine Steuerbefreiung, sondern eine Nichtbesteuerung geschaffen. 1

2 Rechtsentwicklung

Die Vorschrift wurde durch die Schaffung des Binnenmarkts zum 01.01.1993 erforderlich, um die Privilegien der Einfuhrumsatzsteuer-Befreiung auch auf die Erwerbsbesteuerung zu erweitern. 2

3 Geltungsbereich

3.1 Sachlicher Geltungsbereich

Diese Vorschrift umfasst ausschließlich die i. g. Erwerbe der in § 1c Abs. 1 UStG genannten Einrichtungen. Hinsichtlich des i. g. Erwerbs neuer Fahrzeuge gelten besondere Regelungen (vgl. § 1b UStG). 3

3.2 Persönlicher Geltungsbereich

Diese Vorschrift umfasst ausschließlich die in § 1c Abs. 1 UStG genannten Einrichtungen. 4

4 Verhältnis zu anderen Vorschriften

§ 4 Nr. 7 UStG enthält Vorschriften über die Steuerbefreiung von Leistungen an die hier genannten Einrichtungen. 5

§ 5 UStG enthält die entsprechenden Vorschriften bei der Einfuhr. Vgl. dazu Vaal in Schwarz/Widmann/Radeisen, § 5, Rz. 323ff. und 377ff. 6

Die Umsatzsteuererstattungsverordnung (UStErstV) beinhaltet die Vorschriften zur Vorsteuererstattung für diplomatische Missionen und berufskonsularische Vertretungen. 7

§ 2 UStG
Unternehmer, Unternehmen

(1) [1]Unternehmer ist, wer eine gewerbliche oder berufliche Tätigkeit selbständig ausübt. [2]Das Unternehmen umfasst die gesamte gewerbliche oder berufliche Tätigkeit des Unternehmers. [3]Gewerblich oder beruflich ist jede nachhaltige Tätigkeit zur Erzielung von Einnahmen, auch wenn die Absicht, Gewinn zu erzielen, fehlt oder eine Personenvereinigung nur gegenüber ihren Mitgliedern tätig wird.

(2) Die gewerbliche oder berufliche Tätigkeit wird nicht selbständig ausgeübt,

1. **soweit natürliche Personen, einzeln oder zusammengeschlossen, einem Unternehmen so eingegliedert sind, dass sie den Weisungen des Unternehmers zu folgen verpflichtet sind;**
2. **wenn eine juristische Person nach dem Gesamtbild der tatsächlichen Verhältnisse finanziell, wirtschaftlich und organisatorisch in das Unternehmen des Organträgers eingegliedert ist (Organschaft). Die Wirkungen der Organschaft sind auf Innenleistungen zwischen den im Inland gelegenen Unternehmensteilen beschränkt. Diese Unternehmensteile sind als ein Unternehmen zu behandeln. Hat der Organträger seine Geschäftsleitung im Ausland, gilt der wirtschaftlich bedeutendste Unternehmensteil im Inland als der Unternehmer.**

Literatur

Zu § 2 Abs. 1 UStG:

Alvermann, Unternehmensgründung und Umstrukturierung, UStB 2005, 28. **Blöse**, »Stolperfalle« Außenhaftung des GmbH-Geschäftsführers nicht unterschätzen, GStB 2012, 119. **Burhoff**, Der Strohmann ist kein Unternehmer, PStR 2003, 193. **Carl**, Umsatzbesteuerung der öffentlichen Hand im Wandel/BFH erweitert unternehmerische Tätigkeit von juristischen Personen des öffentlichen Rechts, NWB 2013, 1586. **Eggers/Korf**, Umfang des Vorsteuerabzugs von Holdinggesellschaften, DB 2002, 1238. **Eggers**, Die Besteuerung der Berufsverbände/Ein Überblick, DStR 2007, 461. **Englisch**, Umsatzsteuerrechtliche Behandlung gesellschaftsrechtlicher Beteiligungen – Anmerkungen zum BMF-Schreiben vom 26.1.2007, UR 2007, 290. **Huschens**, Anhängige EuGH-Verfahren im Bereich der Mehrwertsteuer/32 Verfahren anhängig – 2 Verfahren aus Deutschland [Hinweis: u.a. zu den Vorabentscheidungsersuchen des BFH vom 11.12.2013, Az.: XI R 17/11 u. XI R 38/12, Az.: des EuGH: Rs. C-108/14 u. Rs. C-109/14], NWB 2014, 1498. **Jacobs**, Umsatzsteuerliche Organschaft/BFH erteilt der horizontalen mittelbaren finanziellen Eingliederung eine Absage, NWB 2011, 2283. **Kessler/Schmidt**, Umsatzsteuerliche Probleme und Gestaltungsmöglichkeiten bei Beteiligungskonzernen – Neue Entwicklung der EuGH-Rechtsprechung, DStR 2001, 1677. **Lang**, Umsatzsteuerrechtliche Bestimmung des leistenden Unternehmers bei Strohmanngeschäften, BB 2000, 2183. **Lange**, Umsatzsteuerliche Organschaft und das Unionsrecht, UR 2016, 297. **Leidel**, Umsatzsteuerliche Behandlung der Überlassung von Werbemobilen an soziale Institutionen, Sportvereine und Kommunen, UR 2003, 328. **Müller-Lee**, Geschäftsführungs- und Vertretungsleistungen, UStB 2004, 161. **Neu/Engelsing**, Die steuerliche Behandlung von Berufsverbänden, NWB 2002, 3709 = F. 4, 4685. **Offerhaus**, Der Unternehmer im Umsatzsteuerrecht, UR 1991, 279. **Philipp/Keller**, Echtes Factoring als Einziehung von Forderungen umsatzsteuerpflichtig/Anm. zum EuGH-Urteil vom 26.6.2003, Rs. C-305/01, DStR 2003, 1286. **Probst**, Umsatzsteuerrecht und Erbgang, UR 1988, 272. **Pump**, Abgrenzung Unternehmer gem. § 2 UStG und Arbeitnehmer, StBP 2000, 205. **Pump/Fittkau**, Zurechnung von Umsätzen zum richtigen Unternehmer – Fehlerquellen bei GbR und Einzelunternehmer, StBP 2007, 7. **Reiß**, Vorsteuerabzug aus Emissionsaufwendungen beim Börsengang, UR 2001, 41. **Raudszus**, Der außerunternehmerische Bereich einer Gesellschaft, UStB 2004, 313. **Robisch**, Unternehmereigenschaft und Vorsteuerabzug von Holdinggesellschaften, UR 2001, 100. **Robisch**, Geschäftsführerleistungen an eine GmbH, UVR 2005, 353. **Schuhmann**, Der »Strohmann« und die Umsatzsteuer, UVR 1998, 424; UVR 2003, 255. **Spatscheck/Alvermann**, Der »Verein« im Blickfeld des Umsatzsteuerrechts. Tipps zur Vermeidung von Steuer(haftungs)fallen, UStB 2002, 389. **Stoffel**, Umsatzsteuer bei Treuhandleistungen/Anm. zum BFH-Urteil vom 31.1.2002 – Az: V R 40,41/00, StuB2002, 859. **Tigemeyer**, Selbständigkeit und Leistungsbeziehungen bei Geschäftsführerleistungen der Gesellschafter an die Gesellschaft, BB 2007, 189. **Strüber**, Umsatzsteuerliche Behandlung von Beistellung von Personal zu sonstigen Leistungen, UVR 2003, 288. **Vogt**, Vererbung steuerrechtlicher Positionen, DStR 2007, 1373. **Wäger**, Anm. zum Urteil des EuGH vom 26.6.2003 (Rs. C-305/01, MKG-Kraftfahrzeuge-Factoring GmbH), UR 2003, 399. **Wäger**, Organschaft, Neuausrichtung unter Berücksichtigung unionsrechtlicher Erfordernisse, UR 2016, 173. **Wagner**, Der »weisungsabhängige Strohmann« – ein missratenes Kriterium der Rspr. zur Zurechnung von Umsätzen, StuW 1995, 154. **Wagner**, Anmerkungen zum Urteil des BFH vom 9.10.2002 (V R 64/99, Unternehmereigenschaft verbundener Unternehmen begründet keine Unternehmereigenschaft als Organträger), INF 2003, 51. **Weber**, Veräußerung eines Nachlassgegenstandes durch eine Nichtunternehmer-Erbengemeinschaft, StSem 2007, 216 (Fall 84). **Weimann**, Gelangt die Umsatzsteuer-Voranmeldung zu ungeahnter Wichtigkeit für den Vorsteuerabzug?, UStB 2007, 206. **Weimann**, Alternativenergien: Unternehmereigenschaft des »privaten« Erzeugers, UStB 2007, 270. **Weimann**, Veräußerung ererbter Wirtschaftsgüter durch selbst nicht unternehmerisch tätige Erben, UStB 2007, 360. **Winter**, Erfolgloser Unternehmer und Vorsteuerabzugsrecht, UR 1993, 411. **Zugmaier**, Die Unternehmereigenschaft einer sog. Vorgründungsgesellschaft, DStR 2000, 2176.

Zu § 2 Abs. 2 UStG:

Büchler-Hole, Anmerkungen zum Urteil des FG München vom 26.11.2003 (3 K 1858/02, nrkr., Az. des BFH V R 78/03, natürliche Personen ohne eigenen Umsätze als Organträger), EFG 2004, 456. **Endres-Reich**, Antragswahlrecht für die umsatzsteuerliche Organschaft in Deutschland?, UR 17/2016, 660. **Grawe**, Beendigung der Organschaft, UStB 2002, 343. **Hahne**, Umsatzsteuerliche Organschaft mit Personengesellschaften europarechtlich geboten?/Analyse der EuGH-Rechtsprechung zur wettbewerbsneutralen Umsetzung von -

Mitgliedstaatenwahlrechten, DStR 2008, 910. **Heine**, Die Organschaft im Umsatzsteuerrecht und bei der Grunderwerbsteuer, UVR 2004, 191. **Hidien**, Anmerkungen zum Urteil des BFH vom 05.12.2007 (V R 26/06, Keine organisatorische Eingliederung über § 17 AktG), UR 2008, 259 (261). **Hölzle**, Umsatzsteuerliche Organschaft und Insolvenz in der Organgesellschaft, DStR 2006, 1210. **Jansen**, Entwicklungen bei der umsatzsteuerlichen Organschaft, BB 38/2016, 2263. **Krumenacker**, Vorlageverpflichtung und Bindungswirkung von EuGH-Urteilen, UR 2008, 241. **Maunz**, Anmerkungen zum Urteil des EuGH vom 28.06.2007 (Rs. C-363/05, JP Morgan Fleming Claverhouse Investment Trust plc und The Association of Investment Trust Companies), UR 2007, 727 (733). **Nieskens**, Einfluss des EuGH auf die Rechtsprechung des BFH – Aufgezeigt anhand der Steuerbefreiungsnorm des § 4 Nr. 14 UStG für medizinische Flugtauglichkeitsuntersuchungen –, UR 2008, 41. **Nieskoven**, Keine Umsatzsteuerfreiheit für die Haftungsvergütung der Komplementär-GmbH, GStB 2012, 78. **Nieskoven**, Problempunkt organisatorische Eingliederung: »Patt-Situation-Rechtsprechung« vor dem Aus?, GStB 2012, 110. **Offerhaus**, Schwieriger Zugang zum EuGH für die Verfahrensbeteiligten, UR 2008, 53. **Rüth**, Die mehrstufige Organschaft, UStB 2005, 349. **Schiffer**, Beendigung der umsatzsteuerlichen Organschaft, DStR 1998, 1989. **von Streit et al.** Vorsteuerabzug einer Führungsholding und Einbeziehung von PersG in eine Organschaft, UStB 9/2016, 280. **Wäger**, Organschaft mit Personengesellschaften, unbeantwortete Fragen, UR 17/2017, 664. **Wagner**, Anmerkungen zum Urteil des BFH vom 22.5.2003 (V R 94/01, Organträger ohne »eigene« Umsätze kein Unternehmer, befreite Umsätze von Einrichtungen ärztlicher Heilbehandlung), INF 2003, 851. **Weimann**, Der Rechtsweg zum EuGH: Möglichkeiten und Grenzen des Individualrechtsschutzes, UStB 2006, 52. **Weimann**, MwStSystRL: Kenntnis der europarechtlichen Rahmenbedingungen für Steuerberater unerlässlich, UStB 2007, 301. **Widmann**, Über den Umgang der Verwaltung mit der Rechtsprechung des EuGH zur Mehrwertsteuer, UR 2008, 77.

Zu § 2 Abs. 3 UStG:
Bartsch, Juristische Personen des öffentlichen Rechts aus umsatzsteuerlicher Sicht, BuW 2002, 853. **Eichmann**, Besteuerung der kommunalen Wirtschaft, 1. Auflage 1998. **Forster**, Juristische Personen des öffentlichen Rechts und Harmonisierung eines europäischen Mehrwertsteuersystems/Steuersystematische und ökonomische Analyse der deutschen Regelungen, 1. Aufl. 1997. **Grawe**, Juristische Personen des öffentlichen Rechts als Unternehmer, UStB 2002, 220. **Heizmann/Heizmann/Schroeder**, Der »Betrieb gewerblicher Art« als Besteuerungsmerkmal der öffentlichen Hand/Qualifikationsprobleme und praktische Anwendungsschwierigkeiten, NWB 2003, Beil. 12 zu Heft 34. **Hidien**, Europarechtliche Mehrwertsteuerpflicht der öffentlichen Hand – War die Versteigerung der UMTS-Lizenzen eine mehrwertsteuerpflichtige Tätigkeit des Bundes?, UR 2002, 165. **Hidien**, Anm. zum Urteil des BFDH vom 27.2.2001 (V R 78/01) § 2 Abs. 3 UStG: Voraussetzungen für die unternehmerische Tätigkeit einer Gemeinde bei Parkraumüberlassung, UVR 2003, 307. **Küffner**, Feuerbestattungsverein Halle, EU-UStB 2007, 7. **Kupfer**, Erschließungsbeiträge im Ertrags-, Umsatz- und Grunderwerbsteuerrecht, KÖSDI 2001, 12914. **Rausdzus/Weimann**, Die Umsatzbesteuerung juristischer Personen des öffentlichen Rechts/Ein Wegweiser für Bedienstete und Berater öffentlicher Unternehmen, 1. Auflage 1999. **Thieme**, Umsatzsteuerrechtlichte Behandlung von Abwasserbeseitigung und Abfallentsorgung/mit und ohne Einschaltung Dritter, UR 2003, 369. **Wagner**, Der leise Abschied des Betriebs »gewerblicher Art« aus dem Umsatzsteuerrecht, UR 1993, 301. **Wendt/Elicker**, Fortbestand der Steuerfreiheit für die Fortbildungstätigkeit der Handwerkskammern?, DStZ 2004, 399.

Sonderfragen der Gesellschaften/Gemeinschaften und des Haltens von Beteiligungen:

Forster, Geschäftsführungs- und Vertretungsleistungen eines Gesellschafters/Anpassungsbedarf aus dem BMF-Schreiben vom 31.5.2007, UStB 2007, 353.

Matheis, Umsatzsteuer-Highlights des Jahres 2007, Abschnitt I.2, UVR 2008, 44 (47).

Nieskoven, Handlungsbedarf bei Geschäftsführungs- und Vertretungsleistungen eines Gesellschafter-Geschäftsführers, GStB 2007, 402.

Pump, Bekanntgabefehler gem. § 122 AO bei der Umsatzsteuer/Vollbeendigung der GbR infolge Anwachsung, StBP 2008, 37 und 65.

Sobotta, Umsatzsteuer bei Geschäftsführungs- und Vertretungsleistungen eines Gesellschafters – teilweise Abkehr von bisheriger Verwaltungspraxis, UVR 2007, 237.

Tehler, Vermeidung umsatzsteuerrechtlicher Mehrbelastung bei Geschäftsführerleistungen natürlicher Personen für ihre Gesellschaft, UVR 2008, 57.

Weimann, Umsatzsteuer in der Praxis, 8. Aufl. 2010, Kap. 62.

Widmann, Anmerkungen zum Urteil des EuGH vom 18.10.2007 (Rs. C-355/06, J. A. van der Steen, Keine selbständige wirtschaftliche Tätigkeit einer einzigen natürlichen Person als Gesellschafter-Geschäftsführer und Arbeitnehmer einer GmbH), UR 2007, 889.

Verwaltungsanweisungen

BMF vom 07.11.1973, Az: IV A 2 – S 7105 – 2/73, Umsatzsteuer, hier Organschaft bei Beteiligung eines gemeinnützigen Wohnungsunternehmens, BStBl I 1973, 683.

BMF vom 10.12.2003, Az: IV B 7 – S 7106 – 100/03, Umsatzsteuer; Umsatzsteuerrechtliche Beurteilung der Einschaltung von Unternehmern in die Erfüllung hoheitlicher Aufgaben, BStBl. I 2003, 785.

BMF vom 03.06.2004, Az: IV B 7 – S 7104 – 18/04, Umsatzsteuer beim Forderungskauf und Forderungseinzug: 1. Urteil des EuGH vom 26. Juni 2003 – Rs. C 305/01 – (MKG-Kraftfahrzeuge-Factoring-GmbH) 2. Urteil des BFH vom 4. September 2003, BStBl. I 2004, 737.

BMF vom 01.12.2006, Az: IV A 5 – S 7300 – 90/06, Umsatzsteuer; § 15 Umsatzsteuergesetz (UStG) – Vorsteuerabzug bei gemeinschaftlicher Auftragserteilung durch mehrere Personen, BStBl I 2007, 90.

BMF vom 31.05.2007, Az: IV A 5 – S 7100/07/0031, 2007/0222008, Leistungen zwischen Gesellschaft und Gesellschafter, Geschäftsführungs- und Vertretungsleistungen eines Gesellschafters, BStBl I 2007, 503.

BMF vom 28.01.2008, Az: IVA 5 – S 7106/07/0009, 2008/0035190, Umsatzsteuer; Umsatzsteuerrechtliche Behandlung der entgeltlichen Erteilung von Auszügen aus dem Liegenschaftskataster, BStBl. I 2008, 382.

BMF vom 01.12.2009, Az: IV B 8 – S 7105/09/10003, 2009/0793833, Umsatzsteuerrechtliche Organschaft (§ 2 Abs. 2 Nr. 2 UStG); Konsequenzen des BFH-Urteils vom 29. Januar 2009 – V R 67/07 – (BStBl. 2009 II S. 1029), BStBl I 2009, 1609.

BMF vom 02.05.2011, Az: IV D 2/S 7104/11/10001, 2011/0329553, Umsatzsteuer; Unternehmereigenschaft des geschäftsführenden Komplementärs einer Kommanditgesellschaft; Konsequenzen des BFH-Urteils vom 14. April 2010 – XI R 14/09 (BStBl. 2011 II S. 433), BStBl I 2011, 490.

BMF vom 05.05.2011, Az: IV D 2 – S 7105/10/10001, 2011/0518308, Umsatzsteuerrechtliche Organschaft (§ 2 Abs. 2 Nr. 2 UStG); Konsequenzen der BFH-Urteile vom 22. April 2010 – V R 9/09 – (BStBl. 2011 II S. 597) und vom 1. Dezember 2010 – XI R 43/08 – (BStBl. 2011 II S. 600), BStBl I 2011, 703.

BMF vom 07.03.2013, Az: IV D 2 – S 7105/11/10001, 2013/0213861, Umsatzsteuerrechtliche Organschaft (§ 2 Abs. 2 Nr. 2 UStG); Organisatorische Eingliederung; Überarbeitung von Abschnitt 2.8 UStAE, BStBl I 2013, 333.

BMF vom 11.12.2013, Az: IV D 2 – S 7105/11/10001, 2013/1136548, Umsatzsteuerrechtliche Organschaft (§ 2 Abs. 2 Nr. 2 UStG); Organisatorische Eingliederung; Verlängerung der Übergangsfrist des BMF-Schreibens vom 7. März 2013, BStBl I 2013, 1625.

BMF vom 26.05.2017, AZ: III C 2 – S 7105/15/10002, Umsatzsteuerliche Organschaft, Vorsteuerabzug beim Erwerb und im Zusammenhang mit dem Halten und Verwalten von gesellschaftsrechtlichen Beteiligungen; Konsequenzen der Rechtsprechung des EuGH und des BFH.

Hinweis: Zur Problematik der zeitlichen Geltungsdauer von BMF-Schreiben vgl. Einführung UStG, Rz. 100 ff.

Richtlinien/Hinweise/Verordnungen

UStAE: Abschn. 2.1–2. 11.
MwStSystRL: Art. 9 ff.

1 Allgemeines

1.1 Überblick über die Vorschrift/Gesetzeszweck

Schon im UStG 1934 wurde der Begriff des Unternehmers verwendet. Die Legaldefinition ist seither unverändert. Zu dieser Zeit wurde auch schon die Organschaft gesetzlich geregelt. Trotz des grundlegenden Wechsels von der kumulativen Bruttoumsatzsteuer zur Allphasen-Nettoumsatzsteuer mit Vorsteuerabzug (Mehrwertsteuer) durch das UStG 1967/73 blieb der Unternehmerbegriff unangetastet. Auch das UStG 1980 (mit dem das Gesetz an die 6. EG-RL angepasst wurde) übernahm den Begriff. Die grenzüberschreitende Organschaft wurde durch § 2 Abs. 2 S. 2–4 UStG mit Wirkung ab dem 01.01.1987 (Steuerbereinigungsgesetz vom 19.12.1985, BGBl I 1985, 2436) abgeschafft. 1

Die Norm regelt die **subjektive Steuerpflicht** in der Person des Unternehmers. Dieser ist grundsätzlich auch Steuerschuldner (§ 13 a Abs. 1 Nr. 1 UStG). Der Unternehmerbegriff ist daher ein **Zentralbegriff** des Umsatzsteuerrechts. Abs. 1 regelt den Umfang des Unternehmens. 2

§ 2 Abs. 2 UStG zeigt auf, wann von einer (nicht) selbstständigen Tätigkeit auszugehen ist – sei es als natürliche Person, sei es als juristische Person. Hierher gehört auch die Behandlung der umsatzsteuerlichen **Organschaft**, die von dem Gedanken der Unternehmenseinheit geprägt ist. Demzufolge bilden alle Teilbetriebe des Unternehmers eine **Unternehmenseinheit**. 3

Wann eine **juristische Person des öffentlichen Rechts** als Unternehmer tätig ist, regelt bis 31.12.2016 § 2 Abs. 3 UStG. Nach diesem Zeitpunkt greifen grundsätzlich die Regelungen des § 2 UStG. Einschränkungen enthält § 2b UStG. Zum Anwendungszeitpunkt siehe § 27 Abs. 22 UStG. 4

1.2 Geltungsbereich

1.2.1 Persönlicher Geltungsbereich

Wer oder was Unternehmer sein kann, bemisst sich nach der Unternehmensfähigkeit. Diese liegt vor bei jedem selbständig tätigen Wirtschaftsgebilde, das nachhaltig Leistungen gegen Entgelt ausführt (Abschn. 2.1 Abs. 1 S. 2 UStAE). Diese Eigenschaft erfüllen natürliche Personen, Personenvereinigungen und juristische Personen des öffentlichen Rechts, wenn sie gewerbliche oder berufliche Tätigkeiten selbständig ausüben. 5

1.2.2 Sachlicher Anwendungsbereich

Betroffen sind alle Umsätze, die von einem Unternehmer für sein Unternehmen durch gewerbliche oder berufliche Tätigkeit selbständig ausgeführt werden. 6

1.2.3 Zeitlicher Anwendungsbereich

Die Norm gilt seit 1934 praktisch unverändert. Weder das USt-Binnenmarktgesetz (BGBl I 1992, 552) noch das UntStFG 2001 (vom 20.12.2001, BGBl I 2001, 3856) haben daran etwas geändert. Seit Mitte 1990 wurde die Tätigkeit der Deutschen Bundespost Telekom in den Katalog der 7 unternehmerischen Tätigkeiten aufgenommen worden, was aber durch das Gesetz zur Neuordnung des Postwesens und der Telekommunikation vom 14.01.1994 (BGBl I 1994, 2325) ab dem 01.01.1995 aufgehoben wurde. Neugefasst wurde § 2 Abs. 3 S. 2 Nr. 5 UStG mit Wirkung ab dem 01.01.1995 durch das Gesetz über die Errichtung einer Bundesanstalt für Landwirtschaft und Ernährung und zur Änderung von Vorschriften auf den Gebieten der Land- und Ernährungswirtschaft vom 02.08.1994 (BGBl I 1994, 2018).

1.3 Verhältnis zu anderen Vorschriften

8 Die vielfältigen Verpflichtungen des UStG knüpfen grundsätzlich an die Eigenschaft als Unternehmer an. § 2 UStG stellt daher die zentrale Norm des Umsatzsteuerrechts dar. So ist sie insbesondere auch maßgebend für

- die Steuerbarkeit von Lieferungen und sonstigen Leistungen (§ 1 Abs. 1 Nr. 1 UStG),
- die Eigenschaft als Steuerschuldner (§ 13 Abs. 1 Nr. 1 und § 13b Abs. 5 UStG UStG),
- die Berechtigung für den Vorsteuerabzug (§ 15 Abs. 1 UStG),
- die Pflicht zur USt-Voranmeldung und -Jahreserklärung (§ 18 Abs. 1 und 3 UStG),
- die Pflicht zur Abgabe der Zusammenfassenden Meldung (§ 18 a UStG),
- die Einhaltung der Aufzeichnungspflichten (§ 22 UStG),
- den Erhalt der USt-Identifikationsnummer (§ 27 a UStG).

Eine Besonderheit enthält § 13b Abs. 5 S. 6 UStG. Der Unternehmer ist für die dort geregelten Fälle auch dann Steuerschuldner, wenn er Leistungen für seinen nichtunternehmerischen Bereich empfängt. Über die Unternehmereigenschaft hinaus geht ebenso die Verpflichtung innergemeinschaftliche Erwerbe auch dann zu besteuern, wenn diese für den nichtunternehmerischen Bereich erworben werden (§ 1 a Abs. 1 Nr. 2b UStG).

2 Kommentierung

2.1 Tatbestandsmerkmale (Überblick)

9 Unternehmer ist, wer

- eine gewerbliche oder berufliche Tätigkeit, d. h.
  - nachhaltige Tätigkeit
  - zur Erzielung von Einnahmen
- selbständig
- auch ohne Gewinnerzielungsabsicht ausübt oder wenn
- eine Personenvereinigung
- nur gegenüber ihren Mitgliedern tätig wird.

10 Das ist **nicht** der Fall bei

- Gebundenheit des Ausführenden an die Weisungen des Unternehmers,
- Organschaft.

Juristische Personen des öffentlichen Rechts sind (bis 31.12.2016) nur Unternehmer 11
- im Rahmen ihrer Betriebe gewerblicher Art und
- ihrer land- und forstwirtschaftlichen Betriebe.

Zur Unternehmereigenschaft von juristischen Personen des öffentlichen Rechts ab 2017 vgl. Kommentierung zu § 2b UStG.

Als gewerbliche oder berufliche Tätigkeiten gelten auch diejenigen 12
- der Notare,
- der Abgabe von Brillen(-bestandteilen) einschließlich der Reparaturarbeiten durch Selbstabgabestellen der gesetzlichen Sozialversicherungsträger,
- der Vermessungs- und Katasterbehörden (Ausnahme: Amtshilfe),
- der Bundesanstalt für Landwirtschaft und Ernährung auf den Gebieten der Land- und Ernährungswirtschaft.

2.2 Begriff des Unternehmers

§ 2 Abs. 1 S. 1 UStG enthält eine Legaldefinition der Unternehmereigenschaft: Unternehmer ist, 13 wer eine gewerbliche oder berufliche Tätigkeit ausübt. Dabei sind drei Tatbestandsmerkmale zu prüfen:

2.2.1 Unternehmerfähigkeit

Die Unternehmerfähigkeit hängt von der Steuerrechtsfähigkeit ab. Steuerrechtsfähig (also Träger 14 von Rechten und Pflichten im umsatzsteuerlichen Sinne) ist jedes selbständige Wirtschaftsgebilde, das nachhaltig Leistung gegen Entgelt ausführt (Abschn. 2.1 Abs. 1 S. 2 UStAE). **Nicht** entscheidend sind die zivilrechtliche **Rechtsform bzw. Rechtsfähigkeit** des Leistenden (Abschn. 2.1 Abs. 1 S. 3 UStAE). Unternehmerfähig sind demzufolge:
- natürliche Personen (unabhängig von der Geschäftsfähigkeit, d.h. sogar ein Kleinkind kann Unternehmer sein, auch ein Testamentsvollstrecker oder Nachlassverwalter, vgl. BFH vom 07.09.2006, Az: V R 6/05, BStBl II 2007, 148);
- Personenzusammenschlüsse (z.B. OHG, KG, GbR, Partnerschaftsgesellschaft, nichtrechtsfähiger Verein, Erbengemeinschaft, Miteigentümergemeinschaften (BMF vom 01.12.2006, Az: IV A 5 – S 7300 – 90/06, UVR 2007, 8);
- juristische Personen des Privatrechts (z.B. GmbH, AG, KGaA, e.V.);
- juristische Personen des öffentlichen Rechts (Bund, Land, Gemeinde, Realkörperschaften wie Industrie- und Handelskammern, Personalkörperschaften wie z.B. Hochschulen, Anstalten des öffentlichen Rechts wie kommunale Sparkassen, aber auch Sozialversicherungsträger (dazu FG München vom 25.01.2006, Az: 3 K 1335/02, UStB 2007, 7), öffentlich-rechtliche Religionsgemeinschaften (Art. 140 GG) insbesondere die Katholische und Evangelische Kirche und deren selbständige Untergliederungen, sowie die israelitischen Kultusgemeinden;
- Bruchteilsgemeinschaften.

Beispiel:
Die Ehegatten A und B vermieten mehrere in ihrem Bruchteilseigentum stehende Grundstücke.

Lösung:
Die jeweilige Buchteilsgemeinschaft ist ein gesonderter Unternehmer, wenn aufgrund unterschiedlicher Beteiligungsverhältnisse eine einheitliche Willensbildung nicht sicher ist (BFH vom 25.03.1993, Az: V R 42/89, BStBl II 1993, 729).

Beispiel:
Drei Personenvereinigungen (GbR), die sich aus verschiedenen Angehörigen einer Familie zusammensetzen, die ihre Produkte zum Großteil über eine GmbH, deren Anteile von den Mitgliedern der drei GbR sowie weiteren Familienmitgliedern gehalten werden, unter einer gemeinsamen Marke vertreiben, sind drei selbständige Unternehmen, weil sie als solche gegenüber ihren Lieferanten und gegenüber öffentlichen Stellen und zu einem gewissen Grad auch gegenüber ihren Kunden nach außen eigenständig auftreten und so gut wie ausschließlich eigene Produktionsmittel verwenden (EuGH vom 12.10.2016, Rs. Nigl, C-340/15).

15 Eine **Arbeitsgemeinschaft des Baugewerbes** ist dann Unternehmer, wenn sie allein die Bauverträge mit dem Auftraggeber und der Arbeitsgemeinschaft (nicht aber zwischen dem Auftraggeber und den einzelnen Mitglieder der Arbeitsgemeinschaft!) abschließt. Denn dann entstehen unmittelbare Rechtsbeziehungen nur in der zuerst genannten Konstellation. Weitere Beispiele: vgl. Abschn. 2.1 Abs. 2 UStAE; dazu auch OFD Karlsruhe/OFD Stuttgart, Gemeinsame Verf. vom 25.08.2004, Az: S 7279: dazu Weimann, UStB 2007, 118.

16 Demzufolge kommt es für die Unternehmereigenschaft einer Personengesellschaft nicht darauf an, ob die Gesellschafter Mitunternehmer sind. **Nicht** entscheidend sind ferner Staatsangehörigkeit, Wohnsitz, Sitz oder Ansässigkeit.

17 Zur Unternehmerfähigkeit gehört auch, dass der Handelnde auch **nach außen als Unternehmer auftritt**. **Beweisanzeichen** dafür sind:

- Name auf dem Briefkopf,
- Name auf dem Geschäftsschild,
- Telefonbuch- und Fax- bzw. E-Mail/Interneteintrag,
- Name auf den Lieferantenrechnungen,
- Unterzeichnen der Steuererklärung(en),
- Zahlung der Steuerschuld,
- Name in der Gewerbeanmeldung.

18 Handelt der Betreffende nicht selbständig, ist er auch bei Vorliegen dieser Beweisanzeichen kein Unternehmer. Das kann insbesondere der Fall sein bei **Schein- oder Strohmanngeschäften.** Bei diesen wird die Leistung u. U. nicht dem Handelnden (Strohmann), sondern dem diesem **Weisung** erteilenden Hintermann zugerechnet (BFH vom 15.09.1994, Az: XI R 81/92, BStBl II 1995, 275), dazu vgl. auch Rn. 41ff. Handelt er nicht weisungsabhängig oder in arbeitnehmerähnlicher Position, tritt der Strohmann selbst als Unternehmer auf (BFH vom 28.01.1999, Az: V R 4/98, BStBl II 2000, 5, 628). **Selbständige Erfüllungsgehilfen**, die im eigenen Namen auf fremde Rechnung tätig werden, erbringen selbst Leistungen in Form der Kommission (§ 3 Abs. 3 UStG) und des Leistungseinkaufs (§ 3 Abs. 11 UStG).

19 **Nicht unternehmerfähig** sind:

- **Innengesellschaften**, da sie ebenfalls nach außen nicht als Unternehmer auftreten (wenn sie kein eigenes Vermögen, keinen Betrieb haben, nicht rechtsfähig sind und ohne Firma agieren); zur Unternehmereigenschaft einer Innengesellschaft vgl. auch BFH vom 28.11.2002, Az: R 18/01, UR 2003, 241; Abschn. 2.1 Abs. 5 UStAE). Markante Beispiele: die **stille Gesellschaft** (Unternehmer sind in diesen Fällen die an der Innengesellschaft beteiligten Personen(zusammenschlüsse), **Bürogemeinschaften** (anders bei echter Sozietät).
- **Gewinnpools**

Ob **Unternehmenszusammenschlüsse** die Unternehmereigenschaft haben, ist ebenfalls davon abhängig, ob sie als solche nach außen auftreten. 20

Diese Differenzierung betrifft z. B. folgende Unternehmenszusammenschlüsse: 21
- Ein- und Verkaufsgemeinschaften,
- Genossenschaften,
- Konsortien,
- Syndikate,
- Trusts,
- Metagesellschaften,
- Gewinnpools,
- typische und atypische stille Gesellschaften,
- Sozietäten,
- Arbeitsgemeinschaften.

2.2.2 Gewerbliche oder berufliche Tätigkeit

2.2.2.1 Tätigkeitsausübung

Ein Unternehmer muss – um gewerblich oder beruflich tätig zu sein – eine Tätigkeit ausüben. Dies setzt voraus, dass Leistungen im wirtschaftlichen Sinne ausgeführt werden. Als Leistungen im wirtschaftlichen Sinn gelten nach Art 9 MwStSystRL alle Tätigkeiten eines Erzeugers, Händlers oder Dienstleistenden einschließlich der Tätigkeiten der Urproduzenten, der Landwirte sowie der freien Berufe. An diesen »Bildern« ist die Unternehmereigenschaft in Zweifelsfällen abzuleiten. Leistungen im Rechtssinne stellen keine derartige Leistung dar. Dies gilt auch für Kapitalgesellschaften, deren Einkünfte nach § 8 Abs. 2 KStG immer als gewerblich behandelt werden. Die Unterhaltung von Spar-, Giro- oder Bausparkontos oder das Eigentum an Wertpapieren begründen für sich allein noch nicht die Unternehmereigenschaft (Abschn. 2.3 Abs. 1 Satz 5 UStAE). 22

Nichtwirtschaftliche Tätigkeiten i.e.S fallen nach Ansicht des EuGH nicht in den Anwendungsbereich der MwStSystRL (EuGH vom 12.02.2008, Rs. C-437/06). Die Abgrenzung hat erhebliche Bedeutung. Ein Vorsteuerabzug ist nicht möglich, wenn eine Leistung für den nichtwirtschaftlichen Bereich i. e. S. bezogen wird. Abschn 2.3 UStAE enthält hierzu eine Aufzählung mit weiteren Fundstellen. 23

Dazu zählen:
- Unentgeltliche Tätigkeiten eines Vereins, die aus ideellen Vereinszwecken verfolgt werden.
- Hoheitliche Tätigkeiten juristischer Personen des öffentlichen Rechts
- Erwerb und Halten von Gesellschaftsbeteiligungen an Kapitalgesellschaften, da Dividenden und andere Gewinnbeteiligungen aus Gesellschaftsverhältnissen nicht als umsatzsteuerrechtliches Entgelt i. R. d. Leistungsaustausches anzusehen sind (EuGH vom 21.10.2004, Rs. C-8/03, EuGHE I 2004, 10/157; dazu: Englisch, UR 2007, 290); Ausnahme: Handel mit Gesellschaftsanteilen, strategische Beteiligungen, Eingriff in die Verwaltung (Führungs-oder Funktionsholding)

2.2.2.2 Nachhaltigkeit

Vgl. Abschn. 2.3 Abs. 5–7 UStAE. Nachhaltig wird eine gewerbliche oder berufliche Tätigkeit ausgeübt, wenn sie auf Dauer zur Erzielung von entgeltlichen Einnahmen angelegt ist. Ob dies erfüllt ist, ist in jeden Einzelfall zu prüfen. Die **Absicht, Gewinn zu erzielen**, ist **nicht** erforderlich (Abschn. 2.3 Abs. 8 UStAE)! Nach Abschn. 2.3 Abs. 5 UStAE sprechen für eine Nachhaltigkeit: 24

- mehrjährige Tätigkeit,
- planmäßiges Handeln,
- auf Wiederholung angelegte Tätigkeit,
- die Ausführung mehr als nur eines Umsatzes,
- Vornahme mehrerer gleichartiger Handlungen unter Ausnutzung derselben Gelegenheit oder desselben dauernden Verhältnisses,
- langfristige Duldung eines Eingriffs in den eigenen Rechtskreis,
- Intensität des Tätigwerdens,
- Beteiligung am Markt,
- Auftreten wie ein Händler,
- Unterhalten eines Geschäftslokals,
- Auftreten nach außen, z. B. gegenüber Behörden.

25 Es reicht nicht, dass eines dieser Merkmale vorliegt. Vielmehr müssen die für und gegen die Nachhaltigkeit sprechenden Aspekte im Einzelfall gegeneinander abgewogen werden. Aushilfs- und Montagefahrer, die vom Auftraggeber vorgegebene Tourenpläne abarbeiten und hierbei vom Auftraggeber gestellte Fahrzeuge und Werkzeuge benutzen, sind keine Unternehmer, selbst wenn sie die von ihm getragene Arbeitskleidung mit Firmenemblem selbst bezahlen und nur tatsächlich erledigte Aufträge berechnen (Hessisches FG vom 28.10.2004, Az: 6 K 1405/99, rkr., UStB 2005, 169).

TIPP

Zwei »Faustregeln« lassen sich festhalten: Je mehr sich eine Tätigkeit von einem »typischen« Beruf entfernt, desto intensiver wird der vorgenannte Katalog geprüft. Typisch gewerbliche oder berufliche Tätigkeiten sind bereits dann nachhaltig, wenn sie sich in der Ausführung eines einzigen Auftrags erschöpfen.
In folgenden Einzelfällen aus der Rechtsprechung wurde z. B. Nachhaltigkeit bejaht bzw. verneint:

Nachhaltigkeit bejaht	Nachhaltigkeit verneint
Pkw: Der Einwand, es handele sich um eine private Gefälligkeit, rechtfertigt es nicht, die Nachhaltigkeit des An- und Verkaufs mehrerer Kfz zu verneinen (BFH vom 07.09.1995, Az: V R 25/94, BStBl II 1996, 109).	**Pkw:** Erwirbt ein Angehöriger einer Automobilfabrik von ihr ein fabrikneues Fahrzeug mit Werksangehörigenrabatt und veräußert er es nach Ablauf eines Jahres wieder, ist er nicht nachhaltig tätig (BFH vom 18.07.1991, Az: V R 86/87, BStBl II 1991, 776).
Wer einmalig einen **Nießbrauch** an seinem Grundstück bestellt, erbringt eine nachhaltige Duldungsleistung (BFH vom 16.12.1971, Az: V R 41/68, BStBl II 1972, 238).	**Pkw:** Der einmalige Ankauf eines Pkw im Inland und dessen Export an einen ausländischen Abnehmer begründet keine nachhaltig betriebene Händlertätigkeit (BFH vom 18.04.1991, Az: V R 86/86, UR 1991, 259).
Der **Gesellschafter einer GbR** kann allein durch Vermietung eines Gegenstands an die Gesellschaft nachhaltig tätig werden (BFH vom 07.11.1991, Az: V R /86, BStBl II 1992, 269).	Der **Erwerb eines Einzelunternehmens** zum Zweck der unmittelbaren Einbringung in eine Personengesellschaft begründet keine unternehmerische Betätigung mangels einer auf gewisse Dauer angelegten geschäftlichen Tätigkeit (BFH vom 15.01.1987, Az: V R 3/77, BStBl II 1987, 512).
Eine sich über mehrere Jahre erstreckende **Testamentsvollstreckung** zwecks Erbauseinandersetzung, die zahlreiche Einzelhandlungen erfordert, stellt eine unternehmerische Tätigkeit dar (BFH vom 26.09.1991, Az: V R 1/87, BFH/NV 1992, 418; BFH vom 07.09.2006, Az: V R 6/05, UStB 2007, 32).	Ein **Briefmarkensammler**, der als Hobby sammelt, unterliegt – solange er nur Einzelstücke veräußert, die Sammlung teilweise umschichtet oder sie ganz oder teilweise veräußert – nicht der Umsatzsteuer (BFH vom 29.06.1987, Az: X R 23/82, BStBl II 1987, 744). Ebenso für Münzsammler: BFH vom 16.07.1987, Az: X R 48/82, BStBl II 1987, 752).

Nachhaltigkeit bejaht	Nachhaltigkeit verneint
Unterlassen von Wettbewerb ist nachhaltig, wenn es im Rahmen eines laufenden Unternehmens oder im Zusammenhang mit seiner Veräußerung durch den Unternehmer selbst verabredet wird (BFH vom 30.07.1986, Az: V R 41/76, BStBl II 1986, 874).	**Bei Gefälligkeiten, die gegen Aufwendungsersatz erbracht werden**, z. B. die Mitnahme eines Arbeitskollegen gegen Kostenbeteiligung (BFH vom 07.11.1991, BStBl II 1992, 269), liegt keine Nachhaltigkeit vor.
Lieferung von Strom (z. B. Betrieb einer Fotovoltaikanlage oder eines Blockheizkraftwerkes) kann eine nachhaltige Tätigkeit darstellen – vorausgesetzt, der erzeugte Strom wird ganz oder teilweise, regelmäßig und nicht nur gelegentlich in das allgemeine Stromnetz eingespeist oder die erzeugte Wärme wird regelmäßig an den/die Mieter weitergeliefert (OFD Karlsruhe vom 29.09.2006, Az: USt-Kartei S 7104 Karte 2, UR 2007, 120).	Der auf Dauer angelegte **Verkauf einer Vielzahl von Gegenständen** über die Internetplattform »ebay«, ist nachhaltig, wenn der Verkäufer aktive Schritte zum Vertrieb unternimmt und sich dabei ähnlicher Mittel bedient wie ein Händler. Dabei hängt die Beurteilung der Nachhaltigkeit nicht von einer bereits beim Einkauf vorhandenen Wiederverkaufsabsicht ab (BFH vom 26.04.2012, Az: V R 2/11, BStBl II 2012, 634).
Der Verkauf von 140 Pelzmänteln in eigenem Namen für fremde Rechnung, über die Internetplattform »ebay« ist nachhaltig, wenn der Verkäufer durch die Anwendung bewährter Vertriebsmaßnahmen aktive Schritte zum Vertrieb unternimmt und sich dabei ähnlicher Mittel bedient wie ein Händler (BFH vom 12.08.2015, Az: XI R 43/13; DFB 2015, 2370)	Der **Verkauf von Doppelstücken einer ererbten Sammlung** von Bierdeckeln und Bieretiketten über mehrere Jahre mit Umsatzerlösen zwischen 18.000 und 66.000 € pro Jahr ist aufgrund des intensiven administrativen Aufwands durch Anwendung bewährter Vertriebsmaßnahmen nachhaltig (FG Köln vom 04.03.2015, Az: 14 k 188/13)

Beim **Onlinehandel** sieht der BFH (bereits) dann eine nachhaltige Tätigkeit als gegeben an, wenn der Verkäufer (von privat erworbenen Gegenständen) aktive Schritte zum Vertrieb unternimmt, indem er sich ähnlicher Mittel bedient wie ein Erzeuger, Dienstleistender oder Händler (vgl. Rn. 25, BFH vom 12.08.2015, Az: XI R 43/13; DFB 2015, 2370). Diese sollen in der Durchführung folgender bewährter Vertriebsmaßnahmen liegen: Der Verkäufer muss sich für jeden einzelnen zur Internet-Versteigerung anstehenden Gegenstand Gedanken zu dessen möglichst genauer Bezeichnung, zu seiner Platzierung in der einschlägigen Produktgruppe und über ein Mindestgebot machen und zur Erhöhung der Verkaufschancen und des erzielbaren Erlöses für den Gegenstand in aller Regel mindestens ein digitales Bild anfertigen. Außerdem muss der Verkäufer den Auktionsablauf auf »eBay« in regelmäßigen Abständen überwachen, um rechtzeitig auf Nachfragen von Kaufinteressenten reagieren zu können, sofern diese die auf der Auktionsseite eingestellten Wareninformationen als nicht ausreichend erachten. Nach Beendigung der jeweiligen Auktion muss der Verkäufer zudem den Zahlungseingang überwachen, um die Ware anschließend zügig verpacken und versenden zu können. 26

Für die Frage, ob eine Lieferung oder sonstige Leistung, die nicht Neben- oder Hilfsgeschäft ist, dem unternehmerischen Bereich zuzuordnen ist, kommt es darauf an, ob diese (weitere) Haupttätigkeit nachhaltig ausgeübt wird (FG Hamburg vom 29.01.2004, Az: VII 214/01, EFG 2004, 1173). 27

Eine nur gelegentlich ausgeübte Tätigkeit führt nach bisheriger deutscher Auffassung nicht zur Unternehmereigenschaft. Nach der Entscheidung des EuGH vom 13.06.2013 in der Rs. Kostov, Az: C-62/12 ist jedoch »eine natürliche Person, die bereits für ihre Tätigkeit als selbständiger (Unternehmer) mehrwertsteuerpflichtig ist, für jede weitere, gelegentlich ausgeübte wirtschaftliche Tätigkeit als Steuerpflichtiger anzusehen.« 28

Nach Auffassung des BFH im Urteil vom 12.08.2015 Az: XI R 43/13; DFB 2015, 2370 (vgl. Rn. 25) ist fraglich »ob an der bisherigen Rechtsprechung des BFH in vollem Umfang unverändert festgehalten werden kann, wonach Leistungen, die sich als Nebenfolge einer nicht nichtunternehmerischen Tätigkeit ergeben – wie z. B. der Verkauf gebrauchter Gegenstände aus dem Privatbereich –

nur dann zu unternehmerischen Umsätzen werden, wenn sie einen »geschäftlichen« Rahmen i. S. d. § 2 Abs. 1 UStG erreichen..«

29 Als nachhaltig wird auch die Tätigkeit des Testamentsvollstreckers angesehen, und zwar auch dann, wenn sie aus privatem Anlass – weil der Testamentsvollstrecker selbst Miterbe geworden ist – aufgenommen wurde; die Rechtsprechung des EuGH zur »nur gelegentlichen« Ausführung von Umsätzen durch Nutzung privater Gegenstände kann hierzu nicht erweiternd angewendet werden (BFH vom 07.09.2006, Az: V R 6/05, BStBl II 2007, 148; vgl. auch § 3 Rn. 164, ABC Stichwort »Testamentsvollstreckung«).

30 Bei der **Vermietung von Gegenständen**, die ihrer Art nach sowohl für unternehmerische als auch für nichtunternehmerische Zwecke verwendet werden können (insbesondere **Freizeitgegenstände**) müssen alle Aspekte der Nutzung geprüft werden (Abschn. 2.3 Abs. 7 S. 1 UStAE). So sieht die Finanzverwaltung z. B. die nur gelegentliche Vermietung eines Wohnmobils durch den Eigentümer nicht als unternehmerische Tätigkeit an (Abschn. 2.3 Abs. 7 S. 2 UStAE; BFH vom 12.12.1996, BStBl II 1997, 368).

31 Eine Unternehmereigenschaft kann durch einen **Pachtvertrag** begründet werden, bei dem auf Grund von wirtschaftlichen Schwierigkeiten des Pächters die Pachtzahlungen bis zur Besserung der wirtschaftlichen Situation des Pächters ausgesetzt sind, da hierin eine entgeltliche Tätigkeit des Pächters zu sehen ist (BFH vom 07.07.2005, Az: V R 78/03, UStB 2005, 328). Ggf. kann darin auch eine Geschäftsveräußerung im Ganzen (§ 1 Abs. 1a UStG) liegen.

2.2.2.3 Selbständigkeit

32 Der Begriff der Selbständigkeit wird weder im UStG, noch in der MwStSystRL definiert, obwohl es sich um einen Schlüsselbegriff handelt. Vgl. dazu aber Abschn. 2.2 UStAE. Art 10 MwStSystRL grenzt den Begriff negativ ab. Danach werden Personen von der (Umsatz-)Besteuerung ausgeschlossen, die hinsichtlich ihrer Arbeitsbedingungen und des Arbeitsentgelts sowie der Verantwortlichkeit des Arbeitgebers in ihrem Rechtsverhältnis zu diesem untergeordnet sind. Er wird in § 1 Abs. 1 S. 1 LStDV ähnlich umschrieben. Danach liegt eine selbständige Tätigkeit vor, wenn sie auf eigene Rechnung und auf eigene Verantwortung ausgeübt wird. Ob dies im Einzelfall erfüllt ist, muss anhand des **Innenverhältnisses** zum Auftraggeber entschieden werden. Besteht Eingliederung oder Weisungsgebundenheit des nach außen hin Handelnden, agiert dieser nicht selbständig. Sein Handeln wird dem Weisungsgeber zugerechnet. Dem Außenverhältnis lassen sich nur Beweisanzeichen entnehmen. Maßgebend sind die Umstände des Einzelfalls.

33 Folgende Aspekte sind für die Frage der (Un-)Selbständigkeit heranzuziehen (vgl. auch Hicks, UVR 1994, 143):

- eigene Verantwortung,
- Weisungs- und Aufsichtsgebundenheit,
- freie Bestimmung von Art, Ort und Zeit der Tätigkeit,
- eigene Arbeitnehmer,
- Kostenrisiko,
- erfolgsorientiertes Entgelt,
- Lohnfortzahlung im Krankheitsfall,
- Urlaubsanspruch,
- Gewerbeanmeldung.

34 Umsatzsteuer, Einkommensteuer und Gewerbesteuer beurteilen die Selbständigkeit für natürliche Personen nach denselben Grundsätzen (Abschn. 2.2 Abs. 2 UStAE), jedoch keine gegenseitige Bindung an die jeweiligen Beurteilungen. Die Sonderregelung des § 15 Abs. 1 S. 1 Nr. 2 EStG, wonach nichtselbständige Einkünfte als gewerblich zu qualifizieren sind, ist für die

Umsatzsteuer nicht anwendbar. Die **Tätigkeit des Geschäftsführers einer Kapitalgesellschaft** kann, obwohl er in den Organismus der Gesellschaft eingebunden ist, entgegen der früheren Rechtsprechung (BFH vom 09.10.1996, BStBl II 1997, 2555) als selbständig qualifiziert werden (BFH vom 10.03.2005, Az: V R 29/03, BStBl II 2005, 730). Die Finanzverwaltung hat sich dem angeschlossen Abschn. 2.2 Abs. 2 S. 4, 5 UStAE); zu den Besonderheiten der Gesellschafter-Geschäftsführer vgl. Rn. 170ff.

Kriterien für Selbständigkeit bzw. Unselbständigkeit 35

Selbständigkeit	Unselbständigkeit
Unterhalten eines eigenen Büros auf eigene Kosten	Eingliederung in den Betrieb
Beschäftigung von Arbeitskräften	Weisungsgebundenheit
	Urlaubsregelung
	Lohnfortzahlung im Krankheitsfall
Tätigkeit für mehrere Auftraggeber	regelmäßig nur ein Auftraggeber
	Aufsicht des Auftraggebers
Wahrnehmung eigener Interessen auf eigene Kosten	fremde Interessen werden wahrgenommen
Unternehmerrisiko	kein Unternehmerrisiko
Unternehmerinitiative	

36

Selbständig	Unselbständig
Abmahnverein (OFD Frankfurt, Verf. vom 14.10.1986, Az: S 7100 A – 9/82 St IV 11, UR 1987, 89).	**Abgeordneter** (FinMin Schleswig-Holstein, Erlass vom 31.01.1978, Az: 2121 – 24 – VI 310 UR 1978, 177).
Agenten z.B. (Handels-) Vertreter, Außendienstmitarbeiter (BFH, Urteil vom 30.10.1969, Az: V R 150/86, BStBl II 1970, 474.	
Amateurrennfahrer (BFH, Urteil vom 15.07.1993, Az: V R 61/89, BStBl II 1993, 810	**Angestellter** – auch in leitender Position (BFH, Urteil vom 18.11.1971, Az: V R 28/68, BStBl II 1972, 235).
Arzt, wenn er im Krankenhaus angestellt ist, ihm aber ein eigenes Liquidationsrecht zusteht (insoweit selbständig) (BFH, Urteil vom 08.11.1984, Az: IV R 186/82, BStBl II 1985, 286).	
Aufsichtsrat/Beirat (BFH, Urteil vom 09.10.1996, Az: XI R 47/96, BStBl II 1997, 255; Urteil vom 14.08.1994, Az: XI R 74/93, BStBl II 1995, 150).	
Berufssportler – es sei denn, sie stellen sich für eine feste Dauer ausschließlich einem Unternehmer zu Verfügung (BFH, Urteil vom 16.03.1951, AZ: IV 197/50U, BStBl II 1951, 97).	**Berufssportler**, wenn er bei einem Verein angestellt ist und diesem seine Arbeitskraft schuldet (BFH, Urteil vom 23.10.1992, Az: VI R 59/91, BStBl II 1993, 303).
Bezirksschornsteinfegermeister (BFH, Urteil vom 13.11.1996, Az: XI R 53/95, FR 1997, 272).	
Chorsängerin, wenn sie bei Gastspielen für jede Vorstellung gesondert bezahlt wird (BFH, Urteil vom 14.12.1995, Az: V R 13/95, BStBl II 1996, 386).	
Ehrenamtliche Tätigkeit (BFH, Urteil vom 28.02.1975, Az: VI R 28/73, BStBl II 1976, 134).	
Fahrlehrer, der keine eigene Fahrschule unterhält, aber mit eigenem Fahrzeug als Subunternehmer tätig ist (BFH, Urteil vom 17.10.1996, Az: V R 63/94, BStBl II 1997, 188).	
Fotomodell, sofern es nur fallweise und vorübergehend zu Aufnahmen gebucht wird (BFH, Urteil vom 24.11.1961, Az: VI 163/59U, BStBl III 1962, 183).	
Gerichtsvollzieher (EuGH, Beschluss vom 26.03.1987, Rs. 235/85, UR 1988, 164).	**Geschäftsführer einer Kapitalgesellschaft**, sofern als deren Organ handelnd (BFH, Urteil vom 21.09.1999, Az: V B 44/99, BFH/NVB 2000, 352).
Handelsvertreter: s. Agent	
Hausverwalter, die für mehrere Eigentümer Hausgrundstücke verwalten (BFH, Urteil vom 13.05.1966, Az: VI 63/64, BStBl III 1966, 489).	
Jahreswagenverkäufer (BFH, Urteil vom 08.07.1991, Az: V R 86/87, BStBl II 1991, 776).	

Selbständig	Unselbständig
Kommanditist, wenn ihm Zustimmungs- und Kontrollrechte übertragen sind, ist er als Mitglied des Beirats selbständig (BFH, Urteil vom 24.08.1994, Az: IX R 74/93, BStBl II 1995, 150).	
Liquidator (BFH, Urteil vom 08.11.1995, Az: V R 8/94, BStBl II 1996, 176).	
Künstler/Musiker (BMF, Schreiben vom 05.10.1990, Az: IV B 6 – S 2332 – 73/90, BStBl I 1990, 638; BFH, Urteil vom 10.09.1976, Az: VI R 80/74, BStBl II 1977, 178).	
Notar (EuGH, Urteil vom 26.03.1987, Rs. 235/85, UR 1988, 164).	**Opernsänger**, soweit in einem Festengagement (BFH, Urteil vom 30.05.1996, Az: V R 2/95, BStBl II 1996, 493).
Prostituierte (BFH, Urteil vom 04.06.1987, Az: V R 9/79, BStBl II 1987, 653).	**Rundfunksprecher**, der einem Sender auf Dauer zur Verfügung steht (BFH, Urteil vom 14.10. 1976, Az: V R 137/73, BStBl II 1977, 50).
	Schauspieler, soweit in einem Festengagement (BFH, Urteil vom 06.10.1971, Az: I R 207/66, BStBl II 1972, 88).
Subunternehmer (BFH, Urteil vom 18.01.1991, Az: VI R 122/87, BStBl II 1991, 409).	
Testamentsvollstrecker (BFH, Urteil vom 30.05.1996, Az: V R 26/93, BFH/NV 196, 938).	
Tierärzte (BFH, Urteil vom 17.02.1966, Az: V 152/84, BStBl III 1966, 443).	**Tierärzte mit Fleischbeschau** (OFD Magdeburg, Verf. vom 14.07.2000, Az: S 7104 – 40 – St 245, StEd 2000, 691).
Vermieter (BFH, Urteil vom 28.07.1993, Az: XI R 105/90, UR 1994, 197).	**Vorstandsmitglied** (BFH, Urteil vom 09.10.1996, Az: XI R 47/96, DStR 1997, 452).
Versicherungsvertreter (BFH, Urteil vom 12.04.1962, Az: V 133/59U, BStBl III 1962, 259).	

Zur Selbständigkeit der juristischen Person wird auf die Ausführungen zur Organschaft verwiesen (vgl. Rn. 50ff.). 37

Nicht selten sind Fälle, in denen die natürliche Person teilweise selbständig und teilweise unselbständig arbeitet. Maßgebend ist dann die Beurteilung der einzelnen Tätigkeit. So sind z. B. im Krankenhaus angestellte Ärzte insofern selbständig, als ihnen ein eigenes (»von der Krankenanstalt unabhängiges«) Liquidationsrecht zusteht (BFH vom 05.10.2005, Az: VI R 152/01, BStBl I 2006, 94; Abschn. 2.2 Abs. 4 S. 2 UStAE). Weitere Fälle vgl. Abschn. 2.2 Abs. 3 S. 3 und Abs. 4 bis 5 UStAE. 38

Personengesellschaften des Handelsrechts und juristische Personen des Privatrechts sind grundsätzlich selbständig, es sei denn, es liegt Organschaft vor (vgl. Rn. 50ff.). Nach neuester Rechtsprechung können auch Personengesellschaften (typischerweise GmbH&CoKG) in ein Unternehmen eingegliedert sein. Bei **Leistungen eines Gesellschafters an die Gesellschaft** stehen sich diese und der Gesellschafter als verschiedene Rechtssubjekte gegenüber (Abschn. 1.6 UStAE. 39

2.2.2.4 Einnahmeerzielung

40 Gem. § 2 Abs. 1 S. 3 UStG reicht es für die Unternehmereigenschaft aus, dass die Absicht besteht, Einnahmen zu erzielen – eine **Gewinnerzielungsabsicht ist nicht erforderlich**. Der Begriff »Einnahmen« umschreibt all das, was der Empfänger aufwendet, um die Leistung zu erhalten (Geld, Sachen, sonstige Leistungen, d. h. ein Entgelt). Es bedarf also immer eines Leistungsaustauschs. Auch eine Tätigkeit gegen Aufwendungsersatz oder sogar kostenunterschreitendes Tätigwerden kann unternehmerisch sein (sonst wären die Regelungen in § 4 Nr. 18 bis 27, § 12 Nr. 7 und 8 UStG sinnlos). Eine völlig unentgeltliche Tätigkeit ist nicht unternehmerisch.

41 Der BFH hat früher eine Tätigkeit zur Einnahmeerzielung bejaht, wenn die Steuerperson Leistungen gegen Entgelt **tatsächlich** erbringt – nach dem Motto: Wer nicht leistet, kann kein Unternehmer sein (sog. »**erfolgloser Unternehmer**«). Dann reicht die bloße Absicht, entgeltliche Leistungen auszuführen, nicht (BFH vom 16.12.1993, BStBl II 1994, 278). Diesen Grundsatz hat der EuGH gemildert: Es genügt die ernsthafte Absicht, eine zu steuerbaren Umsätzen führende wirtschaftliche Tätigkeit aufzunehmen (EuGH vom 29.02.1996, Rs. C-100/94, UR 1996, 116). Diese Rechtsprechung ist seitens der Finanzverwaltung übernommen und auch in Abschn. 2.6 Abs. 3 UStAE umgesetzt worden. Daher kann ein erfolgloser Unternehmer den Vorsteuerabzug auch dann erhalten, wenn es nicht zu Ausgangsumsätzen kommt (z. B. wegen vorheriger Insolvenz des Unternehmens). Insoweit kommt es nicht auf die einkommensteuerlichen Merkmale der Unternehmerinitiative bzw. des Unternehmerrisikos an, sondern darauf, wer die zivilrechtlichen Verträge mit den Lieferanten, Kunden und anderen Geschäftspartnern geschlossen hat. Auch kommt es in diesem Zusammenhang nicht darauf an, ob der Unternehmer die Rechnungen selbst vollständig bezahlen konnte oder nicht (FG Sachsen-Anhalt vom 14.07.2003, Az: 1 K 163/00, UStB 2004, 42).

42 Die Finanzverwaltung hat auf das EuGH-Urteil reagiert und unterscheidet in Abschn. 2.6 Abs. 1–4 UStAE folgende Fallgruppen:

- Der erworbene Gegenstand ist nur zur unternehmerischen Verwendung/Nutzung bestimmt (Inventar, Wareneinkaufsgegenstände vor Betriebseröffnung, Anmietung von Lager- und Büroflächen); hier besteht an der Unternehmereigenschaft und daher an der Vorsteuerabzugsberechtigung kein Zweifel.
- Kann der Gegenstand sowohl zu unternehmerischen als auch zu nichtunternehmerischen Nutzungen verwendet werden (z. B. Pkw, Computer), kann die Unternehmereigenschaft nicht abschließend beurteilt werden. Die Finanzverwaltung wird die Steuerfestsetzung daher unter den Vorbehalt der Nachprüfung stellen.
- Ist der Gegenstand typischerweise nicht zur unternehmerischen Nutzung bestimmt (Wohnmobil, Segelyacht), hängt die Unternehmereigenschaft davon ab, ob es später tatsächlich zur Ausführung entgeltlicher Leistungen kommt. Während der Vorbereitungsphase wird die Unternehmereigenschaft verneint, so dass dann kein Vorsteuerabzug möglich ist. Ggf. wird die Steuerfestsetzung gem. § 165 Abs. 1 S. 4 AO ausgesetzt.

Zu Beginn und Ende der Unternehmereigenschaft vgl. Rn. 142 ff.

2.2.3 Unternehmen

43 Das Unternehmen ist das sachliche Substrat der Unternehmertätigkeit und umfasst daher den Gesamtbereich der gewerblichen oder beruflichen Tätigkeit, es ist **tätigkeitsbezogen**. Mehrere Betriebe bzw. die einzelnen Tätigkeitsbereich des Unternehmers bilden nur ein (Gesamt-) Unternehmen – sog. **Einheitstheorie**. Dies gilt auch dann, wenn der Unternehmer im Ausland unselbst-

ändige Betriebstätten (feste Niederlassungen) betreibt oder Leistungen erbracht werden, deren Ort im Ausland liegt.

Beispiel:
Ein freiberuflicher Rechtsanwalt betreibt seine Praxis und zugleich einen Winzerbetrieb.

Lösung:
Beide Tätigkeiten bilden das Unternehmen des Rechtsanwalts.

Folgen davon sind: 44

- innerhalb dieses einheitlichen Unternehmens sind keine steuerbaren Umsätze möglich; es handelt sich dann um – nicht steuerbare – Innenumsätze (**Ausnahme**: innergemeinschaftliches Verbringen gem. § 1 a Abs. 2 UStG; vgl. die Kommentierung zu § 1 a)
- Die Schwellenregelungen sind für das gesamte Unternehmen und nicht für den einzelnen unselbständigen Betriebsteil anzuwenden. Dies betrifft die Erwerbsschwelle des § 1a Abs. 3 Nr. 2, die Lieferschwelle des § 3c Abs. 3 UStG und die Kleiunternehmerregelung des § 19 UStG.

Beispiel:
Eine Maschinenbau GmbH stellt Personal an ihren (unselbständigen) Zweigbetrieb in Polen.

Lösung:
Es liegt ein nichtsteuerbarer Innenumsatz vor.

Beispiel:
Ein Einzelunternehmer betreibt einen Onlineshop. Er beliefert Endverbraucher in Österreich aus seinen Warenlagern in Deutschland und in Polen.

Lösung:
Die österreichische Lieferschwelle ist aus den Umsätzen beider Warenlager zu ermitteln.

Der Begriff des Unternehmens findet sich auch in § 1 Abs. 1 Nr. 1 UStG, wonach nur solche Leistungen steuerbar sind, die **i. R. d. Unternehmens** ausgeführt werden. Ein Vorsteuerabzug ist nur möglich, wenn die Leistung **für das Unternehmen** ausgeführt worden ist (§ 15 Abs. 1 Nr. 1 UStG). Nach § 18 Abs. 1 bis 3 i. V. m. § 16 Abs. 1 und 2 UStG hat der Unternehmer eine Steuererklärung für sein Unternehmen abzugeben. Entsprechendes gilt für die Voranmeldungen. Zuständig ist das Finanzamt, von dessen Bezirk aus der Unternehmer sein Unternehmen betreibt (§ 21 AO). Handelt es sich um ausländische Unternehmen, ist die Verordnung über die örtliche Zuständigkeit für die Umsatzsteuer im Ausland ansässiger Unternehmer (BStBl I 1995, 204 i. d. F. des Art. 21 StÄndG 2001 vom 20.12.2001, BGBl I 2001, 3794, BStBl I 2002, 24) zu beachten. 45

Die innerhalb der nachhaltigen Tätigkeiten ausgeführten steuerbaren Umsätze sind wie folgt zu unterscheiden. Zur Beurteilung von gelegentlichen Leistungen eines Einzelunternehmers vgl. Rn. 28 46

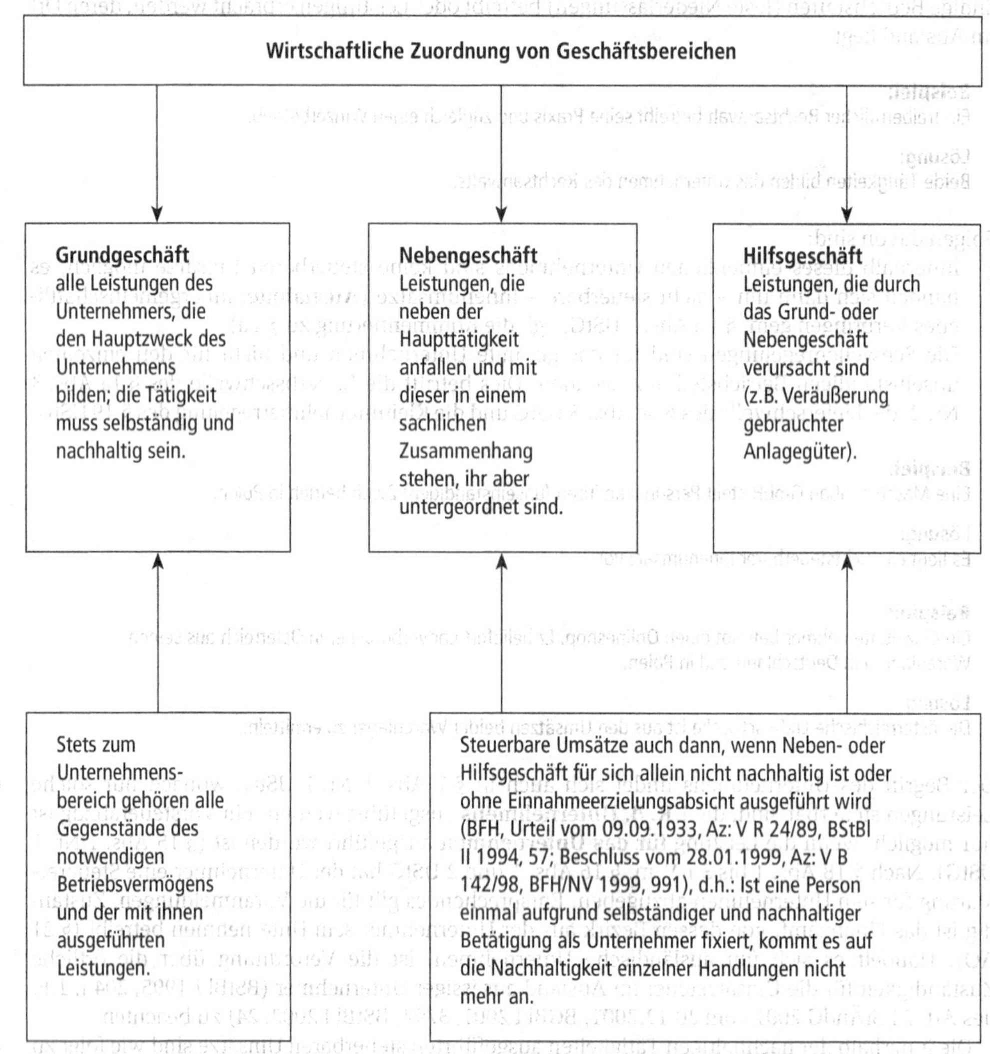

47 **Von der unternehmerischen Sphäre ist die nichtunternehmerische Sphäre abzugrenzen.** Dies geschieht nach **wirtschaftlicher Zurechnung und ist grundsätzlich für alle Unternehmen unabhängig von ihrer Rechtsform nach demselben Maßstab des § 2 Abs. 1 S. 2 UStG vorzunehmen.** Dabei kann wie folgt unterschieden werden:

Natürliche Person	Juristische Person des öffentlichen Rechts	Sonstige juristische Personen und Personenvereinigungen
Der unternehmerischen Sphäre steht immer eine private nichtunternehmerische Sphäre gegenüber, in der keine nachhaltige gewerbliche oder berufliche Tätigkeit ausgeführt wird. Nicht entscheidend ist die einkommensteuerliche Abgrenzung von Betriebs- oder Privatvermögen. Vermietung und Verpachtung stellt grundsätzlich eine unternehmerische Tätigkeit dar.	Der unternehmerischen Sphäre (, die Umsätze im Rahmen von Betrieben gewerblicher Art (vgl. Rn. 121 ff.) steht die hoheitlicheTätigkeit sowie (bis 2016) die Vermögensverwaltung als nichtunternehmerische Tätigkeit gegenüber Mit der Neuregelung des § 2b UStG (siehe die Kommentierung dort) erfolgt ab 01.01.2017 eine Lösung von der Anbindung an das Körperschaftssteuerrecht	Werden sie nicht vorwiegend zur Erzielung von Einnahmen oder anderen wirtschaftlichen Vorteilen für sich oder ihre Mitglieder tätig, besitzen sie neben der wirtschaftlichen auch eine ideelle Sphäre (z. B. gemeinnützige Vereine). Tätigkeiten in diesem ideellen Bereich werden aber dann der unternehmerischen Sphäre zugeordnet, wenn sie nachhaltig zur Erzielung von Einnahmen ausgeübt werden und es auch tatsächlich zur Ausführung von Leistungen i. S. d. § 1 Abs. 1 UStG kommt.

In seinem Urteil vom 12.02.2009, Rs. C-515/07 (UR 2009,199) unterscheidet der EuGH in wirtschaftliche (bisher: unternehmerische) und nichtwirtschaftliche (nichtunternehmerische) Tätigkeiten (Sphären). In den Anwendungsbereich des Umsatzsteuerrechts fallen demnach nur die wirtschaftlichen Tätigkeiten. BFH und Finanzverwaltung sind dieser Unterscheidung gefolgt (zu Vereinen: BFH vom 06.05.2010, Az: V R 29/09, BStBl II, 885). Die nichtunternehmerische Tätigkeit umfasst die unternehmensfremde Tätigkeit und die nichtwirtschaftliche Tätigkeit i. e. S. Während die letztere vollständig dem System entzogen ist (kein Vorsteuerabzug, keine unentgeltliche Wertabgabe), besteht die unternehmensfremde Tätigkeit aus den Entnahmen für den privaten Bedarf des Unternehmers, des Personals oder der Gesellschafter (Abschn. 2.3 Abs. 1a UStAE), die unter weiteren Voraussetzungen zum Vorsteuerabzug geführt haben und unentgeltliche Wertabgaben generieren. 48

Bei der Zuordnung bezogen auf die verschiedenen Tätigkeiten von gemischt genutzten Gegenständen oder Leistungsbezügen zu seinem Unternehmen hat der Unternehmer weitreichende Freiheit. **Er** trifft die **Zuordnungsentscheidung**. Bei gemischt-genutzten Grundstücken hat der EuGH im Armbrecht-Urteil (EuGH vom 04.10.1995, Rs. C-291/92, BStBl II 1996, 392) entschieden, dass bei entsprechender Teilbarkeit eine Aufteilung des Gegenstands in einen unternehmerischen und in einen nichtunternehmerischen Teil zulässig ist. Kein Wahlrecht besteht jedoch in den Fällen in denen bezogene Leistungen auch für nichtwirtschaftliche Tätigkeiten i. e. S. verwendet werden. Hier muss eine Aufteilung bereits bei der Zuordnung erfolgen. Ein Vorsteuerabzug ist insoweit nicht möglich. Eine unentgeltliche Wertabgabe findet demzufolge nicht statt (Abschn. 15.2b Abs. 2 UStAE). 49

2.3 Organschaft

2.3.1 Begriffliche Klärungen

Die eingegliederte juristische Person (oder in Ausnahmefällen Personengesellschaft, vgl. Rn. 116ff.) bezeichnet man als **Organ**. Das Organ ist einem Unternehmer, dem **Organträger**, umsatzsteuerlich untergeordnet. Ist der Organträger eine Gesellschaft, spricht man auch von der **Muttergesellschaft** oder **Obergesellschaft**. Das Verhältnis zum Organträger ist die **Organschaft**, 50 das Organ wird allgemein als die **Organgesellschaft** oder **Tochtergesellschaft** bezeichnet. Das gesamte Gebilde (Organträger und Organgesellschaft[en]) bilden den **Organkreis**.

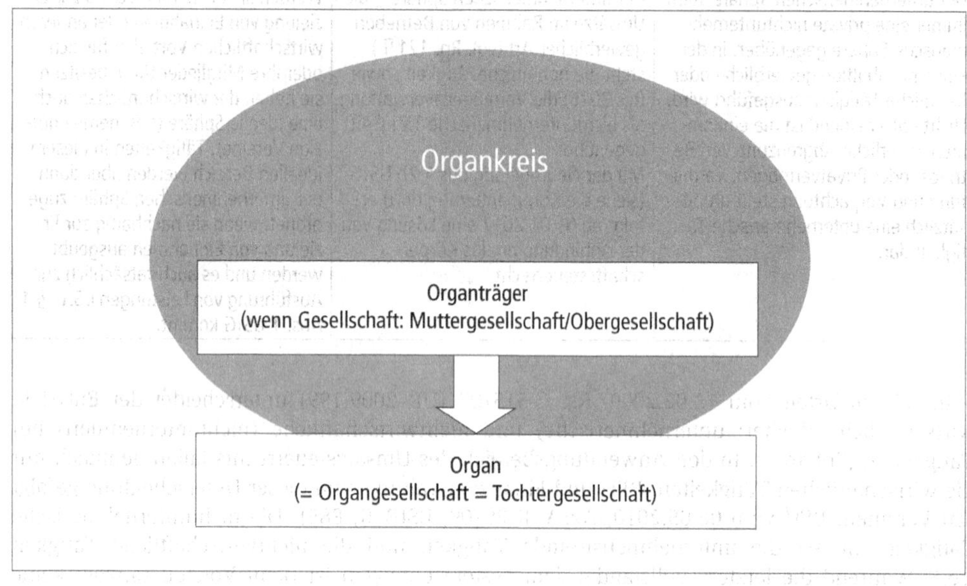

2.3.2 Wirkungen der Organschaft

51 Liegt Organschaft vor, sind die untergeordneten juristischen Personen (Organgesellschaften, Tochtergesellschaften) **ähnlich wie Angestellte** des übergeordneten Unternehmens (Organträger, Muttergesellschaft) als unselbständig anzusehen; **Unternehmer ist nur der Organträger** und nicht das abstrakte Gebilde Organkreis (Abschn. 2.8 Abs. 1 S. 6 UStAE).

52 Innerhalb des Organkreises kommt den Organgesellschaften umsatzsteuerlich damit die **Rolle eines (unselbständigen) Betriebsteils** zu. Leistungen zwischen zwei Organgesellschaften oder zwischen Organgesellschaft und Organträger sind rein innerbetriebliche (genauer: »innerunternehmerische«) Vorgänge ohne umsatzsteuerliche Bedeutung (sog. **Innenumsätze**).

53 Die Organschaft umfasst **nur den unternehmerischen Bereich** der Organgesellschaft (Abschn. 2.8 Abs. 1 S. 5 UStAE).

54 Erstellen die an den Warenbewegungen beteiligten Unternehmensteile zur Abrechnung Belege mit gesondertem Steuerausweis, so handelt es sich umsatzsteuerlich nicht um Rechnungen i. S. d. § 14 UStG, sondern um **(grds. irrelevante) unternehmensinterne (Buchungs-)Belege**. Dies hat zur Folge, dass

- die ausgewiesene Steuer nicht nach § 14c Abs. 2 UStG geschuldet wird (Abschn. 14.1 Abs. 4 UStAE) und
- andererseits auch nicht zum Vorsteuerabzug nach § 15 UStG berechtigt (Abschn. 15.2 Abs. 14 UStAE).

55 Obwohl eine Organgesellschaft als unselbständiger Betriebsteil in das Unternehmen des Organträgers eingeliedert ist, ist sie im Verhältnis zu Dritten »ganz normal als Unternehmer anzusehen«

(Stadie in Rau/Dürrwächter, UStG, § 2 Anm. 941). Die Wirkung der Organschaft beschränkt sich auf das Innenverhältnis zwischen Organträger und der eingegliederten Gesellschaft. Im zivilrechtlichen Rechtsverhältnis zum Kunden oder Lieferanten ist eine Organschaft nicht zu identifizieren. Dies zeigt sich an Folgendem:

- Die Organgesellschaft hat über die von ihr erbrachten Leistungen abzurechnen (§ 14 Abs. 2 UStG. Rechnungen, die an sie adressiert sind, berechtigen (den Organträger) zum Vorsteuerabzug.
- Jeder Organgesellschaft ist, auf Antrag eine eigene Umsatzsteuer-Identifikationsnummer zur Teilnahme am Binnenmarkt zu erteilen (§ 27a Abs. 1 S. 3 UStG). Die Verwendung von mehr als einer Umsatzsteuer-Identifikationsnummer innerhalb des einheitlichen Unternehmens Organkreis ist unionsrechtlich jedoch nicht zweifelsfrei. (EuGH vom 22.05. 2008 C-162/07) Nach Art. 214 Abs. 1 Buchst. a MwStSystRL sollen Steuerpflichtige – also der Organkreis – jeweils eine individuelle Mehrwertsteuer-Identifikationsnummer erhalten. Eine der deutschen Regelung in § 27a Abs. 1 S. 3 UStG entsprechende Ausnahme für die Vergabe weiterer Umsatzsteuer-Identifikationsnummern an Unternehmen des Organkreises ist in der MwStSystRL nicht vorgesehen. Trotzdem ist die Vergabe mehrerer Identifikationsnummern im Hinblick auf die ungeheuren Risiken des Binnenmarktes, die gerade im Bereich der Identifikation des Vertragspartners als Unternehmer liegen, unentbehrlich.
- Eine Organgesellschaft hat eine eigene Zusammenfassende Meldung abzugeben (§ 18a UStG)
- Ohne Beachtung der Rechtsfolgen einer Organschaft greift § 13b Abs. 5 UStG bei der Erbringung von Bauleistungen nur für den Teil des Organkreises ein, der selbst nachhaltig Bauleistungen erbringt, auch wenn dies eine Organgesellschaft ist (Abschn. 13b.3 Abs. 7 UStAE). Mag dies pragmatisch und sinnvoll sein; der Wortlaut des § 13b Abs. 5 S. 2 UStG verlangt die Unternehmereigenschaft des Leistungsempfängers.
- Bei der Berechnung der Erwerbschwelle (§ 1a Abs. 3 Nr. 2 UStG) und der Lieferschwelle (3c Abs. 3 UStG) ist zu differenzieren.

2.3.3 Bedeutung der Organschaft

Im **alten Umsatzsteuersystem** (bis 1967 vgl. Einführung UStG) ohne Vorsteuerabzug lag der wirtschaftspolitische Zweck der Rechtsfigur der Organschaft im Wesentlichen darin, dem Drang zur vertikalen Konzentration durch Fusionen entgegenzuwirken. Die Einführung dieser Rechtsfigur beseitigte zwar innerhalb des Organkreises die Umsatzsteuerkumulierung, verschärfte jedoch die Wettbewerbsbenachteiligung der einstufigen Unternehmen, denn der Wettbewerbsvorteil der mehrstufigen Unternehmen kam nun auch den Organkreisen zugute (Stadie in Rau/Dürrwächter, UStG, § 2 Anm. 630). 56

Mit der Einführung des Vorsteuerabzugs zum 01.01.1968 verlor die Organschaftsregelung an Bedeutung. Wenn Stadie (a.a.O., Anm. 631) die Organschaft nunmehr als »überflüssig« bezeichnet, straft er sich selbst in den anschließenden Ausführungen Lügen. Bei Umsätzen zwischen **verbundenen vorsteuerabzugsberechtigten Unternehmen** ist es wegen des Vorsteuerabzugs im Ergebnis ohne Auswirkung, ob Organschaft besteht oder nicht. Besteht keine Organschaft, so wird bei Umsätzen innerhalb einer Unternehmerkette die jeweilige Umsatzsteuerbelastung durch den Vorsteuerabzug wieder beseitigt, und nur der letzte Umsatz bleibt endgültig mit Umsatzsteuer belastet. Besteht zwischen den Beteiligten Organschaft, so tritt dasselbe Ergebnis ein. Die Vorteile bestehen nunmehr (lediglich) darin, dass 57

- nicht jeweils Umsatzsteuer an das Finanzamt abgeführt werden muss, die die nachfolgende Gesellschaft als Vorsteuer wieder vergütet erhält **(Liquiditätsvorteil)** und

- bei den Organgesellschaften die **Verwaltungsarbeit im Verhältnis zum Finanzamt** entfällt (Stadie, a. a. O., Anm. 631).

58 Vorteile entstehen durch die Organschaft bei Umsätzen innerhalb des Organkreises, wenn einer der Beteiligten nicht zum Vorsteuerabzug berechtigt ist. Besteht keine Organschaft und führt ein Unternehmen (Muttergesellschaft) steuerpflichtige Umsätze an eine beherrschte Gesellschaft (Tochtergesellschaft) aus, die die bezogenen Leistungen zur Ausführung steuerfreier Umsätze nach § 4 Nr. 7ff. UStG verwendet, so wird die von der Mutter geschuldete Umsatzsteuer der Tochter nicht als Vorsteuer vergütet (§ 15 Abs. 2 UStG). Innerhalb des Verbundes entsteht eine Umsatzsteuerbelastung i. H. d. Steuer auf den von der Mutter geschaffenen Mehrwert, d. h. in Gestalt der Differenz zwischen der von ihr geschuldeten Umsatzsteuer und der bei ihr abziehbaren Vorsteuer. Liegt hingegen Organschaft vor, so tritt die Belastung nur i. H. d. bei der Mutter nunmehr nicht abziehbaren Vorsteuern ein (Stadie, a. a. O., Anm. 632).

Beispiel:
(nach Stadie a. a. O.)
Bauunternehmer B liefert für 10.000.000 € + 1.900.000 € USt Wohngebäude an die Wohnungsbauvermietungs(W)-GmbH. Die Vorsteuern des B betragen 300.000 €.

Folge:
Bei der W-GmbH sind die 1.900.000 € USt nicht als Vorsteuer abziehbar (§ 15 Abs. 2 i. V. m. § 4 Nr. 12 UStG) und führen mithin zu Kosten.
Ist die W-GmbH aber eine Organgesellschaft des B, fällt hinsichtlich der Gebäudelieferungen keine Umsatzsteuer an. Lediglich die Vorsteuern sind nunmehr bei B nicht abziehbar, da die Vermietungen dem B als Organträger als eigene Umsätze zuzurechnen sind.

Ergebnis:
Bei Organschaft beträgt die Umsatzsteuerbelastung lediglich 300.000 €, so dass sich ein Vorteil i. H. v. 1.600.000 € ergibt.

59 Entsprechendes gilt im umgekehrten Fall, wenn eine **Tochtergesellschaft steuerpflichtige Umsätze gegenüber dem Mutterunternehmen oder einer Schwestergesellschaft ausführt**, das bzw. die die vorsteuerabzugsschädlichen Umsätze tätigt (vgl. Rn. 118ff..).

2.3.4 Blick in das Ausland

60 Das **österreichische Umsatzsteuerrecht** hat in § 2 Abs. 2 Nr. 2 öUStG ebenfalls die Organschaft eingeführt; dabei stimmen die Regelungen mit den deutschen Pendants weitestgehend wörtlich überein (Informationen zusammengetragen von Stadie, a. a. O., Anm. 626ff.).

61 In **Großbritannien** und **Nordirland** (Vereinigtes Königreich) kann **auf Antrag** eine Mehrheit von Unternehmen **im Falle der Beherrschung** zu einer steuerpflichtigen Person zusammengefasst werden (Section 43 VAT Act).

62 Auch in den **Niederlanden** (NL) kommt Organschaft **auf Antrag der Beteiligten** oder auf **Anordnung der Finanzverwaltung** in Betracht (Art. 7 Abs. 4 NL.UStG).

63 **Belgien** kennt ebenfalls eine Organschaft.

TIPP
Auch innerhalb Europas kann man keinesfalls unterstellen, dass jedes Land eine der deutschen entsprechende umsatzsteuerliche Organschaftsregel kennt. Art. 11 MwStSystRL räumt den Mitgliedstaaten ein Wahlrecht ein: Die Mitgliedstaaten können

- eine Umsatzsteuergruppe (Organschaft) einführen und – falls sie sich dazu entschließen –
- diese in einem gewissen Rahmen frei ausgestalten vgl. Rn. 118ff.

Die **Schweiz** erlaubt mit Art. 22 MWSTG die **Gruppenbesteuerung**. Danach werden **auf Antrag** juristische Personen, Personengesellschaften sowie natürliche Personen mit Sitz oder Betriebsstätte in der Schweiz, welche eng miteinander verbunden sind, gemeinsam als eine steuerpflichtige Person behandelt. Eine enge Verbindung liegt vor, wenn die Beteiligten unter einheitlicher Leitung zusammengefasst sind (Art. 22 Abs. 1 MWSTG). Die Wirkungen der Gruppenbesteuerung sind auf Innenumsätze beschränkt (Art. 22 Abs. 2 MWSTG). 64

2.3.5 Mögliche Organträger

Organträger kann **jeder Unternehmer** sein (Abschn. 2.8 Abs. 2 S. 2 UStAE; zur Unternehmerfähigkeit vgl. Weimann, Umsatzsteuer in der Praxis, 12. Aufl. 2014, Kap. 14.1.1). 65

Auch eine **juristische Person des öffentlichen Rechts** kann Organträger sein, wenn und soweit sie unternehmerisch tätig ist (Abschn. 2.8 Abs. 2 S. 6 UStAE bzw. § 2b UStG). 66

Die die Unternehmereigenschaft begründenden entgeltlichen Leistungen können auch gegenüber einer Gesellschaft erbracht werden, mit der **als Folge dieser Leistungstätigkeit** eine organschaftliche Verbindung besteht (Abschn. 2.8 Abs. 2 S. 7 UStAE unter Hinweis auf BFH-Urteil vom 09.10.2002, Az: V R 64/99, BStBl II 2003, 375). 67

2.3.6 Mögliche Organgesellschaften

Organgesellschaften können nach dem Gesetzeswortlaut nur juristische Personen sein (Abschn. 2.8 Abs. 2 S. 1 UStAE unter Hinweis auf BFH-Urteil vom 20.12.1973, Az: V R 87/70, BStBl II 1974, 311), z. B. eine 68

- Aktiengesellschaft (AG),
- Kommanditgesellschaft auf Aktien (KGaA),
- Gesellschaft mit beschränkter Haftung (GmbH),
- Genossenschaft oder ein
- Versicherungsverein auf Gegenseitigkeit (mit Einschränkungen) oder
- Personengesellschaften (in Ausnahmefällen, siehe Rn. 69 und 177 ff.).

Zur aktuellen Diskussion um eine **Organeigenschaft von Personengesellschaften** vgl. Rz. 117ff.Die Entscheidungen des BFH vom 02.12.2015, Az: V R 25/13, vom 19.01.2016, Az: XI R 38/12, dieder Rechtsprechung des EuGH vom 16.07.2015, Rs. C-108/14 und C-109/14 folgen, wendet die Verwaltung nunmehr (BMF vom 26.05.2017 wie folgt an: Jede Personengesellschaft wird (mit einer Übergangsregelung bis zum 31.12.2018) dann als Organgesellschaft behandelt, wenn Gesellschafter dieser Gesellschaft neben dem Organträger nur Personen sind, die in das Unternehmen des Organträgers finanziell eingegliedert sind (BMF vom 26.05.2017, III C 2 – S 7105/15/10002). 69

Eine Gesellschaft kann bereits zu einem Zeitpunkt in das Unternehmen des Organträgers eingegliedert sein, zu dem sie selbst noch keine Umsätze ausführt, dies gilt insbesondere für eine **Auffanggesellschaft** im Rahmen des Konzepts einer »übertragenden Sanierung« (Abschn. 2.8 Abs. 1 S. 7 UStAE unter Hinweis auf BFH vom 17.01.2002, Az: V R 37/00, BStBl II 2002, 373). 70

War die seit dem Abschluss eines Gesellschaftsvertrages bestehende **Gründergesellschaft** einer später in das Handelsregister eingetragenen GmbH nach dem Gesamtbild der tatsächlichen Verhältnisse finanziell, wirtschaftlich und organisatorisch in ein Unternehmen eingegliedert, besteht die Organschaft zwischen der GmbH und dem Unternehmen bereits für die Zeit vor der 71

Eintragung der GmbH in das Handelsregister (Abschn. 2.8 Abs. 1 S. 8 UStAE unter Hinweis auf BFH vom 09.03.1978, Az: V R 90/74, BStBl II 1978, 486).

72 Eine GmbH, die an einer Kommanditgesellschaft als persönlich haftende Gesellschafterin beteiligt ist **(GmbH & Co. KG)**, kann nicht als Organgesellschaft in das Unternehmen dieser Kommanditgesellschaft eingegliedert sein (Abschn. 2.8 Abs. 2 S. 3 UStAE unter Hinweis auf BFH-Urteil vom 14.12.1978, Az: V R 85/74, BStBl II 1979, 288). Dies gilt auch in den Fällen, in denen die übrigen Kommanditisten der KG sämtliche Gesellschaftsanteile der GmbH halten (Abschn. 2.8 Abs. 2 S. 3 UStAE unter Hinweis auf BFH-Urteil vom 19.05.2005, Az: V R 31/03, BStBl II 2005, 671). Bei der sog. **Einheits-GmbH & Co. KG**, bei der die KG mehrheitlich (bis 31.12.2018 zu 100 %) an der GmbH beteiligt ist, kann die GmbH jedoch als Organgesellschaft in die KG eingegliedert sein (Abschn. 2.8 Abs. 2 S. 5 UStAE), da die KG ihren Willen in der GmbH durchsetzen kann.

2.3.7 Abgrenzung zur ertragsteuerlichen Organschaft

73 Die Voraussetzungen für die umsatzsteuerliche Organschaft sind nicht identisch mit den Voraussetzungen der körperschaftsteuerlichen und gewerbesteuerlichen Organschaft (Abschn. 2.8 Abs. 3 UStAE).

2.3.8 Eingliederungsvoraussetzungen

74 Eine gewerbliche oder berufliche Tätigkeit wird nicht selbständig ausgeübt, wenn eine juristische Person nach dem Gesamtbild der tatsächlichen Verhältnisse **finanziell, wirtschaftlich** und **organisatorisch** in das Unternehmen des Organträgers eingegliedert ist (= **Eingliederungsmerkmale**).

75 Es ist **nicht** erforderlich, dass **alle drei Eingliederungsmerkmale gleichermaßen** ausgeprägt sind. Organschaft kann deshalb auch gegeben sein, wenn die Eingliederung auf einem dieser drei Gebiete nicht vollständig, dafür aber auf den anderen Gebieten umso eindeutiger ist, sodass sich die Eingliederung aus dem Gesamtbild der tatsächlichen Verhältnisse ergibt (Abschn. 2.8 Abs. 1 S. 3f. UStAE; vgl. Rn. 76ff.).

2.3.8.1 Finanzielle Eingliederung

76 Unter der finanziellen Eingliederung ist der **Besitz der entscheidenden Anteilsmehrheit** an der Organgesellschaft zu verstehen, die es dem Organträger ermöglicht, durch Mehrheitsbeschlüsse seinen Willen in der Organgesellschaft durchzusetzen. Entsprechen die Beteiligungsverhältnisse den Stimmrechtsverhältnissen, ist die finanzielle Eingliederung einer juristischen Person gegeben, wenn die Beteiligung **mehr als 50 %** beträgt, sofern keine höhere qualifizierte Mehrheit für die Beschlussfassung in der Organgesellschaft erforderlich ist (BFH vom 01.12.2010, Az: XI R 43/08, BStBl II 2011, 600; Abschn. 2.8 Abs. 5 S. 1 und 2 UStAE).

Für Personengesellschaften soll eine finanzielle Eingliederung bei einer 100 %-igen Beherrschung möglich sein.

77 Eine finanzielle Eingliederung setzt eine **unmittelbare oder mittelbare Beteiligung** des Organträgers an der Organgesellschaft voraus. Es ist ausreichend, wenn die finanzielle Eingliederung mittelbar über eine unternehmerisch oder nichtunternehmerisch tätige Tochtergesellschaft des Organträgers erfolgt. Eine nichtunternehmerisch tätige Tochtergesellschaft wird dadurch jedoch nicht Bestandteil des Organkreises (Abschn. 2.8 Abs. 5 S. 3–5 UStAE).

Ist eine **Kapital- oder Personengesellschaft nicht selbst** an der Organgesellschaft beteiligt, reicht es für die finanzielle Eingliederung **nicht** aus, dass nur ein oder mehrere Gesellschafter auch mit Stimmenmehrheit an der Organgesellschaft beteiligt sind (BFH vom 02.08.1979, Az: V R 111/77, BStBl II 1980, 20, vom 22.04.2010, Az: V R 9/09, BStBl II 2011, 597 und vom 01.12.2010, Az: XI R 43/08, BStBl II 2011, 600). In diesem Fall ist keine der beiden Gesellschaften in das Gefüge des anderen Unternehmens eingeordnet, sondern es handelt sich vielmehr um **gleich geordnete Schwestergesellschaften**. Diese können also mangels Eingliederung (Unterordnung) in ein anderes Unternehmen nicht zu einer Organschaft führen. Dies gilt auch dann, wenn die Beteiligung eines Gesellschafters an einer Kapitalgesellschaft ertragsteuerlich zu dessen Sonderbetriebsvermögen bei einer Personengesellschaft gehört. Das Fehlen einer eigenen unmittelbaren oder mittelbaren Beteiligung der Gesellschaft kann **nicht durch einen Beherrschungsvertrag und Gewinnabführungsvertrag ersetzt** werden (BFH vom 01.12.2010, Az: XI R 43/08, BStBl II 2011, 600; Abschn. 2.8 Abs. 5 S. 6–9 UStAE). 78

Nach der Entscheidung des EuGH vom 16.07.2015 – Rs. Minerva u. a. C 108/14 und C 109/14 ist (zwar) ein Über-Unterordnungsverhältnis (Mutter-Tochter-Beziehung) grundsätzlich nicht unionsrechtskonform, es sei denn, dass diese Maßnahmen erforderlich und geeignet sind, um missbräuchliche Praktiken oder Verhaltensweisen zu verhindern.Der V. Senat des BFH hält jedoch am Merkmal der Eingliederung (Unterordnung) im Interesse einer einfachen und rechtssicheren Bestimmung des Steuerschuldners fest (Urteil vom 02.12.2015, Az: V R 25/13). . Einfach und rechtssicher kann über die finanzielle Eingliederung als Voraussetzung für die Organschaft entschieden werden, wenn der Organträger in der Weise an der Organgesellschaft beteiligt ist, dass er seinen Willen durch Mehrheitsbeschluss, wie dies bei juristischen Personen der Fall ist (§ 47 Abs. 1 GmbHG, § 133 Abs. 1 AktG), in der Gesellschafterversammlung durchsetzen kann. Da bei Personengesellschaften das Einstimmigkeitsprinzip (§ 709 Abs. 1 BGB, § 119 Abs. 1 HGB und § 161 Abs. 2 HGB) möglich ist, sieht der V. Senat bei Personengesellschaften im Allgemeinen keine hinreichende Grundlage, um die Person des Steuerschuldners einfach und rechtssicher bestimmen zu können. Damit besteht für den nationalen Gesetzgeber eine hinreichende unionsrechtliche Grundlage, die Regelung zur Organschaft im Grundsatz auf die Eingliederung juristischer Personen zu beschränken und nur in Ausnahmefällen auch Personengesellschaften als Organgesellschaft zuzulassen. 79

Wirtschaftliche Eingliederung bedeutet, dass die Organgesellschaft nach dem Willen des Unternehmers im Rahmen des Gesamtunternehmens, und zwar **in engem wirtschaftlichen Zusammenhang** mit diesem, wirtschaftlich tätig ist (BFH vom 22.06.1967, Az: V R 89/66, BStBl III 1967, 715). 80

Voraussetzung für eine wirtschaftliche Eingliederung ist, dass die Beteiligung an der Kapitalgesellschaft **dem unternehmerischen Bereich des Anteileigners zugeordnet** werden kann (Abschn. 2.3 Abs. 2 UStAE). Sie kann bei entsprechend deutlicher Ausprägung der finanziellen und organisatorischen Eingliederung bereits dann vorliegen, wenn zwischen dem Organträger und der Organgesellschaft auf Grund gegenseitiger Förderung und Ergänzung **mehr als nur unerhebliche wirtschaftliche Beziehungen** bestehen (BFH vom 29.10.2008, Az: XI R 74/07, BStBl II 2009, 256), insbesondere braucht dann die Organgesellschaft nicht vom Organträger abhängig zu sein (BFH vom 03.04.2003, Az: V R 63/01, BStBl II 2004, 434; Abschn. 2.8 Abs. 6 S. 2 und 3 UStAE). 81

Die wirtschaftliche Eingliederung kann sich auch aus einer **Verflechtung zwischen den Unternehmensbereichen verschiedener Organgesellschaften** ergeben (BFH vom 20.08.2009, Az: V R 30/06, BStBl II 2010, 863). Beruht die wirtschaftliche Eingliederung auf Leistungen des Organträgers gegenüber seiner Organgesellschaft, müssen jedoch **entgeltliche Leistungen** vorliegen, denen für das Unternehmen der Organgesellschaft mehr als nur unwesentliche Bedeutung zukommt (BFH vom 18.06.2009, Az: V R 4/08, BStBl II 2010, 310, und vom 06.05.2010, Az: V 82

R 26/09, BStBl II 2010, 1114). Stellt der Organträger für eine von der Organgesellschaft bezogene Leistung unentgeltlich Material bei, reicht dies zur Begründung der wirtschaftlichen Eingliederung nicht aus (BFH vom 20.08.2009, Az: V R 30/06, BStBl II 2010, 863.; Abschn. 2.8 Abs. 6 S. 4–6 UStAE).

83 Für die Frage der wirtschaftlichen Verflechtung kommt der **Entstehungsgeschichte der Tochtergesellschaft** eine wesentliche Bedeutung zu. Die Unselbständigkeit einer hauptsächlich im Interesse einer anderen Firma ins Leben gerufenen Produktionsfirma braucht nicht daran zu scheitern, dass sie einen Teil ihrer Erzeugnisse auf dem freien Markt absetzt. Ist dagegen eine Produktionsgesellschaft zur Versorgung eines bestimmten Markts gegründet worden, kann ihre wirtschaftliche Eingliederung als Organgesellschaft auch dann gegeben sein, wenn zwischen ihr und der Muttergesellschaft Warenlieferungen nur in geringem Umfange oder überhaupt nicht vorkommen (BFH vom 15.06.1972, Az: V R 15/69, BStBl II 1972, 840; Abschn. 2.8 Abs. 6a UStAE).

84 Bei einer **Betriebsaufspaltung** in ein Besitzunternehmen (z. B. Personengesellschaft) und eine Betriebsgesellschaft (Kapitalgesellschaft) und Verpachtung des Betriebsvermögens durch das Besitzunternehmen an die Betriebsgesellschaft steht die durch die Betriebsaufspaltung entstandene Kapitalgesellschaft im Allgemeinen in einem Abhängigkeitsverhältnis zum Besitzunternehmen (BFH vom 28.01.1965, Az: V 126/62 U, BStBl III 1965, 243 und vom 17.11.1966, Az: V 113/65, BStBl III 1967, 103). Auch wenn bei einer Betriebsaufspaltung nur das Betriebsgrundstück ohne andere Anlagegegenstände verpachtet wird, kann eine wirtschaftliche Eingliederung vorliegen (BFH vom 09.09.1993, Az: V R 124/89, BStBl II 1994, 129; Abschn. 2.8 Abs. 6b UStAE).

85 Die wirtschaftliche Eingliederung wird jedoch nicht auf Grund von **Liquiditätsproblemen der Organtochter** beendet (BFH vom 19.10.1995, Az: V R 128/93, BFH/NV 1996, 275). Die wirtschaftliche Eingliederung auf Grund der Vermietung eines Grundstücks, das die räumliche und funktionale Geschäftstätigkeit der Organgesellschaft bildet, entfällt nicht bereits dadurch, dass für das betreffende Grundstück Zwangsverwaltung und Zwangsversteigerung angeordnet wird (vgl. BMF vom 01.12.2009, BStBl I 2009, 1609). Eine Entflechtung vollzieht sich erst im Zeitpunkt der tatsächlichen Beendigung des Nutzungsverhältnisses zwischen dem Organträger und der Organgesellschaft (Abschn. 2.8 Abs. 6 UStAE).

2.3.8.2 Organisatorische Eingliederung

2.3.8.2.1 Bisherige Verwaltungsauffassung

86 Die organisatorische Eingliederung setzt voraus, dass die mit der finanziellen Eingliederung verbundene Möglichkeit der Beherrschung der Tochtergesellschaft durch die Muttergesellschaft tatsächlich wahrgenommen wird (Abschn. 2.8 Abs. 7 UStAE a. F.).

87 Dies ist z. B. durch **Personalunion der Geschäftsführer** in beiden Gesellschaften der Fall (vgl. BFH vom 23.04.1959, Az: V 66/57 U, BStBl III 1959, 256, und vom 13.04.1961, Az: V 81/59, BStBl III 1961, 343).

88 **Nicht** von ausschlaggebender Bedeutung ist, dass die Organgesellschaft

- in eigenen Räumen arbeitet,
- eine eigene Buchhaltung und
- eigene Einkaufs- und Verkaufsabteilungen hat,

da dies dem Willen des Organträgers entsprechen kann (vgl. BFH vom 23.07.1959, Az: V 176/55 U, BStBl III 1959, 376).

2.3.8.2.2 Neue Rechtsprechung des BFH und Verwaltungsauffassung

89 Der BFH hat sich mit verschiedenen Urteilen zur organisatorischen Eingliederung neu positioniert. Das BMF hat dazu mit Schreiben vom 26.05.2017 (BStBl I, 790) umfassend Stellung genommen und die Änderungen **mit Wirkung vom 01.01.2019** in Abschn. 2.8 Abs. 7–11 UStAE übernommen.

- Eine Pattsituation der Geschäftsführer in Mutter- und Tochtergesellschaft soll nicht mehr ausreichen (Abschn. 2.8 Abs. 7 Satz 3 UStAE).
- Organisatorische Eingliederung durch Beherrschungsvertrag nach § 291 AktG, ab der Eintragung in das Handelsregister (Abschn. 28 Abs. 10 UStAE). Die Abhängigkeitvermutung aus § 17 AktG begründet jedoch (wie bisher) keine organisatorische Eingliederung (vgl. Rn. 91 ff.).

2.3.8.2.3 Übergangsfrist bis zum 01.01.2019

Die Umsetzung der Neuregelungen (vgl. Rn. 89) macht auch im außersteuerlichen Bereich 90 Anpassungen notwendig, die in vielen Unternehmen einen erheblichen zeitlichen Bedarf in Anspruch nehmen. Aufgrund dieser besonderen Umstände bewilligt das BMF eine verhältnismäßig lange Übergangsregelung.

2.3.8.2.4 Die Abhängigkeitsvermutung nach § 17 AktG

Der BFH hatte über folgenden Sachverhalt zu entscheiden: 91

Sachverhalt:
Klägerin ist eine im Jahr 2000 gegründete GmbH. Die Gesellschaftsanteile hielten der Einzelunternehmer B zu 51 % sowie die X-GmbH & Co. KG zu 49 %.
Nach der Satzung waren Gesellschafterbeschlüsse mit der Mehrheit der abgegebenen Stimmen zu fassen. Für z. B. Entlastung, Abberufung und Bestellung von Geschäftsführern bestand demgegenüber ein Einstimmigkeitserfordernis. Einzelvertretungsberechtigte Geschäftsführer der Klägerin waren der Mehrheitsgesellschafter B und der von der Minderheitsgesellschafterin berufene MK.
Die Klägerin erbrachte entgeltliche Dienstleistungen an einen Betrieb des Einzelunternehmens B, sowie an eine weitere GmbH, deren Geschäftsanteile B zu 98 % hielt. Die Klägerin ging davon aus, dass ihre Leistungen aufgrund einer Organschaft nach § 2 Abs. 2 Nr. 2 UStG zu B als Organträger nichtsteuerbar seien.
Nach einer Umsatzsteuerprüfung verneinte das Finanzamt eine Organschaft und behandelte die Umsätze der Klägerin für 2000 als steuerpflichtig.
Das Finanzgericht gab der Klage statt. Es meinte, die Klägerin sei in das Unternehmen des B eingegliedert gewesen. B habe als Mehrheitsgesellschafter die Klägerin faktisch beherrscht. Hierfür spreche auch § 17 des Aktiengesetzes (AktG). Nach dieser Regelung werde von einem im Mehrheitsbesitz stehenden Unternehmen vermutet, dass es von dem an ihm mit Mehrheit beteiligten Unternehmen abhängig sei.
Das Finanzamt legte Revision ein.

Der BFH hat darauf erkannt, dass die Voraussetzungen der umsatzsteuerrechtlichen Organschaft 92 sich **allein nach § 2 Abs. 2 Nr. 2 UStG** bestimmen. Die aktienrechtliche Abhängigkeitsvermutung nach § 17 AktG hat insoweit keine Bedeutung. Dabei setzt die organisatorische Eingliederung voraus, dass der Organträger eine von seinem Willen abweichende Willensbildung in der Organgesellschaft verhindern kann. Der BFH hob daher die Vorentscheidung auf und wies die Klage ab (BFH vom 05.12.2007, Az: V R 26/06, BStBl II 2008, 451).

Nach Auffassung des BFH hatte die Klägerin ihre Tätigkeit selbständig ausgeübt; sie war in den 93 Streitjahren nicht als Organgesellschaft in das Unternehmen eines Organträgers eingegliedert. Die Eingliederungsvoraussetzungen definiert § 2 Abs. 2 Nr. 2 UStG **entsprechend den EG-rechtlichen Vorgaben des Art. 11 MwStSystRL** eigenständig, ohne auf andere – wie z. B. aktienrechtliche – Regelungen zu verweisen. Maßgeblich ist allein die finanzielle, wirtschaftliche und organisatorische Eingliederung in das Unternehmen des Organträgers.

Zwar ist **nicht erforderlich**, dass sich alle drei in § 2 Abs. 2 Nr. 2 UStG genannten Merkmale 94 einer Eingliederung **gleichermaßen deutlich** feststellen lassen; es reicht aber nicht aus, dass eine Eingliederung nur in Bezug auf zwei der drei Merkmale besteht. Weder kann von der finanziellen

Eingliederung auf die wirtschaftliche Eingliederung geschlossen werden noch von der finanziellen auf die organisatorische Eingliederung (ausführlich Hidien, UR 2008, 259 (261); Weimann, UStB 2008, 210).

95 Für die organisatorische Eingliederung kommt es darauf an, dass der Organträger die Organgesellschaft durch die Art und Weise der Geschäftsführung beherrscht oder aber zumindest durch die Gestaltung der Beziehungen zwischen dem Organträger und der Organgesellschaft sichergestellt ist, dass eine vom Willen des Organträgers **abweichende Willensbildung bei der Organtochter nicht möglich** ist. § 17 AktG knüpft hingegen die aktienrechtliche Abhängigkeitsvermutung an das bloße Bestehen einer Mehrheitsbeteiligung und weicht damit von der spezialgesetzlichen Regelung des UStG ab, nach der es neben einer Mehrheitsbeteiligung auch auf wirtschaftliche und organisatorische Voraussetzungen ankommt (Weimann, UStB 2008, 210).

96 Eine Organschaft nach § 2 Abs. 2 Nr. 2 UStG bestand im Streitfall unter keinem denkbaren Gesichtspunkt. Für eine organisatorische Eingliederung der Klägerin fehlte eine Personenidentität in den Vertretungsorganen, da die Klägerin über zwei Geschäftsführer verfügte. Da **beide Geschäftsführer Einzelvertretungsbefugnis** hatten, war es dem Mehrheitsgesellschafter B auch nicht möglich, eine von seinem Willen abweichende Willensbildung in der Organgesellschaft zu verhindern (Weimann, UStB 2008, 210).

97 Auf die **Bedeutung von Geschäftsführungsordnungen** für die organisatorische Eingliederung brauchte nicht eingegangen zu werden. In den Streitjahren lag insoweit nur eine mündliche Absprache vor, die schriftliche Ergänzung erst später. Bei Meinungsverschiedenheiten zwischen den Geschäftsführern wäre B daher nicht in der Lage gewesen, sein Letztentscheidungsrecht gegenüber Dritten nachzuweisen oder MK bei Verstößen gegen die in den Streitjahren nur mündlich getroffene Absprache haftbar zu machen. Dies reicht nicht aus, um eine vom Willen des Organträgers abweichende Willensbildung bei der Organtochter auszuschließen (Weimann, UStB 2008, 210).

TIPP

1. **Die Grundsätze der umsatzsteuerlichen Organschaft** des § 2 Abs. 2 Nr. 2 UStG finden in dem Urteil ihre (nochmalige) Bestätigung.
2. **Auch wenn nicht alle Eingliederungsvoraussetzungen gleichermaßen deutlich** ausgeprägt sein müssen, so darf doch nicht eine der Voraussetzungen vollständig entfallen.
3. **Die organisatorische Eingliederung setzt voraus, dass** die mit der finanziellen Eingliederung verbundene Möglichkeit der Beherrschung der Tochtergesellschaft durch die Muttergesellschaft in der laufenden Geschäftsführung wirklich wahrgenommen wird – z.B. bei Personenidentität in den Leitungsgremien.
4. **Ob eine von der Satzung abweichende Geschäftsführungsordnung** eine Dominanz des Mehrheitsgesellschafters nach außen dokumentieren kann, lässt die Entscheidung offen. Zumindest müsste hierzu eine schriftliche Fixierung vorhanden sein; hieran fehlte es im Urteilsfall.
5. **§ 17 AktG kommt aber keine Bedeutung** für einzelne Eingliederungsvoraussetzungen zu . Nach § 17 Abs. 2 AktG wird von einem in Mehrheitsbesitz stehenden Unternehmen vermutet, dass es von dem an ihm mit Mehrheit beteiligten Unternehmen abhängig ist. Die Vorschrift enthält bereits nach dem Wortlaut keine Regelung zur organisatorischen Eingliederung.
6. Die FinVerw folgt der Rechtsauffassung des BFH (Abschn. 2.8 Abs. 7 S. 3 UStAE).

2.3.9 Beschränkung der Organschaft auf das Inland

2.3.9.1 Allgemeines

98 Die Wirkungen der Organschaft sind nach § 2 Abs. 2 Nr. 2 S. 2 UStG auf Innenleistungen zwischen den im Inland gelegenen Unternehmensteilen beschränkt. Sie bestehen nicht im Verhältnis zu den im Ausland gelegenen Unternehmensteilen sowie zwischen diesen Unternehmensteilen. Die **im**

Inland gelegenen Unternehmensteile sind nach § 2 Abs. 2 Nr. 2 S. 3 UStG als **ein (1) Unternehmen** zu behandeln (Abschn. 2.9 Abs. 1 UStAE).

Der **Begriff des Unternehmens in § 2 Abs. 1 S. 2 UStG** bleibt von der Beschränkung der Organschaft auf das Inland **unberührt**. Daher sind grenzüberschreitende Leistungen innerhalb des Unternehmens, insbesondere zwischen dem Unternehmer, z. B. Organträger oder Organgesellschaft, und seinen Betriebsstätten (§ 12 AO) oder umgekehrt – mit Ausnahme von Warenbewegungen auf Grund eines i. g. Verbringens (vgl. Abschn. 1a.2 UStAE) – nicht steuerbare Innenumsätze (Abschn. 2.9 Abs. 2 UStAE). 99

2.3.9.2 Im Inland gelegene Unternehmensteile

Im Inland gelegene Unternehmensteile i. S. d. Vorschrift sind (Abschn. 2.9 Abs. 3 UStAE) 100

1. der Organträger, sofern er im Inland ansässig ist,
2. die im Inland ansässigen Organgesellschaften des in Nummer 1 bezeichneten Organträgers,
3. die im Inland gelegenen Betriebsstätten, z. B. Zweigniederlassungen, des in Nr. 1 bezeichneten Organträgers und seiner im Inland und Ausland ansässigen Organgesellschaften,
4. die im Inland ansässigen Organgesellschaften eines Organträgers, der im Ausland ansässig ist,
5. die im Inland gelegenen Betriebsstätten, z. B. Zweigniederlassungen, des im Ausland ansässigen Organträgers und seiner im Inland und Ausland ansässigen Organgesellschaften.

Die **Ansässigkeit** des Organträgers und der Organgesellschaften beurteilt sich danach, wo sie ihre Geschäftsleitung haben (Abschn. 2.9 Abs. 4 S. 1 UStAE). 101

Im Inland gelegene und vermietete Grundstücke sind wie Betriebsstätten zu behandeln (Abschn. 2.9 Abs. 4 S. 2 UStAE). 102

Die im Inland gelegenen Unternehmensteile sind auch dann als ein Unternehmen zu behandeln, wenn zwischen ihnen **keine Innenleistungen** ausgeführt werden. Das gilt aber **nicht, soweit im Ausland Betriebsstätten** unterhalten werden (Abschn. 2.9 Abs. 5 UStAE; vgl.Rn. 104ff. und Rn. 107ff.). 103

2.3.9.3 Organträger im Inland

Ist der Organträger im Inland ansässig, umfasst das Unternehmen die **im vorstehenden Kapitel in den Nr. 1 bis 3 bezeichneten Unternehmensteile**. Das Unternehmen umfasst auch die im Ausland gelegenen **Betriebsstätten des Organträgers**. Unternehmer und damit **Steuerschuldner** i. S. d. § 13a Abs. 1 S. 1 UStG ist der Organträger (Abschn. 2.9 Abs. 6 S. 1–3 UStAE). 104

Hat der Organträger **Organgesellschaften im Ausland**, gehören diese umsatzsteuerrechtlich **nicht zum Unternehmen** des Organträgers. Die Organgesellschaften im Ausland können somit im Verhältnis zum Unternehmen des Organträgers und zu Dritten sowohl Umsätze ausführen als auch Leistungsempfänger sein. Bei der Erfassung von steuerbaren Umsätzen im Inland sowie bei Anwendung der Steuerschuldnerschaft des Leistungsempfängers und des Vorsteuer-Vergütungsverfahrens sind sie jeweils für sich als im Ausland ansässige Unternehmer anzusehen (Abschn. 2.9 Abs. 6 S. 4–6 UStAE). 105

Im Ausland gelegene Betriebsstätten von Organgesellschaften im Inland sind zwar den jeweiligen Organgesellschaften zuzurechnen, gehören aber nicht zum Unternehmen des Organträgers. Leistungen zwischen den Betriebsstätten und dem Organträger oder anderen Organgesellschaften sind daher keine Innenumsätze (Abschn. 2.9 Abs. 6 S. 7 UStAE). 106

Beispiel 1:
Der im Inland ansässige Organträger O hat im Inland eine Organgesellschaft T 1, in Frankreich eine Organgesellschaft T 2 und in der Schweiz eine Betriebsstätte B.

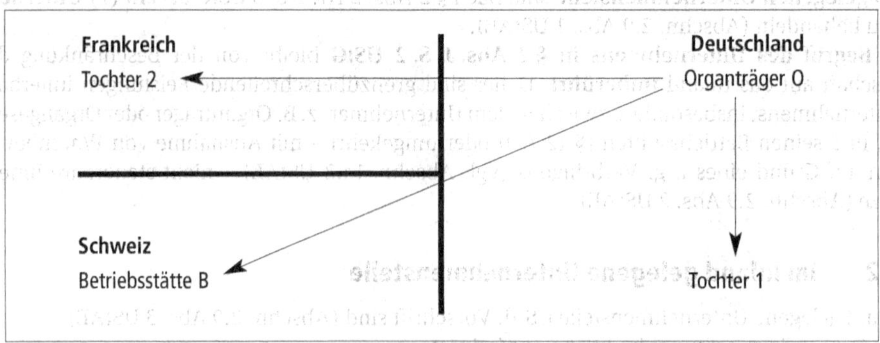

O versendet Waren an T 1, T 2 und B.

Lösung:
Zum Unternehmen des O (Unternehmer) gehören T 1 und B. Zwischen O und T 1 sowie zwischen O und B liegen nicht steuerbare Innenleistungen vor.
O bewirkt an T 2 in Deutschland steuerbare Lieferungen, die unter den Voraussetzungen der § 4 Nr. 1 Buchstabe b und § 6a UStG als i. g. Lieferungen steuerfrei sind.

Beispiel 2:
Sachverhalt wie Beispiel 1. O führt an T 2 eine sonstige Leistung i.S.d § 3a Abs. 1 UStG aus.

Lösung:
Die Leistung ist in Deutschland steuerbar und steuerpflichtig. T 2 kann die Vergütung der ihr berechneten Umsatzsteuer im Vorsteuer-Vergütungsverfahren (§§ 59 bis 61 UStDV) geltend machen.

Beispiel 3:
Sachverhalt wie Beispiel 1. T 2 errichtet im Auftrag von T 1 eine Anlage im Inland. T 2 befördert dazu Gegenstände aus Frankreich zu ihrer Verfügung in das Inland.

Lösung:
T 2 bewirkt in Deutschland eine steuerbare und steuerpflichtige Werklieferung (§ 13b Abs. 2Nr. 1 UStG) an O. O schuldet als Organträger (Unternehmer) die Steuer für diese Lieferung nach § 13b Abs. 5 S. 1 UStG. Die Beförderung der Gegenstände in das Inland ist kein i. g. Verbringen (vgl. Abschn. 1a.2 Abs. 10 Nr. 1 UStAE).

Beispiel 4:
Sachverhalt wie in Beispiel 1, aber mit der Abweichung, dass B die (schweizerische) Betriebsstätte der im Inland ansässigen Organgesellschaft T 1 ist.

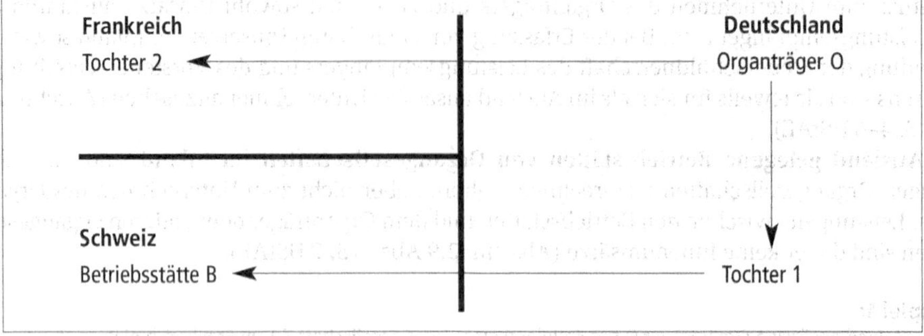

O versendet Waren an B und an T 1. T 1 versendet die ihr von O zugesandten Waren an B.

Lösung:
O bewirkt an B in Deutschland steuerbare Lieferungen, die unter den Voraussetzungen der § 4 Nr. 1 Buchst. a, § 6 UStG als Ausfuhrlieferungen steuerfrei sind.
Zwischen O und T 1 sowie T 1 und B werden durch das Versenden von Waren nicht steuerbare Innenleistungen bewirkt.

2.3.9.4 Organträger im Ausland

Ist der Organträger im Ausland ansässig, so sind die **in Rn. 100 in den Nr. 4 und 5 bezeichneten Unternehmensteile** als ein Unternehmen zu behandeln. In diesem Fall gilt nach § 2 Abs. 2 Nr. 2 S. 4 UStG der wirtschaftlich bedeutendste Unternehmensteil im Inland als der Unternehmer und damit als der Steuerschuldner i. S. d. § 13 a Abs. 1 S. 1 UStG (Abschn. 2.9 Abs. 7 S. 1 und 2 UStAE). 107

Wirtschaftlich bedeutendster Unternehmensteil i. S. d. § 2 Abs. 2 Nr. 2 S. 4 UStG kann grundsätzlich nur eine im Inland ansässige juristische Person (Organgesellschaft) sein; beim Vorliegen der Voraussetzungen des § 18 KStG ist es jedoch die Zweigniederlassung (Abschn. 2.9 Abs. 7 S. 3 UStAE; § 18 KStG lautet i. F. d. KStG 2001 in derzeit gültiger Fassung: »Ausländische Organträger: Verpflichtet sich eine Organgesellschaft, ihren ganzen Gewinn an ein ausländisches gewerbliches Unternehmen, das im Inland eine im Handelsregister eingetragene Zweigniederlassung unterhält, abzuführen, so ist das Einkommen der Organgesellschaft den beschränkt steuerpflichtigen Einkünften aus der inländischen Zweigniederlassung zuzurechnen, wenn (1.) der Gewinnabführungsvertrag unter der Firma der Zweigniederlassung abgeschlossen ist und (2.) die für die finanzielle Eingliederung erforderliche Beteiligung zum Betriebsvermögen der Zweigniederlassung gehört. Im Übrigen gelten die Vorschriften der §§ 14 bis 17 sinngemäß.«) 108

Hat der Organträger **mehrere Organgesellschaften im Inland**, kann der wirtschaftlich bedeutendste Unternehmensteil nach der **Höhe des Umsatzes** bestimmt werden, sofern sich die in Betracht kommenden Finanzämter nicht auf **Antrag der Organgesellschaften** über einen anderen Maßstab verständigen (Abschn. 2.9 Abs. 7 S. 4 UStAE). 109

Diese Grundsätze gelten entsprechend, wenn die im Inland gelegenen Unternehmensteile **nur aus rechtlich unselbständigen Betriebsstätten** bestehen (Abschn. 2.9 Abs. 7 S. 5 UStAE). 110

Bereitet die Feststellung des wirtschaftlich bedeutendsten Unternehmensteils Schwierigkeiten oder erscheint es aus anderen Gründen geboten, kann zugelassen werden, dass der im Ausland ansässige **Organträger als Bevollmächtigter** für den wirtschaftlich bedeutendsten Unternehmensteil dessen steuerliche Pflichten erfüllt (Abschn. 2.9 Abs. 7 S. 6 UStAE). 111

Ist der **Organträger ein ausländisches Versicherungsunternehmen** i. S. d. Versicherungsaufsichtsgesetzes – VAG –), gilt als wirtschaftlich bedeutendster Unternehmensteil im Inland die Niederlassung, für die nach § 106 Abs. 3 VAG ein Hauptbevollmächtigter bestellt ist; bestehen mehrere derartige Niederlassungen, gilt S. 4 entsprechend (Abschn. 2.9 Abs. 7 S. 7 UStAE). 112

Unterhalten die **im Inland ansässigen Organgesellschaften Betriebsstätten im Ausland**, sind diese der jeweiligen Organgesellschaft zuzurechnen, gehören aber nicht zur Gesamtheit der im Inland gelegenen Unternehmensteile. Leistungen zwischen den Betriebsstätten und den anderen Unternehmensteilen sind daher keine Innenumsätze (Abschn. 2.9 Abs. 8 UStAE). 113

Der **Organträger und seine im Ausland ansässigen Organgesellschaften** bilden jeweils **gesonderte Unternehmen**. Sie können somit an die im Inland ansässigen Organgesellschaften Umsätze ausführen und Empfänger von Leistungen dieser Organgesellschaften sein. Auch für die Erfassung der im Inland bewirkten steuerbaren Umsätze sowie für die Anwendung des Vorsteuer-Vergütungsverfahrens gelten sie einzeln als im Ausland ansässige Unternehmer (Abschn. 2.9 Abs. 9 S. 1–3 UStAE). 114

Die **im Inland gelegenen Organgesellschaften und Betriebsstätten** sind als **ein (1) gesondertes Unternehmen** zu behandeln (Abschn. 2.9 Abs. 9 S. 4 UStAE). 115

Beispiel 1:
Der in Frankreich ansässige Organträger O hat im Inland die Organgesellschaften T 1 (Jahresumsatz 2 Mio. EUR) und T 2 (Jahresumsatz 1 Mio. EUR) sowie die Betriebsstätte B (Jahresumsatz 2 Mio. EUR). In Belgien hat O noch eine weitere Organgesellschaft T 3.

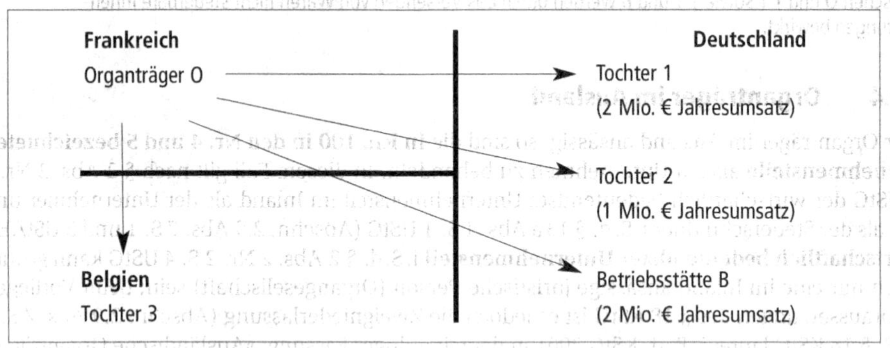

Zwischen T 1, T 2 und B finden Warenlieferungen statt. O und T 3 versenden Waren an B (§ 3 Abs. 6 UStG).

Lösung:
In Deutschland bilden T 1, T 2 und B das Unternehmen i. S. v. § 2 Abs. 2 Nr. 2 S. 3 UStG. T 1 ist als wirtschaftlich bedeutendster Unternehmensteil der Unternehmer.
Die Warenlieferungen zwischen T 1, T 2 und B sind als Innenleistungen nicht steuerbar.
T 1 hat die von O und T 3 an B versandten Waren als i. g. Erwerb zu versteuern.

Beispiel 2:
Sachverhalt wie Beispiel 1. T 3 führt im Auftrag von T 2 eine sonstige Leistung i. S. d. § 3 a Abs. 4 UStG aus.

Lösung:
Es liegt eine Leistung an einen Unternehmer vor, der sein Unternehmen im Inland betreibt. In Deutschland ist die Leistung daher nach § 3 a Abs. 3 UStG steuerbar und steuerpflichtig. T 1 als Unternehmer und umsatzsteuerrechtlicher Leistungsempfänger schuldet die Steuer nach § 13 b Abs. 5 UStG.

Beispiel 3:
Der Organträger O in Frankreich hat die Organgesellschaften T 1 in Belgien und T 2 in den Niederlanden. Im Inland hat er keine Organgesellschaft. T 1 hat im Inland die Betriebsstätte B 1 (Jahresumsatz 500.000 €), T 2 die Betriebsstätte B 2 (Jahresumsatz 300.000 €). O hat abziehbare Vorsteuerbeträge aus der Anmietung einer Lagerhalle im Inland.

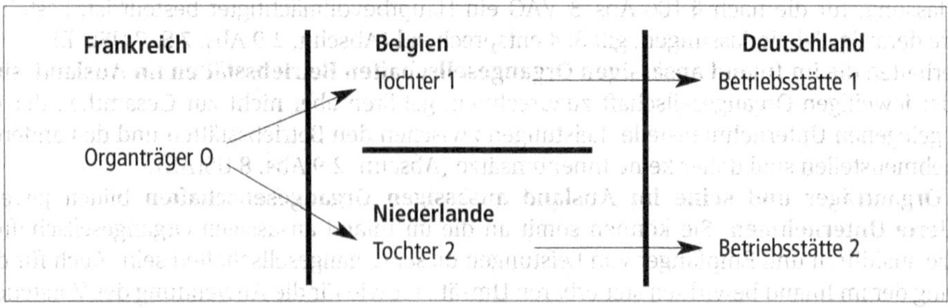

Lösung:
In Deutschland bilden B 1 und B 2 das Unternehmen i. S. v. § 2 Abs. 2 Nr. 2 S. 3 UStG. B 1 ist als wirtschaftlich bedeutendster Unternehmensteil der Unternehmer.

O selbst gehört aus deutscher Sicht nicht zum Unternehmen und kann die abziehbaren Vorsteuerbeträge im Vorsteuer-Vergütungsverfahren geltend machen.

Beispiel 4:
Der in Japan ansässige Organträger O hat in der Schweiz die Organgesellschaft T und im Inland die Betriebsstätte B. O und T versenden Waren an B und umgekehrt. Außerdem hat O abziehbare Vorsteuerbeträge aus der Anmietung einer Lagerhalle im Inland.

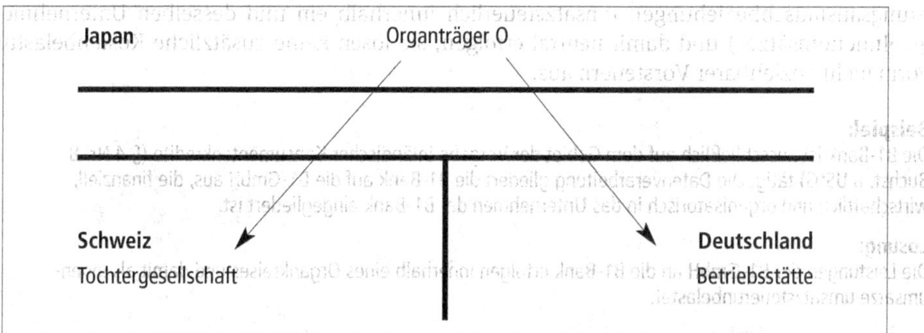

Lösung:
B gehört einerseits zum Unternehmen des O (§ 2 Abs. 1 S. 2 UStG) und ist andererseits nach § 2 Abs. 2 Nr. 2 S. 3 UStG ein Unternehmen im Inland.
Die bei der Einfuhr der an B versandten Waren anfallende Einfuhrumsatzsteuer ist unter den Voraussetzungen des § 15 UStG bei B als Vorsteuer abziehbar.
Soweit B an O Waren versendet, werden Innenleistungen bewirkt, die deshalb nicht steuerbar sind.
Die Lieferungen von B an T sind steuerbar und unter den Voraussetzungen der § 4 Nr. 1 Buchst. a i. V. m. § 6 UStG als Ausfuhrlieferungen steuerfrei.
O kann die abziehbaren Vorsteuerbeträge aus der Anmietung im Vorsteuer-Vergütungsverfahren geltend machen, da mit Japan Gegenseitigkeit besteht und somit eine Vergütung nach § 18 Abs. 9 S. 6 UStG nicht ausgeschlossen ist (vgl. Abschn. 18.11 Abs. 4 UStAE).

2.3.10 Sonderfragen der Insolvenz

Mit der Insolvenzeröffnung über das Vermögen des Organträgers oder der Organgesellschaft endet die Organschaft (vgl. BFH vom 15.12.2016, V R 14/16, BStBl 2017 II S. 600). Dies gilt jeweils auch bei Bestellung eines Sachwalters im Rahmen der Eigenverwaltung nach §§ 270 ff. InsO. (Abschn. 2.8 Abs. 12 UStAE). 116

Wird im Rahmen der Anordnung von Sicherungsmaßnahmen über das Vermögen des Organträgers oder der Organgesellschaft ein vorläufiger Insolvenzverwalter bestellt, endet die Organschaft mit dessen Bestellung bereits vor Eröffnung des Insolvenzverfahrens, wenn der vorläufige Insolvenzverwalter den maßgeblichen Einfluss auf den Schuldner erhält und eine Beherrschung der Organgesellschaft durch den Organträger nicht mehr möglich ist. Dies ist insbesondere der Fall, wenn der vorläufige Insolvenzverwalter wirksame rechtsgeschäftliche Verfügungen des Schuldners aufgrund eines Zustimmungsvorbehalts nach § 21 Abs. 2 Nr. 2 Alt. 2 InsO verhindern kann (vgl. BFH vom 08.08.2013, V R 18/13, BStBl 2017 II S. 543, und vom 24.08.2016, V R 36/15, BStBl 2017 II S. 595). Die soll nach Auffassung der Finanzverwaltung auch in den Fällen gelten, in denen für den Organträger und die Organgesellschaft ein personenidentischer Sachwalter, vorläufiger Insolvenzverwalter oder Insolvenzverwalter bestellt wird.« 117

2.3.11 Personengesellschaften als Organgesellschaften?

118 Die Organschaft (§ 2 Abs. 2 Nr. 2 UStG) führt umsatzsteuerlich v. a. immer dann zu echten (»geldwerten«) Vorteilen, wenn Unternehmen(steile) gem. § 15 Abs. 2 bis 4 UStG **nicht oder nicht in vollem Umfang zum Vorsteuerabzug berechtigt** sind. Die nicht abziehbaren Vorsteuerbeträge auf konzerninterne Leistungsbeziehungen werden dann zu einem Kostenfaktor. Diese Kostenbelastung lässt sich u. U. durch Errichtung einer Organschaft verhindern, da innerorganschaftliche Leistungsaustauschbeziehungen umsatzsteuerlich innerhalb ein und desselben Unternehmens (sog. »Innenumsätze«) und damit neutral erfolgen; sie lösen keine zusätzliche Kostenbelastung in Form nicht abziehbarer Vorsteuern aus.

Beispiel:
Die B1-Bank ist ausschließlich auf dem Gebiet der Vergabe inländischer Konsumentenkredite (§ 4 Nr. 8 Buchst. a UStG) tätig. Die Datenverarbeitung gliedert die B1-Bank auf die B1-GmbH aus, die finanziell, wirtschaftlich und organisatorisch in das Unternehmen der B1-Bank eingegliedert ist.

Lösung:
Die Leistungen der B1-GmbH an die B1-Bank erfolgen innerhalb eines Organkreises und damit als Innenumsätze umsatzsteuerunbelastet.

119 Gemeinschaftsrechtlich beruht die umsatzsteuerliche Organschaft auf Art. 11 MwStSystRL. Danach kann jeder Mitgliedstaat in seinem Gebiet ansässige Personen, die zwar rechtlich unabhängig, aber durch gegenseitige finanzielle, wirtschaftliche und organisatorische Beziehungen eng miteinander verbunden sind, zusammen als einen Steuerpflichtigen behandeln. Die Unterschiede zu § 2 Abs. 2 Nr. 2 UStG sind beträchtlich. Anstatt von Eingliederungsmerkmalen spricht Art. 11 unter Verwendung derselben begrifflichen Voraussetzungen von engen Verbindungen. Können nach dem UStG nur juristische Personen ihre Selbständigkeit verlieren, betrifft die Wirkung nach Unionsrecht alle Personen.

Nach dem Wortlaut des Art. 11 **haben die Mitgliedstaaten ein Wahlrecht,**

- ob sie eine Organschaft überhaupt (dem Grunde nach) zulassen,
- und – wenn ja – von welchen Voraussetzungen diese dann abhängen soll.

Der Spielraum der Mitgliedstaaten ist jedoch eingeschränkt. Nach der Entscheidung des EuGH vom 25.04.2013, Rs. C-480/10 (UR 2013,423) dürfen die Regelungen des Art. 11. MwStSystRL im nationalen Recht (nur) beschränkt werden, sofern dies den Zielen der Richtlinie entspricht, die auf die Verhinderung missbräuchlicher Praktiken oder Verhaltensweisen und die Vermeidung von Steuerhinterziehung oder -umgehung abzielt.

120 Die Bundesrepublik hat dieses Wahlrecht in § 2 Abs. 2 Nr. 2 UStG dahingehend ausgeübt, dass nur juristische Personen (insbes. Kapitalgesellschaften) als Organgesellschaften in einen umsatzsteuerlichen Organkreis eingegliedert werden können.

Beispiel:
Die B2-Bank ist eine Mitbewerberin der B1-Bank und ähnlich organisiert. Allerdings wurde die Datenverarbeitung auf die B2-KG ausgegliedert, die ebenfalls finanziell, wirtschaftlich und organisatorisch in das Unternehmen der B2-Bank eingegliedert ist.

Lösung:
Nach deutschem Umsatzsteuerrecht ist keine Organschaft zwischen der B2-Bank und der B2-KG möglich. Die Leistungen der B2-KG an die B2-Bank erfolgen daher unter den weiteren Voraussetzungen des § 1 UStG steuerbar und steuerpflichtig. Ein Vorsteuerabzug der B2-Bank ist gem. § 15 Abs. 2 UStG ausgeschlossen. Die nicht abziehbaren Vorsteuern werden für die B2-Bank zum Kostenfaktor, wodurch sich die Wettbewerbssituation zur B1-Bank verschlechtert.

Diese Einschränkung ist nach der Entscheidung des EuGH vom 16.07.2015 in der Rs .C-108/14 und C-109/14 (Minerva u. a.) grundsätzlich nicht unionsrechtskonform, es sei denn sie würde den (in Rn. 116) genannten Zielen dienen, was dem nationalen Gericht zu überprüfen obliegt.

Dass die sich aus den Beispielen ergebende **Benachteiligung von Personengesellschaften**, die nicht Organgesellschaften sein können, wahrscheinlich gegen die vom EuGH geforderte wettbewerbsneutrale Umsetzung von Mitgliedstaatenwahlrechten verstößt, wird seit langem angeprangert (Hahne, DStR 2008, 910; Weimann, UStB 2008, 186). Der **Grundsatz der Neutralität** lässt es nicht zu, »dass Wirtschaftsteilnehmer, die gleichartige Umsätze tätigen, bei der Erhebung der Mehrwertsteuer unterschiedlich behandelt werden. Nach ständiger Rechtsprechung nämlich verbietet er es, gleichartige und infolgedessen miteinander in Wettbewerb stehende Dienstleistungen hinsichtlich der Mehrwertsteuer unterschiedlich zu behandeln. Dabei kommt es nicht darauf an, ob es sich um eine deutliche Verzerrung handelt« (EuGH vom 28.06.2007, Rs. C-363/05, JP Morgan Fleming Claverhouse Investment Trust plc und The Association of Investment Trust Companies, BStBl II 2010, 573, Tz. 4 und Tz. 47; vgl. auch die Urteilsanmerkung von Maunz, UR 2007, 727 (733)). 121

Bei der Entscheidung vom 16.07.2015 in der Rs.C-108/14 und C-109/14 (Larentia + Minerva und Marenave, UR 2015,671)) hat sich der EuGH erstmals mit der Organschaft des deutschen Umsatzsteuergesetzes befasst und dem BFH aufgegeben zu prüfen, ob die in § 2 Abs. 2 Nr. 2 UStG getroffenen Regeln zur Verhinderung missbräuchlicher Praktiken und der Vermeidung von Steuerhinterziehung oder –umgehung erforderlich und geeignet sind. 122

Nach dieser Entscheidung

- ist ein Ausschluss von Personengesellschaften als Organgesellschaften grundsätzlich nicht möglich, sondern nur dann wenn dies der Missbrauchsvermeidung dient
- obliegt diese Prüfung dem vorlegenden Gericht,
- sieht das Unionsrecht kein Über-/Unterordnungsverhältnis vor,
- bestimmen die Mitgliedstaaten die Intensität der engen Verbindung im Organkreis,
- ist eine unmittelbare Anwendung der Richtlinie aufgrund nationalstaatlichem Handlungsspielraum nicht möglich.

Diesem Auftrag sind der V. Senat (Urteile vom 02.12.2015, Az: V R 25/13, UR 2016, 185; vom 03.12.2015, Az: V R 36/13, UR 2016, 204; vom 02.12.2015, Az: V R 15/14, UR 2016,192 und vom 02.12.2015, V R 67/14, UR 2016, 199) und der XI. Senat in seinen Nachfolgeentscheidungen zum EuGH Urteil vom 16.07.2015 (UR 2015, 671) vom 19.01.2016 Az: XI R 38/12, und Az: XI R 17/11, UR 2016, 312 in sehr unterschiedlicher Weise nachgekommen (Lange, UR 2016, 297).

Nach der Auffassung des V. Senats können im Wege einer teleologischen Extension des nationalen Rechts nunmehr abweichend vom Wortlauf des § 2 Abs. 2 Nr. 2 UStG neben juristischen Personen auch Personengesellschaften Organgesellschaften sein. Voraussetzung für die Eingliederung ist danach jedoch, dass Gesellschafter der Personengesellschaft neben dem Organträger (OT) nur Personen sind, die in das Unternehmen des OT finanziell eingegliedert sind. Insoweit ist die erforderliche Durchgriffsmöglichkeit selbst bei – der stets möglichen – Anwendung des Einstimmigkeitsprinzips gem. § 709 Abs. 1 BGB gewährleistet. Zu dieser Auffassung gelangt der Senat durch das Postulat, es sei für den Organträger als potentiellen Steuerschuldner notwendig, die Organschaft einfach und rechtssicher zu erkennen. Diesem auch unionsrechtlich geltenden Grundsatz der Rechtsicherheit ist nicht zu widersprechen. Die Diskrepanz zur Entscheidung des EuGH vom 16.07.2015 (UR 2015,671) wonach eine »Unterordnung« (Eingliederung) »keine Voraussetzung zur Bildung einer Mehrwertsteuergruppe« sei, begründet der Senat mit einem in Deutschland fehlenden formellen Feststellungsverfahren für Organschaften. 123

Beispiel:
Einzelunternehmer A hält 100 % der Anteile an der A-GmbH und 50 % der Anteile an der A-OHG. Die restlichen 50 % der Anteile an der OHG werden von der A-GmbH gehalten.

Lösung:
Unter den übrigen Voraussetzungen des § 2 Abs. 2 Nr. 2 UStG gehören zum Unternehmen des A sowohl die A-GmbH als auch die A-OHG. An der OHG ist neben dem Organträger A nur die ebenfalls finanziell eingegliederte GmbH beteiligt.

Beispiel:
Die Entscheidung des V.Senates erging zu Personengesellschaften in der Rechtsform der GmbH&Co.KG. Die Begründung bezieht sich, im Unterschied zur Lösung des XI. Senates (vgl. Rn. 121) jedoch nicht spezifisch auf diese Rechtsform.

124 Nach der Auffassung des XI. Senats kann eine Personengesellschaft in der Rechtsform einer GmbH&Co.KG wegen ihrer kapitalistischen Struktur im Wege der richtlinienkonformen Auslegung als juristische Person betrachtet werden. Zu der Frage eines Über-/Unterordnungsverhältnis hat sich der XI. Senat nicht geäußert.

125 Die Finanzverwaltung hat die BFH-Urteile zunächst über die entschiedenen Einzelfälle hinaus nicht angewendet (z.B: Verfügung der OFD Niedersachsen, 23.08.2016, S 7105-125-St 185) jedoch ein Berufungsrecht für die Fälle anerkannt, in denen nach Auffassung beider Senate eine Organschaft vorliegt. Das ist dann der Fall, wenn an der einzugliedernden Personengesellschaft (das sind nur GmbH&Co.KG) neben dem Organträger nur Personen beteiligt sind, die in das Unternehmen des Organträgers finanziell eingegliedert sind.

Hiervon abweichend können sich Steuerpflichtige in Fällen, in denen nach beiden Urteilen die Eingliederung einer Personengesellschaft möglich ist (d. h. GmbH & Co. KG als OG, wenn Gesellschafter dieser GmbH & Co. KG neben dem OT nur Personen sind, die in das Unternehmen des OT finanziell eingegliedert sind), auf die Rechtsprechung berufen. Diese Berufung kann dabei nur **einheitlich** für den OT und die GmbH & Co. KG erfolgen. Vertrauensschutz nach § 176 AO wird nicht gewährt. Für das Vorliegen einer Organschaft nach § 2 Abs. 2 Nr. 2 UStG sind daneben eine finanzielle, organisatorische und wirtschaftliche Eingliederung der GmbH & Co. KG in das Unternehmen des OT erforderlich, die auch noch **im Zeitpunkt der Berufung auf die Rechtsprechung gegeben sein muss**. Darüber hinaus besteht ein Berufungsrecht nur, wenn alle betroffenen Steuerfestsetzungen noch änderbar sind.

Das Berufungsrecht auf die Rechtsprechung ist von allen am vermeintlichen Organkreis Beteiligten einheitlich (aktiv) auszuüben. Anderenfalls kommt die Rechtsprechung für alle Beteiligten nicht zur Anwendung. Die Beteiligten müssen sich ferner auf einen Zeitpunkt einigen, ab dem die neue Rechtsprechung für sie gelten soll, wobei die nach diesem Zeitpunkt folgenden Besteuerungszeiträume bei allen Beteiligten noch offen sein müssen. Die Berufung bindet alle Beteiligten, solange sich die für die Organschaft relevanten tatsächlichen Verhältnisse nicht ändern.

Mit BMF-Schreiben vom 26.05.2017, BStBl. 2017 I S. 790 will die Verwaltung ab 01.01.2019 eine Personengesellschaft ausnahmsweise wie eine juristische Person als eingegliedert i. S. d. § 2 Abs. 2 Nr. 2 UStG ansehen, wenn die finanzielle Eingliederung wie bei einer juristischen Person zu bejahen ist. Die finanzielle Eingliederung einer Personengesellschaft setzt voraus, dass Gesellschafter der Personengesellschaft neben dem Organträger nur Personen sind, die nach § 2 Abs. 2 Nr. 2 UStG in das Unternehmen des Organträgers finanziell eingegliedert sind, so dass die erforderliche Durchgriffsmöglichkeit selbst bei der stets möglichen Anwendung des Einstimmigkeitsprinzips gewährleistet ist (vgl. BFH vom 02.12.2015, V R 25/13, BStBl 2017 II S. 547, und vom 03.12.2015, V R 36/13, BStBl 2017 II S. 563). Für die notwendige Beteiligung des Organträgers sind mittelbare Beteiligungen ausreichend.

2.4 Juristische Personen des öffentlichen Rechts

Mit dem durch das Steueränderungsgesetz 2015 eingefügten § 2b UStG wurde die Unternehmereigenschaft von juristischen Personen des öffentlichen Rechts von der Bindung an das deutschen Körperschaftssteuerrecht gelöst und weitgehende den Regelungen des Unionsrechtes angepasst (vgl. Kommentierung zu § 2b UStG). Aufgrund der Übergangsregelung des § 27 Abs. 22 UStG wird die Neuregelung ab dem 01.01.2017 wirksam. 126

Darüber hinaus kann nach § 27 Abs. 22 S. 3ff. UStG die juristische Person des öffentlichen Rechts dem Finanzamt gegenüber einmalig erklären, dass sie die bisherigen Regelungen (§ 2 Abs. 3 UStG) für sämtliche in der Zeit vom 01.01.2017 bis 31.12.2020 ausgeführte Leistungen weiterhin anwendet.

Die Regelungen des § 2 Abs. 3 UStG haben deshalb für die meisten juristischen Personen des öffentlichen Rechts weiterhin bis 2020 Bedeutung.

2.4.1 Begriff

Nur im Rahmen ihrer Betriebe gewerblicher Art (§ 1 Abs. 1 Nr. 6, § 4 KStG) und ihrer land- und forstwirtschaftlichen Betriebe sind juristische Personen des öffentlichen Rechts gewerblich oder beruflich, d. h. als Unternehmer, tätig (§ 2 Abs. 3 UStG). Daher gilt es zunächst festzuhalten, was juristische Personen des öffentlichen Rechts sind: 127

- Gebietskörperschaften (Bund, Länder, Gemeinden, Gemeinde- und Zweckverbände, z. B. Wasserverband, vgl. BFH vom 20.08.2009, Az: V R 30/06, BStBl II 2010, 863),
- öffentlich-rechtliche Religionsgemeinschaften,
- Handwerkskammern – auch im Hinblick auf ihre Fortbildungsveranstaltungen (Wendt/Elicker, DStZ 2004, 399),
- Innungen,
- Industrie- und Handelskammern,
- sonstige Gebilde, die aufgrund öffentlichen Rechts eigene Rechtspersönlichkeit besitzen (z. B. Anstalten/Stiftungen des öffentlichen Rechts wie Rundfunk- und Fernsehanstalten) (Abschn. 2.11 Abs. 1 S. 1 und 2 UStAE),
- Kommunale Bürgerhäuser und Gemeinschaftshäuser (OFD Frankfurt vom 25.06.2003, Az: S 7105A – 55 – St I 10, UStB 2004, 12),
- besondere Tätigkeiten fingieren immer eine unternehmerische Tätigkeit (§ 2 Abs. 3 S. 2 UStG).

2.4.2 Betrieb gewerblicher Art

Maßgebend dafür, ob ein Betrieb gewerblicher Art vorliegt, sind die §§ 1 Abs. 1 Nr. 6 und 4 KStG. Demzufolge sind Betriebe gewerblicher Art von juristischen Personen des öffentlichen Rechts alle Einrichtungen, die einer nachhaltigen wirtschaftlichen Tätigkeit zur Erzielung von Einnahmen außerhalb der Land- und Forstwirtschaft dienen und die sich innerhalb der Gesamtbetätigung der juristischen Person wirtschaftlich herausheben. 128

»**Einrichtung**« setzt begrifflich nur 129

- eine Betätigung der öffentlichen Hand voraus, die
- unter einem einheitlichen Willen
- auf ein bestimmtes sachliches Ziel gerichtet ist,
- dadurch in sich wirtschaftlich zusammenhängt und

- eine funktionelle Einheit bildet (BFH vom 13.03.1974, Az: I R 7/71, BStBl II 1974, 391).

130 Der Begriff »Einrichtung« bietet erheblichen Spielraum für Interpretationen (R 6 KStR). Sie kann sich

- aus einer besonderen Leistung,
- aus einem geschlossenen Geschäftskreis,
- aus der Buchführung oder
- aus einem ähnlichen, auf eine Einheit hindeutenden Merkmal ergeben.

131 Sie setzt nicht voraus, dass die Tätigkeit im Rahmen einer verselbständigten Abteilung ausgeführt wird.

132 Auch hier ist **keine Gewinnerzielungsabsicht** bzw. eine Beteiligung am wirtschaftlichen Verkehr erforderlich. Übersteigt der Umsatz gem. § 1 Abs. 1 UStG aus der wirtschaftlichen Tätigkeit den Betrag von 130.000 €, ist dies ein Merkmal für die Selbständigkeit der ausgeübten Tätigkeit (R 6 Abs. 4 Abs. 4 KStR). Übersteigt er den Betrag von 30.678 € nachhaltig, ist darin ein wichtiger Anhaltspunkt dafür zu sehen, dass die Tätigkeit wirtschaftlich bedeutend ist (R 6 Abs. 5 KStR). Wird ein nachhaltiger Umsatz von 30.678 € nicht erreicht, ist nur dann ein Betrieb gewerblicher Art anzunehmen, wenn hierfür besondere Gründe vorgetragen werden (z. B. wenn die juristische Person des öffentlichen Rechts mit Privaten in Wettbewerb tritt).

133 Diese Umsatzgrenzen sind i. R. d. KSt und der USt einheitlich anzuwenden (Abschn. 2.11 Abs. 4 S. 3 UStAE). Unentgeltliche Wertabgaben bleiben bei dieser Prüfung unberücksichtigt.

TIPP

Zu beachten ist, dass im Rahmen der Betrachtung der Umsatzgrenzen i. S. d. R 6 KStR jeder Betrieb gesondert zu prüfen ist, also alle Unternehmensteile auf dieser Ebene noch nicht zusammen als Einheit gewertet werden. Erst wenn die Entscheidung getroffen ist, dass ein BgA vorliegt, stellen alle BgA und landwirtschaftlichen Betriebe ein (einziges) Unternehmen der juristischen Person des öffentlichen Rechts dar.

134 Die Finanzverwaltung geht – wie dargestellt – von einer Abhängigkeit der umsatzsteuerlichen Unternehmereigenschaft von körperschaftsteuerlichen Aspekten aus. Sie stellt in R 6 Abs. 5 KStR auf den Jahresumsatz gem. § 1 Abs. 1 Nr. 1 UStG aus der konkreten Tätigkeit ab. Der BFH hat sich hierzu kritisch geäußert, diese Abhängigkeit bereits gelockert und die strenge Handhabung der starren Gewinn- und Umsatzgrenzen als nicht vereinbar mit § 2 Abs. 3 UStG beurteilt (BFH vom 11.01.1979, Az: V R 26/74, BStBl II 1979, 746; vom 02.03.1983, Az: I R /79, BStBl II 1983, 386; vom 25.10.1989, Az: V R /85, BStBl II 1990, 868). Denn entscheidend kann nur sein, ob die konkrete Tätigkeit hoheitlich oder nicht ausgeübt wird; auf Umsatzgrenzen kann es dann nicht ankommen. Auch werden Zweifel an der Vereinbarkeit des Verweises in § 2 Abs. 3 UStG auf die KSt mit Art. 13 MwStSystRL (Art. 4 Abs. 5 der 6. EG-RL) geäußert (Birkenfeld, UR 1997, 241; Forster, UR 1989, 264; Forster, UR 1997, 211; Lange, UR 2000, 1; Reiß, UR 1994, 388; Wagner, UR 1993, 301; Widmann, UR 1997, 54).

TIPP

Mit Hinweis auf die o. a. Bedenken hinsichtlich der Richtlinienkonformität kann sich die juristische Person des öffentlichen Rechts unmittelbar auf die im Vergleich mit dem deutschen Recht günstigere Richtlinienregelung berufen.

135 Bei **gemischten** (d. h. teils hoheitlichen und teils privatwirtschaftlichen) **Tätigkeiten** ist darauf abzustellen, ob diese Tätigkeiten voneinander trennbar sind oder nicht (z. B. im Rahmen der Friedhofsverwaltung einer Gemeinde: Sie ist hoheitlich, soweit sie Aufgaben des Bestattungswesens wahrnimmt, nicht hoheitlich aber z. B. bezüglich Blumenverkauf, Grabpflegeleistungen

etc.; vgl. BFH vom 14.04.1983, Az: V R 3/79, BStBl II 1983, 491; betr. Feuerbestattungen vgl. Küffner, EU-UStB 2007, 7 im Anschluss an BFH vom 08.07.2004, Az: VII R 24/03, BStBl II 2004, 1034 und EuGH vom 08.06.2006, Rs. C-430/04, UR 2006, 259 m. Anm. Widmann; danach kann sich ein privater Wirtschaftsteilnehmer, der mit einer Einrichtung des öffentlichen Rechts im Wettbewerb steht, auf Art. 4 Abs. 5 Unterabs. 2 der 6. EG-RL = Art. 13 MwStSystRL berufen).

Zur umsatzsteuerlichen Behandlung von Sachleistungen eines **Sponsors** an steuerbegünstigte Körperschaften oder juristische Personen des öffentlichen Rechts vgl. OFD Hannover vom 11.02.2003, Az: 7100/427 – StQ 351 – S 7100 – 915 – StH 446, UStB 2004, 81). 136

Zu den Voraussetzungen, unter denen Gemeinden ihre Sportstätten in der Form eines Betriebs gewerblicher Art betreiben können – insbesondere im Hinblick auf die Abgrenzung zu einer bloßen Vermögensverwaltung vgl. OFD Münster vom 02.03.2007, Az: 2/2007, EB 2007, 604: Wird eine reine Vermögensverwaltung verneint, ist weiterhin zu prüfen, ob die Kriterien der »Einrichtung« und der »wirtschaftlichen Bedeutsamkeit« erfüllt sind: 137

Eine »Einrichtung« liegt vor, wenn eine eigenständige Organisationseinheit mit der Tätigkeit betraut wird. Die »wirtschaftliche Bedeutsamkeit« erfordert, dass der Jahresumsatz i.S.d. § 1 Abs. 1 Nr. 1 UStG 30.678 € nachhaltig übersteigt. 138

ABC-Beispiele Betriebe gewerblicher Art 139

Stichwort	Betrieb gewerblicher Art	Fundstelle
Abfallentsorgung durch Landkreis	–	BFH vom 23.10.1996, Az: I R 1–2/94, BStBl II 1997, 139
Abfallentsorgung durch Gemeinde	Übertragung auf GmbH	BFH vom 02.12.1999, Az: V B 81/99, UR 2000, 111
Abfallentsorgung	Generell zur umsatzsteuerlichen Behandlung	OFD Hannover vom 12.03.1999, Az: S 7106 – 180- StH 532/S 7106 – 171 – StO 363, UR 1999, 464
Abwasserbeseitigung durch Gemeinde	–	BFH vom 08.01.1998, Az: V R 32/97, BStBl II 1998, 410; a.A.: OFD Kiel vom 24.09.1998, Az: S 7106 A – St 235, StED 1998, 766
Bädereinrichtung	+	BFH vom 10.02.1994, Az: V R 33/92, BStBl II 1994, 668
Beseitigung von Klärschlamm durch Wasserverband	+	FG Düsseldorf vom 18.01.2006, Az: 5 K 6680/02 U, nrkr., UStB 2007, 67
Blutalkoholuntersuchung	+	BFH vom 14.03.1990, Az: I R /87, BStBl II 1990, 866
Cafeteria (eines Studentenwerks)	+	BFH vom 11.05.1998, Az: V R 76/83, BStBl II 1988, 908
Entsorgungstätigkeiten	–	Forster, UVR 1999, 42
Faschingsball veranstaltet von Hochschulen	+	Olbertz, UVR 1998, 1
Grundstücksvermietung an Sozialversicherungsträger	–	FG München vom 25.01.2006, Az: 3 K 1335/02, UStB 2007, 7
Hochschule, Drittmittelforschung	+	BMF vom 01.02.1994, BStBl I 1994, 187; OFD Hannover vom 02.07.1998, Az: S 7100 – StO 353/S 7100 – 899 – StH 533, UR 1999, 217
Hochschule, Forschung	–	BMF vom 12.01.1994, BStBl I 1994, 187
Körperschaftswaldung	+	BayStMdF, Erlass vom 27.11.1998, Az: 36 – S 7106 – 33/23–49527, StEd 1999, 107
Krankenhaus eines Landkreises	+	BFH vom 31.10.1984, Az: IV R 21/81, BStBl II 1985, 162

Stichwort	Betrieb gewerblicher Art	Fundstelle
Mehrzweckhalle einer Gemeinde, die unentgeltlich zur Nutzung überlassen wird	+	BFH vom 28.11.1991, Az: V R 95/86, BStBl II 1992, 569
Personalgestellung durch Landkreis an gemeinnützigen Verband	+	BFH vom 24.02.1994, Az: V R 25/92, UR 1995, 391
Sportstätte	+	OFD Münster vom 02.03.2007, Az: Nr. 2/2007, DB 2007, 604
Theater einer Gemeinde	+	BFH vom 14.11.1968, Az: V 217/64, BStBl II 1969, 274
Verpachtung	+	BMF vom 05.10.1990, Az: IV B 7 – S 2706 – 33/90, BStBl I 1990, 635

2.4.3 Betrieb in privatrechtlicher Form

140 Dient eine Tätigkeit der Erfüllung hoheitlicher Aufgaben und wird sie nicht von einer juristischen Person des öffentlichen Rechts, sondern von dritten Unternehmern (z. B. in Form der KG oder OHG ausgeübt, ist sie steuerbar (Abschn. 2.11 Abs. 20 UStAE), dann handelt sich um sog. **Eigenbetriebe**. Hier gilt § 2 Abs. 3 UStG nicht. Es sind regelmäßig selbständige Unternehmer (wenn die Voraussetzungen des § 2 Abs. 1 UStG vorliegen). Sie können allerdings im Rahmen einer Organschaft unselbständig sein, sollten sie als Organgesellschaft eines Organträgers fungieren, der eine juristische Person des öffentlichen Rechts ist (vgl. Rn. 50ff.), mit der Einschränkung, dass der finanziellen Eingliederung nicht entgegensteht, dass die Anteile an der juristischen Person nicht im Unternehmensbereich, sondern im nichtunternehmerischen Bereich der juristischen Person des öffentlichen Rechts verwaltet werden.

2.4.4 Sondertätigkeiten

141 Die in § 2 Abs. 3 S. 1 UStG – abschließend – aufgeführten Sondertätigkeiten erklären sich von selbst; hier wird eine unternehmerische Tätigkeit fingiert. Allerdings gelten hier die für die KSt maßgebenden Umsatzgrenzen (30.678 € bzw. 130.000 €) gem. § 2 Abs. 3 S. 2 UStG nicht.

2.5 Beginn und Ende der Unternehmereigenschaft

142 Beginn und Ende der Unternehmereigenschaft sind relevant dafür, ab wann bzw. bis wann die Leistungen der Umsatzbesteuerung unterliegen und der Unternehmer vorsteuerabzugsberechtigt ist.

2.5.1 Beginn der Unternehmereigenschaft

Die Unternehmereigenschaft beginnt mit dem ersten nach außen erkennbaren, auf eine Unternehmertätigkeit gerichteten Tätigwerden. Das ist bereits bei Vorbereitungshandlungen für die unternehmerische Tätigkeit der Fall (z. B. Einholung von Marktanalysen, Rentabilitätsuntersuchungen, Anmietung von Immobilien, Ausstattung von Produktionsbetrieben, Anschaffung des Fuhrparks, Wareneinkauf vor Betriebseröffnung etc.). Diese Tätigkeiten belegen zudem – nachweisbar – die ernsthafte Absicht, später Umsätze auszuführen. Voraussetzung für die Anerkennung als Vorbereitungshandlung in diesem Sinne ist nicht, dass später nachhaltig Leistungen gegen Entgelt ausgeführt werden, dass also ein Leistungsaustausch stattfindet. Demzufolge begründet bereits die ernsthafte Absicht, entgeltliche Leistungen auszuführen, die Unternehmereigenschaft. Die Ernsthaftigkeit der Absicht ist durch objektive Merkmale nachzuweisen oder glaubhaft zu machen. Zum Ganzen: vgl. Abschn. 2.6 UStAE. 143

Im Hinblick auf Vorbereitungshandlungen, die ja bereits die Unternehmereigenschaft begründen können, ist folgender Fall (BFH vom 15.03.1993, BStBl II 1993, 561) zumindest bemerkenswert: Ein selbständiger Ingenieur mit Fachhochschulabschluss will seine Kenntnisse vertiefen und absolviert erfolgreich ein Studium an der Hochschule. Er kann aus den Studienkosten Vorsteuer abziehen, wenn er seine Tätigkeit nach der Unterbrechung durch das Studium wieder aufnimmt. (Die Abgrenzung Ausbildungs- bzw. Fortbildungskosten ist umsatzsteuerlich irrelevant.) Der BFH lässt in einem obiter dictum erkennen, dass ein Student, der beabsichtigt, nach dem Studium selbständig zu werden, nicht vorsteuerabzugsberechtigt ist. 144

Gegenstände, die nach dem 31.03.1999 bezogen werden, gelten nach Verwaltungsauffassung nicht für das Unternehmen bezogen, wenn sie zu weniger als 10 % unternehmerisch genutzt werden – relevant z. B. für Freizeitgegenstände (§ 15 Abs. 1 S. 2 UStG; Abschn. 15.2 Abs. 17, 18, 21 UStAE). 145

In Zweifelsfällen, z.B bei Vorbereitungshandlungen, die ihrer Art nach typischerweise zur nichtunternehmerischen Verwendung bestimmt sind, ist bei der Prüfung der Unternehmereigenschaft ein besonderer Maßstab anzulegen (Abschn. 2.6 Abs. 3 S. 2 UStAE). Diese Fälle verfahrensrechtlich offen zu halten (z.B, durch § 164 AO), um später abschließend zu entscheiden, ist angesichts der EuGH-Urteile vom 08.06.1999, Rs. C-400/98, UR 2000, 329; vom 08.06.2000, Rs. C-396/98, UR 2000, 336) wenig hilfreich. Der EuGH sieht in einer Vorbehaltsfestsetzung einen Verstoß gegen die Rechtssicherheit und den Vertrauensschutz. Die Vorbehaltsfestsetzung nutzt nur insoweit, als sie vor Betrug und Missbrauch schützt, indem sie die entsprechenden Korrekturen vornehmen kann. In allen anderen Fällen versagt der EuGH trotz Vorbehaltsfestsetzung eine Korrektur des Vorsteuerabzugs. Der BFH hat auf diese Rechtsprechung reagiert und folgende Grundsätze aufgestellt (vgl. BFH vom 22.02.2001, Az: V R 77/96, UR 2001, 260; vom 08.03.2001, Az: V R 24/98, UR 2001, 214): 146

- Sobald der Anspruch auf abziehbare Steuer entsteht, entsteht auch das Recht zum Vorsteuerabzug.
- Als Unternehmer gilt, wer die durch objektive Anhaltspunkte belegte Absicht hat, eine wirtschaftliche Tätigkeit i. S. d. Art. 9 ff. MwStSystRL auszuüben und erste Investitionsaufwendungen dafür tätigt. Insoweit ist er vorsteuerabzugsberechtigt.
- Der Umfang des Vorsteuerabzugs wird wesentlich durch die tatsächliche bzw. beabsichtigte Verwendung der Gegenstände oder der sonstigen Leistung zur Ausführung besteuerter Umsätze bestimmt.
- Ob die Erklärung, zu besteuerten Umsätzen führende unternehmerische Tätigkeiten aufnehmen zu wollen, in gutem Glauben abgegeben worden ist und durch objektive Anhaltspunkte belegt wird, ist in jedem Einzelfall zu prüfen. Maßgebend ist der Zeitpunkt des jeweiligen Leistungsbezugs, der zum Vorsteuerabzug berechtigt.

- Das dadurch entstandene Vorsteuerabzugsrecht bleibt vorbehaltlich einer etwaigen Vorsteuerberichtigung erhalten. Das gilt auch, wenn der Unternehmer auf Grund einer nach dem Bezug der Gegenstände oder sonstigen Leistungen – aber vor Aufnahme der Umsatztätigkeit – eintretenden Gesetzesänderung nicht mehr zum Verzicht auf die Steuerbefreiung dieser Umsätze berechtigt ist, selbst wenn die Umsatzsteuerfestsetzung nur gem. § 164 AO unter dem Vorbehalt der Nachprüfung erfolgt ist.

147 Zum »**erfolglosen Unternehmer**« vgl. Rn. 39ff. Die Konsequenz aus der EuGH-Rechtsprechung zum erfolglosen Unternehmer ist, dass die Unternehmereigenschaft grundsätzlich nicht rückwirkend aberkannt werden kann, es sei denn, es liegt ein Fall von Betrug oder Missbrauch vor. In diesem Zusammenhang ist auf **Fehlinvestitionen** einzugehen. Nach der Rechtsprechung des EuGH (Urteil vom 15.01.1998, Rs. C-37/95, UVR 1998, 95 m. Anm. Wagner) bleibt der Vorsteuerabzug beim Erwerb eines Investitionsguts auch dann bestehen, wenn es später nicht für Umsätze genutzt wird bzw. es an Ausgangsumsätzen mangelt. Die Finanzverwaltung hat sich dieser Rechtsprechung angeschlossen (Abschn. 2.6 Abs. 6 UStAE).

148 Besteht ein Unternehmen und nimmt es eine neue Tätigkeit auf, gelten die o.a. vom BFH entwickelten Grundsätze entsprechend (Abschn. 2.6 Abs. 6 S. 5 UStAE).

149 Mit der Rechtsprechung von BFH und EuGH nicht vereinbar sind die Verfügungen der OFD Frankfurt vom 08.01.1997, Az: S 7104 A – 36n – St IV 10, UR 1997, 274 und vom 30.03.2005, Az: S 7104A – 47 – St I 1.10, UStB 2005, 262): Diese vertritt die Auffassung, dass eine ernsthaft beabsichtigte Umsatztätigkeit nur dann zur Bejahung der Unternehmereigenschaft führe, wenn die beabsichtigte Tätigkeit auf Dauer angelegt, d.h. nachhaltig sei. Das EuGH-Urteil vom 29.02.1996, Rs. C-110/94, BStBl II 1996, 655 sei nicht anwendbar auf Fälle, in denen der Unternehmer Vorsteuer aus Eingangsleistungen geltend macht, die er für – beabsichtigte – steuerpflichtige Ausgangsumsätze bezieht, es dann aber zu den Vorsteuerabzug ausschließenden steuerfreien Umsätzen komme. Die Leistungsbezüge seien daher dem Ausgangsumsatz zuzuordnen. Da dieser steuerfreie Umsätze betreffe, entfalle der Vorsteuerabzug rückwirkend gem. § 15 Abs. 2 UStG. BFH und EuGH stellen aber maßgebend auf die tatsächliche oder beabsichtigte Verwendung zur Ausführung bestimmter Umsätze in Zeitpunkt der Leistungsbezugs ab. Daher bleibt der Vorsteuerabzug in den relevanten Fällen – entgegen der Auffassung der OFD Frankfurt –zunächst erhalten, unterliegt jedoch den Regelungen des § 15a UStG

150 **Bei Personengesellschaften** begründet bereits der Abschluss des Gesellschaftsvertrags, also die Gründung, die Unternehmereigenschaft. Die damit verbundenen Vorsteuern können also geltend gemacht werden. Die der Gründung der Personenhandelsgesellschaft vorausgehende – zum Zweck der Gründung errichtete – BGB-Gesellschaft ist identisch mit der späteren Personenhandelsgesellschaft. Daher werden die von der BGB-Gesellschaft für das Unternehmen der späteren Handelsgesellschaft ausgeführten Leistungen der Personenhandelsgesellschaft zugerechnet.

151 **Bei der Gründung von Kapitalgesellschaften** sind drei Stufen zu unterscheiden:

152 Bis zum Abschluss des notariell beurkundeten Gesellschaftsvertrags besteht eine **Vorgründungsgesellschaft**, eine BGB-Gesellschaft, ggf. auch eine OHG. Als eigenständiges Rechtssubjekt ist sie weder mit der in der Zeit zwischen Abschluss des Gesellschaftsvertrags und der Eintragung der Kapitalgesellschaft in das Handelsregister entstehenden Vorgesellschaft identisch noch mit der danach entstehenden Kapitalgesellschaft. Daher ist sie auf ihre Unternehmereigenschaft hin gesondert zu prüfen. Diese wird bejaht, wenn die Vorgründungsgesellschaft selbst nachhaltig Umsätze ausführt. Dies kann z.B. durch Tätigwerden bereits in dieser Phase bzw. in der Fortführung eines bestehenden Unternehmens eines Gründers geschehen. Führt sie hingegen die Umsätze nicht nachhaltig aus (z.B. die Übertragung von Einrichtungsgegenständen auf die Gesellschaft), beginnt die Unternehmereigenschaft mit dem ersten nach außen erkennbaren und auf eine Unternehmertätigkeit gerichteten Tätigwerden – vorausgesetzt, anhand objektiver Merkmale

kann die ernsthafte Absicht nachgewiesen werden, später nachhaltige Umsätze ausführen zu wollen.

Allerdings stellt die OFD Frankfurt hinsichtlich der Begründung der Unternehmereigenschaft bei Kapitalgesellschaften nicht auf den zivilrechtlichen Entstehungszeitpunkt der Gesellschaft ab, sondern allein auf die Erfüllung der Voraussetzungen des § 2 UStG ab (OFD Frankfurt vom 30.03.2005, Az: S 7104A - 47 - St 1.10, UStB 2005, 262). D. h. sobald die Untergründungsgesellschaft selbst nachhaltige Leistungen gegen Entgelt ausführt, bejaht die OFD die Unternehmereigenschaft. Dies ist mit der Auffassung von BFH und EuGH kaum vereinbar. Der BFH hatte die Frage der Vorsteuerabzugsberechtigung seitens der Vorgründungsgesellschaft vorgelegt (BFH vom 23.01.2002, Az: V R 84/99, UR 2002, 265). Der EuGH hat mit Urteil vom 29.04.2004 (Rs. C-137/02, UR 2004, 362) entschieden, dass eine Vorgründungsgesellschaft zum Vorsteuerabzug berechtigt ist, wenn entsprechend ihrem Gesellschaftszweck ihr einziger Ausgangsumsatz die entgeltliche Übertragung des bezogenen Leistungen auf die Kapitalgesellschaft ist und die Übertragung des Gesamtvermögens so im Mitgliedstaat behandelt wird, als ob keine Lieferung oder Dienstleistung vorliegt (vgl. auch Alvermann, UStB 2005, 28, 31). Infolge der EuGH-Rechtsprechung hat der BFH mittlerweile entsprechend geurteilt und den Vorsteuerabzug für die Vorgründungsgesellschaft bejaht (BFH vom 15.07.2004, Az: V R 84/99, UStB 2004, 404). 153

Beispiel zur Vorgründungsgesellschaft:
A und B bilden eine Vorgründungsgesellschaft für die X-GmbH. Zur Vorbereitung hat die Vorgründungsgesellschaft bereits Geschäftskontakte zu Geschäftspartnern entwickelt und erste Waren bezogen. Überträgt sie diese Eingangsumsätze auf die Vorgesellschaft, führt dieser (Hilfs-)Umsatz zu Berechtigung der Vorgründungsgesellschaft zum Vorsteuerabzug, wenn die Waren für die spätere Vor- bzw. Kapitalgesellschaft verwendet wird; eine nach Bezug der Eingangsumsätze durch Gesetzesänderung eintretende Steuerbefreiung dieser Umsätze schließt den Vorsteuerabzug allerdings aus; ggf. wird eine Vorsteuerberichtigung vorgenommen (Hessisches FG vom 18.10.1999, Az: 6 K 2426/98, StEd 1999, 753; BFH-Az: V R 84/99). Ggf. ist die Rechtsprechung zum erfolgslosen Unternehmer einschlägig (vgl. Rn. 39ff.).

Die **Vorgesellschaft**, die nach Abschluss des notariellen Gesellschaftsvertrags entsteht und bis zur Eintragung der Kapitalgesellschaft im Handelsregister besteht, ist mit dieser identisch. 154

- Die Kapitalgesellschaft kann daher die in dieser Phase entstandenen Vorsteuern aus Leistungsbezügen der Vorgesellschaft in Ansatz bringen.
- Kommt es allerdings doch **nicht zur Entstehung der Kapitalgesellschaft**, sind Vorgründungsgesellschaft und Vorgesellschaft als identisch anzusehen. Dann gelten die zur Personengesellschaft dargelegten Ausführungen entsprechend.
- Anders als bei der Gründung steht bei einer **Kapitalerhöhung** der Kapitalgesellschaft der eigentliche Gründungsvorgang zurück; vorrangig ist dabei die Ausgabe von Gesellschaftsanteilen. Dieser Vorgang ist gem. § 4 Nr. 8 UStG steuerfrei. Daher ist insoweit kein Vorsteuerabzug möglich (OFD Frankfurt a.M. vom 30.03.2005, Az: S 7104 A - 47 - A - St I 1.10, UStB 2005, 262).
- Zu unterschiedlichen Ergebnissen kommt es bei der **Umwandlung** eines Einzelunternehmens oder einer Personengesellschaft in eine GmbH: Ertragsteuerlich besteht die Möglichkeit der rückwirkenden Berücksichtigung des Umwandlungsvorgangs, da die Umwandlung erst mit Eintragung der Kapitalgesellschaft in das Handelsregister wirksam wird (§§ 56a ff. UmwG i.V.m. § 20 Abs. 7 UmwStG). Umsatzsteuerlich ist diese rückwirkende Berücksichtigung nicht zulässig, denn der Beginn der Unternehmereigenschaft ist nicht von dem zivilrechtlichen Zeitpunkt der Entstehung der Kapitalgesellschaft abhängig, sondern davon, ab wann das Unternehmen nach außen als GmbH auftritt. Das ist regelmäßig nach Abschluss des Gesellschaftsvertrags der Fall.

155 Dass die **Kapitalgesellschaft**, die durch die Eintragung in das Handelsregister entsteht, Unternehmerin ist, bedarf keiner näheren Erläuterung.

2.5.2 Ende der Unternehmereigenschaft

156 Die Unternehmereigenschaft erlischt, wenn der Unternehmer alle Rechtsbeziehungen abgewickelt hat, die mit dem Betrieb zusammenhängen. Nicht entscheidend ist dabei der Zeitpunkt, zu dem der Gewerbebetrieb eingestellt bzw. abgemeldet wird. Vielmehr gehört die gesamte Abwicklung der Gesellschaft ebenso noch zur unternehmerischen Tätigkeit wie die spätere Veräußerung von Gegenständen und die nachträgliche Vereinnahmung von Entgelten. So kann eine GmbH, die wegen Vermögenslosigkeit im Handelsregister gelöscht wurde, steuerbare Umsätze aus der Lieferung von Sicherungsgut an Sicherungsnehmer im Rahmen der Verwertung ausführen. Sie kann insofern auch noch Rechnungen mit Steuerausweis erstellen und für Eingangsleistungen Vorsteuer abziehen.

157 Hat der Unternehmer die Absicht, das Unternehmen **vorübergehend ruhen** zu lassen, liegt keine Einstellung der gewerblichen oder beruflichen Tätigkeit vor. Denn für die Unternehmereigenschaft ist nicht Voraussetzung, dass laufend Umsätze bewirkt werden (BFH vom 15.03.1993, Az: V R 18/89, BStBl II 1993, 561). Mit dieser Linie kaum vereinbar ist die Auffassung der OFD Frankfurt, die ein Ende der Unternehmereigenschaft bejaht, sobald der Unternehmer keine nachhaltigen Umsätze mehr ausführt (OFD Frankfurt vom 30.03.2005, Az: S 7104 A – 47 – St – I 1.10, UStB 2005, 262).

2.6 Keine Vererblichkeit der Unternehmereigenschaft

158 Die Unternehmereigenschaft ist **nicht vererblich**. Nur wenn der Erbe selbst die Voraussetzungen für die Unternehmereigenschaft in seiner Person erfüllt, wird er zum Unternehmer (BFH vom 19.11.1970, Az: V R 14/76, BStBl II 1971, 121).

Beispiel 1:
Ein freiberuflich tätiger Physiotherapeut verstirbt. Erbe ist sein Sohn S.

Lösung:
Nur wenn S selbst die Voraussetzungen für die Tätigkeit als Physiotherapeut erfüllt, erbt er die Freiberuflerpraxis und wird dadurch Unternehmer. Ist er hingegen fachlich dazu nicht qualifiziert, begründet die Fortführung der Praxis eine gewerbliche Tätigkeit, die nicht nach § 4 Nr. 14 UStG steuerfrei ist, wohl aber ggf. nach § 4 Nr. 16 UStG.

Beispiel 2:
X ist zum Testamentsvollstrecker bestellt und führt das zum Nachlass des E gehörende Unternehmen für den Erben S fort.

Lösung:
In diesem Fall ist nicht X, sondern S Unternehmer, da er Inhaber des Unternehmens ist. Anders ist die Rechtslage, wenn X das Handelsgeschäft als Treuhänder des S im eigenen Namen fortführt. Dann ist X Unternehmer (Abschn. 19 Abs. 5 S. 2 UStR 2008).

159 Ob es richtig ist, dass die Finanzverwaltung eine nachhaltige Tätigkeit des Erben verneint, wenn sich dessen Tätigkeit auf die Veräußerung von Unternehmensgegenständen aus dem Nachlass beschränkt, ist nicht unumstritten. Es lässt sich wohl begründen, dass der Erbe bis zur voll-

ständigen Abwicklung des zum Nachlass gehörenden Unternehmensvermögens als Unternehmer auftritt (Bolk, BuW 1997, 736).

Eine **Vorsteuerkorrektur** gem. § 15a UStG kann beim Erben grundsätzlich nicht durchgeführt werden, da er die Unternehmereigenschaft nicht erbt, es sei denn, er begründet die Unternehmereigenschaft selbst (Abschn. 15a.10. UStAE)). 160

Vgl. das nachfolgend besprochene Revisionsverfahren (vgl. Rn. 158ff.).

2.7 BFH (Revisionsverfahren): Veräußerung ererbter Unternehmensgüter durch selbst nicht unternehmerisch tätige Erben

Dem Urteil des FG Rheinland-Pfalz 11.01.2007, Az: 6 K 1423/05, EFG 2007, 965 lag folgender Sachverhalt zur Beurteilung vor: 161

Sachverhalt:
Eine Erbengemeinschaft (nachfolgend kurz: ErbGem) veräußert ohne Ausweis von Umsatzsteuer einen Pkw, den Erblasser E im Unternehmensvermögen hatte. Aus den Anschaffungskosten und den laufenden Kosten hat E bis zu seinem Tode die Vorsteuern gezogen.
Das Finanzamt änderte die Umsatzsteuerfestsetzung des Streitjahres, die bisher nur die von E bis zum Todeszeitpunkt getätigten Umsätze erfasste, dahingehend, dass der Verkauf des Pkw einen Eigenverbrauch (Streitjahr 1998, jetzt unentgeltliche Wertabgabe, § 3 Abs. 1b UStG) darstellt und damit die Umsatzsteuer erhöht.
Der an die Erbengemeinschaft gerichtete Änderungsbescheid beinhaltet damit sowohl die Umsatzsteuer für Leistungen des E bis zu seinem Tode als auch die Umsatzsteuer für die Veräußerung des Pkw durch die Erbengemeinschaft.

Das FG Rheinland-Pfalz hat darauf erkannt, dass eine Erbengemeinschaft auch **ohne eigene unternehmerische Tätigkeit** Schuldner der Umsatzsteuer für einen **von ihr** an einen Dritten veräußerten Unternehmensgegenstand des Erblassers ist, weil die Veräußerung eines vorsteuerentlasteten Gegenstands **systemgerecht der Umsatzsteuer zu unterwerfen** ist (FG Rheinland-Pfalz vom 11.01.2007, Az: 6 K 1423/05, EFG 2007, 965). Der BFH hat die Revision der Erbengemeinschaft zurückgewiesen und das FG im Ergebnis bestätigt (BFH vom 13.10.2010, Az: V R 24/07, BStBl II 2011, 241). 162

2.7.1 Erbengemeinschaft wurde nicht selbst zum Unternehmer

Die Unternehmereigenschaft ist im Umsatzsteuerrecht an die Person des Unternehmers geknüpft und endet daher mit seinem Tod. Sie kann nicht im Erbgang durch Gesamtrechtsnachfolge auf den Erben übergehen; auch § 45 AO führt insoweit zu keinem anderen Ergebnis (BFH vom 24.11.1992, Az: V R 8/89, BStBl II 1993, 379; BFH vom 19.11.1970, Az: V R 14/67, BStBl II 1971, 121). Letzterer wird damit nur dann zum Unternehmer i.S.d. § 2 Abs. 1 UStG, wenn er **in eigener Person** selbständig, nachhaltig und mit Einnahmeerzielungsabsicht – z.B. durch Fortführung des Unternehmens des Erblassers – tätig wird. Nach diesen Grundsätzen ist im Urteilsfall die Erbengemeinschaft nicht zum Unternehmer geworden; insbesondere fehlt es bei der bloßen Veräußerung einzelner Unternehmensgegenstände – hier des Pkw – an einer Nachhaltigkeit. 163

2.7.2 Keine Vorsteuerkorrektur nach § 15 a Abs. 8 UStG

164 Der Übergang des Vermögens vom Erblasser auf die Erben ist mangels Leistungsaustauschs nicht umsatzsteuerbar (§ 1 Abs. 1 Nr. 1 UStG). Der Vermögensübergang beruht auf einem erbrechtlichen Vorgang, der in die private und damit die außerunternehmerische Sphäre fällt. Die Erben wenden keine Gegenleistung auf, sondern erwerben kraft Gesetzes. Damit liegen die Voraussetzungen für eine Berichtigung des Vorsteuerabzugs nach § 15 a Abs. 8 UStG nicht vor. Zwar sind bei einer Gesamtrechtsnachfolge die Verhältnisse beim Rechtsvorgänger auch für den Rechtsnachfolger uneingeschränkt maßgebend (vgl. Abschn. 15a.2 S. 5 UStAE). Letzteres führt aber – unter den weiteren Voraussetzungen des § 15 a UStG – nur dann beim Rechtsnachfolger zu einer Vorsteuerkorrektur, wenn **dieser selbst** zum Unternehmer wird. Im Urteilsfall hat die Erbengemeinschaft die Unternehmereigenschaft weder geerbt noch selbst begründet (s. o.); damit kommt eine Vorsteuerberichtigung nicht in Betracht.

2.7.3 Veräußerung eines vorsteuerentlasteten Wirtschaftsguts als ein der Erbengemeinschaft zuzurechnender Umsatz

165 Nach § 3 Abs. 1b S. 1 Nr. 1 UStG wird die Entnahme eines Gegenstands durch einen Unternehmer aus seinem Unternehmen für Zwecke, die außerhalb des Unternehmens liegen, einer Lieferung gegen Entgelt gleichgestellt. (Hinweis: Für das Streitjahr 1998 galt im Urteilsfall freilich noch der – insoweit identische – § 1 Abs. 1 Nr. 2 S. 2 Buchst. a UStG.) Einen Entnahmetatbestand kann der Erblasser nach dem Tode nicht mehr verwirklichen; eine willentliche Entnahmehandlung ist nicht mehr möglich. Deshalb ist zu prüfen, ob die Erben den Entnahmetatbestand erfüllen können.

166 Nach Art. 16 S. 1 MwStSystRL ist es nicht zulässig, dass ein Stpfl., der beim Kauf eines seinem Unternehmen zugeordneten Gegenstandes die Umsatzsteuer abziehen konnte, der Zahlung der Umsatzsteuer dadurch entgeht, dass er den Gegenstand aus seinem Unternehmen für seinen privaten Bedarf entnimmt; ein Unternehmer würde so einen **ungerechtfertigten Vorteil gegenüber einem gewöhnlichen Verbraucher** erhalten. Gleiches gilt nach dem Besprechungsurteil auch für einen Erben, der eben diesen ungerechtfertigten Vorteil durch den Erbfall erlangen würde. Der Erbe muss sich daher bei der Verwertung des Nachlassgegenstandes **wie ein Unternehmer behandeln** lassen. Der Erbe verwirklicht mit dem Ende der Unternehmensbindung den Entnahmetatbestand, wenn er das Unternehmen des Erblassers nicht fortführt und den Nachlassgegenstand für private Zwecke verwendet. Umgekehrt verbietet es sich, zeitgleich mit dem Erbfall eine die Umsatzsteuer auslösende Entnahme aller Unternehmensgegenstände anzunehmen, weil dem Erben erst die Gelegenheit gegeben werden muss, sich zu entscheiden, ob er das Unternehmen des Erblassers fortführen wird oder nicht. Auch wenn der Erbe nicht allein aufgrund der Erbfolge zum Unternehmer wird, gehen nach Auffassung des FG Rheinland-Pfalz die **Rechte und Pflichten aus den bestehenden umsatzsteuerlichen Rechtsverhältnissen auf den Erben über**. Im Urteilsfall hat die Erbengemeinschaft mit dem Verkauf des Pkw damit nicht selbst als Unternehmer gehandelt. Die umsatzsteuerliche »Verhaftung« des Pkw führt aber zur Verpflichtung der Erbengemeinschaft, den Pkw entweder weiter zu unternehmerischen Zwecken zu nutzen oder eine entsprechende Entnahmeversteuerung vorzunehmen.

167 Strittig ist, ob einer Entnahmebesteuerung entgegensteht, dass **Art. 18 Buchst. c MwStSystRL** vom deutschen Gesetzgeber **nicht ausdrücklich in das UStG transformiert** wurde. Nach Auffassung des FG Rheinland-Pfalz ist der Richtlinienbestimmung lediglich eine klarstellende (deklaratorische) Bedeutung beizumessen. Die Mitgliedstaaten **können** einer Lieferung gegen Entgelt den Besitz von Gegenständen durch einen Steuerpflichtigen oder seine Rechtsnachfolger bei Aufgabe seiner der Steuer unterliegenden wirtschaftlichen Tätigkeit gleichstellen, wenn diese

Gegenstände bei ihrer Anschaffung oder bei ihrer Verwendung zum vollen oder teilweisen Vorsteuerabzug berechtigt haben. Diese Bestimmung stütze lediglich die Auffassung von Stadie (Umsatzsteuerrecht, Rz. 5157), dass durch den bloßen Besitz von Wirtschaftsgütern, die beim Erblasser von der Vorsteuer entlastet wurden, der Entnahmetatbestand noch nicht verwirklicht worden ist. Letzteres erfolgt erst durch eine Verwendung für unternehmensfremde Zwecke – im Urteilsfall die Veräußerung des Pkw. Nach Klenk (in S/R, § 1 Rz. 480) dagegen behält der Erbe den Vorsteuerabzug, da Art. 18 Buchst. c MwStSystRL gerade keine nur deklaratorische Bedeutung beizumessen sei und der deutsche Gesetzgeber von der Möglichkeit, derartige Vorgänge zu besteuern, keinen Gebrauch gemacht hat.

2.7.4 Beratungskonsequenzen

2.7.4.1 Unternehmereigenschaft von Erben(-gemeinschaften)

Wenn das Besprechungsurteil die Frage der Unternehmereigenschaft prüft, ist das dahingehend zu verstehen, dass die Erben(gemeinschaft) mit den ererbten Wirtschaftsgütern unternehmerisch tätig werden muss. Eine anderweitige unternehmerische Betätigung reicht zur Bejahung der Unternehmereigenschaft insoweit nicht. 168

2.7.4.2 Verfahrensrechtliches

Bei der Gesamtrechtsnachfolge gehen gem. § 45 Abs. 1 S. 1 AO die Forderungen und Schulden aus dem Steuerschuldverhältnis auf den Rechtsnachfolger über. Deshalb schuldet im Urteilsfall die Erbengemeinschaft als Rechtsnachfolgerin des Erblassers die Umsatzsteuer für die durch Letzteren bis zu seinem Tode getätigten Umsätze. Besteuerungszeitraum ist nach § 16 Abs. 1 S. 2 UStG das Kj. Es ist daher **unerheblich, aus welchem Rechtsgrund** (Rechtsnachfolge in die unternehmerischen Pflichten des Erblassers oder Verwirklichung des Entnahmetatbestandes infolge der beim Erblasser erfolgten Vorsteuerentlastung eines Pkw) die Umsatzsteuer geschuldet wird. Es kommt lediglich darauf an, dass sowohl die Gesamtrechtsnachfolge als auch die Veräußerung des Pkw im gleichen Kalenderjahr erfolgt sind. Daher durfte ein Änderungsbescheid gegen die Erbengemeinschaft ergehen, der die Umsätze zusammenfasst. 169

2.8 Geschäftsführungs- und Vertretungsleistungen eines Gesellschafters

2.8.1 Leistungsaustaustausch zwischen Gesellschaft und Gesellschafter

Leistungen eines Gesellschafters an die Gesellschaft können ihren Grund entweder im **gesellschaftsrechtlichen Beitragsverhältnis** oder in einem **gesonderten schuldrechtlichen Austauschverhältnis** haben. Nach ständiger Rechtsprechung des BFH richtet sich die umsatzsteuerrechtliche Behandlung von Leistungen der Gesellschafter an die Gesellschaft danach, 170

- ob es sich um Leistungen handelt, die **als Gesellschafterbeitrag durch die Beteiligung am Gewinn und Verlust der Gesellschaft abgegolten** werden, oder
- um Leistungen, die **gegen (Sonder-)Entgelt ausgeführt** werden und damit auf einen Leistungsaustausch gerichtet sind.

171 Steuerbare entgeltliche Leistungen i. S. d. § 1 Abs. 1 Nr. 1 UStG sind damit gegeben, wenn sie auf **konkreten Leistungsbeziehungen** eines Gesellschafters zur Gesellschaft beruhen und auf den Austausch der Leistungen des Gesellschafters gegen Entgelt gerichtet sind (BFH vom 10.05.1990, Az: V R 47/86, BStBl II 1990, 757; vom 05.05.1994, Az: V R 76/92, BFH/NV 1995, 356; vom 24.08.1994, Az: XI R 74/93, BStBl II 1995, 150; vom 08.11.1995, Az: V R 8/94, BStBl II 1996, 176, unter II. 1., m. w. N.). Diese Unterscheidung entspricht der Rechtsprechung des EuGH (EuGH vom 27.01.2000, Rs. C-23/98, Heerma, UR 2000, 121, Rz. 13). Die Finanzverwaltung hat diese Rechtsprechung in Abschn. 1.6. UStAE übernommen.

2.8.2 Prüfungsschema »Gesellschafter-Geschäftsführer-Leistungen«

172 Die Finanzverwaltung geht – im Einklang mit der neuen Rechtsprechung – nunmehr von folgender Prüfungsreihenfolge aus:

1. **Unternehmereigenschaft:** Ist der Gesellschafter selbst unternehmerisch tätig? Erfüllt er in seiner Personen die Voraussetzungen des § 2 UStG, d. h. erbringt er die Gesellschafter-Geschäftsführer-Leistungen insbesondere selbständig? **Wenn ja:**
2. **Leistungsaustausch:** Erbringt der Gesellschafter die Leistungen auch i. S. d. § 1 Abs. 1 S. 1 UStG im Leistungsaustausch gegen Entgelt?

2.8.3 Selbständigkeit natürlicher Personen als Gesellschafter-Geschäftsführer

173 Natürliche Personen, die als Gesellschafter Geschäftsführungs- und Vertretungsleistungen ausführen, werden unter den Voraussetzungen des § 2 Abs. 1 UStG selbständig tätig (BMF vom 31.05.2007, BStBl I 2007, 503, Rz. 2).

174 Die Frage der Selbständigkeit natürlicher Personen ist für die **Umsatzsteuer, Einkommensteuer und Gewerbesteuer nach denselben Grundsätzen** zu beurteilen (Abschn. 2.2 Abs. 2 S. 1 UStAE); dabei ist das **Gesamtbild der Verhältnisse** maßgebend (Abschn. 2.2 Abs. 1 S. 5 UStAE).

Beispiel 1:
Dem Komplementär einer aus natürlichen Personen bestehenden Kommanditgesellschaft (KG) obliegt die Führung der Geschäfte und die Vertretung der KG; diese Tätigkeit wird mit seinem nach der Anzahl der Gesellschafter und deren Kapitaleinsatz bemessenen Anteil am Ergebnis (Gewinn und Verlust) der KG abgegolten.

Lösung:
Der Komplementär ist selbständig tätig. Auch ein gesellschaftsvertraglich vereinbartes Weisungsrecht der KG gegenüber ihrem Gesellschafter führt nicht zu einer Weisungsgebundenheit i. S. d. § 2 Abs. 2 Nr. 1 UStG.

175 Auch Geschäftsführungsleistungen eines **GmbH-Geschäftsführers** können in diesem Sinne selbständig sein; die Organstellung des GmbH-Geschäftsführers steht dem nicht entgegen (Abschn. 2.2 Abs. 2 S. 4 und 5 UStAE; so bereits BMF vom 21.09.2005, Az: IV A 5 – S 7104 – 19/05, BStBl I 2005, 936).

176 Für die Beurteilung, ob die Tätigkeit nichtselbständig i. S. d. § 2 Abs. 2 Nr. 1 UStG ausgeübt wird, können die **in H 19.0 [Allgemeines] LStH 2012 genannten Kriterien sinngemäß** herangezogen werden (BMF vom 31.05.2007, BStBl I 2007, 503, Rz. 3). H 19.0 LStH 2012 nennt u. a. folgende Kriterien: persönliche Abhängigkeit, feste Arbeitszeiten, Ortsgebundenheit, feste Bezüge, Urlaubs-

anspruch, Fortzahlung im Krankheitsfall, Eingliederung in den Betrieb, Schulden der Arbeitskraft und nicht des Arbeitserfolges.

Beispiel 2:
Der Aktionär einer Aktiengesellschaft (AG) erhält von dieser eine Tätigkeitsvergütung für seine Geschäftsführungsleistung gegenüber der AG. Zwischen den Parteien ist ein Arbeitsvertrag geschlossen, der u. a. Urlaubsanspruch, feste Arbeitszeiten, Lohnfortzahlung im Krankheitsfall und Weisungsgebundenheit regelt und bei Anwendung der für das Ertrag- und Umsatzsteuerrecht einheitlichen Abgrenzungskriterien zu Einkünften aus nichtselbständiger Arbeit führt.

Lösung:
Der Aktionär ist auch umsatzsteuerrechtlich nicht selbständig (§ 2 Abs. 2 Nr. 1 UStG) tätig.

Die nach denselben Grundsätzen zu beurteilende Frage der Selbständigkeit oder Nichtselbständigkeit natürlicher Personen führt bei zutreffender rechtlicher Würdigung regelmäßig ertragsteuerrechtlich und umsatzsteuerrechtlich zu gleichen Ergebnissen. Dies gilt jedoch **nicht, wenn** Vergütungen für die Ausübung einer bei Anwendung dieser Grundsätze nichtselbständig ausgeübten Tätigkeit in ertragsteuerlicher Hinsicht **aufgrund der Sonderregelung des § 15 Abs. 1 S. 1 Nr. 2 EStG zu Gewinneinkünften umqualifiziert** werden. Diese Regelung dient lediglich der möglichst einheitlichen Ertragsbesteuerung von Einzel- und Mitunternehmern und beinhaltet keine Aussage zur Selbständigkeit i. S. v. § 2 Abs. 1 UStG (Abschn. 2.2 Abs. 2 S. 2 UStAE; BMF vom 31.05.2007, BStBl I 2007, 503, Rz. 4). 177

Beispiel 3:
Der Kommanditist einer KG erhält von dieser eine Tätigkeitsvergütung für seine Geschäftsführungsleistung gegenüber der KG. Zwischen den Parteien ist ein Arbeitsvertrag geschlossen, der u. a. Urlaubsanspruch, feste Arbeitszeiten, Lohnfortzahlung im Krankheitsfall und Weisungsgebundenheit regelt und bei Anwendung der für das Ertrag- und Umsatzsteuerrecht einheitlichen Abgrenzungskriterien zu Einkünften aus nichtselbständiger Arbeit führen würde.

Lösung:
Einkommensteuerrechtlich erzielt der Kommanditist aus der Tätigkeit Einkünfte aus Gewerbebetrieb nach § 15 Abs. 1 S. 1 Nr. 2 EStG.
Umsatzsteuerrechtlich ist er dagegen nicht selbständig tätig.

Beispiel 4:
Ein bei der Komplementär-GmbH einer GmbH & Co. KG angestellter Geschäftsführer, der gleichzeitig Kommanditist der KG ist, erbringt Geschäftsführungs- und Vertretungsleistungen gegenüber der GmbH.

Lösung:
Aus ertragsteuerrechtlicher Sicht wird unterstellt, dass die Tätigkeit selbständig ausgeübt wird; die Vergütung für die Geschäftsführungs- und Vertretungsleistung gegenüber der Komplementär-GmbH gehört zu den Einkünften als (selbständiger) Mitunternehmer der KG und wird zu gewerblichen Einkünften i. S. d. § 15 Abs. 1 S. 1 Nr. 2 EStG umqualifiziert.
In umsatzsteuerrechtlicher Hinsicht ist die Frage der Selbständigkeit jedoch weiterhin unter Anwendung der allgemeinen Grundsätze zu beurteilen (vgl. Beispiel 1 und 3).

HINWEIS
Problematisch dabei ist, dass das BMF in bisherigen Verlautbarungen davon ausgegangen war, die umsatzsteuerliche Beurteilung folge in diesen Fällen stets der einkommensteuerlichen Beurteilung. Die weisungsgebundene Tätigkeit eines Gesellschafters wäre demnach als eine selbständige Leistung anzusehen gewesen. Da das neue BMF-Schreiben im Hinblick auf die Selbständigkeit nun aber bereits rückwirkend ab dem 01.04.2004 gelten soll, müssen Rechnungen, die seitdem (fälschlicherweise) mit Umsatzsteuer ausgestellt wurden, berichtigt werden. Auf evtl. anfallende Zinsbelastungen gem. § 233 a AO für vormals ausbezahlte Vorsteuern sollten die Finanzbehörden m. E. in derartigen Fällen im Wege des Erlasses verzichten (so auch Matheis, UVR 2008, 44 (47), Abschn. 2.b.).

2.8.4 Selbständigkeit juristischer Personen als Gesellschafter-Geschäftsführer

178 Juristische Personen, die als Gesellschafter Geschäftsführungs- und Vertretungsleistungen an die Gesellschaft erbringen, werden insoweit **grundsätzlich selbständig** tätig. Das Weisungsrecht der Gesellschafterversammlung gegenüber der juristischen Person als Geschäftsführer führt nicht zur Unselbständigkeit (BMF vom 31.05.2007, BStBl I 2007, 503, Rz. 5; Abschn. 2.2 Abs. 6 UStAE).

Beispiel 5:
Die Komplementär-GmbH einer GmbH & Co. KG erbringt Geschäftsführungs- und Vertretungsleistungen gegen Sonderentgelt an die KG. Der Kommanditist dieser KG ist gleichzeitig Geschäftsführer der Komplementär-GmbH.

Lösung:
Die Komplementär-GmbH ist mit ihren Geschäftsführungs- und Vertretungsleistungen selbständig tätig. Diese werden von der Komplementär-GmbH an die KG im Rahmen eines umsatzsteuerbaren Leistungsaustausches erbracht, auch wenn z. B. die Vergütung unmittelbar an den Geschäftsführer der Komplementär-GmbH gezahlt wird.

179 Die Tätigkeit einer juristischen Person wird **nur dann nicht selbständig** ausgeübt, wenn die juristische Person im Rahmen einer **Organschaft** nach § 2 Abs. 2 Nr. 2 UStG in ein anderes Unternehmen eingegliedert ist. Zur Frage der organschaftlichen Eingliederung einer Kapitalgesellschaft gelten die üblichen Grundsätze des Abschn. 2.8 UStAE; BMF vom 31.05.2007, BStBl I 2007, 503, Rz. 6; zur Organschaft vgl. Rn. 51 ff.

180 Bei der sog. **Einheits-GmbH & Co. KG,** bei der die KG Alleingesellschafterin ihrer eigenen Komplementär-GmbH ist, kann die GmbH als Organgesellschaft in die KG eingegliedert sein, da die KG aufgrund ihrer Gesellschafterstellung sicherstellen kann, dass ihr Wille auch in der GmbH durchgesetzt wird. Dies wird auch nicht dadurch überlagert, dass die GmbH ihrerseits Geschäftsführerin der KG ist und dadurch auf die Willensbildung des Organträgers einwirkt.

Beispiel 6:
Die Komplementär-GmbH einer GmbH & Co. KG erbringt Geschäftsführungs- und Vertretungsleistungen gegen Sonderentgelt an die KG, die gleichzeitig Alleingesellschafterin ihrer Komplementär-GmbH ist, wodurch die Mehrheit der Stimmrechte in der Gesellschafterversammlung der Komplementär-GmbH gewährleistet ist.

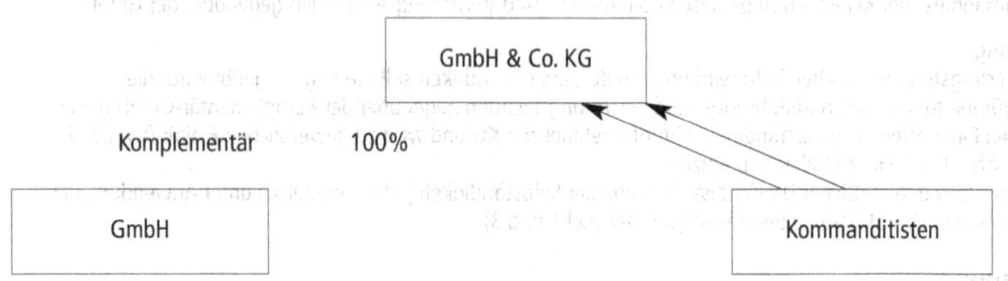

Lösung:
Die Komplementär-GmbH ist finanziell in das Unternehmen der KG eingegliedert. Bei Vorliegen der übrigen Eingliederungsvoraussetzungen übt sie ihre Geschäftsführungs- und Vertretungsleistungen gegenüber der KG nicht selbständig (§ 2 Abs. 2 Nr. 2 UStG) aus.

2.8.5 Leistungsaustausch bei Leistungen eines Gesellschafters an die Gesellschaft – Grundsatzfragen

2.8.5.1 Abgrenzungskriterien bisher/jetzt

Bezüglich der Frage, wann bei Leistungen eines Gesellschafters an die Gesellschaft ein Leistungsaustausch vorliegt, korrigiert das BMF mit Schreiben vom 31.05.2007 (BStBl I 2007, 503) seine bisherige Sichtweise. Erhielt der Gesellschafter bislang für seine Tätigkeit eine Vergütung, die im Rahmen der Gewinnermittlung in der **Handelsbilanz als Aufwand** behandelt wurde, so war das BMF stets davon ausgegangen, dass ein steuerbares Sonderentgelt vorliege. Handelte es sich bei der Vergütung dagegen nicht um handelsbilanziellen Aufwand, so ging man von einem nicht steuerbaren Gesellschafterbeitrag aus (BMF vom 23.12.2003, Az: IV B 7 – S 7100 – 246/03, BStBl I 2004, 240). 181

In der Praxis traten Gestaltungen auf, die zeigten, dass diese Abgrenzung vielfach zu Ergebnissen führte, die der aktuellen BFH-Rechtsprechung widersprachen (Sobotta, UVR 2007, 237, Abschn. I.). Das Abstellen auf die Handelsbilanz ließ nämlich die Abgrenzung bei **Sachverhalten ungeklärt, bei denen lediglich eine Steuerbilanz aufgestellt oder der Gewinn mittels Einnahme-Überschuss-Rechnung ermittelt** wurde (Nieskoven, GStB 2007, 402, Abschn. 1.2). Auch diese Fälle werden nunmehr erfasst, wenn das BMF darauf abstellt, dass die Vergütungen »... im Rahmen der Ergebnisverwendung als Aufwand behandelt...« werden (BMF vom 31.05.2007, BStBl I 2007, 503, Rz. 9; nunmehr Abschn. 1.6 Abs. 4 S. 3–5 UStAE). 182

Das BMF führt zu Recht aus, dass entscheidend für das Vorliegen eines Leistungsaustausches das Vorliegen einer Leistung sowie einer damit korrespondierenden Gegenleistung ist. Bei den Leistungen eines Gesellschafters an die Gesellschaft gilt es nunmehr zu unterscheiden (Abschn. 1.6 Abs. 3 UStAE; BMF vom 31.05.2007, BStBl I 2007, 503, Rz. 7): denkbar sind Leistungen, die ihren Grund in einem 183

- **gesellschaftsrechtlichen Beitragsverhältnis** haben – ein derartiger Gesellschafterbeitrag wird durch die **Beteiligung am Ergebnis** (Gewinn und Verlust) der Gesellschaft abgegolten; er ist mithin auf eine **Leistungsvereinigung** gerichtet;
- **gesonderten schuldrechtlichen Austauschverhältnis** beruhen – derartige Leistungen werden als **Sonderleistungen gegen Sonderentgelt** ausgeführt und sind damit auf einen **Leistungsaustausch** gerichtet.

Entscheidend ist die tatsächliche Ausführung des Leistungsaustausches und nicht allein die gesellschaftsrechtliche Verpflichtung. Umsatzsteuerrechtlich maßgebend für das Vorliegen eines Leistungsaustausches ist, dass ein Leistender und ein Leistungsempfänger vorhanden sind und der Leistung eine Gegenleistung gegenübersteht. Die Steuerbarkeit der Geschäftsführungs- und Vertretungsleistungen setzt daher lediglich das Bestehen eines **unmittelbaren Zusammenhangs zwischen der erbrachten Leistung und dem empfangenen Sonderentgelt** voraus; unerheblich ist, dass der Gesellschafter zugleich seine Mitgliedschaftsrechte ausübt (vgl. BFH vom 06.06.2002, Az: V R 43/01, BStBl II 2003, 36, und vom 16.01.2003, Az: V R 92/01, BStBl II 2003, 732). 184

TIPP

In der Praxis bewährt hat sich die Arbeit mit folgender »Eselsbrücke«:

- Immer dann, wenn die Zahlungen **ergebnisabhängig** sind **und** aus dem Ergebnis erfolgen, d.h. nicht selbst das Ergebnis mindern: **kein** Leistungsaustausch!
- Immer dann, wenn die Zahlungen **ergebnisunabhängig** sind **oder** nicht aus dem Ergebnis erfolgen, d.h. **selbst** das Ergebnis mindern: **Leistungsaustausch**!

2.8.5.2 Gesellschafterbeiträge – Fallsammlung

185 Auf die **Bezeichnung der Gegenleistung** z.B. als Gewinnvorab/Vorabgewinn, als Vorwegvergütung, als Aufwendungsersatz, als Umsatzbeteiligung, als Kostenerstattung o.Ä. kommt es nicht an (Abschn. 1.6 Abs. 4 S. 1 UStAE; BMF vom 31.05.2007, a.a.O., Rz. 7).

Beispiel 7:
Den Gesellschaftern einer offenen Handelsgesellschaft (OHG) obliegt die Führung der Geschäfte und die Vertretung der OHG. Diese Leistungen werden mit dem **nach der Anzahl der beteiligten Gesellschafter und ihrem Kapitaleinsatz bemessenen Anteil am Ergebnis** (Gewinn und Verlust) der OHG abgegolten.

Lösung:
Die **Ergebnisanteile sind kein Sonderentgelt**; die Geschäftsführungs- und Vertretungsleistungen werden nicht im Rahmen eines Leistungsaustauschs ausgeführt, sondern als Gesellschafterbeitrag erbracht.

186 Dies gilt **auch, wenn nicht alle Gesellschafter** tatsächlich die Führung der Geschäfte und die Vertretung der Gesellschaft übernehmen bzw. die Geschäftsführungs- und Vertretungsleistungen mit einem erhöhten Anteil am Ergebnis (Gewinn und Verlust) oder am Gewinn der Gesellschaft abgegolten werden (Abschn. 1.6 Abs. 4 S. 2 UStAE; BMF vom 31.05.2007, BStBl I 2007, 503, Rz. 8).

Beispiel 8:
Die Führung der Geschäfte und die Vertretung der aus den Gesellschaftern A, B und C bestehenden OHG obliegen nach den gesellschaftsrechtlichen Vereinbarungen ausschließlich dem C.

a) Die Leistung des C ist mit seinem nach der Anzahl der beteiligten Gesellschafter und ihrem Kapitaleinsatz bemessenen **Anteil am Ergebnis (Gewinn und Verlust)** der OHG abgegolten; A, B und C sind **zu gleichen Teilen** daran beteiligt.
b) C ist **mit 40 %**, A und B mit jeweils 30 % am Ergebnis (Gewinn und Verlust) der OHG beteiligt.
c) C erhält **im Gewinnfall 25 % des Gewinns vorab**, im Übrigen wird der Gewinn nach der Anzahl der Gesellschafter und ihrem Kapitaleinsatz verteilt; ein Verlust wird ausschließlich nach der Anzahl der Gesellschafter und ihrem Kapitaleinsatz verteilt.

Lösung:
Die **ergebnisabhängigen Gewinn- bzw. Verlustanteile des C sind kein Sonderentgelt**; C führt seine Geschäftsführungs- und Vertretungsleistungen nicht im Rahmen eines Leistungsaustauschs aus, sondern erbringt jeweils Gesellschafterbeiträge.

Beispiel 9:
Eine Beratungsgesellschaft betreibt verschiedene Beratungsstellen, an denen ortsansässige Berater jeweils atypisch still beteiligt sind. Diese sind neben ihrer Kapitalbeteiligung zur Erbringung ihrer Arbeitskraft als Einlage verpflichtet. Sie erhalten für ihre Tätigkeit einen **Vorabgewinn**. Die auf den Vorabgewinn getätigten Entnahmen werden **nicht als Aufwand behandelt**. Die Zuweisung des Vorabgewinns und die Verteilung des verbleibenden Gewinns erfolgen **im Rahmen der Gewinnverteilung.**

Lösung:
Der **Vorabgewinn ist kein Sonderentgelt**; die Gesellschafter führen ihre Tätigkeiten im Rahmen eines gesellschaftsrechtlichen Beitragsverhältnisses aus.

2.8.5.3 Sonderleistungen gegen Sonder(leistungs)entgelt – Fallsammlung

187 Bei Leistungen aufgrund eines gegenseitigen Vertrags (vgl. §§ 320ff. BGB), durch den sich der Gesellschafter zu einem Tun, Dulden oder Unterlassen und die Gesellschaft sich hierfür zur Zahlung einer Gegenleistung verpflichtet, sind die Voraussetzungen des § 1 Abs. 1 Nr. 1 S. 1 UStG für einen steuerbaren Leistungsaustausch hingegen regelmäßig erfüllt, falls der Gesellschafter

Unternehmer ist. Dies gilt auch, wenn **Austausch- und Gesellschaftsvertrag miteinander verbunden** sind.

Ein Leistungsaustausch zwischen Gesellschaft und Gesellschafter liegt vor, wenn der Gesellschafter für seine Geschäftsführungs- und Vertretungsleistung an die Gesellschaft eine **Vergütung erhält (auch wenn diese als Gewinnvorab o.Ä. bezeichnet wird), die im Rahmen der Ergebnisermittlung als Aufwand behandelt** wird. Die Vergütung ist in diesem Fall Gegenleistung für die erbrachte Leistung (Abschn. 1.6 Abs. 4 S. 3–5 UStAE; BMF vom 31.05.2007, BStBl I 2007, 503, Rz. 9). **188**

Beispiel 10:
Der Gesellschafter einer OHG erhält neben seinem nach der Anzahl der Gesellschafter und ihrem Kapitaleinsatz bemessenen Gewinnanteil für die Führung der Geschäfte und die Vertretung der OHG eine **zu Lasten des Geschäftsergebnisses verbuchte Vorwegvergütung** von jährlich 120.000 € **als Festbetrag.**

Lösung:
Die Vorwegvergütung ist **Sonderentgelt**; der Gesellschafter führt seine Geschäftsführungs- und Vertretungsleistungen im Rahmen eines Leistungsaustauschs aus (vgl. insoweit auch die Beispiele 2 bis 6).

Beispiel 11:
Wie Beispiel 9, jedoch erhält ein atypisch stiller Gesellschafter im Rahmen seines Niederlassungsleiter-Anstellungsvertrags eine Vergütung, die **handelsrechtlich als Aufwand** behandelt werden muss.

Lösung:
Die Vergütung ist **Sonderentgelt**; die Geschäftsführungs- und Vertretungsleistungen werden im Rahmen eines Leistungsaustauschverhältnisses ausgeführt.
Zur Frage der **unabhängig von der ertragsteuerrechtlichen Beurteilung** als Einkünfte aus Gewerbebetrieb nach § 15 Abs. 1 S. 1 Nr. 2 EStG zu beurteilenden Frage nach der umsatzsteuerrechtlichen Selbständigkeit vgl. Rn. 174ff.
Im Rahmen von **Niederlassungsleiter-Anstellungsverträgen** tätige Personen sind danach im Allgemeinen selbständig (soll wohl heißen: im Leistungsaustausch) tätig.

Ist die Vergütung für die Leistungen des Gesellschafters **im Gesellschaftsvertrag als Teil der Ergebnisverwendung** geregelt, liegt ein Leistungsaustausch vor, wenn sich aus den **geschlossenen Vereinbarungen und deren tatsächlichen Durchführung** ergibt, dass die Leistungen nicht lediglich durch eine Beteiligung am Gewinn und Verlust der Gesellschaft abgegolten, sondern gegen Sonderentgelt ausgeführt werden. Ein Leistungsaustausch zwischen Gesellschaft und Gesellschafter liegt demnach auch vor, wenn die Vergütung des Gesellschafters zwar **nicht im Rahmen der Ergebnisermittlung als Aufwand behandelt** wird, sich jedoch **gleichwohl ergebnismindernd auswirkt** oder es sich aus den **Gesamtumständen des Einzelfalls** ergibt, dass sie nach den Vorstellungen der Gesellschafter als Sonderentgelt gewährt werden soll (Abschn. 1.6 Abs. 4 S. 6 und 7 UStAE; BMF vom 31.05.2007, BStBl I 2007, 503, Rz. 10). **189**

Beispiel 12:
Eine GmbH betreut als alleinige Komplementärin einer Fonds-KG ohne eigenen Vermögensanteil die Geschäfte der Fonds-KG, deren Kommanditanteile von Investoren (Firmen und Privatpersonen) gehalten werden. Nach den Regelungen im Gesellschaftsvertrag zur Ergebnisverteilung, zum Gewinnvorab und zu den Entnahmen erhält die GmbH

a) eine **jährliche Management-Fee**. Bei der Fonds KG handelt es sich um eine vermögensverwaltende Gesellschaft, bei der grundsätzlich nur eine Ermittlung von Kapitaleinkünften durch die Gegenüberstellung von Einnahmen und Werbungskosten vorgesehen ist. Sie verbucht die Zahlung der Management-Fee in der Ergebnisermittlung **nicht als Aufwand**, sondern ordnet sie bei der Ermittlung der Einnahmen aus Kapitalvermögen und **Werbungskosten für die Anleger**, die ihre Anteile im Privatvermögen halten, in voller Höhe den Werbungskosten der Anleger zu.

b) eine **als gewinnabhängig bezeichnete Management-Fee**. Da die erwirtschafteten Jahresüberschüsse jedoch zur Finanzierung der Management-Fee nicht ausreichen, wird ein **Bilanzgewinn durch die Auflösung von eigens dafür gebildeten Kapitalrücklagen** ausgewiesen.
c) eine **als gewinnabhängig bezeichnete Jahresvergütung**. Der für die Zahlung der Vergütung bereitzustellende Bilanzgewinn wird **aus einer Gewinnrücklage gebildet**, welche aus **Verwaltungskostenvorauszahlungen** der Kommanditisten gespeist wurde. Die Verwaltungskosten stellen **Werbungskosten der Kommanditisten** dar.
d) eine **einmalige Gebühr (»Konzeptions-Fee«)**. Die Fonds KG hat die Zahlung in der Ergebnisermittlung **nicht als Aufwand verbucht**. Die Gebühr wird neben dem Agio in dem Beteiligungsangebot zur Fonds KG als Kosten für die Investoren ausgewiesen. Gebühr/Konzeptions-Fee sowie Aufwendungen und Kosten der Fonds KG werden **auf die zum letzten Zeichnungsschluss vorhandenen Gesellschafter umgelegt**.

Lösung:
Die Vergütungen sind **jeweils Sonderentgelt**; die GmbH führt die Leistungen jeweils im Rahmen eines Leistungsaustauschs aus.

Beispiel 13:
Der Gesellschafter einer OHG erhält neben seinem nach der Anzahl der Gesellschafter und ihrem Kapitaleinsatz bemessenen Gewinnanteil für die Führung der Geschäfte und die Vertretung der OHG **im Rahmen der Gewinnverteilung auch im Verlustfall einen festen Betrag von 120.000 € vorab zugewiesen (Vorabvergütung).**

Lösung:
Der vorab zugewiesene Gewinn ist **Sonderentgelt**; der Gesellschafter führt seine Geschäftsführungs- und Vertretungsleistungen im Rahmen eines Leistungsaustauschs aus.

2.8.6 Leistungsaustausch bei Leistungen eines Gesellschafters an die Gesellschaft – Sonderfälle

2.8.6.1 Entnahmerechte

190 Entnahmen, zu denen der Gesellschafter **nach Art eines Abschlags auf** den nach der Anzahl der Gesellschafter und ihrem Kapitaleinsatz bemessenen **Anteil am Gewinn** der Gesellschaft berechtigt ist, begründen grundsätzlich **kein** Leistungsaustauschverhältnis (Abschn. 1.6 Abs. 4 S. 12 und 13 UStAE; BMF vom 31.05.2007, BStBl I 2007, 503, Rz 11).

191 Ein gesellschaftsvertraglich vereinbartes garantiertes Entnahmerecht, nach dem die den Gewinnanteil übersteigenden Entnahmen **nicht zu einer Rückzahlungsverpflichtung** führen, führt wie die Vereinbarung einer Vorwegvergütung zu einem **Leistungsaustausch** (vgl. Beispiele 10 und 13).

2.8.6.2 Mischentgelte

192 Wird für die Geschäftsführungs- und Vertretungsleistung neben einem Sonderentgelt auch eine gewinnabhängige Vergütung (vgl. Beispiele 7 und 8) gezahlt (sog. Mischentgelt), sind das **Sonderentgelt und die gewinnabhängige Vergütung** umsatzsteuerrechtlich **getrennt zu beurteilen**. Das Sonderentgelt ist als Entgelt einzuordnen, da es einer bestimmten Leistung zugeordnet werden kann. Diese gewinnabhängige Vergütung ist dagegen kein Entgelt (Abschn. 1.6 Abs. 5 UStAE; BMF vom 31.05.2007, BStBl I 2007, 503, Rz. 12).

Beispiel 14:
Der Gesellschafter einer OHG erhält für die Führung der Geschäfte und die Vertretung der OHG im Rahmen der Gewinnverteilung 25 % des Gewinns, **mindestens jedoch 60.000 € vorab** zugewiesen.

Lösung:
Der Festbetrag von 60.000 € ist Sonderentgelt und wird im Rahmen eines Leistungsaustauschs gezahlt; im Übrigen wird der Gesellschafter aufgrund eines gesellschaftsrechtlichen Beitragsverhältnisses tätig.

2.8.6.3 Haftungsvergütungen u. Ä.

Auch andere gesellschaftsrechtlich zu erbringende Leistungen der Gesellschafter an die Gesellschaft können bei Zahlung eines Sonderentgelts als Gegenleistung für diese Leistung einen umsatzsteuerbaren Leistungsaustausch begründen. 193

Sowohl 194

- die Haftungsübernahme als auch
- die Geschäftsführung und
- die Vertretung

besitzen ihrer Art nach Leistungscharakter und können daher **auch im Fall der isolierten Erbringung** Gegenstand eines umsatzsteuerbaren Leistungsaustausches sein (Abschn. 1.6 UStAE).

Beispiel 15:
Der geschäftsführungs- und vertretungsberechtigte Komplementär einer KG erhält für die Geschäftsführung, Vertretung und Haftung eine Festvergütung.

Lösung:
Die Festvergütung ist als Entgelt für die einheitliche Leistung, die Geschäftsführung, Vertretung und Haftung umfasst, umsatzsteuerbar und umsatzsteuerpflichtig (vgl. BFH vom 03.03.2011, Az: V R 24/10, BStBl II 2011, 950). Weder die Geschäftsführung und Vertretung noch die Haftung nach §§ 161, 128 HGB haben den Charakter eines Finanzgeschäfts i.S.d. § 4 Nr. 8 Buchst. g UStG.

2.8.6.4 Abgrenzung der Gesellschafterleistungen von den Leistungen der Gesellschaft

Ein zwischen Gesellschafter und Gesellschaft vorliegender Leistungsaustausch hat **keinen Einfluss** auf die Beurteilung der **Leistungen der Gesellschaft gegenüber Dritten**. 195

Insbesondere sind **in der Person des Gesellschafters vorliegende oder an seine Person geknüpfte Tatbestandsmerkmale**, wie z.B. die Zugehörigkeit zu einer bestimmten Berufsgruppe (z.B. Land- und Forstwirt) oder die Erlaubnis zur Führung bestimmter Geschäfte (z.B. Bankgeschäfte), **hinsichtlich der Beurteilung der Leistungen der Gesellschaft unbeachtlich**. 196

Da der Gesellschafter bei der Geschäftsführung und Vertretung im Namen der Gesellschaft tätig wird und somit nicht im eigenen Namen gegenüber den Kunden der Gesellschaft auftritt, liegt auch **kein Fall der Dienstleistungskommission** (§ 3 Abs. 11 UStG) vor. 197

Ebenso bleiben die Art der Leistung der Gesellschaft und etwaige insoweit geltende umsatzsteuerrechtliche Bestimmungen (z.B. **Steuerbefreiungen, Steuerermäßigungen** oder **verfahrensrechtliche Regelungen**) ohne Auswirkung auf die Beurteilung der Leistung des Gesellschafters (Abschn. 1.6 Abs. 4 S. 15ff. UStAE; BMF vom 31.05.2007, BStBl I 2007, 503, Rz. 14). 198

Beispiel 16:
Bei einem in der Rechtsform der KGaA geführten Kreditinstitut ist ausschließlich dem persönlich haftenden Gesellschafter-Geschäftsführer die Erlaubnis zu Führung der Bankgeschäfte erteilt worden.

Lösung:
Die für die Leistungen des Kreditinstituts geltende Steuerbefreiung des § 4 Nr. 8 UStG ist **nicht** auf die Geschäftsführungs- und Vertretungsleistung des Gesellschafters anwendbar.

2.8.7 Vorsteuerabzug der Gesellschaft

199 Ist die Gesellschaft ein »normales«, zum Vorsteuerabzug berechtigtes Unternehmen, kann sie unter den weiteren Voraussetzungen auch die Vorsteuern aus den Gesellschafter-Geschäftsführerleistungen abziehen.

200 Probleme/Nachteile ergeben sich immer dann, wenn

- die **Leistungsaustausch nicht erkannt** und daher die Rechnung erst später stellt wird (Vollverzinsung gem. § 233 a AO)
- die Gesellschaft selbst **nicht zum Vorsteuerabzug berechtigt** ist.

2.8.8 Vorsteuerabzug des Gesellschafters

201 Der Gesellschafter-Geschäftsführer ist unter den weiteren Voraussetzungen des § 15 UStG zum Vorsteuerabzug berechtigt.

202 Insbesondere **schlägt für den Gesellschafter-Geschäftsführer die Art der Leistungen der Gesellschaft** und sich ein evtl. für diese ergebender Vorsteuerausschluss **nicht durch.**

§ 2a UStG
Fahrzeuglieferer

[1]Wer im Inland ein neues Fahrzeug liefert, das bei der Lieferung in das übrige Gemeinschaftsgebiet gelangt, wird, wenn er nicht Unternehmer im Sinne des § 2 ist, für diese Lieferung wie ein Unternehmer behandelt. [2]Dasselbe gilt, wenn der Lieferer eines neuen Fahrzeugs Unternehmer im Sinne des § 2 ist und die Lieferung nicht im Rahmen des Unternehmens ausführt.

Literatur
Prätzler, Steuerfreie innergemeinschaftliche Lieferung neuer Fahrzeuge (»Santogal«), EuGH vom 14.06.2017, Az. C-26/16, jurisPR-SteuerR 34/2017 Anm. 6.

Verwaltungsanweisungen
OFD Stuttgart vom 09.12.2002, Az: S 7103b, UR 2003, 510.
Hinweis: Zur Problematik der zeitlichen Geltungsdauer von BMF-Schreiben vgl. Einführung UStG, Rz. 100 ff.

Richtlinien/Hinweise/Verordnungen
MwStSystRL: Art. 9 Abs. 2.

1 Allgemeines

Neben dem Unternehmer nach § 2 UStG gilt auch als Unternehmer, wer im Inland ein neues Fahrzeug liefert, das bei der Lieferung in das übrige Gemeinschaftsgebiet gelangt. 1

Diese Vorschrift ist Teil eines ganzen Bündels von Vorschriften (zum weiteren Verständnis vgl. OFD Stuttgart vom 09.12.2002, UR 2003, 510), die einem besonderen Umstand bei der Lieferung neuer Fahrzeuge (Kraftfahrzeuge, Schiffe, Flugzeuge) im Gemeinschaftsgebiet Rechnung trägt. Mit den Regelungen soll erreicht werden, dass der Verkauf neuer Fahrzeuge an Nichtunternehmer dort besteuert wird, wo das Fahrzeug verwendet wird und nicht zwingend dort, wo es gekauft wird – sog. Bestimmungslandprinzip (dies stellt eine Abweichung vom Grundsatz dar, dass im 2

Binnenmarkt die Letztverbraucher grundsätzlich ihren Kauf endgültig dort versteuern, wo sie ihn tätigen – sog. Herkunftslands-, oder Ursprungslandprinzip). Zum Erreichen dieses Ziels stellt § 2 a UStG einen Mosaikstein dar. Seit dem 01.07.2010 ist die Meldepflicht bei der Lieferung neuer Fahrzeuge nach § 18c UStG (vgl. die Kommentierung zu § 18) durch die sog. Fahrzeug-Meldepflichtverordnung eingeführt worden, wovon auch der Unternehmerkreis des § 2 a UStG betroffen ist.

2 Rechtsentwicklung

3 I. R. d. Einrichtung des EG-Binnenmarkts wurde die Vorschrift m. W. z. 01.01.1993 in das Umsatzsteuerrecht eingeführt.

3 Geltungsbereich

3.1 Persönlicher Geltungsbereich

4 Diese Vorschrift führt dazu, dass diejenigen, die nicht schon gem. § 2 UStG Unternehmer sind, aufgrund eines einzigen sachlichen Tatbestands und nur für diesen zum Unternehmer i. S. d. Gesetzes erklärt werden. Der einzige Tatbestand ist die Lieferung eines neuen Fahrzeugs im Inland, das dabei in das übrige Gemeinschaftsgebiet gelangt. Insoweit hat der Unternehmer bezüglich dieser einen Lieferung i. S. d. § 2 a UStG insoweit auch einen Vorsteuerabzug (vgl. § 15 Rn. 21 und 57).

5 § 2 a UStG ermöglicht auch Kleinunternehmern nach § 19 UStG für diesen einen Tatbestand insoweit den Vorsteuerabzug.

3.2 Sachlicher Geltungsbereich

6 Liefern Personen, die nicht Unternehmer i. S. d. § 2 UStG sind, im Inland ein neues Fahrzeug, das bei der Lieferung in das übrige Gemeinschaftsgebiet gelangt, so werden sie für diese Lieferung wie ein Unternehmer behandelt. Dasselbe gilt, wenn der Lieferer eines neuen Fahrzeugs Unternehmer i. S. d. § 2 UStG ist und die Lieferung nicht i. R. d. Unternehmens ausführt.

4 Verhältnis zu anderen Vorschriften

Die Vorschrift erschließt sich im Kontext durch die Verknüpfung der §§ 1b UStG, 4a UStG, 6a UStG, sowie 15 Abs. 4a und § 18c UStG. Insbesondere ist seit dem 01.07.2010 die Meldepflicht nach § 18c UStG (vgl. die Kommentierung zu § 18c) zu beachten. Dort finden sich auch Hinweise zum Umfang von Nachweispflichten. 7

§ 2b UStG
Juristische Personen des öffentlichen Rechts

(1) [1]Vorbehaltlich des Absatzes 4 gelten juristische Personen des öffentlichen Rechts nicht als Unternehmer im Sinne des § 2, soweit sie Tätigkeiten ausüben, die ihnen im Rahmen der öffentlichen Gewalt obliegen, auch wenn sie im Zusammenhang mit diesen Tätigkeiten Zölle, Gebühren, Beiträge oder sonstige Abgaben erheben. [2]Satz 1 gilt nicht, sofern eine Behandlung als Nichtunternehmer zu größeren Wettbewerbsverzerrungen führen würde.

(2) Größere Wettbewerbsverzerrungen liegen insbesondere nicht vor, wenn

1. der von einer juristischen Person des öffentlichen Rechts im Kalenderjahr aus gleichartigen Tätigkeiten erzielte Umsatz voraussichtlich 17 500 Euro jeweils nicht übersteigen wird oder
2. vergleichbare, auf privatrechtlicher Grundlage erbrachte Leistungen ohne Recht auf Verzicht (§ 9) einer Steuerbefreiung unterliegen.

(3) Sofern eine Leistung an eine andere juristische Person des öffentlichen Rechts ausgeführt wird, liegen größere Wettbewerbsverzerrungen insbesondere nicht vor, wenn

1. die Leistungen aufgrund gesetzlicher Bestimmungen nur von juristischen Personen des öffentlichen Rechts erbracht werden dürfen oder
2. die Zusammenarbeit durch gemeinsame spezifische öffentliche Interessen bestimmt wird. [2]Dies ist regelmäßig der Fall, wenn
   a) die Leistungen auf langfristigen öffentlich-rechtlichen Vereinbarungen beruhen,
   b) die Leistungen dem Erhalt der öffentlichen Infrastruktur und der Wahrnehmung einer allen Beteiligten obliegenden öffentlichen Aufgabe dienen,
   c) die Leistungen ausschließlich gegen Kostenerstattung erbracht werden und
   d) der Leistende gleichartige Leistungen im Wesentlichen an andere juristische Personen des öffentlichen Rechts erbringt.

(4) Auch wenn die Voraussetzungen des Absatzes 1 Satz 1 gegeben sind, gelten juristische Personen des öffentlichen Rechts bei Vorliegen der übrigen Voraussetzungen des § 2 Absatz 1 mit der Ausübung folgender Tätigkeiten stets als Unternehmer:

1. die Tätigkeit der Notare im Landesdienst und der Ratschreiber im Land Baden-Württemberg, soweit Leistungen ausgeführt werden, für die nach der Bundesnotarordnung die Notare zuständig sind;
2. die Abgabe von Brillen und Brillenteilen einschließlich der Reparaturarbeiten durch Selbstabgabestellen der gesetzlichen Träger der Sozialversicherung;
3. die Leistungen der Vermessungs- und Katasterbehörden bei der Wahrnehmung von Aufgaben der Landesvermessung und des Liegenschaftskatasters mit Ausnahme der Amtshilfe;
4. die Tätigkeit der Bundesanstalt für Landwirtschaft und Ernährung, soweit Aufgaben der Marktordnung, der Vorratshaltung und der Nahrungsmittelhilfe wahrgenommen werden;
5. Tätigkeiten, die in Anhang I der Richtlinie 2006/112/EG des Rates vom 28. November 2006 über das gemeinsame Mehrwertsteuersystem (ABl. L 347 vom 11.12.2006, S. 1) in der jeweils gültigen Fassung genannt sind, sofern der Umfang dieser Tätigkeiten nicht unbedeutend ist.

Literatur

Belcke/Westermann, Die Besteuerung öffentlicher Unternehmen – Die Umsatzsteuerreform und weitere aktuelle Praxishinweise zum Jahresbeginn 2016, BB 2/2016, 87 ff. **Burret**, Reform der Umsatzbesteuerung der öffentlichen Hand – Zur Anwendung des § 2b UStG nach dem BMF-Schreiben vom 16.12.2016, NWB 6/2017, 410 ff. **Dziadkowski**, § 2b UStG und die größeren Wettbewerbsverzerrungen, UR 11/2017, 416 ff. **Fiand**, Das Steueränderungsgesetz 2015 – Wichtige Regelungen für die juristischen Personen des öffentlichen Rechts im Bereich der Umsatzsteuer, KStZ 2/2016, 29 ff. **Gohlke/Schmitz**, § 2b UStG unter dem Blickwinkel von Steuer- und Vergaberecht, MwStR 2016, 780 ff. **Hammerl/Fietz**, Anwendungsfragen zu § 2b UStG – Darstellung und Anmerkungen zum BMF-Schreiben v. 16.12.2016, zur Umsatzbesteuerung der Leistungen der öffentlichen Hand, MwStR 2017, 56 ff. **Heidner**, Die Sonderstellung der juristischen Person des öffentlichen Rechts als umsatzsteuerlicher Unternehmer (§ 2b UStG); UR 2018, 736 ff. **Hidien/Schwarz**, Ist die kommunale Straßenreinigung umsatzsteuerpflichtig? – Zur Auslegung und Anwendung des § 2b UStG, UR 9/2017, 338 ff. **Hüttemann**, Neuregelung der Umsatzbesteuerung der öffentlichen Hand – alles wird gut?, UR 4/2017, 129 ff. **Ismer**, Die wirtschaftliche Tätigkeit der öffentlichen Hand im Lichte aktueller Rechtsprechung, MwStR 2016, 654 ff. **Ismer/Rückert**, Die Besteuerung der öffentlichen Hand im Spannungsfeld zwischen unionaler Rationalität und mitgliedsstaatlicher Freiheit, MwStR 2016, 740 ff. **Jürgens/Menebröcker**, Ist der Vorsteuerabzug der öffentlichen Hand endlich geklärt? Eine systematische Betrachtung unter Berücksichtigung des BFH-Urteils v. 28.6.2017 (XI R 12/15) und der Schlussanträge der Generalanwältin am EuGH v. 19.4.2018 (C-140/17), UStB 2018, 168 ff. **Kammerloher-Lis/Kirsch**, Tax Compliance System bei Unternehmen der öffentlichen Hand am Beispiel der Kommunen, DB 2018, 151 ff. **Kastl**, Vorsteuerabzug bei Gebäuden im Rahmen der Vermögensverwaltung von juristischen Personen des öffentlichen Rechts, DStR 2018, 1145 ff. **Küffner/Rust**, Reform der Umsatzbesteuerung der öffentlichen Hand – Probleme und Lösungsansätze bei Kooperationen zweier juristischer Personen des öffentlichen Rechts, DStR 29/2016, 1633 ff. **Küffner/Rust**, Wie sollten juristische Personen des öffentlichen Rechts jetzt handeln?, DB 2016, 1469 f. **Kronawitter**, Umsatzbesteuerung der öffentlichen Hand nach § 2b UStG – Auswirkungen in der Praxis dargestellt an Beispielen, Versorgungs-Wirtschaft 1/2016, 5 ff. **Lang**, Die Neuregelung der Umsatzbesteuerung von juristischen Personen des öffentlichen Rechts durch § 2b UStG – Optionsausübung ja oder nein?, Sachsenlandkurier 4/2016, 186-189. **Meurer**, Auswirkungen des § 2b UStG auf den Vorsteuerabzug – was gibt es zu beachten, MwStR 19/2015, 758 ff. **Müller**, § 2b UStG – BMF-Schreiben klärt für juristische Personen des öffentlichen Rechts bestehende Unklarheiten (nicht), UR 1/2017, 8 ff. **Ronnecker**, Umsatzbesteuerung interkommunaler Zweckverbändebei sog. Back-office-Leistungen (§ 2b Abs. 3 Nr. 2 UStG), ZKF 3/2016, 49 ff. **Sauerland**, Unternehmereigenschaft juristischer Personen des öffentlichen Rechts im neuen Umsatzsteuerrecht, UStB 4/2017, 108 ff. **Sterzinger**, Änderungen des Umsatzsteuergesetzes durch das Steueränderungsgesetz 2015, UR 1/2016, 1 ff. **Sterzinger**, Einzelfragen zur Optionserklärung nach § 27 Abs. 22 UStG, DStR 51-52/2016, 2941 ff. **Sterzinger**, Anwendungsschreiben der Finanzverwaltung v. 16.12.2016 zur Neuregelung des § 2b UStG, DStR 5/2017, 233 ff. **Sterzinger**, Vorsteuerabzug und Vorsteuerberichtigung der öffentlichen Hand unter Berücksichtigung der Schlussanträge v. 19.4.2018 in der Rs. C-140/17, UR 2018, 377 ff. **Sterzinger**, Umsatzsteuerliche Beurteilung der Abwicklung von Sicherstellungs- und Selektivverträgen im Gesundheitswesen, UStB 2018, 86 ff. **Strahl**, Neues zur Unternehmereigenschaft der öffentlichen Hand – Umstellungsnotwendigkeit bei Kooperationsverhältnissen, ködsi 5/2017, 20293 ff. **Strahl**, Juristische Personen des öffentlichen Rechts: Auswirkungen der umsatzsteuerlichen Neuregelungen auf die Vermögensverwaltung, ködsi 2018, 20839 ff. **Weber**, Nichtunternehmerisches Handeln der Kirchen im Lichte des § 2b UStG, MwStR 2016, 818 ff. **Widmann**, Die durch das Steueränderungsgesetz 2015 angeordneten umsatzsteuerlichen Änderungen, MwStR 22/2015, 883 ff. **Widmann**, Anwendung des neuen § 2b UStG gem. § 27 Abs. 22 UStG, UR 1/2016, 13 ff.

Verwaltungsanweisungen

BMF vom 19.04.2016, Az.: III C 2 – S 7106/07/10012-06, BStBl. I 2016, 481 (zur Übergangsregelung des § 27 Abs. 22 UStG).

BMF vom 16.12.2016, Az.: III C 2 – S 7107/16/10001, BStBl. I 2016, 1451 (Anwendungsschreiben zu § 2b UStG).

OFD Frankfurt a. M. vom 28.11.2016, Az.: S 7410 A – 004 – St 16, UR 2017, 407 (u.a. zu Jagdgenossenschaften).

OFD Karlsruhe vom 31.01.2017, Az.: S 7106 – Karte 2, UR 2017, 281 (u.a. zu Jagdgenossenschaften).

OFD Niedersachsen, Verfg. vom 29.08.2017, Az.: S 7106 – 264 – St 172, UR 2018, 254 (zu Vermessungs- und Katasterverwaltung, öffentlich bestellte Vermessungsingenieure, kommunale Körperschaften, Vermessung einer Liegenschaft).

LfSt Niedersachsen, Verfg. vom 22.02.2018, Az.: S 7106 – 3 – St 171, DStR 2018, 964 (zur umsatzsteuerlichen Behandlung der von öffentlichen Schulen vereinnahmten Kopiergelder).

LfSt Niedersachsen, Verfg. vom 05.03.2018, Az.: S 7106 – 182 – St 172, DStR 2018, 1369 (zur Umsatzbesteuerung der Gutachterausschüsse für Grundstückswerte).

FinMin Schleswig-Holstein, Erlass vom 23.03.2018, Az.: VI 3510 – S 7107 – 001, UR 2018, 411 (zu Jagdgenossenschaften).

LfSt Niedersachsen, Verfg. vom 18.07.2018, Az.: S 7106 – 313 – St 172, UR 2018, 775 (zur Unternehmereigenschaft der niedersächsischen Hochschulen).

Hinweis: Zur Problematik der zeitlichen Geltungsdauer von BMF-Schreiben vgl. Einführung UStG, Rz. 100 ff.

Richtlinien/Hinweise/Verordnungen

UStAE: Abschn. 2b.1.
MwStSystRL: Art. 13.
UStDV: keine.

1 Allgemeines

1.1 Überblick über die Vorschrift

1 § 2b Abs. 1 S. 1 UStG schließt die Unternehmereigenschaft der juristischen Personen des öffentlichen Rechts (jPöR) aus, soweit sie Tätigkeiten ausüben, die ihnen im Rahmen der öffentlichen Gewalt obliegen, auch wenn sie in diesem Zusammenhang Zölle, Gebühren, Beiträge oder sonstige Abgaben erheben. Würde ein solcher Ausschluss jedoch zu größeren Wettbewerbsverzerrungen führen, greift die Rückausnahme des § 2b Abs. 1 S. 2 UStG und liegt Unternehmereigenschaft vor. In § 2b Abs. 2 und Abs. 3 UStG wird der unbestimmte Rechtsbegriff der größeren Wettbewerbsverzerrung für bestimmte Fallkonstellationen im Ausschlussverfahren eingeschränkt. § 2b Abs. 4 UStG enthält eine Liste von Ausnahmetatbeständen, bei denen die jPöR auch in den Fällen der Ausübung öffentlicher Gewalt als Unternehmer behandelt werden.

1.2 Rechtsentwicklung

2 § 2b UStG wurde durch Art. 12 Nr. 3 des Steueränderungsgesetzes 2015 (StÄndG 2015; Gesetz vom 02.11.2015, BGBl. I 2015, 1834) in das UStG eingefügt. Nach Art. 18 Abs. 4 des StÄndG 2015 trat Art. 12 des StÄndG 2015 am 01.01.2016 in Kraft. Im Zusammenhang mit der Einführung des § 2b UStG wurde durch Art 12 Nr. 2 des StÄndG 2015 § 2 Abs. 3 UStG a.F. aufgehoben. Durch Art. 12 Nr. 6 des

StÄndG 2015 wurde in § 27 Abs. 22 UStG eine Übergangsregelung geschaffen, die zunächst die weitere Anwendung des § 2 Abs. 3 UStG a.F. für Umsätze im Jahr 2016 regelt und darüber hinaus eine Optionsregelung beinhaltet, die die Anwendung der bisherigen Besteuerungsgrundsätze bis längstens 2020 ermöglicht.

1.3 Geltungsbereich

1.3.1 Sachlicher Geltungsbereich

Die Vorschrift grenzt allgemein die unternehmerische Sphäre der jPöR von den Tätigkeiten ab, die den jPöR im Rahmen der öffentlichen Gewalt obliegen. JPöR gelten nach § 2b Abs. 1 S. 1 UStG nicht als Unternehmer, soweit sie Tätigkeiten ausüben, die ihnen im Rahmen der öffentlichen Gewalt obliegen. 3

1.3.2 Persönlicher Geltungsbereich

Die Vorschrift betrifft juristische Personen des öffentlichen Rechts. 4

1.3.3 Zeitlicher Geltungsbereich

Nach Art. 18 Abs. 4 StÄndG 2015 trat § 2b UStG am 01.01.2016 in Kraft. § 27 Abs. 22 UStG beinhaltet zusätzliche Übergangsregelungen. Nach § 27 Abs. 22 S. 1 UStG ist § 2 Abs. 3 UStG in der am 31.12.2015 geltenden Fassung auf Umsätze, die nach dem 31.12.2015 und vor dem 01.01.2017 ausgeführt werden, weiterhin anzuwenden. Nach § 27 Abs. 22 S. 2 UStG ist § 2b UStG in der am 01.01.2016 geltenden Fassung auf Umsätze anzuwenden, die nach dem 31.12.2016 ausgeführt werden. Über eine Optionserklärung nach § 27 Abs. 22 S. 3 – 6 UStG kann die Anwendung der Norm bis einschließlich 2020 verhindert werden. Als Folge der Option gilt § 2 Abs. 3 UStG a.F. in der Übergangszeit weiterhin. 5

1.4 Gemeinschaftsrechtliche Grundlagen und Verhältnis zu anderen Vorschriften

Die Neuregelung der Besteuerung der juristischen Personen des öffentlichen Rechts war erforderlich geworden, da durch die Rechtsprechung des EuGH (vgl. z.B. EuGH, Urteil vom 16.09.2008, Rs.: C-288/07 »Isle of Wight Council«, BFH/NV 2009, 108; EuGH, Urteil vom 14.06.2009, Rs.: C-102/08 »Salix«, BStBl. II 2017, 873), und des BFH (vgl. dazu das BMF-Schreiben vom 27.07.2017, Az.: III C 2 – S 7106/0:002, BStBl. I 2017, 1239 zur Veröffentlichung der Urteile des BFH bezüglich der Besteuerung der juristischen Personen des öffentlichen Rechts und Anwendung auf die Rechtslage nach § 2 Abs. 3 UStG a.F.) die vormalige Besteuerungspraxis zunehmend infrage gestellt wurde. Die Neuregelung des § 2b UStG orientiert sich zwar grundsätzlich an Art. 13 MwStSystR, enthält daneben jedoch viele Ausnahmentatbestände, deren Unionsrechtskonformität fraglich ist. 9

2 Kommentierung

2.1 Allgemeines

10 Unter den Begriff der jPöR fallen insbesondere: Gebietskörperschaften (Bund, Länder, Gemeinden, Gemeindeverbände, Zweckverbände), die öffentlich-rechtlichen Religionsgemeinschaften, die Innungen, Handwerkskammern, Industrie- und Handelskammern, die staatlichen Hochschulen und sonstige Gebilde, die aufgrund öffentlichen Rechts eigene Rechtspersönlichkeit besitzen. Dazu zählen neben Körperschaften auch Anstalten und Stiftungen des öffentlichen Rechts, z. B. Rundfunkanstalten des öffentlichen Rechts und Universitätsklinika in der Rechtsform von Anstalten des öffentlichen Rechts. Auch auf ausländische jPöR ist § 2b UStG analog anwendbar. Vgl. BMF, Schreiben vom 16.12.2016 (Az.: III C 2 – S 7107/16/10001, BStBl. I 2016, 1451, Rz. 3).

11 Für die Beurteilung der Unternehmereigenschaft einer jPöR sind die allgemeinen Regelungen des § 2 Abs. 1 UStG heranzuziehen. Die Unternehmereigenschaft setzt eine selbständige, nachhaltige Tätigkeit zur Erzielung von Einnahmen voraus (wirtschaftliche Tätigkeit). Sind jPöR wirtschaftlich tätig, gelten sie nicht als Unternehmer, soweit sie Tätigkeiten ausüben, die ihnen im Rahmen der öffentlichen Gewalt obliegen (§ 2b Abs. 1 S. 1 UStG), es sei denn, die Behandlung als Nichtunternehmer im Hinblick auf diese Tätigkeiten würde zu größeren Wettbewerbsverzerrungen führen (§ 2b Abs. 1 S. 2 UStG).

12 Die Einschränkung der Unternehmereigenschaft durch § 2b Abs. 1 UStG betrifft nur Tätigkeiten, die der jPöR im Rahmen der öffentlichen Gewalt obliegen. Wird die jPöR demgegenüber auf privatrechtlicher Grundlage tätig, ist sie wie jeder andere Wirtschaftsteilnehmer zu behandeln, § 2b UStG gilt insoweit nicht.

13 Unter Tätigkeiten, die einer jPöR im Rahmen der öffentlichen Gewalt obliegen sind solche Tätigkeiten zu verstehen, die die jPöR auf Grundlage einer öffentlich-rechtlichen Sonderregelung ausübt. In Betracht kommen: Gesetze, Rechtsverordnungen, Satzungen, Staatsverträge, verfassungsrechtliche Verträge, Verwaltungsabkommen, Verwaltungsvereinbarungen, öffentlich-rechtliche Verträge, kirchenrechtliche Rechtssetzungen. Erbringen jPöR Leistungen in Umsetzung einer öffentlich-rechtlichen Sonderregelung in privatrechtlicher Handlungsform, ist § 2b UStG nicht anwendbar (vgl. BMF, Schreiben vom 16.12.2016, a. a. O., Rz. 6, 7; zu weiteren Einzelheiten vgl. Rz. 8 – 21 des BMF-Schreibens).

14 Die Einschränkung der Unternehmereigenschaft nach § 2b Abs. 1 S. 1 UStG greift nicht, wenn jPöR zwar Tätigkeiten ausüben, die ihnen im Rahmen öffentlicher Gewalt obliegen, die Nichtbesteuerung dieser Tätigkeiten aber zu größeren Wettbewerbsverzerrungen führen würde (§ 2b Abs. 1 S. 2 UStG). Wettbewerbsverzerrungen können allerdings nur eintreten, wenn Wettbewerb besteht (vgl. hierzu BMF, Schreiben vom 16.12.2016, a. a. O., Rz. 22 – 31).

2.2 Ausschluss größerer Wettbewerbsverzerrungen

15 Größere Wettbewerbsverzerrungen sollen nach § 2b Abs. 2 UStG insbesondere (nicht abschließend Aufzählung) dann nicht vorliegen, wenn: 1.) der von jPöR im Kalenderjahr aus gleichartigen Tätigkeiten erzielte Umsatz voraussichtlich 17.500 € jeweils nicht übersteigen wird (zu weiteren Einzelheiten vgl. BMF, Schreiben vom 16.12.2016, a. a. O., Rz. 33 – 37) oder 2.) vergleichbare, auf privatrechtlicher Grundlage erbrachte Leistungen ohne Recht auf Verzicht nach § 9 UStG einer Steuerbefreiung unterliegen (zu weiteren Einzelheiten vgl. BMF, Schreiben vom 16.12.2016, a. a. O., Rz. 38 – 39).

2.3 Leistungen an andere juristische Personen des öffentlichen Rechts

Werden Leistungen an andere jPöR ausgeführt, liegen nach § 2b Abs. 3 UStG größere Wettbewerbsverzerrungen insbesondere (nicht abschließende Aufzählung) nicht vor, wenn: 1.) die Leistungen aufgrund gesetzlicher Bestimmungen nur von jPöR erbracht werden dürfen (zu weiteren Einzelheiten vgl. BMF, Schreiben vom 16.12.2016, a. a. O., Rz. 41 – 44) oder 2.) die Zusammenarbeit der jPöR durch gemeinsame spezifische öffentliche Interessen bestimmt wird. Wann gemeinsame spezifische öffentliche Interessen vorliegen, beschreibt § 2b Abs. 3 Nr. 2 S. 2 Buchst. a bis d UStG (langfristige öffentlich-rechtliche Vereinbarung; Erhalt der öffentlichen Infrastruktur; Wahrnehmung einer allen Beteiligten obliegenden öffentlichen Aufgabe; gegen nur Kostenerstattung; Leistungserbringung im Wesentlichen an andere jPöR; zu weiteren Einzelheiten vgl. BMF, Schreiben vom 16.12.2016, a. a. O., Rz. 45 – 54). 16

2.4 Sonderregelungen

Auch wenn die Voraussetzungen des § 2b Abs. 1 S. 1 UStG gegeben sind, gelten nach § 2b Abs. 4 UStG jPöR bei Vorliegen der übrigen Voraussetzungen des § 2 Abs. 1 UStG mit der Ausübung der in § 2b Abs. 4 Nr. 1 bis Nr. 5 UStG genannten Tätigkeiten stets als Unternehmer. Die in § 2b Abs. 4 Nr. 1 bis Nr. 4 genannten Tätigkeiten entsprechen der bisher in § 2 Abs. 3 S. 2 Nr. 2 bis Nr. 5 UStG a. F. enthaltenen Aufzählung. Zusätzlich verweist § 2b Abs. 4 Nr. 5 UStG auf die in Anhang I der MwStSystRL genannten Tätigkeiten (vgl. BMF, Schreiben vom 16.12.2016, a. a. O., Rz. 57, Bagatellgrenze 17.500 € in Anlehnung an § 2b Abs. 2 Nr. 1 UStG). 17

2.5 Anwendungsregelungen

Nach Art 18 Abs. 4 StÄndG 2015 ist § 2b UStG grundsätzlich am 01.01.2016 in Kraft getreten. Allerdings regelt § 27 Abs. 22 S. 1 UStG, dass auf Umsätze, die nach dem 31.12.2015 und vor dem 01.01.2017 ausgeführt werden, § 2 Abs. 3 UStG in der am 31.12.2015 geltenden Fassung weiterhin anzuwenden ist. Demgegenüber ist § 2b UStG in der am 01.01.2016 geltenden Fassung erst auf Umsätze anzuwenden, die nach dem 31.12.2016 ausgeführt werden. Für Umsätze im Kalenderjahr 2016 geltend mithin die bisherigen Regelungen weiter. 18

Die jPöR kann nach § 27 Abs. 22 S. 3 UStG dem Finanzamt gegenüber einmalig erklären, dass sie § 2 Abs. 3 UStG in der am 31.12.2015 geltenden Fassung für sämtliche nach dem 31.12.2016 und vor dem 01.01.2021 ausgeführten Leistungen weiterhin anwendet (zu den Folgen/Möglichkeiten vgl. BMF, Schreiben vom 16.12.2016, Az.: C III 2 – S 7107/16/10001, BStBl. I 2016, 1451, Rz. 60). Dabei ist nach § 27 Abs. 22 S. 4 UStG eine Beschränkung der Erklärung auf einzelne Tätigkeitsbereiche oder Leistungen nicht zulässig. Die Erklärung ist bis zum 31.12.2016 abzugeben (§ 27 Abs. 22 S. 5 EStG) und kann nur mit Wirkung vom Beginn eines auf die Abgabe folgenden Kalenderjahres an widerrufen werden (§ 27 Abs. 22 S. 6 UStG; vgl. hierzu BMF, Schreiben vom 16.12.2016, a. a. O., Rz. 59). 19

Die Verwaltung hat sich zu einzelnen Fragen im Zusammenhang mit der Übergangsregelung des § 27 Abs. 22 UStG mit Schreiben vom 19.04.2016 (Az.: III C 2 – S 7106/07/10012-06, BStBl. I 2016, 481) geäußert. Zu Fragen im Zusammenhang mit der Vorsteuerabzugsberechtigung im Optionszeitraum vgl. BMF, Schreiben vom 16.12.2016, a. a. O., Rz. 61 – 67. Zur Wirkung der Optionserklärung in Fällen einer Gesamtrechtsnachfolge vgl. FinMin Schleswig-Holstein, Erlass vom 06.12.2017 (Az.: Umsatzsteuer 2017/17 – VI 3510 – S 7107 – 001, UR 2018, 137). 20

§ 3 UStG
Lieferung, sonstige Leistung

(1) Lieferungen eines Unternehmers sind Leistungen, durch die er oder in seinem Auftrag ein Dritter den Abnehmer oder in dessen Auftrag einen Dritten befähigt, im eigenen Namen über einen Gegenstand zu verfügen (Verschaffung der Verfügungsmacht).

(1a) [1]Als Lieferung gegen Entgelt gilt das Verbringen eines Gegenstands des Unternehmens aus dem Inland in das übrige Gemeinschaftsgebiet durch einen Unternehmer zu seiner Verfügung, ausgenommen zu einer nur vorübergehenden Verwendung, auch wenn der Unternehmer den Gegenstand in das Inland eingeführt hat. [2]Der Unternehmer gilt als Lieferer.

(1b) [1]Einer Lieferung gegen Entgelt werden gleichgestellt

1. **die Entnahme eines Gegenstands durch einen Unternehmer aus seinem Unternehmen für Zwecke, die außerhalb des Unternehmens liegen;**
2. **die unentgeltliche Zuwendung eines Gegenstands durch einen Unternehmer an sein Personal für dessen privaten Bedarf, sofern keine Aufmerksamkeiten vorliegen;**
3. **jede andere unentgeltliche Zuwendung eines Gegenstands, ausgenommen Geschenke von geringem Wert und Warenmuster für Zwecke des Unternehmens.**

[2]Voraussetzung ist, dass der Gegenstand oder seine Bestandteile zum vollen oder teilweisen Vorsteuerabzug berechtigt haben.

(2) weggefallen

(3) [1]Beim Kommissionsgeschäft (§ 383 des Handelsgesetzbuchs) liegt zwischen dem Kommittenten und dem Kommissionär eine Lieferung vor. [2]Bei der Verkaufskommission gilt der Kommissionär, bei der Einkaufskommission der Kommittent als Abnehmer.

(4) [1]Hat der Unternehmer die Bearbeitung oder Verarbeitung eines Gegenstands übernommen und verwendet er hierbei Stoffe, die er selbst beschafft, so ist die Leistung als Lieferung anzusehen (Werklieferung), wenn es sich bei den Stoffen nicht nur um Zutaten oder sonstige Nebensachen handelt. [2]Das gilt auch dann, wenn die Gegenstände mit dem Grund und Boden fest verbunden werden.

(5) [1]Hat ein Abnehmer dem Lieferer die Nebenerzeugnisse oder Abfälle, die bei der Bearbeitung oder Verarbeitung des ihm übergebenen Gegenstands entstehen, zurückzugeben, so beschränkt sich die Lieferung auf den Gehalt des Gegenstands an den Bestandteilen, die dem Abnehmer verbleiben. [2]Das gilt auch dann, wenn der Abnehmer an Stelle der bei der Bearbeitung oder Verarbeitung entstehenden Nebenerzeugnisse oder Abfälle Gegenstände gleicher Art zurückgibt, wie sie in seinem Unternehmen regelmäßig anfallen.

(5a) Der Ort der Lieferung richtet sich vorbehaltlich der §§ 3c, 3e, 3f und 3g nach den Absätzen 6 bis 8.

(6) [1]Wird der Gegenstand der Lieferung durch den Lieferer, den Abnehmer oder einen vom Lieferer oder vom Abnehmer beauftragten Dritten befördert oder versendet, gilt die Lieferung dort als ausgeführt, wo die Beförderung oder Versendung an den Abnehmer oder in dessen Auftrag an einen Dritten beginnt. [2]Befördern ist jede Fortbewegung eines Gegenstands. [3]Versenden liegt vor, wenn jemand die Beförderung durch einen selbständigen Beauftragten ausführen oder besorgen lässt. [4]Die Versendung beginnt mit der Übergabe des Gegenstands an den Beauftragten. [5]Schließen mehrere Unternehmer über denselben Gegen-

stand Umsatzgeschäfte ab und gelangt dieser Gegenstand bei der Beförderung oder Versendung unmittelbar vom ersten Unternehmer an den letzten Abnehmer, ist die Beförderung oder Versendung des Gegenstands nur einer der Lieferungen zuzuordnen. [6]Wird der Gegenstand der Lieferung dabei durch einen Abnehmer befördert oder versendet, der zugleich Lieferer ist, ist die Beförderung oder Versendung der Lieferung an ihn zuzuordnen, es sei denn, er weist nach, dass er den Gegenstand als Lieferer befördert oder versendet hat.

(7) [1]Wird der Gegenstand der Lieferung nicht befördert oder versendet, wird die Lieferung dort ausgeführt, wo sich der Gegenstand zur Zeit der Verschaffung der Verfügungsmacht befindet. [2]In den Fällen des Absatzes 6 Satz 5 gilt Folgendes:

1. Lieferungen, die der Beförderungs- oder Versendungslieferung vorangehen, gelten dort als ausgeführt, wo die Beförderung oder Versendung des Gegenstands beginnt.
2. Lieferungen, die der Beförderungs- oder Versendungslieferung folgen, gelten dort als ausgeführt, wo die Beförderung oder Versendung des Gegenstands endet.

(8) Gelangt der Gegenstand der Lieferung bei der Beförderung oder Versendung aus dem Drittlandsgebiet in das Inland, gilt der Ort der Lieferung dieses Gegenstands als im Inland gelegen, wenn der Lieferer oder sein Beauftragter Schuldner der Einfuhrumsatzsteuer ist.

(8a) weggefallen

(9) [1]Sonstige Leistungen sind Leistungen, die keine Lieferungen sind. [2]Sie können auch in einem Unterlassen oder im Dulden einer Handlung oder eines Zustands bestehen. [3]In den Fällen der §§ 27 und 54 des Urheberrechtsgesetzes führen die Verwertungsgesellschaften und die Urheber sonstige Leistungen aus.

(9a) Einer sonstigen Leistung gegen Entgelt werden gleichgestellt

1. die Verwendung eines dem Unternehmen zugeordneten Gegenstands, der zum vollen oder teilweisen Vorsteuerabzug berechtigt hat, durch einen Unternehmer für Zwecke, die außerhalb des Unternehmens liegen, oder für den privaten Bedarf seines Personals, sofern keine Aufmerksamkeiten vorliegen; dies gilt nicht, wenn der Vorsteuerabzug nach § 15 Absatz 1b ausgeschlossen oder wenn eine Vorsteuerberichtigung nach § 15a Absatz 6a durchzuführen ist;
2. die unentgeltliche Erbringung einer anderen sonstigen Leistung durch den Unternehmer für Zwecke, die außerhalb des Unternehmens liegen, oder für den privaten Bedarf seines Personals, sofern keine Aufmerksamkeiten vorliegen.

(10) Überlässt ein Unternehmer einem Auftraggeber, der ihm einen Stoff zur Herstellung eines Gegenstands übergeben hat, an Stelle des herzustellenden Gegenstands einen gleichartigen Gegenstand, wie er ihn in seinem Unternehmen aus solchem Stoff herzustellen pflegt, so gilt die Leistung des Unternehmers als Werkleistung, wenn das Entgelt für die Leistung nach Art eines Werklohns unabhängig vom Unterschied zwischen dem Marktpreis des empfangenen Stoffs und dem des überlassenen Gegenstands berechnet wird.

(11) Wird ein Unternehmer in die Erbringung einer sonstigen Leistung eingeschaltet und handelt er dabei im eigenen Namen, jedoch für fremde Rechnung, gilt diese Leistung als an ihn und von ihm erbracht.

(11a) [1]Wird ein Unternehmer in die Erbringung einer sonstigen Leistung, die über ein Telekommunikationsnetz, eine Schnittstelle oder ein Portal erbracht wird, eingeschaltet, gilt er im Sinne von Absatz 11 als im eigenen Namen und für fremde Rechnung handelnd. [2]Dies gilt nicht, wenn der Anbieter dieser sonstigen Leistung von dem Unternehmer als Leistungserbringer ausdrücklich benannt wird und dies in den vertraglichen Vereinbarungen zwischen den Parteien zum Ausdruck kommt. [3]Diese Bedingung ist erfüllt, wenn

1. in den von jedem an der Erbringung beteiligten Unternehmer ausgestellten oder verfügbar gemachten Rechnungen die sonstige Leistung im Sinne des Satzes 2 und der Erbringer dieser Leistung angegeben sind;
2. in den dem Leistungsempfänger ausgestellten oder verfügbar gemachten Rechnungen die sonstige Leistung im Sinne des Satzes 2 und der Erbringer dieser Leistung angegeben sind.

[4]Die Sätze 2 und 3 finden keine Anwendung, wenn der Unternehmer hinsichtlich der Erbringung der sonstigen Leistung im Sinne des Satzes 2
1. die Abrechnung gegenüber dem Leistungsempfänger autorisiert,
2. die Erbringung der sonstigen Leistung genehmigt oder
3. die allgemeinen Bedingungen der Leistungserbringung festlegt.

[5]Die Sätze 1 bis 4 gelten nicht, wenn der Unternehmer lediglich Zahlungen in Bezug auf die erbrachte sonstige Leistung im Sinne des Satzes 2 abwickelt und nicht an der Erbringung dieser sonstigen Leistung beteiligt ist.

(12) [1]Ein Tausch liegt vor, wenn das Entgelt für eine Lieferung in einer Lieferung besteht. [2]Ein tauschähnlicher Umsatz liegt vor, wenn das Entgelt für eine sonstige Leistung in einer Lieferung oder sonstigen Leistung besteht.

Literatur

Backes, Tauschähnlicher Umsatz bei der Entsorgung werthaltiger Abfälle – ein Problem für die Mülltonne?, MwstR 2017, 222. **Beiser**, Leasing in der Umsatzsteuer, UVR 2007, 182. **Bernstorff, Graf von**, Incoterms 2010 der internationalen Handelskammer (ICC)/Kommentierung für die Praxis inklusive offiziellem Regelwerk, 1. Aufl. Köln 2010. **Bosche**, Umsatzsteuerlicher Lieferort bei Warentransporten aus einem Drittland über ein Lager, UR 2010, 1. **Böttner**, Konsignationslager auf dem Prüfstand, DStR 2009, 624. **Böttner**, Konsignationslager in der Automobilindustrie, UR 2010, 299. **Bonertz**, Sicherungsübereignung und Verwertung durch Insolvenzverwalter, Sicherungsnehmer oder Sicherungsgeber aus umsatzsteuerlicher Sicht, UR 2007, 241. **Bosche**, Umsatzsteuerlicher Lieferort bei Warentransporten aus einem Drittland über ein Lager, UR 2010, 1. **Büchter-Hole**, Anmerkung zu FG Hamburg, Vorlagebeschluss vom 20.4.2010, 3 K 3/09, Az. des EuGH: Rs. C-218/10, EuGH-Vorlage zum Rechtsbegriff »Gestellung von Personal« und zur Einheitlichkeit der Entscheidung gegenüber Leistungserbringer und Leistungsempfänger, EFG 2010, 1170 (1175). **Burghardt**, Umsatzsteuerrechtliche Einordnung von Sale-and-lease-back-Geschäften, MwStR 2017, 978. **Christoffel**, Das Steuerreformpaket 2004, Sonderdruck, Nordkirchen 2004. **Clemens**, Umsatzsteuerrechtliche Behandlung der Erschließungsträgertätigkeit nach dem Baugesetzbuch, UR 2010, 357. **Connemann**, Umsatzsteuer bei der Abgabe von Speisen, UStB 2009, 364. **Damaschke**, Dreifachumsatz bei der Verwertung von Sachen [Anmerkungen zum BMF-Schreiben vom 30.11.2006 und den zu Grunde liegenden BFH-Urteilen], steuerjournal 2/2007, 16. **Diemer**, Verwertung von Sicherungsgut, StSem 2007, 252 (Fall 96). **Eberl/Fraberger/Hofmann**, Brennpunkt Finanzstrafrecht: Umsatzsteuerfallen bei Lieferungen von Deutschland nach Österreich, MwStR 2018,335. **Fink**, Lieferung zubereiteter Speisen oder Restaurationsumsatz?/Umsatzsteuersatz für Party-Service, NWB 2009, 2143. **Fritsch**, Zweifelsfragen bei Reihengeschäften und innergemeinschaftlichen Dreiecksgeschäften ab 1.1.1997, NWB 1997, 3403 = Fach 7, 4917. **Funke**, Abholfälle mit späterer nachgelagerter Warenbewegung/Eine innergemeinschaftliche Lieferung oder Ausfuhrlieferung für den Veräußerer?, UR 2009, 433. **Gaba**, Umsatzsteuerliche Neubewertung von Konsignationslagerstrukturen?, IWB 19/2009 Fach 3, Deutschland Gruppe 7, 739. **Grube**, Zuordnung der Warenbewegung beim Reihengeschäft (Anmerkungen zu EuGH vom 28.06.2017. C-386/16, Toridas), MwStR 2017, 779. **Häcker/Schnell**, Klarstellung USt: Handykosten richtig buchen, PdR Gruppe 2, 339 = Heft 7/2001. **Hahne**, Umsatzbesteuerung der Verwertung von Sicherungseigentum außerhalb des Insolvenzverfahrens, StuB 2006, 700. **Hahne** (Hrsg.), Die Umsatzsteuer in Kreditinstituten, Heidelberg 2007, 392 ff. (Rz. 1166 ff.). **Hahne**, Leistungs-störungen bei der Abwicklung umsatzsteuerlicher Kommissionsgeschäfte/Auswirkungen auf die Besteuerung von Leistungen von Kommissionär und Kommittent, UR 2007, 677. **Handzik**, Das Reihengeschäft, UVR 1995, 235, 257. **Heidner**, Speisezubereitung im Umsatzsteuerrecht, UR 2009, 217. **Herzing/Rietzschel**, Warenlieferungen in und aus Konsignationslagern [Hinweis: Anmerkungen zu OFD Frankfurt a.M., Vfg. vom 17.3.2010, S 7100a A – St 110], BC 2010, 249. **Hiller**, Der gebrochene Transport im Umsatzsteuerrecht – endlich gelöst?, MwStR 2018, 290. **Hummel**, Verschaffung der Verfügungsmacht im Umsatzsteuerrecht/Am Beispiel des sog. »sale-and-lease-back« und des Kaufs auf Probe, UR 2007, 757. **Hundebeck/Wiedeking**, Neues zum Versand von Kleinsendungen aus dem Drittland, UStB 2008, 258. **ICC**, Incoterms 2010/Die Regeln der ICC zur Auslegung nationaler und internationaler Handelsklauseln, 1. Aufl. Köln 2010. **Jacobs**, Minderwertausgleich bei Schäden am Leasingfahrzeug und Umsatzsteuer/Anmerkungen zum BFH-Urteil vom 20.3.2013 – XR R 6/11, NWB 2013, 2986. **Klein**, Zollanmelder, Einführer und zum Vorsteuerabzug der Einfuhrumsatzsteuer als Vorsteuer berechtigter Unternehmer, INF 1999, 135. **Köster-Böckenförde**, Anmerkungen zu BFH, Urteil vom 30.07.2008, XI R 67/07, Innergemeinschaftliche Lieferung: Ort der Lieferung bei Versendung mit dem Vermerk »shipment on hold«, BB 2009, 649. **Korf**, Dauer-Einkaufskommission, UR 2009, 713. **Kracht**, Hauseigene Solaranlage: Voller Vorsteuerabzug bereits in der Investitionsphase möglich (Anmerkungen zum Urteil des FG München vom 25.1.2007, 14 K 1899/04), GStB 2007, 280. **Lange**, Umsatzbesteuerung von Leistungsbündeln/Mehrheit von Lieferungen oder einheitliche Leistung?, UR 2009, 289. **Lange**, Anmerkungen zum BFH-Urteil vom 12.12.2012 (XI R 36/10), BFH/PR 2013, 156. **Langer**, Ort der Lieferung in ein Konsignationslager (Anmerkungen zu BFH vom 16.11.2016, V R 1/16), MwStR 2017, 462). **Leisner-Egensperger**, Lieferungen und sonstige Leistungen: das Einheitlichkeitsproblem/Gemeinschafts- und verfassungsrechtliche Beurteilungskriterien, UR 2010, 557. **Lippross**, Umsatzsteuer, 22. Auflage 2008, Kap. 2.3–2. 6. **Lippross**, Umsatzsteuerliche Beurteilung von Restaurationsumsätzen/Kritische Bemerkungen zur extensiven Auslegung des Dienstleistungsbegriffs durch den BFH, DStR 2009, 1466. **Looks/Bergau**, Tauschähnlicher Umsatz mit Nutzerdaten – Kein Stück vom Kuchen, MwStR 2016,864. **Martin**, Anmerkungen zu BFH, Urteil vom 23.07.2009, V R 27/07, USt bei der Verwertung von Sicherungseigentum, BFH/PR 2010, 14. **Matheis**, Neues zur Lieferortsbestimmung bei Lagergeschäften, UVR 2009, 89. **Meyer**, Anmerkungen zum Urteil des FG München vom 25.1.2007 (14 K 1899/04), EFG 2007, 876. **Möhlenkamp/Masuch**, Innergemeinschaftliche Reihengeschäfte in der europäischen Union/Unter Berücksichtigung des EuGH-Urteils in der Rechtssache EMAG, UR 2009, 268. **Möller**, Umsatzsteuerrechtliche Beurteilung von Sale-and-lease-back-Geschäften (Anmerkungen zu BFH vom 6.4.2016, V R 12/15), MwStR 2016, 757. **Müller**, Anmerkung zum Urteil des FG Saarland vom 14.2.2007 (1 K 1276/03, Rev. eingelegt, Az. des BFH: V R 27/07), EFG 2007, 795 (Entscheidung 386). **Müller-Lee**, Konsignationslager in der Europäischen Union/ Die Vereinfachungsregelungen in den einzelnen EU-Mitgliedstaaten, UStB 2003, 238. **Müller-Lee/Selera**, Konsignationslager in der Europäischen Union/Die Vereinfachungsregelungen in den einzelnen EU-Mitgliedstaaten (Fortsetzung des Beitrages von Müller-Lee, UStB 2003, 238 ff.), UStB 2007, 253. **Neeser**, Vorsicht bei Auslieferungslagern, UVR 2009, 189. **Nieskoven**, BGH rügt Umsatzbesteuerung von »Schadensersatz« bei Leasingverträgen, GStB 2007, 274. **Nieskoven**, Abgrenzung zwischen steuerermäßigter »Speisenlieferung« und »Restaurationsumsatz«, GStB 2009, 65. **Nieskoven**, Abgrenzung zwischen Speiselieferung und Restaurationsumsatz im Fokus, MBP 2008, 149. **Pfefferle/Renz**, Unentgeltliche Wertabgaben aus unternehmerischen Gründen/BFH-Urteil vom 12.12.2012 – XI R 36/10 zur kostenlosen Abgabe von Blutzuckermessgeräte-Sets, NWB 2013, 2842. **Prätzler**, Update: Umsatzsteuerliche Aspekte bei Konsignationslagern im EU-Ausland, UStB 2010, 13. **Radeisen**, Lieferung im Umsatzsteuerrecht, LSW 2/2010,Gruppe 7, 357. **Ramb**, Lieferung und Werklieferung von Grundstücken/Umsatz- und grunderwerbsteuerliche Betrachtung der Fallvarianten, NWB 2013, 3560. **Reiß**, Das Kreuz mit den Reihengeschäften und dem Glauben und den Absichten der Beteiligten, MwStR 2018, 296. **Reiß**, Innergemeinschaftliche Reihengeschäfte und Vereinfachungsmaßnahmen bei innergemeinschaftlichen Dreiecksgeschäften, MwStR 2018, 594. **Röck**, Das umsatzsteuerliche Reihengeschäft und seine Gestaltungen, LSW 4/2005 Gruppe 7, 127. **Rondorf**, Das Umsatzsteuer-Binnenmarktgesetz, 1. Auflage 1992. **Scherer**, Übertragung von Aktien und anderen Wertpapieren als sonstige Leistung [Anmerkungen zum BMF-Schreiben und dem zu Grunde liegenden EuGH-Urteil vom 26.05.2005, Rs. C-465/03, Kretztechnik AG], steuer-journal 2/2007, 15. **Schöngart**, Die Umsatzsteuer im Binnenmarkt/Grundfälle, UStB 2009, 269. **Serafini**, Neue Rechtsprechungsgrundsätze bei der Vermietung von Ferienwohnungen, GStB 2002, 185. **Stadie**, Tauschvorgänge und Umsatzsteuer, UR 2009, 745. **Sterzinger**, Ortbestimmung und Umsatzsteuerbefreiung bei innergemeinschaftlichen Reihengeschäften/Die Zuordnung der Warenbewegung bei Beförderung und Versendung durch den Zwischenerwerber, NWB 2013, 4028. **von Streit**, Sicherungsübereignung und ähnliche Konstellationen/Betrachtungen zum mehrwertsteuerlichen Begriff der Lieferung vor dem Hintergrund der »Theorie des Dreifachumsatzes«, UStB 2007, 46. **von Streit/Korf**, Erosion des Lieferbegriff, UR 2008, 410. **Tausch**, Anmerkungen zu BFH, Urteil vom 23.7.2009, V R 27/07, § 3 Abs. 1, Abs. 3 UStG 1993: Verwertung von Sicherungseigentum, UVR 2010, 4. **Trapp/Muhlmann**, Die umsatzsteuerliche Behandlung einer Vertragsübertragung/Mögliche Folgen aus dem Vorabentscheidungsersuchen »Swiss Re«, C-242/08, DStR 2009, 1941. **Trapp/Muhlmann**, Ist die Übertragung eines Rückversicherungsbestandes einer Dienstleistung?, UVR 2009, 317. **Wagner**, Anmerkungen zum Urteil des

BFH vom 30.7.2008 (XI R 67/07, Zeitpunkt der Lieferung bei Versendung mit »ship to hold«-Klausel), LSW 12/2008 Gruppe 3, 1561. **Weber**, Abgrenzung zwischen Rückgängigmachung einer Lieferung, Entgeltsminderung und selbständiger Rücklieferung, StSem 2009, 88 (Fall 34). **Weimann**, Die Vorteile der neuen Dienstleistungskommission (§ 3 Abs. 11 UStG), UStB 2004, 217. **Weimann**, Steuerfalle: Umsatzsteuer auch auf unternehmerisch bedingte unentgeltliche Wertabgaben!, UStB 2005, 389. **Weimann**, »Vorsteuerkappungsfahrzeuge«: Besteuerung der privaten Verwendung bei Nachholung des Vorsteuerabzugs über § 15a UStG, UStB 2007, 332. **Weimann**, Arbeitnehmereinsatz für privat: Umsatzsteuerfalle durch geschickte Vertragsgestaltung umgehen!, UStB 2008, 184. **Weimann**, Lieferort und Leistungszeitpunkt beim Kauf auf Probe, UStB 2008, 269. **Weimann**, Problemfall Reihengeschäfte: Zur Zuordnung bei einem EU-Abholfall, GStB 2015, 335. **Weimann**, Neues zur Umsatzsteuerbefreiung bei einem »gebrochenen Transport«, GStB 2016, 207. **Weimann**, Neue Rechtsprechung bei der umsatzsteuerlichen Behandlung von Konsignationslagern, PIStB 2016, 130. **Weimann**, Umsatzsteuerlichen Behandlung von Auslieferungs- und Konsignationslagern, PIStB 2016, 262. **Weimann**, Bestelleintritt beim Leasinggeschäft (Anmerkungen zu BMF vom 31.08.2015, III C 2 – S 7100/07/10031:005, 2015/0747620), AStW-Datenbank, Abruf-Nr. 145306. **Weimann**, Warenlieferungen in und aus Konsignationslagern / Anmerkungen zu OFD Frankfurt vom 21.04.2017, S 7100aA-004-St110, AStW 2017,551. **Weimann**, Umsatzsteuer in der Praxis (UidP), 16. Auflage 2018, Kap. 17f., 21ff. **Weimann/Fuisting**, Verwertung von Sicherungsgut (Teil II), StB 2015, 118. **Weimann/Fuisting**, Auslieferungs- und Konsignationslager: Das BMF folgt der neuen BFH-Rechtsprechung, PIStB 2018, 4. **Weimann/Kraatz/Grobbel**, Verwertung von Sicherungsgut (Teil I), StB 2015, 82. **Weimann/Raudszus**, UmsatzsteuerPraxisSpiegel (UVR-UPS) 3/99, UVR 1999, 324. **Winter**, Reihengeschäfte: Über das Ziel hinausgeschossen? Auswertung einer Umfrage bei den deutschen Auslandshandelskammern, UR 1998, 204.

Verwaltungsanweisungen

BMF vom 05.07.1984, Az: IV A 2 – S 7110 – 15/84, Umsatzsteuer; hier: Vermittlungsleistungen oder Eigenhandel beim Verkauf von gebrauchten Kraftfahrzeugen; Ermittlung der Kosten bei Pflege- und Instandsetzungsarbeiten, BStBl I 1984, 397.

BMF vom 28.03.1988, Az: IV A 2 – S 7110 – 21/88, Umsatzsteuer bei Kommissionsgeschäften; hier: Behandlung der Viehkommission (formell aufgehoben lt. BMF vom 23.03.2015, Anlage 2 Nr. 91, materiell gem. ebendiesem BMF-Schreiben aber weiter gültig).

BMF vom 07.07.1989, Az: IV A 2 – S 7110 – 37/89, Umsatzsteuerliche Behandlung von Leistungen der Volksbühnen- und Theatergemeinden-Vereinen.

BMF vom 11.04.2001, Az: IV B 7 – S 7109 – 14/01, Private Nutzung von betrieblichen Personalcomputern und Telekommunikationsgeräten durch Arbeitnehmer.

BMF vom 30.01.2003, Az: IV B 7 – S 7100 – 13/03, Umsatzsteuerrechtliche Behandlung der Beistellung von Personal zu sonstigen Leistungen, BStBl I 2003, 154.

BMF vom 13.04.2004, Az: IV B 7 – S 7206 – 3/04, Umsatzsteuer; § 10 Abs. 4 Satz 1 Nr. 2 und 3 UStG Bemessungsgrundlage bei sonstigen Leistungen i. S. d. § 3 Abs. 9a Nr. 1 und 2 UStG, BStBl I 2004, 468.

BMF vom 13.04.2004, Az: IV B 7 – S 7300 – 26/04, Umsatzsteuer; Verwendung eines dem Unternehmen zugeordneten Grundstücks als unentgeltliche Wertabgabe, BStBl I 2004, 469.

OFD Koblenz vom 13.12.2005, S 7100 A – St 44 3, Abgrenzung zwischen Lieferung und sonstigen Leistungen; hier Einheitlichkeit der Leistungen bei der Abgabe von Hardware-Komponenten im Zusammenhang mit dem Abschluss eines längerfristigen Netzbenutzungsvertrags, DStR 2006, 514.

BMF vom 14.02.2006, Az: IV A 5 – S 7100 – 2/06, Umsatzsteuer; Abgrenzung zwischen Lieferungen und sonstigen Leistungen; Leistungen im Zusammenhang mit der Abgabe von Saatgut, BStBl I 2006, 240.

BMF vom 28.11.2006, Az: IV A 5 – S 7109 – 14/06, Umsatzsteuer; Umsatzsteuerrechtliche Behandlung der Überlassung von so genannten VIP-Logen und des Bezugs von Hospitality-Leistungen, BStBl I 2006, 791.

BMF vom 13.12.2006, Az: IV A 5 – S 7100 – 177/06, Umsatzsteuerrechtliche Behandlung der Entgelte für postvorbereitende Leistungen durch einen sog. Konsolidierer (§ 51 Abs. 1 Satz 2 Nr. 5 PostG), BStBl I 2007, 119.

BMF vom 26.02.2007, Az: IV A 5 – S 7200/07/0014, 2007/0079210, Zahlungsansprüche für land- und forstwirtschaftliche Betriebe nach der EU-Agrarreform (GAP-Reform); Zuteilung, Veräußerung und Verpachtung von Zahlungsansprüchen, BStBl I 2007, 271.

BMF vom 04.05.2007, Az: IV A 5 – S 7100/07/0011/Az: IV A 6 – S 7170/07/0003, 2007/0189309, Umsatzsteuer, Einheitlichkeit der Leistung, Steuerbefreiung nach § 4 Nr. 14 UStG; Anwendung des BFH-Urteils vom 13. Juli 2006, V R 7/05, auf nach dem Arbeitssicherheitsgesetz (ASiG) und anderen Schutzvorschriften erbrachte medizinische Leistungen, BStBl I 2007, 481.

BMF vom 01.02.2008, Az: IV A 5 – S 7114/07/0002 (2008/0036071), Zentralisierter Vertrieb von Kleinsendungen aus dem Drittland; Anwendung des BFH-Urteils vom 21. März 2007 – V R 32/05 –, BStBl I 2008, 295.
BMF vom 22.05.2008, Az: IV B 8 – S 7100/07/10007 (2008/0260780), Umsatzsteuerliche Behandlung von Ausgleichsansprüchen nach Beendigung eines Leasingvertrags, BStBl I 2008, 632.
BMF vom 22.09.2008, Az: IV B 8 – S 7109/07/10002, 2008/0500247, Umsatzsteuer; § 3 Abs. 1b, § 4 Nr. 9 Buchst. a Umsatzsteuergesetz (UStG) – Steuerbefreiung bei der Entnahme eines Grundstücks aus dem Unternehmen, BStBl I 2008, 895.
BMF vom 16.10.2008, Az: IV B 8 – S 7100/07/10050 (2008/0541679), Abgrenzung von Lieferungen und sonstigen Leistungen bei der Abgabe von Speisen und Getränken, BStBl I 2008, 949 (formell aufgehoben lt. BMF vom 23.03.2015, Anlage 2 Nr. 88, materiell gem. ebendiesem BMF-Schreiben aber weiter gültig).
BMF vom 04.12.2008, Az: IV B 8 – S 7100/07/10031 (2008/0681362), Umsatzsteuerliche Behandlung von sale-and-lease-back-Geschäften, BStBl I 2008, 1084.
BMF vom 09.12.2008, Az: IV B 9 – S 7117-f/07/10003 (2008/0682415), Auswirkungen des BFH-Urteils vom 11. Oktober 2007 – V R 22/04 – (BStBl. 2008 II S 993) zur umsatzsteuerlichen Behandlung der Vermögensverwaltung (Portfolioverwaltung), BStBl I 2008, 1086 (formell aufgehoben lt. BMF vom 24.03.2014, Anlage 2 Nr. 133, materiell gem. ebendiesem BMF-Schreiben aber weiter gültig).
BMF vom 01.04.2009, Az: IV B 8 – S 7124/07/10002 (2009/0212505), Novelle des Erneuerbare-Energie-Gesetzes (EEG 2009): Umsatzsteuerrechtliche Behandlung des sog. Direktverbrauchs nach dem Erneuerbare-Energie-Gesetz ab dem 1. Januar 2009, BStBl I 2009, 523.
BMF vom 12.10.2009, Az: IV B 8 – S 7270/07/10001 (2009/0637303), Merkblatt zur Umsatzbesteuerung in der Bauwirtschaft, BStBl I 2010, 1292.
BMF vom 04.02.2010, Az: IV D 2 – S 7221/09/10001 (2010/0073876), Steuersatz für die Lieferungen von Pflanzen und damit in Zusammenhang stehende sonstige Leistungen; Konsequenzen des BFH-Urteils vom 25. Juni 2009 – V R 25/07 – (BStBl II 2010 S. 239), BStBl I 2010, 214.
BMF vom 29.03.2010, Az: IV D 2 – S 7100/07/10050 (2010/0227270), Abgrenzung von Lieferungen und sonstigen Leistungen bei der Abgabe von Speisen und Getränken; Konsequenzen der BFH-Beschlüsse vom 15. Oktober 2009 – XI R 6/08 – und – IX R 37/08 – sowie vom 27. Oktober 2009 – V R 3/07 – und – V R 35/08 –; BStBl I 2010, 330 (formell aufgehoben lt. BMF vom 23.03.2015, Anlage 2 Nr. 89, materiell gem. ebendiesem BMF-Schreiben aber weiter gültig).
BMF vom 31.08.2011, Az: IV D 2 – S 7109/09/10001 (2011/0659452), Umsatzsteuer; EuGH-Urteil vom 30. September 2010, C-581/08 (EMI-Group); Anpassung des Abschnitts 3.3 Absatz 13 UStAE, BStBl. I 2011, 825.
OFD Niedersachsen vom 16.09.2011, S 7109 – 10 – St 172, Grundstücksübertragung zwischen Angehörigen, DStR 2011, 2467.
LSF Sachsen vom 18.09.2012, S 7109 – 10/2-213, Umsatzsteuer auf Sachspenden an die sog. »Tafeln«, DStR 2013, 199.
BMF vom 21.11.2012, Az: IV D 3 – S 7103-a/12/10002 (2012/1056512), Innergemeinschaftliches Verbringen – Vereinfachungsregelung nach Abschnitt 1a.2 Abs. 14 Umsatzsteuer-Anwendungserlass, BStBl I 2012, 1229.
BMF vom 12.12.2012, Az: IV D 2 – S 7112/11/10001 (2012/1128366), Umsatzsteuer; Abgrenzung zwischen Werklieferung und Werkleistung bei Reparaturen beweglicher körperlicher Gegenstände, BStBl I 2012, 1261.
BMF vom 20.03.2013, Az: IV D 3 – S 7103-a/12/10002, 2013/0273956, Innergemeinschaftliches Verbringen – Vereinfachungsregelung nach Abschnitt 1a.2 Abs. 14 UStAE – Verlängerung der Übergangsregelung, BStBl I 2013, 335 (formell aufgehoben lt. BMF vom 23.03.2015, Anlage 2 Nr. 90, materiell gem. ebendiesem BMF-Schreiben aber weiter gültig).
BMF vom 12.12.2013, Az: IV D 3 – S 7015/13/10001 (2013/1118439), Umsatzsteuer-Anwendungserlass; Änderungen zum 31. Dezember 2013 (Einarbeitung von Rechtsprechung und redaktionelle Änderungen), BStBl I 2013, 1627.
BMF vom 21.11.2013, Az: IV D 2 – S 7203/07/10002:004 (2013/1059833), Leistungsbeziehungen bei der Abgabe werthaltiger Abfälle, BStBl I 2013, 1584.
BMF vom 06.02.2014, Az: IV D 2 – S 7100/07/10007 (2014/0107895), Umsatzsteuerrechtliche Behandlung von Ausgleichzahlungen bei Beendigung des Leasingverhältnisses; BFH-Urteil vom 20. März 2013 (XI R 6/11, BStBl. 2014 II S. 206), BStBl I 2014, 267.
BMF vom 07.02.2014, Az: IV D 2 – S 7100/12/10003, 2014/0116307, Umsatzsteuer; Lieferung bei Betrugsabsicht des Lieferers, BStBl I 2014, 271.

BMF vom 30.04.2014, Az: IV D 2 – S 7100/07/10037 (2014/0332437), Umsatzsteuerrechtliche Leistungsbeziehungen bei der Verwertung von Sicherungsgut im Insolvenzverfahren; BFH vom 28. Juli 2011, V R 28/09, BStBl I 2014, 816.

BMF vom 10.12.2014, Az: IV D 3 – S 7015/14/10001 (2014/10733025), Umsatzsteuer-Anwendungserlass; Änderungen zum 31. Dezember 2014 (Einarbeitung von Rechtsprechung und redaktionelle Änderungen), BStBl I 2014, 1622.

BMF vom 31.08.2015, Az: III C 2 – S 7100/07/10031 :005 (2015/0747620), Behandlung des Bestelleintritts in Leasingfällen; Änderung des Abschnitts 3.5 Umsatzsteuer-Anwendungserlass, BStBl I 2015, 737.

BMF vom 07.12.2015, Az: III C 2 – S 7116-a/13/10001 / III C 3 – S 7134/13/10001, Steuerbefreiung für Ausfuhrlieferungen und innergemeinschaftliche Lieferungen bei gebrochener Beförderung oder Versendung, BStBl I 2015, 1014.

BMF vom 15.12.2015, Az: IV C 3 – S 7015/15/10003 (2015/1045194), Umsatzsteuer-Anwendungserlass; Änderungen zum 31. Dezember 2015 (Einarbeitung von Rechtsprechung und redaktionelle Änderungen), BStBl I 2013, 1627.

BMF vom 19.12.2016, Az: IV C 3 – S 7015/16/10001 (20156/1122932), Umsatzsteuer-Anwendungserlass; Änderungen zum 31.12.2016 (Einarbeitung von Rechtsprechung und redaktionelle Änderungen), BStBl I 2016, 1459.

OFD Frankfurt vom 21.04.2017, S 7100aA-004-St110, Warenlieferungen in und aus Konsignationslagern, UR 2018, 219.

BMF vom 10.10.2017, III C 3 – S 7103-a/15/10001, 2017/0854904, Umsatzsteuer; Grenzüberschreitende Warenlieferungen in ein inländisches sog. Konsignationslager; BFH Urteile vom 20.10.2016 und 16.11.2016, BStBl I 2017, 1442.

BMF vom 13.12.2017, Az: IV C 3 – S 7015/16/10003 (2017/1017217), Umsatzsteuer-Anwendungserlass; Änderungen zum 31.12.2017 (Einarbeitung von Rechtsprechung und redaktionelle Änderungen), BStBl I 2017, 1667.

BMF vom 14.12.2017, III C 3 – S 7103-a/15/10001, 2017/1045076, Umsatzsteuer;
Grenzüberschreitende Warenlieferungen in ein inländisches sog. Konsignationslager; BFH Urteile vom 20.10.2016 und 16.11.2016, BStBl I 2017, 1673.

Hinweis: Zur Problematik der zeitlichen Geltungsdauer von BMF-Schreiben vgl. Einführung UStG, Rz. 100 ff.

Richtlinien/Hinweise/Verordnungen
UStAE: Abschn. 3.1–3.15.
MwStSystRL: Art. 14 ff. (= Titel IV: steuerbarer Umsatz), Art. 31 ff. (= Titel V: Ort des steuerbaren Umsatzes).

1 Auf einen Blick vorab – EU-Geschäfte ab 2019/2022

1 Die EU-Kommission hat im Oktober 2017 Pläne für die **größte Reform** der Mehrwertsteuervorschriften **seit einem Vierteljahrhundert** vorgelegt. Durch die Neuregelung soll das System für Regierungen und Unternehmen gleichermaßen verbessert und modernisiert werden. Da hierzu ein zeitlicher Vorlauf unabdingbar ist, sollen bereits **ab 2019 Sofortmaßnahmen** greifen. Eine der angedachten Maßnahmen ist die Einführung eines »zertifizierten Steuerpflichtigen«. Darunter werden vertrauenswürdige Unternehmen verstanden, die von **einfacheren und zeitsparenden Vorschriften** profitieren werden. Die vollständige Umstellung soll dann zum 01.01.2022 erfolgen.

2 Allgemeines

2.1 Überblick über die Vorschrift

§ 3 UStG regelt in den 1a

- Abs. 1–5 sowie 9–12 den **Steuergegenstand** der USt für die Fälle des § 1 Abs. 1 Nr. 1 UStG,
- Abs. 5a–8 den **Leistungsort** für Lieferumsätze.

Die Vorschrift hat damit **zentrale Bedeutung** für die Prüfung der Steuerbarkeit unternehmerischen Verhaltens. 2

2.2 Rechtsentwicklung

§ 3 UStG geht in seiner jetzigen Form auf § 3 UStG 1967 zurück. Die Regelungen wurden in ihrem Kernbereich unverändert in das UStG 1980 übernommen und erfuhren in der Folgezeit insbesondere auf Grund der Einführung des USt-Binnenmarktes zum 01.01.1993 und der Anpassung an die Vorgaben der 6. EG-RL zahlreiche Änderungen, die in den Einzelkommentierungen (vgl. Rn. 12 ff.) dargestellt sind. Zur Rechtsentwicklung ausführlich Flückiger in S/W/R, § 3 Rz. 1 ff.; Martin in S/R, § 3 Rz. 1 ff.; Nieskens in R/D, Anm. 1 ff.). 3

Überblick über die letzten materiellen Änderungen des § 3 UStG: 4

- Das Steueränderungsgesetz 2003 (StÄndG 2003, BStBl I 2003, 710) hat **m. W. v. 01.01.2004**
  - § 3 Abs. 9a S. 2 UStG (unentgeltliche Nutzung des unternehmenseigenen Kfz) aufgehoben,
  - § 3 Abs. 11 UStG von der bisherigen Besorgungsleistung auf die nunmehrige Dienstleistungskommission fortgeschrieben.
- Das Richtlinien-Umsetzungsgesetz (EURLUmsG, BGBl I 2004, 3310) hat **m. W. v. 01.01.2005** den Katalog der speziellen und daher **vorrangigen Ortvorschriften** des § 3 Abs. 5a UStG um den neuen § 3 g UStG (Ort der Lieferung von Gas oder Elektrizität) erweitert.
- Das Jahressteuergesetz 2008 (JStG 2008, BGBl I 2007, 3150) hat **m. W. v. 29.12.2007** die Legaldefinition des § 3 a Abs. 9 S. 4 und 5 UStG **(Abgabe von Speisen und Getränken zum Verzehr an Ort und Stelle = sonstige Leistung)** wieder aufgehoben (vgl. § 3 e Rn. 6 ff.).
- Das Jahressteuergesetz 2010 (BGBl I 2010, 1768, BStBl I 2010, 1394) hat **m. W. v. 01.01.2011** § 3 Abs. 9 a Nr. 1 UStG um den letzten Halbsatz ergänzt und damit die aufgrund des **Wegfalls der »Seeling«-Gestaltungen** (vgl. die Kommentierung zu § 15) erforderlichen Anpassungen vorgenommen.
- Das »Gesetz zur Anpassung des nationalen Steuerrechts an den Beitritt Kroatiens zur EU und zur Änderung weiterer steuerlicher Vorschriften« vom 25.07.2014 (BGBl I 2014, 1266) hat § 3 UStG **m. W. v. 01.01.2015** ergänzt um den neuen Absatz 11a bzgl. der **Abrechnung von Leistungen, die über öffentliche Telekommunikationsnetze, Portale und Schnittstellen erbracht werden** (Rn. 192 ff.).

2.3 Geltungsbereich

2.3.1 Sachlicher Geltungsbereich

5 § 3 UStG regelt den **Steuergegenstand der USt** in den Fällen des § 1 Abs. 1 Nr. 1 UStG. Steuergegenstand sind danach Lieferungen und sonstige Leistungen, entsprechend auch Tausch und tauschähnliche Umsätze sowie denen gleichgestellte Leistungen.

2.3.2 Persönlicher Geltungsbereich

6 § 3 UStG sieht hinsichtlich des persönlichen Geltungsbereichs keine Beschränkungen vor und gilt daher für **alle Unternehmer** i. S. d. § 2 UStG.

2.3.3 Zeitlicher Geltungsbereich

7 § 3 UStG galt vom 01.04.1999 bis zum 31.12.2003 unverändert und wurde in der Folgezeit lediglich durch das StÄndG 2003 m. W. v. 01.01.2004, das EURLUmsG m. W. v. 01.01.2005 sowie das JStG 2008 m. W. v. 29.12.2007 geändert (vgl. Rn. 3f.). Für ältere Zeiträume vor dem 01.04.1999 vgl. Nieskens in R/D, Anm. 1ff.

2.4 Gemeinschaftsrechtliche Grundlagen und Verhältnis zu anderen Vorschriften

2.4.1 Gemeinschaftsrechtliche Grundlagen

8 Die einzelnen Regelungen des § 3 UStG stimmen nicht wörtlich mit den entsprechenden Vorschriften der MwStSystRL bzw. der 6. EG-RL als deren Vorgängerin überein. Soweit sich dadurch inhaltliche Unterschiede ergeben, sind die gemeinschaftsrechtlichen Bestimmungen im Wege der richtlinienkonformen Auslegung zu berücksichtigen (Martin in S/R, § 3 Rz. 24; vgl. § 1 Rn. 10f.).

§ 3 Abs. ... UStG	Art. ... der MwStSystRL	Art. ;... der 6. EG-RL (bis 31.12.2006)
1	14f.	5 Abs. 1, 2 und 4
1a	17	28a Abs. 5
1b	16	5 Abs. 6
3	14 Abs. 2 Buchst. c	5 Abs. 4c
4	14 Abs. 3	5 Abs. 5
5a	31 ff.	8
6	32 Abs. 1	8 Abs. 1 Buchst. a
7	31, 33	8 Abs. 1 Buchst. a
8	32 Abs. 2	8 Abs. 2
9	24f.	6 Abs. 1
9a	26	6 Abs. 2

§ 3 Abs. ... UStG	Art. ... der MwStSystRL	Art. ;... der 6. EG-RL (bis 31.12.2006)
10	24f.	6 Abs. 1 (vgl. Rn. 175ff.)
11	28	6 Abs. 4
11a	58 i.V.m. Art. 9 MwStVO	
12	14 Abs. 1 und Abs. 2, 15 Abs. 1	5 Abs. 1, 2 und 4

Der EuGH hat festgestellt, dass die deutschen Lieferortsbestimmungen des § 3 Abs. 6 S. 5, Abs. 7 S. 2 UStG richtlinienkonform sind (EuGH-Urteil vom 06.04.2006, Rs. C-245/04, EMAG Handel Eder OHG, BFH/NV Beilage 2006, 294). Der österreichische Verwaltungsgerichtshof (kurz »öVwGH« = höchstes österreichisches Gericht in Steuersachen) hatte dem EuGH mit Beschlüssen vom 26.05.2004 vier Fragen zur umsatzsteuerlichen Beurteilung grenzüberschreitender Reihengeschäften zur Vorabentscheidung vorgelegt. Österreichische und deutsche Verwaltungspraxis, Gesetzgeber und herrschende Lehre ordnen die Warenbewegung (Beförderung oder Versendung) abhängig von der Veranlassung des Transports nur einer der Lieferungen (sog. »bewegte Lieferung« oder »Beförderungs-/Versendungslieferung«) in der Reihe zu. Bei der umsatzsteuerrechtlichen Beurteilung aller anderen Lieferungen in der Reihe (sog. »ruhende Lieferungen«) bleibt die Warenbewegung unberücksichtigt. Diese eigentlich gefestigte Rechtsauffassung stellte der öVwGH in Frage (VwGH, Beschluss vom 26.05.2004, EU 2004/0001, hierzu ausführlich Weimann, UidP, 16. Aufl. 2016, Kap. 21.4.10); die Rechtsauffassung wurde jedoch vom EuGH noch einmal bestätigt. 9

2.4.2 Verhältnis zu anderen Vorschriften des Umsatzsteuerrechts

§ 3c UStG (Ort der Lieferung in besonderen Fällen), § 3e UStG (Ort der Lieferungen und Restaurationsdienstleistungen während einer Beförderung an Bord eines Schiffes, in einem Luftfahrzeug oder in einer Eisenbahn), § 3f UStG (Ort der unentgeltlichen Lieferungen und sonstigen Leistungen) und § 3g UStG (Ort der Lieferung von Gas oder Elektrizität) gehen den Lieferortbestimmungen des § 3 Abs. 5aff. UStG vor. 10

2.5 Zivilrechtliche Grundlagen des Reihengeschäfts

Die zivilrechtliche Ausgangslage lässt sich wie folgt zusammenfassen (vgl. Handzik, UVR 1995, 235 und 257): Beim Strecken- oder Kettengeschäft schließen auf der Ebene des Schuldrechts, ggf. auch schon vor der Aussonderung der Ware (§ 243 Abs. 2 BGB), der Verkäufer (V) mit dem Zwischenkäufer Z_1, dieser ggf. mit weiteren Zwischenkäufern (Z_2, Z_3 usw.) sowie der letzte Zwischenkäufer (Z_n) mit dem Letztkäufer = Abnehmer (A) Kaufverträge ab. Auf der Ebene des Sachenrechts finden zwischen den Parteien der schuldrechtlichen Verträge Einigungen i.S.v. § 929 S. 1 BGB statt. Die für § 929 S. 1 BGB zusätzlich erforderliche Übergabe (hier: Verschaffung des unmittelbaren Besitzes nach § 854 Abs. 1 BGB) erfolgt dadurch, dass V über Z_1 und Z_1 über Z_2 usw. angewiesen wird, den unmittelbaren Besitz an A zu übertragen (vgl. BGH, NJW 1982, 2371 sowie zum Geheißerwerb Bassenge in Palandt, Bürgerliches Gesetzbuch, 73. Aufl. 2014, § 929 Rz. 17). 11

3 Kommentierung

3.1 Einheitlichkeit der Leistung

12 Ob bei der Beurteilung eines Sachverhalts von einer einheitlichen oder von mehreren getrennten Leistungen auszugehen ist, hat insbesondere Bedeutung für den Zeitpunkt der Steuerentstehung und die Anwendung von Befreiungsvorschriften sowie des zutreffenden Steuersatzes. Ein einheitlicher wirtschaftlicher Vorgang darf nicht in mehrere Leistungen aufgeteilt werden. Nach der wirtschaftlichen Ausrichtung des Umsatzes ist zunächst die sog. Hauptleistung zu ermitteln. Ggf. im Gefolge vorkommende Nebenleistungen teilen umsatzsteuerlich das »Schicksal« der Hauptleistung (ausführlich hierzu Abschn. 3.10 UStAE).

13 Nach diesem Grundsatz sind auch die Fälle der »**Durchreichung**« **von Kosten an den Kunden** zu lösen. Vertragsvereinbarungen sehen häufig neben der Bezahlung der eigentlichen Leistung (Anwaltshonorar, Kaufpreis etc.) auch die Weiterbelastung der durch die Leistungserbringung verursachten Kosten vor:

Beispiel:
Rechtsanwalt RA und Mandant M treffen folgende Honorarvereinbarung:
Für die Beratung erhält RA ein Honorar i. H. v. 4000 €. Die Auslagenpauschale beträgt 3 % des Honorars nach Ziffer 1. M übernimmt die durch die Beratung verursachten Fahrt-, Übernachtungs- und Verpflegungskosten des RA. Soweit RA durch die Beratung weitere unmittelbare Kosten entstehen, wird M auch diese übernehmen.
RA entstehen auf Grund der Beratung Taxikosten (145 € inkl. 7 % USt). Weiter verauslagt RA einen Gerichtskostenvorschuss i. H. v. 500 €.

14 Bei Abrechnung der Leistung stellt sich die Frage, auf welche Weise die Weiterbelastung der »Nebenkosten« einzubeziehen ist und das umsatzsteuerliche Entgelt erhöht. Grundsätzlich wird der Umsatz nach dem Entgelt bemessen; dabei ist Entgelt alles, was der Leistungsempfänger aufwendet, um die Leistung zu erhalten (§ 10 Abs. 1 S. 1 und 2 UStG). Das gilt auch, soweit der Unternehmer vom Leistungsempfänger eine **Kostenerstattung** erhält. In diesem Fall ist zu beachten, dass der zivilrechtliche Anspruch des Leistenden sich auf die tatsächlich entstandenen Kosten beschränkt und daher ein eventueller **Vorsteuererstattungsanspruch gegenzurechnen** ist. **Durchlaufende Posten** gehören nicht zum Entgelt, weil sie im Namen und Verrechnung anderer vereinnahmt und verausgabt werden (§ 10 Abs. 1 S. 6 UStG):

- Der leistende Unternehmer darf **keinen eigenen Rechtsanspruch** auf die vereinnahmten Beträge haben; er muss vielmehr bei der Vereinnahmung für eine andere empfangsberechtigte Person tätig werden.
- Der leistende Unternehmer darf **nicht selbst** zur Zahlung der verausgabten Beträge **verpflichtet** sein; er muss vielmehr bei der Verausgabung für einen anderen Zahlungsverpflichteten tätig werden.

15 Ein schuldrechtliches Verhältnis zwischen dritten Parteien muss m. a. W. durch die Mitwirkung des leistenden Unternehmers ausgeglichen werden. Gleichgültig ist, ob durchlaufende Posten zunächst vereinnahmt und dann verausgabt werden oder umgekehrt (vgl. Abschn. 10.4 UStAE).

Lösung:
RA müsste wie folgt abrechnen:

Honorar	4000,00 €
Auslagenpauschale (3 % von 4000 €)	120,00 €
Taxi (145 € : 1,07)	135,52 €
Zwischensumme	4255,52 €
USt (19 %)	808,55 €
zzgl. verauslagter Gerichtskostenvorschuss	500,00 €
zu zahlen:	**5564,07** EUR

Von Bedeutung ist die Frage der Einheitlichkeit der Leistung immer auch bei **Steuersatzerhöhungen**. Die Frage, ob noch der alte oder bereits der neue Steuersatz anzuwenden ist, entscheidet sich allein über den Leistungszeitpunkt; für diesen wiederum ist maßgeblich, wann die Hauptleistung erbracht wird (vgl. § 13 Rn. 25). Zur **Personalbeistellung des Auftraggebers einer sonstigen Leistung** vgl. Rn. 216f. 16

3.2 Begriff und Gegenstand der Lieferung (§ 3 Abs. 1 bis Abs. 5 UStG)

3.2.1 Lieferung (§ 3 Abs. 1 UStG)

Zum **Begriff** der Lieferung vgl. grundsätzlich Abschn. 3.1 UStAE. 17

Als **Liefergegenstand** kommen in Betracht (vgl. Abschn. 3.1 Abs. 1 UStAE): 18

- körperliche Gegenstände i. S. d. BGB (Sachen und Tiere, § 90f. BGB),
- Sachgesamtheiten (z. B. Warenlager),
- Wirtschaftsgüter, die im Geschäftsverkehr wie Sachen behandelt werden (z. B. Elektrizität, Wärme und Wasserkraft, vgl. Abschn. 3.1 Abs. 2 S. 2 UStAE), nach Auffassung des EuGH aber nicht der Firmenwert, ein Kundenstamm oder Lebensrückversicherungsverträge (EuGH vom 22.10.2009, Rs. C-242/08, Swiss Re Germany Holding, BStBl II 2011, 559; vgl. auch Abschn. 3.1 Abs. 4 S. 2 UStAE).

Unter **Verschaffung der Verfügungsmacht** versteht man den gewollten Übergang der wirtschaftlichen Substanz, des Wertes und des Ertrages eines Gegenstandes vom Leistenden auf den Leistungsempfänger (Abnehmer). Der Abnehmer muss faktisch in die Lage versetzt werden, mit dem Liefergegenstand nach Belieben zu verfahren, d. h. ihn wie ein Eigentümer ohne Beschränkungen einschließlich der Möglichkeit einer Weiterveräußerung tatsächlich zu nutzen. Die Verfügungsmacht kann verschafft werden durch (vgl. Abschn. 3.1 Abs. 2f. UStAE): 19

- körperliche Übergabe des Gegenstandes (z. B. im Einzelhandel),
- Einigung über den Eigentumsübergang (§ 929 S. 2 BGB), wenn der Abnehmer bereits im Besitz des Gegenstandes ist,
- Abtretung des Herausgabeanspruchs (§ 931 BGB),
- Vereinbarung eines Besitzmittlungsverhältnisses (§ 930 BGB),
- Übergabe eines Traditionspapiers (z. B. Konnossement, Ladeschein, Orderlagerschein).

20 Bei den Liefergeschäften ist auf folgende **Sonderfälle** hinzuweisen:

- Verbringen eines Gegenstandes zur eigenen Verfügung vom Inland in das übrige Gemeinschaftsgebiet (§ 3 Abs. 1a UStG, vgl. Rn. 31 ff.),
- Entnahme eines Gegenstandes (§ 3 Abs. 1b Nr. 1 UStG, vgl. Rn. 54 ff.),
- unentgeltliche Zuwendung eines Gegenstandes an das Personal (§ 3b Abs. 1b Nr. 2 UStG, vgl. Rn. 54 ff.),
- unentgeltliche Zuwendung eines Gegenstandes an andere Unternehmer (§ 3 Abs. 1b Nr. 3 UStG, vgl. Rn. 54 ff.),
- Kommissionsgeschäft (§ 3 Abs. 3 UStG i. V. m. § 383 HGB, vgl. Rn. 62 f.),
- Werklieferung (§ 3 Abs. 4 UStG, vgl. Rn. 64 ff.),
- Gehaltslieferung (§ 3 Abs. 5 UStG, vgl. Rn. 69 ff.),
- Lieferung unter Eigentumsvorbehalt (§ 455 BGB, vgl. Abschn. 3.1 Abs. 3 S. 4 UStAE),
- Lieferung i. R. eines Leasingvertrages (vgl. Abschn. 3.5 Abs. 5 ff. UStAE),
- Lieferung i. R. einer Zwangsversteigerung (vgl. Abschn. 1.2 UStAE [s. a. Abschn. 2 UStR 2008]),
- Lieferung i. R. einer Sicherungsübereignung oder -verwertung (vgl. Abschn. 1.2 UStAE),
- Lieferung i. R. einer Verpfändung (vgl. Abschn. 1.2 UStAE),
- Tausch (§ 3 Abs. 12 S. 1 UStG, vgl. Rn. 213 ff.).

TIPP

Bei einem »**sale-and-lease-back**«-**Verfahren** kann der Übertragung des zivilrechtlichen Eigentums an dem Leasinggut durch den Leasingnehmer an den Leasinggeber eine bloße Sicherungs- und Finanzierungsfunktion zukommen mit der Folge, dass weder diese Übertragung noch die Rückübertragung des Eigentums vom Leasinggeber an den Leasingnehmer umsatzsteuerrechtlich als Lieferung zu behandeln ist. Die Frage nach den umsatzsteuerrechtlichen Leistungsbeziehungen kann auch insoweit grundsätzlich **nur auf der Grundlage der konkreten vertraglichen Vereinbarungen und deren tatsächlicher Durchführung** beantwortet werden (BFH vom 09.02.2006, Az: V R 22/03, BStBl II 2006, 727).

21 § 3 UStG enthält keine ausdrückliche Aussage zum **Lieferzeitpunkt**. Dieser bestimmt sich daher in entsprechender Anwendung der Lieferortsbestimmungen (BFH vom 06.12.2007, Az: V R 24/05, BStBl II 2009, 490; vgl. auch Abschn. 13.1 Abs. 2 S. 2 UStAE und vgl. Rn. 105 und vgl. § 13 Rn. 32 ff.).

3.2.1.1 Bestelleintritt in Leasingfällen

21a Das BMF regelt mit Schreiben vom 31.08.2015 (a. a. O.) die Auswirkungen des vorherigen und nachträglichen Bestelleintritts. Dazu wurde Abschn. 3.5 Abs. 5 UStAE um einen neuen Absatz 7a ergänzt (vgl. auch Weimann, AStW-Datenbank, Abruf-Nr. 145306).

3.2.1.1.1 Leasinggeschäfte führen regelmäßig zu einem Dreiecksverhältnis

21b Bei der Beschaffung von Investitionsgütern kommt es häufig zu einem Dreiecksverhältnis, bei dem der Kunde (künftiger Leasingnehmer) zunächst einen Kaufvertrag über den Liefergegenstand mit dem Lieferanten und anschließend einen Leasingvertrag mit dem Leasing-Unternehmen abschließt. Durch Eintritt in den Kaufvertrag (sog. Bestelleintritt) verpflichtet sich das Leasing-Unternehmen zur Zahlung des Kaufpreises und erlangt den Anspruch auf Übertragung des zivilrechtlichen Eigentums an dem Gegenstand:

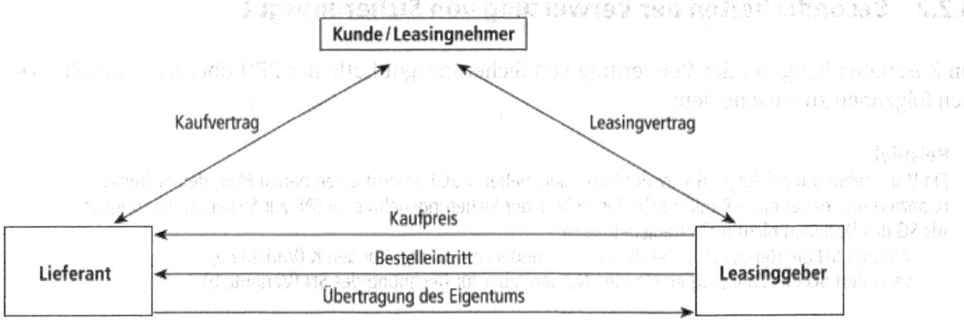

3.2.1.1.2 Wer ist der Lieferant, wer der Leistungsempfänger?

Für die Frage, von wem in diesen Fällen der Leasing-Gegenstand geliefert und von wem er empfangen wird, ist darauf abzustellen, wer aus dem schuldrechtlichen **Vertragsverhältnis, das dem Leistungsaustausch zugrunde liegt**, berechtigt und verpflichtet ist (vgl. Abschnitt 2.1 Abs. 3 und Abschnitt 15.2b Abs. 1 UStAE). Maßgebend dafür sind die **Vertragsverhältnisse im Zeitpunkt der Leistungsausführung**. 21c

Bis zur Ausführung der Leistung können die Vertragspartner mit umsatzsteuerlicher Wirkung ausgetauscht werden, z.B. durch einen Bestelleintritt oder jede andere Form der Vertragsübernahme. Vertragsänderungen **nach Ausführung der Leistung** sind dagegen umsatzsteuerlich unbeachtlich.

3.2.1.1.3 Vorheriger Bestelleintritt

Tritt das Leasing-Unternehmen vor der Lieferung des Leasing-Gegenstandes an den Kunden in den Kaufvertrag ein, **liefert der Lieferant** den Leasing-Gegenstand **an das Leasing-Unternehmen**, weil dieses im Zeitpunkt der Lieferung aus dem Kaufvertrag berechtigt und verpflichtet ist. 21d

Hinweis

Die körperliche Übergabe des Leasing-Gegenstandes an den Kunden steht dabei einer Lieferung an das Leasing-Unternehmen nicht entgegen (§ 3 Abs. 1 UStG).

Das sich anschließende Leasing-Verhältnis zum Kunden führt je nach ertragsteuerlicher Zurechnung des Leasing-Gegenstandes zu einer Vermietungsleistung oder einer weiteren Lieferung (Abschn. 3.5 Abs. 5 UStAE).

3.2.1.1.4 Nachträglicher Bestelleintritt

Tritt dagegen das Leasing-Unternehmen in den Kaufvertrag ein, nachdem der Kunde bereits die Verfügungsmacht über den Leasing-Gegenstand erhalten hat (sog. nachträglicher Bestelleintritt), liegt eine **Lieferung des Lieferanten an den Kunden** vor. Diese wird durch den Bestelleintritt des Leasing-Unternehmens nicht nach § 17 Abs. 2 Nr. 3 UStG rückgängig gemacht. Der Kunde hat die Verfügungsmacht an dem Leasing-Gegenstand bereits durch die Auslieferung an ihn erlangt und verliert diese anschließend nicht mehr, da ihm der Leasing-Gegenstand auch nach der Vertragsübernahme durch das Leasing-Unternehmen zur Nutzung zur Verfügung steht. 21e

Hinweis

Die Leistung des Leasing-Unternehmens an den Kunden besteht in diesen Fällen in einer Kreditgewährung. Zwischen dem Lieferanten und dem Leasing-Unternehmen liegt dagegen keine umsatzsteuerrechtlich relevante Leistung vor.

Eine nur im Innenverhältnis zwischen dem Lieferanten und dem Leasing-Unternehmen bestehende Rahmenvereinbarung zur Absatzfinanzierung hat im Regelfall keine Auswirkungen auf die umsatzsteuerlichen Lieferbeziehungen.

3.2.2 Besonderheiten der Verwertung von Sicherungsgut

22 Im Zusammenhang mit der Verwertung von Sicherungsgut hatte der BFH über Sachverhalte wie den folgenden zu entscheiden:

Beispiel:
Ein Unternehmer (nachfolgend kurz der Sicherungsgeber = SG) erwirbt einen neuen Pkw, den er fremdfinanziert und daher einer Bank (nachfolgend kurz der Sicherungsnehmer = SN) zur Sicherheit übereignet. Als SG das Darlehen nicht mehr bedienen kann,
- verlangt SN die Herausgabe des Pkw und veräußert ihn an den Kunden K (Variante a);
- veräußert SG das Fahrzeug im eigenen Namen, aber für Rechnung des SN (Variante b).

3.2.2.1 Zivilrechtliche Grundlagen

23 Bei der Sicherungsübereignung verpflichtet sich SN, das sicherungsübereignete Eigentum nicht zu verwerten, solange der SG seinen ihm obliegenden Verpflichtungen (im Beispiel aus dem Kreditvertrag) nachkommt. SG überträgt das Eigentum, da er den unmittelbaren Besitz der Sache behalten möchte, auf SN durch ein sog. Besitzmittlungsverhältnis (§ 930 BGB i. V. m. § 868 BGB). SN ist damit Eigentümer und mittelbarer Besitzer (vgl. Weimann, UStB 2007, 302):
- Zahlt SG das Darlehen zurück, hat er gegen SN einen Anspruch auf Rückübereignung der Sache. Hierbei kann auch vertraglich der automatische Rückfall des Eigentums auf SG vereinbart werden (»auflösende Bedingung«, § 158 Abs. 2 BGB).
- Kommt SG seinen Darlehensverpflichtungen nicht nach, tritt der »Sicherungsfall« ein; SN ist dann zur Verwertung des sicherungsübereigneten Gegenstands berechtigt.

3.2.2.2 Umsatzsteuerliche Folgen der Sicherungsübereignung

24 Die Sicherungsübereignung verschafft SN zivilrechtliches, aber kein wirtschaftliches Eigentum i. S. des § 39 Abs. 2 Nr. 1 S. 1 AO. Die Vereinbarung der Sicherungsübereignung führt damit mangels Verschaffung der Verfügungsmacht noch nicht zu einer Lieferung von SG an SN (Abschn. 3.1 Abs. 3 S. 1 UStAE).

Variante a: Verwertung durch SN
In dem Zeitpunkt, in dem SN von seinem Verwertungsrecht Gebrauch macht, finden zwei Lieferungen statt (sog. »**Doppelumsatz**«, vgl. BFH, Urteil vom 20.07.1978, Az: V R 2/75, BStBl II 1978, 684; Abschn. 1.2 Abs. 1 S. 2 und 3 UStAE; vgl. auch Bonertz, a. a. O.; Damaschke, a. a. O.; Diemer, a. a. O.; Hahne, in: ders. (Hrsg.), Die Umsatzsteuer in Kreditinstituten, Heidelberg 2007, 392 ff. (Rz. 1166 ff.); Hahne, StuB 2006, 700; von Streit, UStB 2007, 46; Weimann, UStB 2007, 302).

Lösung:

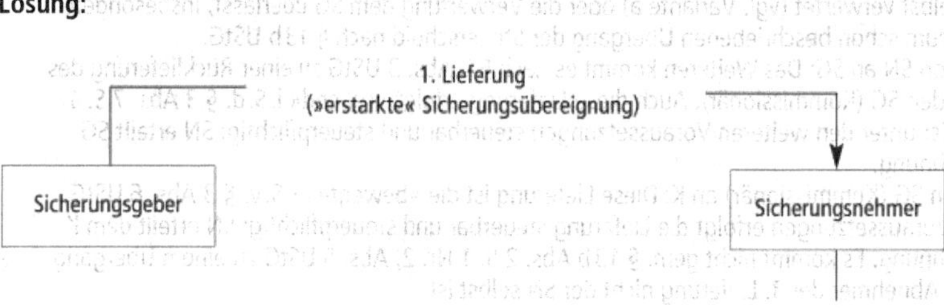

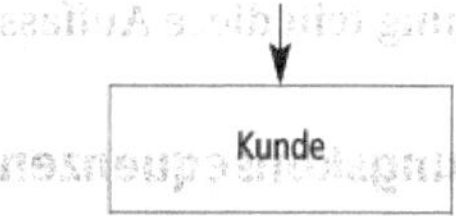

Erste Lieferung von SG an SN (»ruhende« Lieferung i. S. d. § 3 Abs. 7 S. 1 UStG)
Zweite Lieferung von SN an K (»bewegte« Lieferung i. S. d. § 3 Abs. 6 UStG).

Die beiden Lieferungen erfolgen im Abstand einer juristischen Sekunde voneinander. Bei der 25
1. Lieferung gilt es zu beachten, dass gem. § 13 b Abs. 2 S. 1 Nr. 2, Abs. 5 S. 1 UStG **Leistungsempfänger SN Schuldner der Umsatzsteuer** ist (vgl. Abschn. 1.2 Abs. 4, Abschn. 13 b.1 Abs. 2 S. 1 Nr. 4 UStAE). SG hat damit eine Nettorechnung zu erteilen. SN unterliegt (auch als Bank) nicht dem Vorsteuerabzugsverbot des § 15 Abs. 2 S. 1 Nr. 1 i. V. m. § 4 Nr. 8 Buchst. a UStG, weil die von SG empfangene Lieferung nicht für steuerfreie Kreditumsätze, sondern zur Erbringung der steuerpflichtigen Pkw-Lieferung an K verwendet wird. SN erteilt K damit (bei unterstellter Steuerbarkeit) eine Bruttorechnung (vgl. Weimann, UStB 2007, 302).

Variante b: Verwertung durch SG
Bisher nahm die Finanzverwaltung auch dann einen Doppelumsatz an, wenn SG das Sicherungsgut vereinbarungsgemäß im eigenen Namen, jedoch auf Rechnung des SN veräußerte (Abschn. 2 Abs. 1 S. 4 UStR 2005). Nach der Rechtsprechung des BFH ist jedoch bei Verwertung durch SG von einem »Dreifachumsatz« auszugehen (BFH, Urteil vom 30.03.2006, Az: V R 9/03, BStBl II 2006, 933; Urteil vom 06.10.2005, Az: V R 20/04, BStBl II 2006, 931; vgl. auch Bonertz, UR 2007, 241; Damaschke, steuerjournal 2/2007, 16; Diemer, NWB 2009, 2143; Hahne, in: ders. (Hrsg.), Die Umsatzsteuer in Kreditinstituten, Heidelberg 2007, S. 392 ff. (Rz. 1166 ff.); Hahne, StuB 2006, 700; von Streit, UStB 2007, 46; Weimann, UStB 2007, 302).

Lösung:

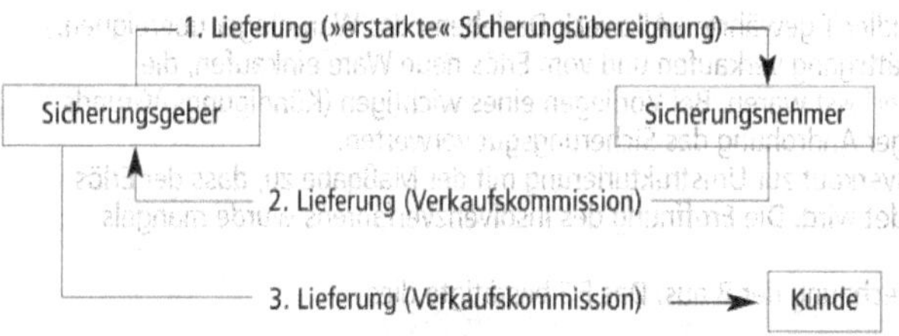

Erste Lieferung von SG an SN: Die Verwertung des Sicherungsguts (durch Veräußerung von SG an K) im eigenen Namen, jedoch für Rechnung des SN, führt dazu, dass die ursprüngliche Sicherungsübereignung zu einer Lieferung erstarkt. SN (die Bank) erhält endgültig auch die wirtschaftliche Verfügungsbefugnis über das Sicherungsgut, wenn er bei Eintritt des Sicherungsfalls über den SG die Verwertung des Sicherungsguts veranlasst. Die Lieferung erfolgt »ruhend« i. S. d. § 3 Abs. 7 S. 1 UStG. Damit ist insoweit unerheblich, ob SN

das Sicherungsgut selbst verwertet (vgl. Variante a) oder die Verwertung dem SG überlässt; insbesondere kommt es ebenfalls zum schon beschriebenen Übergang der Steuerschuld nach § 13b UStG.
Zweite Lieferung von SN an SG: Des Weiteren kommt es nach § 3 Abs. 3 UStG zu einer Rücklieferung des SN (Kommittent) an den SG (Kommissionär). Auch diese Lieferung erfolgt »ruhend« i.S.d. § 3 Abs. 7 S. 1 UStG. Die Lieferung ist unter den weiteren Voraussetzungen steuerbar und steuerpflichtig; SN erteilt SG damit eine Bruttorechnung.
Dritte Lieferung von SG (Kommissionär) an K: Diese Lieferung ist die »bewegte« i.S.v. § 3 Abs. 6 UStG. Unter den weiteren Voraussetzungen erfolgt die Lieferung steuerbar und steuerpflichtig; SN erteilt dem K damit eine Bruttorechnung. Es kommt nicht gem. § 13b Abs. 2 S. 1 Nr. 2, Abs. 5 UStG zu einem Übergang der Steuerschuld, da Abnehmer der 3. Lieferung nicht der SN selbst ist.

26 **Die Finanzverwaltung teilt diese Auffassung nunmehr** (vgl. Abschn. 1.2 Abs. 1a S. 1 UStAE).

3.2.2.3 Beratungskonsequenzen

27 Die umsatzsteuerrechtliche Folge des sog. Dreifachumsatzes in Verwertungs-Fällen der vorliegenden Art wurde ursprünglich von den üblichen Sicherungsnehmern (Banken) akzeptiert. Inzwischen wird der »Dreifachumsatz« **als zu kompliziert angegriffen**. Eine gewisse umsatzsteuerrechtliche Überfrachtung solcher Vorgänge gesteht auch Wagner (... als einer der an der neuen Rechtsprechung maßgeblich beteiligten Bundesrichter ...) ein. Gleichwohl fehlt ein Ansatz zu einer »einfacheren«, allgemein zutreffenden Lösung. Das nach deutschem Zivilrecht vorgegebene Institut der Sicherungsübereignung setzt bereits den »Doppelumsatz« voraus. Ein Rückgriff auf die bloß pfandrechtliche Funktion der Sicherungsübereignung dürfte nicht mehr in Betracht kommen.

28 Dabei ist die **Interessenlage der Banken** ersichtlich: Zum einen wollen die Banken nicht selbst das Verwertungsgeschäft mit dem Sicherungsgut übernehmen (kein »Kerngeschäft«); daher wird die Verwertung dem SG überlassen. Dass Letzterer keinerlei Freiheiten hinsichtlich der Auskehr des erzielten Erlöses i.H.d. gesicherten Forderungen hat, liegt auf der Hand. Andererseits wollen die Banken aber den Übergang der Steuerschuld vermeiden. Beides dürfte sich nicht miteinander kombinieren lassen.

29 Zum **Anwendungszeitpunkt** (Umsätze an, die nach dem 31.12.2006 ausgeführt werden) und zu den entgegenstehenden Regeln der UStR 2005 vgl. die Vorauflage.

30 Der BFH hatte auch zu klären, ob die zur Annahme eines Doppel- bzw. Dreifachumsatzes bei einer Sicherungsübereignung erforderliche **Verwertungsreife schon vor Kündigung des zu Grunde liegenden Darlehens** gegeben sein kann (so FG Saarland vom 14.02.2007, Az: 1 K 1276/03, EFG 2007, 795, Entscheidung 386, vgl. dazu Müller, EFG 2007, 795):

Sachverhalt:
Bank B ließ sich für das dem Teppichhändler T gewährte »Allzweck-Darlehen« das Warenlager übereignen. T konnte die Waren im normalen Geschäftsgang verkaufen und vom Erlös neue Ware einkaufen, die wiederum vom Raumsicherungsvertrag erfasst waren. Bei Vorliegen eines wichtigen (Kündigungs-)Grunds für das Darlehen konnte B nach vorheriger Androhung das Sicherungsgut verwerten.
Im Streitjahr 1999 stimmte B einem Ausverkauf zur Umstrukturierung mit der Maßgabe zu, dass der Erlös zur Rückführung des Darlehens verwendet wird. Die Eröffnung des Insolvenzverfahrens wurde mangels Masse abgelehnt.
Das FA ging von einer Verwertung für Rechnung der B aus. Das FG bestätigte dies.

Entscheidung des BFH:
Der Sicherungsgeber führt mit der Übereignung beweglicher Gegenstände zu Sicherungszwecken unter Begründung eines Besitzmittlungsverhältnisses (§ 930 BGB) noch keine Lieferung an den Sicherungsnehmer gem. § 1 Abs. 1 Nr. 1 UStG, § 3 Abs. 1 UStG aus. Zur Lieferung wird der Übereignungsvorgang erst mit der Verwertung des Sicherungsguts, gleichgültig, ob der Sicherungsnehmer das Sicherungsgut dadurch verwertet, dass er es selbst veräußert, oder dadurch, dass der Sicherungsgeber es im Auftrag und für Rechnung des Sicherungsnehmers veräußert. Veräußert der Sicherungsgeber das Sicherungsgut an einen Dritten, liegt ein

Dreifachumsatz (Veräußerung für Rechnung des Sicherungsnehmers) erst vor, wenn **aufgrund der konkreten Sicherungsabrede oder aufgrund einer hiervon abweichenden Vereinbarung** die Verwertungsreife eingetreten ist (BFH vom 23.7.2009, Az: V R 27/07, UR 2010, 22 = Änderung der Rechtsprechung).

TIPP

– nach Martin, BFH/PR 2010, 14 –

1. Zwar lag nach der zwischen der B (Klägerin) und ihrem Kunden T zunächst vereinbarten Sicherungsabrede **noch keine Verwertungsreife** vor, denn insoweit fehlte es noch an der im Sicherungsvertrag ausdrücklich vereinbarten vorherigen Androhung mit Nachfristsetzung zur Verwertung. Im Streitfall hatten B und T sich jedoch über einen Sonderausverkauf zur Umstrukturierung unter der Bedingung geeinigt, dass der Verkaufserlös an B abzuführen und damit die Verwertung für Rechnung der B geregelt war.
2. Die bloße Übereignung von Waren zu Sicherungszwecken ist noch keine Lieferung. Zu einer Lieferung an den Sicherungsnehmer (im Folgenden: Bank) kommt es erst, wenn das Sicherungsgut für Rechnung der Bank verwertet wird. Verwertet die Bank im eigenen Namen, liegt ein sog. Doppelumsatz vor: Der Sicherungsgeber (im Folgenden: Bankkunde) liefert an die Bank und die Bank an den Dritten.
3. Verwertet nicht die Bank das Sicherungsgut, sondern überlässt dessen Verwertung für Rechnung der Bank dem Bankkunden (Sicherungsgeber), sind – auch – die Grundsätze des Kommissionsgeschäfts maßgebend. Der Bankkunde verkauft an den Dritten (Lieferung). Beim Verkauf von Kommissionsgut durch den Kommissionär (Bankkunde) im eigenen Namen, aber für Rechnung des Kommittenten (Bank) an einen Dritten, liefert der Bankkunde an den Dritten. Gleichzeitig – weil nun die Verwertung für Rechnung der Bank erfolgt – erstarkt die Sicherungsübereignung umsatzsteuerrechtlich zu einer Lieferung der Waren vom Bankkunden an die Bank. Gleichzeitig erfolgt eine Rücklieferung der Bank an den Bankkunden. Allgemeinen Regeln entsprechend ist die Bank aus der Lieferung vom Bankkunden an sie, die Bank, zum Vorsteuerabzug berechtigt. Der Bankkunde wiederum kann die Vorsteuer aus der (Rück-)Lieferung der Bank an ihn abziehen, sodass im Ergebnis nur die Lieferung an den Dritten zur Besteuerung führt. Dies setzt aber eine zutreffende Abrechnung voraus. Diese umsatzsteuerrechtliche Besonderheit beim Kommissionsgeschäft, die bei der Verwertung von Sicherungsgut für Rechnung des Sicherungsnehmers (Bank) zum Dreifachumsatz führt, wird bei der Abrechnung leicht übersehen.
4. Der Dreifachumsatz konnte nach der bisherigen Rechtsprechung schon aufgrund der bloßen Veräußerung des Sicherungsguts und Weiterleitung des Verkaufserlöses an die Bank gegeben sein. **Die Entscheidung des BFH sorgt nun für Klarheit: Zu einem Doppel- und Dreifachumsatz kann es nur kommen, wenn die Verwertung aufgrund der Verwertungsreife für Rechnung der Bank erfolgt.**
5. Ob Verwertungsreife eingetreten ist, hängt i. d. R. von den **Vereinbarungen des konkreten Sicherungsvertrags** ab. Veräußert der Bankkunde im Rahmen der Sicherungsabrede zur Sicherheit übereignete Waren im laufenden Geschäftsverkehr und führt er aus dem Erlös sein Darlehen zurück, liegt nur eine einfache Lieferung des Bankkunden an den Dritten, seinen Kunden, vor.
6. Die FinVerw folgt der Rechtsauffassung des BFH (Abschn. 1.2 Abs. 1a, Abs. 1b UStAE).

3.2.2.4 Verwertung von Sicherungsgut im Insolvenzverfahren

Gerade in Zeiten einer angespannten Wirtschaftslage ist die Verwertung von sicherungsübereigneten Gegenständen ein »Dauerbrenner« der Steuer(gestaltungs)beratung. Immer wieder führen neue Beratungsansätze zu rechtlichen Auseinandersetzungen mit der FinVerw und in deren Folge auch zwangsläufig zu neuer Rechtsprechung. So hat der BFH schon im Jahr 2011 unter Aufgabe seiner bisherigen Rechtsprechung u. a. entschieden, dass eine steuerbare Leistung auch bei der freihändigen Verwertung nach § 166 Abs. 1 InsO von Sicherungsgut durch den Insolvenzverwalter vorliegt (BFH vom 28.07.2011, Az: V R 28/09, BStBl II 2014, 406). Das Urteil enthält auch generelle Ausführungen zu den umsatzsteuerrechtlichen Leistungsbeziehungen bei der Verwertung von Sicherungsgut im Insolvenzverfahren. Das Urteil ist komplex; die Finanzverwaltung hat es entsprechend lange auf sich wirken lassen und sich unlängst erstmalig in einem BMF-Schreiben positioniert (BMF vom 30.04.2014, Az: IV D 2 - S 7100/07/10037, 2014/0332437, a. a. O.; hierzu ausführlich Weimann/Fuisting, a. a. O.). 30a

3.2.3 Fiktive Lieferung: Innergemeinschaftliches Verbringen (§ 3 Abs. 1a UStG)

3.2.3.1 Allgemeines

31 Grundsätzlich ist das Verbringen eines Gegenstandes ein nicht steuerbarer Vorgang. Allerdings gilt das Verbringen eines Gegenstandes aus dem übrigen Gemeinschaftsgebiet in das Inland durch einen Unternehmer zu seiner Verfügung ebenfalls als i. g. Erwerb (§ 1 a Abs. 2 UStG). Ein i. g. Verbringen liegt vor, wenn ein Unternehmer

- einen Unternehmensgegenstand aus dem Gebiet eines EU-Mitgliedsstaates (Ausgangsmitgliedstaat) zu seiner Verfügung in das Gebiet eines anderen EU-Mitgliedsstaates (Bestimmungsstaat) befördert oder versendet und
- der Gegenstand im Bestimmungs-Mitgliedsstaat nicht nur vorübergehend verwendet wird.

32 Dabei gilt der Unternehmer im Ausgangsmitgliedsstaat als Lieferer (mit allen Rechten und Pflichten) und im Bestimmungsmitgliedsstaat als Erwerber (ebenfalls mit allen Rechten und Pflichten, vgl. Abschn. 1a.2 Abs. 1 UStAE).

33 Erwerbe dieser Art können sowohl im ertragsteuerlichen **Umlaufvermögen** als auch **Anlagevermögen** erfolgen.

34 Die i. g. Lieferung einerseits und der i. g. Erwerb andererseits ist jeweils mit dem Einkaufspreis zuzüglich der Nebenkosten für den Gegenstand oder mangels Einkaufspreises nach den Selbstkosten zu erklären (vgl. Abschn. 1a.2 Abs. 2 S. 4 UStAE).

35 Unerheblich ist hierbei auch, ob der Unternehmer den Gegenstand selbst befördert oder ob er die Beförderung durch einen selbständigen Beauftragten ausführen oder besorgen lässt (vgl. Abschn. 1a.2 Abs. 3 S. 3 UStAE).

3.2.3.2 Voraussetzungen

36 Damit ein i. g. Verbringen vorliegen kann, muss das Wirtschaftsgut schon im Ausgangsmitgliedstaat dem Unternehmensvermögen angehört haben. Nach der Beförderung muss der Gegenstand weiterhin dem Unternehmensvermögen angehören (vgl. Abschn. 1a.2 Abs. 4 S. 1 UStAE).

37 Der Gegenstand darf im Bestimmungsmitgliedstaat nicht nur vorübergehend verbleiben. Wird der Gegenstand im Bestimmungsmitgliedstaat

- dem ertragsteuerlichen **Anlagevermögen** zugeführt oder
- als **Roh-, Hilfs- oder Betriebsstoff** verwendet,

gilt diese Voraussetzung in der Regel als erfüllt (vgl. Abschn. 1a.2 Abs. 5 UStAE).

38 Ebenfalls eine nicht nur vorübergehende Verwendung kann angenommen werden, wenn das Wirtschaftsgut mit der konkreten Absicht in das Bestimmungsland verbracht wird, um von dort unverändert weitergeliefert zu werden. Fälle dieser Art liegen vor, wenn Gegenstände über ein **zentrales Auslieferungslager** ausgeliefert werden (vgl. Abschn. 1a.2 Abs. 6 S. 1 Alternative 1 UStAE).

Beispiel:
Unternehmer U produziert in Italien Möbel. Die Möbel werden jedoch europaweit über sein zentrales Auslieferungslager Lörrach/Deutschland versendet. Die Möbel werden aus der Produktion per Bahn in das deutsche Auslieferungslager transportiert.

Lösung:
Hier liegt ein Fall des i. g. Verbringens vor. U tritt in Italien als Lieferer, in Deutschland als Erwerber auf. Er hat im jeweiligen Mitgliedsstaat seine formellen Erklärungspflichten zu erfüllen.

Zu den Besonderheiten des Konsignationslagers (vgl. Abschn. 1a.2 Abs. 6 S. 1 Alternative 2 UStAE) vgl. Rn. 153. 39

In diesen Fällen ist es jedoch nicht erforderlich, dass der Unternehmer im Inland die abgabenrechtlichen Voraussetzungen einer Betriebsstätte erfüllt (Abschn. 1a.2 Abs. 6 S. 3 i.V.m. Abschn. 3a.1 Abs. 3 UStAE). Selbst dann, wenn der Unternehmer Wirtschaftsgüter zum Verkauf außerhalb einer Betriebsstätte in das Bestimmungsland verbringt, liegt ein Verbringensfall vor. 40

Beispiel:
Unternehmer U aus Frankreich hat das Logistikunternehmen L aus Deutschland mit der Einlagerung und dem Transport der Waren zum Kunden beauftragt. U lässt die produzierten Waren in das Lager des L transportieren. Der L erhält regelmäßig die Kundenaufträge des U, damit er diese von der eingelagerten Ware Namen und auf Rechnung des L ausliefert.

Lösung:
U unterhält in Deutschland zwar keine Betriebsstätte, muss jedoch die in das Auslieferungslager verbrachten Waren in Deutschland der Erwerbsteuer unterwerfen, weil es sich hier um ein Verbringen auf Dauer handelt.

Eine Besonderheit gilt hier dann, wenn der Unternehmer die **nicht verkauften Waren wieder in den Ausgangsmitgliedsstaat zurücknimmt**. Dann nämlich kann der Unternehmer aus Vereinfachungsgründen die i. g. Lieferung in Form des Verbringens auf Dauer **nur auf die tatsächlich veräußerten Waren** anwenden (vgl. Abschn. 1a.2 Abs. 6 S. 4ff. UStAE). 41

Beispiel:
Fischgroßhändler F aus Frankreich bietet regelmäßig auf dem Fischmarkt in Freiburg seine fangfrischen Meereskköstlichkeiten an. Dort kaufen Feinkosthändler und Gastronomen ihren Bedarf ein. Die nicht verkaufte Ware nimmt F wieder mit nach Frankreich.

Lösung:
Für die im Fischmarkt in Deutschland veräußerten Waren hat F eine i. g. Lieferung durch Verbringen auf Dauer bewirkt und muss deshalb den Warenwert der deutschen Erwerbsteuer unterwerfen. Die in Deutschland veräußerten Waren sind hier auch steuerbar und steuerpflichtig.
Für die Ware, die er wieder nach Frankreich zurücknimmt, liegt eine i. g. Lieferung nicht vor.

3.2.3.3 Vorübergehende Verwendung

Eine nur vorübergehende Verwendung liegt vor, wenn der Unternehmer den Gegenstand im Bestimmungsland verwendet zu: 42

- einer Nutzung, die ihrer Art nach nur vorübergehend ist (z. B. Arbeitseinsatz, Vermietung),
- einer Nutzung, die von Anfang an befristeter Natur war.

Eine vorübergehende Verwendung liegt vor, wenn ein ausländischer Unternehmer beispielsweise im Inland eine Werkleistung oder Werklieferung erbringt und hierzu Maschinen und Hilfsmaterial einsetzen muss. Bedingung ist, dass die Werkleistung bzw. Werklieferung im Inland steuerbar ist. 43

Beispiel:
1. Bauunternehmer Ö aus Österreich errichtet in Kempten eine Brücke. Aus diesem Grunde verbringt er einen Kran nach Deutschland. Das Verbringen des Krans ist nur vorübergehend und stellt aus diesem Grunde keinen i. g. Erwerb dar.
2. Der Deutsche Bauunternehmer D errichtet einen Straßentunnel und mietet sich aus Österreich eine spezielle Tunnelbohrmaschine. Das Verbringen der Tunnelbohrmaschine nach Deutschland ist nur vorübergehend und stellt deshalb keinen i. g. Erwerb dar.
3. Der spanische Maler M führt in Deutschland Malerarbeiten aus. Dazu bringt er Farbe und Arbeitsmaterial aus Spanien mit. Das Arbeitsmaterial und die Farbe des M stellen keinen i. g. Erwerb dar.

44 Weitere nur vorübergehende Verwendungen liegen vor, wenn der Unternehmer

- lediglich eine Materialbeistellung zu einer an ihn ausgeführten Werkleistung tätigt,
- an dem Gegenstand im Bestimmungsland eine sonstige Leistung ausführen lässt,
- den Gegenstand einer Arbeitsgemeinschaft als Gesellschafterbeitrag überlässt und den Gegenstand deshalb in den Bestimmungsstaat verbringt (vgl. Abschn. 1a.2 Abs. 10 UStAE).

TIPP

Liegt eine ihrer Art nach vorübergehende Verwendung vor, ist die Dauer der tatsächlichen Verwendung im Bestimmungsland nicht maßgeblich. Geht jedoch der Gegenstand im Bestimmungsland unter, liegt im Zeitpunkt des Untergangs ein i. g. Erwerb vor. Gleiches gilt, wenn aus der an sich vorübergehenden Verwendung eine Dauernde wird (z.B. aus Vermietung wird ein Verkauf, vgl. Abschn. 1a.2 Abs. 11 UStAE).

3.2.3.4 Befristete Verwendung

45 Eine befristete Verwendung unterliegt grundsätzlich auch nicht der Erwerbsbesteuerung. Um eine solche handelt es sich, wenn der Unternehmer einen Gegenstand i. R. eines Vorgangs verbringt, für den bei einer entsprechenden Einfuhr aus dem Drittlandsgebiet eine vollständige Befreiung der Einfuhrabgaben beanspruchen könnte. In der Regel ist die Höchstdauer einer solchen Verwendung auf 24 Monate befristet. Allerdings gibt es für bestimmte andere Gegenstände auch kürzere Fristen (vgl. Abschn. 1a.2 Abs. 12 UStAE).

3.2.3.5 Gestaltungsempfehlung: Immer auch entsprechende Anwendung des § 3 Abs. 8 UStG bedenken (Abschn. 1a.2 Abs. 14 UStAE)!

46 Befördert oder versendet der Lieferer den Gegenstand unmittelbar aus dem üGG an den inländischen Abnehmer, liegt ein i. g. Erwerb seitens des Abnehmers vor.

47 Aus Gründen der Vereinfachung kann auch in diesen Fällen ein i. g. Verbringen i. S. v. § 1a Abs. 2 UStG angenommen werden, wenn Abgangsstaat und Bestimmungsstaat mit dieser Behandlung einverstanden sind.

48 Die Regelung betrifft vor allem Unternehmer, die vor Inkrafttreten des UStG 1993 Gegenstände unter den Lieferbedingungen »versteuert« eingeführt haben. Diese Unternehmer konnten den Ort der Lieferung ins Inland verlagern und Schuldner der EUSt werden (§ 3 Abs. 8 UStG a. F.). Diese nach Art. 32 Unterabs. 2 MwStSystRL zulässige Verlagerung des Umsatzes ist ab 01.01.1993 nur mehr bei Einfuhren aus einem Drittland möglich.

49 Da die der Praxis entgegenkommende Regelung ohne ersichtlichen Grund auf den Drittlandsverkehr beschränkt wurde, haben sich die EG-Mitgliedstaaten auf eine Beibehaltung dieser Regelung im i. g. Verkehr unter bestimmten Voraussetzungen verständigt.

3.2.3.5.1 Praxisfälle

50 Die folgenden Praxisfälle verdeutlichen die Zusammenhänge:

Beispiel 1:

Ein niederländischer Gemüsegroßhändler (NL) beliefert Einzelhandelsgeschäfte (E) im Ruhrgebiet. NL arbeitet ausschließlich auf Vorbestellung; die E müssen dem NL am Abend vorher mitteilen, von welcher Ware sie welche Mengen wünschen.

Lösung:

Da für NL die Abnehmer jeweils schon bei Beginn des Transports feststehen, tätigt NL eigentlich aus den Niederlanden heraus steuerfreie i. g. Lieferungen an die E (vgl. Rn. 17). Konsequenterweise hätten die E damit i. g. Erwerbe zu besteuern. Da die E damit verwaltungstechnisch (buchhalterisch) im Zweifel überfordert wären, bietet es sich an, dass

- NL die Erwerbsbesteuerung übernimmt und
- die E dann im Rahmen »normaler« innerdeutscher Umsätze beliefert.

Beispiel 2:
Wie Beispiel 1. NL arbeitet nicht auf Vorbestellung, sondern schätzt selbst ein, welche Ware seine Kunden wohl vor Ort abrufen werden. Die Kunden müssen sich also erst vor Ort (in Deutschland) entscheiden.

Lösung:
Da für NL die Abnehmer bei Beginn des Transports noch nicht feststehen, muss NL schon qua Gesetzes
- die Erwerbsbesteuerung übernehmen
- die E dann im Rahmen »normaler« innerdeutscher Umsätze beliefern. Die Rechtslage ähnelt der bei der Lieferung aus Konsignationslagern (vgl. Rn. 153).

3.2.3.5.2 Vereinfachung nach Abschn. 1a.2 Abs. 14 UStAE

Nach Abschn. 1a.2 Abs. 14 UStAE wird unter folgenden Voraussetzungen ein i. g. Verbringen angenommen: 51

CHECKLISTE
- Die Lieferungen erfolgen regelmäßig an eine größere Zahl von inländischen Abnehmern.
- Bei entsprechenden Einfuhren aus dem Drittlandsgebiet wären die Voraussetzungen für eine Verlagerung des Orts der Lieferung in das Gemeinschaftsgebiet nach § 3 Abs. 8 UStG erfüllt.
- Der Lieferer unterwirft sich mit dieser Lieferung der Erwerbsbesteuerung. Er wird bei einem Finanzamt für Umsatzsteuerzwecke geführt und lässt sich eine inländische USt-IdNr. erteilen.
- Der Lieferer gibt in den Rechnungen seine inländische USt-IdNr. an. Für den Abnehmer dient die Angabe der USt-IdNr. der Sicherung seines Vorsteuerabzugs, insb. für den Fall, dass der Lieferer die Erwerbsbesteuerung nicht vorgenommen hat.
- Die beteiligten Steuerbehörden im Ausgangs- und im Bestimmungsmitgliedstaat sind mit dieser Behandlung einverstanden.

3.2.3.5.3 BMF vom 21.11.2012 und vom 20.03.2013

Zu der Vereinfachung hat das BMF (Schreiben vom 21.11.2012, BStBl I 2012, 1229 und vom 20.03.2013, BStBl I 2013, 335) nunmehr klargestellt: 52

»Die Vereinfachungsregelung nach Abschnitt 1a.2 Absatz 14 Umsatzsteuer-Anwendungserlass (UStAE) wurde im Jahr 1993 bei Einführung der Vorschrift für die Besteuerungen des Handels zwischen den Mitgliedstaaten als Vereinfachung für Unternehmer, die zuvor § 3 Abs. 8 Umsatzsteuergesetz (UStG) in Anspruch nehmen konnten, geschaffen und zielte ausschließlich auf Beförderungslieferungen von Großhändlern im grenznahen Raum ab. Eine Anwendung der Vereinfachungsregelung auf Versendungsfälle war seinerzeit nicht vorgesehen.

Voraussetzung für die Anwendung dieser Vereinfachungsregelung ist unter anderem, dass die beteiligten Steuerbehörden im Ausgangs- und Bestimmungsmitgliedstaat mit dieser Behandlung einverstanden sind. Der Antrag muss daher vor Ausführung der Lieferung gestellt und von der zuständigen Behörde genehmigt worden sein. Ob und wie andere Mitgliedstaaten die Zustimmung zu der Regelung erteilen, ist im Einzelfall zu überprüfen. Wird die Vereinfachungsregelung nach Abschnitt 1a.2 Abs. 14 UStAE jedoch ohne – vorherige – Genehmigung des Antrages angewandt, hat zwingend eine Rückabwicklung des Vorgangs (beim Lieferer: innergemeinschaftliche Lieferung im Ausgangsmitgliedstaat statt steuerbarer Umsatz im Bestimmungsmitgliedstaat und entsprechende Rechnungsberichtigung; innergemeinschaftlicher Erwerb beim Erwerber im Bestimmungsmitgliedstaat) zu erfolgen.

Unter Bezugnahme auf das Ergebnis der Erörterungen mit den obersten Finanzbehörden der Länder wird Abschnitt 1a.2 Abs. 14 Satz 2 des Umsatzsteuer-Anwendungserlasses . . . wie folgt klarstellend ergänzt:

1. Der Einleitungssatz wird wie folgt gefasst:

»[2]Aus Vereinfachungsgründen kann **für Lieferungen, bei denen der liefernde Unternehmer den Liefergegenstand in den Bestimmungsmitgliedstaat an den Abnehmer befördert**, jedoch unter folgenden Voraussetzungen ein innergemeinschaftliches Verbringen angenommen werden:«

2. Nummer 4 wird wie folgt gefasst:

»4. [1] **Der Unternehmer hat die Anwendung dieser Vereinfachungsregelung zu beantragen.** [2]Die beteiligten Steuerbehörden im Ausgangs- und Bestimmungsmitgliedstaat sind mit dieser Behandlung **vor deren erstmaliger Anwendung** einverstanden.«

Die Grundsätze dieses Schreibens sind in allen offenen Fällen anzuwenden. In Fällen, in denen das Finanzamt der Anwendung der Regelung im Einzelfall vor dem 1. Januar 2013 nachträglich zugestimmt hat,

verbleibt es bei dieser Zustimmung, wenn die Vereinfachungsregelung des Abschnitts 1a.2 Abs. 14 UStAE in der bisherigen Fassung vom liefernden Unternehmer zutreffend angewandt worden ist. Dies gilt entsprechend auch bei bis zum 31. März 2013 ausgeführten Lieferungen von Gegenständen, die vom Abnehmer befördert oder vom liefernden Unternehmer oder vom Abnehmer versendet wurden, wenn für die Anwendung der Vereinfachungsregelung des Abschnitts 1 a.2 Abs. 14 UStAE auch in diesen Fällen eine Zustimmung des zuständigen Finanzamts vorliegt.
Dieses Schreiben wird im Bundessteuerblatt Teil I veröffentlicht. Es steht ab sofort . . . «

HINWEIS

1. Voraussetzung für die Anwendung der Vereinfachungsregel ist, dass die beteiligten Steuerbehörden im Ausgangs- und Bestimmungsmitgliedstaat mit dieser Behandlung einverstanden »sind«. Der Antrag muss daher vor Ausführung der Lieferung (Lieferzeitpunkt beachten.)
   - gestellt und
   - von der zuständigen Behörde genehmigt

   worden sein.
2. Ob und wie andere Mitgliedstaaten die Zustimmung zu der Regelung erteilen, ist im Einzelfall zu prüfen.
3. Die Anwendung der Vereinfachungsregelung ohne vorherige Genehmigung hat zwingend die Rückabwicklung zur Folge.
4. Die Übergangsregelung wurde mit BMF-Schreiben vom 20.03.2013, BStBl I 2013, 335 bis zum 30.09.2013 verlängert.

3.2.3.5.4 Muster für die Bescheinigung, die der Lieferant vom Finanzamt benötigt

53 Die Finanzverwaltung hat für die Bescheinigung keine Muster parat; der einzelne (Veranlagungs-) Beamte hat also unter Umständen »das Rad neu zu erfinden«. Hier wird es für alle Beteiligten hilfreich sein, dem Finanzamt ein Muster dessen vorlegen zu können, was man vom Beamten erwartet:

MUSTER

Genehmigung zur Anwendung der Vereinfachungsregel nach Abschn. 1a.2 Abs. 14 UStAE:
Sehr geehrte Damen und Herren,
entsprechend Ihrem Antrag vom . . . wird hiermit der Anwendung der o. a. Vereinfachungsregel zugestimmt.
Wirtschaftsgüter, die an Abnehmer im Inland veräußert werden, sind mit deutscher Umsatzsteuer zu berechnen.
Mit freundlichen Grüßen
(Finanzamt)

3.2.4 Den Lieferungen gleichgestellte unentgeltliche Wertabgaben (§ 3 Abs. 1b UStG)

3.2.4.1 Allgemeines

54 Der Begriff der »unentgeltlichen Wertabgaben« ist zum 01.04.1999 durch das Steuerentlastungsgesetz 1999/2000/2001 in das Umsatzsteuerrecht eingeführt worden. Er umfasst im Wesentlichen die Tatbestände, die bis zum 31.03.1999 als Eigenverbrauch (§ 1 Abs. 1 Nr. 2 S. 2 Buchst. a und b UStG a. F.), als sog. Gesellschafterverbrauch (§ 1 Abs. 1 Nr. 3 UStG a. F.) sowie als sog. Arbeitnehmerverbrauch (§ 1 Abs. 1 Nr. 1 S. 2 Buchst. b UStG a. F.) der USt unterlagen.

TIPP

Ausführungen und insbesondere Urteile zur damaligen Rechtslage können i. d. R. auf die neuen Vorschriften entsprechend angewandt werden – mit zwei wichtigen Ausnahmen:

- Der **Leistungsort** bestimmt sich nicht mehr in analoger Anwendung der für entgeltliche Wertabgaben (Lieferungen und sonstige Leistungen) geltenden Vorschriften (vgl. BFH, BStBl II 1989, 163), sondern ist nach § 3f UStG immer an dem Ort, von dem aus der Unternehmer sein Unternehmen betreibt.
- Die Steuerbefreiung entgeltlicher Umsätze führt nicht zwangsläufig zur Befreiung entsprechender **unentgeltlicher Wertabgaben** (EuGH vom 08.05.2003, Rs. C-269/00, Wolfgang Seeling, BStBl II 2004, 378, dazu vgl. § 4 Rn. 13f.).

Systematisch sind die unentgeltlichen Wertabgaben 55

- soweit sie in der Abgabe von Gegenständen bestehen, nach § 3 Abs. 1b UStG den entgeltlichen Lieferungen,
- soweit sie in der Abgabe oder Ausführung von sonstigen Leistungen bestehen, nach § 3 Abs. 9a UStG den entgeltlichen sonstigen Leistungen (vgl. Rn. 166ff.)

gleichgestellt.

Die Gegenstandsentnahme ist eine den Lieferungen gleichgestellte unentgeltliche Wertabgabe. Der Tatbestand ist in der Regel erfüllt, wenn ein Unternehmer einen Gegenstand, den er seinem Unternehmen zugeordnet hatte, aus dem Unternehmen entfernt und ihn zu nicht unternehmerischen Zwecken weiternutzt. Damit soll die Besteuerung des Letztverbrauchs sichergestellt werden. 56

Beispiel:
Ein Unternehmer entschließt sich, ein Notebook, das seit drei Jahren zum Unternehmensvermögen gehört, zukünftig ausschließlich privat zu nutzen. Als Ersatz für den Betrieb erwirbt er ein neues Modell.

Ausführlich hierzu vgl. Abschn. 3.2 und 3.3 UStAE. 57

3.2.4.2 Steuerfalle: Umsatzsteuer auch auf unternehmerisch veranlasste Wertabgaben

Ausführungen und insbesondere Urteile zum »alten« Eigenverbrauch lassen sich grundsätzlich auf die neuen Vorschriften analog anwenden. Eine wichtige Ausnahme, für die dieser Grundsatz nicht gilt, ergibt sich aus § 3 Abs. 1b S. 1 Nr. 3 UStG. Die Vorschrift stellt einer Lieferung gegen Entgelt unter den weiteren Voraussetzungen (Berechtigung zum Vorsteuerabzug, kein Geschenk von geringem Wert, kein Warenmuster) auch alle unentgeltlichen Zuwendungen gleich, die nicht aus außerunternehmerischen Motiven (Nr. 1) oder zu Privatzwecken des Personals (Nr. 2) erfolgen. Damit erfasst die Vorschrift **auch unternehmerisch bedingte** unentgeltliche Wertabgaben! 58

Nach der amtlichen Gesetzesbegründung sollte die Neuregelung lediglich einen umsatzsteuerlich **unbelasteten Letztverbrauch vermeiden** (BT-Drucks. 14/23 = BR-Drucks. 9190/98). Die Finanzverwaltung ist dennoch der Auffassung, dass die Steuerbarkeit nicht entfällt, wenn der zuwendende Unternehmer die Gegenstände aus unternehmerischen Gründen abgibt. Hierzu gehört die Abgabe von neuen oder gebrauchten Gegenständen insbesondere zu Werbezwecken, zur Verkaufsförderung oder zur Imagepflege, z.B. Sachspenden an Vereine oder Schulen, Warenabgaben anlässlich von Preisausschreiben, Verlosungen usw. zu Werbezwecken (Abschn. 3.3 Abs. 10 S. 8 UStAE). Weite Teile der Literatur (vgl. insbesondere Nieskens in R/D, § 3 Anm. 1260f.) sehen hierin – m.E. zu Recht – einen **Verstoß gegen das Neutralitätsgebot**, weil der Unternehmer letztlich mit der Umsatzsteuer aus Gemeinkosten des Unternehmens belastet wird. 59

Aktuelle Bedeutung hat die Problematik für deutsche Unternehmer immer wieder dann, wenn diese aus unternehmerischen Motiven Geschäftspartner in den Krisengebieten (zuletzt Hochwasser Deutschland 2013) unterstützen wollten (vgl. Weimann, UidP, 16. Aufl. 2016, Kap. 18.2). 60

Beispiel:
Wendet der Unternehmer seinen hochwassergeschädigten Geschäftspartnern zum Zwecke der Aufrechterhaltung der Geschäftsbeziehungen unentgeltlich Leistungen aus seinem Betriebsvermögen zu, sind die Aufwendungen in voller Höhe als Betriebsausgaben abziehbar. § 4 Abs. 5 S. 1 Nr. 1 EStG ist insoweit aus Billigkeitsgründen nicht anzuwenden (BMF vom 21.06.2013, BStBl I 2013, 769, Abschn. I Ziffer 2).

61 Umsatzsteuerlich sind abweichend von der bisherigen Rechtslage unentgeltliche Zuwendungen auch dann nach § 3 Abs. 1b S. 1 Nr. 3 UStG steuerbar, wenn der Unternehmer sie aus unternehmerischen Erwägungen tätigt.

TIPP
Steuerberater müssen ihre Mandanten darauf hinzuweisen, dass sie im Falle der Sachspende neben der »reinen« Sacheinbuße grundsätzlich auch die zusätzliche Umsatzsteuerbelastung zu tragen haben.
Auch nach der Verwaltungsauffassung nicht steuerbar ist dagegen die Gewährung unentgeltlicher sonstiger Leistungen aus unternehmerischen Gründen. Hierunter fällt zum Beispiel die unentgeltliche Überlassung von Gegenständen, die im Eigentum des Zuwendenden verbleiben und die der Empfänger später den Zuwendenden zurückgeben muss (vgl. Abschn. 3.3 Abs. 10 S. 10 und S. 11 UStAE).

3.2.5 Kommissionsgeschäft (§ 3 Abs. 3 UStG)

62 Bei einem Kommissionsgeschäft i. S. d. § 383 HGB liegt gem. § 3 Abs. 3 UStG zwischen dem Kommittenten und dem Kommissionär eine Lieferung vor; dabei gilt bei der Verkaufskommission der Kommissionär, bei der Einkaufskommission der Kommittent als Abnehmer.

63 Das Umsatzsteuerrecht geht damit vom **handelsrechtlichen Kommissionsbegriff** aus, nach dem derjenige Kommissionär ist, der es gewerbsmäßig übernimmt, Waren oder Wertpapiere für Rechnung eines anderen (des Kommittenten) im eigenen Namen zu kaufen oder verkaufen (§ 383 Abs. 1 HGB). Das gilt auch für denjenigen, der nicht Kommissionär ist, wenn er es übernimmt, Waren oder Wertpapiere eines anderen im eigenen Namen zu kaufen oder zu verkaufen (sog. **Gelegenheitskommission**, § 406 HGB).

Beispiel einer Verkaufskommission:
(Beispiel nach Völkel/Karg, ABC-Führer Umsatzsteuer, Stichwort Kommissionsgeschäfte; Schaubild nach Lippross, Umsatzsteuer, 23. Aufl. 2012, Kap. 2.3.4.2).
Möbelhändler M hat den Verkauf der Möbel des Herstellers H übernommen. Vereinbarungsgemäß hat M den Kaufpreis nach Abzug seiner Provision an H herauszugeben. Neben dem eigentlichen Kaufpreis berechnet M den Kunden K Transportkosten, die er neben der Provision ebenfalls für sich behalten darf.

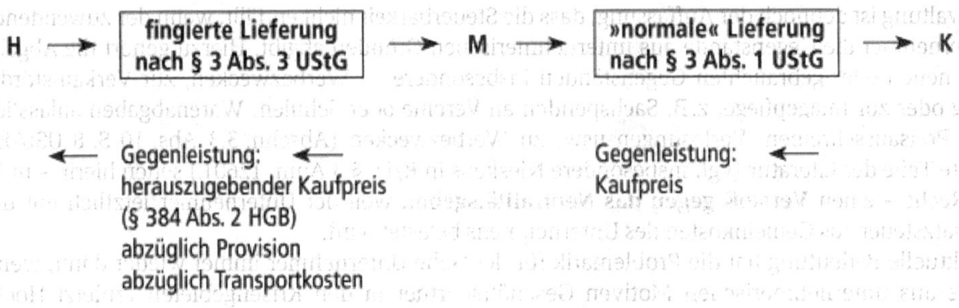

Beispiel einer Einkaufskommission:
(Schaubild nach Lippross, Umsatzsteuer, Kap. 2.3.4.2)
Ein Sektfabrikant S bemüht sich, möglichst »anonym« um den Aufkauf von Weinen einer bestimmten Sorte. Er beauftragt den Großhändler G, der als Gegenleistung neben dem den Weinbauern W gezahlten Kaufpreis eine Provision erhält und seine Reisekosten erstattet bekommt.

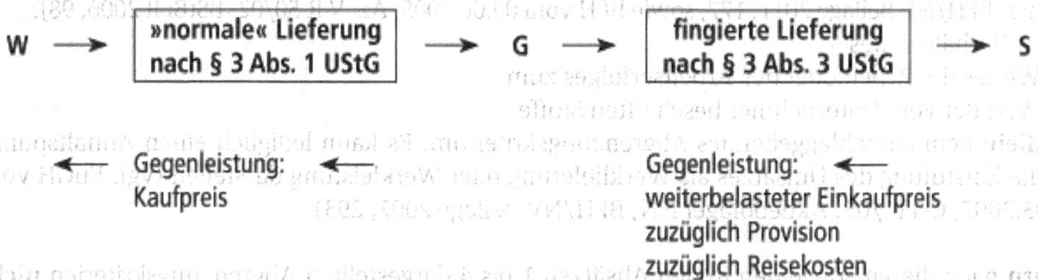

3.2.6 Werklieferung, Werkleistung (§ 3 Abs. 4 UStG)

3.2.6.1 Begriff, Umfang, Beistellungen

Zum Begriff der Werklieferung und ihrer Abgrenzung von der Werkleistung vgl. grundsätzlich Abschn. 3.8 UStAE. Gegenstand der Werklieferung ist das fertige Werk. Der Besteller kann sich jedoch durch das Zurverfügungstellen von Hauptstoffen, Nebenstoffen oder in sonstiger Weise an der Herstellung beteiligen. Diese **Beistellung** scheidet dann aus dem Leistungsaustausch aus (Lippross, Umsatzsteuer, 23. Aufl. 2013, Kap. 2.5.1.3). Dabei gelten im Wesentlichen die folgenden Grundsätze: 64

- Das Material, das der Besteller dem Auftragnehmer zur Bewirkung der Werklieferung beistellt, geht **nicht in die Verfügungsmacht des Werkherstellers** über. Die beigestellte Sache kann ein Hauptstoff sein, die Beistellung kann sich aber auch auf Nebenstoffe oder sonstige Beistellungen, z. B. Arbeitskräfte, Maschinen, Hilfsstoffe wie Strom, Kohle, Baustrom und Bauwasser oder ähnliche Betriebsmittel, beziehen (vgl. BFH, Urteil vom 12.03.1959, Az: V 205/56 S, BStBl III 1959, 227), nicht dagegen auf die Bauwesenversicherung (Abschn. 3.8 Abs. 2 UStAE m. w. N.).
- Es gehört grundsätzlich zu den Voraussetzungen für das Vorliegen einer Materialbeistellung, dass das beigestellte Material i. R. einer Werklieferung für den Auftraggeber be- oder verarbeitet wird. Der Werkunternehmer muss sich verpflichtet haben, die ihm überlassenen Stoffe ausschließlich zur Herstellung des bestellten Werkes zu verwenden. Auf das **Erfordernis der Stoffidentität** kann verzichtet werden, wenn die anderen Voraussetzungen für die Materialbeistellung zusammengegeben sind, der Auftragnehmer den vom Auftraggeber zur Verfügung gestellten Stoff gegen gleichartiges und gleichwertiges Material austauscht und der Austausch wirtschaftlich geboten ist. Eine Materialbeistellung ist jedoch zu verneinen, wenn der beigestellte Stoff ausgetauscht wird und der mit der Herstellung des Gegenstands beauftragte Unternehmer den Auftrag weitergibt (vgl. Abschn. 3.8 Abs. 3 UStAE m. w. N.).

3.2.6.2 Die »50 %-Grenze« für Reparaturen von Mobilien

Reparaturen beweglicher körperlicher Gegenstände können in Form einer 65

- Werklieferung oder
- Werkleistung

erbracht werden.

66 Nach ständiger EuGH- und BFH-Rechtsprechung ist für die Abgrenzung zwischen Lieferung und sonstiger Leistung das Wesen des Umsatzes aus **Sicht des Durchschnittsverbrauchers** zu bestimmen. Im Rahmen einer **Gesamtbetrachtung** ist zu entscheiden, ob die charakteristischen Merkmale einer Lieferung oder einer sonstigen Leistung überwiegen (vgl. EuGH vom 02.05.1996, Rs. C-231/94, Faaborg-Gleting Linien A/S, BStBl II 1998, 282, und vom 17.05.2001, C-322/99 und 323/99, Hans-Georg Fischer, BFH/NV Beilage 2011, 177, sowie BFH vom 09.06.2005, Az: V R 50/02, BStBl II 2006, 98).

67 Das Verhältnis des

- Wertes der Arbeit oder des Arbeitserfolges zum
- Wert der vom Unternehmer beschafften Stoffe

ist **allein** kein ausschlaggebendes Abgrenzungskriterium. Es kann lediglich einen Anhaltspunkt für die Einstufung des Umsatzes als Werklieferung oder Werkleistung darstellen (vgl. EuGH vom 29.03.2007, C-111/05, Aktiebolaget NN, BFH/NV Beilage 2007, 293).

68 **Sofern** nach diesen sowie den in den Absätzen 1 bis 4 dargestellten Abgrenzungskriterien **nicht zweifelsfrei entschieden werden kann**, ob die Reparaturleistung als Werklieferung oder Werkleistung zu qualifizieren ist, kann von einer Werklieferung ausgegangen werden, wenn der Entgeltanteil, der auf das bei der Reparatur verwendete Material entfällt, mehr als 50 % des für die Reparatur berechneten Gesamtentgelts beträgt (BMF vom 12.12.2012, BStBl I 2012, 1261). Die 50 %-Grenze ist damit lediglich eine Art »ultima ratio«!

3.2.7 Gehaltslieferung (§ 3 Abs. 5 UStG)

69 Die Gehaltslieferung des § 3 Abs. 5 UStG stellt – ähnlich wie die Fälle der Materialbeistellung (vgl. Rn. 64), der Personalbeistellung (vgl. Rn. 216 f.) und der Umtauschmüllerei (vgl. Rn. 175 ff.) – eine scheinbare Ausnahme vom Grundsatz der Einheitlichkeit der Leistung (vgl. Rn. 12 ff.) dar. Tatsächlich ist aber bei der Gehaltslieferung der **wirtschaftliche Vorgang**, auf den sich nach dem Willen der Beteiligten der Umsatz bezieht, von vornherein auf den Hauptstoff gerichtet, der beim Abnehmer verbleibt (Heidner in Bunjes, 12. Aufl. 2013, § 3 Rz. 189).

Beispiel:
Ein Landwirt verkauft einer Zuckerfabrik Zuckerrüben mit der Vereinbarung, dass er die nach der Zuckergewinnung verbleibenden Rückstände (Rübenschnitzel) zurückerhält, um sie als Viehfutter zu verwenden.

Lösung:
Wirtschaftlich gewollt ist eine Lieferung des Zuckergehalts (RFH, RStBl 1925, 120).

70 § 3 Abs. 5 UStG wirkt damit ausschließlich **deklaratorisch**. Entscheidend ist, dass die Rückgabe der Nebenerzeugnisse oder Abfälle von vornherein bindend vereinbart ist (BFH vom 30.11.1967, Az: VR 75/65, BStBl II 1968, 251). Dagegen kommt es **nicht** darauf an, dass die zurückgegeben Abfälle von genau denselben Gegenständen stammen, die der Empfänger geliefert hat, wenn sie **nur von gleicher** Art sind (§ 3 Abs. 5 S. 2 UStG).

71 Unabdingbare Voraussetzung ist, dass der Lieferer der Hauptsache (des Gehalts) so viele Rückstände zurückerhält, wie sie mengenmäßig der Lieferung entsprechen (Leonard in Bunjes, 10. Aufl. 2011 [= Vorauflage], § 3 Rz. 66):

- Bekommt er mehr, liegt hierin eine Lieferung von Rückständen an ihn.
- Erhält er weniger, so hat er nur hinsichtlich des Gehalts, der dieser Mindermenge entspricht, eine Gehaltslieferung erbracht; hinsichtlich des übrigen Teils handelt es sich um eine »normale« Lieferung des gesamten Stoffs (RFH, RStBl 1927, 115).

Beispiel:
Sachverhalt wie vorheriges Beispiel. Der Landwirt erhält nur die Hälfte der Rübenschnitzel zurück; die andere Hälfte verkauft die Zuckerfabrik einem anderen Landwirt.

Lösung:
Eine Gehaltslieferung liegt nur hinsichtlich der Hälfte vor, für die der Landwirt die Schnitzel zurückbekommt; die andere Hälfte führt zu einer »normalen« Lieferung des Landwirts an die Zuckerfabrik.

Besondere Bearbeitungsmaßnahmen des Abnehmers an den bei ihm entstehenden Rückständen haben keinen Einfluss auf die Annahme einer Gehaltslieferung; sie führen vielmehr als eigenständige sonstige Leistung zu einem gesonderten Umsatz (RFH, RStBl 1940, 750; so noch Leonard in Bunjes, 10. Aufl. 2011, § 3 Rz. 66). 72

Beispiel:
Wie vorher. Vereinbarungsgemäß trocknet die Zuckerfabrik die Rübenschnitzel vor Rückgabe an den Landwirt.

Lösung:
Das Trocknen führt zu einer sonstigen Leistung der Zuckerfabrik an den Landwirt.

3.3 Ort der Lieferung (§ 3 Abs. 5aff. UStG)

3.3.1 Einführung

Am 17.05.1977 wurde die 6. EG-RL verabschiedet, die mit dem UStG 1980 in nationales Recht umgesetzt wurde. Seitdem ist das Umsatzsteuerrecht der EU-Mitgliedstaaten weitestgehend harmonisiert. Am 16.12.1991 wurde die RL 91/680/EWG verabschiedet, die im Wesentlichen die 6. EG-RL dahingehend ergänzte, dass ab dem 01.01.1993 die Einfuhrumsatzsteuer im Wirtschaftsverkehr der EU-Mitgliedstaaten nicht mehr erhoben wird und für den i. g. Handel eine Übergangsregelung gilt. Fernziel der Übergangsregelung deren (Fern-)Ziel ist es, auf europäischer Ebene einen **grenzüberschreitenden Vorsteuerabzug** zu erreichen. Diese Überlegungen scheitern derzeit daran, dass ungeklärt ist, wie ein **finanzieller Ausgleich** (»**Clearing**«) zwischen dem vereinnahmenden Ursprungsland und dem erstattenden Bestimmungsland erreicht werden kann (vgl. Weimann, UidP, 16. Aufl. 2016, Kap. 21.1 und 21.2: Fallstudie zur Idee des grenzüberschreitenden Vorsteuerabzugs). 73

Umsatzsteuerlich ist für den **Letztverbraucher** zu diesem Datum ein echter Binnenmarkt entstanden, da er grundsätzlich überall innerhalb der EU ohne wert- und mengenmäßige Beschränkung Waren erwerben und mit nach Hause nehmen darf. Der Letztverbraucher zahlt allerdings am Ort des Kaufes die dort gültige USt; ein etwaiger Grenzausgleich ist nicht vorgesehen. Da die Belastung des Umsatzes am Ort des Verkaufs erhoben wird, folgt diese Art der Besteuerung dem sog. **Ursprungslandprinzip**. 74

Für den **gewerblichen Handel** konnte das Ursprungslandprinzip bislang nicht verwirklicht werden. Die Gründe dafür liegen in den weiterhin differierenden Umsatzsteuersätzen, die eine erhebliche Wettbewerbsverzerrung in einem offenen Binnenmarkt bedeuten würden, sowie in der Unfähigkeit der Mitgliedstaaten, Kompetenzen der Gesetzgebung und der Aufkommensverteilung aus der USt auf die gemeinschaftlichen Institutionen zu übertragen. Der Handel zwischen den Unternehmern der EU-Staaten folgt seitdem eigenen Regeln. Das beruht auf zwei Umständen. Einerseits sind innerhalb der EU die Zollgrenzen verschwunden, so dass eine Kontrolle des i. g. Warenverkehrs nicht mehr durch die Zollverwaltung erfolgen kann und soll. Andererseits bestehen die Mitgliedstaaten auch weiterhin auf ihrem Besteuerungsrecht. Bei einer Warenlieferung 75 von Deutschland nach Italien soll nicht deutsche USt (dies wäre das sog. Ursprungslandsprinzip), sondern nach dem sog. **Bestimmungslandprinzip** italienische USt anfallen. Die Besteuerung soll im Verbrauchsstaat erfolgen.

76 Bei der Beurteilung von Sachverhalten im grenzüberschreitenden gewerblichen Handel innerhalb der EU ist stets zu beachten, dass die Vorgaben der 6. EG-RL (seit 01.01.2007: MwStSystRL) zwar in jedem Mitgliedstaat in nationales Recht umgesetzt, jedoch vielfach – soweit es die MwStSystRL erlaubt – den **nationalen individuellen Bedürfnissen** angepasst werden. Das führt zu einem weiteren Problem innerhalb der EU. Die MwStSystRL ist kein europäisches Gesetz. Sie ist nur teilweise konkret gefasst, teilweise aber auch nur als Rahmen formuliert, innerhalb dessen die Mitgliedstaaten individuell gestalten dürfen. Deutlich wird dies wiederum an den unterschiedlichen Umsatzsteuersätzen innerhalb der EU (zur Wirkungsweise der MwStSystRL vgl. Einführung UStG Rn. 5 ff.).

77 Die derzeitige Übergangsregelung für die Besteuerung des Handels zwischen den Mitgliedstaaten der EG ist in den Art. 28a bis 28p der 6. EG-RL enthalten. Nach Art. 28l der 6. EG-RL sollte die Übergangsregelung nur vom 01.01.1993 bis zum 31.12.1996 gelten. In dieser Vorschrift ist jedoch auch gleichzeitig eine Regelung darüber enthalten, die für den Fall in Kraft tritt, falls bis zu dem genannten Zeitpunkt der Rat (der Europäischen Gemeinschaft) noch nicht über eine endgültige Regelung über die Besteuerung des Handels zwischen den Mitgliedstaaten befunden hat. Danach verlängert sich automatisch die **Geltungsdauer** der Übergangsregelung, bis eine endgültige Regelung in Kraft tritt.

78 **Territorial** ist die Übergangsregelung auf den Handel zwischen den Mitgliedstaaten im Gemeinschaftsgebiet beschränkt; zu beachten ist, dass sich die EU bekanntermaßen um ihre Erweiterung bemüht und die Übergangsregelung damit **ab Inkrafttreten der Erweiterung** auch auf die Beitrittsländer anzuwenden ist (zur sog. EU-Osterweiterung zum 01.05.2004 vgl. BMF vom 29.04.2004, BStBl I 2004, 480).

79 Nach Art. 6 MwStSystRL haben jedoch einige Mitgliedstaaten Teile ihres Staatsgebietes von der Anwendung des Gemeinschaftsrechtes ausgeschlossen. Diese Gebiete gelten in der Regel als Drittlandsgebiet (vgl. § 1 Abs. 2 ff. UStG und Abschn. 1.10 UStAE). Zurzeit besteht die Besonderheit, dass die deutschen **Freihäfen** nach dem geltenden Zollrecht der Gemeinschaft zum gemeinschaftlichen Zollgebiet gehören. Umsatzsteuerrechtlich werden die Freihäfen jedoch wie Drittlandsgebiet behandelt. Dabei beruft sich die Bundesrepublik Deutschland nach wie vor auf eine Protokollerklärung, die sie 1970 zu Art. 16 der 6. EG-RL abgegeben hat. Art. 16 der 6. EG-RL sieht die Möglichkeit vor, bestimmte Umsätze in Freizonen (Freihäfen) von der Umsatzbesteuerung auszunehmen, wenn sichergestellt ist, dass der Endverbrauch besteuert wird. Diese Protokollerklärung führt dazu, dass Umsätze in Freihäfen – soweit sie nicht Endverbrauch darstellen – als nicht steuerbar behandelt werden (vgl. Abschn. 1.11 UStAE).

3.3.2 Innergemeinschaftlicher Warenverkehr (Grundzüge)

80 Bis einschließlich 1992 war eine Warenlieferung von Deutschland in das Ausland (Export) als so genannte Ausfuhrlieferung steuerfrei (§§ 4 Nr. 1, 6 UStG), wenn die Ausfuhr buch- und belegmäßig nachgewiesen wurde. Dies gilt seit 1993 nur noch im Verhältnis zu Drittstaaten. Innerhalb der EU wird der Warenexport umsatzsteuerlich nunmehr als **i. g. Lieferung** bezeichnet, die ebenfalls steuerfrei sein kann (§§ 4 Nr. 1, 6a UStG).

81 Bis einschließlich 1992 war ein Warenimport nach Deutschland aus dem Ausland als so genannte Einfuhr steuerbar und in der Regel steuerpflichtig (§ 1 Abs. 1 Nr. 4 UStG). Als besondere Erhebungsform gab es die Einfuhrumsatzsteuer, die vom Zoll erhoben und verwaltet wurde. Unter den weiteren Voraussetzungen des § 15 UStG konnte die Einfuhrumsatzsteuer als Vorsteuer geltend gemacht werden.

Dies gilt seit 1993 nur noch im Verhältnis zu Drittstaaten. Innerhalb der EG wird der Warenimport nunmehr umsatzsteuerlich als **i. g. Erwerb** bezeichnet, der als steuerbarer und in der Regel steuerpflichtiger Umsatz (§ 1 Abs. 1 Nr. 5 UStG) gilt. Der den i. g. Erwerb tätigende Unternehmer berechnet die auf den Erwerb zu erhebende USt selbst und meldet sie im Voranmeldungsverfahren an. Unter den weiteren Voraussetzungen des § 15 UStG kann die USt auf den i. g. Erwerb (Erwerbsteuer) als Vorsteuer geltend gemacht werden. 82

Ab dem 01.01.1993 gelten für den i. g. Warenverkehr damit neue Regeln, deren (Fern-)Ziel es ist, auf europäischer Ebene einen **grenzüberschreitenden Vorsteuerabzug** zu erreichen (vgl. Rn. 17 ff.). 83

TIPP

Warenbewegungen in **Drittlandländer** werden **unverändert** mit dem Ziel der Export-Entlastung steuerfrei gestellt.

Als Kontrollinstrument wurde die **sog. Umsatzsteuer-Identifikationsnummer** (UStIdNr.) eingeführt (§ 27 a UStG), die jeder Unternehmer erhält, der am i. g. Handel teilnimmt. 84

Der in andere EG-Staaten steuerfreie i. g. Lieferungen ausführende Unternehmer muss neben der USt-Voranmeldung i. d. R. monatlich vierteljährlich eine Meldung an das Bundeszentralamt für Steuern – BZSt abgeben, in der die i. g. Lieferungen wertmäßig und sortiert nach den USt-IdNr. der Lieferempfänger aufzulisten sind. Diese Meldung wird als **Zusammenfassende Meldung** (ZM) bezeichnet (§ 18 a UStG). 85

3.3.3 Die Regelung des Lieferortes seit dem 01.01.1997 im Überblick

Bis zum 31.12.1996 enthielt das UStG Sonderregelungen für Reihengeschäfte; diese betrafen insbesondere den Zeitpunkt und den Ort der einzelnen Lieferungen sowie die Beurteilung i. g. Lieferbeziehungen. Diese Sonderregelungen wurden zum 01.01.1997 aufgehoben. 86

TIPP

Reihengeschäfte sind seit dem 01.01.2007 nach den (allgemeinen) Vorschriften zu beurteilen.

Hintergrund der Gesetzesänderung sollte eine harmonisierte Umsetzung gemeinschaftsrechtlicher Vorgaben bei grenzüberschreitenden Lieferungen sein. Die bisher im Handel zwischen den Mitgliedstaaten möglichen Nicht- und Doppelbesteuerungen sollten damit endgültig der Vergangenheit angehören. Zurückgeblieben ist ein Chaos, das der Gesetzgeber Wirtschaft und Verwaltung überlassen hat. 87

Der Deutsche Industrie- und Handelstag hat in einer Analyse nachgewiesen, welche Unsicherheiten und Risiken sich für die an Lieferumsätzen beteiligten Unternehmer ergeben (Winter, UR 1998, 209). Insbesondere die deutsche Sichtweise, eine Unternehmerkette vom Anfang bis zum Ende überschauen und beurteilen zu wollen, wird in den anderen Mitgliedstaaten mit einigem Befremden abgelehnt (Winter, UR 1998, 209). Meine Ausführungen müssen sich zwangsläufig und ausschließlich am deutschen Recht orientieren. Sie stehen damit unter dem Vorbehalt, dass die deutsche Auffassung in den betroffenen anderen Mitgliedstaaten geteilt wird. Zu den bekannten Abweichungen neben der Auswertung des DIHT vgl. auch Rn. 145 (Nichtbeanstandungsregelung bei abweichendem Recht anderer Mitgliedstaaten im Fall der Zuordnung nach § 3 Abs. 6 UStG) und vgl. Rn. 153 (Konsignationslager, Besonderheiten). 88

Auswirkungen zeigt die Neuregelung damit insbesondere bei Reihengeschäften mit internationaler Beteiligung. 89

TIPP
Die neuen Vorschriften führen dazu, dass durch die Beteiligung an internationalen Reihengeschäften steuerliche Pflichten im Ausland ggf. neu begründet werden können. Dies führt zu einem erhöhten Verwaltungsaufwand durch
- Umstellung der Buchführung,
- Einrichtung der EDV,
- Bestellung eines Steuerberaters,
- Bestellung eines Fiskalvertreters
- etc.,

der **bereits bei der Kalkulation eines Auftrages** und damit von den (in der Regel mit steuerlichen Fragen wenig befassten) **Ein- und Verkaufsabteilungen** berücksichtigt werden muss.
Ein Steuerberater muss den Mandanten auf die Problematik hinweisen; Schulungen und sichere Verfahrensabläufe (Controlling) für den Ein- und Verkauf sind vorzuschlagen (zu Formulierungshilfen für ein Mandantenschreiben vgl. Weimann, UidP, 16. Aufl. 2016, Kap. 21.4).

3.3.4 Begriffliche Klärungen

90 Nach Aufhebung des § 3 Abs. 2 UStG zum 01.01.1997 mieden Verwaltung und Literatur anfangs den Terminus »Reihengeschäft«, um jegliche Assoziation zum bisherigen Recht zu vermeiden. Stattdessen verwandten sie für den Tatbestand des »alten« Reihengeschäfts nunmehr uneinheitlich Begriffe wie Ketten-, Mehrecks-, Mehrfach- oder Vielecksgeschäfte. Dies führte in der Praxis zu erheblichen Irritationen. Verwaltung und Literatur haben schnell reagiert, so dass nunmehr folgender Sprachgebrauch gängig ist:
- **Liefergeschäfte/Lieferungen:** Umsatzgeschäfte, durch die der Unternehmer oder in seinem Auftrag ein Dritter den Abnehmer oder in dessen Auftrag einen Dritten befähigt, im eigenen Namen über einen Gegenstand zu verfügen (§ 3 Abs. 1 UStG).
- **Reihengeschäfte:** Sonderfall der Liefergeschäfte; Umsatzgeschäfte, die mehrere Lieferer über denselben Gegenstand abschließen, und bei denen dieser Gegenstand bei der Beförderung oder Versendung unmittelbar vom ersten Unternehmer an den letzten Abnehmer gelangt (§ 3 Abs. 6 S. 5 UStG).
- **Dreiecksgeschäfte:** Sonderfall der Reihen- und damit der Liefergeschäfte; drei in verschiedenen Mitgliedsstaaten für Zwecke der USt erfasste Unternehmer schließen unter genau definierten Voraussetzungen ein Reihengeschäft ab (§ 25b UStG).

TIPP
Bei der Auswertung von Literaturbeiträgen, die vor dem 01.07.1997 erschienen sind, sollten Sie sich nicht verwirren lassen: die Bezeichnungen
- Kettengeschäfte,
- Mehrecksgeschäfte,
- Mehrfachgeschäfte,
- Vielecksgeschäfte

sind Synonyme für Reihengeschäfte.

3.3.5 Die Tatbestandsmerkmale des Reihengeschäfts

3.3.5.1 Überblick

91 Für das Reihengeschäft ergeben sich aus § 3 Abs. 6 S. 5 UStG folgende Tatbestandsmerkmale:
- **Mehrere Unternehmer**
- schließen **mehrere Umsatzgeschäfte**
- über **denselben Gegenstand** ab und

- der Liefergegenstand gelangt i.R. d. Beförderung oder Versendung **unmittelbar vom ersten** Unternehmer (besser: vom Ort der Lieferung des ersten Unternehmers) **an den letzten** Abnehmer.

Ein besonderer Fall des Reihengeschäfts ist das i. g. Dreiecksgeschäft i. S. d. § 25b Abs. 1 UStG (vgl. Abschn. 3.14 Abs. 1 UStAE). 92

Primäre Rechtsfolge eines Reihengeschäftes ist, dass es zwischen den Beteiligten zu einer **Vielzahl von Lieferumsätzen** i. S. d. § 3 Abs. 1 UStG kommt. Reihengeschäfte sind damit nichts anderes als die **Aneinanderreihung mehrerer Liefergeschäfte** (vgl. Abschn. 3.14 Abs. 2 UStAE). 93

Beispiel:
Elektroeinzelhändler D1 in Lörrach bestellt im Jahr 2014 bei dem Elektrogerätegroßhändler D2 in Freiburg eine Sonnenbank. D2, der die Sonnenbank nicht vorrätig hat, bestellt diese wiederum bei dem Elektrogerätehersteller D3 in Stuttgart. D3 muss seinerseits auf D4 in Hamburg zurückgreifen. Vereinbarungsgemäß liefert D4 die Sonnenbank direkt an D1 in Lörrach aus.

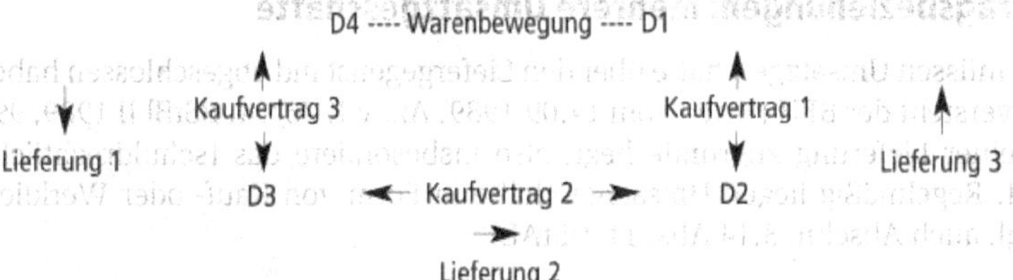

Aus zivilrechtlicher Sicht (vgl. Rn. 11) sind **drei Vertragsbeziehungen** zu unterscheiden:
- Kaufvertrag 1 zwischen D2 (Verkäufer) und D1 (Käufer),
- Kaufvertrag 2 zwischen D3 (Verkäufer) und D2 (Käufer),
- Kaufvertrag 3 zwischen D4 (Verkäufer) und D3 (Käufer).

Aus umsatzsteuerlicher Sicht werden diese Verträge durch drei Lieferungen erfüllt:
- Zunächst beliefert D4 (= erster Lieferer) den D3 (Leistungsempfänger).
- Danach beliefert D3 (= zweiter Lieferer) den D2 (Leistungsempfänger).
- Zuletzt beliefert D2 (= dritter Lieferer) den D1 (Leistungsempfänger).

TIPP
- Alle (umsatzsteuerlichen) Erfüllungsgeschäfte = Lieferungen werden durch **eine (tatsächliche) Warenbewegung** erfüllt.
- Die Kaufverträge werden quasi »rückwärts« erfüllt: Zunächst muss im Beispiel der letzte Vertragspartner D4 liefern, damit sein Kunde D3 den Kunden D2 beliefern kann usw.

3.3.5.2 Die Beteiligten: mehrere Unternehmer

§ 3 Abs. 6 S. 5 UStG verlangt zunächst Umsatzgeschäfte **mehrerer Unternehmer**. 94

Damit erfordert die Annahme eines Reihengeschäfts die Beteiligung von **mindestens drei Personen**, die über denselben Liefergegenstand zwei Umsatzgeschäfte abgeschlossen haben (BFH vom 17.12.1981, BStBl II 1982, 279). Eine Begrenzung auf eine bestimmte Anzahl besteht dagegen nicht; vielmehr können beliebig viele Unternehmer an einem Reihengeschäft beteiligt sein. 95

Nach der h. M. kommt der Anforderung an die Beteiligten, »**Unternehmer**« zu sein, keine besondere Bedeutung zu. Der Hinweis auf den Unternehmer dient nur der Klarstellung, dass die Steuerbarkeit des Umsatzgeschäftes von der Unternehmereigenschaft des Lieferanten abhängig ist. Die Regeln des Reihengeschäfts gelten uneingeschränkt auch dann, wenn Nichtunternehmer als Lieferer oder Abnehmer beteiligt sind. Daher kann z. B. der erste Lieferer auch Nichtunternehmer sein. 96

Beispiel:
Frau Ältlich (A) sammelt altes Porzellan und bestellt bei dem Antiquitätenhändler Historius (H) ein bestimmtes Service. H hat dieses Service nicht vorrätig, wird jedoch bei der Erbin Steinreich (S) fündig. S verkauft das Service an H; beide vereinbaren, dass A das Service persönlich bei S abholt.

Lösung:
Sowohl die Lieferung der S an H als auch die des H an A erfolgen im Reihengeschäft; die Lieferung der S ist jedoch nicht steuerbar.

97 Ist einer der Unternehmer mehrfach in dieselbe Lieferkette eingeschaltet, liegen insoweit keine Lieferungen vor (BFH vom 31.07.1996, Az: XI R 74/95, UR 1997, 174).

98 Zwar werden bei der Verkaufskommission zwischen dem Kommittenten und dem Kommissionär keine Liefergeschäfte abgeschlossen; da § 3 Abs. 3 UStG jedoch ein Liefergeschäft fingiert, sind auch diese als Reihengeschäfte zu behandeln.

3.3.5.3 Die Vertragsbeziehungen: mehrere Umsatzgeschäfte

99 Die beteiligten Lieferer müssen Umsatzgeschäfte über den Liefergegenstand abgeschlossen haben. Unter Umsatzgeschäft versteht der BFH (Urteil vom 14.09.1989, Az: V R 76/84, BStBl II 1989, 999) den Sachverhalt, der einer Lieferung zugrunde liegt, also insbesondere das (schuldrechtliche) Verpflichtungsgeschäft. Regelmäßig liegen Umsatzgeschäfte in Form von Kauf- oder Werklieferungsverträgen vor (vgl. auch Abschn. 3.14 Abs. 1 f. UStAE).

3.3.5.4 Die Identität: derselbe Liefergegenstand

100 Die Wirkungen des § 3 Abs. 6 S. 5 UStG treten nur ein, wenn die Umsatzgeschäfte über denselben Liefergegenstand abgeschlossen wurden. Die Identität des Gegenstandes muss innerhalb der Umsatzkette gewahrt bleiben; der Liefergegenstand darf mit anderen Worten seine »Marktgängigkeit« zwischen den zu einem Reihengeschäft verbundenen Umsatzgeschäften nicht ändern (vgl. Abschn. 3.12 Abs. 4 UStAE).

101 Die Identität ist z. B. **nicht** gewahrt, wenn der Liefergegenstand von einem Zwischenlieferer bearbeitet wird oder wenn ein Zwischenlieferer dem Gegenstand notwendige Zubehörteile beifügt oder Montagearbeiten an ihm ausführt.

102 Der Liefergegenstand kann auch in einer **Werklieferung** bestehen.

Beispiel:
Privatmann Kleinod (K) beauftragt den Unternehmer U mit der Errichtung eines Einfamilienhauses; U gibt den Auftrag an den Subunternehmer S weiter.

Lösung:
Es liegen Lieferungen im Reihengeschäft vor. Gegenstand der Umsatzgeschäfte ist jeweils eine Werklieferung, nämlich die Lieferung eines bezugsfertigen Einfamilienhauses.

3.3.5.5 Die Warenbewegung: unmittelbares Gelangen des Liefergegenstandes vom ersten Unternehmer an den letzten Abnehmer

3.3.5.5.1 Das Grundproblem

103 Das unmittelbare Gelangen i. S. d. § 3 Abs. 6 S. 5 UStG setzt grundsätzlich
- eine Beförderung oder Versendung
- durch **einen** am Reihengeschäft beteiligten Unternehmer

voraus; diese Voraussetzung ist bei der Beförderung oder Versendung durch **mehrere** beteiligte Unternehmer nicht erfüllt (sog. **gebrochene Beförderung oder Versendung**). Die Bestimmungen über das Reihengeschäft wären dann lediglich auf eine Teilreihe anzuwenden.

Beispiel:
Die Brennerei Schwips (S) bestellt Zucker bei B. Dieser bestellt den Zucker seinerseits bei A. Da auch A den Zucker nicht vorrätig hat, bestellt er ihn bei R. Zwischen B, A und R wird vereinbart, dass R den Zucker selbst mit eigenem Lkw oder unter Beauftragung eines Spediteurs/Frachtführers zu B bringt; B bringt den Zucker dann mit eigenem Lkw zu S.

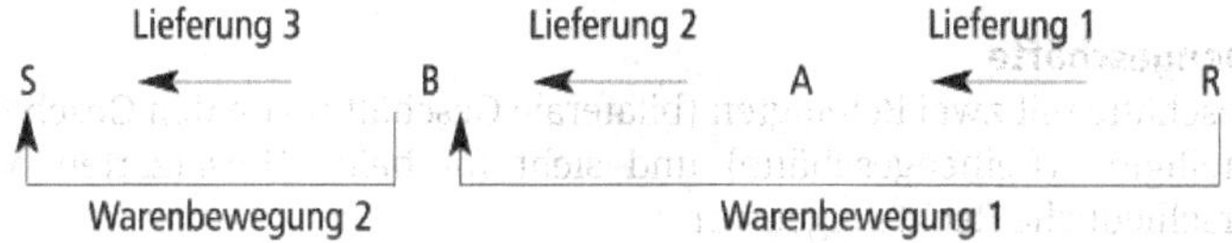

Lösung:
Die Vorschriften über das Reihengeschäft sind nur auf die Teilreihe B-A-R und damit auf die Liefergeschäfte 1 und 2 anzuwenden; für die Lieferung des B an S gelten die allgemeinen Bestimmungen.

Derzeit strittig ist, ob sich die Warenbewegung auch dadurch brechen lässt, dass alle zum Transport Verpflichteten den gleichen Frachtführer/Spediteur beauftragen. **104**

Beispiel:
Sachverhalt wie vorheriges Beispiel. Den Gesamttransport von R nach S übernimmt ein einziger Spediteur mit R als Auftraggeber für die Teilbeförderung R – B und B als Auftraggeber für die Restbeförderung zu S.

TIPP
1. Nochmals: Die seit dem 01.01.1997 gültigen Lieferortvorschriften führen dazu, dass durch die Beteiligung an internationalen Reihengeschäften steuerliche Pflichten im Ausland ggf. neu begründet werden können. Dies führt zu einem erhöhten Verwaltungsaufwand durch Umstellung der Buchführung, Einrichtung der EDV, Bestellung eines Steuerberaters etc., der bereits bei der Kalkulation eines Auftrages und damit von den (in der Regel mit steuerlichen Fragen wenig befassten) Ein- und Verkaufsabteilungen berücksichtigt werden muss.
2. Ein Steuerberater muss den Mandanten auf die Problematik hinweisen; Schulungen und sichere Verfahrensabläufe (Controlling) für den Ein- und Verkauf sind vorzuschlagen.
3. In der absichtlichen »Brechung« der Warenbewegung ist keine echte Gestaltungsmöglichkeit zu sehen, da sie den Transport zwangsläufig verteuern wird (anderer Ansicht: Röck, LSW Gruppe 7, 125 = Heft 4/2005; ders., StWK Gruppe 8, 203 = Heft 16/2005).

3.3.5.5.2 BMF vom 07.12.2015

Das BMF hat sich erstmals zu der Frage positioniert, welche Folgen es für die Steuerbefreiung einer innergemeinschaftlichen Lieferung oder Ausfuhrlieferung hat, wenn Lieferant und Kunde den Transportweg aufteilen und jeder für ein Teilstück die Verantwortung übernimmt (BMF vom 07.12.2015, III C 2 – S 7116-a/13/10001 / III C 3 – S 7134/13/10001, 2015/1097870, a.a.O.; vgl. dazu auch Hiller, MwStR 2018, 290; Weimann, GStB 2016, 207). **104a**

Wird Ware aus Deutschland in das europäische oder außereuropäische Ausland verkauft, **104b**
- teilen sich Lieferant und Kunde häufig die Transportverantwortung und es
- übernehmen beide ein Teilstück des Transports

(sog. »gebrochener Transport«).

104c Dies wird aus den unterschiedlichsten Gründen so vereinbart:

- Die **Kosten der Streckenanteile im Ausland** lassen sich für den Verkäufer im Vergleich zu Inlandsstrecken weit weniger sicher kalkulieren und einpreisen. Aus diesem Grund werden Transporte bis zur deutschen Grenze vereinbart; dort übernimmt der Kunde die Ware.
- Sind Bestimmungsländer durch besonders **häufige Fahrzeugdiebstähle und/oder -beschädigungen** aufgefallen, findet der deutsche Lieferant in der Regel keinen Spediteur oder Frachtführer – aus Angst vor Beschädigungen an den Lastzügen des Transporteurs. Auch dann wird ein Transport bis zur letzten deutschen oder zumindest letzten sicheren Grenze vereinbart; sodann ist der Kunde für den Transport verantwortlich.

Bilaterale Geschäfte vs. Reihengeschäfte

104d Das BMF unterscheidet die Geschäfte mit zwei Beteiligten (bilaterale Geschäfte) von den Geschäften mit drei oder mehr Beteiligten (Reihengeschäfte) und sieht für beide Umsatzarten bei gebrochenem Transport unterschiedliche Rechtsfolgen vor.

Bilaterale Geschäfte (zwei Teilnehmer)

104e An einem Transport (Beförderung oder Versendung) können

- entweder nur der Lieferer und
- nur der Abnehmer oder
- in deren jeweiligen Auftrag ein Dritter

beteiligt sein.

Bei diesen **Geschäften ohne Transportbrechung** sind keine Besonderheiten zu beachten; es gilt das Übliche.

104f Möglich ist aber auch, dass sowohl der Lieferer als auch der Abnehmer in den Transport des Liefergegenstands eingebunden sind.

Beispiel 1:
Großhändler D aus Dortmund beauftragt einen Frachtführer, die verkauften Fahrzeuge zum Hafen Duisburg zu bringen. Von Duisburg aus wird die Ware im Auftrag des D eine Woche später an Abnehmer A verschifft. A holt die Ware am Zielhafen ab und befördert sie mit eigenem Lastzug zum eigenen Auslieferungslager.

104g Derartige **gebrochene Transporte** sind für die Annahme der »Beförderung oder Versendung des Liefergegenstands bei der Lieferung« und damit für die Entscheidung,

- ob eine **Ausfuhrlieferung** nach § 6 UStG
- bzw. eine **innergemeinschaftliche Lieferung** nach § 6 a UStG

vorliegt, unschädlich, wenn

- der **Abnehmer zu Beginn des Transports feststeht** (siehe dazu Abschnitt 3.12 Abs. 3 Satz 4 ff. UStAE)
- und der **liefernde Unternehmer nachweist**, dass ein zeitlicher und sachlicher Zusammenhang zwischen der Lieferung des Gegenstands und seiner Beförderung sowie ein kontinuierlicher Vorgang der Warenbewegung gegeben sind.

HINWEIS
Wie dieser Nachweis konkret zu führen ist, lässt das BMF-Schreiben offen. Es empfiehlt sich daher insbesondere zu dokumentieren, dass der Transport in **Erfüllung eines bestimmten Kaufvertrags** vorgenommen/geordert wird. Darüber hinaus sollte für eine **zügige Abwicklung** gesorgt werden.

Rein tatsächliche Unterbrechungen des Transports, die lediglich dem Transportvorgang geschuldet sind, **sind unschädlich** und führen ebenfalls nicht zum Verlust der Steuerbefreiung. 104h

HINWEIS
Das BMF lässt offen, wann Transportunterbrechungen »rein tatsächlicher« Natur sind. Gemeint sind wohl solche, die dem Transportvorgang selbst geschuldet sind, wie
- das Umladen der Ware,
- eine Umlagerung der Ware oder die
- Zusammenstellung auf anderen Lkw.

Allerdings ist folgende »Fußangel« beim Abholfall zu beachten:

Transportiert in diesen Fällen der Abnehmer die Ware im Rahmen seines Teils der Lieferstrecke in das Drittlandsgebiet, müssen die Voraussetzungen des § 6 Abs. 1 Satz 1 Nr. 2 UStG erfüllt sein (vgl. Abschn. 6.1 Abs. 3a Satz 3 UStAE n. F.). 104i

Beispiel 2:
Wie Beispiel 1. Wieder bringt D die Ware zum Hafen Duisburg; Kunde A besorgt die Verschiffung nach Tunesien.

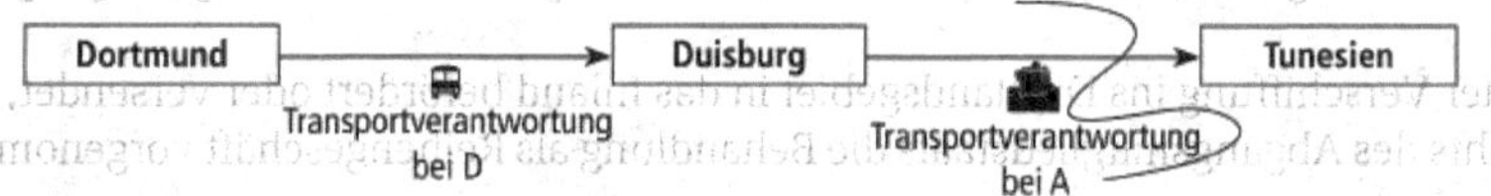

Variante a: Kunde A ist ein ausländisches Unternehmen.
Variante b: Kunde A ist ein anderes deutsches Unternehmen.

Nur dann, wenn der Kunde ein **ausländischer Abnehmer** (Variante a) ist, ist die Lieferung für D im Abholfall als Ausfuhrlieferung steuerfrei. 104j

MERKE
Abhollieferungen an andere Deutsche (Variante b) sind immer steuerpflichtig!

Reihengeschäfte (drei oder mehr Teilnehmer)

Voraussetzungen für das Vorliegen eines Reihengeschäfts sind, dass 104k
- mehrere Unternehmer
- über denselben Gegenstand
- Umsatzgeschäfte abschließen und
- der Gegenstand beim Transport **unmittelbar** vom ersten Unternehmer an den letzten Abnehmer gelangt

(§ 3 Abs. 6 Satz 5 UStG).

Bei einer gebrochenen Beförderung oder Versendung fehlt es an der für das Reihengeschäft erforderlichen Unmittelbarkeit der Warenbewegung. 104l

Beispiel 3:
Wie Beispiel 2. A hat die Ware seinerseits weiterverkauft und verschifft diese von Duisburg aus direkt zum Endkunden nach Tunesien.

Der Vorgang spaltet sich damit in mehrere hintereinandergeschaltete und getrennt zu beurteilende Einzellieferungen auf:

- Bei Beurteilung der Warenlieferungen des D an den A ist ausschließlich der Transportweg Dortmund–Duisburg zu berücksichtigen. Die Lieferungen sind damit umsatzsteuerbar und -pflichtig. D muss gegenüber A in jedem Fall brutto – mit deutscher Umsatzsteuer – abrechnen.
- Die Lieferungen des A an seine Endkunden sind unter den weiteren Voraussetzungen (§ 6 UStG) als Ausfuhrlieferung steuerfrei.

Insoweit hält das BMF also **unverändert** am bisherigen Abschnitt 3.14 Abs. 4 Satz 1 UStAE fest.

104m **Rein tatsächliche Unterbrechungen** des Transports stehen – wie bei den bilateralen Geschäften (s. 2.3.5.5.2.2.1) – der Annahme einer unmittelbaren Warenbewegung nicht entgegen und führen damit auch hier nicht zum Verlust der Umsatzsteuerbefreiung.

Die im Folgenden dargestellte »Kollisionsregelung« stellt eine vermeintliche Vereinfachung dar, die aber meist nicht zur Anwendung kommen wird:

104n Trotz einer gebrochenen Beförderung oder Versendung durch mehrere Beteiligte (vgl. Abschnitt 3.14 Abs. 4 Satz 1 UStAE)

- **aus einem anderen Mitgliedstaat**
- **ins Drittlandsgebiet**

ist die Behandlung als Reihengeschäft nicht zu beanstanden, wenn der erste Unternehmer den Liefergegenstand aus dem Mitgliedstaat des Beginns der Beförderung oder Versendung (Abgangsmitgliedstaat)

- nur zum Zweck der Verschiffung ins Drittlandsgebiet in das Inland befördert oder versendet,
- aufgrund des Rechts des Abgangsmitgliedstaats die Behandlung als Reihengeschäft vorgenommen worden ist und
- der Unternehmer, dessen Lieferung bei Nichtannahme eines Reihengeschäfts im Inland steuerbar wäre, dies nachweist.

HINWEIS
Die Kollisionsregelung gilt **nicht bei Transportbeginn** in Deutschland!

Zeitliche Anwendung

104o Die Neuregelung gilt für alle offenen Fälle, ist damit also auch rückwirkend anzuwenden.

Letzteres aber wohl **nur zu Gunsten des Unternehmers!** Sollte sich die Neuregelung nachteilig auswirken – was aber derzeit schwer vorstellbar ist –, wird **Vertrauensschutz** zu prüfen sein.

Fazit

104p Für bilaterale Geschäfte sind die Klarstellungen des BMF sicher hilfreich. Für Reihengeschäfte bleiben dagegen viele Fragen offen. Wie soll der deutsche Lieferant wissen, ob er Partner eines bilateralen Geschäfts ist und steuerfrei liefern darf oder in ein Reihengeschäft eingebunden ist und damit steuerpflichtig abrechnen muss? Darf er sich insoweit auf den Kundenvortrag verlassen? Wichtige Fragen, die hoffentlich baldmöglichst geklärt werden.

3.3.6 Zeitpunkt der Lieferungen

105 § 3 UStG enthält **keine ausdrückliche Aussage** zum Lieferzeitpunkt. Dieser bestimmt sich daher in entsprechender Anwendung der Lieferortsbestimmungen (BFH vom 06.12.2007, Az: V R 24/05, BStBl II 2009, 490; hierzu ausführlich vgl. § 13 Rn. 32 ff.; vgl. auch Abschn. 13.1 Abs. 2 S. 2 UStAE und vgl. Rn. 17 ff.).

TIPP

BFH, Urteil vom 24.08.2006, Az: V R 16/05, BStBl II 2007, 340: Leistungsempfänger bei der Lieferung von Waren **gegen Vorlage eines Warengutscheins/eines Warenzertifikates** /// Leitsatz: (1.) Schließt ein Unternehmer mit einem anderen Unternehmer einen Kaufvertrag über den Bezug von Werbegeschenken, ist der Unternehmer auch dann Abnehmer (Leistungsempfänger), wenn der andere die Werbegeschenke vereinbarungsgemäß nicht unmittelbar an den Unternehmer, sondern an den Inhaber eines »Warenzertifikats« (Warengutscheins) als Beauftragten des Unternehmers übergibt und hierauf auf dem Gutschein ausdrücklich hingewiesen wurde. Eine derartige Gestaltung ist nicht rechtsmissbräuchlich (vgl. § 13 Rn. 93 f.).

3.3.7 Die Bausteine der Lieferortsregelung

3.3.7.1 Überblick über § 3 Abs. 5a ff. UStG

§ 3 Abs. 5a ff. UStG regelt die Bestimmung des umsatzsteuerlichen Lieferortes grundsätzlich abschließend und ist wie folgt aufgebaut: 106

- Abs. 5a = **Einleitung**. Die Vorschrift bestimmt zunächst, dass sich der Ort einer Lieferung nach den Abs. 6 ff. richtet. Gleichzeitig stellt sie – rein deklaratorisch – klar, dass im Einzelfall folgende speziellere Vorschriften vorrangig anzuwenden sind:
  - § 3 c UStG (Ort der Lieferung in besonderen Fällen/»Versandhandelsregelung«),
  - § 3 e UStG (Ort der Lieferungen und Restaurationsleistungen während einer Beförderung an Bord eines Schiffes, in einem Luftfahrzeug oder in einer Eisenbahn),
  - § 3 f UStG (Ort der unentgeltlichen Lieferungen und sonstigen Leistungen),
  - § 3 g UStG (Ort der Lieferung von Gas oder Elektrizität);
- Abs. 7 S. 1 = **Generalklausel**;
- Abs. 6, Abs. 7 S. 2 = **Sonderregeln für bewegte Lieferungen**
  - Abs. 6 S. 1–4: »normale« Beförderungs- und Versendungslieferungen,
  - Abs. 6 S. 5 und 6, Abs. 7 S. 2: Reihengeschäfte;
- Abs. 8 = **Sonderregeln für bewegte Lieferungen aus dem Drittlandsgebiet**.

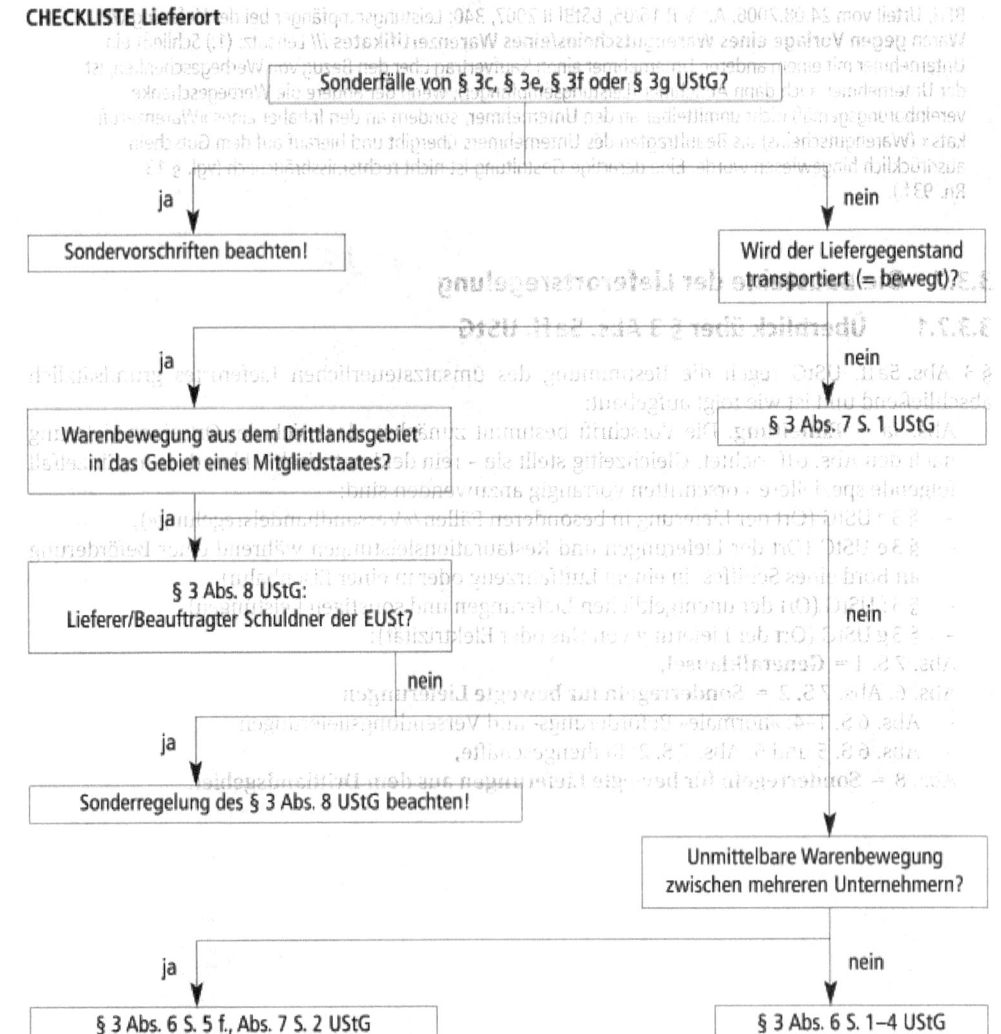

3.3.7.2 »Normale« Liefergeschäfte

3.3.7.2.1 »Ruhende« Lieferungen (§ 3 Abs. 7 S. 1 UStG)

107 Lieferungen, bei denen der Liefergegenstand weder befördert noch versendet wird, werden als ruhende Lieferungen bezeichnet.

108 Der Lieferort ruhender Lieferungen ergibt sich aus § 3 Abs. 7 UStG:

- Wird der Gegenstand der Lieferung nicht befördert oder versendet, wird die Lieferung dort ausgeführt, wo sich der Gegenstand zurzeit der Verschaffung der Verfügungsmacht befindet (§ 3 Abs. 7 S. 1 UStG = Grundfall).
- Liegt ein Reihengeschäft vor, gelten Besonderheiten.

Der Grundfall betrifft insbesondere die Lieferung (einschließlich der Werklieferung) von Gebäuden und anderen unbeweglichen Wirtschaftsgütern, z. B. Grundstücken (vgl. Abschn. 3.12 UStAE). 109

In Betracht kommen aber auch die Lieferungen von Gegenständen, die sich in einem Lager oder im Lieferzeitpunkt an Bord eines Schiffes befinden; in diesen Fällen erfolgt die Verschaffung der Verfügungsmacht in der Regel durch 110

- die Vereinbarung eines Besitzkonstituts (§ 930 BGB),
- die Abtretung des Herausgabeanspruchs (§ 931 BGB),
- die Übergabe sog. Traditionspapiere, die das Eigentum am Liefergegenstand verkörpern (z. B. Lagerscheine, Konnossemente).

Hier kommt es darauf an, wo sich der Liefergegenstand zurzeit der Verschaffung der Verfügungsmacht befindet. 111

Der Grundfall wird insbesondere auch auf Werklieferungen anzuwenden sein, deren Lieferort im Regelfall dort ist, wo sich der Liefergegenstand zurzeit der Übergabe an den Auftraggeber befindet. Werden derartige Umsatzgeschäfte von mehreren Unternehmern über denselben Gegenstand abgeschlossen, können mangels Beförderung oder Versendung nicht Gegenstand eines Reihengeschäfts sein (vgl. Abschn. 3.12 Abs. 6 UStAE). 112

3.3.7.2.2 »Bewegte« Lieferungen/Beförderungs- und Versendungslieferungen (§ 3 Abs. 6 S. 1–4 UStG)

3.3.7.2.2.1 Die Grundsätze

§ 3 Abs. 6 S. 1 UStG bestimmt, dass im Falle der Lieferung eines Gegenstandes durch den Lieferer, den Abnehmer oder einen vom Lieferer oder Abnehmer beauftragten Dritten durch Beförderung oder Versendung die Lieferung als dort ausgeführt gilt, **wo die Beförderung oder Versendung an den Abnehmer oder in dessen Auftrag an einen Dritten beginnt**. 113

Nach § 3 Abs. 6 S. 1 UStG kommen für das Befördern oder Versenden in Betracht: 114

- der Lieferer,
- ein Dritter, beauftragt vom Lieferer,
- der Abnehmer,
- ein Dritter, beauftragt vom Abnehmer.

Nach der Gesetzesbegründung kann der **beauftragte Dritte** z. B. ein Dienstleister (Lohnveredelungsunternehmer, Lagerhalter), ein Verkaufskommissionär oder im i. g. Dreiecksgeschäft ein nachfolgender Unternehmer sein, der jeweils nicht unmittelbar in die Liefervorgänge eingebunden ist. 115

Besondere Aufmerksamkeit verdienen Fallgestaltungen, in denen der Lieferer, der Abnehmer oder der beauftragte Dritte einen **selbständigen Vierten** mit dem Transport beauftragen und der Vierte gegenüber dem Auftraggeber über eine Transportleistung als sonstige Leistung abrechnet. Es liegen dann Versendungslieferungen vor, wobei die Versendung dem Auftraggeber zugerechnet wird. 116

Beispiel:
A hat mit B ein Liefergeschäft abgeschlossen. In Erfüllung dieses Geschäfts soll der Gegenstand der Lieferung unmittelbar zum Lohnveredler C gebracht werden, der für B eine sonstige Leistung erbringen wird.

Variante 1: Befördern
In Erfüllung des Liefergeschäfts kann mit **eigenem Fahrzeug**:

- A als Lieferer den Gegenstand zu C bringen und dort abladen;
- B als Abnehmer den Gegenstand bei A abholen und ihn zu C bringen und dort abladen;
- C als beauftragter Dritter (nicht als selbständiger Beauftragter) den Gegenstand bei A abholen und zu seiner Lohnveredelungsstätte bringen. C wird in diesem Fall wohl vom Abnehmer B mit der Beförderung beauftragt worden sein; allerdings ist es auch denkbar, dass die Beförderung auf Initiative des Lieferers erfolgt.

Variante 2: Versenden
In Erfüllung des Liefergeschäfts kann ein selbständiger Beauftragter (z. B. Spediteur) den Gegenstand der Lieferer im Auftrag des:
- A (Lieferer) an C transportieren;
- B (Abnehmer) an C transportieren;
- C (selbständiger Dritter) an seine Lohnveredelungsstätte transportieren. C wird in diesem Fall wohl vom Abnehmer B mit der Beförderung beauftragt worden sein, allerdings ist es auch denkbar das die Beförderung auf Initiative des Lieferers erfolgt. C hat sich in Erfüllung dieses Auftrags eines selbständigen Beauftragten bedient.

117 »Bewegte Lieferungen« haben den umsatzsteuerlichen Leistungsort »dort ... wo die Beförderung oder Versendung **an den Abnehmer** ... beginnt« (§ 3 Abs. 6 S. 1 UStG). Die Annahme einer Lieferung setzt damit voraus, dass beim Beginn der Beförderung oder Versendung
- ein **konkretes Umsatzgeschäft** über einen
- bestimmten Gegenstand mit einem
- bestimmten Abnehmer

geschlossen wurde (vgl. OFD Berlin vom 02.09.1969, Az: St 431 – S 7116 – 3/69, UR 1970, 103). Der Ort der Lieferung ist mit anderen Worten dort, wo die Ware **erstmals mit Zielrichtung auf einen konkreten Abnehmer bewegt** wird. Dieses Ergebnis ist häufig dann wenig erwünscht (aber dennoch unvermeidlich!), wenn ein Warenpaket aus mehreren Lagern zusammengestellt wird (Weimann, UidP, 16. Aufl. 2016, Kap. 21.3.1).

Beispiel:
Das deutsche Bekleidungshaus Klamotten-Anton (K&A) bestellt bei einer deutschen Bekleidungsfirma, der Egon Chef AG (EC) in München, 1000 Herrenhemden. 500 Hemden hat EC im Lager in München, 300 Hemden im Auslieferungslager in Rom und 200 Hemden in einem weiteren Auslieferungslager in Danzig.

Lösung:
- Die Lieferung der 500 Hemden ab dem Lager München führt zu 500 innerdeutschen Umsätzen. [Hinweis: Jedes Hemd ist Gegenstand einer eigenständigen Lieferung!]
- Die Lieferung der 300 Hemden ab dem Lager Rom führt unter den weiteren Voraussetzungen in Italien zu 300 i. g. Lieferungen von EC, registriert in Italien. K&A hat in Deutschland entsprechende i. g. Erwerbe zu erklären.
- Die Besteuerung der 200 Hemden ab dem Lager Danzig richtet sich nach § 3 Abs. 8 UStG.

In diesen Fällen wird in der Praxis häufig am UStG vorbei versucht, für alle Lieferungen zu einem einheitlichen Lieferort – vorzugsweise München – zu kommen. Diese Versuche scheitern jedoch daran, dass bei Beginn der Transporte der konkrete Abnehmer K&A bereits feststeht.

3.3.7.2.2.2 BFH zu Lieferort und Leistungszeitpunkt beim Kauf auf Probe

118 Der BFH hat in einem Grundsatzurteil den insbesondere **für den Versandhandel typischen** »Kauf auf Probe« umsatzsteuerlich eingeordnet:

Sachverhalt:
Ein in den USA ansässiges Unternehmen (U) handelte mit Damenfeinstrumpfhosen, die es über ein besonderes Vertriebssystem direkt an die Kunden in Deutschland verkaufte. U warb für ihre Produkte vorrangig in Zeitschriftenbeilagen, aber auch im Internet. Interessenten konnten durch Ausfüllen eines Formulars ein »Gratis-Exemplar« anfordern und damit für eine Anknüpfung der Geschäftsbeziehung sorgen (im Weiteren: Erstbestellung). In den Anzeigentexten hieß es: »WICHTIGER HINWEIS FÜR DIE NEUE INTERESSENTIN! Der S... Liefer-Service ohne Kaufverpflichtung: Zusammen mit Ihrem GRATIS-Paar ... erhalten Sie zusätzlich zwei weitere Paare, die wir Ihnen zum attraktiven Einführungspreis von nur je 1,50 € (zzgl. Porto und Verpackungsanteil) anbieten! Wenn Sie sie nicht behalten möchten, schicken Sie sie einfach binnen 10 Tagen zurück – Sie schulden uns dann nicht das Geringste. Jedes Mal, wenn Sie von jetzt an S....

kaufen, senden wir Ihnen vier weitere Paare (die Sie nur bei Gefallen behalten) zu einem besonders günstigen Preis.«
Hatten Kunden die Erstbestellung aufgegeben, leitete eine »Anlaufadresse« in Deutschland das Bestellformular weiter an U in die USA. U fügte entsprechend den Angaben im ersten Formular dem Gratis-Exemplar zwei weitere Paare bei, welche die Interessenten bei Gefallen erwerben konnten. In dem mit der Warensendung darüber hinaus ebenfalls verschickten zweiten Formularsatz stellte U entsprechend der Ankündigung bei der ersten Bestellung nunmehr in Aussicht, nach Bezahlung der jetzt übersandten Ware automatisch vier weitere Paare – zunächst wiederum »zur Ansicht« – zu liefern. Im Abschnitt »Bestell-Änderung« hieß es dann: »UNSER KAUF-OHNE-RISIKO-ANGEBOT: Nachdem wir Ihren Zahlungseingang bzgl. unserer Rechnung über die Strumpfwaren festgestellt haben, werden wir Ihnen die gleiche Lieferung noch einmal senden. . . . Sollte eine Lieferung einmal nicht zu Ihrer Zufriedenheit ausfallen, können Sie diese vor Ablauf der Zahlungsfrist zurücksenden.« U »wird dann auf weitere Forderungen verzichten, und es sind keine weiteren Verpflichtungen für Sie damit verbunden«. Die Lieferung künftiger Warensendungen – vier weitere Paare wie angekündigt – erfolgte in der nämlichen Weise.
Die Waren wurden überwiegend in den USA hergestellt und dann entsprechend den Bestellungen in ein Warenverteilzentrum in der Schweiz versandt. Das FA nahm im Inland steuerbare und steuerpflichtige Umsätze an und zog hiervon Vorsteuerbeträge ab. Das FG gab der Klage der U statt. Das FG meinte, die Umsätze seien nicht steuerbar, weil der Ort der Lieferung nach § 3 Abs. 6 UStG (1999) in der Schweiz sei; § 3 Abs. 7 UStG komme nicht zur Anwendung. Die Umsätze seien als »Kauf auf Probe« nach § 454 BGB zu qualifizieren. Nach wirtschaftlichen Aspekten hätten die Kunden die Verfügungsmacht nicht erst mit der erklärten Billigung erhalten, sondern bereits, als sie Besitzer der Gegenstände geworden seien.

Der BFH hob die vorinstanzliche Entscheidung des FG Köln (Urteil vom 27.01.2005, Az: 2 K 6226/04, EFG 2005, 817) auf und wies die Klage ab. Führt eine Versendung oder Beförderung zu einer Lieferung, so bestimmt sich der Ort der Lieferung nach § 3 Abs. 6 S. 1 UStG 1999, ansonsten nach § 3 Abs. 7 S. 1 UStG 1999. Der Ort der Lieferung bei einem Kauf auf Probe ist nach § 3 Abs. 7 S. 1 UStG 1999 zu beurteilen. Entgegen der Vorentscheidung unterlagen die streitigen Lieferungen damit im Inland der Umsatzsteuer (BFH vom 06.12.2007, Az: V R 24/05, BStBl II 2009, 490). 119

Bestimmungen zum Lieferort normieren auch den Lieferzeitpunkt: Der BFH hat zunächst darauf erkannt, dass in § 3 Abs. 6 und Abs. 7 UStG 120

- mit der ausdrücklichen Regelung des Lieferorts
- zugleich auch der Lieferzeitpunkt

festgelegt wird. Das war lange Zeit umstritten, da das UStG selbst seit dem 01.01.1997 – anders als seine Vorgängerversionen (vgl. zuletzt § 3 Abs. 7 UStG 1993, Abschn. 177 Abs. 2 UStR 1996) – keine ausdrückliche Aussage zum Zeitpunkt der Lieferung mehr trifft. Die Gesetzesbegründung zu § 3 Abs. 6f. UStG meint daher, insoweit auf die Vorgaben des Zivilrechts abstellen zu müssen: »Lieferungen . . . sind ausgeführt, wenn der Leistungsempfänger die Verfügungsmacht über den zu liefernden Gegenstand erlangt« (vgl. BT-Drucks. 390/96). Nach dieser Auffassung entspricht der Lieferzeitpunkt dem zivilrechtlichen Zeitpunkt des Gefahrübergangs und des Übergangs von Nutzen und Lasten (vgl. §§ 446, 447 BGB). Damit wäre in Versendungs- oder Beförderungsfällen der Lieferzeitpunkt nicht zwangsläufig identisch mit dem Zeitpunkt des Beginns der Versendung oder Beförderung (so noch Abschn. 177 Abs. 2 S. 1 UStR 2008). Der Praxis bereitete diese »alte« Auffassung insbesondere dann Schwierigkeiten, wenn das Zivilrecht auf den Erhalt der Ware abstellt. Mit der h. M. ist daher bereits seit Längerem davon auszugehen, dass der **Lieferzeitpunkt den Ortsbestimmungen des § 3 Abs. 6f. UStG folgt**. Diese Auffassung war zunächst ausschließlich in der Literatur zu finden (vgl. Weimann, UStB 2006, 289) und wurde vom BMF erstmalig im Zusammenhang mit der Neuregelung der Rechnungsangabe zum Leistungszeitpunkt nach § 14 Abs. 4 S. 1 Nr. 6 UStG übernommen (BMF vom 26.09.2005, BStBl I 2005, 937; vgl. nunmehr auch Abschn. 14.5 Abs. 16 Nr. 2 UStAE). Die praxisgerechte neue Auffassung findet nunmehr durch das Besprechungsurteil die höchstrichterliche Bestätigung.

121 **Gemeinschaftsrechtliche Grundlage:** Der BFH verweist insoweit auf Art. 8 Abs. 1 Buchst. a und Buchst. b der 6. EG-RL (Art. 31, 32 Abs. 1 MwStSystRL).

122 **§ 3 Abs. 6, Abs. 7 UStG erfordern ein konkretes Liefergeschäft:** »Bewegte Lieferungen« haben den umsatzsteuerlichen Leistungsort »dort, ... wo die Beförderung oder Versendung **an den Abnehmer** ... beginnt« (§ 3 Abs. 6 S. 1 UStG). Die Anwendbarkeit von § 3 Abs. 6, Abs. 7 UStG setzt damit nach zutreffender Auffassung des BFH bereits das Umsatzgeschäft voraus, das zu einer Lieferung gegen Entgelt i. S. d. § 1 Abs. 1 Nr. 1 S. 1 UStG führt. Ob ein Transport (Versendung/Beförderung) zu einer Lieferung führt, hängt davon ab, ob Grundlage des Transports ein Umsatz i. S. d. UStG ist. Es genügt nicht, dass der Transport – erst bei Hinzutreten weiterer Umstände wie z. B. der Billigung des zugesandten Gegenstandes durch den Kunden – zu einem Umsatz i. S. d. UStG führen könnte. Die Annahme einer Lieferung setzt damit voraus, dass **bereits bei Beginn des Transports**

- ein **konkretes Umsatzgeschäft** über einen
- **bestimmten Gegenstand** mit einem
- **bestimmten Abnehmer**

geschlossen wurde (so zur alten Rechtslage bereits OFD Berlin vom 02.09.1969, Az: St 431 – S 7116 – 3/69, UR 1970, 103).

123 **Besonderheiten des Kaufs auf Probe:** Hier wird dem Käufer mit der Zusendung der Ware die faktische Befähigung zur Verfügung über den Gegenstand zunächst noch nicht verschafft (§ 454 BGB); er darf nicht wie ein Eigentümer beliebig mit der Ware verfahren, wenn noch nicht feststeht, ob er die Ware zurückzugeben hat (BFH vom 06.12.2007, Az:V R 24/05). Sendet der Käufer den Gegenstand innerhalb der Probezeit an den Lieferer zurück, kommt keine Lieferung zustande (OFD Hamburg vom 13.02.1996, StEd 1996, 240). Eine Lieferung wird damit erst nach Ablauf der vom Verkäufer eingeräumten Billigungsfrist oder durch Überweisung des Kaufpreises (= Billigung des Angebots) bewirkt (vgl. Abschn. 13.1 Abs. 6 S. 1 und 2 UStAE).

Das **BMF** teilt nunmehr die Rechtsauffassung des BFH (Abschn. 3.1 Abs. 3 S. 5 UStAE).

TIPP

1. **Normierung des Lieferzeitpunkts:** Gilt eine Lieferung an einem bestimmten Ort als ausgeführt, wird damit auch der Lieferzeitpunkt festgelegt.
2. **Auswirkungen auf die Kreditorenbuchhaltungen:** Hier gilt es umzudenken: Wurde für den Lieferzeitpunkt auf den Wareneingang abgestellt, wird nunmehr in der Regel der Transportbeginn maßgeblich sein (Ausnahme: ruhende Lieferungen, die einer bewegten Lieferung folgen). Die für die Buchung notwendigen Informationen sollten dem Lieferschein entnehmbar sein.
3. **Erfordernis eines konkreten Liefergeschäfts:** Der Ort der Lieferung ist mit anderen Worten dort, wo die Ware **erstmals mit Zielrichtung auf einen konkreten Abnehmer bewegt** wird. Dieses Ergebnis ist häufig dann wenig erwünscht (aber dennoch unvermeidlich!), wenn ein Warenpaket aus mehreren Lagern zusammengestellt wird (vgl. hierzu Weimann, UidP, Kap. 21.3.1).
4. **Kauf auf Probe (Urteilsfall):** Der Liefergegenstand befindet sich bereits beim Kunden. Der Lieferort bestimmt sich nach § 3 Abs. 7 S. 1 UStG; die Besteuerung erfolgt bei grenzüberschreitenden Geschäften damit im Bestimmungsland. Ein ausländischer Lieferant wird sich für diesen Umsatz im Bestimmungsland umsatzsteuerlich registrieren lassen müssen.
5. **Abgrenzung zu den Fällen des § 3 c UStG:** Der Kauf auf Probe ist für den Versandhandel typisch – aber gerade kein sog. »Versandhandelsfall« i. S. d. § 3 c UStG! Letztgenannte Vorschrift erfasst ausschließlich Fernverkäufe, die bei Anwendung der allgemeinen Vorschriften im Ursprungsland zu besteuern wären, aber aus umsatzsteuerpolitischen Gründen (Verteilung des Steueraufkommens) im Bestimmungsland besteuert werden sollen. Beim Kauf auf Probe erfolgt die Besteuerung per se im Bestimmungsland.
6. **Abgrenzung zum Kauf mit Rückgaberecht:** Im Unterschied zum Kauf auf Probe ist die Lieferung bereits mit der Zusendung der Ware (zunächst) ausgeführt (Abschn. 13.1 Abs. 6 S. 3 UStAE). Macht der Käufer von seinem Rückgaberecht Gebrauch, kommt es zu einer Rückgängigmachung der Ursprungslieferung (§ 17 Abs. 2 Nr. 3 i. V. m. Abs. 1 UStG).

7. **»Wirtschaftliche Betrachtungsweise« unmaßgeblich**: Die Bestimmung der umsatzsteuerrechtlichen Verfügungsmacht durch das FG nach »wirtschaftlichen« Aspekten ging gründlich schief. Die »Wirtschaftliche Betrachtungsweise« umsatzsteuerrechtlicher Tatbestandsvoraussetzungen hat sich – jedenfalls seit Geltung des Mehrwertsteuersystems – als grundsätzlich untaugliche Methode erwiesen. Wegen der Verknüpfung der umsatzsteuerrechtlichen Folgen für den Leistenden und den Leistungsempfänger ist grundsätzlich nach den Vereinbarungen und deren rechtlichen Folgen zu fragen.

3.3.7.3 Die Sonderregeln der Reihengeschäfte (§ 3 Abs. 6 S. 5 und 6, Abs. 7 S. 2 UStG)

3.3.7.3.1 Allgemeines

Mit der Neuregelung sind die bisherigen Regelungen zum Reihengeschäft, einschließlich der besonderen Regelungen für i. g. Reihengeschäfte, nicht mehr anzuwenden (vgl. Rn. 54ff.). Bei mehreren aufeinanderfolgenden Lieferungen, die i. R. einer Warenbewegung (Beförderung oder Versendung) ausgeführt werden (§§ 3 Abs. 6 S. 5, 25b Abs. 1 UStG), gibt es damit keine Fiktion eines einheitlichen Lieferorts und Lieferzeitpunkts mehr. Der Lieferzeitpunkt ist für jede einzelne Lieferung zu bestimmen (vgl. Rn. 105). 124

TIPP

Für den Lieferort gelten nach § 3 Abs. 6 und Abs. 7 UStG folgende Grundsätze:

- Da die Lieferungen nacheinander ausgeführt werden, ist **für jede Lieferung** der **Ort gesondert zu bestimmen.**
- Die Warenbewegung kann immer nur einer der Lieferungen zugeordnet werden; diese ist die Beförderungs- oder Versendungslieferung.
- Bei allen anderen Lieferungen findet keine Warenbewegung statt (ruhende Lieferungen); der Lieferort liegt entweder am Beginn oder am Ende der Beförderung oder Versendung.
- Diese Grundsätze gelten einheitlich für alle Umsatzgeschäfte i. S. d. §§ 3 Abs. 6 S. 5 und 25b Abs. 1 UStG, unabhängig davon, wo die Warenbewegung beginnt oder endet (vgl. Abschn. 3.12 UStAE).

3.3.7.3.2 Beförderungs- oder Versendungslieferung als »bewegte« Lieferung versus »ruhende« Lieferungen

Bei Reihengeschäften werden i. R. einer Warenbewegung (Beförderung oder Versendung) mehrere Lieferungen ausgeführt, die in Bezug auf den Lieferort und den Lieferzeitpunkt jeweils gesondert betrachtet werden müssen. 125

Die Beförderung oder Versendung des Gegenstandes ist »nur einer der Lieferungen zuzuordnen« (§ 3 Abs. 6 S. 5 UStG). Diese eine Lieferung ist die **Beförderungs- oder Versendungslieferung** bzw. – in Abgrenzung zur ruhenden Lieferung des § 3 Abs. 7 S. 2 UStG – die **bewegte Lieferung**. 126

TIPP

Jedes Reihengeschäft besteht aus

- einer bewegten Lieferung (§ 3 Abs. 6 S. 5 HS 2 UStG),
- ggf. mehreren ruhenden Lieferungen (§ 3 Abs. 7 S. 2 UStG).

Nur bei der bewegten Lieferung kommen die Steuerbefreiungen für

- Ausfuhrlieferungen (§ 4 Nr. 1 Buchst. a i. V. m. § 6 UStG),
- i. g. Lieferungen (§ 4 Nr. 1 Buchst. b i. V. m. § 6a UStG),
- die Lieferortsfiktion des § 3 Abs. 8 UStG

in Betracht.

Bei allen anderen Lieferungen in der Reihe findet keine Beförderung oder Versendung statt **(ruhende Lieferungen)**. Sie werden entweder vor oder nach der Beförderungs- oder Versendungslieferung ausgeführt (§ 3 Abs. 7 S. 2 UStG). 127

TIPP
Bei den ruhenden Lieferungen gilt es zu unterscheiden:

- Gehen ruhende Lieferungen der bewegten Lieferung voran, spricht man von **ruhenden** vorangehenden **Lieferungen**. Diese gelten gem. § 3 Abs. 7 S. 2 Nr. 1 UStG dort als ausgeführt, wo die Warenbewegung beginnt.
- Folgen ruhende Lieferungen der bewegten Lieferung, spricht man von **ruhenden nachfolgenden Lieferungen**. Diese gelten gem. § 3 Abs. 7 S. 2 Nr. 2 UStG dort als ausgeführt, wo die Warenbewegung endet.

128 Umsatzgeschäfte, die von mehreren Unternehmern über denselben Gegenstand abgeschlossen werden und bei denen keine Beförderung oder Versendung stattfindet (z. B. Grundstückslieferungen oder Lieferungen, bei denen die Verfügungsmacht durch Vereinbarung eines Besitzkonstituts oder durch Abtretung des Herausgabeanspruchs verschafft wird), können nicht Gegenstand eines Reihengeschäfts sein (vgl. Abschn. 3.14 Abs. 2 S. 6 UStAE).

129 Die Beförderung oder Versendung kann durch den Lieferer, den Abnehmer oder einen vom Lieferer oder vom Abnehmer beauftragten Dritten durchgeführt werden (§ 3 Abs. 6 S. 1 UStG). Ein Beförderungs- oder Versendungsfall liegt daher auch dann vor, wenn ein an einem Reihengeschäft beteiligter Abnehmer den Gegenstand der Lieferung selbst abholt oder abholen lässt (**Abholfall**). Beauftragter Dritter kann z. B. ein Lohnveredelungsunternehmen oder ein Lagerhalter sein, der jeweils nicht unmittelbar in die Liefervorgänge eingebunden ist. Beauftragter Dritter ist nicht der selbständige Spediteur, da der Transport in diesem Fall dem Auftraggeber zugerechnet wird (**Versendungsfall**, vgl. Abschn. 3.12 UStAE).

3.3.7.3.3 Ort der Lieferungen (§ 3 Abs. 6 und Abs. 7 UStG)

130 Für die in einem Reihengeschäft ausgeführten Lieferungen ergeben sich die Lieferorte demnach sowohl aus § 3 Abs. 6 als auch aus § 3 Abs. 7 UStG (vgl. Abschn. 3.14 Abs. 5 f. UStAE):

- Im Fall der Beförderungs- oder Versendungslieferung (= bewegte Lieferung) gilt die Lieferung dort als ausgeführt, wo die Beförderung oder Versendung an den Abnehmer oder in dessen Auftrag an einen Dritten beginnt (§ 3 Abs. 6 S. 1 UStG).
- In den Fällen der ruhenden Lieferungen ist der Lieferort nach § 3 Abs. 7 S. 2 UStG zu bestimmen.
- Die ruhenden Lieferungen sind in ruhende vorangehende und ruhende nachfolgende Lieferungen zu unterscheiden.

Beispiel:
Der Unternehmer B 1 in Belgien bestellt bei dem ebenfalls in Belgien ansässigen Großhändler B 2 eine dort nicht vorrätige Ware. B 2 gibt die Bestellung an den Großhändler D 1 in Frankfurt weiter. D 1 bestellt die Ware beim Hersteller D 2 in Köln. D 2 befördert die Ware von Köln mit eigenem Lkw unmittelbar nach Belgien und übergibt sie dort B 1.

Rechnungsweg

D2 → D1 → B2 → B1

Warenweg

Lösung:
Bei diesem Reihengeschäft werden nacheinander drei Lieferungen (D 2 an D 1, D 1 an B 2 und B 2 an B 1) ausgeführt. Die erste Lieferung D 2 an D 1 ist die Beförderungslieferung. Der Ort der Lieferung liegt nach § 3 Abs. 6 S. 5 i. V. m. S. 1 UStG in Deutschland (Beginn der Beförderung). Die zweite Lieferung D 1 an B 2 und die dritte Lieferung B 2 an B 1 sind ruhende Lieferungen. Für diese Lieferungen liegt der Lieferort nach § 3 Abs. 7 S. 2 Nr. 2 UStG jeweils in Belgien (Ende der Beförderung), da sie der Beförderungslieferung folgen.

3.3.7.3.4 Zuordnung der Beförderung oder Versendung (§ 3 Abs. 6 S. 6 UStG)

3.3.7.3.4.1 Allgemeines

131 Die Zuordnung der Beförderung oder Versendung zu einer der Lieferungen des Reihengeschäfts ist davon abhängig, ob der Gegenstand der Lieferung durch den ersten Unternehmer, den letzten Abnehmer oder einen mittleren Unternehmer in der Reihe befördert oder versendet wird (Abschn. 3.14 Abs. 7 S. 1 UStAE).

132 Von der Zuordnung hängen u. a. die Anwendung der
- Steuerbefreiung für die Ausfuhrlieferung (§ 4 Nr. 1 Buchst. a i. V. m. § 6 UStG),
- Steuerbefreiung für die i. g. Lieferung (§ 4 Nr. 1 Buchst. b i. V. m. § 6a UStG),
- Vereinfachungsregel zum i. g. Dreiecksgeschäft (§ 25b UStG)

ab.

133 Die Zuordnungsentscheidung muss **einheitlich für alle Beteiligten** getroffen werden (Abschn. 3.14 Abs. 7 S. 2 UStAE). Aus den vorhandenen Belegen muss sich **eindeutig und leicht nachprüfbar** ergeben, wer die Beförderung durchgeführt oder die Versendung veranlasst hat (Abschn. 3.14 Abs. 7 S. 3 UStAE). Im Fall der Versendung ist dabei auf die **Auftragserteilung** an den selbständigen Beauftragten abzustellen (Abschn. 3.14 Abs. 7 S. 4 UStAE).

134 Ist an dem Reihengeschäft eine inländische **Organgesellschaft beteiligt**, dürfte es für die Frage der Zuordnung der Versendung keine Rolle spielen, ob die Organgesellschaft selbst oder der nicht (direkt) am Reihengeschäft beteiligte Organträger den Spediteur beauftragt (Fritsch, NWB 1997, 3403 = Fach 7, 4917, Abschn. III.1). Sollte sich aus den Geschäftsunterlagen nichts anderes ergeben, ist auf die **Frachtzahlerkonditionen** abzustellen. Danach kann auch der Empfänger der Frachtrechnung als Auftraggeber des Spediteurs angesehen werden, wenn er die Frachtrechnung zahlt (Fritsch, NWB 1997, 3403 = Fach 7, 4917; vgl. auch Abschn. 3.14 Abs. 7 S. 5 UStAE).

3.3.7.3.4.2 Transport durch den ersten Unternehmer/letzten Abnehmer in der Reihe

135 Wird der Gegenstand der Lieferung durch den ersten Unternehmer in der Reihe befördert oder versendet, ist seiner Lieferung die Beförderung oder Versendung zuzuordnen. Wird der Liefergegenstand durch den letzten Abnehmer befördert oder versendet, ist die Beförderung oder Versendung der Lieferung des letzten Lieferers in der Reihe zuzuordnen (Leonard in Bunjes, UStG, 10. Aufl. 2011 [= Vorauflage], § 3 Rz. 76 m. w. N.).

Beispiel:
Der Unternehmer SP aus Spanien bestellt eine Maschine bei dem Unternehmer D 1 in Kassel. D 1 bestellt die Maschine seinerseits bei dem Großhändler D 2 in Bielefeld. D 2 wiederum gibt die Bestellung an den Hersteller F in Frankreich weiter.

Variante 1:
F lässt als erster Unternehmer in der Reihe die Maschine durch einen Beförderungsunternehmer von Frankreich unmittelbar nach Spanien an den SP transportieren.

Variante 2:
SP holt als letzter Abnehmer in der Reihe die Maschine mit eigenem Lkw bei F in Frankreich ab und transportiert sie unmittelbar nach Spanien.

Rechnungsweg
F ➤ D2 ➤ D1 ➤ SP
Warenweg

Lösung (vgl. Abschn. 3.14 Abs. 8 UStAE [s. a. Abschn. 31 a Abs. 8 UStR 2008]):

Variante 1: Transport durch den ersten Unternehmer
Bei diesem Reihengeschäft werden nacheinander drei Lieferungen (F an D 2, D 2 an D 1 und D 1 an SP) ausgeführt.
Die Versendung ist der ersten Lieferung F an D 2 zuzuordnen, da F als erster Unternehmer in der Reihe die Maschine versendet. Der Ort der Lieferung liegt nach § 3 Abs. 6 S. 5 i. V. m. S. 1 UStG in Frankreich (Beginn der Versendung).
Die zweite Lieferung D 2 an D 1 und die dritte Lieferung D 1 an SP sind ruhende Lieferungen. Für diese Lieferungen liegt der Lieferort nach § 3 Abs. 7 S. 2 Nr. 2 UStG jeweils in Spanien (Ende der Versendung), da sie der Versendungslieferung folgen.
D 2 und D 1 müssen sich demnach in Spanien steuerlich registrieren lassen.

Variante 2: Transport durch den letzten Abnehmer
Bei diesem Reihengeschäft werden nacheinander drei Lieferungen (F an D 2, D 2 an D 1 und D 1 an SP) ausgeführt.
Die Beförderung ist der dritten Lieferung D 1 an SP zuzuordnen, da SP als letzter Abnehmer in der Reihe die Maschine befördert (Abholfall). Der Ort der Lieferung liegt nach § 3 Abs. 6 S. 5 i. V. m. S. 1 UStG in Frankreich (Beginn der Beförderung).
Die erste Lieferung F an D 2 und die zweite Lieferung D 2 an D 1 sind ruhende Lieferungen. Für diese Lieferungen liegt der Lieferort nach § 3 Abs. 7 S. 2 Nr. 1 UStG ebenfalls jeweils in Frankreich (Beginn der Beförderung), da sie der Beförderungslieferung vorangehen.
D 2 und D 1 müssen sich demnach in Frankreich steuerlich registrieren lassen.

3.3.7.3.4.3 Transport durch einen mittleren Unternehmer

136 Befördert oder versendet ein **mittlerer Unternehmer** in der Reihe den Liefergegenstand, ist dieser zugleich

- Abnehmer der Vorlieferung (= »Lieferung an ihn« = **Eingangsumsatz**) und
- Lieferer seiner eigenen Lieferung (= **Ausgangsumsatz**).

Beispiel:
Der Unternehmer A bestellt eine Maschine bei dem Unternehmer B. B bestellt die Maschine seinerseits bei dem Großhändler C. C wiederum gibt die Bestellung an den Hersteller D weiter.

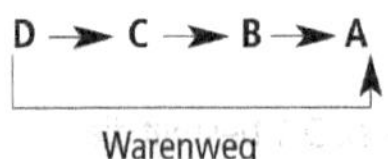

Lösung:
»Mittlere« Unternehmer i. S. d. § 3 Abs. 6 S. 6 UStG sind hier B und C:

- C ist Abnehmer des D und tätigt von ihm einen Eingangsumsatz. Zugleich ist C Lieferant des B und tätigt an diesen einen Ausgangsumsatz.
- B ist Abnehmer des C und tätigt von ihm einen Eingangsumsatz. Zugleich ist B Lieferant des A und tätigt an diesen einen Ausgangsumsatz.

137 In diesem Fall ist die Beförderung oder Versendung nach § 3 Abs. 6 S. 6 HS 1 UStG grundsätzlich der **Lieferung des vorangehenden Unternehmers** zuzuordnen **(widerlegbare Vermutung)**.

138 Der befördernde oder versendende Unternehmer kann jedoch nachweisen, dass er als Lieferer aufgetreten und die Beförderung oder Versendung dementsprechend seiner eigenen Lieferung zuzuordnen ist (§ 3 Abs. 6 S. 6 HS 2 UStG).

Der Nachweis ist zu erbringen anhand von **Belegen**, z. B. durch 139

- eine Auftragsbestätigung,
- das Doppel der Rechnung,
- andere handelsübliche Belege

und Aufzeichnungen (vgl. Abschn. 3.14 Abs. 9 UStAE).

Aus den Belegen muss sich eindeutig und leicht nachprüfbar ergeben, dass der Unternehmer die Beförderung oder Versendung 140

- in seiner Eigenschaft als Lieferer
- und nicht als Abnehmer der Vorlieferung

getätigt hat.

Hiervon kann regelmäßig ausgegangen werden, wenn der Unternehmer 141

- unter der IdNr. des Mitgliedstaates auftritt, in dem die Beförderung oder Versendung des Gegenstandes beginnt, und
- aufgrund der mit seinem Vorlieferanten und seinem Auftraggeber vereinbarten Lieferkonditionen Gefahr und Kosten der Beförderung oder Versendung übernommen hat.

Den Anforderungen an die Lieferkonditionen ist genügt, wenn **handelsübliche Lieferklauseln (z. B. Incoterms)** verwendet werden (vgl. Abschn. 3.14 Abs. 10 UStAE). Ausreichend für den »Lieferernachweis« des mittleren Unternehmers sind die folgenden **Incoterm-Kombinationen**, die vom mittleren Unternehmer mit seinem Lieferanten bzw. seinem Kunden abgeschlossen werden (Fritsch, NWB 1997, 3403 = Fach 7, 4917, Abschn. III.3.b): 142

- Lieferbedingung **EXW** (Ex Works = Erwerb ab Werk) mit dem Lieferanten bei gleichzeitiger Lieferbedingung **DDP** (Delivered Duty Paid = Verkauf frei Haus) mit seinem Kunden. EXW bedeutet, dass der Käufer Gefahr und Kosten des gesamten Transports tragen sowie die Export- und Importabwicklung durchführen soll. Nach DDP muss der Lieferer die Ware auf eigene Kosten und Gefahr bis zum Bestimmungsort im Importland liefern und alle anfallenden Formalitäten erledigen sowie neben allen Kosten auch alle Eingangsabgaben tragen.
- Lieferbedingung **EXW** mit dem Lieferanten bei gleichzeitiger Lieferbedingung **DDU** (Delivered Duty Unpaid) mit seinem Kunden. Hier übernimmt der mittlere Unternehmer gegenüber seinem Vorlieferanten ebenfalls die Gefahr und die Kosten des gesamten Transports; gegenüber seinem Kunden übernimmt er alle Gefahren und Kosten, jedoch nicht die Einfuhrabgaben und -modalitäten.
- Lieferbedingungen **FOB** (Free on Board), **FAS** (Free Alongside) oder **FCA** (Free Carrier) bei gleichzeitiger Lieferbedingung **DDP** mit seinem Kunden. Gegenüber seinem Vorlieferanten übernimmt der mittlere Kunde immerhin noch die Kosten des Haupttransports.
- Lieferbedingungen **FOB**, **FAS** oder **FCA** bei gleichzeitiger Lieferbedingung **DDU** mit seinem Kunden.

Aus der Formulierung (». . . es sei denn, er weist nach, . . . «) des § 3 Abs. 6 S. 6 HS 2 UStG lässt sich entnehmen, dass der mittlere Unternehmer ein **Wahlrecht** hat, welcher Lieferung er die Warenbewegung zugeordnet haben möchte. Allein der betroffene Unternehmer kann damit die Entscheidung treffen, ob er als Lieferer oder als Abnehmer transportieren will. Selbst wenn also objektiv die für einen möglichen Nachweis erforderlichen Belege, Urkunden etc. vorliegen und z. B. im Rahmen einer Sonderprüfung der Finanzverwaltung zugänglich sind, muss es allein der Willensentscheidung des Betroffenenunternehmers überlassen bleiben, ob er die Zuordnung nach § 3 Abs. 6 S. 6 HS 2 UStG wählt oder nicht. 143

Beispiel:
Das französische Unternehmen F bestellt Ware beim deutschen Unternehmen D1. D1 hat die Ware nicht vorrätig und bestellt sie bei D2. Vereinbarungsgemäß holt D1 die Ware bei D2 ab und transportiert sie zu F.

Frankreich	Deutschland
F ←	D1 ← D2

Obwohl D1 den nach § 3 Abs. 6 S. 6, 2. HS UStG erforderlichen Nachweis erbringen könnte, einigen sich die Beteiligten darauf, dass D2 den D1 steuerfrei i. g. beliefern soll; D1 bestellt daher die Ware unter Verwendung seiner französischen UStIdNr. I. R. einer USt-Sonderprüfung greift die deutsche Finanzverwaltung den Sachverhalt auf, rechnet die Warenbewegung der Lieferung D1 → F zu und beurteilt die Lieferung D2 → D1 als steuerpflichtig. Zu Recht?

Lösung:
Nein! Es bleibt allein der Willensentscheidung des D1 überlassen, ob er die Zuordnung nach § 3 Abs. 6 S. 6, 2. HS UStG wählt oder nicht. D1 hat sich dafür entschieden, den Transport dem Eingangsumsatz zuzurechnen; dies ist für alle Beteiligten und auch für die Finanzverwaltung bindend.

TIPP
Bei i. g. Lieferungen wird man verlangen müssen, dass der mittlere Unternehmer gegenüber seinem Lieferer nicht als Abnehmer einer steuerfreien i. g. Lieferung aufgetreten ist und gegenüber seinem Abnehmer das Vorliegen einer i. g. Lieferung deutlich zum Ausdruck gebracht hat. Denn durch die Ausübung des Wahlrechts wird die Qualifikation der Lieferung seines Vorlieferanten wie auch des Erwerbs seines Abnehmers beeinflusst. Aus diesem Grunde wird man auch eine spätere Änderung des Wahlrechts ausschließen müssen (Leonard in Bunjes, 10. Aufl. 2011 [= Vorauflage], § 3 Rz. 75).

144 Wird die Beförderung oder Versendung der Lieferung des mittleren Unternehmers zugeordnet, muss dieser die Voraussetzungen der Zuordnung nachweisen (z. B. über den **belegmäßigen und den buchmäßigen Nachweis** der Voraussetzungen für seine Ausfuhrlieferung (§§ 8 bis 17 UStDV) oder i. g. Lieferung (§§ 17a bis 17c UStDV, Abschn. 3.14 Abs. 10 S. 4 UStAE). Für den Nachweis trägt der mittlere Unternehmer damit die **objektive Beweislast** (Fritsch, NWB 1997, 3403 = Fach 7, 4917, Abschn. III.3.b). Eine weitere **Fallstudie** findet sich in Abschn. 3.14 Abs. 10 UStAE. Zur **Bedeutung der Incoterms** vgl. auch Weimann, UidP, 16. Aufl. 2016, Kap. 21.4.6.4.3.

HINWEIS: INCOTERMS 2010
Die Incoterms-Regeln der Internationalen Handelskammer (ICC) sind im Warenverkehr inzwischen zu gebräuchlichen Abkürzungen geworden. Die Handelsklauseln erleichtern den Export erheblich und gelten überall auf der Welt als Standard. So werden beide Vertragspartner durch klare Regeln vor Konflikten geschützt. Bereits seit mehr als sieben Jahrzehnten nutzen Unternehmer aller Länder diese International Commercial Terms, bekannt als Incoterms. 1936 veröffentlichte die ICC in Paris zum ersten Mal dieses Regelwerk, das sie seitdem sechsmal überarbeitet und weiterentwickelt hat. Im September 2010 wurde die siebte Revision veröffentlicht und zum 01.01.2011 gültig. Zum Inhalt und zur Auslegung der neuen Vorschriften vgl. Bernstorff, Graf von und ICC (beide a. a. O.).

3.3.7.3.4.4 Nichtbeanstandungsregelung bei abweichendem Recht anderer Mitgliedstaaten

145 Ist die Zuordnung der Beförderung oder Versendung zu einer der Lieferungen von einem an dem Reihengeschäft beteiligten Unternehmer aufgrund des Rechts eines anderen Mitgliedstaates ausnahmsweise abweichend von den vorstehenden Grundsätzen vorgenommen worden, ist es nicht zu beanstanden, wenn dieser Zuordnung gefolgt wird (vgl. Abschn. 3.14 Abs. 11 UStAE). Der **Grund** für diese »Nichtbeanstandungsregelung«: Die Zuordnungsentscheidung wird in anderen Mitgliedstaaten teilweise nach anderen Kriterien getroffen. Dies kann bei beteiligten Unternehmern aus anderen Mitgliedstaaten zu unterschiedlichen Zuordnungsentscheidungen führen, die eine spiegelbildliche Besteuerung von i. g. Lieferung beim Lieferanten und i. g. Erwerb bei dessen

Abnehmer nicht zulassen. So behandeln einige Mitgliedstaaten beispielsweise die Lieferung des ersten Unternehmers an den ersten Abnehmer auch dann als steuerfreie i. g. Lieferung, wenn der letzte Abnehmer die Ware unmittelbar beim ersten Unternehmer abholt. Voraussetzung ist nach den jeweiligen nationalen Bestimmungen dieser Mitgliedstaaten lediglich, dass der Gegenstand in einen anderen Mitgliedstaat gelangt; die Transportveranlassung ist – anders als bei der deutschen Regelung – irrelevant (Fritsch, NWB 1997, 3403 = Fach 7, 4917, Abschn. III.4).

Beispiel:
Der Unternehmer D1 in Frankfurt bestellt Ware bei dem Unternehmer D2 in Freiburg. D2 bestellt die Ware seinerseits bei dem Unternehmer F in Lyon. D1 holt die Ware unmittelbar bei F in Lyon ab und transportiert sie mit eigenem Lkw nach Deutschland.

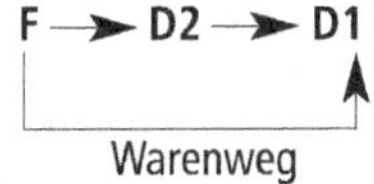

Lösung:
Bei diesem Reihengeschäft werden nacheinander zwei Lieferungen (F an D2 und D2 an D1) ausgeführt. Die erste Lieferung F an D2 ist nach deutschem Recht eine ruhende »vorgelagerte« Lieferung (§ 3 Abs. 7 S. 2 Nr. 1 UStG); F hat in Frankreich eine steuerbare und steuerpflichtige Inlandslieferung zu besteuern.
Die Beförderung ist nach deutschem Recht erst der zweiten Lieferung D2 an D1 zuzuordnen, da D1 als letzter Abnehmer in der Reihe die Ware befördert (Abholfall). Danach kann nur die Lieferung des D2 als steuerfreie i. g. Lieferung in Frankreich beurteilt werden; nur D1 hat in Deutschland einen i. g. Erwerb der Besteuerung zu unterwerfen.
Nach französischem Recht wird jedoch bereits die Lieferung F an D2 als steuerfreie i. g. Lieferung angesehen, unabhängig davon, wer den Transport veranlasst hat. Dementsprechend hätte D2 nach französischem Recht in Deutschland einen i. g. Erwerb und anschließend eine Inlandslieferung an D1 der Besteuerung zu unterwerfen.
Einigen sich D2 und F auf eine einheitliche Beurteilung nach französischem Recht, wird diese Zuordnungsentscheidung von der deutschen Finanzverwaltung nicht beanstandet.

TIPP
Die Unternehmen müssen sich auf eine **einheitliche Zuordnungsentscheidung** einigen; diese sollte mit den beteiligten Steuerbehörden abgestimmt werden. In Deutschland sollten Sie die Steuerbehörden um **verbindliche Auskunft** ersuchen!

3.3.7.3.4.5 Das Wechselspiel zwischen innergemeinschaftlicher Lieferung und innergemeinschaftlichem Erwerb

I. R. eines Reihengeschäfts, bei dem die Warenbewegung im Inland beginnt und im Gebiet eines anderen Mitgliedstaates endet, kann mit der Beförderung oder Versendung des Liefergegenstandes in das übrige Gemeinschaftsgebiet nur **eine** i. g. Lieferung i. S. d. § 6a UStG bewirkt werden. **146**

Die Steuerbefreiung nach § 4 Nr. 1 Buchst. b UStG kommt demnach nur bei der bewegten Lieferung (Beförderungs- oder Versendungslieferung) zur Anwendung. **147**

Beginnt die Warenbewegung in einem anderen Mitgliedstaat und endet sie im Inland, ist von den beteiligten Unternehmern nur derjenige **Erwerber i. S. d. § 1a UStG**, an den die Beförderungs- oder Versendungslieferung ausgeführt wird (vgl. Abschn. 3.14 Abs. 13 UStAE mit Fallstudie; zu weiteren **Fallstudien** vgl. Weimann, UidP, 16. Aufl. 2016, Kap. 21.4.6.4.3). **148**

3.3.7.3.4.6 BFH vom 25.02.2015

148a Der BFH hat entschieden, dass bei innergemeinschaftlichen Reihengeschäften die Prüfung, welche von mehreren Lieferungen über ein und denselben Gegenstand in einen anderen EU-Mitgliedstaat nach § 4 Nr. 1 Buchst. b i. V. m. § 6a Abs. 1 UStG steuerfrei ist, anhand der objektiven Umstände und nicht anhand von Erklärungen der Beteiligten vorzunehmen ist. Erklärungen des Erwerbers können allerdings im Rahmen der Prüfung des Vertrauensschutzes für den Lieferanten (§ 6a Abs. 4 UStG) von Bedeutung sein (BFH vom 25.02.2015, Az: XI R 15/14, BFH/NV 2015, 772).

Der Urteilsfall

148b Das Urteil erging zu folgendem Sachverhalt:

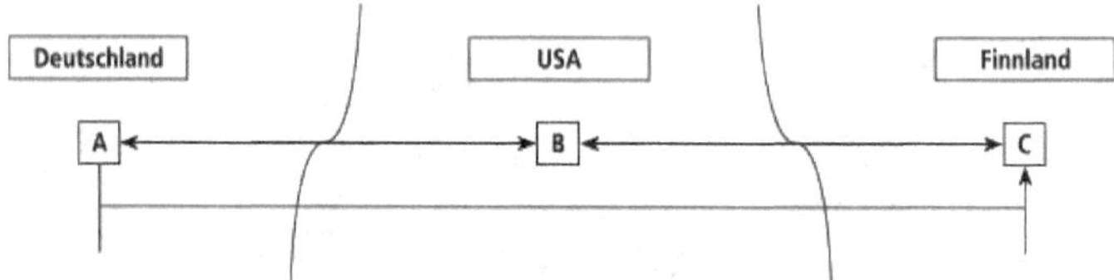

Ein deutsches Unternehmen (A) verkaufte bereits im Jahr 1998 zwei Maschinen an ein US-amerikanisches Unternehmen (B). B teilte A auf Anfrage lediglich die USt-IdNr. eines finnischen Unternehmens (C) mit, an die es die Maschinen weiterverkauft hatte. Die Maschinen wurden von einer von B beauftragten Spedition bei A abgeholt und zu C nach Finnland verschifft. Das Finanzamt (FA) behandelte die Lieferung des A nicht als steuerfrei, weil B keine USt-IdNr. eines Mitgliedstaats der EU verwendet hatte.

Nach Ansicht des zuvor auf Vorlage des BFH mit dem Streitfall befassten EuGH ist bei Reihengeschäften regelmäßig die Lieferung von A an B umsatzsteuerfrei; anders ist es jedoch, wenn B der C bereits Verfügungsmacht an der Ware verschafft hat, bevor die Ware das Inland verlassen hat. Dies ist anhand aller objektiven Umstände des Einzelfalls und nicht lediglich anhand der Erklärungen des B zu prüfen (EuGH vom 27.09.2012, Rs. C-587/10, VSTR, BFH/NV 2012, 1919).

A, das FA und das Finanzgericht (FG) konnten im Nachhinein nicht mehr ermitteln, wann B die Verfügungsmacht an den Waren der C verschafft hatte.

Das FG gab deshalb der Klage statt (Sächsisches FG vom 12.03.2014, Az: 2 K 1127/13, BFH/NV, Datenbank HI 6754223). Hiergegen wendet sich das FA und begründet die Revision insbesondere unter Hinweis auf die neuere Rechtsprechung des FG Münster (FG Münster vom 16.01.2014, Az: 5 K 3939/10 U, GStB 2014, 345; nrkr., Az des BFH: XI R 12/14).

Die Entscheidung des BFH

148c § 3 Abs. 6 S. 6 HS 1 UStG enthält die **gesetzliche Vermutung** dahingehend, dass der Ersterwerber bei der Beförderung oder Versendung

- als Abnehmer der Vorlieferung und
- nicht als Lieferer an den letzten Abnehmer

tätig wird.

Im Zweifel ist damit die **erste Lieferung** – im Urteilsfall die Lieferung von A an B – die »bewegte« und unter den weiteren Voraussetzungen der § 4 Nr. 1 Buchst. b, § 6a Abs. 1 UStG als innergemeinschaftliche Lieferung **umsatzsteuerfrei.**

148d Die gesetzliche Vermutung **kann widerlegt** werden (§ 3 Abs. 6 S. 6 HS 2 UStG). Die MwStSystRL sieht keine korrespondierende Regelung vor; der EuGH betont insoweit vielmehr die **Maßgeblich-**

keit der Umstände des Einzelfalls. § 3 Abs. 6 S. 6 UStG muss daher **unionsrechtskonform ausgelegt** werden (BFH vom 25.02.2015, a. a. O., Rz. 32).

Im Urteilsfall kann die Vermutung des § 3 Abs. 6 S. 6 HS 1 UStG nicht widerlegt werden. Der BFH bestätigt daher das FG-Urteil und weist die Revision als unbegründet zurück.

Absage an die Rechtsprechung des FG Münster

Der Auffassung, die in § 3 Abs. 6 S. 6 UStG enthaltene Vermutung sei unionsrechtswidrig und dementsprechend nicht anzuwenden (so z. B. FG Münster vom 16.01.2014, a. a. O.), ist der BFH ausdrücklich nicht gefolgt. **148e**

Damit kommt es für die Zuordnung der Warenbewegung allein auf die **objektiven Umstände** an. Bloße **Absichtsbekundungen** der Beteiligten bleiben bei der Frage der Zuordnung – anders als vom FG Münster angenommen – unberücksichtigt.

Bestätigung des BFH durch die Rechtsprechung des EuGH

Bestätigt wird der BFH durch den EuGH, der – wie schon Art. 28c Teil E Abs. 3 der 6. EG-Richtlinie 77/388/EWG und jetzt Art. 141 MwStSystRL sowie § 25b Abs. 1, Abs. 3 UStG – davon ausgeht, dass **148f**

- die Zuordnung der Warenbewegung zur ersten Lieferung der Regelfall ist und
- die Zuordnung zur zweiten Lieferung damit eine Ausnahme

darstellt (BFH vom 25.02.2015, a. a. O., Rz. 61 m. w. N.).

Hinzuweisen ist auf das insoweit grundlegende EuGH-Urteil vom 16.10.2010 (Rs. C-430/09, Euro Tyre Holding, BFH/NV 2011, 397), das die **Zusammenhänge zwischen Zuordnungsentscheidung, Absichtserklärungen und Vertrauensschutz** wie folgt aufzeigt:

»Rz. 29

Aus der Rechtsprechung des Gerichtshofs ergibt sich ferner, dass eine Befreiung der innergemeinschaftlichen Lieferung eines Gegenstands im Sinne von Art. 28c Teil A Buchst. a Unterabs. 1 der Sechsten Richtlinie nur anwendbar ist, wenn das Recht, wie ein Eigentümer über den Gegenstand zu verfügen, auf den Erwerber übertragen worden ist, wenn der Lieferant nachweist, dass dieser Gegenstand in einen anderen Mitgliedstaat versandt oder befördert worden ist und wenn dieser Gegenstand infolge dieser Versendung oder Beförderung den Liefermitgliedstaat physisch verlassen hat (vgl. in diesem Sinne Urteile Teleos u. a., Randnr. 42, vom 27. September 2007, Twoh International, C-184/05, Slg. 2007, I-7897, Randnr. 23, und vom 18. November 2010, X, C-84/09, Slg. 2010, I-0000, Randnr. 27).

Rz. 33

Dieser Umstand allein genügt jedoch nicht, um daraus abzuleiten, dass die erste Lieferung eine innergemeinschaftliche Lieferung darstellt. Es kann nämlich nicht ausgeschlossen werden, dass die zweite Übertragung der Befähigung, wie ein Eigentümer über den Gegenstand zu verfügen, ebenfalls im Hoheitsgebiet des Mitgliedstaats der ersten Lieferung erfolgt, und zwar bevor die innergemeinschaftliche Beförderung erfolgt. In einem solchen Fall könnte die innergemeinschaftliche Beförderung nicht mehr dieser Lieferung zugerechnet werden.

Rz. 34

In dem Fall, in dem der Erwerber die Befähigung, über den Gegenstand wie ein Eigentümer zu verfügen, im Liefermitgliedstaat erlangt und sich verpflichtet, den Gegenstand in den Bestimmungsmitgliedstaat zu befördern, wie es bei Lieferungen unter der Bedingung geschieht, dass die Waren am Lager des Lieferanten abgeholt werden, sind so weit wie möglich die Absichten zu berücksichtigen, die der Erwerber zum Zeitpunkt des Erwerbs hatte, sofern sie durch objektive Gesichtspunkte gestützt werden (vgl. in diesem Sinne Urteil X, Randnr. 47 und die dort angeführte Rechtsprechung).

Rz. 35

Haben im vorliegenden Fall die Käufer als Ersterwerber ihre Absicht bekundet, die Waren in einen anderen Mitgliedstaat als den Liefermitgliedstaat zu befördern, und sind sie mit ihrer von diesem anderen Mitgliedstaat zugewiesenen Umsatzsteuer-Identifikationsnummer aufgetreten, konnte ETH davon ausgehen, dass die von ihr getätigten Umsätze innergemeinschaftliche Lieferungen darstellten.

Rz. 37

Soweit ferner die Bedingung des Nachweises zu den in Randnr. 29 des vorliegenden Urteils genannten Voraussetzungen für die Befreiung gehört, ist darauf hinzuweisen, dass, auch wenn grundsätzlich der Lieferant nachzuweisen hat, dass der Gegenstand in einen anderen Mitgliedstaat versandt oder befördert worden ist, unter Umständen, unter denen das Recht, über den Gegenstand wie ein Eigentümer zu verfügen, im Hoheitsgebiet des Liefermitgliedstaats übertragen wird, und es diesem Erwerber obliegt, den Gegenstand nach Orten außerhalb des Liefermitgliedstaats zu befördern, der Nachweis, den der Lieferant gegenüber den Steuerbehörden führen kann, wesentlich von Angaben abhängt, die er zu diesem Zweck vom Erwerber erhält.

Rz. 38

Zwar ist es nach der Rechtsprechung des Gerichtshofs legitim, in einem solchen Fall zu verlangen, dass der Lieferant gutgläubig ist und alle ihm zur Verfügung stehenden zumutbaren Maßnahmen ergreift, um sicherzustellen, dass der von ihm getätigte Umsatz nicht zu seiner Beteiligung an einer Steuerhinterziehung führt. Ist allerdings der Lieferant seinen Verpflichtungen in Bezug auf den Nachweis einer innergemeinschaftlichen Lieferung nachgekommen, während der Erwerber seine vertragliche Verpflichtung, die Gegenstände an Orte außerhalb des Liefermitgliedstaats zu versenden oder zu befördern, nicht erfüllt hat, müsste der Erwerber in diesem Mitgliedstaat zur Mehrwertsteuer herangezogen werden . . . «

148g Auch den vor allem in den Rz. 37f. zum Ausdruck kommenden **Gedanken des Vertrauensschutzes** nimmt der BFH auf und bietet eine für die Unternehmer bestehende **Absicherungsmöglichkeit** an (BFH vom 25.02.2015, a.a.O., Rz. 69f.).

TIPP

Nach Auffassung des BFH kann sich A (der erste Lieferant) von B (dem ersten Abnehmer) versichern lassen, dass Letzterer die Befugnis, über den Gegenstand der Lieferung wie ein Eigentümer zu verfügen (Verfügungsmacht), nicht auf einen Dritten übertragen wird, bevor der Gegenstand der Lieferung das Inland verlassen hat. Verstößt B gegen diese Versicherung, kommt die Gewährung von Vertrauensschutz für A in Betracht und B schuldet ggf. die deutsche Umsatzsteuer (§ 6a Abs. 4 UStG).

Vorgehen in der Praxis bei einem EU-Geschäft

148h Der Praxis empfiehlt sich damit folgendes Vorgehen **zur vertraglichen Absicherung des ersten Lieferanten**:

- In den Kaufvertrag ist eine der nachfolgenden Musterklauseln aufzunehmen. Der Kunde muss sich dazu also eindeutig äußern!
- Bei einer Nettoabrechnung ist unbedingt auch die Nachzahlungsvereinbarung vom Kunden einzufordern.
- Im Zweifel stellt sich der Händler natürlich bei einer Bruttoabrechnung besser.

Musterklauseln für das EU-Geschäft

148i Die empfohlenen vertraglichen Zusatzvereinbarungen könnten wie folgt lauten:

- Information über eine weitere Übereignung noch in Deutschland:
  »Der Vertragspartner zu § ..... (Käufer) informiert den Vertragspartner zu § ..... (Verkäufer) dahingehend, dass er die Befugnis, über die Kaufsache (§ .....) wie ein Eigentümer zu verfügen (Verfügungsmacht), bereits in Deutschland auf einen Dritten übertragen wird. Aus diesem Grunde erklärt sich der Käufer mit einer Bruttoabrechnung (inklusive deutsche Umsatzsteuer) einverstanden.«
- Information über das Unterlassen einer weiteren Übereignung noch in Deutschland:
  »Der Vertragspartner zu § ..... (Käufer) informiert den Vertragspartner zu § ..... (Verkäufer)

dahingehend, dass er die Befugnis, über die Kaufsache (§ .....) wie ein Eigentümer zu verfügen (Verfügungsmacht), nicht auf einen Dritten übertragen wird, bevor der Gegenstand der Lieferung die Bundesrepublik Deutschland verlassen hat. Sollte dies unzutreffend sein oder von der deutschen Finanzverwaltung anders beurteilt werden, wird der Käufer dem Verkäufer die gegen ihn festgesetzte Umsatzsteuer mit Nebenleistungen (Zinsen) nachzahlen. Sollte der Käufer sich nach Abschluss dieses Vertrages umentscheiden, wird er den Verkäufer umgehend informieren und dann mit einer Bruttoabrechnung (inklusive deutsche Umsatzsteuer) einverstanden sein.«

Vertrauensschutz für das Drittlandsgeschäft?

Der BFH macht den Vertrauensschutz für das EU-Geschäft **gesetzestechnisch an § 6a Abs. 4 UStG** fest. Für Ausfuhren fehlt es in § 6 UStG an einer entsprechenden Regelung; gleichzeitig dürfte der vom EuGH entwickelte **Vertrauensschutzgedanke** aber **auch hier** zur Anwendung kommen. 148j

HINWEIS

Der Ausgang der Revision gegen das Urteil des FG Münster vom 16.01.2014 bleibt also auch weiterhin mit Spannung zu erwarten. Bis zu dem Urteil sollten – wie beim EU-Geschäft – Zusatzvereinbarungen in Lieferverträge aufgenommen werden.

Die empfohlenen vertraglichen Zusatzvereinbarungen könnten hier wie folgt lauten: 148k

- **Information über einen bereits erfolgten oder beabsichtigen Weiterverkauf vor Ausfuhr**

»Der Vertragspartner zu § ..... (Käufer) informiert den Vertragspartner zu § ..... (Verkäufer) dahingehend, dass er die Kaufsache (§ .....) bereits vor dem Transportbeginn weiterverkauft hat.

Aus diesem Grunde erklärt sich der Käufer mit einer Bruttoabrechnung (inklusive deutsche Umsatzsteuer) einverstanden.«

- **Information über das Ausbleiben eines Weiterverkaufs vor Ausfuhr**

»Der Vertragspartner zu § ..... (Käufer) informiert den Vertragspartner zu § ..... (Verkäufer) dahingehend, dass er die Kaufsache (§ .....) vor dem Transportbeginn noch nicht weiterverkauft hat. Sollte dies unzutreffend sein oder von der Finanzverwaltung anders beurteilt werden, wird der Käufer dem Verkäufer die festgesetzte Umsatzsteuer mit Nebenleistungen (Zinsen) nachzahlen. Sollte der Käufer sich nach Abschluss dieses Vertrages und vor Transportbeginn umentscheiden, wird er den Verkäufer umgehend informieren und dann mit einer Bruttoabrechnung (inklusive deutsche Umsatzsteuer) einverstanden sein.«

Beförderung durch den zweiten Erwerber

In einem weiteren Urteil – ebenfalls vom 25.02.2015 (Az: XI R 30/13) – nimmt der BFH zu folgendem Sachverhalt Stellung: 148l

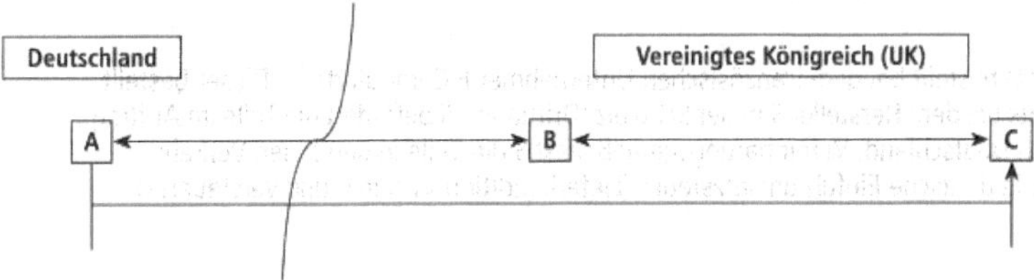

Ein deutsches Unternehmen (A) veräußerte 20 Neufahrzeuge steuerfrei innergemeinschaftlich an ein britisches Unternehmen (B). B veräußerte die Fahrzeuge weiter an ein anderes britisches

Unternehmen (C) und fakturierte dementsprechend ein britisches Inlandsgeschäft unter Ausweis der dortigen Mehrwertsteuer.

Die Fahrzeuge wurden sukzessive von einer Spedition bzw. von einer Unterfrachtführerin der Spedition bei A abgeholt und nach Großbritannien transportiert. Empfängerin der Lieferungen war ausweislich der insoweit erstellten CMR-Frachtbriefe und der »Certificates of Shipment« jeweils C.

Im Anschluss an eine Umsatzsteuer-Nachschau bei A ging das Finanzamt (FA) davon aus, dass die streitbefangenen Lieferungen steuerpflichtig seien. Anlass der Nachschau war ein Hinweis der britischen Finanzbehörden, die u. a. B und C als sog. »Missing Trader« und als Beteiligte eines Umsatzsteuerbetruges einstuften. Nach Auffassung des FA ist daher nicht auszuschließen, dass C noch in Deutschland von B die Verfügungsmacht über die Fahrzeuge erlangt hat.

148m Der BFH stellt klar, dass auch dann, wenn der zweite Erwerber (C) eine Spedition mit der Abholung von Waren beim Unternehmer (A) beauftragt, eine Steuerbefreiung der Lieferung des A an B möglich ist, wenn C die Verfügungsmacht an den Waren erst erhalten hat, nachdem diese das Inland verlassen haben. Dies sei bei einer Beförderung durch eine von C beauftragte Spedition zwar eher unwahrscheinlich, aber nicht ausgeschlossen.

Damit greift also auch in diesem Fall die Legalvermutung des § 3 Abs. 6 S. 6 HS 1 UStG: Die erste Lieferung ist die »bewegte« und damit die unter den weiteren Voraussetzungen des § 4 Nr. 1 Buchst. b, § 6a UStG steuerfreie.

Fazit

148n Es zeigt sich wieder einmal, welche Risiken die Umsatzsteuer für den leistenden Unternehmer bei Anwendung der Steuerbefreiungen mit sich bringt. Der Steuerberater sollte den Mandanten daher unbedingt zur Sorgfalt und zur Verwendung der vorgeschlagenen Musterklauseln anhalten.

Bei abschließender Bearbeitung im Februar 2016 war das Urteil **im BStBl II noch nicht veröffentlicht.** Die Finanzverwaltung hat sich also dazu noch keine Meinung gebildet und vertritt zunächst **weiter die bisherige Rechtsauffassung**.

3.3.8 Lieferortsverlagerung bei Reihengeschäften aus einem außereuropäischen Land nach Deutschland (§ 3 Abs. 8 UStG)

3.3.8.1 Allgemeines

149 Gelangt i. R. eines Reihengeschäfts der Gegenstand der Lieferungen aus dem Drittlandsgebiet in das Inland, kann eine Verlagerung des Lieferorts nach § 3 Abs. 8 UStG **nur für die Beförderungs- oder Versendungslieferung** in Betracht kommen. Dazu muss derjenige Unternehmer, dessen Lieferung i. R. des Reihengeschäfts die Beförderung oder Versendung **zuzuordnen** ist, oder sein Beauftragter zugleich auch Schuldner der Einfuhrumsatzsteuer sein (vgl. Abschn. 3.14 Abs. 15 UStAE; zu den Besonderheiten des Abzugs der Einfuhrumsatzsteuer als Vorsteuer Klein, INF 1999, 135; Weimann/Raudszus, UVR 1999, 324).

Beispiel:
Der deutsche Unternehmer D bestellt bei dem französischen Unternehmer F Computerteile. Dieser bestellt die Computerteile seinerseits bei dem Hersteller S in der Schweiz (Drittland). S befördert die Teile im Auftrag des F unmittelbar an D nach Deutschland. Vereinbarungsgemäß lässt S die Teile in den freien Verkehr überführen und entrichtet die deutsche Einfuhrumsatzsteuer (Lieferkondition »verzollt und versteuert«).

Rechnungsweg

S → F → D

Warenweg

Lösung:
Bei diesem Reihengeschäft werden zwei Lieferungen (S an F und F an D) ausgeführt.
Die Beförderung ist nach § 3 Abs. 6 S. 5 UStG der ersten Lieferung S an F zuzuordnen, da S als erster Unternehmer in der Reihe die Computerteile selbst befördert. Lieferort ist nach § 3 Abs. 6 S. 1 UStG grundsätzlich die Schweiz als Ort des Beförderungsbeginns. Der Lieferort wird jedoch gem. § 3 Abs. 8 UStG nach Deutschland verlagert, da S als Lieferer der Beförderungslieferung zugleich Schuldner der Einfuhrumsatzsteuer ist. S tätigt damit eine in Deutschland steuerbare und steuerpflichtige Lieferung an F und muss sich in Deutschland steuerlich registrieren lassen. Gleichzeitig unterliegt die Lieferung des S bei der Einfuhr nach Deutschland der deutschen Einfuhrumsatzsteuer; S ist zum Abzug der Einfuhrumsatzsteuer als Vorsteuer berechtigt.
Die zweite Lieferung (F an D) ist eine ruhende Lieferung; sie gilt nach § 3 Abs. 7 S. 2 Nr. 2 UStG ebenfalls als in Deutschland ausgeführt (Ende der Beförderung), da sie der Beförderung nachfolgt (ruhende nachgelagerte Lieferung). F führt mithin eine steuerpflichtige Inlandslieferung in Deutschland aus und muss sich ebenfalls in Deutschland steuerlich registrieren lassen.

S und F müssen sich also aufgrund der Beteiligung an diesem Umsatzgeschäft in der Bundesrepublik Deutschland steuerlich registrieren lassen!

Das im vorigen Fallbeispiel aufgezeigte Ergebnis ist für die Beteiligten denkbar ungünstig: Es führt für die ausländischen Unternehmer zur verwaltungs- und damit kostenintensiven Registrierungspflicht in Deutschland. Auch die **neue Steuerbefreiung des § 4 Nr. 4b UStG** findet keine Anwendung, wenn – wie hier – der erste Lieferer in der Reihe Schuldner der EUSt ist. 150

Die grundsätzlich nachteilige Registrierungspflicht ließe sich aber durch **geschickte Gestaltung des Lieferweges und der Lieferkonditionen** vermeiden. 151

Beispiel:
Wie vorher; die Beteiligten vereinbaren jedoch, dass

- F es i. S. v. § 3 Abs. 6 S. 6, 2. HS UStG als Lieferer übernimmt, die Computerteile zu befördern;
- F einen Lieferweg über Frankreich wählt und dort (beim Grenzübertritt nach Frankreich) die Teile auch zum freien Verkehr abfertigen lässt;
- zwischen S und F die Lieferkondition »unverzollt und unversteuert« und zwischen F und D die Lieferkondition »verzollt und versteuert« gewählt wird;
- F und D unter von ihrer in Frankreich (F) bzw. in Deutschland (D) erteilten IdNr. auftreten.

Lösung:
Die Beförderung ist der Lieferung des F an den D zuzuordnen, § 3 Abs. 6 S. 5 und 6 UStG.
Die Lieferung des S an den F gilt als »ruhende vorgelagerte Lieferung« in der Schweiz als ausgeführt; sie ist mithin weder in Frankreich noch in Deutschland steuerbar (§ 3 Abs. 7 S. 2 Nr. 1 UStG).
F tätigt gegenüber D die bewegte Lieferung/Beförderungslieferung; diese gilt in der Schweiz als ausgeführt, da hier die Warenbewegung beginnt (§ 3 Abs. 6 S. 1 UStG). Der Ort der Lieferung wird jedoch aufgrund der Fiktion des § 3 Abs. 8 UStG nach Frankreich verlagert, da F die Ware zunächst nach Frankreich einführt und als Lieferer Schuldner der französischen EUSt ist.
Die Einfuhr ist gem. § 5 Abs. 1 Nr. 3 UStG steuerfrei, da F die Ware seinerseits dazu verwendet, D nach § 4 Nr. 1 Buchst. b, § 6a UStG steuerfrei i. g. zu beliefern.

- Weder S noch F müssen sich in einem anderen europäischen Land umsatzsteuerlich registrieren lassen.
- Sie sparen im Zweifel erhebliche Verwaltungskosten und erzielen einen Wettbewerbsvorteil, da sie den Abgabepreis an D ohne Ertragseinbußen um die ersparten Kosten senken können.
- Des Weiteren entsteht ein Finanzierungsvorteil; die EUSt ist in diesem Fall nicht bis zur Erstattung vorzufinanzieren.

152 Die vorstehenden Ausführungen gelten entsprechend, wenn bei der Warenbewegung vom Drittlandsgebiet in das Inland das Gebiet eines anderen Mitgliedstaates berührt wird (vgl. Abschn. 3.14 Abs. 17 UStAE).

3.3.8.2 Entsprechende Anwendung des § 3 Abs. 8 UStG auf das EU-Geschäft

152a Vgl. Rn. 46ff.

3.3.8.3 »Schuldner der Einfuhrumsatzsteuer« – Bestätigung der bisherigen Rechtsauffassung

3.3.8.3.1 BFH vom 29.01.2015

152b Schuldner der Einfuhrumsatzsteuer i. S. d. § 3 Abs. 8 UStG ist die Person, die in eigenem Namen eine Zollanmeldung abgibt oder in deren Namen eine Zollanmeldung abgegeben wird. Darauf, dass tatsächlich Einfuhrumsatzsteuer angefallen ist, kommt es nicht an. Als Vertreter »für Rechnung« eines anderen i. S. d. Art. 5 Abs. 2 ZK handelt nicht, wer in eigener Person alle etwaig anfallenden Steuern und sonstigen Kosten trägt und sein Handeln sich für den anderen unter keinem denkbaren Gesichtspunkt wirtschaftlich auswirkt (BFH vom 29.01.2015, V R 5/14, BStBl II 2015, 567).

Sachverhalt:
Die Klägerin (K) lieferte im Versandhandel Bücher, CDs, Schallplatten u. Ä. an deutsche Kunden. Die Warenbewegungen begannen allesamt in einem Schweizerischen Auslieferungslager.
Die Deutsche Post AG (DP) holte dazu die Warensendungen in der Schweiz ab und legte beim Grenzzollamt einen von der K selbst gefertigten »Antrag auf Freischreibung der Sendungen« vor.
Der Antrag hatte folgenden Inhalt: »Hiermit beantragen wir . . . die Freischreibung der Sendungen nach Art. 27 der EG-Verordnung Nr. 918 aus dem Jahr 1983.« Dieses Verfahren entsprach einem zwischen der DP und dem deutschen Zollamt abgestimmten Verfahren. Das Dokument differenzierte tabellarisch zwischen Büchern und CDs sowie der Anzahl und der Art der Titel und der Gesamtzahl der Sendungen. Die Erklärung endete mit dem Vermerk: »Die Sendungen gehen an diverse Empfänger in Deutschland. Die Einfuhr erfolgt im Namen der Empfänger. Der Wert pro Sendung liegt unter 43 DM/22 €.«
Danach verbrachte die DP die Waren in ihr deutsches Zentrallager. Von dort aus belieferte DP die im Inland ansässigen Kunden der K. Die Lieferungen umfassten ausschließlich Produkte, deren Warenwert je Einzelsendung 22 € nicht überstieg.
Das Finanzamt betrachtet die Lieferungen der K als gem. § 3 Abs. 8 UStG im Inland erbracht. Das Finanzgericht teilt diese Rechtsauffassung.
Hiergegen wendet sich die K und trägt zur Begründung vor, die streitigen Lieferungen seien nicht steuerbar, weil sie nicht im Inland ausgeführt worden seien; sie gälten gem. § 3 Abs. 6 UStG als in der Schweiz ausgeführt. Die Voraussetzungen einer Verlagerung der Ausführung der Lieferung in das Inland nach § 3 Abs. 8 UStG seien nicht erfüllt, weil sie nicht Schuldner der Einfuhrumsatzsteuer sei. Dieser sei nach Zollrecht zu bestimmen. Zollschuldner und damit Schuldner der Einfuhrumsatzsteuer sei der Anmelder und damit der jeweilige Empfänger der Lieferung im Inland.

Die Revision der K ist unbegründet und wird daher zurückgewiesen Das FG hat zu Recht entschieden, dass die streitigen Umsätze gem. § 1 Abs. 1 Nr. 1 UStG umsatzsteuerbar sind, weil der Ort der Lieferung gem. § 3 Abs. 8 UStG im Inland liegt.

152c **Dass Einfuhrumsatzsteuer tatsächlich anfällt, ist nicht entscheidend.** Schuldner der Einfuhrumsatzsteuer i. S. d. § 3 Abs. 8 UStG ist vielmehr auch derjenige, dessen Umsätze zwar gem. § 1 Abs. 1 Nr. 4 UStG steuerbar, aber gem. § 5 UStG steuerfrei sind. Der Annahme einer Lieferung im Inland steht daher nicht entgegen, dass die Lieferungen der Klägerin nicht der Einfuhrumsatzsteuer unterliegen, weil es sich um Sendungen von Waren mit geringem Wert handelt, deren Gesamtwert je Sendung 22 € nicht übersteigt.

Die Klägerin war auch »Schuldner der Einfuhrumsatzsteuer«. Der Schuldner der Einfuhrumsatzsteuer bestimmt sich nach den Vorschriften über die Zölle. Zollschuldner ist der Anmelder der Waren; dieser ist damit auch Schuldner der Einfuhrumsatzsteuer. **Anmelder ist die Person, die in eigenem Namen eine Zollanmeldung abgibt,** oder die Person, in deren Namen eine Zollanmeldung abgegeben wird. Der Anmelder kann sich gem. § 5 ZK vertreten lassen. K ist danach Zollanmelder, weil sie durch den »Antrag auf Freischreibung« Zollanmeldungen zwar im Namen der Empfänger, aber mit Wirkung für sich selbst abgegeben hat. 152d

3.3.8.3.2 BFH vom 16.06.2015

Die Ortsregelung des § 3 Abs. 8 UStG ist auch dann anwendbar, wenn keine Einfuhrumsatzsteuer anfällt, weil die Einfuhr umsatzsteuerfrei ist. Eine wirksame direkte Vertretung gegenüber den Zollbehörden setzt voraus, dass der Vertreter für fremde Rechnung handelt. Hieran fehlt es, wenn der Vertreter im Innenverhältnis zum Vertretenen für alle im Zusammenhang mit der Einfuhr stehenden Zölle, Steuern und Gebühren aufkommt. Mit der Annahme einer Zollanmeldung für die Überführung der Ware in den freien Verkehr entsteht die Einfuhrumsatzsteuer (BFH vom 16.06.2015, XI R 17/13, BStBl II 2015, 1024). 152e

Sachverhalt:
Die Klägerin und Revisionsklägerin (K) lieferte im Versandhandel Bücher, DVDs und CDs an deutsche Kunden.
Bei Bestellung wurde der Kunde u. a. auf die Geltung der Allgemeinen Geschäftsbedingungen hingewiesen, die in etwa wie folgt lauteten: »Die Auslieferung erfolgt aus logistischen Gründen direkt vom Auslieferungslager in der Schweiz an mich. Hiermit bevollmächtige ich die K und ihre Dienstleister, die dazu erforderlichen Erklärungen in meinem Namen und Auftrag abzugeben. **Dieser Service ist für mich kostenfrei, da die Z-GmbH für mich alle im Zusammenhang mit der Einfuhr stehenden Abgaben und Kosten übernimmt.** ... «
Die Warenbewegungen begannen immer in einem Schweizerischen Auslieferungslager der K. Die Einfuhr in das Inland erfolgte dann auf zwei unterschiedlichen Wegen:

- Bei Lieferungen an einen Privatkunden mit einem **Warenwert von über 22 €** erfolgte die Zollabfertigung beim deutschen Zollamt im Wege einer Sammelzollanmeldung im Namen und auf Rechnung der K. Diese Vorgehensweise ist unstrittig.
- Bei einem **Warenwert bis zu 22 € (Kleinsendungen)** wurde im Namen und im Auftrag der Empfänger die »Freischreibung« (Steuerbefreiung) der Warensendung beantragt.

Letzteres ist Gegenstand des Rechtsstreits:

- In der Umsatzsteuererklärung 2007 behandelte K die Lieferungen von Kleinsendungen an inländische Kunden als im Inland nicht steuerbar, da der Ort der Lieferung gem. § 3 Abs. 6 UStG in der Schweiz liege.
- Das Finanzamt sah die Lieferungen als im Inland steuerbar und steuerpflichtig an, da der Ort der Lieferungen gem. § 3 Abs. 8 UStG im Inland liege. Die Bevollmächtigungsklausel in den AGB sei nach § 42 AO rechtsmissbräuchlich.

Einspruch und Klage der K hatten keinen Erfolg. 152f

Die Revision der K ist unbegründet und wird daher zurückgewiesen. Der Ort der Lieferung der Kleinsendungen liegt gemäß § 3 Abs. 8 UStG im Inland. K ist **nicht für Rechnung der Kunden tätig** geworden und hat diese **damit zollrechtlich nicht wirksam** vertreten.

Für die Anwendbarkeit des § 3 Abs. 8 UStG ist nicht entscheidend, dass Einfuhrumsatzsteuer tatsächlich anfällt. Schuldner der Einfuhrumsatzsteuer im Sinne dieser Vorschrift ist auch derjenige, dessen Umsätze zwar gem. § 1 Abs. 1 Nr. 4 UStG steuerbar, aber nach § 5 UStG steuerfrei sind.

Wer Schuldner der Einfuhrumsatzsteuer ist, bestimmt sich gem. § 13a Abs. 2 i. V. m. § 21 Abs. 2 UStG sinngemäß nach den Vorschriften für Zölle. Zollrechtlich ist der Anmelder der Waren Zollschuldner. Anmelder ist die Person, die in eigenem Namen eine Zollanmeldung abgibt, oder 152g die Person, in deren Namen eine Zollanmeldung abgeben wird. Eine Vertretung gegenüber den Zollbehörden ist möglich:

- **direkt,** wenn der Vertreter im Namen und für Rechnung eines anderen handelt;
- **indirekt,** wenn der Vertreter in eigenem Namen, aber für Rechnung eines anderen handelt.

Ausgehend davon ist das FG im Ergebnis zu Recht davon ausgegangen, dass nicht die Kunden Schuldner der Einfuhrumsatzsteuer geworden sind, da nach dem Inhalt der AGB die K **nicht für Rechnung der Kunden aufgetreten** ist.

3.3.8.3.3 Fazit

152h Im Ergebnis bleibt »alles bleibt beim Alten«: **alle Versuche,** Waren von geringem Wert unter Vermeidung der Lieferortsfiktion des § 3 Abs. 8 UStG aus einem Drittland in das Inland zu liefern, sind beim BFH **gescheitert**.

Unternehmen und deren Berater sollten sich darauf einstellen und in Frage kommende Umsätze **von vorneherein entsprechend kalkulieren** (Hinweis auch auf AStW 11/2015, 729).

Eventuelle neue Gestaltungsversuche sollten der Finanzverwaltung vorab im Wege der **verbindlichen Auskunft** vorgestellt werden.

3.3.9 Kompakt-ABC »Lieferort«

153 **Ausfuhren: Lieferort bei Reihengeschäften aus der Bundesrepublik Deutschland in ein außereuropäisches Land**

I. R. eines Reihengeschäfts, bei dem die Warenbewegung im Inland beginnt und im Drittlandsgebiet endet, kann mit der Beförderung oder Versendung des Liefergegenstandes in das Drittlandsgebiet nur eine Ausfuhrlieferung i. S. d. § 6 UStG bewirkt werden. Die Steuerbefreiung nach § 4 Nr. 1 Buchst. a UStG kommt demnach **nur bei der Beförderungs- oder Versendungslieferung** zur Anwendung (vgl. Abschn. 3.14 Abs. 14 UStAE).

Beispiel:

Der russische Unternehmer R bestellt eine Werkzeugmaschine bei dem polnischen Unternehmer PL. PL bestellt die Maschine bei D1 in Frankfurt, der die Bestellung an den Hersteller D2 in Stuttgart weitergibt. PL holt die Maschine in Stuttgart ab und befördert sie mit eigenem Lkw unmittelbar nach Russland zu R.

Rechnungsweg

D2 → D1 → PL → R

Warenweg

Lösung:

Bei diesem Reihengeschäft werden drei Lieferungen (D2 an D1, D1 an PL und PL an R) ausgeführt.

Die Beförderung ist nach § 3 Abs. 6 S. 5 und 6 UStG der zweiten Lieferung D1 an PL zuzuordnen, da PL als mittlerer Unternehmer in der Reihe offensichtlich in seiner Eigenschaft als Abnehmer der Vorlieferung auftritt. Ort der Beförderungslieferung ist nach § 3 Abs. 6 S. 5 i. V. m. S. 1 UStG Stuttgart (Beginn der Beförderung). Die Lieferung ist bei Nachweis der Voraussetzungen des § 6 UStG als Ausfuhrlieferung nach § 4 Nr. 1 Buchst. a UStG steuerfrei.

Die erste Lieferung D2 an D1 und die dritte Lieferung PL an R sind ruhende Lieferungen.

Der Lieferort für die erste Lieferung liegt nach § 3 Abs. 7 S. 2 Nr. 1 UStG in Deutschland (Beginn der Beförderung), da sie der Beförderungslieferung vorangeht. Sie ist eine steuerbare und steuerpflichtige

Lieferung in Deutschland. Die Steuerbefreiung für Ausfuhrlieferungen kommt bei ruhenden Lieferungen nicht in Betracht.
Der Lieferort für die dritte Lieferung liegt nach § 3 Abs. 7 S. 2 Nr. 2 UStG in Russland (Ende der Beförderung), da sie der Beförderungslieferung folgt.
Holt im vorliegenden Fall der R die Maschine selbst bei D2 in Stuttgart ab und befördert sie mit eigenem Lkw nach Russland, ist die Beförderung der dritten Lieferung (PL an R) zuzuordnen. Ort der Beförderungslieferung ist nach § 3 Abs. 6 S. 5 i. V. m. S. 1 UStG Stuttgart (Beginn der Beförderung). Die Lieferung ist bei Nachweis der Voraussetzungen des § 6 UStG als Ausfuhrlieferung nach § 4 Nr. 1 Buchst. a UStG steuerfrei.
Die erste Lieferung (D2 an D1) und die zweite Lieferung (D1 an PL) sind als ruhende Lieferungen jeweils in Deutschland steuerbar und steuerpflichtig, da sie der Beförderungslieferung vorangehen (§ 3 Abs. 7 S. 2 Nr. 1 UStG). PL muss beim zuständigen Finanzamt in Deutschland die o. a. Lieferung zur Umsatzbesteuerung erklären.

Die vorstehenden Ausführungen gelten entsprechend, wenn bei der Warenbewegung vom Inland in das Drittlandsgebiet das Gebiet eines anderen Mitgliedstaates berührt wird (vgl. Abschn. 3.14 Abs. 1 UStAE).

TIPP

In der Praxis zeigt sich immer wieder, wie wichtig es ist, die tatbestandlichen Voraussetzungen der Ausfuhr stets genauestens zu prüfen. Insbesondere ist es wichtig zu erkennen, dass

- nur die bewegte Lieferung steuerfrei sein kann und
- keine Steuerfreiheit bei Abholung durch einen deutschen Kunden gegeben ist.

Im Zweifelsfall sollte der das Steuerrisiko tragende liefernde Unternehmer vom Kunden konsequent alle erforderlichen Nachweise einfordern und – werden diese nicht erbracht – steuerpflichtig liefern.

Auslieferungslager

Vgl. Stichwort »Konsignationslager«.

Gebrochene Beförderungen oder Versendungen

Das unmittelbare Gelangen i. S. d. § 3 Abs. 6 S. 5 UStG setzt grundsätzlich

- **eine** Beförderung oder Versendung
- durch **einen** am Reihengeschäft beteiligten Unternehmer

voraus; diese Voraussetzung ist bei der Beförderung oder Versendung durch **mehrere** beteiligte Unternehmer (so genannte gebrochene Beförderung oder Versendung) **nicht** erfüllt (Abschn. 3.14 Abs. 4; dazu ausführlich Rz. 103 ff UStAE).

Inland – Lieferort bei Warenbewegungen

Die allgemeinen Grundsätze des § 3 Abs. 6f. UStG finden auch bei Reihengeschäften Anwendung, bei denen keine grenzüberschreitende Warenbewegung stattfindet. Ist an solchen Reihengeschäften ein in einem anderen Mitgliedstaat oder im Drittland ansässiger Unternehmer beteiligt, muss er sich wegen der im Inland steuerbaren Lieferung stets im Inland steuerlich registrieren lassen (vgl. Abschn. 3.14 Abs. 12 UStAE).

Beispiel:

Der Unternehmer D1 aus Essen bestellt eine Maschine bei dem Unternehmer B in Belgien. B bestellt die Maschine seinerseits bei dem Großhändler D2 in Bielefeld. D2 lässt die Maschine durch einen Beförderungsunternehmer von Bielefeld unmittelbar nach Essen an den D1 transportieren.

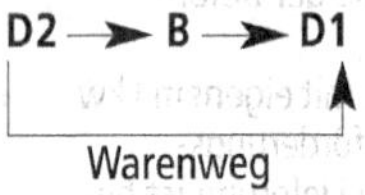

Lösung:
Bei diesem Reihengeschäft werden nacheinander zwei Lieferungen (D2 an B und B an D1) ausgeführt. Die Versendung ist der ersten Lieferung D2 an B zuzuordnen, da D2 als erster Unternehmer in der Reihe die Maschine versendet. Der Ort der Lieferung liegt nach § 3 Abs. 6 S. 5 i. V. m. S. 1 UStG in Bielefeld (Beginn der Versendung).
Die zweite Lieferung B an D1 ist eine ruhende Lieferung. Für diese Lieferung liegt der Lieferort nach § 3 Abs. 7 S. 2 Nr. 2 UStG in Essen (Ende der Versendung), da sie der Versendungslieferung folgt. B muss sich in Deutschland bei dem zuständigen Finanzamt registrieren lassen und die o. a. Lieferung zur Umsatzbesteuerung erklären.

Konsignationslager: Unabgestimmtes Vorgehen der Mitgliedstaaten

Entgegen der MwStSystRL vereinfachen einige EG-Mitgliedstaaten die Besteuerung der Umsätze in und aus dem/den Konsignationslager/n. Die abweichenden Regelungen bestehen darin, dass diese Mitgliedstaaten bei der Aufstockung eines Lagers nicht von einem i. g. Verbringen in das Konsignationslager ausgehen, sondern von einer **i. g. Lieferung im Zeitpunkt der Entnahme** aus dem Lager an den dortigen Abnehmer. Das besondere Problem derartiger Fallgestaltungen liegt in den unterschiedlichen Rechtsauffassungen der einzelnen Mitgliedstaaten. Ausführlich hierzu OFD Frankfurt vom 21.04.2017, S 7100aA-004-St110, UR 2018, 219; vgl. auch Weimann, UidP, 16. Aufl. 2016, Kap. 33.

HINWEIS
EU-weite Neuregelung der Konsignationslager ab 2019 geplant. Die EU-Kommission hat im Oktober 2017 Pläne für die größte Reform der Mehrwertsteuervorschriften seit einem Vierteljahrhundert vorgelegt. Durch die Neuregelung soll das System für Regierungen und Unternehmen gleichermaßen verbessert und modernisiert werden. Da hierzu ein zeitlicher Vorlauf unabdingbar ist, sollen bereits ab 2019 Sofortmaßnahmen greifen. Eine der angedachten Maßnahmen betrifft Vereinfachungen für Konsignationslager. Die vollständige Umstellung soll dann zum 01.01.2022 erfolgen (vgl. Einführung UStG, Rz. 62 ff., Rz. 78 ff.).

Konsignationslager ausländischer Zulieferer in Deutschland

Das EU-Umsatzsteuerrecht beurteilt Lieferungen aus Auslieferungs- und Konsignationslagern nach den allgemeinen Lieferregeln. Sonderbestimmungen dazu gibt es (derzeit noch) nicht. Bei Anwendung der allgemeinen Regeln kamen die deutsche Rechtsprechung und Finanzverwaltung lange Zeit zum gleichen Ergebnis. Das änderte sich erst im Jahr 2015. Einzelne Finanzgerichte verließen den »Mainstream« (Weimann, PIStB 2016, 262) und wurden in ihrer Rechtsauffassung vom Bundesfinanzhof bestätigt (BFH vom 20.10.2016, V R 31/15, BStBl II 2017, 1076 und vom 16.11.2016, V R 1/16, BStBl II 2017, 1079). Das BMF hat die neue Rechtsauffassung nunmehr übernommen (BMF Schreiben vom 10.10.2017, III C 3 – S 7103-a/15/10001, 2017/0854904, BStBl I 2017, 1442) – die zeitweiligen Differenzen scheinen damit ausgeräumt (vgl. Weimann/Fuisting, PIStB 2018, 4). Die BFH-Urteile ergingen zu einer Fallgestaltung wie im folgenden Beispiel.

Beispiel:
Der griechische Feinkostproduzent G liefert seine Ware zur Verfügung seines deutschen Kunden (D) in ein Konsignationslager in Deutschland.

Für grenzüberschreitende Lagergeschäfte gibt es weder im UStG noch im Unionsrecht besondere Vorgaben. Zur Anwendung kommen daher die allgemeinen Vorschriften. Dabei sind **zwei Grundfälle** zu differenzieren:

- **Allgemeines Lager / Konsignationslager:** Bei diesem Typus handelt es sich um ein Lager, aus welchem **üblicherweise mehrere Abnehmer** beliefert werden, wobei die Entscheidung darüber, welche Ware an welchen Kunden geliefert/verkauft wird, noch nicht abschließend getroffen wurde.
- **Call-Off Stock:** Bei diesem Typus handelt es sich um ein Lager, welches **exklusiv für einen Kunden** eingerichtet wird. Der Kunde entnimmt die Ware entsprechend seines Bedarfs.

Die **deutsche Finanzverwaltung** differenzierte die oben genannten Lagertypen bislang nicht (vgl. Abschn. 3.12. Abs. 3 Satz 7 UStAE a. F.). Wurde daher die Ware aus einem anderen EU-Mitgliedstaat nach Deutschland in das Lager verbracht, musste sich der Unternehmer **ausnahmslos immer** in Deutschland für umsatzsteuerliche Zwecke registrieren lassen, um den innergemeinschaftlichen Erwerb aufgrund des Verbringens erklären zu können. Die anschließende Entnahme aus dem Lager behandelte die Verwaltung als steuerbare und steuerpflichtige Inlandslieferung (vgl. Weimann, PIStB 2016, 130).

Beispiel:
Das o. a. Beispiel beurteilte sich aus deutscher Sicht – ausnahmslos immer, s. o. – wie folgt:
((bitte Grafik anfertigen))

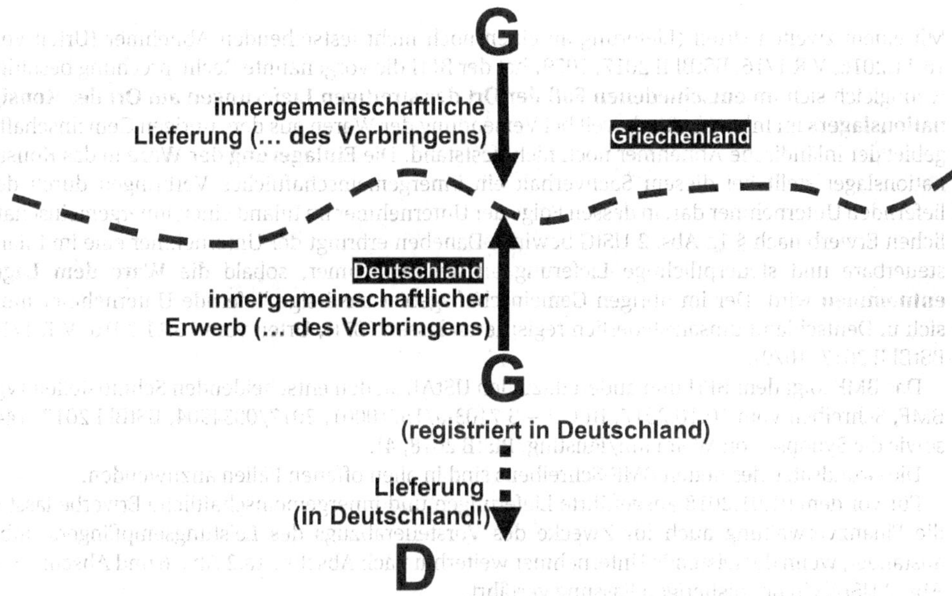

- Die Lagerbeschickung führte bei G in Griechenland nach dortigem Recht zu einem (steuerfreien) Verbringen.
- Die Lagerbeschickung führte bei G in Deutschland zu einem innergemeinschaftlichen Erwerb, vgl. § 1a Abs. 2 UStG.
- G musste sich in Deutschland steuerlich registrieren lassen.

- G musste eventuelle Lagerentnahmen durch D in Deutschland versteuern und **der deutschen Umsatzsteuer unterwerfen.** Rechnungen des Lagerhalters mussten m.a.W. immer die Umsatzsteuer des Landes (hier: Deutschland) ausweisen, in dem sich das Lager befindet.

Der BFH differenziert nunmehr danach, ob bei einer Lageraufstockung zu Beginn der Versendung der Abnehmer
- bereits feststeht oder
- noch nicht feststeht.

Maßgebend ist der Transportbeginn – bildlich gesprochen also der Zeitpunkt, in dem die Ware zum ersten Mal mit Zielrichtung auf den Kunden angefasst wird.

Lieferung an einen bereits feststehenden Abnehmer (BFH vom 20.10.2016)

Der BFH hat darauf erkannt, dass Lieferungen aus dem übrigen Gemeinschaftsgebiet an einen inländischen Abnehmer auch dann als Versendungslieferungen i. S. v. § 3 Abs. 6 Satz 1 UStG zu beurteilen sind, wenn der Liefergegenstand nach dem Beginn der Versendung **für kurze Zeit in einem Auslieferungslager zwischengelagert** wird.

Voraussetzung ist aber, dass der Abnehmer bereits **bei Beginn der Versendung** feststeht (vgl. Weimann, PIStB 2016, 262). In diesem Fall
- wird die Lieferung grundsätzlich bereits bei Beginn der Versendung im übrigen Gemeinschaftsgebiet ausgeführt und
- unterliegt beim inländischen Abnehmer ggf. der Erwerbsbesteuerung nach § 1a UStG (BFH Urteil vom 20.10. 2016, V R 31/15, BStBl II 2017, 1076).

Mit einem zweiten Urteil (Lieferung an einen noch nicht feststehenden Abnehmer (Urteil vom 16.11.2016, V R 1/16, BStBl II 2017, 1079) hat der BFH die vorgenannte Rechtsprechung bestätigt, wenngleich sich **im entschiedenen Fall der Ort der streitigen Lieferungen am Ort des Konsignationslagers** im Inland befand, weil bei Versendung der Waren aus dem übrigen Gemeinschaftsgebiet der inländische Abnehmer noch nicht feststand. Die **Einlagerung der Ware** in das Konsignationslager stellt bei diesem Sachverhalt ein innergemeinschaftliches Verbringen durch den liefernden Unternehmer dar, in dessen Folge der Unternehmer im Inland einen innergemeinschaftlichen Erwerb nach § 1a Abs. 2 UStG bewirkt. Daneben erbringt der Unternehmer eine im Inland steuerbare und steuerpflichtige Lieferung an den Abnehmer, sobald die **Ware dem Lager entnommen** wird. Der im übrigen Gemeinschaftsgebiet ansässige liefernde Unternehmer muss sich in Deutschland umsatzsteuerlich registrieren lassen (BFH, Urteil vom 16.11.2016, V R 1/16, BStBl II 2017, 1079).

Das BMF folgt dem BFH und ändert dazu den UStAE an den entscheidenden Schnittstellen (vgl. BMF, Schreiben vom 10.10.2017, III C 3 – S 7103-a/15/10001, 2017/0854904, BStBl I 2017, 1442 sowie die Synopse von Weimann/Fuisting, PIStB 2018, 4).

Die Grundsätze des neuen BMF-Schreibens sind in allen offenen Fällen anzuwenden.

Für vor dem 01.01.2018 ausgeführte Lieferungen und innergemeinschaftliche Erwerbe lässt es die Finanzverwaltung auch für Zwecke des Vorsteuerabzugs des Leistungsempfängers unbeanstandet, wenn der leistende Unternehmer weiterhin nach Abschn. 1a.2 Abs. 6 und Abschn. 3.12 Abs. 3 UStAE in der bisherigen Fassung verfährt.

Die neue Rechtsauffassung gilt ausschließlich für Lieferungen aus der EU in ein deutsches Warenlager und nicht für Lieferungen aus Deutschland in ein EU-Warenlager.

Beispiel:
Beratungskonsequenzen:
Lagergeschäfte
- des deutschen Mandanten
- im EU-Ausland

führen damit unverändert weiter zu den altbekannten Problemen (Weimann, PIStB 2016, 130).

Eingangsumsätze: Entnimmt der deutsche Mandant Ware aus Konsignationslagern ausländischer Lieferanten, ist Vorsicht geboten.

Die bisher zutreffende Bruttorechnung führt unter den Voraussetzungen des BFH-Urteils vom 20.10.2016 (V R 31/15, BStBl II 2017, 1076) zu einem überhöhten Steuerausweis und berechtigt damit nicht zum Vorsteuerabzug (§ 14c Abs. 1 UStG, Abschn. 15.2 Abs. 1 Satz 2 UStAE).

Die neue Rechtsprechung wirkt sich für den deutschen Unternehmer (Mandanten) vor allem einkaufsseitig aus, wenn nämlich Teile (ausländischer) Zulieferer aus Lagern in Deutschland entnommen werden. Entnimmt der Mandant Teile aus einem derartigen Lager, sind die entsprechenden (Alt)Verträge zeitnah zu überprüfen und ggf. umzustellen. Letzteres wird nicht einfach sein, da dem ausländischen Zulieferer hierzu die neue deutsche Rechtslage erklärt werden muss. Das überzeugende Argument wird sicher sein, dass der Zulieferer zukünftig auf eine Registrierung in Deutschland verzichten kann und damit Kosten einspart. Das besondere Problem derartiger Fallgestaltungen liegt darin, dass entgegen der MwStSystRL und im Vorgriff auf eine Sonderregelung einige EG-Mitgliedstaaten die Besteuerung der Lagergeschäfte »vereinfachen«. Die abweichenden Regelungen bestehen darin, dass diese Mitgliedstaaten bei der Aufstockung eines Lagers nicht von einem innergemeinschaftlichen Verbringen in das Lager ausgehen, sondern von einer innergemeinschaftlichen Lieferung im Zeitpunkt der Entnahme aus dem Lager an den dortigen Abnehmer (vgl. PIStB 2016, 130). Hier soll es nach den Vorstellungen der EU baldmöglichst zu einer Rechtsvereinheitlichung in allen Mitgliedstaaten kommen.

Lagergeschäfte

Vgl. Stichwort »Konsignationslager«.

Private Endabnehmer im Reihengeschäft

An Reihengeschäften können auch Nichtunternehmer als letzte Abnehmer in der Reihe beteiligt sein. Die allgemeinen Grundsätze sind insoweit anzuwenden.

Wenn der letzte Abnehmer i. R. eines Reihengeschäfts, bei dem die Warenbewegung im Inland beginnt und im Gebiet eines anderen Mitgliedstaates endet (oder umgekehrt), nicht die subjektiven Voraussetzungen für die Besteuerung des i. g. Erwerbs erfüllt und demzufolge nicht mit einer IdNr. auftritt, ist § 3 c UStG zu beachten, wenn der letzten Lieferung in der Reihe die Beförderung oder Versendung zugeordnet wird; dies gilt nicht, wenn der private Endabnehmer den Gegenstand abholt (vgl. Abschn. 3.14 Abs. 18 UStAE).

Beispiel:
Der niederländische Privatmann NL kauft für sein Einfamilienhaus in Venlo Möbel beim Möbelhaus D1 in Köln. D1 bestellt die Möbel bei der Möbelfabrik D2 in Münster. D2 lässt die Möbel unmittelbar zu NL nach Venlo versenden. D1 und D2 treten jeweils unter ihrer deutschen IdNr. auf.

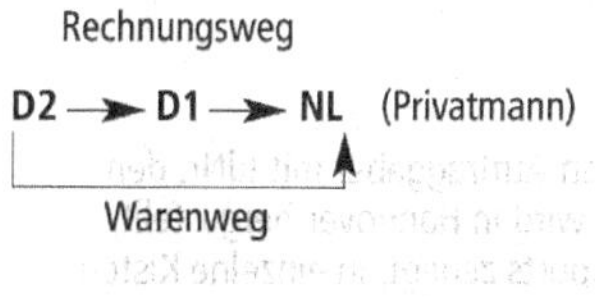

Rechnungsweg

D2 → D1 → NL (Privatmann)

Warenweg

Lösung:
Bei diesem Reihengeschäft werden nacheinander zwei Lieferungen (D2 an D1 und D1 an NL) ausgeführt. Die erste Lieferung D2 an D1 ist die Versendungslieferung, da D2 als erster Unternehmer in der Reihe den Transport durchführen lässt. Der Ort der Lieferung liegt nach § 3 Abs. 6 S. 5 i. V. m. S. 1 UStG in Deutschland (Beginn der Versendung). Die Lieferung ist im Inland steuerbar und steuerpflichtig, da D1 ebenfalls mit deutscher IdNr. auftritt.
Der Erwerb der Ware unterliegt bei D1 der Besteuerung des i. g. Erwerbs in den Niederlanden, weil die i. g. Warenbewegung dort endet (§ 3d S. 1 UStG). Solange D1 einen i. g. Erwerb in den Niederlanden nicht nachweisen kann, hat er einen i. g. Erwerb in Deutschland zu besteuern (§ 3d S. 2 UStG).
Die zweite Lieferung D1 an NL ist eine ruhende Lieferung. Die Lieferung des D1 an NL fällt deshalb nicht unter die Regelung des § 3c UStG. Der Lieferort für diese Lieferung liegt nach § 3 Abs. 7 S. 2 Nr. 2 UStG in den Niederlanden (Ende der Versendung), da sie der Versendungslieferung folgt. Die Lieferung ist nach niederländischem Recht zu beurteilen. D1 muss sich in den Niederlanden umsatzsteuerlich registrieren lassen.
Würde D1 mit niederländischer IdNr. auftreten, wäre die Lieferung des D2 an D1 als i. g. Lieferung steuerfrei, wenn D2 die Voraussetzungen hierfür nachweist.
Würde die Versendung im vorliegenden Fall allerdings der zweiten Lieferung (D1 an NL) zuzuordnen sein, wäre diese Lieferung nach § 3c UStG zu beurteilen, da der Gegenstand vom Lieferer in einen anderen Mitgliedstaat versendet wird und der Abnehmer NL als Privatperson nicht zu den in § 1a Abs. 1 Nr. 2 UStG genannten Personen gehört.

Werklieferungen: »50 %-Grenze«

Reparaturen beweglicher körperlicher Gegenstände (vgl. Stichwort »Werklieferungen: bewegliche Werke«) können in Form einer

- Werklieferung oder
- Werkleistung

erbracht werden. Kann nicht zweifelsfrei entschieden werden kann, ob die Reparaturleistung als Werklieferung oder Werkleistung zu qualifizieren ist, kann von einer Werklieferung ausgegangen werden, wenn der Entgeltanteil, der auf das bei der Reparatur verwendete Material entfällt, mehr als 50 % des für die Reparatur berechneten Gesamtentgelts beträgt (BMF vom 12.12.2012, a. a. O.; hierzu ausführlich vgl. Rn. 65 ff.).

Werklieferungen: bewegliche Werke

Bei Werklieferungen gilt es,

- bewegliche (= transportable) Werke von den
- ortsgebundenen Werken

zu unterscheiden. Wird aufgrund eines Werkvertrages ein bereits beim Hersteller fertiges Werk lediglich aus Gründen des Transports in einzelne Teile zerlegt und beim Abnehmer wieder zusammengesetzt (einschließlich Probelauf), so wird aus Sicht des deutschen Rechts die Werklieferung dort ausgeführt, wo der Transport beginnt (§ 3 Abs. 6 S. 1 UStG). Zur betriebsfertigen Herstellung beim Lieferer gehört in der Regel ein dort vorgenommener **Probelauf**. Ein nach der Wiederzusammensetzung beim Abnehmer vom Lieferer durchgeführter erneuter Probelauf ist unschädlich (Abschn. 3.12 Abs. 4 S. 7 UStAE nachfolgendes Beispiel nach Rondorf, Das Umsatzsteuer-Binnenmarktgesetz, Anm. 263, fortgeschrieben auf den aktuellen Stand).

Beispiel:
Ein Maschinenbauer aus Hannover erhält im Jahr 2014 von einem spanischen Auftraggeber mit IdNr. den Auftrag, eine Folienschweißmaschine nach Madrid zu liefern. Die Maschine wird in Hannover hergestellt, fertig aufgebaut und getestet. Anschließend wird sie zum Zwecke des Transports zerlegt, in einzelne Kisten

verpackt und zur Bahn gegeben. Beim Abnehmer in Madrid wird sie unter der Leitung eines deutschen Monteurs wieder zusammengebaut und einmal Probe laufen lassen.

Lösung:
Die Werklieferung wird bereits in Hannover ausgeführt, da hier der Transport beginnt (§ 3 Abs. 6 S. 1 UStG). Durch das bloße Zusammensetzen der für Transportzwecke zerlegten Maschine und den Probelauf in Madrid ändert sich hieran nichts mehr. Die Lieferung der Maschine wird als i. g. Lieferung i. S. d. § 4 Nr. 1 Buchst. a i. V. m. § 6a UStG steuerfrei ausgeführt.
Der Abnehmer in Madrid hat die spanische Erwerbsbesteuerung durchzuführen und kann ggf. den Vorsteuerabzug der Erwerbsteuer vornehmen.

Die vorstehenden Konsequenzen ergeben sich aus der Sicht des deutschen Rechts. Es ist nicht auszuschließen, dass eine Montagelieferung mit der Folge der Verlagerung des Lieferorts an den Ort der Montage nach dem Recht anderer EG-Mitgliedstaaten abweichend hiervon (enger) beurteilt wird. Dies könnte dazu führen, dass der EG-Mitgliedstaat, in dem der Gegenstand montiert wird, unabhängig von der Behandlung der Lieferung in Deutschland von seinem Besteuerungsrecht nach Art. 23ff. MwStSystRL/Art. 8 Abs. 1 der 6. EG-RL Gebrauch macht (Rondorf, Das Umsatzsteuer-Binnenmarkgesetz, Anm. 264).

Werklieferungen: ortsgebundene Werke
Wird aufgrund eines Werkvertrages ein (größeres/nicht transportables) Werk wie z. B. ein Gebäude oder eine Industrieanlage errichtet, wird die Lieferung dort ausgeführt, wo sich das fertige Werk zurzeit der Verschaffung der Verfügungsmacht befindet, § 3 Abs. 7 S. 1 UStG (vgl. Abschn. 3.12 Abs. 4 UStAE).

Wird das Werk im Ausland errichtet, ist der Vorgang in Deutschland nicht steuerbar (vgl. auch Art. 35 MwStSystRL/Art. 8 Abs. 1 der 6. EG-RL). Allerdings wird der deutsche Anlagenerrichter in diesen Fällen regelmäßig im Ausland steuerpflichtig werden. Die Besteuerung der Werklieferung richtet sich dann nach dem ausländischen Recht.

Damit ist aber noch nicht gesagt, dass der deutsche Anlagenerrichter im EG-Ausland USt-Voranmeldungen und Steuererklärungen abgeben und die dortige Steuer tatsächlich entrichten muss. In einigen EG-Mitgliedstaaten entsteht in diesen Fällen die Steuerschuld beim Auftraggeber, d. h. die Pflicht zur Einbehaltung und Abführung der Steuer für die Montagelieferung wird auf den einheimischen Leistungsempfänger übertragen. Inländische Unternehmer, die in Deutschland ausgeführte Montagelieferungen ausländischer Unternehmen empfangen, konnten in der Vergangenheit von der sog. Nullregelung beim USt-Abzugsverfahren (§ 52 Abs. 2 UStDV) Gebrauch machen. Dies ist seit dem 01.01.2003 durch Einführung der neuen Steuerschuldnerschaft nach § 13b UStG nicht mehr möglich (nachfolgendes Beispiel nach Rondorf, Das Umsatzsteuerbinnenmarktgesetz, Anm. 261, fortgeschrieben auf den aktuellen Stand).

Beispiel:
Ein Unternehmer in Essen hat im Jahr 2014 die Lieferung einer betriebsfertigen Produktionsanlage für einen belgischen Abnehmer im Hafen vom Antwerpen übernommen. Er gibt die vorgefertigten Teile in Essen zur Bahn und entsendet Monteure nach Antwerpen, die die Anlage beim Abnehmer fertig montieren.

Lösung:
Dem Abnehmer wird die Verfügungsmacht an der Produktionsanlage nach Abschluss der Montage in Antwerpen verschafft. Ort der Werklieferung ist Antwerpen/Belgien (§ 3 Abs. 7 S. 1 UStG). Die Lieferung ist damit in Deutschland nicht steuerbar und erfolgt dementsprechend ohne Berechnung deutscher USt. Die Besteuerung der Montagelieferung richtet sich nach dem belgischen Umsatzsteuerrecht.

3.3.10 Abgrenzung der Lieferung zur sonstigen Leistung

154 Vgl. Rn. 157 ff. und vgl. Rn. 164.

3.4 Sonstige Leistungen (§ 3 Abs. 9 bis Abs. 11 UStG)

3.4.1 Begriff der sonstigen Leistung (§ 3 Abs. 9 UStG)

155 Sonstige Leistungen sind nach § 3 Abs. 9 UStG Leistungen, die keine Lieferungen sind:

- **aktives Handeln** (Tun), z. B. Dienstleistungen aller Art, Werkleistungen, Beförderungsleistungen,
- **Duldungsleistungen** in jeder Form (z. B. Miet- und Pachtleistungen),
- Leistungen, die in einem **Unterlassen** bestehen (z. B. Verzicht auf Ausübung einer Tätigkeit).

156 Auch hier ist – wie bei den Lieferungen – auf **Sonderfälle** hinzuweisen:

- Abgabe von Speisen und Getränken zum Verzehr an Ort und Stelle (§ 3 Abs. 9 S. 4 f. UStG, vgl. Rn. 165),
- den sonstigen Leistungen gleichgestellte unentgeltliche Wertabgaben (§ 3 Abs. 9a UStG, vgl. Rn. 166 ff.),
- Sonderfall der Werkleistung/»Umtauschmüllerei« (§ 3 Abs. 10 UStG, vgl. Rn. 175 ff.),
- Leistungskommission (§ 3 Abs. 11 UStG, vgl. Rn. 180 ff.),
- tauschähnliche Umsätze (§ 3 Abs. 12 S. 2 UStG, vgl. dazu Rn. 213 ff.).

3.4.2 Abgrenzung zur Lieferung

3.4.2.1 Grundsätzliches

157 Bei **einheitlichen Leistungen**, die sowohl Elemente einer Lieferung als auch einer sonstigen Leistung haben, kommt es darauf an, welche Leistungselemente unter Berücksichtigung des Willens der Vertragsparteien den wirtschaftlichen Gehalt der Leistung bestimmen (vgl. Abschn. 3.5 Abs. 1 UStAE [vgl. Abschn. 25 Abs. 1 UStR 2008]; vgl. Rn. 12 ff.).

158 Ob eine **Werklieferung** oder eine **Werkleistung** vorliegt, hängt davon ab, ob der Werkhersteller für das Werk die Hauptstoffe selbst beschafft oder diese vom Besteller des Werks beigestellt werden (§ 3 Abs. 4 UStG, vgl. Rn. 17 ff.).

159 Es kommt aber auch vor, dass in einem **einheitlichen Vertragswerk** zwei verschiedene Leistungen vereinbart werden.

Beispiel:
Neben einer selbständigen Lieferung wird auch eine selbständige sonstige Leistung (z. B. eine Kreditgewährung) vereinbart.

3.4.2.2 »50 %-Grenze« für Reparaturen von Mobilien

160 Reparaturen beweglicher körperlicher Gegenstände können in Form einer

- Werklieferung oder
- Werkleistung

erbracht werden. Kann nicht zweifelsfrei entschieden werden kann, ob die Reparaturleistung als Werklieferung oder Werkleistung zu qualifizieren ist, kann von einer Werklieferung ausgegangen werden, wenn der Entgeltanteil, der auf das bei der Reparatur verwendete Material entfällt, mehr als 50 % des für die Reparatur berechneten Gesamtentgelts beträgt (BMF vom 12.12.2012, a.a.O.; hierzu ausführlich vgl Rn. 65 ff.).

3.4.3 Zeitpunkt der sonstigen Leistung

Das UStG selbst lässt auch die Frage unbeantwortet, wann eine sonstige Leistung erbracht wird (bereits zum Lieferzeitpunkt vgl. Rn. 21). Das mag insbesondere darauf zurückzuführen sein, dass sonstige Leistungen in den unterschiedlichsten Ausprägungen vorkommen und sich daher nicht exakt positiv definieren lassen. Nach der Verwaltungsauffassung sind sonstige Leistungen grundsätzlich im Zeitpunkt ihrer Vollendung ausgeführt (Abschn. 13.1 Abs. 3 UStAE). 161

TIPP

Die h.M. definiert praxistauglicher: Der Zeitpunkt einer sonstigen Leistung ist der Zeitpunkt, in dem der Unternehmer alle zum Erbringen der Leistung erforderlichen Handlungen ausgeführt hat, die Leistung also in vollem Umfang bewirkt ist (Wagner in Sölch/Ringleb, UStG, § 13 Rz. 27).
Mit anderen Worten: Eine sonstige Leistung ist erbracht, wenn der leistende Unternehmer alles getan hat, was er vertraglich schuldet!

Ausführlich zum Leistungszeitpunkt vgl. § 13 Rn. 53 ff. 162

3.4.4 Ort der sonstigen Leistung

Zum Ort der sonstigen Leistung vgl. die Kommentierung zu § 3 a. 163

3.4.5 Kompakt-ABC »Sonstige Leistungen«

Anteilsübertragung 164
Vgl. Stichwort »Wertpapierübertragung«.

Beratervertrag
Vgl. Stichwort »Vertragsauflösung«.

Elektrizität
Hierbei handelt es sich um ein Wirtschaftsgut, das im Geschäftsverkehr wie eine Sache behandelt wird; der Verkauf führt daher zu einer Lieferung und nicht zu einer sonstigen Leistung (Abschn. 3.1 Abs. 2 S. 2 UStAE; ausführlich hierzu vgl. Rn. 17 ff.).

Firmenwert
Nach Auffassung des EuGH wird dieses Wirtschaftsgut (anders als Strom, Wärme, Wasserkraft u.dgl., vgl. Abschn. 3.1 Abs. 2 S. 2 UStAE) im Geschäftsverkehr **nicht** wie eine Sache behandelt; die Veräußerung führt daher zu einer sonstigen Leistung (EuGH vom 22.10.2009, Rs. C-242/08,

Swiss Re Germany Holding, BStBl II 2011, 559; Abschn. 3.1 Abs. 4 S. 2 UStAE; ausführlich hierzu vgl. Rn. 17 ff.).

GAP-Reform

Vgl. BMF vom 26.02.2007, Az: IV A 5 – S 7200/07/0014, 2007/0079210, BStBl I 2007, 271: Zahlungsansprüche für land- und forstwirtschaftliche Betriebe nach der EU-Agrarreform (GAP-Reform) ; Zuteilung, Veräußerung und Verpachtung von Zahlungsansprüchen.

Hospitality-Leistungen

Vgl. Stichwort »VIP-Logen und Hospitality-Leistungen«.

Insolvenzverwalter

BFH vom 18.08.2005, Az: V R 31/04, BStBl II 2007, 183: Umsatzsteuerrechtliche Behandlung der Verwertung von beweglichen und unbeweglichen Gegenständen mit Absonderungsrecht durch den Insolvenzverwalter /// Leitsatz: (1.) Verwertet ein Insolvenzverwalter freihändig eine bewegliche Sache, an der ein Absonderungsrecht eines Sicherungsgebers besteht, so erbringt er dadurch keine Leistung gegen Entgelt an den Sicherungsgeber. Die Verwertungskosten, die der Insolvenzverwalter in diesem Fall kraft Gesetzes vorweg für die Masse zu entnehmen hat, sind kein Entgelt für eine Leistung. (2.) Vereinbaren der absonderungsberechtigte Grundpfandgläubiger und der Insolvenzverwalter, dass der Insolvenzverwalter ein Grundstück für Rechnung des Grundpfandgläubigers veräußert und vom Veräußerungserlös einen bestimmten Betrag für die Masse einbehalten darf, führt der Insolvenzverwalter neben der Grundstückslieferung an den Erwerber eine sonstige entgeltliche Leistung an den Grundpfandgläubiger aus. Der für die Masse einbehaltene Betrag ist in diesem Fall Entgelt für eine Leistung. /// Normenkette: UStG 1999 § 1 Abs. 1 Nr. 1 S. 1, § 10 Abs. 1 S. 1; InsO §§ 50–51, 55, 166, 170–171.

Kundenstamm

Nach Auffassung des EuGH wird dieses Wirtschaftsgut (anders als Strom, Wärme, Wasserkraft u. dgl., vgl. Abschn. 3.1 Abs. 2 S. 2 UStAE) im Geschäftsverkehr **nicht** wie eine Sache behandelt; die Veräußerung führt daher zu einer sonstigen Leistung (EuGH vom 22.10.2009, Rs. C-242/08, Swiss Re Germany Holding, BStBl II 2011, 559; Abschn. 3.1 Abs. 4 S. 2 UStAE; ausführlich hierzu vgl. Rn. 17 ff.).

Leasing/Zahlungen am Vertragsende

Für die Beurteilung von Ausgleichszahlungen im Zusammenhang mit der Beendigung von Leasingverträgen ist gem. Abschn. 1.3 Abs. 17 UStAE in Fassung des BMF-Schreibens vom 06.02.2014 (a. a. O.) entscheidend, ob der Zahlung für den jeweiligen »Schadensfall« eine mit ihr eng verknüpfte Leistung gegenübersteht. Verpflichtet sich der Leasingnehmer im Leasingvertrag, für am Leasinggegenstand durch eine nicht vertragsgemäße Nutzung eingetretene Schäden nachträglich einen Minderwertausgleich zu zahlen, ist diese Zahlung beim Leasinggeber als Schadensersatz nicht der Umsatzsteuer zu unterwerfen (vgl. BFH vom 20.03.2013, Az: XI R 6/11, BStBl II 2014, 206). Ausgleichzahlungen, die darauf gerichtet sind, Ansprüche aus dem Leasingverhältnis an die tatsächliche Nutzung des Leasinggegenstandes durch den Leasingnehmer anzupassen (z. B. Mehr- und Minderkilometervereinbarungen bei Fahrzeugleasingverhältnissen) stellen hingegen je nach Zahlungsrichtung zusätzliches Entgelt oder aber eine Entgeltminderung für die Nutzungsüberlassung dar. Dies gilt entsprechend für Vergütungen zum Ausgleich von Restwertdifferenzen in Leasingverträgen mit Restwertausgleich. Nutzungsentschädigungen wegen verspäteter Rückgabe des Leasinggegenstandes stellen ebenfalls keinen Schadensersatz dar, sondern sind Entgelt für die Nutzungsüberlassung zwischen vereinbarter und tatsächlicher Rückgabe des Leasinggegenstandes. Soweit bei Kündigung des Leasingverhältnisses Ausgleichszahlungen für künftige Leasingraten geleistet werden, handelt es sich um echten Schadensersatz, da durch die Kündigung die vertragliche Hauptleistungspflicht des Leasinggebers beendet und deren Erbringung tatsächlich nicht mehr möglich ist. Dies gilt nicht für die Fälle des Finanzierungsleasings, bei denen eine Lieferung an den Leasingnehmer vorliegt (vgl. Abschn. 3.5 Abs. 5 UStAE; Hinweis auf Jacobs, a. a. O.).

Anwendungszeitraum/Übergangsregel:
Die neuen Grundsätze sind **in allen offenen Fällen** anzuwenden. Soweit die Ausführungen unter Tz. 2 des BMF-Schreibens vom 22.05.2008 (a. a. O.) entgegenstehen, hält die FinVerw daran nicht mehr fest. Es wird jedoch nicht beanstandet, wenn die Vertragsparteien bei Zahlung eines Minderwertausgleichs entgegen den oben dargestellten Grundsätzen über eine steuerbare Leistung abgerechnet haben und der maßgebliche Leasingvertrag vor dem 01.07.2014 endet

Lebensrückversicherungsverträge

Nach Auffassung des EuGH wird dieses Wirtschaftsgut (anders als Strom, Wärme, Wasserkraft u.dgl., vgl. Abschn. 3.1 Abs. 2 S. 2 UStAE) im Geschäftsverkehr **nicht** wie eine Sache behandelt; die Veräußerung führt daher zu einer sonstigen Leistung (EuGH vom 22.10.2009, Rs. C-242/08, Swiss Re Germany Holding, BStBl II 2011, 559; Abschn. 3.1 Abs. 4 S. 2 UStAE; ausführlich hierzu vgl. Rn. 17 ff.).

Postvorbereitende Leistungen

Vgl. BMF vom 13.12.2006 (a. a. O.): Umsatzsteuerrechtliche Behandlung der Entgelte für postvorbereitende Leistungen durch einen sog. Konsolidierer (§ 5 Abs. 1 S. 2 Nr. 5 PostG).

Strom

Vgl. Stichwort »Elektrizität«

Testamentsvollstreckung

BFH vom 07.09.2006, Az: V R 6/05, BStBl II 2007, 148: (1.) Ein Testamentsvollstrecker, der über einen längeren Zeitraum eine Vielzahl von Handlungen vornimmt, wird regelmäßig nachhaltig und damit unternehmerisch tätig; dies gilt auch bei einer »Auseinandersetzungs-Testamentsvollstreckung« (Anschluss an BFH vom 26.09.1991, Az: V R 1/87, BFH/NV 1992, 418, und vom 30.05.1996, Az: V R 26/93, BFH/NV 1996, 938). (2.) Die unternehmerische Tätigkeit eines Testamentsvollstreckers unterliegt auch dann der Umsatzsteuer, wenn sie aus privatem Anlass aufgenommen wurde; die Rechtsprechung des EuGH zur »nur gelegentlichen« Ausführung von Umsätzen durch Nutzung privater Gegenstände kann hierzu nicht erweiternd angewendet werden. /// Normenkette: UStG 1993 § 1 Abs. 1 Nr. 1, § 2 Abs. 1; UStG 1999 § 1 Abs. 1 Nr. 1, § 2 Abs. 1; EWGRL 388/77 Art. 4 Abs. 3. /// Vgl. auch § 2 Rn. 24 ff.

Übernahme defizitärer Bahnstrecken

BFH vom 21.04.2005, Az: V R 11/03, BStBl II 2007, 63: Übernahme der Betriebsführung auf zwei defizitären Bahnstrecken gegen Gewährung einer »Starthilfe« der Deutschen Bundesbahn als umsatzsteuerbare Leistung /// Leitsatz: (1.) Die Übernahme der Betriebsführung des Eisenbahnverkehrs auf zwei defizitären Teilstrecken als nicht bundeseigene Eisenbahn des öffentlichen Verkehrs von der Deutschen Bundesbahn, verbunden mit einer sog. »Starthilfe« der Deutschen Bundesbahn, kann eine steuerbare Leistung des Übernehmers sein. (2.) Trotz zivilrechtlicher Übereignung kann eine umsatzsteuerrechtliche Lieferung noch nicht vorliegen, wenn dem neuen Eigentümer die wirtschaftliche Substanz und der Wert des Gegenstandes nicht endgültig zustehen und er nur mit Zustimmung des bisherigen Eigentümers über ihn verfügen kann /// Normenkette: UStG 1993 § 1 Abs. 1 Nr. 1; UStG 1993 § 3 Abs. 1; UStG 1993 § 3 Abs. 12 S. 2, § 10.

Vertragsauflösung
BFH vom 07.07.2005, Az: V R 34/03, BStBl II 2007, 66: Die Zustimmung zur vorzeitigen Auflösung eines Beratervertrages gegen »Schadensersatz« kann eine sonstige Leistung i. S. des § 1 Abs. 1 Nr. 1 S. 1 UStG 1993 sein. /// Normenkette: UStG 1993 § 1 Abs. 1 Nr. 1 S. 1; UStG 1993 § 3 Abs. 9; EWGRL 388/77 Art. 6 Abs. 1.

Verzicht auf eine öffentlich-rechtliche Nutzungsbefugnis
BFH vom 24.08.2006, Az: V R 19/05 (veröffentlicht am 28.12.2006), BStBl II 2007, 187: Entgeltlicher Verzicht auf öffentlich-rechtliche Nutzungsbefugnis als steuerbarer Umsatz /// Leitsatz: Gibt der Inhaber einer Genehmigung zum Betrieb einer Sonderabfalldeponie aufgrund eines Vertrages mit einem Bundesland das Vorhaben auf und erhält er dafür vom Land einen Geldbetrag, liegt ein steuerbarer Umsatz i. S. des § 1 Abs. 1 Nr. 1 S. 1 UStG vor. /// Normenkette: UStG 1991 § 1 Abs. 1 Nr. 1 S. 1; EWGRL 388/77 Art. 2 Nr. 1, Art. 6 Abs. 1.

VIP-Logen und Hospitality-Leistungen
Vgl. BMF vom 28.11.2006 (a. a. O.)

Wärme
Hierbei handelt es sich um ein Wirtschaftsgut, das im Geschäftsverkehr wie eine Sache behandelt wird; der Verkauf führt daher zu einer Lieferung und nicht zu einer sonstigen Leistung (Abschn. 3.1 Abs. 2 S. 2 UStAE; ausführlich hierzu vgl. Rn. 17 ff.).

Wasserkraft
Umsatzsteuerliche Behandlung wie »Wärme«

Wertpapierübertragung
BMF vom 30.11.2006, Az: IV A 5 – S 7100 – 167/06, BStBl I 2006, 793: Abgrenzung zwischen Lieferungen und sonstigen Leistungen; Behandlung der Übertragung von Wertpapieren und Anteilen; vgl. auch Scherer, steuer-journal 2/2007, 15.

3.5 Abgabe von Speisen und Getränken zum Verzehr an Ort und Stelle (§ 3 Abs. 9 S. 4 und S. 5 UStG a. F.)

165 Die Sonderregeln galten mithin vom **27.06.1998 bis zum 28.12.2007** (vgl. § 3 e Rn. 6 ff.). Zu den Einzelheiten wird auf eine der Vorauflagen (2. Aufl. 2007, vgl. § 3 Kap. 2.5) verwiesen. Zur aktuellen Rechtslage vgl. Abschn. 3.6 UStAE.

3.6 Den sonstigen Leistungen gleichgestellte unentgeltliche Wertabgaben (§ 3 Abs. 9a UStG)

3.6.1 Allgemeines

166 Vgl. Rn. 54 ff. Systematisch sind die unentgeltlichen Wertabgaben,

- soweit sie in der Abgabe von Gegenständen bestehen, nach § 3 Abs. 1b UStG den entgeltlichen Lieferungen,
- soweit sie in der Abgabe oder Ausführung von sonstigen Leistungen bestehen, nach § 3 Abs. 9a UStG den entgeltlichen sonstigen Leistungen

gleichgestellt. Letzteres gilt hauptsächlich für die **teilweise unternehmensfremde Nutzung eines Gegenstandes**, den der Unternehmer seinem Unternehmen zugeordnet hat. Dadurch soll unversteuerter Letztverbrauch verhindert werden. Die unentgeltlichen Wertabgaben i. S. d. § 3 Abs. 9a UStG umfassen alle sonstigen Leistungen, die ein Unternehmer i. R. seines Unternehmens für eigene, außerhalb des Unternehmens liegende Zwecke oder für den privaten Bedarf seines Personals ausführt.

Eine unentgeltliche Wertabgabe i. S. d. § 3 Abs. 9a S. 1 Nr. 1 UStG setzt voraus, dass der verwendete Gegenstand dem Unternehmen zugeordnet ist und **zum vollen oder teilweisen Vorsteuerabzug berechtigt** hat. 167

Ausführlich hierzu Abschn. 3.2 und 3.4 UStAE [vgl. Abschn. 24 a und 24 c UStR 2008]. 168

Das Jahressteuergesetz 2010 (BGBl I 2010, 1768, BStBl I 2010, 1394) hat **m. W. v. 01.01.2011** § 3 Abs. 9 a Nr. 1 UStG um den letzten Halbsatz ergänzt und damit die aufgrund des **Wegfalls der »Seeling«-Gestaltungen** (hierzu vgl. die Kommentierung zu § 15) erforderlichen Anpassungen vorgenommen. 169

3.6.2 Aktuell: Arbeitnehmereinsatz für private Zwecke: Umsatzsteuerfalle durch geschickte Vertragsgestaltung umgehen

Vermehrt greift die Finanzverwaltung derzeit i. R. v. Betriebsprüfungen, Umsatzsteuer-Sonderprüfungen und auch Lohnsteuer-Außenprüfungen – Letztere allerdings im Rahmen von Kontrollmitteilungen – Fallgestaltungen auf, in denen Arbeitnehmer im Privatbereich ihres Arbeitgebers und damit für außerunternehmerische Zwecke zum Einsatz kommen: 170

Beispiel:

1. Bauunternehmer B ist großer Hundefreund. Als er von den Problemen erfährt, die eine örtliche Tierschutzorganisation mit der Herrichtung einer günstig erworbenen Immobilie hat, erklärt er sich spontan bereit, zwei seiner Arbeitnehmer zur Unterstützung der Organisation abzustellen.
2. Landschaftsgärtner L lässt den Garten seines (privaten) Einfamilienhauses von seinen Mitarbeitern neugestalten.
3. Hotelier H setzt das Zimmer- und Küchenpersonal seines Hotels auch bei der Führung des eigenen Haushalts ein.

In den Beispielsfällen führt der Arbeitnehmereinsatz zur unentgeltlichen Wertabgabe i. S. v. § 3 Abs. 9a Nr. 2 UStG (vgl. auch Abschn. 3.4 Abs. 5 UStAE). Im Gegensatz zur Wertabgabe nach § 3 Abs. 9a Nr. 1 UStG erfolgt die Besteuerung hier **unabhängig von einem korrespondierenden Vorsteuerabzugsrecht** des Unternehmers. In die Bemessungsgrundlage nach § 10 Abs. 4 Nr. 3 UStG einzubeziehen sind damit auch solche Ausgaben (bis zum 30.06.2004: Kosten), die vorsteuerunbelastet sind (z. B. Lohn- und Lohnnebenkosten). Theoretisch steuerbar sind letztlich auch Dienstleistungen, die ein Unternehmer **höchstpersönlich für sich selbst** erbringt; mangels Ausgaben fehlt es hier aber an einer Bemessungsgrundlage. 171

»Andere sonstige Leistung« i. S. v. § 3 Abs. 9a Nr. 2 UStG ist jede Leistung, die nicht bereits nach § 3 Abs. 9a Nr. 1 UStG zu besteuern ist. Dies sind zunächst – wie bereits ausgeführt – die **»reinen« Dienstleistungen**. Die Vorschrift findet aber auch dann Anwendung, wenn die sonstige Leistung **unter Verwendung eines unternehmerischen Gegenstands** erbracht wird und ein **nicht unwe-** 172

sentlicher Dienstleistungsanteil hinzukommt (vgl. BT-Drucks. 14/23 vom 09.11.1998, II [Besonderer Teil] zu Art. 8 Nr. 2 Buchst. b = S. 196f.).

Beispiel:
1. Wie vorher; Bauunternehmer B bringt einen Bagger mit Fahrer zum Einsatz.
2. Wie vorher; Landschaftsgärtner L lässt den Garten unter Verwendung der betrieblichen Gartengeräte pflegen.
3. Wie vorher; Hotelier H überlässt den Shuttle-Bus des Hotels nebst Fahrer auch seinen Familienangehörigen und seinen Angestellten für private Besorgungsfahrten.

173 Ist eine Dienstleistung unter Verwendung eines Gegenstandes nach § 3 Abs. 9a Nr. 2 UStG steuerbar (und steuerpflichtig), erfasst die Bemessungsgrundlage nach § 10 Abs. 4 S. 1 Nr. 3 UStG konsequenterweise **alle Ausgaben** – auch die auf den Gegenstand entfallenden und auch insoweit ohne Rücksicht auf die Berechtigung zum Vorsteuerabzug (Gedanke der **Einheitlichkeit der Leistung**, vgl. Abschn. 3.10 UStAE). Abschn. 10.6 Abs. 3 S. 5 UStAE findet keine Anwendung.

TIPP
1. **Besteuerung nach der Fiktionstheorie:** Die Besteuerung der unentgeltlichen Abgabe »anderer sonstiger Leistungen« folgt damit nach der h. M. der – vom BFH ja eigentlich aufgegebenen – Fiktionstheorie: die Wertabgabe wird besteuert, weil der Unternehmer quasi an sich selbst leistet – und damit **unabhängig von einem vorherigen Vorsteuerabzug!** § 3 Abs. 9a Nr. 2 UStG setzt insoweit die Vorgaben des Art. 26 Abs. 1 Buchst. b MwStSystRL konsequent um.
2. **Noch keine eindeutige Klarstellung durch den EuGH:** Derzeit ungeklärt ist, warum Art. 26 Abs. 1 Buchst. b MwStSystRL das Junktim der vorherigen Vorsteuerabzugsberechtigung für eine Steuerbarkeit nicht beinhaltet. Fest steht jedenfalls, dass hierdurch das **eigentliche Ziel der Eigenverbrauchsbesteuerung**, zur Vermeidung eines unversteuerten Letztverbrauchs einen vorgenommenen Vorsteuerabzug zu neutralisieren, **verpasst** wird. Soweit ersichtlich ist derzeit kein EuGH-Verfahren anhängig, das sich der aufgezeigten Problematik widmet. Ein solches sollte eigentlich nur eine Frage der Zeit sein; vielleicht sind aber auch die jeweils strittigen Umsatzsteuerbeträge zu gering, um aus Berater- und Mandantensicht den Aufwand eines derartigen Verfahrens zu rechtfertigen.
3. **Vermeidung der Besteuerung durch geschickten Arbeitsvertrag:** Verwendet der Unternehmer Dienstleistungen seiner Arbeitnehmer auch für den Privatbereich, so wird eine steuerbare Dienstleistungsentnahme nach § 3 Abs. 9a Nr. 2 UStG dann nicht ausgelöst, wenn der Unternehmer die Arbeitsleistung von vornherein dem nichtunternehmerischen Bereich zugeordnet hat (BFH vom 16.07.1998, Az: V B 47/98, BFH/NV 1999, 195). In diesem Falle liegt **keine Leistungsentnahme aus dem Unternehmen** und damit auch kein steuerbarer Dienstleistungseigenverbrauch vor. Unproblematisch ist diese Betrachtung dann, wenn der Arbeitnehmer ausschließlich für die Tätigkeit im privaten Bereich eingestellt worden ist. Aber auch in den Fällen, in denen der Arbeitnehmer sowohl im privaten als auch im unternehmerischen Bereich des Unternehmers tätig wird, ist eine Aufteilung der Dienstleistung sowohl in eine den Unternehmensbereich als auch in eine den Privatbereich zuzuordnende Tätigkeit möglich. Voraussetzung ist allein, dass im Arbeitsvertrag eine **klare** (von vornherein feststehende und nachvollziehbare) **Abgrenzung über den Arbeitseinsatz im Betrieb und im Privatbereich** vorgenommen worden ist und **Aufzeichnungen der entsprechenden Lohnanteile** vorliegen (BFH vom 18.05.1993, Az: V R 134/89, BStBl II 1993, 885; FG München vom 24.09.1998, Az: 14 K 2337/96, EFG 1999, 86). Fehlt eine solche Abgrenzung, kommt es zu der schon beschriebenen Besteuerung.
4. **Bestehende Arbeitsverträge sichten, durch Mandanten-Rundschreiben absichern:** Bestehende Arbeitsverträge des Mandanten sollten gesichtet und ggf. den neuen Erkenntnissen angepasst werden. Zur eigenen Sicherheit und zur Vermeidung von Haftungsansprüchen sollte ein Mandanten-Rundschreiben die Rechtslage erläutern.
5. **Fundstelle:** Weimann, UStB 2008, 184, m.w.N.

3.6.3 Kompakt-ABC »Unentgeltliche Wertabgaben«

Arbeitnehmer-Sammelbeförderung 174

Der BFH hat mit Urteil vom 11.05.2000 (Az: V R 73/99, BStBl II 2000, 505) seine Rechtsprechung zur umsatzsteuerlichen Behandlung der Arbeitnehmer-Sammelbeförderung fortgeführt. Das Gericht verneint einen steuerbaren »Arbeitnehmerverbrauch« i. S. d. § 1 Abs. 1 Nr. 1 S. 2 Buchst. b UStG 1980/1991, wenn die Erfordernisse des Unternehmens im Hinblick auf besondere Umstände gebieten, dass die Beförderung der Arbeitnehmer vom Arbeitgeber übernommen wird. Die Ausführungen des Urteils können auch auf die umsatzsteuerliche Behandlung der Sammelbeförderung nach dem neuen § 3 Abs. 9a S. 1 Nr. 2 UStG 1999 übertragen werden (Heuermann, UStB 2000, 230; Robisch, DStZ 2000, 695).

Blutzuckergeräte

Zur unentgeltlichen Ausgabe von Blutzuckermessgeräte-Sets vgl. BFH vom 12.12.2012 (Az: XI R 36/10, BStBl II 2013, 412); dazu Lange und Pfefferle/Renz (alle a. a. O.).

Hospitality-Leistungen

Vgl. Rn. 164, ABC Stichwort »VIP-Logen und Hospitality-Leistungen«.

Kfz-Nutzung

Unter den Tatbestand des § 3 Abs. 9a S. 1 Nr. 1 UStG fällt zwar grundsätzlich auch die private Nutzung eines **unternehmenseigenen Fahrzeugs** durch den Unternehmer oder den Gesellschafter. Nach § 3 Abs. 9a S. 2 UStG a. F. entfiel die Steuerbarkeit jedoch bei der Verwendung eines Fahrzeugs, bei dessen Anschaffung oder Herstellung, Einfuhr oder i. g. Erwerb Vorsteuerbeträge nach § 15 Abs. 1b UStG a. F. nur zu 50 % abziehbar waren (vgl. Abschn. 3.4 Abs. 3 UStAE). S. 2 wurde durch das StÄndG 2003 **m. W. v. 01.01.2004** aufgehoben, und zwar als Folgeänderung der gleichzeitigen Aufhebung des § 15 Abs. 1b UStG.

Nach der Aufhebung des § 15 Abs. 1b UStG ist die private Nutzung eines dem Unternehmen zugeordneten Fahrzeugs (wieder) als unentgeltliche Wertabgabe der Besteuerung zu unterwerfen (vgl. amtliches Gesetzesbegründung zum StÄndG 2003, BR-Drucks. 630/03 vom 05.09.2003).

Mobiltelefon: Private Mitbenutzung durch Arbeitnehmer

Zahlreiche Unternehmen sichern die telefonische Erreichbarkeit ihrer Arbeitnehmer durch Mobiltelefone und erlauben in der Regel auch deren private Mitbenutzung. Ertragsteuerlich führt die Privatnutzung ab dem 01.01.2000 zu steuerfreien Einnahmen (§ 3 Nr. 45, § 52 Abs. 5 EStG). Mit BMF-Schreiben vom 11.04.2001 (a. a. O.) wurde klargestellt, dass insoweit umsatzsteuerlich von einer nichtsteuerbaren unentgeltlichen Wertabgabe i. S. d. Abschn. 1.8 Abs. 4 UStAE auszugehen ist, wenn die Nutzung zwar auch die Befriedigung des privaten Bedarfs der Arbeitnehmer zur Folge hat, diese Folge aber durch die mit der Nutzung angestrebten unternehmerischen Zwecke überlagert wird. Auf Unternehmerseite führt das BMF-Schreiben dazu, dass die Privatnutzung keine unentgeltliche Wertabgabe (§ 3 Abs. 9a UStG) zur Folge hat:

Beispiel:
Wirtschaftsprüfer W stellt dem angestellten Steuerberater S ein Mobiltelefon zur Verfügung, damit dieser auch im Außendienst für die Mandanten erreichbar ist. S darf das Telefon auch privat nutzen. Im Januar 2014 führt dies zu folgenden Ausgaben:

Grundgebühr	20,00 €
gebührenpflichtige Gespräche (davon privat: 10 %)	200,00 €
USt darauf	35,20 €
=	255,20 €

Lösung:
Daraus ergeben sich folgende Buchungen:
Freiwillige soziale Aufwendungen, LSt-frei

(10 % von 220 €)	22,00 €	an	Verrechnete sonstige Sachbezüge (ohne USt)	22,00 €
Telefonaufwand	220,00 €	an	Geldkonto	255,20 €
Vorsteuer	35,20 €			

Diese Rechtsauffassung ist – zu Gunsten des Unternehmers – auch **rückwirkend** auf alle noch offenen Veranlagungen anzuwenden. Überlässt der Unternehmer dem Arbeitnehmer dagegen das Mobiltelefon **entgeltlich** oder überwiegt bei unentgeltlicher Abgabe das unternehmerische Interesse nicht, bleibt es grundsätzlich bei der Umsatzsteuerbarkeit und -pflicht. Nutzt der Arbeitnehmer das Gerät **gegen den Willen** des Unternehmers, ist dies mangels willentlicher Wertabgabe umsatzsteuerlich irrelevant. Die vorstehenden Ausführungen gelten für andere (Telekommunikations-)Geräte und insbesondere **Personalcomputer** entsprechend (Häcker/Schnell, a. a. O.).

Nichtnutzung gemischt genutzter Gegenstände

Der BFH hat mit Urteil vom 24.08.2000 (Az: V R 9/00, BStBl II 2001, 76) entschieden, dass zur Ermittlung der Bemessungsgrundlage des Eigenverbrauchs (§ 1 Abs. 1 Nr. 2 S. 2 Buchst. b UStG 1991) die zeitliche Nutzung des Gegenstands für unternehmensfremde Zwecke ins Verhältnis zur tatsächlichen Nutzung des Gegenstands zu setzen ist. Zeiten der Nichtnutzung bleiben hierbei unberücksichtigt.

Sachverhalt des Urteilsfalls:
Eine Segelyacht wird vom Stpfl. an insgesamt 56 Tagen genutzt, davon an 7 Tagen für unternehmensfremde Zwecke. Bei Ermittlung des Prozentsatzes der gem. § 10 Abs. 4 Nr. 2 UStG in die Bemessungsgrundlage der Eigenverbrauchsbesteuerung einzubeziehenden Kosten ist nach Auffassung des BFH der Zeitraum von sieben Tagen ins Verhältnis zur Gesamtnutzung von 56 Tagen und nicht ins Verhältnis zu allen 365 Tagen des Jahres zu setzen. Demnach betrug die Bemessungsgrundlage 7/56 der mit der Nutzung der Segelyacht verbundenen Kosten, soweit diese zum Vorsteuerabzug berechtigt haben.

Das Urteil ist zur »alten« Besteuerung des Eigenverbrauchs ergangen. Nunmehr gilt Folgendes: Verchartert der Steuerpflichtige ein ab dem 01.04.1999 angeschafftes Boot ohne Gewinnerzielungsabsicht, ist der Vorsteuerabzug nach § 15 Abs. 1a Nr. 1 UStG, § 4 Abs. 5 S. 1 Nr. 4 EStG ausgeschlossen. Verchartert er das Boot mit Gewinnerzielungsabsicht, wird der Verwendungseigenverbrauch nach § 3 Abs. 9a Nr. 1, § 10 Abs. 4 Nr. 2 UStG besteuert. In der Sache hat sich an der Besteuerung des Verwendungseigenverbrauchs nichts geändert. Deshalb sind die Urteilsausführungen zur Bemessung der privaten Verwendung des Bootes und zur Berücksichtigung der Liegezeiten auch für die gegenwärtige Rechtslage von Bedeutung (Klenk, DStR 2001, 35; Robisch, DStZ 2001, 7).

Personal-Computer: Private Mitbenutzung durch Arbeitnehmer

Für andere Telekommunikationsgeräte und insbesondere **Personalcomputer** gelten die Ausführungen zu den Mobiltelefonen entsprechend.

VIP-Logen und Hospitality-Leistungen
Vgl. Rn. 164, ABC Stichwort »VIP-Logen und Hospitality-Leistungen«.

Vorsteuerkappungsfahrzeuge
BFH vom 19.04.2007, Az: V R 48/05 (veröffentlicht am 25.07.2007), BFH/NV 2007, 1798; DStR 2007, 1345: Besteuerung der privaten Verwendung von sogenannten Vorsteuerkappungsfahrzeugen bei nachträglicher Berichtigung des Vorsteuerabzugs /// Leitsatz: Hat ein Unternehmer im Jahr 2000 die ihm bei der Anschaffung eines sowohl betrieblich als auch privat genutzten PKW in Rechnung gestellte Umsatzsteuer gemäß der damals geltenden Vorschrift des § 15 Abs. 1b UStG (nur) i. H. v. 50 % als Vorsteuer abgezogen und macht er im Jahr 2003 einen Teil der ursprünglich nicht abziehbaren Vorsteuerbeträge gemäß § 15 a UStG nachträglich geltend, muss er die in diesem Jahr erfolgte private Verwendung des PKW versteuern. /// Normenkette: UStG 1999 § 3 Abs. 9a, § 15 Abs. 1b, §§ 15 a, 27 Abs. 5. Vgl. hierzu Weimann, UStB 2007, 332.

3.7 Sonderfall der Werkleistung/»Umtauschmüllerei« (§ 3 Abs. 10 UStG)

§ 3 Abs. 10 UStG stellt ob des wirtschaftlichen Hintergrunds einen Sachverhalt der Werkleistung gleich, der eigentlich eine Lieferung und eine Gegenlieferung und damit einen **Tausch** Gegenstand hat (sog. »Umtauschmüllerei«): **175**

> **Beispiel:**
> Ein Landwirt lässt Getreide mahlen; um nicht warten zu müssen, bekommt er bei Anlieferung des Getreides sofort die entsprechende Menge Mehl und Mahlrückstände gegen Zahlung des Mahllohns (BFH, BStBl III 1963, 444).

§ 3 Abs. 10 UStG setzt voraus, dass der Unternehmer, der das Fertigprodukt herstellt, die **Verarbeitung selbst vornimmt**. Nimmt er Getreide vom Landwirt entgegen und gibt diesem Mehl dafür, das er selbst bei einer fremden Mühe hat mahlen lassen, müssen **176**

- der Landwirt den Wert des Getreides und
- der Unternehmer den Wert des Mehls

nach den Grundsätzen des § 3 Abs. 12 UStG (vgl. dazu Rn. 213 ff.) versteuern, auch wenn zwischen ihnen nur die Zahlung des Mahllohns durch den Landwirt vereinbart ist (BFH vom 10.09.1959, Az: V R 32/57 U, BStBl III 1959, 435).

Die Hin- und Rückgabe müssen auch mengenmäßige einander entsprechen; ansonsten gelten bezüglich der Differenzen die Grundsätze der Gehaltslieferung (Leonard in Bunjes, 10. Aufl. 2011 [= Vorauflage], § 3 Rz. 112; zur Gehaltslieferung vgl. Rn. 69 ff.). **177**

Der zurückgegebene Gegenstand muss der Art nach aus dem hingegebenen Gegenstand hergestellt sein. Wer gegen die Hingabe von Roggen eine entsprechende Menge Gerstenschrot liefert, kann den Umfang des Umsatzes nicht auf den Mahllohn beschränken; es liegt vielmehr ein Tauschgeschäft vor (Leonard, a. a. O.). Letzteres hat der BFH auch für den Fall angenommen, dass ein Elektrizitätswerk Strom, den es mit Hilfe von Dampf herstellt gestellt hat, gegen Dampflieferungen abgibt, weil der Dampf als Substanz nicht im Strom enthalten sei (BFH vom 07.03.1957, Az: VR 173/56 U, BStBl III 1957, 199); diese Auffassung stellt Leonard (a. a. O.) zu Recht in Frage. **178**

179 Noch ungeklärt ist die Vereinbarkeit des § 3 Abs. 10 UStG mit der MwStSystRL, da diese keine entsprechende Sonderregel vorsieht.

3.8 Dienstleistungskommission (§ 3 Abs. 11 UStG)

180 Art. 5 Nr. 3 Buchst. a StÄndG 2003 vom 15.12.2003 (BGBl I 2003, 2645; BStBl I 2003, 710) hat § 3 Abs. 11 UStG m. W. v. 01.01.2004 (Art. 25 Abs. 4 StÄndG 2003) neu gefasst.

3.8.1 Regelung bis zum 31.12.2003: Besorgungsleistung

181 § 3 Abs. 11 UStG in der bis zum 31.12.2003 geltenden Fassung regelt, dass im Falle der Besorgung einer sonstigen Leistung durch einen Unternehmer für Rechnung eines anderen Unternehmers die für die besorgte Leistung geltenden Vorschriften auf die Besorgungsleistung entsprechend anzuwenden sind.

182 Der Umfang der Regelung war auf die Fälle beschränkt, in denen ein von einem Auftraggeber bei der Beschaffung einer sonstigen Leistung eingeschalteter Unternehmer (Auftragnehmer) für Rechnung des Auftraggebers im eigenen Namen eine sonstige Leistung durch einen Dritten erbringen lässt (sog. **Leistungseinkauf**).

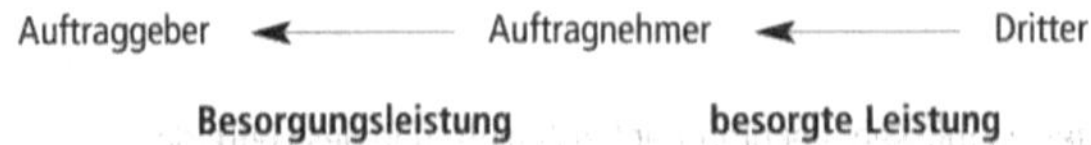

183 Die Sachverhalte des sog. **Leistungsverkaufs**, in denen ein von einem Auftraggeber bei der Erbringung einer sonstigen Leistung eingeschalteter Unternehmer (Auftragnehmer) für Rechnung des Auftraggebers im eigenen Namen eine sonstige Leistung an einen Dritten erbringt, wurden bisher nach den allgemeinen umsatzsteuerrechtlichen Grundsätzen beurteilt: Der Unternehmer (Auftragnehmer) erbringt gegenüber dem Auftraggeber eine Geschäftsbesorgungsleistung und gegenüber dem Dritten eine sonstige Leistung (die besorgte Leistung).

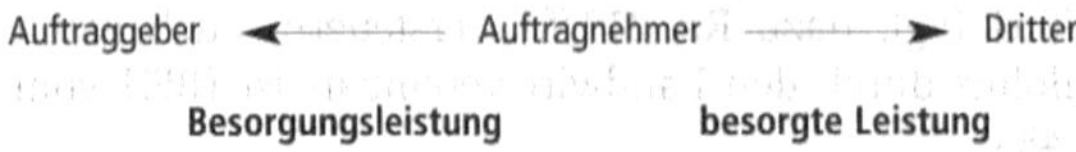

184 Das führte dazu, dass insbesondere bei der Vermietung von Ferienwohnungen über eine Vermietungsgesellschaft **oftmals der Vorsteuerabzug versagt** wurde (Serafini, GStB 2002, 185).

Beispiel:
A hat – ebenso wie zahlreiche weitere Investoren – in einer Ferienanlage ein Ferienhaus mit Umsatzsteuerausweis erworben. Die Vermietung der Ferienhäuser erfolgt durch eine von den Eigentümern gegründete GbR im eigenen Namen, aber für Rechnung des jeweiligen Eigentümers. Die GbR erhält für ihre Leistungen von den Eigentümern ein kostendeckendes Entgelt, das sie von den für Rechnung des Eigentümers vereinnahmten Mieten abzieht.
Nach bisheriger Auffassung der Finanzverwaltung hat die GbR eine nach § 4 Nr. 12a S. 2 UStG umsatzsteuerpflichtige Vermietungsleistung an den Mieter erbracht und daneben eine ebenfalls steuerpflichtige Dienstleistung an A. Dieser selbst erbringt jedoch keine Leistungen – weder an die GbR noch an die Mieter. Da A die bezogenen Eingangsleistungen nicht zur Ausführung von Umsätzen verwendet hat, war ihm wegen

fehlender Unternehmereigenschaft der Vorsteuerabzug aus seinem Gebäudeerwerb sowie aus den Dienstleistungen der GbR untersagt.

3.8.2 Regelung seit 01.01.2004: Dienstleistungskommission

§ 3 Abs. 11 UStG in der seit dem 01.01.2004 geltenden Fassung regelt für die Fälle, in denen ein Unternehmer (Auftragnehmer) in die Erbringung einer sonstigen Leistung eingeschaltet wird und dabei im eigenen Namen und für fremde Rechnung handelt, dass diese Leistung als an ihn und von ihm erbracht gilt. Die sog. **Leistungseinkaufs- und Leistungsverkaufskommission werden nunmehr gleich behandelt**, also unabhängig davon, ob das Erbringen oder das Beschaffen einer sonstigen Leistung in Auftrag gegeben wird. Die Vorschrift fingiert dabei eine Leistungskette. Sie behandelt den Auftragnehmer i.R. d. Dienstleistungskommission als Leistungsempfänger und zugleich Leistenden (vgl. Abschn. 3.15 Abs. 1 und 2 UStAE). Bezüglich des sog. **Leistungseinkaufs** führt dies zu keiner Änderung in der Leistungskette: 185

Im Fall des sog. **Leistungsverkaufs** führt die Fiktion dagegen in der Leistungsbeziehung zwischen Auftraggeber und Auftragnehmer zu einer Umkehr der Leistungsrichtung im Vergleich zum bisherigen Recht: 186

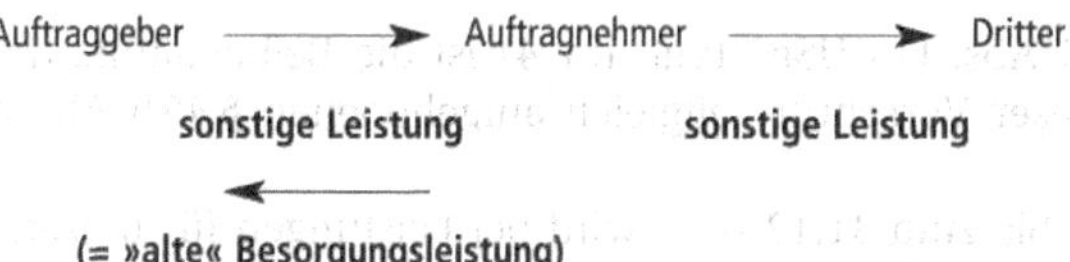

Die beiden Leistungen, d.h. die an den Auftragnehmer erbrachte und die von ihm ausgeführte Leistung, werden **bezüglich ihres Leistungsinhalts gleich behandelt**. Die Leistungen werden zum selben Zeitpunkt erbracht. 187

Im Beispiel unter Rn. 175 führt die Einführung der Dienstleistungskommission und der fingierten Leistungskette nunmehr zum Vorsteuerabzug des A. 188

Im Übrigen ist **jede der beiden Leistungen unter Berücksichtigung der Leistungsbeziehung gesondert** für sich nach den allgemeinen Regeln des UStG zu beurteilen. **Personenbezogene Merkmale** der an der Leistungskette Beteiligten sind weiterhin für jede Leistung innerhalb einer Dienstleistungskommission gesondert in die umsatzsteuerrechtliche Beurteilung einzubeziehen. Dies kann z.B. für die Anwendung von **Steuerbefreiungsvorschriften** von Bedeutung sein (vgl. z.B. § 4 Nr. 19 Buchst. a UStG) oder für die **Bestimmung des Orts der sonstigen Leistung**, wenn er davon abhängig ist, ob die Leistung an einen Unternehmer oder einen Nichtunternehmer erbracht wird. Die Steuer kann nach § 13 UStG für die jeweilige Leistung **zu unterschiedlichen Zeitpunkten** entstehen (z.B. wenn der Auftraggeber der Leistung die Steuer nach vereinbarten und der Auftragnehmer die Steuer nach vereinnahmten Entgelten berechnet). Außerdem ist z.B. zu berücksichtigen, ob die an der Leistungskette Beteiligten Nichtunternehmer, Kleinunternehmer (§ 19 UStG), Land- und Forstwirte, die für ihren Betrieb die Durchschnittssatzbesteuerung nach § 24 UStG anwenden, sind (vgl. Abschn. 3.15 Abs. 3 UStAE). 189

Beispiel:
Der Bauunternehmer G besorgt für den Bauherrn B die sonstige Leistung des Handwerkers C, für dessen Umsätze die USt gem. § 19 Abs. 1 UStG nicht erhoben wird.

Lösung:
Das personenbezogene Merkmal – Kleinunternehmer – des C ist nicht auf den Bauunternehmer G übertragbar. Die Leistung des G an B unterliegt dem allgemeinen Steuersatz.

190 Die zivilrechtlich vom Auftragnehmer an den Auftraggeber erbrachte Besorgungsleistung bleibt um satzsteuerrechtlich ebenso wie beim Kommissionsgeschäft nach § 3 Abs. 3 UStG unberücksichtigt. Der Auftragnehmer erbringt i. R. einer Dienstleistungskommission nicht noch eine (andere) Leistung (Vermittlungsleistung). Der Auftragnehmer darf **für die vereinbarte Geschäftsbesorgung keine Rechnung** erstellen. Eine solche Rechnung, in der die USt offen ausgewiesen ist, führt zu einer Steuer nach § 14c Abs. 2 UStG (vgl. Abschn. 3.15 Abs. 4 UStAE). Soweit der Auftragnehmer im eigenen Namen für fremde Rechnung auftritt, findet § 25 UStG keine Anwendung.

191 Zur Einordnung und Abgrenzung der **Leistungen des Spediteurs** vgl. § 3b a. F.

3.9 Abrechnung von Leistungen, die über öffentliche Telekommunikationsnetze, Portale und Schnittstellen erbracht werden (§ 3 Abs. 11a UStG)

3.9.1 Sinn und Zweck der Neuregelung

192 Ziel des ab dem 01.01.2015 geltenden § 3 Abs. 11a UStG (vgl. Rn. 4) ist die Beibehaltung des Regelungsgehalts des mit Inkrafttreten dieser Vorschrift zeitgleich aufgehobenen § 45h Abs. 4 Telekommunikationsgesetz (TKG).

193 Gem. § 45h Abs. 4 TKG in der Fassung bis zum 31.12.2014 wird bei Leistungen für umsatzsteuerliche Zwecke eine Dienstleistungskommission angenommen, wenn diese Leistungen über den Anschluss eines Teilnehmernetzbetreibers durch einen Endnutzer in Anspruch genommen werden. Dies gilt auch im Verhältnis der der Leistung vorgelagerten beteiligten Unternehmen. § 45h Abs. 4 TKG wurde durch das Gesetz zur Änderung telekommunikationsrechtlicher Vorschriften vom 18.02.2007 in Anlehnung an § 45h Abs. 1 TKG als rein umsatzsteuerrechtliche Norm (sog. Branchenlösung)

- aus Gründen der **Vereinfachung** und
- nicht zuletzt zur **Verhinderung von Steuerausfällen**

eingefügt, da im Regelfall nur der Teilnehmernetzbetreiber über die für die Leistungsortbestimmung sowie Rechnungslegung erforderlichen Informationen verfügt und somit ohne Anwendung der Branchenlösung eine Versteuerung des Letztverbrauches nicht sichergestellt werden kann (BT-Drucks. 18/1529 vom 26.05.2014, zu Art. 8 Nr. 1, Einleitung).

194 Da die Branchenlösung als rein umsatzsteuerrechtliche Regelung konzipiert ist, wird die Regelung aus gesetzsystematischen Gründen unter Beachtung der unionsrechtlichen und nationalen Umsatzsteuervorschriften in das UStG eingefügt und dabei § 45h Abs. 4 TKG aufgehoben.

195 Dies gilt insbesondere vor dem Hintergrund, dass nach Art. 58 MwStSystRL in der ab dem 01.01.2015 geltenden Fassung von Art. 5 Nr. 1 der Richtlinie 2008/8/EG des Rates vom 12.02.2008 zur Änderung der Richtlinie 2006/112/EG bezüglich des Ortes der Dienstleistung (ABl. L 44 vom 20.02.2008, 11) als Leistungsort bei Telekommunikationsleistungen, Rundfunk- und Fernsehleis-

tungen und bei auf elektronischem Weg erbrachten Leistungen an Nichtunternehmer der Ort festgelegt wird, an dem der Leistungsempfänger seinen Sitz, seinen Wohnsitz oder seinen gewöhnlichen Aufenthaltsort hat (vgl. § 3a Rn. 141 ff.). Damit soll eine systematisch zutreffende Besteuerung am Verbrauchsort erreicht werden (BT-Drucks. 18/1529 vom 26.05.2014, zu Art. 8 Nr. 1, Einleitung; vgl. auch § 18h Rn. 1).

3.9.2 Sachlicher Geltungsbereich: Betroffene Leistungsarten (§ 3 Abs. 11a – neu – S. 1 UStG)

Ziel der Regelung ist die Beibehaltung des ursprünglichen Regelungsinhaltes des § 45h Abs. 4 TKG (vgl. Rn. 192 ff.). Dieser ist an die unionsrechtlichen Vorgaben auf dem Gebiet der Mehrwertsteuer unter Beachtung des Sinns und Zwecks der Branchenlösung als Vereinfachungs- und Steuerausfallverhinderungsnorm anzupassen (BT-Drucks. 18/1529 vom 26.05.2014, zu Art. 8 Nr. 1, zu Satz 1). 196

Hierzu ist es erforderlich, die bisher **nach dem TKG bestimmten Leistungsarten nach umsatzsteuerrechtlichen Gesichtspunkten zu definieren**. Danach fallen unter die bisherige Regelung zur Branchenlösung **ausschließlich** Telekommunikationsdienste, Auskunftsdienste und telekommunikationsgestützte Dienste im Sinne des TKG. 197

HINWEIS

Reine Inhaltsleistungen werden nicht erfasst. Werden Inhaltsleistungen jedoch während der Telekommunikationsverbindung erbracht, stellen diese Leistungen im Sinne des § 45h Abs. 4 TKG dar (BT-Drucks. 18/1529 vom 26.05.2014, zu Art. 8 Nr. 1, zu Satz 1).

Unter Berücksichtigung der umsatzsteuerrechtlichen Terminologie, welche sich auf unionsrechtliche Grundlagen stützt, sind derartige Leistungen als 198

- **sonstige Leistungen auf dem Gebiet der Telekommunikation** (z. B. Einräumung des Zugangs zum Internet),
- **auf elektronischem Weg erbrachte sonstige Leistungen** (z. B. Nutzung von Onlinespielen) oder
- **sonstige Leistungen, die regelmäßig Leistungen im Sinne des § 3a Abs. 4 S. 2 UStG darstellen** dürften (z. B. Beratungsleistungen unter Nutzung einer Service-Nummer)

zu charakterisieren (BT-Drucks. 18/1529 vom 26.05.2014, zu Art. 8 Nr. 1, zu Satz 1).

Insoweit sind in Anlehnung an den Wortlaut des bisherigen § 45h Abs. 4 TKG aus Gründen der Rechtsklarheit unter § 3 Abs. 11a UStG sämtliche sonstige Leistungen zu erfassen, die über den Anschluss eines Teilnehmernetzbetreibers in Anspruch genommen werden. 199

Darüber hinaus ist bei der Bestimmung des Regelungsinhaltes auch der durch die Durchführungsverordnung (EU) Nr. 1042/2013 in die Verordnung (EU) Nr. 282/2011 neu eingefügte Art. 9a (Art. 9a MwStVO) zu beachten. Danach ist in Fällen, in denen elektronische Dienstleistungen über ein Telekommunikationsnetz, eine Schnittstelle oder ein Portal wie z. B. einen **Appstore** erbracht werden, für die Zwecke der Anwendung von Art. 28 MwStSystRL (**Dienstleistungskommission**; entspricht § 3 Abs. 11 UStG) davon auszugehen, dass ein an dieser Erbringung beteiligter Unternehmer 200

- im eigenen Namen,
- aber für Rechnung des leistenden Unternehmers der elektronischen Dienstleistung

tätig ist (Art. 9a Abs. 1 S. 1 MwStVO). Diese Regelung dient dem **Zweck, den für die Besteuerung maßgeblichen leistenden Unternehmer zu bestimmen** (BT-Drucks. 18/1529 vom 26.05.2014, zu Art. 8 Nr. 1, zu Satz 1).

201 Art. 9a MwStVO gilt ab dem 01.01.2015 **unmittelbar in jedem Mitgliedstaat**. Nationale Regelungen sind anzupassen bzw. aufzuheben, soweit sie dieser Regelung widersprechen.

3.9.3 Widerlegung der Branchenlösung (§ 3 Abs. 11a S. 2 und 3 UStG)

202 Die **Ausnahme** von der Anwendung der Branchenlösung ergibt sich aus **Art. 9a Abs. 1 S. 2 MwStVO**, nach dem die Vermutung nur dann widerlegt werden kann, wenn

- der (dahinterstehende) Anbieter der elektronischen Dienstleistung
- von dem (nach außen auftretenden) Unternehmer

ausdrücklich als Leistungserbringer genannt wird und dies in den vertraglichen Vereinbarungen zwischen den Parteien zum Ausdruck kommt, wobei diese Widerlegbarkeit an erhebliche Voraussetzungen

- sowohl in Bezug auf die Rechnungsstellung
- als auch die tatsächliche Durchführung dieser Leistung

geknüpft ist (BT-Drucks. 18/1529 vom 26.05.2014, zu Art. 8 Nr. 1, zu S. 2 und 3).

203 Da nach der nationalen Regelung zur Branchenlösung des § 45h Abs. 4 TKG auch Leistungen zu erfassen sind, die umsatzsteuerrechtlich als auf elektronischem Weg erbrachte Leistungen anzusehen sind, widerspricht § 45h Abs. 4 TKG den unmittelbar in allen Mitgliedstaaten geltenden Regelungen der Durchführungsverordnung, da die Vermutung des Art. 9a MwStVO – wenn auch in engen Grenzen – widerlegbar ist. Aus Gründen der Rechtsklarheit und dem Vereinfachungsgedanken folgend wird jedoch auf eine Unterscheidung zwischen der Art der Leistung verzichtet.

HINWEIS

Die Widerlegbarkeit der Vermutungsreglung gilt insoweit **für alle fraglichen Leistungen**, an deren Erbringung der **Unternehmer im Sinne der Branchenlösung eingeschaltet** wird (BT-Drucks. 18/1529 vom 26.05.2014, zu Art. 8 Nr. 1, zu S. 2 und 3).

204 Die Ausweitung auf sämtliche sonstige Leistungen macht erforderlich, dass der Regelungsinhalt des Art. 9a MwStVO bei der Übernahme in den § 3 Abs. 11a UStG sprachlich anzupassen ist. Dies gilt insbesondere für die Formulierung der Ausnahme- sowie Rückausnahmeregelung, welche nach Art. 9a MwStVO auf die Benennung der elektronisch erbrachten Dienstleistung sowie des Erbringers dieser elektronisch erbrachten Dienstleistung abstellen. Da es jedoch im Anwendungsbereich des § 3 Abs. 11a UStG nicht auf die Art der erbrachten Leistung ankommt, wird in § 3 Abs. 11a S. 3 Nr. 1 sowie Nr. 2 UStG entsprechend Art. 9a Abs. 1 S. 2 MwStVO auf die sonstige Leistung des Anbieters durch den Verweis auf § 3 Abs. 11a S. 2 UStG Bezug genommen (BT-Drucks. 18/1529 vom 26.05.2014, zu Art. 8 Nr. 1, zu S. 2 und 3).

3.9.4 Ausnahme zur Widerlegung (§ 3 Abs. 11a S. 4 UStG)

205 Die Rückausnahme von Satz 4 entspricht inhaltlich Art. 9a Abs. 1 S. 3 MwStVO, nach dem es einem Steuerpflichtigen nicht gestattet ist, eine andere Person ausdrücklich als Erbringer von elektronischen Dienstleistungen anzugeben, wenn er selbst

- hinsichtlich der Erbringung dieser Dienstleistungen die Abrechnung mit dem Dienstleistungsempfänger autorisiert (§ 3a Abs. 11a – neu – S. 4 Nr. 1 UStG) oder
- die Erbringung der Dienstleistungen genehmigt (§ 3a Abs. 11a S. 4 Nr. 2 UStG) oder
- die allgemeinen Bedingungen der Erbringung festlegt (§ 3a Abs. 11a S. 4 Nr. 3 UStG).

Da es jedoch im Anwendungsbereich des § 3 Abs. 11a UStG nicht auf die Art der erbrachten Leistung ankommt, wird in § 3 Abs. 11a S. 4 UStG entsprechend Art. 9a Abs. 1 S. 3 MwStVO auf die sonstige Leistung des Anbieters durch den Verweis auf § 3 Abs. 11a S. 2 UStG Bezug genommen. 206

Von einer Autorisierung der Abrechnung ist auszugehen, wenn der Unternehmer die Abrechnung gegenüber dem Leistungsempfänger entscheidend beeinflusst. Dies beinhaltet insbesondere 207

- die Beeinflussung des Zeitpunktes der Zahlungen und
- die eigentliche Belastung des Kundenkontos,

(BT-Drucks. 18/1529 vom 26.05.2014, zu Art. 8 Nr. 1, zu Satz 4).

So autorisiert regelmäßig der Plattforminhaber, über die die Leistung bezogen worden ist, die Zahlung, wenn er hierfür entsprechende Zahlungsmodalitäten auf elektronischem Weg zur Verfügung stellt (§ 3 Abs. 11a S. 4 Nr. 1 UStG). 208

Die gleichen Schlussfolgerungen gelten hinsichtlich der Genehmigung der Erbringung der sonstigen Leistung (§ 3 Abs. 11a S. 4 Nr. 2 UStG). So gilt die Vermutung als nicht widerlegbar, wenn der Unternehmer die Erbringung der sonstigen Leistung genehmigt oder die Erbringung selbst übernimmt oder einen Dritten damit beauftragt. Hiervon ist regelmäßig auszugehen, wenn der Unternehmer als Inhaber der Plattform, über die die Leistung bezogen werden kann, auftritt. 209

Der Unternehmer legt im Sinne von § 3 Abs. 11a S. 4 Nr. 3 UStG die allgemeinen Bedingungen hinsichtlich der Leistungserbringung fest, wenn die Erbringung der sonstigen Leistung zwischen den beteiligten Unternehmen in der Kette oder an den eigentlichen Endverbraucher auf Grundlage der allgemeinen Geschäftsbedingungen des Unternehmers von seiner Entscheidung abhängig wird (BT-Drucks. 18/1529 vom 26.05.2014, zu Art. 8 Nr. 1, zu Satz 4). 210

3.9.5 Ausschluss bloßer Zahlungsabwicklungen (§ 3 Abs. 11a S. 5 UStG)

Nach Art. 9a Abs. 3 MwStVO finden die Dienstleistungskommissionsgrundsätze keine Anwendung, wenn der Unternehmer lediglich Zahlungen in Bezug auf die erbrachte sonstige Leistung abwickelt (sog. Mobile Payment wie z.B. Web-Billing oder Premium-SMS) und nicht an der Erbringung dieser sonstigen Leistung beteiligt ist. Da eine Beteiligung bzw. Einschaltung des Unternehmers bereits nach § 3 Abs. 11a S. 1 UStG notwendig ist, dient Satz 5 lediglich der Umsetzung des vollständigen Regelungsinhaltes des Art. 9a MwStVO und ist insoweit als rein klarstellend zu verstehen (BT-Drucks. 18/1529 vom 26.05.2014, zu Art. 8 Nr. 1, zu Satz 5). 211

3.10 Tausch und tauschähnlicher Umsatz (§ 3 Abs. 12 UStG)

3.10.1 Allgemeines

212 Beim **Tausch** besteht das Entgelt für eine Lieferung ebenfalls in einer Lieferung (§ 3 Abs. 12 S. 1 UStG). Dagegen liegt ein **tauschähnlicher Umsatz** vor, wenn bei gegenseitigen Leistungen mindestens auf einer Seite anstelle der Lieferung eine sonstige Leistung steht. In beiden Fällen ist jede der ausgetauschten Leistungen **nur dann steuerbar**, wenn sie durch zwei Unternehmer im Inland gegen Entgelt ausgeführt werden (§ 1 Abs. 1 Nr. 1 UStG). Dadurch kann es sich ergeben, dass nur ein Umsatz der USt unterliegt, während der andere nicht steuerbar ist (Schneider in V/K/S, Stichwort »Tausch«).

Beispiel:
Nimmt ein Kfz-Händler beim Neuwagenverkauf einen Gebrauchtwagen in Zahlung, dann liegt abstrakt ein Tausch vor. Die Lieferung des Kfz-Händlers unterliegt in jedem Falle der USt. Ist dagegen der Neuwagenverkäufer ein Privatmann, dann fällt seine Lieferung des Gebrauchtwagens nicht unter das UStG; wäre der Neuwagenkäufer ein Unternehmer, dann unterliegt auch seine Gebrauchtwagenlieferung der USt. Hierbei können sich vom Steuersatz des Kfz-Händlers abweichende Steuersätze ergeben (§§ 19 oder 24 UStG).

213 Zu den Besonderheiten der Ermittlung der **Bemessungsgrundlage** grundsätzlich vgl. § 10 Rn. 74ff., § 10 Abs. 2 S. 2 UStG, Abschn. 10.5 UStAE. Übliche **Preisnachlässe** mindern dabei den gemeinen Wert. Haben jedoch ungewöhnliche oder persönliche Umstände den Wert beeinflusst, dann ist der Wert zugrunde zu legen, der ohne Berücksichtigung dieser Umstände angenommen worden wäre (RFH, RStBl 1935, 862; BFH vom 08.07.1964, Az: I 119/63 U, BStBl III 1964, 561). Bei **verdeckten Preisnachlässen** ist zu beachten, dass i.H.d. zu hoch ausgewiesenen Steuer eine Steuerschuld nach § 14c Abs. 1 UStG (unrichtiger Steuerausweis) entsteht.

TIPP
Nach der gesetzlichen Definition des Entgeltbegriffes ist es sowohl beim Tausch als auch beim tauschähnlichen Umsatz durchaus denkbar, dass sich die beiden Umsätze wertungleich gegenüberstehen. Meist wird man jedoch Wertgleichheit beider Umsätze annehmen können, da im Wirtschaftsleben üblicherweise nichts verschenkt wird (Schneider, in V/K/S, Stichwort »Tausch«). Bei Wertungleichheit wird der Unterschiedsbetrag in aller Regel durch eine Geldzahlung ausgeglichen (Tausch mit Baraufgabe).

214 Zu beachten ist die zum **01.01.2002** durch Einführung der Steuerschuld des Leistungsempfängers (§ 13b UStG) eingetretene Rechtsänderung. Während bislang das »alte« Abzugsverfahren nicht (»reiner« Tausch/tauschähnlicher Umsatz, § 52 Abs. 1 Nr. 2 UStDV a.F., Abschn. 234 Abs. 2 UStR 2008 [derzeit noch ohne Entsprechung im UStAE]) oder nur eingeschränkt (entsprechende Umsätze mit Baraufgabe, § 53 Abs. 5 UStDV a.F., Abschn. 235 Abs. 6 UStR 2008 [derzeit noch ohne Entsprechung im UStAE]) anzuwenden war und der im Ausland ansässige Unternehmer die Umsätze im Allgemeinen Besteuerungsverfahren zu versteuern hatte, kommt es nunmehr zur Steuerschuld des Leistungsempfängers (vgl. § 13b Rn. 103; zur alten Rechtslage vgl. Vorauflage).

TIPP
BFH vom 21.04.2005, Az: V R 11/03, BStBl II 2007, 63, Übernahme der Betriebsführung auf zwei defizitären Bahnstrecken gegen Gewährung einer »Starthilfe« der Deutschen Bundesbahn als umsatzsteuerbare Leistung: vgl. Rn. 164.

3.10.2 Sonderfall: Personalbeistellung des Auftraggebers einer sonstigen Leistung

Bei Beurteilung der Personalgestellungen stellt sich die Frage, ob und inwieweit diese in den Leistungsaustausch eingehen. 215

Beispiel:
Bauunternehmer B beauftragt Landschaftsgärtner L, in den Grünflächen der Außenanlagen des Betriebsgebäudes einen kleinen Teich mit Springbrunnen anzulegen. Das für die Arbeiten erforderliche Material kauft B selbst ein.

Variante a:
Auftragsgemäß soll sich L auf die Tätigkeiten beschränken, für die »sein Fachwissen erforderlich« ist. Für die körperlichen Arbeiten dagegen stellt B zwei seiner Mitarbeiter ab. Für seine Leistungen berechnet L dem B (netto) 2000 €. Ohne Unterstützung durch die Mitarbeiter des B hätte L (netto) 3400 € berechnen müssen.

Variante b:
B stellt zwei Mitarbeiter ab, die auf dem Betriebsgelände des L einen alten Geräteschuppen abreißen. Für seine eigenen Leistungen möchte L dem B (netto) 3400 € berechnen. Dabei sollen die Leistungen der Mitarbeiter des B vereinbarungsgemäß mit 900 € (netto) zum Abzug gebracht werden.

Variante c:
Wie Variante b, aber die Mitarbeiter helfen L bei Umbaumaßnahmen an seinem Einfamilienhaus. Da B und L einander nicht privat kennen, sind alle Preisvereinbarungen marktüblich.

Bei der umsatzsteuerlichen Beurteilung wendet das BMF (Schreiben vom 30.01.2003, a. a. O., vgl. nunmehr auch Abschn. 1.1 Abs. 6 UStAE) das aus der Abgrenzung von Werklieferung und Werkleistung bekannte Gedankengut (vgl. dazu Rn. 17ff.) entsprechend an. Bei der Abgrenzung zwischen steuerbarer Leistung und nicht steuerbarer Beistellung von Personal des Auftraggebers ist darauf abzustellen, ob 216

- der Auftraggeber an den Auftragnehmer **selbst** eine Leistung (als Gegenleistung) bewirken oder
- nur zur Erbringung der **Leistung des Auftragnehmers** beitragen

will. Soweit der Auftraggeber mit Beistellung seines Personals an der Erbringung der bestellten Leistung mitwirkt, wird dadurch zugleich auch der Inhalt der gewollten Leistung näher bestimmt. Ohne entsprechende Leistung ist es Aufgabe der Auftragnehmers, sämtliche Mittel für die Leistungserbringung selbst zu beschaffen. Daher sind Beistellungen nicht Bestandteil des Leistungsaustauschs, wenn sie nicht im Austausch für die gewollte Leistung aufgewendet werden. Eine nicht steuerbare Beistellung von Personal des Auftraggebers setzt voraus, dass das Personal **nur i. R. d. Leistung des Auftragnehmers für den Auftraggeber eingesetzt** wird. Der Einsatz von Personal des Auftraggebers für Umsätze des Auftragnehmers an Drittkunden muss vertraglich und tatsächlich ausgeschlossen sein. Der Auftragnehmer muss das sicherstellen und trägt hierfür die objektive Beweislast. Die Entlohnung des überlassenen Personals muss weiterhin ausschließlich durch den Auftraggeber erfolgen. Ihm allein muss auch grundsätzlich das Weisungsrecht obliegen. Dies kann nur in dem Umfang eingeschränkt und auf den Auftragnehmer übertragen werden, soweit es zur Erbringung der Leistung erforderlich ist. Hinweis auf die Fallstudie von Weimann, UidP, 12. 7. Aufl. 2014, Kap. 17. 6.

3.10.3 Aktuelle Einzelfälle

- Tauschähnliche Umsätze mit Nutzerdaten vgl. Looks/Bergau, MwStR 2016, 864. 217
- Tauschähnliche Umsätze bei der Entsorgung werthaltiger Abfälle vgl. Backes, MwStR 2017, 222.

§ 3a UStG
Ort der sonstigen Leistung

(1) [1]Eine sonstige Leistung wird vorbehaltlich der Absätze 2 bis 8 und der §§ 3b, 3e und 3f an dem Ort ausgeführt, von dem aus der Unternehmer sein Unternehmen betreibt. [2]Wird die sonstige Leistung von einer Betriebsstätte ausgeführt, gilt die Betriebsstätte als der Ort der sonstigen Leistung.

(2) [1]Eine sonstige Leistung, die an einen Unternehmer für dessen Unternehmen ausgeführt wird, wird vorbehaltlich der Absätze 3 bis 8 und der §§ 3b, 3e und 3f an dem Ort ausgeführt, von dem aus der Empfänger sein Unternehmen betreibt. [2]Wird die sonstige Leistung an die Betriebsstätte eines Unternehmers ausgeführt, ist stattdessen der Ort der Betriebsstätte maßgebend. [3]Die Sätze 1 und 2 gelten entsprechend bei einer sonstigen Leistung an eine ausschließlich nicht unternehmerisch tätige juristische Person, der eine Umsatzsteuer-Identifikationsnummer erteilt worden ist, und bei einer sonstigen Leistung an eine juristische Person, die sowohl unternehmerisch als auch nicht unternehmerisch tätig ist; dies gilt nicht für sonstige Leistungen, die ausschließlich für den privaten Bedarf des Personals oder eines Gesellschafters bestimmt sind.

(3) Abweichend von den Absätzen 1 und 2 gilt:

1. [1]Eine sonstige Leistung im Zusammenhang mit einem Grundstück wird dort ausgeführt, wo das Grundstück liegt. [2]Als sonstige Leistungen im Zusammenhang mit einem Grundstück sind insbesondere anzusehen:
   a) sonstige Leistungen der in § 4 Nr. 12 bezeichneten Art,
   b) sonstige Leistungen im Zusammenhang mit der Veräußerung oder dem Erwerb von Grundstücken,
   c) sonstige Leistungen, die der Erschließung von Grundstücken oder der Vorbereitung, Koordinierung oder Ausführung von Bauleistungen dienen.
2. [1]Die kurzfristige Vermietung eines Beförderungsmittels wird an dem Ort ausgeführt, an dem dieses Beförderungsmittel dem Empfänger tatsächlich zur Verfügung gestellt wird. [2]Als kurzfristig im Sinne des Satzes 1 gilt eine Vermietung über einen ununterbrochenen Zeitraum
   a) von nicht mehr als 90 Tagen bei Wasserfahrzeugen,
   b) von nicht mehr als 30 Tagen bei anderen Beförderungsmitteln.

   [3]Die Vermietung eines Beförderungsmittels, die nicht als kurzfristig im Sinne des Satzes 2 anzusehen ist, an einen Empfänger, der weder ein Unternehmer ist, für dessen Unternehmen die Leistung bezogen wird, noch eine nicht unternehmerisch tätige juristische Person, der eine Umsatzsteuer-Identifikationsnummer erteilt worden ist, wird an dem Ort erbracht, an dem der Empfänger seinen Wohnsitz oder Sitz hat. [4]Handelt es sich bei dem Beförderungsmittel um ein Sportboot, wird abweichend von Satz 3 die Vermietungsleistung an dem Ort ausgeführt, an dem das Sportboot dem Empfänger tatsächlich zur Verfügung gestellt wird, wenn sich auch der Sitz, die Geschäftsleitung oder eine Betriebsstätte des Unternehmers, von wo aus diese Leistung tatsächlich erbracht wird, an diesem Ort befindet.

3. Die folgenden sonstigen Leistungen werden dort ausgeführt, wo sie vom Unternehmer tatsächlich erbracht werden:
   a) kulturelle, künstlerische, wissenschaftliche, unterrichtende, sportliche, unterhaltende oder ähnliche Leistungen, wie Leistungen im Zusammenhang mit Messen und Ausstellungen, einschließlich der Leistungen der jeweiligen Veranstalter sowie die damit zusammenhängenden Tätigkeiten, die für die Ausübung der Leistungen unerlässlich sind, an einen Empfänger, der weder ein Unternehmer ist, für dessen Unternehmen die Leistung bezogen wird, noch eine nicht unternehmerisch tätige juristische Person, der eine Umsatzsteuer-Identifikationsnummer erteilt worden ist,
   b) die Abgabe von Speisen und Getränken zum Verzehr an Ort und Stelle (Restaurationsleistung), wenn diese Abgabe nicht an Bord eines Schiffs, in einem Luftfahrzeug oder in einer Eisenbahn während einer Beförderung innerhalb des Gemeinschaftsgebiets erfolgt,
   c) Arbeiten an beweglichen körperlichen Gegenständen und die Begutachtung dieser Gegenstände für einen Empfänger, der weder ein Unternehmer ist, für dessen Unternehmen die Leistung ausgeführt wird, noch eine nicht unternehmerisch tätige juristische Person, der eine Umsatzsteuer-Identifikationsnummer erteilt worden ist.
4. Eine Vermittlungsleistung an einen Empfänger, der weder ein Unternehmer ist, für dessen Unternehmen die Leistung bezogen wird, noch eine nicht unternehmerisch tätige juristische Person, der eine Umsatzsteuer-Identifikationsnummer erteilt worden ist, wird an dem Ort erbracht, an dem der vermittelte Umsatz als ausgeführt gilt.
5. Die Einräumung der Eintrittsberechtigung zu kulturellen, künstlerischen, wissenschaftlichen, unterrichtenden, sportlichen, unterhaltenden oder ähnlichen Veranstaltungen, wie Messen und Ausstellungen, sowie die damit zusammenhängenden sonstigen Leistungen an einen Unternehmer für dessen Unternehmen oder an eine nicht unternehmerisch tätige juristische Person, der eine Umsatzsteuer-Identifikationsnummer erteilt worden ist, wird an dem Ort erbracht, an dem die Veranstaltung tatsächlich durchgeführt wird.

(4) [1]Ist der Empfänger einer der in Satz 2 bezeichneten sonstigen Leistungen weder ein Unternehmer, für dessen Unternehmen die Leistung bezogen wird, noch eine nicht unternehmerisch tätige juristische Person, der eine Umsatzsteuer-Identifikationsnummer erteilt worden ist, und hat er seinen Wohnsitz oder Sitz im Drittlandsgebiet, wird die sonstige Leistung an seinem Wohnsitz oder Sitz ausgeführt. [2]Sonstige Leistungen im Sinne des Satzes 1 sind:
1. die Einräumung, Übertragung und Wahrnehmung von Patenten, Urheberrechten, Markenrechten und ähnlichen Rechten;
2. die sonstigen Leistungen, die der Werbung oder der Öffentlichkeitsarbeit dienen, einschließlich der Leistungen der Werbungsmittler und der Werbeagenturen;
3. die sonstigen Leistungen aus der Tätigkeit als Rechtsanwalt, Patentanwalt, Steuerberater, Steuerbevollmächtigter, Wirtschaftsprüfer, vereidigter Buchprüfer, Sachverständiger, Ingenieur, Aufsichtsratsmitglied, Dolmetscher und Übersetzer sowie ähnliche Leistungen anderer Unternehmer, insbesondere die rechtliche, wirtschaftliche und technische Beratung;
4. die Datenverarbeitung;
5. die Überlassung von Informationen einschließlich gewerblicher Verfahren und Erfahrungen;

6. a) Bank- und Finanzumsätze, insbesondere der in § 4 Nummer 8 Buchstabe a bis h bezeichneten Art und die Verwaltung von Krediten und Kreditsicherheiten, sowie Versicherungsumsätze der in § 4 Nummer 10 bezeichneten Art,
   b) die sonstigen Leistungen im Geschäft mit Gold, Silber und Platin. [2]Das gilt nicht für Münzen und Medaillen aus diesen Edelmetallen;
7. die Gestellung von Personal;
8. der Verzicht auf Ausübung eines der in Nummer 1 bezeichneten Rechte;
9. der Verzicht, ganz oder teilweise eine gewerbliche oder berufliche Tätigkeit auszuüben;
10. die Vermietung beweglicher körperlicher Gegenstände, ausgenommen Beförderungsmittel;
11. (aufgehoben)
12. (aufgehoben)
13. (aufgehoben)
14. die Gewährung des Zugangs zum Erdgasnetz, zum Elektrizitätsnetz oder zu Wärme- oder Kältenetzen und die Fernleitung, die Übertragung oder Verteilung über diese Netze sowie die Erbringung anderer damit unmittelbar zusammenhängender sonstiger Leistungen.

(5) [1]Ist der Empfänger einer der in Satz 2 bezeichneten sonstigen Leistungen

1. kein Unternehmer, für dessen Unternehmen die Leistung bezogen wird,
2. keine ausschließlich nicht unternehmerisch tätige juristische Person, der eine Umsatzsteuer-Identifikationsnummer erteilt worden ist,
3. keine juristische Person, die sowohl unternehmerisch als auch nicht unternehmerisch tätig ist, bei der die Leistung nicht ausschließlich für den privaten Bedarf des Personals oder eines Gesellschafters bestimmt ist,

wird die sonstige Leistung an dem Ort ausgeführt, an dem der Leistungsempfänger seinen Wohnsitz, seinen gewöhnlichen Aufenthaltsort oder seinen Sitz hat. [2]Sonstige Leistungen im Sinne des Satzes 1 sind:

1. die sonstigen Leistungen auf dem Gebiet der Telekommunikation;
2. die Rundfunk- und Fernsehdienstleistungen;
3. die auf elektronischem Weg erbrachten sonstigen Leistungen.

(6) [1]Erbringt ein Unternehmer, der sein Unternehmen von einem im Drittlandsgebiet liegenden Ort aus betreibt,

1. eine in Absatz 3 Nr. 2 bezeichnete Leistung oder die langfristige Vermietung eines Beförderungsmittels,
2. eine in Absatz 4 Satz 2 Nr. 1 bis 10 bezeichnete sonstige Leistung an eine im Inland ansässige juristische Person des öffentlichen Rechts oder
3. eine in Absatz 5 Satz 1 Nummer 1 und 2 [bis 31.12.2014: Absatz 4 Satz 2 Nr. 11 und 12] bezeichnete Leistung,

ist diese Leistung abweichend von Absatz 1, Absatz 3 Nummer 2, Absatz 4 Satz 1 oder Absatz 5 als im Inland ausgeführt zu behandeln, wenn sie dort genutzt oder ausgewertet wird. [2]Wird die Leistung von einer Betriebsstätte eines Unternehmers ausgeführt, gilt Satz 1 entsprechend, wenn die Betriebsstätte im Drittlandsgebiet liegt.

(7) [1]Vermietet ein Unternehmer, der sein Unternehmen vom Inland aus betreibt, kurzfristig ein Schienenfahrzeug, einen Kraftomnibus oder ein ausschließlich zur Beförderung von Gegenständen bestimmtes Straßenfahrzeug, ist diese Leistung abweichend von Absatz 3 Nr. 2 als im Drittlandsgebiet ausgeführt zu behandeln, wenn die Leistung an einen im Drittlandsgebiet ansässigen Unternehmer erbracht wird, das Fahrzeug für dessen Unternehmen bestimmt ist und im Drittlandsgebiet genutzt wird. [2]Wird die Vermietung des

Fahrzeugs von einer Betriebsstätte eines Unternehmers ausgeführt, gilt Satz 1 entsprechend, wenn die Betriebsstätte im Inland liegt.
(8) [1]Erbringt ein Unternehmer eine Güterbeförderungsleistung, ein Beladen, Entladen, Umschlagen oder ähnliche mit der Beförderung eines Gegenstandes im Zusammenhang stehende Leistungen im Sinne des § 3b Absatz 2, eine Arbeit an beweglichen körperlichen Gegenständen oder eine Begutachtung dieser Gegenstände, eine Reisevorleistung im Sinne des § 25 Absatz 1 Satz 5 oder eine Veranstaltungsleistung im Zusammenhang mit Messen und Ausstellungen, ist diese Leistung abweichend von Absatz 2 als im Drittlandsgebiet ausgeführt zu behandeln, wenn die Leistung dort genutzt oder ausgewertet wird. [2]Satz 1 gilt nicht, wenn die dort genannten Leistungen in einem der in § 1 Absatz 3 genannten Gebiete tatsächlich ausgeführt werden

Literatur

Bader/Sodenkamp, Umsatzsteuerlicher Leistungsort beim Verkauf von Eintrittskarten/Konsequenzen aus dem BMF-Schreiben vom 10.06.2013 für sog. Zwischenhändler, NWB 2013, 2859. **Broderson/von Loeffelholz**, Änderungen in der Umsatzbesteuerung für Notare, Rechtsanwälte, Steuerberater und Wirtschaftsprüfer, BB 2010, 800. **Duscha**, Abgrenzungskriterien bei der Abgabe von Speisen und Getränken/7 % oder 19 % Umsatzsteuer?, NWB 2013, Beilage zu Nr. 40, 9. **Eisenschmidt**, Das Wärmecontracting/Zur Umstellung der Heizenergie von Eigenregie auf Wärmelieferung, NWB 2013, 57. **Gerritzen/Matheis**, Praxisprobleme bei der Ortsbestimmung von Messedienstleistungen ab 1.1.2011, UVR 2010, 238. **Grube**, Anmerkungen zu EuGH vom 17.12.2015, C-419/14, WebMindLicenses [Gestaltungsmissbrauch beim Leistungsort von E-Leistungen?], MwStR 2016 153. **Grube**, Anmerkungen zu EuGH vom 08.12.2016, C-453/15, A und B, Empfängerortprinzip bei der Übertragung Treibhausgasemissionszertifikaten an Unternehmer, MwStR 2017, 68. **Holze/Keese**, Grenzüberschreitendes Leasing von Kraftfahrzeugen an Unternehmer innerhalb der EU im Lichte des Mehrwertsteuerpakets, UR 2010, 132. **Huschens**, Änderungen des UStG durch das Amtshilferichtlinie-Umsetzungsgesetz/Neufassung der steuerlichen Vorschriften über die Rechnungsstellung, den Vorsteuerabzug sowie den Ort der Dienstleistung, NWB 2013, 2132. **Jansen**, Neue Ortsregelungen für sonstige Leistungen ab 2010/Fragestellungen im Zusammenhang mit grundstücksbezogenen Leistungen und bei der Abgabe der Zusammenfassenden Meldungen für innergemeinschaftliche Dienstleistungen, UR 2008, 837. **Keune**, Beurteilung der Leistungsbeziehungen bei Telekommunikationsdienstleistungen – Mehrwertdienste bei inländischen/grenzüberschreitenden Sachverhalten, NWB 2009, 3034. **Korf**, Leistungen an Arbeitnehmer im Konzern, UVR 2010, 188. **Kraeusel**, Ort der Leistung bei Calling-Cards, UVR 2010, 24.**Kußmaul/Naumann**, Grenzüberschreitende elektronische Dienstleistungen in der Umsatzsteuer/Kritische Betrachtung der geltenden B2C-Regelungen, MwStR 2016, 565. **Lippross**, Neuregelungen zum Ort der sonstigen Leistung ab 1.1.2010/Systemwidriger Besteuerungszugriff und Besteuerungsdefizite bei sonstigen Leistungen mit Drittlandsbezug, UR 2009, 788. **Lohse/Spilker**, Bestimmungslandprinzip und »teilweise steuerpflichtige« Leistungsempfänger/Zugleich Anmerkungen zum TRR-Urteil des EuGH und zur Neukonzeption der Leistungsortsbestimmungen bei Dienstleistungen, UR 2009, 325. **Masuch**, Anmerkungen zu BFH vom 12.10.2016, XI R 5/14, Leistungsort bei der Einräumung der Berechtigung, auf mehreren in- und ausländischen Plätzen Golf zu spielen, MwStR 2017, 321. **Matheis**, Sicherstellung der Unternehmereigenschaft im Rahmen der Ortsbestimmung bei Dienstleistungen, UVR 2010, 57. **Matheis/Groß**, Umsatzsteuerliches Risikomanagement im Unternehmen am Beispiel der Umsetzung des Mehrwertsteuer-Pakets, UVR

2008, 309. **Michelutti/Wohlfahrt**, Europaweite umsatzsteuerliche Registrierungspflicht bei der Dienstwagenüberlassung? Neuregelung zum Leistungsort, NWB 2014, 3215. **Monfort**, Auslegung des neuen Unternehmerbegriffs zur Bestimmung des Orts der Dienstleistung nach dem Mehrwertsteuerpaket, UR 2009, 301. **Neeser/Blottko**, Das neue Vorsteuer-Vergütungsverfahren ab 2010, UVR 2008, 300. **Nieskoven**, BMF erlässt ergänzende Weisungen zur Bestimmung des Leistungsorts ab 1.1.10, GStB 2010, 59. **Nieskoven**, Speisenlieferung versus Restaurationsumsatz: BMF hat Anwendungsregelung modifiziert, GStB 2014, 38. **Pfefferle/Renz**, Umsatzsteuerliche Behandlung der Leistungen im Zusammenhang mit der Vermittlung von Mobilfunkverträgen/FG Baden-Württemberg und FG Saarland, NWB 2013, 1724. **Pogodda-Grünwald**, Anmerkungen zu BMF vom 10.02.2017, Ort der sonstigen Leistung im Zusammenhang mit Grundstücken, MwStR 2017, 252. **Radeisen**, Ort der sonstigen Leistung – alles gut? / Eine kritische Betrachtung der Regelungen des Mehrwertsteuerpakets, MwStR 2016, 55. **Radeisen**, Anmerkungen zu BFH vom 01.06.2016, XI R 29/14, Betrieb einer Internet-Suchmaschine, MwStSystRL 2016, 875. **Radeisen**, Sonstige Leistung im Umsatzsteuerrecht, LSW 2/2010, Gruppe 7, 373. **Radeisen**, Gemeinsam mit dem Gemeinschaftsrecht/Aktuelles aus der Umsatzsteuer [Hinweis: Kritisch Anmerkungen zur Umsetzung des »Mehrwertsteuerpakets« und zur Vorsteueraufteilung bei gemischt genutzten Grundstücken], Stbg 2010, 97. **Röck**, Umsatzbesteuerung von Dienstleistungen und Werklieferungen im Ausland, LSW Gruppe 7, 449 (Heft 7/2004). **Röck**, Grenzüberschreitende Dienstleistungen und Werklieferungen: Umsatzbesteuerung im Ausland, Haufe Datenbank »redmark steuer- und wirtschaftsrecht«, Version 4.3.0.0, Stand Juni 2009, Haufe-Index 1601871. **Rondorf**, Umsatzsteuersatz bei der Abgabe von Speisen und Getränken/BMF fasst die Verwaltungsauffassung zusammen, NWB 2013, 1076. **Rondorf**, Verein, Spielervermittler, Spieler: das magische Dreieck im Profifußball/ Ausführungen des BFH zu Leistungsbeziehungen bei der Mitwirkung von Vermittlern, NWB 2014, 102. **Schuska**, Die Abgrenzung von Vermittlungsdienstleistungen zum Eigengeschäft und elektronischen Dienstleistungen, MwStR 2017, 301.**Spilker**, Juristische Personen des Privatrechts im Sinne des UStG – insbesondere vor dem Hintergrund der Neueinführung des § 3a Abs. 2 Satz 3 UStG zum 1.1.2010, IStR 2010, 838. **Spilker**, Umsatzsteuerliche Behandlung von Beratungsleistungen im Zusammenhang mit Veräußerung und Erwerb von Grundstücken, UR 2010, 473. **Slotty-Harms**, Die Umsetzung des Mehrwertsteuerpakets in der Praxis, UVR 2010, 20. **Slotty-Harms**, Probleme und Risiken bei der Erbringung von sonstigen Leistungen an die Betriebsstätte des Leistungsempfängers nach § 3a Abs. 2 Satz 2 UStG, UVR 2010, 91. **Tausch**, Anmerkungen zu BFH, Beschlüsse vom 15.10.2009, XI R 6/08; vom 15.10.2009, XI R 37/08; vom 27.10.2009, V R 3/07; vom 27.10.2009, V R 35/08; EuGH-Vorlagen zur Abgrenzung von Restaurationsleistungen (= Dienstleistungen) und bloßen Lieferungen von Nahrungsmitteln, UVR 2010, 41. **Tausch**, Anmerkungen zu BFH, Urteil vom 18.9.2009, V R 57/07, Leistungsort bei Personalberatung, UVR 2010, 99. **Urbahns**, Verrechnung grenzüberschreitender Dienstleistungen innerhalb von Unternehmensgruppen/EU Joint Transfer Pricing Forum, NWB 2013, 2998. **Völlmeke**, Anmerkungen zu BFH, Beschluss vom 15.10.2009, XI R 6/08, EuGH-Vorlage zur Abgrenzung von Restaurationsleistungen (= Dienstleistungen) und bloßen Lieferungen von Nahrungsmitteln, BFH/PR 2010, 64 = SteuCon 2/2010, 9. **Weimann**, Das Mehrwertsteuerpaket 2010, 1. Aufl. 2009. **Weimann**, Umsatzsteuer in der Praxis (UidP), 16. Aufl. 2018. **Weimann**, Praxisüberblick über »europäische Gegenstücke« zum deutschen Reverse-Charge-Verfahren, PIStB 2008, 242. **Weimann**, Wichtige EU-weite Neuregelungen ab 2010 zum internationalen Dienstleistungsverkehr, PIStB 2008, 305 und 2009, 59. **Weimann**, StB, WP, RA: Die »bunte Vielfalt« der Leistungsortbestimmung, UStB 2008, 294. **Weimann**, Leistungsort beim Abschleppen und Bergen von Kfz, UStB 2009, 54. **Weimann**, EuGH zum Begriff der Personalgestellung, UStB 2012, 177. **Weimann**, Anmerkungen zu BFH vom 01.06.2016, XI R 29/14, Betrieb einer Internet-Suchmaschine, AStW 2016, 962.

Verwaltungsanweisungen

BMF vom 04.02.2011, Az: IV D 3 – S 7117/10/10006, 2011/0101498, Umsatzsteuer; Änderungen des Ortes der sonstigen Leistung (§ 3a UStG) durch das Jahressteuergesetz 2010/Anpassung der Abschnitte 3a.1, 3a.2, 3a.4, 3a.6, 3a.8, 3a.12, 3a.13 und 3a.14 UStAE, BStBl I 2011, 162.

BMF vom 10.06.2011, Az: IV D 3 – S 7117/11/10001, 2011/0478774, Umsatzsteuer; Änderungen des Ortes der sonstigen Leistung (§ 3a UStG) durch das Jahressteuergesetz 2010/Anpassung der Abschnitte 3a.1, 3a.2, 3a.5, 3a.6, 3a.7, 3a.9, 13b.1 und 27a.1 UStAE an die Durchführungsverordnung (EU) Nr. 282/2011 des Rates vom 15. März 2011 mit Wirkung vom 1. Juli 2013, BStBl I 2011, 583.

BMF vom 18.01.2012, Az: IV D 3 – S 7117/11/10001, 2012/0037816, Umsatzsteuer; Änderung des § 3a Abs. 8 Satz 1 UStG durch das Beitreibungsrichtlinien-Umsetzungsgesetz – Anpassung der Abschnitte 3a.4 und 3a.14 UStAE, BStBl I 2012, 139.

BMF vom 19.01.2012, Az: IV D 3 – S 7117-a/10/10001, 2012/0038127, Umsatzsteuer; Auswirkungen des EuGH-Urteils vom 27. Oktober 2011, C-530/09, BStBl 2012 II S. 160, auf den Ort der sonstigen Leistung beim Standaufbau im Zusammenhang mit Messen und Ausstellungen – Anpassung der Abschnitte 3a.2, 3a.3, 3a.4, 3a.6, 3a.9 und 4.12.6. UStAE, BStBl I 2012, 209.

BMF vom 30.11.2012, Az: IV D 3 – S 7117-c/12/10001, 2012/1099195, Umsatzsteuer; Leistungsort bei Leistungen an einen Unternehmer für dessen nichtunternehmerischen Bereich, BStBl I 2012, 1230.

BMF vom 18.12.2012, Az: IV D 3 – S 7117-a/12/10001, 2012/1143976, Umsatzsteuer; Leistungsort bei Leistungen im Zusammenhang mit einem Grundstück, BStBl I 2012, 1272.

BayLfSt vom 06.02.2013, S 7117a.1.1-4/16 St33, Ort der sonstigen Leistung bei Leistungen von Gerüstbauern, DStR 2013, 918.
BMF vom 10.06.2013, Az: IV D 3 – S 7117/12/10001, 2013/0538049, Umsatzsteuer; Leistungsort beim Verkauf von Eintrittskarten für Veranstaltungen durch einen anderen Unternehmer als den Veranstalter, BStBl I 2013, 780.
BMF vom 12.09.2013, Az: IV D 3 – S 7117-e/13/10001, 2013/0849487, Umsatzsteuer; Leistungsort bei der langfristigen Vermietung von Beförderungsmitteln an Nichtunternehmer, BStBl I 2013, 1176.
BMF vom 28.02.2014, Az: IV D 3 – S 7117-a/10/10002, 2014/0197080, Umsatzsteuer; Ort der sonstigen Leistungen im Zusammenhang mit Grundstücken (insbesondere Windparks), BStBl I 2014, 279.
BMF vom 11.12.2014, IV D 3 – S 7340/14/10002, 2014/1099363, Umsatzsteuer; Leistungsort bei Telekommunikationsdienstleistungen, Rundfunk- und Fernsehdienstleistungen und auf elektronischem Weg erbrachten Dienstleistungen an Nichtunternehmer (§ 3a Abs. 5 UStG) sowie besonderes Besteuerungsverfahren nach § 18 Abs. 4c, 4e und § 18h UStG ab 01.012015, BStBl I 2014, 1631.
BMF vom 21.05.2015, Az: IV D 3 – S 7117-a/0:001, 2015/0429765, Umsatzsteuer; Leistungsort bei Kongressen, BStBl I 2015, 491.
OFD Niedersachsen vom 15.06.2015, S 7117c – 3 – St 1744, Nachweis der Unternehmereigenschaft für die Bestimmung des Leistungsortes nach § 3a Abs. 2 UStG anhand der schweizerischen Umsatzsteuer-Identifikationsnummer, DStR 2015, 1979.
BMF vom 10.08.2016, III C 3 – S 7279/16/10001, 2016/0745510, Änderungen der Steuerschuldnerschaft des Leistungsempfängers (§ 13b UStG) durch das Steueränderungsgesetz 2015, BStBl I 2016, 820
BMF vom 10.02.2017, Az: III C 3 – S 7117-a/16/10001, 2017/0127993, Umsatzsteuer; Ort der sonstigen Leistung im Zusammenhang mit Grundstücken gem. § 3a Abs. 3 Nr. 1 UStG, BStBl I 2017, 350.
BMF vom 05.12.2017, Az: III C 3 – S 7117-a/16/10001, 2017/1004344, Umsatzsteuer; Ort der sonstigen Leistung im Zusammenhang mit einem Grundstück gem. § 3a Abs. 3 Nr. 1 UStG; Änderung des Abschnitts 3a.3 des Umsatzsteuer-Anwendungserlasses BStBl I 2017, 1658.
BMF vom 13.02.2018, Az: III C 3 – S 7117-a/16/10001, 2018/0123727, Umsatzsteuer; Ort der sonstigen Leistung im Zusammenhang mit einem Grundstück gem. § 3a Abs. 3 Nr. 1 UStG; Anwendungsregelung, BStBl I 2018, 304.
Hinweis: Zur Problematik der zeitlichen Geltungsdauer von BMF-Schreiben vgl. Einführung UStG, Rz. 100 ff.

Richtlinien/Hinweise/Verordnungen
UStAE: Abschn. 3a.1–3a.16.
MwStSystRL: Art. 43 ff.
MwStVO: Art. 3, 6–13b, 17–41.

1 Vorbemerkung

1 Der deutsche Gesetzgeber hat die **Vorgaben des »Mehrwertsteuerpakets«** (vgl. 3. Aufl. 2011, Vor § 1 Kap. 11) mit dem Jahressteuergesetz 2009 vom 19.12.2008 (JStG 2009, BGBl I 2008, 2794 vom 24.12.2008) in das deutsche Recht transferiert und dazu auch § 3a UStG ab dem 01.01.2010 neu gefasst (vgl. 3. Aufl. 2011, § 3a a. F. Kap. 2.2.6).

2 Bereits das Jahressteuergesetz 2010 vom 08.12.2010 (BGBl I 2010, 1768; BStBl I 2010, 1394) hat **m. W. v. 01.01.2011** in § 3a UStG aufgrund des Mehrwertsteuerpakets (vgl. 3. Aufl. 2011, Vor § 1 Kap. 11) erforderliche weitere Anpassungen vorgenommen. Diese betreffen insbesondere die

- **Veranstaltungs- und Messeleistungen/Einführung des B2B-Prinzips** (§ 3a Abs. 3 Nr. 3 Buchst. a UStG),
- **Einräumung von Eintrittberechtigungen** (§ 3a Abs. 3 Nr. 5 UStG),

- **Gewährung des Zugangs zu Wärme- oder Kältenetzen** (§ 3a Abs. 4 S. 2 Nr. 14 UStG),
- **Umsätze an juristische Personen des öffentlichen Rechts** (§ 3a Abs. 6 S. 1 Nr. 2 UStG),
- **B2B-Leistungen im Drittlandsgebiet/Vermeidung von Doppelbesteuerungen** (§ 3a Abs. 8 UStG).

Durch Art 10 Nr. 2 »Gesetz zur Umsetzung der Amtshilferichtlinie sowie zur Änderung steuerlicher Vorschriften« (Amtshilferichtlinie-Umsetzungsgesetz - AmtshilfeRLUmsG - vom 26.06.2013, BGBl I 2013, 1809, BStBl I 2013, 802) wurden mit Wirkung vom 30.06.2013 (Art. 31 Abs. 1 AmtshilfeRLUmsG) 3

- die Anwendung der **B2B-Vorschrift auf juristische Personen** (§ 3a Abs. 2 S. 3 UStG) neu gefasst
- neue Sondervorschriften für die **langfristige Vermietung von Beförderungsmitteln** (§ 3a Abs. 3 Nr. 2 S. 3 und 4 UStG) eingeführt.

Die vorerst letzte Änderung hat die Vorschrift durch Art. 9 Nr. 2 »Gesetz zur Anpassung des nationalen Steuerrechts an den Beitritt Kroatiens zur EU und zur Änderung weiterer steuerlicher Vorschriften« (nachfolgend kurz »**KroatienAnpassG**«) vom 25.07.2014 (BGBl I 2014, 266) erfahren. Die Änderungen sind allesamt Folgeänderungen der **Einführung des »Mini-One-Stop-Shop – MOSS«** (vgl. die Kommentierung zu § 18h UStG) und treten wie dieser am **01.01.2015** in Kraft (Art. 28 Abs. 5 KroatienAnpassG). 4

Zu § 3a a.F. Hinweis auf die Vorauflage zu diesem Buch, 3. Aufl. 2011. 5

2 Allgemeines

2.1 Überblick über die Vorschrift

Der Ort der sonstigen Leistung ist in den §§ 3a, 3b, 3e und 3f UStG geregelt. Letztere regeln den Ort der Beförderungsleistungen und der damit zusammenhängenden sonstigen Leistungen, den Ort der Restaurationsleistungen während bestimmter Transfers sowie den Ort der unentgeltlichen sonstigen Leistungen. Der **Ort aller anderen sonstigen Leistungen** ist nach § 3a UStG zu bestimmen. Dabei unterscheidet § 3a UStG eine Vielzahl von sonstigen Leistungen, auf die unterschiedliche Ortsbestimmungen anzuwenden sind. 6

Leistungsorte sind nach 7

- § 3a Abs. 1 UStG der Unternehmensort des leistenden Unternehmers (oder sein Betriebsstättenort),
- § 3a Abs. 2 UStG der Unternehmensort des Leistungsempfängers (oder sein Betriebsstättenort/Sitzort),
- § 3a Abs. 3 Nr. 1 UStG der Belegenheitsort des Grundstücks,
- § 3a Abs. 3 Nr. 2 UStG der Ort, an dem ein Beförderungsmittel dem Empfänger tatsächlich zur Verfügung gestellt wird, oder der (Wohn-)Sitzort des nicht unternehmerisch tätigen Leistungsempfängers,
- § 3a Abs. 3 Nr. 3 UStG der Tätigkeitsort,
- § 3a Abs. 3 Nr. 4 UStG der Ort des vermittelten Umsatzes,
- § 3a Abs. 4 UStG der Wohnort/Sitzort des Leistungsempfängers,

- § 3 a Abs. 5 UStG der Wohnort/gewöhnliche Aufenthaltsort/Sitzort des Leistungsempfängers,
- § 3 b UStG der Beförderungsort (oder der Ort des Beginns einer Beförderung oder das Gebiet eines ausgesuchten Mitgliedstaates),
- § 3 e UStG der Abgangsort der nämlichen Beförderungsmittel im Gemeinschaftsgebiet,
- § 3 f UStG der Unternehmensort des unentgeltlich Werte abgebenden Unternehmers (oder sein Betriebsstättenort).

2.2 Rechtsentwicklung

8 Der deutsche Gesetzgeber hat die Vorgaben des »Mehrwertsteuerpakets« mit dem JStG 2009 in das deutsche Recht transferiert und dazu **ab dem 01.01.2010** auch § 3 a UStG neu gefasst (vgl. Rn. 1). Erste Anpassungen folgten **zum 01.01.2011** durch das JStG2010 (vgl. Rn. 2) und **zum 30.06.2013** durch das AmtshilfeRLUmsG (vgl. Rn. 3).

9 Die **Neuregelung der elektronischen Dienstleistungen** durch den **»Mini-One-Stop-Shop – MOSS«** zum 01.01.2015 (vgl. die Kommentierung zu § 18h) führte in § 3 a

- Abs. 4 S. 2,
- Abs. 5,
- Abs. 6 S. 1 und,
- Abs. 8

zu – meist redaktionellen – Folgeänderungen (BT-Drucks. 18/1995 vom 02.07.2014, zu Art. 9).

2.3 Geltungsbereich

2.3.1 Sachlicher Geltungsbereich

10 § 3 a UStG regelt den Ort sonstiger Leistungen und ist daher wesentliche Voraussetzung für deren Steuerbarkeit.

2.3.2 Persönlicher Geltungsbereich

11 § 3 a UStG sieht hinsichtlich des persönlichen Geltungsbereichs keine Besonderheiten vor und gilt daher für alle Unternehmer, die entsprechende Umsätze tätigen.

2.3.3 Zeitlicher Geltungsbereich

12 § 3 a UStG gilt grundsätzlich **seit dem 01.01.2010** und wurde zum 01.01.2011 und zum 30.06.2013 den EU-Vorgaben weiter angepasst (vgl. Rn. 8). Die **Neuregelungen der elektronischen Dienstleistungen** durch den **»Mini-One-Stop-Shop – MOSS«** und die dadurch bedingten Folgeänderungen greifen erst zum 01.01.2015 (vgl. Rn. 9).

2.4 Gemeinschaftsrechtliche Grundlagen und Verhältnis zu anderen Vorschriften

2.4.1 Das »Mehrwertsteuerpaket«

Der Rat der Europäischen Union hat am 12.02.2008 **drei Rechtsakte** (zwei Richtlinien und eine Verordnung) verabschiedet, die auf EU-Ebene unter dem gemeinsamen **Arbeitstitel »Mehrwertsteuerpaket«** beraten wurden: 13

1. **Ort der Dienstleistung (RL 2008/8/EG)**: Anders als bisher gelten **ab 2010** sonstige Leistungen von Unternehmern an andere Unternehmer grundsätzlich als am Sitzort des Leistungsempfängers erbracht (**Bestimmungslandprinzip**). Für sich betrachtet wäre diese Nachricht eine schlechte für die Dienstleister, da bei Erbringung von Umsätzen an andere Unternehmer im EU-Ausland ebendort eine (de facto teure) Registrierung erforderlich würde. Letztere wird aber durch eine flankierende **Erweiterung des Reverse-Charge-Verfahrens** vermieden. Auf die leistenden Unternehmer kommen allerdings neue Erklärungspflichten zu; so wird zukünftig eine »i. g. Dienstleistung« in der **Zusammenfassenden Meldung** zu deklarieren sein.
2. **Rückerstattung der Auslands-Umsatzsteuer (RL 2008/9/EG):** Ebenfalls **ab 2010** wird das bisher in der 8. EG-RL geregelte Verfahren der Erstattung von Mehrwertsteuern an EU-Unternehmer neu geregelt. Die Neuregelung gilt für Erstattungsanträge, die nach dem 31.12.2009 gestellt werden. Die Grundvoraussetzungen des Erstattungsverfahrens (Antragsberechtigung; Nichtansässigkeit und keine oder nur bestimmte Umsätze im Erstattungsstaat usw.) bleiben unverändert. Neu sind einzelne verfahrensrechtliche Ausgestaltungen und Rechte der Antragsteller (z. B. die **Verpflichtung zu ausschließlich elektronischen Erstattungsanträgen; verkürzte Bearbeitungsfristen der Finanzbehörden; Verzinsung der Erstattungsansprüche zu Gunsten des Unternehmers**). Erfreulich ist sicher auch die **Verlängerung der Abgabefrist bis zum 30. 09.** des auf den Erstattungszeitraum folgenden Kalenderjahres sowie die neue Möglichkeit der **Nachholung zunächst vergessener Vorsteuererstattungen**.
3. **Einführung von Verwaltungsvereinbarungen und Informationsaustausch (Verordnung 143/2008):** Die Verordnung ergänzt die vorgestellten RL. Sie ist als unmittelbar geltendes Recht (vgl. Art. 249 Abs. 2 EGV; anders die die RL i. S. v. Art. 249 Abs. 3 EGV bedarf sie damit keiner Transformation in das deutsche Recht) bereits am 20.02.2008 in Kraft getreten, richtet sich an die EU-Mitgliedstaaten selbst und regelt deren elektronischen Informationsaustausch untereinander.

2.4.2 Detailwissen zu den damaligen Neuerungen

Zu den **textlichen Änderungen** des § 3 a UStG zum 01.01.2010 vgl. 3. Aufl. 2011, Vor § 1 Kap. 11.7 (Übersicht). 14

2.4.3 Mehrwertsteuerpaket Teil II: »Mini-One-Stop-Shop – MOSS«

Kauft ein Kunde in Deutschland bei einem Händler im europäischen Ausland z. B. ein E-Book, fällt künftig die Umsatzsteuer in Deutschland an und nicht mehr im Heimatstaat des Anbieters. Der Bundesrat hat am 11.07.2014 dieser **ab 01.01.2015 geltenden Neuregelung** zugestimmt und damit eine europäische Vorgabe umgesetzt. Für die betroffenen Unternehmen wird zeitgleich eine 15

Vereinfachung im Verfahren durch den sog. Mini-One-Stop-Shop eingeführt (vgl. die Kommentierung zu § 18h UStG).

3 Kommentierung

3.1 Prüfschema

16 Die nach Umsetzung des »Mehrwertsteuerpakets« (Rn. 13) und damit seit **dem 01.01.2010 erforderliche Prüfungsabfolge** zum Ort der sonstigen Leistung möge folgende Darstellung verdeutlichen:

Prüfungsstufe 1
§§ 3b, 3e, 3f UStG?
(vgl. § 3a Abs. 1 S. 1, Abs. 2 S. 1 UStG)
wenn nein:

↓

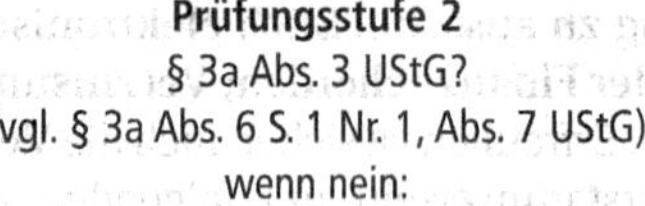

Prüfungsstufe 2
§ 3a Abs. 3 UStG?
(vgl. § 3a Abs. 6 S. 1 Nr. 1, Abs. 7 UStG)
wenn nein:

↓

Prüfungsstufe 3
§ 3a Abs. 4 UStG?
(vgl. § 3a Abs. 5, Abs. 6 S. 1 Nr. 2 UStG)
wenn nein:

↓

Auffangtatbestände	
§ 3a Abs. 1 UStG	§ 3a Abs. 2 UStG
(»B2B-Umsätze« = Leistungen an einen Nicht-Stpfl., Art. 45 MwStSystRL)	(»B2B-Umsätze« = Leistungen an einen Stpfl., Art. 44 MwStSystRL)

3.2 Die »Eckpfeiler« des neuen Rechts

3.2.1 Statt einem Auffangtatbestand nunmehr zwei Auffangtatbestände

Bis zum 31.12.2009 kennt das Recht neben den besonderen Ortbestimmungen **einen Auffangtatbestand**, der immer dann zur Anwendung kommt, wenn keine der besonderen Vorschriften greift. Gem. § 3 a Abs. 1 UStG a. F. ist der Leistungsort dann dort, wo der (leistende) Unternehmer sein Unternehmen betreibt, oder an der Betriebsstätte, von der die Leistung ausgeführt wird **(Ursprungslandprinzip)**. Diese Regel wird vom deutschen Leistenden (und natürlich seinem Steuerberater) gerne angewandt, da der Umsatz in diesem Fall nach deutschem Recht zu beurteilen ist und die aufwendige Prüfung, ob und was im EU-Ausland zu veranlassen ist, entfällt. Ungern angewandt wird dagegen derzeit die Ortsregelung für die Katalogleistungen (§ 3 a Abs. 4, Abs. 3 UStG a. F.), da diese dem **Bestimmungslandprinzip** folgt und damit ebendiese aufwendige Prüfung erfordert. 17

Seit dem 01.01.2010 sind nebeneinander zwei Auffangtatbestände anzuwenden: 18

- **Im B2C-Bereich** (vereinfacht ausgedrückt: bei Leistungen »an Privat«) gilt unverändert das **Ursprungslandprinzip** (§ 3 a Abs. 1 UStG).
- **Für den B2B-Bereich** (vereinfacht ausgedrückt: bei Leistungen »an andere Unternehmer«) wurde der Wortlaut von § 3 a Abs. 3 S. 1 und 2 UStG in den neuen Auffangtatbestand des § 3 a Abs. 2 UStG übernommen. Insoweit gilt also das – bislang so ungern gesehene – **Bestimmungslandprinzip!** Für sich betrachtet wäre diese Nachricht eine schlechte für die Dienstleister, da bei Erbringung von Umsätzen an andere Unternehmer im EU-Ausland ebendort eine (de facto teure) Registrierung erforderlich würde. Letztere wird aber durch eine flankierende **Erweiterung des Reverse-Charge-Verfahrens** vermieden. Auf die leistenden Unternehmer kommen allerdings neue Erklärungspflichten zu; so wird zukünftig eine »innergemeinschaftliche Dienstleistung« in der **Zusammenfassenden Meldung** zu deklarieren sein.

3.2.2 Neuer Auffangtatbestand de facto Regelleistungsort für Leistungen an andere Unternehmer

Die meisten Sondervorschriften nehmen die Dienstleistungen an andere Unternehmer durch folgende Formulierung aus ihrem Regelungsbereich heraus: »... Empfänger weder ein Unternehmer, für dessen Unternehmen die Leistung bezogen wird, noch eine nicht unternehmerisch tätige juristische Person, der eine Umsatzsteuer-Identifikationsnummer erteilt worden ist [...]« In diesem Fall greift dann der neue Auffangtatbestand des § 3 a Abs. 2 UStG! 19

HINWEIS
Damit definiert das **Bestimmungslandprinzip** im **B2B-Bereich** den **Regelleistungsort**!

3.2.3 Ausweitung des Reverse-Charge-Verfahrens

Für sich betrachtet wäre die Nachricht von der grundsätzlichen Verlagerung des Leistungsorts von B2B-Umsätzen ins Bestimmungsland eine schlechte für die Dienstleister, da bei Erbringung von Umsätzen an andere Unternehmer im EU-Ausland ebendort eine (de facto teure) Registrierung erforderlich würde. Letztere wird aber durch eine **flankierende Ausweitung** des Reverse-Charge-Verfahrens vermieden. 20

3.2.4 In Teilbereichen weiter »Insellösungen« und Regelungsvielfalt

21 Nach Art. 196 MwStSystRL greift die o.g. Reverse-Charge-Regelung beim **unternehmerischen Leistungsempfänger grundsätzlich, wenn dieser in diesem EU-Mitgliedstaat steuerlich erfasst ist.** Das Reverse-Charge-Verfahren greift jedoch in den anderen EU-Mitgliedstaaten nur zwingend bei solchen Dienstleistungen, die in Art. 44 der MwStSystRL n.F. genannt sind.

TIPP
Das sind in der Praxis alle Fälle, auf die in Deutschland **§ 3 a Abs. 2 UStG** Anwendung findet!

22 **Für alle übrigen Dienstleistungen**, für die besondere Ortsvorschriften gelten, ist das Verfahren nicht zwingend vorgeschrieben. Dies gilt leider auch ab 2010. Allerdings bleibt es den Mitgliedstaaten freigestellt, auch in anderen Fällen das Reverse-Charge-Verfahren vorzusehen. Insoweit bleibt abzuwarten, ob die EU-Mitgliedstaaten, die die Reverse-Charge-Regelung bisher nicht für alle Dienstleistungen vorgesehen haben, dies nun zur Erleichterung der Wirtschaft ab 01.01.2010 einführen werden.

HINWEIS
Unternehmer werden daher vorerst auch zukünftig nicht umhinkommen, sich über die umsatzsteuerliche Behandlung im anderen Mitgliedstaat entsprechend zu informieren. Hier sind auch weiterhin die bisherigen Prüfungen anzustellen (ausführlich Weimann, UidP, Kap. 79).

3.2.5 Neue Erklärungspflichten in der Zusammenfassenden Meldung und der Umsatzsteuer-Voranmeldung

23 Für die leistenden Unternehmer ergeben sich aus den neuen Ortbestimmungen zusätzliche Erklärungspflichten. Zukünftig ist eine **»innergemeinschaftliche Dienstleistung«** in der **Zusammenfassenden Meldung** zu deklarieren; die Überwachung der sonstigen Leistungen geht damit in das i. g. Kontrollverfahren ein. Flankierend sind daher – wie bei den i. g. Warengeschäften – **zusätzlichen Angaben in der UStVA** zu machen (ausführlich Weimann, UidP, Kap. 58 und 59).

3.3 »B2C-Leistungen«: Auffangtatbestand für Leistungen eines Unternehmers an Privat (§ 3 a Abs. 1 UStG)

3.3.1 Ergänzende Vorgaben aus Europa

23a In der **MwStVO** (EU-Verordnung 282/2011) finden sich folgende **Durchführungsvorschriften,** die bei der Auslegung des § 3a Abs. 1 UStG zu berücksichtigen sind:

- Art. 10 (Definition Sitzort),
- Art. 11 (Definition feste Niederlassung),
- Art. 12 (Definition Wohnsitz einer natürlichen Person),
- Art. 13 (Definition gewöhnlicher Aufenthalt einer natürlichen Person),
- Art. 13a (Ort der Ansässigkeit einer nichtsteuerpflichtigen juristischen Person).

3.3.2 Die Verwaltungsauffassung

Das BMF erläutert seine Rechtsauffassung im Wesentlichen in **Abschn. 3a.1 UStAE**. Ergänzend ist auf die **BMF-Schreiben** vom 04.02.2011 (BStBl I 2011, 162), 10.06.2011 (BStBl I 2011, 583) und 30.11.2012 (BStBl I 2012, 1230) hinzuweisen. 24

3.3.3 Beratungskonsequenzen aus der Verwaltungsauffassung

Für »B2C-Leistungen« (Leistungen eines Unternehmers an Privat, vgl. Rn. 18) **gilt der bisherige Auffangtatbestand fort**: Dienstleistungen eines Unternehmers an Nichtunternehmer werden gem. § 3 a Abs. 1 UStG im Grundsatz »wie früher« (also vor dem 01.01.2010) am Ort des leistenden Unternehmers besteuert (= **Ursprungslandprinzip**). 25

Daher übernimmt Abschn. 3a.1 UStAE – wie schon das damalige Einführungsschreiben des BMF vom 04.09.2009 (Az: IV B 9 – S 7117/08/10001, 2009/0580334, BStBl I 2009, 1005, Rz. 1-6) – im Wesentlichen auch die Gedanken des »alten« **Abschn. 33 UStR 2008**. 26

Allerdings waren **Anpassungen erforderlich**, soweit der B2B-Bereich (Leistungen eines Unternehmers an Unternehmer, vgl. Rn. 18) im neuen Auffangtatbestand (§ 3 a Abs. 2 UStG) geregelt wird. Die Aufzählung in Abschn. 3a.1 Abs. 4 UStAE lässt daher in Abweichung von Abschn. 33 Abs. 4 UStR 2008 die **Handelsvertreter** und **Rennserviceunternehmen** unerwähnt. 27

3.3.4 Rechtsanwälte, Steuerberater, Wirtschaftsprüfer

Steuerberater, Wirtschaftsprüfer und Rechtsanwälte sind – ungeachtet ihres eigentlichen Beratungsauftrags – für die Mandanten häufig auch der bevorzugte Ansprechpartner in allen anderen Lebensbereichen, die die Berücksichtigung besonderer rechtlicher »Spielregeln« erfordern. Das zeigt auch die Rechtsprechung von EuGH und BFH zur **Testamentsvollstreckung** (Abschn. 3a.1 Abs. 4 dritter Gedankenstrich UStAE, vgl. Rn. 135). 28

3.4 »B2B-Leistungen«: Auffangtatbestand für Leistungen eines Unternehmers an andere Unternehmer (§ 3 a Abs. 2 UStG)

3.4.1 Ergänzende Vorgaben aus Europa

In der **MwStVO** (EU-Verordnung 282/2011) finden sich folgende **Durchführungsvorschriften**, die bei der Auslegung des § 3a Abs. 2 UStG zu berücksichtigen sind: 28a

- Art. 10 (Definition Sitzort),
- Art. 11 (Definition feste Niederlassung),
- Art. 12 (Definition Wohnsitz einer natürlichen Person),
- Art. 13 (Definition gewöhnlicher Aufenthalt einer natürlichen Person),
- Art. 13a (Ort der Ansässigkeit einer nichtsteuerpflichtigen juristischen Person),
- Art. 19 (Verwendung einer Dienstleistung zum unternehmerischen/privaten Gebrauch),
- Art. 20 (Dienstleistungsempfänger mit nur einem Ansässigkeitsort),
- Art. 21 (Dienstleistungsempfänger mit mehrfachem Ansässigkeitsort – Besteuerung am Sitzort oder am Ort der festen Niederlassung),

- Art. 22 (Überprüfung des Orts der festen Niederlassung des Dienstleistungsempfängers),
- Art. 23 (Ort der Dienstleistung am Ansässigkeitsort des Dienstleistungsempfängers – Feststellung des Orts aufgrund Informationen durch Leistungsempfänger).

3.4.2 Die Verwaltungsauffassung

29 Das BMF erläutert seine Rechtsauffassung im Wesentlichen in **Abschn. 3a.2 UStAE.** Ergänzend ist auf die **BMF-Schreiben** vom 04.02.2011 (BStBl I 2011, 162), 10.06.2011 (BStBl I 2011, 583) und 30.11.2012 (BStBl I 2012, 1230) hinzuweisen.

3.4.3 Beratungskonsequenzen aus der Verwaltungsauffassung

3.4.3.1 Neuer Auffangtatbestand für »B2B-Leistungen«

30 Dienstleistungen eines Unternehmers an andere Unternehmer für deren unternehmerischen Bereich werden grundsätzlich am Ort des **Leistungsempfängers (= Bestimmungslandprinzip)** bewirkt.

3.4.3.2 Wortgleichheit mit der bisherigen Regelung für Katalogleistungen

31 Damit wird die Regelung, die § 3 a Abs. 3 S. 1 und 2 UStG a. F. bislang für Katalogleistungen vorsah, im B2B-Bereich zum Regeltatbestand.

3.4.3.3 Nichtunternehmerische juristische Personen

32 Den Unternehmern gleichgestellt werden insoweit juristische Personen, soweit diese
- **(ausschließlich)** nicht unternehmerisch tätig sind und ihnen eine USt-IdNr. erteilt wurde (§ 3 a Abs. 2 Satz 3 Alt. 1 UStG);
- **sowohl** unternehmerisch **als auch** nicht unternehmerisch tätig sind (§ 3 a Abs. 2 Satz 3 Alt. 2 UStG).

Beispiel:
Die Airbus Helicopters Deutschland GmbH (A) verkauft im Jahr 2018 aus Deutschland heraus Hubschrauber an das griechische Militär. (Hinweis: Evtl. Steuerbefreiungen nach dem NATO-Truppenstatut oder ähnlichen Sonderbestimmungen sollen unberücksichtigt bleiben!)

Lösung:
Auf Grund des hohen Lieferpreises der Fluggeräte wird Griechenland die von den EU-Mitgliedstaaten bestimmte Erwerbsschwelle (vgl. § 1 a Abs. 3 Nr. 1 Buchst. d UStG) überschreiten. A liefert innergemeinschaftlich steuerfrei. Das griechische Militär muss sich in Griechenland (umsatz-)steuerlich registrieren lassen (bzw. wird dort bereits registriert sein) und wie ein Unternehmer einen i. g. Erwerb versteuern; dafür erhält es eine USt-IdNr.
Repariert A einen der Hubschrauber (außerhalb einer Garantieverpflichtung), kommt § 3 a Abs. 2 S. 3 Alt. 1 UStG zur Anwendung.

33 Dies gilt nicht für sonstige Leistungen, die **ausschließlich für den privaten Bedarf** des Personals oder eines Gesellschafters bestimmt sind.

3.4.3.4 Wegfall des damaligen Wahlrechts zur Leistungsortsverlagerung

Soweit das »alte« UStG für 34

- Arbeiten an und Begutachtung von beweglichen körperlichen Gegenständen (§ 3 a Abs. 2 Nr. 3 Buchst. c UStG a. F.),
- Vermittlungsleistungen (§ 3 a Abs. 2 Nr. 4 UStG a. F.),
- i. g. Güterbeförderungen und damit zusammenhängenden sonstigen Leistungen (§ 3 b UStG a. F.)

zur steuerlichen Vereinfachung (die Besteuerung des leistenden Unternehmers außerhalb seines Sitzstaates soll vermieden werden) die **Verlagerung des Besteuerungsrechts** in einen »anderen Mitgliedstaat« vorsieht, werden diese Regelungen durch das Mehrwertsteuerpaket (Rn. 13) überflüssig und entfallen daher ersatzlos (vgl. Abschn. 3a.2 Abs. 16 UStAE).

3.4.3.5 »Unsicherheitsfaktor« oder: Was ist nun wie geregelt?

Die deutsche Finanzverwaltung hatte zu den damals neuen Ortvorschriften in einem ersten 35
Schreiben (BMF vom 04.09.2009, BStBl I 2010, 1005) umfassend Stellung genommen, um dieses Schreiben bereits vor Inkrafttreten teilweise neu zu fassen (BMF vom 08.12.2009, BStBl I 2009, 1612). Das mag ein Zeichen für die **weiterhin nicht zu verkennende Rechtsunsicherheit** – gerade auch auf Seiten der FinVerw – sein!

3.4.4 Praxisproblem: Der Nachweis des unternehmerischen Leistungsbezugs durch den Kunden

3.4.4.1 Der Nachweis im »Normalfall«

Das BMF weist darauf hin, dass § 3 a Abs. 2 UStG selbst ungeregelt lässt, wie der leistende 36
Unternehmer den Nachweis eines unternehmerischen Leistungsbezugs seines Kunden erbringen muss (vgl. Abschn. 3a.2 Abs. 9 S. 1 UStAE), und arbeitet hierzu mit einer Vereinfachung: »...Verwendet der Leistungsempfänger gegenüber seinem Auftragnehmer eine ihm von einem Mitgliedstaat erteilte USt-IdNr., kann dieser regelmäßig davon ausgehen, dass der Leistungsempfänger Unternehmer ist und die Leistung für dessen unternehmerischen Bereich bezogen wird. [...]« (Abschn. 3a.2 Abs. 9 S. 4 UStAE).

Das gilt sogar dann, **wenn sich nachträglich herausstellt**, dass die Leistung vom Leistungs- 37
empfänger tatsächlich für nicht unternehmerische Zwecke verwendet worden ist (Abschn. 3a.2 Abs. 9 S. 4 a. E. UStAE).

HINWEIS

Der leistende Unternehmer hat hierzu aber eine ihm vorgelegte USt-IdNr., die von einem anderen EU-Mitgliedstaat erteilt wurde, im Hinblick auf die Gewährleistung einer zutreffenden Besteuerung zu prüfen. Erforderlich ist eine **qualifizierte Bestätigungsanfrage** i. S. v. Abschn. 18e.1 Abs. 4 UStAE (vgl. Abschn. 3a.2 Abs. 9 S. 5 ff. UStAE mit Fallbeispiel; so schon das Einführungsschreiben des BMF vom 04.09.2009, Az: IV B 9 – S 7117/08/10001, 2009/0580334, BStBl I 2009, 1005, Rz. 15)!

TIPP

Online-Prüfung für die USt-IdNr.:

Die EU-Kommission bietet im Internet einen neuen Online-Dienst an. Auf der Webseite http://ec.europa.eu (Politik im Dienste des Bürgers > Online-Dienste > Zoll- und Steuern > VIES) können USt-IdNr. auf ihre Gültigkeit hin überprüft und das Prüfergebnis ausgedruckt werden. Der Ausdruck mit Angabe einer

Abfragenummer soll Unternehmern den Nachweis ermöglichen, dass sie sich zu einem bestimmten Zeitpunkt von der Gültigkeit einer vorgelegten USt-IdNr. vergewissert haben.
Ob hiermit, wie eine Pressemitteilung der Europäischen Kommission verheißt, der Gutglaubensschutz steuerehrlicher Unternehmer z.B. i.R. d. § 6a Abs. 4 UStG wirklich rechtssicher gestärkt wird, bleibt abzuwarten. Nach der Vorschrift muss im Falle der Vorlage gefälschter Geschäftspapiere der ins übrige Gemeinschaftsgebiet liefernde (redliche) Unternehmer darlegen, dass er sich von der Seriosität seines Abnehmers überzeugt hat. Nur dann kann die Lieferung vom heimischen Fiskus als steuerfrei behandelt werden.
Allerdings besteht in vielen Fällen nicht die Möglichkeit, i. R. d. Gültigkeitsprüfung auf der EU-Plattform gleichzeitig die Identitätsmerkmale (wie Name und Adresse) des jeweiligen Verwenders mit abzurufen. Nach Angabe der Europäischen Kommission lassen nicht alle Mitgliedsstaaten diese nützliche Funktion i. R. d. Online-Portals zu.

Besseren Gutglaubensschutz verspricht daher auch weiterhin das (qualifizierte) Bestätigungsverfahren des BZSt (vgl. die Kommentierung zu § 18e).

3.4.4.2 Die neuen Grenzfälle

38 Erbringt der Unternehmer sonstige Leistungen, die unter § 3a Abs. 2 UStG fallen können, **die ihrer Art nach aber mit hoher Wahrscheinlichkeit** (= unbestimmte Rechtsbegriffe = Rechtunsicherheit!) nicht für das Unternehmen, sondern für den privaten Gebrauch einschließlich des Gebrauchs durch das Personal des Unternehmers bestimmt sind, ist es – abweichend von den oben (vgl. Rn. 36 ff.) dargestellten Grundsätzen – als Nachweis der unternehmerischen Verwendung dieser Leistung durch den Leistungsempfänger nicht ausreichend, wenn dieser gegenüber dem leistenden Unternehmer für diesen Umsatz seine USt-IdNr. verwendet bzw. seinen Status als Unternehmer nachweist (Abschn. 3a.2 Abs. 11a S. 1 UStAE).

39 Vielmehr muss der leistende Unternehmer über **ausreichende Informationen** verfügen, die eine Verwendung der sonstigen Leistung für die unternehmerischen Zwecke dieses Leistungsempfängers bestätigen.

HINWEIS
Als ausreichende Information ist eine **Erklärung des Leistungsempfängers** anzusehen, in der dieser bestätigt, dass die bezogene sonstige Leistung für sein Unternehmen bestimmt ist (Abschn. 3a.2 Abs. 11a S. 3 UStAE; vgl. auch BMF vom 30.11.2012, BStBl I 2012, 1230).

3.4.4.3 Durchführungsbestimmungen in Art. 19 MwStVO

39a Für die Zwecke der Anwendung der Bestimmungen über den Ort der Dienstleistung nach Art. 44 f. MwStSystRL gilt ein Steuerpflichtiger oder eine als Steuerpflichtiger geltende nichtsteuerpflichtige juristische Person, der/die Dienstleistungen

- ausschließlich zum **privaten Gebrauch**,
- einschließlich zum **Gebrauch durch sein/ihr Personal**

empfängt, als nicht steuerpflichtig.

39b Sofern dem Dienstleistungserbringer keine gegenteiligen Informationen — wie etwa die Art der erbrachten Dienstleistungen — vorliegen, kann er davon ausgehen, dass es sich um Dienstleistungen für die unternehmerischen Zwecke des Dienstleistungsempfängers handelt, wenn Letzterer ihm für diesen Umsatz seine individuelle **USt-IdNr. mitgeteilt** hat.

39c Ist ein und dieselbe Dienstleistung

- sowohl zum privaten Gebrauch, einschließlich zum Gebrauch durch das Personal,
- als auch für die unternehmerischen Zwecke des Dienstleistungsempfängers

bestimmt, so fällt diese Dienstleistung ausschließlich (also insgesamt) unter Art. 44 MwStSystRL, sofern keine missbräuchlichen Praktiken vorliegen.

3.4.5 Dokumentation der Verwendung der Umsatzsteuer-Identifikationsnummer

3.4.5.1 Einführungsschreiben des BMF

Das BMF führt hierzu aus (Abschn. 3a.2 Abs. 10 UStAE): »(10) Verwendet der Leistungsempfänger eine USt-IdNr., soll dies grundsätzlich vor Ausführung der Leistung erfolgen und in dem jeweiligen Auftragsdokument schriftlich festgehalten werden. [2]Der Begriff »Verwendung« einer USt-IdNr. setzt ein positives Tun des Leistungsempfängers, in der Regel bereits bei Vertragsabschluss, voraus [...]« 40

Vgl. Abschn. 42c Abs. 3, Abs. 4 UStR **2008** zur »alten« Leistungsortverlagerung bei i. g. Güterbeförderungen u. Ä. sowie Abschn. 36 Abs. 6 S. 3 UStR 2008 zu den Arbeiten an und der Begutachtung von Mobilien und Abschn. 37 Abs. 1 S. 2 UStR 2008 zur Vermittlung. 41

HINWEIS
Die bisherigen »Spielregeln« zur Verlagerung des Leistungsorts durch geschickten Einsatz der USt-IdNr. (vgl. 3. Aufl. 2011, § 3 a a. F. Kap. 3.4.3.2) sind entsprechend anzuwenden.

3.4.5.2 Mandantenempfehlung (vor allem beim Handeln unter Kaufleuten)

Im deutschen Handelsrecht gilt unter Kaufleuten das **Schweigen als Zustimmung** und kann damit zum Abschluss eines Vertrages führen. So ist z.B. nach dem Erhalt eines kaufmännischen Bestätigungsschreibens, das ein Kaufmann nicht akzeptieren will, grundsätzlich ein Widerspruch notwendig. Auch in § 362 HGB fingiert das Gesetz das Schweigen als Annahme. Daher könnte mit Matheis (UVR 2010, 57) unter Kaufleuten ein **einseitiges Schreiben** mit etwa folgender Formulierung verwendet werden: »Vereinbarungsgemäß verwendet ihre Gesellschaft XXX die Ihnen erteilte USt-IdNr. EUXXX für den Bezug sämtlicher Leistungen, die ab dem 01.01.2010 von unserer Gesellschaft YYY an ihre Gesellschaft ausgeführt werden. Bitte teilen Sie uns Gegenteiliges spätestens bis zum 31.03.2010 mit. Ihre Entscheidung, die USt-IdNr. zu verwenden, gilt bis zum Widerruf.« 42

3.4.6 Leistungsempfänger im Drittlandsgebiet

Ist der Leistungsempfänger im Drittlandsgebiet ansässig, kann der Nachweis der Unternehmereigenschaft durch eine **Bescheinigung einer Behörde des Sitzstaates** geführt werden, in der diese bescheinigt, dass der Leistungsempfänger dort als Unternehmer erfasst ist. Die Bescheinigung sollte inhaltlich der Unternehmerbescheinigung nach § 61a Abs. 4 UStDV entsprechen (vgl. Abschn. 18.14 Abs. 7 UStAE). 42a

Zum Nachweis der Unternehmereigenschaft für die Bestimmung des Leistungsortes nach § 3a Abs. 2 UStG anhand der **schweizerischen Umsatzsteuer-Identifikationsnummer** vgl. OFD Niedersachsen vom 15.06.2015, S 7117c – 3 – St 1744, DStR 2015, 1979. 42b

Beispiel: 42c
Kann der Leistungsempfänger den Nachweis nicht anhand einer derartigen Bescheinigung führen, **bleibt es dem leistenden Unternehmer überlassen,** auf welche Weise er nachweist, dass der im Drittlandsgebiet ansässige Leistungsempfänger Unternehmer ist (Abschn. 3a.2 Abs. 11 Satz 3 UStAE unter Hinweis auf Art. 18 Abs. 3 MwStVO).

Erbringt der leistende Unternehmer gegenüber einem im Drittlandsgebiet ansässigen Auftraggeber eine **in § 3a Abs. 4 Satz 2 UStG bezeichnete Leistung,** muss der leistende Unternehmer grundsätzlich **nicht** prüfen, ob der Leistungsempfänger Unternehmer oder Nichtunternehmer ist, da der Leistungsort – unabhängig vom Status des Leistungsempfängers – im Drittlandsgebiet liegt (§ 3a Abs. 2 UStG 42d oder § 3a Abs. 4 Satz 1 UStG). Dies gilt nicht für die in § 3a Abs. 5 Satz 2 Nr. 1 und 2 UStG bezeichneten Leistungen, bei denen die Nutzung oder Auswertung im Inland erfolgt, so dass der Leistungsort nach § 3a Abs. 6 Satz 1 Nr. 3 UStG im Inland liegen würde, wenn der Leistungsempfänger kein Unternehmer wäre (vgl. Abschn. 3a.2 Abs. 12 Satz 2 UStAE unter Hinweis auf Abschn. 3a.14 UStAE).

42e Eine Prüfung der Unternehmereigenschaft entfällt auch bei **Vermittlungsleistungen** gegenüber einem im Drittlandsgebiet ansässigen Auftraggeber, wenn der Ort der vermittelten Leistung im Drittlandsgebiet liegt, da der Ort der Vermittlungsleistung – unabhängig vom Status des Leistungsempfängers – in solchen Fällen immer im Drittlandsgebiet liegt (§ 3a Abs. 2 UStG, § 3a Abs. 3 Nr. 1 oder 4 UStG; Abschn. 3a.2 Abs. 12 Satz 3 UStAE).

3.4.7 Anwendung der B2B-Regel auch bei »Mischbezügen«

43 Hinweis auf die Durchführungsbestimmungen in Art. 19 MwStVO

Rz. 14 des Einführungsschreibens zum Mehrwertsteuerpaket (BMF vom 04.09.2009, BStBl I 2010, 1005) lautete ursprünglich (s. o.): »(8) Voraussetzung für die Anwendung der Ortsbestimmung nach § 3 a Abs. 2 Satz 1 UStG ist, dass die Leistung für den unternehmerischen Bereich des Leistungsempfängers ausgeführt worden ist. Hierunter fallen auch Leistungen an einen Unternehmer, soweit diese Leistungen für die Erbringung von der Art nach nicht steuerbaren Umsätzen (z. B. Geschäftsveräußerungen im Ganzen) bestimmt sind.«

44 Die abschließende Regelung einer derart komplexen Materie gelingt natürlich selten »im ersten Wurf« – auch nicht dem BMF! Offen blieb durch die ursprüngliche Formulierung die Rechtsfolge bei Bezügen, die **sowohl den unternehmerischen als auch den nicht unternehmerischen Bereich** betreffen (»Mischbezüge«).

45 Daher wurde Rz. 14 wie folgt ergänzt (BMF vom 08.12.2009, BStBl I 2009, 1612):
»... bestimmt sind.

Wird eine der Art nach in § 3 a Abs. 2 UStG erfasste sonstige Leistung sowohl für den unternehmerischen als auch für den nicht unternehmerischen Bereich des Leistungsempfängers erbracht, ist der Leistungsort einheitlich nach § 3 a Abs. 2 Satz 1 UStG zu bestimmen.«

46 Dieser Gedanke wurde so in Abschn. 3a.2 Abs. 8 UStAE übernommen. Den Regelungsgehalt zeigt folgendes Beispiel:

Beispiel:
Die grundsätzlich hoheitlich tätige Stadt Dortmund (D) betätigt sich im Jahr 2018 auch unternehmerisch in Form von »Betrieben gewerblicher Art«. Von dem in Österreich ansässigen Datenverarbeitungsunternehmen A bezieht die D Beratungs- und Datenverarbeitungsleistungen, die sowohl den hoheitlichen als auch ihren unternehmerischen Bereich betreffen.
Für D stellt sich die Frage, ob hinsichtlich der Leistungsbezüge anteilig (bezogen auf den unternehmerischen Verwertungsanteil) oder aber vollumfänglich von einer Ortsverlagerung nach Deutschland auszugehen ist und dementsprechend auch anteilig oder aber vollumfänglich die Steuerschuldnerschaft nach § 13 b Abs. 2 Nr. 1, Abs. 5 S. 1 UStG übergeht.

47 Während zur **»alten« Rechtslage** – also bis zum 31.12.2009 – Abschn. 38 Abs. 1 S. 3 Nr. 3 S. 3 UStR 2008 derartige »Mischbezüge« als vollumfänglich für den unternehmerischen Bereich bezogen ansieht, musste D nach den ersten Ausführungen des BMF zur neuen Rechtslage (Schreiben vom 04.09.2009, Az: IV B 9 – S 7117/08/10001, 2009/0580334, BStBl I 2009, 1005, Rz. 19) zunächst von einer Aufteilung ausgehen. Andererseits legte das BMF-Schreiben (a. a. O., Beispiel in Rz. 16) die Vermutung nahe, D könne durch Leistungsbezug unter ihrer USt-IdNr. eine **vollumfängliche Besteuerungsverlagerung nach Deutschland** erzielen. In letzterem Sinne war

die Ergänzung der damaligen Rz. 14 durch das BMF-Schreiben vom 08.12.2009 (BStBl I 2009, 1612) und ist nunmehr Abschn. 3a.2 Abs. 8 S. 3 UStAE zu verstehen.

Im Beispiel unterliegen die Beratungs- sowie Datenverarbeitungsleistungen mithin vollumfänglich der deutschen Umsatzbesteuerung und es kommt wie schon bisher – vgl. § 13 b Abs. 5 S. 6 UStG – vollumfänglich zu einer Übertragung der Steuerschuldnerschaft auf D. 48

HINWEIS

Die Klarstellung betrifft in gleicher Weise auch privatrechtliche Leistungsempfänger mit »Mischbezügen« – z. B. die **»gemischte Holding«** oder **Vereine mit ideellen und unternehmerischen Betätigungsbereichen.**

Trotz der Klarstellung dürfte es aber – was mit Nieskoven (GStB 2010, 59) eigentlich sinnwidrig ist – dabeibleiben, dass für die sich nur teilweise unternehmerisch betätigenden juristischen Personen hinsichtlich ihrer ausschließlich den nichtunternehmerischen Bereich betreffenden Leistungsbezüge

- weder § 3 a Abs. 2 S. 1 UStG – da nicht für den unternehmerischen Bereich –
- noch § 3 a Abs. 2 S. 3 UStG – da kein vollumfänglich nichtunternehmerisch tätiger Leistungsempfänger –

zur Anwendung kommen.

3.5 Grundstücksleistungen (§ 3 a Abs. 3 Nr. 1 UStG)

3.5.1 Grundsatzüberlegungen

3.5.1.1 »Insellösung«

Eine sonstige Leistung im Zusammenhang mit einem Grundstück wird dort ausgeführt, wo das Grundstück liegt (sog. **»Belegenheitsortprinzip«**, § 3 a Abs. 3 Nr. 1 S. 1 UStG). 49

Dabei ist die **Person des Leistungsempfängers ohne Bedeutung**. Die Vorschrift gilt sowohl für Grundstücksleistungen an Nichtunternehmer als auch an Leistungsempfänger im Sinne des § 3 a Abs. 2 UStG (vgl. Abschn. 3a.3 Abs. 1 UStAE). 50

Die Grundstücksleistung ist damit eine der wenigen sonstigen Leistungen, die nach Umsetzung des »Mehrwertsteuerpakets« nicht zu den Erleichterungen im B2B-Bereich führen – mit allen nachteiligen Konsequenzen, die eine solche **»Insellösung«** mit sich bringt (evtl. Registrierungspflicht für den Leistenden im EU-Ausland; Ausweis ausländischer Umsatzsteuer und Vorsteuer-Vergütung für den Leistungsempfänger, vgl. auch die Voraufl. zu diesem Buch, 3. Aufl. 2011, Vor § 1 Kap. 11). 51

3.5.1.2 Interpretation von Umsatzsteuer – eine Absage an das (deutsche) Zivilrecht!

Der EuGH hatte in einem deutschen Vorlageverfahren den Begriff der »Vermietung von Grundstücken« zu beurteilen. In Deutschland war es bislang (und ist es unverständlicherweise auch weiter) üblich, im Hinblick auf den Grundsatz der »Einheitlichkeit der Rechtsordnung« hierzu auf das Zivilrecht zurückzugreifen (vgl. z. B. Abschn. 4.12.1 Abs. 1 S. 1 UStAE). Diesem Gedanken erteilte der EuGH allerdings eine klare Absage. Der Begriff der »Vermietung von Grundstücken« sei ein eigenständiger Begriff des Gemeinschaftsrechts (so bereits EuGH vom 03.02.2000, Rs. C-12/98, Amengual Far, BFH/NV Datenbank, HI 510678) und daher vom Zivilrecht der Mitgliedstaaten unabhängig und unter Berücksichtigung von 52

- Wortlaut,
- Regelungszusammenhang und
- Zielen des Art. 135 MwStSystRL

zu finden (EuGH vom 16.01.2003, Rs. C-315/00, Rudolf Maierhofer, BFH/NV Beilage 2003, 104; vgl. auch EuGH vom 14.10.1999, Rs. C-23/98, Heerma, BFH/NV Datenbank, HI 510676, Rz. 23; EuGH vom 14.06.2001, Rs. C-191/99, Kvaerner plc, BFH/NV Datenbank, HI 1153993, Rz. 30). Zu berücksichtigen ist damit der Normzweck; das entspricht deutscher Auslegungsmethodik.

53 Die Bestimmungen der MwStSystRL sind also – wie auch die ihrer Vorgängerin, der 6. EG-RL – grundsätzlich eigenständige Begriffe des Gemeinschaftsrechts und erfordern daher eine **autonome und einheitliche gemeinschaftsrechtliche Definition**, welche – insbesondere bei den Ortsbestimmungen – auch bezweckt, eine Doppelbesteuerung oder Nichtbesteuerung zu vermeiden (vgl. Art. 58 MwStSystRL).

54 Die europäische Einbettung des jeweiligen nationalen Umsatzsteuerrechts verlangt, dass auch dieses EG-Richtlinien-konform ausgelegt wird. Vor diesem Hintergrund verbietet sich damit grundsätzlich auch die Interpretation der Tatbestandsmerkmale des deutschen UStG nach (nationalem) deutschem Zivilrechtsverständnis. Im Hinblick auf die Vielzahl der unterschiedlichen Zivilrechtsordnungen kann der EuGH die MwStSystRL nur **wirtschaftlich ohne Berücksichtigung der jeweiligen Zivilrechtslagen** in den einzelnen Mitgliedstaaten auslegen. Nur so kann die Harmonisierung des Umsatzsteuerrechts und dessen **Wettbewerbsneutralität** in der EG erreicht werden.

HINWEISE

1. Bestimmungen des Umsatzsteuerrechts sind grundsätzlich **losgelöst von nationalen Rechtsvorgaben** auszulegen. Aktuell ist dieser Gedanke tragend für die neue Rechtsprechung des BGH zur Nicht-Umsatzsteuerbarkeit von **Schadensersatz bei Leasingverträgen**.
2. Auch für die Umsatzsteuer gilt der Grundsatz der **»Einheitlichkeit der Rechtsordnung«** – allerdings mit der Besonderheit, dass mit Letzterer die **europäische** und nicht lediglich die deutsche (einzelstaatliche) Rechtsordnung gemeint ist.
3. **Ausnahmsweise** spielt das deutsche Zivilrecht eine Rolle bei der Interpretation des (deutschen) UStG, wenn Letzteres **unmittelbar** Begriffe aus dem Zivilrecht übernimmt, diese also erst aus dem Zivilrecht ihren Bedeutungsinhalt erfahren. Als Beispiele sind zu nennen: »Fälle der §§ 27 und 54 des Urheberrechtsgesetzes« (§ 3 Abs. 9 S. 3 UStG), »Warenzeichenrechte« (§ 3 a Abs. 4 Nr. 2 UStG), »Berechtigungen, für die die Vorschriften des bürgerlichen Rechts über Grundstücke gelten« (§ 4 Nr. 12 Buchst. a UStG), »dingliche Nutzungsrechte an Grundstücken« (§ 4 Nr. 12 Buchst. c UStG), »wesentliche Bestandteile eines Grundstücks« (§ 4 Nr. 12 S. 2 UStG), »Wohnungseigentümer im Sinne des Wohnungseigentumsgesetzes« (§ 4 Nr. 13 UStG), »Erbbaurecht« (§ 9 Abs. 2 UStG), »Rechte, die sich aus dem Urhebergesetz ergeben« (§ 12 Abs. 2 Nr. 7 Buchst. c UStG, vgl. Stadie in Rau/Dürrwächter, UStG, Einführung (vor § 1), Anm. 246 f., 296 ff.; ders., UStG, 1. Aufl. 2009, Vorbemerkung Rz. 63 u. 75).

3.5.2 Ergänzende Vorgaben aus Europa

54a In der **MwStVO** (EU-Verordnung 282/2011) finden sich folgende **Durchführungsvorschriften,** die bei der Auslegung des § 3a Abs. 3 Nr. 1 UStG zu berücksichtigen sind:

- Art. 13b (Begriff des Grundstücks),
- Art. 31a (Leistungen, die Dienstleistungen im Zusammenhang mit einem Grundstück sind),
- Art. 31b (Überlassung von Ausrüstung und Bedienpersonal als Dienstleistung im Zusammenhang mit einem Grundstück).

3.5.3 Die Verwaltungsauffassung

55 Auf Unionsebene haben sich die **EU-Mitgliedstaaten auf gemeinsame Auslegungen** beim Anwendungsbereich der Ortsregelung für Leistungen im Zusammenhang mit einem Grundstück

nach Art. 47 MwStSystRL (= § 3 a Abs. 3 Nr. 1 UStG) geeinigt. Diese hat das BMF »zur einheitlichen Auslegung der Regelung und zur Vermeidung der Gefahr von Doppelbesteuerung umgesetzt« (BMF vom 18.12.2012, BStBl I 2012, 1272) und dazu die Abschn. 3a.3 und 3a.4 UStAE entsprechend fortgeschrieben.

HINWEIS

Ein Ziel ist – wenn auch nicht ausdrücklich als solches vom BMF benannt – natürlich auch die »Vermeidung einer Nichtbesteuerung«, also das **Vermeiden von Steuerausfällen** (vgl. Art. 58 MwStSystRL).

Anzuwenden sind die neuen Regelungen auf Umsätze, die **nach dem 31.12.2012 ausgeführt** werden. 56

3.5.4 Beratungskonsequenzen aus der Verwaltungsauffassung

3.5.4.1 Fortbestand vieler »Alt«regelungen

Grundstücksleistungen werden grundsätzlich unverändert dort ausgeführt, wo das Grundstück liegt (sog. »Belegenheitsortprinizip«, § 3 a Abs. 3 Nr. 1 UStG). Daher übernimmt Abschn. 3a.3 UStAE – wie schon das das Einführungsschreiben des BMF vom 04.09.2009 (Az: IV B 9 – S 7117/08/10001, 2009/0580334, BStBl I 2009, 1005, Rz. 24-33) – unter Auswertung aktueller Rechtsprechung im Wesentlichen den **»alten« Abschn. 34 UStR 2008**. Allerdings waren zum 01.01.2013 **Anpassungen erforderlich** (vgl. Rn. 58 ff.). 57

3.5.4.2 EU-Anpassungen zum 01.01.2013

Die EU-Mitgliedstaaten haben sich auf **gemeinsame Auslegungen** beim Anwendungsbereich der Ortsregelung für Leistungen im Zusammenhang mit einem Grundstück nach Art. 47 MwStSystRL (= § 3 a Abs. 3 Nr. 1 UStG) geeinigt. Das BMF hat dazu die Abschn. 3a.3 und 3a.4 UStAE entsprechend fortgeschrieben (vgl. Rn. 56 f.). 58

Anzuwenden sind die neuen Regelungen auf Umsätze, die **nach dem 31.12.2012 ausgeführt** werden. 59

HINWEIS

Die Neuerungen zum 01.01.2013 lassen sich recht sicher aus einem Vergleich von Abschn. 3a.3 a. F. UStAE mit dem BMF-Schreiben vom 18.12.2012 (BStBl I 2012, 1272) erkennen; Letzteres hebt die Neuerungen durch Fettdruck hervor.

3.5.4.3 Grundstücksleistungen = eine der »Insellösungen«, die das Mehrwertsteuerpaket zurückgelassen hat

Für die Ortbestimmung ist auch weiterhin die **Person des Leistungsempfängers ohne Bedeutung**. Die Vorschrift gilt sowohl für Grundstücksleistungen an Nichtunternehmer als auch an Leistungsempfänger i. S. d. § 3 a Abs. 2 UStG (Abschn. 3a.3 Abs. 1 UStAE). 60

Die Grundstücksleistung ist damit eine der wenigen sonstigen Leistungen, die nach Umsetzung des »Mehrwertsteuerpakets« **nicht zu den Erleichterungen im B2B-Bereich führen** – mit allen nachteiligen Konsequenzen, die eine solche »Insellösung« mit sich bringt (vgl. Rn. 50 f.). 61

3.5.5 Neues Praxisproblem ab 01.01.2010: Ortsgebundene Montagen

62 Zu praktischen Schwierigkeiten führen ortsgebundene Montagen (so auch Monfort, DStR 2008, 297):

- **Bis zum 31.12.2009** konnte in der Regel offenbleiben, ob es sich insoweit um Grundstücksleistungen oder Arbeiten an Mobilien handelte. Der Leistungsort war sowohl bei Beurteilung nach § 3a Abs. 2 Nr. 1 UStG a.F. als auch nach § 3a Abs. 2 Nr. 3 Buchst. c UStG a.F. beim fertigen Werk.
- **Ab dem 01.01.2010** gilt dies nur für Grundstückleistungen. Die Arbeiten an und das Begutachten von Mobilien beurteilen sich dagegen **im B2B-Bereich** ausnahmslos nach der Grundregel des § 3a Abs. 2 UStG: Leistungsort ist der Sitzort oder Betriebsstättenort des Kunden (Empfängerortsprinzip/Bestimmungslandprinzip). **Im B2C-Bereich** dürfte die Abgrenzung auch weiterhin bedeutungslos bleiben.

3.5.5.1 »Dübellöcher « als neues Entscheidungskriterium

63 Das BMF stellte nach den EU-Anpassungen zum 01.01.2013 (vgl. Rn. 58 ff.) zur Abgrenzung im damals neugefassten Abschn. 3a.3 UStAE zunächst darauf ab, ob etwas zu einem wesentlichen Grundstücksbestandteil geworden ist oder nicht (vgl. im Einzelnen die Voraufl. zu diesem Buch, 4. Aufl. 2015, § 3a Rz. 63). Da dieses Abgrenzungskriterium in der Praxis nicht die erhoffte Klarheit brachte, ist das BMF nunmehr zu einer sehr gegenständlichen/plastischen Sprache übergegangen (BMF vom 10.8.2016, III C 3 – S 7279/16/10001, 2016/0745510, BStBl. I 2016, 820) und hat

Abschn. 3a.3 Abs. 2 Satz 3 Spiegelstrich 4 UStAE wie folgt gefasst (Lesestraße/Fettdruck vom Autoren): »[1]Sachen, Ausstattungsgegenstände oder Maschinen, die auf Dauer in einem Gebäude oder einem Bauwerk installiert sind, und die nicht bewegt werden können, ohne das Gebäude oder das Bauwerk zu zerstören oder **erheblich** zu verändern. [2]**Die Veränderung ist immer dann unerheblich, wenn die betreffenden Sachen einfach an der Wand hängen und wenn sie mit Nägeln oder Schrauben so am Boden oder an der Wand befestigt sind, dass nach ihrer Entfernung lediglich Spuren oder Markierungen zurückbleiben (z.B. Dübellöcher), die leicht überdeckt oder ausgebessert werden können.**«

Das BMF verweist auch in den zeitgleich neugefasten Abschn. 4.12.10, 13b.1 und13.b.2 UStAE **immer** wieder auf diesen Satz. Damit sollen Zweifel beseitigt werden: **Lässt sich eine Betriebsvorrichtung / Anlage nicht ohne Aufwand demontieren, liegen immer Grundstücksleistungen vor.**

3.5.5.2 Blick in das BGB

64 Allgemein zur Bedeutung des (deutschen) Zivilrechts bei der Interpretation von USt Rz. 55c ff. und Rz. 61. Zum Verständnis von Abschn. 3a.3 UStAE müssen insbesondere folgende Vorschriften des BGB berücksichtigt werden:

§ 93 Wesentliche Bestandteile einer Sache

Bestandteile einer Sache, die voneinander nicht getrennt werden können, ohne dass der eine oder der andere zerstört oder in seinem Wesen verändert wird (wesentliche Bestandteile), können nicht Gegenstand besonderer Rechte sein.

§ 94 Wesentliche Bestandteile eines Grundstücks oder Gebäudes

(1) [1]Zu den wesentlichen Bestandteilen eines Grundstücks gehören die mit dem Grund und Boden fest verbundenen Sachen, insbesondere Gebäude, sowie die Erzeugnisse des Grundstücks, solange sie mit dem Boden zusammenhängen. [2]Samen wird mit dem Aussäen, eine Pflanze wird mit dem Einpflanzen wesentlicher Bestandteil des Grundstücks.

(2) Zu den wesentlichen Bestandteilen eines Gebäudes gehören die zur Herstellung des Gebäudes eingefügten Sachen.

§ 95 Nur vorübergehender Zweck

(1) [1]Zu den Bestandteilen eines Grundstücks gehören solche Sachen nicht, die nur zu einem vorübergehenden Zweck mit dem Grund und Boden verbunden sind. [2]Das Gleiche gilt von einem Gebäude oder anderen Werk, das in Ausübung eines Rechts an einem fremden Grundstück von dem Berechtigten mit dem Grundstück verbunden worden ist.

(2) Sachen, die nur zu einem vorübergehenden Zwecke in ein Gebäude eingefügt sind, gehören nicht zu den Bestandteilen des Gebäudes.

Bei Grundstücken gehören danach zu den wesentlichen Bestandteilen solche, die mit dem Grund und Boden **fest verbundenen Sachen**, insbesondere Gebäude, die Erzeugnisse des Bodens bis zur Trennung (Fruchterwerb), Pflanzen seit dem Einpflanzen usw. (Creifelds, Rechtswörterbuch, 20. Aufl., München 2011). 65

Eine feste Verbindung mit dem Boden ist gegeben, wenn die Trennung zu einer Zerstörung oder erheblichen Beschädigung der eingefügten Sache führen oder **erhebliche Kosten oder sonstigen erheblichen Aufwand** verursachen würde. 66

Unerheblich ist, ob die Einfügung erforderlich war; entscheidend sind allein deren Zweck und die **Festigkeit/Dauerhaftigkeit der Verbindung.**

Wesentliche Bestandteile

- **sind** demnach **fest eingebaute** oder besonders für den Einzelfall eingefügte **Maschinen einer Fabrik**, eingebaute Badewannen, die Liftanlage eines Hauses, die einbaute Zentralheizung, die Fenster, Türen, Wände eines Hauses,
- **nicht** aber bloße Behelfsbaracken, **nur aufgestellte oder einfach verschraubte Maschinen in einer Fabrikhalle** usw.

Zu den wesentlichen Bestandteilen gehören jedoch trotz fester Verbindung solche Sachen nicht, die nach dem Willen des Einfügenden nur zu einem vorübergehenden Zweck mit dem Grund und Boden verbunden wurden oder in das Gebäude eingefügt worden sind (§ 95 BBG, sog. **»Scheinbestandteile«**). 67

Beispiel:
Ein Anlagenbauer verleast eine für den Kunden maßgeschneiderte Maschine.

TIPP
Bei Fällen größeren Steuervolumens sollte im Zweifel eine verbindliche Auskunft erwogen werden!

3.5.6 Keine Harmonisierung/Weiter Registrierungspflicht im EU-Ausland prüfen

Das Reverse-Charge-Verfahren ist bei Grundstücksleistungen im B2B-Bereich in den anderen EU-Mitgliedstaaten zwar möglich, aber **nicht zwingend** anzuwenden (vgl. Rn. 21 f.). 68

HINWEIS
Unternehmer werden daher vorerst auch zukünftig nicht umhinkommen, sich über die umsatzsteuerliche Behandlung im anderen Mitgliedstaat entsprechend zu informieren. Hier sind **auch weiterhin die bisherigen Prüfungen** (Weimann, UidP, Kap. 79) anzustellen.

3.5.7 Eigenständiger Grundstücksbegriff der MwStSystRL

69 Die Vermietung eines Gebäudes, das aus Fertigteilen errichtet wird, die so in das Erdreich eingelassen werden, dass sie weder leicht demontiert noch versetzt werden können, führt zur Vermietung i. S. d. Art. 135 Abs. 1 Buchst. l MwStSystRL, auch wenn das Gebäude nach Beendigung des Mietvertrags entfernt und auf einem anderen Grundstück wieder verwendet werden soll (vgl. Rn. 52). Die Frage der Vermietung ist davon unabhängig, ob der Vermieter dem Mieter das Grundstück und das Gebäude oder nur das Gebäude überlässt, das er auf dem Grundstück des Mieters errichtet hat (EuGH vom 16.01.2003, Rs. C-315/00, Rudolf Maierhofer, BFH/NV Beilage 2003, 104).

HINWEIS
Schon früher hatte der EuGH darauf erkannt, dass der Begriff der »Vermietung von Grundstücken« ein eigenständiger Begriff des Gemeinschaftsrechts sei (EuGH vom 03.02.2000, Rs. C-12/98, Amengual Far, BFH/NV Datenbank, HI 510678) und die Vermietung von Gebäuden einschließe (EuGH vom 12.12.1998, Rs. C-346/95, Elisabeth Blasi, BFH/NV Datenbank, HI 60657), die Vermietung von beweglichen Sachen aber ausschließe (EuGH vom 03.07.1997, Rs. C-60/96, BFH/NV Datenbank, HI 60641). Der Grundstücksbegriff ist daher vom Zivilrecht der Mitgliedstaaten unabhängig und unter Berücksichtigung von

- Wortlaut,
- Regelungszusammenhang und
- Zielen

des Art. 135 Abs. 1 Buchst. l MwStSystRL zu finden.

3.5.8 Leistungsort der Notare

70 Für Notare kommen folgende Leistungsorte in Betracht:

- Leistungen bei der **Beurkundung von Grundstücksgeschäften: Belegenheitsort des Grundstücks**(§ 3 a Abs. 3 Nr. 1 UStG, Abschn. 3a.3 Abs. 7 Satz 1, Abs. 9 Nr. 1 UStAE); so schon das Einführungsschreiben des BMF vom 04.09.2009, BMF vom 04.09.2009, Az: IV B 9 – S 7117/08/10001, 2009/0580334, BStBl I 2009, 1005, Rz. 3 0 S. 1, Rz. 32 S. 1; entspricht materiell der bis zum 31.12.2009 gültigen Vorgängerregelung: § 3 a Abs. 2 Nr. 1 UStG a. F.; Abschn. 34 Abs. 6 S. 1, Abs. 8 S. 1 UStR 2008);
  selbständige **Beratungsleistungen im Zusammenhang mit Grundstücken, Grundstücksvermietungen und -verpachtungen:** Belegenheitsort des Grundstücks (§ 3 a Abs. 3 Nr. 1 UStG, Abschn. 3a.3 Abs. 7 Satz 2, Abs. 8 Nr. 9 UStAE); hier hat sich die **Verwaltungsauffassung Ende 2017 geändert** (vgl. Rz. 70a f.)
- **sonstige selbständige Beratungsleistungen** (§ 3 a Abs. 4 S. 2 Nr. 3 oder § 3 a Abs. 2 UStG (Abschn. 3a.9 Abs. 11 UStAE); so schon das Einführungsschreiben des BMF vom 04.09.2009, Az: IV B 9 – S 7117/08/10001, 2009/0580334, BStBl I 2009, 1005, Rz. 70 = Abschn. 39 Abs. 11 UStR 2008): Notare erbringen selbständige Beratungsleistungen, wenn Beratungen nicht im Zusammenhang mit einem Grundstück stehen. Das sind insbesondere die Fälle, in denen sich die Tätigkeit der Notare auf die Betreuung der Beteiligten auf dem Gebiet der vorsorgenden Rechtspflege, insbesondere die Anfertigung von Urkundsentwürfen und die Beratung der Beteiligten beschränkt; vgl. § 24 BNotO, §§ 145, 147 Abs. 2 KostO):
  - **Unternehmensort/Betriebsstättenort/Sitzort des unternehmerischen Leistungsempfängers/der juristischen Person, § 3 a Abs. 2 UStG** (Abschn. 3a.8 Nr. 3 UStAE; so schon das Einführungsschreiben des BMF vom 04.09.2009, Az: IV B 9 – S 7117/08/10001, 2009/0580334, BStBl I 2009, 1005, Rz. 59 Nr. 3; entspricht materiell der bis zum 31.12.2009 gültigen Vorgängerregelung: § 3 a Abs. 3 S. 1 UStG a. F., Abschn. 38 Abs. 1 S. 3 Nr. 1 UStR 2008);

- **Wohnort/Sitzort des nichtunternehmerischen Leistungsempfängers außerhalb der EG, § 3a Abs. 4 S. 1 UStG (Abschn. 3a.8 Nr. 1 UStAE;** so schon das Einführungsschreiben des BMF vom 04.09.2009, Az: IV B 9 – S 7117/08/10001, 2009/0580334, BStBl I 2009, 1005, Rz. 59 Nr. 1; entspricht materiell der bis zum 31.12.2009 gültigen Vorgängerregelung: § 3a Abs. 4 Nr. 3, Abs. 3 S. 3 UStG a. F., Abschn. 38 Abs. 1 S. 3 Nr. 2 UStR 2008);
- **Unternehmensort des leistenden Notars bei nichtunternehmerischem Leistungsempfänger innerhalb der EU (§ 3a Abs. 1 UStG, Umkehrschluss aus § 3a Abs. 4 S. 1 UStG (Abschn. 3a.8 Nr. 2 UStAE;** so schon das Einführungsschreiben des BMF vom 04.09.2009, Az: IV B 9 – S 7117/08/10001, 2009/0580334, BStBl I 2009, 1005, Rz. 59 Nr. 2; entspricht materiell der bis zum 31.12.2009 gültigen Vorgängerregelung: § 3a Abs. 1 UStG, Umkehrschluss aus § 3a Abs. 4 Nr. 3, Abs. 3 UStG, Abschn. 33 Abs. 4 und Abschn. 38 Abs. 1 S. 3 Nr. 3, Abs. 5 UStR 2008).

- **Andere Leistungen der Notare:**
  - Unternehmensort/Sitzort des Leistungsempfängers bei **Unternehmens- oder gleichgestellten Kunden, § 3a Abs. 2 UStG** = Auffangtatbestand = neue B2B-Regelung;
  - Unternehmensort des leistenden Notars bei **Nicht-Unternehmenskunden, § 3a Abs. 1 UStG** = Auffangtatbestand = »neue alte« B2C-Regelung **(Abschn. 3a.1 Abs. 4 4. Spielstrich UStAE;** so schon das Einführungsschreiben des BMF vom 04.09.2009, Az: IV B 9 – S 7117/08/10001, 2009/0580334, BStBl I 2009, 1005, Rz. 5; entspricht materiell der bis zum 31.12.2009 gültigen Vorgängerregelung: § 3a Abs. 1 UStG, Abschn. 33 Abs. 4 UStR 2008).

3.5.9 Leistungsort der Rechtsanwälte

Das BMF hat mit Schreiben vom 05.12.2017 (III C 3 – S 7117-a/16/10001, 2017/1004344, BStBl I 2017, 1658) den Katalog der in Abschn. 3a.3 Abs. 8 UStAE enumerativ benannten Grundstücksleistungen um die neue Nr. 9 erweitert (Änderung der Verwaltungsauffassung). Zu den Grundstücksleistungen gehören danach auch sonstige Leistungen juristischer Art im Zusammenhang mit Grundstücksübertragungen sowie mit der Begründung oder Übertragung von bestimmten Rechten an Grundstücken oder dinglichen Rechten an Grundstücken (unabhängig davon, ob diese Rechte einem körperlichen Gegenstand gleichgestellt sind), selbst wenn die zugrunde liegende Transaktion, die zur rechtlichen Veränderung an dem Grundstück führt, letztendlich nicht stattfindet. Zu den bestimmten Rechten an Grundstücken zählen z. B. das Miet- und Pachtrecht. Die Erbringung sonstiger Leistungen juristischer Art ist nicht auf bestimmte Berufsgruppen beschränkt. Erforderlich ist jedoch, dass die Dienstleistung mit einer zumindest beabsichtigten Veränderung des rechtlichen Status des Grundstücks zusammenhängt. 70a

Zu den sonstigen Leistungen im Sinne der Sätze 1 bis 4 zählen z. B.: 70b

- das Aufsetzen eines Vertrags über den Verkauf oder den Kauf eines Grundstücks und das Verhandeln der Vertragsbedingungen sowie damit in Zusammenhang stehende Beratungsleistungen (z. B. Finanzierungsberatung, Erstellung einer Due Diligence), sofern diese als unselbständige Nebenleistungen anzusehen sind;
- die sonstigen Leistungen der Notare bei der Beurkundung von Grundstückskaufverträgen und anderen Verträgen, die auf die Veränderung von Rechten an einem Grundstück gerichtet sind, unabhängig davon, ob sie zwingend einer notariellen Beurkundung bedürfen;
- die Beratung hinsichtlich einer Steuerklausel in einem Grundstücksübertragungsvertrag;
- das Aufsetzen und Verhandeln der Vertragsbedingungen eines sale-and-lease-back-Vertrags über ein Grundstück oder einen Grundstücksteil sowie damit in Zusammenhang stehende Beratungsleistungen (z. B. Finanzierungsberatung), sofern diese als unselbständige Nebenleistungen anzusehen sind;

- das Aufsetzen und Verhandeln von Miet- und Pachtverträgen über ein bestimmtes Grundstück oder einen bestimmten Grundstücksteil;
- die rechtliche Prüfung bestehender Miet- oder Pachtverträge im Hinblick auf den Eigentümerwechsel im Rahmen einer Grundstücksübertragung.«

70c Es wird nicht beanstandet, wenn auf **bis zum 31.12.2016** erbrachte juristische Dienstleistungen von Angehörigen der rechts- und steuerberatenden Berufe, die nicht Notare sind, Abschn. 3a.3 Abs. 7 UStAE a.F. angewandt wird (BMF vom 13.02.2018, Az: III C 3 – S 7117-a/16/10001, 2018/0123727, BStBl I 2018, 304).

70d Für **andere Rechtsanwaltsleistungen** gelten die Ausführungen zu den sonstigen selbständigen Beratungsleistungen und den anderen Leistungen der Notare entsprechend (vgl. Rz. 70). Derartige andere Leistungen – also solche, die nicht im Zusammenhang mit einem Grundstück stehen, sind nach dem BMF-Schreiben vom 05.12.2017 (III C 3 – S 7117-a/16/10001, 2017/1004344, BStBl I 2017, 1658) insbesondere:

- der Verkauf von Anteilen und die Vermittlung der Umsätze von Anteilen an Grundstücksgesellschaften sowie Beratungsleistungen hinsichtlich des Abschlusses eines Kaufvertrags über Anteile an einer Grundstücksgesellschaft (Share Deal), vgl. Abschn. 3a.3 Abs. 10 Nr. 4 UStAE n.F.;
- sonstige Leistungen juristischer Art, mit Ausnahme der unter Abschn. 3a.3 Abs. 9 Nr. 9 UStAE genannten sonstigen Leistungen, einschließlich Beratungsleistungen betreffend die Vertragsbedingungen eines Grundstücksübertragungsvertrags, die Durchsetzung eines solchen Vertrags oder den Nachweis, dass ein solcher Vertrag besteht, sofern diese Leistungen nicht speziell mit der Übertragung von Rechten an Grundstücken zusammenhängen. Zu diesen Leistungen gehören nach Abschn. 3a.3 Abs. 10 Nr. 7 UStAE z.B.
- die Rechts- und Steuerberatung in Grundstückssachen;
- die Erstellung von Mustermiet- oder -pachtverträgen ohne Bezug zu einem konkreten Grundstück;
- die Beratung zur Akquisitionsstruktur einer Transaktion (Asset Deal oder Share Deal);die Prüfung der rechtlichen Verhältnisse eines Grundstücks (Due Diligence);
- die Durchsetzung von Ansprüchen aus einer bereits vorgenommenen Übertragung von Rechten an Grundstücken.«

70e Hinweis auch auf Rz. 135

3.5.10 Energieeinspar-Contracting als Grundstücksleistung

71 **Unter Contracting versteht man** die Übertragung von Dienstleistungen, die eigentlich der Nutzer oder Eigentümer zur Versorgung eines Grundstücks zu erbringen hätte, auf einen Dritten. Dabei ist es das Ziel, den Kunden von Aufgaben wie Energie- oder Telekommunikationsversorgung zu entlasten. Im Rahmen einer Ausgliederung werden diese Versorgungsaufgaben auf einen Dienstleister (Contractor) übertragen. Dazu wird ein Vertrag, ein »contract«, geschlossen; hieraus leitet sich der Begriff »Contracting« ab (Weimann, UidP, Kap. 46.6; vgl. auch Damaschke, Stbg 2004, 464; zum wirtschaftlichen Hintergrund Eisenschmidt, NWB 2013, 57).

72 **Die wirtschaftliche Grundidee des Contractings** besteht im Erkennen von Potentialen zur Kosteneinsparung. Die Contractor erwerben, mieten oder errichten Versorgungsanlagen und betreiben diese; sie installieren z.B. Heizanlagen, übernehmen deren Betriebsführung, Instandhaltung und Wartung und liefern den Kunden letztlich die Wärme frei Haus. Für den Nutzer ergeben sich nicht nur Einsparungen bei der Herstellung eines Gebäudes, sondern auch niedrigere Kosten beim Verbrauch des über den Contractor gelieferten Gutes. Beim »Energieeinspar-Contracting« besteht das primäre Ziel darin, Einsparpotenziale über die Energiezentrale hinaus in Produktionsabläufen oder an anderer Stelle, z.B. im Gebäude, zu finden. In Abstimmung mit dem

Kunden legt der Contractor die Maßnahmen, die zur Einsparung führen sollen, fest und finanziert sie vor. Die Rückzahlung dieser Leistungen soll aus den erzielten Energieeinsparungen erfolgen.

Beispiel:
Der Eigentümer E eines Bürogebäudes in Dortmund vereinbart mit Contractor C die Wärmeversorgung seiner Mieter. Zur Beförderung der Wärme ist eine Heizungsanlage erforderlich.
Variante 1: C installiert die Anlage in dem (noch zu errichtenden oder bereits bestehenden) Gebäude des E.
Variante 2: C erwirbt die bereits im Gebäude vorhandene Anlage von E.
Variante 3: C mietet die bereits vorhandene Anlage von E.

Lösung:
Variante 1: Im Rahmen eines **tauschähnlichen Umsatzes** kommt es zum Leistungsaustausch zwischen C und E (§ 3 Abs. 12 S. 2 UStG):

- Die Leistung des C besteht in der Lieferung der Anlage.
- Die Gegenleistung des E besteht in der Überlassung der Teilfläche und/oder Duldung des Einbaus sowie der Durchleitung von Energie.

E erbringt die Leistung **am Belegenheitsort** des Grundstücks in Dortmund (§ 3 a Abs. 3 Nr. 1 UStG); die Leistung ist damit umsatzsteuerbar. Sie ist auch steuerpflichtig; insbesondere liegt keine nach § 4 Nr. 12 UStG steuerfreie Vermietungsleistung vor. Die Leistung des E ist keine Vermietung oder Verpachtung von Grundstücken i. S. d. § 4 Nr. 12 Buchst. a UStG. Auch die Annahme einer Überlassung zur Nutzung »aufgrund eines auf Übertragung von Eigentums« gerichteten Vertrages i. S. v. § 4 Nr. 12 Buchst. b UStG scheidet aus, da C allenfalls Eigentümer der Heizungsanlage wird. Denkbar wäre lediglich eine Bestellung, Übertragung oder Überlassung der Ausübung von dinglichen Rechten i. S. d. § 4 Nr. 12 Buchst. c UStG, wenn C durch Eintragung einer Reallast in Abteilung II des Grundbuches abgesichert wird. In diesem Fall tritt jedoch die Gebrauchsüberlassung in Form der Gestattung, eine Anlage zu errichten, gegenüber den **damit verbundenen Rechten, Energie zu liefern, in den Hintergrund**. Das eigentliche wirtschaftliche Interesse des Contractors besteht nicht darin, die Anlage zu liefern, sondern die Energie.
Variante 2: Verkauft E dem C die von ihm selbst errichtete Heizungsanlage, so führt dies regelmäßig zu einem steuerpflichtigen Umsatz. Eine Ausnahme von der Steuerpflicht besteht nur dann, wenn der Grundstückseigentümer den gelieferten Gegenstand ausschließlich zur Erzielung steuerfreier Umsätze i. S. d. § 4 Nr. 28 UStG verwendet hat. Dies ist bei einer umsatzsteuerfreien Vermietung oder Verpachtung des Gebäudes der Fall; dann unterliegt auch der Verkauf nicht der Umsatzsteuer.
Variante 3: Die Vermietung der Heizungsanlage durch E an C führt zu einem steuerpflichtigen Leistungsaustausch. Dies gilt ungeachtet der Frage, ob es sich bei der Anlage selbst um ein Grundstück i. S. d. § 4 Nr. 12 Buchst. a UStG oder um ein dingliches Recht i. S. v. Buchst. c der Vorschrift handelt. Auch ist es nicht entscheidend, ob eine Betriebsvorrichtung i. S. v. § 4 Nr. 12 S. 2 UStG gegeben ist. Denn das eigentliche **wirtschaftliche Interesse des Contractors** besteht nicht darin, eine Anlage zu mieten, sondern **Energie durchzuleiten**. Hieraus ergibt sich die Steuerpflicht der Leistung aus einem **Vertragsverhältnis »besonderer Art«**, welches nach dem wirtschaftlichen Gehalt keine Vermietung darstellt.

3.5.11 Sonderfall Messen, Ausstellungen

Zu den Besonderheiten der Messen und Ausstellungen vgl. Rn. 95 ff. 73

3.5.12 Kurzfristige Beherbergung selbst ist Grundstücksleistung, deren Vermittlung aber nicht

Es gilt zu unterscheiden: 74

- Die **Vermietung** von Wohn- und Schlafräumen, die ein Unternehmer bereithält, um kurzfristig Fremde zu beherbergen, **ist** eine Grundstücksleistung (§ 3 a Abs. 3 Nr. 1 S. 2 Buchst. a UStG, Abschn. 3a.3 Abs. 4 S. 4 Nr. 1 UStAE).

- Die **Vermittlung** dieser Vermietungen ist **keine** Grundstücksleistung (Abschn. 3a.3 Abs. 9 Nr. 2 UStAE, vgl. Rn. 122 ff.

3.6 Beförderungsmittel/Kurz- und langfristige Vermietung (§ 3 a Abs. 3 Nr. 2 UStG)

3.6.1 Ergänzende Vorgaben aus Europa

75 In der **MwStVO** (EU-Verordnung 282/2011) finden sich folgende **Durchführungsvorschriften,** die bei der Auslegung des § 3a Abs. 3 Nr. 2 UStG zu berücksichtigen sind:

- Art. 24e (Beweismittel für den Leistungsort bei der Vermietung von Beförderungsmitteln),
- Art. 38 (Definition Beförderungsmittel),
- Art. 39 (Kurzfristige Vermietung eines Beförderungsmittels – Maßgeblichkeit der vertraglichen Vereinbarung für die Bestimmung des Zeitraums der Vermietung),
- Art. 31b (Ort der physischen Überlassung des Beförderungsmittels)

3.6.2 Die Verwaltungsauffassung

75a Das BMF erläutert seine Rechtsauffassung im Wesentlichen in Abschn. 3a.5 UStAE. Ergänzend ist auf das BMF-Schreiben vom 12.09.2013 hinzuweisen.

3.6.3 Beratungskonsequenzen aus der Verwaltungsauffassung

3.6.3.1 Begriff des »Beförderungsmittels«

76 Der Begriff »Vermietung eines Beförderungsmittels« bleibt im Vergleich zu § 3 a Abs. 4 Nr. 11 UStG a.F. unverändert (BMF vom 04.09.2009, Az: IV B 9 – S 7117/08/10001, 2009/0580334, BStBl I 2009, 1005 Rz. 36). Daher übernimmt Abschn. 3a.5 Abs. 2 UStAE – wie schon das Einführungsschreiben des BMF (a. a. O.) – **im Wesentlichen unverändert** den bisherigen **Abschn. 33a Abs. 2 UStR 2008**. Die Praxis kann also auf schon vorhandene Erkenntnisse hierzu zurückgreifen.

3.6.3.2 Begriff der »Vermietung«

77 Die Ausführungen zum Begriff des »Beförderungsmittels« (Rn. 76) gelten entsprechend. Abschn. 3a.5 Abs. 3 UStAE übernimmt – wie schon das Einführungsschreiben des BMF (a. a. O.) – **im Wesentlichen unverändert** den bisherigen **Abschn. 33a Abs. 4 UStR 2008**.

3.6.3.3 »Kurzfristige« Vermietung

78 Hinweis auf Abschn. 3a.5 Abs. 5 und 6 UStAE. Die **sicherlich weniger erfreulichen Praxisfolgen** der Neuregelung möge folgende Fallstudie verdeutlichen:

Beispiel:
Ein Kölner Mandant (M) vermietet kleinere Segelboote, mit denen Touristen (T) – vorwiegend im Mittelmeer – »shippern« können. Die Vermietung erfolgt in der Weise, dass die T den ihnen nachfolgenden Mietern die Schiffe immer dort übergeben, wo sie am Ende ihres Segeltörns angekommen sind:

- T1 segelt von Italien nach Spanien und übergibt das Boot dort an T2;
- T2 segelt von Spanien nach Portugal und übergibt das Boot dort an T3;
- T3 segelt von Portugal nach Griechenland und übergibt das Boot dort an T4;
- T4 segelt von Griechenland in die Türkei und übergibt das Boot dort an T5;
- T5 segelt von der Türkei nach Malta und übergibt das Boot dort an T6;

Lösung bis 31.12.2009:
§ 3 a Abs. 1 UStG a. F. galt auch für den Ort der sonstigen Leistung bei der Vermietung von Beförderungsmitteln (vgl. Abschn. 33a Abs. 1 UStR 2008).
Leistungsort war daher für alle Vermietungen der Sitzort des M in Deutschland.

Lösung seit dem 01.01.2010:
Leistungsort des M ist der jeweilige Übergabeort der Boote an die nachfolgenden T (vgl. Abschn. 3a.5 Abs. 6 UStAE). M wird sich daher in allen europäischen »Übergabeländern« registrieren müssen.

HINWEIS
Der Fall wird durch die Neuregelung komplizierter – dies wahrscheinlich in einer Weise, dass der Mandant auch der **Unterstützung durch Berater vor Ort** bedarf!
Die Problematik ist **ähnlich wie bei den Restaurationsleistungen** (vgl. Rn. 101 ff.).
Zu den Besonderheiten der **Drittlandsfälle** vgl. Rn. 156 ff.

3.6.3.4 »Langfristige« Vermietung

3.6.3.4.1 Umsätze vor dem 30.06.2013

Hier kommen die Auffangtatbestände der 79

- § 3 a Abs. 1 UStG (B2C-Bereich),
- § 3 a Abs. 2 UStG (B2B-Bereich)

zur Anwendung (Einführungsschreiben des BMF vom 04.09.2009, Az: IV B 9 – S 7117/08/10001, 2009/0580334, BStBl I 2009, 1005, Rz. 38).

Insbesondere die Wirtschaft **Österreichs** begrüßt die Neuregelung im B2B-Bereich. Derzeit 80
berechtigt ein **Kfz-Leasing österreichischer Unternehmer von deutschen Händlern in Deutschland** zur Vorsteuervergütung. Da das österreichische Umsatzsteuerrecht aber insoweit keine Vorsteuerentlastung vorsieht, besteuert Österreich die Kfz-Nutzung i. R. d. Eigenverbrauchsbesteuerung. Nur durch diese Ausnahmeregelung war es bisher möglich, österreichische Unternehmen davon abzuhalten, Autos in Deutschland zu leasen und so immerhin jährlich ca. 400 Mio. EUR Steuereinnahmen für Österreich zu sichern, die ansonsten nach Deutschland hätten abwandern können. Österreich darf die Ausnahmeregelung bis Ende 2009 beibehalten; ab Inkrafttreten des Mehrwertsteuerpakets 2010 würde die Regelung gegen die dann gültigen EU-Vorgaben verstoßen. Dann allerdings wird die MwSt – auch beim Leasing über eine deutsche Bank – am Ort der Nutzung des Autos und damit in Österreich fällig sein.

HINWEIS
Leasingverträge deutscher Leasinggeber mit **ausländische Unternehmenskunden** (Leasingnehmern) waren an die Neuregelung anzupassen:

- Leasingraten für **vor dem 01.01.2010 endende Leasingzeiträume:** Abrechnung brutto mit deutscher USt;
- Leasingraten für **nach dem 31.12.2009 endende Leasingzeiträume:** Abrechnung netto ohne deutsche USt.

81 Für **Privatkunden** blieb »alles beim Alten«: Abrechnung brutto mit USt.

3.6.3.4.2 Umsätze nach dem 29.06.2013

82 Vgl. Abschn. 3a.5 Abs. 7 ff. UStAE und das BMF vom 12.09.2013 (BStBl I 2013, 1176). Durch Art. 10 Nr. 2 Buchst. b AmtshilfeRLUmsG wurde der Leistungsort bei der langfristigen Vermietung von Beförderungsmitteln an Nichtunternehmer in § 3a Abs. 3 Nr. 2 UStG an Art. 56 Abs. 2 MwStSystRL angepasst. Der Leistungsort befindet sich danach an dem Ort, an dem der Empfänger seinen Wohnsitz oder Sitz hat. Handelt es sich bei dem Beförderungsmittel um ein Sportboot, wird die Vermietungsleistung an dem Ort ausgeführt, an dem das Sportboot dem Empfänger tatsächlich zur Verfügung gestellt wird, wenn sich auch der Sitz, die Geschäftsleitung oder eine Betriebsstätte des Unternehmers, von wo aus diese Leistung tatsächlich erbracht wird, an diesem Ort befindet. Dadurch soll insoweit eine Besteuerung am Verbrauchsort erreicht werden. Beispiel: Anwendungszeitraum und Übergangsregel.

83 Die Neuregelung ist auf nach dem 29.06.2013 ausgeführte Umsätze anzuwenden (Art. 31 Abs. 1 AmtshilfeRLUmsG). Ist die Festlegung des Leistungsortes bei der langfristigen Vermietung von Beförderungsmitteln an Nichtunternehmer (§ 3a Abs. 3 Nr. 2 S. 3 und 4 UStG) auf Grund des Rechts eines anderen Mitgliedstaates für nach dem 31.12.2012 und vor dem 30.06.2013 inhaltlich entsprechend der Regelung in § 3a Abs. 3 Nr. 2 S. 3 und 4 UStG in der Fassung von Art. 10 Nr. 2 Buchst. b AmtshilfeRLUmsG vorgenommen worden, ist es nicht zu beanstanden, wenn dieser Ortsregelung gefolgt wird (BMF vom 12.09.2013, BStBl I 2013, 1176).

3.6.4 Keine Harmonisierung/Weiter Registrierungspflicht im EU-Ausland prüfen

84 Das Reverse-Charge-Verfahren ist **bei kurzfristiger Vermietung** von Beförderungsmitteln im B2B-Bereich (vgl. Rn. 18) in den anderen EU-Mitgliedstaaten zwar möglich, aber **nicht zwingend** anzuwenden!

HINWEIS

Unternehmer werden daher vorerst auch zukünftig nicht umhinkommen, sich über die umsatzsteuerliche Behandlung im anderen Mitgliedstaat entsprechend zu informieren. Hier sind **auch weiterhin die bisherigen Prüfungen** (vgl. Rn. 21 ff.) anzustellen.

85 Zu den Besonderheiten der **Dienstwagenüberlassung** vgl. Michelutti/Wohlfahrt, NWB 2014, 3215.

3.7 Leistungen am Tätigkeitsort (§ 3a Abs. 3 Nr. 3 UStG)

3.7.1 Ort der Tätigkeit (§ 3a Abs. 3 Nr. 3 Einleitungssatz UStG)

3.7.1.1 Die Verwaltungsauffassung

86 Das BMF erläutert seine Rechtsauffassung im Wesentlichen in **Abschn. 3a.6 Abs. 1 UStAE.**

3.7.1.2 Beratungskonsequenzen aus der Verwaltungsauffassung

§ 3a Abs. 3 Nr. 3 Einleitungssatz UStG wurde bei Umsetzung des »Mehrwertsteuerpakets« (vgl. Rn. 13) sprachlich der neueren Rechtsprechung des EuGH (Urteil vom 09.03.2006, Rs. C-114/05, Gillan Beach, BFH/NV Beilage 2006, 278) angeglichen. 87

Abschn. 36 Abs. 1 UStR 2008 war bereits im Vorfeld entsprechend angepasst worden; daher übernimmt Abschn. 3a.6 Abs. 1 UStAE – wie schon das Einführungsschreiben des BMF-Schreibens vom 04.09.2009 (Az: IV B 9 – S 7117/08/10001, 2009/0580334, BStBl I 2009, 1005, Rz. 39) die Vorschrift **im Wesentlichen unverändert**. 88

TIPP
In der Praxis hat es sich bewährt, Abschn. 3a.6 Abs. 1 S. 2 UStAE wie folgt zu ergänzen: »... nach dem Ort, an dem die **vertraglich geschuldete** sonstige Leistung ...«; dann sind Beurteilungsfehler nahezu ausgeschlossen!

3.7.2 Kulturelle, künstlerische, wissenschaftliche u. ä. Leistungen (§ 3a Abs. 3 Nr. 3 Buchst. a UStG)

3.7.2.1 Rechtslage vom 01.01.2010 bis zum 31.12.2010

Hinweis auf die Vorauflage zu diesem Buch, 3. Aufl. 2011, § 3a Kap. 3.7.2.1. 89

3.7.2.2 Rechtslage seit dem 01.01.2011

3.7.2.2.1 Die Verwaltungsauffassung

Das BMF erläutert seine Rechtsauffassung im Wesentlichen in **Abschn. 3a.6 Abs. 2–7 UStAE**. Zum Leistungsort beim **Verkauf von Eintrittskarten** für Veranstaltungen **durch einen anderen Unternehmer als den Veranstalter** vgl. BMF vom 10.06.2013 (BStBl I 2013, 780) sowie Bader/Sodenkamp (NWB 2013, 2859). 90

3.7.2.2.2 Beratungskonsequenzen aus der Verwaltungsauffassung

Bis zum 31.12.2010 ist § 3a Abs. 3 Nr. 3 Buchst. a UStG eine der wenigen Leistungen, auf die die **B2B-Regel des § 3a Abs. 2 UStG keine Anwendung** findet. Leistungsort war grundsätzlich der Ort, an dem der leistende Unternehmer die **Leistung tatsächlich erbringt**. Die Regelung galt unabhängig davon, ob der Leistungsempfänger ein Unternehmer oder ein Nichtunternehmer ist (vgl. Voraufl. zu diesem Buch (3. Aufl. 2011), Kap. 3.7.2.1). 91

Das Jahressteuergesetz 2010 (BGBl I 2010, 1768; BStBl I 2010, 1394) hat **m. W. v. 01.01.2011** in § 3a Abs. 3 Nr. 3 Buchst. a UStG die aufgrund des Mehrwertsteuerpakets (vgl. Rn. 13) erforderlichen weiteren Anpassungen vorgenommen. § 3a Abs. 3 Nr. 3 Buchst. a UStG beschränkt sich nunmehr auf **Leistungen an Nichtunternehmer** (vgl. Abschn. 3a.6 Abs. 2 S. 1 UStAE). Es handelt sich um die **Umsetzung verbindlichen EU-Rechts**. 92

Bei **Leistungen an Unternehmer** für deren unternehmerischen Bereich und diesen gleichgestellte nicht unternehmerisch tätige juristische Personen, denen eine USt-IdNr. erteilt worden ist, richtet sich der Leistungsort grundsätzlich nach **§ 3a Abs. 2 UStG** (Sitz oder Betriebsstätte des Leistungsempfängers). 93

Beispiel:
Die »Söhne Mannheims« treten für einen österreichischen Veranstalter V in Amsterdam (NL) auf.

Lösung:
Bis zum 31.12.2010 war der Tätigkeitsort (= Auftrittsort Amsterdam) maßgebend. Mithin ist zu prüfen, ob die Niederlande eine Reverse-Charge-Regelung haben und – wenn ja – welche Rechtsfolgen sich daraus ergeben.
Seit dem 01.01.2011 ist der Leistungsort gem. § 3a Abs. 2 UStG der Sitzort des V in Österreich. Die Band rechnet netto ab; die Steuerschuld geht auf V über.

HINWEIS
Die Gesetzesänderung ist zu begrüßen. Für die Leistungserbringung im zwischenunternehmerischen Bereich entfällt fortan die in der Praxis oft zu Schwierigkeiten führende Abgrenzung zwischen wissenschaftlichen Leistungen und Beratungsleistungen (vgl. Abschn. 3a.6. Abs. 5 UStAE).

94 Bei **Eintrittsberechtigungen** zu kulturellen, künstlerischen, wissenschaftlichen, unterrichtenden, sportlichen, unterhaltenden oder ähnlichen Veranstaltungen **bleibt es bei der bisherigen Regelung**, d.h. diese Leistungen werden an dem Ort besteuert, an dem die Veranstaltung tatsächlich stattfindet, unabhängig davon, ob der Leistungsempfänger ein Unternehmer ist oder eine Privatperson. Deshalb wurde eine **neue Nr. 5 in § 3a Abs. 3 UStG** eingefügt (vgl. Rn. 125 ff.).

Zum **Sonderproblem Messen und Ausstellungen** vgl. Rn. 95 ff.

3.7.3 Messen und Ausstellungen (§ 3a Abs. 3 Nr. 1 und Nr. 3 Buchst. a UStG – Sonderfall: Grundstücksleistung oder Event?)

3.7.3.1 Rechtslage vom 01.01.2010 bis zum 31.12.2010

95 Hinweis auf die Vorauflage zu diesem Buch, 3. Aufl. 2011, § 3a Kap. 3.7.3.1

3.7.3.2 Rechtslage seit dem 01.01.2011

3.7.3.2.1 Die Verwaltungsauffassung

96 Das BMF erläutert seine Rechtsauffassung im Wesentlichen in Abschn. 3a.4 UStAE.

Ergänzend ist auf das BMF-Schreiben vom 04.02.2011 (BStBl I 2011, 162) hinzuweisen.

3.7.3.2.2 Beratungskonsequenzen aus der Verwaltungsauffassung

97 Grundsätzlich gelten die Ausführungen zu den kulturellen, künstlerischen, wissenschaftlichen, sportlichen u. ä. Leistungen (vgl. Rn. 89 ff.) entsprechend.

98 Besonderheiten ergeben sich nunmehr daraus, dass die Veranstalter gegenüber den Ausstellern Leistungspakete erbringen, innerhalb derer es **theoretisch eigentlich zu differenzieren** gilt (vgl. Abschn. 3a.4 Abs. 1 und Abs. 2 UStAE) – was aber in der Praxis nicht möglich ist:

Beispiel:
Die Messe Frankfurt GmbH erbringt für einen italienischen Aussteller im Rahmen eines »Rundum-Sorglos-Pakets« anlässlich der Frankfurter Buchmesse eine Vielzahl von Leistungen.

Lösung:
Bis zum 31.12.2010 ist der Leistungsort aller Leistungen auf jeden Fall Frankfurt. Das genaue Zusammenspiel von § 3a Abs. 3 Nr. 1 und. Nr. 3 Buchst. a UStG kann ungeklärt bleiben. Leistungsort ist auf jeden Fall Frankfurt; der Veranstalter rechnet gegenüber dem Aussteller brutto ab.
Ab dem 01.01.2011 war zunächst zu differenzieren:

- Die Grundstücksleistung war weiterhin brutto abzurechnen.
- Die Eventleistung war als B2B-Leistung netto abzurechnen.

Um diese praxisferne Lösung zu vermeiden, haben sich die Interessenverbände der Veranstalter beim BMF für eine Vereinfachungsregel eingesetzt. Dies mit Erfolg! In Abschn. 3a.4 Abs. 2 UStAE heißt es jetzt (Hinweis: Hervorhebungen im Fettdruck vom Verfasser): 99

»...[3]Handelt es sich um eine einheitliche Leistung – **sog. Veranstaltungsleistung** – (vgl. Abschnitt 3.10 und EuGH-Urteil vom 09.03.2006, C-114/05, EuGHE I S. 2427), bestimmt sich der Ort dieser sonstigen Leistung nach **§ 3a Abs. 2 UStG**, wenn der Leistungsempfänger ein Leistungsempfänger im Sinne des § 3a Abs. 2 UStG ist (siehe Abschnitt 3a.2 Abs. 1); zum Leistungsort bei Veranstaltungsleistungen im Zusammenhang mit Messen und Ausstellungen, wenn die Veranstaltungsleistung ausschließlich im Drittlandsgebiet genutzt oder ausgewertet wird, vgl. Abschnitt 3a.14 Abs. 5. [4]Ist in derartigen Fällen der Leistungsempfänger ein Nichtunternehmer (siehe Abschnitt 3a.1 Abs. 1), richtet sich der Leistungsort nach § 3a Abs. 3 Nr. 3 Buchst. a UStG. [5]Eine Veranstaltungsleistung im Sinne von Satz 3 kann dann angenommen werden, wenn neben der Überlassung von Standflächen **zumindest noch drei weitere Leistungen** der in Satz 2 genannten Leistungen vertraglich vereinbart worden sind und auch tatsächlich erbracht werden. [6]Werden nachträglich die Erbringung einer weiteren Leistung oder mehrerer weiterer Leistungen zwischen Auftragnehmer und Auftraggeber vereinbart, gilt dies als Vertragsergänzung und wird in die Beurteilung für das Vorliegen einer Veranstaltungsleistung einbezogen.«

Zur flankierenden **Übergangsregel** vgl. BMF vom 04.02.2011 (BStBl I 2011, 162).

3.7.4 Kongresse (§ 3a Abs. 3 Nr. 1 und Nr. 3 Buchst. a UStG)

Überlässt ein Unternehmer einem Kongressveranstalter ein Kongresszentrum oder Teile hiervon einschließlich des Veranstaltungsequipments und erbringt er daneben zahlreiche Dienstleistungen vor, während und nach dem Kongress an den Veranstalter, ist die **Regelung für Veranstaltungsleistungen (Rz. 95 ff.) entsprechend** anzuwenden. Ausgenommen hiervon sind jedoch Übernachtungs- und Verpflegungsleistungen. Diese sind als eigenständige Leistungen zu beurteilen (BMF vom 21.05.2015, Az: IV D 3 – S 7117-a/0:001, 2015/0429765, BStBl. I 2015,491). 100

3.7.5 Restaurationsleistungen (§ 3a Abs. 3 Nr. 3 Buchst. b UStG)

3.7.5.1 Die Verwaltungsauffassung

Das BMF erläutert seine Rechtsauffassung im Wesentlichen in **Abschn. 3a.6 Abs. 8 und 9 UStAE.** Ergänzend ist auf die BMF-Schreiben vom 16.10.2008 (BStBl I 2008, 949) und 29.03.2010 (BStBl I 2010, 330) hinzuweisen. 101

3.7.5.2 Beratungskonsequenzen aus der Verwaltungsauffassung

3.7.5.2.1 Restaurationsleistung oder Lebensmittellieferung?

Die Abgrenzung zwischen 102

- Restauration (= sonstige Leistung) einerseits und
- der bloßen Lieferung von Lebensmitteln andererseits

erfolgt nach den für die Anwendung der Steuerermäßigung bekannten Kriterien. Abschn. 3a.6 Abs. 9 UStAE verweist – wie schon das Einführungsschreiben des BMF vom 04.09.2009, BStBl I 2009, 1005, Rz. 47 –ausdrücklich auf die hierzu ergangenen BMF-Schreiben vom 16.10.2008 (BStBl I 2008, 949) und 29.03.2010 (s.o.)

HINWEIS
Der Praxis bleiben damit auch hier die allseits bekannten und »lieb gewonnenen« Abgrenzungsprobleme erhalten!

3.7.5.2.2 »Insellösung«

103 Eine Restaurationsleistung wird dort ausgeführt, wo sie tatsächlich erbracht wird – bildlich gesprochen also bei der »**Essenausgabe**« (§ 3 a Abs. 3 Einleitungssatz UStG).

104 Dabei ist die **Person des Leistungsempfängers ohne Bedeutung**. Die Vorschrift gilt sowohl für Restaurationsleistungen an Nichtunternehmer als auch an Leistungsempfänger im Sinne des § 3 a Abs. 2 UStG (vgl. Abschn. 3a.6 Abs. 8 UStAE).

105 Die Restaurationsleistung ist damit eine der wenigen sonstigen Leistungen, die nach Umsetzung des »Mehrwertsteuerpakets« **nicht zu den Erleichterungen im B2B-Bereich** führen – mit allen nachteiligen Konsequenzen, die eine solche »Insellösung« mit sich bringt (evtl. Registrierungspflicht für den Leistenden im EU-Ausland; Ausweis ausländischer Umsatzsteuer und Vorsteuer-Vergütung für den Leistungsempfänger, vgl. auch die Vorauflage zu diesem Buch, 3. Aufl. 2011, Vor § 1 Kap. 11).

106 Die sicherlich wenig erfreulichen Praxisfolgen der Neuregelung möge folgende Fallstudie verdeutlichen.

Beispiel:
Ein Kölner Restaurationsbetrieb (R) begleitet ein deutsches Orchester auf seinen Touren in der ganzen Welt und sorgt dafür, dass die Orchestermitglieder angemessen bewirtet werden. Das Orchester tritt weltweit auf.

Lösung bis 31.12.2009:
Der Leistungsort des R bestimmte sich nach § 3 a Abs. 1 UStG a. F. und war daher insgesamt Deutschland.

Lösung ab 01.01.2010:
Leistungsort des R ist nunmehr der Ort der jeweiligen »Essensausgabe«. R wird sich daher in allen europäischen Mitgliedstaaten registrieren müssen, in denen das Orchester gastiert.

HINWEIS
Der Fall wird durch die Neuregelung komplizierter – dies wahrscheinlich der Weise, dass R auch der Unterstützung durch Berater vor Ort bedarf!
Die Problematik ist ähnlich wie bei der kurzfristigen Vermietung der Segelboote (vgl. Rn. 78)

3.7.5.3 Keine Harmonisierung/Weiter Registrierungspflicht im EU-Ausland prüfen

107 Das Reverse-Charge-Verfahren ist auf Restaurationsleistungen im B2B-Bereich (vgl. Rn. 18) in den anderen EU-Mitgliedstaaten zwar möglich (vgl. Rn. 21 f.), aber **nicht zwingend** anzuwenden!

HINWEIS
Unternehmer werden daher vorerst auch zukünftig nicht umhinkommen, sich über die umsatzsteuerliche Behandlung im anderen Mitgliedstaat entsprechend zu informieren. Hier sind **auch weiterhin die bisherigen Prüfungen** anzustellen.

3.7.6 Arbeiten an Mobilien und deren Begutachtung (§ 3 a Abs. 3 Nr. 3 Buchst. c UStG)

3.7.6.1 Die Verwaltungsauffassung

Das BMF erläutert seine Rechtsauffassung im Wesentlichen in **Abschn. 3a.6 Abs. 10–12 UStAE.** 108

3.7.6.2 Beratungskonsequenzen aus der Verwaltungsauffassung

3.7.6.2.1 Persönlicher Anwendungsbereich

Hier greift das Mehrwertsteuerpaket; die Ortbestimmung ist ausschließlich im B2C-Bereich (vgl. Rn. 18) anzuwenden. Damit ist der B2B-Bereich ungeregelt; es greift der Auffangtatbestand des § 3 a Abs. 2 UStG (vgl. Abschn. 3a.6 Abs. 10 S. 2 UStAE). 109

3.7.6.2.2 Sachlicher Anwendungsbereich

Insoweit ergeben sich keine Neuerungen; Abschn. 3a.6 Abs. 10 ff. UStAE übernehmen daher – wie schon das Einführungsschreiben des BMF vom 04.09.2009 (Az: IV B 9 – S 7117/08/10001, 2009/0580334, BStBl I 2009, 1005, Rz. 48-50 – textlich im Wesentlichen unverändert den **bisherigen Abschn. 36 Abs. 7 und Abs. 8 UStR 2008.** 110

3.7.6.3 Bisher erforderlicher Einsatz der USt-IdNr. entfällt

Durch die Beschränkung des persönlichen Anwendungsbereichs auf B2C-Leistungen entfällt der bislang im B2B-Bereich zur optimalen Gestaltung erforderliche Einsatz der USt-IdNr. Zur Rechtslage bis zum 31.12.2009 Hinweis auf die Voraufl. zu diesem Buch, 3. Aufl. 2011, § 3 a a.F. Kap. 3.4.3.2. 111

3.7.6.4 Fallstudien: Vereinfachung des EU-Geschäfts ab 01.01.2010

Durch die Neuregelung des Dienstleistungsorts zum 01.01.2010 wurde vieles anders – und grundsätzlich besser. Das gilt zumindest für die Leistungsarten, bei denen Leistungen an Unternehmenskunden der neuen »B2B-Vorschrift« (§ 3 a Abs. 2 UStG) unterliegen, und hier insbesondere für Arbeiten an beweglichen körperlichen Gegenständen und die Begutachtung dieser Gegenstände. Während § 3 a Abs. 2 Nr. 3 Buchst. c UStG a.F. zur Vermeidung von Steuernachteilen immer das Ausüben des – in der Praxis häufig missverstandenen und streitbefangenen – Wahlrechts (Einsatz der USt-IdNr.) erforderte, regelt § 3 a Abs. 2 UStG derlei Fallgestaltungen nunmehr von vorneherein recht unkompliziert. 112

Beispiel:
Ein Fahrzeug des Fuhrunternehmers F mit Sitz in Dortmund bleibt in Wien mit einem Motorschaden liegen. F beauftragt die Werkstatt W mit der Reparatur (= Werkleistung ≠ Werklieferung).

Lösung bis 31.12.2009:

Variante 1: Beauftragung einer deutschen Werkstatt

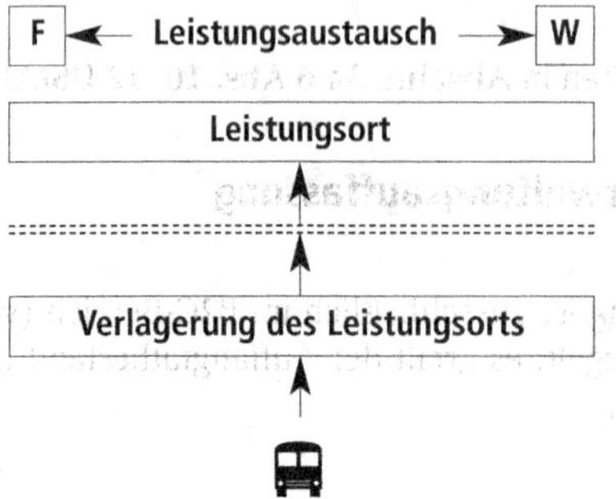

Eigentlich hätten

- W als leistende Unternehmerin die Reparatur in Österreich versteuern (vgl. § 3a Abs. 2 Nr. 3 Buchst. c UStG a. F.)
- oder F als Leistungsempfänger das dortige Abzugsverfahren (Reverse-Charge-Regelung) anwenden

müssen. Da dies weder i. S. d. W noch i. S. d. F war, hätte Kunde F den Reparaturauftrag unter Verwendung seiner deutschen USt-IdNr. erteilen und so den Leistungsort der W nach Deutschland verlagern können. In diesem Fall hätte W dem F deutsche USt in Rechnung gestellt und F diese als Vorsteuer geltend machen können.

Variante 2: Beauftragung einer österreichischen Werkstatt

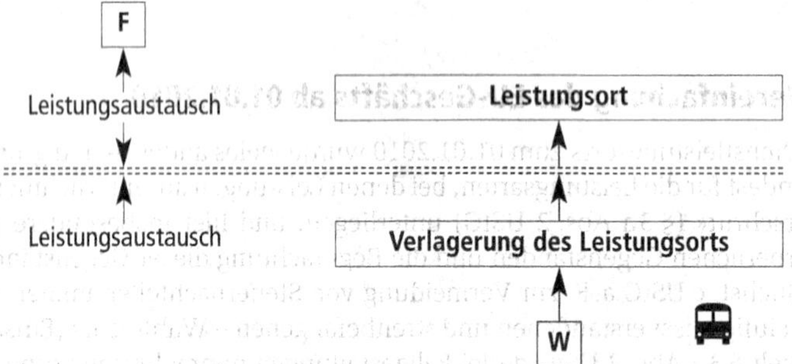

Wieder war es dem F zu empfehlen, den Reparaturauftrag unter Verwendung seiner deutschen USt-IdNr. zu erteilen, um so den Leistungsort der W nach Deutschland zu verlagern. W hätte dann als Ausländerin eine sonstige Leistung in Deutschland erbracht und gegenüber F netto abrechnen müssen; die Steuerschuld wäre gem. § 13b UStG auf F übergegangen.

Lösung ab 01.01.2010:

Leistungsort ist – unabhängig vom Tätigkeitsort der W – auf jeden Fall der Sitzort des F (Dortmund). Handelt es sich bei W um eine

- deutsche Reparaturwerkstatt (Variante 1), erhält F eine »Brutto-Eingangsrechnung« und zieht unter den weiteren Voraussetzungen des § 15 UStG die Vorsteuern;
- österreichische Reparaturwerkstatt (Variante 2), erhält F eine »Netto-Eingangsrechnung« und versteuert den Leistungseingang nach § 13b UStG – und zwar in der entsprechenden UStVA durch Eintragungen in die Kennziffern für das neue i. g. Kontrollverfahren (Kz. 46 und Kz. 47 – natürlich mit Vorsteuerabzug durch Eintragung in Kz. 67. Zur UStVA 2010 vgl. Weimann, UStB 2010, 52 und 222).

Nach Feststellung der Steuerbarkeit der nämlichen Reparaturen ist immer deren Steuerpflicht zu prüfen (vgl. § 4 Nr. 1 Buchst. a i. V. m. § 7 UStG) – das gilt auch nach dem 01.01.2010 unverändert weiter! 113

3.7.6.5 Vereinfachung des Drittlandsgeschäfts

3.7.6.5.1 Rechtslage vom 01.01.2010 bis zum 31.12.2010 (Fallstudie)

Vgl. hierzu die Voraufl. zu diesem Buch, 3. Aufl. 2011, § 3 a a. F. Kap. 3.7.5.5.1 114

3.7.6.5.2 Rechtslage seit dem 01.01.2011

Über den neuen § 3 a Abs. 8 S. 1 UStG erhält die bisherige Verwaltungsregelung zur Vermeidung einer Doppelbesteuerung (vgl. Rn. 114) eine **gesetzliche Grundlage**. Das JStG 2010 regelt in der neuen Vorschrift ausdrücklich, dass B2B-Leistungen abweichend von § 3 a Abs. 2 UStG als im Drittlandsgebiet ausgeführt zu behandeln sind, wenn die nämlichen Leistungen tatsächlich im Drittlandsgebiet genutzt oder ausgewertet werden (vgl. Rn. 156 ff.). 115

3.7.6.6 Praxisproblem seit 01.01.2010: Ortsgebundene Montagen

Vgl. Rn. 62 ff. 116

3.8 Vermittlungsleistungen (§ 3 a Abs. 3 Nr. 4 UStG)

3.8.1 Die Verwaltungsauffassung

Das BMF erläutert seine Rechtsauffassung im Wesentlichen in **Abschn. 3a.7 UStAE.** 117

3.8.2 Beratungskonsequenzen aus der Verwaltungsauffassung

3.8.2.1 Persönlicher Anwendungsbereich

Hier greift das Mehrwertsteuerpaket; die Ortbestimmung ist ausschließlich im B2C-Bereich (vgl. Rn. 18) anzuwenden. Damit ist der B2B-Bereich ungeregelt; es greift der Auffangtatbestand des § 3 a Abs. 2 UStG (vgl. Abschn. 3a.7 Abs. 1 UStAE). 118

3.8.2.2 Sachlicher Anwendungsbereich

Insoweit ergeben sich keine Neuerungen; Abschn. 3a.7 UStAE übernimmt daher – wie schon das Einführungsschreiben des BMF vom 04.09.2009, Az: IV B 9 – S 7117/08/10001, 2009/0580334, BStBl I 2009, 1005, Rz. 57 und 58 – textlich im Wesentlichen unverändert den bisherigen Abschn. 36 Abs. 7 und Abs. 8 UStR 2008. 119

3.8.3 Bisher erforderlicher Einsatz der USt-IdNr. entfällt

120 Durch die Beschränkung des persönlichen Anwendungsbereichs auf B2C-Leistungen entfällt der bislang im B2B-Bereich zur optimalen Gestaltung erforderliche Einsatz der USt-IdNr. (Hinweis auf die Voraufl. zu diesem Buch, 3. Aufl. 2011, § 3 a a. F. Kap. 3.5).

3.8.4 Fallstudien

121 Die erfreulichen Praxisfolgen der Neuregelung zeigt die Fallstudie.

Beispiel (Vermittlungen):
Ein deutscher Agent (A) vermittelt eine Lieferung des deutschen Lieferanten (D) aus Dortmund an den italienischen Kunden (I) in Rom
- im Auftrag des D und erhält von diesem eine Provision **(Variante 1)**;
- im Auftrag des I und erhält von diesem eine Provision **(Variante 2)**.

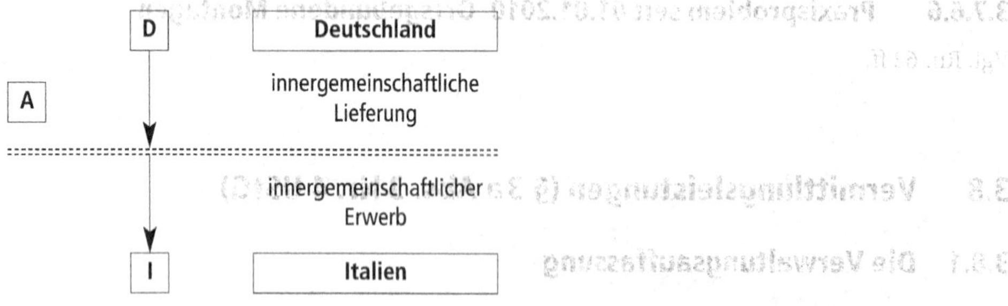

Lösung:
Leistungsort ist bei der Vermittlung einer i. g. Lieferung nach der **»Lipjes-Rechtsprechung« des EuGH** im Grundsatz **immer** das **Bestimmungsland** – hier also Italien. Diese Rechtsfolge gilt unabhängig vom Auftraggeber, also **unabhängig von dem, der die Provision bezahlt**.
Zur Vermeidung dieser in Variante 1 für A und D nachteiligen Rechtsfolge sollte D den Agenturauftrag unter Verwendung seiner deutschen USt-IdNr. erteilen und so den Leistungsort der A nach Deutschland verlagern.

Lösung ab 01.01.2010:
Leistungsort des A ist der **Sitzort des jeweiligen Auftragsgebers**, also in
- **Variante 1** der Sitzort des D (Dortmund). D erhält von A eine **»Brutto-Eingangsrechnung«** und zieht unter den weiteren Voraussetzungen des § 15 UStG die Vorsteuern.
- **Variante 2** der Sitzort des I (Rom). I erhält von A eine **»Netto-Eingangsrechnung«** und versteuert den Leistungseingang in Italien nach den dortigen »Gegenstücken« zum deutschen § 13 b UStG (Reverse-Charge).

HINWEIS
Nach Feststellung der Steuerbarkeit der nämlichen Vermittlungen ist immer deren **Steuerpflicht** zu prüfen (vgl. § 4 Nr. 5 UStG) – **das gilt auch nach dem 01.01.2010 unverändert weiter!**

3.8.5 Vermittlung von Beherbergungsleistungen an Unternehmer

3.8.5.1 Kurzfristige Beherbergung selbst ist Grundstücksleistung, deren Vermittlung aber nicht

Es gilt zu unterscheiden: 122

- Die **Vermietung** von Wohn- und Schlafräumen, die ein Unternehmer bereithält, um kurzfristig Fremde zu beherbergen, **ist** eine Grundstücksleistung (§ 3a Abs. 3 Nr. 1 S. 2 Buchst. a UStG, Abschn. 3a.3 Abs. 4 S. 4 Nr. 1 UStAE).
- Die **Vermittlung** dieser Vermietungen ist **keine** Grundstücksleistung (Abschn. 3a.3 Abs. 9 Nr. 2 UStAE, vgl. Rn. 74).

Gem. Abschn. 3a.7 Abs. 1 S. 2 UStAE bestimmt sich der Leistungsort einer Vermittlungsleistung 123 bei Leistungen an Nichtunternehmer nach § 3a Abs. 3 Nr. 4 UStG. Hierunter fällt auch die **Vermittlung der o. a. kurzfristigen Vermietungen an Nichtunternehmer** (Abschn. 3a.7 Abs. 1 S. 2 UStAE); bei der Vermittlung an **Unternehmer** oder gleichgestellte juristische Personen gilt **§ 3a Abs. 2 UStG** (B2B-Vorschrift, Abschn. 3a.7 Abs. 1 S. 4 UStAE).

3.8.5.2 Langfristige Beherbergung

Bei der **Vermittlung von (langfristigen) Grundstücksvermietungen** gilt (auch weiterhin) § 3a 124 Abs. 3 Nr. 1 UStG als Spezialvorschrift.

3.9 Einräumung von Eintrittsberechtigungen (§ 3a Abs. 3 Nr. 5 UStG)

3.9.1 Die Verwaltungsauffassung

Das BMF erläutert seine Rechtsauffassung im Wesentlichen in **Abschn. 3a.7 UStAE.** Zum Leis- 125 tungsort beim **Verkauf von Eintrittskarten** für Veranstaltungen **durch einen anderen Unternehmer als den Veranstalter** vgl. BMF vom 10.06.2013 (BStBl I 2013, 780) sowie Bader/Sodenkamp (NWB 2013, 2859).

3.9.2 Beratungskonsequenzen aus der Verwaltungsauffassung

Ergänzend zu der Regelung des § 3a Abs. 3 Nr. 3 Buchst. a UStG in der ab dem 01.01.2011 gültigen 126 Fassung (vgl. Rn. 92 zu kulturellen, künstlerischen, wissenschaftlichen u. ä. Leistungen und vgl. Rn. 97 f. zu Messen und Ausstellungen) regelt der neue § 3a Abs. 3 Nr. 5 UStG, dass die Einräumung der Eintrittsberechtigungen zu den oben aufgeführten Veranstaltungen sowie die damit zusammenhängenden sonstigen Leistungen, die an Unternehmer bzw. diesen gleichgestellte Personen ausgegeben werden, an dem Ort zu versteuern sind, an dem die Veranstaltung tatsächlich durchgeführt wird.

Durch die Regelung erfolgt insoweit eine Gleichstellung mit den Kartenabgaben an Nicht- 127 unternehmer, die als »Leistungen des jeweiligen Veranstalters« über § 3a Abs. 3 Nr. 3 Buchst. a UStG ebenfalls am tatsächlichen Ort der Leistungserbringung besteuert werden (so auch Meurer, UStB 2011, 23).

De facto gilt damit insoweit die **vor dem 01.01.2011 bestehende Rechtslage** unverändert fort. 128

3.10 Katalogleistungen (§ 3a Abs. 4 UStG)

3.10.1 Die Verwaltungsauffassung

129 Das BMF erläutert seine Rechtsauffassung im Wesentlichen in **Abschn. 3a.8–3a.13 UStAE.**

3.10.2 Beratungskonsequenzen aus der Verwaltungsauffassung

3.10.2.1 Persönlicher Anwendungsbereich

130 Hier greift das Mehrwertsteuerpaket; die Ortbestimmung ist ausschließlich im B2C-Bereich (vgl. Rn. 18) anzuwenden – und dort ausschließlich auf Drittlandskunden (Abschn. 3a.8 Nr. 1 UStAE). Hier ergeben sich – soweit ersichtlich – materiell keinerlei Änderungen im Vergleich zu § 3a Abs. 4, Abs. 3 UStG a. F.

131 **Damit ist der B2B-Bereich** (vgl. Rn. 18) **ungeregelt**; es greift der Auffangtatbestand des § 3a Abs. 2 UStG (Abschn. 3a.8 Nr. 3 UStAE). Dieser ist wortgleich mit der bisherigen Regelung für Katalogleistungen. Damit wird die Regelung, die § 3a Abs. 3 S. 1 und 2 UStG a. F. bislang für Katalogleistungen vorsah, im B2B-Bereich zum Regeltatbestand. Auch hier ergeben sich – soweit ersichtlich – materiell keinerlei Änderungen im Vergleich zu § 3a Abs. 4, Abs. 3 UStG a. F.

3.10.2.2 Sachlicher Anwendungsbereich

132 Insoweit ergeben sich keine Neuerungen; Abschn. 3a.9-3a.13 UStAE übernehmen insoweit – wie schon das Einführungsschreiben des BMF vom 04.09.2009, Az: IV B 9 – S 7117/08/10001, 2009/0580334, BStBl I 2009, 1005, Rz. 59-109 – textlich im Wesentlichen unverändert die bisherigen Abschn. 39–39d UStR 2008.

3.10.3 Praktische Bedeutung der Vorschrift

133 Nachdem der B2B-Bereich auf § 3a Abs. 2 UStG ausgelagert wurde, stellt sich allerdings bei einigen Katalogleistungen schon die Frage, ob es realistisch ist, dass ein **»Privatmann« diese Leistungen bezieht**. Hinzu kommt, dass der »Private« seinen Wohnsitz oder Sitz **außerhalb des Gemeinschaftsgebiets** haben muss (vgl. Rn. 130 f.). M. E. läuft die Vorschrift in der Praxis weitgehend leer!

3.10.4 Besonderheiten der Franchiseverträge

134 Hinweis auf die Voraufl. zu diesem Buch, 3. Aufl. 2011, § 3a a. F. Kap. 3.8.

3.10.5 Steuerberater, Wirtschaftsprüfer, Rechtsanwälte: Die »bunte Vielfalt« der Leistungsortsbestimmung

135 **Beispiel:**
Das FG Münster (Urteil vom 03.04.2014, Az: 5 K 2386/11 U, BFH/NV Datenbank, HI 6930673) hat zur Frage eines möglichen Leistungsaustauschs bei der **Abmahnung von Wettbewerbern** Folgendes erkannt:

»1) Der Aufwendungsersatzanspruch, den der Stpfl. einem Wettbewerber im Zusammenhang mit einer Abmahnung in Rechnung stellt, stellt kein Entgelt für eine Leistung i. S. v. § 1 Abs. 1 Nr. 1 UStG, sondern nicht umsatzsteuerbaren Schadensersatz dar. Ein Leistungsaustausch ist nicht gegeben, weil dem Abmahnungsempfänger kein verbrauchsfähiger Vorteil zugewendet wird.
2) Der Schadensersatzcharakter der Zahlung wird nicht dadurch ausgeschlossen, dass die Abmahnung überwiegend der Erzielung von Einnahmen dient und damit gemäß § 8 Abs. 4 UWG rechtsmissbräuchlich ist.«
Das FG unternimmt insbesondere eine Abgrenzung zum BFH-Urteil vom 16.01.2003 (V R 92/01, BStBl. II 2003, 732). Der BFH wertete **Aufwendungsersatzansprüche eines Abmahnvereins** als umsatzsteuerbares Entgelt. Der Unterschied zum BFH-Fall soll nach Auffassung des FG Münster darin bestehen, dass Abmahnvereine im Unterschied zur Klägerin des Urteilsfalls selbst keinen Schaden erlitten. Das FG hat die Revision zum BFH zugelassen.

Zu **weiteren Einzelfällen** vgl. die Voraufl. zu diesem Buch, 3. Aufl. 2011, § 3 a a. F. Kap. 3.7.3.2.

3.10.6 Telekommunikationsleistungen (§ 3 a Abs. 4 S. 2 Nr. 11 UStG) mit Drittlandsbezug – Rechtslage vom 01.01.2011 bis zum 31.12.2014

Über den neuen § 3 a Abs. 8 S. 2 UStG erhielt die vormalige Verwaltungsregelung zur Vermeidung einer Doppelbesteuerung eine **gesetzliche Grundlage**. Das JStG 2010 regelte in der damals neuen Vorschrift ausdrücklich, dass diese B2C-Leistungen abweichend von § 3 a Abs. 1 UStG als im Drittlandsgebiet ausgeführt zu behandeln sind, wenn die nämlichen Leistungen tatsächlich im Drittlandsgebiet genutzt oder ausgewertet werden (vgl. Rn. 156 ff.). 136

Zur Neuregelung ab dem 01.01.2015 s. u. Rn. 141 ff.

3.10.7 Zugang zu Wärme- und Kältenetzen (§ 3 a Abs. 4 S. 2 Nr. 14 UStG) – Rechtslage seit dem 01.01.2011

Bis zum 31.12.2010 enthielt die Regelung des § 3 a Abs. 4 S. 2 Nr. 14 UStG eine Ortsbestimmung für Leistungen an Nichtunternehmer (B2C) mit Wohnsitz im Drittland, die in der Gewährung des Zugangs zu **Erdgas- und Elektrizitätsnetzen** und Fernleitungen, der Übertragung oder Verteilung über diese Netze sowie anderer damit unmittelbar zusammenhängender sonstiger Leistungen bestanden. 137

Diese Ortsbestimmung wird **ab dem 01.01.2011** auf die Gewährung des Zugangs zu **Wärme- oder Kältenetzen** erweitert. 138

EU-rechtlich beruht die Neuregelung auf Art. 59 Buchst. h MwStSystRL i. d. F. von Art. 1 Nr. 6 der RL 2009/162/EU des Rates vom 22.12.2009 (ABl. EU 2010 Nr. L 10 vom 15.01.2010, 14). 139

Zur **Bestimmung des Orts bei der Lieferung von Wärme und Kälte** vgl. die Kommentierung zu § 3 g. 140

3.10.8 Neuregelung der E-Dienstleistungen ab 01.01.2015

Zum 01.01.2015 kommt das »Mehrwertsteuerpaket Teil II«: die Besteuerung der elektronischen Dienstleistungen wird durch Einführung des **»Mini-One-Stop-Shop – MOSS«** für die leistungserbringenden Unternehmen erheblich vereinfacht (vgl. die Kommentierung zu § 18 h). 141

3.10.8.1 Aufhebung von § 3a Abs. 4 S. 2 Nr. 11–13 UStG

142 Als **Folgeänderung aus der Neuregelung des § 3a Abs. 5 UStG** (vgl. Rn. 143 f.) werden § 3a Abs. 4 Satz 2 Nr. 11 bis 13 UStG aufgehoben; der bisherigen Ortsbestimmung am Sitz des Leistungsempfängers (Verbrauchsort) bei

- Telekommunikationsdienstleistungen,
- Rundfunk- und Fernsehdienstleistungen und
- auf elektronischem Weg erbrachten sonstigen Leistungen,

die an Nichtunternehmer mit Sitz oder Wohnsitz im Drittlandsgebiet erbracht werden, bedarf es nicht mehr (BT-Drs. 18/1995 vom 02.07.2014, zu Art. 9 Nr. 2 Buchst. a).

3.10.8.2 Neufassung des § 3a Abs. 5 UStG

143 Als weitere Folgeänderung sieht § 3a Abs. 5 UStG nunmehr vor, dass sich bei den nämlichen Leistungen der Leistungsort stets an dem Ort befindet, an dem der **Leistungsempfänger seinen Wohnsitz, seinen gewöhnlichen Aufenthaltsort oder seinen Sitz** hat. Auf die **Nutzung oder Auswertung** kommt es grundsätzlich nicht an (aber vgl. Rn. 156 ff. zur gleichzeitigen Neufassung des § 3a Abs. 8 UStG). Damit erfolgt grundsätzlich eine **systemgerechte Umsatzbesteuerung** dieser Leistungen am **Verbrauchsort**. Diese Ortsregelung gilt auch dann, wenn die sonstige Leistung auf elektronischem Weg tatsächlich von einer sich **im Drittlandsgebiet befindlichen Betriebsstätte** eines Unternehmers ausgeführt wird.

HINWEIS
Ein im Drittland befindlicher **Server** ist jedenfalls für umsatzsteuerliche Zwecke nicht als Betriebsstätte anzusehen.

144 Der **bisherigen in § 3a Abs. 5 UStG enthaltenen besonderen Leistungsortregelung** im Verbrauchsmitgliedstaat für auf elektronischem Weg erbrachte Dienstleistungen, die von einem im Drittlandsgebiet ansässigen Unternehmer an im Gemeinschaftsgebiet ansässige Nichtunternehmer erbracht werden, bedarf es deshalb nicht mehr (BT-Drs. 18/1995 vom 02.07.2014, zu Art. 9 Nr. 2 Buchst. b).

3.10.8.3 Ergänzende Vorgaben aus Europa

144a In der **MwStVO** (EU-Verordnung 282/2011) finden sich folgende **Durchführungsvorschriften,** die bei der Auslegung des § 3a Abs. 5 UStG zu berücksichtigen sind:

- Art. 24a (Telekommunikations-, Rundfunk- oder elektronisch erbrachte Dienstleistungen an besonderen Orten – Vermutung des Ansässigkeitsorts des Leistungsempfängers),
- Art. 24b (Telekommunikations-, Rundfunk- oder elektronisch erbrachte Dienstleistungen über bestimmte Anschlüsse, Netze oder Geräte – Vermutung des Ansässigkeitsorts des Leistungsempfängers),
- Art 24d (Widerlegung der Vermutung des Ansässigkeitsorts des Leistungsempfängers bei elektronisch erbrachten Dienstleistungen an Nichtsteuerpflichtige),
- Art. 31e (Leistungsort von Telekommunikations-, Rundfunk- oder elektronisch erbrachten Dienstleistungen im Zusammenhang mit Beherbergungsleistungen).

3.10.8.4 Betrieb einer Internet-Suchmaschine

144b Der Begriff »auf elektronischem Weg erbrachte sonstige Leistungen« i. S. d. Umsatzsteuerrechts umfasst Dienstleistungen, die über das Internet oder ein ähnliches elektronisches Netz erbracht werden, deren Erbringung aufgrund ihrer Art im Wesentlichen automatisiert und nur mit minimaler menschlicher Beteiligung erfolgt und ohne Informationstechnologie nicht möglich wäre. Diese Voraussetzungen sind in der Regel erfüllt, wenn ein Unternehmer auf einer Internet-Plattform seinen Mitgliedern gegen Entgelt eine Datenbank mit einer automatisierten Such- und Filterfunktion zur Kontaktaufnahme mit anderen Mitgliedern i. S.e. Partnervermittlung bereitstellt. Erbringt ein Unternehmer mit Sitz im Drittland (hier: USA) derartige Leistungen an Nichtunternehmer (Verbraucher) mit Wohnort im Inland, so liegt der Leistungsort im Inland. Dazu lag dem BFH folgender Sachverhalt vor:.

Sachverhalt

Die Klägerin (K) ist eine in den Vereinigten Staaten von Amerika (USA) ansässige Kapitalgesellschaft amerikanischen Rechts. Sie betreibt ihr Unternehmen von den USA aus und hat im Gemeinschaftsgebiet weder einen Sitz noch eine feste Niederlassung (Betriebsstätte).

Im Streitjahr 2003 betrieb K Kontaktbörsen (Communities) im Internet. Die entgeltliche Mitgliedschaft ihrer Kunden (User) berechtigte zum Zugriff auf persönliche Informationen anderer Mitglieder und ermöglichte eine Kontaktaufnahme i. S.e. Partnervermittlung.

Die Mitglieder konnten sich auf den Internetseiten der K über andere Mitglieder ihrer Community informieren, mit diesen kommunizieren und ggf. in Kontakt treten. Zu diesem Zweck waren auf den Webseiten schriftliche Mitglieder- und Videoprofile hinterlegt. Die Portale enthielten Suchfunktionen, mit denen andere Mitglieder nach bestimmten Kriterien herausgefiltert werden konnten. Auf den jeweiligen Portalen wurden verschiedene Möglichkeiten der Kontaktaufnahme genannt, um ein persönliches Treffen, das wie bei Partner- und Freundschaftsvermittlungen üblich ein wesentliches Ziel der Mitglieder darstellte, zu ermöglichen. Darüber hinaus enthielten die Webseiten Nachrichtenmagazine mit Inhalten, die für die Mitglieder der Communities zugänglich waren. Ferner bestand für die Nutzer u. a. die Möglichkeit, sog. Chat-Räume zu besuchen. Neben den verschiedenen Plattformen unterhielt die K Beschwerde-Hotlines sowie eine Abteilung, die die Mitgliederaktivitäten kontrollierte und Verletzungen der Privatsphäre oder sonstigem Missbrauch vorbeugte oder abhalf. Dabei wurden die Mitgliederprofile auf ihre Geeignetheit bzw. die Verletzung der Rechte anderer Mitglieder überprüft und unpassende oder missbräuchliche Profile deaktiviert. K nahm an, der Ort der von ihr erbrachten Leistungen liege in den USA, und gab deshalb für die an ihre in der Bundesrepublik Deutschland (Deutschland) ansässigen Kunden ausgeführten Umsätze keine Umsatzsteuererklärungen ab. Die von ihr erbrachte Leistung sei eine solche eigener Art und werde vor allem nicht »elektronisch erbracht«. Der Begriff der elektronisch erbrachten Dienstleistung sei eng auszulegen. Die Überprüfung der Profile durch ihre besonders geschulten Mitarbeiter sei ein bedeutendes Element ihrer Leistung und erfordere eine mehr als nur minimale menschliche Beteiligung.

Der BFH teilt die Auffassung der K nicht und weist daher die Revision als unbegründet zurück 144c
(BFH Urteil vom 01.06.2016, XI R 29/14, BStBl II 2016, 905):

3.10.8.4.1 Erläuterung der Besteuerungssituation

Seit dem 01.07.2003 wird eine auf elektronischem Weg erbrachte sonstige Leistung (§ 3a Abs. 4 144d
Nr. 14 UStG a. F.; jetzt: § 3a Abs. 5 Satz 2 Nr. 3 UStG) gemäß § 3a Abs. 3a UStG a. F. (jetzt: § 3a Abs. 5 Satz 1 UStG) dort ausgeführt, wo der Leistungsempfänger seinen Wohnsitz oder Sitz hat, wenn dieser Empfänger kein Unternehmer ist und seinen Wohnsitz oder Sitz im Gemeinschaftsgebiet hat. Weitere Voraussetzung ist, dass die sonstige Leistung von einem Unternehmer ausgeführt wird, der wie K im Drittlandsgebiet (§ 1 Abs. 2a Satz 3 UStG; hier: USA) ansässig ist oder dort eine die Leistung ausführende Betriebsstätte hat.

Die Sondervorschriften setzen die einschlägigen EU-Vorgaben um, deren **Ziel** es ist, 144e

- dass auf elektronischem Weg erbrachte Dienstleistungen in der Gemeinschaft besteuert werden, wenn sie gegen Entgelt erbracht und von Kunden mit Sitz in der Gemeinschaft verbraucht werden, und
- dass sie nicht besteuert werden, wenn sie außerhalb der Gemeinschaft verbraucht werden (BFH, Urteil vom 01.06.2016, XI R 29/14, BStBl II 2016, 905, Rz. 21 ff. unter genauem Hinweis auf die einzelnen Fundstellen).

3.10.8.4.2 Keine Besonderheiten bei der Auslegung

144f Anders als von K vorgetragen sind die Vorschriften **weder weit noch eng** – quasi also »normal« – auszulegen (BFH Urteil vom 01.06.2016, XI R 29/14, BStBl II 2016, 905, Rz. 27 ff.).

3.10.8.4.3 Hauptleistung »elektronisch erbracht«

144g Die Leistung der K ist auch »elektronisch erbracht«. Die Hauptleistung, für die der Kunde seine Mitgliedsbeiträge zahlt, besteht darin, dass es dem Kunden über die von K auf ihren Plattformen (Communities) zur Verfügung gestellten Datenbanken mittels einer automatisierten Such- und Filterfunktion **rein elektronisch und ohne menschliches Zutun** ermöglicht wird, anhand eines von ihm zuvor eingegebenen Dateninputs die für ihn interessanten Mitglieder zum Zweck sexueller Kontakte herauszufinden oder sich selbst herausfinden zu lassen (BFH Urteil vom 01.06.2016, XI R 29/14,BStBl II 2016, 905, Rz. 33). Die Nutzung der **Chat-Räume** und **Nachrichtenmagazine** kann als Nebenleistung außer Betracht bleiben (BFH Urteil vom 01.06.2016, XI R 29/14, BStBl II 2016, 905 Rz. 35).

3.10.8.4.4 Flankierende Vorbereitungs- und Sicherungshandlungen sind ohne Bedeutung

144h Maßgeblich ist, ob eine »menschliche Beteiligung« **den eigentlichen Leistungsvorgang** betrifft. Deshalb führen im Streitfall folgende Tätigkeiten der K zu keiner anderen Beurteilung:

- die (ursprüngliche) Inbetriebnahme des elektronischen Systems;
- die Wartung des Systems;
- die Prüfung der Mitgliederprofile (BFH, Urteil vom 01.06.2016, XI R 29/14, BStBl II 2016, 905, Rz. 45).

Ausschließlich die **Eigenleistungen des Unternehmers** zählen hier. Eine menschliche Beteiligung der Mitglieder (als Leistungsempfänger) an deren Suche nach anderen Mitgliedern ist nicht Teil der von der Klägerin (als leistende Unternehmerin) erbrachten Leistung und daher für die Beurteilung der Frage, ob eine Dienstleistung »nur mit minimaler menschlicher Beteiligung erfolgt«, nicht zu berücksichtigen (BFH Urteil vom 01.06.2016, XI R 29/14, BStBl II 2016, 905Rz. 46).

3.10.8.4.5 Begriff der Datenbank

144i Eine »Datenbank« ist eine Sammlung von Werken, Daten oder anderen unabhängigen Elementen, die

- systematisch oder methodisch angeordnet und
- einzeln mit elektronischen Mitteln oder auf andere Weise zugänglich sind.

Unter den Begriff »Bereitstellung von Datenbanken« fällt z. B. die Benutzung von Suchmaschinen oder Internetverzeichnissen. Dies erfasst auch wie im Streitfall eine

Sammlung und Bereitstellung von Mitgliederprofilen (BFH, Urteil vom 01.06.2016, XI R 29/14, BStBl II 2016, 905, Rz. 36 ff). Dem steht – anders als K meint – nicht entgegen, dass nach ihrem Vortrag die in den von ihr bereitgestellten Datenbanken enthaltenen Informationen anders als bei (anderen) Internet-Suchmaschinen nicht automatisiert durch Programme (z. B. Webcrawler) beschafft wurden.

Beispiel:
Das Urteil arbeitet die – für die Rechtsprechung ja noch recht neue – Problematik vorbildlich auf – unter Angabe zahlreicher Fundstellen. Die Lektüre ist daher jedem in der Praxis damit Beschäftigten zu empfehlen – insbesondere auch zur Steuerplanung! Hinweis auch auf Radeisen, MwStSystRL 2016, 875; Weimann, AStW 2016, 962.

3.11 Besonderheiten der Einschaltung von Erfüllungsgehilfen

3.11.1 Die Verwaltungsauffassung

Das BMF erläutert seine Rechtsauffassung im Wesentlichen in **Abschn. 3a.15 UStAE.** 145

3.11.2 Beratungskonsequenzen aus der Verwaltungsauffassung

Hier bleibt das Mehrwertsteuerpaket ohne Auswirkung; Abschn. 3a.15 UStAE übernimmt – wie 146
schon das Einführungsschreiben des BMF vom 04.09.2009, Az: IV B 9 – S 7117/08/10001, 2009/0580334, BStBl I 2009, 1005, Rz. 106 –mit redaktionellen Änderungen **Abschn. 41 UStR 2008**. Dessen Grundlage ist das nachfolgend vorgestellte EuGH-Urteil.

3.11.3 EuGH zur Ortsbestimmung bei Leistungsketten

Das Urteil erging zum bis zum 31.12.2009 gültigen Recht: Für Katalogleistungen i. S. d. § 3 a Abs. 4 147
UStG ergibt sich der Leistungsort im Regelfall aus § 3 a Abs. 3 UStG. Letzterer beruht auf Art 56 MwStSystRL und ordnet wie dieser das Empfängerortsprinzip an.

Lange Zeit war fraglich, wer maßgebender Empfänger bei einer Leistungskette sein soll: der 148
direkte Vertragspartner oder Letztempfänger in der Kette. Der EuGH hat nunmehr darauf erkannt, dass bei der Ortsbestimmung **immer auf den direkten Vertragspartner des jeweils leistenden Unternehmers abzustellen** ist (EuGH vom 05.06.2003, Rs. C-438/01, Design Concept SA ./. Flanders Expo SA, UVR 2003, 304). Dem Urteil des EuGH liegt ein Zivilrechtsstreit zwischen einem Auftraggeber in Luxemburg und einem Auftragnehmer in Belgien zu Grunde:

Sachverhalt:

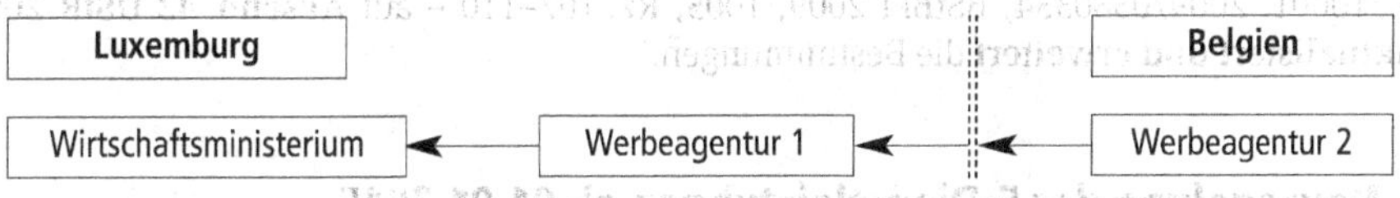

Das luxemburgische Ministerium für Wirtschaft (Nichtunternehmer) beauftragte eine luxemburgische Werbeagentur, die ihrerseits eine belgische Werbeagentur beauftragte. Die belgische Agentur wies in der Rechnung an die luxemburgische Agentur belgische Umsatzsteuer aus. Für die Ortsbestimmung sei der Letztempfänger maßgebend; da dieser Nichtunternehmer sei, läge der Leistungsort in Belgien (vgl. für Deutschland Abschn. 38 Abs. 1 S. 3 Nr. 3 UStR 2008).

Die luxemburgische Agentur wollte die Umsatzsteuer nicht bezahlen, da der Leistungsort in Luxemburg (= Sitz des unternehmerischen Leistungsempfängers, vgl. für Deutschland § 3 a Abs. 3 S. 1 UStG a. F., jetzt § 3 a Abs. 2 UStG) läge.

Der EuGH entschied i. S. d. luxemburgischen Agentur.

Wird eine Werbeleistung vom ersten Leistenden über mehrere selbständige Umsatzverhältnisse an 149
den Endabnehmer durchgereicht, richtet sich die Bestimmung des Leistungsorts für jedes der Leistungsverhältnisse in der Leistungskette nach Art. 9 Abs. 2 Buchst. e der 6. EG-RL. Ein **Durchgriff auf die Qualität des Endabnehmers** (Steuerpflichtiger oder Nichtsteuerpflichtiger) i. R. d. vorangegangenen Leistungsbeziehungen **scheidet damit aus**. Insbesondere der Praktiker im Unternehmen wird diese Entscheidung begrüßen. Denn eine – ohne Anhaltspunkt in der jeweili-

gen Norm – vertretene Auslegung der Leistungsortsregelung nach Endverbrauchsprinzipien verträgt sich nicht mit der einfachen (Sofort-)Bestimmbarkeit des Leistungsortes für die Umsatzsteuer. Denn wie sollte im Sachverhalt die belgische Werbeagentur wissen, dass ihre Auftraggeberin und Leistungsempfängerin (die luxemburgische Agentur) weiterleistet und dass deren Abnehmer (das Ministerium) nicht steuerpflichtig ist? Letzteres jedenfalls dann, wenn keine Art von »Reihengeschäften« gegeben ist, bei denen der erste Leistende direkt auf den letzten Abnehmer trifft. Der EuGH bezeichnet im Streitfall das Durchreichen der Werbeleistung über zwei völlig selbständige Umsätze als **indirekte Dienstleistung**. Die belgische Agentur leistete **im eigenen Namen und für eigene Rechnung** an die luxemburgische Agentur; diese wiederum leistete denselben Gegenstand entsprechend an das Ministerium (Wagner, UVR 2003, 304 (306); Weimann, UStB 2004, 64 (65)).

HINWEIS
Die Anwendung derselben Vorschrift zur Bestimmung des Leistungsorts führt nicht zwingend zum selben Leistungsort!

3.12 Sonderfälle (§ 3 a Abs. 6 und Abs. 7 UStG)

3.12.1 Die Verwaltungsauffassung

150 Das BMF erläutert seine Rechtsauffassung im Wesentlichen in **Abschn. 3a.14 UStAE**.

3.12.2 Beratungskonsequenzen aus der Verwaltungsauffassung

151 § 3 a Abs. 6, Abs. 7 UStG sind die **Nachfolgebestimmungen zu § 1 UStDV**. Abschn. 3a.14 UStAE setzt daher – wie schon das Einführungsschreiben des BMF vom 04.09.2009, Az: IV B 9 – S 7117/08/10001, 2009/0580334, BStBl I 2009, 1005, Rz. 107–110 – auf **Abschn. 42 UStR 2008** auf und **aktualisiert und erweitert** die Bestimmungen.

3.12.3 Neuregelung der E-Dienstleistungen ab 01.01.2015

152 Zum 01.01.2015 ist das »Mehrwertsteuerpaket Teil II« umgesetzt worden: Die Besteuerung der elektronischen Dienstleistungen wird durch Einführung des **»Mini-One-Stop-Shop – MOSS«** für die leistungserbringenden Unternehmen erheblich vereinfacht (vgl. die Kommentierung zu § 18h UStG).

153 Als **redaktionelle Folgeänderung aus der Neuregelung des § 3 a Abs. 5 UStG** (vgl. Rn. 143 f.) liegt in den Fällen, in denen Telekommunikations- sowie Rundfunk- und Fernsehdienstleistungen von einem nicht im Gemeinschaftsgebiet ansässigen Unternehmer erbracht werden, der Leistungsort weiterhin im Inland.

154 Voraussetzung ist unverändert, dass die Leistung im Inland tatsächlich genutzt oder ausgewertet wird und an einen Nichtunternehmer erbracht wird.

155 Damit erfolgt wie bisher eine **zutreffende Besteuerung** dieser Leistungen **im Verbrauchsland** (BT-Drs. 18/1995 vom 02.07.2014, zu Art. 9 Nr. 2 Buchst. c).

3.13 Leistungen im Drittlandsgebiet/Vermeidung von Doppelbesteuerungen (§ 3 a Abs. 8 UStG)

3.13.1 Zeitraum vom 01.01.2010 bis zum 31.12.2014

Seit dem 01.01.2010 bestimmt sich im **B2B-Bereich** der Leistungsort bei **156**

- Güterbeförderungen (Leistungen i. S. d. § 3 b Abs. 1 S. 3 und Abs. 3 UStG),
- selbständigen Güterbeförderungsnebenleistungen (Beladen, Entladen, Umschlagen oder bei ähnlichen mit der Beförderung eines Gegenstandes im Zusammenhang stehenden Leistungen i. S. d. § 3 b Abs. 2 UStG),
- Arbeiten an beweglichen körperlichen Gegenständen und deren Begutachtung (§ 3 a Abs. 3 Nr. 3 Buchst. c UStG),
- Reisevorleistungen (§ 25 Abs. 1 S. 5 UStG)

nach dem Empfängerortsprinzip des § 3 a Abs. 2 UStG.

Zum 01.07.2011 »nachgerückt« ist die Veranstaltungsleistung im Zusammenhang mit Messen und Ausstellungen (Gesetz zur Umsetzung der Beitreibungsrichtlinie sowie zur Änderung steuerlicher Vorschriften (Beitreibungsrichtlinie-Umsetzungsgesetz – BeitrRLUmsG, vom 07.12.2011, BGBl I 2011, 2592) **157**

Ist der Leistungsempfänger ein inländischer Unternehmer, sind die bezeichneten Umsätze somit im Inland zu besteuern. **Dies gilt selbst dann, wenn diese Leistungen tatsächlich im Drittland ausgeführt werden**. Ggf. führt dies in den Fällen, in denen der Drittstaat sein Besteuerungsrecht an den Umsätzen ebenfalls geltend macht, zu einer Doppelbesteuerung (vgl. Einführung Länderanhänge Rn. 5 ff.). **158**

Zur **Vermeidung dieser Doppelbesteuerung** hat die Finanzverwaltung mit BMF-Schreiben vom 04.09.2009 (BStBl I 2010, 1005) bzw. 08.12.2009 (BStBl I 2009, 1612) für Güterbeförderungsleistungen und für die mit diesen zusammenhängenden Leistungen, für Arbeiten an beweglichen körperlichen Gegenständen und für Reisevorleistungen bei tatsächlicher und ausschließlicher Leistungserbringung im Drittlandsgebiet die Nichtbesteuerung in Deutschland verfügt. **159**

Über den neuen § 3 a Abs. 8 S. 1 UStG erhält die bisherige Verwaltungsregelung zur Vermeidung einer Doppelbesteuerung eine **gesetzliche Grundlage**. **160**

Für den **B2C-Bereich** regelt § 3 a Abs. 8 S. 2 UStG entsprechend, dass Leistungen auf dem Gebiet der Telekommunikation abweichend von § 3 a Abs. 1 UStG als im Drittlandsgebiet ausgeführt zu behandeln sind, wenn die Leistungen tatsächlich im Drittlandsgebiet genutzt oder ausgewertet werden. **161**

Die Regelungen des § 3 a Abs. 8 UStG gelten nicht, wenn die nämlichen Leistungen **in den in § 1 Abs. 3 UStG bezeichneten Gebieten** erbracht werden (§ 3 a Abs. 8 S. 3 UStG). **162**

Nach der Gesetzesbegründung vom 22.06.2010 (BT-Drucks. 17/2249 zu Art. 4 Nr. 4 Buchst. e) ist mit **Auswirkungen auf die Bekämpfung des Steuerbetrugs** nicht zu rechnen, da die Leistungen regelmäßig an zum Vorsteuerabzug berechtigte Unternehmer erbracht werden. **163**

EU-rechtlich beruht die Neuregelung auf Art. 59a Abs. 1 Buchst. a MwStSystRL. **164**

3.13.2 Neuregelung der E-Dienstleistungen ab 01.01.2015

Zum 01.01.2015 kommt das »Mehrwertsteuerpaket Teil II«: die Besteuerung der elektronischen Dienstleistungen wird durch Einführung des **»Mini-One-Stop-Shop – MOSS«** für die leistungserbringenden Unternehmen erheblich vereinfacht (vgl. die Kommentierung zu § 18 h UStG). **165**

166 Als **Folgeänderung musste der Gesetzgeber auch § 3a Abs. 8 UStG** der Neuregelung anpassen. § 3a Abs. 8 S. 2 UStG sah bislang vor, dass bei Telekommunikationsdienstleistungen an im Gemeinschaftsgebiet ansässige Nichtunternehmer, die sich vorübergehend im Drittlandsgebiet aufhalten, der Leistungsort im Drittlandsgebiet liegt, wenn die Leistung tatsächlich nur im Drittlandsgebiet in Anspruch genommen werden kann.

167 Auf Grund der Neuregelung in § 3a Abs. 5 UStG (vgl. Rn. 143 f.) zum Leistungsort bei Telekommunikationsdienstleistungen an Nichtunternehmer, die regelmäßig eine Besteuerung am Verbrauchsort vorsieht, **bedarf es der Sonderregelung nicht mehr** (BT-Drs. 18/1995 vom 02.07.2014, zu Art. 9 Nr. 2 Buchst. d).

3.14 Besonderheiten der Intercompany-Leistungen

168 Hinweis auf die Voraufl. zu diesem Buch, 3. Aufl. 2011, § 3a UStG a.F. Kap. 3.9 sowie auf Urbahns, NWB 2013, 2998.

§ 3b UStG
Ort der Beförderungsleistungen und der damit zusammenhängenden sonstigen Leistungen

(1) [1]Eine Beförderung einer Person wird dort ausgeführt, wo die Beförderung bewirkt wird. [2]Erstreckt sich eine solche Beförderung nicht nur auf das Inland, fällt nur der Teil der Leistung unter dieses Gesetz, der auf das Inland entfällt. [3]Die Sätze 1 und 2 gelten entsprechend für die Beförderung von Gegenständen, die keine innergemeinschaftliche Beförderung eines Gegenstands im Sinne des Absatzes 3 ist, wenn der Empfänger weder ein Unternehmer, für dessen Unternehmen die Leistung bezogen wird, noch eine nicht unternehmerisch tätige juristische Person ist, der eine Umsatzsteuer-Identifikationsnummer erteilt worden ist. [4]Die Bundesregierung kann mit Zustimmung des Bundesrates durch Rechtsverordnung zur Vereinfachung des Besteuerungsverfahrens bestimmen, dass bei Beförderungen, die sich sowohl auf das Inland als auch auf das Ausland erstrecken (grenzüberschreitende Beförderungen),

1. kurze inländische Beförderungsstrecken als ausländische und kurze ausländische Beförderungsstrecken als inländische angesehen werden;

2. Beförderungen über kurze Beförderungsstrecken in den in § 1 Abs. 3 bezeichneten Gebieten nicht wie Umsätze im Inland behandelt werden.

(2) Das Beladen, Entladen, Umschlagen und ähnliche mit der Beförderung eines Gegenstands im Zusammenhang stehende Leistungen an einen Empfänger, der weder ein Unternehmer ist, für dessen Unternehmen die Leistung bezogen wird, noch eine nicht unternehmerisch tätige juristische Person ist, der eine Umsatzsteuer-Identifikationsnummer erteilt worden ist, werden dort ausgeführt, wo sie vom Unternehmer tatsächlich erbracht werden.

(3) Die Beförderung eines Gegenstands, die in dem Gebiet eines Mitgliedstaates beginnt und in dem Gebiet eines anderen Mitgliedstaates endet (innergemeinschaftliche Beförderung eines Gegenstands), an einen Empfänger, der weder ein Unternehmer ist, für dessen Unternehmen die Leistung bezogen wird, noch eine nicht unternehmerisch tätige juristische Person, der eine Umsatzsteuer-Identifikationsnummer erteilt worden ist, wird an dem Ort ausgeführt, an dem die Beförderung des Gegenstands beginnt.

Literatur

Alefs, Dienstleistungen: Neuerungen bei der Umsatzbesteuerung ab 2010, StWK 21/2009 Gruppe 8, 311. **Becker/Müller-Lee**, Mehrwertsteuer-Paket: Klärungsbedarf nach dem BMF-Schreiben vom 4.9.2009/Praktische Auswirkungen ab dem 1.1.2010, UStB 2009, 320. **Kronenthaler**, Mehrwertsteuerpaket 2010: Neue Spielregeln treten zum 1.1.10 in Kraft, PIStB 2009, 331. **Nieskoven**, Neue Spielregeln zum Leistungsort ab 1.1.10: Umfangreiches BMF-Schreiben zu beachten, GStB 2010, 30. **Strehle/Jahnke**, Mehrwertsteuerpaket/Umsatzsteuerliche Aspekte bei internatonalen Güterbeförderungsleistungen/Ein Praxisleitfaden für deutsche Spediteure, BB Special 1/2010 (Beilage zu Heft 5/2010), 21. **Walkenhorst**, Ort der sonstigen Leistung ab 1.1.2010, UStB 2009, 296 und 332. **Weimann**, Umsatzsteuer in der Praxis (UidP), 16. Aufl. 2018, Kap. 54. **Weimann**, Güterbeförderungen ab 1.1.2010: die neuen »Drittlandsfälle«, UStB 2010, 60.

Verwaltungsanweisungen

BMF vom 27.06.1984, Az: IV A 3 – S 7118 – 17/84, Umsatzsteuer; hier: Personenbeförderungen auf dem Bodensee, SIS 84 14 25.

BMF vom 11.12.1990, Az: IV A 3 – S 7118 – 11/70, Umsatzsteuer; hier: Personenbeförderungen auf dem Bodensee, SIS 91 03 30.

BMF vom 16.01.1996, Az: IV C 4 – S 7327 – 99/95, Umsatzsteuerliche Erfassung von Unternehmern, die grenzüberschreitenden Omnibusverkehr betreiben, SIS 96 25 02.

BMF vom 04.02.2011, Az: IV D 3 – S 7117/10/10006, 2011/0101498, Umsatzsteuer; Änderungen des Ortes der sonstigen Leistung (§ 3a UStG) durch das Jahressteuergesetz 2010 / Anpassung der Abschnitte 3a.1, 3a.2, 3a.4, 3a.6, 3a.8, 3a.12, 3a.13 und 3a.14 UStAE, BStBl I 2011, 162.

BMF vom 18.01.2012, Az: IV D 3 – S 7117/11/10001, 2012/0037816, Umsatzsteuer; Änderung des § 3a Abs. 8 Satz 1 UStG durch das Beitreibungsrichtlinien-Umsetzungsgesetz – Anpassung der Abschnitte 3a.4 und 3a.14 UStAE, BStBl I 2012, 139.

BMF vom 04.02.2014, Az: IV D 3 – S 7327/07/10001, 2014/0106063, Umsatzsteuer; Merkblatt zur Umsatzbesteuerung von grenzüberschreitenden Personenbeförderungen mit Omnibussen, die nicht in der Bundesrepublik Deutschland zugelassen sind, BStBl I 2014, 220.

BMF vom 04.02.2014, Az: IV D 3 – S 7424-f /13/10001, 2014/0106456, Umsatzsteuerliche Erfassung von im Ausland ansässigen Unternehmern, die grenzüberschreitende Personenbeförderungen mit nicht im Inland zugelassenen Kraftomnibussen durchführen; Vordruckmuster USt 1 TU und USt 1 TV, BStBl I 2014, 229.

OFD Frankfurt/Main vom 17.11.2015, S 7118 A – 9 – St 11, Leistungsort nach § 3b UStG bei grenzüberschreitender Personenbeförderung: Behandlung von Leerfahrten, DStR 2016, 480.

Hinweis: Zur Problematik der zeitlichen Geltungsdauer von BMF-Schreiben vgl. Einführung UStG, Rz. 100 ff.

Richtlinien/Hinweise/Verordnungen
UStAE: Abschn. 3b.1–3b.4.
MwStSystRL: Art. 48–52.

1 Vorbemerkung

Der deutsche Gesetzgeber hat die **Vorgaben des »Mehrwertsteuerpakets«** mit dem Jahressteuergesetz 2009 vom 19.12.2008 (JStG 2009, BGBl I 2008, 2794 vom 24.12.2008) in das deutsche Recht transferiert und dazu auch § 3 b UStG mit **Wirkung ab dem 01.01.2010** neu gefasst (vgl. § 3 a Rn. 8). 1

Zu § 3 b a. F. vgl. die 3. Auflage 2011. 2

2 Allgemeines

2.1 Rechtsentwicklung

Der deutsche Gesetzgeber hat die Vorgaben des »Mehrwertsteuerpakets« mit dem JStG 2009 in das deutsche Recht transferiert und dazu **ab dem 01.01.2010** auch § 3 b UStG neu gefasst (vgl. Rn. 1). 3

2.2 Geltungsbereich

2.2.1 Sachlicher Geltungsbereich

§ 3 b UStG regelt den Ort von Güter- und Personenbeförderungsleistungen. 4

HINWEIS
Im Hinblick auf den sachlichen Anwendungsbereich hat die Umsetzung des »Mehrwertsteuerpakets« (vgl. § 3 a Rn. 8) **zum 0.01.2010 keinerlei Neuerung** gebracht. Abschn. 3b.1–3b.4 UStAE übernehmen daher – wie schon das Einführungsschreiben des BMF vom 04.09.2009 (Az: IV B 9 – S 7117/08/10001, 2009/0580334, Rz. 111–137, BStBl I 2009, 1005) – insoweit im Wesentlichen unverändert die bisherigen Abschn. 42a ff. UStR 2008.

2.2.2 Persönlicher Geltungsbereich

2.2.2.1 Potenzielle Leistungserbringer

5 § 3 b UStG sieht hinsichtlich des persönlichen Geltungsbereichs keine Besonderheiten/Einschränkungen vor und gilt daher für **alle Unternehmer, die entsprechende Umsätze tätigen**.

2.2.2.2 Potenzielle Leistungsempfänger

2.2.2.2.1 Güterbeförderungen und mit diesen im Zusammenhang stehende Leistungen (sog. »Beförderungsnebenleistungen«)

6 Für

- Güterbeförderungen und
- Beförderungsnebenleistungen

gilt § 3 b UStG **ausschließlich für Leistungen an Nichtunternehmer** (Abschn. 3b.1 Abs. 3 S. 1, Abschn. 3b.2 Abs. 1 S., Abschn. 3b.3 Abs. 1 S. 1 i. V. m. Abschn. 3a.1 Abs. 1 UStAE).

HINWEISE

Im Wirtschaftsleben werden die in § 3 b Abs. 2 UStG aufgeführten (selbständigen) Leistungen als »Beförderungsnebenleistungen« bezeichnet. Das irritiert und darf nicht mit der umsatzsteuerlichen »Nebenleistung zu einer Güterbeförderung« (vgl. Abschn. 3b.2 Abs. 3 i. V. m. Abschn. 3.10 UStAE) verwechselt werden.

Hier greift das Mehrwertsteuerpaket; die Ortsbestimmung ist insoweit ausschließlich im B2C-Bereich anzuwenden. Damit ist der B2B-Bereich ungeregelt; es greift der Auffangtatbestand des § 3 a Abs. 2 UStG.

2.2.2.2.2 Personenbeförderungen

7 Für Personenbeförderungen ergeben sich hinsichtlich der Auftraggeber keine Beschränkungen; § 3 b UStG gilt insoweit **sowohl für Leistungen an Unternehmer als auch an Nichtunternehmer** (Abschn. 3b.1 Abs. 1 UStAE, vgl. Rn. 10).

2.2.3 Zeitlicher Geltungsbereich

8 § 3 b UStG gilt in dieser Fassung **seit dem 01.01.2010**.

2.3 Gemeinschaftsrechtliche Grundlagen und Verhältnis zu anderen Vorschriften

9 Vgl. die Kommentierung zu § 3 a Rn. 13 ff.

3 Kommentierung

3.1 Personenbeförderungen

Die Ortsbestimmung des § 3b Abs. 1 S. 1 und 2 UStG (Personenbeförderung) ist ungeachtet der Unternehmereigenschaft des Leistungsempfängers und damit 10

- sowohl bei nichtunternehmerischen Leistungsempfängern (siehe Abschn. 3a.1 Abs. 1 UStAE)
- als auch bei Leistungsempfängern im Sinne des § 3a Abs. 2 UStG (siehe Abschn. 3a.2 Abs. 1 UStAE)

anzuwenden (vgl. Rn. 7).

Die Personenbeförderung ist damit eine der wenigen sonstigen Leistungen, die nach Umsetzung des »Mehrwertsteuerpakets« nicht zu den Erleichterungen im B2B-Bereich führen – mit allen nachteiligen Konsequenzen, die diese »Insellösungen« mit sich bringen (evtl. Registrierungspflicht für den Leistenden im EU-Ausland; Ausweis ausländischer Umsatzsteuer und Vorsteuer-Vergütung für den Leistungsempfänger, vgl. § 3a Rn. 21 f.). 11

Die Finanzverwaltung regelt die Personenbeförderung ausführlich mit Fallbeispielen in Abschn. 3b.1 UStAE. Ergänzend ist auf die BMF-Schreiben vom 27.06.1984, 11.12.1990, 16.01.1996, 09.07.2004, 15.12.2010 und 04.02.2014 hinzuweisen. 12

3.2 Innerdeutsche Güterbeförderungen im Auftrag eines Nichtunternehmers (§ 3b Abs. 1 S. 1 UStG)

Eine innerdeutsche Güterbeförderung im Auftrag eines Nichtunternehmers wird in Deutschland erbracht, ist damit steuerbar und mangels Befreiung auch steuerpflichtig. 13

Dies gilt **ungeachtet der Nationalitäten** von Auftragnehmer oder Auftraggeber und damit auch dann, wenn 14

- der Beförderungsunternehmer und/oder
- der Auftraggeber

ein Ausländer ist.

Beispiel:

1. Eine deutsche Rentnerin (R) lebt bislang in Essen und möchte nunmehr in die Nähe des Sohnes nach Dortmund ziehen. Ein Essener Umzugsunternehmer (U) wird beauftragt, die Möbel nach Dortmund zu bringen.
2. Wie 1. Da sich R finanziell nicht so gut steht, beauftragt ihre in der Türkei lebende Tochter den U.
3. Wie 1. U ist ein niederländischer Transportunternehmer.

Lösung

In allen Beispielfällen fällt deutsche USt an. In Beispiel 3 muss sich U – ggf. auch nur für diesen Umsatz – beim Finanzamt Kleve für Zwecke der USt registrieren lassen (§ 1 Abs. 1 Nr. 17 Umsatzsteuer-Zuständigkeitsverordnung, vgl. Weimann, Umsatzsteuer in der Praxis, 12. Aufl. 2014, Kap. 84.4).

3.3 Güterbeförderungen in einem anderen EU-Mitgliedstaat im Auftrag eines Nichtunternehmers (§ 3b Abs. 1 S. 1 UStG)

15 Güterbeförderungen im Auftrag eines Nichtunternehmers, die ausschließlich im Gebiet eines anderen Mitgliedstaats (§ 1 Abs. 2a S. 1 UStG, Abschn. 1.10 Abs. 1 UStAE) erfolgen, sind

1. in Deutschland nicht steuerbar,
2. in dem anderen Mitgliedstaat umsatzsteuerbar und -pflichtig.

16 In dem anderen Mitgliedstaat ergeben sich daher die unter Rn. 13 ff. dargestellten Rechtsfolgen.

Beispiel:
Wie Rn. 14 Beispiele 1–3. R zieht aber innerhalb Italiens von Rom nach Bozen.

Lösung
In allen Beispielfällen fällt italienische USt an. Die Registrierung in Beispiel 3 richtet sich in diesem Fall nach italienischem Verfahrensrecht. Letzteres ist im Zweifel nicht mit dem deutschen Verfahrensrecht harmonisiert!

3.4 Güterbeförderungen im Drittland im Auftrag eines Nichtunternehmers (§ 3b Abs. 1 S. 1 UStG)

17 Güterbeförderungen im Auftrag eines Nichtunternehmers, die ausschließlich im Gebiet eines Drittlands (§ 1 Abs. 2a S. 3 UStG, Abschn. 1.10 Abs. 1 UStAE) erfolgen, sind

- weder in Deutschland
- noch in einem anderen EU-Mitgliedstaat

steuerbar.

HINWEIS
Das heißt aber nicht, dass auf die Beförderung keine Umsatzsteuer anfällt; vielmehr ist zu prüfen, ob das Drittland eine solche erhebt (vgl. Einführung Länderanhänge, Rn. 5 ff. und Weimann, Umsatzsteuer in der Praxis, 16. Aufl. 2018, Kap. 84.2).

3.5 Innergemeinschaftliche Güterbeförderungen im Auftrag eines Nichtunternehmers (§ 3b Abs. 3 UStG)

18 Eine innergemeinschaftliche Güterbeförderung liegt nach § 3b Abs. 3 S. 1 UStG vor, wenn der Transport

- in dem Gebiet von zwei verschiedenen EU-Mitgliedstaaten
- beginnt (Abgangsort) und
- endet (Ankunftsort).

Eine Anfahrt des Beförderungsunternehmers zum Abgangsort ist unmaßgeblich; entsprechendes gilt für den Ankunftsort.

19 Weitere Einzelheiten und Fallbeispiele vgl. Abschn. 3b.3 u. 3b.4 UStAE.

3.6 Andere grenzüberschreitende Güterbeförderungen im Auftrag eines Nichtunternehmers (§ 3b Abs. 1 S. 2 u. 4 UStG)

Bei anderen grenzüberschreitenden Güterbeförderungen im Auftrag von Nichtunternehmern sind § 3b Abs. 1 Satz 2, §§ 2 ff. UStDV und Abschn. 3b.1 Abs. 4 ff. UStAE als Sonderbestimmungen zu beachten. 20

Beispiel:
1. Wie Rn. 14 Beispiele 1–3. R zieht aber von Essen nach Bern (Schweiz).
2. Wie Rn. 14 Beispiele 1–3. R zieht aber von Bern (Schweiz) nach Essen.

3.7 Beförderungsnebenleistungen im Auftrag eines Nichtunternehmers (§ 3b Abs. 2 UStG)

Zum Begriff der »Beförderungsnebenleistung« vgl. Rn. 6. Das BMF erläutert die **in der Praxis** für nichtunternehmerische Auftraggeber **eher unbedeutende Vorschrift** in Abschn. 3b.2 UStAE. 21

3.8 Güterbeförderungen und Beförderungsnebenleistungen im Auftrag eines Unternehmers oder einer einem solchen gleichgestellten juristischen Person

3.8.1 Fälle des § 3a Abs. 2 UStG (»B2B-Leistungen«) und nicht des § 3b UStG

Für 22
- Güterbeförderungen und
- Beförderungsnebenleistungen (zur Begrifflichkeit vgl. Rn. 6)

gilt § 3b UStG **ausschließlich für Leistungen an Nichtunternehmer** (Abschn. 3b.1 Abs. 3 S. 1, Abschn. 3b.2 Abs. 1 S., Abschn. 3b.3 Abs. 1 S. 1 i. V. m. Abschn. 3a.1 Abs. 1 UStAE).

Hier greift das Mehrwertsteuerpaket; die **Ortsbestimmung ist insoweit ausschließlich im B2C-Bereich** anzuwenden. Damit ist der B2B-Bereich ungeregelt; es greift der Auffangtatbestand des § 3a Abs. 2 UStG. 23

3.8.2 Fallstudien

3.8.2.1 Güterbeförderungen aus der Sicht des Auftraggebers (= Mandant)

Das folgende Beispiel verdeutlicht den Sachverhalt aus Sicht des Auftraggebers einer Güterbeförderung. 24

Beispiel:
Der deutsche Lieferant D mit Sitz in Dortmund beauftragt einen Frachtführer (F) zum Transport von Ware
- von Dortmund nach Köln (innerdeutsche Güterbeförderung);

- von Dortmund nach Wien (i. g. Güterbeförderung);
- von Rom nach Dortmund (i. g. Güterbeförderung);
- von Dortmund nach Kiew (im Zusammenhang mit einer Ausfuhr);
- von Basel nach Dortmund (im Zusammenhang mit einer Einfuhr).

F ist
- ein deutscher Frachtführer (Variante 1);
- ein österreichischer Frachtführer (Variante 2);
- ein türkischer Frachtführer (Variante 3).

Lösung bis 31.12.2009:
Die Ortsbestimmung war nach § 3b UStG a.F. im Wesentlichen abhängig von der Beförderungsstrecke. Zur Vermeidung nachteiliger Rechtsfolgen empfahl es sich, den Beförderungsauftrag unter Verwendung der deutschen USt-IdNr. des Auftraggebers zu erteilen und so den Leistungsort des Beförderungsunternehmers nach Deutschland zu verlagern.

Lösung ab 01.01.2010:
Leistungsort ist – **unabhängig von der jeweiligen Beförderungsstrecke** – auf jeden Fall der **Sitzort des D (Dortmund)**. Handelt es sich bei F um einen
- deutschen Frachtführer **(Variante 1)**, erhält D eine **»Brutto-Eingangsrechnung«** und zieht unter den weiteren Voraussetzungen des § 15 UStG die Vorsteuern;
- österreichischen Frachtführer **(Variante 2)**, erhält D eine **»Netto-Eingangsrechnung«** und versteuert den Leistungseingang nach § 13b UStG – und zwar in der entsprechenden UStVA durch Eintragungen in die Kennziffern für das neue i. g. Kontrollverfahren (Kz. 46 und Kz. 47 – natürlich mit **Vorsteuerabzug** durch Eintragung in **Kz. 67**!);
- türkischen Frachtführer **(Variante 3)**, erhält D ebenfalls eine **»Netto-Eingangsrechnung«** und versteuert den Leistungseingang nach § 13b UStG – und zwar in der entsprechenden UStVA durch Eintragungen in die »alten« Kennziffern (Kz. 52 und Kz. 53 – wieder mit **Vorsteuerabzug** durch Eintragung in **Kz. 67**).

TIPP
Nach Feststellung der Steuerbarkeit der nämlichen Beförderungen ist immer deren **Steuerpflicht** zu prüfen (vgl. § 4 Nr. 3 UStG) – **das gilt auch nach dem 01.01.2010 unverändert weiter!**

3.8.2.2 Güterbeförderungen aus der Sicht des Transportunternehmers (= Mandant)

25 Aus der Sicht des Transportunternehmers ergeben sich bei der Ortsbestimmung einer Güterbeförderung folgende Sachverhalte.

Beispiel:
Der deutsche Frachtführer D mit Sitz in Dortmund transportiert im Auftrag von Kunde K Ware
- von Dortmund nach Köln (innerdeutsche Güterbeförderung);
- von Dortmund nach Wien (i. g. Güterbeförderung);
- von Rom nach Dortmund (i. g. Güterbeförderung);
- von Dortmund nach Kiew (im Zusammenhang mit einer Ausfuhr);
- von Basel nach Dortmund (im Zusammenhang mit einer Einfuhr).

K ist
- ein deutscher Auftraggeber (Variante 1);
- ein österreichischer Auftraggeber (Variante 2);
- ein türkischer Auftrageber (Variante 3).

Lösung bis 31.12.2009:
Die Ortsbestimmung war nach § 3b UStG a.F. im Wesentlichen abhängig von der Beförderungsstrecke. Zur Vermeidung nachteiliger Rechtsfolgen empfahl es sich, den Beförderungsauftrag unter Verwendung der deutschen USt-IdNr. des Auftraggebers zu erteilen und so den Leistungsort des D nach Deutschland zu verlagern. Es lag an D, dem Kunden ein entsprechendes Vorgehen zu empfehlen.

Lösung ab 01.01.2010:
Leistungsort ist – unabhängig von der jeweiligen Beförderungsstrecke – auf jeden Fall der Sitzort der Kunden K. Handelt es sich bei K um einen

- deutschen Auftraggeber (Variante 1), erteilt D eine »normale« Bruttorechnung für einen innerdeutschen Umsatz;
- österreichischen Auftraggeber (Variante 2), erteilt D eine »normale« Nettorechnung (= B2B-Leistung, die in das neue i. g. Kontrollverfahren eingeht);
- türkischen Auftraggeber (Variante 3), erteilt D eine »normale« Nettorechnung (= B2B-Leistung, die nicht in das i. g. Kontrollverfahren eingeht = nichtsteuerbarer Umsatz, Kz. 45 der UStVA).

TIPP
Nach Feststellung der Steuerbarkeit der nämlichen Beförderungen ist immer deren Steuerpflicht zu prüfen (vgl. § 4 Nr. 3 UStG) – **das gilt auch nach dem 01.01.2010 unverändert weiter!**

3.8.2.3 Vereinfachung des Drittlandsgeschäfts

3.8.2.3.1 Rechtslage und Verwaltungsvereinfachung vom 01.01.2010 bis zum 31.12.2010 (Fallstudien)

Güterbeförderungsleistungen zwischen Unternehmern fallen ab dem 01.01.2010 aus dem Anwendungsbereich des § 3b UStG heraus; anzuwenden ist nunmehr der neue Auffangtatbestand des § 3a Abs. 2 UStG, die sog. »**B2B-Regel**«. Demzufolge können ab 01.01.2010 auch **reine Drittlandsbeförderungen** zu einer **Ortsansiedelung beim deutschen Leistungsempfänger** führen. Insoweit sieht die Finanzverwaltung aber Erleichterungen vor: 26

Beispiel:
Das in München ansässige Maschinenbauunternehmen D beauftragt die Schweizer Spedition CH, eine Maschine von Bern nach Zürich zu transportieren.

Lösung:
Bis zum 31.12.2009 kam es hier nicht zu einer Besteuerung in Deutschland, da § 3b Abs. 1 UStG a.F. auf den Ort der tatsächlichen Beförderung (ausschließlich Schweiz) abstellte.
Seit dem 01.01.2010 ist für derlei Güterbeförderungen das »Empfängersitzortprinzip« des § 3a Abs. 2 UStG einschlägig – mit der Folge, dass die Leistung vollumfänglich in Deutschland zu besteuern ist. Da ein Leistungsbezug von einem im Ausland ansässigen Unternehmer i.S.v. § 13b Abs. 4 UStG vorliegt, kommt es zudem zur Übertragung der Steuerschuld auf D.

Beachte: Die zwingende Besteuerung derartiger Beförderungen würde die Drittlandsaktivitäten deutscher Unternehmer – die ja letztlich zu den finanzpolitisch höchst erwünschten Devisen führen – unnötig erschweren/behindern. Auch ist eine zusätzliche Besteuerung der Beförderung im Drittland nicht ausgeschlossen – ja sogar recht wahrscheinlich; es besteht mithin die Gefahr einer Doppelbesteuerung! Aus diesem Grunde kann D kann auf die Besteuerung der Leistung verzichten (BMF, Schreiben vom 04.09.2009, BStBl I 2010, 1005; noch vor Inkrafttreten neu gefasst durch BMF-Schreiben vom 08.12.2009, BStBl I 2009, 1612). Den Besteuerungsverzicht knüpft das BMF nicht an die uneingeschränkte Vorsteuerabzugsberechtigung des Leistungsempfängers! 27

Beispiel:
Sachverhalt wie oben. Der »innerschweizerische« Gütertransport erfolgt jedoch durch den deutschen Frachtführer F.

Lösung:
Auch in diesen Fällen siedelt § 3a Abs. 2 UStG den Leistungsort am Sitz des Leistungsempfängers D in Deutschland an. Die Güterbeförderung ist mithin in Deutschland steuerbar und steuerpflichtig.
Als deutscher Unternehmer schuldet F die Umsatzsteuer für den Transport selbst (§ 13a UStG).

Ursprünglich beschränkte die Finanzverwaltung die Möglichkeit des Besteuerungsverzichts auf § 13b-Fälle (BMF, Schreiben vom 04.09.2009, BStBl I 2010, 1005, Rz. 21). Aktuell wurde der Verzicht jedoch auch auf die Fälle i.S.d. § 13a UStG ausgedehnt (BMF, Schreiben vom 08.12.2009, BStBl I 2009, 1612).

28 **Beachte:** Die Verzichtsregelung beschränkt sich auf Drittlandsbeförderungen, da es nach den Vorgaben von Art. 44 MwStSystRL **bei i. g. Sachverhalten nicht** zu einer Doppelbesteuerung kommen kann!

29 Bei **Ausfuhrbeförderungsleistungen** führt die Neuregelung ebenfalls zu einem Systemwechsel:

Beispiel:
Der deutsche Maschinenbauunternehmer D beauftragt den deutschen Frachtführer DF mit der Beförderung einer Maschine von Köln zu seinem russischen Käufer RUS in Moskau.

Lösung:
Bis zum 31.12.2009 galt hier der »Streckenteilungsgrundsatz« des § 3b Abs. 1 S. 2 UStG a.F. Der deutschen Umsatzbesteuerung unterlag danach nur der inländische Streckenanteil, während der ausländische Streckenanteil in Deutschland nicht steuerbar war. Der anteilig auf die inländische Strecke entfallende Vergütungsanteil blieb jedoch gemäß § 4 Nr. 3 Buchst. a Doppelbuchst. aa UStG umsatzsteuerfrei.
Seit dem 01.01.2010 kommt bei Güterbeförderungen zwischen Unternehmern auch im Ausfuhrbereich das »Empfängerortprinzip« zur Anwendung. Nach dem Systemwechsel liegt daher für die Gesamtstrecke/Gesamtvergütung der Besteuerungsort in Deutschland. Allerdings kommt nunmehr auch für die Gesamtstrecke die **Steuerbefreiung gem. § 4 Nr. 3 Buchst. a Doppelbuchst. aa UStG** in Betracht.

30 Hierbei sieht Nieskoven (GStB 2010, 59) aufgrund der veränderten Regelungstechnik ein neues Problem – das der **Definition des Begriffs der Ausfuhr:**

Beispiel:
Sachverhalt wie vorheriges Beispiel. Die von D produzierte Maschine befindet sich jedoch bereits im Auslieferungslager des D in Warschau, sodass sich die Güterbeförderung des DF auf die Strecke Warschau – Moskau beschränkt.

Lösung:
Bis zum 31.12.2009 ergab sich mangels inländischen Streckenanteils keine Besteuerungshoheit in Deutschland.
Ab dem 01.01.2010 führt das generelle Empfängerortprinzip auch hier zu einer vollumfänglichen Steuerbarkeit in Deutschland. Wie im vorherigen Beispiel ist die Steuerbefreiung gemäß § 4 Nr. 3 Buchst. a Doppelbuchst. aa UStG zu prüfen. Diese setzt jedoch eine »Ausfuhr«voraus, die nach bisherigem Territorialverständnis – so die Auffassung des Besprechungsbeitrags – eine Warenbewegung aus dem Inland (Deutschland) in das Drittland impliziert (A 46 Abs. 1 S. 3 UStR 2008). Die Finanzverwaltung nimmt jedoch eine steuerbegünstigte Aus- oder Einfuhrbeförderung i.S.v. § 4 Nr. 3a UStG auch dann an, wenn deutsches Territorium bei der zu beurteilenden Beförderungsstrecke nicht berührt wird (BMF, Schreiben vom 04.09.2009, BStBl I 2010, 1005, Rz. 22). Auch für die Beförderungsstrecke Warschau – Moskau kommt demnach die Steuerbefreiung des § 4 Nr. 3a UStG in Betracht – es genügt mithin die **grenzüberschreitende Beförderung aus einem EU-Staat in das Drittland** (bzw. für die Einfuhr-Beförderungsbefreiung i.S.v. § 4 Nr. 3 Buchst. a Doppelbuchst. bb) UStG eine **umgekehrte Beförderungsbewegung**).

31 **Beachte:** In Abweichung von Nieskoven (GStB 2010, 59) dient Rz. 22 des BMF-Schreibens m.E. ausschließlich der Klarstellung eines Ergebnisses, zu dem der Rechtsanwender bei telelogischer Interpretation der Steuerbefreiung ohnehin gelangt wäre (deklaratorische Wirkung).

HINWEIS
Die deutsche Finanzverwaltung hatte zu den neuen Ortvorschriften umfassend Stellung genommen (BMF, Schreiben vom 04.09.2009, Az: IV B 9 – S 7117/08/10001, BStBl I 2009, 1005). Dieses Schreiben wurde bereits vor Inkrafttreten neu gefasst (BMF, Schreiben vom 08.12.2009, BStBl I 2009, 1612). **Auch das mag ein Zeichen für die damalige (oder auch derzeitige?) Rechtsunsicherheit sein!**

3.8.2.3.2 Übernahme der Verwaltungsvereinfachung durch den Gesetzgeber seit dem 01.01.2011

Über § 3a Abs. 8 S. 1 UStG erhält die bisherige Verwaltungsregelung seit dem 01.01.2011 zur Vermeidung einer Doppelbesteuerung (vgl. Rn. 26 ff.) eine **gesetzliche Grundlage**. Das JStG 2010 regelt in der neuen Vorschrift ausdrücklich, dass B2B-Leistungen abweichend von § 3a Abs. 2 UStG als im Drittlandsgebiet ausgeführt zu behandeln sind, wenn die nämlichen Leistungen tatsächlich im Drittlandsgebiet genutzt oder ausgewertet werden (vgl. § 3a Rn. 156 ff.). 32

§ 3c UStG
Ort der Lieferung in besonderen Fällen

(1) [1]Wird bei einer Lieferung der Gegenstand durch den Lieferer oder einen von ihm beauftragten Dritten aus dem Gebiet eines Mitgliedstaates in das Gebiet eines anderen Mitgliedstaates oder aus dem übrigen Gemeinschaftsgebiet in die in § 1 Abs. 3 bezeichneten Gebiete befördert oder versendet, so gilt die Lieferung nach Maßgabe der Absätze 2 bis 5 dort als ausgeführt, wo die Beförderung oder Versendung endet. [2]Das gilt auch, wenn der Lieferer den Gegenstand in das Gemeinschaftsgebiet eingeführt hat.

(2) Absatz 1 ist anzuwenden, wenn der Abnehmer

1. nicht zu den in § 1a Abs. 1 Nr. 2 genannten Personen gehört oder

2. a) ein Unternehmer ist, der nur steuerfreie Umsätze ausführt, die zum Ausschluss vom Vorsteuerabzug führen, oder

b) ein Kleinunternehmer ist, der nach dem Recht des für die Besteuerung zuständigen Mitgliedstaates von der Steuer befreit ist oder auf andere Weise von der Besteuerung ausgenommen ist, oder

c) ein Unternehmer ist, der nach dem Recht des für die Besteuerung zuständigen Mitgliedstaates die Pauschalregelung für landwirtschaftliche Erzeuger anwendet, oder

d) eine juristische Person ist, die nicht Unternehmer ist oder die den Gegenstand nicht für ihr Unternehmen erwirbt,

und als einer der in den Buchstaben a bis d genannten Abnehmer weder die maßgebende Erwerbsschwelle überschreitet noch auf ihre Anwendung verzichtet. Im Fall der Beendigung der Beförderung oder Versendung im Gebiet eines anderen Mitgliedstaates ist die von diesem Mitgliedstaat festgesetzte Erwerbsschwelle maßgebend.

(3) [1]Absatz 1 ist nicht anzuwenden, wenn bei dem Lieferer der Gesamtbetrag der Entgelte, der den Lieferungen in einen Mitgliedstaat zuzurechnen ist, die maßgebliche Lieferschwelle im laufenden Kalenderjahr nicht überschreitet und im vorangegangenen Kalenderjahr nicht überschritten hat. [2]Maßgebende Lieferschwelle ist

1. im Fall der Beendigung der Beförderung oder Versendung im Inland oder in den in § 1 Abs. 3 bezeichneten Gebieten der Betrag von 100.000 Euro;

2. im Fall der Beendigung der Beförderung oder Versendung im Gebiet eines anderen Mitgliedstaates der von diesem Mitgliedstaat festgesetzte Betrag.

(4) [1]Wird die maßgebende Lieferschwelle nicht überschritten, gilt die Lieferung auch dann am Ort der Beendigung der Beförderung oder Versendung als ausgeführt, wenn der Lieferer auf die Anwendung des Absatzes 3 verzichtet. [2]Der Verzicht ist gegenüber der zuständigen Behörde zu erklären. [3]Er bindet den Lieferer mindestens für zwei Kalenderjahre.

(5) [1]Die Absätze 1 bis 4 gelten nicht für die Lieferung neuer Fahrzeuge. [2]Absatz 2 Nr. 2 und Absatz 3 gelten nicht für die Lieferung verbrauchsteuerpflichtiger Waren.

Literatur

Langer, Umsatzsteuer im Binnenmarkt, 1. Aufl. 2002. **Plikat**, Umsatzsteuer innerhalb der Europäischen Union, UStB 2007, 300. **Rondorf**, Das Umsatzsteuer-Binnenmarktgesetz, 1. Aufl. 1992. **Weimann**, Änderungen im Umsatzsteuerrecht durch das Steuerbereinigungsgesetz 1999, UStB 2000, 61. **Weimann**, Umsatzsteuer in der Praxis (UidP),16. Aufl. 2018, Kap. 35.

Richtlinien/Hinweise/Verordnungen

UStAE: Abschn. 3c.1.
MwStSystRL: Art. 33 ff.

1 Allgemeines

1.1 Überblick über die Vorschrift

1 Bei grenzüberschreitenden Lieferungen an private Letztverbraucher gilt seit der Einführung des USt-Binnenmarktes zum 01.01.1993 grundsätzlich das **Ursprungslandprinzip**: Die Besteuerung erfolgt in dem Mitgliedstaat, in dem die Ware erworben wurde bzw. in dem die Beförderung oder Versendung der Ware beginnt. Eine besondere Regelung erfahren jedoch die sog. **»Versandhandels- oder Fernverkäufe«**, d.h. innergemeinschaftliche Beförderungs- oder Versendungslieferungen an private Endverbraucher und andere nicht erwerbssteuerpflichtige Personen (nachfolgend kurz »Versandhandel«). Grund für die Sonderregelung war die Befürchtung einiger Mitgliedstaaten, die strikte Anwendung des Ursprungslandprinzips auf derartige Umsätze führe zu erheblichen Einnahmeverschiebungen zugunsten der exportorientierten Länder. Ursprünglich war geplant, nur den **»Versandhandel im klassischen Sinne«** im Bestimmungsland zu besteuern. Da es jedoch nicht möglich war, eine taugliche Definition für diesen »echten Versandhandel« zu finden, wurde die Regelung auf alle Lieferungen ausgedehnt, in denen die gelieferten Gegenstände vom Lieferer oder in dessen Auftrag versandt oder befördert werden (Weimann, UidP, Kap. 3.5.1.1, m.w.N.).

1.2 Rechtsentwicklung

2 § 3c UStG wurde als zentrale Vorschrift der Umsatzbesteuerung im Binnenmarkt (vgl. dazu Rn. 1) zum 01.01.1993 in das UStG eingefügt. Die Vorschrift galt bis zum 31.12.1999 abgesehen von einer zum 01.01.1994 erfolgten redaktionellen Anpassung (vgl. dazu Bülow in S/W/R, § 3c Rz. 6) unverändert.

3 Zur Prüfung der Lieferschwelle galt die ja noch **recht junge Vorschrift bereits in drei Varianten:**

- **Variante 1 (bis 31.12.1999):** Zunächst sah die in § 3c Abs. 3 S. 1 UStG enthaltene Regelung vor, dass die Ortsverlagerung i.R. d. sog. Versandhandelsregelung nur dann Anwendung findet, wenn der Gesamtbetrag der Entgelte, der den Lieferungen in einem Mitgliedstaat zuzurechnen war, bei dem Lieferer (tatsächlich) im vorangegangenen oder **voraussichtlich im laufenden Kj.** die maßgebliche Lieferschwelle überstiegen hat bzw. übersteigt. Diese Regelung entsprach insoweit nicht den EG-rechtlichen Vorgaben, als sie bei der Berechnung der maßgeblichen Lieferschwelle auf die voraussichtlich im laufenden Kj. bewirkten Umsätze abstellte (vgl. Rn. 30 f.). Dadurch konnte es zu Doppelbesteuerungen bzw. Nichtbesteuerungen im Verhältnis zu solchen Staaten kommen, die die EG-rechtlichen Vorgaben in nationales Recht umgesetzt haben.
- **Variante 2 (01.01.2000–30.06.2006):** Das Steuerbereinigungsgesetz 1999 (BGBl I 1999, 2601 = BStBl I 2000, 116) hat daher m.W.v. 01.01.2000 § 3c Abs. 3 UStG an die gemeinschaftsrechtliche Vorgaben des damaligen Art. 28b Teil B Abs. 2 der 6. EG-RL angepasst. Die EG-rechtliche Regelung sah (und sieht immer noch) die Ortsverlagerung vor, **sobald** im laufenden Kj. die Lieferschwelle überschritten wird. Dabei ging Deutschland zunächst von einer Ortsverlagerung nur für die **nach dem Zeitpunkt des Überschreitens der Lieferschwelle bewirkten Umsätze** aus (vgl. Abschn. 42j Abs. 3 S. 5 UStR 2005). Der Umsatz, mit dem die Lieferschwelle überschritten wurde, unterlag noch im Ursprungsland der Besteuerung (BT-Drucks. 14/1655).

- **Variante 3 (ab 01.07.2006):** Das nun wiederum verstieß gegen Art. 22 der DVO zur 6. EG-RL (genauer: »Verordnung (EG) Nr. 1777/2005 zur Festlegung von Durchführungsvorschriften zur Richtlinie 77/388/EWG« vom 17.10.2005, ABl. EU 2005 Nr. L 288 S. 1, welche m.W.v. 01.07.2006 unmittelbar geltendes Recht in den Mitgliedstaaten wurde, ABl. EU 2005 Nr. L 288, 1.); hiernach ist die Versandhandelsregelung bereits **auf den Umsatz anzuwenden, mit dem die Lieferschwelle überschritten wird** (vgl. Abschn. 3c.1 Abs. 3 S. 6 UStAE).

TIPP
Damit hat ein Unternehmer, der Versandhandelsumsätze tätigt, die Lieferschwelle auch unterjährig (ständig) zu prüfen – und zwar getrennt nach den einzelnen Bestimmungsländern (vgl. Rn. 27). Der Umsatz, mit dem die Schwelle überschritten wird, findet bereits im Bestimmungsland statt.

Beispiel:
Tierfutterhersteller DOG in Dortmund (D) vertreibt seine Ware über Zoofachgeschäfte und auch an Privatkunden über das Internet. Im Jahr 2013 hat D an niederländische Privatkunden Ware im Wert von insgesamt 88.000 € (Gesamtbetrag der Entgelte) versandt. Da sich die gute Qualität der Produkte herumspricht, kann D den Umsatz in die Niederlande bereits im ersten Halbjahr 2014 auf 99.985 € steigern. Am 01.07.2014 ist es dann soweit: Es kann gefeiert werden! Durch eine Bestellung über 35 € wird die »magische Grenze« von 100.000 € überschritten.

Lösung:
D sollte dies allerdings auch mit einem »weinenden Auge« sehen: Bereits dieser Umsatz ist in den Niederlanden zu versteuern! Damit führt dieser Umsatz zu den mit einer Registrierung im Ausland verbundenen Kosten (vgl. § 3 Rn. 89).

TIPP
Im Beispiel ist dem D ggf. **sogar zu empfehlen, von Umsätzen abzusehen**, die zu einer Registrierung im Ausland führen – und zwar immer dann, wenn die Marge der Mehrumsätze die zwangsläufigen Mehrkosten nicht rechtfertigt!

Vgl. auch das Beispiel in Abschn. 3c.1 Abs. 3 UStAE.

Zum 01.01.2002 wurde in § 3c Abs. 3 S. 2 Nr. 1 UStG die Lieferschwelle von ehemals 200.000 DM auf 100.000 € umgestellt (Art. 14 Nr. 2 StEuglG vom 19.12.2000, BGBl I 2000, 1790). 4

1.3 Geltungsbereich

1.3.1 Sachlicher Geltungsbereich

§ 3c UStG gilt in besonderen Fällen für Lieferungen, die in dem Gebiet eines EG-Mitgliedstaates beginnen und in dem eines anderen EG-Mitgliedstaates enden, und knüpft insoweit an die gleichen Tatbestandvoraussetzungen an wie die Steuerbefreiung nach § 6a UStG für i. g. Lieferungen. 5

1.3.2 Persönlicher Geltungsbereich

§ 3c UStG sieht hinsichtlich des persönlichen Geltungsbereichs keine Beschränkungen vor und gilt daher für alle Unternehmer, die entsprechende Umsätze tätigen. 6

1.3.3 Zeitlicher Geltungsbereich

7 Die Vorschrift wurde zum 01.01.1993 in das UStG eingeführt und hat sich lediglich zum 01.01.2000 gravierend geändert (vgl. Rn. 3).

1.4 Gemeinschaftsrechtliche Grundlagen und Verhältnis zu anderen Vorschriften

8 Gemeinschaftsrechtlich beruht § 3 c auf Art. 33 ff. MwStSystRL.

9 § 3 c UStG schreibt für die tatbestandlich erfassten Liefergeschäfte (»besondere Fälle«) einen von den »Grundfällen« des § 3 Abs. 6 ff. UStG abweichenden Lieferort vor und ist damit **lex specialis** zu den allgemeinen Vorschriften (§ 3 Abs. 5a UStG).

TIPP

Damit ergibt sich für die Lieferortbestimmung folgende Prüfungsreihenfolge:

1. Liegt eine unentgeltliche Lieferung i. S. d. § 3 f UStG vor? **Wenn nicht:**
2. Liegt ein besonderer Liefertatbestand i. S. v. § 3 e UStG (Lieferung während einer Beförderung an Bord eines Schiffes, in einem Luftfahrzeug oder in einer Eisenbahn) oder § 3 g UStG (Lieferung von Gas oder Elektrizität) vor? **Wenn nicht:**
3. **Liegt ein Versandhandelsfall i. S. d. § 3 c UStG vor? Wenn nicht:**
4. Lieferortbestimmung nach § 3 UStG!

2 Kommentierung

2.1 Besondere Regelung des Ortes der Lieferung

10 Technisch wird die Besteuerung der Versandhandelsgeschäfte im Bestimmungsland dadurch erreicht. dass § 3 c UStG einen von den Grundregeln des § 3 Abs. 6 ff. abweichenden Ort der Lieferung festlegt; dieser liegt im Bestimmungsland (»... gilt die Lieferung ... dort als aufgeführt, wo die Beförderung oder Versendung endet ...«) und ist daher nur dort steuerbar (§ 3 Abs. 5a UStG, vgl. Rn. 9).

2.2 Tatbestandsmerkmale des Versandhandelsgeschäftes

2.2.1 Gegenstand des Versandhandelsgeschäftes (§ 3c Abs. 1 UStG)

11 Die Versandhandelsregelung des § 3 c UStG gilt nur für die Lieferung **beweglicher Gegenstände** (vgl. § 3 Rn. 18).

12 **Nicht** unter die Versandhandelsregelung fallen die **Lieferung neuer Fahrzeuge** (§ 3 c Abs. 5 S. 1 UStG) sowie die **Lieferung ortgebundener Werke** (vgl. § 3 Rn. 153).

2.2.2 Befördern und Versenden durch den Lieferer (§ 3 c Abs. 1 UStG)

Die Anwendung der Versandhandelsregelung setzt voraus. dass der Liefergegenstand durch den Lieferer selbst oder einen von ihm beauftragten Dritten befördert oder versendet wird. 13

Die Begriffe »befördern« und »versenden« erläutert die **Legaldefinition des § 3 Abs. 7 UStG.** 14

Eine Versendung »durch den Lieferer« liegt vor, wenn dieser **den Auftrag zur Versendung erteilt** hat und dementsprechend aus dem Vertrag mit dem Transportunternehmer **berechtigt und verpflichtet** ist; wer wirtschaftlich die Transportkosten trägt, ist unerheblich (vgl. Abschn. 3c.1 S. 3 und Abschn. 15.2 Abs. 16 UStAE). 15

Beispiel:
Der Elektrohändler Rienke (R) in Essen erteilt dem Duisburger Spediteur Lade (L) den Auftrag, einen Kühlschrank in die Wohnung seines Kunden van Hallen (H) in Amsterdam zu transportieren; die Transportkosten übernimmt vereinbarungsgemäß H.

Lösung:
Den Transportauftrag hat R erteilt; es liegt eine Versendungslieferung vor. Ohne Bedeutung ist, ob L seine Rechnung an R oder an H schickt.

Erteilt hingegen der Abnehmer den Transportauftrag. liegt ein sog. **»Abholfall«** vor; dieser fällt nicht unter § 3 c UStG. 16

Beispiel:
Sachverhalt wie vorheriges Beispiel, jedoch beauftragt H den L.

Lösung:
Es liegt ein sog. »Abholfall« vor, weil H als Abnehmer den L beauftragt hat. Der Ort der Lieferung befindet sich gem. § 3 Abs. 6 UStG am Übergabeort in Essen; die Lieferung ist steuerbar und steuerpflichtig.

2.2.3 Person des Abnehmers (§ 3 c Abs. 2 UStG)

Der Empfänger der Lieferung muss zu dem in § 3 c Abs. 2 UStG genannten Abnehmerkreis gehören, d. h. er darf **in seinem Heimatland nicht der Erwerbsbesteuerung** unterliegen. 17

2.2.3.1 Private Letztverbraucher (§ 3 c Abs. 2 Nr. 1 UStG)

Die Versandhandelsregelung ist anzuwenden, wenn der Abnehmer nicht zu den in § 1 a Abs. 1 Nr. 2 genannten Personen gehört. Nach dem Aussondern der dort genannten Personen bleiben lediglich private Letztverbraucher übrig (vgl. Abschn. 3c.1 Abs. 2 S. 1 UStAE). Eine Prüfung der Erwerbsschwelle erfolgt nicht (Weimann, UidP, Kap. 35.3.3.1 m. w. N.). 18

2.2.3.2 Gelegenheitserwerber (§ 3 c Abs. 2 Nr. 2 UStG)

Die Abnehmer i. S. d. § 3 c Abs. 2 Nr. 2 UStG sind mit dem Erwerberkreis identisch, der bei einem i. g. Erwerb i. S. d. § 1 a UStG diesen nur bei Überschreiten der Erwerbsschwelle oder Option zur Erwerbsbesteuerung zu versteuern hat (vgl. § 1 a Abs. 3 UStG; Abschn. 3c.1 Abs. 2 S. 2 UStAE); es handelt sich m. a. W. um 19

- Unternehmer, die ausschließlich steuerfreie, den Vorsteuerabzug ausschließende Umsätze tätigen (z. B. Zahnärzte);
- Kleinunternehmer;

- pauschalierende Landwirte;
- nichtunternehmerisch tätige juristische Personen.

2.2.3.2.1 Maßgeblichkeit des Rechts des Bestimmungslandes

20 Die Frage, ob ein Abnehmer zu diesem Personenkreis gehört, richtet sich nach dem Recht des Bestimmungslandes, d.h. des Mitgliedstaates, in dem die Beförderung/Versendung endet.

2.2.3.2.2 Unterschreiten der Erwerbsschwelle

21 Die Versandhandelsregelung findet nur Anwendung, wenn der Gelegenheitserwerber die vom Bestimmungsland festgesetzte Erwerbsschwelle nicht überschreitet.

> **TIPP**
> Noch einmal zur Verdeutlichung: Wird die Erwerbsschwelle überschritten, erfolgt im Bestimmungsland ein i. g. Erwerb durch den Empfänger der Ware!

22 Derzeit haben die EG-Staaten folgende **Erwerbsschwellen** festgesetzt (vgl. Abschn. 3c.1 Abs. 2 S. 4 UStAE):

Belgien	11 200	€
Bulgarien	20 000	BGN
Dänemark	80 000	DKK
Estland	10 000	€
Finnland	10 000	€
Frankreich	10 000	€
Griechenland	10 000	€
Irland	41 000	€
Italien	10 000	€
Kroatien	77 000	HRK
Lettland	10 000	€
Litauen	14 000	€
Luxemburg	10 000	€
Malta	10 000	€
Niederlande	10 000	€
Österreich	11 000	€
Polen	50 000	PLN
Portugal	10 000	€
Rumänien	34 000	RON
Schweden	90 000	SEK
Slowakei	13 941	€
Slowenien	10 000	€
Spanien	10 000	€
Tschechien	326 000	CZK
Ungarn	10 000	€
Vereinigtes Königreich	83 000	GBP
Zypern	10 251	€

2.2.3.2.3 Keine Option zur Erwerbsbesteuerung beim Unterschreiten der Erwerbsschwelle

Erreichen die Gelegenheitserwerber die Erwerbsschwelle des Bestimmungslandes nicht, können sie – wie deutsche Erwerber (vgl. Rn. 32 f.) – auch **freiwillig die Erwerbsbesteuerung im Bestimmungsland** durchführen. Voraussetzung für die Anwendbarkeit des § 3c UStG ist, dass die Option nicht ausgesprochen wurde. 23

2.2.3.3 Überprüfung der Voraussetzungen durch den leistenden Unternehmer

Der leistende Unternehmer hat die Voraussetzungen des § 3c UStG anhand der Kriterien zu überprüfen, die auch für die Frage der Steuerfreiheit einer i. g. Lieferung 1) h a) zu beachten sind (ähnlich Rondorf, Das Umsatzsteuer-Binnenmarktgesetz, 1. Aufl. 1992, Rn. 242): 24

- Kauft der **Erwerber mit seiner ausländischen IdNr.** ein, so bringt er damit zum Ausdruck, dass er der Erwerbsbesteuerung entweder qua lege unterliegt oder freiwillig zu ihr optiert Kauft der **Erwerber ohne ausländische IdNr.** ein oder lassen sich die **Zweifel im Bestätigungsverfahren** nicht beseitigen, findet in Beförderungs- und Versendungsfällen die Versandhandelsregelung grundsätzlich Anwendung.

2.2.4 Überschreiten der Lieferschwelle des Bestimmungslandes (§ 3c Abs. 3 UStG)

§ 3c UStG (bzw. die entsprechende Regelung eines anderen Mitgliedstaates) kommt nur dann zur Anwendung, wenn der Gesamtbetrag der Entgelte der den Lieferungen des inländischen Lieferers in einem anderen EG-Mitgliedstaat zuzurechnen ist, den von diesem Mitgliedstaat vorgegebenen Lieferumfang (sog. »Lieferschwelle«) übersteigt 25

TIPP
Maßgeblich für den deutschen Lieferer ist m. a. W. die **vom Bestimmungsland festgelegte Lieferschwelle!**

2.2.4.1 Übersicht über die Lieferschwellen der Mitgliedstaaten

Derzeit haben die EG-Staaten folgende Lieferschwellen festgesetzt (vgl. Abschn. 3c.1 Abs. 3 S. 2 UStAE): 26

Mitgliedstaat	Lieferschwelle in EUR	Lieferschwelle in abweichender Landeswährung
Belgien	35.000	
Bulgarien		70.000 BGN
Dänemark		280.000 DKK
Deutschland	100.000	
Estland	35.000	
Finnland	35.000	
Frankreich	100.000	
Griechenland	35.000	
Irland	35.000	

Mitgliedstaat	Lieferschwelle in EUR	Lieferschwelle in abweichender Landeswährung
Italien	35.000	
Kroatien		270.000 HRK
Lettland	35.000	
Litauen	35.000	
Luxemburg	100.000	
Malta	35.000	
Niederlande	100.000	
Österreich	35.000	
Polen		160.000 PLN
Portugal	35.000	
Rumänien		118.000 RON
Schweden		320.000 SEK
Slowakei	35.000	
Slowenien	35.000	
Spanien	35.000	
Tschechien		1.140.000 CZK
Ungarn	35.000	
Vereinigtes Königreich		70.000 GBP
Zypern	35.000	

2.2.4.2 Getrennte Überprüfung der Lieferschwellen eines jeden Landes

27 Die Lieferschwellen der einzelnen Länder sind getrennt zu prüfen; es ist daher möglich, dass ein deutscher Unternehmer mit seinen Versandhandelsumsätzen in Dänemark steuerpflichtig ist, während die Umsätze mit den spanischen Kunden weiterhin in Deutschland zu versteuern sind (Rondorf, Das Umsatzsteuer-Binnenmarktgesetz, 1. Aufl. 1992, Rn. 252).

2.2.4.3 Berechnung der für den Vergleich mit den Lieferschwellen maßgeblichen Umsätze

28 Maßgeblich für die Lieferschwelle ist nach § 3 c Abs. 3 S. 1 UStG der **Gesamtbetrag der Entgelte**, der den Lieferungen in einen Mitgliedstaat zuzurechnen ist. Fraglich ist, ob damit die steuerpflichtigen Jahres-Gesamtlieferungen eines Lieferanten in einen einzelnen Mitgliedstaat gemeint sind (so Springsguth, DB 1992, 752) oder nur die entsprechenden Lieferungen, auf welche die Versandhandelsregelung grundsätzlich Anwendung findet. Im Interesse einer restriktiven Anwendung der Versandhandelsregelung wird man verlangen müssen, dass in § 3 c Abs. 3 S. 1 UStG **nur Lieferungen i.S.v. § 3 c Abs. 1 UStG** angesprochen sind (Bülow in S/W/R § 3 c Rz. 25). Damit werden Entgelte für die Lieferung von neuen Fahrzeugen und von verbrauchsteuerpflichtigen

Waren sowie Entgelte für (steuerfreie) i. g. Lieferungen i. S. v. § 6a UStG hier nicht erfasst. Aus den gleichen Erwägungen wird man bei der i. g. Lieferung gebrauchter Kraftfahrzeuge unter der Geltung von § 25a UStG a. F. (bis zum 31.12.1994) bei der Berechnung der Lieferschwelle nicht den vollen Verkaufspreis der Fahrzeuge, sondern die als umsatzsteuerliche Bemessungsgrundlage anzusetzende Differenz zwischen Verkaufs- und Ankaufspreis anzusetzen haben (Bülow in S/W/R § 3c Rz. 25).

Gesamtbetrag der Entgelte i. S. v. § 3c Abs. 3 S. 1 UStG ist die Summe der Entgelte für die maßgeblichen Lieferungen **ohne USt** (vgl. § 10 Abs. 1 S. 2 UStG), wobei für die Frage, ob die vereinbarten oder die vereinnahmten Entgelte maßgebend sind, auf die jeweiligen Verhältnisse beim liefernden Unternehmer im Bestimmungsland abzustellen ist (Bülow in S/W/R § 3c, Rz. 26). 29

TIPP

1. Für die Überprüfung der Lieferschwellen ist **nur auf die Umsätze i. S. d. § 3c UStG abzustellen**; die Höhe der anderen Umsätze im Bestimmungsland ist ohne Bedeutung (Rondorf, Das Umsatzsteuer-Binnenmarktgesetz, 1. Aufl. 1992, Rn. 246).
2. Bei Berechnung der Lieferschwelle bleiben ferner die Entgelte aus Versendungsumsätzen mit **verbrauchsteuerpflichtiger Ware unberücksichtigt** (Langer, Umsatzsteuer im Binnenmarkt, 1. Aufl. 2002, Rn. 173).
3. Maßgeblich sind die **Entgelte** der zu berücksichtigenden Umsätze, d. h. die Nettobeträge ohne Umsatzsteuer.

Beispiel:

Ein Aachener Händler beliefert im Kj. 2014 u. a. belgische Kunden. Die (Netto-)Umsätze betragen:

- 170.000 € mit Privatkunden, die die Ware selbst abholen;
- 130.000 € mit belgischen Einzelhändlern mit IdNr.;
- 18.000 € mit Privatkunden, zu denen der Händler die Ware mit seinem Lkw befördert.

Lösung:

Die belgische Lieferschwelle i. H. v. 35.000 € ist nicht überschritten.

2.2.4.4 Prüfung des Vorjahres und des laufenden Jahres

Die Beantwortung der Frage, ob die Lieferschwelle eines Mitgliedstaates überschritten ist, richtet sich nach den **tatsächlichen Entgelten** des Vorjahres und des laufenden Jahres: Überschreitet einer der Beträge die maßgebliche Lieferschwelle, wird ein inländischer Lieferer im jeweiligen Bestimmungsland steuerpflichtig. In Übereinstimmung mit der MwStSystRL sieht § 3c Abs. 3 UStG damit die Ortsverlagerung vor, **sobald** im laufenden Kj. die Lieferschwelle überschritten wird (vgl. Rn. 3). 30

TIPP

Damit hat ein Unternehmer, der Versandhandelsumsätze tätigt, die Lieferschwelle auch unterjährig (ständig) zu prüfen – und zwar getrennt nach den einzelnen Bestimmungsländern (vgl. Rn. 26).

Bis zum 01.01.2000 (vgl. Rn. 3) forderte § 3c Abs. 3 UStG a. F. für das laufende Kj. lediglich eine Prognose der Höhe der voraussichtlichen Entgelte; erwies sich diese im Laufe des Jahres als unzutreffend, wurden dennoch die Besteuerungsfolgen aus der Prognose gezogen (Rondorf, Das Umsatzsteuer-Binnenmarktgesetz, 1. Aufl. 1992, Rn. 244; Langer, Umsatzsteuer im Binnenmarkt, 1. Aufl. 2002, Rn. 171). 31

2.2.4.5 Möglichkeit der Option zur Versteuerung im Bestimmungsland (§ 3c Abs. 4 UStG)

32 Wird die maßgebliche Lieferschwelle nicht überschritten, gilt die Lieferung auch dann am Ort der Beförderung oder Versendung als ausgeführt, wenn der Lieferer auf die Anwendung des Absatzes 3 (= Bestimmungslandprinzip erst bei Erreichen der Lieferschwellen) verzichtet (§ 3c Abs. 4 S. 1 UStG). Macht der inländische Lieferer von dieser Möglichkeit Gebrauch, gilt **jeder Versandhandelsumsatz als im Bestimmungsland ausgeführt**, d.h. der inländische Lieferer wird im Bestimmungsland umsatzsteuerpflichtig.

33 **Wirtschaftlich sinnvoll** ist eine Option nur dann, wenn die Waren im Bestimmungsland geringer besteuert werden als in der Bundesrepublik Deutschland und der Vorteil zusätzlich den durch die Steuerpflicht im Ausland entstehenden höheren Verwaltungsaufwand überwiegt.

2.3 Rechtsfolgen von Versandhandelsgeschäften

2.3.1 Versandhandelsgeschäfte, die nicht zu einer Verlagerung des Lieferortes führen

34 Versandhandelsgeschäfte in andere Mitgliedstaaten, die nicht gem. § 3c UStG zu einer Verlagerung des Lieferortes in das EG-Ausland führen, lösen umsatzsteuerlich **dieselben Rechtsfolgen wie Inlandsumsätze** aus; auch hinsichtlich der **Rechnungserteilung (§ 14 ff. UStG)** und den **Aufzeichnungspflichten (§ 22 UStG)** ergeben sich keine Besonderheiten. In der **Zusammenfassenden Meldung (§ 18a UStG)** sind diese Umsätze nicht anzugeben (Rondorf, Das Umsatzsteuer-Binnenmarktgesetz, 1. Aufl. 1992, Rn. 253).

2.3.2 Versandhandelsgeschäfte, die zu einer Verlagerung des Lieferortes in das EG-Ausland führen

35 Verlagert § 3c UStG den Ort der Lieferung in das EG-Ausland, wird der Unternehmer dort steuerpflichtig; hinsichtlich dieser Umsätze gilt das **Umsatzsteuerrecht des betreffenden EG-Mitgliedstaates**.

36 Der Unternehmer muss sein Unternehmen in diesem Mitgliedstaat **bei der zuständigen (ausländischen) Finanzbehörde anmelden**. Er wird eine ausländische Steuernummer zugeteilt bekommen und nach dem jeweiligen Landesrecht zur Abgabe von USt-Anmeldungen und -Jahreserklärungen verpflichtet sein.

37 **Abziehbare Vorsteuerbeträge** sind im Rahmen des Steuerfestsetzungsverfahrens geltend zu machen; Vorsteuer-Vergütungsverfahren kommen insoweit **nicht** in Betracht (Rondorf, Das Umsatzsteuer-Binnenmarktgesetz, 1. Aufl. 1992, Rn. 254).

TIPP
Auch wenn die Bestellung eines Fiskalvertreters für deutsche und damit europäische Unternehmer nicht erforderlich ist, wird der Unternehmer zur Erledigung seiner steuerlichen Pflichten auf jeden Fall die Hilfe eines mit dem jeweiligen Landesrecht vertrauten Fachmanns (Steuerberater, Wirtschaftsprüfer) benötigen.

38 Auch die Vorschriften für die **Ausstellung von Rechnungen** und deren Gestaltung richten sich nach dem jeweiligen Landesrecht. Da die Vorschriften jedoch weitgehend harmonisiert sind, wird

der Unternehmer sich an den deutschen Vorschriften (§§ 14 ff. UStG) und insbesondere an § 14a Abs. 2 UStG orientieren können (Letzterer gilt für ausländische Versandlieferer, die in Deutschland steuerpflichtig geworden sind).

HINWEIS
Zu Kontrollzwecken können die Mitgliedstaaten verlangen, dass Rechnungen, die sich auf Lieferungen von Gegenständen oder auf Dienstleistungen in ihrem Gebiet beziehen, sowie Rechnungen, die von Steuerpflichtigen mit Sitz in ihrem Gebiet empfangen werden, in die Landessprache übersetzt werden (Art. 231 MwStSystRL).

2.3.3 Schaubild

Vereinfacht lassen sich die bei Beförderungs-/Versendungsgeschäften möglichen Rechtsfolgen wie folgt darstellen: 39

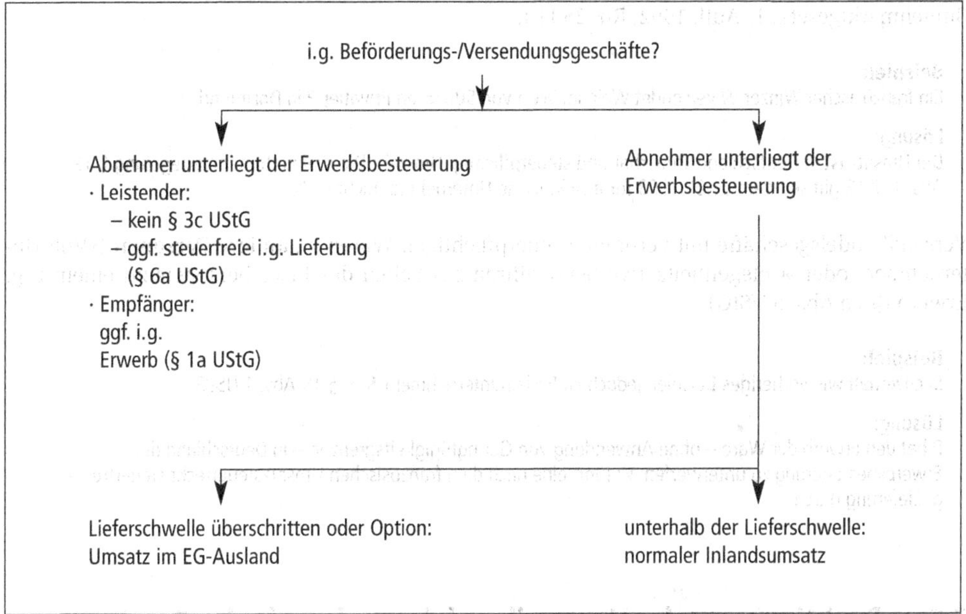

2.4 Anpassungen der EDV und Kalkulation

Werden Versandhandelsgeschäfte getätigt, sollte die EDV-Anlage die **Überwachung der Lieferschwellen** gewährleisten. 40

Ferner sind **für jedes EG-Ausland**, in dem der Unternehmer steuerpflichtig wird, **gesonderte USt- und Vorsteuerkonten** einzurichten. Bei der Bebuchung von Wareneingang und Warenausgang ist darauf zu achten, dass insoweit die richtigen Konten angesprochen werden. 41

42 Ferner sind die unterschiedlichen Steuersätze der einzelnen Länder und der erhöhte **Verwaltungsaufwand** i. R. d. Kalkulation zu beachten (Weimann, UidP, Kap. 35.5).

2.5 Sonderregelung für verbrauchsteuerpflichtige Waren (§ 3c Abs. 5 S. 2 UStG)

43 § 3c Abs. 2 Nr. 1 und Abs. 3 UStG (= Anwendbarkeit des § 3c UStG auf Gelegenheitserwerber und Lieferschwelle) gelten nicht für die Lieferung verbrauchsteuerpflichtiger Waren.

44 **Verbrauchsteuerpflichtige Waren** i. S. d. UStG sind Mineralöl, Alkohol, alkoholische Getränke und Tabakwaren (§ 1a Abs. 5 S. 2 UStG).

45 Bei Versandhandelsgeschäften mit verbrauchsteuerpflichtigen Waren an **private Letztverbraucher** kommt mithin § 3c UStG immer zur Anwendung. Ohne Rücksicht auf die Lieferschwelle ist der Umsatz immer im Bestimmungsland der USt zu unterwerfen (Rondorf, Das Umsatzsteuer-Binnenmarktgesetz, 1. Aufl. 1992, Rn. 250 f.).

Beispiel:
Ein französischer Winzer W versendet Wein im Wert von 500 € an Privatier P in Dortmund.

Lösung:
Der Umsatz ist in Deutschland steuerbar und steuerpflichtig. Hinweis: Die Kleinunternehmerregelung § 19 Abs. 1 UStG gilt seit dem 01.01.1993 für ausländische Unternehmer nicht mehr.

46 Versandhandelsgeschäfte mit verbrauchsteuerpflichtigen Waren an **andere Personen** (»Voll-Unternehmer« oder »Gelegenheitserwerber«) führen auf Seiten des Erwerbers stets zu einem i. g. Erwerb (§ 1a Abs. 5 UStG).

Beispiel:
Sachverhalt wie vorheriges Beispiel, jedoch ist P Kleinunternehmer i. S. d. § 19 Abs. 1 UStG.

Lösung:
P hat den Erwerb der Ware – ohne Anwendung von Geringfügigkeitsgrenzen – in Deutschland der Erwerbsbesteuerung zu unterwerfen; W führt eine nach dem französischen Umsatzsteuerrecht steuerfreie i. g. Lieferung durch.

2.6 Funktionieren der Versandhandelsregelung in der Praxis

47 **Bislang** setzte die Praxis das Modell des § 3c UStG nur schleppend um; tatsächlich wurden daher viele Umsatzgeschäfte, deren Ort nach § 3c UStG in das Bestimmungsland verlagert wird, im Ursprungsland versteuert.

48 **Das sollte eigentlich anders werden!** Eine Empfehlung der EU-Kommission an den Rat vom 23.11.2007 lautet: »Die Verwaltung der Mehrwertsteuer-Regelung durch die nationalen Steuerbehörden sollte **gemeinschaftsweit ausgerichtet** sein, so dass diese Behörden nicht nur für den Schutz ihrer eigenen Mehrwertsteuereinnahmen, sondern auch der der anderen Mitgliedstaaten verantwortlich wären. Damit dürfte sich der **Schutz der Einnahmen aller Mitgliedstaaten** verbessern.« Bisher konnte man sich relativ sicher sein, dass die Prüfer das eigene (deutsche) Mehrergebnis fokussierten. So ist noch kein Fall bekannt, in dem prüferseits durch Anwendung der Versandhandelsregelung des § 3c UStG eine Ortsverlagerung von Deutschland in ein Bestim-

mungsland festgestellt wurde. Meldungen in das EU-Ausland wurden letztlich auch als zu zeitaufwendig abgelehnt (Pressemitteilung der Kommission vom 23.11.2007 sowie Mitteilung der Kommission an den Rat vom 23.11.2007 zu einigen Kernfragen im Zusammenhang mit der Entwicklung einer MwSt-Betrugsbekämpfungsstrategie in der EU, KOM (2007)).

§ 3d UStG
Ort des innergemeinschaftlichen Erwerbs

[1]Der innergemeinschaftliche Erwerb wird in dem Gebiet des Mitgliedstaates bewirkt, in dem sich der Gegenstand am Ende der Beförderung oder Versendung befindet. [2]Verwendet der Erwerber gegenüber dem Lieferer eine ihm von einem anderen Mitgliedstaat erteilte Umsatzsteuer-Identifikationsnummer, gilt der Erwerb so lange in dem Gebiet dieses Mitgliedstaates als bewirkt, bis der Erwerber nachweist, dass der Erwerb durch den in Satz 1 bezeichneten Mitgliedstaat besteuert worden ist oder nach § 25b Abs. 3 als besteuert gilt, sofern der erste Abnehmer seiner Erklärungspflicht nach § 18a Abs. 7 Satz 1 Nummer 4 nachgekommen ist.

Literatur

Maunz, Anmerkungen zu EuGH, Urteil vom 22.04.2010, Rs. C-536/08 und C-539/08, X und Facet BV/Facet Trading BV, UR 2010, 418 (422). **Tausch**, Anmerkungen zu EuGH, Urteil vom 22.04.2010, Rs. C-536/08 und C-539/08, X und Facet BV/Facet Trading BV, UVR 2010, 164. **Wagner**, Anmerkungen zu BFH, Urteil vom 20.12.2006, V R 11/06, HI 1712460 und 1718513. **Weimann**, Rechnungsangabe StNr. oder USt-IdNr.: Konkrete Benennung erforderlich! UStB 2006, 234. **Weimann**, Umsatzsteuer in der Praxis, 16. Aufl. 2018, Kap. 75.5.2 **Weimann**, BMF äußert sich klarstellend zum Vorsteuerabzug nach dem Amtshilferichtlinie-Umsetzungsgesetz, GStB 2014, 10.

Verwaltungsanweisungen

BMF vom 07.07.2011, Az: IV D 2 – S 7300-b/09/10001, BFH-Urteile vom 01.09.2010 – V R 39/98 – und vom 08.09.2010 – XI R 40/08, BStBl I 2011, 739.

BMF vom 15.11.2013, Az: IV D 2 – S 7300/12/10003, Umsatzsteuer; Änderungen des § 15 Abs. 1 Satz 1 Nr. 2, Nr. 3 und Abs. 3 UStG durch das Amtshilferichtlinie-Umsetzungsgesetz, BStBl I 2013, 1475.

Hinweis: Zur Problematik der zeitlichen Geltungsdauer von BMF-Schreiben vgl. Einführung UStG, Rz. 100 ff.

Richtlinien/Hinweise/Verordnungen
UStAE: Abschn. 3d.1.
MwStSystRL: Art. 40 ff.
Sonstiges EG-Recht: VO (EG) Nr. 1777/2005 des Rates zur Festlegung von Durchführungsvorschriften zur Richtlinie 77/388/EWG über das gemeinsame Mehrwertsteuersystem vom 17.10.2005, ABl. Nr. L 288.2005, 1: Art. 21.

1 Allgemeines

1.1 Überblick über die Vorschrift

§ 3d wurde durch das Umsatzsteuer-Binnenmarktgesetz vom 25.08.1992 (BGBl I 1992, 1548) mit Wirkung ab 01.01.1993 in das UStG eingefügt. Die Vorschrift ist für die Besteuerung **i. g. Warengeschäfte** von zentraler Bedeutung. Die Steuerbarkeit des in den §§ 1a und 1b UStG geregelten i. g. Erwerbs bedingt gemäß § 1 Abs. 1 Nr. 5 UStG, dass der Erwerb im Inland erfolgt. Die Vorschriften der §§ 1a und 1b UStG bedurften daher einer ergänzenden Regelung, die den Ort des i. g. Erwerbs festlegt – eben durch § 3d UStG. 1

1.2 Rechtsentwicklung

§ 3d UStG wurde als zentrale Vorschrift der Umsatzbesteuerung im Binnenmarkt (vgl. Rn. 1) zum 01.01.1993 in das UStG eingefügt. Die Vorschrift gilt seitdem im Grunde unverändert und wurde lediglich zum 01.01.1997 im Hinblick auf die Neuregelung i. g. Dreiecksgeschäfte (§ 25b UStG) durch das Umsatzsteuer-Änderungsgesetz 1997 vom 12.12.1996 (BGBl I 1996, 1851) um einen entsprechenden Hinweis darauf in Satz 2 ergänzt. 2

Aktuell: Während § 3d UStG also textlich seit Jahren unverändert ist, ergeben sich wichtige Neuerungen – oder besser: neue Erkenntnisse – für den (ausbleibenden) Vorsteuerabzug in den Fällen der Verwendung der »falschen« USt-IdNr. (§ 3d S. 2 UStG, vgl. Rn. 12 ff.)

1.3 Geltungsbereich

1.3.1 Sachlicher Geltungsbereich

§ 3d regelt den Ort i. g. Erwerbe i. S. v. §§ 1a, 1b UStG und ist daher wesentliche Voraussetzung für deren Steuerbarkeit. 3

1.3.2 Persönlicher Geltungsbereich

4 § 3 d UStG sieht hinsichtlich des persönlichen Geltungsbereichs keine Beschränkungen vor und gilt daher für alle Steuerpflichtigen, die i. g. Erwerbe tätigen. Hierbei kann es sich um **Unternehmer** und **Nichtunternehmer** handeln (im Einzelnen vgl. die Kommentierungen zu §§ 1 a, 1b).

1.3.3 Zeitlicher Geltungsbereich

5 § 3 d UStG gilt im Wesentlichen unverändert seit dem 01.01.1993 (vgl. Rn. 2).

1.4 Gemeinschaftsrechtliche Grundlagen und Verhältnis zu anderen Vorschriften

6 Gemeinschaftsrechtlich beruht § 3 d UStG auf Art. 40 ff. MwStSystRL.

2 Kommentierung

2.1 Erwerbsort im Regelfall (§ 3 d S. 1 UStG)

7 Ein i. g. Erwerb bedingt i. g. Lieferungen (§ 1 a Abs. 1 UStG) oder ein i. g. Verbringen (§ 1 a Abs. 2 UStG) und damit eine **Warenbewegung von EU nach EU**. Hieran anknüpfend legt § 3 d S. 1 UStG den Erwerbsort für den Regelfall in das Gebiet des Mitgliedstaates, in dem sich der Gegenstand am Ende der Beförderung oder Versendung befindet. Dies führt zur **Steuerbarkeit des i. g. Erwerbs im Bestimmungsland**.

TIPP

1. Enden i. g. Lieferungen oder Verbringungen in Deutschland, sind diese in Deutschland zu besteuern. Ein ausländischer Erwerber muss sich ggf. in Deutschland neu umsatzsteuerlich registrieren lassen. Dabei wird sich die Registrierungspflicht im Zweifel auch schon aus Folgeumsätzen in Deutschland ergeben.
2. BFH vom 20.12.2006, Az: V R 11/06, **I. g. Erwerb einer neuen Yacht**, BStBl II 2007, 424: (1.) Die Beförderung einer Yacht nach deren Erwerb ist beendet, wenn die Yacht ihren Bestimmungsort erreicht hat. Die sich an das Ende der Beförderung anschließende erstmalige Verwendung durch den Abnehmer hat auf den Bestimmungsort grundsätzlich keinen Einfluss. (2.) Die Beurteilung, wo eine Beförderung endet, ist im Wesentlichen das Ergebnis einer Würdigung, die dem FG als Tatsacheninstanz obliegt.
3. Die Gestaltung des Falls ist »eigenwillig und nicht alltäglich« (Wagner, HI 1712460 und 1718513). Sie führt letztlich zu der Frage, ob

- der Erwerber eines »neuen Fahrzeugs« (aus einem anderen Mitgliedstaat)
- umsatzsteuerrechtlich wirksam eine Beförderung des Fahrzeugs anweisen kann, die
- durch Unbestimmtheit des Bestimmungsorts
- über längere Zeit dazu führt, dass
- bei späterem Ansteuern eines (z. B. deutschen) Hafens als jetzt erklärtem (End-)Bestimmungsort kein neues Fahrzeug mehr angenommen werden kann.

Das dürfte dem Erfassungssystem bei grenzüberschreitenden Warenlieferungen aller Art widersprechen. Den Angaben des Erwerbers muss zu entnehmen sein, dass eine Ausfuhr in einen »Drittstaat« gegeben ist oder dass ein i. g. Erwerb vorliegt. Die **Angaben müssen bei Lieferung grundsätzlich Nachweisqualität** haben (Wagner, HI 1712460 und 1718513).

2.2 Verwendung der USt-IdNr.: Konkrete Benennung erforderlich!

Häufig besteht Unklarheit darüber, was es heißt, dass eine USt-IdNr. gegenüber einem Lieferer »verwendet« (oder in einer Rechnung »angegeben«) wird; Sachverhaltschilderungen wie die folgende sind an der Tagesordnung (vgl. Weimann, UStB 2006, 234): 8

Sachverhalt:
»... Wir sind ein schweizerisches Unternehmen (Stammsitz) mit Niederlassungen in Deutschland, Italien und Polen. In allen Ländern werden wir steuerlich geführt und haben dementsprechend Identifikations- bzw. Steuernummern. Für die Auftragserteilung und die Rechnungsstellung werden in unserem Haus zwei verschiedene Auffassungen zur Ausgabe der Nummern vertreten:

1. Es können alle Steuernummern/Identifikationsnummern im Rechnungspapier vermerkt sein, egal für welche Niederlassung die Abrechnung erfolgt.
2. Es darf immer nur eine Steuernummer/Identifikationsnummer im Rechnungspapier vermerkt sein, da klar zu erkennen sein muss, unter welcher Niederlassung man auftritt, also in welchem Land der leistende Unternehmer seiner Umsatzsteuerpflicht nachkommt.«

Beide Auffassungen sind irgendwie richtig – und irgendwie auch falsch. Papier ist »geduldig«; daher sind sowohl bei der Auftragserteilung als auch bei der Rechnungsstellung alle **gewillkürten Angaben** zulässig wie Bankleitzahlen, Kontonummern, Telefonnummern, E-Mail-Anschriften, Web-Adressen etc. und eben auch Hinweise auf alle zugeteilten Steuernummern und USt-IdNr. Gerade auf die Aufzählung aller USt-IdNr. legen manche Unternehmen schon deshalb Wert, weil sie damit ihre Internationalität unterstreichen wollen. Man spricht insoweit vom **»Briefeindruck«**. 9

Im eigentlichen Auftrags- oder Rechnungstext muss dann aber ausdrücklich auf die im Einzelfall **konkret verwandte** StNr. oder USt-IdNr. hingewiesen werden. Dabei ist es nicht erforderlich, dass der Text die konkrete Ziffernfolge der verwandten StNr. oder USt-IdNr. wiederholt; textliche Verweise auf den Eindruck genügen. 10

Folgende Musterformulierungen sind denkbar: 11

1. bei Auftragserteilung: »Wir erteilen den Lieferauftrag unter unserer oben angeführten deutschen Umsatzsteuer-Identifikationsnummer.«
2. bei Rechnungsstellung: »Wir rechnen diese Lieferung unter unserer oben angeführten deutschen Umsatzsteuer-Identifikationsnummer ab.«

Vgl. Abschn. 3.1 Abs. 3 i. V. m. Abschn. 3a.2 Abs. 10 UStAE.

2.3 Erwerbsort bei Verwendung der »falschen«USt-IdNr. (§ 3 d S. 2 1. Alt. UStG)

2.3.1 Grundsätzliches

12 Hat der Mitgliedstaat, in dem die Beförderung oder Versendung endet, die vom Erwerber verwendete USt-IdNr. erteilt, richtet sich der Ort des i. g. Erwerbs **ausschließlich nach** § 3 d S. 1 UStG.

13 Sind jedoch der Mitgliedstaat, der die USt-IdNr. erteilt hat, und der Mitgliedstaat, in dessen Gebiet die Beförderung oder Versendung des Liefergegenstandes endet, nicht identisch, greift die Sonderregelung des § 3 d S. 2 1. Alternative UStG. Danach gilt der Erwerb so lange in dem Gebiet des Mitgliedstaates, der die USt-IdNr. erteilt hat, als bewirkt, bis der Erwerber nachweist, dass der Erwerb in dem Mitgliedstaat besteuert worden ist, in dem die Beförderung oder Versendung geendet hat. Damit wird neben dem in § 3 d S. 1 UStG festgelegten Ort des i. g. Erwerbs ein **weiterer Erwerbsort** fingiert, der eine auflösend bedingte Besteuerung zur Folge hat.

TIPP

§ 3 d S. 1 und S. 2 UStG stehen **kumulativ** nebeneinander:

- Immer ist ein i. g. Erwerb nach S. 1 in dem Land zu besteuern, in dem die Warenbewegung geendet hat.
- Zusätzlich hat nach S. 2 eine Besteuerung in dem Land zu erfolgen, in dem die Warenbewegung geendet hat (vgl. Korn in Bunjes, § 3 d Rn. 4).

2.3.2 Bisherige Rechtsauffassung zum (flankierenden) Vorsteuerabzug

14 Wegen des grundsätzlichen **Nullsummeneffekts** i. g. Erwerbe erwies sich die Doppelbesteuerung lange Zeit als wenig nachteilig (vgl. Vorauflage). Das änderte sich schlagartig mit der **Rechtsprechungsänderung des EuGH**.

2.3.3 Neue Rechtsauffassung zum Vorsteuerabzug und Klarstellung durch das AmtshilfeRLUmsG

15 Die Anwendung der Sonderregelung des Art. 41 MwStSystRL (= deutscher § 3 d S. 1 UStG) wäre schon im Ansatz gefährdet, wenn dem Unternehmer ein Vorsteuerabzug auch in den Fällen des § 3 d S. 2 UStG nach den allgemeinen Grundsätzen zustünde; damit **entfiele jeder Anreiz**, die Besteuerung des innergemeinschaftlichen Erwerbs im Bestimmungsland nachzuweisen. Aus diesem Grund hat der EuGH den Vorsteuerabzug (EuGH vom 22.04.2010, Rs. C-536/08 und C-539/08, X und Facet BV/Facet Trading BV, BFH/NV 2010, 1225).

16 Wirtschaftlich betrachtet führt die zusätzliche Erwerbssteuer nach § 3 d S. 2 UStG damit zu einer Art »Strafsteuer«, wenn es dem die Lieferung empfangenden Unternehmer nicht gelingt, die Erwerbsbesteuerung im Bestimmungsland nachzuweisen (ausführlich hierzu Weimann, UidP, Kap. 75.5). Dies gilt sowohl in den Fällen, in denen zwei Unternehmer über den Liefergegenstand Umsatzgeschäfte abschließen (§ 3 d S. 2 Alt. 1 UStG) als auch bei innergemeinschaftlichen Lieferungen in Form von Dreiecksgeschäften (§ 3 d S. 2 Alt. 2 UStG).

17 Nachdem sich zunächst der BFH (Urteil vom 01.09.2010, Az: V R 39/08, BStBl II 2011, 658; Urteil vom 08.09.2010, Az: XI R 40/08, BStBl II 2011, 661) und die Finanzverwaltung (BMF vom

07.07.2011, BStBl I 2011, 739) geäußert hatten, hat nun auch der Gesetzgeber nachgezogen; § 15 Abs. 1 S. 1 Nr. 3 UStG beschränkt den Vorsteuerabzug ausdrücklich auf die Fälle des § 3d S. 1 UStG.

2.3.4 Das ungelöste Praxisproblem des Besteuerungsnachweises

Die Besteuerung nach § 3d S. 2 UStG erfolgt nicht endgültig. Sie ist wieder rückgängig zu machen, 18
wenn der Erwerber den Nachweis erbringt, dass der Erwerb in dem Mitgliedstaat besteuert worden ist, in dem die Beförderung oder Versendung geendet hat (auflösend bedingte Besteuerung).

Die **Rechtsgrundlage** hierzu bildet im deutschen Recht § 17 Abs. 2 Nr. 4 UStG. Die weiteren 19
Einzelheiten der Nachweisführung sind derzeit noch völlig ungeklärt:

- **Die Steuererklärung allein reicht nicht aus:** Da bei innergemeinschaftlichen Erwerben nach Art. 251 MwStSystRL (vgl. hierzu § 18 Abs. 4a UStG für inländische Erwerbe) in den Steuererklärungen (Voranmeldungen) nur der Gesamtbetrag des innergemeinschaftlichen Erwerbs anzugeben ist, kann jedenfalls allein durch die Vorlage der entsprechenden Steuererklärung (Voranmeldung) mit dem entsprechenden Zahlungsbeleg dieser Nachweis nicht erbracht werden.
- **Eine detaillierte Einzelaufstellung ist erforderlich:** Um die Besteuerung eines einzelnen Erwerbs nachzuweisen, muss daher zusätzlich eine Aufstellung der innergemeinschaftlichen Erwerbe des betreffenden Besteuerungszeitraums vorgelegt werden, aus der sich ergibt, dass in dem erklärten Gesamtbetrag derjenige Erwerb, dessen Doppelbelastung rückgängig gemacht werden soll, enthalten ist. Da der Nachweis in dieser Form an die Grenze des Zumutbaren stößt und außerdem steuerbegründende Tatsachen grundsätzlich von den Finanzbehörden nachzuweisen sind, bleibt zu hoffen, dass insoweit Vereinfachungs- oder Billigkeitsregelungen getroffen werden. Eine entsprechende Bescheinigung des Bestimmungslandes wäre ein denkbarer Ansatz.
- **Zeitpunkt der Korrektur:** Das deutsche Umsatzsteuerrecht beinhaltet die Korrekturregelung in § 17 Abs. 2 Nr. 4 UStG. In sinngemäßer Anwendung des § 17 Abs. 1 S. 7 UStG kann eine Berichtigung jedoch erst in dem Besteuerungszeitraum erfolgen, in dem der Steuerpflichtige den Nachweis nach § 3d S. 2 UStG über die Besteuerung im nach § 3d S. 1 UStG zutreffenden Mitgliedstaat erbringt (BFH vom 01.09.2010, Az: V R 39/08, BStBl II 2011, 658, Rn. 21), da der für eine Korrektur erforderliche Nachweis regelmäßig erst mit Zeitverzögerung erbracht werden kann. Für den betroffenen Unternehmer sind vorübergehende finanzielle Mehrbelastungen und Liquiditätsprobleme zu befürchten.
- **Verzinsung nach § 233a AO:** Im Einzelfall kann die Anwendung dieser Rechtsprechung zur Verzinsung von Steuernachzahlungen führen. Wären beispielsweise bisher sowohl die Erwerbssteuer nach § 3d S. 2 UStG in Deutschland erklärt als auch ein entsprechender Vorsteuerabzug nach § 15 Abs. 1 S. 1 Nr. 3 UStG vorgenommen worden, würde bei Anwendung der aktuellen Rechtsprechung der Vorsteuerabzug rückwirkend entfallen, da insoweit keine Berechtigung bestanden hätte, während die Erwerbssteuer erst nach Erbringen des Nachweises i. S. d. § 3d S. 2 UStG nach § 17 Abs. 2 Nr. 4 UStG i. V. m. § 17 Abs. 1 S. 7 UStG berichtigt werden könnte. Es entstünde eine Nachzahlung i. H. d. Erwerbssteuer, die der Verzinsung unterläge (vgl. auch BFH vom 01.09.2010, BStBl II 2011, 658).
- **Strafrechtliche Konsequenzen:** Letztlich zu bedenken sind auch die möglichen straf- (oder bußgeld)rechtlichen Konsequenzen für den Fall, dass ein innergemeinschaftlicher Erwerb nicht erklärt oder Vorsteuern unrechtmäßig beansprucht werden.

2.4 Erwerbsort bei innergemeinschaftlichen Dreiecksgeschäften (§ 3 d S. 2 2. Alt. UStG)

20 Den Nachweis, dass bei einem i. g. Dreiecksgeschäft sein Erwerb als besteuert gilt, hat der mittlere Unternehmer durch die Erfüllung seiner Erklärungspflichten nach § 18 a Abs. 4 S. 1 Nr. 3 UStG zu erbringen. Kommt er diesen Pflichten nach, richtet sich der Ort seines (als besteuert geltenden) Erwerbs nach § 3 d S. 1 UStG.

2.5 Alleinige Entscheidungskompetenz des Bestimmungslandes

21 Der EU-Mitgliedstaat, in dem der i. g. Erwerb bewirkt wird oder als bewirkt gilt, nimmt seine Besteuerungskompetenz unabhängig von der umsatzsteuerlichen Behandlung des Vorgangs im EU-Mitgliedstaat des Beginns der Beförderung oder Versendung des Gegenstands wahr (Abschn. 3d.1 Abs. 2 UStAE). Dabei ist unbeachtlich, ob der Umsatz bereits im EU-Mitgliedstaat des Beginns der Beförderung oder Versendung besteuert wurde. Etwaige Anträge auf Berichtigung einer vom Abgangsstaat festgesetzten Steuer werden von diesem Staat nach dessen nationalen Vorschriften bearbeitet (vgl. Art. 21 VO (EG) Nr. 1777/2005 vom 17.10.2005, ABl. EU 2005 Nr. L 288, 1).

TIPP

Abschn. 3d.1 UStAE stellt klar, dass die Erwerbsbesteuerung unabhängig von der steuerlichen Behandlung im Ursprungsmitgliedstaat vorzunehmen ist. Ist z. B. der Umsatz im Ursprungsland als steuerpflichtig behandelt worden, liegen aber dennoch die Voraussetzungen des § 1 a UStG oder des § 1 b UStG vor, ist die Erwerbsbesteuerung vorzunehmen (Janzen/Lippross/Szabo/Tausch, Umsatzsteuer 2008, zu § 3 d UStG).

§ 3e UStG
Ort der Lieferungen und Restaurationsleistungen während einer Beförderung an Bord eines Schiffs, in einem Luftfahrzeug oder in einer Eisenbahn

(1) Wird ein Gegenstand an Bord eines Schiffs, in einem Luftfahrzeug oder in einer Eisenbahn während einer Beförderung innerhalb des Gemeinschaftsgebiets geliefert oder dort eine sonstige Leistung ausgeführt, die in der Abgabe von Speisen und Getränken zum Verzehr an Ort und Stelle (Restaurationsleistung) besteht, gilt der Abgangsort des jeweiligen Beförderungsmittels im Gemeinschaftsgebiet als Ort der Lieferung oder der sonstigen Leistung.
(2) [1]Als Beförderung innerhalb des Gemeinschaftsgebiets im Sinne des Absatzes 1 gilt die Beförderung oder der Teil der Beförderung zwischen dem Abgangsort und dem Ankunftsort des Beförderungsmittels im Gemeinschaftsgebiet ohne Zwischenaufenthalt außerhalb des Gemeinschaftsgebiets. [2]Abgangsort im Sinne des Satzes 1 ist der erste Ort innerhalb des Gemeinschaftsgebiets, an dem Reisende in das Beförderungsmittel einsteigen können. [3]Ankunftsort im Sinne des Satzes 1 ist der letzte Ort innerhalb des Gemeinschaftsgebiets, an dem Reisende das Beförderungsmittel verlassen können. [4]Hin- und Rückfahrt gelten als gesonderte Beförderungen.

Literatur

Bülow, in S/W/R, § 3e. **Huschens**, Anmerkungen zum Urteil des EuGH vom 15.09.2005, Rs. C-58/04, Antje Köhler, HI 1434869. **Jorczyk**, Bordverkauf auf Kreuzfahrtschiffen – Abgangsortprinzip und Zwischenaufenthalte, IStR 2004, 447. **Langer**, Neue Änderungen bei der befristeten umsatzsteuerlichen Übergangsregelung, DB 1993, 602. **Nieskens**, Die Richtlinie 92/111 vom 14.12.1992 (sog. Vereinfachungsrichtlinie), BB 1993, 602. **Raudszus/Weimann**, Restaurationsumsätze – Das deutsche Umsatzsteuerrecht widerspricht den Vorgaben der 6. EG-Richtlinie/Anmerkungen zum EuGH-Urteil vom 2.5.1996 – Rs. C-231/94, UVR 1996, 197. **Wagner**, Anmerkungen zum Urteil des EuGH vom 2.5.1996 (Rs. C-231/94: Faaborg-Geltung Linien A/S), UVR 1996, 169. **Wagner**, Anmerkungen zum Urteil des BFH vom 20.12.2005, Az: V R 30/02, Nachfolgeurteil zum Urteil des EuGH vom 15.09.2005, Rs. C-58/04, Antje Köhler, HI 1482029.

Verwaltungsanweisungen

BMF vom 04.09.2009, Az: IV B 9 – S 7117/08/10001, Ort der sonstigen Leistung nach §§ 3a, 3b und 3e UStG ab 1. Januar 2010, BStBl I 2010, 1005.

Hinweis: Zur Problematik der zeitlichen Geltungsdauer von BMF-Schreiben vgl. Einführung UStG, Rz. 100 ff.

Richtlinien/Hinweise/Verordnungen

UStAE: Abschn. 3e.1.

MwStSystRL: Art. 37.

1 Allgemeines

1.1 Überblick über die Vorschrift

1 § 3e UStG wurde durch das Gesetz zur Bekämpfung des Missbrauchs und zur Bereinigung des Steuerrechts (StMBG vom 21.12.1993, BGBl I 1993, 2310) mit Wirkung vom 01.01.1994 neu in das UStG eingefügt. Die Vorschrift ist eine besondere Lieferortsregelung, die seit dem 01.01.1994 den allgemeinen Bestimmungen des § 3 Abs. 5a ff. UStG und des § 3c UStG vorangeht.

2 Bis zum 31.12.1993 richtete sich der Ort der Lieferung bei Warenverkäufen an Bord von Schiffen, Flugzeugen oder in Eisenbahnen danach, wo sich der Gegenstand zum Zeitpunkt der Lieferung, d. h. im Zeitpunkt der Warenabgabe an den Reisenden, befand. Für Bordverkäufe bei grenzüberschreitenden Beförderungen war deshalb eine Aufteilung der Bordverkäufe danach erforderlich, wo die Waren abgegeben wurden. Das Besteuerungsrecht für die gesamten Bordverkäufe während einer Beförderung war auf verschiedene Mitgliedstaaten aufgeteilt; Bordverkäufe im Drittlandsgebiet blieben unbesteuert. Nach § 3e UStG liegt der Lieferort **nunmehr** für sämtliche Bordverkäufe bei Beförderungen innerhalb der EU am Abgangsort des Beförderungsmittels. Damit sind die mit einer Aufteilung verbundenen Schwierigkeiten sowohl für die betroffenen Unternehmer als auch für die Finanzverwaltung entfallen. Außerdem ist die Besteuerung des Letztverbrauchs durch eine leichte Nachprüfbarkeit des Lieferorts besser gesichert (Bülow in V/S, § 3e, Rz. 6).

3 Die Literatur kritisiert zum Teil die in der Praxis schwierige Handhabung des § 3e UStG (z. B. Langer, DB 1993, 602; Nieskens, BB 1993, 602). Freilich kann keine Anwendung dieser Vorschrift dazu führen, dass Beförderungsunternehmer – insbesondere Fluggesellschaften, auch mit Sitz in Drittstaaten – sich in Mitgliedstaaten umsatzsteuerlich erfassen müssen, in denen sie nicht ansässig sind. Ferner müssen Beförderungsunternehmer festhalten, wo die abgegebenen Waren zu besteuern sind. Dabei müssen unter Umständen verschiedene Versteuerungsvorschriften beachtet werden. Derartige Unbequemlichkeiten müssen jedoch in Kauf genommen werden, solange sich innerhalb der EG eine Besteuerung nach dem Ursprungsland-Prinzip nicht realisieren lässt (Bülow in V/S, § 3e Rz. 8).

4 I. R. d. **Mehrwertsteuerpakets** haben die EU-Mitgliedstaaten auch Restaurationsleistungen während der nämlichen Transfers ab 01.01.2010 neu geregelt.

1.2 Rechtsentwicklung

1.2.1 Lieferung von Gegenständen

§ 3e UStG wurde **zum 01.01.1994 neu** in das UStG eingeführt (vgl. Rn. 1). Ursprünglich schloss § 3e Abs. 1 UStG die **Lieferung von Gegenständen zum Verzehr an Ort und Stelle** aus. 5

1.2.2 Restaurationsumsätze

Art. 4 Gesetz zur Datenermittlung für den Verteilungsschlüssel des Gemeindeanteils am Umsatzsteueraufkommen und zur Änderung steuerlicher Vorschriften vom 23.06.1998 hat im Hinblick auf die Rechtsprechung des EuGH zu den Restaurationsumsätzen **m. W. v. 27.06.1998** die **Legaldefinition des § 3 Abs. 9 UStG** so geändert, dass die Abgabe von Speisen und Getränken zum Verzehr an Ort und Stelle (immer) eine **sonstige Leistung** ist. Entsprechend entfiel in § 3e Abs. 1 UStG die Einschränkung, dass diese Ortsvorschrift nicht für die Lieferung von Gegenständen zum Verzehr an Ort und Stelle gilt (vgl. Rn. 22). 6

Nach der Rechtsprechung von EuGH (Urteile vom 02.05.1996, Rs. C-231/94, FaarborgGelting Linie, UR 1996, 220 und vom 10.03.3005, Rs. C-491/03, Ottmar Hermann, BFH/NV Beilage 2005, 210) und BFH (Urteil vom 10.08.2006, Az: V R 55/04, BStBl II 2007, 480) ist allerdings nicht jede Abgabe von Speisen und Getränken zum Verzehr an Ort und Stelle als sonstige Leistung anzusehen; maßgebend sind vielmehr auch hier die **üblichen Grundsätze**. Das Jahressteuergesetz 2008 (JStG 2008, BGBl I 2007, 3150) hat daher die Legaldefinition des § 3a Abs. 9 S. 4 und 5 UStG m. W. v. 29.12.2007 wieder aufgehoben. 7

TIPP

Die Legaldefinition galt mithin **vom 27.06.1998 bis zum 28.12.2007**.

Die in § 3a Abs. 9 S. 4 und 5 UStG a. F. genannten Abgrenzungskriterien wie

- »nach den Umständen der Abgabe dazu bestimmt ..., an einem Ort verzehrt zu werden, der mit dem Abgabeort in einem räumlichen Zusammenhang steht« oder
- »besondere Vorrichtungen für den Verzehr an Ort und Stelle bereitgehalten werden«

können als Beweisanzeichen weiter herangezogen werden (BT-Drucks. 544/07, 100).

Bis zum 31.12.2009 bestimmte sich der Leistungsort für diese Leistungen mangels Spezialregelung nach dem Auffangtatbestand des § 3a Abs. 1 UStG. Ab dem 01.01.2010 ist § 3e UStG durch das Jahressteuergesetz 2009 (JStG 2009, BGBl I 2009, 2794) ergänzt worden um Restaurationsleistungen während der nämlichen Transfers; für die sonstigen Restraurationen gilt dann § 3a Abs. 3 Nr. 3 Buchst. b UStG. 8

1.3 Geltungsbereich

1.3.1 Sachlicher Geltungsbereich

§ 3e UStG regelt den Ort der Lieferung von Gegenständen und der Restaurationsleistungen an Bord eines Schiffes, in einem Luftfahrzeug oder in einer Eisenbahn während einer Beförderung innerhalb des Gemeinschaftsgebiets. 9

10 Dabei ist Voraussetzung, dass die nämliche Leistung eine **Hauptleistung** ist, d. h. der Lieferort überhaupt selbständig zu bestimmen ist (vgl. Rn. 19 f. und vgl. Rn. 22).

1.3.2 Persönlicher Geltungsbereich

11 § 3 e UStG sieht hinsichtlich des persönlichen Geltungsbereichs keine Beschränkungen vor und gilt daher für **alle Unternehmer** i. S. d. § 2 UStG.

1.3.3 Zeitlicher Geltungsbereich

12 § 3 e UStG wurde zum 01.01.1994 neu in das UStG eingefügt (vgl. Rn. 1). Die Neuregelung für Restaurationsleistungen gilt seit dem 01.01.2010 (vgl. Rn. 6 f.).

1.3.4 Räumlicher Anwendungsbereich

13 § 3 e UStG gilt ausschließlich für Beförderungen innerhalb des Gemeinschaftsgebietes (vgl. Rn. 30 f.).

1.4 Gemeinschaftsrechtliche Grundlagen und Verhältnis zu anderen Vorschriften

14 § 3 e UStG beruht auf Art. 37 MwStSystRL.

15 Als **besondere Vorschrift** geht § 3 e UStG den allgemeinen Lieferortbestimmungen des § 3 Abs. 5a ff. UStG und des § 3 c UStG vor (vgl. Leonard in Bunjes, § 3 e Rz. 2); Gleiches gilt ab dem 01.01.2010 für die Bestimmungen zum Ort der sonstigen Leistung.

16 Nach dem Grundsatz der **Einheitlichkeit der Leistung** ist § 3 e UStG nur auf Hauptleistungen anzuwenden (vgl. Rn. 19 f. und vgl. Rn. 22).

2 Kommentierung

2.1 Tatbestandsmerkmale (Übersicht)

17 § 3 e UStG ist eine besondere Regelung, die seit dem 01.01.1994 den allgemeinen Lieferortbestimmungen des § 3 Abs. 5a ff. UStG und des § 3 c UStG vorangeht (vgl. Rn. 15).

18 **Lieferort** ist in den in **§ 3 e UStG** geregelten Fällen jeweils der Abgangsort des Beförderungsmittels; dabei ist die Anwendung der Vorschrift abhängig von den Tatbestandsmerkmalen:

- Lieferung eines Gegenstandes oder Restaurationsleistung,
- Lieferung an Bord eines Schiffes, in einem Luftfahrzeug oder in einer Eisenbahn,

- Lieferung während einer Beförderung,
- Lieferung innerhalb des Gemeinschaftsgebiets.

2.2 Lieferung eines Gegenstandes

Die Anwendung des § 3e UStG bedingt grundsätzlich das Vorliegen einer Lieferung; dabei unterstellt die Vorschrift den **allgemeinen Lieferbegriff** (vgl. dazu § 3 Rn. 17 ff.). 19

Typische Liefergegenstände an Bord von Verkehrsmitteln sind Alkoholika, Andenken, Kosmetika und Zigaretten. Ausgenommen sind Speisen und Getränke zum Verzehr an Ort und Stelle (vgl. Rn. 22). 20

Dabei ist Voraussetzung, dass die nämliche Lieferung eine **Hauptleistung** ist, d. h. der Lieferort überhaupt selbständig zu bestimmen ist (vgl. dazu Rn. 22). 21

2.3 Abgaben von Speisen und Getränken zum Verzehr an Ort und Stelle

Für Leistungen bis zum 26.06.1998 vgl. die Vorauflage, für den Zeitraum vom 27.06.1998 bis zum 28.12.2007/31.12.2009 vgl. Rn. 6. 22

Nunmehr ist der Ort der Abgabe von Speisen und Getränken zum Verzehr an Ort und Stelle (Restaurationsleistung) während der nämlichen Beförderungen grundsätzlich nach § 3e UStG im Inland belegen, wenn die Beförderung im Inland beginnt bzw. der Abgangsort des Beförderungsmittels im Inland belegen ist und die Beförderung im Gemeinschaftsgebiet endet bzw. der Ankunftsort des Beförderungsmittels im Gemeinschaftsgebiet belegen ist. Ausgenommen sind dabei lediglich Restaurationsleistungen während eines Zwischenaufenthalts eines Schiffs im Drittland, bei denen die Reisenden das Schiff, und sei es nur für kurze Zeit, verlassen können, sowie während des Aufenthalts des Schiffs im Hoheitsgebiet dieses Staates. Restaurationsleistungen auf einem Schiff während eines solchen Zwischenaufenthalts und im Verlauf der Beförderung im Hoheitsgebiet dieses Staates unterliegen der Besteuerungskompetenz des Staates, in dem der Zwischenaufenthalt erfolgt (vgl. EuGH vom 15.09.2005, Rs. C-58/04, BStBl II 2007, 150 sowie BFH vom 20.12.2005, Az: V R 30/02, BStBl II 2007, 139 sowie BMF vom 04.09.2009, BStBl I 2010, 1005 Rz. 138).

TIPP

1. Die Vorschrift gilt sowohl im B2C- als auch im B2B-Bereich (vgl. Einführungsschreiben des BMF vom 04.09.2009, BStBl I 2010, 1005, Rz. 23).
2. Keine Harmonisierung/weitere Registrierungspflicht im EU-Ausland prüfen: Das Reverse-Charge-Verfahren ist auf Restaurationsleistungen im B2B-Bereich in den anderen EU-Mitgliedstaaten zwar möglich, aber nicht zwingend anzuwenden! Unternehmer werden daher vorerst auch zukünftig nicht umhinkommen, sich über die umsatzsteuerliche Behandlung im anderen Mitgliedstaat entsprechend zu informieren. Hier sind auch weiterhin die bisherigen Prüfungen anzustellen.

Sind die Voraussetzungen des § 3e UStG nicht erfüllt, gilt der Abgangsort des Beförderungsmittels nicht als Ort der Restaurationsleistung; dieser bestimmt sich dann vielmehr nach § 3a Abs. 3 Nr. 3 Buchst. b UStG (vgl. § 3a Rn. 101 ff.). 23

2.4 Lieferung oder Restaurationsleistung an Bord eines Schiffes, in einem Luftfahrzeug oder in einer Eisenbahn

24 § 3 e UStG ist nur anwendbar, wenn die Lieferung des Gegenstandes oder die Restaurationsleistung an Bord eines Schiffes, in einem Luftfahrzeug oder in einer Eisenbahn erfolgt:

- **Schiffe** i. S. v. § 3 e UStG sind insbesondere Binnen-, Fähr-, Fracht-, Kreuzfahrt- und Segelschiffe sowie Luftkissenboote.
- **Luftfahrzeuge** i. S. v. § 3 e UStG sind Düsen-, Motor-, Sport- und Segelflugzeuge sowie Luftschiffe, unabhängig ob im Charter- oder Linienverkehr.
- **Eisenbahnen** i. S. v. § 3 e UStG sind insbesondere Linien- und Reisezüge. Auch Autoreisezüge fallen unter die Vorschrift, solange auch Personen befördert werden; Gleiches gilt für Privatbahnen, die Fahrten als Touristenattraktion durchführen.

25 Es ist nicht erforderlich, dass das Beförderungsmittel ausschließlich der Personenbeförderung dient; es kann vielmehr auch teilweise oder ausschließlich der Güterbeförderung dienen (Langer in R/K/L, § 3 e Rz. 9).

26 Die Aufzählung ist **abschließend**. Daher ist bei einer Lieferung oder Restaurationsleistung während einer Beförderung in einem anderen Verkehrsmittel (z. B. Reisebus, Taxi) die Sondervorschrift des § 3 e UStG nicht anwendbar; der Leistungsort bestimmt sich dann nach den allgemeinen Bestimmungen des § 3 Abs. 5a ff. UStG (Langer in R/K/L, § 3 e Rz. 10).

2.5 Lieferung oder Restaurationsleistung während einer Beförderung

27 Die Lieferung/Restaurationsleistung muss während einer Beförderung erfolgen. Lieferungen von Gegenständen an den Abnehmer zu einem Zeitpunkt, in dem sich das Beförderungsmittel tatsächlich nicht fortbewegt, fallen damit nicht unter § 3 e UStG (Langer in R/K/L, § 3 e Rz. 11).

Beispiel:
- Lieferungen an Bord eines Schiffes, das im Hafen liegt.
- Lieferungen in einem Passagierflugzeug, das auf einem Flughafen steht.

28 D. h. dass beispielsweise Lieferungen an Bord eines in einem Hafen liegenden Schiffes oder eines auf einem Flughafen stehenden Flugzeugs mangels Fortbewegung nicht unter § 3 e UStG fallen.

29 Abgangs- und Ankunftsort der i. g. Beförderung müssen im Gemeinschaftsgebiet ohne Zwischenaufenthalt außerhalb des Gemeinschaftsgebiets liegen (§ 3 e Abs. 2 UStG).

2.6 Lieferung oder Restaurationsleistung innerhalb des Gemeinschaftsgebiets

30 Die Lieferung/Restaurationsleistung muss innerhalb des Gemeinschaftsgebiets erfolgen. **Territorial** ist § 3 e UStG damit auf das Gemeinschaftsgebiet beschränkt (vgl. § 1 Abs. 2a UStG, Abschn. 1.10 UStAE). Nach Art. 6 MwStSystRL haben jedoch einige Mitgliedstaaten Teile ihres Staatsgebietes von der Anwendung des Gemeinschaftsrechtes ausgeschlossen. Diese Gebiete gelten in der Regel als

Drittlandsgebiet (vgl. § 1 Abs. 2 ff. UStG und Abschn. 1.10 UStAE). Derzeit besteht die Besonderheit, dass die deutschen **Freihäfen** nach dem geltenden Zollrecht der Gemeinschaft zum gemeinschaftlichen Zollgebiet gehören. Umsatzsteuerrechtlich werden die Freihäfen jedoch wie Drittlandsgebiet behandelt. Dabei beruft sich die Bundesrepublik Deutschland nach wie vor auf eine Protokollerklärung, die sie 1970 zu Art. 16 der 6. EG-RL abgegeben hat. Art. 16 der 6. EG-RL sieht die Möglichkeit vor, bestimmte Umsätze in Freizonen (Freihäfen) von der Umsatzbesteuerung auszunehmen, wenn sichergestellt ist, dass der Endverbrauch besteuert wird. Diese Protokollerklärung führt dazu, dass Umsätze in Freihäfen - soweit sie nicht Endverbrauch darstellen - als nicht steuerbar behandelt werden (vgl. Abschn. 1.11 UStAE).

TIPP 31

1. BFH vom 20.12.2005, Az: V R 30/02, Nachfolgeurteil zum Urteil des EuGH vom 15.09.2005, Rs. C-58/04, Antje Köhler; Steuerbarkeit der Lieferung von Gegenständen während einer Kreuzfahrt, BStBl II 2007, 139: (1.) Lieferungen von Gegenständen während einer Kreuzfahrt an Bord eines Schiffes sind grundsätzlich steuerbar, wenn die Kreuzfahrt in der Bundesrepublik Deutschland beginnt und dort oder im übrigen Gemeinschaftsgebiet endet. (2.) Ausgenommen von der Steuerbarkeit sind lediglich Lieferungen während eines Zwischenaufenthalts des Schiffes in Häfen von Drittländern, bei denen die Reisenden das Schiff, und sei es auch nur für kurze Zeit, verlassen können.
2. EuGH vom 15.09.2005, Rs. C-58/04, Antje Köhler; Ort der Lieferung; Lieferungen an Bord von Kreuzfahrtschiffen; Begriff des Zwischenaufenthalts außerhalb der Gemeinschaft – nachgehend: BFH vom 20.12.2005, Az: V R 30/02, BStBl II 2007, 150: Aufenthalte eines Schiffes in Häfen von Drittländern, bei denen die Reisenden das Schiff, und sei es nur für kurze Zeit, verlassen können, sind »Zwischenaufenthalte außerhalb der Gemeinschaft« im Sinne des Art. 8 Abs. 1 Buchst. c der 6. EG-RL 77/388/EWG des Rates vom 17.05.1977 zur Harmonisierung der Rechtsvorschriften der Mitgliedstaaten über die Umsatzsteuern – Gemeinsames Mehrwertsteuersystem: einheitliche steuerpflichtige Bemessungsgrundlage in der Fassung der RL 92/111/EWG des Rates vom 14.12.1992 zur Änderung der RL 77/388 und zur Einführung von Vereinfachungsmaßnahmen im Bereich der Mehrwertsteuer.
3. Der EuGH wählte eine praktikable – und insbes. die Steuerkompetenz von Drittstaaten nicht verletzende – Auslegung der Beförderungsvorschrift (Wagner, HI 1482029). Das von der Kommission ins Feld geführte Kriterium, von einem Zwischenaufenthalt sei immer dann auszugehen, wenn die Reisenden Waren bei ihrem Landgang in dem jeweiligen Drittstaat erwerben könnten und diese einer Zollkontrolle unterlägen, hat für den EuGH keine Rolle gespielt. Auf das Kriterium der Verzollung von Reiseeinkäufen in dem betreffenden Drittland hätte es nicht ankommen können, denn es ging ja gerade nicht um die Lieferung von Gegenständen, die von den Reisenden auf einem Landgang im Drittstaat erworben wurden und die vor der Mitnahme auf das Schiff verzollt werden müssen, sondern um die Lieferung von Gegenständen, die sich zuvor schon an Bord des Schiffs befanden und die an Bord durch das Bordpersonal an Bordgäste verkauft wurden (Huschens, HI 1434869).
4. Es kommt in solchen Fällen also auf den Nachweis an, ob und ggf. in welchem Umfang in den somit gemäß § 1 Abs. 1 Nr. 1 S. 1 UStG i. V. mit § 3 e UStG grundsätzlich steuerbaren Lieferungen solcher Unternehmer auf Kreuzfahrten auch Lieferungen während Zwischenaufenthalten im Drittlandsgebiet enthalten sind. (Nur) diese Lieferungen wären nicht steuerbar (Wagner, HI 1482029).

§ 3f UStG
Ort der unentgeltlichen Lieferungen und sonstigen Leistungen

[1]Lieferungen im Sinne des § 3 Abs. 1b und sonstige Leistungen im Sinne des § 3 Abs. 9a werden an dem Ort ausgeführt, von dem aus der Unternehmer sein Unternehmen betreibt. [2]Werden diese Leistungen von einer Betriebsstätte ausgeführt, gilt die Betriebsstätte als Ort der Leistungen.

Literatur

Urban, Der umsatzsteuerliche Entnahmeeigenverbrauch gemischt-genutzter Gegenstände, INF 1998, 741. **Weimann**, Umsatzsteuer in der Praxis, 16. Aufl. 2018, Kap. 18. **Weimann/Raudszus**, Änderungen im Umsatzsteuerrecht durch das Steuerentlastungsgesetz 1999/2000/2002, INF 1999, 261.

Richtlinien/Hinweise/Verordnungen

UStAE: Abschn. 3 f.1.
MwStSystRL: Art. 16, Art. 26.

1 Allgemeines

1.1 Überblick über die Vorschrift

1 Das Steuerentlastungsgesetz (StEntlG) 1999/2000/2002 vom 19.03.1999 (BGBl I 1999, 402) hat die **Vorschriften zum Eigenverbrauch** in § 1 Abs. 1 Nr. 1–3 UStG ersatzlos aufgehoben.

2 Eigenverbrauch und unentgeltliche Leistungen an Arbeitnehmer wurden durch **Fiktion als Lieferung bzw. sonstige Leistung gegen Entgelt** ausgestaltet; sie entsprechen damit der Diktion der 6. EG-RL. Die neuen Vorschriften wurden in § 3 UStG Abs. 1a, 9a UStG eingefügt. Der Aufwendungseigenverbrauch des § 1 Abs. 1 Nr. 2c UStG wird durch ein Verbot des Vorsteuerabzugs (vgl. § 15 Abs. 1a UStG) abgelöst. Voraussetzung für den Eigenverbrauch ist nunmehr, dass Gegen-

stände, die entnommen oder verwendet werden, mit Vorsteuer belastet bezogen wurden und zum vollen oder teilweisen Vorsteuerabzug berechtigt haben. Das Gleiche gilt für Sachzuwendungen an Arbeitnehmer und Geschenke an Geschäftsfreunde. Bei Kfz, die vom Unternehmer auch privat verwendet werden, entfiel zunächst eine Eigenverbrauchsbesteuerung, weil der Vorsteuerabzug bis zum 01.01.2004 (bzw. 01.01.2003, vgl. Gesetzesbegründung zum StÄndG 2003 zu Art. 4 Nr. 18 Buchst. c, BT-Drucks. 630/03) nur noch zu 50 % zugelassen wurde. Die neuen Tatbestände werden allgemein als **unentgeltliche Wertabgaben** bezeichnet (vgl. dazu § 3 Rn. 31 ff. und vgl. § 3 Rn. 166 ff.). § 3f UStG regelt nunmehr den **Leistungsort** dieser Wertabgaben.

1.2 Rechtsentwicklung

§ 3f UStG wurde zum **01.04.1999** im Zuge der Neuregelung der Eigenverbrauchsbesteuerung eingeführt. Für die Bestimmung gibt es **keine Vorgängervorschrift**. Bislang war der Ort des Eigenverbrauchs dort, wo die entsprechende Lieferung oder sonstige Leistung ausgeführt wurde (vgl. Abschn. 7 Abs. 2 UStR 1996); zur Ortsbestimmung wurden m. a. W. die Vorschriften für die entgeltlichen Wertabgaben (§§ 3, 3a UStG) entsprechend angewandt (vgl. Rn. 11). 3

1.3 Geltungsbereich

1.3.1 Sachlicher Geltungsbereich

§ 3f UStG regelt den **Ort unentgeltlicher Wertabgaben** und ist damit entscheidendes Tatbestandsmerkmal für deren **Steuerbarkeit** (vgl. Rn. 10 ff.). 4

1.3.2 Persönlicher Geltungsbereich

§ 3f UStG sieht hinsichtlich des persönlichen Geltungsbereichs keine Beschränkungen vor und gilt daher für **alle Unternehmer** i. S. d. § 2 UStG. 5

1.3.3 Zeitlicher Geltungsbereich

Zunächst sollte § 3f UStG mit den anderen Umsatzsteueränderungen des StEntlG, die sich für die betroffenen Unternehmer wohl unstreitig nachteilig auswirkten, zum 01.01.1999 und damit rückwirkend in Kraft treten. Das hätte zu erheblichen praktischen, aber auch rechtlichen Problemen geführt: 6

- Das rückwirkende Inkrafttreten hätte erfordert, die betroffenen Vorgänge eines ganzen Quartals buchhalterisch anders zu erfassen sowie Rechnungen und USt-Voranmeldungen zu berichtigen. Diese Probleme hat die Finanzverwaltung unterschätzt. Die nun beschlossene unterjährige Steueränderung ist sicherlich leichter zu verkraften; allerdings hätte sie rechtzeitig angekündigt werden müssen (Weimann/Raudszus, INF 1999, 261).
- Aus verfassungsrechtlicher Sicht hätten rückwirkende Änderungen gegen wichtige rechtsstaatliche Grundsätze verstoßen. Betroffen wären insbesondere der Vertrauensschutz und die

Rechtssicherheit; auch dies wurde teilweise von der Finanzverwaltung verkannt. Das Vertrauen hätte zumindest durch eine Übergangsregelung geschützt werden müssen (Urban, INF 1998, 741; Weimann/Raudszus, INF 1999, 261, m. w. N.).

7 Der Gesetzgeber teilte diese Bedenken; § 3f UStG ist daher erst zum **01.04.1999** in Kraft getreten.

8 § 3f UStG ist von den Neuregelungen durch das Mehrwertsteuer-Paket nicht betroffen.

1.4 Gemeinschaftsrechtliche Grundlagen und Verhältnis zu anderen Vorschriften

9 Die MwStSystRL enthält wie ihre Vorgängerin, die 6. EG-RL, keine dem § 3f UStG entsprechende Vorschrift. Vielmehr stellen Art. 16, 26 MwStSystRL lediglich fest, dass bestimmte unentgeltliche Lieferungen und sonstige Leistungen entgeltlichen gleichstehen; mangels anderweitiger spezieller Regelung spricht dies dafür, dass dies auch für die Bestimmung des Leistungsorts gilt. Ob des entgegenstehenden Wortlauts des § 3f UStG kommt jedoch eine richtlinienkonforme Auslegung nicht in Betracht; dabei darf § 3f UStG als nationale Regelung **nicht zu Ungunsten des Steuerbürgers angewandt** werden (**»Bürgerwirkung«** der MwStSystRL, vgl. Einführung UStG Rn. 10 ff.).

TIPP

Unentgeltliche Wertabgaben werden also nach dem **Unternehmensort- bzw. Betriebsstättenortprinzip** besteuert. Damit hält der deutsche Gesetzgeber das Konzept der Gleichstellung unentgeltlicher Wertabgaben mit entgeltlichen Leistungen nicht durch. Da die MwStSystRL keine dem § 3f UStG vergleichbare Vorschrift enthält, wird die Auffassung vertreten, dass der Unternehmer sich direkt auf die Ortregeln der MwStSystRL berufen kann, die den Bestimmungen in § 3 Abs. 6 und Abs. 7, § 3a, § 3b UStG entsprechen (so z. B. Janzen/Lippross/Szabo/Tausch, Umsatzsteuer 2008, zu § 3f UStG; Lippross, Umsatzsteuer, 23. Aufl. 2012, 2.6.4.1 f.)

2 Kommentierung

10 § 3f UStG enthält seit dem 01.04.1999 eine wichtige Neuregelung zum Ort des ehemaligen Eigenverbrauchs bzw. der nunmehrigen unentgeltlichen Wertabgabe. Der Ort muss im Inland liegen; nur dann ist eine Wertabgabe **steuerbar** (vgl. § 1 Abs. 1 Nr. 1 UStG, vgl. Einführung UStG Rn. 74 ff.).

11 Bis zum 31.03.1999 lag

- nach Abschn. 7 Abs. 2 S. 1 UStR 1996 der Ort des Gegenstands-Eigenverbrauchs dort, wo die entsprechende Lieferung ausgeführt wurde. Die Vorschriften für Beförderung-, Versendung- und Ausfuhrlieferungen waren nicht anwendbar, da die Entwidmung des Gegenstandes vor dessen Beförderung, Versendung oder Ausfuhr lag; der Ort der Entnahme bestimmte sich damit immer nach § 3 Abs. 7 S. 1 UStG;
- nach Abschn. 7 Abs. 2 S. 1 UStR 1996 der Ort des Leistungs-Eigenverbrauch dort, wo die entsprechende sonstige Leistung ausgeführt wurde.

Nach der Neuregelung zum 01.04.1999 erfolgt eine Wertabgabe immer an dem Ort, von dem aus der Unternehmer sein Unternehmen betreibt; wird sie von einer Betriebsstätte ausgeführt, gilt diese als Leistungsort. 12

Beispiel:
Der deutsche Unternehmer U verbringt einen Kurzurlaub in Polen. Das während des Urlaubs genutzte, dem Unternehmensvermögen zugehörige Notebook schenkt U bei der Abreise seinem Gastgeber.

Bisherige Lösung:
Der Ort des Eigenverbrauchs liegt in Polen, da sich das Gerät hier zurzeit des Eigenverbrauchs (Zeitpunkt der Umwidmung des Gegenstandes) befindet; der Eigenverbrauch ist damit in Deutschland nicht steuerbar.

Aktuelle Lösung:
Der Eigenverbrauch ist steuerbar, da er dem Unternehmenssitz in Deutschland zuzuordnen ist.

§ 3g UStG
Ort der Lieferung von Gas, Elektrizität, Wärme oder Kälte

(1) [1]Bei einer Lieferung von Gas über das Erdgasnetz, von Elektrizität oder von Wärme oder Kälte über Wärme- oder Kältenetze an einen Unternehmer, dessen Haupttätigkeit in Bezug auf den Erwerb dieser Gegenstände in deren Lieferung besteht und dessen eigener Verbrauch dieser Gegenstände von untergeordneter Bedeutung ist, gilt als Ort dieser Lieferung der Ort, an dem der Abnehmer sein Unternehmen betreibt. [2]Wird die Lieferung an die Betriebsstätte eines Unternehmers im Sinne des Satzes 1 ausgeführt, so ist stattdessen der Ort der Betriebsstätte maßgebend.

(2) [1]Bei einer Lieferung von Gas über das Erdgasnetz, von Elektrizität oder von Wärme oder Kälte über Wärme- oder Kältenetze an andere als die in Absatz 1 bezeichneten Abnehmer gilt als Ort der Lieferung der Ort, an dem der Abnehmer die Gegenstände tatsächlich nutzt oder verbraucht. [2]Soweit die Gegenstände von diesem Abnehmer nicht tatsächlich genutzt oder verbraucht werden, gelten sie als an dem Ort genutzt oder verbraucht, an dem der Abnehmer seinen Sitz, eine Betriebsstätte, an die die Gegenstände geliefert werden, oder seinen Wohnsitz hat.

(3) Auf Gegenstände, deren Lieferungsort sich nach Absatz 1 oder Absatz 2 bestimmt, sind die Vorschriften des § 1a Abs. 2 und § 3 Abs. 1a nicht anzuwenden.

Verwaltungsanweisungen
BMF vom 01.08.2005, Az: IV A S - S 7124 - 8/05, BStBl I 2005, 849.
BMF vom 07.06.2006, Az: IV A 5 - S 7124 - 5/06, NWB Kurznachrichten 2006, 4043.
OFD Frankfurt vom 22.06.2006, Az: S 7100 A - 223 - St 11.
OFD Rheinland vom 26.04.2007, Az: S 7100 - 1024 - St 432.
BMF vom 06.11.2012, Az: IV D 2 - S 7124/12/10002, BStBl I 2012, 1095.
BMF vom 19.09.2013, Az: IV D 3 - S 7279/12/10002, BStBl I 2013, 1212.
BMF vom 19.09.2013, Az: IV D 3 - S 7279/13/10002, BStBl I 2013, 1217.
BMF vom 17.06.2015, Az: IV D 3 - S 7279/13/10002, BStBl I 2015, 513.
BMF vom 23.01.2017, Az: III C 2 - S 7124/10/10001 :001, BStBl I 2017, 108.
Hinweis: Zur Problematik der zeitlichen Geltungsdauer von BMF-Schreiben vgl. Einführung UStG, Rz. 100 ff.

Richtlinien/Hinweise/Verordnungen
UStAE: Abschn. 3g.1 (Hinweis: Abschn. 3g.1 UStAE bezieht sich gegenwärtig nur auf den Ort der Lieferung von Gas über das Erdgasnetz und Elektrizität. Die Erweiterung der Vorschrift des § 3g UStG auf die Lieferung von Wärme und Kälte über Wärme- und Kältenetze i. R. d. JStG 2010 mit Wirkung ab dem 01.01.2011 ist im UStAE noch nicht reflektiert!)
MwStSystRL: Art. 38 f.; vgl. auch Änderungsrichtlinie Gas und Elektrizität, 2003/92, ABl. EU 2003 Nr. L 260 S. 8.

1 Allgemeines

1.1 Überblick über die Vorschrift

Gas, Elektrizität, Wärme und Kälte gelten umsatzsteuerlich als Gegenstände einer Lieferung, weil derartige unkörperliche Sachen im Wirtschaftsleben wie Sachen gehandelt werden (BFH vom 21.12.1988, Az: V R 24/87, BStBl II 1989, 430; BFH vom 05.12.1997, Az: V B 17/97, BFH/NV 1998, 888; Abschn. 3.1 Abs. 1 S. 2 UStAE). Nach Art. 15 MwStSystRL gilt als Lieferung eines Gegenstands die Übertragung der Befähigung, wie ein Eigentümer über einen körperlichen Gegenstand zu verfügen. Gegenstände im Sinne dieser EU-Vorschrift sind u. a. Elektrizität, Gas, Wärme, Kälte und ähnliche Sachen. Die Mitgliedstaaten haben allerdings die bis Ende 2004 geltenden Regelungen zur umsatzsteuerlichen Behandlung der Lieferung von Gas und Elektrizität unterschiedlich angewendet. 1

In **Umsetzung von EU-Vorgaben** wurde der Ort der Lieferung von Gas oder Elektrizität durch § 3g UStG zum 01.01.2005 neu festgelegt. I. R. d. JStG 2010 wurde der Anwendungsbereich des § 3g UStG auf die Lieferung von Wärme und Kälte ausgedehnt. 2

Zur Ortsbestimmung unterscheidet § 3g UStG danach, ob die Lieferung an einen typischen Wiederverkäufer oder an sonstige Abnehmer bewirkt wird. 3

Im Fall der Lieferung an einen typischen Wiederverkäufer wird aufgrund dieser neuen Vorschrift bei der Lieferung von Gas über das Erdgasnetz (Lieferungen in Flaschen oder mittels Tanklastzügen sind ausgenommen (BMF vom 01.08.2005, BStBl I 2005, 849, Tz. 1.1); hier gelten 4 die umsatzsteuerlichen Bestimmungen des Ortes der Lieferung nach § 3 UStG) weitgehend das **Empfängerortprinzip** (**Bestimmungslandprinzip**) verwirklicht, um ohne umsatzsteuerliche Hindernisse die Besteuerung durchführen zu können. Ansonsten ist Ort der Lieferung der Ort, an dem der Abnehmer die Gegenstände nutzt oder verbraucht (»**Verbraucherortprinzip**«). Sofern der Abnehmer sie nicht tatsächlich nutzt oder verbraucht (z.B. im Fall des Weiterverkaufs von überschüssigen Lieferungen), sind sein Sitz, der Ort seiner Betriebsstätte oder ggf. sein Wohnsitz maßgebend (»Empfängerortprinzip«, vgl. Rn. 50).

5 Zur Steuerbarkeit von Umsätzen i. Z. m. der Abgabe von Energie durch einen Netzbetreiber vgl. Abschn. 1.7 UStAE.

1.2 Rechtsentwicklung

6 Das nationale Umsatzsteuerrecht stand in der Vergangenheit hinsichtlich des Leistungsortes von Strom und Gas nicht im Einklang mit EU-Recht. Zu den gemeinschaftsrechtlichen Vorgaben vgl. auch Rn. 20 ff.

7 Für **Lieferungen bis zum 31.12.2004** ging das BMF davon aus, dass es sich bei der Lieferung von **Gas** um eine **bewegte Lieferung** i. S. d. § 3 Abs. 6 UStG handelte. Bei der Lieferung vom **Strom** sah das BMF eine **ruhende Lieferung**; die Ortsbestimmung richtete sich nach § 3 Abs. 7 S. 1 UStG und war dort, wo sich der Gegenstand zur Zeit der Verschaffung der Verfügungsmacht befand. Das BMF hielt eine erneute Erörterung mit den Vertretern der obersten Finanzbehörden der Länder sogar für entbehrlich (BMF vom 11.09.2002, Az: IV B 7 – S 7100 – 234/02, BB 2002, 2540). Die Ortsbestimmung für die Lieferung von Strom war letzten Endes unklar und damit umsatzsteuerlich problematisch. Es ließ sich vertreten, den Ort der Lieferung beim Käufer zu sehen, weil dieser die tatsächliche Verfügungsmacht erst durch den Verbrauch erlangte. Er konnte aber auch beim Lieferer liegen, weil dieser dem Abnehmer den Strom bereits dort zur Verfügung stellt (zu Übergangsbestimmungen vgl. Rn. 70 ff.). Insofern war eine rechtliche Klarstellung dringend geboten.

8 Sofern andere Mitgliedstaaten die Lieferung von Strom als bewegte Lieferung ansahen, ergab sich aufgrund der nationalen Einstufung als ruhende Lieferung folgende Situation: Unternehmer bestimmter anderer Mitgliedstaaten haben die Lieferung von Elektrizität aus diesem anderen Mitgliedstaat in das Inland als steuerfreie i. g. Lieferung behandelt, Leistungsempfänger haben dementsprechend einen i. g. Erwerb deklariert. Da nach nationaler Rechtslage mangels Bewegung des Liefergegenstandes keine i. g. Lieferung vorlag, konnte der Leistungsempfänger rechtssystematisch insofern den Vorsteuerabzug nicht geltend machen, während der leistende Unternehmer – aufgrund Einstufung als steuerbare/steuerpflichtige Lieferung i. S. d. nationalen Umsatzsteuerrechts – Steuer für die im Inland erbrachte Lieferung abzuführen hatte. Der Leistungsempfänger wiederum konnte diese mangels entsprechender Rechnung nicht abziehen. Andererseits waren Lieferungen von Elektrizität aus dem Inland in andere Mitgliedstaaten oder ins Drittland im Inland nicht steuerbar (Ort der Leistung war dort, wo die Verfügungsmacht verschafft wurde), während der Unternehmer im betreffenden andere Mitgliedstaat keine Erwerbsbesteuerung durchführte (zu Übergangsvorschriften vgl. Rn. 70 ff.).

9 **Mit Wirkung ab 01.01.2005** ist § 3g UStG durch das Gesetz zur Umsetzung von EU-RL in nationales Steuerrecht und zur Änderung weiterer Vorschriften (Richtlinien-Umsetzungsgesetz – EURLUmsG vom 09.12.2004, BGBl I 2004, 3310, BStBl I 2004, 1158 [1166]) in das deutsche Umsatzsteuerrecht eingebracht worden. Damit wurde die Vorgabe des Art. 38 f. MwStSystRL aus 2003 in nationales Recht umgesetzt (Art. 1 Nr. 2 der RL 2003/92/EG (»Gas- und Elektrizitätsrichtlinie«), vom 07.10.2003, ABl EG Nr. L 260/2003, 8).

Als **Umsatzsteuerrichtlinien** zu § 3g UStG ist Abschn. 42n UStR 2008 erlassen worden, im Wesentlichen basierend auf dem BMF-Schreiben vom 01.08.2005, Az: IV A5 – S 7124 – 8/05, BStBl I 2005, 849 sowie Schreiben vom 07.06.2006, Az: IV A 5 – S 7124 – 5/06, NWB Kurznachrichten 2006, 4043), seit dem 01.11.2010 abgelöst durch Abschn. 1.7 und Abschn. 3g.1 UStAE. **Zum 01.01.2011** wurde der Anwendungsbereich des § 3g UStG **auf die Lieferung von Wärme und Kälte ausgedehnt** (Art. 4, Art. 32 Abs. 5 JStG 2010). 10

Zum **01.09.2013** ist i.R. d. Amtshilferichtlinien-Umsetzungsgesetzes (BGBl I 2013, 1809) der Leistungskatalog im Zusammenhang mit dem Übergang der **Steuerschuldnerschaft auf den Leistungsempfänger (sog. Reverse-Charge-Verfahren) nach § 13b UStG erweitert worden**. Bisher ging die Steuerschuldnerschaft auf den Empfänger von Energielieferungen nur dann über, wenn der liefernde Unternehmer nach § 3g UStG im Ausland ansässig war. Nunmehr verlagert zudem der neu gefasste § 13b Abs. 2 Nr. 5 Buchst. b UStG in speziellen Fällen auch bei innerdeutschen Strom- und Gaslieferungen die Steuerschuldnerschaft auf den Leistungsempfänger. Das hat zur Folge, dass für diese Lieferungen künftig Rechnungen ohne Umsatzsteuerausweis und mit dem Hinweis auszustellen sind, dass die Steuerschuldnerschaft auf den Leistungsempfänger übergeht.

1.3 Geltungsbereich

1.3.1 Sachlicher Geltungsbereich

§ 3g UStG bestimmt den **Ort der Lieferung** bei der Lieferung von **Gas über das Erdgasnetz** (Lieferungen von Gas in Flaschen, z.B. Industriegase oder Campinggas, sind ausgenommen; hier gelten die allgemeinen umsatzsteuerlichen Bestimmungen des Ortes der Lieferung nach § 3 UStG), **Elektrizität, Wärme oder Kälte**. Der Begriff »Gas« umfasst die verschiedensten Formen von Gas, so auch verflüssigtes Erdgas, Biogas, Gas aus Biomasse u.a. **Ausnahme**: Die Lieferung von Kohlendioxyd als Gas fällt nicht unter diese Regelung, da Kohlendioxyd technisch nicht sicher in das Erdgasnetz eingespeist und darüber befördert werden kann. Zur Abgrenzung der Lieferungssachverhalte im Fall von Elektrizität vgl. Rn. 87. 11

Erdgasspeicheranlagen zur Speicherung von Erdgas, in erster Linie Kavernen- oder Porenspeicheranlagen, sind technisch und räumlich unmittelbar mit den Leitungen des Erdgasnetzes verbunden. Die in diesem System vorhandenen Gasmengen sind physisch nicht voneinander abgrenzbar und unterliegen einer unkontrollierten Vermischung innerhalb des Verbundes. Die Speicheranlagen bilden dadurch mit dem angeschlossenen Erdgasleitungsnetz eine Einheit und sind **Teil des Netzes** i.S.d. § 3g UStG (vgl. Abschnitt 3g Abs. 1 S. 3 UStAE). Der Ort der Lieferung von Mindest- und Arbeitsgas in mit dem Netz verbundenen Erdgasspeichern – ohne eine tatsächliche Ausspeicherung von Gas – bestimmt sich folglich unter den weiteren dort genannten Voraussetzungen nach § 3g UStG (BMF vom 23.01.2017, III C 2 – S 7124/10/10001 :001, BStBl I 2017, 108). 12

HINWEIS

Umsatzsteuerlich richtet sich der Ort einer Lieferung grundsätzlich nach § 3 Abs. 6 bis 8 UStG, abhängig davon, ob es sich z.B. um eine bewegte oder eine unbewegte Lieferung handelt, ob eine Lieferkette vorliegt etc. Aufgrund von § 3 Abs. 5a UStG gehen jedoch die §§ 3c, 3e, 3f und 3g UStG als Spezialvorschriften den allgemeinen Ortsbestimmungen des § 3 UStG vor. Somit handelt es sich bei der Ortsbestimmung nach § 3g UStG um eine **Spezialvorschrift**.

Die Gas- und Elektrizitätsrichtlinie trägt dem Umstand Rechnung, dass die Liefergegenstände Gas und Elektrizität physisch nur sehr schwer verfolgt werden können und es insofern äußerst schwierig ist, den Ort der Lieferung nach den allgemeinen Ortsvorschriften (§ 3 Abs. 6 S. 1 und § 3 Abs. 8 UStG) zu bestimmen. Angesichts dieser Schwierigkeiten wurde durch die Einführung spezieller Ortsregelungen für die Lieferung von Elektrizität und Gas durch eine Fiktion des Lieferortes klargestellt, dass die Lieferung von Elektrizität und Gas **keine bewegte Lieferung** ist.

13 Unter Berücksichtigung der Bestimmungen der RL 2003/54/EG vom 26.06.2003 über gemeinsame Vorschriften für den Elektrizitätsbinnenmarkt und zur Aufhebung der RL 96/92/EG und der RL 2003/55/EG vom 26.06.2003 über gemeinsame Vorschriften für den Erdgasbinnenmarkt und zur Aufhebung der RL 98/30/EG findet die Regelung entsprechend der Zielsetzung der RL 2003/92/EG in Bezug auf **Gas für alle Druckstufen** und in Bezug auf **Elektrizität für alle Spannungsstufen** Anwendung.

HINWEIS
Um sicherzustellen, dass die Regelung in Bezug auf Gas (entsprechend der Zielsetzung der Gas- und Elektrizitätsrichtlinie, Rn. 1) für alle Druckstufen Anwendung findet, wurde gegenüber dem Gesetzentwurf der Begriff »Erdgasverteilungsnetz« in der endgültigen Gesetzesfassung durch den Begriff »Erdgasnetz« ersetzt. Erdgasnetze sind letzten Endes Pipelinesysteme.

Zu speziellen Anwendungsfällen vgl. Rn. 69 ff.

14 Gibt ein Energieversorger seine am Markt **nicht mehr zu einem positiven Kaufpreis veräußerbaren überschüssigen Kapazitäten in Verbindung mit einer Zuzahlung** ab, um sich eigene Aufwendungen für das Zurückfahren der eigenen Produktionsanlagen zu ersparen, liegt keine Lieferung von z. B. Elektrizität, sondern eine **sonstige Leistung** des Abnehmers vor (Abschn. 1.7 S. 3 UStAE).

1.3.2 Persönlicher Geltungsbereich

15 Hinsichtlich der Frage des persönlichen Geltungsbereichs der Vorschriften des § 3g UStG ist zwischen Lieferer und Abnehmer zu unterscheiden.

16 **Bezogen auf Lieferer** ist § 3g UStG maßgebend für alle Lieferer von Erdgas über das Gasleitungsnetz, von Elektrizität, Wärme und Kälte.

17 **Bezogen auf Abnehmer** unterscheidet § 3g UStG die Ortsbestimmung lt. Abs. 1 nach typischen Wiederverkäufern (Unternehmer mit Haupttätigkeit im Bereich der Lieferung von Gas und Elektrizität) und lt. Abs. 2 nach anderen Abnehmern.

18 In den vergangenen Jahren sind weitere Staaten der Europäischen Union beigetreten, zum 01.01.2007 die Republiken Bulgarien und Rumänien sowie zuletzt zum 01.07.2013 die Republik Kroatien. Das Hoheitsgebiet der **Beitrittsstaaten** gehört ab diesem Zeitpunkt zu dem Gebiet der Europäischen Gemeinschaft. Ab dem Tag des Beitritts haben die Beitrittsstaaten das gemeinsame Mehrwertsteuersystem ohne Übergangsfrist einzuführen; dies gilt auch hinsichtlich der Bestimmungen über die umsatzsteuerliche Behandlung des i. g. Waren- und Dienstleistungsverkehrs. Aufgrund der Beitritte ergeben sich Auswirkungen auf das deutsche Umsatzsteuerrecht. Mehreren Vorschriften des UStG und der UStDV zu Folge treten im grenzüberschreitenden Leistungsverkehr, je nachdem ob ein Staat zur Europäischen Gemeinschaft gehört oder nicht, unterschiedliche Besteuerungsfolgen ein. Das gilt ausdrücklich auch für § 3g UStG (BMF vom 26.01.2007, Az: IV A 2 – S 7058 – 26/06, BStBl I 2007, 208).

1.3.3 Zeitlicher Geltungsbereich

§ 3g UStG ist mit Wirkung ab 01.01.2005 in nationales Recht eingebracht worden (vgl. Rn. 9). Zu Übergangsbestimmungen vgl. Rn. 70 ff. M. W. v. 01.01.2011 ist der Anwendungsbereich des § 3g UStG auf die Lieferung von Wärme und Kälte ausgedehnt worden. **19**

1.4 Gemeinschaftsrechtliche Grundlagen und Verhältnis zu anderen Vorschriften

Der Rat der Europäischen Union hat am 07.10.2003 die RL 2003/92/EG (ABl EG vom 11.10.2003, L 260/2003, 8 zur Änderung der RL 77/388/EWG) hinsichtlich der Vorschriften über den Ort der Lieferung von Gas und Elektrizität erlassen (Birgel, UVR 2005, 172). Die **RL basiert auf folgenden Erwägungen**: Angesichts der zunehmenden Liberalisierung der Elektrizitäts- und Gasmärkte zur Vollendung des Binnenmarktes für Elektrizität und Erdgas hielt es der Rat der Europäischen Union für erforderlich, die in der 6. RL 77/388/EWG des Rates vom 17.05.1977 (6. EG-RL) getroffenen Vorschriften über den Ort der Lieferung von Elektrizität und Gas einer Überprüfung zu unterziehen, um das Funktionieren des Mehrwertsteuer-Systems im Binnenmarkt entsprechend der von der Kommission verfolgten einschlägigen Strategie zu modernisieren und zu vereinfachen. **20**

Elektrizität und Gas werden für Zwecke der Mehrwertsteuer als Gegenstände behandelt, weshalb der Ort ihrer Lieferung bei grenzüberschreitenden Umsätzen gemäß Art. 38 MwStSystRL zu bestimmen ist. Da jedoch Elektrizität und Gas physisch nur schwer verfolgt werden können, ist es äußerst schwierig, den Ort der Lieferung anhand der bestehenden Vorschriften zu bestimmen. **21**

Um zu einem echten Elektrizitäts- und Gasbinnenmarkt ohne mehrwertsteuerliche Hindernisse zu gelangen, soll als Ort der Lieferung von Gas – über das Erdgasnetz – und von Elektrizität vor der Stufe des Endverbrauchs der Ort gelten, an dem der Erwerber den Sitz seiner wirtschaftlichen Tätigkeit hat. **22**

Die Lieferung von Elektrizität und Gas auf der Stufe des Endverbrauchs, also vom Unternehmer und Verteiler an den Endverbraucher, sollte an dem Ort besteuert werden, an dem der Erwerber die Gegenstände tatsächlich nutzt und verbraucht, damit gewährleistet ist, dass die Besteuerung im Lande des tatsächlichen Verbrauchs erfolgt. Dies ist normalerweise der Ort, an dem sich der Zähler des Erwerbers befindet. **23**

Die Lieferung von Elektrizität und Gas erfolgt über Netzsysteme, zu denen Netzbetreiber Zugang gewähren. Zur Vermeidung von Doppel- oder Nichtbesteuerung sind die Vorschriften über den Ort der Erbringung von Übertragungs- und Fernleitungsleistungen zu harmonisieren. Der Zugang zu Netzen und deren Nutzung sowie die Erbringung anderer, unmittelbar damit verbundener Dienstleistungen sollten daher in das Verzeichnis der spezifischen Dienstleistungen in Art. 56 Abs. 1 MwStSystRL aufgenommen werden. **24**

Die Einfuhr von Gas über das Erdgasnetz oder von Elektrizität soll zur Vermeidung der Doppelbesteuerung befreit werden. **25**

Diese Änderungen der Vorschriften über den Ort der Lieferung von Gas – über das Erdgasnetz – oder von Elektrizität sollen mit einer obligatorischen Umkehrung der Steuerschuldnerschaft einhergehen, wenn der Erwerber eine für Zwecke der Mehrwertsteuer erfasste Person ist. **26**

I. R. d. JStG 2013 wurde die Umkehrung der Steuerschuldnerschaft bei Gas und Elektrizität erweitert (§ 13b Abs. 2 Nr. 5, Abs. 5 UStG, vgl. Rn. 53 f.). **27**

2 Kommentierung

28 Die Ortsbestimmung der Lieferung von Gas über das Erdgasnetz, Elektrizität, Wärme oder Kälte über Wärme- oder Kältenetze ist davon abhängig, ob die Lieferung an einen hauptumfänglichen **Wiederverkäufer** (vgl. Rn. 29 ff.) oder einen **anderen Abnehmer** (vgl. Rn. 48 ff.) erfolgt (Abschn. 3g.1 Abs. 2 und 3 UStAE).

2.1 Lieferung an Wiederverkäufer

29 Bei der Lieferung an einen Unternehmer i. S. eines Wiederverkäufers ist Voraussetzung, dass dessen **Haupttätigkeit** in Bezug auf den Erwerb dieser Gegenstände (Gas, Elektrizität, Wärme oder Kälte) in deren Lieferung (Wiederverkauf) besteht. Der **eigene Verbrauch** dieses Unternehmers muss **von untergeordneter Bedeutung** sein (Abschn. 3g.1 Abs. 2 S. 1 UStAE).

30 Sind diese Bedingungen erfüllt, gilt **als Ort der Lieferung** der Ort, an dem der **Abnehmer sein Unternehmen betreibt** (§ 3g Abs. 1 S. 1 UStG). Dies gilt dann auch für den (untergeordneten) Teil der Lieferung, der dem eigenen Verbrauch dieses Unternehmers dient.

31 Wird die Lieferung an die **Betriebsstätte** des Abnehmers i. S. d. § 3g Abs. 1 S. 1 UStG ausgeführt, so ist stattdessen der Ort der Betriebsstätte maßgebend (§ 3g Abs. 1 S. 2 UStG). Mit der Gesetzesformulierung »an die Betriebsstätte« ist wohl eher »an eine Betriebsstätte« gemeint, da Unternehmer mehrere Betriebsstätten haben können und keine bestimmte Betriebsstätte gemeint sein kann.

2.1.1 Begriff des Wiederverkäufers und der Haupttätigkeit

32 Der Begriff des **Wiederverkäufers** ist in Anlehnung an Art. 38 Abs. 2 MwStSystRL wie folgt definiert: Wiederverkäufer ist ein Unternehmer, dessen **Haupttätigkeit** in Bezug auf den Erwerb dieser Gegenstände (Gas, Elektrizität, Wärme oder Kälte) in deren Lieferung besteht und dessen eigener Verbrauch dieser Gegenstände von untergeordneter Bedeutung (vgl. Rn. 43 f.) ist.

33 Aus der Begriffsbestimmung »Haupttätigkeit« ergibt sich, dass der Wiederverkäufer daneben auch andere Tätigkeiten ausüben kann, ggf. auch solche, die gar nichts mit Energiehandel zu tun haben.

34 Die **Haupttätigkeit** des Unternehmers in Bezug auf den Erwerb von Gas über das Erdgasnetz, von Elektrizität, Wärme oder Kälte über Wärme- oder Kältenetze besteht dann in deren Lieferung, d. h. im Wiederverkauf dieser Gegenstände, wenn der Unternehmer mehr als die Hälfte der von ihm erworbenen Menge weiterveräußert.

35 Die Bereiche »Gas«, »Elektrizität«, »Wärme« und »Kälte« sind dabei getrennt, jedoch für das gesamte Unternehmen i. S. d. § 2 UStG zu beurteilen (**organschaftliche Betrachtung**). In der Folge werden grenzüberschreitende Leistungen zwischen Unternehmensteilen, die als nicht steuerbare Innenumsätze zu behandeln sind und die nach § 3g Abs. 3 UStG auch keinen Verbringungstatbestand erfüllen, in diese Betrachtung einbezogen. Außerdem ist damit ein Unternehmer, der z. B. nur im Bereich »Elektrizität« mehr als die Hälfte der von ihm erworbenen Menge weiterveräußert und nicht mehr als 5 % zu eigenen Zwecken verwendet, diese Voraussetzungen aber für die anderen Bereiche (Gas, Wärme oder Kälte) nicht erfüllt, nur für Lieferungen an ihn im Bereich »Elektrizität« als Wiederverkäufer anzusehen (**spartenbezogene Betrachtung**). Maßgeblich sind die Verhältnisse im vorangegangenen Kalenderjahr. Im Unternehmen selbst erzeugte Mengen

bleiben bei der Beurteilung unberücksichtigt (BMF vom 01.08.2005, BStBl I 2005, 849, Tz. 1.3–1.5; Abschn. 3g.1 Abs. 2 S. 4 UStAE).

Ein **Kommissionär** ist ebenfalls Wiederverkäufer i. S. dieser Vorschrift. 36

Bei der **Beurteilung der Wiederverkäufereigenschaft** sowie der damit verbundenen **Grenzwerte** sind **Zweifelsfragen** aufgetreten, zu denen das BMF mit Schreiben vom 07.06.2006 (Az: IV A 5 – S 7124 – 5/06, NWB Kurznachrichten 2006, 4043) Stellung bezogen hat: 37

Netzverluste sind bei der Ermittlung des eigenen Verbrauchs des Unternehmens nicht zu berücksichtigen. Jedoch ist die Annahme, nur Verbrauche (von Gas, Elektrizität, Wärme oder Kälte) in Kraftwerken gehörten zum Eigenverbrauch, nicht gerechtfertigt. Denn auch der Verbrauch außerhalb des Kraftwerks, wie z. B. in allgemeinen Verwaltungsgebäuden, führt zu einem Verbrauch zu unternehmerischen Zwecken. Darüber hinaus ist auch der Verbrauch zu nichtunternehmerischen Zwecken in die Betrachtung einzubeziehen (BMF vom 07.06.2006, Az: IV A 5 – S 7124 – 5/06, NWB Kurznachrichten 2006, 4043 Tz. 1). 38

Selbst erzeugte Mengen an Gas, Elektrizität, Wärme oder Kälte bleiben außer Ansatz. Dies bedeutet, dass die nach § 3g UStG erforderlichen Grenzwerte nur hinsichtlich der (von anderen Unternehmern) erworbenen Mengen erfüllt sein müssen. Ob die selbst erzeugte Menge veräußert oder zum Verbrauch (im eigenen Unternehmen) verwendet wird, ist daher unbeachtlich. Ebenso ist die veräußerte Energiemenge, die selbst erzeugt wurde, hinsichtlich der Beurteilung der Wiederverkäufereigenschaft aus der Gesamtmenge der veräußerten Energie auszuscheiden; sie beeinflusst die nach § 3g UStG einzuhaltenden Grenzwerte nicht. Unter der Voraussetzung, dass der Kraftwerkseigenbedarf (sowie ggf. auch der für die übrigen Unternehmensteile erforderliche Bedarf) aus der Differenz zwischen Bruttoerzeugung (z. B. Output des Generators) und Nettoerzeugung (Abgabe in das Netz zur Verfügung durch andere Unternehmer) gespeist wird, kann davon ausgegangen werden, dass vorrangig die selbst erzeugten Mengen an Gas, Elektrizität, Wärme oder Kälte »eigenverbraucht« werden. Anders verhält es sich jedoch, wenn tatsächlich die gesamte Bruttoerzeugung zunächst in das Netz eingespeist wird und der Eigenbedarf im Anschluss daran vollständig aus dem Netz entnommen wird. Dieser Fall kann gerade vor dem Hintergrund des Gesetzes für den Vorrang Erneuerbarer Energien (EEG-Gesetz vom 25.10.2008, BGBl I 2008, 2074, bzw. des Gesetzes für den Ausbau erneuerbarer Energien (EEG, Gesetz vom 21.07.2014, BGBl I 2014, 1066), zuletzt geändert durch Gesetz zur Förderung von Mieterstrom und zur Änderung weiterer Vorschriften des Erneuerbare-Energien-Gesetzes vom 17.07.2017, BGBl I 2017, 2532) durchaus vorkommen, wenn der Stromerzeuger für den selbst erzeugten Strom eine höhere Einspeisevergütung erhält als von ihm für den abgenommenen Strom zu zahlen ist oder ihm Stromzertifikate zugeteilt werden. In diesem Fall würde der Eigenbedarf aus dem zugekauften Strom gedeckt, was zur Folge hätte, dass die erworbene Menge an Elektrizität insoweit zum eigenen Bedarf verwendet würde und bei der Beurteilung der Wiederverkäufereigenschaft einzubeziehen wäre (BMF vom 07.06.2006, Az: IV A 5 – S 7124 – 5/06, NWB Kurznachrichten 2006, 4043 Tz. 2). 39

Die Betrachtung des gesamten Unternehmens, im Falle einer **umsatzsteuerrechtlichen Organschaft** also des gesamten Organkreises, gilt bei der Prüfung der Wiederverkäufereigenschaft auch bei der Beurteilung des Eigenbedarfs sowie der verkauften Menge (BMF vom 07.06.2006, Az: IV A 5 – S 7124 – 5/06, NWB Kurznachrichten 2006, 4043 Tz. 2). 40

Beim sog. **Bilanzkreisausgleich** besteht die Leistung des Übertragungsnetzbetreibers nicht in der Abgabe von Elektrizität zum Ausgleich von Mehr- oder Mindermengen gegenüber dem geplanten Transfervolumen der angeschlossenen Verteilernetzbetreiber, sondern vielmehr darin, durch Einspeisung oder Ausspeisung von Energie die Spannung innerhalb des Übertragungsnetzes auf einem Niveau zu halten, das eine möglichst verlustfreie Durchleitung der Elektrizität ermöglicht. Zwar wird über die Leistung des Übertragungsnetzbetreibers »wie über eine Lieferung« abgerechnet, jedoch beinhaltet der den angeschlossenen Übertragungsnetzbetreibern in Rechnung gestellte Betrag neben dem eigentlichen Energiepreis (Primärenergiepreis) auch die sog. Regelleistung des Übertragungs- 41 netzbetreibers. Das Entgelt (Regelenergiepreis) deckt somit alle dem Übertragungsnetzbetreiber entstehenden Betriebskosten ab und ist dementsprechend wesentlich höher als der Primärenergiepreis. Die Abgabe von Energie i.R. d. sog. Bilanzkreis- oder Regelzonenausgleichs vollzieht sich nicht als eigenständige Lieferung und kann dementsprechend bei der Beurteilung der Wiederverkäufereigenschaft unberücksichtigt bleiben kann (BMF vom 07.06.2006, Az: IV A 5 – S 7124 – 5/06, NWB Kurznachrichten 2006, 4043 Tz. 3; Abschn. 1.7 S. 1 UStAE).

42 Bezüglich der Behandlung des sog. **Differenzausgleichs** liegt kein Leistungsaustausch vor. Denn der Differenzausgleich wird lediglich gezahlt, um die den Netzbetreibern im Einzelfall in unterschiedlicher Höhe je nach tatsächlicher Durchleitung entstehenden Kosten für die (gegenüber den Stromhändlern) unentgeltliche Durchleitung der Energie gleichmäßig auf alle Netzbetreiber und letztendlich auf alle Kunden zu verteilen. Eine tatsächliche Leistung ist damit hingegen nicht verbunden. Die Ausgleichszahlungen sind darüber hinaus auch keiner tatsächlichen Netzbelastung konkret zurechenbar. Der Differenzausgleich zwischen den Netzbetreibern ist daher umsatzsteuerrechtlich unbeachtlich. Soweit hierüber bislang mit gesondertem Steuerausweis abgerechnet wurde, wird dies für Abrechnungszeiträume, die vor dem 01.07.2006 enden, nicht beanstandet (BMF vom 07.06.2006, Az: IV A 5 – S 7124 – 5/06, NWB Kurznachrichten 2006, 4043 Tz. 4; Abschn. 1.7 S. 2 UStAE).

2.1.2 Umfang des untergeordneten eigenen Verbrauchs

43 Der eigene Gas-, Elektrizitäts-, Wärme- oder Kälteverbrauch des Unternehmers ist von untergeordneter Bedeutung, wenn **nicht mehr als 5 %** der erworbenen Menge zu eigenen (unternehmerischen sowie nichtunternehmerischen) Zwecken verwendet wird. Verwendet der Unternehmer zwar mehr als 5 %, jedoch nicht mehr als 10 % der erworbenen Menge an Gas, Elektrizität, Wärme oder Kälte zu eigenen Zwecken, ist weiterhin von einer untergeordneten Bedeutung auszugehen, wenn die im Mittel der vorangegangenen drei Jahre zu eigenen Zwecken verbrauchte Menge 5 % der in diesem Zeitraum erworbenen Menge nicht überschritten hat (BMF vom 01.08.2005, BStBl I 2005, 849 Tz. 1.5).

44 Bei dieser Betrachtung kommt es nicht auf den prozentualen Anteil einzelner Lieferungen, sondern auf eine zeitraumbezogene Betrachtung an. Es gibt allerdings auch verwaltungsseitig keine näheren Bestimmungen zu diesem Punkt; man kann aber davon ausgehen, dass jeweils die Verhältnisse des vorangegangenen Jahres maßgebend sind. Bei Neuaufnahme einer entsprechenden unternehmerischen Tätigkeit wäre für das Jahr des Beginns des Wiederverkaufs eine korrespondierende Vorausschau anzustellen.

2.1.3 Lieferung an eine Betriebsstätte

45 Erfolgt die Lieferung an eine »Betriebsstätte« des Wiederverkäufers i. S. d. § 3g Abs. 1 S. 1 UStG, so ist nach § 3g Abs. 2 UStG der Ort der Betriebsstätte hinsichtlich der Ortsbestimmung maßgebend (Abschn. 3g.1 Abs. 4 S. 1 UStAE).

46 Eine Lieferung erfolgt an eine Betriebsstätte, wenn sie ausschließlich oder überwiegend für diese bestimmt ist. Lt. BMF (Schreiben vom 01.08.2005, BStBl I 2005, 849, Tz. 1.7) gilt Abschn. 3a.8 UStAE über sonstige Leistungen an eine Betriebsstätte sinngemäß. Dementsprechend ist auf die Bestellung durch und die Abrechnung für Rechnung der Betriebsstätte abzustellen. Es kommt nicht darauf an, wie und wo der Wiederverkäufer die gelieferten Gegenstände tatsächlich verwendet (§ 3g Abs. 1 UStG). Somit gilt diese Regelung auch für die für den eigenen Verbrauch des Wiederverkäufers gelieferte Menge. Dies ist insbesondere von Bedeutung bei der Verwendung für

eigene Zwecke in eigenen ausländischen Betriebsstätten und ausländischen Betriebsstätten des Organträgers. Auch insoweit verbleibt es bei der Besteuerung im Sitzstaat, soweit nicht unmittelbar an die ausländische Betriebsstätte geliefert wird.

M. E. wird dabei verkannt, dass eine Betriebsstätte ein rechtlich unselbstständiger Teil eines Unternehmens ist, sie als solche bezüglich **unkörperlicher** Gegenstände keine Lieferungen tätigen oder empfangen kann. Die Weiterlieferungen sind somit stets dem Unternehmensträger und nicht einer Betriebsstätte zuzurechnen. 47

2.2 Lieferung an andere Abnehmer

Bei der Lieferung von Erdgas über das Erdgasnetz, Elektrizität, Wärme oder Kälte über Wärme- oder Kältenetze an **andere** als in § 3 g Abs. 1 UStG bezeichnete **Abnehmer** gilt als Ort der Lieferung der Ort, an dem der Abnehmer die Gegenstände tatsächlich nutzt oder verbraucht (§ 3 g Abs. 2 S. 1 UStG). Das ist regelmäßig der Ort, wo sich der Zähler des Abnehmers befindet (Abschn. 3g.1 Abs. 5 S. 1 UStAE). 48

Andere Abnehmer in diesem Sinne sind solche, die **nicht Wiederverkäufer** i. S. v. § 3g Abs. 1 UStG sind. Dazu gehören in erster Linie Unternehmer, die die Energie für den eigenen Verbrauch beziehen, und Nichtunternehmer (Endabnehmer). 49

Sollte der andere Abnehmer die an ihn gelieferten Gegenstände nicht tatsächlich verbrauchen (z. B. bei **Weiterverkauf von Überkapazitäten**), wird insoweit für die Lieferung an diesen Abnehmer der Verbrauch gemäß § 3g Abs. 2 S. 2 UStG dort fingiert, wo dieser sein Unternehmen betreibt oder eine Betriebsstätte hat, an die die Gegenstände geliefert werden. Im Ergebnis führt dies dazu, dass im Falle des Weiterverkaufs von Gas über das Erdgasnetz, Elektrizität, Wärme oder Kälte über Wärme- oder Kältenetze für den Erwerb dieser Gegenstände stets das **Empfängerortprinzip** gilt. Da Gas, Elektrizität, Wärme und Kälte allenfalls in begrenztem Umfang gespeichert werden, steht regelmäßig bereits bei Abnahme von Gas über das Erdgasnetz, Elektrizität, Wärme oder Kälte über Wärme- oder Kältenetze fest, in welchem Umfang ein Wiederverkauf erfolgt (BMF vom 01.08.2005, BStBl I 2005, 849 Tz. 1.8; Abschn. 3g.1 Abs. 5 S. 5 UStAE). 50

2.3 Reihengeschäfte

Bei der Lieferung von Gas über das Erdgasnetz, Elektrizität, Wärme oder Kälte über Wärme- oder Kältenetze kann es auch zu Reihengeschäften kommen. Gem. § 3 Abs. 1 UStG liegen dann entsprechend viele Lieferungen vor; für jede dieser Lieferungen erfolgt die Ortsbestimmungen nach Maßgabe des § 3g UStG (vgl. Rn. 69, Beispiel 3). 51

2.4 Mitbetroffene Vorschriften

Durch die **spezielle Ortsregelung für die Lieferung von Gas über das Erdgasnetz, Elektrizität, Wärme oder Kälte über Wärme- oder Kältenetze** wird klargestellt, dass Lieferungen dieser Gegenstände **keine bewegten Lieferungen** sind (Abschn. 3g.1 Abs. 6 S. 1 UStAE). Daraus ergeben sich Konsequenzen auch auf andere Vorschriften des UStG. 52

53 Ab dem 01.09.2013 gilt die Steuerschuldnerschaft des Leistungsempfängers auch für Lieferungen von Erdgas und Elektrizität über ein Netz durch einen im Inland ansässigen Unternehmer an einen anderen Unternehmer (§ 13b Abs. 2 Nr. 5 Buchst. b UStG; BMF vom 19.09.2013, IV D 3 – S 7279/13/10002; zu Vordruckmustern für den Nachweis für Wiederverkäufer von Erdgas und/oder Elektrizität für Zwecke der Steuerschuldnerschaft des Leistungsempfängers vgl. BMF vom 17.06.2015, Az: IV D 3 – S7279/13/10002).

54 Die Erweiterung der Umkehrung der Steuerschuldnerschaft gilt bei Lieferungen im Fall von Erdgas jedoch nur, wenn der Empfänger ein Unternehmer ist, der selbst Lieferungen von Erdgas erbringt. Bei Lieferungen von Elektrizität gilt die Erweiterung sogar nur dann, wenn sowohl der Leistende als auch der Leistungsempfänger Unternehmer sind, die Wiederverkäufer von Elektrizität sind (§ 13b Abs. 5 S. 3 und 4 UStG).

HINWEIS
Die mit dem JStG 2013 erfolgte Erweiterung der Steuerschuldnerschaft des Leistungsempfängers bei bestimmten Lieferungen von Strom und Gas über ein Netz auf im Inland ansässige, liefernde Unternehmer stand unter dem Vorbehalt einer entsprechenden Änderung der europäischen MwStSystRL. Nach Änderung der Richtlinie konnte die Erweiterung der umgekehrten Steuerschuldnerschaft mit Beginn des 01.09.2013 in Kraft treten (BGBl II 2013, 1120).

55 Bei der Lieferung von Gas über das Erdgasnetz, Elektrizität, Wärme oder Kälte über Wärme- oder Kältenetze kann **weder eine Ausfuhrlieferung** nach § 4 Nr. 1 Buchst. a i. V. m. § 6 UStG **noch eine i. g. Lieferung** nach § 4 Nr. 1 Buchst. b i. V. m. § 6a UStG vorliegen (vgl. auch BMF vom 06.01.2009, Az: IV B 9 – S 7141/08/10001, BStBl I 2009, 60, Tz. I.1), da diese die Steuerbarkeit der Lieferung im Ursprungsland voraussetzen (vgl. Rn. 69, Beispiele 1 und 4).

56 Aus der Fiktion des Ortes der Lieferung beim Abnehmer folgt, dass unter den Bedingungen von § 3g Abs. 1 oder Abs. 2 UStG **weder ein i. g. Verbringen** (§ 3 Abs. 1a UStG) **noch ein i. g. Erwerb** (§ 1a UStG) vorliegen kann (Klarstellung durch § 3g Abs. 3 UStG, vgl. Rn. 69, Beispiel 4).

57 Die **Einfuhr** von Erdgas über das Erdgasnetz, von Elektrizität, Wärme oder Kälte über Wärme- oder Kältenetze ist **von der Einfuhrumsatzsteuer befreit** (§ 5 Abs. 1 Nr. 6 UStG), da nach den neuen Ortsbestimmungen der Ort der grenzüberschreitenden Lieferung im Inland gelegen und die Besteuerung des Verbrauchs im Inland durch § 3g UStG gewährleistet ist.

58 § 3g UStG gilt auch im Verhältnis zum Drittlandsgebiet; die Anwendung des § 3 Abs. 8 UStG (Fiktion der Ortsverlagerung ins Inland beim Schulden der Einfuhrumsatzsteuer durch den Lieferer) ist demgegenüber mangels Beförderung oder Versendung ausgeschlossen.

59 Die Lieferung von Gas über das Erdgasnetz, von Elektrizität, Wärme oder Kälte über Wärme- oder Kältenetze **aus dem Drittlandsgebiet in das Inland** ist damit **im Inland steuerbar und steuerpflichtig** (vgl. Rn. 69, Beispiel 2); die Steuerschuldnerschaft des Leistungsempfängers unter den Voraussetzungen des § 13b Abs. 2 S. 1 Nr. 5 Buchst. a UStG ist zu beachten (vgl. dazu Ergänzung von § 13b UStG über die **Umkehrung der Steuerschuldnerschaft** in Abs. 2 S. 1 um Nr. 5 »Lieferungen der in § 3g Abs. 1 S. 1 genannten Gegenstände eines im Ausland ansässigen Unternehmers unter den Bedingungen des § 3g UStG«). Diese Regelung stellt sicher, dass **bei Nichtansässigkeit des Lieferers im Inland der Abnehmer die Steuer schuldet, wenn dieser Unternehmer ist**. Die Umkehrung der Steuerschuldnerschaft im zuvor beschriebenen Sinne gilt gemäß BMF-Schreiben vom 01.08.2005, BStBl I 2005, 849, Tz. 4 auch, wenn der im Ausland ansässige Unternehmer im Inland lediglich eine Vertretung oder eine Betriebsstätte hat, die nicht als Zweigniederlassung anzusehen ist. Hat der leistende Unternehmer im Inland, auf der Insel Helgoland oder in einem der in § 1 Abs. 3 UStG bezeichneten Gebiete einen Wohnsitz, seinen Sitz, seine Geschäftsleitung oder eine Zweigniederlassung, ist er Steuerschuldner; § 13b Abs. 1 S. 1 Nr. 5 UStG ist nicht anzuwenden. Dies gilt auch, wenn die Lieferung von Gas oder Elektrizität nicht vom Inland aus erfolgt. (Besonderheiten des § 13b UStG: Weist der ausländische Unternehmer

trotzdem Umsatzsteuer in der Rechnung gesondert aus, schuldet er diese nach § 14c Abs. 1 UStG; der Leistungsempfänger bleibt Steuerschuldner nach § 13b UStG. Erteilt der Leistende keine ordnungsgemäße Rechnung oder sogar keine Rechnung, erhält der Leistungsempfänger trotzdem den Vorsteuerabzug nach § 15 Abs. 1 Nr. 4 UStG aus der von ihm nach § 13b UStG geschuldeten Umsatzsteuer.) Die Steuerschuld nach § 13b Abs. 1 Nr. 5 UStG geht allerdings nur auf den Leistungsempfänger über, wenn er Unternehmer ist. Im Gegensatz zu § 13b Abs. 1 Nr. 1 UStG werden abnehmende juristische Personen des öffentlichen Rechts (z.B. Kommunen) bei Erhalt von Gas- und Stromlieferungen seitens ausländischer Unternehmer nicht zum Steuerschuldner (vgl. Rn. 69, Beispiel 5).

Die **Lieferung** von Gas über das Erdgasnetz, von Elektrizität, Wärme oder Kälte über Wärme- 60
oder Kältenetze aus dem Inland **in das Drittlandsgebiet** ist eine **im Inland nicht steuerbare Lieferung** (Abschn. 3g.1 Abs. 6 S. 7 UStAE).

Mit Einführung der neuen Ortsbestimmung des § 3g UStG wurde auch § 3a Abs. 4 UStG (sog. 61
»**Katalogleistungen**«) um die Nr. 14 erweitert. Danach ist die Gewährung des **Zugangs zu Erdgas- und Elektrizitätsnetzen** und die Fernleitung, die Übertragung oder Verteilung über diese Netze sowie die Erbringung anderer damit unmittelbar zusammenhängender sonstiger Leistungen eine sonstige Leistung, deren Ortsbestimmung sich nach § 3a Abs. 3, Abs. 4 Nr. 14 UStG ergibt (BMF vom 01.08.2005, BStBl I 2005, 849, Tz.3):

62

Erdgasnetze	Elektrizitätsnetze
Zu den mit der Gewährung des Zugangs zu Erdgasnetzen und der Fernleitung, der Übertragung oder der Verteilung über diese Netze unmittelbar zusammenhängenden Umsätzen gehören insbesondere: • die Gewährung des Zugangs zu Erdgasspeichern sowie die Zwischenspeicherung von Gas in solchen Speichern, • das Vorhalten von Speicher- und Transportkapazitäten für Erdgas im eigenen Netz, auch wenn diese tatsächlich nicht in Anspruch genommen werden, • die Verpachtung von Leitungssegmenten und das Transportmanagement in fremden Netzen, • Überwachung des Transports von Gas, • die Bereitstellung von Arbeitsgasvolumen im Erdgasspeichersystem einschließlich der damit einhergehenden Einspeise- und Ausspeiseleistung, • technische Dienstleistungen, wie Ausgleich von Mengen- und Druckschwankungen, Verdichterleistung, Gastrocknung, Überlassung bzw. Wartung von Mess-, Druck-, Druckregel- und Datenübertragungsanlagen und Gasbeschaffenheitsanalysen, • Steuern von Gasflüssen (Dispatching) in eigenen und fremden Gasnetzen, • sonstige Serviceleistungen wie Überwachung, Revision und Wartung fremder Netze oder Pipelines, Netzoptimierung, Notrufbereitschaften.	Zu den mit der Gewährung des Zugangs zu Elektrizitätsnetzen und der Fernleitung, der Übertragung oder der Verteilung über diese Netze unmittelbar zusammenhängenden Umsätzen gehören insbesondere • der Anschluss an das Elektrizitätsnetz sowie die Netznutzung, • die Netzführung sowie die Schaffung der Voraussetzungen für die Messung, • die Spannungs- und die Frequenzhaltung, • der Wiederaufbau der Versorgung nach Störungseintritt oder Störungsabgrenzung, • das Vorhalten von Übertragungskapazitäten, auch wenn diese tatsächlich nicht in Anspruch genommen werden, • Überwachung des Transports von Strom, • sonstige Serviceleistungen wie Überwachung, Revision und Wartung fremder Netze, Netzoptimierung, Notrufbereitschaften.

2.5 Zusammenfassung zur Ortsregelung gemäß § 3 g UStG

63 M. W. v. 01.01.2005 ist durch das EURLUmsG vom 09.12.2004 eine neue Sonderregelung in den § 3 g UStG hinsichtlich der Ortsbestimmung für die Lieferung von Gas oder Elektrizität aufgenommen worden.

64 Die Lieferung von Gas über das Erdgasnetz, von Elektrizität, Wärme oder Kälte über Kälte- oder Wärmenetze an einen Wiederverkäufer von Gas und Elektrizität wird an dem Ort besteuert, an dem der Abnehmer sein Unternehmen betreibt (ggf. am Ort der Betriebsstätte).

65 Wiederverkäufer von Gas und Elektrizität sind Unternehmer, deren Haupttätigkeit in Bezug auf diese Gegenstände in deren Weiterlieferung besteht und deren eigener Verbrauch dieser Gegenstände von untergeordneter Bedeutung ist.

66 Die Lieferungen von Gas oder Elektrizität an andere Abnehmer als Wiederverkäufer werden am Verbrauchsort besteuert (das ist regelmäßig der Ort, an dem sich der Zähler des Abnehmers befindet).

67 Veräußert ein anderer Abnehmer Gas oder Elektrizität weiter, wird der Ort der Lieferung insoweit dort fingiert, wo der andere Abnehmer sein Unternehmen betreibt (ggf. an der entsprechenden Betriebsstätte).

68 Auf Lieferungen von Gas und Elektrizität, deren Leistungsort nach § 3g Abs. 1 oder 2 UStG bestimmt wird, sind die Vorschriften für i. g. Lieferungen oder das i. g. Verbringen nicht anzuwenden.

3 Beispiele

69 Die folgenden Beispiele veranschaulichen noch einmal die Sachverhalte.

Beispiel 1 (Lieferung an ein Unternehmen in einem anderen EU-Mitgliedstaat):
Der deutsche Energieversorgung EVU-X liefert Erdgas über das Erdgasnetz an das französische EVU-Unternehmen F-SAS in Paris.

Lösung:
Der Ort der Lieferung von EVU-X ist der Empfängerort in Paris. Die Lieferung ist daher in der BRD nicht steuerbar. EVU-X bewirkt in Frankreich eine steuerbare Lieferung, für die der französische Abnehmer F-SAS die französische Mehrwertsteuer schuldet). EVU-X muss eine Rechnung ohne Mehrwertsteuer ausstellen und gleichzeitig auf den Übergang der Steuerschuldnerschaft hinweisen.
Der Transport des Erdgases durch das Erdgasleitungsnetz nach Frankreich ist gemäß § 3 a Abs. 3 UStG nicht als i. g. Verbringen i. S. d. § 3 Abs. 1a UStG zu behandeln.

Beispiel 2 (Erwerb von einem Drittlandsunternehmen):
Die Stadtwerke Rheinland GmbH in Aachen beziehen von der Fa. Gasprom in Moskau Gas über das Erdgasnetz.

Lösung:
Der Ort der Lieferung der Fa. Gasprom ist der Empfängerort in Aachen (§ 3 g Abs. 1 S. 1 UStG). Aufgrund der Umkehrung der Steuerschuldnerschaft nach § 13 b Abs. 2 Nr. 5 Buchst. a, Abs. 1 S. 1 Nr. 5 UStG schulden die Stadtwerke Rheinland GmbH die Mehrwertsteuer aus der Lieferung der Fa. Gasprom, bei gleichzeitigem Vorsteuerabzug nach § 15 Abs. 1 Nr. 4 UStG in gleicher Höhe.
Die Einfuhr des Gases über das Erdgasleitungsnetz ist einfuhrumsatzsteuerfrei (§ 5 Abs. 1 Nr. 6 UStG).

Beispiel 3 (Reihengeschäft):
Die Stadtwerke Rheinland GmbH in Aachen beziehen Strom vom französischen Stromproduzenten F und verkaufen ihn an den belgischen Energieversorger B.

Lösung:
Der Ort der Lieferung von F an die Stadtwerke Rheinland ist Deutschland (§ 3g Abs. 1 UStG), der Ort der Lieferung der Stadtwerke Rheinland an B ist in Belgien (§ 3g Abs. 1 UStG).

Beispiel 4 (Erwerb von einem Unternehmen in einem anderen EU-Mitgliedsstaat, teilweise Weiterlieferung an ein Unternehmen in einem anderen EU-Mitgliedstaat):
Die Metallhütte Eisen GmbH in Aachen bezieht Strom von einem belgischen Energieversorgungsunternehmen. Einen Teil des Stroms liefert die Eisen GmbH weiter an die Metal B. V. in Maastricht/NL, die den Strom dort verbraucht.

Lösung:
Die Lieferung des belgischen Energieversorgers wird am Verbrauchsort in Aachen ausgeführt, soweit die Eisen GmbH den Strom dort tatsächlich verbraucht. In dem Umfang, in dem der Strom weitergeliefert wird, gilt die erhaltene Lieferung ebenfalls als in Aachen ausgeführt, weil die Eisen GmbH dort ihren Geschäftssitz hat.
Die Weiterlieferung des nicht selbst verbrauchten Stroms an die Metal B. V. in den Niederlanden gilt am Verbrauchsort in den NL als ausgeführt und ist daher in der BRD nicht steuerbar. Die Eisen GmbH hat eine Rechnung ohne Mehrwertsteuer auszustellen und auf die Umkehrung der Steuerschuldnerschaft hinzuweisen. Der Transport des Stroms in die Niederlande ist kein steuerbares i. g. Verbringen (§ 3g Abs. 3 UStG).

Beispiel 5 (Erwerb von einem Unternehmen in einem anderen EU-Mitgliedsstaat, teilweise Weiterlieferung an einen Nichtunternehmer in einem anderen EU-Mitgliedstaat):
Der in Frankreich ansässige Stromlieferant F liefert Strom an das in Aachen ansässige Energieversorgungsunternehmen D, das seinerseits ebenfalls Stromlieferant ist. D verkauft den Strom weiter, u. a. an die Kommune B in Belgien, die nichtunternehmerischer Abnehmer ist.

Lösung:
Der Ort der Lieferung des französischen Stromlieferanten F befindet sich gemäß § 3g UStG in Deutschland. Da es sich bei dem Lieferanten F um einen im Ausland ansässigen Unternehmer handelt, wird der unternehmerische Abnehmer D zum Steuerschuldner nach § 13b Abs. 1 Nr. 5 UStG; bei gleichzeitigem Vorsteuerabzug nach § 15 Abs. 1 Nr. 4 UStG in gleicher Höhe. Der Lieferant F muss in seiner Rechnung einen Hinweis auf die Steuerschuldnerschaft des D anbringen und darf Umsatzsteuer nicht in Rechnung stellen.
Die Lieferung des Wiederverkäufers D an den nichtunternehmerischen Abnehmer in Belgien unterliegt nach § 3g Abs. 2 UStG der belgischen Umsatzsteuer (= Ort des Verbrauchs). Da die Kommune B als Abnehmer kein Unternehmer ist, erfolgt entsprechend auch keine Überwälzung der Umsatzsteuerschuld auf den Abnehmer B nach § 13b Abs. 1 Nr. 5 UStG. Deshalb muss sich der Lieferer D in Belgien für umsatzsteuerliche Zwecke registrieren lassen, eine Umsatzsteuererklärung abgeben und in seiner Rechnung belgische Umsatzsteuer ausweisen.

4 Übergangsvorschriften

Soweit Unternehmer **bis zum 31.12.2004 ausgeführte Lieferungen** von Gas über das Erdgasnetz oder Elektrizität als bewegte Lieferung behandelt haben, gilt aus Vereinfachungsgründen Folgendes (BMF vom 01.08.2005, BStBl I 2005, 849, Tz. 6): 70

71 Wurde Gas über das Erdgasnetz oder Elektrizität aus einem EU-Mitgliedstaat in das Inland geliefert und hat der liefernde Unternehmer diese Lieferung in Übereinstimmung mit der rechtlichen Beurteilung des EU-Mitgliedstaates, in dem der Lieferort liegt, als i. g. Lieferung behandelt und ist insoweit im Inland keinen steuerlichen Verpflichtungen nachgekommen, ist dies nicht zu beanstanden, wenn der Abnehmer den Erwerb dieser Gegenstände als i. g. Erwerb behandelt hat oder nachträglich entsprechend behandelt. Die vom Abnehmer für den i. g. Erwerb angemeldete und entrichtete Steuer kann unter den allgemeinen Voraussetzungen des § 15 Abs. 1 S. 1 Nr. 3 UStG als Vorsteuer abgezogen werden.

72 Diese Vereinfachung kann nicht in Anspruch genommen werden, wenn der Abnehmer nach § 1 a Abs. 1 Nr. 2 oder Abs. 3 UStG keine Erwerbsbesteuerung durchzuführen hatte und auch nicht nach § 1 a Abs. 4 UStG zur Erwerbsbesteuerung optiert hatte.

73 Wurde Gas über das Erdgasnetz oder Elektrizität aus dem Inland in einen anderen EU-Mitgliedstaat geliefert und hat der liefernde Unternehmer diese Lieferung als nach § 4 Nr. 1 Buchst. b, § 6a UStG steuerfreie i. g. Lieferung behandelt oder nachträglich entsprechend behandelt, weil sein Abnehmer in Übereinstimmung mit der rechtlichen Beurteilung des EU-Mitgliedstaates, in dem die gelieferten Gegenstände endgültig verblieben sind, den Erwerb dieser Gegenstände als i. g. Erwerb zu behandeln hatte, ist dies nicht zu beanstanden, wenn die Voraussetzungen für die Steuerbefreiung im Übrigen vorliegen und der leistende Unternehmer den Umsatz entsprechend in seiner Umsatzsteuer-Voranmeldung und in seiner Zusammenfassenden Meldung angemeldet hat.

5 Umsatzsteuerliche Sonderfragen zur Lieferung von Gas und Elektrizität

74 Neben der klassischen Lieferung von Gas über das Erdgasnetz, von Elektrizität, Wärme und Kälte über Wärme- und Kältenetze ist § 3g UStG inzwischen zur Regelungsnorm für **spezielle Anwendungsfälle** geworden. Des Weiteren ergeben haben sich im Zusammenhang mit der Lieferung von Gas und Strom **umsatzsteuerliche Sonderfragen**.

5.1 Kaufmännisch-bilanzielle Einspeisung von Elektrizität

75 Nach dem **Gesetz für den Vorrang Erneuerbarer Energien** (EEG, Gesetz vom 25.10.2008, BGBl I 2008, 2074) bzw. **Gesetz für den Ausbau erneuerbarer Energien** (EEG, Gesetz vom 21.07.2014, BGBl I 2014, 1066), zuletzt geändert durch Gesetz zur Förderung von Mieterstrom und zur Änderung weiterer Vorschriften des Erneuerbare-Energien-Gesetzes vom 17.07.2017, BGBl I 2017, 2532) erhalten Anlagenbetreiber i. S. d. EEG die erhöhte Einspeisevergütung auch für Elektrizität, die tatsächlich in ihrem eigenen Netz oder in dem Netz eines Dritten verbraucht und nicht physisch in das Netz des Netzbetreibers eingespeist wird. Diese »Elektrizität« wird dem Netzbetreiber lediglich kaufmännisch-bilanziell, d. h. als rechnerisch durch Zählerstände ermittelter Posten, angeboten (§ 4 Abs. 5, § 3 Abs. 6 EEG). Unter der Voraussetzung, dass ein Stromlieferungsvertrag abgeschlossen wurde, ist der Netzbetreiber zur Zahlung der Vergütung nach dem EEG auch in diesem Fall verpflichtet.

Umsatzsteuerlich stellt sich hierbei die Frage nach den **Leistungsbeziehungen** und dem **Ort der Lieferung** (BMF vom 15.01.2007, Az: IV A S – S 7124 – 1/07, DB 2007, 257, UR 2007, 234; OFD Rheinland vom 26.04.2007, Az: S 7100 – 1024 – St 432, Ziff. 1). 76

Das EEG fingiert auch in den Fällen, in denen kein physischer Stromfluss in das Netz des Netzbetreibers erfolgt, eine Lieferung der Elektrizität, damit die entsprechende Vergütung gezahlt werden kann bzw. muss. Umsatzsteuerrechtlich erfolgt allerdings lediglich die **Ortsbestimmung für die Lieferung von Elektrizität im Wege einer Fiktion nach § 3 g UStG**, während die Lieferung selbst nicht fingiert wird. 77

Eine Lieferung liegt nach allgemeinen Grundsätzen vor, wenn die Verfügungsmacht an einem Gegenstand verschafft wird. Zu den Gegenständen i. S. d. UStG gehören neben körperlichen Gegenständen und Sachgesamtheiten auch solche Wirtschaftsgüter, die im Wirtschaftsverkehr wie körperliche Sachen behandelt werden. Hierzu zählt auch Elektrizität (BFH vom 21.12.1988, Az: V R 24/87, BStBl II 1989, 430; vom 05.12.1997, Az: V B 17/97, BFH/NV 1998, 888; Abschn. 3.1 Abs. 1 S. 2 UStAE). 78

Die Verschaffung der Verfügungsmacht beinhaltet den von den Beteiligten endgültig gewollten Übergang von wirtschaftlicher Substanz, Wert und Ertrag eines Gegenstands vom Leistenden auf den Leistungsempfänger. Der Abnehmer muss faktisch in der Lage sein, mit dem Gegenstand nach Belieben zu verfahren, insbesondere ihn wie ein Eigentümer zu nutzen und veräußern zu können. 79

Der zur Verschaffung der Verfügungsmacht i. d. R. verbundene bürgerlich-rechtliche Eigentumsübergang ist vorliegend durch die vertraglichen Vereinbarungen zwischen Netzbetreiber und Anlagenbetreiber bzw. Drittem sichergestellt. Denn der Anlagenbetreiber kann die von ihm erzeugte Elektrizität nicht selbst an den Dritten veräußern, wenn er von der Regelung der kaufmännisch-bilanziellen Einspeisung Gebrauch machen will: Ein ggf. mit diesem abgeschlossener Stromlieferungsvertrag ist zu beenden, bevor der Anlagenbetreiber seine Elektrizität nach § 4 Abs. 5 EEG dem Netzbetreiber anbieten kann. In jedem Fall muss ein Stromlieferungsvertrag zwischen dem Netzbetreiber und demjenigen, der die vom Anlagenbetreiber erzeugte Elektrizität verbraucht (Anlagenbetreiber selbst oder Dritten) abgeschlossen werden. 80

Auch das wirtschaftliche Eigentum an der erzeugten Elektrizität geht auf den Netzbetreiber über. Dieser kann über die kaufmännisch-bilanziell eingespeiste Elektrizität zum einen durch Weiterveräußerung im Rahmen des EEG-Belastungsausgleichs verfügen. Zum anderen verfügt er über die Elektrizität (entsprechend den o.g. Stromlieferungsverträgen) durch den Verkauf an denjenigen, der diese tatsächlich verbraucht (Anlagenbetreiber selbst oder Dritter). 81

Aus alledem wird deutlich, dass die Regelung des § 4 Abs. 5 EEG lediglich dazu dient, die Kosten einer separaten Anschlussleitung für den EEG-Anlagenbetreiber zu vermeiden. Auch die nach § 4 Abs. 5 EEG eingespeiste Elektrizität wird daher umsatzsteuerrechtlich vom Anlagenbetreiber an den Netzbetreiber geliefert. Die Einspeisevergütung ist Entgelt für die kaufmännisch-bilanziell eingespeiste Elektrizität. 82

5.2 Stromspotgeschäfte mit negativem Kaufpreis

Die OFD Rheinland hat mit Verf. vom 26.04.2007, Az: S 7100 – 1024 – St 432, Ziff. 2 zur Frage des Leistungsortes von Stromspotgeschäften mit negativem Kaufpreis Stellung genommen. Hierbei handelt es sich um eine bundeseinheitlich abgestimmte Rechtsauffassung, die i.R. v. Außenprüfungen bei Unternehmen der Elektrizitätswirtschaft einheitlich zu vertreten ist. Bei der Durchführung von Stromspotgeschäften mit negativem Kaufpreis gibt ein Energieversorger überschüssige, das bedeutet nicht mehr (zu einem positiven, ggf. mit erheblichem Abschlag gegenüber dem 83

Marktpreis versehenen Preis) veräußerbare Mengen an Elektrizität an einen Dritten in Verbindung mit einer Zuzahlung ab, um sich eigene – höhere – Aufwendungen zu ersparen (beispielsweise für das Zurückfahren der eigenen Produktionsanlagen).

84 In diesen Fällen ist insgesamt eine **sonstige Leistung »Abnahme von Strom«** durch den Abnehmer des überschüssigen Stroms anzunehmen (Abschn. 1.7 S. 3 UStAE), da der wirtschaftliche Gehalt des Geschäfts nicht in der Verschaffung der Verfügungsmacht am abgegebenen Strom liegt, sondern diese vielmehr vollständig durch die »Abnahmeleistung« überlagert wird.

85 Der Leistungsort für diese Leistung bestimmt sich nach § 3 a Abs. 1 UStG. Die Anwendung von § 3 a Abs. 3 und 4 Nr. 14 UStG kommt nicht in Betracht, weil die Leistung »Abnahme von Überkapazitäten an Strom« keine Leistung ist, die in unmittelbarem Zusammenhang mit dem Zugang zu Elektrizitätsnetzen, der Fernleitung oder der Übertragung von Strom über diese Netze steht.

5.3 Marktprämie nach § 33 g EEG bzw. Flexibilitätsprämie nach § 33 i EEG

86 Hinsichtlich der umsatzsteuerrechtlichen Behandlung der Marktprämie nach § 33g EEG bzw. einer Flexibilitätsprämie nach § 33i EEG, die mit Wirkung vom 01.01.2012 eingeführt worden sind, gilt gem. BMF-Schreiben vom 06.11.2012 (BStBl I 2012, 1095) Folgendes:

- Wird dem Anlagenbetreiber durch den Netzbetreiber unter den Voraussetzungen des § 33 g EEG eine Marktprämie bzw. unter den Voraussetzungen des § 33 i EEG eine Flexibilitätsprämie gezahlt, handelt es sich jeweils um einen echten, nicht steuerbaren Zuschuss.
- Sofern für vor dem 01.01.2013 erfolgte Stromlieferungen die Markt- bzw. Flexibilitätsprämie als Entgeltbestandteil unter Ausweis von Umsatzsteuer abgerechnet worden ist, wird es auch für Zwecke des Vorsteuerabzugs nicht beanstandet, wenn eine Berichtigung der Rechnung unterbleibt.

5.4 Abgrenzungsfragen zu Liefersachverhalten von Elektrizität

87 Zur Frage der Lieferung von Elektrizität hat das BMF (Schreiben vom 19.09.2013, BStBl I 2013, 1212) folgende Abgrenzungen getroffen:

Lieferungen von Elektrizität sind auch:

1. Die Lieferung von Elektrizität aus dezentralen Stromgewinnungsanlagen durch Verteilernetzbetreiber und Übertragungsnetzbetreiber zum Zweck der Vermarktung an der Strombörse EEX.
2. Die Energiebeschaffung zur Deckung von Netzverlusten. Hierbei handelt es sich um physische Beschaffungsgeschäfte durch Netzbetreiber zur Deckung des Bedarfes an Netzverlustenergie.
3. Der horizontale Belastungsausgleich der Übertragungsnetzbetreiber (nur Anteil physischer Ausgleich). Hierbei handelt es sich um den physikalischen Ausgleich der Elektrizitätsmengen zwischen den einzelnen Regelzonen im Übertragungsnetz untereinander.
4. Die Regelenergielieferung (positiver Preis), das ist der Energiefluss zum Ausgleich des Bedarfs an Regelenergie und damit eine physische Elektrizitätslieferung.

Keine Lieferungen von Elektrizität sind:

1. Der Bilanzkreis- und Regelzonenausgleich sowie die Bilanzkreisabrechnung. Dabei handelt es sich um die Verteilung der Kosten des Regelenergieeinsatzes beim Übertragungsnetzbetreiber auf alle Bilanzkreisverantwortlichen (z.B. Händler, Lieferanten) im Rahmen der Bilanzkreisabrechnung. Leistungserbringer dieser sonstigen Leistung ist stets der Übertragungsnetzbetreiber, wobei sich im Rahmen der Verteilung auf die einzelnen Bilanzkreise infolge der energetischen Über- und Unterdeckungen der Bilanzkreise positive bzw. negative (finanzielle) Abrechnungsergebnisse ergeben (vgl. auch Abschn. 1.7 Abs. 1 S. 1 UStAE).
2. Die Netznutzung in Form der Bereitstellung und Vorhaltung des Netzes bzw. des Netzzugangs durch den Netzbetreiber (Verteilernetzbetreiber bzw. Übertragungsnetzbetreiber) gegenüber seinen Netzkunden.
3. Die Regelleistung (primär, sekundär, Minutenreserve – Anteil Leistungsvorhaltung). Hierbei handelt es sich um eine sonstige Leistung, die in der Bereitschaft zur Bereitstellung von Regelleistungskapazität zur Aufrechterhaltung der Systemstabilität des elektrischen Systems (Stromnetz) besteht.
4. Die Regelenergielieferung (negativer Preis), bei der ein Energieversorger seine am Markt nicht mehr zu einem positiven Kaufpreis veräußerbare überschüssige Elektrizität in Verbindung mit einer Zuzahlung abgibt, um sich eigene Aufwendungen für das Zurückfahren der eigenen Produktionsanlagen zu ersparen. Hier liegt keine Lieferung von Elektrizität vor, sondern eine sonstige Leistung des Abnehmers (vgl. auch Abschn. 1.7 Abs. 1 S. 3 UStAE).

§ 4 UStG
Steuerbefreiungen bei Lieferungen und sonstigen Leistungen – Einführung

Von den unter § 1 Abs. 1 Nr. 1 bis 3 fallenden Umsätzen sind steuerfrei:
...

Literatur

Weimann, Umsatzsteuer in der Praxis, 16. Aufl. 2018, Kap. 16. **Weimann**, Steuerbefreiung der Leistungen selbständiger Personenzusammenschlüsse, astw.iww.de, Abruf-Nr. 194833.

1 Steuerbefreiungen bei Lieferungen und sonstigen Leistungen

1 Steuerbare Umsätze – also Umsätze, die grundsätzlich dem deutschen UStG unterliegen – führen faktisch nur dann zur Umsatzbesteuerung, wenn für sie keine Steuerbefreiung greift, wenn sie also auch umsatzsteuerpflichtig sind.

2 Die Steuerbefreiungen teilen sich auf in solche, die

- den Vorsteuerabzug nicht ausschließen **(echte Steuerbefreiungen)**,
- den Vorsteuerabzug ausschließen **(unechte Steuerbefreiungen)**.

TIPP
Ein Umsatz, der zwar steuerfrei ist, kann kalkulatorisch USt enthalten, wenn dem betreffenden Unternehmer kraft Gesetzes der Vorsteuerabzug auf Eingangsumsätze verwehrt wird. Die Steuerbefreiung tritt in diesen Fällen materiell nur für die Wertschöpfung des befreiten Unternehmers ein (Heidner in Bunjes, § 4 Rz. 9).

Beispiel:
Derart »unecht steuerfrei« sind z. B. die Umsätze der Humanmediziner (§ 4 Nr. 14 UStG). Der Arzt muss neben der steuerfreien eigentlichen Arztleistung auch die auf die Behandlung entfallenden Vorbezüge und anteilige Gemeinkosten (Einrichtung des Wartezimmers, Bürokosten etc.) berücksichtigen, die teilweise umsatzsteuerbelastet bezogen wurden.

1.1 Unechte Steuerbefreiungen

Die wichtigsten unechten Steuerbefreiungen betreffen: 3

- Finanzumsätze (§ 4 Nr. 8 UStG),
- Verkauf von Grundstücken (§ 4 Nr. 9 Buchst. a UStG),
- Versicherungsumsätze (§ 4 Nr. 10 UStG),
- Umsätze von Versicherungs- und Bausparkassenvertretern (§ 4 Nr. 11 UStG),
- Vermietung und Verpachtung von Grundstücken (§ 4 Nr. 12 UStG),
- Leistungen von Wohnungseigentümergemeinschaften (§ 4 Nr. 13 UStG),
- Umsätze der Humanmedizin (§ 4 Nr. 14 UStG),
- Umsätze der gesetzlichen Träger der Sozialversicherung, Träger der Sozialhilfe, sonstigen Stellen und Träger der Kriegsopferversorgung und -fürsorge (§ 4 Nr. 15 UStG),
- Umsätze, die mit dem Betrieb der Krankenhäuser, Altenheime, Altenwohnheime und Pflegeheimen eng verbunden sind (§ 4 Nr. 16 UStG),
- Lieferungen von menschlichen Organen, menschlichem Blut und Frauenmilch (§ 4 Nr. 17 Buchst. a UStG),
- Krankentransporte unter bestimmten Voraussetzungen (§ 4 Nr. 17 Buchst. b UStG),
- Blindenumsätze (§ 4 Nr. 19 UStG),
- Schul- und Bildungsumsätze (§ 4 Nr. 21 und 22 UStG),
- Beherbergung, Beköstigung an Personen bis zum 27. Lebensjahr für Erziehungs-, Ausbildungs- oder Fortbildungszwecke (§ 4 Nr. 23 UStG),
- bestimmte Leistungen der Träger der öffentlichen Jugendhilfe (§ 4 Nr. 25 UStG),
- ehrenamtliche Tätigkeiten für juristische Personen des öffentlichen Rechts (§ 4 Nr. 26 UStG).

Aus § 15 Abs. 2 Nr. 1 UStG und der Negativabgrenzung in § 15 Abs. 3 UStG ergibt sich, dass für die genannten Umsätze der **Vorsteuerabzug ausgeschlossen** ist. 4

1.2 Echte Steuerbefreiungen

Die wichtigsten echten Steuerbefreiungen betreffen: 5

- Ausfuhrlieferungen (grenzüberschreitende Lieferungen in ein Land außerhalb der EG, §§ 4 Nr. 1 Buchst. a, 6 UStG),
- innergemeinschaftliche Lieferungen (grenzüberschreitende Lieferungen in ein anderes Land der EG, §§ 4 Nr. 1 Buchst. b, 6a UStG),

- Transportleistungen in und aus Ländern außerhalb der EG (§ 4 Nr. 3 UStG),
- Leistungen, die der Steuerlagerregelung unterliegen (Einlagerungen, Lagerlieferungen, Folgeumsätze, § 4 Nr. 4a USt),
- Lieferungen vor Einfuhr (§ 4 Nr. 4b USt),
- Vermittlung von Ausfuhren und bestimmten damit zusammenhängenden sonstigen Leistungen (§ 4 Nr. 5 UStG),
- Lieferungen für die Seeschifffahrt und Luftfahrt (§ 4 Nr. 2, § 8 UStG),
- Leistungen an NATO-Streitkräfte, an die im Gebiet eines anderen EG-Staats ansässigen diplomatischen Missionen und an die im Gebiet eines anderen EG-Staats ansässigen zwischenstaatlichen Einrichtungen (z. B. Behörden der EG, § 4 Nr. 7 UStG),
- bestimmte Finanzumsätze (§ 4 Nr. 8 UStG).

6 Aus § 15 Abs. 2 Nr. 1, Abs. 3 UStG und der Negativabgrenzung in § 15 Abs. 3 UStG ergibt sich, dass für die genannten Umsätze der **Vorsteuerabzug zulässig** ist.

2 Verzicht auf unechte Steuerbefreiungen (Option zur Steuerpflicht)

2.1 Allgemeines

7 Trotz der Vorteile einer unechten Steuerbefreiung (Verzicht auf die Abgabe von USt-Voranmeldungen und Steuererklärungen) wirkt sich diese nachteilig aus, wenn bei Steuerpflicht hohe Eingangsumsätze zu einem Vorsteuerüberhang und damit zu einem Erstattungsanspruch führen würden. Für einige unechte Steuerbefreiungen sieht § 9 UStG daher die Möglichkeit eines Verzichts auf vor:

- Finanzumsätze (§ 4 Nr. 8 Buchst. a bis g UStG),
- grunderwerbsteuerpflichtige Umsätze (z. B. Verkauf von Grundstücken, § 4 Nr. 9 Buchst. a UStG),
- Vermietung und Verpachtung von Grundstücken (§ 4 Nr. 12 UStG),
- Leistungen der Wohnungseigentümergemeinschaften (§ 4 Nr. 13 UStG),
- Blindenumsätze (§ 4 Nr. 19 UStG).

8 Der Verzicht auf die Steuerbefreiung wird als **Option** bezeichnet. Er zieht die Steuerpflicht des Umsatzes nach sich, und zwar mit dem Regelsteuersatz von derzeit 19 %.

2.2 Steuerbelastungsvergleich vor der Option

9 Die sinnvolle Ausübung des Optionsrechts erfordert vorab einen Steuerbelastungsvergleich. Nutzt z. B. der Eigentümer einer Ferienwohnung diese ausschließlich selbst oder überlässt er sie Dritten zur ausschließlich unentgeltlichen Nutzung, gilt dies umsatzsteuerlich als Letztverbrauch mit der Folge, dass nach derzeitiger deutscher Verwaltungsauffassung (vgl. Rn. 13 f.) keine USt anfällt und

gleichzeitig auch keine Berechtigung zum Vorsteuerabzug auf Eingangsleistungen besteht. Anders bei entgeltlicher Überlassung der Ferienwohnung; diese wird in der Regel zur Steuerpflicht der Ausgangsumsätze und damit zur Vorsteuerabzugsberechtigung auf die Eingangsumsätze führen (vgl. im Einzelnen Abschn. 4.12.1–4.12.11 und Abschn. 9.1–9.2 UStAE). Soweit die Nutzungsüberlassung steuerpflichtig erfolgt oder erfolgen könnte, stellt sich bei dem ihr vorangehenden Erwerb der Wohnung immer die Frage, ob der Veräußerer im Interesse des Erwerbers gem. § 9 UStG zur Steuerpflicht optieren sollte.

Beispiel (vergleichende Kalkulation):
Bauträger BT errichtet zum 01.05.2017 am Timmendorfer Strand eine Ferienwohnanlage. Eine der Wohneinheiten veräußert BT an Reiseveranstalter RV. Dieser beabsichtigt, die Wohnung i. S. v. § 4 Nr. 12 S. 2 UStG kurzfristig (= Mietdauer unter sechs Monaten; vgl. Abschn. 4.12.3 Abs. 2 UStAE sowie EuGH vom 12.02.1998, Rs. C-346/95, Blasi, UR 1998, 189) an Reisende zu überlassen. Im Interesse des RV ist zu prüfen, ob wirtschaftlich ein steuerfreier oder ein steuerpflichtiger Erwerb sinnvoller ist.

Lösung:
BT hätte den Verkaufspreis (VKP) wie folgt zu kalkulieren:

	VKP mit Option	**VKP ohne Option**
Gestehungspreis des BT netto	240.000 €	240.000 €
+ nicht abziehbare Vorsteuer (19 % des Gestehungspreises)		45.600 €
+ Rohgewinnaufschlag	40.000 €	40.000 €
Nettoverkaufspreis	280.000 €	325.600 €
+ USt (19 %)	53.200 €	entfällt
VKP	**333.200** EUR	**325.600** EUR

Aufgrund des möglichen Vorsteuerabzugs wäre für RV bei unverändertem Rohgewinnaufschlag des BT ein steuerpflichtiger Erwerb sinnvoll.

Das Beispiel zeigt, dass 10

- wenn der **Veräußerer** bei der Kalkulation seinerseits i. S. v. § 15 Abs. 1 UStG **abzugsfähige** Vorsteuerbeträge zu berücksichtigen hat und gleichzeitig
- dem Erwerber in Rechnung gestellte USt bei diesem als Vorsteuer nach § 15 Abs. 2 ff. UStG **abziehbar** wäre,

der Veräußerer im Interesse des Erwerbers bei dem der Nutzungsüberlassung vorangehenden Erwerb gem. § 9 UStG zur Steuerpflicht optieren sollte (vgl. Paus/Eichmann, StWK Gruppe 11 S. 193 = Heft 11/2002).

3 Umsatzsteuerbefreiung kann steuererhöhend wirken

Eine USt-Befreiung wirkt sich unter Umständen steuererhöhend aus, wenn ein steuerfreier Umsatz 11
an einen steuerpflichtig tätigen Unternehmer ausgeführt wird. In diesem Fall wird der Umsatz, den der Empfänger mit dem (steuerpflichtigen) Ausgangsumsatz erzielt, in vollem Umfang von der USt

erfasst, während beim (unecht steuerfreien) Eingangsumsatz bereits die nicht abzugsfähige Vorsteuer Kostenbestandteil geworden ist (Heidner in Bunjes, § 4 Rz. 10).

Beispiel:
Der blinde Unternehmer B kauft im Mai 2017 einen Pkw für 10.000 € zzgl. 1.900 € USt. Er verkauft den Wagen bereits im Juni 2017 steuerfrei für 12.000 € weiter an den Händler H, der ihn für 14.000 € zzgl. 2660 € USt dem Endverbraucher E verkauft.

Lösung:
Um die bei B nicht abzugsfähige Vorsteuer i. H. v. 1.900 € ist die Gesamtbelastung des Pkw auf dem Weg zu E höher, als wenn der Wagen über eine Kette steuerpflichtiger Unternehmer geliefert worden wäre (Heidner, a. a. O.).

4 Enge Auslegung der Befreiungstatbestände

12 Nach ständiger Rechtsprechung des EuGH sind die in Art. 131 ff. MwStSystRL vorgesehenen Steuerbefreiungen autonome gemeinschaftsrechtliche Begriffe, die eine von Mitgliedstaat zu Mitgliedstaat unterschiedliche Anwendung des Mehrwertsteuersystems vermeiden sollen und bei denen der Gesamtzusammenhang des gemeinsamen Mehrwertsteuersystems zu beachten ist (EuGH vom 08.03.2001, Rs. C-240/99, Försäkringsaktiebolag Skandia, UR 2001, 157, Rz. 23, mit zahlreichen Querverweisen auf die eigene Rechtsprechung; vgl. Rn. 5 f.). Letzterer gebietet eine enge Auslegung, da die Steuerbefreiungen Ausnahmen vom allgemeinen Grundsatz darstellen, dass jede Dienstleistung, die ein Steuerpflichtiger gegen Entgelt erbringt, der USt unterliegt (EuGH vom 08.03.2001, Rs. C-240/99, Försäkringsaktiebolag Skandia, UR 2001, 157, Rz. 32, mit zahlreichen Querverweis auf die eigene Rechtsprechung). Diese Gedanken sind letztlich auch die Grundlage der »Seeling-Rechtsprechung« des EuGH (vgl. Rn. 13 f.).

5 Steuerbefreiung der Leistungen selbständiger Personenzusammenschlüsse

13 Im Unionsrecht unterliegen Dienstleistungen, die Steuerpflichtige (Gesellschaften oder natürliche Personen) erbringen, normalerweise der Mehrwertsteuer. Die Mehrwertsteuer-Systemrichtlinie – MwStSystRL – sieht jedoch unter bestimmten Umständen eine Steuerbefreiung für Dienstleistungen vor, die von »selbständigen Zusammenschlüssen von Personen« erbracht werden. Hierzu führt Art. 132 Abs. 1 Buchst. f MwStSystRL aus: »Die Mitgliedstaaten befreien folgende Umsätze von der Steuer: ... Dienstleistungen, die selbstständige Zusammenschlüsse von Personen, die eine Tätigkeit ausüben, die von der Steuer befreit ist oder für die sie nicht Steuerpflichtige sind, an ihre Mitglieder für unmittelbare Zwecke der Ausübung dieser Tätigkeit erbringen, soweit diese Zusammenschlüsse von ihren Mitgliedern lediglich die genaue Erstattung des jeweiligen Anteils an den

gemeinsamen Kosten fordern, vorausgesetzt, dass diese Befreiung nicht zu einer Wettbewerbsverzerrung führt.«

Dazu lag dem EuGH folgender Sachverhalt vor: 14

Nach der luxemburgischen Regelung sind die von einem Zusammenschluss an seine Mitglieder erbrachten Dienstleistungen von der Mehrwertsteuer nicht

- nur dann befreit, wenn diese Dienstleistungen für unmittelbare Zwecke der Ausübung der von der Steuer befreiten Tätigkeiten ihrer Mitglieder erbracht werden
- sondern auch dann, wenn der Anteil der steuerbaren Tätigkeiten der Mitglieder (Tätigkeiten, die der Mehrwertsteuer unterliegen) 30 % (oder sogar 45 %) ihres Jahresumsatzes vor Steuern nicht übersteigt.

Ferner erlaubt dieselbe Regelung den Mitgliedern des Zusammenschlusses, die dem Zusammenschluss in Rechnung gestellte Mehrwertsteuer für Gegenstände oder Dienstleistungen, die nicht an die Mitglieder, sondern an den Zusammenschluss selbst geliefert bzw. erbracht wurden, abzuziehen. Schließlich sieht die luxemburgische Regelung vor, dass von einem Mitglied im eigenen Namen aber für Rechnung des Zusammenschlusses getätigte Umsätze nicht der Mehrwertsteuer für den Zusammenschluss unterliegen. Die Kommission hält die luxemburgische Regelung für mit den Regeln der MwStystRL über selbständige Zusammenschlüsse von Personen unvereinbar und hat den Gerichtshof angerufen, um feststellen zu lassen, dass Luxemburg gegen diese Regeln verstoßen hat.

Der EuGH gibt der Vertragsverletzungsklage der Kommission im Wesentlichen statt und erklärt die luxemburgische Regelung über selbständige Zusammenschlüsse von Personen für **mit der MwStSystRL unvereinbar** (EuGH vom 04.05.2017, Rs. C-274/15; hierzu ausführlich Weimann, astw.iww.de, Abruf-Nr. 194 833). 15

TIPP

Die nämliche Steuerbefreiung wurde **nur sporadisch in das deutsche Umsatzsteuerrecht transferiert (vgl. z. B. § 4 Nr. 14 Buchst. d UStG; erfasst sind damit u. a. ärztliche Praxis- und Apparategemeinschaften)**. Der Unternehmer/steuerliche Berater sollte Art. 132 Abs. 1 Buchst. b MwStSystRL ab sofort »auf dem Schirm haben« und sich in allen in Betracht kommenden Fällen **unmittelbar darauf berufen.**

6 Steuerbefreiung entgeltlicher Umsätze

Ein wichtiges EuGH-Urteil (vom 08.05.2003, Rs. C-269/00, Wolfgang Seeling, UR 2003, 288 = UStB 2003, 191 = UVR 2003, 232) beschäftigt sich mit der Privatwohnung des Unternehmers in einem Unternehmensgebäude. Nach zwischenzeitlich aufgegebener Verwaltungsauffassung führte die private Verwendung eines im Übrigen unternehmerisch genutzten Gebäudes in analoger Anwendung des § 4 Nr. 12a UStG zur steuerfreien unentgeltlichen Wertabgabe (so noch Abschn. 24c Abs. 7 UStR 2000). Dagegen hat der **EuGH entschieden, dass die teilweise private Nutzung eine steuerpflichtige Wertabgabe darstelle**. Die analoge Anwendung von § 4 Nr. 12a UStG widerspreche Art. 26 Abs. 1 Buchst. a, Art. 135 MwStSystRL, der Autonomie der gemeinschaftsrechtlichen Begriffe und der engen Auslegung der Steuerbefreiungstatbestände. Der Vorsteuerabzug aus den Kosten des Gebäudes (Anschaffung, Herstellung, laufende Unterhaltung) sei daher möglich (vgl. Abschn. 24c Abs. 7 UStR 2008, unverändert fortgeführt durch Abschn. 3.4 Abs. 7 UStAE). 13

14 Das Urteil des EuGH »enthält die Abrissverfügung für ein Monument aus der Gründerzeit der deutschen USt« (Wagner, Urteilsanmerkung, INF 2003, 851; ders., UVR 2003, 232, 236). Die Gleichstellung der privaten (unentgeltlichen) Nutzung eines Unternehmensgebäudes mit der steuerfreien (entgeltlichen) Grundstücksvermietung im deutschen Umsatzsteuerrecht beruht auf der schon von Popitz (Kommentar zum Umsatzsteuergesetz, 3. Auflage 1928, 380) entwickelten sog. Fiktionstheorie. Die Nutzung von Räumen in Unternehmensgebäuden zu eigenen Wohnzwecken wurde bisher als stets nach § 4 Nr. 12 UStG steuerfreier Eigenverbrauch (»Vermietung an sich selbst«) beurteilt; die Möglichkeit einer Option nach § 9 UStG war nicht gegeben. Zur Neuregelung ab dem 01.01.2011 (Wegfall der »Seeling-Gestaltungen«) vgl. die Kommentierung zu § 15.

TIPP
Diese bis dahin ständige deutsche Praxis war nach der Vorabentscheidung nicht richtlinienkonform und musste aufgegeben werden (vgl. Abschn. 24c Abs. 7 UStR 2008). Die Steuerbefreiung entgeltlicher Umsätze führt damit nicht zwangsläufig auch zur Steuerbefreiung entsprechender unentgeltlicher Umsätze!

7 Bedeutung des Rechnungshinweises auf die Umsatzsteuerbefreiung

15 Der BFH hat die Steuerfreiheit für innergemeinschaftliche Lieferungen in einem Fall versagt, in dem der Unternehmer in seiner Rechnung den Hinweis auf die hierfür geltende Steuerbefreiung unterlassen hat (BFH vom 12.05.2011, Az: V R 46/10, BStBl II 2011, 955). Ohne eine korrekte Rechnung i. S. v. § 14 Abs. 4 Nr. 8 UStG sei der Belegnachweis für die Steuerfreiheit gem. § 6a Abs. 3 UStG i. V. m. § 17 UStDV nicht erbracht. Insofern bestehe die gleiche Situation wie bei einer unkorrekten Rechnung bei der Differenzbesteuerung gem. § 25a UStG (BFH vom 30.03.2006, Az: V R 47/03, BStBl II 2006, 634).

8 Aufzeichnungspflichten (§ 22 Abs. 2 Nr. 1, Nr. 2 UStG)

16 Aus den Aufzeichnungen des Unternehmers muss ersichtlich sein, wie sich die vereinbarten Entgelte (§ 22 Abs. 2 Nr. 1 UStG) bzw. die vereinnahmten Entgelte oder Teilentgelte (§ 22 Abs. 2 Nr. 2 UStG) auf die steuerfreien und steuerpflichtigen Umsätze verteilen.

§ 4 Nr. 1 UStG
Steuerbefreiungen: Ausfuhrlieferungen, Lohnveredelungen, innergemeinschaftliche Lieferungen

Von den unter § 1 Abs. 1 Nr. 1 fallenden Umsätzen sind steuerfrei:

1. a) die Ausfuhrlieferungen (§ 6) und die Lohnveredelungen an Gegenständen der Ausfuhr (§ 7),

b) die innergemeinschaftlichen Lieferungen (§ 6a);

...

Richtlinien/Hinweise/Verordnungen

Vgl. Literatur § 6 vor Rn. 1, vgl. Literatur § 6a vor Rn. 1 und vgl. Literatur § 7 vor Rn. 1.

1 Allgemeines

1.1 Überblick über die Vorschrift

Nach § 4 Nr. 1 Buchst. a UStG sind Ausfuhrlieferungen (§ 6 UStG) und Lohnveredelungen an Gegenständen der Ausfuhr (§ 7 UStG), nach § 4 Nr. 1 Buchst. b UStG i. g. Lieferungen (§ 6a UStG) von der USt befreit. § 4 Nr. 1 UStG regelt dabei nur die Steuerbefreiung als solche, die Tatbestandsmerkmale der Ausfuhrlieferung, Lohnveredelung und der i. g. Lieferung sind in den jeweiligen Verweisungsvorschriften festgelegt. Grundvoraussetzung für die Steuerbefreiung ist daneben das Vorliegen eines nach § 1 Abs. 1 Nr. 1 UStG steuerbaren Umsatzes. 1

2 Durch § 4 Nr. 1 UStG i. V. m. § 15 Abs. 1, Abs. 2 Nr. 1 und Abs. 3 Nr. 1 Buchst. a UStG werden die »Export«-Umsätze von der USt entlastet; die Lieferung oder sonstige Leistung ist steuerfrei, der Vorsteuerabzug bleibt dennoch erhalten (sog. **echte Steuerbefreiung**, vgl. § 4 Rn. 5 und 6). Diese Verfahrensweise entspricht dem so genannten **Bestimmungslandprinzip**, nach dem die Waren mit den Steuern des Landes belastet in den Endverbrauch gelangen sollen, in dem der Endverbrauch stattfindet. Diesem Grundsatz entsprechen für den umgekehrten Fall des Imports die Vorschriften über die Einfuhr von Gegenständen aus dem Drittlandsgebiet als steuerbarer Umsatz (§ 1 Abs. 1 Nr. 4 UStG) und des i. g. Erwerbs (§§ 1 Abs. 1 Nr. 5, 1a–c UStG).

1.2 Rechtsentwicklung

3 Ausfuhrlieferungen und Lohnveredelungen an Gegenständen der Ausfuhr sind seit langem im deutschen Umsatzsteuerrecht von der Steuer befreit. Die zunächst getrennt in § 4 Nr. 1 und 2 UStG 1967/73 enthaltenen Steuerbefreiungen wurden durch das UStG 1980 in § 4 Nr. 1 UStG zusammengefasst.

4 Die heutige Fassung unter Differenzierung zwischen Ausfuhrlieferung und i. g. Lieferung wurde durch Art. 1 des UStBG (Umsatzsteuer-Binnenmarktgesetz, Gesetz vom 25.08.1992, BGBl I 1992, 1548 [BStBl I 1992, 552]) m. W. z. 01.01.1993 zur Anpassung an die Bestimmungen der 6. EG-RL eingefügt.

5 Die durch Art. 20 StMBG (Missbrauchsbekämpfungs- und Steuerbereinigungsgesetz, Gesetz vom 21.12.1993, BGBl I 1993, 2310 [BStBl I 1994, 50]) zunächst zeitlich bis zum 31.12.1994 befristet (Befristung aufgehoben durch Art. 1 des UStÄndG, Gesetz zur Änderung des Umsatzsteuergesetzes und anderer Gesetze, Gesetz vom 09.08.1994, BGBl I 1994, 2058 [BStBl I 1994, 655]) eingefügte Steuerbefreiung des § 4 Nr. 1 Buchst. c UStG für bestimmte Werkleistungen an beweglichen körperlichen Gegenständen und inländischen Beförderungsleistungen wurde m. W. z. 01.01.1996 durch das JStG 1996 (Jahressteuergesetz 1996, Gesetz vom 11.10.1995, BGBl I 1995, 1250 [BStBl I 1995, 438]) aufgehoben.

1.3 Gemeinschaftsrechtliche Grundlagen und Verhältnis zu anderen Vorschriften

6 Die Steuerbefreiung des § 4 Nr. 1 Buchst. a UStG fußt auf Art. 146, 147 MwStSystRL (Art. 15 Nr. 1, 2 und 3 der 6. EG-RL). Bei Ausfuhren im nichtkommerziellen Reiseverkehr (vgl. § 6 Abs. 3a UStG) hat der deutsche Gesetzgeber von dem in Art. 147 MwStSystRL (Art. 15 Nr. 2 Unterabs. 2 der 6. EG-RL) enthaltenen Wahlrecht Gebrauch gemacht und diese unabhängig vom Gegenwert der Lieferung (Grenze: 175 €) von der USt befreit.

7 Die Steuerbefreiung des § 4 Nr. 1 Buchst. b UStG fußt auf Art. 138 ff. MwStSystRL (Art. 28c Teil A »Befreiung der Lieferungen von Gegenständen« der 6. EG-RL).

8 Nach früherer Verwaltungsmeinung gingen die Vorschriften über Ausfuhrlieferungen (§§ 4 Nr. 1 Buchst. a, 6 UStG) und i. g. Lieferungen (§§ 4 Nr. 1 Buchst. b, 6a UStG) der Anwendung des § 25c UStG vor (vgl. Abschn. 276c Abs. 1 S. 5 UStR 2008). Zwischenzeitlich hat sich diese Auffassung umgekehrt (vgl. Abschn. 25c.1 Abs. 7 S. 2 UStAE).

9 Bestimmte Lieferungen an andere Vertragsparteien der NATO sind nach § 4 Nr. 7 UStG steuerbefreit (vgl. die Kommentierung zu § 4 Nr. 7). Besondere Steuerbefreiungen außerhalb des UStG sind in Art. III Nr. 1 des sog. Offshore-Abkommens (vgl. § 26 Abs. 5 Nr. 1 UStG), in Art. 67 Abs. 3 des NATO-ZAbk (vgl. § 26 Abs. 5 Nr. 2 UStG) sowie in Art. 14 Abs. 2 des Abkommens über die

Einrichtung und den Betrieb internationaler militärischer Hauptquartiere in der Bundesrepublik Deutschland (vgl. § 26 Abs. 5 Nr. 3 UStG) enthalten. Wegen weiterer Einzelheiten vgl. die Kommentierung zu § 26.

2 Kommentierung

2.1 Ausfuhrlieferungen (§ 6 UStG)

Unter die Steuerbefreiung fallen sowohl **Lieferungen** als auch **Werklieferungen** (vgl. § 3 Abs. 4 UStG und Abschn. 6.4 Abs. 1 S. 3, 4 UStAE). Die Ausfuhrlieferung umfasst auch **unselbständige Nebenleistungen** (vgl. Abschn. 3.10 UStAE). Als **typische Nebenleistungen** in Zusammenhang mit einer Ausfuhrlieferung kommen z. B. in Betracht: Verpackung des Liefergegenstandes, Versicherung des Liefergegenstandes, Transportkosten. 10

Auch die so genannte **verbotswidrige Ausfuhr** fällt unter die Vorschrift (EuGH vom 02.08.1993, Rs. C-111/92, Lange Wilfried/Deutschland, UR 1994, 47; wegen der damit zusammenhängenden Probleme hinsichtlich des Ausfuhrnachweises bei unrichtigen Angaben vgl. § 6 Rn. 89 ff.). Hiervon ausgenommen ist die Lieferung von Betäubungsmitteln, da diese in allen Mitgliedstaaten einem vollständigen Verkehrsverbot unterliegen und insofern der diesbezügliche Umsatz als nicht steuerbar einzustufen ist, ohne dass dies die steuerliche Neutralität der Mehrwertsteuer beeinträchtigt. Eine von der Umsatzsteuer zu befreiende Ausfuhr kann daher nicht vorliegen (vgl. EuGH vom 05.07.1988, Rs. C-269/86, Happy Family, UR 1989, 312, bestätigt durch EuGH vom 29.06.1999, Rs. C-158/98, Coffeeshop Siberie vof/Niederlande, DStRE 1999, 555). 11

Die Steuerbefreiung betrifft das gesamte **Entgelt** für die Ausfuhrlieferung. Entgelt i. S. d. § 10 Abs. 1 S. 2 UStG ist alles, was der Leistungsempfänger für den Erhalt der Leistung aufwendet, einschließlich des Entgeltes für unselbständige Nebenleistungen. Ebenfalls dazu zählt nach § 10 Abs. 1 S. 3 UStG Entgelt von dritter Seite. 12

Nicht in den Anwendungsbereich der Vorschrift fallen die der Lieferung gegen Entgelt gleichgestellten Sachverhalte des § 3 Abs. 1b UStG (vgl. § 6 Abs. 5 UStG), z. B. die Entnahme eines Gegenstandes für Zwecke außerhalb des Unternehmens (§ 3 Abs. 1b S. 1 Nr. 1 UStG). Ebenfalls nicht nach § 4 Nr. 1 Buchst. a UStG steuerbefreit ist die **Vermittlung** einer Ausfuhrlieferung, diese fällt jedoch unter § 4 Nr. 5 Buchst. a UStG. 13

2.2 Innergemeinschaftliche Lieferungen (§ 6a UStG)

Unter die Vorschrift fallen sowohl die i. g. Lieferung nach § 6a Abs. 1 UStG als auch das der i. g. Lieferung gleichgestellte i. g. Verbringen nach § 6a Abs. 2 UStG. 14

Für den **Umfang der Steuerbefreiung** bezüglich i. g. Lieferungen nach § 6a Abs. 1 UStG gilt das zu Ausfuhrlieferungen Gesagte (vgl. 10 ff.). Nicht in die Steuerbefreiung fällt die **Vermittlung** einer i. g. Lieferung. Da diese Leistung auch nicht über § 4 Nr. 5 Buchst. a UStG steuerbefreit ist, ist die Vermittlung einer i. g. Lieferung steuerpflichtig. Steuerfrei gestellt wird das **Entgelt** für die i. g. Lieferung inkl. der unselbständigen Nebenleistungen (Abschn. 6a.1 Abs. 4 und Abs. 5 UStAE). Bei dem nach § 6a Abs. 2 UStG der i. g. Lieferung gleichgestellten **i. g. Verbringen** fehlt es naturgemäß an einem fremden Dritten als Abnehmer und damit an einem realen Entgelt i. S. von § 10 Abs. 1 15

S. 2 UStG (nach § 3 Abs. 1a UStG gilt der Unternehmer lediglich als Lieferer, entsprechend nach § 1a Abs. 2 UStG als Erwerber). Diese Lücke füllt § 10 Abs. 4 S. 1 Nr. 1 UStG (vgl. Abschn. 1a.2 Abs. 2 UStAE). In Fällen des i. g. Verbringens stellt der Einkaufspreis zuzüglich der Nebenkosten für den Gegenstand oder für einen gleichartigen Gegenstand die Bemessungsgrundlage für die USt dar. Fehlt es an einem Einkaufspreis (beispielsweise bei selbst hergestellten Gegenständen), bilden die Selbstkosten die Bemessungsgrundlage. Die Ermittlung der Werte erfolgt auf den Zeitpunkt des i. g. Verbringens, wobei die USt nicht zur Bemessungsgrundlage gehört (§ 10 Abs. 4 S. 2 UStG). Wegen weiterer Einzelheiten vgl. die Kommentierung zu § 10.

16 Die Bemessungsgrundlagen für i. g. Lieferungen sind i. R. d. **Besteuerungsverfahrens** (§ 18 UStG) gesondert anzugeben (§ 18b UStG). In der zusammenfassenden Meldung nach § 18a UStG sind die Summen der Entgelte für i. g. Lieferungen nach § 6a Abs. 1 UStG nach Erwerbern getrennt anzugeben (vgl. § 18a Abs. 6 Nr. 1 i. V. m. Abs. 7 S. 1 Nr. 1 UStG), für i. g. Verbringen ist die Summe der Bemessungsgrundlagen für jeden betroffenen Mitgliedsstaat anzugeben (§ 18a Abs. 6 Nr. 2 i. V. m. Abs. 7 S. 1 Nr. 2 UStG). Die Neufassung des § 18a UStG durch das Gesetz zur Umsetzung steuerlicher EU-Vorgaben sowie zur Änderung steuerlicher Vorschriften (vgl. Gesetz vom 08.04.2010, BGBl I 2010, 386; vgl. die Kommentierung zu § 18a) gilt ab 01.07.2010.

2.3 Lohnveredelungen (§ 7 UStG)

17 Unter die Steuerbefreiung des § 4 Nr. 1 Buchst. a UStG fallen Werkleistungen (vgl. § 3 Abs. 9 i. V. m. Abs. 4 UStG), die die Voraussetzungen des § 7 UStG als Lohnveredelungen an Gegenständen der Ausfuhr erfüllen (vgl. die Kommentierung zu § 7). Steuerfrei ist das Entgelt für die Lohnveredelung. Der Begriff des Entgelts ist in § 10 UStG geregelt (vgl. die Kommentierung zu § 10). Unter die Steuerbefreiung fällt alles was der Auftraggeber der Lohnveredelung für diese aufwendet (§ 10 Abs. 1 S. 2 UStG), einschließlich ggf. Zahlungen Dritter (§ 10 Abs. 1 S. 3 UStG). In Fällen des Tausches ermittelt sich das Entgelt auch bei der Lohnveredelung nach § 10 Abs. 2 S. 2 UStG. Die Lieferung des bei der Lohnveredelung/Werkleistung ggf. verwendeten Materials (zur Abgrenzung zwischen Werkleistung und Werklieferung vgl. § 3 Rn. 64 ff., vgl. § 7 Rn. 22, Abschn. 3.8 UStAE) fällt nach dem Grundsatz der Einheitlichkeit der Leistung/unselbständige Nebenleistungen (vgl. Abschn. 3.10 UStAE; zur Einheitlichkeit der Leistung vgl. § 3 Rn. 12 ff.) ebenfalls unter die Steuerbefreiung. Nicht unter die Steuerbefreiung nach § 4 Nr. 1 Buchst. a UStG fällt die **Vermittlung** einer Lohnveredelung, die Vermittlungsleistung ist jedoch nach § 4 Nr. 5 Buchst. a UStG steuerbefreit.

3 Querverweis

18 § 4 Nr. 1 Buchst. a und b UStG beinhalten die Steuerbefreiung von Ausfuhrlieferungen und i. g. Lieferung sowie von Lohnveredelungen an Gegenständen der Ausfuhr. Die inhaltlichen Regelungen zu diesen Umsätzen ergeben sich aus den jeweiligen Verweisungen auf die entsprechenden Vorschriften des UStG. Wegen der Tatbestandsmerkmale und Ausfuhrlieferung vgl. die Kommentierung zu § 6, wegen der Tatbestandsmerkmale und i. g. Lieferung vgl. die Kommentierung zu § 6a, wegen der Tatbestandsmerkmale der Lohnveredelung an Gegenständen der Ausfuhr vgl. die Kommentierung zu § 7. Wegen der Ausstellung von Rechnung und zusätzlicher Pflichten in besonderen Fällen vgl. die Kommentierungen zu §§ 14, 14a.

§ 4 Nr. 2 UStG
Steuerbefreiungen: Seeschifffahrt, Luftfahrt

Von den unter § 1 Abs. 1 Nr. 1 fallenden Umsätzen sind steuerfrei:

...

2. die Umsätze für die Seeschifffahrt und für die Luftfahrt (§ 8);

...

Verwaltungsanweisungen

Vgl. die Kommentierung zu § 8.

Richtlinien/Hinweise/Verordnungen

Vgl. Literatur § 8 vor Rn. 1.

1 Allgemeines

Nach § 4 Nr. 2 UStG sind die unter § 1 Abs. 1 Nr. 1 UStG fallenden Umsätze für die Seeschifffahrt und die Luftfahrt steuerfrei. Die Vorschrift definiert nicht, um welche Umsätze es sich im Einzelnen handelt, sondern verweist auf die Regelungen des § 8 UStG: 1

- § 8 Abs. 1 UStG definiert den Begriff der Umsätze für die Seeschifffahrt.
- § 8 Abs. 2 UStG den Begriff der Umsätze für die Luftfahrt.
- Nach § 8 Abs. 3 UStG ist die Steuerbefreiung von entsprechenden Nachweisen abhängig; diese wiederum regelt § 18 i. V. m. § 13 UStDV.

Zu beachten ist, dass die Vorschrift nicht die Umsätze der Schifffahrt oder der Luftfahrt steuerfrei 2
stellt, sondern die für die Schifffahrt oder für die Luftfahrt erbrachten Umsätze, es sich insofern also um Umsätze auf der Vorstufe, aus der Sicht eines Schifffahrts- oder Luftfahrtunternehmens

um Eingangsumsätze, handelt. Für den Leistungsempfänger stellt sich die Frage nach dem Vorsteuerabzug (§ 15 UStG) somit nicht.

3 Der die Umsätze für die Seeschifffahrt oder die Luftfahrt erbringende Unternehmer hat demgegenüber den **vollen Vorsteuerabzug**; es handelt sich um eine »echte Steuerbefreiung« (vgl. § 4 Rn. 5 und 6). Seine Umsätze sind zwar steuerfrei nach § 4 Nr. 2 UStG und fallen damit grundsätzlich unter den Vorsteuerausschluss nach § 15 Abs. 2 Nr. 1 oder Nr. 2 UStG, berechtigen aber auf Grund der Regelungen des § 15 Abs. 3 Nr. 1 Buchst. a und Nr. 2 Buchst. a UStG bezüglich der Eingangsumsätze zum Vorsteuerabzug.

2 Umfang der Steuerbefreiung

4 Die Vorschrift umfasst die in § 8 Abs. 1 und 2 UStG genannten Leistungen, die der leistende Unternehmer an ein begünstigtes Unternehmen ausführt. Auf Grund der neueren Rechtsprechung des EuGH (vgl. EuGH vom 14.09.2006, Rs. C-181/04 bis C-183/04 »Elmeka«, BFH/NV Beilage 1/2007, 61) setzt die Steuerbefreiung grundsätzlich die unmittelbare Leistungserbringung voraus (vgl. Abschn. 8.1 Abs. 1 UStAE und Abschn. 8.2 Abs. 1 UStAE). Wegen weiterer Einzelheiten vgl. § 8 Rn. 10 ff. und vgl. § 8 Rn. 17, 17a und vgl. § 8 Rn. 37). Ebenfalls unter die Steuerbefreiung kann die Dienstleistungskommission nach § 3 Abs. 11 UStG fallen, nicht hingegen Vermittlungsleistungen, diese können unter § 4 Nr. 5 UStG fallen.

5 § 4 Nr. 2 UStG stellt das Entgelt für die entsprechenden Umsätze steuerfrei. Der Umfang des Entgelts bestimmt sich nach den allgemeinen Grundsätzen (§ 10 UStG).

3 Querverweis

6 § 4 Nr. 2 UStG beinhaltet die Steuerbefreiung der Umsätze für die Seeschifffahrt und für die Luftfahrt, ohne die weiteren Voraussetzungen des Vorliegens derartiger Umsätze zu benennen. Die jeweiligen Tatbestandsmerkmale ergeben sich aus der Verweisungsvorschrift § 8 UStG. Wegen weiterer Einzelheiten vgl. die Kommentierung zu § 8.

§ 4 Nr. 3 UStG
Steuerbefreiungen: Grenzüberschreitende Beförderungen, Leistungen an Gegenständen der Einfuhr

Von den unter § 1 Abs. 1 Nr. 1 fallenden Umsätzen sind steuerfrei:

. . .

3. die folgenden sonstigen Leistungen:

a) die grenzüberschreitenden Beförderungen von Gegenständen, die Beförderungen im internationalen Eisenbahnfrachtverkehr und andere sonstige Leistungen, wenn sich die Leistungen

aa) unmittelbar auf Gegenstände der Ausfuhr beziehen oder auf eingeführte Gegenstände beziehen, die im externen Versandverfahren in das Drittlandsgebiet befördert werden, oder

bb) auf Gegenstände der Einfuhr in das Gebiet eines Mitgliedstaates der Europäischen Union beziehen und die Kosten für die Leistungen in der Bemessungsgrundlage für diese Einfuhr enthalten sind. Nicht befreit sind die Beförderungen der in § 1 Abs. 3 Nr. 4 Buchst. a bezeichneten Gegenstände aus einem Freihafen in das Inland,

b) die Beförderungen von Gegenständen nach und von den Inseln, die die autonomen Regionen Azoren und Madeira bilden,

c) sonstige Leistungen, die sich unmittelbar auf eingeführte Gegenstände beziehen, für die zollamtlich eine vorübergehende Verwendung in den in § 1 Abs. 1 Nr. 4 bezeichneten Gebieten bewilligt worden ist, wenn der Leistungsempfänger ein ausländischer Auftraggeber (§ 7 Abs. 2) ist. Dies gilt nicht für sonstige Leistungen, die sich auf Beförderungsmittel, Paletten und Container beziehen.

Die Vorschrift gilt nicht für die in den Nummern 8, 10 und 11 bezeichneten Umsätze und für die Bearbeitung oder Verarbeitung eines Gegenstands einschließlich der Werkleistung im Sinne des § 3 Abs. 10. Die Voraussetzungen der Steuerbefreiung müssen vom Unternehmer nachgewiesen sein. Das Bundesministerium der Finanzen kann mit Zustimmung des Bundesrates durch Rechtsverordnung bestimmen, wie der Unternehmer den Nachweis zu führen hat;

. . .

Literatur

Raudszus, Belegnachweise bei Vor- oder Nachtransporten für grenzüberschreitende Güterbeförderungen, UStB 2008, 227. **Weimann**, Güterbeförderungen ab 1.1.2010: die neuen »Drittlandsfälle«, UStB 2010, 60 ff.

Verwaltungsanweisungen

BMF vom 15.09.2009, Az: IV B 8 – S 7390/09/10002, BStBl I 2009, 1232 (Erleichterte Trennung der Bemessungsgrundlage).

BMF vom 06.01.2014, Az: IV D 3 – S 7156/13/10001, BStBl. I 2014, 152 (Elektronische Belege).

Hinweis: Zur Problematik der zeitlichen Geltungsdauer von BMF-Schreiben vgl. Einführung UStG, Rz. 100 ff.

Richtlinien/Hinweise/Verordnungen

UStAE: Abschn. 4.3.1–4.3.6.
MwStSystRL: Art. 142, 144, 146 Abs. 1 Buchst. e.
UStDV: §§ 20–21.

1 Allgemeines

1.1 Überblick über die Vorschrift

1 Steuerfrei stellt § 4 Nr. 3 UStG die aufgeführten Leistungen mit grenzüberschreitendem Bezug. Die Steuerbefreiung nach § 4 Nr. 3 UStG dient einerseits der **Vereinfachung des Besteuerungsverfahrens**, andererseits der **Entlastung** von in Zusammenhang mit **Exportumsätzen** stehenden weiteren Leistungen von USt. Nach § 15 Abs. 2 S. 1 Nr. 1 UStG i. V. m. Abs. 3 Nr. 1 Buchst. a UStG tritt für den Unternehmer trotz Steuerbefreiung kein Ausschluss vom Vorsteuerabzug ein; die Leistungen sind steuerfrei, der Vorsteuerabzug bleibt aber erhalten (sog. **echte Steuerbefreiung**, vgl. § 4 Rn. 5 und 6).

Für die Anwendung der Vorschrift ist **nicht** Voraussetzung, dass die beförderten Gegenstände in Zusammenhang mit einer steuerfreien Ausfuhrlieferung stehen (vgl. BMF vom 06.08.1999, Az: IV D 2 – S 7156 – 1/99, DStR 1999, 1567; OFD Erfurt vom 05.02.2001, Az: S 7156 A-01-St 341, UR 2001, 271 zu Umzugsgut; vgl. BFH vom 24.02.2005, Az.: V R 26/03, BFH/NV 2005, 1395). 2

Die Voraussetzungen der Steuerbefreiung müssen durch den Unternehmer **nachgewiesen** werden (§ 4 Nr. 3 S. 3 UStG). Die Nachweise bestehen aus einem Belegnachweis und einem Buchnachweis. Einzelheiten regeln die §§ 20 und 21 UStDV (vgl. § 4 Nr. 3 S. 4 UStG). 3

§ 4 Nr. 3 UStG stellt das Entgelt für die entsprechenden Umsätze steuerfrei. Der Umfang des Entgelts bestimmt sich nach den allgemeinen Grundsätzen des § 10 UStG. 4

1.2 Rechtsentwicklung

§ 4 Nr. 3 UStG gehört zum »Inventar« des deutschen Umsatzsteuerrechts und galt in ähnlicher Form bereits im UStG 1980 und den Vorgängergesetzen. Die letzte wesentliche Änderung erfuhr die Vorschrift durch das UStÄndG 1994 vom 09.08.1994 (BGBl I 1994, 2058). Durch Art. 10 Nr. 16 des AmtshilfeRLUmsG (Gesetz vom 26.06.2013, BGBl I 2013, 1809) wurde in § 4 Nr. 3 Buchst. a Doppelbuchst. bb S. 1 UStG m. W. v. 30.06.2013 (vgl. Art. 31 Abs. 1 AmtshilfeRLUmsG) die Bezeichnung »Europäische Gemeinschaft« durch die Bezeichnung »Europäische Union« ersetzt. 5

§ 4 Nr. 3 S. 4 UStG enthält eine Ermächtigungsvorschrift, die in § 4 Nr. 3 S. 3 UStG geregelte Nachweisverpflichtung mittels Rechtsverordnung durch das Bundesministerium der Finanzen mit Zustimmung des Bundesrates näher zu bestimmen. Seit der Aufhebung des § 19 UStDV durch das JStG 1996 (Gesetz vom 11.10.1995, BGBl I 1995, 1250) ist die Nachweisverpflichtung in den §§ 20 und 21 UStDV geregelt. Durch Art. 8 Nr. 4 und Nr. 5 des JStG 2009 (Gesetz vom 19.12.2008, BGBl I 2008, 2794) wurden die Klammerzusätze in § 20 Abs. 1 S. 1 und Abs. 2 UStDV sowie in § 21 S. 1 UStDV durch Hinzufügen jeweils des »Satz 1« präzisiert. Ausweislich der Gesetzesbegründung (vgl. BT-Drucks. 16/10189 vom 02.09.2008, 106) handelt es sich hierbei um eine lediglich redaktionelle Änderung zur Präzisierung der Verweisung. Materielle Änderungen gehen damit nicht einher. Nach Art. 39 Abs. 1 des JStG treten die Änderungen am Tag nach der Verkündung in Kraft (BGBl Nr. 63/2008 vom 24.12.2008 = 25.12.2008). Durch Art. 4 Nr. 3 der Verordnung zum Erlass und zur Änderung steuerlicher Verordnungen vom 11.12.2012 (BGBl I 2012, 2637) wurden in § 20 Abs. 2 UStDV und in § 21 Abs. 1 S. 1und S. 2 Nr. 2 UStDV jeweils die Wörter »Europäische Gemeinschaft« durch die Wörter »Europäische Union« ersetzt (Art. 9 Abs. 1: Inkrafttreten am Tag nach der Verkündung). Durch Art 6 Nr. 11 der Verordnung zur Änderung steuerlicher Verordnungen und weiterer Vorschriften vom 22.12.2014, BGBl I 2014, 2392 wurden in § 20 Abs. 3 UStDV die Wörter »im Geltungsbereich dieser Verordnung« durch die Wörter »im Geltungsbereich des Gesetzes« ersetzt. Ausweislich der Verordnungsbegründung (vgl. BR-Drucks. 535/14 vom 05.11.2014, 18) ist die Änderung redaktioneller Natur und dient der Vereinheitlichung der UStDV. 6

1.3 Geltungsbereich

1.3.1 Sachlicher Geltungsbereich

§ 4 Nr. 3 UStG stellt nur die im Tatbestand ausdrücklich erwähnten Leistungen (grenzüberschreitende Beförderungen und Leistungen an Gegenständen der Einfuhr) steuerfrei. Häufig werden 7 diese Leistungen als Nebenleistung zu einer Hauptleistung erbracht; dann teilen sie deren umsatzsteuerliches Schicksal (Grundsatz der Einheitlichkeit der Leistung). Die nämlichen Leistungen sind mithin nur dann nach § 4 Nr. 3 UStG steuerfrei, wenn sie ein eigenes umsatzsteuerliches Schicksal haben, also **als Hauptleistung erbracht** werden (vgl. Rn. 15).

8 **Keine** Anwendung findet die Vorschrift bei Leistungen, die unter § 4 Nr. 8 (diverse Finanzumsätze), Nr. 10 (Versicherungsschutz, Verschaffung von Versicherungsschutz) und Nr. 11 (Bausparkassenvertreter, Versicherungsvertreter, Versicherungsmakler) UStG fallen (§ 4 Nr. 3 S. 2 UStG). Nach Abschn. 4.3.5 Abs. 1 S. 1 UStAE sollen zudem Leistungen nach § 4 Nr. 11b UStG ausgeschlossen sein. Ebenfalls findet die Vorschrift keine Anwendung bei der Be- oder Verarbeitung eines Gegenstandes einschließlich der Werkleistungen i. S. v. § 3 Abs. 10 UStG (§ 4 Nr. 3 S. 2 UStG). Für diese Leistungen kann sich die Steuerbefreiung jedoch unter den Voraussetzungen der §§ 4 Nr. 1 Buchst. a und 7 UStG ergeben (Lohnveredelung an Gegenständen der Ausfuhr; vgl. Abschn. 4.3.5 Abs. 2 UStAE).

1.3.2 Räumlicher Geltungsbereich

9 § 4 Nr. 3 Buchst. a UStG betrifft nicht die i. g. Beförderung (vgl. Heidner in Bunjes, § 4 Nr. 3 Rn. 5). Der geografische Anwendungsbereich ändert sich damit in Abhängigkeit von der Ausdehnung der EU (nach dem Beitritt Bulgariens und Rumäniens ab 01.01.2007, zu den Folgen vgl. BMF vom 26.01.2007, Az: IV A 2 - S 7058 - 26/06, BStBl. I 2007, 208, zuletzt Beitritt **Kroatiens** zum 01.07.2013, vgl. BMF vom 28.06.2013, Az: IV D 1 - S 7058/07/10002, BStBl. I 2013, 852).

10 Da eine Steuerbefreiung einen steuerbaren Umsatz voraussetzt, kann die durch das JStG 2009 (Gesetz vom 19.12.2008, BGBl I 2008, 2794) m. W. v. 01.01.2010 vorgenommene Neufassung der Ortsvorschriften für die sonstigen Leistungen ggf. zu einem teilweisen Leerlaufen der Vorschrift führen (vgl. Rn. 33 ff.).

1.3.3 Persönlicher Geltungsbereich

11 § 4 Nr. 3 UStG sieht hinsichtlich des persönlichen Geltungsbereichs keine Beschränkungen vor und gilt daher für **alle Unternehmer** i. S. d. § 2 UStG.

1.3.4 Zeitlicher Geltungsbereich

12 Die Vorschrift wurde in den letzten Jahren nicht geändert und wird damit grundsätzlich auf alle noch offenen Steuerfestsetzungen anwendbar sein.

1.4 Gemeinschaftsrechtliche Grundlagen und Verhältnis zu anderen Vorschriften

13 § 4 Nr. 3 UStG setzt die gemeinschaftsrechtlichen Vorgaben der Art. 144 MwStSystRL, Art. 146 Abs. 1 Buchst. e MwStSystRL sowie Art. 142 MwStSystRL zutreffend um; Mängel sind nicht erkennbar (vgl. Huschens in V/S, § 4 Nr. 3, Rn. 22 ff.). Zur Auslegung von Art. 146 Abs. 1 Buchst. e MwStSystRL durch den EuGH vgl. Urteil vom 29.06.2017, Rs.: C-288/16, L.C., UR 2017,

744 und vgl. Rz. 24. Zur Auslegung von Art. 144 i.V.m. Art. 86 MwStSystRL vgl. EuGH vom 04.10.2017, Rs.: C-273/16, FedEx, BB 2017, 2453.

Über § 15 Abs. 1, Abs. 2 Nr. 1 und Abs. 3 Nr. 1 Buchst. a UStG wird sichergestellt, dass für die nämlichen Umsätze der Vorsteueranzug auf die Eingangsumsätze trotz der Steuerbefreiung der Ausgangsumsätze erhalten bleibt (sog. **echte Steuerbefreiung**, vgl. § 4 Rn. 5 und 6). 14

2 Kommentierung

2.1 Abgrenzung des Anwendungsbereiches

2.1.1 Selbständige Leistung

Die Anwendung der Vorschrift setzt voraus, dass es sich bei der zu beurteilenden Leistung um eine selbständige Leistung handelt (vgl. Abschn. 4.3.1 Abs. 1 UStAE). Ist die Leistung lediglich als unselbständige Nebenleistung zu einer Hauptleistung einzustufen, ergibt sich aus dem **Grundsatz der Einheitlichkeit der Leistung**, dass die Nebenleistung das umsatzsteuerliche Schicksal der Hauptleistung teilt (Einzelheiten vgl. Abschn. 3.10 UStAE). 15

Bei Bestattungsunternehmen kann die Überführung des Sarges ins Drittlandsgebiet (neben weiteren Bestattungsvorbereitungen zu erbringende Leistung) als eigenständige Leistung unter § 4 Nr. 3 Buchst. a Doppelbuchst. aa UStG fallen (vgl. BFH vom 24.02.2005, Az.: V R 26/03 (NV), BFH/NV 2005, 1395; zur Abgrenzung von ggf. steuerfreier Ausfuhrlieferung eines für die Überführung (mit-)gelieferten Sarges vgl. FG Berlin-Brandenburg vom 09.02.2012, Az.: 7 V 7394/11, EFG 2012, 1194). 16

Die Beförderung im Eisenbahngepäckverkehr stellt eine unselbständige Nebenleistung zur Personenbeförderung dar; zum Eisenbahngepäckverkehr zählt nach Verwaltungsmeinung auch der »Auto-im-Reisezugverkehr« (vgl. Abschn. 4.3.1 Abs. 1 S. 4, 5 UStAE; kritisch hierzu Heidner in Bunjes, § 4 Nr. 3 UStG Anm. 3, da das Entgelt für die Beförderung des Pkw häufig höher sei als das der Personenbeförderung). Vortransporte zu sich anschließenden Lufttransporten sind jedoch keine unselbständigen Nebenleistungen (vgl. Abschn. 4.3.1 Abs. 1 S. 3 UStAE). 17

Eine sachliche Beschränkung erfährt die Steuerbefreiung durch § 4 Nr. 3 S. 2 UStG. Demnach sind Leistungen nach § 4 Nr. 8 UStG (= Bank- und Finanzumsätze) und § 4 Nr. 10 und Nr. 11 UStG (= Versicherungsdienstleistungen) nicht nach § 4 Nr. 3 UStG steuerbefreit. Nach Verwaltungsauffassung sollen auch unter § 4 Nr. 11b UStG (Universaldienstleistungen) fallende Umsätze unter den Ausschluss fallen (vgl. Abschn. 4.3.5 Abs. 1 S. 1 UStAE). Die Regelung steht im Zusammenhang mit den unterschiedlichen Möglichkeiten zum Vorsteuerabzug nach § 15 Abs. 2 und Abs. 3 UStG (vgl. Rn. 31). 18

Als jeweils selbständige Beförderungsleistungen sieht die Verwaltung im Güterfernverkehr mit Kraftfahrzeugen jede Beförderungsleistung an, der ein gesonderter Frachtbrief zugrunde liegt. Dementsprechend sind die Voraussetzungen der Steuerbefreiung in diesen Fällen für die einzelne Beförderungsleistung zu prüfen (vgl. Abschn. 4.3.2 Abs. 6 UStAE). 19

2.1.2 Beförderungsleistung/Besorgungsleistungen

20 Aus der Sicht des § 4 Nr. 3 UStG ist die Vorschrift des § 3 Abs. 11 UStG (Dienstleistungskommission) vor allem für die **Spediteure** von Bedeutung. Nach § 453 Abs. 1 HGB besorgt der Spediteur die Versendung eines Gutes, seine Leistung fällt daher grundsätzlich über § 3 Abs. 11 UStG in den Anwendungsbereich des § 4 Nr. 3 UStG. Besorgt der Spediteur eine Beförderungsleistung, gilt diese durch den Frachtführer an ihn erbracht, er ist daher ggf. Empfänger einer grenzüberschreitenden Beförderungsleistung und erbringt diese anschließend an seinen Auftraggeber. Dies gilt jedoch nur für die sachbezogenen Merkmale der besorgten Leistung, nicht für personenbezogene Merkmale. Als sachbezogene Merkmale gelten insbesondere der Inhalt der Leistung und der Zeitpunkt der Erbringung (vgl. Abschn. 3.15 Abs. 2 und Abs. 3 UStAE).

21 Nicht als Dienstleistungskommission, sondern als Beförderungsleistung wird die Leistung eines Spediteurs behandelt (vgl. Abschn. 4.3.2 Abs. 5 UStAE), wenn es sich handelt um

- einen Fall des Selbsteintrittes nach § 458 HGB (der Spediteur führt die Beförderung selbst aus) oder
- einen Fall der Spedition zu festen Kosten nach § 459 HGB (der Spediteur hat sich mit dem Auftraggeber über einen bestimmten Satz der Beförderungskosten geeinigt) oder
- einen Fall des Sammelladungsverkehrs nach § 460 HGB (der Spediteur bewirkt die Versendung des Gegenstandes zusammen mit Gegenständen anderer Auftraggeber aufgrund eines auf seine Rechnung abgeschlossenen Frachtvertrages).

22 In diesen Fällen weist das Handelsrecht dem Spediteur die Rechte und Pflichten eines Frachtführers oder Verfrachters zu, umsatzsteuerlich liegt eine Beförderungsleistung vor. Die durch den Spediteur erbrachte Beförderungsleistung unterliegt direkt der Steuerbefreiung des § 4 Nr. 3 UStG.

23 Übernimmt ein Frachtführer zwar die Beförderung eines Gegenstandes, bedient er sich dann aber anderer Frachtführer (= **Unterfrachtführer**) zur Ausführung, erbringt er dennoch eine Beförderungsleistung, da er nach § 407 Abs. 1 HGB die Beförderung des Gegenstandes zum Bestimmungsort schuldet. Diese Verpflichtung erfüllt er durch Einschalten eigener Beauftragter; er selbst hat die Stellung eines Hauptfrachtführers. Die durch ihn eingeschalteten Unterfrachtführer erbringen ihrerseits ebenfalls Beförderungsleistungen, deren Leistungsempfänger der **Hauptfrachtführer** ist. Da sich die Verpflichtung des Hauptfrachtführers auf die gesamte Beförderung erstreckt, muss diese aus seiner Sicht insgesamt die Voraussetzungen des § 4 Nr. 3 Buchst. a UStG erfüllen. Die Beförderungsleistungen der Unterfrachtführer betrifft aber u. U. nur einen Teilabschnitt der gesamten Beförderung, aus ihrer Sicht sind die Voraussetzungen des § 4 Nr. 3 Buchst. a UStG daher nur dann erfüllt, wenn ihre eigene Beförderung grenzüberschreitend erfolgt. Andere eingeschaltete Unterfrachtführer erbringen ggf. nur inländische Beförderungen, die nicht unter die Steuerbefreiung fallen. Ihre Leistungen können jedoch als andere sonstige Leistungen, die sich auf einen Gegenstand der Ausfuhr, Durchfuhr oder Einfuhr beziehen, unter die Steuerbefreiung fallen (vgl. Abschn. 4.3.2 Abs. 4 UStAE).

24 Mit Urteil vom 29.06.2017 (Az: C-288/16, UR 2017, 599) hat der EuGH in Auslegung des Art. 146 Abs. 1 Buchst. e MwStSystRL entschieden, dass die Steuerbefreiung eine unmittelbare Leistungserbringung an den Versender oder Empfänger der Gegenstände voraussetzt (Beförderung von Gegenständen in einen Drittstaat). Unabhängig von den Besonderheiten des Urteilsfalles stellt sich damit die Frage, ob die Regelungen zum Unterfrachtführer in Abschn. 4.3.2 Abs. 4 UStAE richtlinienkonform sind (vgl. Winter in MwStR 2017, 744f., Tehler in EU-UStB 3/2017, 64f.).

2.1.3 Grenzüberschreitende Beförderung von Gegenständen

Der Begriff der grenzüberschreitenden **Güterbeförderung** (§ 4 Nr. 3 UStG betrifft Gegenstände, die befördert werden oder auf die sich andere sonstige Leistungen beziehen; die **Personenbeförderung** fällt damit nicht unter die Steuerbefreiung) ist in § 3b Abs. 1 S. 4 UStG definiert. Eine solche liegt vor, wenn sich eine Beförderung sowohl auf das Inland als auch auf das Ausland erstreckt. Zu den grenzüberschreitenden Beförderungen zählen auch Beförderungen aus einem Freihafen in das Inland und vom Inland in einen Freihafen (vgl. Abschn. 4.3.2 Abs. 1 S. 4 UStAE). Die Begriffe Inland und Ausland ergeben sich aus § 1 Abs. 2 UStG (Abschn. 1.9 und 1.10 UStAE). 25

Eine Beförderung im internationalen Eisenbahnfrachtverkehr liegt vor, wenn auf die Beförderung die »Einheitlichen Rechtsvorschriften für den Vertrag über die internationale Eisenbahnbeförderung von Gütern (CIM)« anzuwenden sind. Dies ist bei der Beförderung von Gütern der Fall, die mit durchgehendem Frachtbrief zur Beförderung auf einem Schienenweg aufgegeben werden, der das Inland und mindestens einen Nachbarstaat berührt (vgl. Abschn. 4.3.2 Abs. 2 UStAE). Die Beförderung im internationalen Eisenbahnfrachtverkehr beinhaltet somit die grenzüberschreitende Beförderung mittels Bahntransport. 26

Nach § 3 Abs. 6 S. 2 UStG ist unter Beförderung jede Fortbewegung eines Gegenstandes zu verstehen. Da § 4 Nr. 3 UStG gegenüber dieser allgemeinen Definition keine Einschränkung enthält, ist die genaue Art der Beförderung für die Anwendung der Vorschrift unerheblich. Erfasst werden daher insbesondere die Beförderung mit Kraftfahrzeugen, Luftfahrzeugen, Schiffen und Eisenbahnen, ebenso die Beförderung durch Rohrleitungen sowie das Schleppen und Schieben (vgl. Abschn. 4.3.2 Abs. 3 UStAE). 27

2.1.4 Innergemeinschaftliche Beförderung eines Gegenstandes

Eine i. g. Beförderung liegt nach der Definition des § 3b Abs. 3 S. 1 UStG vor, wenn die Beförderung eines Gegenstandes im Gebiet von zwei verschiedenen Mitgliedsstaaten beginnt und endet (vgl. Abschn. 3b.3 Abs. 2 UStAE). Nach § 4 Nr. 3 Buchst. a UStG müssen sich sowohl die Beförderungsleistung als auch die anderen sonstigen Leistungen auf Gegenstände der Ausfuhr, Durchfuhr in das Drittlandsgebiet oder der Einfuhr in das Gebiet eines Mitgliedsstaates beziehen (vgl. Abschn. 4.3.2 Abs. 1 S. 1 UStAE). Die Begriffe Ausfuhr, Einfuhr und Durchfuhr prägen daher den Anwendungsbereich der Steuerbefreiung. Diese kann im Grunde nur greifen, wenn der Gegenstand der Beförderung aus dem Drittlandsgebiet in das Gemeinschaftsgebiet oder umgekehrt vom Gemeinschaftsgebiet in das Drittlandsgebiet gelangt. Handelt es sich demgegenüber um eine i. g. Beförderung, ist der Tatbestand des § 4 Nr. 3 Buchst. a UStG nicht erfüllt. 28

Nicht als i. g. Beförderung eines Gegenstandes ist jedoch die Beförderung eines Gegenstandes vom Inland mittels **Durchfuhr** durch das Gebiet eines anderen Mitgliedsstaates in das Drittlandsgebiet anzusehen. Soweit ein Unternehmer den Gegenstand i. d. Z. nur auf einer Teilstrecke vom Inland in das üGG befördert, hängt die Anwendung des § 4 Nr. 3 Buchst. a Doppelbuchst. aa UStG für ihn davon ab, dass er die entsprechenden Belegnachweise über die Ausfuhr aus dem Gemeinschaftsgebiet vorlegen kann (§ 4 Nr. 3 S. 3, 4 UStG i. V. m. § 20 UStDV). Gelingt ihm dies nicht, ist seine Leistung bei inländischem Leistungsort steuerpflichtig (vgl. Abschn. 4.3.4 Abs. 8 UStAE mit Beispielen). Ebenso kann in Zusammenhang mit einer Einfuhr (§ 4 Nr. 3 Buchst. a Doppelbuchst. bb UStG) eine i. g. Beförderung vorkommen, bei der sich der Ort der Leistung im Inland befindet und deren Kosten Bestandteil der Bemessungsgrundlage der EUSt sind. Die Beförderungsleistung fällt dann in den Anwendungsbereich der Vorschrift (vgl. Abschn. 4.3.3 Abs. 8 UStAE mit Beispielen). Wegen der ab 01.01.2010 geltenden Ortsvorschriften vgl. Rn. 33 f. Die Anwendung der Steuerbefreiung erübrigt sich ggf. durch die Nichtsteuerbarkeit der Leistung. 29

30 Eine Sonderregelung enthält § 4 Nr. 3 Buchst. b UStG für die Beförderung von Gegenständen nach und von den Inseln, die die autonomen Regionen **Azoren und Madeira** bilden. Die autonomen Regionen Azoren und Madeira gehören zum Mitgliedsstaat Portugal und sind Bestandteil des üGG (vgl. § 1 Abs. 2a S. 1 UStG; Abschn. 1.10 Abs. 1 UStAE). Grundsätzlich fallen die betroffenen Beförderungsleistungen daher unter den Begriff der i. g. Beförderung. Die Steuerbefreiung erfolgt auf Grund Art. 142 MwStSystRL.

2.1.5 Ausschluss der Steuerbefreiung

31 Die Steuerbefreiung des § 4 Nr. 3 UStG gilt nicht für Umsätze, die unter § 4 Nr. 8 UStG (= Umsätze des Geld- und Kapitalverkehrs), § 4 Nr. 10 UStG (= Leistungen auf Grund eines Versicherungsverhältnisses/Verschaffung von Versicherungsschutz) und § 4 Nr. 11 UStG (= Umsätze aus der Tätigkeit als Bausparkassenvertreter, Versicherungsvertreter oder Versicherungsmakler) fallen (§ 4 Nr. 3 S. 2 UStG). Nach Verwaltungsauffassung sollen auch unter § 4 Nr. 11b UStG (Universaldienstleistungen) fallende Umsätze unter den Ausschluss fallen (vgl. Abschn. 4.3.5 Abs. 1 S. 1 UStAE). Hintergrund der Regelung ist die abweichende Behandlung des Vorsteuerabzuges bei den betroffenen Leistungen im Vergleich zu den unter § 4 Nr. 3 UStG fallenden Leistungen. Während der Vorsteuerabzug für Leistungen i. S. d. § 4 Nr. 3 UStG nach § 15 Abs. 3 Nr. 1 Buchst. a UStG grundsätzlich nicht ausgeschlossen ist (Entlastung der Exportumsätze von USt), kann in Zusammenhang mit den oben angesprochenen Leistungen Vorsteuer nur unter weiteren einschränkenden Bedingungen in Anspruch genommen werden (vgl. § 15 Abs. 3 Nr. 1 Buchst. b und Nr. 2 Buchst. b UStG; allerdings: Änderung dieser Normen durch das AmtshilfeRLUmsG vom 26.06.2013, BGBl I 2013, 1809). Der Ausschluss dieser Leistungen aus dem Anwendungsbereich des § 4 Nr. 3 UStG verhindert somit die Erweiterung der Vorsteuerabzugsfähigkeit. Stellen die betroffenen Leistungen jedoch Nebenleistungen dar und fällt die Hauptleistung in den Anwendungsbereich des § 4 Nr. 3 UStG, teilen die Nebenleistungen das umsatzsteuerliche Schicksal der Hauptleistung, ebenso ist der Vorsteuerabzug nach den Bestimmungen für die Hauptleistung zu prüfen (vgl. Abschn. 4.3.5 Abs. 1 UStAE).

32 § 4 Nr. 3 UStG ist ebenfalls nicht auf die Be- oder Verarbeitung eines Gegenstandes einschließlich der Werkleistung i. S. d. § 3 Abs. 10 UStG anzuwenden. Für diese Leistungen sind die Voraussetzungen der Steuerbefreiung nach § 4 Nr. 1 Buchst. a UStG i. V. m. § 7 UStG zu prüfen (vgl. die Kommentierung zu § 7). Auch wenn sich die Gegenstände vor der Ausfuhr in Be- oder Verarbeitung befinden (§ 6 Abs. 1 S. 2 UStG und § 7 UStG), handelt es sich aus der Sicht des § 4 Nr. 3 UStG um Gegenstände der Ausfuhr oder Durchfuhr, auf die sich andere sonstige Leistungen unmittelbar beziehen können, die dann unter die Steuerbefreiung fallen (vgl. Abschn. 4.3.4 Abs. 3 UStAE).

2.2 Ort der Leistung

33 Durch das JStG 2009 wurden die Ortsvorschriften für die sonstigen Leistungen zum großen Teil neu gefasst. Im Hinblick auf die in den Anwendungsbereich des § 4 Nr. 3 UStG fallenden sonstigen Leistungen, insbesondere die Beförderungsleistungen an Gegenständen, ist ab 01.01.2010 zu beachten, dass sich der Ort der sonstigen Leistungen in Abhängigkeit von der Person des Leistungsempfängers bestimmt. Güterbeförderungen gegenüber Nichtunternehmern fallen unter § 3b Abs. 1 S. 3 UStG (= Streckenprinzip) oder für den Fall der i. g. Beförderung unter § 3b Abs. 3 UStG (= Beginn). Sofern sich aus den Ortsvorschriften die Steuerbarkeit der sonstigen Leistung ergibt, kann die Steuerbefreiung des § 4 Nr. 3 UStG greifen.

Handelt es sich bei dem Leistungsempfänger hingegen um einen Unternehmer, der die Leistung für sein Unternehmen bezieht, gilt für die Ermittlung des Orts der sonstigen Leistung grundsätzlich § 3a Abs. 2 UStG (vgl. Abschn. 3a.2 Abs. 16 UStAE). Der Ort der sonstigen Leistung bestimmt sich in diesen Fällen nach dem Ort, von dem aus der Leistungsempfänger sein Unternehmen betreibt (vgl. § 3a Abs. 2 S. 1 UStG). Liegt dieser Ort im umsatzsteuerrechtlichen Ausland, ist die Leistung nicht steuerbar. Als Folge läuft die Steuerbefreiung des § 4 Nr. 3 UStG leer, sofern durch die Ortsvorschriften die Steuerbarkeit der Leistung entfällt. Liegt der Ort der sonstigen Leistung hingegen im Inland, ist die sonstige Leistung steuerbar und kann unter den weiteren Voraussetzungen des § 4 Nr. 3 UStG steuerfrei sein. Nach Verwaltungsauffassung kann die Steuerbefreiung auch dann greifen, wenn bei der grenzüberschreitenden Beförderung das Inland nicht berührt wird (vgl. Abschn. 4.3.2 Abs. 1 S. 5 UStAE und Abschn. 3a.2 Abs. 18 UStAE; weiterführend Weimann, UStB 2010, 60ff. – zum Begriff der »Ausfuhr« i. d. Z., es soll genügen die grenzüberschreitende Beförderung von einem EU-Staat in das Drittland oder umgekehrt in Fällen der Einfuhr). 34

Durch Art. 4 Nr. 8f. JStG 2010 (Gesetz vom 08.12.2010, BGBl I 2010, 1768) wird § 3a UStG um einen Absatz 8 ergänzt, der die Ortsbestimmung für Güterbeförderungen und weitere damit zusammenhängende Leistungen in Sonderfällen regelt und ggf. zu einer Ortsverlagerung im Drittlandsgebiet führt (= Leistung nicht steuerbar). Vgl. § 3a Rn. 156ff. und Abschn. 3a.14 Abs. 5 UStAE. 35

2.3 Umfang der Steuerbefreiung

2.3.1 § 4 Nr. 3 Buchst. a Doppelbuchst. aa UStG

Unter die Steuerbefreiung § 4 Nr. 3 Buchst. a Doppelbuchst. aa UStG fallen sonstige Leistungen, die sich unmittelbar auf Gegenstände der Ausfuhr (= Gelangen vom Inland in das Drittlandsgebiet) oder der Durchfuhr (= eingeführte Gegenstände, die im externen Versandverfahren in das Drittlandsgebiet gelangen) beziehen. Der Auftraggeber dieser Leistungen muss kein ausländischer Auftraggeber sein, lediglich § 4 Nr. 3 Buchst. c UStG verweist insoweit auf § 7 Abs. 2 UStG. Eine Ausfuhr liegt vor, wenn ein Gegenstand in das Drittlandsgebiet verbracht wird, wobei nicht Voraussetzung ist, dass der Gegenstand im Drittlandsgebiet verbleibt (vgl. Abschn. 4.3.4 Abs. 1 S. 3, 4 UStAE). 36

Unter § 4 Nr. 3 Buchst. a Doppelbuchst. aa UStG fallen insbesondere (vgl. Abschn. 4.3.4 Abs. 1 UStAE): 37

- Die grenzüberschreitende Güterbeförderung und die Beförderung im internationalen Eisenbahnfrachtverkehr ins Drittlandsgebiet (vgl. Rn. 25f. und vgl. Rn. 28–30).
- Inländische und i. g. Beförderungen, die der grenzüberschreitenden Güterbeförderung oder der Beförderung im internationalen Eisenbahnfrachtverkehr vorangehen (sog. Vortransporte, z. B. vom Absender zum Bahnhof, Flugplatz). Ein Vortransport im Inland stellt zwar keine grenzüberschreitende Beförderung dar, wohl aber eine andere sonstige Leistung, die sich auf einen Gegenstand der Ausfuhr oder Durchfuhr bezieht. I. g. Beförderungen sind zwar i. S. d. Vorschrift grenzüberschreitend, ihr Endpunkt liegt aber nicht im Drittlandsgebiet. Voraussetzung ist daher ein entsprechender Nachweis über die tatsächliche Ausfuhr im Anschluss an den Vortransport (vgl. für Vortransporte zur Beförderung im Luftfrachtverkehr Abschn. 4.3.4 Abs. 5 UStAE; vgl. zu i. g. Beförderungsleistungen Abschn. 4.3.4 Abs. 8 UStAE mit Beispiel); vgl. Abschn. 4.3.4 Abs. 6 UStAE zu Vortransporten im Eisenbahnfrachtverkehr, bei Empfänger oder Absender mit Sitz im Ausland, ausgenommen der in § 1 Abs. 3 UStG genannten Gebiete; vgl. Abschn. 4.3.4 Abs. 7 UStAE zur Bescheinigung eines Spediteurs/Hauptfrachtführers oder des auftraggebenden Lieferers).

- Umschlag und Lagerung der Gegenstände vor ihrer Ausfuhr oder während ihrer Durchfuhr, dazu zählen auch das Beladen oder Entladen.
- Handelsübliche Nebenleistungen, die in Zusammenhang mit den obenstehenden Leistungen vorkommen, beispielsweise Wiegen, Messen, Probeziehen (vgl. Rn. 15).
- Die Besorgung der obenstehenden Leistungen (§ 3 Abs. 11 UStG; vgl. Rn. 20).

38 Der Anwendungsbereich des § 4 Nr. 3 Buchst. a Doppelbuchst. aa UStG erstreckt sich auf Leistungen, die sich unmittelbar auf die Gegenstände der Ausfuhr oder Durchfuhr beziehen. Bei **Vermittlungsleistungen** in Zusammenhang mit der Aus- oder Durchfuhr fehlt es an einem unmittelbaren Bezug zum Gegenstand der Aus- oder Durchfuhr, diese fallen jedoch ggf. unter den Anwendungsbereich des § 4 Nr. 5 UStG (vgl. Abschn. 4.3.4 Abs. 2 Nr. 1 UStAE). Ebenso fehlt der unmittelbare Bezug, sofern sich die Leistungen nicht auf die Gegenstände der Ausfuhr oder Durchfuhr, sondern auf das **Beförderungsmittel** beziehen, z. B. die Reparatur eines beschädigten Lkw oder die Überlassung eines Liegeplatzes in einem Binnenhafen für das befördernde Schiff (vgl. Abschn. 4.3.4 Abs. 2 Nr. 2 UStAE). Bei Luftfahrzeugen und Seeschiffen kommt ggf. die Steuerbefreiung nach § 4 Nr. 2 UStG i. V. m. § 8 UStG in Betracht (vgl. die Kommentierung zu § 8).

39 Ebenfalls keinen unmittelbaren Bezug zu Gegenständen der Ausfuhr haben **Bewirtschaftungsleistungen** bezüglich einer **Kraftfahrzeug-Park und Staufläche** an einem Grenzübergang (vgl. FG Berlin-Brandenburg vom 23.01.2007, Az.: 5 K 99/05, EFG 2007, 1377). In seiner Revisionsentscheidung (vgl. BFH vom 27.02.2008, Az.: XI R 55/07 (NV), BFH/NV 2008, 1211) weist der BFH die Revision der Klägerin als unbegründet zurück. Nach den Entscheidungsgründen handelt es sich bei den durch die Klägerin erbrachten Leistungen um solche, die sich unmittelbar lediglich auf Beförderungsmittel beziehen, die Gegenstände der Ausfuhr transportieren, nicht aber auf die mit diesen Fahrzeugen beförderten Ausfuhrgegenstände. Letzteres fordert der Wortlaut der Norm. Bei der unter die Steuerbefreiung fallenden Leistung muss es sich nach Auffassung des BFH allerdings entgegen der Auffassung des FG nicht um eine handelsübliche Nebenleistung zu einer Güterbeförderung als Hauptleistung handeln.

40 »Die Tätigkeit einer internationalen Kontroll- und Überwachungsgesellschaft, deren »Bescheinigung über die Entladung und Einfuhr« von Erzeugnissen in das Drittland Voraussetzung für eine im Inland zu gewährende Ausfuhrerstattung ist, steht in unmittelbarem Zusammenhang mit Gegenständen der Ausfuhr i. S. des § 4 Nr. 3 S. 1 Buchst. a Doppelbuchst. aa, 1. Alternative UStG und ist daher steuerbefreit.« Vgl. BFH vom 10.11.2010, Az.: V R 27/09, BStBl. II 2011, 557.

2.3.2 § 4 Nr. 3 Buchst. a Doppelbuchst. bb UStG

41 § 4 Nr. 3 Buchst. a Doppelbuchst. bb UStG befreit die grenzüberschreitende Güterbeförderung und andere sonstige Leistungen von der USt, wenn sich die Leistungen auf einen Gegenstand der Einfuhr in das Gebiet eines Mitgliedsstaates der Europäischen Union beziehen und die Kosten für die Leistung in der Bemessungsgrundlage für die Einfuhr enthalten sind (= Vermeidung eines unversteuerten Endverbrauches im Gemeinschaftsgebiet). Wegen weiterer Einzelheiten zur Bemessungsgrundlage der EUSt vgl. die Kommentierung zu § 11 (Einbeziehung nach § 11 Abs. 1 oder 2 und/oder Abs. 3 Nr. 3 und 4 UStG). Dies ist auch bei Gegenständen der Fall, deren Einfuhr nach den für die Einfuhrbesteuerung geltenden Vorschriften befreit ist, z. B. Umzugsgut (Abschn. 4.3.3 Abs. 2 S. 4 UStAE, vgl. EuGH vom 04.10.2017, Rs.: C-273/16, FedEx, BB 2017, 2453 und von Streit in EU-UStB 4/2017, 94 f.).

42 Nicht unter die Steuerbefreiung fällt die Beförderung der in § 1 Abs. 3 Nr. 4 Buchst. a UStG bezeichneten Gegenstände (= Gegenstände, die sich in einem zollamtlich bewilligten Freihafen-Veredelungsverkehr (§ 12 b EUStBV) oder in einer zollamtlich besonders zugelassenen Freihafen-

lagerung (§ 12a EUStBV) befinden) aus einem Freihafen in das Inland (§ 4 Nr. 3 Buchst. a Doppelbuchst. bb S. 2 UStG).

Der Auftraggeber der Leistungen muss kein ausländischer Auftraggeber sein, da die Vorschrift insoweit keine Einschränkung enthält (vgl. aber § 4 Nr. 3 Buchst. c UStG). **43**

Im Unterschied zu der Steuerbefreiung nach § 4 Nr. 3 Buchst. a Doppelbuchst. aa UStG muss sich die Leistung nicht unmittelbar auf Gegenstände der Einfuhr beziehen, Vermittlungsleistungen können daher ebenfalls in den Anwendungsbereich fallen. **44**

Unter § 4 Nr. 3 Buchst. a Doppelbuchst. bb UStG fallen insbesondere (vgl. Abschn. 4.3.3 Abs. 1 UStAE): **45**

- Die grenzüberschreitende Güterbeförderung und die Beförderung im internationalen Eisenbahnfrachtverkehr bis zum ersten Bestimmungsort im Gemeinschaftsgebiet (vgl. § 11 Abs. 3 Nr. 3 UStG – die Kosten zählen mit zur Bemessungsgrundlage der EUSt).
- Die Güterbeförderungen, die sich an die o.g. Beförderung zu einem weiteren Bestimmungsort im Gemeinschaftsgebiet anschließen (vgl. § 11 Abs. 3 Nr. 4 UStG – die Kosten zählen mit zur Bemessungsgrundlage der EUSt, sofern der weitere Bestimmungsort im Zeitpunkt des Entstehens der EUSt bereits feststeht). Darunter fallen Beförderungen aufgrund einer nachträglichen Verfügung oder »Nachtransporte« von einem Flugplatz, Bahnhof oder Binnenhafen zum Empfänger.
- Umschlag oder Lagerung der eingeführten Gegenstände (§ 11 Abs. 3 Nr. 3, 4 UStG).
- Handelsübliche Nebenleistungen, die bei grenzüberschreitenden Beförderungen, bei den Anschlussbeförderungen oder Umschlag und Lagerung vorkommen, beispielsweise das Wiegen, Messen, Probeziehen oder die Anmeldung zur Abfertigung zum freien Verkehr (§ 11 Abs. 3 Nr. 3, 4 UStG).
- Besorgungsleistungen zu den obenstehenden Leistungen (§ 3 Abs. 11 UStG).
- Vermittlungsleistungen (§ 11 Abs. 3 Nr. 3, 4 UStG), für die die Steuerbefreiung nach § 4 Nr. 5 UStG nicht in Betracht kommt, z. B. für die Vermittlung steuerpflichtiger Lieferungen, die von einem Importlager im Inland ausgeführt werden. Die Vorschrift fordert keinen unmittelbaren Bezug der Leistung auf den Gegenstand der Einfuhr.

Eine genaue Prüfung, ob es sich bei der Leistung um eine Beförderung, den Umschlag oder die Lagerung oder eine andere handelsübliche Nebenleistung handelt, kann unterbleiben, da durch die Vorschrift jede Leistung, die sich auf Gegenstände der Einfuhr bezieht, umfasst (vgl. Abschn. 4.3.3 Abs. 2 S. 1 UStAE). Ausführliche Beispiele sind in Abschn. 4.3.3 Abs. 8 UStAE dargestellt (für sonstige Leistungen ab 01.01.2010 sind die geänderten Ortsvorschriften zu beachten, vgl. Rn. 33f.). **46**

2.3.3 § 4 Nr. 3 Buchst. b UStG

I. g. Beförderungen werden durch die Steuerbefreiung des § 4 Nr. 3 Buchst. a UStG grundsätzlich nicht erfasst (vgl. Kap. 2.1.4 mit Ausnahmen). Eine Sonderregelung enthält § 4 Nr. 3 Buchst. b UStG für die Beförderung von Gegenständen nach und von den Inseln, die die autonomen Regionen **Azoren und Madeira** bilden. Die autonomen Regionen Azoren und Madeira gehören zum Mitgliedstaat Portugal und sind Bestandteil des üGG (vgl. § 1 Abs. 2a S. 1 UStG; Abschn. 1.10 Abs. 1 UStAE). **47**

Für sonstige Leistungen sind die durch das JStG 2009 geänderten Ortsvorschriften zu beachten (vgl. Rn. 33f.). Für Unternehmer als Leistungsempfänger ermittelt sich bei Bezug der Leistung für das Unternehmen der Ort nach § 3a Abs. 2 UStG, für Nichtunternehmer nach § 3b Abs. 3 UStG. Sofern die sonstige Leistung danach nicht steuerbar ist, besteht für die Steuerbefreiung kein Anwendungsbereich mehr. **48**

2.3.4 § 4 Nr. 3 Buchst. c UStG (Leistungen an Gegenständen der Einfuhr)

49 Die Vorschrift befreit sonstige Leistungen, die sich unmittelbar auf eingeführte Gegenstände beziehen, für die zollamtlich eine vorübergehende Verwendung in den in § 1 Abs. 1 Nr. 4 UStG bezeichneten Gebieten (= Inland/österreichische Gebiete Jungholz und Mittelberg) bewilligt wurde, wenn der Leistungsempfänger ein ausländischer Auftraggeber i. S. v. § 7 Abs. 2 UStG ist. Von der Steuerbefreiung ausgeschlossen sind sonstige Leistungen, die sich auf Beförderungsmittel, Paletten und Container beziehen.

50 Wegen des Tatbestandsmerkmals »zollamtlich bewilligte vorübergehende Verwendung« vgl. die Kommentierung zu § 5 (in diesem Zusammenhang die entsprechenden Vorschriften der EUStBV). Die sonstigen Leistungen müssen sich nach dem Wortlaut der Vorschrift unmittelbar auf die eingeführten Gegenstände beziehen. In Betracht kommen daher insbesondere Beförderungsleistungen im Zusammenhang mit den eingeführten Gegenständen, aber auch andere sonstige Leistungen wie beispielsweise die Lagerung dieser Gegenstände im Inland. Vermittlungsleistungen fallen wegen des geforderten unmittelbaren Bezugs auf die eingeführten Gegenstände nicht unter die Steuerbefreiung.

51 Steuerfrei sind diese Leistungen jedoch nur, wenn der Leistungsempfänger die Eigenschaft eines ausländischen Auftraggebers erfüllt. Die Vorschrift verweist insoweit auf die Regelungen des § 7 Abs. 2 UStG, diese Vorschrift wiederum auf den Inhalt des § 6 Abs. 2 UStG (vgl. die Kommentierung zu § 6). Ausländischer Auftraggeber ist daher derjenige, der die Eigenschaft eines ausländischen Abnehmers erfüllt. Dies ist gegeben, wenn der Auftraggeber entweder seinen Wohnort oder Sitz im Ausland, ausgenommen der in § 1 Abs. 3 UStG bezeichneten Gebiete, hat oder es sich um eine Zweigniederlassung eines im Inland oder den in § 1 Abs. 3 UStG bezeichneten Gebieten ansässigen Unternehmers handelt, die ihren Sitz im Ausland, ausgenommen der in § 1 Abs. 3 UStG bezeichneten Gebiete, hat und die den Auftrag in eigenem Namen erteilt.

2.4 Nachweise

2.4.1 Allgemeines

52 Nach § 4 Nr. 3 S. 3 UStG müssen die Voraussetzungen der Steuerbefreiung durch den Unternehmer nachgewiesen werden. Einzelheiten der Nachweisverpflichtung regelt die UStDV (§ 4 Nr. 3 S. 4 UStG/Ermächtigungsvorschrift). Der Nachweis setzt sich demnach aus einem **Belegnachweis** (§ 20 UStDV) und einem **Buchnachweis** (§ 21 UStDV) zusammen (wegen der Änderungen durch das JStG 2009 vgl. Rn. 6).

2.4.2 Belegnachweis

53 § 20 UStDV differenziert bezüglich des Belegnachweises zwischen den Steuerbefreiungstatbeständen nach § 4 Nr. 3 Buchst. a Doppelbuchst. aa UStG (= § 20 Abs. 1 UStDV) und § 4 Nr. 3 Buchst. a Doppelbuchst. bb UStG (= § 20 Abs. 2 UStDV), wobei der Nachweis grundsätzlich im Geltungsbereich des UStG (vgl. Rz. 6) zu führen ist (= § 20 Abs. 3 UStDV).

54 Bei Leistungen, die sich unmittelbar auf **Gegenstände der Aus- oder Durchfuhr** beziehen **(§ 4 Nr. 3 Buchst. a Doppelbuchst. aa UStG)**, muss der Unternehmer nach § 20 Abs. 1 S. 1 UStDV den Umstand der Ausfuhr oder Wiederausfuhr belegmäßig nachweisen, wobei sich der Sachverhalt

aus den Belegen eindeutig und leicht nachprüfbar ergeben muss (§ 20 Abs. 1 S. 2 UStDV). Die Vorschriften §§ 9–11 UStDV (ergangen zu § 6 UStG/Ausfuhrlieferungen) gelten entsprechend. Zu Einzelheiten des Belegnachweises vgl. Abschn. 4.3.4 Abs. 4 UStAE. Wegen Besonderheiten bei sog. Vortransporten vgl. Abschn. 4.3.4 Abs. 5 bis 7 UStAE. Zur Möglichkeit der Übermittlung von Belegen auf elektronischem Weg vgl. BMF vom 06.01.2014, Az.: IV D 3 – S 7156/13/10001, BStBl. I 2014, 152 (Anpassung des UStAE in Abschn. 4.3.4 mit zeitlicher Anwendungsregelung).

Bei Leistungen, die sich auf **Gegenstände der Einfuhr** in das Gemeinschaftsgebiet beziehen **(§ 4 Nr. 3 Buchst. a Doppelbuchst. bb UStG)**, muss der Unternehmer nachweisen, dass die Kosten für diese Leistungen in der Bemessungsgrundlage für die EUSt enthalten sind (§ 20 Abs. 2 UStDV). Die Verwaltung verzichtet aus Vereinfachungsgründen auf den konkreten Nachweis, wenn der Leistungsempfänger ein ausländischer Auftraggeber ist, das Entgelt für die einzelne Leistung unter 100 € liegt und sich aus der Gesamtheit der beim leistenden Unternehmer vorhandenen Unterlagen keine berechtigten Zweifel daran ergeben, dass die Kosten Teil der Bemessungsgrundlage für die EUSt sind (Abschn. 4.3.3 Abs. 3 S. 2 UStAE). Wegen weiterer Einzelheiten vgl. Abschn. 4.3.3 Abs. 4 ff. UStAE und OFD Hannover vom 21.05.2007, Az.: S 7156b – 5 – StO 183, DStR 2007, 1209 (vgl. Raudszus, UStB 2008, 227). Zur Möglichkeit der Übermittlung von Belegen auf elektronischem Weg vgl. BMF vom 06.01.2014, Az.: IV D 3 – S 7156/13/10001, BStBl I 2014, 152 (Anpassung des UStAE in Abschn. 4.3.3 mit zeitlicher Anwendungsregelung). 55

Bei Leistungen, die unter § 4 Nr. 3 Buchst. b UStG fallen, beinhaltet die UStDV keine ausdrücklichen Regelungen, über § 4 Nr. 3 S. 3 UStG müssen aber auch in diesen Fällen die Voraussetzungen der Steuerbefreiung nachgewiesen werden. In Betracht kommen m. E. insbesondere die handelsüblichen Belege wie Frachtpapiere etc. 56

Bei Leistungen, die unter § 4 Nr. 3 Buchst. c UStG fallen, beinhaltet die UStDV ebenfalls keine ausdrücklichen Regelungen, über § 4 Nr. 3 S. 3 UStG gilt die Nachweisverpflichtung aber auch in diesen Fällen. Als Nachweis kommen insbesondere die Papiere in Betracht, mit denen die zollamtliche Bewilligung der vorübergehenden Verwendung erlangt wird. 57

2.4.3 Buchnachweis

Für den buchmäßigen Nachweis sind nach § 21 S. 1 UStDV § 13 Abs. 1 und Abs. 2 Nr. 1–4 UStDV entsprechend anzuwenden (vgl. Abschn. 4.3.6 S. 2 UStAE: entsprechende Anwendung Abschn. 6.10 Abs. 1–5 UStAE). Aufzuzeichnen sind daher vor allem die Art und der Umfang der erbrachten Leistung, der Name und die Anschrift des Auftraggebers, der Tag der Leistungserbringung und das Entgelt. Zusätzlich soll der Unternehmer nach § 21 S. 2 UStDV aufzeichnen, dass in Fällen des § 4 Nr. 3 Buchst. a Doppelbuchst. aa UStG der Gegenstand ausgeführt oder wiederausgeführt wurde (z. B. durch Hinweis auf die entsprechenden Belege nach § 20 Abs. 1 UStDV), bei Leistungen nach § 4 Nr. 3 Buchst. a Doppelbuchst. bb UStG, dass die Kosten für die Leistung in der Bemessungsgrundlage der EUSt enthalten sind (z. B. durch Hinweis auf die entsprechenden Belege nach § 20 Abs. 2 UStDV). 58

2.5 Aufzeichnungspflichten

Wegen der erleichterten Trennung der Bemessungsgrundlagen im Zusammenhang mit den Aufzeichnungspflichten nach § 22 UStG vgl. BMF vom 15.09.2009 (Az.: IV B 8 – S 7390/09/10002, DStR 2009, 2050), vgl. die Kommentierung zu § 18a und vgl. die Kommentierung zu § 18b. 59

§ 4 Nr. 4 UStG
Steuerbefreiungen: Goldlieferungen an Zentralbanken

Von den unter § 1 Abs. 1 Nr. 1 fallenden Umsätzen sind steuerfrei:

...

4. die Lieferungen von Gold an Zentralbanken;

...

Richtlinien/Hinweise/Verordnungen
UStAE: Abschn. 4.4.1.
MwStSystRL: Art. 152.

1 Allgemeines

1.1 Überblick über die Vorschrift

1 § 4 Nr. 4 UStG befreit die Lieferung von Gold an Zentralbanken von der USt. Voraussetzung für die Steuerbefreiung ist allgemein, dass die Lieferung durch einen Unternehmer (vgl. die Kommentie-

rung zu § 2) im Rahmen seines Unternehmens erfolgt und sich der Ort der Lieferung im Inland befindet (vgl. § 3 Abs. 6 UStG und vgl. die Kommentierung zu § 3), da § 4 UStG grundsätzlich nur steuerbare Umsätze nach § 1 Abs. 1 Nr. 1 UStG betrifft.

1.2 Rechtsentwicklung

Bis 1979 war nur die Einfuhr von Gold durch die Deutsche Bundesbank umsatzsteuerfrei (§ 5 Nr. 10 EUStBefrO). Durch das UStG 1979 wurde zum 01.01.1980 die Steuerbefreiung nach § 4 Nr. 4 UStG in ihrer heute noch gültigen Fassung eingefügt. Ausweislich der Gesetzesbegründung (vgl. BT-Drucks. 8/1779 vom 05.05.1978, 32) sollte die Lieferung von Währungsgold der bereits zuvor steuerfreien Einfuhr von Währungsgold gleichgestellt werden. Ausschlaggebend waren dabei währungspolitische Gründe, da die Deutsche Bundesbank als Nichtunternehmerin nicht zum Vorsteuerabzug berechtigt und daher eine Entlastung von Umsatzsteuer nur über eine Steuerbefreiung erreichbar war. Im Gesetzgebungsverfahren wurde der Begriff »Deutsche Bundesbank« durch »Zentralbanken« ersetzt, um auch die Lieferung von Währungsgold an ausländische Zentralbanken von der Umsatzsteuer zu befreien, was i. Ü. auch dem Wortlaut der MwStSystRL/ 6. EG-RL entspricht (vgl. BT-Drucks. 8/2827 vom 09.05.1979, 73). 2

1.3 Geltungsbereich

1.3.1 Sachlicher Geltungsbereich

Die Steuerbefreiung gilt im Kern für die Lieferung von Gold an die Deutsche Bundesbank und die Europäische Zentralbank (vgl. Abschn. 4.4.1 S. 1 UStAE). Begünstigt ist ferner die Lieferung von Gold an Zentralbanken oder entsprechende Währungsbehörden anderer Staaten (vgl. Abschn. 4.4.1 S. 2 UStAE). Das gelieferte Gold muss bei der Lieferung an Zentralbanken anderer Staaten nicht ins Ausland gelangen (vgl. Abschn. 4.4.1 S. 3 UStAE; z. B. bei Verwahrung durch eine inländische Bank; vgl. Rn. 10 zur Ausfuhr/i. g. Lieferung). Nicht durch § 4 Nr. 4 UStG befreit ist die Vermittlung der Lieferung von Gold an Zentralbanken. Diese fällt unter § 4 Nr. 5 Buchst. a UStG. 3

1.3.2 Persönlicher Geltungsbereich

1.3.2.1 Leistender Unternehmer

§ 4 Nr. 4 UStG sieht hinsichtlich des persönlichen Geltungsbereichs keine Beschränkungen vor und gilt daher für **alle Unternehmer** i. S. d. § 2 UStG. Zu beachten ist dabei, dass der Wortlaut der Vorschrift die **Lieferung an** Zentralbanken steuerbefreit, nicht die Lieferung durch Zentralbanken. Hinsichtlich der Tätigkeiten von Zentralbanken ist zunächst deren Unternehmereigenschaft zu prüfen. Erst wenn diese bejaht wird stellt sich die Frage nach der Anwendung einer Steuerbefreiung. 4

1.3.2.2 Leistungsempfänger

5 Empfänger steuerfreier Goldlieferungen können sein:

- die Deutsche Bundesbank (mit ihren Hauptverwaltungen nach § 8 Abs. 1 Deutsche Bundesbank Gesetz),
- die Europäische Zentralbank (EZB),
- Zentralbanken anderer Staaten,
- die den Zentralbanken entsprechenden Währungsbehörden anderer Staaten (Abschn. 4.4.1 S. 2 UStAE).

1.3.3 Zeitlicher Geltungsbereich

6 Die Vorschrift gilt seit dem 01.01.1980 (vgl. Rn. 2).

1.4 Gemeinschaftsrechtliche Grundlagen und Verhältnis zu anderen Vorschriften

7 § 4 Nr. 4 UStG beruht auf den gemeinschaftsrechtlichen Vorgaben des Art. 152 MwStSystRL, der allerdings der Ausfuhr gleichgestellte Umsätze betrifft. Eine vergleichbare ausdrückliche Inlandsregelung in Art. 132 ff. MwStSystRL findet sich zunächst nicht, durch Auslegung kann jedoch gefolgert werden, dass sich die Vorschrift speziell auf Lieferungen im Inland bezieht (vgl. Rn. 10). Auf Grund der wortgleichen Übernahme sind insofern Mängel bei der Umsetzung der MwStSystRL in nationales Recht nicht erkennbar. Im Zusammenhang mit der Lieferung von Gold an Zentralbanken ist ebenfalls steuerbefreit die Einfuhr von Gold durch Zentralbanken (Art. 143 Abs. 1 Buchst. k MwStSystRL; national § 5 Abs. 1 Nr. 2 UStG) sowie der i. g. Erwerb von Gold durch Zentralbanken (Art. 140 Buchst. b MwStSystRL; national § 4b Nr. 2 UStG).

8 Gem. § 15 Abs. 1, Abs. 2 Nr. 1 und Abs. 3 Nr. 1 Buchst. a UStG werden nämliche Goldlieferungen in vollem Umfang von der USt entlastet; die Lieferungen sind steuerfrei, der Vorsteuerabzug bleibt dennoch erhalten (sog. **echte Steuerbefreiung**, vgl. § 4 Rn. 5 und 6).

9 Eine besondere Steuerbefreiung (unabhängig davon, ob der Erwerber eine Zentralbank ist) für **Umsätze mit Anlagegold** sieht § 25c UStG vor (vgl. die Kommentierung zu § 25c). Nach Abschn. 25c.1 Abs. 7 S. 1 UStAE hat die Steuerbefreiung des § 25c UStG Vorrang gegenüber § 4 Nr. 4 UStG (vgl. Abschn. 4.4.1 S. 4 UStAE).

2 Kommentierung

10 § 4 Nr. 4 UStG betrifft die **Inlandslieferung** von Gold an Zentralbanken. Gelangt das Gold im Rahmen der Lieferung hingegen in das üGG (vgl. § 1 Abs. 2a S. 1 UStG) oder das Drittlandsgebiet (vgl. § 1 Abs. 2a S. 3 UStG), liegt entweder eine Ausfuhrlieferung nach § 6 UStG vor, die nach den dort genannten Voraussetzungen steuerfrei ist (§ 4 Nr. 1 Buchst. a UStG), oder eine i. g.

Lieferung nach § 6a UStG, die nach den dort genannten Voraussetzungen steuerfrei ist (§ 4 Nr. 1 Buchst. b UStG). Die genannten Normen gehen dem § 4 Nr. 4 UStG als speziellere Vorschriften vor (vgl. insofern auch Art. 140 Buchst. b MwStSystRL, der davon ausgeht, dass der i. g. Erwerb von Gold durch Zentralbanken steuerfrei ist, was nach der Rechtsprechung des EuGH jedoch spiegelbildlich eine i. g. Lieferung voraussetzt [Art. 138 MwStSystRL]; vgl. Art. 152 MwStSystRL, der speziell der Ausfuhr gleichgestellte Umsätze anspricht). Nach Abschn. 25c.1 Abs. 7 S. 2 UStAE geht wiederum § 25c UStG den §§ 6, 6a UStG vor.

Die Steuerbefreiung schließt den **Vorsteuerabzug** nach § 15 Abs. 3 Nr. 1 Buchst. a UStG nicht aus. Steuerfrei ist das Entgelt für die Lieferung. Der Umfang des Entgelts bestimmt sich nach den allgemeinen Grundsätzen (vgl. § 10 UStG und vgl. die Kommentierung dazu). 11

Unter den Begriff **Zentralbanken** fallen einerseits die Deutsche Bundesbank und die Europäische Zentralbank, andererseits aber auch die Zentralbanken anderer Staaten, einschließlich der den Zentralbanken entsprechenden Währungsbehörden anderer Staaten (vgl. Abschn. 4.4.1 S. 2 UStAE). Weitergehende Voraussetzungen, insbesondere einen besonderen **Nachweis** regelt die Norm nicht. Insoweit geht der deutsche Gesetzgeber offenbar davon aus, dass es keine weiteren Bedingungen gebe, die zur Gewährleistung einer korrekten und einfachen Anwendung sowie zur Verhütung von Steuerhinterziehung, Steuerumgehung und etwaigen Missbräuchen festzulegen wären (vgl. den Wortlaut des Einleitungssatzes von Art. 131 MwStSystRL). Unabhängig von einem spezifisch geforderten Nachweis muss der Unternehmer jedoch generell in der Lage sein, das Vorliegen eines entsprechenden Umsatzes durch geeignete Unterlagen zu dokumentieren, aufgrund derer er die Steuerbefreiung beansprucht (vgl. § 22 UStG – Aufzeichnungspflichten). 12

Zur **Abgrenzung von anderen Goldlieferungen** vgl. die Kommentierung zu § 25c sowie BMF 16.03.2000 (Az: IV D 2 – S 7423–5/00, BStBl. I 2000, 456; Abschn. 25c.1 UStAE). 13

§ 4 Nr. 4a UStG
Steuerbefreiungen: Umsätze mit dem Steuerlager

Von den unter § 1 Abs. 1 Nr. 1 bis 3 fallenden Umsätzen sind steuerfrei:

…

4a. die folgenden Umsätze:

a) die Lieferungen der in der Anlage 1 bezeichneten Gegenstände an einen Unternehmer für sein Unternehmen, wenn der Gegenstand der Lieferung im Zusammenhang mit der Lieferung in ein Umsatzsteuerlager eingelagert wird oder sich in einem Umsatzsteuerlager befindet. Mit der Auslagerung eines Gegenstands aus einem Umsatzsteuerlager entfällt die Steuerbefreiung für die der Auslagerung vorangegangene Lieferung, den der Auslagerung vorangegangenen innergemeinschaftlichen Erwerb oder die der Auslagerung vorangegangene Einfuhr; dies gilt nicht, wenn der Gegenstand im Zusammenhang mit der Auslagerung in ein anderes Umsatzsteuerlager im Inland eingelagert wird. Eine Auslagerung ist die endgültige Herausnahme eines Gegenstands aus einem Umsatzsteuerlager. Der endgültigen Herausnahme steht gleich der sonstige Wegfall der Voraussetzungen für die Steuerbefreiung sowie die Erbringung einer nicht nach Buchstabe b begünstigten Leistung an den eingelagerten Gegenständen,

b) die Leistungen, die mit der Lagerung, der Erhaltung, der Verbesserung der Aufmachung und Handelsgüte oder der Vorbereitung des Vertriebs oder Weiterverkaufs der eingelagerten Gegenstände unmittelbar zusammenhängen. Dies gilt nicht, wenn durch die Leistungen die Gegenstände so aufbereitet werden, dass sie zur Lieferung auf der Einzelhandelsstufe geeignet sind.

Die Steuerbefreiung gilt nicht für Leistungen an Unternehmer, die diese zur Ausführung von Umsätzen verwenden, für die die Steuer nach den Durchschnittssätzen des § 24 festgesetzt ist. Die Voraussetzungen der Steuerbefreiung müssen vom Unternehmer eindeutig und leicht nachprüfbar nachgewiesen sein. Umsatzsteuerlager kann jedes Grundstück oder Grundstücksteil im Inland sein, das zur Lagerung der in Anlage 1 genannten Gegenstände dienen soll und von einem Lagerhalter betrieben wird. Es kann mehrere Lagerorte umfassen. Das Umsatzsteuerlager bedarf der Bewilligung des für den Lagerhalter zuständigen Finanzamts. Der Antrag ist schriftlich zu stellen. Die Bewilligung ist zu erteilen, wenn ein wirtschaftliches Bedürfnis für den Betrieb des Umsatzsteuerlagers besteht und der Lagerhalter die Gewähr für dessen ordnungsgemäße Verwaltung bietet;

…

Literatur

Nieskens, Wichtigste Änderungen der Umsatzsteuer durch das Steueränderungsgesetz 2003 und das Haushaltsbegleitgesetz 2004, UR 2004, 105. **Schäfer/Kombert**, Die neue Umsatzsteuerlagerregelung/Definitionen und Bedingungen der Regelung, UStB 2004, 164. **Weimann**, Zur Möglichkeit der Einfuhr einer Steuerlagerregelung/Ein erster Überblick, UVR 2000, 197. **Weimann**, Umsatzsteuer in der Praxis, 16. Aufl. 2018, Kap. 34.

Verwaltungsanweisungen

BMF vom 28.01.2004, Az: IV D 1 – S 7157 – 1/04/IV D 1 – S 7157a – 1/04, BStBl I 2004, 242.

FinMin Schleswig-Holstein, Kurzinfo USt 01/2016 vom 12.1.2016, Umsatzsteuerlagerregelung; Umsatzsteuerliche Behandlung der ruhenden Lieferung in einem Reihengeschäft (§ 4 Nr. 4a Satz 1 Buchst. a Satz 1 UStG).

Hinweis: Zur Problematik der zeitlichen Geltungsdauer von BMF-Schreiben vgl. Einführung UStG, Rz. 100 ff.

Richtlinien/Hinweise/Verordnungen

UStAE: Abschn. 4.4a.1.
MwStSystRL: Art. 154 ff.

1 Allgemeines

1.1 Überblick über die Vorschrift

Durch die Einführung einer Steuerlagerregelung in das deutsche Umsatzsteuerrecht wurden zum 01.01.2004 die steuerlichen Rahmenbedingungen der begünstigten Umsätze entscheidend geändert; der Wirtschaftsstandort Deutschland hat dadurch sicher an Interesse gewonnen. Zollrechtlich konnten Waren bereits für bestimmte Zeiträume unverzollt im Inland gelagert werden. Obwohl die MwStSystRL (davor 6. EG-RL) es den Mitgliedstaaten ermöglichte, auch für Zwecke der USt den grenzüberschreitenden Warenverkehr durch Einführung einer besonderen Lagerregelung zu erleichtern, sah das deutsche UStG diese Regelung bislang nicht vor. Während einige Mitgliedstaaten (z. B. die Niederlande) von dieser Möglichkeit bereits Gebrauch gemacht hatten, 1 wurde sie in Deutschland in den letzten Jahren immer wieder neu diskutiert (vgl. Weimann, UVR 2000, 197). Strittig war insbesondere die Frage, welche Waren der Steuerlagerregelung unterliegen sollen. Während die meisten Bundesländer die Regelung auf die in der neuen Anlage 1 angeführten Gegenstände beschränken wollten, ist (war) diese Regelung den Küstenländern (Bremen, Hamburg) eigentlich zu eng. Nach mehreren divergierenden Gesetzesentwürfen konnten sich nunmehr alle Beteiligten auf die Regelung im Steueränderungsgesetz 2003 (StÄndG 2003, BGBl I 2003, 2645) einigen.

1.2 Rechtsentwicklung

2 § 4 Nr. 4a UStG wurde zum 01.01.2004 durch das StÄndG 2003 (BGBl I 2003, 2645) unter Beteiligung der betroffenen Unternehmensverbände neu in das UStG eingefügt. Die Vorschrift erleichtert die Abwicklung von Warengeschäften mit Ausländern, bei denen die Ware nicht bewegt wird, und verbessert so die Wettbewerbsfähigkeit der beteiligten deutschen Unternehmer (insbesondere der Lagerhalter, vgl. Rn. 1).

1.3 Geltungsbereich

1.3.1 Sachlicher Geltungsbereich

3 Die Vorschrift regelt die umsatzsteuerliche Behandlung der

- Lieferung eines Gegenstandes in ein Steuerlager **(Einlagerung)**,
- Lieferung eines eingelagerten Gegenstandes innerhalb des Steuerlagers **(Lagerlieferungen)** sowie die damit zusammenhängenden Dienstleistungen,
- Herausnahme eines eingelagerten Gegenstandes aus einem Steuerlager **(Auslagerung)**.

4 Dabei kommen als **Lagerware** nur die in der neuen Anlage 1 bezeichneten Gegenstände in Betracht (vgl. Rn. 20 f. u. 52).

1.3.2 Persönlicher Geltungsbereich

5 § 4 Nr. 4a UStG sieht hinsichtlich des persönlichen Geltungsbereichs keine Beschränkungen vor und gilt daher für **alle Unternehmer** i. S. d. § 2 UStG.

1.3.3 Zeitlicher Geltungsbereich

6 § 4 Nr. 4a UStG ist **zum 01.01.2004** in Kraft getreten und gilt für Sachverhalte, die nach dem 31.12.2003 verwirklicht werden (Art. 17 Abs. 4 StÄndG 2003).

7 Die Anlage zu § 4 Nr. 4a UStG (Liste der Gegenstände, die der Umsatzsteuerlagerregelung unterliegen können – Anlage 1 des UStG) wurde neu gefasst durch das Jahressteuergesetz 2007 – JStG 2007 – vom 13.12.2006 (BGBl I 2006, 2878).

1.4 Gemeinschaftsrechtliche Grundlagen und Verhältnis zu anderen Vorschriften

EG-rechtliche Grundlage des USt-Lagers sind Art. 154 ff. MwStSystRL. Die Vorschrift gibt den Rahmen zur Gewährung einer Steuerbefreiung für bestimmte Umsätze im Zusammenhang mit einem **von jedem EG-Mitgliedstaat selbst zu definierenden USt-Lager** vor. 8

TIPP

Nach dieser Regelung können die EU-Mitgliedstaaten – vorbehaltlich einer Konsultation des Mehrwertsteuerausschusses nach Art. 398 MwStSystRL – unter bestimmten Voraussetzungen eine Steuerbefreiung für Lieferungen in ein Verbrauchsteuerlager oder bei nicht verbrauchsteuerpflichtigen Waren in ein von ihnen selbst definiertes Umsatzsteuerlager sowie für in diesen Lagern bewirkte Lieferungen und Dienstleistungen einführen. Die Festlegung der Einzelheiten ist den EU-Mitgliedstaaten überlassen.
Damit gibt es keine EG-einheitliche Steuerlagerregelung. Der Unternehmer muss auf die Besonderheiten eines jeden Staates vorbereitet sein!

Zentrale Vorschriften der deutschen Regelung sind die Steuerbefreiungen nach 9

- § 4 Nr. 4a UStG (Steuerlager i. e. S.),
- § 4 Nr. 4b UStG (Lieferungen vor Einfuhr = Sondervorschrift für Nichtgemeinschaftsware).

Daneben bedingte die Einführung eines Steuerlagers zum 01.01.2004 zahlreiche Folgeänderungen, die sich teilweise materiell auswirken, teilweise aber auch redaktioneller Natur sind. 10

Das BMF hat in einem Einführungsschreiben zu den Neuregelungen Stellung genommen (BMF vom 28.01.2004, BStBl I 2004, 242). Dieses relativ betagte BMF-Schreiben wendet die FinVerw weiter an (vgl. Abschn. 4.4a.1 UStAE und BMF vom 09.04.2013, 1309, zur zweifelhaften Bedeutung dieses Schreibens vgl. Einführung UStG Rn. 62 ff.). 11

2 Kommentierung

2.1 Sinn, Zweck und Vorteile des Steuerlagers

Sinn, Zweck und Vorteile der Regelung erschließen sich am ehesten bei der Betrachtung eines Praxisfalls: 12

Beispiel:

Das deutsche Unternehmen (D) mit Sitz in Dortmund produziert aus besonders veredeltem Rohöl Industrieklebstoffe. Die Kunst der Ölveredelung beherrscht D so gut, dass das Öl über den Eigenbedarf hinaus veredelt und Mitbewerbern zum Kauf angeboten wird. Das geschieht in der Weise, dass D zunächst das gesamte Öl an einen ausländischen Generalaufkäufer (G) verkauft, der seinerseits – in der Regel ausländische – Unteraufkäufer (U1) sucht. Diese verkaufen das Öl wiederum an Unteraufkäufer (U2) weiter, und zwar solange, bis ein Käufer (P) gefunden ist, der das Öl tatsächlich zur Produktion von Klebstoffen verwendet.

D ➤ G ➤ U1 ➤ U2 ➤ R

Das veredelte Öl bleibt bei all diesen Geschäften am Produktionsstandort des D in Dortmund, wird also nicht bewegt. Erst P bringt es dorthin, wo es weiter verarbeitet werden soll. G, U1, U2 und P sind ausländische, in Deutschland bislang steuerlich nicht registrierte Unternehmer.

a) Die Geschäfte fanden im Jahr 2003 statt.
b) Die Geschäfte fanden im Jahr 2003 statt; das Öl lagerte jedoch in Rotterdam.
c) Die Geschäfte finden im Jahr 2014 statt.

Welche Folgen ergeben sich umsatzsteuerlich für die Beteiligten?

Lösung:

a) Zunächst kam es zu einer ruhenden Lieferung des D an den G. Der Lieferort bestimmte sich nach § 3 Abs. 7 S. 1 UStG und war dort, wo sich die Ware zur Zeit der Verschaffung der Verfügungsmacht befand, mithin in Dortmund. Die Lieferung war steuerbar (§ 1 Abs. 1 Nr. 1 UStG) und steuerpflichtig (§ 4 UStG Umkehrschluss). D hatte dem G eine Rechnung unter Ausweis deutscher Umsatzsteuer zu erteilen.
G tätigte nach denselben Vorschriften eine ruhende Lieferung an seinen Aufkäufer U1 und musste sich als Ausländer daher in Deutschland steuerlich registrieren lassen; eine Fiskalvertretung war nicht möglich (vgl. §§ 22 a ff. UStG). G hatte dem U1 ebenfalls eine Rechnung unter Ausweis deutscher Umsatzsteuer erteilt und war aus seiner Eingangsrechnung von D unter den weiteren Voraussetzungen des § 15 UStG zum Vorsteuerabzug berechtigt.
Die Lieferung des U1 an den U2 war genauso zu beurteilen; auch U2 muss sich daher in Deutschland steuerlich registrieren lassen.
Gleiches galt grundsätzlich für die Lieferung des U2 an P. Allerdings stellte sich hier die Frage der Steuerpflicht; je nachdem, wo P das Öl weiterverarbeitete, war die Lieferung als Ausfuhrlieferung (§ 4 Nr. 1 Buchst. a, § 6 UStG) oder i. g. Lieferung (§ 4 Nr. 1 Buchst. b, § 6a UStG) steuerfrei.
b) Um diesen – die Marge mindernden – Administrationsaufwand zu vermeiden, wurden solche Geschäfte vorzugsweise in den Niederlanden abgewickelt. Hier gab es bereits eine Steuerlagerregelung, die dazu führte, dass G, U1, U2 und P die Geschäfte ohne eigene Registrierungspflicht abwickeln konnten.
c) Eine solche Steuerlagerregelung wurde seit dem 01.01.2004 auch in Deutschland eingeführt; im Jahr 2014 können die Geschäfte daher weitestgehend ohne Registrierungspflichten für die ausländischen Beteiligten abgewickelt werden.

13 Die USt-Lagerreglung führt dazu, dass sich derartige Geschäfte nunmehr auch in Deutschland vorteilhaft gestalten lassen, und macht die »Flucht in das EG-Ausland« seit dem 01.01.2014 entbehrlich.

TIPP
Bleibt ausländischen Unternehmern bei Lagerlieferungen die Registrierung in Deutschland erspart, sparen diese damit zugleich Verwaltungsaufwand ein, den sie ansonsten bei der Einkaufskalkulation berücksichtigen würden. Für deutsche Unternehmer ergibt sich daraus die Möglichkeit höherer Verkaufsmargen!

2.2 Begriffliche Klärungen und Funktionsweise der Steuerbefreiung

14 Wird ein Gegenstand aus dem Inland in ein Steuerlager geliefert, ist die Lieferung als **Einlagerung** steuerfrei.

15 Ebenso steuerfrei sind die Lieferungen von Gegenständen, die sich bereits im Steuerlager befinden **(Lagerlieferungen)**, sowie die damit zusammenhängenden Dienstleistungen.

16 Verlässt der Gegenstand das Steuerlager **(Auslagerung)**, sind die der Auslagerung vorangegangene Lieferung oder der i. g. Erwerb zu besteuern. **Steuerschuldner** ist der Auslagerer. Ihm obliegen auch die **Erklärungs- und Aufzeichnungspflichten** für die Auslagerung.

17 Daraus ergibt sich für die obigen Fallstudie (vgl. Rn. 12) folgende Übersicht:

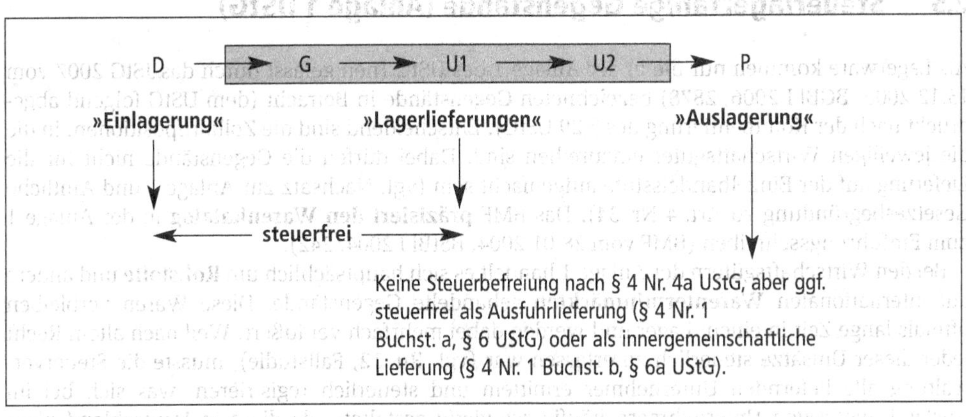

2.3 Faktische Beschränkung der Steuerlagerregelung auf Umsätze mit Gemeinschaftsware

Bei der Steuerlagerregelung des § 4 Nr. 4a UStG handelt es sich um eine Steuerbefreiung, die bei Umsätzen (Lieferungen) mit einzulagernden oder eingelagerten Waren zur Anwendung kommt. Dabei ist es rein rechtlich für die eigentliche Steuerbefreiung unerheblich, ob sich die eingelagerten Waren bereits im freien Verkehr befinden (Gemeinschaftswaren) oder nicht (Nichtgemeinschaftsware). 18

TIPP
Die Umsatzsteuerlagerregelung gilt damit grundsätzlich auch für Nichtgemeinschaftswaren, wird hierfür jedoch praktisch weniger bedeutsam sein, da Lieferungen von Nichtgemeinschaftswaren schon unter den Voraussetzungen des § 4 Nr. 4b UStG steuerfrei geliefert werden können. Zudem wäre eine zollamtliche Aufsicht für Nichtgemeinschaftsware erforderlich, die in ein Steuerlager eingelagert werden soll.

2.4 Keine Begünstigung des Endverbrauchs

Nach Art. 154 ff. MwStSystRL darf kein Umsatz begünstigt werden, bei dem die endgültige Verwendung und/oder ein Endverbrauch nicht ausgeschlossen werden können. Dieser Forderung entspricht das UStG dadurch, dass – wie beim Vorsteuerabzug – nur Lieferungen an einen anderen Unternehmer für dessen Unternehmen begünstigt sind (vgl. § 4 Nr. 4a S. 1 UStG). Zudem trägt die **Auswahl der steuerlagerfähigen Waren** dazu bei, dass eine endgültige Verwendung bzw. der Endverbrauch weitgehend ausgeschlossen werden kann (vgl. Rn. 20 f.). Dessen ungeachtet können jedoch einige Waren eingelagert werden, die grundsätzlich auch von einem Endverbraucher genutzt oder verbraucht werden könnten. In diesen Fällen muss verhindert werden, dass aufgrund der **Aufmachung der Waren** diese von einem Endverbraucher gekauft werden können, der z. B. Getreide nicht tonnenweise als Schüttgut einkauft. Wird das Getreide dagegen in kleinere Gebinde kiloweise abgepackt, kommt eine Steuerbefreiung für Lieferungen in dieser Aufmachung nicht mehr in Betracht (vgl. Rn. 20 f.). 19

2.5 Steuerlagerfähige Gegenstände (Anlage 1 UStG)

20 Als Lagerware kommen nur die in der Anlage 1 des UStG (neu gefasst durch das JStG 2007 vom 13.12.2006, BGBl I 2006, 2878) bezeichneten Gegenstände in Betracht (dem UStG folgend abgedruckt nach der Kommentierung des § 29 UStG). Entscheidend sind die Zolltarifpositionen, in die die jeweiligen Wirtschaftsgüter einzureihen sind. Dabei dürfen die Gegenstände nicht für die Lieferung auf der Einzelhandelsstufe aufgemacht sein (vgl. Nachsatz zur Anlage 1 und Amtliche Gesetzesbegründung zu Art. 4 Nr. 34). Das BMF **präzisiert den Warenkatalog** in der Anlage 1 zum Einführungsschreiben (BMF vom 28.01.2004, BStBl I 2004, 242).

21 Bei den Wirtschaftsgütern der Anlage 1 handelt es sich hauptsächlich um **Rohstoffe** und andere auf internationalen **Warenterminmärkten** gehandelte Gegenstände. Diese Waren verbleiben oftmals lange Zeit in einem Lager und werden dabei mehrfach veräußert. Weil nach altem Recht jeder dieser Umsätze steuerlich zu erfassen war (vgl. Rn. 12, Fallstudie), musste die Steuerverwaltung alle liefernden Unternehmer ermitteln und steuerlich registrieren, was sich bei im Ausland ansässigen Unternehmern häufig schwierig gestaltete, da diese in Deutschland nicht weiter in Erscheinung traten und ihre steuerlichen Pflichten auch mal ignorierten. Eine Ausnahme galt für die in § 41 a UStDV genannten Umsätze, bei denen auf die Erhebung der USt gem. § 50 UStDV verzichtet werden konnte.

TIPP

Nicht geklärt ist u. E., nach welcher Vorschrift die ausländischen Unternehmer künftig von ihren steuerlichen Pflichten befreit werden sollen, da diese ja auch weiterhin im Inland steuerbare Umsätze bewirken.

2.6 Begriff des Umsatzsteuerlagers (§ 4 Nr. 4a S. 4 und 5 UStG)

22 USt-Lager kann jedes Grundstück oder Grundstücksteil im Inland sein, das zur Lagerung der in Anlage 1 genannten Gegenstände dienen soll und von einem Lagerhalter betrieben wird. Es kann mehrere Lagerorte umfassen.

23 Als USt-Lager kommt jeder Ort im Inland in Betracht, der zur Lagerung der in der Anlage 1 bezeichneten Gegenstände geeignet ist (BMF vom 28.01.2004, BStBl I 2004, 242, Tz. 3). USt-Lager können auch in den Räumen oder an jedem anderen Ort, der als Zolllager zugelassen wurde, errichtet werden. Das USt-Lager ist damit ein

- räumlich gebundenes,
- rein umsatzsteuerrechtliches

Lager.

24 Die Einführung eines **virtuellen Steuerlagers** wäre mit dem Gemeinschaftsrecht nicht vereinbar gewesen. Das Steuerlager steht gleichberechtigt neben den verschiedenen Zolllagertypen und erfüllt eine ähnliche Funktion.

25 Für ein Steuerlager kann grundsätzlich **jedes bebaute oder unbebaute Grundstück** genutzt werden, das für die Lagerung der in der Anlage 1 aufgelisteten Waren geeignet ist. Nach dem Gesetzeswortlaut bedarf es nicht zwingend eines Gebäudes, ist aber von anderen Lagerplätzen abzugrenzen. Das Steuerlager darf **mehrere Lagerorte** umfassen und muss von einem Lagerhalter betrieben werden.

26 Da auch ein **Zolllager** die Voraussetzungen für ein Steuerlager erfüllt, kann der Unternehmer innerhalb des Zolllagers, jedoch abgegrenzt von diesem, ein Steuerlager errichten, in das Gemeinschaftswaren eingelagert werden können. Die zu beachtenden Regelungen für ein Steuerlager sind

an die Regelungen der Verbrauchsteuerlager angelehnt. Die Einrichtung und der Betrieb des USt-Lagers ist vom zuständigen Finanzamt zu bewilligen (vgl. Rn. 27 ff.).

2.7 Bewilligung des Umsatzsteuerlagers (§ 4 Nr. 4a S. 6 bis 8 UStG)

Das USt-Lager bedarf der Bewilligung des für den Lagerhalter zuständigen Finanzamtes. Der Antrag ist **schriftlich** zu stellen. Die Bewilligung ist zu erteilen, wenn ein wirtschaftliches Bedürfnis für den Betrieb des USt-Lagers besteht und der Lagerhalter die Gewähr für dessen ordnungsgemäße Verwaltung bietet (BMF vom 28.01.2004, BStBl I 2004, 242, Tz. 6 ff.). 27

Die Einrichtung und der Betrieb eines USt-Lagers müssen vom zuständigen Finanzamt bewilligt worden sein. Der Lagerhalter soll hierzu in seinem schriftlichen Antrag insbesondere **folgende Angaben** machen: 28

- Ort und Anschrift des USt-Lagers sowie der dazugehörigen Lagerstätten,
- Zeitpunkt der beabsichtigten Inbetriebnahme,
- Beschreibung der Gegenstände gem. Anlage 1, die gelagert werden sollen.

Außerdem ist das **wirtschaftliche Bedürfnis** für den Betrieb des USt-Lagers darzulegen. Dieses kann regelmäßig angenommen werden, wenn die einzulagernden Gegenstände mehrfach ohne Warenbewegung umgesetzt werden sollen. Das Finanzamt hat dem Antragsteller das Lager zu bewilligen, wenn dieser antragstellende Unternehmer zuverlässig ist und eine Gewähr dafür bietet, die mit dem Steuerlager verbunden Aufgaben ordnungsgemäß zu erfüllen. 29

Beispiel:
Von einem wirtschaftlichen Bedürfnis für ein Steuerlager kann immer dann ausgegangen werden, wenn die einzulagernde Ware an einer Warenterminbörse gehandelt wird.

Sofern es sich um ein **Handelsunternehmen mit eigenem Lager** handelt, kann auch diesem eine Bewilligung für ein Steuerlager erteilt werden, für das ein Lagerhalter eingesetzt werden muss. Dieser Lagerhalter hat die unten genannten Pflichten zu erfüllen. Dies gilt unabhängig davon, ob das Lager anderen Unternehmern zur Einlagerung angeboten wird. 30

2.8 Begriff und Pflichten des Lagerhalters (§§ 13a Abs. 1 Nr. 6, 18e, 22 Abs. 4c UStG)

Als Lagerhalter in Betracht kommt 31

- ein Unternehmer,
- dessen (eine) unternehmerische Tätigkeit in der Lagerhaltung besteht (unabhängig davon, ob er diese ausschließlich betreibt!) und
- der in seinem Unternehmen Lagerflächen zur Verfügung hat, die für die Lagerung der in der Anlage 1 bezeichneten Gegenstände geeignet sind (BMF vom 28.01.2004, BStBl I 2004, 242, Tz. 4 f.).

Häufig wird es sich bei den eingelagerten Gegenständen um **Fremdbesitz** handeln. Der Lagerhalter tritt in diesem Fall weder als Einlagerer noch als Auslagerer auf. Er kann diese Funktionen dann höchstens als Vertreter des verfügungsberechtigten Unternehmers ausüben, da er selbst keine 32

Verfügungsmacht an den eingelagerten Gegenständen erwirbt. Seine Leistungen fallen deshalb dann weder unter die Steuerbefreiung des § 4 Nr. 4a UStG noch unter die des § 4 Nr. 4b UStG.

33 Der Lagerhalter hat die Einrichtung des Lagers beim Finanzamt anzuzeigen und sich die Errichtung des Lagers von diesem bewilligen zu lassen (vgl. Rn. 28). Er ist verpflichtet,

- **Bestandsaufzeichnungen** über die eingelagerten und ausgelagerten Gegenstände zu führen,
- die **Umsätze** aufzuzeichnen, die im Zusammenhang mit dem im Steuerlager befindlichen Gegenständen ausgeführt werden,
- die Namen und Anschriften sowie die inländische USt-IdNr. des **Auslagerers** oder dessen Fiskalvertreters aufzuzeichnen.

Wegen § 22 Abs. 4c UStG vgl. § 22 Rn. 37 ff.

34 Durch eine **qualifizierte Anfrage beim BZSt** kann sich der Lagerhalter vergewissern, ob die ihm vom Auslagerer erteilten Angaben zutreffend sind (§ 18e UStG).

35 Kommt der Lagerhalter seinen Aufzeichnungspflichten nicht nach, kann er als Gesamtschuldner für die vom Auslagerer geschuldete USt in **Haftung** genommen werden, wenn er entgegen § 22 Abs. 4c S. 2 UStG die inländische USt-IdNr. des auslagernden Unternehmers oder seines Fiskalvertreters nicht oder nicht zutreffend aufzeichnet (§ 13a Abs. 1 Nr. 6 UStG).

2.9 Steuerfreie Einlagerung und Lagerlieferungen (§ 4 Nr. 4a Buchst. a S. 1, S. 2 Halbsatz 2 UStG)

36 Lieferungen erfolgen nach § 4 Nr. 4a Buchst. a S. 1 UStG steuerfrei, wenn lagerfähige Gegenstände (vgl. Rn. 20 f.) anlässlich der Lieferung in ein USt-Lager eingelagert werden oder sich zum Zeitpunkt der Lieferung bereits in einem Steuerlager befinden (Lagerlieferung) und darin verbleiben (BMF vom 28.01.2004, BStBl I 2004, 242, Tz. 12 ff.).

> **Beispiel:**
> Vgl. Rn. 12, Beispiel: D liefert bereits steuerfrei an G, da schon die unmittelbar vor der Einlagerung ausgeführte Lieferung steuerfrei bewirkt wird. Die folgenden Lieferungen von G an U 1 und U 1 an U 2 sind als Lagerlieferungen ebenfalls von der USt befreit.

37 Nicht befreit sind derartige Lieferungen allerdings dann, wenn sie von **pauschalierenden Landwirten** bewirkt oder an diese erbracht werden (§ 4 Nr. 4a S. 2 UStG).

38 Neben den Lagerlieferungen können die Lieferungen steuerfrei bewirkt werden, bei denen der Liefergegenstand vom liefernden Unternehmer oder seinem Abnehmer von einem **in ein anderes USt-Lager** befördert oder versendet wird (§ 4 Nr. 4a Buchst. a S. 2 HS 2 UStG). Dabei ist zu unterstellen, dass sich der Liefergegenstand bereits zum Zeitpunkt der Lieferung in dem Steuerlager befindet, in das er transportiert werden soll. Dies ist insbesondere bei Reihengeschäften von Bedeutung, bei denen ein Gegenstand über mehrere Stufen gehandelt und dabei in ein anderes Steuerlager verbracht wird.

39 Der einlagernde Unternehmer ist verpflichtet, die Voraussetzungen der steuerfreien Lieferung von den in der Lagerregelung befindlichen Gegenständen **nachzuweisen**. Eine besondere Regelung für diesen Nachweis ist nicht vorgesehen; er soll jedoch gem. § 4 Nr. 4a S. 2 UStG einem Ausfuhrnachweis vergleichbar eindeutig und leicht nachprüfbar geführt werden. Regelmäßig wird sich der liefernde Unternehmer deshalb mit seinem Lagerhalter ins Benehmen setzen müssen, um den geforderten Nachweis führen zu können. Den vom Lagerhalter zu führenden Aufzeichnungen dürften die für den Nachweis erforderlichen Angaben regelmäßig zu entnehmen sein.

2.10 Begünstigte Folgeumsätze (§ 4 Nr. 4a Buchst. b, Nr. 5 S. 1 Buchst. a UStG)

Sonstige Leistungen, die unmittelbar mit den eingelagerten Waren zusammenhängen, sind ebenfalls begünstigt (§ 4 Nr. 4a Buchst. b UStG). Hierbei muss es sich um typische, bei der Lagerhaltung anfallende Leistungen handeln, die unmittelbar mit der Lagerung, der Erhaltung, der Verbesserung der Aufmachung und Handelsgüte oder der Vorbereitung des Vertriebs oder Weiterverkaufs der eingelagerten Gegenstände zusammenhängen (BMF vom 28.01.2004, BStBl I 2004, 242, Tz. 17 ff.). 40

Beispiel:
Das Sortieren oder Säubern eingelagerter Kaffeebohnen ist als entsprechende sonstige Leistung von der Steuer befreit. Würden die Kaffeebohnen dagegen geröstet und portioniert und damit für eine Lieferung auf der Einzelhandelsstufe aufbereitet, wären nicht nur die sonstige Leistungen steuerpflichtig, sondern könnte auch die Lieferung des abgepackten Kaffees aufgrund der »steuerschädlichen« Leistung nicht mehr steuerfrei bewirkt werden.

Darüber hinaus ist die **Vermittlung der begünstigten Lieferungen und sonstigen Leistungen** ebenfalls von der USt befreit (§ 4 Nr. 5 S. 1 Buchst. a UStG n. F.). Damit bleibt den ausländischen Unternehmern das Vergütungsverfahren erspart, in dem sie ihre Vorsteuer geltend machen müssten, die bei steuerpflichtigen Vermittlungsumsätzen entstehen würde. 41

Dagegen gehört die **Vermietung der Lagerflächen im Steuerlager** u. E. nicht zu den begünstigten sonstigen Leistungen. Solche Leistungen werden nicht im unmittelbaren Zusammenhang mit der eingelagerten Ware erbracht. Wörtlich ist dies allerdings weder dem Gesetzestext noch der diesbezüglichen Gesetzesbegründung zu entnehmen. 42

2.11 Auslagerung (§ 4 Nr. 4a Buchst. a S. 2 ff. UStG)

Mit der Entnahme aus dem Steuerlager (Auslagerung) entsteht der Steueranspruch (BMF vom 28.01.2004, BStBl I 2004, 242, Tz. 33). 43

Auslagerung ist der **tatsächliche Vorgang** der endgültigen Herausnahme eines Gegenstandes aus einem Lager. Auslagerung kann aber auch die **nichtbegünstigte Verwendung eines Gegenstandes** sein (z. B. Lieferung durch den Auslagerer an einen Endverbraucher oder Entnahme für außerunternehmerische Zwecke). Der Vorgang der Auslagerung setzt damit **keine Leistung** zwischen zwei Leistungspartnern voraus. Damit ist die Lieferung des Gegenstandes, der dem Lager entnommen wird, nicht mehr nach § 4 Nr. 4a UStG von der USt befreit. 44

Gelangt der Gegenstand beim Verlassen des Steuerlagers 45

- in einen anderen Mitgliedstaat oder
- in ein Drittland,

ist die der Auslagerung vorangegangene Lieferung aber unter den weiteren Voraussetzungen der §§ 4 Nr. 1, 6, 6a UStG als **i. g. Lieferung** oder **Ausfuhrlieferung** steuerfrei (BR-Drucks. 630/03, zu Art. 4 Nr. 4, zu § 4 Nr. 4a UStG). Für den Fall eines steuerpflichtigen Umsatzes muss dieser nicht im unmittelbar zeitlichen Zusammenhang mit der Auslagerung stehen.

Beispiel 1:
A liefert eine eingelagerte Ware an B, der die Ware anschließend dem Lager entnimmt.

Lösung:
Die Lieferung von A fällt nicht mehr unter die Steuerbefreiung des § 4 Nr. 4a UStG, da sie der Auslagerung vorangegangen ist.
Würde B die Ware dagegen weiter an C liefern und zu diesem Zweck dem Lager entnehmen, verbleibt es bei der steuerfreien Lieferung von A an B und erst die Lieferung von B an C ist steuerpflichtig zu bewirken. Führt C dagegen die Ware ins Drittland aus, kann B die Lieferung unter den Voraussetzungen des § 6 Abs. 1 Nr. 2 UStG steuerfrei ausführen.

Beispiel 2:
Ein Gegenstand des A befindet sich im Lager des Lagerhalters L. A liefert den Gegenstand im Januar an B, der ihn erst im März bei L abholt.

Lösung:
Die Lieferung des A an B im Januar ist die der Auslagerung vorangegangene Lieferung.

46 Dem Auslagerer muss eine **inländische USt-IdNr.** zugeteilt worden sein. Dem Auslagerer obliegen **Erklärungs- und Aufzeichnungspflichten** hinsichtlich der Auslagerungsumsätze (vgl. § 22 Abs. 2 Nr. 9 UStG und vgl. § 22 Rn. 35 f.). Seine Steuerschuld wird nicht von der Regelung des § 19 UStG erfasst (§ 19 Abs. 1 S. 3 UStG n. F.).

47 Der Auslagerer muss über eine deutsche USt-IdNr. verfügen. **Ausländische Auslagerer** müssen sich daher im Inland bei dem nach der USt-Zuständigkeits-VO örtlich zuständigen Finanzamt registrieren lassen. Soweit sie nur steuerfreie Umsätze (i. g. Lieferungen oder Ausfuhrlieferungen) tätigen und keinen Anspruch auf Vorsteuerrückerstattungen geltend machen, können sie einen Fiskalvertreter (§§ 22 a ff. UStG) bestellen.

48 Besteuert wird auch der einer Auslagerung **vorangegangene i. g. Erwerb** oder die der Auslagerung **vorangegangene Einfuhr**. Um eine Doppelbesteuerung zu vermeiden, muss in diesen Fällen dem Unternehmer ein »Besteuerungswahlrecht« eingeräumt werden. Art. 155 MwStSystRL a. E. sieht jedenfalls zwingend vor, dass im Ergebnis entweder die entsprechende Lieferung oder die Einfuhr steuerfrei zu stellen ist.

49 **Steuerschuldner** ist der Unternehmer, der zum Zeitpunkt der Auslagerung die Verfügungsmacht am Liefergegenstand besitzt und als solcher die Entnahme veranlasst hat (Auslagerer, § 13 a Abs. 1 Nr. 6 UStG). Das kann sowohl der Lieferer als auch der Erwerber sein. Die Lieferung an einen Endverbraucher fällt allerdings nicht mehr unter die Lagerregelung; in diesem Fall ist der liefernde Unternehmer zugleich Auslagerer.

50 Um einem möglichen Missbrauch entgegenzuwirken, **fingiert** § 4 Nr. 4a Buchst. a S. 4 UStG eine Auslagerung z. B. dann, wenn die Bewilligung für ein Steuerlager rückwirkend versagt wird oder eine nicht begünstigte Leistung an einem eingelagerten Gegenstand erbracht wird. Unabhängig von zuvor ausgeführten Lieferungen tritt die Steuerpflicht für den letzten Umsatz vor der Rücknahme der Bewilligung bzw. der ausgeführten steuerschädlichen Leistung ein.

Beispiel 3:
Unternehmer A verkauft im August 2004 einen Gegenstand, der in einem Steuerlager von L eingelagert wurde. Empfänger der Lieferung ist der Unternehmer B. Dieser liefert den im Lager verbleibenden Gegenstand im September an C. Mit Wirkung vom 01.09.2004 wird L die Bewilligung für das Steuerlager widerrufen.

Lösung:
Mit dem Widerruf der Zulassung entfällt die Steuerbefreiung für die Lieferung von B an C, weil sich der gelieferte Gegenstand zum Zeitpunkt der Lieferung bereits nicht mehr in einem zugelassenen Steuerlager befand. Außerdem wird die Lieferung von A an B nachträglich steuerpflichtig, weil diese Lieferung der fingierten »Auslagerung« vorangegangen ist.

2.12 Anwendungsbeispiele

Das BMF (vom 28.01.2004, BStBl I 2004, 242) verdeutlicht die Neuerungen mit einer Sammlung von 34 Fallbeispielen. 51

2.13 Aktuell: Ruhende Lieferung in einem Reihengeschäft

Es ist gefragt worden, ob im Fall eines Reihengeschäfts mit drei Beteiligten (die alle über die Bewilligung für ein Umsatzsteuerlager verfügen), in dem der Liefergegenstand durch den letzten Abnehmer in ein Umsatzsteuerlager transportiert wird, auch die ruhende (erste) Lieferung unter die Steuerbefreiung nach § 4 Nr. 4a S. 1 Buchst. a S. 1 UStG fallen kann. Das BMF hat hierzu im Einvernehmen mit den obersten Finanzbehörden der Länder Folgendes mitgeteilt (vgl. FinMin Schleswig-Holstein, Kurzinfo USt 01/2016): 53

Nach § 4 Nr. 4a S. 1 Buchst. a S. 1 UStG ist die Lieferung eines der in Anlage 1 zum UStG fallenden Gegenstands an einen Unternehmer für sein Unternehmen steuerfrei, wenn der Gegenstand der Lieferung im Zusammenhang mit der Lieferung 54

- in ein Umsatzsteuerlager eingelagert wird (erste Alternative) oder
- sich in einem Umsatzsteuerlager befindet (zweite Alternative).

Gelangt der Gegenstand der Lieferung 55

- bei einem Reihengeschäft
- mit drei beteiligten Unternehmern U1, U2, U3, in dem der Liefergegenstand
- durch den letzten Abnehmer befördert oder versendet wird,

in ein Umsatzsteuerlager, ist die Warenbewegung nach Abschn. 3.14 Abs. 8 Satz 2 UStAE in der derzeit geltenden Fassung der Lieferbeziehung U2 – U3 zuzuordnen. Im Rahmen dieser Lieferung von U2 an U3 gelangt der Liefergegenstand in ein Umsatzsteuerlager, so dass – bei Vorliegen der übrigen Voraussetzungen – der Tatbestand der Steuerbefreiung nach § 4 Nr. 4a S. 1 Buchst. a S. 1 erste Alternative UStG erfüllt ist.

In diesem Reihengeschäft ist folglich die Lieferung von U1 an U2 eine sog. ruhende Lieferung, innerhalb derer der Liefergegenstand nicht in das Umsatzsteuerlager gelangen kann, so dass der Tatbestand der Steuerbefreiung nach § 4 Nr. 4a S. 1 Buchst. a S. 1 erste Alternative UStG für diese Lieferung nicht erfüllt sein kann. Da die Lieferung von U1 an U2 auch nicht im Zusammenhang mit einem in einem Umsatzsteuerlager befindlichen Gegenstand erfolgt (Ort und Zeitpunkt dieser Lieferung richtet sich nach dem Beginn der Beförderung oder Versendung des Liefergegenstands, § 3 Abs. 7 Satz 2 Nr. 1 UStG i. V. m. § 3 Abs. 6 Satz 5 UStG; somit kann diese ruhende Lieferung nicht in einem Umsatzsteuerlager ausgeführt sein), ist für diese ruhende Lieferung auch nicht die Voraussetzung der Steuerbefreiung nach § 4 Nr. 4a S. 1 Buchst. a S. 1 zweite Alternative UStG erfüllt. 56

HINWEIS

Dieser Rechtsfolge liegt der gleiche Gedanke wie bei Ausfuhr- oder innergemeinschaftlichen Lieferungen zugrunde, dass in solchen Fällen nur die warenbewegte Lieferung dem Grunde nach die Voraussetzungen der Steuerbefreiung erfüllen kann (vgl. Abschn. 3.14 Abs. 2 Satz 3 UStAE).

Gelangt der Gegenstand der Lieferung 57

- bei einem Reihengeschäft

- mit drei beteiligten Unternehmern U1, U2, U3, in dem der Liefergegenstand
- **durch den ersten Lieferer (U1) unmittelbar an den letzten Abnehmer (U3) befördert oder versendet wird,**

in ein Umsatzsteuerlager, ist die Warenbewegung nach Abschn. 3.14 Abs. 8 Satz 1 UStAE in der derzeit geltenden Fassung der Lieferbeziehung U1 – U2 zuzuordnen. Im Rahmen dieser Lieferung von U1 an U2 gelangt der Liefergegenstand in ein Umsatzsteuerlager, so dass – bei Vorliegen der übrigen Voraussetzungen – der Tatbestand der Steuerbefreiung nach § 4 Nr. 4a S. 1 Buchst. a S. 1 erste Alternative UStG erfüllt ist.

In diesem Fall ist die ruhende Lieferung (U2 – U3) dort steuerbar, wo die Beförderung oder Versendung des Liefergegenstands endet (also im Umsatzsteuerlager, § 3 Abs. 7 S. 2 Nr. 2 UStG i.V.m. § 3 Abs. 6 S. 5 UStG). Diese ruhende Lieferung bezieht sich somit auf einen Gegenstand, der sich in einem Umsatzsteuerlager befindet, so dass in diesem Fall die Voraussetzung nach § 4 Nr. 4a Satz 1 Buchst. a S. 1 zweite Alternative UStG erfüllt ist und die ruhende Lieferung – bei Vorliegen der weiteren Voraussetzungen nach § 4 Nr. 4a S. 1 Buchst. a UStG – steuerfrei sein könnte.

3 Anlage 1 zu § 4 Nr. 4a UStG

58 Liste der Gegenstände, die der Umsatzsteuerlagerregelung unterliegen können:

HINWEIS:
Anlage 1 wurde neu gefasst durch das JStG 2007 vom 13.12.2006, BGBl I 2006, 2878.

Laufende Nr.	Warenbezeichnung	Zolltarif (Kapitel, Position, Unterposition)
1	Kartoffeln, frisch oder gekühlt	Position 0701
2	Oliven, vorläufig haltbar gemacht (z. B. durch Schwefeldioxid oder in Wasser, dem Salz, Schwefeldioxid oder andere vorläufig konservierend wirkende Stoffe zugesetzt sind), zum unmittelbaren Genuss nicht geeignet	Unterposition 0711 20
3	Schalenfrüchte, frisch oder getrocknet, auch ohne Schalen oder enthäutet	Positionen 0801 und 0802
4	Kaffee, nicht geröstet, nicht entkoffeiniert, entkoffeiniert	Unterpositionen 0901 1100 und 0901 1200
5	Tee, auch aromatisiert	Position 0902
6	Getreide	Positionen 1001 bis 1005, 1007 00 und 1008
7	Rohreis (Paddy Reis)	Unterposition 1006 10
8	Ölsamen und ölhaltige Früchte	Positionen 1201 00 bis 1207

Laufende Nr.	Warenbezeichnung	Zolltarif (Kapitel, Position, Unterposition)
9	Pflanzliche Fette und Öle und deren Fraktionen, roh, auch raffiniert, jedoch nicht chemisch modifiziert	Positionen 1507 bis 1515
10	Rohzucker	Unterpositionen 1701 11 und 1701 12
11	Kakaobohnen und Kakaobohnenbruch, roh oder geröstet	Position 1801 00 00
12	Mineralöle (einschließlich Propan und Butan sowie Rohöle aus Erdöl)	Positionen 2709 00, 2710, Unterpositionen 2711 12 und 2711 13
13	Erzeugnisse der chemischen Industrie	Kapitel 28 und 29
14	Kautschuk, in Primärformen oder in Platten, Blättern oder Streifen	Positionen 4001 und 4002
15	Chemische Halbstoffe aus Holz, ausgenommen solche zum Auflösen; Halbstoffe aus Holz, durch Kombination aus mechanischem oder chemischem Aufbereitungsverfahren hergestellt	Positionen 4703 bis 4705 0000
16	Wolle, weder gekrempelt noch gekämmt	Position 5101
17	Silber, in Rohform oder Pulver	aus Position 7106
18	Gold, in Rohform oder als Pulver, zu nicht monetären Zwecken	Unterpositionen 7108 1100 und 7108 1200
19	Platin, in Rohform oder als Pulver	aus Position 7110
20	Eisen- und Stahlerzeugnisse	Positionen 7207 bis 7212, 7216, 7219, 7220, 7225 und 7226
21	Nicht raffiniertes Kupfer und Kupferanoden zum elektrolytischen Raffinieren; raffiniertes Kupfer und Kupferlegierungen, in Rohform; Kupfervorlegierungen; Draht aus Kupfer	Positionen 7402 0000, 7403, 7405 0000 und 7408
22	Nickel in Rohform	Position 7502
23	Aluminium in Rohform	Position 7601
24	Blei in Rohform	Position 7801
25	Zink in Rohform	Position 7901
26	Zinn in Rohform	Position 8001
27	Andere unedle Metalle, ausgenommen Waren daraus und Abfälle und Schrott	aus Positionen 8101 bis 8112

Die Gegenstände dürfen nicht für die Lieferung auf der Einzelhandelsstufe aufgemacht sein. Dazu vgl. Rn. 20 f. 59

Das BMF **präzisiert den Warenkatalog** in der Anlage 1 zum Einführungsschreiben (BMF vom 28.01.2004, Az: IV D 1 – S 7157 –1/04/IV D 1 – S 7157a – 1/04, BStBl I 2004, 242). 60

§ 4 Nr. 4b UStG
Steuerbefreiungen: Lieferungen vor Einfuhr

Von den unter § 1 Abs. 1 Nr. 1 bis 3 fallenden Umsätzen sind steuerfrei:

...

4b. die einer Einfuhr vorangehende Lieferung von Gegenständen, wenn der Abnehmer oder dessen Beauftragter den Gegenstand der Lieferung einführt. [2]Dies gilt entsprechend für Lieferungen, die den in Satz 1 genannten Lieferungen vorausgegangen sind. [3]Die Voraussetzungen der Steuerbefreiung müssen vom Unternehmer eindeutig und leicht nachprüfbar nachgewiesen sein;

...

Literatur

Gunsch/Schöngart, Umsatzsteuer im Binnenmarkt nach erfolgter Einfuhr, UR 2010, 365. **Nieskens**, Wichtigste Änderungen der Umsatzsteuer durch das Steueränderungsgesetz 2003 und das Haushaltsbegleitgesetz 2004, UR 2004, 105. **von Streit**, Die Neufassung des Einfuhrtatbestandes ab dem 1.1.2004/Problematische Auslegung der gesetzlichen Neuregelung, UStB 2004, 89. **Wäger**, Lieferung von Nichtgemeinschaftsware/Zur Bedeutung des Verkehrsstatus eines Gegenstands für die Steuerbarkeit von Lieferungen, UR 2004, 344. **Weimann**, Umsatzsteuer in der Praxis, 16. Aufl. 2018, Kap. 34.

Verwaltungsanweisungen

BMF vom 28.01.2004, Az: IV D 1 – S 7157 – 1/04 / IV D 1 – S 7157a – 1/04, BStBl I 2004, 242
Hinweis: Zur Problematik der zeitlichen Geltungsdauer von BMF-Schreiben vgl. Einführung UStG, Rz. 100ff.

Richtlinien/Hinweise/Verordnungen
UStAE: Abschn. 4.4b.1.
MwStSystRL: Art. 154ff.

1 Allgemeines

1.1 Überblick über die Vorschrift

Durch die Einführung einer Steuerlagerregelung in das deutsche Umsatzsteuerrecht (§4 Nr. 4a UStG) wurden zum 01.01.2004 die steuerlichen Rahmenbedingungen der begünstigten Umsätze entscheidend geändert; der Wirtschaftsstandort Deutschland hat dadurch sicher an Interesse gewonnen. Auf demselben Gedankengut basiert die Steuerbefreiung für Lieferungen, die einer Einfuhr vorausgehen. Unter Beteiligung von Unternehmensverbänden wurde eine Regelung erarbeitet, nach der Umsätze im Zusammenhang mit Gegenständen, die sich in einem Zollverfahren (Nichterhebungsverfahren) befinden, zunächst steuerfrei gestellt werden, wenn der Abnehmer der Lieferung oder ein späterer Abnehmer dieses Verfahren beendet. Eine Besteuerung wird durch die Erhebung der Einfuhrumsatzsteuer sichergestellt. Unternehmer, die nur Nichtgemeinschaftswaren (Drittlandswaren) liefern, die sich nicht im zoll- und steuerrechtlich freien Verkehr befinden, müssen sich nicht im Inland für USt-Zwecke erfassen lassen. Die bisherige Regelung des §18 Abs. 7 Nr. 2 UStG, §50 UStDV wird durch die neue Befreiungsregelung entbehrlich. 1

Das BMF hat in einem Einführungsschreiben zu den Neuregelungen Stellung genommen (BMF vom 28.01.2004, BStBl I 2004, 242). Dieses relativ betagte BMF-Schreiben wendet die FinVerw weiter an (vgl. Abschn. 4.4b.1 S. 2 UStAE und BMF vom 24.03.2014, 1309, zur zweifelhaften Bedeutung dieses Schreibens vgl. Einführung UStG Rn. 62ff.). 2

1.2 Rechtsentwicklung

§4 Nr. 4b UStG wurde zum 01.01.2004 durch das Steueränderungsgesetz 2003 (StÄndG 2003, BGBl I 2003, 2645) unter Beteiligung der betroffenen Unternehmensverbände neu in das UStG eingefügt. Die Vorschrift erleichtert die Abwicklung von Warengeschäften mit Ausländern und verbessert so die Wettbewerbsfähigkeit der beteiligten deutschen Unternehmer. 3

1.3 Geltungsbereich

1.3.1 Sachlicher Geltungsbereich

Die Vorschrift regelt die umsatzsteuerliche Behandlung von Lieferungen, die einer Einfuhr vorangehen. §4 Nr. 4b UStG ist damit eine besondere Steuerbefreiung für die Lieferung von **Nichtgemeinschaftsware**. 4

5 Sie gilt für **alle Arten von Ware**; die für Steuerlager geltende Beschränkung der Anlage 1 (vgl. § 4 Nr. 4a Rn. 20f.) findet keine Anwendung.

1.3.2 Persönlicher Geltungsbereich

6 § 4 Nr. 4b UStG sieht hinsichtlich des persönlichen Geltungsbereichs keine Beschränkungen vor und gilt daher für **alle Unternehmer** i. S. d. § 2 UStG.

1.3.3 Zeitlicher Geltungsbereich

7 § 4 Nr. 4b UStG ist **zum 01.01.2004** in Kraft getreten und gilt für Sachverhalte, die nach dem 31.12.2003 verwirklicht werden (Art. 17 Abs. 4 StÄndG 2003).

1.4 Gemeinschaftsrechtliche Grundlagen und Verhältnis zu anderen Vorschriften

8 EG-rechtliche Grundlage des § 4 Nr. 4b UStG ist Art. 161 MwStSystRL in Fassung der 2. Vereinfachungsrichtlinie.

9 Im deutschen USt-Recht steht neben § 4 Nr. 4b UStG die Steuerbefreiung des § 4 Nr. 4a UStG **(Steuerlagerregelung)**. Letztere gilt grundsätzlich auch für Nichtgemeinschaftswaren, wird hierfür jedoch praktisch nicht zur Anwendung kommen, da die Einlagerung von Nichtgemeinschaftsware unter zollamtlicher Aufsicht erfolgen müsste (vgl. Rn. 13f. und vgl. § 4 Nr. 4a Rn. 18).

10 Die Steuerbefreiung für **i. g. Lieferungen** (§ 4 Nr. 1 Buchst. b, § 6a UStG) geht der Steuerbefreiung nach § 4 Nr. 4b UStG vor (vgl. Rn. 20).

11 Die bisherige Regelung des § 18 Abs. 7 Nr. 2 UStG, § 50 UStDV wird durch die neue Befreiungsregelung entbehrlich (vgl. Rn. 21).

2 Kommentierung

2.1 Sinn, Zweck und Vorteile der Steuerbefreiung

12 Die Vorschrift dient der Vereinfachung des Besteuerungsverfahrens. Unternehmer, die nur Nichtgemeinschaftswaren liefern, die sich nicht im zoll- und steuerrechtlich freien Verkehr befinden, müssen sich zukünftig nicht im Inland für USt-Zwecke erfassen lassen (vgl. Rn. 1). Die Besteuerung wird in diesem Fall durch die Erhebung der Einfuhrumsatzsteuer sichergestellt.

TIPP

Bleibt ausländischen Unternehmern die Registrierung in Deutschland erspart, sparen diese damit zugleich Verwaltungsaufwand ein, den sie ansonsten bei der Einkaufskalkulation berücksichtigen würden. Für deutsche Unternehmer ergibt sich daraus die Möglichkeit höherer Verkaufsmargen.

2.2 Mögliche Liefergegenstände

2.2.1 Nichtgemeinschaftsware

§ 4 Nr. 4b UStG regelt die umsatzsteuerliche Behandlung von Lieferungen, die einer Einfuhr vorangehen. Die Steuerbefreiung gilt damit ausschließlich für die Lieferung von **Nichtgemeinschaftsware**. Nichtgemeinschaftsware ist solche, die im Inland unter Zollaufsicht steht, weil sie sich noch in einem zollrechtlichen Nichterhebungsverfahren befindet (vgl. Rn. 18f.). Werden Nichtgemeinschaftswaren in das Gemeinschaftsgebiet verbracht, müssen sie eine zollrechtliche Bestimmung erhalten und können z.B. in ein Zollverfahren übergeführt werden. Zu den Zollverfahren gehören u.a. die Zolllager- und die Versandverfahren sowie die aktive Veredelung. Diese Nichterhebungsverfahren ermöglichen dem Unternehmer seine Nichtgemeinschaftswaren ohne Statuswechsel in das Gemeinschaftsgebiet zu verbringen. Dafür müssen die Gegenstände beim Zoll angemeldet und unter eine **zollamtliche Aufsicht** gestellt werden. 13

Die Besteuerung wird in diesem Fall durch die **Erhebung der Einfuhrumsatzsteuer** sichergestellt. Sofern diese Gegenstände nicht ursprünglich aus dem Drittland stammen, müssen sie (zuvor) aus dem Zollgebiet der Gemeinschaft ausgeführt worden sein, um bei einer erneuten Einfuhr als Nichtgemeinschaftswaren behandelt werden zu können. 14

Die Steuerbefreiung gilt – anders als die Befreiung des USt-Lagers – für **alle Arten von Ware**; die für Steuerlager geltende Beschränkung der Anlage 1 (vgl. § 4 Nr. 4a Rn. 20f.) findet damit keine Anwendung. 15

2.2.2 Gemeinsame Be- oder Verarbeitung von Gemeinschafts- und Nichtgemeinschaftsware

Zu den Nichtgemeinschaftswaren gehören nach Art. 4 Nr. 8 ZK auch Waren, die aus der gemeinsamen Be- oder Verarbeitung von Gemeinschafts- und Nichtgemeinschaftsware entstehen (Abschn. 4.4b.1 S. 3 UStAE mit Fallbeispiel). 16

2.3 Keine Zolllagerung erforderlich

Die unter diese Regelung fallenden Liefergegenstände müssen nicht zwingend in ein Zolllager eingelagert werden oder sich in einem Zolllager befinden. Auch für Gegenstände, die in einem anderen Zollverfahren der zollamtlichen Überwachung unterliegen und deshalb noch nicht als eingeführt gelten, kommt § 4 Nr. 4b UStG zur Anwendung. Ein Statuswechsel zur Gemeinschaftsware findet bei der Überführung in den zollrechtlich freien Verkehr statt. Von diesem Zeitpunkt an ist ausschließlich die Steuerlagerregelung des § 4 Nr. 4a UStG anwendbar. So ist es einem Unternehmer möglich, seine Nichtgemeinschaftswaren im Zolllager zum freien Verkehr abfertigen zu lassen und dann in ein USt-Lager zu überführen, um sie dort ohne zollamtliche Überwachung lagern und veräußern zu können. 17

2.4 Der Einfuhr vorangehende Lieferungen

18 Die Steuerbefreiung des § 4b UStG gilt für alle Gegenstände, die noch nicht zum freien Verkehr abgefertigt wurden und somit den Status von Nichtgemeinschaftswaren haben (vgl. Rn. 13ff.). Sie befreit damit

- die **unmittelbar der Einfuhr vorangehende Lieferung** von Gegenständen, wenn der Abnehmer oder in dessen Auftrag ein Dritter diesen Gegenstand einführt;
- **alle** der oben beschriebenen Lieferung **vorangehenden Lieferungen**, bei denen (noch) keine Einfuhr beabsichtigt ist.

19 Die Befreiung gilt damit nicht, wenn der **Lieferer oder dessen Beauftragter** den Gegenstand **einführt**. Dadurch wird ein unversteuerter Letztverbrauch in den Fällen vermieden, in denen der Abnehmer nicht oder nicht in vollem Umfang zum Vorsteuerabzug berechtigt ist. Eine doppelte Belastung wird durch den Abzug der Einfuhrumsatzsteuer als Vorsteuer beim Lieferer nach § 15 Abs. 1 S. 1 Nr. 2 UStG ausgeschlossen.

2.5 Verhältnis zu § 4 Nr. 1 Buchst. b, § 6a UStG

20 Die Steuerbefreiung für **i. g. Lieferungen** (§ 4 Nr. 1 Buchst. b, § 6a UStG) geht der Steuerbefreiung nach § 4 Nr. 4b UStG vor (vgl. Rn. 8ff.).

Beispiel:
Wird eine Nichtgemeinschaftsware, die sich in einem Nichterhebungsverfahren befindet, in einen anderen Mitgliedstaat geliefert, gilt die Steuerbefreiung des § 6a UStG mit allen Konsequenzen. In diesem Fall sind dann auch Zusammenfassende Meldungen abzugeben.

2.6 Verhältnis zu § 18 Abs. 7 Nr. 2 UStG, §§ 41, 41a, 42 und 50 UStDV

21 Vor der Neuregelung durch das Steueränderungsgesetz 2003 konnten auch Nichtgemeinschaftswaren im Inland nur bedingt steuerfrei geliefert werden (vgl. § 18 Abs. 7 Nr. 2 UStG a. F., §§ 41, 41a, 42, 50 UStDV a. F.). Das galt und gilt nicht für Lieferungen im Hoheitsgebiet der Bundesrepublik Deutschland, die in Gebieten bewirkt werden, die nicht zum umsatzsteuerrechtlichen Inland gehören, wie z. B. die Gebiete Helgoland, Büsingen und die deutschen Freihäfen. § 4 Nr. 4b UStG macht die Vorschriften entbehrlich; sie wurden daher ersatzlos aufgehoben (vgl. Rn. 8ff.). Auch stellt § 4 Nr. 4b UStG nunmehr ausdrücklich klar, dass nicht nur die unmittelbar einer Einfuhr vorangehende Lieferung von der Steuer befreit wird, sondern auch alle weiteren Lieferungen, die dieser vorangegangen sind.

2.7 Anwendungsbeispiele

22 Das BMF (vom 28.01.2004, BStBl I 2004, 242) verdeutlicht die Neuerungen mit einer Sammlung von 34 Fallbeispielen (vgl. Abschn. 4.4b.1 S. 2 UStAE). Hinweis auch auf das Beispiel in Abschn. 4.4b.1 S. 3 UStAE zur gemeinsamen Be- oder Verarbeitung von Gemeinschafts- und Nichtgemeinschaftsware.

§ 4 Nr. 5 UStG
Steuerbefreiungen: Vermittlungsleistungen

Von den unter § 1 Abs. 1 Nr. 1 fallenden Umsätzen sind steuerfrei:

...

5. die Vermittlung

a) der unter die Nummer 1 Buchstabe a, Nummern 2 bis 4b und Nummern 6 und 7 fallenden Umsätze,

b) der grenzüberschreitenden Beförderungen von Personen mit Luftfahrzeugen oder Seeschiffen,

c) der Umsätze, die ausschließlich im Drittlandsgebiet bewirkt werden,

d) der Lieferungen, die nach § 3 Abs. 8 als im Inland ausgeführt zu behandeln sind.

Nicht befreit ist die Vermittlung von Umsätzen durch Reisebüros für Reisende. Die Voraussetzungen der Steuerbefreiung müssen vom Unternehmer nachgewiesen sein. Das Bundesministerium der Finanzen kann mit Zustimmung des Bundesrates durch Rechtsverordnung bestimmen, wie der Unternehmer den Nachweis zu führen hat;

...

Verwaltungsanweisungen
BMF vom 22.03.2000, Az: IV D 2 – S 7156d – 4/00, BStBl I 2000, 458.
BMF vom 07.12.2000, Az: IV D 1 – S 7156d – 4/00, BStBl I 2001, 98.
BMF vom 06.02.2014, Az: IV D 2 – S 7200/07/10012, BStBl I 2014, 269.
Hinweis: Zur Problematik der zeitlichen Geltungsdauer von BMF-Schreiben vgl. Einführung UStG, Rz. 100 ff.

Richtlinien/Hinweise/Verordnungen
UStAE: Abschn. 4.5.1–4.5.4.
MwStSystRL: Art. 153, 370ff. i.V.m. Anh. X
UStDV: § 22.

1 Allgemeines

1.1 Überblick über die Vorschrift

1 § 4 Nr. 5 UStG befreit die Vermittlung bestimmter anderer **Umsätze mit grenzüberschreitendem Bezug** von der USt. Der die Vermittlungsleistung erbringende Unternehmer muss die Voraussetzungen der Steuerbefreiung **nachweisen** (§ 4 Nr. 5 S. 3 UStG), Einzelheiten regelt § 22 UStDV (vgl. § 4 Nr. 5 S. 4 UStG/Ermächtigungsvorschrift). Grundvoraussetzung der Steuerbefreiung ist die **Steuerbarkeit** der Vermittlungsleistung (§ 1 Abs. 1 Nr. 1 UStG); zum **Ort** der Vermittlungsleistung vgl. Rn. 17ff. Die Steuerbefreiung nach § 4 Nr. 5 UStG schließt den **Vorsteuerabzug** nicht aus (sog. »echte Steuerbefreiung«, vgl. Rn. 9). § 4 Nr. 5 stellt das Entgelt für die entsprechenden Umsätze steuerfrei. Der Umfang des Entgelts (= Vermittlungsprovision) bestimmt sich nach den allgemeinen Grundsätzen (vgl. § 10 und vgl. die Kommentierung zu § 10).

2 Der **Hauptanwendungsbereich** der Vorschrift dürfte bei § 4 Nr. 5 S. 1 Buchst. a UStG (Vermittlung der Umsätze, die unter § 4 Nr. 1 Buchst. a, Nr. 2 bis 4b und Nr. 6 und 7 UStG fallen) liegen. Insofern besteht der Zweck der Vorschrift in einer **Entlastung von Exportumsätzen** auch von USt bezüglich der damit zusammenhängenden Vermittlungsleistungen. Im Übrigen dient die Vorschrift der **Vereinfachung der Besteuerung**.

1.2 Rechtsentwicklung

3 Die Steuerbefreiung wurde durch das UStG 1980 eingeführt und trat an die Stelle der bis dahin gültigen Steuerbefreiung der Handelsvertreter, Handelsmakler und Schiffsmakler (§ 4 Nr. 3, 8 Abs. 1 Nr. 5 UStG 1973); die Steuerbefreiung war ab diesem Zeitpunkt nicht mehr von der Voraussetzung eines **ausländischen Auftraggebers** abhängig. Mit Einführung des USt-Binnenmarktes erfasst die Steuerbefreiung auch die Vermittlung der nach § 4 Nr. 6 und Nr. 7 UStG steuerfreien Umsätze, nicht mehr aber die **Vermittlung steuerfreier i. g. Lieferungen** (zur Historie Huschens in V/S, § 4 Nr. 5 Rn. 3f.). Die letzte Änderung erfuhr die Vorschrift durch das **StÄndG 2003** vom 15.12.2003.

1.3 Geltungsbereich

1.3.1 Sachlicher Geltungsbereich

§ 4 Nr. 5 UStG befreit die Vermittlung bestimmter anderer Umsätze mit grenzüberschreitendem Bezug von der USt. Steuerfrei ist demnach die Vermittlung der unter § 4 Nr. 1 Buchst. a, Nr. 2 bis 4b und Nr. 6 und 7 UStG fallenden Umsätze (§ 4 Nr. 5 Buchst. a UStG), die Vermittlung grenzüberschreitender Beförderungen von Personen mit Luftfahrzeugen oder Seeschiffen (§ 4 Nr. 5 Buchst. b UStG), die Vermittlung der Umsätze, die ausschließlich im Drittlandsgebiet bewirkt werden (§ 4 Nr. 5 Buchst. c UStG) sowie der Lieferungen, die nach § 3 Abs. 8 UStG als im Inland ausgeführt zu behandeln sind (§ 4 Nr. 5 S. 1 Buchst. d UStG). Ausdrücklich von der Steuerbefreiung ausgeschlossen ist die Vermittlung von Umsätzen durch Reisebüros für Reisende (§ 4 Nr. 5 S. 2 UStG). 4

1.3.2 Persönlicher Geltungsbereich

§ 4 Nr. 5 UStG sieht hinsichtlich des persönlichen Geltungsbereichs keine Beschränkungen vor und gilt daher für **alle Unternehmer** i. S. d. § 2 UStG. 5

1.3.3 Zeitlicher Geltungsbereich

Die Vorschrift galt vom 01.01.1993 bis zum 31.12.2003 unverändert. 6

Das **StÄndG 2003** vom 15.12.2003 (BStBl I 2003, 710) hat die Vorschrift m. W. v. 01.01.2004 geändert (Gesetzesbegründung, BR-Drucks. 630/03 vom 05.09.2003, BT-Drucks. 15/1562 vom 23.09.2003). 7

1.4 Gemeinschaftsrechtliche Grundlagen und Verhältnis zu anderen Vorschriften

§ 4 Nr. 5 UStG beruht auf den gemeinschaftsrechtlichen Vorgaben der Art. 153, 370ff. i. V. m. Anh. X MwStSystRL. 8

Gem. § 15 Abs. 1, Abs. 2 Nr. 1 und Abs. 3 Nr. 1 Buchst. a UStG werden die nämlichen Vermittlungsleistungen in vollem Umfang von der USt entlastet; die Leistungen sind steuerfrei, der Vorsteuerabzug bleibt dennoch erhalten (sog. **echte Steuerbefreiung**, vgl. § 4 Rn. 5 und 6). 9

1.5 Auswirkungen des Jahressteuergesetz 2009 auf den Leistungsort

Durch Art. 7 Nr. 2 des JStG 2009 (Gesetz vom 19.12.2008, BGBl I 2008, 2794) wurde der Ort der sonstigen Leistung in § 3a UStG und § 3b UStG grundlegend neu geregelt. Die Regelungen traten nach Art. 39 Abs. 9 des JStG 2009 **am 01.01.2010 in Kraft**. Durch spätere Gesetze, insbesondere das JStG 2010 (Gesetz vom 08.12.2010, BGBl I 2010, 1768), haben sich weitere Änderungen ergeben. Da die Anwendung einer Steuerbefreiung einen zunächst steuerbaren, d.h. im Inland 10 erbrachten, Umsatz erfordert, können sich aus den geänderten Ortsvorschriften auch Auswirkungen auf die Anwendung von Steuerbefreiungsvorschriften bezüglich sonstiger Leistungen ergeben. Von erheblicher Bedeutung sind hier die Regelungen des § 3 a Abs. 2 UStG, die den Ort der sonstigen Leistung bei einem Unternehmer als Leistungsempfänger grundsätzlich an dessen Betriebssitz (ggf. in das Ausland) verlagern.

2 Kommentierung

2.1 Vermittlungsleistung

2.1.1 Begriff der Vermittlung

11 § 4 Nr. 5 UStG stellt Vermittlungsleistungen (vgl. Abschn. 4.5.1 Abs. 1 UStAE) steuerfrei. Eine Vermittlungsleistung (= sonstige Leistung nach § 3 Abs. 9 UStG) liegt vor, wenn der Unternehmer in fremdem Namen und für fremde Rechnung handelt (auch »Agentur«). Der Vermittler bewirkt das Zustandekommen eines Geschäftsabschlusses zwischen zwei Vertragsparteien, ohne selbst in diese Leistungsbeziehung eingeschaltet zu sein (zur Abgrenzung vom sog. Eigenhandel vgl. Abschn. 3.7 UStAE). In diesem Sinne klassischer Vermittler ist z. B. der Handelsvertreter (§ 84 HGB). Wegen weiterer Einzelheiten zur Vermittlungsleistung und zu Abgrenzungsfragen vgl. die Kommentierung zu § 3 a.

2.1.2 Umfang der Vermittlungsleistung

12 Die Steuerbefreiung des § 4 Nr. 5 UStG stellt eine **bestimmte Art der sonstigen Leistung** steuerfrei, nicht eine bestimmte Berufsgruppe. Die Anwendung der Vorschrift erfordert daher nicht, dass das Erbringen von Vermittlungsleistungen der alleinige Geschäftszweck des Vermittlers sein muss, auch die **gelegentliche Vermittlungsleistung** fällt unter die Vorschrift.

13 Um unter die Vorschrift zu fallen, muss die Vermittlungsleistung eine **selbständige Leistung** sein. Stellt sie lediglich eine unselbständige Nebenleistung zu einer Hauptleistung dar (vgl. Abschn. 3.10 Abs. 5 UStAE), ist sie als Teil einer einheitlichen Leistung nach den für die Hauptleistung geltenden Vorschriften zu beurteilen. Andererseits fallen unter die Steuerbefreiung nach § 4 Nr. 5 UStG auch solche Leistungen, die als **unselbständige Nebenleistungen** zur Hauptleistung »Vermittlungsleistung« einzustufen sind. In Betracht kommen hierfür beispielsweise das durch den Vermittler übernommene Inkasso oder die Entrichtung von Eingangsabgaben durch den Vermittler (vgl. Abschn. 4.5.1 Abs. 2 S. 2 UStAE). Erbringt der Vermittler neben der Vermittlungsleistung noch weitere handelsübliche Nebenleistungen, die als selbständige Leistungen zu behandeln sind, fallen diese nicht in den Anwendungsbereich der Vorschrift, ggf. liegen jedoch die Voraussetzungen für andere Steuerbefreiungstatbestände vor (z. B. § 4 Nr. 2 i. V. m. § 8 UStG oder § 4 Nr. 3 UStG).

2.1.3 Ausgleichsanspruch des Handelsvertreters

Der **Ausgleichsanspruch des Handelsvertreters** nach § 89b HGB kann unter die Steuerbefreiung nach § 4 Nr. 5 UStG fallen, da es sich um eine Gegenleistung für bereits erbrachte Vermittlungsleistungen handelt, die durch die ursprünglich bezahlte Provision noch nicht vollständig abgegolten war. Waren demnach die Provisionen für die Vermittlungsleistung nach § 4 Nr. 5 UStG steuerfrei, z.B. bei der Vermittlung von Umsätzen, die ausschließlich im Drittlandsgebiet bewirkt werden (§ 4 Nr. 5 Buchst. c UStG), ist auch die Ausgleichszahlung nach dieser Vorschrift steuerbefreit, sie wird nicht für eine andere selbständige Leistung, z.B. die Übertragung eines Kundenstammes, erbracht (vgl. BFH vom 25.06.1998, Az.: V R 57/97, BStBl. II 1999, 102 und Abschn. 4.5.1 Abs. 6 UStAE). 14

2.1.4 Ausschlüsse

Nicht unter die Vorschrift fällt die Vermittlung von Lieferungen, die im Anschluss an die Einfuhr an einem Ort im Inland bewirkt werden. Dies betrifft insbesondere Fälle, bei denen der Gegenstand nach der Einfuhr gelagert und erst anschließend vom Lager aus an den Abnehmer geliefert wird. Grund hierfür ist, dass § 4 Nr. 5 UStG nur die Vermittlung der in § 4 Nr. 3 UStG aufgelisteten Umsätze steuerfrei stellt und es sich dabei ausschließlich um sonstige Leistungen handelt. Hierfür kann jedoch die Steuerbefreiung nach § 4 Nr. 3 Buchst. a Doppelbuchst. bb UStG in Betracht kommen, sofern die Kosten in der Bemessungsgrundlage für die EUSt (vgl. § 11 Abs. 3 Nr. 3, 4 UStG) enthalten sind (vgl. Abschn. 4.5.1 Abs. 5 UStAE und vgl. § 4 Nr. 3 Rn. 44). 15

Nicht unter die Vorschrift fällt die **Dienstleistungskommission** nach § 3 Abs. 11 UStG (Leistungseinkauf und Leistungsverkauf). In derartigen Fällen liegt ein Handeln in eigenem Namen und auf fremde Rechnung vor (vgl. BFH vom 18.05.1994, Az.: XI R 107/92 (NV), BFH/NV 1994, 913). Die Leistung gilt als an den Dienstleistungskommissionär und von ihm erbracht, eine zusätzliche Vermittlungsleistung liegt demnach nicht vor (vgl. Abschn. 3.15 Abs. 1 und 4 UStAE). 16

2.2 Die einzelnen Befreiungstatbestände

§ 4 Nr. 5 UStG stellt nicht generell jede Art von Vermittlungsleistung steuerfrei, sondern schränkt den Anwendungsbereich auf die Vermittlung bestimmter, in § 4 Nr. 5 Buchst. a–d UStG aufgelisteter Umsätze ein. 17

2.2.1 § 4 Nr. 5 Buchst. a UStG

Steuerfrei ist die Vermittlung der unter § 4 Nr. 1 Buchst. a, Nr. 2 bis 4b und Nr. 6 und 7 UStG fallenden Umsätze. Im Einzelnen fällt unter die Vorschrift die Vermittlung: 18

- von Ausfuhrlieferungen nach § 6 UStG und von Lohnveredelungen an Gegenständen der Ausfuhr nach § 7 UStG (§ 4 Nr. 1 Buchst. a UStG);
- von Umsätzen für die Seeschifffahrt und für die Luftfahrt nach § 8 UStG (§ 4 Nr. 2 UStG); nicht steuerfrei ist die Vermittlung der Vercharterung einer Hochseeyacht, da diese nach der Rechtsprechung des BFH (vgl. BFH vom 13.02.1992, Az.: V R 142, 143/90 (NV), BFH/NV 1992, 701) nicht zu den Wasserfahrzeugen für die Seeschifffahrt i.S.d. § 8 UStG zählt;

- von grenzüberschreitenden Güterbeförderungen und anderer sonstiger Leistungen, die sich auf Gegenstände der Ausfuhr, Durchfuhr oder Einfuhr beziehen (§ 4 Nr. 3 Buchst. a UStG); der Güterbeförderung von und nach den autonomen Regionen der Azoren und Madeira (§ 4 Nr. 3 Buchst. b UStG); sonstiger Leistungen, die sich auf eingeführte Gegenstände beziehen, für die zollamtlich die vorübergehende Verwendung im Inland bewilligt wurde (§ 4 Nr. 3 Buchst. c UStG);
- der Lieferung von Gold an Zentralbanken (§ 4 Nr. 4 UStG);
- der Lieferungen und Leistungen im Zusammenhang mit der Steuerlagerregelung (§ 4 Nr. 4a UStG);
- der einer Einfuhr vorangehenden Lieferung (§ 4 Nr. 4b UStG);
- bestimmter Lieferungen und sonstiger Leistungen der Bundesbahn (§ 4 Nr. 6 Buchst. a UStG); die Lieferung eingeführter Gegenstände an Abnehmer im Drittlandsgebiet (§ 4 Nr. 6 Buchst. c UStG); der Personenbeförderung von und nach Helgoland (§ 4 Nr. 6 Buchst. d UStG); die Abgabe von Speisen und Getränken in bestimmten Fällen (§ 4 Nr. 6 Buchst. e UStG);
- von Lieferungen und sonstiger Leistungen an Streitkräfte anderer NATO-Staaten sowie an diplomatische Missionen und zwischenstattliche Einrichtungen (§ 4 Nr. 7 UStG).

19 Damit die Vermittlungsleistung unter die Steuerbefreiung des § 4 Nr. 5 UStG fallen kann, muss der vermittelte Umsatz die Voraussetzungen der jeweiligen Steuerbefreiungsvorschrift erfüllen. Fraglich erscheint diesbezüglich die Reichweite der Verweisung in § 22 Abs. 1 UStDV auf die entsprechende Anwendung des § 13 Abs. 1 UStDV. Muss der Unternehmer auch die Voraussetzungen der Steuerfreiheit des vermittelten Umsatzes entsprechend § 13 UStDV aufzeichnen? Unter entsprechender Anwendung des § 13 Abs. 1 UStDV kann auch verstanden werden, dass dadurch lediglich die Nachweispflicht i. S. d. § 4 Nr. 5 S. 3, 4 UStG i. V. m. § 22 UStDV dahin gehend präzisiert wird, dass der Unternehmer den Buchnachweis im Geltungsbereich des Gesetzes erbringen muss und dass der Buchnachweis die Überprüfung der Voraussetzungen des § 4 Nr. 5 UStDV leicht und eindeutig ermöglichen muss, nicht jedoch, dass deshalb der vermittelnde Unternehmer auch sämtliche Buchnachweiserfordernisse hinsichtlich des vermittelten Umsatzes erfüllen müsste. Für dieses Verständnis spricht auch die Auflistung der Angaben über den vermittelten Umsatz im Rahmen der Sollvorschrift des § 22 Abs. 2 Nr. 1 UStDV und die Ausführungen der Verwaltung in Abschn. 4.5.4 Abs. 2 und 4 UStAE, nach denen der Unternehmer den Buchnachweis mittels schriftlicher Angaben des Auftraggebers dokumentieren soll. Sofern sich die Angaben des Auftraggebers im Nachhinein als unzutreffend erweisen, stellt sich die Frage, ob dies den Verlust der Steuerfreiheit auch der Vermittlungsleistung bedeutet (dies verneinend z. B. Huschens in V/S § 4 Nr. 5 UStG Rn. 42 m. w. N.). Der Vorschrift ist eine spezielle Vertrauensschutzregelung zwar nicht zu entnehmen, insoweit dürfte sich aber ebenso wie bei § 6 UStG aus allgemeinen Rechtsgrundsätzen wie der Verhältnismäßigkeit heraus im Einzelfall bei Beachtung der Sorgfalt eines ordentlichen Kaufmanns ein Vertrauensschutz ableiten lassen (vgl. § 6 Rn. 109 ff.).

2.2.2 § 4 Nr. 5 Buchst. b UStG

20 Steuerfrei ist die Vermittlung grenzüberschreitender Beförderungen von Personen mit Luftfahrzeugen oder Seeschiffen. Auf Grund des eindeutigen Gesetzeswortlauts fallen Vermittlungsleistungen im Zusammenhang mit Landfahrzeugen nicht unter die Vorschrift (vgl. hierzu auch BMF vom 07.12.2000, Az: IV D 1 – S 7156d – 4/00, BStBl. I 2001, 98 – Vermittlung von Buspauschalreisen). Die Begriffe Luftfahrzeug und Seeschiff sind im Umsatzsteuerrecht nicht speziell definiert. Zur näheren Bestimmung können die außersteuerlichen Vorschriften der Flaggenrechtsverordnung (vgl. Abschn. 8.1 Abs. 2 UStAE) und des Luftverkehrsgesetzes herangezogen werden (vgl.

die Kommentierung zu § 8). Die Vermittlung einer grenzüberschreitenden Beförderung liegt auch dann vor, wenn kurze ausländische Streckenanteile als Beförderungsstrecken im Inland oder kurze Streckenanteile im Inland als Beförderungsstrecken im Ausland anzusehen sind (vgl. Abschn. 4.5.1 Abs. 4 UStAE und §§ 2–7 UStDV).

2.2.3 § 4 Nr. 5 Buchst. c UStG

Steuerfrei ist die Vermittlung der Umsätze (ohne nähere Definition bzw. Einschränkung = sämtliche Umsätze), die ausschließlich im Drittlandsgebiet bewirkt werden. Der Sinn der Vorschrift besteht u. E. darin, das Besteuerungsverfahren zu vereinfachen **(Verwaltungsvereinfachung)**. Da der vermittelte Umsatz ausschließlich im Drittlandsgebiet bewirkt werden muss, entsteht für ihn keine USt-Belastung im Inland (wohl aber im Drittland), würde lediglich die Vermittlungsleistung USt-Belastung auslösen, wäre der Leistungsempfänger ggf. alleine deswegen gezwungen, sich die Vorsteuer, häufig im Rahmen eines Vorsteuervergütungsverfahrens (§§ 59 ff. UStDV), im Inland erstatten zu lassen. 21

Der **Anwendungsbereich** der Vorschrift ist aufgrund der aktuellen Ortsvorschriften für die Vermittlungsleistung eingeschränkt da es in vielen Fällen zu einer Ortsverlagerung und damit zur Nichtsteuerbarkeit der Vermittlungsleistung kommen wird. 22

Zur Vermittlung von Mitgliedschaft in Vereinen mit Sitz im Ausland vgl. BFH vom 12.12.2012, Az: XI R 30/10, BStBl. II 2013, 348 (Problem: Umsatz?). 23

2.2.4 § 4 Nr. 5 Buchst. d UStG

Steuerfrei ist die Vermittlung der Lieferungen, die nach § 3 Abs. 8 UStG als im Inland ausgeführt zu behandeln sind. Unter § 3 Abs. 8 UStG fallen Lieferungen, bei denen der Gegenstand der Lieferung bei der Beförderung oder Versendung vom Drittlandsgebiet in das Inland gelangt und der Lieferer oder sein Beauftragter Schuldner der EUSt ist (zu Einzelheiten vgl. Abschn. 3.13 UStAE). Der Ort der Lieferung gilt in Fällen des § 3 Abs. 8 UStG als im Inland gelegen (in Abweichung von § 3 Abs. 6 UStG), die Lieferung ist steuerbar (§ 1 Abs. 1 Nr. 1 UStG) und steuerpflichtig. Für Vermittlungsleistungen ab 01.01.2010 kommt es für die Ortsbestimmung der Vermittlungsleistung im Wesentlichen auf den Leistungsempfänger an. Ist der Leistungsempfänger Unternehmer, muss er seinen Unternehmensort im Inland haben, damit die Vermittlungsleistung steuerbar ist (vgl. § 3 a Abs. 2 UStG); ist der Leistungsempfänger Nichtunternehmer, orientiert sich der Leistungsort am vermittelten Umsatz (vgl. § 3 a Abs. 3 Nr. 4 UStG). 24

Die Verwaltung verzichtet zur Vereinfachung des Buchnachweises auf die Unterscheidung, ob es sich bei Einfuhrlieferungen um eine solche im Drittland oder nach § 3 Abs. 8 UStG handelt (vgl. Abschn. 4.5.4 Abs. 4 S. 5, 6 UStAE). 25

Nicht unter die Steuerbefreiung fällt die Vermittlung von Lieferungen, die im Anschluss an die Einfuhr an einem Ort im Inland bewirkt werden. Dies sind insbesondere Fälle, in denen der Gegenstand nach der Einfuhr gelagert und erst anschließend vom Lager aus an den Abnehmer geliefert wird. Für die Vermittlung dieser Lieferungen kann jedoch die Steuerbefreiung nach § 4 Nr. 3 Buchst. a Doppelbuchst. bb UStG in Betracht kommen (vgl. Abschn. 4.5.1 Abs. 5 UStAE). 26

2.3 Ausschluss bei Reiseleistungen

27 Grundsätzlich fallen auch die steuerbaren Vermittlungsleistungen der Reisebüros (zum Begriff vgl. Abschn. 4.5.2 Abs. 1 S. 1 und Abs. 5 S. 1–3 UStAE) in den Anwendungsbereich des § 4 Nr. 5 UStG. Davon ausgenommen ist nach § 4 Nr. 5 S. 2 UStG lediglich die Vermittlung von Umsätzen für Reisende (vgl. Abschn. 4.5.2 Abs. 5 S. 4–7 UStAE). Die Vorschrift soll die Besteuerung des Endverbrauchs sicherstellen (vgl. Heidner in Bunjes, § 4 Rz. 7).

28 Tritt ein Reisebüro als Vermittler für einen sog. Leistungsträger (z. B. Beförderungsunternehmer) auf, kommt die Steuerbefreiung in Betracht (zu Einzelheiten vgl. Abschn. 4.5.2 UStAE). Zum Ort der jeweiligen Leistung vgl. Abschn. 4.5.2 Abs. 3 UStAE.

29 Zur Vermittlung von **Pauschalreisen** nach § 25 Abs. 1 UStG vgl. Abschn. 4.5.2 Abs. 4 UStAE.

30 Zu den Besonderheiten des sog. **Nullprovisionsmodells** beim Verkauf von Flugscheinen durch Reisebüros vgl. Abschn. 4.5.2 Abs. 6 UStAE (Neuregelung durch BMF-Schreiben vom 06.02.2014, Az: IV D 2 – S 7200/07/10012, BStBl. I 2014, 269; mit Nichtbeanstandungsregelung für Umsätze vor dem 01.04.2014; Änderung UStAE). Zu den Besonderheiten beim Verkauf von Flugscheinen durch Reisebüros oder Tickethändler (»**Consolidator**«) vgl. Abschn. 4.5.3 UStAE.

31 Zur Behandlung von **Firmenkunden-Reisebüros** vgl. Abschn. 4.5.2 Abs. 7 und 8 UStAE.

32 Zur Behandlung einer **Stornoprovision** vgl. Abschn. 4.5.2 Abs. 9 UStAE.

2.4 Nachweise

33 Der Unternehmer muss die Voraussetzungen der Steuerbefreiung nachweisen (§ 4 Nr. 5 S. 3 UStG). Einzelheiten regelt § 22 UStDV (vgl. § 4 Nr. 5 S. 4 UStG/Ermächtigungsvorschrift) i. V. m. § 13 Abs. 1 UStDV. Demnach besteht der Nachweis aus einem **Buchnachweis** (Mussvorschrift), der im Geltungsbereich der UStDV zu führen ist und die Voraussetzungen eindeutig und leicht nachprüfbar aus der Buchführung belegen muss (zum Inhalt der Verweisung vgl. Rn. 19). Zusätzlich gelten die allgemeinen Anforderungen an den Buchnachweis in Abschn. 6.10 Abs. 1–3 UStAE (Abschn. 4.5.4 Abs. 1 UStAE), demnach muss der Buchnachweis insbesondere fortlaufend und unmittelbar nach Ausführung des Umsatzes aufgezeichnet werden (vgl. die Kommentierung zu § 6 zum Buchnachweis). Wird der Buchnachweis nicht erbracht, scheidet die Steuerbefreiung grundsätzlich aus (vgl. z. B. BFH vom 01.09.1994, Az.: XI B 21/94 (NV), BFH/NV 1995, 458). Nach § 22 Abs. 2 UStDV (Sollvorschrift) soll der Unternehmer regelmäßig das Folgende aufzeichnen:

- die Vermittlung und den vermittelten Umsatz;
- den Tag der Vermittlung;
- den Namen und die Anschrift des Unternehmers, der den vermittelten Umsatz ausgeführt hat;
- das für die Vermittlung vereinbarte Entgelt, in Fällen der Istbesteuerung das vereinnahmte Entgelt und den Tag der Vereinnahmung.

34 Wegen weiterer Einzelheiten – auch zum Nachweis der Richtigkeit der jeweiligen Aufzeichnungen – vgl. Abschn. 4.5.4 UStAE.

§ 4 Nr. 6 UStG
Steuerbefreiungen: Eisenbahnen, Schiffe

Von den unter § 1 Abs. 1 Nr. 1 fallenden Umsätzen sind steuerfrei:

…

6. a) die Lieferungen und sonstigen Leistungen der Eisenbahnen des Bundes auf Gemeinschaftsbahnhöfen, Betriebswechselbahnhöfen, Grenzbetriebsstrecken und Durchgangsstrecken an Eisenbahnverwaltungen mit Sitz im Ausland,

b) (weggefallen)

c) die Lieferungen von eingeführten Gegenständen an im Drittlandsgebiet, ausgenommen Gebiete nach § 1 Abs. 3, ansässige Abnehmer, soweit für die Gegenstände zollamtlich eine vorübergehende Verwendung in den in § 1 Abs. 1 Nr. 4 bezeichneten Gebieten bewilligt worden ist und diese Bewilligung auch nach der Lieferung gilt. Nicht befreit sind die Lieferungen von Beförderungsmitteln, Paletten und Containern,

d) Personenbeförderungen im Passagier- und Fährverkehr mit Wasserfahrzeugen für die Seeschifffahrt, wenn die Personenbeförderungen zwischen inländischen Seehäfen und der Insel Helgoland durchgeführt werden,

e) die Abgabe von Speisen und Getränken zum Verzehr an Ort und Stelle im Verkehr mit Wasserfahrzeugen für die Seeschifffahrt zwischen einem inländischen und ausländischen Seehafen und zwischen zwei ausländischen Seehäfen. Inländische Seehäfen im Sinne des Satzes 1 sind auch die Freihäfen und Häfen auf der Insel Helgoland;

…

Literatur

Becker, Abgrenzung zwischen Speisenlieferung und Restaurationsleistung, NWB 2018, 244 ff.

Verwaltungsanweisungen

BMF vom 20.03.2013, Az: IV D 2 – S 7100/07/10050-06, BStBl I 2013, 444 (Restaurationsumsätze).

BMF vom 04.11.2013, Az: IV D 2 – S 7100/07/10050-06, BStBl I 2013, 1385 (Restaurationsumsätze).
Hinweis: Zur Problematik der zeitlichen Geltungsdauer von BMF-Schreiben vgl. Einführung UStG, Rz. 100 ff.

Richtlinien/Hinweise/Verordnungen
UStAE: Abschn. 4.6.1, 4.6.2.
MwStSystRL: zu § 4 Nr. 6 Buchst. a: Art. 394, 395 Abs. 1; zu § 4 Nr. 6 Buchst. c: Art. 154 f.

1 Allgemeines

1.1 Überblick über die Vorschrift

1 § 4 Nr. 6 UStG befreit bestimmte Leistungen mit grenzüberschreitendem Bezug von der USt. Der Zweck der Vorschrift liegt im Wesentlichen in der **Vereinfachung der Besteuerung**.

2 Die Steuerbefreiung schließt den **Vorsteuerabzug** für Vorumsätze nicht aus (sog. echte Steuerbefreiung, vgl. Rn. 10). § 4 Nr. 6 UStG stellt das Entgelt für die entsprechenden Umsätze steuerfrei. Der Umfang des Entgelts bestimmt sich nach den allgemeinen Grundsätzen (vgl. § 10 und vgl. die Kommentierung zu § 10).

1.2 Rechtsentwicklung

3 Die Vorschrift wurde m. W. v. 01.01.1980 neu in das UStG 1980 aufgenommen und in der Folgezeit mehrfach geändert. Seit dem 01.07.1999 gilt die Vorschrift in der jetzigen Fassung. Durch das JStG 2008 (Gesetz vom 20.12.2007, BGBl I 2007, 3150) wurde in § 4 Nr. 6 Buchst. e UStG die Verweisung auf § 3 Abs. 9 S. 4 UStG gestrichen. Ausweislich der Gesetzesbegründung (vgl. BT-Drucks. 16/6290 vom 04.09.2007) handelt es sich um eine redaktionelle Folgeänderung zu der ebenfalls durch das JStG 2008 erfolgten Aufhebung des § 3 Abs. 9 S. 4 und 5 UStG.

1.3 Geltungsbereich

1.3.1 Sachlicher Geltungsbereich

4 Die Steuerbefreiung umfasst die in § 4 Nr. 6 Buchst. a, c bis e UStG aufgeführten Tatbestände.

1.3.2 Persönlicher Geltungsbereich

5 § 4 Nr. 6 UStG sieht in Buchst. a eine Beschränkung auf Leistungen der **Eisenbahnen des Bundes** vor.

Ansonsten wird der persönliche Geltungsbereich nicht eingeschränkt; § 4 Nr. 6 Buchst. b–e UStG gelten daher für **alle Unternehmer** i. S. d. § 2 UStG. 6

1.3.3 Zeitlicher Geltungsbereich

Die Vorschrift wurde in den letzten Jahren nicht geändert und wird damit grundsätzlich auf alle noch offenen Steuerfestsetzungen anwendbar sein (vgl. Rn. 3). 7

1.4 Gemeinschaftsrechtliche Grundlagen und Verhältnis zu anderen Vorschriften

Gemeinschaftsrechtlich haben die Vorschriften folgende Grundlagen: 8

- § 4 Nr. 6 Buchst. a UStG: Art. 394, 395 Abs. 1 MwStSystRL;
- § 4 Nr. 6 Buchst. c UStG: Art. 154 f. MwStSystRL.

Bei den Steuerbefreiungen in § 4 Nr. 6 Buchst. d und Buchst. e UStG ist die gemeinschaftsrechtliche Grundlage zweifelhaft bzw. nicht gegeben (vgl. Huschens in V/S Rn. 14 zu § 4 Nr. 6 Buchst. d UStG und Rn. 12 zu § 4 Nr. 6 Buchst. e UStG; zu § 4 Nr. 6 Buchst. e UStG vgl. BFH, Urteil v. 27.02.2014, Az.: V R 14/13, BStBl. II 2014, 869, Rz. 27 – unionsrechtswidrig). 9

Nach § 15 Abs. 1, Abs. 2 Nr. 1 und Abs. 3 Nr. 1 Buchst. a UStG werden die Leistungen in vollem Umfang von der USt entlastet; die Leistungen sind steuerfrei, der **Vorsteuerabzug** bleibt dennoch erhalten (sog. **echte Steuerbefreiung**, vgl. § 4 Rn. 5 und 6). 10

2 Kommentierung

2.1 Die einzelnen Befreiungstatbestände

2.1.1 Leistungen der Eisenbahnen des Bundes (§ 4 Nr. 6 Buchst. a UStG)

§ 4 Nr. 6 Buchst. a UStG betrifft Lieferungen und sonstige Leistungen mit grenzüberschreitendem Bezug. Unter Eisenbahnen des Bundes ist vor allem die **Deutsche Bundesbahn AG** zu verstehen (ausführlich zu den Untergliederungen der Bundesbahn AG Huschens in S/W/R, § 4 Nr. 6 Buchst. a UStG, Rn. 13 ff.). Sofern entsprechende Leistungen durch nicht bundeseigene Unternehmen (z. B. Privatbetreiber) erbracht werden, fallen diese auf Grund des insoweit eindeutigen Wortlauts der Vorschrift nicht in den Anwendungsbereich des § 4 Nr. 6 Buchst. a UStG (vgl. BFH vom 04.07.2013, Az: V R 33/11, BStBl. II 2013, 937 – offen geblieben, ob die Einschränkung auf Eisenbahnen des Bundes einen Verstoß gegen den Neutralitätsgrundsatz darstellt). Der **grenzüberschreitende Bezug** ergibt sich daraus, dass die Leistungen auf Gemeinschaftsbahnhöfen, Betriebswechselbahnhöfen, Grenzbetriebsstrecken und Durchgangsstrecken erbracht werden müssen (zur Auslegung dieser Tatbestandsmerkmale vgl. BFH vom 04.07.2013, Az: V R 33/11, 11

BStBl. II 2013, 937, Rz. 36 f.) und der Leistungsempfänger eine Eisenbahnverwaltung mit Sitz im Ausland sein muss. Eine Eisenbahnverwaltung hat ihren Sitz im Ausland, wenn ihr Sitz außerhalb des Inlandes liegt, es gilt die Definition des § 1 Abs. 2 S. 2 UStG (vgl. Abschn. 1.9 UStAE). Eine weitergehende Einschränkung auf bestimmte Staaten ist dem Gesetz nicht zu entnehmen, insofern zählen auch Eisenbahnverwaltungen mit Sitz in anderen Mitgliedstaaten der Europäischen Gemeinschaft (= üGG, vgl. § 1 Abs. 2a UStG und Abschn. 1.10 UStAE) mit zu den begünstigten Leistungsempfängern.

12 Die Vorschrift enthält keine Beschränkung hinsichtlich der **Art der zu erbringenden Leistung.** Steuerfrei sind demnach alle Lieferungen und sonstigen Leistungen, deren Leistungsort sich im Inland befindet (vgl. die Kommentierung zu §§ 3 ff.) und die als Leistungsempfänger eine Eisenbahnverwaltung mit Sitz im Ausland haben. Dabei handelt es sich insbesondere um die Überlassung von Anlagen und Räumen, die Personalgestellung und um die Lieferung von Betriebsstoffen, Schmierstoffen und Energie (vgl. Abschn. 4.6.1 UStAE). Der **Ort der jeweiligen Leistung** muss im Inland liegen (Steuerbarkeit nach § 1 Abs. 1 Nr. 1 UStG; vgl. die Kommentierungen zu §§ 3 ff.).

2.1.2 Lieferungen von eingeführten Gegenständen (§ 4 Nr. 6 Buchst. c UStG)

13 Nach § 4 Nr. 6 Buchst. c UStG ist die Lieferung von eingeführten Gegenständen an im Drittlandsgebiet ansässige Abnehmer steuerfrei, soweit für die Gegenstände eine vorübergehende Verwendung in den in § 1 Abs. 1 Nr. 4 UStG bezeichneten Gebieten bewilligt worden ist und diese Bewilligung auch nach der Lieferung gilt. Nicht von der USt befreit sind die Lieferungen von Beförderungsmitteln (zum Begriff vgl. Abschn. 3a.5 Abs. 2 UStAE), Paletten und Containern.

14 Zunächst müssen die Gegenstände der späteren Lieferung in das in § 1 Abs. 1 Nr. 4 UStG genannte Gebiet **eingeführt worden** sein. Dabei handelt es sich um das Inland und die österreichischen Gemeinden Jungholz und Mittelberg (= Zollgebiet – Zollanschlussgebiete –, vgl. Abschn. 1.9 Abs. 2 UStAE). Eine **Einfuhr** liegt begrifflich vor, wenn der Gegenstand aus dem Drittlandsgebiet ins Inland verbracht wird (Abgrenzung zum i. g. Erwerb nach § 1 Abs. 1 Nr. 5 UStG i. V. m. § 1 a UStG; vgl. die Kommentierung zu § 5). In diesem Zusammenhang wurde durch die Zollbehörden eine vorübergehende Verwendung in diesem Gebiet bewilligt. Aus der vorübergehenden Verwendung ergibt sich, dass die eingeführten Gegenstände nach Ablauf der eingeräumten Frist wieder ausgeführt werden müssen, sich also nur zeitlich begrenzt im Inland befinden. Die Zollbehörden überwachen während der Verbleibenszeit die Voraussetzungen (vgl. § 5 Abs. 2 Nr. 5 UStG i. V. m. § 11 EUStBV). Die Bewilligung muss auch nach der Lieferung gelten, damit gilt für die Gegenstände auch der Zwang zur anschließenden Ausfuhr weiter.

15 Die Steuerbefreiung nach § 4 Nr. 6 Buchst. c UStG betrifft **nur Lieferungen**, zur Steuerbefreiung **für sonstige Leistungen**, die in Zusammenhang mit der Einfuhr stehen, vgl. die Kommentierung zu § 4 Nr. 3 Buchst. c.

16 Der Gegenstand wird während der Verwendungsfrist im Inland geliefert, die Lieferung ist steuerbar (§ 1 Abs. 1 Nr. 1 UStG), aber nach § 4 Nr. 6 Buchst. c UStG steuerfrei. Voraussetzung ist jedoch, dass der Abnehmer der Lieferung ein **im Drittlandsgebiet ansässiger Abnehmer** ist, ausgenommen der Gebiete nach § 1 Abs. 3 UStG (= Freizonen des Kontrolltyps I/Freihäfen [vgl. Abschn. 1.9 Abs. 1 UStAE], Gewässer und Watten zwischen der Hoheitsgrenze und der jeweiligen Strandlinie). Im Drittland ist der Abnehmer ansässig (vgl. § 6 Abs. 2 UStG für den ausländischen Abnehmer), wenn er seinen Wohnort oder Sitz im Drittlandsgebiet hat (zur Begriffsabgrenzung vgl. § 1 Abs. 2, 2a UStG sowie Abschn. 1.9 und 1.10 UStAE). Bezüglich des Lieferanten beinhaltet die Vorschrift keine Regelung, dieser kann im Inland oder im Ausland ansässig sein, lediglich seine Lieferung muss im Inland steuerbar sein. In Kombination der einzelnen Voraussetzungen der Vorschrift ergibt sich, dass der Gegenstand auch im Falle einer Lieferung im Inland letztlich in das

Drittlandsgebiet ausgeführt wird und somit in summa die Voraussetzungen einer Ausfuhrlieferung nach § 6 UStG erfüllt werden (ebenfalls mit Vorsteuerabzug § 15 Abs. 3 Nr. 1 Buchst. a UStG). Zur Vereinfachung des Verfahrens wird der Sachverhalt über das Bewilligungsverfahren zur vorübergehenden Verwendung im Zollgebiet (mit Freistellung von der EUSt/kein Vorsteuerabzug) und der Steuerfreiheit der Lieferung abgewickelt.

2.1.3 Personenbeförderungen im Passagier- und Fährverkehr (§ 4 Nr. 6 Buchst. d UStG)

Nach der zum 01.01.1996 in Kraft getretenen Regelung des § 4 Nr. 6 Buchst. d UStG (eingefügt durch das JStG 1996, Gesetz vom 11.10.1995, BGBl I 1995, 1250), ist die Personenbeförderung im Passagier- und Fährverkehr mit Wasserfahrzeugen für die Seeschifffahrt zwischen einem inländischen Seehafen und der Insel Helgoland von der USt befreit. Zum Begriff des Wasserfahrzeugs für die Seeschifffahrt vgl. § 8 Rn. 20 ff. **17**

Nach der Vorschrift nicht begünstigt ist die Güterbeförderung, diese kann jedoch unter § 4 Nr. 3 Buchst. a Doppelbuchst. aa UStG fallen (vgl. die Kommentierung zu § 4 Nr. 3). **18**

2.1.4 Abgabe von Speisen und Getränken (§ 4 Nr. 6 Buchst. e UStG)

Die Steuerbefreiung umfasst die entgeltliche und die unentgeltliche Abgabe von Speisen und Getränken zum Verzehr an Ort und Stelle an Bord von Seeschiffen, sofern es sich um eine selbständige sonstige Leistung handelt (vgl. Abschn. 4.6.2. S. 1 UStAE). Nach der Vorschrift nicht steuerbefreit ist die Lieferung von Speisen und Getränken (vgl. Abschn. 4.6.2. S. 2 UStAE). Zur Abgrenzung vgl. Abschn. 3.6 UStAE, der durch BMF vom 20.03.2013, Az: IV D 2 – S 7100/07/10050-06, BStBl. I 2013, 444 neu gefasst wurde (mit Übergangsregelung; siehe dazu auch BMF vom 04.11.2013, Az: IV D 2 – S 7100/07/10050-06, BStBl. I 2013, 1385 Neufassung Übergangsregelung; zur aktuellen Rechtsprechung zu Restaurationsleistungen vgl. Becker in NWB 2018, 244 ff.). **19**

Zur analogen Anwendung der Vorschrift auf Luftverkehrsunternehmen vgl. FG Berlin-Brandenburg vom 14.02.2013, Az: 7 K 7079/09, EFG 2013, 973 (analoge Anwendung abgelehnt; nachfolgend BFH, Urteil v. 27.02.2014, Az.: V R 14/13, BStBl. II 2014, 869, Rz. 27 – keine über den Wortlaut hinausgehende Auslegung einer unionsrechtswidrigen Vorschrift). **20**

2.2 Nachweise

Die Vorschrift fordert nicht explizit Nachweise als Voraussetzung für die Steuerbefreiung (vgl. insoweit den Wortlaut z. B. von § 4 Nr. 3 S. 3 UStG oder § 4 Nr. 5 S. 3 UStG). Allgemein muss der Unternehmer aber nachweisen können, dass die Voraussetzungen für die Inanspruchnahme einer Steuerbefreiung vorliegen. Insofern kommt den Aufzeichnungspflichten nach § 22 UStG besondere Bedeutung zu. So müssen beispielsweise die Entgelte für steuerfreie Leistungen nach § 22 Abs. 2 Nr. 1 S. 2 UStG getrennt aufgezeichnet werden (wegen weiterer Einzelheiten vgl. die Kommentierung zu § 22). Beinhalten einzelne Steuerbefreiungstatbestände besondere Voraussetzungen, z. B. § 4 Nr. 6 Buchst. c UStG – die zollamtliche Bewilligung der vorübergehenden Verwendung im Inland –, muss der Unternehmer diesen Umstand mittels eines Beleges nachweisen. **21**

§ 4 Nr. 7 UStG
Steuerbefreiungen: Leistungen an NATO-Mitglieder

Von den unter § 1 Abs. 1 Nr. 1 fallenden Umsätzen sind steuerfrei:

...

7. die Lieferungen, ausgenommen Lieferungen neuer Fahrzeuge im Sinne des § 1b Abs. 2 und 3, und die sonstigen Leistungen
   a) an andere Vertragsparteien des Nordatlantikvertrags, die nicht unter die in § 26 Abs. 5 bezeichneten Steuerbefreiungen fallen, wenn die Umsätze für den Gebrauch oder Verbrauch durch die Streitkräfte dieser Vertragsparteien, ihr ziviles Begleitpersonal oder für die Versorgung ihrer Kasinos oder Kantinen bestimmt sind und die Streitkräfte der gemeinsamen Verteidigungsanstrengung dienen,
   b) an die in dem Gebiet eines anderen Mitgliedstaates stationierten Streitkräfte der Vertragsparteien des Nordatlantikvertrags, soweit sie nicht an die Streitkräfte dieses Mitgliedstaates ausgeführt werden,
   c) an die in dem Gebiet eines anderen Mitgliedstaates ansässigen ständigen diplomatischen Missionen und berufskonsularischen Vertretungen sowie deren Mitglieder und
   d) an die in dem Gebiet eines anderen Mitgliedstaates ansässigen zwischenstaatlichen Einrichtungen sowie deren Mitglieder.

Der Gegenstand der Lieferung muss in den Fällen des Satzes 1 Buchstabe b bis d in das Gebiet des anderen Mitgliedstaates befördert oder versendet werden. Für die Steuerbefreiungen nach Satz 1 Buchstabe b bis d sind die in dem anderen Mitgliedstaat geltenden Voraussetzungen maßgebend. Die Voraussetzungen der Steuerbefreiungen müssen vom Unternehmer nachgewiesen sein. Bei den Steuerbefreiungen nach Satz 1 Buchstabe b bis d hat der Unternehmer die in dem anderen Mitgliedstaat geltenden Voraussetzungen dadurch nachzuweisen, dass ihm der Abnehmer eine von der zuständigen Behörde des anderen Mitgliedstaates oder, wenn er hierzu ermächtigt ist, eine selbst ausgestellte Bescheinigung nach amtlich vorgeschriebenem Muster aushändigt. Das Bundesministerium der Finanzen kann mit Zustimmung des Bundesrates durch Rechtsverordnung bestimmen, wie der Unternehmer die übrigen Voraussetzungen nachzuweisen hat;

...

Verwaltungsanweisungen

BMF vom 02.07.1968, IV A 2 - S 7490 - 2/68, Vergünstigungen bei der Umsatzsteuer (Mehrwertsteuer) auf Grund des Offshore-Steuerabkommens, BStBl I 1968, 967.

BMF vom 02.10.1991, IV A 3 - S 7490 - 4/91, Umsatzsteuerbefreiung nach Art.III Nr. 1 Buchstabe a Offshore-Steuerabkommen bei Wohnraumbeschaffungen durch die amerikanischen Streitkräfte für ihre Truppenangehörigen und das zivile Gefolge, BStBl I 1991, 964.

BMF vom 22.12.2004, IV A 6 - s 7491 - 13/04, Umsatzsteuervergünstigungen auf Grund Art. 67 Abs. 3 des Zusatzabkommens zum NATO-Truppenstatut (NATO-ZAbk), BStBl I 2004, 1200.

BMF vom 30.03.2006, IV A 6 - S 7492 - 16/06, Umsatzsteuervergünstigungen auf Grund Art. 67 Abs. 3 des Zusatzabkommens zum NATO-Truppenstatut (NATO-ZAbk), BStBl I 2006, 310.

BMF vom 20.05.2008, Az: IV B 9 - S 7492/08/10002, 2008/0263713, Umsatzsteuervergünstigungen auf Grund Art. 67 Abs. 3 des Zusatzabkommens zum NATO-Truppenstatut; Belgisches Beschaffungsverfahren für Lieferungen und sonstige Leistungen bis zu einem Wert von 1.500 Euro, BStBl I 2008, 630.

BMF vom 01.04.2009, IV B 9 - S 7492/07/10008, 2009/0216757, Umsatzsteuervergünstigungen auf Grund Art. 67 Abs. 3 des Zusatzabkommens zum NATO-Truppenstatut (NATO-ZAbk); Vordrucke zur Beschaffung von Lieferungen und sonstigen Leistungen für den dienstlichen Bedarf der amerikanischen Streitkräfte, BStBl I 2009, 526.

BMF vom 03.03.2011, IV D 3 - S 7492/07/10006, 2011/0089342, Umsatzsteuervergünstigungen auf Grund Art. 67 Abs. 3 des Zusatzabkommens zum NATO-Truppenstatut (NATO-ZAbk); Britisches Beschaffungsverfahren unter Verwendung der GPC-VISA-Kreditkarte, BStBl I 2011, 234.

BMF vom 29.11.2011, IV D 3 - S 7492/07/10006, 2011/0949275, Umsatzsteuervergünstigungen auf Grund Art. 67 Abs. 3 des Zusatzabkommens zum NATO-Truppenstatut (NATO-ZAbk); Britisches Beschaffungsverfahren unter Verwendung einer Kreditkarte, BStBl I 2011, 1161.

BMF vom 30.04.2012, IV D 3 - S 7492/12/10001, 2012/00389918, Umsatzsteuervergünstigungen auf Grund Art. 67 Abs. 3 des Zusatzabkommens zum NATO-Truppenstatut (NATO-ZAbk); Anforderungen an den Abwicklungsschein im vereinfachten Beschaffungsverfahren, BStBl I 2012, 534.

BMF vom 23.06.2011, Az: IV D 3 - S 7158b/11/10001, 2011/0502963, Umsatzsteuerbefreiung nach § 4 Nr. 7 S. 1 Buchst. b bis d UStG; Nachweis der im Gastmitgliedstaat geltenden Voraussetzungen (§ 4 Nr. 7 S. 5 UStG, BStBl I 2011, 677.

BMF vom 22.07.2011, Az: IV D 3 - S 7493/07/10001, 2011/0588610, Umsatzsteuervergünstigungen auf Grund des Ergänzungsabkommens zum Protokoll über die NATO-Hauptquartiere und Umsatzsteuerbefreiung nach § 4 Nr. 7 S. 1 Buchstabe d UStG, BStBl I 2011, 749.

BMF vom 04.02.2013, Az: IV D 3 - S 7492/07/10006, 2013/0113458, Umsatzsteuervergünstigungen auf Grund Art. 67 Abs. 3 des Zusatzabkommens zum NATO-Truppenstatut; Britisches Beschaffungsverfahren für Lieferungen und sonstige Leistungen bis zu einem Wert von 2.500 Euro, BStBl I 2013, 266.

BMF vom 20.06.2014, Az: IV D 3 - S 7492/12/10001, 2014/0554438Umsatzsteuervergünstigungen auf Grund Art. 67 Abs. 3 des Zusatzabkommens zum NATO-Truppenstatut (NATO-ZAbk): Nachweis der Voraussetzungen der Steuerbefreiung, BStBl I 2014, 910.

BMF vom 25.07.2014, Az: IV D 3 – S 7492/08/10002, 2014/0666133, Umsatzsteuervergünstigungen auf Grund Art. 67 Abs. 3 des Zusatzabkommens zum NATO-Truppenstatut; Belgisches Beschaffungsverfahren für Lieferungen und sonstige Leistungen, BStBl I 2014, 1115.
BMF vom 19.12.2014, Az: IV D 3 – S 7493/07/1001, 2014/1130342, Umsatzsteuervergünstigungen auf Grund des Ergänzungsabkommens zum Protokoll über die NATO-Hauptquartiere und Umsatzsteuerbefreiung nach § 4 Nr. 7 S. 1, BStBl 2015, 48.
BMF vom 18.08.2015, Az: III C 3 – S 7492/08/10002, 2015/0591561, Umsatzsteuervergünstigungen auf Grund Art. 67 Abs. 3 des Zusatzabkommens zum NATO-Truppenstatut; Einführung eines vereinfachten Beschaffungsverfahrens für Lieferungen und sonstige Leistungen für den dienstlichen Bedarf der belgischen Streitkräfte, BStBl I 2015, 654.
BMF vom 06.01.2017, Az: III C 3 – S 7492/07/10001, 2016/1166460, Umsatzsteuervergünstigungen auf Grund des Zusatzabkommens zum NATO-Truppenstatut: Neuauflage der Liste der amtlichen B BMF vom 24.07.2017, III C 3 – S 7492/07/10008:017, 2017/0651075, Umsatzsteuervergünstigungen auf Grund Art. 67 Abs. 3 des Zusatzabkommens zum NATO-Truppenstatut (NATO-ZAbk);Erwerb von Kraftfahrzeugen aus einem Zollverfahren, Verwendung von Kreditkarten für dienstliche Beschaffungen der amerikanischen Streitkräfte und Berechtigung zur Ausstellung einer Eigenbestätigung, BStBl I 2017, 998.
BMF vom 08.08.2017, Az: III C 3 – S 7493/07/10001, Umsatzsteuervergünstigungen auf Grund des Ergänzungsabkommens zum Protokoll über die NATO-Hauptquartiere und Umsatzsteuerbefreiung nach § 4 Nr. 7 S. 1 Buchstabe d UStG, BStBl I 2017, 1241.
BMF vom 02.01.2018, Az: III C 3 – S 7492/07/10001, 2017/1028835, Umsatzsteuervergünstigungen auf Grund des Zusatzabkommens zum NATO-Truppenstatut: Neuauflage der Liste der amtlichen Beschaffungsstellen, BStBl I 2018, 83.
Hinweis: Zur Problematik der zeitlichen Geltungsdauer von BMF-Schreiben vgl. Einführung UStG, Rz. 100ff.

Richtlinien/Hinweise/Verordnungen
UStAE: Abschn. 4.7.1 (bis 31.10.2010 Abschn. 56 UStR 2008).
MwStSystRL: Art. 151.

1 Allgemeines

1.1 Überblick über die Vorschrift

1 § 4 Nr. 7 UStG befreit Lieferungen und sonstige Leistungen

a) an andere Vertragsparteien des Nordatlantikvertrags, die nicht unter die in § 26 Abs. 5 UStG bezeichneten Steuerbefreiungen fallen,
b) an die in dem Gebiet eines anderen Mitgliedstaates stationierten Streitkräfte der Vertragsparteien des Nordatlantikvertrags,
c) an die in dem Gebiet eines anderen Mitgliedstaates ansässigen ständigen diplomatischen Missionen und berufskonsularischen Vertretungen sowie deren Mitglieder und
d) an die in dem Gebiet eines anderen Mitgliedstaates ansässigen zwischenstaatlichen Einrichtungen sowie deren Mitglieder.

§ 4 Nr. 7 S. 1 Buchst. a UStG gilt für die im Inland stationierten Streitkräfte, die nicht unter die im § 26 Abs. 5 UStG bezeichnete Steuerbefreiung fallen. 2

§ 4 Nr. 7 S. 1 Buchst. b UStG gilt für die grenzüberschreitenden Lieferungen und sonstigen Leistungen, bei denen der Ort der Leistung im Inland liegt. Die NATO-Streitkraft muss in einem anderen Mitgliedstaat stationiert sein. Die NATO-Streitkräfte des eigenen Landes sind ausgenommen. 3

§ 4 Nr. 7 S. 1 Buchst. c und d UStG gilt für die grenzüberschreitenden Lieferungen und sonstigen Leistungen, bei denen der Ort der Leistung im Inland liegt. Die begünstigte Einrichtung und deren Mitglieder aber in einem anderen Mitgliedstaat ansässig sind. Lieferungen und sonstige Leistungen an diese begünstigten Einrichtung und deren Mitglieder sind unter den im anderen Mitgliedstaat geltenden Voraussetzungen steuerfrei. 4

Während bei § 4 Nr. 7 Buchst. a und b nur die Lieferungen und Leistungen an die NATO-Streitkräfte selbst begünstigt werden, werden bei § 4 Nr. 7 Buchst. c und d auch die Lieferungen und Leistungen an deren Mitglieder befreit. 5

Ausdrücklich von der Steuerbefreiung ausgeschlossen ist die Lieferung neuer Fahrzeuge i. S. des § 1 b Abs. 2 und 3 UStG (vgl. § 4 Nr. 7 S. 1 UStG). Der Gegenstand der Lieferung muss dabei in den Fällen des § 4 Nr. 7 Buchst. b bis d UStG in das Gebiet des anderen Mitgliedstaates befördert oder versendet werden (§ 4 Nr. 7 S. 2 UStG). Die Steuerbefreiungen des § 4 Nr. 7 Buchst. b bis d UStG unterliegen dabei den in dem anderen Mitgliedstaat hierfür vorgesehenen Voraussetzungen (§ 4 Nr. 7 S. 3 UStG). Dadurch sollen die Bezüge der begünstigten Einrichtungen und Personen aus anderen Mitgliedstaaten den inländischen Bezügen des Gastmitgliedstaates gleichgestellt und Wettbewerbsverzerrungen vermieden werden. 6

Der Unternehmer muss das Vorliegen der Voraussetzungen der Steuerbefreiung nachweisen (§ 4 Nr. 7 S. 4 UStG). In den Fällen des § 4 Nr. 7 Buchst. b bis d UStG ist ein zusätzlicher Nachweis mittels einer nach amtlichem Vordruck ausgestellten Bescheinigung der zuständigen Behörde des anderen Mitgliedstaates zu führen (§ 4 Nr. 7 S. 5 UStG). § 4 Nr. 7 S. 6 UStG enthält eine Ermächtigungsklausel zum Erlass einer Rechtsverordnung hinsichtlich der übrigen Nachweise. 7

Die Verpflichtung zur Abgabe einer ZM nach § 18 a UStG entfällt für die in dieser Vorschrift geregelten steuerfreien Lieferungen, da es sich hier nicht um i. g. Warenlieferungen i. S. d. § 18 a Abs. 2 UStG handelt. 8

Der Vorsteuerabzug wird durch die Steuerbefreiung nach § 4 Nr. 7 S. 1 Buchst. a bis d UStG nicht ausgeschlossen (vgl. § 15 Abs. 2 i. V. m. Abs. 3 Nr. 1 Buchst. a UStG). 9

1.2 Rechtsentwicklung

Die in § 4 Nr. 7 Buchst. a UStG enthaltene Regelung befand sich ursprünglich in § 4 Nr. 6 Buchst. b UStG (ab 01.01.1987). Sie wurde durch das Umsatzsteuer-Binnenmarktgesetz (Gesetz vom 25.08.1992, BGBl I 1992, 1548) zum 01.01.1993 in § 4 Nr. 7 Buchst. a UStG überführt und durch die Regelung des § 4 Nr. 7 Buchst. b UStG ergänzt. Die Vorschrift wurde durch das Missbrauchsbekämpfungs- und Steuerbereinigungsgesetz (StMBG, Gesetz vom 21.12.1993, BGBl I 1993, 2310) mit Wirkung ab 30.12.1993 neu gefasst und um die Buchst. c und d ergänzt. Durch das JStG 1996 (JStG 1996, Gesetz vom 11.10.1995, BGBl I 1995, 1250) wurde in § 4 Nr. 7 UStG S. 2 neu eingefügt. Hiernach musste der Gegenstand der Lieferungen in den Fällen der Buchst. b bis d in das Gebiet des anderen Mitgliedstaates befördert oder versendet werden. Die Änderung trat nach Art. 41 Abs. 1 des JStG 1996 am 21.10.1995 (Tag nach der Verkündung des JStG 1996) in Kraft. 10

Durch Art. 7 Nr. 4 des JStG 2009 vom 19.12.2008 (JStG 2009 vom 19.12.2008, BGBl I 2008, 2794) wurde § 4 Nr. 7 UStG S. 2, 3 und 5 redaktionell geändert. Der bisherige Verweis auf die Buchstaben 11 b bis d wurde durch Ergänzung des Zitats des Satzes 1 präzisiert. Die Änderung trat nach Art. 39 Abs. 1 JStG 2009 am 25.12.2008 (Tag nach der Verkündung des JStG 2009) in Kraft.

1.3 Sachlicher, persönlicher und zeitlicher Geltungsbereich

12 In sachlicher Hinsicht enthält die Vorschrift einen Ausschluss für die Lieferung neuer Fahrzeuge i. S.d. § 1b Abs. 2 und 3 UStG. Bei der Lieferung neuer Fahrzeuge handelt es sich grundsätzlich um eine i. g. Lieferung, deren Steuerbefreiung sich nach § 4 Nr. 1 Satz 1 Buchst. b i. V. m. § 6a UStG richtet (vgl. insoweit Abschn. 4.7.1Abs. 4 UStAE). Darüber hinausgehende Einschränkungen bezüglich der Art der begünstigten Umsätze (allgemein Lieferungen und sonstige Leistungen) enthält die Vorschrift nicht, wobei die Umsätze jedoch die in den Buchstaben a bis d genannten weiteren Voraussetzungen erfüllen müssen.

13 An die Person des leistenden Unternehmers stellt die Vorschrift keine weiteren Anforderungen, so dass grundsätzlich alle Unternehmer nach § 4 Nr. 7 UStG steuerfreie Umsätze erbringen können.

14 § 4 Nr. 7 UStG wurde zuletzt durch das JStG 2009 geändert und gilt seither in der aktuellen Fassung.

1.4 Gemeinschaftsrechtliche Grundlagen und Verhältnis zu anderen Vorschriften

15 § 4 Nr. 7 UStG setzt Art. 151 der MwStSystRL in nationales Recht um.

16 Gem. § 15 Abs. 1, Abs. 2 Nr. 1 und Abs. 3 Nr. 1 Buchst. a UStG werden die nach § 4 Nr. 7 UStG steuerfreien Umsätze in vollem Umfang von der USt entlastet. Einerseits ist die erbrachte Leistung steuerfrei, andererseits bleibt der Vorsteuerabzug dennoch erhalten (sog. **echte Steuerbefreiung**, vgl. § 4 Rn. 5).

17 § 4 Nr. 7 Buchst. a UStG befreit nur solche Umsätze **an** andere Vertragsparteien des Nordatlantikvertrags von der USt, die nicht unter die in § 26 Abs. 5 UStG bezeichneten Steuerbefreiungen fallen. Vertragspartner sind Albanien, Belgien, Bulgarien, Dänemark, Deutschland, Estland, Frankreich, Griechenland, Island, Italien, Kanada, Kroatien, Lettland, Litauen, Luxemburg, Niederlande, Norwegen, Polen, Portugal, Rumänien, Slowakei, Slowenien, Spanien, Tschechien, Türkei, Ungarn, das Vereinigte Königreich von Großbritannien und die Vereinigten Staaten von Amerika.

2 Kommentierung

2.1 Steuerbefreiung nach § 4 Nr. 7 Buchst. a UStG

18 Nach § 4 Nr. 7 Buchst. a UStG muss es sich um Umsätze an andere Vertragsparteien des Nordatlantikvertrags handeln. Umsätze an die Bundeswehr in Deutschland unterliegen deshalb der

Umsatzsteuer. Nicht befreit sind nach Buchst. a die Umsätze, die unmittelbar an Mitglieder (Personen) der anderen Vertragsparteien ausgeführt werden.

Voraussetzung für die Steuerbefreiung, die sich vor allem auf wehrtechnische Gemeinschaftsprojekte der NATO-Partner bezieht, bei denen der Generalunternehmer im Inland ansässig ist, ist, dass die Verträge so abgefasst und auch tatsächlich durchgeführt werden, dass der Generalunternehmer seine Leistungen unmittelbar an jeden einzelnen der beteiligten Staaten ausführt (vgl. Abschn. 4.7.1 Abs. 1 S. 1 und 2 UStAE). Dies soll auch dann erfüllt sein, wenn bei Abschluss und Durchführung der Verträge das Bundesamt für Wehrtechnik und Beschaffung oder eine von den beteiligten Staaten geschaffene Einrichtung im Namen und für Rechnung der beteiligten Staaten handelt (vgl. Abschn. 4.7.1 Abs. 1 S. 3 UStAE). Die Befreiung kommt auch für Lieferungen von Rüstungsgegenständen an andere NATO-Partner in Betracht, für die allerdings auch die Steuerbefreiung für Ausfuhrlieferungen (§ 4 Nr. 1 Buchst. a i. V. m. § 6 UStG) in Betracht kommen kann (vgl. Abschn. 4.7.1 Abs. 2 UStAE). 19

Ausdrücklich von der Steuerbefreiung nach § 4 Nr. 7 Buchst. a UStG ausgeschlossen sind Umsätze, die bereits unter die in § 26 Abs. 5 UStG genannten Steuerbefreiungen (nach dem Offhore-Steuerabkommen, dem Zusatzabkommen zum NATO-Truppenstatut und dem Ergänzungsabkommen zum Protokoll über die NATO-Hauptquartiere) fallen. 20

2.2 Steuerbefreiung nach § 4 Nr. 7 Buchst. b bis d UStG

Nach Buchstabe b sind Lieferungen und sonstige Leistungen an die im Gebiet eines anderen Mitgliedstaates stationierten NATO-Streitkräfte befreit, soweit es sich nicht um Leistungen an die Streitkräfte dieses Mitgliedstaates handelt (vgl. Abschn. 4.7.1 Abs. 3 S. 1 und 2 UStAE, z. B. Lieferung an belgische Streitkräfte in Belgien). Die Leistungsbezüge müssen dabei für die unmittelbaren amtlichen Zwecke der Streitkraft selbst oder den persönlichen Ge- oder Verbrauch durch Angehörige der Streitkraft bestimmt sein. Leistungsempfänger müssen also die Truppenteile selbst sein. Nicht der NATO unterstellte Truppenteile gehören nicht dazu. 21

Auftraggeber und Rechnungsempfänger muss die Beschaffungsstelle der im übrigen Gemeinschaftsgebiet stationierten Streitkraft sein. Leistungen an einzelne Soldaten fallen nicht in die Steuerbefreiung (vgl. Abschn. 4.7.1 Abs. 3 S. 3 und 4 UStAE). 22

Nach Buchst. c und d sind Umsätze an die im Gebiet eines anderen Mitgliedstaates ansässigen ständigen diplomatischen Missionen (Botschaften), berufskonsularischen Vertretungen (Berufskonsulate), zwischenstaatlichen Einrichtungen (internationale Organisationen) sowie deren Mitglieder befreit. 23

§ 4 Nr. 7 S. 2 UStG stellt klar, dass der Gegenstand der Lieferung in den Fällen der Buchst. b bis d in das Gebiet des anderen Mitgliedstaates befördert oder versendet werden muss. Allgemein muss der Unternehmer nach § 4 Nr. 7 S. 4 UStG die Voraussetzungen der Steuerbefreiung nachweisen können, hierzu gehört auch das Gelangen in den anderen Mitgliedstaat. Es bietet sich an, die entsprechenden Belegnachweise an § 17a UStDV (ergangen zur innergemeinschaftlichen Lieferung nach § 6a UStG) anzulehnen (so auch Abschn. 4.7.1 Abs. 5 S. 2 UStAE). Nach Verwaltungsauffassung sollen nur Leistungsbezüge begünstigt sein, die noch für mindestens sechs Monate zum Ge- oder Verbrauch im übrigen Gemeinschaftsgebiet bestimmt sind (vgl. Abschn. 4.7.1 Abs. 5 S. 3 UStAE). 24

Die von § 4 Nr. 7 Buchst. b bis d UStG betroffenen Umsätze müssen zunächst die dort genannten Voraussetzungen erfüllen, die der Unternehmer nach § 4 Nr. 7 S. 4 UStG auch nachweisen muss. Darüber hinaus hängen die Steuerbefreiungen nach den Buchst. b bis d allerdings von den jeweiligen Bestimmungen des Gastmitgliedstaates ab (vgl. § 4 Nr. 7 S. 3 UStG). 25

26 Den Nachweis der Einhaltung der dortigen Voraussetzungen muss der Unternehmer mittels einer Bescheinigung (Sichtvermerk) der im anderen Mitgliedstaat zuständigen Behörde erbringen (vgl. § 4 Nr. 7 S. 5 UStG und Abschn. 4.7.1 Abs. 6 UStAE). Zur Vereinfachung des Bestätigungsverfahrens können die Gastmitgliedstaaten bestimmte Einrichtungen von der Verpflichtung der Einholung eines Sichtvermerks der zuständigen Behörde befreien. Anstelle des Sichtvermerks tritt in diesen Fällen eine Eigenbestätigung der Einrichtung, in der auf die entsprechende Genehmigung (Datum und Aktenzeichen) hinzuweisen ist. Dafür ist ein Vordruck nach amtlich vorgeschriebenem Muster zu verwenden. In den Fällen, in denen der Leistungsempfänger innerhalb der Gemeinschaft, aber nicht in dem Mitgliedstaat der Lieferung oder sonstigen Leistung ansässig ist, ist in Art. 51 VO 282/2011 festgelegt, dass die Bescheinigung über die Befreiung von der Mehrwertsteuer und/oder der Verbrauchsteuer nach dem Muster in Anhang II der VO 282/2011 als Bestätigung dient, dass der Umsatz nach Art. 151 MwStSystRL von der USt befreit werden kann. Die Bescheinigung wird von den zuständigen Behörden des Aufnahmemitgliedstaats mit einem Dienststempelabdruck versehen. Dieser ab 01.07.2011 anzuwendende Vordruck (Art. 51 i. V. m. Anhang II der MwStVO) ist mit BMF vom 23.06.2011 neu bekannt gemacht worden und ersetzt den zuvor veröffentlichten Vordruck.

27 Bei Lieferungen und sonstigen Leistungen an Organe oder sonstige Organisationseinheiten (z. B. Außenstellen oder Vertretungen) von zwischenstaatlichen Einrichtungen gelten die umsatzsteuerlichen Privilegien des Mitgliedstaates, in dem sich diese Einrichtungen befinden (vgl. Abschn. 4.7.1 Abs. 6 S. 2 UStAE). Zu den zwischenstaatlichen Einrichtungen gehören auch die NATO-Hauptquartiere. Die im übrigen Gemeinschaftsgebiet ansässigen Hauptquartiere i. S. v. Art. 1 des Protokolls über die NATO-Hauptquartiere werden in regelmäßig aktualisierten BMF-Schreiben aufgelistet (zuletzt BMF vom 02.01.2018, Az: III C 3 – S 7492/07/10001, 2017/1028835, BStBl I 2018, 83, weiter gültig lt. BMF vom 19.03.2018, Nr. 1721).

3 Führung des Nachweises

28 Nach § 4 Nr. 7 Satz 4 UStG müssen die Voraussetzungen für die Steuerbefreiung vom Unternehmer nachgewiesen werden. Sie müssen eindeutig und leicht nachprüfbar aus der Buchführung zu ersehen sein (Abschn. 4.7.1 Abs. 7 S. 2 UStAE). Die Voraussetzungen der Steuerbefreiung sind grundsätzlich nicht erfüllt, wenn der Unternehmer den beleg- und buchmäßigen Nachweis nicht, nicht vollständig oder nicht zeitnah führen kann (Abschn. 4.7.1 Abs. 7 S. 4 UStAE). Etwas anderes gilt ausnahmsweise dann, wenn auf Grund der vorliegenden Belege und der sich daraus ergebenden tatsächlichen Umstände objektiv feststeht, dass die Voraussetzungen der Steuerbefreiung vorliegen (vgl. auch BFH vom 05.07.2012, Az: UR 10/10, BStBl II 2014, 539).

3.1 Belegnachweis

29 Handelt es sich um eine Lieferung, so hat der Unternehmer die Beförderung oder Versendung in den Fällen des § 4 Nr. 7 Buchst. b bis d UStG entsprechend des § 17 a UStDV führen (vgl. Abschn. 4.7.1 Abs. 5 S. 2 UStAE). Aus diesem Beleg muss sich eindeutig und leicht nachprüfbar

ergeben, dass der Unternehmer oder Abnehmer den Gegenstand der Lieferung in das übrige Gemeinschaftsgebiet befördert oder versendet hat.

3.2 Buchnachweis

Bei Lieferungen soll der Unternehmer den Nachweis entsprechend § 17c Abs. 2 UStDV und in den Fällen der sonstigen Leistung entsprechend § 13 Abs. 2 UStDV führen (vgl. Abschn. 4.7.1 Abs. 7 UStAE). 30

In den Fällen der Lieferung ist nach § 17c Abs. 2 UStDV Folgendes aufzuzeichnen: 31

- der Name, die Anschrift und die Funktion des Abnehmers i. S. d. § 4 Nr. 7 S. 1 Buchst. a bis d UStG,
- die handelsübliche Bezeichnung und die Menge des Gegenstandes der Lieferung,
- den Tag der Lieferung,
- das vereinbarte oder vereinnahmte Entgelt, sowie der Tag der Vereinnahmung,
- die Art und der Umfang einer Bearbeitung oder Verarbeitung vor der Beförderung oder Versendung in das übrige Gemeinschaftsgebiet,
- der Bestimmungsort im übrigen Gemeinschaftsgebiet.

In den Fällen der sonstigen Leistung ist nach § 13 Abs. 2 UStDV Folgendes aufzuzeichnen: 32

- die Art und der Umfang der Leistung,
- der Name und die Anschrift des Auftraggebers,
- der Tag der Erbringung der sonstigen Leistung,
- das vereinbarte oder vereinnahmte Entgelt sowie der Tag der Vereinnahmung.

§ 4 Nr. 8 UStG
Steuerbefreiungen: Finanzumsätze

Von den unter § 1 Abs. 1 Nr. 1 fallenden Umsätzen sind steuerfrei:

…

8. a) die Gewährung und die Vermittlung von Krediten,

b) die Umsätze und die Vermittlung der Umsätze von gesetzlichen Zahlungsmitteln. Das gilt nicht, wenn die Zahlungsmittel wegen ihres Metallgehalts oder ihres Sammlerwerts umgesetzt werden,

c) die Umsätze im Geschäft mit Forderungen, Schecks und anderen Handelspapieren sowie die Vermittlung dieser Umsätze, ausgenommen die Einziehung von Forderungen,

d) die Umsätze und die Vermittlung der Umsätze im Einlagengeschäft, im Kontokorrentverkehr, im Zahlungs- und Überweisungsverkehr und das Inkasso von Handelspapieren,

e) die Umsätze im Geschäft mit Wertpapieren und die Vermittlung dieser Umsätze, ausgenommen die Verwahrung und die Verwaltung von Wertpapieren,

f) die Umsätze und die Vermittlung der Umsätze von Anteilen an Gesellschaften und anderen Vereinigungen,

g) die Übernahme von Verbindlichkeiten, von Bürgschaften und anderen Sicherheiten sowie die Vermittlung dieser Umsätze,

h) die Verwaltung von Organismen für gemeinsame Anlagen in Wertpapieren im Sinne des § 1 Absatz 2 des Kapitalanlagegesetzbuchs, die Verwaltung von mit diesen vergleichbaren alternativen Investmentfonds im Sinne des § 1 Absatz 3 Kapitalanlagegesetzbuchs und die Verwaltung von Versorgungseinrichtungen im Sinne des Versicherungsaufsichtsgesetzes,

i) die Umsätze der im Inland gültigen amtlichen Wertzeichen zum aufgedruckten Wert;

…

Literatur

Becker, Steuerbefreiung der Verwaltung von Investmentvermögen, UStB 2010, 278. **Behrens**, Vorsteuerabzug aus Transaktionskosten auch dann möglich, wenn der Anteilsverkauf umsatzsteuerbar und nach § 4 Nr. 8e) bzw. f) steuerfrei ist, BB 2010, 229. **Behrens**, Vorsteuerabzug beim Beteiligungsverkauf, UVR 2010, 174. **Bustroff**, Umsatzsteuer im sog. »M&A-Beratungsgeschäft« von Kreditinstituten, DB 2009, 1317. **Dietsch**, Umsatzsteuerliche Behandlung von Bitcoin-Mining, MwStR 2018, 250. **Dodos**, Die Bestimmung des Kernbereichs von Mehrwertsteuerbefreiungen, MwStR 2017, 9. **Einiko**, Die umsatzsteuerliche Behandlung der Übertragung von Vertragsportfolios bzw. einzelner Verträge, BB 2010, 536. **Englisch**, Anmerkungen zum Urteil des BFH vom 11.10.2007, V R 22/04, Leistungsort bei »bankmäßiger« Vermögensverwaltung/Anwendung des § 4 Nr. 8 Buchst. h UStG auf Leistungen eines außen stehenden Vermögensverwalters, UR 2008, 215 (219). **Fleckenstein-Weiland/Mick**, Umsatzsteuer bei Corporate Finance-Dienstleistungen/Abgrenzung von Vermittlung und Beratung, BB 2009, 1508. **Franz**, Die umsatzsteuerliche Behandlung der Übertragung von Vertragsportfolios bzw. einzelner Verträge, BB 2010, 536. **Göttker**, Umsatzsteuerliche Behandlung von Sale-and-lease-back-Geschäften [Hinweis: Anmerkungen zum BMF-Schreiben vom 9.12.2008, IV B 8 – S 7100/07/10031], steuer-journal.de 01/2009, 10. **Grambeck**, Outsourcing im Finanzdienstleistungssektor – wohin geht die Reise?, UR 2009, 541. **Hahne**, Anmerkungen zum Beschluss des FG Hessen vom 31.5.2007 (6 V 1258/07, rkr., Insolvenzforderungen: Factoring beim Forderungsankauf), UR 2008, 190. **Hahne**, Anmerkungen zum Urteil des BFH vom 11.10.2007, V R 22/04, Leistungsort bei »bankmäßiger« Vermögensverwaltung/Anwendung des § 4 Nr. 8 Buchst. h UStG auf Leistungen eines außen stehenden Vermögensverwalters, UR 2008, 215 (222). **Hahne**, Nichtanwendungserlass der Finanzverwaltung zur Umsatzsteuerbefreiung von Vermögensverwaltungsleistungen, DStR 2009, 94. **Hahne**, Anmerkungen zum Urteil des BFH vom 30.10.2008 (V R 44/07, § 4 Nr. 8 Buchst. f, Nr. 11 UStG: Vermittlung von Fondsanteilen und Versicherungen), UR 2009, 86 (90). **Hahne**, Der Entwurf neuer Verwaltungsregelungen zum Anwendungsbereich des § 4 Nr. 8 Buchst. h UStG nach der Investmentsteuerreform 2018, MwStR 2017, 605. **Hahne/Eckstein/Witzani**, Umsatzsteuer in Kreditinstituten, Heidelberg 2007. **Hamm/Höink**, Individuelle Vermögensverwaltung (Portfolioverwaltung) umsatzsteuerfrei – Hessisches FG entscheidet gegen BMF v. 9.12.2008, DStR 2010, 1925. **Heidner**, Finanzdienstleistungen in der jüngeren Rechtsprechung des EuGH, UR 2008, 16. **Huber/Schatz**, Anmerkungen zu BFH, Beschluss vom 10.12.2009, V R 18/08, Steuerpflichtige Leistung des Forderungskäufers beim Erwerb zahlungsgestörter Forderungen, UR 2010, 304. **Jaster**, Die umsatzsteuerliche Behandlung der Verwaltung fremden Vermögens/Zugleich Besprechung des BFH-Urteils vom 11.10.2007 (V R 22/04), UStB 2008, 147. **Kaufhold**, Aktuelle Rechtsprobleme beim Erwerb eines Portfolios notleidender Kredite, BB 2010, 2207. **Langer**, BFH qualifiziert Umtausch von Zahlungsmitteln als sonstige Leistung/Zugleich Entscheidung zu den Anforderungen an den Nachweis der Kundenansässigkeit, NMW 2011, 122. **Loritz/Wagner**, Die Umsatzsteuerfreiheit von Kredit- und Anteilsvermittlungsprovisionen: Unstimmigkeiten bei der Umsetzung von EuGH-Rechtsprechung durch den BFH, DStR 2009, 666. **Mühlenkamp/Schott/Strauß,** Die EuGH-Rechtsprechung zur Umsatzsteuerbefreiung regulierter Fonds und ihre nationalen Folgen, MwStR 2016, 408 **Nattkämper/Scholz**, Vorsteuerabzug bei der Veräußerung von Beteiligungen, IStR 2010, 515. **Nieskoven**, Erwerb »zahlungsgestörter« Forderungen umsatzsteuerpflichtige Leistung des Factors? GStB 2010, 262. **Pielke,** Umsatzsteuerliche Behandlung von Bitcoins nach dem Urteil des EuGH, MwstR 2016, 151. **Philipowski**, Anmerkungen zum Urteil des BFH vom 11.10.2007, V R 22/04, Leistungsort bei »bankmäßiger« Vermögensverwaltung/Anwendung des § 4 Nr. 8 Buchst. h UStG auf Leistungen eines außen stehenden Vermögensverwalters, UR 2008, 215 (225). **Philipowski**, Anmerkungen zum Urteil des BFH vom 30.10.2008 (V R 44/07, § 4 Nr. 8 Buchst. f, Nr. 11 UStG: Vermittlung von Fondsanteilen und Versicherungen), UR 2009, 86 (92). **Philipowski**, Welche Leistungen einer Kreditfabrik sind steuerfrei?, UR 2009, 469. **Philipowski**, Ist die Veräußerung von Kreditverträgen steuerpflichtig?, UR 2010, 45. **Raab/Jacobs**, Steuerbefreiung gem. § 4 Nr. 8 Buchst. h UStG für die Verwaltung von Investmentvermögen nach dem Investmentgesetz/Eine kritische Analyse des BMF-Schreibens vom 6.5.2010, UR 2010, 437. **Raab/Wildner/Krause**, Veräußerung von NPL-Portfolien: Umsatzsteuerpflichtige Leistung des Forderungskäufers?/Zugleich Anmerkung zum BFH-Beschluss vom 10.12.2010, V R 18/08, DB 2010, 750. **Sedlmaier**, Anmerkungen zum Urteil des BFH vom 11.10.2007, V R 22/04, Leistungsort bei »bankmäßiger« Vermögensverwaltung/Anwendung des § 4 Nr. 8 Buchst. h UStG auf Leistungen eines außen stehenden Vermögensverwalters, UR 2008, 215 (227). **Sedlmaier**, Umsatzsteuerbefreiung der Verwaltung von Investmentvermögen/Anmerkungen zum BMF-Schreiben vom 6.5.2010, UR 2010, 442. **Tausch**, Anmerkungen zum Urteil des BFH vom 30.10.2008 (V R 44/07, § 4 Nr. 8 UStG: Vermittlung von Fondsanteilen und Versicherungen), UVR 2009, 163. **Graf von Stuhr/Walz**, Umsatzsteuerliche Behandlung der Vermittlung von Vereinsmitgliedschaftsrechten/Zweifel an der Rechtmäßigkeit von Abschn. 66 Abs. 6 UStR 2008, UR 2010, 553. **Völlmeke**, Anmerkungen zum Urteil des BFH vom 19.5.2010, XI R 6/06, BFH/PR 2011, 27. **Wäger**, Versicherungs- und Finanzdienstleistungen/Entwürfe zu Änderungen der Mehrwertsteuer-Systemrichtlinie und zur Festlegung von Durchführungsbestimmungen, UR 2008, 102. **Weber**, Umsatzsteuerliche Behandlung der Vermögensverwaltung durch Banken, UVR 2007, 46. **Weber**, Rechtfertigt die Umsatzsteuerfreiheit der Finanzdienstleistungen die Einführung einer Finanztransaktionssteuer?, UVR 2012, 44. **Weber/Hamacher**, Umsatzsteuer im Bank- und Finanzgeschäft, 3. Auflage 2005. **Weimann**, Sortenwechsel als sonstige Leistung und Anforderungen an den Nachweis der Ansässigkeit des Kunden im Ausland, UStB 2011, 91. **Zugmaier**, Der Share Deal in der Umsatzsteuer, DStR 2009, 882.

Verwaltungsanweisungen

OFD Frankfurt vom 04.02.1985, Az: S 7100 A – 7/84 – St IV, Steuerbefreiung für die Ausgabe von Kredit-Tankkarten, Becksche Textausgabe Umsatzsteuer, III § 4, 195.

OFD Saarbrücken vom 01.02.1989, Az: S 7160 – 21 – St 24 1, Steuerbefreiung für die Ausgabe verbriefter und unverbriefter Genussrechte, SIS 890834.

BMF vom 19.12.1989, Az: IV A 3 – S 7160-55/89, Umsatzsteuerrechtliche Behandlung verschiedener Finanzmarktinnovationen und der unentgeltlichen Wertpapierleihe, Becksche Textausgabe Umsatzsteuer, III § 4, 325.

BMF vom 21.09.1990, Az: IV A 3 – S 7160 – 13/90, Umsatzsteuerliche Behandlung der Asset-Backed Securities.

BMF vom 18.12.1997, Az.: IV C 4 – S 7160h – 6/97, Umsatzsteuerbefreiung für die Verwaltung von Versorgungseinrichtungen nach § 4 Nr. 8 Buchst. h UStG, BStBl I 1997, 1046.

BMF vom 29.12.1997, Az: IV C 4 – S 7160a – 7/97, Umsatzsteuerbefreiung nach § 4 Nr. 8 Buchst. a UStG; Verwaltung von Krediten und Kreditsicherheiten.

BMF vom 10.04.2000, Az: IV D 2 – S 7160c-1/00, Umsatzsteuer; Behandlung von Warentermingeschäften, Becksche Textausgabe Umsatzsteuer, III § 4, 328.

BMF vom 07.07.2000, Az: IV D 2 – S 7160a – 2/00, Umsatzsteuerbefreiung der Verwaltung von Krediten und Kreditsicherheiten; Auswirkung des BFH-Urteils vom 7. Oktober 1999.

OFD Frankfurt vom 23.02.2006, Az: S 7160h – A – 2 St I 2.30, Umsatzsteuerliche Behandlung grenzüberschreitender Portfoliomanagement-Leistungen, DStR 2006, 947.

OFD Frankfurt vom 08.12.2006, Az: S 7160 A – 68 – St 112, Umsatzsteuerliche Behandlung der Vermögensverwaltung durch Banken, UR 2007, 665.

BMF vom 29.11.2007, Az: IV A 6 – S 7160a/07/0001, 2007/0544325, Umsatzsteuer; Begriff der Vermittlung – Auswirkungen des EuGH-Urteils vom 21. Juni 2007, C-453/05, BStBl I 2007, 947.

BMF vom 23.06.2009, Az: IV B 9 – S 7160-f/08/10004 (2009/0404024), Umsatzsteuerliche Behandlung von Vermittlungsleistungen der in § 4 Nr. 8 und § 4 Nr. 11 UStG bezeichneten Art; Konsequenzen aus dem BFH-Urteil vom 30. Oktober 2008 – V R 44/07 – (BStBl 2009 II S. 554), BStBl I 2009, 773.

BMF vom 06.05.2010, Az: IV D 3 – S 7160-h/09/10001 (2010/0342087), Steuerbefreiung gemäß § 4 Nr. 8 Buchst. h UStG für die Verwaltung von Investmentvermögen nach dem Investmentgesetz, BStBl I 2010, 563.

BMF vom 15.12.2010, Az: IV D 3 – S 7160-g/10/10001, 2010/0978583, BFH vom 10.02.2010, XI R 49/07; Umsatzsteuerrechtliche Behandlung der Garantiezusage eines Autoverkäufers; CG Car-Garantiemodell, BStBl I 2010, 1502.

BMF vom 02.03.2011, Az: IV D 3 – S 7160-h /08/10001, 2011/0164645, Umsatzsteuerbefreiung für die Verwaltung von Versorgungseinrichtungen, BStBl I 2011, 232.
BMF vom 28.10.2013, Az: IV D 3 – S 7160-h/08/10002, 2013/0976379, Umsatzsteuer; Umsatzsteuerbefreiung von Beratungsleistungen für Investmentfonds (§ 4 Nr. 8 Buchst. h UStG) – BFH vom 11. April 2013, V R 51/10, BStBl I 2013, 1382.
OFD Frankfurt vom 28.01.2015, S 7100 A – 141 – St 11, Umsatzsteuerliche Behandlung von Warentermingeschäften; Beurteilung der Warenterminbörse für den Agrarhandel in Hannover, Becksche Textausgabe Umsatzsteuer, III § 4, 328a.
BMF vom 12.11.2015, Az: III C 3 – S 7160-h/12/10001, 2015/1014392, Änderung des § 4 Nr. 8 Buchst. h UStG durch Artikel 4 des AIFM-Steuer-Anpassungsgesetzes; Umsatzsteuerbefreiung für die Verwaltung von Investmentfonds, BStBl I 2015, 887.
OFD Frankfurt vom 27.01.2016, Az: S 7160c A – 003 – St 16, Umsatzsteuerbefreiung für die Umsätze aus negativen Einlagezinsen, DStR 2016, 814.
OFD Niedersachsen vom 27.06.2016, Az: S 7163 – 15 – St 182, Umsatzsteuerliche Behandlung der Einlagensicherung, DStR 2016, 2468.
BMF vom 14.07.2017, Az: III C 3 – S 7160-e/07/10001, 2017/0624476, Steuerbefreiung der Umsätze im Geschäft mit Wertpapieren und die Vermittlung dieser Umsätze nach § 4 Nr. 8 Buchst. e UStG; Umsatzsteuerliche Behandlung von Provisionen auf Wertpapiere bei Depotüberträgen (Kontinuitäts-/ Bestandsprovisionen), BStBl I 2017, 997.
BMF vom 13.12.2017, Az. III C 3 – S 7160-h/16/10001, 2017/1016030, Änderung des § 4 Nr. 8 Buchst. h UStG durch Art. 5 des Investmentsteuerreformgesetzes (InvStRefG); Änderung der Abschnitte 4.8.9 und 4.8.13 UStAE, BStBl I 2018, 72.
BMF vom 27.02.2018, Az: III C 3 – S 7160-b/13/10001, 2018/0163969, Umsatzsteuerliche Behandlung von Bitcoin und anderen sog. virtuellen Währungen; EuGH vom 22.10.2015, C-264/14, Hedqvist, BStBl I 2018, 316.
Hinweis: Zur Problematik der zeitlichen Geltungsdauer von BMF-Schreiben vgl. Einführung UStG, Rz. 100 ff.

Richtlinien/Hinweise/Verordnungen
UStAE: Abschn. 4.8.1–4.8.14.
MwStSystRL: Art. 135 Abs. 1 Buchst. b–h.

1 Allgemeines

1.1 Überblick über die Vorschrift

§ 4 Nr. 8 UStG stellt bestimmte Finanzumsätze umsatzsteuerfrei. Dabei gehört die Vorschrift zum »**Inventar**« **des Umsatzsteuerrechts** und geht bereits auf das UStG 1929 zurück (vgl. Rn. 4 ff.). 1

Dabei erfasste die Vorschrift schon immer 2

- nur **ausgewählte Finanzumsätze** (vgl. Rn. 8),
- diese dafür aber **von allen Unternehmern** (vgl. Rn. 9).

§ 4 Nr. 8 UStG enthält eine **unechte Steuerbefreiung** (§ 4 Rn. 3 f.), und schließt den Vorsteuerabzug aus (vgl. aber § 15 Abs. 3 Nr. 1 Buchst. b, Nr. 2 Buchst. b UStG und vgl. Rn. 13). Die Steuerbefreiung kann sich damit bei Geschäften zwischen grundsätzlich zum Vorsteuerabzug berechtigten Unternehmern nachteilig auswirken. Um Letzteres zu vermeiden, sieht bei § 9 Abs. 1 UStG für die in § 4 Nr. 8 Buchst. a–g UStG genannten Umsätze die Möglichkeit des **Verzichts auf die Steuerbefreiung** vor (vgl. § 4 Rn. 7 f.). Keine Optionsmöglichkeit besteht für Umsätze i. S. v. § 4 Nr. 8 Buchst. h–i UStG. 3

1.2 Rechtsentwicklung

4 § 4 Nr. 8 UStG gehört zum »Inventar« des deutschen Umsatzsteuerrechts. Finanzgeschäfte der in der Vorschrift bezeichneten Art waren von Anfang an steuerfrei (vgl. § 2 Abs. 2 UStG 1919, § 2 Abs. 2 UStG 1926, § 2 Abs. 5 UStG 1932, § 4 Nr. 8 UStG 1951).

5 Bis zum 31.12.1999 befreite § 4 Nr. 8 Buchst. k UStG **Geschäfte mit Gold** von der USt. Die Steuerbefreiung schloss den Vorsteuerabzug grundsätzlich aus (§ 15 Abs. 2 Nr. 1 UStG), gab dem leistenden Unternehmer jedoch bei Umsätzen an Unternehmer die Möglichkeit der Option zur Umsatzsteuerpflicht (§ 9 Abs. 1 UStG). Das Steuerbereinigungsgesetz 1999 hat die bisherige Steuerbefreiung für Goldgeschäfte des § 4 Nr. 8 Buchst. k UStG aus gemeinschaftsrechtlichen Gründen aufgehoben und die Besteuerung von Umsätzen mit Anlagegold im extra eingeführten § 25c UStG ab dem 01.01.2000 vollkommen neu geregelt (vgl. § 25c Rn. 1 f. und vgl. § 25c Rn. 3).

6 M. W. v. 01.01.2002 hat das Steueränderungsgesetz 2001 (StÄndG 2001 vom 20.12.2001 BGBl I 2001, 3794) in § 4 Nr. 8 Buchst. c UStG den Begriff der Geldforderungen durch den der **Forderungen** ersetzt und den sachlichen Geltungsbereich auf Umsätze im Geschäft mit Schecks und anderen Handelspapieren ausgedehnt.

TIPP

Steuerfrei gehandelt werden können damit seit dem 01.01.2002 alle Forderungen ohne Rücksicht auf den Schuldgrund oder -gegenstand, mithin auch **Sach- oder Warenforderungen**.

6a Durch das Gesetz zur Reform der Investmentbesteuerung (Investmentsteuerreformgesetz – InvStRefG) vom 19.07.2016 (BGBl I 2016, 1730) wurde eine grundlegende Reform der Investmentbesteuerung beschlossen. Hierzu wurde durch Art. 1 InvStRefG das InvStG mit Wirkung zum 01.01.2018 neu gefasst. Diese Neufassung erforderte auch eine Änderung der Gesetze, die Bezug auf das InvStG nehmen. Daher wurde durch Art. 5 InvStRefG der Wortlaut der Steuerbefreiung für die »Verwaltung von Investmentfonds im Sinne des Investmentsteuergesetzes« des § 4 Nr. 8 Buchst. h UStG ebenso mit Wirkung zum 01.01.2018 neu gefasst.

7 Zur Rechtsentwicklung ausführlich Huschens in V/S, § 4 Nr. 8 Rz. 1 ff.; Philipowski in R/D, § 4 Nr. 8 Vorbemerkung A1 und Anm. 2 ff.

1.3 Geltungsbereich

1.3.1 Sachlicher Geltungsbereich

8 Der sachliche Anwendungsbereich der Vorschrift erstreckt sich nicht etwa auf alle Finanzumsätze; er ist vielmehr auf die **ausdrücklich bezeichneten Umsatzarten** beschränkt.

1.3.2 Persönlicher Geltungsbereich

9 § 4 Nr. 8 UStG sieht hinsichtlich des persönlichen Geltungsbereichs keine Besonderheiten vor und gilt daher für alle Unternehmer, die entsprechende Umsätze tätigen. Der persönliche Geltungsbereich ist m. a. W. **nicht auf das Finanzgewerbe im engeren Sinne beschränkt**.

Beispiel:
Ein Automobilkonzern gibt einem Vertragshändler einen Kredit zur Eröffnung einer neuen Filiale. Die Kreditgewährung ist grundsätzlich steuerfrei nach § 4 Nr. 8 Buchst. a UStG.

1.3.3 Zeitlicher Geltungsbereich

§ 4 Nr. 8 UStG wurde zum 01.01.2000 (Ersatz des Buchst. k durch § 25c UStG) und zum 01.01.2002 (Erweiterung des sachlichen Geltungsbereich des Buchst. c) geändert (vgl. Rn. 4 ff.). 10

In § 4 Nr. 8 Buchst. h UStG hat das Jahressteuergesetz 2008 (JStG 2008) vom 20.12.2007 (BGBl I 2007, 3150) m. W. v. 29.12.2007 das Wort »Sondervermögen« durch das Wort »Investmentvermögen« ersetzt. 11

TIPP
Die Kenntnis vorheriger Gesetzesänderungen dürfte für die Beschäftigung mit derzeit noch offenen Steuerfestsetzungen ohne Bedeutung sein (vgl. aber im Bedarfsfall die Kommentierung der jeweiligen Befreiungsvorschrift).

1.4 Gemeinschaftsrechtliche Grundlagen und Verhältnis zu anderen Vorschriften

Gemeinschaftsrechtlich beruht § 4 Nr. 8 UStG auf den Vorgaben des Art. 135 MwStSystRL: 12

§ 4 Nr. 8 Buchst. ... UStG	Art. 135 Abs. 1 Buchst. ... MwStSystRL
a	b und c
b	e
c	d
d	d
e	f
f	f
g	c
h	g
i	h

§ 4 Nr. 8 UStG schließt als **unechte Steuerbefreiung** grundsätzlich den Vorsteuerabzug aus – allerdings in den Fällen der Buchst. a–g mit der Möglichkeit zur Option (vgl. Rn. 3). Bestimmte Fälle des **Auslandgeschäfts** stellt § 15 Abs. 3 Nr. 1 Buchst. b, Nr. 2 Buchst. b UStG dagegen **»echt steuerfrei«**, vgl. § 4 Rn. 5). 13

1.5 Rechtfertigt die Umsatzsteuerfreiheit der Finanzdienstleistungen die Einführung einer Finanztransaktionssteuer?

14 Die Umsatzsteuerbefreiung verschafft den Finanzdienstleistern **jährliche Umsatzsteuervorteile i.H.v. ca. 18 Mrd. EUR** (EU-Kommission, Pressemitteilung vom 28.09.2011). Dies rechtfertigt nach Ansicht der EU-Kommission die Einführung einer neuen, den Finanzsektor belastenden Steuer und führte zu dem derzeit emotional diskutierten Richtlinienvorschlag über das gemeinsame Finanztransaktionssteuersystem. Weber (UVR 2012, 44) geht der steuerpolitischen Frage nach, ob dieser Argumentation gefolgt werden kann.

1.5.1 Steuerpolitischer Hintergrund

15 Durch die Einführung einer Finanztransaktionssteuer soll nach Auffassung der EU-Kommission vor allem erreicht werden, dass

- der Finanzsektor in Zeiten der Haushaltskonsolidierung in den Mitgliedstaaten einen angemessenen Beitrag leistet,
- unerwünschte Spekulationen eingedämmt werden,
- die Finanzmärkte stabilisiert werden und
- der Binnenmarkt gestärkt wird.

16 Die EU-Kommission sieht zwar in ihrem Richtlinienvorschlag die Einführung einer Finanztransaktionssteuer **für die gesamte EU** vor. Dem liegt **jedoch kein Konsens auf EU-Ebene** zugrunde. Obgleich sich Deutschland und Frankreich mit Nachdruck für die Einführung dieser Steuer aussprechen, lehnen insbesondere Großbritannien und Schweden eine solche Steuer unverändert strikt ab. Die Einführung einer Finanztransaktionssteuer nur in einzelnen Mitgliedstaaten, etwa der Euro-Zone und ohne Großbritannien als größten Finanzmarkt in Europa, würde allerdings die Gefahr bergen, dass Ausweichreaktionen in Staaten entstehen, die keine Steuer auf Finanztransaktionen erheben natürlich zulasten der Staaten, die eine solche Steuer einführen. Hiervon geht auch die EU-Kommission selbst in der von ihr durchgeführten Auswirkungsanalyse aus.

17 Auch wenn Weber (UVR 2012, 44) dies anders sieht und als populistisch abtut: Die Argumente der EU-Kommission in der zitierten Pressemitteilung sind m.E. überzeugend: »Die EU-Mitgliedstaaten wendeten im Verlauf der Krise **4,6 Billionen EUR zur Rettung des Finanzsektors** auf. Zusätzlich hat der Finanzsektor in den vergangenen Jahren von niedrigen Steuern profitiert. So kommt der Finanzsektor aufgrund der Mehrwertsteuerbefreiung auf Finanzdienstleistungen jährlich in den Genuss von Steuervorteilen i.H.v. ca. 18 Mrd. EUR. **Eine neue den Finanzsektor belastende Steuer würde sicherstellen, dass die Finanzinstitute einen Beitrag zu den Kosten der Bewältigung der Wirtschaftskrise leisten, und sie von riskanten und unproduktiven Handelsgeschäften abhalten.**«

1.5.2 Der Finanzsektor wehrt sich

18 Weber führt hierzu aus (UVR 2012, 44, Abschn. III): »Die Argumentation, dass die Finanzindustrie aufgrund der Umsatzsteuerbefreiung von Finanzdienstleistungen unterbesteuert und somit die Einführung einer zusätzlichen Steuer, einer Finanztransaktionssteuer gerechtfertigt ist, schlägt fehl. Diese Argumentation lässt gerade die Kehrseite der Umsatzsteuerbefreiungen außer Acht. Die Umsatzsteuerbefreiungen der Finanzdienstleistungen haben grundsätzlich die Versagung des

Vorsteuerabzugs zur Folge. Damit führt die nicht als Vorsteuer abziehbare Umsatzsteuer zu einer definitiven Kostenbelastung des Finanzsektors. Verglichen mit voll vorsteuerabzugsberechtigten Unternehmen, bei denen die Umsatzsteuer neutral wirkt und erst den Endverbraucher belastet, ist der Finanzsektor hinsichtlich der Umsatzsteuer damit sogar überbesteuert.

Dies bestätigt auch eine Studie von PwC vom 18.10.2011, die die Auffassung einer Unterbe- 19
steuerung des Finanzsektors eindrucksvoll mit Zahlen widerlegt. Die Studie untersucht die Auswirkungen der Umsatzsteuerbefreiungen für Finanzdienstleistungen, insb. die damit einhergehende Belastung des Finanzsektors mit nicht abziehbarer Vorsteuer. An der Studie waren 16 europäische Großbanken beteiligt. Das Ergebnis der Untersuchungen zeigt, dass diese 16 Banken im Zeitraum von 2008 bis 2010 mit einer nicht abziehbaren Vorsteuer von durchschnittlich ca. 7 Mrd. EUR pro Jahr belastet waren. Statistischen Berechnungen zufolge schätzt man die gesamte Belastung des EU-Finanzsektors mit nicht abziehbarer Vorsteuer auf ca. 33 Mrd. EUR.

Die Studie widerlegt damit eindeutig die Argumentation für eine zusätzliche Besteuerung des 20
Finanzsektors.

Da der Finanzsektor im Hinblick auf die Umsatzsteuer nicht unterbesteuert ist, rechtfertigen die 21
Umsatzsteuerbefreiungen der Finanzdienstleistungen keineswegs die Einführung einer Finanztransaktionssteuer. Vielmehr würden auch bei einer Finanztransaktionssteuer sowohl Steuerpflichtige als auch Finanzverwaltung mit den gleichen Problemen hinsichtlich der Ermittlung der Bemessungsgrundlagen konfrontiert, die bis heute die Umsatzsteuerbefreiungen der Finanzdienstleistungen rechtfertigen.

Auch kann die Einführung einer Finanztransaktionssteuer dem erklärten Ziel, Spekulationen 22
einzudämmen und damit die Finanzmärkte zu stabilisieren, nicht gerecht werden. Viele Vorschriften des Richtlinienvorschlags betreffen nicht ausschließlich Finanzinstitute, sondern die gesamte Wirtschaft mit massiven Folgen für jeden einzelnen Bürger. Es wird versucht, die Finanztransaktionssteuer als Lenkungssteuer zu benutzen, um »schädliche« Finanztransaktionen zu unterbinden. Dafür ist sie jedoch nicht geeignet. Es steht außer Frage, dass aus manchen Finanztransaktionen Risiken erwachsen können, die die Stabilität der Finanzmärkte gefährden können. Aber dem mit einer zusätzlichen Steuer zu begegnen, ist nicht zielführend.

Vor diesem Hintergrund könnte sich die Frage aufdrängen, ob es denn wirklich um Eindäm- 23
mung von Spekulationen und die Stabilisierung der Finanzmärkte geht oder ob oberstes Ziel schlicht die Generierung von Steuermehreinnahmen um jeden Preis ist.«

1.5.3 Fazit

Die Argumentation der Finanzdienstleister beeindruckt auf den ersten Blick sicher durch die 24
absoluten Zahlen der Steuerbelastung. Interessant wäre es natürlich zu erfahren,

- welche Ausgangsumsätze damit generiert wurden und
- wie die Belastung »normaler« – also nicht steuerbegünstigt arbeitender – Branchen ist.

Letztlich ist aber all dies ein Politikum.

2 Kommentierung

2.1 Gewährung und Vermittlung von Krediten (§ 4 Nr. 8 Buchst. a UStG)

25 Gewährt ein Unternehmer **im Zusammenhang mit einer Lieferung oder sonstigen Leistung** einen Kredit, ist diese Kreditgewährung nach § 4 Nr. 8 Buchst. a UStG steuerfrei, wenn sie als selbstständige Leistung anzusehen ist (Abschn. 4.8.2 Abs. 1 S. 1 UStAE). Entgelte für steuerfreie Kreditleistungen können

- Stundungszinsen,
- Zielzinsen und
- Kontokorrentzinsen sein (vgl. Abschn. 3.11 Abs. 2 und 3 UStAE).

26 Als Kreditgewährung ist auch die **Kreditbereitschaft** anzusehen, zu der sich ein Unternehmer vertraglich bis zur Auszahlung des Darlehens verpflichtet hat.

27 Zur umsatzsteuerrechtlichen Behandlung von **Krediten, die im eigenen Namen, aber für fremde Rechnung** gewährt werden, vgl. Abschn. 3.15 UStAE.

28 Werden bei der Gewährung von Krediten Sicherheiten verlangt, müssen zur **Ermittlung der Beleihungsgrenzen** der Sicherungsobjekte (z. B. Grundstücke, bewegliche Sachen, Warenlager) deren Werte festgestellt werden. Die dem Kreditgeber hierdurch entstehenden Kosten, insbesondere Schätzungsgebühren und Fahrtkosten, werden dem Kreditnehmer bei der Kreditgewährung in Rechnung gestellt. Mit der Ermittlung der Beleihungsgrenzen der Sicherungsobjekte werden **keine selbständigen wirtschaftlichen Zwecke** verfolgt. Diese Tätigkeit dient vielmehr lediglich dazu, die Kreditgewährung zu ermöglichen. Dieser unmittelbare, auf wirtschaftlichen Gegebenheiten beruhende Zusammenhang rechtfertigt es, in der Ermittlung des Wertes der Sicherungsobjekte eine Nebenleistung zur Kreditgewährung zu sehen und sie damit als steuerfrei nach § 4 Nr. 8 Buchst. a UStG zu behandeln (BFH vom 09.07.1970, BStBl II 1970, 645).

29 Zur umsatzsteuerrechtlichen Behandlung des **Factoring** vgl. Abschn. 2.4 UStAE.

30 Die Darlehenshingabe der Bausparkassen durch Auszahlung der Baudarlehen auf Grund von **Bausparverträgen** ist als Kreditgewährung gem. § 4 Nr. 8 Buchst. a UStG steuerfrei. Die Steuerfreiheit umfasst die **gesamte Vergütung**, die von den Bausparkassen für die Kreditgewährung vereinnahmt wird. Darunter fallen außer den Zinsbeträgen auch die Nebengebühren, wie z. B. die Abschluss- und die Zuteilungsgebühren. Steuerfrei sind ferner die durch die Darlehensgebühr und durch die Kontogebühr abgegoltenen Leistungen der Bausparkasse (BFH vom 13.02.1969, BStBl II 1969, 449). Dagegen sind insbesondere die Herausgabe eines Nachrichtenblattes, die Bauberatung und Bauaufsicht steuerpflichtig, weil es sich dabei um **selbständige Leistungen neben der Kreditgewährung** handelt (Abschn. 4.8.2 Abs. 4 UStAE).

31 Die Vergütungen, die dem **Pfandleiher** nach § 10 Abs. 1 Nr. 2 der Verordnung über den Geschäftsbetrieb der gewerblichen Pfandleiher zustehen, sind Entgelt für eine nach § 4 Nr. 8 Buchst. a UStG steuerfreie Kreditgewährung (BFH vom 09.07.1970, BStBl II 1970, 645).

32 Hat der Kunde einer Hypothekenbank bei Nichtabnahme des Hypothekendarlehens, bei dessen vorzeitiger Rückzahlung oder bei Widerruf einer Darlehenszusage oder Rückforderung des Darlehens als Folge bestimmter, vom Kunden zu vertretender Ereignisse im Voraus festgelegte Beträge zu zahlen (sog. **Nichtabnahme- bzw. Vorfälligkeitsentschädigungen**), handelt es sich – soweit nicht Schadensersatz vorliegt – um Entgelte für nach § 4 Nr. 8 Buchst. a UStG steuerfreie Kreditleistungen (BFH vom 20.03.1980, BStBl II 1980, 538).

33 Eine nach § 4 Nr. 8 Buchst. a UStG steuerfreie Kreditgewährung liegt nicht vor, wenn jemand einem Unternehmer Geld für dessen Unternehmen oder zur Durchführung einzelner Geschäfte

gegen **Beteiligung nicht nur am Gewinn, sondern auch am Verlust zur Verfügung** stellt. Eine Beteiligung am Verlust ist mit dem Wesen des Darlehens, bei dem die hingegebene Geldsumme zurückzuzahlen ist, unvereinbar (BFH vom 19.03.1970, BStBl II 1970, 602).

Eine steuerfreie **Vermittlung von Krediten** i. S. d. § 4 Nr. 8 Buchst. a UStG führt nur aus, wer 34
gegenüber den künftigen Vertragsparteien des Kreditvertrages als selbständiger Vermittler auftritt. Schaltet ein Kreditvermittler zur Erledigung seiner Vermittlungsaufträge einen Dritten ein (vgl. Abschn. 4.8.1 UStAE), der lediglich im Namen des Kreditvermittlers auftritt, sind die Leistungen des Dritten dem Kreditvermittler als steuerfreie Kreditvermittlungsleistungen zuzurechnen (so noch Abschn. 57 Abs. 8 UStR 2005, nunmehr gestrichen lt. BR-Drucks. 430/1/07 vom 10.09.2007). Die Leistungen des Dritten an den Kreditvermittler sind steuerpflichtige sonstige Leistungen (BFH vom 26.01.1995, BStBl II 1995, 427). Für das Vorliegen einer steuerfreien Vermittlungsleistung reicht es nicht aus, dass der leistende Unternehmer im Auftrag eines Dritten das Erforderliche tut, damit zwei Parteien einen Kreditvertrag schließen (BFH vom 09.10.2003, BStBl II 2003, 958).

Vereinbart eine Bank mit einem Kreditvermittler, dass dieser in die Kreditanträge der Kredit- 35
kunden einen höheren Zinssatz einsetzen darf, als sie ohne die Einschaltung eines Kreditvermittlers verlangen würde (sog. **»Packing«**), ist die Zinsdifferenz das Entgelt für eine Vermittlungsleistung des Kreditvermittlers gegenüber der Bank (BFH vom 08.05.1980, BStBl II 1980, 618). Die Leistung ist als Kreditvermittlung nach § 4 Nr. 8 Buchst. a UStG steuerfrei (Abschn. 4.8.2 UStAE).

2.2 Gesetzliche Zahlungsmittel (§ 4 Nr. 8 Buchst. b UStG)

2.2.1 Allgemeines zum sachlichen Anwendungsbereich

Von der Steuerfreiheit für die Umsätze von gesetzlichen Zahlungsmitteln (kursgültige Münzen 36
und Banknoten) und für die Vermittlung dieser Umsätze sind solche **Zahlungsmittel ausgenommen, die** wegen ihres Metallgehaltes oder ihres Sammlerwertes umgesetzt werden. Hierdurch sollen gesetzliche Zahlungsmittel, die als Waren gehandelt werden, auch **umsatzsteuerrechtlich als Waren** behandelt werden (Abschn. 4.8.3 Abs. 1 UStAE).

Bei **anderen Münzen als Goldmünzen**, deren Umsätze nach § 25 c UStG steuerbefreit sind, und 37
bei **Banknoten** ist davon auszugehen, dass sie wegen ihres Metallgehaltes oder ihres Sammlerwertes umgesetzt werden, wenn sie mit einem höheren Wert als ihrem Nennwert umgesetzt werden. Die Umsätze dieser Münzen und Banknoten sind nicht von der Umsatzsteuer befreit (Abschn. 4.8.3 Abs. 2 UStAE).

Das **Sortengeschäft (Geldwechselgeschäft)** bleibt von den Regelungen der Absätze 1 und 2 38
unberührt. Dies gilt auch dann, wenn die fremde Währung auf Wunsch des Käufers in kleiner Stückelung (kleine Scheine oder Münzen) ausgezahlt und hierfür ein vom gültigen Wechselkurs abweichender Kurs berechnet wird oder Verwaltungszuschläge erhoben werden (Abschn. 4.8.4 Abs. 2 UStAE).

Die durch **Geldspielautomaten** erzielten Umsätze sind keine Umsätze von gesetzlichen Zah- 39
lungsmitteln. Die Steuerbefreiung nach § 4 Nr. 8 Buchst. b UStG kommt daher für diese Umsätze nicht in Betracht (BFH vom 04.02.1971, BStBl II 1971, 467).

2.2.2 Besonderheiten des Sortenwechsels (BFH vom 19.05.2010)

40 Der BFH hatte darüber zu entscheiden, ob die Leistungen der Wechselstuben (an Flughäfen) als Lieferungen oder sonstige Leistungen zu qualifizieren sind und unter welchen Voraussetzungen ihnen ein Vorsteuerabzug möglich ist.

Sachverhalt:
Die Klägerin (A) betreibt auf einem deutschen Flughafen Wechselstuben – u. a. zum An- und Verkauf ausländischer Banknoten und Münzen (Sortengeschäft).
A machte in den Streitjahren 1994–1999 Vorsteuerbeträge aus Leistungen geltend, die zur Ausführung von Sortengeschäften mit im Drittlandsgebiet ansässigen Kunden verwendet wurden. Den Anteil des Geschäfts mit Drittlandskunden ermittelte A, indem sie die Kunden bei jeder Transaktion zu ihrer Ansässigkeit befragte. Die so erhobenen Daten hat A elektronisch gespeichert und für jeden Umsatzsteuer-Voranmeldungszeitraum einen »Report« erstellt.
Das **Finanzamt** vertrat die Auffassung, bei den Sortengeschäften handle es sich um **Lieferungen**, die nach § 4 Nr. 8 Buchst. b UStG steuerfrei seien. Damit sei ein Vorsteuerabzug nach § 15 Abs. 2 Nr. 1 UStG grundsätzlich ausgeschlossen und im Streitfall auch über § 15 Abs. 3 Nr. 1 Buchst. b UStG nicht möglich, da A keinen Ausfuhrnachweis führen könne.
Das **Hessische FG** gab der Klage statt (Hessisches FG vom 25.11.2008, Az: 6 K 1627/03, EFG 2009, 1066). Mit dem Sortengeschäft erbringe A keine Lieferungen, sondern vielmehr **sonstige Leistungen**. Die Vorsteuerbeträge, die auf Leistungen an Drittlandskunden verwendet würden, seien unter den weiteren Voraussetzungen über § 15 Abs. 3 Nr. 2 Buchst. b abziehbar. Als Nachweis für die Ansässigkeit der Kunden im Drittlandsgebiet seien die **Befragung der Kunden** und eine **entsprechende Dokumentation ausreichend**.

41 Der BFH teilt die Auffassung des FG. Ein Unternehmer, der in- und ausländische Banknoten und Münzen i. R. v. Sortengeschäften an- und verkauft, führt keine Lieferungen, sondern sonstige Leistungen aus. Dabei hat der BFH die Würdigung des FG, die Kundenbefragung und eine entsprechende Dokumentation seien ein ausreichender Nachweis für die Ansässigkeit im Drittlandsgebiet, nicht beanstandet. Insbesondere seien die Bestimmungen über Buch- und Belegnachweise bei Ausfuhrlieferungen (§§ 8 und 17 UStDV 1993/1999) auf den Nachweis des Wohnsitzes des Empfängers einer sonstigen Leistung i. S. d. § 3a Abs. 3 S. 3 UStG 1993/1999 nicht analog anwendbar (BFH vom 19.05.2010, Az: XI R 6/09, UR 2010, 821).

42 Für die Entscheidung, ob dem Betreiber einer Wechselstube ein Vorsteuerabzug zu gewähren ist, ist zunächst zu klären, ob es sich bei dem Geldumtausch (Sortengeschäft um eine Lieferung oder um eine sonstige Leistung handelt; hiervon hängt ab, ob die Wechselstube ihre Leistungen

- als Lieferungen im Inland (§ 3 Abs. 7 S. 1 UStG),
- als sonstige Leistungen im Ausland (§ 3 Abs. 9, § 3a Abs. 3 S. 3 UStG a. F.)

erbringt.

43 Lieferungen eines Unternehmers sind Leistungen, durch die er oder in seinem Auftrag ein Dritter den Abnehmer oder in dessen Auftrag einen Dritten befähigt, im eigenen Namen über einen Gegenstand zu verfügen (Verschaffung der Verfügungsmacht, § 3 Abs. 1 UStG). Sonstige Leistungen sind nach § 3 Abs. 9 UStG solche, die keine Lieferungen sind. Auch wenn die Wechselstube dem Kunden an den Scheinen und Münzen in der anderen Währung die Verfügungsmacht verschafft, ist zu berücksichtigen, dass das Umsatzsteuerrecht **nur Leistungen im wirtschaftlichen Sinn** erfasst, d. h. Leistungen, bei denen ein Interesse des Entrichtenden verfolgt wird, das über eine reine Entgeltentrichtung hinausgeht (vgl. BFH vom 31.07.1969, Az: V 94/56, BStBl II 1969, 637). Dient die Übertragung eines Gegenstands lediglich dazu, die **Übertragung eines Rechts oder eine bestimmte Nutzung zu ermöglichen**, steht regelmäßig die Dienstleistung im Vordergrund (vgl. BFH vom 03.06.2009, Az: XI R 34/08, BFH/NV 2009, 2062, BFH/PR 2010, 15).

Der **wirtschaftliche Gehalt des Geldwechselns** besteht darin, dem Kunden zu ermöglichen, die im Bargeld verkörperte Kaufkraft in einem bestimmten Staat zu nutzen. Die dem Geld zukommende Eigenschaft, Wertmaßstab für Güter aller Art zu sein, wird von einer Währung in eine andere transferiert. Dem Leistungsempfänger kommt es darauf an, **Kaufkraft einer bestimmten Währung zu erhalten**. Danach liegt die wirtschaftliche Leistung einer Wechselstube in der **Dienstleistung des Umtauschs**, die steuerbar ist, wenn dafür ein Entgelt entrichtet wird (§ 1 Abs. 1 Nr. 1 S. 1 UStG). Bestätigt sieht der BFH sich insoweit durch die Rechtsprechung des Europäischen Gerichts (EuG) und des EuGH (Nachweise unter Tz. 25 ff. des Besprechungsurteils). So hat insbesondere der EuGH darauf erkannt, dass Devisengeschäfte Dienstleistungen sind. Devisen seien – so der EuGH – keine »körperlichen Gegenstände« i. S. d. Art. 5 der 6. EG-RL (nunmehr Art. 14 MwStSystRL), da es sich um Geld handle, das gesetzliches Zahlungsmittel sei (EuGH vom 14.07.1998, Rs. C-172/96, First National Bank of Chicago, UR 1998, 456). 44

Soweit die Kunden der Wechselstube als Nichtunternehmer im Drittlandsgebiet ansässig sind, befindet sich der **Leistungsort** im Ausland (§§ 3 a Abs. 3 S. 3, Abs. 4 Nr. 6 Buchst. a i. V. m. § 4 Nr. 8 Buchst. b S. 1 UStG a. F.). 45

Die Sortenumsätze sind solche mit gesetzlichen Zahlungsmitteln und damit nach § 4 Nr. 8 Buchst. b S. 1 UStG steuerfrei. Für die auf die Umsätze anteilig entfallenden Eingangsleistungen ist der Vorsteuerabzug zu gewähren. Denn der sich aus § 15 Abs. 2 S. 1 Nr. 2 UStG ergebende Vorsteuerabzugausschluss greift nach § 15 Abs. 3 Nr. 2 Buchst. b UStG u. a. nicht ein, wenn die Umsätze »nach § 4 Nr. 8 Buchst. a bis g steuerfrei wären und der Leistungsempfänger im Drittlandsgebiet ansässig ist«. 46

Damit stehen die Wechselstuben vor der Frage, wie der Nachweis zu erbringen ist, dass bei dem Geldumtausch ein Geschäft mit einem im Drittland ansässigen Kunden, der kein Unternehmer ist, getätigt wurde. Weder das UStG noch die UStDV enthalten spezielle Regelungen, die eine bestimmte Nachweisform für die Ansässigkeit des Leistungsempfängers im Drittlandsgebiet normieren. Die in §§ 8 und 17 UStDV getroffenen Regelungen zum Buch- und Belegnachweis sind nicht anwendbar, weil sie sich auf Ausfuhrlieferungen und nicht auf sonstige Leistungen beziehen. Ihre analoge Anwendung zulasten des Steuerpflichtigen scheidet aus Gründen der Rechtssicherheit aus. Damit gelten die **allgemeinen Nachweisregeln**. 47

TIPP

1. **Prüfungsabfolge beachten:** Das Urteil verdeutlicht wieder einmal, wie wichtig es in der Umsatzsteuer ist, sich streng an die vom Gesetzgeber vorgegebene Prüfungsabfolge zu halten – und damit nicht den in der Praxis freilich verbreiteten Fehler zu begehen, sich sofort auf das vermeintliche »Spezialproblem« stürzen zu müssen.
2. **Rechtslage ab 01.01.2010:** Zu beachten ist, dass das Urteil zum »alten Recht« – also zur Rechtslage vor Umsetzung des Mehrwertsteuerpakets – ergangen ist. Das umsatzsteuerliche Ergebnis freilich ist – nunmehr über die neuen Bestimmungen in § 3 a Abs. 4 S. 1, S. 2 Buchst. a UStG – identisch.
3. **Nachweis der Kundenansässigkeit:** Aus dem Urteil lässt sich ableiten, dass keine allzu hohen Anforderungen an die Nachweisführung zur Ansässigkeit des Leistungsempfängers bei Katalogleistungen an Nichtunternehmer zu stellen sind.
4. **Auswirkung auf die neue Gutscheinproblematik:** Die Argumentation des BFH lässt u. U. auch Rückschlüsse für die Beurteilung vergleichbarer Sachverhalte zu – etwa für die neu aufflammende Diskussion zur Behandlung des Umtauschs von Bargeld in Gutscheine.

Vgl. Weimann (UStB 2011, 91). Vgl. auch Völlmeke (UR 2008, 102) und Langer (NMW 2011, 122).

2.2.3 Besonderheiten von Bitcoin und anderen sog. virtuellen Währungen

Sog. virtuelle Währungen (Kryptowährungen, z. B. Bitcoin) werden den gesetzlichen Zahlungsmitteln gleichgestellt, soweit diese sog. virtuellen Währungen von den an der Transaktion Beteiligten 47a als alternatives vertragliches und unmittelbares Zahlungsmittel akzeptiert worden sind und keinem anderen Zweck als der Verwendung als Zahlungsmittel dienen (vgl. EuGH vom 22.10.2015, C-264/14, Hedqvist, BStBl II 2018, 211 und Abschn. 4.8.3 Abs. 3a UStAE). Dies gilt nicht für virtuelles Spielgeld (sog. Spielwährungen oder Ingame-Währungen, insbesondere in Onlinespielen. Ausführlich zu dem BMF-Schreiben vom 27.02.2018 sowie Dietsch und Pielke, alle a. a. O.

2.3 Umsätze im Geschäft mit Geldforderungen (§ 4 Nr. 8 Buchst. c UStG)

48 Unter die Steuerbefreiung nach § 4 Nr. 8 Buchst. c UStG fallen auch die Umsätze von **aufschiebend bedingten Geldforderungen** (BFH vom 12.12.1963, BStBl III 1964, 109).

49 Die **Veräußerung eines Bausparvorratsvertrages** ist als einheitliche Leistung anzusehen, die in vollem Umfang nach § 4 Nr. 8 Buchst. c UStG steuerfrei ist (Abschn. 2.4 UStAE).

50 Zur umsatzsteuerrechtlichen Behandlung des **Factoring** vgl. insbesondere Abschn. 2.4 Abs. 6 ff. UStAE.

51 Zu den Umsätzen im Geschäft mit Forderungen gehören auch die **Optionsgeschäfte mit Geldforderungen**. Gegenstand dieser Optionsgeschäfte ist das Recht, bestimmte Geldforderungen innerhalb einer bestimmten Frist zu einem festen Kurs geltend machen oder veräußern zu können. Unter die Steuerbefreiung fallen auch die Optionsgeschäfte mit Devisen (Abschn. 4.8.4 Abs. 4 UStAE).

52 Bei **Geschäften mit Warenforderungen (z. B. Optionen im Warentermingeschäft)** handelt es sich ebenfalls um Umsätze im Geschäft mit Forderungen (vgl. BFH vom 30.03.2006, Az: V R 19/02, BStBl II 2007, 68). Optionsgeschäfte auf Warenterminkontrakte sind nur dann nach § 4 Nr. 8 Buchst. c UStG steuerfrei, wenn die Optionsausübung nicht zu einer Warenlieferung führt (Abschn. 4.8.4 Abs. 5 UStAE).

53 Zur Vermittlung von **Brokerleistungen** hat der BFH darauf erkannt, dass der Leistungsort der in § 3a Abs. 4 Nr. 10 UStG 1993 bezeichneten Vermittlungsleistungen sich nicht nach § 3a Abs. 2 Nr. 4 S. 1, sondern nach § 3a Abs. 3 UStG 1993 bestimmt. Der Begriff »Geldforderungen« in § 4 Nr. 8 Buchst. c UStG 1993 umfasst bei richtlinienkonformer Auslegung auch Geschäfte mit Warenforderungen wie Optionen im Warentermingeschäft (BFH vom 30.03.2006, Az: V R 19/02, BStBl II 2007, 68).

54 **Kein** Umsatz im Geschäft mit Forderungen wird ausgeführt, wenn lediglich **Zahlungsansprüche** (z. B. Zahlungsansprüche für land- und forstwirtschaftliche Betriebe nach der EU-Agrarreform **(GAP-Reform)**) zeitweilig oder endgültig übertragen werden (Abschn. 4.8.4 Abs. 6 UStAE unter Hinweis auf BFH vom 30.03.2011, Az: XR R 19/10, BStBl II 2011, 772).

2.4 Umsätze im Einlagengeschäft, Handelspapiere, Zahlungsverkehr etc. (§ 4 Nr. 8 Buchst. d UStG)

2.4.1 Einlagengeschäft

55 Zu den nach § 4 Nr. 8 Buchst. d UStG steuerfreien Umsätzen im Einlagengeschäft gehören z. B.

- Kontenauflösungen,
- Kontensperrungen,

- Veräußerungen von Heimsparbüchsen,
- sonstige mittelbar mit dem Einlagengeschäft zusammenhängende Leistungen

(Abschn. 4.8.5 Abs. 1 UStAE).

Die von Bausparkassen und anderen Instituten erhobenen **Gebühren für die Bearbeitung von Wohnungsbauprämienanträgen** sind Entgelte für steuerfreie Umsätze im Einlagengeschäft i. S. d. § 4 Nr. 8 Buchst. d UStG (Abschn. 4.8.5 Abs. 2 UStAE). 56

2.4.2 Inkasso von Handelspapieren

Handelspapiere i. S. d. § 4 Nr. 8 Buchst. d UStG sind Wechsel, Schecks, Quittungen oder ähnliche Dokumente i. S. d. »Einheitlichen Richtlinien für das Inkasso von Handelspapieren« der Internationalen Handelskammer (Abschn. 4.8.6 UStAE). 57

2.4.3 Zahlungs-, Überweisungs- und Kontokorrentverkehr

Nach § 4 Nr. 8 Buchst. d UStG steuerfreie Leistungen i. R. d. Kontokorrentverkehrs sind z. B. 58

- die Veräußerung von Scheckheften,
- der Firmeneindruck auf Zahlungs- und Überweisungsvordrucken,
- die Anfertigung von Kontoabschriften und Fotokopien,

(vgl. Abschn. 4.8.7 Abs. 1 UStAE).

Die Steuerfreiheit der Umsätze im Zahlungsverkehr hängt **nicht** davon ab, dass der Unternehmer ein Kreditinstitut i. S. d. § 1 Abs. 1 S. 1 KWG betreibt (vgl. BFH vom 27.08.1998, BStBl II 1999, 106). 59

Umsätze im Überweisungsverkehr liegen nur dann vor, wenn die erbrachten Dienstleistungen eine Weiterleitung von Geldern bewirken und zu **rechtlichen und finanziellen Änderungen** führen (BFH vom 13.07.2006, Az: V R 57/04, BStBl II 2007, 19). Die Steuerbefreiung nach § 4 Nr. 8 Buchst. d UStG gilt für die Leistungen der durch Outsourcing entstandenen **Rechenzentren** nicht, wenn sie die ihnen übertragenen Vorgänge sämtlich nur EDV-technisch abwickeln (Abschn. 4.8.7 Abs. 2 UStAE). 60

2.5 Wertpapierumsätze (§ 4 Nr. 8 Buchst. e UStG)

2.5.1 Umsätze im Geschäft mit Wertpapieren

Zu den Umsätzen im Geschäft mit Wertpapieren gehören auch die **Optionsgeschäfte mit Wertpapieren**. Gegenstand dieser Optionsgeschäfte ist das Recht, eine bestimmte Anzahl von Wertpapieren innerhalb einer bestimmten Frist jederzeit zu einem festen Preis fordern (Kaufoption) oder liefern (Verkaufsoption) zu können. Die Steuerbefreiung nach § 4 Nr. 8 Buchst. e UStG umfasst sowohl den Abschluss von Optionsgeschäften als auch die Übertragung von Optionsrechten (Abschn. 4.8.8 Abs. 1 UStAE). 61

Zu den Umsätzen im Geschäft mit Wertpapieren gehören auch die sonstigen Leistungen im **Emissionsgeschäft**, z. B. die Übernahme und Platzierung von Neu-Emissionen, die Börseneinfüh- 62 rung von Wertpapieren und die Vermittlungstätigkeit der Kreditinstitute beim Absatz von Bundesschatzbriefen (Abschn. 4.8.8 Abs. 2 UStAE).

63 Zur Frage der **Beschaffung von Anschriften von Wertpapieranlegern** gilt Abschn. 4.8.10 Abs. 4 i. V. m. Abschn. 1.6 Abs. 2 UStAE entsprechend (vgl. Abschn. 4.8.8 Abs. 3 UStAE).

64 Die **Erfüllung der Meldepflichten nach § 9 Wertpapierhandelsgesetz (WpHG)** durch ein Zentralinstitut oder ein anderes Kreditinstitut für den Meldepflichtigen ist nicht nach § 4 Nr. 8 Buchst. e UStG steuerfrei (Abschn. 4.8.8 Abs. 4 UStAE).

2.5.2 Abgrenzung: (Steuerpflichtige) Verwahrung und Verwaltung von Wertpapieren

65 Bei der Abgrenzung der steuerfreien Umsätze im Geschäft mit Wertpapieren von der steuerpflichtigen Verwahrung und Verwaltung von Wertpapieren gilt Folgendes: die Leistung des Unternehmers (Kreditinstitut) ist grundsätzlich

- **steuerfrei, wenn** das Entgelt dem Emittenten in Rechnung gestellt wird,
- **steuerpflichtig, wenn** sie dem Depotkunden in Rechnung gestellt wird. Zu den steuerpflichtigen Leistungen gehören z. B. auch die Depotunterhaltung, das Inkasso von fremden Zins- und Dividendenscheinen, die Ausfertigung von Depotauszügen, von Erträgnis-, Kurswert- und Steuerkurswertaufstellungen, die Informationsübermittlung von Kreditinstituten an Emittenten zur Führung des Aktienregisters bei Namensaktien sowie die Mitteilungen an die Depotkunden nach § 128 AktG (Abschn. 4.8.9 UStAE).

2.5.3 Abgrenzung: Vermögensverwaltung durch Banken

2.5.3.1 Allgemeines

66 I. R. v. Vermögensverwaltungsverträgen werden Banken von ihren Kunden beauftragt, das ihnen überlassene Vermögen i. R. v. vorher vereinbarten Anlage-Richtlinien oder -Strategien zu verwalten. Diese Verträge beinhalten eine **Vielzahl von Dienstleistungen** wie z. B.

- **Managementleistungen:** Recherche und Auswahl der Vermögensanlage für den Kunden; Analyse der Finanzmärkte und Aufstellung eines optimal strukturierten Portfolios; die Kunden treffen hierbei keine Einzelentscheidungen.
- **Umsetzung der** durch die Managementleistung gewonnenen **Erkenntnisse:** Kauf und Verkauf von Wertpapieren, Fondsanteilen, Finanzderivaten und ähnlicher Geldanlagen.
- **Führung eines Wertpapierdepots:** Erstellung von Kontoauszügen, Erträgnisaufstellungen sowie Steuerbescheinigungen, Reporting in vorher vereinbarten Abständen einschließlich Wertpapierabrechnung.

67 Vermögensverwaltungsverträge werden in der Regel in der Weise geschlossen, dass der Kunde eine **Anlagestrategie festlegt** und die Bank anschließend **ohne vorherige Weisungen und im eigenen Ermessen** im Rahmen dieser Anlagestrategie alle Maßnahmen ergreift, um eine bestmögliche Vermögensverwaltung zu erreichen. Der Kunde wird **im Nachhinein** in bestimmten Zeitabständen über die getroffenen Maßnahmen unterrichtet.

68 Die **Abrechnung** dieser Vermögensverwaltung erfolgt dann zum Teil (insbesondere aus ertragsteuerlichen Gesichtspunkten) getrennt in Management- und Depotleistungen einerseits sowie Transaktionsleistungen andererseits.

2.5.3.2 Einheitlichkeit der Leistung

Der EuGH hat darauf erkannt entschieden, dass in der Regel **jede sonstige Leistung als eigene selbständige Leistung** zu betrachten ist (Abschn. 3.10 Abs. 2 S. 1 UStAE). Bei der Beurteilung, ob es sich um mehrere selbständige Leistungen oder um eine einheitliche Leistung handelt, ist nicht auf das wirtschaftliche Ziel, sondern auf die **Sicht des Durchschnittsverbrauchers** abzustellen (EuGH vom 25.02.1999, Rs. C-349/96, CPP, UR 1999, 254, vom 27.10.2005, Rs. C-41/04, Levob, BFH/NV Beilage 2006, 38 und vom 19.07.2012, Rs. C-44/11, Deutsche Bank, BStBl II 2012, 945). **Bei der Beurteilung der Leistung kommt es nicht darauf an, wie der leistende Unternehmer das Angebot gestaltet, sondern wie es der Kunde beurteilt. Es ist daher maßgeblich, ob der Kunde eine einheitliche Leistung erwartet.** 69

TIPP
Die **Absage an die wirtschaftliche Betrachtung** und die **Unmaßgeblichkeit der Angebotsgestaltung** sind im Übrigen Grundsätze des Umsatzsteuerrechts, die in der Praxis häufig verkannt und mit ertragssteuerlichem Denken (fehlerhaft) vermischt werden!

2.5.3.3 Keine Steuerbefreiung nach § 4 Nr. 8 UStG

Vermögensverwaltungsverträge in der oben beschriebenen Form, bei denen der Kunde keine eigene Entscheidungsbefugnis bei Transaktionsleistungen hat, sind aus der Sicht des Kunden als **einheitliche Leistungen** anzusehen. Dem Kunden kommt es lediglich auf eine bestmögliche Vermögensverwaltung durch die Bank an. Wie dieses Ziel erreicht wird, wird der Bank überlassen. 70

Die Tätigkeit der vermögensverwaltenden Bank ist dadurch geprägt, dass sie die für eine Vermögensanlage in Betracht kommenden Wertpapiere und Wertpapiermärkte beobachtet und analysiert und auf dieser Grundlage eigenständig Anlageentscheidungen trifft, so dass der Schwerpunkt ihrer Tätigkeit nicht in der Ausführung von Wertpapierumsätzen, sondern in deren qualifizierter Vorbereitung liegt. Die Ausführung der Wertpapierumsätze ohne vorherige Rücksprache mit dem Kunden ist dann als Nebenleistung anzusehen. Auf den Abrechnungsmodus der Bank kommt es dabei nicht an. Es ist daher unerheblich, ob die Abrechnung der Transaktionsleistungen pauschal oder nach der tatsächlichen Anzahl der Transaktionen durchgeführt wird. 71

Diese Art der Vermögensverwaltung ist deshalb als einheitliche Leistung **insgesamt steuerpflichtig**. Eine Trennung in eine steuerpflichtige Vermögensverwaltung und steuerfreie Transaktionsleistungen (§ 4 Nr. 8 Buchst. e UStG) kommt in diesen Fällen nicht in Betracht. 72

TIPP
Getrennte Leistungen liegen nur dann vor, wenn der Kunde selbst darüber entscheiden kann, ob Transaktionen durchgeführt werden sollen. Dies setzt voraus, dass der Kunde vor einer Transaktion durch die Bank informiert wird und der Bank einen entsprechenden Auftrag erteilt.

Eine Steuerbefreiung für die gesamte Vermögensverwaltung nach § 4 Nr. 8 Buchst. h UStG (Verwaltung von Investmentvermögen nach dem Investmentgesetz) kommt ebenfalls nicht in Betracht, da kein Sondervermögen i. S. d. Investmentgesetzes verwaltet wird (vgl. Abschn. 4.8.13 UStAE). 73

2.5.3.4 Anwendung

Die vorgenannten Grundsätze sind auf alle noch offenen Veranlagungszeiträume anzuwenden, soweit im Einzelnen keine Vertrauenstatbestände geschaffen wurden. 74

2.5.4 Kontinuitäts- / Bestandsprovisionen

74a Die von einer Fondsgesellschaft an Kreditinstitute gezahlten Kontinuitäts- und Bestands-provisionen können Entgelt für steuerfreie Vermittlungsleistungen nach § 4 Nr. 8 Buchst. e UStG darstellen (BMF vom 14.07.2017, a. a. O.). Dies gilt unter bestimmten Voraussetzungen auch dann, wenn ein Kunde eines Kreditinstituts seinen Depotbestand von einem Kreditinstitut auf ein anderes Kreditinstitut übertragen lässt (sog. Depotübertrag).

2.6 Gesellschaftsanteile (§ 4 Nr. 8 Buchst. f UStG)

75 Zu den Anteilen an Gesellschaften gehören neben den Anteilen an **Kapitalgesellschaften**, z. B. GmbH-Anteile, auch die Anteile an **Personengesellschaften**, z. B. OHG-Anteile (Abschn. 4.8.10 Abs. 1 UStAE).

76 Eine **Personengesellschaft** erbringt bei der Aufnahme eines Gesellschafters gegen **Bar- oder Sacheinlage** an diesen keinen steuerbaren Umsatz und damit auch keinen nach § 4 Nr. 8 Buchst. f UStG steuerfreien Umsatz (BFH vom 01.07.2004, Az: V R 32/00, BStBl II 2004, 1022). Das gilt auch für die Ausgabe von neuen Aktien zur Aufbringung von Kapital und die Aufnahme von atypisch stillen Gesellschaftern (Abschn. 4.8.10 Abs. 1 S. 2 i. V. m. Abschn. 1.6 Abs. 2 UStAE).

77 Erwirbt jemand **treuhänderisch** Gesellschaftsanteile und verwaltet diese gegen Entgelt, werden ihm dadurch keine Gesellschaftsanteile verschafft. Die Tätigkeit ist deshalb grundsätzlich steuerpflichtig. Dies gilt auch dann, wenn sich der Unternehmer treuhänderisch an einer Anlagegesellschaft beteiligt und deren Geschäfte führt (vgl. BFH vom 29.01.1998, BStBl II 1998, 413). Eine Befreiung nach § 4 Nr. 8 Buchst. h UStG kommt nur in Betracht, wenn der Unternehmer nach den Vorschriften des InvG tätig geworden ist (Abschn. 4.8.10 Abs. 2 UStAE).

78 Eine **Vermittlung der Umsätze von Anteilen an Gesellschaften** i. S. d. § 4 Nr. 8 Buchst. f UStG liegt vor, wenn eine Mittelsperson einer Gesellschaft oder dem zukünftigen Gesellschafter die **Gelegenheit zum Abschluss des Vertrags** über den Erwerb eines Gesellschaftsanteils **nachweist** oder **sonst das Erforderliche tut**, damit der Vertrag über den Erwerb der Gesellschaftsanteile zustande kommt. Wer **lediglich** einem Anlageberater **Anschriften** von interessierten Kapitalanlegern **beschafft**, bewirkt keine Vermittlung von Umsätzen i. S. d. § 4 Nr. 8 UStG (BFH vom 12.01.1989, Az: V R 43/84, BStBl II 1989, 339).

TIPP

Die Abgrenzung der Vermittlung von sonstigen Leistungen der Geschäftsanbahnung ist über den sich hier ergebenden (engen) Anwendungsfall hinaus bedeutsam!

79 Keine Vermittlungsleistung erbringt ein Unternehmer, der einem mit dem Vertrieb von Gesellschaftsanteilen betrauten Unternehmer **Abschlussvertreter zuführt** und diese betreut (BFH vom 23.10.2002, Az: V R 68/01, BStBl II 2003, 618; vgl. auch Abschn. 4.8.10 Abs. 1 UStAE).

80 Die **Vermittlung von erstmalig ausgegebenen Gesellschaftsanteilen** nach Abschn. 4.8.10 Abs. 1 S. 2 i. V. m. Abschn. 1.6 Abs. 2 UStAE ist steuerbar und nach § 4 Nr. 8 Buchst. f UStG steuerfrei (Abschn. 4.8.10 Abs. 4 UStAE; vgl. EuGH vom 27.05.2004, Rs. C- 68/03, Lipjes, UR 2004, 355).

81 Die **Vermittlung der Mitgliedschaften in einem Idealverein** ist nicht nach § 4 Nr. 8 Buchst. f UStG steuerfrei (Abschn. 4.8.10 Abs. 5 UStAE, vgl. BFH vom 27.07.1995, BStBl II 1995, 753).

2.7 Übernahme von Verbindlichkeiten und Sicherheiten (§ 4 Nr. 8 Buchst. g UStG)

2.7.1 Übernahme von Verbindlichkeiten

Nach § 4 Nr. 8 Buchst. g UStG ist die Übernahme von Verbindlichkeiten, soweit hierin nicht lediglich – wie im Regelfall – eine Entgeltszahlung zu sehen ist (vgl. Abschn. 1 Abs. 3 und BFH vom 31.07.1969, BStBl II 1970, 73), steuerfrei (z. B. Übernahme von Einlagen bei der Zusammenlegung von Kreditinstituten (Abschn. 4.8.11 UStAE). 82

2.7.2 Übernahme von Bürgschaften und anderen Sicherheiten

Als andere Sicherheiten, deren Übernahme nach § 4 Nr. 8 Buchst. g UStG steuerfrei ist, sind z. B. **Garantieverpflichtungen** (vgl. BFH vom 14.12.1989, BStBl II 1990, 401, vom 24.01.1991, BStBl II 1991, 539 [Zinshöchstbetragsgarantie und Liquiditätsgarantie] und vom 22.10.1992, BStBl II 1993, 318 [Ausbietungsgarantie]) und **Kautionsversicherungen** (vgl. Abschn. 4.8.12 Abs. 1 UStAE) anzusehen (Abschn. 4.8.12 Abs. 1 S. 1 UStAE). 83

Ein **Garantieversprechen** ist nach § 4 Nr. 8 Buchst. g UStG steuerfrei, wenn es ein vom Eigenverhalten des Garantiegebers unabhängiges Risiko abdeckt; diese Voraussetzung liegt nicht vor, wenn lediglich garantiert wird, eine aus einem anderen Grund geschuldete Leistung vertragsgemäß auszuführen (vgl. BFH vom 14.12.1989, BStBl II 1990, 401, und vom 16.01.2003, Az: V R 16/02, BStBl II 2003, 445). **Leistungen persönlich haftender Gesellschafter**, für die eine unabhängig vom Gewinn bemessene Haftungsvergütung gezahlt wird, sind nicht nach § 4 Nr. 8 Buchst. g UStG steuerfrei, weil ein ggf. haftender Gesellschafter über seine Geschäftsführungstätigkeit unmittelbaren Einfluss auf das Gesellschaftsergebnis – und damit auf die Frage, ob es zu einem Haftungsfall kommt – hat (Abschn. 4.8.12 Abs. 2 S. 2 UStAE). 84

Aktuell: Übernahme der BFH-Rechtsprechung zu den CG Car-Garantiemodellen durch die FinVerw

Das BMF-Schreiben vom 15.12.2010 hat Abschn. 4.8.12 UStAE der neuen Rechtsprechung des BFH zu den CG Car-Garantiemodellen (ausführlich hierzu vgl. § 4 Nr. 10 Rn. 28 f. und 54 ff.) angepasst:

- »... [2]Umsätze, die keine Finanzdienstleistungen sind, sind vom Anwendungsbereich des § 4 Nr. 8 Buchst. g UStG ausgeschlossen (vgl. Abschn. 4.8.11 Sätze 1 und 2 UStAE). [3]Die Garantiezusage eines Autoverkäufers, durch die der Käufer gegen Entgelt nach seiner Wahl einen Reparaturanspruch gegenüber dem Verkäufer oder einen Reparaturkostenersatzanspruch gegenüber einem Versicherer erhält, ist steuerpflichtig (vgl. BFH-Urteil vom 10.2.2010, XI R 49/07, das Urteil wird zeitgleich im Bundessteuerblatt Teil II veröffentlicht).« **Hinweis:** Abschn. 4.8.12 Abs. 1 UStAE wurde um den neuen Satz 2 ergänzt.
- »[1]Ein Garantieversprechen ist nach § 4 Nr. 8 Buchstabe g UStG steuerfrei, wenn es ein vom Eigenverhalten des Garantiegebers unabhängiges Risiko abdeckt; diese Voraussetzung liegt nicht vor, wenn lediglich garantiert wird, eine aus einem anderen Grund geschuldete Leistung vertragsgemäß auszuführen (vgl. BFH-Urteil vom 14.12.1989, V R 125/84, BStBl 1990 II S. 401).« **Hinweis:** Abschn. 4.8.12 Abs. 2 UStAE wurde der neue Satz vorangestellt; inhaltlich unverändert folgt der bisherige Satz 1 nunmehr als Satz 2.

2.8 Verwaltung von Sondervermögen (§ 4 Nr. 8 Buchst. h UStG)

85 Durch das Gesetz zur Reform der Investmentbesteuerung (Investmentsteuerreformgesetz – InvStRefG) vom 19.07.2016 (BGBl. I S. 1730) wurde eine grundlegende Reform der Investmentbesteuerung beschlossen. Hierzu wurde durch Art. 1 InvStRefG das Invest-mentsteuergesetz (InvStG) mit Wirkung zum 01.01.2018 neu gefasst. Diese Neufassung erforderte auch eine Änderung der Gesetze, die Bezug auf das InvStG nehmen. Daher wurde durch Art. 5 InvStRefG der Wortlaut der Steuerbefreiung für die »Verwaltung von Investmentfonds im Sinne des Investmentsteuergesetzes« des § 4 Nr. 8 Buchst. h UStG ebenso mit Wirkung zum 01.01.2018 neu gefasst.

86 Durch die zum 01.01.2018 eintretende Ausweitung des Anwendungsbereiches des InvStG kann in § 4 Nr. 8 Buchst. h UStG nicht mehr wie bislang auf das gesamte InvStG verwiesen werden; die Steuerbefreiung nimmt nunmehr Bezug auf die Verwaltung bestimmter nach dem Kapitalanlagegesetzbuch (KAGB) regulierter Investmentvermögen.

87 Zugleich wurde in der Neufassung des § 4 Nr. 8 Buchst. h UStG das Urteil des EuGH vom 09.12.2015 (Rs. C-595/13, Fiscale Eenheid X) umgesetzt. Danach wird die Steuerbefreiung punktuell auf bestimmte nach dem KAGB regulierte Investmentvermögen erweitert.

88 Die Steuerbefreiung erstreckt sich nunmehr auf die Verwaltung von Organismen für gemeinsame Anlagen in Wertpapieren (OGAW) im Sinne des § 1 Abs. 2 KAGB, die Verwaltung von Alternativen Investmentfonds (AIF) im Sinne des § 1 Abs. 3 KAGB, die mit den OGAW ver-gleichbar sind, und die Verwaltung von Versorgungseinrichtungen im Sinne des Versiche-rungsaufsichtsgesetzes.

89 Im Übrigen wird der Umfang der nach bisherigem Recht umsatzsteuerfreien Verwaltungs-leistungen bzw. der begünstigten Investmentvermögen unverändert aufrechterhalten (BMF vom 13.12.2017, a. a. O.; vgl. auch Hahne und Mühlenkamp/Schott/Strauß, jeweils a. a. O.).

2.9 Amtliche Wertzeichen (§ 4 Nr. 8 Buchst. i UStG)

90 Durch die Worte »zum aufgedruckten Wert« wird zum Ausdruck gebracht, dass die Steuerbefreiung nach § 4 Nr. 8 Buchst. i UStG für die im Inland gültigen amtlichen Wertzeichen nur in Betracht kommt, wenn die Wertzeichen **zum aufgedruckten Wert geliefert** werden. Zum aufgedruckten Wert gehören **auch aufgedruckte Sonderzuschläge**, z. B. der Zuschlag bei Wohlfahrtsmarken.

91 Werden die Wertzeichen mit einem **höheren Preis** als dem aufgedruckten Wert gehandelt, ist der **Umsatz insgesamt steuerpflichtig**.

92 Lieferungen der im Inland **postgültigen Briefmarken** sind auch dann steuerfrei, wenn diese zu einem Preis veräußert werden, der **unter ihrem aufgedruckten Wert** liegt (Abschn. 4.8.14).

§ 4 Nr. 9 UStG
Steuerbefreiungen: Verkehrsteuerpflichtige Vorgänge

Von den unter § 1 Abs. 1 Nr. 1 fallenden Umsätzen sind steuerfrei:

. . .

9. a) **die Umsätze, die unter das Grunderwerbsteuergesetz fallen,**
   b) **die Umsätze, die unter das Rennwett- und Lotteriegesetz fallen. Nicht befreit sind die unter das Rennwett- und Lotteriegesetz fallenden Umsätze, die von der Rennwett- und Lotteriesteuer befreit sind oder von denen diese Steuer allgemein nicht erhoben wird;**

. . .

Literatur

Jahndorf/Oellerich, Gemeinschaftsrechtliche Rahmenbedingungen für die Beschränkung der Steuerbefreiung von sonstigen Glücksspielen mit Geldeinsatz ungeklärt, UR 2007, 455ff.

Verwaltungsanweisungen

BMF vom 05.07.2006, Az: IV B 2 – S 2141 – 7/06, Umsatzsteuerfreiheit für Umsätze aus dem Betrieb von Geldspielautomaten; Ertragsteuerliche Auswirkungen des BFH-Urteils vom 12. Mai 2005, BStBl I 2006, 418.

BMF vom 22.09.2008, Az: IV B 8 – S 7109/07/10002, Steuerbefreiung bei der Entnahme eines Grundstücks aus dem Unternehmen, BStBl I 2008, 895.

BMF vom 04.09.2009, Az: IV B 9 – S 7117/08/10001, Ort der sonstigen Leistung nach §§ 3 a, 3b und 3c UStG ab 1. Januar 2010, BStBl I 2009,1005.

OFD Koblenz vom 25.02.2010, Az: S 7165 A – St 44 2, n.v. (Umsatzsteuerbefreiung der Geldspielautomatenumsätze; hier: Vorabentscheidungsersuchen des BFH (Revisionsverfahren XI R 79/07) an den EuGH (Rs. C-58/09); Vereinbarkeit des § 4 Nr. 9 Buchst. b UStG zur Steuerbefreiung von Glücksspielumsätzen mit Art. 135 Abs. 1 Buchst. i MwStSystRL).

OFD Frankfurt a.M. vom 10.09.2010, Az: S 7162 A-8 – St 112, Steuerbefreiung bei Veräußerung eines Grundstücks und dessen Bebauung oder Sanierung durch denselben Unternehmer USt-Kartei HE § 4 UStG S 7162 Karte 1.

OFD Karlsruhe vom 05.04.2011, Az: S 7104, n.v. (Unternehmereigenschaft und Besteuerung beim Betrieb von Anlagen zur Erzeugung von Strom (Photovoltaikanlagen).

BMF vom 22.06.2011, Az: IV D 2 – S 7303-b/10/10001:001, Neuregelung des Vorsteuerabzugs bei teilunternehmerisch genutzten Grundstücken ab dem 1. Januar 2011, § 15 Abs. 1b UStG, BStBl I 2011, 597.

OFD Niedersachsen vom 16.09.2011, S 7109 – 10 – St 172, DStR 2011, 2467 (Grundstücksübertragungen zwischen Angehörigen).

BMF vom 07.06.2012, Az: IV D 2 – S 7300/07/100001:001, Umsatzsteuerrechtliche Behandlung von Erschließungsmaßnahmen, BStBl I 2012, 621 (weiter gültig lt. BMF vom 19.03.2018, Nr. 1617).

FG Hamburg vom 21.09.2012, Az: 3K 104711 (Verstößt Umsatzbesteuerung von Spielgeräten gegen das Unionsrecht?).

Hinweis: Zur Problematik der zeitlichen Geltungsdauer von BMF-Schreiben vgl. Einführung UStG, Rz. 100 ff.

Richtlinien/Hinweise/Verordnungen

UStAE: Abschn. 4.9.1 und 4.9.2.

MwStSystRL: Art. 168a (ABl. EU 2010 Nr. L 10 S. 1), Art. 135 Abs. 1 Buchst. j und k, Art. 371, Anhang X Teil B Nr. 9, Art. 135 Abs. 1 Buchst. i.

1 Allgemeines

1.1 Überblick und Zweck der Vorschrift

1 Durch § 4 Nr. 9 UStG sollen die Umsätze von der Umsatzsteuer befreit werden, die gleichzeitig auch anderen Verkehrssteuern unterliegen.

2 Im Einzelnen sind es nach:

- § 4 Nr. 9 Buchst. a UStG Umsätze, die unter das Grunderwerbsteuergesetz (GrEStG),
- § 4 Nr. 9 Buchst. b UStG Umsätze, die unter das Rennwett- und Lotteriegesetz (RennwLottG) fallen.

3 Voraussetzung für die Steuerbefreiung nach § 4 Nr. 9 UStG ist, dass die Umsätze die Tatbestandsmerkmale des § 1 Abs. 1 Nr. 1 UStG erfüllen und unter das GrEStG oder das RennwLottG fallen. Die Umsätze müssen nach diesen Gesetzen steuerbar sein. Unerheblich ist dabei, ob diese Umsätze steuerpflichtig oder steuerfrei sind oder ob die Steuer festgesetzt, entrichtet oder erlassen wird (vgl. FG Niedersachsen vom 14.01.1977, Az: V 68/76, EFG 1977, 461, DStR 1977, 643 zu § 4 Nr. 9 UStG 1967 sowie BFH vom 11.05.1967, Az: V 5/64, BStBl III 1967, 643 zu § 4 Nr. 9 UStG 1951).

4 Ziel der Steuerbefreiung ist die Vermeidung der doppelten Besteuerung von Umsätzen, die neben der USt auch noch bestimmten anderen Steuern, wie der Grunderwerbsteuer, der Rennwettsteuer oder der Lotteriesteuer unterliegen. § 4 Nr. 9 UStG geht davon aus, dass diese genannten Steuern gleichartig sind und deshalb nicht kumulativ erhoben werden können.

5 Nach § 9 Abs. 1 UStG besteht für Umsätze nach § 4 Nr. 9 Buchst. a UStG die Möglichkeit zur Option, d.h. der Unternehmer kann auf die Steuerbefreiung verzichten (optieren), wenn der Umsatz an einen anderen Unternehmer für dessen Unternehmen ausgeführt wird.

Da jedoch nur hinsichtlich der in Buchst. a aufgeführten Umsätze der Verzicht auf die Steuerbefreiung nach § 9 UStG in Betracht kommt, wurde die Vorschrift ab 01.01.1968 in Buchstabe a und b unterteilt. 6

§ 4 Nr. 9 Buchst. b S. 1 UStG befreit die Umsätze, die unter das Rennwett- und Lotteriegesetz fallen von der Umsatzsteuer. Nicht von der Umsatzsteuer befreit sind nach § 4 Nr. 9 Buchst. b S. 2 UStG Umsätze, die unter das Rennwett- und Lotteriegesetz fallen, von der Rennwett- und Lotteriesteuer jedoch befreit sind oder von denen diese Steuer allgemein nicht erhoben wird. Für die unter § 4 Nr. 9 Buchst. b UStG fallenden Umsätze ist eine Option nach § 9 Abs. 1 UStG nicht vorgesehen. 7

1.2 Rechtsentwicklung

§ 4 Nr. 9 UStG besteht unverändert seit dem 01.01.1980 (zuvor bereits § 4 Nr. 9 UStG 1973). Durch das Gesetz zur Eindämmung missbräuchlicher Steuergestaltungen (Gesetz vom 28.04.2006, BGBl I 2006, 1095) wurden in § 4 Nr. 9 Buchst. b S. 1 UStG die Wörter »sowie die Umsätze der zugelassenen öffentlichen Spielbanken, die durch den Betrieb der Spielbank bedingt sind« gestrichen. Nach Art. 4 des Gesetzes zur Eindämmung missbräuchlicher Steuergestaltungen trat das Gesetz am Tag nach Verkündung (BGBl Nr. 22/2006 vom 05.05.2006) in Kraft, d.h. ab dem 06.05.2006 wurden alle Spielbankumsätze umsatzsteuerpflichtig. Für steuerpflichtige Geldspielumsätze außerhalb der Spielbanken änderte sich nichts. Ziel dieser Gesetzesänderung war die Gleichbehandlung von Glückspielen mit Geldeinsatz in zugelassenen öffentlichen Spielbanken und gleichartiger Umsätze außerhalb der Spielbanken (zur Gesetzesbegründung vgl. BT-Drucks. 16/634 vom 13.02.2006, 11 sowie BT-Drucks. 16/975 vom 15.03.2006, 11 – Gleichstellung von Umsätzen innerhalb und außerhalb von öffentlichen Spielbanken). 8

1.3 Persönlicher, sachlicher und zeitlicher Anwendungsbereich

Diese Vorschrift gilt für alle Unternehmer, die Umsätze nach § 4 Nr. 9 UStG ausführen. Insbesondere auch für Land- und Forstwirte, die der Durchschnittssatzbesteuerung unterliegen. Allerdings dürfen diese Unternehmer nicht gem. § 9 Abs. 1 UStG auf die Steuerbefreiung nach § 4 Nr. 9 Buchst. a UStG verzichten (Option, vgl. § 24 Abs. 1 S. 2 UStG). Umsätze nach § 4 Nr. 9 Buchst. a und Umsätze nach § 4 Nr. 9 Buchst. b UStG, wenn sie Hilfsumsätze sind, gehören nicht zum Gesamtumsatz der Kleinunternehmer i. S. v. § 19 Abs. 3 UStG. 9

Hinsichtlich des sachlichen Anwendungsbereichs betrifft § 4 Nr. 9 UStG nur die dort genannten Umsätze, die unter das Grunderwerbsteuergesetz oder das Rennwett- und Lotteriegesetz fallen. 10

Das GrEStG regelt die Besteuerung von Rechtsvorgängen, die sich auf inländische Grundstücke beziehen. 11

Die RennwLottG-Steuer (auch als Totalisatorsteuer bezeichnet) ist eine durch das Bundesgesetz geregelte indirekte Steuer. 12

Umsatzsteuerrechtlich ist grundsätzlich immer die einzeln ausgeführte Leistung zu betrachten. 13

Steuerbare Rechtsvorgänge des GrEStG sind 14

1. ein Kaufvertrag oder ein anderes Rechtsgeschäft mit Grundstücken, das den Anspruch auf Übereignung begründet;
2. die Auflassung, wenn kein Rechtsgeschäft vorausgegangen ist, das den Anspruch auf Übereignung begründet;

3. der Übergang des Eigentums, wenn kein den Anspruch auf Übereignung begründendes Rechtsgeschäft vorausgegangen ist und es auch keiner Auflassung bedarf. Ausgenommen sind:
   a) der Übergang des Eigentums durch die Abfindung in Land und die unentgeltliche Zuteilung von Land für gemeinschaftliche Anlagen im Flurbereinigungsverfahren sowie durch die entsprechenden Rechtsvorgänge im beschleunigten Zusammenlegungsverfahren und im Landtauschverfahren nach dem Flurbereinigungsgesetz in seiner jeweils geltenden Fassung,
   b) der Übergang des Eigentums im Umlegungsverfahren nach dem Baugesetzbuch in seiner jeweils geltenden Fassung, wenn der neue Eigentümer in diesem Verfahren als Eigentümer eines im Umlegungsgebiet gelegenen Grundstücks Beteiligter ist,
   c) der Übergang des Eigentums im Zwangsversteigerungsverfahren;
4. das Meistgebot im Zwangsversteigerungsverfahren;
5. ein Rechtsgeschäft, das den Anspruch auf Abtretung eines Übereignungsanspruchs oder das Rechte aus einem Meistgebot begründet;
6. ein Rechtsgeschäft, das den Anspruch auf Abtretung der Rechte aus einem Kaufangebot begründet; dem Kaufangebot steht ein Angebot zum Abschluss eines anderen Vertrags gleich, kraft dessen die Übereignung verlangt werden kann;
7. die Abtretung eines der in den Nr. 5 und 6 bezeichneten Rechte, wenn kein Rechtsgeschäft vorausgegangen ist, das den Anspruch auf Abtretung der Rechte begründet;
8. Rechtsvorgänge, die es ohne Begründung eines Anspruchs auf Übereignung einem anderen rechtlich oder wirtschaftlich ermöglichen, ein inländisches Grundstück auf eigene Rechnung zu verwerten (Verwertungsbefugnis);
9. bei Gesellschaften mit Grundbesitz die Vereinigung aller Gesellschaftsanteile in einer Hand oder der Anspruch darauf (vgl. § 1 Abs. 3 und 4 GrEStG);
10. die Lieferung von Wohnungseigentum (vgl. § 2 Abs. 2 Nr. 3 GrEStG);
11. die Bestellung von Erbbaurechten und die Übertragung von Erbbaurechten, vgl. Abschn. 4.9.1. Abs. 2 Nr. 1 UStAE;
12. die Übertragung von Miteigentumsanteilen an einem Grundstück (vgl. Abschn. 4.9.1. Abs. 2 Nr. 2 UStAE);
13. die Lieferung von auf fremdem Boden errichteten Gebäuden nach Ablauf der Miet- oder Pachtzeit (vgl. Abschn. 4.9.1. Abs. 2 Nr. 3 UStAE);
14. die Übertragung eines Betriebsgrundstückes zur Vermeidung einer drohenden Enteignung (vgl. Abschn. 4.9.1. Abs. 2 Nr. 4 UStAE);
15. die Umsätze von Grundstücken und von Gebäuden nach dem Sachenrechtsbereinigungsgesetz (vgl. Abschn. 4.9.1. Abs. 2 Nr. 5 UStAE);
16. die Entnahme von Grundstücken, unabhängig davon, ob damit ein Rechtsträgerwechsel verbunden ist (vgl. Abschn. 4.9.1. Abs. 2 Nr. 6 UStAE).

15 **Steuerbare Rechtsvorgänge des RennwLottG** sind
1. am Totalisator abgeschlossene Wetten (öffentliche Pferderennen bzw. andere öffentliche Leistungsprüfungen für Pferde);
2. die Leistungen der Buchmacher im Wettgeschäft (Buchmacher sind Personen, die gewerbsmäßig Wetten bei öffentlichen Leistungsprüfungen für Pferde abschließen oder vermitteln);
3. im Inland veranstaltete öffentliche Lotterien, Ausspielungen und Oddset-Wetten sowie das Einbringen ausländischer Lose oder Ausweise über Spieleinlagen in das Inland.

16 **Von der Besteuerung nach RennwLottG ausgenommen** und deshalb nach § 4 Nr. 9 Buchst. b S. 2 UStG umsatzsteuerpflichtig sind folgende Umsätze:

1. Ausspielungen,
   a) bei denen Ausweise nicht erteilt werden oder
   b) bei denen der Gesamtpreis der Lose einer Ausspielung den Wert von 650 € nicht übersteigt,

   es sei denn, dass der Veranstalter ein Gewerbetreibender oder Reisegewerbetreibender i. S. d. Gewerberechts ist oder dass die Gewinne ganz oder teilweise in Bargeld bestehen;
2. von den zuständigen Behörden genehmigte Lotterien und Ausspielungen, bei denen der Gesamtpreis der Lose einer Lotterie oder Ausspielung
   a) bei Lotterien und Ausspielungen zu ausschließlich gemeinnützigen, mildtätigen oder kirchlichen Zwecken den Wert von 40000 €
   b) in allen anderen Fällen den Wert von 240 €

   nicht übersteigt.

Maßgebend für die umsatzsteuerliche Beurteilung ist immer die jeweils gültige Fassung der einzelnen Gesetze. 17

Die **Umsätze der zugelassenen öffentlichen Spielbanken** waren nach § 4 Nr. 9 Buchst. b UStG i. d. F. bis 05.05.2006 steuerfrei, wenn sie durch den Betrieb der Spielbank bedingt waren. 18

Dadurch sollte eine Doppelbesteuerung der Spielbanken mit der Umsatzsteuer und der von den Bundesländern erhobenen Spielbankabgabe vermieden werden. Ab dem 06.05.2006 wurden alle Umsätze steuerpflichtig, Folge davon ist eine Doppelbelastung dieser Umsätze durch Umsatzsteuer und die jeweilige landesrechtliche Spielbankabgabe. Die mit dem Wegfall der Steuerfreiheit geschuldete Umsatzsteuer kann in einigen Bundesländern mit der Spielbankabgabe verrechnet werden. Ob diese Verrechnungsregelung zulässig und die im Jahr 2006 verabschiedete Neufassung des § 4 Nr. 9 Buchst. b UStG gemeinschaftsrechtkonform ist, bleibt fraglich, vgl. Beitrag Dieter Dziadkowski UR 7/2009, 227. Aufgrund der verbleibenden Zweifelsfragen hat der BFH die Neuregelung des § 4 Nr. 9 Buchst. b dem EuGH zur Vorabentscheidung vorgelegt (BFH vom 17.12.2008, UR 2009, 238). 19

Die Umsätze mit Glücksspielen sind steuerpflichtig, unabhängig davon, ob sie innerhalb oder außerhalb einer Spielbank aufgeführt werden.

Unter die Steuerpflicht fallen v. a. die Spielerträge aus dem klassischen Spiel (Roulette und Kartenspiele) und dem Automatenspiel sowie andere Leistungen, die durch den Betrieb einer Spielbank bedingt sind (Eintrittsgelder, Verpachtung von Parkplätzen, Toiletten oder Garderoben). 20

Umsätze, die mit dem Betrieb einer Gaststätte, eines Hotels oder eines sonstigen Nebenbetriebs zusammenhängen, gehören nicht zu den Umsätzen, die zum dem Betrieb einer Spielbank gehören, und waren damit schon immer steuerpflichtig. 21

In zeitlicher Hinsicht gilt § 4 Nr. 9 UStG seit 1980 unverändert; der Wegfall der Steuerbefreiung für öffentliche Spielbanken in § 4 Nr. 9 Buchst. b S. 1 UStG gilt seit dem 06.05.2006 (Tag nach der Verkündung im Bundesgesetzblatt). 22

1.4 Gemeinschaftsrechtliche Grundlagen und das Verhältnis zu anderen Vorschriften

§ 4 Nr. 9 **Buchst. a** UStG setzt Art. 135 Abs. 1 Buchst. j und k MwStSystRL (bisher Art. 13 Teil B Buchst. g und h der 6. EG-RL) in nationales Recht um. Dabei wird die in Art. 371 i. V. m. Anhang X Teil B Nr. 9 MwStSystRL (bisher Art. 28 Abs. 3 Buchst. b i. V. m. Anhang F Nr. 16 der 6. EG-RL) enthaltene Sonderregelung hinsichtlich von Neubauten und Baugrundstücken in Anspruch genommen. 23

24 Die unter § 4 Nr. 9 Buchst. a UStG fallenden Umsätze sind nach § 9 Abs. 1 UStG optionsfähig (mit weiteren Voraussetzungen in § 9 Abs. 2 und 3 UStG; vgl. die Kommentierung zu § 9 UStG). Wegen eines unrichtigen Steuerausweises in Fällen der Rücknahme einer Option vgl. § 14c Rn. 34ff. Nach § 4 Nr. 9 UStG führen steuerfreie Ausgangsleistungen zum Vorsteuerausschluss für Eingangsleistungen (vgl. § 15 Abs. 1, Abs. 2 Nr. 1 und Abs. 3 UStG und vgl. § 4 Rn. 3 – unechte Steuerbefreiung). Für steuerpflichtige Umsätze, die unter das Grunderwerbsteuergesetz fallen, ist der Leistungsempfänger Steuerschuldner nach § 13b Abs. 2 Nr. 3 UStG.

25 § 4 Nr. 9 **Buchst. b** UStG setzt Art 135 Abs. 1 Buchst. i MwStSystRL (Art. 13 Teil B Buchst. f der 6. EG-RL) in nationales Recht um. Die Richtlinienregelung gestattet den Mitgliedstaaten, Bedingungen und Beschränkungen der Steuerbefreiung vorzusehen.

26 Mit Urteil vom 17.02.2005 (Rs. C-453/02 und C-462/02 Linneweber und Akritidis, DStRE 2005, 368; Vorlagebeschluss des BFH vom 06.11.2002, Az: V R 7/02) hat der EuGH entschieden, dass Art. 13 Teil B Buchst. f der 6. EG-RL einer nationalen Regelung entgegensteht, nach der die Veranstaltung oder der Betrieb von Glücksspielen und Glücksspielgeräten aller Art in zugelassenen öffentlichen Spielbanken steuerfrei ist, während diese Steuerbefreiung für die Ausübung der gleichen Tätigkeit durch Wirtschaftsteilnehmer (private Betreiber), die nicht Spielbankbetreiber sind, nicht gilt und diese in der Steuerpflicht beließ. Der EuGH hat daher darauf erkannt, dass sich die privaten Betreiber vor den nationalen Gerichten direkt auf die Steuerbefreiung der 6. EG-RL berufen können. Dieser Rechtsprechung hat sich der BFH angeschlossen und entschieden (vgl. BFH vom 12.05.2005, Az: V R 7/02, BStBl II 2005, 617 und BFH vom 19.05.2005, Az: V R 50/01 (NV), BFH/NV 2005, 1881), dass sich der Unternehmer auf die Steuerbefreiung nach Art. 13 Teil B Buchst. f der 6. EG-RL berufen kann, dass § 4 Nr. 9 Buchst. b UStG keine Anwendung findet, da die nationale Norm die Steuerbefreiung von der Identität des Veranstalters oder Betreibers abhängig macht und deshalb nach Auffassung des EuGH mit der Richtlinienregelung unvereinbar ist (zur bilanzsteuerrechtlichen Behandlung vgl. BMF vom 05.07.2006, Az: IV B 2 – S 2141 – 7/06, BStBl I 2006, 418).

27 Zur Vermeidung der Steuerbefreiung von privaten Betreibern, die sich ja nur aus der den öffentlichen Spielbanken gewährten Steuerbefreiung ableitete, hat der Gesetzgeber durch Art. 2 des Gesetzes zur Eindämmung missbräuchlicher Steuergestaltungen mit Wirkung vom 06.05.2006 die Steuerbefreiung der Umsätze öffentlicher Spielbanken aufgehoben und behandelt insofern auch diese Umsätze nunmehr gleich, nämlich steuerpflichtig (Gesetz vom 28.04.2006, BGBl I 2006, 1095; Art. 4 Änderungsgesetz: Tag nach der Verkündung des Gesetzes im BGBl I Ausgabe 222006, ausgegeben am 05.06.2007). Durch die neue Fassung des § 4 Nr. 9 Buchst. b UStG werden nur noch Wetten und Lotterien von der Umsatzsteuer befreit. »Sonstige Glückspiele mit Geldeinsatz« werden in vollem Umfang steuerpflichtig. Die Gesetzesbegründung hebt auf den durch Art. 13 Teil B Buchst. f der 6. EG-RL eingeräumten Spielraum ab, der es den Mitgliedstaaten erlaube, für die grundsätzlich vorgesehene Steuerbefreiung Bedingungen und Beschränkungen vorzusehen. Es ist daher als Reaktion auf die Rechtsprechung des EuGH ausreichend, die Umsätze der öffentlichen Spielbanken ebenfalls der Besteuerung zu unterwerfen (vgl. BT-Drucks. 16634 vom 13.02.2006, 11). Durch die Einbeziehung der bislang umsatzsteuerfreien Umsätze der zugelassenen öffentlichen Spielbanken in die Umsatzsteuerpflicht, wollte der Gesetzgeber die umsatzsteuerliche Neutralität wiederherstellen und die durch die Rechtsprechung eröffnete Berufungsmöglichkeit gewerblicher Glücksspielanbieter auf die Steuerbefreiung aufheben. Den u.E. ebenfalls möglichen umgekehrten Weg zur Problemlösung, nämlich alle Umsätze von der Umsatzsteuer zu befreien, wollte der Gesetzgeber offenbar nicht beschreiten.

28 Das Recht, Glückspiele zu veranstalten, hat in Deutschland der Staat. Dieses Monopolrecht ist im Glücksspielstaatsvertrag (GlüStV) vom 01.08.2008 geregelt. Dieser Staatsvertrag wurde zwischen allen 16 deutschen Bundesländern geschlossen und schafft bundeseinheitliche Rahmenbedingungen für die Veranstaltung, Durchführung und Vermittlung von öffentlichen Glücksspielen. Zu den öffentlichen Glücksspielen zählen Rennwetten, Lotterien, Ausspielungen und Sportwet-

ten. Rennwetten können bei öffentlichen Pferderennen und anderen öffentlichen Leistungsprüfungen für Pferde abgeschlossen werden.

Bei einer Lotterie bestehen die Gewinne ausschließlich in Geld, bei einer Ausspielung darf der versprochene Gewinn in Geld und in Sachwerten oder in anderen geldwerten Vorteilen bestehen. Die umsatzsteuerliche Behandlung von Sportwetten wurde mit dem Gesetz zur Besteuerung von Sportwetten vom 29.06.2012 geändert. Sportwetten ausländischer Anbieter unterliegen nunmehr der Rennwettsteuer und nicht mehr nur Sportwetten zu festen Gewinnquoten. 29

Der Vollzug der Regelungen des Glücksspielvertrages obliegt den einzelnen Ländern. Öffentliche Glücksspiele dürfen nur mit Erlaubnis der zuständigen Behörde des jeweiligen Landes veranstaltet oder vermittelt werden. Unerlaubtes Glückspiel ist verboten. Ebenso Online-Glückspiele, vgl. § 4 Abs. 1 und 4 GlüStV. 30

2 Kommentierung

2.1 Umsätze des Grunderwerbsteuergesetzes

Durch die Grunderwerbsteuer soll der Erwerb der wirtschaftlichen Verfügungsmacht über inländische Grundstücke besteuert werden. Welche Umsätze unter das GrEStG fallen, regelt § 1 GrEStG. Dabei spielt es keine Rolle, ob tatsächlich GrESt anfällt. Diese Umsätze sind, wenn es sich um umsatzsteuerliche Vorgänge handelt, nach § 4 Nr. 9 Buchst. a UStG von der Umsatzsteuer befreit. Die Besteuerung ein und desselben Vorgangs mit GrESt und USt sollte demzufolge nicht vorkommen. Ausnahme bilden die sog. Bauherrenmodelle. 31

Die Grunderwerbsteuer besteuert Vorgänge, die einen Anspruch auf Übereignung des Grundstücks begründen, also das obligatorische Geschäft, das zur Übereignung verpflichtet (Kaufvertrag). Die Umsatzsteuer besteuert grundsätzlich die ausgeführte einzelne Leistung (BFH vom 30.10.1986, Az: V B 44/86, BStBl II 1987, 145). Diese wird bestimmt durch die Art ihrer Ausführung (Lieferung oder sonstige Leistung), den Gegenstand, auf den die Ausführung gerichtet ist (z. B. Lieferung eines erschlossenen unbebauten Grundstücks), durch die Beteiligten (Leistender, Leistungsempfänger) und durch ihre Entgeltlichkeit (i. S. einer Entgeltserwartung), nicht aber durch den Umfang einer Bemessungsgrundlage. Damit unterscheidet sich der Steuergegenstand der Grunderwerbsteuer grundsätzlich von dem der Umsatzsteuer. 32

Steuerfrei ist ein Umsatz (Lieferung eines Grundstücks) nach dem GrEStG, wenn das ihm zugrunde liegende Verpflichtungsgeschäft nach § 1 GrEStG steuerbar ist. Der Steuertatbestand des GrEStG ist also an den schuldrechtlichen Vertrag gebunden. 33

Völlig losgelöst vom Anknüpfungspunkt im GrEStG entsteht die USt erst mit dem Erfüllungsgeschäft (Verschaffung der Verfügungsmacht) und nicht bereits im Zeitpunkt der Verpflichtung. 34

Bei der Beurteilung, ob ein Umsatz unter das GrEStG fällt, sind Verpflichtungsgeschäft und Erfüllungsgeschäft zusammen zu betrachten. So ist beim Kauf oder einem ähnlichen Rechtsgeschäft i. S. d. § 1 Abs. 1 Nr. 1 GrEStG für die umsatzsteuerliche Beurteilung nicht der Vertragswortlaut, sondern der Inhalt des schuldrechtlichen Vertrages entscheidend. 35

Beinhaltet der schuldrechtliche Vertrag den Erwerb des Grundstücks mit Gebäude, so unterliegt er in vollem Umfang der GrESt. Das nachfolgende Erfüllungsgeschäft (Auflassung und Eintragung) ist von der Umsatzbesteuerung befreit. Anzahlungen im Hinblick auf die spätere Erfüllung fallen ebenfalls unter den USt-Befreiungstatbestand. 36

37 Nach § 4 Nr. 9 Buchst. a UStG sind nur Lieferungen, Leistungen und der Eigenverbrauch in Bezug auf inländische Grundstücke von der Umsatzsteuer befreit. Eine steuerbare Grundstückslieferung liegt jedoch nur dann vor, wenn sie dem Unternehmen zugeordnet wird. Der Unternehmer hat nach dem EuGH-Urteil vom 04.10.1995 bei gemischt genutzten Grundstücken ein Wahlrecht, ob er die entsprechend genutzten Grundstücksteile entweder seinem Unternehmen oder seinem privaten Bereich zuordnet.

38 Bei späterer Veräußerung des Grundstücks unterliegt dann nur der Grundstücksteil der Besteuerung, der dem Unternehmen zugeordnet wurde. Nur darauf bezieht sich die Steuerbefreiung. (Rs. C-291/92, Ambrecht, BStBl II 1996, 390).

Ein Vorsteuerabzug ist nur möglich, wenn das Grundstück für Zwecke des Unternehmens genutzt wird. Für teilunternehmerisch genutzte Grundstücke ist nach § 15 Abs. 1b UStG der Vorsteuerabzug ausgeschlossen, soweit die Verwendung des Grundstücks für Zwecke außerhalb des Unternehmens erfolgt.

Daher unterliegt die Verwendung dieses Grundstücks für Zwecke, die außerhalb des Unternehmens liegen, oder die für den privaten Bedarf des Personals genutzt werden, nicht der unentgeltlichen Wertabgabenbesteuerung nach § 3 Abs. 9a Nr. 1 UStG. Entsprechendes gilt bei Gebäuden auf fremden Grund und Boden und bei Berechtigungen, für die die Vorschriften des bürgerlichen Rechts über Grundstücke gelten. Die Aufteilung der Vorsteuern hat nach den allgemeinen Grundsätzen des § 15 Abs. 4 UStG zu erfolgen. Bei Änderung der Verwendung des Grundstückes ist § 15a UStG zu beachten, vgl. BMF vom 22.06.2011 – IV D 2 S 7303-b/10001:001.

39 Unter das GrEStG fallen v. a. die Umsätze von unbebauten und bebauten Grundstücken. Hier kommt es für die Beurteilung der Steuerbefreiung nach § 4 Nr. 9 Buchst. a UStG darauf an, wer die Leistungen erbringt und ob die Leistungen im Zusammenhang mit der Lieferung der entsprechenden Grundstücke erbracht werden.

40 Die Entnahme eines bebauten oder unbebauten Grundstücks aus dem Unternehmen kann nach § 4 Nr. 9 Buchst. a UStG steuerfrei sein, sofern die Entnahme nach § 3 Abs. 1b S. 1 Nr. 1 und 2 UStG steuerbar ist, vgl. BMF vom 22.09.2008 – IV B 8 – S 7109/07/1002.

41 Zum entgeltlichen Verzicht auf ein Ankaufsrecht für ein Grundstück vgl. Niedersächsisches Finanzgericht, Urteil vom 11.12.2006 (Az: 16 K 284/04 – sonstige Leistung, die nicht unter § 4 Nr. 9 Buchst. a UStG fällt, da das Entgelt für den Verzicht auf das Ankaufsrecht nicht der Grunderwerbsteuer unterfällt; Revisionsaktenzeichen des BFH: V R 20/07). Erwirbt der Käufer das Grundstück und andere Leistungen ([Bau-] Architekten u. a.) von mehreren Unternehmern, so ist i. d. R. nur die Leistung des Unternehmers befreit, der das unbebaute Grundstück liefert.

42 Besonders i. R. v. Bauherrenmodellen stellt sich die Frage nach »einheitlichen Vertragswerken«. Nach Meinung der Finanzverwaltung (Abschn. 4.9.1. Abs. 1 S. 2 UStAE) können mehrere von dem Grundstückserwerber mit verschiedenen Personen (z. B. Bauunternehmer, Bauhandwerker, Grundstückseigentümer) abgeschlossene Verträge als ein einheitliches, auf den Erwerb von fertigem Wohnraum gerichtetes Vertragswerk anzusehen sein (vgl. BFH vom 27.10.1982, Az: II R /81, BStBl II 1983, 55 und vom 27.10.1999, Az: II R 17/99, BStBl II 2000, 34). Insbesondere wenn ein objektiv enger und sachlicher Zusammenhang zwischen dem Erweb des unbebauten Grundstücks und einer anschließenden Bebauung besteht, spricht der BFH von einem »einheitlichen Vertragswerk«, mit der Folge, dass der Gegenstand der Besteuerung das bebaute Grundstück ist. Bemessungsgrundlage für die Grunderwerbsteuer sind die Kosten des Grundstückes und die Kosten für die Bauleistungen. In der Besteuerung der Bauleistung mit Grunderwerbsteuer und Umsatzsteuer sieht der EuGH keinen Verstoß gegen das Verbot der verdeckten Umsatzbesteuerung. Mit dem Beschluss vom 27.11.2008 (Rs. C-156/08 – Vollkommer, UR 2009,136) kommt der EuGH zum Ergebnis, dass diese Doppelbesteuerung in den Fällen künftiger Bauleistungen mit europäischem Recht vereinbar sei, vgl. Beitrag Michael Rutemöller, UR 4/2009, 109). Soll die Besteuerung der Gebäudekosten mit Grund-

erwerbsteuer vermieden werden, ist darauf zu achten, dass die Anschaffung des Grundstücks und die anschließende Bebauung unabhängig voneinander erfolgen.

Ein Unternehmer liefert dann ein bebautes Grundstück, wenn er, abweichend von den zivilrechtlichen Vereinbarungen der Bauhandwerker mit den Grundstückserwerbern, nach dem wirtschaftlichen Gehalt seiner Tätigkeit das Grundstück und die Bauleistungen verschafft. 43

Dieser dem Grunderwerbsteuergesetz unterliegende Vorgang wird jedoch nicht zwischen dem Grundstückserwerber und den einzelnen Bauunternehmern bzw. Bauhandwerkern verwirklicht. Die Leistungen der einzelnen Bauunternehmer und Bauhandwerker, die im eigenen Namen gegenüber dem Bauherren und Erwerber des Grundstückes auftreten, sind mit dem der GrESt unterliegenden Erwerbsvorgang nicht identisch. Die Steuerbefreiung nach § 4 Nr. 9 Buchst. a UStG greift in diesen Fällen nicht. Sie dürfen auch nicht mit den Umsätzen eines anderen Unternehmers (Grundstückslieferer oder Initiator eines Bauvorhabens) »gebündelt« und dabei steuerfrei behandelt werden (vgl. BFH vom 07.02.1991, Az: V R 53/85, BStBl II 1991, 737, vom 29.08.1991, Az: V R 87/86, BStBl II 1992, 206 und vom 10.09.1992, Az: V R 99/88, BStBl II 1993, 316). 44

Die Leistungen der Architekten, der einzelnen Bauunternehmer und der Bauhandwerker sind mit dem der Grunderwerbsteuer unterliegenden Erwerbsvorgang nicht identisch und fallen daher auch nicht unter die Umsatzsteuerbefreiung nach § 4 Nr. 9 Buchst. a UStG (vgl. auch BFH vom 30.10.1986, Az: V B 44/86, BStBl II 1987, 145 und BFH vom 24.02.2000, Az: V R 89/98, BStBl II 2000, 278). 45

Von der Steuerbefreiung nach § 4 Nr. 9a UStG werden auch erfasst: 46

- Bestellung (vgl. BFH vom 28.11.1967, Az: II 1/64, BStBl II 1968, 222 und vom 28.11.1967, Az: II R 37/66, BStBl II 1968, 223) und Übertragung von Erbbaurechten (BFH vom 05.12.1979, Az: II R /76, BStBl II 1980, 136),
- Übertragung von Miteigentumsanteilen an einem Grundstück,
- Lieferung von auf fremden Boden errichteten Gebäuden nach Beendigung der Miet- oder Pachtzeit (vgl. BMF vom 23.07.1986, Az: IV A 2 - S 7100 - 76/86, BStBl I 1986, 432 - Abschn. F II),
- Übertragung eines Betriebsgrundstückes zur Vermeidung einer drohenden Enteignung (vgl. BFH vom 24.06.1992, Az: V R 60/88, BStBl II 1992, 986),
- Umsätze von Grundstücken und von Gebäuden nach dem Sachenrechtsbereinigungsgesetz,
- Entnahme von Grundstücken, unabhängig davon, ob damit ein Rechtsträgerwechsel verbunden ist.

2.1.1 Grundstücksbegriff

Dem GrEStG unterliegen Rechtsvorgänge, die sich auf ein im Inland belegenes Grundstück beziehen. Für ein im Ausland belegenes Grundstück findet das GrEStG keine Anwendung. Die Steuerbefreiung nach § 4 Nr. 9 Buchst. a UStG greift in diesen Fällen nicht. 47

Hinsichtlich des Begriffs Grundstück verweist das GrEStG auf das bürgerliche Recht. 48

Danach gehören zu den wesentlichen Bestandteilen eines Grundstücks die mit dem Grund und Boden fest verbundenen Sachen, insbesondere Gebäude, sowie die Erzeugnisse des Grundstücks, solange sie mit dem Boden zusammenhängen. Samen wird mit dem Aussäen, eine Pflanze wird mit dem Einpflanzen wesentlicher Bestandteil des Grundstücks (§ 94 Abs. 1 S. 1 BGB).

Ein Gebäude ist ein Bauwerk auf eigenem oder fremdem Grund und Boden, das Räume umschließt, betreten werden kann und zum Schutz von Menschen, Tieren oder Sachen dient und fest mit dem Grund und Boden verbunden ist. Menschen müssen das Bauwerk nicht nur betreten, sondern sich darin auch aufhalten können. Die räumliche Umschließung muss eine ausreichende Standfestigkeit haben (vgl. BFH vom 24.05.1963, Az: III 140/60 U, BStBl III 1963, 376 und BFH vom 49

28.05.2003, Az: II R 41/01, BStBl II 2003, 693). Ein lediglich begonnenes Bauwerk ist kein Gebäude (vgl. BFH vom 09.02.1994, Az: II B 43/93, BFH/NV 1994, 738).

50 Auch Bäume, Sträucher und Pflanzen als Erzeugnisse des Grundstückes gehören nach § 94 Abs. 1 S. 2 BGB zu den wesentlichen Bestandteilen des Grundstücks, wenn sie mit dem Boden zusammenhängen.

51 Zu den wesentlichen Bestandteilen eines Gebäudes gehören nach § 94 Abs. 2 BGB auch die zur Herstellung eines Gebäudes eingefügten Sachen, auch wenn keine feste Verbindung besteht (vgl. hierzu insbesondere BGH vom 10.02.1978, Az: V ZR 33/76, JZ 1978, 396, NJW 1978, 1311).

52 Als Bestandteile eines Grundstücks gelten nach § 96 BGB auch Rechte, die mit dem Eigentum am Grundstück verbundenen sind und wenn sie vom Eigentum am Grundstück nicht getrennt werden können. Das sind insbesondere Grunddienstbarkeiten (§ 1018 BGB) und Reallasten (§ 1105 Abs. 2 BGB).

53 Geldforderungen oder andere vergleichbare Vermögenspositionen scheiden nach der Rspr. des BFH bei der GrESt aus, selbst wenn sie als Rechte i. S. d. § 96 BGB anzusehen sind (z. B. Verkauf eines Erbbaugrundstücks mit dem Recht auf Erbbauzins; Urteil vom 23.10.1985, BStBl II 1986, 189).

54 Sachen, die nur zu einem vorübergehenden Zweck mit dem Grund und Boden verbunden sind, gehören nicht zu den Bestandteilen eines Grundstücks (Scheinbestandteile). Ebenso wenig zu den Bestandteilen des Gebäudes gehören Sachen, die nur zu einem vorübergehenden Zweck in ein Gebäude eingefügt sind (§ 95 Abs. 1 S. 1 und 2 BGB).

55 Einrichtungsgegenstände, die mit erworben wurden (Inventar), Geldansprüche (z. B. Rücklagen) oder Zubehör gehören ebenfalls nicht zu den Bestandteilen eines Grundstücks. Als Zubehör gelten bewegliche Sachen, die, ohne Bestandteile der Hauptsache (des Grundstücks) zu sein, dem wirtschaftlichen Zweck der Hauptsache zu dienen bestimmt sind und zu ihr in einem entsprechenden räumlichen Verhältnis stehen – Alarmanlage, Pendeltüren, Terrassenleuchte, Teppichböden (§ 97 Abs. 1 S. 1 BGB).

56 Da nach § 4 Nr. 9 Buchst. a UStG nur die Grundstückslieferung steuerfrei ist, ist beim Verkauf eines Grundstücks der Kaufpreis auf das Grundstück, auf die auszuscheidenden Rechte oder das auszuscheidende Zubehör aufzuteilen.

2.1.2 Vom Grundstückbegriff ausgeschlossene Umsätze

57 Nicht unter den Grundstücksbegriff fallen nach § 2 Abs. 1 GrEStG

- Maschinen und sonstige Betriebsvorrichtungen,
- Mineralgewinnungsrechte und sonstige Gewerbeberechtigungen,
- das Recht des Grundstückseigentümers auf den Erbbauzins.

2.1.3 Grunderwerbsteuerliche Erweiterung des Grundstücksbegriffs

58 Den Grundstücken stehen nach § 2 Abs. 2 GrEStG gleich:

- Erbbaurechte,
- Gebäude auf fremdem Boden,
- dinglich gesicherte Sondernutzungsrechte i. S. d. § 15 des Wohnungseigentumsgesetzes und des § 1010 BGB.

2.1.3.1 Erbbaurechte

Das Erbbaurecht, geregelt in der Verordnung über das Erbbaurecht, ist das veräußerliche und vererbliche dingliche Recht, auf oder unter der Oberfläche eines fremden Grundstücks ein Bauwerk zu haben (vgl. § 1 Abs. 1 ErbbauVO). Somit stellt das Erbbaurecht eine Belastung des Grundstücks bzw. eine Beschränkung des Eigentums dar. Das Erbbaurecht selbst ist wie eine Sache (§ 90 BGB), also ein Grundstück zu behandeln. Diese Behandlung unterscheidet das Erbbaurecht von anderen dinglichen Rechten am Grundstück einschließlich der Dienstbarkeiten, welche die Duldung baulicher Anlagen zum Inhalt haben und des zum Besitz berechtigten Nießbrauchs (vgl. BFH vom 28.11.1967, Az: II R 37/66, BStBl II 1968, 223). 59

Die Bestellung, der Kauf eines bereits bestehenden, die vorzeitige Aufhebung, die Übertragung, sowie der Heimfall des Erbbaurechtes fallen unter das GrEStG (vgl. BFH vom 24.02.1982, Az: II R 4/81, BStBl II 1982, 625). 60

Der häufigste Fall des Erbbaurechtes ist die Bestellung und die Übertragung von Erbaurechten (vgl. Abschn. 4.9.1. Abs. 2 Nr. 1 UStAE). 61

Die der Bestellung des Erbbaurechtes folgende Duldung der Nutzung des Grundstücks gegen Entgelt ist hier die eigentliche umsatzsteuerliche Leistung. Entscheidet sich der Leistungsempfänger zur Option nach § 9 UStG, schuldet er nach § 13b Abs. 2 S. 1 Nr. 3 UStG die USt auf die wiederkehrend zu zahlenden Erbbauzinsen, vgl. OFD Koblenz vom 09.02.2006, S 7279 A – St 44 4, DStR 2006, 472.

Die Veräußerung, die Versteigerung und die Verlängerung eines Erbbaurechts fallen unter die Vorschriften des GrEStG und sind nach § 4 Nr. 9 Buchst. a UStG als steuerfreie Lieferung zu behandeln (vgl. FG Köln vom 12.08.1998, Az: 6 K 8184/97, EFG 1999, 514; BFH vom 29.04.1993, Az: V R 93/89, BFH/NV1994, 510; BFH vom 18.08.1993, Az: II R 10/90, BStBl II 1993, 766). 62

2.1.3.2 Gebäude auf fremdem Boden

Unabhängig davon, ob das bürgerliche Recht ein Gebäude als bewegliche (§ 95 BGB) oder unbewegliche Sache (§ 94 BGB) einstuft, unterliegen diese Erwerbsvorgänge der GrESt. Für Gebäude, die Gegenstand besonderer Rechte sein können (§ 95 BGB), ist die Übereignung nach §§ 929ff. BGB möglich. Deshalb kann für ihren Erwerb GrESt aus § 1 Abs. 1 GrESt entstehen. Für Gebäude, die nicht Gegenstand besonderer Rechte sein können (§ 94 BGB), weil sie dem Grundstückseigner gehören und wesentliche Bestandteile eines Grundstücks sind, kommt eine GrESt nur nach § 1 Abs. 2 GrEStG in Betracht. (vgl. BFH vom 18.09.1974, Az: II R 92/68, BStBl II 1975, 245; BFH vom 27.03.1985, Az: II R 37/83, BStBl II 1985, 526). 63

Wurden Gebäude nur zu einem vorübergehenden Zweck auf fremden Grund und Boden errichtet, sind diese nach § 95 BGB als bewegliche Sache zu behandeln und unterliegen nach § 4 Nr. 9 Buchst. a UStG der Steuerfreiheit, wenn sie von einem Unternehmer geliefert werden.

Kein Erwerb eines Gebäudes auf fremdem Boden liegt vor, wenn ein Bauunternehmer ein schlüsselfertiges Haus auf dem Grundstück des Eigentümers errichtet und das zu einem späteren Zeitpunkt als der Erwerb des Grundstücks erfolgt. Hier fehlt es von vornherein an einem Bezug zum Grundstück. Dieser Bezug stellt jedoch den Anknüpfungspunkt für die Grunderwerbsteuer dar. Dieser Vorgang unterliegt nicht der GrESt und ist deshalb umsatzsteuerpflichtig. Das gilt auch, wenn der Verkäufer des Fertighauses dem Käufer den Aufstellplatz mit gesondertem Vertrag vermietet und das Grundstück nicht veräußert wird (BFH-Urteil vom 28.01.1998, Az: II R 46/95, BStBl II 1998, 275). 64

2.1.3.3 Wohnungseigentum und Dauerwohnrecht

65 Dem Erwerb von Grundstücken stehen dinglich gesicherte Sondernutzungsrechte i. S. d. § 15 des WEG und des § 1010 BGB gleich.

66 Der Erwerb von Wohnungseigentum, Teileigentum (§ 1 WEG), Wohnungserbbaurechten, Teilerbbaurechten (§ 30 WEG) und Dauerwohnrechten (§ 31 WEG) unterliegt damit den Vorschriften des GrEStG und ist umsatzsteuerfrei.

2.1.4 Verzicht auf die Steuerbefreiung und Bemessungsgrundlage

67 Grundsätzlich sind die Umsätze, die unter das GrEStG fallen, nach § 4 Nr. 9 Buchst. a UStG von der Umsatzsteuer befreit. Gemäß § 9 UStG kann aber unter bestimmten Vorrausetzungen eine steuerfreie Grundstückslieferung steuerpflichtig werden. Wird der Umsatz an einen anderen Unternehmer für dessen Unternehmen ausgeführt, kann der leistende Unternehmer zur Steuerpflicht optieren (§ 9 Abs. 1 UStG), wenn keine nichtsteuerbare Geschäftsveräußerung vorliegt. Der Leistungsempfänger kann also für jeden einzelnen Umsatz selbst entscheiden (Wahlrecht, vgl. Abschn. 15.2 Abs. 21 UStAE), ob er ihn steuerfrei oder unter der Ausnutzung der Optionsmöglichkeit nach § 9 Abs. 1 UStG als steuerpflichtig behandeln möchte. Entscheidend ist die Zuordnungsentscheidung des Leistungsempfängers, die zeitlich an keine Frist gebunden ist. Ordnet der Leistungsempfänger jedoch einen Grundstücksanteil nicht seinem Unternehmen zu, so kann der leistende Unternehmer deshalb nicht optieren (vgl. EuGH vom 04.10.1995, Rs. C-291/92, Ambrecht, BStBl II 1996, 392). Bei der Vermietung von Wohnraum an Endverbraucher ist aufgrund dieser Voraussetzung ein Verzicht auf die Steuerfreiheit ausgeschlossen.

68 Bei Umsätzen im Zusammenhang mit einem Grundstück sind Teiloptionen möglich, bei denen nur auf einen bestimmten Teil des Grundstücksumsatzes auf die Steuerbefreiung verzichtet wird. So ist z. B. bei Vermietungsumsätzen eine unterschiedliche Behandlung einzelner Räume möglich, auch wenn ein einheitliches Entgelt vereinbart ist (vgl. BFH vom 26.06.1996, Az: XI R 43/90, BStBl II 1997, 98). Die Option ist jedoch nur einheitlich für das Gebäude(teil) und den dazugehörigen Teil des Grund und Bodens möglich (vgl. EuGH vom 08.06.2000 Rs. C-400/98, Breitsohl).

69 Bei der Veräußerung eines Grundstücks kann der Unternehmer die Option zur Steuerpflicht auf einen Teil eines Grundstückes beschränken. Die zivilrechtlich einheitliche Behandlung eines Grundstückes im Falle seiner Veräußerung steht dem nicht entgegen (BFH vom 26.06.1996, Az: XI R 43/90, UR, 425; EuGH vom 04.10.1995 Rs. C-291/92, Ambrecht, BStBl II 1996, 392).

70 Die Möglichkeit zur Beschränkung der Option auf einen Grundstücksteil gilt auch für den Widerruf der Optionserklärung, darauf weist das FG Niedersachsen in seinem Urteil vom 27.01.2000 hin. Der Widerruf des Verzichts auf die Steuerbefreiung wirkt rückwirkend auf den Umfang der Optionserklärung (BFH vom 25.01.1979, Az: V R 53/72, BStBl II 1979, 394; vgl. Klenk in Sölch/Ringleb/List, UStG, § 9 Anm. 40). Dem steht auch ein relativ großer Zeitraum zwischen der Optionserklärung und deren Widerruf nicht entgegen, weil der Verzicht auf die Steuerbefreiung so lange möglich ist, wie die betreffende Steuerfestsetzung noch nicht bestandskräftig ist. Die Behandlung eines steuerpflichtigen Umsatzes ist erst dann rückgängig gemacht, wenn nicht nur die Option widerrufen, sondern auch die Rechnung mit gesondertem Steuerausweis berichtigt worden ist.

71 Entscheidet sich der Unternehmer für die steuerpflichtige Behandlung eines an sich steuerbefreiten Umsatzes, so setzt das eine entsprechende Willensbekundung des Unternehmers voraus. Dies kann sich bereits aus schlüssigem Handeln des Unternehmers ergeben. Erfolgt die Lieferung des Grundstücks an den Leistungsempfänger, indem der Leistende eine Rechnung mit gesondertem Ausweis der Umsatzsteuer stellt oder er den Umsatz in seiner Steuererklärung als steuerpflichtig behandelt, kann davon ausgegangen werden, dass er optiert hat.

Eine ausdrückliche Erklärung gegenüber dem Finanzamt ist nicht notwendig, vgl. Abschn. 9.1 Abs. 3 UStAE. 72

Hat ein Unternehmer sich für die Option nach § 9 Abs. 1 UStG eines nach § 4 Nr. 9 Buchst. a UStG steuerfreien Grundstücksumsatzes entschieden, muss zur Ermittlung der Umsatzsteuer die Bemessungsgrundlage für den Umsatz festgelegt werden. Hier ist zu klären, ob und inwieweit die Grunderwerbsteuer in die Bemessungsgrundlage einzubeziehen ist. Gemäß § 8 Abs. 1 GrEStG bemisst sich die Steuer grundsätzlich nach dem Wert der Gegenleistung. Was als Gegenleistung gilt, ist für die meisten der in § 1 GrEStG aufgezählten Fallvarianten im Katalog des § 9 GrEStG aufgeführt. Der Umfang der Gegenleistung ist wie das Entgelt bei der Umsatzsteuer zu bestimmen. Die Steuerbemessungsgrundlage ergibt sich aus § 10 UStG. Danach ist das Entgelt maßgebend, welches der Empfänger der Leistung (oder ein Dritter) aufwendet, um die Leistung zu erhalten, jedoch abzüglich der Umsatzsteuer. Nach § 9 Abs. 1 GrEStG gilt beim Kauf eines Grundstücks der Kaufpreis als Wert der Gegenleistung. Der Käufer eines Grundstücks trägt die Kosten der Beurkundung des Kaufvertrags und der Auflassung, der Eintragung ins Grundbuch und der zu der Eintragung erforderlichen Erklärungen (§ 448 Abs. 2 BGB). Mit Urteil vom 20.12.2005 hat der BFH in Änderung seiner bisherigen Rechtsprechung entschieden, dass die Grunderwerbsteuer, die der Käufer eines Grundstückes vereinbarungsgemäß zahlt, das Entgelt für die Grundstückslieferung für umsatzsteuerliche Zwecke nicht erhöht. Nur der reine Kaufpreis bilde den Wert der Gegenleistung vgl. Abschn. 10.1 Abs. 7 UStAE. 73

Erwirbt der Eigentümer eines erbbaurechtsbelasteten Grundstücks das Erbbaurecht, gehört die Erbbauzinsreallast nicht zur grunderwerbsteuerrechtlichen Gegenleistung. Denn ihr fehlt dann der Charakter einer Gegenleistung für den Erwerb des Erbbaurechts (BFH vom 14.11.2007, Az: II R 64/06). 74

In den Fällen des § 13b Abs. 2 Nr. 3 UStG, Steuerschuldnerschaft des Leistungsempfängers, schuldet nur noch der Käufer des Grundstücks die Umsatzsteuer, nicht mehr der leistende Unternehmer. Die Umsatzsteuer darf in dem Kaufvertrag nicht ausgewiesen werden, d.h. es sind nur der Nettobetrag, die Optionserklärung und ein Hinweis auf die Steuerschuldnerschaft des Leistungsempfängers anzugeben. Die Umsatzsteuer ist damit nicht mehr Preisbestandteil, sondern nur noch als originäre Steuerschuld des Erwerbers anzusehen. 75

Wie die Umsatzsteuer, so gehört also auch die Grunderwerbsteuer nicht zur Bemessungsgrundlage (§ 9 Abs. 3 GrEStG). 76

2.2 Umsätze des Rennwett- und Lotteriegesetzes

2.2.1 Allgemeines

Grundlage für die steuerliche Beurteilung der Rennwett- und Lotterieumsätze ist das Rennwett- und Lotteriegesetz (RennwLottG) vom 08.04.1922 sowie weitere dazu ergangene Ausführungsbestimmungen (BGBl III 1922, 611, zuletzt geändert durch Art. 1 und 4 der Verordnung vom 29.06.2012, BGBl I 2012, 1424). 77

Bei der umsatzsteuerlichen Beurteilung der Umsätze ist zu prüfen, ob diese nach § 1 Abs. 1 Nr. 1 UStG im Geltungsbereich der Umsatzsteuer liegen, also steuerbar sind und ob sie der Rennwett- und Lotteriesteuer unterliegen. Nach § 4 Nr. 9 Buchst. b UStG sind nur Umsätze von der Umsatzsteuer befreit, die rennwett- und lotteriesteuerpflichtig sind oder wenn im Einzelfall die Steuer nicht erhoben wird. Die alleinige Steuerbarkeit nach dem RennwLottG reicht für die Umsatzsteuerbefreiung nicht aus (§ 4 Nr. 9 Buchst. b S. 2 UStG). 78

Rennwett- und Lotterieumsätze sind umsatzsteuerlich als sonstige Leistungen einzustufen. Der Leistungsort bestimmt sich nach § 3a Abs. 2 UStG, wenn der Leistungsempfänger ein Unterneh- 79 mer oder eine einem Unternehmer gleichgestellte juristische Person ist. Ist in derartigen Fällen der Leistungsempfänger ein Nichtunternehmer, richtet sich der Leistungsort nach § 3 a Abs. 1 UStG oder nach § 3 a Abs. 4 S. 1 und 2 Nr. 1 UStG.

80 Eine sonstige Leistung, die darin besteht, der Allgemeinheit gegen Entgelt die Benutzung von Geldspielautomaten zu ermöglichen, die in Spielhallen aufgestellt sind, ist entsprechend Abschn. 3a. 6 Abs. 6 UStAE weiterhin als unterhaltende oder ähnliche Tätigkeit nach § 3 a Abs. 3 Nr. 3 Buchst. a UStG anzusehen. Geldautomaten in Spielhallen führen danach zu Tätigkeiten auf dem Gebiet der Unterhaltung i. S. v. Art. 53 Buchst. a MwStSystRL. Leistungsort ist damit der Ort, an dem die Automatenleistungen tatsächlich bewirkt werden. Das Hauptziel der Leistungen besteht nach Ansicht des EuGH in der Unterhaltung der Spieler und nicht darin, ihnen einen Geldgewinn zu verschaffen. Die Ungewissheit in Bezug auf den Geldgewinn sei gerade ein wesentlicher Bestandteil der von den Spielern angestrebten Unterhaltung. Für die Benutzung von Geldspielautomaten außerhalb von Spielhallen richtet sich der Leistungsort nach § 3 a Abs. 1 UStG (vgl. EuGH vom 12.05.2005, Rs. C-452/03, RAL [Channel Islands] u.a., UR 2005, 443, EuGHE I3947; vom 04.07.1985, Rs. C-168/84, Berkholz, EuGHE 1985, 2251, http://curia.europa.eu; BMF-Schreiben vom 04.09.2009, Az: I V B 9 – S 711/08/10001, Rz. 44).

2.2.2 Umsätze, die der Rennwettsteuer unterliegen

81 Rennwetten bei öffentlichen Pferderennen und anderen öffentlichen Leistungsprüfungen für Pferde, sind Gegenstand der Rennwettsteuer. Die Abhängigkeit des Einsatzes und der Gewinnmöglichkeit vom Ergebnis des Pferderennens bzw. von den Leistungsprüfungen der Pferde ist das entscheidende Merkmal für eine Rennwette.

82 Nach dem RennwLottG dürfen Rennwetten bei Pferderennen nur an einem Totalisator oder bei einem Buchmacher gegen Wettschein abgeschlossen werden.

83 Ein Totalisator ist ein amtlicher Wettbetrieb der gemeinnützigen Pferderennvereine auf der Rennbahn. Er umfasst die Entgegennahme und Quittierung der Wetten und dient der Ermittlung von Gewinnquoten bei Pferderennen. Das Betreiben des Totalisators ist erlaubnispflichtig und muss jährlich bei der zuständigen Verwaltungsbehörde des Landes beantragt werden.

84 Die Vereine müssen jedoch sicherstellen, dass sie die Einnahmen ausschließlich zur Förderung der Landespferdezucht verwenden (§ 1 Abs. 3 RennwLottG).

85 Mit dem Inkrafttreten des GlüStV und den Änderungen des RennwLottG zum 01.07.2012 hat der Unternehmer von den am Totalisator gewetteten Beträgen des Totalisators eine Steuer von 5 % statt bisher 16 2/3 % (§ 10 RennwLottG n. F.) zu entrichten. Damit fallen diese Umsätze unter die Steuerfreiheit des § 4 Nr. 9 Buchst. b UStG (BMF-Schreiben vom 08.04.1970, Az: IV A 2 – S 7100 – 5/70, BStBl I 1970, 374).

86 Ein Buchmacher ist ein staatlich konzessionierter, selbstständiger Unternehmer, der Wetten auf die am Rennen teilnehmenden Pferde annimmt. Er tritt also als Vermittler und Anbieter von Wetten im Bereich des Pferdesports auf, dafür ist eine sog. Buchmachererlaubnis notwendig. Der Buchmacher hat von jeder bei ihm abgeschlossenen Wette eine Steuer von 5 % statt bisher 16 2/3 % des Wetteinsatzes zu entrichten (§ 2 und 11 RennwLottG n. F.). Die Buchmachersteuer wird allerdings als Spieleinsatzsteuer erhoben. Das hat zur Folge, dass auch die Auslandsbuchmacher erfasst werden und die Benachteiligung des Toto durch fast steuerfreie Wettbewerber beendet wird. Internetwetten auf Pferderennen werden zukünftig durch eine ländereinheitliche Regelung zugelassen. Die ländereinheitliche Regelung wird gem Staatsvertrag durch das Land Hessen vorbereitet. Somit unterliegen diese Umsätze ebenfalls der Steuerfreiheit des § 4 Nr. 9 Buchst. b UStG. Jedoch unterliegen nur sog. Publikumswetten der Steuerfreiheit des UStG. Bei diesen Wetten schließt der Buchmacher oder der Buchmachergehilfe (als sein Vertreter) die Wetten im

eigenen Namen und auf eigene Rechnung ab. Vertragspartner sind die Wettlustigen und der Buchmacher selbst. Zum Entgelt der umsatzsteuerfreien Leistungen der Buchmacher zählt alles, was der Wetter für diese Leistung aufwendet, z. B. der zum Wetteinsatz erhobene Zuschlag und die Wettscheingebühr. Die Umsatzsteuerfreiheit erstreckt sich auf die gesamte Leistung des Buchmachers, auch wenn die Rennwettsteuer lediglich nach dem Wetteinsatz bemessen wird. § 4 Nr. 9 Buchst. b S. 2 UStG ist hier nicht anwendbar (vgl. Abschn. 72 Abs. 1 UStR 2008; FinMin Baden-Württemberg vom 24.06.1974, Az: 7165 – 1/74, UStR 1974, 216).

Erhalten Buchmacher eine Provision für Wetten, die sie nicht selbst abschließen, sondern nur vermitteln, so sind sie mit ihrer Vermittlungsleistung steuerpflichtig und fallen nicht unter die Steuerbefreiung des § 4 Nr. 9 Buchst. b UStG (vgl. Abschn. 72 Abs. 2 UStR 2008). 87

Das gilt auch für die Vermittlung von Wetten auf Pferderennen an ausländische Wettunternehmer (Buchmacher und Rennvereine, die einen Totalisator betreiben). Hier fehlt es bereits an der Steuerbarkeit des Umsatzes, da der Ort dieser Vermittlungsleistung nach § 3 a Abs. 2 Nr. 4 UStG nicht im Inland liegt (vgl. FinMin Niedersachsen vom 06.08.1999, Az: 4730 –19/VII – 3414, UR 1999, 505). 88

Die Tätigkeit von Vertretern, die die Wetten für einen Buchmacher entgegennehmen, fällt nicht unter § 4 Nr. 9 Buchst. b UStG, vgl. Abschn. 4.9.2 Abs. 2 S. 2 UStAE. 89

Ablagewetten, also Wetten, die ein Buchmacher zu seiner Entlastung bei einem anderen Buchmacher abschließt, der sie wieder zu seiner Entlastung annimmt, fallen nicht unter das RennwLottG. Diesen Wetten fehlt der Spielcharakter. Sie sind wirtschaftlich als eine Rückversicherung anzusehen (RFH vom 10.03.1925, Az: II A 1202/24, RStBl 1925, 93; vgl. auch RFH vom 22.01.1932, Az: II A 687/31, RStBl 1932, 383 und RFH vom 11.06.1934, Az: V A 361/33, RStBl 1934, 1132). Sie sind daher umsatzsteuerpflichtig. 90

Nach §§ 1 und 2 RennwLottG erstreckt sich die Rennwettsteuer nur auf Wetten beim Buchmacher bzw. am Totalisator bei öffentlichen Pferderennen. Damit unterliegen andere Rennen, bei denen Wetten auf den Ausgang abgegeben werden können, der Umsatzsteuer. 91

2.2.3 Umsätze, die der Lotteriesteuer unterliegen

Im Inland veranstaltete öffentliche Lotterien, Ausspielungen und Oddset-Wetten, die nicht Rennwetten nach dem RennwLottG sind, unterliegen der Lotteriesteuer. Eine Lotterie, Ausspielung oder Oddset-Wette gilt als öffentlich, wenn die für die Genehmigung zuständige Behörde sie als genehmigungspflichtig ansieht. Die Steuer beträgt 20 % des planmäßigen Preises (Nennwert) sämtlicher Lose oder des Wettscheines entsprechend § 4 Abs. 1 S. 1 RennwLottG ausschließlich der Steuer (§ 17 RennwLottG). 92

Nach § 19 RennwLottG ist der Veranstalter der Lotterie, Ausspielung oder der Oddset-Wette Steuerschuldner. Bei Lotterien oder Ausspielungen, die genehmigungspflichtig sind, entsteht die Steuerschuld spätestens in dem Zeitpunkt, zu dem die Genehmigung hätte eingeholt werden müssen. 93

Bei Oddset-Wetten nach § 17 RennwLottG entsteht die Steuer, wenn die Wette verbindlich geworden ist. Die Steuer für Lotterien und Ausspielungen ist von dem Veranstalter zu entrichten, bevor mit dem Losabsatz begonnen wird. Die Steuer für Oddset-Wetten ist am 15. Tag nach Ablauf des Anmeldungszeitraums fällig. 94

Bei Lotterien und Ausspielungen handelt es sich um Spiele, bei denen der Spieler durch einen glücklichen Zufall begünstigt wird. 95

In beiden Fällen wird einer Mehrzahl von Personen die Möglichkeit eröffnet, nach einem bestimmten Plan gegen einen bestimmten Einsatz ein vom Eintritt eines zufälligen Ereignisses abhängiges Recht zu erwerben: bei einer Lotterie auf einen bestimmten Geldgewinn, bei einer 96

Ausspielung (Verlosung) auf eine bestimmte Sache oder einen geldwerten Vorteil. Findet die Ausspielung in geschlossenen Räumen statt, handelt es sich um eine Tombola.

97 Durch das Gesetz zur Änderung des RennwLottG vom 17.05.2000 fallen die Oddset-Wetten mit Wirkung zum 01.04.2000 unter die Regelungen des RennwLottG (vgl. Begründung des Gesetzentwurfs des Bundesrates vom 01.12.1999, BT-Drucks. 142271, 5; BGBl I 2000, 715).

98 Bei Oddset-Wetten handelt es sich um Sportwetten, bei denen der Wetter auf verschiedene Ergebnisse innerhalb eines Sportereignisses tippen und er seinen möglichen Gewinn im Voraus berechnen kann.

99 Nach § 17 RennwLottG unterliegen eine Lotterie, Ausspielung oder Oddset-Wette nur dann der Lotteriesteuer, wenn die Veranstaltung als öffentlich gilt und die zuständige Behörde sie als genehmigungspflichtig ansieht. Öffentlich sind sie nur, wenn für einen größeren, nicht geschlossenen Personenkreis eine Teilnahmemöglichkeit besteht oder wenn sie in Vereinen oder sonstigen geschlossenen Gesellschaften gewohnheitsmäßig veranstaltet werden. Jeder außen stehenden Person muss jederzeit eine Beteiligung an dieser Veranstaltung möglich sein.

100 Sind diese Voraussetzungen erfüllt, sind die Einnahmen der Veranstalter nach § 4 Nr. 9 Buchst. b UStG von der Umsatzsteuer befreit.

101 Zu den nach § 4 Nr. 9 Buchst. b UStG steuerbefreiten Lotterien zählen auch Zahlenlotto und Fußballtoto.

102 Nicht unter die Umsatzsteuerbefreiung fallen die Tätigkeiten der Lotterieeinnehmer bzw. die Tätigkeiten der amtlichen Verkaufsstellen als Mittelsperson der Lotterieeinnehmer. Dazu zählen insbesondere die Ausgabe, der Vertrieb oder die Verwahrung von Losen, die Inkassotätigkeit, die Weiterleitung der Abrechnungspapiere und die Gewinnbenachrichtigungen sowie die Gewinnauszahlungen. Eine steuerpflichtige Nutzungsüberlassung liegt vor, wenn Lottogesellschaften den Annahmestellen Terminals einschließlich der entsprechender Software zum Registrieren der Spielumsätze und zur Mitteilung von Gewinnen überlassen (vgl. FinMin. Sachsen-Anhalt vom 09.06.1996, Az: 44 – 7165 – 3).

103 Die sog. Lottogemeinschaften sind nicht lotteriesteuerpflichtig, da deren Tätigkeit nicht als Veranstaltung einer Ausspielung angesehen werden (FG Düsseldorf vom 14.10.1959, Az: VII 66/59 U, EFG 1960, 253) Die von den Teilnehmern gezahlten Einsätze, abzüglich der Gewinnausschüttungen sind, sofern sie steuerbar sind, zur Umsatzbesteuerung heranzuziehen (vgl. Zimmermann, DStZ/A 1962, 189).

104 Personen, die die Durchführung von behördlich genehmigten öffentlichen und privaten Lotterien für Organisationen, Verbände oder Vereine übernehmen, sind i. d. R. nicht Schuldner der Lotteriesteuer, da sie nicht Veranstalter sind. Ihre Verantwortung liegt in der gesamten technischen Abwicklung der Lotterie und dafür erhalten sie als Vergütung einen bestimmten Prozentsatz des Lospreises, evtl. auch einen Teil der Gewinne, der sich auf die nicht verkauften, aber an der Ziehung teilnehmenden Lose bezieht. Sie sind nicht Vertragspartner der Spieler und müssen die auf Grund der Einsätze eingegangenen Verpflichtungen zur etwaigen Gewinnauszahlung nicht erfüllen. Eine Steuerbefreiung nach § 4 Nr. 9 Buchst. b UStG kommt für sie nicht in Betracht. Daraus ergibt sich für Leistungen, die sich nicht auf die eigentliche Lotterie oder Ausspielung beziehen, die Umsatzsteuerpflicht. Der Verkauf von Gewinnlisten ist in jedem Falle umsatzsteuerpflichtig. Die Steuerfreiheit nach § 4 Nr. 9 Buchst. b UStG greift nicht (vgl. BFH vom 10.12.1970, Az: V R 50/67, BStBl II 1971, 193). So sind auch die Umsätze aus dem Verkauf der Totozeitungen umsatzsteuerpflichtig.

105 Lässt ein Wohlfahrtsverband eine ihm genehmigte Lotterie von einem gewerblichen Lotterieunternehmen durchführen, ist der Veranstalter der Verband. Der Lotterieunternehmer kann die Steuerbefreiung nach § 4 Nr. 9 Buchst. b UStG nicht in Anspruch nehmen, vgl. Abs. 4.9.2 Abs. 3 S. 3 und 4 UStAE.

2.2.4 Von der Steuerbefreiung ausgeschlossene Umsätze, die unter das RennwLottG fallen

Nach § 4 Nr. 9 Buchst. b S. 2 UStG werden Umsätze, die von der Rennwett- und Lotteriesteuer befreit sind oder von denen diese Steuer allgemein nicht erhoben wird, umsatzsteuerpflichtig. 106

Nach § 18 Nr. 1 RennwLottG sind von der Lotteriebesteuerung ausgenommen: 107

- Ausspielungen, bei denen Ausweise nicht erteilt werden oder
- der Gesamtpreis der Lose einer Ausspielung den Wert von 650 € nicht übersteigt,

es sei denn, dass der Veranstalter ein Gewerbetreibender oder Reisegewerbetreibender im Sinne des Gewerberechtes ist oder dass die Gewinne ganz oder teilweise in Bargeld bestehen.

Der Betrieb von Losbuden auf Jahrmärkten, Preisausschreiben, Preiskegeln, Preisskat u.Ä. ist umsatzsteuerpflichtig (vgl. FG Münster vom 15.09.2000, Az: 5 V 4286/00, StEd 2001, 70). Steuerpflichtig ist ebenfalls eine Tombola innerhalb eines beschränkten Personenkreises, z. B. auf einem Vereinsball (vgl. Schneider, StW 1995, 133, 139). 108

Von der Besteuerung ebenfalls ausgenommen sind nach § 18 Nr. 2 RennwLottG die von den zuständigen Behörden genehmigten Lotterien und Ausspielungen zu ausschließlich gemeinnützigen, mildtätigen oder kirchlichen Zwecken, bei denen der Gesamtpreis der Lose den Wert von 40.000 €, in allen anderen Fällen den Wert von 240 €, nicht übersteigt. 109

2.2.5 Umsätze der zugelassenen öffentlichen Spielbanken und Umsätze an Geldspielautomaten

Bis zum 05.05.2006 waren die Umsätze der zugelassenen öffentlichen Spielbanken nach § 4 Nr. 9 Buchst. b UStG von der Umsatzsteuer befreit. Voraussetzung: es handelte sich um Umsätze, die durch den Betrieb der Spielbank bedingt waren. Für Umsätze mit Glücksspielen außerhalb von zugelassenen öffentlichen Spielbanken sah das UStG bis dahin keine Steuerbefreiung vor. Der EuGH führte jedoch in seinem Urteil vom 17.02.2005 aus, dass der Betrieb von Glücksspielen und Glücksspielgeräten aller Art innerhalb und außerhalb von Spielbanken nicht ungleich behandelt werden dürfe. Diese Ungleichbehandlung endete mit der Änderung des § 4 Nr. 9 Buchst. b UStG durch Art. 2 des Gesetzes zur Eindämmung missbräuchlicher Steuergestaltungen vom 28.04.2006. Demzufolge sind nur noch unter das Rennwett- und Lotteriegesetz fallende Umsätze steuerfrei. Die Steuerbefreiung der Umsätze öffentlicher Spielbanken wurde mit Wirkung vom 06.05.2006 aufgehoben. Damit werden »Sonstige Glückspiele mit Geldeinsatz in vollem Umfang steuerpflichtig, egal ob sie in öffentlichen Spielbanken oder von privaten Wirtschaftsteilnehmern betrieben werden. Demzufolge sind Umsätze an Geldspielautomaten und auch Roulettspiele umsatzsteuerpflichtig. Einige Bundesländer haben im Anschluss daran ihre Spielbankgesetze geändert. 110

Zur bisherigen umsatzsteuerlichen Behandlung unerlaubten Glücksspiels vgl. EuGH vom 11.06.1998, Rs. C-283/95, Fischer, UR 1998, 384 (unerlaubte, strafbare Glücksspiele dürfen nicht von der Steuerbefreiung nach Art. 13 Teil B Buchst. f der 6. EG-RL ausgenommen werden, wenn vergleichbare Glücksspiele in zugelassenen Spielbanken von der Umsatzsteuer befreit sind; vgl. (FG Düsseldorf vom 28.06.2000, Az: 5 K 3255/96 U, AO, EFG 2001, 1397). Mit der Einbeziehung der Umsätze der zugelassenen öffentlichen Spielbanken in die Steuerpflicht ist es gleichzeitig zulässig geworden, auch unerlaubte Glücksspiele zu besteuern. 111

§ 4 Nr. 10 UStG
Steuerbefreiungen: Versicherungsumsätze

Von den unter § 1 Abs. 1 Nr. 1 fallenden Umsätzen sind steuerfrei:

...

10. a) die Leistungen auf Grund eines Versicherungsverhältnisses im Sinne des Versicherungsteuergesetzes. Das gilt auch, wenn die Zahlung des Versicherungsentgelts nicht der Versicherungsteuer unterliegt,

b) die Leistungen, die darin bestehen, dass anderen Personen Versicherungsschutz verschafft wird;

...

Literatur

Ammenwerth/Janzen/Fuß, Umsatzsteuer im Kfz-Gewerbe, 11. Auflage 2015. **Dodos/Wiederhold,** Die Umsatzsteuerbefreiung von Versicherungsvermittlungsleistungen nach dem EuGH-Urteil »Aspiro SA«, MwStR 2016, 701. **Franz**, Die umsatzsteuerliche Behandlung der Übertragung von Vertragsportfolios bzw. einzelner Verträge, BB 2010, 536. **Grambeck**, Outsourcing im Finanzdienstleistungssektor – wohin geht die Reise?, UR 2009, 541. **Hahne**, Abgrenzung umsatzsteuerpflichtiger Verkäufergarantien von steuerfreien Garantieversprechen und Versicherungsumsätzen/Anmerkung zum BFH-Urteil vom 10.02.2010 – XI R 49/07, StuB 2010, 314; Anmerkung zu FG München vom 27.09.2017, Az: 3 K 3438/14, MwStR 2018, 327. **Heinrichhofen**, Anmerkungen zum Urteil des BFH vom 16.01.2003, Az: V R 16/02, UStB 2003, 167. **Henkel**, Kosten der Insolvenzsicherung als Reisevorleistung des Reiseveranstalters im Rahmen der Margenbesteuerung des § 25 UStG, UR 1998, 407. **Holze/Keese**, Garantiegewährung als eigenständige Leistung beim Verkauf von gebrauchten Waren/Wird die Sicht des Durchschnittsverbrauches noch zeitgemäß interpretiert?, UR 2011, 774. **Janzen**, Umsatzsteuerpflicht der Garantieprämie – Antworten auf wichtige Praxisfragen, ASR 4/2011, 9 und ASR 6/2011, 5. **Klenk**, Anmerkungen zum Urteil des BFH vom 16.01.2003, Az: V R 16/02, KFR 2003, 151 = Fach 7 UStG § 4, 3/03. **Klünemann**, Anmerkungen zum Urteil des BFH vom 13.07.2006, V R 24/02, UStB 2006, 268. **Korneer**, Umsatzsteuerfreie übertfragung von Kapitallebensversicherungen auf dem Zweitmarkt, BB 2018, 1248. **Radeisen**, Anmerkungen zu FG Münster, Urteil vom 08.06.2009, 5 K 3002/05 U, BFH/NV, CD-ROM, HI2242027. **Robisch**, Anmerkungen zum Urteil des BFH vom 16.01.2003, Az: V R 16/02, DStZ 2003, 368. **Robisch/Jacobs**, Umsatzsteuerrechtliche Behandlung von Garantiezusagen im Automobilhandel – Zugleich eine Urteilsanmerkung zur Entscheidung des BFH vom 10.02.2010 – XI R 49/07 –, UR 2010, 925. **Tausch**, Anmerkungen zum Urteil des BFH vom 30.10.2008 (V R 44/07, § 4 Nr. 8 UStG: Vermittlung von Fondsanteilen und Versicherungen), UVR 2009, 163. **Thalheimer**, Umsatzsteuerrechtliche Behandlung von Garantiezusagen im Fahrzeughandel, BB 2011, 416. **Vellen**, Anmerkungen zum Schreiben des BMF vom 27.11.2006, Az: IV A 5 – S 7419 – 11/06, UStB 2007, 42. **Völlmeke**, Anmerkungen zum Urteil des BFH vom 10.02.2010, Az: XI R 49/07, BFH/PR 2010, 226 **Wäger**, Versicherungs- und Finanzdienstleistungen/Entwürfe zu Änderungen der Mehrwertsteuer-Systemrichtlinie und zur Festlegung von Durchführungsbestimmungen, UR 2008, 102. **Wagner**, Anmerkungen zum Urteil des BFH vom 16.01.2003, Az: V R 16/02, INF 2003, 369. **Weimann**, Schutz durch »Car-Garantie« als eigenständige Händlerleistung, UStB 2003, 287. **Weimann**, Die neue Rechtsprechung zu den CG Car-Garantiemodellen im Praxisüberblick, UStB 2012, 175. **Weimann**, Neue Rechtsprechung zu den CG Car-Garantiemodellen: Fallstudien zur Rechnungsstellung, UStB 2012, 209. **Wichmann/Dißars**, Der Einnahmenpool in der Schifffahrtsbranche, DStZ 2012, 446. **Widmann**, Steuerfreiheit für Finanzdienstleistungen?/Vorsteuerabzug beim Outsourcing, UStB 2002, 117. **Zöllinger**, Kosten der Insolvenzsicherung gehören zur einheitlichen sonstigen Leistung und sind Reisevorleistungen des Reiseveranstalters im Rahmen der Margenbesteuerung des § 25 UStG, UR 1998, 300. **o.V.**, Umsatzsteuerpflicht der Garantieprämie: Antworten auf fünf Zweifelsfragen, ASR 7/2010, 5.

Verwaltungsanweisungen
BMF vom 15.12.2010, Az: IV D 3 – S 7160-g/10/10001, 2010/0978583, BFH vom 10.02.2010, Az: XI R 49/07; Umsatzsteuerrechtliche Behandlung der Garantiezusage eines Autoverkäufers; CG Car-Garantiemodell, BStBl I 2010, 1502 = UR 2011, 75.
LFS Sachsen, Vfg. vom 03.02.2016 – 213 – S 7163/1/1-2016/487, UR 2016, 935 (Steuerbefreiung der Rechtsberatungsleistungen eines Vereins für Haus-, Grund- und Wohnungseigentümer).
Hinweis: Zur Problematik der zeitlichen Geltungsdauer von BMF-Schreiben vgl. Einführung UStG, Rz. 100 ff.

Richtlinien/Hinweise/Verordnungen
UStAE: Abschn. 4.10.1 und 4.10.2.
MwStSystRL: Art. 135 Abs. 1 Buchst. a.

1 Allgemeines

1.1 Überblick über die Vorschrift

1 § 4 Nr. 10 UStG befreit Versicherungsumsätze von der USt, und zwar aus unterschiedlichen Gründen:

- § 4 Nr. 10 Buchst. a S. 1 UStG soll die **Doppelbesteuerung** der Versicherungen mit zwei Verkehrsteuern, der USt und Versicherungsteuer, vermeiden. Da seit 1995 der Regelsteuersatz bei der Versicherungsteuer dem allgemeinen Steuersatz bei der USt entspricht, wird die Versicherungsteuer auch »Umsatzsteuer der Versicherer« genannt (Huschens in V/S, § 4 Nr. 10 Rn. 1).
- § 4 Nr. 10 Buchst. a S. 2 UStG stellt die Umsätze deutscher Unternehmer im Auslandsgeschäft, die der deutschen USt, aber nicht der deutschen Versicherungsteuer unterliegen, aus **Gründen des Wettbewerbs gleich** (Weymüller in S/R, § 4 Nr. 10 Rn. 1).
- § 4 Nr. 10 Buchst. b UStG hat seine Wurzeln in § 4 Nr. 27 UStG 1973. Letzterer stellte Leistungen frei, bei denen Arbeitgeber ihren Arbeitnehmern als Vergütung für geleistete Dienste Versicherungsschutz verschafften. Dies war für die **gemeinschaftsrechtlichen Vorgaben** des Art. 13 Teil B Buchst. a der 6. EG-RL zu eng. Seit dem UStG 1980 erfasst die Steuerbefreiung alle Leistungen, die darin bestehen, Versicherungsschutz zu verschaffen. Die Steuerbefreiung kann z. B. auch von Berufsverbänden und anderen Vereinigungen in Anspruch genommen werden, die ihren Mitgliedern Versicherungsschutz verschaffen (vgl. Klenk in R/D, § 4 Nr. 10 Rn. 100 f.; Huschens in V/S, § 4 Nr. 10 Rn. 2; Weymüller in S/R, § 4 Nr. 10 Rn. 2).

2 § 4 Nr. 10 UStG gewährt grundsätzlich eine **unechte Steuerbefreiung**. Aus § 15 Abs. 2 Nr. 1 UStG und der Negativabgrenzung in § 15 Abs. 3 UStG folgt, dass für die genannten Umsätze der **Vorsteuerabzug ausgeschlossen** ist. Dem hingegen ist der Vorsteuerabzug aber zulässig, wenn

- Umsätze nach § 4 Nr. 10 Buchst. a UStG steuerfrei sind und sich unmittelbar auf Gegenstände beziehen, die in das Drittlandsgebiet ausgeführt werden (vgl. § 15 Abs. 2 S. 1 Nr. 1, Abs. 3 Nr. 1 Buchst. b UStG) oder
- Umsätze der Art nach in § 4 Nr. 10 Buchst. a UStG geregelt sind, aber im Ausland erbracht werden und der Leistungsempfänger im Drittlandsgebiet ansässig ist (vgl. § 15 Abs. 2 S. 1 Nr. 2, Abs. 3 Nr. 2 Buchst. b UStG) oder
- Umsätze der Art nach in § 4 Nr. 10 Buchst. a UStG geregelt sind, aber unentgeltlich erbracht werden und der Leistungsempfänger im Drittlandsgebiet ansässig ist (vgl. § 15 Abs. 2 S. 1 Nr. 3, Abs. 3 Nr. 2 Buchst. b UStG).

Insoweit gewährt § 4 Nr. 10 UStG eine »**echte Steuerbefreiung**«: die Leistungen sind steuerfrei, der Vorsteuerabzug bleibt dennoch erhalten (vgl. § 4 Rn. 5).

Einen **Verzicht auf die Steuerbefreiung** sieht § 9 UStG **nicht** vor. Die nach dem UStG 1967 noch mögliche Option zur Umsatzsteuer konnte das UStG 1980 nicht aufrechterhalten, da sie mit Art. 13 Teil C der 6. EG-RL unvereinbar gewesen wäre. 3

1.2 Rechtsentwicklung

§ 4 Nr. 10 UStG gehört zum »Inventar« des deutschen Umsatzsteuerrechts. In der jetzigen Form wurde die Steuerbefreiung erstmals in das **UStG 1980** übernommen und gilt **seitdem unverändert** fort. Die Wurzeln der Steuerbefreiung des § 4 Nr. 10 Buchst. a S. 1 UStG liegen bereits im UStG 1918 (vgl. Klenk in R/D, § 4 Nr. 10 Rn. 9ff., 100f.; Weymüller in S/R, § 4 Nr. 10 Rn. 1ff.). 4

1.3 Geltungsbereich

1.3.1 Sachlicher Geltungsbereich

Die Steuerbefreiung gilt ausschließlich für Leistungen, die 5

- der Art nach dem VersStG unterliegen oder
- darin bestehen, anderen Personen Versicherungsschutz zu verschaffen.

1.3.2 Persönlicher Geltungsbereich

§ 4 Nr. 10 UStG sieht keine Beschränkungen im persönlichen Geltungsbereich vor und gilt daher für **alle Unternehmer** i. S. d. § 2 UStG. 6

Die in Art. 135 Abs. 1 Buchst. a MwStSystRL genannten Dienstleistungen der **Versicherungsmakler** und **Versicherungsvertreter** werden von § 4 Nr. 11 UStG erfasst.

1.3.3 Zeitlicher Geltungsbereich

Die Vorschrift gilt unverändert seit dem UStG 1980 und ist damit auf alle noch offenen Steuerfestsetzungen anwendbar. 7

1.4 Gemeinschaftsrechtliche Grundlagen und Verhältnis zu anderen Vorschriften

1.4.1 Gemeinschaftsrechtliche Vorgaben

8 § 4 Nr. 10 UStG setzt die Vorgaben des Art. 135 Abs. 1 Buchst. a MwStSystRL zutreffend um; Mängel sind nicht erkennbar (Huschens in V/S, § 4 Nr. 10 Rn. 8 ff.).

9 Auf europäischer Ebene gibt es Reformbestrebungen zur Änderung der MwStSystRL. Hierzu liegt ein Entwurf der Kommission vom 28.11.2007 (KOM/2007/746) zur Änderung der Richtlinie **2006/112/EG** hinsichtlich der Behandlung von Versicherungs- und Finanzdienstleistungen vor. Nach diesem Entwurf (in seiner zuletzt berichtigten Fassung vom 20.02.2008) ist u. a. die Einfügung eines umfangreichen Definitionskataloges in Art. 135a MwStSystRL-E vorgesehen (vgl. Wäger, UR 2008, 102 ff.). Das Europäische Parlament hat im Wege einer legislativen Entschließung zum Teil weitreichende Änderungsvorschläge zu diesem Entwurf angemeldet (vgl. Amtsblatt der Europäischen Union vom 14.01.2010, C 8E/396 ff.). Die Umsetzung dieses Vorhabens wurde hierdurch blockiert.

Die EU-Kommission hat am 04.10.2017 ein Paket von Richtlinien- und Verordnungsvorschlägen für eine weitreichende Reform des EU-Mehrwertsteuersystems vorgelegt. Eine Umsetzung des Kommissionsentwurfs aus 2007 ist in diesem umfangreichen Maßnahmenpaket nicht vorgesehen.

1.4.2 Vorsteuerabzug, Option, Versicherungsvertreter etc.

10 § 4 Nr. 10 UStG spricht sowohl eine echte als auch eine unechte Steuerbefreiung aus. Soweit die Vorschrift als unechte Steuerbefreiung wirkt, ist der **Vorsteuerabzug** nach § 15 UStG ausgeschlossen und zwar ohne Möglichkeit der **Option** nach § 9 UStG (vgl. Rn. 3).

11 Die in Art. 135 Abs. 1 Buchst. a MwStSystRL genannten Dienstleistungen der **Versicherungsmakler** und **Versicherungsvertreter** werden von § 4 Nr. 11 UStG erfasst.

12 Die Umsätze der **gesetzlichen Träger der Sozialversicherung** an die Versicherten sind nach § 4 Nr. 15 Buchst. b UStG umsatzsteuerfrei.

1.4.3 Leistungsort

13 Für die in § 4 Nr. 10 UStG genannten Leistungen bestimmt sich der Leistungsort nach § 3 a Abs. 4 S. 2 Nr. 6 Buchst. a, Abs. 2, Abs. 1 UStG wie folgt (vgl. Abschn. 3a.8 UStAE):

- Ist der Versicherungsnehmer ein **Unternehmer**, wird die Versicherungsleistung dort ausgeführt, wo er sein Unternehmen betreibt bzw. die Betriebsstätte liegt (§ 3 a Abs. 2 UStG).
- Ist der Versicherungsnehmer **kein Unternehmer** (Privatperson, Kirche, Kommune, politische Partei) und im **Drittlandsgebiet** ansässig, wird die Versicherungsleistung im Drittlandsgebiet bewirkt (§ 3 a Abs. 4 S. 1 UStG) und ist damit nicht steuerbar.
- Ist der Versicherungsnehmer **kein Unternehmer** (Privatperson, Kirche, Kommune, politische Partei) und im **Inland** oder einem **anderen Mitgliedstaat der EU** ansässig, wird die sonstige Leistung nach dem Auffangtatbestand des § 3 a Abs. 1 UStG dort ausgeführt, wo der Unternehmer und damit die Versicherung ihren Sitz hat. Ist die Versicherung ein deutsches Unternehmen, ist die Versicherungsleistung damit in Deutschland steuerbar.
- Eine besondere Ortsbestimmung gilt für Versicherungsleistungen in Bezug auf ein **Grundstück**; hier treten § 3 a Abs. 4 S. 2 Nr. 6 Buchst. a, Abs. 2, Abs. 1 UStG hinter § 3 a Abs. 3 Nr. 1 UStG zurück. Diese Versicherungsleistungen werden immer dort ausgeführt, wo das Grundstück liegt.

2 Kommentierung

2.1 Leistungen aufgrund eines Versicherungsverhältnisses (§ 4 Nr. 10 Buchst. a S. 1 UStG)

2.1.1 Verweis auf das Versicherungsteuergesetz

§ 4 Nr. 10 Buchst. a S. 1 UStG verweist zur Bestimmung des sachlichen Geltungsbereichs dieser Steuerbefreiungsvorschrift allgemein auf alle Versicherungsverhältnisse im Sinne des Versicherungsteuergesetzes. Dieser gesetzgeberische Verweis ist unvollständig, da im VersStG das »Versicherungsverhältnis« nicht definiert ist. 14

Nach der zu § 1 Abs. 1 VersStG ergangenen Rechtsprechung setzt ein »Versicherungsverhältnis« voraus:

a) das Vorhandensein eines vom Versicherer gegen Entgelt übernommenen Wagnisses sowie
b) die Begründung einer Gefahrengemeinschaft, mit dem Ziel, Gefahren, d.h. ungewisse Schäden oder ungewisse Verluste, die die Mitglieder der Gefahrengemeinschaft unmittelbar selbst treffen, gemeinsam zu tragen (BFH vom 11.12.2013, Az: II R 53/11, BStBl II 2014, 352 m.w.N.).

Ungeachtet dieser norminterpretierenden Auslegung fehlt es damit im nationalen Recht an einer Legaldefinition dieses Tatbestandsmerkmals.

Auch aus dem übergeordneten EG-Recht lassen sich keine näheren Erkenntnisse gewinnen, da in der MwStSystRL der Begriff des »Versicherungsumsatzes« ebenfalls nicht definiert ist. Der EuGH füllt dieses Vakuum, indem er zur Begriffsbestimmung auf die Vorschriften der **EG-Versicherungsrichtlinie** zurückgreift. Diese Bezugnahme unterliegt – wie in der Rs. Skandia entschieden – aber der wesentlichen Einschränkung, dass nicht alle Umsätze von Versicherungsunternehmen pauschal von der Mehrwertsteuer befreit sein sollen. Die Mitgliedstaaten müssten von den Unternehmen nach den Versicherungsrichtlinien auch verlangen, dass sie ihren Geschäftszweck unter Ausschluss jeder anderen Geschäftstätigkeit auf Versicherungsumsätze und solche Umsätze beschränken, die unmittelbar hiermit im Zusammenhang stehen (EuGH vom 08.03.2001, Rs. C-240/99, Försäkringsaktiebolag Skandia, UR 2001, 157, Rn. 31). 15

TIPP

Demnach sind die Bestimmungen des VersStG und der VersStDV nur insoweit maßgebend, als sie im Einklang mit der Vorschrift des Art. 135 Abs. 1 Buchst. a MwStSystRL und der genannten Versicherungsrichtlinie stehen (Klenk in R/D, § 4 Nr. 10 Rn. 21).

Generell ist zur Auslegung der in Art. 135 Abs. 1 MwStSystRL normierten Steuerbefreiungen auszuführen, dass es sich bei diesen Tatbeständen nach Auffassung des EuGH um **autonome Begriffe des Unionsrechts** handelt. Bei der Rechtsanwendung ist daher zu beachten, dass nicht nur eine von Mitgliedstaat zu Mitgliedstaat unterschiedliche Anwendung der Mehrwertsteuerregelung vermieden, sondern auch der Gesamtzusammenhang des gemeinsamen Mehrwertsteuersystems beachtet wird (EuGH vom 08.03.2001, Rs. C-240/99, Försäkringsaktiebolag Skandia, UR 2001, 157, Rn. 23; vom 17.01.2013, Rs. C-224/11, BGZ Leasing sp.z o.o, UR 2013, 262). Unter Beachtung dieser Direktive sind die einzelnen Tatbestände des Art. 135 Abs. 1 MwStSystRL **eng auszulegen**, da sie eine Ausnahme vom allgemeinen Grundsatz darstellen, dass grundsätzlich jede Dienstleistung, die ein Steuerpflichtiger gegen Entgelt erbringt, der Mehrwertsteuer unterliegt (EuGH vom 19.07.2012, Rs. C-44/11, Deutsche Bank, UR 2012, 667). 16

2.1.2 Begriff der Versicherung

17 Der Begriff der Versicherung kann unterschiedlich definiert werden. Maßgebend ist der Versicherungsbegriff der EG-Versicherungsrichtlinie (vgl. Rn. 15). Danach liegt das **Wesen eines Versicherungsumsatzes** darin begründet, dass der Versicherer sich verpflichtet, dem Versicherten gegen vorherige Zahlung einer Prämie beim Eintritt des Versicherungsfalls die bei Vertragsschluss vereinbarte Leistung zu erbringen (EuGH vom 25.02.1999, Rs. C-349/96, CPP – Card Protektion Plan Ltd., Rn. 17, UVR 1999, 157; vom 07.12.2006, Rs. C-13/06, Kommission/Griechenland, UR 2007, 182). Versicherungs- und Rückversicherungsumsätze sind damit nicht alle Umsätze, die Versicherungen erlaubt sind. Vielmehr setzt ein Versicherungsumsatz »seinem Wesen nach eine **Vertragsbeziehung zwischen dem Erbringer der Versicherungsdienstleistung (Versicherer) und der Person, deren Risiken von der Versicherung gedeckt werden, d.h. dem Versicherten**, voraus« (EuGH vom 08.03.2001, Rs. C-240/99, Försäkringsaktiebolag Skandia, UR 2001, 157, Rn. 41).

18 Der Entwurf der Kommission zur Änderung der MwStSystRL vom 28.11.2007 [in seiner berichtigten Fassung vom 20.02.2008] sieht eine Legaldefinition der »Versicherung und Rückversicherung« in Art. 135a Ziff. 1 MwStSystRL-E vor. Hiernach wird eine »Versicherung und Rückversicherung« durch eine vertragliche Verpflichtung begründet, wonach eine Person einer anderen Person im Falle des Eintretens des Versicherungsfalls gegen Zahlung eine in der Verpflichtung festgelegte Entschädigungs- oder Versicherungsleistung zu erbringen hat. Diese Definition entspricht der Auslegungspraxis des EuGH. Der EuGH sieht sich umgekehrt sogar durch diesen Kommissionsentwurf in seiner Sichtweise bestätigt (EuGH vom 17.03.2016, Rs. C-40/15, Aspiro, UR 2016, 386).

19 Versicherer sind primär die der staatlichen Versicherungsaufsicht unterliegenden Versicherungsunternehmen. Allerdings ist es den EG-Mitgliedstaaten nicht gestattet, die Steuerbefreiung ausschließlich auf Leistungen der Versicherer zu beschränken, die eine nach nationalem Recht erforderliche Zulassung haben oder die nach nationalem Recht erlaubte Versicherungsumsätze tätigen (EuGH vom 25.02.1999, Rs. C-349/96, CPP – Card Protektion Plan Ltd., UVR 1999, 157, Rn. 33ff.).

2.1.2.1 Gruppenversicherung

20 Auch wenn der Steuerbefreiungstatbestand des Art. 135 MwStSystRL grundsätzlich eng auszulegen ist, kann hierunter auch die Gewährung von Versicherungsschutz im Rahmen einer **Gruppenversicherung** fallen. Hierbei gewährt ein Unternehmer, der nicht selbst der Versicherer ist, seinen Kunden dadurch Versicherungsschutz, dass er im Rahmen einer Gruppenversicherung einen solchen Schutz durch Inanspruchnahme der Leistungen eines Versicherers, der die Eindeckung des versicherten Risikos übernimmt, verschafft (EuGH vom 25.02.1999, Rs. C-349/96, CPP – Card Protektion Plan Ltd., UVR 1999, 157; vom 07.12.2006, Rs. C-13/06, Kommission/Griechenland, UR 2007, 182; vom 16.07.2015, Rs. C-584/13, Mapfre asistencia und Mapfre warranty, UR 2015, 714). Diese Rechtsprechung ist vom EuGH zwischenzeitlich konkretisiert worden. In der Rs. Aspiro fordert der EuGH nunmehr einschränkend, dass »solche Umsätze dennoch **ihrem Wesen nach** eine Vertragsbeziehung zwischen dem Erbringer der Versicherungsdienstleistung und der Person, deren Risiken von der Versicherung gedeckt werden, d.h. dem Versicherten, voraus« setzen (EuGH vom 17.03.2016, Rs. C-40/15, Aspiro, UR 2016, 386).

21 Ebenso kann nach einem neueren Urteil des EuGH ein steuerbefreiter Versicherungsumsatz vorliegen, wenn z.B. bei einem **Leasingvertrag** der Leasinggeber das Leasingobjekt bei einem Dritten versichert und die Kosten für diese Versicherung an den Leasingnehmer weiterberechnet (EuGH vom 17.01.2013, Rs. C-224/11, BGZ Leasing sp.z o.o, UR 2013, 262). Dies setzt aber voraus, dass nicht nur die Kosten der Versicherung, sondern auch die fragliche Versicherungsleistung unverändert bleibt, sodass der Versicherungsumsatz insgesamt »durchgereicht« wird (EuGH vom 17.01.2013, a.a.O.).

2.1.2.2 Mitversicherung

Abzugrenzen von der Gruppenversicherung ist die sog. »**Mitversicherung**«. Unter einer Mitversicherung wird die Versicherung ein und desselben Interesses gegen dieselbe Gefahr durch mehrere Versicherer verstanden (Bruck/Möller-*Schnepp*, VVG, § 77 Rn. 18). Bei der **offenen Mitversicherung** treten gegenüber dem Versicherungsnehmer eine Mehrzahl von Versicherern auf, um sich an der Deckung desselben Risikos zu beteiligen. Bei der **verdeckten Mitversicherung** schließt der Versicherungsnehmer nur mit einem Versicherer einen Versicherungsvertrag. In umsatzsteuerrechtlicher Sicht steht in den Fällen der verdeckten Mitversicherung im Streit, ob die von den Mitversicherern an den führenden Versicherer gezahlte Führungsprovision der Umsatzsteuerpflicht unterliegt. Der BFH bejaht dies, da der führende Versicherer insoweit keine Leistung aufgrund eines Versicherungsverhältnisses, sondern eine entgeltliche Geschäftsbesorgung gegenüber den Mitversicherern erbringe (BFH vom 24.04.2013, Az: XI R 7/11, BStBl II 2013, 648 = BB 2013, 1954 mit Anm. Demuth). 22

2.1.2.3 Schadens- und Summenversicherung

Weiterhin zu differenzieren ist zwischen einer Schadens- und Summenversicherung. Ein konkreter Schaden ist nur bei der Schadensversicherung notwendig: 23

- Bei der **Schadensversicherung** ist die Versicherungsleistung bedingt und (neben der Versicherungssumme) begrenzt durch den versicherten Vermögensschaden, dessen Höhe sich auch nach einem im Voraus festgelegten Versicherungswert richten kann.
- Bei der **Summenversicherung** (z.B. bei der Lebensversicherung) verspricht der Versicherer eine im Voraus fixierte Geldleistung nach Eintritt des Versicherungsfalls zu erbringen.

2.1.2.4 Versicherungsarten

Typische Versicherungen sind 24

- Diebstahlversicherungen,
- Feuerversicherungen,
- Haftpflichtversicherungen,
- Hausratversicherungen,
- Krankenversicherungen,
- Lebensversicherungen,
- Unfallversicherungen,
- Rechtsschutzversicherungen,

vgl. im Einzelnen Anhang A der Versicherungsrichtlinie, ABl. EG Nr. 228/1973, 3.

Obwohl Versicherungen meist freiwillig erfolgen, kommen auch **öffentlich-rechtliche Versicherungspflichten** wie z.B. die Gebäudebrandversicherung in Betracht. Zu den Umsätzen der gesetzlichen Träger der Sozialversicherung, vgl. § 4 Nr. 15 UStG. 25

2.1.2.5 Garantieverträge

Bei **Instandhaltungsverträgen** oder **ähnlichen Garantieverträgen**, die auf Ersatz der normalen Abnutzung unter Ausschluss von Zufallsschäden gerichtet sind, tritt der Ungewissheitsfaktor so in den Hintergrund, dass sie keine Versicherungsverträge sind. Sie können es aber sein, wenn wenigstens bezüglich der Höhe und des Umfangs der Abnutzungsschäden eine nennenswerte Ungewissheit besteht (Klenk in R/D, § 4 Nr. 10 Rn. 34). 26

27 Daneben stellt sich bei Verträgen, die neben einer (Dienst)Leistungs- auch eine Versicherungskomponente enthalten, häufig die Frage, ob die Versicherungsleistung nach dem Grundsatz der **Einheitlichkeit der Leistung** eine

- unselbständige Nebenleistung zur – in der Regel steuerpflichtigen – Hauptleistung oder
- eine eigenständige, nach § 4 Nr. 8 Buchst. g und/oder Nr. 10 Buchst. b UStG steuerfreie Leistung ist (vgl. Abschn. 3.10 UStAE).

Beispiel:
Der Lieferer trägt gegen besonderes Entgelt alle Transportschäden.

Lösung:
Die Versicherung ist keine selbständige Leistung; ist die Hauptleistung steuerbar und steuerpflichtig, gilt das auch für die Versicherung.

28 Ein in der Praxis äußerst bedeutsamer Anwendungsfall ist die sog. »**Car-Garantie**«. Hier stellte sich in der Rechtsprechung wiederholt die Frage, ob der Händler mit dieser Garantie eine eigenständige steuerfreie Leistung erbringt. Ursprünglich hat der BFH dies bejaht und in der Car-Garantie eine umsatzsteuerfreie Leistung erkannt.

29 An dieser Rechtsprechung hält der BFH **nicht mehr fest**. Für alle Verträge **ab dem 01.01.2011** gilt eine geänderte Rechtslage (vgl. Rn. 57 ff.).

30 Dieselbe Abgrenzungsproblematik stellt sich auch bei sog. **Garantiegesellschaften**. Diese vertreiben ihre Produkte über den Handel und übernehmen dabei gegen Entgelt für eine bestimmte Zeit eine Garantie für die dem Produkt zugeschriebenen Eigenschaften.

Beispiel:
Verkauf einer hochwertigen Lackpolitur für Kfz mit der Verpflichtung, für dennoch eintretende Sonnenausbleichungen einzustehen.

31 In diesen Fällen neigt die Finanzverwaltung dazu, eine selbständige umsatzsteuerfreie Garantieleistung zu verneinen. Ist jedoch der Hauptzweck der Leistung der Gesellschaft auf die Garantieübernahme gerichtet, kommt auch nach Auffassung der Finanzverwaltung eine selbständige Versicherungsleistung, die nach § 4 Nr. 10 Buchst. a UStG steuerbefreit ist, in Betracht. Das gilt insbesondere dann, wenn die übernommene Garantie hinsichtlich der besonderen Wirkung des verkauften Produkts der wesentliche Gegenstand des Geschäfts ist und der Kauf des Produkts nur als Beigabe oder sogar nur als Vorwand anzusehen ist, um die Garantie zu vertreiben (Klenk in R/D, § 4 Nr. 10 Rn. 34).

2.1.3 Umsatzsteuerfreie Leistungen

32 Die USt-Befreiung erfasst »Leistungen aufgrund eines Versicherungsverhältnisses im Sinne des Versicherungsteuergesetzes«.

Grundsätzlich denkbar sind

- Leistungen des Versicherers an den Versicherungsnehmer oder Versicherten durch die Gewährung des Versicherungsschutzes (= Versicherungsleistungen im engeren Sinne);
- Leistungen des Versicherers bei Eintritt des Versicherungsfalles;
- Leistungen des Versicherers an Dritte;
- Leistungen des Versicherungsnehmers oder des Versicherten an die Versicherung.

2.1.3.1 Versicherungsleistungen im engeren Sinne

Steuerfrei sind zunächst Leistungen des Versicherers an den Versicherungsnehmer oder Versicherten durch die eigentliche Gewährung des Versicherungsschutzes. 33

Steuerfreiheit bedingt zunächst Steuerbarkeit (vgl. Einführung UStG Rn. 74). Ein steuerbarer Umsatz des Versicherers ist wohl zu verneinen, wenn der Versicherer wegen nicht rechtzeitiger Zahlung der ersten oder einmaligen Versicherungsprämie **vom Vertrag zurücktritt** (vgl. Rn. 92, ABC Stichwort »Rücktritt vom Versicherungsvertrag«).

Alle Leistungen aufgrund eines Versicherungsverhältnisses einschließlich der Nebenleistungen des Versicherers erfolgen umsatzsteuerfrei. Hierbei ist ohne Bedeutung, ob das für sie erhobene Entgelt auch tatsächlich versicherungsteuerpflichtig ist (§ 4 Nr. 10 Buchst. a S. 2 UStG). Aus diesem Grunde werden auch die in **§ 3 Abs. 1 S. 2 VerStG genannten Entgelte** von der Steuerbefreiung erfasst (Klenk in R/D, § 4 Nr. 10 Rn. 61 ff. m.w.N.). Steuerfreiheit besteht damit insbesondere für 34

- Aufgelder;
- Aufnahmegebühren;
- Ausfertigungsgebühren für einen Versicherungsschein oder das Ausstellen einer Ersatzurkunde sowie Entgelte für das Fertigen sonstiger besonderer Abschriften;
- Einziehungsgebühren;
- Geschäftsgebühren nach § 40 Abs. 2 WG;
- Hebegebühren;
- Mahngebühren;
- Regulierungskosten bei Eintritt des Versicherungsfalls;
- Verzugszinsen beim Verzug des Prämienschuldners;
- Zustellungsgebühren.

Andererseits sollen nur versicherungstypische Arbeiten unter die Steuerbefreiung fallen; **nicht** also Entgelte für **Risiko-, Wahrscheinlichkeits- und Prämienberechnungen**. 35

Nebenleistungen teilen nach dem Grundsatz der **Einheitlichkeit der Leistung** das Schicksal der Hauptleistung (Abschn. 3.10 UStAE): 36

- Versicherungsleistungen, die nur eine Nebenleistung einer umsatzsteuerpflichtigen Hauptleistung darstellen, sind deshalb umsatzsteuerpflichtig.
- Nebenleistungen zur umsatzsteuerfreien Versicherungsleistung sind dementsprechend umsatzsteuerfrei, auch wenn für sie keine Versicherungsteuer anfällt. Von einer Nebenleistung sprach man früher, wenn sie im Verhältnis zur Hauptleistung nebensächlich ist, mit ihr eng zusammenhängt und in ihrem Gefolge üblicherweise vorkommt. Unter dem Einfluss der Rechtsprechung des EuGH spricht der BFH heute von einer Nebenleistung, wenn sie für die Kundschaft keinen eigenen Zweck, sondern das Mittel darstellt, um die Hauptleistung des Leistungserbringers unter optimalen Bedingungen in Anspruch zu nehmen, vgl. Klenk in R/D, § 4 Nr. 10 Rn. 65.

Nebenleistungen müssen immer vom Hauptleistenden erbracht werden; **Nebenleistungen Dritter** sind dem Umsatzsteuerrecht unbekannt (so auch BFH vom 24.04.2013, Az: XI R 7/11, BStBl II 2013, 648). Aus diesem Grunde sind Mietgarantie-Garantien beim Bauherrenmodell auch dann nach § 4 Nr. 10 Buchst. a UStG oder § 4 Nr. 8 Buchst. g UStG steuerfrei, wenn der Mietumsatz des Bauherrn oder Zwischenmieters umsatzsteuerpflichtig ist. 37

2.1.3.2 Leistungen des Versicherers bei Eintritt des Versicherungsfalles

38 Die umsatzsteuerliche Beurteilung der Auszahlung der Versicherungssumme ist strittig:

- Nach der derzeit wohl (noch) herrschenden Meinung führt die Zahlung zu einem echten (nichtsteuerbaren) Schadensersatz (so Husmann in R/D, § 1 Rn. 431).
- Nach einer im Vordringen befindlichen Auffassung ist die Schadensersatzleistung steuerbar, aber nach § 4 Nr. 10 Buchst. a UStG oder § 4 Nr. 8 Buchst. b oder c UStG steuerfrei (so Klenk in R/D, § 4 Nr. 10 Rn. 59; Leipold in S/R, § 4 Nr. 10 Rn. 35).

TIPP
Im Regelfall dürfte der Streit eher theoretischer Natur sein, da beide Auffassungen auf der Ausgangsseite der Versicherungen unterm Strich zum Ergebnis »keine USt« kommen. Praktische Auswirkungen hat die Diskussion m. E. nur für eine evtl. Vorsteueraufteilung nach § 15 Abs. 4 UStG; mit der h. M. gehe ich dabei von nichtsteuerbarem Schadensersatz aus.

39 Schuldet der Versicherer nach dem Versicherungsvertrag eine Geldleistung, entschädigt aber stattdessen nach vorheriger Vereinbarung mit dem aus der Versicherung Begünstigten durch eine Sachleistung, könnte man annehmen, dass die Sachleistungsvereinbarung den Versicherungsvertrag als neue Vereinbarung »überlappt« und die Leistung damit umsatzsteuerpflichtig erfolgt. Mit Klenk (in R/D, § 4 Nr. 10 Rn. 46) ist jedoch eine Sachleistung an Erfüllung statt anzunehmen, bei der der Versicherungsvertrag die Causa für die Sachleistung bildet, sodass auch die Sachleistung nach § 4 Nr. 10 Buchst. a UStG umsatzsteuerfrei ist. Im Übrigen besteht für die Anwendung der Befreiungsvorschrift des § 4 Nr. 10 Buchst. a UStG kein Unterschied, ob der Versicherer Geldleistungen oder Sachleistungen bewirkt. Diese Auslegung wird bestätigt durch den EuGH, der in ständiger Rechtsprechung vertritt, dass die Leistung, zu deren Erbringung sich der Versicherer im Versicherungsfall verpflichtet, nicht in der Zahlung eines Geldbetrages, sondern auch in **Beistandsleistungen** – sei es durch Geldzahlung oder durch Sachleistungen – bestehen kann (EuGH vom 07.12.2006, Rs. C-13/06, Kommission/Griechenland, UR 2007, 182).

Beispiel:

1. Ein Versicherungsverein auf Gegenseitigkeit gewährleistet den Mitgliedern die Ausführung einer Feuerbestattung. Anders als bei einem Bestattungsinstitut, das seine Preise nach den Kosten zuzüglich Unternehmergewinn bemisst, ist der Versicherungsverein von den Besonderheiten des Versicherungsgeschäfts abhängig, dem das Gefahrenmoment eigen ist. Man kann darum nicht sagen, dass Bestattungsinstitute und solche Versicherungsvereine umsatzsteuerlich gleichbehandelt werden müssten (Klenk in R/D, § 4 Nr. 10 Rn. 47).
2. Eine Auslandskranken- und Rückholversicherung sagt auf Reisen Beistandsleistungen zu.
3. Eine Versicherung verspricht für den Fall einer Autopanne oder einem Unfall im Straßenverkehr Beistandsleistungen in Form einer Pannenhilfe vor Ort oder die Überführung des Fahrzeugs an einen anderen Ort, an dem die Reparatur vorgenommen werden kann (EuGH vom 07.12.2006, Rs. C-13/06, Kommission/Griechenland, UR 2007, 182).
4. Mitgliedsbeiträge an einen Verein für Haus-, Grund- und Wohnungseigentümer sind anteilig steuerfrei, soweit diese Beiträge anteilig auf die Gewährung von Rechtsschutz durch den Verein entfallen, da diese Rechtsberatungsleistungen Gegenstand einer Rechtschutzversicherung sein können (LFS Sachsen, Vfg. vom 03.02.2016 – 213 – S 7163/1/1-2016/487, UR 2016, 935).

2.1.3.3 Leistungen des Versicherers an Dritte

40 Andererseits sollen nur versicherungstypische Arbeiten unter die Steuerbefreiung fallen, nicht also Risiko-, Wahrscheinlichkeits- und Prämienberechnungen, die außerhalb eines Versicherungsverhältnisses erfolgen.

Beispiel:
Ein Versicherer übernimmt gegen Entgelt für Mitbewerber die Erstellung von Schadens- oder Werthaltigkeitsgutachten; die Leistungen erfolgen umsatzsteuerpflichtig.

Diese Erkenntnis ist u. a. bedeutsam für die **Beurteilung des Outsourcings** (vgl. Rn. 88ff.).

2.1.3.4 Leistungen des Versicherungsnehmers oder des Versicherten an die Versicherung

Der Wortlaut des § 4 Nr. 10 Buchst. a UStG »Leistungen aufgrund eines Versicherungsverhältnisses« erfasst auch Leistungen des Versicherungsnehmers bzw. Versicherten an die Versicherung. 41

Beispiel:
Ein im Anlagevermögen eines Kraftfahrzeughändlers aktivierter Vorführwagen (Netto-AK 37.000 €) wird durch einen fremdverschuldeten Unfall auf einer betrieblichen Fahrt beschädigt. Die Reparaturkosten würden nach einem Gutachten 9.000 € betragen. Nach den Versicherungsbedingungen hat der Geschädigte in diesem Fall das Recht, den Ersatz auf Neuwagenbasis zu verlangen. Von dieser Möglichkeit macht der Kraftfahrzeughändler Gebrauch.

Lösung:
Nach dem Wortlaut des § 4 Nr. 10 Buchst. a UStG handelt es sich (unter den weiteren Voraussetzungen des § 1 Abs. 1 Nr. 1 UStG) um eine steuerbare, aber steuerfreie Lieferung des Kfz-Händlers an die Versicherung.

Diese Auffassung vertritt wohl Huschens (in V/S, § 4 Nr. 10 Rn. 9). Dem ist jedoch entgegenzuhalten, dass § 4 Nr. 10 UStG als nationale Vorschrift **unter Hinzuziehung der MwStSystRL eng auszulegen** ist (vgl. Rn. 16). Art. 135 Abs. 1 Buchst. a MwStSystRL befreit ausschließlich »Versicherungs- und Rückversicherungsumsätze einschließlich der dazugehörigen Dienstleistungen, die von Versicherungsmaklern und -vertretern erbracht werden« und **keine Leistungen der Versicherten aufgrund des Versicherungsverhältnisses** (so auch Husmann in R/D, § 1 Rn. 431; Klenk in R/D, § 4 Nr. 10 Rn. 42 und 70ff.). Diese Auffassung scheint auch die Finanzverwaltung zu teilen. So löst die OFD Koblenz (Verf. vom 17.11.1986, UR 1987, 306) den Beispielsfall wie folgt: 42

Lösung des Beispiels lt. OFD Koblenz:
Die Leistung der Versicherung beruht zwar zweifellos auf dem schädigenden Ereignis, gleichwohl steht sie – teilweise – in unmittelbarem Zusammenhang mit der Erlangung der Verfügungsmacht am Fahrzeug des Geschädigten. Der Kraftfahrzeughändler als Geschädigter hat der Versicherung willentlich das geschädigte Fahrzeug übereignet, um mit dem Neuwert – statt Reparatur – entschädigt zu werden. Die Verwertung des beschädigten Fahrzeugs ist Ausfluss der Schadensminderungspflicht des Geschädigten. Die Veräußerung des Fahrzeugs an die Versicherung ist ebenso eine steuerbare und steuerpflichtige Lieferung wie zum Beispiel eine Veräußerung an fremde Dritte.
Echter Schadensersatz ist in beiden Fällen nur die Differenz zwischen Erlös (hier: Zeitwert 28.000 €) und Wiederbeschaffungspreis (hier 37.000 €), somit 9.000 €.

Keine eigenständige Leistung des Versicherten ist die **Zahlung der Versicherungsprämie**; sie ist nur Entgelt für die Gewährung des Versicherungsschutzes durch den Versicherer, also Entgelt für den Umsatz des Versicherers. Klarstellend ist aber darauf hinzuweisen, dass die Hingabe des beschädigten Gegenstands an den Versicherer zur Verwertung **nicht als bloße Zahlung des Versicherungsentgelts** gewertet werden darf. Der Versicherungsnehmer, der für den beschädigten Gegenstand in Geld entschädigt wird, gibt der Versicherung den beschädigten Gegenstand nur im Wege der Vorteilsausgleichung (vgl. § 255 BGB) heraus. Er gibt den beschädigten Gegenstand nicht heraus, um die Versicherungssumme zu erhalten, sondern weil er einen Anspruch auf Entschädigung in Geld hat, aber auch nicht besser dastehen soll, als er ohne das Schadensereignis dastünde. Deshalb gehört die Herausgabe der beschädigten Sache nicht zum Versicherungsentgelt (Klenk in R/D, § 4 Nr. 10 Rn. 76). 43

2.1.4 Widerstreitende Steuerfestsetzungen (§ 174 AO)

44 § 174 AO vermeidet den Fortbestand widerstreitender Steuerfestsetzungen. Die Vorschrift verhindert, dass für denselben Vorgang USt und Versicherungsteuer erhoben werden.

2.2 Nach dem Versicherungsteuergesetz nicht steuerbare oder steuerfreie Versicherungsumsätze (§ 4 Nr. 10 Buchst. a S. 2 UStG)

45 Nach § 4 Nr. 10 Buchst. a S. 2 UStG sind Leistungen aufgrund eines Versicherungsverhältnisses i. S. d. VersStG auch dann umsatzsteuerfrei, wenn die Zahlung des Versicherungsentgelts nicht der Versicherungsteuer unterliegt. Primärer Zweck der Steuerbefreiung des § 4 Nr. 10 UStG ist es, eine Doppelbesteuerung der Versicherungsumsätze mit USt und Versicherungsteuer zu vermeiden. § 4 Nr. 10 Buchst. a S. 2 UStG stellt aber auch die Umsätze deutscher Unternehmer im Auslandsgeschäft, die der deutschen USt, aber nicht der deutschen Versicherungsteuer unterliegen, aus **Gründen des Wettbewerbs** gleich (vgl. Rn. 1 ff.).

Beispiel:
1. Ein Italiener mit Wohnsitz in Rom ist bei einem deutschen Lebensversicherer versichert. Der Umsatz fällt nicht unter das Versicherungsteuergesetz, weil der Versicherungsnehmer seinen Wohnsitz im Ausland hat (§ 1 Abs. 2 S. 1 VersStG).
2. Ein Österreicher versichert bei einem deutschen Sachversicherer sein in Österreich angemeldetes Kfz. Der Umsatz fällt nicht unter das Versicherungsteuergesetz, weil das Auto nicht im Geltungsbereich des VersStG angemeldet ist (§ 1 Abs. 2 S. 2 Nr. 2 VersStG).

46 Beide Fallkonstellationen fallen nicht unter das VersStG, werden aber **umsatzsteuerbar** im Inland erbracht (vgl. Rn. 13). § 4 Nr. 10 Buchst. a S. 2 UStG stellt diese Leistungen steuerfrei.

47 **Prüfungsreihenfolge:**
1. Liegt ein Versicherungsumsatz vor (§ 4 Nr. 10 Buchst. a S. 1 UStG)?
2. Ist der Umsatz in Deutschland steuerbar (§ 1 Abs. 1 Nr. 1, § 3 a Abs. 1, 3, 4 Nr. 6 Buchst. a UStG)?

48 Keine Anwendung findet die Vorschrift, wenn die Versicherungsleistung bereits nicht steuerbar erfolgt.

Beispiel:
Sachverhalt wie 1.; der Versicherungsnehmer ist Schweizer mit Wohnsitz in Basel. Ort des Versicherungsumsatzes ist gem. § 3 a Abs. 4 UStG Basel.

2.3 Verschaffung von Versicherungsschutz (§ 4 Nr. 10 Buchst. b UStG)

49 Nach § 4 Nr. 10 Buchst. b UStG sind auch solche Leistungen steuerfrei, die darin bestehen, anderen Personen Versicherungsschutz zu verschaffen. Die Vorschrift hat ihre Wurzeln in § 4 Nr. 27 UStG 1973. Letzterer stellte aber lediglich den von Arbeitgebern für ihre Arbeitnehmer verschafften Versicherungsschutz von der Umsatzsteuer frei. Dies war für die **gemeinschafts-**

rechtlichen Vorgaben des Art. 13 Teil B Buchst. a der 6. EG-RL (jetzt: Art. 135 Abs. 1 Buchst. a MwStSystRL) zu eng. Seit dem UStG 1980 erfasst die Steuerbefreiung daher alle Leistungen, die darin bestehen, Versicherungsschutz zu verschaffen. Der Begriff der Versicherung kann unterschiedlich definiert werden; maßgebend ist der Versicherungsbegriff der EG-Versicherungsrichtlinie (vgl. Rn. 15). Danach liegt das **Wesen eines Versicherungsumsatzes** darin begründet, dass der Versicherer sich verpflichtet, dem Versicherten gegen vorherige Zahlung einer Prämie beim Eintritt des Versicherungsfalls die bei Vertragsschluss vereinbarte Leistung zu erbringen (vgl. Rn. 17). Der Ausdruck »Versicherungsumsätze« in Art. 135 Abs. 1 Buchst. a MwStSystRL ist weit genug, um die Gewährung von Versicherungsschutz durch einen Steuerpflichtigen zu erfassen, der nicht selbst der Versicherer ist, der aber z. B. im Rahmen einer **Gruppenversicherung** seinen Kunden einen solchen Schutz durch Inanspruchnahme der Leistungen eines Versicherers, der das versicherte Risiko zu decken übernimmt, verschafft (EuGH vom 25.02.1999, Rs. C-349/96, CPP – Card Protektion Plan Ltd., UVR 1999, 157; vom 07.12.2006, Rs. C-13/06, Kommission/Griechenland, UR 2007, 182; vom 16.07.2015, Rs. C-584/13, Mapfre asistencia und Mapfre warranty, UR 2015, 714).

Die Steuerbefreiung kann daher z. B. auch von **Berufsverbänden** und **anderen Vereinigungen** 50
in Anspruch genommen werden, die ihren Mitgliedern Versicherungsschutz verschaffen (vgl. Weymüller in S/R, § 4 Nr. 10 Rn. 2).

Die Verschaffung eines Versicherungsschutzes liegt vor, wenn der Unternehmer mit einem 51
Versicherungsunternehmen einen Versicherungsvertrag zugunsten eines Dritten abschließt (vgl. dazu BFH vom 09.10.2002, Az: V R 67/01, BStBl II 2003, 378; vom 24.04.2013, Az: XI R 7/11, BStBl II 2013, 648). **Der Unternehmer muss also selbst Versicherungsnehmer werden**. Vermittelt er lediglich den Versicherungsschutz, mag der Umsatz nach § 4 Nr. 11 UStG steuerfrei sein; eine Verschaffung von Versicherungsschutz i. S. d. § 4 Nr. 10 Buchst. b UStG liegt nicht vor.

Hauptfall ist die betriebliche Altersversorgung, und zwar die **Direktversicherung für Arbeit-** 52
nehmer, deren lohnsteuerliche Behandlung in § 40b EStG geregelt ist:

- die nach § 4 Nr. 10 Buchst. b UStG umsatzsteuerfreie Leistung des Arbeitgebers besteht in der Verschaffung des Versicherungsschutzes;
- das Entgelt des Arbeitnehmers in seiner Arbeitsleistung.

Lange unklar war die umsatzsteuerrechtliche Behandlung der **Verschaffung von Versicherungs-** 53
schutz durch Reiseveranstalter. Nach der alten, noch in Abschn. 272 Abs. 13 UStR 2008 vertretenen Rechtsauffassung der Finanzverwaltung galt es zu unterscheiden: Eine im Reisepreis enthaltene (**obligatorische**) Reiserücktrittsversicherung war Bestandteil der einheitlichen Reiseleistung i. S. d. § 25 Abs. 1 S. 3 UStG und keine selbständige (steuerfreie) Leistung; eine selbständige – nach § 4 Nr. 10 Buchst. b UStG steuerfreie – Verschaffung von Versicherungsschutz kam damit nur bei einer **fakultativen**, gesondert in Rechnung gestellten Reiserücktrittsversicherung in Betracht. Diese Rechtsauffassung wurde nunmehr aufgegeben (BFH vom 13.07.2006, Az: V R 24/02, BStBl II 2006, 935; BMF vom 27.11.2006, BStBl I 2006, 790, mit Übergangsregelung). Vgl. auch **Abschn. 25.1 Abs. 13 UStAE**. Ähnlich wie bei der obligatorischen Reiserücktrittsversicherung wurden bislang die Dinge bei der nach § 651k BGB vorgeschriebenen **Insolvenzversicherung** gesehen. M. E. mindert Letztere auch weiterhin die zu versteuernde Marge, wirkt sich aber nicht dahin aus, dass auch die Marge teilweise steuerfrei wird. Auch andere Unternehmer schließen Gruppenversicherungen zugunsten von Reisenden ab (Kirstges, DStR 1997, 148; Klenk in R/D, § 4 Nr. 10 Rn. 120; Zöllinger, UR 1998, 300). Ob auch die **Insolvenzversicherung** auf Grund der neuen Rechtsprechung und Verwaltungsauffassung eine andere Beurteilung erfahren wird (vgl. Henkel, UR 1998, 407), ist zu beobachten. Vgl. § 25 Rn. 44 f.).

2.4 CG Car-Garantiemodelle

54 Eine in der Praxis äußerst bedeutsame Versicherungsleistung ist die sog. »Car-Garantie«. Hier stellte sich in der Rechtsprechung wiederholt die Frage, ob der Händler mit dieser Garantie eine eigenständige, aber nach § 4 Nr. 10 UStG steuerfreie Leistung erbringt.

2.4.1 Rechtslage bis 31.12.2010

55 Zunächst hat der BFH mit Urteil vom 09.10.2002 (Az: V R 67/01, UR 2003, 21 = UStB 2003, 35) zur »alten« Car-Garantie für die **Jahre 1991 bis 1995** und anschließend auch für die »neue« Car-Garantie des **Jahres 1997** mit Urteil vom 16.01.2003 (Az: V R 16/02, UR 2003, 247 = UStB 2003, 167) in diesem Sinne entschieden und eine steuerfreie Versicherungsleistung bejaht (hierzu: Heinrichhofen, UStB 2003, 167; Klenk, KFR 2003, 151; Robisch, DStZ 2003, 368; Wagner, INF 2003, 369; Weimann, UStB 2003, 287).

56 An dieser Rechtsprechung hält der BFH nicht mehr fest.

2.4.2 Rechtsanwendung ab 01.01.2011

57 Nach einem Urteil des BFH aus dem Jahr 2010 ist die Garantiezusage eines Autoverkäufers, durch die der Käufer gegen Entgelt nach seiner Wahl einen Reparaturanspruch gegenüber dem Verkäufer oder einen Reparaturkostenersatzanspruch gegenüber einem Versicherer erhält, als steuerpflichtige Leistung zu werten (BFH vom 10.02.2010, Az: XI R 49/07, BStBl II 2010, 1109 = UR 2010, 371). Mit diesem Urteil hat der BFH seine **frühere gegenteilige Rechtsprechung aufgegeben**.

58 Die Garantiezusage eines Autoverkäufers, die beim Verkauf eines Kfz gegen gesondert vereinbartes und berechnetes Entgelt angeboten wird, stellt keine unselbständige Nebenleistung zur Fahrzeuglieferung, sondern eine selbständige **»sonstige Leistung eigener Art«** i.S. des § 3 Abs. 9 UStG des Händlers dar (Niedersächsisches FG vom 23.02.2017, Az: 11 K 134/16, EFG 2017, 875).

59 Die Finanzverwaltung hat sich dieser Rechtsprechung angeschlossen. Die umsatzsteuerliche Behandlung dieser Leistung hängt hiernach maßgeblich von der **Ausgestaltung der Garantiebedingungen** ab. Insoweit ist zu unterscheiden zwischen

- der Verschaffung von Versicherungsschutz durch einen Unternehmer, der mit einem Versicherer einen Vertrag zugunsten eines Dritten (Käufer) abschließt und nach dem der Dritte die aus dem Versicherungsvertrag resultierenden Ansprüche auf Schadensregulierung stets unmittelbar gegenüber dem Versicherer geltend macht und
- der Garantiezusage eines Autoverkäufers, der dem Käufer (gegen Entgelt) nach dessen Wahl einen Reparaturanspruch oder einen Reparaturkostenersatzanspruch anbietet (vgl. BMF vom 15.12.2010, UR 2011, 75).

2.4.2.1 Verschaffung von Versicherungsschutz verbunden mit der unmittelbaren Inanspruchnahme des Versicherers durch den Käufer

60 Müssen Ansprüche aus der versicherten Händlergarantie vom Käufer **stets** und nicht nur bei der Reparatur durch eine Fremdwerkstatt **»ausschließlich und unmittelbar« gegenüber der Versicherungsgesellschaft** geltend gemacht werden, erbringt der Autohändler eine nach § 4 Nr. 10

Buchst. b UStG steuerfreie Leistung, da er dem Käufer Versicherungsschutz verschafft (BFH vom 09.10.2002, Az: V R 67/01, BStBl II 2003, 378).

Im diesem Fall erbringt der Händler mit der Beseitigung eines Schadens eine steuerpflichtige Leistung an den Käufer des Kfz. 61

Bei garantiebedingter **Reparatur durch eine Drittwerkstatt** liegt ein steuerpflichtiger Leistungsaustausch zwischen dieser Werkstatt und dem Käufer vor. Dies gilt auch bei unmittelbarer Zahlung der Reparaturkosten durch die Versicherung an die Werkstatt im abgekürzten Zahlungsweg. 62

2.4.2.2 Wahlrecht zwischen Reparaturanspruch und Reparaturkostenersatzanspruch (»Kombinationsmodell«)

Bei einer Garantiezusage, nach der dem Käufer eines Kfz (Garantienehmer) ein Wahlrecht in der Weise eingeräumt wird (»Kombinationsmodell«), dass es in seinem Belieben steht, im Schadensfall 63

- entweder die Reparatur durch seinen Händler durchführen zu lassen **(Reparaturanspruch)**
- oder den durch den Händler darüber hinaus verschafften Versicherungsschutz in Anspruch zu nehmen und die Reparatur durch einen anderen Vertragshändler ausführen zu lassen **(Reparaturkostenersatzanspruch)**,

handelt es sich um eine **einheitliche** sonstige Leistung **eigener Art** i. S. d. § 3 Abs. 9 UStG und nicht um zwei selbständige Leistungen.

Diese sonstige Leistung ist weder nach § 4 Nr. 8 Buchst. g UStG noch nach § 4 Nr. 10 Buchst. b UStG steuerbefreit, sondern **umsatzsteuerpflichtig**, da aus der maßgeblichen Sicht des Durchschnittsverbrauchers diese Leistung nicht durch die gem. § 4 Nr. 10 Buchst. b UStG steuerfreie Verschaffung von Versicherungsschutz, sondern **durch das Versprechen der Einstandspflicht des Händlers (Garantie) geprägt** sei (BFH vom 10.02.2010, Az: XI R 49/07, BStBl II 2010, 1109; ebenso Niedersächsisches FG vom 23.02.2017, Az: 11 K 134/16, EFG 2017, 875, wobei das FG aufgrund der neueren Rechtsprechung des EuGH in der Rs. Mapfre assistencia und Mapfre warranty, Urteil vom 16.07.2015, Rs. C-584/13, UR 2015, 714, die Revision zugelassen hat [Az. XI R 16/17]). 64

Die Garantiezusage ist auch nicht nach § 4 Nr. 8 Buchst. g UStG steuerfrei. Der EuGH hat mit Urteil vom 19.04.2007 (Rs. C-455/05, Velvet & Steel Immobilien, UR 2007, 379 und 537) zu der § 4 Nr. 8 Buchst. g UStG zugrundeliegenden Richtlinienbestimmung des Art. 13 Teil B Buchst. d Nr. 2 der 6. EG-RL (seit 01.01.2007: Art. 135 Abs. 1 Buchst. c MwStSystRL) entschieden, dass der gemeinschaftsrechtliche **Begriff der »Übernahme von Verbindlichkeiten«** dahingehend auszulegen sei, dass er andere als **Geldverbindlichkeiten**, wie etwa die Verpflichtung, eine Immobilie zu renovieren, vom Anwendungsbereich der Bestimmung ausschließe. Entsprechendes gilt somit auch hinsichtlich der Verpflichtung eines Autoverkäufers zur Durchführung der Reparatur. **Zur Neufassung von Abschn. 4.8.12 S. 3 UStAE vgl. auch** § 4 Nr. 8 Rn. 83 **f.** 65

Sofern der Händler den Schaden an dem Kfz selbst beseitigt, kommt er mit der Reparatur seiner Garantieverpflichtung gegenüber dem Käufer des Kfz nach. **Eine weitere Leistung gegenüber dem Käufer (Garantienehmer) liegt hier nicht vor.** 66

Der **Vorsteuerabzug aus den Eingangsumsätzen**, die für derartige Reparaturen verwendet werden (Gemeinkosten, Ersatzteile), ist beim Händler nach § 15 Abs. 1 UStG nicht ausgeschlossen. 67

Bei garantiebedingter **Reparatur durch eine Drittwerkstatt** liegt ein steuerpflichtiger Leistungsaustausch zwischen dieser Werkstatt und dem Käufer vor. Dies gilt auch bei unmittelbarer Zahlung durch die Versicherung an die Werkstatt im abgekürzten Zahlungsweg. 68

2.4.2.3 Anwendung der neuen Rechtsauffassung

69 Die Grundsätze des BMF-Schreibens vom 15.12.2010 (UR 2011, 75) sind in allen offenen Fällen anzuwenden. Bei **vor dem 01.01.2011 abgeschlossenen Verträgen** beanstandet es die FinVerw nicht, wenn sich der Unternehmer auf eine – auf der nunmehr aufgegebenen BFH-Rechtsprechung beruhende – günstigere Besteuerung beruft.

70 Mit dieser Übergangsfrist hat das BMF für eine hinreichende Rechtssicherheit bei »Altfällen« gesorgt (so auch Thalheimer, BB 2011, 419). Kfz-Händler können sich bei Verträgen, die vor dem 01.01.2011 abgeschlossen sind, auf die für sie günstigere Rechtsprechung aus dem Jahr 2003 berufen. Hiernach erteilte Garantiezusagen sind dagegen umsatzsteuerpflichtig.

2.4.3 Die Praxisfolgen der neuen Rechtsprechung

2.4.3.1 Steuerpflichtige Garantiezusagen

71 Die Garantiezusage eines Kfz-Händlers, durch die der Käufer gegen Entgelt nach seiner Wahl einen Reparaturanspruch gegenüber dem Verkäufer oder einen Reparaturkostenersatzanspruch gegenüber dem Versicherer erhält (Kombinationsmodell), ist eine **umsatzsteuerpflichtige** Leistung (BFH vom 10.02.2010, Az: XI R 49/07, UR 2010, 371; BMF vom 15.12.2010, UR 2011, 75).

72 Steuerpflichtig ist auch die Zusage einer reinen Eigengarantie des Kfz-Händlers, bei der der Fahrzeugkäufer **keinen** Geldanspruch, sondern einen **Sach- und/oder Dienstleistungsanspruch gegenüber dem Händler** erhält (Janzen, ASR 4/2011, 9 und ASR 6/2011, 5; o. V., ASR 7/2010, 5).

Eigengarantie eines Kfz-Händlers ist unselbständige Nebenleistung zur Fahrzeuglieferung (FG Münster vom 08.06.2009, Az: 5 K 3002/05 U, rkr., EFG 2009, 2068).

Leitsatz:
Die Eigengarantie (Verlängerung der Garantie), die ein Kfz-Händler gegenüber einem Gebrauchtwagenkäufer gewährt, ist eine unselbstständige Nebenleistung zur Hauptleistung und unterliegt der Umsatzsteuer, soweit nur ein Anspruch gegen den Händler begründet wird.

Sachverhalt:
Ein großer Kraftfahrzeughändler bot Kunden beim Kauf eines Kfz eine Eigengarantie (**»Wertpaket«**) an. Wählte der Käufer das Wertpaket, so leistete der Händler Gewähr nach Maßgabe der Garantiebedingungen. Durch die Gewährleistung hatte der Käufer innerhalb der vereinbarten Garantiedauer (Regellaufzeit: 1 Jahr) einen **Anspruch auf Reparatur des garantiepflichtigen Schadens im vorgesehenen Umfang.** Dabei **blieb es dem Händler vorbehalten**, das Fahrzeug selbst anzunehmen oder den Garantienehmer an einen anderen, geeigneten Werkstattbetrieb weiterzuleiten. **Dem Kunden stand danach aber nur ein Anspruch gegen den Händler zu.** Der Kläger wollte aus den Verkaufserlösen einen Teil als steuerbare und nach § 4 Nr. 8 UStG steuerfreie Leistung erfassen, die Finanzverwaltung unterwarf den Gesamtkaufpreis der Umsatzbesteuerung.

Entscheidung:
Das Gericht wies die Klage als unbegründet ab. Entgegen der früheren BFH-Rechtsprechung sei aus der Sicht eines Durchschnittsverbrauchers der Eigengarantie **kein eigenständiger wirtschaftlicher Gehalt** beizumessen. Entgegen der im BFH-Urteil vom 16.01.2003 (UR 2003, 247 = UStB 2003, 167) vorliegenden Gestaltung, bei der dem Kunden ein Anspruch gegen den Händler und gegen eine Versicherung zustand – und so z. B. im Falle der Insolvenz des Händlers das Risiko auf mehrere Personen verteilt wird –, stand dem Kunden bei der Eigengarantie nur ein Anspruch gegenüber dem Händler zu. Damit fehle die aus der Sicht des Durchschnittsverbrauchers wesentliche Versicherungskomponente aber gerade bei der händlereigenen Garantie. Hinzu komme, dass der Händler die Preise mit dem Wertpaket kalkulierte und auch inklusive dieses Wertpakets anbot. Erst in den Fällen, in denen der Kunde das Wertpaket nicht wünschte, wurde der Verkaufspreis reduziert. Auch wurde das Wertpaket nicht gesondert in der Rechnung ausgewiesen.

Das FG Münster weist in seiner Entscheidung darauf hin, dass die Behandlung der Eigengarantie **in der Literatur nicht unumstritten** sei und hat aus diesem Grund die Revision beim BFH zugelassen. Diese Revision ist vom BFH inzwischen als unbegründet verworfen worden, sodass das Urteil des FG Münster in Rechtskraft erwachsen ist (BFH vom 29.09.2010, Az: XI R 23/09, n. v.). 73

Das FG hat über den entscheidungserheblichen Sachverhalt hinaus festgestellt, dass eine Steuerbefreiung (§ 4 Nr. 8 Buchst. g UStG) selbst dann nicht vorläge, wenn eine eigenständige Leistung bezüglich der Eigengarantie anzunehmen wäre, da **nur die Übernahme von Geldverbindlichkeiten** unter den Anwendungsbereich der Befreiungsnorm fallen. Da im vorliegenden Fall eine solche Übernahme einer Geldverbindlichkeit aber nicht vorliege, würde eine Befreiung auch bei eigenständiger Leistung nicht in Betracht kommen (so auch Radeisen, HI 2242027). Anders als der BFH geht das FG Münster aber davon aus, dass die Eigengarantie als Nebenleistung das Schicksal der Hauptleistung »Fahrzeuglieferung« teile. Beim **Inlandsgeschäft** ist dies ohne Bedeutung; beim (steuerfreien) **EU- oder Drittlandsgeschäft** kann sich dies jedoch auswirken. 74

Ganz auf der Linie dieser Rechtsprechung ist auch ein neueres Urteil des Niedersächsisches FG vom 23.02.2017, Az: 11 K 134/16, EFG 2017, 875. Der dortige Sachverhalt wies die Besonderheit auf, dass die Garantiezusage des Autohauses rückversichert über eine Versicherungsgesellschaft war und dies gegenüber dem Kunden offen ausgewiesen wurde. Das FG sieht in dieser Gestaltung keinen Fall der vom EuGH anerkannten Fallgruppe einer Gruppenversicherung (vgl. Rn. 20), da die streitgegenständliche Garantiezusage vom Autohaus selbst und damit nicht von einem vom Verkäufer unabhängigen Wirtschaftsteilnehmer gewährt worden sei (krit.). 75

2.4.3.2 Auch weiterhin steuerfreie Garantiezusagen

Bei der **reinen Reparaturkostenversicherung** hat der Kunde **ausschließlich einen Anspruch** auf Erstattung der Reparaturkosten **gegenüber der Garantieversicherung**. Dies hat der EuGH jüngst in der Rs. Mapfre aistencia und Mapfre warranty für den Fall einer Gebrauchtwagenversicherung ausdrücklich bestätigt (EuGH vom 16.07.2015, Rs. C-584/13, UR 2015, 714). Hier unterliegt die dafür gesondert in Rechnung gestellte Prämie nicht der Umsatzsteuer. 76

2.4.3.3 Aufteilung des Kaufpreises

Nach der Rechtsauffassung des BFH ist die Garantiezusage des Händlers **keine** unselbständige Nebenleistung zum Fahrzeugverkauf. Veräußert ein Kfz-Händler daher einen Pkw einschließlich der Garantiezusage, muss er das Entgelt aufteilen in 77

- einen Kaufpreis für den Pkw und
- eine Gebühr für die Garantiezusage.

Das gilt auch dann, wenn mit dem Kunden ein einheitlicher Preis für beide Leistungen vereinbart worden ist oder – wie hier – für die Garantiezusage kein besonderes Entgelt verlangt wird. Denn eine Garantiezusage wird – wirtschaftlich gesehen – nicht unentgeltlich abgegeben (Janzen, ASR 4/2011, 9 und ASR 6/2011, 5). 78

Bei einem – wenn auch (etwa aus Unwissenheit) versehentlichen – Verzicht auf die Aufteilung droht ein insoweit unrichtiger – nämlich zu hoher – Umsatzsteuerausweis (§ 14c Abs. 1 S. 1 UStG). Das heißt: Das Finanzamt verlangt die Umsatzsteuer aus dem »überhöhten« – weil ohne Berücksichtigung der Garantie berechneten – Entgelt für den Gebrauchtwagenverkauf und darüber hinaus die Umsatzsteuer auf die Garantiezusage. Die Folge ist eine de facto **doppelte Besteuerung** der Garantiezusage. 79

2.4.3.4 Folgen für die Rechnungsstellung

2.4.3.4.1 Kunde ist Unternehmer

80 Die Rechnung muss wie folgt ausgestellt werden, damit ein selbst unternehmerisch tätiger Kunde unter den weiteren Voraussetzungen des § 15 Abs. 1 S. 1 Nr. 1 UStG die Vorsteuer ziehen kann (s. Janzen, ASR 4/2011, 9 und ASR 6/2011, 5):

- **Regelbesteuert angekaufte Fahrzeuge:** Die Entgelte für Fahrzeug und Garantiezusage müssen gesondert (netto) ausgewiesen werden. Gleiches gilt für die Umsatzsteuer auf beide Posten.
- **Differenzbesteuert angekaufte Fahrzeuge:** Das Entgelt für das Fahrzeug muss ausgewiesen werden. Ferner das Entgelt für die Garantiezusage (netto) und die darauf entfallende Umsatzsteuer. Nur für diesen Teil kann der Käufer die Vorsteuer ziehen.

2.4.3.4.2 Privatkunden

81 Gegenüber Privatkunden muss die Umsatzsteuer weder für das Fahrzeug noch für die Garantiezusage ausgewiesen werden. Es reicht, wenn beide Leistungen in einem Bruttobetrag zusammengefasst werden.

2.4.4 Fallstudie Abrechnung bei Differenzbesteuerung

82 Eine von Ammenwerth/Janzen/Fuß im Handbuch »Umsatzsteuer im Kfz-Gewerbe«, S. 254 ff., entwickelte Fallstudie stellt die drei wohl in der Praxis häufigsten Fallgestaltungen vor:

Beispiel 1: Verkauf eines differenzbesteuerten Fahrzeugs inkl. Garantie ohne Aufschlag zum bloßen Einkaufspreis des Fahrzeugs

Kfz-Händler K hat ein Fahrzeug von einem Privatkunden für 10.000 € angekauft und für denselben Preis auch weiterverkauft. Hinsichtlich der Garantiezusage hat K sich bei einer Versicherungsgesellschaft für 200 € rückversichert.

Lösung:

Bei Aufteilung des Gesamtpreises nach den entstandenen Kosten ergibt sich:

- Auf das Fahrzeug entfällt eine Gegenleistung von 9.804 € (10.000 € × [10.000 € / 10.200 €]).
- Auf die Garantiezusage entfällt eine Gegenleistung von 196 € (10.000 € × [200 € / 10.200 €]).

Es ergeben sich die folgenden umsatzsteuerlichen Folgen:

- Da die Fahrzeuglieferung der Differenzbesteuerung unterliegt, ergibt sich eine negative Marge von 196 € (9.804 € / 10.000 €), sodass für die Fahrzeuglieferung keine Umsatzsteuer entsteht.
- Für die Garantiezusage ergibt sich eine Umsatzsteuerbelastung von 31,29 € (196 € / 1,19 × 19 %).

83 Fahrzeugverkauf und Garantie sind zwei getrennte Leistungen. Der Kfz-Händler erbringt bei einem solchen Verkauf zwei eigenständige Leistungen:

- K liefert das Fahrzeug im Rahmen einer Differenzbesteuerung (§ 25 a UStG) steuerpflichtig und
- erbringt mit der Garantiezusage eine steuerpflichtige sonstige Leistung.

84 Beide Umsätze sind getrennt zu betrachten. Wurde mit dem Kunden kein gesondertes Entgelt für den Fahrzeugverkauf und die Garantiezusage vereinbart, muss der Gesamtpreis im Schätzungswege (z. B. nach den entstandenen Kosten) auf beide Umsätze aufgeteilt werden.

Beispiel 2: Verkauf eines differenzbesteuerten Fahrzeugs inkl. Garantie mit Aufschlag, aber unter dem Gesamteinkaufspreis von Fahrzeug und Garantie
Sachverhalt wie Beispiel 1, aber das Fahrzeug wird für 10.100 € weiterverkauft.

Lösung:
Bei Aufteilung des Gesamtpreises nach den entstandenen Kosten ergibt sich:
- Auf das Fahrzeug entfällt eine Gegenleistung von 9.902 € (10.100 € × [10.000 € / 10.200 €]).
- Auf die Garantiezusage entfällt eine Gegenleistung von 198 € (10.100 € × [200 € / 10.200 €]).

Es ergeben sich die folgenden umsatzsteuerlichen Folgen:
- Für die Fahrzeuglieferung ergibt sich weiterhin eine negative Marge, und zwar i. H. v. 98 € (9.902 € / 10.000 €), sodass für die Fahrzeuglieferung keine Umsatzsteuer anfällt.
- Für die Garantiezusage beträgt die Umsatzsteuerbelastung 31,61 € (198 € / 1,19 × 19 %).

Beispiel 3: Verkauf eines differenzbesteuerten Fahrzeugs inkl. Garantie mit Aufschlag und über dem Gesamteinkaufspreis von Fahrzeug und Garantie
Sachverhalt wie Beispiel 1, aber das Fahrzeug wird für 11.000 € weiterverkauft.

Lösung:
Bei Aufteilung des Gesamtpreises nach den entstandenen Kosten ergibt sich:
- Auf das Fahrzeug entfällt eine Gegenleistung von 10.784 € (11.000 € × [10.000 € / 10.200 €]).
- Auf die Garantiezusage entfällt eine Gegenleistung von 216 € (11.000 € × [200 € / 10.200 €]).

Die umsatzsteuerlichen Folgen sind:
- Für die Fahrzeuglieferung ergibt sich jetzt eine positive Brutto-Marge von 784 € (10.784 € / 10.000 €), sodass für die Fahrzeuglieferung Umsatzsteuer i. H. v. 125,18 € anfällt (784 € / 1,19 × 19 %).
- Für die Garantiezusage beträgt die Umsatzsteuer 34,49 € (216 € / 1,19 × 19 %).

2.4.5 Fallstudie Abrechnung bei Regelbesteuerung

Mit Ammenwerth/Janzen/Fuß in »Umsatzsteuer im Kfz-Gewerbe«, S. 257, ergeben sich im Wesentlichen folgende Abrechnungsmöglichkeiten: 85

Beispiel:
Für das Fahrzeug werden 20.000 € netto und für die Garantiezusage 200 € netto vereinbart.

Lösung:

Abrechnungsmöglichkeit 1:

Pkw	20.000 €
Garantiezusage	200 €
	20.200 €
+ 19 % USt	3.838 €
	24.038 €

Abrechnungsmöglichkeit 2:

Pkw	20.000 €	
+ 19 % USt	3.800 €	23.800 €
Garantiezusage	200 €	
+ 19 % USt	38 €	238 €
		24.038 €

86 **Gegenüber Privatkunden** muss in der Rechnung weder für das Fahrzeug noch für die Garantiezusage die Umsatzsteuer auswiesen werden (vgl. Rn. 81). I. d. R. weist aber die Software bei nicht differenzbesteuerten Fahrzeugen automatisch die Umsatzsteuer für den Fahrzeugverkauf auf der Rechnung aus. Dann ist auch folgende Abrechnung möglich:

Beispiel:
Sachverhalt siehe oben.

Lösung:

Abrechnungsmöglichkeit 3:

Pkw	20.000 €	
+ 19 % USt	3.800 €	23.800 €
Garantiezusage		238 €
		24.038 €

2.4.6 Kritik an der neuen Rechtsprechung

87 Die neue Rechtsprechung wird in der Praxis als weltfremd und wenig praktikabel kritisiert (statt vieler: Holze/Keese, UR 2011, 774). Diese kritisieren nicht zu Unrecht, dass die vom BFH unterstellte Differenzierung zwischen Fahrzeuglieferung einerseits und Garantieleistung andererseits **von der Verkehrsauffassung nicht getragen** wird.

Gerade in dem vom Niedersächsischen FG entschiedenen Sachverhalt hätte es **m. E.** durchaus nahegelegen, über die vom EuGH entwickelten Rechtsprechungsgrundsätze zur Gruppenversicherung zu einer Umsatzsteuerbefreiung zu gelangen, da die vom Händler gewährte Garantiezusage offen durch eine Versicherungsgesellschaft rückgedeckt war. Auch wenn der EuGH diese Rechtsprechungsgrundsätze zwischenzeitlich in der Rs. Aspiro verschärft hat, indem dieser jetzt zumindest »dem Wesen nach« eine Vertragsbeziehung zwischen dem Versicherer und dem Kunden fordert, hat der BFH diesen Fall eingehend unter diesem Blickwinkel kritisch zu würdigen.

2.5 In- und Outsourcing: Dienstleistungen für (andere) Versicherungen steuerfrei?

88 Vor allem betriebswirtschaftliche Überlegungen veranlassen Unternehmen dazu, Betriebsabteilungen auf selbständige juristische Einheiten (Tochtergesellschaften) auszugliedern. Man verspricht sich, auf diese Weise den Verwaltungsapparat zu verschlanken, Synergieeffekte zu nutzen und sich – als Dienstleister für Fremdunternehmen – neue Geschäftsfelder zu erschließen. Die Tochtergesellschaften werden damit vorrangig für die organschaftlich verbundene Muttergesellschaft sowie entsprechende Schwestergesellschaften tätig, bieten aber ihre Leistungen häufig auch fremden Dritten an. Gefördert werden diese Überlegungen nicht zuletzt dadurch, dass bei geschickter Gestaltung Steuervorteile erreicht werden sollen – ein häufig fataler Trugschluss.

TIPP
Bereits an dieser Stelle ist festzuhalten, dass sich durch In- und Outsourcing keine Steuervorteile erschließen lassen, sondern allenfalls bereits bestehende Steuervorteile gesichert werden können.

Unproblematisch sind die Leistungen an **organschaftlich verbundene Unternehmen**. Innerhalb des Organkreises kommt den Tochtergesellschaften als Organgesellschaften umsatzsteuerlich die Rolle eines Betriebes zu. 89

Leistungen an ein **fremdes drittes Unternehmen mit Nicht-Ausschluss-Umsätzen** sind ebenfalls unproblematisch, da die berechnete USt als Vorsteuer zum Abzug gebracht werden kann. 90

Problematisch sind die Fälle, in denen das eine Leistung einkaufende Unternehmen **Ausschluss-Umsätze** tätigt und damit vollumfänglich nicht oder nur teilweise zum Vorsteuerabzug berechtigt ist – wie etwa Versicherungen. Die USt eines vorleistenden Unternehmens wird damit für Versicherungen zum echten Kostenfaktor. Versicherungen sind daher – soweit es um rein steuerliche Gründe geht – oftmals bestrebt, Organschaften mit den ausgegliederten Unternehmensteilen zu gründen, um einen steuerbaren Leistungsaustausch zu unterbinden. Die Gründung von Organgesellschaften scheitert jedoch oft an betriebswirtschaftlichen oder aufsichtsrechtlichen Überlegungen und hilft auch in den Fällen des Leistungsaustauschs zwischen fremden Dritten nicht weiter. Letztlich können Versicherungen auch nicht all ihre Vorunternehmer einkaufen. Hier stellt sich in der Praxis vielmehr die Frage, ob und unter welchen Voraussetzungen die Steuerbefreiung eines Insourcers auf das ihm zuarbeitende Unternehmen durchschlägt. 91

2.6 Kompakt-ABC

Aufgelder 92
vgl. Rn. 34.

Aufnahmegebühren
vgl. Rn. 34.

Ausfertigungsgebühren
für einen Versicherungsschein oder das Ausstellen einer Ersatzurkunde sowie Entgelte für das Fertigen sonstiger besonderer Abschriften: vgl. Rn. 34.

Bauherrenmodelle
Ein Versicherungsverhältnis kann auch der Mietgarantie bei Bauherrenmodellen zugrunde liegen. Keine Mietgarantie liegt allerdings vor, wenn der Mieter die Zahlung der geschuldeten Miete »garantiert«. Außerdem kann die Mietgarantie eine umsatzsteuerpflichtige Nebenleistung zur steuerpflichtigen Herstellung oder Lieferung des Gebäudes sein. Unter Umständen können die Garantieleistungen auch zusätzliches Entgelt von dritter Seite für umsatzsteuerpflichtige Vermietungsleistungen des Garantienehmers sein (Klenk in R/D, § 4 Nr. 10 Rn. 34).

Bürgschaften
Ein Vertrag, durch den der Versicherer sich verpflichtet, für den Versicherungsnehmer eine Bürgschaft oder sonstige Sicherheit zu leisten (§ 2 Abs. 2 VersStG) gilt nicht als Versicherungsvertrag. Die Übernahme von Verbindlichkeiten, von Bürgschaften und anderen Sicherheiten ist aber nach § 4 Nr. 8 Buchst. g UStG steuerfrei. Für Bürgschaften ist typisch, dass dem Bürgen die

Einreden aus dem Hauptschuldverhältnis zustehen (§ 768 BGB); für nach § 4 Nr. 10 Buchst. a UStG befreite Versicherungen ist typisch, dass dem Versicherer keine Einreden aus dem Hauptschuldverhältnis zustehen, die Leistung des Versicherers also nicht akzessorisch ist (Klenk in R/D, § 4 Nr. 10, Rn. 90).

Car-Garantie

vgl. Rn. 54 ff.

Charterausfallpool

Bei einem Charterausfallpool handelt es sich um ein Umlagesystem, in dem sich Mitglieder zusammenschließen und vertraglich vereinbarte Beiträge leisten, um in den Fällen, in denen deren Schiffe aufgrund der Marktlage keine Beschäftigung finden oder nicht zu auskömmlichen, kostendeckenden Bedingungen beschäftigt (verchartert) werden, eine Unterstützungszahlung aus diesem Pool zu erhalten. Vom Charterausfallpool abzugrenzen ist der **Schiffserlöspool**, in dem sich Reedereien zum Zwecke einer gleichmäßigen Verteilung der Chancen und Risiken, die sich aus den Schwankungen des Frachtenmarktes ergeben können, zusammenschließen, indem sie die Reiseergebnisse ihrer Schiffe poolen (s. Stichwort »Schiffserlöspool«).

Nach einen neueren Urteil des FG Köln vom 18.01.2017, Az: 2 K 3758/14, VersR 2017, 1549, unterliegen die Umlagezahlungen der Mitglieder eines solchen Charterausfallpools der Versicherungsteuer. Die vom Gesetzgeber für Schiffserlöspools in § 4 Nr. 11 VersStG vorgesehene Ausnahme von der Versicherungsteuerpflicht sei auf Charterausfallpools u. a. deswegen nicht anwendbar, da die Umlagen bei einem solchen Pool nicht der Poolung von Erlösen, sondern zweckgerichtet auf die Erfüllung ihrer Beitragspflichten gerichtet sei. Das FG hat wegen der grundsätzlichen Bedeutung der Rechtssache die Revision zum BFH zugelassen. Mit Annahme der Versicherungsteuerpflicht sind die Umsätze nach § 4 Nr. 2 i. V. m. § 8 UStG von der Umsatzsteuer befreit.

Delkredereversicherungen

vgl. Stichwort »Forderungsausfallversicherungen«.

Diebstahlversicherungen

vgl. Rn. 24.

Dienstleistungsleasing

Dienstleistungsleasing (Full-Service-Leasing) beinhaltet eine versicherungssteuerpflichtige Leistung, wenn der Leasinggeber Kundendienst und Reparaturleistungen übernimmt, die an und für sich nach dem Leasing-Vertrag den Leasingnehmer treffen würden (Martin, DB 1982, 1490; ders., DB 1983, 1019; nur bedingt zustimmend Marcelli, DB 1983, 1017).

Einziehungsgebühren

vgl. Rn. 34.

Feuerbestattungen

vgl. Rn. 39.

Feuerversicherungen

vgl. Rn. 24.

Forderungsausfallversicherungen
Gegenstand einer Versicherung kann auch der Schutz des Gläubigers gegen Forderungsausfälle sein, die infolge Zahlungsunfähigkeit seiner Schuldner eintreten (Forderungsausfallversicherung, Delkredereversicherung, Garantieversicherung); sie ist Versicherung und fällt nicht unter § 2 Abs. 2 VersStG. Das Versicherungsverhältnis kann zwischen einem Genossen und seiner Genossenschaft durch die Anzeige des Verkaufs einer Ware sowie das Angebot, den Forderungsausfall gegen Abführung eines bestimmten Vomhundertsatzes des Erlöses zu übernehmen, und die (stillschweigende) Annahme dieses Angebots durch die Genossenschaft zustande kommen (Klenk in R/D, § 4 Nr. 10, Rn. 90).

Führungsprovisionen bei Mitversicherung
Führungsprovisionen des führenden Versicherers bei offener Mitversicherung sind eine steuerbare und steuerpflichtige sonstige Leistung an den/die Mitversicherer (BFH vom 24.04.2013, Az: XI R 7/11, BStBl II 2013, 648), vgl. Rn. 22.

Garantieverträge
vgl. Rn. 26ff.

Geschäftsgebühren
nach § 40 Abs. 2 WG: vgl. Rn. 34.

Gruppenversicherungen
vgl. Rn. 20.

Haftpflichtversicherungen
vgl. Rn. 24.

Hausratsversicherungen
vgl. Rn. 24.

Hebegebühren
vgl. Rn. 34.

Insolvenzsicherung bei Reiseveranstaltern
vgl. Rn. 53.

Instandhaltungsverträge
vgl. Rn. 26.

Kautionsversicherungen
Bei der Kautionsversicherung sind die Leistungen des Versicherers nach § 4 Nr. 8 Buchst. g UStG oder nach § 4 Nr. 10 Buchst. a UStG steuerfrei. In den Fällen der Kautionsversicherung übernimmt der Versicherer gegenüber dem Gläubiger eine Bürgschaft für die ordnungsgemäße Erfüllung von Kaufverträgen, Zollschulden usw. durch den Versicherungsnehmer:

- Bei der Personenkautionsversicherung sichert sich der Arbeitnehmer gegen Schäden ab, die er seinem Arbeitgeber zufügt; zur Sicherung des Arbeitgebers hinterlegt er bei diesem die Versicherungspolice.
- Bei der Personengarantieversicherung ist der Arbeitgeber der Versicherungsnehmer; sie ist als echte Versicherung i. S. d. § 4 Nr. 10 Buchst. a UStG denkbar.

Soweit die Kautionsversicherung als Bürgschaft zu werten ist, liegt ihr gem. § 2 Abs. 2 VersStG kein Versicherungsvertrag zugrunde. In der Begründung zu § 2 Abs. 2 VersStG (RT-Drucks. Nr. 2868, 1. Wahlperiode 1921) heißt es: »Selbst wenn die so genannten Kautions- und Bürgschaftsversicherungen wahre Versicherungen sein sollten – was immerhin bezweifelt werden kann – und von beaufsichtigten Versicherungsunternehmungen betrieben werden sollten, so werden sie doch von der Besteuerung auszunehmen sein. Sicherheitsstellungen werden auch von Banken übernommen, ohne dass sie versicherungsmäßig und gesondert von den übrigen Geschäften betrieben würden, so dass ihre Versteuerung bei den Banken praktisch kaum durchzuführen wäre. Auch die Verträge der Hypothekenschutzbanken gehören hierher, durch die sie sich dem Grundstückseigentümer gegenüber verpflichten, für seine Hypothekenschuld zu bürgen; . . .«. Dementsprechend hat auch die Rechtsprechung bei der Kautionsversicherung, Bürgschafts- und Personenkautionsversicherung durch Versicherungsunternehmen eine nach § 4 Nr. 8 UStG (also nicht nach § 4 Nr. 10 Buchst. a UStG) steuerfreie Bürgschafts- und Sicherheitsleistung bejaht (BFH vom 13.07.1972, Az: V R 33/68, BFHE 107, 60); dem folgt die Finanzverwaltung (vgl. Abschn. 4.8.11 Abs. 1 S. 1 UStAE). Nach den Grundsätzen des EuGH-Urteils vom 25.02.1999 (Rs. C-349/96, CPP – Card Protektion Plan Ltd., Rz. 17, UVR 1999, 157) dürfte aber eine unter die Befreiung fallende Versicherung vorliegen, da die Kaution ausdrücklich in Nr. 15 des Anhangs A zur Versicherungsrichtlinie 73/239/EWG aufgeführt ist. Jedenfalls ist die Rückdeckung dieser Versicherungen durch einen anderen Versicherer nach § 4 Nr. 10 Buchst. a UStG umsatzsteuerfrei (Klenk in R/D, § 4 Nr. 10, Rn. 90).

Krankenversicherungen
vgl. Rn. 24.

Lebensversicherungen
vgl. Rn. 24.

Leasingverträge
Nach einem Urteil des EuGH (EuGH vom 17.01.2013, Rs. C-224/11, BGZ Leasing sp.z o.o, UR 2013, 262) fällt unter den Begriff der »Versicherungsumsätze« auch die Gewährung eines Versicherungsschutzes, dessen Abschluss ein Versicherter – wie etwa ein Leasinggeber – getätigt hat, der die Kosten dieser Versicherung im Rahmen eines Leistungsumsatzes an seinen Kunden (Leasingnehmer) weiterberechnet, dem im Verhältnis zum Leasinggeber die Risikodeckung zu gute kommt; vgl. Rn. 21.

Leibrentenverträge
Die Leibrentenverträge gehören zwar zu den gewagten Geschäften, die auch gewisse Merkmale einer Versicherung tragen. Gleichwohl werden sie nach h. M. als Versicherungsverträge nur dann angesehen, wenn sie von Versicherungsunternehmern in ihrem Geschäftsbetrieb abgeschlossen werden. Dagegen liegt bei Rentenverträgen, die zwischen Privatpersonen geschlossen werden, der Gedanke einer Versicherung in aller Regel nicht zugrunde, sodass sie nicht der Versicherungssteuer unterliegen (Klenk in R/D, § 4 Nr. 10 Rn. 90).

Mahngebühren
vgl. Rn. 34.

Rechtsschutzversicherungen
vgl. Rn. 24.

Regulierungskosten

bei Eintritt des Versicherungsfalls: vgl. Rn. 34.

Reiserücktrittsversicherung

vgl. Rn. 53.

Rücktritt vom Versicherungsvertrag

Steuerfreiheit bedingt zunächst Steuerbarkeit (vgl. Einführung UStG Rn. 74). Ein steuerbarer Umsatz des Versicherers ist wohl zu verneinen, wenn der Versicherer wegen nicht rechtzeitiger Zahlung der ersten oder einmaligen Versicherungsprämie **vom Vertrag zurücktritt**. Nach § 38 Abs. 1 VVG können Versicherungsunternehmen vom Vertrag mit dem Versicherungsnehmer zurücktreten, wenn dieser die erste oder die einmalige Prämie nicht rechtzeitig gezahlt hat. In diesem Fall kann der Versicherer gem. § 40 Abs. 2 VVG eine angemessene Geschäftsgebühr (Verwaltungsgebühr) verlangen. Diese unterliegt wohl weder der Versicherungsteuer noch der USt (Klenk in R/D, § 4 Nr. 10 Rn. 58).

Schiffserlöspools

Bei einem Schiffserlöspool schließen sich Reedereien zum Zwecke einer gleichmäßigen Verteilung der Chancen und Risiken, die sich aus den Schwankungen des Frachtenmarktes ergeben können, zusammen, indem sie die Reiseergebnisse ihrer Schiffe poolen. Die rechtliche Ausgestaltung dieser Poolverträge ist in der Praxis nicht einheitlich (Gross, in: Münchener Handbuch des Gesellschaftsrechts, 4. Aufl. 2014, § 35, Rn. 2 ff.). Hiervon abzugrenzen ist ein **Charterausfallpool**, in dem sich die Mitglieder zum Zwecke der gemeinschaftlichen Schadenstragung zusammenschließen (vgl. Stichwort »Charterausfallpool«).

Die Finanzverwaltung vertrat zwischenzeitlich die Auffassung, dass Schiffserlöspools der Versicherungssteuer unterfallen. Diese Auffassung wurde von der Literatur zu Recht kritisiert, mit der Begründung, dass zwischen dem Pool und den Poolmitgliedern kein Versicherungsverhältnis i. S. d. § 1 Abs. 1 VersStG bestehe. Mangels Versicherungsteuerbarkeit unterlägen die Umsätze dann aber der Umsatzsteuerpflicht, da weder die Steuerbefreiungstatbestände des § 4 Nr. 10 UStG noch des § 4 Nr. 2 i. V. m. § 8 UStG einschlägig seien (so Wichmann/Dißars, DStZ 2012, 446, 449). Die Unsicherheit für die Praxis, die sich aus dieser nicht eindeutigen Verwaltungsauffassung ergab, nahm der Gesetzgeber zum Anlass, durch eine Neuregelung in **§ 4 Nr. 11 VersStG** die Umlagen aus den Schiffserlöspools zunächst zeitlich befristet bis 31.12.2015 von der Besteuerung auszunehmen. Diese Befristung wurde zwischenzeitig aufgehoben und die Versicherungsteuerbefreiung erweitert auf alle Erlöspools. Da der Gesetzgeber damit grundsätzlich die Versicherungsteuerpflicht bejaht, sind die Umsätze – ungeachtet der Versicherungssteuerfreiheit – **m. E.** nach § 4 Nr. 10 Buchst. a, S. 1, 2 UStG, jedenfalls aber nach § 4 Nr. 2 i. V. m. § 8 UStG von der Umsatzsteuer befreit.

Transportversicherungen

Die Transportversicherung deckt auch Zwischenlagerungen, die Hilfsgeschäfte des Transports sind. Übernimmt ein Warenlieferant die Haftung für Transportschäden und berechnet er dafür dem Abnehmer ein besonderes Entgelt, so ist dieses Teil des Lieferungsentgelts; ein Versicherungsvertrag zwischen Lieferant und Abnehmer kann nicht angenommen werden. Ähnliches gilt für einen Umzugsunternehmer, der gegen Schäden an den Gütern seiner Kunden während des Transports und der Lagerung versichert ist und den Kunden die »Rückversicherung« für das Umzugsmobiliar anbietet. Der Umzugsunternehmer wird dadurch nicht zum Versicherer (Klenk in R/D, § 4 Nr. 10 Rn. 90).

Übertragung von Versicherungsverträgen

Die Übertragung von Versicherungsverträgen auf einen anderen Makler ist nach der neueren Rechtsprechung des EuGH (Urteil vom 22.10.2009, Rs. C-242/08, Swiss Re, BStBl II 2011, 559 = DStR 2009, 2245) als **sonstige Leistung** i. S. d. UStG zu werten und daher umsatzsteuerpflichtig. Die Finanzverwaltung hat sich dieser Rechtsprechung mit BMF-Schreiben vom 08.06.2011 angeschlossen (**jetzt**: Abschn. 3.1 Abs. 4 S. 2 UStAE); vgl. dazu Franz, BB 2010, 536 ff.

Ebenso ist der Erwerb von Kapitallebensversicherungen auf dem Zweitmarkt nicht steuerbefreit (FG München vom 27.09.2017, Az: 3 K 3438/14, n. rkr., EFG 2017, 1981, Az. BFH: V R 57/17); kritisch Korneer, BB 2018, 1248.

Unfallversicherungen

vgl. Rn. 24.

Verzugszinsen

beim Verzug des Prämienschuldners: vgl. Rn. 34.

Zustellungsgebühren

vgl. Rn. 34.

§ 4 Nr. 11 UStG
Steuerbefreiungen: Bausparkassenvertreter, Versicherungsvertreter, Versicherungsmakler

Von den unter § 1 Abs. 1 Nr. 1 fallenden Umsätzen sind steuerfrei:

...

11. die Umsätze aus der Tätigkeit als Bausparkassenvertreter, Versicherungsvertreter und Versicherungsmakler;

...

Literatur

Becker, Auswirkungen der Rechtsprechung zu Mitversicherungen auf die Führungsleistungen bei Konsortialkrediten – Zugleich Besprechung des BFH-Urteils XI R 7/11 vom 24.04.2013, UStB 2013, 262. **Becker**, Umsatzsteuer bei mehrstufiger Vermittlung von Finanz- und Versicherungsprodukten – Auswirkungen des BFH-Urteils vom 14.05.2014, UStB 2014, 291. **Behrens/Wagner**, Versicherungsvermittlungsverträge im Strukturvertrieb sind ggfs. anzupassen, BB 2009, 35. **Borggreve**, Umsatzsteuerfreiheit für Versicherungsvermittler – weiterhin offene Fragen, UStB 2009, 229. **Demuth**, Anmerkung zu BFH vom 24.04.2013, BB 2013, 1960. **Dodos/Wiederhold,** Die Umsatzsteuerbefreiung von Versicherungsvermittlungsleistungen nach dem EuGH-Urteil Aspiro SA, MwStR 2016, 701. **Evers**, Zwischen zwei Polen, VW 2018, 58. **Evers/Stallbaum**, Umsatzsteuer auf Provisionen, VW 2009, 1444. **Franz**, Aktuelle Entwicklungen bei der umsatzsteuerlichen Behandlung von Finanz- und Versicherungsdienstleistungen, BB 2011, 2141. **Grambeck**, Versicherungsvermittlung via Internet – (Wann) greift die Umsatzsteuerbefreiung? –, UR 2011, 365. **Hahne**, Anmerkungen zum Urteil des BFH vom 30.10.2008 (V R 44/07, § 4 Nr. 8 Buchst. f, Nr. 11 UStG: Vermittlung von Fondsanteilen und Versicherungen), UR 2009, 86 (90). **Hahne**, Anmerkung zu BFH vom 14.05.2014, BB 2014, 2279. **Müller**, Die Umsatzsteuerpflicht von Superprovisionen/ Paradigmenwechsel mit weitreichenden Konsequenzen?, NWB 2009, 993. **Philipowski**, Anmerkungen zum Urteil des BFH vom 30.10.2008 (V R 44/07, § 4 Nr. 8 Buchst. f, Nr. 11 UStG: Vermittlung von Fondsanteilen und

Versicherungen), UR 2009, 86 (92). **Rothenberger**, Anmerkung zu BFH vom 14.05.2014, UStB 2014, 250. **Tausch**, Anmerkungen zum Urteil des BFH vom 30.10.2008 (V R 44/07, § 4 Nr. 8 UStG: Vermittlung von Fondsanteilen und Versicherungen), UVR 2009, 163. **Tausch**, Anmerkungen zu BFH vom 28.05.2009, V R 7/08, § 4 Nr. 11 UStG: Steuerbefreiung der Versicherungsvertreter, UVR 2010, 3. **Wäger**, Versicherungs- und Finanzdienstleistungen/Entwürfe zu Änderungen der Mehrwertsteuer-Systemrichtlinie und zur Festlegung von Durchführungsbestimmungen, UR 2008, 102. **Wäger**, Anmerkungen zu EuGH, Urteil vom 03.04.2008, Rs. C-124/07, J. C. M. Beheer BV, UR 2008, 391. **Walkenhorst**, Anmerkung zu FG Münster vom 31.01.2013, UStB 2013, 141.

Verwaltungsanweisungen

OFD Frankfurt vom 19.12.2007, Az: S 2706 A – 117 – St 54, Verfügung betr. Vermittlung von privaten Zusatzversicherungen durch gesetzliche Krankenkassen.

BMF vom 09.10.2008, Az: IV B 9 – S 7167/08/10001 (2008/0550948), Umsatzsteuerliche Behandlung der Umsätze aus der Tätigkeit als Bausparkassenvertreter, Versicherungsvertreter oder Versicherungsmakler (§ 4 Nr. 11 UStG); Konsequenzen aus dem BFH-Urteil vom 6. September 2007 – V R 50/05 – (BStBl II 2008, 829), BStBl I 2008, 948.

BMF vom 23.06.2009, Az: IV B 9 – S 7160-f/08/10004 (2009/0404024), Umsatzsteuerliche Behandlung von Vermittlungsleistungen der in § 4 Nr. 8 und § 4 Nr. 11 UStG bezeichneten Art; Konsequenzen aus dem BFH-Urteil vom 30. Oktober 2008 – V R 44/07 – (BStBl II 2009, 554), BStBl I 2009, 773.

BMF vom 15.12.2010, Az: IV D 3 – S 7160-g/10/10001, 2010/0978583, Urteil des BFH vom 10. Februar 2010, XI R 49/07; Umsatzsteuerrechtliche Behandlung der Garantiezusage eines Autoverkäufers; CG Car-Garantiemodell, BStBl I 2010, 1502 = UR 2011, 75.

BMF vom 08.12.2015, Az: III C 3-S 7163/0:002, 2015/1118924, Umsatzsteuerbefreiung für Vermittlungsleistungen i. S. d. § 4 Nr. 8 und 11 UStG, BStBl I 2015, 1066.

Hinweis: Zur Problematik der zeitlichen Geltungsdauer von BMF-Schreiben vgl. Einführung UStG, Rz. 100 ff.

Richtlinien/Hinweise/Verordnungen

UStAE: Abschn. 4.8.1; 4.11.1.
MwStSystRL: Art. 135 Abs. 1 Buchst. a und b.

1 Allgemeines

1.1 Überblick über die Vorschrift

1 Bausparkassenvertreter, Versicherungsvertreter und Versicherungsmakler erbringen ihre Leistungen regelmäßig unmittelbar gegenüber den von ihnen bedienten Bausparkassen und Versicherern. Deren Leistungen sind nach **§ 4 Nr. 8 Buchst. a UStG** oder **§ 4 Nr. 10 Buchst. a UStG** von der Umsatzsteuer befreit. Wenn in diesem Gefüge die Vermittlungsleistungen der Makler und Vertreter selbst steuerpflichtig wären, führte dies auf Ebene der Bausparkassen und Versicherer mangels eigener Vorsteuerabzugsberechtigung zu einer Definitivbelastung mit der vom Vertreter/Makler in Rechnung gestellten Umsatzsteuer aus den Provisionen. Diese Mehrkosten würden unweigerlich über den Preis auf die Kunden abgewälzt oder aber dadurch vermieden werden, dass zum Schaden der selbständigen Vermittlerberufe auf angestellte Vertreter zurückgriffen würde (vgl. Finanzausschuss, Schriftlicher Bericht vom 30.03.1967 zu BT-Drucks. V 1581, abrufbar unter: http://dip21.bundestag.de). Zur Vermeidung dessen sah sich der Gesetzgeber veranlasst, mit der Vorschrift des § 4 Nr. 11 UStG den Steuerbefreiungstatbestand des § 4 Nr. 10 Buchst. a UStG abzurunden, um damit ein in-sich geschlossenes Normengefüge zu schaffen. Systemkonform führt die Steuerbefreiung für die betroffenen Makler und Vertreter bei diesen zum Vorsteuerausschluss ohne Möglichkeit zur Option (§ 9 UStG).

1.2 Rechtsentwicklung

§ 4 Nr. 11 UStG wurde durch das UStG 1967 eingeführt und gilt seitdem unverändert fort. 2

1.3 Geltungsbereich

1.3.1 Sachlicher Geltungsbereich

Die Steuerbefreiung ist berufs- und zugleich tätigkeitsbezogen und umfasst 3

- nur Umsätze der **genannten Berufsgruppen** (Bausparkassenvertreter, Versicherungsvertreter und Versicherungsmakler) und
- nur, soweit sie für diese Berufe charakteristisch, d.h. **berufstypisch** sind.

Die ausgeübte Tätigkeit muss stets berufstypisch sein. Dabei muss es sich um konkrete Vertragsvermittlungen handeln. Zu den wesentlichen Aspekten einer steuerfreien Versicherungsvermittlungstätigkeit gehört es, Kunden zu suchen und diese mit dem Versicherer zusammenzuführen (EuGH vom 03.05.2005, Rs. C-472/03, Arthur Andersen, DStR 2005, 467 sowie BFH vom 06.09.2007, Az: V R 50/05, BStBl II 2008, 829). Hierzu kann nach neuerer Rechtsprechung des BFH im Einzelfall auch die Anwerbung, Betreuung, Überwachung und Schulung von nachgeordneten Untervertretern zählen, soweit sichergestellt ist, dass der Obervermittler durch die Prüfung eines jeden Vertragsangebots mittelbar auf eine der Vertragsparteien einwirken kann (vgl. Rn. 23 ff.). Allgemeine Interessentenwerbung, das Erheben von Daten (BFH vom 06.09.2007, Az: V R 50/05, BStBl II 2008, 829) oder rein verwaltende Tätigkeiten (BFH vom 29.06.1987, Az: X R 11/81, BStBl II 1987, 867) genügen dagegen nicht. 4

1.3.2 Persönlicher Geltungsbereich

Die Steuerbefreiung ist berufsbezogen und enthält insoweit eine abschließende Aufzählung der begünstigten Berufsgruppen. Befreit sind auch nebenberuflich in den begünstigten Berufen tätige Angehörige anderer Berufsgruppen (Abschn. 4.11.1 Abs. 2 S. 2 UStAE). 5

Nicht befreit sind andere Berufsgruppen, auch wenn sie ähnliche Tätigkeitsmerkmale aufweisen (Abschn. 4.11.1 Abs. 1 S. 2 UStAE unter Hinweis auf BFH vom 16.07.1970, Az: V R 138/69, BStBl II 1970, 709). Somit ist eine über den Gesetzeswortlaut hinausgehende Analogie auf Leistungen anderer, im Gesetz nicht genannter Berufsgruppen, unzulässig (BFH vom 09.07.1998, Az: V R 62/97, BStBl II 1999, 253). 6

Die Steuerbefreiung ist **an keine bestimmte Rechtsform des Unternehmens gebunden** (Abschn. 4.11.1 Abs. 2 S. 2 UStAE). Auch juristische Personen oder Personengesellschaften, die diese Tätigkeit nur nebenbei ausüben, erbringen eine umsatzsteuerfreie Leistung, soweit sie insoweit als Bausparkassenvertreter, Versicherungsvertreter oder Versicherungsmakler agieren. Dies gilt nach Auffassung der Finanzverwaltung z.B. auch für Kreditinstitute, die Bauspar- oder Versicherungsverträge vermitteln (Abschn. 4.11.1 Abs. 2 S. 3 UStAE). 7

1.4 Gemeinschaftsrechtliche Grundlagen und Verhältnis zu anderen Vorschriften

8 Art. 135 Abs. 1 Buchst. a MwStSystRL regelt den Umfang der Steuerbefreiungen ohne Vorsteuerabzug abschließend. Hiernach befreien die EU-Mitgliedstaaten die Versicherungs- und Rückversicherungsumsätze einschließlich der dazugehörigen Dienstleistungen, die von **Versicherungsmaklern und -vertretern** erbracht werden. Darüber hinausgehende Befreiungen dürfen die EU-Mitgliedstaaten nicht einführen. Sie haben aber die Möglichkeit, die Befreiung von weiteren Rahmenbedingungen abhängig zu machen, um eine korrekte und einfache Anwendung der Befreiung zu gewährleisten oder um Steuerhinterziehungen, -umgehungen oder -missbräuche zu vermeiden. § 4 Nr. 10 und Nr. 11 UStG setzen diese Vorgaben in das nationale Recht um.

9 Für eine Umsatzsteuerbefreiung von Bausparkassenvertretern fehlt es an einer gemeinschaftsrechtlichen Grundlage. Der BFH billigt gleichwohl diese vom deutschen Gesetzgeber vorgenommene Erweiterung als gemeinschaftsrechtlich unbedenklich (BFH vom 10.06.1999, Az: V R 10/98, DStR 1999, 1562).

10 Auf europäischer Ebene gibt es gegenwärtig Reformbestrebungen zur Änderung der MwStSystRL. Hierzu liegt ein Entwurf der Kommission vom 28.11.2007 [KOM (2007) 746] zur Änderung der Richtlinie hinsichtlich der Behandlung von Versicherungs- und Finanzdienstleistungen vor. Nach diesem Entwurf (in seiner zuletzt berichtigten Fassung vom 20.02.2008) ist die Einführung eines neuen Art. 135a Ziff. 9 MwStSystRL-E vorgesehen. Hiernach soll die »Vermittlung von Versicherungs- und Finanzumsätzen« dahingehend definiert werden, dass dies »die Erbringung von Dienstleistungen durch einen vertragsfremden dritten Vermittler für eine Vertragspartei und gegen Bezahlung durch diese Vertragspartei, die eine eigenständige Mittlertätigkeit im Zusammenhang mit den in Artikel 135 Absatz 1 Buchstaben a bis e aufgeführten Versicherungs- und Finanzumsätzen darstellt«.

11 Das Europäische Parlament hat im Wege einer legislativen Entschließung weitreichende Änderungsvorschläge zu diesem Kommissionsentwurf unterbreitet (vgl. EP vom 25.09.2008, Amtsblatt der Europäischen Union vom 14.01.2010, C 8E/396 ff.). Für die vorstehende Legaldefinition wird folgende Änderung vorgeschlagen: »Vermittlung von Versicherungs- und Finanzumsätzen« ist die Erbringung von Dienstleistungen, die eine eigenständige unmittelbare oder mittelbare Mittlertätigkeit im Zusammenhang mit den in Artikel 135 Absatz 1 Buchstaben a bis e aufgeführten Versicherungs- und Finanzumsätzen durch vertragsfremde dritte Vermittler darstellt, sofern keiner dieser Vermittler Gegenpartei dieser Versicherungs- oder Finanzumsätze ist«.

Dieser Gegenvorschlag des Europäischen Parlaments nimmt eine maßgebliche Modifikation des Kommissionsentwurfs vor, denn über die Einbeziehung der mittelbaren Mittlertätigkeiten hätte dies eine erhebliche Ausweitung des Steuerbefreiungstatbestandes zur Folge. Das Vorhaben ist nach diesen Änderungsvorschlägen des Europäischen Parlaments bislang nicht weiterverfolgt worden.

12 Die EU-Kommission hat am 04.10.2017 ein Paket von Richtlinien- und Verordnungsvorschlägen für eine weitreichende Reform des EU-Mehrwertsteuersystems vorgelegt. Eine Umsetzung des Kommissionsentwurfs aus 2007 ist in diesem umfangreichen Maßnahmenpaket nicht vorgesehen.

2 Die einzelnen Tatbestandsmerkmale

2.1 Begünstigte Berufsgruppen

Die Steuerbefreiung erfolgt **berufsbezogen** und beinhaltet eine **abschließende Aufzählung** der begünstigten Berufsgruppen. Hierbei ist nicht erforderlich, dass die Tätigkeit den gesamten Umfang der unternehmerischen Tätigkeit darstellt. Auch **nebenberuflich** tätige Vertreter und Vermittler können steuerfreie Versicherungsvermittlungsumsätze vornehmen. Die Befreiung kann aber auch bei **ähnlichen Tätigkeitsmerkmalen** nicht auf andere Berufsgruppen übertragen werden (Abschn. 4.11.1 Abs. 1 S. 2 UStAE). Eine über den Gesetzeswortlaut hinausgehende Analogie auf Leistungen anderer, im Gesetz nicht genannter Berufsgruppen, ist somit unzulässig. 13

2.1.1 Versicherungsvertreter und Versicherungsmakler

Die Begriffe des Versicherungsvertreters und Versicherungsmaklers sind nach übereinstimmender Auffassung der Rechtsprechung und Finanzverwaltung **richtlinienkonform nach dem Gemeinschaftsrecht** auszulegen. Dies hat der BFH in einem Urteil vom 06.09.2007 (Az: V R 50/05, UR 2008, 121) unter Aufgabe seiner früheren Rechtsprechung, wonach es zur Begriffsbestimmung auf die handelsrechtlichen Begriffe des Versicherungsvertreters und Versicherungsmaklers nach §§ 92, 93 HGB ankommen soll, entschieden. Der BFH stützt seine Rechtsprechungsänderung auf die Entscheidung des EuGH in der Rs. Arthur Andersen (EuGH vom 03.03.2005, Rs. C-472/03, UR 2005, 201 = DStR 2005, 467). Die Finanzverwaltung hat sich dieser Auffassung in Abschn. 4.11.1 Abs. 1 S. 3 UStAE angeschlossen. 14

Welche Unternehmer als Versicherungsvertreter oder -makler anzusehen sind, beurteilt sich somit nach dem Gemeinschaftsrecht. Eine Legaldefinition dieser Begriffe ist in Art. 135 Abs. 1 Buchst. a MwStSystRL de lege lata nicht vorgesehen. Der bisweilen in der Literatur vertretene Ansatz, diese Begriffe aus anderen Vorschriften des Gemeinschaftsrechts herzuleiten, ist abzulehnen. 15

Auch der EuGH verzichtet auf eine allgemeine Definition dieser Berufsgruppen. Die Zuordnung einer Dienstleistung, die von Versicherungsmaklern und -vertretern erbracht wird, nimmt der EuGH rein tätigkeitsbezogen vor. Eine Prüfung anhand der formalen Eigenschaft des Dienstleisters lehnt der EuGH ab (EuGH vom 17.03.2016, Rs. C-40/15, Aspiro, UR 2016, 386). Stattdessen nimmt der EuGH eine Prüfung der in Rede stehenden Dienstleistung anhand von zwei Prüfungskriterien vor: 16

- Erstens muss der Dienstleistungserbringer sowohl mit dem Versicherer als auch mit dem Versicherten in Verbindung stehen (EuGH vom 20.11.2003, Rs. C-8/01, Taksatorringen, UR 2004, 82). Diese Verbindung kann auch nur mittelbarer Natur sein, wenn der Dienstleistungserbringer ein Unterauftragnehmer des Versicherungsmaklers oder -vertreter ist (EuGH vom 03.04.2008, Rs. C-124/07, J.C.M. Beheer, UR 2008, 389);
- zweitens muss seine Tätigkeit wesentliche Aspekte der Versicherungsvermittlungstätigkeit, wie Kunden zu suchen und diese mit dem Versicherer zusammenzubringen, umfassen (EuGH vom 03.03.2005, Rs. C-472/03, Arthur Andersen, UR 2005, 201).

Mangels gesetzlicher Tatbestandsmerkmale behandelt der EuGH die Berufsbilder des Versicherungsvertreters bzw. -maklers rechtsdogmatisch als **offenen Typusbegriff** und nimmt insoweit eine typologische, tätigkeitsspezifische Auslegung vor.

2.1.2 Bausparkassenvertreter

17 Für den Begriff des Bausparkassenvertreters fehlt es an einer gemeinschaftsrechtlichen Vorgabe (vgl. Rn. 9). Ein Rückgriff auf § 92 HGB ist abzulehnen. Auch der Begriff des Bausparkassenvertreters sollte daher anhand der vom EuGH zum Versicherungsvertreter entwickelten tätigkeitsspezifischen Merkmale ausgelegt werden.

18 Die Tätigkeit als Bezirksdirektor einer Bausparkasse kann ebenfalls unter die Steuerbefreiung des § 4 Nr. 11 UStG fallen, wenn dessen Tätigkeit unentbehrliche Voraussetzung für das Arbeiten der ihm unterstellten Vertreter und daher mitursächlich für die von ihnen vermittelten Abschlüsse ist (BFH vom 10.06.1999, Az: V R 10/98, BStBl II 1999, 686). Dieses Urteil dürfte unter Beachtung der jüngsten Rechtsprechungsgrundsätze zum Strukturvertrieb (vgl. Rn. 23 ff.) auch heute noch Bestand haben.

2.2 Begünstigte Tätigkeiten und Entgelte

19 Die Steuerbefreiung erfolgt tätigkeitsbezogen. Neben den berufsbezogenen Voraussetzungen fordert das Gesetz durch die Worte »aus der Tätigkeit als«, dass die Umsätze des Berufsangehörigen für seinen Beruf charakteristisch, d. h. berufstypisch, sind.

2.2.1 Berufstypische Umsätze

20 Berufstypisch sind sämtliche Leistungen gegen Entgelt, die üblicherweise von den in **§ 4 Nr. 11 UStG** bezeichneten Unternehmern ausgeführt werden. Die Befreiung beschränkt sich somit auf die typischen Tätigkeiten des Bausparkassenvertreters, Versicherungsvertreters und Versicherungsmaklers (BFH vom 29.01.1998, Az: V R 41/96, BFH/NV 1998, 1004).

21 **Einzelentscheidungen aus der Rechtsprechung und Finanzverwaltung**

Steuerfrei sind:

- **übliche Nebenleistungen**, z. B. die Erteilung von Bescheinigungen über die gezahlten Beträge am Jahresende gegen Gebühr oder andere verwaltende Tätigkeiten (BMF vom 02.05.1995, UR 1995, 280; zum sog. »Grundsatz der Einheitlichkeit der Leistung«: Abschn. 3.10 Abs. 3 UStAE);
- **Maklerprovisionen**, die der Versicherungsnehmer aufgrund vertraglicher Verpflichtungen unmittelbar und ausschließlich an den Versicherungsmakler entrichtet (BMF vom 12.03.1997, DB 1997, 1110);
- Leistungen eines **Versicherungsmaklers**, die darin bestehen, dass für bereits vermittelte Lebensversicherungsverträge sog. **»Bestandspflegeleistungen«** in Form nachwirkender Vertragsbetreuung – z. B. durch Hilfe bei Modifikationen oder Abwicklung von Verträgen – gegen **Bestandspflegeprovisionen** erbracht werden (Abschn. 4.11.1 Abs. 3 UStAE);
- Provisionen an **Kreditinstitute für die Vermittlung** von Bauspar- oder Versicherungsverträgen (Abschn. 4.11.1 Abs. 2 S. 3 UStAE);
- Tätigkeiten der Kreditinstitute als Bausparkassenvertreter im Zusammenhang mit der Bewilligung und Auszahlung von Bauspardarlehen (Abschn. 4.11.1 Abs. 2 S. 4 UStAE);
- die Betreuung, Überwachung oder Schulung von nachgeordneten selbständigen Vermittlern gegen »**Superprovision**«, soweit diese Tätigkeit das für eine Vermittlung kennzeichnende

Handeln gegenüber individuellen Vertragsinteressenten beinhaltet und nicht »lediglich« vertriebsunterstützend wirkt (BFH vom 14.05.2014, Az: XI R 13/11, UStB 2014, 250; Abschn. 4.11.1 Abs. 2 S. 6 ff. UStAE);
- Provisionen, die ein Unternehmer dafür erhält, dass er einem Versicherungsmakler Personen, die potentiell am Abschluss eines Versicherungsvertrages interessiert sind, nachweist (sog. **»Zuführungsprovision«**), vgl. BFH vom 28.05.2009, Az: V R 7/08, UR 2009, 846. Hiervon abzugrenzen ist die sog. **»Tippgeber-Provision«**, bei der sich die Tätigkeit auf die bloße Weitergabe von Kontaktdetails beschränkt und die damit nicht steuerbefreit ist (so Evers/Stallbaum, VW 2009, 1444);
- Versicherungsmakler kann auch sein, wer sog. **Blanko-Deckungskarten für Kurzzeitversicherungen** an- und verkauft (BFH vom 24.07.2014, Az: V R 9/13, BFH/NV 2014, 1783, entgegen FG Münster vom 31.01.2013, Az: 5 K 189/10, EFG 2013, 727 = UStB 2013, 141 mit Anm. Walkenhorst). Hierbei soll es nach Auffassung des BFH sogar unschädlich sein, dass (i) der Makler die Deckungskarten nicht unmittelbar von den Versicherungsunternehmen, sondern von anderen Unternehmern erwirbt und (ii) dieser im Falle des Verkaufs an fremde Prägestellen nur mittelbaren Kontakt zu den Versicherungsnehmern hat. Anmerkung: Der BFH stützt diese Entscheidung auf die Rechtsprechung des EuGH, wonach eine auch nur »mittelbare Vermittlungstätigkeit« ausreichend sein kann (vgl. EuGH vom 03.04.2008, Rs. C 124/07, J.C.M. Beheer, UR 2008, 389). Dies ist konsequent. Dass der BFH jedoch vorliegend auch bei »beidseitiger Mittelbarkeit« des Maklers im Verhältnis zur Versicherung und zum Kunden diese Tätigkeit als noch hinreichend ursächlichen Vermittlungsbeitrag wertet, ist überraschend.

Nicht befreit sind: 22
- **Hilfsgeschäfte** der Berufsangehörigen (vgl. Rn. 29);
- die **Übertragung eines Versicherungsbestandes** durch einen Generalagenten an einen anderen Generalagenten (vgl. EuGH vom 22.10.2009, Rs. C-242/08, Swiss Re, BStBl II 2011, 559 = DStR 2009, 2245);
- eine **allgemeine Interessentenwerbung sowie das bloße Erheben von Daten durch einen Werbeagenten** (BFH vom 06.09.2007, Az: V R 50/05, UR 2008, 121);
- **Führungsprovisionen** des führenden Versicherers bei offener Mitversicherung sind eine steuerbare und steuerpflichtige sonstige Leistung an den/die Mitversicherer; eine Steuerbefreiung nach § 4 Nr. 11 UStG scheidet nach Auffassung des BFH aus, da der führende Versicherer auch in Ausübung dieser Tätigkeit als Versicherer und nicht als Versicherungsmakler oder -vertreter tätig werde (BFH vom 24.04.2013, Az: XI R 7/11, BStBl II 2013, 648 = BB 2013, 1954 mit Anm. Demuth);
- Versicherungsmakler, die nach § 34d Abs. 1 S. 4 GewO gegenüber Dritten, die nicht Verbraucher sind, beratend tätig werden [**Honorarberatung**] (Abschn. 4.11.1 Abs. 2 S. 12 UStAE);
- die Tätigkeit eines **Schadensabwicklers**, der sich mit Schadensmeldungen, Kundenanfragen, der Begutachtung und Regulierung von Schäden vor Ort befasst (BFH vom 14.08.2006, Az: V B 65/04, BFH/NV 2007, 114);
- die Leistungen der Bausparkassenvertreter, soweit sie im Rahmen des sog. **Hausbauprogramms** der Bausparkassen Lieferaufträge bzw. Kaufaufträge für Bausatzhäuser vermitteln (BFH vom 29.03.1994, Az: V B 131/91, BFH/NV 1995, 452);
- die Kreditvermittlung bei gleichzeitiger Vermittlung einer **Restschuldversicherung** (Lebensversicherung) für den Fall, dass der Kreditnehmer das Darlehen nicht oder nicht vollständig zurückzahlen kann; hier werden Versicherungen nicht für eine Versicherungsgesellschaft, sondern für eine Bank vermittelt (OFD Saarbrücken vom 01.03.1979, Az: S – 7522 – 17 – St 24, UR 1980, 20). Allerdings ist zu prüfen, ob es sich bei der Vermittlung der Restschuldversiche-

rung um eine Nebenleistung zu der nach § 4 Nr. 8 Buchst. a UStG steuerfreien Kreditvermittlung handelt. Ist dies der Fall, dann folgt diese unselbständige Leistung dem Schicksal der (steuerfreien) Hauptleistung;

- Vermittlungsprovisionen, die an einen Investitionsberater für den Ankauf von Rentenversicherungen gezahlt werden, sind nicht umsatzsteuerbefreit (FG München vom 04.11.2015, Az: 3 K 648/13, EFG 2016, 327). Das FG verneinte in diesem Fall eine Umsatzsteuerbefreiung nach § 4 Nr. 11 UStG, da die unternehmerische Tätigkeit des Klägers darin bestanden habe, dem Versicherungsaufkäufer den Erwerb von laufenden Rentenversicherungsverträgen der Versicherungsnehmer zu vermitteln. In dieser Fallkonstellation fehle es an der vom EuGH geforderten Vertragsbeziehung zwischen dem Erbringer der Versicherungsdienstleistung und dem jeweils Versicherten (EuGH vom 22.10.2009, Rs. C-242/08, Swiss Re, BStBl II 2011, 559), denn der Versicherungsgeber sei an diesem Leistungsaustausch nicht unmittelbar beteiligt.
- Die Leistung eines **Assekuradeurs**, der für Versicherer Versicherungsprodukte entwickelt, den direkten Kontakt zu Kunden herstellt, diesen pflegt und Risikoanalysen von Versicherungsnehmern vor Versicherungsabschluss durchführt, ist nicht steuerbefreit (FG Münster vom 17.10.2017, Az: 15 K 3268/14 U, n. rkr., EFG 2017, 1989, Az. BFH: V R 58/17); kritisch Evers, VW 2018, 58.

2.2.2 Betreuung, Überwachung oder Schulung von nachgeordneten selbständigen Vermittlern gegen Superprovision (Strukturvertrieb)

23 Der Befreiungstatbestand des § 4 Nr. 11 UStG beschränkt sich auf die typischen Tätigkeiten des Versicherungsvertreters und -maklers. Nach der Rechtsprechung des EuGH schließt der Umstand, dass ein Versicherungsmakler oder -vertreter zu den Parteien des Versicherungs- oder Rückversicherungsvertrages, zu dessen Abschluss er beiträgt, keine unmittelbare Verbindung hat, dessen Steuerbefreiung nicht zwingend aus. **Ausreichend ist eine auch nur mittelbare Verbindung** über einen anderen Steuerpflichtigen, der selbst in unmittelbarer Verbindung zu einer dieser Parteien steht, wenn der Versicherungsmakler oder -vertreter mit diesem Mittler vertraglich verbunden ist (EuGH vom 03.04.2008, Rs. C-124/07, J. C. M. Beheer BV, UR 2008, 389 mit Anm. Wäger). Diese Rechtsprechung hat der BFH zum Anlass genommen, in einem vielbeachteten Urteil vom 30.10.2008 (Az: V R 44/07, UR 2009, 86 mit Anm. Hahne und Philipowski) seine Rechtsprechungsgrundsätze zur Steuerpflicht von Vermittlungsleistungen in mehrstufigen Vertriebssystemen (sog. »Strukturvertrieb«) neu zu justieren. Zur Funktionsweise eines »Strukturvertriebs« vgl. OFD Koblenz vom 13.11.1997, S 7167 A-St 51 3.

24 Zur Frage der Umsatzsteuerpflicht bei der mehrstufigen Vermittlung von Versicherungsprodukten im Strukturvertrieb vertritt der BFH nunmehr die Auffassung, dass im Einzelfall auch die Betreuung, Schulung und Überwachung von Versicherungsvertretern eine steuerfreie Tätigkeit nach § 4 Nr. 11 UStG beinhalten könne. Erhält der »Obervermittler« (auch »Overhead-Handelsmakler« oder »Maklerbetreuer«) aus den Provisionserlösen eine sog. Overhead-Provision oder Superprovision, ist diese Leistung steuerbefreit, wenn »der Unternehmer, der diese Leistung übernimmt, durch Prüfung eines jeden Vertragsangebots zumindest mittelbar auf eine der Vertragsparteien einwirken kann, wobei auf die Möglichkeit, eine solche Prüfung im Einzelfall durchzuführen, abzustellen ist« (BFH vom 30.10.2008, Az: V R 44/07, UR 2009, 86 mit Anm. Hahne und Philipowski).

25 Während dieses Urteil in den beteiligten Kreisen zunächst noch als vorsichtige Bestätigung der Umsatzsteuerbefreiung im Strukturvertrieb angesehen wurde, weisen einige jüngere Entscheidungen eine eindeutig restriktive Tendenz in dieser Frage auf. Eindeutig geklärt ist, dass eine Steuerfreiheit für Leistungen, die keinen Bezug zu einzelnen Vermittlungsgeschäften aufweisen, sondern allenfalls dazu dienen, im Rahmen der Administration einer Vertriebsorganisation andere

Unternehmer, die Vermittlungsleistungen erbringen, zu unterstützen, **nicht steuerbegünstigt** ist. Weiterhin unklar ist jedoch, welche Qualität der Mitwirkungsbeitrag des Obervermittlers am Vermittlungsgeschäft im Einzelfall aufweisen muss.

Fest steht, dass die »einmalige Prüfung und Genehmigung von Standardverträgen und standardisierten Vorgängen« für eine Umsatzsteuerbefreiung des Obervermittlers nicht ausreicht. Dies war bereits Gegenstand der eingangs erwähnten Entscheidung des V. Senats (BFH vom 30.10.2008, Az: V R 44/07, UR 2009, 86). Ebenso steht fest, dass der Abschluss eigener Verträge des »Strukturoberen« mit sich selbst als Versicherungsnehmer (sog. »Eigenvermittlungsgeschäft «) nicht geeignet ist, eine Steuerbegünstigung für den Aufbau des Strukturvertriebes zu begründen (BFH vom 03.08.2017, Az: V R 19/16, BFH/NV 2017, 1685 = UStB 2017, 318). 26

Eine weitere Feinjustierung dieser Rechtsprechung nahm auch der XI. Senat des BFH vor (BFH vom 14.05.2014, Az: XI R 13/11, BStBl II 2014, 734). Dieser entschied, dass keine Vermittlungstätigkeit erbringt, »wer als sog. »Distributor« im Rahmen eines mehrstufigen Vertriebs von Fondsanteilen selbständige Abschlussvermittler anwirbt, schult und im Rahmen ihres Einsatzes unterstützt sowie die von den Abschlussvermittlern eingereichten Unterlagen auf Vollständigkeit und Plausibilität prüft«. In der Sache betont der XI. Senat damit die Notwendigkeit der eigenen Vermittlungstätigkeit in Abgrenzung zur bloßen Vertriebsunterstützung. 27

Wenngleich diese Entscheidung zu § 4 Nr. 8 Buchst. e und f UStG ergangen ist, finden diese Grundsätze auch auf § 4 Nr. 11 UStG Anwendung. Neu ist an dieser Entscheidung, dass die »Möglichkeit der Prüfung der Verträge auf Vollständigkeit und Plausibilität« ausdrücklich nicht als hinreichender Mitwirkungsbeitrag gewertet wird, da es sich insoweit um »bloße Sacharbeit« handle (so bereits die erste Instanz: FG Rheinland-Pfalz vom 24.03.2011, Az: 6 K 2456/09, EFG 2011, 1566). Gerade die letzte Feststellung verdeutlicht, dass der BFH **m. E.** die Anforderungen an die eigene Vermittlungstätigkeit im Strukturvertrieb überdehnt. Für die Praxis ist diese Rechtsprechung überaus problematisch, solange sich der BFH nicht eindeutig positioniert, welche Mitwirkungshandlungen aus seiner Sicht zwingend notwendig für eine Steuerbefreiung des Obervermittlers sind (ebenso kritisch: Becker, UStB 2010, 291, 296). Dem BFH ist zuzustimmen, dass allein die Anwerbung von Mitarbeitern, der Aufbau einer Vertriebsorganisation und die Durchführung von Mitarbeiterschulungen keinen hinreichenden Bezug zu einer eigenen Vermittlungstätigkeit aufweist. Entgegen dem BFH sollte es jedoch beim Strukturvertrieb ausreichen, wenn die Versicherungsanträge in jedem Einzelfall »über den Obervermittler laufen« und dieser nach erfolgter Vollständigkeits- und Plausibilitätsprüfung noch ggf. Einfluss auf die Vertragsgestaltung nehmen kann.

Die Finanzverwaltung hat sich dieser Rechtsprechung angeschlossen (Abschn. 4.11.1 Abs. 2 S. 6, 7 UStAE). Als Beweiszeichen, dass berufstypische Leistungen erbracht werden, gilt die Zahlung erfolgsabhängiger Vergütungen sog. »**Superprovisionen**« (Abschn. 4.11.1 Abs. 2 S. 8 UStAE). Auch das Urteil des BFH vom 14.05.2014 wurde umgehend in den UStAE zu § 4 Nr. 8 UStG aufgenommen (Abschn. 4.8.1 S. 5 UStAE, BMF vom 10.12.2014, IV D 3-S 7015/14/10001, FMNR589000014). 28

TIPP

Der BFH lässt ausdrücklich offen, wie die Einwirkungsmöglichkeit im Einzelfall sicherzustellen und nachzuweisen ist. Für die Praxis empfiehlt es sich, die Verfahrensabläufe so auszugestalten, dass möglichst viele Indizien auf eine individuelle Einwirkungsmöglichkeit beim Vertragsschluss schließen lassen. Um den eigenen Mitwirkungspflichten im Besteuerungsverfahren zu genügen, bedarf es hierzu einer geeigneten Dokumentation des Overhead-Handelsvertreters/Maklerbetreuers, dass dieser tatsächlich Einfluss auf das einzelne Abschlussgeschäft genommen hat. Vgl. hierzu auch Rothenberger, UStB 2014, 250 (251); Becker, UStB 2014, 291 ff.

2.2.3 Backoffice-Tätigkeiten

29 »Backoffice-Tätigkeiten«, die darin bestehen, gegen Vergütung Dienstleistungen für einen Versicherer zu erbringen, sind nicht steuerbefreit (Abschn. 4.11.1 Abs. 2 S. 9 UStAE unter Hinweis auf EuGH vom 03.03.2005, Rs. C-472/03, Arthur Andersen, DStR 2005, 467).

2.2.4 Versicherungsvermittlung im Internet

30 Das Internet ersetzt im zunehmenden Maße die klassischen Vertriebskonzepte für Versicherungsprodukte. Neben den Online-Portalen der Versicherer, die sich auf den Vertrieb ihrer Produkte über das Internet spezialisiert haben, haben sich inzwischen auch eine Vielzahl von Internetplattformen am Markt etabliert, auf denen die Nutzer der Webseite einen Preis- und Leistungsvergleich von Finanzdienstleistungsprodukten vornehmen können. Die Betreiber einer solchen Internetseite führen dann eine steuerfreie Versicherungsvermittlungstätigkeit aus, wenn die User nach Eingabe ihrer sämtlichen für den Vertragsschluss eines Versicherungsvertrages erheblichen Daten und Erhalt des Ergebnisses einer Vergleichsrechnung ein individuelles schriftliches Angebot zum Abschluss eines Versicherungsvertrages mit dem Versicherer ihrer Wahl anfordern und der Betreiber dieses Angebot an den Versicherer über eine Schnittstelle weiterleitet (so FG München vom 19.05.2010, Az: 3 K 134/07, BeckRS 2011, 95919). Reine »Vergleichsportale« genügen diesen Anforderungen hingegen nicht.

2.2.5 Hilfsgeschäfte

31 Nach dem Wortlaut der Vorschrift (»... aus der Tätigkeit als ...«) sind die Hilfsgeschäfte der Berufsangehörigen von der Steuerbefreiung ausgeschlossen (Abschn. 4.11.1 Abs. 2 S. 10 UStAE unter Hinweis auf BFH vom 11.04.1957, Az: V 46/56 U, BStBl III 1957, 222). Hilfsgeschäfte sind Leistungen, die nicht Gegenstand des Unternehmens sind, die sich aber üblicherweise aus dem Betrieb des Unternehmens ergeben (z. B. private Pkw-Nutzung).

Für diese Umsätze dürfte in aller Regel die Kleinunternehmerregelung des § 19 Abs. 1 UStG zur Anwendung kommen, so dass **de facto keine Besteuerung** erfolgt (so auch Schuhmann in R/D, § 4 Nr. 11 Anm. 58). Für den Verkauf von Gegenständen des Anlagevermögens kommt ferner die **Steuerbefreiung nach § 4 Nr. 28 UStG** in Betracht (Abschn. 4.11.1 Abs. 2 S. 11 i. V. m. Abschn. 4.28.1 UStAE).

2.2.6 Form des Entgelts

32 Die Form des Entgeltes ist ohne Bedeutung. Zum Entgelt gehört insbesondere auch der **Handelsvertreterausgleichsanspruch nach § 89b HGB**. Dieser ist kein Versorgungsanspruch, sondern soll dem Vertreter eine weitere Gegenleistung für seine durch die Provision noch nicht voll abgegoltene Leistung verschaffen. Letztere besteht in der Schaffung eines Kundenstammes, den der Unternehmer nach dem Ausscheiden des Versicherungsvertreters ohne dessen Beteiligung weiter nutzen kann (Kraeusel in R/K/L, § 4 Nr. 11 Rn. 21).

§ 4 Nr. 11a UStG
Steuerbefreiungen: Umsätze der Deutsche Bundespost TELEKOM und der Deutsche Telekom AG

Von den unter § 1 Abs. 1 Nr. 1 fallenden Umsätzen sind steuerfrei:

...

11a. die folgenden vom 1. Januar 1993 bis zum 31. Dezember 1995 ausgeführten Umsätze der Deutschen Bundespost TELEKOM und der Deutsche Telekom AG:

a) die Überlassung von Anschlüssen des Telefonnetzes und des diensteintegrierenden digitalen Fernmeldenetzes sowie die Bereitstellung der von diesen Anschlüssen ausgehenden Verbindungen innerhalb dieser Netze und zu Mobilfunkendeinrichtungen,

b) die Überlassung von Übertragungswegen im Netzmonopol des Bundes,

c) die Ausstrahlung und Übertragung von Rundfunksignalen einschließlich der Überlassung der dazu erforderlichen Sendeanlagen und sonstigen Einrichtungen sowie das Empfangen und Verteilen von Rundfunksignalen in Breitbandverteilnetzen einschließlich der Überlassung von Kabelanschlüssen;

...

Richtlinien/Hinweise/Verordnungen
MwStSystRL: Art. 13, 132 Abs. 1 Buchst. a, 371.

1 Überblick der Vorschrift

Diese Steuerbefreiungsnorm stellte die klassischen Fernmeldeleistungen der deutschen Telekom von der USt frei. Diese Befreiung galt **letztmalig im Veranlagungszeitraum 1995**. Ab dem Veranlagungszeitraum 1996 wurden auch die Telekommunikationsleistungen der deutschen Telekom umsatzsteuerpflichtig. 1

2 Rechtsentwicklung

2 Unter dem Dach des Staatsunternehmens »Deutsche Post« hatte diese auch das Monopol hinsichtlich der Telekommunikation. Diese Leistungen des staatlichen Monopolisten hatte man von Anbeginn von der USt freigestellt. Zuerst erfolgte die Freistellung durch die hoheitliche Betätigung des Leistungsgebers Deutsche Post. Im Zuge der Privatisierung gab es quasi als Übergangslösung eine befristete USt-Befreiung für den ehemaligen Staatsmonopolisten. Diese lief per 31.12.1995 aus.

3 Durch die **Öffnung des Telekommunikationsmarktes** für die private Wirtschaft war eine USt-Befreiung nicht mehr geboten. Aus diesem Grunde wurden **ab dem Veranlagungszeitraum 1996** alle Telekommunikationsleistungen umsatzsteuerpflichtig.

3 Geltungsbereich

4 Die Steuerbefreiung **galt bis zum 31.12.1995** für Telekommunikationsleistungen der Deutschen Bundespost bzw. Telekom. Die EU-rechtlichen Grundlagen hierfür waren bzw. sind in Art. 13, 132 Abs. 1 Buchst. a, 371 MwStSysRL (bis einschließlich 2006 in Art. 4 Abs. 5 i. V. m. Anhang D Nr. 1, Art. 13 Teil A Abs. 1 Buchst. a i. V. m. Art. 28 Abs. 3 Buchst. b der 6. EG-RL) zu finden.

§ 4 Nr. 11b UStG
Steuerbefreiungen: Post-Universaldienstleistungen

[1]Von den unter § 1 Abs. 1 Nr. 1 fallenden Umsätzen sind steuerfrei:

. . .

11b. Universaldienstleistungen nach Artikel 3 Absatz 4 der Richtlinie 97/67/EG des Europäischen Parlaments und des Rates vom 15. Dezember 1997 über gemeinsame Vorschriften für die Entwicklung des Binnenmarktes der Postdienste der Gemeinschaft und die Verbesserung der Dienstequalität (ABl. L 15 vom 21.1.1998, S. 14, L 23 vom 30.1.1998, S. 39), die zuletzt durch die Richtlinie 2008/6/EG (ABl. L 52 vom 27.2.2008, S. 3) geändert worden ist, in der jeweils geltenden Fassung. Die Steuerbefreiung setzt voraus, dass der Unternehmer sich entsprechend einer Bescheinigung des Bundeszentralamtes für Steuern gegenüber dieser Behörde verpflichtet hat, flächendeckend im gesamten Gebiet der Bundesrepublik Deutschland die Gesamtheit der Universaldienstleistungen oder einen Teilbereich dieser Leistungen nach Satz 1 anzubieten. Die Steuerbefreiung gilt nicht für Leistungen, die der Unternehmer erbringt

a) auf Grund individuell ausgehandelter Vereinbarungen oder

b) auf Grund allgemeiner Geschäftsbedingungen zu abweichenden Qualitätsbedingungen oder zu günstigeren Preisen als den nach den allgemein für jedermann zugänglichen Tarifen oder als den nach § 19 des Postgesetzes vom 22. Dezember 1997 (BGBl. I S. 3294), das zuletzt durch Artikel 272 der Verordnung vom 31. Oktober 2006 (BGBl. I S. 2407) geändert worden ist, in der jeweils geltenden Fassung, genehmigten Entgelten;

. . .

Literatur

Jacobs, Mehrwertsteuerpflicht des Postzustellungsauftrags, UR 2012, 621. **Hüttemann**, Europarechtliche Vorgaben der Umsatzsteuerbefreiung für Postdienstleistungen, Festschrift für Wienand Meilicke 2010, 251.

König/Hanke, Die Novellierung des § 4 Nr. 11b UStG im Rahmen des Gesetzes zur Umsetzung steuerlicher EU-Vorgaben sowie zur Änderung steuerlicher Vorschriften – eine steuerliche Hydra?, BB 2010, 1578. **Theler**, Verauslagte Portokosten bei Werbeagenturen und Konsolidierern als durchlaufende Posten, UVR 2011, 154.

Richtlinien/Hinweise/Verordnungen
UStAE: Abschn. 4.11b.1.
MwStSystRL: Art. 132 Abs. 1 Buchst. a.

1 Allgemeines

1.1 Überblick über die Vorschrift

1 Die bis zum 30.06.2010 geltende Fassung der Vorschrift befreit die unmittelbar dem Postwesen dienenden Umsätze der Deutschen Post AG von der USt. Die ab dem 01.07.2010 geltende Neufassung der Vorschrift befreit hingegen nicht nur Umsätze der Deutschen Post AG, sondern darüber hinaus alle Post-Universaldienstleistungen, auch wenn sie von anderen Unternehmern erbracht werden.

1.2 Rechtsentwicklung

2 Die Leistungen der Deutschen Bundespost waren als hoheitliche Leistungen nicht steuerbar. Durch die Umwandlung der Deutschen Bundespost POSTDIENST in eine Aktiengesellschaft wurde aus dem ehemals hoheitlichen Betrieb ein Wirtschaftsunternehmen privaten Rechts, dessen Leistungen grundsätzlich steuerbar und auch steuerpflichtig waren bzw. sind. Um dennoch die **klassischen Postdienstleistungen steuerfrei** zu stellen, musste hierfür ausdrücklich eine Steuerbefreiungsnorm geschaffen werden. Die Liberalisierung auf dem Postmarkt sowie EU-rechtliche Vorgaben erforderten eine Anpassung der Vorschrift zum 01.07.2010.

1.3 Geltungsbereich

1.3.1 Sachlicher Geltungsbereich

3 Die Befreiungsvorschrift gilt nur für die Leistungen, die **durch den Begriff des Postwesens im herkömmlichen Sinn geprägt** werden. Der Begriffsinhalt ist zwar in § 1 des PTNeuOG für den Brief-, Paket-, Postanweisungs- sowie Postauftragsdienst, Postgirodienst und Postsparkassendienst definiert. Tatsächlich unterliegen bis zum 30.06.2010 jedoch nur die Leistungen der Steuerbefreiung, für die die Post eine gesetzliche Exklusivlizenz nach §§ 51 ff. PostG besitzt.

4 Ab dem 01.07.2010 können durch die Neufassung der Vorschrift auch andere Unternehmen, die Post-Universaldienstleistungen oder Teile davon anbieten, die Steuerbefreiung unter bestimmten Voraussetzungen in Anspruch nehmen.

1.3.2 Persönlicher Geltungsbereich

Die Befreiung galt bis zum 30.06.2010 nur für die begünstigten Leistungen der Deutschen Post AG. Ab dem 01.07.2010 können auch andere Unternehmer die Steuerbefreiung in Anspruch nehmen. 5

1.3.3 Zeitlicher Geltungsbereich

Die Steuerbefreiung für die dem Postwesen dienenden Umsätze der Deutschen Post AG wurde durch das Gesetz zur Neuordnung des Postwesens vom 14.09.1994 (PTNeuOG, BGBl I 1994, 2325, 2389) m. W. v. 01.01.1995 eingeführt. Sie galt bis zum 30.06.2010. 6

Die Neufassung des § 4 Nr. 11b UStG durch Art. 6 Nr. 2 des Gesetzes zur Umsetzung steuerlicher EU-Vorgaben sowie zur Änderung steuerlicher Vorschriften vom 08.04.2010 (StEUVUmsG, BGBl I 2010, 386, 392) gilt ab dem 01.07.2010. 7

1.4 Gemeinschaftsrechtliche Grundlagen und Verhältnis zu anderen Vorschriften

Die gemeinschaftsrechtlichen Grundlagen sind in Art. 132 Abs. 1 Buchst. a MwStSystRL zu finden. Die Aufzeichnungspflichten für steuerbefreite Umsätze nach dieser Rechtsnorm resultieren aus § 22 Abs. 2 Nr. 1 UStG. 8

Liegen für Leistungen nach § 4 Nr. 11b UStG auch die Voraussetzungen der Steuerbefreiung für Leistungen im Zusammenhang mit Gegenständen der Ausfuhr (§ 4 Nr. 3 S. 1 Buchst. a Doppelbuchst. aa UStG) vor, bestimmt Abschn. 4.11b.1 Abs. 14 UStAE, dass die Steuerbefreiung des § 4 Nr. 11b UStG dieser Steuerbefreiung vorgeht.

2 Kommentierung

2.1 Postdienstleistungen

Spätestens seit der Umwandlung des Sondervermögens Deutsche Bundespost POSTDIENST in die Deutsche Post AG durch die sog. Postreform II erbringt die Deutsche Post umsatzsteuerbare Leistungen, weil aus dem Hoheitsbetrieb ein Wirtschaftsbetrieb wurde. Weil die Deutsche Post AG wegen ihres **noch immer staatsmonopolistischen Charakters** als »öffentliche Post- und Fernmeldeeinrichtung« i. S. d. Art. 13 Teil A Abs. 1 Buchst. a der 6. EG-RL angesehen wird (so die amtliche Begründung zum Gesetzentwurf des PTNeuOG, BR-Drucks. 115/94, 123 f.), musste zum 01.01.1995 eine Steuerbefreiungsnorm geschaffen werden. Betroffen hiervon sind allerdings nur die **unmittelbar dem Postwesen dienenden Umsätze** der Deutschen Post AG. Nicht unter diese Befreiungsnorm fallen die Bankleistungen der Post; diese Umsätze können jedoch nach § 4 Nr. 8 UStG umsatzsteuerfrei sein. 9

10 Auch die MwStSystRL sieht eine Möglichkeit der Steuerbefreiung für die durch öffentliche Posteinrichtungen ausgeführten Dienstleistungen und die dazugehörigen Lieferungen von Gegenständen vor. **Nicht** von dieser EU-Norm erfasst werden jedoch die durch die Post erbrachten **Personenbeförderungs- und Telekommunikationsleistungen**. Die Steuerbefreiung für die Deutsche Post AG ist nach Gemeinschaftsrecht sogar geboten, weil es sich **trotz privatrechtlicher Organisationsform** um eine **öffentliche Posteinrichtung** handelt. Daran hat sich auch nichts durch das neue Postgesetz vom 22.12.1997 geändert (BGBl I 1997, 3294). Zweck dieses Gesetzes ist es, flächendeckend angemessene und ausreichende Dienstleistungen zu gewähren und durch Regulierung im Bereich des Postwesens den Wettbewerb zu fördern. Zu diesem Zweck wurde in § 4 Nr. 1 PostG der Begriff der Postdienstleistung aufgenommen.

2.2 Begünstigte Leistungen; begünstigter Unternehmer

11 Die bis zum 30.06.2010 geltende Steuerbefreiungsvorschrift umfasst nur Leistungen der Deutschen Post AG und dort nur solche Leistungen, die unmittelbar dem Postwesen dienen. Dabei wird der Begriff »Postwesen« dahingehend definiert, dass es sich dabei um die klassisch, historischen Postleistungen in herkömmlichen Sinne handelt (BR-Drucks. 115/94, 123).

2.3 Postwesen

12 Das Postwesen umfasst die **spezifische postalische Beförderung von Nachrichten und Kleingütern (Päckchen)**. Die Übermittlung erfolgt in einem **standardisierten und auf massenhaften Verkehr angelegten Transportnetz**. Dabei sind die Gewichtsgrenzen festgelegt. Darunter fallen bis zum 30.06.2010 alle Leistungen der Deutschen Post AG, für die sie gesetzliche Exklusivlizenzen nach den §§ 51 ff. PostG hat. Ebenso fallen die von ihr erbrachten Universaldienstleistungen nach der Post-Universaldienstleistungsverordnung hierunter (FinMin Niedersachsen vom 25.04.2000, Az: S 7167b – 1–32, UR 2000, 487).

13 **Im Wesentlichen fallen hierunter**

- die Beförderung von Briefsendungen und adressierten Katalogen mit einem Gewicht bis 200 g,
- die Beförderung inhaltsgleicher Briefe mit einem Gewicht bis 50 g, wenn vom Absender mindestens 50 Stück angeliefert werden,
- die Beförderung von Briefsendungen bis 2 kg, wenn bestimmte Maße eingehalten werden,
- die Beförderung von adressierten, bestimmte Maße nicht überschreitende Paketen bis 20 kg,
- die Beförderung von Zeitungen und Zeitschriften.

14 Die Briefbeförderung umfasst auch **Einschreibesendungen, Wertsendungen** und **Nachnahmesendungen** sowie Sendungen mit **Eilzustellung**.

15 **Andere von der Deutschen Post AG erbrachte Leistungen**, wie z. B.

- der Verkauf von Briefumschlägen,
- Kartons für Postpakete,
- Schreibwaren etc.,
- Postzustellungsaufträge (vgl. dazu Jacobs, UR 2012, 621)

fallen **nicht** unter die Steuerbefreiung.

2.4 Vorsteuerabzug

Die Steuerbefreiungsnorm des § 4 Nr. 11b UStG schließt den Vorsteuerabzug aus. Auf diese Steuerbefreiung kann nicht verzichtet werden. 16

2.5 Rechtsänderung zum 01.07.2010

Aufgrund gemeinschaftsrechtlicher Vorgaben hat der nationale Gesetzgeber die Rechtsnorm inhaltlich geändert. Die Neufassung der Befreiungsvorschrift durch das Gesetz zur Umsetzung steuerlicher EU-Vorgaben sowie zur Änderung steuerlicher Vorschriften vom 08.04.2010 (StEU-VUmsG, BGBl I 2010, 386, 392) gilt ab dem 01.07.2010. Sie stellt – entsprechend den Ausführungen der MwStSystRL – **alle sog. Post-Universaldienstleistungen** im Bereich des Postsektors (für eine Vielzahl von Unternehmer) steuerfrei (BT-Drucks. 16/11340 vom 10.12.2008). Die Neufassung dieser Rechtsnorm trägt dem Grundsatz der Liberalisierung auf dem Postmarkt Rechnung und führt dazu, dass auch andere Dienstleister die Steuerbefreiungen für diese Universaldienstleistungen in Anspruch nehmen können. Die Änderung trat zum 01.07.2010 in Kraft. Mit der Rechtsänderung werden alle unmittelbar dem Postwesen dienenden Umsätze – auch von Drittanbietern – unter gewissen Voraussetzungen steuerfrei gestellt. 17

Für die Inanspruchnahme der Steuerbefreiung müssen gewisse Bedingungen erfüllt werden. So muss der leistende Unternehmer 18

- die Gesamtheit der Universaldienstleistungen
- entsprechend einer Bescheinigung des BZSt
- im gesamten Bundesgebiet flächendeckend
- in einem EU-rechtlich definierten Qualitätsstandard

anbieten, um eine Grundversorgung der Bevölkerung sicherzustellen.

2.5.1 Steuerfreie Leistungen

Die Befreiungsvorschrift kann nur von solchen Unternehmern in Anspruch genommen werden, die als öffentliche Posteinrichtungen i. S. v. Art. 132 Abs. 1a MwStSystRL anzusehen sind. Dies sind Unternehmen, die **dem Gemeinwohl dienende Tätigkeiten** erbringen. Was darunter zu verstehen ist, ergibt sich aus der EU-Postrichtlinie (RL 97/96/EG). Danach werden die Nationalstaaten verpflichtet, einen für den Bürger zur Verfügung stehenden Universaldienst ständig und flächendeckend anzubieten. Dabei müssen die abgerechneten Preise für alle Nutzer »tragbar« sein und die angebotene Leistung eine bestimmte Qualität aufweisen. 19

Dem Gemeinwohl dienende Postdienstleistungen, die auch für andere Unternehmer steuerfrei sein können, sind solche Leistungen, welche die Grundversorgung der Bevölkerung sicherstellen. Welche Leistungen darunter fallen, regelt das EU-Postrecht (Art. 3 der RL 97/67/EG). »Der Universaldienst soll nach Art. 3 Abs. 3 Richtlinie 97/67/EG an mindestens fünf Arbeitstagen stattfinden. Die Richtlinie wendet sich an die EU-Mitgliedstaaten, damit sie diese Anforderungen an den Universaldienst gewährleisten. Der jeweilige EU-Mitgliedstaat hat im durch die Richtlinie 97/67/EG vorgegebenen Rahmen einen Umsetzungs- und Präzisierungsspielraum: Er muss nur den Mindestzeitraum einhalten, darf aber auch darüber hinausgehen. So heißt es im 21. Erwägungsgrund der Richtlinie 2008/6/EG (ABlEU Nr. L 52 vom 27. Februar 2008, S. 3) zur Änderung der Richtlinie 97/67/EG, der 20

Universaldienst gewährleiste grundsätzlich eine Abholung und eine Zustellung zu der Wohnadresse oder den Geschäftsräumen an jedem Werktag selbst in abgelegenen oder dünn besiedelten Gebieten«, vgl. BFH vom 02.03.2016, Az. V R 20/15, BStBl II 2016, 548.

Weiter führt der BFH aus, dass § 11 Abs. 2 des Postgesetzes (PostG) i.V.m. § 2 Ziff. 5 der Post-Universaldienstleistungsverordnung (PUDLV; vom 15.12.1999, BGBl I 1999, 2418) regelt – die Richtlinie umsetzend – auf innerstaatlicher Ebene, dass »die Zustellung mindestens einmal werktäglich zu erfolgen hat«. Werktage seien alle Kalendertage, die nicht Sonn- oder gesetzliche Feiertage sind (vgl. z.B. § 1 Abs. 2 des Bundesurlaubsgesetzes). Damit verlange § 11 Abs. 2 PostG i.V.m. § 2 Ziff. 5 PUDLV die Zustellung an sechs Tagen pro Woche. Mithin könne ein Unternehmer, der Zustellungen von Dienstag bis Samstag ausführt, keine Universaldienstleistungen erbringen.

Diese Rechtsauffassung steht im Einklang mit der Verwaltungsmeinung gem. Abschn. 4.11b.1 Abs. 2 Buchst. e UStAE.

21 Bei dem Gemeinwohl dienende Postleistungen handelt es sich um

- die Beförderung von Briefsendungen, einschließlich der Beförderung von adressierten Büchern, Katalogen, Zeitungen und Zeitschriften bis 2000 g,
- die Beförderung von adressierten Paketen bis 10 kg sowie
- die Beförderung von Einschreib- und Wertsendungen.

22 Die Feststellung, dass die Voraussetzungen für die Anwendung der Steuerbefreiung erfüllt sind, trifft das BZSt. Stellt sich im Nachhinein heraus, dass die Voraussetzungen für die ausgestellte Bescheinigung nicht oder nicht mehr vorliegen, nimmt das BZSt die Bescheinigung – ggf. auch rückwirkend – zurück.

23 Weitere Einzelheiten ergeben sich aus Abschn. 4.11b.1 UStAE.

2.5.2 Steuerpflichtige Leistungen

24 Nicht steuerbefreit sind

- Leistungen aufgrund einzelvertraglicher Vereinbarung,
- Leistungen aufgrund von allgemeinen Geschäftsbedingungen zu abweichenden Qualitätsbedingungen oder günstigeren Preisen als nach den allgemein für jedermann zugänglichen Tarifen oder als den nach § 19 Postgesetz genehmigten Entgelten,
- Paketsendungen mit einem Gewicht von mehr als 10 kg bis zu 20 kg,
- adressierte Bücher, Kataloge, Zeitungen und Zeitschriften mit einem Gewicht von jeweils mehr als 2 kg,
- Expresszustellungen,
- Nachnahmesendungen,
- Leistungen, die individuell vereinbart werden,
- (nunmehr ausdrücklich) Leistungen, die zu Sonderkonditionen ausgeführt werden.

25 Streitig ist zurzeit, ob förmliche Zustellungen zu den steuerfreien Einschreiben oder den steuerpflichtigen Leistungen gehören. Nach dem nicht rkr. Urteil des FG Baden-Württemberg, Urteil vom 17.08.2015, Az: 9 K 403/12, Az BFH: V R 30/15, sei die förmliche Zustellung (Postzustellungsauftrag/Zustellungsauftrag) weder nach dem Postgesetz noch nach der Post-Richtlinie (Richtlinie 97/67/EG) eine Universaldienstleistung i.S.v. Art. 132 Abs. 1 Buchst. a MwStSystRL. Der Postzustellungsauftrag sei von der Definition der Einschreibsendung nicht umfasst. Zur weiteren Begründung vgl. Rn. 38ff. Die gleiche Auffassung vertritt das FG Köln im ebenfalls nicht rkr. Urteil vom 09.12.2015, Az: 2 K 1715/11, Az BFH: V R 8/16.

§ 4 Nr. 12 UStG
Steuerbefreiungen: Nutzungsüberlassung von Grundstücken und Grundstücksteilen

Von den unter § 1 Abs. 1 Nr. 1 fallenden Umsätzen sind steuerfrei:

...

12.

a) die Vermietung und die Verpachtung von Grundstücken, von Berechtigungen, für die die Vorschriften des bürgerlichen Rechts über Grundstücke gelten, und von staatlichen Hoheitsrechten, die Nutzungen von Grund und Boden betreffen,

b) die Überlassung von Grundstücken und Grundstücksteilen zur Nutzung auf Grund eines auf Übertragung des Eigentums gerichteten Vertrags oder Vorvertrags,

c) die Bestellung, die Übertragung und die Überlassung der Ausübung von dinglichen Nutzungsrechten an Grundstücken.

Nicht befreit sind die Vermietung von Wohn- und Schlafräumen, die ein Unternehmer zur kurzfristigen Beherbergung von Fremden bereithält, die Vermietung von Plätzen für das Abstellen von Fahrzeugen, die kurzfristige Vermietung auf Campingplätzen und die Vermietung und die Verpachtung von Maschinen und sonstigen Vorrichtungen aller Art, die zu einer Betriebsanlage gehören (Betriebsvorrichtungen), auch wenn sie wesentliche Bestandteile eines Grundstücks sind;

...

Literatur

Dziadkowski, Umsatzbesteuerung der Überlassung von Sportanlagen, UR 2001, 242. **Fromm,** Immer wieder »Seeling«, oder: Tot Geglaubte leben länger, DStR 2009, 259. **Hättich/Renz,** Vermietung von Grundstücken im Umsatzsteuerrecht, NWB 2010, 3631. **Herbort,** Umsatzsteuerpflicht von Leistungen im Umfeld von Windkraftanlagen durch Grundstückseigentümer, NWB 2015, 3257. **Klenk,** Umsatzbesteuerung der Campingplätze, UR 2010, 727. **L'habitant,** Ferienimmobilien im Fokus der Finanzverwaltung – Ein Überblick über steuerliche Stolperfallen bei Ferienimmobilien im Inland, NWB 2017, 3490. **Nattkämper/Scholz,** Umsatzsteuerliche Behandlung einer Dachverpachtung an den Betreiber einer Photovoltaikanlage, NWB 46/2011, 3824. **Nieskens,** Seeling und kein Ende?, EU-UStB 2009, 43. **ders.,** Umsatzsteuersparmodell: Die auch privat genutzte Immobilie, UStB 2003, 311. **Oldiges,** Das Ende der Aufteilungsgebote im UStG?, DB 2018, 541. **Ramb,** Seeling und kein Ende, NWB 2012, 1450. **Scholz/Nattkämper,** Das Ende der Seeling-Rechtsprechung und der Vorsteuerabzug im Lichte des Jahressteuergesetzes 2010 (Art. 168a MwStSystRL), EU-UStB 2010, 32. **Schmidt,** Mitvermietung des Inventars als umsatzsteuerliche Nebenleistung der Grundstücksvermietung, NWB 2016, 607. **Schumann,** Erbbaurechte in der Umsatzsteuer, MwStR 2017, 525. **Schumann,** Zur umsatzsteuerrechtlichen Behandlung der Vermietung von Plätzen für das Abstellen von zum Verkauf bestimmten Fahrzeugen, MwStR 2017, 753. **von Streit,** Schnelles Ende der Tellmer-Rechtsprechung des EuGH?, DStR 2012, 2575. **von Streit/Zugmaier,** Seelings seliges Ende – Seeling-Modell wird zum 1.1.2011 gestoppt, DStR 2010, 524. **Widmann,** Reinigung von Gemeinschaftsräumen im Zusammenhang mit der Vermietung nicht mehrwertsteuerbefreit, BB 2012, 2018. **ders.,** Wann ist ein Hotel eine Herberge?, DStR 2015, 2023. **Wüst,** Nebenleistungen zu Vermietungsumsätzen – fällt auf Betriebskostenumlagen nach dem EuGH-Urteil v. 16.4.2015 – C-42/14 Umsatzsteuer an?; MwStR 2015, 447.

Verwaltungsanweisungen

OFD Frankfurt a.M. vom 21.09.2007, Az: S 7168 A – 26 – St 112, UR 2008, 319.
OFD Koblenz vom 14.07.2008, Az: 7206/S 7300 A – St 44 5, UR 2008, 901.
BMF vom 09.05.2008, Az: S 7300/07/0017, UStB 2008, 226.
OFD Frankfurt a.M. vom 10.07.2008, Az: S 7300 A – 156 – St111, UR 2008, 944.
BMF vom 30.09.2008, Az: IV B 8 – S 7306/08/1001, BStBl I 2008, 896.
OFD Koblenz vom 04.11.2008, Az: 7206, S 7300 A St 44 5, UR 2009, 427.
BMF vom 15.01.2009, Az: IV B 9 – S 7168/08/10001, BStBl II 2009, 69.
BMF vom 21.07.2009, Az: IV B 9 – S 7168/08/10001, BStBl I 2009, 821.
BMF vom 27.10.2010, Az. IV C 3 – S 2190/09/10007, BStBl I 2010, 1204.
OFD Niedersachsen vom 16.02.2011, Az: S 7168 – 113 – St. 173, UR 2011, 479.
OFD Karlsruhe vom 05.04.2011, Az: S 7198, UR 2011, 520.
BMF vom 22.06.2011, Az: IV D 2 – S 7303/10/10001, UR 2011, 564.
BayLfSt vom 17.08.2011, Az: S 7168.1.1–4/6 St 33, UR 2011, 763.

OFD Frankfurt a. M. vom 07.03.2012, Az: S 7316 A – 2 St 128, UR 2012, 654.
BMF vom 21.03.2012, Az: IV D 2 – S 7300/07/10001/001, DStR 2012, 1185.
BayLfSt vom 07.08.2012, Az: S 7300,2.1–14/48 St 33, StuB 2012, 686.
OFD Karlsruhe vom 25.09.2012, Az: S 7300/5, UR 2013, 476.
OFD Frankfurt a. M. vom 15.10.2012, Az: S 7168 A – 44 – St 112, DStR 2012, 2603.
Koordinierter Ländererlass vom 05.06.2013, BStBl I 2013, 734.
BayLfSt vom 16.07.2013, Az. 7410.1.1 – 13/5 St 33, HI 5095075.BMF vom 02.01.2014, Az: IV D 2 – S 7300/12/10002:001, BStBl I 2014, 119.
BMF vom 28.02.2014, Az: IV D 3 – S 7117a/10/10002, BStBl I 2014, 279.
BMF vom 22.07.2014, Az: IV D 3 – S 7168/08/10005, BStBl I 2014, 1113.
BMF vom 21.01.2016, Az: III C 3 – S 7168/08/10001, BStBl I 2016, 150.
BMF vom 08.12.2017, Az: III C 3-S 7168/08/10005, 2017/1010657; BStBl I 2017, 1664.
Hinweis: Zur Problematik der zeitlichen Geltungsdauer von BMF-Schreiben vgl. Einführung UStG, Rz. 100 ff.

Hinweise/Richtlinien/Verordnungen
UStAE: Abschn. 4.12.1–4.12.11.
MwStSystRL: Art. 135 Abs. 1 Buchst. l, Abs. 2.

1 Allgemeines

1.1 Überblick über die Vorschrift

§ 4 Nr. 12 UStG befreit die Nutzungsüberlassung von Grundstücken und Grundstücksteilen von der Umsatzsteuer. Zu diesem Zweck werden in § 4 Nr. 12 S. 1 Buchst. a bis c UStG die unter die Steuerbefreiung fallenden Nutzungsüberlassungen aufgeführt. In den Fallgruppen des § 4 Nr. 12 S. 2 UStG wird die Steuerbefreiung dagegen wiederum ausgeschlossen. 1

Da mit der Steuerbefreiung des § 4 Nr. 12 S. 1 UStG der Vorsteuerausschluss nach § 15 Abs. 2 Nr. 1 UStG einhergeht, insbesondere § 15 Abs. 3 Nr. 1 UStG nicht einschlägig ist, handelt es sich bei § 4 Nr. 12 UStG um eine unechte Steuerbefreiung. Die nicht abziehbare Vorsteuer aus den Eingangsumsätzen muss im Rahmen der Kalkulation des Nutzungsentgelts mit einbezogen werden (vgl. hierzu auch Heidner in Bunjes, § 4 Nr. 12 Rn. 1 ff.).

Nach Maßgabe des § 9 Abs. 1 und 2 UStG ist der Verzicht auf die Steuerbefreiung des § 4 Nr. 12 S. 1 UStG möglich, was jedoch nicht nur einen unternehmerischen Leistungsempfänger voraussetzt, sondern grundsätzlich auch, dass dieser seinerseits vorsteuerunschädliche Umsätze aufweist (vgl. im Einzelnen die Kommentierung zu § 9 UStG).

1.2 Gesetzeszweck

Die Steuerbefreiung für die Nutzungsüberlassung von Grundstücken und Grundstücksteilen hat zum einen das sozialpolitische Ziel, die Wohnraummieten möglichst niedrig zu halten (vgl. BFH 2 vom 7.10.1987, Az: V R 2/79, BStBl II 1988, 88). Da aber mit der Steuerbefreiung der Vorsteuerausschluss einhergeht, verteuert dies andererseits gerade das Nutzungsentgelt.

Zum anderen hat die Steuerbefreiung auch praktische Gründe. Insbesondere die Einbeziehung der Wohnraummiete in die Steuerpflicht würde die Veranlagungsfälle erheblich erhöhen (vgl. Englisch in RID, § 4 Nr. 12 Rn. 6; der Vermieter ist zwar Unternehmer i. S. d. § 2 UStG, soweit er nur steuerfreie Umsätze ausführt, ist er jedoch nicht zur Abgabe von Umsatzsteuervoranmeldungen und Umsatzsteuerjahreserklärung verpflichtet – vgl. Stadie in R/D, § 18 Rn. 28).

1.3 Rechtsentwicklung

3 Bereits in § 2 Nr. 4 des UStG 1918 vom 26.07.1918 (RGBl 1918, 779) wurden »Verpachtungen und Vermietungen von Grundstücken ..., mit Ausnahme der Verpachtungen und Vermietungen eingerichteter Räume;« von der Besteuerung ausgenommen.

Nach dem UStG 1934 vom 16.10.1934 (RGBl I 1934, 942) war gem. § 4 Nr. 10 UStG nicht mehr allgemein die Vermietung und Verpachtung eingerichteter Räume , sondern nur noch die Beherbergung in Gaststätten steuerpflichtig.

Mit Wirkung ab dem 01.01.1958 wurde die Grundstücksüberlassung bei Kaufanwartschaftsverhältnissen, die Bestellung von Erbaurechten und die Bestellung und Veräußerung von Dauerwohn- und Dauernutzungsrechten von der Umsatzsteuer befreit (Elftes Gesetz zur Änderung des UStG vom 16.08.1961, BStBl I 1961, 1330).

Bei der Systemumstellung mit Wirkung ab 01.01.1968 zur Allphasen-Nettoumsatzsteuer mit Vorsteuerabzug wurde die Umsatzsteuerbefreiung von Grundstücksüberlassungen im Wesentlichen übernommen, verbunden mit dem Ausschluss des Vorsteuerabzugs und der Möglichkeit der Option bei Leistung an einen anderen Unternehmer für dessen Unternehmen; zudem wurde die vorübergehende Beherbergung von Fremden steuerpflichtig (Umsatzsteuergesetz vom 29.05.1967, BGBl I 1967, 545).

Nachdem der BFH zu dem Ergebnis kam, dass die Bestellung von Erbbaurechten der Grunderwerbsteuer unterliege (vgl. BFH vom 28.11.1967, Az: II 1/64, BStBl II 1968, 222 und Az: II R 37/66, BStBl II 1968, 223) und somit bereits nach § 4 Nr. 9 Buchst. a UStG umsatzsteuerfrei war, wurde ab 1.1.1980 die Bestellung von Erbbaurechten aus § 4 Nr. 12 UStG ausgenommen (vgl. aber Schumann, MwStR 2017, 525, der in unionskonformer Auslegung die Anwendung des § 4 Nr. 12 UStG bejaht); zusätzlich wurde die kurzfristige Überlassung von Campingplätzen und Plätzen zum Abstellen von Fahrzeugen steuerpflichtig (Gesetz zur Neufassung des Umsatzsteuergesetzes und anderer Gesetze vom 26.11.1979, BGBl 1979, 1953).

Das Steuerbereinigungsgesetz 1985 (BGBl I 1984, 1493; BStBl I 1984, 659) dehnte die Steuerbefreiung auf die Bestellung, Übertragung und Überlassung der Ausübung von dinglichen Nutzungsrechten aus. Hierdurch sollte die Möglichkeit der steuerpflichtigen Überlassung von Wohnraum und mithin das Recht zum Vorsteuerabzug hinsichtlich der hierfür anfallenden Herstellungskosten, ausgeschlossen werden.

Mit Steueränderungsgesetz 1992 (BStBl I 1992, 146) wurde mit Wirkung zum 01.01.1991 (vgl. Art. 40 Abs. 2 S. 1 StÄndG 1992, BStBlI 1992, 184) auch die langfristige Vermietung von Abstellplätzen für Fahrzeuge von der Steuerbefreiung ausgenommen.

1.4 Sachlicher und persönlicher Geltungsbereich

Hinsichtlich des sachlichen Geltungsbereichs erfasst § 4 Nr. 12 UStG die dort in Buchst. a bis c genannten Umsätze, mit Ausnahme der in in § 4 Nr. 12 S. 2 UStG genannten Vermietungen und Verpachtungen. Erfasst sind demnach grundsätzlich alle sonstigen Leistungen im Sinne des § 3 Abs. 9 S. 1 und 2 UStG, die sich auf die Nutzungsüberlassung von Grundstücken oder Grundstücksteilen beziehen. Die Nutzungsüberlassung beweglicher Sachen oder von Rechten, die keine dinglichen Rechte an Grundstücken sind, ist nicht befreit. 4

Die Steuerbefreiung des § 4 Nr. 12 UStG setzt eine nach § 1 Abs. 1 Nr. 1 UStG steuerbare Leistung vor. Der Nutzungsüberlassung an Dritte muss daher ein Entgelt zu Grunde liegen; die unentgeltliche Nutzungsüberlassung im Rahmen eines Leihvertrages wäre bereits nicht steuerbar. Zudem muss der Umsatzort der sonstigen Leistungen in Deutschland sein. Für die Nutzungsüberlassung inländischer Grundstücke wird dies vollumfänglich durch § 3a Abs. 3 Nr. 1 S. 2 Buchst. a UStG sichergestellt, der insofern allein auf die Belegenheit des Grundstücks abstellt.

Vermieter/Verpächter kann jeder sein, der sich zu einer entsprechenden Nutzungs- bzw. Gebrauchsüberlassung verpflichtet. Die entgeltliche Nutzungsüberlassung eines Grundstücks selbst wird regelmäßig für sich allein schon die Unternehmereigenschaft des Überlassenden begründen (vgl. BFH vom 16.12.1971, Az.: V R 41/68, BStBl II 1972, 238 bei einmaliger Bestellung eine Nießbrauchs an einem Grundstücks für 10 Jahre; BFH vom 07.11.1991, Az: V R 116/86, BStBl II 1992, 269: Nachhaltigkeit bereits bei der Vermietung allein eines Gegenstandes), weil hierdurch ein auf die Erzielung von Einnahmen gerichteter Dauerzustand begründet wird. Bei nur gelegentlicher Vermietung/Verpachtung eines auch privat genutzten Grundstücks dürfte allerdings nach Maßgabe von Abschn. 2.3 Abs. 7 UStAE eine Verwendung zur nachhaltigen Erzielung von Einnahmen entfallen, mit der Folge, dass mangels unternehmerischer Tätigkeit bereits die Steuerbarkeit entfällt. 5

Eine vorherige Zuordnung des vermieteten/verpachteten Grundstücks zum Unternehmensvermögen ist nicht erforderlich. Ein dem Privatvermögen zugeordneter Gegenstand braucht bei späterer unternehmerischer Verwendung auch nicht in das Unternehmensvermögen eingelegt werden, da sich hieraus keine Auswirkungen auf die Vorsteuer ergeben (vgl. BFH vom 25.03.1988, Az: V R 101/83, UR 1988, 346 mit Anm. Weiss).

Der Vermieter muss nicht Eigentümer des Grundstücks sein. Auch ein Zwischenvermieter eines Grundstücks kann daher die Steuerbefreiung für sich in Anspruch nehmen.

Ob die Nutzungsüberlassung an einen Unternehmer für dessen Unternehmen oder an eine Privatperson erfolgt, spielt im Rahmen des § 4 Nr. 12 UStG keine Rolle, wohl aber für die Zulässigkeit des Verzichts auf die Steuerbefreiung nach § 9 Abs. 1 UStG. Auch die arbeitsvertragliche Überlassung von Räumen an Arbeitnehmer als teilweise Gegenleistung für deren Arbeitsleistung fällt unter § 4 Nr. 12 UStG (vgl. BFH vom 13.9.1988, Az: V R 46/83, BStBl II 1988, 1021).

Die Steuerbefreiung des § 4 Nr. 12 UStG greift allerdings nicht, soweit die Nutzung eines dem Unternehmen zugeordneten Grundstücks/Gebäudes für unternehmensfremde Zwecke als unentgeltliche Wertabgabe i.S.d. § 3 Abs. 9a Nr. 1 UStG steuerbar ist (vgl. Abschn. 4.12.1. Abs. 3 S. 6 UStAE sowie unten Rz. 40).

1.5 Gemeinschaftsrechtliche Grundlagen

Nach Art. 135 Abs. 1 Buchst. l MwStSystRL befreien die Mitgliedstaaten die Vermietung und Verpachtung von Grundstücken. Bei der »Vermietung und Verpachtung von Grundstücken« handelt es sich dabei um eigenständige Begriffe des Gemeinschaftsrechts, die einer gemeinschafts- 6 rechtlichen Definition bedürfen und nicht etwa von der zivilrechtlichen Auslegung eines Mitgliedstaates abhängen (vgl. EuGH vom 16.01.2003, Rs. C-315/00, Maierhofer, UR 2003, 86).

Mit Wirkung ab 01.01.2017 definiert der bereits mit VO vom 7.10.2013 (ABl L 284 vom 26.10.2013, 1) eingefügte und unmittelbar in den EU-Mitgliedstaaten geltende Art 13b MwStVO den Grundstücksbegriff einheitlich für die Anwendung der MwStSystRL. Die Finanzverwaltung hatte diese Definition bereits zuvor in Abschn. 4.12.1 UStAE i. V. m. Abschn. 3a.3 Abs. 2 S. 2 und 3 UStAE aufgenommen.

Von der Befreiung ausgeschlossen werden gem. Art 135 Abs. 2 MwStSystRL:

- die Gewährung von Unterkunft im Hotelgewerbe, in wirtschaftlichen Sektoren mit ähnlicher Zielsetzung einschließlich der Vermietung in Ferienlagern oder auf Grundstücken, die als Campingplätze erschlossen sind;
- die Vermietung von Plätzen für das Abstellen von Fahrzeugen;
- die Vermietung von auf Dauer eingebauten Vorrichtungen und Maschinen sowie
- die Vermietung von Schließfächern.

Die Mitgliedstaaten können die Steuerbefreiung der Vermietung und Verpachtung über diesen Katalog hinaus zwar einschränken, aber nicht erweitern. Zulässig war demnach etwa die spanische Regelung, wonach nur die Vermietung von Grundstücken zu Wohnzwecken steuerbefreit war (vgl. EuGH vom 03.02.2000, Rs. C-12/98, Juan Amengual Far, UR 2000, 123).

2 Kommentierung

2.1 § 4 Nr. 12 S. 1 Buchst. a UStG

7 Nach § 4 Nr. 12 Buchst. a UStG ist steuerfrei die Vermietung und Verpachtung von Grundstücken, von Berechtigungen, für die nach bürgerlichem Recht die Vorschriften über Grundstücke gelten und von staatlichen Hoheitsrechten, die Nutzungen von Grund und Boden betreffen.

2.1.1 Der Grundstücksbegriff

2.1.1.1 Grundstück

8 Nach Art 13b Buchst. a MwStVO gilt als Grundstück ein bestimmter über- oder unterirdischer Teil der Erdoberfläche, an dem Eigentum und Besitz begründet werden kann. Dies entspricht im Wesentlichen dem Grundstücksbegriff des deutschen Zivilrechts (Lippross, Umsatzsteuer, 24. Aufl. 2017, 660).

Auch Wasserflächen werden erfasst, z. B. die Überlassung von Wasser- und Landliegeplätzen für Sportboote (BFH vom 08.12.1991, Az: V R 46/88, BStBl II 1992, 368); die Vermietung von Liegeplätzen für das Festmachen von Booten im Wasser sowie von Stellplätzen an Land (EuGH vom 03.03.2005, Rs. C-428/02, Fonden Marselisborg Lystbådehavn, UR 2005, 458 und vom 15.11.2012, Rs. C-532/11, Leichenich, BStBl II 2013, 891) oder die ausschließliche Nutzungsüberlassung von Bereichen eines öffentlichen Seegebiets, (EuGH vom 25.10.2007, Rs. C-174/06, CO.GE.P, UR 2007, 892).

2.1.1.2 Wesentliche Bestandteile des Grundstücks

Als Grundstück gilt nach Art 13b Buchst. b MwStVO auch »jedes mit oder in den Boden über oder unter dem Meeresspiegel befestigte Gebäude oder jedes derartige Bauwerk, das nicht leicht abgebaut oder bewegt werden kann«. Zivilrechtlich entspricht dies den wesentlichen Bestandteilen eines Grundstücks nach § 94 Abs. 1 S. 1 BGB, die rechtlich unselbständig sind und mit dem Grundstück eine einheitliche Sache bilden. Erfasst werden insbesondere befestigte Gebäude und Bauwerke, die nicht leicht abgebaut oder bewegt werden können. Auch ein einschließlich der dazugehörenden Liegefläche und Steganlage verpachtetes Hausboot, das mit nicht leicht zu lösenden Befestigungen, an einem Liegeplatz im Fluss liegt und nach den Bestimmungen des Pachtvertrags ausschließlich zur auf Dauer angelegten Nutzung als Restaurant bzw. Diskothek an diesem Liegeplatz bestimmt ist, ist demnach vom Grundstücksbegriff erfasst (vgl. EuGH vom 15.11.2012, Rs. C-532/11, Leichenich, BStBl II 2013, 891). 9

Bei Baulichkeiten, die nur zu einem vorübergehenden Zweck mit Grund und Boden verbunden sind, wie etwa Büro- und Wohncontainer, Wohnanhänger, Baubuden, Kiosken, Tribünen und ähnlichen Einrichtungen scheidet mangels Grundstücksüberlassung eine Steuerbefreiung aus (vgl. Abschn. 4.12.1. Abs. 4 UStAE). Hierbei handelt es sich auch zivilrechtlich um keine wesentlichen Bestandteile, sondern gem. § 95 BGB um Scheinbestandteile.

Allerdings hat der EuGH die Vermietung eines Gebäudes, das aus Fertigteilen (Containerbau) errichtet wird, die so in das Erdreich eingelassen werden, dass sie weder leicht demontiert noch leicht versetzt werden können, als eine steuerfreie Vermietung eines Grundstücks angesehen, auch wenn dieses Gebäude nach Beendigung des Mietvertrags entfernt und auf einem anderen Grundstück wieder verwendet werden sollte (vgl. EuGH vom 16.01.2003, Rs. C-315/00, Mayerhofer, UR 2003, 86). Obwohl auch hier der Containerbau zivilrechtlich Scheinbestandteil war, bejahte der EuGH aufgrund der Intensität der Verbindung mit dem Grund und Boden die Steuerfreiheit.

2.1.1.3 Wesentliche Bestandteile eines Gebäudes oder Bauwerks

Nach Art 13b Buchst. c MwStVO gilt als Grundstück auch »jede Sache, die einen wesentlichen Bestandteil eines Gebäudes oder eines Bauwerks bildet, ohne die das Gebäude oder das Bauwerk unvollständig ist, wie zum Beispiel Türen, Fenster, Dächer, Treppenhäuser und Aufzüge«. Dies entspricht dem Regelungsgehalt des § 94 Abs. 2 BGB. 10

Sachen, Ausstattungsgegenstände oder Maschinen, die auf Dauer in einem Gebäude oder einem Bauwerk installiert sind, und die nicht bewegt werden können, ohne das Gebäude oder das Bauwerk zu zerstören oder zu verändern, gelten nach Art. 13b Buchst. d MwStVO als Grundstücke. Hierbei handelt es sich in der Regel um Betriebsvorrichtungen. Allerdings ist bei der Verpachtung von Betriebsvorrichtungen zu beachten, dass diese nach § 4 Nr. 12 S. 2 UStG selbst dann steuerpflichtig sind, wenn sie wesentliche Bestandteile eines Grundstücks sind (vgl. Rn. 57f.).

2.1.1.4 Rechte als Grundstücksbestandteile

Nach § 96 BGB gelten zivilrechtlich auch die mit einem Grundstück zusammenhängenden Rechte als wesentliche Bestandteile des Grundstücks. Hinsichtlich der umsatzsteuerlichen Würdigung ist zu differenzieren: 11

Soweit dingliche Nutzungsrechte bestellt, übertragen oder überlassen werden, die dem Nutzungsberechtigten auf bestimmte Zeit gegen eine Vergütung das Recht einräumen, ein Grundstück so in Besitz zu nehmen, als ob er dessen Eigentümer wäre, um jede andere Person von diesem

Recht auszuschließen sind diese nach Maßgabe des § 4 Nr. 12 S. 1 Buchst. c UStG steuerfrei (vgl. EuGH vom 04.10.2001, Rs. C-326/99, Stiching Goed Wonen, UR 2001, 484 sowie vgl. Rn. 43 ff.).

Die Verpachtung von Jagd- oder Fischereirechten ist dagegen mangels Grundstücksüberlassung nicht steuerfrei (vgl. EuGH vom 06.12.2007, Rs. C-451/06, Walderdorff, UR 2008, 266; FG Niedersachsen vom 24.10.1996, Az: V 271/96, UR 1998, 430).

2.1.1.5 Grundstückszubehör

12 Grundstückszubehör i.S.d. §§ 97, 98 BGB dient dem wirtschaftlichen Zweck des Grundstücks, ist aber nicht dessen Bestandteil. Es ist nur haftungsmäßig und ohne Verlust der rechtlichen Selbständigkeit mit dem Grundstück verbunden. Die Überlassung dieser Gegenstände ist deshalb grundsätzlich steuerpflichtig, soweit sie nicht als unselbständige Nebenleistung i.S.d. Abschn. 3.10. Abs. 5 UStAE die Steuerfreiheit der Hauptleistung teilt.

2.1.2 Grundstücksgleiche Berechtigungen

13 Als Berechtigungen, für die die Vorschriften des bürgerlichen Rechts für Grundstücke gelten, kommen insbesondere in Betracht:

- das Erbbaurecht (§ 11 Abs. 1 ErbbauVO),
- das Wohnungseigentum (§§ 1, 6 WEG),
- das Bergwerkseigentum (§ 9 Abs. 1 S. 1 BundesbergG),
- im Grundbuch eingetragene Gewerbeberechtigungen gem. Art. 74 EGBGB (z.B. Mühlen-Abdeckereigerechtigkeiten),
- Jagd- und Fischereirechte (Art. 69 EGBGB). Die Einräumung eines Fischereirechts ist allerdings nicht steuerfrei, wenn dem Inhaber des Fischereirechts nicht auch das Recht verliehen wird, das betreffende Grundstück in Besitz zu nehmen und jede andere Person von diesem Recht auszuschließen (vgl. Abschn. 4.12.6 Abs. 2 Nr. 15 UStAE; EuGH vom 06.12.2007, Rs. C-451/06, Walderdorff, UR 2008, 266). Zur Jagdverpachtung vgl. Meyer-Ravenstein, AgrarR 2018, 2,
- Wassernutzungsrechte.

Im Schiffsregister eingetragene Schiffe sind dagegen umsatzsteuerlich keine grundstücksgleiche Berechtigung gem. § 4 Nr. 12 Buchst. a UStG (vgl. FG Baden-Württemberg vom 11.09.2003, Az: 10 K 166/00, EFG 2004, 66).

2.1.3 Staatliche Hoheitsrechte

14 Steuerfrei gem. § 4 Nr. 12 Satz 1 Buchst. a UStG ist auch die Vermietung und Verpachtung von staatlichen Hoheitsrechten, die die Nutzungen von Grund und Boden betreffen. Als solche kommen die sog. Regalien, wie z.B. Bergwerks-, Flößerei-, Fähr-, Brücken-, Salz- und Mineralgewinnungsrechte in Betracht. Die praktische Bedeutung ist allerdings gering. Zudem wäre vorab zu prüfen, ob die die Hoheitsrechte überlassende juristische Person des öffentlichen Rechts insofern überhaupt unternehmerisch tätig wird (vgl. hierzu die Kommentierung zu § 2b UStG).

2.1.4 Vermietung und Verpachtung

2.1.4.1 Begriff, Wesen und Gegenstand

Die Begriffe Vermietung und Verpachtung sind als eigenständige unionsrechtliche Begriffe unter Berücksichtigung der EUGH-Rechtsprechung unionsrechtskonform auszulegen (vgl. Abschn. 4.12.1. Abs. 1 S. 2 UStAE). Entscheidend für eine Vermietung ist die entgeltliche Gebrauchsüberlassung eines Grundstücks. Der EuGH führt insofern aus, dass das grundlegende Merkmal einer Vermietung von Grundstücken darin bestehe, »dass dem Vertragspartner auf bestimmte Zeit gegen eine Vergütung das Recht eingeräumt wird, ein Grundstück so in Besitz zu nehmen, als wäre er dessen Eigentümer, und jede andere Person von diesem Recht auszuschließen« (EuGH vom 16.12.2010, Rs. C-270/09, MacDonald Resorts, UR 2011, 462; vom 22.01.2015, Rs. C-55/14, Stade Luc Varenne, UR 2015, 347; vgl. auch BFH vom 24.09.2015, Az: V R 30/14, BStBl II 2017, 132 und Abschn. 4.12.1. Abs. 1 S. 3 ff. UStAE). 15

Vor diesem Hintergrund ist es auch unschädlich, wenn die Nutzungsüberlassung in einem sonstigen Vertrag, z. B. einem Anstellungsvertrag (vgl. BFH vom 12.02.2011, Az: XI R 9/08, BStBl II 2012, 58, vgl. auch Heidner in Bunjes, § 4 Nr. 12 Rn. 28f.), geregelt ist. Auch die Überlassung von Wohnräumen an Arbeitnehmer ist eine Vermietung im Sinne des § 4 Nr. 12 UStG (vgl. BFH vom 13.09.1988, Az: V R 46/83, BStBl II 1988, 1021).

Ebenso schließt die Verknüpfung einer Bierbezugsverpflichtung mit einem Pachtvertrag die Steuerfreiheit hinsichtlich der Verpachtungsleistung nicht aus (vgl. BFH vom 31.07.1987, Az: V R 148/78, BStBl II 1987, 754).

Auch das Einräumen von Liegerechten zur Einbringung von Urnen unter Begräbnisbäumen kann in diesem Kontext steuerfrei sein, wenn räumlich abgrenzbare individualisierte Parzellen überlassen werden, so dass Dritte von einer Nutzung der Parzelle ausgeschlossen sind (vgl. BFH vom 21.06.2017, Az: V R 3/17 und V R 4/17, UR 2018, 27 ff. und 30 ff.).

Für die Abgrenzung einer nach Maßgabe des § 4 Nr. 12 UStG steuerfreien Vermietung und einer steuerpflichtigen Verwahrung (§§ 688 ff. BGB) ist entscheidend, ob das Schwergewicht der Vertragspflichten in der Gebrauchsüberlassung eines Grundstücks oder in der Obhutspflicht für die hinterlegte Sache liegt (vgl. Heidner in Bunjes, § 4 Nr. 12 Rn. 23). 16

Keine Gebrauchsüberlassung ist die dauerhafte Duldung ökologischer Ausgleichsmaßnahmen (BFH vom 08.11.2012, Az: V R 15/12, BStBl II 2013, 455 und vom 28.05.2013, Az: XI R 32/11, BStBl II 2015, 1058) oder die entgeltliche Zurverfügungstellung eines Grundstücks für eine Ersatzaufforstung (FG Düsseldorf vom 23.05.2014, Az: 1 K 4581/12 U, EFG 2014, 1519).

Bei der Grundstücksverpachtung kommt zur Gebrauchsüberlassung das Recht zur Fruchtziehung (vgl. § 99 BGB) hinzu, etwa natürliche Bodenprodukte zu ernten oder Bodenschätze, z. B. Kies, Sand, Torf, abzubauen. 17

Soweit sich der Vertrag allerdings von vornherein auf eine bestimmte Menge von Bodenschätzen beschränkt, liegt zivilrechtlich ein Kaufvertrag und umsatzsteuerlich eine Lieferung vor, die nicht unter § 4 Nr. 12 UStG fällt. Auch reine Abernteverträge oder Versteigerungen der Ernte sind mangels Gebrauchsüberlassung eines Grundstücks nicht steuerbegünstigt (vgl. Englisch in RID, § 4 Nr. 12 Rn. 66f.).

Gegenstand der Vermietung/Verpachtung kann nicht nur ein gesamtes Grundstück sein, sondern auch ein Bruchteil eines Grundstücks, ein Gebäude oder Gebäudeteile, wie Stockwerke, Wohnungen und einzelne Räume (Abschn. 4.12.1. Abs. 3 UStAE). Insbesondere die praktisch wichtige Vermietung von Wohn- und Geschäftsräumen ist erfasst. Unter die Steuerbefreiung fällt beispielsweise aber auch die entgeltliche Überlassung von Grundstücksflächen zur Errichtung von Strom-Masten (BFH vom 11.11.2004, Az: V R 30/04, UR 2005, 157). Auch die Dachverpachtung an Unternehmer, die darauf Photovoltaikanlagen errichten und betreiben, ist eine steuerfreie Grund- 18 stücksvermietung im Sinne des § 4 Nr. 12 S. 1 Buchst. a UStG (vgl. hierzu BayLfSt vom 17.08.2011, UR 2011, 763 sowie Nattkämper/Scholz, NWB 46/2011, 3824).

Die Art der Nutzung des Grundstücks spielt keine Rolle. Auch die entgeltliche Überlassung von Grundstücken zur Ablagerung von Abfällen ist daher steuerfrei, selbst wenn sich das Entgelt nicht nach der Nutzungsdauer, sondern der Menge der abgelagerten Abfälle richtet (BGH vom 08.12.1982, Az: VIII ZR 219/81, BGHZ 1986, 71 = NJW 1983, 679; vgl. auch Abschn. 4.12.4. Abs. 2 UStAE).

2.1.4.2 Dauer und Inhalt des Vertragsverhältnisses

19 Die Dauer des Vertragsverhältnisses ist irrelevant (vgl. Abschn. 4.12.1 Abs. 2 S. 6 UStAE), so dass auch das stundenweise Überlassen eines Zimmers eine Vermietung eines Grundstücks darstellt (vgl. BFH vom 24.9.2015, V R 30/14, UR 2015, 950; a. A. möglicherweise EuGH vom 22.01.2015, Rs. C-55/14, Stade Luc Varenne, UR 2015, 347: Benutzung darf nicht nur gelegentlichen oder vorübergehenden Charakter haben).

Auch vertragliche Beschränkungen des Nutzungsrechts, wie Besichtigungsrechte des Vermieters oder Nutzung von Teilen der Immobilie durch alle Mieter, schließen ein ausschließliches Nutzungsrecht und mithin die Steuerfreiheit nicht aus (vgl. EuGH vom 18.11.2004, Rs. C-284/03, Temco Europe, UR 2005, 24; Abschn. 4.12.1. Abs. 2 S. 6 UStAE).

Nicht erforderlich ist, dass die konkret vermietete Grundstücksfläche bereits bei Vertragsschluss feststeht, Abschn. 4.12.1. Abs. 2 UStAE. Eine spätere Konkretisierung durch eine der Parteien ist möglich, etwa bei der Vermietung von Abstellplätzen (BFH vom 8.10.1991, Az: V R 89/86, BStBl II 1992, 108, Bootshaus; Az: V R 95/89; BStBl II 1992, 209, Parkhaus).

2.1.4.3 Entschädigungen bei vorzeitiger Vertragsbeendigung

20 Der Vermietung eines Grundstücks gleichzusetzen ist der Verzicht auf Rechte aus einem Miet- oder Pachtvertrag. Dies gilt sowohl, wenn der Mieter/Pächter gegen Entschädigung vorzeitig auf sein Recht auf Gebrauchsüberlassung verzichtet (EuGH vom 15.12.1993, Rs. C-63/92, Lubbock Fine, BStBl II 1995, 480, Abschn. 4.12.1. Abs. 1 S. 5 UStAE), als auch wenn der Vermieter/Verpächter entgeltlich auf seine vertraglichen Rechte verzichtet (BFH vom 19.10.2010, Az: V B 103/09, UR 2011, 341 mit kritischer Anm. Hummel, da dem Vermieter kein verbrauchbarer Vorteil zugewendet wird).

Ausgleichszahlungen stellen jedoch einen nichtsteuerbaren (echten) Schadensersatz dar, wenn das Vertragsverhältnis nicht im beiderseitigen Einverständnis aufgehoben wird, sondern die vorzeitige Auflösung des Vertragsverhältnisses auf einem vom Mieter zu vertretenden Umstand beruht, z. B. auf einer vertragswidriger Kündigung des Mieters oder darauf, dass der Vermieter den Vertrag wegen Verzugs des Mieters mit den Mietzahlungen fristlos kündigt (vgl. OFD München vom 18.11.1996, UR 1997, 191).

2.1.4.4 Vertragsübernahme, Verzicht auf Mietgarantie

21 Keine steuerfreie Vermietung liegt vor, wenn ein Nachmieter gegen Entgelt die Rechte und Pflichten des Vormieters aus einem Grundstücksmietvertrag übernimmt (EuGH vom 09.10.2001, Rs. C-108/99, Cantor Fitzgerald International, UR 2001, 494). Auch der entgeltliche Verzicht des Mieters auf eine Mietgarantie des Vermieters fällt nicht unter § 4 Nr. 12 UStG, ist allerdings nach § 4 Nr. 8 Buchst. g UStG steuerfrei (vgl. BFH vom 15.04.2015, Az: V R 46/13, BStBl II 2015, 947; vgl. hierzu Heinrichshofen, UStB 2015, 276).

2.1.4.5 Eingehen einer Mietverpflichtung

Die entgeltliche Mietverpflichtung eines sog. Prestigemieters durch den Vermieter ist ebenfalls keine steuerfreie Grundstücksvermietung (EuGH vom 09.10.2001, Rs. C-409/98, Mirror Group, UR 2011, 490). Verpflichtet sich ein Unternehmer gegen Entgelt ein Mietverhältnis einzugehen, ist fraglich, ob seine Leistung steuerbar ist, jedenfalls ist sie aber nach § 4 Nr. 8 Buchst. g UStG steuerfrei (BFH vom 30.11.2016, MwStR 2017, 200). 22

2.1.4.6 Leasing

Beim Leasing wird dem Leasingnehmer befristet ein Gegenstand überlassen, wobei der Leasinggeber zunächst noch zivilrechtlicher Eigentümer bleibt. Insoweit stellt sich umsatzsteuerlich die Frage, ob eine Lieferung oder eine sonstige Leistung vorliegt. Dies hängt davon ab, ob der Leasingnehmer bereits die Verfügungsmacht am Leasinggegenstand erlangt hat. Von einer Lieferung ist insbesondere anzugehen, wenn nach dem Leasingvertrag der Leasinggegenstand am Ende der Vertragslaufzeit auf den Leasingnehmer übertragen wird oder der Leasingnehmer über wesentliche Elemente des Eigentums verfügt, insbesondere ihm die mit dem Eigentum verbundenen Chancen und Risiken zum überwiegenden Teil übertragen werden und die abgezinste Summe der Leasingraten praktisch dem Verkehrswert des Leasinggegenstands entspricht (vgl. EuGH vom 16.02.2012, Rs. C-118/11, Eon Aset Menidjmunt, UR 2012, 230). 23

Beim sog. Operating-Leasing werden regelmäßig relativ kurze Vertragslaufzeiten vereinbart und der Leasinggeber trägt das volle Investitionsrisiko. Hier steht mithin die Nutzungsüberlassung im Vordergrund, so dass Steuerfreiheit nach § 4 Abs. 12 S. 1 Buchst. a UStG möglich wäre. Allerdings dürften derartige Gestaltungen bei Immobilien in der Praxis kaum eine Rolle spielen.

Soweit zur langfristigen Finanzierung von Immobilen sog. Finanzierungsleasingverträge geschlossen werden, dürfte regelmäßig nach den Prämissen des EuGH bzw. nach einkommensteuerlichen Zurechnungsgrundsätzen (die von der Finanzverwaltung herangezogen werden – vgl. Abschn. 3.5. Abs. 5 S. 2 UStAE i. V. m. BMF-Schreiben vom 21.3.1972, BStBl I 1972, 188) die Verfügungsmacht auf den Leasingnehmer übergehen, mit der Folge, dass umsatzsteuerlich von einer Lieferung auszugehen ist (vgl. auch Lippross, Umsatzsteuer, 24. Aufl. 2017, S. 182 f.).

2.1.4.7 Mietkauf

Beim Mietkauf ist der Mieter berechtigt, die gemietete Sache innerhalb einer bestimmten Frist zu einem vorher bestimmten Preis zu erwerben, wobei das bisherige Nutzungsentgelt ganz oder teilweise auf den Kaufpreis angerechnet wird. 24

Soweit das zivilrechtliche Eigentum spätestens mit der letzten fälligen Zahlung übergehen soll, ist eine Lieferung gegeben (vgl. Abschn. 3.5. Abs. 6 Nr. 1 UStAE).

Soweit der Übergang des zivilrechtlichen Eigentums von weiteren Willenserklärungen abhängt, liegt bis dahin eine sonstige Leistung vor, die nach Maßgabe des § 4 Abs. 12 S. 1 Buchst. a UStG steuerfrei ist, soweit sie sich auf Grundstücke bezieht. Wird das für die Nutzungsüberlassung gezahlte Entgelt ganz oder teilweise auf die für die Lieferung des Grundstücks vereinbarte Gegenleistung angerechnet, läge insoweit eine Änderung der Bemessungsgrundlage nach § 17 UStG vor (vgl. Abschn. 3.5. Abs. 6 Nr. 2 UStAE).

Vgl. zu den wirtschaftlich vergleichbaren Kaufanwartschaftsverträgen die Ausführungen unter 2.2. (Rz. 42).

2.1.4.8 Nebenleistungen

25 Zu den nach § 4 Nr. 12 S. 1 UStG steuerfreien Leistungen gehören auch die damit in unmittelbarem Zusammenhang stehenden üblichen Nebenleistungen (vgl. Abschn. 4.12.1. Abs. 5 S. 1 UStAE, vgl. auch BMF-Schreiben vom 15.01.2009, BStBl I 2009. 69). Für Nebenleistungen ist wesentlich, dass sie eng mit der Hauptleistung zusammenhängen, üblicherweise in ihrem Gefolge vorkommen und keinen eigenen Zweck verfolgen, sondern dazu dienen, die Hauptleistung in Anspruch zu nehmen (Abschn. 3.10 Abs. 5 UStAE). Sie können zudem nur angenommen werden, wenn sie vom denselben hauptleistenden Unternehmer erbracht werden (Abschn. 3.10 Abs. 4 UStAE).

2.1.4.8.1 Betriebskosten

26 Vor dem Hintergrund dieser allgemeinen Aussagen ist ohne weiteres nachvollziehbar, dass nach Auffassung der Verwaltung einerseits die Lieferung von Wärme, der Versorgung mit Wasser, die Überlassung von Waschmaschinen, die Flur- und Treppenreinigung, die Treppenbeleuchtung oder die Lieferung von Strom durch den Vermieter als Nebenleistungen anzusehen sind (vgl. Abschn. 4.12.1. Abs. 5 S. 3 UStAE; zur Lieferung von Strom vgl. auch BFH vom 15.01.2009, Az: V R 91/07, BStBl II 2009, 615). Es ist jedoch nicht recht nachvollziehbar, warum andererseits die Lieferung von Heizgas und Heizöl keine Nebenleistungen sein sollen (vgl. Abschn. 4.12.1. Abs. 6 S. 1 UStAE).

Darüber hinaus stehen diese althergebrachten Differenzierungen teilweise im Widerspruch zur jüngeren, selbst aber auch nicht ganz widerspruchsfreien EuGH-Rechtsprechung.

Im Urteil **Tellmer Property** (EuGH vom 11.06.2009, Rs. C-572/07, UR 2009, 557; vgl. hierzu auch von Streit, DStR 2012, 2575; Widmann, BB 2012, 2018) entschied der Gerichtshof zunächst, dass die Vermietung eines Gebäudes und die Reinigung von dessen Gemeinschaftsräumen nicht als einheitliche Leistung angesehen werden kann, wenn die Dienstleistung separat zur Miete dem Vermieter in Rechnung gestellt wird, mit der Folge, dass die Reinigung nicht das steuerfreie Schicksal der Gebäudevermietung teilte.

27 Im Urteil **Field Fisher Waterhouse** (EuGH vom 27.09.2012, Rs. C-392/11, UR 2012, 964; vgl. hierzu von Streit, DStR 2012, 2575; Heidner in Bunjes, § 4 Nr. 12 Rn. 31)) nivellierte der EuGH diese Aussage und stellte fest, dass eine Vermietung von Grundstücken und die mit dieser Vermietung zusammenhängenden Dienstleistungen wie etwa u. a. die Wasserversorgung, die Heizung im gesamten Gebäude, die Reparaturen von Infrastruktur und Maschinen dieses Gebäudes, die Reinigung der Gemeinschaftsräume und die Sicherheit des Gebäudes hinsichtlich der Mehrwertsteuer durchaus eine einheitliche Leistung darstellen können.

28 Mit Urteil **Wojskowa Agencja Mieszkaniowa** (EuGH vom 16.04.2015, Rs. C-42/14, UR 2015, 427; vgl. hierzu Widmann, UR 2015, 431; Wüst, MwStR 2015, 447) unterschied der EuGH zwei Fallgruppen:

1. Wenn der Mieter über die Möglichkeit verfüge, die Lieferanten und/oder die Nutzungsmodalitäten der Gegenstände oder Dienstleistungen auszuwählen, können die betreffenden Leistungen grundsätzlich als von der Vermietung getrennt angesehen werden. Insbesondere wenn der Mieter seinen Verbrauch von Wasser, Elektrizität oder Wärme selbst bestimmen könne und dieser Verbrauch durch Anbringung von individuellen Zählern kontrolliert abgerechnet werde, können die jeweiligen Leistungen, grundsätzlich von der Vermietung getrennt sein. Bei der Reinigung der Gemeinschaftsräume eines im Miteigentum stehenden Gebäudes seien diese als von der Vermietung getrennt anzusehen, wenn sie von den Mietern einzeln oder gemeinsam organisiert werden können und diese Leistungen getrennt von der Miete abgerechnet werden. Unerheblich sei, ob die Nichtzahlung der Nebenkosten zur Kündigung des Mietverhältnisses führen könne.
2. Von einer einheitlichen Leistung könne hingegen ausgegangen werden, wenn das vermietete Gebäude in wirtschaftlicher Hinsicht offensichtlich mit den begleitenden Leistungen objektiv eine Gesamtheit bilde. Das kann u. a. bei der Vermietung schlüsselfertiger, mit der Lieferung von Versorgungsleistungen und bestimmten anderen Leistungen einsatzbereiter Büroräume

> und bei der Vermietung von Immobilien für kurze Zeiträume der Fall sein, insbesondere für die Ferienzeit oder aus beruflichen Gründen. Im Übrigen soll eine einheitliche Leistung auch vorliegen, wenn der Vermieter selbst nicht über die Möglichkeit verfüge, die Lieferanten und Modalitäten der Verwendung betreffenden Leistung frei und unabhängig, insbesondere von anderen Vermietern zu wählen. Das soll insbesondere bei Vermietung eines im Mitbesitz stehenden Gebäudes gelten, wenn die betreffenden Lieferanten von allen Mitbesitzern gemeinsam bestimmt wurden und der einzelne Mitbesitzer (Vermieter) einen Anteil der auf diese Leistungen entfallenden Kosten zu bezahlen habe, die er in der Folge an den Mieter weitergibt.

Da in den praktisch relevanten Fällen der Wohnungsvermietung zumindest die wichtigsten Betriebskosten wie Wasser, Heizung, Strom regelmäßig verbrauchsabhängig abgerechnet werden (vgl. auch §§ 7,8 HeizkostenVO), wären diese demnach selbständige und mangels Steuerbefreiung steuerpflichtige Leistungen. Da dem Vermieter bei Steuerpflicht für seine damit zusammenhängenden Eingangsleistungen der Vorsteuerabzug zustünde, ergäben sich bei bloßer Weitergabe der Kosten keine fiskalischen Auswirkungen. Allerdings könnte der Vermieter auch den Vorsteuerabzug für alle seine Investitionen und Erhaltungsaufwendungen, die für die Bereitstellung von Wasser etc. erforderlich sind, geltend machen. Sowohl für Vermieter als auch den Fiskus besonders nachteilig dürfte allerdings sein, dass soweit demnach steuerpflichtige Umsätze vorliegen, diese – falls nicht § 19 Abs. 1 UStG greift – vom Vermieter zu erklären und vom Fiskus zu erfassen wären (vgl. Widmann, UR 2015, 433). Dies dürfte wohl erklären, warum die Verwaltung bislang den Abschn. 4.12.1. Abs. 5 UStAE noch nicht geändert hat, zumal die Formulierung des EuGH (»können ... grundsätzlich«) auch nicht unbedingt als zwingende Vorgabe verstanden werden muss.

2.1.4.8.2 Mobiliar und Betriebsvorrichtungen

Nach früherer Verwaltungsauffassung erstreckt sich die Steuerbefreiung des § 4 Nr. 12 UStG in der Regel nicht auf mitvermietete Einrichtungsgegenstände. Dieser Auffassung der Finanzverwaltung trat der BFH allerdings in ständiger Rechtsprechung entgegen. Zuletzt entschied der BFH mit Urteil vom 11.11.2015, (Az: V R 37/14, DStR 2016, 403; kritisch hierzu Schmidt, NWB 2016, 607), dass die Überlassung von Inventar eines Pflegeheimes eine steuerfreie Nebenleistung zur Grundstücksvermietung darstellt, wenn es sich um eine auf Dauer angelegte und nicht nur eine kurzfristige Überlassung handelt (vgl. hierzu auch BFH vom 20.08.2009, Az: V R 21/08, UR 2010, 263 und vom 08.08.2013, Az: V R 7/13; DStRE 2013, 28). Die Verwaltung hat sich dem nun mit BMF-Schreiben vom 08.12.2017 (BStBl. I 2017, 1664) angeschlossen und Abschn. 4.12.1. Abs. 6 UStAE entsprechend angepasst. 29

Die Vermietung von Betriebsvorrichtungen ist dagegen nach § 4 Nr. 12 S. 2 UStG steuerpflichtig (vgl. Rz. 57 ff.), wobei der BFH in seiner Entscheidung vom 28.05.1998 (Az: V R 19/96, BStBl II 2010, 307) offen gelassen hat, ob die Vermietung einer Betriebsvorrichtung richtlinienkonform als unselbständige Nebenleistung in die Steuerfreiheit der »Hauptleistung« Grundstücksvermietung einbezogen werden müsste. Auch in seiner Entscheidung vom 17.12.2008 (Az: XI R 23/08, BStBl II 2010, 208) zur Vermietung einer Turnhalle samt Betriebsvorrichtungen, lies der BFH offen, ob die Vermietung des Turnhallengebäudes und der Betriebsvorrichtungen unter Berücksichtigung von § 4 Nr. 12 S. 2 UStG als zwei selbständige Leistungen zu qualifizieren sind. Die Entscheidung des EuGH vom 13.07.1989 (Rs. 173/88, Henriksen, UR 1991, 42, vgl. auch Rz. 30) wonach die Vermietung von Fahrzeugstellplätzen dann nicht von der Steuerbefreiung ausgeschlossen werden kann, wenn sie mit der steuerfreien Vermietung von Grundstücken eng verbunden ist, legt entsprechendes auch für Betriebseinrichtungen nahe. Auch der BFH beanstandete in seinem Beschluss vom 07.05.2014 (Az: V B 94/13, BFH/NV 2014, 1242) bei der Vermietung einer Sporthalle an eine Kommune, die Annahme einer insgesamt steuerfreien Vermietungsleistung bei prägender Grundstücksüberlassung durch die Vorinstanz nicht.

2.1.4.8.3 Vermietung von Plätzen für das Abstellen von Fahrzeugen

30 Von besonderer praktischer Bedeutung ist die Frage, ob die Vermietung von Fahrzeugstellplätzen eine selbständige Leistung oder eine unselbständige Nebenleistung zur Grundstücksvermietung ist.

Ist die Vermietung eines Stellplatzes eine selbständige Leistung, so ist sie nach § 4 Nr. 12 S. 2 UStG unabhängig von der Dauer der Nutzungsüberlassung zwingend steuerpflichtig (vgl. Rz. 53 ff.).

Ist die Stellplatzvermietung dagegen unselbständige Nebenleistung, teilt sie umsatzsteuerlich deren Schicksal. Ist die Hauptvermietung steuerfrei, wäre die Stellplatzvermietung als Nebenleistung unabhängig von § 4 Abs. 12 S. 2 UStG ebenfalls steuerfrei. Ist die Hauptvermietung dagegen steuerpflichtig, etwa bei kurzfristigen Beherbergungsumsätzen oder auf Grund zulässiger Option nach § 9 UStG, wäre die unselbständige Stellplatzvermietung bereits aus diesem Grunde steuerpflichtig.

Seitens der Finanzverwaltung wird sich der Problematik in Abschn. 4.12.2. Abs. 3 UStAE umfassend und mit Beispielen angenommen.

Demnach ist es für die Annahme einer Nebenleistung unschädlich, wenn die steuerfreie Grundstücksvermietung und die Stellplatzvermietung zivilrechtlich in separaten Verträgen vereinbart werden (Abschn. 4.12.2. Abs. 3 S. 5 UStAE) oder die Verträge zu unterschiedlichen Zeiten geschlossen wurden (Abschn. 4.12.2. Abs. 3 S. 7 UStAE).

Maßgeblich für die Annahme einer unselbständigen Nebenleistung ist vielmehr, dass

1. die maßgeblichen Verträge von denselben Vertragspartnern geschlossen werden, vgl. Abschn. 4.12.2. Abs. 3 S. 6 i. V. m. Bsp. 1 bis 4 UStAE
   und
2. zwischen dem Grundstück und dem Stellplatz ein räumlicher Zusammenhang gegeben ist, vgl. Abschn. 4.12.2. Abs. 3 S. 8 und 9 i. V. m. Bsp. 5 bis 7 UStAE. Dies ist der Fall, wenn der Stellplatz Teil eines einheitlichen Gebäudekomplexes ist oder sich in unmittelbarer Nähe des Grundstücks befindet.

Der EuGH hat mit Urteil vom 13.07.1989 (Rs. 173/88, Henriksen, UR 1991, 42) die Annahme einer steuerfreien Vermietung von Fahrzeugstellplätzen, wenn sie mit der steuerfreien Vermietung von Grundstücken, die für einen anderen Gebrauch bestimmt sind, eng verbunden ist, dem Grunde nach bestätigt. Der BFH folgte dem in seiner Entscheidung vom 21.06.2017 (Az: V R 3/17, UR 2018, 27 ff.).

2.1.4.9 Mischfälle

2.1.4.9.1 Generelle Einordnung

31 Schwierig sind Fälle zu beurteilen, die sowohl Elemente der Gebrauchsüberlassung von Grundstücken als auch andere Leistungselemente enthalten, die nicht als bloße Nebenleistungen eingeordnet werden können.

Seit dem BFH-Urteil vom 31.5.2001 (Az: V R 97/98, BStBl II 2001, 658) ist zu prüfen, ob eine einheitliche Leistung vorliegt, und wenn dies zutrifft, ob die Vermietungsteilleistung prägend ist (vgl. auch BFH, Urt. v. 24.1.2008 – V R 12/05, BStBl II 2009, 60).

Ist keine einheitliche Leistung gegeben, handelt es sich um einen **sog. gemischten Vertrag** und die einzelnen Leistungselemente sind eigenständig zu beurteilen.

Liegt eine einheitliche Leistung vor und ist die Vermietung prägend, dann greift insgesamt die Steuerbefreiung nach § 4 Nr. 12 UStG.

Liegt eine einheitliche Leistung vor und ist die Vermietung nicht prägend bzw. geben die weiteren Leistungsbestandteile der Grundstücksüberlassung ein anderes Gepräge, dann liegt ein **sog. Vertrag besonderer Art** vor und weder für die gesamte Leistung noch für einen Teil der Leistung kommt die Steuerbefreiung des § 4 Abs. 12 UStG in Betracht.

2.1.4.9.2 Gemischte Verträge

Ein gemischter Vertrag liegt vor, wenn die Leistungsvereinbarung neben der steuerfreien Grundstücksüberlassung auch andere selbständige, in der Regel steuerpflichtige Leistungen umfasst, so dass das vereinbarte Entgelt aufzuteilen ist (vgl. hierzu Lippross, Umsatzsteuer, 24. Aufl. 2017, 666). Entscheidend ist insofern, dass die einzelnen Leistungselemente klar voneinander trennbar sind (vgl. Heidner in Bunjes, § 4 Nr. 12 Rn. 33). 32

Als gemischter Vertrag ist insbesondere die Überlassung einer Wohnung in einem **Alten- oder Seniorenheim** anzusehen, bei der weitere zusätzliche Betreuungsleistungen erbracht werden. Hier sind die Vermietungsleistung und die Pflegeleistungen grundsätzlich nicht als einheitliche (steuerpflichtige) Leistung zu qualifizieren, sondern als eigenständige, selbständige Leistungen, die der gesonderten Beurteilung unterliegen (vgl. auch BFH vom 04.05.2011, Az: XI R 35/10, BStBl II 2011, 836). Die Raumgewährung bei **Altenpflegeheimen** kann jedoch hinter die vom Heimbetreiber zu erbringenden umfassenden Pflege- und Betreuungsleistungen zurücktreten und von nur untergeordneter Bedeutung sein, mit der Folge eines Vertrages besonderer Art (BFH vom 21.04.1993, Az: XI R 55/90, BStBl II 1994, 266), der allerdings unter den Voraussetzungen des § 4 Nr. 16 UStG steuerbefreit sein kann.

Auch bei der **Gewährung von Unterbringung und Verpflegung an Asylbewerber** liegen regelmäßig mehrere selbständige Leistungen vor (vgl. BFH vom 09.12.1993, Az: V R 38/91, BStBl II 1994, 585). Dass es aber auf den jeweiligen Einzelfall ankommt, zeigt der BFH-Beschluss vom 06.08.2010 (Az: V B 65/09, UR 2010, 824), in der die Annahme einer einheitlichen (steuerpflichtigen) Leistung durch die Vorinstanz bei Bereitstellung, Unterhaltung, Reinigung und Bewachung der Unterkunft, das Zurverfügungstellen von Mobiliar, Waschmaschinen und Wäschebedarf sowie die Leitung des Heims und die Betreuung der untergebrachten Asylbewerber, nicht beanstandet wurde. 33

Bei der Überlassung von **Standflächen auf Wochenmärkten** hat der BFH allerdings eine einheitliche Leistung mit prägender Vermietung angenommen (vgl. Urteil vom 24.01.2008, Az: V R 12/05, BStBl II 2009, 60 sowie Abschn. 4.12.5. Abs. 2 UStAE); nachdem er in älteren Urteilen noch von teils steuerpflichtigen und teils steuerfreien Leistungen und damit von gemischten Verträgen ausgegangen war (vgl. Urteile vom 07.04.1960 Az: V 143/58 U, BStBl III 1960, 261 und vom 25.04.1968, Az: V 120/64, BStBl II 1969, 94). Mit Urteil vom 13.02.2014 (Az: V R 5/13, UR 2014, 198) führte der BFH diese Rechtsprechung fort und bejahte bei der Standplatzvermietung auf einer Kirmes ebenfalls in vollem Umfang die Steuerbefreiung nach § 4 Nr. 12 UStG.

2.1.4.9.3 Verträge besonderer Art

Ein Vertrag besonderer Art liegt vor, wenn die Gebrauchsüberlassung des Grundstücks gegenüber anderen, wesentlicheren Leistungen zurücktritt. Bei diesem Vertrag kommt weder für die gesamte Leistung noch für einen Teil der Leistung die Steuerbefreiung des § 4 Abs. 12 UStG in Betracht (vgl. Abschn. 4.12.6. Abs. 1 S. 1 und 2 UStAE). Soweit der EuGH mit entsprechenden Fallkonstellationen befasst war, kam er zumeist unter Abstellen auf das entscheidende Merkmal der Grundstücksüberlassung zum gleichen Ergebnis der Steuerpflicht (vgl. Rz. 15). 34

Nach Auffassung der Finanzverwaltung in Abschn. 4.12.6. Abs. 2 UStAE liegen u. a. in folgenden Fällen Verträge besondere Art vor: 35

1. bei der **Überlassung möblierter Zimmern an Prostituierte**, wenn zusätzliche Leistungen (Überlassung eines Platzes in einem sog. Kober zur Kontaktaufnahme und Vertragsanbahnung, Ausstattung der Räume mit einem Alarmknopf und Gegensprechanlage, die Reinigung der Zimmer, der Verkauf von Getränken und Süßwaren gegen gesondertes Entgelt und die Nutzung von Gemeinschaftseinrichtungen) der Gesamtleistung ein anderes Gepräge geben als einer Vermietung (BFH-Urteil vom 17.12.2014, Az: XI R 16/11, BStBl II 2015, 427; vgl. auch BFH-Beschluss vom 07.02.2017, Az: V B 48/16 zur Zimmerüberlassung in einem Bordell),

2. bei der **Überlassung von Lager- und Kühlräumen**, bei denen die Obhut für die eingelagerten Güter und deren Kühlung im Vordergrund steht (BFH vom 14.11.1968, Az: V 191/65, BStBl II 1969, 120),
3. beim **Überlassen von Außenwandflächen oder Dachflächen eines Gebäudes zu Reklamezwecken** (BFH vom 23.10.1957, Az: V 153/55 U, BStBl III, 457) oder die Gestattung der Werbung an Litfaßsäulen und Anschlagstafeln (BFH vom 31.7.1962, Az: I 283/61 U, BStBl III, 476),
4. bei der **Gestattung der Benutzung eines Sportplatzes** (vgl. BFH vom 31.05.2001, Az: V R 97/98, BStBl II 2001, 658), eines **Schwimmbades** , einzelner Schwimmbahnen (vgl. BFH vom 10.02.1994, Az: V R 33/92, BStBl II 1994, 668) oder einer **Golfanlage** an vereinsfremde Spieler (vgl. BFH vom 09.04.1987, Az: V R 150/78, BStBl II 1987, 659), vgl. zu Sportanlagen auch Rz. 37f.)
5. bei einem **Tankstellenvertrag**, wenn Tankstellenagenturvertrag und Tankstellenmietvertrag eine Einheit bilden und der Tankstellenmietvertrag nur von untergeordneter Bedeutung ist (BFH vom 21.04.1966, BStBl III 1966, 415),
6. beim **Betreiben eines Altenpflegeheimes**, mit umfassender medizinischer und pflegerischer Betreuung und Versorgung der Heiminsassen (BFH vom 21.04.1993, Az: XI R 55/90, BStBl II 1994, 266),
7. bei der Gestattung an **Automatenaufsteller**, Zigarettenautomaten, Verkaufsautomaten oder Spielautomaten aufzustellen (EuGH vom 12.06.2003, Rs. C-275/01, Sinclair Collins, UR 2003, 348),
8. bei der **Einräumung eines Fischereirechts** (vgl. EuGH vom 06.12.2007, Rs. C-451/06, Walderdorff, UR 2008, 266, der allerdings darauf abstellt, dass keine Vermietung eines Grundstücks vorliegt, weil nicht das Recht eingeräumt wurde, das Grundstück in Besitz zu nehmen und jede andere Person von diesem Recht auszuschließen).

36 Duldet ein Grundstückseigentümer, dass gegen Zahlung eines sog. Entschädigungsbetrags oder Nutzungsentgelts auf seinem Grundstück eine Sirenenanlage angebracht, betrieben und unterhalten wird, ist § 4 Nr. 12 S. 1 Buchst. a UStG nicht anzuwenden (vgl. BMF vom 04.08.1980, Az: IV A 2 – S 7100 – 51/80, UR 1980, 211). Allerdings wird bei Standortmietverträgen über **Funkfeststationen** die Steuerfreiheit bejaht (vgl. OFD Nürnberg vom 11.08.2003, Az: S 7168 – 104/St 43, UR 2003, 436). Die Überlassung von Grundstücksteilen zur Errichtung von **Strommasten** für eine Überlandleitung, die Einräumung des Rechts zur Überspannung und die Bewilligung einer beschränkt persönlichen Dienstbarkeit zur dinglichen Sicherung dieser Rechte stellt dagegen insgesamt eine einheitliche sonstige Leistung dar, die nach § § 4 Nr. 12 UStG steuerfrei ist (vgl. Abschn. 4.12.8. Abs. 2 UStAE sowie Rz. 45 a. E.).

Dementsprechend sollte auch die Grundstücksüberlassung für **Windkraftanlagen**, bei denen die Duldung der Beeinträchtigung des übrigen Grundstücks durch den Betrieb der Anlage hinzu kommt, ebenfalls insgesamt steuerfrei sein (so auch OFD Niedersachsen vom 14.09.2016, Az:

S 7168-132-St 173; differenzierend Herbort, NWB 2015, 3257; Vertrag besonderer Art annehmend Lippross, Umsatzsteuer, 24. Aufl. 2017, S. 669).

Die entgeltliche **Überlassung von Praxisräumen**, medizinischen Geräten und medizinischem Personal im Rahmen des Mammographie-Screening an niedergelassene Ärzte, stellt eine einheitliche steuerpflichtige Leistung dar (OFD Frankfurt vom 04.05.2015, UR 2015, 564 mit Verweis auf Thüringer FG vom 21.01.2014, Az: 4 K 409/12, EFG 2014, 1627).

Die entgeltliche **Überlassung eines Fußballstadions** auf der Grundlage eines Vertrags, nach dem der Eigentümer bestimmte Rechte und Befugnisse behält und bestimmte Dienstleistungen zu erbringen hat, die u. a. den Unterhalt, die Reinigung, die Wartung und die regelgerechte Bereitstellung umfassen und auf die 80 % der vertraglich vorgesehenen Vergütung entfallen, ist grundsätzlich ebenfalls keine Vermietung von Grundstücken (EuGH vom 22.01.2015, Rs. C-55/14, Regie, UR 2015, 347).

2.1.4.9.4 Sportanlagen

Die **Nutzungsüberlassung von Sportanlagen an Endverbraucher** wird seit dem BFH-Urteil vom 31.05.2001 (Az: V R 97/98, BStBl II 2001, 658; vgl. zuletzt Urteil vom 28.06.2017, Az: XI R 12/15, DStR 2017, 1873) als eine einheitliche Leistung beurteilt, die nicht nach § 4 Nr. 12 UStG steuerfrei ist. Auf die Art der Sportanlagen oder die Besonderheiten ihrer Nutzung kommt es nicht mehr an. Die bisherige Aufteilung zwischen steuerfreier Grundstücksüberlassung und steuerpflichtiger Vermietung von Betriebsvorrichtungen (vgl. hierzu kritisch Dziadkowski, UR 2001, 242) wurde aufgegeben. Das BFH-Urteil beruht seinerseits auf der Rechtsprechung des EUGH, wonach die Steuerbefreiungsvorschriften eng auszulegen sind und Dienstleistungen, die mit Sport und Körpertüchtigung zusammenhängen, als Gesamtheit zu würdigen sind (vgl. EuGH 18.01.2001, Rs. C-150/99, Stockholm Lindöpark, UR 2001, 153). In seiner Entscheidung vom 22.01.2015 (Rs. C-55/14, Regis, UR 2015, 347) bestätigte der EuGH diese Rechtsprechung, in dem er die entgeltliche Überlassung eines Fußballstadions an einen Fußballverein, bei der 80 % des Entgelts auf Unterhalt, Reinigung, Wartung und regelgerechte Bereitstellung der Anlage entfielen, als eine komplexe und damit steuerpflichtige Dienstleistung beurteilte. 37

Die Finanzverwaltung ist der geänderten Rechtsprechung des BFH mit BMF-Schreiben vom 17.04.2003 (Az: IV B 7-S 7100-77/03, BStBl I 2003, 279) sowie in A 4.12.11. Abs. 1 UStAE gefolgt.

Durch Gesetz vom 01.09.2002 (BGBl I 2002, 3441) wurde allerdings eine Übergangsregelung in § 27 Abs. 6 UStG aufgenommen, wonach zunächst bis zum 31.12.2003 an der alten Aufteilung festgehalten werden konnte. Mit Gesetz vom 23.04.2004 (BGBl I 2004, 601) wurde diese Übergangsregelung bis zum 31.12.2004 verlängert.

Beim BFH ist derzeit unter dem Az: V R 63/17 eine Revision anhängig, bei der es um die Frage geht, ob die entgeltliche Überlassung von Sportanlagen an einen Verein nach § 4 Nr. 12 UStG steuerfrei ist. Die Vorinstanz (FG Berlin-Brandenburg, Az: 5 K 5122/15, EFG 2018, 587) hatte entschieden, dass die Vermietung einer Sportanlage steuerfrei sein kann, wenn die Grundstücksüberlassung ausnahmsweise die Nutzungsberechtigung überwiegt, dies aber im konkreten Fall aufgrund der fehlenden Langfristigkeit des Mietvertrages abgelehnt. Gerade im Zusammenhang mit der Überlassung von Sportanlagen an Endverbraucher ist zudem zu beachten, dass nach Art. 132 Abs. 1 Buchst. m) MwStSystRL »bestimmte, in engem Zusammenhang mit Sport und Körperertüchtigungen stehende Dienstleistungen, die Einrichtungen ohne Gewinnstreben an Personen erbringen, die Sport oder Körperertüchtigung ausüben« steuerfrei sind. Diese Befreiungsvorschrift wird vom EuGH durchaus großzügig gehandhabt (vgl. EuGH vom 21.02.2013, Rs. C-18/12, Mesto Zamberk, UR 2013, 338 im Zusammenhang mit einem städtischen Aquapark und vom 19.12.2013, Rs. C-495/12, Bridport and West Dorset Golf Club, UR 2014, 192 mit Anm. Widmann). Vor dem Hintergrund der unzureichenden nationalen Umsetzung der unionsrechtlichen Vorgaben in § 4 Nr. 22 UStG hat der BFH im Urteil vom 03.04.2008 (Az: V R 74/07, UR 2008, 698; vgl. hierzu auch Walkenhorst, UStB 2008, 247) ein unmittelbares Berufen auf die unionsrechtliche Befreiungsvorschrift bereits explizit bejaht. Wenn also die Nutzungsüberlassung von Sportanlagen an Endverbraucher nicht nach § 4 Nr. 12 UStG steuerfrei ist, kann sich möglicherweise unmittelbar aus Art. 132 Abs. 1 Buchst. m) MwStSystRL die Steuerfreiheit ergeben, allerdings nur, wenn der Betreiber eine Einrichtung ohne Gewinnstreben ist.

Im Fall der **Nutzungsüberlassung der Sportanlagen an andere Unternehmer** als Betreiber zur Überlassung an Dritte (sog. Zwischenvermietung), ist die Nutzungsüberlassung nach Auffassung der Finanzverwaltung aber weiterhin in eine steuerfreie Grundstücksüberlassung und eine steuerpflichtige Vermietung von Betriebsvorrichtungen aufzuteilen (vgl. Abschn. 4.12.11 Abs. 2 S. 1 UStAE). Sie beruft sich insofern auf das BFH-Urteil vom 11.03.2009 (Az: XI R 71/07, BStBl II 2010, 209). In diesem Urteil führte der BFH unter Berufung auf das Urteil des BFH vom 17.12.2008 (Az: XI R 23/08, BStBl II 2010, 208) explizit aus, dass die Umsätze in eine steuerfreie Grundstücksvermietung und eine steuerpflichtige Vermietung von Betriebsvorrichtungen aufzuteilen sind. 38

Indes lies der BFH diese Frage in seiner Entscheidung vom 17.12.2008 gerade offen; vielmehr deutete er unter Verweis auf sein Urteil vom 24.01.2008 (Az: V R 12/05, BStBl II 2009, 60 – Vermietung von Standflächen auf Wochenmärkten) das Vorliegen einer einheitlichen steuerfreien Vermietungsleistung an. M.E. ist daher fraglich, ob die von der Verwaltung in Abschn. 4.12.11 Abs. 2 S. 2 und Abs. 3 UStAE vorgenommenen Aufteilungen von Grundstücksteilen und Betriebsvorrichtungen zielführend ist. Gerade bei der langfristigen Überlassung von Sportanlagen (vgl. zur Bedeutung dieses Kriteriums das BFH-Urteil vom 17.12.2008, Az: XI R 23/08, BStBl II 2010, 208), sei es an gewerbliche Betreiber oder an gemeinnützige Vereine, sollte die Grundstücksüberlassung im Vordergrund stehen und die Überlassung von Betriebsvorrichtungen als bloße Nebenleistung eingeordnet werden. Die Umsätze wären insgesamt nach § 4 Nr. 12 S. 1 Buchst. a UStG steuerfrei. Nach Maßgabe des § 9 UStG könnte optiert werden, wobei der unternehmerische Leistungsempfänger wegen § 9 Abs. 2 UStG keine vorsteuerschädlichen Umsätze haben dürfte.

2.1.4.9.5 Pferdepensionen

39 Bei der Besteuerung von Pferdepensionen sind verschiedene Fallkonstellationen zu unterscheiden:

Die dauerhafte Vermietung einer Pferdebox mit allenfalls geringfügigen Nebenleistungen ist eine nach § 4 Nr. 12 Satz 1 Buchst. a UStG steuerfreie Grundstücksüberlassung.

Werden neben der Boxenvermietung aber noch weitere Dienstleistungen (z.B. Nutzung der Reitanlage, Futterbereitstellung, Fütterung, Pflege, Ermöglichung des Weidegangs) erbracht, liegt insgesamt eine einheitliche, steuerpflichtige Pensionsleistung vor (vgl. BFH vom 10.08.2016, Az: V R 14/15, UR 2016, 957; FG Münster vom 25.09.2014, Az: 5 K 3700/10 U, EFG 2014, 2177; FG Köln vom 22.01.2008, Az: 6 K 2707/03, EFG 2008, 1829).

Die bloße Nutzungsüberlassung einer Weide stellt ebenfalls eine steuerfreie Grundstücksüberlassung dar. Auch bei der Nutzungsüberlassung der Weide zusammen mit der ausschließlichen Vermietung einer Pferdebox, begründet insgesamt eine steuerfreie Grundstücksüberlassung. Kommen zur Weideüberlassung allerdings weitere Leistungen hinzu, wie die naturnahe Inobhutnahme von Pferden, nebst Weidehygiene, Kontrolle des Weidezauns und teilweiser Futterversorgung im Winter, liegt eine steuerpflichtige Leistung vor (vgl. FG Nürnberg, EFG 2018, 591).

Die Überlassung einer Reithalle (Sportanlage) an einen Endverbraucher stellt eine einheitliche steuerpflichtige Leistung dar. Wird die Nutzung der Reithalle im Zusammenhang mit der Überlassung einer Pferdebox eingeräumt, begründet dies grundsätzlich eine einheitliche, steuerpflichtige Pferdepensionsleistung.

2.1.4.10 Nutzung des Grundstücks für unternehmensfremde Zwecke

40 Bis zur EuGH-Entscheidung vom 08.05.2003 (Rs. C-269/00, Wolfgang Seeling, BStBl II 2004, 378) ging die deutsche Rechtsprechung und Verwaltungspraxis davon aus, dass die unternehmensfremde Verwendung eines dem Unternehmen zugeordneten Grundstücks nach § 4 Nr. 12 UStG steuerfrei sei (vgl. den Vorlageentscheidung des BFH vom 25.05.2000, Az: V R 39/99, UR 2000, 325 sowie Abschn. 24c Abs. 7 UStR 2000).

Der EuGH urteilte dem gegenüber, dass die Verwendung einer Wohnung in einem insgesamt dem Unternehmen zugeordneten Gebäude für den privaten Bedarf des Steuerpflichtigen eine steuerpflichtige Dienstleistung sei. Dies hatte zur Folge, dass der Steuerpflichtige zwar einerseits seine Eigennutzung nach § 3 Abs. 9a Nr. 1 UStG versteuern musste, er andererseits aber zum vollen Vorsteuerabzug berechtigt war. Gerade bei der Anschaffung/Herstellung eines Gebäudes konnte sich der Steuerpflichtige so einen erheblichen Liquiditäts- und Zinsvorteil verschaffen, weil er den Vorsteuerabzug für den privat genutzten Grundstücksteil sofort ziehen konnte, die Besteuerung seiner privaten Eigennutzung über § 3 Abs. 9a Nr. 1 i.V.m. § 10 Abs. 4 Nr. 2 UStG dagegen über einen Zeitraum von 10 Jahren erfolgte (zum Ganzen Nieskens, UStB 2003, 311; ders. EU-UStB 2009, 43; Fromm, DStR 2009, 259; von Streit/Zugmaier, DStR 2010, 524; Scholz/Nattkämper, EU-UStB 2010, 32; Lippross, Umsatzsteuer, 24. Aufl. 2017, S. 384).

Die deutsche Rechtsprechung (vgl. BFH vom 24.7.2003, Az: V R 39/99, BStBl II 2004, 371) und die Verwaltung (vgl. BMF-Schreiben vom 13.04.2004, BStBl I 2004, 469 sowie Abschn. 4.12.1. UStAE) folgten gezwungenermaßen dieser EuGH-Rechtsprechung.

Durch die RL 2009/162/EU vom 22.12.2009 (EUABl L 20/14 vom 15.01.2010) wurde auf 41
EU-Ebene durch den neuen Art. 168a MwStSystRL dem Seeling-Modell mit Wirkung ab dem 01.01.2011 der Boden entzogen, in dem der Vorsteuerabzug auf die Ausgaben, die auf die Verwendung des Grundstücks für unternehmerische Zwecke entfallen, begrenzt wurde (vgl. hierzu von Streit/Zugmaier, DStR 2010, 524). Die entsprechende nationale Umsetzung erfolgte mit der Einführung von § 15 Abs. 1b UStG durch das Jahressteuergesetz 2010 (vgl. hierzu Ramb, NWB 2012, 1450; Lippross, Umsatzsteuer, 24. Aufl. 2017, S. 384 sowie Abschn. 15.6a. UStAE und die Kommentierung zu § 15). Durch den Ausschluss des Vorsteuerabzugs für die nichtunternehmerische Verwendung des Grundstücks liegt nach dem, ebenfalls durch das Jahressteuergesetz 2010 geänderten § 3 Abs. 9a Nr. 1, 2. Hs. UStG keine steuerbare Verwendungsentnahme mehr vor, so dass sich die Frage nach die Steuerfreiheit nicht mehr stellt. Dies gilt nach Maßgabe des § 27 Abs. 16 UStG seit dem 01.01.2011.

2.2 § 4 Nr. 12 S. 1 Buchst. b UStG

Nach § 4 Nr. 12 S. 1 Buchst. b UStG ist die Nutzungsüberlassung von Grundstücken und Grund- 42
stücksteilen auf Grund eines auf Übertragung des Eigentums gerichtetem Vertrages oder Vorvertrages (sog. Kaufanwartschaftsverträge) steuerfrei.

Hintergrund dieser Regelung sind insbesondere Vertragsgestaltungen, bei denen einem Kaufanwärter mit Errichtung eines Hauses/einer Wohnung bereits diesbezüglich ein Nutzungsrecht eingeräumt wurde, er zu anfallenden Tilgungs- und Zinsleistungen sowie zur Zahlung laufender Verwaltungs- bzw. Bewirtschaftungskosten verpflichtet war (z. B. als monatliches »Wohngeld«), er aber erst bei vollständiger Erfüllung seiner Verpflichtungen die Auflassung beanspruchen konnte (vgl. etwa den Sachverhalt der der Entscheidung des BGH vom 13.12.1968, Az: V ZR 80/67, MDR 1969, 468 zu Grunde lag). Soweit der vom Käufer gezahlte Betrag auf Tilgung und Zinsen entfällt, greift § 4 Nr. 9 Buchst. a UStG bzw. § 4 Nr. 8 Buchst. a UStG. Hinsichtlich der laufenden Verwaltungs- bzw. Bewirtschaftungskosten ist dagegen § 4 Nr. 12 S. 1 Buchst. b UStG einschlägig, mit der Folge, dass die gesamten Leistungen, die den Zahlungen des Kaufanwärters zu Grunde liegen, steuerfrei sind.

Die praktische Bedeutung derartiger Fallgestaltungen ist heute gering. Sie werden weitgehend verdrängt durch eine Fremdfinanzierung des Kaufpreises und grundpfandrechtliche Absicherung des Kreditgebers.

Zu beachten ist, dass die Steuerbefreiung nach § 4 Nr. 12 S. 1 Buchst. b UStG längstens bis zur Grundbucheintragung des Kaufanwärters greift (vgl. Abschn. 4.12.7. S. 3 und 4 UStAE). Zahlt der Käufer auch nach seiner Grundbucheintragung als Eigentümer weiterhin Verwaltungs- oder Bewirtschaftungsgebühren, dann sind diese nicht steuerbefreit.

2.3 § 4 Nr. 12 S. 1 Buchst. c UStG

43 Nach § 4 Nr. 12 S. 1 Buchst c UStG ist die Bestellung, die Übertragung und die Überlassung der Ausübung von dinglichen Nutzungsrechten an Grundstücken steuerfrei.

Entsprechend steuerfreie dingliche Nutzungsrechte an Grundstücken sind insbesondere (vgl. Abschn. 4.12.8 UStAE):

- der Nießbrauch (§ 1030 BGB),
- die Grunddienstbarkeit (§ 1018 BGB)
- die beschränkte persönliche Dienstbarkeit (§ 1090 BGB) sowie
- das Dauerwohnrecht und das Dauernutzungsrecht (§ 31 WoEigG).

44 Zwar befreit Art. 135 Abs. 1 Buchst. l MwStSystRL nur die Vermietung und Verpachtung von Grundstücken. Der EuGH hat in seiner Entscheidung vom 04.10.2001 (Rs. C-326/99, Stiching Goed Wonen, UR 2001, 484) jedoch die Gewährung dinglicher Nutzungsrechte der Vermietung und Verpachtung gleichgestellt, soweit sie »in wirtschaftlicher Hinsicht das wesentliche gemeinsame Merkmal aufweisen, dass dem Betreffenden auf bestimmte Zeit gegen eine Vergütung das Recht eingeräumt wird, ein Grundstück so in Besitz zu nehmen, als ob er dessen Eigentümer wäre, um jede andere Person von diesem Recht auszuschließen«.

Demgemäß fallen nur jene dinglichen Nutzungsrechte unter die Steuerbefreiung, die unionsrechtlich unter dem Begriff »Vermietung und Verpachtung« subsumiert werden können (vgl. Rz. 15 ff.), dem Inhaber also ein entsprechend umfassendes Nutzungsrecht an einem Grundstück einräumen (vgl. Abschn. 4.12.8. Abs. 1 S. 3 UStAE).

Vor diesem Hintergrund ist die Entscheidung des Hessischen FG vom 01.11.2017 (Az: 6 K 1667/16, MwStR 2018 m. Anm. Full), wonach für die im Rahmen einer beschränkt persönlichen Dienstbarkeit (§ 1090 Abs. 1 BGB) eingegangene entgeltliche Verpflichtung zur Unterlassung wettbewerbsrelevanter Nutzung eines Grundstücks die Steuerbefreiung nach § 4 Nr. 12 Buchst. c UStG in Betracht kommt, fraglich (vgl. auch Englisch in RID, § 4 Nr. 12 Rn. 104).

45 Die Steuerfreiheit nach § 4 Nr. 12 S. 1 Buchst. c UStG hat der BFH allerdings bei der **Einräumung eines Wegerechts** bejaht (Urteil vom 24.02.2005, Az: V R 45/02, BStBl II 2007, 61), da es dessen Inhaber zwar nicht das alleinige Recht zur Nutzung gewährt, aber das Recht einräumt, Unbefugte von der Nutzung auszuschließen.

Steuerpflichtig ist dagegen nach Ansicht des BFH die entgeltliche Bestellung eines unwiderruflich eingeräumten dinglichen Nutzungsrechts zur Durchführung von **Ausgleichsmaßnahmen nach dem BNatSchG** (BFH vom 08.11.2012, Az: V R 15/12, BStBl II 2013, 455) oder wenn einer Gemeinde das Recht eingeräumt wird, ein Grundstück auf Dauer nur für **Zwecke des Naturschutzes, der Landschaftspflege bzw. Forstwirtschaft** zu nutzen (BFH vom 21.02.2013, Az: V R 10/12, BFH/NV 2013, 1635). Dies begründet der BFH damit, dass es in diesen Fällen nicht um eine Inbesitznahme der Grundstücke gegangen sei, um die Möglichkeit zu verschaffen, Dritte wie ein Eigentümer von der Nutzung ausschließen zu können. Zudem erfolgte die Überlassung des Nutzungsrechts dauerhaft und nicht nur vorübergehend.

Vereinbart der Bauherr einer Tiefgarage mit der Stadt den Bau und die **Zurverfügungstellung von Stellplätzen für die Allgemeinheit** und erhält er dafür einen Geldbetrag, so ist die Leistung auch dann nicht steuerfrei, wenn zur Absicherung der Stadt eine beschränkt persönliche Dienstbarkeit im Grundbuch eingetragen wird (BFH vom 13.11.1997, Az: V R 11/97, BStBl II 1998, 169).

Die Überlassung von Grundstücksteilen zur **Errichtung von Strommasten** für eine Überlandleitung, die Einräumung des Rechts zur Überspannung der Grundstücke und die Bewilligung einer beschränkten persönlichen Dienstbarkeit zur dinglichen Sicherung dieser Rechte ist dagegen eine einheitliche sonstige Leistung, die nach § 4 Nr. 12 S. 1 Buchst. a UStG steuerfrei ist (BFH vom 11.11.2004, Az: V R 30/04, BStBl II 2005, 802, Abschn. 4.12.8. Abs. 2 UStAE).

2.4 Ausnahmen von der Steuerbefreiung gem. § 4 Nr. 12 S. 2 UStG

Durch § 4 Nr. 12 S. 2 UStG werden bestimmte Nutzungsüberlassungen, bei denen keine sozialpolitischen Gründe eine Steuerbefreiung rechtfertigen, von der Steuerfreiheit ausgenommen. 46

Es handelt es sich dabei um:

- die Vermietung von Wohn- und Schlafräumen, die ein Unternehmer zur kurzfristigen Beherbergung von Fremden bereithält (Beherbergungsumsätze),
- die Vermietung von Plätzen für das Abstellen von Fahrzeugen,
- die kurzfristige Vermietung von Campingplätzen und
- die Vermietung und Verpachtung von Betriebsvorrichtungen.

2.4.1 Beherbergungsumsätze

Nach Art. 135 Abs. 2 S. 1 Buchst a MwStSystRL ist die Gewährung von Unterkunft im Rahmen des Hotelgewerbes und in Sektoren mit ähnlicher Zielsetzung steuerpflichtig, wobei die Mitgliedstaaten aber nach Art. 135 Abs. 2 S. 2 weitere Ausnahmen von der Befreiung regeln können (vgl. EuGH vom 03.03.2000, Rs. C-12/98, Juan Amengual Far, UR 2000, 123: den Mitgliedstaaten ist es gestattet, die Vermietung von Grundstücken durch eine allgemeine Vorschrift der Umsatzsteuer zu unterwerfen und nur die Vermietung von Grundstücken, die zu Wohnzwecken bestimmt sind, durch eine Ausnahmevorschrift von der Umsatzsteuer zu befreien). 47

Die deutsche Regelung schränkt die Steuerfreiheit durch Abstellen auf das »Überlassen von Wohn- und Schlafräumen«, »zur kurzfristigen Beherbergung« »von Fremden« ein.

Für Beherbergungsumsätze gilt nach Maßgabe des § 12 Abs. 2 Nr. 11 UStG der ermäßigte Steuersatz (vgl. hierzu die Kommentierung zu § 12 UStG).

2.4.1.1 Überlassung von Wohn- und Schlafräumen

Nur die Überlassung von Räumlichkeiten für Wohn- und Schlafzwecke kann nach § 4 Nr. 12 S. 2 UStG steuerpflichtig sein. Steuerpflichtig ist insbesondere die Zimmerüberlassung durch Gasthöfe, Pensionen und Hotels. Ein gaststättenähnliches Verhältnis mit weiteren Dienstleistungen ist aber nicht erforderlich (Abschn. 4.12.9. Abs. 1 S. 1 UStAE). Auch die reine Überlassung von Ferienwohnungen und Ferienhäusern an Urlauber (vgl. hierzu L'habitant, NWB 2017, 3490) oder die Vermietung von Zimmern etwa an Handelsreisende, Kurgäste oder Messebesucher ist demnach steuerpflichtig. Die Überlassung anderer Räume, wie etwa Laden-, Büro- oder Lagerräume ist dagegen steuerfrei, soweit nicht nach § 9 UStG wirksam zur Steuerpflicht optiert wird. 48

Werden Räume stundenweise überlassen, um dort sexuelle Handlungen vorzunehmen, ist dies keine Beherbergung im Sinne des § 4 Nr. 12 S. 2 UStG, mit der Folge, dass die Zimmerüberlassung in diesen Fällen nach § 4 Nr. 12 S. 1 Buchst. a UStG steuerfrei ist (BFH vom 24.09.2015, Az: V R 30/14, UR 2015, 950; Abschn. 4.12.9. Abs. 1 S. 3 UStAE; kritisch Widmann, DStR 2015, 2823).

2.4.1.2 Kurzfristige Beherbergung

Die Wohn- und Schlafräume müssen zudem zur kurzfristigen Beherbergung überlassen werden. Dies ist in Anlehnung an § 9 S. 2 AO der Fall, wenn der Vermieter die Räume **nicht länger als 6 Monate** zur Verfügung stellen will (vgl. BFH vom 27.10.1993, Az: XI R 69/90, UR 1995, 20; EuGH vom 12.02.1998, Rs. C-346/95, Blasi, UR 1998, 189). Entscheidend ist insofern weniger die tatsächliche Dauer der Vermietung, als vielmehr die Absicht des Vermieters die Räume nicht für 49 einen dauerhaften Aufenthalt i. S. d. §§ 8 und 9 AO zur Verfügung zu stellen (Abschn. 4.12.9. Abs. 1 S. 2 UStAE). Anhaltspunkte hierfür sind neben der vereinbarten Vertragsdauer, der Kündbarkeit des Mietvertrages aber auch die tatsächliche Verweildauer des Mieters (vgl. BFH vom 08.08.2013, Az: V R 7/13, DStRE 2014, 28; Heidner in Bunjes, § 4 Nr. 12 Rn. 42).

50 Bei der Überlassung von Räumen an Asylbewerber kommen in der Regel weitere selbständige Leistungen hinzu, etwa die Gewährung von Verpflegung, die Gebäudereinigung und die Überwachung, die grundsätzlich eigenständig zu beurteilen sind (vgl. oben Rz. 33).

Die **Nutzungsüberlassung an Asylbewerber** erfolgt regelmäßig auf Grundlage von Vereinbarungen mit dem zuständigen Hoheitsträger. Für die Beurteilung, ob eine (ausnahmsweise steuerpflichtige) Vermietung von Wohn- und Schlafräumen i. S. von § 4 Nr. 12 Satz 2 UStG 1980 vorliegt, »die ein Unternehmer zur kurzfristigen Beherbergung von Fremden bereithält«, kommt es dabei auf die Umstände der Vermietung an den Hoheitsträger und nicht auf die Aufenthaltsdauer der einzelnen Flüchtlinge/Asylbewerber an (BFH vom 09.12.1993, Az: V R 38/91 BStBl II 1994, 585 und vom 25.01.1996, Az: V R 6/95, UR 1997, 181; vgl. auch Rundverfügung der OFD Frankfurt vom 22.11.2016, Az: S 7168 A – 15 – St 16). Liegt demnach eine langfristige Nutzungsüberlassung an den Hoheitsträger vor, weil diesem die Räume für mehr als 6 Monate zur Verfügung stehen, kommt aufgrund der Anmietung für hoheitliche Zwecke auch keine Option nach § 9 UStG in Betracht.

Soweit Räume an Aussiedler direkt überlassen werden, kommt es auf die Absicht des Vermieters bei Mietbeginn an. Sollte das Mietverhältnis nach den Vorstellungen des Vermieters nicht länger als sechs Monate dauern, kann von einer nur kurzfristigen Beherbergung ausgegangen werden (vgl. FG Saarland vom 06.02.2002, Az: 1 K 90/99, EFG 2002, 722).

51 Bietet der Unternehmer dieselben Räume wahlweise zur lang- oder kurzfristigen Beherbergung von Fremden an, so sind sämtliche Umsätze steuerpflichtig (BFH vom 20.04.1988. Az: X R 5/82, BStBl II 1988, 795, Abschn. 4.12.9. Abs. 2 S. 2 UStAE). Hat ein Unternehmer den einen Teil der in einem Gebäude befindlichen Räume längerfristig, den anderen jedoch nur kurzfristig vermietet, so ist die Vermietung nur insoweit steuerfrei, als er die Räume eindeutig und in leicht nachprüfbarer Weise zur nicht nur vorübergehenden Beherbergung von Fremden bereitgehalten hat (BFH vom 9.12.1993, Az: V R 38/91, BStBl II 1994, 585, Abschn. 4.12.9. Abs. 2 S. 1 UStAE). Steuerpflichtig ist auch, wenn dieselben Räume wahlweise zur kurzfristigen Beherbergung von Gästen oder des Saisons-Personals bereitgehalten werden (BFH vom 13.09.1988, Az: V R 46/83, BStBl II 1993, 1021, Abschn. 4.12.9. Abs. 2 S. 3 UStAE).

Die Voraussetzungen der Steuerfreiheit nach § 4 Nr. 12 S. 1 Buchst. a UStG liegen dagegen vor, wenn ein Unternehmer Räume längerfristig an einen anderen Unternehmer (Zwischenvermieter) vermietet, selbst wenn dieser die Räume nur zur kurzfristigen Beherbergung von Fremden bereithält.

2.4.1.3 Fremde

52 Der in § 4 Nr. 12 Satz 2 UStG verwendete Begriff »Fremde« ist weit auszulegen. »Fremde« sind demnach alle Personen, die keine Verwandten und Freunde des Vermieters sind, Als »Fremde« gelten deshalb z. B. auch Vereinsangehörige und Arbeitnehmer des Vermieters, die sich in der Unterkunft häuslich einrichten und (vorübergehend) dort ihren Lebensmittelpunkt begründen (BFH vom 06.06.1998, Az: V R 26/98, BFH/NV 1999, 84 und vom 08.08.2013, Az: V R 7/13, DStRE 2014, 28; a. A. FG München vom 09.12.1991, Az: 3 K 1023/90, EFG 1992, 370; Heidner in Bunjes, § 4 Nr. 12 Rn. 45). Bei der Überlassung von Werkdienstwohnungen und Personalunterkünften an Arbeitnehmer wird aber regelmäßig kein steuerpflichtiger Beherbergungsumsatz vorliegen, weil die Räume für die Dauer des Arbeitsverhältnisses und damit meist länger als 6 Monate zur Verfügung gestellt werden. Die Überlassung von Räumen an Saisonarbeitskräfte oder Erntehelfer

ist dagegen meist kurzfristig und/oder erfolgt wahlweise an Gäste und Personal und ist mithin steuerpflichtig (vgl. BFH vom 13.09.1988, Az: V R 46/83, BStBl II 1988, 1021 bei Räumen, die wahlweise zur vorübergehenden Beherbergung von Gästen oder zur Unterbringung des Saison-Personals bereit gehalten werden; vom 08.08.2013, Az: V R 7/13, DStRE 2014, 28 bei Unterkunftsgewährung an Erntehelfern).

2.4.2 Vermietung von Plätzen für das Abstellen von Fahrzeugen

Nach § 4 Nr. 12 S. 2 UStG steuerpflichtig ist weiter die Vermietung von Plätzen für das Abstellen von Fahrzeugen. Vorab ist zu beachten, dass die Vermietung von Fahrzeugstellplätzen unter bestimmten Voraussetzungen auch Nebenleistung zu einer steuerfreien Grundstücksvermietung sein kann und dann deren steuerfreies Schicksal teilt (vgl. hierzu Rn. 30). 53

Seit dem 01.01.1992 ist sowohl die lang- als auch kurzfristige Vermietung von Abstellplätzen für Fahrzeuge erfasst.

2.4.2.1 Fahrzeuge

Fahrzeuge sind vor allem Beförderungsmittel, deren Hauptzweck auf die Beförderung von Personen und Gütern zu Lande, zu Wasser oder in der Luft gerichtet ist (vgl. Abschn. 4.12.2. Abs. 2 S. 1 UStAE). Erfasst sind aber auch gewerbliche Gegenstände, die sich tatsächlich fortbewegen, ohne dass die Beförderung von Personen im Vordergrund steht, wie etwa Kräne, Bagger, landwirtschaftliche Nutzfahrzeuge oder Militärfahrzeuge, wie Panzer (Abschn. 4.12.2. Abs. 2 S. 6 UStAE). Tiere sind dagegen keine Fahrzeuge, so dass die Vermietung eines Reitstalls nicht auf Grund des § 4 Nr. 12 S. 2 UStG zwingend steuerpflichtig ist. 54

2.4.2.2 Abstellplätze

Erfasst ist die Vermietung aller Flächen, die für das Abstellen von Fahrzeugen bestimmt sind. In Betracht kommen Land- und Wasserflächen. Die Stellplätze können sich im Freien, z.B. Parkplätze, Parkbuchten, Bootsliegeplätze oder in Parkhäusern, Tiefgaragen, Einzelgaragen, Boots- oder Flugzeughallen befinden (Abschn. 4.12.2. S. 5 UStAE). 55

Fraglich ist, ob auch die Vermietung von Verkaufsflächen für Fahrzeuge steuerpflichtig ist. Die englische und französische Sprachfassung der Unionsnorm sprechen nicht von Plätzen für das »Abstellen« von Fahrzeugen, sondern von Plätzen »for the parking« und »pour le stationnement«. Dies legt nahe, dass nur Parkplatzvermietungen im engeren Sinne von der Ausnahme der Steuerbefreiung umfasst sein sollen. Die Vermietung von Flächen für die Verkaufspräsentation von (aktuell) nicht im Straßenverkehr zugelassenen Fahrzeugen wäre dann nicht erfasst. Der BFH konnte sich in seinem Urteil vom 29.03.2017 (Az: XI R 20/15, UR 2017, 669 m. Anm. Nücken; kritisch hierzu Schumann, MwStR 2017, 753) nicht zu einem ähnlich klaren Votum durchringen. Vielmehr entschied er, dass die Vermietung der PKW-Verkaufsflächen eng mit der steuerfreien Vermietung des Verkaufsbürocontainers verbunden sei, so dass es sich um einen einheitlichen wirtschaftlichen Vorgang handele, der nicht nach § 4 Nr. 12 S. 2 UStG von der Steuerbefreiung ausgenommen sei. Mangels Entscheidungsreife verwies er die Sache an die erste Instanz zurück und auch eine Vorlage zum EuGH lehnte er zum gegenwärtigen Zeitpunkt ab.

Das gebührenpflichtige Parken auf öffentlichen Straßen und Straßen auf hoheitlicher Grundlage gem. § 13 StVO ist mangels Unternehmereigenschaft der jeweiligen Gebietskörperschaft bereits nicht steuerbar (vgl. EuGH vom 14.12.2000, Rs. C-446/98, Câmara Municipal do Porto, UR 2001, 108 m Anm. Widmann; BFH vom 27.02.2003, Az: V R 78/01, BStBl II 2004, 431)). Die Vermietung von Stellplätzen in Parkhäusern oder Tiefgaragen ist dagegen selbst bei der Vermietung durch eine öffentlich-rechtliche Gebietskörperschaft wegen der potentiellen Wettbewerbssituation zu privaten Parkplatzanbietern – unabhängig davon, ob sie auf öffentlich-rechtlicher oder privatrechtlicher Grundlage erfolgt –, steuerbar und steuerpflichtig (BFH vom 01.12.2011, Az.: V R 1/11, DStR 2012, 352, vgl. auch die Kommentierung zu § 2a UStG).

2.4.3 Kurzfristige Vermietung von Campingplätzen

56 Steuerpflichtig ist auch die kurzfristige Vermietung von Campingplätzen (vgl. hierzu Klenk, 2010, 727). Leistungen von Campingplatzunternehmern, die darauf gerichtet sind, dem Benutzer eine bestimmte Grundstücksfläche auf einem Campingplatz zum Aufstellen eines Zeltes oder Wohnwagen zu gewähren, werden hiervon erfasst und sind mithin steuerpflichtig.

Erforderlich ist aber, dass die Gebrauchsüberlassung kurzfristig ist. Entscheidend ist – anders als bei Beherbergungsumsätzen – nicht die Absicht des Vermieters, sondern die Dauer der tatsächlichen Gebrauchsüberlassung (BFH vom 13.02.2008, Az: XI R 51/06, BStBl II 2009, 63). Dauert die Gebrauchsüberlassung tatsächlich weniger als sechs Monate, ist sie steuerpflichtig, dauert sie tatsächlich länger als sechs Monate ist sie steuerfrei (vgl. Abschn. 4.12.3. Abs. 2 UStAE mit Beispielen).

Nebenleistungen der Campingplatzvermietung, insbesondere die Überlassung üblicher Gemeinschaftsräume wie Wasch- und Duschräume, Toiletten, teilen das Schicksal der Hauptleistung (vgl. Abschn. 4.12.3 Abs. 3 und 4 UStAE).

Für die kurzfristige Vermietung von Campingplätzen gilt nach Maßgabe des § 12 Abs. 2 Nr. 11 UStG der ermäßigte Steuersatz (vgl. hierzu die Kommentierung zu § 12 UStG).

2.4.4 Vermietung und Verpachtung von Betriebsvorrichtungen

57 Von der Steuerfreiheit ausgenommen ist schließlich auch die Vermietung und Verpachtung von Maschinen und sonstigen Vorrichtungen aller Art, die zu einer Betriebsanlage gehören (Betriebsvorrichtungen). Dies gilt selbst dann, wenn die Betriebsvorrichtung wesentlicher Bestandteil des Gebäudes bzw. Grundstücks (vgl. Rn. 10) ist. Wird ein Gebäude nebst Betriebsvorrichtungen gegen einen einheitlichen Mietzins vermietet, muss folglich für die Umsatzbesteuerung die Überlassung der Betriebsvorrichtungen von der Vermietung des Gebäudes getrennt werden und die Überlassung der Betriebsvorrichtungen mit dem auf sie entfallenden Teil des Mietentgelts der Umsatzsteuer unterworfen werden (vgl. BFH vom 30.06.1993, Az: XI R 62/90, BStBl II 1993, 808).

Fraglich ist, ob Betriebsvorrichtungen soweit sie unselbständige Nebenleistungen sind, in die Steuerfreiheit der »Hauptleistung« Grundstücksvermietung richtlinienkonform einbezogen werden müssten (vgl. Rn. 29). Vor dem Hintergrund der EuGH-Entscheidung vom 18.01.2018 (Rs. C-463/16 – Stadion Amsterdam, UR 2018, 200), in der der EuGH u.a. ausführte, dass eine wirtschaftlich einheitliche Leistung nicht künstlich aufgespalten werden darf, stellt sich die Frage nunmehr mit Vehemenz (vgl. hierzu Nacke, NWB 2018, 2314; Nieskens, UR 2018, 181; Oldiges, DB 2018, 541).

58 Der Begriff der Betriebsvorrichtung richtet sich – mangels bisheriger unionsrechtlicher Konkretisierung – nach dem Bewertungsrecht (Abschn. 4.12.10. S. 2 UStAE). Einzelheiten finden sich insbesondere im koordinierten Ländererlass vom 05.06.2013 (BStBl I 2013, 734).

Unter den Begriff der Betriebsvorrichtungen fallen demnach alle Vorrichtungen, mit denen ein Gewerbe unmittelbar betrieben wird. Dies können auch selbständige Bauwerke oder Teile von Bauwerken sein, wie z.B. Schornsteine, Öfen und Kanäle.

Betriebsvorrichtungen sind dabei aber zunächst von Gebäuden abzugrenzen. Liegen alle Merkmale des Gebäudebegriffs vor, kann ein Bauwerk keine Betriebsvorrichtung sein. Als Gebäude ist ein Bauwerk anzusehen, wenn es Menschen oder Sachen durch räumliche Umschließung Schutz gegen Witterungseinflüsse gewährt, den Aufenthalt von Menschen gestattet, fest mit dem Grund und Boden verbunden, von einiger Beständigkeit und ausreichend standfest ist.

Ist das Bauwerk kein Gebäude, ist weiter zu prüfen, ob es sich um einen Gebäudebestandteil handelt. Gebäudebestandteile dienen der Benutzung ohne Rücksicht auf den gegenwärtig ausgeübten Betrieb. Sie sind im Rahmen der allgemeinen Nutzung des Gebäudes erforderlich. Räumlichkeiten (Materiallager, Schalträume) oder Verstärkungen des Bauwerks sind dabei stets dem Gebäude zuzurechnen. Bedienungsvorrichtungen (Arbeitsbühnen, Bedienungsbühnen) die der Bedienung und Wartung der Maschinen und Anlagen dienen, sind dagegen Betriebsvorrichtungen. Personenaufzüge dienen vorwiegend der Benutzung des Gebäudes; Lastenaufzüge sind dagegen Betriebsvorrichtungen.

Schließlich sind Betriebsvorrichtungen auch von den Außenanlagen abzugrenzen, was sich ebenfalls danach richtet, ob ein Bauwerk der Benutzung des Grundstücks dient (z. B. Einfriedungen, Be- und Entwässerungsanlagen, allgemeine Beleuchtung) oder in besonderer Beziehung zu einem auf dem Grundstück ausgeübten Gewerbebetrieb stehen (z. B. Gleisanlagen, Kräne, Beleuchtung zur Ausleuchtung eines Lagerplatzes).

Das Vorliegen von Betriebsvorrichtungen spielt in der Praxis nach wie vor bei der Nutzungs- 59
überlassung von Sportanlagen eine Rolle, wenn diese nicht an Endverbraucher, sondern an unternehmerischen Betreiber überlassen werden (vgl. zu Sportanlagen ausführlich Rn. 37f.).

§ 4 Nr. 13 UStG
Steuerbefreiungen: Leistungen der Wohnungseigentümergemeinschaften

Von den unter § 1 Abs. 1 Nr. 1 fallenden Umsätzen sind steuerfrei:

...

13. die Leistungen, die die Gemeinschaften der Wohnungseigentümer im Sinne des Wohnungseigentumsgesetzes in der im Bundesgesetzblatt Teil III, Gliederungsnummer 403–1, veröffentlichten bereinigten Fassung, in der jeweils geltenden Fassung an die Wohnungseigentümer und Teileigentümer erbringen, soweit die Leistungen in der Überlassung des gemeinschaftlichen Eigentums zum Gebrauch, seiner Instandhaltung, Instandsetzung und sonstigen Verwaltung sowie der Lieferung von Wärme und ähnlichen Gegenständen bestehen;

...

Literatur

Bröder, Vorsteuerabzug bei Wohnungseigentümergemeinschaften, NWB 2003, 3455 = Fach 7, 6115. **Kahlen**, Umsatzsteuer bei Leistungen der Wohnungseigentümergemeinschaft an Wohnungs- und Teileigentümer, ZMR 1988, 1288. **Lemke**, Der säumige Miteigentümer/Möglichkeiten der Eigentümergemeinschaft und des Verwalters zur Reduzierung finanzieller Risiken, NWB 2014, 2713. **Matheja**, Verwaltungstätigkeit einer Wohnungsbau-GmbH, UR 1976, 131. **Nieskoven**, Umsatzsteuerliche Besonderheiten bei Wohnungseigentümergemeinschaften, GStB 2006, 438. **Sauren**, Die Mehrwertsteueroption der Wohnungseigentümergemeinschaft, BB 1986, 436. **Schelnberger**, Die Option der Wohnungseigentümergemeinschaft ist von Vorteil, BB 1987, 1648. **Schmidt**, Anmerkung zum Urteil des OLG Hamm vom 12.05.1992 (15 W 33/92), UR 1993, 204. **Weimann/Raudszus**, Wohnungseigentümergemeinschaften: Die Steuerbefreiung des § 4 Nr. 13 UStG und ihre Brennpunkte, UR 1997, 462. **Weimann/Raudszus**, Wohnungseigentümergemeinschaften: Neue Problemfelder der Steuerbefreiung des § 4 Nr. 13 UStG, UR 1999, 486.

Verwaltungsanweisungen

OFD München vom 14.02.1975, Az: S 7420 - 17 - St 43, LEXinform 0062005.
OFD Köln vom 22.03.1978, Az: S - 7100 - 62/S - 7169 - 1 - St 142/S - 7300 - 53, LEXinform 0039178.
Bayrisches Landesamt für Steuern vom 30.08.2005, Az: S 7169 - 5/St 35 N, DStR 2005, 1647.
Hinweis: Zur Problematik der zeitlichen Geltungsdauer von BMF-Schreiben vgl. Einführung UStG, Rz. 100 ff.

Richtlinien/Hinweise/Verordnungen

UStAE: Abschn. 4.13.1.
MwStSystRL: Art. 131 ff.

1 Allgemeines

1.1 Überblick über die Vorschrift/Gesetzeszweck

Die Vorschrift befreit bestimmte Leistungen der Wohnungseigentümergemeinschaften an die Wohnungs- und Teileigentümer. Vorrangig dient die Vorschrift dazu, die Wohnungs- und Teileigentümer hinsichtlich der Umsatzsteuerbelastung **den Mietern und Eigentümern von Einfamilienhäusern soweit wie möglich gleichzustellen**: ohne die Steuerbefreiung unterlägen die von der Gemeinschaft erbrachten Leistungen der Umsatzsteuer; diese wäre auf die Mitglieder umzulegen und von diesen – i. d. R. ohne die Möglichkeit zum Vorsteuerabzug – zu tragen. Weiterer Zweck der Vorschrift ist es, Schwierigkeiten bei der **Abgrenzung steuerbarer und nichtsteuerbarer Leistungen** der Gemeinschaft zu vermeiden. Befreit werden sollen also Leistungen, die bei einer Erbringung gegenüber Mietern nach § 4 Nr. 12 UStG steuerfrei wären, weil sie als unselbständige Nebenleistung das Schicksal der Hauptleistung (Vermietungsleistung) teilen würden. 1

1.2 Geltungsbereich

1.2.1 Persönlicher Geltungsbereich

2 § 4 Nr. 13 UStG begünstigt ausschließlich Leistungen von **Wohnungseigentümergemeinschaften** i. S. d. Wohnungseigentumsgesetzes (§§ 1 ff. WoEigG; vgl. Weimann/Raudszus, UR 1997, 462).

1.2.2 Sachlicher Geltungsbereich

3 Sachlich beschränkt § 4 Nr. 13 UStG die Steuerbefreiung in zweifacher Hinsicht:
1. Begünstigt sind ausschließlich die im **Katalog** des § 4 Nr. 13 HS 2 UStG bezeichneten Leistungen.
2. **Empfänger** der Leistungen müssen die einzelnen Wohnungs- oder Teileigentümer sein.

1.2.3 Zeitlicher Geltungsbereich

4 Die Steuerbefreiung der Leistungen von Wohnungseigentümergemeinschaften wurde bereits im Jahre 1964 als § 4 Nr. 27 UStG in das damals gültige UStG 1951 eingefügt und bei der Umstellung auf das Mehrwertsteuersystem als unverändert als § 4 Nr. 13 UStG 1967 übernommen. Die Befreiung der Wohnungseigentümergemeinschaften ist ab 1980 ausdrücklich auch auf Leistungen an Teileigentümer ausgedehnt worden; die h. M. sieht hierin lediglich eine Klarstellung.

1.3 Zivilrechtliche Grundlagen

5 Das Verständnis der Steuerbefreiung setzt die Kenntnis der zivilrechtlichen Grundlagen voraus; diese ergeben sich aus §§ 1 ff. WoEigG (vgl. auch Weimann/Raudszus, UR 1997, 462).

2 Kommentierung

2.1 Die Tatbestandsmerkmale (Übersicht)

6 Nach § 4 Nr. 13 UStG sind steuerfrei Leistungen von
- Wohnungseigentümergesellschaften,
- soweit sie steuerbar sind,
- an die Wohnungs- oder Teileigentümer erbracht werden und
- in der
  - Gebrauchsüberlassung,
  - Instandhaltung,
  - Instandsetzung oder

- sonstigen Verwaltung
- des gemeinschaftlichen Eigentums oder
- in der Lieferung von Wärme und ähnlichen Gegenständen bestehen.

2.2 Die Leistenden: Wohnungseigentümergesellschaften

Steuerfrei sind **ausschließlich** Leistungen von Wohnungseigentümergemeinschaften im Sinne des WoEigG. Nicht steuerfrei sind daher die Leistungen einer **Kapitalgesellschaft**, die Wohnbauten errichtet, einzelne Wohneinheiten nach Teilung (§ 8 WoEigG) veräußert und sich in den Kaufverträgen das Recht sichert, die Wohneinheiten zu verwalten. Auch auf Leistungen der **Wohnungseigentümer untereinander** ist die Steuerbefreiung nicht anwendbar. 7

Nicht von der Steuerbefreiung erfasst werden Leistungen von **Wohungsverwaltungsgesellschaften** an Wohnungseigentümergemeinschaften. Die Vorschrift findest ausschließlich Anwendung im Verhältnis zwischen WEG und Miteigentümern (Sächsisches FG vom 14.01.2009, Az: 2 K 1725/06, rkr., EFG 2009, 1344). 7a

2.3 Die Rechtssystematik: Steuerbarkeit

Als Steuerbefreiungsvorschrift kommt § 4 Nr. 13 UStG nur zur Anwendung, wenn die nämlichen Leistungen steuerbar sind (vgl. § 4 UStG Einleitungssatz); dies ist insbesondere dann der Fall, wenn sie i.S.v. § 1 Abs. 1 Nr. 1 S. 1 UStG im Leistungsaustausch gegen Entgelt erfolgen. Die Finanzverwaltung und weite Teile der Literatur weisen in diesem Zusammenhang auf die besondere Problematik der Leistungsbeziehungen zwischen einer Gemeinschaft und ihren Mitgliedern hin (vgl. hierzu Abschn. 1.4 UStAE): steuerbar seien nur **Sonderleistungen an einzelne Mitglieder** (vgl. Abschn. 4.13.1 Abs. 2 S. 1 UStAE). Dieser Hinweis scheint mir jedoch lediglich von theoretischer Bedeutung zu sein; praktisch erbringen die Gemeinschaften im Rahmen ihrer Verwaltungsaufgaben **ausschließlich steuerbare (Sonder-)Leistungen**: jede Verwaltungsleistung wird nämlich (ggf. indirekt) einen Beitrag zum Werterhalt, zur Werterhöhung oder zur Verwertbarkeit des Sondereigentums leisten und zumindest insoweit als Sonderleistung zu werten sein. 8

2.4 Die Leistungsempfänger: Wohnungs- oder Teileigentümer

Begünstigt sind ausschließlich Leistungen der Gemeinschaft an Wohnungs- oder Teileigentümer. Grundsätzlich muss der Leistungsempfänger als Wohnungs- oder Teileigentümer als solcher **in das Grundbuch eingetragen** sein. Bei **künftigen Eigentümern** ist es ausreichend, dass diese wirtschaftlich eine dem Eigentum vergleichbare Rechtsposition erlangt haben; dies ist der Fall, wenn der schuldrechtliche Anspruch auf Verschaffung des Eigentums gesichert und das Eigentum tatsächlich bezogen ist. Leistungen der Gemeinschaft an **sonstige Dritte**, z.B. an Mieter, sind nicht begünstigt (vgl. Abschn. 4.13.1 Abs. 2 S. 5 UStAE); vgl. auch die Ausführungen zum derzeit aktuellen Problem der Nutzungsverträge mit den Anbietern von Mobilfunk (vgl. Rn. 44). 9

Beispiel:
Eine Wohnungseigentümergemeinschaft gestattet benachbarten Grundstückseigentümern gegen Entgelt die Nutzung eines Sitzrasenmähers.

Lösung:
Die Vermietungsleistung erfolgt im Leistungsaustausch gegen Entgelt und ist damit steuerbar (§ 1 Abs. 1 Nr. 1 S. 1 UStG). Die Leistung ist auch steuerpflichtig; insbesondere findet die Steuerbefreiung des § 4 Nr. 13 UStG keine Anwendung, da die Leistung gegenüber Dritten erbracht wurde.

2.5 Der Leistungsinhalt

2.5.1 Die Verwaltung des gemeinschaftlichen Eigentums

10 § 4 Nr. 13 UStG begünstigt zunächst bestimmte Verwaltungsleistungen, nämlich

- die Überlassung des gemeinschaftlichen Eigentums zum Gebrauch;
- die Instandhaltung des gemeinschaftlichen Eigentums;
- die Instandsetzung des gemeinschaftlichen Eigentums;
- die sonstige Verwaltung des gemeinschaftlichen Eigentums.

2.5.1.1 Allgemeines

11 Bei der Prüfung der Steuerfreiheit von Verwaltungsleistungen sind folgende Grundsätze zu beachten:

- Die Leistungen müssen **steuerbar** sein (vgl. Rn. 8).
- Hinsichtlich der verschiedenartigen Lieferungen und sonstigen Leistungen liegen **jeweils selbständige Umsätze** der Wohnungseigentümergemeinschaften an ihre Mitglieder vor (vgl. Abschn. 4.13.1 Abs. 2 S. 4 UStAE).
- Die Verwaltungsleistungen müssen sich auf das **gemeinschaftliche Eigentum** i. S. d. WoEigG beziehen; die **Verwaltung des Sondereigentums** der Mitglieder ist nicht steuerbegünstigt (vgl. Abschn. 4.13.1 Abs. 2 S. 5 UStAE). Nicht begünstigt sind auch Leistungen, die in der Verwaltung solchen gemeinschaftlichen Eigentums bestehen, das nicht dem Grundstück, den Grundstücksteilen, Anlagen und Einrichtungen zuzurechnen ist; insoweit knüpft § 4 Nr. 13 UStG an § 1 Abs. 7 WoEigG an. Nicht unter die Begünstigung fällt daher insbesondere die **Überlassung beweglicher Gegenstände, die nicht Zubehör des Grundstücks sind**, wie Tischtennisplatten, Gartenmöbel etc.

2.5.1.2 Die Überlassung des gemeinschaftlichen Eigentums zum Gebrauch

12 Unter Überlassung des gemeinschaftlichen Eigentums zum Gebrauch versteht man die **Duldung der zeitweisen oder dauerhaften Nutzung** des Gemeinschaftseigentums, insbesondere die Nutzung

- der Antennenanlage,
- der Fahrstühle,
- der Müllschluckanlage,
- der Telefonzentrale,
- des Trockenbodens oder -raums,
- der Wäschetrockner,
- der Waschküche,
- der Waschmaschinen.

Nicht unter die Begünstigung fällt insbesondere die **Überlassung beweglicher Gegenstände, die nicht Zubehör des Grundstücks sind**, wie Tischtennisplatten, Gartenmöbel etc. Die von der Gemeinschaft erhobenen **Umlagen** sind umsatzsteuerlich das Entgelt für diese steuerbaren, aber nach § 4 Nr. 13 UStG steuerfreien (Sonder-)Leistungen (vgl. Abschn. 4.13.1 Abs. 2 S. 3 UStAE). 13

2.5.1.3 Die Instandhaltung des gemeinschaftlichen Eigentums

2.5.1.3.1 Allgemeines

Unter Instandhaltung ist die **aktive Bewahrung des Gemeinschaftseigentums in gebrauchsfertigem Zustand** zu verstehen. Zu nennen sind insbesondere die 14

- Pflege der Gartenanlage;
- Reinigung des Treppenhauses;
- Wartung technischer Geräte wie Antenne, Aufzug, Heizung, Müllschlucker oder Schornstein.

Die von der Gemeinschaft erhobenen **Umlagen** sind umsatzsteuerlich das Entgelt für diese steuerbaren, aber nach § 4 Nr. 13 UStG steuerfreien (Sonder-)Leistungen (vgl. Abschn. 4.13.1 Abs. 2 S. 3 UStAE). 15

2.5.1.3.2 Sonderfragen der Instandhaltungsrücklage

Die von einer Eigentümergemeinschaft erhobene Umlage für die Bildung einer Instandhaltungsrücklage stellt eine Vorauszahlung für eine zukünftig beabsichtigte Reparaturleistung o. ä. der Gemeinschaft gegenüber dem Gemeinschafter dar. Soweit die Gemeinschaft insoweit zur Steuerpflicht optiert hat, ist die **Versteuerung im Veranlagungszeitraum der Vereinnahmung** der Umlage vorzunehmen (§ 13 Abs. 1 Nr. 1a S. 4 und Nr. 1b UStG; anzuwenden ist der allgemeine Steuersatz des § 12 Abs. 1 UStG von derzeit 19 % (vgl. Rn. 40f. – Musterabrechnung). Bei Abrechnung der späteren Reparaturleistungen unter Verwendung der Instandhaltungsrücklage ist zu beachten, dass insoweit schon eine Versteuerung vorgenommen wurde und ggf. Steuerbeträge nach § 14 Abs. 1 S. 6 UStG abzusetzen sind. 16

2.5.1.3.3 Die Instandsetzung des gemeinschaftlichen Eigentums

Unter Instandsetzung ist die **Wiederherstellung des gebrauchsfertigen Zustands** zu verstehen; erfasst werden insbesondere 17

- Reparaturarbeiten und
- Sanierungsarbeiten.

Die von der Gemeinschaft erhobenen **Umlagen** sind umsatzsteuerlich das Entgelt für diese steuerbaren, aber nach § 4 Nr. 13 UStG steuerfreien (Sonder-)Leistungen (vgl. Abschn. 4.13.1 Abs. 2 S. 3 UStAE). Nur die Instandsetzung des gemeinschaftlichen Eigentums ist begünstigt, nicht aber die **Anschaffung oder Herstellung** von gemeinschaftlichem Eigentum. Die h. M. greift zur Abgrenzung m. E. zutreffend auf die ertragsteuerlichen Grundsätze der R 21.1 EStR 2012 zurück. Eine Instandsetzungsmaßnahme ist daher nur dann anzunehmen, wenn durch sie nichts Neues, bisher nicht Vorhandenes geschaffen wird. 18

Beispiel:
Eine Wohnungseigentümergemeinschaft erwirbt in 01 einen Wäschetrockner zur gemeinschaftlichen Nutzung. In 03 ist der Trockner defekt; die Gemeinschaft lässt ihn daher reparieren. In 05 weist der Trockner denselben Defekt noch einmal auf; die Gemeinschaft beschließt daraufhin die Anschaffung eines vergleichbaren Neugerätes. Sämtliche Kosten der Maßnahmen werden auf die Mitglieder umgelegt.

Lösung:
Die Neuanschaffung in 01 ist nicht nach § 4 Nr. 13 UStG begünstigt, da etwas Neues, bisher nicht Vorhandenes angeschafft wurde; dagegen sind sowohl die Reparatur in 03 und auch die Ersatzbeschaffung in 05 begünstigt.

19 Bei Abrechnung der späteren Reparaturleistungen unter Verwendung der Instandhaltungsrücklage ist zu beachten, dass – soweit die Gemeinschaft zur Steuerpflicht optiert hat – bereits im Zeitraum der Vereinnahmung eine Versteuerung vorgenommen werden musste und die darauf entfallenden Steuerbeträge nunmehr nach § 14 Abs. 5 S. 2 UStG abzusetzen sind.

2.5.1.3.4 Die sonstige Verwaltung des gemeinschaftlichen Eigentums

20 Steuerfrei sind demnach insbesondere
- die Bestandserfassung und -verwaltung,
- die Auftragsvergabe an Handwerker,
- die Bezahlung der Rechnungen,
- Aufstellung eines Wirtschaftsplanes,
- die Rechnungslegung (§§ 27 f. WoEigG),
- die Buchführung,
- die Steuer- und Rechtsberatung.

21 Die von der Gemeinschaft erhobenen **Umlagen** sind umsatzsteuerlich das Entgelt für diese steuerbaren, aber nach § 4 Nr. 13 UStG steuerfreien (Sonder-)Leistungen (vgl. Abschn. 4.13.1 Abs. 2 S. 3 UStAE). Auch Umlagen auf laufende Leistungen, die im Bereich des Gemeinschaftseigentums entstehen, wie z. B.
- die Flurbeleuchtung,
- die Schornsteinreinigung,
- die Feuer- und Haftpflichtversicherung,
- die Müllabfuhr,
- die Straßenreinigung,
- die Entwässerung

sind von der Steuerbefreiung erfasst.

2.5.2 Die Lieferung von Wärme und ähnlichen Gegenständen

22 § 4 Nr. 13 UStG begünstigt die Lieferung von Wärme und ähnlichen Gegenständen. Wärmeähnliche Gegenstände sind u. a.
- das **warme Wasser**,
- die **Heizenergie**, z. B. Elektrizität.

23 Nicht begünstigt sein sollen die Lieferung von
- Kohlen,
- Koks,
- Heizöl,
- Gas

(vgl. Abschn. 4.13.1 Abs. 2 S. 6 UStAE) zur Beheizung der eigenen Wohnung.

Insoweit trete die Gemeinschaft »wie ein Kohlenhändler« auf. Diese Einschränkung wird zu Recht bestritten; es muss unerheblich sein, auf welchem Energieträger die Beheizung und Energieversorgung basieren. 24

TIPP

- Bereits verwirklichte Lebenssachverhalte: Gegen nachteilige Entscheidungen der Finanzverwaltung sollte man sich notfalls im Klagewege wehren.
- Noch gestaltbare Lebenssachverhalte: Zur Erlangung günstiger Einkaufskonditionen sollten die Energieträger von der Gemeinschaft im Rahmen einer **Gesamtbestellung im Namen des jeweiligen Eigentümers** für alle Eigentümer bezogen werden. Der Energielieferant hat in diesem Fall gegenüber dem jeweiligen Miteigentümer abzurechnen, wobei die Gesamtrechnung aus Vereinfachungsgründen an die Gemeinschaft gesandt und von dieser beglichen werden kann. Die Weiterbelastung an den jeweiligen Eigentümer durch die Gemeinschaft stellt bei dieser einen durchlaufenden Posten (§ 10 Abs. 1 S. 5 UStG) dar. Der Eigentümer hat nach Maßgabe des § 15 UStG das Recht zum Vorsteuerabzug.

Zu beachten ist, dass Gas, Wasser und Elektrizität nur dann von der Gemeinschaft geliefert werden, wenn nicht für jeden einzelnen Eigentümer ein gesonderter Zähler installiert wurde, mit dessen Hilfe das Versorgungsunternehmen direkt gegenüber dem Verbraucher abrechnet. 25

2.6 Verzicht auf die Steuerfreiheit (Option)

2.6.1 Ausübung der Option

Über die Option muss die Eigentümerversammlung entscheiden. Der Options-Beschluss verursacht – nicht zwingend notwendige – **Mehrkosten** (z.B. gesonderte Verwalterabrechnungen mit USt-Ausweis, Steuerberatungskosten) und kann daher nur einstimmig gefasst werden. Dies wird oft nur erreichbar sein, wenn die die Option befürwortenden Eigentümer die anderen Eigentümer von Mehrkosten und Haftungsansprüchen freistellen. 26

Da die Entscheidung über die Option allein beim leistenden Unternehmer und damit der Gemeinschaft liegt, hat der einzelne Teileigentümer zumindest nach den allgemeinen Grundsätzen des § 9 UStG **keinen Anspruch auf die Ausübung der Option** und damit auch nicht auf Erteilung einer Rechnung i.S.d. § 14 UStG. Nach einem Urteil des OLG Hamm vom 12.05.1992 (Az: 15 W 33/92, UR 1993, 202) und einem neueren Beschluss des BayObLG vom 13.06.1996 (Az: 2 Z BR 28/96, UR 1996, 481) kann sich für Wohnungseigentümergemeinschaften die **Optionspflicht** gegenüber unternehmerisch tätigen Eigentümern allerdings aus § 21 Abs. 4 WoEigG ergeben, wenn die Interessen der übrigen Eigentümer hinreichend gewahrt bleiben. Hinsichtlich der rein **»technischen« Ausübung des Befreiungsverzichts** (Formen, Fristen etc.) ergeben sich keine Besonderheiten; insoweit wird auf die Ausführungen zu § 9 UStG verwiesen. 27

2.6.2 Umfang der Option

2.6.2.1 Grundsatz der Einzeloption

Es gilt der Grundsatz der Einzeloption: der Unternehmer kann das Optionsrecht für jede optionsfähige Leistung gesondert ausüben. Die Beurteilung der Leistungen der Wohnungseigentümergemeinschaften als Einzelleistungen eröffnet die Möglichkeit nur für Leistungen auf die Steuerfreiheit zu verzichten, die ihrerseits mit Vorsteuern belastet sind. 28

29 Für den Fall der Option ist zu beachten, dass **Wasserlieferungen** zum ermäßigten Steuersatz von derzeit 7 % erfolgen (§ 12 Abs. 2 Nr. 1 UStG i. V. m. Nr. 34 der Anlage; vgl. Rn. 40f. – Muster Abrechnung).

30 **Vorsteuerfreie Eingangsleistungen**, z. B. Versicherungsbeiträge, Gebühren für Abfall, Straßenreinigung oder Entwässerung, Hausmeisterlohn etc. müssen somit nicht der Umsatzsteuer unterworfen werden. Allerdings dürfte auch in diesen Fällen die Behandlung als steuerpflichtig grundsätzlich unschädlich sein, da die Eigentümer, bei deren Umsätzen optiert wird, ihrerseits zum Vorsteuerabzug berechtigt sein werden.

2.6.2.2 Der Leistungsempfänger: ein anderer Unternehmer

31 Die Gemeinschaft kann nur solche Umsätze als steuerpflichtig behandeln, die sie **an andere Unternehmer für deren Unternehmen** ausführt (§ 9 Abs. 1 S. 1 UStG). Das Mitglied der Gemeinschaft muss die Wohnung oder das Teileigentum

- als Unternehmer
- i. R. d. Unternehmens

verwenden, z. B. als Arztpraxis, Steuerberatungsbüro oder Lagerräume. Nur an die Wohnung derart unternehmerisch nutzende Eigentümer können die Umsätze der Gemeinschaft steuerpflichtig erfolgen. Im Einzelfall wird die Nutzung zur unzulässigen **Zweckentfremdung von Wohnraum** führen, was steuerlich jedoch gem. § 40 AO ohne Bedeutung ist (Handzik in O/S/L, § 4 Nr. 13 Rn. 23). Die Wohnungseigentümergemeinschaft sollte sich insoweit jedoch gegenüber dem Eigentümer vertraglich absichern; zu diesem Zweck ist zunächst folgende allgemeine Vereinbarung denkbar:

32 »Der Eigentümer verpflichtet sich, der Gemeinschaft mitzuteilen, ob und inwieweit er das Grundstück für eigene unternehmerische Zwecke i. S. v. § 9 Abs. 1 UStG nutzt. Sollte sich die Art der Nutzung ändern, hat der Eigentümer unverzüglich und unaufgefordert der Gemeinschaft hierüber Mitteilung zu machen. Der Eigentümer ist verpflichtet, der Gemeinschaft den Schaden zu ersetzen, der bei fahrlässigem oder vorsätzlichem Fehlverhalten bzgl. dieser Pflicht, insbesondere durch Nichtinformation, teilweise Falschinformation, Falschinformation etc., entsteht.«

33 Für den Fall unterschiedlicher Nutzung selbständig nutzbarer Eigentumsteile **empfiehlt sich folgende Vereinbarung**:

»Der Eigentümer ist verpflichtet, folgende Räume zur Ausführung eigener unternehmerischer Zwecke i. S. v. § 9 Abs. 1 UStG zu nutzen:

....

....

....

Gebrauchsänderungen, auch solche, die die übrigen Räume betreffen, bedürfen der Mitteilung an die Gemeinschaft.

Sollte sich die Art der Nutzung ändern, hat der Eigentümer unverzüglich ... (s. o.).«

34 Das **bloße Wohnen** in der eigenen Wohnung ist keine unternehmerische Tätigkeit. Der Wohnungseigentümer nutzt die Wohnung allerdings unternehmerisch, wenn er sie (steuerfrei oder steuerpflichtig) **vermietet**. Scheinbar anderer Ansicht ist Handzik (in O/S/L, § 4 Nr. 13 Rn. 23), der unternehmerische Betätigung des Eigentümers nur bei steuerpflichtiger Vermietung annimmt. Die Steuerpflicht der Vermietung dürfte für die Umsätze der Gemeinschaft an den Eigentümer rechtlich unbeachtlich sein; insbesondere ergeben sich aus § 9 Abs. 2 UStG keine Einschränkungen. Allerdings macht die Option nur bei steuerpflichtiger Vermietung Sinn; sie sollte daher nur dann erfolgen, wenn seitens des Eigentümers die Option die Voraussetzungen des § 9 Abs. 2 UStG erfüllt.

Beispiel:
Eine Wohneigentumsanlage wird wie folgt genutzt:
- Im Erdgeschoss praktiziert der Humanmediziner H, in der ersten Etage der Tierarzt T.
- In der zweiten und dritten Etage befinden sich Wohnungen. Die Wohnung in der zweiten Etage nutzt Bauunternehmer U zu eigenen Wohnzwecken; die in der dritten Etage wird von Privatmann P fremdvermietet.

Lösung:
Erdgeschoss: H ist als frei praktizierender Arzt unternehmerisch tätig (§ 2 Abs. 1 UStG). Die Gemeinschaft könnte gem. § 9 Abs. 1 UStG zur Steuerpflicht optieren. Die Option macht jedoch keinen Sinn, da H als Humanmediziner zwingend steuerfrei tätig ist (§ 4 Nr. 14 UStG) und nicht zum Vorsteuerabzug (§ 15 Abs. 2 und 3 UStG) berechtigt ist.
1. Etage: T ist als frei praktizierender Tierarzt unternehmerisch tätig (§ 2 Abs. 1 UStG). Die Gemeinschaft könnte gem. § 9 Abs. 1 UStG zur Steuerpflicht optieren; dies ist auch anzuraten, da die Umsätze steuerpflichtig sind (§ 4 Nr. 14 S. 4 Buchst. a UStG).
2. Etage: U ist zwar Unternehmer, jedoch nutzt er die Wohnung nicht zu unternehmerischen Zwecken. Die Gemeinschaft kann daher nicht zur Steuerpflicht optieren. Die Option macht jedoch auch keinen Sinn, da U nicht zum Vorsteuerabzug (§ 15 Abs. 1 UStG) berechtigt ist.
3. Etage: P ist als Vermieter unternehmerisch tätig (§ 2 Abs. 1 UStG). Die Gemeinschaft könnte gem. § 9 Abs. 1 UStG zur Steuerpflicht optieren. Die Option macht jedoch keinen Sinn, da P zwingend steuerfrei vermietet (§§ 9 Abs. 2, 4 Nr. 12 UStG) und nicht zum Vorsteuerabzug (§ 15 Abs. 2 und 3 UStG) berechtigt ist.

2.6.3 Rechtsfolgen der Option

Aus der Option ergeben sich umsatzsteuerlich vor allem nachstehende Rechtsfolgen: 35

- Die Gemeinschaft hat den Mitgliedern **entsprechend dem Umfang der Option Rechnungen unter Ausweis von USt** zu erteilen. Wird dabei in allen Wohngeldabrechnungen der Gemeinschaft USt ausgewiesen, so schuldet die Gemeinschaft auch die USt hinsichtlich der (zwingend) steuerfreien Leistungen an Mitglieder, die nicht unternehmerisch tätig sind, nach § 14c Abs. 1 UStG.

TIPP
Um Steuernachteile zu vermeiden, muss die Gemeinschaft bei Ermittlung der Umlagebeiträge differenzieren: Nur Abrechnungen an Mitglieder, die das Wohn-/Teileigentum unternehmerisch nutzen, dürfen unter USt-Ausweis erfolgen (vgl. Rn. 40f. – Musterabrechnung).

- Die Pflicht zur Abgabe der USt-Voranmeldungen und -Jahreserklärungen (§ 18 UStG) erfüllt i.d.R. der Verwalter.
- Der Gemeinschaft obliegen die allgemeinen **Aufzeichnungspflichten** des § 22 UStG. Aufzuzeichnen sind danach insbesondere
  - die vereinbarten Entgelte für ausgeführte Lieferungen/sonstige Leistungen (§ 22 Abs. 2 Nr. 1 UStG),
  - die vereinnahmten Entgelte/Teilentgelte für noch nicht ausgeführte Lieferungen/sonstige Leistungen (§ 22 Abs. 2 Nr. 2 UStG),
  - die Bemessungsgrundlagen für unentgeltliche Zuwendungen (§ 22 Abs. 2 Nr. 3 UStG).

2.7 Vorsteuerabzug

2.7.1 Vorsteuerabzug der Gemeinschaft

Die Gemeinschaft ist unter den Voraussetzungen des § 15 UStG zum Vorsteuerabzug berechtigt. 36

37 Dies ist der Fall, wenn und soweit sie vorsteuerbelastete Eingangsleistungen für folgende Umsatzarten verwendet:

Umsätze, die **der Art nach** gem. § 4 Nr. 13 UStG steuerfrei sind,

- zu deren Steuerpflicht aber zulässigerweise optiert wurde,
- die aber nicht an einen der Eigentümer, sondern an einen Dritten (z.B. an einen Mieter), ausgeführt werden (vgl. Abschn. 4.13.1 Abs. 2 S. 5 UStAE),
- Umsätze, die die Verwaltung des Sondereigentums betreffen (Abschn. 4.13.1 Abs. 2 S. 5 UStAE),
- wenn sie sonstige (Nichtausschluss-)Umsätze tätigt, z.B. bewegliche Gegenstände überlässt, die nicht Zubehör des Grundstücks sind (Tischtennisplatten, Gartenmöbel etc.).

38 Soweit die Eingangsleistungen für Umsätze verwandt werden, die nach § 4 Nr. 13 UStG ohne Möglichkeit der Option steuerfrei sind, sind die entsprechenden Vorsteuerbeträge gem. § 15 Abs. 2 Nr. 1 UStG nicht abziehbar und folglich nach Maßgabe des § 15 Abs. 4 UStG aufzuteilen. Insoweit gelten die allgemeinen Grundsätze; die nichtabziehbaren Teilbeträge können daher im Wege einer sachgerechten Schätzung ermittelt werden (§ 15 Abs. 4 S. 2 UStG, Abschn. 15.16ff. UStAE).

2.7.2 Vorsteuerabzug der Mitglieder

39 Auch die Wohnungs-/Teileigentümer sind unter den Voraussetzungen des § 15 UStG zum Vorsteuerabzug berechtigt. Als zum Vorsteuerabzug berechtigende Eingangsrechnungen kommen insbesondere in Betracht:

- Rechnungen der Eigentümergemeinschaft,
- Rechnungen Dritter,
- Rechnungen der Versorgungsunternehmen (Gas, Wasser, Elektrizität), soweit für jeden einzelnen Eigentümer ein gesonderter Zähler installiert wurde, mit dessen Hilfe das Versorgungsunternehmen direkt gegenüber dem Verbraucher abrechnet: in diesem Fall liefert das Versorgungsunternehmen direkt an den Eigentümer als Kunden und nicht an die Gemeinschaft,
- Rechnungen über Dienstleistungen für das Sondereigentum, z.B. Schönheitsreparaturen.

2.8 Muster einer Abrechnung der Gemeinschaft an die Mitglieder

40 Abrechnungen der Gemeinschaft an Mitglieder müssen – soweit zur Steuerpflicht der Umsätze optiert wurde – als Rechnungen den Anforderungen des § 14 UStG genügen und insbesondere die Umsatzsteuer je Leistung unter Angabe des Steuersatzes und -betrages ausweisen. Wie eine derartige Abrechnung aussehen kann, zeigt folgendes Abrechnungsmuster:

41 **Jahresabrechnung 2018 der Wohnung X (in EUR)**

	Netto	USt
1. Heizung (USt-Satz: 19 %)	2000	380
2. Wasser (USt-Satz: 7 %, § 12 Abs. 2 Nr. 1 UStG)	300	21
3. Verwalter (USt-Satz: 19 %)	500	95
4. Zuführung Instandhaltungsrücklage (USt-Satz: 19 %)	800	152
5. Sonstige Leistungen (USt-Satz: 19 %)	400	76

	Netto	USt
6. Sonstige Leistungen (USt-Satz: 7 %)	100	7
7. **Zwischensumme 1**	4100	731
8. Entwässerung, ohne USt	380	0
9. Sonstige Leistungen, ohne USt	100	0
10. **Zwischensumme 2**	4580	731
11. USt	731	
12. Umlage insgesamt	5311	
13. abzüglich monatlich gezahltes Hausgeld (12 × 400)	4800	
14. **Abschlusszahlung**	511	

HINWEIS: Auswirkung evtl. Steuererhöhungen
Bis zum 31.12.2006 hätte die Umlage brutto 5200 € betragen. Die Mehrwertsteuererhöhung zum 01.01.2007 hätte also in diesem Fall »das Wohnen« um 111 € (= 3 % aller dem allgemeinen Steuersatz unterliegenden Beträge lt. Positionen 1, 3, 4 und 5 = 3 % von 3700 €) verteuert.

2.9 Örtlich zuständiges Finanzamt (§ 21 AO)

2.9.1 Umsatzbesteuerung der Gemeinschaft

Für die Umsatzsteuer mit Ausnahme der Einfuhrumsatzsteuer ist das Finanzamt zuständig, von dessen Bezirk aus der Unternehmer sein Unternehmen betreibt (§ 21 Abs. 1 S. 1 AO). Unternehmer ist die Wohnungseigentümergemeinschaft; es kommt also darauf an, wo **diese** ihr Unternehmen betreibt. Nach wohl h.M. betreibt die Gemeinschaft ihr Unternehmen am **Belegenheitsort des Grundstücks**. Das gilt m.E. auch dann, wenn der **Verwalter einen anderweitigen Sitz** hat, von dem aus er seine Aufgaben wahrnimmt. Im Einzelfall wird jedoch eine abweichende **Zuständigkeitsvereinbarung** (vgl. § 27 AO) der betroffenen Finanzämter erreicht werden können. 42

2.9.2 Umsatzbesteuerung der einzelnen Eigentümer

Vermieten die einzelnen Eigentümer ihr Wohn-/Teileigentum, besteht ihre wesentliche Tätigkeit in der Entgegennahme und Nachprüfung der vom Verwalter erteilten Abrechnungen sowie der Überwachung der Mieteingänge, der Zahlung des Wohngelds und ggf. der Entrichtung von Schuldzinsen. Diese Tätigkeit wird grundsätzlich am Ort des Wohnsitzes ausgeübt; die Umsatzbesteuerung ist daher grundsätzlich von den Wohnsitzfinanzämtern vorzunehmen. 43

3 Kompakt-ABC

44 **Mobilfunk: Nutzungsverträge mit den Anbietern**

§ 4 Nr. 13 UStG begünstigt ausschließlich Leistungen der Gemeinschaft an die einzelnen Wohnungs- oder Teileigentümer; Leistungen der Gemeinschaft sonstige Dritte, z. B. an Mieter, sind nicht begünstigt. Ausführlich hierzu Weimann Raudszus, UR 1999, 486.

Option: Kein Anspruch des Wohnungs-/Teileigentümers aus Verwaltervertrag

Im Beschluss vom 13.06.1996 (Az: 2 Z BR 28/96, UR 1996, 481) weist das BayObLG darauf hin, dass der einzelne Teileigentümer aus dem Verwaltervertrag keinen Anspruch gegen den Verwalter auf gesonderten Ausweis der Mehrwertsteuer hat. Ein solcher Anspruch würde voraussetzen, dass die Tatbestandsmerkmale des § 14 Abs. 1 UStG vorliegen. Das sei nicht der Fall. Nach § 14 Abs. 1 UStG treffe die Pflicht zum gesonderten Steuerausweis nur einen Unternehmer. Die Wohnungseigentümer seien nur dann als Unternehmer zu behandeln, wenn sie gem. § 9 i. V. m. § 4 Nr. 13 UStG zur USt optiert haben. Ein entsprechender Eigentümerbeschluss läge nicht vor. Das Gericht kommt – m. E. allerdings mit falscher Begründung – zum zutreffenden Ergebnis. Selbstverständlich ist die Wohnungseigentümergemeinschaft Unternehmerin i. S. d. § 2 UStG und erbringt steuerbare Umsätze i. S. d. § 1 Abs. 1 UStG. Die Umsätze sind jedoch i. d. R. steuerfrei, so dass sich nach § 14 UStG ein Ausweis der Umsatzsteuer verbietet. Zur Option berechtigt ist ausschließlich die Wohnungseigentümergemeinschaft selbst und nicht der Verwalter. Ausführlich hierzu Weimann/Raudszus, UR 1999, 486.

Option: Entscheidung einer Bauherrengemeinschaft ist für die spätere Wohnungseigentümergemeinschaft nicht bindend

Eine Bauherrengemeinschaft ist nicht gleichzusetzen mit der Gemeinschaft der Wohnungseigentümer. Erstere ist eine Gesellschaft nach §§ 705 ff. BGB und endet, wenn das Bauwerk errichtet und Wohnungseigentum durch Eintragung des Begründungsvertrags in das Grundbuch entstanden ist (BayObLG, Beschluss vom 23.01.1992, Az: AR 2 Z 110/91, NJW 1992, 597). Bauherren und Wohnungseigentümer müssen auch nicht die gleichen Personen sein. Der Bevollmächtigte der Bauherren ist in der Regel nicht der spätere Verwalter der Wohnanlage. Die Pflichten des Verwalters sind gänzlich andere als die Pflichten des von den Bauherren mit der Durchführung des Bauherrenmodells, insbesondere der Errichtung der Anlage beauftragten Bevollmächtigten. Eine Entscheidung der Bauherrengemeinschaft, zur USt zu optieren, stellt damit keine Entscheidung der Wohnungseigentümer dar und bindet diese nicht. Eine Pflicht des Verwalters zur gesonderten Ausweisung der Mehrwertsteuer in der Jahresabrechnung besteht daher nicht allein deshalb, weil die Bauherren früher zur Umsatzsteuer optiert haben (BayObLG, Beschluss vom 13.06.1996, Az: 2 Z BR 28/96, UR 1996, 481).

Wohungsverwaltungsgesellschaften werden von der Steuerbefreiung nicht erfasst (Sächsisches FG vom 14.01.2009, Az: 2 K 1725/06, rkr., EFG 2009, 1344 vgl. Rn. 7a).

§ 4 Nr. 14 UStG
Steuerbefreiungen: Leistungen der Ärzte, Zahnärzte etc.

Von den unter § 1 Abs. 1 Nr. 1 fallenden Umsätzen sind steuerfrei:

…

14. a) Heilbehandlungen im Bereich der Humanmedizin, die im Rahmen der Ausübung der Tätigkeit als Arzt, Zahnarzt, Heilpraktiker, Physiotherapeut, Hebamme oder einer ähnlichen heilberuflichen Tätigkeit durchgeführt werden. Satz 1 gilt nicht für die Lieferung oder Wiederherstellung von Zahnprothesen (aus Unterpositionen 9021 21 und 9021 29 00 des Zolltarifs) und kieferorthopädischen Apparaten (aus Unterposition 9021 10 des Zolltarifs), soweit sie der Unternehmer in seinem Unternehmen hergestellt oder wiederhergestellt hat;

b) Krankenhausbehandlungen und ärztliche Heilbehandlungen einschließlich der Diagnostik, Befunderhebung, Vorsorge, Rehabilitation, Geburtshilfe und Hospizleistungen sowie damit eng verbundene Umsätze, die von Einrichtungen des öffentlichen Rechts erbracht werden. Die in Satz 1 bezeichneten Leistungen sind auch steuerfrei, wenn sie von

aa) zugelassenen Krankenhäusern nach § 108 des Fünften Buches Sozialgesetzbuch,

bb) Zentren für ärztliche Heilbehandlung und Diagnostik oder Befunderhebung, die an der vertragsärztlichen Versorgung nach § 95 des Fünften Buches Sozialgesetzbuch teilnehmen oder für die Regelungen nach § 115 des Fünften Buches Sozialgesetzbuch gelten,

cc) Einrichtungen, die von den Trägern der gesetzlichen Unfallversicherung nach § 34 des Siebten Buches Sozialgesetzbuch an der Versorgung beteiligt worden sind,

dd) Einrichtungen, mit denen Versorgungsverträge nach den §§ 111 und 111a des Fünften Buches Sozialgesetzbuch bestehen,

ee) Rehabilitationseinrichtungen, mit denen Verträge nach § 38 des Neunten Buches Sozialgesetzbuch bestehen,

ff) Einrichtungen zur Geburtshilfe, für die Verträge nach § 134a des Fünften Buches Sozialgesetzbuch gelten,

gg) Hospizen, mit denen Verträge nach § 39a Abs. 1 des Fünften Buches Sozialgesetzbuch bestehen, oder

hh) Einrichtungen, mit denen Verträge nach § 127 in Verbindung mit § 126 Absatz 3 des Fünften Buches Sozialgesetzbuch über die Erbringung von nichtärztlichen Dialyseleistungen bestehen,

erbracht werden und es sich ihrer Art nach um Leistungen handelt, auf die sich die Zulassung, der Vertrag oder die Regelung nach dem Sozialgesetzbuch jeweils bezieht, oder

ii) von Einrichtungen nach § 138 Abs. 1 Satz 1 des Strafvollzugsgesetzes erbracht werden;

c) Leistungen nach den Buchstaben a und b, die von

aa) Einrichtungen, mit denen Verträge zur hausarztzentrierten Versorgung nach § 73b des Fünften Buches Sozialgesetzbuch oder zur besonderen ambulanten ärztlichen Versorgung nach § 73c des Fünften Buches Sozialgesetzbuch bestehen, oder

bb) Einrichtungen nach § 140b Absatz 1 des Fünften Buches Sozialgesetzbuch, mit denen Verträge zur integrierten Versorgung nach § 140a des Fünften Buches Sozialgesetzbuch bestehen,
erbracht werden;

d) sonstige Leistungen von Gemeinschaften, deren Mitglieder Angehörige der in Buchstabe a bezeichneten Berufe oder Einrichtungen im Sinne des Buchstaben b sind, gegenüber ihren Mitgliedern, soweit diese Leistungen für unmittelbare Zwecke der Ausübung der Tätigkeiten nach Buchstabe a oder Buchstabe b verwendet werden und die Gemeinschaft von ihren Mitgliedern lediglich die genaue Erstattung des jeweiligen Anteils an den gemeinsamen Kosten fordert,

e) die zur Verhütung von nosokomialen Infektionen und zur Vermeidung der Weiterverbreitung von Krankheitserregern, insbesondere solcher mit Resistenzen, erbrachten Leistungen eines Arztes oder einer Hygienefachkraft, an in den Buchstaben a, b und d genannte Einrichtungen, die diesen dazu dienen, ihre Heilbehandlungsleistungen ordnungsgemäß unter Beachtung der nach dem Infektionsschutzgesetz und den Rechtsverordnungen der Länder nach § 23 Absatz 8 des Infektionsschutzgesetzes bestehenden Verpflichtungen zu erbringen;

...

Literatur

Dennisen/Frase, Wettbewerbspolitik durch nationales Umsatzsteuerrecht?/Europa- und verfassungsrechtliche Bedenken gegen die umsatzsteuerliche Schlechterstellung von Privatkliniken nach dem JStG 2009, BB 2009, 531. **Grebe/Raudszus,** Ausgewählte unechte Umsatzsteuerbefreiungen –Teil II, UStB 2017, 364. **Hummel**, Umsatzsteuer im Rahmen der Vergütung oder Entschädigung nach dem Justizvergütungs- und -entschädigungsgesetz/Erstellung von Befundberichten durch Ärzte als sachverständige Zeugen, UR 2008, 569. **Hundt-Eßwein**, Aktuelle Entwicklungen bei steuerfreien Tätigkeiten der Heilberufe unter Berücksichtigung des Jahressteuergesetzes 2009, UStB 2009, 129. **Huschens**, Änderungen des Umsatzsteuerrechts durch das JStG 2009/Umsetzung des Mehrwertsteuerpakets, NWB 2009, 36. **Huschens**, Befreiungsvorschriften, Anwendung des Reverse-Charge-Verfahrens – Änderungen des UStG durch das AmtshilfeRLUmsG, NWB 2013, 2214. **Kußmaul/Naumann**, Umsatzsteuerliche Fallstricke bei ärztlichen Heilbehandlungen, DStR 2016, 1777. **Nieskens**, Einfluss des EuGH auf die Rechtsprechung des BFH/Aufgezeigt anhand der Steuerbefreiungsnorm des § 4 Nr. 14 UStG für medizinische Flugtauglichkeitsuntersuchungen, UR 2008, 41. **Pfefferle/Renz**, Brauchen Podologen für die Steuerfreiheit ihrer Leistungen eine Verordnung?/FG Schleswig-Holstein, Urteil vom 5.2.2014 - 4 K 75/12, NWB 2014, 1422.**Schmidbauer/Wittstock**, Umsatzsteuerliche Behandlung einer Privatklinik im Lichte der BFH-Rechtsprechung – Quo vadis?, UR 2005, 297. **Schmidbauer/Wittstock**, Umsatzsteuerliche Behandlung der Privatkliniken, UR 2007, 845. **Sedlaczek/Errestink**, Umsatzsteuer auf medizinisch-ästhetische Leistungen, UVR 2004, 53. **Staschewski/Drüen**, Reform der Umsatzsteuerbefreiungen im Heilbereich, UR 2009, 361. **Weimann/Kraatz**, Zahnärzte: Fehler bei der Abrechnung von Verlangensleistungen vermeiden, GStB 2013, 278. **Widmann**, Aktuelles zur Umsatzsteuer aus Berlin, Brüssel, Luxemburg und München, DStR 2009, 1061.

Verwaltungsanweisungen

BMF vom 26.06.2009, Az: IV B 9 - S 7170/08/10009, 2009/0404615, Einführungsschreiben zu § 4 Nr. 14 UStG in der ab dem 1. Januar 2009 geltenden Fassung, BStBl I 2009.

BMF vom 26.10.2010, Az: IV D 3 - S 7170/10/10010, 2010/0823748, Umsatzsteuerbefreiung für ambulante Rehabilitationsleistungen; §§ 40 und 111 SGB V, BStBl II 2010, 1197.

BMF vom 19.06.2010, Az: IV D 3 - S 7170/10/10012, 2012/0542896, Umsatzsteuerbefreiung nach § 4 Nr. 14 Buchst. a UStG; Umsatzsteuerliche Behandlung der Leistungen von Heilpraktikern und Gesundheitsfachberufen, BStBl II 2012, 682.

BMF vom 31.10.2013, Az: IV D 3 - S 7170/13/10002, 2013/0984292, Umsatzsteuer; Umsatzsteuerliche Behandlung von labordiagnostischen Typisierungsleistungen, BStBl II 2013, 1338.

BMF vom 08.11.2013, Az: IV D 3 - S 7170/12/10001, 2013/0980586, Umsatzsteuer; Änderung des § 4 Nr. 14 Buchst. c UStG durch das Amtshilferichtlinie-Umsetzungsgesetz – Umsatzsteuerbefreiung für Heilbehandlungsleistungen im Rahmen der hausarztzentrierten und besonderen ambulanten Versorgung (§§ 73 b, 73c SGB V), BStBl II 2013, 1389.

BMF vom 20.11.2013, Az: IV D 3 – S 7170/11/10005, 2013/1053873, Veröffentlichung des BFH-Urteils vom 29. Juni 2011, XI R 52/07; Umsatzsteuerbefreiung für die der Reimplantation körpereigener Knorpelzellen dienenden Dienstleistungen (vorgehend EuGH-Urteil vom 18.11.2010, C-156/09 – Verigen Transplantation Service International), BStBl II 2013, 1581.
BMF vom 31.01.2014, Az: IV D 3 – S 7170/07/10011, 2014/0037569, Umsatzsteuerbefreiung von Heilbehandlungen durch einen Podologen; Anforderung an die Berufsqualifikation – Veröffentlichung des BFH-Urteils vom 7. Februar 2013, V R 22/12, BStBl II 2014, 217.
BMF vom 28.09.2016, Az: III C 3 – S 7170/11/10004, 2016/0883539, Umsatzsteuerbefreiung nach § 4 Nr. 14 Buchstabe b UStG – Abgabe von Zytostatika im Rahmen ambulanter Krebstherapien; BFH-Urteil vom 24.09.2014, V R 19/11, BStBl II 2016, 781.
BMF vom 06.10.2016, Az: III C 3 – S 7170/10/10004, 2016/0882179, Umsatzsteuerbefreiung nach § 4 Nr. 14 UStG für Leistungen eines privaten Krankenhauses; BFH-Urteile vom 23.10.2014, V R 20/14, BStBl II 2016, 785, sowie vom 18.03.2015, XI R 38/13, BStBl II 2016, 793.
BMF vom 08.05.2017, Az: III C 3 – S 7170/15/10004, 2017/0395256, Umsatzsteuerliche Behandlung der Meldevergütung nach § 65c Abs. 6 SGB V für Meldungen zur klinischen Krebsregistrierung.
BMF vom 10.07.2017, Az: III C 3 – S 7170/09/10002, 2017/0573139, Umsatzsteuerbefreiung nach § 4 Nr. 14 UStG für die Umsätze aus der Kryokonservierung von Eizellen oder Spermien; BFH-Urteil vom 29.07.2015, XI R 23/13, BStBl II 2017, 733.
BMF vom 07.12.2017, Az: III C 3 – S 7170/11/10008, 2017/0999522, Umsatzbesteuerung von Dialyseleistungen; Änderung des Abschnitts 4.14.5 UStAE aufgrund der Einführung des § 4 Nr. 14 Buchstabe b Satz 2 Doppelbuchstabe hh UStG durch das Gesetz zur Anpassung der Abgabenordnung an den Zollkodex der Union und zur Änderung weiterer steuerlicher Vorschriften (ZollkodexAnpG) vom 22. Dezember 2014.
Hinweis: Zur Problematik der zeitlichen Geltungsdauer von BMF-Schreiben vgl. Einführung UStG, Rz. 100 ff.

Richtlinien/Hinweise/Verordnungen
UStAE: Abschn. 4.14.1–4.14.9.
MwStSystRL: Art. 132 Abs. 1 Buchst. b, c, e, Art. 370 i. V. m. Anhang X Teil A Nr. 1.

1 Allgemeines

1 Durch das JStG 2009 wurde der Regelungsinhalt des § 4 Nr. 14 UStG an das Gemeinschaftsrecht und die ergangene Rechtsprechung angepasst.

2 Die **Neufassung des § 4 Nr. 14 UStG ist zum 01.01.2009 in Kraft getreten** (Art. 39 Abs. 8 JStG 2009). Die Anwendung findet auf Leistungen statt, die nach dem 31.12.2008 erbracht werden. Abschn. 4.14.2–4.14.8, 4.16.1–4.16.3 und 4.16.6 UStAE sind nicht mehr anzuwenden.

3 Grundlage dafür ist Art. 132 Abs. 1 Buchst. b und c MwStSystRL. Mehrbelastung der Sozialversicherungsträger soll durch Steuerbefreiung herbeigeführt werden. Diese Steuerbefreiung der heilberuflichen Leistungen soll unabhängig von der Art der Leistung, dem Empfänger der Leistung und dem Finanzierer der Leistungen erfolgen.

4 Die Mitgliedstaaten der Europäischen Union wollen Krankenhausbehandlungen und ärztliche Heilbehandlungen sowie eng damit verbundene Umsätze, die von Einrichtungen des öffentlichen Rechts oder unter Bedingungen, welche mit den Bedingungen für diese Einrichtungen in sozialer Hinsicht vergleichbar sind, von Krankenanstalten, Zentren für ärztliche Heilbehandlung und Diagnostik und anderen ordnungsgemäß anerkannten Einrichtungen gleicher Art durchführen bzw. bewirkt werden, von der Umsatzsteuer befreien.

5 Zusätzlich sollen von **Art. 132 Abs. 1 MwStSystRL** Heilbehandlungen im Bereich der Humanmedizin, die im Rahmen der Ausübung der von einem betreffenden Mitgliedstaat definierten ärztlichen oder arztähnlichen Berufe durchgeführt werden, mit umfasst sein.

Abgrenzungskriterium von Leistungen nach § 4 Nr. 14 Buchst. a und Buchst. b UStG ist weniger die Art der Leistung als vielmehr der Ort der Erbringung. § 4 Nr. 14 Buchst. a soll auf Leistungen außerhalb von Krankenhäusern oder ähnlichen Einrichtungen im Rahmen eines persönlichen Vertrauensverhältnisses zwischen Patienten und Behandelndem angewendet werden (vgl. EuGH vom 06.11.2003, Rs. C-45/01, EuGHE I, 12911). § 4 Nr. 14 Buchst. b meint dagegen die Gesamtheit ärztlicher Heilbehandlungen in Einrichtungen mit sozialer Zweckbestimmung. 6

Heilbehandlungen im Bereich der Humanmedizin sowie ärztliche Heilbehandlungen sind unter Beachtung europäischer Rechtsprechung als Tätigkeiten, die zum Zwecke der Vorbeugung, Diagnose, Behandlung und, soweit möglich, der Heilung von Krankheiten oder Gesundheitsstörungen bei Menschen vorgenommen werden, zu subsumieren (EuGH vom 14.09.2000, Rs. C-384-98, EuGHE I, 6795; vom 20.11.2003, Rs. C-212/01, EuGHE I, 13859 und vom 20.11.2003, Rs. C-307/01, EuGHE I, 13989). 7

Keine Heilbehandlungsleistungen sind etwa schriftstellerische/wissenschaftliche Tätigkeiten, Vortrags- und Lehrtätigkeiten, Lieferung von Hilfsmitteln oder die entgeltliche Nutzungsüberlassung von medizinischen Großgeräten (s. Weiteres im Einführungsschreiben [BMF vom 26.06.2009, BStBl I 2009, 756]). 8

Art. 10 Nr. 3 Buchst. a »Gesetz zur Umsetzung der Amtshilferichtlinie sowie zur Änderung steuerlicher Vorschriften« (**Amtshilferichtlinie-Umsetzungsgesetz** – AmtshilfeRLUmsG – vom 26.06.2013, BGBl I 2013, 1809, BStBl I 2013, 802) hat **zum 01.07.2013** zu **ersten Anpassungen und Ergänzungen der Neufassung** geführt (zur Rechtsentwicklung vgl. Rn. 11 ff.). 9

1.1 Überblick

Durch § 4 Nr. 14 UStG werden sowohl ambulante als auch stationäre Leistungen, die der medizinischen Betreuung von Personen durch das Diagnostizieren und Behandeln von Krankheiten oder anderen Gesundheitsstörungen dienen, in einer Befreiungsvorschrift zusammengefasst. 10

1.2 Rechtsentwicklung

Die Vorschrift wurde zum 01.01.2009 neu gefasst. Im Gegensatz zu den korrespondierenden Neuregelungen im Bereich des § 4 Nr. 16 UStG bestand keine Übergangsregelung, die es dem Unternehmer ermöglicht hätte, sich zunächst weiter auf die alte Gesetzeslage zu berufen. 11

Der zum 01.01.2009 in Kraft getretene § 4 Nr. 14 UStG n.F. entspricht im Wesentlichen dem Wortlaut des Art. 132 Abs. 1 MwStSystRL. 12

§ 4 Nr. 14 UStG umfasst nunmehr ambulante und stationäre Leistungen, die der medizinischen Betreuung von Personen dienen. Die Buchst. a und b der Steuerbefreiungsvorschrift unterscheiden sich im Hinblick auf den Ort der Erbringung der medizinischen Leistung. 13

Durch das »Gesetz zur Umsetzung der Amtshilferichtlinie sowie zur Änderung steuerlicher Vorschriften« (**Amtshilferichtlinie-Umsetzungsgesetz** – AmtshilfeRLUmsG – vom 26.06.2013, BGBl I 2013, 1809, BStBl I 2013, 802) hat die Neufassung der Vorschrift erste Anpassungen und Ergänzungen erfahren: 14

- Art. 10 Nr. 3 Buchst. a Doppelbuchst. aa AmtshilfeRLUmsG fasst § 4 Nr. 14 Buchst. c UStG mit Wirkung vom **01.07.2013** (Art. 31 Abs. 4 AmtshilfeRLUmsG) neu.
- Art. 10 Nr. 3 Buchst. a Doppelbuchst. bb AmtshilfeRLUmsG fügt in § 4 Nr. 16 S. 1 UStG zum **01.07.2013** (Art. 31 Abs. 4 AmtshilfeRLUmsG) einen neuen (zusätzlichen) Buchst. k ein; aus

dem bisherigen Buchst. k wird gem. Art. 10 Nr. 3 Buchst. b Doppelbuchst. aa Dreifachbuchst. ddd AmtshilfeRLUmsG nunmehr Buchst. l).

15 Beide Neuerungen sind **zum 01.07.2013 in Kraft getreten** (Art. 31 Abs. 4 AmtshilfeRLUmsG).

Eine weitere Anpassung erfolgte durch Art. 9 Nr. 2 des Gesetzes zur Anpassung der Abgabenordnung an den Zollkodex der Union und zur Änderung weiterer steuerlicher Vorschriften (ZollkodexAnpG) vom 22.12.2014 (BGBl I 2014, 2417). Der Anwendungsbereich des § 4 Nr. 14 Buchst. b UStG wurde um die Doppelbuchstaben hh erweitert.

1.3 Geltungsbereich

1.3.1 Sachlicher Geltungsbereich

16 § 4 Nr. 14 UStG n. F. ist zum 01.01.2009 dem Wortlaut der MwStSystRL angepasst worden und soll die Rechtsentwicklung auf Basis der bisher ergangenen Rechtsprechung nachzeichnen. Für die Definition der einzelnen Leistungen wird auf die Leistungen i. S. d. Sozialgesetzbuch Fünftes Buch (SGB V) abgestellt. Besonders hervorzuheben ist hierbei, dass die Steuerbefreiung für ärztliche Leistungen aus dem Betrieb eines Krankenhauses entfällt und nunmehr davon abhängt, ob das Krankenhaus selbst die Befreiungsvoraussetzungen erfüllt. Dies ist insbesondere dann der Fall, wenn die Einrichtung aufgrund eines Versorgungsvertrags nach § 108 SGB V zugelassen ist. Daneben wird der Anwendungsbereich der Steuerbefreiung in Bezug auf Gemeinschaften erweitert.

1.3.2 Persönlicher Geltungsbereich

17 Die Befreiung des § 4 Nr. 14 UStG hängt im Wesentlichen von der persönlichen Eignung und Befähigung des Ausübenden ab. Für ärztliche Behandlungen ist die Approbation notwendig, genauso wie für die Physiotherapeuten der staatlich anerkannte Abschluss als solcher. Erst in einem zweiten Schritt ist nach der Art der ausgeführten Tätigkeit zu fragen.

1.3.3 Zeitlicher Geltungsbereich

18 Die Änderungen gelten mit Wirkung ab 01.01.2009 bzw. 01.07.2013 (vgl. Rn. 11 ff.).

2 Kommentierung

2.1 Heilbehandlungen im Bereich der Humanmedizin (§ 4 Nr. 14 Buchst. a UStG)

Es war notwendig, aufgrund der Entwicklung im Gesundheitswesen und der dazu ergangenen Rechtsprechung der Finanzgerichtsbarkeit nunmehr in § 4 Nr. 14 UStG unter der Übernahme der Terminologie des Art. 132 Abs. 1 MwStSystRL die bisherige Befreiungsvorschrift des § 4 Nr. 14 UStG zu überarbeiten. Nunmehr ist es notwendig, dass die befreiten Leistungen dem Schutz der Gesundheit des Betroffenen dienen. 19

Dies gilt unabhängig davon, um welche konkrete heilberufliche Leistung es sich handelt (Untersuchung, Attest, Gutachten usw.), für wen sie erbracht wird und wer sie erbringt. Heilberufliche Leistungen sind daher nur steuerfrei, wenn bei der Tätigkeit ein therapeutisches Ziel im Vordergrund steht. 20

Umfasst von dem neu gefassten § 4 Nr. 14 UStG sind nunmehr auch vorbeugende Untersuchungen, die dem Schutz einschließlich der Aufrechterhaltung oder Wiederherstellung der menschlichen Gesundheit dienen. 21

Die Feststellungslast für das Vorliegen einer Heilbehandlung als tatsächliche Voraussetzung der Steuerbefreiung trägt laut ständiger Rechtsprechung des BFH derjenige, der sich auf die günstige steuerliche Tatsache beruft. Das wird in den meisten Fällen der leistende Unternehmer sein, welcher keine Umsatzsteuer ausgewiesen hat. **Der Kreis der ausdrücklich aufgeführten ärztlichen und arztähnlichen Berufe bleibt damit grundsätzlich unverändert**. 22

Bei Beachtung der Rechtsprechung des EuGH sind »ärztliche Heilbehandlungen« ebenso wie »Heilbehandlungen im Bereich der Humanmedizin« Tätigkeiten, die zum Zweck der Vorbeugung, Diagnose, Behandlung, insoweit möglich der Heilung von Krankheiten oder Gesundheitsstörung bei Menschen vorgenommen werden. 23

Werden Leistungen i.S.d. § 4 Nr. 14 UStG erbracht, kommt es für die Steuerbefreiung nach dieser Vorschrift nicht darauf an, in welcher Rechtsform der Unternehmer die Leistungen erbringt, es hängt im Wesentlichen davon ab, dass es sich um ärztliche oder arztähnliche Leitungen handelt und dass diese von Personen erbracht werden, die die erforderlichen beruflichen Befähigungsnachweise besitzen. 24

Die Steuerbefreiung greift nur für die genannten Berufsträger (vgl. Huschens in Vogel/Schwarz, § 4 Nr. 14 UStG Rz. 1). Die beruflichen Tätigkeiten müssen typisch und charakteristisch sein. Die medizinische Betreuung, d.h. ein therapeutisches Ziel muss im Vordergrund stehen. Nicht von der Steuerbefreiung erfasst ist eine bloße Maßnahme zur Steigerung des allgemeinen Wohlbefindens, etwa Wellnessprogramme, auch wenn diese von Angehörigen eines Heilberufs ausgeführt werden (vgl. BFH vom 28.09.2007, Az: V B 7/06, BFH/NV 2008, 122). 25

Für Tätigkeiten im Rahmen von Heilbehandlungen im Bereich der Humanmedizin muss neben dem Kriterium Heilbehandlung eine Befähigung des Unternehmers vorliegen. Der Gesetzgeber verweist hierzu auf die im Gesetz normierten Katalogberufe oder eine ähnliche heilberufliche Tätigkeit. Zur Beschreibung der Tätigkeiten der Katalogberufe und der Tätigkeiten als Angehöriger ähnlicher heilberuflicher Tätigkeiten vgl. Einführungsschreiben Rz. 12 ff. 26

2.1.1 Begriff der Heilbehandlung im Bereich der Humanmedizin

Unter den Begriff der »ärztlichen Heilbehandlungen« ebenso wie der »Heilbehandlungen im Bereich der Humanmedizin« fallen Tätigkeiten, die zum Zwecke der Vorbeugung, Diagnose, 27

Behandlung und, soweit möglich, der Heilung von Krankheiten oder Gesundheitsstörungen bei Menschen vorgenommen werden.

28 Die **Auslegung der Begriffe muss unter Beachtung der Rechtsprechung des EuGH** und den europarechtlichen Bestimmungen her geschehen. Oberstes Prinzip ist, dass die befreiten Leistungen dem Schutz der Gesundheit des Betroffenen dienen (EuGH vom 14.09.2000, Rs. C-384/98; EuGH vom 20.10.2003, Rs. C-307/01). Dieser Grundsatz gilt unabhängig davon, um welche konkrete heilberufliche Leistung es sich handelt, für wen sie erbracht wird und wer sie erbringt.

29 Bei der erbrachten Leistung muss ein therapeutisches Ziel im Vordergrund stehen.

30 Von der Steuerbefreiung umfasst sind auch vorbeugende Untersuchungen, die zum Schutz einschließlich der Aufrechterhaltung oder Wiederherstellung der menschlichen Gesundheit erbracht werden (EuGH vom 08.07.2006, Rs. C-106/05).

31 Bei der Steuerbefreiung nach § 4 Nr. 14 UStG handelt es sich grundsätzlich um eine begünstigende Tatsache, deren Beweislast bei demjenigen liegt, der sich auf die steuerbegünstigende Tatsache beruft. Besondere Probleme in der Praxis bestehen dann, wenn die Patienten ohne ärztliche Heilverordnung bzw. Rezept zur Therapie erscheinen und die Kosten meist selbst tragen.

2.1.2 Rechtsform

32 Die Rechtsform ist bei der Erbringung von Heilbehandlungen im Bereich der Humanmedizin nicht entscheidend (BFH vom 04.03.1998, Az: XI R 53/96, BStBl II 2000, 13). Die Steuerbefreiung hängt im Wesentlichen von den erforderlichen beruflichen Befähigungsnachweisen der ausführenden Personen ab (EuGH vom 10.09.2002, Rs. C-141/00, EuGHE I, 6833).

33 Werden die Leistungen daher als Arzt, Zahnarzt, Heilpraktiker oder aus einer anderen heilberuflichen Tätigkeit i. S. d. § 4 Nr. 14 UStG erbracht, kommt es für die Steuerbefreiung nach dieser Vorschrift nicht darauf an, in welcher Rechtsform der Unternehmer die Leistung erbringt.

34 Ein Unternehmen, das in der Rechtsform einer GmbH & Co. KG betrieben wird, kann bei Vorliegen der Voraussetzungen die Steuerbefreiung nach § 4 Nr. 14a UStG beanspruchen.

35 Der Befreiung der Leistungen nach § 4 Nr. 14 Buchst. a UStG steht nicht entgegen, wenn diese im Rahmen von Verträgen der **hausarztzentrierten Versorgung** nach § 73 b SGB V (Gesetzliche Krankenversicherung) oder der **besonderen ambulanten ärztlichen Versorgung** nach § 73 c SGB V bzw. nach anderen sozialrechtlichen Vorschriften erbracht werden.

36 Im Wesentlichen hängt die Steuerbefreiung davon ab, dass es sich um ärztliche oder arztähnliche Leistungen handelt und dass diese von Personen erbracht werden, die die erforderlichen beruflichen Befähigungsnachweise besitzen (EuGH vom 10.09.2002, Rs. C-141/00, EuGHE I, 6833).

37 **Die Steuerbefreiung hängt somit im Wesentlichen davon ab, dass es sich um ärztliche oder arztähnliche Leistungen handelt, und dass diese von Personen erbracht werden, die die erforderlichen beruflichen Befähigungsnachweise besitzen**. Die Leistungen können auch von bzw. mit Hilfe von Arbeitnehmern erbracht werden, die die erforderlichen beruflichen Qualifikationen aufweisen.

38 Die Umsätze einer Personengesellschaft aus einer heilberuflichen Tätigkeit sind entgegen der bisherigen Verwaltungsauffassung auch dann nach § 4 Nr. 14 Buchst. a UStG steuerbefreit, wenn die Gesellschaft daneben eine Tätigkeit i. S. d. § 15 Abs. 1 Nr. 1 EStG ausübt und ihre Einkünfte deshalb ertragsteuerrechtlich als Einkünfte aus Gewerbebetrieb nach § 15 Abs. 3 Nr. 1 EStG qualifiziert sind (BFH vom 13.07.1994, Az: XI R 90/92).

39 Der bisherige § 4 Nr. 14 S. 3 UStG, wonach die **Umsätze eines Arztes aus dem Betrieb eines Krankenhauses** mit Ausnahme der ärztlichen Leistungen nur steuerfrei sind, wenn die bislang in § 4 Nr. 16 Buchst. b UStG bezeichneten Voraussetzungen erfüllt sind, ist entfallen. Die Leistungen

eines Arztes aus dem Betrieb eines Krankenhauses oder einer anderen Einrichtung i. S. d. neuen § 4 Nr. 14 Buchst. b UStG sind auch hinsichtlich der ärztlichen Leistungen nur dann umsatzsteuerfrei, wenn die dort – in der neuen Vorschrift bezeichneten – Voraussetzungen erfüllt sind (vgl. BFH vom 18.03.2004, Az: V R 53/00, BStBl II 2004, 677).

Die Ausführung im bisherigen § 4 Nr. 14 S. 4 UStG, dass die Steuerbefreiung nicht für die 40
Umsätze aus der Tätigkeit als Tierarzt gilt, ist entfallen. Entsprechend dem Wortlaut des Art. 132 Abs. 1 Buchst. c MwStSystRL werden in dem neuen § 4 Nr. 14 Buchst. a UStG ausdrücklich **nur die Heilbehandlungen im Bereich der Humanmedizin** steuerfrei gestellt. Dass tierärztliche Leistungen nicht unter diese Befreiungsvorschrift fallen, entspricht auch gefestigter Rechtsprechung (vgl. EuGH vom 24.05.1988, Rs. C-122/87, Kommission/Italien, EuGHE 1988, 2685).

Ausgeklammert wurde die Tätigkeit der **klinischen Chemiker**, da deren Leistungen nicht auf 41
einem **persönlichen Vertrauensverhältnis zum Patienten** beruhen. Diese Tätigkeit wird jedoch nunmehr von dem neuen § 4 Nr. 14 Buchst. b S. 2 Doppelbuchst. bb UStG mit erfasst. Die Streichung des bisherigen Klammerzusatzes »**Krankengymnast**« bedeutet keine inhaltliche Änderung. Ferner wurde die bisherige Steuerbefreiung nach § 4 Nr. 14 S. 2 UStG für sonstige **Leistungen von Gemeinschaften** an ihre Mitglieder in den neuen § 4 Nr. 14 Buchst. d UStG übernommen.

2.1.3 Begünstigte Berufe

Eine entsprechende Befähigung des Unternehmers muss zusätzlich zum Erfordernis der Heilbe- 42
handlung vorliegen. Das Gesetz sieht hierbei originär die fünf genannten Katalogberufe als begünstigt an. Als Auffangtatbestand kann die Kategorie der ähnlichen heilberuflichen Tätigkeiten verstanden werden, deren Daseinsberechtigung zu Gunsten des Europarechts immer weiter ausgedehnt werden muss.

2.1.3.1 Tätigkeit als Arzt

Tätigkeit als Arzt i.S.v. § 4 Nr. 14a UStG ist die Ausübung der Heilkunde unter der Berufs- 43
bezeichnung »Ärztin« oder »Arzt«.

Arzt darf sich nur nennen, wer **Approbationen** nach § 2 Abs. 1 und §§ 3 ff. Bundesärzteordnung 44
die Heilkunde ausüben darf.

Für die Berufsbezeichnung als Ärztin oder Arzt, ist es **nicht erforderlich, dass eine eigene** 45
Arztpraxis geführt wird. Die Befreiungsvorschrift greift auch bei Praxisgemeinschaften, angestellten Ärzten sowie für Ärzte, die Nebentätigkeiten, wie der Erstellung von Gutachten, nachgehen.

Zur Ausübung der Heilkunde gehören Maßnahmen, die der **Feststellung, Heilung oder Lin-** 46
derung von Krankheiten, Leiden oder Körperschäden beim Menschen dienen. Dazu zählt auch die Leistung der vorbeugenden Gesundheitspflege, hierbei ist es unerheblich, ob die Leistung gegenüber Einzelpersonen erbracht wird oder gegenüber Personengruppen.

Unter die Befreiung fällt auch die Leistung eines selbständigen Arztes, der in einem Kranken- 47
haus seine Tätigkeit erbringt, wenn die Voraussetzungen des § 4 Nr. 14 Buchst. b UStG erfüllt sind.

Privatärztliche Leistungen, die ein im Krankenhaus angestellter Arzt als selbständiger Unter- 48
nehmer gegenüber dem Patienten erbringt, sind demgegenüber nach § 4 Nr. 14 Buchst. a UStG steuerfrei.

Zu den Heilbehandlungsmaßnahmen gehören auch die Durchführung eines **Schwangerschafts-** 49
abbruchs und die dazu nach Gesetz vorgeschriebene Sozialberatung durch den Arzt. Entgegen der bisherigen Verwaltungspraxis gehören auch die sonstigen Leistungen eines Arztes im Zusammenhang mit Empfängnisverhütungsmaßnahmen zu den umsatzsteuerfreien Heilbehandlungsmaßnahmen.

2.1.3.2 Tätigkeit als Zahnarzt

50 Unter der Tätigkeit als Zahnarzt definiert man die Ausübung der Zahnheilkunde unter der Berufsbezeichnung »Zahnarzt« oder »Zahnärztin«.

51 Auch hier gilt, dass sich derjenige Zahnarzt nennen kann, der aufgrund von **Approbation** aufgrund des Gesetzes zur Ausübung von Zahnheilkunde berechtigt ist.

52 Zu den begünstigten Tätigkeiten zählen auch die vorbeugende Gesundheitspflege und die Leistungen eines Dentisten (Ausübung der Zahnheilkunde ohne abgeschlossenes Hochschulstudium).

2.1.3.2.1 CEREC-Geräte

53 Unter den Begriff der Ausübung der Zahnheilkunde gehört auch der Einsatz einer intraoralen Videokamera eines CEREC-Gerätes.

54 CEREC ist ein Verfahren zur computergestützten, direkten Herstellung von gefrästen Keramik-Inlays, Onlays, Teilkronen, Veneers und Kronen für den Front- und Seitenzahnbereich. Der Name CEREC steht für CEramic REConstruction. Einzigartig an der Methode ist die Möglichkeit, maßangefertigte zahnärztliche Restaurierungen direkt am Patienten (chairside) in einer Behandlungssitzung herzustellen und einzusetzen.

55 Zu beachten ist jedoch, dass die Lieferung oder Wiederherstellung von Zahnprothesen, anderen Waren der Zahnprothetik sowie kieferorthopädischen Apparaten und Vorrichtungen von der Steuerbefreiung ausgeschlossen ist, soweit die bezeichneten Gegenstände im Unternehmen des Zahnarztes hergestellt oder wiederhergestellt werden. Unerheblich ist hierbei, ob die Arbeiten vom Zahnarzt selbst oder von angestelltem Personal durchgeführt werden.

56 Das hat zur Folge, dass der Zahnarzt nunmehr steuerbare und steuerpflichtige Leistungen erbringt, die dem ermäßigten Steuersatz von 7 % (§ 12 Abs. 2 Nr. 6 UStG) unterliegen.

57 Meist werden mit dem CEREC-Gerät auch verschiedene Werbeprodukte als Präsent mitgeliefert. Nicht selten handelt es sich um hochwertige Kaffeemaschinen, Massagesesel oder Stereoanlagen. Hierbei ist zu beachten, dass die Überführung dieser Gegenstände in den Privatbereich eine Entnahme aus dem Unternehmerbereich darstellt. Diese Entnahme aus dem Unternehmerbereich führt dann automatisch zur Auflösung eines umsatzsteuerlichen Vorgangs. Zudem müssen in Zukunft bei der Herstellung von Zahnkonstruktionen mittels CEREC-Einheit alle Kosten und Leistungen in steuerbare und steuerfreie Leistungen aufgeteilt werden.

2.1.3.2.2 Herstellung von Zahnprothesen und kieferorthopädischen Apparaten

58 Zur Herstellung von Zahnprothesen und kieferorthopädischen Apparaten gehört auch die Herstellung von Modellen, Bissschablonen, Bisswällen und Funktionslöffeln. Hat der Zahnarzt diese Leistungen in seinem Unternehmen erbracht, besteht insoweit auch dann Steuerpflicht, wenn die übrigen Herstellungsarbeiten von anderen Unternehmern durchgeführt werden.

59 Werden Zahnprothesen, also Waren der Zahnprothetik, von Dritten hergestellt, liefert jedoch der Zahnarzt Gold oder Zähne, dann ist diese Beistellung als Herstellung zu beurteilen, mit der Folge der Steuerpflichtigkeit.

60 Pauschbeträge, die der Zahnarzt für

- Abformmaterial zur Herstellung von Kieferabdrücken,
- Hülsen zum Schutz beschliffener Zähne für die Zeit von der Präparierung der Zähne bis zur Eingliederung der Kronen,
- nicht individuell hergestellte provisorische Kronen,
- Material für direkte Unterfütterung von Zahnprothesen und
- Versandkosten für die Übersendung von Abdrücken usw. an das zahntechnische Labor

in Rechnung stellt, gehören zum **Entgelt für steuerfreie zahnärztliche Leistungen**.

Steuerpflichtig ist hingegen die Lieferung von im Unternehmen des Zahnarztes **individuell hergestellten provisorischen Kronen** und die im Unternehmen des Zahnarztes durchgeführten **indirekten Unterfütterungen von Zahnprothesen**. 61

Die **Überlassung von kieferorthopädischen Apparaten** kann jedoch nicht schon deshalb ausgeschlossen werden, weil Zahnärzte sich das Eigentum daran vorbehalten haben. Die Überlassung von kieferorthopädischen Apparaten und Vorrichtungen, die der Fehlbildung des Kiefers entgegenwirken, ist Teil der steuerfreien Heilbehandlungen. 62

2.1.3.3 Tätigkeit als Heilpraktiker

Unter die Tätigkeit eines Heilpraktikers zählt die berufsmäßige Ausübung der Heilkunde am Menschen – ausgenommen Zahnheilkunde – durch den Inhaber einer Erlaubnis nach § 1 Abs. 1 des Heilpraktikergesetzes. 63

Bei Heilpraktikern sind ärztliche Hilfeleistungen und Abgaben homöopathischer Medikamente unter dem Grundsatz der Einheitlichkeit der Leistung als einheitliche steuerfreie Leistung anzusehen, wenn dem Patienten gerade an dieser Behandlung lag. Dies dürfte im Regelfall gegeben sein. 64

2.1.3.4 Tätigkeit als Physiotherapeut

Um die Tätigkeit eines Physiotherapeuten ausüben zu können, benötigt man die Erlaubnis nach dem Masseur- und Physiotherapeutengesetz. 65

Ziel der Behandlung durch einen Physiotherapeuten ist es, Störungen des Bewegungssystems zu beheben und die sensomotorischen Entwicklungen zu fördern. 66

Die Verwaltung macht die medizinische Indikation einer Behandlung durch den Physiotherapeuten von einer ärztlichen Verordnung abhängig, da weder der Physiotherapeut noch der Patient selbst eine Diagnose abgeben können. Folgebehandlungen, die der Patient im Anschluss nach einer ärztlichen Verordnung in Anspruch nimmt, sind deshalb umsatzsteuerpflichtig (BMF vom 19.06.2012, letzter Absatz). Es kommt der ermäßigte Steuersatz zur Anwendung (§ 12 Abs. 2 Nr. 9 UStG, Abschn. 12.11. Abs. 3 Nr. 3 UStAE). Bei Vorlage einer ärztlichen Bescheinigung oder auch Empfehlung kann auch das Funktionstraining in Rheumagruppen steuerfrei sein (BFH vom 30.04.2009, Az: V R 6/07). 67

2.1.3.5 Tätigkeit als Hebamme

Die Tätigkeit als Hebamme darf ausüben, wer die Erlaubnis aufgrund des Hebammengesetzes führt. 68

Von der Steuerbefreiung umfasst sind sowohl die eigenverantwortliche Betreuung, Beratung und Pflege der Frau von Beginn der Schwangerschaft an, bei der Geburt, im Wochenbett und in der gesamten Stillzeit. Mit umfasst sind auch die Aufklärung und Familienberatung, im Vorfeld einer Schwangerschaft sowie die Hilfestellung bei Rückbildungsmaßnahmen nach der Geburt eines Kindes. 69

In von Hebammen geleiteten Einrichtungen sind Leistungen im Rahmen der Entbindung unter den weiteren Voraussetzungen des § 4 Nr. 14 Buchst. a UStG steuerfrei. 70

2.1.3.6 Ähnliche heilberufliche Tätigkeiten

Unter die Steuerbefreiung des § 4 Nr. 14 Buchst. a S. 1 UStG können auch die Umsätze aus der Tätigkeit von nicht ausdrücklich genannten Heil- und Hilfsberufen (Gesundheitsfachberufen) fallen. 71

Dies gilt jedoch nur dann, wenn es sich um eine einem Katalogberuf ähnliche heilberufliche Tätigkeit handelt und die sonstigen Voraussetzungen erfüllt sind. 72

73 Für die Frage, ob eine ähnliche heilberufliche Tätigkeit vorliegt, ist die Qualifikation des Behandelnden entscheidendes Kriterium (EuGH vom 27.07.2006, Rs. C-443/04). Die Steuerbefreiung für Umsätze nach § 4 Nr. 14 Buchst. a UStG setzt daher voraus, dass es sich um ärztliche oder arztähnliche Leistungen handeln muss, und dass diese von Personen erbracht werden, die die erforderlichen beruflichen Befähigungsnachweise besitzen (BFH vom 12.08.2004, Az: V R 18/02).

TIPP

Grundsätzlich kann vom Vorliegen der Befähigungsnachweise ausgegangen werden, wenn die heilberufliche Tätigkeit in der Regel **von Sozialversicherungsträgern finanziert** wird.

74 Ein Beruf ist einem der im Gesetz genannten Katalogberufe ähnlich, wenn das typische Bild des Katalogberufs mit seinen wesentlichen Merkmalen dem Gesamtbild des zu beurteilenden Berufs vergleichbar ist. Dazu gehört die Vergleichbarkeit der Ausbildung in der Vergleichbarkeit der Bedingung, an die das Gesetz die Ausübung des zu vergleichenden Berufs knüpft. Es ist daher notwendig, dass berufsrechtliche Regelungen bestehen, die Ausbildung, Prüfung, staatliche Anerkennung sowie staatliche Erlaubnis und Überwachung der Berufsausübung erforderlich machen.

75 Fehlt eine solche berufsrechtliche Regelung, ist dies allein noch kein Hinderungsgrund für die Befreiung. Als Nachweis der beruflichen Befähigung ist auch die **Zulassung seiner Berufsgruppe nach § 124 Abs. 2 SGB V durch die zuständigen Stellen der gesetzlichen Krankenkassen anzusehen**.

76 Ist jedoch weder der Unternehmer selbst noch seine Berufsgruppe nach § 124 Abs. 2 SGB V durch die zuständigen Stellen der gesetzlichen Krankenkassen zugelassen, kann Indiz für das Vorliegen eines beruflichen Befähigungsnachweises die Aufnahme von Leistungen der betreffenden Art in den Leistungskatalog der gesetzlichen Krankenkassen sein.

77 **Fehlt** es auch an einer solchen **Zulassung, obliegt es den Finanzämtern festzustellen**, ob die Ausbildung, die Erlaubnis und die Tätigkeit des Steuerpflichtigen mit den Erfordernissen des § 124 Abs. 2 S. 1 Nr. 1 bis 3 SGB V vergleichbar sind. Hilfreiche Kriterien für die Beurteilung sind sowohl die bereits erfolgte Ausbildung und Weiterbildung, soweit erforderlich die Ausstattung der Praxis und der Therapiemöglichkeiten.

78 An dieser Stelle sei die Anmerkung erlaubt, dass in Zeiten, in denen viele der Verordnungen wegfallen, es nicht ganz nachvollziehbar ist, warum an einer Rezeptpflicht festgehalten wird. Es wird immer mehr gefordert, dass sich der Patient auch ohne eine Verordnung oder Ähnliches sportlich engagiert. Diese Aufforderung wird von den verschiedenen Krankenkassen mit Bonusheften honoriert. Nun stellt sich die Frage, wie der Fall zu behandeln ist, wenn der Patient nicht den Weg zum Hausarzt wählt, um ein Rezept zu erhalten, sondern den Weg direkt zum Fitnesstrainer geht. In der Praxis werden diese Fälle zum Teil sehr unterschiedlich behandelt. Einige Finanzämter verlangen für die Annahme einer steuerbefreiten Leistung i. S. d. § 4 Nr. 14 UStG, dass ein Rezept/eine Verordnung von dem jeweiligen Hausarzt vorliegt, auch wenn dies nicht zu einer Kostenübernahme von Seiten der Krankenkasse führt. Liegt ein solches Rezept/eine solche Verordnung nicht vor, so wird die Umsatzsteuerbefreiung meist versagt.

79 Wie soll und wie wird dieses Problem in der Zukunft gelöst werden? Die Tendenz der Krankenkassen, nur noch das Notwendigste zu bezahlen, wird weiter fortgesetzt werden. **Bis die Politik und auch die Europäische Union auf dieses Problem reagieren** werden, wird Gesundheit und auch Vorsorge ein Privileg für die sein, die das nötige Kleingeld mitbringen werden. Die 19 %ige Umsatzsteuer zeigt dann ihre Folgen.

80 **Eine ähnliche heilberufliche Tätigkeit nach § 4 Nr. 14 Buchst. a S. 1 UStG üben z. B. aus:**

- Chiropraktiker,
- Dental-Hygieniker,
- Diätassistenten,

- Beschäftigungs- und Arbeitstherapeuten,
- Krankenschwestern, Gesundheits- und Krankenpfleger, Gesundheits- und Kinderkrankenpfleger sowie Altenpfleger,
- Logopäden,
- staatlich geprüfte Masseure,
- selbständig tätige medizinisch-technische Assistenten,
- Orthoptisten,
- Podologen,
- psychologische Physiotherapeuten,
- selbständig tätige Rettungsassistenten,
- Sprachtherapeuten.

Keine ähnlichen heilberuflichen Tätigkeiten üben aus: 81

- Bewegungstherapeuten,
- Diplom-Psychologen,
- Fachastrologen,
- Familienhelfer,
- Fußpraktiker,
- Heileurythmisten (beachte aber: BFH-Urteil vom 26.07.2017, Az: XI-R-3/15, BFH/NV 2017, 1692),
- Heilpädagogen,
- Krankenpfleger,
- Legasthenie-Therapeuten,
- Logotherapeuten,
- Kosmetiker,
- Vitalogisten,
- Medizinphysiker,
- Sozialarbeiter.

2.1.3.7 Begünstigte und nicht begünstigte Umsätze – Sachverständigengutachten

Die Tätigkeit der in § 4 Nr. 14 UStG genannten Personen muss ein therapeutisches Ziel im Vordergrund haben. 82

Bei folgenden Leistungen liegt **kein** therapeutisches Ziel im Vordergrund, mit der Folge, dass die Steuerbefreiung nicht greift: 83

- schriftstellerische oder wissenschaftliche Tätigkeit, auch soweit es sich dabei um Berichte in einer ärztlichen Fachzeitschrift handelt,
- Vortragstätigkeit, auch wenn der Vortrag vor Ärzten im Rahmen einer Fortbildung gehalten wird,
- Lehrtätigkeit,
- Lieferung von Hilfsmitteln, z. B. Kontaktlinsen, Schuheinlagen,
- entgeltliche Nutzungsüberlassung von medizinischen Großgeräten,
- kosmetische Leistungen von Podologinnen/Podologen in der Fußpflege,
- ästhetisch-plastische Leistungen, soweit ein therapeutisches Ziel nicht im Vordergrund steht; Indiz hierfür kann sein, dass die Kosten regelmäßig nicht durch Krankenversicherungen übernommen werden;
- Leistungen zur Prävention und Selbsthilfe i. S. d. § 20 SGB V, die keinen unmittelbaren Krankheitsbezug haben, weil sie lediglich »den allgemeinen Gesundheitszustand verbessern und

insbesondere einen Beitrag zur Verminderung sozial bedingter Ungleichheiten von Gesundheitschancen erbringen sollen«,

- Supervisionsleistungen,
- Durchführung einer Leichenschau, wenn es der Endscheidungsfindung für Dritte dienlich ist,
- Erstellung von Alkohol-Gutachten, Zeugnissen oder Gutachten über das Sehvermögen, über Berufstauglichkeit oder in Versicherungsangelegenheiten. Die OFD Karlsruhe hat in der Verfügung vom 31.01.2017 eine beispielhafte Aufzählung aufgenommen (USt-Kartei S 7170 – Karte 3),
- Meldevergütungen nach § 65c Abs. 6 SGB V für Meldungen zur klinischen Krebsregistrierung (BMF vom 08.05.2017),
- Vorsorgliche Lagerung von Eizellen oder Spermien ohne medizinischen Anlass, wie z. B. das sog. Social Freezing (BMF vom 10.07.2017).

2.2 Krankenhausbehandlungen und ärztliche Heilbehandlungen (§ 4 Nr. 14 Buchst. b UStG)

2.2.1 Allgemeines

84 Unter Übernahme der Terminologie des Art. 132 Abs. 1 Buchst. b MwStSystRL, wonach Krankenhausbehandlungen und ärztliche Heilbehandlungen von der Steuer zu befreien sind, wurden die bislang in § 4 Nr. 16 Buchst. a bis c UStG enthaltenen Steuerbefreiungsvorschriften in dem neuen § 4 Nr. 14 Buchst. b UStG weiterentwickelt und zusammengefasst. Zur Klarstellung werden in Anlehnung an die im SGB definierten Leistungen auch diejenigen der Geburtshilfe, Diagnostik, Vorsorge, Befunderhebung, Rehabilitation, Hospizleistungen und nichtärztliche Dialyseleistungen ausdrücklich erwähnt (Huschens, NWB 2009, 36).

85 Die Leistungen – einschließlich der damit eng verbundenen Umsätze – sind steuerfrei, wenn sie nach § 4 Nr. 14 Buchst. b S. 1 UStG von **Einrichtungen des öffentlichen Rechts** oder den **in Satz 2 besonders bezeichneten Privateinrichtungen** erbracht werden. Nach gefestigter Rechtsprechung des EuGH umfasst der Begriff »Einrichtungen« auch natürliche Personen. Nachdem der BFH in mehreren Urteilen entschieden hat, dass der Gesetzgeber mit dem sozialversicherungsrechtlichen Bedarfsvorbehalt (§ 4 Nr. 14 Buchst. b S. 2 Doppelbuchst. aa UStG seinen Ermessensspielraum überschritten hat und diese Vorschrift gegen Art. 132 Abs. 1 Buchst. b MwStSystRL verstößt, können auch vergleichbare private Krankenhäuser die Umsatzsteuerbefreiung in Anspruch nehmen.

86 Die Leistungen sind sowohl im Bereich gesetzlicher Versicherungen steuerfrei als auch dann, wenn **kein** oder ein privater Versicherungsschutz besteht.

87 Der Begriff ärztliche Heilbehandlung umfasst nach europäischer Rechtsprechung gleichermaßen ärztliche Leistungen, die in der alleinigen Verantwortung von Personen, die keine Ärzte sind, erbracht werden (vgl. EuGH vom 06.11.2003, Rs. C-45/01, EuGHE I 2003, 12911).

88 Unter eng verbundenen Umsätzen sind nach Rechtsprechung des BFH solche Umsätze zu verstehen, die für die betreffenden Einrichtungen nach der Verkehrsauffassung typisch und unerlässlich sind, regelmäßig und allgemein beim laufenden Betrieb vorkommen und damit unmittelbar oder mittelbar zusammenhängen (vgl. BFH vom 01.12.1977, Az: V R 37/75, BStBl II 1978, 173).

89 Eine Verneinung eng verbundener Umsätze sieht der Richtliniengeber bei Umsätzen, die zusätzliche Einnahmen durch Tätigkeiten generieren, welche eine unmittelbare Wettbewerbssituation zu steuerpflichtigen Umsätzen anderer Unternehmer herstellen würde.

90 Im Schreiben von der OFD Karlsruhe vom 29.02.2008, UR 2009, 69, finden sich Angaben zu den eng verbundenen und nicht eng verbundenen Umsätzen.

Zur Begriffsbestimmung von Vorsorge und Rehabilitation vgl. § 107 Abs. 2 SBG V. In § 4 Nr. 14 Buchst. b S. 1 UStG wird die bisherige Befreiung des § 4 Nr. 16 Buchst. a UStG für die von juristischen Personen des öffentlichen Rechts betriebenen Einrichtungen fortgeführt. Hierunter fallen regelmäßig auch die **Krankenhäuser des Maßregelvollzugs**. 91

2.2.2 Krankenhäuser

Krankenhäuser sind Einrichtungen, die 92

- der Krankenhausbehandlung oder Geburtshilfe dienen,
- fachlich- medizinisch unter ständiger ärztlicher Leitung stehen,
- über ausreichende, ihrem Versorgungsauftrag entsprechende diagnostische und therapeutische Möglichkeiten verfügen und nach wissenschaftlich anerkannten Methoden arbeiten,
- mit Hilfe von jederzeit verfügbarem ärztlichen, Pflege-, Funktions- und medizinisch- technischem Personal darauf eingerichtet sind, vorwiegend durch ärztliche und pflegerische Hilfeleistung Krankheiten der Patienten zu erkennen, zu heilen, ihre Verschlimmerung zu verhüten, Krankheitsbeschwerden zu lindern oder Geburtshilfe zu leisten,
- und in denen die Patienten untergebracht und verpflegt werden können.

Krankenhäuser, die von Einrichtungen des privaten Rechts betrieben werden, unterliegen der Steuerbefreiung nach § 4 Nr. 14 Buchst. b S. 2 Doppelbuchst. aa UStG, wenn sie nach § 108 SGB V zugelassen sind. 93

Dies sind somit

- Krankenhäuser, die nach den landesrechtlichen Vorschriften als Hochschulklinik anerkannt sind,
- Krankenhäuser, die in den Krankenhausplan eines Landes aufgenommen sind (Plankrankenhäuser), sowie
- Krankenhäuser, die einen Versorgungsvertrag mit den Landesverbänden der Krankenkassen und den Verbänden der Ersatzkassen abgeschlossen haben.

Da nach Auffassung des BFH diese Vorschrift nicht mit Art. 132 Abs. 1 Buchst. b MwStSystRL vereinbar ist, hat die Finanzverwaltung mit BMF-Schreiben vom 06.10.2016 hierauf reagiert. Der Betreiber einer privaten Krankenanstalt kann sich demnach unmittelbar auf Unionsrecht berufen und die Steuerfreiheit in Anspruch nehmen. 94

Das private Krankenhaus muss unter Bedingungen betrieben werden, die in sozialer Hinsicht mit den Einrichtungen des öffentlichen Rechts vergleichbar sind. Dabei sind folgende Kriterien zu berücksichtigen:

- das Bestehen spezieller Vorschriften zum Betrieb solcher Einrichtungen,
- die Tätigkeit im Interesse des Gemeinwohles,
- die Tatsache, dass andere Unternehmer mit gleicher Tätigkeit ähnliche Anerkennung erhalten,
- die teilweise Übernahme der Kosten von Krankenkassen oder anderen Einrichtungen der sozialen Sicherheit.

Es kann davon ausgegangen werden, dass eine Vergleichbarkeit in sozialer Hinsicht vorliegt, wenn 95

- das Leistungsangebot den von Krankenhäusern in öffentlich-rechtlicher Trägerschaft oder nach § 108 SGB V zugelassenen Krankenhäusern entspricht und
- die Kosten in erheblichem Umfang von Krankenkassen oder anderen Einrichtungen der sozialen Sicherheit übernommen werden.

Erheblicher Umfang bedeutet,

- dass im vorangegangenen Kalenderjahr mindestens 40 % der Belegungs- oder Berechnungstage auf Patienten entfallen, für die kein höheres Entgelt als für allgemeine Krankenausleistungen nach dem Krankenhausentgeltgesetz oder der Bundespflegesatzverordnung berechnet wurde oder
- im vergangenen Jahr mindestens 40 % der Leistungen den in § 4 Nr. 15 Buchst. b UStG genannten Personen (in der Sozialversicherung Versicherte, Bezieher von Leistungen nach dem Zweiten Buch Sozialgesetzbuch, Empfänger von Sozialhilfe oder Versorgungsberechtigte) zugutekommt.

Die Rechtsprechung des BFH findet in allen offenen Fällen auf Umsätze, die nach dem 31.12.2008 erbracht wurden, Anwendung.

2.2.3 Zentren der ärztlichen Heilbehandlung

96 Die Zentren der ärztlichen – auch zahnärztlichen – Heilbehandlung und Diagnostik oder Befunderhebung, die an der vertragsärztlichen Versorgung nach § 95 SGB V teilnehmen oder für die Regelungen nach § 115 SGB V gelten, werden als steuerbegünstigte Einrichtungen anerkannt. Unter die Befreiung können, unabhängig von ihrer Rechtsform, z. B. medizinische Versorgungszentren, Einrichtungen von Laborärzten oder klinischen Chemikern sowie Praxiskliniken fallen. Außerdem werden hiervon alle Einrichtungen des Vierten Abschnitts des Vierten Kapitels des SGB V erfasst, für die eine Regelung nach § 115 SGB V gilt, somit z. B. auch Hochschulambulanzen nach § 117 SGB V, Psychiatrische Institutsambulanzen nach § 118 SGB V und Sozialpädiatrische Zentren nach § 119 SGB V (§ 4 Nr. 14 Buchst. b S. 2 Doppelbuchst. bb UStG).

2.2.4 Einrichtungen im Bereich der Unfallversicherung

97 Begünstigt werden die Einrichtungen, die von den Trägern der gesetzlichen Unfallversicherung nach § 34 SGB VII an der Versorgung beteiligt sind. Damit sind Einrichtungen erfasst, mit denen die Unfallversicherungsträger Verträge über die Durchführung von Heilbehandlungen nach § 34 SGB VII (Gesetzliche Unfallversicherung) abgeschlossen haben oder deren Beteiligung an der Durchführung von Heilbehandlungen durch Verwaltungsakt erfolgt (§ 4 Nr. 14 Buchst. b S. 2 Doppelbuchst. cc UStG).

2.2.5 Einrichtungen, mit denen Versorgungsverträge bestehen

98 Erfasst werden die Einrichtungen, mit denen Versorgungsverträge nach den §§ 111 und 111a SGB V bestehen, also Versorgungsverträge mit Vorsorge- oder Rehabilitationseinrichtungen bzw. Versorgungsverträge mit Einrichtungen des Müttergenesungswerks oder gleichartigen Einrichtungen (§ 4 Nr. 14 Buchst. b S. 2 Doppelbuchst. dd UStG).

2.2.6 Rehabilitationseinrichtungen

Hierunter fallen medizinische Rehabilitationseinrichtungen, mit denen Verträge nach § 21 SGB IX (Rehabilitation und Teilhabe behinderter Menschen) bestehen (§ 4 Nr. 14 Buchst. b S. 2 Doppelbuchst. ee UStG). 99

2.2.7 Geburtshilfeeinrichtungen

Mit § 4 Nr. 14 Buchst. b S. 2 Doppelbuchst. ff UStG werden die Einrichtungen zur Geburtshilfe sowie der Überwachung im Wochenbett erfasst, für die Verträge nach § 134a SBG V gelten. Die Steuerbefreiung umfasst auch Leistungen der stationären und ambulanten Geburtshilfe, unabhängig von einer sozialversicherungsrechtlichen Abrechnungsfähigkeit dieser Leistungen. 100

2.2.8 Hospize

Durch die Aufnahme von Hospizen (Einrichtungen des Privatrechts) in § 4 Nr. 14 Buchst. b S. 2 Doppelbuchst. gg UStG, mit denen Verträge nach § 39a Abs. 1 SGB V bestehen, werden deren stationäre Hospizleistungen steuerfrei gestellt. Ambulante Hospizleistungen, die unter den neuen § 4 Nr. 14 Buchst. a UStG fallen, sind nach dieser Vorschrift steuerfrei. 101

2.2.9 Einrichtungen zur Erbringung nichtärztlicher Dialyseleistungen

Die Erbringung nichtärztlicher Dialyseleistungen ist steuerfrei nach § 4 Nr. 14 Buchst. b S. 2 Doppelbuchst. hh UstG, wenn mit den Einrichtungen Verträge nach § 127 in Verbindung mit § 126 Abs. 3 SGB V bestehen. 101a

2.2.10 Einrichtungen nach § 138 Abs. 1 S. 1 Strafvollzugsgesetz

Anerkannt als begünstigte Einrichtungen werden auch Einrichtungen, denen im Wege der Beleihung die Durchführung des Maßregelvollzugs übertragen wurde und über die die Zulassung nach § 108 SGB V nicht verfügt wird (§ 4 Nr. 14 Buchst. b S. 2 Doppelbuchst. ii UStG). Die Vorschrift meint psychiatrische Krankenhäuser und Entziehungsanstalten, in denen psychisch kranke oder suchtkranke Straftäter behandelt und untergebracht sind. Die Steuerbefreiung umfasst neben den ärztlichen Behandlungsleistungen auch die Unterbringung, Verpflegung und Verwahrung der in diesen Einrichtungen untergebrachten Personen. Entsprechende Einrichtungen des öffentlichen Rechts fallen unmittelbar unter § 4 Nr. 14 Buchst. b S. 1 UStG. 102

2.2.11 Eng verbundene Umsätze

Als eng mit Krankenhausbehandlungen und ärztlichen Heilbehandlungen nach § 4 Nr. 14 Buchst.b UStG verbundene Umsätze sind Leistungen anzusehen, die für diese Einrichtungen nach der Verkehrsauffassung typisch und unerlässlich sind, regelmäßig und allgemein beim laufenden 103

Betrieb vorkommen und damit unmittelbar zusammenhängen (BFH vom 01.12.1977, Az: V R 37/758, BStBl II 1978, 173).

104 Die Umsätze dürfen nicht im Wesentlichen dazu bestimmt sein, den Einrichtungen zusätzlich Einnahmen durch Tätigkeiten zu verschaffen, die in unmittelbarem Wettbewerb zu steuerpflichtigen Umsätzen anderer Unternehmer stehen (EuGH vom 01.12.2005, Rs. C-394/04).

105 **Zu den eng verbundenen Umsätzen gehören:**

- stationäre oder teilstationäre Aufnahme von Patienten, deren ärztliche und pflegerische Betreuung – einschließlich der Lieferung der zur Behandlung erforderlichen Medikamente –,
- Behandlung und Versorgung ambulanter Patienten,
- Abgabe von individuell für den einzelnen Patienten in einer Apotheke des Krankenhauses hergestellten Arzneimitteln, wenn diese im Rahmen einer ambulant in den Räumen dieses Krankenhauses durchgeführten Heilbehandlung verwendet werden,
- Lieferung von Körperersatzstücken und orthopädischen Hilfsmitteln, soweit die unmittelbar mit einer Leistung i. S. d. § 4 Nr. 14 Buchst. b UStG in Zusammenhang stehen,
- die Überlassung von Einrichtungen und die damit verbundene Gestellung von medizinischem Hilfspersonal an angestellte Ärzte für deren selbständige Tätigkeit und an niedergelassene Ärzte zur Mitbenutzung,
- Überlassung von medizinisch-technischen Großgeräten und die damit verbundene Gestellung von medizinischem Hilfspersonal durch Einrichtungen nach § 4 Nr. 14 Buchst. b UStG an anderen Einrichtungen dieser Art,
- Lieferung von Gegenständen des Anlagevermögens, z. B. Röntgeneinrichtungen, Krankenfahrstühle und sonstigen Einrichtungsgegenständen,
- Erstellung von ärztlichen Gutachten gegen Entgelt, sofern ein therapeutischer Zweck im Vordergrund steht.

106 **Nicht zu den eng verbundenen Umsätzen gehören:**

- entgeltliche Abgabe von Speisen und Getränken an Besucher – auch Automatenumsätze (erhaltene Standgelder für Fremdautomaten sind nicht nach § 4 Nr. 12 UStG steuerfrei);
- die Lieferung von Arzneimitteln an das Personal oder Besucher sowie die Abgabe von Medikamenten gegen gesondertes Entgelt an ehemals ambulante oder stationäre Patienten zur Überbrückung;
- Arzneimittellieferung einer Krankenhausapotheke an Krankenhäuser anderer Träger sowie die unentgeltliche Medikamentenlieferung an ermächtigte Ambulanzen des Krankenhauses, an Polikliniken, an Institutsambulanzen, an sozialpädiatrische Zentren – soweit es sich in diesen Fällen nicht um nicht steuerbare Innenumsätze des Trägers der jeweiligen Krankenhausapotheke handelt – und an öffentliche Apotheken; Auch die Steuerbefreiung nach § 4 Nr. 18 UStG kommt insoweit nicht in Betracht;
- Abgabe von nicht patientenindividuell hergestellten Medikamenten zur unmittelbaren Anwendung durch ermächtigte Krankenhausambulanzen an Patienten während der ambulanten Behandlung sowie die Abgabe von Medikamenten durch Krankenhausapotheken an Patienten im Rahmen der ambulanten Behandlung im Krankenhaus;
- Erstellung von Alkoholgutachten, Zeugnissen oder Gutachten über das Sehvermögen, über Berufsuntauglichkeit oder in Versicherungsangelegenheiten;
- Auftragsforschung;
- ästhetisch-plastische Leistungen, soweit ein therapeutisches Ziel nicht im Vordergrund steht; Indiz hierfür kann sein, dass die Kosten regelmäßig nicht durch Krankenversicherungen übernommen werden;
- Leistungen zur Prävention und Selbsthilfe i. S. d. § 20 SGB V, die keinen unmittelbaren Krankheitsbezug haben, weil diese lediglich »den allgemeinen Gesundheitszustand verbessern und

insbesondere einen Beitrag zur Verminderung sozial bedingter Ungleichheiten von Gesundheitschancen erbringen« sollen;

- Supervisionsleistungen;
- Leistungen von Zentralwäschereien;
- elefongestellung an Patienten, die Vermietung von Fernsehgeräten und die Unterbringung und Verpflegung von Begleitpersonal;
- entgeltliche Überlassung von Parkflächen für das Abstellen von Besucherfahrzeugen;
- Veräußerung des gesamten beweglichen Anlagevermögens und der Warenvorräte nach Einstellung des Betriebs; es kann jedoch die Steuerbefreiung nach § 4 Nr. 28 UStG in Betracht kommen.

2.2.12 Hilfsgeschäfte und unentgeltliche Wertabgaben

Die Befreiungsvorschrift des § 4 Nr. 14 UStG greift nicht bei Hilfsumsätzen von Angehörigen der Heilberufe. 107

Bei Erfüllung der weiteren Voraussetzungen des § 1 Abs. 1a UStG ist die Veräußerung der Praxis steuerfrei. Werden hingegen nur einzelne Praxisgegenstände veräußert, kann die Befreiungsvorschrift des § 4 Nr. 28 UStG greifen. 108

Sinn und Zweck dieser Vorschrift ist es, die Doppelbesteuerung mit Umsatzsteuer zu vermeiden, die eintreten würde, wenn ein Gegenstand, der ohne Vorsteuerberichtigung erworben wurde, bei der anschließenden Weiterveräußerung mit Umsatzsteuer erneut mir Umsatzsteuer belastete würde. 109

Unentgeltliche Wertabgaben sind ebenfalls steuerbefreit, sofern sie ebenfalls unter die Befreiungsvorschrift des § 4 Nr. 14 UStG fallen würden. Beansprucht der steuerpflichtige Arzt bei der Anschaffung eines Praxisgegenstandes einen anteiligen Vorsteuerabzug, hat dies zur Folge, dass die spätere Veräußerung des Gegenstandes steuerpflichtig ist. 110

Ein ähnliches Problem ergibt sich bei der unentgeltlichen Überlassung von Firmenfahrzeugen auch für private Zwecke. Die Versteuerung erfolgt meist nach der 1 %-Regelung. 111

Voraussetzung für die 1 %-Regelung ist, dass das betriebliche Fahrzeug zu mehr als 50 % betrieblich genutzt wird. Die Berechnung der 1 %-Regelung erfolgt mit 1 % des inländischen Bruttolistenpreises zum Zeitpunkt der Erstzulassung (zzgl. Sonderausstattungen). Der Bruttolistenpreis ist auf volle 100 € abzurunden. Grundsätzlich wird für die 1 %-Regelung immer der Neupreis angesetzt, dies kann eventuell zu einer unverhältnismäßig hohen Versteuerung führen. 112

Beispiel:

1 % vom Bruttolistenpreis × Anzahl der Monate	1 % von 50.000 € × 12 Monate
= unentgeltliche Wertabgabe (privater Nutzungsanteil)	6.000 €
./. 20 % umsatzsteuerfreie Kosten	1.200 €
= privater Nutzungsanteil (ohne USt)	4.800 €
+ gesetzliche USt	912 €
= privater Nutzungsanteil (inkl. USt)	5.712 €

Liegen daher auch steuerpflichtige Umsätze vor, so ist die Umsatzsteuer auch von denjenigen zu zahlen, die eigentlich durch § 4 Nr. 14 UStG von der Umsatzsteuerpflicht verschont werden sollten. U. a. ergibt sich für Physiotherapeuten und ähnlich heilberuflich Tätige in diesem Bereich oft ein Problem, denn aufgrund der 1 %-Regelung kommen diese Personen auch schnell über die Kleinunternehmerregelung. 113

2.3 Einrichtungen zur integrierten Versorgung (§ 4 Nr. 14 Buchst. c UStG)

114 Begünstigt werden Leistungen von Einrichtungen nach § 140b Abs. 1 SGB V, mit denen Verträge zur integrierten Versorgung nach § 140a SGB V bestehen.

115 Danach sind steuerfrei z. B. die Leistungen von **Managementgesellschaften**, also Trägern, die nicht selbst Versorger sind, sondern eine Versorgung durch dazu berechtigte Leistungserbringer anbieten (§ 140b Abs. 1 Nr. 4 SGB V), denen im Rahmen eines mit einer Krankenkasse geschlossenen Vertrags zur integrierten Versorgung nach §§ 140a ff. SGB V die vollständige bzw. teilweise ambulante und/oder stationäre Versorgung der Mitglieder der Krankenkasse übertragen wird, um bevölkerungsbezogene Flächendeckung der Versorgung zu ermöglichen (Huschens, NWB 2009, 36).

Beispiel:
In einem Vertrag zur integrierten Versorgung werden lediglich Steuerungs-, Koordinierungs- und/oder Managementaufgaben von der Krankenkasse auf die Managementgesellschaft übertragen.

Lösung:
Dann handelt es sich hierbei um die Auslagerung von Verwaltungsaufgaben. Solche Leistungen der Managementgesellschaft gegenüber der Krankenkasse sind weiterhin steuerpflichtig.

2.4 Leistungen von Personenzusammenschlüssen an ihre Mitglieder (§ 4 Nr. 14 Buchst. d UStG)

116 Steuerfrei sind die sonstigen Leistungen (nicht Lieferungen) von Gemeinschaften, deren Mitglieder Angehörige der in § 4 Nr. 14 Buchst. a UStG bezeichneten Berufe (z. B. Ärzte) und/oder Einrichtungen i. S. d. § 4 Nr. 14 Buchst. b UStG (z. B. Krankenhäuser) sind, gegenüber ihren Mitgliedern,

- soweit diese Leistungen für unmittelbare Zwecke der Ausübung der (steuerfreien) Tätigkeit nach § 4 Nr. 14 Buchst. a oder b UStG verwendet werden und
- die Gemeinschaft von ihren Mitgliedern lediglich die genaue Erstattung des jeweiligen Anteils an den gemeinsamen Kosten fordert.

117 Als Gemeinschaften gelten nur Einrichtungen, die als Unternehmer i. S. d. § 2 UStG anzusehen sind.

118 Als eine Leistung der Gemeinschaft ist etwa das Vorhalten medizinischer Einrichtungen, Apparate und Geräte zu bewerten. Aber auch Laboruntersuchungen, Röntgenaufnahmen und weitere Leistungen können von eigenem medizinisch-technischem Personal ausgeführt werden.

119 Die **Steuerbefreiung wurde also dahingehend erweitert, dass** nicht nur die Leistungen der Zusammenschlüsse von Ärzten oder Angehörigen arztähnlicher Berufe an ihre Mitglieder befreit sind, sondern auch die Leistungen an Mitglieder der Zusammenschlüsse von Einrichtungen i. S. d. § 4 Nr. 14 Buchst. b UStG (z. B. Krankenhäuser) sowie von Angehörigen der in § 4 Nr. 14 Buchst. a UStG bezeichneten Berufe und Einrichtungen i. S. d. § 4 Nr. 14 Buchst. b UStG (z. B. Ärzte und Krankenhäuser).

TIPP
Die bisherige Steuerbefreiung für sog. Apparategemeinschaften wird damit generell ausgedehnt auf **»Pooling« im Heilbehandlungssektor**.

Zwingende Voraussetzung der Steuerbefreiung ist, dass die Gemeinschaft von ihren Mitgliedern lediglich die **genaue Erstattung des jeweiligen Anteils** an den gemeinsamen Kosten fordert.
Die Steuerbefreiung darf nicht zu einer Wettbewerbsverzerrung führen. Sie kann sich deshalb entsprechend dem bisherigen Rechtsverständnis (vgl. hierzu auch Abschn. 94 UStR 2008) z.B. nur auf die medizinischen Leistungen der ärztlichen Praxis- und Apparategemeinschaften beziehen, nicht aber auf Fälle, in denen eine Gemeinschaft für ihre Mitglieder z.B. die Buchführung, die Rechtsberatung oder die Tätigkeit einer ärztlichen Verrechnungsstelle übernimmt.

2.5 Infektionshygienische Leistungen (§ 4 Nr. 14 Buchst. e UStG)

Art. 132 Abs. 1 Buchst. b und c MwStSystRL befreit »Krankenhausbehandlungen und ärztliche Heilbehandlungen« sowie »Heilbehandlungen im Bereich der Humanmedizin« von der MwSt. Dienstleistungen, 120

- die ein unerlässlicher, fester und untrennbarer Bestandteil eines »Gesamtverfahrens« sind und
- deren einzelne Abschnitte sinnvollerweise nicht isoliert voneinander durchgeführt werden,

sind nach Auffassung des EuGH (Urteil vom 18.11.2010, Rs. C-156/09, Verigen Transplantation Service International, BFH/NV 2011, 179) ebenfalls als Heilbehandlungsleistungen anzusehen.

Nach Auffassung des BFH ergibt sich daraus, dass auch Leistungen, die ein Arzt mit unmittelbarem 121 Bezug zu einer Heilbehandlungstätigkeit erbringt, damit u.a. andere Ärzte und Krankenhäuser bei der Ausübung ihrer Heilbehandlungstätigkeit die hierfür bestehenden – medizinisch unerlässlichen und gesetzlich vorgeschriebenen – infektionshygienischen Anforderungen im Einzelfall erfüllen, als Heilbehandlungsleistungen anzusehen sind (vgl. BFH vom 18.08.2011, Az: V R 27/10, BFH/NV 2011, 2214). Da nach dem Infektionsschutzgesetz auch selbständige Hygienefachkräfte derartige Leistungen erbringen können, sind auch deren Umsätze steuerfrei.

Beispiel:
Nach Huschens, NWB 2013, 2214. Ein Facharzt für Mikrobiologie, Virologie und Infektionsepidemie mit dem Tätigkeitsschwerpunkt Krankenhaus- und Praxishygiene schließt mit Arztpraxen oder Krankenhäusern Verträge über hygienische Beratungsleistungen ab und führt krankenhaus- und praxishygienische Betreuungen, Beratungen, Bewertungen und Begutachtungen durch. Bei den begünstigten Leistungen kann es sich um die Bewertung von Neu- und Umbaumaßnahmen, die Hilfe bei der Erstellung von Hygieneplänen, die Erfassung und Bewertung nosokomialer Infektionen, das Ausbruchsmanagement bei nosokomialen Infektionen und die Umsetzung ordnungsgemäßer Entsorgung von Abfällen aus Einrichtungen des Gesundheitsdienstes handeln. Weiterhin könnten steuerfrei sein die Überprüfung der Aufbereitungsqualität von Medizinprodukten und Gebrauchsgegenständen (Reinigungs- und Desinfektionsprozesse, Aufbereitungserfolg von Endoskopen, Sterilisationsfragen), die Flächenhygiene (Abdruck- und Abstrichuntersuchungen von Flächen), die Händehygiene, die Untersuchung von Wasserversorgungsanlagen und Geräten mit wasserführenden Systemen, die Überprüfung von Schwimm-, Bade-, Therapie- und Bewegungsbecken und die hygienische Überprüfung von technischen Anlagen.

2.6 Abrechnung von Verlangensleistungen bei Zahnärzten

Die Gebührenordnung für Zahnärzte (GOZ) bestimmt die Vergütung der zahnärztlichen Leistun- 122 gen für Privatversicherte und regelt darüber hinaus die Abrechnungshöhe für den Anteil von Behandlungen, die von den Kassenpatienten selbst übernommen werden müssen. Die bisherige GOZ 1988 wurde zum 01.01.2012 umfassend überarbeitet (Erste Verordnung zur Änderung der

Gebührenordnung für Zahnärzte, vom 05.12.2011, BGBl I 2011, 2661 – nachfolgend kurz »GOZ 2012«); dabei wurde insbesondere die Abrechnung zahnmedizinisch nicht notwendiger Leistungen neu geregelt (Weimann/Kraatz, GStB 2013, 278).

2.6.1 Neuregelung der Zahnarztvergütungen

123 Vergütungen darf der Zahnarzt nur für Leistungen berechnen, die nach den Regeln der zahnärztlichen Kunst für eine zahnmedizinisch notwendige zahnärztliche Versorgung erforderlich sind. Leistungen, die über das Maß einer zahnmedizinisch notwendigen Versorgung hinausgehen, darf der Zahnarzt nur berechnen, wenn sie auf Verlangen des Zahlungspflichtigen erbracht worden sind (§ 1 Abs. 2 GOZ 2012). Letztere (sog. »Verlangensleistungen«) müssen in einem Heil- und Kostenplan schriftlich vereinbart werden. Der Heil- und Kostenplan muss vor Erbringung der Leistung erstellt werden; er muss die einzelnen Leistungen und Vergütungen sowie die Feststellung enthalten, dass es sich um Leistungen auf Verlangen handelt und eine Erstattung möglicherweise nicht gewährleistet ist (§ 2 Abs. 3 GOZ 2012).

HINWEIS
Während bisher nicht medizinisch notwendige Zusatzleistungen nach § 2 Abs. 3 GOZ 1988 nur auf Verlangen des Zahlungspflichtigen in einem Kosten- und Heilplan schriftlich vereinbart werden mussten, ist dies nunmehr Pflicht!

124 Da die Ausführung von Verlangensleistungen in der zahnärztlichen Praxis – schon auf Grund der »Kostenentlastungsbestrebungen« der Krankenkassen – einen immer größeren Raum einnehmen wird, müssen sowohl der steuerliche Berater als auch der Mandant (Zahnarzt) selbst der **sauberen Abgrenzung** der medizinisch notwendigen Leistungen von den Verlangensleistungen besondere Bedeutung beimessen (Weimann/Kraatz, GStB 2013, 278).

TIPP
Kostenlose Informationen und rechtliche Details zur neuen Gebührenordnung – insbesondere eine kommentierte Fassung – lassen sich über die Homepage der Bundeszahnärztekammer abrufen: www.bzaek.de > Berufsstand > Gebührenordnung für Zahnärzte – GOZ

2.6.2 Separate Aufzeichnung der Verlangensleistungen

125 Zunächst ist der Mandant (Zahnarzt) dazu anzuhalten,
- alle Leistungen, die nicht medizinisch indiziert sind, sowie
- alle damit unmittelbar im Zusammenhang ausgeführten Leistungen

gesondert aufzuzeichnen und in der Patientenrechnung gesondert auszuweisen. Diese Leistungen sind steuerpflichtig.

2.6.3 Umfang der Steuerbefreiung nach § 4 Nr. 14 UStG

126 Im Hinblick auf die Umsatzsteuerbefreiung nach § 4 Nr. 14 Buchst. a UStG gilt es zu unterscheiden:
- Zahnarztleistungen sind als humanmedizinische Leistungen von der Umsatzsteuer befreit, wenn sie der Vorbeugung, Diagnose, Behandlung oder Heilung von Krankheiten oder Gesundheitsstörungen dienen. Die befreiten Leistungen müssen dem Schutz der Gesundheit des

Betroffenen dienen (vgl. Abschn. 4.14.3 Abs. 1 i.V.m. Abschn. 4.14.1 Abs. 4 UStAE), also **medizinisch indiziert** sein.

- Zahntechnische Leistungen oder Leistungen, die **zahnmedizinisch nicht notwendig** sind (insbesondere kosmetisch oder ästhetisch veranlasste Leistungen), unterliegen nicht der Steuerbefreiung bei der Umsatzsteuer (vgl. Abschn. 4.14.3 Abs. 2 ff. i.V.m. Abschn. 4.14.1 Abs. 5 UStAE).

Die derzeit wohl h.M. arbeitet mit der Gleichstellung »Verlangensleistung = medizinisch nicht indiziert = umsatzsteuerpflichtig« und macht es sich damit wohl zu einfach (Weimann/Kraatz, GStB 2013, 278). Die Übernahme der Kosten durch die Krankenkasse mag zwar ein Indiz für die Umsatzsteuerfreiheit der zahnärztlichen Leistungen sein; **aus der fehlenden Kostenübernahme lässt sich aber nicht automatisch auf die Umsatzsteuerpflicht schließen**. 127

Beispiel:
Eine professionelle Zahnreinigung (PZR) ist wissenschaftlich anerkannter Teil der zahnärztlichen Prophylaxe. Eine regelmäßige PZR dient dem Schutz der Zahngesundheit des Patienten und damit einem rein therapeutischen Ziel – und zwar unabhängig davon, ob die Leistungen zu den Eigenleistungen gehören und das Honorar privat gezahlt werden muss oder nicht. Hinzu kommt, dass Letzteres von Kasse zu Kasse unterschiedlich gehandhabt wird; so sind ab 2013 liquide Kassen vermehrt dazu übergegangen, anders als in den Vorjahren die PRZ zu übernehmen.

HINWEIS
Damit verbietet sich eine Generalisierung! Verlangensleistungen sind vielmehr nach einer Einzelbetrachtung umsatzsteuerlich einzuordnen (hierzu ausführlich Laufenberg/Ketteler-Eising, http://www.medi-ip.de).

2.6.4 Einheitlichkeit der Verlangensleistungen

Ist danach die Verlangensleistung selbst steuerpflichtig, unterliegen auch **alle damit im Zusammenhang** stehenden Leistungen, z.B. Narkoseleistungen, der Umsatzsteuerpflicht (Abschn. 3.10 UStAE). 128

HINWEIS
Das gilt auch, wenn die Leistungen **durch einen anderen Arzt als selbständige Leistung ausgeführt** werden, z.B. Anästhesieleistungen eines selbstständigen Narkosearztes, im Zusammenhang mit einer medizinisch nicht notwendigen ästhetisch veranlassten Zahnarztleistung.

2.6.5 Unterschiedliche Steuersätze

Zahntechnische Leistungen und die Lieferung oder Wiederherstellung von Zahnprothesen unterliegen dem ermäßigten Steuersatz von derzeit 7 % (§ 12 Abs. 2 Nr. 6 UStG). Alle anderen nicht medizinisch indizierten zahnärztlichen Leistungen sind mit dem Regelsteuersatz von derzeit 19 % belegt (§ 12 Abs. 1 UStG, Abschn. 12.4 UStAE). 129

2.6.6 Konkrete Vergütungsvereinbarung

Die mit dem Patienten zu treffende Vergütungsvereinbarung könnte wie folgt aussehen (vgl. Weimann/Kraatz, GStB 2013, 278): 130

HINWEIS
Nachstehendes Muster für die mit dem Patienten zu treffende Vergütungsvereinbarung setzt auf einem Vorschlag der Zahnärztekammer Westfalen – Lippe (www.zahnaerzte-wl.de > ZÄK WL) auf und erweitert dieses unter Berücksichtigung der (umsatz)steuerlichen Überlegungen.

Muster einer Vergütungsvereinbarung gem. § 2 Abs. 3 GOZ

[Briefkopf der Zahnarztpraxis]

Zwischen ______________________________
(Patienten/Zahlungspflichtiger)

und ______________________________
(Zahnarzt)

Nach eingehender Beratung werden auf Wunsch des Patienten und auf Verlangen des Patienten/Zahlungspflichtigen, entsprechend der vertraglichen Bestimmungen der Gebührenordnung für Zahnärzte (§ 2 Abs. 3 = Leistung auf Verlangen), nachfolgende zahnärztliche Behandlungsmaßnahmen und deren Vergütung vereinbart:

Zahn	Leistung	Anzahl	Betrag in €
		+ Materialkosten	
		+ Laborkosten	
		------------------------	------------------------
		= Summe (netto)	
		+ Umsatzsteuer (7% / 19%)	
		------------------------	------------------------
		= Vergütung	

Der Patient/Zahlungspflichtige wurde darauf hingewiesen, dass eine Erstattung der Vergütung durch Erstattungsstellen möglicherweise nicht in vollem Umfang gewährleistet ist. Der Patient/Zahlungspflichtige bestätigt, eine Ausfertigung dieser Vereinbarung erhalten zu haben.

____
Ort, Datum

______________________________ ______________________________
Unterschrift Patient/Zahlungspflichtiger Unterschrift Zahnarzt/Zahnärztin

HINWEIS
1. Die Kosten für Material und Fremdlabor gehen zunächst netto in die Kostenaufstellung ein und werden dann mit der zutreffenden Umsatzsteuer (7 % / 19 %) belegt.
2. Für Leistungen mit unterschiedlichen Steuersätzen sollten jeweils separate Vergütungsvereinbarungen getroffen werden.

2.6.7 Anwendung der Kleinunternehmerregelung

Soweit der Mandant nur in geringem Umfang medizinisch nicht indizierte Verlangensleistungen erbringt, muss geprüft werden, ob die Kleinunternehmerregelung (§ 19 UStG) zur Anwendung kommen kann. Da die steuerbefreiten zahnärztlichen Leistungen nicht in den Gesamtumsatz mit einzubeziehen sind, kann auf die Erhebung der Umsatzsteuer verzichtet werden, wenn die steuerpflichtigen Umsätze im vorangegangenem Kalenderjahr nicht mehr als 17.500 € betragen haben und voraussichtlich im laufenden Kalenderjahr nicht mehr als 50.000 € betragen werden. 131

HINWEIS
1. Da die umsatzsteuerpflichtigen Leistungen gegenüber den Patienten und damit gegenüber nicht zum Vorsteuerabzug berechtigten Personen erbracht werden, wird die Anwendung der Kleinunternehmerregelung für den Zahnarzt wohl immer von Vorteil sein.
2. Bei der Prüfung der Aufgriffsgrenzen ist zu beachten, dass diese auf das Gesamtunternehmen des Zahnarztes anzuwenden sind, sodass hier auch in anderen Unternehmensbereichen ausgeführte Leistungen – wie z. B. steuerpflichtige Vermietungen – zu berücksichtigen sind.
3. Hierbei ist darauf zu achten, dass die Praxis ggf. noch weitere umsatzsteuerpflichtige Umsätze aus
   - einem Prophylaxe-Shop
   - dem Verkauf von sonstigen Zahlpflegemitteln
   - den Leistungen eines Eigenlabors
   - der Erstellung von Gutachten

   haben kann.

2.6.8 Fazit

Auch wenn sich durch die GOZ 2012 keine unmittelbaren Auswirkungen auf die Umsatzsteuer ergeben, ergeben sich diese doch mittelbar. Durch die neuen Vorschriften über die schriftliche und detaillierte Vereinbarung der Verlangensleistungen ergibt sich eine größere Transparenz der nämlichen Leistungen, da für die Betriebs- und Sonderprüfungen auch solche schriftlichen Vereinbarungen zwischen Arzt und Patient einsehbar sind. **Mit anderen Worten führen die neuen Vorschriften zu einfacheren Prüfungen für die Finanzverwaltung!** Die umsatzsteuerpflichtigen Leistungen ergeben sich jetzt unmittelbar aus der Liquidation des Zahnarztes (Weimann/Kraatz, GStB 2013, 278). 132

§ 4 Nr. 15 UStG
Steuerbefreiungen: Sozialversicherungsträger

Von den unter § 1 Abs. 1 Nr. 1 fallenden Umsätzen sind steuerfrei:

. . .

15. die Umsätze der gesetzlichen Träger der Sozialversicherung, der gesetzlichen Träger der Grundsicherung für Arbeitsuchende nach dem Zweiten Buch Sozialgesetzbuch sowie der gemeinsamen Einrichtungen nach § 44b Abs. 1 des Zweiten Buches Sozialgesetzbuch, der örtlichen und überörtlichen Träger der Sozialhilfe sowie der Verwaltungsbehörden und sonstigen Stellen der Kriegsopferversorgung einschließlich der Träger der Kriegsopferfürsorge

a) untereinander,

b) an die Versicherten, die Bezieher von Leistungen nach dem Zweiten Buch Sozialgesetzbuch, die Empfänger von Sozialhilfe oder die Versorgungsberechtigten. Das gilt nicht für die Abgabe von Brillen und Brillenteilen einschließlich der Reparaturarbeiten durch Selbstabgabestellen der gesetzlichen Träger der Sozialversicherung;

. . .

1

Verwaltungsanweisungen

BMF vom 10.11.2000, Az: IV D 1 – S 7171 – 7/00, Umsatzsteuerbefreiung nach § 4 Nr. 15a UStG, Umsetzung von Art. 1 Teil A Abs. 1 Buchst. f der 6. EG-Richtlinie, weiter gültig lt. BMF vom 19.03.2018, Nr. 1447.

BMF vom 04.05.2000, Az: IV D 2 – S 7171a – 1/00, Sammel- und Verteilungsstelle für das Institutionskennzeichen (SVI), SIS 00 12 72.

Hinweis: Zur Problematik der zeitlichen Geltungsdauer von BMF-Schreiben vgl. Einführung UStG, Rz. 100 ff.

Richtlinien/Hinweise/Verordnungen

UStAE: Abschn. 4.15.1.

MwStSystRL: Art. 132 Abs. 1 Buchst. g, Art. 133 f.

1 Allgemeines

1.1 Überblick über die Vorschrift

§ 4 Nr. 15 UStG befreit Umsätze der dort genannten gesetzlichen und sozialen Einrichtungen im Rahmen ihres Betriebs gewerblicher Art i. S. d. § 1 Abs. 1 Nr. 6 i. V. m. § 4 KStG, und zwar 1

- untereinander und
- im Verhältnis zu den Versicherten, den Empfängern von Sozialhilfe oder den Versorgungsberechtigten.

Ein **Verzicht auf die Steuerbefreiung** ist nicht möglich. 2

1.2 Rechtsentwicklung

§ 4 Nr. 15 UStG wurde aus **sozialen Erwägungen** (Kostendämpfung im Bereich der sozialen Fürsorgeeinrichtungen, vgl. Heidner in Bunjes, § 4 Nr. 15 Rn. 2) durch das **UStG 1967** eingeführt und gilt seitdem weitgehend unverändert fort. 3

Durch Art. 2 Abs. 5 des Gesetzes vom 03.08.2010 (Gesetz zur Weiterentwicklung der Organisation der Grundsicherung für Arbeitssuchende, BGBl I 2010, 1112) wurde in § 4 Nr. 15 UStG m. W. v. 01.01.2011 **das Wort »Arbeitsgemeinschaften« durch die Wörter »#gemeinsame Einrichtungen« ersetzt**. Hierbei handelte es sich um eine Folgeänderung zur Änderung des § 44b SGB II. Mit dieser Änderung wurde bestimmt, dass die Träger der Grundsicherung für Arbeitsuchende verpflichtet sind, zur einheitlichen Durchführung der Grundsicherung für Arbeitsuchende in einer gemeinsamen Einrichtung zusammenzuarbeiten. Diese ist eine Mischbehörde aus Bundes- und Landesbehörde. Die Zusammenarbeit der Träger in der gemeinsamen Einrichtung ist in Art. 91e GG verankert. Die zugelassene kommunale Trägerschaft nach den §§ 6a und 6b SGB II bleibt hiervon unberührt. Eine getrennte Aufgabenwahrnehmung ist nicht mehr möglich. Die Wahrnehmung der Aufgaben der Träger erfolgt durch die gemeinsame Einrichtung. Die gemeinsame Einrichtung wird selbst nicht zum Träger der Grundsicherung für Arbeitsuchende. Beide Träger (Bundesagentur für Arbeit und kommunale Träger) lassen ihre Aufgaben durch die gemeinsame Einrichtung wahrnehmen. Dies bezieht sich grundsätzlich auf alle Aufgaben nach dem SGB II. Die erwerbsfähigen Hilfebedürftigen sollen sich nur an eine staatliche Stelle wenden müssen, um dort sämtliche Leistungen nach dem SGB II zu erhalten bzw. vermittelt zu bekommen (Gesetzesbegründung zu § 44b SGB II, BT-Drucks. 17/1555; vgl. auch Huschens in S/W/R, § 4 Nr. 15 Rz. 9). Ausführlich zur Gesetzeshistorie Huschens in S/W/R, § 4 Nr. 15 Rz. 4ff. 4

1.3 Geltungsbereich

1.3.1 Sachlicher Geltungsbereich

Die Steuerbefreiung erfasst das **Kerngeschäft** der begünstigten Einrichtungen (vgl. Rn. 12ff.). Um die **Gleichmäßigkeit der Besteuerung** zu gewährleisten, nimmt Buchst. b S. 2 bestimmte Umsätze von der Steuerbefreiung aus. Um die Besteuerung dieser Leistungen durch die Sozialversiche- 5 rungsträger sicherzustellen, ordnet § 2 Abs. 3 Nr. 3 UStG an, dass diese Tätigkeit in jedem Falle als gewerbliche oder berufliche Tätigkeit anzusehen ist.

1.3.2 Persönlicher Geltungsbereich

6 Die Steuerbefreiung erfasst ausschließlich Umsätze der begünstigten Einrichtungen = juristische Personen des öffentlichen Rechts.

1.3.3 Zeitlicher Geltungsbereich

7 § 4 Nr. 15 UStG wurde mit dem UStG 1967 eingeführt und gilt seitdem weitgehend unverändert fort.

1.4 Gemeinschaftsrechtliche Grundlagen und Verhältnis zu anderen Vorschriften

8 § 4 Nr. 15 UStG entspricht den Vorgaben des Art. 132 Abs. 1 Buchst. g, Art. 133 f. MwStSystRL.

9 Hinzuweisen ist darauf, dass Art. 132 Abs. 1 Buchst. g, Art. 133 f. MwStSystRL wie schon Art. 13 Teil A Abs. 2 Buchst. b der 6. EG-RL den Anwendungsbereich der Steuerbefreiung dadurch einschränkt, dass die zu befreienden Lieferungen und sonstigen Leistungen zur Ausübung der Tätigkeit **unerlässlich sein** müssen. Außerdem bleiben die Einrichtungen mit solchen Leistungen steuerpflichtig, die im Wesentlichen dazu bestimmt sind, der Einrichtung zusätzliche Einnahmen zu verschaffen und die gleichzeitig in unmittelbarem Wettbewerb zu der USt unterliegenden gewerblichen Unternehmern erbracht werden (vgl. z. B. die Abgabe von Brillen und Brillenteilen sowie deren Reparatur nach § 4 Nr. 15 Buchst. b UStG). Darüber hinausgehende Befreiungen dürfen die EU-Mitgliedstaaten nicht einführen (ausführlich zur Gemeinschaftsrechtskonformität Kraeusel in R/K/L, Rn. 4.2 ff.).

2 Kommentierung

2.1 Begünstigte Einrichtungen

10 Gesetzliche Träger der Sozialversicherung sind

- die Orts-, Betriebs- und Innungskrankenkassen einschließlich der gesetzlich zugelassenen Ersatzkassen,
- die Seekrankenkassen,
- die Berufsgenossenschaften,
- Bund, Länder und Gemeinden als Träger der Eigenunfallversicherung einschließlich der Gemeindeunfallversicherungsverbände,

- die Bundesanstalt für Arbeit,
- die Bundes- und Landesversicherungsanstalten,
- andere öffentliche Invalidenversicherungsanstalten sowie
- die Knappschaften.

Privatkassen einschließlich der Beamtenkassen gehören nicht dazu (Heidner in Bunjes, § 4 Nr. 15 Rn. 3); das gilt auch für die Studentenkassen (Kraeusel in R/K/L, Rn. 10). Auch die Sammel- und Verteilungsstelle für das Institutionskennzeichen (SVI) ist kein Träger der Sozialversicherung, sondern eine rechtlich unselbständige Organisationseinheit des Hauptverbandes der gewerblichen Berufsgenossenschaften e. V., die die Versicherungsträger bei der Durchführung ihrer Aufgaben (vgl. § 30 Abs. 1 SGB IV) unterstützt. Der Hauptverband selbst ist ebenfalls kein Träger der Sozialversicherung (BMF vom 04.05.2000, Az: IV D 2 - S 7171a - 1/00, UR 2000, 446). 11

2.2 Befreite Umsätze

Befreit sind **grundsätzlich sämtliche Umsätze** der begünstigten Unternehmer (Betriebe gewerblicher Art) 12

- untereinander und
- an die Versicherten, Empfänger der Sozialhilfe oder an die Versorgungsberechtigten,

und zwar in **vollem Umfang**. Die teilweise vertretene Auffassung, die Befreiung erfasse nur die gesetzlich vorgeschriebenen oder ausdrücklich zugelassenen, nicht aber freiwillige Mehrleistungen, ist durch das Gesetz nicht gedeckt (Heidner in Bunjes, § 4 Nr. 15 Rn. 3, m. w. N.).

Logisch greift die Befreiung nur dann, wenn **überhaupt ein Umsatz** (§ 1 Abs. 1 UStG) vorliegt. 13
Soweit die genannten Stellen als öffentlich-rechtliche Körperschaften ihren gesetzlichen Pflichten nachkommen, ist die Vorschrift ohne Bedeutung (Weymüller in S/R, § 4 Nr. 15 Rn. 15).

Hilfsgeschäfte sind steuerfrei, soweit Leistungsempfänger eine andere begünstige Stelle oder ein Berechtigter ist oder die Kleinunternehmergrenze des § 19 UStG nicht überschritten wird (Weymüller in S/R, § 4 Nr. 15, Rn. 16). 14

Beispiel:
Verkauf eines Pkw durch eine Verwaltungsbehörde der Kriegsopferversorgung an ein Kurheim der Sozialversicherung.

Um die **Gleichmäßigkeit der Besteuerung** zu gewährleisten, nimmt Buchst. b S. 2 bestimmte Umsätze von der Steuerbefreiung aus. Um die Besteuerung dieser Leistungen durch die Sozialversicherungsträger (= juristische Personen des öffentlichen Rechts) sicherzustellen, ordnet § 2 Abs. 3 Nr. 3 UStG an, dass diese Tätigkeit in jedem Falle als gewerbliche oder berufliche Tätigkeit anzusehen ist. 15

§ 4 Nr. 15a UStG Steuerbefreiungen: Medizinische Dienste der Krankenversicherer

Von den unter § 1 Abs. 1 Nr. 1 fallenden Umsätzen sind steuerfrei:

. . .

15a. die auf Gesetz beruhenden Leistungen der Medizinischen Dienste der Krankenversicherung (§ 278 SGB V) und des Medizinischen Dienstes der Spitzenverbände der Krankenkassen (§ 282 SGB V) untereinander und für die gesetzlichen Träger der Sozialversicherung und deren Verbände und für die Träger der Grundsicherung für Arbeitsuchende nach dem Zweiten Buch Sozialgesetzbuch sowie die gemeinsamen Einrichtungen nach § 44b des Zweiten Buches Sozialgesetzbuch;

. . .

Richtlinien/Hinweise/Verordnungen

MwStSystRL: Art. 132 Abs. 1 Buchst. g.

1 Allgemeines

1.1 Überblick über die Vorschrift

1 § 4 Nr. 15a UStG befreit die auf Gesetz beruhenden Leistungen der Medizinischen Dienste der Krankenversicherung (§ 278 SGB V) und des Medizinischen Dienstes der Spitzenverbände der Krankenkassen (§ 282 SGB V), und zwar

- den Leistungsaustausch zwischen den Medizinischen Diensten der Krankenversicherung und dem Medizinischen Dienst der Spitzenverbände der Krankenkassen untereinander sowie
- den Leistungsaustausch zwischen den Medizinischen Diensten der Krankenversicherungen bzw. dem Medizinischen Dienst der Spitzenverbände der Krankenkassen und den gesetzlichen Trägern der Sozialversicherung bzw. deren Verbänden.

Die Steuerbefreiung wurde eingeführt, um eine **Gleichbehandlung** der Leistungen der Medizinischen Dienste bundesweit sicherzustellen (vgl. Rn. 4 f.). 2

Ein **Verzicht auf die Steuerbefreiung** ist nicht möglich. 3

1.2 Rechtsentwicklung

§ 4 Nr. 15a UStG wurde durch Art. 12 JStErgG 1996 vom 18.12.1995 in das UStG eingefügt. Nach Art. 29 Abs. 3 des JStErgG1996 trat die Steuerbefreiung **rückwirkend zum 01.01.1991** in Kraft. Diese (begünstigende) Rückwirkung beruht auf dem Gedanken, dass die USt-Befreiung ebenso wie die körperschafts-, gewerbe- und vermögenssteuerlichen Befreiungen zum Zeitpunkt des Inkrafttretens des bundesdeutschen Steuerrechts in den in Art. 3 des Einigungsvertrages genannten Gebieten wirksam werden sollte, um eine **Gleichbehandlung** der Leistungen der Medizinischen Dienste bundesweit sicherzustellen (Kraeusel, in: R/K/L, § 4 Nr. 15a Rn. 1 f.). 4

Mit Wirkung vom 01.01.2011 wurden nach den Wörtern »und deren Verbände« die Wörter »und für die Träger der Grundsicherung für Arbeitsuchende nach dem Zweiten Buch Sozialgesetzbuch sowie die gemeinsamen Einrichtungen nach § 44b des Zweiten Buches Sozialgesetzbuch« eingefügt (Art. 11 und 14 Abs. 1 Gesetz zur Ermittlung von Regelbedarfen und zur Änderung des Zweiten und Zwölften Buches Sozialgesetzbuch vom 24.03.2011, BGBl I 2011, 453). Durch diese Ergänzung sollen bei einer Beauftragung des Medizinischen Dienstes der Krankenversicherung nach § 56 Abs. 2 SGB II dessen Leistungen von der Umsatzsteuerpflicht befreit sein (Gesetzesbegründung, BT-Drucks. 17/3404). 5

1.3 Geltungsbereich

1.3.1 Sachlicher Geltungsbereich

Die Steuerbefreiung gilt ausschließlich für die **qua Gesetzes vorgesehenen Leistungen** der begünstigten Unternehmer. 6

1.3.2 Persönlicher Geltungsbereich

Die Steuerbefreiung gilt ausschließlich für die Medizinischen Dienste der Krankenversicherung (§ 278 SGB V) und dem Medizinischen Dienst der Spitzenverbände der Krankenkassen (§ 282 SGB V, vgl. Rn. 10). 7

1.3.3 Zeitlicher Geltungsbereich

8 Die Steuerbefreiung wurde durch das JStErgG 1996 **rückwirkend zum 01.01.1991** eingeführt (vgl. Rn. 4) und zum 01.01.2011 erstmals geändert (vgl. Rn. 5).

1.4 Gemeinschaftsrechtliche Grundlagen und Verhältnis zu anderen Vorschriften

9 § 4 Nr. 15a UStG entspricht den Vorgaben des Art. 132 Abs. 1 Buchst. g MwStSystRL (bis 31.12.2006: Art. 13 Teil A Abs. 1 Buchst. g der 6. EG-RL).

2 Kommentierung

2.1 Begünstigte Unternehmer

10 Befreit sind

- die Umsätze der **Medizinischen Dienste der Krankenversicherung** (§ 278 SGB V). Auf Grund des § 278 SGB V ist in jedem Bundesland eine Arbeitsgemeinschaft »Medizinischer Dienst der Krankenversicherung« errichtet worden; dabei ist den Diensten die Rechtsform einer Körperschaft des öffentlichen Rechts verliehen worden. Der Medizinische Dienst der Krankenversicherung ist der sozialmedizinische Beratungs- und Begutachtungsdienst der Krankenversicherung. Er unterstützt und berät die Krankenkassen bei der Sicherung der Qualität der Leistungen, bei der Sicherung der Wirtschaftlichkeit der Leistungen sowie in allgemeinen medizinischen Fragen der gesundheitlichen Versorgung und der Beratung der Versicherten. Befreit sind nur die **Leistungen der Medizinischen Dienste selbst**. Deshalb sind z. B. Leistungen eines Krankenpflegers, der im Auftrag des Medizinischen Dienstes der Krankenversicherung für Zwecke der Pflegeversicherung Gutachten zur Feststellung von Art und Umfang der Pflegebedürftigkeit der Versicherten ausführt, nicht steuerfrei. Zwar darf der Medizinische Dienst – wie beispielsweise in § 18 Abs. 6 SGB XI vorgesehen – die gesetzliche Begutachtung auch Personen überlassen, die nicht selbst dem Medizinischen Dienst angehören. Aber dies allein rechtfertigt nicht, die Befreiung auch auf deren Leistungen auszudehnen (BFH vom 28.06.2000, Az: V R 72/99, BStBl II 2000, 554);
- die Umsätze der Medizinischen **Dienste der Spitzenverbände der Krankenkassen** (§ 282 SGB V). Die Medizinischen Dienste der Krankenversicherung werden auf Bundesebene durch eine von den Spitzenverbänden der Krankenkassen gebildete Arbeitsgemeinschaft gefördert und koordiniert. Diese Arbeitsgemeinschaft ist der Medizinische Dienst der Spitzenverbände der Krankenkassen. Die Notwendigkeit zur Koordination ergibt sich aus der Aufgabenstellung des Medizinischen Dienstes der Krankenversicherung – sowohl in Fragen der Einzelfallbegutachtung als auch der überregionalen Beratung und der Mitwirkung an bundesweit geltenden Richtlinien sowie Empfehlungen. Die Spitzenverbände der Krankenkassen haben am 27.08.1990 die in § 282 SGB V geforderten Richtlinien beschlossen (Kraeusel, in: R/K/L, § 4 Nr. 15a Rn. 12f.).

2.2 Befreite Umsätze

Die **Aufgaben der Medizinischen Dienste** der Krankenversicherung sind in § 275 SGB V beschrieben. Diese Dienste erbringen gegenüber den Krankenkassen und deren Verbänden Begutachtungs- und Beratungsleistungen. Dabei wird der Medizinische Dienst der Krankenversicherung nach konkretem Auftrag durch die Krankenkassen oder ihre Verbände tätig. So haben die Krankenkassen z. B. eine gutachtliche Stellungnahme zur Arbeitsunfähigkeit zu veranlassen, wenn es zur Sicherung des Behandlungserfolges oder zur Beseitigung von begründeten Zweifeln an der Arbeitsunfähigkeit erforderlich ist. Die Aufgaben im Einzelnen ergeben sich aus den Richtlinien über die Zusammenarbeit der Krankenkassen mit den Medizinischen Diensten der Krankenkassen. Die steuerfreien Leistungen des Medizinischen Dienstes der Spitzenverbände der Krankenkassen, der auf Bundesebene eingerichtet ist, können in der entgeltlichen beratenden Unterstützung (Abgabe von Empfehlungen) bestehen (Kraeusel, in: R/K/L, § 4 Nr. 15a Rn. 14 f.). Befreit sind die nach §§ 275, 282 SGB V aufgeführten Leistungen der in § 4 Nr. 15a UStG aufgeführten Medizinischen Dienste untereinander und mit den gesetzlichen Trägern der Sozialversicherung und deren Verbänden. 11

§ 4 Nr. 15b UStG
Steuerbefreiungen: Besondere Maßnahmen zur Arbeitsförderung

Von den unter § 1 Abs. 1 Nr. 1 fallenden Umsätzen sind steuerfrei:

...

15b. Eingliederungsleistungen nach dem Zweiten Buch Sozialgesetzbuch, Leistungen der aktiven Arbeitsförderung nach dem Dritten Buch Sozialgesetzbuch und vergleichbare Leistungen, die von Einrichtungen des öffentlichen Rechts oder anderen Einrichtungen mit sozialem Charakter erbracht werden. Andere Einrichtungen mit sozialem Charakter im Sinne dieser Vorschrift sind Einrichtungen,

a) die nach § 178 des Dritten Buches Sozialgesetzbuch zugelassen sind,

b) die für ihre Leistungen nach Satz 1 Verträge mit den gesetzlichen Trägern der Grundsicherung für Arbeitsuchende nach dem Zweiten Buch Sozialgesetzbuch geschlossen haben oder

c) die für Leistungen, die denen nach Satz 1 vergleichbar sind, Verträge mit juristischen Personen des öffentlichen Rechts, die diese Leistungen mit dem Ziel der Eingliederung in den Arbeitsmarkt durchführen, geschlossen haben;

...

Verwaltungsanweisungen
BMF vom 19.09.2016, III C 3 – S 7171-b/15/10003, 2016/0792126, Umsatzsteuerliche Behandlung der Leistungen privater Arbeitsvermittler; Veröffentlichung des BFH-Urteils vom 29.07.2015, Az: XI R 35/13, BStBl I 2016, 1042
Hinweis: Zur Problematik der zeitlichen Geltungsdauer von BMF-Schreiben vgl. Einführung UStG, Rz. 100 ff.

Richtlinien/Hinweise/Verordnungen
MwStSystRL: Art. 132 Abs. 1 Buchst. g.

1 Allgemeines

1.1 Überblick über die Vorschrift/Gesetzeszweck

§ 4 Nr. 15b UStG dient der Umsetzung entsprechender EU-Vorgaben (Art. 132 Abs. 1 Buchst. g MwStSystRL) im Bereich der Arbeitsförderung (BT-Drs. 18/159 vom 26.05.2014 zu Art. 8 Nr. 2 Buchst. a). 1

1.2 Geltungsbereich

1.2.1 Persönlicher Geltungsbereich

§ 4 Nr. 15b UStG begünstigt ausschließlich **Leistungen der mit den nämlichen Arbeitsfördermaßnahmen betrauten Einrichtungen**. 2

Zu den **Leistungen privater Arbeitsvermittler** vgl. BFH vom 29.07.2015 (Az: XI R 35/13, BStBl II 2016, 797) sowie BMF vom 19.09.2016 (a. a. O.). 2a

1.2.2 Sachlicher Geltungsbereich

Begünstigt sind ausschließlich die im Katalog bezeichneten Leistungen. 3

1.2.3 Zeitlicher Geltungsbereich

Die Steuerbefreiung wird durch Art. 9 Nr. 4 Buchst. a »Gesetz zur Anpassung des nationalen Steuerrechts an den Beitritt Kroatiens zur EU und zur Änderung weiterer steuerlicher Vorschriften« (nachfolgend kurz »KroatienAnpassG«) vom 25.07.2014 (BGBl I 2014, 1266) neu eingeführt und tritt am **01.01.2015** in Kraft (Art. 28 Abs. 5 KroatienAnpassG). 4

2 Kommentierung

2.1 Verfolgung sozialer Zwecke

5 Die Eingliederungsleistungen nach dem Zweiten Buch Sozialgesetzbuch (SGB II) und die Leistungen der aktiven Arbeitsförderung nach dem Dritten Buch Sozialgesetzbuch (SGB III) sowie die hiermit vergleichbaren Leistungen sind »eng mit der Sozialfürsorge und der sozialen Sicherheit verbundene Leistungen« i. S. d. Art. 132 Abs. 1 Buchst. g MwStSystRL. Es handelt sich bei diesen um Leistungen, die dem Grundsatz nach im Sozialgesetzbuch beschrieben werden. Mit diesen Leistungen werden soziale Zwecke verfolgt, weil sie einen spezifischen sozialrechtlichen Bedarf voraussetzen und somit einer wirtschaftlichen oder sozialen Notlage abhelfen, die sich auf Grund von Hilfebedürftigkeit oder Arbeitslosigkeit ergibt.

2.2 Öffentlich-rechtlich geprägte Rechtsverhältnisse

6 Die Leistungen werden regelmäßig von den Agenturen für Arbeit bzw. den Trägern der Grundsicherung für Arbeitsuchende bezahlt, wobei das Verhältnis zwischen dem Sozialleistungsträger (§ 12 des Ersten Buches Sozialgesetzbuch) und der leistungserbringenden Einrichtung im Einzelnen unterschiedlich ausgestaltet, aber ebenso wie das Verhältnis zwischen dem Leistungsberechtigten und dem Sozialleistungsträger öffentlich-rechtlich geprägt ist (BT-Drs. 18/159 vom 26.05.2014, zu Art. 8 Nr. 2 Buchst. a).

2.3 Eingliederungsleistungen und Leistungen der aktiven Arbeitsförderung

7 Dementsprechend sollen durch die Neuregelung Eingliederungsleistungen, die im Rahmen des SGB II an erwerbsfähige Leistungsberechtigte in Ausbildung oder Arbeit oder für deren Eingliederung erbracht werden, sowie Leistungen der aktiven Arbeitsförderung, die von den Agenturen für Arbeit im Rahmen des SGB III über besondere Einrichtungen an erwerbsfähige Leistungsberechtigte, Arbeitslose, von Arbeitslosigkeit bedrohte Arbeitsuchende oder Ausbildungssuchende erbracht werden, von der Umsatzsteuer befreit werden.

2.4 Vergleichbare Leistungen

2.4.1 Inhalt der Leistungen

8 Zudem werden vergleichbare Leistungen von der Umsatzsteuer befreit. Hierunter sind insbesondere Leistungen zu verstehen, die im Rahmen von

- Bundes- und Landesprogrammen sowie
- Programmen anderer Gebietskörperschaften

an die genannten Personenkreise mit dem Ziel der Eingliederung in den Arbeitsmarkt (Ausbildung oder Arbeit) erbracht werden (BT-Drs. 18/159 vom 26.05.2014, zu Art. 8 Nr. 2 Buchst. a).

2.4.2 Mögliche Erbringer der vergleichbaren Leistungen

Die eng mit der Sozialfürsorge und der sozialen Sicherheit verbundenen Leistungen sind steuerfrei, wenn sie von 9

- juristischen Personen des öffentlichen Rechts oder
- anderen Einrichtungen mit sozialem Charakter i. S. d. Art. 132 Abs. 1 Buchst. g MwStSystRL

erbracht werden.

Die anderen Einrichtungen mit sozialem Charakter werden in § 4 Nr. 15b S. 2 UStG (= Legaldefinition) bestimmt. 10

2.4.2.1 Gesetzlich ausdrücklich vorgesehene Einrichtungen (§ 4 Nr. 15 S. 2 Buchst. a UStG)

Einrichtungen im Sinne dieser Vorschrift sind Einrichtungen, die nach § 178 SGB III durch eine fachkundige Stelle zugelassen sind. Gemäß § 176 SGB III ist die Zulassung des Trägers durch eine fachkundige Stelle grundsätzlich Voraussetzung für die Durchführung von Maßnahmen der Arbeitsförderung. 11

2.4.2.2 Durch Vertrag beauftragte Einrichtungen (§ 4 Nr. 15 S. 2 Buchst. b und c UStG)

Soweit eine Zulassung für einzelne nach dem SGB II zu erbringende Leistungen bzw. für vergleichbare Leistungen nicht gesetzlich vorgesehen ist, ergibt sich der soziale Charakter der Einrichtung dadurch, dass die Einrichtung für ihre Leistungen nach Satz 1 12

- Verträge mit den gesetzlichen Trägern der Grundsicherung für Arbeitsuchende nach dem SGB II (§ 4 Nr. 15b S. 2 Buchst. b UStG) bzw.
- mit den juristischen Personen des öffentlichen Rechts, die vergleichbare Leistungen durchführen (§ 4 Nr. 15b S. 2 Buchst. c UStG)

geschlossen hat.

Verträge i. S. d. Buchst. b und c des Satzes 2 der Vorschrift liegen auch vor, wenn der Leistungsaustausch auf einem Zuwendungsbescheid beruht, der die gegenseitigen Rechte und Pflichten bestimmt (BT-Drucks. 18/159 vom 26.05.2014 zu Art. 8 Nr. 2 Buchst. a). 13

Nach gefestigter Rechtsprechung des EuGH umfasst der Begriff »Einrichtungen« unabhängig von der Rechts- oder Organisationsform des Leistungserbringers sowohl natürliche als auch juristische Personen. 14

Für die Anerkennung eines Unternehmers als eine Einrichtung mit sozialem Charakter reicht es jedoch nicht aus, wenn der Unternehmer lediglich als Subunternehmer für eine anerkannte Einrichtung tätig wird, es sei denn der Subunternehmer erfüllt selbst die Voraussetzungen für die Umsatzsteuerfreiheit (vgl. BFH vom 08.11.2007, Az: V R 2/06, BStBl II 2008, 634). 15

§ 4 Nr. 15c UStG
Steuerbefreiungen: Leistungen zur Teilhabe am Arbeitsleben

Von den unter § 1 Abs. 1 Nr. 1 fallenden Umsätzen sind steuerfrei:

. . . .

(15c.) [1]Leistungen zur Teilhabe am Arbeitsleben nach § 49 des Neunten Buches Sozialgesetzbuch, die von Einrichtungen des öffentlichen Rechts oder anderen Einrichtungen mit sozialem Charakter erbracht werden. [2]Andere Einrichtungen mit sozialem Charakter im Sinne dieser Vorschrift sind Rehabilitationsdienste und -einrichtungen nach den §§ 36 und 51 des Neunten Buches Sozialgesetzbuch, mit denen Verträge nach § 38 des Neunten Buches Sozialgesetzbuch abgeschlossen worden sind;

. . . .

Richtlinien/Hinweise/Verordnungen

MwStSystRL: Art. 132 Abs. 1 Buchst. g.

1 Allgemeines

1.1 Überblick über die Vorschrift/Gesetzeszweck

§ 4 Nr. 15c UStG dient der zielgenauen Umsetzung von Art. 132 Abs. 1 Buchst. g MwStSystRL im Bereich der gesetzlichen Rentenversicherung einschließlich der Alterssicherung der Landwirte, der gesetzlichen Unfallversicherung, der Kriegsopferversorgung und Kriegsopferfürsorge sowie der Jugendhilfe (Art. 132 Abs. 1 Buchst. g MwStSystRL) im Bereich der Arbeitsförderung (BT-Drs. 18/9522 vom 05.09.2016 zu Art. 16). 1

1.2 Geltungsbereich

1.2.1 Persönlicher Geltungsbereich

§ 4 Nr. 15c UStG begünstigt ausschließlich Leistungen der **genannten Einrichtungen**, also von 2

- juristischen Personen des öffentlichen Rechts oder
- anderen Einrichtungen mit sozialem Charakter i. S. des Art. 132 Abs. 1 Buchst. g MwStSystRL, also die in den §§ 36 und 51 SGB IX genannten Rehabilitationsdienste und -einrichtungen, mit denen Rehabilitationsträger Verträge nach § 38 des Neunten Buches Sozialgesetzbuch abgeschlossen haben.

1.2.2 Sachlicher Geltungsbereich

Begünstigt sind ausschließlich die im Katalog bezeichneten Leistungen. 3

1.2.3 Zeitlicher Geltungsbereich

Die Steuerbefreiung beruht auf dem Gesetz zur Stärkung der Teilhabe und Selbstbestimmung von Menschen mit Behinderungen (Bundesteilhabegesetz – BTHG – vom 23.12.2016 (BGBl I 2016, 3234). 4

Durch Art. 16 BTHG wurde die Vorschrift zum 01.01.2017 neu eingeführt. 5

Art. 17 BTHG hat die Vorschrift zum 01.01.2018 an die Neufassung des SGB IX redaktionell angepasst. 6

2 Kommentierung

7 Die Leistungen zur Teilhabe am Arbeitsleben nach § 49 SGB IX sowie den spezifischen Leistungsgesetzen sind »**eng mit der Sozialfürsorge und der sozialen Sicherheit verbundene Leistungen**« i. S. d. Art. 132 Abs. 1 Buchst. g MwStSystRL.

8 Die Leistungen zur Teilhabe am Arbeitsleben werden **im SGB IX legal definiert**. Mit diesen Leistungen werden soziale Zwecke verfolgt, weil damit Menschen mit Behinderungen langfristig der Zugang zum Berufsleben gesichert und Arbeitslosigkeit verhindert wird. Damit wird die Selbständigkeit und Selbstbestimmung von Menschen mit Behinderungen gesichert und das Selbstbewusstsein gestärkt. Dementsprechend sollen durch die Neuregelung Leistungen zur Teilhabe am Arbeitsleben gemäß § 49 SGB IX von der Umsatzsteuer befreit werden.

9 Die Leistungen zur Teilhabe am Arbeitsleben umfassen insbesondere

- Hilfen zur Erhaltung oder Erlangung eines Arbeitsplatzes einschließlich Leistungen zur Aktivierung und beruflichen Eingliederung,
- eine Berufsvorbereitung einschließlich einer wegen der Behinderung erforderlichen Grundausbildung,
- die individuelle betriebliche Qualifizierung im Rahmen unterstützter Beschäftigung,
- die berufliche Anpassung und Weiterbildung, auch soweit die Leistungen einen zur Teilhabe erforderlichen schulischen Abschluss einschließen,
- die berufliche Ausbildung, auch soweit die Leistungen in einem zeitlich nicht überwiegenden Abschnitt schulisch durchgeführt werden,
- die Förderung der Aufnahme einer selbständigen Tätigkeit,
- sonstige Hilfen zur Förderung der Teilhabe am Arbeitsleben, um den Menschen mit Behinderungen eine geeignete Beschäftigung oder eine selbständige Tätigkeit zu ermöglichen und zu erhalten,

(BT-Drs. 18/9522 vom 05.09.2016 zu Art. 16).

Eng mit der Sozialfürsorge und der sozialen Sicherheit verbundene Leistungen sind insbesondere auch Leistungen für **Unterkunft und Verpflegung**, wenn sie im Zusammenhang mit den genannten Leistungen zur Teilhabe am Arbeitsleben von der begünstigten Einrichtung erbracht werden.

§ 4 Nr. 16 UStG UStG Steuerbefreiungen: Steuerbefreiung für Betreuungs- und Pflegeleistungen

Von den unter § 1 Abs. 1 Nr. 1 fallenden Umsätzen sind steuerfrei

...

16. die mit dem Betrieb von Einrichtungen zur Betreuung oder Pflege körperlich, geistig oder seelisch hilfsbedürftiger Personen eng verbundenen Leistungen, die von

a) juristischen Personen des öffentlichen Rechts,

b) Einrichtungen, mit denen ein Vertrag nach § 132 des Fünften Buches Sozialgesetzbuch besteht,

c) Einrichtungen, mit denen ein Vertrag nach § 132a des Fünften Buches Sozialgesetzbuch, § 72 oder § 77 des Elften Buches Sozialgesetzbuch besteht oder die Leistungen zur häuslichen Pflege oder zur Heimpflege erbringen und die hierzu nach § 26 Abs. 5 in Verbindung mit § 44 des Siebten Buches Sozialgesetzbuch bestimmt sind,

d) Einrichtungen, die Leistungen der häuslichen Krankenpflege oder Haushaltshilfe erbringen und die hierzu nach § 26 Abs. 5 in Verbindung mit den §§ 32 und 42 des Siebten Buches Sozialgesetzbuch bestimmt sind,

e) Einrichtungen, mit denen eine Vereinbarung nach § 194 des Neunten Buches Sozialgesetzbuch besteht,

f) Einrichtungen, die nach § 225 des Neunten Buches Sozialgesetzbuch anerkannt sind,

g) Einrichtungen, soweit sie Leistungen erbringen, die landesrechtlich als Angebote zur Unterstützung im Alltag nach § 45a des Elften Buches Sozialgesetzbuch anerkannt sind,

h) Einrichtungen, mit denen eine Vereinbarung nach § 123 des Neunten Buches Sozialgesetzbuch oder nach § 76 des Zwölften Buches Sozialgesetzbuch besteht,

i) Einrichtungen, mit denen ein Vertrag nach § 8 Absatz 3 des Gesetzes zur Errichtung der Sozialversicherung für Landwirtschaft, Forsten und Gartenbau über die Gewährung von häuslicher Krankenpflege oder Haushaltshilfe nach den §§ 10 und 11 des Zweiten Gesetzes über die Krankenversicherung der Landwirte, § 10 des Gesetzes über die Alterssicherung der Landwirte oder nach § 54 Absatz 2 des Siebten Buches Sozialgesetzbuch besteht,

j) Einrichtungen, die aufgrund einer Landesrahmenempfehlung nach § 2 der Frühförderungsverordnung als fachlich geeignete interdisziplinäre Frühförderstellen anerkannt sind,

k) Einrichtungen, die als Betreuer nach § 1896 Absatz 1 des Bürgerlichen Gesetzbuchs bestellt worden sind, sofern es sich nicht um Leistungen handelt, die nach § 1908i Absatz 1 in Verbindung mit § 1835 Absatz 3 des Bürgerlichen Gesetzbuchs vergütet werden, oder

l) Einrichtungen, bei denen im vorangegangenen Kalenderjahr die Betreuungs- oder Pflegekosten in mindestens 25 Prozent der Fälle von den gesetzlichen Trägern der Sozialversicherung oder der Sozialhilfe oder der für die Durchführung der Kriegsopferversorgung zuständigen Versorgungsverwaltung einschließlich der Träger der Kriegsopferfürsorge ganz oder zum überwiegenden Teil vergütet worden sind,

erbracht werden. Leistungen im Sinne des Satzes 1, die von Einrichtungen nach den Buchstaben b bis l erbracht werden, sind befreit, soweit es sich ihrer Art nach um Leistungen handelt, auf die sich die Anerkennung, der Vertrag oder die Vereinbarung nach Sozialrecht oder die Vergütung jeweils bezieht;

...

Literatur

Grebe/Raudszus, Ausgewählte unechte Umsatzsteuerbefreiungen –Teil II, UStB 2018, 24. **Huschens**, Änderungen des Umsatzsteuerrechts durch das JStG 2009/Umsetzung des Mehrwertsteuerpakets, NWB 2009, 36. **Huschens**, Anhängige EuGH-Verfahren im Bereich der Mehrwertsteuer/32 Verfahren anhängig – 2 Verfahren aus Deutschland, NWB 2014, 1498. **Huschens**, Befreiungsvorschriften, Anwendung des Reverse-Charge-Verfahrens – Änderungen des UStG durch das AmtshilfeRLUmsG, NWB 2013, 2214. **Nieskens**, Umsatzsteuer 2009, UR 2009, 253. **Pfefferle/Renz**, Berufsbetreuerleistungen – Ende einer never-ending-story/BMF-Schreiben vom 22.11.2013 zu den Leistungen im Rahmen einer rechtlichen Betreuung, NWB 2013, 4119. **Pfefferle/Renz**, Umsatzsteuerbefreiung für private Pflegedienste/Änderung der »Sozialgrenze« durch das AmtshilfeRLUmsG zum 1.7.2013, NWB 2014, 525. **Pfefferle/Renz**, Pflegeleistungen nach EU-Recht steuerfrei? – BFH-Urteil vom 18.8.2015 – V R 13/14 zur Anerkennung einer Pflegekraft als begünstigte, NWB 2016, 556. **von Francken-stein/Ronge**, Seniorenresidenzen im Schatten der Neuregelungen der Landesheimgesetze und des Jahressteuergesetzes 2009, UR 2009, 657. **von Streit**, Der Begriff der Leistungseinheit und Leistungsmehrheit in der Rechtsprechung des EuGH, EU-UStB 2010, 9. **Warnke**, Umsatzsteuerliche Änderungen durch das Jahressteuergesetz 2009, UStB 2009, 68. **Widmann**, Aktuelles zur Umsatzsteuer aus Berlin, Brüssel, Luxemburg und München, DStR 2009, 1061.

Verwaltungsanweisungen

BMF vom 20.07.2009, Az: IV B 9 – S 7172/09/10002, 2009/0473259, Umsatzsteuer; Einführungsschreiben zu § 4 Nr. 16 UStG in der ab dem 1. Januar 2009 geltenden Fassung, BStBl I 2009, 774.

BMF vom 23.10.2013, Az: IV D 3 – S 7172/09/10002, 2013/0945285, Umsatzsteuer; Änderung des § 4 Nr. 16 Satz 1 Buchstabe i UStG durch das Amtshilferichtlinie-Umsetzungsgesetz, BStBl. II 2013, 1303.

BMF vom 15.11.2013, Az: IV D 3 – S 7172/08/10001, Änderung des § 4 Nr. 16 Satz 1 Buchstabe l (neu) UStG durch das Amtshilferichtlinie-Umsetzungsgesetz, BStBl II 2013, 1477.

BMF vom 22.11.2013, Az: IV D 3 – S 7172/13/10011, 2013/1007334, Umsatzsteuerrechtliche Behandlung von Leistungen im Rahmen der rechtlichen Betreuung; Artikel 10 Nr. 3 Buchstabe b Doppelbuchstabe aa Dreifachbuchstabe ccc und Buchstabe b Doppelbuchstabe bb sowie Artikel 10 Nr. 3 Buchstabe e des Amts-

hilfeRLUmsG, BFH-Urteile vom 17. Februar 2009, XI R 67/06, BStBl. 2013 I S. 967, und vom 25. April 2013, V R 7/11, BStBl. II S. 976, BStBl I 2013, 1590.
BMF vom 01.02.2016; Az: III C 3 – S-7172/07/10004, 2016/0098647, Umsatzsteuerliche Behandlung der Leistungen von Gebärdenprachdolmetschern; Nichtbeanstandungsregelung.
BMF vom 08.12.2017; Az: III C 3 – S-7172/09/10003, 2017/1003494, Umsatzsteuerbefreiung der Angebote zur Unterstützung im Alltag; Anpassung des § 4 Nr. 16 Buchstabe g UStG durch das Steueränderungsgesetz 2015 und das Dritte Gesetz zur Stärkung der pflegerischen Versorgung.
Hinweis: Zur Problematik der zeitlichen Geltungsdauer von BMF-Schreiben vgl. Einführung UStG, Rz. 100 ff.

Richtlinien/Hinweise/Verordnungen
UStAE: Abschn. 4.16.1–4.16.6.
MwStSystRL: Art. 132 Abs. 1 Buchst. b und g, Abs. 2.

1 Allgemeines

Die Vorschrift wurde zum 01.01.2009 neu gefasst. Im Gegensatz zu den korrespondierenden Neuregelungen im Bereich des § 4 Nr. 14 UStG bestand eine Übergangsregelung bis zum 31.12.2009, die es dem Unternehmer ermöglicht hat, sich zunächst weiter auf die alte Gesetzeslage zu berufen. 1

Im Rahmen stärkerer Anpassung an gemeinschaftsrechtliche Vorschriften regelt Art. 132 Abs. 1 Buchst. g MwStSystRL, dass »eng mit der Sozialfürsorge und der sozialen Sicherheit verbundene Dienstleistungen und Lieferungen von Gegenständen, einschließlich derjenigen, die durch Altenheime, Einrichtungen des öffentlichen Rechts oder andere von dem betreffenden Mitgliedstaat als Einrichtungen mit sozialem Charakter anerkannte Einrichtungen bewirkt werden«, umsatzsteuerfrei sind. 2

Aus sozialpolitischen Gründen soll verhindert werden, dass Leistungen im Bereich der Betreuung und Pflege hilfsbedürftiger Personen um die Umsatzsteuer verteuert werden. 3

Art 10 Nr. 3 Buchst. b »Gesetz zur Umsetzung der Amtshilferichtlinie sowie zur Änderung steuerlicher Vorschriften« (**Amtshilferichtlinie-Umsetzungsgesetz** – AmtshilfeRLUmsG – vom 26.06.2013, BGBl I 2013, 1809, BStBl I 2013, 802) hat **zum 30.06./01.07.2013** zu **ersten Anpassungen und Ergänzungen der Neufassung** geführt (zur Rechtsentwicklung vgl. Rn. 6 ff.). 4

1.1 Überblick über die Vorschrift

Durch die Neufassung des § 4 Nr. 16 UStG zum 01.01.2009 wurden – neben einer Fortführung der Steuerbefreiung nach § 4 Nr. 16 Buchst. a UStG a. F. für die von juristischen Personen des öffentlichen Rechts betriebenen Einrichtungen – die in § 4 Nr. 16 Buchst. d und e UStG a. F. genannten Einrichtungen in § 4 Nr. 16 S. 1 Buchst. b bis j UStG unter Verzicht auf eine ausdrückliche Benennung einzelner Einrichtungen aufgenommen sowie in § 4 Nr. 16 S. 1 Buchst. l UStG die Kriterien für die Anerkennung als Einrichtung mit sozialem Charakter für Einrichtungen, deren Leistungen nicht schon nach § 4 Nr. 16 S. 1 Buchst. a bis j UStG befreit sind, vereinheitlicht. 5

1.2 Rechtsentwicklung

6 Nach dem altem Recht waren die mit dem Betrieb von und in § 4 Nr. 16 UStG a. F. aufgezählten begünstigten Einrichtungen eng verbundenen Umsätze steuerfrei, wenn bestimmte Voraussetzungen erfüllt waren. So setzt die Steuerbefreiung bei Altenheimen, Altenwohnheimen und Pflegeheimen voraus, dass im vorangegangenen Kj. mindestens 40 % der Leistungen pflegebedürftigen oder wirtschaftlich bedürftigen Personen (begünstigter Personenkreis) zugutekamen.

7 Das neue Recht verzichtet auf eine Aufzählung der einzelnen begünstigten Einrichtungen. Steuerfrei sind die mit dem Betrieb einer Einrichtung zur Betreuung oder Pflege hilfsbedürftiger Personen eng verbundenen Umsätze, wenn die Einrichtung einen der in § 4 Nr. 16 S. 1 Buchst. a bis j UStG n. F. genannten Verträge nach Sozialrecht abgeschlossen hat. Soweit eine Einrichtung keinen entsprechenden Vertrag abgeschlossenen hat, kam die Steuerbefreiung zur Anwendung, wenn in mindestens **40 % der Fälle die Betreuungs- oder Pflegekosten ganz oder zum überwiegenden Teil von Trägern der Sozialversicherung oder Sozialhilfe getragen wurden**. Dabei gelten alle Leistungen an eine Person in einem Kalendermonat als Fall. Für die Ermittlung der 40 %-Grenze sind die Verhältnisse des Vorjahres maßgeblich.

8 **Zum 30. 06./01.07.2013** hat die Neufassung der Vorschrift durch das »Gesetz zur Umsetzung der Amtshilferichtlinie sowie zur Änderung steuerlicher Vorschriften« – (**Amtshilferichtlinie-Umsetzungsgesetz** – AmtshilfeRLUmsG – vom 26.06.2013, BGBl I 2013, 1809, BStBl I 2013, 802) erste Anpassungen und Ergänzungen erfahren:

9
- Art. 10 Nr. 3 Buchst. b Doppelbuchst. aa Dreifachbuchst. aaa AmtshilfeRLUmsG fasst § 4 Nr. 16 S. 1 Buchst. i UStG mit Wirkung vom **30.06.2013** (Art. 31 Abs. 1 AmtshilfeRLUmsG) neu.
- Art. 10 Nr. 3 Buchst. b Doppelbuchst. aa Dreifachbuchst. ccc AmtshilfeRLUmsG fügt in § 4 Nr. 16 S. 1 UStG zum **01.07.2013** (Art. 31 Abs. 4 AmtshilfeRLUmsG) einen neuen (zusätzlichen) Buchst. k ein; aus dem bisherigen Buchst. k wird gem. Art. 10 Nr. 3 Buchst. b Doppelbuchst. aa Dreifachbuchst. ddd AmtshilfeRLUmsG nunmehr Buchst. l).
- Art. 10 Nr. 3 Buchst. b Doppelbuchst. aa Dreifachbuchst. ddd AmtshilfeRLUmsG senkt in § 4 Nr. 16 Satz 1 Buchst. l UStG die Aufgriffsgrenze der Steuerbefreiung zum **01.07.2013** (Art. 31 Abs. 4 AmtshilfeRLUmsG) von ehemals 40 % auf nunmehr **25 % der Fälle** ab (vgl. hierzu Pfefferle/Renz, NWB 2014, 525).

Eine weitere Anpassung erfolgte durch Artikel 12 Nr. 4 des Steueränderungsgesetzes vom 02.11.2015 und Artikel 2 Nr. 29 des Zweiten Pflegestärkungsgesetzes vom 21.12.2015. Mit Wirkung zum 01.01.2017 wurden die bisherigen »niedrigschwelligen Betreuungs- und Entlastungsangebote unter dem neuen Oberbegriff »Angebote zur Unterstützung im Alltag« zusammengefasst.

1.3 Geltungsbereich

1.3.1 Sachlicher Geltungsbereich

10 Nicht nur im Bereich der Krankenhäuser findet der § 4 Nr. 16 UStG Anwendung, sondern auch auf verbundene Leistungen bei der Pflege kranker oder behinderter Menschen. Ein am 25.06.2009 ergangenes BMF-Schreiben hat sich mit der Neufassung ab dem 01.01.2009 befasst und solche Leistungen konkretisiert. Neu ist hier, dass nicht nur Pflegeleistungen, sondern auch bestimmte Betreuungsleistungen an »hilfsbedürftige« Personen von der Umsatzsteuer befreit sind.

Nicht unterschieden wird, ob eine ambulante oder stationäre Pflege/Betreuung vorliegt. So gehören auch Haushaltshilfeleistungen unter die Steuerbefreiungsvorschrift, wenn die betreute Person die o. g. Voraussetzungen erfüllt und ein Vertrag gem. § 132 SBG V vorliegt. 11

1.3.2 Persönlicher Geltungsbereich

Für die Anwendbarkeit muss es sich um eine Person handeln, die körperliche, geistige oder seelische Hilfe benötigt. 12

1.3.3 Zeitlicher Geltungsbereich

Grundsätzlich gilt die Neufassung der Vorschrift für Umsätze, die nach dem 31.12.2008 ausgeführt worden sind. Die jüngsten Änderungen durch das **Amtshilferichtlinie-Umsetzungsgesetz** sind zum **30. 06./01.07.2013** in Kraft getreten (vgl. Rn. 6ff.). 13

2 Kommentierung

2.1 Pflege- und Betreuungsleistungen an hilfsbedürftige Personen

Die Steuerbefreiung erfasst neben den Pflegeleistungen künftig auch Betreuungsleistungen für nunmehr nach neuer Terminologie als »hilfsbedürftig« bezeichnete Personen. 14

Hilfsbedürftig sind alle Personen, die aufgrund ihres körperlichen, geistigen oder seelischen Zustands der Betreuung oder Pflege bedürfen. Der Betreuung oder Pflege bedürfen Personen, die krank, behindert oder von einer Behinderung bedroht sind. Dies schließt auch Personen mit ein, bei denen ein Grundpflegebedarf oder eine erhebliche Einschränkung der Alltagskompetenz besteht. Die Steuerbefreiung umfasst die mit dem Betrieb von Einrichtungen zur Betreuung oder Pflege körperlich, geistig oder seelisch hilfsbedürftiger Personen eng verbundenen Umsätze, unabhängig davon, ob diese Leistungen ambulant oder stationär erbracht werden. Werden die Leistungen stationär erbracht, kommt es zudem nicht darauf an, ob die Personen vorübergehend oder dauerhaft aufgenommen werden. 15

2.2 Leistungen zur Hilfe im täglichen Leben

Unter den Begriff der Betreuung oder Pflege fallen z. B. die in § 14 Abs. 4 SGB XI (Soziale Pflegeversicherung) bzw. § 61 Abs. 5 SGB XII (Sozialhilfe) aufgeführten Leistungen für die gewöhnlichen und regelmäßig wiederkehrenden Verrichtungen im Ablauf des täglichen Lebens, bei teilstationärer oder stationärer Aufnahme auch die Unterbringung und Verpflegung. Auch in den Fällen, in denen eine Einrichtung i. S. v. § 4 Nr. 16 UStG für eine hilfsbedürftige Person ausschließlich Leistungen der hauswirtschaftlichen Versorgung erbringt, handelt es sich um mit dem Betrieb von Einrichtungen zur Betreuung oder Pflege eng verbundene und somit steuerfreie Leistungen. 16

Zu den begünstigten Leistungen zählen insbesondere auch Leistungen zur Betreuung behinderter oder von Behinderung bedrohter Menschen, u. a. Leistungen der Rehabilitation wie z. B. heilpädagogische Leistungen, die der Früherkennung und Frühförderung behinderter und von Behinderung bedrohter Kinder dienen.

17 Häusliche Krankenpflege kann die aufgrund ärztlicher Verordnung erforderliche Grund- und Behandlungspflege sowie die hauswirtschaftliche Versorgung umfassen.

18 Nach § 4 Nr. 16 UStG sind aber nur die Grundpflegeleistungen und die hauswirtschaftliche Versorgung befreit. Dabei fallen auch isolierte hauswirtschaftliche Versorgungsleistungen, die an hilfsbedürftige Personen erbracht werden, unter diese Steuerbefreiung. Leistungen der Behandlungspflege können aber unter den weiteren Voraussetzungen des § 4 Nr. 14 UStG steuerfrei sein.

2.3 Leistungen zum Erwerb von Kenntnissen und Fähigkeiten

19 Leistungen der Betreuung hilfsbedürftiger Personen sind zudem auch Leistungen zum Erwerb praktischer Kenntnisse und Fähigkeiten, die erforderlich und geeignet sind, behinderten oder von Behinderung bedrohten Menschen die für sie erreichbare

- Teilnahme am Leben in der Gemeinschaft zu ermöglichen, z. B. die Unterrichtung im Umgang mit dem Langstock als Orientierungshilfe für blinde Menschen;
- Teilhabe am Arbeitsleben zu ermöglichen, z. B. Leistungen der Integrationsfachdienste oder Betreuungsleistungen in Werkstätten für behinderte Menschen und deren angegliederten Einrichtungen.

20 Ebenso können hierzu die Leistungen zählen, die im Rahmen der Eingliederungshilfe nach § 54 SGB XII erbracht werden. Auch Pflegeberatungsleistungen nach § 7 a SGB XI sind als Betreuungsleistungen anzusehen.

2.4 Leistungen der Altenwohnheime

21 Die Leistungen der Altenwohnheime fallen nicht mehr generell unter die Steuerbefreiung des neuen § 4 Nr. 16 UStG! Anders als beim Betrieb von Altenheimen und Pflegeheimen, in denen regelmäßig gegenüber betreuungs- oder pflegebedürftigen Heimbewohnern umfassende Leistungen entsprechend der Hilfsbedürftigkeit erbracht werden und deshalb die Vermietungsleistung hinter diesen Leistungen zurücktritt, ist beim Betrieb eines Altenwohnheims grds. nur von einer nach § 4 Nr. 12 UStG steuerfreien Vermietungsleistung auszugehen.

Beispiel:
Mit den Bewohnern eines Altenwohnheims wird ein Vertrag über die Aufnahme in das Heim geschlossen, der neben der Wohnraumüberlassung auch Leistungen zur Betreuung oder Pflege vorsieht, wobei die Betreuungs- und Pflegeleistungen die Wohnraumüberlassung aber nicht überlagern.

Lösung:
Dieser Vertrag gilt als sog. **gemischter Vertrag:**
Auch in diesem Fall ist die Wohnraumüberlassung grds. nach § 4 Nr. 12 UStG steuerfrei.
Die daneben erbrachten eigenständigen Leistungen der Betreuung oder Pflege sind unter den Voraussetzungen des § 4 Nr. 16 UStG steuerfrei.

TIPP
Sofern also mit der Einrichtung, die Leistungen zur Betreuung oder Pflege der Bewohner einer Seniorenresidenz erbringt (das kann sowohl die Seniorenresidenz selbst sein als auch ein anderer Unternehmer), z. B. ein (ggf. auch separater) Vertrag nach § 77 SGB XI mit der Pflegekasse zur Erbringung von Leistungen zur häuslichen Pflege und hauswirtschaftlichen Versorgung besteht, sind diese Leistungen auch künftig steuerfrei!

2.5 Einrichtungen ohne Vertrag mit einem Sozialversicherungsträger

Auch für Einrichtungen, mit denen kein Vertrag mit einem Träger der Sozialversicherung besteht, ist weiterhin die Möglichkeit gegeben, dass die Einrichtung die Voraussetzungen für die Steuerbefreiung der Betreuungs- und Pflegeleistungen erfüllt (§ 4 Nr. 16 Buchst. l UStG). 22

Die Einführung einer Vereinfachungsregelung (Vermutung der Pflegebedürftigkeit ab einer Altersgrenze von 75 bzw. 80 Jahren) war rechtlich nicht möglich (Huschens, NWB 2009, 36). Das FG Schleswig-Holstein (Urteil vom 21.10.1992, Az: IV 530/92, EFG 1993, 347) und das FG Bremen (Urteil vom 07.12.1999, Az: 29.900 54 K 4, EFG 2000, 518) haben festgestellt, dass die Zugehörigkeit zum Personenkreis der körperlich oder geistig pflegebedürftigen Personen i. S. v. § 68 Abs. 1 BSHG (nunmehr § 61 Abs. 1 SGB XII) nicht ab einem bestimmten Lebensalter unterstellt werden darf, da Personen, die älter als 75 Jahre sind, durchaus rüstig und nicht in der Bewegungsfreiheit eingeschränkt sein können. 23

2.6 Persönlicher Geltungsbereich

2.6.1 Allgemeines

Gewährung der Steuerbefreiung nach § 4 Nr. 16 UStG nur für den Betrieb der dort abschließend aufgezählten Einrichtungen mit deren eng verbundenen Umsätzen. Betreuungs- und Pflegeleistungen nach § 4 Nr. 16 S. 1 Buchst. a UStG sind ohne weitere Bedingungen steuerfrei bei Erbringung durch juristische Personen des öffentlichen Rechts. Für andere begünstigte private Einrichtungen gilt die abschließende Aufzählung in § 4 Nr. 16 S. 1 Buchst. b bis l UStG. 24

Zudem sind – als »Auffangtatbestand« – Einrichtungen subjektiv begünstigt, bei denen im vorangegangenen Kj. die Betreuungs- oder Pflegekosten in mindestens 25 % der Fälle von den gesetzlichen Trägern der Sozialversicherung oder der Sozialhilfe oder der für die Durchführung der Kriegsopferversorgung zuständigen Versorgungsverwaltung einschließlich der Träger der Kriegsopferfürsorge ganz oder zum überwiegenden Teil vergütet worden sind. 25

2.6.2 Katalog der begünstigten Einrichtungen

Die Betreuungs- und Pflegeleistungen sind steuerfrei, wenn sie von juristischen Personen des öffentlichen Rechts oder von anderen als mit sozialem Charakter anerkannten Einrichtungen i. S. d. Art. 132 Abs. 1 Buchst. g MwStSystRL erbracht werden. Die anderen als mit sozialem Charakter anerkannten Einrichtungen werden in § 4 Nr. 16 S. 1 Buchst. b bis l UStG bestimmt. 26

Nach gefestigter Rechtsprechung des EuGH umfasst der Begriff »Einrichtungen« unabhängig von der Rechts- oder Organisationsform des Leistungserbringers sowohl natürliche als auch juristische Personen. Deshalb können z.B. auch Familien bzw. einzelne Personen, die hilfsbedürftige Menschen betreuen oder pflegen, begünstigte Einrichtungen i.S.d. § 4 Nr. 16 S. 1 Buchst. b bis l UStG sein. Anerkannt werden insoweit (Huschens, NWB 2009, 36):

- Einrichtungen, die Leistungen der Haushaltshilfe erbringen, mit denen ein Vertrag nach § 132 SGB V (Gesetzliche Krankenversicherung) besteht; eine Haushaltshilfe erhält (§ 38 Abs. 1 SGB V), wenn selbst die Weiterführung des Haushalts nicht möglich ist;
- Einrichtungen, die Leistungen zur häuslichen Krankenpflege erbringen, mit denen die Krankenkassen Verträge nach § 132a SGB V geschlossen hat;
- ambulante und stationäre Pflegeeinrichtungen, mit denen ein Versorgungsvertrag nach § 72 SGB XI besteht, in Beachtung der §§ 84 Abs. 4 SGB XI, 71 SGB XI;
- Einrichtungen, die Leistungen zur häuslichen Pflege und hauswirtschaftlichen Versorgung erbringen, mit denen die zuständige Pflegekasse einen Vertrag nach § 77 SGB XI geschlossen hat;
- Einrichtungen, die Leistungen zur häuslichen Pflege oder zur Heimpflege erbringen und die hierzu nach § 26 Abs. 5 i.V.m. § 44 SGB VII bestimmt sind;
- Einrichtungen, die Leistungen der häuslichen Krankenpflege oder Haushaltshilfe erbringen und die hierzu nach § 26 Abs. 5 i.V.m. §§ 32 und 42 SGB VII bestimmt sind;
- Integrationsfachdienste, die im Auftrag von Integrationsämtern oder der Rehabilitationsträger tätig werden, wenn mit ihnen eine Vereinbarung nach § 111 SGB IX (Rehabilitation und Teilhabe behinderter Menschen) besteht;
- Leistungen von Werkstätten für behinderte Menschen (Teilhabe behinderter Menschen am Arbeitsleben) und deren angegliederte Betreuungseinrichtungen, die nach § 142 SGB IX anerkannt sind, einschließlich deren Zusammenschlüsse;
- Einrichtungen, soweit sie Leistungen erbringen, die landesrechtlich als Angebote zur Unterstützung im Alltag nach § 45a SGB XI anerkannt sind;
- Einrichtungen und Dienste (stationär/teilstationäre, ambulante Dienste), mit denen Vereinbarungen nach § 75 SGB XII mit den Trägern der Sozialhilfe bestehen;
- Einrichtungen, die Leistungen der häuslichen Krankenpflege oder Haushaltshilfe (im landwirtschaftlichen Bereich) erbringen, mit denen ein Vertrag nach § 16 des Zweiten Gesetzes über die Krankenversicherung der Landwirte (KVLG 1989), nach § 53 Abs. 2 Nr. 1 i.V.m. § 10 des Gesetzes über die Alterssicherung der Landwirte (ALG) oder nach § 143e Abs. 4 Nr. 2 i.V.m. § 54 Abs. 2 SGB VII besteht; die Gestellung von Betriebshelfern fällt wie bisher unter die Steuerbefreiung nach § 4 Nr. 27 Buchst. b UStG;
- interdisziplinäre Frühförderstellen, die auf der Grundlage einer Landesrahmenempfehlung nach § 2 Frühförderungsverordnung als fachlich geeignet anerkannt sind.

27 Nach § 4 Nr. 16 S. 2 UStG sind Betreuungs- oder Pflegeleistungen, die von nicht öffentlichen Einrichtungen erbracht werden, steuerfrei, soweit es sich ihrer Art nach um Leistungen handelt, auf die sich die Anerkennung, der Vertrag oder die Vereinbarung nach Sozialrecht oder die Vergütung jeweils bezieht.

TIPP

Ein Unternehmer, der Leistungen in verschiedenen Bereichen erbringt, z.B. neben einem nach § 72 SGB XI zugelassenen Pflegeheim auch einen Integrationsfachdienst betreibt, hat die Voraussetzung für die Steuerbefreiung auch für den zweiten Bereich gesondert nachzuweisen (Vereinbarung nach § 111 SGB IX).

2.7 Nachweis der Steuerbefreiung

Wie bisher (§ 22 UStG sowie §§ 63 ff. UStDV) ist nachzuweisen, dass die Leistungen an hilfsbedürftige Personen erbracht wurden, und zwar **für jede betreute oder gepflegte Person**. Als Nachweis über die Hilfsbedürftigkeit kommen auch künftig die bisher in **Abschn. 99a Abs. 9 S. 2 UStR 2008** aufgeführten Nachweise in Betracht. Aber auch andere Belege/Aufzeichnungen, die als Nachweis eines Betreuungs- und Pflegebedarfs geeignet sind und oftmals bereits aufgrund sozialrechtlicher Vorgaben bereits vorhanden sind, z. B. **Betreuungstagebücher und Pflegeleistungsaufzeichnungen** der Pflegekräfte, sind denkbare Nachweisunterlagen. Ferner kann sich der Grundpflegebedarf insbesondere aus der Anerkennung einer **Pflegestufe** nach den §§ 14 oder 15 SGB XI oder aus einem diesbezüglichen Ablehnungsbescheid ergeben, wenn darin ein Hilfebedarf bei der Grundpflege ausgewiesen ist. Der Nachweis der Hilfsbedürftigkeit kann auch durch eine Bescheinigung über eine erhebliche Einschränkung der Alltagskompetenz i. S. d. § 45a SGB XI erbracht werden. 28

Bei Einrichtungen, die nicht unter § 4 Nr. 16 S. 1 Buchst. a bis k UStG fallen, kommt im neuen § 4 Nr. 16 S. 1 Buchst. l UStG durchgängig eine Regelung in Anlehnung an den bisherigen § 4 Nr. 16 Buchst. e UStG zur Anwendung (**»Sozialgrenze i. H. v. 25 %«**; bis 30.06.2013: 40 %). Bei Einrichtungen, bei denen die o. g. »Sozialgrenze« zur Anwendung kommt, ist der **Nachweis entsprechend dem alten Abschn. 99a Abs. 5 UStR 2008** (vgl. Abschn. 4.16.3 UStAE) zu führen. Zur **Absenkung der »Sozialgrenze« zum 01.07.2013** vgl. Pfefferle/Renz, NWB 2014, 525. 29

Sofern Bereuungs- oder Pflegeleistungen an hilfsbedürftige Personen von Einrichtungen erbracht werden, die nicht nach Sozialrecht anerkannt sind und mit denen weder ein Vertrag noch eine Vereinbarung nach Sozialrecht besteht. Diese sind nach § 4 Nr. 16 S. 1 Buchst. l UStG steuerfrei, wenn im vorangegangenen Kj. die Betreuungs- oder Pflegekosten in mindestens 25 % der Fälle dieses Einrichtung von den gesetzlichen Trägern der Sozialversicherung oder der Sozialhilfe oder der für die Durchführung der Kriegsopferversorgung zuständigen Versorgungsverwaltung einschließlich der Träger der **Kriegsopferfürsorge** ganz oder zum überwiegenden Teil vergütet worden sind. 30

Eine Vergütung der Betreuungs- und Pflegeleistungen aus Geldern des persönlichen Budgets durch die hilfsbedürftige Person als mittelbare Vergütung ist nicht in die Ermittlung der Sozialgrenze bei der erbringenden Einrichtung mit einzubeziehen. Auch Betreuungs- und Pflegeleistungen von Einrichtungen, die dieser gegenüber begünstigte Leistungen erbringen, sind nicht begünstigt, sofern diese nicht selbst eine begünstigte Einrichtung nach § 4 Nr. 16 UStG sind. 31

Für die Auslegung des Begriffs »Fälle« ist von der Anzahl der hilfsbedürftigen Person im Laufe eines Kalendermonats als ein »Fall« auszugehen. Werden von einem Unternehmer mehrere verschiedenartige Einrichtungen i. S. d. § 4 Nr. 16 UStG betrieben, sind die im Laufe eines Kalendermonats betreuten oder gepflegten Person zur Ermittlung der Gesamtzahl der Fälle jeder Einrichtung gesondert zuzuordnen. 32

Der Zeitpunkt der Kostenerstattung ist dabei unberücksichtigt zu lassen. Kostenzuschüsse oder Kostenerstattungen – z. B. privater Krankenkassen – sind den eigenen Aufwendungen der hilfsbedürftigen Person zuzurechnen. 33

Für die **Ermittlung der 25 %-Grenze** sind die Verhältnisse des Vorjahres zu berücksichtigen. Bei der Aufnahme der Tätigkeit im laufenden Kj. ist auf die voraussichtlichen Verhältnisse des laufenden Jahres abzustellen. Maßgeblich ist die vom Unternehmer **zu treffende Schätzung**. Sollte eine unzutreffende Steuerschätzung erfolgt sein, tritt die Steuerpflicht erst ab dem Folgejahr ein. 34

2.8 Eng verbundene (begünstigte) Umsätze

35 Als eng mit dem Betrieb der Einrichtung zur Betreuung oder Pflege körperlich, geistig oder seelisch hilfsbedürftiger Personen verbundene Umsätze sind Leistungen anzusehen, die für diese Einrichtungen nach der Verkehrsauffassung typisch und unerlässlich sind, regelmäßig und allgemein beim laufenden Betrieb vorkommen und damit unmittelbar oder mittelbar zusammenhängen (Abschn. 4.16.6 UStAE).

36 Die Umsätze dürfen nicht im Wesentlichen dazu bestimmt sein, den Einrichtungen zusätzlich Einnahmen durch Tätigkeiten zu verschaffen, die in unmittelbarem Wettbewerb zu steuerpflichtigen Umsätzen anderer Unternehmer stehen.

37 **Zu den eng verbundenen (begünstigten) Umsätzen gehören:**

- die stationäre oder teilstationäre Aufnahme von hilfsbedürftigen Personen, deren Betreuung oder Pflege einschließlich der Lieferung der zur Betreuung oder Pflege erforderlichen Medikamente und Hilfsmittel;
- die ambulante Betreuung oder Pflege hilfsbedürftiger Personen;
- die Lieferung von Gegenständen, die im Wege der Arbeitstherapie hergestellt worden sind, sofern kein nennenswerter Wettbewerb zu den entsprechenden Unternehmen der gewerblichen Wirtschaft besteht; ein solcher Wettbewerb ist anzunehmen, wenn für den Absatz der im Wege der Arbeitstherapie hergestellten Gegenstände geworben wird;
- die Gestellung von Personal durch Einrichtungen nach § 4 Nr. 16 S. 1 UStG an anderen Einrichtungen diese Art.

38 **Nicht zu den eng verbundenen (nicht begünstigten) Umsätzen gehören:**

- die entgeltliche Abgabe von Speisen und Getränken an Besucher;
- die Telefongestellung an hilfsbedürftige Personen, die Vermietung von Fernsehgeräten und die Unterbringung und Verpflegung von Begleitpersonen;
- die Veräußerung des gesamten beweglichen Anlagevermögens und der Warenvorräte nach Einstellung des Betriebs; es kann jedoch die Steuerbefreiung nach § 4 Nr. 28 UStG in Betracht kommen;
- die Überlassung betrieblicher Fahrzeuge an Arbeitnehmer zur Privatnutzung, z. B. bei ambulanten Pflegediensten.

39 Die Gestellung von qualifizierten Pflegekräften durch ein Zeitarbeitsunternehmen sieht der EuGH in seinem Urteil vom 12.03.2015 ebenfalls als nicht begünstigt an, da dieses selbst keine Einrichtung mit sozialem Charakter ist (»go fair Zeitarbeit«, Abschnitt 4.16.1 Abs. 3 S. 5 UStAE). Er dehnt diese Sichtweise zudem auch auf staatlich geprüfte Pflegekräfte aus, die ihre Leistungen unmittelbar an Pflegebedürftige erbringen. In Abgrenzung dazu beurteilt das FG Köln Subunternehmerleistungen im Bereich der ambulanten Eingliederungshilfe und Betreuung von geistig behinderten Menschen als steuerfrei (FG Köln vom 11.08.2016, Az: 13-K-3610/12; Revision eingelegt; BFH XI R 20/16).

§ 4 Nr. 17 UStG
Steuerbefreiungen: Lieferungen von Organen und Beförderung

Von den unter § 1 Abs. 1 Nr. 1 fallenden Umsätzen sind steuerfrei:

...

17.

a) die Lieferungen von menschlichen Organen, menschlichem Blut und Frauenmilch,

b) die Beförderungen von kranken und verletzten Personen mit Fahrzeugen, die hierfür besonders eingerichtet sind;

...

Literatur

Brete/Thomsen, Umsatzsteuerliche Behandlung von Organlieferungen, UR 2009, 781 ff. **Hettle**, Steuerbefreiung beim Transport von körperlich oder geistig behinderten Personen, HFR 2005, 154. **Pump**, Beförderung von Kranken und Verletzten i. S. d. § 4 Nr. 17 Buchst. b UStG – Auslegungskriterien einer wichtigen Befreiungsnorm –, Die steuerliche Betriebsprüfung 2003, 278. **Graf von Stuhr/Walz**, Krankentransportleistungen und dafür erforderliche Vorhaltemaßnahmen, UR 14/2011, 525. **Huschens**, Befreiungsvorschriften, Anwendung des Reverse-Charge-Verfahrens – Änderungen des UStG durch das AmtshilfeRLUmsG, NWB 28/2013, 2214. **Walkenhorst**, Lieferung von Blutplasma, USt direkt digital Nr. 20 vom 27.10.2016, 14.

Verwaltungsanweisungen

BayLfSt vom 12.04.2006, Az: S 7174 – 1 St 35 N.

OFD Münster vom 26.04.2011, Kurzinformation Umsatzsteuer Nr. 8/2011, SIS Nr. 11 36 06.

OFD Niedersachsen vom 30.05.2011, Az: S 7174 - 9 - St 181, DStR 2011, 1522.
OFD Karlsruhe vom 28.02.2012, USt-Kartei S 7174 - Karte 1, UR 2/2013, 77.
BMF vom 09.05.2017, Az: III C 3 - S 7173/14/10001, BStBl I 2017, 780.
Hinweis: Zur Problematik der zeitlichen Geltungsdauer von BMF-Schreiben vgl. Einführung UStG, Rz. 100 ff.

Richtlinien/Hinweise/Verordnungen
UStAE: Abschn. 4.17.1 und 4.17.2 UStAE.
MwStSystRL: Art. 132 Abs. 1 Buchst. d. (§ 4 Nr. 17 Buchst. a UStG); Art. 132 Abs. 1 Buchst. p (§ 4 Nr. 17 Buchst. b UStG).

1 Allgemeines

1.1 Überblick über die Vorschrift/Gesetzeszweck

1 § 4 Nr. 17 UStG enthält zwei Steuerbefreiungstatbestände:

1. nach Buchst. a werden die Lieferungen von menschlichen Organen, menschlichem Blut und von Frauenmilch von der Steuer befreit;
2. in Buchst. b die Beförderung kranker/verletzter Personen mit dafür eingerichteten Fahrzeugen.

2 Der Vorsteuerabzug ist nach § 15 Abs. 2 Nr. 1 UStG ausgeschlossen; eine Option nach § 9 UStG ist nicht möglich.

1.2 Geltungsbereich

1.2.1 Persönlicher Geltungsbereich

3 Die Vorschrift schränkt den Kreis der liefernden oder leistenden Unternehmer nicht ein.

1.2.2 Sachlicher Anwendungsbereich

4 Betroffen sind alle in der Vorschrift genannten Lieferungen und Krankentransporte.

1.2.3 Zeitlicher Anwendungsbereich

5 Die Steuerbefreiung für Blutkonserven reicht schon bis zum UStG 1951 zurück. Allerdings war nur die Lieferung zwischen Blutsammelstellen und Krankenanstalten steuerbefreit. 1966 wurde der Anwendungsbereich auf Frauenmilch ausgedehnt. Die Lieferung von Blutkonserven an Ärzte wurde 1968 von der Steuer befreit. Seit dem 01.01.1980 besteht § 4 Nr. 17 Buchst. a und b UStG in der seither unveränderten Fassung, welche die Steuerbefreiung auf Lieferungen von menschlichen

Organen und Krankenbeförderungen ausgedehnt hat und für die Lieferungen von menschlichem Blut nicht mehr vorsieht, dass diese zwischen bestimmten Einrichtungen (Blutsammelstellen, Ärzte, Krankenanstalten) erfolgt.

1.3 Gemeinschaftsrechtliche Grundlagen und Verhältnis zu anderen Vorschriften

§ 4 Nr. 17 Buchst. a UStG setzt Art. 132 Abs. 1 Buchst. d der MwStSystRL und § 4 Nr. 17 Buchst. b UStG Art. 132 Abs. 1 Buchst. p der MwStSystRL in nationales Recht um. 6

Allerdings verwendet § 4 Nr. 17 Buchst. b UStG – im Gegensatz zu Art. 132 Abs. 1 Buchst. p MwStSystRL – den Begriff der **»ordnungsgemäß anerkannten Einrichtung«** nicht. Der **EuGH** hat sich zum Begriff der Einrichtung i. S. d. Art. 132 Abs. 1 Buchst. b MwStSystRL dahingehend geäußert, dass diese nur für juristische Personen als Leistende gelte, nicht aber auf natürliche Personen anwendbar sei. Insofern stellt sich die Frage, ob diese einschränkende Rechtsprechung auch i. R. d. Art. 132 Abs. 1 Buchst. p MwStSystRL gilt (EuGH vom 11.08.1995, Rs. C-453/93, Bulthuis-Griffioen, UVR 1996, 80). Denn dann könnte der Gedanke aufkommen, § 4 Nr. 17 Buchst. b UStG verstoße gegen die (MwStSystRL), da diese Vorschrift auch natürliche Personen/ Personengesellschaften von der Steuer befreit, da sie keine Einschränkung auf juristische Personen vorsieht. Allerdings hat der EuGH mit Urteil vom 07.09.1999 (Rs. C-216/97, Jennifer und Mervyn Gregg, IStR 1999, 599) in Ergänzung seiner vormaligen Rechtsprechung zu Art. 13 Teil A Abs. 1 Buchst. b und g der 6. EG-RL entschieden, dass der dort verwendete Begriff der Einrichtung keine bestimmte Rechtsform voraussetzt, demnach auch natürliche Personen und Vereinigungen aus mehreren natürlichen Personen begünstigt sind. Eine auch nach dieser Entscheidung verbleibende Abweichung des nationalen Umsatzsteuerrechts zu den Richtlinienregelungen kann allerdings in dem Erfordernis einer »anerkannten Einrichtung« liegen, da insoweit § 4 Nr. 17 Buchst. b UStG keine weiteren Voraussetzungen enthält. 7

Mit Urteil vom 03.06.2010 (Rs. C-237/09, Nathalie de Fruytier, UR 2010, 624) hat der EuGH entschieden, dass Art. 13 Teil A Abs. 1 Buchst. d der 6. EL-RL (entspricht Art. 132 Abs. 1 Buchst. d der MwStSystRL) dahin auszulegen ist, dass er nicht auf Beförderungen von menschlichen Organen und dem menschlichen Körper entnommenen Substanzen anwendbar ist, die von einem Selbständigen für Krankenhäuser und Laboratorien durchgeführt werden. Die in Art. 13 der 6. EG-RL genannten Steuerbefreiungen sind autonome unionsrechtliche Begriffe, die eine von Mitgliedstaat zu Mitgliedstaat unterschiedliche Anwendung des Mehrwertsteuersystems vermeiden sollen (vgl. insbesondere EuGH vom 25.02.1999, Rs. C-349/96, UR 1999, 254). Danach müsse der Begriff »Lieferung« in Art. 13 Teil A Abs. 1 Buchst. d der 6. EG-RL eine dem Unionsrecht eigene autonome einheitliche Auslegung erhalten. Der Begriff der »Lieferung eines Gegenstandes« beziehe sich deshalb nicht auf die Eigentumsübertragung in den durch das anwendbare nationale Recht vorgesehenen Formen, sondern erfasse jede Übertragung eines körperlichen Gegenstandes durch eine Partei, die die andere Partei ermächtigt, über diesen Gegenstand faktisch so zu verfügen, als wäre sie ein Eigentümer. Die streitgegenständliche Tätigkeit erschöpft sich jedoch im körperlichen Verbringen von einem Ort zu einem anderen, ohne dass darin die »Lieferung von Gegenständen« (Organe/Frauenmilch) i. S. d. Art. 5 Abs. 1 und 13 Teil a Abs. 1 Buchst. d der 6. EG-RL zu sehen ist. 8

Der Steuerbefreiung stehe auch nicht die mangelnde Verkehrsfähigkeit von menschlichen Organen und dem menschlichen Körper entnommenen Substanzen in einzelnen Mitgliedstaaten (u. a. Belgien) nach dem »Übereinkommen zum Schutz der Menschenrechte und Menschenwürde im Hinblick auf die Anwendung von Biologie und Medizin: Übereinkommen über die Menschen- 9 rechte und Biomedizin«, geschlossen in Oviedo am 04.04.1997, in Art. 21 (Verbot finanziellen Gewinns) entgegen. Jedenfalls sei dieses Übereinkommen, das nach seinem Art. 33 Abs. 1 u. a. für die Mitgliedstaaten des Europarats und die der Europäischen Union zur Unterzeichnung aufliegt, von der Union nicht unterzeichnet worden und könne damit Art. 13 Teil A Abs. 1 Buchst. d der 6. EG-RL nicht jede praktische Wirksamkeit nehmen.

10 Die Vorschrift steht im Zusammenhang mit § 5 Abs. 1 Nr. 1 UStG, der die **Einfuhr der in § 4 Nr. 17 Buchst. a UStG genannten Befreiungsgegenstände** regelt.

11 Nach § 4 Nr. 2 UStG i. V. m. § 8 Abs. 2 Nr. 1 UStG werden seit dem 01.01.1994 diejenigen Unternehmer, die Beförderungen i. S. d. § 4 Nr. 17 Buchst. b UStG mit Luftfahrzeugen durchführen, von der Steuerbefreiung des § 8 Abs. 2 Nr. 1 UStG ausgenommen. Dies soll Wettbewerbsgleichheit schaffen. Vor dieser Regelung waren Unternehmer benachteiligt, die steuerfreie Beförderungen gem. § 4 Nr. 17 Buchst. b UStG durchführten und deren Vorstufenumsätze steuerpflichtig waren. Durch die jetzt gültige Fassung soll gewährleistet sein, dass der mit den Lieferungen/Leistungen gem. § 4 Nr. 17 Buchst. b UStG einhergehende Ausschluss des Vorsteuerabzugs in allen Fällen greift (vgl. § 8 Rn. 36 ff.). Durch Art. 10 Nr. 4 des Amtshilferichtlinie-Umsetzungsgesetz (AmtshilfeRLUmsG) vom 26.06.2013, BGBl I 2013, 1809, wurde § 8 Abs. 2 Nr. 1 UStG neu gefasst. Die Änderung trat am 01.07.2013 in Kraft (Art. 31 Abs. 4 AmtshilfeRLUmsG). Nach der Neuregelung werden nunmehr dem Sinn und Zweck der Vorschrift entsprechend (Huschens, NWB 2013, 2214) Luftfahrtunternehmen, die nur in unbedeutendem Umfang nach § 4 Nr. 17 Buchst. b UStG steuerfreie, auf das Inland beschränkte Beförderungen durchführen, von der Ausschlussregelung des § 8 Abs. 2 Nr. 1 UStG ausgenommen. Zur Frage, ob der Unternehmer nur in unbedeutendem Umfang nach § 4 Nr. 17 Buchst. b UStG steuerfreie, auf das Inland beschränkte Beförderungen mit Luftfahrzeugen durchführt, vgl. Abschn. 8.2 Abs. 2 UStAE.

2 Kommentierung

2.1 Die Tatbestandsmerkmale (Übersicht)

12 Von den unter § 1 Abs. 1 Nr. 1 UStG fallenden Umsätzen sind steuerfrei:

- die Lieferungen von
  - menschlichen Organen,
  - menschlichem Blut,
  - Frauenmilch,
- die Beförderung
  - von kranken und verletzten Personen
  - in dafür besonders eingerichteten Fahrzeugen.

2.2 Lieferung menschlicher Organe

13 Nur die **Lieferung menschlicher Organe** ist von der Steuer befreit, nicht hingegen diejenige künstlicher Organe oder von Prothesen. Die Lieferung allogener menschlicher Knochen unterfällt nicht der Umsatzsteuerbefreiung des § 4 Nr. 17 Buchst. a UStG, da diese als Teil des Skeletts nicht

unter den Begriff »Organe« fallen, vgl. Abschn. 4.17.1 Abs. 2 S. 3 UStAE. Die Lieferung künstlicher Organe und Prothesen unterfällt jedoch ggf. dem ermäßigten Steuersatz nach § 12 Abs. 2 Nr. 1 UStG i. V. m. Nr. 52 der Anlage 2. Die Lieferung von Organen durch Sozialversicherungsträger ist steuerfrei nach § 4 Nr. 15 UStG, die Lieferung durch Ärzte führt hingegen nicht zur Steuerbefreiung nach § 4 Nr. 14 UStG, da es sich insoweit nicht um eine heilberufliche Tätigkeit handelt.

2.3 Lieferung von menschlichem Blut

Begünstigt werden durch die Vorschrift v. a. Blutsammelstellen, Krankenanstalten und bestimmte mit der Aufbereitung und dem Vertrieb menschlichen Bluts befasste Unternehmer. 14

Jede Form von **menschlichem Blut** fällt unter die Befreiung, hierzu gehören nach Abschn. 4.17.1 Abs. 1 UStAE Frischblutkonserven, Vollblutkonserven, Serum- und Plasmakonserven, Heparin-Blutkonserven und Konserven zellulärer Blutbestandteile. Mit Urteil des **EuGH vom 05.10.2016, Rs. C-412/15, TMD Gesellschaft für transfusionsmed. Dienste mbH, Celex-Nr. 62015CJ0412**, hat dieser entschieden, dass die Bedeutung und Tragweite des in Art. 132 Abs. 1 Buchst. d der Richtlinie 2006/112 enthaltenen Begriffes »menschliches Blut« entsprechend dem üblichen Sinn im gewöhnlichen Sprachgebrauch und unter Berücksichtigung des Zusammenhangs, in dem er verwendet wird, sowie der mit der Regelung, zu der er gehört, verfolgten Ziele zu bestimmen sei. Danach ist **Blutplasma** ein Bestandteil des »menschlichen Bluts«. Zu Art. 132 Abs. 1 Buchst. d der Richtlinie 2006/112 führte der EuGH in seinem Urteil vom 05.10.2016 (a.a.O) weiter aus, dass diese Bestimmung, ebenso wie die Buchst. b, c und e dieses Absatzes, **Umsätze betreffe, die unmittelbar mit Gesundheitsleistungen zusammenhängen oder einen therapeutischen Zweck haben.** Die in Art. 132 Abs. 1 Buchst. d der Richtlinie 2006/112 vorgesehene Befreiung der Lieferung von menschlichem Blut von der Steuer sei daher so zu verstehen, dass sie gewährleisten solle, dass der Zugang zur Lieferung von Produkten, die zu Gesundheitsleistungen beitragen oder einen therapeutischen Zweck haben, nicht durch die höheren Kosten versperrt würden, die entstünden, wenn die Lieferung dieser Produkte der Mehrwertsteuer unterworfen wäre (vgl. entsprechend EuGH vom 26.02.2015, VDP Dental Laboratory u. a., C-144/13, C-154/13 und C-160/13, EU:C:2015:116, Rn. 46 und die dort angeführte Rechtsprechung). Danach fällt nur **Blutplasma, das tatsächlich zur unmittelbaren therapeutischen Verwendung bestimmt ist** – und nicht wie im Streitfall zur Herstellung von Arzneimitteln verwendet wurde –, unter die Steuerbefreiung des § 4 Nr. 17 UStG. So nun auch die Verwaltungsauffassung in Abschnitt 4.17.1 Abs. 1 S. 2 UStAE (vgl. BMF vom 09.05.2017, Az: III C 3 – S 7173/14/10001, BStBl I 2017, 780).

Nicht unter die Befreiung fallen damit auf **chemischem Weg hergestellte Blutprodukte** und nach Abschn. 4.17.1 Abs. 2 S. 1 u. 2 UStAE die aus **Mischungen von humanem Blutplasma** hergestellten Blutplasmapräparate.

Leistungen, die **unselbständige Nebenleistungen** darstellen, werden ebenfalls von der Befreiung erfasst. Umgekehrt sind solche Leistungen, die keine unselbständigen Nebenleistungen zur Lieferung von menschlichem Blut darstellen, nicht steuerbefreit (z. B. die Untersuchung von Empfängerblut durch den Blutspendedienst des Roten Kreuzes zur Ermittlung der richtigen Blutkonserve). 15

2.4 Lieferung von Frauenmilch

Ob die Frauenmilch bearbeitet (gereinigt, erhitzt, tiefgekühlt oder getrocknet) ist, hat für die Steuerbefreiung des § 4 Nr. 17 Buchst. a UStG keine Bedeutung (vgl. Abschn. 4.17.1 Abs. 3 US- 16 tAE). Die Lieferung von Frauenmilch durch Sozialversicherungsträger ist steuerfrei nach § 4 Nr. 15 UStG. Die Lieferung durch Ärzte führt hingegen nicht zur Steuerbefreiung nach § 4 Nr. 14 UStG, da es sich insoweit nicht um eine heilberufliche Tätigkeit handelt.

2.5 Krankentransport

17 Steuerfrei sind Krankentransporte (Beförderung kranker oder verletzter Personen), wenn sie in Fahrzeugen durchgeführt werden, die hierfür besonders eingerichtet sind.

2.5.1 Beförderung kranker oder verletzter Personen

18 Die Vorschrift begünstigt die Beförderung **kranker** oder verletzter **Personen**. Krankheit i.S.d. Vorschrift ist ein regelwidriger Körper- oder Geisteszustand, der vom Leitbild des gesunden Menschen abweicht, ohne dass es auf die Dauer des regelwidrigen Zustandes ankommt (vgl. BFH vom 12.08.2004, Az: V R 45/03, BStBl II 2005, 314). **Auch körperlich oder geistig behinderte Menschen** sind damit kranke Personen i.S.d. Vorschrift, deren Beförderung zur Steuerbefreiung führen kann, **soweit dies eine Sonderausrüstung des Fahrzeugs (z.B. für Rollstuhlfahrer) erforderlich macht** (vgl. BFH vom 12.08.2004, Az: V R 45/03, BStBl II 2005, 314). Auch die Finanzverwaltung unterstellt nunmehr unter Hinweis auf das vorgenannte Urteil des BFH nach Abschn. 4.17.2 Abs. 3 UStAE die Beförderung behinderter Menschen, die auf einen Rollstuhl angewiesen sind, dem Anwendungsbereich der Norm. Allerdings geht die Verwaltungsauffassung dahingehend nicht weit genug, als zwar im vorliegenden Urteil des BFH die Sonderausrüstung für Rollstuhlfahrer streitgegenständlich war, andere Sonderausrüstungen für die Beförderung behinderter Menschen jedoch denkbar und möglich sind.

19 Die **Beförderung gesunder (Begleit-)Personen** fällt damit grds. nicht unter die Steuerbefreiungsvorschrift. Ein ggf. einheitliches Entgelt ist aufzuteilen (OFD Niedersachsen vom 30.05.2011, Az: S 7174 - 9 - St 181, DStR 2011, 1522). Im Falle einer (partiellen) steuerpflichtigen Beförderungsleistung komme dann nach Auffassung der OFD Niedersachsen ggf. die Anwendung des ermäßigten Steuersatzes nach § 12 Abs. 2 Nr. 10 UStG in Betracht. Diese Frage war umstritten. Das Sächsische FG hatte in seinem Urteil vom 21.09.2010 (Az: 3 K 2016/07, EFG 2011, 1370) entschieden, dass die in § 12 Abs. 2 Nr. 10 Buchst. b UStG 2005 normierte unterschiedliche umsatzsteuerrechtliche Behandlung der nicht genehmigungsbedürftigen Personenbeförderungsumsätze im Mietwagenverkehr gegenüber denjenigen im Verkehr mit Taxen weder verfassungsrechtlich noch europarechtlich zu beanstanden sei. Eine Anwendung der Vorschrift des § 12 Abs. 2 Nr. 10 Buchst. b UStG 2005, der ein drittschützender Charakter beizumessen sei, auf von Mietwagenunternehmen ausgeführte Krankenfahrten im Auftrag von Krankenkassen scheide aus. Die Entscheidung des Sächsischen FG vom 21.09.2010 (Az: 3 K 2016/07, EFG 2011, 1370) war revisionsbefangen. Der BFH hat die Frage des Anwendungsbereichs des ermäßigten Umsatzsteuersatzes auf Personenbeförderungsleistungen im Nahverkehr daraufhin dem EuGH (Rs. C-454/12) zur Entscheidung vorgelegt (EuGH-Vorlage des BFH vom 10.07.2012, Az: XI R 39/10, BFHE 239, 164). Mit Urteil vom 27.02.2014 (Az: C-454/12, UR 2014, 490–497) hat der EuGH über das Vorabentscheidungsersuchen des BFH entschieden. Auch der BFH hat zwischenzeitlich in seinem Urteil vom 02.07.2014, Az: XI R 39/10, BStBl II 2015, 421 – unter Aufhebung des Urteils des Sächsischen FG vom 21.09.2010 (a.a.O.) entschieden, dass der im nationalen Recht vorgesehene ermäßigte Umsatzsteuersatz für Personenbeförderungsleistungen im Nahverkehr durch Taxen unionsrechtskonform ist und grundsätzlich nicht für entsprechende von Mietwagenunternehmern

erbrachte Leistungen gilt. Anders könne es jedoch sein, wenn von einem Mietwagenunternehmer durchgeführte Krankentransporte auf mit Krankenkassen geschlossenen Sondervereinbarungen, die ebenfalls für Taxiunternehmer gelten, beruhe. Da den tatsächlichen Feststellungen des FG sich nicht entnehmen lasse, ob und in welchem Umfang die Klägerin die streitbefangenen Krankentransporte auch auf der Grundlage von gleichermaßen für Taxen geltenden Sondervereinbarungen erbracht habe, wurde die Entscheidung zurück an das FG verwiesen.

Allerdings weist die OFD Münster in der Kurzinformation Umsatzsteuer Nr. 8/2011 vom 26.04.2011 (StEK UStG § 4 Ziff. 17/18) darauf hin, dass nach den Umständen des Einzelfalles eine unselbständige Nebenleistung zur steuerfreien Beförderungsleistung angenommen werden könne, wenn die **Beförderung der Begleitperson aus medizinischen, alters- oder behinderungsbedingten Gründen erforderlich** sei. 20

2.5.2 Besonders eingerichtete Fahrzeuge

Bei der Frage, ob es sich um besonders eingerichtete Fahrzeug i. S. d. § 4 Nr. 17 Buchst. b UStG handelt, sind vier Aspekte zu unterscheiden: 21

2.5.2.1 Fahrzeuge

Sowohl **Landfahrzeuge** als auch **Wasserfahrzeuge** sowie **Luftfahrzeuge** können als für den Transport kranker/verletzter Menschen besonders eingerichtet anzusehen sein (vgl. Abschn. 4.17.2 Abs. 1 S. 1 UStAE). Führt ein **gemeinnütziges Luftrettungsunternehmen** nach § 4 Nr. 17 Buchst. b UStG steuerfreie Rettungsflüge durch, darf das für Zwecke der Luftrettung benötigte **Flugbenzin** nach § 27 Abs. 2 Nr. 1 EnergieStG i. V. m. § 60 Abs. 4 Nr. 3 EnergieStV **steuerfrei bezogen** werden (vgl. OFD Karlsruhe vom 28.02.2012, USt-Kartei S 7174 – Karte 1, UR 2/2013, 77). 22

2.5.2.2 Besondere Einrichtung

Das Merkmal der Einrichtung ist nicht im UStG definiert. Ein im Zeitpunkt der Beförderung **besonders eingerichtetes Fahrzeug** ist nach Abschn. 4.17.2 Abs. 1 S. 1 und S. 2 UStAE (so auch BFH vom 12.08.2004, Az: V R 45/03, BStBl II 2005, 314) anzunehmen, wenn es durch die vorhandenen Einrichtungen die **typischen Merkmale** eines Krankenfahrzeugs aufweist (z. B. Liegen, Spezialsitze, Bodenverankerungen und Auffahrrampen für Rollstühle, seitlich ausfahrbare Trittstufen etc.). Davon ist stets auszugehen, wenn sie die Voraussetzungen des § 4 Abs. 6 Personenbeförderungsgesetz erfüllen, d. h. das Fahrzeug als **Krankenkraftwagen** im Fahrzeugschein eingetragen ist (vgl. Abschn. 4.17.2 Abs. 1 S. 3 UStAE). Fahrzeuge, die (lediglich) mit Blaulicht und Einsatzhorn ausgestattet sind, erfüllen nicht die Merkmale eines Krankenfahrzeugs. Blaulicht und Einsatzhorn haben zwar Bedeutung für einen schnellen und möglichst sicheren Transport der Kranken und Verletzten, dienen aber nicht selbst der Beförderung (vgl. BFH vom 16.11.1989, Az: V R 9/85, BStBl II 1990, 255 und Abschn. 4.17.2 Abs. 1 S. 4 UStAE). **Krankenfahrten mit** normalen **Taxis**, ohne besondere Einrichtung fallen damit ebenfalls nicht unter die Steuerbefreiung des § 4 Nr. 17 Buchst. b UStG. 23

2.5.2.3 Gesamte Bauart und Ausstattung entspricht der besonderen Einrichtung

Nach Auffassung der Finanzverwaltung gehören zu den Krankenfahrzeugen im vorgenannten Sinne nach wie vor allerdings nur solche Fahrzeuge, die nach ihrer **gesamten Bauart und** 24

Ausstattung speziell für die Beförderung verletzter und kranker Personen bestimmt (eingerichtet) sind (vgl. Abschn. 4.17.2 Abs. 2 S. 1 UStAE). Danach sollte bislang die Beförderung mit sogenannten Kombifahrzeugen nicht unter die Steuerbefreiung fallen, eine Aufteilung eines (ggf. einheitlichen) Entgelts solle ausscheiden (vgl. LfSt Bayern vom 12.04.2006, Az: S 7174 – 1 St 35 N). Hierbei handelt es sich um Fahrzeuge, die lediglich partiell zum Transport körperbehinderter Menschen (Rollstuhlfahrer) besonders ausgestattet sind, im Übrigen aber (z. B. für die Beförderung geistig behinderter Menschen) keine besonderen Ausstattungsmerkmale aufweisen. Auch die Literatur folgt überwiegend der Auffassung der Finanzverwaltung (vgl. Hettler, HFR 2005, 155 (156)). Allerdings sieht Pump (Die steuerliche Betriebsprüfung 2003, 278) keine Anhaltspunkte für eine (solch) enge Auslegung des Gesetzeswortlauts. In der Rechtsprechung ist diese Frage m. E. nach bislang ungeklärt. Das Niedersächsische FG hat in seinem Urteil vom 16.11.1984 (Az: V 385/81, EFG 1985, 269) kritisiert, dass die vorgenannte Auslegung der Finanzverwaltung im Wortlaut des Gesetzes keine Stütze finde. Entgegen der Auffassung von Verweyen (in Hartmann/ Metzenmacher, UStG, 7. Aufl., § 4 Nr. 17, Anm. 29) hat sich der BFH dieser Kritik des FG Niedersachen bislang nicht entgegengestellt. In seiner Nachfolgeentscheidung zum Urteil des FG Niedersachsen hat der BFH die Frage, ob das Fahrzeug seiner gesamten Bauart und Ausstattung nach besonders eingerichtet sein müsse, ausdrücklich dahingestellt gelassen, da es im streitgegenständlichen Fall bereits überhaupt an einer besonderen Einrichtung mangelte (BFH vom 16.11.1989, Az: V R 9/85, BStBl II 1990, 255). Auch aus dem Urteil des BFH vom 12.08.2004, Az: V R 45/03, BStBl II 2005, 314, ergibt sich nichts anderes, da auch hier ein sogenanntes Kombifahrzeug nicht Streitgegenstand war. Zuletzt hat das FG Baden-Württemberg in seinem Beschluss vom 09.01.2009 (Az: 1 V 4533/08, EFG 2009, 707–708) es im Rahmen einer summarischen Prüfung nach wie vor als rechtlich zweifelhaft erachtet, ob der Ausbau der hinteren zwei Sitzbänke, eine Auffahrrampe und Befestigungsschienen für Rollstühle ausreichen, um ein Fahrzeug als »eingerichtet« für den Transport von Kranken und Behinderten i. S. v. § 4 Nr. 17b UStG zu qualifizieren (vgl. § 4 Nr. 17b Rn. 17). Diesem Beschluss lag damit ein gleichgelagerter Sachverhalt eines sogenannten Kombifahrzeugs zugrunde, da die Sitzplätze neben dem Fahrer und eine zweite dreisitzige Rückbank jeweils im Fahrzeug belassen wurden.

25 Die enge Auslegung der Finanzverwaltung und der überwiegenden Literatur, die für die Beförderung mit Kombifahrzeugen die Steuerbefreiung versagt, ist m. E. abzulehnen. Sie findet weder eine Stütze im Gesetz (so auch Beschluss des FG Baden-Württemberg vom 09.01.2009, EFG 2009, 707, Rn. 14) noch wird sie den tatsächlichen Gegebenheiten gerecht. So befinden sich in den typischerweise für den Transport von behinderten Menschen verwendeten Kleinbussen wohl immer im vorderen Bereich neben dem Fahrersitz ein oder zwei weitere normale Sitzplätze, die zum Transport von nicht behinderten Menschen geeignet sind. Dies würde aber, folgte man der Auffassung der Finanzverwaltung, in nahezu allen Fällen die Steuerbefreiung wegen des Vorliegens eines Kombifahrzeugs ausschließen. Ob neben der steuerfreien Beförderungsleistung nach § 4 Nr. 17 Buchst. b UStG zeitgleich (oder zeitlich nachfolgend, so BFH vom 12.08.2004, Az: V R 45/03, BStBl II 2005, 314) noch andere selbständige steuerpflichtige Beförderungsleistungen ausgeführt werden, ist m. E. für die Beurteilung der steuerfreien Beförderungsleistung ohne Belang. Im Fall der gleichzeitigen Durchführung mehrerer Beförderungsleistungen handelt es sich jeweils nicht um unselbständige Nebenleistungen. Entscheidend kann damit nur sein, ob die Beförderung der konkreten Person eine besondere Einrichtung des Fahrzeugs (wenn auch nur partiell) erfordert hat. Ein ggf. einheitliches Entgelt ist aufzuteilen (BFH vom 18.01.1995, Az: XI R 71/93, BStBl II 1995, 559). Nunmehr geht die Finanzverwaltung mit BMF-Schreiben vom 07.04.2011 (BStBl I 2011, 306), umgesetzt in Abschn. 4.17.2 Abs. 2 S. 3 UStAE, allerdings ebenfalls von einer Entgeltaufteilung in steuerfreie und steuerpflichtige Beförderungsleistungen im Falle der Beförderung durch Kombifahrzeuge aus. Hier widerspricht die Finanzverwaltung ihrer eigenen engen Auslegung im Sinne einer »gesamten Bauart und Ausstattung« in

Abschn. 4.17.2 Abs. 2 S. 1 UStAE. Allerdings stellt die OFD Niedersachsen in einer Verfügung vom 30.05.2011 (Az: S 7174 – 9 – St 181, DStR 2011, 1522) ergänzend zum BMF-Schreiben vom 07.04.2011 (BStBl I 2011, 306) klar, dass es für die Steuerbefreiung nach § 4 Nr. 17 Buchst. b UStG unschädlich sei, wenn in dem Fahrzeug neben den speziellen Einrichtungen auch serienmäßig Sitze vorhanden seien, auf denen gesunde Personen befördert werden bzw. werden könnten. So auch das Sächsische FG, welches in seinem Urteil vom 21.09.2010 (Az: 3 K 2016/07, EFG 2011, 1370; zwischenzeitlich wegen Fragen zur Anwendung des ermäßigten Steuersatzes nach § 12 Abs. 2 Nr. 10 UStG aufgehoben und zur Entscheidung zurückverwiesen durch Urteil des BFH vom 02.07.2014, Az: XI R 39/10, BStBl II 2015, 421) ausführt: »da es jedoch nicht auf eine konkrete oder abstrakte Verwendungsmöglichkeit des eingesetzten Fahrzeugs ankommt, sondern nur darauf, ob es zu den privilegierten Fahrten tatsächlich eingesetzt wurde, ist es unerheblich, ob neben der Freifläche mit Befestigungspunkten für den Rollstuhlfahrer noch ein oder zwei Sitze auf Seite des Beifahrers – oder ggf. darüber hinaus einige Sitze in der Mittelreihe – bei den Fahrten vorhanden waren. Dies zerstörte nicht den Charakter der privilegierten Fahrten. Es ist auch zu beachten, dass bei schwer behinderten Personen Begleitpersonen anwesend sein können und ggf. müssen, die ebenfalls zu transportieren sind, weshalb vorhandene Sitzmöglichkeiten für die Vornahme der privilegierten Fahrten geradezu erforderlich sein können.«

2.5.2.4 Zeitpunkt der Einrichtung des Fahrzeugs

Die Steuerbefreiung des § 4 Nr. 17 Buchst. b UStG setzt nicht voraus, dass das Fahrzeug auf Dauer besonders eingerichtet sein muss (vgl. Abschn. 4.17.2 Abs. 2 S. 1 UStAE). Die genannten Voraussetzungen müssen **im Zeitpunkt der begünstigten Beförderung** erfüllt sein. Umgekehrt schadet es nicht, wenn ein speziell für die Beförderung Behinderter/Kranker eingerichtetes Fahrzeug zum Zwecke einer anderen Verwendung umgerüstet werden kann, auch wenn die Umrüstung nicht aufwändig wäre (BFH vom 12.08.2004, Az: V R 45/03, BStBl II 2005, 314). So nunmehr auch die Verwaltungsauffassung (vgl. Abschn. 4.17.2 Abs. 2 S. 1 und 2 UStAE). 26

2.5.3 Unselbständige Nebenleistungen, Leistungsempfänger

Wegen Leistungen der **Notfallrettung**, die sich sowohl aus Leistungen der Lebensrettung und der Betreuung von Notfallpatienten als auch der Beförderung der Notfallpatienten zusammensetzen, vgl. Abschn. 4.17.2 Abs. 5 UStAE (ebenso zur Leistung der selbständigen Notärzte; abweichend von den Richtlinien können ggf. auch die vom beauftragten Unternehmer vor Ort erbrachten lebensrettenden Maßnahmen im weiteren Sinne unter den Voraussetzungen des § 4 Nr. 14 oder 16 UStG steuerbefreit sein). 27

Wegen Leistungen zur Sicherstellung der Einsatzbereitschaft (sog. **Vorhalteleistungen**) vgl. Abschn. 4.17.2 Abs. 6 UStAE und weiterführend Graf von Stuhr/Walz, UR 2011, 525. 28

Ferner ist für die Steuerbefreiung nicht erforderlich, dass der Empfänger der umsatzsteuerlichen Leistung und die beförderte Person **identisch** sind, so dass z. B. die Beförderung verletzter/kranker Personen im Rahmen von Dienstverträgen über den Betrieb einer Rettungswache befreit ist (BFH vom 18.01.1995, Az: XI R 71/93, BStBl II 1995, 559). 29

§ 4 Nr. 18 UStG Steuerbefreiungen: Leistungen der Wohlfahrtspflege

Von den unter § 1 Abs. 1 Nr. 1 fallenden Umsätzen sind steuerfrei:

...

18. die Leistungen der amtlich anerkannten Verbände der freien Wohlfahrtspflege und der der freien Wohlfahrtspflege dienenden Körperschaften, Personenvereinigungen und Vermögensmassen, die einem Wohlfahrtsverband als Mitglied angeschlossen sind, wenn
   a) diese Unternehmer ausschließlich und unmittelbar gemeinnützigen, mildtätigen oder kirchlichen Zwecken dienen,
   b) die Leistungen unmittelbar dem nach der Satzung, Stiftung oder sonstigen Verfassung begünstigten Personenkreis zugute kommen und
   c) die Entgelte für die in Betracht kommenden Leistungen hinter den durchschnittlich für gleichartige Leistungen von Erwerbsunternehmen verlangten Entgelten zurückbleiben.

Steuerfrei sind auch die Beherbergung, Beköstigung und die üblichen Naturalleistungen, die diese Unternehmer den Personen, die bei den Leistungen nach Satz 1 tätig sind, als Vergütung für die geleisteten Dienste gewähren;

...

Literatur

Dickopp, Umsatzsteuerbefreiungen bestimmter dem Gemeinwohl dienender Tätigkeiten nach § 4 UStG und Gemeinschaftsrecht, UR 2007, 553. **Dickopp/van der Boeken**, Umsatzsteuerbefreiung von Betreuungsleistungen durch einen Betreuungsverein, UR 10/2009, 335. **Rosenthal**, Der Grundsatz der steuerlichen Neutralität in der aktuellen Entscheidung des EuGH vom 15.11.2012, DStR 10/2013, 443.

Verwaltungsanweisungen
Sächsisches FinMin vom 04.07.1997, Az: 35 - S 7175 - 3/15-33970, UR 1998, 35.
OFD Frankfurt a.M. vom 29.01.2007, Az: S 7175 A - 13 - St 112, UR 2007, 669.
OFD Frankfurt a.M. vom 29.01.2007, Az: S 7104 A - 25 - St 11, UR 2007, 670.
OFD Koblenz vom 07.05.2007, Az: S 7175 A - St 442, NWB Eilnachrichten 2007, 1993, EN-Nr. 589/2007.
OFD Rheinland vom 25.01.2008, Kurzinfo KSt Nr. 5/2008, UR 2008, 440.
OFD Frankfurt a.M. vom 05.03.2008, Az: S 7100 A - 144 St 11, UR 2008, 754.
BMF vom 26.06.2009, Az: IV B 9 - S 7170/08/10009, 2009/0404615, BStBl I 2009, 756.
OFD Münster vom 07.01.2011, Kurzinfo KSt Nr. 1/2011, DStR 2011, 222.
OFD Münster vom 28.04.2011, Az: S 7175 - 70 - St 44-32, DB 2011, 1305.
OFD Münster vom 04.09.2012, Kurzinfo USt Nr. 2/2012, DB 2012, 2134.
BMF vom 18.08.2015, Az: IV C 4 - S 0184/11/10001:001, BStBl I 2015, 659.
BMF vom 09.02.2016, Az: III C 3 - S 7130/15/10001IV, C 4 - S 0185/15/10001: 001, BStBl I 2016, 223.
Hinweis: Zur Problematik der zeitlichen Geltungsdauer von BMF-Schreiben vgl. Einführung UStG, Rz. 100 ff.

Richtlinien/Hinweise/Verordnungen
UStAE: Abschn. 4.18.1.
MwStSystRL: Art. 132 Abs. 1, g, o, Abs. 2 und Art. 133, Art. 134.
UStDV: § 23.

1 Allgemeines

1.1 Überblick über die Vorschrift/Gesetzeszweck

§ 4 Nr. 18 UStG befreit die Leistungen von Wohlfahrtverbänden (und der ihnen angeschlossenen Körperschaften, Personenvereinigungen und Vermögensmassen) von der Umsatzsteuer, da sie dem Staat einen Teil der Daseinsvorsorge abnehmen. Die Leistungen müssen ausschließlich und unmittelbar gemeinnützigen, mildtätigen und kirchlichen Zwecken dienen. Der Vorsteuerabzug für die den befreiten Umsätzen zuzuordnenden Vorlieferungen und -leistungen ist ausgeschlossen (§ 15 Abs. 2 Nr. 1 UStG). Auf die Steuerbefreiung kann nicht verzichtet werden. 1

1.2 Rechtsentwicklung

Die Vorschrift geht auf Regelungen im UStG 1919 zurück; seit 1967 ist die Befreiungsvorschrift unverändert. In seiner Entscheidung vom 15.11.2012 (Rs. C-174/11, Zimmermann, DStR 2013, 443) hat der EuGH entschieden, dass § 4 Nr. 18 UStG als gegen das steuerliche Neutralitätsverbot verstoßend europarechtswidrig ist. Zuletzt sah das Jahressteuergesetz 2013 in Reaktion auf das Urteil des EuGH Anpassungen im Bereich des § 4 Nr. 16 und Nr. 18 UStG vor, scheiterte jedoch, nachdem der Einigungsvorschlag des Vermittlungsausschusses (BT-Drucks. 17/11844) am 17.01.2013 keine Mehrheit im Bundestag fand. 2

1.3 Geltungsbereich

1.3.1 Persönlicher Geltungsbereich

3 Nur die Leistungen amtlich anerkannter Verbände der freien Wohlfahrtspflege werden steuerbefreit.

1.3.2 Sachlicher Anwendungsbereich

4 Der Unternehmer muss ausschließlich und unmittelbar gemeinnützigen, mildtätigen und kirchlichen Zwecken dienen (dazu §§ 52 bis 68 AO).

1.3.3 Zeitlicher Anwendungsbereich

5 Die Vorschrift geht auf Regelungen im UStG 1919 zurück; seit 1967 ist die Befreiungsvorschrift unverändert.

1.4 Gemeinschaftsrechtliche Grundlagen

6 Die Steuerbefreiung aus § 4 Nr. 18 UStG findet ihre **gemeinschaftsrechtliche Grundlage in Art. 132 Abs. 1 Buchst. g MwStSystRL** (Art. 13 Teil A Abs. 1 Buchst. g der 6. EG-RL), der die eng mit der Sozialfürsorge und der sozialen Sicherheit verbundenen Dienstleistungen und damit verbundenen Lieferungen von Gegenständen befreit. Unter die Befreiungsvorschrift des § 4 Nr. 18 UStG fallen grundsätzlich auch damit verbundene **Nebenleistungen. Allerdings schränkt Art. 134 MwStSystRL diesen Grundsatz mit Blick auf Art. 132 Abs. 1 Buchst. g der MwStSystRL dahingehend ein**, dass die Steuerbefreiung für die Lieferung von Gegenständen und Dienstleistungen dann ausgeschlossen ist, wenn sie für die Umsätze, für die die Umsatzsteuerbefreiung gewährt wird, **nicht unerlässlich** sind und im Wesentlichen dazu bestimmt sind, der Einrichtung **zusätzliche Einnahmen** durch Umsätze zu verschaffen, die in **unmittelbarem Wettbewerb** mit Umsätzen von der Mehrwertsteuer unterliegenden gewerblichen Unternehmen bewirkt werden. Sie müssen von Einrichtungen des öffentlichen Rechts oder von anderen in dem betreffenden EU-Mitgliedstaat als Einrichtung mit sozialem Charakter anerkannten Institutionen erbracht werden.

7 § 4 Nr. 18 UStG setzt die vorbenannte Richtlinienbestimmung nur unzureichend in nationales Recht um (vgl. BFH vom 18.08.2005, Az: V R 71/03, BStBl II 2006, 143; ausführlich zur Frage der Richtlinienkonformität des § 4 Nr. 18 UStG siehe Dickopp, UR 2007, 553). Mangelt es wie vorliegend an fristgemäß erlassenen nationalen Umsetzungsmaßnahmen, kann sich nach ständiger Rechtsprechung des EuGH (z.B. EuGH vom 10.09.2002, Rs. C-141/00, Ambulanter Pflegedienst Kügler GmbH, UR 2002, 513) ein Einzelner auf Bestimmungen einer Richtlinie, die inhaltlich als unbedingt und hinreichend genau erscheinen, gegenüber allen nicht richtlinienkonformen innerstaatlichen Vorschriften berufen. **Art. 132 Abs. 1 Buchst. g MwStSystRL ist inhaltlich unbedingt und hinreichend genau** (EuGH vom 10.09.2002, Rs. C-141/00, Ambulanter Pflegedienst Kügler GmbH, UR 2002, 513). In der Folge kommt Art. 132 Abs. 1 Buchst. g MwStSystRL damit faktisch neben § 4 Nr. 18 UStG die Bedeutung einer eigenständigen Befreiungsvorschrift zu, die an zwei Voraussetzungen geknüpft ist. Zum einen muss es sich um **Leistungen** handeln, die **eng mit der Fürsorge oder sozialen Sicherheit verbunden** sind, d.h. solche, die nach Art und Umfang im

Sozialgesetzbuch beschrieben sind (EuGH vom 26.05.2005, Rs. C-498/03, Kingscrest Associates Ltd. und Montecello Ltd., UR 2005, 486; BFH vom 18.08.2005, Az: V R 71/03, BStBl II 2006, 143). Zum anderen müssen diese Leistungen von Einrichtungen des öffentlichen Rechts oder anderen Einrichtungen, die von dem betreffenden Mitgliedstaat als **Einrichtungen mit im Wesentlichen sozialen Charakter anerkannt** sind, erbracht worden sein (EuGH vom 26.05.2005, Rs. C-498/03, Kingscrest Associates Ltd. und Montecello Ltd., UR 2005, 486).

Zur Auslegung des Begriffs der **Einrichtung** in Art. 13 Teil A Buchst. g der 6. EG-RL vgl. auch **8**
EuGH vom 11.08.1995, Rs. C-453/93, Bulthuis-Griffioen, UVR 1996, 80, EuGH vom 07.09.1999, Rs. C-216/97, Jennifer und Mervyn Gregg, IStR 1999, 599 sowie EuGH vom 10.09.2002, Rs. C-141/00, Kügler GmbH, IStR 2002, 666. Zuletzt hat der BFH mit Urteil vom 08.11.2007, Az: V R 2/06, BStBl II 2008, 634, der EuGH-Rechtsprechung folgend (EuGH vom 26.05.2005, Rs. C-498/03, Kingscrest Associates Ltd. und Montecello Ltd., UR 2005, 486) entschieden, dass der Begriff der Einrichtung weit genug ist, um **auch private Einheiten mit Gewinnerzielungsabsicht** zu erfassen.

Welche Einrichtungen dann als solche mit sozialem Charakter anzuerkennen sind, ist Sache der **9**
nationalen Behörden unter **Berücksichtigung spezifischer nationaler oder regionaler Rechts-, Verwaltungs- oder Steuervorschriften bzw. Vorschriften im Bereich der sozialen Sicherheit**. Weiteres Merkmal kann sein, dass der Leistende die begünstigten Leistungen aufgrund vertraglicher Vereinbarungen mit Trägern der Sozialversicherung erbracht hat, wobei das bloße Tätigwerden als Subunternehmer für anerkannte Einrichtungen wiederum nicht ausreichend ist (vgl. BFH vom 08.11.2007, Az: V R 2/06, BStBl II 2008, 634). Der Einzelne kann die Eigenschaft einer Einrichtung i.d.S. jedenfalls nicht schon alleine dadurch erlangen, dass er sich auf die Richtlinienbestimmung beruft (BFH vom 08.11.2007, Az: V R 2/06, BStBl II 2008, 634).

In folgenden Fällen hat die Rechtsprechung bislang unter Anwendung der vorgenannten Grund- **10**
sätze eine Steuerbefreiung in **unmittelbarer Anwendung des Art. 132 Abs. 1 Buchst. g MwStSystRL (Art. 13 Teil A Abs. 1 Buchst. g der 6. EG-RL)** gewährt:

- Leistungen eines **ambulanten Pflegedienstes** in der Rechtsform einer GmbH durch Grundpflege und hauswirtschaftliche Versorgung (BFH vom 22.04.2004, Az: V R 1/98, BStBl II 2004, 849),
- Umsätze einer vom Jugendamt beauftragten **Legasthenie-Therapeutin** (BFH vom 18.08.2005, Az: V R 71/03, BStBl II 2006, 143),
- Umsätze, die ein **gemeinnütziger Betreuungsverein** aus der Betreuungstätigkeit durch die von ihm eingesetzten Vereinsbetreuer erzielt (BFH vom 17.02.2009, Az: XI R 67/06 [V], BFH/NV 2009, 869; vgl. dazu auch OFD Münster vom 28.04.2011, DB 2011, 1305).
- Leistungen, die ein Verein (gemeinnütziges diakonisches Kirchenwerk) aufgrund eines nach **§ 5a Abs. 2 Zivildienstgesetz** abgeschlossenen Vertrages erbringt und die dazu dienen, dass Zivildienstleistende für amtliche Beschäftigungsstellen im sozialen Bereich tätig sind (BFH vom 23.07.2009, Az: V R 93/07 (V), BFH/NV 2009, 2073). So nun auch die Auffassung der Finanzverwaltung (BMF vom 18.08.2015, Az: IV C 4-S 0184/11/10001:001, BStBl I 2015, 659), die in Anwendung der Urteilsgrundsätze darüber hinaus auch Verwaltungsleistungen aufgrund von Verträgen nach § 5a Abs. 2 ZDG bzw. § 16 BFDG, die auf Einsatzstellen im Sport gerichtet sind, nach Art. 132 Abs. 1 Buchst. g MwStSystRL als steuerfrei erachtet. Nach Verwaltungsauffassung sind Verwaltungsleistungen dann insoweit umsatzsteuerfrei, als zum einen der Sportverein mit den Zivildienstleistenden tatsächlich Aufgaben im sozialen Bereich wahrnimmt, z.B. mit Leistungen im Rahmen der Betreuung und Begleitung von Menschen mit Behinderungen oder älteren Menschen. Zum anderen erfordere die Steuerbefreiung, dass die Einsatzstelle selbst als Einrichtung mit sozialem Charakter anerkannt sei, d.h. die Voraussetzungen für die Steuerbefreiung nach § 4 Nr. 18 UStG erfülle.
- Leistungen, die ein Verein im Rahmen eines sog. »**Haus-Notruf-Dienstes**« erbringt (BFH vom 01.12.2010, Az: XI R 46/08 (V), DStR 2011, 362).

- Erbringung eines Leistungsbündels, das durch die Leistungen der in § 75 BSHG (Altenhilfe) genannten Art geprägt wird, durch einen gemeinnützigen Verein gegenüber Senioren im Rahmen des **»betreuten Wohnens«** (BFH vom 08.06.2011, Az: XI R 22/09 (V), DStR 2011 1659).
- **Leistungen einer Familientherapeutin** gegenüber dem Jugendamt, die eng mit der sozialen Fürsorge im Rahmen der **Eingliederungshilfe nach § 35 a SGB VIII** verbunden sind (FG München vom 24.05.2012, Az: 14 K 3415/10, EFG 2012, 1287).

2 Kommentierung

2.1 Die Tatbestandsmerkmale (Übersicht)

11 § 4 Nr. 18 UStG unterscheidet zum einen in subjektive Tatbestandsvoraussetzungen der Steuerbefreiung, d. h. begünstigt sind die Leistungen der amtlich anerkannten Wohlfahrtsverbände und ihrer Mitglieder, wenn diese Unternehmer ausschließlich und unmittelbar Zwecken i. S. d. §§ 52 bis 68 AO dienen. Zum anderen fordert die Steuerbefreiung in § 4 Nr. 18 Buchst. b und c UStG darüber hinaus weitere leistungsbezogene objektive Tatbestandsvoraussetzungen.

12 Danach müssen die Leistungen

- dem begünstigten Personenkreis unmittelbar gem. Satzung/Verfassung zugute kommen und
- die Entgelte dafür unter denen für vergleichbare Leistungen von Erwerbsunternehmen bleiben.

13 Nach § 4 Nr. 18 S. 2 UStG sind die Beherbergung, Beköstigung und üblichen Naturalleistungen von Mitarbeitern bei Ausübung dieser Leistungen ebenfalls steuerfrei.

2.2 Begünstigte Einrichtungen

14 In subjektiver Hinsicht steht die Steuerfreiheit nur den in § 4 Nr. 18 UStG begünstigten anerkannten Wohlfahrtsverbänden und deren selbständigen Mitgliedern zu, soweit diese der freien Wohlfahrtspflege dienen. Darüber hinaus müssen die betreffenden Unternehmer gem. § 4 Nr. 18 S. 1 Buchst. a UStG ausschließlich und unmittelbar gemeinnützigen, mildtätigen oder kirchlichen Zwecken dienen.

2.2.1 Amtlich anerkannte Verbände der freien Wohlfahrtspflege

15 Von der Steuer befreit sind die **amtlich anerkannten Verbände der freien Wohlfahrtspflege** (Abschn. 4.18.1 Abs. 1 UStAE). Amtlich anerkannte Verbände in diesem Sinne sind in abschließender Aufzählung nur die in § 23 UStDV genannten Verbände.

16 Zu den begünstigten Wohlfahrtsverbänden gehören auch deren **unselbständige Untergliederungen, Einrichtungen und Anstalten**, deren Zweckbestimmung ohne weiteres dem des jeweiligen Wohlfahrtsverbandes entspricht. Bis 1968 ergab sich dies ausdrücklichen aus der Benennung der Untergliederungen in der Vorgängervorschrift des § 4 Nr. 16 UStG.

Weniger eindeutig erscheint dies im Hinblick auf die **rechtlich selbständigen Untergliederungen** auf regionaler oder fachlicher Ebene, d. h. bezüglich der 17

- Landesverbände,
- Diözesanverbände,
- Kreisvereine,
- Ortsverbände,
- Fachvereine und -verbände

zu beantworten zu sein. Hier stellt sich die Frage, ob diese trotz ihrer rechtlichen Selbständigkeit ebenfalls ohne weiteres der Zweckbestimmung ihres übergeordneten anerkannten Wohlfahrtsverbandes folgen und damit bereits unter die Steuerbefreiung der ersten begünstigten Gruppe des § 4 Nr. 18 UStG fallen. Die rechtlich selbständigen Glieder, die den Hauptverband selbst bilden, sind selbstverständlich ebenfalls der freien Wohlfahrtspflege dienend, wenn schon ihr übergeordneter Verband der freien Wohlfahrtspflege dient (BFH vom 11.07.1956, Az: V 286/55 UStG, BStBl III 1956, 258). Anderes gilt für die rechtlich selbständigen Körperschaften, Personenvereinigungen und Vermögensmassen, die als Mitglieder einem (anerkannten) Wohlfahrtsverband angeschlossen sind. Auf Grund ihrer weniger engen Bindung, als dies bei den Gliedern des Verbandes der Fall ist, kommt eine Steuerbefreiung für diese nur in Betracht, wenn sie der freien Wohlfahrtspflege dienen.

2.2.2 Den Wohlfahrtsverbänden angeschlossene Mitglieder

Zur zweiten begünstigten Gruppe des § 4 Nr. 18 S. 1 UStG zählen die rechtlich selbständigen Körperschaften, Personenvereinigungen und Vermögensmassen, die **als Mitglieder einem anerkannten Wohlfahrtsverband angeschlossen** sind. Mitgliedschaft im vorgenannten Sinne ist zunächst die **unmittelbare Mitgliedschaft** an einem anerkannten Wohlfahrtsverband. Jedoch kann auch bei Vorliegen der übrigen Voraussetzungen eine **mittelbare Mitgliedschaft** – z. B. Werkstatt für behinderte Menschen als Mitglied einer Wohlfahrtseinrichtung, die ihrerseits einem amtlich anerkannten Wohlfahrtsverband als Mitglied angeschlossen ist – ausreichend für eine Steuerbefreiung nach § 4 Nr. 18 UStG sein (vgl. Abschn. 4.18.1 Abs. 4 UStAE). 18

Da sich die Mitgliedsverbände nur im Kernbereich ausschließlich der gemeinnützigen Wohlfahrtspflege widmen müssen (vgl. BFH vom 07.11.1996, Az: V R 34/96, BStBl II 1997, 336), ergibt sich aus der Mitgliedschaft alleine noch nicht das **Merkmal der freien Wohlfahrtspflege**. Dies ist daher anders als bei der Steuerbefreiung für anerkannte Verbände i. S. d. ersten Gruppe des § 4 Nr. 18 S. 1 UStG gesondert zu überprüfendes Tatbestandsmerkmal. 19

Der **Begriff der Wohlfahrtpflege** ist in § 66 Abs. 2 AO enthalten; die Rechtsprechung wendet ihn auf das Umsatzsteuerrecht an (BFH vom 20.11.1969, Az: V R 40/66, BStBl II 1970, 190). Wohlfahrtspflege ist danach »die planmäßige, zum Wohle der Allgemeinheit und nicht des Erwerbers wegen ausgeübte Sorge für notleidende oder gefährdete Menschen. Die Sorge kann sich auf das gesundheitliche, sittliche, erzieherische und wirtschaftliche Wohl erstrecken und Vorbeugung oder Abhilfe bezwecken [...] Insbesondere wäre es verfehlt, zur Anwendung dieser Vorschriften die Verfolgung mildtätiger Zwecke zu verlangen«. »**Freie**« Wohlfahrtspflege bedeutet, dass diese freiwillig und nicht durch gesetzlich verpflichtete Träger ausgeübt wird. Danach unterfällt z. B. die Aufnahme von Personen, die zwar nicht wirtschaftlich, aber körperlich oder geistig hilfsbedürftig sind in **Altenheime** dem Begriff der Wohlfahrtspflege und kann zu steuerfreien Umsätzen führen, soweit die übrigen Voraussetzungen der Steuerbefreiungsvorschrift erfüllt sind (vgl. Abschn. 4.18.1 Abs. 8 UStAE). **Kolpinghäuser** sind zwar Mitglieder des Deutschen Caritasverbandes als anerkannter Wohlfahrtsverband, dienen jedoch nicht der freien Wohlfahrtspflege, weil dort die Aufnahme von Personen unabhängig von deren Bedürftigkeit erfolgt (vgl. Abschn. 4.18.1 Abs. 10 UStAE). 20

2.2.3 Gemeinnützige, mildtätige oder kirchliche Zwecke

21 § 4 Nr. 18 S. 1 Buchst. a UStG stellt mit der Voraussetzung **ausschließlicher und unmittelbarer gemeinnütziger bzw. mildtätiger oder kirchlicher Zwecke** weitere subjektive Tatbestandsmerkmale für beide nach § 4 Nr. 18 S. 1 UStG begünstigte Unternehmergruppen auf. Die anerkannten Wohlfahrtsverbände und deren selbständige Glieder erfüllen diese Voraussetzung ohne weiteres (vgl. § 52 Abs. 2 Nr. 9 AO in der Fassung des Gesetzes zur weiteren Stärkung des bürgerschaftlichen Engagements vom 01.01.2007, BGBl I 2008, 2332). Für die zweite begünstigte Gruppe des § 4 Nr. 18 S. 1 UStG, d. h. für die rechtlich selbständigen Körperschaften, Personenvereinigungen und Vermögensmassen, die als Mitglieder einem anerkannten Wohlfahrtsverband angeschlossen sind, ist eine gesonderte Prüfung der Voraussetzungen nach den **allgemeinen Grundsätzen der §§ 52–68 AO** erforderlich (vgl. Abschn. 4.18.1 Abs. 10 UStAE).

22 Die danach begünstigten Zwecke müssen durch den Unternehmer **ausschließlich und unmittelbar** erfolgen. Nach **§ 56 AO** liegt **Ausschließlichkeit** vor, wenn eine Körperschaft nur ihre steuerbegünstigten satzungsgemäßen Zwecke verfolgt. Für den Fall des Betriebs einer **Mensa und Cafeteria** sowie von **Getränkeautomaten** durch ein **gemeinnütziges Studentenwerk**, welches Mitglied des Deutschen Paritätischen Wohlfahrtsverbandes e. V. war, hat der BFH entschieden (BFH vom 11.05.1988, BStBl II 1988, 908), dass die Unterhaltung eines **Zweckbetriebs** nach den §§ 6–8 AO der Gemeinnützigkeitsverordnung (vgl. nunmehr § 66 Abs. 1 und 2 AO) der Ausschließlichkeit nicht entgegenstehe. Nach **§ 66 Abs. 1 AO** ist eine Einrichtung der Wohlfahrtspflege ein Zweckbetrieb, wenn sie in besonderem Maß den in § 53 AO genannten Personen dient, d. h. wenn ihre Leistungen entsprechend § 66 Abs. 3 Satz 2 AO den in § 53 AO genannten Personen zu mindestens zwei Dritteln zugutekommen. Insoweit ist zu beachten, dass die wirtschaftliche Versorgung des begünstigten Personenkreises der Studenten einheitlich durch Mensa und Cafeteria erfolgt und damit bei Vorliegen der vorgenannten Voraussetzungen insgesamt der steuerbegünstigten Zweckbetriebseigenschaft unterfällt (vgl. auch Abschn. 4.18.1 Abs. 9 S. 1 UStAE). Eingeschränkt wird dies allerdings im Hinblick auf die entgeltliche Abgabe von alkoholischen Getränken, soweit das Warenangebot nicht nur ergänzt wird oder der Anteil der alkoholischen Getränke mehr als 5 % des Gesamtumsatzes im vorangegangenen Kalenderjahr betragen hat (vgl. Abschn. 4.18.1 Abs. 9 S. 2 UStAE). Die in **Förderbetreuungsbereichen i. S. d. § 136 Abs. 3 SGB IX** – als Zweckbetriebe i. S. d. § 68 Nr. 3 AO – erbrachten Pflege- und Betreuungsleistungen sind steuerfrei, soweit diese Leistungen von begünstigten Unternehmern erbracht werden (vgl. OFD Frankfurt a. M. vom 29.01.2007, UR 2007, 669). Zu den Einzelheiten der Steuerbefreiung von sog. **Mahlzeitendiensten** (»Essen auf Rädern«) und **Verpflegungsleistungen von Schulfördervereinen** hat sich die OFD Münster in Kurzmitteilungen vom 04.09.2012 (Kurzinfo USt Nr. 2/2012, DB 2012, 2134) und vom 07.01.2011 (Kurzinfo KSt Nr. 1/2011, DStR 2011, 222) geäußert.

23 **Nach § 57 Abs. 1 S. 1 AO** liegt **Unmittelbarkeit** vor, wenn die Körperschaft ihre steuerbegünstigten satzungsgemäßen Zwecke selbst verwirklicht (vgl. auch Abschn. 4.18.1 Abs. 3 S. 1 UStAE). Dies kann gem. § 57 Abs. 1 S. 2 AO auch durch **Hilfspersonen** geschehen, wenn das Wirken der Hilfsperson wie eigenes Wirken der Körperschaft anzusehen ist. Nach BFH (BFH vom 08.07.1971, Az: V R 1/68, BStBl II 1972, 70) können Leistungen auch dann unmittelbar gemeinnützigen Zwecken dienen, wenn sie an Empfänger bewirkt werden, die ihrerseits ausschließlich gemeinnützige oder wohltätige Zwecke verfolgen (vgl. auch Abschn. 4.18.1 Abs. 3 S. 2 UStAE).

2.3 Begünstigte Leistungen

Das **Tatbestandsmerkmal der Unmittelbarkeit nach § 4 Nr. 18 S. 1 Buchst. b UStG ist leistungsbezogen** und damit objektives Tatbestandsmerkmal (BFH vom 18.10.1990, Az: V R 76/89, BStBl II 1991, 268). D. h. die Steuerbefreiung greift danach nur dann, wenn die **Leistungen** der begünstigten Körperschaft **unmittelbar dem** nach Satzung, Stiftung oder sonstiger Verfassung **begünstigten Personenkreis zugutekommen**. Zum begünstigten Personenkreis zählen hingegen nicht andere amtlich anerkannte Wohlfahrtsverbände oder deren angeschlossene Mitglieder als Leistungsempfänger, da § 4 Nr. 18 UStG nicht die Förderung mehrstufiger Wohlfahrtsorganisationen, sondern die Entlastung der in §§ 53, 66 AO 1977 genannten Mitmenschen bezweckt (BFH vom 07.11.1996, Az: V R 34/96, BStBl II 1997, 366). Die Frage, ob die Leistungen unmittelbar dem begünstigten Personenkreis zugutekommen, ist losgelöst davon zu beantworten, wer Vertragspartner und damit Leistungsempfänger der begünstigten Körperschaft im Rechtssinne ist; **entscheidend ist**, dass **der tatsächliche Leistungsempfänger** zum begünstigten Personenkreis zählt (vgl. Abschn. 4.18.1 Abs. 5 UStAE). 24

In folgenden Fällen kommen die Leistungen **unmittelbar dem begünstigten Personenkreis zugute** und sind demnach steuerbefreit: 25

- die Beförderung behinderter Menschen zwischen Wohnung und Behindertenwerkstätte, die Beköstigung, Betreuungs- und Pflegeleistungen für behinderte Menschen in **Werkstätten für behinderte Menschen** (vgl. OFD Frankfurt a.M. vom 29.01.2007, UR 2007, 700, BFH vom 15.09.2011, Az: V R 16/11 (V), DStRE 2012, 183),
- die Aufnahme von Personen in einem **Obdachlosenheim**, wenn die Personen durch das Sozialamt einer Gemeinde zugewiesen werden (BFH vom 07.11.1996, Az: V R 34/96, BStBl II 1997, 366),
- ein Wohlfahrtsverband stellt Personal für die Führung eines fremden **Studenten- und Schullandheims** ab (BFH vom 08.07.1971, Az: V R 1/68, BFHE 103, 247).
- Leistungen i.R.d. **ärztlichen Notfalldienstes**, die u.a. in der Einrichtung und dem Betrieb einer Notrufleitzentrale und einem Fahrdienstbetrieb mit als Rettungshelfer ausgebildeten Fahrern bestehen, aufgrund eines Vertrags mit der zuständigen Kassenärztlichen Vereinigung (BFH vom 08.08.2013, Az: V R 13/12, BFHE 242, 557).

Kommt die Leistung den hilfsbedürftigen Personen dagegen nur **mittelbar** zu, kommt § 4 Nr. 18 UStG nicht zur Anwendung (BFH vom 07.11.1996, Az: V R 34/96, BStBl II 1997, 366, vgl. auch Abschn. 4.18.1 Abs. 6 UStAE). 26

Die Leistungen kommen dem begünstigten Personenkreis **nicht unmittelbar** zugute 27

- bei Leistungen der **Wäscherei eines Krankenhauses** für fremde Krankenhäuser (vgl. BFH vom 18.10.1990, Az: V R 35/85, BStBl II 1991, 157, Abschn. 4.18.1 Abs. 13 S. 3 UStAE und BMF vom 26.06.2009, Az: IV B 9 – S 7170/08/10009, BStBl I 2009, 756, Tz. 3.12 (3) Nr. 9),
- bei **Arzneimittellieferungen einer Krankenhausapotheke** an Krankenhäuser anderer Träger (vgl. Abschn. 4.18.1 Abs. 13 S. 1 UStAE und BMF vom 26.06.2009, Az: IV B 9 – S 7170/08/10009, BStBl I 2009, 756, Tz. 3.12 (3) Nr. 3 a.E.),
- bei Lieferungen durch **Behindertenwerkstätten – Leistungen des eigentlichen Werkstättenbereichs** (BFH vom 27.06.1961, Az: V 50/60, HFR 1963, 376; OFD Frankfurt a.M. vom 29.01.2007, UR 2007, 670),
- bei Leistungen eines **DRK-Landesverbands** an seine Untergliederungen (Sächsisches FinMin vom 04.07.1997, UR 1998, 35),
- bei der Vermietung von Räumen und der **Überlassung einer Telefonanlage** durch einen Landesverband des paritätischen Wohlfahrtsverbandes e.V. an andere steuerbegünstigte

Körperschaften, u. a. gegenüber eigenen Mitgliedseinrichtungen (BFH vom 07.11.1996, Az: V R 34/96, BStBl II 1997, 366 und Abschn. 4.18.1 Abs. 6 UStAE),

- bei Leistungen von **Integrationsprojekten nach § 132 Abs. 1 SGB IX** (vgl. OFD Frankfurt a. M. vom 29.01.2007, UR 2007, 669),
- bei Lieferungen und sonstigen Leistungen von **Werkstätten für behinderte Menschen** an andere begünstigte Einrichtungen, z. B. die Lieferung von **Halbzeug zur Weiterverarbeitung** durch die fremde Werkstätte (OFD Frankfurt a. M. vom 29.01.2007, UR 2007, 670),
- bei Leistungen der Untergliederungen (Orts- oder Kreisverbände) des Deutschen Roten Kreuzes anlässlich der Unterstützung von **Blutspendeterminen** (Werbemaßnahmen, Herrichtung von Räumlichkeiten, Betreuung und Beköstigung der Blutspender etc.); insoweit kann jedoch der ermäßigte Steuersatz des § 12 Abs. 2 Nr. 8 Buchst. a UStG angewendet werden, da die Leistungen im Rahmen eines Zweckbetriebes erbracht werden (vgl. OFD Frankfurt a. M. vom 05.03.2008, UR 2008, 754 und OFD Rheinland vom 25.01.2008, UR 2008, 440);
- bei Leistungen, die ein Verein (gemeinnütziges diakonisches Kirchenwerk) aufgrund eines nach **§ 5 a Abs. 2 Zivildienstgesetz** abgeschlossenen Vertrages erbringt und die dazu dienen, dass Zivildienstleistende für amtliche Beschäftigungsstellen im sozialen Bereich tätig sind (BFH vom 23.07.2009, Az: V R 93/07 (V), BFH/NV 2009, 2073). In diesem Fall wurde die Steuerbefreiung jedoch in unmittelbarer Anwendung des Art. 132 Abs. 1 Buchst. g MwStSystRL anerkannt (vgl. Rn. 10);
- bei **entgeltlichen Personalgestellungen** eines eingetragenen und als gemeinnützig anerkannten Vereins (Mitglied eines anerkannten Verbands der freien Wohlfahrtspflege), an eine Körperschaft des öffentlichen Rechts (Entleiher), zur inhaltlichen und fachlichen Koordinierung eines vom Entleiher initiierten Sozialfürsorgeprojekts (selektive Suchtprävention). Mit der Personalgestellung unterstütze der Verein nicht unmittelbar die nach der Satzung begünstigten Personen (drogengefährdete Jugendliche). Vielmehr erbringe er sonstige Leistungen an den Entleiher, die den begünstigten Personen allenfalls mittelbar zugutegekommen seien (BFH vom 14.01.2016, Az: V R 56/14, BFH/NV 2016, 792). Darüber hinaus entschied der BFH (a. a. O.), dass entgeltliche Personalgestellungen **auch keine im sozialen Bereich erbrachten Gemeinwohldienstleistungen i. S. d. Art. 132 Abs. 1 Buchst. g MwStSystRL** sind.

27a Das BMF hat mit Schreiben vom 09.02.2016 (Az: III C 3 – S 7130/15/10001IV C 4 – S 0185/15/10001: 001, BStBl I 2016, 223) **für die Veranlagungszeiträume 2014 bis 2018 Billigkeitsmaßnahmen zur steuerlichen Behandlung von Leistungen im Rahmen der Flüchtlingshilfe erlassen.**

Danach soll nicht beanstandet werden, dass umsatzsteuerliche Vorschriften, die auf vergleichbare Leistungen der jeweiligen Einrichtung an andere Leistungsempfänger (z. B. Obdachlose) bereits angewandt werden, **auch auf Leistungen dieser Einrichtung, die der Betreuung und Versorgung von Bürgerkriegsflüchtlingen und Asylbewerbern dienen**, angewendet werden (z. B. Umsatzsteuerbefreiung nach **§ 4 Nr. 18**, 23, 24 bzw. 25 UStG oder Umsatzsteuerermäßigung nach § 12 Abs. 2 Nr. 8 UStG), wenn Entgelte dafür aus öffentlichen Kassen oder von anderen steuerbegünstigten Körperschaften gezahlt werden. Dies solle insbesondere im Hinblick auf die Anwendung des § 4 Nr. 18 UStG gelten, **auch wenn Flüchtlinge nicht ausdrücklich zu dem nach der Satzung etc. des Leistenden begünstigten Personenkreis** gehören. Unter die Steuerbefreiung des § 4 Nr. 18 UStG fallen nach der Billigkeitsregelung auch **Personalgestellungsleistungen zwischen begünstigten Einrichtungen untereinander** zum Zwecke der Flüchtlingshilfe sowie die **Lieferung von Speisen und Getränken in Flüchtlingsunterkünften,** sofern die Einrichtung bereits bisher steuerfreie Mahlzeitendienste erbringt.

Hinsichtlich der umsatzsteuerlichen **Behandlung des Kostenersatzes durch Gebietskörperschaften** an steuerbegünstigte Einrichtungen für den Bezug von Einrichtungsgegenständen und sonstigen Leistungen (z. B. Renovierung von Wohnungen) ist nach der konkreten Ausgestaltung des Sachverhalts wie folgt zu unterscheiden:

- Erfolgt diese **im Rahmen eines Gesamtvertrags** z. B. über die Errichtung und den Betrieb einer Flüchtlingsunterkunft, fallen diese Leistungen aus Billigkeitsgründen insgesamt bei Vorliegen der weiteren Voraussetzungen unter die Steuerbefreiung des § 4 Nr. 18 UStG.
- Bei Vorliegen **einer konkreten Lieferung** z. B. von Möbeln **unabhängig von einem Gesamtbetreibervertrag**, unterliegt diese aber weiterhin nach § 1 Abs. 1 Nr. 1 UStG grundsätzlich der Umsatzsteuer. Eine Steuerbefreiung nach § 4 Nr. 18 UStG scheidet insoweit aus. In diesen Fällen kann unter den Voraussetzungen des § 12 Abs. 2 Nr. 8 UStG die Anwendung des ermäßigten Steuersatzes in Betracht kommen.

2.4 Abstandsgebot

Die Entgelte für die Leistungen müssen hinter denjenigen für vergleichbare Leistungen von Erwerbsunternehmen zurückbleiben (§ 4 Nr. 18 Buchst. c UStG). 28

Ein **Preisvergleich** erfordert vergleichbare Erwerbsunternehmen. Ist danach ein Preisvergleich möglich, sind folgende Parameter zu beachten: 29

- Gleichartigkeit der Art und des Umfangs der Leistungen,
- gleiche Bedingungen, unter denen die Leistungen erbracht werden,
- Zurückbleiben der Entgelte hinter den durchschnittlich für gleichartige Leistungen von Erwerbsunternehmen verlangten Entgelten,
- Nachprüfbarkeit der Faktoren in der Buchführung.

Das in § 4 Nr. 18 S. 1 Buchst. c UStG 1993/1999 geregelte **Abstandsgebot** ist allerdings insofern **gemeinschaftsrechtswidrig**, als es auch **für behördlich genehmigte Preise** i. S. v. Art. 13 Teil A Abs. 2 Buchst. a 3. Gedankenstrich der RL 77/388/EWG (Art. 133 Buchst. c MwStSystRL) gilt (BFH vom 17.02.2009, Az: XI R 67/06, BFH/NV 2009, 869–872). 30

Die nationale Bestimmung des **§ 4 Nr. 18 S. 1 Buchst. c UStG differenziert nicht** zwischen behördlich genehmigten/kontrollierten und frei kalkulierten Preisen. Nur für die zuletzt genannte Fallgruppe sieht Art. 13 Teil A Abs. 2 Buchst. a 3. Gedankenstrich der RL 77/388/EWG allerdings ein Preisabstandsgebot als nationales Wahlrecht vor. 31

Die in § 4 Nr. 18 S. 1 Buchst. c UStG vorgegebene Beschränkung der Umsatzsteuerbefreiung geht somit über den Gestaltungsspielraum hinaus, der den Mitgliedstaaten durch die in Art. 13 Teil A Abs. 2 Buchst. a 3. Gedankenstrich der RL 77/388/EWG vorgesehene Ermächtigung eingeräumt worden ist (Dickopp/van der Boeken, UR 10/2009, 335 (340)). Dieser Auffassung hat sich nunmehr **auch die Finanzverwaltung** angeschlossen (vgl. Abschn. 4.18.1 Abs. 15 UStAE). 32

2.5 Sachleistungen für geleistete Dienste

Beherbergung, Beköstigung und übliche Naturalleistungen, die Personen gewährt werden, die bei der Leistungserbringung i. S. d. § 4 Nr. 18 S. 1 UStG tätig sind, stellen **Sachleistungen** dar, die von der Steuerbefreiung gem. § 4 Nr. 18 S. 2 UStG mit erfasst werden. Maßgeblich für die Steuerbefreiung ist, dass die Sachleistungen neben dem Barlohn **als zusätzlicher Lohn für geleistete Dienste** gewährt werden (vgl. Abschn. 4.18.1 Abs. 7 UStAE). 33

§ 4 Nr. 18a UStG
Steuerbefreiungen: Leistungen zwischen Gliederungen politischer Parteien

Von den unter § 1 Abs. 1 Nr. 1 fallenden Umsätzen sind steuerfrei:

...

18a. die Leistungen zwischen den selbständigen Gliederungen einer politischen Partei, soweit diese Leistungen im Rahmen der satzungsgemäßen Aufgaben gegen Kostenerstattung ausgeführt werden, und sofern die jeweilige Partei nicht gemäß § 18 Absatz 7 des Parteiengesetzes von der staatlichen Teilfinanzierung ausgeschlossen ist;

...

Richtlinien/Hinweise/Verordnungen
MwStSystRL: Art. 132 Abs. 1 Buchst. l.

1 Allgemeines

1.1 Überblick über die Vorschrift

1 § 4 Nr. 18a UStG befreit die Leistungen zwischen den selbständigen Gliederungen einer politischen Partei, soweit diese Leistungen im Rahmen der satzungsmäßigen Aufgaben gegen Kostenerstattung ausgeführt werden. Die Vorschrift dient insbesondere als Rechtsgrundlage für die steuerbefreite Überlassung politischer Informationsmaterialien (vgl. Rn. 10 ff.) und wird als Reaktion des Gesetzgebers auf das BMF-Schreiben vom 01.03.1991 (Az: IV A 2 – S 7104 – 6/91, UR 1991, 117) verstanden, in dem die Unternehmereigenschaft politischer Parteien grundsätzlich festgestellt wurde (Huschens in S/W/R, § 4 Nr. 18a Rn. 1).

1.2 Rechtsentwicklung

Die Vorschrift wurde durch das StÄndG 1992 vom 22.05.1992 (BStBl I 1992, 146) in das UStG eingefügt, und zwar rückwirkend ab dem **01.01.1992**. 2

Mit Wirkung vom 29.07.2017 hat das »Gesetz zum Ausschluss verfassungsfeindlicher Parteien von der Parteienfinanzierung« (Gesetz vom 18.07.2017, BGBl I 2017, 2730) die Vorschrift um den letzten Halbsatz ergänzt.

1.3 Geltungsbereich

1.3.1 Sachlicher Geltungsbereich

Die Vorschrift begünstigt Leistungen, die im Rahmen der satzungsgemäßen Aufgaben einer politischen Partei deren selbständigen Gliederungen (vgl. Rn. 7 ff.) erbracht werden. 3

1.3.2 Persönlicher Geltungsbereich

Die Vorschrift gilt **ausschließlich** für selbständige Gliederungen einer politischen Partei (vgl. Rn. 7). 4

Seit dem 29.07.2017 darf die jeweilige Partei nicht gemäß. § 18 Abs. 7 des Parteiengesetzes von der staatlichen Teilfinanzierung ausgeschlossen sein.

1.3.3 Zeitlicher Geltungsbereich

Die Vorschrift gilt seit dem 01.01.2002 (vgl. Rn. 2). 5

1.4 Gemeinschaftsrechtliche Grundlagen und Verhältnis zu anderen Vorschriften

§ 4 Nr. 18a UStG entspricht den Vorgaben des Art. 132 Abs. 1 Buchst. l MwStSystRL. 6

2 Kommentierung

2.1 Begünstigte Unternehmer

Die Steuerbefreiung gilt ausschließlich für **selbständige Gliederungen einer politischen Partei:** 7

- **Politische Parteien** sind solche i. S. v. § 2 Parteiengesetz.

- Als deren »selbständige Gliederungen« kommen **insbesondere Gebietsverbände** i. S. v. § 7 Parteiengesetz (Landes-, Kreis-, Bezirks- und Ortsverbände) in Betracht (Heidner in Bunjes, § 4 Nr. 18a Rn. 3; Weymüller in S/R, § 4 Nr. 18a Rn. 4).
- Die Partei darf nicht gemäß § 18 Abs. 7 des Parteiengesetzes von der staatlichen Teilfinanzierung ausgeschlossen sein.

8 Die einzelnen Gliederungen einer Partei gelten umsatzsteuerrechtlich als Unternehmer. Ob die Gliederungen rechtlich selbständig sind oder nicht, ist umsatzsteuerlich irrelevant. Einzelne **Mitglieder der Parteien** sind keine »selbständigen Gliederungen« (Weymüller, in S/R, § 4 Nr. 18a Rn. 4).

9 **Andere Großorganisationen** mit selbstständigen Untergliederungen, die etwa im sportlichen, wirtschaftlichen oder kirchlichen Bereichen bestimmte Satzungszwecke erfüllen, sind mit ihren Leistungen grundsätzlich umsatzsteuerpflichtig. Hiergegen werden – m. E. zu Unrecht – teilweise verfassungsrechtliche Bedenken angemeldet (vgl. Huschens, in S/W/R, § 4 Nr. 18a Rn. 2, m. w. N.). Diesen ist – abgesehen von den für unser Verfassungssystem einzigartigen Aufgaben der politischen Parteien – entgegenzuhalten, dass die Entgelte lediglich eine Kostenerstattung darstellen dürfen und die Befreiung den Vorsteuerabzug ausschließt. Die Steuerbefreiung löst daher für die politischen Parteien eher einen verwaltungsmäßigen als einen (unmittelbaren) finanziellen Vorteil aus (so auch Hünnekens in Peter/Burhoff/Stöcker, USt, § 4 Nr. 18a Rn. 3).

2.2 Befreite Umsätze

10 Begünstig sind ausschließlich Leistungen, die sich i. R. d. satzungsgemäßen Aufgaben der betreffenden politischen Partei bewegen. Es handelt sich insbesondere um

- die Lieferung politischen Informationsmaterials,
- Personalgestellungen für die Erfüllung politischer Aufgaben,
- Übernahme von Buchführungsaufgaben etc.

11 Als Kostenerstattung darf das Entgelt nicht über die Selbstkosten hinausgehen, d. h. es darf **keinen Regieaufschlag** (Gewinnzuschlag) enthalten.

12 **Steuerpflichtig** sind alle Leistungen aus dem unternehmerischen Bereich der Parteigliederungen, die die Voraussetzungen des § 4 Nr. 18 UStG nicht erfüllen, weil z. B. der Leistungsempfänger keine »elbständige Gliederung der Partei« ist (z. B. ein Parteimitglied, vgl. Rn. 7 ff.) oder sich das Entgelt nicht mehr im Rahmen eines Kostenersatzes bewegt (Weymüller in S/R, § 4 Nr. 18a Rn. 7).

Beispiel:
Durchführung politischer Veranstaltungen (Wahl- oder Informationsveranstaltungen) gegen Eintrittsgeld; Durchführung geselliger oder unterhaltender Veranstaltungen für die Öffentlichkeit und/oder für Mitglieder gegen Eintrittsgeld einschließlich der Nebenleistungen (Verkauf von Speisen und Getränken, Programmschriften, Tombolalosen etc.); Durchführung von Reiseveranstaltungen gegen Entgelt; Verkauf von Druckschriften, CD und dgl.; Veranstaltung von Verkaufsbasaren (z. B. Secondhandshops); Aufnahme von Inseraten und Parteipublikationen gegen Entgelt; Gewährung von Lizenzen gegen Entgelt.

§ 4 Nr. 19 UStG
Steuerbefreiungen: Umsätze von Blinden und Inhaber anerkannter Blindenwerkstätten

Von den unter § 1 Abs. 1 Nr. 1 fallenden Umsätzen sind steuerfrei:

...

19.

a) **die Umsätze der Blinden, die nicht mehr als zwei Arbeitnehmer beschäftigen. Nicht als Arbeitnehmer gelten der Ehegatte, der eingetragene Lebenspartner, die minderjährigen Abkömmlinge, die Eltern des Blinden und die Lehrlinge. Die Blindheit ist nach den für die Besteuerung des Einkommens maßgebenden Vorschriften nachzuweisen. Die Steuerfreiheit gilt nicht für die Lieferungen von Energieerzeugnissen im Sinne des § 1 Abs. 2 und 3 des Energiesteuergesetzes und von Alkohol im Sinne des Alkoholsteuergesetzes, wenn der Blinde für diese Erzeugnisse Energiesteuer oder Alkoholsteuer zu entrichten hat, und für Lieferungen im Sinne der Nummer 4a Satz 1 Buchstabe a Satz 2,**

b) **die folgenden Umsätze der nicht unter Buchstabe a fallenden Inhaber von anerkannten Blindenwerkstätten und der anerkannten Zusammenschlüsse von Blindenwerkstätten im Sinne des § 226 des Neunten Buches Sozialgesetzbuch: :**

   aa) **die Lieferungen von Blindenwaren und Zusatzwaren,**

   bb) **die sonstigen Leistungen, soweit bei ihrer Ausführung ausschließlich Blinde mitgewirkt haben;**

...

Richtlinien/Hinweise/Verordnungen

UStAE: Abschn. 4.19.1, 4.19.2.

MwStSystRL: Art. 371 Anhang X Teil B Nr. 5.

1 Allgemeines

1.1 Überblick über die Vorschrift

1 Die Rechtsnorm befreit die Umsätze von Blinden, die nicht mehr als zwei Arbeitnehmer beschäftigen, von der USt.

2 Sie befreit auch die Umsätze der Inhaber von anerkannten Blindenwerkstätten sowie die Umsätze der anerkannten Zusammenschlüsse von Blindenwerkstätten i. S. d. § 143 SGB IX von der USt.

1.2 Rechtsentwicklung

3 § 4 Nr. 19 UStG ist zum 01.01.1980 unverändert aus § 4 Nr. 19 UStG 1967/1973 übernommen worden. Die seitdem durchgeführten Änderungen sind eher redaktioneller Art.

4 Änderungen wurden durch das JStG 2007 vom 13.12.2006 (BGBl I 2006, 2878) mit der Neufassung des § 4 Nr. 19 Buchst. a S. 4 UStG (m. W. v. 19.12.2006) vorgenommen. Es handelte sich um eine Anpassung an die Vorschriften des Energiesteuergesetzes. Materiell-rechtliche Änderungen waren mit dieser Anpassung nicht verbunden. Außerdem gilt die Steuerbefreiung nicht für Lieferungen i. S. d. § 4 Nr. 4a S. 1 Buchst. a S. 2 UStG. Dadurch wird die unversteuerte Auslagerung von Gegenständen aus einem Umsatzsteuerlager durch blinde Unternehmer verhindert.

5 Durch Art. 28 Abs. 2 des 2. Gesetz zum Abbau bürokratischer Hemmnisse vom 07.09.2007 (BGBl I 2007, 2246) wurde § 4 Nr. 19 Buchst. b UStG neu gefasst. Die Vorschrift verweist nunmehr für die Blindenwerkstätten auf § 143 SGB IX. Die Neufassung war Folge der Aufhebung des Blindenwarenvertriebsgesetzes und der Neufassung des § 143 SGB IX.

6 Durch das AmtshilfeRLUmsG vom 26.06.2013 (BGBl I, 1809) wurden mit Wirkung vom 30.06.2013 die Wörter »der eingetragene Lebenspartner« eingefügt und damit erreicht, dass auch ein eingetragener Lebenspartner i. S. d. § 1 LPartG nicht als Arbeitnehmer anzusehen ist.

1.3 Geltungsbereich

1.3.1 Sachlicher Geltungsbereich

7 Steuerbefreit sind folgende Leistungen:

- die Umsätze der Blinden, die nicht mehr als zwei Arbeitnehmer beschäftigen, und
- für bestimmte Umsätze, die nicht unter die obige Vorschrift fallenden Inhaber von anerkannten Blindenwerkstätten sowie anerkannter Zusammenschlüsse von Blindenwerkstätten.

1.3.2 Persönlicher Geltungsbereich

8 Die Rechtsnorm befreit Blinde als natürliche Personen sowie Inhaber (natürliche und juristische Personen) von Blindenwerkstätten und die Zusammenschlüsse von Blindenwerkstätten.

1.3.3 Zeitlicher Geltungsbereich

Die Rechtsnorm gilt in den Grundzügen mit ihren Änderungen von 1973, 1999 und 2003 bis heute fort. Durch das AmtshilfeRLUmsG wurde die Vorschrift zuletzt geändert. Die geänderte Rechtsnorm gilt seit dem 30.06.2013 (vgl. Rn. 6). 9

1.4 Gemeinschaftsrechtliche Grundlagen und Verhältnis zu anderen Vorschriften

§ 4 Nr. 19 UStG beruht auf **Art. 371 i. V. m. Anh. X Teil B Nr. 5 MwStSystRL**. Danach dürfen die Mitgliedstaaten für eine – bislang noch nicht begrenzte – Übergangszeit weiterhin von der Steuer befreien: »Umsätze der Blinden oder Blindenwerkstätten, wenn ihre Befreiung keine erheblichen Wettbewerbsverzerrungen verursacht«. 10

Liegen für die Lieferungen durch einen in § 4 Nr. 19 Buchst. a UStG genannten Unternehmer auch die Voraussetzungen einer Ausfuhrlieferung (§ 4 Nr. 1 Buchst. a, § 6 UStG) bzw. einer innergemeinschaftlichen Lieferung (§ 4 Nr. 1 Buchst. b, § 6a UStG) vor, **geht die Steuerbefreiung des § 4 Nr. 19 Buchst. a UStG** diesen Steuerbefreiungen **vor**, vgl. Abschn. 4.19.1 Abs. 4 und 4.19.2 Abs. 3 UStAE. 11

2 Allgemeine Tatbestandsmerkmale

2.1 Umsätze der Blinden, die nicht mehr als zwei Arbeitnehmer beschäftigen

Die Umsätze der Blinden sind umsatzsteuerfrei, wenn sie nicht mehr als zwei Arbeitnehmer beschäftigen. Dabei kommt es grundsätzlich nicht auf die Art der Umsätze an, sodass auch die den Lieferungen und sonstigen Leistungen gleichgestellten unentgeltliche Wertabgaben darunter fallen. 12

Ausgenommen von der Befreiung sind Lieferungen von Mineralöl und Branntwein, wenn Blinde hierfür Mineralölsteuer oder Branntweinsteuer entrichten müssen. **Nicht befreit** sind ferner die **Lieferungen** i. S. v. § 4 Nr. 4a S. 1 Buchst. a S. 2 UStG; dabei handelt es sich um Lieferungen, die dazu führen, **dass ein sich in einem Umsatzsteuerlager befindlicher Gegenstand ausgelagert wird**. Die Ausschlussregelung verhindert **die unversteuerte Auslagerung** (eine solche liegt vor, wenn ein in ein Umsatzsteuerlager eingelagerter Gegenstand tatsächlich aus diesem Lager endgültig herausgenommen wird) von Gegenständen aus einem Steuerlager durch Blinde. 13

Die Steuerbefreiung kann nur von **Unternehmern** in Anspruch genommen werden, **die selbst blind sind**. Begünstigt sind daher nur **Einzelunternehmer** (natürliche Personen). Der Unternehmer hat die Blindheit nach ertragsteuerlichen Grundsätzen nachzuweisen. Das bedeutet, der Unternehmer hat den Nachweis seiner Behinderung wie für Zwecke der Pauschbeträge für behinderte Menschen, Hinterbliebene und Pflegepersonen gemäß § 33b EStG i. V. m. § 65 EStDV zu führen. 14

15 Die Steuerbefreiung verlangt neben den persönlichen Voraussetzungen des Unternehmers, dass er nicht mehr als **zwei Arbeitnehmer** beschäftigt.

16 Die Voraussetzung »nicht mehr als zwei Arbeitnehmer« gilt für Hilfskräfte, die auch sehend sein können. Nicht zu den Arbeitnehmern in diesem Sinne zählen Lehrlinge, minderjährige Abkömmlinge des Blinden, der Ehegatte, der eingetragene Lebenspartner und die Eltern. Das gilt auch dann, wenn diese Personen im Betrieb des Blinden mitarbeiten und wie Arbeitnehmer in einem Dienstverhältnis stehen und für ihre Tätigkeit Arbeitslohn beziehen. Unerheblich ist, ob die genannten Personen im Haushalt des Unternehmers leben.

2.2 Umsätze von anerkannten Zusammenschlüssen von Blindenwerkstätten und Inhabern solcher Werkstätten

17 Steuerfrei sind auch bestimmte Umsätze, die ein Inhaber von anerkannten Blindenwerkstätten ausführt. Bei dem Inhaber darf es sich allerdings nicht um eine blinde Person handeln, weil dann die Voraussetzungen des § 4 Nr. 19 Buchst. a UStG gelten. Ebenso von der USt befreit sind auch Zusammenschlüsse von anerkannten Blindenwerkstätten mit bestimmten begünstigten Umsätzen. Bei den Blindenwerkstätten bzw. Zusammenschlüssen handelt es sich in aller Regel um Unternehmen von sehenden Personen. Bedingung für die Steuerbefreiung ist jedoch, dass diese Werkstätten nach § 5 Abs. 1 Blindenwarenvertriebsgesetz in der bis zum 13.09.2007 geltenden Fassung als solche anerkannt sind. Bei den Blindenwerkstätten muss es sich um Betriebe handeln, in denen ausschließlich Blindenwaren hergestellt und in denen sehende Personen nur mit den notwendigen Hilfs- und Nebenarbeiten beschäftigt werden. Zusammenschlüsse (Vereinigungen) von Blindenwerkstätten sind begünstigt, wenn deren Zweck ausschließlich auf den Vertrieb von Blindenwaren und Zusatzwaren sowie auf den gemeinsamen Ankauf von Rohstoffen gerichtet ist. Steuerbefreit sind hierbei ausschließlich die Lieferung (und ihnen entsprechende unentgeltliche Wertabgaben) von Waren, die als Blindenwaren und Zusatzwaren i. S. v. § 2 Blindenwarengesetz-DV in der bis zum 13.09.2007 gültigen Fassung, gelten. Ebenso von der USt befreit sind sonstige Leistungen dieser Einrichtungen, wenn bei ihrer Ausführung ausschließlich blinde Menschen mitgewirkt haben. Neue Blindenwerkstätten werden in der Regel als Werkstätte für behinderte Menschen nach § 142 SGB IX anerkannt. Sie müssen jedoch die Voraussetzungen erfüllen, die das Blindenwarenvertriebsgesetz in der bis zum 13.09.2007 gültigen Fassung gefordert hat (vgl. auch Abschn. 4.19.2 Abs. 2 UStAE).

§ 4 Nr. 20 UStG
Steuerbefreiungen: Einrichtungen der öffentlichen Hand

Von den unter § 1 Nr. 1 fallenden Umsätzen sind steuerfrei:

...

20.

a) die Umsätze folgender Einrichtungen des Bundes, der Länder, der Gemeinden oder der Gemeindeverbände: Theater, Orchester, Kammermusikensembles, Chöre, Museen, botanische Gärten, zoologische Gärten, Tierparks, Archive, Büchereien sowie Denkmäler der Bau- und Gartenbaukunst. Das Gleiche gilt für die Umsätze gleichartiger Einrichtungen anderer Unternehmer, wenn die zuständige Landesbehörde bescheinigt, dass sie die gleichen kulturellen Aufgaben wie die in Satz 1 bezeichneten Einrichtungen erfüllen. Steuerfrei sind auch die Umsätze von Bühnenregisseuren und Bühnenchoreographen an Einrichtungen im Sinne der Sätze 1 und 2, wenn die zuständige Landesbehörde bescheinigt, dass deren künstlerische Leistungen diesen Einrichtungen unmittelbar dienen. Museen im Sinne dieser Vorschrift sind wissenschaftliche Sammlungen und Kunstsammlungen,

b) die Veranstaltung von Theatervorführungen und Konzerten durch andere Unternehmer, wenn die Darbietungen von den unter Buchstabe a bezeichneten Theatern, Orchestern, Kammermusikensembles oder Chören erbracht werden;

...

Literatur
Huschens, Befreiungsvorschriften, Anwendung des Reverse-Charge-Verfahrens – Änderungen des UStG durch das AmtshilfeRLUmsG, NWB 2013, 2214. **Kohlhaas**, Konzertveranstaltungen zukünftig immer umsatzsteuerfrei?, DStR 2007, 138.

Verwaltungsanweisungen
OFD Saarbrücken vom 17.05.1993, Az: S 7177 – 11 – St 241, UR 1994, 90.
OFD Düsseldorf vom 13.11.2003, Az: S 7177, UR 2004, 43.
OFD Nürnberg vom 14.04.2004, Az: S 7177 – 53/St 43, UStB 2004, 383.
OFD Erfurt vom 20.10.2004, Az: S 7177 A – 08 – L 243, UStB 2005, 10.
FinMin Nordrhein-Westfalen vom 13.06.2005, Az: S 7238 – 2 – VA4, UStB 2005, 265.
OFD Koblenz vom 27.12.2006, Az: S 7177 A – St 44 2, UR 2007, 315.
OFD Frankfurt a. M. vom 23.01.2007, Az: S 7177 A – 12 – St 112, UR 2007, 468.
OFD Koblenz vom 01.07.2008, Az: S 7177 A – St 44 2, UR 18/2008, 710.
OFD Frankfurt a. M. vom 08.10.2008, Az: S 7110 A – 2/86 – St 110.
OFD Frankfurt a. M. vom 17.10.2008, Az: S 7177 A – 28 – St 112, UR 2009, 287.
BMF vom 20.08.2012, Az: IV D 3 – S 7177/07/10001-02, BStBl I 2012, 877.
FinMin Sachsen-Anhalt vom 27.04.2015, Az: 42-S 7177-30, USt-Kartei ST § 4 Nr 20 UStG Karte 2.
BMF vom 14.03.2016, Az: IV A 2 – O 2000/15/10001, 2016/0210799, BStBl I 2016, 290.
Hinweis: Zur Problematik der zeitlichen Geltungsdauer von BMF-Schreiben vgl. Einführung UStG, Rz. 100 ff.

Richtlinien/Hinweise/Verordnungen
UStAE: Abschn. 4.20.1–4.20.5.
MwStSystRL: Art. 132 Abs. 1 Buchst. n und o, Abs. 2.

1 Allgemeines

1.1 Überblick über die Vorschrift/Gesetzeszweck

1 **§ 4 Nr. 20 UStG bezweckt**, die hier genannten Umsätze der ohnehin regelmäßig zuschussbedürftigen **Einrichtungen der öffentlichen Hand finanziell zu entlasten** und die Besucher vor steuerbedingten Preiserhöhungen zu schützen (BFH vom 26.04.1995, Az: XI R 20/94, BStBl II 1995, 519). Überdies scheint fraglich, ob steuerbedingte Preiserhöhungen überhaupt durchzusetzen sind und in der Folge gewährte Subventionen aufgestockt werden müssten. Dies zu verhindern, ist nach Ansicht des Gesetzgebers Zweck des § 4 Nr. 20 UStG (vgl. BT-Drucks. V/1581 Ziff. 4d). Die Steuerbefreiung führt nach § 15 Abs. 2 Nr. 1 UStG zum Verlust des Vorsteuerabzugs; eine Option nach § 9 UStG ist nicht möglich.

2 Steuerfrei sind Umsätze
- von Gebietskörperschaften oder vergleichbaren Einrichtungen als Träger der genannten Einrichtungen;
- begünstigt sind nur solche Umsätze, die eng mit dem Betrieb der betreffenden Einrichtungen zusammenhängen, also für sie typisch sind.

3 Veranstalten andere als die in Buchst. a genannten Unternehmer Theatervorführungen oder Konzerte, sind diese Umsätze steuerfrei, wenn die Darbietungen von den begünstigten Einrichtungen erbracht werden.

1.2 Geltungsbereich

1.2.1 Persönlicher Geltungsbereich

Begünstigt sind die in § 4 Nr. 20 UStG genannten Gebietskörperschaften, die für die in § 4 Nr. 20 UStG genannten Umsätze einen **Betrieb gewerblicher Art** unterhalten. Zum Begriff des Betriebs gewerblicher Art vgl. § 2 Rn. 36. 4

Andere Träger sind nach § 4 Nr. 20 Buchst. a S. 2 und S. 3 UStG nur befreit, wenn eine **Bescheinigung der zuständigen Landesbehörde** über die Vergleichbarkeit mit den o. a. Einrichtungen, bzw. eine Bescheinigung darüber vorliegt, dass die künstlerischen Leistungen von Bühnenregisseuren und Bühnenchoreographen den o. a. Einrichtungen unmittelbar dienen (dazu vgl. Rn. 36). 5

1.2.2 Sachlicher Anwendungsbereich

Die Gebietskörperschaft muss im Besitz der wesentlichen Grundlagen zum Betrieb der betreffenden Einrichtungen sein (z. B. technisches Personal, ein Ensemble, technische Vorrichtungen etc.), d. h. die Umsätze mit eigenen Kräften ausführen können, wobei eine gelegentliche Einschaltung fremder Kräfte nicht schadet. 6

1.2.3 Zeitlicher Anwendungsbereich

Kulturelle Einrichtungen werden bereits seit 1926 von der Umsatzsteuer befreit. Die Vorschrift wurde im Laufe der Jahre immer wieder erweitert. Die derzeit geltende Fassung gilt seit dem UStG 1980, die den Anwendungsbereich auf Kammermusikensembles und Chöre erstreckt. 7

Durch Art. 4 Nr. 6 des Jahressteuergesetzes 2010 (BGBl I 2010, 1768) wurde § 4 Nr. 20 Buchst. a S. 3 UStG eingeführt, der für Bescheinigungen nach § 4 Nr. 20 Buchst. a S. 2 UStG, die für Feststellungsbescheide geltenden Verjährungsregeln für anwendbar erklärt. Durch Art. 10 Nr. 3 Buchst. d des Amtshilferichtlinie-Umsetzungsgesetz (AmtshilfeRLUmsG) vom 26.06.2013, BGBl I 2013, 1809 wurde die Steuerbefreiung nach § 4 Nr. 20 S. 3 UStG um die Umsätze von Bühnenregisseuren und Bühnenchoreografen ergänzt. Die Änderung trat am 01.07.2013 in Kraft (Art. 31 Abs. 4 AmtshilfeRLUmsG). Zuletzt mit Art. 4 Buchst. b Gesetz zur Anpassung der Abgabenordnung an den Zollkodex der Union und zur Änderung weiterer steuerlicher Vorschriften vom 22.12.2014 (BGBl I 2014, 2417 – ZKAnpG), wurde § 4 Nr. 20 Buchst. a Satz 4 UStG (AmtshilfeRLUmsG: ab 01.07.2013 Satz 4/bis 30.06.2013 Satz 3) mit Wirkung vom 31.12.2014 aufgehoben. 8

1.3 Gemeinschaftsrechtliche Grundlagen und Verhältnis zu anderen Vorschriften

Art. 132 Abs. 1 Buchst. n der MwSystRL (Art. 13 Teil A Abs. 1 Buchst. n der 6. EG-RL) enthält Steuerbefreiungen – ohne Vorsteuerabzug – für bestimmte kulturelle Dienstleistungen und damit eng verbundenen Lieferungen von Gegenständen, die von Einrichtungen des öffentlichen Rechts oder von anderen von dem betreffenden EU-Mitgliedstaat anerkannten Einrichtungen erbracht 9 werden. Welche Leistungen von der Steuer befreit werden können, lässt die RL ausdrücklich offen. Insoweit hat die Bundesrepublik Deutschland von dem großen Freiheitsspielraum Gebrauch gemacht und für bestimmte Umsätze ein Bescheinigungsverfahren vorgeschrieben. Im Gegensatz zu § 12 Abs. 2 Nr. 7 Buchst. a UStG (Steuerermäßigung für bestimmte Leistungen von Solokünstlern) ist § 4 Nr. 20 UStG nicht durch das EU-Richtlinienumsetzungsgesetz vom 26.11.2004 (BT-Drucks. 15/4050) an die EuGH-Rechtsprechung angepasst worden.

10 Zum Begriff der Einrichtung: vgl. § 4 Nr. 17 Rn. 7 und vgl. § 4 Nr. 18 Rn. 8. Unter den Begriff der Einrichtung fallen jedenfalls auch Solisten und Dirigenten (vgl. Rn. 26).

11 Unter die Steuermäßigung des § 12 Abs. 2 Nr. 7 Buchst. a UStG fallen nur solche Umsätze, die nicht bereits nach § 4 Nr. 20 UStG befreit sind. Der Unternehmer hat insoweit kein Wahlrecht.

12 Unter die Befreiungsvorschrift des § 4 Nr. 20 UStG fallen **grundsätzlich auch** damit verbundene **Nebenleistungen. Allerdings schränkt Art. 134 MwStSystRL diesen Grundsatz** mit Blick auf Art. 132 Abs. 1 Buchst. n der MwStSystRL dahingehend **ein**, dass die Steuerbefreiung für die Lieferung von Gegenständen und Dienstleistungen dann ausgeschlossen ist, wenn sie für die Umsätze, für die die Umsatzsteuerbefreiung gewährt wird, **nicht unerlässlich** sind und im Wesentlichen dazu bestimmt sind, der Einrichtung zusätzliche Einnahmen durch Umsätze zu verschaffen, die in **unmittelbarem Wettbewerb** mit Umsätzen von der Mehrwertsteuer unterliegenden gewerblichen Unternehmen bewirkt werden.

2 Kommentierung

2.1 Die Tatbestandsmerkmale (Übersicht)

13 Von den unter § 1 Abs. 1 Nr. 1 UStG fallenden Umsätzen sind die Umsätze von Gebietskörperschaften (oder vergleichbarer Unternehmer – wenn eine Bescheinigung der zuständigen Landesbehörde über die Vergleichbarkeit vorgelegt wird) auf kulturellem Gebiet mit den in Nr. 20 aufgezählten Einrichtungen steuerfrei.

2.2 Begünstigte Einrichtungen

14 Träger der betreffenden Einrichtungen müssen **Gebietskörperschaften oder vergleichbare Institutionen** sein. Vgl. Rn. 4.

2.3 Theaterumsätze

15 Die **Theaterumsätze** umschreibt Abschn. 4.20.1 Abs. 1 UStAE. Es handelt sich um Einrichtungen, die unmittelbar der darstellenden Kunst einschließlich des Musiktheaters dienen. Bei dem Begriff des Theaters handelt es sich nach allgemeinem Sprachgebrauch um einen Sammelbegriff für alle für Publikum bestimmte Aufführungen eines in Szene gesetzten Geschehens. Ein Theater i. S. d. § 4 Nr. 20 Buchst. a UStG zeichnet sich nach Auffassung des BVerwG dadurch aus, dass es sich in

der Regel an eine unbestimmte Zahl von Zuschauern wendet und die Aufgabe hat, der Öffentlichkeit Theaterstücke in künstlerischer Form nahezubringen (BVerwG vom 31.07.2008, Az: 9 B 80/07, UR 2009, 25–27). So nun auch Abschn. 4.20.1 Abs. 1 S. 1 UStAE. Die Begünstigung greift dabei unabhängig davon, ob es sich um Aufführungen für elektronische Medien – unmittelbare Übertragung oder Aufzeichnung im Fernsehstudio – handelt (Abschn. 4.20.1 Abs. 1 S. 5).

Angesichts der kulturellen Vielfalt kann es im Einzelfall schwierig sein, Theatervorführungen i. S. d. § 4 Nr. 20 Buchst. a UStG zu bejahen. 16

Die Klärung des Begriffs der **Theatervorführung** bedarf der Einzelfallprüfung. Nach Auffassung der Finanzverwaltung gehören zu den Theatern auch Freilichtbühnen, Wanderbühnen, Zimmertheater, Heimatbühnen, Puppen-, Marionetten- und Schattenspieltheater sowie literarische Kabaretts (vgl. Abschn. 4.20.1 Abs. 2 S. 1 UStAE). Nicht begünstigt sein sollen danach jedoch Varietés, Zirkusunternehmen und ähnliche Veranstaltungen der **Kleinkunst**, wobei die Grenzen zwischen Varieté und Theater mitunter fließend sind (vgl. Abschn. 4.20.1. Abs. 2 S. 2 UStAE). 17

Nach hier vertretener Auffassung kann die Einstufung als Veranstaltung mit unterhaltendem Charakter (Varieté etc.) einer **Qualifizierung als Theateraufführung nicht entgegenstehen**. Der Effekt (Darbietung an ein Publikum) ist bei beiden Aufführungsformen Ziel jeder Theateraufführung; das Publikum soll jeweils unterhalten werden. Auch könnte man Musicals und Operetten ebenfalls als Varieté einstufen. Es fehlt an Abgrenzungsmerkmalen, wie sich eine Aufführung überwiegend unterhaltenden Charakters von anderen Aufführungen unterscheidet. Weder dem Gesetz noch dessen Begründung lassen sich dazu Anhaltspunkte entnehmen. 18

In der Begründung des Gesetzentwurfs zur Änderung des Umsatzsteuergesetzes im Jahr 1961, mit welchem die Steuerbefreiung auch für Theater anderer Unternehmer eingeführt wurde, ist ausgeführt, dass die Umsatzsteuerbefreiung aus Gründen der Gleichmäßigkeit der Besteuerung auf private Theater ausgedehnt wird (BT-Drucks. 3/2402, 10). Ein besonderes Qualitätsmoment der Befreiungsvorschrift (die mit Einführung der Mehrwertsteuer – UStG vom 29.05.1967, BGBl I 1967, 545 – beibehalten worden ist) dergestalt, dass nur professionelles Theater von der Umsatzsteuer befreit werden dürfte, ist der Gesetzesbegründung hingegen nicht zu entnehmen (vgl. auch BVerwG vom 31.07.2008, Az: 9 B 80/07, UR 2009, 25–27). 19

Damit können auch **nicht »klassische« Aufführungen** in den Anwendungsbereich des § 4 Nr. 20 Buchst. a UStG fallen. Solange es keine anderslautenden eindeutigen Vorschriften gibt, ist der Begriff der Theateraufführung weit auszulegen. Die kulturelle Förderung kann sich nicht nach dem »Niveau« oder der »Werthaltigkeit« der Aufführung richten. 20

Die von einem **selbständig tätigen Regisseur** gegenüber einem Theater erbrachten Regieleistungen sind allerdings nicht nach § 4 Nr. 20 Buchst. a UStG von der Umsatzsteuer befreit (BFH vom 04.05.2011, XI R 44/08 (V), DStR 2011, 1222). Auch wenn die Tätigkeit zweifelsfrei Vorbedingung für Theater i. S. d. § 4 Nr. 20 Buchst. a UStG sei, so trete er jedoch nicht selbst auf der Bühne auf. Das Auftreten der von ihm geleiteten Schauspieler und Sänger ist dem Regisseur jedoch nicht zuzurechnen. Durch Art. 10 Nr. 3 Buchst. d AmtshilfeRLUmsG wurde zur Schaffung von Rechtsklarheit nunmehr die **Ergänzung der Steuerbefreiungsnorm des § 4 Nr. 20 Buchst. a S. 3 UStG um die Leistungen der Bühnenregisseure und Bühnenchoreografen** in die Steuerbefreiungsvorschrift aufgenommen. Die Steuerbefreiung für diese Leistungen sei geboten, da diese für die Inszenierung prägend und wesentlich seien, indem sie auf die Gestaltfindung der künstlerischen Darstellung Einfluss nehmen. Die Theateraufführung wäre ohne den Bühnenregisseur, der wie der Bühnenchoreograf – als Regisseur der Tänzer – den Charakter der Vorstellung in künstlerischer und kreativer Hinsicht wesentlich prägt, nicht vorstellbar (Huschens, NWB 2013, 2214). 21

Werden mehrere Veranstalter tätig, steht jedem von ihnen die Steuerbefreiung zu – sofern er die Voraussetzungen des § 4 Nr. 20 UStG erfüllt (vgl. Abschn. 4.20.1 Abs. 4 UStAE). 22

Auch die mit der Theaterleistung typischerweise zusammenhängenden **Nebenleistungen** sind steuerbefreit (Abschn. 4.20.1 Abs. 3 S. 3 UStAE nennt z. B. Garderobe, Verkauf von Programmen, 23

Vermietung von Operngläsern). Die Abgabe von Speisen und Getränken bei Theatervorführungen ist **keine** nach § 4 Nr. 20 Buchst. a UStG **steuerbefreite Nebenleistung** (Abschn. 4.20.1 Abs. 3 S. 4 UStAE unter Berufung auf BFH vom 14.05.1998, Az: V R 85/97, BStBl II 1999, 145, vom 21.04.2005, Az: V R 6/03, BStBl II 2005, 899, und vom 18.08.2005, Az: V R 20/03, BStBl II 2005, 910). In diesem Sinne hat der BFH auch für die **Abgabe von Speisen und Getränken** in einem Musical-Theater entschieden (BFH vom 18.08.2005, Az: V R 20/03, BStBl II 2005, 901). Der **Betrieb einer Theatergaststätte** und die Vermietung oder Verpachtung eines Theaters oder eines Nebenbetriebes, z. B. Gaststätte, Kleiderablage, sind ebenfalls **steuerpflichtig**, sofern nicht besondere Befreiungsvorschriften, z. B. § 4 Nr. 12 UStG, anzuwenden sind (Abschn. 4.20.1 Abs. 3 S. 6 UStAE). Unzählige Varieté-Veranstalter verbinden ihre Darbietungen mittlerweile mit »kulinarischen Genüssen, Gaumenfreuden, Feinschmeckermenüs« oder veranstalten »Dinnershows«. Die Finanzverwaltung sieht solche Veranstaltungen, bei denen **kulinarische und künstlerische Elemente untrennbar gleichwertig nebeneinander angeboten werden** und aus Sicht des Durchschnittsverbrauchers gerade dieses Kombinationserlebnis im Vordergrund steht, nun als eine einheitliche sonstige Leistung eigener Art an, welche dem allgemeinen Steuersatz nach § 12 Abs. 1 UStG unterliegen (vgl. Abschn. 4.20.1 Abs. 3 S. 5 UStAE).

24 Die Umsätze eines Theaters durch die **Gestellung von Personal und/oder die Herstellung/ Umarbeitung von Kostümen, Requisiten und Bühnenbildern** für ein anderes Theater sind nach § 4 Nr. 20 Buchst. a UStG hingegen steuerfreie Dienstleistungen und/oder steuerfreie Lieferungen von Gegenständen (FG Rheinland-Pfalz vom 11.04.2003, Az: 3 K 2834/00, EFG 2003, 1736, nrkr., Az des BFH: V R 57/03). Das BFH-Verfahren wurde allerdings für erledigt erklärt (vgl. BFH vom 14.02.2006, Az: V R 57/03 [NV], BFH/NV 2006, 1121), so dass die Rechtsauffassung des FG Rheinland-Pfalz als maßgebend anzusehen ist.

2.4 Orchester, Kammermusikensembles und Chöre

25 Eine gesetzliche Definition der Begriffe **dieser** Einrichtungen fehlt. Dem Sprachgebrauch nach stellt das **Orchester** einen Klangkörper dar, der aus mehreren Instrumenten zusammengesetzt ist. Diese Voraussetzungen erfüllen alle Musiker- und Gesangsgruppen, die aus zwei oder mehr Mitwirkenden bestehen. Auf die Art der Musik kommt es nicht an (Abschn. 4.20.2 Abs. 1 S. 4 UStAE). Unter die Befreiungsvorschrift fällt die **eigentliche künstlerische Leistung** (z. B. Veranstaltung von Konzerten) **und** damit eng verbundene Lieferungen, d. h. **üblicherweise damit verbundene Nebenleistungen** (z. B. Aufbewahrung der Garderobe, Programmverkauf). Für die (eng verbundene) Lieferungen von Gegenständen ist nach Art. 134 MwStSystRL die Steuerbefreiung jedoch dann ausgeschlossen, wenn sie für die Umsätze, für die die Umsatzsteuerbefreiung gewährt wird (die eigentliche künstlerische Leistung der Orchester, Kammermusikensembles oder Chöre), nicht unerlässlich sind und im Wesentlichen dazu bestimmt sind, der Einrichtung zusätzliche Einnahmen durch Umsätze zu verschaffen, die in unmittelbarem Wettbewerb mit Umsätzen von der Mehrwertsteuer unterliegenden gewerblichen Unternehmen bewirkt werden. Nach Verwaltungsauffassung soll daher der **Verkauf von Tonträgern** nicht zu den (steuerbefreiten) Nebenleistungen gehören (vgl. OFD Frankfurt a. M. vom 17.10.2008, Az: S 7177 A – 28 – St 112, UR 2009, 287).

26 Die Mitwirkung von **Solisten** bei der Konzertaufführung schließt die Steuerbefreiung nicht aus, wenn der Gesamtcharakter der Darbietung als Konzert erhalten bleibt. Die Steuerbefreiung kommt bei Vorliegen der Voraussetzungen auch für **Solisten** und **Dirigenten** zur Anwendung (vgl. Abschn. 4.20.2 Abs. 1 S. 2 UStAE; OFD Erfurt vom 20.10.2004, Az: S 7177 A – 08 – L 243, UStB 2005, 10; OFD Düsseldorf vom 13.11.2003, Az: S 7177, UStB 2004, 118; FinMin NRW vom

13.06.2005, Az: S 7238 – 2 – VA4, UStB 2005, 265). Insoweit folgt die Finanzverwaltung der Rechtsprechung des EuGH. Mit Urteil vom 03.04.2003 hat der EuGH (EuGH vom 03.04.2003, Rs. C-144/00 Hoffmann, BStBl II 2003, 679) dahingehend entschieden, dass die Steuerbefreiung in **Art. 132 Abs. 1 Buchst. n und o, Abs. 2 MwStSystRL** auch für kulturelle Leistungen von Solisten gilt; diese können aufgrund des Grundsatzes der Neutralität von den Mitgliedstaaten nicht von einer Steuerbefreiung ausgeschlossen werden, die für die gleichen von Gruppen erbrachten Leistungen gilt (vgl. auch Vellen, UStB 2003, 159; Raudszus, UStB 2003, 249). Art. 132 Abs. 1 Buchst. n und o, Abs. 2 MwStSystRL (Art. 13 Teil A Abs. 1 Buchst. n der 6. EG-RL) ist somit dahin auszulegen, dass der **Begriff der »anderen ... anerkannten Einrichtungen« als Einzelkünstler auftretende Solisten nicht ausschließt** (vgl. EuGH vom 03.04.2003, Rs. C-144/00, Hoffmann, BStBl II 2003, 679). In Anschluss an das EuGH-Urteil vom 03.04.2003 (Rs. C-144/00, Hoffmann, BStBl II 2003, 679) folgt der BFH in seinem Urteil vom 18.02.2010 (Az: V R 28/08, BStBl II 2010, 876; vgl. auch Abschn. 4.20.2 Abs. 1 S. 3 UStAE) nun der Auffassung, dass ein Orchestermusiker als Unternehmer gegenüber dem Orchester, in dem er tätig ist, nach Art. 13 Teil A Abs. 1 Buchst. n der MwStSystRL umsatzsteuerfreie kulturelle Leistungen erbringen kann und hält an seiner bisherigen Rechtsprechung (BFH vom 24.02.2000, Az: V R 23/99, BStBl II 2000, 302), dass die durch Einzelmusiker erbrachten Leistungen zwingend steuerpflichtig sind, nicht mehr fest. Für die Steuerbefreiung von **Dirigenten und Chorleitern** hat das FG Rheinland-Pfalz (Urteil vom 06.05.2008, Az: 6 K 1666/06, rkr., DStRE 22/2008, 1392) mit Blick auf die nach § 4 Nr. 20 Buchst. a S. 2 UStG erforderliche Bescheinigung entschieden, dass der Unternehmer (Dirigent) selbst für den betreffenden Besteuerungszeitraum eine Bescheinigung der für kulturelle Angelegenheiten zuständigen Landesbehörde besitzen muss. Danach ist nicht eine Bescheinigung für jeden einzelnen Chor des Dirigenten erforderlich, sondern die kulturelle Dienstleistung muss in der Person des Dirigenten erfüllt sein, um die Steuerfreiheit zu gewähren (so auch die Verwaltungsauffassung, vgl. OFD Koblenz vom 01.07.2008, Az: S 7177 A – St 44 2, UR 18/2008, 710). Ein Vorsteuerabzug ist insoweit ausgeschlossen.

Begünstigt werden auch Aufführungen, die **durch Rundfunk oder Fernsehsender aufgezeichnet** werden, denn insoweit stellen die Medien lediglich die Verbindung zwischen Künstler und Publikum her. 27

2.5 Museen und Denkmäler der Bau- und Gartenbaukunst

Museen sind nach der Legaldefinition des § 4 Nr. 20 Buchst. a S. 4 UStG **wissenschaftliche Sammlungen** (d. h. solche, die nach wissenschaftlichen Gesichtspunkten zusammengestellt sind; Abschn. 4.20.3 Abs. 1 S. 1 UStAE) und **Kunstsammlungen**. 28

Denkmäler der Baukunst sind Bauwerke, die nach denkmalpflegerischen Aspekten schützenswerte Zeugnisse der Architektur darstellen, wie z. B. Kirchen, Schlösser, Burgen, ohne dass es dabei auf eine künstlerische Ausgestaltung dieser Bauwerke ankommt (vgl. Abschn. 4.20.3 Abs. 4 S. 1 und 2 UStAE). 29

Denkmäler der Gartenbaukunst setzen hingegen die künstlerische Ausgestaltung der Anlage voraus (vgl. Abschn. 4.20.3 Abs. 4 S. 4 UStAE, z. B. Parkanlage mit künstlerischer Ausgestaltung). 30

Nicht zu den begünstigten Museen und Denkmälern i. S. d. § 4 Nr. 20 Buchst. a UStG zählen hingegen **Naturdenkmäler** (alte Bäume, Tropfsteinhöhlen, Wasserfälle etc.). 31

2.6 Zoologische Gärten und Tierparks

32 **Zoologische Gärten** und **Tierparks** dienen typischerweise der **Zurschaustellung von Tieren**. Zu den begünstigten Einrichtungen gehören auch Aquarien und Terrarien, nicht hingegen sog. **Vergnügungsparks**, auch wenn es sich um **Delphinarien** handelt, die auf dem Gelände zoologischer Gärten/Tierparks betrieben werden (vgl. Abschn. 4.20.4 Abs. 1 S. 1 UStAE).

33 Von der Steuerbefreiung umfasst sind nur die **»typischen Umsätze«** der Zoologischen Gärten und Tierparks, wie insbesondere die Zurschaustellung von Tieren (vgl. im Einzelnen Aufzählung in Abschn. 4.20.4 Abs. 2 UStAE). **»Nicht typische Umsätze«**, wie z.B. das Betreiben von Gaststätten etc., sind dagegen nicht steuerbefreit (vgl. Abschn. 4.20.4 Abs. 3 UStAE).

2.7 Archive und Büchereien

34 **Archive** sind dem Sprachgebrauch nach Einrichtungen zur systematischen Erfassung, Ordnung, Verwahrung, Verwaltung und Verwertung von Schrift-, Bild- und Tonschriftgut von allgemeinem Interesse. Als **Büchereien** werden planmäßige Büchersammlungen bezeichnet, welch die Nutzung gegen Entgelt zur Verfügung stellen.

35 Die **Anfertigung von Fotokopien** stellt ebenso wie die Rückforderung nach Ablauf der Ausleihfrist eine **unselbständige Nebenleistung** dar und ist daher ebenfalls steuerbefreit.

2.8 Bescheinigungsverfahren

36 Ist nicht eine Gebietskörperschaft der Unternehmer, bedarf es gem. § 4 Nr. 20 Buchst. a S. 2 UStG der **Bescheinigung der zuständigen Landesbehörde**, dass der Unternehmer mit der Einrichtung die gleichen kulturellen Aufgaben erfüllt wie die Gebietskörperschaft. Handelt es sich bei dem Unternehmer um einen Bühnenregisseur oder Bühnenchoreografen, erfordert § 4 Nr. 20 Buchst. a S. 3 UStG eine **Bescheinigung der zuständigen Landesbehörde** darüber, dass die künstlerische Leistung den § 4 Nr. 20 Buchst. a S. 1 UStG genannten Einrichtungen unmittelbar dient. Die Bescheinigung – ein Verwaltungsakt – ist materiell-rechtliche Voraussetzung für die Steuerbefreiung (BFH vom 16.08.1993, Az: V B 47/93, BFH/NV 1994, 278). Die Bescheinigungsverfahren richten sich nach den Landesverwaltungsverfahrensgesetzen.

37 Der Begriff der **»gleichen kulturellen Aufgaben«** ist ein unbestimmter Rechtsbegriff. Weder der Wortlaut noch Sinn und Zweck des Gesetzes lassen den Schluss zu, dass die Steuerbefreiung nur solchen Einrichtungen zugutekommen soll, die »professionell« Aufführungen darbieten und auf einem hohen Niveau arbeiten, und deshalb Laieneinrichtungen ausgeschlossen sind. Der Begriff der »gleichen kulturellen Aufgaben« in § 4 Nr. 20 Buchst. a S. 2 UStG enthält keinen ausdrücklichen Bezug zu Qualitätsmaßstäben (BVerwG vom 31.07.2008, Az: 9 B 80/07, UR 2009, 25–27).

38 Nach Auffassung des FG Köln (Urteil vom 21.08.2008, Az: 7 K 3380/06, EFG 2008, 1919–1921, DStRE 2009, 231–233, rkr.; BFH vom 18.02.2010, Az: V R 28/08, BStBl II 2010, 876) kann sich die Steuerfreistellung im Falle der von ausländischen **Künstlern für ein Orchester** erbrachten Leistungen nicht aus einer Bescheinigung ergeben, welche ausdrücklich für das Orchester in seiner Gesamtheit ausgestellt worden ist und keine **Aussagekraft für die kulturelle Bedeutung der musikalischen Einzelleistung** des jeweiligen Musikers hat. Erforderlich und zugleich ausreichend sei vielmehr eine Bescheinigung nach § 4 Nr. 20 Buchst. a S. 2 UStG, welche sich ausdrück-

lich auf die von den jeweils einzelnen Musikern an das Orchester erbrachten Einzelleistungen bezieht. Ohne konkrete **Zeitangaben** in einer solchen Bescheinigung gelte die Gleichstellung so lange und so weit, wie die betreffenden Künstler in dem Orchester mitwirken.

Antragsberechtigt sind sowohl der Steuerpflichtige als auch das Finanzamt (BFH vom 15.09.1994, Az: XI R 101/92, BStBl II 1995, 912). Für den Unternehmer besteht allerdings **kein Wahlrecht**, durch Nichtvorlage der Bescheinigung auf die Steuerbefreiung zu verzichten. Nur so wird eine Gleichbehandlung der anderen Unternehmer mit den Gebietskörperschaften erreicht. Für Veranstalterumsätze gem. § 4 Nr. 20 Buchst. b UStG gibt es kein gesondertes Bescheinigungsverfahren, da die Bescheinigung des Künstlers auf den Veranstalter »durchwirkt«. Ebenso wie der Künstler besitzt der Veranstalter kein Wahlrecht zur Inanspruchnahme der Steuerbefreiung (vgl. auch OFD Nürnberg vom 14.04.2004, Az: S 7177 - 53/St 43, UStB 2004, 383). Die Frage, ob nur die betroffenen Unternehmen oder auch andere (z.B. das Finanzamt) bei der zuständigen Landesbehörde einen Antrag auf Erteilung der Bescheinigung gem. § 4 Nr. 20 Buchst. a UStG stellen können, hatte nicht der BFH, sondern das BVerwG zu klären. Dieses hat entschieden, dass die **Bescheinigung zwingend zu erteilen** ist, wenn private Unternehmen die gleichen kulturellen Aufgaben wie öffentliche Einrichtungen erfüllen. § 4 Nr. 20 Buchst. a UStG sei zum Schutz öffentlicher Interessen eingeführt worden und garantiere die Wettbewerbsgleichheit der Einrichtung der öffentlichen Hand (BVerwG vom 04.05.2006, Az: 10 C 10.05, DStRE 2006, 2476; Verfassungsbeschwerde nicht zur Entscheidung angenommen, vgl. BVerfG vom 29.08.2006, Az: 1 BvR 1673/06, UR 2007, 464). Diese Auffassung wird insbesondere von Kohlhaas (DStR 2007, 138) kritisiert. Die Vorschrift sei eingeführt worden, um künstlerisch tätige Steuerschuldner von der Umsatzsteuer zu befreien, anstatt sie durch direkte Subventionen, wie sie öffentlichen Einrichtungen zufließen, zu begünstigen. Durch die Bescheinigung könne ein in Vorjahren erklärter Vorsteuerüberhang rückwirkend entfallen. Dadurch kann eine erhebliche wirtschaftliche Belastung eintreten. Diese Folgewirkung hat das BVerwG - so Kohlhaas - wohl nicht erkannt. Sonst hätte es sicherlich auf die Notwendigkeit von Übergangsregelungen für abgelaufene Zeiträume hingewiesen. Die Finanzverwaltung hat mittlerweile reagiert (vgl. OFD Frankfurt a.M. vom 23.01.2007, Az: S 7177 A - 12 - St 112, UR 2007, 468). Danach ist eine Änderung der Umsatzsteuerfestsetzung nur insoweit möglich, als noch keine Bestandskraft eingetreten ist. § 175 AO finde keine Anwendung, da die nachträgliche Erteilung einer Bescheinigung nicht als rückwirkendes Ereignis gilt (§ 175 Abs. 2 S. 2 AO). Lege der Künstler dem Veranstalter keine Bescheinigung vor, könne davon ausgegangen werden, dass die Veranstalter ihre Umsätze der Umsatzsteuer unterwerfen und aus der Rechnung der Künstler den Vorsteuerabzug vornehmen. Allerdings sei dann anzuregen, von Amts wegen das Bescheinigungsverfahren anzustoßen. Werde dem Künstler eine Bescheinigung erteilt, die ggf. auch für rückwirkende Zeiträume gelten kann, sei das für den Veranstalter zuständige Finanzamt zu unterrichten. Siehe auch OFD Koblenz vom 27.12.2006, Az: S 7177 A – St 44 2, UR 2007, 315. Die als Grundlagenbescheid für die Umsatzsteuerfestsetzung anzusehende Bescheinigung unterlag nach § 4 Nr. 20 Buchst. a S. 4 UStG für Steuertatbestände, die bis zum 31.12.2014 verwirklicht wurden, den für Feststellungsbescheide geltenden Verjährungsregeln (vgl. Abschn. 4.20.5 Abs. 2 UStAE und BMF vom 20.08.2012, Az: IV D 3 - S 7177/07/10001-02, BStBl I 2012, 877 - Aufhebung durch BMF-Schreiben zur Anwendung von BMF-Schreiben vom 14.03.2016, Az: IV A 2-O 2000/15/10001, 2016/0210799, BStBl I 2016, 290, für Steuertatbestände, die nach dem 31.12.2014 verwirklicht werden). Danach betrug die Frist für die Erteilung, Änderung oder Aufhebung von Bescheinigungen durch die zuständigen Landesbehörden grundsätzlich nur noch vier Jahre. Darüber hinaus konnte eine Bescheinigung aber nach § 181 Abs. 5 AO noch bis zum Eintritt der Festsetzungsverjährung der Umsatzsteuer ausgestellt oder geändert werden. Mit Art. 4 Buchst. b Gesetz zur Anpassung der Abgabenordnung an den Zollkodex der Union und zur Änderung weiterer steuerlicher Vorschriften vom 22.12.2014 (BGBl I 2014, 2417 - ZKAnpG), wurde § 4 Nr. 20 Buchst. a Satz 4 UStG aufgehoben und entsprechend Art. 1 Nr. 6 ZKAnpG § 171 Abs. 10 Satz 2 AO mit Wirkung zum 01.01.2015 neu 39 eingefügt. Danach gilt die Ablaufhemmung nach § 171 Abs. 10 Satz 1 AO für einen Grundlagenbescheid, auf den § 181 AO nicht anzuwenden ist (z. B. ressortfremde Grundlagenbescheide), künftig nur, sofern dieser Grundlagenbescheid vor Ablauf der Festsetzungsfrist für die maßgebliche Steuerfestsetzung (Folgebescheid) bei der zuständigen Behörde beantragt worden ist (vgl. Ministerium der Finanzen des Landes Sachsen-Anhalt vom 27.04.2015, Az: 42-S 7177-30, USt-Kartei ST § 4 Nr. 20 UStG Karte 2).

40 Der BFH sieht in seinem Urteil vom 24.09.1998, Az: V R 3/98, BStBl II 1999, 147, die Annahme, dass eine nach § 4 Nr. 20 Buchst. a S. 2 UStG erforderliche Bescheinigung nur die entsprechende Tätigkeit ab oder nach der Bekanntgabe der Bescheinigung bestätigen dürfe, mit dem Sinn der Vorschrift nicht vereinbar. Demnach vermag eine solche **Bescheinigung** auch **Rückwirkung** entfalten.

41 Die **Bindung** der Finanzverwaltung **an die Bescheinigung** umfasst nur die Beurteilung, dass die betreffende Einrichtung die geforderten kulturellen Aufgaben erfüllt, nicht aber diejenige dahingehend, ob es sich überhaupt um eine begünstigte Einrichtung handelt (BVerwG vom 11.10.2006, Az: 10 C 7/05, NJW 2007, 711 (714), m. w. N. aus der Rechtsprechung des BFH); zuletzt BFH vom 19.10.2011, Az: XI R 40/09, BFH/NV 2012, 798 Nr. 5.

42 Nach § 4 Nr. 20 Buchst. b UStG ist die **Veranstaltung von Theatervorführungen** und Konzerten durch andere als die in § 4 Nr. 20 Buchst. a UStG aufgeführten Unternehmer steuerbefreit, wenn die Darbietung von den begünstigten Einrichtungen erbracht wird (z. B. Gastspiele fremder Ensembles, die von Gemeinden veranstaltet werden). Werden mehrere Veranstalter tätig, gelten die o. a. Ausführungen (vgl. dazu Abschn. 4.20.2 Abs. 2 i. V. m. Abschn. 4.20.1 Abs. 4 UStAE; OFD Erfurt vom 20.10.2004, Az: S 7177A – 08 – L 243, UStB 2005, 10).

2.9 Veranstaltung von Theatervorführungen und Konzerten

43 Die Beschaffung von Theaterkarten durch **Theatergemeinden und Volksbühnenvereine** (sog. Besucherorganisationen) kann tatsächlich so gestaltet sein, dass diese gegenüber ihren Mitgliedern wie ein Veranstalter i. S. d. § 4 Nr. 20 Buchst. b UStG in Erscheinung tritt, was die Steuerbefreiung der Leistungen der Besucherorganisation zur Folge hat. Entscheidend ist die **Gesamtwürdigung aller Umstände. Anhaltspunkte** für die Veranstaltereigenschaft können nach Verwaltungsauffassung (OFD Frankfurt a. M. vom 08.10.2008, Az: S 7110 A – 2/86 – St 110, USt-Kartei HE § 3 UStG S 7110 Karte 6) u. a. Aufdrucke oder anderweitige Kennzeichnungen auf den Eintrittskarten sein, aus welchen sich für das Mitglied erkennbar die Veranstaltereigenschaft der Besucherorganisation ergibt. Auch die Möglichkeit der Einflussnahme auf den Spielplan oder die Zuweisung der Eintrittskarten und Platzverteilung durch die Besucherorganisation soll danach für die Veranstaltereigenschaft sprechen. Die Steuerbefreiung nach § 4 Nr. 20 Buchst. b UStG erfordert damit in **Abgrenzung zu einer auf die bloße Erlangung der Eintrittskarten gerichteten Vermittlungs- oder Besorgungstätigkeit** das Anbieten der Theatervorführung im eigenen Namen und für eigene Rechnung, wobei dies nicht notwendigerweise gegenüber den Besuchern, sondern auch an einen weiteren zwischengeschalteten Unternehmer erfolgen kann. **Veranstalter** ist nach dem Urteil des FG Hessen vom 25.08.2010 (Az: 6 K 3166/07, EFG 2011, 272; rkr. BFH, Urteil vom 21.11.2013, Az: V R 33/10, BFHE 244, 63) derjenige, der – über sein Auftreten im eigenen Namen und für eigene Rechnung hinaus – die **organisatorischen Maßnahmen** dafür trifft, dass die Theatervorführung abgehalten werden kann, wobei er die Umstände, den Ort und die Zeit seiner Darbietung selbst bestimmt.

§ 4 Nr. 21 UStG
Steuerbefreiungen: Privatschulen und andere allgemeinbildende oder berufsbildende Einrichtungen

Von den unter § 1 Abs. 1 Nr. 1 fallenden Umsätzen sind steuerfrei:

...

21.

a) die unmittelbar dem Schul- und Bildungszweck dienenden Leistungen privater Schulen und anderer allgemein bildender oder berufsbildender Einrichtungen,

aa) wenn sie als Ersatzschulen gemäß Artikel 7 Abs. 4 des Grundgesetzes staatlich genehmigt oder nach Landesrecht erlaubt sind oder

bb) wenn die zuständige Landesbehörde bescheinigt, dass sie auf einen Beruf oder eine vor einer juristischen Person des öffentlichen Rechts abzulegende Prüfung ordnungsgemäß vorbereiten,

b) die unmittelbar dem Schul- und Bildungszweck dienenden Unterrichtsleistungen selbständiger Lehrer

aa) an Hochschulen im Sinne der §§ 1 und 70 des Hochschulrahmengesetzes und öffentlichen allgemein bildenden oder berufsbildenden Schulen oder

bb) an privaten Schulen und anderen allgemein bildenden oder berufsbildenden Einrichtungen, soweit diese die Voraussetzungen des Buchstabens a erfüllen;

...

Literatur

Hättich/Renz, Entwurf zum JStG 2013 – Umsatzsteuerbefreiung für berufsbildende Bildungsleistungen – heute und morgen, NWB 2012, 2756. **Hüttemann**, Umsatzsteuerbefreiung der Studentenwerke nach Art. 132 Abs. 1 Buchst. i MwStSystRL, UR 2014, 45. **Korn**, Die Umsatzsteuerbefreiung selbständiger Lehrer nach dem EuGH-Urteil »Ingenieurbüro Eulitz GbR«, DStR 2010, 688. **Laich**, Umsatzsteuerfreiheit in der chinesischen Sportart Taijiquan, UR 2013, 50. **Meurer**, Dozent für Besucherdienst des Bundestages erbringt steuerfreie Unterrichtsleistungen (Anmerkungen zu BFH vom 10.08.2016, V R 38/15), MwStR 2016, 914. **Meurer**, Anhängige Verfahren zur Umsatzsteuer beim BFH, BVerfG und EuGH – Eingang bei den Gerichten seit dem 01.02.2017, MwStR 2017, 694. **Müller**, Steuerbefreiung von Fahrschulen (Anmerkung zu FG Baden-Württemberg vom 08.02.2017, 1 V 3464/16), MwStR 2017, 474. **Müller**, Steuerbefreiung von Fahrschulen (Anmerkung zu BFH vom 16.03.2017, V R 38/16, EuGH-Vorlage), MwStR 2017, 713. **Neeser**, Die geplante Neuregelung der Steuerbefreiung von Schulungsleistungen nach dem JStG 2013, UVR 2012, 301. **Nieskens**, Immer Ärger mit der Bildung, UR 2013, 175. **Pfefferle/Renz**, Umsatzsteuerbefreiung für berufsbildende Bildungsleistungen – heute wie morgen, NWB 2012, 3684. **Philipowski**, Unterrichtsleistungen eines Privatlehrers sind steuerfrei, aber unter welchen Voraussetzungen?, UR 2010, 161. **Philipowski**, Fortbildungsleistungen freiberuflich tätiger Dozenten – Steuerfrei, aber unter welchen Voraussetzungen, UR 2013, 817. **Weber**, Umsatzsteuerbefreiung von Unterrichtsleistungen, UR 2008, 525. **Weimann**, Entwurf eines JStG 2013 / Auswirkung der beabsichtigten Neuregelung für Seminare auf das Eigengeschäft des Steuerberaters, GStB 2012, 315. **Weimann**, Unerwarteter Systembruch soll ab 2013 das Seminargeschäft benachteiligen, UStB 2012, 207. **Weimann**, Umsatzsteuerpflicht von Fahrschulen (Anmerkung zu BFH vom 16.03.2017, V R 38/16, EuGH-Vorlage), AStW 2017,781. **Weimann**, Anmerkungen zu FG Baden-Württemberg vom 14.06.2018, 1 K 3226/15, Schwimmunterricht für Säuglinge und Kleinkinder, astw.iww.de, Abruf-Nr. 45404878. **Weimann**, Anmerkungen zu BayLfSt, Information zur umsatzsteuerrechtlichen Behandlung von Verpflegungsleistungen in Schulen und Kindertagesstätten, AStW 9/2018, 690. **Weimann**, Anmerkungen zu BMF vom 17.07.2018, Ablaufhemmung rückwirkend erlassener Bescheinigungen nach § 4 Nr. 20 und Nr. 21 UStG, astw.iww.de, Abruf-Nr. 204209.

Verwaltungsanweisungen

BMF vom 01.12.2010, IV D 3 – S 7179/09/10003, 2010/0945930, Umsatzsteuerbefreiung nach § 4 Nr. 21 UStG; Maßnahmen zur Aktivierung und beruflichen Eingliederung nach dem dritten Buch Sozialgesetzbuch, BStBl I 2010, 1375.

BMF vom 03.03.2011, IV D 3 – S 7180/10/10001, 2011/0166944, § 4 Nr. 21 des Umsatzsteuergesetzes (UStG); Umsatzsteuerrechtliche Behandlung von Integrationskursen nach § 43 des Aufenthaltsgesetzes (AufenthG), BStBl I 2011, 233.

BMF vom 06.07.2011, IV D 3 – S 7179/09/10003, 2011/0530581, Umsatzsteuerbefreiung nach § 4 Nr. 21 Buchst. a Doppelbuchst. bb UStG für Maßnahmen zur Aktivierung und beruflichen Eingliederung nach dem dritten Buch Sozialgesetzbuch; Bescheinigungsverfahren, BStBl I 2011, 738.

BMF vom 08.08.2011, IV D 3 – S 7180/10/10001, 2011/0625199, § 4 Nr. 21 des Umsatzsteuergesetzes; Umsatzsteuerrechtliche Behandlung von Integrationskursen nach § 43 des Aufenthaltsgesetzes (AufenthG), BStBl I 2011, 755.

BMF vom 28.03.2012, IV D 3 – S 7179/09/10003-04, 2012/0262442, Umsatzsteuerliche Behandlung von Arbeitsmarktdienstleistungen; Gesetz zur Verbesserung der Eingliederungschancen am Arbeitsmarkt, BStBl I 2012, 482.

BMF vom 02.04.2012, IV D 3 – S 7179/07/10006, 2012/0262344, Umsatzsteuerbefreiung nach § 4 Nr. 21 Buchst. a Doppelbuchst. bb UStG; Veröffentlichung des BFH-Urteils vom 24.01.2008, V R 3/05, BStBl I 2012, 484.

BMF vom 12.07.2013, IV D 3 – S 7179/09/10003-05, 2013/0666997, Gesetz zur Verbesserung der Eingliederungschancen am Arbeitsmarkt; Umsatzsteuerliche Behandlung von Arbeitsmarktdienstleistungen, BStBl I 2013, 923.

BMF vom 21.11.2013, IV D 3 – S 7179/07/10012, 2013/1068610, Umsatzsteuerbefreiung nach § 4 Nr. 21 UStG; Leistungen nach dem Berufskraftfahrer-Qualifikations-Gesetz (BKrFQG), BStBl I 2013, 1583.

OFD Niedersachsen vom 29.10.2015, S 7179 – 126 – St 181, Umsatzsteuerbefreiung nach § 4 Nr. 21 UStG; Umsätze aus Deutschkursen für Flüchtlinge und Migranten, DStR 2016, 69.

BayLfSt vom 19.02.2016, S 7179.1.1-15/1 St33, Umsatzsteuerliche Behandlung von selbständigen Studienleitern, DStR 2016, 1165.

LSF Sachsen vom 12.08.2016, 213 – S 7179/3/1-2016/15517, Keine Umsatzsteuerbefreiung nach § 4 Nr. 21 UStG für Umsätze aus der Erstellung von Lehrbriefen, MwStR 2016, 892.

OFD Niedersachsen vom 04.10.2016, S 7179 – 105 – St 182, Umsatzsteuerbefreiung nach § 4 Nr. 21 Buchst. a Doppelbuchst. bb UStG für Maßnahmen der Arbeitsförderung, MwStR 2016, 928.

BayLfSt vom 11.10.2017, S 7179.1.1-16/6 St33, Keine Steuerbefreiung nach § 4 Nr. 21 UStG für (Fach)Autorenleistungen zur Erstellung von Lehrbriefen, MwStR 2017, 968.

FM Schleswig-Holstein vom 16.10.2017, VI 358 – S 7179 – 129, Umsatzsteuerliche Behandlung der Umsätze aus der Erstellung von Lehrbriefen, MwStR 2018, 148.

LfSt Niedersachsen vom 22.02.2018, S 7107 – 3 – St 171, Umsatzsteuerliche Behandlung der von öffentlichen Schulen vereinnahmten Kopiergelder, MwStR 2018, 328.
LfSt Niedersachsen vom 14.03.2018, S 7177 – 37 – St 182, Umsatzsteuerliche Behandlung der Ausleihe von Lernmitteln durch Schulen, MwStR 2018, 364.
BayLfSt, Information zur umsatzsteuerrechtlichen Behandlung von Verpflegungsleistungen in Schulen und Kindertagesstätten (Stand: Juli 2018), www.finanzamt.bayern.de
BMF vom 17.07.2018, III C 3 – S 7179/08/10005 :001, 2018/0592904, Ablaufhemmung rückwirkend erlassener Bescheinigungen nach § 4 Nr. 20 und Nr. 21 UStG; Anpassung der Rechtslage auf Grund der Änderung durch das ZollkodexAnpG vom 22.12.2014 (BStBl. I S. 2417) und durch das Gesetz zur Modernisierung des Besteuerungsverfahrens vom 18.07.2016 (BGBl. I S. 1679), BStBl I 2018, 820.
Hinweis: Zur Problematik der zeitlichen Geltungsdauer von BMF-Schreiben vgl. Einführung UStG, Rz. 100 ff.

UStAE/ Verordnungen/EU-Richtlinien
UStAE: Abschn. 4.21.1–4.21.5.
MwStSystRL: Art. 132 Abs. 1 Buchst. i und j, Art. 133, 134.

1 Allgemeines

1.1 Überblick über die Vorschrift

§ 4 Nr. 21 UStG hat von1967 bis 1980 im Wesentlichen unverändert gegolten. 1

Seit dem UStG 1980 hängt die Steuerbefreiung nach dem damaligen § 4 Nr. 21 Buchst. b UStG 2

- nicht mehr vom Nachweis durch den Unternehmer,
- sondern von der Bescheinigung als solcher ab.

Die Neufassung der Vorschrift durch das Steuerentlastungsgesetz 1999/2000/2002 führte seitdem die ehemaligen Buchstaben a und b als Doppelbuchstaben eines neuen Buchstaben a weiter. Danach sind die unmittelbar dem Schul- und Bildungszweck dienenden Leistungen von privaten Schulen und anderer allgemeinbildender oder berufsbildender Einrichtungen unter weiteren Voraussetzungen umsatzsteuerfrei. Nach dem neuen Buchstaben b umfasst die Steuerbefreiung nunmehr auch die unmittelbar dem Schul- und Bildungszweck dienenden Unterrichtsleistungen selbständiger Lehrer an Hochschulen und an den in Buchst. a genannten Schulen und Einrichtungen. 3

Die Steuerbefreiung führt wie die hoheitliche Tätigkeit der öffentlichen Schulen zur **Versagung des Vorsteuerabzugs**. Eine Option zur Steuerpflicht ist nicht möglich (§ 9 UStG). Eine sachliche Unbilligkeit ist insoweit nicht gegeben (BFH vom 06.12.1994, V B 52/94, BStBl II 1995, 913). 4

Zweck der Steuerbefreiung des § 4 Nr. 21 Buchst. a UStG ist es, 5

- die schulische und berufliche Ausbildung und Fortbildung zu fördern und
- zur **gleichmäßigen Behandlung** der privaten und der öffentlichen (staatlichen) Schulen beizutragen. Die von juristischen Personen des öffentlichen Rechts unterhaltenen Schulen unterliegen gem. § 2b UStG nicht der USt unterliegen (BFH vom 27.08.1998, V R 73/79, BStBl II 1999, 376) und
- die **Bildungsleistung** als solche, d. h. Unterricht bzw. Schulung im weitesten Sinne, **von der USt freizustellen**, um diese Leistungen für den Verbraucher nicht durch die USt zu verteuern (FG Berlin vom 02.06.1998, 5655/79, DStRE 1999, 488).

1.2 Geltungsbereich

1.2.1 Persönlicher Geltungsbereich

6 § 4 Nr. 21 UStG sieht hinsichtlich des persönlichen Geltungsbereichs keine Besonderheiten vor und gilt daher für alle Unternehmer, die entsprechende Umsätze tätigen. Auf die **Rechtsform des Unternehmers** kommt es also nicht an. Daher ist die Vorschrift auch anzuwenden, wenn Personenzusammenschlüsse oder juristische Personen beauftragt werden, an anderen Bildungseinrichtungen Unterricht zu erteilen (Abschn. 4.21.3 Abs. 1 S. 2 UStAE, vgl. Rz. 20 ff.).

1.2.2 Sachlicher Geltungsbereich

7 Begünstigt sind

- die dem Schul- und Bildungszweck unmittelbar dienenden **Unterrichtsleistungen** und
- die mit den Unterrichtleistungen eng verbundenen **unselbständigen Nebenleistungen,** z. B.Verkauf von Lehr- und Lernmaterialien durch eine Schule an ihre Schüler.

1.2.3 Zeitlicher Geltungsbereich

8 Die Vorschrift gilt in dieser Form unverändert seit dem 01.04.1999.

1.3 Gemeinschaftsrechtliche Grundlagen und das Verhältnis zu anderen Vorschriften

9 Gemeinschaftsrechtlich beruht § 4 Nr. 21 UStG auf den Vorgaben des Art. 132 Abs. 1 Buchst. i und j MwStSystRL. Zur aktuellen Diskussion, ob und inwieweit dem deutschen Gesetzgeber die Umsetzung der EU-Vorgaben gelungen ist, vgl. Heidner in Bunjes, Rz. 3 ff., Huschens in S/W/R, § 4 Nr. 21 Rz. 7 ff. sowie Weimann, GStB 2012, 315 und UStB 2012, 207.

2 Kommentierung

2.1 Ersatzschulen

10 Der Nachweis, dass für den Betrieb der Ersatzschule eine staatliche Genehmigung oder landesrechtliche Erlaubnis vorliegt, kann durch eine **Bescheinigung der Schulaufsichtsbehörde** geführt werden (Abschn. 4.21.1 UStAE).

2.2 Ergänzungsschulen und andere allgemeinbildende oder berufsbildende Einrichtungen

Zu den allgemeinbildenden oder berufsbildenden Einrichtungen gehören u. a. auch 11

- Fernlehrinstitute,
- Fahrlehrerausbildungsstätten,
- Heilpraktiker-Schulen,
- Kurse zur Erteilung von Nachhilfeunterricht für Schüler und
- Repetitorien, die Studierende auf akademische Prüfungen vorbereiten.

Zum Begriff der **allgemeinbildenden Einrichtung** vgl. BVerwG vom 03.12.1976 (VII C 73.75, BStBl II 1977, 334). **Berufsbildende Einrichtungen** sind Einrichtungen, die Leistungen erbringen, die ihrer Art nach den Zielen der Berufsaus- oder Berufsfortbildung dienen. Sie müssen spezielle Kenntnisse und Fertigkeiten vermitteln, die zur Ausübung bestimmter beruflicher Tätigkeiten notwendig sind (BFH vom 18.12.2003, V R 62/02, BStBl II 2004, 252). Auf die Rechtsform des Trägers der Einrichtung kommt es nicht an. Es können deshalb auch natürliche Personen oder Personenzusammenschlüsse begünstigte Einrichtungen betreiben, wenn neben den personellen auch die organisatorischen und sächlichen Voraussetzungen vorliegen, um einen Unterricht zu ermöglichen (Abschn. 4.21.2 Abs. 1 UStAE).

Der Unternehmer ist **Träger einer Bildungseinrichtung,** wenn er selbst entgeltliche Unter- 12
richtsleistungen gegenüber seinen Vertragspartnern (z. B. Schüler, Studenten, Berufstätige oder Arbeitgeber) anbietet. Dies erfordert ein

- festliegendes **Lehrprogramm und Lehrpläne** zur Vermittlung eines Unterrichtsstoffs für die Erreichung eines bestimmten Lehrgangsziels sowie
- geeignete **Unterrichtsräume oder -vorrichtungen**.

Der Betrieb der Bildungseinrichtung muss **auf eine gewisse Dauer angelegt** sein. Die Einrichtung braucht im Rahmen ihres Lehrprogramms keinen eigenen Lehrstoff anzubieten. Daher reicht es aus, wenn sich die Leistung auf eine Unterstützung des Schul- oder Hochschulangebots bzw. auf die Verarbeitung oder Repetition des von der Schule angebotenen Stoffs beschränkt. Die Veranstaltung einzelner Vorträge oder einer Vortragsreihe erfüllt dagegen nicht die Voraussetzungen einer Unterrichtsleistung. Unschädlich ist jedoch die Einbindung von Vorträgen in ein Lehrprogramm für die Befreiung der Unterrichtsleistungen des Trägers der Bildungseinrichtung (Abschn. 4.21.2 Abs. 2 UStAE).

Die Vorbereitung auf einen Beruf umfasst 13

- die berufliche Ausbildung,
- die berufliche Fortbildung und
- die berufliche Umschulung; die Dauer der jeweiligen Maßnahme ist unerheblich (vgl. Artikel 44 der MwStVO).

Dies sind unter anderem

- Maßnahmen zur Aktivierung und beruflichen Eingliederung i. S. v. § 45 SGB III mit Ausnahme von § 45 Abs. 4 Satz 3 Nr. 2 und Abs. 7 SGB III,
- Weiterbildungsmaßnahmen entsprechend den Anforderungen der §§ 179, 180 SGB III,
- Aus- und Weiterbildungsmaßnahmen (einschließlich der Berufsvorbereitung und der blindentechnischen und vergleichbaren speziellen Grundausbildung zur beruflichen Eingliederung von Menschen mit Behinderung) i. S. v. § 112 SGB III sowie
- berufsvorbereitende, berufsbegleitende bzw. außerbetriebliche Maßnahmen nach §§ 48, 130 SGB III, §§ 51, 53 SGB III, §§ 75, 76 SGB III bzw. § 49 SGB III, die von der BA und – über § 16

SGB II – den Trägern der Grundsicherung für Arbeitsuchende nach §§ 6, 6a SGB II gefördert werden.

Mit ihrer Durchführung beauftragen die Bundesagentur für Arbeit und die Träger der Grundsicherung für Arbeitsuchende nach §§ 6, 6a SGB II in manchen Fällen **gewerbliche Unternehmen oder andere Einrichtungen,** z. B. Berufsverbände, Kammern, Schulen, anerkannte Werkstätten für behinderte Menschen, die über geeignete Ausbildungsstätten verfügen. Es ist davon auszugehen, dass die genannten Unternehmen und andere Einrichtungen die von der Bundesagentur für Arbeit und den Trägern der Grundsicherung für Arbeitsuchende nach §§ 6, 6a SGB II geförderten Ausbildungs-, Fortbildungs- und Umschulungsmaßnahmen im Rahmen einer berufsbildenden Einrichtung i. S. d. § 4 Nr. 21 Buchst. a UStG erbringen (Abschn. 4.21.2 Abs. 3 UStAE).

14 Die nach § 43 Aufenthaltsgesetz (Gesetz vom 25.2.2008, BGBl I 2008, 162) erbrachten Leistungen **(Integrationskurse)** dienen als Maßnahme der Eingliederung in den Arbeitsmarkt und dem Erwerb ausreichender Kenntnisse der deutschen Sprache. Diese Maßnahmen fallen daher unter die Steuerbefreiung des § 4 Nr. 21 Buchst. a UStG, wenn sie von einem vom Bundesamt für Migration und Flüchtlinge zur Durchführung der Integrationskurse zugelassenen Kursträger erbracht werden (Abschn. 4.21.2 Abs. 3a UStAE).

15 Die Aufgaben der **Integrationsfachdienste** (§§ 109 ff SGB IX) entsprechen in Teilbereichen den in § 45 SGB III genannten Tätigkeiten, gehen jedoch insgesamt darüber hinaus. Da eine Trennung der einzelnen Aufgaben nicht möglich ist, kommt eine Steuerbefreiung nach § 4 Nr. 21 UStG für die Leistungen der Integrationsfachdienste insgesamt nicht in Betracht; auf die Ausführungen in Abschnitt 4.16.5 Abs. 7 und 8 wird hingewiesen (Abschn. 4.21.2 Abs. 4 UStAE).

16 Eine Einrichtung, die Unterricht für das **Erlernen des Umgangs mit Computern** erteilt (z. B. Grundkurse für die Erstellung von Textdokumenten), erbringt unmittelbar dem Schul- und Bildungszweck dienende Leistungen. Sie kann somit die Voraussetzungen des § 4 Nr. 21 UStG erfüllen (Abschn. 4.21.2 Abs. 5 UStAE).

17 **Fahrschulen** können grundsätzlich nicht als allgemeinbildende oder berufsbildende Einrichtungen beurteilt werden (BFH vom 14.03.1974, V R 54/73, BStBl II, 527; zur Umsatzsteuerbefreiung von **Kursen »Sofortmaßnahmen am Unfallort«** vgl. BFH vom 10.01.2008, V R 52/02, BFH/NV 2008, 725). Eine Steuerfreiheit der Umsätze nach § 4 Nr. 21 UStG kann aber insoweit in Betracht kommen, als Fahrschulen Lehrgänge zur Ausbildung für die Fahrerlaubnis der Klassen C, CE, D, DE, D1, D1E, T und L durchführen, da diese Leistungen in der Regel der Berufsausbildung dienen. Eine Fahrerlaubnis der Klassen C, CE, D, DE, D1 und D1E darf nur erteilt werden, wenn der Bewerber bereits die Fahrerlaubnis der Klasse B besitzt oder die Voraussetzungen für deren Erteilung erfüllt hat (§ 9 Fahrerlaubnis-Verordnung). Eine Steuerbefreiung kommt deshalb auch in Betracht, wenn der Fahrschüler im Rahmen seiner Ausbildung zeitgleich neben den Klassen C und CE die Fahrerlaubnis der Klasse B erwerben möchte; die Ausbildungsleistung, die auf die Klasse B entfällt, ist aber steuerpflichtig. Als Lehrgang ist die dem einzelnen Fahrschüler gegenüber erbrachte Leistung anzusehen. Bei Fahrschulen gelten als Bescheinigung i. S. d. § 4 Nr. 21 Buchst. a Doppelbuchst. bb UStG für den Nachweis, dass sie ordnungsgemäß auf einen Beruf vorbereiten:

- die Fahrschulerlaubnisurkunde (§ 13 Abs. 1 FahrlG), die zur Ausbildung zum Erwerb der Fahrerlaubnis der Klasse 2 bzw. 3 (ausgestellt bis zum 31.12.1998) bzw. der Fahrerlaubnisklassen C, CE, D, DE, D1, D1E, T und L (ausgestellt ab Januar 1999) berechtigt oder
- bei Fahrschulen, die bei Inkrafttreten des FahrlG bestanden und die Fahrschulerlaubnis somit nach § 49 FahrlG als erteilt gilt, eine Bescheinigung der zuständigen Landesbehörde, welche die Angabe enthält, dass die Fahrschulerlaubnis für die Ausbildung zum Erwerb der Klasse 2 berechtigt.

Die Anerkennung von Fahrschulen als berufsbildende Einrichtungen nach § 4 Nr. 21 Buchst. a Doppelbuchst. bb UStG erstreckt sich auch auf Lehrgänge zum Erwerb

- der Grundqualifikation nach § 4 Abs. 1 Nr. 1 BKrFQG (Berufskraftfahrer-Qualifikationsgesetz vom 14.08.2006, BGBl I 2006, 1958),
- der beschleunigten Grundqualifikation nach § 4 Abs. 2 BKrFQG sowie
- die in § 5 BKrFQG vorgeschriebenen Weiterbildungskurse.

Bei nach § 7 Abs. 2 BKrFQG anerkannten Ausbildungsstätten gilt die durch eine nach Landesrecht zuständige Behörde erfolgte staatliche Anerkennung als Ausbildungsstätte i. S. v. § 7 Abs. 1 Nr. 5 BKrFQG ebenfalls als Bescheinigung i. S. d. § 4 Nr. 21 Buchst. a Doppelbuchst. bb UStG. Unter die Steuerbefreiung fallen auch die Leistungen von Fahrschulen, die zur Ausbildung gegenüber Mitgliedern der Freiwilligen Feuerwehren, der nach Landesrecht anerkannten Rettungsdienste und der technischen Hilfsdienste sowie des Katastrophenschutzes erbracht werden und zum Führen von Einsatzfahrzeugen bis zu einer zulässigen Gesamtmasse von 7,5 t berechtigen (Abschn. 4.21.2 Abs. 6 UStAE).

Der BFH (BFH vom 16.03.2017, V R 38/16, BStBl II 2017, 1017) zweifelt an der Umsatzsteuerpflicht für die Erteilung von Fahrunterricht zum Erwerb der Fahrerlaubnisklassen B (»Pkw-Führerschein«) und C1. Das Gericht hat dem EuGH (Rs. C-449/17) daher die Frage vorgelegt, ob Fahrschulen insoweit steuerfreie Leistungen erbringen.

Nach dem deutschen Umsatzsteuerrecht sind Unterrichtsleistungen zur Erlangung der nämlichen Fahrerlaubnisse steuerpflichtig. Fahrschulen sind insoweit keine allgemeinbildenden oder berufsbildenden Einrichtungen, wie es von § 4 Nr. 21 Buchst. a Doppelbuchst. bb UStG vorausgesetzt wird. Im Streitfall fehlte es zudem an der dort genannten berufs- oder prüfungsvorbereitenden Bescheinigung.

Sachverhalt

Im Streitfall war die Klägerin (K) unterrichtend zum Erwerb der Fahrerlaubnisklassen B (Kraftwagen mit einer zulässigen Gesamtmasse von höchstens 3 500 kg und zur Beförderung von nicht mehr als acht Personen außer dem Fahrzeugführer) und C1 (ähnlich wie Fahrerlaubnis B, aber bezogen auf Fahrzeuge mit einer Gesamtmasse von nicht mehr als 7 500 kg) tätig.

K hatte für ihre Leistungen keine Rechnungen mit gesondertem Steuerausweis erteilt.

Entscheidung: Mit dem Vorabentscheidungsersuchen soll geklärt werden, ob der Fahrschulunterricht zum Erwerb der Fahrerlaubnisklassen B und C1 aus Gründen des Unionsrechts steuerfrei ist.

Im Bereich der Umsatzsteuer hat der nationale Gesetzgeber die Vorgaben der MwStSystRL zu beachten. Setzt das nationale Recht eine Steuerfreiheit der Richtlinie nur ungenügend um, besteht für den Steuerpflichtigen die Möglichkeit, sich auf die Richtlinie zu berufen. Entscheidend ist für den Streitfall daher, dass nach der Richtlinie Unterricht, den sog. anerkannte Einrichtungen oder Privatlehrer erteilen, von der Steuer zu befreien ist (Art. 132 Abs. 1 Buchst. i und j MwStSystRL). Weitgehend identische Vorgängerbestimmungen gelten bereits seit 1979 mit verbindlicher Wirkung.

Im Streitfall bejaht der BFH den Unterrichtscharakter der Fahrschulleistung. Die zusätzlich erforderliche Anerkennung könne sich daraus ergeben, dass der Unterrichtende die Fahrlehrerprüfung nach § 4 des Gesetzes über das Fahrlehrerwesen abgelegt haben muss. In Betracht komme auch eine Steuerfreiheit als Privatlehrer. Die Auslegung der Richtlinie sei aber zweifelhaft, so dass eine Entscheidung des EuGH einzuholen sei.

Die nunmehr vom EuGH zu treffende Entscheidung ist von erheblicher Bedeutung für die **Umsatzbesteuerung der über 10.000 Fahrschulen** in der Bundesrepublik Deutschland.

Beispiel:

Der Vorlagebeschluss des BFH ist in einem sog. Revisionsverfahren ergangen, in dem es um die Rechtmäßigkeit von Steuerbescheiden geht. Nicht zu entscheiden war über eine Aussetzung der Vollziehung (AdV) im Wege des einstweiligen Rechtsschutzes. Eine AdV ist bereits bei ernstlichen Zweifeln an der Rechtmäßigkeit von Steuerbescheiden möglich. Kommt es in einem Revisionsverfahren zu einer Vorlage an den EuGH, ist dies im Allgemeinen zu bejahen. Sollte der EuGH eine Steuerfreiheit bejahen, wird sich die Anschlussfrage stellen, ob Fahrschulen den sich hieraus ergebenden Vorteil zivilrechtlich an ihre Kunden durch eine geänderte Preisbildung weitergeben (Weimann, AStW 2017,781; vgl. auch Müller, MwStR 2017, 474 und 713).

18 Eine »**Jagdschule**«, die Schulungen zur Vorbereitung auf die Jägerprüfung durchführt, ist keine allgemeinbildende oder berufsbildende Einrichtung i. S. d. § 4 Nr. 21 UStG. Eine Steuerbefreiung nach dieser Vorschrift kommt daher nicht in Betracht (BFH vom 18.12.2003, V R 62/02, BStBl II 2004, 252; Abschn. 4.21.2 Abs. 7 UStAE).

19 **Ballett- und Tanzschulen** können als allgemeinbildende oder berufsbildende Einrichtungen beurteilt werden. Eine Steuerfreiheit der Umsätze von Ballett- und Tanzschulen nach § 4 Nr. 21 UStG kommt insoweit in Betracht, als

- vergleichbare Leistungen in Schulen erbracht werden und
- die Leistungen nicht der bloßen Freizeitgestaltung dienen.

Steuerfrei können demnach insbesondere Kurse der tänzerischen Früherziehung und Kindertanzen für Kinder ab drei Jahren und klassischer Ballettunterricht sein. Unter Kurse, die von ihrer Zielsetzung auf **reine Freizeitgestaltung** gerichtet sind, fallen zum Beispiel Kurse, die sich an Eltern von Schülern richten, um die Wartezeit während des Unterrichts der Kinder sinnvoll zu nutzen, Kurse für Senioren oder Kurse für allgemein am Tanz interessierte Menschen (vgl. BFH vom 24.01.2008, V R 3/05, BStBl II 2012, 267). Kurse für allgemein am Tanz interessierte Menschen können z. B. spezielle Hochzeits- und Crashkurse sein (Abschn. 4.21.2 Abs. 8 UStAE).

2.3 Erteilung von Unterricht durch selbständige Lehrer an Schulen und Hochschulen

20 Die Steuerbefreiung nach § 4 Nr. 21 Buchstabe b UStG gilt für Personen, die als **freie Mitarbeiter** an Schulen, Hochschulen oder ähnlichen Bildungseinrichtungen (z. B. Volkshochschulen) Unterricht erteilen (Abschn. 4.21.3 Abs. 1 S. 1 UStAE).

21 Auf die **Rechtsform des Unternehmers** kommt es nicht an. Daher ist die Vorschrift auch anzuwenden, wenn

- Personenzusammenschlüsse oder
- juristische Personen

beauftragt werden, an anderen Bildungseinrichtungen Unterricht zu erteilen (Abschn. 4.21.3 Abs. 1 Satz 2 UStAE).

22 Eine Unterrichtstätigkeit liegt vor, wenn Kenntnisse **im Rahmen festliegender Lehrprogramme und Lehrpläne** vermittelt werden. Die Tätigkeit muss regelmäßig und für eine gewisse Dauer ausgeübt werden. Sie dient Schul- und Bildungszwecken unmittelbar, wenn sie den Schülern und Studenten tatsächlich zugutekommt. Auf die Frage, wer Vertragspartner der den Unterricht erteilenden Personen und damit Leistungsempfänger im Rechtssinne ist, kommt es hierbei nicht an. Einzelne Vorträge fallen nicht unter die Steuerbefreiung. (Abschn. 4.21.3 Abs. 2 UStAE).

23 **(Fach-)Autoren** erbringen mit der Erstellung von Lehrbriefen keine unmittelbare Unterrichtstätigkeit; hierbei fehlt es an der Einflussnahme durch den persönlichen Kontakt mit den Studenten (Abschn. 4.21.3 Abs. 2a UStAE, eingefügt durch BMF vom 13.12.2017, BStBl I 2017, 1667).

24 Der Unternehmer hat **in geeigneter Weise nachzuweisen,** dass er an einer Hochschule, Schule oder Einrichtung i. S. d. § 4 Nr. 21 Buchst. a UStG tätig ist. Dient die Einrichtung verschieden-

artigen Bildungszwecken, hat er nachzuweisen, dass er in einem Bereich tätig ist, der eine ordnungsgemäße Berufs- oder Prüfungsvorbereitung gewährleistet (begünstigter Bereich). Der Nachweis ist durch eine Bestätigung der Bildungseinrichtung zu führen, aus der sich ergibt, dass diese die Voraussetzungen des § 4 Nr. 21 Buchst. a Doppelbuchst. bb UStG erfüllt und die Unterrichtsleistung des Unternehmers im begünstigten Bereich der Einrichtung erfolgt. Auf die Bestätigung wird verzichtet, wenn die Unterrichtsleistungen an folgenden Einrichtungen erbracht werden:

- Hochschulen i. S. der §§ 1 und 70 des Hochschulrahmengesetzes;
- öffentliche allgemein- und berufsbildende Schulen, z.B. Gymnasien, Realschulen, Berufsschulen;
- als Ersatzschulen nach Art. 7 Abs. 4 GG staatlich genehmigte oder nach Landesrecht erlaubte Schulen

(Abschn. 4.21.3 Abs. 3 UStAE).

Die Bestätigung soll **folgende Angaben** enthalten: 25

- Bezeichnung und Anschrift der Bildungseinrichtung;
- Name und Anschrift des Unternehmers;
- Bezeichnung des Fachs, des Kurses oder Lehrgangs, in dem der Unternehmer unterrichtet;
- Unterrichtszeitraum und
- Versicherung über das Vorliegen einer Bescheinigung nach § 4 Nr. 21 Buchst. a Doppelbuchst. bb UStG für den oben bezeichneten Unterrichtsbereich.

Erteilt der Unternehmer bei einer Bildungseinrichtung in mehreren Fächern, Kursen oder Lehrgängen Unterricht, können diese in einer Bestätigung zusammengefasst werden. Sie sind gesondert aufzuführen. Die Bestätigung ist für jedes Kalenderjahr gesondert zu erteilen. Erstreckt sich ein Kurs oder Lehrgang über den 31.12. eines Kalenderjahrs hinaus, reicht es für den Nachweis aus, wenn nur eine Bestätigung für die betroffenen Besteuerungszeiträume erteilt wird. Der Unterrichtszeitraum muss in diesem Falle beide Kalenderjahre benennen (Abschn. 4.21.3 Abs. 4 UStAE).

Die Bildungseinrichtung darf dem bei ihr tätigen Unternehmer nur dann eine Bestätigung erteilen, wenn sie **selbst über eine Bescheinigung der zuständigen Landesbehörde verfügt.** Bei der Bestimmung der zuständigen Landesbehörde gilt Abschnitt 4.21.5 Abs. 3 UStAE entsprechend. Es ist daher nicht zu beanstanden, wenn der Bestätigung eine Bescheinigung der Behörde eines anderen Bundeslands zu Grunde liegt. Erstreckt sich die Bescheinigung der Landesbehörde für die Bildungseinrichtung nur auf einen Teilbereich ihres Leistungsangebots, darf die Bildungseinrichtung dem Unternehmer nur dann eine Bestätigung erteilen, soweit er bei ihr im begünstigten Bereich unterrichtet. Erteilt die Bildungseinrichtung dem Unternehmer eine Bestätigung, obwohl sie selbst keine Bescheinigung der zuständigen Landesbehörde besitzt, oder erteilt die Bildungseinrichtung eine Bestätigung für einen Tätigkeitsbereich, für den die ihr erteilte Bescheinigung der zuständigen Landesbehörde nicht gilt, ist die Steuerbefreiung für die Unterrichtsleistung des Unternehmers zu versagen. Sofern eine Bestätigung bzw. Zulassung nach Abschnitt 4.21.5 Abs. 5 UStAE vorliegt, tritt diese an die Stelle der Bescheinigung der zuständigen Landesbehörde (Abschn. 4.21.3 Abs. 5 UStAE). 26

Zur Umsatzsteuerpflicht von **beruflichen Fortbildungsseminaren selbständiger Referenten** und zur Bescheinigung nach § 4 Nr. 21 Buchst. b UStG vgl. BFH vom 17.04.2008 (V R 58/05, BFH/NV 2008, 1418). 27

Zum **Umfang der Steuerbefreiung** für selbständige Lehrer vgl. EuGH vom 28.01.2010 (Rs. C-473/08, Ingenieurbüro Thomas und Marion Eulitz, GbR, BFH/NV 2010, 583). 28

2.4 Unmittelbar dem Schul- und Bildungszweck dienende Leistungen

29 Leistungen dienen dem Schul- und Bildungszweck dann unmittelbar, wenn dieser **gerade durch die jeweils in Frage stehende Leistung erfüllt** wird (BFH vom 26.10.1989, V R 25/84, BStBl II 1990, 98). Für die Steuerbefreiung nach § 4 Nr. 21 Buchst. a UStG ist ausreichend, dass die darin bezeichneten Leistungen ihrer Art nach den Zielen der Berufsaus- oder der Berufsfortbildung dienen. Es ist unerheblich, wem gegenüber sich der Unternehmer zivilrechtlich zur Ausführung dieser Leistungen verpflichtet hat. Stellt der Unternehmer im Rahmen der Erteilung des Unterrichts Lehrkräfte oder für den Unterricht geeignete Räume zur Verfügung, fallen auch diese Leistungen unter die Steuerbefreiung nach § 4 Nr. 21 Buchst. a UStG (vgl. BFH vom 10.06.1999, V R 84/98, BStBl II 1999, 578; Abschn. 4.21.4 Abs. 1 S. 1–4 ff. UStAE).

30 Auf die **Ziele der Personen, welche die Einrichtungen besuchen,** kommt es nicht an. Unerheblich ist deshalb, ob sich die Personen, an die sich die Leistungen der Einrichtung richten, tatsächlich auf einen Beruf oder eine Prüfung vor einer juristischen Person des öffentlichen Rechts vorbereiten (BFH vom 03.05.1989, V R 83/84, BStBl II 1989, 815). Entscheidend sind vielmehr die Arten der erbrachten Leistungen und ihre generelle Eignung als Schul- oder Hochschulunterricht. Deshalb ist es auch ohne Belang, wie hoch der Anteil der Schüler ist, die den Unterricht tatsächlich im Hinblick auf eine Berufsausbildung oder eine Prüfungsvorbereitung besuchen oder später tatsächlich den entsprechenden Beruf ergreifen (vgl. BFH vom 24.01.2008, V R 3/05, BStBl II 2012, 267; Abschn. 4.21.4 Abs. 1 S. 5 ff. UStAE).

31 Für die Annahme eines Schul- und Bildungszwecks ist entscheidend, ob

- vergleichbare Leistungen in Schulen erbracht werden und
- ob die Leistungen der bloßen Freizeitgestaltung dienen.

Die Bescheinigung der zuständigen Landesbehörde, dass eine Einrichtung auf einen Beruf oder eine vor einer juristischen Person des öffentlichen Rechts abzulegende Prüfung ordnungsgemäß vorbereitet, kann ein Indiz dafür sein, dass Leistungen, die tatsächlich dem Anforderungsprofil der Bescheinigung entsprechen, nicht den Charakter einer bloßen Freizeitgestaltung haben, sofern keine gegenteiligen Anhaltspunkte vorliegen (vgl. Abschnitt 4.21.5 Abs. 2 S. 4 UStAE unter Rn. 35). Solche gegenteiligen Anhaltspunkte, die zur Annahme reiner Freizeitgestaltungen führen, können sich zum Beispiel aus dem Teilnehmerkreis oder aus der thematischen Zielsetzung der Unterrichtsleistung ergeben. Unterrichtsleistungen, die von ihrer Zielsetzung auf reine Freizeitgestaltung gerichtet sind, sind von der Steuerbefreiung nach § 4 Nr. 21 UStG ausgeschlossen (vgl. BFH vom 24.01.2008, V R 3/05, BStBl II 2012, 267).

32 Die **Lieferungen von Lehr- und Lernmaterial** dienen nicht unmittelbar dem Schul- und Bildungszweck. Sie sind nur insoweit steuerfrei, als es sich um Nebenleistungen handelt. Eine Nebenleistung liegt in diesen Fällen vor, wenn das den Lehrgangsteilnehmern überlassene Lehr- und Lernmaterial inhaltlich den Unterricht ergänzt, zum Einsatz im Unterricht bestimmt ist, von der Schule oder der Bildungseinrichtung oder dem Lehrer für diese Zwecke selbst entworfen worden ist und bei Dritten nicht bezogen werden kann (vgl. BFH vom 12.12.1985, V R 15/80, BStBl II 1986, 499; Abschn. 4.21.4 Abs. 2 UStAE).

33 Leistungen, die sich auf die **Unterbringung und Verpflegung von Schülern** beziehen, dienen dem Schul- und Bildungszweck im Regelfall nicht unmittelbar, sondern nur mittelbar (BFH vom 17.03.1981, VIII R 149/76, BStBl II 1981, 746). Diese Leistungen können aber unter den Voraussetzungen des § 4 Nr. 23 UStG steuerfrei sein (Abschn. 4.21.4 Abs. 3 UStAE).

2.5 Bescheinigungsverfahren für Ergänzungsschulen und andere allgemeinbildende oder berufsbildende Einrichtungen

Träger von Ergänzungsschulen und anderen allgemeinbildenden oder berufsbildenden Einrichtungen benötigen, sofern sie keine Ersatzschule i. S. d. § 4 Nr. 21 Buchst. a Doppelbuchst. aa UStG betreiben, nach § 4 Nr. 21 Buchst. a Doppelbuchst. bb UStG eine Bescheinigung der zuständigen Landesbehörde. Aus dieser Bescheinigung muss sich ergeben, dass die Leistungen des Unternehmers auf einen Beruf oder auf eine vor einer juristischen Person des öffentlichen Rechts abzulegende Prüfung ordnungsgemäß vorbereiten. Dies gilt entsprechend, wenn der Träger der Einrichtung kein Unternehmer oder eine in § 4 Nr. 22 UStG bezeichnete Einrichtung ist (Abschn. 4.21.5 Abs. 1 UStAE). 34

Die für die Erteilung der Bescheinigung zuständige Landesbehörde kann nicht nur vom Unternehmer, sondern **auch von Amts wegen** eingeschaltet werden (vgl. BVerwG 04.05.2006, 10 C 10.05, UR 2006, 517); hierüber ist der Unternehmer zu unterrichten. Die Bescheinigung ist zwingend zu erteilen, wenn die gesetzlichen Voraussetzungen für die Steuerbefreiung vorliegen (vgl. BVerwG vom 04.05.2006, 10 C 10.05, a. a. O.). Die zuständige Landesbehörde befindet darüber, ob und für welchen Zeitraum die Bildungseinrichtung auf einen Beruf oder eine vor einer juristischen Person des öffentlichen Rechts abzulegende Prüfung ordnungsgemäß vorbereitet (Abschn. 4.21.5 Abs. 2 S. 1–3 UStAE; vgl. auch unter Rn. 31 Abschn. 4.21.4 Abs. 1a UStAE zum Nachweis der unmittelbar dem Schul- und Bildungszweck dienende Leistungen). 35

Die entsprechende Bescheinigung bindet die Finanzbehörden insoweit als **Grundlagenbescheid** nach § 171 Abs. 10 in Verbindung mit § 175 Abs. 1 S. 1 Nr. 1 AO (vgl. BFH 20.08.2009, V R 25/08, BStBl II 2010, 15). Das schließt nicht aus, dass die Finanzbehörden bei der zuständigen Landesbehörde eine Überprüfung der Bescheinigung anregen. Die Finanzbehörden entscheiden jedoch in eigener Zuständigkeit, ob die Voraussetzungen für die Steuerfreiheit im Übrigen vorliegen. Dazu gehören insbesondere die Voraussetzungen einer allgemeinbildenden oder berufsbildenden Einrichtung (BFH vom 03.05.1989, V R 83/84, BStBl II 1989, 815, Abschn. 4.21.5 Abs. 2 S. 4ff. UStAE). 36

Eine **für zurückliegende Zeiträume erteilte Bescheinigung** kann nur unter den Voraussetzungen des § 171 Abs. 10 AO eine Ablaufhemmung auslösen (vgl. AEAO zu § 171, Nr. 6.1, 6.2 und 6.5). Die zuständige Landesbehörde kann darauf in der Bescheinigung hinweisen. Die konkrete Feststellung, für welche Umsatzsteuerfestsetzung die Bescheinigung bzw. deren Aufhebung von Bedeutung ist, trifft die Finanzbehörde (BMF vom 17.07.2018, a. a. O. zur Ergänzung von Abschn. 4.21.5 Abs. 2 UStAE um die neuen Sätze 7–9; dazu Weimann, a. a. O., astw.iww.de, Abruf-Nr. 204209). 36a

Erbringt der Unternehmer die dem Schul- und Bildungszweck dienenden Leistungen **in mehreren Bundesländern**, ist eine Bescheinigung der zuständigen Behörde des Bundeslands, in dem der Unternehmer steuerlich geführt wird, als für umsatzsteuerliche Zwecke ausreichend anzusehen. Werden die Leistungen ausschließlich außerhalb dieses Bundeslands ausgeführt, genügt eine Bescheinigung der zuständigen Behörde eines der Bundesländer, in denen der Unternehmer tätig wird. Erbringen Unternehmer Leistungen i. S. d. § 4 Nr. 21 Buchst. a UStG im Rahmen eines Franchisevertrags, muss jeder Franchisenehmer selbst bei der für ihn zuständigen Landesbehörde die Ausstellung einer Bescheinigung nach § 4 Nr. 21 Buchst. a Doppelbuchst. bb UStG beantragen (Abschn. 4.21.5 Abs. 3 UStAE). 37

Werden Leistungen erbracht, die **verschiedenartigen Bildungszwecken** dienen, ist der Begünstigungsnachweis i. S. d. § 4 Nr. 21 Buchst. a Doppelbuchst. bb UStG durch getrennte Bescheinigungen, bei Fernlehrinstituten z. B. für jeden Lehrgang, zu führen (Abschn. 4.21.5 Abs. 4 UStAE). 38

Bestätigt die Bundesagentur für Arbeit bzw. der Träger der Grundsicherung für Arbeitsuchende nach §§ 6, 6a SGB II, dass für eine bestimmte berufliche Bildungsmaßnahme nach Abschnitt 4.21.2 Abs. 3 UStAE die gesetzlichen Voraussetzungen vorliegen (vgl. Rz. 13), gilt diese Bestätigung als Bescheinigung i. S. d. § 4 Nr. 21 Buchst. a Doppelbuchst. bb UStG, wenn die nach dieser Vorschrift 39 für die Erteilung der Bescheinigung zuständige Landesbehörde – generell oder im Einzelfall – sich mit der Anerkennung einverstanden erklärt hat und von der Bundesagentur für Arbeit bzw. dem Träger der Grundsicherung für Arbeitsuchende nach §§ 6, 6a SGB II hierauf in der Bestätigung hingewiesen wird. Das Gleiche gilt für Maßnahmen der Berufseinstiegsbegleitung im Rahmen der BMBF-Initiative »Abschluss und Anschluss – Bildungsketten bis zum Ausbildungsabschluss«. Auch die Zulassung eines Trägers zur Durchführung von Integrationskursen nach Abschnitt 4.21.2 Abs. 3a UStAE (vgl. Rn. 14) durch das Bundesamt für Migration und Flüchtlinge gilt als Bescheinigung i. S. d. § 4 Nr. 21 Buchst. a Doppelbuchst. bb UStG, wenn aus der Zulassung ersichtlich ist, dass sich die zuständige Landesbehörde – generell oder im Einzelfall – mit der Zulassung durch das Bundesamt für Migration und Flüchtlinge einverstanden erklärt hat. Das gilt auch für die Zulassung eines Trägers sowie für die Zulassung von Maßnahmen zur beruflichen Weiterbildung sowie von Maßnahmen zur Aktivierung und beruflichen Eingliederung durch fachkundige Stellen nach § 176 SGB III, wenn aus der Zulassung ersichtlich ist, dass die fachkundige Stelle von der Deutschen Akkreditierungsstelle GmbH (DAkkS) als Zertifizierungsstelle anerkannt wurde und sich auch die zuständige Landesbehörde – generell oder im Einzelfall – mit der Zulassung durch die fachkundige Stelle einverstanden erklärt. Liegen die vorgenannten Voraussetzungen vor, tritt die Bestätigung bzw. Zulassung an die Stelle der Bescheinigung der zuständigen Landesbehörde und bindet die Finanzbehörden insoweit ebenfalls als Grundlagenbescheid nach § 171 Abs. 10 in Verbindung mit § 175 Abs. 1 S. 1 Nr. 1 AO (Abschn. 4.21.5 Abs. 5 UStAE).

40 Die Bescheinigung durch eine nach Landesrecht zuständige untergeordnete Behörde gilt als eine nach § 4 Nr. 21 Buchst. a Doppelbuchst. bb UStG erforderliche Bescheinigung der zuständigen Landesbehörde. Das Gleiche gilt für die staatliche Anerkennung der Bildungseinrichtungen durch eine nach Landesrecht zuständige Behörde, wenn diese Anerkennung inhaltlich der Bescheinigung der zuständigen Landesbehörde entspricht (Abschn. 4.21.5 Abs. 6 UStAE).

3 Einzelfall-ABC

41 **Aktivierung und beruflichen Eingliederung** nach dem dritten Buch Sozialgesetzbuch: BMF vom 01.12.2010, IV D 3 – S 7179/09/10003, 2010/0945930, BStBl I 2010, 1375 (weiter gültig lt. BMF vom 19.03.2018, Nr. 1462) und BMF vom 06.07.2011, IV D 3 – S 7179/09/10003, 2011/0530581, BStBl I 2011, 738 (weiter gültig lt. BMF vom 19.03.2018, Nr. 1463).

Arbeitsmarktdienstleistungen nach dem Gesetz zur Verbesserung der Eingliederungschancen am Arbeitsmarkt: BMF vom 28.03.2012, IV D 3 – S 7179/09/10003-04, 2012/0262442, BStBl I 2012, 482 (weiter gültig lt. BMF vom 19.03.2018, Nr. 1464) und BMF vom 12.07.2013, IV D 3 – S 7179/09/10003-05, 2013/0666997, BStBl I 2013, 923 (weiter gültig lt. BMF vom 19.03.2018, Nr. 1466).

Ausleihe von Lernmitteln durch Schulen: LfSt Niedersachsen vom 14.03.2018, S 7177 – 37 – St 182, MwStR 2018, 364.

Ballettstudio – Veröffentlichung des BFH-Urteils vom 24.01.2008 (V R 3/05): BMF vom 02.04.2012, IV D 3 – S 7179/07/10006, 2012/0262344, BStBl I 2012, 484 (weiter gültig lt. BMF vom 19.03.2018, Nr. 1465).

Berufskraftfahrer-Qualifikations-Gesetz: Leistungen nach dem BKrFQG: BMF vom 21.11.2013, IV D 3 – S 7179/07/10012, 2013/1068610, BStBl I 2013, 1583 (weiter gültig lt. BMF vom 19.03.2018, Nr. 1467).

Deutschkurse für Flüchtlinge und Migranten: OFD Niedersachsen vom 29.10.2015, S 7179 – 126 – St 181, DStR 2016, 69.

Integrationskurse nach § 43 des Aufenthaltsgesetzes (AufenthG): BMF vom 03.03.2011, IV D 3 – S 7180/10/10001, 2011/0166944, BStBl I 2011, 233 (weiter gültig lt. BMF vom 19.03.2018, Nr. 1468) und BMF vom 08.08.2011, IV D 3 – S 7180/10/10001, 2011/0625199, BStBl I 2011, 755 (weiter gültig lt. BMF vom 19.03.2018, Nr. 1469).

Kopiergelder –von öffentlichen Schulen vereinnahmt: LfSt Niedersachsen vom 22.02.2018, S 7107 – 3 – St 171, MwStR 2018, 328.

Lehrbriefe – keine Umsatzsteuerbefreiung: LSF Sachsen vom 12.08.2016, 213 – S 7179/3/1-2016/15517, MwStR 2016, 892 und BayLfSt vom 11.10.2017, S 7179.1.1-16/6 St33, MwStR 2017, 968 und FM Schleswig-Holstein vom 16.10.2017, VI 358 – S 7179 – 129, MwStR 2018, 148.

Lernmittel-Ausleihe durch Schulen: siehe Ausleihe von Lernmitteln durch Schulen.

Maßnahmen der Arbeitsförderung: OFD Niedersachsen vom 04.10.2016, S 7179 – 105 – St 182, MwStR 2016, 928.

Schwimmunterricht: Es ist zu unterscheiden: Strukturierte Kinderschwimmkurse erfüllen die Voraussetzungen der Steuerbefreiung. Dagegen aber ist beim Säuglingsschwimmen die Grenze von der Freizeitgestaltung zum Unterricht noch nicht überschritten (FG Baden-Württemberg, Urteil vom 14.06.2018, 1 K 3226/15, www.fg-baden-wuerttemberg.de; Weimann, astw.iww.de, Abruf-Nr. 45404878).

Selbständige Studienleiter: BayLfSt vom 19.02.2016, S 7179.1.1-15/1 St33, DStR 2016, 1165.

Verpflegungsleistungen in Schulen und Kitas: Die Leistungen unterliegen je nach Organisationsform der Befreiung von der Umsatzsteuer oder dem ermäßigten bzw. dem allgemeinen Umsatzsteuersatz (BayLfSt, Information zur umsatzsteuerrechtlichen Behandlung von Verpflegungsleistungen in Schulen und Kindertagesstätten (Stand: Juli 2018), www.finanzamt.bayern.de; Weimann, AStW 9/2018, 690).

§ 4 Nr. 22 UStG
Steuerbefreiungen: Weiterbildung

Von den unter § 1 Abs. 1 Nr. 1 fallenden Umsätzen sind steuerfrei:

...

22.

a) die Vorträge, Kurse und anderen Veranstaltungen wissenschaftlicher oder belehrender Art, die von juristischen Personen des öffentlichen Rechts, von Verwaltungs- und Wirtschaftsakademien, von Volkshochschulen oder von Einrichtungen, die gemeinnützigen Zwecken oder dem Zweck eines Berufsverbandes dienen, durchgeführt werden, wenn die Einnahmen überwiegend zur Deckung der Kosten verwendet werden,

b) andere kulturelle und sportliche Veranstaltungen, die von den in Buchstabe a genannten Unternehmern durchgeführt werden, soweit das Entgelt in Teilnehmergebühren besteht;

...

Literatur

Ammann, Zur Umsatzbesteuerung von Golfclub-Leistungen, die mit »Greenfees« und »echten« Mitgliederbeiträgen entgolten werden, UVR 2010, 144-148. **Baldauf**, Umsatzsteuerliche Abgrenzung von Zuschusszahlungen der öffentlichen Hand, DStZ 2010, 125-136. **Becker/Kretzschmann**, Umsatzbesteuerung von Gastvorträgen unter Berücksichtigung der aktuellen EuGH-Rechtsprechung, UR 2007, 873-881. **Büchter-Hole**, Begriff der sportlichen Veranstaltung i. S. d. § 4 Nr. 22 UStG Anmerkung zum Urteil FG Köln vom 08.10.2009 10 K 3794/06, EFG 2010, 369. **Busch/Maciejewski/Schepers**, Sind wissenschaftliche Diskussionen steuerbefreit?, DStR 2015, 2737-2744. **Dodos/Heilmeier**, Unionsrechtliche Umsatzsteuerbefreiung für nicht als gemeinnützig anerkannten Golfclub, MwStR 2017, 759-760. **Eggers**, Die Besteuerung der Berufsverbände, DStR 2007, 461-467. **Ehrt**, Töpfer- und Tanzkurse umsatzsteuerfrei? DStR 2008, 1469-1475. **Engelsing/Latsch**, Non-Profit-Organisationen als Seminaranbieter, NWB Fach 7, 6715-6722 (23/2006). **Erdbrügger**, Entscheidungsbesprechung, Berufsverbände als vorsteuerabzugsberechtigte Unternehmer, DStR 2018, 59. **Ferdinand Huschens**, Berlin, in Schwarz/Widmann/Radeisen, UStG, § 4 Nr. 22, Stand: 28.04.2017. **Fink**, Schießen eines Schützenvereins als sportliche Veranstaltung, EFG 2014, 1437-1439. **Grube**, Duplicate-Bridge fällt nicht unter den Begriff »Sport« i. S. d. Art. 132

Abs. 1 Buchst. m der Richtlinie 2006/112/EG, MwStR 2018, 32. **Grube**, Nicht organisierte sportliche Betätigungen als Sport/Aquapark als eng damit zusammenhängende Dienstleistung, MwStR 2013, 90. **Grube**, Steuerbefreiung für Dienstleistungen im Zusammenhang mit Sport i.S.d. Art. 132 Abs. 1 Buchst. m MwStSystRL alle Einrichtungen ohne Gewinnstreben, MwStR 2017, 712-713. **Heu**, Steuerbarkeit von Leistungen eines Sportvereins, DStR 2014, 1542-1543. **Hüttemann**, Umsatzsteuerbefreiungen für Leistungen des therapeutischen Reitens, UVR 2014, 14-24. **Jacobs**, Ein Tanz um die Umsatzsteuer, UR 2007, 45-54. **Kirchhain**, Umsatzsteuerrechtliche Behandlung von anlässlich steuerbefreiter Seminarumsätze erbrachten Beherbergungsleistungen und Verpflegungsleistungen, UR 2011, 790-792. **Klein**, Umsatzsteuerliche Behandlung von Mitgliedsbeiträgen, DStR 2008, 1016-1020. **Laich**, Umsatzsteuerfreiheit von Unterricht in der chinesischen Sportart Taijiquan, UR 2013, 50-52. **Ley/Strahl/Neu/Watermeyer**, Steuerlicher Handlungsbedarf zum Jahreswechsel 2004/2005, DStR 2004, 2073-2081. **Meurer**, Anmerkung zu einer Entscheidung des BFH (Urteil vom 16.10.2013 – XI R 34/11, MwStR 2014, 132) – Zur Besteuerung der Umsätze eines gemeinnützigen Reitsportvereins aus einer Pensionspferdehaltung, MwStR 2014, 137-138. **Meurer**, JStG 2013: Umsatzsteuerfreiheit von Bildungsleistungen ab dem 01.01.2013, DStR 2012, 1785-1790. **Möhlenkamp**, Auswirkungen des EuGH-Urteils Kennemer Golf & Country Club auf Mitgliedsbeiträge von Berufsverbänden, UR 2003, 173-181. **Musil**, Umsatzsteuerprobleme der öffentlichen Hand im Bereich der Daseinsvorsorge, UR 2015, 533-538. **Nieskens**, Steuerpflichtige Mitgliedsbeiträge bei Sportvereinen, UR 2002, 345-349. **Pfefferle/Renz**, Umsatzsteuerbefreiung für berufsbildende Bildungsleistungen – heute wie morgen, NWB 2012, 3684-3691. **Raudszus/Weimann**, § 4 UStG verstößt, soweit er in den Nummern 16, 17, 20, 21, 22, 23 und 24 auch Leistungen natürlicher Personen von der Umsatzsteuer befreit, gegen die Sechste Richtlinie, UVR 1996, 66-71. **Schmitz/Möser**, Unterliegen Mitgliedsbeiträge/Gebühren/Entgelte/Zuschüsse an Kammern nach dem BFH-Urteil vom 20.03.2014 der Umsatzsteuer?, MwStR 2015, 120-129. **Schöngart**, Umsatzsteuerbefreiung für Bildungsleistungen an privaten Schulen, UR 2016, 540-543. **Stadie**, Überlassung von Golfanlagen eines gemeinnützigen Golf-Clubs an seine Mitglieder, UR 2008, 186. **Steiner**, Die »sportliche Veranstaltung« im Umsatzsteuerrecht, SpuRt 2011, 144-146. **Sterzinger**, Dauervermietung einer Sportanlage an Sportverein – Umsatzsteuerliche Organschaft zwischen Verein und Vermieter-GmbH, MwStR 2016, 922-923. **Strahl**, Steuerliche Aspekte der wirtschaftlichen Betätigung von Hochschulen, FR 1998, 761-774. **Strahl**, Die Ausgliederung hoheitlicher und wirtschaftlicher Tätigkeiten durch staatliche Hochschulen, FR 2004, 72-78. **Szabo**, Wolfgang Tausch, Umsatzsteuerliche Behandlung der entgeltlichen Überlassung von Sportanlagen durch gemeinnützige Vereine an ihre Mitglieder, UVR 2014, 282-285. **Tausch**, Umsatzsteuerbefreiung von Unterrichtsleistungen, UVR 2007, 293. **Tehler**, Sport und Umsatzsteuer, UVR 2013, 247-251. **Trinks**, Zur umsatzsteuerlichen Behandlung von Sportleistungen und zur Auslegung des Sportbegriffs, NWB 2017, 2241. **Valentin**, Anmerkung, Richtlinienkonforme Auslegung des Begriffs der sportlichen Veranstaltung in § 4 Nr. 22b UStG, EFG 2007, 296-297. **Wäger**, Sportvereine in der Umsatzsteuer: Steuerbare, steuerfreie und steuerermäßigte Umsätze, DStR 2014, 1517-1526. **Wagner/Raudszus**, Eng verbundene Dienstleistungen im Sinne des Umsatzsteuergesetzes und der Mehrwertsteuer-Systemrichtlinie (MwStSystRL), UStB 2007, 283-293. **Wallenhorst**, Umsatzsteuerfreiheit von Sportunterricht gemeinnütziger Sportvereine nach Unionsrecht, DStR 2011, 1181-1182. **Weber**, Umsatzsteuerbefreiung von Unterrichtsleistungen, UR 2008, 525-531. **Weimann**, Auswirkung der beabsichtigten Neuregelung für Seminare auf Eigengeschäfte des Steuerberaters, GStB 2012, 315-318. **Weiß**, Begünstigung eines Berufsverbandes nach § 4 Nr. 22 UStG, UR 1985, 229. **Wendt**, Die Besteuerung von Kammer-Bildungsdienstleistungen, Jahrbuch des Kammer- und Berufsrechts 2005, 154-180. **Wendt/Elicker**, Fortbestand der Steuerfreiheit für die Fortbildungstätigkeit der Handwerkskammern? DStZ 2004, 399-407. **Widmann**, Quo usque tandem? – Die Umsatzbesteuerung der Vereinsbeiträge muss endlich unionsrechtskonform geregelt werden!, DStZ 2014, 595-600. **Winter**, Umsatzsteuerpflicht der Vortragstätigkeit freiberuflicher Dozenten bei Familienbildungsstätte bzw. berufsbildender Vorträge eines freien Mitarbeiters bei Kammern und Verbänden, UR 1999, 165-166. **Wüst**, Anmerkung zum Urteil des BFH vom 21.06.2017, Az: V R 34/16, zur Einordnung eines Vereins zur Förderung der Open Source Software als Zweckbetrieb, MwStR 2017, 961–962.

Verwaltungsanweisungen

LSF Sachsen, 09.01.2015, Az: S 7170 – 93/5 – 213.
OFD Frankfurt, 04.03.2011, Az: S 7179 A – 47 – St 112.
OFD Frankfurt, 08.07.2008, Az: S 7100 A – 271 – St 11.
OFD Rheinland, 22.01.2008, Az: S 7419 – 1000 – St 435.
LfSt Bayern, 12.03.2007, Az: S 7179 – 7 St 34 M.
OFD Koblenz, 03.05.2006, Az: S 7179/7180 A – St 44 2.
OFD Chemnitz, 31.01.2005, Az: S0171 – 346/5 – St23.
OFD Nürnberg, 04.12.2000, Az: S 718 – 24/St 43.
FinMin Schleswig-Holstein, 27.11.2015, Az: VI 358 – S 7180 – 040.
BMF, 05.10.1990, Az: IV A 3 – S 7180 – 4/90.

Richtlinien/Hinweise/Verordnungen

UStAE: Abschn. 4.22.1, 4.22.2.
MwStSystRL: Art. 132 Abs. 1 Buchst. i, m, und n, Art. 133, Art. 134.

1 Allgemeines

1.1 Überblick über die Vorschrift/Gesetzeszweck

1 § 4 Nr. 22 UStG beruht auf sozialpolitischen und kulturellen Erwägungen. Zweck der Vorschrift ist es, Einrichtungen, die der **Erwachsenenbildung** dienen, wegen ihrer kulturellen Bedeutung steuerlich zu entlasten und dadurch die allgemeine Bildungsarbeit zu fördern. Die Befreiungsvorschrift steht in ihrer Zielrichtung im Zusammenhang mit §§ 4 Nr. 21 und 4 Nr. 23 UStG, durch die ebenfalls der Bildungsbereich begünstigt wird. Im Gegensatz zu § 4 Nr. 21 UStG, der die Schulbildung begünstigt, entlastet § 4 Nr. 22 Buchst. a UStG außerschulische Bildungsleistungen. **Zwischen den Befreiungsvorschriften kann es zu Überschneidungen kommen**. Im Gegensatz zu **§ 4 Nr. 21 Buchst. a** UStG, wonach auch allgemein- und berufsbildende Einrichtungen mit ihren Leistungen steuerfrei sind, kommt es nach § 4 Nr. 22 Buchst. a UStG auf eine Bescheinigung der zuständigen Landesbehörde **nicht** an. Besonders genannt sind die Einrichtungen der Volkshochschulen und der Verwaltungs- und Wirtschaftsakademien.

2 Durch die zum 01.01.1980 neu aufgenommene Regelung in **§ 4 Nr. 22 Buchst. b** UStG (kulturelle und sportliche Veranstaltungen) soll verhindert werden, dass **aktive Teilnehmer an kulturellen und sportlichen Veranstaltungen** mit USt belastet werden. Der Begriff der sportlichen Veranstaltung hat in § 4 Nr. 22 Buchst. b UStG dieselbe Bedeutung wie in § 67 a AO. Die Regelung des § 4 Nr. 22 Buchst. b UStG ist durch das UStG 1980 eingefügt worden. Sie beruht auf einer Beschlussempfehlung des Finanzausschusses.

1.2 Rechtsentwicklung

3 **§ 4 Nr. 22 Buchst. a** UStG war zum **01.01.1980** unverändert aus § 4 Nr. 22 UStG 1967/1973 übernommen worden. Durch das Elfte UStÄndG vom 16.08.1961 war § 47 Nr. 2 der UStDB in § 4 Nr. 24 UStG 1951 übernommen worden. Die bis dahin geltende Steuerbefreiung für die von öffentlich-rechtlichen Körperschaften oder von Volkshochschulen veranstalteten Vorträge wissenschaftlicher und belehrender Art war gleichzeitig auf Verwaltungs- und Wirtschaftsakademien ausgedehnt worden. Außerdem wurden neben den Vorträgen auch Kurse und sonstige Veranstaltungen wissenschaftlicher und belehrender Art von der USt befreit. Durch die Einfügung der Kurse und sonstigen Veranstaltungen sollte klargestellt werden, dass außer den Veranstaltungen, bei denen das gesprochene Wort im Vordergrund steht, auch Arbeitsgemeinschaften, Seminare, Exkursionen und andere Veranstaltungen wissenschaftlicher und belehrender Art unter die Steuerbefreiung fallen können.

4 Durch das UStG 1967/1973 wurde § 4 Nr. 24 UStG 1951 in § 4 Nr. 22 UStG überführt und der Anwendungsbereich der Vorschrift nochmals erweitert. Begünstigt wurden auch die entsprechenden Leistungen von Einrichtungen, die gemeinnützigen Zwecken oder den Zwecken eines Berufsverbands dienen. An die Stelle des Begriffs der öffentlich-rechtlichen Körperschaften trat der Begriff der »juristischen Personen des öffentlichen Rechts«. Außerdem mussten die begünstigten Leistungen nicht mehr »wissenschaftlicher und belehrender Art«, sondern »wissenschaftlicher oder belehrender Art« sein.

5 **§ 4 Nr. 22 Buchst. b** UStG war **zum 01.01.1980 neu** in das Gesetz eingefügt worden. Die Steuerbefreiung wurde damit auf (andere) kulturelle und sportliche Veranstaltungen ausgedehnt, soweit das Entgelt in Teilnehmergebühren besteht. Dadurch sollte verhindert werden, dass aktive Teilnehmer an kulturellen und sportlichen Veranstaltungen mit USt belastet werden. Die Steuer-

befreiung erstreckt sich damit z. B. auf Startgelder bei einer Sportveranstaltung. Sie gilt nicht, wenn das Entgelt in Eintrittsgeldern der Zuschauer besteht.

6 Durch das Steueränderungsgesetz 2001 (StÄndG 2001) ist in § 4 Nr. 22 Buchst. a UStG das Wort »Unkosten« durch »Kosten« ersetzt worden, und zwar m. W. v. 01.01.2002. § 4 Nr. 22 UStG ist im Übrigen seit dem 01.01.1980 unverändert geblieben.

7 Durch den Regierungsentwurf zum Jahressteuergesetz 2013 sollte die Terminologie des Art. 132 Abs. 1 Buchst. I und j MwStSystRL in das nationale Gesetz weitgehend übernommen werden (BT-Druck 17/10000). Nach der Gesetzesbegründung erfolgte die Umsetzung allerdings nicht, weil Art. 132 Abs. 1 Buchst. i MwStSystRL in § 4 Nr. 22 Buchst. a umfassend umgesetzt werden sollte.

1.3 Europarechtliche Grundlagen

1.3.1 Art. 132 Abs. 1 Buchstabe i MwStSystRL

8 § 4 Nr. 22 Buchst. a UStG beruht auf Art. 132 Abs. 1 Buchst. i MwStSystRL.

Danach befreien die Mitgliedstaaten von der USt:

- Erziehung von Kindern und Jugendlichen,
- Schul- und Hochschulunterricht,
- Aus- und Fortbildung sowie berufliche Umschulung und damit eng verbundene Dienstleistungen und Lieferungen von Gegenständen durch Einrichtungen des öffentlichen Rechts, die mit solchen Aufgaben betraut sind, oder **andere Einrichtungen** mit von dem betreffenden Mitgliedstaat anerkannter vergleichbarer Zielsetzung.

9 Eine richtlinienwidrige Umsetzung dieser Vorschrift in nationales Recht besteht hinsichtlich des Begriffs »**Einrichtungen**«. Die in den Buchstaben b und g von Art. 132 Abs. 1 MwStSystRL enthaltenen Begriffe »andere ordnungsgemäß anerkannte Einrichtungen gleicher Art« und »andere von dem betreffenden Mitgliedstaat als Einrichtungen mit sozialem Charakter anerkannte Einrichtungen« **umfassen auch natürliche Personen**. Der Begriff der Einrichtung setzt also insbesondere keine bestimmte Rechtsform voraus (EuGH vom 26.05.2005, Rs. C-498/03; EuGH vom 04.05.2017, Rs. C 699/15, Tehler in Rau/Dürrwächter Anm. 65 zu § 4 Nr. 65). Wenn Verwaltungs- und Wirtschaftsakademien von natürlichen Personen geführt werden, kommt unter den weiteren Voraussetzungen der Regelung die Steuerbefreiung in Betracht.

Demgegenüber legt die Verwaltung den Begriff eng aus. Lt. USTAE R. 4.22.1 sind nach § 4 Nr. 22 Buchstabe a UStG nur Leistungen begünstigt, die von den im Gesetz genannten Unternehmern erbracht werden und in Vorträgen, Kursen und anderen Veranstaltungen wissenschaftlicher oder belehrender Art bestehen. Es handelt sich – lt. Auffassung der Finanzverwaltung – hierbei um eine abschließende Aufzählung, die nicht im Auslegungswege erweitert werden kann.

10 Der Rechtsprechung des EuGH hat sich der BFH im Hinblick auf andere Befreiungstatbestände des § 4 UStG angeschlossen (BFH vom 02.03.2011, Az: XI R 21/09 mit Verweis auf Art. 132 Abs. 1 Buchst. I MwStSySRL m. w. N.). Der BFH sieht es als geklärt an, dass durch Art. 132 Abs. 1, Buchst. i MwStSystRL auch »Einrichtungen« begünstigt sind, die von natürlichen Personen und Personengesellschaften betrieben werden. Andernfalls läge zudem ein Verstoß gegen den europarechtlichen Grundsatz der steuerlichen Neutralität vor.

11 Dies führt jedoch nicht dazu, dass Umsätze, die natürliche Personen aus Leistungen erzielen, die sie gegenüber Dritten erbringen, die ihrerseits nach § 4 Nr. 22 Buchst. a UStG steuerfrei sind, ebenfalls (automatisch) in den Genuss der Steuerbefreiung kommen.

12 Nach der Rechtsprechung des EuGH (EuGH vom 14.06.2007 C-445/05, Haderer, UR 592, Eulitz, UR 2010, 174), der sich der BFH angeschlossen hat (BFH vom 10.08.2016, Az: V R 38/15, UR 2016, 1864; BFH vom 20.03.2014, Az: V R 3/13, UR 2014, 569 und BFH vom 05.06.2014, Az: V R 19/13, UR 2014, 735) bezieht sich der Begriff Schul- und Hochschulunterricht auf jegliche Aus- und Fortbildung, die nicht den Charakter bloßer Freizeitgestaltung hat. Im Vorlagebeschluss vom 16.03.2017, Az:V R 38/16 (BStBl II 2017, 1017) äußert der BFH dennoch Zweifel, ob es mit der Zielsetzung der MwStSystRL »dem Gemeinwohl dienende Tätigkeiten« von der Steuer zu befreien in Einklang steht, wenn jegliche Aus- und Fortbildung befreit ist, die nicht den Charakter einer bloßen Freizeitgestaltung hat und von Unterrichtenden erteilt wird, die für eigene Rechnung und eigene Verantwortung handeln.

1.3.2 Art. 133 Buchst. a bis d MwStSystRL

13 Gemäß Art. 133 MwStSystRL können die Mitgliedstaaten die Gewährung der in Art. 132 Abs. 1 Buchst. i MwStSystRL vorgesehenen Steuerbefreiung bei Einrichtungen, die keine Einrichtungen des öffentlichen Rechts sind, im Einzelfall von der Erfüllung bestimmter Bedingungen abhängig machen. Dazu gehört u. a., dass die Einrichtungen keine systematische Gewinnerzielung anstreben dürfen. Der deutsche Gesetzgeber hat von dieser Ermächtigung dadurch Gebrauch gemacht, dass er in § 4 Nr. 22 Buchst. a UStG nur die Leistungen der dort im Einzelnen benannten Bildungseinrichtungen von der USt befreit hat. Dies widerspricht aber dem Wortlaut des Art. 133 MwStSystRL. Hierin werden lediglich die äußeren Bedingungen zur Einschränkung der Steuerbefreiung genannt, nicht jedoch die Rechtsform (vgl. dazu auch Vorlagebeschluss des BFH zu Fahrschulen vom 16.03.2017, Az: V R 38/16, BStBl II 2017, 1017).

Nach der Rechtsprechung des EuGH sind für die Anerkennung der Steuerbefreiung allerdings auch die Ziele, die Einrichtungen in ihrer Gesamtheit verfolgen und die Beständigkeit ihres sozialen Engagements zu berücksichtigen (Urteile vom 28.07.2016, Az: C-543/14, Ordre des barreaux francophones und germanophone, UR 2016, 634 und vom 17.06.2010, Az: C-492/08, Kommission/Frankreich, UR 2010, 662).

14 Werden Bildungsleistungen von einem gemeinnützigen Verein oder einer vergleichbaren Einrichtung angeboten, hat dies zur Folge, dass Vorleistungen natürlicher Personen, die für diese Bildungsveranstaltungen erbracht werden, nicht automatisch umsatzsteuerfrei sind. Nach dem Gesetzeswortlaut der deutschen Rechtsnorm des § 4 Nr. 22 a UStG wären nur die nach §§ 51 und 52 AO steuerbegünstigten Körperschaften wegen der Verfolgung gemeinnütziger Zwecke gewährt. Soweit § 4 UStG eine Steuerbefreiung nur für Umsätze solcher Unternehmer gewährt, die gemeinnützigen Zwecken dienen, hätte dies somit zur Folge, dass natürliche Personen, die selbständig Vorleistungen für derartige gemeinnützige Träger erbringen, nicht in den Genuss der Steuerbefreiung kommen. Diese Abgrenzung der für gemeinnützige Einrichtungen gewährten Steuerbefreiung verstößt gegen den Gleichbehandlungsgrundsatz des Art. 3 Abs. 1 GG und gegen den Wortlaut des Art. 133 Buchst. a bis d MwStSystRL. Zudem verbietet auch der Beschluss des BVerfG vom 10.11.1999, Art. 3 Abs. 1 GG eine allein nach der Rechtsform eines Unternehmers unterscheidende Umsatzsteuerbefreiung, da allein die Rechtsform, in der ein Unternehmen betrieben wird, keinen hinreichenden Differenzierungsgrund für eine Umsatzsteuerbefreiung darstellt. Nach dem Wortlaut der nationalen Vorschrift knüpft die Steuerbefreiung wegen der Verfolgung gemeinnütziger Zwecke im Gegensatz dazu, allein an die gewählte Rechtsform an, indem diese nur denjenigen Körperschaften i. S. d. § 51 S. 2 AO gewährt wird, welche die strengen Voraussetzungen der §§ 52 ff. AO erfüllen. Diese Voraussetzungen der Steuerbegünstigung können – nach Auffassung der Finanzverwaltung – von einer natürlichen Person nicht erfüllt werden, da natürliche Personen – anders als Körperschaften – nicht i. S. d. § 51 S. 1 AO ausschließlich und unmittelbar gemeinnüt-

zigen Zwecken dienen. Ein Zwang, eine bestimmte Rechtsform zu wählen, ist allerdings weder Art. 132 Abs. 1 Buchst. i, noch Art. 133 Buchst. a bis d noch Art. 134 a und b MwStSystRL zu entnehmen.

Die Beschränkungen der steuerlichen Begünstigung auf die vom Gesetzgeber geforderte Bindung der Mittel für ausschließlich gemeinnützige Zwecke ist nachvollziehbar und entspricht dem Normzweck. Die wegen der Differenzierung nach der Rechtsform im Rahmen des § 51 S. 2 AO ist m. E. allerdings verfassungswidrig als auch sachlich nicht gerechtfertigt. Demzufolge könnten auch Leistungen natürlicher Personen, die nicht durch die in § 4 Nr. 22 Buchst. a UStG genannten Unternehmer zur Durchführung von Vorträgen, Kursen und anderen Veranstaltungen wissenschaftlicher oder belehrender Art erbracht werden, unter die Befreiungsvorschrift fallen, sofern die in Art. 133 a bis d MwStSystRL genannten Voraussetzung erfüllt sind. Diese lauten 15

- keine systematische Gewinnerzielungsabsicht,
- im Wesentlichen ehrenamtliche Leitung und Verwaltung.
- Die Preise, die diese Einrichtungen verlangen, müssen von den zuständigen Behörden genehmigt sein oder die genehmigten Preise nicht übersteigen (grundsätzlicher Kontrahierungszwang); bei Umsätzen, für die eine Preisgenehmigung nicht vorgesehen ist, müssen die verlangten Preise **unter** den Preisen liegen, die der Mehrwertsteuer unterliegende gewerbliche Unternehmen für entsprechende Umsätze fordern.
- Vermeidung von Wettbewerbsverzerrungen.

1.3.3 Art. 132 Abs. 1 Buchst. m und o MwStSystRL

§ 4 Nr. 22 **Buchst. b** UStG beruht auf Art. 132 Abs. 1 Buchst. m und o MwStSystRL. Danach befreien die Mitgliedstaaten (Buchst. m) »bestimmte in engem Zusammenhang mit Sport und Körperertüchtigung stehende Dienstleistungen, die Einrichtungen ohne Gewinnstreben an Personen erbringen, die Sport oder Körperertüchtigung ausüben«, sowie (Buchst. o) »Dienstleistungen und Lieferungen von Gegenständen bei Veranstaltungen durch Einrichtungen, deren Umsätze nach den Buchstaben b, g, h, i, l, m und n befreit sind, wenn die Veranstaltungen dazu bestimmt sind, den Einrichtungen eine finanzielle Unterstützung zu bringen und ausschließlich zu ihrem Nutzen durchgeführt werden, vorausgesetzt, dass diese Befreiung nicht zu Wettbewerbsverzerrungen führt«. 16

Die Gewährung der Steuerbefreiung in Art. 132 Abs. 1 Buchst. m MwStSystRL können die Mitgliedstaaten für Einrichtungen, die keine Einrichtungen des öffentlichen Rechts sind, von der Erfüllung der in Art. 133 MwStSystRL aufgeführten Bedingungen abhängig machen. 17

1.3.4 Art. 134 Buchst. a und b MwStSystRL

In folgenden Fällen sind Lieferungen von Gegenständen und Dienstleistungen von der Steuerbefreiung des Art. 132 Abs. 1 Buchst. b, g, h, i, l, m und n ausgeschlossen: 18

- sie sind für die Umsätze, für die die Steuerbefreiung gewährt wird, nicht unerlässlich;
- sie sind im Wesentlichen dazu bestimmt, der Einrichtung zusätzliche Einnahmen durch Umsätze zu verschaffen, die in unmittelbarem Wettbewerb mit Umsätzen von der Mehrwertsteuer unterliegenden gewerblichen Unternehmen bewirkt werden.

1.4 Geltungsbereich

1.4.1 Sachlicher Geltungsbereich

1.4.1.1 § 4 Nr. 22 Buchst. a UStG

19 Der Umfang und der Anwendungsbereich der Steuerbefreiung nach § 4 Nr. 22 Buchst. a UStG bestimmen sich nach **objektiven und subjektiven** Gesichtspunkten. Objektiv begünstigt sind nur die in der Vorschrift genannten Umsätze unter den genannten Bedingungen. Subjektiv begünstigt sind nach der nationalen Auslegung nur die in der Vorschrift aufgezählten Unternehmer/Einrichtungen. Dass diese nicht bzw. nicht vollständig in Einklang mit dem Begriff »Einrichtungen« nach der Auslegung des Art. 132 Abs. 1 Buchst. i MwStSystRL stehen, wurde bereits unter 1.3 eingehend erläutert.

20 **Steuerfrei sind** nach der Vorschrift nur Vorträge, Kurse und andere Veranstaltungen (abschließende Aufzählung).

Die Umsätze müssen von wissenschaftlicher Art oder von belehrender Art sein.

Zusätzliche Voraussetzung der Begünstigung ist, dass die **Einnahmen** aus den Umsätzen **überwiegend zur Deckung der Kosten** verwendet werden.

21 Die Veranstaltungen müssen wissenschaftlicher oder belehrender Art sein. Infolge der Ersetzung des Wortes »und« durch »oder« bei dieser Bedingung ist es also nicht erforderlich, dass die Veranstaltungen immer wissenschaftlich sind. Deshalb sind auch Veranstaltungen zur Berufsausbildung und Berufsfortbildung steuerbegünstigt. Veranstaltungen wissenschaftlicher oder belehrender Art sind solche, die als Erziehung von Kindern und Jugendlichen, als Schul- oder Hochschulunterricht, als Ausbildung, Fortbildung oder berufliche Umschulung zu qualifizieren sind. Bei richtlinienkonformer Auslegung des § 4 Nr. 22 Buchst. a UStG sind jedoch nicht alle Kurse zur Erlernung von Fähigkeiten oder Fertigkeiten »wissenschaftlicher oder belehrender Art« i. S. dieser Vorschrift, sondern nur solche Kurse, die als die vorgenannten Tätigkeiten zu qualifizieren sind.

Der BFH bestätigt in seinem Vorlagebeschluss vom 16.03.2017 (Fahrschulunterricht), dass eine Steuerpflicht nach nationalem Recht ausscheidet, also § 4 Nr. 22 Buchst. a UStG keine Anwendung findet. Er bezweifelt jedoch gleichzeitig, dass Art. 132 Abs. 1 Buchst. i MwStSystRL richtlinienkonform umgesetzt wurde und dass damit das Ziel des Gesetzgebers genau dieses mit der Vorschrift zu erreichen, letztlich erreicht wurde. Davon unabhängig sind Vorträge Veranstaltungen, bei denen das gesprochene Wort das Gepräge gibt (z. B. Fachvorträge, Referate, Podiumsdiskussionen, Hörerseminare). Unschädlich ist es, wenn durch technische Hilfsmittel (Filme, PowerPoint-Folien o. Ä., Tonträger) ergänzt werden. Kurse sind Veranstaltungen, die mehr auf Interaktion zwischen Vortragendem/Lehrkörper und den Teilnehmern ausgerichtet sind. Hierzu gehören insbesondere Arbeitsgemeinschaften, Praxisseminare, Lehrgänge, Sportunterricht, Musikinstrumentenunterricht u. Ä.

22 Da es nicht nur auf wissenschaftliche Inhalte ankommt, die Veranstaltungen aber in jedem Fall belehrend sein müssen, gehören zu den Kursen auch berufsbildende und fortbildende Maßnahmen, die lediglich technische Fähigkeiten vermitteln, wie z. B. Kurse in Maschinenschreiben, Kurzschrift, technisches oder künstlerisches Schweißen, Kochen, Backen, Nähen, technisches Rechnen, Zeichnen, Malen usw. Typische Kurse sind auch Kurse im Bereich der EDV, Sprachkurse, Tanzkurse, Kurse in Buchführung und Betriebswirtschaftslehre usw. Die Steuerbegünstigung erfasst m. E. also auch Kurse, die nicht der Aus- und Fortbildung in einem engeren Sinne dienen. Art. 132 Abs. 1 Buchst. i MwStSystRL lässt insofern Spielräume, als auch mit der Aus- und Fortbildung eng verbundene Umsätze steuerbefreit sind. Dieser Begriff ist nach der EuGH-Rechtsprechung **nicht** besonders eng auszulegen. Nach der Entscheidung des EuGH können die Begriffe »Schule« und »Hochschule« nicht mit nationalen Auslegungskriterien beschrieben werden, son-

dern es handelt sich um gemeinschaftsrechtliche Begriffe, die mit Mitteln des Gemeinschaftsrechts auszulegen sind. Danach ist »Schul- und Hochschulunterricht« nicht auf Unterricht beschränkt, der zu einer Abschlussprüfung zur Erlangung einer Qualifikation führt oder eine Ausbildung im Hinblick auf die Ausübung einer Berufstätigkeit vermittelt, sondern er schließt (auch) andere Tätigkeiten ein, bei denen die Unterweisung in Schulen und Hochschulen erteilt wird, um die Kenntnisse und Fähigkeiten der Schüler oder Studenten zu entwickeln, wenn diese Tätigkeiten nicht den Charakter bloßer Freizeitgestaltung haben. Im Übrigen ergeben sich auch aus Art. 132 Abs. 1 Buchst. m und o MwStSystRL begünstigte Umsätze, die unter § 4 Nr. 22 Buchst. a UStG subsumiert werden können (insbesondere im Bereich der Kultur und des Sports).

Zu anderen Veranstaltungen wissenschaftlicher oder belehrender Art gehören insbesondere Exkursionen, vogelkundliche Wanderungen, Lehrfilmvorführungen, Museums- und Ausstellungsbesuche u. Ä. durch wissenschaftliche bzw. belehrende Einrichtungen. Bei Exkursionen, Sprach- und Bildungsreisen kommt es darauf an, ob noch die wissenschaftliche oder belehrende Art den Ausschlag gibt, oder ob bereits ein Unterhaltungszweck im Vordergrund steht. Veranstaltungen mit überwiegend unterhaltendem Charakter (Tanzveranstaltungen, Reisen, Rundfahrten, Spielfilmvorführungen, bunte Abende u. Ä.) sind nicht steuerbefreit. 23

Zu den (anderen) Veranstaltungen belehrender Art gehört auf dem Gebiet des Sports die Erteilung von Sportunterricht, z. B. die Erteilung von Schwimm-, Tennis-, Reit-, Segel- und Skiunterricht. Der Sportunterricht ist steuerfrei, soweit er von einem Sportverein im Rahmen eines Zweckbetriebs i. S. d. § 67a AO durchgeführt wird. Ein bestimmter Stunden- und Stoffplan sowie eine von den Teilnehmern abzulegende Prüfung sind nicht erforderlich. Die Steuerbefreiung gilt unabhängig davon, ob der Sportunterricht Mitgliedern des Vereins oder anderen Personen erteilt wird. 24

Die Abnahme von Prüfungen durch eine Bildungseinrichtung ist nur dann nach § 4 Nr. 22 Buchst. a UStG als Veranstaltung wissenschaftlicher Art steuerfrei, wenn die die Prüfung abnehmende Einrichtung auch den vorausgehenden Unterricht erteilt hat und die Prüfungsabnahme lediglich Nebenleistung zu der Unterrichtsleistung ist. Die Durchführung einer Prüfung allein ist keine wissenschaftliche und nach § 4 Nr. 22 Buchst. a UStG steuerfreie Leistung. 25

Nicht befreit ist der Verkauf von Lehr- und sonstigem Material (Bücher, Stadtpläne, Reiseführer, Schallplatten usw.), von Erfrischungen und von Einrichtungsgegenständen. Derartige Hilfsgeschäfte sind jedoch nach § 4 Nr. 28 UStG steuerfrei, wenn die gelieferten Gegenstände ausschließlich für die nach § 4 Nr. 22 UStG steuerfreien Tätigkeiten verwendet worden sind. Für sonstige Leistungen als Hilfsumsätze kommt die Steuerbefreiung nach § 4 Nr. 28 UStG nicht in Betracht. Aus Vereinfachungsgründen kann die Steuerbefreiung nach § 4 Nr. 28 UStG auch in den Fällen in Anspruch genommen werden, in denen der Unternehmer die Gegenstände in geringfügigem Umfang (höchstens 5 %) für Tätigkeiten verwendet hat, die nicht nach § 4 Nr. 22 UStG befreit sind. Voraussetzung hierfür ist jedoch, dass der Unternehmer für diese Gegenstände darauf verzichtet, einen anteiligen Vorsteuerabzug vorzunehmen. 26

Überwiegende Kostendeckung

Die Steuerbefreiung der Umsätze nach § 4 Nr. 22 Buchst. a UStG setzt für alle begünstigten Einrichtungen und Umsätze voraus, dass die Einnahmen aus den Umsätzen überwiegend zur Deckung der Kosten verwendet werden. Nach dem auf die Förderung der Bildung gerichteten Zweck der Befreiungsvorschrift soll durch diese Bedingung erreicht werden, dass die Bemessung des für die begünstigten Vortragsveranstaltungen zu zahlenden Entgelts die Teilnahme weiter Bevölkerungskreise möglich macht. Nach dem Gesetzeswortlaut können mit »Kosten« nur die Kosten der begünstigten Umsätze gemeint sein, weil diese Gegenstand der Steuerbefreiung sind und die Kostenverwendungsklausel materielle Voraussetzung der Steuerbefreiung ist. Unter 27

Kosten fallen insbesondere Ausgaben für Vortragshonorare, Mitarbeiterlohnkosten, Ausgaben für Unterrichtsmaterialien, Vorlesungsverzeichnisse, Gebäudeunterhaltung (Mieten, Energiekosten), Werbung usw. Die Verwendungsklausel bedeutet, dass die Einnahmen zu mehr als 50 % zur Deckung der Kosten aufgewendet werden müssen. D. h., die Einnahmen sollen die Kosten nicht wesentlich übersteigen. Dadurch sollen die Teilnehmergebühren für die Kurse/Veranstaltungen niedrig gehalten werden, um einer breiten Bevölkerungsschicht Erwachsenenbildung zu ermöglichen. Die Steuervergünstigung entfällt noch nicht dadurch, dass die Einrichtung mit ihren Umsätzen Gewinne erzielt, wenn die Verwendungsklausel im Übrigen erfüllt ist. Der Nachweis, dass die Einnahmen überwiegend zur Kostendeckung verwendet werden, ist nach üblichen Kriterien zu führen. Hier reicht allerdings eine Gegenüberstellung von Einnahmen und Ausgaben aus und soll gleichartige Tätigkeiten des Besteuerungszeitraums insgesamt erfassen. Ob einzelne Veranstaltungen zu Überschüssen oder Defiziten führen, ist bei der Gesamtbetrachtung ohne Belang.

28 Für die Leistungen nach § 4 Nr. 22 Buchst. b UStG spielt die Verwendungsklausel keine Rolle. Hier kommt es nur auf die Art des Entgelts an.

1.4.1.2 § 4 Nr. 22 Buchst. b UStG

29 Steuerfrei sind nach der Vorschrift nur folgende Umsätze (abschließende Aufzählung):

- andere kulturelle Veranstaltungen,
- andere sportliche Veranstaltungen.

Die Steuerfreiheit kommt nur insoweit (partiell) in Betracht, als das Entgelt in Teilnehmergebühren besteht. Unter die Steuerbefreiung fallen insbesondere Leistungen, die ein in § 4 Nr. 22 Buchst. a UStG genannter Unternehmer (z. B. ein gemeinnütziger Sport- oder Gesangverein) im Rahmen einer kulturellen oder sportlichen Veranstaltung (z. B. Sängerfest oder Volkslauf) an die aktiv mitwirkenden Teilnehmer erbringt und für die diese Teilnehmer eine Teilnehmergebühr (z. B. Start- oder Nenngeld) zu entrichten haben. Die Befreiung gilt nicht für die Eintrittsgelder, die von den Zuschauern oder Besuchern der kulturellen oder sportlichen Veranstaltung erhoben werden. Der Verkauf von Medaillen aus Anlass eines Volkswandertags oder Volkslaufs an alle Teilnehmer, die eine Erinnerungsplakette wünschen, dürfte steuerpflichtig sein, da diese Verkäufe nicht mit dem Startgeld abgegolten werden.

30 Als andere kulturelle Veranstaltungen kommen insbesondere z. B. Musikwettbewerbe, Volkswandertage, Schützen- und Trachtenfeste in Betracht.

31 Der Begriff der sportlichen Veranstaltung deckt sich gesetzestechnisch mit dem in § 67a AO verwendeten Begriff Nach dem AEAO zu § 67a AO ist als sportliche Veranstaltung die organisatorische Maßnahme eines Sportvereins anzusehen, die es aktiven Sportlern (die nicht Mitglieder des Vereins sein müssen) ermöglicht, Sport zu treiben. Eine sportliche Veranstaltung liegt auch dann vor, wenn ein Sportverein in Erfüllung seiner Satzungszwecke im Rahmen einer Veranstaltung einer anderen Person oder Körperschaft eine sportliche Darbietung erbringt. Die Veranstaltung, bei der die sportliche Darbietung präsentiert wird, braucht keine steuerbegünstigte Veranstaltung zu sein. Nach der weiteren Rechtsprechung des BFH zum Begriff der sportlichen Veranstaltung schreibt das Gesetz eine bestimmte Organisationsform oder -struktur nicht vor. Keine sportliche Veranstaltung soll mehr vorliegen, wenn die Maßnahme nur eine Nutzungsüberlassung von Sportgegenständen bzw. -anlagen oder lediglich eine konkrete Dienstleistung, wie z. B. die Beförderung zum Ort der sportlichen Betätigung oder ein spezielles Training für einzelne Sportler, zum Gegenstand hat. Der Begriff »sportliche Veranstaltung« ist nach Auffassung des BFH nicht in dem Sinne auslegbar, dass er alle »eng in Zusammenhang mit Sport und Körperertüchtigung

stehenden Dienstleistungen« i. S. d. Gemeinschaftsrechts umfasst und damit weiter als nach der alten BFH-Rechtsprechung zu verstehen ist.

Sport ist eine Tätigkeit zur körperlichen Ertüchtigung durch Leibesübungen oder eine gleichgestellte Betätigung. Auch Schach ist Sport in diesem Sinne. 32

Eine sportliche Veranstaltung ist gegeben, wenn mehrere Maßnahmen des Vereins als Teil einer Gesamtorganisation erbracht werden, z. B. Zurverfügungstellung von Parkplätzen, Umkleidekabinen und Toilettenanlagen, Betreuung, Unfallverhütung u. a., die allen Sportlern zugutekommt. Erbringt der Verein dagegen nur organisatorische Sonderleistungen an einzelne Sportler (z. B. spezielles Training), ist diese Voraussetzung nicht gegeben. Dies kann allerdings dann auch nicht gelten, wenn zur Erzielung des Gesamtzwecks einzelne Sportler gefördert werden (z. B. um das Mannschaftsergebnis zu erreichen). 33

Eine sportliche Veranstaltung liegt auch dann vor, wenn ein Sportverein in Erfüllung seiner Satzungszwecke im Rahmen einer Veranstaltung einer anderen Person oder Körperschaft eine sportliche Darbietung erbringt. Die Veranstaltung, bei der die sportliche Darbietung präsentiert wird, braucht keine steuerbegünstigte Veranstaltung zu sein. 34

An das Vorliegen einer organisatorischen Maßnahme dürfen nur geringe Anforderungen gestellt werden. Dem Gesetz ist nicht zu entnehmen, dass eine sportliche Veranstaltung nur vorliegt, wenn Publikum teilnimmt oder wenn ausschließlich Vereinsmitglieder sich betätigen. Eine bestimmte Organisationsform oder Organisationsstruktur schreibt das Gesetz ebenfalls nicht vor. Anwesenheit von Publikum ist nicht vorausgesetzt. Auch ein Training kann eine sportliche Veranstaltung sein. 35

Die Grenze zur anderen sportlichen Veranstaltung i. S. d. § 4 Nr. 22 Buchst. b UStG ist unterschritten, wenn sich die organisatorische Maßnahme auf Sonderleistungen für einzelne Personen beschränkt, und die Maßnahme nur eine Nutzungsüberlassung von Sportgegenständen bzw. -anlagen, oder lediglich eine konkrete Dienstleistung, wie z. B. die Beförderung zum Ort der sportlichen Betätigung, oder ein spezielles Training für einzelne Sportler, zum Gegenstand hat. Die Nutzungsüberlassung kann aber nach Art. 132 Abs. 1 Buchst. m MwStSystRL steuerfrei sein. Leistungen eines gemeinnützigen Sportvereins, die den Kernbereich der Befreiung des Art. 132 Abs. 1 Buchst. m MwStSystRL betreffen, sind nicht nach Art. 134 MwStSystRL von der Befreiung ausgeschlossen. Der BFH begründet seine Entscheidungen zum einen damit, dass ein Verein mit der Einräumung der Benutzungsmöglichkeit von Sportanlagen an seine Mitglieder gegen Entrichtung des Mitgliedsbeitrags bereits nach nationalem Recht eine steuerbare Leistung i. S. d. § 1 Abs. 1 Nr. 1 UStG erbringt. Wie der EuGH entschieden hat, können Jahresbeiträge der Mitglieder eines Sportvereins die Gegenleistung für die von diesem Verein erbrachten Dienstleistungen sein. Bei Sportvereinen besteht somit ein unmittelbarer Zusammenhang zwischen der Leistung des Vereins, den Mitgliedern Vorteile wie die Nutzung von Sportanlagen zur Verfügung zu stellen, und den Mitgliedsbeiträgen. Der BFH hält an seiner hiervon abweichenden früheren Auffassung nicht mehr fest. Zum anderen führt der BFH aus, dass eine Maßnahme, die nur eine Nutzungsüberlassung von Sportgegenständen bzw. -anlagen oder bloß eine konkrete Dienstleistung zum Gegenstand hat, keine »sportliche Veranstaltung« i. S. d. § 4 Nr. 22 Buchst. b UStG ist. 36

Unter Berücksichtigung dieser Urteile sind nach der geltenden Rechtslage die Mitgliedsbeiträge von Sportvereinen in Fällen der Nutzungsüberlassung vereinseigener Gegenstände mangels Steuerbefreiung in vollem Umfang steuerpflichtig. Sie eröffnen einem Verein den vollen Vorsteuerabzug aus den Herstellungskosten von Sportgegenständen bzw. -anlagen. Zugleich können sich Sportvereine alternativ auch weiterhin auf die Verwaltungsregelung in Abschn. 4 UStR berufen und eine Besteuerung ihrer Mitgliedsbeiträge vermeiden mit der Folge der Nichtabziehbarkeit der Vorsteuerbeträge, wenn dies für sie günstiger ist. 37

1.5 Persönlicher Geltungsbereich

1.5.1 § 4 Nr. 22 Buchst. a UStG

38 Unter die nationale Steuerbefreiung des § 4 Nr. 22 Buchst. a UStG fallen nur folgende Unternehmer/Einrichtungen (abschließende Aufzählung): juristische Personen des öffentlichen Rechts, Verwaltungsakademien, Wirtschaftsakademien, Volkshochschulen, Einrichtungen, die gemeinnützigen Zwecken dienen, und Einrichtungen, die dem Zweck eines Berufsverbands dienen. Begünstigt sind hiernach z.B. auch Bildungsstätten und Akademien privater Träger (vgl. auch R 4.22.1. UStAE m.w.N.).

39 Der BFH hat in der Vergangenheit zwar mehrfach entschieden, dass § 4 Nr. 22 Buchst. a UStG ausschließlich die im Gesetz genannten Unternehmer befreit und deshalb Leistungen natürlicher Personen an diese Unternehmer nicht steuerbefreit wären, hat diese Rechtsprechung zumindest in Bezug auf den Begriff der Einrichtungen jedoch aufgegeben (vgl. o. a. Rechtsprechung). Nach dem Gesetzeswortlaut und der Verwaltungsauffassung sind zwar nur die entsprechenden Umsätze begünstigt, wenn sie von den genannten Einrichtungen/Unternehmern (als Veranstalter der Vorträge, Kurse und anderen Veranstaltungen) ausgeführt werden, diese widerspricht jedoch der aktuellen Rechtsprechung.

Vergleichbare Leistungen, die unmittelbar von natürlichen Personen (z.B. externen Dozenten an den genannten Bildungseinrichtungen) bewirkt werden, sind nicht steuerfrei. Die Vortragstätigkeit freier Mitarbeiter von z.B. Industriekammern, Handelskammern, Handwerkskammern, Verbänden, Unternehmensberatungsgesellschaften, Familienbildungsstätten usw. im Bereich der Ausbildung, Fortbildung und beruflichen Umschulung ist damit grundsätzlich umsatzsteuerpflichtig. Solche Leistungen können aber unter den Voraussetzungen von § 4 Nr. 21 UStG steuerfrei sein. Auch die Vortragstätigkeit des geschäftsführenden Gesellschafters einer Steuerberatungsgesellschaft im Rahmen einer Weiterbildungsveranstaltung ist umsatzsteuerpflichtig. Gleiches gilt für die Vortragstätigkeit eines externen Dozenten an einer Familienbildungsstätte.

40 Nach § 4 Nr. 22 Buchst. a UStG sind die genannten Vorträge usw. steuerfrei, wenn sie (überwiegende Kostendeckung durch die Einnahmen vorausgesetzt) von juristischen Personen des öffentlichen Rechts durchgeführt werden. Die Steuerbefreiung kommt somit dann in Betracht, wenn die Umsätze im Rahmen eines Betriebs gewerblicher Art i.S.v. § 2 Abs. 3 UStG bewirkt werden, da die öffentlich-rechtlichen Einrichtungen nur in diesem Rahmen unternehmerisch tätig werden können. Umsätze im Hoheitsbereich sind ohnehin nicht steuerbar, weil diese den unternehmerischen Bereich nicht betreffen. Für die Vorträge, Kurse usw. privatrechtlicher Gesellschaften, deren Anteile ausschließlich öffentlich-rechtlichen Körperschaften gehören, kommt die Steuerbefreiung nach dem Gesetzeswortlaut nicht in Betracht, es sei denn, bei diesen Einrichtungen handelt es sich um Verwaltungs- oder Wirtschaftsakademien bzw. gemeinnützige Einrichtungen. Auf den Widerspruch des Begriffs der Einrichtungen und den nach europäischen Grundsätzen darin liegenden Verstoß gegen den Neutralitätsgrundsatz wurde bereits hingewiesen.

41 Nach dem Gesetzeswortlaut ist der Begriff der juristischen Person des öffentlichen Rechts nach § 4 Nr. 22 Buchst. a UStG identisch mit dem in § 2 Abs. 3 S. 1 UStG verwendeten Begriff. Zu den juristischen Personen des öffentlichen Rechts i.S. dieser Vorschrift gehören die Körperschaften des öffentlichen Rechts, die Anstalten und die öffentlich-rechtlichen Stiftungen. Körperschaften des öffentlichen Rechts sind durch Hoheitsakt errichtete, mitgliedschaftlich verfasste, unabhängig vom Wechsel ihrer Mitglieder bestehende Organisationen, die Aufgaben öffentlicher Verwaltungen erfüllen. Zu den Körperschaften/Anstalten i.S.v. § 4 Nr. 22 Buchst. a UStG gehören insbesondere: die Gebietskörperschaften (die Bundesrepublik Deutschland, die Bundesländer, die Gemeinden), die Gemeindeverbände (Landkreise, Landeswohlfahrtsverbände) und die Zweckverbände; Industrie- und Handelskammern; Kammern verschiedener Berufsgruppen (Rechtsanwälte, Ärzte,

Landwirte, Handwerker usw.); Berufsgenossenschaften; öffentlich-rechtliche Anstalten (Universitäten, Studentenwerke, Landeszentralbanken, Rundfunkanstalten, Versicherungsanstalten usw.); kirchenrechtliche Körperschaften wie Religionsgemeinschaften.

Als weitere Gruppe der Einrichtungen von juristischen Personen des öffentlichen Rechts i.S.v. § 4 Nr. 22 Buchst. a UStG sind die Stiftungen des öffentlichen Rechts zu nennen. Hierbei handelt es sich um auf einen Stiftungsakt gegründete, nach öffentlichem Recht errichtete und anerkannte Verwaltungseinheiten, die mit einem Kapital- oder Sachbestand für ihre Sitzungszwecke tätig werden. 42

Verwaltungs- und Wirtschaftsakademien

Bei den Verwaltungs- und Wirtschaftsakademien handelt es sich um **hochschulähnliche Lehreinrichtungen**, in denen Angehörige der Verwaltung oder der freien Wirtschaft nach abgeschlossener Berufsausbildung auf wissenschaftlicher Grundlage beruflich fortgebildet werden. Die Einrichtungen sind i.d.R. befähigt, Prüfungen abzunehmen und Abschlussdiplome zu verleihen. Die Lehrinhalte beziehen sich i.d.R. auf Verwaltungs- und Staatsrecht, bürgerliches Recht, Wirtschafts- und Sozialwissenschaften, Sprachausbildung usw. Träger dieser Einrichtungen sind meist Gebietskörperschaften oder Vereine. 43

Volkshochschulen

Eine gesetzliche Definition des Begriffs »Volkshochschule« gibt es nicht. Viele Einrichtungen der Erwachsenenbildung, die die gleichen Zwecke wie die Volkshochschulen verfolgen und dieselbe Bildungsarbeit leisten, haben sich andere Namen gegeben, wie z.B. Volksbildungswerk, Volksbildungsverein, Bund für Volksbildung, Kulturwerk, Kulturgemeinde usw. Über Lehrstoff, Lehrmethode und Grundeinstellung sagt die Bezeichnung nichts aus. Die Verwaltungspraxis versteht unter Volkshochschulen im Allgemeinen **Schulen besonderer Art**, die **auf freiwilliger, überparteilicher und überkonfessioneller Grundlage** in Kursen, Arbeitsgemeinschaften, Lehrgängen und Vorträgen mit Aussprachen den Bildungsbedürfnissen der Hörer insbesondere auf wissenschaftlichem, berufsförderndem, kulturellem, staatsbürgerlichem und musischem Gebiet dienen (sog. **Einrichtungen der freien Erwachsenenbildung**). Daneben existieren sog. **Einrichtungen der gebundenen Erwachsenenbildung**, die ihre Bildungsarbeit auf einer bestimmten religiösen, weltanschaulichen, sozialen oder politischen Grundlage leisten. Beiden Arten dieser Bildungseinrichtungen steht die Steuerbefreiung offen. Dem Begriff der Volkshochschule ist nur zu entnehmen, dass die Veranstaltungen für alle Kreise der Bevölkerung offen sein müssen. Über Lehrstoff, Lehrmethode und Grundeinstellung sagt die Bezeichnung nichts aus. 44

Einrichtungen, die gemeinnützigen Zwecken dienen

Für die Frage, ob eine Einrichtung gemeinnützigen Zwecken dient, ist § 52 AO einschlägig. Nach § 52 Abs. 1 AO verfolgt eine Einrichtung **gemeinnützige Zwecke**, wenn ihre Tätigkeit darauf gerichtet ist, die Allgemeinheit auf materiellem, geistigem oder sittlichem Gebiet selbstlos zu fördern. Eine Förderung der Allgemeinheit ist nicht gegeben, wenn der Kreis der Personen, dem die Förderung zugutekommt, fest abgeschlossen ist. Dies ist z.B. der Fall, wenn der Personenkreis zu einer Familie oder zur Belegschaft eines Unternehmens gehört oder infolge seiner Abgrenzung, insbesondere nach räumlichen oder beruflichen Merkmalen, dauernd nur klein sein kann. 45

Die Förderung exklusiver Kreise oder die Bestrebungen von Außenseitern mit einseitigen oder extremen Sonderinteressen ist nicht als gemeinnützig anzuerkennen. Unter Allgemeinheit ist andererseits nicht notwendig, die Gesamtheit der Bürger Deutschlands oder eine daraus kaum zu 46 ermittelnde Mehrheit der Bevölkerung zu verstehen. Die Förderung der Allgemeinheit kann auch dann gegeben sein, wenn nur einzelne oder wenige Personen gefördert werden. Die Tätigkeit einer Körperschaft darf jedoch nicht infolge einer Abgrenzung nach örtlichen oder beruflichen Merkmalen, nach Stand und Religionsbekenntnis oder nach mehreren dieser Merkmale dauernd nur einem kleinen Personenkreis zugutekommen. Die Tätigkeit darf auch nicht nur den Belangen bestimmter Personen dienen oder in erster Linie eigenwirtschaftliche Zwecke verfolgen. Der Kreis der geförderten Personen darf infolge seiner Abgrenzung, insbesondere nach räumlichen oder beruflichen Merkmalen, nicht dauernd nur klein sein.

47 Bei **§ 52 Abs. 2** AO handelt es sich grundsätzlich um eine **abschließende Aufzählung** gemeinnütziger Zwecke. Die Allgemeinheit kann allerdings auch durch die Verfolgung von Zwecken gefördert werden, die hinsichtlich der Merkmale, die ihre steuerrechtliche Förderung rechtfertigen, mit den in § 52 Abs. 2 AO aufgeführten Zwecken identisch sind. Mit der Aufnahme der gemeinnützigen Zwecke in § 52 Abs. 2 AO ist keine Einengung der bisher als besonders förderungswürdig anerkannten Zwecke nach Anlage 1 zu § 48 Abs. 2 EStDV in der bis einschließlich 2006 geltenden Fassung verbunden.

48 Als Förderung der Allgemeinheit ist u. a. auch die **Sportförderung** anzuerkennen. Ein **wesentliches Element des Sports** ist die körperliche Ertüchtigung. Schach gilt bereits nach § 52 Abs. 2 Nr. 21 AO als Sport. Motorsport fällt unter den Begriff des Sports, ebenso Ballonfahren. Skat, Bridge, Gospiel, Gotcha, Paintball, Tischfußball und Tipp-Kick sind dagegen kein Sport i. S. d. Gemeinnützigkeitsrechts. Das gilt auch für den Amateurfunk, Modellflug und den Hundesport, die jedoch eigenständige gemeinnützige Zwecke verkörpern. Schützenvereine können auch dann als gemeinnützig anerkannt werden, wenn sie nach ihrer Satzung neben dem Schießsport (als Hauptzweck) auch das Schützenbrauchtum fördern. Die Durchführung von volksfestartigen Schützenfesten ist kein gemeinnütziger Zweck. Die **Förderung des bezahlten Sports** ist ebenfalls kein gemeinnütziger Zweck, weil dadurch eigenwirtschaftliche Zwecke der bezahlten Sportler gefördert werden. Sie ist aber unter bestimmten Voraussetzungen unschädlich für die Gemeinnützigkeit eines Sportvereins (§§ 58 Nr. 9 und 67a AO; vgl. Rn. 6 und 7 AEAO zu § 52 AO).

49 Die Einrichtung muss mit ihren Vorträgen, Kursen usw. selbst keine gemeinnützigen Zwecke verfolgen. Sie darf allerdings mit ihren Umsätzen auch die Gemeinnützigkeit nicht verlieren, um die subjektive Voraussetzung der Steuerbefreiung nicht zu gefährden.

Einrichtungen, die dem Zweck eines Berufsverbands dienen

50 Einrichtungen, die dem Zweck eines Berufsverbands dienen, sind solche, die von einem Berufsverband betrieben werden (erste Alternative) oder die ihre Lehr- und Unterrichtstätigkeit ausschließlich für einen Berufsverband ausüben (zweite Alternative). Ein **Berufsverband** ist ein Zusammenschluss natürlicher oder juristischer Personen zur Wahrnehmung allgemeiner, aus der beruflichen oder unternehmerischen Tätigkeit erwachsender ideeller und wirtschaftlicher Interessen eines Berufsstands oder Wirtschaftszweigs. Berufsverbände sind daher alle Interessenvertretungen, die mit der Erzielung von Einnahmen aus einer beliebigen Erwerbstätigkeit im Zusammenhang stehen. Allerdings reicht es für die Anerkennung einer Vereinigung als Berufsverband noch nicht aus, wenn die Vereinigung nach ihrer Satzung Ziele verfolgt, welche die Erhaltung und Fortentwicklung des Betriebs des den Beitrag zahlenden Steuerpflichtigen betreffen. Vielmehr muss auch die tatsächliche Geschäftsführung des Verbands mit den satzungsmäßigen Zielen übereinstimmen. Im Wesen des Berufsverbands liegt es, dass von den allgemeinen Interessen des Berufsstands die besonderen Interessen der einzelnen Berufsangehörigen zu trennen sind, die sich aus ihren Geschäften zur Erzielung von Einkünften ergeben. Ein Berufsverband liegt dann nicht vor, wenn lediglich die **Interessen einzelner Berufsangehöriger**, aber nicht die des ganzen Berufsstands vertreten werden.

Ein Berufsverband kann nur dort als gegeben angesehen werden, wo die Mitgliederbeiträge nicht in erheblichem Umfang für Zwecke verwendet werden, die nicht unmittelbare Aufgabe eines Berufsverbands sind und damit nicht ausschließlich den speziellen Berufsbelangen dienen. Hier beschränkt sich die Einrichtung nicht auf die Aufgaben eines Berufsverbands, sondern betätigt sich als (nicht begünstigte) politische Vereinigung. 51

Der Berufsverband muss mit seinen Vorträgen, Kursen usw. selbst keine Zwecke verfolgen, die dem eines Berufsverbands dienen. **Typische Berufsverbände** sind Gewerkschaften, Arbeitgeberverbände, Wirtschaftsverbände, Innungen, Handwerkskammern, Industrie- und Handelskammern, Ärztekammern, Haus- und Grundbesitzervereinigungen, Verbraucherverbände und sonstige Fachvereinigungen. 52

Sonstige Einrichtungen

Nach der Rechtsprechung des EuGH (s. o.) können auch andere Einrichtungen unter die Steuerbefreiung fallen, sofern sie die weiteren Voraussetzungen zur Gewährung der Befreiung erfüllen. 53

1.5.2 § 4 Nr. 22 Buchst. b UStG

Nach dem Gesetzeswortlaut sind persönlich nur solche Unternehmen steuerbefreit welche unter die Steuerbefreiung des § 4 Nr. 22 Buchst. a UStG fallen. Insofern besteht eine Analogie in den subjektiven Gesichtspunkten. Allerdings setzt der Begriff »Einstellungen« keine spezifischen Rechtsformen voraus, wie unter 1.3.1. (Rz 9) ausführlich dargelegt. 54

Nach Auffassung des BFH setzt § 4 Nr. 22 Buchst. b UStG Art. 132 Abs. 1 Buchst. m MwStSystRL nicht (korrekt) um, weil die Befreiung an die Verwendung des Begriffs »sportliche Veranstaltung« als sog. Zweckbetrieb in § 67a AO anknüpft. Deshalb kann nach BFH z. B. die Überlassung von Golfbällen und die Nutzungsüberlassung einer Golfanlage an Nichtmitglieder eines gemeinnützigen Golfvereins gegen Entgelt (unmittelbar) nach Art. 132 Abs. 1 Buchst. m MwStSystRL steuerfrei sein. Leistungen eines gemeinnützigen Golfvereins, die den Kernbereich der Befreiung des Art. 132 Abs. 1 Buchst. m MwStSystRL betreffen, sollen nicht nach Art. 134 MwStSystRL von der Befreiung ausgeschlossen sein.

§ 4 Nr. 23 UStG
Steuerbefreiungen: Beherbergung und Beköstigung von Jugendlichen

Von den unter § 1 Abs. 1 Nr. 1 fallenden Umsätzen sind steuerfrei:

...

23. die Gewährung von Beherbergung, Beköstigung und der üblichen Naturalleistungen durch Einrichtungen, wenn sie überwiegend Jugendliche für Erziehungs-, Ausbildungs- oder Fortbildungszwecke oder für Zwecke der Säuglingspflege bei sich aufnehmen, soweit die Leistungen an die Jugendlichen oder an die bei ihrer Erziehung, Ausbildung, Fortbildung oder Pflege tätigen Personen ausgeführt werden. Jugendliche im Sinne dieser Vorschrift sind alle Personen vor Vollendung des 27. Lebensjahres. Steuerfrei sind auch die Beherbergung, Beköstigung und die üblichen Naturalleistungen, die diese Unternehmer den Personen, die bei den Leistungen nach Satz 1 tätig sind, als Vergütung für die geleisteten Dienste gewähren. Die Sätze 1 bis 3 gelten nicht, soweit eine Leistung der Jugendhilfe des Achten Buches Sozialgesetzbuch erbracht wird;

...

Literatur
Dorau, Umsatzsteuer bei entgeltlicher Schülerspeisung – Zugleich Anmerkung zum BFH-Urteil v. 12.2.2009, V R 47/07, DStR 2009, 1570.**Riegler/Riegler**, Umsatzbesteuerung der Mittagsverpflegung in Schulen, UR 2012, 88.

Verwaltungsanweisungen
BMF vom 27.09.2007, Az: IV A 6 – S 7175/07/0003, BStBl I 2007, 768.
BMF vom 02.07.2008, Az: IV B 9 – S 7183/07/10001, BStBl I 2008, 690.
BMF vom 26.01.201, Az: III C 3 – S 7181/13/10001, BStBl I 2017, 175.
Hinweis: Zur Problematik der zeitlichen Geltungsdauer von BMF-Schreiben vgl. Einführung UStG, Rz. 100 ff.

Richtlinien/Hinweise/Verordnungen
UStAE: Abschn. 4.23.1.
MwStSystRL: Art. 132 Abs. 1 Buchst. h, i, o, Abs. 2, Art. 133, 134.

1 Allgemeines

1.1 Überblick über die Vorschrift/Gesetzeszweck/Historie

Die Befreiungsvorschrift soll **Einrichtungen im Bereich der Jugenderziehung und Ausbildung** zugutekommen und ist dadurch gekennzeichnet, dass **Jugendliche zu Erziehungs-, Ausbildungs- oder Fortbildungszwecken bei sich aufgenommen werden und im Rahmen dieses Unternehmens aufgrund der Aufnahme Leistungen der Beherbergung, Beköstigung und Naturalleistungen anfallen**, vgl. Urteil des BFH vom 12.02.2009, Az: V R 47/07, BFHE 225, 178, BStBl II 2009, 677. 1

Eine Vorgängervorschrift zur Umsatzsteuerbefreiung der Gewährung von Beherbergung, Beköstigung und der üblichen Naturalleistungen für Jugendeinrichtungen zu Erziehungs- und Ausbildungszwecken findet sich bereits im UStG des Jahres 1919 (BGBl I 1919, 373). Die Steuerbefreiung beruht – mit Unterbrechung der Jahre 1934 bis 1950 – im Wesentlichen auf der Neufassung des § 4 Nr. 13 UStG durch das Zweite Gesetz zur Änderung des Umsatzsteuergesetzes vom 30.07.1952 (BGBl I 1952, 393), wurde u. a. durch das UStG 1980 übernommen (BStBl I 1979, 654) und zuletzt bis 31.12.2007 unverändert fortgeführt. Durch das Jahressteuergesetz 2008 wurde § 4 Nr. 23 UStG in Folge der Rechtsprechung des EuGH (Urteil des EuGH vom 07.09.1999, Rs. C-216/97, Gregg, UR 1999, 419) um das Wort »Personen« gekürzt; der Begriff der Einrichtungen umfasst danach auch natürliche Personen, was eine gesonderte Nennung der »Personen« entbehrlich machte. Darüber hinaus wurde § 4 Nr. 23 UStG um einen Satz 4 ergänzt, wonach die Sätze 1 bis 3 nicht gelten, soweit eine Leistung der Jugendhilfe des Achten Buches Sozialgesetzbuch erbracht wird. 2

1.2 Europarechtliche Grundlagen

Die Steuerbefreiung nach § 4 Nr. 23 UStG beruht auf Art. 132 Abs. 1 Buchst. h und i MwStSystRL, wobei eine eigentliche Umsetzung von EG-Recht nicht stattgefunden hat, sondern der nationale Gesetzgeber die bei Inkrafttreten der 6. EG-Richtlinie bereits vorhandene Steuerbefreiung nach § 4 3

Nr. 23 UStG unverändert fortgeführt hat. Laut Begründung des Entwurfs zum Umsatzsteuergesetz 1979 (BT-Drucks. 8/1779, 35) werden »die Vorschriften unverändert aus § 4 Nr. 22 bis 26 UStG 1973 übernommen. Die Nummern 22 bis 25 beruhen auf Artikel 13 Teil A Abs. 1 Buchstaben h, i und m, Nummer 26 auf der Protokollerklärung zu Artikel 4 der 6. Richtlinie«.
Nach **Art. 132 Abs. 1 Buchst. h MwStSystRL** befreien die Mitgliedstaaten Dienstleistungen und Lieferungen von Gegenständen, die **eng mit der Kinder- und Jugendbetreuung verbunden** sind **durch Einrichtungen** des öffentlichen Rechts, oder andere von dem betreffenden Mitgliedstaat als Einrichtungen mit sozialem Charakter anerkannte Einrichtungen.
Darüber hinaus befreien die Mitgliedstaaten nach **Art. 132 Abs. 1 Buchst. i MwStSystRL** Erziehung von Kindern und Jugendlichen, Schul- und Hochschulunterricht, Aus- und Fortbildung sowie berufliche Umschulung und damit eng verbundene Dienstleistungen und Lieferungen von Gegenständen durch Einrichtungen des öffentlichen Rechts, die mit solchen Aufgaben betraut sind, oder andere Einrichtungen mit von dem betreffenden Mitgliedstaat anerkannter vergleichbarer Zielsetzung.
Unter die Befreiungsvorschrift des § 4 Nr. 23 UStG fallen grundsätzlich auch damit **verbundene Nebenleistungen**. Allerdings **schränkt Art. 134 MwStSystRL diesen Grundsatz dahingehend ein**, dass die Steuerbefreiung für die Lieferung von Gegenständen und Dienstleistungen dann ausgeschlossen ist, wenn sie für die Umsätze, für die die Umsatzsteuerbefreiung gewährt wird, **nicht unerlässlich** sind und im Wesentlichen dazu bestimmt sind, der Einrichtung **zusätzliche Einnahmen** durch Umsätze zu verschaffen, die **in unmittelbarem Wettbewerb** mit Umsätzen von der Mehrwertsteuer unterliegenden gewerblichen Unternehmen bewirkt werden.
Nach **Art. 136 Buchst. a der MwStSystRL** befreien die Mitgliedstaaten die Lieferungen von Gegenständen, die u. a. ausschließlich für eine auf Grund des Art. 132 der MwStSystRL von der Steuer befreite Tätigkeit bestimmt waren, von der Steuer, wenn für diese Gegenstände kein Recht auf Vorsteuerabzug bestanden hat.
Schließlich ist nach Art. 137 MwStSystRL eine **Option** zur Steuerpflicht für die nach Art. 132 MwStSystRL steuerfreien Umsätze **nicht vorgesehen**.

1.3 Geltungsbereich

1.3.1 Persönlicher Geltungsbereich

7 Nach § 4 Nr. 23 UStG begünstigte Unternehmer sind Einrichtungen. Durch das Jahressteuergesetz 2008 wurde § 4 Nr. 23 UStG in Folge der Rechtsprechung des EuGH (Urteil des EuGH vom 07.09.1999, Rs. C-216/97, Gregg, UR 1999, 419) um das Wort »Personen« gekürzt; der Begriff der Einrichtung umfasst danach auch natürliche Personen, was eine gesonderte Nennung der »Personen« entbehrlich machte. Weiterhin liegt eine begünstigte Einrichtigung i. S. d. Vorschrift nur dann vor, wenn diese überwiegend Jugendliche für Erziehungs-, Ausbildungs- oder Fortbildungszwecke oder für Zwecke der Säuglingspflege bei sich aufnehmen.

1.3.2 Sachlicher Geltungsbereich

1.3.2.1 Begünstigte Leistungen

8 In sachlicher Hinsicht ist die Steuerbefreiung nach § 4 Nr. 23 UStG beschränkt auf die Gewährung von Beherbergung, Beköstigung und die üblichen Naturalleistungen.

1.3.2.2 Begünstigte Leistungsempfänger

Begünstigte Leistungsempfänger sind Jugendliche, d.h. entsprechend der Legaldefinition des § 4 Nr. 23 S. 2 UStG alle Personen vor Vollendung des 27. Lebensjahres. Ebenso begünstigt ist die Gewährung der Leistungen an die bei der Erziehung, Ausbildung, Fortbildung oder Pflege tätigen Personen. § 4 Nr. 23 S. 3 UStG befreit auch die o.g. Leistungen, die den Personen, die bei den vorgenannten Leistungen tätig sind, als Vergütung für die geleisteten Dienste gewährt werden. 9

1.3.2.3 Leistungen der Jugendhilfe

Die Steuerbefreiung ist **nach § 4 Nr. 23 S. 4 UStG ausgeschlossen**, soweit eine Leistung der Jugendhilfe des Achten Buches Sozialgesetzbuch erbracht wird. 10

2 Kommentierung

2.1 Persönlicher Geltungsbereich

2.1.1 Unternehmerisch tätige Einrichtungen

Der **Begriff der Einrichtung** i.S.d. § 4 Nr. 23 UStG umfasst sowohl **juristische Personen** als auch **natürliche Personen und Personenzusammenschlüsse**, sowohl unter öffentlicher und privater Trägerschaft (BFH vom 24.05.1989, Az: V R 127/84, BStBl II 1989, 912; Abschn. 4.23.1 Abs. 1 S. 2 u. Abs. 2 S. 7 UStAE). Der Unternehmer, der Jugendliche für Erziehungszwecke bei sich aufnimmt, muss eine **Einrichtung auf dem Gebiet der Kinder- und Jugendbetreuung oder der Kinder- und Jugenderziehung im Sinne des Artikels 132 Abs. 1 Buchstabe h oder i MwStSystRL unterhalten**. Daher können – unter Beachtung der übrigen Voraussetzungen des § 4 Nr. 23 UStG – die Steuerbefreiung nur **Einrichtungen des öffentlichen Rechts** auf dem Gebiet der Kinder- und Jugendbetreuung sowie der Kinder- und Jugenderziehung oder **vergleichbare privatrechtliche Einrichtungen** in Anspruch nehmen (Abschn. 4.23.1. Abs. 2 S. 5–7 UStAE und BFH vom 28.09.2000, Az: V R 26/99, BStBl II 2001, 691); dies gilt entsprechend für Einrichtungen, die Jugendliche für die sonstigen in § 4 Nr. 23 Satz 1 UStG genannten Zwecke aufnehmen. 11

Die nach der unionsrechtlich maßgeblichen Regelung in Art. 132 Abs. 1 Buchst. h MwStSystRL, welche u.a. in § 4 Nr. 23 UStG in nationales Recht umgesetzt wird, **erforderliche Anerkennung einer Einrichtung** kann nach der Rechtsprechung (BFH vom 28.09.2000, Az: V R 26/99, a.a.O., vom 30.07.2008, Az: V R 66/06, BStBl II 2010, 507 und vom 26.11.2014, XI R 25/13, BFH/NV 2015, 531) insbesondere aus der Kostenübernahme oder aus einer formalen Anerkennung durch staatliche Einrichtungen abgeleitet werden. So nun auch die Verwaltungsauffassung in Abschn. 4.23.1 Abs. 2 S. 8 und 9 UStAE (vgl. BMF vom 26.01.2017, Az: III C 3 – S 7181/13/10001, BStBl I 2017, 175).

2.1.2 Überwiegende Aufnahme von Jugendlichen für Zwecke der Erziehung, Ausbildung, Fortbildung oder Säuglingspflege

2.1.2.1 »Bei-sich«-Aufnehmen

12 Voraussetzung der Steuerbefreiung ist zunächst die **Aufnahme** von Jugendlichen zu den in § 4 Nr. 23 UStG genannten Zwecken. Nach dem Urteil des BFH vom 12.05.2009, Az: V R 35/07, BFH/NV 2009, 1738 Nr. 10, wohnt dem Begriff der Aufnahme ein **Moment der Obhut und Betreuung** inne. Hingegen ist der Begriff der Aufnahme nicht an die Voraussetzung gebunden, dass die Jugendlichen Unterkunft während der Nachtzeit und volle Verpflegung erhalten (Abschn. 4.23.1. Abs. 3 S. 1 UStAE). **§ 4 Nr. 23 UStG schreibt eine bestimmte Aufnahmedauer nicht vor.** Es genügt, wenn die Aufnahme so lange andauert, dass der im Gesetz vorausgesetzte Erziehungszweck erreicht werden kann (BFH-Urteil vom 19.12.1963, Az: V 102/61 U, BFHE 78, 280). So nun auch ausdrücklich Abschn. 4.23.1. Abs. 3 S. 2 UStAE (BMF vom 26.01.2017, Az: III C 3 – S 7181/13/10001, BStBl I 2017, 175). In seinem Urteil vom 19.12.1963 (a. a. O.) befand der BFH **fünf Stunden an allen Schultagen** ausreichend, um durch die Aufsichtspersonen auf die anvertrauten Schüler durch Gestaltung, Anleitung und Beaufsichtigung ihrer Tätigkeit während der Arbeits- und Freizeit erzieherisch einzuwirken und damit während der Zeit der Aufnahme in ein Betreuungsverhältnis zu den Schülern zu treten.

2.1.2.2 Zum Zweck der Erziehung, Ausbildung, Fortbildung oder Säuglingspflege

13 Weitere Voraussetzung der Steuerbefreiung nach § 4 Nr. 23 UStG ist, dass die **Aufnahme zu Erziehung-, Ausbildung-, Fortbildungs- oder Zwecken der Säuglingspflege** erfolgt. **Ausreichend** ist insoweit, dass **einer der genannten Zwecke** mit der Aufnahme verfolgt wird. Die Erziehungs-, Ausbildungs- und Fortbildungsleistungen müssen **dem Unternehmer**, der die Jugendlichen aufgenommen hat, **selbst obliegen**, auch wenn der Unternehmer die ihm obliegenden Leistungen **teilweise durch Beauftragte erbringen** lassen kann (vgl. Abschn. 4.23.1. Abs. 2 S. 1 u. 2 UStAE). In seinem Urteil vom 28.09.2000, Az: V R 26/99, BFHE 192, 360, hat der BFH entschieden, dass der begünstigte Unternehmer die Erziehungs-, Ausbildungs- oder Fortbildungszwecke zwar nicht allein verfolgen müsse, es reiche aber auch nicht aus, dass sie **lediglich von einem Dritten verfolgt** werden. Ebenso hat der BFH in seinen Urteilen vom 19.05.2005, Az: V R 32/03, BFHE 210, 175 und vom 28.09.2006, Az: V R 57/05, BStBl II 2007, 846 Nr. 17, zur **Vermietung von Wohnraum und Abgabe von Mahlzeiten durch ein Studentenwerk** entschieden und die Steuerbefreiung nach § 4 Nr. 23 UStG versagt. Allerdings erfülle die Vermietung von Wohnraum bzw. die Abgabe von Mahlzeiten durch ein Studentenwerk als Einrichtung des öffentlichen Rechts, der die soziale Betreuung und Förderung der Studenten obliege, die **gemeinschaftsrechtliche Steuerbefreiungsvorschrift nach Art. 13 Teil A Abs. 1 Buchst. i der Richtlinie 77/388/EWG**; die Finanzverwaltung reagierte hierauf mit einem Nichtanwendungserlass, BMF vom 27.09.2007, Az: IV A 6 – S 7175/07/0003, BStBl I 2007, 768. Entgegen der Auffassung des BFH in seinen Urteilen V R 32/03 (Wohnraumvermietung) und V R 57/05 (Abgabe von Mahlzeiten) erfülle ein Studentenwerk unter Beachtung des EuGH-Urteils vom 14.06.2007, C-434/05, Horizon College, UR 2007, 587, **nicht die persönlichen Voraussetzungen des Art. 132 Abs. 1 Buchst. i MwStSystRL,** da es nicht selbst Unterrichtsleistungen als Hauptleistungen erbringe. Dass dem Studentenwerk im Zusammenwirken mit den Hochschulen die soziale Betreuung und Förderung der Studierenden oblag, reiche nicht aus.

Unerheblich ist auch, ob die Aufnahme von Jugendlichen zu den vorgenannten Zwecken den alleinigen Gegenstand oder Hauptgegenstand des Unternehmens darstellt (Urteil des BFH vom 24.05.1989, Az: V R 127/84, BStBl II 1989, 912). Insoweit erachtet es die Verwaltungsauffassung als **ausreichend**, wenn der leistende Unternehmer **konkrete Erziehungs-, Ausbildungs- oder Fortbildungszwecke in seiner Satzung festschreibt** und den Leistungsempfänger vertraglich zur Orientierung an diesen pädagogischen Grundsätzen im Rahmen des Aufenthaltes verpflichtet (vgl. Abschn. 4.23.1. Abs. 2 S. 4 und 5 UStAE).

Nach Abschn. 4.23.1 Abs. 4 UStAE umfassen Erziehungs-, Ausbildungs- und Fortbildungszwecke nicht nur den beruflichen Bereich, sondern die **gesamte geistige, sittliche und körperliche Erziehung und Fortbildung von Jugendlichen** (vgl. BFH vom 21.11.1974, Az: II R 107/68, BStBl II 1975, 389). Hierzu gehört nach Verwaltungsauffassung u.a. auch die sportliche Erziehung. Die Befreiungsvorschrift gilt deshalb sowohl bei Sportlehrgängen für Berufssportler als auch bei solchen für Amateursportler.

In seinem Urteil vom 21.11.1974, Az: II R 107/68, BFHE 115, 64 (dort Rz. 8), definiert der BFH **Erziehung** nach dem allgemeinen Sprachgebrauch, als planmäßige Tätigkeit zur körperlichen, geistigen und charakterlichen Formung junger Menschen zu tüchtigen, mündigen Menschen, wobei unter Mündigkeit die Fähigkeit verstanden wird, selbständig und verantwortlich die Aufgaben des Lebens zu bewältigen. Erziehung erfasse damit alle Bestrebungen, Vorgänge und Tätigkeiten, die den Erziehungsvorgang (Entwicklungsvorgang) beeinflussen. Zur Erziehung gehöre außer der – regelmäßig im Wege des Unterrichts dargebotenen – Wissensvermittlung die Willensbildung und die Charakterbildung (Wissensbildung; Tätigkeiten, die darauf ziele, dass sich der Erzogene selbst zu sehen und zu beurteilen lernt; Bildung der Entscheidungsfähigkeit; das Lernen, Entscheidungen als rationale Akte zu steuern, Folgen zu bedenken usw.).

Erziehungs- und Fortbildungszwecke sind nicht scharf voneinander zu trennen, sondern berühren und ergänzen sich gegenseitig. **Der Begriff »Fortbildungszwecke«** ist so auszulegen, dass er nicht allein die berufliche, sondern auch die geistige und sittliche Fortbildung umfasst, BFH vom 07.07.1960, Az: V 282/57 U, BFHE 71, 393. Nach Urteil des BFH vom 30.07.2008, Az: V R 66/06, BStBl II 2010, 507, ist die Aufnahme zu Erziehungs-, Ausbildungs- oder Fortbildungszwecken jedoch von Leistungen der Beherbergung und Verköstigung während eines **kurzfristigen Urlaubsaufenthalts mit Freizeitangebot und Freizeitgestaltung abzugrenzen.** Die Beherbergung und Verköstigung von Jugendlichen für ca. eine Woche in einem Urlaubsaufenthalt mit Freizeitangebot und Freizeitgestaltung erfülle danach die im Gesetz vorausgesetzte »Aufnahme zu Erziehungs-, Ausbildungs- und Fortbildungszwecken« jedenfalls nicht. Ebenso hatte der BFH in seinen Urteilen vom 01.06.2006, Az: V R 104/01, BFHE 213, 418 und vom 21.11.2013, Az: V R 11/11, BFHE 244, 111 entschieden **(Veranstaltung von Sprach-, Schul- und Studienreisen)**. Das gegen ein Pauschalentgelt angebotene Leistungsbündel sei nicht durch Umsätze der Klägerin zur Sprachausbildung und -erziehung der Schüler und Studenten während der Auslandsaufenthalte geprägt gewesen sondern betreffe vielmehr in erster Linie die als Reiseleistungen zu beurteilenden Leistungen. An der im Gesetz geforderten Aufnahme zu Erziehungszwecken fehle es jedoch bei der Erbringung von Reiseleistungen.

Mit Urteil vom 21.12.1965, Az: V 24/62 U, BFHE 84, 503, hatte der BFH entschieden, dass der **Hauptzweck der Aufnahme eines Säuglings unter einem Jahr** in ein Heim nicht die Erziehung des Säuglings, sondern die **Sorge um dessen körperliches Wohlergehen durch Ernähren und Behüten** darstelle. Mit dem Umsatzsteuergesetz 1967 vom 21.02.2005 (BGBl I 2005, 388) wurde daraufhin die Steuerbegünstigung um den Begriff der **Säuglingspflege** erweitert.

2.1.2.3 Überwiegende Zwecke

Für die Beurteilung der **Frage des Überwiegens** ist laut Urteil des BFH vom 24.05.1989, Az: V R 127/84, BStBl II 1989, 912, nach dem Wortzusammenhang auf den **Kreis der Personen abzustellen**, die der Unternehmer **zu Erziehungs-, Ausbildungs- und Fortbildungszwecken aufnimmt**. Im streitgegenständlichen Fall eines Hotelrestaurants bejahte der BFH das Tatbestandsmerkmal 14 des »Überwiegens«, da der Unternehmer nur Jugendliche zu »Ausbildungszwecken« bei sich aufgenommen hatte. Auf die übrigen aufgenommenen Personen – Hotelgäste und andere Arbeitnehmer – war bei der Prüfung nicht abzustellen, da diese nicht zu den begünstigten Zwecken i. S. d. § 4 Nr. 23 UStG aufgenommen worden waren.

2.2 Sachlicher Geltungsbereich

2.2.1 Begünstigte Leistungen

15 In sachlicher Hinsicht ist die Steuerbefreiung nach § 4 Nr. 23 UStG beschränkt auf die **Gewährung von Beherbergung, Beköstigung und die üblichen Naturalleistungen** an Jugendliche, die der Unternehmer zu den vorgenannten begünstigten Zwecken bei sich aufgenommen hat. Die Befreiungsvorschrift soll Einrichtungen im Bereich der Jugenderziehung und Ausbildung zugutekommen und **ist dadurch gekennzeichnet**, dass Jugendliche zu Erziehungs-, Ausbildungs- oder Fortbildungszwecken bei sich aufgenommen werden und im Rahmen dieses Unternehmens **aufgrund der Aufnahme Leistungen der Beherbergung, Beköstigung und Naturalleistungen anfallen** (vgl. BFH vom 30.07.2008, Az: V R 66/06, BFHE 223, 381 und vom 24.05.1989, Az: V R 127/84, BFHE 157, 464).

Unter **Beherbergung** ist die Unterkunftsgewährung zu verstehen. Zu den Beherbergungsleistungen gehört nicht nur die Zurverfügungstellung von Betten und anderen Schlafgelegenheiten in einer Unterkunft, sondern auch die Überlassung oder Vermietung von möblierten Zimmern oder Schlafstellen. Auf die Dauer der Beherbergung kommt es nicht an, ebenso wenig, ob sich die Unterkunft im Eigentum des Unternehmers befindet.

Beköstigung ist die Lieferung von Speisen und Getränken mit Ausnahme alkoholischer Getränke und von Tabakwaren (vgl. auch Abschn. 4.23.1 Abs. 2 S. 15 UStAE). Dem **Kantinenpächter** einer berufsbildenden oder schulischen Einrichtung steht für die Abgabe von Speisen und Getränken an Schüler und Lehrpersonal die Steuerbefreiung nach § 4 Nr. 23 UStG nicht zu, weil er allein mit der Bewirtung der Schüler diese nicht zur Erziehung, Ausbildung oder Fortbildung bei sich aufnimmt (vgl. BFH vom 26.07.1979, Az: V B 15/79, BStBl II 1979, 721). Dasselbe gilt für derartige Leistungen eines **Schulfördervereins** (vgl. BFH vom 12.02.2009, Az: V R 47/07, BStBl II 2009, 677). Ebenso hat der BFH in seinem Urteil vom 28.09.2000, Az: V R 26/99, BFHE 192, 360 entschieden.

Im Streitfall war eine **Gastwirtschaft und Fremdenpension** hauptsächlich mit Schulklassen sowie Kinder- und Jugendgruppen belegt. Die Schulklassen wurden jedoch von Lehrern, die übrigen Kinder- und Jugendgruppen von Pädagogen verschiedener Organisationen (z. B. Lebenshilfe Werkstatt für Behinderte GmbH, Stadtjugendamt E, Caritasverband) betreut. Dem Kläger oblag in diesem Fall die Erziehung der von ihm aufgenommenen Jugendlichen nicht. **Seine Leistungen bestanden lediglich in der Unterbringung und Verköstigung der Jugendlichen.** Die Befreiung ist aber möglich, wenn die Beköstigung im Rahmen der Aufnahme der Jugendlichen zu den begünstigten Zwecken zum Beispiel von der Bildungseinrichtung **selbst erbracht** wird (vgl. Abschn. 4.23.1. Abs. 2 S. 12–14 UStAE).

16 Unter **üblichen Naturalleistungen** sind zunächst Leistungen zu verstehen, die im Zusammenhang mit der Beherbergung und Beköstigung erbracht werden, so z. B. das Bereitstellen von Gemeinschaftseinrichtungen, Bettwäsche, Geschirr, die Raumpflege etc. Darüber hinaus hat der BFH bereits in seinem Urteil vom 19.12.1963, Az: V 102/61 U, BFHE 78, 280, entschieden, dass es falsch sei, die »üblichen Naturalleistungen« als Nebenleistungen abzutun und sie nur im Zusammenhang mit der Beherbergung und Beköstigung zu sehen. Stärker als die Gewährung von

Unterkunft während der Nachtzeit und von voller Verpflegung werde durch die **Beaufsichtigung der häuslichen Schularbeiten und durch Freizeitgestaltung (Basteln, Spiele, Sport), die zu den wichtigsten »üblichen Naturalleistungen« der Erziehungsheime gehören**, der Erziehungszweck erreicht.

Weitergehende Betreuungsleistungen – wie z. B. die Gestellung von Bekleidung, die Veranstaltung von Reisen, der Verkauf von Lernmitteln, die Erteilung von Nachhilfeunterricht, eine spezialärztliche Behandlung – gehören grundsätzlich nicht mehr zu den »üblichen« Naturalleistungen.

2.2.2 Begünstigte Leistungsempfänger

Begünstigte Leistungsempfänger sind **Jugendliche**, d. h. entsprechend der Legaldefinition des § 4 Nr. 23 S. 2 UStG **alle Personen vor Vollendung des 27. Lebensjahres**. 17

Dabei müssen die Leistungen im Zusammenhang mit der Aufnahme dem in § 4 Nr. 23 UStG genannten Personenkreis tatsächlich zugutekommen. Auf die Frage, wer Vertragspartner des Unternehmers und damit Leistungsempfänger im Rechtssinne ist, kommt es nicht an (Abschn. 4.23.1. Abs. 2 S. 8 und 9 UStAE.

Ebenso begünstigt ist die Gewährung der Leistungen an die (selbst) **bei der Erziehung, Ausbildung, Fortbildung oder Pflege tätigen Personen**. Hierzu zählen z. B. Erzieher, Lehrkräfte, Pflegepersonal und Heimleiter.

§ 4 Nr. 23 S. 3 UStG befreit auch die o. g. Leistungen, die den Personen, die bei den vorgenannten Leistungen tätig sind, als Vergütung für die geleisteten Dienste gewährt werden. Abzugrenzen ist dieser Personenkreis zunächst von den begünstigten Leistungsempfängern, die selbst bei der Erziehung, Ausbildung, Fortbildung oder Pflege tätig werden. Hierunter fallen z. B. Verwaltungspersonal, Küchen- und Reinigungskräfte, Hausmeister etc.

Eine **Vergütung für geleistete Dienste** ist dann anzunehmen, wenn der Arbeitnehmer nach dem Arbeitsvertrag, den mündlichen Abreden oder nach den sonstigen Umständen des Arbeitsverhältnisses (z. B. faktische betriebliche Übung) neben dem Barlohn einen zusätzlichen Lohn in Form der Sachzuwendungen erhält (Abschn. 4.18.1. Abs. 7 S. 2 UStAE). Nach Verwaltungsauffassung ist es dabei unschädlich, wenn die Beteiligten aus verrechnungstechnischen Gründen einen Bruttogesamtlohn bilden und hierauf die Sachzuwendungen anrechnen (Abschn. 4.18.1. Abs. 7 S. 3 UStAE). Andererseits werden die Sachzuwendungen jedoch nicht als Vergütung für geleistete Dienste gewährt, wenn sie auf den Barlohn des Arbeitnehmers angerechnet werden, da diese dann nicht die Eigenschaft eines Arbeitslohnes haben (vgl. BFH vom 03.03.1960, Az: V 103/58 U, BStBl III 1960, 169).

2.2.3 Leistungen der Jugendhilfe

Die **Steuerbefreiung ist nach § 4 Nr. 23 S. 4 UStG ausgeschlossen**, soweit eine Leistung der Jugendhilfe des Achten Buches Sozialgesetzbuch erbracht wird. Unter den dortigen Voraussetzungen kommt insoweit jedoch eine Steuerbefreiung nach § 4 Nr. 25 UStG in Betracht. 18

2.3 Option zur Steuerpflicht und Vorsteuerabzug

19 Eine Option zur Steuerpflicht sieht § 9 Abs. 1 UStG für die Steuerbefreiung nach § 4 Nr. 23 UStG nicht vor; folglich hat die Steuerbefreiung nach § 15 Abs. 2 UStG den Verlust der Abzugsfähigkeit der Vorsteuer zur Folge.

§ 4 Nr. 24 UStG
Steuerbefreiungen: Jugendherbergswesen

Von den unter § 1 Abs. 1 Nr. 1 fallenden Umsätzen sind steuerfrei:

...

24. die Leistungen des Deutschen Jugendherbergswerkes, Hauptverband für Jugendwandern und Jugendherbergen e. V., einschließlich der diesem Verband angeschlossenen Untergliederungen, Einrichtungen und Jugendherbergen, soweit die Leistungen den Satzungszwecken unmittelbar dienen oder Personen, die bei diesen Leistungen tätig sind, Beherbergung, Beköstigung und die üblichen Naturalleistungen als Vergütung für die geleisteten Dienste gewährt werden. Das Gleiche gilt für die Leistungen anderer Vereinigungen, die gleiche Aufgaben unter denselben Voraussetzungen erfüllen;

...

Richtlinien/Hinweise/Verordnungen
UStAE: Abschn. 4.24.1.
MwStSystRL: Art. 132 Abs. 1 Buchst. h, 134, 136 Buchst. a.

1 Allgemeines

1.1 Überblick über die Vorschrift/Gesetzeszweck/Historie

1 Nach geschichtlichen Anfängen der Jugendherbergsbewegung Anfang des 20. Jahrhunderts durch Richard Schirrmann, Auflösung während der Nazizeit seit dem Jahr 1933, und mit der Neugründung des Hauptverbands des Deutschen Jugendherbergswerks im Nachkriegsdeutschland im Jahr 1949, wurde erstmals durch das Zweite Gesetz zur Änderung des UStG 1951 vom 30.07.1952 (BGBl I 1952, 393) die Steuerbefreiungsvorschrift des § 4 Nr. 13a UStG 1951 für die Leistungen des Deutschen Jungendherbergswerkes eingeführt.

Mit UStG 1967 vom 29.05.1967 (BGBl I 1967, 545) wurde die Vorschrift in § 4 Nr. 24 UStG überführt und um die Beherbergung, Beköstigung und die üblichen Naturalleistungen, die der Unternehmer den Personen, die bei den Leistungen nach § 4 Nr. 24 UStG tätig sind, als Vergütung für die geleisteten Dienste gewährt, erweitert. Seit unveränderter Übernahme der Vorschrift durch das UStG 1980 (BGBl 1979, 1953) erfolgte keine Änderung der Vorschrift.

1.2 Europarechtliche Grundlagen

2 Die Steuerbefreiung des § 4 Nr. 24 UStG findet ihre gemeinschaftsrechtliche Grundlage in **Art. 132 Abs. 1 Buchst. h MwStSystRL.** Danach befreien die Mitgliedstaaten Dienstleistungen und Lieferungen von Gegenständen, die eng mit der Kinder- und Jugendbetreuung verbunden sind, durch Einrichtungen des öffentlichen Rechts, oder andere von dem betreffenden Mitgliedstaat als Einrichtungen mit sozialem Charakter anerkannte Einrichtungen.

Unter die Befreiungsvorschrift des § 4 Nr. 24 UStG fallen grundsätzlich auch damit verbundene **Nebenleistungen.** Allerdings schränkt **Art. 134 MwStSystRL** diesen Grundsatz mit Blick auf Art. 132 Abs. 1 Buchst. g der MwStSystRL dahingehend ein, dass die Steuerbefreiung für die Lieferung von Gegenständen und Dienstleistungen dann ausgeschlossen ist, wenn sie für die Umsätze, für die die Umsatzsteuerbefreiung gewährt wird, nicht unerlässlich sind. Ebenfalls von der Steuerbefreiung ausgeschlossen ist danach die Steuerbefreiung für die Lieferung von Gegenständen und für Dienstleistungen, die im Wesentlichen dazu bestimmt sind, der Einrichtung zusätzliche Einnahmen durch Umsätze zu verschaffen, die in unmittelbarem Wettbewerb mit Umsätzen von der Mehrwertsteuer unterliegenden gewerblichen Unternehmen bewirkt werden.

3 Nach **Art. 136 Buchst. a der MwStSystRL** befreien die Mitgliedstaaten die Lieferungen von Gegenständen, die u. a. ausschließlich für eine auf Grund des Art. 132 der MwStSystRL von der Steuer befreite Tätigkeit bestimmt waren, von der Steuer, wenn für diese Gegenstände kein Recht auf Vorsteuerabzug bestanden hat.

1.3 Geltungsbereich

1.3.1 Persönlicher Geltungsbereich

4 Nach § 4 Nr. 24 UStG begünstigte Unternehmer sind

- das Deutsche Jugendherbergswerk – Hauptverband für Jugendwandern und Jugendherbergen e.V.,
- diesem Verband angeschlossene Untergliederungen, Einrichtungen und Jugendherbergen, sowie
- andere Vereinigungen, die gleiche Aufgaben unter denselben Voraussetzungen erfüllen.

1.3.2 Sachlicher Geltungsbereich

Begünstigte Leistungen sind nur die 5
- Leistungen, die den Satzungszwecken unmittelbar dienen,
- Gewährung von Beherbergung, Beköstigung und die üblichen Naturalleistungen an Personen, die als Vergütung für die in diesem Rahmen geleisteten Dienste dient.

2 Kommentierung

2.1 Persönlicher Geltungsbereich

Die Steuerbefreiungsvorschrift des § 4 Nr. 24 UStG unterscheidet hinsichtlich der begünstigten Unternehmer nach S. 1 die Leistungen des Deutschen Jugendherbergswerkes und der angeschlossenen Untergliederungen, Einrichtungen und Jugendherbergen und nach S. 2 die Leistungen anderer Vereinigungen, die gleiche Aufgaben erfüllen. 6

2.1.1 Das Deutsche Jugendherbergswerk und die angeschlossenen Untergliederungen, Einrichtungen und Jugendherbergen nach § 4 Nr. 24 S. 1 UStG

Nach der Aufzählung in Abschn. 4.24.1 Abs. 1 UStAE sind gem. § 4 Nr. 24 S. 2 UStG folgende Unternehmer begünstigt: 6a
- das Deutsche Jugendherbergswerk – Hauptverband für Jugendwandern und Jugendherbergen e.V. mit Sitz in Detmold (DJH) und die ihm angeschlossenen Landes-, Kreis- und Ortsverbände;
- kommunale, kirchliche und andere Träger von Jugendherbergen, die dem DJH als Mitglied angeschlossen sind und deren Häuser im Deutschen Jugendherbergsverzeichnis als Jugendherbergen ausgewiesen sind;
- die Pächter der Jugendherbergen, die von den vorgenannten Unternehmern unterhalten werden;
- die Herbergseltern, soweit sie einen Teil der Jugendherberge, insbesondere die Kantine, auf eigene Rechnung betreiben.

2.1.1.1 Deutsches Jugendherbergswerk (DJH)

7 Der Name des Vereins lautet: »**Deutsches Jugendherbergswerk, Hauptverband für Jugendwandern und Jugendherbergen e.V.**«, der Verein hat seinen Sitz in Detmold und unterhält daneben in Berlin ein Büro. Der Verein ist ein rechtsfähiger Idealverein und im Vereinsregister des Amtsgerichts Lemgo eingetragen (vgl. §§ 1 bis 3 der Vereinssatzung vom November 2013).

2.1.1.2 Die angeschlossenen Untergliederungen, Einrichtungen und Jugendherbergen

8 Zunächst benennt § 9 Abs. 1 der Satzung des Jugendherbergswerkes die **Landesverbände als geborene Mitglieder**, die nach § 7 Abs. 4 der Satzung des Jugendherbergswerkes als selbstständige, gemeinnützige Vereine in ihrem Bereich alle Aufgaben des Deutschen Jugendherbergswerkes erfüllen, soweit sie nicht durch diese Satzung dem Hauptverband zugewiesen sind. Die Satzungen der Landesverbände dürfen nach § 7 Abs. 5 der Satzung des Jugendherbergswerkes in ihren Grundsätzen dieser Satzung nicht widersprechen.

Überdies können gem. § 9 Abs. 2 der Satzung des Deutschen Jugendherbergswerkes **Vereine, Verbände, Körperschaften, Anstalten und Stiftungen, juristische Personen des privaten und öffentlichen Rechts sowie sonstige Organisationen** körperschaftliche Mitglieder werden, die auf Bundesebene oder im Bereich von mindestens vier Bundesländern tätig sind und deren Satzung und Tätigkeit nicht im Widerspruch zu den satzungsmäßigen Zielen des Deutschen Jugendherbergswerkes stehen. Dies umfasst die in Abschn. 4.24.1 Abs. 1 Nr. 1 und 2 UStAE aufgeführten Kreis- und Ortsverbände sowie kommunale, kirchliche und andere Träger von Jugendherbergen, die dem DJH als Mitglied angeschlossen sind und deren Häuser im Deutschen Jugendherbergsverzeichnis als Jugendherbergen ausgewiesen sind.

Mit Urteil vom 06.10.1988 (BFH vom 06.10.1988, Az: V R 101/85, BFH/NV 1989, 327) hat der BFH entschieden, dass **in der vom Gesetz geforderten Anbindung an den DJH** und deren Landesverbände **kein Verstoß gegen Art. 3 Abs. 1 GG liege**. Leistungen eines gemeinnützigen Jugendpflegevereins (Sportbund) in einem Jugendzeltlager (Unterbringung und Verpflegung von Jugendlichen) seien danach umsatzsteuerpflichtig, wenn er nicht eine dem DJH angeschlossene Untergliederung, Einrichtung oder Jugendherberge sei.

2.1.1.3 Pächter und Herbergseltern

9 Die Finanzverwaltung zählt darüber hinaus zum Kreis der begünstigten Unternehmer die **Pächter der Jugendherbergen**, die von den vorgenannten Unternehmern unterhalten werden, sowie die **Herbergseltern**, soweit sie einen Teil der Jugendherberge, insbesondere die Kantine, auf eigene Rechnung betreiben, ohne dies an weitere Voraussetzungen zu knüpfen, vgl. Abschn. 4.24.1 Abs. 1 Nr. 3 und 4 UStAE.

2.1.2 Andere Vereinigungen nach § 4 Nr. 24 S. 2 UStG

10 § 4 Nr. 24 S. 2 UStG erweitert den Anwendungsbereich der Steuerbefreiung auf **andere Vereinigungen**, die gleiche Aufgaben unter denselben Voraussetzungen erfüllen. § 4 Nr. 24 S. 2 UStG widerspricht hier den gemeinschaftsrechtlichen Vorgaben des Art. 132 Abs. 1 Buchst. h MwStSystRL, wonach »**andere von dem betreffenden Mitgliedstaat als Einrichtungen mit sozialem Charakter anerkannte Einrichtungen**« von der USt befreit sind. Mit Urteil vom 07.09.1999 hat der EuGH entschieden (EuGH vom 07.09.1999, Rs. C-216/97, Gregg, UR 1999,

419), dass der Begriff der »Einrichtung« **auch natürliche Personen** umfasst, die sich unter den übrigen Voraussetzungen als begünstigte Unternehmer unmittelbar auf die Steuerbefreiung nach der MwStSystRL berufen können.

Zu den nach § 4 Nr. 24 S. 2 UStG Begünstigten zählen nach Verwaltungsauffassung der »Naturfreunde Deutschlands, Verband für Umweltschutz, sanften Tourismus, Sport und Kultur Bundesgruppe Deutschland e.V.« und die ihm angeschlossenen Landesverbände, Bezirke und Ortsgruppen sowie die Pächter der von diesen Unternehmern unterhaltenen Naturfreundehäuser, vgl. Abschn. 4.24.1 Abs. 5 S. 3 UStAE.

In seinem Urteil vom 21.09.2016, Az: XI R 2/15, BFH/NV 2017, 168 Nr. 2, hatte der BFH entschieden, dass Leistungen, die eine GmbH in einer von ihr betriebenen »Jugendbegegnungsstätte« erbringt, nicht nach § 4 Nr. 24 Satz 2 UStG steuerfrei seien, da die GmbH **nicht die gleichen Aufgaben wie das Deutsche Jugendherbergswerk unter denselben Voraussetzungen erfülle**. Anders als das DJH verfüge die GmbH nicht über ein Netz von Niederlassungen. Beim DJH könnten Inhaber entsprechender Ausweise zu ermäßigten Preisen bzw. ohne Ausweise zu Normalpreisen von den einzelnen Niederlassungen zu anderen Niederlassungen wandern und dort übernachten. Vor allem aber sei der DJH anders als die GmbH gemeinnützig.

2.2 Sachlicher Geltungsbereich

2.2.1 Der Leistungsinhalt

2.2.1.1 Leistungen im Rahmen satzungsmäßiger Zwecke

Nach § 5 der Satzung des DJH ist Zweck des Vereins, die Förderung der Jugendhilfe, der Völker- 11
verständigung sowie des Umwelt- und Landschaftsschutzes. Gem. § 4 Abs. 1 der Satzung des DJH, verfolgt der Verein ausschließlich und unmittelbar die in § 5 genannten gemeinnützigen Zwecke gemäß den Anforderungen des Abschnitts »Steuerbegünstigte Zwecke« der Abgabenordnung. Entsprechend § 6 Abs. 1 der Satzung des DJH ist der Verein dabei vor allem für junge Menschen aus aller Welt tätig, unabhängig von ihrer Zugehörigkeit zu einem Geschlecht, ihrer ethnischen Herkunft, Religion, Weltanschauung oder politischen Partei und dient dem gegenseitigen Verständnis und friedlichen Miteinander der Völker. § 6 Abs. 2 der Satzung des DJH zählt als Förderzwecke im Einzelnen dabei auf:

1. Die Einrichtung und Führung von Jugendherbergen für junge Menschen.
2. Die Begegnung junger Menschen und Familien auf Wanderungen und Reisen, ihre Verbindung zur Natur, ihr Umwelt- und Gesundheitsbewusstsein, ihre Persönlichkeitsentwicklung sowie Möglichkeiten der Freizeitgestaltung durch Sport, Spiel, Gespräche und gemeinsame Aktionen.
3. Eine Nachhaltigkeit bei Bau, Einrichtung, Bewirtschaftung und Programmangeboten von Jugendherbergen.
4. Erholungsaufenthalte, Ferien- und Bildungsreisen für junge Menschen und Familien, damit sie das eigene Land und fremde Länder und Völker kennen lernen und lernen, auf Menschen fremder Landschaften und Kulturen Rücksicht zu nehmen und sie zu verstehen.
5. Schulwandern, Schulfahrten und Schullandheimaufenthalte in den Einrichtungen des Deutschen Jugendherbergswerkes.
6. Die Aus- und Fortbildung von jungen Menschen, von Mitarbeiterinnen und Mitarbeitern der Jugendhilfe und von Verantwortlichen für die schulische, außerschulische und berufliche Bildung junger Menschen durch Angebote eigener Lehrgänge und Seminare sowie durch Bereitstellung seiner Häuser für die Durchführung entsprechender Angebote Dritter.

12 Nach Verwaltungsauffassung (vgl. Abschn. 4.24.1 Abs. 2 UStAE) fallen unter die Steuerbefreiungsvorschrift folgende Leistungen:

- die Beherbergung und die Beköstigung in Jugendherbergen einschließlich der Lieferung von Lebensmitteln und alkoholfreien Getränken außerhalb der Tagesverpflegung (Zusatz- und Wanderverpflegung);
- die Durchführung von Freizeiten, Wanderfahrten und Veranstaltungen, die dem Sport, der Erholung oder der Bildung dienen;
- die Lieferungen von Schlafsäcken und die Überlassung von Schlafsäcken und Bettwäsche zum Gebrauch;
- die Überlassung von Rucksäcken, Fahrrädern und Fotoapparaten zum Gebrauch;
- die Überlassung von Spiel- und Sportgeräten zum Gebrauch sowie die Gestattung der Telefonbenutzung in Jugendherbergen;
- die Lieferungen von Wanderkarten, Wanderbüchern und von Ansichtskarten mit Jugendherbergsmotiven;
- die Lieferungen von Jugendherbergsverzeichnissen, Jugendherbergskalendern, Jugendherbergsschriften und von Wimpeln und Abzeichen mit dem Emblem des DJH oder des Internationalen Jugendherbergswerks (IYHF);
- die Lieferungen der für den Betrieb von Jugendherbergen erforderlichen und vom Hauptverband oder von den Landesverbänden zentral beschafften Einrichtungsgegenstände.

2.2.1.2 Unselbständige Nebenleistungen

13 Die Steuerbefreiung des § 4 Nr. 24 UStG findet ihre gemeinschaftsrechtliche Grundlage in **Art. 132 Abs. 1 Buchst. h MwStSystRL.** Danach befreien die Mitgliedstaaten Dienstleistungen und Lieferungen von Gegenständen, **die eng mit der Kinder- und Jugendbetreuung verbunden sind.** Unter die Befreiungsvorschrift des § 4 Nr. 24 UStG fallen grundsätzlich auch damit verbundene **Nebenleistungen.** Eine Leistung ist grundsätzlich dann als unselbständige Nebenleistung zu einer Hauptleistung anzusehen, wenn sie im Vergleich zu der Hauptleistung nebensächlich ist, mit ihr eng – im Sinne einer wirtschaftlich gerechtfertigten Abrundung und Ergänzung – zusammenhängt und üblicherweise in ihrem Gefolge vorkommt (vgl. BFH vom 10.09.1992, Az: V R 99/88, BStBl II 1993, 316). Nebenleistungen liegen danach insbesondere dann vor, wenn Sie keinen eigenen Zweck verfolgen, sondern lediglich ein Mittel darstellen, die Hauptleistung unter bestmöglichen Bedingungen in Anspruch zu nehmen (vgl. BFH vom 31.05.2001, Az: V R 97/98, BStBl II 2001, 658). Allerdings schränkt **Art. 134 MwStSystRL** diesen Grundsatz mit Blick auf Art. 132 Abs. 1 Buchst. g der MwStSystRL dahingehend ein, dass die Steuerbefreiung für die Lieferung von Gegenständen und Dienstleistungen dann ausgeschlossen ist, wenn sie für die Umsätze, für die die Umsatzsteuerbefreiung gewährt wird, **nicht unerlässlich sind.** Ebenfalls von der Steuerbefreiung ausgeschlossen ist danach die Steuerbefreiung für die Lieferung von Gegenständen und für Dienstleistungen, die im Wesentlichen dazu bestimmt sind, der Einrichtung **zusätzliche Einnahmen durch Umsätze zu verschaffen, die in unmittelbarem Wettbewerb** mit Umsätzen von der Mehrwertsteuer unterliegenden gewerblichen Unternehmen bewirkt werden. Mit Blick auf die Einschränkung des Art. 134 MwStSystRL – Schädlichkeit zusätzlicher Einnahmen in unmittelbarem Wettbewerb zu anderen gewerblichen Unternehmen – widersprechen die nach Verwaltungsauffassung steuerbefreiten Nebenleistungen teilweise (Lieferungen von Wanderkarten, Wanderbüchern und Schlafsäcken) den europarechtlichen Vorgaben. Weitergehend insoweit Tehler, in R/D, § 4 Nr. 24 Rn. 85, wonach u. a. auch die Lieferung von Ansichtskarten mit Jugendherbergsmotiven und Wimpeln der Einrichtung zusätzliche Einnahmen verschaffen sollen, die mit anderen gewerblichen Unternehmen in unmittelbaren Wettbewerb stehen und damit den europarechtlichen Vorgaben des Art. 134 MwStSystRL widersprechen sollen. Diese Auffassung ist

zumindest mit Blick auf die Frage des Wettbewerbs mit anderen Unternehmen abzulehnen. Es ist nicht ersichtlich, welche Unternehmen außerhalb von Jugendherbergen mit dem Verkauf von Ansichtskarten mit Jugendherbergsmotiven bzw. Wimpeln zu den Jugendherbergen in Wettbewerb treten. Allerdings dürfte Tehler (a.a.O.) zustimmend hier die Frage der Unerlässlichkeit vorgenannter Leistungen und damit die Vereinbarkeit mit Gemeinschaftsrecht zumindest zweifelhaft sein.

2.2.2 Begünstige Leistungsempfänger

Voraussetzung der Steuerbefreiung nach § 4 Nr. 24 UStG ist, dass die Leistungen den Satzungszwecken unmittelbar dienen. § 6 Abs. 1 der Satzung des DJH führt zur Verwirklichung des Vereinszwecks u.a. aus, dass der Verein **vor allem für junge Menschen** tätig ist. Nach § 6 Abs. 2 Nr. 2, Nr. 4 und Nr. 6 der Satzung des DJH, unterfallen den satzungsgemäßen Zwecken darüber hinaus auch Leistungen an **Familien** und **Verantwortliche für die schulische, außerschulische und berufliche Bildung,** sowie an **Mitarbeiterinnen und Mitarbeiter der Jugendhilfe.** 14

Dem entsprechend sind begünstigte Leistungsempfänger nach Verwaltungsauffassung zunächst Jugendliche, d.h. alle Personen vor Vollendung des 27. Lebensjahres (vgl. Abschn. 4.24.1 Abs. 3 S. 1 Nr. 1 S. 1 Buchst. a UStAE). Des Weiteren zählen nach Verwaltungsauffassung (vgl. Abschn. 4.24.1 Abs. 3 S. 1 Nr. 1 S. 1 Buchst. b–d UStAE) zum Kreis der begünstigten Leistungsempfänger den vorgenannten Satzungszwecken folgend auch:

- andere Personen, wenn sie sich in der Ausbildung oder Fortbildung befinden und Mitglied einer geführten Gruppe sind;
- Leiter und Betreuer von Gruppen, deren Mitglieder Jugendliche oder die vorangehend bezeichneten anderen Personen sind;
- wandernde Familien mit Kindern. Hierunter fallen alle Inhaber von Familienmitgliedsausweisen in Begleitung von eigenen oder anderen minderjährigen Kindern.

Leistungen an **andere als die vorgenannten Personen (z.B. alleinreisende Erwachsene)** unterfallen danach folglich nicht der Steuerbefreiung (vgl. BFH vom 18.01.1995, Az: V R 139-142/92, BStBl II 1995, 446). Nach Abschn. 4.24.1 Abs. 3 S. 2 UStAE soll allerdings für Leistungen, die an andere Personen erbracht werden, die Steuerbefreiung insoweit nicht ausgeschlossen sein, als es sich um **Leistungen von geringem Umfang** (nicht mehr als 2 % der Leistungen an begünstigte Leistungsempfänger) handelt. Wird die vorgenannte 2 % Grenze überschritten, führt dies zur Steuerpflicht dieser Umsätze, allerdings unter Anwendung des **ermäßigten Steuersatzes nach § 12 Abs. 2 Nr. 8 Buchst. a UStG**, soweit ein **Zweckbetrieb i.S.v. § 68 Nr. 1 Buchst. b AO** anzunehmen ist.

Nach dem Urteil des BFH 18.01.1995, Az: V R 139-142/92 (a.a.O.), liegt ein **selbständiger wirtschaftlicher Geschäftsbetrieb** vor, der nicht Zweckbetrieb ist und dessen Umsätze der Besteuerung nach dem Regelsteuersatz unterliegen, sofern die Beherbergung alleinreisender Erwachsener nach den tatsächlichen Umständen ihrer Ausführung von den übrigen Leistungen der Jugendherbergen unterschieden werden kann. **Kriterien der Unterscheidbarkeit** können z.B. die Art der Reservierung, die Beherbergungsentgelte, die Größe und Ausstattung der Zimmer, die Verpflegung, der Service und die Beteiligung der Herbergsgäste an der Gemeinschaftsarbeit sein. 15

Fehlt die Abgrenzbarkeit, verlieren Jugendherbergen ihre Zweckbetriebseigenschaft nach dem Urteil des BFH vom 18.01.1995 (a.a.O.) nicht dadurch, dass sie außerhalb des satzungsgemäßen Zwecks in geringem Umfang alleinreisende Erwachsene (zu gleichen Bedingungen wie andere

Gäste) beherbergen. Die Grenze, bis zu der solche Beherbergungen unschädlich sind, ist mit 10 % zu veranschlagen.

Nicht von der Lieferung an bestimmte Personen oder Einrichtungen abhängig sind hingegen Lieferungen von Jugendherbergsverzeichnissen, Jugendherbergskalendern etc. (vgl. Abschn. 4.24.1 Abs. 2 Nr. 7 UStAE), da insoweit unmittelbar satzungsgemäße Zwecke verfolgt werden, vgl. Abschn. 4.24.1 Abs. 3 S. 2 UStAE.

Der Steuerbefreiung unterfallen darüber hinaus die Beherbergung, Beköstigung und die üblichen Naturalleistungen als **Vergütung für geleistete Dienste an Personen, die bei den steuerbegünstigten Leistungen tätig sind**.

2.3 Vorsteuerabzug

16 Leistungen, die nach § 4 Nr. 24 UStG steuerfrei sind, unterfallen nicht der Optionsmöglichkeit des § 9 Abs. 1 UStG und sind danach gem. § 15 Abs. 2 Nr. 1 UStG vom Vorsteuerabzug ausgeschlossen.

§ 4 Nr. 25 UStG
Steuerbefreiungen: Leistungen der Träger öffentlicher Jugendhilfe

Von den unter § 1 Abs. 1 Nr. 1 fallenden Umsätzen sind steuerfrei:

...

25. Leistungen der Jugendhilfe nach § 2 Abs. 2 des Achten Buches Sozialgesetzbuch und die Inobhutnahme nach § 42 des Achten Buches Sozialgesetzbuch, wenn diese Leistungen von Trägern der öffentlichen Jugendhilfe oder anderen Einrichtungen mit sozialem Charakter erbracht werden. [2]Andere Einrichtungen mit sozialem Charakter im Sinne dieser Vorschrift sind

a) von der zuständigen Jugendbehörde anerkannte Träger der freien Jugendhilfe, die Kirchen und Religionsgemeinschaften des öffentlichen Rechts sowie die amtlich anerkannten Verbände der freien Wohlfahrtspflege,

b) Einrichtungen, soweit sie

aa) für ihre Leistungen eine im Achten Buch Sozialgesetzbuch geforderte Erlaubnis besitzen oder nach § 44 oder § 45 Abs. 1 Nr. 1 und 2 des Achten Buches Sozialgesetzbuch einer Erlaubnis nicht bedürfen,

bb) Leistungen erbringen, die im vorangegangenen Kalenderjahr ganz oder zum überwiegenden Teil durch Träger der öffentlichen Jugendhilfe oder Einrichtungen nach Buchstabe a vergütet wurden oder

cc) Leistungen der Kindertagespflege erbringen, für die sie nach § 23 Abs. 3 des Achten Buches Sozialgesetzbuch geeignet sind.

[3]Steuerfrei sind auch

a) die Durchführung von kulturellen und sportlichen Veranstaltungen, wenn die Darbietungen von den von der Jugendhilfe begünstigten Personen selbst erbracht oder die Einnahmen überwiegend zur Deckung der Kosten verwendet werden und diese Leistungen in engem Zusammenhang mit den in Satz 1 bezeichneten Leistungen stehen,

b) die Beherbergung, Beköstigung und die üblichen Naturalleistungen, die diese Einrichtungen den Empfängern der Jugendhilfeleistungen und Mitarbeitern in der Jugendhilfe sowie den bei den Leistungen nach Satz 1 tätigen Personen als Vergütung für die geleisteten Dienste gewähren,

c) Leistungen, die von Einrichtungen erbracht werden, die als Vormünder nach § 1773 des Bürgerlichen Gesetzbuchs oder als Ergänzungspfleger nach § 1909 des Bürgerlichen Gesetzbuchs bestellt worden sind, sofern es sich nicht um Leistungen handelt, die nach § 1835 Abs. 3 des Bürgerlichen Gesetzbuchs vergütet werden;

...

Literatur

Herbert, Anmerkung zum BMF-Schreiben vom 22.11.2013, MwStR 2014, 143. **Hölzer**, Umsatzsteuerfreiheit für frei mitarbeitende Sozialarbeiter, UR 2008, 234. **Hüttemann**, Umsatzsteuerbefreiungen für Leistungen des therapeutischen Reitens, UVR 2014, 14. **Wagner/Raudszus**, Eng verbundene Dienstleistungen im Sinne des Umsatzsteuergesetzes und der Mehrwertsteuer-Systemrichtlinie (MwStSystRL), UStB 2007, 283. **Wüst**, Anerkennung als Einrichtung mit sozialem Charakter für Leistungen der Kinder- und Jugendhilfe, MwStR 2014, 166. **Zenker**, Neuregelung der Steuerbefreiung in der Kinder- und Jugendhilfe, NWB 38/2008, 3583 (F 7, 7109).

Verwaltungsanweisungen

BMF vom 02.07.2008, Az: IV B 9 – S 7183/07/1001, BStBl I 2008, 690 (Neuregelung der Steuerbefreiung für Leistungen im Rahmen der Kinder- und Jugendhilfe zum 1. Januar 2008 durch das Jahressteuergesetz 2008).

BMF vom 29.03.2012, Az: IV D 3 – S 7183/11/10001, Umsatzsteuerbefreiung nach § 4 Nr. 25 UStG für individualpädagogische Maßnahmen; Wirkung der Betriebserlaubnis nach § 45 SGB VIII, BStBl I 2012, 483.

BMF vom 08.07.2013, Az: IV D 3 – S 7183/11/10001, BStBl I, 2013, 860 (Leistungen eines selbständigen pädagogischen Leiters).

BMF vom 22.11.2013, Az: IV D 3 – S 7172/2/13/10001, BStBl I, 2013, 1590 (vgl. Abschn. 4.25.2 UStAE, zu § 4 Nr. 25 S. 3 UStG).

OFD Niedersachsen vom 15.01.2013, Az: S 2706 – 182 – St 241, DB 2013, 318.

Hinweis: Zur Problematik der zeitlichen Geltungsdauer von BMF-Schreiben vgl. Einführung UStG, Rz. 100 ff.

Richtlinien/Hinweise/Verordnungen

UStAE: Abschn. 4.25.1 f.

MwStSystRL: Art. 132 Abs. 1 Buchst. h, m, n und o Abs. 2.

1 Allgemeines

1.1 Überblick über die Vorschrift

1 Die Rechtsnorm befreit die Träger der öffentlichen Jugendhilfe und die förderungswürdigen Träger der freien Jugendpflege von der USt für einen bestimmten Teil ihrer Tätigkeiten.

1.2 Rechtsentwicklung

2 Die Vorschrift geht auf § 50c der Umsatzsteuer-Durchführungsbestimmungen 1951 (UStDB) zurück. Diese Befreiung galt für förderungswürdige Jugendgemeinschaften (Jugendverbände, Jugendver-

eine) und Organe der öffentlichen Jugendpflege (Jugendämter). Der Befreiungskatalog entsprach im Wesentlichen bereits den auch heute noch begünstigten Leistungen.

Im Verlauf der Zeit erfuhr sie jedoch einige Änderungen. Eine markante Änderung resultiert aus dem Steueränderungsgesetz 1992. 3

Die Änderung wurde durch das damals neue Jugendhilfegesetz (SGB VIII) notwendig mit dem das Gesetz für die Jugendwohlfahrt, an das § 4 Nr. 25 bis dahin angeknüpft hatte, zum 01.01.1991 außer Kraft gesetzt wurde. 4

Eine Änderung der Rechtsnorm erfolgte durch das JStG 2008 vom 20.12.2007 (BGBl I 2007, 3150) und war wegen der Änderung im Sozialrecht und der Umsetzung des einschlägigen EU-Rechts notwendig. Mit der Neufassung wurde die Vorschrift an die Entwicklung der Leistungen und das Angebotsspektrum der Kinder- und Jugendhilfe angepasst. Durch die Neufassung wurde der Anwendungsbereich der Befreiungsvorschrift wesentlich erweitert. Nunmehr sind sämtliche **Leistungen**, die **nach den Vorschriften des SGB VIII** (Kinder- und Jugendhilfe) erbracht werden, unter bestimmten Voraussetzungen steuerfrei. 5

Durch das AmtshilfeRLUmsG vom 26.06.2013 (BGBl I 2013, 1809) wurde in Satz 3 der Buchst. c angefügt, wonach auch Leistungen der Vormünder (§ 1773 BGB) und Ergänzungspfleger (§ 1909 BGB) befreit werden können. 5a

1.3 Geltungsbereich

1.3.1 Sachlicher Geltungsbereich

Steuerbefreit sind: 6

- Leistungen der Jugendhilfe nach § 2 Abs. 2 des Sozialgesetzbuches VIII sowie die Inobhutnahme nach § 42 des Sozialgesetzbuches VIII unter bestimmten Voraussetzungen.
- Leistungen hinsichtlich der Durchführung von kulturellen und sportlichen Veranstaltungen unter bestimmten Voraussetzungen. Ebenfalls begünstigt sind die Beherbergung, die Beköstigung und die üblichen Naturalleistungen, die in Zusammenhang mit den obigen Leistungen erbracht werden.

1.3.2 Persönlicher Geltungsbereich

Die Rechtsnorm befreit die Träger der öffentlichen Jugendhilfe, die förderungswürdigen Träger der freien Jugendpflege, Kirchen und Religionsgemeinschaften des öffentlichen Rechts und sonstige Einrichtungen unter bestimmten Voraussetzungen von der USt für den oben angeführten Teil ihrer Tätigkeiten. 7

1.3.3 Zeitlicher Geltungsbereich

Die Rechtsnorm gilt seit 1992 de facto unverändert fort. Die Neufassung im JStG 2008 erfolgte wegen Änderungen im Sozialrecht und wegen der noch fehlenden Umsetzung von EU-Recht. Sie erweitert den Kreis der Begünstigten. Die Erweiterung gilt nominell seit dem 01.01.2008. Aufgrund des BFH-Urteils vom 08.11.2007 (Az: V R 2/06, BStBl II 2008, 634) kann sich jedoch jeder Betroffene unmittelbar auf das weiter gefasste EU-Recht beziehen – auch für die Vergangenheit. 8

1.4 Gemeinschaftsrechtliche Grundlagen und Verhältnis zu anderen Vorschriften

9 § 4 Nr. 25 UStG beruht auf **Art. 132 Abs. 1 Buchst. h, m und n sowie Art. 134 MwStSystRL.**

10 Die Aufzeichnungspflichten für steuerbefreite Umsätze nach dieser Rechtsnorm resultieren aus § 22 Abs. 2 Nr. 1 UStG.

11 Zur Abgrenzung des Anwendungsbereichs vgl. § 4 Nr. 18, Nr. 22 Buchst. a UStG und Abschn. 4.25.1 Abs. 5, 7 UStAE.

2 Kommentierung

2.1 Tatbestandsmerkmale der Vorschrift

12 Aufgrund des JStG 2008 wurde der Kreis der Begünstigten erweitert. Nunmehr kann die Steuerbefreiung für folgende Leistungen in Anspruch genommen werden:

- Leistungen der Jungendhilfe nach § 2 Abs. 2 Sozialgesetzbuch VIII sowie Leistungen der Inobhutnahme nach § 42 Sozialgesetzbuch VIII, sofern Leistungsgeber ein Träger der öffentlichen Jugendarbeit ist. Neben diesen Institutionen können auch andere Einrichtungen mit sozialem Charakter diese Leistungen erbringen (§ 4 Nr. 25 S. 1 UStG).
- Die Durchführung von kulturellen und sportlichen Veranstaltungen. Bedingung ist jedoch, dass die Leistung von den von der Jugendhilfe begünstigten Personen selbst erbracht worden sind. Sie können auch dann begünstigt sein, wenn die Einnahmen des Leistungsgebers überwiegend zur Deckung der Kosten verwendet werden und diese Leistungen in Verbindung mit im obigen Satz erwähnten Leistungen stehen. Ebenso begünstigt sind auch die mit obigen Leistungen in Zusammenhang stehende Beherbergungs-, Beköstigungs- und andere Naturalleistungen (§ 4 Nr. 25 S. 3 Buchst. a und b UStG) sowie die Leistungen von Vormündern und Erziehern.

2.2 Begünstigte Leistungen

13 Im Einzelnen werden folgende Leistungen von der Befreiungsnorm erfasst (BMF vom 02.07.2008, BStBl I 2008, 690, Tz. 2):

- Angebote der Jugendarbeit, der Jugendsozialarbeit und des erzieherischen Kinder- und Jugendschutzes (§§ 11 bis 14 SGB VIII),
- Angebote zur Förderung der Erziehung in der Familie (§§ 16 bis 21 SGB VIII),
- Angebote zur Förderung von Kindern in Tageseinrichtungen und in Tagespflege (§§ 22 bis 25 SGB VIII),
- Hilfe zur Erziehung und ergänzende Leistungen (§§ 27 bis 37, 39, 40 SGB VIII),
- Hilfe für seelisch behinderte Kinder und Jugendliche sowie ergänzende Leistungen (§§ 35 a bis 37, 39, 40 SGB VIII),
- Hilfe für junge Volljährige und Nachbetreuung (§ 41 SGB VIII),

- andere Aufgaben der Jugendhilfe umfassen die Inobhutnahme von Kindern und Jugendlichen (§ 42 SGB VIII).

Die Inobhutnahme kann folgende Betätigungen bzw. Maßnahmen umfassen: 14

- Die Befugnis, ein Kind oder einen Jugendlichen bei einer geeigneten Person, in einer geeigneten Einrichtung oder in einer sonstigen Wohnform vorläufig unterzubringen. Im Zweifel bedeutet das auch, ein Kind oder einen Jugendlichen von einer anderen Person wegzunehmen (§ 42 Abs. 1 S. 2 SGB VIII).
- Das Jugendamt muss zusammen mit dem Kind oder dem Jugendlichen die entstandene Situation klären und Möglichkeiten der Hilfe und Unterstützung aufzeigen (§ 42 Abs. 2 S. 2 SGB VIII).
- Das Jugendamt muss während der Inobhutnahme für das Wohl des Kindes oder des Jugendlichen sorgen und dabei den notwendigen Unterhalt und die Krankenhilfe sicherstellen (§ 42 Abs. 2 S. 3 SGB VIII).
- Das Jugendamt ist während der Inobhutnahme berechtigt, alle Rechtshandlungen vorzunehmen, die zum Wohl des Kindes oder Jugendlichen notwendig sind (§ 42 Abs. 2 S. 4 SGB VIII).
- Mit Wirkung vom 01.11.2015 wurde der Inobhutnahme von ausländischen Kindern und Jugendlichen nach § 42 Abs. 1 Nr. 3 SGB VIII die vorläufige Inobhutnahme von ausländischen Kindern und Jugendlichen nach unbegleiteter Einreise nach § 42a SGB VIII vorgeschaltet. Da es sich hierbei ebenfalls um Leistungen der Jugendhilfe handelt, sind diese Leistungen nach § 42a SGB VIII unter den weiteren Voraussetzungen des § 4 Nr. 25 UStG ebenso wie die Leistungen der Inobhutnahme nach § 42 SGB VIII umsatzsteuerfrei (vgl. BMF vom 19.12.2016, Az. III C 3-S 7015/16/10001, Abschn. 4.25 1 Abs. 1 S. 3 und 4 UStAE).

Zudem werden gem. Abschn. 4.25.2 UStAE steuerbefreit: 14a

- Die Durchführung von kulturellen und sportlichen Veranstaltungen;
- die Beherbergung, Beköstigung und die üblichen Nebenleistungen;
- die Leistungen von Vormündern und Ergänzungspflegern;
- Reiseleistungen im Drittland.

2.3 Begünstigte Leistungsgeber

Die begünstigten Leistungen sind nur dann steuerfrei, wenn sie durch Träger der öffentlichen Jugendhilfe (§ 69 SGB VIII) oder anderer Einrichtungen mit sozialem Charakter erbracht werden (§ 4 Nr. 25 S. 2 UStG). Der Begriff der »anderen Einrichtung mit sozialem Charakter« entspricht dem gültigen EU-Recht (Art. 132 Abs. 1 Buchst. h MwStSystRL). 15

Dementsprechend können begünstigte Leistungsgeber sein (BMF vom 02.07.2008, BStBl I 2008, 690, Tz. 3 und vom 29.03.2012, BStBl I 2012, 483, vgl. auch Abschn. 4.25.1 Abs. 2 UStAE): 16

- Die von der zuständigen Jugendbehörde anerkannte Träger der freien Jugendhilfe (§ 75 Abs. 1 SGB VIII), die Kirchen und Religionsgemeinschaften des öffentlichen Rechts und die amtlich anerkannten Verbände der freien Wohlfahrtspflege gem. § 23 UStDV;
- andere Einrichtungen, soweit sie für ihre Leistungen eine Erlaubnis nach dem Sozialgesetzbuch VIII besitzen soweit sie
  - für ihre Leistungen eine im SGB VIII geforderte Erlaubnis besitzen. Insoweit handelt es sich um die Erlaubnistatbestände des § 43 SGB VIII (Erlaubnis zur Kindertagespflege), § 44 Abs. 1 Satz 1 SGB VIII (Erlaubnis zur Vollzeitpflege), § 45 Abs. 1 Satz 1 SGB VIII (Erlaubnis für den Betrieb einer Einrichtung, in der Kinder oder Jugendliche ganztägig oder für einen Teil des Tages betreut werden oder Unterkunft erhalten) und § 54 SGB VIII (Erlaubnis zur

Übernahme von Pflegschaften oder Vormundschaften durch rechtsfähige Vereine). Eine Betriebserlaubnis, die einer Einrichtung nach § 45 SGB VIII erteilt wurde, gilt auch als Erlaubnis für eine sonstige Wohnform i. S. d. § 48 a Abs. 2 SGB VIII, wenn sie in der Erlaubnis ausdrücklich aufgeführt ist (gilt sinngemäß auch für einen Unternehmer, der vom Träger der Jugendhilfeeinrichtung mit der pädagogischen Leitung dieser Einrichtung beauftragt wurde; BMF vom 08.07.2013, Az: IV D 3 – S 7183/11/10001, BStBl I 2013, 860 = Abschn. 4.25.1 Abs. 2 Nr. 2 Buchst. a S. 5 UStAE). Das gilt auch bei einem Wechsel einer sonstigen Wohnform i. S. d. § 48 a Abs. 2 SGB VIII, wenn die zuständige Behörde bestätigt hat, dass die Einrichtung ihrer Anzeigepflicht nachgekommen ist und der Unternehmer die für die Tätigkeit notwendige Eignung besitzt.

- für ihre Leistungen einer Erlaubnis nach SGB VIII nicht bedürfen. Dies sind die in § 44 Abs. 1 S. 2 SGB VIII geregelten Fälle der Vollzeitpflege sowie der Betrieb einer Einrichtung nach § 45 SGB VIII, allerdings nur, wenn es sich um eine Jugendfreizeiteinrichtung, eine Jugendausbildungseinrichtung, eine Jugendherberge oder ein Schullandheim i. S. d. § 45 Abs. 1 S. 2 Nr. 1 SGB VIII oder um ein landesgesetzlich der Schulaufsicht unterstehendes Schülerheim i. S. d. § 45 Abs. 1 S. 2 Nr. 2 SGB VIII handelt. Ausgenommen sind somit die Einrichtungen i. S. d. § 45 Abs. 1 S. 2 Nr. 3 SGB VIII, die außerhalb der Jugendhilfe liegende Aufgaben für Kinder oder Jugendliche wahrnehmen,
- Leistungen erbringen, die im vorangegangenen Kalenderjahr ganz oder zum überwiegenden Teil von Trägern der öffentlichen Jugendhilfe (§ 69 SGB VIII), anerkannten Trägern der freien Jugendhilfe (§ 75 Abs. 1 SGB VIII), Kirchen und Religionsgemeinschaften des öffentlichen Rechts oder amtlich anerkannten Verbänden der freien Wohlfahrtspflege nach § 23 UStDV vergütet wurden. Eine Vergütung durch die zuvor genannten Träger und Einrichtungen ist aber nur dann gegeben, wenn der Leistungserbringer von diesen unmittelbar bezahlt wird. Die Vergütung ist nicht um eine eventuelle Kostenbeteiligung nach §§ 90 ff. SGB VIII, z. B. der Eltern, zu mindern,
- Leistungen der Kindertagespflege erbringen, für die sie nach § 24 Abs. 5 SGB VIII vermittelt werden können. Da der Befreiungstatbestand insoweit allein darauf abstellt, dass die Einrichtung für die Kindertagespflege vermittelt werden kann, im Einzelfall also nicht vermittelt werden muss, greift die Steuerbefreiung somit auch in den Fällen, in denen die Leistung »privat« nachgefragt wird.

17 Zu beachten in diesem Zusammenhang ist, dass unter dem Begriff »Einrichtungen« auch private Personen gemeint sein können. Nicht befreit ist allerdings nach Auffassung des FG Köln die Tätigkeit einer sozialpädagogischen Familienhelferin (FG Köln vom 20.04.2012, Az: 4 K 3627/09, zweifelnd FG Brandenburg vom 27.05.2013, Az: 7 V 7322/12).

2.4 Leistungsberechtigte und Leistungsadressaten

18 Das SGB VIII unterscheidet zwischen Leistungsberechtigten und zwischen Leistungsadressaten. Leistungen der Jugendhilfe – insbesondere im Eltern-Kind-Verhältnis – sind meist nicht personenorientiert, sondern systemorientiert (BMF vom 02.07.2008, BStBl I 2008, 690, Tz. 4). Sie zielen in der Regel auf die Verbesserung des Eltern-Kind-Verhältnisses ab. Aus diesem Grunde sind leistungsberechtigte Personen in der Regel die Eltern. Darüber hinaus können jedoch auch die Kinder i. R. d. Förderung in Tageseinrichtungen und in Tagespflege leistungsberechtigt sein. Neben diesen Möglichkeiten der Leistungsberechtigung findet man noch:

- Kinder und Jugendliche als Teilnehmer an Veranstaltungen der Jugendarbeit (§ 11 SGB VIII),

- Kinder und Jugendliche i. R. d. Eingliederungshilfe für seelisch Behinderte (§ 35 a SGB VIII),
- junge Volljährige im Rahmen von Veranstaltungen der Jugendarbeit (§ 11 SGB VII) und von Hilfe für junge Volljährige (§ 41 SGB VIII).

Regelmäßig sind Kinder und Jugendliche auch die Leistungsadressaten, wenn es sich um Hilfen für die Eltern handelt. **19**

Bislang wurden Jugendliche als Personen vor Vollendung des 27. Lebensjahres definiert. Auf diese eigenständige Definition verzichtet nunmehr die neue Vorschrift (bislang in § 4 Nr. 25 S. 3 alter Rechtsnorm). Daher können auch Leistungen an Personen über 27 Jahren von der Umsatzsteuer befreit sein, wenn z. B. ein Angebot der Jugendarbeit (§ 11 SGB VIII) in angemessenem Umfang auch Personen einbezieht, die das 27. Lebensjahr vollendet haben (BMF vom 02.07.2008, BStBl I 2008, 690, Tz. 4 letzter Absatz). **20**

2.5 Eng mit Jugendhilfe verbundene Leistungen

Steuerfrei sind nach wie vor nach § 4 Nr. 25 S. 3 Buchst. a UStG auch die Durchführung von kulturellen und sportlichen Veranstaltungen. Bedingung ist, dass die Darbietungen von den von der Jugendhilfe begünstigten Personen (vgl. Rn. 15 f.) selbst erbracht werden (BMF vom 02.07.2008, BStBl I 2008, 690, Tz. 5). Begünstigt ist auch die Durchführung derartiger Veranstaltungen, wenn die Einnahmen überwiegend zur Deckung der Kosten verwendet werden und diese Leistungen in engem Zusammenhang mit den in § 4 Nr. 25 S. 1 UStG bezeichneten Leistungen (vgl. Rn. 12) stehen. **21**

Im alten § 4 Nr. 25 S. 1 Buchst. c war nur von »Jugendlichen« die Rede. Dies deshalb, weil in der Vorschrift selbst der Begriff »Jugendliche« definiert worden war. Nunmehr spricht die Rechtsnorm von »die von der Jugendhilfe begünstigten Personen« (§ 4 Nr. 25 S. 3 Buchst. a UStG). **22**

Aufgrund dieser Formulierung können auch Eltern in die Durchführung von kulturellen und sportlichen Veranstaltungen mit einbezogen werden – ohne Verlust der Steuerbefreiung. Bedingung ist jedoch auch hier, dass diese Leistungen in engem Zusammenhang mit den Leistungen der Jugendhilfe stehen. **23**

Ebenfalls noch immer steuerbefreit sind nach § 4 Nr. 25 S. 3 Buchst. b UStG die Beherbergung, Beköstigung und die üblichen Naturalleistungen, welche diese Einrichtungen den Empfängern der Jugendhilfeleistungen, den Mitarbeitern in der Jugendhilfe sowie den bei den Leistungen nach Satz 1 tätigen Personen als Vergütung für die geleisteten Dienste zukommen lassen. **24**

»Empfänger der Jugendhilfeleistungen« können Jugendliche (Personen vor Vollendung des 27. Lebensjahres), je nach Einzelfall aber auch Eltern oder andere Personen nach Vollendung des 27. Lebensjahres sein, wenn ihnen Leistungen der Jugendhilfe zugutekommen. **25**

Zu den Mitarbeitern in der Jugendhilfe gehören im Wesentlichen Personen, die haupt- oder ehrenamtlich in der Jugendpflege, Jugendsozialfürsorge, im Jugendschutz und in der Jugendgerichtsbarkeit tätig sind, wie etwa Jugendleiter, Jugendfürsorger, Bewährungshelfer, Sozialarbeiter, Erzieher, Erziehungsberater, Jugendtrainer in Sportvereinen, Vormünder usw. **26**

Zu den bei den Leistungen nach Satz 1 tätigen Personen gehört insbesondere das **Küchen- und Bedienungspersonal** in Jugendzentren und Lehrgangseinrichtungen. **27**

Zu den Leistungen der Vormünder und Ergänzungspfleger vgl. Abschn. 2.25.2 Abs. 5 ff. UStAE. **28**

§ 4 Nr. 26 UStG
Steuerbefreiungen: Aufwandsersatz für ehrenamtliche Tätigkeiten

Von den unter § 1 Abs. 1 Nr. 1 fallenden Umsätzen sind steuerfrei:

. . .

26. die ehrenamtliche Tätigkeit,

a) wenn sie für juristische Personen des öffentlichen Rechts ausgeübt wird oder

b) wenn das Entgelt für diese Tätigkeit nur in Auslagenersatz und einer angemessenen Entschädigung für Zeitversäumnis besteht;

. . .

Literatur

Engelsing/Schmidt, Potenzielle Umsatzsteuerpflicht von Tätigkeitsvergütungen bei Vereinen, NWB 2012, 643. **Engelsing/Schmidt**, Neues zur Umsatzsteuerbefreiung von Tätigkeitsvergütungen bei Vereinen, NWB 2013, 1474. **Leisner**, Ehrenamtliche Tätigkeit und Umsatzsteuerbefreiung, NWB 2011, 2871. **Meurer**, Das Ehrenamt und die Umsatzsteuer, UStB 2012, 322. **Pfefferle/Renz**, Weiterhin Steuerpflicht der rechtlichen Betreuungsleistungen der Berufsbetreuer, NWB 2013, 751. **Totsche**, Anmerkung zum Urteil des BFH vom

17.12.2015, V R 45/14, zum Begriff der Ehrenamtlichkeit, MwStR 2016, 387. **Weigel**, Die Frage der Steuerfreiheit der ehrenamtlichen Tätigkeit des Vorstands eines Sparkassenverbands, UStB 2016, 101.

Richtlinien/Hinweise/Verordnungen
UStAE: Abschn. 4.26.1.

1 Allgemeines

1.1 Überblick über die Vorschrift

Diese Rechtsnorm befreit die Umsätze aus ehrenamtlicher Tätigkeit. Eine genauere Definition der ehrenamtlichen Tätigkeit ist in der Vorschrift selbst nicht zu finden. Sie wird jedoch aus der Rechtsprechung und den Verwaltungsanweisungen entwickelt. Grundsätzlich gilt als ehrenamtliche Tätigkeit i. S. d. Rechtsnorm die Mitwirkung natürlicher Personen bei der Erfüllung öffentlich-rechtlicher Aufgaben. Diese Personen können entweder gewählt oder aufgrund behördlicher Bestellung mit ihrer Aufgabe betraut werden (Abschn. 4.26.1 Abs. 1 UStAE). Nach der BFH-Rechtsprechung gehören zu den ehrenamtlichen Tätigkeiten alle Tätigkeiten, die in einem anderen Gesetz als dem UStG ausdrücklich als solche genannt werden, die man im allgemeinen Sprachgebrauch herkömmlicherweise als ehrenamtlich bezeichnet oder die vom materiellen Begriff der Ehrenamtlichkeit umfasst werden (BFH vom 20.08.2009, Az: V R 32/08,BStBl II 2010, 88; vom 14.05.2008, Az: XI R 70/07, BStBl II 2008, 912, vom 19.04.2012, Az: V R 31/11, BFH/NV 2012, 1831. 1

1.2 Rechtsentwicklung

Die Vorschrift geht auf § 50d der Umsatzsteuer-Durchführungsbestimmungen 1951 (UStDB) zurück. Steuerfrei war danach die ehrenamtliche Tätigkeit, wenn das Entgelt für diese Tätigkeit oder bei Ausübung mehrerer ehrenamtlicher Tätigkeiten das Entgelt für jede dieser Tätigkeiten nicht mehr als 1200 DM jährlich betrug. Überstieg das Entgelt diesen Betrag, war die ehrenamtliche Tätigkeit insoweit steuerfrei, als lediglich Kosten in der tatsächlich entstandenen und nachgewiesenen Höhe ersetzt wurden. 2

Zum 01.01.1968 wurde die Steuerbefreiung ohne Betragsgrenze mit dem heute noch geltenden Wortlaut fortgeführt. 3

1.3 Geltungsbereich

1.3.1 Sachlicher Geltungsbereich

Die Steuerbefreiungsnorm befreit grundsätzlich Zahlungen für ehrenamtliche Betätigungen unter gewissen Voraussetzungen. 4

1.3.2 Persönlicher Geltungsbereich

5 Erhält jemand ein Entgelt für eine ehrenamtliche Tätigkeit, ist dieses Entgelt umsatzsteuerfrei, wenn die Tätigkeit für eine juristische Person des öffentlichen Rechts ausgeübt wird. In anderen Fällen greift die Steuerbefreiung nur dann, wenn das Entgelt in einem Auslagenersatz zu sehen ist oder eine angemessene Entschädigung für die Zeitversäumnis darstellt.

1.3.3 Zeitlicher Geltungsbereich

6 Diese Steuerbefreiungsnorm gilt seit Bestehen des Umsatzsteuerrechts.

1.4 Gemeinschaftsrechtliche Grundlagen und Verhältnis zu anderen Vorschriften

7 Die Steuerbefreiung des § 4 Nr. 26 UStG hat keine unmittelbare Grundlage im Gemeinschaftsrecht; sie beruht lediglich auf einer Protokollerklärung zu Art. 4 der 6. EG-RL. Darin wird es den Mitgliedsstaaten freigestellt, Personen, die ehrenamtliche Tätigkeiten ausüben, sowie Geschäftsführer, Verwalter, Aufsichtsratsmitglieder und Abwickler von Gesellschaften in ihrer Beziehung zu den Gesellschaften und in ihrer Eigenschaft als Organe derselben nicht der USt zu unterwerfen. In einem Urteil hat sich der BFH mit dieser Frage auseinandergesetzt und Rechtsquellen zusammengetragen. Danach sähe die 6. EG-RL überhaupt keine Steuerbefreiung für ehrenamtliche Tätigkeiten vor. Damit sei fraglich, ob § 4 Nr. 26 Buchst. b UStG überhaupt im Einklang mit der 6. EG-RL steht. Nach einer Protokollerklärung zu Art. 4 der 6. EG-RL stehe es den Mitgliedstaaten zwar frei, ehrenamtliche Leistungen von der Steuer zu befreien. Ob das zur Beibehaltung der Befreiung in § 4 Nr. 26 Buchst. b UStG berechtige, sei fraglich und in der Literatur umstritten (zweifelnd Kraeusel in Reiß/Kraeusel/Langer, UStG, § 4 Nr. 26 Rz. 4; Huschens in Schwarz/Widmann/Radeisen, § 4 Nr. 26 Rz. 6, Heinrichshofen in R/D § 4 Nr. 26, Anm. 31 f. bejahend Handzik in Offerhaus/Söhn/Lange, UStG, § 4 Nr. 26 Rz 5; verneinend Oelmaier in S/R, UStG, § 4 Nr. 26 Rz. 4). Bei der Auslegung des Merkmals der Ehrenamtlichkeit sei zu berücksichtigen, dass Steuerbefreiungen im Zweifel eng auszulegen sind, weil sie Ausnahmen von dem allgemeinen Grundsatz darstellen, dass jede Dienstleistung, die ein Steuerpflichtiger gegen Entgelt erbringt, der Umsatzsteuer unterliegt (ständige Rechtsprechung des Gerichtshofs der Europäischen Union vgl. zuletzt EuGH vom 28.07.2011, Rs. C-350/10, UR 2011, m. w. N.).

2 Kommentierung

2.1 Betätigung für eine juristische Person des öffentlichen Rechts

8 Wird eine ehrenamtliche Person für eine öffentlich-rechtliche Person tätig, ist die Vergütung nach § 4 Nr. 26 Buchst. a UStG grundsätzlich steuerfrei, weil regelmäßig davon ausgegangen werden kann,

dass es sich immer um einen angemessenen Auslagenersatz handelt. Das gilt jedoch nur für den hoheitlichen Bereich, der in der Regel durch Gesetz ausdrücklich bestimmt ist. Unter diese Vorschrift fallen insbesondere die ehrenamtlich tätigen Bürgermeister, Beigeordneten, Gemeinderäte und andere Bürger, die ein kommunales Ehrenamt gegen die Entrichtung einer Entschädigung ausüben.

Die Steuerbefreiung kann nur dann greifen, wenn es sich um eine selbständige Tätigkeit 9 handelt. Zudem darf diese Tätigkeit nicht hauptberuflich ausgeübt werden (vgl. auch Rn. 15 ff.). Im öffentlich-rechtlichen Bereich ist eine Tätigkeit mit dem Begriff der »Ehrenamtlichkeit« jedenfalls dann nicht mehr vereinbar, wenn sie in einem Umfang ausgeführt wird, die einer beruflichen Ausübung gleichkommt (vgl. Abschn. 4.26.1 Abs. 1 S. 8 UStAE).

Wahlhelfer beispielsweise sind Hilfskräfte im jeweiligen Wahlgremium. Sie sind weisungs- 10 abhängig und daher nach dem Gesamtbild der Verhältnisse Arbeitnehmer. Die an sie gezahlten Aufwandsentschädigungen sind somit umsatzsteuerlich nicht steuerbar (FinMin Sachsen-Anhalt vom 19.04.1999, Az: 42 – S 2337 – 40).

Bei der Ausübung einer ehrenamtlichen Tätigkeit für einen Betrieb gewerblicher Art der 11 öffentlich-rechtlichen Person, ist die Steuerfreiheit des Aufwandsersatzes nach § 4 Nr. 26 Buchst. b UStG zu prüfen.

Weitere Beispiele für ehrenamtliche Tätigkeiten für den hoheitlichen Bereich von juristischen 12 Personen des öffentlichen Rechts sind Tätigkeiten als Schöffe, Schiedsmann, Innungsmeister, Organmitglied eines Sozialversicherungsträgers, Prüfer in Prüfungskommissionen usw.

Auch die Leistungen ehrenamtlicher Aufsichtsgremien der öffentlich-rechtlichen Rundfunk- 13 und Fernsehanstalten sind grundsätzlich nach § 4 Nr. 26 Buchst. a UStG umsatzsteuerfrei (OFD Erfurt vom 17.01.1994, DStR 1994, 655).

Die Ehrenamtlichkeit einer Tätigkeit kraft gesetzlicher Regelung ist weiterhin nicht anzunehmen, 14 wenn es sich bei der Regelung lediglich um eine Bestimmung handelt, die im Bereich der Selbstverwaltung als Satzung erlassen wurde (vgl. dazu FinMin Schleswig-Holstein vom 14.06.2013, Az: VI 358 – S 7185 – 033. Deshalb handelt es sich bei Tätigkeiten in Gremien der Sparkassen und sparkassennahen Einrichtungen nicht um Ehrenamtlichkeit kraft gesetzlicher Regelung, wenn es sich um eine Bestimmung in einer im Bereich der Selbstverwaltung erlassenen Satzung handelt. Die Anwendung der Steuerbefreiung nach § 4 Nr. 26 Buchst. a UStG ist daher nicht möglich (vgl. dazu LfSt Bayern vom 17.01.2013, Az: S 7185.1.1-2/4 St 33, UR 2013, 283). Diese Auffassung hat der BFH mit seinem Urteil vom 17.12.2015, Az. V R 45/14, BStBl II 2017, 658 bestätigt, vgl. auch Abschn. 4.26.1 Abs. 1 UStAE.

2.2 Betätigung für andere als juristische Personen des öffentlichen Rechts

Die Steuerbefreiung des § 4 Nr. 26 Buchst. b UStG greift dann, wenn es sich um ehrenamtliche 15 Tätigkeiten für andere als für juristische Personen des öffentlichen Rechts handelt. Die ehrenamtliche Tätigkeit ist nur dann steuerfrei, wenn das Entgelt in einem Auslagenersatz und in einer angemessenen Entschädigung für den Zeitverlust besteht. Dann jedoch setzt der materielle Begriff der Ehrenamtlichkeit das Fehlen eines eigennützigen Erwerbsstrebens, die fehlende Hauptberuflichkeit und den Einsatz für eine fremdnützig bestimmte Einrichtung voraus (BFH vom 19.04.2012, Az: V R 31/11, BFH/NV 2012, 1831, jeweils m. w. N., vgl. dazu mit weiteren Ausführungen nunmehr auch BMF vom 27.03.2013, Az: IV D 3 – S 7185/09/10001 – 04, BStBl I 2013, 452 bzw. Abschn. 4.26.1 Abs. 1 S. 6 bis 8 und Abs. 5 – mit Beispielen – UStAE).

So wird z. B. die Tätigkeit im **Aufsichtsrat** einer kommunalen Eigengesellschaft, die von einem 16 Ratsmitglied ausgeübt wird, selbständig ausgeübt. Sie kann jedoch als ehrenamtliche Tätigkeit unter den weiteren Voraussetzungen des § 4 Nr. 26 Buchst. b UStG steuerfrei sein. Die Voraussetzungen des § 4 Nr. 26 Buchst. b UStG sind erfüllt, wenn das Aufsichtsratsmitglied lediglich Auslagenersatz und eine angemessene Entschädigung für Zeitversäumnis erhält. Außerdem darf die Aufsichtsratstätigkeit nicht mit dem Hauptberuf verbunden sein (BFH vom 04.05.1994, Az: XI R 86/92, BStBl II 1994, 773). Zur Tätigkeit eines Aufsichtsrats vgl. auch OFD Frankfurt/M., Az: S 7100 - A - 287 - St 110, FMNR1a3310014.

17 Unter **Auslagenersatz** fallen im Wesentlichen der Ersatz von Fahrtkosten, Kilometergelder, Übernachtungskostenersatz, Ersatz des Mehraufwands für Verpflegung, Telefonkostenersatz, Ersatz für Fremdlöhne usw. Die Auslagen müssen als solche nachgewiesen oder glaubhaft gemacht werden.

18 Bei der Frage, ob eine **Entschädigung für Zeitversäumnis** angemessen ist, kommt es auf die **Umstände des Einzelfalls** an. Dabei ist gem. Abschn. 4.26.1 Abs. 4 S. 2 ff. UStAE eine Entschädigung i.H.v. bis zu 50 € je Tätigkeitsstunde regelmäßig als angemessen anzusehen, sofern die Vergütung für die gesamten ehrenamtlichen Tätigkeiten den Betrag von 17.500 € im Jahr nicht übersteigt (zur Ermittlung der Grenze von 17.500 € vgl. Abschn. 4.26.1 Abs. 4 S. 3 bis 5 UStAE). Der tatsächliche Zeitaufwand ist nachvollziehbar zu dokumentieren. Eine vom tatsächlichen Zeitaufwand unabhängige z.B. laufend gezahlte pauschale bzw. monatliche oder jährlich laufend gezahlte pauschale Vergütung führt zur Nichtanwendbarkeit der Befreiungsvorschrift mit der Folge, dass sämtliche für diese Tätigkeit gezahlten Vergütungen – auch soweit sie daneben in Auslagenersatz oder einer Entschädigung für Zeitaufwand bestehen – der Umsatzsteuer unterliegen (vgl. auch BMF vom 02.01.2012, BStBl I 2012, 59. Gem. BMF vom 21.03.2012, BStBl I 2012, 344 sind die Grundsätze des Abschn. 4.26.1 Abs. 4 S. 2 ff. UStAE auf Umsätze anzuwenden, die nach dem 31.12.2012 ausgeführt worden sind – Übergangsregelung).

2.3 Umsatzsteuerliche Behandlung von Betreuungsleistungen

19 Nach dieser Rechtsnorm sind auch die Aufwandsentschädigungen für solche Betreuer umsatzsteuerfrei, die von den Amtsgerichten als ehrenamtlicher Pfleger für volljährige, nicht voll geschäftsfähige Menschen bestellt werden (OFD Saarbrücken vom 15.07.1997, Az: S 7185 - 5 - St 24a, StED 1997, 585).

20 Zur Klarstellung der Umsätze aus Betreuungsleistungen hat das BMF sich im Erlass vom 21.09.2000 (Az: IV D 1 - S 7175 - 1/00, BStBl I 2000, 1251) zur umsatzsteuerlichen Behandlung von Pflegschaften schlechthin geäußert: »Durch das Betreuungsgesetz vom 12. September 1990 (BGBl I 1990, 2002) wurden mit Wirkung vom 1. Januar 1992 die Gebrechlichkeitspflegschaft und die Entmündigung abgeschafft. Seither kann das Amtsgericht auf Antrag oder von Amts wegen für Volljährige, die aufgrund einer psychischen Krankheit oder einer körperlichen, geistigen oder seelischen Behinderung ihre Angelegenheiten ganz oder teilweise nicht besorgen können, einen Betreuer bestellen. Gemäß § 1902 BGB vertritt der Betreuer den Betreuten gerichtlich und außergerichtlich; er übernimmt z.B. die Vermögenssorge, in der Regel aber nicht die häusliche Pflege.«

21 In der Praxis werden in der Regel natürliche Personen als Betreuer bestellt (§ 1897 Abs. 1 BGB). Das Vormundschaftsgericht kann auch mehrere Betreuer bestellen, wenn es meint, dass die Angelegenheiten des Betreuten dadurch besser besorgt werden (§ 1899 Abs. 1 BGB). Ist eine Betreuung des volljährigen Pfleglings durch eine oder mehrere natürliche Personen nicht hinreichend gesichert, bestellt man in der Regel einen anerkannten Betreuungsverein oder eine Behörde (§ 1900 Abs. 1 und 4 BGB).

2.4 Umsätze von Einzelbetreuern, die Betreuungen nebenberuflich durchführen

Ein nebenberuflicher Einzelbetreuer betreut in aller Regel nur eine oder wenige Personen und übt in aller Regel neben dieser Betreuungstätigkeit noch einen Hauptberuf aus. Solche Betreuer erhalten lediglich Ersatz für die tatsächlich entstandenen Aufwendungen (§ 1908i Abs. 1 i.V.m. § 1835 Abs. 1 BGB). Einzelbetreuer erhalten auf Verlangen als Aufwandsentschädigung für jede betreute Person einen Betrag, der für ein Jahr dem 24-fachen dessen entspricht, was einem Zeugen als Höchstbetrag der Entschädigung für eine Stunde versäumter Arbeitszeit gewährt werden kann (§ 1908i Abs. 1 i.V.m. § 1835a Abs. 1 BGB). 22

Umsätze aus derartigen Betreuungsverhältnissen stellen zwar eine unternehmerische Tätigkeit dar, die grundsätzlich steuerbar ist. Da diese Betreuer ihre Tätigkeit ehrenamtlich ausüben, sind ihre Umsätze nach § 4 Nr. 26 Buchst. b UStG steuerfrei. In Ausnahmefällen kann der nebenberufliche Einzelbetreuer nach § 1908i Abs. 1 i.V.m. § 1836 BGB eine Vergütung erhalten, wenn der Umfang oder die Schwierigkeit der Betreuung dies rechtfertigen und der Betreute nicht mittellos ist. Wenn der Einzelbetreuer eine solche Vergütung erhält, übt er die Betreuungstätigkeit nicht mehr ehrenamtlich aus. Damit greift die Steuerbefreiung nach § 4 Nr. 26 Buchst. b UStG nicht mehr, so dass diese Umsätze grundsätzlich der USt unterliegen. Überschreitet er jedoch aus seiner gesamten unternehmerischen Tätigkeit die Kleinunternehmergrenzen des § 19 Abs. 1 UStG nicht, können diese Umsätze im Rahmen der Kleinunternehmerschaft steuerfrei bleiben. 23

Erhält ein Einzelbetreuer, der Betreuungen nicht berufsmäßig durchführt, für seine Betreuungsleistungen, die zu seinem Gewerbe oder seinem Beruf gehören, Aufwendungsersatz nach § 1835 Abs. 3 BGB, fällt diese Leistung ebenfalls nicht unter die Befreiung nach § 4 Nr. 26 Buchst. b UStG. 24

2.5 Umsätze von Berufsbetreuern

Ein Berufsbetreuer führt eine Vielzahl von Betreuungsleistungen aus. Ob eine Berufsbetreuung vorliegt, entscheidet im Einzelfall das zuständige Gericht. Um berufsmäßige Betreuungen handelt es sich im Regelfall dann, wenn der Betreuer mehr als zehn Betreuungen führt oder die zur Führung der Betreuungen erforderliche Zeit voraussichtlich 20 Wochenstunden nicht unterschreitet oder wenn zu erwarten ist, dass diese Voraussetzungen in absehbarer Zeit vorliegen werden. 25

Der professionelle Betreuer hat Anspruch auf Aufwendungsersatz, und zwar gegen den Betroffenen. Zudem werden ihm vom Vormundschaftsgericht regelmäßig Vergütungen nach § 1908i Abs. 1 i.V.m. § 1836 Abs. 2 BGB bewilligt. Diese Betreuungstätigkeit wird nicht ehrenamtlich ausgeübt. Deshalb greift die Steuerbefreiung nach § 4 Nr. 26 Buchst. b UStG nicht. Mit Einfügung von § 4 Nr. 16 Buchst. k UStG wurde die Steuerbefreiung für sog. Berufsbetreuer ab 01.07.2013 nunmehr gesetzlich geregelt. Für die Zeiträume vor dem 01.07.2013 haben der EuGH in seinem Urteil vom 15.11.2012, Rs. C-174/11, BFH/NV 2013, 173 und auch der BFH im Gerichtsbescheid vom 25.04.2013, Az: V R 7/11 entschieden, dass sich die Berufsbetreuer bis dahin auf das günstigere EU-Recht berufen können. 26

2.6 Umsätze von Betreuungsvereinen

27 Nach § 1908f. BGB und den landesrechtlichen Ausführungsbestimmungen kann ein rechtsfähiger Verein als Betreuungsverein anerkannt werden, wenn er eine ausreichende Zahl geeigneter Mitarbeiter hat und darüber hinaus u. a. gewährleistet, dass er sich planmäßig um die Gewinnung ehrenamtlicher Betreuer bemüht, diese in ihre Aufgaben einführt, fortbildet und berät.

28 Führt der Betreuungsvereinen Betreuungen durch, muss unterschieden werden, ob ein Mitarbeiter des Vereins (Vereinsbetreuer) (§ 1897 Abs. 2 BGB) bestellt wurde oder der Vereins selbst (§ 1900 Abs. 1 BGB), wenn die Betreuung durch eine oder mehrere natürliche Personen nicht ausreicht.

2.7 Bestellung eines Vereinsbetreuers

29 Wird mit Einwilligung des Betreuungsvereins ein Vereinsbetreuer bestellt, wird dieser hinsichtlich des Aufwendungsersatzes und der Vergütung einem Berufsbetreuer gleichgestellt. Der Unterschied zum Berufsbetreuer ist, dass die Ansprüche nicht vom Vereinsbetreuer selbst, sondern vom Verein geltend gemacht werden können (§ 1908e BGB). Aus diesem Grund können die Umsätze aus dieser Betreuung nicht nach § 4 Nr. 26 UStG umsatzsteuerfrei verbleiben.

30 Ggf. ist jedoch die Steuerbefreiung nach § 4 Nr. 18 UStG möglich – insbesondere unter Beachtung aktueller Rechtsprechung (BFH vom 12.01.2012, Az: V R 7/11, BFH/NV 2012, 817 und EuGH vom 15.11.2012, Rs. C-174/11, UR 2013, 35).

31 Für die Leistung des Vereinsbetreuers gegenüber einer nicht mittellosen Person, für die der Betreuungsverein eine Vergütung und ggf. Aufwendungsersatz geltend machen kann, greift im Einzelfall die Steuerbefreiung nach § 4 Nr. 18 UStG, wenn die darin genannten Voraussetzungen erfüllt sind. Das in § 4 Nr. 18 S. 1 Buchst. c UStG genannte Tatbestandsmerkmal der Entgeltsbeschränkung gilt als erfüllt, wenn die geltend gemachte und bewilligte Vergütung tatsächlich hinter den vergleichbaren Entgelten der Berufsbetreuer zurückbleibt.

2.8 Bestellung des Betreuungsvereins

32 Ist der Betreuungsverein selbst Betreuer, erhält er nach § 1908i Abs. 1 i. V. m. § 1836 Abs. 4 BGB keine Vergütung; bei der Bestellung für mittellose Personen steht dem Betreuungsverein nach § 1835 Abs. 5 BGB für Betreuungsleistungen auch kein Aufwendungsersatz zu, so dass mangels Entgelt kein steuerbarer Umsatz vorliegt.

33 Erhält der Betreuungsverein für seine Leistungen nur Aufwendungsersatz insoweit, als das einzusetzende Einkommen und Vermögen des Betreuten ausreichen (§ 1908i Abs. 1 BGB i. V. m. § 1835 Abs. 5 BGB), ist die Leistung steuerbar und möglicherweise nach § 4 Nr. 18 UStG steuerbefreit, wenn die darin genannten Voraussetzungen erfüllt sind. Das nach § 4 Nr. 18 S. 1 Buchst. c UStG erforderliche Tatbestandsmerkmal der Entgeltsbeschränkung ist deshalb schon erfüllt, weil der Betreuungsverein im Gegensatz zum Berufsbetreuer keinen Vergütungsanspruch hat.

2.9 Steuersatz für steuerpflichtige Betreuungsleistungen

Betreuungsleistungen sowohl des Vereinsbetreuers als auch des Betreuungsvereins selbst stellen mildtätige Zwecke i. S. d. § 53 Nr. 1 AO dar. Erhält der nach § 5 Abs. 1 Nr. 9 KStG körperschaftsteuerbefreite Verein Aufwendungsersatz oder eine Vergütung seiner Leistungen, kann der ermäßigte Steuersatz nach § 12 Abs. 2 Nr. 8a UStG angewandt werden, sofern seine Leistungen nicht steuerbefreit sind. 34

2.10 Betreuungsumsätze von Behörden

Wird ein Mitarbeiter einer Behörde (z. B. Jugendamt), ein sog. Behördenbetreuer, zum Betreuer oder die Behörde selbst zum Betreuer bestellt, liegen keine steuerbaren Leistungen vor, sofern die Behörde hierfür ein Entgelt erhält. Die Behörde wird hoheitlich und nicht unternehmerisch tätig. 35

2.11 Leistungen von Vereinsfunktionären und anderen Personen

Die Geschäftsführungs- und Vertretungsleistungen eines Vorstandsmitglieds gegenüber dem Verein gegen Gewährung von Aufwendungsersatz sind regelmäßig steuerbar. Sie sind auch steuerpflichtig, wenn zwischen einer Leistung und einem erhaltenen Gegenwert ein unmittelbarer Zusammenhang besteht. Dieser Zusammenhang muss sich aus einem zwischen dem Leistenden und dem Leistungsempfänger bestehenden Rechtsverhältnis ergeben. Der Leistungsaustausch muss sich im Rahmen dieses Rechtsverhältnisses bewegen und die geleistete Vergütung muss als Gegenwert für die Leistung gelten. 36

Grundsätzlich kann beim Vorliegen eines eigennützigen Erwerbsstrebens keine ehrenamtliche Tätigkeit nach § 4 Nr. 26 Buchst. b UStG gesehen werden (BFH vom 14.05.2008, Az: XI R 70/07 (V), BFH/NV 2008, 1777). Vgl. auch Rn. 15. 37

Auch die rechtsberatende Tätigkeit eines Rechtsanwalts bei der Arbeitnehmerkammer ist nicht umsatzsteuerfrei nach § 4 Nr. 26 UStG (BFH vom 16.04.2008, Az: XI R 68/07 (NV), BFH/NV 2008, 1368). 38

2.12 Zur Ehrenamtlichkeit der Tätigkeit als Nachlasspfleger

Nach dem Urteil des BFH vom 19.04.2012 (Az: V R 31/11, BFH/NV 2012, 1831) wird die Nachlasspflegschaft dann nicht ehrenamtlich geführt, wenn die Voraussetzungen für die Feststellung, dass der Nachlasspfleger die Vormundschaft berufsmäßig führt, vorliegen. Gemäß § 1836 Abs. 1 BGB a. F. hat das Gericht die Feststellung, dass der Vormund die Vormundschaft berufsmäßig führt, u. a. zu treffen, wenn dem Vormund in einem solchen Umfang Vormundschaften übertragen sind, dass er sie nur im Rahmen seiner Berufsausübung führen kann. Diese Voraussetzungen lägen im Regelfall vor, wenn der Vormund mehr als zehn Vormundschaften führt oder die für die Führung der Vormundschaften erforderliche Zeit voraussichtlich 20 Wochenstunden nicht unterschreitet. 39

40 Die Referatsleiter Umsatzsteuer sind einhellig der Auffassung, dass für Tätigkeiten in Gremien der Sparkassen und sparkassennahen Einrichtungen die Ehrenamtlichkeit kraft gesetzlicher Regelung nicht anzunehmen ist, wenn es sich um eine Bestimmung in einer im Bereich der Selbstverwaltung erlassenen Satzung handelt. Die Anwendung der Steuerbefreiung ist daher nicht möglich (s. LfSt Bayern vom 17.01.2013, Az: S 7185.1.1-2/4 St 33, UR 2013, 283).

2.13 Bezüge der Abgeordneten

41 In einem »Merkblatt über die steuerliche Behandlung der Einkünfte der Mitglieder des Landtages von Mecklenburg-Vorpommern, ehemaliger Mitglieder und Hinterbliebener« hat das FinMin Mecklenburg-Vorpommern in einem Erlass vom 18.01.2013 (Az: IV 301 – S 2257a-00000-2012/001) ESt-Kartei MV § 22 Nr. 4 EStG ertrag- und umsatzsteuerliche Fragen erörtert.

2.14 Tätigkeit der Treuhänder nach dem Pfandbriefgesetz

42 Nach einer Verf. der OFD Niedersachsen vom 07.08.2013 (Az: S 7185 – 34/20 – St 181) gelten die Vergütungen der Pfandbriefbank an den Pfandbrieftreuhänder als steuerbar und steuerpflichtig (weitere Begründung siehe dort).

2.15 Aufwandsentschädigungen der Kreditanstalt für Wiederaufbau (KfW) für Tätigkeiten von Unternehmensberatern als Projektbetreuer des Angebots »Runder Tisch«

43 Nach einer Verf. der OFD Niedersachsen vom 07.08.2013 (Az: S 7185 – 34/20 – St 181) gelten die Aufwandsentschädigungen der Kreditanstalt für Wiederaufbau (KfW) für Tätigkeiten von Unternehmensberatern als Projektbetreuer des Angebots »Runder Tisch« als steuerbar und steuerpflichtig (weitere Begründung siehe dort).

§ 4 Nr. 27 UStG
Steuerbefreiungen: Aufwandsersatz für die Gestellung von Mitgliedern geistlicher Genossenschaften und die Gestellung von landwirtschaftlichen Arbeitskräften durch juristische Personen

Von den unter § 1 Abs. 1 Nr. 1 fallenden Umsätzen sind steuerfrei:

...

27.

a) die Gestellung von Personal durch religiöse und weltanschauliche Einrichtungen für die in Nummer 14 Buchstabe b, in den Nummern 16, 18, 21, 22 Buchstabe a sowie in den Nummern 23 und 25 genannten Tätigkeiten und für Zwecke geistigen Beistands,

b) die Gestellung von land- und forstwirtschaftlichen Arbeitskräften durch juristische Personen des privaten oder des öffentlichen Rechts für land- und forstwirtschaftliche Betriebe (§ 24 Abs. 2) mit höchstens drei Vollarbeitskräften zur Überbrückung des Ausfalls des Betriebsinhabers oder dessen voll mitarbeitenden Familienangehörigen wegen Krankheit, Unfalls, Schwangerschaft, eingeschränkter Erwerbsfähigkeit oder Todes sowie die Gestellung von Betriebshelfern an die gesetzlichen Träger der Sozialversicherung;

...

Literatur

Strüber, Personalüberlassung, UVR 2003, 288. **Wagner/Raudszus**, Eng verbundene Dienstleistungen im Sinne des Umsatzsteuergesetzes und der Mehrwertsteuer-Systemrichtlinie (MwStSystRL), UStB 2007, 283.

Richtlinien/Hinweise/Verordnungen

UStAE: Abschn. 4.27.1, 4.27.2.
MwStSystRL: Art. 132 Abs. 1 Buchst. g und k.

1 Allgemeines

1.1 Überblick über die Vorschrift

1 Die Rechtsnorm stellt folgende Leistungen von der Umsatzsteuer frei:

- die Gestellung von Mitgliedern geistlicher Genossenschaften und Angehörigen von Mutterhäusern für gemeinnützige, mildtätige, kirchliche oder schulische Zwecke,
- die Gestellung von land- und forstwirtschaftlichen Arbeitskräften durch juristische Personen des privaten oder des öffentlichen Rechts für Land- und Forstwirtschaftsbetriebe mit höchstens drei Vollarbeitskräften. Die Hilfe umfasst bestimmte, in § 4 Nr. 27 Buchst. b UStG genau beschriebene Tatbestände.

1.2 Rechtsentwicklung

2 § 4 Nr. 27 Buchst. a UStG war **zum 01.01.1980 als § 4 Nr. 27** UStG **neu** in das UStG 1980 **eingefügt** worden.

3 Die Steuerbefreiung nach § 4 Nr. 27 Buchst. b UStG war **zum 01.01.1980 zunächst** in Form zweier **Steuerermäßigungstatbestände** (§ 12 Abs. 2 Nr. 4 Buchst. b und Nr. 11 UStG) eingeführt worden. Durch das Kultur- und Stiftungsförderungsgesetz vom 13.12.1990 wurden die **Steuerermäßigungen** nach § 12 Abs. 2 Nr. 4 Buchst. b und Nr. 11 UStG **m. W. v. 22.12.1990 aufgehoben** und durch eine **neue Steuerbefreiung nach § 4 Nr. 7 UStG 1991** ersetzt. Der Umfang der Steuerbefreiung blieb mit dem vorherigen Umfang der Steuerermäßigungen identisch.

4 Durch das Steueränderungsgesetz 1992 (vom 25.02.1992, BGBl I 1992, 297) wurde die Steuerbefreiung unter Aufhebung von § 4 Nr. 7 UStG 1991 **m. W. v. 22.12.1990 in § 4 Nr. 27 Buchst. b UStG übernommen**.

5 Durch Art. 7 Nr. 4 Buchst. d des JStG 2009 (Gesetz vom 19.12.2008, BGBl I 2008, 2794) wurde in § 4 Nr. 27 Buchst. b der Begriff »Haushaltshilfen« m. W. v. 01.01.2009 gestrichen (vgl. Art. 39 Abs. 8 JStG 2009).

1.3 Geltungsbereich

1.3.1 Sachlicher Geltungsbereich

6 Befreit nach dieser Vorschrift sind die im Gesetz definierten entgeltlichen Personalgestellungen.

7 Die Gestellung von Arbeitskräften im landwirtschaftlichen Bereich ist nur dann begünstigt, wenn der Betriebsinhaber oder dessen voll mitarbeitender Familienangehöriger wegen Krankheit, Unfall, Schwangerschaft, eingeschränkter Erwerbsfähigkeit oder Todes ausfällt. Die Einzelheiten zu beiden Tatbestandsmerkmalen sind ausführlich in den Abschn. 4.27.1, 4.27.2 UStAE dargestellt.

1.3.2 Persönlicher Geltungsbereich

Die Steuerbefreiungsnorm gilt einerseits für geistliche Genossenschaften und Angehörige von Mutterhäusern. Die überlassenen Personen müssen für gemeinnützige, mildtätige, kirchliche oder schulische Zwecke eingesetzt werden. 8

Die Befreiungsnorm gilt jedoch auch für solche Personen des privaten oder öffentlichen Rechts, die land- und forstwirtschaftliche Arbeitskräfte unter den o.g. Bedingungen überlassen. Die begünstigten Betriebe dürfen jedoch nicht mehr als drei Vollarbeitskräfte beschäftigen. 9

1.3.3 Zeitlicher Geltungsbereich

Die Steuerbefreiungsnorm in der heutigen Fassung gilt seit dem 01.01.1992. 10

1.4 Gemeinschaftsrechtliche Grundlagen und Verhältnis zu anderen Vorschriften

§ 4 Nr. 27 **Buchst. a** UStG beruht auf **Art. 132 Abs. 1 Buchst. k** MwStSystRL, während § 4 Nr. 27 **Buchst. b** UStG auf **Art. 132 Abs. 1 Buchst. g** MwStSystRL beruht. 11

Die steuerbefreiten Umsätze müssen nach Maßgabe des § 22 Abs. 2 Nr. 1 UStG separat aufgezeichnet werden. 12

2 Kommentierung

2.1 Tatbestandsmerkmale des § 4 Nr. 27 Buchst. a UStG

Steuerbefreit ist die Personalgestellung von geistlichen Genossenschaften und Mutterhäusern für gemeinnützige, mildtätige, kirchliche oder schulische Zwecke. Bedingung hierbei ist, dass das Personal aus Mitgliedern bzw. Angehörigen der begünstigten Institutionen besteht – so jedenfalls die nationale Rechtsnorm. 13

Wenn eine im Bereich der Alten- und Krankenpflege tätige Stiftung dem Kirchenkreis und der Kirchengemeinde als eigenständigen Rechtspersönlichkeiten den Pastor sowie den Kantor und die Küsterin stellt, damit in der Kirchengemeinde Gottesdienste abgehalten werden können, und erfolgt die Leistung in Erwartung einer vom Umfang der Personalgestellung abhängigen Zahlung, besteht grundsätzlich ein umsatzsteuerbarer Leistungsaustausch. 14

Eine Steuerbefreiung der Leistung nach § 4 Nr. 27 Buchst. a UStG greift dann nicht, wenn die gestellten Personen in einem Arbeitsverhältnis zu der die Personen gestellenden Einrichtung stehen. Zu beachten ist auch, dass eine als steuerbegünstigt anerkannte milde Stiftung bürgerlichen Rechts, welche Einrichtungen der Alten-, Kranken- und Behindertenpflege betreibt, keine religiöse Einrichtung i. S. d. Art. 13 Teil A Abs. 1 Buchst. k der 6. EG-RL darstellt. So zumindest sah es jedenfalls das FG des Landes Sachsen-Anhalt in seinem Urteil vom 16.02.2005, Az: 2 K 507/04, 15

DStRE 2006, 282. Die Revision gegen das Urteil wurde zugelassen (Az des BFH: V R 30/05) und mit Beschluss vom 28.02.2008 (nicht veröffentlicht) erledigt.

16 Der BFH schloss sich jedoch der Auffassung des FG nicht an. Grundsätzlich sah er zwar die Voraussetzungen des § 4 Nr. 27 UStG nicht als erfüllt an. Er subsumierte jedoch die Leistungen bzw. die Zahlungen in die einschlägige EU-Norm, wie es im Verfahren auch beantragt worden war. Im Gegensatz zum FG sah der BFH die darin geforderten Voraussetzungen als erfüllt an. Dies deshalb, weil sich auf dem Grundstück der Stiftung eine Kirche befindet, in der Gottesdienste abgehalten werden. Die Leistungen sind deshalb nach einschlägigem EU-Recht umsatzsteuerfrei, weil diese nach Ansicht des BFH im Rahmen einer religiösen oder weltanschaulichen Einrichtung erbracht werden, und zwar für begünstigte Tätigkeiten.

17 Begünstigte Tätigkeiten in diesem Sinne sind lt. BFH:

- Tätigkeiten im Bereich der Krankenhausbehandlung und der ärztlichen Heilbehandlung,
- Tätigkeiten im Bereich der Sozialfürsorge und der sozialen Sicherheit,
- Tätigkeiten in der Kinder- und Jugendbetreuung sowie deren Erziehung,
- Tätigkeiten im Schul- und Hochschulunterricht,
- Tätigkeiten für Zwecke des geistigen Beistands.

18 Nach Ansicht des BFH befreit das einschlägige EU-Recht allgemein Personalgestellungen, ohne dass es auf weitere, durch das gestellte Personal in persönlicher Hinsicht zu erfüllende Voraussetzungen ankommt. Deshalb spielt es nach Ansicht des BFH keine Rolle, ob es sich beim gestellten Personal um Mitglieder der begünstigten Einrichtung oder um bei der Einrichtung angestelltes Personal handelt. Die Personalgestellung erfolgte ausschließlich für Zwecke des Abhaltens von Gottesdiensten. Damit erfolgt nach Ansicht des BFH die Personalgestellung ausschließlich für »Zwecke des geistlichen Beistandes« und muss von der Umsatzsteuer befreit werden.

19 Der BFH führte unter anderem aus, dass das Gemeinschaftsrecht hierbei autonome, gemeinschaftsrechtliche Begriffe schafft und verwendet, um unterschiedliche, nationalstaatliche Definitionen zu verhindern.

2.2 Tatbestandsmerkmale des § 4 Nr. 27 Buchst. b UStG

20 Steuerbefreit ist nach dem Gesetzeswortlaut erste Alternative die Gestellung land- und forstwirtschaftlicher Arbeitskräfte durch juristische Personen des privaten oder öffentlichen Rechts. Dabei müssen folgende Bedingungen eingehalten werden:

- der begünstigte Betrieb muss ein Betrieb der Land- und Forstwirtschaft sein (§ 24 Abs. 2 UStG);
- der begünstigte Betrieb darf nicht mehr als drei Vollzeitarbeitskräfte beschäftigen;
- die Gestellung muss zur Überbrückung des Ausfalls des Betriebsinhabers oder dessen voll mitarbeitenden Familienangehörigen erfolgen;
- der Ausfall muss auf Krankheit, Unfall, Schwangerschaft, eingeschränkter Erwerbsfähigkeit oder Tod beruhen.

21 Da in der deutschen Regelung der Kreis der Begünstigten auf juristische Personen des privaten oder des öffentlichen Rechts beschränkt wird, ist diese Regelung nach Auffassung des FG Niedersachsen vom 09.01.2014, Az: 16 K 295/1, mit dem EU-Recht (Art. 132 Abs. 1 Buchst. g MwStSystRL) nicht vereinbar. Der Kläger kann sich danach als Einzelunternehmer insoweit direkt auf die vorteilhaftere Regelung des EU-Rechts berufen (vgl. BFH vom 19.03.2013, Az: XI R 47/07, BFH/NV 2013, 1204, Rn. 28 ff.). Die Verwaltung folgt dieser Auffassung nicht (vgl. Abschn. 4.27.2

Abs. 2 S. 1 UStAE). Der gleichen Frage ist erneut das FG Niedersachsen nachgegangen, Urteil vom 26.11.2015, Az:16 K 58/15. Dieses ist allerdings nicht rkr., Az. des BFH: V R 31/16.

Steuerbefreit ist nach dem Gesetzeswortlaut zweite Alternative die Gestellung land- und forstwirtschaftlicher Arbeitskräfte an die gesetzlichen Träger der Sozialversicherung. Hier kommt es bereits nach dem Gesetzeswortlaut nicht auf die Rechtsform des Gestellenden an. 22

Bis zum 31.12.2008 erfasste die Steuerbefreiung **auch** die Gestellung von **Haushaltshilfen**. Haushaltshilfeleistungen sind gem. § 4 Nr. 16 UStG steuerbefreit. 23

Durch die Streichung der Haushaltshilfen können nach dieser Vorschrift lediglich noch die Betriebshelfer steuerfrei an die Träger der gesetzlichen Sozialversicherung überlassen werden. Die Gestellung von Haushaltshelfer nach § 26 Abs. 5 i. V. m. § 32 und § 42 des Siebten Buches Sozialgesetzbuch ist seit dem 01.01.2009 nur noch unter den Voraussetzungen des § 4 Nr. 16 Buchst. d UStG steuerfrei. 24

§ 4 Nr. 28 UStG
Steuerbefreiungen: Lieferung von Gegenständen, für die der Vorsteuerabzug nach § 15 Abs. 1a ausgeschlossen ist oder die der Unternehmer ausschließlich für eine nach den Nummern 8 bis 27 steuerfreie Tätigkeit verwendet hat

Von den unter § 1 Abs. 1 Nr. 1 fallenden Umsätzen sind steuerfrei:

…

28. die Lieferungen von Gegenständen, für die der Vorsteuerabzug nach § 15 Abs. 1a ausgeschlossen ist oder wenn der Unternehmer die gelieferten Gegenstände ausschließlich für eine nach den Nummern 8 bis 27 steuerfreie Tätigkeit verwendet hat.

…

Literatur

Klaßmann, Umsatzsteuerliche Beurteilung von Veräußerungsumsätzen bei steuerbefreiter Tätigkeit, MwStR 2017, 282.

Verwaltungsanweisungen/Richtlinien

UStAE: Abschn. 4.28.1.
MwStSystRL: Art. 16, Art. 26, Art. 136.

1 Allgemeines

1.1 Überblick über die Vorschrift

Die Vorschrift stellt Lieferungen von Gegenständen steuerfrei, wenn 1

- für sie der Vorsteuerabzug nach § 15 Abs. 1a Nr. 1 UStG ausgeschlossen ist (Ausschluss des Vorsteuerabzugs für Aufwendungen, die unter das ertragsteuerliche Abzugsverbot des § 4 Abs. 5 S. 1 Nr. 1 bis 4, 7 oder des § 12 Nr. 1 EStG fallen; wegen weiterer Einzelheiten vgl. § 15 Rn. 95 ff.);
- der Unternehmer die gelieferten Gegenstände ausschließlich für eine nach den § 4 Nr. 8–27 UStG steuerfreie Tätigkeit verwendet hat.

Der Gesetzgeber verfolgt mit der Befreiungsvorschrift folgende Ziele: 2

- **Steuervereinfachung,**
- **Vermeidung einer Doppelbelastung.**

Bei der Ausführung bestimmter Leistungen (z. B. Nutzung von Anlagegegenständen für private 3
Zwecke oder Veräußerung von Anlagegegenständen) entstünde ohne diese Befreiungsvorschrift bei einem Unternehmer, der nur steuerfreie Umsätze ausführt, auch USt. Dies hätte dann zur Folge, dass er für diese Leistungen die USt anmelden und abführen müsste. Käme es ohne diese Befreiungsvorschrift zu einer steuerpflichtigen Leistung, wäre bei der entsprechenden Ausgangsleistung der Vorsteuerabzug zu berichtigen. Die damit verbundenen Erschwernisse (Aufzeichnungspflichten usw.) werden mit der Befreiungsvorschrift vermieden.

1.2 Rechtsentwicklung

Diese Befreiungsvorschrift wurde erstmals zum 01.01.1980 in das UStG eingefügt. Durch das 4
Steuerentlastungsgesetz 1999–2002 (BGBl I 1999, 402) wurde die Vorschrift neu gefasst und insbesondere an den Wegfall der Eigenverbrauchsbesteuerung angepasst (Ersetzung der Eigenverbrauchstatbestände durch die nunmehr gültigen unentgeltlichen Leistungsabgaben). Durch das JStG 2008 (Gesetz vom 20.12.2007, BGBl I 2007, 3150) wurde die Vorschrift redaktionell der Änderung in § 15 Abs. 1a UStG durch das JStG 2007 (Gesetz vom 13.12.2006, BGBl I 2006, 2878) angepasst.

1.3 Geltungsbereich

1.3.1 Sachlicher Geltungsbereich

Die Vorschrift befreit die Lieferung von Gegenständen, deren Erwerb nach § 15 Abs. 1a UStG nicht 5
zum Vorsteuerabzug berechtigt hat, weil er unter das ertragsteuerliche Abzugsverbot des § 4 Abs. 5 Nr. 1 bis 4, Nr. 7 und § 4 Abs. 7 oder des § 12 Nr. 1 EStG gefallen ist. Ferner gilt die Vorschrift für solche Gegenstände, die der Unternehmer ausschließlich für steuerfreie Tätigkeiten nach § 4 Nr. 8 bis 27 UStG verwendet hat.

1.3.2 Persönlicher Geltungsbereich

6 Betroffen von der Steuerbefreiung sind ausschließlich Unternehmer, welche die fraglichen Gegenstände ausschließlich für **genau definierte steuerfreie Ausgangsleistungen** verwenden. Durch das JStG 2007 wurde die Vorsteuerkürzung für Bewirtungsaufwendungen in § 15 Abs. 1a UStG gestrichen.

1.3.3 Zeitlicher Geltungsbereich

7 Die Regelung gilt bis auf die redaktionelle Änderung durch das JStG 2008 unverändert seit dem 01.01.2000 bis zum gegenwärtigen Zeitpunkt.

1.4 Gemeinschaftsrechtliche Grundlagen und Verhältnis zu anderen Regelungen

8 Die gemeinschaftsrechtlichen Grundlagen sind in den Art. 16, 26, 136 MwStSystRL zu finden. Die Regelung ist unabdingbar an die Steuerbefreiungsnormen der § 4 Nr. 8–27 UStG gekoppelt. Die Regelung verstößt nicht gegen Unionsrecht, sondern setzt Art. 13 Teil B Buchst. c der Richtlinie 77/388/EWG (ab 01.01.2007 Art. 136 MwStSystRL) zutreffend um. Danach befreien die Mitgliedstaaten u. a. die Lieferungen von Gegenständen, die ausschließlich für eine auf Grund dieses Artikels oder des Art. 28 Abs. 3 Buchst. b von der Steuer befreite Tätigkeit bestimmt waren, wenn für diese Gegenstände kein Vorsteuerabzug vorgenommen werden konnte, von der Steuer (BFH vom 21.09.2016, Az. V R 43/15, BFHE 255, 449).

2 Kommentierung

2.1 Fälle des ertragsteuerlichen Betriebsausgabenabzugsverbots

9 Die Rechtsnorm befreit die Lieferungen von Gegenständen von der USt, für die der Vorsteuerabzug nach § 15 Abs. 1a UStG ausgeschlossen ist. Dies sind **Repräsentationsaufwendungen**, die nach ertragsteuerlichen Grundsätzen nicht als Betriebsausgabenabzug den steuerlichen Gewinn mindern dürfen.

10 Hierbei handelt es sich im Wesentlichen um folgende Tatbestände:

- Aufwendungen für **Geschenke** an Personen, die nicht Arbeitnehmer des Unternehmers sind. Ausgenommen davon sind zugewendete Wirtschaftsgüter, deren Anschaffungs- oder Herstellungskosten im Wj. insgesamt 35 € überstiegen haben (§ 4 Abs. 5 Nr. 1 EStG).
- Aufwendungen für die **Bewirtung** von Personen aus geschäftlichem Anlass, soweit 70 % der Aufwendungen überschritten werden. Bemessungsgrundlage sind die Aufwendungen, die nach der allgemeinen Verkehrsauffassung als angemessen gelten (§ 4 Abs. 5 Nr. 2 EStG). Wegen der Neufassung des § 15 Abs. 1a Nr. 1 UStG ab 19.12.2006 durch das JStG 2007 vgl. § 15 Rn. 95 ff.

- Aufwendungen für **Unternehmenseinrichtungen**, soweit sie der Bewirtung, der Beherbergung oder Unterhaltung von anderen Personen als Arbeitnehmern dienen. Das Abzugsverbot gilt jedoch nur dann, wenn die Einrichtungen sich außerhalb einer Betriebsstätte des Unternehmers befinden. Dabei denkt man beispielsweise auch an externe Gästehäuser des Unternehmers (§ 4 Abs. 5 Nr. 3 EStG).
- Aufwendungen für **die Jagd, die Fischerei, für Segel- oder Motorjachten** sowie Aufwendungen für **ähnliche Zwecke**. Das Abzugsverbot betrifft auch die damit zusammenhängenden Bewirtungsaufwendungen (§ 4 Abs. 5 Nr. 4 EStG).
- Kosten, die die **Lebensführung** des Unternehmers oder anderer Personen berühren, soweit sie nach allgemeiner Verkehrsauffassung unangemessen erscheinen. Hierunter fallen nicht die steuerlich anerkannten Reisekosten und Mehraufwendungen für die doppelte Haushaltsführung (§ 4 Abs. 5 Nr. 7 EStG).
- Aufwendungen für **Haushalt und Unterhalt des Unternehmers und seiner Familienangehörigen**. Betroffen hiervon sind insbesondere Aufwendungen für die Lebensführung, die die wirtschaftliche oder gesellschaftliche Stellung des Unternehmers mit sich bringt (§ 12 Nr. 1 EStG).

2.2 Fälle der Steuerbefreiung nach § 4 Nr. 8–27 UStG

Der Umfang der Steuerbefreiung ergibt sich aus Abschn. 4.28.1 Abs. 1 UStAE. Die Lieferung von Gegenständen ist – vorbehaltlich der Ausführungen unter Rz. 12 – dann steuerbefreit, wenn sie der Unternehmer während der gesamten Verwendungszeit ausschließlich für Tätigkeiten verwendet hat, die den Vorsteuerabzug nicht ausschließen. Insbesondere durfte im Verwendungszeitraum auch keine Änderung des Vorsteuerabzugs nach § 15a UStG stattgefunden haben. 11

2.3 Ausschließlichkeit der steuerbefreiten Umsätze

Aus Vereinfachungsgründen kann der Unternehmer die Steuerbefreiung auch in den Fällen anwenden, in denen er die Gegenstände **nur in geringfügigem Umfang** (zu höchstens 5 %) für Tätigkeiten verwendet, die nicht nach § 4 Nr. 8–27 UStG von der USt befreit sind. Voraussetzung hierfür ist aber, dass er für diese Gegenstände auf einen anteiligen Vorsteuerabzug verzichtet (vgl. Abschn. 4.28.1 Abs. 2 UStAE). 12

2.4 Analoge Anwendung bei Berufung auf MwStSystRL

Mit Urteil vom 16.05.2012 (Az: XI R 24/10, BStBl II 2013, 52) hat der BFH entschieden, dass § 4 Nr. 28 UStG auch dann anwendbar sei, wenn sich ein Unternehmer beim Verkauf von Gegenständen auf eine vorrangig geltende Steuerbefreiung nach der MwStSystRL (bzw. der Vorgängerrichtlinie) beruft. Im entschiedenen Fall ging es um die Veräußerung gebrauchter Geldspielautomaten mit Gewinnmöglichkeit, die der Unternehmer ausschließlich zur Ausführung – nach unmittelbarer Berufung auf Art. 13 Teil B Buchst. f der Richtlinie 77/388/EWG – steuerfreier Umsätze verwendet hat. Diesen Verkauf sah der BFH in analoger Anwendung des § 4 Nr. 28 UStG als steuerfrei an, vgl. auch Abschn. 4.28.1 Abs. 7 UStAE. 13

§ 4a UStG
Steuervergütung

(1) [1]Körperschaften, die ausschließlich und unmittelbar gemeinnützige, mildtätige oder kirchliche Zwecke verfolgen (§§ 51 bis 68 der Abgabenordnung), und juristischen Personen des öffentlichen Rechts wird auf Antrag eine Steuervergütung zum Ausgleich der Steuer gewährt, die auf der an sie bewirkten Lieferung eines Gegenstands, seiner Einfuhr oder seinem innergemeinschaftlichen Erwerb lastet, wenn die folgenden Voraussetzungen erfüllt sind:

1. **Die Lieferung, die Einfuhr oder der innergemeinschaftliche Erwerb des Gegenstands muss steuerpflichtig gewesen sein.**
2. **Die auf die Lieferung des Gegenstands entfallende Steuer muss in einer nach § 14 ausgestellten Rechnung gesondert ausgewiesen und mit dem Kaufpreis bezahlt worden sein.**
3. **Die für die Einfuhr oder den innergemeinschaftlichen Erwerb des Gegenstands geschuldete Steuer muss entrichtet worden sein.**
4. **Der Gegenstand muss in das Drittlandsgebiet gelangt sein.**
5. **Der Gegenstand muss im Drittlandsgebiet zu humanitären, karitativen oder erzieherischen Zwecken verwendet werden.**
6. **Der Erwerb oder die Einfuhr des Gegenstands und seine Ausfuhr dürfen von einer Körperschaft, die steuerbegünstigte Zwecke verfolgt, nicht im Rahmen eines wirtschaftlichen Geschäftsbetriebs und von einer juristischen Person des öffentlichen Rechts nicht im Rahmen ihres Unternehmens vorgenommen worden sein.**
7. **Die vorstehenden Voraussetzungen müssen nachgewiesen sein.**

[2]Der Antrag ist nach amtlich vorgeschriebenem Vordruck zu stellen, in dem der Antragsteller die zu gewährende Vergütung selbst zu berechnen hat.

(2) Das Bundesministerium der Finanzen kann mit Zustimmung des Bundesrates durch Rechtsverordnung näher bestimmen,

1. **wie die Voraussetzungen für den Vergütungsanspruch nach Absatz 1 Satz 1 nachzuweisen sind und**
2. **in welcher Frist die Vergütung zu beantragen ist.**

Literatur
Burghardt, Einfuhrumsatzsteuerbefreiung für Rückwaren, UVR 2017, 362.

Verwaltungsanweisungen
BMF vom 24.10.2002, Az: IV D 1 - S 7195 - 10/02, BStBl I 2002, 1357.
BMF vom 06.06.2017, Az: III C 3 - S 7532/09/10001, BStBl I 2017, 853 (Einführung neuer Vordruckmuster ab 2014).
Hinweis: Zur Problematik der zeitlichen Geltungsdauer von BMF-Schreiben vgl. Einführung UStG, Rz. 100 ff.

Richtlinien/Hinweise/Verordnungen
UStAE: Abschn. 4a.1–4a.5.
MwStSystRL: Art. 146. Abs. 1 Buchst. c und Abs. 2.
UStDV: §§ 8–11, 24.

1 Allgemeines

1.1 Überblick über die Rechtsnorm

§ 4a UStG hat eine Sonderstellung innerhalb des Umsatzsteuerrechts inne. In bestimmten Fällen kann ein näher bestimmter Leistungsempfänger Umsatzsteuer, die er an einen Leistenden zu zahlen hatte, sich vom Finanzamt zurückerstatten (vergüten) lassen. Die Rechtsnorm dient tatsächlich dazu, ausgeführte Güter, die zu bestimmten Hilfsleistungen, v. a. in Katastrophenfällen, im Drittlandsgebiet (also in Gebieten außerhalb der EU) verwendet werden, von der Belastung mit USt freizustellen. Die umsatzsteuerliche **Entlastung wird durch eine Vergütung** der USt herbeigeführt, die **beantragt** werden muss. **Vergütungsberechtigt** sind nur die Körperschaften, Personenvereinigungen und Vermögensmassen i. S. d. Körperschaftsteuergesetzes, die ausschließlich und unmittelbar gemeinnützige, mildtätige und kirchliche Zwecke verfolgen, insbesondere auch die amtlich anerkannten Verbände der freien Wohlfahrtspflege und die juristischen Personen des öffentlichen Rechts. 1

1.2 Rechtsentwicklung

Die Vorschrift wurde zum 01.01.1980 in das UStG eingefügt. Bis heute erfuhr sie lediglich eine redaktionelle Änderung zur Anpassung der Rechtsnorm an den EU-Binnenmarkt zum 01.01.1993. 2

1.3 Geltungsbereich

1.3.1 Sachlicher Geltungsbereich

3 Die Rechtsnorm gilt für Lieferungen, Einfuhr und i. g. Erwerb von Gegenständen, die durch den Unternehmer für bestimmte begünstigte Zwecke in ein Drittausland ausgeführt werden.

1.3.2 Persönlicher Geltungsbereich

4 Die Steuervergünstigung kann nur von Institutionen in Anspruch genommen werden, die ausschließlich und unmittelbar gemeinnützige, mildtätige oder kirchliche Zwecke im i. S. d. §§ 51–68 AO verfolgen.

1.3.3 Zeitlicher Geltungsbereich

5 Die Rechtsnorm gilt mit einer redaktionellen Änderung zum 01.01.2016 seit dem 01.01.1980 bis heute.

1.4 Gemeinschaftsrechtliche Grundlagen und Verhältnis zu anderen Vorschriften

6 Die Steuerbefreiung des § 4a beruht auf Art. 146 MwStSystRL. Notwendige Ausfuhrnachweise sind nach den Vorschriften der §§ 8–11 UStDV zu erbringen.

2 Kommentierung

2.1 Begünstigte Unternehmen

7 Die Rechtsnorm kann von Körperschaften, die ausschließlich und unmittelbar gemeinnützige, mildtätige oder kirchliche Zwecke verfolgen sowie juristische Personen des öffentlichen Rechts in Anspruch genommen werden (Vergütungsberechtigte). Weitere Einzelheiten vgl. Abschn. 4a.2 UStAE.

8 Die Körperschaft muss die entsprechenden Gegenstände nicht unbedingt im Rahmen ihres ideellen Bereichs ausführen. Die Vorsteuervergütung greift auch dann, wenn der Export i. R. d. steuerbegünstigten Zweckbetriebs erfolgt (Abschn. 4a.2 Abs. 8 UStAE).

2.2 Befreiungstatbestand und Bedingungen

Entlastet wird die für eine Lieferung, eine Einfuhr oder einen i. g. Erwerb eines Gegenstandes entrichtete USt, wenn folgende Voraussetzungen vorliegen: 9

- die Lieferung, die Einfuhr oder der i. g. Erwerb des Gegenstandes muss steuerpflichtig gewesen sein;
- die USt für den Gegenstand muss in einer Rechnung gesondert ausgewiesen und mit dem Rechnungsbetrag bezahlt worden sein bzw.
- die Einfuhrumsatzsteuer oder die Erwerbsteuer für einen i. g. Erwerb muss bezahlt worden sein;
- der erworbene Gegenstand muss für humanitäre, karitative oder erzieherische Zwecke in ein Drittland gelangt sein;
- der Erwerb oder die Einfuhr des Gegenstandes und seine Ausfuhr dürfen von der Körperschaft nicht im Rahmen eines wirtschaftlichen Geschäftsbetriebs bzw. im Rahmen eines Betriebs gewerblicher Art oder eines land- und forstwirtschaftlichen Betriebes vorgenommen worden sein – seit dem 01.01.2016 heißt es im Gesetzestext »nicht im Rahmen des Unternehmens« (die Änderung beruht auf der Streichung des § 2 Abs. 3 UStG und der Neuregelung in § 2b UStG);
- die obigen Voraussetzungen müssen nachgewiesen werden.

Die Vergütung der Umsatzsteuer ist ausgeschlossen, wenn der Vergütungsberechtigte die Gegenstände vor der Ausfuhr in das Drittland im Inland genutzt hat (Abschn. 4a.2 Abs. 9 UStAE). 10

Die Vergütung kann auch dann nicht in Anspruch genommen werden, wenn die Lieferung des Gegenstandes an den Vergütungsberechtigten nicht der Umsatzsteuer unterlegen hat. Das kann beispielsweise der Fall sein, wenn der Gegenstand durch eine Privatperson oder durch einen Kleinunternehmer geliefert wurde (z.B. i.R. v. Sachspenden). Ob hierbei die der Lieferung vorausgegangene Lieferung umsatzsteuerpflichtig war oder nicht, spielt hierbei keine Rolle (Abschn. 4a.2 UStAE). 11

2.2.1 Antrag

Die Steuervergütung muss nach amtlichem Vordruck beantragt werden. Darin muss der Vergütungsberechtigte seine Umsatzsteuervergütung selbst berechnen. Der Antrag ist beim zuständigen Finanzamt zu stellen. Zuständig ist in aller Regel das Finanzamt, in dessen Bezirk die Körperschaft ansässig ist (§ 24 Abs. 1 UStDV). Vordruckmuster zur Beantragung des Vergütungsverfahrens können dem BMF-Schreiben vom 06.06.2017, Az: III C 3 – S 7532/09/10001, BStBl I 2017, 853 entnommen werden. 12

Die Vergütung kann erst beantragt werden, wenn der Kaufpreis einschließlich Umsatzsteuer für den erworbenen Gegenstand in voller Höhe gezahlt worden ist. Abschlags- oder Teilzahlungen genügen nicht. Bei einem vorher eingeführten Gegenstand ist es erforderlich, dass die für die Einfuhr geschuldete EUSt entrichtet ist. Schuldet die juristische Person die Steuer für den i. g. Erwerb, so muss diese entrichtet worden sein. 13

Einzelheiten sind auch aus Abschn. 4a.2 und 4a.4 UStAE ersichtlich. 14

2.2.2 Antragsfrist

15 Die Steuervergünstigung muss bis zum 31. 12. des Kj. beantragt werden, das dem Kj. folgt, in dem der Gegenstand in das Drittlandsgebiet gelangt ist. Weitere Einzelheiten sind § 24 Abs. 1 UStDV sowie Abschn. 4a.4 Abs. 2 S. 2 UStAE zu entnehmen.

2.3 Nachweis

16 Die Vergütung ist nur zu gewähren, wenn der ausgeführte Gegenstand im Drittlandsgebiet (§ 1 Abs. 2a S. 3 UStG) verbleibt und dort zu humanitären, karitativen oder erzieherischen Zwecken verwendet wird. Der Vergütungsberechtigte muss diese Zwecke im Drittlandsgebiet nicht selbst (z. B. mit eigenen Einrichtungen und Hilfskräften) erfüllen. Es reicht aus, wenn der Gegenstand einem Empfänger im Drittlandsgebiet übereignet wird (z. B. einer nationalen oder internationalen Institution), der ihn dort zu den begünstigten Zwecken verwendet.

17 Der Nachweis über den Export des Gegenstandes in ein Drittlandsgebiet muss in der gleichen Weise geführt werden wie bei gewöhnlichen Ausfuhrlieferungen (§ 24 Abs. 2, 3 UStDV). Ebenso muss der Nachweis über die begünstigte Verwendung im Drittland erbracht werden. Welche Qualität dieser Nachweis aufweisen muss, ist aus Abschn. 4a.3 UStAE ersichtlich.

18 Die Problematik der Beleg- und Buchnachweise ist dieselbe wie bei den »normalen« Ausfuhrlieferungen (§ 6 Abs. 4 UStG). Insofern wird auf die Kommentierung zu § 6 UStG verwiesen.

2.4 Wiedereinfuhr der Gegenstände

19 Wiedereingeführte Gegenstände, für die bei der Ausfuhr eine Vergütung nach § 4a gewährt worden ist, sind nicht als Rückwaren einfuhrumsatzsteuerfrei (Abschn. 4a.5 UStAE, *Burghardt*, UVR 2017, 362). Vergütungsberechtigte müssen deshalb bei der Wiedereinfuhr von Gegenständen erklären, ob der betreffende Gegenstand zur Verwendung für humanitäre, karitative oder erzieherische Zwecke in das Drittlandsgebiet ausgeführt und dafür die Vergütung beansprucht worden ist.

§ 4b UStG
Steuerbefreiung beim innergemeinschaftlichen Erwerb von Gegenständen

Steuerfrei ist der innergemeinschaftliche Erwerb

1. **der in § 4 Nr. 8 Buchstabe e und Nr. 17 Buchstabe a sowie der in § 8 Abs. 1 Nr. 1 und 2 bezeichneten Gegenstände;**
2. **der in § 4 Nr. 4 bis 4b und Nr. 8 Buchstabe b und i sowie der in § 8 Abs. 2 Nr. 1 und 2 bezeichneten Gegenstände unter den in diesen Vorschriften bezeichneten Voraussetzungen;**
3. **der Gegenstände, deren Einfuhr (§ 1 Abs. 1 Nr. 4) nach den für die Einfuhrumsatzsteuer geltenden Vorschriften steuerfrei wäre;**
4. **der Gegenstände, die zur Ausführung von Umsätzen verwendet werden, für die der Ausschluss vom Vorsteuerabzug nach § 15 Abs. 3 nicht eintritt.**

1

Verwaltungsanweisungen

BMF vom 28.04.2004, Az: IV B 2 – S 7058, BStBl I 2004, 480 (EU-Osterweiterung zum 01.05.2004).
BMF vom 26.01.2007, Az: IV A 2 – S 7058 – 26/06, BStBl I 2007, 208 (Beitritt Bulgarien/Rumänien).
Hinweis: Zur Problematik der zeitlichen Geltungsdauer von BMF-Schreiben vgl. Einführung UStG, Rz. 100 ff.

Richtlinien/Hinweise/Verordnungen

UStAE: Abschn. 4b.1.
MwStSystRL: Art. 131, 140.

1 Allgemeines

1.1 Überblick über die Vorschrift/Gesetzeszweck

1 § 4b Nr. 1 und Nr. 2 UStG stellen den i. g. Erwerb bestimmter Gegenstände steuerfrei, deren inländische Lieferung nach den dort genannten Vorschriften ebenfalls steuerfrei wäre. Nach § 4b Nr. 3 UStG ist der i. g. Erwerb von Gegenständen steuerfrei, deren Einfuhr steuerfrei wäre. § 4b Nr. 4 UStG befreit den i. g. Erwerb von Gegenständen, die zur Ausführung von Umsätzen verwendet werden, für die der Ausschluss vom Vorsteuerabzug nach § 15 Abs. 3 UStG nicht eintritt. Im Wesentlichen werden damit Umsätze innerhalb des Gemeinschaftsgebietes den Umsatzgeschäften mit Drittlandsstaaten gleichgestellt und eine Gleichbehandlung mit für Inlandslieferungen bestehenden Steuerbefreiungen erreicht.

1.2 Rechtsentwicklung

2 Die Vorschrift wurde durch das Umsatzsteuer-Binnenmarktgesetz (Gesetz vom 25.08.1992, BGBl I 1992, 1548) zum 01.01.1993 in das UStG eingefügt und durch das Steueränderungsgesetz 2003 (Gesetz vom 15.12.2003, BGBl I 2003, 2645) letztmalig geändert.

1.3 Sachlicher, persönlicher und zeitlicher Geltungsbereich

3 Sachlich unterliegen der Steuerbefreiung nur die in der Vorschrift bzw. den Verweisungsvorschriften genannten Umsätze. Persönliche Beschränkungen ergeben sich unmittelbar aus § 4b UStG nicht. Dabei muss jedoch berücksichtigt werden, dass die Anwendung des § 4b UStG zunächst einen steuerbaren i. g. Erwerb voraussetzt (vgl. Abschn. 4b.1 UStAE), da sich ansonsten die Frage nach einer Steuerbefreiung nicht stellen würde. Insofern ist die Anwendung des § 4b UStG letztlich mit den einengenden Voraussetzungen des § 1 a UStG hinsichtlich der Voraussetzungen des i. g. Erwerbs verknüpft (vgl. die Kommentierung zu § 1 a).

1.4 Unionsrechtliche Grundlagen und Verhältnis zu anderen Vorschriften

4 § 4b UStG beruht auf Art. 131, 140 MwStSystRL. Seit 01.05.2004 gilt die Vorschrift auch für i. g. Erwerbe aus den zu diesem Zeitpunkt im Rahmen der EU-Osterweiterung beigetretenen Staaten; Gleiches gilt ab 01.01.2007 für Bulgarien und Rumänien (vgl. BMF vom 26.01.2007, Az: IV A 2 – S 7058 – 26/06, BStBl I 2007, 208) und ab 01.07.2013 für Kroatien (vgl. BMF vom 28.06.2013, Az: IV D 1 – S 7058/07/10002).

2 Kommentierung

2.1 Die Tatbestandsmerkmale (Übersicht)

Voraussetzung für die Steuerbefreiung ist ein steuerbarer i. g. Erwerb im Inland (§ 1 Abs. 1 Nr. 5; § 1a; § 3d UStG). Privatpersonen verwirklichen einen i. g. Erwerb ebenso wenig wie die in § 1a Abs. 3 UStG genannten Personen, die die Erwerbsschwelle nicht überschritten haben. 5

2.2 Steuerbefreiung für innergemeinschaftliche Erwerbe

2.2.1 Steuerfreie innergemeinschaftliche Erwerbe nach § 4b Nr. 1 und Nr. 2 UStG

Wäre eine Lieferung, wenn sie im Inland ausgeführt würde, steuerfrei, ist auch der i. g. Erwerb dieser Gegenstände steuerfrei. In Betracht kommen insbesondere: Wertpapiere (§ 4 Nr. 8 Buchst. e UStG), Gold durch Zentralbanken (§ 4 Nr. 4 UStG), gesetzliche Zahlungsmittel, die wegen ihres Metallgehalts oder Sammlerwerts umgesetzt werden (§ 4 Nr. 8 Buchst. b UStG; vgl. Abschn. 4b.1 Abs. 1 b) UStAE), gültige amtliche Wertzeichen (§ 4 Nr. 8 Buchst. i UStG), menschliche Organe, menschliches Blut und Frauenmilch (§ 4 Nr. 17 Buchst. a UStG) sowie Wasserfahrzeuge, die nach ihrer Bauart dem Erwerb durch die Seeschifffahrt oder der Rettung Schiffbrüchiger zu dienen bestimmt sind (§ 8 Abs. 1 Nr. 1 und Nr. 2 UStG), Gegenstände, die zur Ausrüstung besagter Wasserfahrzeuge bestimmt sind, Luftfahrzeuge und Ausrüstungsgegenstände hierzu (§ 8 Abs. 2 Nr. 1 und Nr. 2 UStG). 6

Seit dem 01.01.2004 (StÄndG 2003; vgl. Rn. 2) sind i. g. Erwerbe der in Anlage 1 bezeichneten Gegenstände von einem Unternehmer für sein Unternehmen steuerfrei, wenn der Gegenstand des i. g. Erwerbs im Zusammenhang mit dem Erwerb in ein Umsatzsteuerlager eingelagert wird oder sich in einem solchen befindet. Die Steuerbefreiung des i. g. Erwerbs entfällt mit der endgültigen Herausnahme eines Gegenstandes aus einem Umsatzsteuerlager. 7

Bei der Lieferung aus einem anderen EU-Mitgliedstaat in ein Umsatzsteuerlager (§ 4 Nr. 4a Buchst. a UStG) oder im Rahmen eines Zollverfahrens (Nichterhebungsverfahrens) (§ 4 Nr. 4b UStG; vgl. die Kommentierung zu § 4 Nr. 4b) verwirklicht der Abnehmer des gelieferten Gegenstandes einen i. g. Erwerb, der steuerfrei ist. 8

2.2.2 Erwerb von Gegenständen, deren Einfuhr steuerfrei wäre

§ 4b Nr. 3 UStG regelt, dass für Gegenstände, deren Einfuhr (§ 1 Abs. 1 Nr. 4 UStG) nach den für die Einfuhrumsatzsteuer geltenden Vorschriften steuerfrei wäre, auch der i. g. Erwerb steuerfrei ist. Die Steuerbefreiungen für die Einfuhr sind in § 5 UStG (vgl. die Kommentierung zu § 5) geregelt, dessen Abs. 1 eine Reihe von Überschneidungen mit den Regelungen in § 4b UStG aufweist. Im Wesentlichen sind daneben die i. g. Erwerbe steuerfrei, für die im Falle der Einfuhr eine Steuerbefreiung nach § 5 Abs. 2 UStG i. V. m. EUStBV in Betracht kommt. Die Steuerbefreiung gilt unabhängig davon, ob der Gegenstand endgültig im Inland verbleiben soll oder nur vorübergehend eingeführt wird (vgl. Leonard in Bunjes, § 4b UStG Rn. 6). Aus Praktikabilitätsgründen ist 9

z. B. der i. g. Erwerb von Gegenständen mit geringem Wert (bis zu 22 €) pro Sendung (z. B. Zeitschriften und Bücher) steuerfrei (Abschn. 4b.1 UStAE).

2.2.3 Verwendung für Umsätze, die den Vorsteuerabzug nach § 15 Abs. 3 UStG nicht ausschließen

10 § 4b Nr. 4 UStG befreit den i. g. Erwerb von Gegenständen, die zur Ausführung von Umsätzen verwendet werden, für die der Ausschluss vom Vorsteuerabzug nach § 15 Abs. 3 UStG nicht eintritt. Folglich muss es sich dabei um Umsätze handeln, die grundsätzlich unter § 15 Abs. 2 UStG fallen, mithin steuerfrei oder nicht steuerbar sind, und zu deren Ausführung die dem i. g. Erwerb unterliegenden Gegenstände dienen. Unter die nach § 15 Abs. 3 UStG betroffenen Umsätze fallen z. B. steuerfreie Ausfuhrlieferungen (§ 4 Nr. 1 Buchst. a UStG i. V. m. § 6 UStG), steuerfreie i. g. Lieferungen (§ 4 Nr. 1 Buchst. b UStG i. V. m. § 6a UStG), Lohnveredelung an Gegenständen der Ausfuhr (§ 4 Nr. 1 Buchst. a UStG i. V. m. § 7 UStG), Umsätze für die Seeschifffahrt und Luftfahrt (§ 4 Nr. 2 UStG i. V. m. § 8 UStG), Umsätze gegenüber NATO-Streitkräften (§ 26 Abs. 5 UStG) sowie nicht steuerbare Lieferungen, die steuerfrei wären, wenn sie im Inland ausgeführt würden.

11 Aus dem EuGH-Urteil vom 22.04.2010, Rs. C-536 und 539/08, UR 2010, 418–422 folgt, dass § 4b nur auf i. g. Erwerbe nach § 3d S. 1 UStG, nicht aber auf i. g. Erwerbe nach § 3d S. 2 UStG anwendbar ist (vgl. BayLfSt vom 03.04.2012, Az: S 7196.1.1-3/3 St33).

12 Umsätze der Kredit- und Versicherungswirtschaft (§ 4 Nr. 8 Buchst. a bis g und Nr. 10 Buchst. a UStG) sind durch § 15 Abs. 3 UStG betroffen, wenn sie sich unmittelbar auf Gegenstände beziehen, die in das Drittlandsgebiet ausgeführt werden oder der Leistungsempfänger im Drittlandsgebiet ansässig ist.

13 Nach Abschn. 4b.1 UStAE wird es durch die Verwaltung nicht beanstandet, wenn der nach § 4b Nr. 4 UStG steuerfreie Erwerb als steuerpflichtig behandelt wird.

§ 5 UStG
Steuerbefreiungen bei der Einfuhr

(1) Steuerfrei ist die Einfuhr
1. der in § 4 Nr. 8 Buchstabe e und Nr. 17 Buchstabe a sowie der in § 8 Abs. 1 Nr. 1, 2 und 3 bezeichneten Gegenstände;
2. der in § 4 Nr. 4 und Nr. 8 Buchstabe b und i sowie der in § 8 Abs. 2 Nr. 1, 2 und 3 bezeichneten Gegenstände unter den in diesen Vorschriften bezeichneten Voraussetzungen;
3. der Gegenstände, die von einem Schuldner der Einfuhrumsatzsteuer im Anschluss an die Einfuhr unmittelbar zur Ausführung von innergemeinschaftlichen Lieferungen (§ 4 Nummer 1 Buchstabe b, § 6a) verwendet werden; der Schuldner der Einfuhrumsatzsteuer hat zum Zeitpunkt der Einfuhr
   a) seine im Geltungsbereich dieses Gesetzes erteilte Umsatzsteuer-Identifikationsnummer oder die im Geltungsbereich dieses Gesetzes erteilte Umsatzsteuer-Identifikationsnummer seines Fiskalvertreters und
   b) die im anderen Mitgliedstaat erteilte Umsatzsteuer-Identifikationsnummer des Abnehmers mitzuteilen sowie
   c) nachzuweisen, dass die Gegenstände zur Beförderung oder Versendung in das übrige Gemeinschaftsgebiet bestimmt sind;
4. der in der Anlage 1 bezeichneten Gegenstände, die im Anschluss an die Einfuhr zur Ausführung von steuerfreien Umsätzen nach § 4 Nr. 4a Satz 1 Buchstabe a Satz 1 verwendet werden sollen; der Schuldner der Einfuhrumsatzsteuer hat die Voraussetzungen der Steuerbefreiung nachzuweisen;
5. der in der Anlage 1 bezeichneten Gegenstände, wenn die Einfuhr im Zusammenhang mit einer Lieferung steht, die zu einer Auslagerung im Sinne des § 4 Nr. 4a Satz 1 Buchstabe a Satz 2 führt, und der Lieferer oder sein Beauftragter Schuldner der Einfuhrumsatzsteuer ist; der Schuldner der Einfuhrumsatzsteuer hat die Voraussetzungen der Steuerbefreiung nachzuweisen;
6. von Erdgas über das Erdgasnetz oder von Erdgas, das von einem Gastanker aus in das Erdgasnetz oder ein vorgelagertes Gasleitungsnetz eingespeist wird, von Elektrizität oder von Wärme oder Kälte über Wärme- oder Kältenetze.

(2) Das Bundesministerium der Finanzen kann durch Rechtsverordnung, die nicht der Zustimmung des Bundesrates bedarf, zur Erleichterung des Warenverkehrs über die Grenze und zur Vereinfachung der Verwaltung Steuerfreiheit oder Steuerermäßigung anordnen
1. für Gegenstände, die nicht oder nicht mehr am Güterumsatz und an der Preisbildung teilnehmen;
2. für Gegenstände in kleinen Mengen oder von geringem Wert;
3. für Gegenstände, die nur vorübergehend ausgeführt worden waren, ohne ihre Zugehörigkeit oder enge Beziehung zur inländischen Wirtschaft verloren zu haben;
4. für Gegenstände, die nach zollamtlich bewilligter Veredelung in Freihäfen eingeführt werden;
5. für Gegenstände, die nur vorübergehend eingeführt und danach unter zollamtlicher Überwachung wieder ausgeführt werden;

6. für Gegenstände, für die nach zwischenstaatlichem Brauch keine Einfuhrumsatzsteuer erhoben wird;
7. für Gegenstände, die an Bord von Verkehrsmitteln als Mundvorrat, als Brenn-, Treib- oder Schmierstoffe, als technische Öle oder als Betriebsmittel eingeführt werden;
8. für Gegenstände, die weder zum Handel noch zur gewerblichen Verwendung bestimmt und insgesamt nicht mehr wert sind, als in Rechtsakten des Rates der Europäischen Union oder der Europäischen Kommission über die Verzollung zum Pauschalsatz festgelegt ist, soweit dadurch schutzwürdige Interessen der inländischen Wirtschaft nicht verletzt werden und keine unangemessenen Steuervorteile entstehen. Es hat dabei Rechtsakte des Rates der Europäischen Union oder der Europäischen Kommission zu berücksichtigen.

(3) Das Bundesministerium der Finanzen kann durch Rechtsverordnung, die nicht der Zustimmung des Bundesrates bedarf, anordnen, dass unter den sinngemäß anzuwendenden Voraussetzungen von Rechtsakten des Rates der Europäischen Union oder der Europäischen Kommission über die Erstattung oder den Erlass von Einfuhrabgaben die Einfuhrumsatzsteuer ganz oder teilweise erstattet oder erlassen wird.

Literatur

Thoma, Die Einfuhrumsatzsteuer, UStB 2007, 133 ff. **Thoma/Böhm/Kirchhainer**, Zoll und Umsatzsteuer. Die rechtliche Beurteilung und praktische Abwicklung von Warenlieferungen mit Drittlandsbezug, 3. Aufl., Wiesbaden 2015. **Witte**, Zollkodex der Union (UZK), Kommentar, 7. Auflage 2018.

Verwaltungsanweisungen
VSF Z 81 01 – Dienstvorschrift Einfuhrumsatzsteuer.
BMF vom 28.01.2004, Az: IV D 1 - S 7157 1/04/Az: IV D 1 - S 1757a - 1/04, BStBl I 2004, 242.
BMF vom 01.02.2008, Az: IV A 5 - S 7114/07/0002, BStBl I 2008, 295.
GZD vom 06.12.2017, Az: Z 3455-2016.00006-DV.A.2 (201700249692) (Merkblatt).
Hinweis: Zur Problematik der zeitlichen Geltungsdauer von BMF-Schreiben vgl. Einführung UStG, Rz. 100 ff.

Richtlinien/Hinweise/Verordnungen
MwStSystRL: Art. 131, Art. 140 Buchst. a, Art. 143 Buchst. b–l, Art. 145.
RL 2009/162/EU des Rates vom 22.12.2009 zur Änderung verschiedener Bestimmungen der MwStSystRL, ABl. L 10 vom 15.01.2010, 14.
ZollbefreiungsVO VO (EG) Nr. 1186/2009 des Rates vom 16.11.2009 über das gemeinschaftliche System der Zollbefreiungen (kodifizierte Fassung), ABl. L 324 vom 10.12.2009, 23, ersetzt die VO (EWG) Nr. 918/83 mit Wirkung zum 01.01.2010.
RL 2009/132/EG des Rates zur Festlegung des Anwendungsbereichs von Artikel 143 Buchst. b und c der Richtlinie 2006/112/EG hinsichtlich der Mehrwertsteuerbefreiung bestimmter endgültiger Einfuhren von Gegenständen, ABl. L 292 vom 10.11.2009, 5, ersetzt die RL 83/181/EWG m. W. v. 30.11.2009.
RL 2006/79/EG des Rates über die Steuerbefreiungen bei der Einfuhr von Waren in Kleinsendungen nichtkommerzieller Art (ABl. L 286 vom 17.10.2006, 15).
RL 2007/74/EG des Rates vom 20.12.2007 über die Befreiung der von aus Drittländern kommenden Reisenden eingeführten Waren von der Mehrwertsteuer und den Verbrauchsteuern (ABl. L 346 vom 29.12.2007, 6), ersetzt die RL 69/169/EWG m. W. z. 01.12.2008.
Einfuhrumsatzsteuer-Befreiungsverordnung 1993 (EUStBV) vom 11.08.1992, BGBl I 1992, 1526, zuletzt geändert durch Art. 9 der VO vom 03.12.2015 (BGBl I 2015, 2178).
Einreise-Freimengen-Verordnung (EF-VO) vom 24.11.2008 (BGBl I 2008, 2235).
Kleinsendungs-Einfuhrmengen-Verordnung (KF-VO) vom 11.01.1979, BGBl I 1979, 73, zuletzt geändert durch Art. 3 der VO vom 22.12.2003 (BGBl I 2004, 21).

1 Allgemeines

1.1 Überblick über die Vorschrift

Nach § 1 Abs. 1 Nr. 4 UStG unterliegt »die Einfuhr von Gegenständen im Inland oder in den österreichischen Gebieten Jungholz und Mittelberg der Umsatzsteuer (Einfuhrumsatzsteuer)«. 1

§ 5 Abs. 1 UStG befreit die Gegenstände von der EUSt, die auch im Rahmen einer inländischen Lieferung steuerfrei gestellt sein würden. Ferner werden Gegenstände von der EUSt befreit, die unmittelbar nach der Einfuhr als umsatzsteuerfreie i. g. Lieferungen oder als steuerfreier Export in Drittländer weitergeliefert werden. Daneben enthalten § 5 Abs. 2 und 3 UStG Ermächtigungen zum Erlass von Verordnungen für bestimmte Gegenstände, die einfuhrumsatzsteuerfrei gestellt werden dürfen, sowie für die Erstattung bzw. den Erlass von EUSt unter den Voraussetzungen des Unionsrechts. Von diesen Ermächtigungen ist Gebrauch gemacht worden. 2

1.2 Rechtsentwicklung

Die EUSt-Befreiung geht einher mit der Einführung des Mehrwertsteuersystems und der Einfuhrumsatzsteuer schlechthin (vgl. dazu § 21 Rn. 4 f.). Durch die Erhebung der EUSt sollen die von ausländischen Märkten auf den inländischen Markt gelangten Waren wie inländische Waren 3 besteuert werden. Allerdings müssen, um die ausländischen Produkte im Inland nicht zu diskriminieren, die für den inländischen Warenverkehr geltenden Steuerbefreiungen analog für diese Auslandswaren auch gelten.

4 Die letzten Änderungen erfuhr die Rechtsnorm durch die Ergänzungen von § 5 Abs. 2 Nr. 8 Satz 1 und 2, Abs. 3 i. R. d. AmtshilfeRLUmsG zum 30.06.2013.

1.3 Unionsrechtliche Grundlage und Verhältnis zu anderen Vorschriften

5 Die Rechtsnorm hat ihre Wurzeln in Art. 131, Art. 140 Buchst. a, Art. 143 Buchst. b–j, Art. 145 MwStSystRL.

6 Sie steht in engem Zusammenhang mit den §§ 11 und 21 UStG. Während § 21 UStG als Kernvorschrift klarstellt, dass grundsätzlich die Zollvorschriften und die in der Abgabenordnung enthaltenen Vorschriften über Verbrauchsteuern auf die EUSt anzuwenden sind, regelt § 11 UStG die Bemessungsgrundlage für die EUSt.

1.4 Geltungsbereich

1.4.1 Sachlicher Geltungsbereich

7 Die EUSt-Befreiung gilt für die Einfuhr von bestimmten, in der Rechtsnorm genannten Gegenständen, z. T. unter bestimmten Voraussetzungen. Sonstige Leistungen werden von der Befreiungsnorm nicht erfasst. Zum Begriff der Einfuhr vgl. § 21 Rn. 28ff. und vgl. § 15 Rn. 151.

1.4.2 Persönlicher Geltungsbereich

8 Begünstigter der Befreiungsnorm ist grundsätzlich der Schuldner der EUSt i. S. v. § 21 Abs. 2 UStG i. V. m. Art. 77ff. UZK. Dies gilt i. R. d. i. g. Lieferungen (§ 5 Abs. 1 Nr. 3 UStG) allerdings erst seit dem 01.01.1997; zuvor galt dies nur für den Anmelder der Einfuhr. Im Falle des Entstehens der Zollschuld bei Verstößen (Art. 79 UZK) kann sich der Schuldner der hierdurch entstandenen EUSt nicht auf die Befreiungen des § 5 UStG berufen, vgl. z. B. FG München vom 28.06.2012, Az: 14 K 298/11, ZfZ 2013 Beilage Nr. 1 S. 1, für im Drittland gemalte Bilder, wenn sie durch den grünen Ausgang verbracht werden; ggf. kann Art. 86 Abs. 6 UZK Abhilfe schaffen, sofern der Verstoß, durch den die Zollschuld entstanden war, kein Täuschungsversuch war. Schuldner der EUSt kann auch ein Nicht-Unternehmer sein.

1.5 Zuständige Behörden

9 Für Fragen der EUSt sind nicht die Finanzämter, sondern die Bundesfinanzbehörden zuständig (Art. 108 Abs. 1 S. 1 GG), deren Hauptzollämter als örtliche Bundesbehörden die EUSt zu ver-

walten haben (§ 12 Abs. 2 FVG). Örtlich zuständig ist das Hauptzollamt, in dessen Bezirk sich die entsprechende Steuerbarkeit durch Verwirklichung der Tatbestandsvoraussetzungen ergibt.

2 Kommentierung

2.1 Befreiungstatbestände (§ 5 Abs. 1 UStG)

2.1.1 Befreite Gegenstände (§ 5 Abs. 1 Nr. 1 UStG)

Die Einfuhr der in den genannten Vorschriften aufgeführten Gegenstände ist **stets steuerfrei**. Es handelt sich um 10

- Wertpapiere (§ 4 Nr. 8 Buchst. e UStG),
- menschliche Organe, Blut und Frauenmilch (§ 4 Nr. 17 Buchst. a UStG),
- Gegenstände für die dem Erwerb dienende Seeschifffahrt oder für die Rettung Schiffbrüchiger (§ 8 Abs. 1 Nr. 1 bis 3 UStG), und zwar Seeschiffe sowie Gegenstände für deren Ausrüstung und Versorgung,
- Anlagegold (§ 25c UStG).

Auf die Kommentierungen zu den einzelnen Vorschriften wird verwiesen.

2.1.2 Befreiungen des § 5 Abs. 1 Nr. 2 UStG

Die Einfuhr der in den genannten Vorschriften aufgeführten Gegenstände ist **nur unter** den darin aufgeführten **Bedingungen steuerfrei**: 11

- Gold, wenn es von Zentralbanken eingeführt wird (§ 4 Nr. 4 UStG),
- gesetzliche Zahlungsmittel, soweit sie nicht wegen ihres Metallgehaltes oder zu Sammlerzwecken eingeführt werden (§ 4 Nr. 8 Buchst. b UStG),
- amtliche Wertzeichen zum aufgedruckten Wert (§ 4 Nr. 8 Buchst. i UStG),
- Gegenstände für die Luftfahrt (§ 8 Abs. 2 Nr. 1 bis 3 UStG), und zwar Luftfahrzeuge sowie Gegenstände für deren Ausrüstung und Versorgung unter den in § 8 Abs. 2 UStG genannten Voraussetzungen.

Auf die Kommentierungen zu den einzelnen Vorschriften wird verwiesen.

2.1.3 Einfuhr bei anschließender innergemeinschaftlicher Lieferung (§ 5 Abs. 1 Nr. 3 UStG)

2.1.3.1 Voraussetzungen

Steuerfrei sind Gegenstände, 12

- die von einem Schuldner der EUSt
- im Anschluss an die Einfuhr

- unmittelbar zur Ausführung von steuerfreien i. g. Lieferungen verwendet werden und wenn
- bereits i. R. d. Zollanmeldung die USt-IdNr. des EUSt-Schuldners bzw. seines Fiskalvertreters und des Abnehmers im anderen Mitgliedstaat angegeben werden sowie
- der Nachweis geführt wird, dass die Gegenstände zur Beförderung oder Versendung in das übrige Zollgebiet der Union bestimmt sind.

13 **Schuldner der EUSt** ist nicht nur der Anmelder der Einfuhr, sondern jeder andere Schuldner der EUSt, also insbesondere auch der im Drittland ansässige Importeur, der die Waren in Deutschland auf seine Rechnung durch einen Spediteur im eigenen Namen (indirekter Vertreter, Art. 77 Abs. 3 UZK) in den freien Verkehr überführen lässt und anschließend an einen Empfänger in einem anderen Mitgliedstaat liefert; der Importeur erspart sich hierdurch ein aufwändiges Registrierungsverfahren. Der drittländische Importeur kann für derartige Vorgänge auch einen Fiskalvertreter bestellen (vgl. § 22a UStG).

14 »**Im Anschluss an die Einfuhr**« setzt voraus, dass der zollrechtliche Einfuhrtatbestand im Inland (§ 1 Abs. 2 UStG) oder in den österreichischen Gebieten Jungholz und Mittelberg (§ 1 Abs. 1 Nr. 3 UStG) verwirklicht wurde. Das körperliche Verbringen an sich genügt nicht, da die Überführung des Gegenstandes in ein zollrechtliches Verfahren die Zollschuld noch nicht entstehen lässt.

Beispiel:
Für Österreich bestimmte Ware aus den USA kommt im Hamburger Hafen an. Wird sie im Anschluss an die Entladung in ein externes Unionsversandverfahren gem. Art. 226 UZK übergeführt und nach Österreich befördert, so ist sie nicht in Deutschland eingeführt worden. Kommt sie stattdessen in Antwerpen an und wird im Rahmen eines solchen Versandverfahrens nach Österreich befördert, jedoch bei Grenzübertritt nach Deutschland in den freien Verkehr übergeführt, so liegt eine i. g. Lieferung im Anschluss an die Einfuhr i. S. d. § 5 Abs. 1 Nr. 3 UStG vor.

15 Die **Unmittelbarkeit** der anschließenden Ausführung einer steuerfreien i. g. Lieferung verbietet einen Zwischenhandel, es muss also Personenidentität von EUSt-Schuldner und Lieferant gegeben sein; verwendet ein anderer als der Zollanmelder die Ware zur i. g. Lieferung, tritt keine Steuerbefreiung ein (BFH vom 26.01.2012, Az: VII R 77/10, BFH/NV 2012, 1491). Umstritten ist, ob die Ware zwischenzeitlich gem. § 6a Abs. 1 S. 2 UStG be- oder verarbeitet werden darf, ohne ihre Identität zu verlieren und ohne die Unmittelbarkeit zu beeinträchtigen (ablehnend Müller-Eiselt in R/K/L, § 5 UStG Rn. 185). Eine transportbezogene Einlagerung oder Umladung beeinträchtigt die Unmittelbarkeit dagegen nicht, wohl aber eine nicht transportbezogene Zwischenlagerung in einem anderen als dem Empfängerstaat (vgl. Hessisches FG vom 20.07.2006, Az: 7 V 1902/2006).

16 Schließlich hat der EUSt-Schuldner bereits in der Zollanmeldung zur Überführung in den freien Verkehr seine deutsche USt-IdNr. bzw. die USt-IdNr. seines Fiskalvertreters sowie die vom Bestimmungsstaat erteilte USt-IdNr. des Abnehmers anzugeben. Lt. Dienstanweisung VSF Z 81 01, Abs. (64) ist diese Angabe zwingend erforderlich, und zwar zusammen mit der Angabe des zuständigen inländischen Finanzamtes sowie Name oder Firma und Anschrift des Abnehmers. Es ist dann der Verfahrenscode 42 (bei erstmaliger Einfuhr) oder 63 (bei Wiedereinfuhr) in Feld 37 zu verwenden (vgl. Merkblatt zu Feld 8, 66). Ergänzend sind Begleitdokumente (z. B. Handelsrechnung oder Frachtunterlagen) vorzulegen, aus denen sich die Bestimmung der Gegenstände zur Versendung oder Weiterbeförderung an den Erwerber im anderen Mitgliedstaat ergibt. Die Zollstelle überprüft diese Angaben und Unterlagen grundsätzlich vor Annahme der Zollanmeldung.

2.1.3.2 EUSt-Befreiung bei Dreiecks- oder Reihengeschäften

Grundsätzlich kommt die EUSt-Befreiung bei folgenden Konstellationen in Betracht (vgl. hierzu die Beispiele in VSF Z 81 01 Abs. (61) und (62)): 17

Beispiel 1:
Ein kanadisches Unternehmen (K) verkauft an ein deutsches Unternehmen (D) Forstmaschinen. D hat die Forstmaschinen an ein slowakisches Unternehmen (S) weiterverkauft. Die Maschinen werden per Schiff bis Bremerhaven befördert, werden in Bremerhaven in den zoll- und steuerrechtlich freien Verkehr überführt und sollen anschließend weiter in die Slowakei befördert werden.

a) K hat eine deutsche USt-IdNr. (oder lässt sich durch einen Fiskalvertreter für Zwecke der Umsatzsteuer vertreten) und lässt sich für die Zollanmeldung indirekt vertreten. K ist Schuldner der EUSt und befördert oder versendet die Maschinen im Anschluss an die Einfuhr unmittelbar in das übrige Zollgebiet der Union. In der Zollanmeldung muss D als Erwerber (mit slowakischer USt-IdNr.) und S als Empfänger angegeben sein. Bei der Lieferung von K an D handelt es sich um eine steuerbefreite i. g. Lieferung, wenn D als Erwerber mit einer USt-IdNr. eines anderen Mitgliedstaates auftritt. Die Einfuhr ist dann gemäß § 5 Abs. 1 Nr. 3 UStG EUSt-frei. Verwendet D als Erwerber keine USt-IdNr. eines anderen Mitgliedstaates, kann keine EUSt-Freiheit gewährt werden.

b) D gibt die Zollanmeldung im eigenen Namen ab und wird zum Schuldner der EUSt. Voraussetzung ist hier, dass D Gefahr und Kosten der Beförderung oder Versendung übernimmt, was anhand der vereinbarten Lieferkonditionen nachzuweisen ist. In der Zollanmeldung muss S als Erwerber oder als Empfänger angegeben sein. D ist Schuldner der EUSt und befördert oder versendet die Maschinen im Anschluss an die Einfuhr unmittelbar in das übliche Zollgebiet der Union. Dabei handelt es sich um eine steuerbefreite i. g. Lieferung. Die Einfuhr ist gemäß § 5 Abs. 1 Nr. 3 UStG EUSt-frei. Hat D aufgrund der vereinbarten Lieferkonditionen nicht Gefahr und Kosten der Beförderung oder Versendung übernommen, kann keine EUSt-Befreiung gewährt werden.

c) S verfügt über eine deutsche USt-IdNr. und gibt die Zollanmeldung im eigenen Namen ab. In der Zollanmeldung muss S als Erwerber und Empfänger angegeben sein. S wird zum Schuldner der EUSt und befördert oder versendet die Maschinen im Anschluss an die Einfuhr unmittelbar in das übrige Zollgebiet der Union. Dabei handelt es sich um ein der i. g. Lieferung gleichgestelltes i. g. Verbringen. Die Einfuhr ist gemäß § 5 Abs. 1 Nr. 3 UStG EUSt-frei.

Beispiel 2:
Ohne Beteiligung eines deutschen Unternehmers: Ein kanadisches Unternehmen (K) verkauft an ein italienisches Unternehmen (I) Forstmaschinen. I hat diese Maschinen an ein slowakisches Unternehmen (S) weiterverkauft. Die Maschinen werden per Schiff bis Bremerhaven befördert, sollen in Bremerhaven in den zoll- und steuerrechtlich freien Verkehr überführt und anschließend weiter in die Slowakei befördert werden.

a) K hat eine deutsche USt-IdNr. (oder lässt sich durch einen Fiskalvertreter für Zwecke der Umsatzsteuer vertreten) und lässt sich für die Zollanmeldung indirekt vertreten.

b) I verfügt über eine deutsche USt-IdNr. und gibt die Zollanmeldung im eigenen Namen ab.

c) S verfügt über eine deutsche USt-IdNr. und gibt die Zollanmeldung im eigenen Namen ab.

Lösung:

a) K ist Schuldner der EUSt und befördert oder versendet die Maschinen im Anschluss an die Einfuhr unmittelbar in das übrige Zollgebiet der Union. In der Zollanmeldung muss I als Erwerber und S als Empfänger angegeben sein. Dabei handelt es sich um eine steuerbefreite i. g. Lieferung. Die Einfuhr ist gemäß § 5 Abs. 1 Nr. 3 UStG EUSt-frei. I verfügt über eine deutsche USt-IdNr. und gibt die Zollanmeldung im eigenen Namen ab.

b) Voraussetzung ist hier, dass I Gefahr und Kosten der Beförderung oder Versendung übernimmt, was anhand der vereinbarten Lieferkonditionen nachzuweisen ist. In der Zollanmeldung muss S als Erwerber und Empfänger angegeben sein. I ist Schuldner der EUSt und befördert oder versendet die Maschinen im Anschluss an Einfuhr unmittelbar in das übrige Zollgebiet der Union. Dabei handelt es sich um eine steuerbefreite i. g. Lieferung. Die Einfuhr ist gemäß § 5 Abs. 1 Nr. 3 UStG EUSt-frei. Hat I aufgrund der vereinbarten Lieferkonditionen nicht Gefahr und Kosten der Beförderung oder Versendung übernommen, kann keine EUSt-Befreiung gewährt werden. S verfügt über eine deutsche USt-IdNr. und gibt die Zollanmeldung im eigenen Namen ab.

c) In der Zollanmeldung muss S als Erwerber und Empfänger angegeben sein. S wird zum Schuldner der EUSt und befördert oder versendet die Maschinen im Anschluss an die Einfuhr unmittelbar in das übrige Zollgebiet der Union. Dabei handelt es sich um ein der i. g. Lieferung gleichgestelltes i. g. Verbringen. Die Einfuhr ist gemäß § 5 Abs. 1 Nr. 3 UStG EUSt-frei.

2.1.4 Einfuhr im Zusammenhang mit der Einlagerung in einem Umsatzsteuerlager (§ 5 Abs. 1 Nr. 4 und 5 UStG)

18 Diese Vorschriften stellen sicher, dass Gegenstände, die zulässigerweise in ein Umsatzsteuerlager eingelagert oder aus diesem ausgelagert werden sollen, nicht mit einer doppelten Umsatzsteuer belegt werden. Nr. 4 betrifft den Fall, dass der zollrechtliche Einfuhrtatbestand vor der Einlagerung erfüllt wird, Nr. 5 den Fall, dass die Einfuhr erst im Zusammenhang mit der Auslagerung eintritt. Zu den Einzelheiten vgl. die Kommentierung zu § 4 Nr. 4a sowie BMF vom 28.01.2004, BStBl I 2004, 242.

19 Soll Steuerfreiheit in der Zollanmeldung beantragt werden, ist in Feld 37 der Verfahrenscode 45 einzutragen: Ferner sind Name oder Firma und Anschrift, des Lagerhalters, die Bewilligungsnummer des USt-Lagers sowie das bewilligende Finanzamt anzugeben. Der Zollanmeldung sind ferner eine Kopie der Bewilligung des USt-Lagers durch das FA oder eine schriftliche Bestätigung des Lagerhalters beizufügen, aus der die Bewilligungsdaten sowie die USt-IdNr. des Lagerhalters hervorgehen.

2.1.5 Einfuhr von Gas und Elektrizität (§ 5 Abs. 1 Nr. 6 UStG)

20 Diese Vorschrift dient der Umsetzung der mit RL 2003/92/EG vom 07.10.2003 (ABl. L 260 vom 11.10.2003, 8) eingefügten Regelung des Art. 143 Buchst. e MwStSystRL zum 01.01.2005. Sie wurde in Umsetzung der RL 2009/162/EU m. W. z. 01.01.2011 um Kälte, Wärme und ähnliche Sachen erweitert und um die Einfuhr von Erdgas mittels Gastankern ergänzt.

2.2 Verordnungsermächtigung für EUSt-Befreiungen (§ 5 Abs. 2 UStG)

21 Auf der Grundlage der Ermächtigung des § 5 Abs. 2 UStG hat der Verordnungsgeber drei Verordnungen erlassen, die EUSt-Befreiungsverordnung (EUStBV), die Einreise-Freimengen-Verordnung (EF-VO) und die Kleinsendungs-Einfuhrfreimengen-Verordnung (KF-VO).

2.2.1 EUSt-Befreiungsverordnung

22 Die EUStBV befreit in Anlehnung an die VO (EG) Nr. 1186/2009 des Rates über das gemeinschaftliche System von Zollbefreiungen (sog. ZollbefreiungsVO, vormals VO (EWG) Nr. 918/83) eine Fülle von Wirtschaftsgütern, von denen hier nur die Wesentlichsten erwähnt werden können (eingehend insoweit Kampf in Witte, Anhang 1). Obwohl der ZK mit Wirkung zum 01.05.2016 durch den UZK ersetzt wurde, hat der Verordnungsgeber die Bezugnahmen in der EUStBV auf Vorschriften des ZK bislang nicht durch die entsprechenden UZK-Vorschriften ersetzt; diese sind daher nachfolgend in Klammern hinzugefügt.

U. a. gelten gem. § 1 Abs. 1 EUStBV Befreiungen von der EUSt für die folgenden Wirtschaftsgüter – jeweils unter einschränkenden Bedingungen: 23

- Investitionsgüter und andere Ausrüstungsgegenstände im Rahmen einer Betriebsverlegung aus einem Drittland (§ 2 EUStBV),
- landwirtschaftliche Erzeugnisse (§ 3 EUStBV),
- Gegenstände erzieherischen, wissenschaftlichen oder kulturellen Charakters (§ 4 EUStBV),
- Tiere für Laborzwecke (§ 5 EUStBV),
- Gegenstände für Organisationen der Wohlfahrtspflege (§ 6 EUStBV),
- Werbedrucke (§ 7 EUStBV),
- Werbemittel für den Fremdenverkehr (§ 8 EUStBV),
- amtliche Veröffentlichungen, Wahlmaterialien (§ 9 EUStBV),
- Behältnisse und Verpackungen (§ 10 EUStBV),
- Fänge deutscher Fischer (§ 13 EUStBV).

Ferner u. a. folgende Gegenstände: 24

- Übersiedlungsgut natürlicher Personen (Art. 3–11 ZollbefreiungsVO),
- Heirats- und Erbschaftsgut (Art. 12–20 ZollbefreiungsVO),
- Sendungen von Waren von geringem Wert (bis 150 €) (Art. 23 ZollbefreiungsVO); die EUSt-Freiheit bezieht sich allerdings nur auf Sendungswerte bis 22 € (vgl. Art. 1a EUStBV),
- Auszeichnungen und Ehrengaben (Art. 81 ZollbefreiungsVO),
- Warenmuster von geringem Wert (Art. 86 ZollbefreiungsVO),
- verschiedene Dokumente (Art. 104 ZollbefreiungsVO),
- Särge, Urnen und Gegenstände zur Grabausschmückung (Art. 113 ZollbefreiungsVO).

Zum Übersiedlungsgut gehören alle Waren, die zum persönlichen Gebrauch der Beteiligten oder für ihren Haushalt bestimmt sind, insbes. auch Hausrat, private Pkw und deren Anhänger, Camping-Anhänger, Wassersportfahrzeuge und Sportflugzeuge, auch Vorräte in üblichen Mengen sowie tragbare Instrumente für handwerkliche oder freiberufliche Tätigkeiten; das Übersiedlungsgut darf seiner Art und Menge nach keinen kommerziellen Zweck erkennen lassen (Art. 2 c) ZollbefreiungsVO). Die Befreiung gilt nur für ein Übersiedlungsgut, das bereits mindestens sechs Monate vor dem Umzug benutzt wurde und am neuen Wohnsitz zu den gleichen Zwecken benutzt werden soll (Art. 4 ZollbefreiungsVO). Auch ein zuvor vom Arbeitgeber zur Verfügung gestellter Dienstwagen kann, wenn er erst zum Zweck des Umzugs vom Umziehenden erworben wird, hierunter fallen (vgl. EuGH vom 17.03.2005, Rs. C-170/03 (Feron), BFH/NV 2005, Beilage 3, 219–222). Eine Person kann ihren gewöhnlichen Wohnsitz nicht gleichzeitig in einem Mitgliedstaat und in einem Drittland haben; dies ist der Ort, den der Betroffene als ständigen Mittelpunkt seiner Interessen gewählt hat (vgl. EuGH vom 27.04.2016, Rs. C-528/14). 25

Gem. Art 230 ZK-DVO können Gegenstände erzieherischen, wissenschaftlichen oder kulturellen Charakters (§ 4 EUStBV) auch dann nicht durch Benutzen des grünen Ausgangs mit steuerbefreiender Wirkung angemeldet werden, wenn sie nicht zu kommerziellen Zwecken eingeführt werden; es ist vielmehr eine förmliche Anmeldung erforderlich (vgl. FG München vom 28.06.2012, Az: 14 K 298/11, ZfZ-Beilage S. 1). 26

Für Sendungen von geringem Wert kann aber gleichwohl die EUSt geschuldet werden, wenn bei zentralisiertem Vertrieb durch einen Versandhändler über § 3 Abs. 8 UStG der Ort der Lieferung nach Deutschland verlagert wurde (vgl. BFH vom 27.03.2007, Az: V R 32/05, BStBl II 2008, 153). 27

Die EUStBV enthält weiterhin folgende, nicht der VO (EG) Nr. 1186/2009 entstammende EUSt-Befreiungen: 28

- Eingeführte Gegenstände, die wieder ausgeführt werden sollen und im Inland nur der **vorübergehenden Verwendung** gem. Art. 137 bis 144 ZK (jetzt: Art. 250 UZK) unterliegen, sind gem. § 1 Abs. 2 i. V. m. § 11 EUStBV von der EUSt befreit, soweit sie nach dem ZK (jetzt: UZK) von Einfuhrabgaben befreit sind, mit Ausnahme der Vorschriften über die vorübergehende Verwendung bei teilweiser Befreiung von Einfuhrabgaben. Voraussetzung ist, dass die Gegenstände anschließend auch tatsächlich wieder ausgeführt werden. Werden allerdings Verfahrensvorschriften der vorübergehenden Verwendung verletzt, z. B. durch die unzulässige Verwendung von Beförderungsmitteln im Binnentransport, und entsteht deshalb eine Zollschuld, so entsteht auch die EUSt (vgl. BFH vom 23.05.2006, Az: VII R 49/05, BFHE 213, 446; DStRE 2007, 39).

- **Rückwaren**, die gem. Art. 185 bis 187 ZK (jetzt: Art. 203 bis 205 UZK) von Einfuhrabgaben befreit sind, sind gem. § 1 Abs. 2a i. V. m. § 12 EUStBV auch von der EUSt befreit. Ausnahmen gelten u. a. dann, wenn die Waren im Rahmen einer steuerfreien Lieferung gem. § 4 Nr. 1 UStG ausgeführt worden waren und sie nicht an den ursprünglichen, zum vollen Vorsteuerabzug berechtigten Lieferanten zurück gelangt sind. Rückwaren sind Unionswaren, die aus dem Inland in ein Drittland ausgeführt werden und innerhalb von drei Jahren wieder in das Inland (Zollgebiet) zurückgelangen. Diese Waren müssen jedoch im Inland zum freien Verkehr abgefertigt worden sein (Art. 203 Abs. 1 UZK).
- Die Einfuhr von Unionswaren, die sich in der **Freihafenlagerung** befinden, ist gem. § 12a EUStBV von der EUSt befreit, wenn die Lagerung ausdrücklich zugelassen wurde und bei Ausfuhr in den Freihafen und der Wiedereinfuhr in das Inland bestimmte Zollförmlichkeiten beachtet wurden. Entsprechendes gilt gem. § 12b EUStBV für die Einfuhr von Unionswaren, die in einem **Freihafen veredelt** worden sind.

2.2.2 Einreise-Freimengen-Verordnung (EF-VO)

29 Für Waren im persönlichen Gepäck von Reisenden gilt gem. § 1 Abs. 1 EUStBV nicht Art. 45 ZollbefreiungsVO, sondern die EF-VO.

30 Befreit sind gem. § 2 Abs. 1 EF-VO sog. **Reisemitbringsel**; das sind Waren, die Reisende gelegentlich und ausschließlich für ihren persönlichen Ge- oder Verbrauch oder die für ihren Haushalt oder als Geschenk bestimmt sind, in ihrem Reisegepäck mitführen. Die Waren dürfen durch ihre Beschaffenheit oder Menge nicht zu der Besorgnis Anlass geben, die Einfuhr erfolge aus geschäftlichen Gründen. Werden Gegenstände durch einen Reisenden zu kommerziellen Zwecken eingeführt (z. B. Ersatzteile für eine gewerblich genutzte Maschine), so sind diese Gegenstände bei der Einfuhr ordnungsgemäß anzumelden.

31 Es gelten mengen- und wertmäßige Beschränkungen, insbesondere für verbrauchsteuerpflichtige Waren (Tabak, Alkohol, Kaffee) sowie für Parfums, Toilettenwasser und Arzneimittel. Für alle übrigen Waren gilt eine Befreiung bis zu einem Warenwert von insgesamt 300 € pro einreisender Person, bei Flug- und Seereisen bis zu einem Warenwert von insgesamt 430 € pro einreisender Person und bei Einreisenden unter 15 Jahren bis zu einem Warenwert von insgesamt 175 €. Unteilbare Wirtschaftsgüter können nicht mit einem Teilbetrag abgabenfrei bleiben. Für Waren bis zur Wertgrenze von 700 € pro einreisender Person können gem. § 29 ZollV pauschalierte Abgaben erhoben werden.

32 Zur Vermeidung des Missbrauchs gelten gem. § 3 EF-VO eingeschränkte Mengen- und Wertgrenzen für Bewohner grenznaher Gemeinden, Grenzarbeiter sowie Mitarbeiter, die auf grenzüberschreitenden Beförderungsmitteln eingesetzt sind und üblicherweise mehr als einmal im Monat einreisen.

2.2.3 Kleinsendungs-Einfuhrfreimengen-Verordnung (KF-VO)

Diese VO gilt für die Versendung von Waren in Kleinsendungen bis zu einem Warenwert je Sendung von 45 €. Kleinsendungen sind gelegentliche Sendungen nicht kommerzieller Art, die von natürlichen Personen aus Drittstaaten unentgeltlich an andere natürliche Personen gesandt werden und ausschließlich zum persönlichen Ge- oder Verbrauch im Haushalt des Empfängers bestimmt sind. Für Tabakwaren, Alkohol und alkoholhaltige Getränke, Parfüms und Kaffee gelten mengenmäßige Beschränkungen. 33

2.2.4 Sonstige Befreiungen

EUSt-Befreiungen bestehen außerdem u. a. für ausländische Streitkräfte nach dem NATO-Truppenstatut sowie auf Grund diverser internationaler Übereinkommen (vgl. im Einzelnen VSF Z 81 01 Abs. (91) – (97)). EUSt-Befreiungen für von der Union geschaffene Einrichtungen sollen gem. Art. 1 Nr. 10 der RL 2009/162/EU m. W. z. 01.01.2011 präzisiert werden. Des Weiteren unterliegen Waren, die aufgrund ihrer Art und ihrer besonderen Merkmale weder in den erlaubten Handel gebracht noch in den Wirtschaftskreislauf einbezogen werden können (wie z. B. Betäubungsmittel und Falschgeld) nach ständiger Rechtsprechung des EuGH keinerlei Einfuhrabgaben (vgl. zuletzt EuGH vom 12.01.2006, Rs. C-354/03, Optigen Ltd. u. a., UR 2006, 157, Tz. 49). 34

2.3 Erstattung oder Erlass von EUSt (§ 5 Abs. 3 UStG)

Von der in § 5 Abs. 3 UStG enthaltenen Ermächtigung wurde durch § 14 EUStBV Gebrauch gemacht. Sie ist aber letztlich nur deklaratorischer Natur, da sich die Anwendung der Vorschriften des Zollrechts zu Erstattung und Erlass schon aus § 21 Abs. 2 UStG ergibt. Vgl. § 21 Rn. 53 ff. 35

Außer in den Fällen des Art. 236 ZK (jetzt Art. 117 UZK) hängt die Erstattung oder der Erlass aus Gründen der Verfahrensvereinfachung davon ab, dass der Antragsteller nicht oder nicht in vollem Umfang zum Vorsteuerabzug berechtigt ist (§ 14 Abs. 2 EUStBV). 36

§ 6 UStG
Ausfuhrlieferung

(1) [1]Eine Ausfuhrlieferung (§ 4 Nr. 1 Buchstabe a) liegt vor, wenn bei einer Lieferung
1. der Unternehmer den Gegenstand der Lieferung in das Drittlandsgebiet, ausgenommen Gebiete nach § 1 Abs. 3, befördert oder versendet hat oder
2. der Abnehmer den Gegenstand der Lieferung in das Drittlandsgebiet, ausgenommen Gebiete nach § 1 Abs. 3, befördert oder versendet hat und ein ausländischer Abnehmer ist oder
3. der Unternehmer oder der Abnehmer den Gegenstand der Lieferung in die in § 1 Abs. 3 bezeichneten Gebiete befördert oder versendet hat und der Abnehmer
   a) ein Unternehmer ist, der den Gegenstand für sein Unternehmen erworben hat und dieser nicht ausschließlich oder nicht zum Teil für eine nach § 4 Nr. 8 bis 27 steuerfreie Tätigkeit verwendet werden soll, oder
   b) ein ausländischer Abnehmer, aber kein Unternehmer ist und der Gegenstand in das übrige Drittlandsgebiet gelangt.

[2]Der Gegenstand der Lieferung kann durch Beauftragte vor der Ausfuhr bearbeitet oder verarbeitet worden sein.

(2) [1]Ausländischer Abnehmer im Sinne des Absatzes 1 Satz 1 Nr. 2 und 3 ist
1. ein Abnehmer, der seinen Wohnort oder Sitz im Ausland, ausgenommen die in § 1 Abs. 3 bezeichneten Gebiete, hat, oder
2. eine Zweigniederlassung eines im Inland oder in den in § 1 Abs. 3 bezeichneten Gebieten ansässigen Unternehmers, die ihren Sitz im Ausland, ausgenommen die bezeichneten Gebiete, hat, wenn sie das Umsatzgeschäft im eigenen Namen abgeschlossen hat.

[2]Eine Zweigniederlassung im Inland oder in den in § 1 Abs. 3 bezeichneten Gebieten ist kein ausländischer Abnehmer.

(3) Ist in den Fällen des Absatzes 1 Satz 1 Nr. 2 und 3 der Gegenstand der Lieferung zur Ausrüstung oder Versorgung eines Beförderungsmittels bestimmt, so liegt eine Ausfuhrlieferung nur vor, wenn
1. der Abnehmer ein ausländischer Unternehmer ist und
2. das Beförderungsmittel den Zwecken des Unternehmens des Abnehmers dient.

(3a) Wird in den Fällen des Absatzes 1 Satz 1 Nr. 2 und 3 der Gegenstand der Lieferung nicht für unternehmerische Zwecke erworben und durch den Abnehmer im persönlichen Reisegepäck ausgeführt, liegt eine Ausfuhrlieferung nur vor, wenn
1. der Abnehmer seinen Wohnort oder Sitz im Drittlandsgebiet, ausgenommen Gebiete nach § 1 Abs. 3, hat und
2. der Gegenstand der Lieferung vor Ablauf des dritten Kalendermonats, der auf den Monat der Lieferung folgt, ausgeführt wird.

(4) [1]Die Voraussetzungen der Absätze 1, 3 und 3a sowie die Bearbeitung oder Verarbeitung im Sinne des Absatzes 1 Satz 2 müssen vom Unternehmer nachgewiesen sein. [2]Das Bundesministerium der Finanzen kann mit Zustimmung des Bundesrates durch Rechtsverordnung bestimmen, wie der Unternehmer die Nachweise zu führen hat.

(5) Die Absätze 1 bis 4 gelten nicht für die Lieferungen im Sinne des § 3 Abs. 1b.

Literatur

Eckert, Nachweispflichten und Vertrauensschutz bei innergemeinschaftlichen Lieferungen und Ausfuhrlieferungen, BBK 22/2008, 1163 (Fach 6, 1479). **Esser/Staib**, Ausfuhrlieferungen im nichtkommerziellen Reiseverkehr, NWB 2016, 2100. **Fischer/Kirchhainer**, ATLAS-Ausfuhr – Neue Anforderungen an die Exportwirtschaft, DStR 2009, 2518 ff. **Funke**, Abholfälle mit später nachgelagerter Warenbewegung – Eine innergemeinschaftliche Lieferung oder Ausfuhr für den Veräußerer?, UR 2009, 433. **Harksen**, Steuerfreiheit bei geteilter Transportverantwortung, UStB 2016, 43. **Harksen**, Zuordnung der Warenbewegung bei Ausfuhr- und Einfuhrreihengeschäften, UStB 2016, 109. **Harksen/Möller**, Nachweispflichten im grenzüberschreitenden Warenverkehr, UStB 2008, 78. **Harksen/Sieben**, Die Ausfuhr aus dem Blickwinkel des Zoll- und Umsatzsteuerrechts – Teil I, Neues zum Ausführer im Unionszollkodex, UStB 2017, 117 ff. **Heinrichshofen**, Gutglaubensschutz bei Ausfuhrlieferung, EU-UStB 2008, 20. **Hiller**, Der gebrochene Transport im Umsatzsteuerrecht – endlich gelöst?, MwStR 2016, 290. **Huschens**, Änderungen des Umsatzsteuerrechts durch das JStG 2009, NWB 2009, 36. **Huschens**, Nachweispflichten bei der Steuerbefreiung grenzüberschreitender Lieferungen, NWB 2011, 3012. **Huschens**, Änderung der Nachweispflichten bei Fahrzeugausfuhren und beim Vorsteuer-Vergütungsverfahren, NWB 2012, 4145. **Mann**, Reihengeschäfte bei Ausfuhr- und innergemeinschaftlichen Lieferungen, NWB 2012, 1015. **Lang**, Aktuelle Entwicklungen bei den Nachweisverpflichtungen/Ausfuhrlieferungen und innergemeinschaftliche Lieferungen. SIS-Steuerberaterbrief 7/2010. **Looks**, Netto Supermarkt: Steckt nun auch das Umsatzsteuerrecht in einer Vertrauenskrise? – Replik zum Aufsatz von Sterzinger (DStR 2008, 2450), DStR 2009, 513. **Monfort**, BFH erleichtert Nachweispflichten bei Ausfuhr von Kraftfahrzeugen, NWB 2009, 33. **Möller**, Ausfuhrnachweis mit elektronischen »Zollbelegen« in ATLAS, UStB 2007, 259. **Möller**, Ausfuhrnachweis für Umsatzsteuerzwecke bei ATLAS-Ausfuhr, NWB 2010, 3734. **Nieskens**, Ausfuhrlieferung und innergemeinschaftliche Lieferung: Rettet der BFH den Export?, StC 9/2009, 16. **Robisch**, Ausfuhrlieferungen und innergemeinschaftliche Lieferungen bei gebrochenen Transporten, UR 2008, 918. **Rüttler/Gries/Stößel**, Der Ausführerbegriff im Zoll- und Mehrwertsteuerrecht – Praxisprobleme durch die Neuregelung des Unionszollkodex, DStR 2017, 2193 ff. **Salder**, Umsatzsteuerliche und zollrechtliche Folgen der Auflösung des Freihafens Hamburg, DStR 2012, 2422. **Scheller/Wipfler**, Steuerfalle Spediteursbescheinigung, UStB 2008, 156. **Schwarz**, Eine rechtsdogmatische Analyse von gemischten bzw. gebrochenen Transporten, UR 2018, 270 ff. **Slapio/Heldt**, Ausfuhrnachweis bei der Versendung von Liefergegenständen – Ausgewählte Fallstricke bei elektronischer Sendungsverfolgung (»tracking an tracing«) –, UR 2009, 185. **Stapperfend**, Schutz des guten Glaubens im Umsatzsteuerrecht, UR 2013, 321. **Sterzinger**, Genereller Vertrauensschutz bei Ausfuhrlieferungen?, DStR 2008, 2450. **Sterzinger**, Allgemeiner Vertrauensschutz gutgläubiger Unternehmer?, DStR 2010, 2606. **Sterzinger**, Umsatzsteuerbefreiung für Ausfuhrlieferungen bei der Beteiligung an einem Betrugsmodell, DStR 2015, 2641. **Tetzlaff/Schallock**, Vertrauensschutz für die Steuerbefreiung bei Ausfuhrlieferungen, UStB 2008, 180. **Von Streit**, Nachweis der Steuerfreiheit bei Ausfuhr und innergemeinschaftlicher Lieferung (Teil I, II), UStB 2010, 139 und 179. **Von Streit**, Praxisfragen beim grenzüberschreitenden Handel – Schwerpunkt Ein- und Ausfuhrlieferung, Teil I: »Gestreckte« Liefervorgänge, UStB 2015, 49. **Von Streit**, Praxisfragen beim grenzüberschreitenden Handel – Schwerpunkt Ein- und Ausfuhrlieferung, Teil II: Bearbeitungsfälle und »steuerpflichtige« Lieferungen ins Ausland, UStB 2015, 105. **Vorpeil**, Internationaler Kauf von Waren, Transport der Ware und Transportversicherung – Incoterms 2010 und Transportverträge, IWB 2016, 565. **Wäger**, Nachweis der Steuerfreiheit bei Ausfuhrlieferungen und innergemeinschaftlichen Lieferungen, DStR 2009, 1621. **Weber**, Vertrauensschutz in der Umsatzsteuer – Anforderungen und Konsequenzen, NWB 2014, 3076. **Weimann**, Der neue umsatzsteuerliche Vertrauensschutz, UStB 2009, 236. **Weimann**, »ATLAS-Ausfuhr« – Mandantenfahrplan zur neuen elektronischen Ausfuhrbestätigung, UStB 2009, 305. **Weimann**, ATLAS-Ausfuhr: Neues BMF-Schreiben erleichtert das Handling in der Praxis, UStB 2010, 312.

Verwaltungsanweisungen

BMF vom 16.10.1997, Az: IV C 4 – S 7134 – 78/97, UR 1988, 37 (Mitwirkung der Zolldienststellen).
BMF vom 17.01.2000, Az: IV D 2 – S 7134 – 02/00, BStBl I 2000, 179 (Ausfuhrlieferung, Vordruckmuster).
BMF vom 28.05.2004, Az: IV D 1 – S 7133 – 21/04, BStBl I 2004, 532 (Ausfuhrlieferung im nichtkommerziellen Reiseverkehr, Vordruckmuster).
OFD Koblenz vom 06.01.2006, Az: S 7143 A – St 442, DStR 2006, 326 (Aufbewahrung von Ausfuhrbelegen).
BMF vom 01.06.2006, Az: IV A 6 – S 7134 – 22/06, BStBl I 2006, 395 (ATLAS).
OFD Koblenz vom 07.05.2007, Az: S 7134 A – St 44 2, UR 2007, 708 (Aufbewahrung von Ausfuhrbelegen).
OFD Frankfurt a.M. vom 25.01.2008, Az: S 7134 A – 55 – St 110, UR 2008, 439 (Ausfuhr in Freihäfen).

BMF vom 30.01.2008, Az: IV A 6 – S 7131/07/0001, UR 2008, 398 (Spediteurbescheinigung).
BMF vom 17.07.2009, Az: IV B 9 – S 7134/07/10003, BStBl I 2009, 855 (ATLAS).
BMF vom 11.09.2009, Az: IV B 9 – S 7134/07/10003, BStBl I 2009, 913 (ATLAS – Beleg).
BMF vom 03.05.2010, Az: IV D 3 – S 7134/07/10003, BStBl I 2010, 499 (ATLAS).
BMF vom 11.04.2011, Az: IV D 3 – S 7130/07/10008, BStBl I 2011, 459 (Verhältnis zu anderen Steuerbefreiungen).
BMF vom 09.12.2011, Az: IV D 3 – S 7141/11/10003, BStBl I 2011, 1287 (Übergangsregelung UStDV).
BMF vom 09.12.2011, Az: IV D 3 – S 7141/11/10003 (Entwurf Anwendungsschreiben zur Änderung der UStDV).
BMF vom 06.02.2012, Az: IV D 3 – S 7134/12/10001 DStR 2012, 414 (Anwendungsschreiben Neufassung UStDV).
BMF vom 28.06.2013, Az: IV D 1 – S 7058/07/10002, BStB I 2013, 852 (Beitritt Kroatiens zur EU).
BMF vom 06.01.2014, Az: IV D 3 – S 7156/13/10001, BStBl I 2014, 152 (zur Möglichkeit der elektronischen Übermittlung bestimmter Ausfuhrbelege).
BMF vom 12.08.2014, Az: IV D 3 – S 7133/14/10001, BStBl I 2014, 1202 (Merkblatt zum nichtkommerziellen Reiseverkehr; Vordruckmuster).
BMF vom 23.01.2015, Az: IV D 3 – S 7134/07/10003-02, BStBl I 2015, 144 (Ausgangsvermerke in Sonderfällen).
BMF vom 19.06.2015, Az: IV D 3 – S 7134/14/10001, BStBl I 2015, 559 (Abgabe der Ausfuhranmeldung in einem Mitgliedstaat des übrigen Gemeinschaftsgebiets).
Hinweis: Zur Problematik der zeitlichen Geltungsdauer von BMF-Schreiben vgl. Einführung UStG, Rz. 100 ff.

Richtlinien/Hinweise/Verordnungen
UStAE: Abschn. 6.1–6.12.
MwStSystRL: Art. 131, 146, 147, 169 Buchst. b.
UStDV: §§ 8–13, 17.

1 Allgemeines

1.1 Überblick über die Vorschrift

§ 4 Nr. 1 Buchst. a 1. Alt. UStG stellt die Ausfuhrlieferung steuerfrei, ohne den Begriff tatbestandsmäßig zu definieren. Die Tatbestandsmerkmale der Ausfuhrlieferung werden daher gesondert in § 6 UStG geregelt **(Legaldefinition)**. Die Vorschrift untergliedert den Ausfuhrtatbestand dabei sowohl in geografischer Hinsicht (Drittlandsgebiet/Gebiete nach § 1 Abs. 3 UStG) als auch nach der Person des Ausführers (Ausfuhr durch den Lieferer/Ausfuhr durch den Abnehmer). Zusätzlich enthält die Vorschrift ergänzende Regelungen für die Lieferung von Gegenständen, die zur Ausrüstung oder Versorgung eines Beförderungsmittels bestimmt sind (§ 6 Abs. 3 UStG) und die Ausfuhrlieferung im nichtkommerziellen Reiseverkehr (§ 6 Abs. 3a UStG). § 6 Abs. 5 UStG schließt die Lieferungen nach § 3 Abs. 1b UStG (den Lieferungen gegen Entgelt gleichgestellte Sachverhalte) von der Steuerbefreiung aus. Die tatbestandlichen Voraussetzungen der Ausfuhrlieferung unterliegen zudem der Nachweispflicht durch den Unternehmer (§ 6 Abs. 4 UStG), Einzelheiten regeln die §§ 8–13, 17 UStDV. Wegen der Abgrenzung zur i. g. Lieferung vgl. die Kommentierung zu § 6 a. 1

Durch § 4 Nr. 1 UStG, § 6 UStG i. V. m. § 15 Abs. 1, Abs. 2 Nr. 1 und Abs. 3 Nr. 1 Buchst. a UStG werden die »Export«-Umsätze von der USt entlastet; die Lieferung ist steuerfrei, der Vorsteuerabzug bleibt dennoch erhalten (sog. **echte Steuerbefreiung**, vgl. § 4 Rn. 5 und 6). Diese Verfahrensweise entspricht dem sog. **Bestimmungslandprinzip**, nach dem die Waren mit den Steuern des Landes belastet in den Endverbrauch gelangen sollen, in dem der Endverbrauch stattfindet. Diesem Grundsatz entsprechen für den umgekehrten Fall des Imports die Vorschriften 2 über die Einfuhr von Gegenständen aus dem Drittlandsgebiet als steuerbarer Umsatz (§ 1 Abs. 1 Nr. 4 UStG) und des i. g. Erwerbs (§§ 1 Abs. 1 Nr. 5, 1a–c UStG).

3 Besondere Regelungen wurden getroffen für

1. die Lieferungen von Gegenständen der Schiffsausrüstung an ausländische Binnenschiffer (vgl. BMF vom 19.06.1974, Az: IV A 3 – S 7131 – 30/74, BStBl I 1974, 438) und
2. für Fälle, in denen Formen, Modelle oder Werkzeuge zur Herstellung steuerfrei ausgeführter Gegenstände benötigt wurden (vgl. BMF vom 27.11.1975, Az: IV A 3 – S 7134 – 18/75, BStBl I 1975, 1126).

1.2 Rechtsentwicklung

4 § 6 UStG gehört – wie die entsprechende Regelung des § 7 UStG, der Lohnveredelung an Gegenständen der Ausfuhr – zum »Inventar« des deutschen Umsatzsteuerrechts und galt in ähnlicher Form bereits im UStG 1980 und den Vorgängergesetzen. Die Entlastung des Ausfuhrgegenstandes bzw. der daran vorgenommenen Dienstleistungen von der deutschen USt dient der Erhaltung der **Wettbewerbsfähigkeit der Exportwirtschaft** und der **Arbeitsplatzsicherung**. Diese Ziele werden insbesondere auch durch die Ausgestaltung als »**echte Steuerbefreiung**« erreicht (vgl. Rn. 18 ff. und vgl. § 4 Rn. 5 und 6).

5 Eine wesentliche Änderung erfuhr die Vorschrift zum **01.01.1993**. Mit der Einführung des USt-Binnenmarktes regelt die Steuerbefreiung nicht mehr alle Lieferungen in das Ausland, sondern **ausschließlich Lieferungen in das Drittlandsgebiet**.

6 Die letzte wesentliche Änderung erfuhr die Vorschrift durch das StEntlG 1999/2000/2002 vom 24.03.1999 (BStBl I 1999, 304), das § 6 UStG m. W. v. **01.04.1999** um einen neuen Abs. 5 ergänzt hat. Nicht steuerbefreit sind danach **unentgeltliche Wertabgaben** i. S. d. § 3 Abs. 1b UStG (ausführlich zur Historie Schwarz in S/W/R, § 6 Rn. 6 ff.).

7 Durch Art. 7 Nr. 5 des **JStG 2009** (Gesetz vom 19.12.2008, BGBl I 2008, 2794) wurde § 6 Abs. 1 S. 1 Nr. 3 Buchst. a UStG neu formuliert.

8 Durch Art. 1 Nr. 1, 2 und 3 der **Zweiten Verordnung zur Änderung steuerlicher Verordnungen** vom 02.12.2011 (BGBl I 2011, 2416) wurden die **§§ 9 bis 11, 13 und 17 UStDV**, die die Ausgestaltung der nach § 6 Abs. 4 S. 1 UStG erforderlichen Nachweise regeln, neu gefasst. Die Neufassung tritt am 01.01.2012 in Kraft (Art. 3 Abs. 2 der Verordnung). Die Verwaltung beanstandet es nicht, wenn für bis zum 31.03.2012 ausgeführte Ausfuhrlieferungen der beleg- und buchmäßige Nachweis der Voraussetzungen der Steuerbefreiung noch auf der Grundlage der bis zum 31.12.2011 geltenden Rechtslage geführt wird (vgl. BMF vom 09.12.2011, Az: IV D 3 – S 7141/11/10003, BStBl I 2011, 1287). Mit BMF-Schreiben vom 06.02.2012 (Az: IV D 3 – S 7134/12/10001, BStBl I 2012, 212) wurde der UStAE an die Neufassung der UStDV inhaltlich angepasst.

9 Durch Art. 4 Nr. 1 und Nr. 2 der **Verordnung zum Erlass und zur Änderung steuerlicher Verordnungen** vom 11.12.2012 (BGBl I 2012, 2637) wurden die **§§ 9 und 10 UStDV** in Bezug auf die Ausfuhr von Kraftfahrzeugen geändert. Die Änderungen treten nach Art. 9 Abs. 1 der Verordnung am Tag nach der Verkündung (= 20.12.2012) in Kraft. Mit BMF-Schreiben vom 26.04.2013 (Az: IV D 3 – S 7134/12/10002, BStBl II 2013, 714) wurde der UStAE entsprechend angepasst.

10 Durch Art. 6 Nr. 11 der **Verordnung zur Änderung steuerlicher Verordnungen und weiterer Vorschriften** (vom 22.12.2014, BGBl I 2014, 2392) wird in § 8 Abs. 1 S. 1 UStDV die Formulierung »im Geltungsbereich dieser Verordnung« durch »im Geltungsbereich des Gesetzes« mit Wirkung vom 30.12.2014 (Art. 10 Abs. 1) ersetzt.

Durch Art. 3 Nr. 1 der **Dritten Verordnung zur Änderung steuerlicher Verordnungen** vom 18.07.2016 (BGBl I 2016, 1722) wurden in § 10 Abs. 1 S. 1 Nr. 2 Buchst. b UStDV die Wörter »Ausstellers des Belegs« durch die Wörter »mit der Beförderung beauftragten Unternehmers« ersetzt. Nach Art. 11 Abs. 1 der Änderungsverordnung tritt die Änderung am Tag nach der Verkündung in Kraft (= 23.07.2016). Ausweislich der Begründung zur Verordnung (vgl. BR-Drucks. 201/16 vom 20.04.2016, 16) erfolgt die Änderung zur Angleichung des § 10 UStDV an Wortlaut und Regelungsinhalt des § 17a Abs. 3 S. 1 Nr. 1 Buchst. b UStDV. 11

Durch Art. 9 Nr. 1–3 der **Vierten Verordnung zur Änderung steuerlicher Verordnungen** (Verordnung vom 12.07.2017, BGBl I 2017, 2360) wurden in den §§ 9, 10 und 13 UStDV redaktionelle Folgeänderungen zur Anpassung an die Neufassung des europäischen Zollrechts vorgenommen (vgl. BR-Drucks. 412/17 vom 24.05.2017, 24, 25). Nach Art. 13 Abs. 1 der Verordnung treten die Änderung am Tag nach der Verkündung (= 20.07.2017) in Kraft. 12

1.3 Geltungsbereich

1.3.1 Sachlicher Geltungsbereich

§ 6 UStG erfasst ausschließlich Lieferungen aus dem Inland **in das Drittlandsgebiet**, die **entgeltlich** erfolgen (vgl. Rn. 1 ff.). 13

1.3.2 Persönlicher Geltungsbereich

§ 6 UStG sieht hinsichtlich des persönlichen Geltungsbereichs keine Beschränkungen vor und gilt daher für **alle Unternehmer** i. S. d. § 2 UStG, die nämliche Umsätze tätigen. 14

1.3.3 Zeitlicher Geltungsbereich

Die Vorschrift wurde seit 1999 nicht mehr wesentlich geändert und wird damit grundsätzlich auf alle derzeit noch offenen Steuerfestsetzungen anwendbar sein (vgl. Rn. 4–12). 15

Die Neufassung des § 6 Abs. 1 S. 1 Nr. 3 Buchst. a UStG durch Art. 7 Nr. 5 des JStG 2009 (Gesetz vom 19.12.2008, BGBl I 2008, 2794) tritt nach Art. 39 Abs. 1 des JStG 2009 am Tag nach der Verkündung (= BGBl I 2008 Nr. 63 vom 24.12.2008) in Kraft und ist nach § 27 Abs. 1 S. 1 UStG demnach auf Umsätze ab 25.12.2008 anzuwenden. 16

Die Neufassung der Nachweisvorschriften der UStDV durch die Zweite Verordnung zur Änderung steuerlicher Verordnungen vom 02.12.2011 (BGBl I 2011, 2416) tritt nach Art. 3 Abs. 2 der Verordnung am 01.01.2012 in Kraft (Übergangsregelung durch BMF vom 09.12.2011, Az: IV D 3 – S 7141/11/10003, BStBl I 2011, 1287 bis zum 31.03.2012). Die Änderungen durch die Verordnung zum Erlass und zur Änderung steuerlicher Verordnungen vom 11.12.2012 (BGBl I 2012, 2637) treten nach Art. 9 Abs. 1 der Verordnung am Tag nach der Verkündung (= 20.12.2012) in Kraft, diejenigen durch die Verordnung zur Änderung steuerlicher Verordnungen und weiterer Vorschriften vom 22.12.2014 (BGBl I 2014, 2392) mit Wirkung vom 30.12.2014. Mit Wirkung vom 23.07.2016 treten die Änderungen durch die Dritte Verordnung zur Änderung steuerlicher Verordnungen vom 18.07.2016 in Kraft, mit Wirkung vom 20.07.2017 die Änderungen durch die Vierte Verordnung zur Änderung steuerlicher Verordnungen vom 12.07.2017. 17

1.4 Gemeinschaftsrechtliche Grundlagen und Verhältnis zu anderen Vorschriften

18 § 6 UStG entspricht den Vorgaben der Art. 131, 146, 147, 169 Buchst. b MwStSystRL (Art. 15 Nr. 1 und 2 i.V.m. Anhang E Nr. 12, Art. 16 Abs. 1 Teil B, Art. 28 Abs. 3 Buchst. a und b i.V.m. Anhang F Nr. 21 und 22 der 6. EG-RL).

19 Die Vorschrift enthält die **Legaldefinition** der nach § 4 Nr. 1 Buchst. a 1. Alt. UStG steuerfreien Umsätze. Von der in Art. 147 Abs. 1 S. 1 Buchst. c MwStSystRL/Art. 15 Nr. 2 der 6. EG-RL enthaltenen Möglichkeit der Steuerbefreiung von Ausfuhrlieferungen im nichtkommerziellen Reiseverkehr erst ab einem Gesamtwert von brutto 175 € hat der deutsche Gesetzgeber keinen Gebrauch gemacht. In anderen Mitgliedsstaaten bestehen diesbezüglich unterschiedliche Grenzen (Übersicht vgl. Schwarz in S/W/R, § 6 UStG Rn. 19). Nach Auffassung des BFH (Urteil vom 03.11.2005, Az: V R 63/02, BStBl II 2006, 337 unter II. 3.) stehen die Regelungen in § 4 Nr. 1, § 6 Abs. 1 Nr. 1 und 2, § 6 Abs. 4 UStG grundsätzlich im Einklang mit dem Gemeinschaftsrecht.

20 Das Recht auf Vorsteuerabzug trotz steuerfreier Ausgangsumsätze ergibt sich aus Art. 169 Buchst. b MwStSystRL (Art. 17 Abs. 3 Buchst. b der 6. EG-RL). National wird über § 15 Abs. 1, Abs. 2 Nr. 1 und Abs. 3 Nr. 1 Buchst. a UStG sichergestellt, dass für die nämlichen Umsätze der Vorsteuerabzug auf die Eingangsumsätze trotz der Steuerbefreiung der Ausgangsumsätze erhalten bleibt (sog. **echte Steuerbefreiung**, vgl. § 4 Rn. 5 und 6).

21 Durch den Beitritt eines Landes zur EU ergeben sich umsatzsteuerrechtlich erhebliche Auswirkungen, zu denen sich die Verwaltung regelmäßig in BMF-Schreiben einschließlich Vereinfachungs- und Übergangsregelungen äußert. So letztmals zum Beitritt **Kroatiens** zum 01.07.2013 mit BMF-Schreiben vom 28.06.2013 (Az: IV D 1 – S 7058/07/10002, BStBl I 2013, 852).

22 In Auslegung der Urteilsgrundsätze des EuGH-Urteils vom 07.12.2006, Rs. C-240/05 »Eurodental«, DStRE 2007, 1042 ist davon auszugehen, dass Steuerbefreiungen ohne Vorsteuerabzug (§ 4 Nr. 8 bis 28 UStG, § 25c Abs. 1 und 2 UStG) den Steuerbefreiungen mit Vorsteuerabzug vorgehen (§ 4 Nr. 1 bis 7 UStG). Mit BMF-Schreiben vom 11.04.2011 (Az: IV D 3 – S 7130/07/10008, BStBl I 2011, 459) wurde daher Abschn. 6.1 UStAE um einen neuen Abs. 7 ergänzt: »Die Steuerbefreiung für Ausfuhrlieferungen (§ 4 Nr. 1 Buchst. a, § 6 UStG) kommt nicht in Betracht, wenn für die Lieferung eines Gegenstands in das Drittlandsgebiet auch die Voraussetzungen der Steuerbefreiungen nach § 4 Nr. 17, 19 oder 28 oder nach § 25c Abs. 1 und 2 UStG vorliegen.« Die Grundsätze der Regelung sind in allen offenen Fällen anzuwenden.

23 Zum Vorrang des § 4 Nr. 8 Buchst. b UStG gegenüber § 4 Nr. 1 Buchst. a und b UStG beim Sortengeschäft (Geldwechselgeschäft) i.R.d. Übergangsregelung bis zum 30.09.2011 vgl. BMF vom 05.10.2011, Az: IV D 2 – S 7100/08/10009 : 002, BStBl I 2011, 982.

2 Kommentierung

2.1 Grundvoraussetzungen

24 Neben den sonstigen Voraussetzungen des § 6 UStG muss die Lieferung im Inland nach § 1 Abs. 1 Nr. 1 UStG steuerbar sein. Für eine nicht steuerbare Lieferung erübrigt sich die Frage nach einer Steuerbefreiung. Hierfür muss die Lieferung (vgl. die Kommentierung zu § 3) durch einen Unternehmer (vgl. die Kommentierung zu § 2) im Inland Inland (vgl. die Kommentierung zu § 1)

gegen Entgelt (vgl. die Kommentierung zu §§ 1, 10) ausgeführt werden. Ein unter § 6 UStG fallender Vorgang liegt nicht vor, wenn es sich um ein rechtsgeschäftloses Verbringen in das Drittlandsgebiet handelt (zu vergleichbaren i. g. Vorgängen vgl. § 3 Abs. 1a UStG), auch wenn dabei der Gegenstand aus dem Inland in das Drittlandsgebiet gelangt.

Beispiel:
Unternehmer U unterhält in einem Drittstaat ein Auslieferungslager. Die Wirtschaftsgüter werden regelmäßig zunächst von Deutschland aus in dieses Lager transportiert. Spätere Lieferungen erfolgen aus dem Bestand des Lagers.

Lösung:
Durch den Transport der Wirtschaftsgüter gelangen diese zwar vom Inland in das Gebiet eines Drittstaates, es fehlt jedoch an einer Lieferung, auf die § 6 UStG Anwendung finden könnte.

Der Ort der Ausfuhrlieferung bestimmt sich nach den allgemeinen Regelungen über den Ort der Lieferung (§ 3 Abs. 6, 7 UStG). Mangels Beförderung oder Versendung kann bei einer Lieferung, deren Ort sich nach § 3 Abs. 7 UStG bestimmt (= ruhende Lieferungen), regelmäßig keine Ausfuhrlieferung vorliegen (zu Besonderheiten bei Reihengeschäften vgl. Rn. 52 ff., Abschn. 3.14. Abs. 14 UStAE und Abschn. 6.1 Abs. 4 UStAE). Wird der Gegenstand der Lieferung vom Lieferer oder vom Abnehmer oder einem beauftragten Dritten befördert oder versendet, gilt die Lieferung dort als ausgeführt, wo die Beförderung oder Versendung beginnt (§ 3 Abs. 6 S. 1 UStG). Liegt dieser Ort im Inland, handelt es sich um eine steuerbare Lieferung, die bei Erfüllen der weiteren Voraussetzungen unter § 6 UStG fällt. Insbesondere in Fällen der Werklieferung (§ 3 Abs. 4 UStG; Abschn. 3.8 UStAE) muss auf die zutreffende Ortsbestimmung geachtet werden. In Fällen, in denen beispielsweise die Errichtung einer ortsgebundenen Anlage im Drittlandsgebiet geschuldet wird, liegt der Ort der Lieferung im Ausland, die Lieferung ist demnach nicht steuerbar (vgl. Abschn. 3.12 Abs. 4, 6 UStAE). 25

Eine spezielle Frist für die Ausfuhr sieht § 6 UStG – mit Ausnahme der Fälle des § 6 Abs. 3a UStG (Ausfuhr im persönlichen Reisegepäck; vgl. dazu Art. 147 Abs. 1 Buchst. b MwStSystRL) – nicht vor. Eine solche wäre, zumindest in Form einer »starren« materiellen Ausschlussfrist, nach Auffassung des EuGH mit Art. 146 Abs. 1 und Art. 131 MwStSystRL auch nicht zu vereinbaren (vgl. EuGH vom 19.12.2013, Rs. C-563/12, BDV Hungary, BFH/NV 2014, 287). Im Einzelfall kann sich allerdings die Frage nach den Grenzen der Ausfuhrlieferung stellen (weiterführend vgl. von Streit in UStB 2015, 49 ff.; vgl. bereits Funke in UR 2009, 433 ff.). 26

2.2 Ausfuhr durch den Unternehmer

Eine Ausfuhrlieferung durch den Unternehmer liegt vor, wenn der liefernde Unternehmer den Gegenstand der Lieferung in das Drittlandsgebiet befördert oder versendet hat (§ 6 Abs. 1 S. 1 Nr. 1 UStG). 27

An die **Person des Abnehmers** knüpft die Vorschrift keine besonderen Voraussetzungen, insbesondere muss der Abnehmer nicht die zusätzliche Eigenschaft eines ausländischen Abnehmers erfüllen (vgl. § 6 Abs. 1 S. 1 Nr. 2 und Abs. 2 UStG). Eine Ausfuhrlieferung kann dementsprechend auch für den Fall vorliegen, dass der Abnehmer seinen Wohnort oder Sitz im Inland oder in den in § 1 Abs. 3 UStG bezeichneten Gebieten hat (vgl. Abschn. 6.1 Abs. 1 S. 2 UStAE). 28

Der Gegenstand der Lieferung muss aus dem Inland **in das Drittlandsgebiet** gelangen; das Gelangen ins Ausland reicht nicht aus. Das Drittlandsgebiet ergibt sich in Abgrenzung zum Gemeinschaftsgebiet (§ 1 Abs. 2a S. 3 UStG). Das Gemeinschaftsgebiet setzt sich aus dem Inland 29

(§ 1 Abs. 2 S. 1 UStG) und den Gebieten der übrigen Mitgliedsstaaten, die als Inland dieser Mitgliedsstaaten gelten, zusammen (§ 1 Abs. 2a S. 1 UStG). Eine Ausfuhrlieferung liegt daher auch dann vor, wenn der liefernde Unternehmer den Gegenstand der Lieferung auf die Insel Helgoland oder in das Gebiet von Büsingen befördert oder versendet, da diese Gebiete weder zum Inland (vgl. § 1 Abs. 2 S. 1 UStG) noch zu den in § 1 Abs. 3 UStG bezeichneten Gebieten gehören (vgl. Abschn. 6.1 Abs. 1 S. 3 UStAE; wegen weiterer Einzelheiten zur Abgrenzung Inland/Gemeinschaftsgebiet/Drittlandsgebiet vgl. Abschn. 1.9 und 1.10 UStAE und vgl. die Kommentierung zu § 1;; wegen einer Ausfuhr in die in § 1 Abs. 3 UStG bezeichneten Gebiete vgl. Rn. 40 ff.).

30 Den Tatbestand einer Ausfuhrlieferung kann nur ein **Unternehmer i.S.d. § 2 UStG** erfüllen (wegen weiterer Einzelheiten vgl. die Kommentierung zu § 2).. Weitere Voraussetzungen werden nicht genannt. Es kommt demnach weder auf die Rechtsform des Unternehmers noch die Art seines Unternehmens an, insbesondere ist die Anwendung der Vorschrift nicht auf die klassischen Exportunternehmen beschränkt. Streitfragen, die im Rahmen einer Einzelfallbetrachtung gewürdigt werden müssen, können sich vor allem zu Beginn der unternehmerischen Tätigkeit ergeben (vgl. Abschn. 2.6 UStAE »Beginn und Ende der Unternehmereigenschaft«; EuGH vom 29.02.1996, Rs. C-110/94 Inzo, BStBl II 1996, 655; EuGH vom 08.06.2000, Rs. C-400/98 Breitsohl, BStB lII 2003, 452; BFH vom 22.02.2001, Az: V R 77/96, BStBl II 2003, 426; BFH vom 08.03.2001, Az: V R 24/98, BStBl II 2003, 430; vgl. § 2 Rn. 137 ff.). Fehlt es an der Unternehmereigenschaft, kann die Vorsteuer aus dem Erwerb des Liefergegenstandes nicht nach § 15 Abs. 1 i. V. m. Abs. 2 Nr. 1 und Abs. 3 Nr. 1 Buchst. a UStG abgezogen werden.

31 Der Gegenstand der Lieferung muss **durch den liefernden Unternehmer in das Drittlandsgebiet befördert oder versendet** werden. Eine **Beförderung** liegt vor, wenn der Unternehmer oder ein unselbständiger Erfüllungsgehilfe den Gegenstand der Lieferung fortbewegt (§ 3 Abs. 6 S. 2 UStG).

Beispiel:
Unternehmer U liefert eine Maschine an seinen Kunden X in Moskau. Der Transport wird mit einem betriebseigenen Lastkraftwagen des U durchgeführt.

Lösung:
Es handelt sich um einen Fall des § 6 Abs. 1 S. 1 Nr. 1 UStG, da der liefernde Unternehmer U die Beförderung in das Drittlandsgebiet durchgeführt hat.

32 Eine Beförderung liegt auch dann vor, wenn der Gegenstand der Lieferung mit eigener Kraft fortbewegt wird, z. B. bei Kraftfahrzeugen oder bei Schiffen (vgl. Abschn. 3.12 Abs. 2 S. 2 UStAE).

33 Eine **Versendung** liegt vor, wenn der Gegenstand der Lieferung durch einen selbständigen Beauftragten befördert oder die Beförderung durch ihn besorgt wird (§ 3 Abs. 6 S. 3 UStG). S. Abschn. 3.12 Abs. 3 S. 1 UStAE.

Beispiel:
Unternehmer U liefert eine Maschine an seinen Kunden X in Moskau. Für den Transport beauftragt er einen selbständigen Fuhrunternehmer.

Lösung:
Es handelt sich um einen Fall des § 6 Abs. 1 S. 1 Nr. 1 UStG, da der liefernde Unternehmer U die Versendung in das Drittlandsgebiet in seinem Namen in Auftrag gegeben hat.

34 Keine Ausfuhr durch den Unternehmer und damit kein Fall des § 6 Abs. 1 Nr. 1 UStG liegt in Fällen des Verkaufs im Transitbereich deutscher Flughäfen in sog. »Duty-Free«-Läden vor. Nach Auffassung des BFH (Urteil vom 03.11.2005, Az: V R 63/02, BStBl II 2006, 337) hat der Käufer (Flugpassagier) zwar durch Erreichen des Transitbereichs »kontrollmäßig« die Außengrenzen der Bundesrepublik Deutschland insoweit verlassen, als keine weiteren Pass- oder Personenkontrollen mehr vorgesehen sind. Dennoch befindet er sich noch auf deutschem Staatsgebiet, das nach § 1

Abs. 2 S. 1 UStG zum umsatzsteuerrechtlichen Inland zählt (vgl. Abschn. 1.9 Abs. 1 S. 5 UStAE). Als Inland i. S. dieser Vorschrift stellt der Transitbereich des Weiteren Gemeinschaftsgebiet nach § 1 Abs. 2a S. 1 UStG und kein Drittlandsgebiet (§ 1 Abs. 2a S. 3 UStG) dar, sodass auch die zollrechtlichen Besonderheiten bei der Abfertigung der Waren durch den Unternehmer im Zusammenhang mit dem Verbringen der Waren in den Transitbereich nicht als Ausfuhrlieferung durch den Unternehmer in das Drittlandsgebiet zu beurteilen sind. Der Käufer erwirbt die Waren damit im Inland und befördert sie anschließend in das Drittlandsgebiet. Folglich liegt eine Ausfuhrlieferung nach § 6 UStG nur vor, wenn die weiteren Voraussetzungen des § 6 Abs. 1 Nr. 2 i. V. m. § 6 Abs. 3a Nr. 1 UStG (= Abnehmernachweis) erfüllt werden.

2.3 Ausfuhr durch den Abnehmer

Befördert oder versendet der Abnehmer den Gegenstand der Lieferung in das Drittlandsgebiet, ausgenommen der in § 1 Abs. 3 UStG bezeichneten Gebiete, liegt eine Ausfuhrlieferung nur vor, wenn der Abnehmer zusätzlich die Eigenschaft eines ausländischen Abnehmers erfüllt (§ 6 Abs. 1 S. 1 Nr. 2 UStG). Der Sachverhalt unterscheidet sich von der Ausfuhrlieferung nach § 6 Abs. 1 S. 1 Nr. 1 UStG lediglich durch die Person, der die Beförderung oder Versendung zuzurechnen ist (= Abholfall; vgl. Abschn. 6.1 Abs. 2 S. 1 UStAE). Die Eigenschaft des ausländischen Abnehmers regelt § 6 Abs. 2 UStG (vgl. Rn. 46 ff.). 35

Ein Abholfall liegt nicht nur dann vor, wenn der Abnehmer den Gegenstand selbst abholt, sondern auch dann, wenn er ihn abholen lässt. **Entscheidend ist, in wessen Auftrag derjenige handelt, der den Gegenstand tatsächlich fortbewegt.** Dabei kann Abholbeauftragter des ausländischen Abnehmers auch ein Inländer sein (FG Münster vom 21.03.2000, Az: 15 K 1421/97 U, rkr., EFG 2000, 708). Speziellere Regelungen für die Ausfuhr im nichtkommerziellen Reiseverkehr trifft § 6 Abs. 3a UStG (vgl. Rn. 73 ff.). Eine Ausfuhr durch den Abnehmer liegt auch bei Verkäufen im Transitbereich deutscher Flughäfen in sog. »Duty-Free«-Läden vor (vgl. Rn. 34 und BFH vom 03.11.2005, Az: V R 63/02, BStBl II 2006, 337). Es handelt sich um eine Ausfuhr im nichtkommerziellen Reiseverkehr, die unter die engeren Voraussetzungen des § 6 Abs. 3a UStG fällt. 36

2.4 Ausfuhr in Fällen des gebrochenen Transports

Die Regelungen in § 6 Abs. 1 S. 1 Nr. 1 und Nr. 2 UStG sehen vor, dass entweder der liefernde Unternehmer oder der Abnehmer der Lieferung den Gegenstand der Lieferung befördert oder versendet. Zu Fällen, in denen sowohl der Lieferer als auch der Abnehmer in den Transport des Liefergegenstandes eingebunden sind (sog. gebrochene Beförderung oder Versendung) hat sich das BMF mit Schreiben vom 07.12.2015 (Az: III C 2 – S 7116-a/13/10001 III C 3 – S 7134/13/10001, BStBl I 2015, 1014 Anpassung des UStAE) geäußert. Demnach ist eine gebrochene Beförderung oder Versendung für die Anwendung der Steuerbefreiung des § 6 UStG unschädlich, wenn der Abnehmer der Lieferung zu Beginn des Transports feststeht und der liefernde Unternehmer nachweist, dass ein zeitlicher und sachlicher Zusammenhang zwischen der Lieferung des Gegenstandes und seiner Beförderung sowie ein kontinuierlicher Vorgang der Warenbewegung gegeben sind (vgl. BMF vom 07.12.2015, a. a. O. unter 1. und Abschn. 6.1 Abs. 3a S. 1, 2 UStAE). Das BMF-Schreiben bleibt allerdings die Antwort auf die Frage schuldig, was konkret unter einem zeitlichen und sachlichen Zusammenhang zu verstehen ist. Zu rechtsdogmatischen Überlegungen i.d. Zusammenhang vgl. Schwarz in UR 2018, 270 ff. 37

38 Befördert oder versendet in Fällen der gebrochenen Beförderung oder Versendung der Abnehmer den Liefergegenstand im Rahmen seines Teils der Lieferstrecke in das Drittlandsgebiet, müssen die Voraussetzungen des § 6 Abs. 1 S. 1 Nr. 2 UStG erfüllt werden (vgl. BMF vom 07.12.2015, a. a. O., unter 1. und Abschn. 6.1 Abs. 3a S. 3 UStAE). Der Abnehmer muss demnach ein ausländischer Abnehmer i. S. d. § 6 Abs. 2 UStG sein.

39 In Fällen des Reihengeschäftes sieht die Verwaltung bei gebrochener Beförderung oder Versendung auch weiterhin das Kriterium des »unmittelbaren Gelangens« in § 3 Abs. 6 S. 5 UStG als nicht erfüllt an (vgl. BMF vom 07.12.2015, a. a. O. unter 2. und schon bisher Abschn. 3.14 Abs. 4 S. 1 UStAE). Dementsprechend spaltet sich der Vorgang in mehrere hintereinandergeschaltete und umsatzsteuerlich getrennt zu beurteilende Einzellieferungen auf. Eine Kollisionsregelung für bestimmte Fälle enthält nunmehr Abschn. 3.14 Abs. 19 S. 2 UStAE (BMF vom 07.12.2015, a. a. O., unter 3.). Zur Kritik an der Verwaltungsauffassung und Erörterung differenzierender Fallgestaltungen im Reihengeschäft vgl. Harksen in UStB 2016, 43 ff., ebenso Hiller in MwStR 2016, 290 ff.

2.5 Ausfuhr in die in § 1 Abs. 3 UStG genannten Gebiete

2.5.1 Allgemeines

40 Wird der Gegenstand der Lieferung durch den Unternehmer oder den Abnehmer in die in § 1 Abs. 3 UStG (vgl. § 1 Abs. 2 S. 1 UStG – Freizonen des Kontrolltyps I: Freihäfen Bremen [Freihafen Bremen zum 01.01.2008 aufgehoben durch das Gesetz über die Aufhebung des Freihafens Bremen vom 06.12.2007, BGBl I 2007, 2806; vgl. OFD Frankfurt a. M., Verf. vom 25.01.2008, Az: S 7134 A – 55 – St 110, UR 2008, 439], **Bremerhaven**, **Cuxhaven**, Emden, Kiel [Freihäfen Emden und Kiel aufgehoben ab 01.01.2010 durch Gesetz vom 07.07.2009, BGBl I 2009, 1713] und Hamburg [bis 31.12.2012, Aufhebung durch Gesetz vom 24.01.2011, BGBl I 2011, 50; zu den Folgen vgl. Salder, DStR 2012, 2422] [Freizonen des Kontrolltyps II – Deggendorf und Duisburg sind seit 01.01.2004 als Inland zu behandeln], Gewässer und Watten zwischen der Hoheitsgrenze und der jeweiligen Strandlinie; Abschn. 1.9 UStAE) bezeichneten Gebiete befördert oder versendet, liegt eine Ausfuhrlieferung nur unter weiteren Voraussetzungen vor (§ 6 Abs. 1 S. 1 Nr. 3 UStG). In diesen Fällen muss der Abnehmer entweder ein Unternehmer sein, der den Gegenstand der Lieferung für sein Unternehmen erworben hat (§ 6 Abs. 1 S. 1 Nr. 3 Buchst. a UStG), oder der Abnehmer ist ausländischer Abnehmer (vgl. § 6 Abs. 2 UStG), aber kein Unternehmer, und der Gegenstand gelangt in das übrige Drittlandsgebiet (§ 6 Abs. 1 S. 1 Nr. 3 Buchst. b UStG).

41 Bei den in § 1 Abs. 3 UStG bezeichneten Gebieten handelt es sich nach § 1 Abs. 2 S. 1 UStG nicht um Inland i. S. d. Umsatzsteuerrechts und damit aus deutscher Sicht auch nicht um Gemeinschaftsgebiet i. S. d. § 1 Abs. 2a S. 1 UStG. Diese Gebiete stellen aus deutscher Sicht grundsätzlich Drittlandsgebiet dar (vgl. § 1 Abs. 2a S. 3 UStG). Gemeinschaftsrechtlich zählen sie jedoch zum Gemeinschaftsgebiet (Art. 5 ff. MwStSystRL/Art. 3 Abs. 2, 3 der 6. EG-RL; grundsätzlich gehen Art. 138 f. MwStSystRL/Art. 16 Abs. 1 der 6. EG-RL von einer Steuerbefreiung für bestimmte Umsätze in Freizonen aus, in der Bundesrepublik Deutschland wurde dies über den generellen Ausschluss bestimmter Gebiete aus dem Besteuerungsgebiet und die anschließende Wiederaufnahme bestimmter Umsätze in diesen Gebieten in die Steuerbarkeit geregelt). Auf Grund der Regelungen in § 1 Abs. 3 UStG unterliegen Umsätze in diesen Gebieten besonderen Bestimmungen. Ebenso unterscheidet § 6 Abs. 1 S. 1 Nr. 3 UStG bei Lieferungen in diese Gebiete. Aus der Einschränkung des § 6 Abs. 1 S. 1 Nr. 3 Buchst. a UStG auf den Erwerb durch einen Unternehmer für das Unternehmen und der Formulierung »übriges Drittlandsgebiet« in § 6 Abs. 1 S. 1 Nr. 3 Buchst. b UStG hinsichtlich des Erwerbes durch einen Nichtunternehmer, der zusätzlich noch

ausländischer Abnehmer sein muss (§ 6 Abs. 2 UStG), ergibt sich, dass die Vorschrift der **Vermeidung eines unversteuerten Endverbrauchs** durch im Gemeinschaftsgebiet oder den in § 1 Abs. 3 UStG bezeichneten Gebieten ansässige Personen dient.

In den Fällen des § 6 Abs. 1 S. 1 Nr. 3 Buchst. a UStG muss der Gegenstand der Lieferung für Zwecke des Unternehmens erworben werden (vgl. Abschn. 15.2b UStAE). Nach Verwaltungsauffassung (vgl. Abschn. 6.1 Abs. 3 S. 2 UStAE) soll das Merkmal »für Zwecke des Unternehmens« bei der **Lieferung einheitlicher Gegenstände** (z. B. Kraftfahrzeug) im Allgemeinen erfüllt sein, wenn zum Zeitpunkt des Erwerbes der unternehmerische Verwendungszweck überwiegt, d. h. größer als 50 % ist. Da der Unternehmer hinsichtlich der Zuordnung einheitlicher Gegenstände zum Unternehmen jedoch erhebliche Spielräume hat (vgl. § 15 Abs. 1 S. 2 UStG und Abschn. 15.2c UStAE), erscheint es zweifelhaft, ob ein Erwerb für Zwecke des Unternehmens nicht auch bei einer unternehmerischen Nutzung unterhalb 50 % vorliegen kann. Bei der **Lieferung vertretbarer Sachen**, die der Abnehmer sowohl für unternehmerische als auch nichtunternehmerische Zwecke erwirbt, erfolgt eine Aufteilung entsprechend des Erwerbszwecks (vgl. Abschn. 6.1 Abs. 3 S. 3 UStAE). An die Person des Unternehmers werden darüber hinaus keine weiteren Anforderungen gestellt, insbesondere muss er nicht die Eigenschaft »ausländisch« erfüllen, auch ein im Inland ansässiger Unternehmer kann daher die Voraussetzungen der Vorschrift erfüllen. 42

Erfolgt die **Lieferung an einen Nichtunternehmer**, liegt eine Ausfuhrlieferung nach § 6 Abs. 1 S. 1 Nr. 3 Buchst. b UStG nur vor, wenn der Abnehmer zusätzlich ausländischer Abnehmer ist. Als ausländischer Abnehmer gilt nach § 6 Abs. 2 S. 1 Nr. 1 UStG ein Abnehmer mit Wohnort oder Sitz im Ausland, ausgenommen der in § 1 Abs. 3 UStG bezeichneten Gebiete. Als weitere Voraussetzung muss der Gegenstand der Lieferung in das übrige Drittlandsgebiet gelangen. 43

2.5.2 Änderung durch das Jahressteuergesetz 2009

Durch Art. 7 Nr. 5 des JStG 2009 wird § 6 Abs. 1 S. 1 Nr. 3 Buchst. a UStG m. W. v. 25.12.2008 neu formuliert (vgl. Rn. 7 und vgl. Rn. 16). Die bisherige Formulierung wird durch den Zusatz »und dieser nicht ausschließlich oder nicht zum Teil für eine nach § 4 Nr. 8 bis 27 UStG steuerfreie Tätigkeit verwendet werden soll« ergänzt. Aus der Änderung folgt, dass eine nach § 4 Nr. 1 Buchst. a UStG i. V. m. § 6 Abs. 1 S. 1 Nr. 3 Buchst. a UStG steuerfreie Ausfuhr nur vorliegen kann, wenn der Gegenstand der Lieferung weder ganz noch teilweise für eine der als steuerschädlich genannten steuerfreien Tätigkeiten verwendet werden soll. Umgekehrt ausgedrückt: Soll der Gegenstand ganz oder teilweise für eine derartige Tätigkeit verwendet werden, liegt eine steuerfreie Ausfuhrlieferung nicht vor, die Lieferung ist mithin steuerpflichtig. 44

Ausweislich der Gesetzesbegründung (vgl. BT-Drucks. 16/10189 vom 02.09.2008, 104) handelt es sich bei der Ergänzung in § 6 Abs. 1 S. 1 Nr. 3 Buchst. a UStG um eine Angleichung der Vorschrift an die bereits durch das JStG 2007 (Gesetz vom 13.12.2006, BGBl I 2006, 2878) in § 1 Abs. 3 S. 1 Nr. 1 UStG vorgenommene Änderung, nach der Lieferungen in z. B. Freihäfen wie Lieferungen im Inland zu behandeln sind, wenn die Gegenstände vom Abnehmer ausschließlich oder zum Teil für eine nach § 4 Nr. 8 bis 27 UStG steuerfreie Tätigkeit verwendet werden und somit für diese Gegenstände der Vorsteuerabzug ganz oder teilweise ausgeschlossen ist. Die Änderung in § 1 Abs. 3 S. 1 Nr. 1 UStG dient der Vermeidung ungerechtfertigter Steuervorteile, indem die betroffenen Lieferungen der Umsatzbesteuerung unterworfen werden. Durch die Ergänzung in § 6 Abs. 1 S. 1 Nr. 3 Buchst. a UStG will der Gesetzgeber nunmehr im Sinne einer Gleichbehandlung erreichen, dass nicht nur Lieferungen innerhalb der in § 1 Abs. 3 UStG bezeichneten Gebiete an den betroffenen Abnehmerkreis steuerpflichtig sind, sondern auch Lieferungen, die von außerhalb (aus dem Inland) in diese Gebiete erfolgen. 45

2.6 Ausländischer Abnehmer

46 In den Fällen des § 6 Abs. 1 S. 1 Nr. 2 UStG (Ausfuhr durch den Abnehmer in das Drittlandsgebiet) und § 6 Abs. 1 S. 1 Nr. 3 Buchst. b UStG (Ausfuhr in die in § 1 Abs. 3 UStG bezeichneten Gebiete) muss der Abnehmer die Eigenschaft »ausländischer Abnehmer« erfüllen. Nach § 6 Abs. 2 UStG liegt ein ausländischer Abnehmer vor, wenn der Abnehmer entweder seinen Wohnort oder Sitz im Ausland (vgl. § 1 Abs. 2, 2a UStG; Abschn. 1.9 und 1.10 UStAE), ausgenommen der in § 1 Abs. 3 UStG bezeichneten Gebiete (vgl. Rn. 40 ff.), hat (§ 6 Abs. 2 S. 1 Nr. 1 UStG) oder der Abnehmer eine ausländische Zweigniederlassung eines im Inland oder den in § 1 Abs. 3 UStG bezeichneten Gebieten ansässigen Unternehmers ist (§ 6 Abs. 2 S. 1 Nr. 2 UStG). Ausländische Abnehmer i. S. d. Vorschrift sind daher auch Personen mit Wohnort oder Sitz auf Helgoland oder in der Gemeinde Büsingen (vgl. Abschn. 6.3 Abs. 1 UStAE).

47 Bei **natürlichen Personen** bestimmt sich die Eigenschaft nach dem Wohnort, die Staatsangehörigkeit ist dabei unbeachtlich (vgl. Abschn. 6.3 Abs. 2 S. 1 und 2, Abs. 3 Nr. 1, 2, 6 UStAE – deutsche Auslandsbeamte mit Wohnort im staatsrechtlichen Ausland sind ausländische Abnehmer; ausländische Diplomaten mit Akkreditierung in der Bundesrepublik Deutschland sind keine ausländischen Abnehmer; Mitglieder der in der Bundesrepublik Deutschland stationierten ausländischen Truppen und die im Inland wohnenden Angehörigen sind keine ausländischen Abnehmer [zur Abgrenzung in Fällen des § 26 Abs. 5 UStG i. V. m. Art. 67 NATO-ZAbk vgl. die Kommentierung zu § 26 UStG, Rz. 25 ff.).

48 Der **Wohnort** i. S. v. § 6 Abs. 2 UStG ist nicht identisch mit dem Wohnsitz nach § 8 AO oder dem gewöhnlichen Aufenthalt nach § 9 AO. Eine natürliche Person kann zwar mehrere Wohnsitze nach § 8 AO haben, Wohnort i. S. d. Umsatzsteuerrechts aber nur einen. Nach der Rechtsprechung (vgl. BFH vom 31.07.1975, Az: V R 52/74, BStBl II 1976, 80) ist Wohnort der Ort, an dem die natürliche Person für längere Zeit Wohnung genommen hat und der nicht nur auf Grund subjektiver Willensentscheidung, sondern auch bei objektiver Betrachtung als der **örtliche Mittelpunkt des Lebens** anzusehen ist. Dabei ist die zeitliche Dauer des Aufenthaltes nicht das allein entscheidende Kriterium. Hält beispielsweise ein Arbeitnehmer sich lediglich für die Durchführung eines bestimmten, zeitliche begrenzten Auftrags im Inland auf, ohne hier objektiv erkennbar den örtlichen Mittelpunkt seines Lebens zu begründen, bleibt er auch bei längerem Aufenthalt ausländischer Abnehmer (vgl. Abschn. 6.3 Abs. 2 S. 8 und Abs. 3 Nr. 3 S. 2 und Nr. 5 UStAE). Touristen bleiben auch bei längerem Aufenthalt ausländische Abnehmer (vgl. Abschn. 6.3 Abs. 3 Nr. 3 UStAE).

49 Verlegt eine Person ihren Wohnort vom Inland in das Ausland, bleibt sie bis zu ihrer Ausreise inländischer Abnehmer. An sie kann demnach erst nach dem Grenzübertritt eine Ausfuhrlieferung ausgeführt werden (vgl. BFH vom 14.12.1994, Az: XI R 70/93, BStBl II 1995, 515; vgl. Abschn. 6.3 Abs. 3 Nr. 4 UStAE zu Gastarbeitern und Studenten). Dabei ist auf das Erfüllungsgeschäft, nicht auf das Verpflichtungsgeschäft, abzuheben (vgl. Abschn. 6.3 Abs. 2 S. 11 UStAE).

50 Der **Begriff Sitz** ist im Umsatzsteuerrecht nicht näher definiert. Nach § 11 AO haben Körperschaften, Personenvereinigungen oder Vermögensmassen ihren Sitz an dem Ort, der durch Gesetz, Gesellschaftsvertrag, Satzung, Stiftungsgeschäft oder dergleichen bestimmt ist. Liegt der Sitz im Ausland, ausgenommen der in § 1 Abs. 3 UStG bezeichneten Gebiete, ist die Eigenschaft des ausländischen Abnehmers erfüllt (§ 6 Abs. 2 S. 1 Nr. 1 UStG).

51 Ausländischer Abnehmer kann auch die **Zweigniederlassung** (vgl. § 12 AO, § 13 HGB – rechtlich unselbständiger Teil des Unternehmens, aber mit eigenem HR-Eintrag und eigener Organisationsstruktur, – »Teilbetrieb«; zur Begriffsauslegung vgl. Schwarz in S/W/R, § 6 Rz. 202 ff. und Robisch in Bunjes, § 6 Rz. 11 – Abgrenzung zum unionsrechtlichen Begriff der festen Niederlassung) eines im Inland oder den in § 1 Abs. 3 UStG bezeichneten Gebieten ansässigen Unternehmers sein. Voraussetzung dafür ist, dass sie ihren Sitz im Ausland, ausgenommen der in § 1 Abs. 3 UStG bezeichneten Gebiete, hat und das Umsatzgeschäft in eigenem Namen abschließt (§ 6 Abs. 2

S. 1 Nr. 2 UStG). Demgegenüber ist eine Zweigniederlassung im Inland oder in den in § 1 Abs. 3 bezeichneten Gebieten kein ausländischer Abnehmer (§ 6 Abs. 2 S. 2 UStG).

Beispiel 1:
Das deutsche Unternehmen U (Hauptniederlassung) mit Sitz im Inland unterhält eine Zweigniederlassung Z in Moskau. Z erwirbt im Inland in eigenem Namen eine Maschine und lässt sie durch einen Spediteur nach Moskau transportieren.

Lösung:
Es liegt ein Fall des § 6 Abs. 1 S. 1 Nr. 2 UStG vor. Der Abnehmer Z versendet den Gegenstand der Lieferung in das Drittlandsgebiet (Russland). Damit eine steuerfreie Ausfuhrlieferung gegeben ist, muss, neben dem Vorliegen der entsprechenden Nachweise, ein ausländischer Abnehmer vorliegen. Tritt Z in eigenem Namen auf, ist diese Voraussetzung erfüllt.

Beispiel 2:
Wie oben, das deutsche Unternehmen U (Hauptniederlassung) erwirbt die Maschine in eigenem Namen vom Hersteller und transportiert sie nach Moskau zu Z.

Lösung:
Die Maschine gelangt nach wie vor ins Drittlandsgebiet, der Abnehmer U (= Hauptniederlassung) befördert dabei den Gegenstand der Lieferung. Da U jedoch kein ausländischer Abnehmer i. S. v. § 6 Abs. 2 UStG ist, stellt die Lieferung an ihn keine Ausfuhrlieferung dar. Der anschließende Transport nach Moskau ist als Innenumsatz oder rechtsgeschäftsloses Verbringen nicht steuerbar.

2.7 Sonderfall: Ausfuhr im Reihengeschäft

Ein Reihengeschäft liegt vor, wenn mehrere Unternehmer über denselben Gegenstand Umsatzgeschäfte abschließen und der Gegenstand bei der Beförderung oder Versendung unmittelbar vom ersten Unternehmer zum letzten Abnehmer gelangt (§ 3 Abs. 6 S. 5 UStG). Dabei werden im Rahmen der Warenbewegung mehrere Lieferungen ausgeführt, die hinsichtlich Lieferort und Lieferzeitpunkt getrennt beurteilt werden müssen. Die Beförderung oder Versendung kann nur einer der Lieferungen zugeordnet werden (= **bewegte Lieferung**), die übrigen Lieferungen stellen **ruhende Lieferungen** dar, deren Lieferort sich nach § 3 Abs. 7 S. 2 UStG bestimmt. Die Steuerbefreiung für Ausfuhrlieferungen kommt nur für die bewegte Lieferung in Betracht (vgl. Abschn. 3.14 Abs. 2 S. 3 und Abs. 14 S. 2 UStAE [mit Beispiel] und Abschn. 6.1 Abs. 4 UStAE). Für Fälle, in denen der »mittlere« Unternehmer der Lieferkette den Gegenstand der Lieferung befördert oder versendet, regelt § 3 Abs. 6 S. 6 UStG die widerlegbare Vermutung, dass die Warenbewegung der Lieferung an ihn zuzuordnen ist. Zur Zuordnung der Warenbewegung zu einer der Lieferungen im Reihengeschäft vgl. die Verwaltungsauffassung in Abschn. 3.14 Abs. 7–10a UStAE. 52

Zur grundsätzlichen Behandlung des Reihengeschäfts aus der Sicht des Gemeinschaftsrechts hat sich der EuGH in seinem Urteil vom 06.04.2006 (Rs. C-245/04, EMAG Handel Eder OHG/Österreich, DStR 2006, 699) geäußert. Die nach nationalem deutschen Umsatzsteuerrecht geltende Rechtslage für die Bestimmung des Ortes innerhalb des Reihengeschäfts (§ 3 Abs. 6 S. 5, Abs. 7 S. 2 UStG) wurde dabei für den vergleichbaren Fall einer i. g. Lieferung bestätigt. Die Steuerbefreiung kommt demnach ausschließlich für die bewegte Lieferung in Betracht (Art. 8 Abs. 1 Buchst. a und b, Art. 28c Teil A Buchst. a der 6. EG-RL). Offen geblieben ist in dieser Entscheidung die Frage nach der Zuordnung der Warenbewegung zu einer der Lieferungen im Reihengeschäft (Bestimmung der bewegten Lieferung). 53

Über die Zuordnung der Warenbewegung (Bestimmung der bewegten Lieferung) zu einer der Lieferungen im Reihengeschäft – insbesondere zu Fällen der Beförderung oder Versendung durch den 54

»mittleren« Unternehmer der Lieferkette – hat der EuGH mit Urteil vom 16.12.2010, Rs. C-430/09 »Euro Tyre Holding«, DStR 2011, 23 sowie mit Urteil vom 27.09.2012, Rs. C-587/10 »VSTR«, DStR 2012, 2014, entschieden. Zu den sich daraus ergebenden Folgerungen sowie der Folgerechtsprechung des BFH vgl. die Kommentierung zu § 6a Rz. 36 ff. Zum aktuellen Stand der Diskussion hinsichtlich der Weiterentwicklung der gesetzlichen Regelungen zum Reihengeschäft vgl. Harksen in UStB 2016, 109 ff. Zu Plänen der Europäischen Kommission, kurzfristig (01.01.2019) eine Regelung zum innergemeinschaftlichen Reihengeschäft in die MwStSystRL aufzunehmen vgl. COM(2017) 569 final vom 04.10.2017, Art 1. Nr. 4 (Art. 138a MwStSystRL neu). Literaturhinweis: Harksen in BB 2018, 157 ff.

55 Zur entsprechenden Anwendung der Rechtsprechungsgrundsätze des EuGH zum Reihengeschäft bei i. g. Lieferungen auch auf Ausfuhrlieferungen vgl. FG Münster vom 16.01.2014, Az: 5 K 3930/10 U, EFG 2014, 682. Zu den Ausführungen des FG zur Zuordnung der bewegten Lieferung im Reihengeschäft und der insoweit durch das FG geäußerten Kritik an der Rechtsprechung des XI. Senats des BFH nimmt letzterer ausführlich in seinem Urteil vom 25.02.2015, Az: XI R 15/14 (V), BFH/NV 2015, 772 (Folgeentscheidung zu »VSTR« im zweiten Rechtsgang) Stellung.

2.8 Sonderfall: Be- oder Verarbeitung vor Ausfuhr

56 Nach § 6 Abs. 1 S. 2 UStG ist es für die Steuerbefreiung unschädlich, wenn der Gegenstand der Lieferung vor der Ausfuhr durch Beauftragte (einer oder mehrere) be- oder verarbeitet wird. Die Be- oder Verarbeitung kann dabei sowohl im Inland als auch in einem anderen EU-Mitgliedsstaat erfolgen (vgl. Abschn. 6.1 Abs. 5 S. 1 UStAE). Der Begriff der »Be- oder Verarbeitung« ist im Gesetz nicht näher definiert, er ist daher nach der allgemeinen Verkehrsauffassung auszulegen und umfasst jede Form der Einwirkung auf den Gegenstand der Ausfuhrlieferung (vgl. BFH vom 30.09.1999, Az: V R 77/98, BStBl II 2000, 14 – für den Begriff der Bearbeitung im Zusammenhang mit einer Lohnveredelung). Bei dem Beauftragten kann es sich nur um einen solchen des Abnehmers oder eines folgenden Abnehmers handeln (vgl. Abschn. 6.1 Abs. 5 S. 2 UStAE). Dabei muss derjenige, der den Auftrag erteilt, nur Abnehmer, nicht auch ausländischer Abnehmer sein (vgl. Abschn. 6.1 Abs. 5 S. 5 UStAE). Zu aktuellen Entwicklungen vgl. von Streit in UStB 2015, 105 ff. In Fällen der Be- oder Verarbeitung vor der Ausfuhr ergeben sich weitere Nachweisverpflichtungen für den Unternehmer (§§ 8 Abs. 2, 11 UStDV).

57 Hat jedoch der Lieferer oder ein vorangegangener Lieferer die Be- oder Verarbeitung in Auftrag gegeben, ändert sich dadurch der Gegenstand der Lieferung. Dieser bereits veränderte Gegenstand ist der Gegenstand der Lieferung i. S. d. § 6 Abs. 1 UStG, auf ihn beziehen sich die Nachweispflichten (§§ 8 Abs. 1, 9, 10 UStDV).

Beispiel:
Unternehmer U betreibt eine Tuchweberei für Leinenstoffe. An den im Drittlandsgebiet ansässigen Abnehmer A verkauft U Leinenstoffe, die nach Wunsch des Kunden blau gefärbt sein sollen. Nach der Färbung sollen die Stoffe in das Drittlandsgebiet ausgeführt werden.
Variante 1: U verpflichtet sich, die fertig gefärbten Stoffe zu liefern, er beauftragt die Färberei F mit der Einfärbung.
Variante 2: U verpflichtet sich lediglich zur Lieferung naturfarbener Stoffe, der Abnehmer A beauftragt die Färberei F mit der Färbung, der er auch die erforderliche Spezialfarbe zur Verfügung stellt.
Lösung:
Variante 1: Gegenstand der Lieferung und damit auch der Ausfuhr sind die fertig gefärbten Stoffe. Ein Fall des § 6 Abs. 1 S. 2 UStG liegt nicht vor, die Einfärbung (Bearbeitung) der Stoffe hat zur Herstellung des Liefergegenstandes auf Seiten des U gedient. U muss den normalen Ausfuhrnachweis führen (§ 8 Abs. 1, 9, 10 UStDV).

Variante 2: Gegenstand der Lieferung des U ist in diesem Fall der naturfarbene Stoff. Dieser wird jedoch nicht unmittelbar ausgeführt, sondern in veränderter Form. Für U ergibt sich aus dem Sachverhalt, dass die Be- oder Verarbeitung nach § 6 Abs. 1 S. 2 UStG zwar grundsätzlich für die Steuerfreiheit seiner Lieferung i. S. d. § 6 Abs. 1 UStG unschädlich ist, er aber zwei Nachweise zu erbringen hat. Einerseits muss U nach § 8 Abs. 1 UStDV nachweisen, dass der Gegenstand seiner Lieferung ausgeführt wurde (Beleg nach §§ 9 oder 10 UStDV), andererseits erweitert § 8 Abs. 2 UStDV seine Nachweisverpflichtung auch auf die Be- oder Verarbeitung. Diese muss sich aus den Ausfuhrbelegen ergeben. Zu diesem Zweck muss der Ausfuhrbeleg nach § 11 UStDV Angaben über den/die Beauftragten enthalten (zu Einzelheiten vgl. Abschn. 6.8 UStAE; wegen der Erweiterung des Buchnachweises vgl. Abschn. 6.10 Abs. 5 S. 2, 3 UStAE).

Die durch den selbständigen Beauftragten des Abnehmers erbrachte Leistung fällt i. d. R. als Lohnveredelung an Gegenständen der Ausfuhr, unter den weiteren Voraussetzungen des § 7 UStG, ebenfalls unter die Steuerbefreiung nach § 4 Nr. 1 Buchst. a UStG. Fraglich ist dies jedoch, wenn der liefernde Unternehmer die Be- oder Verarbeitung an einen Subunternehmer vergeben hat. Wegen weiterer Einzelheiten vgl. die Kommentierung zu § 7. 58

2.9 Sonderfall: Ausrüstung und Versorgung eines Beförderungsmittels

2.9.1 Allgemeines

§ 6 Abs. 3 UStG erweitert die Voraussetzungen für das Vorliegen einer Ausfuhrlieferung – und schränkt damit den Begriff der Ausfuhrlieferung in den Fällen ein –, in denen der Gegenstand der Lieferung zur Ausrüstung oder Versorgung eines Beförderungsmittels bestimmt ist und es sich um eine Ausfuhr durch den Abnehmer (§ 6 Abs. 1 S. 1 Nr. 2 UStG) oder um eine Ausfuhr in die in § 1 Abs. 3 bezeichneten Gebiete (§ 6 Abs. 1 S. 1 Nr. 3 UStG) handelt. Im Gesetzestext nicht genannt und damit nicht von der Einschränkung betroffen, sind die Fälle des § 6 Abs. 1 S. 1 Nr. 1 UStG, bei denen der Gegenstand der Lieferung durch den Unternehmer in das Drittlandsgebiet, ausgenommen der in § 1 Abs. 3 UStG bezeichneten Gebiete, befördert oder versendet wird. 59

Beispiel:
Privatmann P, wohnhaft in der Ukraine, benötigt einen Austauschmotor für sein Privatfahrzeug. Er bestellt den Motor beim Hersteller (H) in Deutschland, welcher diesen mittels Bahn an den Bestimmungsort versendet.

Lösung:
Es handelt sich bei dem Austauschmotor zwar um einen Ausrüstungsgegenstand für ein Beförderungsmittel, da jedoch weder ein Fall der Ausfuhr durch den Abnehmer nach § 6 Abs. 1 Nr. 2 UStG noch ein Fall der Ausfuhr in eines der in § 1 Abs. 3 UStG genannten Gebiete entsprechend § 6 Abs. 1 Nr. 3 UStG vorliegt, sondern eine Ausfuhr nach § 6 Abs. 1 Nr. 1 UStG durch den liefernden Unternehmer H, greifen die Beschränkungen des § 6 Abs. 3 UStG nicht ein. Bei Vorliegen der weiteren Voraussetzungen, insbesondere der erforderlichen Ausfuhrnachweise, ist der Vorgang als Ausfuhrlieferung steuerfrei nach § 4 Nr. 1 Buchst. a UStG.

Sinn der Vorschrift ist das Vermeiden des **unversteuerten Endverbrauchs** bei **privaten Beförderungsmitteln** (vgl. § 6 Abs. 3 Nr. 2 UStG), auch solcher eines ausländischen Unternehmers. Dementsprechend sind nur Lieferungen betroffen, die der Ausrüstung oder Versorgung des eigenen Beförderungsmittels des Abnehmers oder des von ihm mitgeführten fremden Beförderungsmittels dienen (vgl. Abschn. 6.4 Abs. 4 S. 1 UStAE). Die Vorschrift geht von der Bestimmung für ein konkretes Beförderungsmittel aus, da § 6 Abs. 3 Nr. 2 UStG darauf abhebt, dass das 60 (konkrete) Beförderungsmittel für Zwecke des Unternehmens genutzt werden muss. Erwirbt ein Unternehmer die betreffenden Gegenstände jedoch zur Weiterlieferung oder zur Verwendung in seinem Unternehmen, greift die Beschränkung des § 6 Abs. 3 UStG nach Verwaltungsauffassung nicht ein (vgl. Abschn. 6.4 Abs. 4 S. 2 UStAE mit Beispielen).

61 Die Einschränkung der Steuerbefreiung nach § 6 Abs. 3 UStG gilt seit Streichung des § 6 Abs. 3 S. 2 UStG a.F. durch das JStG 1996 auch in den Fällen des § 6 Abs. 3a UStG (Ausfuhr im nichtkommerziellen Reiseverkehr; FG Nürnberg, Urteil vom 14.08.2007, Az: II 122/2004, DStRE 2008, 953, rkr.; vgl. Rn. 73 ff.; vgl. BMF vom 12.08.2014, Az: IV D 3 – S 7133/14/10001, BStBl I 2014, 1202, Tz. 7).

62 Nicht in den einschränkenden Anwendungsbereich des § 6 Abs. 3 UStG fällt die Ausfuhr von »**Restfahrzeugen**« (vgl. Sächsisches Finanzgericht vom 17.11.2005, Az: 3 K 2908/03, EFG 2006, 530), da das Restfahrzeug keinen Ausrüstungsgegenstand für ein Fahrzeug darstellt. Dem Urteilsfall lagen Ausfuhren von Fahrzeugen an Nichtunternehmer zu Grunde, bei denen zuvor Teile der Inneneinrichtung und die Sitze ausgebaut und getrennt verkauft worden waren. Die Fahrzeuge waren daher zum Zeitpunkt des Grenzübertritts (Ausfuhr) nicht mehr fahrbereit. Nach Auffassung des Finanzgerichts ist zumindest so lange von der Ausfuhr eines Fahrzeugs als solchem und nicht eines Ausrüstungsgegenstands auszugehen, solange das Fahrzeug wieder fahrbereit gemacht werden kann und die dazu erforderlichen Leistungen nicht zur Entstehung eines anderen Fahrzeugs führen. Als diesbezügliche Mindestanforderung an die Ausfuhr eines Fahrzeugs wird regelmäßig zu verlangen sein, dass jedenfalls das Chassis mit der individualisierenden Fahrgestellnummer den Gegenstand der Lieferung bildet.

2.9.2 Ausrüstung und Versorgung eines Beförderungsmittels

63 Der **Begriff des Beförderungsmittels** wird in § 6 Abs. 3 UStG nicht näher definiert. Es bietet sich an, auf die entsprechende Auslegung im Zusammenhang mit dem Ort der sonstigen Leistung bei der Überlassung von Beförderungsmitteln (vgl. die Kommentierung zu § 3 a) zurückzugreifen. Nach Abschn. 3a.5 Abs. 2 UStAE (mit Beispielen) werden unter Beförderungsmitteln Gegenstände verstanden, deren Hauptzweck auf die Beförderung von Personen und Gütern zu Land, zu Wasser oder in der Luft gerichtet ist. Dass der Begriff des Beförderungsmittels nicht einseitig auf Landfahrzeuge beschränkt ist, ergibt sich auch aus Abschn. 6.4 Abs. 1 S. 6 UStAE, wonach private Wasserfahrzeuge und private Luftfahrzeuge ebenfalls in den Anwendungsbereich der Vorschrift fallen. Der Gegenstand der Lieferung muss zur Ausrüstung eines derartigen Beförderungsmittels bestimmt sein. Nicht betroffen ist daher die Lieferung des Beförderungsmittels selbst, auch wenn es nicht fahrbereit ist (vgl. Rn. 62).

64 Unter Gegenständen, die zur **Ausrüstung** eines privaten Beförderungsmittels bestimmt sind, sind nach allgemeiner Anschauung Kraftfahrzeug-Ersatzteile (z.B. Austauschmotor, Spoiler, Scheinwerfer etc.) und Kraftfahrzeug-Zubehörteile (vgl. Abschn. 6.4 Abs. 1 S. 2 UStAE, z.B. Abschleppseil, Reservekanister, Wagenheber, Dachgepäckträger, Warndreieck, Feuerlöscher, Verbandskasten, Ersatzreifen etc.) zu verstehen. Ausrüstungsgegenstände können lediglich solche (lose mitgeführten) Sachen sein, die einem Fahrzeug als untergeordneter Bestandteil oder als Zubehör zugeordnet werden können (z.B. Fahrzeugsitze), nicht das Beförderungsmittel selbst (vgl. Sächsisches Finanzgericht vom 17.11.2005, Az: 3 K 2908/03, EFG 2006, 530 – zu »Restfahrzeugen« vgl. Rn. 62; allerdings verweist das FG auch auf die Möglichkeit, dass durch Ausbau von Teilen hinsichtlich des Restfahrzeugs ein Ausrüstungsgegenstand entstehen kann, wobei es wohl auf den Grad der Zerlegung ankommen wird und die Möglichkeit, aus dem Restfahrzeug wieder ein fahrbereites Fahrzeug zu machen, ohne dass dadurch ein anderes Fahrzeug entsteht).

Unter Gegenständen zur **Versorgung** eines Beförderungsmittels sind solche zu verstehen, die zum Verbrauch in dem Beförderungsmittel bestimmt sind. Dazu zählen z. B. Treibstoff, Motoröl, Bremsflüssigkeit, Autowaschmittel und Autopflegemittel, Farben und Frostschutzmittel (vgl. Abschn. 6.4 Abs. 1 S. 5 UStAE), ebenfalls der zum Verzehr bestimmte Proviant. 65

Nicht in den Anwendungsbereich des § 6 Abs. 3 UStG fällt die **Werklieferung von Ausrüstungsgegenständen** (vgl. Abschn. 6.4 Abs. 1 S. 3 UStAE). Die Lieferung von Öl im Rahmen eines bloßen Ölwechsels unterliegt jedoch den Beschränkungen des § 6 Abs. 3 UStG, da die Rechtsprechung den damit verbundenen Tätigkeiten keinen, über die Verschaffung der Verfügungsmacht am Öl hinausgehenden, umsatzsteuerlichen Gehalt beimisst (vgl. BFH vom 30.09.1999, Az: V R 77/98, BStBl II 2000, 14; auch zur Abgrenzung der Lohnveredelung bei Inspektionen). 66

Beispiel:
Der ausländische Abnehmer A erleidet im Inland einen Motorschaden, der nur durch Einbau eines Austauschmotors behoben werden kann.

Lösung:
Solange der Austauschmotor nicht eingebaut wird, stellt er ein Kraftfahrzeug-Ersatzteil, und damit einen Ausrüstungsgegenstand für ein Beförderungsmittel dar. Würde daher A den Austauschmotor lediglich erwerben und ausführen, wäre § 6 Abs. 3 UStG zu prüfen. Da im vorliegenden Fall der Austauschmotor jedoch im Rahmen einer Werklieferung nach § 3 Abs. 4 UStG geliefert wird, kommt § 6 Abs. 3 UStG nicht zur Anwendung. Wegen des Ausfuhrnachweises vgl. Abschn. 6.6 Abs. 5 UStAE.

2.9.3 Ausländischer Unternehmer/Zwecke des Unternehmens

Da die Vorschrift lediglich den unversteuerten privaten Endverbrauch vermeiden will, unterliegt die Lieferung von Gegenständen zur Ausrüstung oder Versorgung eines Beförderungsmittels dann keiner Beschränkung nach § 6 Abs. 3 UStG, wenn – kumulativ – der Abnehmer ausländischer Unternehmer (§ 6 Abs. 3 Nr. 1 UStG; in der Masse der Fälle wird für die Auslegung des Begriffs § 6 Abs. 2 UStG, ergänzt um das Merkmal »Unternehmer«, zutreffend sein) ist und das Beförderungsmittel, zu dessen Ausrüstung oder Versorgung der Liefergegenstand bestimmt ist, den Zwecken des Unternehmens des Abnehmers dient (§ 6 Abs. 3 Nr. 2 UStG). In Fällen, in denen das Beförderungsmittel ausschließlich unternehmerische Verwendung findet, ist dieses Kriterium problemlos erfüllt. Wird das Beförderungsmittel jedoch sowohl für unternehmerische Zwecke als auch privat genutzt, stellt sich die Frage, ab wann das Beförderungsmittel dem Unternehmen dient. Dies könnte der Fall sein, wenn es 67

a) dem Unternehmen zugeordnet wurde (vgl. Abschn. 15.2c UStAE; so Schwarz in S/W/R, § 6 UStG, Rn. 230 oder
b) dem Unternehmen zugeordnet wurde und darüber hinaus eine Mindestnutzung (zu einem Mindestnutzungsumfang vgl. analog Abschn. 6.1 Abs. 3 S. 2 UStAE – überwiegende Nutzung und Robisch in Bunjes, § 6 UStG, Rn. 17) erfüllt oder
c) zwar nicht dem Unternehmen zugeordnet wurde, jedoch unternehmerisch genutzt wird.

M. E. ist es naheliegend davon auszugehen, dass das Beförderungsmittel dem Unternehmensvermögen zugeordnet sein muss und dies unter »dem Unternehmen dienen« zu verstehen ist. Eine Mindestnutzung i. S. einer überwiegend unternehmerischen Nutzung kann daraus jedoch nicht abgeleitet werden, da eine Zuordnung zum Unternehmen auch bei einer nicht überwiegend unternehmerischen Nutzung möglich ist (vgl. § 15 Abs. 1 S. 2 UStG; vgl. Rn. 42). Vor dem Hintergrund der Nachweisverpflichtung nach § 6 Abs. 4 UStG und den diesbezüglichen Verwaltungsanweisungen (vgl. Rn. 69) drängt sich der Eindruck auf, dass, sofern keine großzügig Interpretation greift, die Vorschrift insbesondere bei Personenkraftwagen praktisch leerläuft. 68

2.9.4 Nachweise

69 Eine spezielle Regelung für das Führen des **Buchnachweises** in Fällen des § 6 Abs. 3 UStG enthält § 13 Abs. 6 UStDV. Demnach soll der Unternehmer neben den in § 13 Abs. 2 UStDV geforderten Angaben (z. B. handelsübliche Bezeichnung und Menge des Gegenstands, Name und Anschrift des Abnehmers, Tag der Lieferung, das vereinbarte [vereinnahmte] Entgelt, Ausfuhr) auch den Gewerbezweig oder Beruf des Abnehmers sowie den Verwendungszweck des Beförderungsmittels aufzeichnen. Dabei soll nach Abschn. 6.10 Abs. 7 Nr. 2 S. 2 UStAE die Angabe der Art des Beförderungsmittels ausreichend sein, sofern dieses seiner Art nach nur unternehmerischen Zwecken dienen kann, z. B. Lastkraftwagen, Reiseomnibusse, Frachtschiffe.

70 Bei Beförderungsmitteln, die üblicherweise auch einer privaten Verwendung zugänglich sind, insbesondere Personenkraftwagen, soll demgegenüber eine **Vermutung der nichtunternehmerischen Nutzung** gelten (vgl. Abschn. 6.10 Abs. 7 Nr. 2 S. 3 UStAE), die jedoch dann nicht greift, wenn sich aus der Gesamtheit der bei dem Unternehmer befindlichen Unterlagen kein ernstlicher Zweifel ergibt, dass das Beförderungsmittel den Zwecken des Unternehmens des Abnehmers dient. Bescheinigungen des Abnehmers über den Verwendungszweck des Beförderungsmittels lässt die Verwaltung mangels Nachprüfungsmöglichkeit aber nicht gelten. Eine amtliche Unternehmerbescheinigung, aus der sich auch der Gewerbezweig oder der Beruf des Abnehmers ergibt, kann in besonders gelagerten Einzelfällen verlangt werden (vgl. OFD Münster, Verf. vom 02.07.1998, Az: S 7131 - 60 - St 14-32, UR 1998, 435). Es stellt sich somit die Frage, in welcher Form es dem Unternehmer überhaupt gelingen kann, die Voraussetzung des § 6 Abs. 3 Nr. 2 UStG in diesen Fällen nachzuweisen (Problem der Verhältnismäßigkeit).

71 Zur Mitwirkung der Zolldienststellen bei dem Ausfuhrnachweis für Umsatzsteuerzwecke vgl. BMF vom 16.10.1997, Az: IV C 4 - S 7134 - 78/97, UR 1998, 37 (Abs. 29, 30).

72 Zur Neuregelung der Ausfuhrnachweise durch die Zweite Verordnung zur Änderung steuerlicher Verordnungen vom 02.12.2011 (BGBl I 2011, 2416) sowie späterer Verordnungen vgl. Rn. 91 ff.

2.10 Sonderfall: Ausfuhr im persönlichen Reisegepäck

2.10.1 Allgemeines

73 § 6 Abs. 3a UStG regelt die Voraussetzungen der Ausfuhrlieferung in Fällen des nichtkommerziellen Reiseverkehrs (»Export über den Ladentisch«). In den Anwendungsbereich der Vorschrift fällt auch die Lieferung von Waren im Transitbereich deutscher Flughäfen in sog. »Duty-Free«-Läden (vgl. BFH, Urteil vom 03.11.2005, Az: V R 63/02, BStBl II 2006, 337). Sinn der Vorschrift ist die Verhinderung eines unversteuerten Endverbrauchs im Gemeinschaftsgebiet. In Fällen der **Ausfuhr** von Gegenständen, die für den **privaten Bedarf** erworben werden **durch den Abnehmer** (§ 6 Abs. 1 S. 1 Nr. 2, 3 UStG) im persönlichen Reisegepäck, muss der Abnehmer daher nicht nur ein ausländischer Abnehmer i. S. d. § 6 Abs. 2 UStG sein, sondern seinen Wohnort oder Sitz im Drittlandsgebiet haben (§ 6 Abs. 3a Nr. 1 UStG). Zusätzlich muss die Ausfuhr innerhalb von drei Monaten erfolgen (§ 6 Abs. 3a Nr. 2 UStG). Für den Ausfuhrnachweis regelt § 17 UStDV ergänzend zu den §§ 8 und 13 UStDV (Ausfuhrnachweis/Buchnachweis) den erforderlichen Abnehmernachweis. Erfolgt die **Ausfuhr durch den liefernden Unternehmer**, sind lediglich die Voraussetzungen nach § 6 Abs. 1 S. 1 Nr. 1 UStG zu erfüllen. Die Vorschrift gilt nicht für die Ausfuhr von Gegenständen, die für die **Ausrüstung und Versorgung von privaten Beförderungsmitteln**

bestimmt sind (Streichung des § 6 Abs. 3 S. 2 UStG durch das JStG 1996 [BStBl I 1995, 438] mit Wirkung ab 21.10.1995; vgl. Rn. 61). Zu den Voraussetzungen der Ausfuhr im nichtkommerziellen Reiseverkehr hat das BMF ein Merkblatt herausgegeben (BMF vom 12.08.2014, Az: IV D 3 – S 7133/14/10001, BStBl I 2014, 1202 mit Vordruckmuster).

Zur Anwendung des § 6 Abs. 3a UStG auf Fälle, bei denen die Ware bestellt (i. d. R. online) und durch den liefernden Unternehmer zunächst an eine inländische Lieferadresse (z. B. Paketshop, Packstation) versandt, dort vom Abnehmer abgeholt und im persönlichen Reisegepäck in das Drittland ausgeführt wird, vgl. LFD Thüringen vom 15.06.2016, S 7133 A – 03 – A 5.14; StEd 2016, 459, UR 2016, 860 (vgl. Esser/Staib in NWB 2016, 2100 ff.). 74

2.10.2 Abnehmer mit Wohnort oder Sitz im Drittlandsgebiet

Während es in den Fällen des § 6 Abs. 1 UStG ausreicht, dass der ausländische Abnehmer die Voraussetzungen des § 6 Abs. 2 UStG erfüllt, mithin seinen Wohnort oder Sitz im Ausland, ausgenommen der in § 1 Abs. 3 UStG bezeichneten Gebiete hat, muss der Abnehmer im Bereich der Ausfuhr im nichtkommerziellen Reiseverkehr nach § 6 Abs. 3a Nr. 1 UStG seinen Wohnort oder Sitz im **Drittlandsgebiet** (vgl. Abschn. 1.10 UStAE; zum Drittlandsgebiet zählen auch die deutsche Gemeinde Büsingen sowie die deutsche Insel Helgoland; BMF vom 12.08.2014, Az: IV D 3 – S 7133/14/10001, BStBl I 2014, 1202, Tz.1.3 und Anlage 1 unter 3.2) haben. Hat der Abnehmer seinen Wohnort oder Sitz im Gemeinschaftsgebiet, greift die Steuerbefreiung dementsprechend nicht, da der Endverbrauch im Gemeinschaftsgebiet grundsätzlich der Besteuerung unterliegt. Diese Voraussetzungen müssen im **Zeitpunkt der Lieferung** erfüllt sein. Als Wohnort gilt der Ort, an dem der Abnehmer für längere Zeit eine Wohnung hat und der als örtlicher Mittelpunkt seines Lebens anzusehen ist (vgl. Abschn. 6.11 Abs. 6 UStAE und BMF vom 12.08.2014, Az: IV D 3 – S 7133/14/10001, BStBl I 2014, 1202, Tz. 1.2 mit Beispielen). Als maßgeblich in diesem Sinne gilt der Ort, der im Pass oder sonstigen Grenzübertrittspapier eingetragen ist. Auf die Staatsangehörigkeit kommt es nicht an. 75

Als Abnehmer kommen insbesondere in Betracht Touristen sowie Kunden, die zur Tätigung von Einkäufen aus dem Drittlandsgebiet einreisen und Berufspendler mit Wohnort im Drittlandsgebiet (s. Abschn. 6.11 Abs. 1 S. 3 UStAE). Über das Vorliegen der Abnehmereigenschaft i. S. d. § 6 Abs. 3a UStG muss ein Nachweis nach § 17 UStDV geführt werden. 76

2.10.3 Ausfuhrfrist

Der Gegenstand der Lieferung muss nach § 6 Abs. 3a Nr. 2 UStG vor Ablauf des dritten Kalendermonats, der dem Monat der Lieferung folgt, ausgeführt werden. Der Nachweis dieser Voraussetzung ergibt sich im Regelfall aus den Angaben auf dem Ausfuhrbeleg – Bestätigung der Ausgangszollstelle –, kann jedoch auch durch andere überprüfbare Unterlagen geführt werden, beispielsweise durch Auszahlung des USt-Betrags (= Preisnachlass) an den Abnehmer innerhalb der Frist (vgl. Abschn. 6.11 Abs. 5 UStAE; vgl. BMF vom 12.08.2014, Az: IV D 3 – S 7133/14/10001, BStBl I 2014, 1202, Tz. 1.5 mit Beispiel). 77

2.10.4 Ausfuhr im persönlichen Reisegepäck

78 Eine Ausfuhr im nichtkommerziellen Reiseverkehr liegt vor, wenn der Abnehmer den Gegenstand der Lieferung im persönlichen Reisegepäck ins Drittlandsgebiet mitnimmt. Dazu muss der Abnehmer den Gegenstand beim Grenzübertritt mit sich führen, z. B. im Handgepäck – auch aufgegebenes Handgepäck anlässlich z. B. einer Bahn-, Flug- oder Schiffsreise – oder in einem von ihm benutzten Fahrzeug transportieren (vgl. Abschn. 6.11 Abs. 1 S. 2 UStAE). Auch die Mitnahme in einem Kleintransporter kann noch eine Mitnahme im persönlichen Reisegepäck sein; eine Grenze wird aber zu ziehen sein, wenn für den Transport des Liefergegenstandes ein Lastkraftwagen erforderlich ist. In diesem Fall kann der Gegenstand kein persönliches Reisegepäck mehr sein. Ebenfalls keine Ausfuhr im persönlichen Reisegepäck liegt vor, wenn der Abnehmer den Gegenstand der Lieferung ins Drittlandsgebiet versendet (Bahn, Post, Spedition), es sind die Voraussetzungen einer Ausfuhrlieferung nach § 6 Abs. 1 Nr. 2 UStG zu prüfen (vgl. Abschn. 6.11 Abs. 1 S. 5 UStAE und BMF vom 12.08.2014, Az: IV D 3 – S 7133/14/10001, BStBl I 2014, 1202, Tz. 1.4). Ein Fahrzeug, seine Bestandteile und sein Zubehör stellen kein persönliches Reisegepäck dar (vgl. Abschn. 6.11 Abs. 1 S. 4 UStAE), die steuerliche Behandlung regelt abschließend § 6 Abs. 3 UStG.

2.10.5 Technische Abwicklung durch den Unternehmer

79 Der Ausfuhrnachweis ist Voraussetzung für die Steuerbefreiung (vgl. BFH vom 28.02.1980, Az: V R 118/76, BStBl II 1980, 415). Diese tritt erst bei Vorliegen sämtlicher Voraussetzungen ein, mithin erst dann, wenn der Unternehmer den Ausfuhrnachweis in Händen hält (vgl. BMF vom 12.08.2014, Az: IV D 3 – S 7133/14/10001, BStBl I 2014, 1202, Tz. 3.4 [Hinweis] und Tz. 5). Im Zeitpunkt der Lieferung muss diese daher zunächst als steuerpflichtig eingestuft werden. Um keinen finanziellen Nachteil für den Fall zu erleiden, dass der Abnehmer nach erfolgter Ausfuhr den Nachweis nicht vorlegt, sollte der Unternehmer zunächst eine Rechnung über den Bruttobetrag der Lieferung ausstellen und dabei darauf achten, dass er nicht unbeabsichtigt USt offen ausweist (vgl. § 14 Abs. 4 Nr. 8 UStG). In diesem Zusammenhang sind insbesondere die Vorschriften zur sog. »Kleinbetragsrechnung« (§ 33 UStDV, Rechnungssumme bis 250 €, bis 31.12.2016: 150 €; vgl. § 14 Rn. 176 ff.) zu beachten, bei der auch schon die Angabe des Steuersatzes die Vorsteuerabzugsberechtigung des Abnehmers erzeugt (vgl. BMF vom 12.08.2014, Az: IV D 3 – S 7133/14/10001, BStBl I 2014, 1202, Tz. 2). Legt der Abnehmer später den Ausfuhrnachweis vor, kann die im Rechnungsbetrag »verdeckt« enthaltene USt an den Abnehmer ausgezahlt werden.

80 In die technische Abwicklung können Service-Unternehmen eingeschaltet werden, die dem Käufer an Grenzübergängen gegen Vorlage der zollamtlich bestätigten Ausfuhrbelege den Steuerbetrag auszahlen und sich anschließend gegen Vorlage der Ausfuhrbelege die ausgezahlten Beträge vom Unternehmer erstatten lassen (vgl. BMF vom 12.08.2014, Az: IV D 3 – S 7133/14/10001, BStBl I 2014, 1202 Tz. 1.1).

81 Weist der Unternehmer USt aus, schuldet er diese nach § 14c Abs. 1 UStG selbst dann, wenn er den Ausfuhrnachweis führen kann. Es wäre grundsätzlich eine Rechnungsberichtigung erforderlich, da erst mit der wirksamen Rechnungsberichtigung die Steuerschuld nach § 14c Abs. 1 UStG erlischt (vgl. Abschn. 14c.1 Abs. 7, 8 UStAE und BFH vom 19.09.1996, Az: V R 41/94, BStBl II 1999, 249 [Berichtigungsmöglichkeit]; BFH vom 10.12.1992, Az: V R 73/90, BStBl II 1993, 383 [Berichtigungserklärung]; wegen weiterer Einzelheiten vgl. die Kommentierung zu § 14c). Aus Vereinfachungsgründen ist die Rechnungsberichtigung jedoch entbehrlich, wenn der ausländische Abnehmer die ursprüngliche Rechnung bzw. den ursprünglichen Kassenbon an den Unternehmer zurückgibt und dieser den zurückerhaltenen Beleg aufbewahrt (vgl. Abschn. 14c Abs. 8 S. 3 UStAE; BMF vom 12.08.2014, a. a. O., Tz. 2).

2.10.6 Nachweise

Das Vorliegen der Voraussetzungen des § 6 Abs. 3a UStG ist nach § 6 Abs. 4 UStG nachzuweisen. Der hierfür erforderliche Nachweis setzt sich aus drei Komponenten zusammen, dem Ausfuhrnachweis (§§ 8 Abs. 1 i. V. m. 9 UStDV), dem Buchnachweis (§ 13 UStDV) und dem Abnehmernachweis (§ 17 UStDV). Das Erfordernis des Abnehmernachweises stellt keinen Verstoß gegen den verfassungsrechtlich geschützten Grundsatz der Verhältnismäßigkeit dar (vgl. BFH vom 03.11.2005, Az: V R 63/02, BStBl II 2006, 337). 82

Zu Neuregelung der Ausfuhrnachweise durch die Zweite Verordnung zur Änderung steuerlicher Verordnungen vom 02.12.2011 (BGBl I 2011, 2416) sowie späterer Verordnungen vgl. Rn. 91 ff. 83

2.10.6.1 Ausfuhrnachweis

Das tatsächliche Verbringen des Gegenstands der Lieferung in das Drittlandsgebiet (= **Ausfuhrnachweis**) soll grundsätzlich durch eine Ausfuhrbestätigung der den Ausgang des Gegenstands aus dem Gemeinschaftsgebiet überwachenden Grenzzollstelle eines EU-Mitgliedsstaates (= Ausgangszollstelle) nachgewiesen werden (vgl. § 9 Abs. 1 S. 1 Nr. 2 Buchst. d UStDV [ab 01.01.2012] und Abschn. 6.11 Abs. 2 S. 1 UStAE; zur Mitwirkung der Zolldienststellen vgl. BMF vom 16.10.1997, Az: IV C 4 – S 7134 – 78/97, UR 1998, 37 [Abs. 21–26]). 84

Die Ausfuhr- oder Abfertigungsbestätigung kann sich auf einem üblichen Geschäftsbeleg, z. B. dem Lieferschein, einer Rechnungsdurchschrift, der Ausfuhranmeldung etc. befinden (vgl. Abschn. 6.11 Abs. 2 S. 2 UStAE und Abschn. 6.6 Abs. 3 UStAE mit weiteren Möglichkeiten). Daneben kommt insbesondere der dem Schreiben des BMF vom 12.08.2014, Az: IV D 3 – S 7133/14/10001, BStBl I 2014, 1202, Anlage 2 beigefügte Vordruck in Betracht, dessen Verwendung jedoch keine Pflicht ist (vgl. Abschn. 6.11 Abs. 10 UStAE und BMF vom 12.08.2014, a. a. O., Tz. 3.3). Die Ausfuhrbestätigung erfolgt durch Sichtvermerk, worunter der Dienststempelabdruck der Ausgangszollstelle mit Namen der Zollstelle und Datum (vgl. § 9 Abs. 1 S. 1 Nr. 2 Buchst. c UStDV [ab 01.01.2012] und Abschn. 6.11 Abs. 2 S. 3 UStAE) zu verstehen ist. Entscheidend ist, dass sich aus dem Beleg die Abfertigung zur Ausfuhr durch die Ausgangszollstelle eindeutig erkennen lässt, auch wenn ansonsten Angaben fehlen (vgl. Abschn. 6.11 Abs. 3 UStAE). 85

Nach § 9 Abs. 1 S. 1 Nr. 2 Buchst. a – b UStDV (ab 01.01.2012) soll der Ausfuhrbeleg noch den Namen und die Anschrift des Unternehmers sowie die handelsübliche Bezeichnung und die Menge des ausgeführten Gegenstands enthalten. Als handelsüblich gilt dabei jede im Geschäftsverkehr allgemein verwendete Bezeichnung, auch handelsübliche Sammelbezeichnungen wie z. B. Baubeschläge, Büromöbel etc. Nicht ausreichend sind nach Verwaltungsauffassung Gruppenbezeichnungen, die verschiedene Gegenstände umfassen, wie z. B. Geschenkartikel (zum Begriff vgl. FG München vom 24.04.2002, Az: 14 K 4520/97, EFG 2002, 1334). Handelsübliche Bezeichnungen werden nicht beanstandet, wenn die Ausgangszollstelle die Ausfuhr bestätigt (vgl. Abschn. 6.11 Abs. 4 S. 5, 6 UStAE und BMF vom 12.08.2014, a. a. O, Tz. 3.1). 86

2.10.6.2 Buchnachweis

Den **Buchnachweis** hat der Unternehmer nach Maßgabe des § 13 Abs. 2 UStDV zu führen. Die Grundlage für den Buchnachweis bildet die Ausfuhrbestätigung der Ausgangszollstelle. Hat diese die Ausfuhr der Gegenstände sowie die Angaben zum Abnehmer in dem vorgelegten Beleg bestätigt, erkennt die Verwaltung die in dem Beleg enthaltenen Angaben auch als ausreichenden Buchnachweis an, selbst wenn beispielsweise auf Grund von Sprachproblemen statt der vollständigen Anschrift nur das Land und die Passnummer aufgezeichnet wurden (vgl. Abschn. 6.11 Abs. 11 UStAE und BMF vom 12.08.2014, a. a. O., Tz. 3.4). Zu beachten ist, dass der Buchnachweis 87 grundsätzlich unmittelbar nach Ausführung des einzelnen Umsatzes fortlaufend zu führen ist, wohingegen der Ausfuhrbeleg noch nachträglich bis zur Unanfechtbarkeit der endgültigen Umsatzsteuerfestsetzung erbracht werden kann. Der Unternehmer muss es bei Abgabe der Umsatzsteuervoranmeldung dem Finanzamt anzeigen, dass er »noch« nicht im Besitz der entsprechenden Ausfuhrbelege ist. Um Schwierigkeiten, nicht zuletzt auch strafrechtlicher Natur (vgl. Rn. 91–93), zu vermeiden, sollte bei fehlendem Ausfuhrnachweis zunächst ein steuerpflichtiger Umsatz erklärt werden. Liegt der Ausfuhrnachweis zu einem späteren Zeitpunkt vor, kann eine Berichtigung durchgeführt werden (vgl. BMF vom 12.08.2014, a. a. O. Tz. 3.4).

2.10.6.3 Abnehmernachweis

88 Neben dem Ausfuhrnachweis und dem Buchnachweis muss der Unternehmer auch einen **Abnehmernachweis** erbringen, da die Ausfuhrlieferung nach § 6 Abs. 3a UStG tatbestandsmäßig den Wohnort oder Sitz des Abnehmers im Drittlandsgebiet erfordert (vgl. BFH vom 25.10.1979, Az: V B 5/79, BStBl II 1980, 110; BFH vom 14.12.1994, Az: XI R 70/93, BStBl II 1995, 515; BFH vom 03.11.2005, Az: V R 63/02, BStBl II 2006, 337 zum Abnehmernachweis in »Duty-Free«-Läden). Hierzu ergänzt § 17 UStDV den nach § 9 UStDV erforderlichen Ausfuhrnachweis um weitere Angaben, die der Prüfung des Wohnorts oder Sitzes des Abnehmers dienen. Demnach hat (Mussvorschrift seit 01.01.2012; Änderung durch die Zweite Verordnung zur Änderung steuerlicher Verordnungen vom 02.12.2011, BGBl I 2011, 2416) der Ausfuhrbeleg noch die Angabe des Namens und der Anschrift des Abnehmers (§ 17 Nr. 1 UStDV) und die Bestätigung einer Ausgangszollstelle eines EU-Mitgliedstaates zu enthalten, dass die Angaben über den Namen und die Anschrift mit den Eintragungen in dem vorgelegten Pass oder sonstigen Grenzübertrittspapier desjenigen übereinstimmen, der den Gegenstand in das Drittlandsgebiet verbringt. Sofern die Angabe der vollständigen Anschrift des Abnehmers, beispielsweise auf Grund von Sprachproblemen, nicht möglich ist, genügt neben der Angabe des Namens des Abnehmers die Angabe des Landes, in dem der Abnehmer wohnt, und die Angabe der Nummer des Reisepasses oder eines anderen anerkannten Grenzübertrittspapiers (vgl. Abschn. 6.11 Abs. 6 S. 6 UStAE). Die Ausgangszollstellen erteilen auch dann die Abnehmerbestätigung und die Verwaltung erkennt dies an, wenn sich aus dem ausländischen Grenzübertrittspapier nicht die vollständige Anschrift ergibt (vgl. Abschn. 6.11 Abs. 7 S. 2–4 UStAE).

89 In bestimmten Fällen verweigern deutsche Grenzzollstellen die Abnehmerbestätigung trotz eines gültigen Grenzübertrittspapiers. Dies ist insbesondere dann der Fall, wenn die Belegangaben nicht mit den Eintragungen im Pass oder dem sonstigen Grenzübertrittspapier dessen übereinstimmen, der die Ausfuhr durchführt. Ebenso, wenn der Ausführer einen deutschen Pass oder Personalausweis vorlegt oder einen solchen eines anderen EU-Mitgliedsstaates, oder wenn in dem von einem Drittland ausgestellten Pass eine Aufenthaltserlaubnis für mehr als drei Monate eingetragen ist mit Ausnahme eines sog. Geschäftsvisum (wegen weiterer Einzelheiten vgl. Abschn. 6.11 Abs. 8 UStAE; zur Vorlage eines Passes sowohl eines Mitgliedstaates als auch eines Drittstaates ohne klare Wohnortbenennung vgl. Hessisches FG vom 20.11.2012, Az: 7 K 462/08). In derartigen Fällen kann der Abnehmernachweis nicht mittels des Grenzübertrittspapiers geführt werden.

TIPP

Die deutsche Grenzzollstelle bestätigt aber ggf. dennoch die Ausfuhr der Waren, d. h. auf den Ausfuhrbelegen befinden sich Eintragungen der Grenzzollstelle einschließlich eines Dienststempelabdrucks. Dadurch kann leicht der Eindruck entstehen, alles sei in Ordnung und die Grenzzollstelle hätte nicht nur die Ausfuhr, sondern auch die Abnehmereigenschaften bestätigt. Zum Verfahren der Grenzzollstelle vgl. BMF vom 12.08.2014, a. a. O., Tz. 4.

90 Sofern der Abnehmernachweis über die Bestätigung der Grenzzollstelle nicht möglich ist, kann er auch durch eine Bestätigung einer amtlichen Stelle der Bundesrepublik Deutschland im Wohnsitz-

staat des Abnehmers geführt werden (z. B. diplomatische oder konsularische Vertretung der BRD oder im Drittland stationierte Truppeneinheit der Bundeswehr). Nicht anerkannt wird durch die Verwaltung jedoch eine Ersatzbestätigung einer Zollstelle im Drittlandsgebiet (vgl. Abschn. 6.11 Abs. 9 UStAE). Neuerdings verweisen die Richtlinien ausdrücklich auf den Umstand, dass die Erteilung von Ersatzbestätigungen durch Auslandsvertretungen der BRD gebührenpflichtig ist und besonderen Anforderungen unterliegt (vgl. Abschn. 6.11 Abs. 9 S. 4 UStAE).

2.11 Nachweispflicht

2.11.1 Allgemeines

2.11.1.1 Überblick

Die Voraussetzungen für das Vorliegen einer Ausfuhrlieferung nach § 6 Abs. 1, 3 und 3a UStG sowie einer Bearbeitung nach § 6 Abs. 1 S. 2 UStG sind durch den Unternehmer nachzuweisen (§ 6 Abs. 4 S. 1 UStG). Einzelheiten regelt die UStDV (§ 6 Abs. 4 S. 2 UStG/Ermächtigungsvorschrift). Nach den Vorschriften der UStDV (§§ 8–11, 13, 17) besteht der **Nachweis** grundsätzlich **aus zwei Bestandteilen**, dem **Buchnachweis** und dem **Ausfuhrnachweis** (Ausfuhrnachweis ist Bestandteil des Buchnachweises). Die Nachweispflichten sind grundsätzlich mit dem Gemeinschaftsrecht vereinbar (vgl. BFH vom 28.05.2009, Az: V R 23/08, BStBl II 2010, 517). 91

Auch wenn der erforderliche Buch- und Belegnachweis erbracht wird, schließt dies nicht die Überprüfung der sachlichen Richtigkeit der Angaben aus. Die Nachweise des Unternehmers bilden daher lediglich die Grundlage für eine ggf. durch die Finanzverwaltung vorzunehmende Überprüfung der inhaltlichen Richtigkeit. Es gelten die allgemeinen Beweisregeln und Grundsätze. Gelingt dem Unternehmer der Nachweis nicht, tritt Steuerpflicht ein (vgl. BFH vom 14.12.1994, Az: XI R 70/93, BStBl II 1995, 515 – im Fall eines missglückten Nachweises der Eigenschaft »außengebietlicher Abnehmer« [heute ausländischer Abnehmer]; BFH vom 23.05.1995, Az: V B 21/95, BFH/NV 1995, 1104 – formell ordnungsgemäße, aber inhaltlich falsche Belege führen nicht zur Steuerbefreiung – der Belegnachweis kann nicht durch Zeugenaussagen ersetzt werden; BFH vom 04.06.1987, Az: V R 143/79, BFH/NV 1988, 125; BFH vom 07.04.2000, Az: V B 176/99, BFH/NV 2000, 1370 – auch zur Beweislast; BFH vom 26.11.2001, Az: V B 88/00, BFH/NV 2002, 551 – auch zur Beweislast; BFH vom 23.04.2009, Az: V R 84/07, BStBl II 2010, 509). 92

Wer die Steuerbefreiung für sich in Anspruch nimmt, ohne den Buchnachweis zeitgerecht zu führen und ohne im Besitz der Ausfuhrbelege zu sein, machte sich bisher bei Vorliegen auch der übrigen Tatbestandsmerkmale (subjektive Voraussetzungen) der **Steuerhinterziehung** (§ 370 Abs. 1 AO) oder **leichtfertigen Steuerverkürzung** (§ 378 Abs. 1 AO) schuldig (BFH vom 28.02.1980, Az: V R 118/76, BStBl II 1980, 415). Diesbezüglich hat sich die Rechtsprechung geändert. Nach dem Beschluss des BGH vom 19.08.2009 (Az: 1 StR 206/09, PStR 2009, 223) kann aufgrund des fehlenden materiell-rechtlichen Charakters der Nachweispflichten (vgl. Rz. 95 ff.) eine Verurteilung wegen **Hinterziehung** von Umsatzsteuer **nicht allein darauf gestützt** werden, dass der Unternehmer den ihm obliegenden **Nachweispflichten** nach §§ 8 ff. UStDV bzw. §§ 17 a ff. UStDV nicht entsprochen hat. Der BGH verweist ausdrücklich auf die Rechtsprechung des BFH zur i. g. Lieferung (vgl. BFH vom 08.11.2007, Az: V R 72/05, BStBl II 2009, 55) und auf die geänderte Rechtsprechung zur Ausfuhrlieferung (vgl. BFH vom 28.05.2009, Az: V R 23/08, BStBl II 2010, 517; vgl. Rn. 83 ff.) und den Umstand, dass auch bei Verstoß gegen die Nachweisverpflichtungen Steuerfreiheit aufgrund der objektiven Beweislage eintreten kann. 93

2.11.1.2 Neuregelungen ab 2012

94 Durch Art. 1 Nr. 1, 2 und 3 der **Zweiten Verordnung zur Änderung steuerlicher Verordnungen** vom 02.12.2011 (BGBl I 2011, 2416) wurden die §§ 9 bis 11, 13 und 17 UStDV, die die Ausgestaltung der nach § 6 Abs. 4 S. 1 UStG erforderlichen Nachweise regeln, neu gefasst. Die Neufassung tritt am 01.01.2012 in Kraft (Art. 3 Abs. 2 der Verordnung). Für bis zum 31.03.2012 ausgeführte Ausfuhrlieferungen wird es nicht beanstandet, wenn der beleg- und buchmäßige Nachweis der Voraussetzungen der Steuerbefreiung noch auf der Grundlage der bis zum 31.12.2011 geltenden Rechtslage geführt wird (vgl. BMF vom 09.12.2011, Az: IV D 3 – S 7141/11/10003, BStBl I 2011, 1287). Ausweislich der Verordnungsbegründung (vgl. BR-Drucks. 628/11 vom 13.10.2011, 10) dient die Änderung der UStDV insbesondere der Anpassung der Nachweispflichten an die seit 01.07.2009 bestehende EU-einheitliche Pflicht zur Teilnahme am elektronischen Ausfuhrverfahren. Mit BMF-Schreiben vom 06.02.2012 (Az: IV D 3 – S 7134/12/10001, DStR 2012, 414) wurde der UStAE inhaltlich an die Neufassung der UStDV angepasst (zuvor Aufforderung zur Stellungnahme an die Verbände mit BMF-Schreiben vom 09.12.2011, Az: IV D 3 – S 7141/11/10003).

95 Im Gegensatz zu den bisherigen Regelungen der UStDV, bei denen zwar der Grundsatz der Nachweisverpflichtung als Mussvorschrift ausgestaltet war (vgl. § 8 UStDV), die Einzelheiten jedoch in Form von Sollvorschriften geregelt waren (vgl. z. B. § 9 Abs. 1 UStDV a. F.), enthalten die **neuen Regelungen** durchweg **Mussvorschriften**. Der Unternehmer »hat« den Nachweis durch »folgenden Beleg« zu führen, der »folgende Angaben zu enthalten hat«. Ausweislich der Verordnungsbegründung (vgl. BR-Drucks. 628/11 vom 13.10.2011, 13, 15) wird hierdurch lediglich die bisherige Auslegung der Vorschrift in die Rechtsverordnung übernommen. Der geänderte UStAE enthält die Möglichkeit, den Ausfuhrnachweis in »besonders begründeten Einzelfällen« auch abweichend von §§ 9 bis 11 UStDV n. F. zu führen (vgl. Abschn. 6.5 Abs. 1 S. 5 und 6 UStAE). Gleiches soll für den Buchnachweis gelten (vgl. Abschn. 6.10 Abs. 4 UStAE). Solange diese besonders begründeten Einzelfälle nicht näher definiert sind, sollte man hier eine gesunde Vorsicht walten lassen.

96 Durch Art. 4 der **Verordnung zum Erlass und zur Änderung steuerlicher Verordnungen** (vom 11.12.2012, BGBl I 2012, 2637) werden § 9 Abs. 2 UStDV und § 10 Abs. 2 UStDV erneut geändert. Die Änderungen treten nach Art. 9 Abs. 1 der Verordnung am Tag nach der Verkündung in Kraft (= 20.12.2012). Betroffen ist die Ausfuhr von Fahrzeugen.

2.11.1.3 Materiell-rechtlicher Charakter der Nachweise

97 Buch- und Belegnachweis galten nach früherer Verwaltungsauffassung (vgl. Abschn. 131 Abs. 1 S. 1 UStR 2008 und Abschn. 136 Abs. 1 S. 1 UStR 2008) und Rechtsprechung als **materiell-rechtliche Voraussetzungen** für die Steuerbefreiung (vgl. BFH vom 28.02.1980, Az: V R 118/76, BStBl II 1980, 415).

98 Mit Urteil vom 19.05.2008 (Az: 16 K 177/06, EFG 2008, 1500) hat das Niedersächsische FG entschieden, die durch den BFH zu den Nachweisverpflichtungen bei i. g. Lieferungen entwickelten Grundsätze (vgl. § 6a Rn. 85 ff.) auch auf die Nachweisverpflichtungen bei Ausfuhrlieferungen anzuwenden (Revisionsaktenzeichen: V R 23/08, vgl. nachstehend). Im Urteilsfall wurde der Buchnachweis über Ausfuhrlieferungen nicht zeitnah geführt, sondern wurden erst im Klageverfahren entsprechende Aufstellungen erstellt und vorgelegt, in denen in tabellarischer Form die einzelnen Ausfuhrlieferungen mit den erforderlichen Angaben aufgelistet und die Ausfuhrbelege beigefügt waren. Unstreitig war, dass die vorgelegten Unterlagen die Anforderungen an den Buchnachweis grundsätzlich erfüllten. Nach Auffassung des FA sollte es jedoch schädlich sein, dass die Aufstellungen erst verspätet erstellt wurden und zudem nicht ausreichend mit der Buchführung verzahnt waren. Das FG verweist in seiner Entscheidung auf das zur i. g. Lieferung ergangene Urteil des BFH vom 06.12.2007 (Az: V R 59/03, BStBl BStBl II 2009, 57) und wendet diese Rechtsprechung auch auf Ausfuhrlieferungen an. Die gesetzlichen Regelungen in § 6 Abs. 4

UStG und § 6a Abs. 3 UStG, ebenso wie die entsprechenden Vorschriften der UStDV, seien parallel, teilweise wortidentisch aufgebaut. Zudem habe die bisherige Rechtsprechung keine unterschiedlichen Anforderungen in formeller Hinsicht an den Beleg- und Buchnachweis gestellt, sodass die Rechtsprechung zu § 6a UStG insoweit auch auf § 6 UStG anwendbar sei.

Mit Urteil vom 28.05.2009 (Az: V R 23/08, BStBl II 2010, 517; vgl. FG Berlin-Brandenburg vom 18.02.2014, Az: 5 K 5235/12, EFG 2014, 1045 zur nachträglichen Ergänzung sowohl des Beleg- als auch des Buchnachweises, nachgehend BFH vom 28.08.2014, Az: V R 16/14, BStBl II 2015, 46) gibt der BFH die bisherige Beurteilung der Nachweispflichten als materiell-rechtliche Voraussetzung der Steuerbefreiung auf. Der BFH bezieht sich dabei auf die Grundsätze des EuGH-Urteils vom 27.09.2007 (Rs. C-146/05 Collée, BStBl II 2009, 78) und die Folgeentscheidungen (vgl. BFH vom 08.11.2007, Az: V R 72/05, BStBl II 2009, 55 und BFH vom 06.12.2007, Az: V R 59/03, BStBl II 2009, 57). Nach diesen Entscheidungen sind die Nachweisverpflichtungen bei i. g. Lieferungen keine materiell-rechtliche Voraussetzung der Steuerbefreiung und kann trotz Nichterfüllung der Nachweisverpflichtungen Steuerfreiheit eintreten, wenn aufgrund der objektiven Beweislage feststeht, dass die Voraussetzungen einer i. g. Lieferung vorliegen. Diese Grundsätze sind wegen der rechtssystematischen Gemeinsamkeiten zwischen § 6 und § 6a UStG auch im Bereich der Ausfuhrlieferungen zu berücksichtigen. Der Buchnachweis muss grundsätzlich bis zu dem Zeitpunkt vorliegen, zu dem der Unternehmer die Voranmeldung für den Voranmeldungszeitraum der Ausfuhrlieferung abzugeben hat. Danach kann der Unternehmer die buchmäßigen Aufzeichnungen nicht mehr erstmals führen, sondern nur noch berichtigen oder ergänzen. Derartige Korrekturen sind unter den Bedingungen, die auch für Rechnungsberichtigungen gelten, zulässig (Gefährdung des Steueraufkommens/Beeinträchtigung der Steuererhebung). Verfahrensrechtlich sind solche Korrekturen bis zum Schluss der letzten mündlichen Verhandlung vor dem FG möglich. Daneben tritt Steuerfreiheit auch dann ein, wenn zwar die Nachweisverpflichtungen nicht erfüllt werden, es aber aufgrund der objektiven Beweislage feststeht, dass die Voraussetzungen der Ausfuhrlieferung vorliegen. 99

In Abschn. 6.5 Abs. 1 UStAE und Abschn. 6.10 Abs. 1 UStAE verweist die Verwaltung im Unterschied zu früheren Richtlinienfassungen dementsprechend auch nicht mehr auf den materiell-rechtlichen Charakter der Nachweisverpflichtungen, vgl. die Kommentierung zu § 6a, Rz. 112). 100

Das Urteil des BFH vom 19.03.2015, Az: V R 14/14, BStBl II 2015, 912, ergangen zu den Nachweisverpflichtungen bei i.g. Lieferungen, dürfte aufgrund der rechtssystematischen Gemeinsamkeiten auch Auswirkungen auf die Nachweisverpflichtungen bei Ausfuhrlieferungen entfalten (vgl. § 6a, Rz. 112). 101

Fazit: 102

Der BFH geht zwar nicht mehr vom materiell-rechtlichen Charakter der in den §§ 8 ff. UStDV geforderten Nachweise aus, dies ändert jedoch letztlich nichts an dem Umstand, dass der Unternehmer in der Lage sein muss, den Nachweis der Voraussetzungen der Steuerfreiheit anzutreten. Zwar besteht nach der Rechtsprechung die Möglichkeit, auch bei zunächst Nichterfüllung der Nachweisverpflichtungen die Steuerfreiheit zu erlangen, dies setzt aber das Vorliegen einer Ausfuhrlieferung nach der objektiven Beweislage voraus. Für die Schaffung dieser objektiven Beweislage trägt der Unternehmer die Beweislast, sodass im Ergebnis wiederum er in der Pflicht steht. Im Nachhinein könnte sich eine Beweisführung als erheblich schwieriger erweisen als bei zeitnaher Erfüllung.

2.11.2 Belegnachweis (Ausfuhrpapiere)

2.11.2.1 Allgemeines

103 §§ 8–11 UStDV regeln den Ausfuhrnachweis. Die Vorschriften wurden durch Art. 1 Nr. 1, 2 und 3 der Zweiten Verordnung zur Änderung steuerlicher Verordnungen vom 02.12.2011 (BGBl I 2011, 2416) neu gefasst und enthalten nunmehr durchweg hinsichtlich der Nachweise **Mussvorschriften**. In besonders begründeten Ausnahmefällen lässt die Verwaltung abweichende Nachweise zu (vgl. Abschn. 6.5 Abs. 1 S. 6 UStAE).

104 Der Ausfuhrnachweis kann durch den Unternehmer noch bis zur letzten mündlichen Verhandlung vor dem Finanzgericht über eine gegen die ursprüngliche Steuerfestsetzung oder einen Berichtigungsbescheid gerichtete Klage geführt werden (vgl. BFH vom 28.02.1980, Az: V R 118/76, BStBl II 1980, 415 und Abschn. 6.5 Abs. 3 S. 1 UStAE), es sei denn, das Finanzgericht hat für die Vorlage eine Ausschlussfrist gesetzt.

105 Beansprucht der Unternehmer die Steuerbefreiung ohne im Besitz eines Ausfuhrbelegs zu sein, muss er dies der Finanzverwaltung bei Abgabe der Voranmeldung offenlegen (vgl. BMF vom 12.08.2014, Az: IV D 3 – S 7133/14/10001, BStBl I 2014, 1202, Tz. 3.4).

106 Aus den Ausfuhrbelegen muss sich eindeutig und leicht nachprüfbar ergeben, dass der Gegenstand der Lieferung durch den Unternehmer oder den Abnehmer in das Drittlandsgebiet befördert oder versendet wurde (vgl. § 8 Abs. 1 UStDV) und ob vor der Ausfuhr eine Be- oder Verarbeitung i. S. d. § 6 Abs. 1 S. 2 UStG erfolgte (vgl. § 8 Abs. 2 UStDV).

107 Den Nachweis muss der Unternehmer im Geltungsbereich des Gesetzes durch in seinem Besitz befindliche Belege führen (geändert durch die Verordnung zur Änderung steuerlicher Verordnungen und weiterer Vorschriften, vgl. Rz. 10). Zur Nachprüfbarkeit der Angaben im Geltungsbereich des UStG vgl. Abschn. 6.5 Abs. 2 S. 1 und 2 UStAE.

108 Die Ausfuhrbelege unterliegen der Aufbewahrungspflicht des § 147 Abs. 1 i. V. m. Abs. 3 S. 1 AO von zehn Jahren. Die Aufbewahrungsfrist kann sich nach § 147 Abs. 3 S. 3 AO verlängern, soweit und solange die Unterlagen für Steuern von Bedeutung sind, für welche die Festsetzungsfrist noch nicht abgelaufen ist.

109 Zur Möglichkeit der **elektronischen Übermittlung** bestimmter Ausfuhrbelege vgl. BMF vom 06.01.2014 (Az: IV D 3 – S 7156/13/10001, BStBl I 2014, 152) sowie Abschn. 6.6 Abs. 7 S. 2 Nr. 2 S. 2 und 3 UStAE (Beförderung des Liefergegenstandes in Freizonen des Kontrolltyps I/Freihäfen), Abschn. 6.7 Abs. 1a S. 10 und 11 UStAE (Versendungsbelege), Abschn. 6.7 Abs. 2 S. 3 und 4 UStAE (Spediteursbescheinigung), Abschn. 6.8 Abs. 3 UStAE (Be- und Verarbeitungsfälle) sowie Abschn. 6.9 Abs. 9 S. 3 und 4 UStAE (Versendung durch Auslieferer). Die Regelungen sind grundsätzlich auf nach dem 31.12.2013 ausgeführte Umsätze anzuwenden.

2.11.2.2 Vertrauensschutz

110 Der Ausfuhrnachweis kann nicht durch **gefälschte Belege** geführt werden, der leistende Unternehmer trägt damit das Ausfallrisiko (vgl. Dziadkowski, UVR 2002, 73). Das gilt selbst dann, wenn die Fälschung nicht ohne weiteres zu erkennen war. Aus einem gefälschten Beleg ergibt sich nicht eindeutig und leicht nachweisbar, dass eine Beförderung oder Versendung in das Drittlandsgebiet erfolgt ist, denn ein gefälschter Beleg hat keine positive Aussagekraft und kann damit nicht als Nachweis dienen (vgl. FG Köln vom 25.08.2005, Az: 6 K 494/05, EFG 2006, 143; vgl. FG Nürnberg vom 10.07.2007, Az: II 196/2004, DStRE 2008, 232, NZB V B 179/07 – Durch Ausfuhrbelege, auf denen die Zollstempel mithilfe von Computertechnik gefälscht wurden, kann eine Ausfuhrlieferung nicht nachgewiesen werden, auch wenn die Fälschungen nicht zu erkennen waren [zusätzlich war auch der tatsächliche Abnehmer zweifelhaft; Adressen nicht existent, Firmen nicht existent]. Kein Vertrauensschutz vergleichbar § 6a Abs. 4 UStG für Ausfuhrlieferungen. Wegen

einer evtl. Billigkeitsmaßnahme verweist das FG auf den Vorlagebeschluss V R 7/03 [Netto Supermarkt; vgl. nachstehend] und vorsorglich darauf, dass es zweifelhaft sei, ob das sorgfältige Handeln eines ordentlichen Kaufmanns vorliegt, wenn offenbar die Identität der Leistungsempfänger nicht überprüft wurde.). Der BFH hat mit Beschluss vom 26.03.2009 (Az: V B 179/07 (NV), BFH/NV 2009, 1477) die NZB abgewiesen, da die Rechtslage durch das zwischenzeitlich ergangene Urteil vom 30.07.2008 (Az: V R 7/03, BStBl II 2010, 1075 – Folgeurteil zu Netto-Supermarkt, vgl. nachstehend) geklärt sei.

Eine dem § 6a Abs. 4 UStG vergleichbare Vertrauensschutzregelung kennt § 6 UStG nicht. **111** Schon nach der bisherigen Rechtsprechung des BFH wurde eine analoge Anwendung der Vorschrift für den Bereich der Ausfuhrlieferung abgelehnt (vgl. BFH vom 06.05.2004, Az: V B 101/03, BStBl II 2004, 748 und BFH vom 19.11.2009, Az: V R 8/09 (NV), BFH/NV 2010, 1141). Damit lastet das Ausfallrisiko grundsätzlich auf dem leistenden Unternehmer.

Dieses Problem erkennend hat der BFH die Frage eines evtl. Vertrauensschutzes mit Vor- **112** lagebeschluss vom 02.03.2006 (Az: V R 7/03, BStBl II 2006, 672) dem EuGH als Rs. C-271/06 Netto Supermarkt GmbH & Co. OHG) zur Vorabentscheidung vorgelegt: »Stehen die gemeinschaftsrechtlichen Regelungen über die Steuerbefreiung bei Ausfuhren in ein Drittland einer Gewährung der Steuerbefreiung im Billigkeitswege durch den Mitgliedstaat entgegen, wenn zwar die Voraussetzungen der Befreiung nicht vorliegen, der Steuerpflichtige deren Fehlen, aber auch bei Beachtung der Sorgfalt eines ordentlichen Kaufmanns nicht erkennen konnte?« Dem Sachverhalt nach ging es in diesem Verfahren darum, dass durch Staatsbürger eines Drittlandes liegen gebliebene Kassenbons auf Parkplätzen, in Einkaufskörben und Papierkörben eingesammelt und aus diesen sowie teilweise gefälschten Vordrucken und gefälschten Zollstempeln Ausfuhrnachweise gefertigt wurden, mithilfe derer anschließend die Klägerin zur Erstattung der Umsatzsteuer veranlasst wurde (§ 6 Abs. 3a UStG, Ausfuhr im nichtkommerziellen Reiseverkehr). Bei einer durch die Klägerin veranlassten Überprüfung durch den Zoll wurden die Fälschungen entdeckt. Das Finanzamt erhob daraufhin die Umsatzsteuer mangels Ausfuhrnachweises nach. Die dagegen erhobene Klage hatte keinen Erfolg (Vorinstanz: FG Mecklenburg-Vorpommern vom 01.10.2002, Az: 2 K 375/00, Haufe-Index 912199).

Mit **Urteil vom 21.02.2008 hat der EuGH** die Vorlagefrage des BFH entschieden (Rs. C-271/06, **113** **Netto Supermarkt**, UR 2008, 508). Der EuGH kommt zu dem Ergebnis, dass Art. 15 Nr. 2 der 6. EG-RL (Art. 146 Abs. 1 Buchst. b und Art. 147 der MwStSystRL) der Steuerbefreiung einer Ausfuhrlieferung nicht entgegensteht, wenn zwar die Voraussetzungen für eine derartige Befreiung nicht vorliegen, der Steuerpflichtige dies aber auch bei Beachtung der Sorgfalt eines ordentlichen Kaufmanns infolge der Fälschung des vom Abnehmer vorgelegten Nachweises der Ausfuhr nicht erkennen konnte **(Vertrauensschutz)**. Der EuGH stützt seine Entscheidung auf die Beachtung der **allgemeinen Rechtsgrundsätze** der Gemeinschaftsrechtsordnung wie die Grundsätze der **Rechtssicherheit**, der **Verhältnismäßigkeit** sowie des **Vertrauensschutzes**. Insbesondere weist der EuGH darauf hin, dass im Mehrwertsteuersystem der Unternehmer letztlich als Steuereinnehmer für Rechnung des Staates fungiert (Steuerschuldner), der eigentliche wirtschaftliche Steuerträger jedoch der Endverbraucher ist. Zwar seien hohe Anforderungen zur Vermeidung von Steuerhinterziehung grundsätzlich gerechtfertigt, die **Risikoverteilung zwischen Unternehmer und Finanzverwaltung** aufgrund eines von einem Dritten begangenen Betrugs müsse jedoch dem Grundsatz der Verhältnismäßigkeit folgen. Unverhältnismäßig ist es jedenfalls, wenn der Unternehmer auch in Fällen betrügerischer Machenschaften Dritter, an denen er nicht beteiligt ist und auf die er keinen Einfluss hat, den Steuerausfall aufzubürden. Wichtige Kriterien für das nachträgliche Heranziehen des Unternehmers zur Umsatzsteuer sind daher, dass der **Unternehmer gutgläubig** war, dass er **alle ihm zu Gebote stehenden zumutbaren Maßnahmen** ergriffen hat und dass seine Beteiligung an einem Betrug ausgeschlossen ist.

114 Die Entscheidung des EuGH stärkt sicherlich die Rechtsposition des Steuerpflichtigen, darf m. E. jedoch hinsichtlich ihrer unmittelbaren Auswirkungen in der Praxis auch nicht überbewertet werden. Zunächst bleibt festzuhalten, dass es in diesem Verfahren nicht um die Frage ggf. als überbordend empfundener Nachweisverpflichtungen geht. Ob mit oder ohne Vertrauensschutz, die Nachweisverpflichtungen sind nach wie vor zu erfüllen, und dies möglichst akkurat. Der EuGH weist ausdrücklich auf die hohen Anforderungen im Kampf gegen die Steuerhinterziehung hin, ebenso darauf, dass der ordentliche und sorgfältige Kaufmann alle ihm zu Gebote stehenden Maßnahmen ergreifen müsse. Dies unterstellt, kommt er zum Ergebnis, dass dann der Betrug eines Dritten dem Unternehmer nicht angelastet werden kann bzw. unter Vertrauensschutzaspekten zu beurteilen sei. Es ist leicht zu ersehen, dass bereits in den genannten Grundvoraussetzungen mehr als genug Streitpotenzial liegt. Die Entscheidung ändert auch nichts an dem Umstand, dass § 6 UStG keine dem § 6a Abs. 4 UStG vergleichbare gesetzliche Regelung hinsichtlich des Vertrauensschutzes enthält.

115 Mit Urteil vom 30.07.2008 (Az: V R 7/03, BStBl II 2010, 1075 – Nachfolgentscheidung zu Netto-Supermarkt) schließt sich der BFH der Beurteilung durch den EuGH im Urteil vom 21.02.2008 (UR 2008, 508) an. Demnach kann nach den allgemeinen Grundsätzen der Verhältnismäßigkeit und des Vertrauensschutzes die Steuerfreiheit einer Ausfuhrlieferung nicht versagt werden, wenn der liefernde Unternehmer die Fälschung des Ausfuhrnachweises, die der Abnehmer ihm vorlegt, auch bei **Beachtung der Sorgfalt eines ordentlichen Kaufmanns** nicht erkennen konnte (zur Überprüfung der Richtigkeit eines Zollstempels vgl. FG München vom 24.04.2008, Az: 14 K 4628/05, EFG 2009, 525 unter II.2.; Revisionsentscheidung: BFH vom 19.11.2009, Az: V R 8/09 (NV), BFH/NV 2010, 1141; zu gefälschten Zollstempeln/AdV-Verfahren vgl. FG Berlin-Brandenburg vom 04.06.2013, Az: 5 V 5022/13, EFG 2014, 73).

116 Zur Sorgfalt eines ordentlichen Kaufmanns gehört auch bei Ausfuhrlieferungen die formell vollständige Führung des Buch- und Belegnachweises. Das Merkmal »Sorgfalt des ordentlichen Kaufmanns« ist bei den §§ 6, 6a UStG einheitlich auszulegen (vgl. BFH, Beschluss vom 29.03.2016, Az: XI B 77/15 (NV), BFH/NV 2016, 1181, Rz. 15–18, 29, Abweisung NZB; Vorinstanz: FG München, Urteil vom 09.06.2015, Az: 14 K 3247/12, EFG 2015, 1987 – Inhalt: gefälschte Zollstempel, Zurechnung Erfüllungsgehilfe/Gutgläubigkeit, fehlender Buchnachweis aufgrund mangelhafter Angaben zum Liefergegenstand sowie zum Entgelt nach § 13 Abs. 2 Nr. 1 und Nr. 4 UStDV). Vgl. die Kommentierung zu § 6a UStG Rz. 182 ff.

117 Im nationalen Recht erfolgt die Umsetzung verfahrensrechtlich jedoch nicht im Steuerfestsetzungsverfahren, sondern ist nach den §§ 163, 227 AO im Billigkeitsverfahren zu berücksichtigen. Beruft sich der Steuerpflichtige bereits im Festsetzungsverfahren auf Vertrauensschutzgesichtspunkte, wird das Ermessen der Finanzverwaltung regelmäßig dahin gehend auszuüben sein, dass die Entscheidung über die abweichende Festsetzung aus Billigkeitsgründen mit der Steuerfestsetzung zu verbinden ist (§ 163 S. 3 AO). Hat der Steuerpflichtige alle ihm zu Gebote stehenden zumutbaren Maßnahmen ergriffen, ist das Verwaltungsermessen hinsichtlich der Gewährung einer Billigkeitsmaßnahme auf Null reduziert (vgl. nunmehr auch Abschn. 6.5 Abs. 6 UStAE). Zur Vertrauensschutzproblematik vgl. Weber in NWB 41/2014, 3076 ff.

118 **Fazit:**

Auch die Folgeentscheidung des BFH zu Netto-Supermarkt sollte den Unternehmer nicht hinsichtlich seiner Verpflichtungen blenden. Zunächst ändert die Entscheidung nichts an den bestehenden Nachweisverpflichtungen. Eröffnet wird lediglich die Möglichkeit einer Billigkeitsmaßnahme, die für den Unternehmer das bisher einseitige Risiko verringert. Um aber in den Genuss dieser Billigkeitsmaßnahme zu gelangen, muss der Unternehmer »alle ihm zu Gebote stehenden Maßnahmen« ergriffen haben. Was im Einzelnen darunter zu verstehen ist, bleibt der Fantasie des Betrachters anheimgestellt. Es besteht mithin das erhebliche Risiko, dass die Verwaltung auf dieser Ebene eine neue Spielwiese der Anforderungen entdeckt und es in zukünftigen Verfahren folglich zunehmend darum gehen wird, was dem Unternehmer diesbezüglich zumutbar ist. Auch der BFH weist schon mit der Rückverweisung darauf hin, dass die Zeiträume eine gewisse Rolle spielen können, ebenso sprunghaftes Ansteigen von Ausfuhrerstattungen, bis hin zu Rechtschreibfehlern auf Ausfuhrbelegen. Das Urteil des FG Nürnberg vom 10.07.2007 (DStRE 2008, 232) weist zusätzlich auf die Überprüfung von Angaben wie beispielsweise dem Abnehmer hin. Zusammenfassend kann gesagt werden, dass die momentane Rechtsprechungsentwicklung für den Unternehmer zwar einen Lichtblick beinhaltet, aber keinen Anlass zu leichtfertigem Umgang mit der Materie bietet. Zu Vertrauensschutz-Überlegungen im Zusammenhang mit der aktuellen Rechtsprechung des EuGH vgl. Stapperfend, UR 2013, 312 ff.

TIPP
Steuerberater sollten im Hinblick auf die Informationspflicht gegenüber ihren Mandanten diese möglichst schriftlich über die formellen Anforderungen von USt-Vergünstigungen informieren.

2.11.2.3 Inhaltliche Angaben

Einzelheiten zu Inhalt und Form des Ausfuhrnachweises enthalten: § 9 UStDV (Ausfuhrnachweis bei Ausfuhrlieferungen in Beförderungsfällen; vgl. Abschn. 6.6 UStAE), § 10 UStDV (Ausfuhrnachweis bei Ausfuhrlieferungen in Versendungsfällen; vgl. Abschn. 6.7 UStAE) und § 11 UStDV (Ausfuhrnachweis bei Ausfuhrlieferungen in Bearbeitungs- und Verarbeitungsfällen; vgl. Abschn. 6.8 UStAE). Zur Mitwirkung der Zolldienststellen bei dem Ausfuhrnachweis vgl. BMF vom 16.10.1997, Az: IV C 4 - S 7134 - 78/97, UR 1998, 37 und Abschn. 6.6 Abs. 4 UStAE. 119

2.11.2.3.1 Ausfuhrnachweis in Beförderungsfällen

§ 9 Abs. 1 UStDV n. F. unterscheidet grundsätzlich zwischen Ausfuhranmeldungen im elektronischen Verfahren (vgl. § 9 Abs. 4 UStDV n. F.) und anderen Ausfuhranmeldungen. 120

Bei **Ausfuhranmeldung im elektronischen Verfahren** (vgl. § 9 Abs. 1 S. 1 Nr. 1 UStDV n. F.) hat der Unternehmer den Ausfuhrnachweis durch den von der zuständigen Ausfuhrzollstelle auf elektronischem Wege übermittelten Ausgangsvermerk zu führen. Ebenfalls als Ausfuhrnachweis anerkannt wird nach § 9 Abs. 1 S. 2 UStDV ein von der Ausfuhrzollstelle elektronisch übermittelter Alternativ-Ausgangsvermerk (vgl. Abschn. 6.6 UStAE mit weiteren Einzelheiten und Ausnahmefällen). Zu Sonderformen des Ausgangsvermerks vgl. Abschn. 6.7a UStAE. Zum ATLAS-Verfahren vgl. Rz. 137 ff. 121

Bei allen **anderen Ausfuhranmeldungen** muss der Ausfuhrnachweis durch einen Beleg geführt werden, der nach § 9 Abs. 1 S. 1 Nr. 2 UStDV die folgenden Angaben enthalten muss: Name und Anschrift des liefernden Unternehmers, Menge und handelsübliche Bezeichnung des ausgeführten Gegenstands, Ort und Tag der Ausfuhr sowie eine Ausfuhrbestätigung der Grenzzollstelle eines Mitgliedstaates, die den Ausgang aus dem Gemeinschaftsgebiet überwacht (vgl. Abschn. 6.6 UStAE mit weiteren Einzelheiten und Ausnahmefällen). 122

In Fällen der Ausfuhr im gemeinsamen oder gemeinschaftlichen Versandverfahren oder mit Carnets TIR wird, wenn diese Verfahren nicht an einer Grenzzollstelle beginnen, die Bestätigung der Grenzzollstelle (vgl. § 9 Abs. 1 S. 1 Nr. 2 Buchst. d UStDV) durch eine Ausfuhrbestätigung der Abgangsstelle ersetzt (vgl. § 9 Abs. 3 S. 1 UStDV n. F. und Abschn. 6.6 Abs. 1 Nr. 2 und Abs. 2 UStAE). 123

Zum Nachweis in Fällen der **Werklieferung** an einem beweglichen Gegenstand, z. B. Einbau eines Austauschmotors, vgl. Abschn. 6.6 Abs. 5 UStAE. Zu **Sonderfällen** wie z. B. Ausfuhr im Reiseverkehr, durch Kurier- und Poststellen des Auswärtigen Amtes, durch Transportmittel der Bundeswehr oder der Stationierungstruppen vgl. Abschn. 6.6. Abs. 6 UStAE. Zur Beförderung in Freihäfen vgl. Abschn. 6.6. Abs. 7 UStAE. 124

Neu aufgenommen durch die Zweite Verordnung zur Änderung steuerlicher Verordnungen (vgl. Rz. 75) wurde in § 9 Abs. 2 UStDV eine Regelung zur Ausfuhr von für den **Straßenverkehr** 125

zugelassenen Fahrzeugen. In diesen Fällen muss der Ausfuhrbeleg nach § 9 Abs. 1 UStDV auch die Fahrzeug-Identifikationsnummer i. S. d. § 6 Abs. 5 Nr. 5 der Fahrzeug-Zulassungsverordnung enthalten (vgl. § 9 Abs. 2 S. 1 Nr. 1 UStDV) und der Unternehmer muss zusätzlich über eine Bescheinigung über die Zulassung, die Verzollung oder die Einfuhrbesteuerung im Drittland verfügen (vgl. § 9 Abs. 2 S. 1 Nr. 2 UStDV). Für Fälle der Ausfuhr mit einem Ausfuhrkennzeichen regelt § 9 Abs. 2 S. 2 UStDV eine Ausnahme. Ausweislich der Verordnungsbegründung (vgl. BR-Drucks. 628/11 vom 13.10.2011, 14) stellt die Regelung die Überführung der bisherigen Verwaltungsmeinung in eine gesetzliche Regelung dar, um auf diesem Wege der entgegenstehenden Rechtsprechung des BFH den Boden zu entziehen.

126 Durch Art. 4 der **Verordnung zum Erlass und zur Änderung steuerlicher Verordnungen** (vom 11.12.2012, BGBl I 2012, 2637) wurde § 9 Abs. 2 UStDV m. W. **ab dem 20.12.2012** erneut geändert (Anwendungsbereich nunmehr: Fahrzeuge, die zum bestimmungsgemäßen Gebrauch im Straßenverkehr einer Zulassung bedürfen). Ausweislich der Gesetzesbegründung (vgl. BR-Drucks. 603/12 vom 10.10.2012, 42) soll durch die Änderung bewirkt werden, dass insbesondere bei der Ausfuhr von nicht zugelassenen (Neu-) Fahrzeugen, die auf einem Autotransporter oder per Bahn oder Schiff ins Drittlandsgebiet befördert oder versendet werden, keine zusätzlichen Nachweispflichten auftreten. Die Verwaltung hat mit BMF-Schreiben vom 26.04.2013 (Az: IV D 3 – S 7134/12/10002, BStBl II 2013, 714) den UStAE entsprechend angepasst und in Abschn. 6.6 einen neuen Abs. 4a eingefügt (vgl. Abschn. 6.6 Abs. 6 S. 2 UStAE zur Nichtbescheinigung durch amtliche Stellen der BRD im Bestimmungsland). Zu weiteren Einzelheiten vgl. Huschens, NWB 2012, 4145 ff.

127 Zur Erforderlichkeit einer Bescheinigung über die Zulassung, die Verzollung oder die Einfuhrbesteuerung (§ 9 Abs. 2 S. 1 Nr. 2 UStDV) neben dem Ausgangsvermerk/Alternativ-Ausgangsvermerk vgl. FinMin Schleswig-Holstein vom 12.01.2016, USt-Kurzinformation 2016 Nr. 1, DStR 2016, 1474.

2.11.2.3.2 Ausfuhrnachweis in Versendungsfällen

128 Auch in § 10 Abs. 1 UStDV erfolgt eine grundsätzliche Unterscheidung zwischen einer **Ausfuhranmeldung im elektronischen Ausfuhrverfahren** und anderen Ausfuhranmeldungen.

129 Bei Ausfuhranmeldung im elektronischen Verfahren (vgl. § 9 Abs. 4 UStDV) muss der Unternehmer den Ausfuhrnachweis mittels des Ausgangsvermerks führen (vgl. § 10 Abs. 1 S. 1 Nr. 1 UStDV; ebenfalls anerkannt werden kann nach § 10 Abs. 1 S. 2 UStDV der Alternativ-Ausgangsvermerk; vgl. Abschn. 6.7 Abs. 1 UStAE). Zu Sonderformen des Ausgangsvermerks vgl. Abschn. 6.7a UStAE. Zum ATLAS-Verfahren vgl. Rz. 137 ff.

130 Eine Sonderregelung enthält § 10 Abs. 3 UStDV für Fälle der elektronischen Ausfuhranmeldung, in denen es dem Unternehmer nicht möglich oder nicht zumutbar ist, den Ausfuhrnachweis durch einen Ausgangsvermerk oder Alternativ-Ausgangsvermerk nach § 10 Abs. 1 S. 1 Nr. 1 UStDV zu führen. In diesen Fällen kann der Ausfuhrnachweis auch nach § 10 Abs. 1 S. 1 Nr. 2 UStDV geführt werden, wobei der Beleg zusätzlich die Versendungsbezugsnummer der Ausfuhranmeldung ([Movement] Master Reference Number – MRN; Anpassung durch die Vierte Verordnung zur Änderung steuerlicher Verordnungen, vgl. Rz. 12) enthalten muss. Nach Abschn. 6.7 Abs. 2a UStAE sind hiervon insbesondere Fälle betroffen, in denen ein anderer als der liefernde Unternehmer die Ausfuhr elektronisch anmeldet.

131 Bei allen **anderen Ausfuhranmeldungen** muss der Unternehmer den Ausfuhrnachweis nach § 10 Abs. 1 S. 1 Nr. 2 UStDV führen (Ausnahmeregelung vgl. § 10 Abs. 4 UStDV sowie Abschn. 6.7 Abs. 3 UStAE). In Betracht kommen nach § 10 Abs. 1 S. 1 Nr. 2 Buchst. a UStDV hierfür Versendungsbelege (insbesondere handelsrechtlicher Frachtbrief, Konnossement, Einlieferungsschein im Postverkehr (zur ggf. begrenzten Aussagekraft eines derartigen Einlieferungsscheines vgl. Urteil des FG Berlin-Brandenburg vom 11.01.2017, Az: 7 K 7104/15, rkr., DStRE 2017, 1445); weitere Einzelheiten vgl. Abschn. 6.7 Abs. 1a UStAE). Neu ist insoweit das Erfordernis, dass der

handelsrechtliche Frachtbrief vom Auftraggeber des Frachtführers unterzeichnet sein muss. Auch an dieser Stelle wird eine bisherige Verwaltungsauffassung (vgl. BMF vom 05.05.2010, Az: IV D 3 – S 7141/08/10001, BStBl I 2010, 508, Rz. 36), die mittlerweile durch den BFH abschlägig beschieden wurde (vgl. BFH vom 17.02.1011, Az: V R 28/10 (V), BFH/NV 2011, 1448), in eine gesetzliche Regelung überführt (vgl. BR-Drucks. 628/11 vom 13.10.2011, 15).

Ebenfalls in Betracht kommt nach § 10 Abs. 1 S. 1 Nr. 2 Buchst. b UStDV ein anderer handelsüblicher Beleg, insbesondere eine Bescheinigung des beauftragten Spediteurs (zu weiteren Einzelheiten vgl. Abschn. 6.7 Abs. 2 UStAE; zur unvollständigen Ausfuhranmeldung vgl. OFD Magdeburg vom 11.11.2014, Az: S 7131 – 15 – St 242, UR 2015, 167). Dieser Beleg muss die in Doppelbuchst. aa bis gg aufgelisteten Angaben enthalten. Zur Änderung durch die Dritte Verordnung zur Änderung steuerlicher Verordnungen vom 18.07.2016 vgl. Rz. 11. 132

Neu eingefügt durch die Zweite Verordnung zur Änderung steuerlicher Verordnungen (vgl. Rz. 75) wurde in § 10 Abs. 2 UStDV eine dem § 9 Abs. 2 UStDV entsprechende Regelung zur Ausfuhr von für den **Straßenverkehr zugelassenen Fahrzeugen** (vgl. Rz. 123). 133

Durch Art. 4 der **Verordnung zum Erlass und zur Änderung steuerlicher Verordnungen** (vom 11.12.2012, BGBl I 2012, 2637) wird § 10 Abs. 2 UStDV m. W. **ab dem 20.12.2012** erneut geändert. Ausweislich der Gesetzesbegründung (vgl. BR-Drucks. 603/12 vom 10.10.2012, 42) soll durch die Änderung bewirkt werden, dass insbesondere bei der Ausfuhr von nicht zugelassenen (Neu-) Fahrzeugen, die auf einem Autotransporter oder per Bahn oder Schiff ins Drittlandsgebiet befördert oder versendet werden, keine zusätzlichen Nachweispflichten auftreten. Die Verwaltung hat mit BMF-Schreiben vom 26.04.2013 (Az: IV D 3 – S 7134/12/10002, BStBl II 2013, 714) den UStAE entsprechend angepasst und in Abschn. 6.7 einen neuen Abs. 4 eingefügt. Zu weiteren Einzelheiten vgl. Huschens, NWB 2012, 4145 ff. 134

Zur Erforderlichkeit einer Bescheinigung über die Zulassung, die Verzollung oder die Einfuhrbesteuerung (§ 10 Abs. 2 S. 1 Nr. 2 UStDV) neben dem Ausgangsvermerk/Alternativ-Ausgangsvermerk vgl. FinMin Schleswig-Holstein vom 12.01.2016, USt-Kurzinformation 2016 Nr. 1, DStR 2016, 1474. 135

2.11.2.3.3 Ausfuhrnachweis in Be- oder Verarbeitungsfällen

§ 11 UStDV wurde wie die übrigen Vorschriften von einer Sollvorschrift in eine Mussvorschrift umgewandelt, ansonsten jedoch lediglich redaktionell überarbeitet (vgl. BR-Drucks. 628/11 vom 13.10.2011, 16). 136

Der Unternehmer muss in **Bearbeitungs- oder Verarbeitungsfällen** den Ausfuhrnachweis regelmäßig durch einen Beleg i. S. v. §§ 9, 10 UStDV erbringen, der noch zusätzliche Angaben über den Namen und die Anschrift des Beauftragten, die handelsübliche Bezeichnung und die Menge des an den Beauftragten übergebenen oder versendeten Gegenstands, den Tag und den Ort der Entgegennahme des Gegenstands durch den Beauftragten sowie die Bezeichnung des Auftrags und der vom Beauftragten vorgenommenen Be- oder Verarbeitung enthält (zu weiteren Einzelheiten vgl. Abschn. 6.8 Abs. 1 UStAE). Im Fall der Be- oder Verarbeitung durch mehrere Beauftragte haben sich die Angaben auf jeden Beauftragten zu erstrecken (vgl. § 11 Abs. 2 UStDV und zu weiteren Einzelheiten Abschn. 6.8 Abs. 2 UStAE). Zur Möglichkeit der elektronischen Übermittlung vgl. Rz. 107. 137

2.11.2.3.4 Ausfuhrnachweis in Sonderfällen

Wegen **Sonderregelungen** hinsichtlich des Ausfuhrnachweises im Zusammenhang mit 138

- Lieferungen im Freihafen,
- Versendungen nach Grenzbahnhöfen oder Güterabfertigungsstellen,
- Postsendungen,
- Kurierdiensten (vgl. Slapio/Heldt, UR 2009, 185 ff.),

- Druckerzeugnissen,
- Ausfuhranmeldungen im Rahmen der einzigen Bewilligung und
- Abgabe der Ausfuhranmeldung in einem Mitgliedstaat des übrigen Gemeinschaftsgebiets (vgl. BMF vom 19.06.2015, Az: IV D 3 – S 7134/14/10001, BStBl I 2015, 559)

vgl. Abschn. 6.9 UStAE.

2.11.2.3.5 Ausfuhr im ATLAS-Verfahren

139 Besonderheiten ergeben sich durch die Einführung des **elektronischen Ausfuhrverfahrens ATLAS** (**A**utomatisiertes **T**arif- und **L**okales Zoll**a**bwicklungs**s**ystem), mit dem die bisher schriftliche Ausfuhranmeldung durch eine elektronische Ausfuhranmeldung ersetzt wird (zum Zollverfahren vgl. auch Thoma, UStB 2006, 221). Das Verfahren wurde nach einer zweimonatigen Pilotphase **zum 01.08.2006 in den Echtbetrieb** überführt, galt jedoch zunächst nicht für sämtliche Ausfuhren (ausgenommen waren beispielsweise Ausfuhren per Post und Bahn). Für das Führen des Ausfuhrnachweises in den Fällen, in denen die bisher schriftliche Ausfuhranmeldung durch eine elektronische Ausfuhranmeldung ersetzt wurden, fanden sich die entsprechenden Regelungen im Schreiben des BMF vom 01.06.2006 (Az: IV A 6 – S 7134 – 22/06, BStBl I 2006, 395).

140 Seit 01.07.2009 besteht die EU-einheitliche Pflicht zur Teilnahme am elektronischen Ausfuhrverfahren. In Deutschland ist dieses Verfahren durch ATLAS umgesetzt. Die Verwaltung hat sich mit BMF-Schreiben vom 17.07.2009 (Az: IV B 9 – S 7134/07/10003, BStBl I 2009, 855) für Umsätze nach dem 30.06.2009 ausführlich zu den Auswirkungen auf den umsatzsteuerlichen Ausfuhrnachweises geäußert (das Verfahren beschreibend Weimann, UStB 2009, 305 und UStB 2010, 312 und Fischer/Kirchhainer, DStR 2009, 2518). Offengeblieben ist zunächst allerdings das Verhältnis zu den in der UStDV geregelten Nachweisanforderungen.

141 Mit Schreiben vom 03.05.2010 (Az: IV D 3 – S 7134/07/10003, BStBl I 2010, 499) hat sich das BMF zur Behandlung bei Ausfuhren nach dem 30.06.2010 positioniert (Anwendung auf Umsätze vor diesem Datum wird nicht beanstandet; Übernahme in den UStAE).

142 Zu den mittlerweile durch die Zweite Verordnung zur Änderung steuerlicher Verordnungen vom 02.12.2011 (BGBl I 2011, 2416) vorgenommenen Änderungen/Anpassungen der Nachweisverpflichtungen in der UStDV vgl. Rn. 120 ff. und vgl. Rn. 128 ff. Die Verwaltung hat sich hierzu mit BMF-Schreiben vom 06.02.2012 (Az: IV D 3 – S 7134/12/10001, BStBl I 2012, 212 geäußert und den UStAE entsprechend angepasst (insbesondere Abschn. 6.2, 6.5, 6.6 und 6.7 UStAE).

143 Mit Schreiben vom 23.01.2015 (Az: IV D 3 – S 7134/07/10003-02, BStBl I 2015, 144 mit Musterformularen) hat sich das BMF zur Anerkennung der Ausgangsvermerke im IT-Verfahren ATLAS als Ausfuhrnachweis in Sonderfällen wie z.B. monatlicher Sammelanmeldungen oder nachträglicher Ausfuhranmeldung geäußert (eingefügt in den UStAE als Abschn. 6.7a).

2.11.2.4 Aufbewahrung der Ausfuhrbelege

144 Zur grundsätzlichen Möglichkeit der Aufbewahrung von Ausfuhrbelegen in ggf. elektronischer Form siehe die BMF-Schreiben vom 01.02.1984 (Az: IV A 7 – S 0318 – 1/84, BStBl I 1984, 155) und vom 14.11.2014 (Az: IV A 4 – S 0316/13/10003, BStBl I 2014, 1450) sowie Abschn. 6.5 Abs. 4 UStAE.

145 Bei der Vernichtung zuvor digitalisierter Ausfuhrbelege sollte allerdings Vorsicht walten. Da anhand einer späteren Reproduktion nicht mehr festgestellt oder überprüft werden kann, ob z.B. ein Dienststempelabdruck tatsächlich durch einen Originalstempel angebracht oder ggf. auch nur kopiert oder anderweitig eingefügt wurde, stellt sich die Frage, welcher Beweiswert einem digitalisierten Dokument dann noch zukommt (vgl. nachstehend OFD Koblenz vom 07.05.2007, UR 2007, 708). In diese Richtung weist auch das rechtskräftige Urteil des FG München vom 19.05.2010 (Az: 3 K 1180/08, EFG 2010, 1934 zu § 6 Abs. 3a UStG, §§ 8, 17 UStDV). »Als Belegnachweis für eine steuerfreie Ausfuhrlieferung genügt es nicht, dass der Unternehmer den

Beleg mit dem Sichtvermerk der Ausgangszollstelle eingescannt hat, nur noch auf einem Datenträger aufbewahrt und nach Vernichtung der Originalbelege nur noch eine entsprechende Datei oder den Ausdruck derselben, nicht aber den Originalbeleg zur Verfügung stellen kann.« Grund hierfür ist, dass Urkunden nach § 97 AO im Original vorgelegt werden müssen und nach Vernichtung der Originalbelege anhand der Ausdrucke nicht mehr überprüft werden kann, ob es sich ursprünglich um Fälschungen gehandelt hat (keine bildliche Übereinstimmung i. S. v. § 147 Abs. 2 AO).

TIPP

Trotz Erfassung auf Datenträgern kam bereits bisher eine Vernichtung der Originalbelege nicht immer in Betracht. Enthalten die Dienststempelabdrucke nämlich Pigmentierungen, können diese bei digitaler Speicherung nicht dargestellt werden, was die spätere Überprüfung mit Prüfgeräten verhindert. Derartige Ausfuhrbelege waren daher im Original aufzubewahren. Betroffen waren beispielsweise Ausfuhrbelege, die von deutschen, niederländischen und österreichischen Zolldienststellen abgestempelt wurden (vgl. OFD Koblenz vom 06.01.2006, Az: S 7143 A – St 44 2, DStR 2006, 326; zwischenzeitlich aufgehoben durch Verf. vom 07.05.2007). S. auch das Sicherungskonzept für deutsche EG-Dienststempel (BMF vom 18.03.1998, Az: IV C 4 – S 7134 – 10/98, UR 1998, 204 [DB 1998, 700]). **Achtung:** Mit **Verf. vom 07.05.2007** (Az: S 7134 A – St 44 2, NWB 2007, 2263 [UR 2007, 708]) weist die **OFD Koblenz** darauf hin, dass alle **Ausfuhrbelege**, die mit Dienststempelabdrucken versehen sind, unabhängig davon, ob die Stempelfarben Pigmentierungen enthalten oder nicht, **stets im Original** aufzubewahren sind. Soweit bislang Ausfuhrbelege mit Dienststempelabdrucken ohne Farbpigmentierung digitalisiert und danach vernichtet wurden, wird dies nicht beanstandet, soweit die Digitalisierung und Vernichtung vor dem 01.05.2007 erfolgt ist. S. auch BMF vom 12.08.2014, IV D 3 – S 7133/14/10001, BStBl I 2014, 1202, Tz. 5)

Nach dem BMF-Schreiben vom 17.07.2009 (Az: IV B 9 - S 7134/07/10003, BStBl I 2009, 855; **146** ebenso nach BMF vom 03.05.2010, Az: IV D 3 - S 7134/07/10003, BStBl I 2010, 499) sind bei elektronischer Ausfuhr im ATLAS-Verfahren die mit der Zollverwaltung ausgetauschten EDIFACT-Nachrichten und das Logbuch zum Nachweis des Nachrichtenaustauschs zu archivieren (§ 147 Abs. 6 und § 147 Abs. 1 Nr. 4 i. V. m. Abs. 3 AO; vgl. z. B. Abschn. 6.6 Abs. 1 Nr. 1 Buchst. a S. 5 UStAE).

2.11.3 Buchnachweis

2.11.3.1 Allgemeines

§ 13 UStDV regelt die für den Buchnachweis erforderlichen Angaben. Nach § 13 Abs. 1 UStDV **147** **(Mussvorschrift)** muss der Unternehmer den Buchnachweis im Geltungsbereich des UStG (= Bundesgebiet) führen. Steuerlich zuverlässigen Unternehmern gestattet die Finanzverwaltung, die Aufzeichnungen im Ausland vorzunehmen und aufzubewahren (vgl. Abschn. 6.10 Abs. 2 S. 2 UStAE – mit weiteren Voraussetzungen/Bewilligungsbescheid erforderlich).

Die Voraussetzungen der Steuerbefreiung müssen sich eindeutig und leicht nachprüfbar aus der **148** Buchführung ergeben. Buch- und Belegnachweis bilden eine Einheit, daher muss eine Verknüpfung durch entsprechende gegenseitige Verweisungen erfolgen und müssen die Belege geordnet abgelegt werden, um die jederzeitige Auffindbarkeit zu gewährleisten. Die Verbuchung der Ausfuhrlieferungen auf einem separaten Konto unter Bezugnahme auf die jeweilige Rechnung kann nach dem Urteil des BFH vom 28.08.2014 (Az: V R 16/14, BStBl II 2015, 46, Rz. 13) bereits ausreichen, den Buchnachweis i. S. v. § 13 UStDV dem Grunde nach zu führen (vgl. Wäger in BFH/PR 2015, 24).

Der Buchnachweis muss laufend und unmittelbar nach Ausführung des Umsatzes geführt **149** werden (vgl. FG Baden-Württemberg, Urteil vom 07.07.1999, Az: 12 K 247/96, rkr., EFG 1999, 1257; vgl. Abschn. 6.10 Abs. 3 S. 1 UStAE). Unschädlich ist die spätere Ergänzung um den

Ausfuhrnachweis (BFH vom 28.02.1980, Az: V R 118/76, BStBl II 1980, 415), da dieser i. d. R. erst zu einem späteren Zeitpunkt geführt werden kann. Der buchmäßige Nachweis ist vollständig geführt, sobald die Ausfuhrbelege vorliegen und in den buchmäßigen Aufzeichnungen auf sie verwiesen wird.

150 Nach früherer Beurteilung durch Verwaltung (vgl. Abschn. 136 Abs. 1 S. 1 UStR 2008) und Rechtsprechung, handelte es sich bei den Nachweisverpflichtungen um materiell-rechtliche Voraussetzungen der Steuerfreiheit. Mit Urteil vom 28.05.2009 (Az: V R 23/08, BStBl II 2010, 517) hat der BFH die bisherige Beurteilung der Nachweispflichten als **materiell-rechtliche Voraussetzung** der Steuerbefreiung **aufgegeben** (vgl. Rn. 97 ff.).

151 Der Buchnachweis muss grundsätzlich bis zu dem **Zeitpunkt** vorliegen, zu dem der Unternehmer die **Voranmeldung** für den Voranmeldungszeitraum der Ausfuhrlieferung abzugeben hat. Danach kann der Unternehmer die buchmäßigen Aufzeichnungen nicht mehr erstmals führen, sondern nur noch berichtigen oder ergänzen. Derartige Korrekturen sind unter den Bedingungen, die auch für Rechnungsberichtigungen gelten, zulässig (Gefährdung des Steueraufkommens/Beeinträchtigung der Steuererhebung). Verfahrensrechtlich sind solche Korrekturen bis zum Schluss der letzten mündlichen Verhandlung vor dem FG möglich (vgl. BFH, Urteil vom 28.08.2014, Az: V R 16/14, BStBl II 2015, 46, Rz. 10 und Abschn. 6.10 Abs. 3 UStAE).

152 Daneben tritt Steuerfreiheit auch dann ein, wenn zwar die Nachweisverpflichtungen nicht erfüllt werden, es aber aufgrund der objektiven Beweislage feststeht, dass die Voraussetzungen der Ausfuhrlieferung vorliegen. Mit BMF-Schreiben vom 12.12.2011 (Az: IV D 3 – S 7015/11/10003, BStBl I 2011, 1289) hat die Verwaltung die Grundsätze des BFH-Urteils vom 28.05.2009 (BStBl II 2010, 517) als Abschn. 6.10 Abs. 3 S. 2 und 3 sowie Abs. 3a in den UStAE übernommen.

2.11.3.2 Neuregelung ab 2012

153 Durch Art. 1 Nr. 2 der Zweiten Verordnung zur Änderung steuerlicher Verordnungen (vom 02.12.2011, BGBl I 2011, 2416) wurde § 13 UStDV m. W. v. 01.01.2012 (Art. 3 Abs. 2) neu gefasst. Der Buchnachweis war bereits in § 13 Abs. 1 UStDV a. F. als Mussvorschrift ausgeformt, daran hat sich in § 13 Abs. 1 UStDV n. F. nichts geändert, die Formulierungen wurden lediglich redaktionell an die §§ 9 bis 11 UStDV n. F. angepasst. Allerdings ist nach der Neufassung der Nachweis im Geltungsbereich des UStG, nicht der UStDV, zu erbringen.

154 Wie bisher enthält auch § 13 Abs. 2 UStDV eine Auflistung aufzuzeichnender Angaben, wobei es sich im Gegensatz zur bisherigen Regelung allerdings um eine Mussvorschrift handelt (zu ggf. möglichen Abweichungen vgl. Abschn. 6.10 Abs. 4 UStAE). Gegenüber dem bisherigen Aufzeichnungsumfang haben sich folgende Erweiterungen ergeben:

1. Nach § 13 Abs. 2 Nr. 1 UStDV muss bei Fahrzeugen i. S. v. § 1b Abs. 2 UStG die Fahrzeug-Identifikationsnummer aufgezeichnet werden. Ausweislich der Verordnungsbegründung (vgl. BR-Drucks. 628/11 vom 13.10.2011, 17) soll dies der Missbrauchsbekämpfung insbesondere bei Karussellgeschäften oder bei Scheingeschäften dienen.
2. Nach § 13 Abs. 2 Nr. 7 UStDV muss der Unternehmer in Fällen der Ausfuhranmeldung im elektronischen Verfahren (§ 9 Abs. 1 S. 1 Nr. 1 UStDV, § 10 Abs. 1 S. 1 Nr. 1 UStDV, § 10 Abs. 3 UStDV n. F.) die [Begriff Movement: Anpassung durch die Vierte Verordnung zur Änderung steuerlicher Verordnungen, vgl. Rn. 12] Master Reference Number (MRN) aufzeichnen, was ausweislich der Verordnungsbegründung ebenfalls der Bekämpfung des Umsatzsteuerbetrugs dient (vgl. Abschn. 6.10 Abs. 5 S. 4 UStAE).

Die Abs. 3 bis 7 des § 13 UStDV entsprechen unter Berücksichtigung redaktioneller Anpassungen und der Umstellung von Sollvorschriften auf Mussvorschriften den bisherigen Regelungen in § 13 Abs. 3 bis Abs. 6 UStDV a.F. 155

2.11.3.3 Inhaltliche Angaben

Den Inhalt des Buchnachweises regelt § 13 Abs. 2 UStDV in Form einer **Mussvorschrift.** Nach Nr. 1 der Vorschrift hat der Unternehmer zur Führung des Buchnachweises die handelsübliche Bezeichnung und die Menge des Gegenstands der Lieferung oder Art und Umfang der Lohnveredelung (vgl. Abschn. 6.10 Abs. 5 UStAE), nach Nr. 2 den Namen und die Anschrift des Abnehmers oder Auftraggebers (vgl. BFH vom 27.04.1995, Az: V R 2/94 (NV), BFH/NV 1996, 184 – auch zur Erbringung weiterer Beweismittel im finanzgerichtlichen Verfahren), nach Nr. 3 den Tag der Lieferung oder Lohnveredelung, nach Nr. 4 das vereinbarte (oder vereinnahmte) Entgelt, nach Nr. 5 die Art und den Umfang der Be- oder Verarbeitung vor der Ausfuhr, nach Nr. 6 die Ausfuhr und in bestimmten Fällen nach Nr. 7 die [Begriff Movement: Anpassung durch die Vierte Verordnung zur Änderung steuerlicher Verordnungen, vgl. Rn. 12] Master Reference Number (MRN) aufzuzeichnen. 156

Die Angabe der handelsüblichen Bezeichnung und der Menge des ausgeführten Gegenstands wird sowohl für die Ausfuhrbelege (vgl. § 9 Abs. 1 Nr. 2 Buchst. b UStDV für Beförderungsfälle; § 10 Abs. 1 S. 1 Nr. 2 Buchst. b Doppelbuchst. cc UStDV bei Versendungsfällen) als auch für den Buchnachweis (vgl. § 13 Abs. 2 Nr. 1 UStDV) gefordert. In Auslegung dieses Erfordernisses hat das FG Baden-Württemberg (vgl. Beschluss vom 30.10.2006, Az: 9 V 40/06, EFG 2007, 464 rkr. [UStB 2007, 125] – Ablehnung AdV) im Anschluss an die Entscheidung des FG München vom 24.04.2002 (Az: 14 K 4520/97, EFG 2002, 1334 – individualisierende Angaben erforderlich) entschieden, dass jedenfalls die Bezeichnung als »Armbanduhren mit autom. Werken« in Verbindung mit der Angabe einer Stückzahl sowohl in den Rechnungen als auch den zugehörigen Ausfuhrpapieren bei **hochpreisigen Markenuhren** diesem Erfordernis nicht entspricht. Eine nachträgliche Zuordnung eingekaufter Uhren zu den als Buchnachweis dienenden Rechnungen soll dabei weder eindeutig noch leicht nachprüfbar i.S.v. § 13 Abs. 1 S. 2 UStDV sein noch die durch die 6. EG-RL (vgl. Art. 131 MwStSystRL) geforderte korrekte und einfache Anwendung der Steuerbefreiungen und die Verhinderung von Missbräuchen gewährleisten. Auch wenn davon auszugehen sein sollte, dass die Herstellerzertifikate mit den Seriennummern mitgeliefert wurden, hätte sich dieser Umstand in den Ausfuhr- und Buchnachweisen niederschlagen müssen. In seinem Urteil vom 17.10.2007 (Az: 4 K 3349/05, EFG 2008, 336, rkr.) befasst sich auch das FG Köln mit der Ausfuhr hochpreisiger Armbanduhren. Streitig war in diesem Verfahren, welche Anforderungen an die in § 10 Abs. 1 Nr. 2 Buchst. c UStDV a.F. und in § 13 Abs. 2 Nr. 1 UStDV a.F. geforderte Angabe der handelsüblichen Bezeichnung des ausgeführten Gegenstands zu stellen sind. Reicht zur Identifizierung des Ausfuhrgegenstandes die Angabe der Referenznummer, welche spezifische Gattungsmerkmale zusammenfasst und den Uhrentyp beschreibt (Modell, Ausführung, Material) aus, oder muss zwingend die Identifikationsnummer (Seriennummer; Individualnummer) angegeben werden? Nach Feststellung des FG Köln sind im Geschäftsverkehr sowohl die Verwendung der Referenznummer als auch die Verwendung der Referenz- und Seriennummer anzutreffen, sodass beide Verfahren als handelsüblich bezeichnet werden können. In dieser Situation ist die Bezeichnung der ausgeführten Uhren mit Herstellerangabe und Referenznummer als handelsüblich und somit ausreichend anzusehen. Die zusätzliche Angabe der Individualnummer ist nicht erforderlich. Mit dieser Entscheidung ist die Frage nach den Anforderungen an die handelsübliche Bezeichnung nicht abschließend geklärt, worauf das FG ausdrücklich hinweist. Fraglich bleibt daher weiterhin die Untergrenze der Konkretisierungsanforderungen. Die Angabe der Identifikationsnummer aus Sicherheitsaspekten heraus ist jedenfalls empfehlenswert. Mit rechtskräftigem 157

Urteil vom 24.02.2011 (Az: 14 K 1641/10, EFG 2011, 1659) beschäftigt sich das FG München erneut mit der Ausfuhr hochpreisiger Markenuhren. Danach ist der Ausfuhrnachweis nicht geführt, wenn sowohl in den Rechnungen als auch den Ausfuhrbelegen lediglich von »Automatik-Uhren« und Stückzahlen die Rede ist. Bei hochpreisigen Markenuhren ist eine weiter gehende Individualisierung in den Ausfuhrbelegen erforderlich, da es sich nicht um Gegenstände handelt, die handelsüblich (vgl. § 9 Abs. 1 Nr. 2 UStDV a.F.) im Geschäftsverkehr lediglich durch ihre Stückzahl bestimmt zu werden pflegen.

158 Zu den Anforderungen an die Bezeichnung von Art und Menge des ausgeführten Gegenstandes nach § 13 Abs. 2 Nr. 1 UStDV sowie zur Angabe des Entgelts nach § 13 Abs. 2 Nr. 4 UStDV vgl. FG München, Urteil vom 09.06.2016, Az: 14 K 3247/12, EFG 2015, 1987 (Abweisung NZB: BFH, Beschluss vom 29.03.2016, Az: XI B 77/15 (NV), BFH/NV 2016, 1181).

159 In Fällen der Ausfuhr durch den Unternehmer nach § 6 Abs. 1 S. 1 Nr. 1 UStG, in denen der Abnehmer kein ausländischer Abnehmer ist, soll der Unternehmer zusätzlich aufzeichnen die Beförderung oder Versendung durch ihn selbst und den Bestimmungsort (vgl. § 13 Abs. 3 UStDV a.F./n.F.).

160 In Fällen des § 6 Abs. 1 S. 1 Nr. 3 UStG (Ausfuhr in die Gebiete des § 1 Abs. 3 UStG) soll der Unternehmer zusätzlich aufzeichnen die Beförderung oder Versendung, den Bestimmungsort und, sofern der Abnehmer Unternehmer ist, dessen Gewerbezweig oder Beruf und den Erwerbszweck (vgl. § 13 Abs. 4 UStDV und Abschn. 6.10 Abs. 6 UStAE).

161 In Fällen des § 6 Abs. 1 S. 1 Nr. 2 und 3 UStG, in denen der Abnehmer Unternehmer ist und der Gegenstand der Lieferung im Reisegepäck ausgeführt wird, soll der Unternehmer zusätzlich aufzeichnen den Gewerbezweig oder den Beruf des Abnehmers und den Erwerbszweck (vgl. § 13 Abs. 5 UStDV; bis 31.12.2011: Abs. 4a).

162 Bei Lieferungen von Gegenständen zur Ausrüstung oder Versorgung eines Beförderungsmittels (§ 6 Abs. 3 UStG) soll der Unternehmer zusätzlich den Gewerbezweig oder Beruf des Abnehmers und den Verwendungszweck des Beförderungsmittels aufzeichnen (vgl. § 13 Abs. 6 UStDV [bis 31.12.2011: Abs. 5] und Abschn. 6.10 Abs. 7 UStAE).

163 Obwohl es sich bei den Regelungen des § 13 Abs. 2–7 UStDV um Mussregelungen handelt, kann der Unternehmer den Nachweis in besonders begründeten Einzelfällen auch in anderer Weise führen, muss dabei jedoch die Grundsätze des § 13 Abs. 1 UStDV beachten (vgl. Abschn. 6.10 Abs. 4 UStAE. Wegen des Buchnachweises in Fällen des nichtkommerziellen Reiseverkehrs vgl. Abschn. 6.11 Abs. 11 UStAE.

2.11.3.4 Abnehmernachweis

164 Nach Verwaltungsauffassung ist es ggf. nicht ausreichend, hinsichtlich der Eigenschaft des Abnehmers als ausländischer Abnehmer lediglich den Namen und die Anschrift aufzuzeichnen, sondern soll es erforderlich sein, eine Abschrift oder Kopie eines Identifikationsnachweises zu den Buchführungsunterlagen zu nehmen, um die Nachweisvoraussetzungen des § 6 Abs. 4 UStG zu erfüllen. In diesem Zusammenhang anhängig war die Revision gegen das Urteil des Niedersächsischen FG vom 28.09.2006 (Az: 16 K 541/03, EFG 2008, 1240, nrkr., Revisionsaktenzeichen V R 84/07: Muss sich ein Unternehmer zur Erlangung der Umsatzsteuerfreiheit bei einer Ausfuhrlieferung (§ 6 Abs. 1 Nr. 2 i.V.m. § 6 Abs. 2 Nr. 1 UStG) eine schriftliche Vollmacht des inländischen Bevollmächtigten eines außergebietlichen Abnehmers vorlegen lassen, um die Voraussetzungen des Buch- und Belegnachweises zu erfüllen?). Im Urteilsfall erwarb ein Bevollmächtigter mit inländischem Wohnsitz für einen in Afrika wohnenden Abnehmer Uhren, übergab diese wohl noch im Inland (oder Gemeinschaftsgebiet) an den Abnehmer, der die Uhren anschließend in das Drittland ausführte. Über die tatsächlich erfolgte Ausfuhr lagen Zollbelege (Deutschland/Frankreich) vor, in denen der Zoll bestätigte, dass der in der Ausfuhrbescheinigung genannte Abnehmer

die Uhren ausgeführt hatte und die in der Ausfuhrbescheinigung benannte Anschrift mit derjenigen des Reisepasses übereinstimmte. Das Finanzamt ging dennoch mangels eines Abnehmernachweises von der Steuerpflicht der Lieferungen aus. Nach Auffassung des FG muss sich der Unternehmer in einem solchen Fall grundsätzlich vergewissern, dass der Bevollmächtigte tatsächlich für einen ausländischen Abnehmer auftritt. Dies kann durch die Vorlage einer entsprechenden Vollmacht geschehen (die der Unternehmer u. E. vorsichtshalber zu den Buchführungsunterlagen nehmen sollte, die für sich alleine gesehen jedoch auch nicht den Nachweis eines ausländischen Abnehmers i. S. d. durch die Verwaltung geforderten Kopie eines Identifikationspapiers erbringen kann). Auch ohne eine solche Vollmacht kann jedoch von einer Lieferung an und eine Ausfuhr durch einen ausländischen Abnehmer auszugehen sein, wenn, wie im Urteilsfall, der liefernde Unternehmer die Ausfuhrbescheinigung zurückerhält und hierin der Zoll bestätigt, dass der in den Ausfuhrpapieren als Abnehmer Genannte die Ware ausgeführt hat und die Wohnsitzangabe mit den Reisedokumenten übereinstimmt.

Mit Urteil vom 23.04.2009 (Az: V R 84/07, BStBl II 2010, 509) hat der BFH entschieden, dass die Verwaltung grundsätzlich nicht berechtigt ist, über die in den §§ 8 ff. UStDV geforderten Nachweise hinaus weitere Nachweise, z. B. den belegmäßigen Nachweis der Bevollmächtigung eines Beauftragten, zu fordern. Der Unternehmer muss seine steuerlichen Verpflichtungen im Voraus kennen. Die Steuerfreiheit kann nicht alleine mit Hinweis auf das Fehlen von anderen als in den §§ 8 ff. UStDV geforderten Nachweisen versagt werden. Allerdings weist der BFH auch darauf hin, dass selbst bei formal vollständig erbrachten Nachweisen diese der Überprüfung durch die Finanzverwaltung unterliegen. Mit inhaltlich falschen Belegen kann die Steuerfreiheit nicht erreicht werden. Im Urteilsfall hatte der BFH trotz formal erbrachtem Nachweis erhebliche Zweifel hinsichtlich des Abnehmers (Rückverweisung). Sollte sich im zweiten Rechtsgang herausstellen, dass der eigentliche Abnehmer der »Bevollmächtigte« war, sind die Lieferungen steuerpflichtig. In einem Billigkeitsverfahren (§ 163 AO) wäre dann zu klären, ob aufgrund unrichtiger Abnehmerangaben eine Steuerfreiheit in Betracht kommt (vgl. BFH vom 30.07.2008, Az: V R 7/03, BStBl BStBl II 2010, 1075 und vgl. Rn. 110 ff.). **165**

2.12 Ausfuhrlieferung und Entnahme

§ 6 Abs. 5 UStG schließt die Anwendung der Steuerbefreiung für Lieferungen i. S. d. § 3 Abs. 1b UStG aus. Die Vorschrift wurde durch das StEntlG 1999/2000/2002 (Gesetz vom 24.03.1999, BGBl I 1999, 402) mit Wirkung ab 01.04.1999 angefügt. Unter die Regelung des § 3 Abs. 1b UStG fällt insbesondere die Entnahme von Gegenständen durch den Unternehmer aus seinem Unternehmen für Zwecke, die außerhalb des Unternehmens liegen, die einer Lieferung gegen Entgelt gleichgestellt wird (vgl. § 3 Abs. 1b S. 1 Nr. 1 UStG; vormals Gegenstandseigenverbrauch nach § 1 Abs. 1 Nr. 2 S. 2 Buchst. a UStG a. F.). Weitere Voraussetzung für die Gleichstellung mit einer Lieferung ist nach § 3 Abs. 1b S. 2 UStG die Berechtigung zum vollständigen oder teilweisen Vorsteuerabzug für den Gegenstand oder seine Bestandteile. Der Ort der Lieferungen nach § 3 Abs. 1b UStG bestimmt sich nach § 3f UStG und ist der Ort, von dem aus der Unternehmer sein Unternehmen betreibt. Liegt dieser Ort im Inland, tritt Steuerbarkeit nach § 1 Abs. 1 Nr. 1 UStG ein. Verbringt der Unternehmer im Anschluss an die Entnahme den Gegenstand in das Drittlandsgebiet, stellt sich mithin die Frage, ob dies als Ausfuhrlieferung steuerbefreit sein kann. § 6 Abs. 5 UStG schließt diese Rechtsfolge aus, sodass der Vorgang steuerpflichtig ist. S.a. BFH vom 19.02.2014, Az: XI R 9/13, BStBl II 2014, 597 (auch zur Unionsrechtskonformität der nat. Regelungen). **166**

2.13 Strafrechtliche Relevanz/Missbrauchstatbestände

167 Zu Überlegungen, ob die Rechtsprechung des EuGH/BFH zur Beteiligung an einem Betrugsmodell (vgl. § 6a, Rz. 203 ff.) auch auf Ausfuhrlieferungen übertragbar ist vgl. Sterzinger in DStR 2015, 2641 ff.

§ 6a UStG
Innergemeinschaftliche Lieferung

(1) [1]Eine innergemeinschaftliche Lieferung (§ 4 Nr. 1 Buchstabe b) liegt vor, wenn bei einer Lieferung die folgenden Voraussetzungen erfüllt sind:

1. Der Unternehmer oder der Abnehmer hat den Gegenstand der Lieferung in das übrige Gemeinschaftsgebiet befördert oder versendet;

2. der Abnehmer ist

a) ein Unternehmer, der den Gegenstand der Lieferung für sein Unternehmen erworben hat,

b) eine juristische Person, die nicht Unternehmer ist oder die den Gegenstand der Lieferung nicht für ihr Unternehmen erworben hat, oder

c) bei der Lieferung eines neuen Fahrzeugs auch jeder andere Erwerber

und

3. der Erwerb des Gegenstands der Lieferung unterliegt beim Abnehmer in einem anderen Mitgliedstaat den Vorschriften der Umsatzbesteuerung.

[2]Der Gegenstand der Lieferung kann durch Beauftragte vor der Beförderung oder Versendung in das übrige Gemeinschaftsgebiet bearbeitet oder verarbeitet worden sein.

(2) Als innergemeinschaftliche Lieferung gilt auch das einer Lieferung gleichgestellte Verbringen eines Gegenstands (§ 3 Abs. 1a).

(3) [1]Die Voraussetzungen der Absätze 1 und 2 müssen vom Unternehmer nachgewiesen sein. [2]Das Bundesministerium der Finanzen kann mit Zustimmung des Bundesrates durch Rechtsverordnung bestimmen, wie der Unternehmer den Nachweis zu führen hat.

(4) [1]Hat der Unternehmer eine Lieferung als steuerfrei behandelt, obwohl die Voraussetzungen nach Absatz 1 nicht vorliegen, so ist die Lieferung gleichwohl als steuerfrei anzusehen, wenn die Inanspruchnahme der Steuerbefreiung auf unrichtigen Angaben des Abnehmers beruht und der Unternehmer die Unrichtigkeit dieser Angaben auch bei Beachtung der Sorgfalt eines ordentlichen Kaufmanns nicht erkennen konnte. [2]In diesem Fall schuldet der Abnehmer die entgangene Steuer.

Literatur

Alvermann/Wollweber, Der Anspruch auf Erteilung einer USt-Identifikationsnummer, UStB 2009, 261. **Bachstein**, Die qualifizierte Abfrage von Umsatzsteuer-Identifikationsnummern, NWB 2014, 134 f. **Bachstein**, Das innergemeinschaftliche Dreiecksgeschäft, IWB 2017, 767 ff. **Bärenweiler**, Zum »wissen« oder »hätte wissen müssen« der Beteiligung an einer Umsatzsteuerhinterziehung – Umsetzung der Rechtsprechung des EuGH in Deutschland, UR 2018, 242 ff. **Becker**, Erfordernis eines allgemeinen Gutglaubensschutzes im Umsatzsteuerrecht, UR 2009, 664. **Beiser**, Innergemeinschaftliches Reihengeschäft – Ein Vorschlag zur Vereinfachung, UR 2012, 222. **Billig**, Vorsteuerabzugsrecht infolge einer übergangsweise zulässigen Ausnahmeregelung gem. Art. 28 Abs. 3 Buchst. a der 6. EG-Richtlinie?, UR 2007, 81. **Billig**, Steuerfreiheit einer innergemeinschaftlichen Lieferung trotz Vermeidung der Erwerbsbesteuerung durch Mehrwertsteuerhinterziehung?, UR 2009, 710. **Brill**, Hochrelevantes zur Umsatzsteuer: Organschaft, Reihengeschäft, Zuschüsse, ködsi 2016, 19890. **Bürger**, Innergemeinschaftliche Lieferungen im Reihengeschäft – Zugleich eine Anmerkung zum EuGH-Urteil in der Rechtssache VSTR, UR 2012, 941. **Eckert**, Nachweispflichten und Vertrauensschutz bei innergemeinschaftlichen Lieferungen und Ausfuhrlieferungen, BBK 22/2008, 1163 (Fach 6, 1479). **Endres-Reich**, Innergemeinschaftliches Dreiecksgeschäft – Materiell-rechtliche Wirkung der Rechnungsstellung?, UR 2018, 187 ff. **Esskandari/Bick**, Innergemeinschaftliche Lieferungen – Zur »um . . . zu« Formel des EuGH in der Rechtsprechung von BFH und BGH, UStB 2012, 139. **Englisch**, Nachweispflichten und Vertrauensschutz bei innergemeinschaftlichen Lieferungen, UR 2008, 481. **Englisch/Becker/Kurzenberger**, BMF-Schreiben zu innergemeinschaftlichen Lieferungen, UR 2010, 285. **Freund**, Steuerbefreiung für innergemeinschaftliche Lieferungen in Be- oder Verarbeitungsfällen – Problemstellungen bei § 6 a Abs. 1 UStG, UR 2007, 597. **Frye**, Nachweis der Voraussetzungen einer innergemeinschaftlichen Lieferung – Ein systematischer Überblick, UR 2014, 753 f. **Fuhrmann**, Nachweisanforderungen bei innergemeinschaftlichen Lieferungen, KÖSDI 12/2010, 17237. **Funke**, Abholfälle mit später nachgelagerter Warenbewegung – Eine innergemeinschaftliche Lieferung oder Ausfuhr für den Veräußerer?, UR 2009, 433. **Gaba**, Umsatzsteuerliche Neubewertung von Konsignationslagerstrukturen?, IWB 2009, 939 ff. (Fach 3, Gruppe 7, S. 739). **Gerhards**, Umsatzsteuerbefreiung für innergemeinschaftliche Lieferungen – Anmerkungen zum BMF-Schreiben vom 6.1.2009 (IV B 9 – S 7141/08/10001), UStB 2009, 102. **Grambeck**, Frühlingsgefühle beim Reihengeschäft? – Der BFH äußert sich zur Zuordnung der Warenbewegung, StuB 2015, 372. **Grambeck**, Inflationäre Bedeutung der Umsatzsteuer-Identifikationsnummer als Teil des Buchnachweises, StuB 1/2017, 22 ff. **Gries/Stößel**, Formale Voraussetzungen für den Vorsteuerabzug und die Steuerfreiheit der innergemeinschaftlichen Lieferung, NWB 2016, 1794 ff. **Gries/Stößel**, Die umsatzsteuerliche Behandlung grenzüberschreitender Lieferungen über ein Konsignationslager, NWB 2017, 1810 ff. **Harksen**, Zuordnung der Warenbewegung bei Ausfuhr- und Einfuhrreihengeschäften, UStB 2016, 109. **Hassa**, Unionsrechtliche Vorgaben für die Zuordnung der Warenbewegung bei Reihengeschäften – Schlussfolgerungen aus den EuGH-Urteilen Euro Tyre und VStR –, UR 2016, 493. **Hassa**, Vertrauensschutz im Mehrwertsteuerrecht – Grundlagen und Entwicklungen im Bereich der innergemeinschaftlichen Dienstleistungen, UR 2015, 809 ff. **Harksen/Möller**, Nachweispflichten im grenzüberschreitenden Warenverkehr, UStB 2008, 78. **Harksen**, Das Drittlandsreihengeschäft – im Blickwinkel des Gesetzgebungsvorschlags der Europäischen Kommission, BB 2018, 157 ff. **Heidner**, Buch- und Belegnachweis als Voraussetzung der Steuerbefreiung innergemeinschaftlicher Lieferungen, UR 2015, 773 ff. **Henze**, Gemeinschaftsrechtliche Vorgaben für den Nachweis der innergemeinschaftlichen Lieferung, EU-UStB 2007, 89. **Heuermann**, Mit Italmoda auf den Schultern von Larenz, DStR 2015, 1416 ff. **Heuermann**, Einige Bemerkungen zum Reihengeschäft und seinen Rechtsgrundlagen, UR 2017, 853 ff. **Heuermann**, Reihengeschäfte im unionalen Mehrwertsteuerrecht – Einheitliche Zuordnungskriterien in methodisch kontrollierter Rechtsanwendung?, DStR 2018, 2078 ff. **Höink/Hudasch**, »Geliefert im Inland«? Zuordnung der Warenbewegung im Reihengeschäft – Ende einer Odyssee?, UStB 2016, 198. **Hoink/Winter**, EuGH-Vorlageverfahren zur Steuerbefreiung für innergemeinschaftliche Lieferungen/Anmerkung zum Schlussantrag des Generalanwalts vom 29.06.2010, DStR 2010, 1772. **Hölzle**, »Collée rückwärts« oder logische Fortsetzung der umsatzsteuerlichen Beurteilung innergemeinschaftlicher Lieferungen? Anmerkungen zum EuGH-Urteil vom 7.12.2010 in der Rechtssache »R«, DStR 2011, 602. **Hölzle**, Jetzt endgültig – keine Steuerbefreiung innergemeinschaftlicher Lieferungen bei Täuschung über den Abnehmer. Anmerkungen zum Beschluss des BVerfG vom 16.6.2011, 2 BvR 542/09, DStR 2011, 1700. **Hundt-Eßwein**, Eingangs- und Ausgangsleistungen rund um das »Karussell« – ein Sachstandsbericht, DStR 2007, 422. **Hundt-Eßwein**, Die Rechtssache »R«, UStB 2011, 52. **Huschens**, Neuregelung der Nachweispflichten bei innergemeinschaftlichen Lieferungen ab 01.10.2013, NWB 2013, 1394. **Huschens**, Nachweispflichten bei innergemeinschaftlichen Lieferungen ab 01.10.2013 bzw. 01.01.2014, NWB 2013, 3135. **Kemper**, Die USt-IDNr.: Bedeutung, Rechtsanspruch auf Erteilung und Vertrauensschutz, DStR 2014, 1654 f. **Kemper**, Die Umsatzsteuer-Identifikationsnummer als »materielle Voraussetzung« der Steuerbefreiung innergemeinschaftlicher Lieferungen – Ein Blick auf einen wichtigen Teilaspekt der von der Europäischen Kommission geplanten Reform der Mehrwertsteuer, UR 2018, 337 ff. **Kettisch**, Reihengeschäfte – Rechtsrahmen, Vertrauensschutz und die Tragweite des Zivilrechts, UR 2014, 593. **Korf**, Risikoverteilung und Pflichtenkatalog bei innergemeinschaftlichen Lieferungen – zugleich eine Besprechung der EuGH-Urteile vom 27.09.2007, IStR 2007, 774. **Küffner/Streit**, Steuerbefreiung gemäß § 4 Nr. 1 Buchst b i. V. m. § 6a UStG für innergemeinschaftliche Lieferungen, DStR 19/2010, Beihefter. **Kottisch**, Reihengeschäfte – Rechtsrahmen, Vertrauensschutz und die Tragweite des Zivilrechts, UR 2014, 593. **Küffner/Streit**, Keine Steuerbefreiung für zum Zweck der Steuerhinterziehung tatsächlich ausgeführte innergemeinschaftliche Lieferungen, DStR 2010, 2572. **Küffner**, Anmerkungen zum EuGH-Urteil vom 07.12.2010, C-285/09, DStR 2010, 2575. **Langer**, BMF-Schreiben zu § 6a UStG, IWB 2009, 225 (Fach 3, Gruppe 7, 727). **Lang**, Aktuelle Entwicklungen bei den Nachweisverpflichtungen für Ausfuhrlieferungen und innergemeinschaftliche Lieferungen, SIS-Steuerberaterbrief 7/2010. **Lang**, Aktuelle umsatzsteuerliche Entwicklungen im Bereich des innergemeinschaftlichen Warenverkehrs, SIS-Steuerberaterbrief 8/2011. **Lang-Horgan**, Zukunft des innergemeinschaftlichen Reihengeschäfts – Zugleich Gegenvorschlag zum Beitrag von Beiser, UR 2012, 628. **Langer**, Strenge Nachweisanforderungen bei innergemeinschaftlichen Lieferungen, NWB 2009, 778. **Langer**, Neue Regelungen für Reihengeschäfte, NWB 2015, 1684. **Langer**, Konsignationslager auf dem Prüfstand, DStR 2017, 242 ff. **Langer/Hammerl**, Steuerbefreiung einer innergemeinschaftlichen Lieferung, NWB 2012, 4046. **Langer/Hammerl**, Gelangensbestätigung wird auch künftig nicht einzig möglicher Belegnachweis bei innergemeinschaftlicher Lieferung sein, DStR 2013, 1068. **Langner/Vastmans**, Vereinfachungsregelung für Konsignationslager in Belgien, UStB 2016, 278 ff. **Langer/von Streit**, Belegnachweis nach § 17a UStDV – BMF-Schreiben vom 16.9.2013 klärt diverse Zweifelsfragen zu Gelangensbestätigung und Co., DStR 2013, 2421 f. **Lembke**, Umsatzsteuerbefreiung für innergemeinschaftliche Lieferungen – Sorgt das umfangreiche BMF-Schreiben vom 6.1.2009 für Ruhe?, DStR 2009, 1290. **Liebchen/Kaiser**, Das Konsignationslager in der ertrags- und umsatzsteuerlichen Betrachtung, BB 2017, 224 ff. **Liebgott**, Es könnte alles so einfach sein ... – Variationen über einen fast alltäglichen Sachverhalt aus dem Grenzgebiet –, UR 2016, 628. **Lohse/Spilker/Zitzl**, Parallelen er Besteuerung von innergemeinschaftlichen Dienstleistungen und Lieferungen, UR 2010, 633. **Mann**, Die innergemeinschaftliche Lieferung gem. § 6a UStG, UStB 2009, 170. **Mann**, Reihengeschäfte bei Ausfuhr und innergemeinschaftlichen Lieferungen, NWB 2012, 1015. **Maier**, Prüfung der Umsatzsteuer-Identifikationsnummer des italienischen Abnehmers bzw. Lieferanten, NWB 2011, 3539. **Maunz/Zugmaier**, Der EU-Beitritt von Bulgarien und Rumänien zum 1.1.2007 und die umsatzsteuerlichen Folgen, DStR 2007, 61. **Maunz**, Zusammenfassende Meldung bei grenzüberschreitenden Warenlieferungen und Dienstleistungen – Untauglicher Datensalat für Brüssel –, UR 2009, 790. **Maunz**, Anmerkungen zum EuGH-Urteil vom 06.09.2012, C-273/11 »Mecsek-Gabona«, UR 2012, 802. **Maunz**, Kreative Zerstörung – Neuordnung von Reihengeschäften, DStR 2015, 1025. **Meurer**, Umsatzsteuerfreiheit bei innergemeinschaftlichen Lieferungen, NWB 2011, 3100. **Meurer**, Die bewegte Lieferung im Reihengeschäft, DStR 2011, 199. **Meyer-Burow/Connemann**, Belegnachweis und Vollbeweis für innergemeinschaftliche Lieferungen, UStB 2015, 298 ff. **Möhlenkamp/Masuch**, Innergemeinschaftliche Reihengeschäfte in der Europäischen Union – Unter Berücksichtigung des EuGH-Urteils in der Rechtssache EMAG –, UR 2009, 268. **Monfort**, Nachweispflichten bei grenzüberschreitenden Lieferungen, NWB 2008, 1765 (Fach 7, 7049). **Monfort**, Die umsatzsteuerliche Behandlung von Reihengeschäften, NWB 2011, 870. **Monfort**, Konsignationslager im EU-Ausland: Hinfälligkeit der Verwaltungsauffassung – Zugleich Anmerkung zum EuGH-Urteil Plöckl, Rs. C-24/15, UR 2016, 945 ff. **Müller**, Warenlieferungen über Auslieferungslager in der Automobilbranche, UR 2017, 615 ff. **Nacke**, Bekämpfung von Karussellgeschäften bei der Umsatzsteuer, NWB 2015, 3396 ff. **Nieskens**, Nachweispflicht und guter Glaube, EU-UStB 2008, 57. **Nieskens**, Gutglaubensschutz bei nachträglich ungültiger Umsatzsteuer-Identifikationsnummer, UR 2008, 812. **Nieskens**, Ausfuhrlieferung und innergemeinschaftliche Lieferung: Rettet der BFH den Export?, StC 9/2009, 16. **Nieskens**, Acht Thesen zur umsatzsteuerrechtlichen Bewertung des innergemeinschaftlichen Reihengeschäfts – Zugleich Anmerkung zu BFH, Urt. v. 11.8.2011 – V R 3/10, UR 2011, 090, UR 2012, 17. **Nieskens**, Dauerbrenner innergemeinschaftliches Reihengeschäft – oder wie geht es weiter?, UK 2013, 823 f. **Nieskens**, Mit Zuckerbrot und Peitsche? – Neue Reihengeschäftsthese des BFH in den Urteilen des XI. Senats vom 25.2.2015 –, UR 2015, 419. **Nieskens**, Die Zuordnung der Warenbewegung im Reihengeschäft – Oder gilt jetzt doch wieder die Zuordnungsregelung anhand der Absichtserklärung?, DStR 2017, 1963 ff. **Nieskens**, Praxisbaustelle grenzüberschreitende Reihengeschäfte – iniwieweit können subjektive Kriterien die Zuordnung der Warenbewegung beeinflussen?, UR 2018, 261 ff. **Nieskens/Heinrichshofen/Matheis**, Gibt es für grenzüberschreitende Reihengeschäfte eine praxistaugliche Lösung?, DStR 2014, 1368. **Nieskens/Heinrichshofen/Matheis**, Praxisproblem der grenzüberschreitenden Reihengeschäfte – Ein Lösungsvorschlag, UR 2014, 513. **Nieskens/Harksen**, Reihengeschäfte mit Mehrfachtransportzuständigkeiten unter Beteiligung von Drittlandsunternehmen, UStB 2013, 231. **Oelmaier**, Zum Nachweis der innergemeinschaftlichen Lieferung – Anmerkungen zur (jüngsten) Rechtsprechung des BFH, DStR 2008, 1213. **Plikat**, Steuerfreiheit der innergemeinschaftlichen Lieferung im Beförderungsfall in Österreich – Eine gerichtliche Klarstellung, IWB 2009, 997. (Fach 5, Gruppe 2, 761). **Prätzler**, Update: Umsatzsteuerliche Aspekte bei Konsignationslagern im EU-Ausland, UStB 2010, 13. **Pump**, Probleme des Vertrauensschutzes bei innergemeinschaftlichen Lieferungen nach § 6a Abs. 4 UStG – Problemvermeidung durch vertragliche Lösung, UStB 2007, 73. **Pump**, Probleme durch unwirksamen Vertrauensschutz bei innergemeinschaftlichen Lieferungen – Europarechtswidrige Irrwege und Unzulänglichkeiten durch § 6a Abs. 4 UStG, UStB 2007, 165. **Reiß**, Innergemeinschaftliches Reihengeschäft – Befreite Lieferung und Erwerbsbesteuerung – , UR 2015, 733. **Reiß**, Unionsrechtlich gebotene Bestrafung und Besteuerung sine lege und contra legem – Anordnung des EuGH im Bereich des »Mehrwertsteuerbetrugs« im grenzüberschreitenden Mehrwertsteuerkarussell, UR 2016, 342 ff. **Reiß**, Materielle und formelle Voraussetzungen für die Befreiung der innergemeinschaftlichen Lieferung nach Art. 138, 131 MwStSystRL einschließlich postfaktischer Erweiterungen nach der Rechtsprechung des EuGH, UR 2017, 354 ff. **Reiß**, Das Kreuz mit dem Reihengeschäft und dem Glauben und den Absichten der Beteiligten, MwStR 2018, 296 ff. **Robisch**, Ausfuhrlieferungen und innergemeinschaftliche Lieferungen bei gebrochenen Transporten, UR 2008, 918. **Robisch**, Gibt es ein steuerpflichtiges Verbringen?, UR 2015, 53 ff. **Robisch**, Grenzüberschreitende Warenlieferungen über ein Konsignationslager, NWB 2017, 3486 ff. **Rolfes**, Erleichterungen beim Konsignationslager – BFH widerspricht der Verwaltungsauffassung, StuB 2017, 347 ff. **Rolfes**, Die Verwaltungsauffassung zum Konsignationslager, StuB 2018, 67 ff. **Rolfes**, Die Gelangensbestätigung und Alternativnachweise, UStB 2014, 85 f. **Selera**, Innergemeinschaftliche Lieferungen von Polen nach Deutschland/Nachweis der Voraussetzungen der Steuerbefreiung aus der Sicht des polnischen Umsatzsteuerrechts, UStB 2010, 303. **Schießl**, Konkretisierung der Nachweispflichten bei innergemeinschaftlichen Lieferungen, StuB 2013, 330. **Schießl**, Innergemeinschaftliche Lieferung im Reihengeschäft unter Beteiligung eines im Drittland ansässigen Zwischenerwerbers, StuB 2013, 644. **Schrömbges**, Zur Betrugsbekämpfungsklausel des EuGH bei innergemeinschaftlichen Anschlusslieferungen, MwStR 2018, 157 ff. **Scholz**, Nachweispflichten und Gutglaubensschutz bei innergemeinschaftlichen Lieferungen, EU-UStB 2007, 71. **Scholz/Nattkämper**, Das Urteil der Woche, EuGH v. 07.12.2010, C-285/09/Kommentar, NWB 2011, 9. **Schuska**, Aktuelle Rechtsprechung des 1. Strafsenats des BGH zur Umsatzsteuerhinterziehung, MwStR 2016, 786 ff. **Schwarz**, Eine rechtsdogmatische Analyse von gemischten bzw. gebrochenen Transporten, UR 2018, 270 ff. **Spatscheck/Stenert**, Vertrauensschutz bei innergemeinschaftlichen Lieferungen – Anmerkungen zum Urteil des EuGH vom 09.10.2014 – C-492/13, Traum EOOD, DStR 2015, 104 ff. **Spilker/Chrzan**, Importbesteuerung von Gegenständen und Dienstleistungen in Deutschland und Polen, UR 2007, 207. **Spitzenverbände**, Nachweisanforderungen an Unternehmen bei innergemeinschaftlichen Lieferungen – Stellungnahme vom 16.10.2009, DStR 44/2009, VIII. **Stapperfend**, Schutz des guten Glaubens im Umsatzsteuerrecht, UR 2013, 321. **Sterzinger**, Buch- und Belegnachweis bei einer innergemeinschaftlichen Lieferung, UR 2008, 169. **Sterzinger**, Allgemeiner Vertrauensschutz gutgläubiger Unternehmer?, DStR 2010, 2606. **Sterzinger**, Urteilsanmerkungen zum Urteil des EuGH in der Rs. C-285/09 »R«, UR 2011, 20. **Sterzinger**, Steuerfreie innergemeinschaftliche Lieferung trotz Fehlens der Umsatzsteuer-Identifikationsnummer des Erwerbers?; UR 2013, 45. **Sterzinger**, Beleg- und Buchnachweispflichten bei innergemeinschaftlichen Lieferungen, UStB 2013, 326 f. **Sterzinger**, Ortsbestimmung und Umsatzsteuerbefreiung bei innergemeinschaftlichen Reihengeschäften, NWB 2013, 4028. **Tannert**, Nachweispflichten im Abholfall bei innergemeinschaftlichen Lieferungen, BBK 2009, 1168. **Vobbe/Winter**, Zuordnung der Warenbewegung zur ersten Lieferung im Reihengeschäft – Zugleich Anmerkung zu BFH vom 11.8.2011, V R 3/10, DStR 2011, 2135. **von Streit**, Nachweis der Steuerfreiheit bei Ausfuhr und innergemeinschaftlicher Lieferung (Teil I und II), UStB 2010, 139 und 179. **von Streit**, Bestimmung des Lieferorts bei aufeinanderfolgenden Lieferungen innerhalb der Europäischen Union – Anmerkungen zum EuGH-Urteil in der Rechtssache Euro Tyre Holding, UR 2011, 161. **von Streit**, Umsetzung der »Euro Tyre-Rechtsprechung« des EuGH durch den BFH – Anmerkungen zur Entscheidung des BFH vom 11.08.2011, V R 3/10, UStB 2012, 18. **von Streit**, Innergemeinschaftliches Reihengeschäft – Neues vom EuGH?, UStB 2013, 47. **von Streit**, Anmerkungen zu den Urteilen des BFH zu Reihengschäften, UStB 2015, 257. **von Streit/Schwarz**, EuGH zu steuerfreien innergemeinschaftlichen Lieferungen – Keine Versagung der Steuerbefreiung, wenn es in der Vergangenheit Prüfungshandlungen des Finanzamts ohne Beanstandung gab, NWB 2017, 3632 ff. **Tannert**, Nachweise bei innergemeinschaftlichen Lieferungen – Anmerkungen zum BMF-Schreiben vom 05.05.2010, BBK 2010, 500. **Wäger**, Nachweis der Steuerfreiheit bei Ausfuhrlieferungen und innergemeinschaftlichen Lieferungen, DStR 2009, 1621. **Wäger**, Allgemeine Steuerpflicht für innergemeinschaftliche Lieferungen/ Eine geeignete Maßnahme zur Bekämpfung des Umsatzsteuerbetrugs?, DStR 2010, 357. **Wäger**, Diskussionsfall innergemeinschaftliches Reihengeschäft – Gehört Lübeck noch zum Inland? –, UR 2015, 576. **Wäger**, Rückkehr des Beleg- und Buchnachweises als materiell-rechtliche Voraussetzung der Steuerfreiheit für innergemeinschaftliche Lieferungen, UR 2015, 702 ff. **Wäger**, Der Kampf gegen die Steuerhinterziehung – Anmerkungen zur Steuerpflicht innergemeinschaftlicher Lieferungen, bei denen der Unternehmer nicht zum Vorsteuerabzug berechtigt ist, UR 2015, 81 ff. **Weber**, Vertrauensschutz in der Umsatzsteuer – Anforderungen und Konsequenzen, NWB 2014, 3076 f. **Weimann**, Umsatzsteuer in Bulgarien und Rumänien – Ein erster Überblick zu den Folgen des EU-Beitritts; IWB 7/2007, 391 (Fach 11, Gruppe 2, 769). **Weimann**, Zusammenfassende Meldung Teil I/II, UStB

2007, 178 und 202. **Weimann**, Zu der den Beleg- und Buchnachweisen nach »Collée« und »Teleos« verbleibenden Bedeutung, UStB 2008, 349. **Weimann**, Umsatzsteuerlicher Gutglaubensschutz – Verfahrensfragen, UStB 2009, 273. **Weimann**, Innergemeinschaftlicher Handel/Neuer Gelangensnachweis für die Steuerfreiheit einer Kfz-Lieferung in einen anderen EU-Mitgliedstaat, ASR 1/2012, 6. **Widmann**, Urteilsanmerkungen zu C-628/16 »Kreuzmayr«, MwStR 7/2018, 311 f. **Winter**, EuGH bestätigt Vertrauensschutzregelung gem. § 6a Abs. 4 UStG, UR 2007, 881. **Winter**, Nachweispflichten bei innergemeinschaftlichen Lieferungen, EU-UStB 4/2012, 98. **Zachariae**, Bestätigungsabfrage der ausländischen Umsatzsteuer-Identifikationsnummer eines deutschen Unternehmers, UR 2008, 532.

Verwaltungsanweisungen
BMF vom 17.01.2000, Az: IV D 2 – S 7134 – 2/00, BStBl I 2000, 179 (Vordruckmuster).
BMF vom 05.05.2010, Az: IV D 3 – S 7141/08/10001, BStBl I 2010, 508 (Neufassung des Anwendungsschreibens zu § 6a UStG).
BMF vom 09.12.2011, Az: IV D 3 – S 7141/11/10003, BStBl I 2011, 1287 (Neufassung UStDV).
BMF vom 06.02.2012, Az: IV D 3 – S 7141/11/10003, BStBl I 2012, 211 (Neufassung UStDV).
BMF vom 06.02.2012, Az: IV D 3 – S 7134/12/10001, BStBl I 2012, 212 (Neufassung UStDV).
BMF vom 01.06.2012, Az: IV D 3 – S 7141/11/10003-06, BStBl I 2012, 619 (Neufassung UStDV).
BMF vom 16.09.2013, Az: IV D 3 – S 7141/13/10001, BStBl I 2013, 1192 (Anpassung UStAE an Neufassung UStDV).
Hinweis: Zur Problematik der zeitlichen Geltungsdauer von BMF-Schreiben vgl. Einführung UStG, Rz. 100 ff.

Richtlinien/Hinweise/Verordnungen
UStAE: Abschn. 6a.1–6a.8.
UStDV: §§ 17a–17c.
MwStSystRL: Art. 131, Art. 138ff., Art. 402.

1 Allgemeines

1.1 Überblick über die Vorschrift

1 § 4 Nr. 1 Buchst. b UStG stellt die i. g. Lieferung steuerfrei, ohne den Begriff tatbestandsmäßig zu definieren. Die Tatbestandsmerkmale der i. g. Lieferung werden daher gesondert in § 6a UStG geregelt **(Legaldefinition)**. Dabei enthält § 6a Abs. 1 UStG die Grundvoraussetzungen der i. g. Lieferung, während § 6a Abs. 2 UStG das i. g. Verbringen nach § 3 Abs. 1a UStG der i. g. Lieferung gleichstellt. Wie bei der Ausfuhrlieferung (vgl. § 6 UStG) kann auch bei der i. g. Lieferung die Steuerfreiheit nur eintreten, wenn entsprechende Nachweise vorliegen (vgl. § 6a Abs. 3 UStG i. V. m. §§ 17a–c UStDV). § 6a Abs. 4 UStG beinhaltet eine Vertrauensschutzregelung für den Fall, dass eine Lieferung fälschlich als i. g. Lieferung behandelt wurde und dieser Umstand auf falschen Angaben des Abnehmers beruht. Für die Anwendung des § 6a UStG sind die korrespondierenden Regelungen des i. g. Erwerbes (vgl. § 1a UStG) sowie im Einzelfall besondere Ortsvorschriften (vgl. § 3 Abs. 5a UStG) von Bedeutung.

2 Die Vorschrift ist vor dem Hintergrund des **Binnenmarktes (ab 01.01.1993)** zu sehen. Innerhalb des Binnenmarktes kann eine Ausfuhrlieferung begrifflich nicht vorliegen. Für den i. g. Warenverkehr wurde daher der Begriff der i. g. Lieferung (§ 6a UStG) geschaffen, der letztlich das Gegenstück zu den Ausfuhrlieferungen (§ 6 UStG) im Warenverkehr mit Drittländern bildet. Dies entspricht dem sog. **Bestimmungslandprinzip**, wonach die Lieferung im Ursprungsland steuerfrei gestellt wird und im Gegenzug der Besteuerung im Bestimmungsland unterliegt (im Verhältnis zu

Drittländern = Einfuhr). Da innerhalb des Binnenmarktes eine Einfuhr begrifflich ebenfalls nicht möglich ist, wurde der »Gegensachverhalt« zur i. g. Lieferung daher ab 1993 als sog. **i. g. Erwerb** definiert (vgl. § 1a UStG). Zur zwingenden Verknüpfung der i. g. Lieferung und des i. g. Erwerbs vgl. EuGH vom 06.04.2006, Rs. C-245/04, EMAG Handel Eder OHG/Österreich, DStR 2006, 699.

Während im Warenverkehr mit Drittländern auch die Lieferung an eine Privatperson unter die Steuerbefreiung für Ausfuhrlieferungen fallen kann (vgl. § 6 UStG), sind die Tatbestandsmerkmale der i. g. Lieferung so ausgestaltet, dass der sog. **nichtkommerzielle i. g. Reiseverkehr** grundsätzlich nach dem **Ursprungslandprinzip** besteuert wird (z. B. Urlaubseinkäufe für den Privatbedarf in einem anderen Mitgliedstaat). 3

Der Unternehmer ist verpflichtet, i. g. Lieferungen in einer sog. Zusammenfassenden Meldung (vgl. § 18a UStG und vgl. die Kommentierung zu § 18a)) an das Bundeszentralamt für Steuern mitzuteilen. I. R. d. Voranmeldungsverfahrens und der Jahreserklärung müssen die Bemessungsgrundlagen für i. g. Lieferungen gesondert erklärt werden (vgl. § 18b UStG und vgl. die Kommentierung zu § 18b). Wegen der Besonderheiten bei der Ausstellung von Rechnungen in Zusammenhang mit i. g. Lieferungen vgl. § 14a UstG und vgl. die Kommentierung zu § 14a. 4

TIPP

Zur Anwendung der Vorschriften über den i. g. Warenverkehr (i. g. Lieferung/i. g. Erwerb/i. g. Verbringen) muss häufig auf die Behandlung im anderen Mitgliedsstaat verwiesen werden. In diesem Zusammenhang werden die entsprechenden Vorschriften des deutschen Umsatzsteuerrechts herangezogen (mit Verweisungen auf die entsprechenden Artikel der MwStSystRL/6. EG-RL), dies entspricht der Annahme, dass die anderen Mitgliedsstaaten grundsätzlich durch die Umsetzung der MwStSystRL/6. EG-RL vergleichbare Vorschriften zur Anwendung bringen. Im Einzelfall können sich auf Grund unterschiedlicher Umsetzung der MwStSystRL/6. EG-RL Abweichungen ergeben.

Durch § 4 Nr. 1 Buchst. b, § 6a UStG i. V. m. § 15 Abs. 1, Abs. 2 Nr. 1 und Abs. 3 Nr. 1 Buchst. a UStG wird die i. g. Lieferung von der USt entlastet; die i. g. Lieferung ist steuerfrei, der Vorsteuerabzug bleibt dennoch erhalten (sog. **echte Steuerbefreiung**, vgl. § 4 Rn. 5 und 6). Auch diese Verfahrensweise entspricht dem **Bestimmungslandprinzip**. 5

Zur Erteilung einer USt-IdNr. vgl. § 27a UStG und vgl. die Kommentierung zu § 27a (vgl. Rn. 60 sowie Rn. 194 ff.). 6

1.2 Rechtsentwicklung

§ 6a UStG ist durch das USt-Binnenmarktgesetz vom 25.08.1992 (UStBG, BGBl I 1992, 1548) mit Wirkung ab dem 01.01.1993 neu in das UStG eingefügt worden. 7

Die einzige wesentliche Änderung erfuhr die Vorschrift durch das **JStG 1996** vom 11.10.1995 (BGBl I 1995, 1250, BStBl I 1995, 438), das § 6a Abs. 2 UStG mit Wirkung vom **01.01.1996** neu gefasst hat. Nunmehr wird lediglich das i. g. Verbringen einer i. g. Lieferung gleichgestellt; bis zu diesem Zeitpunkt hatte das auch für die **i. g. funktionsändernde Werkleistung** gegolten. 8

Durch Art. 8 Nr. 3 des **JStG 2009** (Gesetz vom 19.12.2008, BGBl I 2008, 2794) wurden § 17c Abs. 2 Nr. 4 und Nr. 5 UStDV neu gefasst (Anpassung an die durch das JStG 1996 vorgenommenen Änderungen). 9

Durch Art. 1 Nr. 3 der **Zweiten Verordnung zur Änderung steuerlicher Verordnungen** vom 02.12.2011 (BGBl I 2011, 2416) wurden die §§ 17a bis 17c UStDV, die die Ausgestaltung der nach § 6a Abs. 3 S. 1 UStG erforderlichen Nachweise regeln, neu gefasst. Die Neufassung tritt am **01.01.2012** in Kraft (Art. 3 Abs. 2 der Verordnung). Die Verwaltung beanstandet es nicht, wenn für bis zum 30.06.2012 ausgeführte innergemeinschaftliche Lieferungen der beleg- und buch- 10 mäßige Nachweis der Voraussetzungen der Steuerbefreiung noch auf der Grundlage der bis zum 31.12.2011 geltenden Rechtslage geführt wird (vgl. BMF vom 09.12.2011, Az: IV D 3 – S 7141/11/10003, BStBl I 2011, 1287 und BMF vom 06.02.2012, Az: IV D 3 – S 7141/11/10003, BStBl I 2012, 211). Nach dem BMF-Schreiben vom 01.06.2012 (Az: IV D 3 – S 7141/11/10003-06, BStBl I 2012, 619) gilt: »Für bis zum Inkrafttreten einer erneuten Änderung des § 17a UStDV ausgeführte innergemeinschaftliche Lieferungen wird es nicht beanstandet, wenn der Nachweis der Steuerbefreiung noch auf der Grundlage der bis zum 31. Dezember 2011 geltenden Rechtslage geführt wird. Nicht eindeutig zu entnehmen ist diesem Wortlaut allerdings, ob er sich lediglich auf den Belegnachweis nach § 17a UStDV oder auch z. B. auf den Buchnachweis (vgl. Rn. 153 ff.) nach § 17c UStDV bezieht. Vermutlich sind jedoch sämtliche Nachweise nach §§ 17a–17c UStDV gemeint, was sich auch in der im Referentenentwurf einer Elften Verordnung zur Änderung der UStDV vom 01.10.2012 enthaltenen Anwendungsregelung eines § 74a Abs. 3 UStDV-E widerspiegelt. Zu den Änderungen im Einzelnen vgl. Rn. 143 ff.

11 Durch Art. 1 Nr. 1 der **Elften Verordnung zur Änderung der Umsatzsteuer-Durchführungsverordnung** vom 25.03.2013 (BGBl I 2013, 602) wird § 17a UStDV m. W. v. 01.10.2013 neu gefasst (vgl. Art. 2 Nr. 1) und in § 74a Abs. 3 UStDV für bis zum 30.09.2013 ausgeführte i. g. Lieferung die gesetzliche Möglichkeit des Nachweises anhand der §§ 17a–17c UStDV in der am 31.12.2011 geltenden Fassung eröffnet (vgl. Art. 2 Nr. 2, Inkrafttreten am 29.03.2013). Mit BMF-Schreiben vom 16.09.2013 (Az: IV D 3 – S 7141/13/10001, BStBl I 2013, 1192) verfügt die Verwaltung eine weitere Nichtbeanstandungsregelung bis zum 31.12.2013 (unter II. Anwendungsregelungen Nr. 2 S. 2). Durch Art. 6 Nr. 1 und Nr. 11 der **Verordnung zur Änderung steuerlicher Verordnungen und weiterer Vorschriften** vom 22.12.2014 (BGBl I 2014, 2392) werden redaktionelle Fehler im § 17a UStDV bereinigt (vgl. Rz. 158 und 167). Durch Art. 9 Nr. 4 der **Vierten Verordnung zur Änderung steuerlicher Verordnungen** vom 12.07.2017 (BGBl I 2017, 2360) wurden in § 17a Abs. 3 S. 1 Nr. 3 UStDV die Wörter »gemeinschaftlichen Versandverfahren« durch das Wort »Unionsversandverfahren« ersetzt. Nach Art. 13 Abs. 1 der Verordnung trat die Änderung am Tag nach der Verkündung der Verordnung im BStBl (= 20.07.2017) in Kraft. Ausweislich der Verordnungsbegründung (BR-Drucks. 412/17 vom 24.05.2017, 25) handelt es sich um eine redaktionelle Folgeänderung aufgrund der Neufassung des europäischen Zollrechts (01.05.2016).

1.3 Geltungsbereich

1.3.1 Sachlicher Geltungsbereich

12 § 6a UStG erfasst ausschließlich

- Lieferungen aus dem Inland **in das üGG** oder
- nach § 3 Abs. 1a UStG gleichgestellte **Verbringungen**

(vgl. Rn. 1 ff).

1.3.2 Persönlicher Geltungsbereich

13 § 6a UStG sieht hinsichtlich des persönlichen Geltungsbereichs keine Beschränkungen vor und gilt daher für **alle Unternehmer** i. S. d. § 2 UStG, die nämliche Umsätze tätigen.

1.3.3 Zeitlicher Geltungsbereich

Die Vorschrift wurde seit 1996 nicht geändert und wird damit grundsätzlich auf alle derzeit noch offenen Steuerfestsetzungen anwendbar sein (vgl. Rn. 7 ff.). 14

Die Neufassung der Nachweisvorschriften der UStDV durch die Zweite Verordnung zur Änderung steuerlicher Verordnungen vom 02.12.2011 (BGBl I 2011, 2416) trat nach Art. 3 Abs. 2 der Verordnung am 01.01.2012 in Kraft. Zu der zeitlich befristeten Nichtbeanstandungsregelung der Verwaltung vgl. Rn. 10. 15

Die Neufassung des § 17a UStDV durch die Elfte Verordnung zur Änderung der Umsatzsteuer-Durchführungsverordnung vom 25.03.2013 (BGBl I 2013, 602) tritt nach Art. 2 Nr. 1 der Verordnung am 01.10.2013 in Kraft. Zu der zeitlich befristeten Nichtbeanstandungsregelung der Verwaltung vgl. Rn. 11. Die Korrekturen durch die Verordnung zur Änderung steuerlicher Verordnungen und weiterer Vorschriften (BGBl I 2014, 2392) traten am 30.12.2014 in Kraft (vgl. Art. 10 Abs. 1 der Verordnung). Die Änderungen durch die Vierte Verordnung zur Änderung steuerlicher Verordnungen (BGBl I 2017, 2360) traten am 20.07.2017 in Kraft (vgl. Art. 13 Abs. 1 der Verordnung). 16

1.4 Gemeinschaftsrechtliche Grundlagen und Verhältnis zu anderen Vorschriften

§ 6a UStG entspricht den Vorgaben der Art. 131, Art. 138 ff. MwStSystRL (zur Auslegung der gemeinschaftsrechtlichen Grundlagen durch die Rechtsprechung des EuGH und BFH sowie den Abweichungen zur nationalen Gesetzeslage vgl. Reiß in UR 2017, 254 ff.). Die gemeinschaftsrechtlichen Regelungen für die Besteuerung des Handelsverkehrs zwischen den Mitgliedsstaaten stellen Übergangsregelungen dar, die dem Bestimmungslandprinzip folgen (vgl. Rn. 2). Nach Art. 402 Abs. 1 MwStSystRL soll zukünftig grundsätzlich ein Wechsel zum Ursprungslandprinzip erfolgen. Zu aktuellen Vorstellungen der Europäischen Kommission hinsichtlich der Weiterentwicklung des Binnenmarktes vgl. den Aktionsplan im Bereich der Mehrwertsteuer (COM(2016) 148 final vom 07.04.2016 unter 4.) sowie COM (2017) 569 final vom 04.10.2017 (s.a Kemper in UR 2018, 337). 17

Die Vorschrift § 6a UStG enthält die **Legaldefinition** der nach § 4 Nr. 1 Buchst. b UStG steuerfreien Umsätze, sie gilt auch für das **i. g. Verbringen eines Gegenstandes** i. S. d. § 3 Abs. 1a UStG (§ 6a Abs. 2 UStG). 18

Über § 15 Abs. 1, Abs. 2 Nr. 1 und Abs. 3 Nr. 1 Buchst. a UStG wird sichergestellt, dass für die nämlichen Umsätze der Vorsteuerabzug auf die Eingangsumsätze trotz der Steuerbefreiung der Ausgangsumsätze erhalten bleibt (sog. **echte Steuerbefreiung**, vgl. § 4 Rn. 5 und 6). 19

Zu den Auswirkungen des EU-Beitritts von **Kroatien** am 01.07.2013 vgl. BMF vom 28.06.2013, Az: IV D 1 – S 7058/07/10002, UR 2013, 615. 20

Zum Verhältnis unterschiedlicher gemeinschaftsrechtlicher Befreiungsvorschriften untereinander vgl. EuGH vom 07.12.2006, Rs. C-240/05, Eurodental Sàrl, UR 2007, 98 (Art. 13 Teil A Abs. 1 Buchst. e, Art. 17 Abs. 3 Buchst. b, Art. 28 Abs. 3 Buchst. a, Art. 28c Teil A Buchst. a, Anhang E Nr. 2 der 6. EG-RL; Klagegegen Stand: i. g. Lieferung von Zahnersatz von Luxemburg nach Deutschland). Ein Umsatz, der nach Art. 13 Teil A Abs. 1 Buchst. e der 6. EG-RL innerhalb eines Mitgliedstaats von der Mehrwertsteuer befreit ist, eröffnet ungeachtet der im Bestimmungsland anwendbaren Mehrwertsteuerregelung kein Recht auf Vorsteuerabzug nach Art. 17 Abs. 3 Buchst. b der 6. EG-RL, selbst wenn es sich um einen i. g. Umsatz handelt (vgl. Billig, UR 2007, 81). In Auslegung der Urteilsgrundsätze des EuGH-Urteils vom 07.12.2006, Rs. C-240/05 »Eurodental«, DStRE 2007, 1042 ist davon auszugehen, dass Steuerbefreiungen ohne Vorsteuerabzug (§ 4 Nr. 8 bis 28 UStG, 21

§ 25c Abs. 1 und 2 UStG) den Steuerbefreiungen mit Vorsteuerabzug vorgehen (§ 4 Nr. 1 bis 7 UStG). Mit BMF-Schreiben vom 11.04.2011 (Az: IV D 3 – S 7130/07/10008, BStBl I 2011, 459) wurde daher Abschn. 6a.1 UStAE um einen neuen Abs. 2a ergänzt: »Die Steuerbefreiung für innergemeinschaftliche Lieferungen (§ 4 Nr. 1 Buchstabe b, § 6a UStG) kommt nicht in Betracht, wenn für die Lieferung eines Gegenstands in das übrige Gemeinschaftsgebiet auch die Voraussetzungen der Steuerbefreiungen nach § 4 Nr. 17, 19 oder 28 oder nach § 25c Abs. 1 und 2 UStG vorliegen.« Die Grundsätze der Regelung sind in allen offenen Fällen anzuwenden.

22 Zum Verhältnis zwischen § 4 Nr. 1 Buchst. b UStG und § 4 Nr. 17 Buchst. a UStG vgl. BFH vom 22.08.2013 – Az: V R 30/12, BStBl II 2014, 133 (Bezugnahme auf C-240/05; kein Vorsteuerabzug; vgl. Abschn. 4.17.1 Abs. 4 UStAE und Abschn. 15.13 Abs. 5 S. 1 und 2 UStAE; zu Vertrauensschutzaspekten vgl. LSF Sachsen vom 09.06.2015, Az: S 7304 – 15/1 – 213; SIS 160227). Zur Abgrenzung des Anwendungsbereichs des § 4 Nr. 17 Buchst. a UStG/Art. 13 Abs. 1 Buchst. d MwStSystRL vgl. EuGH, Urteil vom 05.10.2016, Rs. C-412/15, juris (nicht erfasst wird die Lieferung von Blutplasma, das zur Herstellung von Arzneimitteln bestimmt ist).

23 Zum Konkurrenzverhältnis zwischen den Regelungen des § 26 Abs. 5 UStG (Art. 67 Abs. 3 NATO-ZAbk.) und den Steuerbefreiungsvorschriften des § 4 UStG vgl. BMF vom 04.11.2015, III C 2 – S 7304/15/10001, BStBl I 2015, 886 und Abschn. 15.13. Abs. 5 S. 3 UStAE.

24 Zum Vorrang des § 4 Nr. 8 Buchst. b UStG gegenüber § 4 Nr. 1 Buchst. a und b UStG beim Sortengeschäft (Geldwechselgeschäft) i. R. d. Übergangsregelung bis zum 30.09.2011 vgl. BMF vom 05.10.2011, Az: IV D 2 – S 7100/08/10009 : 002, BStBl I 2011, 982.

25 Zur Erteilung einer USt-IdNr. (vgl. Art. 213, 214 und 273 MwStSystRL) in Fällen, in denen der Antragsteller nicht über ausreichende Mittel zur Ausübung einer wirtschaftlichen Tätigkeit verfügt und die Befürchtung eines potenziellen Missbrauchs besteht vgl. EuGH vom 14.03.2013, Rs. C-527/11 »Ablessio«, BFH/NV 2013, 889. Der EuGH setzt für die Verweigerung der Erteilung einer USt-IdNr. hohe Hürden.

26 Zur unmittelbaren Anwendbarkeit von Art. 138 Abs. 1 MwStSystRL vgl. EuGH vom 09.10.2014, Rs. C-492/13 »Traum EOOD«.

2 Kommentierung

2.1 Innergemeinschaftliche Lieferung

2.1.1 Grundsachverhalt

27 Der Hauptanwendungsfall der i. g. Lieferung definiert sich wie folgt: Ein Unternehmer (vgl. § 2 UStG) erbringt eine Lieferung (vgl. § 3 UStG) an einen Abnehmer, wobei der Gegenstand der Lieferung in das üGG (vgl. § 1 Abs. 2 und 2a UStG; Abschn. 1.9, 1.10 UStAE) gelangt (§ 6a Abs. 1 S. 1 Nr. 1 UStG). Der Abnehmer erwirbt dabei den Gegenstand der Lieferung für sein Unternehmen, muss also selbst ebenfalls Unternehmer sein (§ 6a Abs. 1 S. 1 Nr. 2 Buchst. a UStG) und unterliegt mit dem Erwerb in einem anderen Mitgliedstaat den Vorschriften der Umsatzbesteuerung (§ 6a Abs. 1 Nr. 3 UStG; vgl. § 1a UStG). Daneben liegen nach § 6a Abs. 3 UStG i. V. m. §§ 17a–c UStDV beim liefernden Unternehmer entsprechende Beleg- und Buchnachweise über den Sachverhalt vor (zur Neufassung der §§ 17a–17c UStDV ab 01.01.2012 vgl. Rn. 143 ff.; zur Neufassung des § 17a UStDV ab 01.10.2013 vgl. Rn. 158 ff.).

2.1.2 Unternehmer

Die Besteuerung des Umsatzsteuerrechts knüpft an die Unternehmereigenschaft (vgl. § 2 UStG) an. Dementsprechend kann eine i. g. Lieferung grundsätzlich nur durch einen Unternehmer im Rahmen seines Unternehmens gegen Entgelt erbracht werden (§ 6a Abs. 1 S. 1 Nr. 1 UStG i. V. m. § 1a Abs. 1 Nr. 3 Buchst. a UStG). Der Unternehmer muss der Regelbesteuerung unterliegen. 28

Auf **Kleinunternehmer** (§ 19 Abs. 1 UStG; beachte Optionsmöglichkeit § 19 Abs. 2 UStG) finden die Vorschriften über die i. g. Lieferungen (§ 6a UStG) und die Angabe einer USt-IdNr. in einer Rechnung (§ 14a Abs. 1, 3 und 7 UStG) keine Anwendung (§ 19 Abs. 1 S. 4 UStG). Dies gilt jedoch nicht für den Fall der Lieferung neuer Fahrzeuge (§ 19 Abs. 4 UStG). Nicht anwendbar soll § 6a UStG (§ 24 Abs. 1 S. 2 UStG – Ausschluss der Steuerbefreiungen § 4 Nr. 1–7 UStG) auch für **pauschalierende Landwirte** sein (vgl. Abschn. 24.5 Abs. 1 UStAE). In Fällen der **Differenzbesteuerung** (§ 25a UStG) ist die Steuerbefreiung für i. g. Lieferungen ausgeschlossen (§ 25a Abs. 5 S. 2 und Abs. 7 Nr. 3 UStG; vgl. BFH vom 07.12.2006, Az: V R 52/03, BStBl. II 2007, 420). S. Abschn. 6a.1 Abs. 3 UStAE. Besonderheiten gelten für die Lieferung **neuer Fahrzeuge** (Definition vgl. § 1b Abs. 3 UStG). Nach § 2a UStG werden auch Nichtunternehmer und Unternehmer, die jedoch nicht im Rahmen ihres Unternehmens liefern, für diese Lieferung wie Unternehmer behandelt (für den Abnehmer vgl. § 6a Abs. 1 Nr. 2 Buchst. c UStG und § 1b UStG) und können daher eine i. g. Lieferung verwirklichen (wegen des Vorsteuerabzuges vgl. § 15 Abs. 4a UStG). 29

2.1.3 Ort der Lieferung

2.1.3.1 Ortsermittlung nach § 3 Abs. 6 und 7 UStG

Die Anwendung der Steuerbefreiung nach § 4 Nr. 1 Buchst. b UStG setzt die Steuerbarkeit (§ 1 Abs. 1 Nr. 1 UStG) der i. g. Lieferung voraus. Der Lieferort muss daher im Inland (§ 1 Abs. 2 UStG) liegen. Grundsätzlich bestimmt sich der Lieferort in Fällen des Beförderns oder Versendens (§ 6a Abs. 1 S. 1 Nr. 1 UStG) nach § 3 Abs. 6 S. 1 UStG, die Lieferung gilt dort als ausgeführt, wo die Beförderung oder Versendung beginnt. 30

2.1.3.1.1 Lieferbedingung »shipment on hold«

Bei Vereinbarung der Lieferbedingung »shipment on hold« liegt nach dem Beschluss des Niedersächsischen FG vom 12.11.2004 (Az: 16 V 137/04, rkr., DStRE 2006, 356 – AdV nach § 69 FGO) eine Versendungslieferung vor, die unter den weiteren Voraussetzungen des § 6a UStG steuerfrei ist. Bei dieser Lieferbedingung erfolgt eine Lieferung mittels Spediteur an einen zu Beginn bereits feststehenden Kunden, die tatsächliche Aushändigung der Ware durch den Spediteur an den Kunden hängt jedoch noch von einer Freigabeerklärung des Lieferanten ab, die dieser erst nach Eingang der Zahlung erteilt. Die Lieferbedingung diente nach Auffassung des Finanzgerichts lediglich Sicherungszwecken und wurde regelmäßig erteilt. Damit entfaltet sie keine Auswirkung auf die Annahme des Lieferortes nach § 3 Abs. 6 S. 1, 3 UStG am Ort des Beginns der Versendung, insbesondere liegt kein Fall des i. g. Verbringens vor. Davon abweichend hat das Niedersächsische FG (vgl. Urteil vom 03.05.2007, Az: 5 K 232/02, EFG 2007, 1282) entschieden, dass bei i. g. Lieferungen mit der Freigabeklausel »ship to hold« (Verbringung der Ware in ein deutsches Zwischenlager und Herausgabe bei Zahlungsnachweis) die Verschaffung der Verfügungsmacht erst bei Herausgabe der Ware aus dem deutschen Lager erfolgt. Als Folge davon beurteilte das FG die Lieferungen als steuerpflichtige inländische Lieferungen. Der BFH hat sich in seiner Revisionsentscheidung (vgl. BFH vom 30.07.2008, Az: XI R 67/07, BStBl II 2009, 552) dieser Beurteilung nicht angeschlossen. Im Urteilsfall wurden von einem in Großbritannien ansässigen Lieferer Mobiltelefone an einen deutschen Abnehmer geliefert. Die Mobiltelefone wurden von einem 31 durch den Lieferer beauftragten Spediteur zunächst zu einer deutschen Schwestergesellschaft des Lieferers ins Inland verbracht und vom dortigen Lager nach Erteilung der Freigabebestätigung durch den Lieferer (nach Zahlungseingang) an den deutschen Abnehmer ausgehändigt. Nach Auffassung des BFH gilt eine Lieferung auch dann bei Beginn der Versendung in einem anderen Mitgliedstaat als dort ausgeführt (§ 3 Abs. 6 S. 1 UStG), wenn die Person des inländischen Abnehmers dem mit der Versendung Beauftragten im Zeitpunkt der Übergabe der Ware nicht bekannt ist, aber mit hinreichender Sicherheit leicht und einwandfrei aus den unstreitigen Umständen, insbesondere aus Unterlagen abgeleitet werden kann (Änderung der Rechtsprechung; vgl. insoweit noch abweichend Abschn. 30 Abs. 3 UStR 2008). Dem steht nicht entgegen, dass die Ware von dem mit der Versendung Beauftragten zunächst in ein inländisches Lager gebracht und erst nach Eingang der Zahlung durch eine Freigabeerklärung des Lieferanten an den Erwerber herausgegeben wird (vgl. Abschn. 3.12 Abs. 3 S. 4ff. UStAE). Durch die Entscheidung ändert sich nichts an dem Tatbestandsmerkmal einer Versendungslieferung, dass bei Übergabe der Ware an den Beauftragten der Abnehmer der Lieferung feststehen muss. Vielmehr ist die Frage betroffen, ob sich der Abnehmer zwingend aus den Frachtpapieren ergeben und dem Beauftragten bekannt sein muss und ob der Beauftragte die Ware direkt an den Abnehmer übergeben muss. Gegen die Annahme, der Abnehmer habe bei Übergabe der Ware an den Beauftragten festgestanden, spricht auch nicht eine Shipment-on-hold-Klausel, die der Sicherung des Kaufpreises dient (vergleichbar einer Nachnahmelieferung). Wird allerdings die Freigabeerklärung nicht mehr erteilt, da der Abnehmer zwischenzeitlich insolvent geworden ist und die sich bereits im Inland befindliche Ware anschließend an einen anderen inländischen Abnehmer verkauft, liegt eine steuerbare und steuerpflichtige Inlandslieferung vor.

2.1.3.1.2 Lieferung in Konsignationslager

32 Ob die vorstehend beschriebene Rechtslage auch auf die Lieferung in ein **Konsignationslager** anzuwenden ist, war umstritten. Abschn. 3.12. Abs. 3 S. 7 UStAE a.F. regelte hierzu pauschal, dass bei einem Verbringen in ein Auslieferungs- oder Konsignationslager im Zeitpunkt des Beginns der Versendung des Gegenstands in das Lager keine Verschaffung der Verfügungsmacht gegenüber einem feststehenden Abnehmer vorliegen soll (vgl. Abschn. 1a.2 Abs. 6 UStAE a.F.). Nach Verwaltungsauffassung erfolgte demnach zuerst ein i.g. Verbringen mit entsprechender Erwerbsbesteuerung, während die anschließende Lieferung an den Abnehmer (Entnahme aus dem Lager) eine steuerbare und steuerpflichtige Inlandslieferung darstellt. Ausführlich zur bisherigen Verwaltungsauffassung, Verfahrensweise, Registrierungspflicht sowie mit Beschreibung von Vereinfachungsregelungen anderer Mitgliedstaaten vgl. OFD Frankfurt vom 15.12.2015, Az: S 7100 a A – 4 – St 110, DStR 2016, 1032 (zur grundsätzlichen Behandlung des Konsignationslagers vgl. Weimann in UidP, 14. Aufl. 2016, Kap. 33; zur Kritik an der »stark verkürzten« Darstellung in der Verfügung der OFD Frankfurt vom 15.12.2015, a.a.O., und zur Konsignationslagerregelung in Belgien vgl. Langner/Vastmans in UStB 2016, 278ff.). Zur Behandlung des Verbringens in ein rumänisches Konsignationslager vgl. FinBeh Hamburg vom 07.12.2015, Az: S 7071 – 2012/002 – 51.

33 Bereits der (AdV) Beschluss des Hessischen FG vom 21.06.2011 (Az: 1 V 2518/10, EFG 2012, 85) hat darauf hingedeutet, dass eine pauschale Beurteilung der über ein Konsignationslager abgewickelten Lieferungen i.S.d. Verwaltungsauffassung unzutreffend sein könnte. Bestätigt werden diese Zweifel durch die Hauptsacheentscheidung des Hessischen FG vom 25.08.2015 (Az: 1 K 2519/10, EFG 2015, 2229; Revision unter Az: V R 31/15, vgl. Rz. 34), nach der bei Vorliegen einer verbindlichen Bestellung im Zeitpunkt des Beförderungsbeginns der Ort der Lieferung nach § 3 Abs. 6 UStG zu bestimmen ist, mithin eine i.g. Lieferung, kein i.g. Verbringen, vorliegt. Auch das Niedersächsische FG hat mit Urteil vom 18.06.2015 (Az: 5 K 335/14, EFG 2015, 1754) entschieden, dass die umsatzsteuerliche Behandlung der Einlagerung in ein Konsignationslager von der konkreten Ausgestaltung des Konsignationslagervertrages abhängt. Für den Klagefall kam das Gericht

zum Vorliegen i.g. Lieferungen. Dafür sprach insbesondere, dass es sich bei den Liefergegenständen um speziell für den Abnehmer angefertigte Zubehörteile handelt, die verbindlich bestellt waren, für die ein Abnahmezwang bestand und über die der Abnehmer wie über einen eigenen Lagerbestand verfügen konnte. Das FG Düsseldorf nimmt mit Urteil vom 06.11.2015 (Az: 1 K 1983/13 U, EFG 2016, 234; Revision unter Az: V R 1/16 vgl. Rz. 34) Bezug auf die vorstehend genannten Urteile und entscheidet ebenfalls in Auslegung des Konsignationslagervertrages, allerdings im Urteilsfall mit anderem Ergebnis (keine i.g. Lieferung), da im Urteilsfall bei Beginn des Transports der Waren keine verbindliche Bestellung vorlag, der Abnehmer keiner Abnahmeverpflichtung unterlag und nach dem Konsignationslagervertrag ein verbindlicher Kaufvertrag erst bei Entnahme und Weiterveräußerung aus dem Konsignationslager zustande kommen sollte.

Zur Behandlung der Einlagerung in ein **Konsignationslager** hat sich der BFH in jüngster Zeit in zwei Urteilen geäußert (vgl. BFH vom 20.10.2016, Az: V R 31/15, BStBl II 2017, 1076 und BFH vom 16.11.2016, Az: V R 1/16, BStBl II 2017, 1079. Demnach ist der Lieferort nach § 3 Abs. 6 UStG zu bestimmen, wenn der Abnehmer bei Beginn der Versendung feststeht. Eine kurzzeitige Lagerung des Gegenstandes der Lieferung nach Beginn der Versendung in einem Auslieferungslager soll dabei unschädlich sein. Steht der Abnehmer bei Beginn der Versendung hingegen noch nicht fest, liegt ein innergemeinschaftliches Verbringen vor. Die Verwaltung hat die bisherige Regelung in Abschn. 1a.2 Abs. 6 UStAE a.F. und Abschn. 3.12 Abs. 3 UStAE a.F. entsprechend angepasst und die Rechtsprechung des BFH damit übernommen (vgl. Abschn. 1a.2 Abs. 6 S. 4 – 9 UStAE und Abschn. 3.12 Abs. 3 und Abs. 7 UStAE i.d.F. des BMF-Schreibens vom 10.10.2017, Az: III C 3 – S 7103-a/15/10001, BStBl I 2017, 1442 – grundsätzliche Anwendung auf alle offenen Fälle, Nichtbeanstandungsregelung für Fälle vor dem 01.01.2018 [Nichtbeanstandungsregelung verlängert 01.01.2019, vgl. BMF-Schreiben vom 14.12.2017, Az: III C 3 – S 7103-a/15/10001, DStR 2018, 32]; ergänzend vgl. OFD Frankfurt vom 07.12.2017, Az: S 7100 a A – 004 – St 110, UR 2018, 219). Literaturhinweise: Langer in DStR 2017, 242ff.; Müller in UR 2017, 615ff. (speziell zu den Auswirkungen auf die Automobilindustrie); Liebchen/Kaiser in BB 2017, 224ff.; Robisch in NWB 2017, 3486ff. und in MwStR 2017, 893 f.; Rolfes in StuB 2017, 347ff. und StuB 2018, 67ff.; Gries/Stößel in NWB 2017, 1810ff. 34

Zum Vorschlag der Europäischen Kommission, kurzfristig (01.01.2019) eine Regelung zum Konsignationslager in die MwStSystRL aufzunehmen vgl. Com(2017) 569 final vom 04.10.2017, Art. 1 Nr. 2 (Art. 17a MwStSystRL neu). 35

2.1.3.2 Sonderfall Reihengeschäft

Für den Fall des **Reihengeschäftes** (§ 3 Abs. 6 S. 5 UStG) ist zu beachten, dass die Beförderung oder Versendung nur einer der Lieferungen zugeordnet werden (= **bewegte Lieferung**) und nur diese Lieferung die Voraussetzungen der i. g. Lieferung (§ 6a UStG) erfüllen kann (vgl. Abschn. 3.14 Abs. 2 S. 2, 3 und Abs. 13 S. 1, 2 UStAE; vgl. Abschn. 6a.1 Abs. 2 UStAE). Für die übrigen Lieferungen (= **ruhende Lieferungen**) im Reihengeschäft regelt § 3 Abs. 7 S. 2 UStG, dass der bewegten Lieferung vorangehende Lieferungen dort als ausgeführt gelten, wo die Beförderung oder Versendung beginnt (§ 3 Abs. 7 S. 2 Nr. 1 UStG), der bewegten Lieferung nachfolgende Lieferungen als dort ausgeführt gelten, wo die Beförderung oder Versendung endet (§ 3 Abs. 7 S. 2 Nr. 2 UStG). In Fällen, in denen ein »mittlerer« Unternehmer der Lieferkette den Gegenstand der Lieferung befördert oder versendet, regelt § 3 Abs. 6 S. 6 UStG die widerlegbare Vermutung, dass die Warenbewegung der Lieferung an ihn zuzuordnen ist. Wegen weiterer Einzelheiten zur Ortsbestimmung im Reihengeschäft vgl. § 3 Rn. 91ff. und vgl. § 3 Rn. 124ff. (vgl. a. Mann, NWB 2012, 1015; vgl. Beiser, UR 2012, 222; vgl. Lang-Horgan, UR 2012, 628). 36

Die Verwaltungsauffassung hinsichtlich der Zuordnung der Warenbewegung zu einer der Lieferungen im Reihengeschäft ergibt sich aus Abschn. 3.14 Abs. 7–10a UStAE. Zur abweichenden 37

Zuordnung der bewegten Lieferung nach dem Recht eines anderen Mitgliedstaates vgl. Abschn. 13.14 Abs. 19 S. 1 UStAE (sog. Kollisionsregelung; BMF vom 07.12.2015, Az: III C 2 – S 7116-a/13/10001 und III C 3 – S 7134/13/10001, BStBl. I 2015, 1014, zuvor Abschn. 3.14 Abs. 11 UStAE).

38 Die nach nationalem deutschen Umsatzsteuerrecht geltende Rechtslage zur Bestimmung des Ortes bei Reihengeschäften (§ 3 Abs. 6 S. 5, Abs. 7 S. 2 UStG) sowie die Anwendung der Steuerbefreiung nur auf die bewegte Lieferung ist grundsätzlich richtlinienkonform (vgl. EuGH vom 06.04.2006, Rs. C-245/04, EMAG Handel Eder OHG/Österreich, DStR 2006, 699; ausführlich zum Urteil des EuGH Möhlenkamp/Masuch, UR 2009, 268ff.). Allerdings hat der EuGH sich in dieser Entscheidung nicht zu der Frage geäußert, welcher Lieferung im Reihengeschäft die Warenbewegung zuzuordnen ist, welche Lieferung also die bewegte Lieferung ist. Besondere Schwierigkeiten bereitet dies in Fällen, in denen ein »mittlerer« Unternehmer der Lieferkette die Beförderung oder Versendung des Liefergegenstandes durchführt.

39 Mit der Frage der Zuordnung der Warenbewegung zu einer der Lieferungen im Reihengeschäft hat sich der EuGH in seiner Entscheidung vom 16.12.2010, Rs. C-430/09, »**Euro Tyre Holding**«, BFH/NV 2011, 397, auseinandergesetzt (im Urteilsfall transportierte der »mittlere« Unternehmer). Der EuGH führt hier hinsichtlich der Zuordnung der bewegten Lieferung im Reihengeschäft aus: »Werden in Bezug auf eine Ware zwischen verschiedenen als solchen handelnden Steuerpflichtigen aufeinanderfolgend zwei Lieferungen, aber nur eine einzige innergemeinschaftliche Beförderung durchgeführt – so dass dieser Umsatz unter den Begriff der innergemeinschaftlichen Beförderung im Sinne von Art. 28c Teil A Buchst. a Unterabs. 1 der Sechsten Richtlinie 77/388/EWG [...] in Verbindung mit den Art. 8 Abs. 1 Buchst. a und b, 28a Abs. 1 Buchst. a Unterabs. 1 und 28b Teil A Abs. 1 dieser Richtlinie fällt –, so hat die Bestimmung, welchem Umsatz diese Beförderung zuzurechnen ist, ob also der ersten oder der zweiten Lieferung, in Ansehung einer umfassenden Würdigung aller Umstände des Einzelfalls zu erfolgen, um festzustellen, welche der beiden Lieferungen alle Voraussetzungen für eine innergemeinschaftliche Lieferung erfüllt. Unter Umständen wie denen des Ausgangsverfahrens, wenn also der Ersterwerber, der das Recht, über den Gegenstand wie ein Eigentümer zu verfügen, im Hoheitsgebiet des Mitgliedstaats der ersten Lieferung erlangt hat, seine Absicht bekundet, diesen Gegenstand in einen anderen Mitgliedstaat zu befördern, und mit seiner von dem letztgenannten Staat zugewiesenen USt-IdNr. auftritt, müsste die innergemeinschaftliche Beförderung der ersten Lieferung zugerechnet werden, sofern das Recht, über den Gegenstand wie ein Eigentümer zu verfügen, im Bestimmungsmitgliedstaat der innergemeinschaftlichen Beförderung auf den Zweiterwerber übertragen wurde. Es ist Sache des vorlegenden Gerichts, zu prüfen, ob diese Bedingung in dem bei ihm anhängigen Rechtsstreit erfüllt ist (Anschlussrechtsprechung vgl. BFH vom 11.08.2011, Az: V R 3/10 (V), BFH/NV 2011, 2208 und BFH vom 17.02.2011, Az: V R 28/10 (V), BFH/NV 2011, 1448 Rz. 35/36, FG München vom 08.02.2012, Az: 3 K 1296/11, EFG 2012, 1502; vgl. von Streit, UR 2011, 161ff., Monfort, NWB 2011, 870ff., Meurer, DStR 2011, 199ff., Vobbe/Winter, DStR 2011, 2135ff., Nieskens, UR 2012, 17ff. und von Streit, UStB 2012, 18ff.).

40 In seiner Entscheidung vom 27.09.2012 (Rs. C-587/10, »**VSTR**«, DStR 2012, 2014) geht der EuGH erneut auf die Zuordnung der Warenbewegung im Reihengeschäft ein (Rz. 31–37; Fall des Transports durch den »mittleren« Unternehmer). Entscheidendes Kriterium für die Zuordnung der Warenbewegung zur »zweiten« Lieferung ist danach (vgl. C-430/09, a.a.O.), ob bei der »zweiten« Lieferung die Befähigung, wie ein Eigentümer über den Gegenstand der Lieferung zu verfügen, stattfindet, bevor die innergemeinschaftliche Beförderung erfolgt. Für diesen Fall ist die »zweite« Lieferung im Reihengeschäft die bewegte Lieferung. Vgl. Bürger, UR 2012, 941, Burgmaier, UR 2012, 838; Sterzinger, UR 2013, 45ff.; von Streit, UStB 2013, 47ff. Zur Zuordnung der bewegten Lieferung im Reihengeschäft vgl. EuGH, Urteil vom 26.07.2017, Rs. C-386/16 »**Toridas**«, BFH/NV 2017, 1406 (Absichtserklärung des Ersterwerbers ausreichend?; vgl. dazu Nieskens in DStR 2017, 1963ff.). Zur

umsatzsteuerlichen Behandlung (Zuordnung der bewegten Lieferung, Vorsteuerabzug des Zweiterwerbers, Vertrauensschutz des Zweiterwerbers) für den Fall, dass der Erstlieferer durch den Ersterwerber nicht in Kenntnis über die Weiterlieferung durch diesen gesetzt wird vgl. EuGH vom 21.02.2018, Rs. C-628/16 »**Kreuzmayr**«, BFH/NV 2018, 511 (vgl. dazu Nieskens in UR 2018, 261ff. auch zu Abweichungen zwischen der aktuellen Rechtsprechung des EuGH und des BFH; Reiß in MwStR 2018, 296ff.; Urteilsanmerkungen Widmann in MwStR 7/2018, 311 f.).

Die Entscheidung »VSTR« (a.a.O.) des EuGH geht auf ein Urteil des Sächsischen FG vom 25.02.2009 (Az: 2 k 484/07, EFG 2009, 1418) zurück. I.R.d. Revision hatte der BFH dem EuGH verschiedene Fragen zur Vorabentscheidung vorgelegt, die sich allerdings nicht unmittelbar auf die Ortsbestimmung im Reihengeschäft bezogen, sondern auf das Vorhandensein und den Nachweis einer USt-IdNr. beim ersten Erwerber im Reihengeschäft sowie den Nachweis der Erwerbsbesteuerung (vgl. BFH vom 10.11.2010, Az: XI R 11/09, BStBl. I 2011, 237). 41

Mit Urteil vom 28.05.2013, Az: XI R 11/09 (V), BFH/NV 2013, 1524, Aufhebung/Zurückverweisung ist die lange erwartete Folgeentscheidung des BFH zur Rs. C-587/19 »VSTR« ergangen. Der XI. Senat des BFH legt darin § 3 Abs. 6 S. 6 UStG unionsrechtskonform aus. Leitsätze: »2. Bei einem Reihengeschäft mit zwei Lieferungen und drei Beteiligten setzt die erforderliche Zuordnung der (einen) innergemeinschaftlichen Versendung zu einer der beiden Lieferungen eine umfassende Würdigung aller besonderen Umstände des Einzelfalls und insbesondere die Feststellung voraus, ob zwischen dem Erstabnehmer und dem Zweitabnehmer die Übertragung der Befähigung, wie ein Eigentümer über den Gegenstand zu verfügen, stattgefunden hat, bevor die innergemeinschaftliche Versendung erfolgte. Mit dem ausschließlichen Abheben auf die Übertragung der Verfügungsmacht weicht der XI. Senat von der Rechtsprechung des V. Senats ab, der ggf. bereits die Kenntnis des ersten Lieferers über die Weiterlieferung durch den ersten Erwerber als ausreichend erachtet, die Warenbewegung der zweiten Lieferung zuzuordnen (vgl. BFH vom 11.08.2011, Az: V R 3/10 (V), BFH/NV 2011, 2208). Eine Divergenzanfrage erachtete der XI. Senat jedoch wegen der gegenüber dem Urteil des V. Senats späteren Entscheidung des EuGH »VSTR« für nicht erforderlich. 42

Der BFH verweist den Fall zur Überprüfung an das FG zurück, welche der beiden Lieferungen nach den Urteilsgrundsätzen des EuGH in der Entscheidung »VSTR« (a.a.O.) die bewegte und damit steuerfreie i. g. Lieferung ist (Leitsatz 2.; zur Zuordnung der Beförderung oder Versendung vgl. Abschn. 3.14 Abs. 10a UStAE [ggf. Vorlage Abholvollmacht; eingefügt durch BMF vom 16.09.2013, Az: IV D 3 – S 7141/13/10001, UR 2013, 796]). Vgl. Schießl, StuB 2013, 644ff.; Sterzinger, NWB 2013, 4028; Nieskens/Heinrichshofen/Matheis, UR 2014, 513 sowie DStR 2014, 1368; Kettisch, UR 2014, 593; Nieskens, UR 2013, 823. 43

Im zweiten Rechtsgang hat zunächst das Sächsische FG mit Urteil vom 12.03.2014 (Az: 2 K 1127/13, MwStR 2014, 619) der Klage stattgegeben. Demnach reichen bloße Zweifel und Indizien nicht aus, die gesetzliche Vermutung in § 3 Abs. 6 S. 6 UStG zu widerlegen. Mit Urteil vom 25.02.2015 (Az: XI R 15/14 (V), BFH/NV 2015, 772) weist der XI. Senat des BFH die Revision der Verwaltung als unbegründet zurück (ausführliche Stellungnahme des XI. Senats zur Kritik in Rechtsprechung und Schrifttum an seiner und des EuGH Rechtsprechung). 44

Der XI. Senat des BFH wendet die Grundsätze der EuGH-Rechtsprechung zum Reihengeschäft (vgl. vorstehend) nicht nur auf Fälle des Transports durch den »mittleren« Unternehmer (erster Abnehmer) an, sondern auch dann, wenn der »zweite«/letzte Abnehmer den Transport vornimmt (BFH vom 25.02.2015, Az: XI R 30/13 (V), BFH/NV 2015, 769 – auch zur Indizwirkung der Behandlung durch die Beteiligten). Eine generelle Zuweisung der bewegten Lieferung wie in Abschn. 3.14 Abs. 8 S. 2 UStAE ist daher nicht rechtsprechungskonform. Bei persönlicher Abholung des Liefergegenstandes durch den Zweiterwerber beim ersten Lieferer dürfte dem Zweiterwerber oftmals die Verfügungsmacht am Liefergegenstand verschafft werden, sodass die Warenbewegung der Lieferung an ihn zuzuordnen ist. Im Einzelfall kann sich aus den Gesamtumständen jedoch auch Abweichendes ergeben. Vgl. Grambeck in StuB 2015, 372ff.; vgl. Nies- 45 kens in UR 2018, 261ff. zu den Folgen aus dem Urteil des EuGH vom 21.02.2018, Rs. C-628/16 »Kreuzmayr«, BFH/NV 2018, 511 und Abweichungen zwischen der aktuellen Rechtsprechung des EuGH und des BFH.

46 Die zutreffende umsatzsteuerliche Behandlung von Reihengeschäften beschäftigt nicht nur die Gerichte, sondern auch das Schrifttum. Zum Diskussionsstand vgl. u.a. Maunz in DStR 2015, 1025, Nieskens in UR 2015, 419ff., Langer in NWB 2015, 1684, Wäger in UR 2015, 576ff., Höink/Hudasch in UStB 2015, 198, von Streit in UStB 2015, 257, Reiß in UR 2015, 733 ff.; Hassa in UR 2016, 493, Liebgott in UR 2016, 628ff.; Heuermann in UR 2017, 853ff.; Nieskens in DStR 2017, 1963ff. und in UR 2018, 261ff.; Reiß in MwStR 2018, 296ff. Heuermann in DStR 2018, 2078 ff.

47 Mit Schreiben vom 28.12.2015 hat sich das BMF an die Interessenverbände der Wirtschaft gewandt, um in eine fachliche Diskussion über eine mögliche Änderung der Ortsvorschriften für das Reihengeschäft einzutreten (Einführung eines neuen § 3 Abs. 6a UStG). Zum aktuellen Stand der Diskussion vgl. Harksen, UStB 2016, 109ff., Brill in kösdi 2016, 19890ff. Zu Plänen der Europäischen Kommission, kurzfristig (01.01.2019) eine Regelung zum innergemeinschaftlichen Reihengeschäft in die MwStSystRL aufzunehmen vgl. COM(2017) 569 final vom 04.10.2017, Art 1. Nr. 4 (Art 138a MwStSystRL neu). Literaturhinweis: Harksen in BB 2018, 157ff.

2.1.3.3 Sonderfall Dreiecksgeschäft

48 Einen Sonderfall des Reihengeschäftes stellt das sog. **i. g. Dreiecksgeschäft** dar (§ 25b UStG, Abschn. 3.14 Abs. 1 S. 2 UStAE). Bei i. g. Dreiecksgeschäften schließen drei Unternehmer, die in jeweils verschiedenen Mitgliedsstaaten für Zwecke der USt erfasst sind, über denselben Gegenstand Umsatzgeschäfte ab, wobei der Gegenstand der Lieferung unmittelbar vom ersten Lieferer an den letzten Abnehmer und dabei aus dem Gebiet eines Mitgliedsstaates in das Gebiet eines anderen Mitgliedsstaates gelangt. Die Beförderung oder Versendung muss durch den ersten Lieferer oder den ersten Abnehmer erfolgen. Wegen der Einzelheiten siehe Abschn. 25b.1 UStAE. Literaturhinweise: Bachstein in IWB 2017, 767ff. Zur Auslegung der formellen Anforderungen an ein innergemeinschaftliches Dreiecksgeschäft vgl. EuGH vom 19.04.2018, Rs. C-580/16 »Bühler KG«, DStR 2018, 865 mit Anm. Langer; vgl. Endres-Reich in UR 2018, 187ff.

2.1.3.4 Abgrenzung zu den übrigen Ortsvorschriften

49 Nach § 3 Abs. 5a UStG haben die Ortsvorschriften §§ 3c, 3e, 3f und 3g UStG Vorrang vor § 3 Abs. 6–8 UStG. Eine Überschneidung von § 3c UStG mit der i. g. Lieferung nach § 6a UStG ergibt sich regelmäßig nicht. Zu weiteren Einzelheiten vgl. die Kommentierungen zu §§ 1a und 3c.

50 Die Anwendung des § 6a UStG in Fällen des § 3e UStG (Ort der Lieferung während einer Beförderung an Bord eines Schiffes etc.; beachte Neufassung ab 01.01.2010) ist nicht grundsätzlich ausgeschlossen, der Vorgang dürfte jedoch wegen der Art der Liefergegenstände so gut wie immer dem Privatbereich zuzurechnen sein, sodass § 6a Abs. 1 S. 1 Nr. 2 Buchst. a UStG nicht erfüllt wird. Wegen der Besonderheiten im Zusammenhang mit der Lieferung von Gas oder Elektrizität vgl. § 3g UStG und Abschn. 3g.1 Abs. 6 UStAE (Ortsverlagerung nach dem Bestimmungslandprinzip; keine bewegte Lieferung; kein Fall des § 6a UStG; vgl. Abschn. 6a.1 Abs. 1 S. 3 UStAE).

2.1.4 Gegenstand der Lieferung

51 Nach § 6a Abs. 1 S. 1 Nr. 1 UStG muss der Gegenstand der Lieferung befördert oder versendet werden. Nicht zu den Gegenständen einer i. g. Lieferung gehören der Firmenwert (Geschäfts-, Praxiswert) und der Kundenstamm (vgl. Abschn. 3.1 Abs. 4 UStAE unter Verweisung auf EuGH

vom 22.10.2009, Rs. C-242/08, BStBl. II 2011, 559). Zur Veräußerung eines Miteigentumsanteils an einem Buch vgl. BFH, Urteil vom 18.02.2016, Az: V R 53/14 (V), BFH/NV 2016, 869 (Änderung der Rechtsprechung: »Die Veräußerung des Miteigentumsanteils an einer Sache (Buch) kann Gegenstand einer Lieferung sein.«).

In Fällen der **Werklieferung** (§ 3 Abs. 4 UStG; zur Abgrenzung vgl. Abschn. 3.8 UStAE) kann eine i. g. Lieferung daher nur vorliegen, wenn der Ort der Werklieferung nicht auf Grund noch zu erbringender Arbeiten, z.B. umfangreicher Montagearbeiten, an den Bestimmungsort (üGG) verlagert wird und die Lieferung somit im Inland nicht steuerbar ist (zur Ortsbestimmung vgl. die Kommentierung zu § 3). In solchen Fällen wird nicht der Gegenstand der Lieferung befördert oder versendet (vgl. Abschn. 3.12 Abs. 4 S. 1–6 UStAE; vgl. Abschn. 6a.1 Abs. 1 S. 4 UStAE). Die i. g. Lieferung setzt bei Werklieferungen daher regelmäßig voraus, dass das zu liefernde Werk bereits im Inland fertig gestellt war. Wird der Gegenstand der Lieferung lediglich zum Zweck des Transports zerlegt und am Bestimmungsort wieder zusammengesetzt, ist dies unschädlich (vgl. Abschn. 3.12 Abs. 4 S. 7–9 UStAE). 52

Die **Be- oder Verarbeitung** des Liefergegenstandes durch Beauftragte vor der Beförderung oder Versendung in das üGG ist nach § 6a Abs. 1 S. 2 UStG unschädlich (vgl. Abschn. 6a.1 Abs. 19 UStAE mit Beispielen; vgl. Abschn. 6.1 Abs. 5 UStAE).Wegen weiterer Einzelheiten vgl. die Kommentierung zu § 6 Der Umstand der Be- oder Verarbeitung löst für den Unternehmer weitere Nachweispflichten aus. Nach § 17b S. 1 UStDV **muss** sich die Be- oder Verarbeitung aus Belegen leicht nachprüfbar und eindeutig ergeben. Der Nachweis **ist** durch Belege nach § 17a UStDV geführt werden, die zusätzlich die Angaben nach § 11 Abs. 1 Nr. 1–4 UStDV (Angaben zum Beauftragten und zur Be- oder Verarbeitung) enthalten (§ 17b S. 2 UStDV). Im Fall der Be- oder Verarbeitung durch mehrere Beauftragte müssen sich die Angaben auf sämtliche Beauftragten erstrecken (§ 17b S. 3 UStDV i. V. m. § 11 Abs. 2 UStDV). 53

Zur Neuregelung der Nachweise ab 01.01.2012 durch die Zweite Verordnung zur Änderung steuerlicher Verordnungen vom 02.12.2011 (BGBl I 2011, 2416) vgl. Rn. 141 ff.; zur Neufassung des § 17a UStDV ab 01.10.2013 vgl. Rn. 158 ff. 54

2.1.5 Befördern und Versenden

Unter Beförderung versteht das Umsatzsteuerrecht jede Fortbewegung eines Gegenstandes (§ 3 Abs. 6 S. 2 UStG). Eine Beförderung liegt daher vor, wenn entweder der liefernde Unternehmer oder der Abnehmer oder ein unselbständiger Erfüllungsgehilfe den Gegenstand der Lieferung befördert (vgl. Abschn. 3.12 Abs. 2 S. 1 UStAE). Eine Versendung (§ 3 Abs. 6 S. 3 UStG) liegt demgegenüber vor, wenn der Gegenstand der Lieferung durch einen selbständigen Beauftragten befördert oder die Beförderung durch ihn besorgt wird (vgl. Abschn. 3.12 Abs. 3 S. 1 UStAE; vgl. Abschn. 6a.1 Abs. 6 UStAE). Für die i. g. Lieferung spielt es grundsätzlich keine Rolle (vgl. aber Reihengeschäfte – ggf. Auswirkung auf den Ort der Lieferung), wem die Beförderung oder Versendung zugerechnet wird, da im Unterschied zur Ausfuhrlieferung nach § 6 UStG ein unversteuerter Endverbrauch im Gemeinschaftsgebiet bei § 6a UStG nicht durch die Eigenschaft des »ausländischen Abnehmers« (vgl. § 6 Abs. 2 UStG), sondern durch das Teilnahmeerfordernis am i. g. Erwerb (§ 6a Abs. 1 S. 1 Nr. 3 UStG) verhindert wird. 55

Nach Auffassung des Sächsischen FG (Urteil vom 24.05.2011, Az: 6 k 2176/09, EFG 2011, 2112) gilt in Fällen des **gebrochenen Transports** (Beteiligung sowohl des Lieferers als auch des Abnehmers am Transport auf jeweils Teilstrecken; vgl. Robisch, UR 2008, 918): »Der Steuerbefreiung einer innergemeinschaftlichen Lieferung steht nicht entgegen, dass der Warentransport in das übrige Gemeinschaftsgebiet durch eine kombinierte Versendungs- und Abhollieferung erfolgt. Auf die Modalitäten des Transports kommt es nicht an.« 56

57 Mit Schreiben vom 07.12.2015 (Az: III C 2 – S 7116-a/13/10001 und III C 3 – S 7134/13/10001, BStBl. I 2015, 1014) hat sich das BMF zur gebrochenen Beförderung oder Versendung geäußert und den UStAE entsprechend angepasst. Nach Abschn. 6a.1 Abs. 8 S. 3 und 4 UStAE ist eine gebrochene Beförderung / Versendung demnach unter weiteren Voraussetzungen grundsätzlich unschädlich. Wegen weiterer Einzelheiten vgl. die Kommentierung zu § 6 Rz. 37 ff. Zu rechtsdogmatischen Überlegungen i.d. Zusammenhang vgl. Schwarz in UR 2018, 270 ff.

2.1.6 Übriges Gemeinschaftsgebiet

58 Eine i. g. Lieferung liegt vor, wenn der Gegenstand der Lieferung vom Inland (vgl. § 1 Abs. 2 UStG, Abschn. 1.9 UStAE) – der Umsatz muss steuerbar sein – in das üGG gelangt (vgl. § 1 Abs. 2a UStG, Abschn. 1.10 UStAE; vgl. Abschn. 6a.1 Abs. 7 UStAE). Der Gegenstand der Lieferung muss das Inland physisch verlassen haben und tatsächlich im üGG physisch angekommen sein. Hat der Abnehmer einen i. g. Erwerb erklärt, kann dies nur ein zusätzliches Indiz dafür sein, dass der Gegenstand der Lieferung das Inland physisch verlassen hat. Ein maßgeblicher Anhaltspunkt für das Vorliegen einer i. g. Lieferung ist dies jedoch nicht (vgl. Abschn. 6a.1 Abs. 8 S. 5 und 6 UStAE; vgl. insoweit auch die Entscheidung des EuGH in der Rs. Teleos, vgl. Rn. 105). Geht der Gegenstand vor Erreichen des üGG unter, ist das Tatbestandsmerkmal grundsätzlich nicht erfüllt (vgl. Robisch in Bunjes, § 6 a UStG Anm. 21). Durchfuhr durch Drittlandsgebiet ist unschädlich, da § 6 a Abs. 1 S. 1 Nr. 1 UStG lediglich Anfangs- und Endpunkt der i. g. Lieferung definiert (vgl. Robisch in Bunjes, § 6 a Rn. 25). Wegen der Fälle einer vorgelagerten Einfuhr (§ 1 Abs. 1 Nr. 4 UStG) aus dem Drittlandsgebiet vgl. die Kommentierung zu § 1 a.

2.1.7 Abnehmer

2.1.7.1 Allgemeines

59 § 6 a Abs. 1 S. 1 Nr. 2 UStG grenzt den Kreis der zulässigen Abnehmer ein. Als Abnehmer kommen demnach in Betracht (vgl. Abschn. 6a.1 Abs. 9 UStAE):

- Unternehmer, die den Gegenstand der Lieferung für ihr Unternehmen erwerben,
- juristische Personen, die nicht Unternehmer sind oder die den Gegenstand der Lieferung nicht für ihr Unternehmen erworben haben,
- bei Lieferung eines neuen Fahrzeugs auch jeder andere Erwerber.

60 Hauptanwendungsfall ist dabei der **Erwerb durch einen Unternehmer** (sowohl inländische als auch ausländische; vgl. Abschn. 6a.1 Abs. 11 UStAE) für dessen Unternehmen (§ 6 a Abs. 1 S. 1 Nr. 2 Buchst. a UStG). Der Abnehmer muss der Empfänger der Lieferung sein. Regelmäßig ist das derjenige, dem der Anspruch auf Lieferung zusteht und gegen den sich zivilrechtlich der Anspruch auf Zahlung des Kaufpreises richtet (vgl. Abschn. 6a.1 Abs. 10 UStAE; zur Person des Abnehmers bei Vertretung ohne Vertretungsmacht/Identitätstäuschung vgl. BFH vom 25.04.2013, Az: V R 28/11, BStBl. II 2013, 656 – §§ 177, 179 BGB). Dass sich diesbezüglich Risiken für den liefernden Unternehmer ergeben, verdeutlicht die Vertrauensschutzregelung des § 6 a Abs. 4 UStG (vgl. Rn. 175 ff.). Der Unternehmer ist letztlich auf die Richtigkeit der Angaben des Erwerbers angewiesen. Erwirbt der Abnehmer unter Angabe einer **USt-IdNr. eines anderen Mitgliedstaates** (vgl. Abschn. 6a.1 Abs. 12 UStAE), kann der Unternehmer grundsätzlich davon ausgehen, dass der Abnehmer Unternehmer ist und für sein Unternehmen erwirbt (es dürfen sich anhand der Art und Menge der erworbenen Gegenstände keine berechtigten Zweifel an der unternehmerischen Verwendung ergeben, vgl. Abschn. 6a.1 Abs. 13 UStAE; wegen der Zuordnung zum Unternehmen

vgl. die Kommentierung zu § 15 Abschn. 15.2b UStAE). Dabei muss die USt-IdNr. im Zeitpunkt der Lieferung gültig sein. Nicht ausreichend ist es, wenn der Abnehmer die USt-IdNr. im Zeitpunkt des Umsatzes lediglich beantragt hat, die USt-IdNr. muss im Zeitpunkt des Umsatzes zugeteilt worden sein (vgl. Abschn. 6a.1 Abs. 12 S. 2 UStAE). Tritt der Abnehmer mit einer deutschen USt-IdNr. auf, geht die Verwaltung davon aus, dass die Voraussetzungen des § 6a UStG nicht erfüllt sind (vgl. z. B. Abschn. 3.14 Abs. 13 UStAE Beispiel unter a). Zur eigenen Absicherung sollte der Unternehmer die Möglichkeit des **Bestätigungsverfahrens** nach § 18e UStG durch das Bundeszentralamt für Steuern nutzen, da der Aufbau einer USt-IdNr. nicht gerade als fälschungssicher bezeichnet werden kann (vgl. Rn. 194ff.; Grundsätzliches zur Vergabe einer USt-IdNr. vgl. die Kommentierung zu § 27a; vgl. Kemper in DStR 2014, 1654 f. und Bachstein in IWB 2014, 134 f.).

Zur Verpflichtung, die Eigenschaft des Erwerbers als Steuerpflichtiger nachzuweisen, und zur Bedeutung der USt-IdNr. als formelles Erfordernis vgl. EuGH vom 27.09.2012 (Rs. C-587/10, VSTR, DStR 2012, 2014) und vgl. Rn. 194ff. 61

2.1.7.2 Juristische Person als Abnehmer

Unter § 6a Abs. 1 S. 1 Nr. 2 Buchst. b UStG fallen **juristische Personen** des privaten und des öffentlichen Rechts, sofern sie entweder kein Unternehmer sind, oder, bei gegebener Unternehmereigenschaft, den Gegenstand der Lieferung nicht für ihr Unternehmen erwerben (vgl. Abschn. 6a.1 Abs. 14 UStAE; vgl. § 1a Abs. 3 Nr. 1 Buchst. d UStG = sog. Schwellenerwerber). 62

Sofern die juristische Person die Unternehmereigenschaft erfüllt, fällt sie in den Anwendungsbereich des § 6a Abs. 1 S. 1 Nr. 2 Buchst. a UStG. Dies ist bei juristischen Personen des öffentlichen Rechts (z. B. Gebietskörperschaften, vgl. Abschn. 2.11 Abs. 1 UStAE) bis einschließlich 2016 der Fall, wenn sie einen Betrieb gewerblicher Art unterhalten (vgl. § 2 Abs. 3 UstG die Kommentierung zu § 2 UStG) und die Lieferung dem unternehmerischen Bereich zugeordnet wird. Lieferungen in den hoheitlichen Bereich fallen demgegenüber unter Buchst. b (wegen der Problematik der Erwerbsbesteuerung vgl. Rn. 67ff.). Für die umsatzsteuerliche Behandlung der juristischen Personen des öffentlichen Rechts gilt ab 2017 § 2b UStG, dessen Anwendung jedoch über eine Option nach § 27 Abs. 22 UStG hinausgezögert werden kann (zu weiteren Einzelheiten vgl. die Kommentierung zu § 2b UStG). 63

Bei juristischen Personen des privaten Rechts muss unterschieden werden, ob die juristische Person auf Grund ihrer Tätigkeit insgesamt die Unternehmereigenschaft erfüllt – dies wird regelmäßig bei z. B. gewerblich tätigen Kapitalgesellschaften der Fall sein (Anwendungsfall Buchst. a) – oder ob es sich um eine juristische Person handelt, die nur in Teilbereichen am wirtschaftlichen Leben teilnimmt (z. B. Vereine). Bei Letzteren ist auf das Vorliegen eines wirtschaftlichen Geschäftsbetriebes abzuheben (vgl. Abschn. 2.10 UStAE und vgl. die Kommentierung zu § 2). 64

Da es für den Unternehmer unzumutbar ist, Kenntnis über ggf. länderspezifische Besonderheiten in diesem Bereich zu fordern, kann er sich auch hier nur an der angegebenen/nicht angegebenen USt-IdNr. orientieren (vgl. Abschn. 6a.1 Abs. 14 S. 4 UStAE). 65

2.1.7.3 Lieferung neuer Fahrzeuge

Bei der **Lieferung neuer Fahrzeuge** (zur Definition vgl. § 1b Abs. 2, 3 UStG und Abschn. 1b.1 UStAE sowie Art. 2 Abs. 1 Buchst. b Ziff. ii MwStSystRL/Art. 28a Abs. 2 der 6. EG-RL; zur Einordnung sog. Pocket-Bikes als neue Fahrzeuge vgl. BFH vom 27.02.2014, Az: V R 21/11, BStBl II 2014, 501 – zur Personenbeförderung bestimmt) reicht für die i. g. Lieferung auch jeder andere Erwerber aus (§ 6a Abs. 1 S. 1 Nr. 2 Buchst. c UStG). Der Erwerber muss insbesondere kein Unternehmer sein, eine Privatperson mit Erwerb für den privaten Bereich genügt (vgl. Abschn. 6a.1 Abs. 15 UStAE). Eine i. g. Lieferung liegt daher auch ohne Angabe einer USt-IdNr. vor. Die Sonderregelung erklärt sich mit 66 der entsprechenden Besteuerung des i. g. Erwerbs für diesen Erwerberkreis nach § 1b Abs. 1 UStG. Eine weitere Besonderheit besteht darin, dass in diesem Bereich auch eine Privatperson die Voraussetzungen der i. g. Lieferung erfüllt, da sie nach § 2a UStG wie ein Unternehmer behandelt wird. Dies gilt jedoch nur für die Lieferung neuer Fahrzeuge. Liefert der Unternehmer hingegen **gebrauchte Fahrzeuge**, muss der Abnehmer die Voraussetzungen des § 6a Abs. 1 Nr. 2 Buchst. a oder b UStG erfüllen. Zu den Nachweisanforderungen und dem Vertrauensschutz bei der Lieferung bei der Lieferung neuer Fahrzeuge vgl. Urteil des EuGH vom 14.06.2017, Rs. C-26/16 »Santogal«, MwStR 2017, 617 (vgl. von Streit/Schwarz in NWB 2017, 3632ff.).

2.1.8 Erwerbsbesteuerung

2.1.8.1 Lieferung an Unternehmer

67 Der Erwerb des Gegenstandes der Lieferung muss in einem anderen Mitgliedstaat den Vorschriften der Umsatzbesteuerung, d.h. der korrespondierenden Erwerbsbesteuerung, unterliegen (§ 6a Abs. 1 S. 1 Nr. 3 UStG). Für den liefernden Unternehmer gilt dieses Merkmal als erfüllt, wenn der Erwerber unter Angabe einer gültigen USt-IdNr. eines anderen Mitgliedsstaates auftritt (vgl. Abschn. 6a.1 Abs. 18 S. 1 UStAE; Ausnahme: Lieferung neuer Fahrzeuge).

68 Die USt-IdNr. des Erwerbers ist nach § 17c Abs. 1 UStDV aufzuzeichnen (Bestandteil des buchmäßigen Nachweises). Einen weitergehenden Nachweis, insbesondere über die tatsächliche Durchführung der Erwerbsbesteuerung oder der Entrichtung der Erwerbssteuer, muss der Unternehmer nicht führen (vgl. Abschn. 6a.1 Abs. 18 UStAE – Auftreten des Erwerbers unter einer im Zeitpunkt der Lieferung gültigen USt-IdNr.; etwas undeutlich im Hinblick auf den Fall, dass der Erwerber trotz Verpflichtung einen i. g. Erwerb nicht erklärt.). Zur Verpflichtung, die Eigenschaft des Erwerbers als Steuerpflichtiger nachzuweisen, und zur Bedeutung der USt-IdNr. als formelles Erfordernis vgl. EuGH vom 27.09.2012 (Rs. C-587/10 VSTR, DStR 2012, 2014) und vgl. Rn. 194ff.

69 Zu **Streitfragen** im Zusammenhang mit **tatsächlich nicht durchgeführter Erwerbsbesteuerung** vgl. FG Rheinland-Pfalz vom 10.02.2005, Az: 6 k 1738/03, EFG 2006, 453. Die Steuerbefreiung für i. g. Lieferungen setzt nicht voraus, dass der Erwerber auch tatsächlich einen i. g. Erwerb anmeldet und versteuert. Es muss lediglich der Tatbestand erfüllt werden. Auch der Umstand, dass der Abnehmer im Bestimmungsland als Scheinfirma (missing trader) eingestuft wird, weil er die entsprechenden i. g. Erwerbe nicht angemeldet hat, führt nicht zwingend zum Verlust der Steuerfreiheit für die korrespondierende i. g. Lieferung, wenn ansonsten sämtliche Nachweisvoraussetzungen erfüllt sind (Revision der Verwaltung BFH: V R 72/05; diese Rechtsauffassung wurde durch den BFH mit Urteil vom 30.03.2006 (Az: V R 47/03, BStBl II 2006, 634 [unter II.1 b]) bestätigt; vgl. auch BFH vom 07.12.2006, Az: V R 52/03, BStBl II 2007, 420 unter II.2. a). Auch der EuGH führt in seinem Urteil vom 27.09.2007, Rs. C-409/04, Teleos, BStBl II 2009, 70) aus, dass die Abgabe einer Erklärung über den i. g. Erwerb im Bestimmungsland einen zusätzlichen Beweis darstellen kann, dass die Liefergegenstände den Lieferstaat tatsächlich verlassen haben, sie ist jedoch kein für die Befreiung einer i. g. Lieferung maßgeblicher Beweis. Auf die diesbezügliche Rechtsprechung des EuGH verweist auch die Revisionsentscheidung des BFH vom 08.11.2007, Az: V R 72/05, BStBl II 2009, 55 unter II.1.a).

70 Der Umsatzbesteuerung im Bestimmungsland unterliegt der i.g. Erwerb auch dann, wenn er dort steuerfrei ist oder einem Nullsatz unterliegt (vgl. Abschn. 6a.1 Abs. 18 S. 4 UStAE; vgl. BFH, Urteil vom 21.01.2015, XI R 5/13, BStBl II 2015, 724, Rz. 24).

71 Zur ggf. Nichterfüllung des § 6a Abs. 1 S. 1 Nr. 3 UStG bei Lieferung verbrauchssteuerpflichtiger Waren (Weine) in ein Verbrauchssteuerlager in Großbritannien vgl. FG München vom 18.12.2012, Az: 2 K 2283/10, EFG 2013, 649. Nach Auffassung des FG besteht eine systembedingte Verknüpfung der Steuerfreiheit der i. g. Lieferung mit der Steuerpflicht des i. g. Erwerbs. Führt das nationale

Umsatzsteuerrecht des Bestimmungsstaates daher dazu, dass durch eine Ortsverlagerung der i.g. Erwerb im Bestimmungsland nicht steuerbar ist, sondern erst ggf. eine zeitlich wesentlich spätere Auslagerung, wird § 6a Abs. 1 Nr. 3 UStG nicht erfüllt, die Lieferung ist steuerpflichtig. Dem widerspricht der BFH in der Revisionsentscheidung (vgl. BFH, Urteil vom 21.01.2015, XI R 5/13, BStBl II 2015, 724, Rz. 28ff.). Demnach ist die Frage, ob der innergemeinschaftliche Erwerb verbrauchssteuerpflichtiger Waren durch den Abnehmer im Bestimmungsland den Vorschriften über die Umsatzbesteuerung unterliegt, und damit § 6a Abs. 1 Nr. 3 UStG erfüllt ist, grundsätzlich nach Unionsrecht und nicht nach ggf. abweichendem nationalen Recht zu beurteilen.

2.1.8.2 Lieferung an Schwellenerwerber

Durch das Erfordernis der Erwerbsbesteuerung auf Seiten des Abnehmers werden Lieferungen an bestimmte Abnehmer, die zwar die Voraussetzungen nach § 6a Abs. 1 S. 1 Nr. 2 Buchst. a und b UStG erfüllen, von der Steuerbefreiung nach § 4 Nr. 1 Buchst. b UStG ausgeschlossen, wenn es sich um sog. Schwellenerwerber handelt (vgl. § 1a Abs. 3, 4 UStG i.V.m. Art. 3 MwStSystRL [Art. 28a der 6. EG-RL]). Als Schwellenerwerber definiert § 1a Abs. 3 UStG: 72

- Unternehmer, die nur steuerfreie Umsätze ausführen, die zum Ausschluss vom Vorsteuerabzug führen,
- Kleinunternehmer nach § 19 Abs. 1 UStG,
- Unternehmer, die nach § 24 UStG Durchschnittssätze verwenden,
- juristische Personen, die nicht Unternehmer sind oder den Gegenstand der Lieferung nicht für ihr Unternehmen erwerben.

Überschreiten diese Abnehmer die sog. Erwerbsschwelle (vgl. § 1a Abs. 3 Nr. 2 UStG – 12.500 €; vgl. Abschn. 3c.1 Abs. 2 UStAE für die anderen Mitgliedsstaaten) nicht und optieren sie auch nicht zur Erwerbsbesteuerung (vgl. § 1a Abs. 4 UStG; Art. 28a Abs. 1 Buchst. a Unterabs. 3; Art. 3 Abs. 3 MwStSystRL), liegt auf deren Seite kein i. g. Erwerb vor, § 6a Abs. 1 S. 1 Nr. 3 UStG wird somit nicht erfüllt, Steuerfreiheit nach § 4 Nr. 1 Buchst. b UStG tritt nicht ein. Auf Grund der Ortsvorschrift des § 3c UStG kann sich in diesen Fällen jedoch die Verlagerung des Lieferortes in das Bestimmungsland ergeben. 73

Eine Besonderheit ergibt sich nach § 1a Abs. 5 UStG, wonach die Lieferung **neuer Fahrzeuge** und **verbrauchssteuerpflichtiger Waren** bei Lieferung an Schwellenerwerber immer dem i. g. Erwerb unterliegt (vgl. auch Art. 2 Abs. 1 Buchst. b Ziffer iii MwStSystRL/Art. 28a Abs. 1 Buchst. b und c der 6. EG-RL). Wegen weiterer Einzelheiten vgl. die Kommentierungen zu §§ 1a und 3c. (vgl. hierzu auch Abschn. 6a.1 Abs. 16, 17 UStAE). 74

In Fällen der Lieferung neuer Fahrzeuge ist das Erfordernis der Erwerbsbesteuerung regelmäßig erfüllt. Entweder fällt die Lieferung in den Anwendungsbereich des § 6a Abs. 1 S. 1 Nr. 2 Buchst. a oder b UStG, der Erwerb durch diesen Erwerberkreis unterliegt generell der Erwerbsbesteuerung oder es handelt sich um einen Fall des § 6a Abs. 1 S. 1 Nr. 2 Buchst. c UStG (Erwerber = Privatperson), dann wird die Erwerbsbesteuerung über § 1b UStG sichergestellt (vgl. Art. 2 Abs. 1 Buchst. b Ziff. ii MwStSystRL/Art. 28a Abs. 1 Buchst. b der 6. EG-RL). 75

2.2 Innergemeinschaftliches Verbringen

Nach § 6a Abs. 2 UStG gilt auch das einer Lieferung gleichgestellte Verbringen eines Gegenstandes nach § 3 Abs. 1a UStG als i. g. Lieferung (vgl. Art. 17 MwStSystRL/Art. 28a Abs. 5 Buchst. b i. V. m. Art. 28c Teil A Buchst. d der 6. EG-RL; zur Auslegung des Art. 17 Abs. 2 Buchst. f der MwStSystRL 76 vgl. EuGH vom 06.03.2014, Rs. C-606/12, C-607/12 »Dresser-Rand«, BFH/NV 2014, 812; vgl. Abschn. 6a.1 Abs. 20 UStAE mit Verweisung auf die entsprechende Anwendung der Abs. 16 bis 18 hinsichtlich der Erwerbsbesteuerung). § 3 Abs. 1a UStG fingiert eine Lieferung durch den Unternehmer gegen Entgelt, wenn der Unternehmer einen Gegenstand seines Unternehmens aus dem Inland (§ 1 Abs. 2 UStG) in das üGG (§ 1 Abs. 2a UStG) zu seiner Verfügung verbringt, ausgenommen zu einer nur vorübergehenden Verwendung, auch wenn der Unternehmer den Gegenstand in das Inland eingeführt hat. Dabei ist es unerheblich, ob der Unternehmer den Gegenstand selbst befördert oder ob er die Beförderung durch einen selbständigen Beauftragten ausführen oder besorgen lässt.

77 Der Verbringenstatbestand setzt voraus, dass der Gegenstand bereits im Ausgangsmitgliedsstaat dem Unternehmen zugeordnet war und sich bei Beendigung der Beförderung oder Versendung im Bestimmungsmitgliedsstaat weiterhin in der Verfügungsmacht des Unternehmers befindet. **Steht** demgegenüber bereits bei Beginn der Beförderung oder Versendung der **Abnehmer fest** und wird der Gegenstand unmittelbar an diesen ausgeliefert, liegt eine im Ausgangsmitgliedsstaat steuerbare Lieferung, kein i. g. Verbringen vor. Zur Vereinfachung lässt die Verwaltung in Fällen der Lieferung an eine größere Anzahl von Abnehmern unter weiteren Voraussetzungen auch hier die Annahme eines i. g. Verbringens zu (vgl. Abschn. 1a.2 Abs. 14 S. 2 UStAE; Hinweis: Neufassung durch BMF vom 21.11.2012, Az: IV D 3 – 7103-a/12/10002 – Einschränkung auf Beförderungslieferungen durch den liefernden Unternehmer).

78 Zur Behandlung des Verbringens in ein **Konsignationslager** und zur Abgrenzung gegenüber einer i.g. Lieferung vgl. Abschn. 1a.2 Abs. 6 UStAE und Rz. 30ff. (vgl. Weimann in UidP, 14. Aufl. 2016, Kap. 33).

79 Wegen der Behandlung bei der **Verkaufskommission** vgl. Abschn. 1a.2 Abs. 7 UStAE (Vereinfachungsregelung der Finanzverwaltung; zu weiteren Einzelheiten vgl. OFD Frankfurt vom 04.04.2014, Az: S 7103 a A – 8 – St 110, DStR 2014, 1340; vgl. Robisch in Bunjes, Rz. 27 zu § 6a – Problem: akzeptiert auch das Zielland eine derartige Regelung?).

80 Weitere Besonderheiten gelten bei **Werklieferungen**. Nach Art. 17 Abs. 2 Buchst. b i. V. m. Art. 36 MwStSystRL (Art. 28a Abs. 5 Buchst. b 1. Spiegelstrich der 6. EG-RL) liegt ein i. g. Verbringen nicht vor, wenn der Gegenstand im Bestimmungsland im Rahmen einer Werklieferung geliefert wird. Es liegt eine ihrer Art nach nur vorübergehende Verwendung vor (vgl. Abschn. 1a.2 Abs. 10 UStAE mit Beispiel).

81 Im Gegenzug unterliegt das Verbringen im üGG der Erwerbsbesteuerung (vgl. § 1a Abs. 2 UStG und Art. 21 MwStSystRL/Art. 28a Abs. 6 der 6. EG-RL). Allgemein ist davon auszugehen, dass die Steuerbefreiung nach § 4 Nr. 1 Buchst. b UStG nur greift, wenn das i. g. Verbringen im Bestimmungsmitgliedsstaat der Besteuerung als i. g. Erwerb unterliegt (vgl. § 6a Abs. 2 UStG i. V. m. § 1a Abs. 2 UStG). Dazu erforderlich ist die Zuteilung einer USt-IdNr. im anderen Mitgliedsstaat (vgl. § 17c Abs. 3 Nr. 2 UStDV). Fehlt es daran, droht aufgrund der Fiktion des § 3 Abs. 1a UStG Steuerpflicht im Inland, ein rechtsgeschäftsloses Verbringen dürfte hingegen ausscheiden (vgl. Abschn. 2.7 Abs. 1 S. 3 UStAE). Da jedoch nach der neueren Rechtsprechung des EuGH/BFH die Nachweise (hier der Buchnachweis) der i. g. Lieferung keinen materiell-rechtlichen Charakter haben und zudem die tatsächliche Erwerbsbesteuerung keine Voraussetzung für die Steuerfreiheit einer i. g. Lieferung ist, kann diese Rechtsfolge hinterfragt werden (vgl. Rz. 80 und 218).

82 Mit Urteil vom 10.07.2013 (Az: 5 K 3463/10 U, EFG 2013, 1707 [Rev.: V R 34/13]) hat das FG Düsseldorf entschieden, dass bei einem innergemeinschaftlichen Verbringen die Steuerfreiheit zu versagen ist, wenn der Steuerpflichtige im Bestimmungsmitgliedstaat die Registrierung als Unternehmer (Erteilung einer USt-IdNr.) unterlässt und dort durch Nichtdeklarierung des i. g. Erwerbs die Erwerbsbesteuerung verhindert (es fehlten auch die nach § 6a Abs. 3 UStG i. V. m. § 17c Abs. 3 UStDV erforderlichen Aufzeichnungen). Das FG verweist insoweit auf die Rechtsprechung des EuGH und des BFH zu Fällen der Mitwirkung an der Vermeidung der Erwerbsbesteuerung (vgl. Rn. 213ff.

und vgl. Rn. 217 ff.). Eine spätere Versteuerung des i. g. Erwerbs im Bestimmungsmitgliedstaat führt ggf. zur Anwendung des § 175 Abs. 1 Nr. 2 AO. Zur Revisionsentscheidung des BFH vom 21.05.2014, Az: V R 34/13, BStBl. II 2014, 914 vgl. Rn. 221 und vgl. Robisch in UR 2015, 53 ff.

Die Nachweispflicht des § 6 a Abs. 3 UStG erstreckt sich auch auf Fälle des i. g. Verbringens nach § 6 a Abs. 2 UStG. Für den Buchnachweis regelt § 17 c Abs. 3 UStDV, dass der Unternehmer die handelsübliche Bezeichnung und Menge des verbrachten Gegenstandes, ggf. die Fahrzeug-Identifikationsnummer, die Anschrift und USt-IdNr. des im anderen Mitgliedsstaat belegenen Unternehmensteils, den Tag des Verbringens und die Bemessungsgrundlage nach § 10 Abs. 4 S. 1 Nr. 1 UStG aufzeichnen soll (kritisch hierzu vgl. FG Köln, Urteil vom 18.03.2015, Az: 4 K 3157/11, EFG 2015, 1137). 83

Wegen der Aufzeichnungspflichten in den Fällen des unternehmensinternen Verbringens ins üGG, die die Voraussetzungen des i. g. Verbringens nicht erfüllen, vgl. § 22 Abs. 4a UStG und Abschn. 22.3 Abs. 3 UStAE. 84

Zur Neuregelung der Nachweise ab 01.01.2012 durch die Zweite Verordnung zur Änderung steuerlicher Verordnungen vom 02.12.2011 (BGBl I 2011, 2416) vgl. Rn. 143 ff.; zur Neufassung des § 17 a UStDV ab 01.10.2013 vgl. Rn. 158 ff. 85

Wegen weiterer Einzelheiten vgl. die Kommentierung zu § 3 (Abs. 1a) und Abschn. 1a.2 UStAE. 86

2.3 Nachweisverpflichtung

Die Kap. 2.3.1 bis 2.3.3 der Kommentierung beziehen sich grundsätzlich auf die Rechtslage vor Änderung der UStDV durch die Zweite Verordnung zur Änderung steuerlicher Verordnungen vom 02.12.2011 (BGBl I 2011, 2416). Dazu hat sich die Verwaltung in Abschn. 6a.2 bis 6a.7 UStAE (BMF, Erlass vom 01.10.2010, Az: IV D 3 – S 7015/10/10002, BStBl. I 2010, 846 mit späteren Änderungen) positioniert. Zur zeitlichen Anwendung der geänderten UStDV sowie des UStAE vgl. § 74 a Abs. 3 UStDV und vgl. BMF vom 16.09.2013, Az: IV D 3 – S 7141/13/10001, UR 2013, 796 unter II. 1.). 87

Für Umsätze nach dem 30.09.2013 wurde der UStAE an die durch die Zweite Verordnung zur Änderung steuerlicher Verordnungen sowie die Elfte Verordnung zur Änderung der Umsatzsteuer-Durchführungsverordnung geänderte UStDV angepasst (vgl. BMF vom 16.09.2013, Az: IV D 3 – S 7141/13/10001, UR 2013, 796 unter II. 2.). 88

Zur Neuregelung der Nachweise ab 01.01.2012 durch die Zweite Verordnung zur Änderung steuerlicher Verordnungen vom 02.12.2011 (BGBl I 2011, 2416) vgl. Rn. 143 ff. 89

Zur Neuregelung der Nachweise ab 01.10.2013 durch die Elfte Verordnung zur Änderung der Umsatzsteuer-Durchführungsverordnung vom 25.03.2013 (BGBl I 2013, 602) vgl. Rn. 158 ff. 90

Die in den Kap. 2.3.1 bis 2.3.3 dargestellten allgemeinen Nachweisgrundsätze, die insbesondere durch die Rechtsprechung des EuGH und des BFH herausgearbeitet wurden, gelten auch für die Anwendung der UStDV in den jeweils geänderten Fassungen. Ebenso wird durch spätere Änderungen der UStDV die Rechtsprechung zu Einzelheiten der Nachweisführung nicht generell gegenstandslos, soweit die geänderte UStDV auch weiterhin eine entsprechende Nachweisführung vorsieht und keine spezielleren Regelungen enthält. 91

Die Angaben zum UStAE in den Kap. 2.3.1 bis 2.3.3 beziehen sich auf den aktuellen Stand der Verwaltungsanweisung, soweit die Inhalte auch entsprechend für die Zeit vor Änderung der UStDV gelten. 92

2.3.1 Allgemeines

93 Durch die Rechtsprechung insbesondere des EuGH (vgl. Rn. 102 ff. und vgl. Rn. 107 ff.) haben sich die grundsätzlichen Anforderungen an den Buch- und Belegnachweis m.E. im Ergebnis nicht verändert, ebenso wenig der Umstand, dass diese Nachweise erbracht werden müssen. Geändert hat sich lediglich die Beurteilung der Frage, ob diese Nachweise materiell-rechtlichen Charakter haben und insofern bereits ein Verstoß gegen die formellen Nachweisvorschriften zu zwingend steuerpflichtigen Umsätzen führt. Die in Kap. 2.3.1.1 dargestellte bisherige Rechtsentwicklung kann daher nicht als generell überholt beurteilt werden, sondern erfährt nur stellenweise eine Modifikation.

2.3.1.1 Bisherige Rechtsentwicklung

94 § 6a Abs. 3 UStG regelt die Nachweispflichten des Unternehmers dem Grunde nach. Die Voraussetzungen sowohl einer i. g. Lieferung (§ 6a Abs. 1 UStG) als auch eines i. g. Verbringens (§ 6a Abs. 2 UStG) müssen nachgewiesen werden. Einzelheiten enthalten die §§ 17a–c UStDV (vgl. § 6a Abs. 3 S. 2 UStG/ Ermächtigungsvorschrift). Die nationalen Regelungen entsprechen dabei grundsätzlich den Vorgaben der MwStSystRL/6. EG-RL (vgl. BFH vom 18.07.2002, Az: V R 3/02, BStBl. II 2003, 616).

95 Wie bei Ausfuhrlieferungen (§ 6 UStG) wurden die Nachweise auch bei einer i. g. Lieferung früher als **materiell-rechtliche Voraussetzung** für die Steuerbefreiung nach § 4 Nr. 1 Buchst. b UStG betrachtet (vgl. BFH vom 02.04.1997, Az: V B 159/96 (NV), BFH/NV 1997, 629 [zu grundsätzlichen Fragen vgl. a. § 6 Rn. 91 ff. und vgl. Rn. 107 ff.]).

96 Die Nachweisverpflichtung erstreckt sich einerseits auf den Nachweis der Beförderung oder Versendung ins üGG (§ 17a UStDV; vgl. sinngemäß die §§ 8–10 UStDV für Fälle der Ausfuhrlieferung), andererseits auf die buchmäßige Aufzeichnung der i. g. Lieferung (§ 17c UStDV; vgl. sinngemäß für Fälle der Ausfuhrlieferung § 13 UStDV). Für die Fälle der Be- oder Verarbeitung (§ 6a Abs. 1 S. 2 UStG) vor der Beförderung oder Versendung ins üGG regelt § 17b UStDV die zusätzlich erforderlichen Nachweise über die Be- oder Verarbeitung.

97 Besonders hohe Anforderungen sind an die Nachweisverpflichtungen zu stellen, wenn es sich um die i. g. Lieferung eines hochwertigen Wirtschaftsguts handelt und das **Geschäft bar** abgewickelt wird. In derartigen Fällen soll sich die Nachweispflicht über den Gesetzeswortlaut hinaus auch auf z.B. die Vertretungsmacht des »angeblichen« Vertreters sowie dessen Namen und Adresse richten (vgl. BFH vom 15.07.2004, Az: V R 1/04 (NV), BFH/NV 2005, 81 – im Urteilsfall ein hochwertiger Pkw; vgl. zum Barkauf Abschn. 6a.8 Abs. 7 UStAE; vgl. Abschn. 6a.2 Abs. 5 S. 3 UStAE; zur Abgrenzung vgl. Hessisches FG vom 18.08.2005, Az: 6 V 459/05, DStRE 2006, 280 AdV, rkr. – die Entscheidung des BFH soll keine Auswirkung auf den Belegnachweis nach § 17a Abs. 2 Nr. 4 UStDV haben, insbesondere bestehe bei Abholfällen keine Verpflichtung zum belegmäßigen Nachweis der **Abholvollmacht** eines Beauftragten, die durch den BFH angesprochene Problematik richte sich auf den Nachweis des tatsächlichen Abnehmers auch in Zusammenhang mit § 6a Abs. 4 UStG und der erforderlichen kaufmännischen Sorgfalt [nachgehend: Hessisches FG vom 07.11.2006, Az: 6 K 3787/05, UStB 2007, 157 – keine belegmäßig dokumentierte Abholvollmacht bei § 17 Abs. 2 Nr. 4 UStDV erforderlich – Rev. V R 65/06, Urteil vom 12.05.2009, BStBl II 2010, 511 diesbezüglich bestätigt durch den BFH, vgl. BFH vom 03.05.2010, Az: XI B 51/09 (NV) BFH/NV 2010, 1872; vgl. Rn. 116 ff., vgl. Rn. 121 ff., vgl. Rn. 131 ff., vgl. Rn. 175 ff.; vgl. Hundt-Eßwein, DStR 2007, 422, 426 – Nachweis aus Gründen der Vorsicht erbringen; nur u.U. nicht erforderlich bei unbaren Geschäften; vgl. FG München vom 28.04.2005, Az: 14 K 1519/03, DStRE 2006, 101 – zum Legitimationsnachweis eines Abholfahrers).

98 Die Aufzeichnungen sind grundsätzlich zeitnah und vollständig zu führen, die Belege müssen im Zeitpunkt der Beanspruchung der Steuerbefreiung vorhanden sein (vgl. Abschn. 6a.2 Abs. 3–5

UStAE – auch zur Übernahme der »objektiven Beweislage« bei mangelhaftem Buchnachweis; vgl. Urteil des EuGH in der Rs. Collée in vgl. Rn. 103). Macht der Unternehmer von der Steuerbefreiung Gebrauch, ohne im Besitz entsprechender Ausfuhrbelege zu sein, muss er dies dem Finanzamt anzeigen (vgl. BFH vom 18.07.2002, BStBl II 2003, 616 und Urteil vom 28.02.1980, Az: V R 118/76, BStBl II 1980, 415).

Allerdings sah der BFH i. d. Z. einen **Konflikt** zwischen der **Nachweispflicht** über das Vorliegen der Voraussetzungen der Steuerbefreiung einerseits, da Art. 131, 138 Abs. 1, Art. 139 Abs. 1 MwStSystRL/Art. 28c Teil A Buchst. a der 6. EG-RL die Steuerfreiheit der i. g. Lieferungen von den durch die jeweiligen Mitgliedsstaaten zur einfachen und korrekten Anwendung sowie zur Verhütung von Steuerhinterziehung, Steuerumgehung und Missbrauch festzulegenden Bestimmungen abhängig macht, deren nationale Ausprägungen in Form von § 6a Abs. 3 UStG i. V. m. §§ 17a–c UStDV der BFH bisher als richtlinienkonform eingestuft hat (vgl. BFH vom 18.07.2002, BStBl II 2003, 616 und BFH vom 01.02.2007, Az: V R 41/04 [V], BFH/NV 2007, 1059) und für deren Anwendung bereits auf Grund der Wortgleichheit die bisherige Auslegung des BFH in Fällen der Ausfuhrlieferung in Betracht kommt, und andererseits dem **Gebot der Verhältnismäßigkeit** in Fällen, in denen das tatsächliche Vorliegen einer i. g. Lieferung keinem Zweifel unterliegt, bei denen aber der Buchnachweis nicht zeitnah geführt wurde. Mit Beschluss vom 10.02.2005 (Az: V R 59/03, BStBl II 2005, 537; Vorinstanz: Hessisches FG vom 08.04.2002, Az: 6 K 1369/99, EFG 2004, 301) hat der BFH daher die folgenden Fragen dem EuGH zur Vorabentscheidung zugeleitet (Rs. C-146/05, **Albert Collée**): 99

- Darf die Finanzverwaltung die Steuerfreiheit einer i. g. Lieferung, die zweifelsfrei vorliegt, allein mit der Begründung versagen, der Steuerpflichtige habe den dafür vorgesehenen Buchnachweis nicht rechtzeitig geführt?
- Kommt es zur Beantwortung der Frage darauf an, ob der Steuerpflichtige zunächst bewusst das Vorliegen einer i. g. Lieferung verschleiert hat?

Aus dem **Schlussantrag** des Generalanwalts vom 11.01.2007 in der Rs. C-146/05, Albert Collée ergab sich, dass einerseits das durch die Rechtsprechung und Verwaltung geforderte zeitnahe Führen des Buchnachweises kein zwingendes Erfordernis darstellt, andererseits jedoch die Frage des Verschuldens durch den Steuerpflichtigen hinsichtlich der verspäteten Nachweisführung sowie eine Gefährdung der Steuererhebung eine Rolle spielen können. 100

Ebenfalls vor dem EuGH (Rs. C-184/05, **Twoh International** B. V.) anhängig war die Frage, ob ggf. die Finanzbehörden der Mitgliedstaaten bei Beweisnot des Steuerpflichtigen hinsichtlich des Vorliegens einer i. g. Lieferung verpflichtet sind, eigene Ermittlungen mittels Auskunftsersuchen im Bestimmungsland anzustellen. Nach dem **Schlussantrag** des Generalanwalts vom 11.01.2007 trifft die Nachweispflicht über die Voraussetzungen einer Steuerbefreiung denjenigen, der sie geltend macht, mithin den Steuerpflichtigen. Die Steuerbehörden des Herkunftsstaats sind demnach nicht verpflichtet, die Steuerbehörden des Bestimmungsstaats um Auskunft (Grundlage: RL 77/799/EWG vom 19.12.1977 und Verordnung EWG Nr. 218/92 vom 27.01.1992 [vgl. aktuell Verordnung EG Nr. 1798/2003 vom 07.10.2003, ab 01.01.2004]) zu ersuchen, wenn der Steuerpflichtige den Nachweis für den Versand oder die Beförderung nicht selbst erbringen konnte. 101

2.3.1.2 Rechtsprechung des EuGH

In drei wichtigen Entscheidungen vom 27.09.2007 setzte sich der EuGH mit mehreren umstritten Aspekten im Zusammenhang mit i. g. Lieferungen auseinander: EuGH vom 27.09.2007, Rs. C-146/05, **Albert Collée**, BFH/NV Beilage 2008, 34; EuGH vom 27.09.2007, Rs. C-184/05, **Twoh International**, BFH/NV Beilage 2008, 39; EuGH vom 27.09.2007, Rs. C-409/04 **Teleos**, BFH/NV Beilage 2008, 25. 102

103 Mit seiner Entscheidung in der Rs. C-146/05, **Albert Collée** beantwortete der EuGH das Vorabentscheidungsersuchen des BFH vom 10.02.2005 (Az: V R 59/03, BStBl II 2005, 537; vgl. Rn. 99). Hinsichtlich der Frage, ob die Steuerbefreiung für eine i. g. Lieferung allein mit der Begründung versagt werden könne, der Steuerpflichtige habe den erforderlichen Buchnachweis nicht rechtzeitig erbracht, stellte der EuGH fest, dass eine nationale Maßnahme, die das Recht auf Steuerbefreiung einer i. g. Lieferung im Wesentlichen von der Einhaltung **formeller Pflichten** abhängig macht, ohne die **materiellen Anforderungen** zu berücksichtigen und insbesondere ohne in Betracht zu ziehen, ob diese erfüllt sind, über das hinausgeht, was erforderlich ist, um eine genaue Erhebung der Steuer sicherzustellen. Die Umsätze sind unter Berücksichtigung ihrer **objektiven Merkmale** zu besteuern. Daraus folgt, dass, wenn die materiellen Anforderungen an eine i. g. Lieferung erfüllt sind, es der Grundsatz der Neutralität der Mehrwertsteuer erfordert, die Steuerbefreiung eintreten zu lassen, auch wenn ggf. gegen bestimmte formelle Anforderungen verstoßen wurde. Allerdings ist dabei zu berücksichtigen, dass ein Verstoß gegen formelle Anforderungen auch dazu führen kann, den sicheren Nachweis über die materiellen Anforderungen zu verhindern. Eine Anforderung, erforderliche Aufzeichnungen unmittelbar nach Ausführung des Umsatzes vorzunehmen, ohne dass dafür eine konkrete Frist vorgesehen ist, kann den Grundsatz der Rechtssicherheit in Frage stellen. Hinsichtlich der zweiten Vorlagefrage zur Bedeutung eines bewussten Verschleierns einer i. g. Lieferung vertrat der EuGH die Auffassung, hier seien die Grundsätze über die Gefährdung des Steueraufkommens entsprechend anzuwenden. Demnach spielt der gute Glaube keine Rolle, sofern die Gefährdung des Steueraufkommens rechtzeitig und vollständig beseitigt wurde. Zu prüfen ist daher, ob ein verspäteter Buchnachweis eine Gefährdung des Steueraufkommens nach sich zieht. Allein die verspätete Nachweisführung reicht nicht aus, die Steuerbefreiung zu verwehren. Dem Umstand des bewussten Verschleierns kommt nur dann Bedeutung zu, wenn eine Gefährdung des Steueraufkommens besteht und durch den Steuerpflichtigen nicht vollständig beseitigt wurde. S. a. die Folgeentscheidung des BFH vom 06.12.2007, Az: V R 59/03, BStBl. II 2009, 57 (vgl. Rn. 107). S. Abschn. 6a.2 Abs. 3 UStAE.

104 In seinem Urteil vom 27.09.2007 in der Rs. **Twoh International**/Niederlande (Rs. C-184/05, BFH/NV Beilage 2008, 39) kam der EuGH zu dem Ergebnis, dass die Finanzbehörden des Mitgliedstaates des Beginns des Versands oder der Beförderung von Gegenständen nicht verpflichtet sind, die Behörden des vom Lieferanten angegebenen Bestimmungsmitgliedstaats um Auskunft zu ersuchen. In der Streitsache ging es darum, dass Twoh International als Lieferant für bestimmte Lieferungen die nach niederländischem Steuerrecht erforderlichen Nachweise über den Verbleib der Liefergegenstände nicht erbracht hatte und daraufhin im Verfahren die Finanzbehörden aufforderte, diese Nachweise durch eigene Ermittlungen i. R. d. Amtshilfe zwischen den Behörden der betroffenen Staaten zu erbringen. Der EuGH verwies darauf, dass die Beweislast für das Vorliegen einer Steuerbefreiung bei demjenigen liegt, der sie in Anspruch nehmen will. Im Unterschied zur Rs. Teleos (vgl. nachstehend) war im Fall Twoh International nicht der Gutglaubensschutz, sondern das Fehlen von Nachweisen betroffen. S. Abschn. 6a.2 Abs. 3 UStAE.

105 Weitere wichtige Auslegungsgrundsätze ergeben sich aus der Entscheidung in der Rs. **Teleos**/Großbritannien (Rs. C-409/04, BFH/NV Beilage 2008, 25). Im Urteilsfall ging es darum, dass der Lieferant Teleos Mobiltelefone zunächst an ein inländisches Abhollager geliefert hatte. Die endgültigen Bestimmungsorte lagen nach den vorgelegten Unterlagen im üGG. Der Abnehmer übergab Teleos einige Tage nach der Lieferung jeweils das gestempelte und unterschriebene Original eines CMR-Frachtbriefs, aus dessen Inhalt sich ergab, dass die Waren ins üGG verbracht worden waren. Im Nachhinein stellten sich die Angaben als unzutreffend heraus. Der Abnehmer hatte dennoch einen i. g. Erwerb angemeldet, die daraus resultierende Erwerbssteuer wurde als Vorsteuer geltend gemacht, die Mobiltelefone später als i. g. Lieferung (wohl weitere) angemeldet. Der EuGH betonte, dass i. g. Lieferung und i. g. Erwerb zwei Seiten eines einheitlichen Vorgangs sind. Insofern sind die Modalitäten aufeinander abgestimmt auszulegen. Daher ist der in der

Richtlinie verwendete Begriff »versendet/versandt« so auszulegen, dass der i. g. Erwerb eines Gegenstandes erst dann bewirkt ist und die Befreiung der i. g. Lieferung erst dann anwendbar wird, wenn das Recht, wie ein Eigentümer über den Gegenstand zu verfügen, auf den Erwerber übertragen worden ist und der Lieferant nachweist, dass der Gegenstand in einen anderen Mitgliedstaat versandt oder befördert worden ist und aufgrund dieses Versands oder dieser Beförderung den Liefermitgliedstaat physisch verlassen hat. Die Finanzbehörden sind nicht befugt, einen gutgläubigen Lieferanten, der Nachweise vorgelegt hat, die dem ersten Anschein nach sein Recht auf Befreiung einer igL von Gegenständen belegen, zu verpflichten, später MwSt auf diese Gegenstände zu entrichten, wenn die Beweise sich als falsch herausstellen, jedoch nicht erwiesen ist, dass der Lieferant an der Steuerhinterziehung beteiligt war, soweit er alle ihm zur Verfügung stehenden zumutbaren Maßnahmen ergriffen hat, um sicherzustellen, dass die von ihm vorgenommene igL nicht zu seiner Beteiligung an einer solchen Steuerhinterziehung führt. Die Abgabe einer Erklärung über den i. g. Erwerb im Bestimmungsland kann einen zusätzlichen Beweis darstellen, dass die Liefergegenstände den Lieferstaat tatsächlich verlassen haben, sie ist jedoch kein für die Befreiung einer i. g. Lieferung maßgeblicher Beweis.

In zwei jüngeren Urteilen (EuGH vom 27.09.2012, Rs. C-587/10, VSTR, DStR 2012, 2014 und EuGH vom 06.09.2012, Rs. C-273/11, Mecsek-Gabona, UR 2012, 796) setzt sich der EuGH u. a. auch mit der USt-IdNr. als lediglich »formelles Erfordernis« auseinander. In diese Richtung weist auch das Urteil des EuGH vom 09.02.2017, Rs. C-21/16 »Euro Tyre«; DStR 2017, 490 (fehlende Registrierung des Abnehmers; fehlende Erfassung im MIAS; vgl. dazu auch Rn. 198). Zu den Grundsätzen der Rechtsicherheit, des Vertrauensschutzes sowie der Verhältnismäßigkeit vgl. EuGH vom 09.10.2014, Rs. C-492/13 »Traum EOOD« (Stichworte: nachträgliche Erhöhung der Nachweisanforderungen durch Verwaltung; rückwirkende Löschung einer USt-IdNr.). Zu Nachweis des Gelangens des Liefergegenstandes zu einem anderen Mitgliedstaat vgl. EuGH, Urteil vom 20.06.2018, Rs. C-108/17, UR 2018, 635 (zur Tauglichkeit von CMR-Frachtbriefen, e-VD-Dokumenten, eEB-Empfangsbekenntnissen, Eingangsmeldungen bei verbrauchssteuerpflichtigen Waren). 106

2.3.1.3 Folgerechtsprechung nationaler Finanzgerichte

In seiner **Folgeentscheidung** zur Rs. **Albert Collée** (vgl. BFH vom 06.12.2007, Az: V R 59/03, BStBl. II 2009, 57) gibt der BFH der Revision statt und beurteilt die Lieferungen als steuerfreie i. g. Lieferungen. Zunächst geht der BFH kurz auf die Tatbestandsvoraussetzungen in § 6a Abs. 1 S. 1 UStG ein und verweist darauf, dass diese im Einklang mit den gemeinschaftsrechtlichen Vorgaben stehen. Eine igL setzt nach der Rechtsprechung des EuGH (vgl. vorstehend Twoh International und Teleos) voraus, dass dem Erwerber die Verfügungsmacht am Gegenstand der Lieferung verschafft wird und der Gegenstand physisch in den anderen Mitgliedstaat verbracht wird. Eine tatsächliche Besteuerung des igE ist hingegen nicht Voraussetzung. Nach nationalem Steuerrecht ist weiterhin erforderlich, dass der Lieferer diese Umstände nachweist (§ 6a Abs. 3 UStG). Der Nachweis setzt sich nach § 17a Abs. 1 UStDV aus einem Belegnachweis und nach § 17c Abs. 1 UStDV aus einem Buchnachweis zusammen. Die nach dem nationalen Recht geforderten **Nachweise** sind mit dem Gemeinschaftsrecht vereinbar, stellen aber entgegen der bisherigen Beurteilung **keine materielle Voraussetzung** der Steuerbefreiung dar (Änderung der Rechtsprechung). Die Regelungen bestimmen lediglich, dass und wie der Unternehmer den Nachweis zu erbringen hat (vgl. hierzu auch BFH vom 08.11.2007, Az: V R 72/05, BStBl II 2009, 55). Kommt der Unternehmer seinen Nachweispflichten nicht nach, ist grundsätzlich davon auszugehen, dass die Voraussetzungen einer i. g. Lieferung nicht erfüllt sind. Die Steuerbefreiung ist ausnahmsweise auch bei Nichterfüllung der formellen Nachweispflichten zu gewähren, wenn aufgrund der **objektiven Beweislage** feststeht, dass die Voraussetzungen des § 6a Abs. 1 UStG vorliegen (zum Begriff der objektiven Beweislage bei nicht ordnungsgemäß geführtem Nachweis vgl. FG Düsseldorf vom 31.01.2014, Az: 1 K 3117/12 – Beweislast/keine Sachverhaltsaufklärungspflicht 107 des FG/allgemeine Beweisregeln und Beweisgrundsätze verdrängen nicht die in §§ 17a/c UStDV geforderten Nachweise; zur Revisionsentscheidung des BFH vom 19.03.2015, Az. V R 14/14, BStBl II 2015, 912 vgl. Rz. 114). Für den Urteilsfall war die Steuerbefreiung daher auch ohne rechtzeitig erbrachten Buchnachweis zu gewähren. Der BFH hebt hier auf die Aussage der EuGH ab, allein die nicht rechtzeitige Nachweiserbringung reiche für die Versagung der Steuerbefreiung nicht aus, sofern die i. g. Lieferung tatsächlich erfolgt sei. Eine Gefährdung des Steueraufkommens lag nach Auffassung des BFH nicht vor. Einerseits habe der EuGH festgestellt, dass in einem solchen Fall wie dem zu entscheidenden das Steueraufkommen ohnehin dem Mitgliedstaat des Endverbrauchs zustehe und daher keine Gefährdung des Steueraufkommens anzunehmen sei, andererseits sei im Streitfall auch deswegen keine Gefährdung des Steueraufkommens eingetreten, weil das FA den Vorsteuerabzug von vornherein verweigert und der Kläger seinerseits die Rechnungen widerrufen habe.

108 Hinsichtlich dieser Entscheidung stellt sich natürlich die **Frage nach den Auswirkungen** über den entschiedenen Einzelfall hinaus. Hierzu bleibt festzuhalten, dass durch die Entscheidung nicht sämtliche Dämme gebrochen sind und zukünftig den Nachweisverpflichtungen keine Bedeutung mehr beizumessen sei. Aus der Entscheidung ergibt sich zunächst nur die Kernaussage, dass die in § 6a Abs. 3 UStG i.V.m. §§ 17a bis 17c UStDV geforderten Nachweise nicht mehr den Charakter einer materiell-rechtlichen Voraussetzung haben sollen und einem verspäteten Buchnachweis nicht mehr die bisherige Bedeutung zukommen soll. Aus der Entscheidung ergibt sich hingegen nicht, dass eine Nachweisverpflichtung nicht mehr bestünde. Im Gegenteil. Der BFH verweist ausdrücklich darauf, dass er die Regelungen hinsichtlich der Nachweisführung als grundsätzlich gemeinschaftsrechtskonform einstuft und dass bei Nichterfüllung die Steuerpflicht der Lieferung die Regel-Rechtsfolge ist. Auch der EuGH verweist in seiner Rechtsprechung darauf, dass es Sache der Mitgliedstaaten sei, die genaueren Voraussetzungen des Nachweises zu regeln, wobei allerdings der Grundsatz der Verhältnismäßigkeit zu beachten sei. Zukünftig wird sich die Rechtsprechung daher ebenso wie bisher mit der Frage auseinanderzusetzen haben, ob die im Einzelfall vorgelegten Nachweise als ausreichend einzustufen sind, die materiellen Voraussetzungen einer i. g. Lieferung zu dokumentieren, nämlich das Verschaffen der Verfügungsmacht und das tatsächliche physische Gelangen ins üGG. Hinsichtlich dieser Fragen hat die geänderte Rechtsprechung keine Auswirkungen. Damit dürfte auch die Masse der bereits bislang thematisierten Probleme erhalten geblieben sein, da in vielen Fällen gerade die Frage im Mittelpunkt steht, ob die Belege und Aufzeichnungen ausreichen, die materiellen Voraussetzungen einer i. g. Lieferung zu belegen. Die Frage, ab wann genau ein Übermaß an Nachweisverpflichtung gefordert wird und deshalb der **Grundsatz der Verhältnismäßigkeit** verletzt wird, ist m. E. in der Rechtsprechung hingegen noch nicht abschließend geklärt.

109 Für diese Auslegung etwaiger Folgewirkungen spricht auch die Entscheidung des **BFH vom 08.11.2007** (vgl. BFH vom 08.11.2007, Az: V R 71/05, BStBl II 2009, 52). Im Urteilsfall wurde ein Pkw an eine Firma in Frankreich verkauft. In diesem Zusammenhang lag u. a. eine Vollmacht ohne Datumsangabe der Abnehmerin für die Person des tatsächlichen Abholers vor, die diesen ermächtigte, im Namen der Abnehmerin Fahrzeuge in Empfang zu nehmen und die den Abholer verpflichtete, die Fahrzeuge nach Frankreich zu exportieren. Daneben lagen vor die Ausgangsrechnung des Lieferers, eine Kopie des Ausweises des Abholers, ein Handelsregisterauszug bezüglich der Abnehmerin sowie eine Bestätigung der USt-IdNr. der Abnehmerin durch das BfF. Der BFH lehnte die Steuerbefreiung auch unter Verweisung auf die Rechtsprechung des EuGH (vgl. Rn. 102ff.) mangels ausreichendem Belegnachweis ab (§ 17a Abs. 2 UStDV). Der BFH bemängelte an den vorgelegten Belegen, dass in diesen sowohl die Empfangsbestätigung des Abnehmers (§ 17a Abs. 2 Nr. 3 UStDV) als auch die Versicherung der Beförderung ins üGG (§ 17a Abs. 2 Nr. 4 UStDV) fehlten. Der Nachweis muss für jeden einzelnen Umsatz erbracht werden, in der Vollmacht hingegen war kein konkreter Bezug zur streitigen Lieferung enthalten. Aus einer Bescheinigung des Kraftfahrzeug-Bundesamtes, der Pkw sei derzeit im Inland nicht zugelassen, kann der Verbleib nicht abgeleitet werden (vgl. Abschn. 6a.3 Abs. 2 S. 2 UStAE). Aus der Sicht der

EuGH-Rechtsprechung dürfte es sich um einen Fall handeln, bei dem ein Verstoß gegen formelle Voraussetzungen dazu führt, dass die materiellen Voraussetzungen nicht ausreichend nachgewiesen sind und daher Steuerpflicht eintritt. Auch der Gutglaubensschutz des § 6a Abs. 4 S. 1 UStG kann nicht greifen, da dieser voraussetzt, dass der Unternehmer seinen Nachweispflichten nachgekommen ist.

Einer weiteren Entscheidung des **BFH vom 08.11.2008** (Az: **V R 26/05**, BStBl II 2009, 49) lag der folgende Sachverhalt zugrunde: Bei einem inländischen Unternehmen erwirbt vermeintlich eine in Portugal ansässige Firma Z mehrere Pkw. Für den Abnehmer trat ein Bevollmächtigter B auf, der eine in portugiesischer Sprache abgefasste Vollmacht sowie die USt-IdNr. der vermeintlichen Abnehmerin Z vorlegte. Der Bevollmächtigte B versicherte, die bar bezahlten Fahrzeuge ins üGG zu befördern. Der Lieferant ließ sich die USt-IdNr. durch das BfF qualifiziert bestätigen. Bei einer Überprüfung durch das FA wurde festgestellt, dass die vermeintliche Abnehmerin Z in Portugal zwar den dortigen Behörden die Aufnahme ihrer Tätigkeit angezeigt, aber keine Umsätze erklärt hatte. Nach Auskunft des Geschäftsführers der Abnehmerin Z wurden niemals Fahrzeuge bestellt oder gekauft. Die als Bevollmächtigter auftretende Person B sei der tatsächliche Besitzer der Firma und diesem sei wunschgemäß die Vollmacht ausgestellt worden. FA und FG (vgl. FG Köln vom 27.01.2005, Az: 10 K 1367/04, EFG 2005, 822) beurteilten die Lieferungen mangels Nachweis als steuerpflichtig. Dieser Beurteilung schloss sich der BFH im Ergebnis unter Verweisung auf die Rechtsprechung des EuGH (vgl. Rn. 100ff.) an. Zunächst verweist der BFH auf die Anforderungen an den Buchnachweis gem. § 17c UStDV. Der Unternehmer muss nach § 17c Abs. 2 Nr. 1 UStDV Name und Anschrift des Abnehmers nachweisen, ebenso nach § 17c Abs. 1 UStDV i. V. m. § 6a Abs. 1 S. 1 Nr. 2 Buchst. a UStG dessen Unternehmereigenschaft. Die Aufzeichnung lediglich der USt-IdNr. reicht für Letzteres nicht aus, da sich aus ihr nicht ergibt, wer Leistungsempfänger ist. Dieses Merkmal ergibt sich aus den zivilrechtlichen Vereinbarungen und kann durch einen entsprechenden Kaufvertrag nachgewiesen werden. Handelt ein Dritter (B) in fremdem Namen, erstreckt sich der Nachweis auch auf dessen Vertretungsmacht. Als eigentlichen Entscheidungsgrund hebt der BFH auf den Belegnachweis (§ 17a Abs. 2 UStDV) ab. Dieser sei nicht erbracht, da die Vollmacht der Abnehmerin nur in portugiesischer Sprache vorlag und zudem von der Abnehmerin ausdrücklich bestritten wurde. Eine derartige Vollmacht ist nicht geeignet nachzuweisen, dass die Fahrzeuge durch den Unternehmer oder Abnehmer ins üGG verbracht worden sind, da sich aus ihr nicht ergibt, dass die auftretende Person Beauftragter des Abnehmers ist. Der Vertrauensschutz nach § 6a Abs. 4 S. 1 UStG setzt voraus, dass der Unternehmer zuvor seinen Nachweisverpflichtungen nachgekommen ist. S. Abschn. 6a.7 Abs. 1 UStAE und Abschn. 3.14 Abs. 10a UStAE. 110

Allerdings hat die Rechtsprechung des EuGH sowie des BFH sich auch in Einzelfällen bereits positiv für den Steuerpflichtigen ausgewirkt. In seinem Urteil vom 20.02.2008 (Az: 7 K 5969/03, EFG 2008, 889, rkr.) kommt das FG Köln zu dem Ergebnis, dass eine i. g. Lieferung, bei der der Nachweis nach § 17a Abs. 2 Nr. 4 UStDV (**Versicherung der Beförderung ins üGG**) fehlt gleichwohl steuerfrei sein kann, sofern sich aus den Gesamtumständen ergibt, dass der Liefergegenstand (im Urteilsfall Pkw) eindeutig in das üGG gelangt ist, mithin die objektiven Voraussetzungen einer i. g. Lieferung vorliegen. Im Urteilsfall hatte sich der objektiv verwirklichte Tatbestand u. a. aus Prüfungsergebnissen der Steuerfahndung ergeben. Der Nichterklärung der Erwerbsbesteuerung kommt keine Bedeutung zu. Ebenso wenig eine Gefährdung des nationalen Steueraufkommens, da die Erwerbsbesteuerung dem anderen Mitgliedstaat zusteht. Ein bewusstes Fehlverhalten des Steuerpflichtigen war ebenfalls nicht festzustellen. Zu einem Fall des fehlenden Buchnachweises der USt-IdNr. des Abnehmers nach § 17c Abs. 1 UStDV vgl. FG Köln vom 03.11.2010 (Az: 4 K 4262/08, EFG 2011, 667). Im Urteilsfall hatte der Abnehmer zum Zeitpunkt der Lieferung noch keine gültige USt-IdNr., dennoch war das FG unter Verweisung auf die Rechtsprechung von EuGH 111 und BFH davon überzeugt, dass die Voraussetzungen für die Steuerbefreiung nach der objektiven Beweislage vorlagen (Besonderheit: Reichweite einer tatsächlichen Verständigung).

112 In einer weiteren Entscheidung betont das FG Köln (vgl. FG Köln vom 17.04.2008, Az: 10 K 4864/07, EFG 2008, 1334, rkr.) unter ausführlicher Bezugnahme auf die aktuelle Rechtsprechung sowohl des EuGH als auch des BFH, dass für den **Barverkauf hochwertiger Pkw** erhöhte Nachweisanforderungen bestehen. Auch unter Berücksichtigung der neueren Rechtsprechung ist es daher als schädlich zu betrachten, wenn sich aus den vorgelegten Unterlagen nicht zweifelsfrei ergibt, wer der eigentliche Abnehmer der Lieferung ist (Stichworte: Datumsdifferenzen, unleserliche Unterschrift, Herkunft der Unterschrift, Schriftbild, fremdsprachige Unterlagen ohne amtlich beglaubigte Übersetzung), wenn zusätzlich die Legitimation des Abholers nicht zweifelsfrei ist und zudem nicht festgestellt werden kann, dass der Liefergegenstand ins üGG gelangt ist. Bei dieser Sachlage kann der Unternehmer den objektiven Tatbestand einer i. g. Lieferung nicht beweisen, sodass nach der neueren Rechtsprechung des EuGH ein Fall vorliegt, in dem der Verstoß gegen formelle Vorschriften dazu führt, dass die materiellen Voraussetzungen nicht nachgewiesen werden können und demnach Steuerpflicht eintritt. Ein Fall des Gutglaubensschutzes nach § 6a Abs. 4 S. 1 UStG liegt nicht vor, wenn der Unternehmer seine Nachweisverpflichtungen nicht erfüllt. Zu den **Sorgfaltspflichten** beim Barverkauf hochwertiger Pkw vgl. FG Düsseldorf vom 17.06.2011, Az: 1 K 3069/09 U, EFG 2012, 279 (Rev. V R 28/11; s. Revisionsentscheidung vgl. Rn. 190).

113 Nach Auffassung des **FG Düsseldorf** (Urteil vom 06.12.2010, Az: 1 K 2621/07 U, EFG 2011, 1289; nachgehend Revisionsentscheidung des BFH vom 25.04.2013, Az: V R 10/11 (NV), BFH/NV 2013, 1453) besteht bei einem Verstoß gegen die Nachweispflichten keine Verpflichtung des Gerichts, den Sachverhalt im Rahmen seiner Sachaufklärungspflicht und nach allgemeinen Beweisregeln und Beweisgrundsätzen von Amts wegen weiter aufzuklären (zur Beweislast vgl. auch EuGH vom 27.09.2007, Twoh International/Niederlande, Rs. C-184/05, BFH/NV Beilage 2008, 39).

114 Mit Urteil vom 19.03.2015 (Az V R 14/14, BStBl II 2015, 912, Rz. 19; vgl. BFH, Beschluss vom 08.12.2015, Az: V B 40/15, BFH/NV 2016, 439) stellt der BFH hinsichtlich der Frage, wie die erforderlichen Nachweise für die Steuerbefreiung – unter Berücksichtigung des Neutralitätsgrundsatzes und des Verhältnismäßigkeitsgrundsatz – zu führen sind fest: »... der Unternehmer ist grundsätzlich nicht berechtigt, den ihm obliegenden **sicheren Nachweis der materiellen Anforderungen** in anderer Weise als durch Belege und Aufzeichnungen zu führen. Ein **Beweis durch Zeugen** kommt als Ersatz für den gesetzlich vorgesehenen Buch- und Belegnachweis grundsätzlich **nicht in Betracht**, und zwar weder von Amts wegen (§ 76 Abs. 1 FGO) noch auf Antrag. Nur wenn der Formalbeweis ausnahmsweise nicht oder nicht zumutbar geführt werden kann, gebietet es der Verhältnismäßigkeitsgrundsatz, den Nachweis auch in anderer Form zuzulassen (vgl. dazu z. B. EuGH-Urteil Teleos u. a. vom 27.9.2007 C-409/04, EU:C:2007:548, Rz. 52 ff.; Frye in UR 2014, 753 ff.)«. Betroffen hiervon sind insbesondere Fälle, bei denen die Steuerbefreiung wegen Abweichung von den Vorgaben des § 6a Abs. 3 UStG i. V. m. den §§ 17a-17c UStDV von der objektiven Beweislage abhängt (vgl. Robisch in Bunjes, § 6a, Rz. 56). Zur Kritik an dieser Rechtsprechung vgl. Wäger in UR 2015, 702 ff. »**Rückkehr** des Beleg- und Buchnachweises als **materiell-rechtliche Voraussetzung** der Steuerfreiheit für innergemeinschaftliche Lieferungen«. Kritisch vgl. Meyer-Burow/Connemann in UStB 2015, 298 ff. – die Rechtsprechung des V. Senats schränkt die Beweismöglichkeiten unzulässig ein, ggf. erneute Klärung durch den EuGH erforderlich. Zustimmend Heidner in UR 2015, 773 ff. – das Urteil ist »erfreulich klar« und wendet das deutsche Umsatzsteuerrecht unter Beachtung unionsrechtlicher Vorgaben zutreffend an, es stellt einen wichtigen Beitrag zur Rechtssicherheit dar (ebenso Heuermann in DStR 2015, 1919).

TIPP

Die vorstehend dargestellten Entscheidungen aus jüngerer Zeit sollten für die Praxis den **Charakter einer Warnung** haben. Sofern sich der Eindruck eingeschlichen haben sollte, aufgrund der neueren Rechtsprechung sowohl des EuGH, des BFH als auch der FG sei den Anforderungen an die Nachweise einer i. g.

Lieferung nicht mehr das Augenmerk zu widmen wie früher, so dürfte dies unzutreffend sein. Auch wenn die Nachweise ggf. nicht mehr die Bedeutung einer materiell-rechtlichen Voraussetzung haben, dass sie dennoch erbracht werden müssen ist eindeutig. Die entlastende Wirkung der Rechtsprechung tritt nämlich nur ein, wenn nach der objektiven Beweislage die materiellen Voraussetzungen einer i. g. Lieferung gegeben sind. Genau an diesem Punkt setzen die Urteile der Folgerechtsprechung häufig an. Beachtet der Unternehmer die in den §§ 17a bis 17c UStDV geregelten Nachweisverpflichtungen nicht oder nicht in ausreichendem Maße, geht er das hohe Risiko ein, dass gerade diese objektive Beweislage zweifelhaft ist. In diesen Fällen kann sich der Unternehmer auch nicht auf die Vertrauensschutzregelung des § 6a Abs. 4 UStG berufen, da es dazu nach der Rechtsprechung des BFH erforderlich ist, dass der Unternehmer im Vorfeld zunächst seinen Nachweisverpflichtungen nachkommt.

2.3.2 Nachweis über die Beförderung oder Versendung

2.3.2.1 Allgemeines

§ 17a Abs. 1 UStDV regelt den Nachweis der Beförderung oder Versendung ins üGG in Form einer **Mussvorschrift**. Demnach muss der Unternehmer durch Belege nachweisen, dass er oder der Abnehmer den Gegenstand der Lieferung ins üGG befördert oder versendet hat (vgl. Abschn. 6a.2 Abs. 2 und 6 S. 1-3 UStAE). Den Nachweis muss der Unternehmer im Geltungsbereich der UStDV führen. Einen fehlenden Belegnachweis kann der Unternehmer noch bis zur letzten mündlichen Verhandlung vor dem Finanzgericht führen (vgl. BFH vom 30.03.2006, Az: V R 47/03, BStBl II 2006, 634 [unter II. c) aa)]). Die Form dieses Belegnachweises regelt § 17a UStDV in den Abs. 2–4 als **Sollvorschriften** (vgl. Abschn. 6a.2 Abs. 8 S. 2 UStAE – nicht jede Abweichung führt zur automatischen Versagung der Steuerbefreiung). 115

2.3.2.2 Belegnachweis in Beförderungsfällen

Demnach soll der Unternehmer in **Beförderungsfällen** nach **§ 17a Abs. 2 UStDV** Nachweis führen durch das Doppel der Rechnung, durch einen handelsüblichen Beleg aus dem sich der Bestimmungsort ergibt, insbesondere Lieferschein (vgl. FG München vom 28.04.2005, Az: 14 K 1519/03, DStRE 2006, 101 bei ungenauer Ortsangabe), durch eine Empfangsbestätigung des Abnehmers oder dessen Beauftragten sowie einer Versicherung des Abnehmers, den Gegenstand ins üGG zu befördern (vgl. BFH vom 18.07.2002, Az: V R 3/02, BStBl II 2003, 616 – eine mündliche Versicherung reicht nicht aus, die Versicherung muss schriftlich erfolgen – der Belegnachweis kann nicht durch eine nach Ausführung der Lieferung erstellte falsche Bestätigung erbracht werden – die Inanspruchnahme der Steuerbefreiung, ohne im Besitz einer schriftlichen Bestätigung des Abnehmers zu sein, entspricht nicht der Sorgfalt eines ordentlichen Kaufmanns – die Belege müssen grundsätzlich zu Beginn der Beförderung vorliegen, da der Abnehmer eine noch durchzuführende Beförderung bestätigt – die Vertrauensschutzregelung des § 6a Abs. 4 UStG greift in derartigen Fällen nicht; zu Fragen des Vertrauensschutzes nach § 6a Abs. 4 UStG, vgl. Rn. 175ff.). 116

Mit Urteil vom 06.12.2006 (Az: V R 52/03, BStBl. II 2007, 420 [Vorinstanz: FG München vom 31.07.2003, Az: 14 K 4876/02, EFG 2003, 1738]) hat der BFH entschieden, dass den Nachweisanforderungen des § 17a Abs. 2 UStG jedenfalls dann genügt ist, wenn bei Abhollieferungen gebrauchter Fahrzeuge neben den vorliegenden Rechnungen jeweils bei Übergabe der Fahrzeuge der Ausweis des Geschäftsführer des Abnehmers erneut kopiert und die Kopie mit dem Firmenstempel und dem Vermerk »Abholer« oder einem ähnlichen Vermerk versehen wurde (§ 17a Abs. 2 Nr. 3 UStDV). Weiterhin der Geschäftsführer (= Abholer) jeweils mit Unterschrift versichert, dass das Fahrzeug ins üGG verbracht wird und dort der Erwerbsbesteuerung unterliegt (§ 17a Abs. 2 Nr. 4 UStDV; die tatsächliche Durchführung der Erwerbsbesteuerung ist hingegen nicht nachzuweisen; vgl. Rn. 67ff.). Im entschiedenen Fall hat der BFH es nicht beanstandet, dass 117 sich der Bestimmungsort aus der auf den Rechnungen ausgewiesenen Anschrift ergab (§ 17a Abs. 2 Nr. 2 UStDV; zum Bestimmungsort vgl. auch Abschn. 6a.3 Abs. 2, 3 UStAE; vgl. aber BFH vom 14.12.2012, Az: XI R 17/12, BStBl. II 2013, 407, Rz. 34 – einschränkend, dies gilt nur, wenn davon auszugehen ist, dass der Gegenstand der Lieferung auch zum Unternehmenssitz des Abnehmers versendet oder befördert wird – im Urteilsfall war der Leistungsempfänger fraglich und die Verbringenserklärung enthielt nur den Hinweis, dass das Fahrzeug nach Italien ausgeführt werden würde; so auch BFH, Urteil vom 22.07.2015, Az: V R 23/14, BStBl. II 2015, 914, Rz. 42 – in einem Fall, bei dem bereits der Verbleib der streitgegenständlichen Fahrzeuge völlig unklar war, daher auch kein Vertrauensschutz mangels formell erbrachter Nachweise (Urteilsbesprechung vgl. Gries/Stößel in NWB 2016, 1794); vgl. BFH, Urteil vom 22.07.2015, Az: V R 38/14, BFH/NV 2015, 1543, Rz. 30, zu ungenaue Angabe des Bestimmungsortes: »aus der Bundesrepublik Deutschland in den EU-Mitgliedsstaat« oder »in o. g. Bestimmungsland«, § 17a Abs. 2 Nr. 2 UStDV a. F., kein Vertrauensschutz nach § 6a Abs. 4 UStG, da Problem erkennbar; vgl. BFH, Urteil vom 10.08.2016, Az: V R 45/15, DStR 2016, 2402, Rz. 15 – Nennung des Bestimmungslandes in einer Verbringungserklärung (im Streitfall ohne Versendungsbeleg) nicht ausreichend; Bestimmungsort ergibt sich bei Scheinunternehmen auch nicht aus der Rechnungsanschrift).

118 Die Frage des Nachweises des Bestimmungsorts ist Gegenstand der Tatsachenwürdigung durch das FG. Zu den Nachweisanforderungen des § 17a Abs. 2 Nr. 1 bis 4 UStDV hat der BFH mit Urteil vom 01.02.2007 (Az: V R 41/04 (V), BFH/NV 2007, 1059) weiterhin entschieden, dass die dort genannten Voraussetzungen kumulativ vorliegen müssen. Dem Urteilsfall lagen Lieferungen von Altpapier an einen österreichischen Papierhändler zu Grunde, für die der liefernde Unternehmer als Belegnachweis nach § 17a Abs. 2 UStDV zunächst nur Rechnungsdoppel sowie Lieferscheine mit der Adresse des Abnehmers vorlegen konnte, die jedoch den tatsächlichen Bestimmungsort nicht erkennen ließen und wohl auch keine eindeutige Versicherung über das Verbringen ins üGG/Empfangsbestätigung enthielten. Während des finanzgerichtlichen Verfahrens wurde eine nachträgliche Bestätigung des Leistungsempfängers vorgelegt, in der dieser zwar die Übernahme der Ladungen sowie die Verbringung nach Österreich bestätigte, die den tatsächlichen Bestimmungsort jedoch wiederum nicht erkennen ließ (Firmeninteresse/Schutz Kundendaten). Nach Auffassung der Vorinstanz (vgl. FG Köln vom 06.05.2004, Az: 15 K 1590/03, EFG 2004, 1802) waren die Nachweise als ausreichend anzusehen, da es sich bei § 17a Abs. 2 UStDV um eine Sollvorschrift handle, die es bei Abholfällen, in denen das Gelangen ins üGG ansonsten unstreitig gegeben sei, erlaube, allein anhand der Merkmale des § 17a Abs. 2 Nr. 1 und Nr. 4 UStDV den Belegnachweis zu erbringen. Dem widerspricht der BFH und stellt fest, dass die Nachweisvoraussetzungen des § 17a Abs. 2 Nr. 1 bis 4 UStDV kumulativ zu erbringen sind. Der Charakter der Sollvorschrift bewirke nur, dass das Fehlen einer der Voraussetzungen nicht zwangsläufig zur Versagung der Steuerfreiheit führe, sondern der betroffene Nachweis auch durch einen anderen Beleg erbracht werden könne. Erneut bestätigt der BFH, dass Belegnachweise noch bis zum Schluss der mündlichen Verhandlung nachgeholt werden können (vgl. Abschn. 6a.3 Abs. 1 S. 1 UStAE). Dies soll auch gelten, wenn es sich in Abholfällen um die Versicherung des Abnehmers nach § 17a Abs. 2 Nr. 4 UStDV handelt. Diese sei zwar grundsätzlich im Zeitpunkt der Abholung zu erbringen, soweit jedoch an der Tatsache einer i. g. Lieferung keine Zweifel bestünden, könnten Abholung und Verbringung in das üGG nachträglich bestätigt werden. Der Bestimmungsort kann sich außer aus einem handelsüblichen Beleg auch aus anderen Belegen ergeben, da gerade bei Abholfällen z. B. ein Lieferschein häufig nicht vorliegt. Dieser Nachweis könne auch durch die auf der Rechnung angegebene zutreffende Anschrift des Leistungsempfängers erbracht werden (unter Verweisung auf BFH vom 07.12.2006, Az: V R 52/03, BStBl. II 2007, 420 – s. oben, allerdings in dieser Entscheidung in Kombination mit weiteren insoweit eindeutigen Belegen).

119 Weitere Klarheit im Zusammenhang mit den Anforderungen an die Belegnachweise hat das Urteil des BFH vom 12.05.2009, Az: V R 65/06, BStBl. II 2010, 511 gebracht (Vorinstanz: Hessi-

sches FG vom 07.11.2006, Az: 6 K 3787/05, UStB 2007, 157). Im Urteilsfall wurden durch die Verwaltung im Zusammenhang mit § 17 Abs. 2 Nr. 4 UStDV (Pkw-Lieferungen nach Spanien) zusätzliche Belege gefordert: z. B. gültige Vollmachten der beauftragten Abholer, Handelsregisterauszüge der Abnehmerfirma, Passkopien der Geschäftsführer sowie der beauftragten Abholer. Daneben war in diesem Verfahren streitig, ob der Nachweis der Anschrift des Abholers Bestandteil der Versicherung über die Verbringung ins üGG sein muss, welche Auswirkungen eine unleserliche Unterschrift entfaltet und auf welchen Zeitpunkt die Anschrift des Abholers/Beauftragten nachzuweisen ist (Anschrift im Ausweis oder aktuelle, ggf. veränderte Anschrift). Der BFH führt zu den Belegnachweisen zunächst aus, dass diese im Hinblick auf die Nachweisfunktion des § 17a UStDV stets gewissen **Mindestanforderungen** zu genügen haben. Einem Beleg, der weder selbst noch durch Verbindung mit anderen Unterlagen den Namen und die Anschrift des Ausstellers erkennen lässt und der keinen Zusammenhang zu der Lieferung, auf die er sich beziehen soll, aufweist, hat keinen Beweiswert und sind die Belegangaben auch nicht leicht und eindeutig nachprüfbar (vgl. dazu auch BFH, Beschluss vom 09.09.2015, Az V B 166/14 (NV), BFH/NV 2015, 1706, Rz. 4 zu dem Erfordernis der Erkennbarkeit des Belegausstellers als eine den in § 17a UStDV genannten Belegen immanente Bedingung). Bezogen auf die durch die Verwaltungen erhobenen Nachweisanforderungen stellt der BFH fest, dass sich die Verpflichtung zum **Nachweis einer Abholbevollmächtigung** aus § 17a UStDV weder für den Fall der Versendung noch der Beförderung ableiten lässt (vgl. BFH vom 03.08.2009, Az: XI B 79/08 (NV), BFH/NV 2010, 72 zum nicht erforderlichen Nachweis der Legitimation des Unterzeichners einer Vollmacht; vgl. BFH vom 03.05.2010, Az: XI B 51/09 (NV) BFH/NV 2010, 1872 zur Abholvollmacht). Ausdrücklich verweist der BFH darauf, dass die dieser Interpretation ggf. entgegenstehenden Ausführungen des BMF im Schreiben vom 06.01.2009, BStBl. I 2009, 60, Tz. 29, 32 als normeninterpretierende Verwaltungsvorschriften der Überprüfung durch die Gerichte unterliegen und diese nicht binden. In der Neufassung des Anwendungsschreibens zu § 6a UStG (BMF vom 05.05.2010, Az: IV D 3 – S 7141/08/10001, BStBl. I 2010, 508, Rn. 30) verzichtet die Verwaltung zwar auf die Vorlage einer schriftlichen Abholvollmacht, verweist aber darauf, dass im Einzelfall eine solche zuzüglich eines Nachweises über die Legitimation des Ausstellers gefordert werden kann (vgl. insoweit zur aktuellen nach Änderung der UStDV Rechtslage Abschn. 6a.7 Abs. 1 und Abschn. 3.14 Abs. 10a UStAE). Es erscheint daher sinnvoll, eine solche Vollmacht sofort einzufordern, um spätere Nachweisprobleme zu umgehen.

Mit Urteil vom 12.05.2011 (Az: V R 46/10, BStBl. II 2011, 957; Vorinstanz: FG Rheinland-Pfalz 120 vom 14.10.2010, Az: 6 K 1644/08 – Stattgabe der Klage – Fall des § 6a Abs. 4 UStG angenommen) hat der BFH entschieden, dass mit einer gegenüber einer anderen Person als dem Unternehmer abgegebenen Verbringungserklärung, die den liefernden Unternehmer auch nicht namentlich bezeichnet, der Nachweis nach § 17a Abs. 2 Nr. 4 UStDV nicht geführt werden kann. Im Urteilsfall hatte der von der Abnehmerin Beauftragte zwar versichert, die streitigen Fahrzeuge ins üGG verbringen zu wollen, diese Erklärung jedoch gegenüber einer anderen Firma abgegeben, die ggf. ebenfalls Fahrzeuge geliefert hatte. Im Übrigen wies die Verbringungserklärung auch keinen eindeutigen Bezug zu den gelieferten Fahrzeugen auf. In einem gleich gelagerten Parallelfall (FG Rheinland-Pfalz vom 14.10.2010, Az: 6 K 1643/08, EFG 2011, 670) hat der BFH mit Urteil vom 15.02.2012 (Az: XI R 42/10 (NV), BFH/NV 2012, 1188) entschieden: »Mit einer Rechnung, die nicht auf die Steuerfreiheit der innergemeinschaftlichen Lieferung hinweist, und fehlenden Aufzeichnungen über die Anschrift des Beauftragten des Abnehmers im Abholfall können der Belegnachweis nach § 17a Abs. 2 Nr. 1 UStDV und der Buchnachweis gemäß § 17c Abs. 2 Nr. 2 UStDV nicht geführt werden.«

2.3.2.3 Belegnachweis in Versendungsfällen

121 Den Belegnachweis in Fällen der Beförderung im **gemeinschaftlichen Versandverfahren** regelt § 17a Abs. 3 UStDV (vgl. § 9 Abs. 2 UStDV; vgl. dazu BMF vom 17.07.2009, Az: IV B 9 – S 7134/07/10003, BStBl. I 2009, 855 und BMF vom 03.05.2010, Az: IV D 3 – S 7134/07/10003, BStBl. I 2010, 499 – ATLAS).

122 In **Versendungsfällen** soll der Unternehmer den Nachweis führen durch das Doppel der Rechnung und durch einen Beleg entsprechend § 10 Abs. 1 UStDV, beispielsweise durch einen Frachtbrief oder ansonsten handelsüblichen Beleg (vgl. § 17a Abs. 4 S. 1 UStDV; vgl. FG Bremen vom 01.12.2004, Az: 2 V 64/04, EFG 2005, 646 AdV – legt der durch die Versendung von Kraftfahrzeugen nach Spanien steuerfreie i. g. Lieferungen ausgeführt haben wollende Unternehmer als Beleg für die Lieferung der verkauften Fahrzeuge lediglich Fotokopien von **CMR-Frachtbriefen** vor, denen die Bestätigung des Empfängers, das Gut erhalten zu haben, fehlt, sind diese nicht als Versendungsbelege im Sinne von § 17a Abs. 4 S. 1 Nr. 2 i.V.m. § 10 Abs. 1 UStDV anzusehen [zweiter Rechtsgang, zuvor BFH vom 05.02.2004, Az: V B 180/03 (NV), BFH/NV 2004, 988]; ebenso Hessisches FG vom 18.08.2005, Az: 6 V 459/05, DStRE 2006, 280 AdV, rkr., CMR-Frachtbriefe nur mit exakter Empfängerbestätigung anzuerkennen, nachgehend Hessisches FG vom 07.11.2006, Az: 6 K 3787/05, UStB 2007, 157 – CMR-Frachtbrief ohne Abnehmerbestätigung in Feld 24 ist lediglich geeignet, die Abholung zu dokumentieren, nicht hingegen den Verbleib [Rev.: V R 65/06, vgl. Rz. 123]; zwischenzeitlich BFH vom 20.12.2006, Az: V S 36/06 [NV], BFH/NV 2007, 792 – AdV]; vgl. FG des Saarlandes vom 15.12.2005, Az: 1 V 277/05, EFG 2006, 375 AdV). Zur Eignung eines CMR-Frachtbriefs als Belegnachweis für eine i. g. Lieferung vgl. FG Hamburg vom 05.12.2007, Az: 7 K 71/06, EFG 2008, 653. S. zum CMR-Frachtbrief auch EuGH vom 27.09.2007, Rs. C-409/04 Teleos, BFH/NV Beilage 2008, 25 – nicht kategorisch abgelehnt.

123 Mit Urteil vom 12.05.2009 (Az: V R 65/06, BStBl. II 2010, 511) stellt der BFH fest, dass es sich bei einem **CMR-Frachtbrief** um einen Frachtbrief i.S.d. § 10 Abs. 1 Nr. 1 UStDV handelt. Eine **Empfängerbestätigung** in Feld 24 ist **nicht erforderlich**. In diesem Punkt vertritt der BFH demnach eine von Tz. 37, 38 des BMF-Schreibens vom 06.01.2009 (BStBl I 2009, 60) aber auch von den Urteilen einiger Finanzgerichte abweichende Auffassung. In der Neufassung des Anwendungsschreibens zu § 6a UStG (BMF vom 05.05.2010, BStBl I 2010, 508, Rn. 37, 38) schließt sich die Verwaltung der Rechtsprechung grundsätzlich an, will aber bei fehlender Bestätigung in Feld 24 weitere Nachweise fordern, sofern ernstliche Zweifel bestehen (zur aktuellen Rechtslage nach Änderung der UStDV vgl. Abschn. 6a.5 Abs. 2 i.V.m. Abschn. 6a.4 Abs. 2 UStAE und vgl. Rn. 168). Diese Grundsätze bestätigt der XI. Senat des BFH in seinem Urteil vom 04.05.2011 (Az: XI R 10/09, BStBl. II 2011, 797). Angegeben sein muss jedoch in einem CMR-Frachtbrief als handelsüblichem Beleg die zur Ablieferung vorgesehene Stelle (Bestimmungsort; § 408 Abs. 1 Nr. 4 HGB, Art. 6 Nr. 1 Buchst. d CMR-Abkommen), um die Beförderung oder Versendung ins üGG belegmäßig nachzuweisen (deswegen Rückverweisung; unvollständig ausgefüllter CMR-Frachtbrief – ggf. Alternativnachweise; erst wenn Beleg- und Buchnachweis geführt sind, stellt sich die Frage nach dem Vertrauensschutz [Feststellung der Steuerfahndung: Waren nicht an die genannten Abnehmer geliefert, sondern an Abnehmer im Inland]). Eine Abweichung zur Rechtsprechung des V. Senats (vgl. BFH vom 07.12.2006, Az: V R 52/03, BStBl. II 2007, 420; vgl. Rn. 115) sieht der XI. Senat nicht, da der V. Senat über Abholfälle ohne handelsübliche Belege entschieden habe (Bestimmungsort ergab sich aus Rechnungsanschrift), es sich vorliegend aber um einen Versendungsfall unter Verwendung eines Frachtbriefs (handelsüblichen Beleg) handelt, in dem der Bestimmungsort anzugeben ist.

124 Nach dem Urteil des BFH vom 17.02.2011 (Az: V R 28/10 (V), BFH/NV 2011, 1448) sind CMR-Frachtbriefe umsatzsteuerlich als Versendungsbeleg anzuerkennen, wenn sie die in § 10 Abs. 1 Nr. 2 UStDV bezeichneten Angaben enthalten (im Urteilsfall fehlten: Angaben zum Auslieferungsort [§ 10 Abs. 1 Nr. 2 Buchst. e UStDV], Angaben zum Ausstellungstag [§ 10 Abs. 1 Nr. 2

Buchst. a UStDV]). Dazu müssen die CMR-Frachtbriefe nicht vom Absender unterschrieben sein (entgegen BMF vom 05.05.2010, BStBl I 2010, 508, Rz. 36; zur aktuellen Rechtslage nach Änderung der UStDV vgl. Abschn. 6a.5 Abs. 2 UStAE und vgl. Rn. 168). Zu den Anforderungen an einen CMR-Frachtbrief, u.a. dem Erfordernis der **Unterschrift des »Absenders«**, vgl. BFH vom 14.12.2011, Az: XI R 18/10 (NV), BFH/NV 2012, 1006. Zur Belegfunktion bei inhaltlich falschen Angaben in einem CMR-Frachtbrief (hier: falscher Absender) vgl. FG München vom 09.11.2011, Az: 3 K 2748/09, EFG 2012, 886 und FG Nürnberg vom 16.07.2013, Az: 2 K 1943/10, EFG 2014, 792 (nachgehend: BFH vom 24.07.2014, Az: V R 44/13, DStR 2014, 1827 – Zurückverweisung, auch zu leichtfertiger Steuerverkürzung bei nicht erbrachten Nachweisen einer i. g. Lieferung). Mit Urteil vom 22.07.2015, Az: V R 38/14, BFH/NV 2015, 1543 stellt der BFH fest, dass ein CMR-Frachtbrief nicht als Nachweis geeignet ist, wenn sich aus ihm nicht die Vertragsparteien des Beförderungsvertrags ergeben. Im Urteilsfall war als Absender (= Auftraggeber des Transports) der Lieferer eingetragen, tatsächlich hatte jedoch der Abnehmer den Transport veranlasst und wäre daher als »Absender« einzutragen gewesen (vgl. Rz. 22-26 des Urteils; § 17a Abs. 4 S. 1 Nr. 2 UStDV a.F. i.V.m. § 10 Abs. 1 Nr. 1 und Nr. 2 Buchst. a und b UStDV a.F.). Kein Vertrauensschutz nach § 6a Abs. 4 UStG, da Unternehmer erfahren im Export.

Bei der **Lieferung neuer Fahrzeuge** ergeben sich bei einem Unternehmer als Abnehmer keine Besonderheiten (Anwendung § 17a Abs. 2–4 UStDV), wohingegen bei anderen Abnehmern (z.B. Privatpersonen; vgl. § 1b UStG) der Nachweis der Beförderung oder Versendung ins üGG als erbracht gilt, wenn zusätzlich entweder die Zulassung zum Straßenverkehr oder die tatsächliche Erwerbsbesteuerung nachgewiesen wird. Der Nachweis kann auch auf andere Art und Weise erbracht werden, wenn der Nachweis eindeutig und leicht nachprüfbar ist, z.B. durch den Nachweis der Erwerbsbesteuerung. 125

Ist es dem Unternehmer **nicht zumutbar**, den **Versendungsbeleg nach § 17a Abs. 4 S. 1 UStDV** zu führen, kann er den Nachweis auch nach § 17a Abs. 2 und 3 UStDV wie in Beförderungsfällen erbringen (§ 17a Abs. 4 S. 2 UStDV). 126

2.3.2.4 Rechnungslegung und Steuerbefreiung

Sowohl in **Beförderungs- als auch in Versendungsfällen** soll der Unternehmer den Belegnachweis durch ein **Doppel der Rechnung** i.S.d. §§ 14, 14a UStG führen (vgl. § 17a Abs. 2 und 4 UStDV). Nach § 14a Abs. 3 S. 1 UStG ist der Unternehmer in Fällen der i. g. Lieferung zur Ausstellung einer Rechnung verpflichtet, nach § 14 Abs. 4 Nr. 8 UStG muss dabei auf eine Steuerbefreiung hingewiesen werden. Streitig war bisher, ob das Fehlen eines entsprechenden Hinweises die Steuerfreiheit der i. g. Lieferung beeinträchtigt (vgl. FG des Saarlandes vom 15.12.2005, Az: 1 V 277/05, EFG 2006, 375). Mit Urteil vom 30.03.2006 (Az: V R 47/03, BStBl II 2006, 634 [vgl. auch BFH vom 01.02.2007, Az: V R 41/04 (V), BFH/NV 2007, 1059]) hatte der BFH entschieden, dass der Hinweis auf die Steuerbefreiung in der Rechnung keine zwingende Voraussetzung für die Steuerfreiheit der i. g. Lieferung ist, da es sich bei § 17a Abs. 2 und 4 UStDV um Sollvorschriften handelt, die auch einen abweichenden Belegnachweis zulassen. Nicht ausreichend als Belegnachweis soll es jedoch sein, wenn die Rechnung einen Hinweis auf die Differenzbesteuerung nach § 25a UStG statt auf die Steuerbefreiung nach § 6a i.V.m. § 4 Nr. 1 Buchst. b UStG enthält, da dann das Merkmal der leichten und eindeutigen Nachprüfbarkeit i.S.d. § 17a Abs. 1 S. 2 UStDV nicht erfüllt ist. Durch eine Rechnungsberichtigung könne der Belegnachweis jedoch noch bis zur letzten mündlichen Verhandlung vor dem Finanzgericht erbracht werden. 127

In einer aktuellen Entscheidung vom 12.05.2011 (Az: V R 46/10, BStBl II 2011, 957; vgl. BFH vom 15.02.2012, Az: XI R 42/10 (NV), BFH/NV 2012, 1188) führt der BFH nunmehr aus, dass mit einer Rechnung, die den Hinweis auf die Steuerfreiheit der i. g. Lieferung nicht enthält, der Belegnachweis nach § 17a Abs. 2 Nr. 1 UStDV nicht geführt werden kann. Diesem Mangel der 128

Nachweisführung kommt keine Bedeutung zu, wenn nach der objektiven Beweislage die Voraussetzungen der Steuerbefreiung erfüllt sind (was im Klagefall allerdings nicht gegeben war, da die Abnehmerin keinen Handel mit den streitigen Waren unterhielt und zudem das tatsächliche Gelangen ins üGG zweifelhaft war). Für den Belegnachweis nach § 17a Abs. 4 S. 1 Nr. 1 UStDV vgl. BFH vom 14.11.2012, Az: XI R 8/11 (NV), BFH/NV 2013, 596, Rz. 42–47 – nicht ausreichend ist der Vermerk: »VAT@zero for export«; dazu vgl. BFH, Urteil vom 22.04.2015, Az XI R 43/11, BStBl. II 2015, 755, Rz. 33). Zu einem einheitlichen Abrechnungsdokument bestehend aus einer Rechnung und einer Anlage zur Rechnung, in dem sämtlich geforderten Angaben enthalten sind vgl. BFH, Urteil vom 26.11.2014, Az XI R 37/12 (NV), BFH/NV 2015, 358, Rz. 31-34).

2.3.2.5 Belegnachweis in Verbringensfällen

129 Für die Fälle des **i. g. Verbringens** enthält § 17a UStDV keine ausdrückliche Regelung, die Norm verweist lediglich auf die Fälle der i. g. Lieferung nach § 6a Abs. 1 UStG und regelt für diese den Belegnachweis. Gleichwohl kann davon ausgegangen werden, dass auch in Fällen des i. g. Verbringens entsprechende Belege erforderlich sein dürften, deren Inhalt sich an § 17a UStDV orientiert, um den Verbleib der Gegenstände und den Transport zu dokumentieren (kritisch zu Nachweisen insgesamt vgl. FG Köln, Urteil vom 18.03.2015, Az: 4 K 3157/11, EFG 2015, 1137, Rev. V R 17/15).

2.3.2.6 Belegnachweis in Fällen der Be- oder Verarbeitung

130 Wurde der **Gegenstand der Lieferung** vor der Beförderung oder Versendung ins üGG **be- oder verarbeitet, muss** der Unternehmer dies durch Belege eindeutig und leicht nachprüfbar nachweisen (§ 17b S. 1 UStDV). Der Nachweis soll durch Belege nach § 17a UStDV geführt werden, die zusätzlich die in § 11 Abs. 1 Nr. 1–4 UStDV bezeichneten Angaben enthalten (vgl. § 17b S. 2 UStDV), also den Namen und die Anschrift des Beauftragten, die handelsübliche Bezeichnung und die Menge des an den Beauftragten übergebenen oder versendeten Gegenstandes, den Tag und den Ort der Entgegennahme des Gegenstandes durch den Beauftragten und die Bezeichnung des Auftrages und der vom Beauftragten vorgenommenen Be- oder Verarbeitung. Wurden mehrere Beauftragte zur Be- oder Verarbeitung eingeschaltet, müssen sich die Angaben auf jeden Beauftragten beziehen (vgl. § 17b S. 3 i. V. m. § 11 Abs. 2 UStDV).

2.3.3 Buchnachweis

131 Nach § 17c Abs. 1 UStDV **muss** der Unternehmer einen **Buchnachweis** über die Voraussetzungen der Steuerbefreiung führen. Unter Buchnachweis ist ein Nachweis durch Aufzeichnungen in Verbindung mit Belegen zu verstehen. Der Buchnachweis verlangt deshalb stets mehr als den bloßen Nachweis durch Aufzeichnungen oder Belege. Belege werden durch die entsprechenden und erforderlichen Hinweise und Bezugnahmen in den stets notwendigen Aufzeichnungen Bestandteil der Buchführung und damit des Buchnachweises, so dass beide eine Einheit bilden (vgl. BFH vom 07.12.2006, Az: V R 52/03, BStBl. II 2007, 420 unter II. 1. b; vgl. Abschn. 6a.2 Abs. 1 UStAE). Der Buchnachweis umfasst auch die **Aufzeichnung der USt-IdNr. des Abnehmers**.

132 Dabei muss nach der bisherigen Rechtsprechung des BFH (vgl. BFH vom 02.04.1997, Az: V B 159/96 (NV), BFH/NV 1997, 629; bestätigt durch Beschluss des BFH vom 05.02.2004, Az: V B 180/03 (NV), BFH/NV 2004, 988 unter II.1.) die **richtige USt-IdNr. des wirklichen Abnehmers** aufgezeichnet (ggf. nachträglich) werden, um die Steuerpflicht der Umsätze zu vermeiden (im Beschlussfall ging es um Lieferungen an einen österreichischen Abnehmer, der dem liefernden

Unternehmer die USt-IdNr. eines namensgleichen Unternehmens angegeben hatte – wegen des Vertrauensschutzes nach § 6a Abs. 4 UStG vgl. Rn. 175ff.).

Die USt-IdNr. muss gültig sein, der Unternehmer sollte möglichst das Bestätigungsverfahren nach § 18e UStG durchführen (vgl. Abschn. 6a.7 Abs. 2 UStAE, auch zum nachträglich erbrachten Buchnachweis bis zum Schluss der mündlichen Verhandlung vor dem FG; vgl. Abschn. 6a.8 Abs. 6 UStAE). Zum Ungültigwerden der USt-IdNr. während der Vertragsabwicklung, Pflicht zur erneuten Überprüfung der USt-IdNr. und zum Vertrauensschutz in derartigen Fällen vgl. FG Berlin-Brandenburg, Urteil vom 04.11.2015, Az: 7 K 7283/13, EFG 2016, 1115, rkr.). **133**

Eine USt-IdNr. ist dann nicht falsch, wenn sie dem existenten Abnehmer tatsächlich erteilt wurde, selbst wenn dieser lediglich ein Firmenmantel ist (vgl. BFH vom 15.07.2004, Az: V R 1/04 (NV), BFH/NV 2005, 81 – im Urteilsfall ging es um eine englische Ltd., die nach einem Einzelauskunftsersuchen an die englische Verwaltung als Scheinunternehmen eingestuft wurde, da sie unter der angegebenen Adresse nicht erreichbar war. Die USt-IdNr. war dieser aber nach einer Bestätigung des BfF erteilt worden). Im Zusammenhang mit der USt-IdNr. tritt in der Praxis regelmäßig das Problem auf, dass die Verwaltung bereits auf Grund der Mitteilung eines anderen EU-Mitgliedsstaates, bei dem Abnehmer handele es sich um eine Scheinfirma oder einen sog. missing trader, wodurch nicht mehr die USt-IdNr. des wirklichen Abnehmers aufgezeichnet würde, die Steuerbefreiung versagt (vgl. hierzu BFH vom 05.04.2004, Az: V B 180/03 (NV), BFH/NV 2004, 988 und vgl. Rn. 175ff.; zur USt-IdNr. vgl. Rn. 60). Zum allmählichen Umdenken der Verwaltung vgl. Abschn. 6a.7 Abs. 3 UStAE. **134**

Der Nachweis ist nicht geführt, wenn der Unternehmer nicht eindeutig nachweisen kann, wer sein Abnehmer war und dass der Gegenstand der Lieferung ins üGG gelangt ist (vgl. BFH vom 16.12.2005, Az: V B 114/05 (NV), BFH/NV 2006, 839). **135**

Zum Buchnachweis gehört auch der **Nachweis der Unternehmereigenschaft** des Abnehmers (§ 6a Abs. 1 S. 1 Nr. 2 Buchst. a UStG i. V. m. § 17c Abs. 1 UStDV), dazu reicht die Aufzeichnung der USt-IdNr. allein nicht aus (vgl. BFH vom 08.11.2007, Az: V R 26/05, BStBl. II 2009, 49 und vgl. Rn. 107ff., vgl. Abschn. 6a.7 Abs. 1 UStAE). Durch die Aufzeichnung der USt-IdNr. eines Scheinunternehmens kann die Unternehmereigenschaft nicht nachgewiesen werden (vgl. BFH, Urteil vom 10.08.2016, Az: V R 45/15, DStR 2016, 2402, Rz. 18). **136**

Zum Nachweis der Vollmacht eines Vertretungsberechtigten vgl. Abschn. 6a.7 Abs. 1 UStAE. **137**

Zum **formellen Charakter** des Nachweises einer USt-IdNr. vgl. EuGH vom 27.09.2012, Rs. C-587/10, VSTR, DStR 2012, 2014 und EuGH vom 06.09.2012, Rs. C-273/11, Mecsek-Gabona, UR 2012, 796 (vgl. Rn. 199 jeweils a. E.). **138**

Der Nachweis ist im **Geltungsbereich der UStDV** zu führen und muss die Voraussetzungen der Steuerbefreiung **eindeutig und leicht nachprüfbar** ergeben (vgl. Abschn. 6a.7 Abs. 7 UStAE zu ggf. auch Ausnahmen). Er ist **grundsätzlich zeitnah** und unmittelbar nach Ausführung der entsprechenden Umsätze zu führen (vgl. Abschn. 6a.7 Abs. 8 UStAE). Wie bei Ausfuhrlieferungen (vgl. die Kommentierung zu § 6) kann »grundsätzlich« lediglich der Belegnachweis noch bis zur letzten mündlichen Verhandlung vor dem Finanzgericht erbracht werden (vgl. BFH vom 30.03.2006, Az: V R 47/03, BStBl. II 2006, 634 – zur Ausfuhrlieferung). S. zu dieser Problematik aber EuGH vom 27.09.2007, Rs. C-146/05 Albert Colée, BFH/NV Beilage 2008, 34 und vgl. Rn. 93ff. (Änderung der Rechtsprechung). In Abschn. 6a.7 Abs. 8 UStAE geht die Verwaltung davon aus, dass der Buchnachweis bis zu dem **Zeitpunkt** geführt werden muss, zu dem die **USt-Voranmeldung** abzugeben ist. Lediglich fehlende oder fehlerhafte Aufzeichnungen eines rechtzeitig erbrachten Buchnachweises können bis zum Schluss der letzten mündlichen Verhandlung vor dem Finanzgericht ergänzt oder berichtigt werden. Die Verwaltung übernimmt hier die Grundsätze des zur Ausfuhrlieferung ergangenen Urteils des BFH vom 28.05.2009, Az: V R 23/08, BStBl. II 2010, 517 (vgl. § 6 Rn. 151). **139**

140 Inhaltlich **soll** der Unternehmer die in **§ 17c Abs. 2 UStDV** aufgelisteten Angaben erfassen, wobei nicht jede Abweichung zwangsläufig zur Aberkennung der Steuerbefreiung führt. Dazu zählen der Name und die Anschrift des Abnehmers, der Name und die Anschrift des Beauftragten des Abnehmers bei einer Lieferung, die im Einzelhandel oder in einer für den Einzelhandel gebräuchlichen Art und Weise erfolgt (vgl. FG München vom 28.04.2005, Az: 14 K 1519/03, DStRE 2006, 101 – § 17c Abs. 2 Nr. 2 UStDV – zur Legitimation des Abholers, Aufzeichnung von Namen und Anschrift sowie Kopie des Passes ausreichend, sofern keine Besonderheiten zu Zweifeln Anlass geben), der Gewerbezweig oder Beruf des Abnehmers, die handelsübliche Bezeichnung und die Menge des Gegenstands der Lieferung, der Tag der Lieferung, das vereinbarte (oder vereinnahmte) Entgelt, die Art und der Umfang der Be- oder Verarbeitung, die Beförderung oder Versendung in das üGG sowie der Bestimmungsort im üGG (vgl. FG München vom 28.04.2005, Az: 14 K 1519/03, DStRE 2006, 101, § 17c Abs. 2 Nr. 9 UStDV – Angabe des Bestimmungslandes ausreichend, wenn sich aus den Rechnungen eindeutig und leicht ergibt, an welche genaue Adresse im Bestimmungsland die Lieferung geht; zum Bestimmungsort vgl. auch Rn. 117). Zu der Frage, wann eine Lieferung im Einzelhandel oder in einer für den Einzelhandel gebräuchlichen Art und Weise erfolgt (§ 17c Abs. 2 Nr. 2 UStDV), vertritt das Hessische FG (Urteil vom 07.11.2006, Az: 6 K 3787/05, UStB 2007, 157 [Rev.: V R 65/06, Urteil vom 12.05.2009, BStBl II 2010, 511, der BFH ist auf diese Fragen nicht weiter eingegangen, da er bereits den Belegnachweis als nicht erbracht ansah]) die Auffassung, dass ein Gebrauchtwagenhändler, der die Fahrzeuge über das Internet zum Endverbraucherpreis anbietet, auch dann in einer dem Einzelhandel gebräuchlichen Art und Weise handelt, wenn er die Fahrzeuge tatsächlich an gewerbliche Wiederverkäufer veräußert. Sind in einem derartigen Fall Name und Anschrift des Abholers nicht vollständig aufgezeichnet (teilweise wohl auch wegen unleserlicher Kopien), stellt dies einen Verstoß gegen das Erfordernis nach § 17c Abs. 1 S. 2 UStDV dar, dass die Voraussetzungen eindeutig und leicht nachprüfbar aus der Buchführung zu ersehen sein müssen. Offen lässt das FG, auf welchen Zeitpunkt sich der Nachweis über die Anschrift des Abholers zu richten hat (tendenziell wohl die aktuelle Anschrift). Hier besteht das Problem der zeitlichen Differenz zwischen der Ausstellung eines ggf. als Nachweis kopierten Ausweisdokumentes und dem Zeitpunkt der Abholung (vgl. hierzu BFH vom 20.12.2006, Az: V S 36/06 (NV), BFH/NV 2007, 792 – AdV/Zumutbarkeit von Nachweisanforderungen; vgl. Rn. 175 ff.).

141 In Fällen des **i. g. Verbringens** nach § 6a Abs. 2 UStG soll der Unternehmer nach **§ 17c Abs. 3 UStDV** die handelsübliche Bezeichnung und die Menge des verbrachten Gegenstandes, die Anschrift und die USt-IdNr. des im anderen Mitgliedsstaates belegenen Unternehmensteils, den Tag des Verbringens und die Bemessungsgrundlage nach § 10 Abs. 4 S. 1 Nr. 1 UStG aufzeichnen (kritisch zu den Nachweisanforderungen vgl. FG Köln, Urteil vom 18.03.2015, Az: 4 K 3157/11, EFG 2015, 1137, Rev. V R 17/15). Zur Aufzeichnung der USt-IdNr. des Bestimmungslandes vgl. EuGH, Urteil vom 20.10.2016, Rs. **C-24/15 »Plöckl«**, DStR 2016, 2525: »Art. 22 Abs. 8 der Sechsten Richtlinie 77/388/EWG des Rates vom 17. Mai 1977 zur Harmonisierung der Rechtsvorschriften der Mitgliedstaaten über die Umsatzsteuern – Gemeinsames Mehrwertsteuersystem: einheitliche steuerpflichtige Bemessungsgrundlage in der durch die Richtlinie 2005/92/EG vom 12. Dezember 2005 geänderten Fassung in seiner Fassung des Art. 28h der Sechsten Richtlinie sowie Art. 28c Teil A Buchst. a Unterabs. 1 und Buchst. d dieser Richtlinie sind dahin auszulegen, dass sie es der Finanzverwaltung des Herkunftsmitgliedsstaats verwehren, eine Mehrwertsteuerbefreiung für eine innergemeinschaftliche Verbringung mit der Begründung zu versagen, der Steuerpflichtige habe keine vom Bestimmungsmitgliedstaat erteilte USt-IdNr. mitgeteilt, wenn keine konkreten Anhaltspunkte für eine Steuerhinterziehung bestehen, der Gegenstand in einen anderen Mitgliedstaat verbracht worden ist und auch die übrigen Voraussetzungen für die Steuerbefreiung vorliegen.« Literaturhinweis: Monfort in UR 2016, 945 ff.; Grambeck in StuB 1/2017, 22.

Für Fälle der **Lieferung neuer Fahrzeuge** an Abnehmer ohne USt-IdNr. regelt **§ 17c Abs. 4 UStDV** den Inhalt des Buchnachweises (insofern kann auch die Aufzeichnung einer USt-IdNr. nach § 17c Abs. 1 UStDV keine Pflicht sein). Demnach soll der Unternehmer aufzeichnen: den Namen und die Anschrift des Erwerbers, die handelsübliche Bezeichnung des gelieferten Fahrzeugs, den Tag der Lieferung, das vereinbarte (oder vereinnahmte) Entgelt, die Merkmale des § 1 b Abs. 2 und 3 UStG, die Beförderung oder Versendung in das üGG sowie den Bestimmungsort im üGG. 142

2.3.4 Neuregelung der Nachweisverpflichtungen ab 2012

2.3.4.1 Allgemeines

Durch Art. 1 Nr. 3 der Zweiten Verordnung zur Änderung steuerlicher Verordnungen vom 02.12.2011 (BGBl I 2011, 2416) wurden die §§ 17a bis 17c UStDV, die die Ausgestaltung der nach § 6a Abs. 3 S. 1 UStG erforderlichen Nachweise regeln, neu gefasst. Die Neufassung trat am 01.01.2012 in Kraft (Art. 3 Abs. 2 der Verordnung). Ausweislich der Gesetzesbegründung (vgl. BR-Drucks. 628/11 vom 13.10.2011, 10) sollte die Änderung der UStDV einfachere und eindeutigere Nachweisregelungen bei innergemeinschaftlichen Lieferungen schaffen. 143

Im Zusammenhang mit dem Übergang auf die neue Rechtslage wurde durch die Verwaltung eine Nichtbeanstandungsregelung verfügt (vgl. Rn. 10), die durch Art. 1 Nr. 2 der Elften Verordnung zur Änderung der Umsatzsteuer-Durchführungsverordnung vom 25.03.2013 (BGBl I 2013, 602) in § 74a Abs. 3 UStDV für bis zum **30.09.2013** ausgeführte i. g. Lieferungen gesetzlich legitimiert wird. Im BMF-Schreiben vom 16.09.2013 (Az: IV D 3 – S 7141/13/10001, UR 2013, 796) räumt die Verwaltung eine weitere Übergangsfrist (Nichtbeanstandungsregelung) bis zum **31.12.2013** ein (unter II. Anwendungsregelungen Nr. 2. S. 2). 144

2.3.4.2 Charakter der Nachweisregelungen

Im Gegensatz zu den bisherigen Regelungen der UStDV, bei denen zwar der Grundsatz der Nachweisverpflichtung als Mussvorschrift ausgestaltet (vgl. z. B. § 17a Abs. 1 UStDV), die Einzelheiten jedoch in Form von Sollvorschriften geregelt waren (vgl. z. B. § 17a Abs. 2 UStDV a. F.), enthalten die neuen Regelungen durchweg **Mussvorschriften**. Der Unternehmer »hat« den Nachweis wie folgt zu führen und »hat Folgendes« aufzuzeichnen. Ausweislich der Verordnungsbegründung (vgl. BR-Drucks. 628/11 vom 13.10.2011, 13, 15) wird hierdurch lediglich die bisherige Auslegung der Vorschrift in die Rechtsverordnung übernommen. 145

2.3.4.3 Der Gelangensnachweis

Dem Grunde nach entfällt in § 17a UStDV n. F. die bisherige Unterscheidung zwischen Beförderung und Versendung (vgl. § 17a Abs. 4 UStDV a. F.). § 17a Abs. 2 UStDV n. F. regelt, dass der Unternehmer den Nachweis darüber, dass er oder der Abnehmer den Gegenstand der Lieferung in das üGG befördert oder versendet hat durch das Doppel der Rechnung (vgl. § 17a Abs. 2 S. 1 Nr. 1 UStDV n. F., insoweit unverändert) und durch eine Bestätigung des Abnehmers gegenüber dem Unternehmer oder dem mit der Beförderung beauftragten selbständigen Dritten, dass der Gegenstand in das übrige Gemeinschaftsgebiet gelangt ist (**Gelangensbestätigung**), führen muss. Dieser Beleg muss nach § 17a Abs. 2 S. 1 Nr. 2 S. 2 UStDV n. F. die folgenden Angaben enthalten: 146

- den Namen und die Anschrift des Abnehmers,
- die Menge des Gegenstands der Lieferung und die handelsübliche Bezeichnung einschließlich der Fahrzeug-Identifikationsnummer bei Fahrzeugen i. S. d. § 1 b Abs. 2 UStG (vgl. BR-Drucks. 628/11 vom 13.10.2011, 20 – Bekämpfung des Umsatzsteuerbetrugs),

- im Fall der Beförderung oder Versendung durch den Unternehmer oder im Fall der Versendung durch den Abnehmer den Ort und Tag des Erhalts des Gegenstands im üGG und im Fall der Beförderung des Gegenstands durch den Abnehmer den Ort und Tag des Endes der Beförderung des Gegenstands im üGG,
- das Ausstellungsdatum der Bestätigung sowie
- die Unterschrift des Abnehmers.

147 Die Gelangensbestätigung des Abnehmers kann aus **mehreren Dokumenten** bestehen, aus denen sich die geforderten Angaben insgesamt ergeben, beispielsweise aus einer Kombination des Lieferscheins mit einer entsprechenden Bestätigung über den Erhalt des Liefergegenstands (vgl. BR-Drucks. 628/11 vom 13.10.2011, 20).

148 Bei einer **Versendung** reicht es nach § 17a Abs. 2 Nr. 2 S. 3 UStDV n.F. aus, wenn sich die Gelangensbestätigung bei dem mit der Beförderung beauftragten selbständigen Dritten befindet und auf Verlangen der Finanzbehörde zeitnah vorgelegt werden kann. In diesem Fall muss der Unternehmer allerdings eine **schriftliche Versicherung des mit der Beförderung beauftragten Dritten** besitzen, dass dieser über einen Beleg mit den Angaben des Abnehmers verfügt (s. § 17a Abs. 2 Nr. 2 S. 4 UStDV). Ausweislich der Verordnungsbegründung (s. BR-Drucks. 628/11 vom 13.10.2011, 20) trägt der liefernde Unternehmer die Beweislast und muss für etwaiges pflichtwidriges Verhalten des beauftragten Dritten einstehen.

149 Als fraglich angesehen werden muss es allerdings, ob eine Gelangensbestätigung, die auf den Nachweis des Endes des Transports im üGG gerichtet ist, den Vorgaben der MwStSystRL entspricht. Die Ausführungen des EuGH im Urteil vom 06.09.2012, Rs. C-273/11, Mecsek-Gabona, UR 2012, 796 (Rz. 40–43) sprechen, zumindest für einen Abholfall, jedenfalls dagegen (vgl. Maunz, UR 2012, 802; Langer/Hammerl, NWB 2012, 4046; Winter, EU-UStB 4/2012, 98).

150 Wie bisher enthält auch § 17a Abs. 3 UStDV n.F. für die Fälle der Beförderung des Liefergegenstands im **gemeinschaftlichen Versandverfahren** die Möglichkeit eines von § 17a Abs. 2 UStDV n.F. abweichenden Nachweises des Gelangens in das üGG mittels einer Bestätigung der Abgangsstelle.

151 Zur Neufassung des § 17a UStDV m.W.v. 01.10.2013 durch die Elfte Verordnung zur Änderung der Umsatzsteuer-Durchführungsverordnung vgl. Rn. 158ff.

2.3.4.4 Nachweis in Bearbeitungs- und Verarbeitungsfällen

152 § 17b UStDV n.F. wurde redaktionell den Formulierungen der übrigen Vorschriften angepasst und in S. 2 von einer Sollvorschrift auf eine Mussvorschrift umgestellt (vgl. Abschn. 6a.6 UStAE unter Verweisung auf Abschn. 6.8 UStAE zur Ausfuhrlieferung). Ausweislich der Verordnungsbegründung (vgl. BR-Drucks. 628/11 vom 13.10.2011, 21) wird hierdurch lediglich die bisherige Auslegung der Vorschrift übernommen. Inhaltliche Änderungen haben sich nicht ergeben.

2.3.4.5 Der Buchnachweis

153 In **§ 17c Abs. 1 UStDV n.F.** wurden die Formulierungen redaktionell an die übrigen Vorschiften angepasst. Der Charakter einer **Mussvorschrift** war bereits in der Vorgängerregelung enthalten. Der Unternehmer muss den Buchnachweis nicht wie bisher im Geltungsbereich der UStDV, sondern im Geltungsbereich des UStG (zur Erleichterungen vgl. Abschn. 6a.7 Abs. 7 UStAE) führen. Der Buchnachweis erstreckt sich klarstellend auf die ausländische USt-IdNr. des Abnehmers (zum Nachweis der USt-IdNr. vgl. Abschn. 6a.7 Abs. 2, 3 UStAE). Zum Nachweis des Abnehmers vgl. Abschn. 6a.7 Abs. 1, 4 und 5 UStAE. Die Aufzeichnungen sind laufend und

unmittelbar nach Ausführung der Umsätze vorzunehmen. Zu Korrektur- und Ergänzungsmöglichkeiten sowie dem Zeitpunkt der Nachweisführung vgl. Abschn. 6a.7 Abs. 8 UStAE.

Der in **§ 17c Abs. 2 UStDV n.F.** enthaltene Katalog der aufzuzeichnenden Angaben wurde mit der Neufassung von einer Sollvorschrift auf eine **Mussvorschrift** umgestellt, ansonsten aber lediglich in § 17c Abs. 2 Nr. 4 UStDV n.F. um die Aufzeichnung der **Fahrzeug-Identifikationsnummer** bei Fahrzeugen i.S.d. § 1b Abs. 2 UStG ergänzt (vgl. Abschn. 6a.7 Abs. 9 S. 2 UStAE). Ausweislich der Verordnungsbegründung dient diese Erweiterung der Bekämpfung des Umsatzsteuerbetrugs in Form von Karussellgeschäften oder Scheingeschäften (vgl. BR-Drucks. 628/11 vom 13.10.2011, 21). Zur Möglichkeit abweichender Nachweisführung vgl. Abschn. 6a.7 Abs. 6 UStAE. Zu Aufzeichnung von Art und Umfang einer Be- oder Verarbeitung nach § 17c Abs. 2 Nr. 7 UStDV vgl. Abschn. 6a.7 Abs. 9 S. 3 und 4 UStAE. 154

In den Fällen des **i. g. Verbringens** erweitert **§ 17c Abs. 3 UStDV n.F.** die Aufzeichnungspflichten in § 17c Abs. 3 Nr. 1 UStDV n.F. um die Aufzeichnung der **Fahrzeug-Identifikationsnummer** bei Fahrzeugen i.S.d. § 1b Abs. 2 UStG. Weiterhin wurde die Vorschrift auf eine Mussvorschrift umgestellt, ist ansonsten aber inhaltlich unverändert geblieben. 155

Wie bisher regelt auch **§ 17c Abs. 4 UStDV n.F.** die Lieferung neuer Fahrzeuge an Abnehmer ohne USt-IdNr. in das üGG. Mit Ausnahme der Erweiterung von § 17c Abs. 4 Nr. 2 UStDV n.F. um die Fahrzeug-Identifikationsnummer und die Umstellung auf eine Mussvorschrift ist die Vorschrift unverändert geblieben. 156

Mit BMF-Schreiben vom 16.09.2013 (Az: IV D 3 – S 7141/13/10001, UR 2013, 796) passt die Verwaltung den UStAE an die aktuelle, durch die zweite Verordnung zur Änderung steuerlicher Verordnungen sowie die Elfte Verordnung zur Änderung der Umsatzsteuer-Durchführungsverordnung geänderte UStDV an (vgl. Rn. 10). Dabei fällt auf, dass in Abschn. 6a.7 Abs. 1 UStAE im Zusammenhang mit der dort angesprochenen Vertretungsbefugnis nunmehr auch auf die Anforderungen einer Abholberechtigung verwiesen wird (Verweisung auf Abschn. 3.14 Abs. 10a UStAE). Unklar bleibt, in welchen Fällen die Verwaltung die Nachweisung einer Abholvollmacht konkret fordert (vgl. insoweit Abschn. 6a.3 Abs. 7 UStAE a.F.; vgl. Huschens, NWB 2013, 3135ff. [3138 unter II.]). Zur Sicherheit und auch unter dem Aspekt der Sorgfalt eines ordentlichen Kaufmanns (zum Vertrauensschutz vgl. Rn. 175ff.) kann daher nur empfohlen werden, sich nicht nur eine Vertretungsvollmacht, sondern auch eine Abholberechtigung schriftlich nachweisen zu lassen und zu den Unterlagen zu nehmen. 157

2.3.5 Neuregelung des Belegnachweises in § 17a UStDV ab 01.10.2013

Durch Art. 1 Nr. 1 der Elften Verordnung zur Änderung der Umsatzsteuer-Durchführungsverordnung vom 25.03.2013 (BGBl I 2013, 602; vgl. a. BT-Drucks. 66/13 vom 04.02.2013) wird § 17a UStDV m.W.v. **01.10.2013** neu gefasst (vgl. Art. 2 Nr. 1) und in § 74a Abs. 3 UStDV für bis zum 30.09.2013 ausgeführte i. g. Lieferungen die gesetzliche Möglichkeit des Nachweises anhand der §§ 17a–17c UStDV in der am 31.12.2011 geltenden Fassung eröffnet (vgl. Art. 2 Nr. 2 Inkrafttreten am 29.03.2013; zu den vorherigen Nichtbeanstandungsregelungen der Verwaltung vgl. Rn. 11). Mit BMF-Schreiben vom 16.09.2013 (Az: IV D 3 – S 7141/13/10001, UR 2013, 796) verfügt die Verwaltung eine weitere Nichtbeanstandungsregelung bis zum 31.12.2013 (unter II. Anwendungsregelungen Nr. 2. S. 2) und passt die Abschn. 6a.1 bis 6a.8 UStAE an die geänderte Rechtslage an (unter I. Änderung des UStAE). Die nachstehenden Verweisungen auf den UStAE beziehen sich auf die grundsätzlich ab 01.10.2013 geltende Fassung des UStAE. S. a. OFD Magdeburg vom 22.10.2013, S 7140 – 6 – St 242, StEK UStG 1980 § 6a Nr. 40; OFD Niedersachsen vom 02.12.2013, S 7140 – 47 – St 183, UR 2014, 499. 158

159 S. hierzu auch Huschens, NWB 2013, 1394 und NWB 2013, 3135; Langer/Hammerl, DStR 2013, 1068; Frye, UR 2014, 753; Sterzinger, UStB 2013, 326; Langer/von Streit, DStR 2013, 2421; Rolfes, UStB 2014, 89.

2.3.5.1 Nachweisgrundsatz

160 Nach § 17 a Abs. 1 UStDV n. F. hat der Unternehmer einen Belegnachweis über die Beförderung oder Versendung in das üGG zu erbringen. Im Unterschied zur Vorgängerversion (Geltungsbereich des Gesetzes) hob die Norm zunächst auf den Geltungsbereich der UStDV ab, was zu einer Abweichung zu § 17 c UStDV führte (Buchnachweis im Geltungsbereich des Gesetzes) und durch eine erneute Änderung durch die Verordnung vom 22.12.2014, BGBl I 2014, 2392; vgl. Rz. 11, korrigiert wurde. Die Belege müssen die Voraussetzung eindeutig und leicht nachweisbar belegen.

2.3.5.2 Doppel der Rechnung

161 Nach § 17 a Abs. 2 Nr. 1 UStDV n. F. gehört, unabhängig von der Art der weiteren Belege, zum Belegnachweis immer ein Doppel der Rechnung (vgl. §§ 14, 14a UStG). Zur Bedeutung eines fehlenden Hinweises auf die Steuerfreiheit der i. g. Lieferung vgl. Abschn. 6a.3 Abs. 1 S. 2 UStAE und vgl. Rn. 128.

2.3.5.3 Nachweisformen

162 § 17 a Abs. 2 Nr. 2 UStDV regelt sozusagen den neuen **Grundfall des Belegnachweises**, die Gelangensbestätigung. Der Verordnungsgeber betont dies durch die Formulierung, dass insbesondere diese Form des Nachweises eindeutig und leicht nachprüfbar i. S. v. § 17 a Abs. 1 UStDV n. F. sei. **Weitere Nachweismöglichkeiten** werden in § 17 a Abs. 3 UStDV n. F. aufgelistet. Dabei soll nicht jeder Mangel bei diesen Nachweisen gleich zum Verlust der Steuerbefreiung führen (vgl. Abschn. 6a.2 Abs. 8 UStAE).

163 Nach Abschn. 6a.2 Abs. 6 Sätze 4 bis 7 UStAE kann der Belegnachweis auch abweichend von den Regelungen in § 17 a Abs. 2 und 3 UStDV erbracht werden, sofern sich aus den Belegen und Beweismitteln das Gelangen in das üGG in der Gesamtschau nachvollziehbar und glaubhaft ergibt.

2.3.5.4 Gelangensbestätigung

164 Unter Gelangensbestätigung versteht § 17 a Abs. 2 Nr. 2 S. 1 UStDV n. F. eine Bestätigung des Abnehmers, dass der Gegenstand der Lieferung in das üGG gelangt ist. Die Gelangensbestätigung (Muster s. Anlage 1 bis 3 zum UStAE) muss enthalten:

- den Namen und die Anschrift des Abnehmers (§ 17 a Abs. 2 Nr. 2 S. 1 Buchst. a UStDV n. F.),
- die Menge und handelsübliche Bezeichnung des Liefergegenstandes; bei Neufahrzeugen i. S. d. § 1 b Abs. 2 UStG die Fahrzeug-Identifikationsnummer (vgl. Abschn. 6a.3 Abs. 1 S. 3 UStAE; § 17 a Abs. 2 Nr. 2 S. 1 Buchst. b UStDV n. F.),
- Ort und Monat des Erhalts bzw. Ort und Monat des Endes der Beförderung im üGG (vgl. Abschn. 6a.3 Abs. 2 und 3 UStAE; § 17 Abs. 2 Nr. 2 S. 1 Buchst. c UStDV n. F.),
- das Ausstellungsdatum der Bestätigung (§ 17 Abs. 2 Nr. 2 S. 1 Buchst. d UStDV n. F.),
- die Unterschrift des Abnehmers oder eines von ihm zur Abnahme Beauftragten (vgl. Abschn. 6a.4 Abs. 2 S. 4 UStAE, ggf. ist auch ein Nachweis über die Vertretungsberechtigung erforderlich). Bei elektronischer Übermittlung (Einzelheiten vgl. Abschn. 6a.4 Abs. 6 UStAE und FinMin Schleswig-Holstein vom 21.02.2014, Az: VI 358 – S 7141 – 024, juris) ist die Unterschrift

nicht erforderlich, sofern erkennbar ist, dass die Übermittlung im Verfügungsbereich des Abnehmers oder des Beauftragten begonnen hat (vgl. Abschn. 6a.4 Abs. 3 UStAE; § 17 Abs. 2 Nr. 2 S. 1 Buchst. e UStDV n. F.).

Nach § 17a Abs. 2 Nr. 2 S. 2 und 3 UStDV n. F. kann die Gelangensbestätigung auch als Sammelbestätigung ausgestellt werden, in der Umsätze aus bis zu einem Quartal zusammengefasst werden können (vgl. Abschn. 6a.4 Abs. 4 UStAE). 165

Nach § 17 Abs. 2 Nr. 2 S. 4 UStDV n. F. kann die Gelangensbestätigung in jeder die erforderlichen Angaben enthaltenden Form erbracht werden und kann aus mehreren Dokumenten bestehen (vgl. Abschn. 6a.4 Abs. 5 UStAE). Zu Anhang VII der Abfallverbringungsverordnung als Form einer Gelangensbestätigung vgl. FinMin Schleswig-Holstein vom 10.01.2014, VI 358 – S 7141 – 024, UR 2014, 241. 166

2.3.5.5 Andere Belege

In § 17a Abs. 3 S. 1 UStDV n. F. werden fünf Fallgestaltungen aufgezählt, in denen der Belegnachweis auch anders als durch eine Gelangensbestätigung geführt werden kann (das ist aber wohl nicht enumerativ zu verstehen, vgl. Abschn. 6a.2 Abs. 6 S. 4–7 UStAE). In den Fällen der Lieferung eines Fahrzeugs i. S. d. § 1b Abs. 2 UStDV muss der Beleg zusätzlich die Fahrzeug-Identifikationsnummer enthalten (vgl. § 17a Abs. 3 S. 2 UStDV n. F.). 167

2.3.5.5.1 Versendung durch Unternehmer oder Abnehmer

In Fällen der Versendung durch den Unternehmer oder den Abnehmer können nach **§ 17a Abs. 3 S. 1 Nr. 1** die folgenden Unterlagen als Beleg herangezogen werden (vgl. Abschn. 6a.5 Abs. 1 UStAE): 168

- nach Buchst. a ein Versendungsbeleg, nämlich
  - ein handelsrechtlicher Frachtbrief (Achtung: mit Unterschriften des Auftragsgebers des Frachtführers und des Empfängers; vgl. zur Unterschrift Abschn. 6a.5 Abs. 2 UStAE),
  - ein Konnossement und
  - ein Doppelstück des Frachtbriefs oder Konnossements;
- nach **Buchst. b** ein anderer handelsüblicher Beleg, insbesondere eine Bescheinigung des beauftragten Spediteurs (Spediteurbescheinigung), der die Angaben gemäß den Doppelbuchst. aa bis gg enthalten muss; die nach Doppelbuchst. gg erforderliche Unterschrift entfällt bei elektronischer Übermittlung (vgl. § 17a Abs. 3 S. 1 Nr. 1 Buchst. b S. 2 UStDV; vgl. Abschn. 6a.5 Abs. 3 und 4 UStAE und das Muster in Anlage 4 zum UStAE);
- nach **Buchst. c** ein durch eine schriftliche oder elektronische Auftragserteilung und ein von dem mit der Beförderung Beauftragten erstelltes Protokoll, das den Transport lückenlos bis zur Ablieferung beim Empfänger nachweist (vgl. Abschn. 6a.5 Abs. 5 und 6 UStAE mit u. a. einer Vereinfachungsregelung für Warenlieferungen bis 500 €);
- nach **Buchst. d** in Fällen der Postsendung ohne Nachweis nach Buchst. c durch Empfangsbescheinigung eines Postdienstleisters über die Entgegennahme der Sendung und den Nachweis über die Bezahlung der Lieferung (vgl. Abschn. 6a.5 Abs. 7 und 8 UStAE).

Nach § 17a Abs. 3 S. 3 UStDV soll § 17a Abs. 2 S. 2 bis 4 UStDV n. F. entsprechend gelten. Hier könnte ein redaktionelles Versehen vorliegen, da nach der BT-Drucks. 66/13 vom 04.02.2013 und der Veröffentlichung im BGBl die Verweisung eigentlich auf § 17 Abs. 2 Nr. 2 S. 2 bis 4 UStDV n. F. lauten müsste (Korrektur durch Art. 6 Nr. 1 der Verordnung zur Änderung steuerlicher Vorschriften und weiterer Vorschriften vom 22.12.2014, BGBl I 2014, 2392). Gemeint ist die Möglichkeit 169 einer Sammelbestätigung sowie des Bestehens des Nachweises aus mehreren Dokumenten (vgl. BT-Drucks. 66/13 vom 04.02.2013, 13).

2.3.5.5.2 Versendung durch den Abnehmer

170 In Fällen der Versendung durch den Abnehmer kann nach **§ 17a Abs. 3 S. 1 Nr. 2 UStDV** n. F. der Nachweis erbracht werden durch einen Nachweis über die Entrichtung der Gegenleistung von einem Bankkonto des Abnehmers sowie durch eine Bescheinigung des beauftragten Spediteurs (Spediteurversicherung), die die Angaben nach Buchst. a bis f enthält. S. Abschn. 6a.5 Abs. 9 und 10 UStAE und Muster in Anlage 5 zum UStAE.

171 Bei begründeten Zweifeln am Gelangen des Liefergegenstandes in das üGG hat der Unternehmer nach § 17a Abs. 3 S. 4 UStDV n. F. den Nachweis entweder nach § 17a Abs. 1 UStDV n. F. oder mit den übrigen Belegen nach § 17a Abs. 2 oder 3 UStDV n. F. zu führen.

2.3.5.5.3 Beförderung im gemeinschaftlichen Versandverfahren

172 Wird der Gegenstand der Lieferung im gemeinschaftlichen Versandverfahren (vgl. Rz. 11, Änderung in »Unionsversandverfahren« durch die Vierte Verordnung zur Änderung steuerlicher Verordnungen vom 12.07.2017) in das üGG befördert, kann der Belegnachweis nach **§ 17a Abs. 3 S. 1 Nr. 3 UStDV** n. F. durch eine Bestätigung der Abgangsstelle geführt werden, sofern sich daraus die Lieferung in das üGG ergibt. S. Abschn. 6a.5 Abs. 11 UStAE.

2.3.5.5.4 Verbrauchssteuerpflichtige Waren

173 Bei der Lieferung verbrauchssteuerpflichtiger Waren kann der Nachweis nach **§ 17a Abs. 3 S. 1 Nr. 4 UStDV** n. F. entweder

- bei der Beförderung unter Steueraussetzung im EMCS-Verfahren durch die von der zuständigen Behörde des anderen Mitgliedstaates validierte EMCS-Eingangsmeldung (vgl. Abschn. 6a.5 Abs. 12 und 13 UStAE und Muster in Anlage 6 zum UStAE) oder nach
- bei Beförderung im steuerlichen freien Verkehr durch die dritte Ausfertigung des vereinfachten Begleitdokuments, das dem zuständigen Hauptzollamt für Zwecke der Verbrauchsteuerentlastung vorzulegen ist (vgl. Abschn. 6a.5 Abs. 14 und 15 UStAE und Muster in Anlage 7 zum UStAE), geführt werden.

2.3.5.5.5 Fahrzeuge

174 Bei der Lieferung von Fahrzeugen, die durch den Abnehmer befördert werden und für die eine Zulassung für den Straßenverkehr erforderlich ist, kann der Nachweis nach § 17a Abs. 3 S. 1 Nr. 5 UStDV n. F. über den Nachweis der Zulassung des Fahrzeugs auf den Erwerber im Bestimmungsmitgliedstaat der Lieferung erfolgen. S. Abschn. 6a.5 Abs. 16 und 17 UStAE.

2.4 Vertrauensschutzregelung

2.4.1 Allgemeines

175 § 6a Abs. 4 UStG enthält eine Vertrauensschutzregelung für den liefernden Unternehmer. Hat er die Lieferung als steuerfrei behandelt, obwohl die Voraussetzungen des § 6a Abs. 1 UStG nicht vorliegen, ist die Lieferung gleichwohl als steuerfrei zu behandeln, wenn die Inanspruchnahme der Steuerbefreiung auf unrichtigen Angaben des Abnehmers beruht und der liefernde Unternehmer die Unrichtigkeit der Angaben auch bei Beachtung der Sorgfalt eines ordentlichen Kaufmanns nicht erkennen konnte (§ 6a Abs. 4 S. 1 UStG; vgl. Abschn. 6a.8 Abs. 1 UStAE). In diesem Fall schuldet der

Abnehmer nach § 6a Abs. 4 S. 2 UStG die entgangene Steuer (vgl. §§ 13a Nr. 3, 16 Abs. 1 S. 4 und 18 Abs. 4b UStG; zum Abnehmer i.S.d. Vorschrift vgl. Abschn. 6a.8 Abs. 2 UStAE). Zum Vertrauensschutz vgl. EuGH vom 27.09.2007, Rs. C-409/04 Teleos, BFH/NV Beilage 2008, 25 (vgl. Rn. 105; vgl. Weber, NWB 2014, 3076 f.; Hassa in UR 2015, 809 ff.).

Die Vertrauensschutzregelung soll den Unternehmer vor für ihn nachteiligen Folgen (= Steuerpflicht der als steuerfrei eingeschätzten Lieferungen) für den Fall schützen, dass die bisherige (unrichtige) Inanspruchnahme der Steuerbefreiung auf **falschen Angaben des Abnehmers** beruhte. Unterliegt demgegenüber der Unternehmer selbst einem **Rechtsirrtum**, der zur fälschlichen Inanspruchnahme der Steuerbefreiung führt, ist er nicht durch § 6a Abs. 4 UStG geschützt, da die Vorschrift ausdrücklich auf die falschen Angaben des Abnehmers verweist, die ursächlich für die Inanspruchnahme der Steuerbefreiung gewesen sein müssen (vgl. FG München vom 31.07.2003, Az: 14 K 4876/02, EFG 2003, 1738 [nachfolgend: BFH vom 07.12.2006, Az: V R 52/03, BStBl II 2007, 420]; vgl. Abschn. 6a.8 Abs. 8 UStAE). 176

2.4.2 Reichweite des Vertrauensschutzes

Nach Abschn. 6a.8 Abs. 4 S. 1 UStAE bezieht sich der Vertrauensschutz des § 6a Abs. 4 UStG nur auf die nach § 6a Abs. 1 UStG erforderlichen Voraussetzungen (Unternehmereigenschaft des Abnehmers, Verwendung für dessen Unternehmen, körperliche Warenbewegung ins üGG). Er bezieht sich nicht auch auf die Richtigkeit der nach § 6a Abs. 3 UStG i.V.m. §§ 17a ff. UStDV zu erfüllenden Nachweise (vgl. Abschn. 6a.8 Abs. 4 S. 2 UStAE). 177

Die Frage nach der Anwendung des § 6a Abs. 4 UStG stellt sich erst dann, wenn der Unternehmer seinen **Nachweisverpflichtungen** nach den §§ 17a–c UStDV vollständig nachgekommen ist (vgl. Abschn. 6a.8 Abs. 1 S. 3 UStAE; vgl. BFH vom 15.07.2004, Az: V R 1/04 (NV), BFH/NV 2005, 81 – hat der Unternehmer seinen Nachweisverpflichtungen genügt, waren aber die Angaben des Abnehmers unrichtig und konnte der Unternehmer dies unter Beachtung der Sorgfalt eines ordentlichen Kaufmanns nicht erkennen, wird er nach § 6a Abs. 4 S. 1 UStG in seinem guten Glauben geschützt und dies auch dann, wenn der Abnehmer einen falschen Namen und eine falsche Anschrift angegeben hat.). Maßgeblich hierfür ist die formelle Vollständigkeit, nicht aber die inhaltliche Richtigkeit der Beleg- und Buchangaben, da § 6a Abs. 4 S. 1 UStG das Vertrauen auf unrichtige Abnehmerangaben schützt (vgl. BFH vom 15.02.2012, XI R 42/10 (NV), BFH/NV 2012, 1188; vgl. BFH, Urteil vom 22.07.2015, Az V R 23/14, BStBl II 2015, 914, Rz. 43 (Urteilsbesprechung vgl. Gries/Stößel in NWB 2016, 1794); vgl. Abschn. 6a.8 Abs. 1 S. 6 UStAE). 178

Kein Vertrauensschutz greift z.B., wenn die USt-IdNr. nicht aufgezeichnet wurde (vgl. BFH, Urteil vom 21.01.2015, XI R 5/13, BStBl. II 2015, 724, Rz. 55 – in einem Fall, in dem der Abnehmer nicht in Besitz einer USt-IdNr. war und deswegen die USt-IdNr. eines Lagerhalters aufgezeichnet wurde; ggf. dennoch Steuerbefreiung im Hinblick auf die Rechtsprechung des EuGH, vgl. Rz. 158). 179

Zur Reichweite der Vertrauensschutzregelung bei **Reihengeschäften** auch für die ruhende Lieferung vgl. FG Nürnberg vom 10.11.2009 (Az: 2 K 1696/2008, EFG 2010, 913; Rev.: V R 3/10). Die Revisionsentscheidung vom 11.08.2011 (Az: V R 3/10 (V), BFH/NV 2011, 2208) löst den Urteilsfall über die Zuordnung der bewegten Lieferung nach den Grundsätzen des EuGH-Urteils vom 16.12.2010 »Euro Tyre Holding« (Rs. C-430/09, BFH/NV 2011, 397). Ein Problem des Vertrauensschutzes nach § 6a Abs. 4 UStG konnte daher nicht mehr vorliegen. Dennoch findet sich am Ende des Urteils in Rz. 29 das folgende obiter dictum »Auf die Frage, ob sich die Steuerfreiheit aus § 6a Abs. 4 S. 1 UStG ergibt, kam es zwar nicht mehr an. Es erscheint jedoch – selbst wenn die Voraussetzungen des § 6a Abs. 1 UStG nicht vorlägen – entgegen der Auffassung 180 des FA unter Berücksichtigung des EuGH-Urteils Euro Tyre Holding in BFH/NV 2011, 397 nicht möglich, sog. ruhende Lieferungen von der Gewährung des Vertrauensschutzes nach § 6a Abs. 4 S. 1 UStG auszunehmen.«

2.4.3 Scheinunternehmen

181 Handelt es sich bei dem Abnehmer um ein **Scheinunternehmen**, soll ein Verstoß gegen die Verpflichtungen des Buchnachweises vorliegen, da in derartigen Fällen nicht die richtige USt-IdNr. des richtigen Abnehmers aufgezeichnet würde (vgl. BfF vom 01.04.2003, Az: Bp I 4 – S 7144 – 4/03, abgedruckt im Steuerberater-Brief Nr. 03/11). Hier kommt zum Ausdruck, dass die Verwaltung früher bereits die Einstufung als Scheinunternehmen oder **missing trader** als schädlich behandelte, da sie davon ausging, die Lieferung sei in diesen Fällen nicht an die durch den Unternehmer aufgezeichnete Person erbracht worden (Hinweis: die Begriffe »Scheinunternehmen« und »missing trader« werden inhaltlich teilweise unterschiedlich verwendet, im hier interessierenden Zusammenhang wird darunter regelmäßig ein Abnehmer verstanden, der zum Zeitpunkt der Überprüfung nicht mehr feststellbar war und/oder seinen steuerlichen Verpflichtungen nicht nachkommt).

182 Demgegenüber geht die Rechtsprechung überwiegend davon aus, dass der Einstufung als Scheinunternehmen/missing trader durch die Verwaltung für sich gesehen nicht diese Bedeutung zukommt, da es für das Vorliegen einer i. g. Lieferung nicht darauf ankomme, dass der Abnehmer auch seinen steuerlichen Verpflichtungen nachkommt, er muss nur im Zeitpunkt der Lieferung existent gewesen sein und die USt-IdNr. muss ihm erteilt worden sein (vgl. BFH vom 05.02.2004, Az: V B 180/03 (NV), BFH/NV 2004, 988 – anders jedoch, sofern für den Unternehmer erkennbar eine andere Person als sein Vertragspartner unter dessen Namen auftritt und der Unternehmer mit der Nichtbesteuerung durch den Empfänger rechnen muss [vgl. Abschn. 6a.7 Abs. 5 UStAE]; zum Vertrauensschutz bei missing trader vgl. FG München vom 28.04.2005, Az: 14 K 1519/03, DStRE 2006, 101; zum Vertrauensschutz bei Verwendung der USt-IdNr. eines anderen Unternehmers durch den Abnehmer vgl. Niedersächsisches FG, Aussetzungsbeschluss vom 17.08.2004, Az: 5 V 84/04, EFG 2004, 1876; zum Vertrauensschutz bei Scheinunternehmen vgl. a. FG Münster, Aussetzungsbeschluss vom 05.02.2004, Az: 15 V 5805/03 U, EFG 2004, 1172). Ein Teilaspekt der Problematik beruhte demnach auf dem Umstand, dass nach Verwaltungsauffassung bereits dann von einem Scheinunternehmen auszugehen war, wenn der Abnehmer seinen **steuerlichen Verpflichtungen im Bestimmungsland** nicht nachkommt (vgl. auch FG des Saarlandes vom 15.12.2005, Az: 1 V 277/05, EFG 2006, 375 AdV – zur Eintragung in die Datenbank ZAUBER). Mittlerweile denkt die Verwaltung in diesem Bereich offenbar um (vgl. Abschn. 6a.7 Abs. 3 UStAE).

183 Zum Verlust der Steuerfreiheit bei tatsächlichem Scheinunternehmen vgl. BFH, Urteil vom 10.08.2016, Az: V R 45/15, DStR 2016, 2402 (es fehlt an den Voraussetzungen nach § 6a Abs. 1 S. 1 Nr. 2 Buchst. a und Nr. 3 UStG).

2.4.4 Sorgfalt des ordentlichen Kaufmanns

184 Vertrauensschutz tritt nach bisheriger Rechtsprechung dann nicht ein, wenn der Unternehmer bei Anwendung der **Sorgfalt eines ordentlichen Kaufmanns** (vgl. § 347 HGB) die Unrichtigkeit der Angaben hätte erkennen können. Die Sorgfalt eines ordentlichen Kaufmanns wird zumindest dann nicht erfüllt, wenn der Unternehmer im Zeitpunkt der Inanspruchnahme der Steuerbefreiung nicht im Besitz der Bestätigung des Abnehmers ist (§ 17 a Abs. 2 Nr. 4 UStDV a. F.), dass dieser den Gegenstand der Lieferung ins üGG befördert hat (vgl. BFH vom 18.07.2002, Az: V R 3/02, BStBl II

2003, 616; vgl. Abschn. 6a.8 Abs. 6 UStAE). Die Anwendung der Vertrauensschutzregelung setzt daher voraus, dass der Unternehmer im Übrigen § 6a Abs. 3 UStG i. V. m. §§ 17a–c UStDV vollständig erfüllt (vgl. BFH vom 07.12.2006, Az: V R 52/03, BStBl II 2007, 420 – ebenfalls zu fehlender Versicherung des Abnehmers [§ 17a Abs. 2 Nr. 4 UStDV a. F.], den Gegenstand der Lieferung ins üGG zu verbringen [fehlende Unterschrift oder beglaubigtes Namenszeichen/Paraphe auf formularmäßiger Bestätigung]; vgl. BFH vom 12.05.2011, Az: V R 46/10, BStBl II 2011, 957 – kein Vertrauensschutz bei unzutreffender Rechnung nach § 17a Abs. 2 Nr. 1 UStDV a. F. [fehlender Hinweis auf Steuerfreiheit] sowie fehlender Verbringungserklärung nach § 17a Abs. 2 Nr. 4 UStDV a. F., trotz qualifizierter Abfrage – Vorinstanz FG Rheinland-Pfalz vom 14.10.2010, Az: 6 K 1643/08 hatte noch Vertrauensschutz bejaht [vgl. Abschn. 6a.8 Abs. 1 S. 5, 6 UStAE]; vgl. BFH vom 15.02.2012, Az: XI R 42/10 (NV), BFH/NV 2012, 1188 [Vorinstanz: FG Rheinland-Pfalz vom 14.10.2010, Az: 6 K 1643/08, EFG 2011, 670]).

Der Sorgfalt des ordentlichen Kaufmanns entspricht es jedenfalls nicht, wenn bei einem im Export von Fahrzeugen erfahrenen Unternehmer in CMR-Frachtbriefen statt des Auftraggebers des Transports (= Absender, Auftraggeber des Frachtführers; im Urteilsfall der Abnehmer) fälschlich der Unternehmer selbst als Absender eingetragen ist, obwohl er den Transport nicht veranlasst hat, oder aus den Belegen der Bestimmungsort nicht ersichtlich ist (vgl. BFH vom 22.07.2015, Az: V R 38/14, BFH/NV 2015, 1543, Rz. 22–27 und Rz. 30, § 17a Abs. 4 S. 1 Nr. 2 UStDV a. F. i. V. m. § 10 Abs. 1 Nr. 1 und Nr. 2 Buchst. a und b UStDV a. F.). 185

Ebenfalls wird die Sorgfalt des ordentlichen Kaufmanns dann verletzt, wenn bei **neuen Geschäftskontakten** mit erheblichen Umsatzhöhen keine nachweisbaren Schritte zur Überprüfung der USt-IdNr. vorgenommen werden (vgl. BFH vom 02.04.1997, Az: V B 159/96 (NV), BFH/NV 1997, 629 – sofern die Richtigkeit der USt-IdNr. überhaupt unter den Vertrauensschutz fällt). 186

Unter den Gutglaubensschutz des § 6a Abs. 4 UStG fällt die Steuerfreiheit einer i. g. Lieferung auch dann nicht, wenn es dem Unternehmer bekannt war, dass der Gegenstand der Lieferung im Inland verblieben ist (vgl. BFH vom 06.10.2005, Az: V B 140/05 (NV), BFH/NV 2006, 473 – in einem Fall, in dem Getränkelieferungen mittels Spedition [CMR-Frachtbrief] abgeholt wurden, bei denen es dem Unternehmen aber durch ausdrückliche Mitteilung oder durch andere Erkenntnisse bekannt war, dass die Waren im Inland verblieben waren). 187

Die Frage nach der Sorgfalt eines ordentlichen Kaufmanns kann nicht allgemeingültig bzw. abstrakt beantwortet werden, sondern ist unter Würdigung der tatsächlichen Umstände des Einzelfalls, ggf. nach entsprechender Beweisaufnahme, zu entscheiden (vgl. BFH vom 28.09.2009, Az: XI B 103/08 [NV], BFH/NV 2010). 188

Nach Auffassung des FG Rheinland-Pfalz (Urteil vom 26.08.2010, Az: 6 K 1130/09, EFG 2011, 275) gilt: »Beim Vorliegen von Zweifeln an der Richtigkeit der Belegangaben kann Gutglaubensschutz nach § 6a Abs. 4 UStG gewährt werden, wenn auch bei tatsächlicher Unrichtigkeit der Angaben des Abnehmers dies vom Lieferer nicht zu erkennen war.« 189

Zu den Sorgfaltspflichten bei **Barverkäufen hochwertiger Pkw** vgl. BFH vom 25.04.2013, Az: V R 28/11, BStBl II 2013, 656; vgl. Abschn. 6a.8 Abs. 9 UStAE (Vorinstanz FG Düsseldorf vom 17.06.2011, Az: 1 K 3069/09 U, EFG 2012, 279 – Vertrauensschutztatbestand anerkannt). Im Urteilsfall trat eine unbekannte Person unter Nutzung gefälschter Personalpapiere als Geschäftsführer einer bereits aufgelösten luxemburgischen GmbH auf und erwarb angeblich für diese zwei Pkw. Trotz Vorlage eines Handelsregisterauszugs der GmbH, der Aufbewahrung einer Kopie des (gefälschten) Personalausweises des angeblichen Geschäftsführers, einer Abholvollmacht für den Abholer sowie der Bestätigung der USt-IdNr. durch das BfF, erkannte der BFH keinen Vertrauensschutztatbestand an. Die Klägerin hätte intensiver die Identität des Abnehmers (GmbH) überprüfen müssen, da bei der Geschäftsanbahnung ausschließlich Telefone und Faxgeräte mit deutscher Vorwahl verwendet wurden. Von der Klägerin hätte bei erstmaliger Anbahnung einer Geschäftsbeziehung über den Barverkauf hochwertiger Wirtschaftsgüter erwartet werden kön- 190 nen, den Kontakt unmittelbar zum luxemburgischen Firmensitz der angeblichen Erwerberin zu suchen, wodurch sich deren Nichtexistenz ergeben hätte. Es empfiehlt sich daher bei **erstmaliger Geschäftsanbahnung** eine gründliche Überprüfung der Existenz des vermeintlichen Geschäftspartners. Vorgelegten Unterlagen sollte mit angemessenem Misstrauen begegnet werden.

191 Ebenfalls zu **Barverkäufen hochwertiger Pkw** ergangen ist das Urteil des BFH vom 14.11.2012 (Az: XI R 17/12, BStBl II 2013, 407; vgl. Abschn. 6a.2 Abs. 5 S. 2 UStAE und Abschn. 6a.8 Abs. 7 S. 4 UStAE). Nach Auffassung des BFH können auffällige Unterschiede zwischen der Unterschrift auf dem vom Abholer vorgelegten Pass und der Verbringenserklärung Umstände darstellen, die den Kaufmann zu besonderer Sorgfalt hinsichtlich der Identität des angeblichen Vertragspartners und des Abholers veranlassen müssen. Anlass besonderer Sorgfalt bietet auch die Zwischenschaltung eines Vermittlers ohne tatsächliches Auftreten der angeblichen Abnehmerin. Bestehen Zweifel an der Richtigkeit von Angaben, sind Nachforschungen bis an die Grenzen der Zumutbarkeit vorzunehmen. Der Rahmen des Zumutbaren ist bei Barverkäufen hochwertiger Pkw in das Ausland und Abholung durch einen Beauftragten aufgrund des Missbrauchspotenzials weit zu ziehen. Anlass zu Zweifeln können geben:

- Neuanbahnung von Geschäftsbeziehungen,
- Zwischenschaltung von Dritten ohne Auftreten des Abnehmers,
- fehlende Nachvollziehbarkeit des Schriftverkehrs (z. B. fehlende Faxkennung des Abnehmers),
- widersprüchliche Angaben (inländische Faxadresse bei angeblich ausländischem Abnehmer).

Aus derartigen Gegebenheiten entstehen besonders hohe Anforderungen an die Nachweispflichten, deren Missachtung zum Verlust des Vertrauensschutzes führt.

192 Zu Vertrauensschutzaspekten im Zusammenhang mit der Lieferung neuer Fahrzeuge vgl. Urteil des EuGH vom 14.06.2017, Rs. C-26/16 »Santogal«, MwStR 2017, 617 (u. a. Nichtbesteuerung des i.g. Erwerbs, unklare Wohnsitzangaben, zeitlich begrenzte Zulassung, Prüfungshandlungen der Verwaltung; vgl. von Streit/Schwarz in NWB 2017, 3632 ff.). Zu Vertrauensschutzaspekten im Zusammenhang mit der Nutzung elektronischer Kommunikationsmittel s.a. das Urteil des EuGH vom 20.06.2018, Rs. C-108/17, UR 2018, 635.

193 Nach Auffassung des FG Sachsen-Anhalt (vgl. Urteil vom 22.01.2014, Az: 2 K 1122/11, BB 2014, 2837; Rev. XI R 26/14) entspricht es nicht der Sorgfalt des ordentlichen Kaufmanns, sich bei Geschäftsanbahnung durch einen Dritten nicht über die Vertretungsbefugnis des Dritten zu vergewissern und nicht in Kontakt zu dem vermeintlichen Abnehmer zu treten, der nur auf dem Papier in Erscheinung tritt.

2.4.5 Überprüfung der Umsatzsteuer-Identifikationsnummer

194 Die **Möglichkeit der Überprüfung** bietet dem Unternehmer § 18e UStG (vgl. die Kommentierung zu § 18e; vgl. Kemper in DStR 2014, 1654 f. und Bachstein, IWB 2014, 134 f.), wonach das Bundeszentralamt für Steuern auf Anfrage die Gültigkeit einer USt-IdNr. sowie den Namen und die Anschrift dessen, dem die USt-IdNr. erteilt wurde, bestätigt. Ob das **Bestätigungsverfahren** in jedem Fall zwingend ist, ist ungeklärt. Die Verwaltung geht davon aus, dass das Bestätigungsverfahren (sowohl einfach als auch qualifiziert) keine materiell-rechtliche Voraussetzung des Buchnachweises bei i. g. Lieferungen ist. Es solle dem Unternehmer lediglich einen Anhaltspunkt bieten, dass die jeweilige USt-IdNr. dem Abnehmer erteilt wurde (vgl. BMF vom 28.06.2013, Az: IV D 1 – S 7058/07/10002, UR 2013, 615 [zum Beitritt Kroatiens] unter II. 4.). Zumindest in Zweifelsfällen entspricht die Durchführung aber der Sorgfalt eines ordentlichen Kaufmanns, wodurch das Bestätigungsverfahren unabhängig von der Frage seiner materiell-rechtlichen Erforderlichkeit erhebliche Bedeutung erlangt (vgl. Abschn. 6a.8 Abs. 5, 6 UStAE). Gerade bei einem von solchen Unsicherhei-

ten geprägten Rechtsgebiet wie dem der i. g. Lieferung sollte der Unternehmer die sich ihm bietenden Möglichkeiten voll ausschöpfen, ein Bestätigungsverfahren demnach grundsätzlich durchführen.

Vertrauensschutz nach § 6a Abs. 4 UStG tritt allerdings trotz des Bestätigungsverfahrens nach **195** § 18e UStG nicht ein, wenn bereits anhand des Liefergegenstandes festzustellen ist, dass die Lieferung nicht für das Unternehmen des Abnehmers erfolgen kann (Gegenstände, die ausschließlich einer privaten Verwendung zugänglich sind oder bei denen es auf Grund des Unternehmenszweiges des Abnehmers eher unwahrscheinlich ist, dass sie für unternehmerische Zwecke verwendet werden; vgl. Abschn. 6a.1 Abs. 13 UStAE).

Ebenso soll kein Vertrauensschutz eintreten, wenn zwar das Bestätigungsverfahren durch- **196** geführt, es jedoch bei erstmaliger Geschäftsanbahnung und der Lieferung hochwertiger Wirtschaftsgüter innerhalb kurzer Zeit versäumt wurde, sich über den Abnehmer und die für ihn handelnden Personen zu vergewissern (vgl. FG Köln vom 27.01.2005, Az: 10 K 1367/04, DStRE 2006, 743 [Revision unter Az: V R 26/05; zur Revisionsentscheidung des BFH vom 08.11.2007 vgl. Rn. 110]). Bei Barkäufen und Abholung durch einen Vertreter soll ein qualifiziertes Bestätigungsverfahren für sich alleine nicht den Anforderungen an die Sorgfalt eines ordentlichen Kaufmanns entsprechen (vg. Abschn. 6a.8 Abs. 7 UStAE). Nach Ansicht des FG Baden-Württemberg (Urteil vom 20.05.2010, Az: 12 K 190/06, EFG 2010, 1549) darf das Risiko, ob die Angaben, die in dem Verfahren nach § 18e UStG bestätigt werden, tatsächlich zutreffen, jedenfalls nicht den Steuerpflichtigen treffen (nachgehend BFH vom 14.12.2011, Az: XI R 18/10 (NV), BFH/NV 2012, 1006).

Ein Problem ganz eigener Art im Zusammenhang mit dem Bestätigungsverfahren stellt dabei **197** anscheinend die Aktualität der dem Bundeszentralamt für Steuern (BZSt) für eine qualifizierte Bestätigung einer USt-IdNr. zur Verfügung stehenden Datenbanken dar. Das BMF verweist diesbezüglich mit Schreiben vom 22.02.2007 (Az: IV A 2 – S 7427 – d/07/0001, UR 2007, 395) auf den Umstand, dass Anfragen bezüglich einer durch einen anderen Mitgliedstaat vergebenen USt-IdNr. an die Datenbank des jeweiligen Mitgliedsstaates zur Überprüfung weitergeleitet werden und das BZSt lediglich das Ergebnis der Anfrage an den Unternehmer mitteilt. Für die Aktualität der Datenbestände zeichne der jeweilige (andere) Mitgliedstaat verantwortlich. Das Bundeszentralamt für Steuern sei nicht befugt, die Antworten anderer Mitgliedstaaten zu bewerten, zu ändern oder zu ergänzen. Das BMF erteilt daher den Rat, sich entweder an die EU-Kommission oder direkt an den die Daten bestätigenden Mitgliedstaat zu wenden.

Wegen umsatzsteuerlicher Neuregelungen im Jahr 2011 in Italien empfiehlt sich eine erneute **198** Überprüfung der Gültigkeit italienischer USt-IdNr. (Maier, NWB 2011, 2539).

In seinem Urteil vom 06.09.2012 (Rs. C-273/11, Mecsek-Gabona, UR 2012, 796) führt der EuGH **199** zur USt-IdNr. aus, dass die zuständigen nationalen Behörden den Status eines Steuerpflichtigen vor Zuteilung einer USt-IdNr. zu prüfen haben und Unregelmäßigkeiten des Registers nicht zulasten der Wirtschaftsteilnehmer gehen können, die sich auf Angaben dieses Register stützen. Es verstößt demnach gegen den Grundsatz der Verhältnismäßigkeit, die Steuerbefreiung allein deshalb zu versagen, weil eine USt-IdNr. rückwirkend aus dem Register gelöscht wurde (vgl. Abschn. 6a.8 Abs. 5 S. 3 UStAE; vgl. EuGH vom 09.10.2014, Rs. C-492/13 »Traum EOOD« Rz. 35–38; Urteilsbesprechung vgl. Spatscheck/Stenert in DStR 2015, 104 – auch zur Frage des Vertrauensschutzes/Kenntnis einer Steuerhinterziehung). Der EuGH betont zudem (Rz. 59–60), dass die USt-IdNr. nicht zu den in Art. 138 Abs. 1 MwStSystRL aufgeführten materiellen Voraussetzungen der Steuerbefreiung zählt, sondern zu den formellen Anforderungen, die Steuerbefreiung daher grundsätzlich auch ohne USt-IdNr. eintreten kann, sofern die materiellen Voraussetzungen erfüllt sind (zur Erforderlichkeit im Zusammenhang mit der Vollständigkeit des Buchnachweises und damit der Anwendbarkeit der Vertrauensschutzregelung vgl. Winter, EU-UStB 4/2012, 98 [101/102]). Zur grundsätzlichen Berechtigung der Mitgliedstaaten, die USt-IdNr. zum Bestandteil der Nachweise zu machen, vgl. EuGH vom 27.09.2012 (Rs. C-587/10, VSTR, DStR 2012, 2014, Rz. 40ff.). Zur Bedeutung der Überprüfung einer USt-IdNr. nach § 18e UStG und Aufzeichnung einer solchen vgl. BFH, Urteil vom 21.01.2015, XI R 5/13, BStBl II 2015, 724, Rz. 41 ff. Zur Bedeutung sowohl einer fehlenden Registrierung des Steuerpflichtigen (Abnehmer) als auch einer Erfassung im Mehrwertsteuer-Informationsaustauschsystem (MIAS) als formales, nicht in Art. 138 Abs. 1 MwStSystRL aufgeführtes Kriterium vgl. EuGH vom 09.02.2017, Rs. C-21/16 »Euro Tyre«, DStR 2017, 490. Zu den Plänen der Europäischen Kommission (Neufassung Art. 138 Abs. 1 MwStSystRL), die USt-IdNr. zum materiellen Kriterium der Steuerbefreiung aufzuwerten s.a. Kemper in UR 2018, 337 ff.

2.4.6 Widersprüchliche Angaben des Abnehmers

200 Kein Fall des Vertrauensschutzes liegt vor, wenn der Abnehmer in sich **widersprüchliche oder unklare Angaben** hinsichtlich seiner Identität macht. Es verstößt gegen die Sorgfaltspflicht, wenn der Unternehmer die Unklarheiten und Widersprüchlichkeiten aus Unachtsamkeit gar nicht erkennt oder im Vertrauen auf die Angaben weitere Aufklärung unterlässt (vgl. Abschn. 6a.8 Abs. 8 UStAE).

2.4.7 Zwischenbeurteilung

201 Liest man die zur i. g. Lieferung ergangene Rechtsprechung der Finanzgerichte und des BFH, insbesondere hinsichtlich der Nachweisanforderungen, quer, entsteht der wohl nicht ganz unberechtigte Eindruck, dass hier an den Steuerpflichtigen in Summa Anforderungen gestellt werden, die in vielen Fällen wohl nicht einmal der Gutwilligste wird erfüllen können oder wollen. Es spiegeln sich die gesetzlichen Vorgaben und deren Interpretation durch die Verwaltung wider. Letztere in dem offenkundigen Bemühen der Missbrauchsbekämpfung dazu neigend, Nachweisanforderungen beständig zu erweitern. Ebenso aber auch eine zumindest teilweise erstaunliche Sorglosigkeit der Unternehmer hinsichtlich bestehender Verpflichtungen, ggf. gefördert durch das Bestehen einer Vertrauensschutzregelung in § 6a Abs. 4 UStG, die den Eindruck erwecken mag, als Notanker fungieren zu können. Es sollte beachtet werden, dass der genaue Anwendungsbereich der Vertrauensschutzregelung nicht annähernd genau beschrieben werden kann und deshalb ein auf deren Anwendung bewusst oder unbewusst abzielendes Verhalten erhebliche finanzielle Risiken in sich birgt. Zudem erscheinen die Erfolgsaussichten vor Gericht als zweifelhaft. In vielen der bisher entschiedenen Fälle wurde die Anwendung des § 6a Abs. 4 UStG durch die Gerichte verneint, da die Vertrauensschutzregelung erst greifen könne, wenn der Unternehmer zuvor seinen Nachweisverpflichtungen i.S.d. § 6a Abs. 3 UStG, §§ 17a–c UStDV vollständig nachkommt. Auch in der nach den EuGH-Entscheidungen vom 27.09.2007 (insoweit vgl. Rn. 102 ff.) ergangenen Urteilen des BFH (vgl. Rn. 107 ff.) wird regelmäßig auf diesen Punkt hingewiesen. Wie leicht ist es jedoch gerade in diesem kasuistischen Bereich, einen Nachweis nicht oder nicht in erforderlicher Klarheit zu erbringen. Erst wenn die Nachweise erbracht sind kann der Vertrauensschutz greifen, wenn unrichtige Angaben unter Beachtung der Sorgfalt eines ordentlichen Kaufmanns nicht erkannt werden konnten. Dabei ist schon der Begriff »Sorgfalt eines ordentlichen Kaufmanns« ein unbestimmter Rechtsbegriff, der einzelfallorientiert einer näheren Interpretation bedarf (vgl. z.B. BFH vom 25.04.2013, Az: V R 28/11, BStBl II 2013, 656; vgl. BFH vom 14.11.2012, Az: XI R 17/12, BStBl II 2013, 407, Rz. 38, ggf. Nachforschungen bis zur Grenze der Zumutbarkeit). Wer unter Missachtung der Sorgfalt eines ordentlichen Kaufmanns Nachweise nicht erbringt, wird sich später kaum auf den Umstand berufen können, er hätte Angaben eines Abnehmers nicht als unrichtig erkennen können. Es erscheint zumindest fraglich, ob die Rechtsprechung, auch unter Beachtung der Entscheidungen des EuGH (vgl. Rn. 102 ff. – insbesondere die Entscheidung zu Teleos), in der Lage sein wird, die mit der Vertrauensschutzregelung, aber auch der Nachweisproblematik, einhergehenden Probleme praxistauglich und befriedigend zu

lösen. Ggf. wird sich der Gesetzgeber der Probleme annehmen müssen (vgl. zur Thematik auch: Pump, UStB 2007, 73ff. und 165ff. – der zur Vermeidung der Probleme eine vertragliche Lösung zwischen Lieferant und Abnehmer vorschlägt, nach der der Lieferant zunächst den Umsatzsteuerbetrag einbehält und nach Vorlage eines Nachweises über die erfolgte Erwerbsbesteuerung an den Abnehmer erstattet; vgl. Robisch in Bunjes, Rz. 96, 97 zu § 6a UStG – ablehnend gegenüber der verbindlichen Einführung einer Vertragslösung).

2.4.8 Querverweise

Zum Vertrauensschutz vgl. den Vorlagebeschluss des BFH vom 02.03.2006 (Az: V R 7/03, BStBl II 2006, 672; vgl. § 6 Rn. 110ff.; EuGH vom 21.02.2008, Rs. C-271/06 Netto Supermarkt GmbH & Co. OHG, UR 2008, 508; Folgeentscheidung des BFH vom 30.07.2008, Az: V R 7/03 (V), BFH/NV 2009, 438) zu der Frage, ob es bei Ausfuhrlieferungen in Drittstaaten bei Belegfälschungen durch den Abnehmer einen Vertrauensschutz geben kann. 202

2.5 Strafrechtliche Relevanz/Missbrauchstatbestände

2.5.1 Bisherige Rechtsentwicklung

Wer die Steuerbefreiung für sich in Anspruch nimmt, ohne den Buchnachweis zeitgerecht zu führen und ohne im Besitz der Ausfuhrbelege zu sein, macht sich bei Vorliegen auch der übrigen Tatbestandsmerkmale der **Steuerhinterziehung** oder **leichtfertigen Steuerverkürzung** schuldig (vgl. BFH vom 28.02.1980, Az: V R 118/76, BStBl II 1980, 415 – zur Ausfuhrlieferung). Mit Urteil vom 12.05.2005 (Az: 5 StR 36/05, NJW 2005, 2241) hat der BGH entschieden, dass derjenige, der die Steuerbefreiung für i. g. Lieferungen geltend macht, obwohl er weiß, dass in den durch ihn geführten Nachweisen ein falscher Abnehmer angegeben ist, weil er dem tatsächlichen Abnehmer die Hinterziehung der Erwerbsbesteuerung im Bestimmungsland ermöglichen will, Steuerhinterziehung begeht. Der BGH hebt dabei auf den Buchnachweis nach § 17c UStDV ab, der zu den materiell-rechtlichen Voraussetzungen der Steuerbefreiung nach § 6a UStG i. V. m. § 4 Nr. 1 Buchst. b UStG gehört und nur dann zur Erlangung der Steuerbefreiung führen kann, wenn der bezeichnete Abnehmer auch der tatsächliche Abnehmer ist (vgl. BFH vom 05.02.2004, Az: V B 180/03 (NV), BFH/NV 2004, 988). Die Nachweisverpflichtungen seien dabei bereits in Art. 28c Teil A der 6. EG-RL (Art. 138 f. MwStSystRL) angelegt und dienten einerseits der Sicherstellung des Steueraufkommens im Bestimmungsland, andererseits auch der Gewährleistung gleicher Wettbewerbsbedingungen. Der BGH geht in seiner Urteilsbegründung davon aus, dass der zu entscheidende Fall auch nicht mit den Fällen zu vergleichen sei, wegen derer der BFH den EuGH zur Vorabentscheidung aufgefordert habe (vgl. BFH vom 10.02.2005, Az: V R 59/03, BStBl II 2005, 537), da in diesen Fällen grundsätzlich steuerehrlich aufgebaute Gestaltungen gegenständlich seien, bei denen die Frage der Verhältnismäßigkeit im Raum stehe, nicht jedoch wie im vorliegenden Fall wissentlich und willentlich getätigte falsche Angaben, die den tatsächlichen Abnehmer verdecken sollten, um diesem die Hinterziehung der Erwerbssteuer zu ermöglichen. 203

Die Entscheidung wirft Fragen hinsichtlich der Abgrenzung auch zu den Fällen des sog. missing trader auf, in denen der Unternehmer ggf. den falschen Angaben seines Abnehmers aufsitzt und damit auch zum Anwendungsbereich des § 6a Abs. 4 UStG. Das entscheidende Abgrenzungs- 204 kriterium derartiger Fälle zu dem durch den BGH entschiedenen dürfte wohl das Merkmal »wissentlich und willentlich« sein (vgl. Schauf/Winter, DStRE 2005, 1271).

2.5.2 Materiell-rechtlicher Charakter der Nachweise

205 Nach der neueren Rechtsprechung des BGH (vgl. BGH vom 20.11.2008, Az: 1 StR 354/08, BFH/NV 2009, 699 unter II. 2.) wirkt sich die Änderung der Rechtsprechung des EuGH (Urteil vom 27.09.2007, Rs. C-146/05 Collée, BStBl II 2009, 78) und BFH (vgl. Urteil vom 08.11.2007, Az: V R 72/05, BStBl II 2009, 55 und Urteil vom 06.12.2007, Az: V R 59/03, BStBl II 2009, 57) hinsichtlich des materiell-rechtlichen Charakters der nach § 6a Abs. 3 UStG i. V. m. §§ 17a–17c UStDV erforderlichen Nachweise auch auf die strafrechtliche Beurteilung aus. Allein wegen fehlender Nachweise wird demnach eine Verurteilung wegen Steuerhinterziehung nicht erfolgen können, wenn aufgrund der objektiven Beweislage feststeht, dass eine i. g. Lieferung tatsächlich erfolgt ist (zur Ausfuhrlieferung vgl. BGH vom 19.08.2009 (Az: 1 StR 206/09, PStR 2009, 223 und vgl. § 6 Rn. 91 f.). Zur Abgrenzung aber vgl. Rn. 206 ff.

2.5.3 Mitwirkung an der Vermeidung der Erwerbsbesteuerung

2.5.3.1 Beurteilung der Finanzgerichte

206 Mit Beschluss vom 29.07.2009 (Az: XI B 24/09 (V), BFH/NV 2009, 1567) hat der BFH als ernstlich zweifelhaft beurteilt, ob der Steuerfreiheit einer i. g. Lieferung entgegensteht, dass der inländische Unternehmer bewusst und gewollt an der Vermeidung der Erwerbsbesteuerung seines Abnehmers mitwirkt (AdV; Vorinstanz FG Baden-Württemberg vom 11.03.2009, Az: 1 V 4305/08 – zu diesem Fall Vorlagebeschluss des BGH vom 07.07.2009, Az: 1 StR 41/09, BFH/NV 2009, 1951 – vgl. Rn. 209 ff.; vgl. FG München vom 20.08.2009, Az: 14 V 521/09, DStRE 2010, 745 – ebenfalls AdV gewährt; zum Beschluss des FG München vom 20.08.2009 [a. a. O.] s. a. BGH vom 20.11.2008, Az: 1 StR 354/08, BFH/NV 2009, 699 und BVerfG vom 23.07.2009, Az: 2 BvR 542/09, BFH/NV 2009, 1767 – vgl. Rn. 209 ff.). Im Streitfall hatte ein inländischer Autohändler mittels doppelt und falsch erstellter Rechnungen bewusst dazu beigetragen, dass in Portugal die Erwerbsbesteuerung nicht vorgenommen wurde. Das FA versagte daraufhin nach einer Steuerfahndungsprüfung die Steuerbefreiung nach §§ 4 Nr. 1 Buchst. b i. V. m. § 6a UStG und verweigerte die AdV. Das FG Baden-Württemberg gewährte hingegen die AdV. Der BFH wies die hiergegen gerichtete Beschwerde des FA als unbegründet zurück. Nach summarischer Prüfung hatte der BFH im Aussetzungsverfahren ernsthafte Zweifel an der Rechtmäßigkeit der Versagung der Steuerfreiheit. Der BFH verweist u. a. auf die Rechtsprechung des EuGH zu Collée und Teleos (vgl. Rn. 102 ff.) und stellt fest, dass gerade anhand der Prüfungsergebnisse der Steuerfahndung letztlich feststehe, dass die Mehrzahl der Lieferungen an Unternehmer vorgenommen wurden, die mit diesen Lieferungen dem i. g. Erwerb in Portugal rein rechtlich unterlegen haben. Die tatsächliche Durchführung der Erwerbsbesteuerung sei demgegenüber kein Merkmal der Steuerbefreiung. Darüber hinaus sei auch keine Gefährdung des Steueraufkommens ersichtlich, da nach der objektiven Beweislage die Voraussetzungen der i. g. Lieferung vorlägen, die Lieferungen demnach im Inland steuerfrei seien. Ungeklärt sei allerdings die Frage, ob die Mitwirkung an der Vermeidung der Erwerbsbesteuerung zum Verlust der Steuerfreiheit der i. g. Lieferung führe, was ggf. einem unzulässigen Sanktionscharakter entspräche. Diese Frage ist dem Hauptsacheverfahren vorbehalten.

207 In die entgegengesetzte Richtung weist allerdings das Urteil des FG Baden-Württemberg vom 12.11.2009 (Az: 12 K 273/04, EFG 2010, 673, Rev.: V R 50/09 [Revisionsentscheidung vgl. Rn. 219]). Im Urteilsfall ging es um i. g. Lieferungen von Fahrzeugen nach Italien, bei denen durch

Abrechnung an Scheinabnehmer den eigentlichen Abnehmern die Hinterziehung der Erwerbssteuer ermöglicht werden sollte und zudem durch inneritalienische Rechnungen der Scheinabnehmer zusätzlich der Vorsteuerabzug. Dem Steuerpflichtigen waren die genauen Umstände und Hintergründe der Abwicklung nach Auffassung des FG bekannt und er war in diesem Zusammenhang bereits wegen Steuerhinterziehung verurteilt worden. Das FG verwehrte die Steuerbefreiung unter ausdrücklicher Verweisung auf den Beschluss des BGH vom 07.07.2009 (vgl. Rn. 210).

2.5.3.2 Beurteilung des BGH

Mit Beschluss vom 20.11.2008 (Az: 1 StR 354/08, BFH/NV 2009, 699; Verfassungsbeschwerde unter Az: 2 BvR 542/09 vgl. Rz. 175; vgl. BGH vom 19.02.2009, Az: 1 StR 633/08, BFH/NV 2009, 1071 – ebenso zu einem Karussellgeschäft mit Handys) hat der BGH entschieden, dass **keine i. g. Lieferung** vorliegt, wenn der inländische Unternehmer in **kollusivem Zusammenwirken** mit dem tatsächlichen **Abnehmer** die Lieferung an einen Zwischenhändler vortäuscht, um damit dem Abnehmer die **Hinterziehung von Steuern** zu ermöglichen. Dem Verfahren lag der Sachverhalt zugrunde, dass ein inländischer Unternehmer hochwertige Fahrzeuge an einen Scheinabnehmer in Italien verkaufte, der seinerseits die Fahrzeuge wiederum an einen Schein-Zwischenhändler verkaufte, von dem aus die Fahrzeuge dann an die von Beginn an feststehenden Abnehmer gelangten. Die Scheinunternehmer in der Lieferkette wiesen italienische Umsatzsteuer aus, die von den Abnehmern als Vorsteuern geltend gemacht, jedoch von den Scheinunternehmern nicht an den Fiskus abgeführt wurde (missing trader). Das LG München II hatte die Beschuldigten wegen Steuerhinterziehung zu Freiheitsstrafen verurteilt. 208

Nach Auffassung des BGH liegen hinsichtlich der Scheinunternehmer bereits keine Lieferungen vor, da es hier an der Verschaffung der Verfügungsmacht fehle. Die zu beurteilenden Lieferungen erfolgten an die Endabnehmer. Diese Lieferungen seien jedoch **nicht nach § 6a UStG i. V. m. § 4 Nr. 1 Buchst. b UStG steuerfrei**, weil es am Tatbestandsmerkmal der Erwerbsbesteuerung nach § 6a Abs. 1 Nr. 3 UStG fehle. Der BGH legt dieses Tatbestandsmerkmal gemeinschaftsrechtlich dahin gehend aus, dass der Erwerb dann nicht den Vorschriften der Umsatzbesteuerung im anderen Mitgliedstaat unterläge, wenn die vorgesehene Erwerbsbesteuerung nach dem übereinstimmenden Willen von Unternehmer und Abnehmer durch Verschleierungsmaßnahmen und falsche Angaben gezielt umgangen werden solle, um dadurch allein einen ungerechtfertigten Steuervorteil zu erlangen. Als Folge dieser Beurteilung wird eine i. g. Lieferung in derartigen Fällen nicht verwirklicht, die Lieferung ist damit im Inland sowohl steuerbar als auch steuerpflichtig. Erklärt der Unternehmer dennoch steuerfreie i. g. Lieferungen, hinterzieht er dadurch deutsche Umsatzsteuer (nicht italienische Umsatzsteuer). Die Vollstreckung der Freiheitsstrafen wurde im vorstehenden Fall jedoch durch **einstweilige Anordnung des BVerfG** (Beschluss vom 23.07.2009, Az: 2 BvR 542/09, BFH/NV 2009, 1767) ausgesetzt, da die Auslegung des BGH die Frage nach der Grenze des möglichen Wortsinns der Vorschrift aufwerfe. 209

Mittlerweile hat der BGH die vorstehende Frage dem **EuGH** zur **Vorabentscheidung** vorgelegt (vgl. BGH vom 07.07.2009, Az: 1 Str 41/09, BFH/NV 2009, 1951; vgl. nachgehend BGH vom 20.11.2011, Az: 1 StR 41/09, BFH/NV 2012, 366). Es handelt sich um die strafrechtliche Beurteilung des Falles, für dessen steuerliche Behandlung das FG Baden-Württemberg mit Beschluss vom 11.03.2009 (Az: 1 V 4305/08, vgl. Rn. 206) die AdV angeordnet hatte (nachfolgend bestätigt durch den BFH mit Beschluss vom 29.07.2009, BFH/NV 2009, 1567). Der BGH geht dabei in Übereinstimmung mit seinen vorstehend benannten Beschlüssen (Az: 1 StR 633/08 und Az: 1 StR 354/08) davon aus, dass es das gemeinschaftsrechtliche Missbrauchsverbot rechtfertige, in Fällen wie den beschriebenen von der Steuerpflicht der inländischen Lieferung auszugehen und legt dem EuGH (Rs. C-285/09 »**R**«; vgl. Rn. 213 ff.) die folgende Frage zur Vorabentscheidung vor: »Ist 210

Art. 28c Teil A Buchst. a der Sechsten Richtlinie in dem Sinne auszulegen, dass einer Lieferung von Gegenständen im Sinne dieser Vorschrift die Befreiung von der Mehrwertsteuer zu versagen ist, wenn die Lieferung zwar tatsächlich ausgeführt worden ist, aber aufgrund objektiver Umstände feststeht, dass der steuerpflichtige Verkäufer a) wusste, dass er sich mit der Lieferung an einem Warenumsatz beteiligt, der darauf angelegt ist, Mehrwertsteuer zu hinterziehen, oder b) Handlungen vorgenommen hat, die darauf abzielten, die Person des wahren Erwerbers zu verschleiern, um diesem oder einem Dritten zu ermöglichen, Mehrwertsteuer zu hinterziehen?

2.5.3.3 Zwischenergebnis

211 Die Frage, welche Konsequenzen aus einem bewussten Mitwirken an einem Umsatzsteuerbetrug im Zusammenhang mit i. g. Lieferungen zu ziehen sind, wurde von deutschen Gerichten unterschiedlich beurteilt (vgl. Billig, UR 2009, 710ff. – vermutlich wird EuGH dem BGH zuneigen). Die Finanzgerichte gingen im Bereich des vorläufigen Rechtsschutzes zumindest teilweise davon aus, auch bei Beteiligung an einem Mehrwertsteuerbetrug könne im Inland eine steuerfreie Lieferung vorliegen. Als Folge entfällt auch die Strafbarkeit im Inland. Demgegenüber argumentiert der BGH mit dem gemeinschaftsrechtlichen Missbrauchsverbot und lehnt die Steuerfreiheit der Lieferung ab. Folglich ist in der Erklärung steuerfreier i. g. Lieferungen eine Steuerhinterziehung im Inland zu sehen. Die Bedeutung der Frage nicht nur in finanzieller Hinsicht ist offenkundig.

212 Davon unterschieden werden müssen Fallgestaltungen, bei denen die Steuerfreiheit lediglich wegen Mängeln an den Nachweisen fraglich ist (vgl. Rn. 205).

2.5.3.4 Entscheidung des EuGH

213 Mit Urteil vom 07.12.2010 (Rs. C-285/09 »**R**«, BStBl. II 2011, 846; vgl. Abschn. 6a.2 Abs. 3 S. 7 UStAE) hat der EuGH das **Vorabentscheidungsersuchen des BGH** vom 07.07.2009 (Az: 1 StR 41/09, DStR 2009, 1688; vgl. nachfolgend in der Strafsache: BGH vom 20.10.2011, Az: 1 StR 41/09, BFH/NV 2012, 366) beantwortet. Die Antwort des EuGH auf die Vorlagefrage fiel dabei überraschend aus: »Unter Umständen wie denen des Ausgangsverfahrens, wenn also eine innergemeinschaftliche Lieferung von Gegenständen tatsächlich stattgefunden hat, der Lieferer jedoch bei der Lieferung die Identität des wahren Erwerbers verschleiert hat, um diesem zu ermöglichen, die Mehrwertsteuer zu hinterziehen, kann der Ausgangsmitgliedstaat der innergemeinschaftlichen Lieferung aufgrund der ihm nach dem ersten Satzteil von Art. 28c Teil A Buchst. a der Sechsten Richtlinie 77/388/EWG des Rates vom 17.05.1977 zur Harmonisierung der Rechtsvorschriften der Mitgliedstaaten über die Umsatzsteuern – Gemeinsames Mehrwertsteuersystem: einheitliche steuerpflichtige Bemessungsgrundlage in der durch die Richtlinie 2000/65/EG des Rates vom 17.10.2000 geänderten Fassung zustehenden Befugnisse die Mehrwertsteuerbefreiung für diesen Umsatz versagen.« Der Generalanwalt hatte in seinem Schlussantrag vom 29.06.2010 noch auf die alleinige Erfüllung der objektiven Voraussetzungen einer i. g. Lieferung abgehoben. Gemessen daran wären die streitigen i. g. Lieferungen steuerfrei gewesen, obwohl sich der Steuerpflichtige an einem Mehrwertsteuerbetrug beteiligt hatte und hätte keine Verurteilung wegen Steuerhinterziehung erfolgen können.

214 Argumentativ hebt die Entscheidung des EuGH im Wesentlichen darauf ab, dass die Steuerbefreiung für i. g. Lieferungen unter der Voraussetzung entsprechender Nachweise steht, deren Einzelheiten unter Beachtung der Grundsätze der Rechtssicherheit, der Verhältnismäßigkeit und des Vertrauensschutzes durch die Mitgliedstaaten festgelegt werden und die durch den Steuerpflichtigen zu erbringen sind. Verschleiert der Steuerpflichtige bewusst/vorsätzlich durch falsche Rechnungslegung und sonstige Manipulationen den wahren Empfänger der Lieferung in der

Absicht, diesem die Hinterziehung von Mehrwertsteuer zu ermöglichen, gefährdet er damit das ordnungsgemäße Funktionieren des gemeinsamen Mehrwertsteuersystems. Das Unionsrecht verwehrt es den Mitgliedstaaten daher nicht, die Ausstellung unrichtiger Rechnungen als Steuerhinterziehung anzusehen und in einem solchen Fall die Steuerbefreiung zu verweigern. Die dadurch erzeugte Abschreckung dient der Vermeidung von Steuerhinterziehung, deren Bekämpfung eines der Ziele des Richtliniengebers ist. In Fällen in denen davon auszugehen ist, dass die Besteuerung im Bestimmungsland völlig unterbleibt, **muss die Steuerbefreiung sogar verweigert werden** (Vermeidung eines unversteuerten Endverbrauchs). Darin ist weder ein Verstoß gegen die Verhältnismäßigkeit zu sehen noch werden die Grundsätze der Neutralität der Mehrwertsteuer, der Rechtssicherheit oder des Vertrauensschutzes verletzt, da sich der Steuerpflichtige bei vorsätzlicher Steuerhinterziehung und Gefährdung des Funktionierens des gemeinsamen Mehrwertsteuersystems auf diese Grundsätze nicht berufen kann.

Im Ergebnis wird die Rechtsauffassung des BGH gegenüber derjenigen des BFH gestützt. Es ist 215 leicht vorstellbar, dass sich aus diesen Rechtsgrundsätzen in der Praxis mannigfaltige Abgrenzungsprobleme ergeben könnten. So ist eine Nichtbesteuerung des i. g. Erwerbs nach bisheriger Rechtsprechung der Finanzgerichte kein Grund, die Steuerbefreiung der i. g. Lieferung abzulehnen. Ebenso können mangelhafte/fehlerhafte Nachweise durch die objektive Beweislage ergänzt werden und besteht grundsätzlich Vertrauensschutz. Das passende Abgrenzungskriterium dürfte dabei der Vorsatz sein, ein subjektives Element, welches durch die Rechtsprechung des EuGH neben die objektiven Kriterien tritt und sicherlich nicht einfacher zu prüfen sein wird.

Zur Versagung der Steuerbefreiung für i.g. Lieferungen oder des Vorsteuerabzugs aufgrund der 216 Beteiligung an einer Mehrwertsteuerhinterziehung auch ohne nationale Bestimmungen vgl. EuGH, Urteil vom 18.12.2014, Rs. C-131/13 u.a. »Schoenimport Italmoda«, DStR 2015, 579 (Mehrwertsteuerkarussell). Zu Vereinbarkeit nationaler Verjährungsvorschriften mit dem Unionsrecht vgl. EuGH, Urteil vom 08.09.2015, Rs. C-105/14 »Taricco«, juris (Mehrwertsteuerkarussell; vgl. von Streit in EU-UStB 4/2015, 72 ff.). Zur Anwendung des Verbots missbräuchlicher Praktiken bei Fehlen nationaler Bestimmungen vgl. EuGH, Urteil vom 22.11.2017, Rs. C-251/16 »Cussens ua«, UR 2018, 241. Zur kontroversen Diskussion über die Bekämpfung von Karussellgeschäften nach Maßgabe der EuGH-Rechtsprechung vgl. Nacke in NWB 2015, 3396 ff.; Wäger in UR 2015, 81 ff.; Reiß in UR 2016, 342 ff.; Heuermann in DStR 2015, 1416 ff. Zur strafrechtlichen Beurteilung vgl. Schuska in MwStR 2016, 786 ff. Zur Betrugsbekämpfungsklausel in der Rechtsprechung des EuGH vgl. Schrömbges in MwStR 2018, 1577 ff. Zur Umsetzung der Rechtsprechung des EuGH in Deutschland s.a. Bärenweiler in UR 2018, 242 ff. (zum »wissen« oder »hätte wissen müssen«).

2.5.3.5 Folgerechtsprechung nationaler Gerichte

2.5.3.5.1 Beschluss des Bundesverfassungsgerichts vom 16.06.2011

Die gegen den Beschluss des BGH vom 20.11.2008 (Az: 1 StR 354/08, BFH/NV 2009, 699) 217 gerichtete Verfassungsbeschwerde (vgl. Rn. 206) hat das **BVerfG mit Beschluss vom 16.06.2011** (Az: 2 BvR 542/09, BFH/NV 2011, 1820) nicht angenommen (weiterführend Hölzle, DStR 2011, 1700). Der Schuldspruch des BGH ist verfassungsrechtlich nicht zu beanstanden. Das BVerfG führt u. a. aus: »Die Auslegung des § 6 a Abs. 1 Satz 1 Nr. 3 UStG durch den BGH ist mit den aus Sicht des Normadressaten möglichen Wortsinn vereinbar. Das Normengefüge des UStG weist darauf hin, dass zumindest im Grundsatz entweder bereits die Erfüllung der Nachweispflichten Voraussetzung der Steuerbefreiung für innergemeinschaftliche Lieferungen ist oder dass die Steuerbefreiung jedenfalls nicht greift, wenn die Erwerbsbesteuerung im anderen Mitgliedstaat unterlaufen wird. Die Vortäuschung innergemeinschaftlicher Lieferungen führt zu einer USt-Hinterziehung im Bundesgebiet.« Das BVerfG bestätigt damit sowohl die Rechtsprechung des BGH als auch des EuGH (Rs. C-285/09 »R«).

2.5.3.5.2 Anschlussurteile des Bundesfinanzhofs

218 Mit **Urteil vom 17.02.2011** (Az: V R 30/10, BStBl II 2011, 769; zu dieser Entscheidung vgl.: OFD Magdeburg vom 19.01.2012, Az: S 7140 – 10 St 242, UR 2012, 697) hat der **BFH** folgendermaßen entschieden: »Innergemeinschaftliche Lieferungen sind entgegen § 6a UStG steuerpflichtig, wenn der Unternehmer die Identität seines Abnehmers verschleiert, um diesem die Hinterziehung der geschuldeten Umsatzsteuer zu ermöglichen (Anschluss an das EuGH-Urteil vom 7. Dezember 2010 C-285/09, R).« Mit dieser Entscheidung übernimmt der BFH zunächst die Rechtsprechung des EuGH. Allerdings weist der BFH darauf hin, dass der EuGH von den durch den BGH vorgelegten zwei Fragen nur die eine, nämlich die nach der aktiven Verschleierung des Abnehmers durch den Unternehmer beantwortet habe. Nicht beantwortet worden sei demgegenüber die Frage, ob es bereits für die Versagung der Steuerfreiheit ausreicht, wenn der Unternehmer von der Hinterziehungsabsicht seines Abnehmers gewusst hat oder davon Kenntnis hätte haben müssen. Da das FG (Vorinstanz: FG des Saarlandes vom 30.06.2010, Az: 1 K 1319/07, EFG 210, 1740) die Steuerfreiheit allein aufgrund einer dolosen Einbindung in ein Umsatzsteuer-Karussell versagen wollte, hob der BFH die Vorentscheidung auf und verwies die Sache zurück. Nach Auffassung des BFH kommt eine erneute Vorlage der Frage an den EuGH, ob bereits die Kenntnis der Hinterziehungsabsichten des Abnehmers für die Versagung der Steuerfreiheit ausreicht, in Betracht. Zu dieser Problematik vgl. EuGH, Urteil vom 09.10.2014, Rs. C-492/13 »Traum EOOD«, UR 2014, 943 und Urteilsbesprechung Spatscheck/Stenert in DStR 2015, 104.

219 In seinem **Urteil vom 11.08.2011** (Az: V R 50/09, BStBl. II 2012, 151; Vorinstanz: FG Baden-Württemberg vom 12.11.2009, Az: 12 K 273/04, EFG 2010, 673 [vgl. Rn. 207]) bestätigt der BFH die Rechtsprechung: »Beteiligt sich ein Unternehmer vorsätzlich durch Täuschung über die Identität des Abnehmers an einer Umsatzsteuerhinterziehung, um hierdurch die nach der Richtlinie 77/388/EWG geschuldete Besteuerung des innergemeinschaftlichen Erwerbs im Bestimmungsland zu vermeiden, ist die Lieferung nicht nach § 6a UStG steuerfrei (Anschluss an EuGH-Urteil vom 7. Dezember 2010 C-285/09, R).« Dem Urteil lag der Sachverhalt zugrunde, dass in den Rechnungen vorsätzlich unzutreffende Abnehmer angegeben wurden, um den eigentlichen Abnehmern Steuerhinterziehung zu ermöglichen.

220 In einer weiteren **Entscheidung vom 11.08.2011** (Az: V R 19/10, BStBl II 2012, 156; vgl. Abschn. 6a.2 Abs. 3 S. 8 UStAE) hat der **BFH** festgestellt: »Beteiligt sich ein Unternehmer wissentlich an einem »strukturierten Verkaufsablauf«, der darauf abzielt, die nach der Richtlinie 77/388/EWG geschuldete Besteuerung des innergemeinschaftlichen Erwerbs im Bestimmungsmitgliedstaat durch **Vortäuschen einer differenzbesteuerten Lieferung** zu verdecken, ist die Lieferung nicht nach § 6a UStG steuerfrei (Anschluss an EuGH-Urteil vom 7. Dezember 2010 C-285/09, R).« Hinsichtlich der Reichweite des EuGH-Urteils C-285/09 (a. a. O.) führt der BFH im Hinblick auf die von ihm mit Urteil V R 30/10 (a. a. O.) vorgenommene Differenzierung aus: »Keine unionsrechtlichen Zweifel bestehen nach der Rechtsprechung des EuGH aber für die im Streitfall vorliegende Fallgestaltung, bei der dem Lieferer – hier der Klägerin – nicht nur bekannt war, dass der Abnehmer – hier V – seine Verpflichtung zur Erwerbsbesteuerung in Frankreich und den Niederlanden nicht erfüllt hat, sondern sie im Rahmen des von ihrem Gesellschafter/Geschäftsführer auf Umsatzsteuerhinterziehung angelegten Geschäftsmodells Lieferungen in Kenntnis und Billigung der maßgeblichen Umstände ausgeführt hat.« Ob diese Entscheidung in Einklang mit der Rechtsprechung des EuGH steht, kann hinterfragt werden (vgl. Esskandari/Bick, UStB 2011, 372; zur Problematik der Folgerechtsprechung vgl. Esskandari/Bick, UStB 2012, 139). Zu dieser Problematik vgl. EuGH, Urteil vom 09.10.2014, Rs. C-492/13 »Traum EOOD«, UR 2014, 943 und Urteilsbesprechung Spatscheck/Stenert in DStR 2015, 104.

2.5.3.5.3 Anwendung auf Fälle des innergemeinschaftlichen Verbringens

In seinem Urteil vom 10.07.2013 (Az: 5 K 3463/10 U, EFG 2013, 1707 [Rev.: V R 34/13]) wendet das FG Düsseldorf die vorstehende beschriebenen Grundsätze auch auf den Fall des innergemeinschaftlichen Verbringens an, wenn der Steuerpflichtige sich im Bestimmungsmitgliedstaat nicht registrieren lässt und den i. g. Erwerb dort nicht erklärt (vgl. a. Rn. 82). In seiner Revisionsentscheidung vom 21.05.2014 (Az: V R 34/13, BStBl. II 2014, 914) stellt der BFH fest, dass aufgrund der Rechtsprechung zum materiell-rechtlichen Charakter der Nachweise die Steuerbefreiung im Urteilsfall jedenfalls nicht versagt werden kann. Ob eine Versagung der Steuerbefreiung unter Anwendung der Rechtsgrundsätze der EuGH-Urteile vom 07.12.2010 (Rs. C-285/09 »R«) und vom 06.09.2012 (Rs. C-273/11 »Mecsek-Gabona«) erfolgen kann, ließ der BFH offen (Zurückverweisung). »Die Feststellungen des FG tragen den Vorwurf der Steuerhinterziehung bzw. der Beteiligung an einer solchen nicht, weil weder Feststellungen zur verkürzten Steuer noch zum subjektiven Tatbestand vorliegen.« Zu den Folgerungen aus dem Urteil vgl. Robisch in UR 2015, 53 ff. 221

2.6 Rechnungslegung

Führt der Unternehmer i. g. Lieferungen aus, muss er die zusätzlichen Vorschriften des § 14 a Abs. 3 und 4 UStG neben den Rechnungsvorschriften des § 14 UStG beachten. Demnach ist er verpflichtet, eine Rechnung zu stellen und in dieser Rechnung seine und die USt-IdNr. des Leistungsempfängers anzugeben. Vgl. die Kommentierung zu § 14 a UStG. 222

§ 7 UStG
Lohnveredelung an Gegenständen der Ausfuhr

(1) [1]Eine Lohnveredelung an einem Gegenstand der Ausfuhr (§ 4 Nr. 1 Buchstabe a) liegt vor, wenn bei einer Bearbeitung oder Verarbeitung eines Gegenstands der Auftraggeber den Gegenstand zum Zweck der Bearbeitung oder Verarbeitung in das Gemeinschaftsgebiet eingeführt oder zu diesem Zweck in diesem Gebiet erworben hat und

1. **der Unternehmer den bearbeiteten oder verarbeiteten Gegenstand in das Drittlandsgebiet, ausgenommen Gebiete nach § 1 Abs. 3, befördert oder versendet hat oder**
2. **der Auftraggeber den bearbeiteten oder verarbeiteten Gegenstand in das Drittlandsgebiet befördert oder versendet hat und ein ausländischer Auftraggeber ist oder**
3. **der Unternehmer den bearbeiteten oder verarbeiteten Gegenstand in die in § 1 Abs. 3 bezeichneten Gebiete befördert oder versendet hat und der Auftraggeber**
   a) **ein ausländischer Auftraggeber ist oder**
   b) **ein Unternehmer ist, der im Inland oder in den bezeichneten Gebieten ansässig ist und den bearbeiteten oder verarbeiteten Gegenstand für Zwecke seines Unternehmens verwendet.**

[2]Der bearbeitete oder verarbeitete Gegenstand kann durch weitere Beauftragte vor der Ausfuhr bearbeitet oder verarbeitet worden sein.

(2) Ausländischer Auftraggeber im Sinne des Absatzes 1 Satz 1 Nr. 2 und 3 ist ein Auftraggeber, der die für den ausländischen Abnehmer geforderten Voraussetzungen (§ 6 Abs. 2) erfüllt.

(3) Bei Werkleistungen im Sinne des § 3 Abs. 10 gilt Absatz 1 entsprechend.

(4) [1]Die Voraussetzungen des Absatzes 1 sowie die Bearbeitung oder Verarbeitung im Sinne des Absatzes 1 Satz 2 müssen vom Unternehmer nachgewiesen sein. [2]Das Bundesministerium der Finanzen kann mit Zustimmung des Bundesrates durch Rechtsverordnung bestimmen, wie der Unternehmer die Nachweise zu führen hat.

(5) Die Absätze 1 bis 4 gelten nicht für die sonstigen Leistungen im Sinne des § 3 Abs. 9a Nr. 2.

Literatur
Scheller/Zaczek, Lohnveredelung im Zoll- und Umsatzsteuerrecht, UR 2015, 459.

Verwaltungsanweisungen
BMF vom 16.10.1997, Az: IV C 4 – S 7134 – 78/97, UR 1988, 37 (Mitwirkung der Zolldienststellen).
BMF vom 17.01.2000, Az: IV D 2 – S 7134 – 2/00, BStBl I 2000, 179 (Vordruckmuster).
BMF vom 17.07.2009, Az: IV B 9 – S 7134/07/10003, BStBl I 2009, 855 (ATLAS-Ausfuhr, Ausfuhrbelege).
BMF vom 03.05.2010, Az: IV D 3 – S 7134/07/10003, BStBl I 2010, 499 (ATLAS-Ausfuhr, Ausfuhrbelege).
BMF vom 15.11.2013, Az: IV D 2 – S 7300/12/10003, BStBl I 2013, 1475 (EUSt).
BMF vom 12.12.2013, Az: IV D 3 – S 7015/13/10001, BStBl I 2013, 1627 (Verwendung für Zwecke des Unternehmens).
BMF vom 06.01.2014, Az: IV D 3 – S 7156/13/10001, BStBl I 2014, 152 (elektronische Übermittlung).
BMF vom 10.12.2014, IV D 3 – S 71015/14/10001, BStBl I 2014, 1622 (EUSt).
Hinweis: Zur Problematik der zeitlichen Geltungsdauer von BMF-Schreiben vgl. Einführung UStG, Rz. 100 ff.

Richtlinien/Hinweise/Verordnungen
UStAE: Abschn. 7.1–7. 4.
MwStSystRL: Art. 131, Art. 146 Abs. 1 Buchst. d.
UStDV: §§ 12, 13 i. V. m. §§ 8–11.

1 Allgemeines

1.1 Überblick über die Vorschrift

§ 4 Nr. 1 Buchst. a 2. Alt. UStG stellt neben der Ausfuhrlieferung auch die Lohnveredelung an Gegenständen der Ausfuhr steuerfrei, ohne den Begriff der Lohnveredelung tatbestandsmäßig zu definieren. Die Tatbestandsmerkmale der Lohnveredelung werden daher gesondert in § 7 UStG geregelt **(Legaldefinition)**. Die Vorschrift lehnt sich dabei an den Aufbau des § 6 UStG an und untergliedert den Tatbestand der Lohnveredelung entsprechend in drei Fallgruppen (§ 7 Abs. 1 S. 1 Nr. 1–3 UStG), die sich in geografischer Hinsicht (= Verbleib der Gegenstände der Ausfuhr nach der Be- oder Verarbeitung/Drittlandsgebiet/Gebiete nach § 1 Abs. 3 UStG) und bezüglich der Person des Ausführers (Ausfuhr durch den Werkunternehmer/Ausfuhr durch den Auftraggeber) unterscheiden. Sofern für die Steuerbefreiung die Eigenschaft eines ausländischen Auftraggebers erforderlich ist (§ 7 Abs. 1 S. 1 Nr. 2 und Nr. 3 Buchst. a UStG), verweist § 7 Abs. 2 UStG auf die für den ausländischen Abnehmer geltende Definition des § 6 Abs. 2 UStG. Die Voraussetzungen der 1

Steuerbefreiung sind, wie bei der Ausfuhrlieferung (§ 6 UStG) und der i. g. Lieferung (§ 6a UStG), von entsprechenden Nachweisen abhängig (§ 7 Abs. 4 UStG i. V. m. §§ 12 und 13 UStDV). § 7 Abs. 3 UStG regelt den Sonderfall der Werkleistung nach § 3 Abs. 10 UStG (Überlassung gleichartiger Gegenstände); § 7 Abs. 5 UStG (eingefügt durch StEntlG 1999/2000/2002 vom 24.03.1999, BGBl I 1999, 402) schließt die Steuerbefreiung für sonstige Leistungen nach § 3 Abs. 9a Nr. 2 UStG aus (vgl. insofern auch die Regelung des § 6 Abs. 5 UStG).

2 Durch § 4 Nr. 1, § 7 UStG i. V. m. § 15 Abs. 1, Abs. 2 S. 1 Nr. 1 und Abs. 3 Nr. 1 Buchst. a UStG werden die »Export-Veredelungen« von der USt entlastet; die Lohnveredelung ist steuerfrei, der Vorsteuerabzug bleibt dennoch erhalten (sog. **echte Steuerbefreiung**, vgl. Rn. 12 sowie vgl. § 4 Rn. 5 und 6). Diese Verfahrensweise entspricht dem sog. **Bestimmungslandprinzip**, nach dem die Waren mit den Steuern des Landes belastet in den Endverbrauch gelangen sollen, in dem der Endverbrauch stattfindet. Diesem Grundsatz entsprechen für den umgekehrten Fall des Imports die Vorschriften über die Einfuhr von Gegenständen aus dem Drittlandsgebiet als steuerbarer Umsatz (§ 1 Abs. 1 Nr. 4 UStG), in dessen Bemessungsgrundlage die Veredelung einzubeziehen ist (vgl. § 11 UStG).

1.2 Rechtsentwicklung

3 § 7 UStG gehört – wie die entsprechende Regelung zur Ausfuhrlieferung des § 6 UStG – zum »Inventar« des deutschen Umsatzsteuerrechts und galt in ähnlicher Form bereits im UStG 1980 und den Vorgängergesetzen.

4 Eine wesentliche Änderung erfuhr die Vorschrift zum **01.01.1993**. Mit der Einführung des USt-Binnenmarktes regelt die Steuerbefreiung von Veredelungen nicht mehr die Verhältnisse in Bezug zum Ausland, sondern zum **Drittlandsgebiet**.

5 Die letzte wesentliche Änderung erfuhr die Vorschrift durch das StEntlG 1999/2000/2002 vom 24.03.1999 (BGBl I 1999, 402 = BStBl I 1999, 304), das § 7 UStG mit Wirkung vom **01.04.1999** um einen neuen Abs. 5 ergänzt hat. Nicht steuerbefreit sind danach **unentgeltliche Wertabgaben** i. S. d. § 3 Abs. 9a Nr. 2 UStG.

1.3 Geltungsbereich

1.3.1 Sachlicher Geltungsbereich

6 § 7 UStG erfasst ausschließlich Lohnveredelungen,

- bei denen der Gegenstand nach Bearbeitung aus dem Inland **in das Drittlandsgebiet** gelangt und
- die **entgeltlich** erfolgen.

1.3.2 Persönlicher Geltungsbereich

7 § 7 UStG sieht hinsichtlich des persönlichen Geltungsbereichs keine Beschränkungen vor und gilt daher für **alle Unternehmer** i. S. d. § 2 UStG, die nämliche Umsätze tätigen.

1.3.3 Zeitlicher Geltungsbereich

Die Vorschrift wurde seit 1999 nicht geändert und wird damit grundsätzlich auf alle derzeit noch offenen Steuerfestsetzungen anwendbar sein (vgl. Rn. 3 ff.). 8

1.4 Gemeinschaftsrechtliche Grundlagen und Verhältnis zu anderen Vorschriften

§ 7 UStG entspricht den Vorgaben des Art. 146 Abs. 1 Buchst. d MwStSystRL (Art. 15 Nr. 3, Art. 16 Abs. 1 Teile B und C der 6. EG-RL). Zum Recht auf Vorsteuerabzug vgl. Art. 169 Buchst. b MwStSystRL. 9

Die Vorschrift enthält die **Legaldefinition** der nach § 4 Nr. 1 Buchst. a 2. Alt. UStG steuerfreien Umsätze. 10

Die Vorschrift gilt nicht für **unentgeltliche Wertabgaben** i.S.d. § 3 Abs. 9a Nr. 2 UStG (§ 7 Abs. 5 UStG). 11

Über § 15 Abs. 1, Abs. 2 S. 1 Nr. 1 und Abs. 3 Nr. 1 Buchst. a UStG wird sichergestellt, dass für die nämlichen Umsätze der Vorsteueranzug auf die Eingangsumsätze trotz der Steuerbefreiung der Ausgangsumsätze erhalten bleibt (sog. **echte Steuerbefreiung**, vgl. § 4 Rn. 5 und 6). 12

Die Vorschrift betrifft nur die Lohnveredelung an Gegenständen der Ausfuhr in das Drittlandsgebiet oder die in § 1 Abs. 3 UStG bezeichneten Gebiete. Nicht in den Anwendungsbereich fällt die **i. g. Lohnveredelung**. In diesen Fällen bestimmte sich der Ort der Leistung bis zum 31.12.2009 nach § 3a Abs. 2 Buchst. c UStG a. F. (Ortsverlagerung durch Verwendung einer USt-IdNr.; Umsatz nicht steuerbar). 13

Für nach dem 31.12.2009 erbrachte sonstige Leistungen ist § 3a Abs. 2 und Abs. 3 Nr. 3 Buchst. c UStG n.F. für die Ortsbestimmung einschlägig. In vielen Fällen wird es demnach zu einer Ortsverlagerung in das Ausland kommen, sodass für die Anwendung des § 4 Nr. 1 Buchst. a UStG i.V.m. § 7 UStG bereits die Voraussetzung des nach § 1 Abs. 1 Nr. 1 UStG steuerbaren Umsatzes fehlen wird (Neufassung des § 3a UStG durch das JStG 2009 (Gesetz vom 19.12.2008, BGBl I 2008, 2794). Im Einzelfall kann sich ab 01.01.2011 eine Ortsverlagerung durch § 3a Abs. 8 UStG i.d.F. des JStG 2010 (Gesetz vom 08.12.2010, BGBl I 2010, 1768) in das Drittlandsgebiet ergeben. 14

Zur **EU-Osterweiterung** zum **01.05.2004** vgl. BMF vom 28.04.2004, Az: IV B 2 – S 7058 – 7/04, BStBl I 2004, 480. Zur **EU-Osterweiterung** zum **01.01.2007** vgl. BMF vom 26.01.2007, Az: IV A 2 – S 7058 – 26/06, BStBl I 2007, 208. Zu den Auswirkungen des Beitritts von **Kroatien** am **01.07.2013** vgl. BMF vom 28.06.2013, Az: IV D 1 – S 7058/07/10002, BStBl I 2013, 852. 15

1.5 Auswirkungen der Jahressteuergesetze 2009 und 2010

Durch Art. 7 Nr. 2 des JStG 2009 (Gesetz vom 19.12.2008, BGBl I 2008, 2794) wurde der Ort der sonstigen Leistung in § 3a UStG und § 3b UStG neu geregelt. Die Regelungen treten nach Art. 39 Abs. 9 des JStG 2009 **am 01.01.2010 in Kraft** (Einzelheiten vgl. Abschn. 3a.1 ff. UStAE). Im Zusammenhang mit der Lohnveredelung ist insbesondere § 3a Abs. 2 UStG von Bedeutung. Die Vorschrift verlagert den Ort der sonstigen Leistung bei einem Unternehmer als Leistungsempfänger zu dessen Unternehmensort. Liegt dieser Ort nicht im Inland (ausländischer Auftraggeber), 16 ist die entsprechende Leistung nicht steuerbar, eine Steuerbefreiung erübrigt sich. Liegt der Leistungsort demgegenüber im Inland (inländischer Auftraggeber), kann § 7 UStG greifen. Wegen weiterer Einzelheiten zur Ortsbestimmung vgl. die Kommentierung zu § 3 a.

17 Wird eine entsprechende Leistung hingegen weder an einen Unternehmer für dessen Unternehmen noch an eine gleichgestellte juristische Person erbracht, also im Wesentlichen an einen **Nichtunternehmer**, greift ab 01.01.2010 § 3 a Abs. 3 Nr. 3 Buchst. c UStG n. F. Der Ort der sonstigen Leistung befindet sich für diesen Fall dort, wo der leistende Unternehmer die Leistung tatsächlich erbracht hat. Bei inländischen Unternehmern als Leistungsgeber wird dies regelmäßig der inländische Ort des Unternehmens sein, sodass sich ein steuerbarer Umsatz ergibt, der unter den weiteren Voraussetzungen des § 7 UStG steuerfrei nach § 4 Nr. 1 Buchst. a UStG sein kann (vgl. Abschn. 3a.6 Abs. 10–12 UStAE).

18 Ab 01.01.2011 sind die durch § 3 a Abs. 8 UStG i. d. F. des JStG 2010 (Gesetz vom 08.12.2010, BGBl I 2010, 1768) eingefügten Regelungen zusätzlich zu beachten, durch die es zu einer Ortsverlagerung ins Drittlandsgebiet kommen kann.

2 Kommentierung

2.1 Abgrenzung zwischen Werkleistung und Werklieferung

19 Der Begriff der Lohnveredelung ist im Umsatzsteuerrecht nicht näher beschrieben. Allgemein wird unter einer Lohnveredelung eine **Werkleistung** verstanden (vgl. Abschn. 7.4 UStAE). Sofern § 7 UStG auf den Unternehmer verweist, ist somit der **Werkunternehmer** gemeint, ein Unternehmer, der eine sonstige Leistung (§ 3 Abs. 9 UStG) an einem Gegenstand der Ausfuhr durch Be- oder Verarbeitung dieses Gegenstandes erbringt. Nicht in den Anwendungsbereich der Norm fällt hingegen die **Werklieferung**, diese kann unter den Voraussetzungen des § 6 UStG steuerfrei sein. Im Unterschied zu § 6 UStG beinhaltet § 7 Abs. 1 S. 1 UStG das weitere Tatbestandsmerkmal, dass der Gegenstand, an dem die Lohnveredelung ausgeführt wird, zu diesem Zweck durch den Auftraggeber der Lohnveredelung im Gemeinschaftsgebiet erworben oder in das Gemeinschaftsgebiet eingeführt worden sein muss. Der Abgrenzung der Werkleistung von der Werklieferung (§ 3 Abs. 4 UStG) kommt daher Bedeutung für die Anwendung der Norm zu. Verwendet der Werkunternehmer für das Werk selbstbeschaffte Stoffe, die nicht nur Zutaten oder sonstige Nebensachen sind, erbringt er eine Werklieferung (vgl. Abschn. 3.8 UStAE) und fällt mit dieser nicht mehr in den Anwendungsbereich des § 7 UStG (zu den Abgrenzungsgrundsätzen vgl. BFH vom 25.03.1965, Az: V 253/63 U, BStBl. III 1965, 338 und Abschn. 3.8 UStAE). Die Steuerfreiheit einer Werklieferung ist nach § 6 Abs. 1 UStG i. V. m. § 4 Nr. 1 Buchst. a UStG zu prüfen. In seiner jüngeren Rechtsprechung (vgl. z. B. BFH vom 09.06.2005, Az: V R 50/02, BStBl. II 2006, 98 [orthopädische Zurichtung von Konfektionsschuhen als Werkleistung], ergangen zu § 12 Abs. 2 Nr. 1 UStG) definiert der BFH Werklieferungen und Werkleistungen als einheitliche Leistungen, die sowohl Elemente der Lieferung als auch der sonstigen Leistung enthalten, bei denen diese Elemente jedoch auf Grund ihrer wirtschaftlichen Zusammengehörigkeit nicht künstlich in mehrere selbständige Hauptleistungen getrennt werden können (vgl. Abschn. 3.8 Abs. 1 S. 4, 5 UStAE, Sicht des Durchschnittsbetrachters). Zur Abgrenzung zwischen Lieferung und Leistung anhand des Wesens einer Leistung vgl. auch BFH vom 26.10.2006, Az: V R 58, 59/04, BStBl. II 2007, 487; ergangen zu § 3 Abs. 9 UStG, § 12 Abs. 2 Nr. 1 UStG – Lieferung von Speisen zum

Verzehr an Ort und Stelle. Daher stuft die Rechtsprechung (vgl. BFH vom 30.09.1999, Az: V R 77/98, BStBl. II 2000, 14) beispielsweise den reinen **Ölwechsel** als Lieferung ein, den Ölwechsel im Rahmen einer Inspektion hingegen als Werkleistung und somit als Lohnveredelung. Insbesondere bei Reparaturen ist die Abgrenzung zwischen Werklieferung und Werkleistung häufig schwierig. **Umsätze bis 31.12.2012**: Die Verwaltung ging bei der **Reparatur eines Beförderungsmittels** (z.B. Kraftfahrzeug, Sportboot, Yacht, Sportflugzeug; vgl.. Abschn. 3a.5 Abs. 2 UStAE) zur Vereinfachung ohne weitere Nachprüfung von einer Werklieferung und damit einem Fall des § 6 UStG aus, wenn der Entgeltsanteil, der auf das bei der Reparatur verwendete Material entfiel, mehr als 50 % des für die Reparatur berechneten Gesamtentgelts betrug (vgl. Abschn. 7.4 Abs. 2 S. 1 UStAE a.F.). Bei Reparaturen an Wasserfahrzeugen für die Seeschifffahrt, die nicht in § 8 Abs. 1 Nr. 1 UStG aufgeführt sind, konnte auch bei Unterschreiten der 50 %-Grenze zur Vereinfachung von einer Werklieferung ausgegangen werden, wenn das Entgelt das 15-Fache der Bruttoregistertonnage des Schiffes überstieg (vgl. Abschn. 7.4 Abs. 2 S. 2 UStAE a.F.). **Umsätze nach dem 31.12.2012**: Mit BMF-Schreiben vom 12.12.2012 (Az: IV D 2 – S 7112/11/10001, BStBl I 2012, 1259) wurde ein neuer Abschn. 3.8 Abs. 6 UStAE mit einer Nichtbeanstandungsregelung zur Abgrenzung bei Reparaturen beweglicher körperlicher Gegenstände eingefügt (Werklieferung bei Entgeltanteil für Material über 50 %), die auch für die Abgrenzung der Lohnveredelung bei der Reparatur von Beförderungsmitteln gelten soll (Streichung Abschn. 7.4 Abs. 2 UStAE a.F.).

2.2 Die Begriffe Be- oder Verarbeitung

20 Die Begriffe der **Be- oder Verarbeitung** werden im Umsatzsteuerrecht ebenfalls nicht näher beschrieben. Mangels einer einengenden Definition im Umsatzsteuerrecht sind die Begriffe weit auszulegen und umfassen alle Tätigkeiten, die nach der allgemeinen Verkehrsauffassung ein Be- oder Verarbeiten bedeuten (vgl. BFH vom 30.09.1999, Az: V R 77/98, BStBl II 2000, 14: »Für die Bearbeitung eines Gegenstandes im Rahmen einer Lohnveredelung an Gegenständen der Ausfuhr reichen Dienstleistungen aller Art aus. Sie brauchen keinen bestimmten Umfang und keinen bestimmten Erfolg zu erreichen«). Darunter fallen beispielsweise auch Wartung, Reinigung und Instandsetzung (vgl. Abschn. 7.1 Abs. 4 S. 1 UStAE, Abschn. 3a.6 Abs. 11 UStAE]). Nach der Definition des BFH dürfte die reine **Begutachtung** eines Gegenstands nicht unter § 7 UStG fallen, da hierbei der Gegenstand nicht be- oder verarbeitet wird, diese Begriffe aber ein Einwirken auf den Gegenstand im Sinne einer, wenn auch noch so geringen, Veränderung beinhalten. Für diese Einschätzung spricht auch der Umstand, dass in der Ortsvorschrift des § 3a Abs. 2 Nr. 3 Buchst. c UStG a.F. und § 3a Abs. 3 Nr. 3 Buchst. c UStG n.F. zwischen Arbeiten an beweglichen körperlichen Gegenständen (einschließlich Werkleistungen an diesen Gegenständen) und deren Begutachtung differenziert wird.

21 Der Begriff »Bearbeitung« in § 7 Abs. 1 S. 1 UStG umfasst nicht die Heilbehandlung von Tieren, sondern orientiert sich an der Auslegung des Begriffs »Arbeiten« an beweglichen körperlichen Gegenständen in § 3a Abs. 2 Nr. 3 Buchst. c UStG a.F. (vgl. FG Baden-Württemberg vom 24.10.2012, Az: 14 K 3006/11, EFG 2013, 336).

22 Die Be- oder Verarbeitung muss an einem Gegenstand der Ausfuhr vorgenommen werden. Für den Begriff des Gegenstands gilt der Sachbegriff des BGB. Dies ist nicht erfüllt, wenn ausländische Patienten mit transplantierten Zellen als Bestandteil ihres Körpers ausreisen (s. FG Nürnberg vom 07.10.1997, Az: II 210/96, n.v. – zur Haartransplantation mit körpereigenen Zellen, die dem Patienten nach Entnahme und entsprechender Behandlung wieder eingepflanzt wurden).

2.3 Leistungsort im Inland

23 Die Steuerbefreiung des § 4 Nr. 1 Buchst. a UStG setzt eine im Inland steuerbare Leistung (§ 1 Abs. 1 Nr. 1 UStG) voraus (vgl. Rn. 16 ff. zur Neufassung der Ortsvorschriften).

Beispiel:
Der russische Unternehmer P lässt eine Maschine durch den in Görlitz ansässigen Unternehmer U warten, U verwendet dabei keine Hauptstoffe. P transportiert die Maschine zu U und holt sie nach den Wartungsarbeiten wieder bei U ab.

Lösung (ab 01.01.2010):
U erbringt mit den Wartungsarbeiten eine Werkleistung (§ 3 Abs. 9 i.V.m. Abs. 4 UStG). Da der Leistungsempfänger ein Unternehmer ist und bei der Wartung einer Maschine in der Regel auch ein Leistungsbezug für dessen Unternehmen vorliegt, bestimmt sich der Leistungsort nach § 3a Abs. 2 S. 1 UStG und liegt demnach an dem Ort, von dem aus der Leistungsempfänger P sein Unternehmen betreibt. Dies wird in Russland sein, die sonstige Leistung ist somit mangels Leistungsort im Inland nicht steuerbar. U muss in der Lage sein nachzuweisen, dass P sein Unternehmen von einem nicht inländischen Ort aus betreibt, da U nachweisen muss, dass die Voraussetzungen der Ortsverlagerung vorliegen (vgl. Abschn. 3a.2 Abs. 11 UStAE).

Beispiel:
Der belgische Unternehmer B lässt eine Maschine durch den in Aachen ansässigen Unternehmer U warten, U verwendet dabei keine Hauptstoffe. B transportiert die Maschine zu U und holt sie nach den Wartungsarbeiten wieder bei U ab. B verwendet U gegenüber seine belgische USt-IdNr.

Lösung (ab 01.01.2010):
U erbringt mit der Wartung eine Werkleistung (§ 3 Abs. 9 i.V.m. Abs. 4 UStG). Da es sich bei dem Leistungsempfänger um einen Unternehmer handelt, verlagert § 3a Abs. 2 S. 1 UStG den Ort der Leistung nach Belgien. Dass ein Leistungsbezug für das Unternehmen vorliegt, ergibt sich aus der Verwendung der belgischen USt-IdNr. (vgl. Abschn. 3a.2 Abs. 9 und 10 UStAE). Die sonstige Leistung ist mangels Leistungsort im Inland nicht steuerbar. Die Verwendung einer abweichend USt-IdNr. ist nach der Neufassung des § 3a UStG nicht mehr entscheidend, dient aber nach Verwaltungsauffassung zum Nachweis der Voraussetzung »für dessen Unternehmen«.

2.4 Einfuhr oder Erwerb

24 Nach § 7 Abs. 1 S. 1 UStG ist die Erbringung einer Werkleistung an einem Gegenstand der anschließend ins Drittlandsgebiet gelangt für sich allein nicht ausreichend. Zusätzlich muss der Gegenstand durch den Auftraggeber zum Zweck der Be- oder Verarbeitung in das Gemeinschaftsgebiet eingeführt oder zu diesem Zweck im Gemeinschaftsgebiet erworben worden sein. Dabei muss die Be- oder Verarbeitung nicht der ausschließliche Zweck der Einfuhr in das Gemeinschaftsgebiet oder des Erwerbes im Gemeinschaftsgebiet sein, die Absicht der Be- oder Verarbeitung muss jedoch zum Zeitpunkt der Einfuhr oder des Erwerbes bestehen (vgl. Abschn. 7.1 Abs. 2 S. 2, 3 UStAE).

25 Nach Verwaltungsauffassung liegt eine **Einfuhr zum Zweck der Be- oder Verarbeitung** insbesondere vor, wenn (vgl. Abschn. 7.1 Abs. 3 UStAE mit erläuternden Beispielen):

- der Gegenstand in einer zollamtlich bewilligten aktiven Lohnveredelung veredelt wird oder
- der eingeführte Gegenstand in den zollrechtlich freien Verkehr übergeführt wurde (die Einfuhrumsatzsteuer ist entstanden – ab 30.06.2013, vgl. BMF vom 15.11.2013, Az: IV D 2 – S 7300/12/10003, BStBl I 2013, 1475 mit Anwendungsregelung; zuvor: entrichtet/erhoben) oder
- das Bestimmungsland für die Wiedereinfuhr des be- oder verarbeiteten Gegenstandes Eingangsabgaben, z. B. Zoll oder Einfuhrumsatzsteuer erhebt.

Demgegenüber fehlt es an dem Merkmal Einfuhr zum Zwecke der Be- oder Verarbeitung, wenn ein Gegenstand im Inland wider Erwarten reparaturbedürftig geworden ist und deshalb be- oder verarbeitet wird (vgl. Abschn. 7.1 Abs. 6 S. 1 UStAE). 26

Der Nachweis über das Vorliegen dieser Voraussetzung der Steuerbefreiung ist Bestandteil des **Buchnachweises** i. S. d. § 13 Abs. 1 S. 1 UStDV (zum Inhalt dieses Nachweises vgl. Abschn. 7.3 Abs. 2 UStAE; vgl. BMF vom 10.12.2014, IV D 3 – S 7105/14/10001, BStBl I 2014, 1622 zu Abschn. 7.3 Abs. 2 Nr. 2 »Entstehung« statt »Entrichtung«). Auf den Nachweis des Zweckes der Einfuhr kann jedoch verzichtet werden, wenn es sich bei dem Gegenstand der Be- oder Verarbeitung um **Beförderungsmittel** oder **Transportbehälter** handelt, die ihrer Art nach durch den Auftraggeber nur zu unternehmerischen Zwecken verwendet werden können (vgl. Abschn. 7.1 Abs. 4 UStAE). In derartigen Fällen geht die Verwaltung davon aus, dass diese Gegenstände regelmäßig auch zur Wartung, Reinigung und Instandsetzung eingeführt werden. 27

Für **Kraftfahrzeuge** fordert die Verwaltung zumindest einen vereinfachten Nachweis über eine Einfuhr zum Zwecke der Bearbeitung, z. B. einen Hinweis auf die schriftliche Anmeldung des Auftraggebers zur Reparatur oder die Bescheinigung einer ausländischen Behörde über die Beschädigung des Kraftfahrzeuges bei einem Unfall im Drittlandsgebiet. Diese Regelung steht jedoch unter dem Vorbehalt, dass keine ernsthaften Zweifel daran bestehen, dass der Auftraggeber das Kraftfahrzeug zum Zwecke der Bearbeitung eingeführt hat (vgl. Abschn. 7.3 Abs. 3 UStAE). 28

Fraglich bleibt die genaue Abgrenzung zwischen den Begriffen Beförderungsmittel und Transportbehälter auf der einen Seite und dem des Kraftfahrzeugs auf der anderen Seite. Während für erstere der Einfuhrzweck nicht nachgewiesen werden braucht, soll für letztere ein vereinfachter Nachweis gelten. Will die Verwaltung die Grenze hier anhand des Kriteriums »der Art nach nur für unternehmerische Zwecke nutzbar« (vgl. Abschn. 7.1 Abs. 4 S. 1 UStAE) vornehmen? Dann bliebe für einen Nachweis i. S. v. Abschn. 7.3 Abs. 3 UStAE wohl schwerpunktmäßig der Personenkraftwagen übrig. Andererseits wird man nicht umhinkommen, dass auch ein Lkw ein Kraftfahrzeug ist, ebenso wie ein Omnibus, und dass der Wortlaut des UStAE diesbezüglich keine eindeutige Einschränkung enthält. Hiervon zu trennen sind diejenigen Fälle, in denen ein im Drittlandsgebiet zugelassenes Kraftfahrzeug wider Erwarten im Inland reparaturbedürftig wird, beispielsweise durch einen Unfall. In dieser Situation kann nicht davon ausgegangen werden, dass es bereits zum Zwecke der Reparatur in das Gemeinschaftsgebiet eingeführt wurde (vgl. Abschn. 7.1 Abs. 6 UStAE). Sind die Schäden jedoch so erheblich, dass es bei der Reparatur zu einer Werklieferung (§ 3 Abs. 4 UStG) kommt, sind die Voraussetzungen der Ausfuhrlieferung nach § 6 UStG zu prüfen (vgl. Abschn. 3.8 Abs. 6 und 6.4 Abs. 1 UStAE). 29

Das Tatbestandsmerkmal **Erwerb im Gemeinschaftsgebiet** zum Zwecke der Be- oder Verarbeitung ist insbesondere dann erfüllt, wenn das Bestimmungsland für die Einfuhr Einfuhrabgaben (z. B. Zoll/Einfuhrumsatzsteuer) erhebt, die auch die durch die Be- oder Verarbeitung eingetretene Wertsteigerung umfassen, oder der Gegenstand unmittelbar vom Lieferer an den beauftragten Unternehmer gelangt ist, oder in Fällen der Be- oder Verarbeitung durch mehrere Beauftragte vom vorangegangenen Beauftragten an den nachfolgenden Beauftragten (vgl. Abschn. 7.1 Abs. 5 UStAE; zum Buchnachweis vgl. Abschn. 7.3 Abs. 2 UStAE). 30

Fazit: 31

Gerade was die Einfuhr oder den Erwerb im Gemeinschaftsgebiet für Zwecke der Be- oder Verarbeitung betrifft, bleibt festzuhalten, dass die Sachverhalte häufig Unternehmer als Leistungsempfänger betreffen werden, sodass durch die Ortsvorschriften des § 3 a UStG vorrangig eine Verlagerung des Leistungsortes zu prüfen ist.

2.5 Be- oder Verarbeitung durch weitere Beauftragte

32 Der durch den (Werk-)Unternehmer be- oder verarbeitete Gegenstand kann vor der Ausfuhr durch weitere **Beauftragte** (einen oder mehrere) **des Auftraggebers** oder eines folgenden Auftraggebers be- oder verarbeitet werden, ohne dass dies schädlich für die Steuerbefreiung des (Werk-)Unternehmers ist (§ 7 Abs. 1 S. 2 UStG; vgl. Abschn. 7.1 Abs. 7 i. V. m. Abschn. 6.1 Abs. 5 UStAE). Nach § 7 Abs. 4 S. 1 UStG muss der (Werk-)Unternehmer auch über die Voraussetzungen des § 7 Abs. 1 S. 2 UStG Nachweis führen. Wird der Gegenstand der Ausfuhr daher noch von weiteren Beauftragten be- oder verarbeitet, muss der Nachweis sich auf diesen Umstand erstrecken (vgl. § 12 i. V. m. §§ 8–11 UStDV, insbesondere § 11 Abs. 2 UStDV). Hat der Werkunternehmer mit der Be- oder Verarbeitung einen Subunternehmer beauftragt und befördert oder versendet der Subunternehmer den be- oder verarbeiteten Gegenstand in das Drittlandsgebiet, kann der Werkunternehmer die Ausfuhr durch eine Versandbestätigung nachweisen (vgl. Abschn. 7.2 Abs. 1 S. 3 UStAE). Der Werkunternehmer erfüllt in diesen Fällen die Voraussetzungen des § 7 UStG, da ihm die Leistung des Subunternehmers im Verhältnis zu seinem eigenen Auftraggeber wie die eines unselbständigen Erfüllungsgehilfen zuzurechnen ist. Fraglich ist jedoch, ob auch der Subunternehmer die Voraussetzungen des § 7 UStG erfüllt, mithin eine steuerfreie Lohnveredelung vornimmt, da sein Auftraggeber, der Werkunternehmer, den Gegenstand nicht in das Gemeinschaftsgebiet eingeführt oder zu Zwecken der Lohnveredelung im Gemeinschaftsgebiet erworben hat (vgl. Raudszus in S/W/R, § 7 UStG Rn. 72 – ablehnend zu einer Vorstufenbefreiung für den Subunternehmer).

2.6 Ausfuhr

33 Neben den dargestellten Voraussetzungen, dem Vorliegen einer Werkleistung an einem Gegenstand, der zum Zwecke der Be- oder Verarbeitung in das Gemeinschaftsgebiet eingeführt oder in diesem erworben wurde, fordert § 7 UStG die **Ausfuhr** dieses Gegenstandes. § 7 Abs. 1 S. 1 gliedert den Tatbestand in drei Fallgruppen (§ 7 Abs. 1 S. 1 Nr. 1–3 UStG), die sich hinsichtlich der Person des Ausführers und des Zielgebietes der Ausfuhr unterscheiden. Den Umstand der Beförderung oder Versendung (insoweit vgl. die Kommentierung zu § 6) ins Drittlandsgebiet muss der (Werk-)Unternehmer durch einen Ausfuhrnachweis belegen (§ 7 Abs. 4 UStG i. V. m. §§ 12, 8–11 UStDV; vgl. Rn. 39 ff.).

2.6.1 Ausfuhr durch den Werkunternehmer

34 Eine Lohnveredelung an einem Gegenstand der Ausfuhr liegt vor, wenn der (Werk-) Unternehmer den Gegenstand nach der Be- oder Verarbeitung ins Drittlandsgebiet (vgl. § 1 Abs. 2a S. 3 UStG), ausgenommen der in § 1 Abs. 3 UStG bezeichneten Gebiete, befördert oder versendet (§ 7 Abs. 1 S. 1 Nr. 1 UStG). An die Person des Auftraggebers werden in diesem Fall keine weiteren Voraussetzungen geknüpft, der Auftraggeber kann daher auch ein inländischer Auftraggeber sein (wegen Besonderheiten des Buchnachweises in diesen Fällen vgl. § 13 Abs. 7 UStDV).

2.6.2 Ausfuhr durch den Auftraggeber

Eine Lohnveredelung an einem Gegenstand der Ausfuhr liegt ebenfalls vor, wenn der Auftraggeber den Gegenstand nach der Be- oder Verarbeitung in das Drittlandsgebiet befördert oder versendet und zusätzlich »ausländischer Auftraggeber« ist (§ 7 Abs. 1 S. 1 Nr. 2 UStG). Ein ausländischer Auftraggeber liegt vor, wenn der Auftraggeber die Voraussetzungen eines ausländischen Abnehmers nach § 6 Abs. 2 UStG erfüllt (§ 7 Abs. 2 UStG). Der Auftraggeber muss daher entweder seinen Wohnort oder Sitz im Ausland, ausgenommen der in § 1 Abs. 3 UStG bezeichneten Gebiete haben (§ 6 Abs. 2 S. 1 Nr. 1 UStG) oder es muss sich um eine Zweigniederlassung eines im Inland oder in den in § 1 Abs. 3 UStG bezeichneten Gebieten ansässigen Unternehmers handeln, die ihren Sitz im Ausland, ausgenommen in den bezeichneten Gebieten hat und den Auftrag in eigenem Namen erteilt (§ 6 Abs. 2 S. 1 Nr. 2 UStG). 35

2.6.3 Ausfuhr in die in § 1 Abs. 3 UStG bezeichneten Gebiete

Eine Lohnveredelung an einem Gegenstand der Ausfuhr liegt ebenfalls vor, wenn der (Werk-)Unternehmer den Gegenstand nach der Be- oder Verarbeitung in die in § 1 Abs. 3 UStG bezeichneten Gebiete befördert und versendet und der Auftraggeber entweder ein ausländischer Auftraggeber (vgl. Rn. 35) ist (§ 7 Abs. 1 S. 1 Nr. 3 Buchst. a UStG) oder ein Unternehmer, der im Inland oder den in § 1 Abs. 3 UStG bezeichneten Gebieten ansässig ist und den be- oder verarbeiteten Gegenstand für Zwecke seines Unternehmens verwendet (§ 7 Abs. 1 S. 1 Nr. 3 Buchst. b UStG; wegen Besonderheiten des Buchnachweises in diesen Fällen vgl. § 13 Abs. 7 UStDV). Die Verwendung für Zwecke seines Unternehmens ist gesetzlich nicht näher definiert. Zur Verwaltungsauffassung vgl. Abschn. 7.1 Abs. 1a UStAE, eingefügt durch BMF vom 12.12.2013, Az: IV D 3 – S 7015/13/10001, BStBl I 2013, 1627 (mit Anwendungsregelung; Streichung der bisherigen Verweisung auf Abschn. 6.1 Abs. 3 UStAE). 36

2.7 Werkleistungen nach § 3 Abs. 10 UStG

§ 3 Abs. 10 UStG beschreibt einen Sonderfall der Werkleistung. Überlässt der Unternehmer dem Auftraggeber, der ihm einen Stoff zur Herstellung eines Gegenstandes übergeben hat, an Stelle des herzustellenden Gegenstandes einen gleichartigen Gegenstand, wie er ihn in seinem Unternehmen aus solchen Stoffen herzustellen pflegt, gilt seine Leistung als Werkleistung, wenn er nach der Art eines Werklohnes abrechnet und dabei die Wertunterschiede im Marktpreis zwischen dem erhaltenen Stoff und dem des tatsächlich überlassenen Gegenstandes nicht berücksichtigt werden. Wegen weiterer Einzelheiten vgl. die Kommentierung zu § 3. 37

Nach § 7 Abs. 3 UStG gilt § 7 Abs. 1 UStG entsprechend. Wurde daher der zur Herstellung übergebene Stoff zum Zwecke der Herstellung (Be- oder Verarbeitung) in das Gemeinschaftsgebiet eingeführt oder im Gemeinschaftsgebiet erworben und gelangt der hergestellte Gegenstand anschließend in das Drittlandsgebiet oder die in § 1 Abs. 3 UStG bezeichneten Gebiete, ist die Werkleistung bei Vorliegen auch der übrigen Voraussetzungen, insbesondere der entsprechenden Nachweise, steuerfrei nach § 4 Nr. 1 Buchst. a UStG. 38

2.8 Nachweispflicht

2.8.1 Allgemeines

39 Nach § 7 Abs. 4 S. 1 UStG muss der (Werk-)Unternehmer die Voraussetzungen des § 7 Abs. 1 UStG sowie die Be- oder Verarbeitung nach § 7 Abs. 1 S. 2 UStG nachweisen. Wie bei Ausfuhrlieferungen (§ 6 UStG) und i. g. Lieferungen (§ 6a UStG), wurden die Nachweise auch in Fällen der Lohnveredelungen (§ 7 UStG) bisher als materiell-rechtliche Voraussetzung für die Inanspruchnahme der Steuerbefreiung betrachtet (§ 7 i. V. m. § 4 Nr. 1 Buchst. a UStG; vgl. BFH vom 28.02.1980, Az: V R 118/76, BStBl II 1980, 415). Durch die strukturelle Nähe der Lohnveredelung zur Ausfuhrlieferung ist es naheliegend davon auszugehen, dass die Rechtsprechung des BFH zum materiell-rechtlichen Charakter der Nachweise bei Ausfuhrlieferungen sich auch auf die Beurteilung der Nachweise in Fällen der Lohnveredelung auswirkt (vgl. BFH vom 28.05.2009, Az: V R 23/08, BStBl II 2010, 517). Im Rahmen der Ermächtigungsvorschrift des § 7 Abs. 4 S. 2 UStG regelt die UStDV die Einzelheiten der Nachweise. Die Nachweisverpflichtung erstreckt sich demnach einerseits auf den Ausfuhrnachweis (§ 12 UStDV i. V. m. §§ 8–11 UStDV), andererseits auf den Buchnachweis der Lohnveredelung (§ 13 UStDV). Die §§ 9, 10, 11 und 13 UStDV wurden durch die Zweite Verordnung zur Änderung steuerlicher Verordnungen (vom 02.12.2011, BGBl I 2011, 2416) von zuvor Sollvorschriften m. W. v. 01.01.2012 auf nunmehr Mussvorschriften abgeändert. Weitere Änderungen in den §§ 9 und 10 UStDV haben sich durch die Verordnung zum Erlass und zur Änderung steuerlicher Verordnungen (vom 11.12.2012, BGBl I 2012, 2637) mit Wirkung ab 12.12.2012 ergeben. Wegen weiterer Einzelheiten vgl. die Kommentierung zu § 6. Durch Art. 9 der Vierten Verordnung zur Änderung steuerlicher Verordnungen (Verordnung vom 12.07.2017, BGBl I 2017, 2360) wurden die §§ 9, 10 und 13 UStDV erneut geändert. Ausweislich der Verordnungsbegründung (vgl. BR-Drucks. 412/17 vom 24.05.2017, 24 f.) handelt es sich um redaktionelle Anpassungen an das neugefasste europäische Zollrecht. Wegen weiterer Einzelheiten vgl. die Kommentierung zu § 6.

2.8.2 Ausfuhrnachweis

40 Nach § 12 UStDV gelten für den Ausfuhrnachweis die Vorschriften der §§ 8–11 UStDV entsprechend (vgl. Abschn. 7.2 Abs. 1 UStAE mit Verweisung auf Abschn. 6.5 bis 6.8 UStAE). Der (Werk-)Unternehmer muss daher nach § 8 Abs. 1 UStDV die Beförderung oder Versendung in das Drittlandsgebiet durch Belege nachweisen, die nach § 8 Abs. 2 UStDV auch Angaben über die Be- oder Verarbeitung durch weitere Beauftragte enthalten müssen. Die erforderlichen Angaben ergeben sich aus § 11 Abs. 1 UStDV und erstrecken sich nach § 11 Abs. 2 UStDV auf jeden Beauftragten. Aus den Ausfuhrbelegen muss sich daher sowohl die eigene Be- oder Verarbeitung des Unternehmers ergeben als auch vorangegangene (zumal der Unternehmer auch die Einfuhr oder den Erwerb zum Zwecke der Be- oder Verarbeitung nachweisen muss) und nachfolgende Be- oder Verarbeitungen durch weitere Beauftragte sowie, falls der Gegenstand von einem Lieferer (vgl. § 6 Abs. 1 S. 2 UStG) übernommen wurde, der Lieferer. Art und Inhalt der Ausfuhrbelege als solche regeln die §§ 9 und 10 UStDV in Abhängigkeit davon, ob es sich um eine Beförderung oder eine Versendung handelt. Hat der (Werk-)Unternehmer seinerseits einen Subunternehmer mit der Be- oder Verarbeitung beauftragt und befördert oder versendet dieser den Gegenstand anschließend in das Drittlandsgebiet, kann die Ausfuhr durch eine Versandbestätigung nachgewiesen werden (vgl. Abschn. 7.2 Abs. 1 S. 3 UStAE; zur elektronischen Übermittlung vgl. Abschn. 7.2 Abs. 1 S. 4 und 5 UStAE, eingefügt durch BMF vom 06.01.2014, Az: IV D 3 – S 7156/13/10001,

BStBl. I 2014, 152 mit Anwendungsregelung). Zum Ausfuhrnachweis bei Be- oder Verarbeitung von Binnenschiffen, die gewerblichen Zwecken dienen, Eisenbahnwagen oder Seetransportbehältern vgl. Abschn. 7.2 Abs. 2 UStAE. Führt der (Werk-)Unternehmer den Nachweis über die Einfuhr zum Zwecke der Be- oder Verarbeitung (vgl. Rn. 41) durch Hinweis auf die Belege über die Bezahlung der Eingangsabgaben des Bestimmungslandes, gilt dieser Nachweis gleichzeitig als Ausfuhrnachweis, da das Gelangen in das Drittlandsgebiet dadurch dokumentiert ist. Eines weiteren Nachweises bedarf es in diesem Fall nicht (vgl. Abschn. 7.2 Abs. 3 UStAE). Wegen des Ausfuhrnachweises im Zusammenhang mit dem ab 01.07.2009 verbindlichen elektronischen Ausfuhrverfahren ATLAS vgl. BMF vom 17.07.2009, Az: IV B 9 - S 7134/07/10003, BStBl. I 2009, 855 unter 4. Für Ausfuhren nach dem 30.06.2010 vgl. BMF vom 03.05.2010, Az: IV D 3 - S 7134/07/10003, BStBl I 2010, 499 unter 4.

2.8.3 Buchnachweis

Nach § 13 Abs. 1 UStDV muss der (Werk-)Unternehmer die Voraussetzungen der Steuerbefreiung 41 buchmäßig nachweisen, dabei müssen die Voraussetzungen eindeutig und leicht nachprüfbar aus der Buchführung zu ersehen sein (vgl. Abschn. 7.3 Abs. 1 S. 1 UStAE i. V. m. Abschn. 6.10 Abs. 1 bis 6 UStAE). Der Nachweis über die Einfuhr oder den Erwerb zum Zwecke der Be- oder Verarbeitung ist Bestandteil des Buchnachweises. Wird der Gegenstand durch mehrere Beauftragte/Unternehmer nacheinander be- oder verarbeitet, muss jeder Beauftragte/Unternehmer die Voraussetzungen der Steuerbefreiung, einschließlich der Einfuhr oder des Erwerbes zum Zwecke der Be- oder Verarbeitung, buchmäßig nachweisen (vgl. Abschn. 7.3 Abs. 1 S. 2 UStAE). Wegen weiterer Einzelheiten zum Nachweis der Einfuhr oder des Erwerbes zum Zwecke der Be- oder Verarbeitung siehe Abschn. 7.3 Abs. 2 UStAE.

Der weitere Inhalt des Buchnachweises ergibt sich aus § 13 Abs. 2–7 UStDV. Nach § 13 Abs. 2 42 UStDV muss der (Werk-)Unternehmer die handelsübliche Bezeichnung und die Menge des Gegenstands der Lieferung oder die Art und den Umfang der Lohnveredelung, den Namen und die Anschrift des Abnehmers oder Auftraggebers, den Tag der Lieferung oder Lohnveredelung, das vereinbarte (vereinnahmte) Entgelt, die Art und Umfang weiterer Be- oder Verarbeitungen, die Ausfuhr sowie die MRN buchmäßig aufzeichnen. Nach § 13 Abs. 7 UStDV muss der (Werk-)Unternehmer in Fällen des § 7 Abs. 1 S. 1 Nr. 1 UStG (= Ausfuhr durch den Unternehmer), in denen der Auftraggeber kein ausländischer Auftraggeber ist, zusätzlich die Angaben nach § 13 Abs. 3 UStDV aufzeichnen (= die Beförderung oder Versendung durch ihn selbst/den Bestimmungsort), in Fällen des § 7 Abs. 1 S. 1 Nr. 3 Buchst. b UStG (= Ausfuhr in die in § 1 Abs. 3 UStG bezeichneten Gebiete durch den Unternehmer, wenn der Auftraggeber kein ausländischer Auftraggeber ist) soll der Unternehmer zusätzlich die Angaben nach § 13 Abs. 4 UStDV aufzeichnen (= die Beförderung oder Versendung/den Bestimmungsort/Gewerbezweig oder Beruf des Auftraggebers/Zweck).

2.9 Unentgeltliche sonstige Leistungen

§ 7 Abs. 5 UStG schließt die Anwendung der Absätze 1–4 auf unentgeltliche Leistungen i. S. d. § 3 43 Abs. 9a Nr. 2 UStG aus. Dies sind sonstige Leistungen des Unternehmers für Zwecke außerhalb seines Unternehmens oder für den privaten Bedarf seines Personals, sofern keine Annehmlichkeit vorliegt. Eine vergleichbare Regelung findet sich in § 6 Abs. 5 UStG hinsichtlich der Lieferungen i. S. d. § 3 Abs. 1b UStG (vgl. auch Abschn. 3.2 Abs. 2 UStAE). Sinn der Vorschrift ist die Vermeidung eines unversteuerten Endverbrauchs. Der Ort der unentgeltlichen Leistung befindet sich dort, von wo aus der Unternehmer sein Unternehmen betreibt (§ 3f UStG). Unentgeltliche Leistungen, die demnach im Inland erbracht werden, sind steuerbar (§ 1 Abs. 1 Nr. 1 UStG). Bezüglich des Regelungsinhalts des § 7 UStG verhindert § 7 Abs. 5 UStG die Steuerfreiheit unentgeltlicher Werkleistungen an einem Gegenstand der Ausfuhr in das Drittlandsgebiet.

§ 8 UStG
Umsätze für die Seeschifffahrt und für die Luftfahrt

(1) Umsätze für die Seeschifffahrt (§ 4 Nr. 2) sind:

1. **die Lieferungen, Umbauten, Instandsetzungen, Wartungen, Vercharterungen und Vermietungen von Wasserfahrzeugen für die Seeschifffahrt, die dem Erwerb durch die Seeschifffahrt oder der Rettung Schiffbrüchiger zu dienen bestimmt sind (aus Positionen 8901 und 8902 00, aus Unterposition 8903 92 10, aus Position 8904 00 und aus Unterposition 8906 90 10 des Zolltarifs);**
2. **die Lieferungen, Instandsetzungen, Wartungen und Vermietungen von Gegenständen, die zur Ausrüstung der in Nummer 1 bezeichneten Wasserfahrzeuge bestimmt sind;**
3. **die Lieferungen von Gegenständen, die zur Versorgung der in Nummer 1 bezeichneten Wasserfahrzeuge bestimmt sind. Nicht befreit sind die Lieferungen von Bordproviant zur Versorgung von Wasserfahrzeugen der Küstenfischerei;**
4. **die Lieferungen von Gegenständen, die zur Versorgung von Kriegsschiffen (Unterposition 8906 10 00 des Zolltarifs) auf Fahrten bestimmt sind, bei denen ein Hafen oder ein Ankerplatz im Ausland und außerhalb des Küstengebiets im Sinne des Zollrechts angelaufen werden soll;**
5. **andere als die in den Nummern 1 und 2 bezeichneten sonstigen Leistungen, die für den unmittelbaren Bedarf der in Nummer 1 bezeichneten Wasserfahrzeuge, einschließlich ihrer Ausrüstungsgegenstände und ihrer Ladungen, bestimmt sind.**

(2) Umsätze für die Luftfahrt (§ 4 Nr. 2) sind:

1. **die Lieferungen, Umbauten, Instandsetzungen, Wartungen, Vercharterungen und Vermietungen von Luftfahrzeugen, die zur Verwendung durch Unternehmer bestimmt sind, die im entgeltlichen Luftverkehr überwiegend grenzüberschreitende Beförderungen oder Beförderungen auf ausschließlich im Ausland gelegenen Strecken und nur in unbedeutendem Umfang nach § 4 Nummer 17 Buchstabe b steuerfreie, auf das Inland beschränkte Beförderungen durchführen;**
2. **die Lieferungen, Instandsetzungen, Wartungen und Vermietungen von Gegenständen, die zur Ausrüstung der in Nummer 1 bezeichneten Luftfahrzeuge bestimmt sind;**
3. **die Lieferungen von Gegenständen, die zur Versorgung der in Nummer 1 bezeichneten Luftfahrzeuge bestimmt sind;**
4. **andere als die in den Nummern 1 und 2 bezeichneten sonstigen Leistungen, die für den unmittelbaren Bedarf der in Nummer 1 bezeichneten Luftfahrzeuge, einschließlich ihrer Ausrüstungsgegenstände und ihrer Ladungen, bestimmt sind.**

(3) [1]Die in den Absätzen 1 und 2 bezeichneten Voraussetzungen müssen vom Unternehmer nachgewiesen sein. [2]Das Bundesministerium der Finanzen kann mit Zustimmung des Bundesrates durch Rechtsverordnung bestimmen, wie der Unternehmer den Nachweis zu führen hat.

Literatur

Duyfjes, Umsätze für die Seeschifffahrt – Be- und Entladen, EU-UStB 2017, 36 ff. **Radeisen**, Keine Begünstigung einer mittelbaren Leistung im Zusammenhang mit der Seeschifffahrt oder Luftfahrt nach § 8 UStG – Zur Änderung der Rechtsauffassung bei der Begünstigung der Umsätze für die Schifffahrt und die Luftfahrt, UR 2008, 137. **Raudszus/Wagner**, Umsätze für die Seeschifffahrt und die Luftfahrt und Neues zum Freihafen, UStB 2008, 172. **Raudszus/Wagner**, Vorstufenumsätze für die Seeschifffahrt und die Luftfahrt und Informationen zur Aufhebung des Freihafens Hamburg, UStB 2012, 319 ff. **Thomsen/Brete**, Umsatzsteuerbefreiung für Luftfahrt- und Luftverkehrsunternehmer, UStB 2007, 317.

Verwaltungsanweisungen

BMF vom 13.09.2013, Az: IV D 3 – S 7155-a/08/10002, DStR 2013, 2007 – Anpassung UStAE an das AmtshilfeRLUmsG.
BMF vom 29.01.2014, Az: IV D 3 – S 7155a/13/10002, BStBl I 2014, 214.
BMF vom 20.01.2014, Az: IV D 3 – S 7155/0:002, BStBl I 2014, 154.
BMF vom 04.04.2014, Az: IV D 3 – S 7155-a/07/10002, BStBl I 2014, 801.
BMF vom 06.10.2017, Az: III C 3 – S 7155/16/10002, BStBl I 2017, 1349.
BMF vom 05.09.2018, Az: III C 3 – S 7155/16/10002, BStBl I 2018, 1922.
Hinweis: Zur Problematik der zeitlichen Geltungsdauer von BMF-Schreiben vgl. Einführung UStG, Rz. 100 ff.

Richtlinien/Hinweise/Verordnungen

UStAE: Abschn. 8.1–8. 3.
MwStSystRL: Art. 131, Art. 148, Art. 150, Art. 371 i. V. m. Anhang X Teil B Nr. 11 und 12, Art. 391.
UStDV: § 18.

1 Allgemeines

1.1 Überblick über die Vorschrift

Die Vorschrift steht in Zusammenhang mit der Steuerbefreiung nach § 4 Nr. 2 UStG (steuerfrei sind die Umsätze für die Seeschifffahrt und die Luftfahrt) und füllt diese inhaltlich aus (Legaldefinition). § 8 Abs. 1 UStG definiert dabei zunächst den Begriff der Umsätze für die Seeschifffahrt, § 8 Abs. 2 UStG den Begriff der Umsätze für die Luftfahrt. Nach § 8 Abs. 3 UStG hängt die Steuerbefreiung von einem entsprechenden Nachweis ab. Einzelheiten dieses Nachweises regelt § 18 UStDV (Ermächtigungsvorschrift vgl. § 8 Abs. 3 S. 2 UStG) unter Verweisung auf die entsprechende Anwendung des § 13 Abs. 1 und Abs. 2 Nr. 1 bis 4 UStDV (= Buchnachweis). Der Buchnachweis wurde bisher als materiell-rechtliche Voraussetzung für die Steuerbefreiung betrachtet (vgl. Rn. 51 ff.). 1

Die Vorschrift befreit nicht die Umsätze **der** Seeschifffahrt oder Luftfahrt, sondern die Umsätze **für die** Seeschifffahrt oder Luftfahrt. Sie hat damit den Zweck der **Entlastung der Umsätze auf der Vorstufe** (d.h. der **Eingangsumsätze** eines Schifffahrts- oder Luftfahrtunternehmens), um andauernde Vorsteuerüberhänge der Transportunternehmen zu vermeiden. Letztere erbringen in der Regel nichtsteuerbare Auslandsumsätze, die zum Vorsteuerabzug berechtigen (vgl. § 15 Abs. 3 Nr. 1 Buchst. a oder Nr. 2 Buchst. a UStG); § 8 UStG dient damit der **Steuervereinfachung**. Für den Leistungsempfänger (die Transportunternehmen) stellt sich die Frage nach dem Vorsteuerabzug (§ 15 UStG) somit nicht (Heidner in Bunjes, § 8 Rn. 1). 2

Der die Umsätze für die Seeschifffahrt oder die Luftfahrt **erbringende Unternehmer** hat demgegenüber den vollen Vorsteuerabzug. Seine Umsätze sind zwar steuerfrei nach § 4 Nr. 2 UStG und fallen damit grundsätzlich unter den Vorsteuerausschluss nach § 15 Abs. 2 Nr. 1 oder Nr. 2 UStG, auf Grund der Regelungen des § 15 Abs. 3 Nr. 1 Buchst. a und Nr. 2 Buchst. a UStG ist er aber dennoch zum vollen Vorsteuerabzug berechtigt (sog. **echte Steuerbefreiung**, vgl. § 4 Rn. 5 und 6). 3

1.2 Rechtsentwicklung

§ 8 UStG gilt im Wesentlichen unverändert seit dem UStG 1980. Änderungen wurden durch das StMBG vom 21.12.1993 (BStBl I 1994, 50) sowie durch Art. 7 Nr. 4 des JStG 2007 vorgenommen, durch den die Verweisungen auf die Zolltarifpositionen in § 8 Abs. 1 Nr. 1 und Nr. 4 UStG angepasst wurden. 4

Bereits im Entwurf des JStG 2013 vom 19.06.2012 (BT-Drucks. 17/10000, Art. 9 Nr. 4) war eine teilweise Neuformulierung des § 8 Abs. 2 Nr. 1 UStG vorgesehen. Umgesetzt wurde diese nunmehr durch Art. 10 Nr. 4 des Gesetzes zur Umsetzung der Amtshilferichtlinie sowie zur Änderung steuerlicher Vorschriften (AmtshilfeRLUmsG, Gesetz vom 26.06.2013, BGBl I 2013, 1809) mit Wirkung vom **01.07.2013** (Art. 31 Abs. 4 AmtshilfeRLUmsG). 5

1.3 Geltungsbereich

1.3.1 Sachlicher Geltungsbereich

6 Die Vorschrift befreit die Umsätze **für die** Seeschifffahrt oder Luftfahrt mit dem Zweck der **Entlastung der Umsätze auf der Vorstufe**, d.h. der **Eingangsumsätze** eines Schifffahrts- oder Luftfahrtunternehmens (vgl. Rn. 1 ff.). Die Befreiung gilt umfassend für alle nämlichen Umsätze (vgl. dazu Rn. 18 ff. und vgl. Rn. 37 ff.).

1.3.2 Persönlicher Geltungsbereich

7 § 8 UStG sieht hinsichtlich des persönlichen Geltungsbereichs keine Beschränkungen vor und gilt daher für **alle Unternehmer** i. S. d. § 2 UStG.

1.3.3 Zeitlicher Geltungsbereich

8 Die Vorschrift wurde in den letzten Jahren nicht wesentlich geändert und wird damit grundsätzlich auf alle noch offenen Steuerfestsetzungen anwendbar sein (vgl. Rn. 4). Die Änderungen durch das AmtshilfeUmsG in § 8 Abs. 2 Nr. 1 UStG gelten ab 01.07.2013 (vgl. Rn. 5).

1.4 Gemeinschaftsrechtliche Grundlagen und Verhältnis zu anderen Vorschriften

9 § 8 UStG entspricht weitgehend den Vorgaben der Art. 148, Art. 150 und Art. 371 MwStSystRL (Art. 15 Nr. 4–9, Art. 28 Abs. 3 Buchst. a i. V. m. Anhang E Nr. 13, Art. 28 Abs. 3 Buchst. b i. V. m. Anhang F Nr. 23 und 25 der 6. EG-RL). Zur Auslegung von Art. 148 Buchst. a, c und d MwStSystRL durch den Mehrwertsteuerausschuss vgl. die Leitlinien aus der 103. Sitzung vom 20.04.2015 – Dokument A – taxud.c.1(2015)3366194-868, UR 2016, 185. Zu diesbezüglichen Abweichungen von § 8 Abs. 1 UStG vgl. UR 2016, 309. Zum Recht auf Vorsteuerabzug vgl. Art. 169 Buchst. b MwStSystRL.

10 Zur Auslegung des Art. 15 Nr. 4–9 der 6. EG-RL sind bereits mehrere Entscheidungen des EuGH ergangen. Mit Urteil vom 26.06.1990 (vgl. EuGH vom 26.06.1990, Rs. C-185/89 **Velker** International Oil Company Ltd. NV, UR 1991, 349) hat der EuGH entschieden, dass die Lieferung von Gegenständen zur Versorgung (im Urteilsfall Lieferung von Bunkeröl) eines Schiffes im Sinne dieser Vorschrift nur dann unter die Steuerbefreiung fällt, wenn sie **unmittelbar an den Betreiber** des Schiffes erfolgt, der die Gegenstände zur Versorgung des Schiffes verwendet. Die Lieferung auf einer vorangehenden Handelsstufe ist demnach nicht nach Art. 15 Nr. 4 der 6. EG-RL steuerbefreit.

11 Mit Urteil vom 14.09.2006 (vgl. EuGH vom 14.09.2006, Rs. C-181/04, C-182/04, C-183/04 **Elmeka** NE, BFH/NV Beilage 1/2007, 61) hat der EuGH Art. 15 Nr. 4 Buchst. a der 6. EG-RL dahin gehend ausgelegt, dass das Kriterium des Einsatzes auf hoher See für alle in dieser Vorschrift erwähnten Arten von Schiffen gilt. Weiterhin hat der EuGH zur Auslegung des Art. 15 Nr. 8 der 6. EG-RL festgestellt, dass Dienstleistungen (im Urteilsfall Transport von Kraftstoffen mit einem

Tankschiff zu Schiffen die anschließend »Auslandsfahrten« durchführen) nur dann unter die Vorschrift fallen, wenn sie unmittelbar an den Reeder erbracht werden. Eine Befreiung auf einer vorangegangenen Handelsstufe kommt nicht in Betracht. Diese Auslegung dient der Gewährleistung einer kohärenten Anwendung der 6. EG-RL, da die Erwägungen zur Behandlung von Versorgungslieferungen (= der Ausfuhr gleichgestellt; unmittelbare Bewirkung) auf Dienstleistungen übertragbar sind.

In seinem Urteil vom 18.10.2007 (Rs. C-97/06, »**Navicon**« Spanien, IStR 2007, 820) setzt sich der EuGH mit dem Begriff der »Vercharterung« in Art. 15 Nr. 5 der 6. EG-RL auseinander (Art. 148 Buchst. c MwStSystRL). Streitgegenständlich war die Frage, ob unter die Steuerbefreiung nur die Vollvercharterung oder auch die Teilvercharterung fällt. Nach Auffassung des EuGH ist der Begriff der Vercharterung nicht auf die Vollvercharterung beschränkt. Dabei muss allerdings auch überprüft werden, ob die zwischen den Beteiligten vereinbarte Leistung ihren Merkmalen nach einer Vercharterung entspricht, oder ob es sich ggf. um eine Güterbeförderung handelt, die unter Art. 15 Nr. 13 der 6. EG-RL (Art. 146 Abs. 1 Buchst. e MwStSystRL) fallen kann. 12

Das Urteil des EuGH vom 22.12.2010 (Rs. C-116/10, »**Bacino/Feltgen**«, BFH/NV 2011, 399) setzt sich mit der Frage auseinander, ob auch die Überlassung eines Schiffes mit Besatzung gegen Entgelt an natürliche Personen für **Hochseevergnügungsreisen** unter Art. 15 Nr. 5 der 6. EG-RL fällt und verneint dies. Damit die Vermietung in den Anwendungsbereich dieser Norm fallen kann, muss auch der Mieter das Schiff zur Ausübung einer wirtschaftlichen Tätigkeit verwenden. Die Nutzung durch den Mieter ausschließlich zu Vergnügungszwecken erfüllt diese Voraussetzung nicht. 13

Mit Urteil vom 19.07.2012 (Rs. C-33/11, »**A Oy I**«, UR 2012, 873) hat der EuGH entschieden, dass der Begriff »entgeltlicher internationaler Verkehr« in Art. 15 Nr. 6 der 6. EG-RL auch internationale **Charterflüge** zur Befriedigung der Nachfrage von Unternehmen oder Privatpersonen einschließt. Der Grundsatz der Neutralität der Mehrwertsteuer schließt die Beseitigung von Wettbewerbsverzerrungen ein. Eine Unterscheidung zwischen Linienflugverkehr und Charterflugverkehr ist daher nicht geboten. Weiterhin stellt der EuGH fest, dass die Steuerbefreiung **nicht voraussetzt**, dass das Luftfahrzeug **unmittelbar an eine Luftfahrtgesellschaft** geliefert wird, die es selbst im internationalen Verkehr einsetzt (im Urteilsfall Nutzungsüberlassung an eine solche). Abweichung von den Grundsätzen der Urteile Velker/Elmeka (a. a. O., Rn. 10 f.) für die Auslegung von Art. 15 Nr. 6 der 6. EG-RL. Zu den Folgerungen aus dieser Entscheidung vgl. Raudszus/Wagner, UStB 2012, 319 ff. 14

In seinem Urteil vom 03.09.2015 (Rs. C-526/13 »**Fast Bunkering Klaipeda**« (FBK), UR 2015, 785) hat der EuGH sich erneut mit den unterschiedlichen Voraussetzungen der Steuerbefreiung nach Art. 148 Buchst. a MwStSystRL und Art. 148 Buchst. f MwStSystRL und der entsprechenden Argumentation in den Urteilen »Velker« (vgl. Rz. 10) und »A Oy I« (vgl. Rz. 14) auseinandergesetzt. Im Urteilsfall lieferte die FBK Schiffstreibstoffe (Befüllung der Schiffstanks durch FBK). Die Besonderheit bestand darin, dass die Lieferungen nicht unmittelbar an die Betreiber der Seeschiffe erfolgten, sondern eine in eigenem Namen auftretende Mittelsperson zwischengeschaltet war. Nach Auffassung des EuGH gilt grundsätzlich (Rz. 46 der Urteilsgründe): »Mithin ist die in Art. 148 Buchst. a der Richtlinie 2006/112 vorgesehene Steuerbefreiung grundsätzlich nicht auf Lieferungen an im eigenen Namen handelnde Mittelspersonen anwendbar, selbst wenn zum Zeitpunkt der Lieferung die endgültige Verwendung der Gegenstände bekannt und ordnungsgemäß belegt ist und der Steuerbehörde im Einklang mit nationalen Rechtsvorschriften entsprechende Nachweise vorgelegt werden.« Der EuGH bestätigt damit seine Rechtsprechung im Urteil »Velker«, verweist dabei aber nochmals darauf, dass für die einzelnen Regelungen des Art. 148 MwStSystRL unterschiedliche Voraussetzungen gelten (vgl. Urteil »A Oy I«). Interessant ist die Feststellung des EuGH, dass in einem Fall wie dem Urteilsfall jedoch ggf. dennoch die Steuerfreiheit eintritt, wenn nämlich nicht von einer Lieferung an die Mittelsperson ausgegangen werden kann, weil der 15

Eigentumsübergang an diese ggf. frühestens mit dem Zeitpunkt zusammenfällt, zu dem den Betreibern der Schiffe die Befähigung übertragen wird, faktisch wie ein Eigentümer über die Treibstoffe zu verfügen (Befüllung der Tanks durch die FBK; vgl. Urteilsgründe Rz. 47–52; vgl. Tehler in EU-UStB 4/2015, 69). Darüber hat das nationale Gericht zu entscheiden.

16 Mit Urteil vom 04.05.2017 (Rs. C-33/16 »**A Oy II**«, BStBl II 2017, 1027) setzt sich der EuGH mit der Auslegung von Art. 148 Buchst. d MwStSystRL auseinander. Im Urteilsfall erbrachte die A Oy II Dienstleistungen des Be- und Entladens von Schiffen. Fraglich war die Gewährung der Steuerbefreiung auch auf Vorstufen. Der EuGH nimmt in seinem aktuellen Urteil insbesondere auch eine Abgrenzung zum Urteilsfall »Elmeka« (vgl. Rn. 11) vor (vgl. Duyfjes in EU-UStB 2017, 36 ff.). Zunächst stellt der EuGH fest, dass das Be- und Entladen eines Schiffes Dienstleistungen i. S. Art. 148 Buchst. d MwStSystRL sind, die für den unmittelbaren Bedarf der Ladung von Seeschiffen i. S. von Art. 148 Buchst. a MwStSystRL erbracht werden (erste Vorlagefrage). Zu den weiteren Vorlagefragen führt der EuGH aus: »..., dass Art. 148 Buchst. d der Richtlinie 2006/112 dahin auszulegen ist, dass zum einen nicht nur Dienstleistungen im Bereich des Beladens und Entladens eines Schiffes im Sinne von Art. 148 Buchst. a dieser Richtlinie von der Steuer befreit sein können, die auf der letzten Handelsstufe einer solchen Dienstleistung erbracht werden, sondern auch auf einer vorausgehenden Handelsstufe erbrachte Dienstleistungen wie etwa eine von einem Unterauftragnehmer an einen Wirtschaftsteilnehmer erbrachte Dienstleistung, die dieser Wirtschaftsteilnehmer dann einem Speditions- oder Transportunternehmen weiterberechnet, und dass zum anderen auch Be- und Entladedienstleistungen von der Steuer befreit sein können, die an den Verfügungsberechtigten dieser Ladung, etwa deren Ausführer oder Einführer, erbracht werden.«

1.5 Auswirkungen des Jahressteuergesetzes 2009 auf den Leistungsort

17 Durch Art. 7 Nr. 2 des JStG 2009 (Gesetz vom 19.12.2008, BGBl I 2008, 2794) wurde der **Ort der sonstigen Leistung** in § 3 a UStG und § 3 b UStG neu geregelt. Die Regelungen treten nach Art. 39 Abs. 9 des JStG 2009 **am 01.01.2010 in Kraft**. Zu beachten sein wird hier insbesondere auch die Regelung des § 3 a Abs. 2 UstG (wegen weiterer Einzelheiten vgl. die Kommentierung zu § 3 a).

2 Kommentierung

2.1 Umsätze für die Seeschifffahrt

18 Die Steuerbefreiung des § 4 Nr. 2 UStG i. V. m. § 8 Abs. 1 UStG ist grundsätzlich davon abhängig, dass die Umsätze **unmittelbar an Betreiber eines Seeschiffes** oder an die Gesellschaft zur Rettung Schiffbrüchiger erbracht werden (vgl. Abschn. 8.1 Abs. 1 S. 1, 3 UStAE). Die Umsätze vorangehender Stufen (z. B. Zwischenhändler im Reihengeschäft) sind folglich grundsätzlich nicht begünstigt. Die Verwaltung übernimmt insoweit die durch den EuGH im Urteil vom 14.09.2006 (Rs. C-181/04 bis C-183/04, »**Elmeka NE**«, BFH/NV Beilage 1/2007, 61) geäußerte Rechtsauffassung (zur zeitlichen Anwendung vgl. Radeisen, UR 2008, 137 ff.).

Hinsichtlich der Frage der **unmittelbaren Leistungserbringung** hat sich die Verwaltungsauffassung mehrfach geändert. Zunächst ging die Verwaltung von einer Befreiung auch auf Vorstufen aus. Abschn. 145 Abs. 2 UStR 2005 forderte allerdings bezüglich der Leistungen nach § 8 Abs. 1 Nr. 3 und Nr. 4 UStG die unmittelbare Leistungserbringung (vgl. EuGH vom 26.06.1990, Rs. C-185/89, UVR 1990, 338 [UR 1991, 349] – Art. 15 Nr. 4 der 6. EG-RL »Lieferung von Gegenständen zur Versorgung von Schiffen« – Gleichstellung mit Behandlung bei Ausfuhrumsätzen). Nach Abschn. 145 Abs. 1 UStR 2008 wurde dann die unmittelbare Leistungserbringung in allen Fällen gefordert, was allerdings durch das BMF-Schreiben vom 24.01.2008 (Az: IV A 6 – S 7155-a/07/0002, BStBl I 2008, 294; aufgehoben durch BMF-Schreiben vom 04.04.2014, Az: IV D 3 – S 7155-a/07/10002, BStBl I 2014, 801) unter den dort genannten Bedingungen eine Einschränkung für die Lieferung von Wasser- und Luftfahrzeugen erfuhr. Die unmittelbare Leistungserbringung wurde durch die Rechtsprechung auch für Leistungen nach § 8 Abs. 1 Nr. 5 UStG gefordert (vgl. BFH vom 06.12.2001, Az: V R 23/01, BStBl II 2002, 257 – Versetzen und Ausholen von Seelotsen/Leistungserbringung gegenüber Behörde; zum Lotsenversetzdienst vgl. FG Hamburg vom 29.08.2007, Az: 5 K 198/06, EFG 2008, 172, keine unmittelbare Leistungserbringung i. S. v. § 8 Abs. 1 Nr. 5 UStG). 18a

Als Reaktion auf das Urteil des EuGH vom 19.07.2012 (C-33/11, »A Oy I«, vgl. Rz. 14) hat die Verwaltung (vgl. BMF vom 04.04.2014, Az: IV D 3 – S 7155-a/07/10002, BStBl. I 2014, 801) den UStAE in Abschn. 8.1 Abs. 1 S. 2 wie folgt ergänzt: »Die Lieferung eines Wasserfahrzeuges im Sinne des § 8 Abs. 1 Nr. 1 UStG ist auch dann umsatzsteuerfrei, wenn die Lieferung an einen Unternehmer erfolgt, der das Wasserfahrzeug zum Zwecke der Überlassung an einen Betreiber eines Seeschiffs oder die Gesellschaft zur Rettung Schiffbrüchiger zu deren ausschließlicher Nutzung erwirbt und diese Zweckbestimmung im Zeitpunkt der Lieferung endgültig feststeht und vom liefernden Unternehmer nachgewiesen wird.« 18b

Mit Schreiben vom 06.10.2017 (Az: III C 3 – S 7155/16/10002, BStBl I 2017, 1349; mit Übergangsregelung bis 31.12.2017) reagiert das BMF auf das Urteil des EuGH vom 04.05.2017, A Oy II (vgl. Rn. 16) und ändert erneut insbesondere Abschn. 8.1 Abs. 1 UStAE. Zunächst wird in Abschn. 8.1 Abs. 1 UStAE die bisher kategorische Forderung nach einer unmittelbaren Leistungserbringung auf ein »grundsätzlich« abgeschwächt. Daneben werden Satz 3 neu formuliert sowie die Sätze 4 und 5 neu eingefügt und dadurch die Rechtsprechungsgrundsätze des Urteils A Oy II in den UStAE übernommen. BMF: »[3]Die Steuerbefreiung kann sich nicht auf Umsätze auf den vorhergehenden Stufen erstrecken, wenn im Zeitpunkt dieser Leistungen deren endgültige Verwendung für den Bedarf eines Seeschiffes ihrem Wesen nach nicht feststeht; steht im Zeitpunkt der Leistung deren endgültige Verwendung für den Bedarf eines Seeschiffes fest und ist die endgültige Zweckbestimmung der Leistung nicht erst durch besondere Kontroll- und Überwachungsmechanismen nachvollziehbar, kann sich die Steuerbefreiung auch auf vorhergehende Stufen erstrecken (vgl. EuGH-Urteile vom 14.9.2006, C-181/04 bis C-183/04, Elmeka, und vom 19.7.2012, C-33/11, A). [4]Auch Dienstleistungen im Bereich des Beladens und Entladens eines Seeschiffes können steuerfrei sein, wenn sie nicht unmittelbar an den Betreiber eines Seeschiffes, sondern auf einer vorhergehenden Stufe erbracht werden, wie etwa eine von einem Unterauftragnehmer an einen Auftraggeber erbrachte Be- oder Entladeleistung, die dieser dann einem Speditions- oder Transportunternehmen weiterberechnet. [5]Auch können Be- und Entladedienstleistungen steuerfrei sein, die an den Verfügungsberechtigten der Schiffsladung, etwa deren Ausführer oder Einführer, erbracht werden (vgl. EuGH-Urteil vom 4. 5. 2017, C-33/16, A).« Entfallen ist der bisherige Satz 8 zur Leistungserbringung an Agenten/Schiffsmakler. Angepasst wurde auch Abschn. 8.1 Abs. 7 S. 1 UStAE, der bisher ebenfalls die unmittelbare Leistungserbringung forderte. Im Ergebnis bleibt also festzuhalten, dass im Einzelfall geprüft werden muss, ob die Steuerbefreiung auch eine Vorstufenbefreiung umfasst. 18c

Nach Ergehen des BMF-Schreibens vom 06.10.2017, a. a. O., haben sich Zweifelsfragen aus der Praxis zur Anwendung dieses Schreibens ergeben, auf die das BMF mit Schreiben vom 05.09.2018 18d

(Az.: III C 3 – S 7155/16/10002, DStR 2018, 1922) reagiert und erneut Änderungen in Abschn. 8.1 Abs. 1 S. 3 UStAE vornimmt. Demnach kann sich die Steuerbefreiung auch auf Vorstufen beziehen, wenn es sich um eine Leistung für ein konkretes, eindeutig identifizierbares Seeschiff handelt und die endgültige Zweckbestimmung der Leistung bereits aufgrund der Befolgung der steuerlichen Buchführungs- und Aufzeichnungspflichten (Beleg- und Buchnachweis) sowie der Befolgung der Aufbewahrungspflichten nachvollziehbar ist. Zusätzlich wird in Abschn. 8.1 Abs. 2 Satz 1 und 2 UStAE näher definiert, dass es sich bei den begünstigten Schiffen um bereits vorhandene Wasserfahrzeuge handeln muss, was frühestens ab dem Zeitpunkt des (klassischen) Stapellaufs oder des Aufschwimmens im Trockendock der Fall sein soll. Zudem verweist Abschn. 8.1 Abs. 3 Nr. 3 UStAE (i.Z.m. § 8 Abs. 1 Nr. 2 UStG Gegenstände der Schiffsausrüstung) nunmehr auf die entsprechende Anwendung von Abschn. 8.1 Abs. 2 S. 1 und 2 UStAE.

19 Nicht unter die Steuerbefreiung fällt die **Vermittlung** der in § 8 Abs. 1 UStG genannten Umsätze, da es sich nicht um eine Leistung für den unmittelbaren Bedarf der Wasserfahrzeuge handelt. Die Vermittlungsleistung kann jedoch unter § 4 Nr. 5 UStG fallen (vgl. Abschn. 8.1 Abs. 8 UStAE, vgl. die Kommentierung zu § 4 Nr. 5)).

20 Zu dem durch die Verwaltung verwendeten Begriff »**Betreiber eines Seeschiffes**« hat sich das BMF mit Schreiben vom 24.07.2009 (Az: IV B 9 – S 7155/07/10001, BStBl I 2009, 822) geäußert (vgl. dazu Abschn. 8.1 Abs. 1 S. 6 ff. UStAE).

2.1.1 Umsätze von oder an Seeschiffen (§ 8 Abs. 1 Nr. 1 UStG)

21 Umsätze für die Seeschifffahrt sind zunächst Lieferungen (auch gebrauchter Schiffe), Umbauten (z.B. Veränderungen an der Substanz eines Schiffes wie Verlängerung oder Verbreiterung des Rumpfes), Instandsetzungen (z.B. Schadensbeseitigung), Wartungen (z.B. Arbeiten zur Aufrechterhaltung der Betriebsfähigkeit von Anlagen), Vercharterungen und Vermietungen von Wasserfahrzeugen, die dem Erwerb durch die Seeschifffahrt oder der Rettung Schiffbrüchiger zu dienen bestimmt sind.

22 Die Wasserfahrzeuge müssen **ihrer Bauart nach** dem Erwerb durch die Seeschifffahrt oder der Rettung Schiffbrüchiger zu dienen bestimmt sein, maßgebend ist die zolltarifliche Einordnung (zur Bedeutung der Verweisung auf das Zolltarifrecht vgl. BFH vom 20.02.1990, Az: VII R 172/84, BStBl. II 1990, 760). Dazu zählen insbesondere **Seeschiffe** der Handelsschifffahrt (einschließlich Tank- und Kühlschiffe), seegehende Fahrgast- und Fährschiffe (einschließlich Kreuzfahrtschiffe), Fischereifahrzeuge (einschließlich Fabrikschiffe und andere Schiffe für das Verarbeiten und Konservieren von Fischereierzeugnisse) und Schiffe des Seeschifffahrtshilfsgewerbes, z.B. Seeschlepper und Bugsierschiffe (vgl. OFD Niedersachsen vom 20.10.2010, Az: S 7155–45 – St 183, UR 2011, 395 – auch zur Voraussetzung der Seetüchtigkeit [Rumpflänge mindestens zwölf Meter] und Abschn. 8.1 Abs. 2 S. 3 UStAE).

23 **Nicht** zu den begünstigten Schiffen zählen Wassersportfahrzeuge (vgl. BFH vom 13.02.1992, Az: V R 141/90, BStBl II 1992, 576 – ergangen zu einer Hochseejacht, auch dann nicht, wenn die Hochseejacht an Freizeitsegler verchartert und damit unternehmerisch genutzt wird) und Behördenfahrzeuge (Abschn. 8.1 Abs. 2 S. 4 UStAE).

24 Ebenfalls nicht dem Erwerb durch die Seeschifffahrt dienen Forschungsschiffe (vgl. FinMin Schleswig-Holstein, Erlass vom 12.10.2015, Az: VI 358-S 7155-055, DStR 2015, 2669; OFD Niedersachsen, Verfg. vom 26.11.2015, Az: S 7155 – 78 – St 187, UR 2016, 329, neugefasst durch Verfg. vom 16.01.2018, S 7155 – 78 – St 184, UR 2018, 336 und ergänzt um einen Abschnitt zur Bereederung von Forschungsschiffen). Vorumsätze im Zusammenhang mit Forschungsschiffen fallen daher grundsätzlich nicht unter § 4 Nr. 2 i.V.m. § 8 Abs. 1 UStG.

25 Die Wasserfahrzeuge müssen, neben der Eigenschaft eines Wasserfahrzeuges i.S.d. Zolltarifrechts, **tatsächlich** ausschließlich oder überwiegend **in der Erwerbsschifffahrt** oder zur **Rettung**

Schiffbrüchiger eingesetzt werden (vgl. BFH vom 13.02.1992, Az: V R 140/90, BStBl. II 1992, 573 – ebenfalls ergangen zur Vercharterung einer Hochseejacht; vgl. Abschn. 8.1 Abs. 2 S. 5 UStAE). Hochseeangelfahrten fallen nicht unter die Steuerbefreiung, da sie Sport- und Vergnügungszwecken dienen (vgl. FG Schleswig-Holstein vom 23.06.2009, Az: 4 K 41/05, DStRE 2010, 119 unter Verweisung auf BFH in BStBl. II 1993, 573 [Rev. XI R 25/09, Urteil vom 02.03.2011, BStBl. II 2011, 737 – Aufhebung und Rückverweisung, einheitliche Beförderungsleistung, Ortsvorschriften zu beachten]). Zur Vermietung mit Personal an natürliche Personen für Hochseevergnügungsreisen vgl. EuGH vom 22.12.2010, Rs. C-116/10, »**Bacino/Feltgen**«, BFH/NV 2012, 399 (vgl. Rn. 13).

Der **Begriff der Seeschifffahrt** ist nach den Vorschriften des Seerechts zu beurteilen, wonach als Seeschifffahrt die Schifffahrt seewärts der in § 1 der Flaggenrechtsverordnung festgelegten Grenzen der Seeschifffahrt anzusehen ist (vgl. BFH vom 02.09.1971, Az: V R 8/67, BStBl II 1972, 45 – Abgrenzung zur sog. Binnenschifffahrt; Abschn. 8.1 Abs. 2 S. 7 UStAE). 26

Unter die Steuerbefreiung fällt auch die **Vermietung** (Nutzungsüberlassung ohne Mannschaft) und die **Vercharterung** (Nutzungsüberlassung inkl. Mannschaft) eines Schiffes bzw. von Schiffsraum (zu Arten von Charterverträgen vgl. BFH vom 19.09.1996, Az: V R 129/93, BStBl. II 1997, 164). Die Steuerbefreiung soll dabei auch die auf die Personalgestellung entfallenden Entgeltsanteile umfassen (Heidner in Bunjes, § 8 Rz. 6; Raudszus in S/W/R, § 8 Rz. 80; zur Personalgestellung im Rahmen des sog. Crew-Management vgl. Rn. 33). In den Fällen der Reise-, Zeit-, Slot- und Bareboat-Vercharterung handelt es sich jeweils um eine steuerfreie Vercharterung eines Wasserfahrzeugs für die Seeschifffahrt nach § 4 Nr. 2 UStG i. V. m. § 8 Abs. 1 UStG. Wesentliches Merkmal dieser Verträge ist das Zurverfügungstellen eines Schiffes bzw. von Schiffsraum. Lediglich die Beförderung i. R. v. Stückgutverträgen wird als Güterbeförderung angesehen (vgl. Abschn. 8.1 Abs. 2 S. 8–10 UStAE). 27

2.1.2 Ausrüstung von Seeschiffen (§ 8 Abs. 1 Nr. 2 UStG)

Umsätze für die Seeschifffahrt sind auch die Lieferung, Instandsetzung, Wartung und Vermietungen von Gegenständen, die zur Ausrüstung der in § 8 Abs. 1 Nr. 1 UStG bezeichneten Wasserfahrzeuge bestimmt sind. Nicht von der Vorschrift erfasst werden demnach z. B. Lieferungen, die der Ausrüstung anderer Wasserfahrzeuge dienen (vgl. Rn. 21 ff. – Wassersportfahrzeuge). Zu den Ausrüstungsgegenständen zählen (vgl. Abschn. 8.1 Abs. 3 Nr. 1 –Nr. 3 UStAE mit weiteren Einzelheiten): die zum Gebrauch an Bord eines Schiffes mitgeführten i. d. R. beweglichen Gegenstände wie z. B. optische und nautische Geräte, Drahtseile, Tauwerk, Persenninge, Werkzeuge, Ankerketten (nicht Transportbehälter, z. B. Container); Gegenstände des Schiffszubehörs wie z. B. Rettungsboote und Rettungseinrichtungen, Möbel, Wäsche, Schiffsinventar, Seekarten und Handbücher; Teile von Schiffen und andere Gegenstände, die in ein begünstigtes Wasserfahrzeug eingebaut werden sollen oder zum Ersatz von Teilen oder zur Reparatur eines begünstigten Wasserfahrzeuges bestimmt sind. 28

Nicht zur Ausrüstung eines Wasserfahrzeuges zählen Geldspielautomaten, die zur Unterhaltung von Passagieren dienen, da es hier am inneren Zusammenhang mit dem Bedarf der Seeschifffahrt fehlt (vgl. EuGH vom 04.07.1985, Rs. 168/84, Berkholz, UR 1985, 226). Ebenfalls nicht zu den Schiffsausrüstungsgegenständen zählen **Container** (Seetransportbehälter), da diese an Bord eines Schiffes nicht zum Gebrauch mitgeführt werden und auch nicht zum Schiffszubehör oder dem Schiffsinventar gehören. Die Steuerbefreiung nach § 4 Nr. 2 UStG i. V. m. § 8 Abs. 1 Nr. 2 UStG kommt daher für Umsätze mit Containern (auch Lieferung) nicht in Betracht (vgl. BMF vom 15.12.2008, Az: IV B 9 – S 7155/07/10002, LEXinform 5208193; s. Abschn. 8.1 Abs. 3 Nr. 1 UStAE; ggf. werden die Voraussetzungen des § 8 Abs. 1 Nr. 5 UStG [das Be- und Entladen, das Lagern, das Reparieren von Containern] oder des § 7 UStG erfüllt). 29

2.1.3 Versorgung von Seeschiffen (§ 8 Abs. 1 Nr. 3 UStG)

30 Umsätze für die Seeschifffahrt sind ferner die Lieferungen von Gegenständen, die zur Versorgung der in § 8 Abs. 1 Nr. 1 UStG bezeichneten Wasserfahrzeuge bestimmt sind. Ausgenommen ist die Lieferung von Bordproviant für Wasserfahrzeuge der Küstenfischerei. Darunter fallen beispielsweise technische Verbrauchsgegenstände wie Treibstoffe, Schmierstoffe, Farbe oder Putzwolle, aber auch Gegenstände, die zum Verbrauch durch die Besatzung oder Fahrgästen bestimmt sind, wie Proviant, Genussmittel, Zeitschriften etc., selbst dann, wenn die Gegenstände nicht zum Verbrauch an Bord, sondern zur Wiedereinfuhr bestimmt sind, z.B. bei Verkauf auf Ausflugsschiffen an die Gäste (vgl. Abschn. 8.1 Abs. 4 UStAE). Nicht unter die Steuerbefreiung fällt die Lieferung von Bordproviant (ausschließlicher Verbrauch an Bord – Mundvorrat) zur Versorgung von Wasserfahrzeugen der Küstenfischerei (§ 8 Abs. 1 Nr. 3 S. 2 UStG). Unter Küstenfischerei ist die Fischerei in den Territorialgewässern zu verstehen (vgl. Abschn. 8.1 Abs. 5 S. 1 UStAE).

31 Nach Auffassung des FG Hamburg (Urteil vom 13.02.2013, Az: 5 K 20/11; EFG 2013, 1274) fällt die Lieferung von zum Verbrauch bestimmten Dialysematerials für eine an Bord eines Kreuzfahrtschiffes durch einen Arzt selbständig betriebene Dialysepraxis nicht unter die Steuerbefreiung. Einerseits zählten zu den Ausrüstungsgegenständen nach § 8 Abs. 1 Nr. 2 UStG nicht solche, die – wie vorliegend – zum Verbrauch bestimmt sind, andererseits sei hinsichtlich des Versorgungsbedarfs nach § 8 Abs. 1 Nr. 3 UStG auf den spezifischen Einsatzzweck des Schiffes unter Berücksichtigung der Beschränkungen durch die MwStSystRL sowie des Zolltarifs und die grundsätzliche enge Auslegung von Befreiungstatbeständen abzustellen. Diese engen Grenzen würden im Klagefall durch die Spezialisierung auf Kreuzfahrten mit Dialyse und den Betrieb einer eigenständigen Dialysepraxis durch einen Dritten überschritten.

2.1.4 Versorgung von Kriegsschiffen (§ 8 Abs. 1 Nr. 4 UStG)

32 Umsätze für die Seeschifffahrt sind danach die Lieferungen von Gegenständen, die zur Versorgung von Kriegsschiffen auf Fahrten bestimmt sind, bei denen ein Hafen oder ein Ankerplatz im Ausland und außerhalb des Küstengebietes i.S.d. Zollrechts angelaufen werden soll. Die Verwaltung geht davon aus, dass die Voraussetzung der Steuerbefreiung bei der Versorgung ausländischer Kriegsschiffe stets erfüllt ist (vgl. Abschn. 8.1 Abs. 6 S. 1 UStAE). Bei Kriegsschiffen der Bundeswehr muss die Voraussetzung durch einen Bestellschein, der die erforderlichen Angaben enthält, nachgewiesen werden (vgl. Abschn. 8.1 Abs. 6 S. 2 UStAE). Der Begriff »Gegenstand der Versorgung« bestimmt sich inhaltlich wie bei § 8 Abs. 1 Nr. 3 UStG (vgl. Abschn. 8.1 Abs. 6 S. 3 UStAE).

2.1.5 Andere Leistungen (§ 8 Abs. 1 Nr. 5 UStG)

33 Umsätze für die Seeschifffahrt sind auch andere als die in den § 8 Abs. 1 Nr. 1 und 2 UStG bezeichneten sonstigen Leistungen, die für den unmittelbaren Bedarf der in § 8 Abs. 1 Nr. 1 UStG bezeichneten Wasserfahrzeuge, einschließlich ihrer Ausrüstungsgegenstände und ihrer Ladungen, bestimmt sind. Darunter fallen (vgl. Abschn. 8.1 Abs. 7 S. 1 Nr. 1–13 UStAE mit weiteren Einzelheiten) insbesondere Leistungen der: Schiffsmakler (ausgenommen Vermittlungsleistungen), Havariekommissare (vgl. BFH vom 18.05.1988, Az: X R 44/82, BStBl. II 1988, 801 – auch zum Güterbesichtiger), Schiffsbesichtiger, Güterbesichtiger, Dispacheure. Ebenfalls unter die Steuerbefreiung fallen das Schleppen, das Lotsen und das Bergen sowie selbständige Nebenleistungen zu den genannten Leistungen, wobei Haupt- und Nebenleistung von verschiedenen Unternehmen ausgeführt werden können (vgl. Abschn. 8.1 Abs. 7 S. 1 Nr. 10 UStAE). Im Rahmen des sog.

Crew-Management erfasst die Vorschrift nur die Leistungen im Bereich der Personalgestellung, da diese unmittelbar für die Seeschifffahrt erbracht werden. Personalbewirtschaftungsleistungen (Heuerabrechnungen, Abwicklung von Heuerzahlungen, Führung von Lohnkonten und andere Dienstleistungen) fallen nicht unter die Steuerbefreiung, da sie sich nicht unmittelbar auf die Schifffahrt beziehen bzw. nicht unmittelbar an Unternehmer der Seeschifffahrt erbracht werden (vgl. Abschn. 8.1 Abs. 7 S. 1 Nr. 11 S. 2 UStAE; FinBeh Hamburg vom 29.06.2000, Az: 53 – S 7155 – 4/97, UR 2000, 394). Ablehnend zur Aufteilung eines Pauschalhonorars ausschließlich für Personalgestellung im Rahmen eines Crew-Management-Vertrags in begünstigte Personalgestellung und nicht begünstigte mittelbare Personalbewirtschaftung vgl. FG Hamburg vom 10.02.2009 (Az: 2 K 268/06, EFG 2009, 1067). Die Vermittlung der Personalgestellung kann nach § 4 Nr. 5 Buchst. a UStG steuerbefreit sein (vgl. Abschn. 8.1 Abs. 8 UStAE). Durch BMF-Schreiben vom 13.12.2017, Az: III C 3 – S 7015/16/10003, BStBl I 2017, 1667 wird die Liste in Abschn. 8.1 Abs. 7 UStAE um eine neue Nummer 6 ergänzt: »die Leistungen der Hafenbetriebe. Hierzu gehören alle Unternehmen, die Leistungen erbringen, die in unmittelbarem Zusammenhang mit der Zweckbestimmung eines Hafens stehen«.

Nach dem BMF-Schreiben vom 15.12.2008 (Az: IV B 9 – S 7155/07/10002, LEXinform 5208193) **34** kann die Vermietung, das Be- und Entladen, das Lagern und die Reparatur von **Seetransport-Containern** als Leistung im Zusammenhang mit Gegenständen angesehen werden, die für den unmittelbaren Bedarf der Schiffsladung bestimmt sind. Diese Leistungen können unter den weiteren Voraussetzungen des § 8 Abs. 1 Nr. 5 UStG steuerfrei sein (vgl. Abschn. 8.1 Abs. 7 S. 1 Nr. 12 UStAE).

Durch BMF-Schreiben vom 17.12.2012 (Az: IV D 3 – S 7115/12/10001, BStBl I 2012, 1260) **35** wurde Abschn. 8.1 Abs. 7 um eine neue Ziffer 12 (aktuell Nr. 13) ergänzt. Demnach fällt auch die **bewaffnete Sicherheitsbegleitung** unter § 8 Abs. 1 Nr. 5 UStG (vgl. LfSt Bayern vom 16.04.2012, Az: S 7155.2.1–2/9 St 33, UR 2012, 494).

Nach Abschn. 8.1 Abs. 7 S. 2 UStAE fallen auch die in Abschn. 8.2 Abs. 6 S. 4 und Abs. 7 UStAE **36** genannten Leistungen (z. B. Reinigung, Umschlagsleistungen) in den Anwendungsbereich der Vorschrift. Nicht begünstigt sind jedoch Leistungen, die nur mittelbar dem Bedarf von Wasserfahrzeugen dienen, z. B. die Beherbergung und Beköstigung von Besatzungsmitgliedern, die Beförderung von Besatzungsmitgliedern von und zum Schiff (vgl. Abschn. 8.1 Abs. 7 S. 2 UStAE i. V. m. Abschn. 8.2 Abs. 7 UStAE). Zur unmittelbaren Leistungserbringungan ein Unternehmen der Seeschifffahrt vgl. Rz. 18-18d (nicht unter die Vorschrift fällt nach älterer Rechtsprechung z. B. die Beförderung von Lotsen im Auftrag einer Wasser- und Schifffahrtsdirektion, da diese kein Unternehmen der Seeschifffahrt betreibt, BFH vom 06.12.2001, Az: V R 23/01, BStBl II 2002, 257; zum Lotsenversetzdienst vgl. FG Hamburg vom 29.08.2007, Az: 5 K 198/06, EFG 2008, 172, keine unmittelbare Leistungserbringung i. S. d. § 8 Abs. 1 Nr. 5 UStG).

2.2 Umsätze für die Luftfahrt

2.2.1 Umsätze von oder an Luftfahrzeugen (§ 8 Abs. 2 Nr. 1 UStG)

Umsätze für die Luftfahrt sind zunächst Lieferungen, Umbauten, Instandsetzungen, Wartungen, **37** Vercharterungen und Vermietungen von Luftfahrzeugen, die zur Verwendung durch Unternehmer bestimmt sind, die im entgeltlichen Luftverkehr überwiegend grenzüberschreitende Beförderungen oder Beförderungen auf ausschließlich im Ausland gelegenen Strecken und keine nach § 4 Nr. 17 Buchst. b UStG (vgl. Rn. 40) steuerfreien Beförderungen durchführen. Der **Begriff des Luftfahrzeugs** wird im Unterschied zu dem des Wasserfahrzeugs in § 8 Abs. 1 UStG (Verweisung auf die Regelungen des Zolltarifs) in der Vorschrift nicht näher definiert. Der danach grundsätzlich große Anwendungsbereich der Vorschrift (»alles was fliegt«) wird jedoch durch die weiteren Tatbestandsmerkmale wieder eingeengt, da die Luftfahrzeuge zur Verwendung in entsprechenden Unternehmen bestimmt sein müssen.

38 Bezüglich der Frage, ob die Umsätze **unmittelbar an ein Unternehmen der Luftfahrt** i. S. v. § 8 Abs. 2 Nr. 1 UStG erbracht werden müssen, vgl. Abschn. 8.2 Abs. 1 UStAE unter Verweisung auf Abschn. 8.1 Abs. 1–3 UStAE (vgl. Rn. 18–18d). Nicht unter die Steuerbefreiung fällt die Vermittlung der in § 8 Abs. 2 UStG genannten Umsätze, da es sich nicht um eine Leistung für den unmittelbaren Bedarf der Luftfahrzeuge handelt. Die Vermittlungsleistung kann jedoch unter § 4 Nr. 5 UStG fallen (vgl. Abschn. 8.2 Abs. 7 S. 2 Nr. 1 UStAE).

39 Die Steuerbefreiung nach § 8 Abs. 2 Nr. 1 UStG a. F. war bis zum 30.06.2013 (vgl. Rn. 5) davon abhängig, dass der Luftverkehrsunternehmer **keine steuerfreien Beförderungen nach § 4 Nr. 17 Buchst. b UStG** erbringt (= Beförderung von kranken und verletzten Personen mit Fahrzeugen, die hierfür besonders eingerichtet sind). Wegen weiterer Einzelheiten zur früheren Rechtslage vgl. die 4. Auflage.

40 Durch das **AmtshilfeRLUmsG** (vgl. Rn. 5) wurde § 8 Abs. 2 Nr. 1 UStG teilweise neu formuliert. Entfallen ist die Formulierung »...;keine nach § 4 Nr. 17 Buchstabe b steuerfreien Beförderungen durchführt«, die durch die Formulierung »... und nur in unbedeutendem Umfang nach § 4 Nummer 17 Buchstabe b steuerfreie, auf das Inland beschränkte Beförderungen durchführt« ersetzt wurde. Die Änderung geht auf das im Vermittlungsausschuss gescheiterte JStG 2013 (vgl. BT-Drucks. 17/10000 vom 19.06.2012) zurück; im Gesetzesentwurf des AmtshilfeRLUmsG noch nicht enthalten (vgl. BT-Drucks. 17/12375 vom 19.02.2013), wurde die Regelung im weiteren Verlauf des Gesetzgebungsverfahren, wie bereits durch das JStG 2013 angedacht, berücksichtigt (vgl. BT-Drucks. 17/12532 vom 27.02.2013 und 17/13722 vom 05.06.2013).

41 Während die bisherige Regelung das Vorliegen steuerbefreiter Krankentransporte als grundsätzlich schädlich beurteilte, hebt die Neufassung als Ausschlusskriterium auf rein inländische Krankentransporte ab, die von lediglich untergeordneter Bedeutung sein dürfen. Ausweislich der Gesetzesbegründung zum JStG 2013 (vgl. BT-Drucks. 17/10000 vom 19.06.2012, 74) soll dies zu einer Gleichstellung mit Unternehmen führen, die ausschließlich Krankentransporte im Sinne des § 4 Nr. 17 Buchst. b UStG durchführen. Nach der Neuregelung dürften grenzüberschreitende Krankentransporte – mangels Nennung im Gesetz – wohl unschädlich sein (vgl. BT-Drucks. 17/10000 vom 19.06.2012, 74).

42 Die Formulierung »... nur in unbedeutendem Umfang ...« wird als inhaltlich unbestimmter Rechtsbegriff zukünftig sicherlich die Gerichte beschäftigen. Ausweislich der Gesetzesbegründung zum JStG 2013 (vgl. BT-Drucks. 17/10000 vom 19.06.2012, 74) soll hier als Beurteilungsmaßstab das Vorjahr dienen, wobei auf Umsatzerlöse und/oder die Zahl der Flüge abgehoben werden könnte. Die »ausführende« Verwaltungsregelung ist mit BMF-Schreiben vom 13.09.2013 (Az: IV D 3 – S 7155-a/07/10002, BStBl I 2013, 1179) in Abschn. 8.2 Abs. 2 S. 2 UStAE eingefügt worden. Demnach soll eine 1 %-Grenze bezogen auf die Vorjahresumsätze bzw. die Zahl der Flüge im Vorjahr gelten.

43 Für die Steuerbefreiung des § 4 Nr. 2 UStG kommt es **nicht** darauf an, dass **der einzelne Umsatz** überwiegend im grenzüberschreitenden Luftverkehr oder ausschließlich auf ausländischen Strecken Verwendung findet. § 8 Abs. 2 Nr. 1 UStG betrachtet das **Luftverkehrsunternehmen als Gesamtheit**. Ist das Luftverkehrsunternehmen sowohl im internationalen Flugverkehr als auch im Binnenflugverkehr (= Inlandslinien) tätig, kommt es darauf an, welcher Anteil (gemessen an den Entgelten, vgl. Abschn. 8.2 Abs. 3 S. 2 UStAE) überwiegt. Überwiegt der Entgeltsanteil für den internationalen Flugverkehr, greift die Steuerbefreiung auch dann, wenn der Umsatz sich auf den Binnenflugverkehr bezieht (vgl. Abschn. 8.2 Abs. 3 S. 4 UStAE; zur Auslegung von Art. 15 Nr. 6, 7 und 9 der 6. EG-RL vgl. auch EuGH vom 16.09.2004, Rs. C-382/02, Cimber Air A/S/Dänemark, UR 2004, 528 – Bestätigung der Gesamtbetrachtung – die nicht internationale Betätigung muss spürbar weniger bedeutsam

sein als die internationale Tätigkeit – der Maßstab ist durch die nationalen Gerichte zu beurteilen – der Umsatz ist ein wichtiger Beurteilungsfaktor [ggf. von mehreren Faktoren]).

Nach Verwaltungsmeinung kann bei Luftverkehrsunternehmen mit **Sitz im Ausland** davon ausgegangen werden, dass sie § 8 Abs. 2 Nr. 1 UStG erfüllen und neuerdings auch (vgl. AmtshilfeRLUmsG), dass sie nur in unbedeutendem Umfang nach § 4 Nr. 17 Buchst. b UStG steuerfreie, auf das Inland beschränkte Beförderungen durchführen (vgl. Abschn. 8.2 Abs. 3 S. 5 UStAE). 44

Bezüglich der Luftverkehrsunternehmen, die ihren **Sitz im Inland** haben und die Voraussetzungen des § 8 Abs. 2 UStG erfüllen, veröffentlicht das BMF jährlich eine entsprechende Liste (vgl. Abschn. 8.2 Abs. 3 S. 6, 7 und Abs. 4 UStAE; aktuell: BMF vom21.12.2017, Az: III C 3 – S 7155-a/17/10001, BStBl I 2018, 79, Liste der Luftfahrtunternehmer zum Stand 01.01.2018). Für die Zeit bis zur Aufnahme in die durch das BMF jährlich veröffentlichte Liste erteilt das zuständige Finanzamt einen Bescheid über das Vorliegen der Voraussetzungen, der bis zum Ablauf des jeweiligen Kj. befristet ist. Der Unternehmer kann diesen Bescheid (Kopie) gegenüber den Unternehmern, die Eingangsleistungen ihm gegenüber erbringen, verwenden und diesen dadurch ermöglichen, den erforderlichen Buchnachweis über die Steuerfreiheit ihrer Leistungen zu führen (vgl. Abschn. 8.2 Abs. 4 UStAE). Nach Aufnahme in die Liste des BMF wird einmal jährlich durch die zuständige Finanzbehörde überprüft, ob die Voraussetzungen noch erfüllt werden. Entfällt danach die Aufnahme in die nächste Liste, können andere Unternehmer aus Vereinfachungsgründen noch bis zum Ablauf des Kj. davon ausgehen, dass das Unternehmen die Voraussetzungen erfüllt (vgl. Abschn. 8.2 Abs. 5 UStAE). 45

2.2.2 Ausrüstung von Luftfahrzeugen (§ 8 Abs. 2 Nr. 2 UStG)

Umsätze für die Luftfahrt sind auch die Lieferungen, Instandsetzungen, Wartungen und Vermietungen von Gegenständen, die zur Ausrüstung der in § 8 Abs. 2 Nr. 1 UStG bezeichneten Luftfahrzeuge bestimmt sind. Der Begriff »Ausrüstungsgegenstände« orientiert sich an der Auslegung zu § 8 Abs. 1 Nr. 2 UStG (s. Abschn. 8.2 Abs. 6 S. 1 UStAE). Die Gegenstände müssen nicht zur Ausrüstung eines bestimmten Luftfahrzeuges geliefert werden (vgl. Abschn. 8.2 Abs. 6 S. 2 UStAE). Erfolgt die Lieferung an ein Unternehmen der Luftfahrt i. S. d. Vorschrift, kann von einer entsprechenden Bestimmung ausgegangen werden. Zur Frage der Steuerbefreiung auf einer Vorstufe vgl. Rn. 18 – 18d. 46

Nach Verwaltungsauffassung zählen speziell nur für die Luftfahrt zu verwendende Container (z. B. für einen bestimmten Flugzeugtyp angefertigte Container) zu den Ausrüstungsgegenständen i. S. d. § 8 Abs. 2 Nr. 2 UStG; vgl. Abschn. 8.2 Abs. 6 S. 3 UStAE). 47

2.2.3 Versorgung von Luftfahrzeugen (§ 8 Abs. 2 Nr. 3 UStG)

Umsätze für die Luftfahrt sind ferner die Lieferungen von Gegenständen, die zur Versorgung der in § 8 Abs. 2 Nr. 1 UStG bezeichneten Luftfahrzeuge bestimmt sind. Der Begriff »Gegenstände zur Versorgung« orientiert sich an der Auslegung zu § 8 Abs. 1 Nr. 3 UStG (vgl. Abschn. 8.2 Abs. 6 S. 1 UStAE). Die Gegenstände müssen nicht für die Versorgung eines bestimmten Luftfahrzeuges geliefert werden (vgl. Abschn. 8.2 Abs. 6 S. 2 UStAE). 48

2.2.4 Andere Leistungen (§ 8 Abs. 2 Nr. 4 UStG)

49 Umsätze für die Luftfahrt sind auch andere als die in § 8 Abs. 2 Nr. 1 und 2 UStG bezeichneten sonstigen Leistungen, die für den unmittelbaren Bedarf der in § 8 Abs. 2 Nr. 1 UStG bezeichneten Luftfahrzeuge einschließlich ihrer Ausrüstungsgegenstände und ihrer Ladungen bestimmt sind. Zu den begünstigten sonstigen Leistungen zählen insbesondere (vgl. Abschn. 8.2 Abs. 6 S. 4 UStAE): Duldung der Flughafenbenutzung einschließlich Start- und Landeerlaubnis, Reinigung, Umschlagsleistungen auf Flughäfen, Leistungen der Havariekommissare, mit dem Flugbetrieb zusammenhängende sonstige Leistungen auf Flughäfen, z. B. das Schleppen von Flugzeugen, Standby-Leistungen selbständiger Piloten.

50 Nicht zu den begünstigten sonstigen Leistungen zählen (vgl. Abschn. 8.2 Abs. 7 UStAE), da die Leistungen nicht unmittelbar dem Bedarf von Luftfahrzeugen dienen: Vermittlungsleistungen, Hallenvermietung an Werftbetriebe, Leistungen an eine Luftfahrtbehörde für Zwecke der Luftaufsicht, Beherbergung und Beköstigung von Besatzungsmitgliedern, die Beförderung von Besatzungsmitgliedern, die Beherbergung und Beköstigung von Passagieren bei Flugunregelmäßigkeiten (zur Behandlung der Fluggesellschaft in diesen Fällen vgl. BMF vom 07.09.1988, Az: IV A 2 – S 7491-19/88, BStBl I 1988, 407 – Abgrenzung zur Reiseleistung nach § 25 UstG, vgl. die Kommentierung zu § 25)), die Beförderung von Passagieren zu einem Ausweichflughafen.

2.3 Nachweis

51 Der Unternehmer muss das Vorliegen der Voraussetzungen des § 8 Abs. 1 und 2 UStG nachweisen (§ 8 Abs. 3 S. 1 UStG). Es handelt sich nach § 18 UStDV (Ermächtigungsvorschrift in § 8 Abs. 3 S. 2 UStG) um einen Buchnachweis (vgl. Abschn. 8.3 Abs. 1 S. 1 UStAE). Die allgemeinen Anforderungen an den Buchnachweis entsprechen denen für Ausfuhrlieferungen (vgl. Abschn. 8.3 Abs. 1 S. 2 UStAE unter Verweisung auf Abschn. 6.10 Abs. 1–4 UStAE), insoweit wird auf die dortige Kommentierung verwiesen. Eine Ausnahmeregelung enthält Abschn. 8.3 Abs. 3 UStAE, wonach die Verwaltung es nicht beanstandet, wenn bei Reihengeschäften ein ausländischer Unternehmer den Nachweis nicht im Geltungsbereich der UStG erbringen kann.

52 Inhaltlich soll der Buchnachweis nach § 18 S. 1 UStDV, neben den Erfordernissen des § 13 Abs. 1 UStDV, die nach § 13 Abs. 2 Nr. 1 bis 4 UStDV geforderten Angaben entsprechend enthalten. Demnach umfasst der Buchnachweis Angaben über: Nr. 1 – handelsübliche Bezeichnung und Menge der gelieferten Gegenstände oder die Art und den Umfang der sonstigen Leistung; Nr. 2 – Name und Anschrift des Leistungsempfängers; Nr. 3 – Tag der Leistung; Nr. 4 – vereinbartes Entgelt oder vereinnahmtes Entgelt mit dem Tag der Vereinnahmung. Zusätzlich soll der Unternehmer nach § 18 S. 2 UStDV aufzeichnen, für welchen Zweck der Gegenstand der Lieferung oder die sonstige Leistung bestimmt ist. Dazu genügt ein Hinweis auf Urkunden, z. B. ein Schiffszertifikat, wenn sich aus diesen Unterlagen der Zweck eindeutig und leicht nachprüfbar ergibt (vgl. Abschn. 8.3 Abs. 2 S. 2 UStAE). Der Nachweis kann auch mittels einer Bescheinigung desjenigen geführt werden, bei dem der begünstigte Zweck verwirklicht werden soll (vgl. Abschn. 8.3 Abs. 2 S. 3 UStAE). Soll der begünstigte Zweck bei einem Dritten verwirklicht werden, sollen auch der Name und die Anschrift dieses Dritten aufgezeichnet werden (vgl. Abschn. 8.3 Abs. 2 S. 4 UStAE).

§ 9 UStG
Verzicht auf Steuerbefreiungen

(1) Der Unternehmer kann einen Umsatz, der nach § 4 Nr. 8 Buchstabe a bis g, Nr. 9 Buchstabe a, Nr. 12, 13 oder 19 steuerfrei ist, als steuerpflichtig behandeln, wenn der Umsatz an einen anderen Unternehmer für dessen Unternehmen ausgeführt wird.

(2) [1]Der Verzicht auf Steuerbefreiung nach Absatz 1 ist bei der Bestellung und Übertragung von Erbbaurechten (§ 4 Nr. 9 Buchstabe a), bei der Vermietung oder Verpachtung von Grundstücken (§ 4 Nr. 12 Satz 1 Buchstabe a) und bei den in § 4 Nr. 12 Satz 1 Buchstabe b und c bezeichneten Umsätzen nur zulässig, soweit der Leistungsempfänger das Grundstück ausschließlich für Umsätze verwendet oder zu verwenden beabsichtigt, die den Vorsteuerabzug nicht ausschließen. [2]Der Unternehmer hat die Voraussetzungen nachzuweisen.

(3) [1]Der Verzicht auf Steuerbefreiung nach Absatz 1 ist bei Lieferungen von Grundstücken (§ 4 Nr. 9 Buchstabe a) im Zwangsversteigerungsverfahren durch den Vollstreckungsschuldner an den Ersteher bis zur Aufforderung zur Abgabe von Geboten im Versteigerungstermin zulässig. [2]Bei anderen Umsätzen im Sinne von § 4 Nr. 9 Buchstabe a kann der Verzicht auf Steuerbefreiung nach Absatz 1 nur in dem gemäß § 311b Abs. 1 des Bürgerlichen Gesetzbuchs notariell zu beurkundenden Vertrag erklärt werden.

Literatur

Maunz/Zugmaier, Option zur Umsatzsteuer bei Bankdienstleistungen – Wie soll der Bankkunde reagieren?, NWB 2007, 713 (Fach 7, 6833). **Weimann**, Unternehmenskredite etc.: Soll der Mandant der zusätzlichen Fakturierung von Umsatzsteuer zustimmen?, UStB 2007, 207. **Weimann**, Umsatzsteuer in der Praxis, 16. Aufl. 2018, Kap. 16.2.3.

Verwaltungsanweisungen

BMF vom 25.09.2001, IV D 1 – S 7198 – 10/01, Verzicht auf die Steuerbefreiung nach § 9 Abs. 2 UStG; Vordruckmuster zur Überprüfung des Vorsteuerabzugs aus Baumaßnahmen, BStBl I 2001, 699.

BMF vom 31.03.2004, Az: IV D 1 – S 7279 – 107/04, Erweiterung der Steuerschuldnerschaft des Leistungsempfängers (§ 13 b UStG) auf alle Umsätze, die unter das Grunderwerbsteuergesetz fallen, und auf bestimmte Bauleistungen BStBl I 2004, 453.

BMF vom 09.05.2008, Az: IV A 5 – S 7300/07/0017, Verzicht auf die Steuerbefreiung und gesonderte und einheitliche Feststellung der auf die Gemeinschafter entfallenden Vorsteuer bei gemeinschaftlicher Auftragserteilung BStBl I 2008, 675.

BMF vom 01.10.2010, Az: IV D 3 – S 7198/09/10002, Anwendbarkeit des BFH-Urteils vom 10. Dezember 2008, XI R 1/08 BStBl I 2010, 768.

OFD Hannover vom 11.06.2008 (Grundstücksübertragung zwischen Angehörigen).

OFD Karlsruhe vom 16.02.2010 (Umsatzsteuerliche Behandlung der Verpachtung eines landwirtschaftlichen Betriebs oder Teilbetriebs).

OFD Karlsruhe vom 05.04.2011 (Verzicht auf die Umsatzsteuerbefreiung bei Grundstücksvermietungen nach § 9 Abs. 1 und 2 UStG).

BMF vom 23.10.2013, IV D 3 – S 7198/12/10002, 2013/0954206, Ausübung einer Option bei angenommener Geschäftsveräußerung im Ganzen, BStBl. I 2013, 1304).

BMF vom 02.08.2017, III C 3 – S 7198/16/10001, 2017/0665330, Zeitliche Grenze für die Erklärung des Verzichts auf die Steuerbefreiung und die Rücknahme des Verzichts, BStBl I 2017, 1240.

Hinweis: Zur Problematik der zeitlichen Geltungsdauer von BMF-Schreiben vgl. Einführung UStG, Rz. 100 ff.

Richtlinien/Hinweise/Verordnungen

UStAE: Abschn. 9.1, 9. 2.
MwStSystRL: Art. 137, Art. 391.

1 Allgemeines

1.1 Überblick über die Vorschrift/Gesetzeszweck

1 Für bestimmte durch § 4 UStG steuerbefreite Leistungen kann durch Optionsausübung auf die Steuerbefreiung verzichtet werden. Erbringt der Unternehmer steuerfreie Ausgangsleistungen, tritt für ihn nach § 15 Abs. 2 Nr. 1 UStG der Ausschluss vom Vorsteuerabzug für die durch ihn bezogenen Eingangsleistungen ein. Durch eine Option zur Steuerpflicht der Ausgangsleistungen nach § 9 UStG wird der Vorsteuerausschluss nach § 15 Abs. 2 Nr. 1 UStG aufgehoben, die Vorsteuer aus Eingangsleistungen wird abzugsfähig. Der unmittelbare Effekt der Vorschrift für den die Optionsmöglichkeit

nutzenden Unternehmer besteht demnach in der Erlangung der Vorsteuerabzugsmöglichkeit aus seinen Eingangsumsätzen. Durch die Vorschrift des § 9 UStG sollen Wettbewerbsverzerrungen vermieden werden, die dadurch eintreten können, dass der die grundsätzlich steuerfreie Leistung erbringende Unternehmer die ihm in Rechnung gestellte, bei ihm jedoch nicht abzugsfähige Vorsteuer dem in der Unternehmerkette nachfolgenden Unternehmer verdeckt über den Preis in Rechnung stellt und diesen dadurch zwingt, seine höheren Eingangskosten über die Kalkulation wiederum an nachfolgende Leistungsempfänger weiterzugeben oder zu Lasten seiner Gewinnmarge zu tragen. Ohne eine Optionsmöglichkeit wäre auch der Grundsatz des Mehrwertsteuersystems, dass die Umsatzsteuer innerhalb der Unternehmerkette neutral ist, infrage gestellt und eine verdeckte Kumulation der Umsatzsteuer möglich.

1.2 Rechtsentwicklung

Die Optionsmöglichkeiten des § 9 UStG waren bereits im UStG 1980 enthalten. Durch das 2. Haushaltsstrukturgesetz (2. HStruktG vom 22.12.1981, BGBl I 1981, 1523) wurde § 9 UStG um einen Satz 2 ergänzt, der die Option bei Vermietungsumsätzen ausschloss, sofern diese auf der Endstufe zu Wohnzwecken dienten oder zu dienen bestimmt waren. Das Steuerbereinigungsgesetz 1985 (StBereinG 1985 vom 14.12.1984, BGBl I 1984, 1493) dehnte die Beschränkung der Optionsmöglichkeiten weiter aus und übernahm die Regelungen in den neu angefügten Abs. 2 der Vorschrift, der durch das Missbrauchsbekämpfungs- und Steuerbereinigungsgesetz (StMBG vom 21.12.1993, BGBl I 1993, 2310) weiter verschärft wurde (Abheben auf die Vorsteuerabzugsberechtigung des Leistungsempfängers). Den zeitlichen Anwendungsbereich der stufenweise verschärften Optionsvoraussetzungen im Zusammenhang mit Gebäuden regelt § 27 Abs. 2 UStG (neu gefasst durch Art. 20 des StMBG ab 01.01.1994) in Abhängigkeit von Baubeginn/Fertigstellung des betreffenden Gebäudes. Durch das Steuerbereinigungsgesetz 1999 (StBereinG 1999 vom 22.12.1999, BGBl I 1999, 2601) ist in § 9 Abs. 1 UStG die Verweisung auf § 4 Nr. 8 Buchst. k UStG entfallen, da diese Norm zum 01.01.2000 ebenfalls durch das StBereinG 1999 aufgehoben wurde (vgl. hierzu § 25c Abs. 1 UStG, § 25c Abs. 3 UStG, Voraussetzungen des Verzichts auf die Steuerfreiheit). § 9 Abs. 3 UStG wurde durch das Steueränderungsgesetz 2001 (StÄndG 2001 vom 20.12.2001, BGBl I 2001, 3794) 01.01.2002 eingefügt (zeitliche Begrenzung der Option im Zwangsversteigerungsverfahren). Ergänzt um Satz 2 wurde § 9 Abs. 3 UStG durch das Haushaltsbegleitgesetz 2004 (HBeglG 2004 vom 29.12.2003, BGBl I 2003, 3076). Danach ist der Verzicht auf die Steuerbefreiung (Option zur Steuerpflicht) bei Grundstücksumsätzen i. S. d. § 4 Nr. 9 Buchst. a UStG außerhalb des Zwangsversteigerungsverfahrens zwingend im notariell zu beurkundenden Vertrag zu erklären. Diese Regelung steht im Zusammenhang mit dem Übergang der Steuerschuldnerschaft auf den Leistungsempfänger bei allen unter das GrEStG fallenden umsatzsteuerpflichtigen Umsätzen und soll den Leistungsempfänger vor einer nachträglichen Option des leistenden Unternehmers, durch die eine nachträgliche Steuerschuld beim Leistungsempfänger entstehen würde, schützen. 2

1.3 Geltungsbereich

1.3.1 Sachlicher Geltungsbereich

3 § 9 Abs. 1 UStG enthält eine **abschließende Aufzählung** der steuerbefreiten Leistungen, für die eine Option möglich ist. Für eine Steuerbefreiung, die in § 9 Abs. 1 UStG keine Erwähnung findet, scheidet eine Option zur Steuerpflicht aus. § 25c Abs. 3 UStG regelt für Umsätze mit Anlagegold außerhalb des § 9 UStG eine eigenständige Optionsmöglichkeit (seit 01.01.2000 im Zusammenhang mit der Aufhebung des § 4 Nr. 8 Buchst. k UStG, vgl. Rn. 2 und vgl. § 25c Rn. 20ff.).

1.3.2 Persönlicher Geltungsbereich

4 Nach § 9 Abs. 1 UStG kann der Unternehmer für einen nach den dort aufgelisteten Vorschriften steuerfreien Umsatz die Option zur Steuerpflicht erklären (Option: lat.: »freier Wille, freie Wahl«). Die Unternehmereigenschaft ergibt sich aus § 2 UStG (vgl. die Kommentierung zu § 2). Weitere Einschränkungen enthält die Norm nicht, ergeben sich aber für den Kleinunternehmer aus § 19 Abs. 1 S. 4 UStG (Nichtanwendung der Vorschriften über den Verzicht auf Steuerbefreiungen) sowie für den nach Durchschnittssätzen besteuernden land- und forstwirtschaftlichen Betrieb aus § 24 Abs. 1 S. 2, 2. HS UStG (§ 9 UStG findet keine Anwendung).

1.3.3 Zeitlicher Geltungsbereich

5 § 9 UStG gilt in der aktuellen Fassung seit 2004 (zur Rechtsentwicklung vgl. Rn. 2). Für die in § 9 Abs. 2 UStG geregelten Beschränkungen der Optionsmöglichkeiten regelt § 27 Abs. 2 UStG, dass die Vorschrift nicht anzuwenden ist, wenn das auf dem Grundstück errichtete Gebäude

1. Wohnzwecken dient oder zu dienen bestimmt ist und vor dem 01.04.1985 fertig gestellt worden ist,
2. anderen nichtunternehmerischen Zwecken dient oder zu dienen bestimmt ist und vor dem 01.01.1986 fertig gestellt worden ist,
3. anderen als in den Nr. 1 und 2 bezeichneten Zwecken dient oder zu dienen bestimmt ist und vor dem 01.01.1998 fertig gestellt worden ist, und wenn mit der Errichtung des Gebäudes in den Fällen der Nr. 1 und 2 vor dem 01.06.1984 und in den Fällen der Nr. 3 vor dem 11.11.1993 begonnen worden ist.

6 Die zeitliche Begrenzung der Option in Fällen der Zwangsversteigerung (§ 9 Abs. 3 S. 1 UStG) wurde m. W. v. 01.01.2002 eingeführt, die Optionsausübung im notariell beurkundeten Vertrag (§ 9 Abs. 3 S. 2 UStG) grundsätzlich seit 01.01.2004 (aber: vgl. Rn. 2).

1.4 Gemeinschaftsrechtliche Grundlagen und Verhältnis zu anderen Vorschriften

7 § 9 UStG beruht auf Art. 137 der MwStSystRL.

Neben den durch § 9 UStG eröffneten Optionsmöglichkeiten enthält § 25c Abs. 3 UStG unter den dort genannten Voraussetzungen weitere Optionsmöglichkeiten für Umsätze mit Anlagegold (vgl. § 25c Rn. 20ff.). 8

Die wesentliche Bedeutung der Vorschrift für die Praxis liegt in der Möglichkeit, mittels einer Option der Ausgangsumsätze zur Steuerpflicht in den Genuss des Vorsteuerabzugs (vgl. § 15 Abs. 2 Nr. 1 UStG) für Eingangsleistungen zu gelangen (vgl. Rn. 1). 9

1.5 Verhältnis zum Ertragsteuerrecht

Der durch eine Option nach § 9 UStG mögliche Vorsteuerabzug aus Eingangsleistungen wirkt sich ertragsteuerlich nach § 9b EStG auf die Höhe der Anschaffungs- oder Herstellungskosten und somit auf die Bemessungsgrundlage der Absetzung für Abnutzung (§ 7 EStG) aus. Nach § 9b Abs. 1 EStG gehört der Vorsteuerbetrag nach § 15 UStG, soweit er bei der Umsatzsteuer abgezogen werden kann, nicht zu den Anschaffungs- oder Herstellungskosten (§ 255 HGB; H 6.2 [Anschaffungskosten] und [Vorsteuerbeträge] EStH 2011; H 6.3 [Herstellungskosten] und [Vorsteuerbeträge] EStH 2011) des Wirtschaftsgutes, auf dessen Anschaffung oder Herstellung er entfällt (vgl. R 9b Abs. 1 EStR 2008). Wird z.B. bei Vermietungsumsätzen wirksam auf die Umsatzsteuerbefreiung verzichtet, sind die bei den Eingangsumsätzen in Rechnung gestellten Vorsteuerbeträge nach § 15 Abs. 1 Nr. 1 UStG abziehbar, die Bemessungsgrundlage der Absetzung für Abnutzung ermittelt sich »netto«, andernfalls »brutto«. Neben der ertragsteuerlichen Auswirkung auf Gewinn oder Überschuss durch die unterschiedliche Ermittlung der Anschaffungs- oder Herstellungskosten und der damit zusammenhängenden Berechnung der Absetzung für Abnutzung, ergeben sich Auswirkungen auf Gewinn oder Überschuss durch eine umsatzsteuerliche Option im Anwendungsbereich des § 11 EStG (vgl. H 9b [Gewinnermittlung nach § 4 Abs. 3 EStG und Ermittlung des Überschusses der Einnahmen über die Werbungskosten] EStH 2011). 10

2 Kommentierung

2.1 Die Tatbestandsmerkmale (Übersicht)

Nach § 9 Abs. 1 UStG kann 11

- ein Unternehmer,
- einen Umsatz, soweit er steuerbar ist,
- und unter eine der in der Vorschrift genannten Steuerbefreiungen fällt,
- als steuerpflichtig behandeln, wenn
- der Umsatz an einen anderen Unternehmer
- für dessen Unternehmen ausgeführt wird.

2.2 Option für steuerbare Umsätze

12 Auf eine Steuerfreiheit nach Abs. 1 kann für die im § 4 UStG genannten Umsätze nur verzichtet werden, wenn es sich um steuerbare Umsätze nach § 1 Abs. 1 Nr. 1 UStG handelt. So können Umsätze, die im Ausland ausgeführt werden, selbst wenn ein Verzicht nach § 9 UStG bei ihrer Ausführung im Inland möglich wäre, nicht als steuerpflichtig behandelt werden. Davon sind die Fälle der unentgeltlichen Wertabgabe (die fiktiven Lieferungen i. S. d. § 3 Abs. 1b UStG und die sonstigen Leistungen i. S. d. § 3 Abs. 9a UStG 2008, ehemals Eigenverbrauch), zu unterscheiden. Hier scheitert der Verzicht auf Steuerfreiheit schon deswegen, weil dieser Umsatz nicht wie in § 9 Abs. 1 UStG gefordert an einen anderen Unternehmer für dessen Unternehmen ausgeführt wurde. Es ist also zu prüfen, ob der Umsatz an einen Unternehmer ausgeführt wurde.

2.3 Der Unternehmer als Leistender

13 Grundsätzlich steht die Optionsmöglichkeit i. S. d. § 9 Abs. 1 UStG jedem Unternehmer zu, also auch Unternehmern, die im Ausland ansässig sind.

14 Ausnahmen gelten nur für Kleinunternehmer (§ 19 Abs. 1 S. 4 UStG; Abschn. 9.1 Abs. 2 S. 1 UStAE) und pauschalierende Land- und Forstwirte (§ 24 Abs. 1 S. 2 HS 2 UStG; Abschn. 9.1 Abs. 2 S. 2 UStAE), die nur bei Verzicht und damit mit Übergang zur Regelbesteuerung von § 9 Abs. 1 UStG Gebrauch machen können (§ 19 Abs. 2 bzw. § 24 Abs. 4 UStG). Vor- und Nachteile einer Option sollten immer geprüft werden; ein **Steuerbelastungsvergleich ist unabdingbar** (vgl. Weimann, Umsatzsteuer in der Praxis, 8. Aufl. 2010, Kap. 9). Bei hohen Anfangsinvestitionen oder bei Vertragsbeziehungen ausschließlich mit Firmenkunden kann eine Option sinnvoll sein, während bei überwiegender Kundenbeziehung mit Endverbrauchern eine Option eher nachteilig ist. Entscheidet sich der Kleinunternehmer oder der pauschalierende Land- und Forstwirt für eine Option, so ist er mindestens fünf Kalenderjahre daran gebunden.

2.4 Ein anderer Unternehmer als Leistungsempfänger

15 Leistungsempfänger der steuerbefreiten Leistung muss ein anderer Unternehmer sein. Dazu zählen auch Kleinunternehmer sowie pauschalierende Land- und Forstwirte. Damit scheidet § 9 UStG in den Fällen einer unentgeltlichen Wertabgabe aus (vgl. Abschn. 9.1 Abs. 2 S. 3 UStAE).

16 Die Unternehmereigenschaft muss bereits **im Zeitpunkt der Ausführung der Leistung** gegeben sein. Nach § 2 Abs. 1 UStG liegt die Unternehmereigenschaft des Leistungsempfängers bereits vor, wenn sich dieser noch in den Vorbereitungen seiner gewerblichen oder beruflichen Tätigkeit befindet. Voraussetzung in diesen Fällen ist entweder das Bestehen der ernsthaften Absicht, eine wirtschaftliche Tätigkeit zur Erzielung von steuerbaren Umsätzen durchzuführen, oder dass es später zu einer nachhaltigen Ausführung von entgeltlichen Leistungen kommt (vgl. EuGH vom 29.02.1996, Rs. C-110/94, INZO, BStBl II, 655, und vom 08.06.2000, Rs. C-400/98, Breitsohl, BStBl 2003 II, 452, und BFH vom 22.02.2001, Az: VR 77/96, BStBl II 2003, 426, und vom 08.03.2001, Az: V R 24/98, BStBl II 2003, 430 sowie Abschn. 2.6 Abs. 1 und 2 UStAE).

17 Die Verzichtsmöglichkeit für den leistenden Unternehmer beginnt oder endet mit dem Eintritt oder Wegfall der Unternehmereigenschaft. Die Unternehmereigenschaft endet mit dem letzten Tätigwerden. Der Zeitpunkt der Einstellung oder Abmeldung des Gewerbebetriebes ist dabei

unerheblich. Erst wenn der Unternehmer alle Rechtsbeziehungen abgewickelt hat, die mit dem (aufgegebenen) Unternehmen im Zusammenhang stehen, erlischt die Unternehmereigenschaft (vgl. Abschn. 2.6 Abs. 6 UStAE, BFH vom 21.04.1993, Az: XI R 50/90, BStBl II 1993, 696).

Endet die Unternehmereigenschaft durch den Tod des Unternehmers, so geht die Unternehmereigenschaft nicht automatisch auf die Erben über. In seinem Urteil vom 13.01.2010 hat der BFH jedoch entschieden, dass die Erben, die den Betrieb nicht fortführen, bei der Abwicklung wie Unternehmer zu behandeln sind. Somit spricht nichts dagegen, dass bei Erben, die das ererbte Unternehmen fortführen, der leistende Unternehmer gegenüber den als Unternehmer auftretenden Erben, wie vorher gegenüber dem Erblasser, von § 9 UStG Gebrauch machen kann.

2.5 Für das Unternehmen des Leistungsempfängers

Der Verzicht auf die Steuerfreiheit nach § 9 UStG kann nur für Umsätze erfolgen, die für das Unternehmen des Leistungsempfängers ausgeführt werden. Durch die Verwendung der Worte: ». . .für das Unternehmen. . .« wird die Verbindung zum Vorsteuerabzug gem. § 15 Abs. 1 UStG geschaffen, vgl. Ausführungen zu § 15 Abs. 1 Nr. 1 S. 1 UStG. 18

§ 9 Abs. 1 UStG fordert nicht zwingend, dass der Leistungsempfänger zum Vorsteuerabzug berechtigt ist. Die in § 9 Abs. 2 UStG aufgeführten Ausnahmen für Grundstücksnutzungen sind jedoch zu beachten. So gelten Umsätze auch dann für das Unternehmen des Leistungsempfängers als ausgeführt, wenn sie an Kleinunternehmer nach § 19 Abs. 1 UStG ausgeführt werden oder die empfangene Leistung zur Ausführung von Umsätzen verwendet wird, die den Vorsteuerabzug ausschließen. 19

§ 9 UStG verlangt auch nicht die ausschließliche Nutzung des Umsatzes bzw. der Teilleistung für das Unternehmen des Leistungsempfängers. Eine teilweise Verwendung für nichtunternehmerische Zwecke ist deshalb nicht schädlich (vgl. BFH vom 29.08.2002, Az: V R 40/01, BFH/NV 2003, 432). Die Zuordnungsentscheidung zu seinem Unternehmen trifft grundsätzlich der leistungsbeziehende Unternehmer (BFH vom 27.10.1993, Az: XI R 86/90, BStBl II 1994, 274). 20

Wird ein Gegenstand nur teilweise unternehmerisch genutzt, steht dem Leistungsempfänger das Wahlrecht zu, den Gegenstand insgesamt oder nur im Umfang der unternehmerischen Nutzung dem Unternehmensvermögen zuzuordnen. Entsprechend Art. 168a MwStSystRL ist jedoch nach § 15 Abs. 1b UStG ab dem 01.1.2011 der Vorsteuerabzug für den privat genutzten Grundstücksanteil ausgeschlossen. Somit kann es auch nicht zur Anwendung einer steuerpflichtigen unentgeltlichen Wertabgabe gem. § 3 Abs. 1b oder 9a UStG kommen. Der Grundstückslieferant kann § 9 UStG nur für den Teil des privat genutzten Grundstücks anwenden, den der Grundstückserwerber seinem Unternehmen zuordnet. Ordnet der Leistungsempfänger also nur einen Teil des Leistungsbezugs seinem Unternehmen zu, so ist eine Option nur möglich, soweit der Leistungsempfänger die Leistung für sein Unternehmen bezieht (BFH vom 28.02.1996, Az: XI R 70/90, BStBl II 1996, 459). 21

2.6 Fehlen der Voraussetzungen einer wirksamen Option

Ist der Leistungsempfänger kein Unternehmer und wird der Umsatz nicht für sein Unternehmen verwendet, so ist der Verzicht auf die Steuerbefreiung unwirksam. Die Option wird durch schlüssiges Verhalten, indem der leistende Unternehmer den Umsatz als steuerpflichtig behandelt, ausgedrückt. Bei Fehlen der Voraussetzungen schuldet nach § 14c Abs. 1 UStG der leistende 22

Unternehmer die ausgewiesene Steuer. Eine Rechnungsberichtigung ist nach § 14c Abs. 1 S. 2 UStG zulässig, die Rückgabe der falschen Rechnung jedoch nicht zwingend notwendig (BFH vom 25.10.1992, Az: V R 48/90, BStBl II 1993, 251). Die Berichtigung muss durch ein Dokument erfolgen, das spezifisch und eindeutig Bezug auf die vorher ausgestellte Rechnung nimmt, und kann nur vom Rechnungsaussteller selbst erfolgen (vgl. Abschn. 14.11 Abs. 1 und 2 UStAE). Kleinunternehmer und pauschalierende Landwirte, die nicht zur Regelbesteuerung optiert haben, dürfen nicht nach § 9 UStG optieren. Weisen sie die USt gesondert aus, schulden sie die USt nach § 14c Abs. 2 UStG.

23 Der leistende Unternehmer hat den Nachweis für das Bestehen der Optionsvoraussetzungen beim Leistungsempfänger zu erbringen. Möglich ist eine schriftliche Bestätigung durch den Leistungsempfänger.

2.7 Optionsfähige Umsätze

24 In § 9 Abs. 1 UStG sind die für eine Option zur Steuerpflicht in Frage kommenden Steuerbefreiungen **abschließend** aufgeführt. Im Umkehrschluss heißt das, dass wenn eine Steuerbefreiung im § 9 UStG nicht aufgeführt ist, der Verzicht auf die Steuerfreiheit oder die Möglichkeit zur Steuerpflicht nicht gegeben ist.

25 Auf folgende Steuerbefreiungen kann verzichtet werden:

- **§ 4 Nr. 8 Buchst. a UStG**: Gewährung und Vermittlung von Krediten,
- **§ 4 Nr. 8 Buchst. b UStG**: Umsätze und Vermittlung der Umsätze von gesetzlichen Zahlungsmitteln,
- **§ 4 Nr. 8 Buchst. c UStG**: Umsätze und die Vermittlung der Umsätze von Geldforderungen, ausgenommen die Einziehung der Forderungen,
- **§ 4 Nr. 8 Buchst. d UStG**: Umsätze und die Vermittlung der Umsätze im Einlagengeschäft, im Kontokorrentverkehr, im Zahlungs- und Überweisungsverkehr und das Inkasso von Handelspapieren,
- **§ 4 Nr. 8 Buchst. e UStG**: Umsätze und die Vermittlung der Umsätze von Wertpapieren, ausgenommen die Verwahrung und die Verwaltung von Wertpapieren,
- **§ 4 Nr. 8 Buchst. f UStG**: Umsätze und die Vermittlung der Umsätze von Anteilen an Gesellschaften und anderen Vereinigungen,
- **§ 4 Nr. 8 Buchst. g UStG**: Übernahme und die Vermittlung der Übernahme von Verbindlichkeiten, von Bürgschaften und anderen Sicherheiten.

  In der Einräumung der Optionsmöglichkeit für die in **§ 4 Nr. 8 Buchst. a bis g UStG** genannten Umsätze wird eine Regelung zu Gunsten der Kreditinstitute gesehen. Zwar führt der Ausweis der Umsatzsteuer durch die Bank zu keinem betrieblichen Zusatzertrag, da die vereinnahmte Umsatzsteuer an das Finanzamt abzuführen ist, aber im Bereich des Vorsteuerabzuges verschafft die Option den Banken, insbesondere bei größeren Investitionsvorhaben, einen Vorteil. Auf die Steuerbefreiung kann jedoch nur bei Leistungen an andere Unternehmer verzichtet werden. Da die Bank in der Regel nicht nachvollziehen kann, inwieweit ihre Kunden zum vollen, teilweisen oder nicht zum Vorsteuerabzug berechtigt sind, ist die Option in jedem Einzelfall auf ihre Zulässigkeit hin zu prüfen.
- **§ 4 Nr. 8 Buchst. k UStG**: weggefallen (Steuerbefreiung für Goldgeschäfte). Seit dem 01.01.2000 sind die Steuerbefreiungen für Anlagengold sowie deren Optionsmöglichkeiten in § 25c UStG neu geregelt.
- **§ 4 Nr. 9 Buchst. a UStG**: Umsätze, die unter das Grunderwerbsteuergesetz fallen.

Durch diese Steuerbefreiung soll die Doppelbelastung der Umsätze mit GrESt und USt vermieden werden. Die Option kann jedoch sinnvoll sein, wenn der Erwerber zum Vorsteuerabzug berechtigt ist. Die in der Rechnung zusätzlich ausgewiesene USt würde ihn wirtschaftlich nicht belasten. Für den Veräußerer kann der Vorteil darin bestehen, dass er die Rückzahlung erheblicher Vorsteuerbeträge nach § 15a Abs. 4 UStG aus der Herstellung oder Anschaffung des Gebäudes vermeiden kann, besonders wenn die Veräußerung kurz nach Erwerb oder Errichtung des Gebäudes erfolgt. Für Leistungen, die im Zusammenhang mit der Veräußerung stehen, z. B. Makler oder Gutachter, kann er die in Rechnung gestellte Vorsteuer abziehen.

- **§ 4 Nr. 12 Buchst. a UStG**: Vermietung und Verpachtung von Grundstücken und von bestimmten Rechten, die die Nutzung von Grund und Boden betreffen. Dazu gehören auch die in unmittelbarem wirtschaftlichen Zusammenhang stehenden üblichen Nebenleistungen (vgl. Abschn. 4.12.1 bis 4.12.10 UStAE). Auch hier ist die Option sinnvoll, wenn die Vermietung und Verpachtung an einen vorsteuerabzugsberechtigten Unternehmer erfolgt. Dem Vermieter oder Verpächter wird damit nicht nur der Abzug der Vorsteuern aus der laufenden Unterhaltung des Grundstücks, sondern auch der Abzug der Vorsteuern ermöglicht, die aus der Herstellung oder Anschaffung des Gebäudes stammen.
- **§ 4 Nr. 12 Buchst. b UStG**: Überlassung von Grundstücken und Grundstücksteilen zur Nutzung auf Grund eines auf Übertragung des Eigentums gerichteten Vertrages oder Vorvertrages (sog. Kaufanwartschaftsverhältnisse). Weil zwischen der Auflassung und der Eintragung des neuen Eigentümers in das Grundbuch meist ein längerer Zeitraum liegt, wird dem Kaufanwärter das Grundstück zur Nutzung überlassen. Die im Nutzungsvertrag vereinbarte Nutzungsgebühr ist ebenfalls steuerfrei.
- **§ 4 Nr. 12 Buchst. c UStG**: Bestellung, Übertragung und die Überlassung der Ausübung von dinglichen Nutzungsrechten an Grundstücken.
  Dingliche Nutzungsrechte an Grundstücken sind:
  - Nießbrauch (§ 1030 BGB),
  - Grunddienstbarkeit (§ 1018 BGB), beschränkt persönliche Dienstbarkeit (§ 1090 BGB),
  - Dingliches Wohnrecht (§ 1093 BGB),
  - Dauerwohnrecht (§ 31 WEG) und
  - Dauernutzungsrecht (§ 31 WEG).

  Dabei bleiben die Rechte des Eigentümers erhalten. Dem Nutzungsberechtigten wird hier lediglich der Besitz eingeräumt. Allen Rechten gemeinsam ist, dass das Recht dinglich gesichert, d.h. im Grundbuch eingetragen ist und gegen den jeweiligen Eigentümer des belasteten Grundstücks wirkt.
- Nach **§ 4 Nr. 12 S. 2 UStG** sind **nicht befreit** die Vermietung
  - von Wohn- und Schlafräumen zur kurzfristigen Beherbergung von Fremden,
  - von Plätzen zum Abstellen von Fahrzeugen,
  - die kurzfristige Vermietung auf Campingplätzen und
  - die Vermietung und Verpachtung Betriebsvorrichtungen, auch wenn sie wesentliche Bestandteile eines Grundstückes sind. Auch ohne Option sind diese Umsätze stets steuerpflichtig.
- **§ 4 Nr. 13 UStG**: Bestimmte Leistungen von Wohnungseigentümergemeinschaften.
  Im Rahmen ihrer Verwaltungsaufgaben erbringen die Wohnungseigentümergemeinschaften neben nicht steuerbaren Gemeinschaftsleistungen, die den Gesamtbelangen aller Mitglieder dienen, auch steuerbare Sonderleistungen an einzelne Mitglieder. Diese Sonderleistungen werden im Umlageverfahren zur Deckung der Kosten an die Wohnungs- Teileigentümer weiterberechnet. Diese Umlagen, wie z. B. die Lieferung von Wärme (Heizung), Wasser, die Leistungen der Müllabfuhr, Straßenreinigung sind das Entgelt für die steuerbaren Sonder-

leistungen und sind als selbständige Hauptleistungen anzusehen. Die Option ist also für jede dieser Leistungen getrennt möglich (Abschn. 4.13.1 UStAE). Die Eigentümergemeinschaft hat als leistender Unternehmer einstimmig über die Option zur Steuerpflicht zu entscheiden. Einzelne Miteigentümer, auch wenn sie Unternehmer sind, haben keinen Anspruch auf die Ausübung der Option (BayObLG vom 13.06.1996, Az: 2 Z BR 28/96, UR 1997, 481, Weimann/ Raudszus, UR 1997, 462 und 1999, 486).

- **§ 4 Nr. 19 Buchst. a und b UStG**: Umsätze von Blinden und Blindenwerkstätten. Auch hier ist eine Option zweckmäßig, wenn der Kundenkreis überwiegend aus zum vorsteuerabzugberechtigten Unternehmern besteht.

26 Für die in § 4 Nr. 9 Buchst. a, § 4 Nr. 12 Buchst. a bis c UStG aufgeführten Umsätze sind die Einschränkungen des § 9 Abs. 2 UStG zu beachten. Für alle Umsätze ist Voraussetzung, dass der Unternehmer das Grundstück für sein Unternehmen nutzt und ausschließlich für Umsätze verwendet oder zu verwenden beabsichtigt, die den Vorsteuerabzug nicht ausschließen Der verzichtende Unternehmer hat den Nachweis zu erbringen, dass diese Voraussetzungen beim Leistungsempfänger vorliegen. Dient die Nutzung nichtunternehmerischen oder anderen Zwecken, ist der Verzicht auf Steuerfreiheit nach § 9 Abs. 2 UStG ausgeschlossen. Die Übergangsregelung nach § 27 Abs. 2 UStG ist zu beachten (vgl. die Kommentierung zu § 4).

27 Für den Ausschluss der Option ist die Notwendigkeit der Steuerfreiheit der Umsätze Voraussetzung. Bereits steuerpflichtige Umsätze können nicht erst durch den Verzicht auf eine Steuerfreiheit steuerpflichtig werden. Deshalb sind die in § 4 Nr. 12 S. 2 UStG aufgeführten steuerpflichtigen Umsätze nicht von § 9 Abs. 2 UStG betroffen.

2.8 Einschränkungen des Verzichtes auf Steuerbefreiungen

2.8.1 Sachliche Einschränkungen

28 Nachdem zunächst geprüft wurde, ob nach § 9 Abs. 1 UStG die Tatbestandsvoraussetzungen für eine Steueroption überhaupt in Betracht kommen, ist nach § 9 Abs. 2 UStG eine Option nur insoweit zulässig, als bei

- der Bestellung und Übertragung von Erbbaurechten (§ 4 Nr. 9 Buchst. a UStG),
- bei der Vermietung und Verpachtung von Grundstücken (§ 4 Nr. 12 S. 1 Buchst. a UStG),
- den in § 4 Nr. 12 S. 1 Buchst. b und c UStG bezeichneten Umsätze

der Leistungsempfänger das Grundstück ausschließlich für Umsätze verwendet oder zu verwenden beabsichtigt, die den Vorsteuerabzug nicht ausschließen.

29 Unter den Begriff des Grundstücks fallen nicht nur Grundstücke insgesamt, sondern auch selbständig nutzbare Grundstücksteile, z.B. Wohnungen, gewerbliche Flächen, Büroräume, Praxisräume (Abschn. 9.2 Abs. 1 S. 2 UStAE). Soweit der Leistungsempfänger (Mieter) das Grundstück oder selbständig nutzbare Grundstücksteile ausschließlich für Umsätze verwendet, die zum Vorsteuerabzug berechtigen, kann der Vermieter weiterhin auf die Steuerbefreiung des einzelnen Umsatzes verzichten (Abschn. 9.2 Abs. 1 S. 3 UStAE). Bei der räumlich oder zeitlich unterschiedlichen Nutzung mehrerer Grundstücksteile ist die Frage der Option für jeden Grundstücksteil gesondert zu prüfen, wobei es unschädlich ist, wenn die Verwendung der Grundstücksteile zivilrechtlich in einem einheitlichen Vertrag geregelt ist. Ein Gesamtentgelt ist, ggf. im Wege der Schätzung, aufzuteilen (vgl. Abschn. 9.2 Abs. 1 S. 4–6 UStAE mit entsprechenden Beispielen).

Die unter den Voraussetzungen des § 9 Abs. 1 UStG mögliche Option ist auch dann zulässig, wenn der Leistungsempfänger ein Unternehmer ist, der seine abziehbaren Vorsteuerbeträge nach Durchschnittssätzen berechnet (§§ 23, 23a UStG), seine Umsätze nach den Durchschnittssätzen für land- und forstwirtschaftliche Betriebe versteuert (§ 24 UStG), Reiseleistungen i. S. d. § 25 UStG erbringt oder die Differenzbesteuerung nach § 25a UStG anwendet. Ist der Leistungsempfänger jedoch Kleinunternehmer nach § 19 Abs. 1 S. 1 UStG, ist eine Option unzulässig (Abschn. 9.2 Abs. 2 UStAE). 30

Wird das Grundstück oder werden einzelne Grundstücksteile sowohl zu Ausgangsumsätzen verwendet, die den Vorsteuerabzug zulassen, als auch zu Ausgangsumsätzen, die den Vorsteuerabzug ausschließen, ist zur Vermeidung von Härten ein Verzicht auf die Steuerbefreiung nur möglich, wenn die Vorsteuerausschlussumsätze des Mieters die **Bagatellgrenze** von 5 % im Besteuerungszeitraum (Kalenderjahr, § 16 Abs. 1 S. 2 UStG) nicht überschreiten. 31

Beispiel:
Der Vermieter (V) vermietet das Erdgeschoss eines mehrstöckigen Gebäudes an den Zeitschriftenhändler Z. Z tätigt neben den steuerpflichtigen Verkäufen von Zeitungen und Zeitschriften auch steuerfreie Verkäufe von Briefmarken (§ 4 Nr. 8 Buchst. i UStG).

Lösung:
V tätigt mit der Vermietung des Erdgeschosses an Z eine steuerfreie sonstige Leistung (§ 4 Nr. 12 Buchst. a UStG). V kann auf die Steuerbefreiung verzichten, wenn Z das Erdgeschoss nur in geringem Umfang zu Umsätzen verwendet, die den Vorsteuerabzug ausschließen. Von einer solchen geringfügigen Verwendung bei Z kann ausgegangen werden, wenn die Aufteilung der sowohl mit den steuerpflichtigen als auch mit den steuerfreien Umsätzen in wirtschaftlichem Zusammenhang stehenden Vorsteuerbeträge nach ihrer wirtschaftlichen Zuordnung im Besteuerungszeitraum zu einem Vorsteuerausschluss von höchstens 5 % führt.

Nachweispflichtig dafür, dass die Voraussetzungen für den Verzicht auf die Steuerbefreiung vorliegen, ist der Unternehmer (Vermieter). Dieser Nachweis kann formlos durch eine entsprechende Bestätigung des Mieters, durch den Mietvertrag selber oder durch andere Unterlagen erbracht werden. Die Schwierigkeit des Nachweises besteht darin, dass er sich auf Umstände bezieht, die nicht beim Unternehmer selbst, sondern beim Leistungsempfänger (Mieter) liegen. Maßgebend ist die tatsächliche oder die beabsichtigte Nutzung, nicht die vertraglich Vorgesehene. Solange sich die auf der Bestätigung basierenden Verhältnisse bei der Verwendung des Grundstückes durch den Mieter nicht geändert haben, braucht die Bestätigung des Mieters nicht wiederholt zu werden (vgl. Abschn. 9.2 Abs. 4 UStAE, im Einzelfall ggf. jährliche Bestätigung). 32

2.8.2 Zeitliche Einschränkungen

Nach § 27 Abs. 2 ist § 9 Abs. 2 UStG nicht anzuwenden, wenn das auf dem Grundstück errichtete Gebäude 33

1. Wohnzwecken dient oder zu dienen bestimmt ist und vor dem 01.04.1985 fertig gestellt worden ist,
2. anderen nichtunternehmerischen Zwecken dient oder zu dienen bestimmt ist und vor dem 01.01.1986 fertig gestellt worden ist,
3. anderen als in den Nr. 1 und 2 bezeichneten Zwecken dient oder zu dienen bestimmt ist und vor dem 01.01.1998 fertig gestellt worden ist,

und wenn mit der Errichtung des Gebäudes in den Fällen der Nr. 1 und 2 vor dem 01.06.1984 und in den Fällen der Nr. 3 vor dem 11.11.1993 begonnen worden ist (zur Rechtsentwicklung der Optionsbeschränkungen vgl. Rn. 2).

34 Dabei ist unter dem Beginn der Errichtung eines Gebäudes der Zeitpunkt zu verstehen, in dem entweder die Ausschachtungsarbeiten begonnen haben oder die Erteilung eines spezifizierten Bauauftrags an den Bauunternehmer erteilt wurde oder die Anfuhr von nicht unbedeutenden Mengen von Baumaterial auf dem Bauplatz stattgefunden hat. Es müssen nicht alle drei Voraussetzungen gleichzeitig vorliegen. Der Baubeginn ist der Zeitpunkt, zu dem eine der drei zuvor genannten Voraussetzung erstmalig vorlag (vgl. Abschn. 9.2 Abs. 5 UStAE; zur Auslegung des § 27 Abs. 2 Nr. 3 UStG vgl. OLG Düsseldorf vom 08.12.2005, Az: I – 10 U 146/01 rkr., DStRE 2007, 578 – weder Abschluss eines Architektenvertrags noch Einholung eines Schallschutzgutachtens ausreichend).

35 Gleiches gilt für Anbauten an einem Gebäude oder Aufstockungen eines Gebäudes, wenn dadurch ertragsteuerlich ein selbständiges Wirtschaftsgut entsteht oder das Gebäude durch nachträgliche Herstellungsarbeiten so umfassend saniert oder umgebaut wird, dass nach ertragsteuerlichen Grundsätzen ein anderes Wirtschaftsgut entsteht. Wann nach ertragsteuerlichen Grundsätzen ein neues Wirtschaftsgut entsteht, richtet sich nach H 7.3 EStH 2010, vgl. BFH vom 18.07.2003, Az: IV C 3 – S 2211 – 94/03, BStBl I, 386 (vgl. Abschn. 9.2 Abs. 6 UStAE).

36 Wird zeitnah mit dem Abbruch eines Gebäudes der Neubau begonnen, gilt der Abbruch als Beginn der Errichtung des neuen Gebäudes, wenn der Steuerpflichtige die Entscheidung zu bauen für sich bindend und unwiderruflich nach außen hin erkennbar macht, z. B. durch Nachweis einer Abbruchgenehmigung, die unter der Auflage erteilt wurde, zeitnah ein neues Gebäude zu errichten (Abschn. 9.2 Abs. 5 S. 3–6 UStAE). Abbrucharbeiten stellen nicht den Beginn der Errichtung eines Gebäudes dar, wenn zwischen den letzten Abbrucharbeiten und dem tatsächlichen Beginn von Errichtungsarbeiten ein Zeitraum von fast zehn Monaten liegt, vgl. BFH vom 22.02.2001, Az: V R77/96.

37 Diese Einschränkungen gelten nicht für sog. Altbauten (Baubeginn vor dem 01.06.1984 und Fertigstellung bis zum 01.01.1986). Für diese Bauten gelten keine besonderen gesetzlichen Beschränkungen der Option. Hinsichtlich des zeitlichen Anwendungsbereiches ist die Verfügung der OFD Erfurt vom 29.08.1994 (UVR 1994, 344) zu beachten.

2.9 Verzichtsausübung

38 Die Ausübung des Verzichts auf die Steuerbefreiung ist grundsätzlich an keine besondere Form und Frist gebunden (Abschn. 9.1 Abs. 3 S. 3 UStAE []. Wird der Umsatz des leistenden Unternehmers durch in der Rechnung offenen Steuerausweis als steuerpflichtig behandelt, gilt die Option als ausgeübt.

39 Bei Gutschriftsabrechnung durch den Leistungsempfänger kann der Verzicht dadurch bewirkt werden, dass der leistende Unternehmer dem in der Gutschrift gesondert ausgewiesenen Steuerbetrag nicht widerspricht. Der Verzicht kann auch in anderer Weise (z. B. durch schlüssiges Verhalten) erklärt werden, soweit aus den Erklärungen oder sonstigen Verlautbarungen, in die das gesamte Verhalten einzubeziehen ist, der Wille zum Verzicht eindeutig hervorgeht (BFH vom 16.07.1997, Az: XI R 94/96, BStBl II 1997, 670).

40 Teilleistungen werden wie selbständige Umsätze behandelt (vgl. Abschn. 12.1 Abs. 4 und Abschn. 13.4 Abs. 1 UStAE). Sie liegen vor, wenn eine nach wirtschaftlicher Betrachtungsweise teilbare Leistung nicht als Ganzes, sondern in Teilen geschuldet und das Entgelt dafür gesondert vereinbart wird. Für jede einzelne Teilleistung i. S. d. § 13 Abs. 1 Nr. 1 Buchst. a S. 2 und 3 UStG ist der Verzicht möglich. Voraussetzung ist jedoch, dass der Unternehmer den Gegenstand seinem Unternehmen zugeordnet hat (vgl. Abschn. 9.1 Abs. 5 UStAE). Ein gern genanntes Beispiel ist der zu zahlende Mietzins. Der Vermieter kann für jeden Mietzahlungszeitraum über den Verzicht

entscheiden, nicht nur nach einem Mieterwechsel (vgl. BFH vom 09.09.1993, Az: V R 42/91, BStBl II 1994, 269).

In den Fällen des § 13b Abs. 2 S. 1 Nr. 3 UStG kann die Option nicht durch den gesonderten Ausweis der Umsatzsteuer in der Rechnung erfolgen. Da hier nicht der leistende Unternehmer die Umsatzsteuer schuldet und er diese somit auch nicht gesondert in der Rechnung ausweisen darf. Steuerschuldner ist hier der Leistungsempfänger. Der Verzicht kann nur durch eine ausdrückliche im Kaufvertrag niedergelegte Willenserklärung erfolgen (vgl. Heidner in Bunjes, § 9 Rn. 21). 41

Die Erklärung der Option sowie deren Rücknahme sind zulässig, solange die Steuerfestsetzung für das Jahr der Leistungserbringung anfechtbar oder auf Grund eines Vorbehalts der Nachprüfung nach § 164 AO noch änderbar ist (vgl. Abschn. 9.1 Abs. 3 S. 1 UStAE in Fassung BMF vom 02.08.2017, a. a. O., unter Hinweis auf BFH vom 19.12.2013, V R 6/12 und V R 7/12, BStBl II 2017, 837, 841). Im Falle einer Organschaft ist der Organträger der umsatzsteuerliche Unternehmer (vgl. § 2 Abs. 2 Nr. 2 UStG) und zur Option befugt, wobei er sich ggf. seiner Organgesellschaften bedienen kann (vgl. Heidner in Bunjes, § 9 Rn. 22, Schwarz in V/S, § 9 Rn. 36). 42

Eine zeitliche Begrenzung der Optionsmöglichkeit für die Lieferung von Grundstücken (§ 4 Nr. 9 Buchst. a UStG) besteht jedoch nach § 9 Abs. 3 S. 1 UStG für Fälle des Zwangsversteigerungsverfahrens. Hier ist die Optionsausübung nur bis zur Aufforderung zur Abgabe von Geboten im Versteigerungstermin zulässig (vgl. Abschn. 9.2 Abs. 8 UStAE) und kann nur gegenüber dem Versteigerungsgericht erklärt werden. Da zu diesem Zeitpunkt weder der Leistungsempfänger feststeht noch ein Umsatz getätigt wurde. 43

Bei anderen Umsätzen nach § 4 Nr. 9 Buchst. a UStG muss nach § 9 Abs. 3 S. 2 UStG die Option im notariell zu beurkundenden Vertrag erklärt werden (vgl. Abschn. 9. 2. Abs. 9 UStAE). 44

2.10 Optionsumfang

2.10.1 Einzeloption

Der Unternehmer hat bei den in § 9 Abs. 1 UStG aufgeführten Steuerbefreiungen die Möglichkeit, seine Entscheidung für die Steuerpflicht bei jedem Umsatz einzeln zu treffen. Er kann also für jeden Umsatz einzeln optieren (vgl. Abschn. 9.1 Abs. 1 S. 2 UStAE). 45

Beispiel:

Ein Unternehmer (U) errichtet eine Lagerhalle und vermietet diese an einen anderen Unternehmer (M), der diese ausschließlich für Umsätze verwendet, die den Vorsteuerabzug nicht ausschließen.

Lösung:

U tätigt einen Vermietungsumsatz, der von der USt befreit ist (§ 4 Nr. 12 Buchst. a UStG). Die Frage der Option ist insgesamt für die Lagerhalle zu prüfen. U kann für die Vermietung der gesamten Lagerhalle auf die Steuerbefreiung verzichten, weil M die Lagerhalle ausschließlich für Umsätze verwendet, die zum Vorsteuerabzug berechtigen (§ 9 Abs. 2 UStG).

2.10.2 Teiloption

Bei der Lieferung vertretbarer Sachen, sowie bei aufteilbaren sonstigen Leistungen kann der Verzicht auf die Steuerbefreiung durch eine Teiloption begrenzt werden (vgl. Abschn. 9.1 Abs. 6 UStAE). 46

Beispiel:
Ein Unternehmer (U) errichtet ein zweigeschossiges Gebäude und vermietet das EG an einen Versicherungsmakler und das 1. OG an einen Rechtsanwalt. U tätigt Vermietungsumsätze, die von der USt befreit sind (§ 4 Nr. 12 Buchst. a UStG). Das EG und 1. OG sind selbständig nutzbare Grundstücksteile.

Lösung:
Die Frage der Option ist für jeden Grundstücksteil gesondert zu prüfen. Hinsichtlich des EG kann U nicht auf die Steuerbefreiung verzichten, weil der Versicherungsmakler die Räume für steuerfreie Umsätze (§ 4 Nr. 11 UStG) verwendet, die den Vorsteuerabzug ausschließen (§ 15 Abs. 2 UStG). U kann für das 1. OG auf die Steuerbefreiung verzichten, weil der Rechtsanwalt die Räume ausschließlich für Umsätze verwendet, die zum Vorsteuerabzug berechtigen (§ 9 Abs. 2 UStG).

47 Bei der Lieferung von Gebäuden kommt eine Teiloption, insbesondere bei unterschiedlichen Nutzungsarten der Gebäudeteile, in Betracht (vgl. Abschn. 9.1 Abs. 6 S. 2 UStAE und BFH vom 26.06.1996, Az: XI R 43/90, BStBl II 1997, 98). Eine Aufteilung nach räumlichen Gesichtspunkten ist zulässig, wenn unterschiedliche Funktionen vorliegen. Die bloße quotale Aufteilung (Beschränkung der Option auf 50 % der Umsätze) ist grundsätzlich nicht möglich (vgl. BFH vom 26.06.1996, Az: XI R 43/90, BStBl II 1997, 98).

48 Sowohl bei der Einzel- als auch bei der Teiloption werden Grund und Boden, sowie das aufstehende Gebäude immer als Einheit betrachtet, sodass eine Option des Gebäudes oder Gebäudeteils und des dazugehörigen Grund und Bodens für Zwecke der Umsatzsteuer nicht voneinander getrennt behandelt werden dürfen (vgl. EuGH vom 08.06.2000, Rs. C-400/98, Breitsohl, BStBl II 2003, 452).

2.11 Optionszeitpunkt

49 Sowohl die Option als auch ihr Widerruf ist nur bis zur formellen Bestandskraft der jeweiligen Jahressteuerfestsetzung zulässig (vgl. Abschn. 9.1 Abs. 3 S. 1 UStAE). Ein Verzicht auf die Steuerfreiheit kann auch bereits vor Ausübung des Umsatzes ausgeübt werden. Dem Unternehmer wurde damit der vorzeitige Vorsteuerabzug für Vorbezüge, mit deren Hilfe er den optionsfähigen Umsatz ausführen wollte, ermöglicht. Die Möglichkeit zur Option richtet sich danach, ob der Steuerpflichtige im Zeitpunkt der Ausführung der Leistung – aus seiner Sicht i. d. R. im Zeitpunkt des Leistungsbezugs – die durch objektive Anhaltspunkte belegte und in gutem Glauben gefasste Absicht hat, eine zu besteuerten Umsätzen führende wirtschaftliche Tätigkeit aufzunehmen (vgl. Heidner in Bunjes, § 9 Rn. 26). Es kommt somit auf die durch objektive Anhaltspunkte belegte und in gutem Glauben erklärte Optionsabsicht an und nicht auf die tatsächliche Ausführung eines steuerbefreiten Umsatzes, auf den zur Steuerpflicht hin optiert werden soll (Stichwort: »fehlgeschlagene Option«; vgl. EuGH vom 08.06.2000, Rs. C-400/98, Breitsohl, BStBl II 2003, 452 sowie das Folgeurteil des BFH vom 08.03.2001, Az: V R 24/98, BStBl II 2003, 430). Die Verwaltung hat sich mittlerweile der Rechtsprechung in Abschn. 9.1 Abs. 5 UStAE angeschlossen (unter Verweisung auf die BFH-Urteile vom 17.05.2001, Az: V R 38/00, BStBl II 2003, 434 und vom 22.03.2001, Az: V R 46/00, BStBl II 2003, 433).

50 Auch nach Ausführung des Umsatzes ist eine Option grundsätzlich noch möglich. Sie wirkt dann auf den Zeitpunkt der Steuerentstehung zurück und bewirkt rückwirkend, dass der Umsatz steuerpflichtig ist (vgl. BFH vom 23.10.2003, Az: V R 2/02, BFH/NV 2004, 239). Für den betreffenden Besteuerungszeitraum ist dann die Steuerfestsetzung zu ändern bzw. erstmals eine Steueranmeldung abzugeben. Der Verzicht auf die Steuerbefreiung ist jedoch nach Ablauf der Festsetzungsfrist nicht mehr möglich (vgl. BFH vom 25.01.1996, Az: V R 42/95, BStBl II 1996, 338).

2.12 Rechtsfolgen der Option

Wird auf die Steuerbefreiung wirksam verzichtet, wird der Ausgangsumsatz steuerpflichtig, mit der Folge, dass der leistende Unternehmer die Vorsteuerbeträge, die aus den Eingangsumsätzen resultieren und im Zusammenhang mit dem Ausgangsumsatz stehen, als Vorsteuer abziehen darf (vgl. § 15 Abs. 2 Nr. 1 UStG). Der leistende Unternehmer darf dem Leistungsempfänger eine Rechnung i. S. d. § 14 UStG stellen. Außerdem ermöglicht die Option dem Leistungsempfänger des Ausgangsumsatzes den Vorsteuerabzug, wenn bei diesem die Voraussetzungen des § 15 UStG vorliegen. Hat der Unternehmer im Zeitpunkt des Leistungsbezugs die durch objektive Anhaltspunkte belegbare Absicht, die Eingangsleistung zur Ausführung von Umsätzen zu verwenden, die den Vorsteuerabzug nicht ausschließen, steht ihm bereits der Vorsteuerabzug im Zeitpunkt des Leistungsbezugs (z. B. der Bauleistungen) zu und nicht im VZ der erstmaligen Verwendung (vgl. § 15 Rn. 93 ff.). 51

2.13 Widerrufsmöglichkeit und nachträgliche Änderung der Verhältnisse

Ein einmal ausgesprochener Verzicht auf die Steuerbefreiung kann auch wieder rückgängig gemacht werden (Abschn. 9.1 Abs. 4 S. 1 UStAE). Solange die Option selbst möglich wäre, kann wirksam der Verzicht widerrufen werden. Dabei ist zu beachten: 52

- Der Widerruf kann einseitig erfolgen (vgl. Abschn. 9.1 Abs. 4 S. 3).
- Die Rückgängigmachung wirkt auf das Jahr der Ausführung des Umsatzes zurück.
- Der leistende Unternehmer schuldet die dem Leistungsempfänger in Rechnung gestellte, aber nicht mehr geschuldete USt bis zur Rechnungsberichtigung nach § 14 c Abs. 1 UStG.
- Hatte der Unternehmer auf die Steuerfreiheit des Umsatzes dadurch verzichtet, dass er dem Leistungsempfänger den Umsatz unter gesondertem Ausweis der Umsatzsteuer in Rechnung gestellt hatte, kann er den Verzicht nur dadurch rückgängig machen, dass er dem Leistungsempfänger eine berichtigte Rechnung ohne Umsatzsteuer erteilt (BFH vom 01.02.2001, Az: V R 23/00, BStBl II 2003, 673).

Nach der Rechtsprechung des BFH erfasst § 14 c Abs. 1 UStG (bis 31.12.2003 § 14 Abs. 2 UStG a. F.) auch jene Fälle, in denen ein Unternehmer in einer Rechnung Umsatzsteuer für steuerfreie Umsätze gesondert ausgewiesen hatte und den darin liegenden Verzicht auf die Steuerbefreiung nachträglich zurücknimmt. Mit der Rückgängigmachung des Verzichts auf die Steuerbefreiung wird der in der ursprünglichen Rechnung ausgewiesene Steuerbetrag rückwirkend nicht mehr geschuldet. Der leistende Unternehmer schuldet die dem Leistungsempfänger in Rechnung gestellte, aber nicht mehr geschuldete Umsatzsteuer bis zur Rechnungsberichtigung nach § 14 c Abs. 1 UStG. Für die Berichtigung sind die engen Voraussetzungen des § 14 c Abs. 1 S. 3 UStG zu beachten (wegen weiterer Einzelheiten vgl. § 14 c). Einer Zustimmung des Leistungsempfängers zur Rückgängigmachung des Verzichtes bedarf es, soweit es andere Umsätze als Grundstücksumsätze betrifft, nicht (Abschn. 9.1 Abs. 4 S. 3 UStAE). Bei Grundstücksumsätzen sollte sich der Leistungsempfänger in einem zivilrechtlichen Vertrag entsprechend absichern (vgl. BFH vom 25.02.1993, Az: V R 78/88, BStBl II 1993, 777, und vom 11.08.1994, Az: XI R 57/93, BFH/NV 1995, 170). Beim Leistungsempfänger führt die Rückgängigmachung des Verzichts zur Korrektur seines Steuerbescheides nach § 175 Abs. 1 S. 1 Nr. 2 AO (vgl. BFH vom 06.10.2005, Az: V R 8/04, UR 2006, 466). 53

54 Wurde die Option nur für bestimmte Teilleistungen ausgeübt, so kann der Verzicht auch teilweise wieder rückgängig gemacht werden.

55 Wenn im Zeitpunkt der Ausführung des Umsatzes beim Leistungsempfänger die Verwendung noch ungewiss ist, so kann vorerst der gesamte Umsatz als steuerpflichtig behandelt und später den tatsächlichen Verhältnissen des Leistungsempfängers angepasst werden. Wenn die ernsthafte Absicht für eine Steuerpflicht besteht, ist diese fiktive Option vor Leistungserbringung möglich. Ändert sich diese Absicht, so ist nur für die nach diesem Zeitpunkt bezogenen Leistungen kein Vorsteuerabzug möglich. Die Vorsteuer muss für Leistungen, die vor diesem Zeitpunkt ausgeführt wurden, nicht rückgängig gemacht werden. Es kann jedoch eine Vorsteuerberichtigung nach § 15a UStG in Betracht kommen (vgl. BFH vom 17.05.2001, Az: V R 38/00, BFH/NV 2001, 1513 und BFH vom 16.05.2002, Az: V R 56/00, BFH/NV 2002, 1265, BFH vom 08.03.2001, Az: V R 24/98, BFH/NV 2001, 876).

56 Ändern sich nachträglich die Verhältnisse, die im Zeitpunkt der Option maßgebend waren, führt das von diesem Zeitpunkt an zur Unwirksamkeit der Option. Ein bereits vorgenommener Vorsteuerabzug muss im Rahmen des § 15a UStG rückgängig gemacht werden.

2.14 Maßgeblichkeit der in gutem Glauben gefassten Optionsabsicht

57 Für den Verzichtenden besteht hinsichtlich der Angaben des Leistungsempfängers kein Gutglaubensschutz. Dabei ist es unerheblich, ob der leistende Unternehmer irrtümlich angenommen hat, dass der Leistungsempfänger die Leistungen für sein Unternehmen verwendet, die den Vorsteuerabzug nicht ausschließen (z. B. in Fällen der Zwischenvermietung) oder ob die Voraussetzungen für eine wirksame Optionsausübung aus anderen Gründen (z. B. nach § 42 AO) nicht vorlagen. In jedem Fall schuldet der leistende Unternehmer ggf. offen ausgewiesene Umsatzsteuer.

2.15 Missbräuchliche Gestaltungen

58 Der Verzicht darf nicht auf andere nicht in § 9 Abs. 1 UStG genannten Steuerbefreiungen ausgedehnt werden, selbst dann nicht, wenn ein Verzicht wirtschaftlich sinnvoll wäre.

Beispiel:
Ein Unternehmer ist auch ehrenamtlich (§ 4 Nr. 26 UStG) tätig. Um die Vorsteuern nicht nach § 15 Abs. 4 UStG aufteilen zu müssen, möchte er sämtliche im Rahmen seines Unternehmens anfallenden Umsätze der Regelbesteuerung unterziehen.

Lösung:
Ein Verzicht nach § 9 UStG ist ausgeschlossen.

59 Speziell im Fall einer Vermietung einer Arztpraxis zwischen Ehegatten ist von der Rspr. vor Neufassung des § 9 Abs. 2 eine rechtsmissbräuchliche Vorschaltung (§ 42 AO) des Vermieter-Ehegatten bejaht worden, wenn dieser in einem überschaubaren Zeitraum die Aufwendungen für Zins und Tilgung der aufgenommenen Fremdmittel und für die Erhaltung des vermieteten Gegenstandes nicht aus der Miete und sonstigem eigenen Einkommen und Vermögen decken konnte und sich der Mieter-Ehegatte deshalb über die Zahlung der Miete und ggf. von Arbeitslohn hinaus in nicht unwesentlichem Umfang an diesen Aufwendungen beteiligen musste. Der überschaubare

Zeitraum beginnt mit der Vermietung und nicht mit dem Bau des Vermietungsobjektes (vgl. BFH vom 16.03.2000, Az: V R 9/99 (NV), BFH/NV 2000, 1254).

Zum Missbrauch rechtlicher Gestaltungsmöglichkeiten bei der Einschaltung von Personengesellschaften beim Erwerb oder der Errichtung von Betriebsgebäuden der Kreditinstitute vgl. Abschn. 9.2 Abs. 7 S. 3 UStAE sowie BMF vom 29.05.1992, Az: IV A 2 – 7300 – 63/92, BStBl I 1992, 378. **60**

2.16 Wirkung der Option im Zwangsversteigerungsverfahren

Durch das StÄndG 2001 vom 20.12.2001 (BGBl I 2001, 3794) ist § 9 UStG um einen Absatz 3 mit Wirkung ab 01.01.2002 erweitert worden. Die Neuregelung führt bei Lieferungen von Grundstücken durch den Vollstreckungsschuldner an den Ersteher zu einer zeitlichen Begrenzung für die Vornahme einer Option im Zwangsversteigerungsverfahren bis zur Aufforderung zur Abgabe von Geboten im Versteigerungstermin. Ausweislich der Gesetzesbegründung (vgl. BT-Drucks. 14/6877 vom 07.09.2001, 35) dient die Regelung der Verbesserung der Rechtssicherheit des Erwerbers eines Grundstücks und soll sicherstellen, dass dieser zum Zeitpunkt der Abgabe des Gebots bereits über die ggf. durch eine Option eintretende Mehrbelastung in Kenntnis ist (zur Rechtslage vor Einführung des § 9 Abs. 3 S. 1 UStG vgl. BFH vom 21.03.2002, Az: V R 62/01, BStBl II 2002, 559 – keine Option nach Verteilungstermin). Nicht nur § 9 UStG wurde durch das StÄndG erweitert, auch § 13b wurde in das UStG eingefügt. Nach § 13b Abs. 1 S. 1 Nr. 3 UStG schuldet im Falle der wirksamen Option nicht der liefernde Vollstreckungsschuldner, sondern der Ersteher als Leistungsempfänger die USt (vgl. § 27 Abs. 4 UStG Übergangsregelung). Voraussetzung ist jedoch, dass der Ersteher Unternehmer ist und das Grundstück für sein Unternehmen erwirbt. An der Rechtsstellung des Vollstreckungsschuldners (Leistenden) ändert die Steuerschuldnerschaft des Erstehers (Leistungsempfänger) grundsätzlich nichts. Es ist daher auch Sache des Vollstreckungsschuldners, die Option nach § 4 Nr. 9 Buchst. a UStG auszuüben. Wem gegenüber er den Verzicht auf die Steuerbefreiung erklären soll, regelt der Gesetzesgeber jedoch nicht. Zum Zeitpunkt der Abgabe der Gebote steht der Ersteher noch nicht fest. Die Verzichtserklärung kann somit nur gegenüber dem Vollstreckungsgericht (Versteigerer) abgegeben werden. Sie muss rechtzeitig erfolgen. **61**

Nach § 14a Abs. 5 S. 3 UStG darf der Vollstreckungsschuldner die USt nicht gesondert ausweisen. Die Gebote können somit nur Netto erfolgen. Der Nettobetrag ist Berechnungsgrundlage für das Meistangebot (BMF vom 05.12.2001, Az: IV D 1 – S 7279 – 5/01, BStBl I 2001, 1013, UR 2002, 103). Der Ersteher kann, da ihm nur ein Nettobetrag in Rechnung gestellt werden kann, die geschuldete USt nach § 13b Abs. 1 Nr. 3 UStG nach § 15 Abs. 1 S. 1 Nr. 4 UStG als Vorsteuer abziehen. Die Anwendung des § 9 UStG ist für den Vollstreckungsschuldner nur von Interesse, wenn er die Berichtigung des Vorsteuerabzugs nach § 15a UStG vermeiden kann, die ggf. wegen der steuerfreien Grundstückslieferung an den Ersteher notwendig werden würde. **62**

2.17 Nachweis- und Aufzeichnungspflichten

Der Nachweis der tatbestandsmäßigen Voraussetzungen des Verzichtes liegt beim Unternehmer, der auf die Steuerbefreiung verzichten will. Dieser Nachweis ist an keine besondere Form gebunden (Abschn. 9.2 Abs. 4 S. 2 UStAE). Mit dem Ausweis des Mehrwertsteuerbetrages in der Rechnung bringt der leistende Unternehmer den Verzicht auf die Steuerbefreiung zum Ausdruck. Nach § 22 **63**

Abs. 2 Nr. 1 S. 4 UStG muss aus den Aufzeichnungen hervorgehen, welche Umsätze der Unternehmer nach § 9 UStG als steuerpflichtig behandelt. Diese sind getrennt von den nicht steuerpflichtigen Umsätzen aufzuzeichnen. Wird eine Leistung, für die zur Steuerpflicht optiert wurde, zusammen mit einer steuerpflichtigen Leistung ausgeführt und für beide ein einheitliches Entgelt vereinbart, kann aus Vereinfachungsgründen darauf verzichtet werden, den auf die einzelne Leistung entfallenden Entgeltsteil zu errechnen und den Entgeltsteil, der auf die freiwillig versteuerte Leistung entfällt, gesondert aufzuzeichnen (Abschn. 9.1 Abs. 1 S. 3 i. V. m. Abschn. 22.2 Abs. 4 UStAE).

§ 10 UStG
Bemessungsgrundlage für Lieferungen, sonstige Leistungen und innergemeinschaftliche Erwerbe

(1) [1]Der Umsatz wird bei Lieferungen und sonstigen Leistungen (§ 1 Abs. 1 Nr. 1 Satz 1) und bei dem innergemeinschaftlichen Erwerb (§ 1 Abs. 1 Nr. 5) nach dem Entgelt bemessen. [2]Entgelt ist alles, was der Leistungsempfänger aufwendet, um die Leistung zu erhalten, jedoch abzüglich der Umsatzsteuer. [3]Zum Entgelt gehört auch, was ein anderer als der Leistungsempfänger dem Unternehmer für die Leistung gewährt. [4]Bei dem innergemeinschaftlichen Erwerb sind Verbrauchsteuern, die vom Erwerber geschuldet oder entrichtet werden, in die Bemessungsgrundlage einzubeziehen. [5]Bei Lieferungen und dem innergemeinschaftlichen Erwerb im Sinne des § 4 Nr. 4a Satz 1 Buchstabe a Satz 2 sind die Kosten für die Leistungen im Sinne des § 4 Nr. 4a Satz 1 Buchstabe b und die vom Auslagerer geschuldeten oder entrichteten Verbrauchsteuern in die Bemessungsgrundlage einzubeziehen. [6]Die Beträge, die der Unternehmer im Namen und für Rechnung eines anderen vereinnahmt und verausgabt (durchlaufende Posten), gehören nicht zum Entgelt.

(2) [1]Werden Rechte übertragen, die mit dem Besitz eines Pfandscheins verbunden sind, so gilt als vereinbartes Entgelt der Preis des Pfandscheins zuzüglich der Pfandsumme. [2]Beim Tausch (§ 3 Abs. 12 Satz 1), bei tauschähnlichen Umsätzen (§ 3 Abs. 12 Satz 2) und bei Hingabe an Zahlungs statt gilt der Wert jedes Umsatzes als Entgelt für den anderen Umsatz. [3]Die Umsatzsteuer gehört nicht zum Entgelt.

(3) (weggefallen)

(4) [1]Der Umsatz wird bemessen

1. bei dem Verbringen eines Gegenstands im Sinne des § 1a Abs. 2 und des § 3 Abs. 1a sowie bei Lieferungen im Sinne des § 3 Abs. 1b nach dem Einkaufspreis zuzüglich der Nebenkosten für den Gegenstand oder für einen gleichartigen Gegenstand oder mangels eines Einkaufspreises nach den Selbstkosten, jeweils zum Zeitpunkt des Umsatzes;
2. bei sonstigen Leistungen im Sinne des § 3 Abs. 9a Nr. 1 nach den bei der Ausführung dieser Umsätze entstandenen Ausgaben, soweit sie zum vollen oder teilweisen Vorsteuerabzug berechtigt haben. Zu diesen Ausgaben gehören auch die Anschaffungs- oder Herstellungskosten eines Wirtschaftsguts, soweit das Wirtschaftsgut dem Unternehmen zugeordnet ist und für die Erbringung der sonstigen Leistung verwendet wird. Betragen die Anschaffungs- oder Herstellungskosten mindestens 500 Euro, sind sie gleichmäßig auf einen Zeitraum zu verteilen, der dem für das Wirtschaftsgut maßgeblichen Berichtigungszeitraum nach § 15a entspricht;
3. bei sonstigen Leistungen im Sinne des § 3 Abs. 9a Nr. 2 nach den bei der Ausführung dieser Umsätze entstandenen Ausgaben. Satz 1 Nr. 2 Sätze 2 und 3 gilt entsprechend.

[2]Die Umsatzsteuer gehört nicht zur Bemessungsgrundlage.

(5) [1]Absatz 4 gilt entsprechend für

1. Lieferungen und sonstige Leistungen, die Körperschaften und Personenvereinigungen im Sinne des § 1 Abs. 1 Nr. 1 bis 5 des Körperschaftsteuergesetzes, nichtrechtsfähige Personenvereinigungen sowie Gemeinschaften im Rahmen ihres Unternehmens an ihre Anteilseigner, Gesellschafter, Mitglieder, Teilhaber oder diesen nahe stehende Personen sowie Einzelunternehmer an ihnen nahe stehende Personen ausführen;

2. Lieferungen und sonstige Leistungen, die ein Unternehmer an sein Personal oder dessen Angehörige auf Grund des Dienstverhältnisses ausführt,

wenn die Bemessungsgrundlage nach Absatz 4 das Entgelt nach Absatz 1 übersteigt; der Umsatz ist jedoch höchstens nach dem marktüblichen Entgelt zu bemessen. [2]Übersteigt das Entgelt nach Absatz 1 das marktübliche Entgelt, gilt Absatz 1.

(6) [1]Bei Beförderungen von Personen im Gelegenheitsverkehr mit Kraftomnibussen, die nicht im Inland zugelassen sind, tritt in den Fällen der Beförderungseinzelbesteuerung (§ 16 Abs. 5) an die Stelle des vereinbarten Entgelts ein Durchschnittsbeförderungsentgelt. [2]Das Durchschnittsbeförderungsentgelt ist nach der Zahl der beförderten Personen und der Zahl der Kilometer der Beförderungsstrecke im Inland (Personenkilometer) zu berechnen. [3]Das Bundesministerium der Finanzen kann mit Zustimmung des Bundesrates durch Rechtsverordnung das Durchschnittsbeförderungsentgelt je Personenkilometer festsetzen. [4]Das Durchschnittsbeförderungsentgelt muss zu einer Steuer führen, die nicht wesentlich von dem Betrag abweicht, der sich nach diesem Gesetz ohne Anwendung des Durchschnittsbeförderungsentgelts ergeben würde.

Literatur

Ammann, Pfandgeld bleibt Entgelt, aber wofür?, UR 2014, 681. **Avella/Gühring**, Überlassung von Arbeitskleidung an Arbeitnehmer und ihre umsatzsteuerliche Behandlung – Beratungshinweise und Handlungsempfehlungen für die Praxis, Stbg 2008, 59. **Beiser**, Aufteilung von Pauschalpreisen, UR 2010, 167. **Bodefeld**, Keine Entgeltsminderung durch Zwangsrabatte pharmazeutischer Unternehmen an private Krankenversicherungen, BD 2015, 2666. **Brill**, Hochrelevantes zur Umsatzsteuer/Zuschüsse, KÖSDI 2016, 19890. **Büchter-Hole**, Zahlungen aufgrund einer Mietgarantie sind umsatzsteuerlich als echter Schadensersatz zu werten, EFG 2009, 445. **Dünchheim,** Schwarze Lotteriewetten – Ein synthetisches Glücksspielprodukt und dessen rechtliche Determinanten, ZfWG 2018, 82. **Eilers/Junior**, Zugabe von Mobiltelefonen beim Abschluss eines Mobilfunkvertrags, UR 2013, 933. **Feil/Gundler**, Trennung von Entgelten bei einem pauschalen Gesamtverkaufspreis am Beispiel der Systemgastronomie, UR 2014, 1. **Feil/Polok**, Ermittlung der Höhe des Entgelts von Dritter Seite, UR 2015, 340. **Fest**, Umsatzbesteuerung von Zuschüssen an öffentliche Beteiligungsunternehmen, DStR 2011, 1293. **Fritz**, Umsatzsteuer auf Entschädigungszahlung des Mieters für unterlassene Instandhaltung, DStR 2010, 1826. **Göckl**, Umsatzsteuerliches Dilemma bei der Rückgabe von Leasinggegenständen, DStR 2011, 1305. **Grebe/Raudszus,** Die Mindestbemessungsgrundlage nach § 10 Abs. 5 UStG, UStB 2016, 250. **Grube**, Überzahlungen oder Doppelzahlungen eines Kunden als Entgelt i. S. v. § 10 Abs. 1 Satz 2 UStG, jurisPR-SteuerR 2/2008, Anm. 6. **Gurtner/Pichler**, Umsatzsteuerliche Behandlung von Über- und Doppelzahlungen, SWK Steuern 2008, 296. **Hoffmann**, Substance over form bei der Umsatzsteuerung von Garantien, StuB 2009, 479. **Hummel**, Entgelt als BMG im UStG, UR 2015, 340. **Huschens**, Kunden- und Bonuskarten im Einzelhandel, UVR 2012, 220. **Ismer**, Die mehrwertsteuerliche BMG bei Glückspielen, MwStR 2016, 99. **Jacobs**, Minderwertausgleich beim Leasing, NWB 2011, 2700. **Korn**, Forderungskauf im Umsatzsteuerrecht – Steuerbarkeit und Gestaltungsmöglichkeiten, GWR 2012, 285. **Krieg,** Minderung der umsatzsteuerlichen Bemessungsgrundlage durch Rabattzahlungen im System der privaten Krankenversicherung, DStR 2018, 509. **Moorkamp**, Der nicht umsatzsteuerbare Zuschuss am Beispiel der Marktprämie nach § 33g EEG, StuB 2013, 179. **Müller**, Umsatzsteuer bei werkvertraglicher Entschädigung, LMK 2008, 259363. **Nieskens**, Verkauf von Wertgutscheinen, UR 2010, 893. **Noack**, Umsatzbesteuerung von Zuschüssen an öffentliche Beteiligungsunternehmen – Replik zu Fest, DStR 2011, 2027. **Noack**, Umsatzsteuer auf Fördermittel, DStR 2013, 343. **Noack/Kuntz**, Umsatzbesteuerung von »Übernahme«-Leistungen (zu Abschn. 10.2 Abs. 2 UStAE, UR 2013, 486. **Pfefferle/Renz**, Eingeschränkte Anwendung der umsatzsteuerlichen Mindestbemessungsgrundlage, NWB 2012, 3311. **Posegga**, Anzahlungen auch bei nicht erbrachten Leistungen umsatzsteuerpflichtig?, UR 2012, 737. **Prätzler**, Umsatzsteuer beim Erwerb zahlungsgestörter Forderungen, jurisPR-SteuerR 14/2012 Anm. 5. **Prätzler/Stuber**, Entgelt im umsatzsteuerlichen Sinn bei Zahlungen eines Dritten, UStB 2013, 94. **Prätzler/Stuber**, Entgeltsminderung bei Preisnachlass in mehrstufiger Lieferkette und Reverse-Charge – ein Diskussionsbeitrag, MwStR 2016, 286. **Raudszus/Wagner**, Die Mindestbemessungsgrundlage in § 10 Abs. 5 UStG, UStB 2008, 314. **Renz/Pfefferle**, Umsatzsteuerliche Behandlung von Zuschüssen im kommunalen Bereich, NWB 2016, 1961. **Röthel/Konold**, Umsatzsteuer im Sponsoring unter Berücksichtigung der aktuellen BFH- und EuGH-Rechtsprechung, DStR 2009, 15. **Schenke**, Bestimmung der umsatzsteuerrechtlichen BMG von Online-Glückspielen im Zuge des Kroatien-AnpG, UR 2016, 253. **Schmittmann**, BMF bei Spielautomaten, StuB 2010, 553. **Seifert**, Umsatzsteuerliche Bemessungsgrundlage beim »echten« Factoring, StuB 2010, 110. **Seifert**, Geteilter Umsatzsteuersatz und Aufteilungsmaßstab, StuB 2013, 428. **Schneider**, Nochmals: Umsatzsteuer auf Auslagen des Rechtsanwalts – zu Buhmann/Woldrich, DStR 2008, 759. **Schmittmann,** Update: Besteuerung von Umsätzen und Gewinnen aus Glücks- und Geschicklichkeitsspielen 2017, ZfWG 2018, 89. **Stadie**, Minderwertausgleich beim Leasing, UR 2011, 801, 2700. **Sterzinger**, Umsatzsteuerliche Probleme beim Einsatz von Kundenkarten, UR 2009, 577. **Tehler**, Privilegierung sich selbst versorgender Unternehmer in der Umsatzsteuer?, UR 2013, 71. **Thimm**, Tauschähnlicher Umsatz – Anpassungsbedarf für Entsorgungsunternehmen, AbfallR 2009, 87. **Wagner**, Überlassung von Werbemobilen an soziale Institutionen, Sportvereine und Kommunen, ZKF 2012, 36. **Wagner**, Keine Mindestbesteuerung bei Umsätzen zwischen Unternehmen mit VorStAbzug, UVR 2012, 216. **Weimann**, TÜV-Abnahmen, Überführung und Zulassung: durchlaufende Posten der Autohäuser?, UStB 2009, 21. **Weimann**, Verkauf von Feinstaubplaketten als eigene Leistung der Autohäuser und Kfz-Werkstätten, UStB 2009, 143. **Weimann**, Verdeckter Preisnachlass durch Inzahlungnahme eines Gebrauchtfahrzeugs, UStB 2010, 61. **Weimann**, Instandhaltungsplicht: Zahlungen des Mieters sind kein Entgelt, UStB 2010, 349. **Weimann**, Forderungsverkauf bleibt ohne Auswirkung auf das Entgelt, UStB 2012, 29. **Wohlfahrt**, Verkauf von Prepaid-Calling-Cards als Agenturgeschäft, Anm. zu FG Baden-Württemberg vom 19.10.2009, Az: 9 K 447/06, UStB 2010, 136.

Verwaltungsanweisungen
BMF vom 01.04.2009, Az: IV B 8 – S 7124/07/10002, BStBl I 2009, 523.
LfSt Bayern vom 15.10.2009, Az: S 7206.2.1-2/4 St 34, DStR 2009, 2255.
BMF vom 19.10.2009, Az: IV B 8 – S 7200/07/10010, UR 2010, 239.
BMF vom 11.12.2009, Az: IV A 4 – S 154710, UR 2010, 159.
OFD Frankfurt a.M. vom 22.01.2010, Az: S 7200 A – 215 – St 111, UR 2010, 630.
OFD Frankfurt a.M. vom 24.06.2010, Az: S 7100 A – 228 – St 110, UR 2011, 522, UStB 2011, 302.
OFD Karlsruhe vom 05.04.2011, Az: S 7100, UR 2011, 517.
OFD Frankfurt a.M. vom 08.02.2011, Az: S 7200 A – 254 – St 111, DStR 2011, 675.
OFD Karlsruhe vom 25.08.2011, Az: S 7200, Karte 15, UR 2012, 123 (Totholzentschädigung).
BMF vom 28.09.2011, Az: IV D 2 – S 7100/09/10003:002, BStBl I 2011, 935.
LFD Thüringen vom 13.12.2011, Az: S 7200 A – 75 – A 5.14, UR 2012, 495. (Tourismusförderabgabe).
OFD Magdeburg vom 29.11.2011, Az: S 7200– 168 – St 244, UR 2012, 413 (Kunden- und Bonuskarten).
OFD Karlsruhe vom 28.02.2012, Az: USt-Kartei BW § 17 UStG S 7330 Karte 2.
OFD Karlsruhe vom 28.02.2012, USt-Kartei BW § 10 UStG S 7200 Karte 16.
OFD Karlsruhe vom 28.02.2012, Az: USt-Kartei S 7100 Karte 9, UR 2012, 895.
BMF vom 20.09.2012, Az: IV D 2 – S 7203/07/10002:004, BStBl I 2012, 944.
OFD Frankfurt a.M. vom 31.10.2012, Az: S 7200 A– 180 – St 111, FMNR541310012.
BMF vom 06.11.2012, Az: IV D 2 – S 7124/12/10002, BStBl I 2012, 1095.
BMF vom 14.11.2012, Az: IV D 2 – S 7200/08/10005, BStBl I 2012, 1170.
BMF vom 14.12.2012, Az: IV A 4 – S 1547/0:001, BStBl I 2012, 1247.
OFD Karlsruhe vom 15.01.2013, S 7100, FMNR062070013.
BMF vom 01.02.2013, Az: IV D 2 – S 7200/07/10010:017, UR 2013, 239.
BMF vom 26.03.2013, Az: IV D 2 – S 7124/07/10002, BStBl I 2013, 450.
OFD Frankfurt vom 29.04.2013, Az: S 7119A – 7 – St 110, UR 2013, 443.
BMF vom 24.09.2013, Az: IV D 2 – S 7100/09/10003:002, BStBl I 2013, 1219.
BMF vom 05.11.2013, Az: IV D 2 – S 7200/07/10022:001, BStBl I 2013, 1386.
BMF vom 16.12.2013, Az: IV D 2 – S 7200/07/10022:001, BStBl I 2013, 1638.
BMF vom 21.11.2013, Az: S 7203/07/10002:004, BStBl I 2013, 1583.
BMF vom 16.12.2013, Az: IV A 4 – S 1547/13/10001-01, BStBl I 2013, 1608.
BMF vom 06.02.2014, Az: IV D 2 – S 7100/07/10001, BStBl I 2014, 267.
BMF vom 05.06.2014, Az: IV D 2 – S 7300/07/10002:001, BStBl I 2014, 896.
BMF vom 12.06.2014, Az: IV D 2 – S 7200/07/10022:001, BStBl I 2014, 909.
OFD Frankfurt/M vom 27.01.2015, Az. S 7100 A-68-St 110, FMNR0fd310015, UR 2015, 641.
OFD Niedersachsen vom 31.03.2015, Az. S 7200-283-St 171, FMNR18d370015, UR 2015 487.
BMF vom 16.12.2015, Az: IV A 4 – S 1547/13/10001-01, BStBl I 2015, 1084.
OFD Frankfurt/M vom 24.02.2016, Az: S 7104 A-083-St 110, FMNR18d310015, UR 2016, 374.
Hinweis: Zur Problematik der zeitlichen Geltungsdauer von BMF-Schreiben vgl. Einführung UStG, Rz. 100 ff.

Richtlinien/Hinweise/Verordnungen
UStAE: Abschn. 10.1–10. 8.
MwStSystRL: Art. 72 ff.
UStDV: § 25.

1 Allgemeines

1.1 Überblick über die Vorschrift

1 Nach § 1 Abs. 1 UStG unterliegen der USt die dort genannten **Umsätze** wie Lieferungen und sonstige Leistungen, die Einfuhr sowie der i. g. Erwerb.

2 Der Begriff Umsatz bedarf dabei einer Definition, damit auf seiner Grundlage die USt bemessen werden kann. Diese Definition und damit die Bemessungsgrundlage für die USt liefert grundsätz-

lich die Vorschrift des § 10 UStG, weshalb sie zu einer der zentralen Vorschriften des Umsatzsteuerrechts zählt.

1.2 Rechtsentwicklung

§ 10 UStG basiert auf Art. 72 ff. MwStSystRL/Art. 11 der 6. EG-RL. Nach mehreren Änderungen seit 1980 gilt § 10 UStG nunmehr weitestgehend als mit dem Gemeinschaftsrecht übereinstimmend (vgl. Rn. 10). Durch das Steueränderungsgesetz 2003 (StÄndG 2003, Gesetz vom 15.12.2003, BGBl I 2003, 2645) wurden in § 10 Abs. 1 UStG S. 5 eingefügt (Regelung zum Umsatzsteuerlager) sowie in § 10 Abs. 4 S. 1 Nr. 2 und Nr. 3 UStG redaktionelle Anpassungen vorgenommen. Mit der Änderung (Gesetz zur Umsetzung von EU-RL in nationales Steuerrecht und zur Änderung weiterer Vorschriften [Richtlinien-Umsetzungsgesetz – EURLUmsG vom 09.12.2004, BGBl I 2004, 3310], anzuwenden ab dem 01.07.2004) wurden 3

- § 10 Abs. 4 S. 1 Nr. 2 UStG neu gefasst (vgl. Rn. 120 ff.) sowie
- § 10 Abs. 4 S. 1 Nr. 3 S. 2 UStG redaktionell angepasst.

Durch das Gesetz zur Anpassung des nationalen Steuerrechts an den Beitritt Kroatiens zur EU und zur Änderung weiterer steuerlicher Vorschriften (Kroatien-AnpG vom 25.07.2014, BStBl I 2014, 1266) wurde § 10 Abs. 5 UStG an die aktuelle Rechtsprechung angepasst.

Änderungen durch das JStG 2018 (Referentenentwurf) sind zum 1.1.2019 geplant bzgl. der Umsetzung der »Gutscheinrichtlinie« und des Entgeltsbegriffs – materiell rechtliche Änderungen der nationalen Handhabe sind hiermit im Wesentlichen nicht verbunden.

1.3 Geltungsbereich

1.3.1 Sachlicher Geltungsbereich

§ 10 UStG bestimmt die Bemessungsgrundlage für die überwiegende Anzahl der steuerbaren Umsätze aus § 1 UStG. Lediglich für die Einfuhr enthält § 11 UStG die entsprechenden Bestimmungen. Daneben enthalten die § 25 Abs. 3 UStG (Reiseleistungen), § 25a UStG (Gebrauchtwaren) und § 25b Abs. 4 UStG (i. g. Dreiecksgeschäft) noch spezielle Ausnahmeregelungen zur Bemessungsgrundlage. Fraglich ist zurzeit, wie die Bemessungsgrundlage im Bereich des § 25a UStG (Differenzbesteuerung) zu bilden ist. Dem EuGH (Az. C-388/18) hat der BFH (Az. XI R 7/16) mit Vorabentscheidungsersuchen vom 07.02.2018 folgende Frage gestellt: »Ist in Fällen der Differenzbesteuerung die MwStSystRL dahingehend auszulegen, dass für die Bemessung des danach maßgeblichen Umsatzes bei der Lieferung von Gegenständen auf die Differenz zwischen dem geforderten Verkaufspreis und dem Einkaufspreis (Handelsspanne) abzustellen ist?« Die Frage stellt sich für die Ermittlung der Gesamtumsatzgrenze für den Kleinunternehmer (17.500 € gem. § 19 Abs. 1 und 3 UStG). Sind die Einnahmen maßgeblich oder die Differenz zwischen Einnahmen und Ausgaben? 4

1.3.2 Persönlicher Geltungsbereich

5 Die Bestimmungen zur Bemessungsgrundlage sind insbesondere bedeutsam für Unternehmer mit deren steuerbaren Lieferungen, sonstigen Leistungen und unentgeltlichen Wertabgaben. Nichtunternehmer haben zur Umsatzsteuerabführung eine Bemessungsgrundlage zu ermitteln, z. B. beim i. g. Erwerb neuer Fahrzeuge, beim Wechsel der Steuerschuldnerschaft in Fällen des § 13b Abs. 2 S. 1 UStG für nicht unternehmerisch tätige juristische Personen des öffentlichen Rechts.

1.4 Gemeinschaftsrechtliche Grundlagen und Verhältnis zu anderen Vorschriften

6 Als eine zentrale Definitionsvorschrift für die Bemessungsgrundlage sind die Verknüpfungen zu anderen Vorschriften insbesondere des Umsatzsteuerrechts naturgemäß zahlreich (zu weiteren Vorschriften bei speziellen Ausnahmeregelungen zur Bemessungsgrundlage vgl. Rn. 4). Hervorzuheben ist das Verhältnis zu § 12 UStG, da in diesem die Ausführungen zum Steuersatz erfolgen und zu § 4 UStG, da dort die überwiegende Anzahl der Steuerbefreiungen geregelt ist. Aus dem Wissen um diese drei Vorschriften ergibt sich letztlich der Zahlungsbetrag, den der Leistungsempfänger zu entrichten hat.

7 Auch der Entgeltbegriff in § 4 Nr. 18 Buchst. c UStG ist identisch mit dem in § 10 Abs. 1 UStG (Kossack in: Offerhaus/Söhn/Lange, UStG, § 4 Nr. 18, Rn. 32 und FG Düsseldorf vom 21.09.2006, Az: 5 K 4729/02 U, UR 2007, 576 zur Umsatzsteuerfreiheit von Betreuungsleistungen eines gemeinnützigen Vereins durch Vereinsbetreuer).

8 Eng ist zudem die Verknüpfung zu § 17 UStG, welcher die Vorschriften zur Änderung der Bemessungsgrundlage enthält sowie zu § 13 UStG für die Frage, für welchen Besteuerungszeitraum die Bemessungsgrundlage zur Erhebung der Umsatzsteuer zu ermitteln ist.

9 Ein besonderes Verhältnis ergibt sich zu dem gleichlautenden Begriff in § 1 Abs. 1 Nr. 1 S. 1 UStG. Der dortige Begriff »Entgelt« bezeichnet lediglich, dass als eines der fünf dort genannten Tatbestandsmerkmale einer Leistung eine Gegenleistung gegenüberzustehen hat, sog. Leistungsaustausch (vgl. § 1 Rn. 12 ff.).

10 Im Verhältnis zum EU-Recht nach der MwStSystRL/6. EG-RL gilt § 10 UStG grundsätzlich als harmonisiert. Allerdings ist der Ansatz beim Entgeltsbegriff zwischen UStG und MwStSystRL/6. EG-RL zunächst unterschiedlich. Nach § 10 Abs. 1 UStG definiert sich das Entgelt nach dem, was der Leistungsempfänger aufwendet, um die Leistung zu erhalten. Nach Art. 73 MwStSystRL (Art. 11 Teil A Abs. 1 Buchst. a der 6. EG-RL) umfasst die Bemessungsgrundlage alles, was den Wert der Gegenleistung bildet, die der Leistende vom Abnehmer erhält. Im Rahmen des JStG 2018 soll eine sprachliche Angleichung erfolgen.

11 Das UStG knüpft zurzeit noch an den Betrag an, den der Abnehmer aufwendet, das EU-Recht an den Betrag, den der Leistende erhält. Dieser scheinbare Widerspruch löst sich im Ergebnis dadurch auf, dass auch nach dem deutschen Umsatzsteuerrecht letztlich nur das in die Bemessungsgrundlage eingeht, was dem Leistenden »zu Gute kommt« (vgl. Rn. 29 ff.).

12 Diese Einschätzung wird durch das Urteil des BFH vom 16.01.2003 (Az: V R 72/01, BStBl II 2003, 620) untermauert, in welchem dieser ausführt, maßgebend für die Höhe des Entgelts sei, was der Leistungsempfänger vereinbarungsgemäß für die Leistung aufwende. Dem entspräche, dass die zunächst maßgebende vereinbarte Bemessungsgrundlage durch eine nachträgliche Vereinbarung mit umsatzsteuerrechtlicher Wirkung verändert (erhöht oder ermäßigt) werden kann, und dass die Leistung des Unternehmers »letztendlich« nur mit der Bemessungsgrundlage besteuert werde,

die sich aufgrund der von ihm wirklich vereinnahmten Gegenleistung ergibt (vgl. BFH vom 30.11.1995, Az: V R 57/94, BStBl II 1996, 206; vom 28.09.2000, Az: V R 37/98, BFH/NV 2001, 491). Damit übereinstimmend sei nach Art. 11 Teil A Abs. 1 Buchst. a der 6. RL des Rates vom 17.05.1977 zur Harmonisierung der Rechtsvorschriften der Mitgliedstaaten über die Umsatzsteuern 77/388/EWG (RL 77/388/EWG = Art. 73 MwStSystRL) Besteuerungsgrundlage bei Lieferungen von Gegenständen und Dienstleistungen alles, was den Wert der Gegenleistung bildet, die der Lieferer oder Dienstleistende für diese Umsätze vom Abnehmer oder Dienstleistungsempfänger erhält oder erhalten soll. Besteuerungsgrundlage im Sinne dieser Bestimmung sei die tatsächlich erhaltene Gegenleistung für die erbrachte Leistung (vgl. BFH vom 16.03.2000, Az: V R 16/99, BStBl II 2000, 360).

Dennoch mögen in Einzelfällen die unterschiedlichen Ansätze zu nicht übereinstimmenden Ergebnissen führen. 13

Geklärt ist mittlerweile, dass § 10 Abs. 4 Nr. 2 UStG den Vorgaben der MwStSystRL entspricht (vgl. Rn. 120). 14

1.5 Nettoprinzip der Umsatzsteuer

Dass die Bemessungsgrundlage vom Nettoprinzip hergeleitet wird, ist beabsichtigt. Dies hängt mit dem System der Umsatzsteuer als einem »Allphasen-Netto-System« mit Vorsteuerabzug zusammen. Im System der USt soll innerhalb der Unternehmerkette die USt kostenneutral sei. Dies wird durch den Vorsteuerabzug des unternehmerisch tätigen Leistungsempfängers erreicht. Dieses Prinzip wird lediglich dann unterbrochen, wenn der unternehmerisch tätige Leistungsempfänger nicht oder nur teilweise zum Vorsteuerabzug berechtigt ist (z. B. Unternehmer mit bestimmten steuerfreien Umsätzen nach § 4 UStG i. V. m. § 15 Abs. 2 und 3 UStG oder Kleinunternehmer nach § 19 UStG). 15

Die Einführung des Nettoprinzips bei der Bemessungsgrundlage seit Einführung eines Umsatzsteuersystems mit Vorsteuerabzug in 1967 hat zu einer Abweichung zum bürgerlichen Recht geführt. Insbesondere stimmen Bemessungsgrundlage und **Preis** i. d. R. nicht mehr überein. Hierauf ist bei Abschluss von Verträgen zu achten, in denen der Preisbegriff verwendet wird. In den Verträgen sollten stets die Begriffe »Nettopreis« oder »Bruttopreis« enthalten sein oder eine konkrete Regelung, ob der Preis die USt enthalten soll oder nicht (z. B. »der Preis versteht sich zzgl. der gesetzlichen USt«). 16

1.6 Die Begriffe Bruttoumsatz, Nettoumsatz

Aus den vorhergehenden Ausführungen wird deutlich, dass der im Sprachgebrauch verwendete Begriff »Nettoumsatz« im Prinzip hinsichtlich des Wortteils »netto« überflüssig ist, da der Umsatzbegriff stets vom Wert ohne USt und damit vom Nettoprinzip der Bemessungsgrundlage nach der Definition des § 10 Abs. 4 S. 2 UStG ausgeht. Es kommt ja niemand auf die Idee von einer Brutto- oder Nettobemessungsgrundlage zu sprechen. 17

1.7 Brutto- und Nettowerte bei der Kfz-Überlassung

18 vgl.Abschn. 15.23 UStAE befasst sich mit der Umsatzbesteuerung teilunternehmerisch genutzter Fahrzeuge sowie der Überlassung von Fahrzeugen an das Personal. Dort sind einige für das Verständnis der Bemessungsgrundlage wichtige Feinheiten beschrieben.

19 Bei der Besteuerung der unentgeltlichen Wertabgabe (Eigenverbrauch) durch den Unternehmer (vgl. Abschn. 15.23 Abs. 5 UStAE) ergibt sich eine Bemessungsgrundlage nach § 10 Abs. 4 S. 1 Nr. 2 UStG. Dies sind die Ausgaben (Kosten). Da der Kosten- bzw. Ausgabenbegriff laut gesetzlicher Definition die USt nicht beinhaltet, ist es ein Nettobegriff, so dass auf die für die unentgeltliche Wertabgabe (Eigenverbrauchsbesteuerung) maßgeblichen Kosten die USt aufzuschlagen ist (wegen der umsatzsteuerrechtlichen Behandlung der **Anschaffungskosten** vgl. Rn. 122).

20 In den Fällen, in denen einem Arbeitnehmer ein Fahrzeug überlassen wird (vgl. Abschn. 15.23 Abs. 8 ff.) geht die Verwaltung vom Vorliegen einer Leistung aus, der eine Gegenleistung des Arbeitnehmers – seine anteilige Arbeitsleistung – gegenübersteht (dies gilt auch bei der Fahrzeugüberlassung an einen freien Mitarbeiter, OFD Karlsruhe vom 05.04.2011, Az: S 7100, UR 2011, 517). Mithin handelt es sich danach um eine entgeltliche Leistung in Form eines tauschähnlichen Umsatzes. Die Verwaltung geht für die Ermittlung der Bemessungsgrundlage bei tauschähnlichen Umsätzen grundsätzlich von Bruttowerten aus, aus denen die USt herauszurechnen ist (vgl. Abschn. 10.5 Abs. 1 S. 6 UStAE) und wendet dies folgerichtig teilweise auch im vorgenannten Fall an (vgl. bei Anwendung der 1 %-Methode, Abschn. 15.23 Abs. 11 Nr. 1 UStAE).

21 Bezüglich der Anwendung der o. a. 1 %-Methode lässt die Verwaltung aus Vereinfachungsgründen (BStBl I 2004, 864, Tz. 2.1) zu, dass die für ertragsteuerliche Zwecke angewandte 1 %-Regelung des § 6 Abs. 1 Nr. 4 EStG vom Unternehmer auch für die Umsatzbesteuerung der nichtunternehmerischen Verwendung eines Kfz angewandt wird. Für die nicht mit Vorsteuer belasteten Kosten kann ein pauschaler Abschlag i. H. v. 20 % vorgenommen werden. Der so ermittelte Wert ist ein Nettowert, auf den Umsatzsteuer aufzuschlagen ist. Im Falle des BFH-Urteils vom 19.05.2010 (Az: XI R 32/08, BStBl II 2010, 1079) brachte der Kläger jedoch nicht pauschal 20 % Abschlag in Abzug, sondern reduzierte die Bemessungsgrundlage um das tatsächliche Verhältnis seiner Aufwendungen, die ihn nicht zum Vorsteuerabzug berechtigten zu den gesamten Kfz-Aufwendungen. Als Abschlag für diese Kosten brachte er 35,44 % in Abzug. Dem folgte der BFH nicht. Die oben dargestellte Methode sei eine umsatzsteuerrechtliche Vereinfachungsregelung der Verwaltung. Dafür wird eine einheitliche Schätzungsmethode europarechtskonform gesehen, die für die Ermittlung des tatsächlichen Anteils der nicht mit Vorsteuer belasteten Kosten keinen Raum lässt. Dem Unternehmer stehe es frei, für die Berechnung der Bemessungsgrundlage anstelle der 1 %-Regelung die sog. Fahrtenbuchmethode bzw. die sachgerechte Schätzung anzuwenden (zu den Anforderungen an ein ordnungsgemäßes Fahrtenbuch siehe FG München vom 18.09.2012, Az: 2 K 687/10, UStB 2013, 40).

22 Allerdings liegt kein tauschähnlicher Umsatz, sondern eine sog. Beistellung z. B. vor, wenn der Unternehmer einem anderen Unternehmer einen Gegenstand ausschließlich zu dem Zweck zur Nutzung überlässt, damit der Berechtigte ihn zur Ausführung der Leistung an ihn, den überlassenden Unternehmer, nutzt und eine anderweitige Verwendung beim Nutzungsberechtigten aufgrund der zwischen den Beteiligten bestehenden Vereinbarungen und deren tatsächlicher Handhabung ausgeschlossen ist (BFH vom 12.05.2009, Az: V R 24/08, BStBl II 2010, 854).

23 Im Fall der Fahrtenbuchregelung (Abschn. 15.23 Abs. 11 Nr. 2 UStAE, vgl. Rn. 76) bei Überlassung an das Personalsoll dort gefundene Wert für die Bemessung des tauschähnlichen Umsatzes jedoch ein Nettowert sein. Begründet wird dies nicht weiter. Nachdem die Verwaltung analog zur Eigenverbrauchsbesteuerung für diesen Fall den Ansatz der Kosten als Bemessungsgrundlage zulässt, und der Kostenbegriff ein Nettowert ist, kann gemutmaßt werden, dass deshalb auch für den tauschähnlichen Umsatz insoweit von einem Nettowert ausgegangen wird.

Mit Urteil vom 30.01.2008, Az: 14 K 4390/05, hat das FG München entschieden, dass es beim Fehlen objektiv nachprüfbarer Unterlagen (z. B. Fahrtenbuch) nicht zu beanstanden ist, wenn das Finanzamt den privaten Nutzungsanteil mit 50 % schätzt (vgl. auch Abschn. 15.23 Abs. 5 Nr. 3 UStAE). 24

Zur streitigen Frage der Anwendung der Bemessungsgrundlage bei Kfz-Überlassung an Arbeitnehmer bei Anwendung der ertragsteuerlich zulässigen 1 %-Methode vgl. BFH vom 31.07.2008, Az: V R 74/05 (BFH/NV 2009, 226). Allerdings ist der BFH nicht konkret auf die Frage eingegangen, ob die 1 %-Regelung eine zutreffende Bemessungsgrundlage darstellt. Er führt lediglich aus, dass es nicht zu beanstanden ist, wenn der Unternehmer als Bemessungsgrundlage die entstandenen Kosten zugrunde legt. Ein pauschaler Vorsteuerabzug für nicht vorsteuerabzugsbelastete Kosten sei allerdings unzulässig. Bei Leistungen gegen eine Gegenleistung bestehe kein entsprechendes (gemeinschaftsrechtliches) Verbot, solche Kosten in das Entgelt einzubeziehen. 25

Zur Fahrzeugüberlassung durch Gesellschaften an Gesellschafter und umgekehrt, ausführlich OFD Frankfurt vom 27.01.2015, Az. S 7100 A-68-St 110, UR 2015, 641, vgl. auch OFD Karlsruhe vom 05.04.2011, USt Kartei S 7100, UR 2011, 517). Mit seinen Urteilen vom 05.06.2014, Az. XI R 2/12, BStBl II 2015, 785, Az. XI R 3/12, BFH/NV 2015, 64 kam der BFH zum Ergebnis, dass die Pkw-Überlassung an einen Gesellschafter-Geschäftsführer zur privaten Nutzung der Umsatzsteuer unterliegt, wenn ein – im Einzelfall zu prüfender – Zusammenhang zwischen Nutzungsüberlassung und Arbeitsleistung im Sinne eines Entgelts besteht oder wenn die Voraussetzungen einer unentgeltlichen Wertabgabe (wie z. B. bei der Pkw-Nutzung aufgrund eines Gesellschaftsverhältnisses) gegeben sind. Der BFH stellt hier auf den Einzelfall ab. Es könne ein Unterschied sein, ob dem Geschäftsführer ein Mittelklassewagen wie den anderen Mitarbeitern oder ein Fahrzeug der gehobenen Klasse überlassen werde. Letzteres könne dann im Gesellschafterverhältnis begründet sein und führe zur Annahme einer unentgeltlichen Wertabgabe. In beiden Fällen könne die Bemessungsgrundlage entsprechend den von der Finanzverwaltung getroffenen Vereinfachungsregelungen geschätzt werden; hierbei handele es sich jeweils um eine einheitliche Schätzung, die der Unternehmer nur insgesamt oder gar nicht in Anspruch nehmen kann. Für eine einfache praktische Unterscheidung hätte der BFH darauf abstellen können, ob die Pkw-Überlassung auf einem Dienstverhältnis beruht oder nicht. Entsprechend Abschn. 1.6 Abs. 3 UStAE kann zwischen dem Gesellschafter und der Gesellschaft ein steuerbarer Leistungsaustausch oder ein nichtsteuerbarer Gesellschafterbeitrag vorliegen (vgl. § 1 Rz. 66 ff.). Dies tat er jedoch nicht, da nach seiner Auffassung der Umstand, dass die Überlassung eines dem Unternehmen zugeordneten Pkw von dem Arbeitgeber an einen Gesellschafter-Geschäftsführer auf dem Dienstverhältnis beruht, noch keinen unmittelbaren Zusammenhang im Sinne eines Entgelts zwischen der Nutzungsüberlassung und der Arbeitsleistung begründe (vgl. auch OFD Frankfurt/M vom 27.01.2015, Az. S 7100 A-68-St 110, UR 2015, 641). 26

In seinem Urteil vom 01.09.2010 (Az: V R 6/10, BFH/NV 2011, 80) bestätigt der BFH dazu die Auffassung, dass das Verhältnis einer Gesellschaft zu ihren Gesellschaftern anders ist als das eines Einzelunternehmers zu seinem nichtunternehmerischen Bereich, wenn Gesellschaft und Gesellschafter nicht identisch sind (vgl. z. B. BFH vom 20.01.1988, Az: X R 48/81, BFHE 152, 556, BStBl II 1988, 557, unter II.3.f; vom 16.05.2002, Az: V R 4/01, BFH/NV 2002, 1347, unter II.1.c, und vom 06.09.2007, Az: V R 16/06, BFH/NV 2008, 1710, unter 3.) und daher entgeltliche Leistungsvorgänge zwischen Gesellschaft und Gesellschafter der Umsatzsteuer unterliegen. Dies verstößt weder gegen den Neutralitäts- noch gegen den Verhältnismäßigkeitsgrundsatz. Im Urteilsfall war der Kläger der Auffassung, nur die reine Privatnutzung, nicht aber auch die Überlassung zu Fahrten zwischen Wohnung und Arbeit unterläge der Umsatzsteuer – dem widersprach der BFH, vgl. auch FG Sachsen-Anhalt vom 14.01.2014, Az. 4 K 919/08, EFG 2014, 1146. 27

2 Die einzelnen Tatbestände

2.1 Umsatz oder Bemessungsgrundlage bei Lieferungen und sonstigen Leistungen

2.1.1 Aufwendung des Leistungsempfängers oder eines Dritten für Lieferungen oder sonstige Leistungen

28 Nach § 10 Abs. 1 S. 2 und 3 UStG ist Entgelt alles, was der Leistungsempfänger oder ein anderer als der Leistungsempfänger (ein Dritter) dem Unternehmer für die Leistung gewährt. Aus dieser scheinbar eindeutigen Aussage ergeben sich in der Praxis jedoch häufig Zweifelsfragen. Folgende Zweifelsfragen werden nachstehend erörtert:

- Was ist entscheidend: Das, was der Leistungsempfänger und oder ein Dritter aufwendet oder das, was der leistende Unternehmer schließlich erhält?
- Was ist mit freiwilligen Zahlungen an den Leistenden?
- Ergeben sich Unterschiede aus der Besteuerung nach vereinbarten oder vereinnahmten Entgelten?
- Was passiert, wenn das Entgelt und damit die Aufwendungen des Leistungsempfängers ungewöhnlich hoch oder ungewöhnlich niedrig ist?
- Welchen Einfluss haben preisbeeinflussende Bestandteile der Rechnung oder Vereinbarungen auf die Bemessungsgrundlage wie z. B. Rabatte und Skonti?
- Welcher Bedeutung kommt der Rechnung für die Bestimmung der Bemessungsgrundlage zu?
- Was passiert in Fällen, in denen eine Lieferung rückabgewickelt wird?
- Was passiert, wenn der Leistungsempfänger die Zahlung ganz oder teilweise verweigert?
- Was sind Zuschüsse und gehören sie zum Entgelt?
- Kann auch einmal keine Leistung vorliegen, wenn etwas gezahlt wird?

2.1.1.1 Verhältnis von den Aufwendungen des Leistungsempfängers zu dem vom Leistenden vereinnahmten Betrag

29 Üblicherweise korrespondieren die Aufwendungen des Leistungsempfängers mit dem Betrag, den der Leistende erhält. Nach Abschn. 10.1 Abs. 4 S. 3 UStAE soll in Zweifelsfällen maßgeblich sein, welchen Betrag der Leistungsempfänger aufwendet, um die Leistung zu erhalten. Dies kann von Bedeutung sein, wenn neben dem vereinbarten Preis einer Leistung zusätzliche Aufwendungen des Leistungsempfängers erbracht werden. Allerdings muss der Leistungsempfänger diesen Aufwand zugunsten des Leistenden für die Leistung erbringen. In einem Urteilsfall entschied der BFH, dass das Leistungsentgelt auch darin bestehen kann, dass der Leistungsempfänger dem Leistenden Kapital überlässt und auf den Anspruch auf Herausgabe der Zinsen verzichtet. Das zusätzliche Entgelt bemisst sich dann nach der Höhe der vom Leistenden erzielten Zinsen und nicht nach der Höhe der vom Leistungsempfänger erzielbaren Zinsen (BFH vom 31.08.1992, Az: V R 47/88, BStBl II 1992, 1046).

30 Das Entgelt muss nicht stets auch dem Leistenden vom Leistungsempfänger zufließen. Als Entgelt i. S. d. § 10 Abs. 1 S. 2 UStG kommen auch Zahlungen des Leistungsempfängers an Dritte in Betracht, sofern sie für Rechnung des leistenden Unternehmers entrichtet werden und im Zusammenhang mit der Leistung stehen. Dies gilt natürlich nicht für diejenigen Beträge, die der Leistungsempfänger im Rahmen eines eigenen Schuldverhältnisses mit einem Dritten aufwenden muss, damit der Unternehmer seine Leistung erbringen kann (vgl. BFH vom 22.02.1968, Az:

V 84/64, BStBl II 1968, 463; Abschn. 10.1 Abs. 7 UStAE). In diesem Falle hat der Dritte und nicht der Leistende unmittelbar gegenüber dem Leistungsempfänger einen Anspruch. Nicht zum Entgelt nach § 10 UStG gehören auch öffentlich-rechtliche Abgaben, die der Leistungsempfänger auf Grund eigener Verpflichtung schuldet, auch wenn sie durch die bezogenen Leistung veranlasst sind (vgl. zu Sozialversicherungsbeiträgen BFH vom 25.06.2009, Az: V R 37/08, BStBl II 2009, 873). Zahlt eine Rundfunkanstalt zugunsten ihrer freien Mitarbeiter Beiträge an die Pensionskasse für freie Mitarbeiter der Deutschen Rundfunkanstalten, gehören auch die Beträge zum Entgelt für die Leistungen der Mitarbeiter (vgl. BFH vom 09.10.2002, Az: V R 73/01, BStBl II 2003, 217). Erfüllt der Leistungsempfänger durch seine Zahlungen an einen Dritten sowohl eine eigene Verbindlichkeit als auch eine Schuld des leistenden Unternehmers, weil beide im Verhältnis zu dem Dritten Gesamtschuldner sind, rechnen die Zahlungen nur insoweit zum Entgelt, wie die Schuldbefreiung des leistenden Unternehmers für diesen von wirtschaftlichem Interesse ist und damit für ihn einen Wert darstellt (vgl. Abschn. 10.1 Abs. 7 S. 5 UStAE). Bei einer Grundstücksveräußerung gehört die gesamtschuldnerisch von Erwerber und Veräußerer geschuldete Grunderwerbsteuer auch dann nicht zum Entgelt für die Grundstücksveräußerung, wenn die Parteien des Grundstückskaufvertrags vereinbaren, dass der Erwerber die Grunderwerbsteuer allein zu tragen hat, weil der Erwerber mit der Zahlung der vertraglich übernommenen Grunderwerbsteuer eine ausschließlich eigene Verbindlichkeit begleicht (vgl. Abschn. 10.1 Abs. 7 S. 6 UStAE). Gleiches gilt hinsichtlich der vom Käufer zu tragenden Kosten der Beurkundung des Kaufvertrags und der Auflassung, der Eintragung ins Grundbuch und der zu der Eintragung erforderlichen Erklärungen (§ 448 Abs. 2 BGB); vgl. BFH vom 09.11.2006, Az: V R 9/04, BStBl II 2007, 285. Die Nachnahmegebühr beim Postversand eines Liefergegenstandes, die der Leistungsempfänger aufzuwenden hat, um die Leistung vom Leistenden zu erhalten, erfolgt nicht zugunsten des Leistenden, sondern zugunsten des Versenders. Die Nachnahmegebühr ist Entgelt für die Leistung des Versenders.

Auch eine Leistung, für die lediglich ein Aufwendungsersatz gefordert wird, ist eine Leistung gegen Entgelt. Es reicht aus, wenn zwischen dem Leistenden und dem Leistungsempfänger ein Rechtsverhältnis besteht, in dessen Rahmen gegenseitige Leistungen ausgetauscht werden, und zwischen der erbrachten Leistung und dem hierfür erhaltenen Gegenwert ein unmittelbarer Zusammenhang besteht. Der Leistungsempfänger muss identifizierbar sein; er muss einen Vorteil erhalten, der einen Kostenfaktor in seiner Tätigkeit bilden könnte und damit zu einem Verbrauch i. S. d. gemeinsamen Mehrwertsteuerrechts führt (vgl. EuGH vom 03.03.1994, Rs. C-16/93, Slg. 1994, 743; vom 02.06.1994, Rs. C-33/93, Slg. 1994, I-2329; vom 17.09.2002, Rs. C-498/99, BFH/NV Beilage 2003, 35; BFH vom 30.01.1997, Az: V R 133/93, BStBl II 1997, 335; vom 15.10.1998, Az: V R 51/96, BFH/NV 1999, 833, vom 26.10.2000, Az: V R 12/00, BFH/NV 2001, 494, 495, vom 16.01.2003, Az: V R 92/01, BStBl II 2003, 732 und vom 05.12.2007, Az: V R 63/05, HFR 2008, 828, BFH vom 04.07.2013, Az: V R 33/11, BStBl II 2013, 937). 31

2.1.1.2 Freiwillige und unfreiwillige zusätzliche Aufwendungen des Leistungsempfängers

Nach der Entgeltdefinition ist geklärt, dass auch freiwillige oder unfreiwillige Leistungen des Leistungsempfängers zum Entgelt gehören, wenn sie zugunsten des Leistenden und für die Leistung erbracht werden. Darunter fallen z. B. Bedienungs- oder Trinkgelder an den leistenden Unternehmer. Auch ausschließlich freiwillige Zahlungen können einen Leistungsaustausch begründen. Dazu folgender Fall: Ein Kaufhaus verpachtet einem Pächter pachtfrei die Toilettenanlage. Diese hat er sauber zu halten. Es ist ihm verboten, ein festes Benutzungsentgelt von den Kunden zu verlangen. Freiwillig überlassene Gelder darf er allerdings behalten. Lt. BFH vom 30.09.2008, Az: XI B 74/08, BFH/NV 2008, 2066, sind Bemessungsgrundlage für die Reinigungs- 32 leistungen des Pächters die von ihm vereinnahmten freiwilligen Nutzungsentgelte oder »Trinkgelder« (tauschähnlicher Umsatz). Als Entgelt für die Reinigungsleistung des Pächters sei danach der Wert der ihm eingeräumten Möglichkeit, die freiwilligen Zahlungen der Toilettennutzer zu vereinnahmen, anzusetzen. Dieser Wert entspräche den tatsächlichen Zahlungen der Toilettennutzer. Das Urteil ist m. E. noch nachvollziehbar, weil hier dem Kunden mit dem Bereithalten einer Toilette eine bestimmbare Leistung erbracht wird. Ausschließlich freiwillige Zahlungen lösen aber nicht stets einen Leistungsaustausch aus, vgl. dazu das sog. Drehorgelspielerurteil des EuGH vom 03.03.1994, Rs. C-16/93, HFR 1994, 357. Zweifelhaft ist m. E. die Beurteilung bei Bedienungs- oder Trinkgeldern an Arbeitnehmer des leistenden Unternehmers. Grundsätzlich sind Leistungen, die der Arbeitnehmer gegenüber einem Dritten erbringt, dem leistenden Unternehmer zuzurechnen. Allerdings gestattet die Verwaltung, dass dem Bedienungspersonal freiwillig gezahlte Trinkgelder nicht zum Entgelt für die Leistungen des Unternehmers zählen (vgl. Abschn. 10.1 Abs. 5 S. 3 UStAE).

33 Unfreiwillige Leistungen können vorliegen, wenn der Leistungsempfänger irrtümlich einen Betrag doppelt an den Leistenden zahlt (vgl. z. B. BFH vom 13.12.1995, Az: XI R 16/95, BStBl II 1996, 208 – Doppelzahlung eines Kunden an Versandhandel). Die Rückzahlung einer Doppelzahlung stellt dann eine Änderung der Bemessungsgrundlage nach § 17 UStG dar (BFH vom 19.07.2007, Az: V R 11/05, BStBl II 2007, 966, vgl. auch Abschn. 10.1 Abs. 3 S. 6 UStAE).

34 Bei der Benutzung von Fernsprechautomaten behalten die Geräte häufig »nicht vertelefonierte« Einheiten ein (sog. Münzrestbeträge »angebrochener« Münzen). Diese stufte der BFH in seinem Beschluss vom 18.01.2007, Az: V B 39/05 (NV), UR 2007, 382 folgerichtig als zum Entgelt gehörig ein, auch wenn sie lediglich aus technischen Gründen einbehalten werden. Dies gilt, weil der Leistungsempfänger auch die Münzrechtsbeträge aufgewendet hat, um die gesamte Leistung erhalten zu können. Zitat: »Dass er sich möglicherweise darüber ärgert, ... ändert nichts daran, dass er den Telefonautomaten unter den ... vorgegebenen Bedingungen nutzt und diese damit als Vertragsbestandteil anerkennt«.

2.1.1.3 Besteuerung nach vereinbarten oder vereinnahmten Entgelten

35 Die Besteuerung nach vereinbarten oder vereinnahmten Entgelten (zu den Begriffen vgl. §§ 16, 20 UStG) hat keinen Einfluss auf die **Höhe** des Entgelts oder der Bemessungsgrundlage (vgl. Abschn. 10.1 UStAE). Auswirkungen ergeben sich jedoch für die Frage zu welchem Zeitpunkt das Entgelt der USt zu unterwerfen ist. Dies ist die Frage nach der Entstehung der USt (vgl. § 13 UStG).

2.1.1.4 Ungewöhnlich niedriges oder hohes Entgelt

36 Alles hat seinen Preis. Manchmal wendet ein Leistungsempfänger im Verhältnis zu einem Drittvergleich jedoch ungewöhnlich mehr oder weniger für eine Leistung auf. Dies ist für die Bemessungsgrundlage generell ohne Bedeutung (vgl. Abschn. 10.2 UStAE). Ausnahmsweise ist bei Lieferungen oder sonstigen Leistungen an die in § 10 Abs. 5 UStG genannten Leistungsempfänger als Bemessungsgrundlage nicht das Entgelt maßgebend, wenn es niedriger ist als die Bemessungsgrundlage nach § 10 Abs. 4 UStG oder das »marktübliche Entgelt« (vgl. Rn. 133 ff.).

2.1.1.5 Einfluss preisbeeinflussender Bestandteile auf die Bemessungsgrundlage

37 Preiserhöhende Bestandteile (Zahlungszuschläge) erhöhen grundsätzlich als zusätzliches Entgelt die Bemessungsgrundlage (z. B. Zielzinsen beim Ratenkauf). Abzugrenzen sind entgeltliche

Zahlungszuschläge von Zahlungen des Leistungsempfängers, die zum echten Schadenersatz zählen (z. B. Verzugszinsen). So können z. B. Stornokosten echter Schadenersatz sein, wenn dem Kunden ein Rücktrittsrecht vertraglich zustand oder Entgelt für die Leistung »Bereithalten eine Leistung« sein, wenn dieses Rücktrittsrecht nicht bestand (vgl. OFD Frankfurt vom 05.08.2008, Az: S 7100 A - 199 - St 110, UR 2008, 864). Abzugrenzen sind auch Fälle, in denen zwischen Leistendem und Leistungsempfänger ein gesonderter Kreditvertrag im Zusammenhang mit der Begleichung des Entgelts vereinbart wird. Dann ist von zwei Leistungen auszugehen. Die Kreditgewährung stellt dann eine zweite nach § 4 Nr. 8 Buchst. a UStG steuerfreie Leistung dar (zur Abgrenzung z. B. vgl. Abschn. 3.11 UStAE). Liegen Zahlung des vereinbarten Preises und die Zahlungszuschläge in unterschiedlichen Besteuerungszeiträumen (Voranmeldungszeiträumen), ist § 17 UStG (Regelungen zur Änderung der Bemessungsgrundlage – insbesondere Zeitpunkt der Änderung gem. § 17 Abs. 1 S. 7 UStG, vgl. § 17 Rn. 29) zu beachten. Somit stellt das zusätzliche Entgelt, das ein Erbringer von Telekommunikationsdiensten seinen Kunden berechnet, wenn sie diese Dienste nicht im Lastschriftverfahren oder durch BACS-Überweisung bezahlen, sondern per Kredit- oder Debitkarte, per Scheck oder in bar am Schalter einer Bank oder einer zur Entgegennahme der Zahlung für Rechnung des betreffenden Leistungserbringers ermächtigten Stelle, keine (und somit auch nicht eine nach § 4 Nr. 8 Buchst. d UStG steuerfreie) Gegenleistung für eine eigenständige, von der in der Erbringung von Telekommunikationsdiensten bestehenden Hauptleistung unabhängige Leistung dar (EuGH vom 02.12.2010, Rs. C-276/09, EU-UStB 2011, 14 m. Anm. Heinrichshofen).

Preiserhöhend wirken auch **Nebenleistungen**, die neben der Hauptleistung zu begleichen sind, 38
wie z. B. Transport- und Verpackungskosten bei der Versendung eines Liefergegenstandes. Haupt- und Nebenleistung bilden eine gemeinsame oder einheitliche Leistung (vgl. Abschn. 3.10 UStAE). Nach dem Urteil des BFH vom 28.04.1966, Az. V 158/63, BStBl III 1966, 476 ist eine Leistung grundsätzlich dann als (unselbständige) Nebenleistung zu einer Hauptleistung anzusehen, wenn sie mit ihr eng – im Sinne einer wirtschaftlich gerechtfertigten Abrundung oder Ergänzung – zusammenhängt und üblicherweise in ihrem Gefolge vorkommt. Davon ist insbesondere auszugehen, wenn die (Neben-)Leistung für den Leistungsempfänger keinen eigenen Zweck, sondern das Mittel darstellt, um die Hauptleistung des Leistenden unter optimalen Bedingungen in Anspruch zu nehmen (BFH vom 31.05.2001, Az. V R 97/98, BStBl II 2001, 658). Damit verliert die Nebenleistung ihre wirtschaftliche Eigenständigkeit und wird unselbständiger Bestandteil der Hauptleistung. Eine einheitliche Leistung bedingt somit grundsätzlich eine einheitliche Bemessungsgrundlage, eine einheitliche Entscheidung über die Steuerfreiheit oder den anzusetzenden Steuersatz (vgl. aber Rz. 38a).

Ermittlung der Bemessungsgrundlage für eine sonstige Leistung

A ist Autor von wissenschaftlichen Fachbeiträgen. Er hat den Fachbeitrag fertig und übersendet ihn vereinbarungsgemäß an das Lektorat einer Fachzeitschrift, in der der Beitrag veröffentlicht werden soll. Vereinbarungsgemäß erhält der Fachverlag das Alleinveröffentlichungsrecht für einen Zeitraum von drei Jahren. Für jede Manuskriptseite vergütet der Verlag 50 € netto. Für verauslagte Schreibarbeiten vergütet der Verlag pauschal 75 € netto. A übersendet dem Verlag ein 20-seitiges Manuskript, das A von einem Studenten schreiben ließ, dem er für Schreibarbeiten 75 € zahlte. Zusätzlich liegt dem Manuskript eine Diskette bei, für die A 0,58 € inkl. USt gezahlt hat. Auf einen alten wattierten DIN C 4-Umschlag, den A noch zu Hause hatte, klebt er eine Briefmarke im Wert von 1,53 €.

Lösung:

Das Honorar, die verauslagten Schreibarbeiten und Nebenkosten will A dem Verlag in Rechnung stellen und kommt dabei zu folgender Überlegung.

Die Einräumung des Verwertungsrechts ist eine sonstige Leistung, die gem. § 12 Abs. 2 Nr. 7 Buchst. c UStG dem ermäßigten Steuersatz von 7 % unterliegt. 50 € netto × 20 Seiten ergibt ein Nettohonorar i. H. v. 1000 €. Dies ist die Bemessungsgrundlage. Die USt darauf beträgt 7 %, also 70 €.

Die Weiterberechnung der Schreibauslagen i. H. v. 75 € ist ebenfalls eine sonstige Leistung, für die isoliert betrachtet der Regelsteuersatz i. H. v. 19 %) gilt. Da der Verlag die 75 € pauschal netto vergütet, müsste die USt mit 19 % aufgeschlagen werden: 75 € + 19 % USt (14,25 €) = 89,25 €.
Das Porto von 1,53 € ist isoliert betrachtet steuerfrei nach § 4 Nr. 8 Buchst. i UStG.
Für Diskette und Verpackung will A netto pauschal 2,50 € berechnen. Isoliert betrachtet müsste A 2,50 € + 19 % USt (0,48 €) = 2,98 € in Rechnung stellen.
In diesem Fall kommen A der Entgeltsbegriff und der Grundsatz der Einheitlichkeit der Leistung zu Hilfe. Wie zuvor postuliert, ist Entgelt alles, was der Leistungsempfänger für die Leistung aufwendet, jedoch ohne die USt. Nach dem Grundsatz der Einheitlichkeit der Leistung sind in der Überlassung des Manuskripts eine sog. **Hauptleistung** und mit der Weiterberechnung der mit der Hauptleistung zusammenhängenden weiteren Kosten mehrere **Nebenleistungen** zu sehen. Steuertechnisch **teilen** die Nebenleistungen das Schicksal der Hauptleistung.
Daraus leitet sich ab, dass A nur den für die Hauptleistung maßgeblichen Steuersatz finden muss. Die Nebenleistungen werden dann zum gleichen Steuersatz abgerechnet und Hauptleistung und Nebenleistungen zusammen bilden das Entgelt, also die Bemessungsgrundlage. A muss die Rechnung demzufolge wie folgt stellen:
Für den Fachbeitrag »xyz« zur Veröffentlichung in Ihrer Zeitschrift berechne ich mein Honorar vereinbarungsgemäß wie folgt:

20 Manuskriptseiten zu 50 €	1.000,00 €
Schreibauslagen	75,00 €
Porto und Verpackung	4,03 €
per Saldo	1.079,03 €
zzgl. 7 % Mehrwertsteuer	+ 75,53 €
zu zahlen	1.154,56 €

38a Eine Ausnahme liegt vor, wenn eine von der Definition her unselbständige Nebenleistung nach dem Willen des Gesetzgebers den Status der »Unselbständigkeit« verliert (sog. Aufteilungsgebot kraft Gesetz). So ist die Vermietung eines Hotelzimmers dem ermäßigten Steuersatz gem. § 12 Abs. 2 Nr. 11 UStG zu unterwerfen. Nach § 12 Abs. 2 Nr. 11 Satz 2 UStG gilt die Steuerermäßigung nicht für Leistungen, die nicht unmittelbar der Vermietung dienen, auch wenn diese Leistungen durch das Vermietungsentgelt abgegolten sind. Dazu zählt z. B. das Hotelfrühstück, dass von der Definition her eine unselbständige Nebenleistung zur Beherbergung darstellen könnte, aber selbst keine Vermietung darstellt. Kraft Gesetzes ist die Leistung daher eigenständig zu beurteilen (vgl. auch Abschn. 12.16 Abs. 8 UStAE). Damit unterliegt das Frühstück dem Regelsteuersatz. Das einheitliche Beherbergungsentgelt ist dann nach wirtschaftlichen Gesichtspunkten aufzuteilen.

39 Preismindernde Bestandteile (Zahlungsabschläge) senken die Bemessungsgrundlage. Dazu gehören z. B. Rabatte, Skonti (a. A. Stadie in R/D, § 17 Anm. 281 ff., der im Skonto eine steuerfreie Kreditgewährung in Form eines Lieferantenkredits sieht), Boni und andere Preisabschläge. Liegen die Zahlung des vereinbarten Preises und die Zahlungsabschläge in unterschiedlichen Besteuerungszeiträumen (Voranmeldungszeiträumen), ist § 17 UStG zu beachten. Dies führt insbesondere bei Unternehmen, die allgemein ihren Kunden Skonto gewähren, zu häufigen Mehrfachbuchungen, weil bei Leistungserbringung die Gesamtforderung zu buchen ist und bei Bezahlung unter Inanspruchnahme des Skontos eine weitere die Bemessungsgrundlage korrigierende Buchung vorzunehmen ist. In Fällen, in denen mit einer Skontierung gerechnet wird, sollte diese bereits bei Rechnungserstellung berücksichtigt werden (vgl. Abschn. 14.5 Abs. 19 UStAE und vgl. Kommentierung zu § 14 Rn. 134).

40 Ein Sonderfall der Preisminderung ist die sog. **Entgeltsrückgewähr**. Wird eine Leistung rückgängig gemacht, so entfällt das Entgelt – folglich entfällt auch die Bemessungsgrundlage. Häufig ist in solchen Fällen § 17 UStG (vgl. § 17 Rn. 108 ff.) zu beachten.

Von der Entgeltsrückgewähr abzugrenzen ist die **Rücklieferung**. Ihr liegt eine vom Willen des ehemaligen Leistungsempfängers abhängige Entscheidung zugrunde den Gegenstand an den ehemaligen Leistenden zurückzuliefern. Die Rücklieferung ist ein für sich zu beachtender Vorgang, der keinen Einfluss auf die ursprüngliche Lieferung hat (zur Entgeltsrückgewähr und Rücklieferung vgl. Abschn. 1.1 Abs. 4 UStAE § 17 Rn. 108 ff.). 41

Der EuGH hatte mehrfach die umsatzsteuerrechtliche Behandlung sog. **Herstellerrabatte** (§ 17 Rn. 50) zu beurteilen und darauf erkannt, dass diese auf Seiten des Herstellers zu einer Änderung der umsatzsteuerrechtlichen Bemessungsgrundlage führen können (EuGH vom 24.10.1996, Rs. C-317/94, Elida Gibbs, UR 1997, 265; EuGH vom 15.10.2002, Rs. C-427/98, UR 2002, 523; EuGH vom 16.01.2003, Rs. C-398/99, Yorkshire Co-operatives Ltd, UR 2003, 89). Die Verwaltung folgt inzwischen der Rechtsprechung des EuGH (BMF vom 19.12.2003, BStBl I 2004, 443) – zur Entgeltsminderung auch Abschn. 17.3 UStAE. 42

Zum besseren Verständnis sind begrifflich zunächst die Erstattungsgutscheine von den Nachlassgutscheinen zu unterscheiden: 43

- **Preiserstattungsgutscheine** (cash-back coupons) sind Gutscheine, die der Endverbraucher zur Erstattung des Nennwertes unmittelbar beim Hersteller einlösen kann.
- **Preisnachlassgutscheine** (money-off coupons) dagegen werden vom Endverbraucher beim Warenerwerb vom Einzelhändler eingelöst, der den Nennwert des Gutscheins mit dem Kaufpreis verrechnet und den Verrechnungspreis dann vom Hersteller erstattet bekommt.

Im Rahmen des JStG 2018 ist geplant, diese Definition auch in das UStG zu übernehmen (§§ 3 Abs. 13-15, 10 Abs. 1 UStG-E).

Gibt ein Unternehmer einen Gutschein in Umlauf, der dessen Besitzer berechtigt, eine Leistung des Unternehmers kostenlos in Anspruch zu nehmen, liegt in der Regel kein entgeltlicher Leistungsaustausch vor. Dies ist der Fall bei einer Spielmöglichkeit an Geldspielgeräten in den Fällen der »Freimünzung« gegen Vorlage eines anlässlich der Neueröffnung einer Spielhalle über Zeitungsanzeigen und Auslage in Geschäften verteilten Test-Coupons, BFH vom 19.11.2014, Az. V R 55/13, BStBl II 2015, 944. 44

Ausgehend von der Lieferkette Hersteller an Händler, Händler an Kunden wird bei Preiserstattungs- und Preisnachlassgutscheinen der Preisnachlass dem Kunden vom Hersteller gewährt, mit dem ihn kein direkter Leistungsaustausch verbindet (vgl. die Fallbeispiele in Abschn. 17.2 Abs. 1 UStAE). Nach der Rechtsprechung des EuGH beurteilen sich derartige Fallgestaltungen wie folgt:

Lieferung Hersteller an Händler: Die USt soll ausschließlich den Endverbrauch belasten; der Fiskus darf daher von keinem höheren Betrag die USt erhalten, als den, den der Kunde effektiv als Entgelt aufgebracht hat. Der dem Kunden durch den Hersteller gewährte Preisnachlass muss daher in der Absatzkette zu einer Entlastung führen, d. h. zu einer Minderung der Bemessungsgrundlage. Diese Minderung hat dort zu erfolgen, wo der Preisnachlass wirtschaftlich getragen wird; im Fall von Herstellerrabatten also beim Hersteller. Hierbei ist unbeachtlich, ob der Hersteller in einer unmittelbaren Vertragsbeziehung zum Endverbraucher steht oder ob Zwischenhändler beteiligt sind. Dies ergibt sich aus dem Neutralitätsgrundsatz der USt in der Händlerkette. Die Erstattungen führen daher auf Seiten des Herstellers zu einer **Minderung der Bemessungsgrundlage** (§ 17 Abs. 1 S. 1 UStG, vgl. § 17 Rn. 66 ff.). Der Preisnachlass hat auf den Eingangsumsatz des Einzelhändlers keinerlei Auswirkung; insbesondere wird der **Vorsteuerabzug nicht gemindert**. 45

Bei einer Lieferung eines Händlers an einen Kunden wirkt sich der Preisnachlass auch auf den Ausgangsumsatz des Händlers nicht aus. Die Rabattgewährung des Herstellers kann innerhalb der Absatzkette nur ein einziges Mal zu einer Minderung der Bemessungsgrundlage führen; dem Fiskus entstünde ansonsten ein systemwidriger Steuerausfall. Nur die Minderung des Herstellerentgelts wird den erkennbaren Intentionen des Herstellers gerecht, der den Preisnachlass dem 46

Endverbraucher gewähren will, nicht dem Einzelhändler. Die Herstellerrabatte stellen daher beim Einzelhändler ein Entgelt von dritter Seite dar (§ 10 Abs. 1 S. 3 UStG) und führen zu **keiner Minderung der Bemessungsgrundlage**. **Verweigert** der Leistungsempfänger ganz oder teilweise **die Zahlung**, hat dies einen Einfluss auf die Höhe der Bemessungsgrundlage. Bei der Besteuerung nach vereinbarten Entgelten berücksichtigt der Leistende die vereinbarte Bemessungsgrundlage im Voranmeldungszeitraum der Leistung (§ 10 Abs. 1 i. V. m. § 13 Abs. 1 Nr. 1 Buchst. a S. 1 UStG, vgl. § 13 Rn. 26). Die vollständige oder teilweise Nichtzahlung des Preises führt zu einer Änderung der Bemessungsgrundlage, deren Zeitpunkt sich aus § 17 Abs. 1 S. 7 UStG ergibt.

47 Zur Besteuerung von Preisnachlässen durch Verkaufsagenten vgl. Abschn. 10.3 Abs. 4 UStAE.

48 Mit Schreiben vom 13.12.2006 (Az: IV A 5 – S 7100 – 177/06, BStBl I 2007, 119) hat das BMF zur umsatzsteuerrechtlichen Behandlung der **Entgelte für postvorbereitende Leistungen** Stellung genommen. Die Deutsche Post gewährt sog. Konsolidierern, die Inhaber einer postrechtlichen Lizenz gem. § 51 Abs. 1 S. 2 Nr. 5 PostG sind und Briefsendungen eines oder mehrerer Absender bündeln und vorsortiert in die Briefzentren der Deutschen Post einliefern, nachträglich **Rabatte** auf die offiziellen Porti für diese Briefsendungen. Das Schreiben erläutert anhand von Beispielsfällen die Ermittlung der zutreffenden Bemessungsgrundlage bei Handeln im eigenen oder fremden Namen. Tritt der Konsolidierer i. R. d. zwischen ihm und der Deutschen Post AG abgeschlossenen Standardverträge auf der Grundlage der AGB Brief National gegenüber der Deutschen Post AG im fremden Namen auf, können die Beförderungsleistungen der Deutschen Post AG nur gegenüber den Absendern der Briefsendungen erbracht werden. Beim Konsolidierer liegt also ein durchlaufender Posten vor. Wird der Konsolidierer dagegen auf der Grundlage der AGB Teilleistungen BZA gewerbsmäßige Konsolidierung Brief oder der AGB BZE gewerbsmäßige Konsolidierung Brief tätig, handelt er insoweit gegenüber der Deutschen Post AG in eigenem Namen. Ein durchlaufender Posten liegt in diesen Fällen nicht vor (vgl. dazu auch OFD Karlsruhe vom 05.04.2011, Az: USt-Kartei BW § 10 UStG S 7200 Karte 12, OFD Frankfurt a. M. vom 31.10.2012, Az: S 7200 A – 180 – St 111, FMNR541310012).

49 Zur Besteuerung von Herstellerrabatten pharmazeutischer Unternehmen an Apotheken nach § 130a SGB V vgl. BFH vom 28.05.2009, Az: V R 2/08, BStBl II 2009, 870. Danach ist der Abzugsbetrag bzw. die Rückzahlung in Entgelt und Umsatzsteuer aufzuteilen.

Mit Urteil vom 08.02.2018, Az. V R 42/15, DStR 2018, 674 hat der BFH entschieden, dass Abschläge pharmazeutischer Unternehmer nach § 1 AMRabG die Bemessungsgrundlage für die gelieferten Arzneimittel mindern (Folgeentscheidung zum EuGH-Urteil Boehringer Ingelheim Pharma GmbH & Co. KG vom 20.12. 2017, Az. C-462/16, DStR 2018, 76). Mit dem nunmehr vorliegenden Urteil Boehringer Ingelheim Pharma GmbH & Co. KG habe der EuGH klargestellt, dass der Abschlag, den ein pharmazeutisches Unternehmen aufgrund einer nationalen Gesetzesregelung einem Unternehmen der privaten Krankenversicherung gewährt, zu einer Minderung der Steuerbemessungsgrundlage für dieses pharmazeutische Unternehmen führt, wenn es Arzneimittel über Großhändler an Apotheken liefert, die die Arzneimittel an privat Krankenversicherte liefern, denen von der privaten Krankenversicherung die Kosten für den Bezug der Arzneimittel erstattet werden.

Interessant an diesem Urteil ist, dass die private Krankenversicherung kein Leistungsempfänger der Arzneimittelhersteller ist, weil bei Arzneimittellieferungen an privat Versicherte die Leistungskette vom Hersteller über die Apotheke zum Versicherten geht, während bei gesetzlich Versicherten die Lieferkette vom Hersteller über die Apotheke zur gesetzlichen Krankenversicherung läuft. Dennoch sollen nach dem Willen der Gerichte die Herstellerrabatte gleich behandelt werden, wofür der EuGH den Gleichbehandlungsgrundsatz Art. 20 der EU-Grundrechte-Charta bemüht. *Krieg* (a. a. O., DStR 2018, 509) begründet dies mit einem sog. Kausalzusammenhang. Er vertritt die Auffassung, dass – trotz fehlender Leistungskette – die Zahlung stets dann zu einer Minderung der

Bemessungsgrundlage für den vom Zahlenden erbrachten Umsatz führt, wenn der Umsatz kausal für die Zahlung ist und der Zahlung kein anderer Umsatz des Zahlungsempfängers zugrunde liegt.

Dennoch erstaunt das Urteil systematisch. Denn die Zahlung der privaten Krankenversicherung stellt noch nicht einmal Entgelt von Dritter Seite da, sondern ist eine Versicherungsleistung an den privat Versicherten.

Das FG Münster hat mit Urteil vom 13.03.2018, Az. 15 K 832/15 U (EFG 2018, 1063, NZB eingelegt Az. des BFH: V B 38/18) entschieden, dass die von einem Arzneimittelhersteller gegenüber einer niederländischen Versandapotheke gemäß § 130a SGB V gewährten Herstellerrabatte nicht in die Bemessungsgrundlage des innergemeinschaftlichen Erwerbs der inländischen Krankenkasse als Entgelt von Dritter Seite einzubeziehen sind. Die Regelung in § 130a SGB V habe die sozialrechtliche Funktion, eine Entlastung der gesetzlichen Krankenkassen hinsichtlich der Arzneimittelkosten zu bewirken. Dass der Herstellerrabatt nach dem Umfang der Medikamentenlieferungen an gesetzliche Krankenkassen berechnet wird, habe darüber hinaus keine umsatzsteuerrechtliche Bedeutung.

Eine **Minderung des Kaufpreises** einer Ware liegt nach Abschn. 10.3 Abs. 3 UStAE nicht vor, 50
wenn der Käufer vom Verkäufer zur Ware einen Chip erhält, der zum verbilligten Bezug von Leistungen eines Dritten berechtigt, und der Kunde den vereinbarten Kaufpreis für die Ware unabhängig davon, ob er den Chip annimmt, zu zahlen hat und die Rechnung über den Warenkauf diesen Kaufpreis ausweist (BFH vom 11.05.2006, Az: V R 33/03, BStBl II 2006, 699).

Der vom Hersteller eines Arzneimittels den gesetzlichen Krankenkassen zu gewährende gesetz- 51
liche Rabatt führt nach Abschn. 10.3 Abs. 7 UStAE beim Hersteller zu einer Minderung des Entgelts für seine Lieferung an den Zwischenhändler oder die Apotheke. Gleiches gilt bei der verbilligten Abgabe des Arzneimittels durch die in der Lieferkette beteiligten Unternehmer. Die Erstattung des Abschlags durch den Hersteller ist in diesem Fall Entgelt von dritter Seite für die Lieferung des Arzneimittels. Verzichtet eine Apotheke, die nicht nach § 43b SGB V zum Einzug der Zuzahlung nach § 31 Abs. 3 SGB V verpflichtet ist, auf diese Zuzahlung, mindert sich insoweit die Bemessungsgrundlage für die Lieferung an die jeweilige Krankenkasse. Gleiches gilt bei der Gewährung von Boni auf erhobene Zuzahlungen. Zahlungen des Herstellers auf Grundlage des § 1 (AMRabG) an die Unternehmen der priv. Krankenversicherung und an die Kostenträger in Krankheits-, Pflege- und Geburtsfällen nach beamtenrechtlichen Vorschriften erfolgen außerhalb der Lieferkette und stellen deshalb keine Entgeltsminderungen dar. (vgl. auch o.a. OFD Karlsruhe vom 28.02.2012, S 7330 Karte 2; BMF vom 14.11.2012, Az: IV D 2 – S 7200/08/10005, 2012/1041841, BStBl I 2012, 1170; Abschn. 10.3 Abs. 7 S. 7 UStAE).

Zur Minderung der Bemessungsgrundlage bei Zentralregulierern vgl. BFH vom 13.03.2008, Az: 52
V R 70/06, BStBl II 2008, 997, vgl. § 17 Rn. 77.

Für den Fall, dass der Verkäufer eines Gebäudes auf Grund einer Mietgarantie an den Käufer 53
einen Geldbetrag zahlt, hat der BFH am 10.02.2010 entschieden, dass dieser gemäß § 17 Abs. 1 UStG die Bemessungsgrundlage für die Lieferung des Gebäudes mindert (Az: V R 2/09, BStBl II 2010, 765), vgl. dazu auch Büchter-Hole, EFG 2009, 445 und Hoffmann, StuB 2009, 479.

2.1.1.6 Bedeutung der Rechnungsangaben für die Höhe des Entgelts

Vereinfacht gesagt haben die Rechnungsangaben grundsätzlich keinen Einfluss auf die Höhe des 54
Entgelts auch wenn dies in der Praxis scheinbar anders ist. Entscheidend ist tatsächlich nur das Zahlungsverhalten des Leistungsempfängers. Dieser kann letztlich mehr oder weniger zahlen, als in der Rechnung verlangt wird. Die USt entsteht auch dann, wenn überhaupt keine Rechnung vorliegt, der Leistungsempfänger aber Zahlungen für eine Leistung tätigt. Weder § 10 noch § 13 UStG machen das Entstehen einer Steuer vom Vorhandensein einer Rechnung abhängig. Bedeutsam sind die Rechnungsangaben allenfalls für den Leistungsempfänger und dessen Berechtigung

zum Vorsteuerabzug im nach § 15 UStG geforderten Rahmen (vgl. § 15 Rn 72). Allerdings ist den Rechnungsangaben für die Gewährung des Vorsteuerabzugs beim Leistungsempfänger stets ein besonderes Gewicht beizumessen. Darüber hinaus verlangt § 14 Abs. 4 Nr. 7 UStG insbesondere für Skonti und Rabatte einen entsprechenden Hinweis in der Rechnung (dazu ausführlich vgl. § 14 Rn. 117 und BMF vom 10.06.2004, DStR 2004, 1340).

2.1.1.7 Zuschüsse, Zuwendungen, Beihilfen und Ähnliches

55 Bei sog. Zuschüssen stellt sich stets die Frage, ob der Zuschuss Teil des Entgelts für eine Leistung darstellt oder nicht. Bis 1998 (BFH vom 02.02.1998, Az: V R 34/97, BStBl II 1998, 695) konnte man davon ausgehen, dass die Beschäftigung mit der Abgrenzung von Zuschüssen als Teil des Entgelts oder als nicht entgeltlicher Vorgang dann unbeachtlich war, wenn der Leistungsempfänger hinsichtlich des Leistungsbezugs zum vollen Vorsteuerabzug berechtigt war. Da aber nach Änderung der Rechtsprechung nur insoweit der Vorsteuerabzug gegeben ist, wie auch eine Leistung vorhanden ist, aus der eine Steuer geschuldet wird, kommt Zuschussfragen auch innerhalb der Unternehmerkette nunmehr eine allumfassende Bedeutung zu, um nicht bei einer Prüfung als Leistender ggf. Umsatzsteuern nach § 14c UStG schulden zu müssen oder als Leistungsempfänger den Vorsteueranspruch aus einer (falschen) Rechnung zu verlieren. Zu aktuellen Einzelfällen vgl. Rn. 65 ff.

56 Ausführlich befasst sich Abschn. 10.2 UStAE mit der Frage, ob eine Zahlung unter der Bezeichnung Zuschuss, Zuwendung, Beihilfe o. Ä.

- Entgelt für eine Leistung an den Zuschussgeber,
- (zusätzliches) Entgelt eines Dritten oder
- ein echter, nicht steuerbarer Zuschuss

ist. Dafür gelten folgende Grundsätze:

57 Zuschüsse sind **Entgelt für eine Leistung** an den Zuschussgeber,

- wenn ein Leistungsaustauschverhältnis zwischen dem leistenden Unternehmer (Zahlungsempfänger) und dem Zahlenden besteht (vgl. Abschn. 10.2 Abs. 2 UStAE);
- wenn ein unmittelbarer Zusammenhang zwischen der erbrachten Leistung und dem Zuschuss besteht, d. h. wenn der Zahlungsempfänger seine Leistung – insbesondere bei gegenseitigen Verträgen – erkennbar um der Gegenleistung willen erbringt;
- wenn der Zahlende einen Gegenstand oder einen sonstigen Vorteil erhält, auf Grund dessen er als Empfänger einer Lieferung oder sonstigen Leistung angesehen werden kann;
- wenn (beim Zahlenden oder am Ende der Verbraucherkette) ein Verbrauch im Sinne des gemeinsamen Mehrwertsteuerrechts vorliegt.

58 Zuschüsse sind zusätzliches Entgelt eines Dritten (**Entgelt von dritter Seite**) immer dann, wenn zwischen dem Geldgeber (dem Dritten) und dem Zahlungsempfänger ein unmittelbarer Leistungsaustausch zu verneinen ist und

- wenn der Leistungsempfänger einen Rechtsanspruch auf die Zahlung hat;
- wenn die Zahlung in Erfüllung einer öffentlich-rechtlichen Verpflichtung gegenüber dem Leistungsempfänger gewährt wird;
- wenn die Zahlung im Interesse des Leistungsempfängers gewährt wird.

59 Das zusätzliche Entgelt erhöht die Bemessungsgrundlage des Leistenden. Zu Beispielen für Entgelte von dritter Seite siehe Abschn. 10.3 Abs. 3 bis 6 UStAE.

Die Ausfuhrerstattung, die dem Ausführer auf seinen Antrag nach der VO Nr. 1255/1999 ausgezahlt wird, ist kein Entgelt eines Dritten nach § 10 Abs. 1 S. 3 UStG (BFH vom 26.09.2012,

Az: V R 22/11, BFH/NV 2013, 486; Vorinstanz FG Baden Württemberg vom 11.04.2011, Az: 9 K 942/08, DStRE 2012, 576).

Echte – nicht steuerbare – Zuschüsse liegen vor, wenn die Zahlungen nicht auf einem Leistungsaustauschverhältnis beruhen und sich keine Leistung und Gegenleistung gegenüberstehen (ausführlich in Abschn. 10.3 Abs. 7 UStAE). In anderen Einzelfällen ist es denkbar, dass Geld gezahlt worden ist, ohne dass eine konkrete Gegenleistung vorliegt und ohne dass von einem »Zuschuss« gesprochen wird. Dies ist bei Schenkungen und Erbschaften der Fall, kann aber auch die Hingabe von Geld an einen Straßenmusiker sein (EuGH vom 29.03.2001, Rs. C – 404/99, Kommission/Frankreich, HFR 2001, 634 Drehorgelspieler). 60

Zur Abgrenzung von echtem Zuschuss und Entgelt bei Forschungsvorhaben vgl. Abschn. 10.3 Abs. 10 UStAE. Bezüglich der Frage, ob Zuwendungen aus öffentlichen Kassen echte Zuschüsse sind, ist die Verwaltung inzwischen wenigstens scheinbar auf den Kurs der aktuellen Rechtsprechung eingeschwenkt (vgl. Abschn. 10.3 Abs. 8 UStAE). Dieses ergibt sich nicht aus der haushaltsrechtlichen Erlaubnis zur Ausgabe, sondern allein aus dem Grund der Zahlung (vgl. BFH vom 27.11.2008, Az: V R 8/07; BStBl II 2009, 397 und vom 18.12.2008, Az: V R 38/06, BStBl II 2009, 749). Allerdings versteift sich die Verwaltung weiterhin auf die zweifelhafte Aussage in Abschn. 10.3 Abs. 8 S. 2 und 3 UStAE, dass Zuwendungen aus öffentlichen Kassen, die ausschließlich auf der Grundlage des Haushaltsrechts i. V. m. den dazu erlassenen Allgemeinen Nebenbestimmungen vergeben werden, i. d. R. echte Zuschüsse sind, weil die in den Allgemeinen Nebenbestimmungen normierten Auflagen für den Zuwendungsempfänger grundsätzlich nicht für die Annahme eines Leistungsaustauschverhältnisses ausreichen. Sie hätten den Sinn, den Zuwendungsgeber über den von ihm erhofften und erstrebten Nutzen des Projekts zu unterrichten und die sachgerechte Verwendung der eingesetzten Fördermittel sicherzustellen. Grund der Zahlung ist in diesen Fällen die im überwiegenden öffentlichen Interesse liegende Förderung des Zuwendungsempfängers, nicht der Erwerb eines verbrauchsfähigen Vorteils durch den Zuwendungsgeber (zum Thema auch Lippross, DStR 2009, 871). 61

Ob Zuschüsse einer Kommune an einen eingetragenen Verein hinsichtlich der institutionellen Förderung des Vereins und der Bezuschussung der Vorbereitung und Durchführung des alljährlichen Stadtfestes sowie der Feierlichkeiten anlässlich eines Stadtjubiläums als echte Zuschüsse nicht umsatzsteuerbar sind, (so Sächsisches FG vom 08.06.2006, Az: 3 K 2006/03, DStRE 2007, 775), hängt davon ab, ob ein individueller Leistungsempfänger vorhanden ist, der aus der Leistung einen konkreten Vorteil zieht. Es ist für die Steuerbarkeit der Leistung dann letztlich nicht entscheidend ob sie im öffentlichen Interesse liegt (BFH vom 18.12.2008, Az: V R 38/06, BStBl II 2009, 749). Zahlungen Dritter für die steuerbare Tätigkeit eines Vereins können Drittentgelt i. S. v. § 10 Abs. 1 S. 3 UStG sein, wenn der Verein die Mitgliedsbeiträge z. B. nicht kostendeckend festsetzt, BFH vom 20.03.2014, V R 4/13, HFR 2014, 822. 62

Geldzahlungen einer Gemeinde an einen Schwimmbadbetreiber zur Aufrechterhaltung des allgemeinen Badebetriebs sind Entgelt für steuerpflichtige Leistungen und kein echter Zuschuss (entgegen Niedersächsisches FG vom 28.08.2008, Az: 16 K 133/07, DStRE 2009, 815; BFH vom 29.11.2009, Az: V R 29/08, BFH/NV 2010, 701–703; vgl. auch Klingebiel, NWB 35/2009, 2743). 63

Hilfreiche Übersichten zur umsatzsteuerrechtlichen Behandlung verschiedener Zuwendungen im Bereich der Landwirtschaft aus öffentlichen Kassen enthalten die Verf. der OFD Hannover vom 17.06.2008, Az: S 7200 – 206 – StO 172, UR 2008, 939 und der OFD Frankfurt a. M. vom 22.01.2010, Az: S 7200 A – 215 – St 111, UR 2010, 630. Zur Sicherung der Lebensräume wildlebender Pflanzen und Tiere verpflichten sich Land- und Forstwirte vertraglich zu bestimmten Bewirtschaftungsmaßnahmen und erhalten hierfür in EU-Förderprogrammen geregelte staatliche Prämien (z. B. Totholzentschädigung). Bezieht sich der Vertrag auf eigene oder gepachtete land- und forstwirtschaftlich genutzte Flächen, handelt es sich bei den Prämien um nicht steuerbare Zuschüsse. Bei entgeltlichen Pflegeleistungen für Flächen Dritter liegt dagegen ein umsatzsteuerpflichtiger Leis- 64 tungsaustausch vor. Bei solchen Leistungen an einen Nichtlandwirt kommt eine Anwendung der Durchschnittssatzbesteuerung nach § 24 UStG nicht in Betracht (Abschn. 24.1 Abs. 1 und 24.3 UStAE, vgl. OFD Karlsruhe vom 25.08.2011, Az: S 7200, UR 2012, 72).

64a Erhält eine Gesellschaft mit dem Gegenstand der Verkündigung des Evangeliums in der Öffentlichkeit Zahlungen von der Landeskirche auf der Grundlage der jährlichen Haushaltsbeschlüsse der Landessynode ohne konkrete Zweckbindung, so stellen diese Zahlungen nach Auffassung des FG Düsseldorf vom 09.12.2013, Az: 5 K 2789/11, EFG 2014, 676, echte Zuschüsse dar, die mangels Leistungsaustausch nicht umsatzsteuerpflichtig sind, wenn der Zahlung ein Rechtsverhältnis oder ein Bewilligungsbescheid nicht zugrunde liegt. Zwar setze die Annahme eines Leistungsaustauschs keine rechtlich durchsetzbaren Ansprüche voraus. Es müsse aber ein entsprechendes Rechtsverhältnis gegeben sein. Die Beschreibung eines Haushaltstitels muss kein solches Rechtsverhältnis begründen.

65 **Investitionskostenzuschüsse** von Kommunen an Netzbetreiber zur Schließung der Wirtschaftlichkeitslücke bei Investitionen in leitungsgebundene oder funkbasierte **Breitbandinfrastrukturen** i. R. d. Gemeinschaftsaufgabe »Verbesserung der Agrarstruktur und des Küstenschutzes« (GAK) zur Förderung der Breitbandversorgung ländlicher Räume werden vorrangig dem jeweiligen Netzbetreiber zu seiner Förderung aus Struktur- oder allgemeinpolitischen bzw. volkswirtschaftlichen Gründen gewährt (Abschn. 10.2 Abs. 7 UStAE). Unter diesen Voraussetzungen sind nach Auffassung der Verwaltung derartige Zuwendungen kein Entgelt für eine der Umsatzsteuer unterliegende Leistung des jeweiligen Netzbetreibers oder eines Dritten an die die Zuwendung gewährende Kommune oder einen Dritten, sondern stellen echte Zuschüsse dar (OFD Frankfurt vom 18.03.2009, Az: S 7200 A – 246 – St 111, FR 2009, 779).

66 Zur umsatzsteuerrechtlichen Behandlung von Defizitausgleichszahlungen der Kommunen an Krankenhäuser in kommunaler Trägerschaft i. R. v. Betrauungsakten hinsichtlich Dienstleistungen von allgemeinem wirtschaftlichem Interesse vgl. BMF vom 19.10.2009, Az: IV B 8 – S 7200/07/10010, UR 2010, 239.

67 Übernimmt ein Unternehmer für eine Stadt den Betrieb verschiedener Einrichtungen (Tierpark, Schwimmbad und Sportplatz) gegen Übernahme der mit dem Betrieb dieser Einrichtungen verbundenen Verluste (= Ausgleichszahlungen der Stadt), kann es sich entweder um Entgelte der Stadt nach § 10 Abs. 1 S. 3 UStG für die gegenüber den Nutzern der Einrichtungen erbrachten Leistungen oder um Entgelte für eine gegenüber der Stadt ausgeführte Betriebsführungsleistung handeln. Es handelt sich hierbei nicht um einen echten Zuschuss (BFH vom. 18.06.2009, Az: V R 4/08, BStBl II 2010, 310).

68 Kein Teil des Leistungsaustauschs und somit kein Entgelt sind **Beitragszuschüsse für Kranken- und Pflegeversicherung**, die ein Unternehmer seinem Leistungsempfänger aufgrund von Bestimmungen des SGB (z. B. nach § 257 Abs. 2 SGB V oder § 61 Abs. 2 SGB XI) gewährt (BFH vom 19.05.2010, Az: XI R 35/08, BStBl II 2010, 1082.

69 Zur umsatzsteuerrechtlichen Behandlung von **Druckkostenzuschüssen** siehe Abschn. 10.2 Abs. 5 S. 4 UStAE.

70 Wird ein Werkvertrag vorzeitig gekündigt, so behält der Unternehmer den Anspruch auf die vereinbarte Vergütung. Der Unternehmer muss sich jedoch ersparte Aufwendungen oder dasjenige, was er durch anderweitige Verwendung seiner Arbeitskraft erzielt oder zu erwerben unterlässt, anrechnen lassen (§ 649 S. 2 BGB). Sofern im Einzelfall dargelegt wird, dass keine weiteren Leistungen erbracht worden sind, stellt das sog. **Bereitstellungsentgelt** keine Gegenleistung im Rahmen eines umsatzsteuerbaren Leistungsaustauschs dar (BFH vom 30.06.2010, Az: XI R 22/08, DStR 2010, 837). Gleiches gilt für die gem. § 649 S. 2 BGB oder § 8 Nr. 1 Abs. 2 VOB/B nach freier Kündigung eines Bauvertrages zu zahlende Vergütung. Sie ist nur insoweit Entgelt i. S. v. § 10 Abs. 1 UStG und damit Bemessungsgrundlage für den gem. § 1 Abs. 1 Nr. 1 UStG steuerbaren Umsatz, als sie auf schon erbrachte Leistungsteile entfällt (BGH vom 22.11.2007, Az: VIII ZR

83/05, UR 2008, 156). Gleiches gilt für die Beurteilung eines sog. Angelds bei Nichtinanspruchnahme einer Beherbergungsleistung (EuGH vom 18.07.2007, Rs. C-277/05, Societé Thermale, UR 2007, 643).

Ist bei der **Herstellung des Werks eine Handlung des Bestellers** erforderlich, so kann der Unternehmer, wenn der Besteller durch das Unterlassen der Handlung in Verzug der Annahme kommt, eine angemessene Entschädigung verlangen (§ 642 Abs. 1 BGB). Die Höhe der Entschädigung bestimmt sich gem. § 642 Abs. 2 BGB einerseits nach der Dauer des Verzugs und der Höhe der vereinbarten Vergütung, andererseits nach dem, was der Unternehmer infolge des Verzugs an Aufwendungen erspart oder durch anderweitige Verwendung seiner Arbeitskraft erwerben kann. Einer gem. § 642 BGB zu zahlenden »Entschädigung« liegt eine steuerbare Leistung zugrunde (BGH vom 24.01.2008, Az: VII ZR 208/05, UR 2008, 784). 71

Ob von kommunalen Wirtschaftsförderungseinrichtungen i. R. v. **Gründungswettbewerben** an potenzielle Unternehmer ausgezahlte Preisgelder als echte, nicht steuerbare Zuschüsse zu beurteilen sind, ist streitig (pro: OFD Münster vom 10.01.2008, DB 2008, 422 und UR 2008, 238; contra: FG Münster vom 12.06.2007, Az: 15 K 6229/04 U). 72

Zu Fragen des Engelts bei Zuschüssen der öffentlichen Hand bei der unentgeltlichen **Beförderung Schwerbehinderter** im öffentlichen Personennahverkehr vgl. OFD Hannover vom 03.06.2008, Az: S 7200 – 174 – StO 172, UR 2008, 710. Zu Zuwendungen und Ausgleichszahlungen für Verkehrsleistungen im öffentlichen Personennahverkehr vgl. OFD Niedersachsen, Vfg. vom 31.03.2015, Az. S 7200-283-St 171, UR 2015, 487, OFD Frankfurt/M vom 24.02.2016, Az. S 7104 A-083-St 110, UR 2016, 374. 73

Bei den Zahlungen der Fachhochschule (Zuschuss Essensmarken Mensa) an die Klägerin (2005: 102.482,87 €, 2006: 114.683,51 € und 2007: 18.506,81 €) handelt es sich um Entgelt eines Dritten i. S. des § 10 Abs. 1 Satz 3 UStG für die ausgeführten Restaurationsleistungen. Ausweislich der für den Senat nach § 118 Abs. 2 FGO bindenden Feststellungen des FG hat die Fachhochschule in den Streitjahren 1,79 € für jede tatsächlich an Studierende ausgegebene Mahlzeit gezahlt. Damit sind die Zahlungen für bestimmbare Leistungen erfolgt, die in einem unmittelbaren Zusammenhang mit den Restaurationsleistungen stehen. Die Zahlungen können den einzelnen Restaurationsleistungen zugeordnet werden und kommen den Studierenden als Empfänger dieser Leistungen unmittelbar zugute. Die Klägerin (Zahlungsempfängerin) kann aus der Kooperations- und Sicherstellungsvereinbarung zudem das Recht auf Zahlung gegenüber der Fachhochschule für tatsächlich erbrachte Restaurationsleistungen ableiten. 73a

Auch die Zahlungen des Landes und des Studierendenwerks sind Drittentgelt i. S. des § 10 Abs. 1 Satz 3 UStG für die Restaurationsleistungen. Dies gilt insbesondere für die aufgrund der Sicherstellungsvereinbarung geleisteten Zahlungen, die sich auf die an Studierende ausgegebenen Mahlzeiten bezogen. Dabei sind auch die pauschalierten »50.000 € je Mensa und Jahr« und 10 € »je eingeschriebener Student und Jahr« (2006 insgesamt 200.000 € und 2007 insgesamt 130.208 €) als Drittentgelt zu erfassen, weil die Zahlungen – ausweislich Abschnitt I (Leistungsumfang) der Sicherstellungsvereinbarung – unmittelbar an die Essensversorgung der Studierenden anknüpft (BFH vom 18.02.2016, Az. V R 46/14, BFHE 253, 421).

2.1.2 Sonderfälle des Entgelts

§ 10 Abs. 2 S. 1 UStG enthält eine Sonderregelung für die Entgeltbemessung bei der Übertragung der Rechte aus **Pfandscheinen**. Die Praxis nutzt für vergleichbare Situationen heute das Instrument der Sicherungsübereignung, weshalb auf eine Kommentierung dieser Vorschrift verzichtet wird. 74

75 Zur umsatzsteuerrechtlichen Behandlung des **Pfandgeldes** für Warenumschließungen (z.B. Getränkepfand) vgl. Abschn. 10.1 Abs. 8 UStAE.

76 **Tausch** und tauschähnlicher Umsatz sind Sonderfälle der Lieferungen und sonstiger Leistungen (vgl. § 3 Rn. 213). § 10 Abs. 2 S. 2 UStG bestimmt explizit für diese Leistungen sowie für die Hingabe an Zahlungs statt, dass der Wert jedes Umsatzes als Entgelt für den anderen Umsatz gilt und dass die USt auch hier nicht zum Entgelt gehört (§ 10 Abs. 2 S. 3 UStG). Bei der Bemessung des Gegenwerts ist zu beachten, dass darin nicht nur die »Hauptleistung« sondern ggf. auch Nebenleistungen einfließen müssen. Zu dieser Problematik vgl. auch Rn. 38 (Beispiel zur Ermittlung der Bemessungsgrundlage bei einer sonstigen Leistung).

77 Von der Wertermittlung einer Gegenleistung nach dem »gemeinen Wert« (z.B. Abschn. 10.5 Abs. 1 S. 5 UStAE i.V.m. § 9 Abs. 2 BewG) ist die Verwaltung unter dem Eindruck des EuGH abgekommen (vgl. Abschn. 10.5 Abs. 1 S. 1–4 UStAE). Nach einem Urteil des EuGH vom 02.06.1994 (UR 1995, 64) handelt es sich bei dem Gegenwert eines Tauschs um einen **subjektiven Wert**. Subjektiver Wert ist derjenige, den der Leistungsempfänger der Leistung beimisst, die er sich verschaffen will und deren Wert dem Betrag entspricht, den er zu diesem Zweck aufzuwenden bereit ist (vgl. BFH vom 16.04.2008, Az: XI R 56/06, BStBl II 2008, 909, und EuGH vom 02.06.1994, Rs. C-33/93, EuGHE I, 2329). Dieser Wert umfasst alle Ausgaben einschließlich der Nebenleistungen, die der Empfänger der jeweiligen Leistung aufwendet, um diese Leistung zu erhalten (vgl. BFH vom 01.08.2002, Az: V R 21/01, BStBl II 2003, 438, vom 16.04.2008, Az: XI R 56/06, BStBl II 2008, 909 und vom 25.04.2018, Az. XI R 21/16, DStR 2018, 1290; zu Versandkosten vgl. z.B. EuGH vom 03.07.2001, Rs. C-380/99, EuGHE I, 5163). Somit bestimmt Abschn. 10.5 Abs. 1 S. 5 bis 7 UStAE, dass, soweit der Leistungsempfänger konkrete Aufwendungen für die von ihm erbrachte Gegenleistung getätigt hat, der gemeine Wert (§ 9 BewG) dieser Gegenleistung nicht maßgeblich ist. Hat er keine konkreten Aufwendungen für seine Gegenleistung getätigt, ist als Entgelt für die Leistung der gemeine Wert dieser Gegenleistung anzusetzen; die Umsatzsteuer ist stets herauszurechnen. Soweit der Wert des Entgelts nicht ermittelt werden kann, ist er zu schätzen (vgl. FG Hamburg vom 05.05.2006, Az. 2 K 108/04, EFG 2006, 1865) Nach FG München vom 23.09.2012, Az. 2 K 3435/11, EFG 2015, 78 sind als Anhaltspunkt der Schätzungsgrundlage die Aufwendungen, die dem leistenden Unternehmer für die Leistung entstanden sind, zugrunde zu legen.

78 Vereinbart eine KG mit ihren Gesellschaftern (Banken) im Gesellschaftsvertrag auf schuldrechtlicher Basis die Erbringung der von den Gesellschaftern bisher selbst geleisteten Kreditanalyse und Kreditsachbearbeitung, möglicherweise auch gegenüber Dritten, gegen Erstattung der sächlichen Kosten und der unentgeltlichen Personalgestellung unter Übertragung des arbeitsrechtlichen Direktionsrechts, liegt ein tauschähnlicher steuerbarer Umsatz vor. Das Entgelt für die Dienstleistung besteht in der Kostenerstattung und der unentgeltlichen Personalgestellung, wenn nur beide Leistungen die Erbringung der Dienstleistung sicherstellen (BFH vom 15.04.2010, Az: V R 10/08, BStBl II 2010, 879).

79 Beauftragt eine Ärztekammer als Herausgeber einen Verlag mit der Herstellung und dem Versand eines Ärzteblatts (Kammerzeitschrift) für ihre Mitglieder und überlässt sie dabei dem Verlag das Recht, im eigenen Namen und für eigene Rechnung in dem Ärzteblatt Werbeanzeigen zu platzieren, liegt ein tauschähnlicher Umsatz vor, BFH vom 15.04.2010, Az: V R 10/08, BStBl II 2010, 879 und vom 11.07.2012 , Az: XI R 11/11, BFHE 238, 560.

80 Überlässt eine Werbeagentur einer Gemeinde ein mit **Werbeaufdrucken** versehenes Kfz (sog. Werbemobil) kann ein tauschähnlicher Umsatz vorliegen. Die Bemessungsgrundlage sind die Anschaffungskosten des Kfz, BFH vom 16.04.2008, Az: XI R 56/06, BStBl II 2008, 909 und OFD Frankfurt vom 26.08.2008, Az: S 7119 A – 5 – St 110, UR 2008, 938; OFD Karlsruhe vom 15.01.2013, S 7100, FMNR062070013.

Zu Leistungsbeziehungen bei der Abgabe **werthaltiger Abfälle** und Anwendung der Grundsätze des tauschähnlichen Umsatzes vgl. BMF vom 05.11.2013, Az: IV D 2 – S 7203/07/10002:004, BStBl I 2013, 1368 und vom 16.12.2013, BStBl I 2013, 1638 und vom 12.06.2014, BStBl I 2014, 909. 81

»**Hingabe an Zahlungs statt**« gem. § 10 Abs. 2 S. 2 UStG ist ein Begriff aus dem BGB. Nach § 364 BGB (»Annahme an Erfüllungs statt«) erlischt das Schuldverhältnis, wenn der Gläubiger eine andere als die geschuldete Leistung an Erfüllungs statt annimmt. 82

Dies kann der Fall sein, wenn anstelle eines geforderten Geldbetrags die Schuld durch eine Sachleistung erbracht wird oder wenn eine Schuld »abgearbeitet wird« (Tellerwaschen anstelle des Begleichens einer Restaurantrechnung). Es gelten die vorstehenden Ausführungen zur Gegenleistung bei Tausch und tauschähnlichen Umsätzen analog. 83

Ob echte **Mitgliedsbeiträge** Entgelt für eine Leistung des Vereins darstellen oder nicht, ist seitens der Rechtsprechung geklärt (EuGH vom 21.03.2002, Kennemer Golf, Rs. C-174/00, UR 2002, 320; BFH vom 09.08.2007, Az: V R 27/04, DStR 2007, 1719). Danach können Jahresbeiträge der Mitglieder eines Sportvereins die Gegenleistung für die von diesem Verein erbrachten Dienstleistungen sein. Es komme nicht darauf an, dass die Mitglieder die Vorteile tatsächlich in Anspruch nehmen. Bei Sportvereinen bestehe somit ein unmittelbarer Zusammenhang zwischen den Mitgliedsbeiträgen und der Leistung des Vereins, den Mitgliedern Vorteile einzuräumen, wie die Nutzung von Sportanlagen zur Verfügung zu stellen. Gleiches gilt für **Aufnahmegebühren** (vgl. dazu BFH vom 11.10.2007, Az: V R 69/06, DStRE 2008, 303. Allerdings hält die Verwaltung nach wie vor an ihrer nicht mehr haltbaren Auffassung fest, dass echte Mitgliedsbeiträge keine Gegenleistung eines steuerbaren Umsatzes seien (vgl. Abschn. 1.4 Abs. 1 S. 1 UStAE). Zu Mitgliedsbeiträgen, die Sonderbelange der Mitglieder abdecken (vgl. auch OFD Karlsruhe vom 25.08.2011, Az: S 7200, UR 2012, 72). 84

Der **Forderungskauf** (vgl. auch Abschn. 2.4 UStAE) ohne Übernahme des Forderungseinzugs stellt einen tauschähnlichen Umsatz dar, bei dem der Forderungskäufer eine Baraufgabe leistet. Die Baraufgabe des Forderungskäufers ist der von ihm ausgezahlte Betrag. Der Wert der Leistung des Forderungskäufers besteht aus dem Wert für die Kreditgewährung, welcher durch die Gebühr und den Zins bestimmt wird, sowie dem bar aufgegebenen Betrag. Der Wert der Leistung des Forderungsverkäufers besteht aus dem Kaufpreis, d.h. dem (Brutto-)Nennwert der abgetretenen Forderung zzgl. der darauf entfallenden Umsatzsteuer. Dementsprechend ist Bemessungsgrundlage für die Leistung des Forderungsverkäufers der Wert des gewährten Kredits – dieser wird regelmäßig durch die vereinbarten Gebühren und Zinsen bestimmt – zzgl. des vom Käufer gezahlten Auszahlungsbetrags. Bemessungsgrundlage für die Leistung des Forderungskäufers ist der Wert der übertragenen Forderung – dieser entspricht dem Bruttoverkaufspreis der Forderung abzüglich der selbst geleisteten Baraufgabe i.H.d. Auszahlungsbetrags (Abschn. 10.5 Abs. 6 UStAE). 85

Beispiel (aus Abschn. 10.5 Abs. 6 UStAE):
V hat eine Forderung über 1.190.000 € gegenüber einem Dritten, die er an den Erwerber K veräußert und abtritt. Der Einzug der Forderung verbleibt bei V. Sowohl V als auch K machen von der Möglichkeit der Option nach § 9 UStG Gebrauch. K zahlt dem V den Forderungsbetrag (1.190.000 €) zuzüglich Umsatzsteuer (226.100 €) und abzüglich einer vereinbarten Gebühr von 5950 €, also 1.410.150 €.

Lösung:
Da der Einzug der Forderung nicht vom Erwerber der Forderung übernommen wird, erbringt K keine Factoringleistung, sondern eine grundsätzlich nach § 4 Nr. 8 Buchst. a UStG steuerfreie Kreditgewährung. Die Leistung des V besteht in der Abtretung seiner Forderung; auch diese Leistung ist grundsätzlich nach § 4 Nr. 8 Buchst. c UStG steuerfrei. Da sowohl V als auch K für ihre Leistung zur Steuerpflicht optiert haben, sind die Bemessungsgrundlagen für ihre Leistungen wie folgt zu ermitteln:
Bemessungsgrundlage für die Leistung des V ist der Wert des gewährten Kredits – dieser wird durch die vereinbarte Gebühr i.H.v. 5950 € bestimmt – zuzüglich des vom Käufer gezahlten Auszahlungsbetrags i.H.v. 1.410.150 € abzüglich der darin enthaltenen Umsatzsteuer von 226.100 €. Im Ergebnis ergibt sich somit eine Bemessungsgrundlage i.H.d. Bruttowerts der abgetretenen Forderung von 1.190.000 €.

Bemessungsgrundlage für die Leistung des Forderungskäufers ist der Wert der übertragenen Forderung – dieser entspricht dem Bruttoverkaufspreis der Forderung von 1.416.100 € abzüglich der selbst geleisteten Baraufgabe i. H. d. Auszahlungsbetrags von 1.410.150 €. Im Ergebnis ergibt sich dabei eine Bemessungsgrundlage i. H. d. vereinbarten Gebühr abzüglich der darin enthaltenen Umsatzsteuer, also 5000 €.

86 Nach dem BFH vom 26.01.2012, Az: V R 18/08, BFH/NV 2012, 678, erbringt ein Unternehmer, der **zahlungsgestörte** Forderungen unter »Vereinbarung« eines vom Kaufpreis abweichenden »wirtschaftlichen Werts« erwirbt, an den Forderungsverkäufer keine entgeltliche Leistung (vgl. auch vorangehend EuGH vom 07.10.2011, Rs. C-93/10, HFR 2011, 1390). Der BFH spricht demnach dem Käufer für diesen Fall insoweit die Unternehmereigenschaft ab. Dies entspricht allerdings nicht der bisherigen Verwaltungsauffassung in Abschn. 2.4 UStAE. Das Urteil hat ganz erhebliche Auswirkungen für die Praxis. Zum einen ist für den Forderungskäufer zu beachten, dass er nach dem o.a. Urteil mit dem Ankauf zahlungsgestörter Forderungen keine entgeltlichen Leistungen und damit keine steuerbaren Umsätze gem. § 1 Abs. 1 Nr. 1 S. 1 UStG mehr erbringt. Insoweit ist ihm damit auch das Recht auf Vorsteuerabzug versagt. Zum anderen hat das Urteil Auswirkungen auf den Forderungsverkäufer. War dieser z. B. ein Kreditinstitut, das steuerfreie, wegen § 15 Abs. 2 Nr. 1 UStG nicht zum Vorsteuerabzug berechtigende Geldforderungen abtrat, konnte er auch aus der Leistung des Forderungskäufers keinen Vorsteuerabzug ziehen. Da nunmehr nach der Rechtsprechung keine entgeltliche Leistung mehr vorliegt, entfällt auch die nichtabziehbare Vorsteuer. Bei einer derartigen Konstellation würde die neue Rechtsprechung für den Forderungsverkäufer regelmäßig von Vorteil, für den Forderungskäufer von Nachteil sein. Die derzeitige Rechtslage ermöglicht faktisch ein Wahlrecht. Die Verwaltungsanweisung des Abschn. 2.4 UStAE besteht (vorerst) weiter, andererseits kann sich der betroffene Wirtschaftsteilnehmer unmittelbar auf das o. a. EuGH-Urteil berufen.

87 Auch bei **Verzicht** eines Mieters auf die **Verzinsung** einer von ihm geleisteten Mietkaution kann die unentgeltliche Kapitalüberlassung sonstiges Entgelt für den Empfang der Mietsache sein. Dieses Urteil fällte das FG Hamburg am 12.12.2007, Az: 6 K 74/06, DStRE 2008, 1221. Hintergrund war, dass die mit der eingeführten Zinsabschlagssteuer verbundenen Aufwendungen höher waren als der Zinsertrag, was das Gericht aber nicht beeindruckte, sondern es sah den Zinsverzicht mit dem Mietverhältnis als untrennbar verknüpft an.

2.1.3 Durchlaufender Posten

88 Nach § 10 Abs. 1 S. 5 UStG gehören Beträge, die der leistende Unternehmer im Namen und für Rechnung eines anderen vereinnahmt und verausgabt, nicht zum Entgelt. Dieser Vorgang wird als durchlaufender Posten bezeichnet (vgl. Abschn. 10.4 UStAE). Der Unternehmer ist dann die Mittelsperson. Nach Auffassung der Verwaltung wird grundsätzlich verlangt, dass sich Zahlungsverpflichteter und Zahlungsempfänger kennen (Einzelheiten vgl. Abschn. 10.4 Abs. 2 S. 1 UStAE und dass zwischen ihnen unmittelbare Rechtsbeziehungen bestehen (vgl. Abschn. 10.4 Abs. 1 S. 4 UStAE – zu dem Einzelfall der Tätigkeit eines Secondhandshops siehe OFD Frankfurt vom 14.08.2007, Az: S 7100 A – 1/84 – St 11, UR 2007, 912). Für bestimmte Berufsgruppen, die häufig mit durchlaufenden Posten in Berührung kommen, insb. **Rechtsanwälte** und **Notare**, sieht der UStAE diesbezüglich Vereinfachungen vor (vgl. Abschn. 10.4 Abs. 2 S. 4 UStAE und ausführlich OFD Karlsruhe vom 28.02.2012, USt-Kartei BW § 10 UStG S 7200 Karte 16, vgl. auch OFD Hannover vom 13.10.2008, Az: S 7200 – 339 – StO 181, UR 2009, 395 sowie Buhmann/Woldrich (DStR 2007, 1900) und Schneider (DStR 2008, 759). Als Grundsatz ist festzuhalten, dass durchlaufende Posten vorliegen, wenn der Unternehmer (Rechtsanwalt, Notar), der die Beträge vereinnahmt und verauslagt, im Zahlungsverkehr lediglich die Funktion einer Mittelsperson ausübt,

ohne selbst einen Anspruch auf den Betrag gegen den Leistenden (Mandanten) zu haben und auch nicht zur Zahlung an den Empfänger (Gerichtskasse bzw. Behörde) verpflichtet ist. Steuern, öffentliche Gebühren und Abgaben, die von Rechtsanwälten, Notaren oder Steuerberatern geschuldet werden, sind bei ihnen keine durchlaufenden Posten. Die Gebühren bei einer Hauptuntersuchung eines Fahrzeugs werden gegen den Halter erhoben. Verauslagt die Werkstatt diese Gebühren, stellen diese dort einen durchlaufenden Posten dar (vgl. auch Weimann, UStB 2009, 21; OFD Frankfurt vom 24.06.2010, Az: S 7100 – A – 228 – St 110, UStB 2011, 302).

Zur umsatzsteuerrechtlichen Behandlung von Portokosten oder der Entgelte für postvorbereitende Leistungen durch einen sog. **Konsolidierer** (§ 51 Abs. 1 S. 2 Nr. 5 PostG) vgl. Rn. 48.

Nach einem BFH-Urteil vom 11.02.1999, Az: V R 46/98, BStBl II 2000, 100 können **Deponiegebühren** bei einem Unternehmer, der **Abfälle** einzelner Kunden in Containern bei Mülldeponien eines Landkreises anliefert und gemäß dessen Abfallsatzung als Gebührenschuldner der Deponiegebühren herangezogen wird, einen durchlaufenden Posten darstellen. Voraussetzung ist, dass dem Betreiber der Deponie der jeweilige Auftraggeber (als deponierungsberechtigter Abfallerzeuger) bekannt ist, z. B. aufgrund eines vom Anlieferer abgegebenen Ursprungszeugnisses/Deponieauftrags. 89

Nach einem BMF-Schreiben vom 11.02.2000 (Az: IV D 1 – S 7200 – 16/00, BStBl I 2000, 360) ist der Anwendungsbereich des o. a. BFH-Urteils auf gleichgelagerte Fälle bei Deponiegebühren begrenzt. Danach ist der Anschluss- und Benutzungszwang des Abfallbesitzers/-erzeugers nach der Abfallsatzung als Indiz für einen durchlaufenden Posten allein nicht ausreichend. Zudem muss sich der deponierungsberechtigte Abfallbesitzer aus den von der Deponie ausgestellten Ursprungszeugnissen/Deponierungsaufträgen oder den Anlieferungsnachweisen ergeben. D. h., dass die Deponie z. B. aus den Anlieferungsscheinen oder dergleichen entnehmen kann, für wen der Müll entsorgt wird (zur Frage der Bemessungsgrundlage bei überlassenem wertstoffhaltigen Abfall siehe OFD Frankfurt vom 24.03.2009, Az: S 7106 A – 1/80 – St 110, UR 2009, 862, Abschn. 10.5 Abs. 2 S. 5 ff. UStAE). Zur Frage des durchlaufenden Postens bei Grubenentleerungen siehe FG Hamburg vom 30.12.2009 (Az: 3K 5/09, DStRE 2010, 1004. 90

Nach Abschn. 10.4 Abs. 3 UStAE sind Steuern, öffentliche **Gebühren** und **Abgaben**, die vom Unternehmer geschuldet werden, bei ihm keine durchlaufenden Posten, auch wenn sie dem Leistungsempfänger gesondert berechnet werden (vgl. BFH vom 04.06.1970, Az: V R 10/67, BStBl II 1970, 648 und Abschn. 10.1 Abs. 6 UStAE). Dies führt in der Praxis z. B. dazu, dass ein Spediteur, der als Anmelder (§ 13 a Abs. 2 i. V. m. § 21 Abs. 2 UStG i. V. m. Art. 201 Abs. 3 Zollkodex) Schuldner der Einfuhrumsatzsteuer (EUSt) ist und in Ermangelung der Voraussetzungen des § 15 Abs. 1 Nr. 2 UStG (Ware nicht für sein Unternehmen eingeführt) die entrichtete EUSt nicht als Vorsteuer geltend machen darf und diese an seinen Auftraggeber weiterberechnet, hierauf Umsatzsteuer erheben muss. Insoweit wird als Umsatzsteuer auf die Einfuhrumsatzsteuer erhoben. Dies ist übrigens EU-rechtlich zulässig (vgl. Art. 78 Abs. 1 Buchst. a MwStSystRL = Art. 11 Teil A Abs. 2 Buchst. a 6. EG-RL). 91

Auch sind weiterbelastete **Mautgebühren** nach § 2 Autobahnmautgesetz (ABMG) kein durchlaufender Posten (vgl. Abschn. 10.4 Abs. 4 UStAE). 92

Spieleinsätze, die ein Lottospielvermittler zusammen mit Servicegebühren in einem Betrag einzieht, sind keine durchlaufenden Posten, wenn er weder den erforderlichen Nachweis, als Zwischenperson im fremden Namen tätig zu werden, erbringt, noch den Spieleinsatzanteil in unveränderter Höhe wie ein Bote an die Lotteriegesellschaft weiterleitet (vgl. BFH vom 04.05.2011, Az: XI R 4/09, BFH/NV 2011, 1736). 93

Kultur-/Tourismusförderabgaben bzw. sog. **Übernachtungssteuern** stellen durchlaufende Posten bei den Beherbergungsbetrieben dar, die sie beim Gast einziehen (vgl. LFD Thüringen vom 13.12.2011, Az: S 7200 A – 75 – A 5.14, UR 2012, 495). 94

2.1.4 Einheitlicher Preis für unterschiedlich besteuerte Leistungen

95 Der BFH hatte die Frage zu entscheiden, nach welcher Methode die Bemessungsgrundlagen für zu einem einheitlichen Preis verkaufte Waren, die einem unterschiedlichen Steuersatz unterliegen, zu ermitteln sind. Gegenstand des Verfahrens waren sog. Sparmenüpreise einer Fastfood-Kette, die Lebensmittel (7 % USt) und Getränke (19 % USt) »zum Mitnehmen« zu einem einheitlichen Preis lieferte.

96 Zollrechtlich ist hier von einer Warenzusammenstellung auszugehen, was umsatzsteuerrechtlich zu einer nicht einheitlichen Leistung führt, weshalb für jeden verkauften Gegenstand einer Warenzusammenstellung eine individuelle Bemessungsgrundlage zu ermitteln ist. In der Praxis wirkt sich dies nur aus, wenn die in der Zusammenstellung erfassten Gegenstände unterschiedlichen Steuersätzen unterliegen.

97 In seinem Beschluss vom 03.04.2013, Az: V B 125/12, BStBl II 2013, 973 kam der BFH zu dem Ergebnis, dass es nicht ernstlich zweifelhaft sei, dass die Aufteilung eines Gesamtkaufpreises nach der »einfachstmöglichen« Aufteilungsmethode zu erfolgen habe. Liefere der Unternehmer die im Rahmen eines Gesamtkaufpreises gelieferten Gegenstände auch einzeln, sei der Gesamtkaufpreis grundsätzlich nach Maßgabe der Einzelverkaufspreise aufzuteilen.

2.2 Bemessungsgrundlage beim innergemeinschaftlichen Erwerb

2.2.1 Allgemeines

98 Nach § 10 Abs. 1 S. 1 UStG wird auch für den i. g. Erwerb der Umsatz nach dem Entgelt bemessen. Vorstehende Ausführungen gelten vorbehaltlich sinngemäß auch für den i. g. Erwerb.

99 Gemeinhin ist die Bemessungsgrundlage einfach zu ermitteln, da ihr in der Regel der in der Rechnung über die steuerfreie i. g. Lieferung aufgeführte Wert zugrunde gelegt werden kann. Sollte in einer Rechnung über eine steuerfreie i.g Lieferung fälschlich eine ausländische oder deutsche Umsatzsteuer ausgewiesen sein, stellt der ausgewiesene Bruttobetrag die Bemessungsgrundlage für den i. g. Erwerb dar. Die ausgewiesene USt wird zwar von dem leistenden Unternehmer gem. § 14c Abs. 1 UStG (oder einer im anderen Mitgliedstaat entsprechenden Vorschrift) geschuldet, jedoch handelt es sich dabei nicht um eine für diese Lieferung geschuldete Steuer (diesen Tatbestand verlangt jedoch § 10 Abs. 1 S. 2 UStG). Die Bemessungsgrundlage kann sich zudem um neben dem Entgelt geschuldete Verbrauchsteuern (vgl. Art. 78 MwStSystRL) sowie um Kosten für Nebenleistungen erhöhen.

2.2.2 Auslagerung aus dem Umsatzsteuerlager

100 Die Vorschrift des zum 01.01.2004 eingefügten neuen § 10 Abs. 1 S. 5 UStG regelt die Bemessungsgrundlage bei der Auslagerung von Gegenständen aus dem sog. Umsatzsteuerlager (vgl. die Kommentierungen zu §§ 4 Nr. 4a und 4 Nr. 4b UStG). Danach ist die Einlagerung bestimmter Gegenstände in ein sog. Umsatzsteuerlager steuerfrei. Ebenso steuerfrei ist die ruhende Lieferung im Umsatzsteuerlager. Mit der Auslagerung entfällt grundsätzlich nach § 4 Nr. 4a S. 1 Buchst. a S. 2 UStG die Steuerbefreiung für den der Auslagerung vorangegangenen Umsatz (Lieferung, i. g. Erwerb oder Einfuhr). Die Auslagerung ist mithin grundsätzlich steuerpflichtig. Bemessungs-

grundlage ist der Wert des Vorumsatzes zuzüglich der Kosten für die in § 4 Nr. 4a S. 1 Buchst. b UStG Leistungen und die ggf. vom Auslagerer geschuldeten und entrichteten Verbrauchssteuern.

Kein steuerpflichtiger Umsatz liegt bei der Auslagerung vor, wenn der Gegenstand unmittelbar wieder in ein anderes Umsatzsteuerlager im Inland eingelagert wird. **101**

2.3 Bemessungsgrundlage bei der Einfuhr

Für die Einfuhr gibt es eine besondere Bemessungsgrundlage aus dem Zollrecht – den Zollwert. Die entsprechenden gesetzlichen Ausführungen finden sich in § 11 UStG (vgl. die Kommentierung zu § 11). **102**

2.4 Innergemeinschaftliches Verbringen eines Gegenstandes

Nach § 3 Abs. 1a UStG ist einer Lieferung gegen Entgelt gleichgestellt das Verbringen eines Gegenstandes des Unternehmers aus dem Inland in das übrige Gemeinschaftsgebiet zu dessen Verfügung. Dabei ist die Lieferung i. d. R. steuerbefreit nach § 4 Nr. 1 UStG i. V. m. § 6a Abs. 2 UStG. Dennoch ist auch dieser Umsatz zu erklären und eine Bemessungsgrundlage zu ermitteln (vgl. § 18b S. 1 Nr. 1 und S. 2 UStG). Zudem ist für die Ermittlung einer Bemessungsgrundlage auch der umgekehrte Fall von Bedeutung, nach dem ein Gegenstand aus dem übrigen Gemeinschaftsgebiet in das Inland verbracht wird durch einen Unternehmer zu dessen Verfügung nach Maßgabe des § 1a Abs. 2 UStG. Beide Vorgänge zeichnen sich dadurch aus, dass es jeweils keinen (dritten) Leistungsempfänger gibt, weil es sich um unternehmensinterne Abläufe handelt. Mithin fehlt es hier an einer entgeltlichen Gegenleistung, weshalb die Hilfsvorschrift des § 10 Abs. 4 S. 1 Nr. 1 UStG Anwendung findet. **103**

Zu den Pflichten bei der Ausstellung von Rechnungen oder Belegen vgl. § 14a Rn. 28 f.

Nach § 10 Abs. 4 S. 1 Nr. 1 UStG bemisst sich dieser Umsatz nach dem Einkaufspreis zuzüglich der Nebenkosten für den Gegenstand oder für einen gleichartigen Gegenstand oder mangels eines Einkaufspreises nach den Selbstkosten jeweils zum Zeitpunkt des Umsatzes. **104**

Weitere Ausführungen zur Bemessungsgrundlage vgl. Rn. 105 ff.

2.5 Unentgeltliche Wertabgaben

2.5.1 Entnahme und unentgeltliche Zuwendung eines Gegenstandes

Entnahmen und unentgeltliche Zuwendungen von Gegenständen (§ 3 Abs. 1b UStG, vgl. § 3 Rz. 54) ist gemein, dass ihnen eine Gegenleistung fehlt, sodass ein Entgelt als Bemessungsgrundlage nicht in Frage kommt. Deshalb bedarf es – wie beim i. g. Verbringen eines Gegenstandes (vgl. Rn. 108) – einer »Ersatzbemessungsgrundlage«. Diese ergibt sich aus § 10 Abs. 4 Nr. 1 UStG, der bestimmt, dass sich derartige Umsätze nach dem Einkaufspreis zuzüglich der Nebenkosten für den Gegenstand oder für einen gleichartigen Gegenstand oder mangels eines Einkaufspreises nach den Selbstkosten jeweils zum Zeitpunkt des Umsatzes bemessen. Das Tatbestandsmerkmal »Einkaufspreis« ist richtlinienkonform unter Berücksichtigung der zeitlichen Konkretisierung in § 10 Abs. 4 S. 1 Nr. 1 UStG (»zum Zeitpunkt des Umsatzes«) zu verstehen. Danach ist die Wertentwicklung des entnommenen **105**

Gegenstands im Zeitraum zwischen seiner Anschaffung und seiner Lieferung nach § 3 Abs. 1b S. 1 Nr. 1 UStG zu berücksichtigen, vgl. BFH vom 21.05.2014, Az. V R 20/13, BStBl II 2014, 1029.

106 Bis einschließlich 1989 wurden die ertragsteuerlichen Begriffe wie Teil- oder gemeiner Wert zur Wertbestimmung des Eigenverbrauchs herangezogen (vgl. Rn. 77).

107 Der Einkaufspreis bzw. die Selbstkosten zum Zeitpunkt des Umsatzes (Entnahmezeitpunkt und Zeitpunkt der unentgeltlichen Zuwendung eines Gegenstandes) werden m. E. i. d. R. am besten mit »Wiederbeschaffungswert« beschrieben. Zweifelsohne wird dieser Wert in der Praxis genauso schwer zu ermitteln zu sein wie zuvor der Teilwert. Dies gilt insbesondere für nicht marktgängige Gegenstände. Anhaltspunkte zur Wertfindung können sich auch aus dem Internet ergeben, z. B. bei Internet-Auktionen o. Ä.

108 Die Bemessungsgrundlage ist folglich nur nach einer Bewertung des Entnahmegegenstands zum Zeitpunkt der Entnahme zu finden, wobei gemeiner Wert und Teilwert nicht als Bewertungsmethode in Frage kommen. Vor einer Bewertung sind jedoch zwei weitere Überlegungen anzustellen, die sich nicht unmittelbar aus § 10 Abs. 4 Nr. 1 UStG erschließen. Für den Entnahmegegenstand ist nur insoweit eine Bemessungsgrundlage zu ermitteln, wie er dem Unternehmen zugeordnet worden ist. Rechtstechnisch spricht man auch vom Rahmen des Unternehmens, der üblicherweise im Zusammenhang mit § 2 UStG kommentiert wird (vgl. Abschn. 2.7 UStAE). Diese Zuordnungsentscheidung trifft der Unternehmer in dem Zeitpunkt, in dem der Gegenstand angeschafft oder hergestellt wird. Dies ist der Zeitpunkt, in dem der Vorsteuerabzug geltend gemacht werden kann. Deshalb ist für die Frage, ob ein Gegenstand ganz oder teilweise in den Rahmen des Unternehmens eingegliedert worden ist, neben § 2 UStG insbesondere auch § 15 UStG zu beachten (vgl. die Kommentierung zu § 15 und Abschn. 15.2 Abs. 15a ff. UStAE).

109 Die Zuordnungsentscheidung trifft der Unternehmer autonom für umsatzsteuerrechtliche Zwecke. Inwieweit der Gegenstand ertragsteuerlich gewillkürtes, notwendiges oder sonstiges Betriebsvermögen darstellt, ist unbeachtlich. Beendet der Unternehmer seine Unternehmertätigkeit – etwa weil sein Einzelunternehmen von einer Personengesellschaft fortgeführt wird – erfüllen nicht an die Personalgesellschaft übertragene sondern ihr lediglich unentgeltlich überlassende Gegenstand den Tatbestand der Entnahme, vgl. BFH vom 21.05.2014, Az. V R 20/13, BStBl II 2014, 1029.

110 Gegenstände, die der Unternehmer zu weniger als 10 % unternehmerisch nutzt, berechtigen nicht zum Vorsteuerabzug (§ 15 Abs. 1 S. 2 UStG). Für derartige Gegenstände ergibt sich folglich keine Besteuerung bei der Entnahme.

111 Hiervon abzugrenzen ist eine zweite Frage, die beantwortet werden muss, um zu einer zutreffenden Bemessungsgrundlage zu gelangen. Hat der Entnahmegegenstand überhaupt ganz oder teilweise zum Vorsteuerabzug berechtigt? Hierbei geht es darum, dass nach § 3 Abs. 1b S. 1 Nr. 1 und S. 2 UStG nur dann ein einer entgeltlichen Lieferung gleichgestellter Entnahmeumsatz vorliegt, wenn der zu entnehmende Gegenstand ganz oder teilweise zum Vorsteuerabzug berechtigt hat. Kauft z. B. ein Unternehmer einen teuren Schreibtisch, den er für sein Büro nutzt von Privat, so hat er beim Kauf keinen Vorsteuerabzug, da der Verkäufer kein Unternehmer ist (Gleiches gilt auch bei Käufen von Kleinunternehmern i. S. v. § 19 UStG). Entnimmt der Unternehmer später den Schreibtisch, um ihn als Dekorationsstück in die Diele seines eigenen Wohnzwecken dienenden Einfamilienhauses zu stellen, liegt kein einer steuerbaren Lieferung gegen Entgelt gleichzusetzender Umsatz vor. Eine Bemessungsgrundlage ist mithin nicht zu ermitteln.

TIPP

Bei der Entnahme eines Gegenstandes ist zu prüfen, inwieweit der Gegenstand dem Rahmen des Unternehmens zugeordnet wurde und ob für den Gegenstand oder seine Bestandteile bis zur Entnahme ganz oder teilweise ein Vorsteuerabzug geltend gemacht wurde.

112 Für die Praxis ergeben sich hinsichtlich des Tatbestands des teilweisen Vorsteuerabzugs Probleme. Dabei ist nicht der Fall gemeint, in dem ein Unternehmer aus einer Rechnung nur einen Teil der ausgewiesenen Vorsteuer geltend machen will, obwohl er den Gegenstand voll seinem Unternehmen zuordnen will. Vielmehr geht es hier um Fälle, in denen der Unternehmer den Vorsteuerabzug ausschließende und den Vorsteuerabzug nicht ausschließende Umsätze tätigt, bei Anschaffung eines Gegenstands selbst folglich nur teilweise zum Vorsteuerabzug berechtigt ist. Die Entnahme eines solchen, im Übrigen ganz dem Unternehmen zugeordneten Gegenstands unterliegt grundsätzlich im vollen Umfang der USt (und kann ggf. § 15a UStG im Zeitpunkt der Entnahme auslösen).

Beispiel:
Landzahnarzt U mit zu 50 % steuerpflichtigen und zu 50 % nach § 4 Nr. 14 UStG steuerbefreiten Umsätzen hat zum 01.01.00 einen PKW zum Kaufpreis von 100.000 € zzgl. USt erworben, den er zu 100 % unternehmerisch nutzt. Am 02.01.01 entnimmt er den Pkw.

Lösung:
Aus den Anschaffungskosten hat U gem. § 15 Abs. 2 Nr. 1 und Abs. 4 UStG 50 % Vorsteuerabzug. Die Entnahme des PKW unterliegt im Jahre 01 allerdings vollständig der Umsatzsteuer. Allerdings kann er die restlichen vier Jahre betreffend (vgl. § 15a Rn. 62) den Vorsteuerabzug berichtigen.

Ausnahmen bilden allenfalls steuerbefreite Entnahmen, wie z.B. § 4 Nr. 9 Buchst. a UStG und § 4 Nr. 28 UStG (vgl. die Kommentierung zu § 4 Nr. 28) – allerdings wurde dann auch bei Anschaffung kein Vorsteuerabzug geltend gemacht. 113

Beispiel:
Zahnarzt U mit zu 50 % steuerpflichtigen und zu 50 % nach § 4 Nr. 14 UStG steuerbefreiten Umsätzen hat zum 01.01.00 ein Grundstück zum Kaufpreis von 1.000.000 € zzgl. USt erworben, das er zu 100 % unternehmerisch nutzt. Am 02.01.01 entnimmt er das Gebäude.

Lösung:
Aus den Anschaffungskosten hat U gem. § 15 Abs. 2 Nr. 1 und Abs. 4 UStG 50 % Vorsteuerabzug. Die Entnahme des Grundstücks im Jahre 01 ist vollumfänglich steuerbefreit nach § 4 Nr. 9 Buchst. a UStG. Zudem muss er die restlichen neun Jahre betreffend (vgl. § 15a Rn. 62) den Vorsteuerabzug berichtigen.

Für den Fall, dass der Gegenstand nicht, jedoch seine Bestandteile zum Vorsteuerabzug berechtigt haben, muss lediglich der Wert der Bestandteile zum Zeitpunkt der Entnahme als Bemessungsgrundlage ermittelt werden (vgl. auch Abschn. 10.6 Abs. 2 UStAE). Im Urteil vom 18.10.2001, Az: V R /98, BStBl II 2002, 551, hat der BFH entschieden, dass die Entnahme eines dem Unternehmen zugeordneten Pkw, den ein Unternehmer von einem Nichtunternehmer und damit ohne Berechtigung zum Vorsteuerabzug erworben hat, nicht der Umsatzbesteuerung unterliegt. Falls an dem Pkw nach seiner Anschaffung Arbeiten ausgeführt worden sind, die zum Einbau von Bestandteilen geführt haben und für die der Unternehmer zum Vorsteuerabzug berechtigt war, unterliegen bei einer Entnahme des Pkw nur diese Bestandteile der Umsatzbesteuerung (EuGH vom 17.05.2001, Rs. C-322 und 323, DStRE 2001, 715, Fischer, Brandenstein). Bestandteile eines Pkw sind danach diejenigen gelieferten Gegenstände, die – aufgrund ihres Einbaus in den Pkw ihre körperliche und wirtschaftliche Eigenart endgültig verloren haben und die ferner zu einer dauerhaften, im Zeitpunkt der Entnahme nicht vollständig verbrauchten Werterhöhung des Gegenstands geführt haben. Nicht dazu gehören sonstige Leistungen (Dienstleistungen) einschließlich derjenigen, für die zusätzlich kleinere Lieferungen von Gegenständen erforderlich sind. Weiter führt der BFH aus, dass Besteuerungsgrundlage (Bemessungsgrundlage) im Falle einer steuerpflichtigen Entnahme eines Pkw der Restwert des Pkw bzw. seiner Bestandteile zum Zeitpunkt der Entnahme ist. 114

Abzugrenzen von den vorstehenden Ausführungen ist jedoch die Ermittlung einer Bemessungsgrundlage bei einer Lieferung eines nicht zum Vorsteuerabzug berechtigenden Gegenstandes gegen Entgelt. In diesem Fall ist die Frage nach dem Vorsteuerabzug entbehrlich, da Lieferungen 115 gegen Entgelt stets der USt unterliegen. Deshalb sollte ein Gegenstand, der ohne Vorsteuerabzug erworben wurde und den Rahmen des Unternehmens verlassen hat und nicht privat selbst genutzt wird, zunächst ohne Ermittlung einer Bemessungsgrundlage entnommen und dann »privat« verkauft werden (EuGH vom 08.03.2001, Rs. C-415/98, HFR 2001, 632; BFH vom 31.01.2002, Az: V R 61/96, BStBl II 2003, 813).

116 Für die Ermittlung einer Bemessungsgrundlage bei der unentgeltlichen Zuwendung von Gegenständen, gelten die vorstehenden Ausführungen analog. Zur Anwendung einer Bagatellregelung vgl. BMF vom 26.11.2004, Az: BStBl I 2004, 1127. Danach muss bei dem Einbau von Bestandteilen eine Werterhöhung an dem Gegenstand gegeben sein. Aus Vereinfachungsgründen wird keine dauerhafte Werterhöhung des Wirtschaftsguts angenommen, wenn die vorsteuerentlasteten Aufwendungen für den Einbau von Bestandteilen 20 % der Anschaffungskosten des Wirtschaftsguts oder einen Betrag von 1000 € nicht übersteigen. In diesen Fällen kann auf eine Besteuerung der Bestandteile nach § 3 Abs. 1b S. 1 Nr. 1 i. V. m. S. 2 UStG bei der Entnahme eines dem Unternehmen zugeordneten Wirtschaftsguts, das der Unternehmer ohne Berechtigung zum Vorsteuerabzug erworben hat, verzichtet werden.

117 Erzeugt der Betreiber eines Blockheizkraftwerks in einem Einfamilienhaus neben Wärme auch Strom, den er teilweise, regelmäßig und nicht nur gelegentlich gegen Entgelt in das allgemeine Stromnetz einspeist, ist er umsatzsteuerrechtlich Unternehmer. Hat der Betreiber den Vorsteuerabzug aus der Anschaffung des Blockheizkraftwerks geltend gemacht, liegt in der Verwendung von Strom und Wärme für den Eigenbedarf eine der Umsatzbesteuerung unterliegende Entnahme. Dies gilt nicht für die aus technischen Gründen nicht zur Heizung nutzbare Abwärme. Bemessungsgrundlage der Entnahme von Strom und Wärme für den Eigenbedarf sind die für die Strom- und Wärmeerzeugung mit dem Blockheizkraftwerk angefallenen sog. Selbstkosten nur dann, soweit ein Einkaufspreis für Strom und Wärme nicht zu ermitteln ist, BFH vom 12.12.2012, Az: XI R 3/10 (V), BFH/NV 2013, 661.

118 Zur umsatzsteuerrechtlichen Behandlung des sog. Direktverbrauchs nach dem Erneuerbare-Energien-Gesetz durch Anlagenbetreiber sog. Photovoltaikanlagen ab dem 01.01.2009 (§ 33 Abs. 2 EEG) vgl. Abschn. 2.5 Abs. 3 UStAE. Zur Marktprämie nach § 33g des Gesetzes für den Vorrang Erneuerbarer Energien (EEG) bzw. der Flexibilitätsprämie nach § 33i EEG, vgl. BMF vom 06.11.2012, Az: IV D 2 – S 7124/12/10002, BStBl I 2012, 1095.

119 Zur umsatzsteuerrechtlichen Behandlung der Wärme- und Kältenetzförderung nach den §§ 5a, 7a des Gesetzes für die Erhaltung, die Modernisierung und den Ausbau der Kraft-Wärme-Kopplung (KWKG) sowie der Wärme- und Kältespeicherförderung nach den §§ 5b, 7b KWKG, BMF vom 26.03.2013, Az: IV D 2 – S 7124/07/10002:010, BStBl I 2013, 450 und Abschn. 1.7 UStAE. Der sog. KWK-Bonus nach § 8 Abs. 3 EEG 2004, den der Betreiber einer Biogasanlage mit Blockheizkraftwerk von seinem Stromnetzbetreiber (zusätzlich) erhält, ist (ebenfalls) Entgelt für die Lieferung von Strom an den Stromnetzbetreiber. Er ist kein Entgelt des Stromnetzbetreibers für die (kostenlose) Lieferung von Wärme des Stromerzeugers an Dritte (Rn. 35, 37). BFH vom 31.05.2017, Az. XI R 2/14, BStBl II 2017, 1024.

2.5.2 Verwendungseigenverbrauch

120 Nach § 10 Abs. 4 Nr. 2 UStG ist beim Verwendungseigenverbrauch (§ 3 Abs. 9a S. 1 Nr. 1 UStG) eine Bemessungsgrundlage nach den bei Ausführung dieser Umsätze entstandenen Ausgaben zu finden, soweit diese Kosten ganz oder teilweise zum vollen oder teilweisen Vorsteuerabzug berechtigt haben.

121 Maßgeblich sind die Ausgaben des Unternehmers für die Erbringung der sonstigen Leistung (Art. 75 MwStSystRL/Art. 11 Teil A Abs. 1 Buchst. c der 6. EG-RL). Dazu zählen deshalb auch

Ausgaben, die aus Zuschüssen finanziert worden sind. Die nach § 15 UStG abziehbaren Vorsteuerbeträge sind keine Ausgaben.

Berücksichtigt werden Aufwendungen des Unternehmers für den laufenden Betrieb oder Unterhalt des dem Unternehmen zugeordneten Gegenstandes, aber auch Anschaffungs- oder Herstellungskosten. Anschaffungs- oder Herstellungskosten eines Gegenstandes sind dabei abweichend von den ertragsteuerlichen Grundsätzen gleichmäßig auf den nach § 15a UStG für diesen Gegenstand jeweils maßgeblichen Berichtigungszeitraum zu verteilen (Neutralitätsgrundsatz). D. h. für bewegliche Wirtschaftsgüter ist auf fünf Jahre, bei Grundstücken auf zehn Jahre zu verteilen (zur Frage, ob das dem Unionsrecht entspricht, vgl. FG Rheinland-Pfalz vom 19.03.2013, Az: 3 K 2285/10, nrkr, Az BFH: V R 21/13 sowie XI R 6/13). Allerdings ist bei einer kürzeren Verwendungsdauer § 15a Abs. 5 S. 2 UStG zu beachten, wonach eine kürzere Verwendungsdauer zu berücksichtigen ist. Nach Ablauf des jeweils nach § 15a UStG maßgeblichen Berichtigungszeitraums sind die auf den Gegenstand selbst entfallenden Anschaffungs- oder Herstellungskosten vollständig in die Bemessungsgrundlage eingeflossen und in den Folgejahren nicht mehr als Bemessungsgrundlage für die unentgeltliche Wertabgabe zu berücksichtigen; diese beschränkt sich dann lediglich auf die laufenden Ausgaben (vgl. dazu OFD Koblenz vom 04.11.2008, Az: S 7206, S 7300 A – St 44 5, UR 2009, 427). Betragen bei einem Gegenstand die Anschaffungs- oder Herstellungskosten weniger als 500 €, sind diese nicht auf mehrere Jahre zu verteilen, sondern im Jahr der Anschaffung oder Herstellung zu berücksichtigen. 122

Die vorstehenden Grundsätze sind ab 01.07.2004 anzuwenden (BMF vom 13.04.2004, Az: IV B 7 – S 7206 – 3/04, BStBl I 2004, 468). 123

Hinsichtlich der vor dem 01.07.2004 angeschafften Gegenstände ist es nach dem BMF-Schreiben vom 13.04.2004 (BStBl I 2004, 468) jedoch nicht zu beanstanden, wenn bis zum 30.06.2004 bei der Berechnung der Kosten insoweit grundsätzlich von den bei der Ertragsteuer zugrunde gelegten Kosten ausgegangen wird. Dabei ist das bei Inkrafttreten der Neuregelung noch nicht verbrauchte Abschreibungsvolumen nicht auf den nach § 15a UStG maßgeblichen verbleibenden Berichtigungszeitraum zu verteilen. Der BFH verneinte mit Urteil vom 19.04.2007, Az: V R 56/04, BStBl II 2007, 676 eine Rechtsgrundlage für »Rückwirkung als Nichtbeanstandung«. Der BFH verwarf damit die Ansicht der Finanzverwaltung, das BMF-Schreiben vom 13.04.2004 habe lediglich eine geänderte Auslegung der Bemessungsgrundlagenregelung eingeführt, die wie üblich auf alle noch offenen einschlägigen Fälle anwendbar sei. Der BFH beurteilte die Regelung vielmehr als materiell-rechtliche Änderung des bisher geltenden nationalen Rechts. Da der Gesetzgeber zudem nur eine Rückwirkung zum 01.07.2004 vorgesehen habe, sei damit eine durch die Verwaltung angenommene **weitere Rückwirkung** unvereinbar. Diese Auffassung wurde von der Verwaltung übernommen. Sie wendet das o. a. BMF-Schreiben insoweit nicht mehr an (BMF vom 10.08.2007, Az: IV A 5 S 7206/07/0003, BStBl I 2007, 690, vgl. auch OFD Koblenz vom 14.05.2008, Az: S 7206 A – St 44 4, UR 2008, 866). 124

Beispiel:
U hat zum 01.01.2003 ein Ferienhaus zum Kaufpreis von 100.000 € zzgl. USt und Grund und Boden erworben. U hat das Haus vollständig seinem Unternehmen zugeordnet, da er dieses Haus als Ferienhaus jeweils kurzfristig steuerpflichtig vermieten will.

Lösung:
Die Kosten sind wie folgt zu verteilen:

Anschaffung 01.01.2003	100.000 €
Kosten 2003 (ertragsteuerliche AfA i. H. v. 2 %)	2.000 €
Kosten 2004 (bis 30.06.2004)	1.000 €
Kosten 2004 (ab 01.07.2004 gem. Abs. 2)	5.000 €
Kosten ab 2005 bis 2012	je 10.000 €

125 Die gesetzliche Regelung war insbesondere bezüglich der Bemessungsgrundlage bei der Privatnutzung von Grundstücken nicht unumstritten. Mit Urteil vom 14.09.2006, Rs. C-72/05 (Hausgem. Wollny), BStBl II 2007, 32 hat der EuGH jedoch die gesetzliche Regelung als mit dem Gemeinschaftsrecht für vereinbar erklärt.

126 Nachdem der zehnjährige Berichtigungszeitraum eines für das im **Jahr 1991** fertig gestellte Gebäude bereits abgelaufen war, wird in »Altfällen« dennoch eine Besteuerung der privaten Nutzung des Grundstücks vorgenommen, sofern jedoch noch keine vollständige Kompensation des Vorsteuerabzugs erfolgt ist, wenn die Höhe der Bemessungsgrundlage nach ertragssteuerlichen Gesichtspunkten mit jährlich 2 % der Herstellungskosten des Gebäudes berechnet worden ist. In diesem Fall kann der Ermittlung der Bemessungsgrundlage nach § 10 Abs. 4 S. 1 Nr. 2 S. 3 UStG nicht entgegengehalten werden, dass ab der Gesetzesänderung in 2004 eine Besteuerung der Privatnutzung nach 10 Jahren ausscheiden dürfe. Denn § 10 Abs. 4 S. 1 Nr. 2 S. 3 UStG in der Fassung ab 01.07.2004 sieht »nur« vor, dass der für die Privatnutzung in Anspruch genommene Vorsteuerabzug innerhalb eines Zeitraums von zehn Jahren zurückgeführt werden muss (so im Ergebnis zutreffend FG München vom 24.02.2011, Az: 14 K 2128/09, DStRE 2012, 1076).

Zu den Pauschbeträgen für unentgeltliche Wertabgaben (Sachentnahmen) für diverse Unternehmergruppen vgl. das jährlich erscheinende BMF-Schreiben (zuletzt BMF vom 16.12.2015, Az: IV A 4 – S 1547/13/10001-01, BStBl I 2015, 1084).

2.5.3 Unentgeltliche sonstige Leistung für außerunternehmerische Zwecke

127 Die Bemessungsgrundlage für die unentgeltliche Erbringung einer sonstigen Leistung für außerunternehmerische Zwecke oder den Privatbedarf des Personals – sofern keine Aufmerksamkeiten vorliegen (§ 3 Abs. 9a S. 1 Nr. 2 UStG) bilden die bei Ausführung dieses Umsatzes entstehenden Ausgaben (§ 10 Abs. 4 Nr. 3 UStG).

128 Damit ist die Steuerbarkeit unentgeltlicher Leistungen des Arbeitgebers an seine Arbeitnehmer nach dieser Vorschrift auf Leistungen für den privaten, außerhalb des Dienstverhältnisses liegenden Bereich der Arbeitnehmer begrenzt.

129 So führt der Arbeitgeber keinen steuerbaren Umsatz aus, wenn er seinen Arbeitnehmern für Arbeiten an weit von deren Heimatorten entfernten Tätigkeitsstätten unberechnet Übernachtungsmöglichkeiten in gemieteten Zimmern stellt. Maßgeblich ist, dass der Arbeitgeber damit nicht den generellen Wohnbedarf der Arbeitnehmer, sondern einen durch die unternehmerische Tätigkeit (also für Zwecke des Unternehmens) hervorgerufenen zusätzlichen Wohnbedarf deckt. Weitere Beispiele ergeben sich aus Abschn. 1.8 UStAE.

130 Bei der Ermittlung der Bemessungsgrundlage für die unentgeltlichen sonstigen Leistungen an Arbeitnehmer ist als Bemessungsgrundlage der in § 10 Abs. 4 Nr. 3 UStG genannte Kostenbegriff maßgeblich.

131 Nach Abschn. 1.8 Abs. 7 UStAE ist zur Ermittlung der Bemessungsgrundlage für unentgeltliche sonstige Leistungen von den bei der Ausführung dieser Leistungen entstandenen Ausgaben auszugehen, wozu auch die anteiligen Gemeinkosten gehören. Dabei sind aus der Bemessungsgrundlage solche Ausgaben auszuscheiden, die nicht zum vollen oder teilweisen Vorsteuerabzug berechtigt haben.

132 Der UStAE weist hier ausdrücklich darauf hin, dass die in § 10 Abs. 4 UStG vorgeschriebenen Werte grundsätzlich von den für Lohnsteuerzwecke anzusetzenden Werten (§ 8 Abs. 2 und 3 EStG) abweichen (Abschn. 1.8 Abs. 8 UStAE 2008]). Zur Bemessungsgrundlage bei der **Abgabe von Mahlzeiten** an Arbeitnehmer vgl. die Kommentierung zu § 1 (Abschn. 1.8 Abs. 9 ff. UStAE), OFD Karlsruhe vom 28.02.2012, Az: USt-Kartei S 7100 Karte 9, UR 2012, 895 (Abgabe von Mahlzeiten an Arbeitnehmer durch Konzerngesellschaften).

2.6 Mindestbemessungsgrundlage

Nach § 10 Abs. 5 UStG in der ab 2014 geltenden Fassung sind die Bemessungsgrundlagen des Abs. 4 bzw. höchstens das »marktübliche Entgelt« entsprechend für 133

- Lieferungen und sonstige Leistungen, die Körperschaften und Personenvereinigungen i. S. d. § 1 Abs. 1 Nr. 1 bis 5 des KStG, nichtrechtsfähige Personenvereinigungen sowie Gemeinschaften i. R. ihres Unternehmens an ihre Anteilseigner, Gesellschafter, Mitglieder, Teilhaber oder diesen nahe stehende Personen sowie Einzelunternehmer an ihnen nahe stehende Personen ausführen, und
- Lieferungen und sonstige Leistungen, die ein Unternehmer an sein Personal oder dessen Angehörige auf Grund des Dienstverhältnisses ausführt,

anzusetzen, wenn die Bemessungsgrundlage nach Abs. 4 oder höchstens das marktübliche Entgelt das Entgelt nach Abs. 1 übersteigt.

Diese Vorschrift dient dem Vermeiden von missbräuchlichen Gestaltungsmethoden. Grundsätzlich sind Leistender und Leistungsempfänger bei der Findung der Bemessungsgrundlage für entgeltliche Lieferungen und sonstige Leistungen frei. Wer also meint, einen Jaguar Typ E für 1 € zu verkaufen, kann dies zwar grundsätzlich tun, dennoch wird allgemein davon ausgegangen, dass bei Entgeltvereinbarungen Leistung und Gegenleistung äquivalent bewertet werden. 134

Hiervon kann nicht immer ausgegangen werden, wenn beim Leistungsaustausch sich Nahestehende gegenüberstehen, wie z. B. Gesellschafter einer Körperschaft oder Personenvereinigung, nahe Angehörige oder Arbeitnehmer, die Leistungen des Unternehmens erhalten. 135

Nach dem Willen des Gesetzgebers ist bei entgeltlichen Leistungsvereinbarungen zwischen den in § 10 Abs. 5 UStG genannten Personen zwar grundsätzlich auch das vereinbarte Entgelt maßgeblich für die Bemessungsgrundlage , jedoch soll mindestens eine Bemessungsgrundlage gelten wie bei unentgeltlichen Leistungen zwischen fremden Dritten bzw. wie beim Eigenverbrauch. Dieses Ziel wird gem. § 10 Abs. 5 UStG grundsätzlich auch erreicht, wobei dem Entgelt des Leistungsaustauschs grundsätzlich die maßgeblich entstandenen Kosten analog zu § 10 Abs. 4 UStG gegenübergestellt werden. Hierbei ist zu beachten, dass Kosten, die nicht zum Vorsteuerabzug berechtigt haben, nicht in die Bemessungsgrundlage einzubeziehen sind, weil insoweit der Verweis auf § 10 Abs. 4 UStG keine Einschränkung enthält. Dies ist m. E. nicht gesetzessystematisch. Generell kommt es bei entgeltlichen Leistungen nicht darauf an, ob vorab ein Recht zum Vorsteuerabzug für die Kostenbestandteile vorlag (vgl. dazu BFH vom 31.01.2002, Az: V R 61/96, BStBl II 2003, 813). Folglich müsste auch bei Ermittlung der Bemessungsgrundlage nach § 10 Abs. 5 UStG der Verweis lediglich auf § 10 Abs. 4 S. 1 UStG erfolgen, was aber nicht der Fall ist. Auch wirkt § 10 Abs. 5 UStG in »beide Richtungen«, also nicht nur vom Arbeitgeber an den Arbeitnehmer, sondern auch umgekehrt, wenn der Arbeitnehmer für seine Leistung an den Arbeitgeber als Unternehmer fungiert (vgl. BFH vom 11.10.2007, Az: V R 77/05, BStBl II 2008, 443) oder bei Leistung eines Einzelunternehmers an eine GmbH, wenn er Mehrheitsgesellschafter ist (BFH vom 31.03.2008, Az: XI B 208/06, BFH/NV 2008, 1217). Gleiches muss m. E. auch im Verhältnis von verbundenen Personengesellschaften und juristischen Personen gelten. 136

Ausnahmsweise ist die Mindestbemessungsgrundlage dann nicht anzuwenden, wenn sie höher ist als das vereinbarte Entgelt, sofern ein marktüblich erzielbares Entgelt niedriger ist, als der Ansatz der Kosten bei Anwendung des § 10 Abs. 5 i. V. m. § 10 Abs. 4 UStG. Dies kann z. B. bei Grundstücksvermietungen der Fall sein, in denen die Kosten höher sind als der marktüblich erzielbare Mietzins (Abschn. 10.7 Abs. 1 S. 4 UStAE). 137

In der Rs. C-63/96 hatte der EuGH mit Urteil vom 29.05.1997 (BStBl II 1997, 841) entschieden, dass die deutsche Regelung in § 10 Abs. 5 Nr. 1 UStG insoweit nicht durch Art. 397 MwStSystRL (Art. 27 der 6. EG-RL) gedeckt ist, als sie die Anwendung der Mindestbemessungsgrundlage (vgl. § 10 Abs. 5 138

UStG) auch in den Fällen vorschreibt, in denen das vereinbarte Entgelt zwischen den nahe stehenden Personen marktüblich, aber niedriger als die Mindestbemessungsgrundlage ist. Der BFH hat sich dieser Entscheidung angeschlossen (vgl. BFH vom 08.10.1997, Az: XI R 8/86, BStBl II 1997, 840). Ergänzend führt der BFH im Urteil vom 07.10.2010, Az: V R 4/10, BFHE 232, 537 an dass wie o. a. die Anwendung der Mindestbemessungsgrundlage gem. § 10 Abs. 5 UStG voraussetze, dass die Gefahr von Steuerhinterziehungen oder -umgehungen besteht. Hieran fehle es, wenn der Unternehmer von einer nahestehenden Person zwar ein niedrigeres als das marktübliche Entgelt verlangt, seine Leistung aber in Höhe des marktüblichen Entgelts versteuert. Nach neuerer Rechtsprechung ist zudem die Mindestbemessungsgrundlage bei Leistungen an einen zum vollen Vorsteuerabzug berechtigten Unternehmer jedenfalls dann nicht anwendbar, wenn der vom Leistungsempfänger in Anspruch genommene Vorsteuerabzug keiner Vorsteuerberichtigung i. S. d. § 15a UStG unterliegt. Der BFH begründet dies in seinem Urteil vom 05.06.2014, Az. XI R 44/12, BStBl II 2016, 187, damit, dass der EuGH in seiner o. a. Entscheidung für den Fall der Lieferung von Gegenständen oder der Erbringung von Dienstleistungen zu einem künstlich niedrigen oder hohen Preis, der zwischen Beteiligten vereinbart wird, die beide zum vollen Vorsteuerabzug berechtigt sind, entschieden habe, dass auf dieser Stufe keine Steuerhinterziehung oder -umgehung stattfinde. Erst beim Endverbraucher oder bei einem eine »Mischung« von Umsätzen bewirkenden Steuerpflichtigen, der nur zu einem Pro-Rata-Abzug berechtigt sei, könne ein künstlich hoher oder niedriger Preis zu einem Steuerausfall führen. Nur wenn die von dem Vorgang betroffene Person nicht zum vollen Vorsteuerabzug berechtigt sei, bestehe ein Risiko von Steuerhinterziehung oder -umgehung, dem die Mitgliedstaaten vorbeugen dürften (vgl. auch EuGH–Balkan and Sea Properties-, Urteil vom 26.04.2012, Az. C-621/10, C-129/11, C-621/10 und C-129/11, UR 2012, 435, Grebe/Raudszus, UStB 2016, 250, so nunmehr auch Abschn. 10.7 Abs. 6 UStAE).

139 Aus dem EuGH-Urteil vom 29.05.1997 (BStBl II 1997, 841) ist im Übrigen abzuleiten, dass der EuGH die Regelung des § 10 Abs. 5 UStG dem Grunde nach anerkannt hat, zumal auch Deutschland eine Genehmigung der Kommission i. S. v. Art. 397 Abs. 1 MwStSystRL besitzt. Dafür hatte die Bundesregierung 1978 bei der EU-Kommission den Antrag gestellt, die Regelung als von Art. 11 der 6. EG-RL abweichende Maßnahme auf der Basis einer Ratsermächtigung nach Art. 27 der 6. EG-RL einführen zu können. Eine Veröffentlichung über den nach Art. 27 Abs. 4 der 6. EG-RL als gefasst geltenden Ratsbeschluss im Amtsblatt EU erfolgte seinerzeit nicht. In der Gesetzesbegründung zu § 10 Abs. 5 UStG war aber darauf hingewiesen worden, dass die Regelung durch Art. 27 Abs. 1 der 6. EG-RL gedeckt sei (vgl. BT-Drucks. 8/1779 vom 05.05.1978).

140 Dieser Hinweis wird mit Blick auf ggf. andere Auffassungen von Steuerpflichtigen oder Steuerberatern gegeben, die sich auf eine Entscheidung des EuGH vom 20.01.2005, Hotel Scandic Gasabäck, Rs. C-412/03 (Kantinenmahlzeiten unter Selbstkostenpreis, schwedisches Umsatzsteuerrecht, siehe auch Möhlenkamp/Maunz, UR 2006, 1), DStRE 2005, 409, HFR 2005, 371, berufen und demzufolge auch die deutsche Regelung des § 10 Abs. 5 UStG in Frage stellen wollen.

141 Mietet ein Arbeitgeber Arbeitskleidung, die ausschließlich zum Tragen im Betrieb bestimmt und geeignet ist, und überlässt er diese seinen Arbeitnehmern unentgeltlich und berechnet lediglich eine Reinigungspauschale, die unter seinen eigenen Kosten liegt, so liegt ein Leistungsaustausch vor, für den das tatsächlich gezahlte Entgelt als Bemessungsgrundlage heranzuziehen ist. Der Ansatz der Mindestbemessungsgrundlage ist in diesem Fall mangels Steuerumgehung oder -hinterziehung nicht vorzunehmen, wenn sie durch betriebliche Erfordernisse bedingt ist (BFH vom 27.02.2008, Az: XI R 50/07, BStBl II 2009, 426). Dazu führt der BFH aus, dass im Hinblick auf den Zweck, Steuerumgehungen zu verhüten (vgl. dazu auch BFH vom 24.01.2008, Az: V R 39/06, BStBl II 2009, 786 und vom 29.05.2008, Az: V R 12/07, BStBl II 2009, 428), eine Leistung nur dann der Mindestbemessungsgrundlage nach § 10 Abs. 5 Nr. 2 UStG unterläge, wenn sie ohne Entgeltvereinbarung als unentgeltliche Leistung nach § 1 Abs. 1 Nr. 1 S. 2 Buchst. b UStG in der bis zum 31.03.1999 geltenden Fassung (UStG 1980/1993) steuerbar wäre (jetzt § 3 Abs. 9a UStG). Nach dieser Vorschrift sind Lieferungen und sonstige Leistungen, die ein Unternehmer an seine Arbeitnehmer oder deren Angehörige »auf Grund des Dienstverhältnisses« ausführt, für die die Empfänger der Lieferung oder sonstigen Leistung (Leistungsempfänger) kein besonders berechnetes Entgelt aufwenden, steuerbar. Nach dem Zweck des § 10 Abs. 5 Nr. 2 UStG solle die Besteuerung unentgeltlicher Leistungen nicht durch die Vereinbarung unangemessen niedriger Entgelte unterlaufen. Es entspricht insoweit der Rechtsprechung des EuGH, wonach Gestaltungen in Richtung Steuerumgehung und auch in Richtung § 42 AO umsatzsteuerrechtlich nicht anzuerkennen sind vgl. m. w. N. EuGH vom 21.02.2006, Rs. C-255/02, HFR 2006, 411. Damit hat der BFH geklärt, dass die Mindestbemessungsgrundlage keine Anwendung finden kann, wenn Umsätze bei Vorgängen durchgeführt werden, die im Interesse des Arbeitgebers liegen (vgl. Spannungsfeld des Abschn. 18 UStAE). Mit gleichem Ergebnis auch BFH vom 15.11.2007, Az: V R 15/06, BStBl II 2009, 423, zur Beförderung der Arbeitnehmer zur Arbeitsstätte und BFH vom 29.05.2008, Az: V R 17/07, BFH/NV 2008, 1893 zur teilunentgeltlichen Überlassung von Schutzkleidung an Arbeitnehmer. Damit findet die Mindestbemessungsgrundlage auch keine Anwendung bei der verbilligten Überlassung von Parkplätzen an Arbeitnehmer auf dem Betriebsgelände, weil dies Leistung im Falle einer unentgeltlichen Leistungserbringung nicht nach § 3 Abs. 9a UStG steuerbar ist (vgl. OFD Karlsruhe vom 28.01.2009, Az: BW § 10 UStG S 7208 Karte 1, UStB 2009, 128). Liefert ein Verlag seine Zeitungen verbilligt an seine Arbeitnehmer nach Hause, liegen Lieferungen auf Grund des Dienstverhältnisses i. S. v. § 10 Abs. 5 Nr. 2 UStG vor. Diese Umsätze werden nach dem marktüblichen Entgelt (regulärer Abonnementpreis) bemessen, wenn dieses die nach § 10 Abs. 4 S. 1 Nr. 1 UStG ermittelten Selbstkosten unterschreitet (vgl. BFH vom 19.06.2011, Az: XI R 8/09, BFHE 234, 455).

2.7 Durchschnittsbeförderungsentgelt

Nach der Sondervorschrift des § 10 Abs. 6 UStG ist bei der Beförderung von Personen im Gelegenheitsverkehr mit Kraftomnibussen, die nicht im Inland zugelassen sind, das bei der Beförderungseinzelbesteuerung anzusetzende Durchschnittsbeförderungsentgelt nach § 25 UStDV auf 4,43 Cent je Personenkilometer festgesetzt worden. Auf diese Bemessungsgrundlage ist der allgemeine Steuersatz (§ 12 Abs. 1 UStG) anzuwenden. Wegen der Berechnung der Steuer nach dem Durchschnittsbeförderungsentgelt und der Möglichkeit des Unternehmers, nach Ablauf des Besteuerungszeitraums anstelle der Beförderungseinzelbesteuerung die Berechnung der Steuer nach § 16 Abs. 1 und 2 UStG zu beantragen (§ 16 Abs. 5b UStG), vgl. Abschn. 16.2 UStAE und vgl. die Kommentierung zu § 16. 142

Das BMF hat dazu ein »Merkblatt zur Umsatzbesteuerung grenzüberschreitender Personenbeförderungen mit Omnibussen, die nicht in der Bundesrepublik Deutschland zugelassen worden sind« (Stand: 01.01.2007) herausgegeben (BMF vom 20.09.2006, BStBl I 2006, 563). 143

2.8 Einzelfälle

Ausführlich hat sich das BMF zur umsatzsteuerrechtlichen Behandlung der Vermittlung von **grenzüberschreitenden Personenbeförderungsleistungen im Luftverkehr durch Reisebüros** geäußert (BMF vom 30.03.2006, Az: IV A 5 – S 7200 – 13/06, BStBl I 2006, 308). 144

145 Die Bemessungsgrundlage nach § 10 Abs. 1 S. 1 und 2 UStG für die sonstige Leistung des Aufsichtsratsmitglieds richtet sich nach der satzungsgemäßen **Aufsichtsratsvergütung** (OFD Münster vom 08.10.2007, Az: Kurzinfo Nr. 9/2007, UR 2007, 912).

146 Die Nennung der Adresse eines potenziellen Neukunden durch einen Altkunden ist eine Leistung, welche mit der dafür zugesagten Prämie (Werbeprämie) in einem unmittelbaren Zusammenhang steht. Verrechnet der Leistungsempfänger diese Prämie mit der Bestellung des Altkunden, dann stellt dies keine Entgeltsminderung nach § 17 UStG dar (FG München vom 02.02.2011 Az: 3 K 1504/08, EFG 2011, 1282).

147 Zur Leistungsverrechnung zwischen juristischen Personen des öffentlichen Rechts vgl. FinMin Hessen vom 13.12.2006, BStBl I 2007, 119).

148 Zur Bemessungsgrundlage bei Holzverkäufen bzw. Abgaben an den Holzabsatzfonds vgl. OFD Hannover vom 31.08.2007, Az: S 7200 – 72 – StO 172, UR 2008, 353.

149 Zahlungen, die ein Grundstückserwerber aufgrund eines Grundstücksvertrages für die Übertragung eines »erschlossenen« Grundstücks zu leisten hat, sind nach einem Urteil des BFH vom 13.01.2011, Az: V R 12/08, BStBl II 2012, 61 nur Entgelt für die Übertragung des Grundstücks, nicht aber teilweise Drittentgelt für die Errichtung von Erschließungsanlagen. Ohne dass insoweit eine Bindung an die grunderwerbsteuerrechtliche Beurteilung bestehe, spreche hierfür auch, dass der auf die Erschließung entfallende Kaufpreisanteil beim Verkauf von Grundstücken in erschlossenem Zustand Teil der grunderwerbsteuerrechtlichen Bemessungsgrundlage ist (vgl. z.B. BFH vom 21.03.2007, Az: II R 67/05, BStBl II 2007, 614). Ein Entgelt von dritter Seite für die Herstellung der **Erschließungsanlagen** habe der BFH im Urteil vom 22.07.2010, Az: V R 14/09, BStBl II 2012, 428 daher nur für einen eigenständigen »Erschließungsvertrag« bejaht, die ein Grundstückseigentümer mit einem Erschließungsträger vereinbart, ohne dass dabei ein Zusammenhang mit einem Grundstückskaufvertrag besteht. Der BFH nimmt in seinem Urteil vom 13.01.2011, Az: V R 12/08, BStBl II 2012, 61 auch Stellung zur Frage, inwieweit ein Leistungsaustausch zwischen einer Gemeinde und einem Erschließungsträger vorliegt.

150 Verzichtet ein Mieter gegenüber dem Vermieter auf die (übliche) Verzinsung einer von ihm geleisteten **Mietkaution**, ist dieser Verzicht als zusätzliches Entgelt in die Bemessungsgrundlage der Vermietungsumsätze einzubeziehen, weil darin sowohl ein Vorteil des Vermieters als auch eine Aufwendung des Mieters zu sehen ist (FG Hamburg vom 12.12.2007, Az: 6 K 74/06, EFG 2008, 744).

151 Nach dem Urteil vom 22.04.2010, Az: BFH V R 26/08, BStBl II 2010, 883, ist die **Vergnügungssteuer** beim Betrieb von **Glücksspielgeräten** nicht aus der Bemessungsgrundlage der Umsatzsteuer herauszurechnen. Bei Geldspielautomaten mit Gewinnmöglichkeit gehört nur der Teil der Einsätze zum Entgelt, nach dem der Umsatz bemessen wird, über den der Betreiber effektiv verfügen kann. Der gesetzlich festgelegte Teil der Gesamtheit der Spieleinsätze, der dem an die Spieler ausgezahlten Gewinnen entspricht, gehört indes nicht zur Besteuerungsgrundlage der Umsatzsteuer. Von dem Teil der Einnahmen, der in die Kasse der Spielgeräte gelangt, ist nur die Umsatzsteuer selbst in Abzug zu bringen. Dies ergibt sich aus der Legaldefinition des Entgelts, die nicht vorsieht, dass die Bruttoeinnahmen um andere Steuern und Abgaben zu mindern sind als um die Umsatzsteuer.

152 Ein beim **Automatenglücksspiel** automatisch einbehaltener **Tronc** (Trinkgeldbetrag) ist als Teil des Entgelts in die Bemessungsgrundlage einzubeziehen (BFH vom 01.09.2010, Az: V R 32/09, BStBl II 2011, 300).

153 In der Leistung von **Ausgleichszahlungen (Minderwertausgleich)** im Zusammenhang mit der Beendigung von Leasingverträgen sieht der BFH keinen Leistungsaustausch, sondern einen nichtsteuerbaren Vorgang (echter Schadenersatz) (BFH vom 20.03.2013, Az: XI R 6/11, DStR 2013, 1593, vorgehend auch BGH, Urteil vom 18.05.2011, Az: VIII ZR 260/10, UR 2011, 813). Die Verwaltung hat insoweit ihre Auffassung angepasst, vgl. Abschn. 1.3 Abs. 7 UStAE. Die Entschei-

dung ist schwer nachvollziehbar, weil der Minderwertausgleich Teil eines einheitlichen Vertrags- und Leistungsaustauschverhältnisses zwischen Leasinggeber und Leasingnehmer darstellt.

Zur umsatzsteuerrechtlichen Behandlung von Geld- und Sachleistungen des Sponsors (**Sponsoring**) an steuerbegünstigte Einrichtungen vgl. OFD Frankfurt vom 18.03.2009, Az: S 7100 A – 203 – St 110, UR 2009, 464; vgl. auch Röthel/Konold, DStR 2009, 15. 154

Für die Frage, ob die Instandhaltungsverpflichtung en eines Mieters als Gegenleistung für die Überlassung des Mietgegenstands anzusehen ist und damit zum umsatzsteuerrechtlichen Entgelt gehört, ist nach Auffassung des FG Köln vom 13.01.2010 (Az: 9 K 4447/08, DStRE 2010, 810) nicht ihr vertraglicher oder gesetzlicher Entstehungsgrund ausschlaggebend, sondern allein das Vorliegen eines unmittelbaren Zusammenhangs zwischen der Nutzungsüberlassung und der Instandhaltungspflicht. Dieser unmittelbare Zusammenhang besteht aber deshalb nach Ansicht des Gerichts nicht, weil die Instandhaltungspflicht aus der Sicht des Leistungsempfängers nicht als Gegenleistung für die Nutzungsüberlassung verstanden wird, sondern als gesetzliche oder vertragliche Verlagerung des Erhaltungsrisikos vom Eigentümer auf den Nutzer, die auch dem Nutzungsinteresse des Leistungsempfängers dient (so auch Weimann, UStB 2010, 349). Dagegen sieht Fritz (DStR 2010, 1826) v. a. durch eine mietrechtlich gebotene Auslegung darin einen Leistungsaustausch. 155

Nach dem Urteil des BFH vom 03.03.2011, Az: V R 24/10, BStBl II 2011, 950 ist die Festvergütung, die der geschäftsführungs- und vertretungsberechtigte Komplementär einer KG von dieser für seine Haftung (sog. **Haftungsvergütung**) nach §§ 161, 128 HGB erhält, als Entgelt für eine einheitliche Leistung, die Geschäftsführung, Vertretung und Haftung umfasst, umsatzsteuerpflichtig. Für das Vorliegen einer einheitlichen Leistung komme es nicht notwendig auf eine durch die Art der Leistung selbst bedingte rechtliche Verknüpfung an. Klarstellend ergänzt der BFH, dass weder die Geschäftsführung und Vertretung noch die Haftung nach §§ 161, 128 HGB den Charakter eines Finanzgeschäfts i. S. d. § 4 Nr. 8 Buchst. g UStG hätten (vgl. § 1 Rn. 70 und vgl. § 2 Rn. 194 sowie Abschn. 1.6 Abs. 6 UStAE). 156

Zur Frage von verbilligten Zinsen bzw. Leasingraten zum Zwecke der **Absatzförderung** in der Automobilindustrie vgl. BMF vom 28.09.2011, Az: IV D 2 – S 7100/09/10003:002, BStBl I 2011, 935. 157

Bezüglich der Verwendung von Kunden- bzw. Bonuskarten der verschiedenen Unternehmer und Systembetreiber (z. B. Payback, Deutschlandcard) vertritt die OFD Magdeburg vom 29.09.2011, Az: S 7200-168-St 244, UR 2012, 413, folgende Auffassung, der zuzustimmen ist. Zahlt der Kunde an den Einzelhändler (das Partnerunternehmen) den vollen Kaufpreis der erworbenen Waren und werden ihm Bonuspunkte gewährt, so erfolgt eine Entgeltminderung erst zum Zeitpunkt des Einlösens der gesammelten Punkte, nicht bereits bei Entrichtung der Beträge des Einzelhändlers (Partnerunternehmens) an den Systembetreiber. Dies entspricht den im BFH-Urteil vom 18.09.2008, Az: V R 56/06, BStBl II 2009, 250) dargestellten Grundsätzen über den Zeitpunkt der Entgeltminderung. Löst der Kunde seine Punkte gegen eine Sachprämie (ggf. mit Zuzahlung) ein oder erwirbt der Kunde bei einem Partnerunternehmen Leistungen, die er mit Gutscheinen ganz oder teilweise bezahlt, gilt der Wert der Punkte in einem ersten Schritt als ausgezahlt; in einem zweiten Schritt wird beim Systembetreiber selbst oder bei einem Partnerunternehmen die entsprechende Sachprämie erworben. Soweit der Systembetreiber die Sachprämie ausgibt, erbringt der Systembetreiber eine umsatzsteuerbare und steuerpflichtige Lieferung. Erwirbt der Kunde bei einem Partnerunternehmen gegen die Einlösung von Punkten eine Leistung, erbringt das Partnerunternehmen diese Leistung an den Kunden. Diese Auffassung wird durch das EuGH-Urteil vom 07.10.2010, Rs. C-53/09 und C-55/09, HFR 2010, 1365 zu ähnlich gestalteten Kundenbindungsprogrammen bestätigt. Als Entgelt für die Lieferung ist der Gegenwert der eingelösten Punkte zuzüglich einer eventuellen Zahlung durch den Kunden abzüglich der darin enthaltenen Umsatzsteuer anzusetzen. Für den Einkauf der Warenprämie steht dem Systembetreiber unter den weiteren Voraussetzungen des § 15 UStG der Vorsteuerabzug zu. 158

159 Bezüglich der Frage, ob die bei Abschluss eines **Mobilfunkvertrages** für 0 € an die Kunden gelieferten Elektronikartikel (**Gratis-Handy**) unentgeltliche Wertabgaben oder Lieferungen des Mobilfunkvertragsvermittlers darstellen, hat der BFH in seinem Urteil vom 16.10.2013, Az: XI R 39/12, BFH/NV 2014, 137 Stellung genommen. Danach ist der von dem Mobilfunkanbieter an den Vermittler hierfür gezahlte Aufschlag auf die Vermittlungsprovision (Gerätebonus) Entgelt eines Dritten i. S. des § 10 Abs. 1 Satz 3 UStG für die Lieferung des Vermittlers an den Kunden.

160 Die Hingabe des **Transporthilfsmittels gegen Pfandgeld** ist gem. Abschn. 3.10 Abs. 5a UStAE als eigenständige Lieferung und die Rückgabe gegen Rückzahlung des Pfandgeldes als Rücklieferung zu beurteilen. Warenumschließungen teilen im Gegensatz hierzu stets das Schicksal der Hauptleistung (vgl. Abschn. 10.1 Abs. 8 UStAE). Zur Abgrenzung zwischen Transporthilfsmitteln und Warenumschließungen vgl. BMF vom 05.11.2013, Az: IV D 2 – S 7200/07/10022:001, BStBl I, 1386 (mit Übergangsregelungen) und zur Überlassung des Transporthilfsmittels im Rahmen reiner Tauschsysteme vgl. Abschn. 3.5 Abs. 3 Nr. 18 UStAE.

§ 11 UStG
Bemessungsgrundlage für die Einfuhr

(1) Der Umsatz wird bei der Einfuhr (§ 1 Abs. 1 Nr. 4) nach dem Wert des eingeführten Gegenstands nach den jeweiligen Vorschriften über den Zollwert bemessen.

(2) [1]Ist ein Gegenstand ausgeführt, in einem Drittlandsgebiet für Rechnung des Ausführers veredelt und von diesem oder für ihn wieder eingeführt worden, so wird abweichend von Absatz 1 der Umsatz bei der Einfuhr nach dem für die Veredelung zu zahlenden Entgelt oder, falls ein solches Entgelt nicht gezahlt wird, nach der durch die Veredelung eingetretenen Wertsteigerung bemessen. [2]Das gilt auch, wenn die Veredelung in einer Ausbesserung besteht und an Stelle eines ausgebesserten Gegenstands ein Gegenstand eingeführt wird, der ihm nach Menge und Beschaffenheit nachweislich entspricht. [3]Ist der eingeführte Gegenstand vor der Einfuhr geliefert worden und hat diese Lieferung nicht der Umsatzsteuer unterlegen, so gilt Absatz 1.

(3) Dem Betrag nach Absatz 1 oder 2 sind hinzuzurechnen, soweit sie darin nicht enthalten sind:

1. **die im Ausland für den eingeführten Gegenstand geschuldeten Beträge an Einfuhrabgaben, Steuern und sonstigen Abgaben;**
2. **die auf Grund der Einfuhr im Zeitpunkt des Entstehens der Einfuhrumsatzsteuer auf den Gegenstand entfallenden Beträge an Einfuhrabgaben im Sinne des Artikels 4 Nr. 10 der Verordnung (EWG) Nr. 2913/92 des Rates zur Festlegung des Zollkodex der Gemeinschaften vom 12. Oktober 1992 (ABl. EG Nr. L 302 S. 1) in der jeweils geltenden Fassung und an Verbrauchsteuern außer der Einfuhrumsatzsteuer, soweit die Steuern unbedingt entstanden sind;**
3. **die auf den Gegenstand entfallenden Kosten für die Vermittlung der Lieferung und die Kosten der Beförderung sowie für andere sonstige Leistungen bis zum ersten Bestimmungsort im Gemeinschaftsgebiet;**
4. **die in Nummer 3 bezeichneten Kosten bis zu einem weiteren Bestimmungsort im Gemeinschaftsgebiet, sofern dieser im Zeitpunkt des Entstehens der Einfuhrumsatzsteuer bereits feststeht.**

(4) Zur Bemessungsgrundlage gehören nicht Preisermäßigungen und Vergütungen, die sich auf den eingeführten Gegenstand beziehen und die im Zeitpunkt des Entstehens der Einfuhrumsatzsteuer feststehen.

(5) Für die Umrechnung von Werten in fremder Währung gelten die entsprechenden Vorschriften über den Zollwert der Waren, die in Rechtsakten des Rates der Europäischen Union oder der Europäischen Kommission festgelegt sind.

Literatur

Müller-Eiselt, EG-Zollrecht, Zollkodex/Zollwert (Kommentar, Loseblatt). **Thoma/Böhm/Kirchhainer**, Zoll und Umsatzsteuer, Die rechtliche Beurteilung und praktische Abwicklung von Warenlieferungen mit Drittlandsbezug, 3. Aufl., Wiesbaden 2015. **Witte**, Zollkodex der Union (UZK), Kommentar, 7. Aufl. 2018.

Verwaltungsanweisungen

VSF Z 81 01 – Dienstvorschrift Einfuhrumsatzsteuer, Abs. (27) – (46).

Richtlinien/Hinweise/Verordnungen

MwStSystRL: Art. 85–88, 91.

1 Allgemeines

1.1 Überblick über die Vorschrift

1 Die Vorschrift regelt die Bemessungsgrundlage für die auf aus dem Drittland in das Inland eingeführten Gegenstände zu erhebende EUSt. Während bei der USt das Entgelt (§ 10 Abs. 1 UStG) maßgeblich ist, ist dies bei der EUSt seit 01.01.1993 der Zollwert nach Maßgabe der Art. 69 bis 74 des UZK nebst Art. 127–146 UZK-IA. Hintergrund ist die Synchronisierung mit dem GATT-Zollwert-Kodex 1994. Ausgenommen sind lediglich Einfuhren im Rahmen einer passiven Veredelung.

1.2 Rechtsentwicklung

Einfuhrabgaben im Zusammenhang mit USt wurden erhoben, seit diese Steuern auch im Inland erhoben werden. Die Besteuerung an der Grenze sollte die ausländische Ware im Inland so stellen, dass sie gleich oder ähnlich mit Steuern belastet ist wie im Inland erzeugte oder gehandelte Waren. 2

Die Bemessungsgrundlage für die EUSt hat eine wechselvolle Geschichte hinter sich. Ab dem UStG 1951 wurde die Bemessungsgrundlage für die damalige **Ausgleichsteuer** an den Zollwert gekoppelt, was den Vorteil hatte, dass neben dem ohnehin zu bestimmenden Zollwert nicht noch eine weitere Bemessungsgrundlage für die Ausgleichsteuer ermittelt werden musste. Dies änderte sich mit Einführung der Tarifunion innerhalb der sechs EWG-Mitgliedstaaten zum 01.07.1968, weil bei Einfuhren aus anderen EWG-Staaten kein Zollwert mehr festzusetzen war. Es wurde hinsichtlich der Einfuhren aus diesen Staaten nun primär auf das Entgelt abgestellt. Das UStG 1980 erweiterte diesen Grundsatz auf Waren auch aus Drittländern, soweit diese Waren nicht dem Wertzoll unterlagen. Erst i. R. d. Vollendung des Binnenmarktes am 01.01.1993 wurde der Zollwert wieder zur alleinigen Bemessungsgrundlage. 3

Seit 01.01.1993 hat die Vorschrift nur geringe Änderungen erfahren, die vor allem redaktioneller Art waren. Die letzte Änderung erfuhr die Rechtsnorm durch das AmtshilfeRLUmsG zum 30.06.2013, durch das in § 11 Abs. 5 die Anpassung an die Schaffung der Europäischen Union vorgenommen wurde. Eine Anpassung der Vorschrift an die Einführung des UZK mit Wirkung zum 01.05.2016 erfolgte bislang nicht. 4

1.3 Unionsrechtliche Grundlage und Verhältnis zu anderen Vorschriften

Die Rechtsnorm hat ihre Wurzeln in Art. 85–88, 91 MwStSystRL. Sie steht im Zusammenhang mit §§ 5 und 21 UStG. Während § 21 UStG klarstellt, dass grundsätzlich die Zollvorschriften und die in der Abgabenordnung enthaltenen Vorschriften über Verbrauchsteuern auf die EUSt anzuwenden sind, regelt § 5 UStG bestimmte Steuerbefreiungen bei der EUSt. 5

1.4 Geltungsbereich

1.4.1 Sachlicher Geltungsbereich

Die Einfuhrumsatzsteuer wird ausschließlich auf Gegenstände erhoben, die aus einem Drittland in das Inland eingeführt werden (§ 1 Abs. 1 Nr. 4 UStG), nicht hingegen auf sonstige Leistungen. 6

1.4.2 Persönlicher Geltungsbereich

Die Vorschrift gilt für den Schuldner der EUSt i. S. v. § 21 Abs. 2 UStG i. V. m. Art. 77 ff. UZK. Hierbei sind verschiedene Entstehungstatbestände zu unterscheiden (Art. 77 und 79 UZK; zu den Einzelheiten vgl. § 21 Rn. 34 ff.). 7

8 Der wirtschaftlich bedeutsamste Entstehungstatbestand ist die Überführung in den freien Verkehr (Art. 77 UZK). Zollschuldner ist der Anmelder, im Fall der indirekten Stellvertretung auch diejenige Person, für deren Rechnung die Zollanmeldung abgegeben wird (z.B. der im Drittland ansässige Importeur, der sich durch einen Spediteur vertreten lässt).

1.5 Zuständige Behörden

9 Für Fragen der EUSt sind nicht die Finanzämter, sondern die Bundesfinanzbehörden zuständig (Art. 108 Abs. 1 S. 1 GG), deren Hauptzollämter als örtliche Bundesbehörden die EUSt zu verwalten haben (§ 12 Abs. 2 FVG). Örtlich zuständig ist das Hauptzollamt, in dessen Bezirk sich die entsprechende Steuerbarkeit durch Verwirklichung der Tatbestandsvoraussetzungen ergibt.

2 Kommentierung

2.1 Zollwert als Bemessungsgrundlage für die EUSt (§ 11 Abs. 1 UStG)

2.1.1 Überblick

10 Die Bemessungsgrundlage orientiert sich am Wert des eingeführten Gegenstandes zum Zeitpunkt der Einfuhr. Zum Begriff der Einfuhr sowie zum maßgeblichen Entstehungszeitpunkt (§ 13 Abs. 2 UStG) vgl. die Kommentierung zu § 21. Der Wert des eingeführten Gegenstandes wiederum wird aufgrund einer dynamischen Verweisung nach den jeweils geltenden Vorschriften des Zollrechts bemessen (sog. **Zollwert**). Es ist hierbei unerheblich, ob für die betreffende Ware auch tatsächlich Zoll anfällt oder ob sie zollfrei eingeführt werden kann.

11 Die zollrechtlichen Wertvorschriften sind in Art. 69 bis 74 UZK sowie in den Art. 127-146 der UZK-IA enthalten.

2.1.2 Transaktionswert (Art. 70 UZK)

12 Im Normalfall ist der sog. **Transaktionswert** zu Grunde zu legen. Dieser wird bestimmt durch den tatsächlich gezahlten oder den zu zahlenden Kaufpreis und schließt zur Vermeidung von Umgehungen alle Zahlungen inkl. Hergabe von Kreditbriefen und Wertpapieren ein, die als Bedingung für das Kaufgeschäft vom Käufer oder einem Dritten vorzunehmen sind. Bestimmte Hinzurechnungen und Abzugsposten sind ergänzend zu berücksichtigen (vgl. Rn. 17 f.).

13 Zu den **Kaufgeschäften** gehören auch Werk- und Werklieferungsverträge, nicht jedoch Kommissionsgeschäfte. Ferner schließen auch Miet- oder Leasingverträge mit Kaufoption, Abfallbeseitigungsverträge (bei denen der Lieferer den Empfänger für die Leistung bezahlt) sowie kostenlose Lieferungen die Anwendung der Transaktionswertmethode aus.

Art. 70 Abs. 3 UZK nennt eine Reihe von Umständen, die eine Anwendung der Transaktionswertmethode ausschließen können, z. B. bei Koppelungs- und Tauschgeschäften, bei Erlösbeteiligungen des Verkäufers sowie bei konzernrechtlicher Verbundenheit der Vertragsparteien. 14

2.1.3 Weitere Zollwert-Ermittlungsmethoden (Art. 74 UZK)

Soweit die Transaktionswertmethode nicht zur Anwendung kommen kann, ist ersatzweise der Transaktionswert gleicher Waren, hilfsweise ähnlicher Waren, heranzuziehen. Art. 74 UZK sieht noch weitere Methoden vor, die jedoch nur selten zur Anwendung gelangen. 15

2.1.4 Hinzurechnungen (Art. 71 UZK)

Diese Vorschrift legt diejenigen Wertelemente (Kosten) fest, die nicht im Kaufpreis enthalten, aber für den Käufer entstanden und dem Transaktionswert hinzuzurechnen sind, z. B. Provisionen und Maklerlöhne (ohne Einkaufsprovisionen), Verpackungskosten, Lizenzgebühren sowie Beförderungs- und Versicherungskosten bis zum Ort des Verbringens in das Zollgebiet der Union. Die Aufzählung in Art. 71 UZK ist für Zölle abschließend, für die EUSt enthält § 11 Abs. 3 UStG (vgl. Rn. 21 ff.) ergänzende Regelungen. 16

2.1.5 Abzugsposten (Art. 72 UZK)

I. g. Beförderungskosten nach Eingang in das Zollgebiet der Union, Zahlungen für Montagekosten, Finanzierungskosten, Vervielfältigungsrechte und Einkaufsprovisionen sind abzuziehen, soweit sie getrennt ausgewiesen sind. Ferner sind Einfuhrabgaben und ausländische Abgaben in Abzug zu bringen; diese Positionen sind jedoch für die EUSt wieder hinzuzurechnen (vgl. Rn. 22). 17

2.1.6 Zollwert von Datenträgern (Art. 34 ZK)

Art. 34 ZK hatte es der Kommission freigestellt zu bestimmen, ob und in welchem Umfang der Wert von Software auf Datenträgern Bestandteil des Zollwerts sein soll. Seit Vollendung des Binnenmarktes war bei solchen Datenträgern gem. Art. 167 ZK-DVO nur der Wert des Datenträgers an sich als Zollwert anzusetzen. Mit Wirkung ab 19.03.2002 wurde diese Vorschrift durch VO (EG) Nr. 444/2002 ersatzlos aufgehoben mit der Folge, dass der gesamte Wert des Datenträgers einschließlich des Wertes der Software als Bemessungsgrundlage gilt. Anders ist es dann, wenn die Software per Download geliefert und der Datenträger lediglich als Sicherungskopie nachgesandt wird: in diesem Fall ist nur der Wert des Datenträgers selbst in die Bemessungsgrundlage einzubeziehen. Zur Hinzurechnung von Lizenzgebühren beim Import von DVDs mit einem digital gespeicherten Spielfilm vgl. das sehr instruktive BFH-Urteil vom 27.02.2007, Az: VII R 25/06 (V), BFH/NV 2007, 1259. 18

2.1.7 Umrechnungskurs

19 Sind die für den Zollwert wesentlichen Faktoren in einer fremden Währung ausgedrückt, ist der amtlich veröffentlichte Umrechnungskurs zu verwenden. Maßgeblicher Umrechnungskurs ist der von der EZB am vorletzten Mittwoch eines Monats festgelegte Wechselkurs, der für den gesamten Folgemonat gilt und nur in Ausnahmefällen abgeändert werden kann (vgl. Art. 146 UZK-IA).

2.2 Hinzurechnungen (§ 11 Abs. 3 UStG)

20 Da Zölle und EUSt unterschiedliche Besteuerungszwecke verfolgen, müssen bestimmte Hinzurechnungen vorgenommen werden, um die Belastungsgleichheit mit entsprechenden Inlandsumsätzen herzustellen.

2.2.1 Im Drittland erhobene Abgaben

21 Dem eigentlichen Warenwert sind noch Einfuhrabgaben usw. aus Drittländern hinzuzurechnen (§ 11 Abs. 3 Nr. 1 UStG).

Beispiel:
Der deutsche Großhändler G bezieht Bananen aus Tonga. Die Wirtschaftsgüter werden per Schiff von Tonga nach Rotterdam transportiert. Bei der Ausfuhr aus Tonga wird ein Ausfuhrzoll erhoben. Der Ausfuhrzoll ist von G zu bezahlen.

Lösung:
Der Ausfuhrzoll in Tonga wird der Bemessungsgrundlage bei der Einfuhr nach Deutschland zugerechnet.

2.2.2 Verbrauchsteuern, Zölle und sonstige Einfuhrabgaben

22 Ebenfalls hinzugerechnet werden die anlässlich der Einfuhr unbedingt entstehenden Verbrauchsteuern (außer der Einfuhrumsatzsteuer), Zölle und sonstige Abschöpfungen usw. (§ 11 Abs. 3 Nr. 2 UStG).

Beispiel:
Der deutsche Großhändler G bezieht 10.000 Flaschen Rum aus Jamaika. Bei Einfuhr hat G hierfür 6000 € Alkoholsteuer (Verbrauchsteuer) zu entrichten.

Lösung:
Die Alkoholsteuer fließt in die Bemessungsgrundlage mit ein.

2.2.3 Vermittlungskosten

23 Hinzugerechnet werden auch die Vermittlungskosten, die mit der Lieferung und/oder der Beförderung bis zum ersten Bestimmungsort im Zollgebiet der Union entstanden sind bzw. in Zusammenhang stehen. Erhöhend auf die Bemessungsgrundlage wirken sich auch die Beförderungs- und

Vermittlungskosten bis zu einem weiteren Bestimmungsort im Zollgebiet der Union aus, wenn dieser weitere Bestimmungsort bei der Einfuhr schon feststeht (§ 11 Abs. 3 Nr. 3 und 4 UStG).

Die EUSt-Bemessungsgrundlage kann wie folgt ermittelt werden: 24

	Zollwert des Liefergegenstandes
+	Einfuhrabgaben, Steuern und sonstige Abgaben, die für den Liefergegenstand im Drittausland geschuldet werden
+	auf den Liefergegenstand entfallende Zölle und Abschöpfungen sowie andere Verbrauchsteuern außer der Einfuhrumsatzsteuer, die im Zeitpunkt des Entstehens der Einfuhrumsatzsteuer anlässlich der Einfuhr entstanden sind; die Steuern müssen, um der Bemessungsgrundlage zugerechnet werden zu können, unbedingt entstanden sein
+	die auf den Liefergegenstand entfallenden Kosten für Vermittlung und Beförderung sowie andere sonstige Leistungen bis zum ersten Bestimmungsort im Zollgebiet der Union
+	die auf den Liefergegenstand entfallenden Kosten für Vermittlung und Beförderung sowie andere sonstige Leistungen bis zu einem weiteren Bestimmungsort im Zollgebiet der Union, wenn dieser weitere Bestimmungsort im Zeitpunkt des Entstehens der Einfuhrumsatzsteuer bereits feststeht
=	Bemessungsgrundlage für die EUSt

2.3 Minderung der Bemessungsgrundlage (§ 11 Abs. 4 UStG)

§ 11 Abs. 4 UStG sieht ausdrücklich vor, dass bereits im Entstehungszeitpunkt der EUSt feststehende Rabatte, Skonti und Boni nicht zur Bemessungsgrundlage gehören. Dies würde sich ohne die entsprechende Regelung allerdings auch schon durch die Anwendung der Transaktionswertmethode ergeben (vgl. Rn. 12 ff.). 25

2.4 Sonderfall Bemessungsgrundlage bei der Einfuhr nach passiver Veredelung und nach Ausbesserung (§ 11 Abs. 2 UStG)

Gelangt ein Wirtschaftsgut nach seiner Ausfuhr in ein Drittland zur Lohnveredelung wieder veredelt zurück in das Zollgebiet der Union, muss der so veredelte Gegenstand auch der EUSt unterworfen werden. Bemessungsgrundlage für die EUSt ist das für die Veredelung zu zahlende Entgelt. Wird für die Veredlung kein Entgelt bezahlt, bemisst sich die EUSt nach der Wertsteigerung, die durch die Veredelung eingetreten ist. Dies gilt auch dann, wenn die Veredelung in einer Ausbesserung besteht oder wenn anstelle des ausgebesserten Gegenstandes ein Gegenstand eingeführt wird, der ihm nach Menge und Beschaffenheit nachweislich entspricht. 26

Beispiel:
Der Luftsportverein Hauenstein muss für ein Schulungsflugzeug das Triebwerk im Herstellerwerk in der Schweiz überholen lassen. Das Herstellerwerk in der Schweiz liefert jedoch ein gleichwertiges, überholtes anderes Triebwerk.

Lösung:
Bemessungsgrundlage für die Einfuhr ist der Wertzuwachs, den ein Triebwerk gleicher Art und Güte durch die Generalüberholung erfährt.

27 Für die Hinzurechnungsbeträge und Abzugsposten gilt nichts Besonderes.

28 Wurde der veredelte und eingeführte Gegenstand vor der Veredelung im Drittausland geliefert, entfällt die Sonderbehandlung, und es gilt das veredelte Werk insgesamt als eingeführtes Wirtschaftsgut. EUSt-Bemessungsgrundlage ist hierbei der »normale« Zollwert des eingeführten Gegenstandes (§ 11 Abs. 2 UStG).

2.5 Umrechnungskurs (§ 11 Abs. 5 UStG)

29 In Abweichung von § 16 Abs. 6 UStG bestimmt § 11 Abs. 5 UStG die Anwendbarkeit von Art. 146 UZK-IA (vgl. Rn. 19); vgl. auch § 16 Abs. 7 UStG.

2.6 Vereinfachungen der Verwaltungspraxis für EUSt-Schuldner, die zum Vorsteuerabzug berechtigt sind

30 Bei einem EUSt-Schuldner, der hinsichtlich der eingeführten Gegenstände zum vollen Vorsteuerabzug berechtigt ist, wirkt sich ein zu viel oder zu wenig erhobener EUSt-Betrag infolge der systembedingten Nachholwirkung steuerlich nicht aus. Aus diesem Grund hat die Zollverwaltung in ihrer Dienstvorschrift VSF Z 81 01 Tz. (27) verfügt, dass im Rahmen der Ermittlung der Bemessungsgrundlage bei solchen EUSt-Schuldnern zumindest dann großzügig verfahren werden kann, wenn Zoll aufgrund Tariffreiheit nicht anfällt. Insbesondere kann i. d. R. von einer Prüfung des angemeldeten Zollwertes abgesehen werden, es können auch andere Unterlagen als die Rechnung für den Nachweis des Rechnungspreises vorgelegt werden (Ausnahme: die Zollfreiheit ergibt sich nur aufgrund einer Präferenzregelung) und auf Nachweise für die Hinzurechnungsbeträge des § 11 Abs. 3 UStG kann ebenfalls grundsätzlich verzichtet werden. Die so vermiedene, häufig zeitaufwändige Feststellung der Bemessungsgrundlage dient der Beschleunigung der EUSt-Behandlung. Bei allen anderen EUSt-Schuldnern ist die Bemessungsgrundlage in gesetzlicher Höhe festzustellen.

§ 12 UStG
Steuersätze

(1) Die Steuer beträgt für jeden steuerpflichtigen Umsatz 19 Prozent der Bemessungsgrundlage (§§ 10, 11, 25 Abs. 3 und § 25a Abs. 3 und 4).

(2) Die Steuer ermäßigt sich auf 7 Prozent für die folgenden Umsätze:

1. die Lieferungen, die Einfuhr und der innergemeinschaftliche Erwerb der in Anlage 2 bezeichneten Gegenstände mit Ausnahme der in der Nummer 49 Buchstabe f, den Nummern 53 und 54 bezeichneten Gegenstände;
2. die Vermietung der in Anlage 2 bezeichneten Gegenstände mit Ausnahme der in der Nummer 49 Buchstabe f, den Nummern 53 und 54 bezeichneten Gegenstände;
3. die Aufzucht und das Halten von Vieh, die Anzucht von Pflanzen und die Teilnahme an Leistungsprüfungen für Tiere;
4. die Leistungen, die unmittelbar der Vatertierhaltung, der Förderung der Tierzucht, der künstlichen Tierbesamung oder der Leistungs- und Qualitätsprüfung in der Tierzucht und in der Milchwirtschaft dienen;
5. *weggefallen*
6. die Leistungen aus der Tätigkeit als Zahntechniker sowie die in § 4 Nr. 14 Buchstabe a Satz 2 bezeichneten Leistungen der Zahnärzte;
7. a) die Eintrittsberechtigung für Theater, Konzerte und Museen sowie die den Theatervorführungen und Konzerten vergleichbaren Darbietungen ausübender Künstler,
   b) die Überlassung von Filmen zur Auswertung und Vorführung sowie die Filmvorführungen, soweit die Filme nach § 6 Abs. 3 Nr. 1 bis 5 des Gesetzes zum Schutze der Jugend in der Öffentlichkeit oder nach § 14 Abs. 2 Nr. 1 bis 5 des Jugendschutzgesetzes vom 23. Juli 2002 (BGBl. I S. 2730, 2003 I S. 476) in der jeweils geltenden Fassung gekennzeichnet sind oder vor dem 1. Januar 1970 erstaufgeführt wurden,
   c) die Einräumung, Übertragung und Wahrnehmung von Rechten, die sich aus dem Urheberrechtsgesetz ergeben,
   d) die Zirkusvorführungen, die Leistungen aus der Tätigkeit als Schausteller sowie die unmittelbar mit dem Betrieb der zoologischen Gärten verbundenen Umsätze;
8. a) die Leistungen der Körperschaften, die ausschließlich und unmittelbar gemeinnützige, mildtätige oder kirchliche Zwecke verfolgen (§§ 51 bis 68 der Abgabenordnung). Das gilt nicht für Leistungen, die im Rahmen eines wirtschaftlichen Geschäftsbetriebs ausgeführt werden. Für Leistungen, die im Rahmen eines Zweckbetriebs ausgeführt werden, gilt Satz 1 nur, wenn der Zweckbetrieb nicht in erster Linie der Erzielung zusätzlicher Einnahmen durch die Ausführung von Umsätzen dient, die in unmittelbarem Wettbewerb mit dem allgemeinen Steuersatz unterliegenden Leistungen anderer Unternehmer ausgeführt werden, oder wenn die Körperschaft mit diesen Leistungen ihrer in den §§ 66 bis 68 der Abgabenordnung bezeichneten Zweckbetriebe ihre steuerbegünstigten satzungsgemäßen Zwecke selbst verwirklicht,
   b) die Leistungen der nichtrechtsfähigen Personenvereinigungen und Gemeinschaften der in Buchstabe a Satz 1 bezeichneten Körperschaften, wenn diese Leistungen, falls die Körperschaften sie anteilig selbst ausführten, insgesamt nach Buchstabe a ermäßigt besteuert würden;

9. die unmittelbar mit dem Betrieb der Schwimmbäder verbundenen Umsätze sowie die Verabreichung von Heilbädern. Das Gleiche gilt für die Bereitstellung von Kureinrichtungen, soweit als Entgelt eine Kurtaxe zu entrichten ist;
10. die Beförderungen von Personen im Schienenbahnverkehr, im Verkehr mit Oberleitungsomnibussen, im genehmigten Linienverkehr mit Kraftfahrzeugen, im Verkehr mit Taxen, mit Drahtseilbahnen und sonstigen mechanischen Aufstiegshilfen aller Art und im genehmigten Linienverkehr mit Schiffen sowie die Beförderungen im Fährverkehr
    a) innerhalb einer Gemeinde oder
    b) wenn die Beförderungsstrecke nicht mehr als 50 Kilometer beträgt;
11. die Vermietung von Wohn- und Schlafräumen, die ein Unternehmer zur kurzfristigen Beherbergung von Fremden bereithält, sowie die kurzfristige Vermietung von Campingflächen. Satz 1 gilt nicht für Leistungen, die nicht unmittelbar der Vermietung dienen, auch wenn diese Leistungen mit dem Entgelt für die Vermietung abgegolten sind;
12. die Einfuhr der in Nummer 49 Buchstabe f, den Nummern 53 und 54 der Anlage 2 bezeichneten Gegenstände;
13. die Lieferungen und der innergemeinschaftliche Erwerb der in Nummer 53 der Anlage 2 bezeichneten Gegenstände, wenn die Lieferungen
    a) vom Urheber der Gegenstände oder dessen Rechtsnachfolger bewirkt werden oder
    b) von einem Unternehmer bewirkt werden, der kein Wiederverkäufer (§ 25a Absatz 1 Nummer 1 Satz 2) ist, und die Gegenstände
        aa) vom Unternehmer in das Gemeinschaftsgebiet eingeführt wurden,
        bb) von ihrem Urheber oder dessen Rechtsnachfolger an den Unternehmer geliefert wurden oder
        cc) den Unternehmer zum vollen Vorsteuerabzug berechtigt haben.

Literatur

Alvermann/Fraidrich, Die Umsatzbesteuerung von Theatervorführungen, UStB 2003, 80. **Bauer**, Anm. zum BFH-Urteil vom 6.12.2001 (V R 6/01, Keine Durchschnittssatzbesteuerung bei Verpachtung eines luf-Betriebes), KFR 2002, 309 = F. 7 UStG, § 24, 2/02. **Berndt**, Umsatzsteuerliche Fragen zur Schulspeisung, UR 1997, 449. **Bock**, Umsatzsteuerliche Behandlung von Catering-Leistungen im Krankenhausbereich, DB 2002, 450. **Böhme**, Praxis und umsatzsteuerliche Probleme bei der Lieferung von Speisen, Getränken und Waren im Krankenhausbetrieb, DStZ 2003, 423. **Börsenverein des deutschen Buchhandels**, 7 oder 19 Prozent? Die Crux mit den Ausmalbüchern, boersenblatt.net, 11.6.2017. **Dodos**, Steuersatz bei Überlassung digitaler oder elektronischer Sprachwerke i. S. d. UrhG (Anmerkungen zu BFH vom 03.12.2015, V R 43/13), MwStR 2016, 388. **Fritsch**, Anmerkung zum BFH-Urteil vom 24.08.2006 – V R 17/04 (Ermäßigter Steuersatz auf Wasser), UStB 2007, 36. **Gold/Lehfeldt**, Steuerbegünstigung von Sachspenden im Umsatzsteuerrecht?, UR 2003, 220. **Huschens**, Umsatzsteuersatz bei Personenbeförderungen im öffentlichen Nahverkahr durch Taxen (Anmerkungen zu BFH vom 23.09.2015, V R 4/15), MwStR 2016, 210. **Huschens**, Aufteilung von Speiseumsätzen in

Lieferungen zum ermäßigten Steuersatz und sonstige Leistungen zum regulären Steuersatz (Anmerkungen zu FG Hamburg vom 07.04.2016, 6 K 132/15), MwStR 2016, 728. **Klenk**, Durchschnittssatzbesteuerung für land- und forstwirtschaftliche Betriebe/Vorschlag für eine gemeinschaftsrechtskonforme Fassung des § 24 UStG, UR 2002, 597. **Klenk**, Anm. zum Urteil des BFH vom 1.8.2002 (Az: V R 21/01, Steuersatz für Werbeleistungen eines Luftsportvereins mit Ballonfahrten), DFR 101 = F. 7 UStG § 10, 2/03. **Kohlhaas**, Konzertveranstaltungen zukünftig immer umsatzsteuerfrei?, DStR 2007, 138. **Küffner**, Ermäßigter Steuersatz bei Hauswasseranschlüssen, NWB 2009, 1831. **Küffner**, Umsatzsteuerrechtliche Behandlung von Hauswasseranschlüssen, DStR 2009, 1127; **Künstel**, Umsatzsteuerfreiheit bzw. Anwendung des ermäßigten Steuersatzes für Leistungen freier Dirigenten und andere kulturelle Dienstleistungen, DStR 2006, 598. **Leidel**, Umsatzsteuerliche Behandlung der Überlassung von Werbemobilen an soziale Institutionen, Sportvereine und Kommunen, UR 2003, 328. **Möser**, Das Verhältnis des Grundsatzes der Einheitlichkeit der Leistung zu gesetzlichen Aufteilungsgeboten am Beispiel von § 12 Abs. 11 UStG, MwStR 2018, 505. **Oelmaier**, Ermäßigter Steuersatz bei Auftragsforschung (Anmerkungen zu BFH vom 10.05.2017, V R 43/14 und V R 7/15), MwStR 2017, 582. **o. V.**, Wann ist ein Buch ein Buch, DER SPIEGEL, Ausgabe 22/2016, 127. **Prugger/Prugger**, Der EuGH und das Umsatzsteuerrecht der Vereine ohne Gewinnstreben im Beispiel der Golfvereine, DStR 2003, 238. **Schneider**, ABC-Führer Umsatzsteuer, Stichwort »Steuersätze«, Loseblatt, Stand: 102. Ergänzung, Mai 2018. **Schrader**, Wiesnbrezn auf dem Oktoberfest (Anmerkungen zu BFH vom 03.08.2017, V R 15/17), MwStR 2017, 881. **Weber**, Wochen- und Jahrmärkte, Pferdepension und -training, Vermietung eines Flugsimulators . . ., UStB 2004, 22. **Weimann**, Umsatzsteuererhöhung 2007, Freiburg/Planegg bei München 2006. **Weimann**, Umsatzsteuer in der Praxis, 16. Aufl. 2018, Kap. 69 u. 70. **Weimann**, E-Bundles, AStW 2016, 670 u. 751. **Weimann**, Ausmalbücher für Erwachsene, AStW 2016, 886. **Weimann**, Überlassung von Kaffeeautomaten im Zusammenhang mit der Lieferung von Kaffeebohnen und -pulver, AStW 2017, 730.

Verwaltungsanweisungen

BMF vom 01.12.1975, IV A 1 – S 7234 – 2/75 / IV A 1 – S 7280 – 19/75, Umsatzsteuer; hier: a) Behandlung der Züchterprämien, b) Rechnungserteilung durch das Direktorium für Vollblutzucht und Rennen eV in Köln-Weidenpesch, BStBl I 1975, 1127.

BMF vom 04.10.1985, IV A 1 – S 7210 – 11/85, Umsatzsteuer; hier: Steuersatz für die Leistungen von Artisten, BStBl I 1985 621.

BMF vom 04.08.1986, IV A 2 – S 7242 – 16/86, Umsatzsteuer; hier: Steuersatz für die Leistungen gemeinnütziger Siedlungsunternehmen, BStBl I 1986, 392.

BMF vom 05.10.1990, IV A 2 – S 7242 – 19/90 / IV A 2 – S 7180 – 4/90, Umsatzsteuerbefreiung nach § 4 Nr. 22 Buchst. b UStG und Umsatzsteuerermäßigung nach § 12 Abs. 2 Nr. 8 Buchst. a UStG; Genehmigung von Sportveranstaltungen und Ausstellung von Sportausweisen durch Sportverbände, BStBl I 1990, 649.

BMF vom 05.08.2004, IV B 7 – S 7220 – 46/04, Ermäßigter Steuersatz für die in der Anlage 2 des UStG bezeichneten Gegenstände, BStBl I 2004, 638.

BMF vom 07.01.2005, IV A 5 – S 7229-1/05, Anwendung des ermäßigten Steuersatzes auf die Lieferung von Münzen aus unedlen Metallen, BStBl I 2005, 75.

BMF vom 21.03.2006, IV A 5 – S 7220 – 27/06, Steuersatz für die Lieferung von Kombinationsartikeln, BStBl I 2006, 286.

BMF vom 11.08.2006, IV A 5 – S 7210 – 23/06, Anhebung des allgemeinen Steuersatzes (§ 12 Abs. 1 UStG) sowie der land- und forstwirtschaftlichen Durchschnittssätze (§ 24 Abs. 1 UStG) zum 1. Januar 2007, BStBl I 2006, 477.

BMF vom 16.10.2006, IV A 5 – S 7221 – 1/06, Steuersatz für Umsätze mit getrockneten Schweineohren, BStBl I 2006, 620.

BMF vom 23.10.2006, IV A 5 – S 7220 – 71/06, Antrag auf Erteilung einer unverbindlichen Zolltarifauskunft für Umsatzsteuerzwecke, BStBl I 2006, 622.

BMF vom 28.11.2006, IV A 5 – S 7109 – 14/06, Umsatzsteuerrechtliche Behandlung der Überlassung von so genannten VIP-Logen und des Bezugs von Hospitality-Leistungen, BStBl I 2006, 791.

BMF vom 13.12.2006, IV A 5 – S 7100 – 177/06, Umsatzsteuerrechtliche Behandlung der Entgelte für postvorbereitende Leistungen durch einen sog. Konsolidierer (§ 51 Abs. 1 Satz 2 Nr. 5 Postgesetz – PostG), BStBl I 2007, 119.

BMF vom 09.02.2007, IV A 5 – S 7242-a/07/000, 2007/0056035, Ermäßigter Steuersatz für Leistungen der Zweckbetriebe von Körperschaften, die ausschließlich und unmittelbar steuerbegünstigte Zwecke verfolgen (§§ 51 bis 68 AO); Änderung von § 12 Abs. 2 Nr. 8 Buchst. a UStG durch Art. 7 Nr. 5 Buchst. a des Jahressteuergesetzes 2007, BStBl I 2007, 218.

BMF vom 20.03.2007, IV A 5 – S 7243/07/0002, 2007/0123239, Steuersatz auf Umsätze aus der Verabreichung von Heilbädern; Konsequenzen aus dem BFH-Urteil vom 12. Mai 2005, V R 54/02, BStBl I 2007, 307.

BMF vom 29.08.2008, IV B 9 – S 7244/07/10001, 2008/0435289, Ermäßigter Steuersatz für Personenbeförderungen, § 12 Abs. 2 Nr. 10 UStG; Konsequenzen aus den Regelungen im Jahressteuergesetz 2008, BStBl I 2008, 880.

BMF vom 16.10.2008, IV B 8 – S 7100/07/10050, 2008/0541679, Abgrenzung von Lieferungen und sonstigen Leistungen bei der Abgabe von Speisen und Getränken, BStBl I 2008, 949.

BMF vom 07.04.2009, IV B 8 – S 7100/07/10024, 2009/0215132, Umsatzsteuerrechtliche Behandlung des Legens von Hauswasseranschlüssen; Konsequenzen der BFH-Urteile vom 8. Oktober 2008 – V R 61/03 – und – V R 27/06 –, BStBl II 2009, 531.

LfSt Bayern vom 25.06.2009, S 7221.1.1 – 1/16 St. 34, Legen von Hauswasseranschlüssen, UR 2009, 863.

LFD Thüringen vom 20.08.2009, S 7100 A – 50 – A 3.11, Legen von Hauswasseranschlüssen, DStR 2009, 2198.

BMF vom 23.09.2009, ohne Az., Analyse und Bewertung der Strukturen von Regel- und ermäßigten Sätzen bei der Umsatzbesteuerung unter sozial-, wirtschafts-, steuer- und haushaltspolitischen Gesichtspunkten, Endbericht eines Forschungsgutachtens im Auftrag des Bundesministeriums der Finanzen, www.bundesfinanzministerium.de.

BMF vom 23.09.2009, ohne Az., Analyse und Bewertung der Strukturen von Regel- und ermäßigtem Sätzen bei der Umsatzbesteuerung unter sozial-, wirtschafts-, steuer- und haushaltspolitischen Gesichtspunkten, Kurzfassung eines Forschungsgutachtens im Auftrag des Bundesministeriums der Finanzen, www.bundesfinanzministerium.de.

BMF vom 04.02.2010, IV D 2 – S 7221/09/10001, 2010/0073876, Steuersatz für die Lieferungen von Pflanzen und in Zusammenhang stehenden Leistungen; Konsequenzen des BFH-Urteils vom 25. Juni 2009 – V R 25/07, BStBl I 2010, 214.

BMF vom 05.03.2010, IV D 2 – S 7210/07/10003 / IV C 5 – S 2353/09/10008, 2010/0166200, Anwendung des ermäßigten Umsatzsteuersatzes für Beherbergungsleistungen (§ 12 Abs. 2 Nr. 11 UStG) ab dem 1. Januar 2010, Folgen für die Umsatz- und Lohnbesteuerung, BStBl I 2010, 259.

BMFvom 04.05.2010, IV D 2 – S 7100/08/10011 :009, 2010/0323351, Nebenleistungen zu Übernachtungsumsätzen; Konsequenzen aus dem BFH-Urteil vom 15. Januar 2009, V R 9/06, BStBl I 2010, 490

BMF vom 10.06.2011, IV D 2 – S 7238/10/10001, 2011/0465568, Umfang der Steuerermäßigung nach § 12 Abs. 2 Nr. 7 Buchst. a UStG; Abschnitt 12.5 Abs. 4 S. 3 des Umsatzsteuer-Anwendungserlasses, BStBl I 2011, 583.

BMF vom 29.06.2011, IV D 2 – S 7234/07/10001, 2011/0515189, Umfang der Steuerermäßigung nach § 12 Abs. 4 Nr. 4 UStG; Abschnitt 12.3 Abs. 3 des Umsatzsteuer-Anwendungserlasses, BStBl I 2011, 702.

BMF vom 02.08.2011, IV D 2 – S 7243/11/10001, 2011/0607021, Ermäßigter Steuersatz nach § 12 Abs. 2 Nr. 9 UStG für Leistungen aus der Bereitstellung von Kureinrichtungen, BStBl I 2011, 754.

BMF vom 11.08.2011, IV D 2 – S 7227/11/10001, 2011/0640421, Umsatzsteuerermäßigung nach § 13 Abs. 2 Nr. 1 UStG i. V. m. Nr. 52 Buchst. b der Anlage 2 zum UStG auf Umsätze mit Gehhilfe-Rollatoren; Konsequenzen des EuGH-Urteils vom 22. Dezember 2010 – C-273/09 – (ABl. EU 2011 Nr. C 63 S. 5), BStBl I 2011, 824.

BMF vom 30.09.2011, IV D 2 – S 7238/11/10001, 2011/0775755, Umfang der Steuerermäßigung nach § 12 Abs. 2 Nr. 7 Buchst. a UStG; Abschnitt 12.5 Abs. 7 des Umsatzsteuer-Anwendungserlasses, BStBl I 2011, 981.

BMF vom 01.12.2011, IV D 2 – S 7229/07/10002, 2011/0867613, Ermäßigter Umsatzsteuersatz für Umsätze mit Sammlermünzen; Bekanntgabe des Gold- und Silberpreises für das Kalenderjahr 2012, BStBl I 2011, 1268.

BMF vom 21.03.2012, IV D 2 – S 7238/11/10001, 2012/0244719, Steuerbarkeit des »Weiterverkaufs« von Künstlern und Künstlerprogrammen; Umfang der Steuerermäßigung nach § 12 Abs. 2 Nr. 7 Buchst. a UStG; Abschnitt 12.5 Abs. 4 des Umsatzsteuer-Anwendungserlasses, BStBl I 2012, 343.

BMF vom 03.12.2012, IV D 2 – S 7229/07/10002, 2012/1094619, Ermäßigter Umsatzsteuersatz für Umsätze mit Sammlermünzen; Bekanntgabe des Gold- und Silberpreises für das Kalenderjahr 2013, BStBl I 2012, 1231.

BMF vom 22.01.2013, IV D 2 – S 7244/07/10001-04, Umsatzsteuerermäßigung für die Beförderung von Personen im genehmigten Linienverkehr mit Schiffen (§ 12 Abs. 2 Nr. 10 UStG); Änderung des Umsatzsteuer-Anwendungserlasses, BStBl I 2013, 178.

BMF vom 20.03.2013, IV D 2 – S 7100/07/10050-06, 2013/0077777, Umsatzsteuer; Abgrenzung von Lieferungen und sonstigen Leistungen bei der Abgabe von Speisen und Getränken; Konsequenzen des EuGH-Urteils vom 10. März 2011 – C-497/09 u. a. – sowie der BFH-Urteile vom 8. Juni 2011, XI 23. November 2011, XI R 6/08 sowie der Verordnung (EU) Nr. 282/11 des Rates vom 15. März 2011 (ABl. EU Nr. L 77 S. 1), BStBl I 2013, 444.

BMF vom 04.11.2013, IV D 2 – S 7100/07/10050-06, 2013/0968380, Umsatzsteuer; Abgrenzung von Lieferungen und sonstigen Leistungen bei der Abgabe von Speisen und Getränken, BStBl I 2013, 1385.

BMF vom 29.11.2013, Az: IV D 2 – S 7229/10/10001-04 u. IV D 2 – S 7421/0:001 (2013/1102447), Anwendung der Differenzbesteuerung (§ 25a UStG) durch Unternehmer des Münz- und Briefmarkenhandels; Übergangsregelung für bis zum 31. Dezember 2013 vorhandene Warenbestände; Änderung von Abschnitt 25a.1 Abs. 12 UStAE, BStBl I 2013, 1596.

BMF vom 07.02.2014, IV D 2 – S 7240/11/10002, 2014/0114745, Umsatzbesteuerung von Bühnen- und Kostümbildnern; Anwendung des ermäßigten Steuersatzes nach § 12 Abs. 2 Nr. 7 Buchst. c UStG.

BMF vom 25.04.2016, III C 2 – S 7242-a/09/10005, 2016/ 0386007, Umsatzsteuer; Anwendung des ermäßigten Steuersatzes nach § 12 Abs. 2 Nr. 8 Buchst. a für Integrationsprojekte und Werkstätten für behinderte Menschen; Änderung des Abschn. 12.9 UStAE, BStBl i 2016, 484.

BMF vom 29.04.2014, IV D 2 – S 7242-a/12/10001, 2014/0392596, Umsatzsteuer; Anwendung des ermäßigten Steuersatzes auf Übernachtungs- und Verpflegungsleistungen im Zusammenhang mit steuerfreien Seminaren; BFH-Urteil vom 08.03.2012, V R 14/11, BStBl I 2014, 814.

BMF vom 28.10.2014, IV D 2 – S 7243/07/10002-02, 2014/0935834, Umsatzsteuer; Steuersatz auf Umsätze aus der Verabreichung von Heilbädern (§ 12 Abs. 2 Nr. 9 UStG); Änderung des Abschn. 12.11 UStAE, BStBl I 2014, 1439.
BMF vom 01.12.2014, IV D 2 – S 7225/07/10002, 2014/1064319, Umsatzsteuer; Ermäßigter Steuersatz für Umsätze mit Hörbüchern (§ 12 Abs. 2 Nr. 1 und 2 i. V. m. Nr. 50 Anlage 2 zum UStG), BStBl I 2014, 1614.
BMF vom 18.12.2014, IV D 2 – S 7246/14/10001 / IV D 2 – S 7241/13/10001, 2014/1108052, Umsatzsteuer; Änderungen im Bereich der Besteuerung von Kunstgegenständen und Sammlungsstücken durch das Gesetz zur Umsetzung der Amtshilferichtlinie sowie zur Änderung steuerlicher Vorschriften (Amtshilferichtlinie-Umsetzungsgesetz) vom 22.06.2013, BStBl I 2015, 44.
BMF vom 27.01.2015, IV D 2 – S 7240/14/10001, 2015/0065212, Umsatzsteuer; Ermäßigter Steuersatz für Leistungen, die unter das Urheberrechtsgesetz fallen; Urteil des BGH vom 13.11.2013, I ZR 143/12, »Geburtstagszug«; Änderung des Abschn. 12.7 Abs. 17 UStAE,.
BMF vom 07.07.2015, III C 2 – S 7243/07/10002-03, 2015/0594610, Umsatzsteuerrechtliche Beurteilung und Abgrenzung von Schwimmbädern i. S. d. § 12 Abs. 9 UStG; BFH-Urteil vom 28.08.2014, V R 24/13; Änderung des Abschn. 12.11 UStAE, BStBl i 2015, 562.
BMF vom 04.09.2015, III C 2 – S 7241/15/10001, 2015/0754558, Umsatzsteuer; Ermäßigter Steuersatz für Leistungen aus der Tätigkeit als Schausteller (§ 12 Abs. 2 Nr. 7 Buchst. d UStG), BStBl I 2015, 738.
BMF vom 21.10.2015, III C 2 – S 7243/07/10002-03, 2015/0946162, Umsatzsteuerrechtliche Behandlung von Saunaleistungen; Aufteilung eines Gesamtentgeltes für Übernachtungsleistungen und Saunanutzung; Änderung des Abschn. 12.16 UStAE, BStBl I 2015, 835.
BMF vom 20.04.2016, III C 2 – S 7225/12/10001, 2016/0368010, Umsatzsteuer; Steuersatz für Lieferungen und innergemeinschaftliche Erwerbe von Fotobüchern, BStBl I 2016, 483.
BMF vom 02.06.2016, III C 2 – S 7244/07/10002, 2016/0503054, Umsatzsteuer; Steuersatz für die Beförderung von (kranken und verletzten) Personen mit Taxen und Mietwagen; Konsequenzen der BFH-Urteile vom 02.07.2014, XI R 22/10 und XI R 39/10, sowie vom 23.09.2015, V R 4/15, BStBl I 2016, 531.
BMF vom 01.12.2016, III C 2 – S 7246/14/10002, 2016/1104874, Ermäßigter Umsatzsteuersatz für die steuerpflichtigen Einfuhren von Sammlermünzen; Bekanntmachung des Gold- und Silberpreises für das Kalenderjahr 2017, BStBl I 2016, 1330.
BMF vom 02.12.2016, III C 2 – S 7242-a/16/10002, 2016/1091734, Umsatzsteuer; Tätigkeit eines Sport-Dachverbandes; Konsequenzen des BFH-Urteils vom 24.06.2015, I R 13/13, BStBl I 2016, 1450.
BMF vom 01.02.2017, III C 2 – S 7246/14/10002, 2017/1021029, Ermäßigter Umsatzsteuersatz für die steuerpflichtigen Einfuhren von Sammlermünzen; Bekanntmachung des Gold- und Silberpreises für das Kalenderjahr 2017, BStBl I 2017, 1663.
BMF vom 12.04.2017, III C 2 – S 7243/07/10002-03, 2017/0334995, Umsatzsteuerrechtliche Behandlung von Saunaleistungen in Schwimmbädern; Aufteilung eines Gesamtentgelts, BStBl I 2017, 710.
OFD Niedersachsen vom 31.05.2017, S 7222 – 27 – St 184, Überlassung von Kaffeeautomaten im Zusammenhang mit der Lieferung von Kaffeebohnen und -pulver, DStR 2017, 1880.
BMF vom 13.07.2017, III C 2 – S 7200/07/10011 :003, 2017/0561983, Änderung der Bemessungsgrundlage bei Preisnachlässen und Preiserstattungen außerhalb unmittelbarer Leistungsbeziehungen; Überarbeitung des Abschnitts 17.2 UStAE, BStBl I 2017, 992.
Hinweis: Zur Problematik der zeitlichen Geltungsdauer von BMF-Schreiben vgl. Einführung UStG, Rz. 100 ff.

Richtlinien/Hinweise/Verordnungen
UStDV: § 30
UStAE: Abschn. 12.1–12.16.
MwStSystRL: Art. 93 ff.

1 Allgemeines

1.1 Überblick über die Vorschrift/Gesetzeszweck

1 § 12 UStG regelt **abschließend** die Höhe des Steuersatzes für jeden einzelnen Umsatz mit zwei Steuersätzen von derzeit 19 % (BMF vom 11.08.2006, BStBl I 2006, 477) und 7 %.

Der ermäßigte Steuersatz von 7 % kommt nur zur Anwendung, wenn die Voraussetzungen des § 12 Abs. 1 Nr. 1 bis 11 UStG erfüllt sind. 2

Zum Durchschnittssatz für **Körperschaften, Personenvereinigungen und Vermögensmassen** i. S. d. § 5 Abs. 1 Nr. 9 KStG vgl. die Kommentierung zu § 23 a. 3

Bei Land- und Forstwirten, die mit ihren Umsätzen der Besteuerung nach Durchschnittssätzen unterliegen, enthält § 24 UStG eine Sonderregelung (auf die dortigen Ausführungen wird insoweit verwiesen, auch im Hinblick auf die Änderung ab 01.01.2007, vgl. auch dazu Langer, DB 2006, 1755). 4

Maßgebend ist der Steuersatz, der zu dem **Zeitpunkt** gilt, in dem der Umsatz ausgeführt wird. Relevant ist dies für die 5

- Änderungen der Steuersätze (dazu vgl. Rn. 126),
- Einführung/Aufhebung von Steuervergünstigungen,
- Einführung/Aufhebung von steuerpflichtigen Tatbeständen.

Nicht entscheidend ist also der Zeitpunkt der Vereinnahmung des Entgelts oder derjenige der Rechnungserteilung. 6

1.2 Geltungsbereich

1.2.1 Persönlicher Geltungsbereich

Betroffen sind alle Unternehmer. Sie müssen den relevanten Steuersatz auf die Bemessungsgrundlage anwenden, um den im Einzelfall zutreffenden USt- bzw. Vorsteuer-Betrag zu ermitteln. 7

1.2.2 Sachlicher Anwendungsbereich

Die Anwendung des § 12 UStG setzt voraus, 8

- dass der Umsatz steuerbar ist,
- dass der Umsatz steuerpflichtig ist (dass also keine Befreiungsvorschrift greift),
- dass keine von Land- und Forstwirten pauschal mit dem Durchschnittssteuersatz gem. § 24 Abs. 1 UStG belegten Umsätze vorliegen.

Besteht Steuerpflicht, ist die **Bemessungsgrundlage** zu ermitteln. Dies erfolgt 9

- für Lieferungen, sonstige Leistungen, i. g. Erwerb nach § 10 UStG,
- für die Einfuhr gem. § 11 UStG,
- für Reiseleistungen gem. § 25 Abs. 3 UStG,
- für die Lieferung von Gebrauchtgegenständen nach § 25 a Abs. 3 und 4 UStG.

Danach erfolgt die Einordnung in das Zweisatzsystem des § 12 UStG (Regelsteuersatz oder ermäßigter Steuersatz), wobei vorrangig zu prüfen ist, ob ein Tatbestand des ermäßigten Steuersatzes gem. § 12 Abs. 2 UStG vorliegt (lex specialis); erst wenn dies zu verneinen ist, kommt der Regelsteuersatz des § 12 Abs. 1 UStG zur Anwendung. 10

Wegen des Grundsatzes der Einheitlichkeit der Leistung gilt auch hier, dass **Nebenleistungen** das Schicksal der Hauptleistung teilen (dazu Abschn. 3.10 Abs. 5 UStAE). Insofern besteht ein Verbot, eine einheitliche Leistung (z. B. Lieferung) in Bereiche aufzuteilen, für die teilweise der 11

Regelsteuersatz, teilweise der ermäßigte Steuersatz gilt (Ausnahme: Sachgesamtheiten). Das gilt auch dann, wenn für die Nebenleistung ein besonderes Entgelt verlangt und entrichtet wird (z. B. für das Konsolidieren, dessen sich die Deutsche Post AG bedient, um die Briefsendungen oder Absender zu bündeln und vorsortiert in die Briefzentren zu liefern, dazu BMF vom 13.12.2006, Az: IV A 5 – S 7100 – 177/06). Eine Leistung ist grundsätzlich dann als Nebenleistung zu einer Hauptleistung anzusehen, wenn sie im Vergleich zu der Hauptleistung nebensächlich ist, mit ihr eng – im Sinne einer wirtschaftlich gerechtfertigten Abrundung und Ergänzung – zusammenhängt und üblicherweise in ihrem Gefolge vorkommt (vgl. BFH vom 10.09.1992, Az: V R 99/88, BStBl II 1993, 316). Davon ist insbesondere auszugehen, wenn die Leistung für den Leistungsempfänger keinen eigenen Zweck, sondern das Mittel darstellt, um die Hauptleistung des Leistenden unter optimalen Bedingungen in Anspruch zu nehmen. Gegenstand einer Nebenleistung kann sowohl eine unselbständige Lieferung von Gegenständen als auch eine unselbständige sonstige Leistung sein (Abschn. 3.10 Abs. 5 UStAE).

Beispiel:
Lieferant L versendet die Waschmaschine an den Kunden K.

Lösung:
L erbringt hier nicht nur die Hauptleistung (Verkauf und Übergabe der Waschmaschine), sondern besorgt als Nebenleistung auch die Beförderung der Ware als Nebenleistung – ggf. unter Mitwirkung eines selbständigen Spediteurs S. Dieser ist Erfüllungsgehilfe des L.

12 Zu den Nebenleistungen zählen auch **Warenumschließungen** (BMF vom 27.12.1983 und vom 12.07.2000), wenn

- diese entweder als Umschließung für die in ihr verpackten Waren üblich ist oder
- die Warenumschließung unabhängig von ihrer Verwendung als Umschließung keinen dauernden Gebrauchswert hat.

13 Ferner sind Werkleistungen (§ 3 Abs. 4 UStG) mit dem ermäßigten Steuersatz zu versteuern, wenn das fertige Werk als Gesamtheit der gelieferten Hauptstoffe, Nebenstoffe und sonstigen Leistungen unter die Anlage zum UStG fällt.

Beispiel:
X ordert bei der Baumschule B vier Bambussträucher, die B in dem Garten des X auch einpflanzen soll. B berechnet für den Kauf der Bäume 7 % USt, für das Einpflanzen 19 % USt.

Lösung:
B erbringt eine einheitliche Werklieferung, die über die reine Lieferung der Pflanzen hinausgeht. Sie unterliegt daher insgesamt dem Regelsteuersatz (vgl. auch BMF vom 16.11.1993, BStBl I 1993, 956).

14 Handelt es sich um **Sachgesamtheiten**, ist der Liefergegenstand in begünstigte und nicht begünstigte Waren aufzuteilen. Das erfordert seitens des Unternehmers neben einer sachgerechten Aufteilung der Entgelte auch geeignete Aufzeichnungen (BMF vom 27.12.1983 und vom 12.07.2000).

Beispiel:
In einem Geschenkkorb mit Wein und Obst kann eine derartige Aufteilung erfolgen.

1.2.3 Zeitlicher Anwendungsbereich

Der derzeitige **Regelsteuersatz von 19 %** wird seit dem 01.01.2007 erhoben (vgl. § 12 Abs. 1 UStG i. d. F. des HBeglG 2006 vom 29.06.2006, BGBl I 2006, 1402). 15

Der **ermäßigte Steuersatz** von 7 % wird seit dem 01.07.1983 erhoben, wobei sich die Liste der begünstigten Umsätze häufiger geändert hat (vgl. die Erläuterungen der Einzelvorschriften in Rn. 25 ff.). 16

An dieser Stelle ausdrücklich hinzuweisen ist auf die jüngsten Änderungen **(ab 01.01.2014) zu Briefmarken und dergleichen, Kunstgegenständen und Sammlungsstücken** (Anlage 2 Nrn. 49 Buchst. f, 53 und 54). Art 10 Nr. 5 Amtshilferichtlinie-Umsetzungsgesetz (Gesetz zur Umsetzung der Amtshilferichtlinie sowie zur Änderung steuerlicher Vorschriften – AmtshilfeRLUmsG – vom 26.06.2013, BGBl I 2013, 1809, BStBl I 2013, 802) hat in § 12 Abs. 2 UStG die Nrn. 1 und 2 (Rn. 47) neu gefasst und die Nrn. 12 und 13 (Rn. 121 ff.) eingefügt. 17

1.3 Verhältnis zu anderen Vorschriften

Hinsichtlich der Bemessungsgrundlage vgl. Rn. 8 ff.; hinsichtlich der internationalen Aspekte vgl. Rn. 127. 18

2 Kommentierung

2.1 Tatbestandsmerkmale (Überblick)

Ist ein Umsatz 19

- steuerbar,
- nicht steuerbefreit,

unterliegt er mit der Bemessungsgrundlage dem Regelsteuersatz von 19 % gem. § 12 Abs. 1 UStG, wenn er nicht

- mit Sondersteuersatz für land- und forstwirtschaftliche Umsätze gem. § 24 Abs. 1 UStG besteuert wird,
- dem ermäßigten Steuersatz gem. § 12 Abs. 2 Nr. 1 und 2 UStG i. V. m. der Anlage oder gem. § 12 Abs. 2 Nr. 3 bis 10 UStG unterfällt.

2.2 Berechnung der Umsatzsteuer/des Entgelts

Steht der anzuwendende Steuersatz fest, erfolgt die Berechnung der Umsatzsteuer bzw. des Entgelts anhand von Multiplikatoren und Divisoren – je nachdem, ob die USt auf den Nettobetrag aufzuschlagen oder aus dem Bruttobetrag herauszurechnen ist. 20

21 **Divisoren und Multiplikatoren mit Berechnungsbeispiel**

Divisoren		
Steuersatz	zur Berechnung der USt	zur Berechnung des Entgelts
7 %	15,285714 (abgerundet: 15,29)	1,07
19 %	15,97 (abgerundet)	1,19
Multiplikatoren		
7 %	0,06542056 (abgerundet: 0,0654) oder als Bruch 7/107	0,93457943 (abgerundet: 0,9346)
19 %	0,1596638 (abgerundet: 15,97) oder als Bruch 19/119	0,8403362 (abgerundet: 0,8403)

Beispiel für die Berechnung der Umsatzsteuer:

Rechnungsbetrag: 119 €

- **Abgerundeter Prozentsatz**

119 € × 15,97 % = 19,0043 € – abgerundet: 19 €

- **Prozentsatz: 115,96628 %**

15,96628 % von 119 € = 18,999992 – abgerundet: 19 €

- **Divisor 6,26**

119 € : 6,26 = 19,009584 – abgerundet: 19 €

- **Bruch 19/199**

119 € × 19/119 = 19 €

- **Divisor für Berechnung des Entgelts: 1,19**

119 € : 1,19 = 100 €; 19 % von 100 € = 19 €

Beispiel für die Berechung des Entgelts:

- **Divisor 1,19**

119 € : 1,19 = 100 €

- **Abgerundeter Prozentsatz 84,03 %**

84,03 % von 119 € = 99,9957 € – abgerundet: 100 €

- **Prozentsatz 84,03362 %**

84,03362 % von 119 € = 100 €

- **Bruch: 1/1,19**

119 € × 1/1,19 = 100 €

22 Der maßgebliche Steuersatz ist auf die für jeden einzelnen steuerbaren und steuerpflichtigen Umsatz maßgebliche Bemessungsgrundlage anzuwenden.

2.3 Der allgemeine Steuersatz

Der allgemeine Steuersatz von derzeit 19 % (vgl. dazu ausführlich auch BMF vom 11.08.2006, Az: IV A 5 – S 7210 – 23/06, BStBl I 2006, 477) gelangt nur zur Anwendung, wenn die Leistung steuerbar und -pflichtig ist, keinem Steuerbefreiungstatbestand unterfällt und nicht mit dem begünstigten Steuersatz bzw. mit dem Sondersteuersatz gem. § 24 UStG belegt ist. Einige wichtige Aspekte, die das BMF-Schreiben behandelt: 23

- Anzahlungen/Vorauszahlungen,
- Ausgabe von Gutscheinen,
- Ausgleich der umsatzsteuerlichen Mehrbelastung,
- Bahn-/Bus- und Straßenbahn im Linienverkehr,
- Dauerleistungen,
- Entnahmen,
- Gastwirte,
- Handelsvertreter/Handelsmakler,
- Istversteuerung,
- Jahresrückvergütungen, Jahresboni, Treuerabatte etc.,
- Pfandregelungen,
- Skonti, Boni, Minderung der Besteuerungsgrundlage etc.,
- trom, Gas und Wärme,
- Taxi- und Mietwagenunternehmer,
- Teilleistungen,
- Telefongebühren,
- Umtausch von Gegenständen,
- Vorsteuerabzug des Leistungsempfängers.

Zu den Steuersätzen innerhalb der EU bzw. im Ausland vgl. Rn. 127. 24

2.4 Der ermäßigte Steuersatz

Der Steuersatz von 7 % kann nur angewandt werden, wenn zunächst die Voraussetzungen des § 12 Abs. 1 UStG erfüllt sind. 25

TIPP

Sollten Zweifel über die Höhe des anzuwendenden Umsatzes bestehen, gibt es folgende Möglichkeiten:

- Bitte um schriftliche Auskunft beim Finanzamt,
- Einholung einer unverbindlichen Zolltarifauskunft für Umsatzsteuerzwecke bei der zuständigen Zolltechnischen Prüfungs- und Lehranstalt (ZPLA) oder bei den Landfinanzbehörden/Finanzämtern (dazu vgl. Rn. 31),
- Aufnahme einer »Steuerklausel« in die Leistungsvereinbarung zwischen Leistendem und Leistungsempfänger, derzufolge ein geänderter Steuersatz nachträglich in Rechnung gestellt werden kann.

Formulierungsvorschlag für eine Steuerklausel

Stellt der leistende Unternehmer A den Steuersatz von 7 % in Rechnung, vertritt das Finanzamt hingegen die Auffassung, A hätte den Regelsteuersatz anwenden müssen, schuldet A 19 % USt gem. § 14 Abs. 2 UStG – unabhängig davon, ob es A gelingt, die USt auf seinen Kunden abzuwälzen. Im Zweifel sollte A eine Steuerklausel in die Leistungsvereinbarung mit seinem Kunden aufnehmen, die folgenden Wortlaut haben könnte:
»Sollte nachträglich festgestellt werden, dass die Lieferung/Leistung dem allgemeinen Steuersatz unterliegt, ist der Leistende berechtigt, die Differenz mit einer berichtigten Rechnung nachzufordern.«

2.4.1 Ermäßigter Steuersatz für die in der Anlage bezeichneten Gegenstände/Dienstleistungen (§ 12 Abs. 2 Nr. 1 UStG)

2.4.1.1 Grundsätzliches zu dieser Umsatzsteuerermäßigung

26 Gem. § 12 Abs. 2 Nr. 1 UStG beträgt die Steuer 7 % für die Lieferungen, die Einfuhr und den innergemeinschaftlichen Erwerb der in der Anlage 2 zu § 12 Abs. 2 Nr. 1 und 2 UStG bezeichneten Gegenstände.

2.4.1.2 Lieferung von Kombinationsartikeln (Abschn. 12.1 Abs. 1 Satz 3 Nr. 1 UStAE)

27 Nach den Textziffern 13 und 14 des BMF-Schreibens vom 05.08.2004 (BStBl I 2004, 638) sind Warensortimente, die keine Warenzusammenstellungen in Aufmachungen für den Einzelverkauf i. S. d. Allgemeinen Vorschrift für die Auslegung der Kombinierten Nomenklatur (AV) 3b darstellen (sog. Kombinationsartikel), **getrennt einzureihen.**

Hinweis

Das kann dazu führen, dass auf die Lieferung ein und desselben Kombinationsartikels sowohl der ermäßigte als auch der allgemeine Steuersatz anzuwenden sind.

Gem. BMF vom 22.03.2006 (BStBl I 2006, 286) gilt für Umsätze i. S. d. § 1 Abs. 1 Nr. 1 und 5 UStG zur **Vereinfachung des Besteuerungsverfahrens** Folgendes: Beträgt das Verkaufsentgelt für die erste Lieferung des Warensortiments **nicht mehr als 20 €** und sind die Waren bei dieser Lieferung so aufgemacht, dass sie sich ohne vorheriges Umpacken zur **direkten Abgabe** an den Endverbraucher eignen, wird die einheitliche Anwendung des ermäßigten Steuersatzes für diese Lieferung und alle Lieferungen desselben Warensortiments auf den folgenden Handelsstufen nicht beanstandet, wenn der Wertanteil der in der Anlage 2 zum Umsatzsteuergesetz genannten Gegenstände mindestens 90 % beträgt. Liegt der Wertanteil dieser Gegenstände unter 90 %, wird die einheitliche Anwendung des allgemeinen Steuersatzes nicht beanstandet.

Der leistende Unternehmer hat den Leistungsempfänger in geeigneter Weise **schriftlich** auf die **Anwendung der Vereinfachungsregelung** hinzuweisen (z. B. im Lieferschein oder in der Rechnung). Dies gilt nicht für Umsätze auf der letzten Handelsstufe. Das Vorliegen der Voraussetzungen für die Anwendung der Vereinfachungsregelung ist in geeigneter Form aufzuzeichnen.

Zur Bestimmung der Wertanteile der einzelnen Komponenten ist auf die Einkaufspreise zuzüglich der Nebenkosten oder in Ermangelung eines Einkaufspreises auf die Selbstkosten abzustellen. Besteht das Sortiment aus mehr als zwei Komponenten, sind Bestandteile, die einzeln betrachtet demselben Steuersatz unterliegen, zusammenzufassen.

Von der Vereinfachungsregelung ausgeschlossen sind Warensortimente, die nach den Wünschen des Leistungsempfängers zusammengestellt oder vorbereitet werden (z. B. **Präsentkörbe**).

Zur **Übergangsregel** vgl. BMF vom 22.03.2006 (BStBl I 2006, 286).

2.4.1.3 Umsätze mit getrockneten Schweineohren (Abschn. 12.1 Abs. 1 Satz 3 Nr. 2 UStAE)

28 Gem. BMF-Schreiben vom 16.10.2006 (BStBl I 2006, 620) werden genießbare **(also für den menschlichen Verzehr geeignete)** getrocknete Schweineohren (Schlachtnebenerzeugnis) – auch wenn als Tierfutter verwendet – gemäß der Verordnung (EG) Nr. 1125/2006 der Kommission vom 21.07.2006 (ABl. EU L 200, 3) in die Unterposition 0210 99 49 des Zolltarifs (ZT) eingereiht.

Umsätze mit diesen Erzeugnissen unterliegen dem ermäßigten Steuersatz (§ 12 Abs. 2 Nr. 1 UStG i. V. m. Nr. 2 der Anlage 2 zum UStG).

Getrocknete Schweineohren (Schlachtnebenerzeugnis), die **nicht für den menschlichen Verzehr geeignet sind**, werden hingegen der Unterposition 0511 99 90 ZT zugewiesen. Umsätze mit diesen Erzeugnissen unterliegen dem allgemeinen Steuersatz (§ 12 Abs. 1 UStG).

Zur Übergangsregel vgl. BMF vom 16.10.2006 (BStBl I 2006, 620).

2.4.1.4 Lieferung von Pflanzen und damit in Zusammenhang stehenden sonstigen Leistungen (Abschn. 12.1 Abs. 1 Satz 3 Nr. 3 UStAE)

Mit Urteil vom 25.06.2009 (V R 25/07, BStBl II 2010, 239) hat der BFH entschieden, dass die 29
Lieferung einer Pflanze und deren Einpflanzen durch den liefernden Unternehmer umsatzsteuerrechtlich jeweils **selbstständig zu beurteilende Leistungen** sein können.

Gem. BMF-Schreiben vom 04.02.2010 (BStBl I 2010, 214) richtet sich die umsatzsteuerrechtliche Beurteilung der Pflanzenlieferung und des Einbringens in den Boden als jeweils selbständige Leistung im Einzelfall nach den allgemeinen Grundsätzen des Abschnitts 3.10 UStAE.

Die Annahme einer ermäßigt zu besteuernden Pflanzenlieferung setzt danach insbesondere voraus, dass es das vorrangige Interesse des Verbrauchers ist, die Verfügungsmacht über die Pflanze zu erhalten.

Hinweis

Soweit bisher ergangene Verwaltungsanweisungen (insbes. BMF vom 05.08.2004, BStBl I 2004, 638, Rz. 41) eine dem ermäßigten Steuersatz unterliegende Pflanzenlieferung bereits dann ausschließen, wenn der Unternehmer – über den Transport hinaus – auch das Einpflanzen der von ihm gelieferten Pflanze übernimmt, sind sie nicht mehr anzuwenden.

Sofern zum Einpflanzen weitere Dienstleistungselemente hinzutreten, besteht das vorrangige 30
Interesse des Leistungsempfängers dagegen regelmäßig nicht nur am Erhalt der Verfügungsmacht über die Pflanze. In diesen Fällen – z. B. bei der **Grabpflege** – ist daher weiterhin von einer einheitlichen, nicht ermäßigt zu besteuernden sonstigen Leistung bzw. Werkleistung auszugehen (BMF vom 05.08.2004, BStBl I 2004, 638, Rz. 40), denn das Interesse des Leistungsempfängers besteht hier vorrangig an den gärtnerischen Pflegearbeiten. Ebenso ist bei zusätzlichen **gestalterischen Arbeiten** (z. B. Planungsarbeiten, Gartengestaltung) auch weiterhin insgesamt von einer einheitlichen Werklieferung – Erstellung einer Gartenanlage – auszugehen, die dem allgemeinen Umsatzsteuersatz unterliegt (BMF vom 05.08.2004, BStBl I 2004, 638, Rz. 41). Zur Übergangsregel vgl. BMF vom 04.02.2010 (BStBl I 2010, 214).

2.4.1.5 Wasserhausanschlussbeiträge (Abschn. 12.1 Abs. 1 Satz 3 Nr. 4 UStAE)

Der BFH hat dem EuGH folgende Frage zur Vorabentscheidung vorgelegt (BFH vom 03.11.2005, V 31
R 61/03, BStBl II 2006, 149): »Fällt die Verbindung des Wasser-Verteilungsnetzes mit der Anlage des Grundstückseigentümers (sog. Hausanschluss) durch ein Wasserversorgungsunternehmen gegen gesondert berechnetes Entgelt unter den Begriff der Lieferung von Wasser i. S. d. 6. RLEWG (Anhang D Nr. 2 und Anhang H Kategorie 2 – jetzt Anhang I Nr. 2 und Anhang III Nr. 2 MwStSystRL)?«.

Die Antwort des EuGH (03.04.2008, Rs. C-442/05, BStBl II 2009, 328): »Art. 4 Abs. 5 und Anhang D Nr. 2 der 6. RLEWG (jetzt Art. 13 Abs. 1 und Anhang I Nr. 2 MwStSystRL) sind dahin auszulegen, dass unter den Begriff Lieferungen von Wasser im Sinne dieses Anhangs das Legen eines Hausanschlusses fällt, das wie im Ausgangsverfahren in der Verlegung einer Leitung besteht, die die Verbindung des Wasserverteilungsnetzes mit der Wasseranlage eines Grundstücks ermöglicht, so dass eine Einrichtung des öffentlichen Rechts, die im Rahmen der öffentlichen Gewalt tätig wird, für diese Leistung als Steuerpflichtiger gilt. Art. 12 Abs. 3 Buchst. a und Anhang H Kategorie 2 der 6. RLEWG (jetzt Art. 98 Abs. 2 und Anhang III Nr. 2 MwStSystRL) sind dahin auszulegen, dass unter den Begriff Lieferungen von Wasser das Legen eines Hausanschlusses fällt, das wie im Ausgangsverfahren in der Verlegung einer Leitung besteht, die die Verbindung des Wasserverteilungsnetzes mit der Wasseranlage eines Grundstücks ermöglicht. Zudem können die Mitgliedstaaten konkrete und spezifische Aspekte der Lieferungen von Wasser – wie das im Ausgangsverfahren fragliche Legen eines Hausanschlusses – mit einem ermäßigten Mehrwertsteuersatz belegen, vorausgesetzt, sie beachten den Grundsatz der steuerlichen Neutralität, der dem Gemeinsamen Mehrwertsteuersystem zugrunde liegt.«

32 Mit Urteilen vom 08.10.2008 (V R 61/03, BStBl II 2009, 321; V R 27/06, BStBl II 2009, 325) hat der BFH entschieden, dass die Verbindung des Wasser-Verteilungsnetzes mit der Anlage des Grundstückseigentümers (sog. Legen eines Hausanschlusses) durch ein Wasserversorgungsunternehmen gegen gesondert berechnetes Entgelt unter den Begriff »Lieferung von Wasser« i. S. v. § 12 Abs. 2 Nr. 1 UStG fällt und deshalb mit dem ermäßigten Steuersatz zu versteuern ist.

33 Der BFH folgte im Ergebnis der Auffassung des Stpfl. Er führte zur Begründung aus, in dem im vorliegenden Verfahren auf seine Vorlage hin ergangenen Urteil vom 03.04.2008 habe der EuGH entschieden, dass unter den Begriff »Lieferungen von Wasser« i. S. v. Art. 12 Abs. 3 Buchst. a und Anhang H Kategorie 2 der 6. RLEWG auch das Legen eines Hausanschlusses falle. Das müsse dann auch für die Auslegung des UStG gelten. Zwar dürften die Mitgliedstaaten das Legen eines Hausanschlusses von der grundsätzlichen Steuerermäßigung für die »Lieferungen von Wasser« ausschließen. Dies erfordere aber eine gesetzliche Regelung und könne nicht durch eine bloße Verwaltungsvorschrift geschehen. § 12 Abs. 2 Nr. 1 UStG enthalte einen solchen Ausschluss nicht.

Mit Schreiben vom 07.04.2009 (IV B 8 – S 7100/07/10024, 2009/0215132, BStBl I 2009, 531) nimmt das BMF zur umsatzsteuerrechtlichen Behandlung des Legens von Hauswasseranschlüssen und zu den Konsequenzen der BFH-Urteile vom 08.10.2008 Stellung.

34 Die Grundsätze der o. g. Rechtsprechung sind auf das **Legen des Hausanschlusses durch das Wasserversorgungsunternehmen** beschränkt. Das bedeutet, dass für die Anwendung des ermäßigten Steuersatzes die Hauswasseranschlussleistung und die Wasserbereitstellung durch **ein und denselben Unternehmer** erfolgen müssen.

35 Nach Abschn. 13b.2 Abs. 5 Nr. 8 UStAE stellt das Verlegen von Hausanschlüssen durch das Versorgungsunternehmen eine Bauleistung dar, wenn es sich hierbei um eine eigenständige Leistung handelt. Diese Rechtslage wird durch die o. g. Rechtsprechung des BFH nicht berührt. Die Entscheidungen des BFH haben ausschließlich Bedeutung für Zwecke des ermäßigten Steuersatzes. Der Charakter des Umsatzes als Bauleistung in Form der »Verschaffung der Möglichkeit zum Anschluss an das Versorgungsnetz« bleibt vollständig erhalten und das Legen eines Hausanschlusses kann weiterhin einen Anwendungsfall des § 13b UStG darstellen. Änderungen zur bisherigen Verwaltungsauffassung – vor allem des Abschn. 13b.2 Abs. 5 Nr. 8 UStAE – ergeben sich nicht.

Nach dem BFH-Urteil vom 08.10.2008 (V R 27/06, BStBl II 2009, 325) ist eine **Personenidentität auf der Empfängerseite** für die Anwendung des ermäßigten Steuersatzes **nicht** notwendig.

36 Für die Anwendung des ermäßigten Steuersatzes i. S. d. o. g. Rechtsprechung ist allein entscheidend, ob die Zahlung ein Entgelt für die Verschaffung der Möglichkeit zum Anschluss an das Versorgungsnetz durch den Wasserversorgungsunternehmer ist. Die Bezeichnung durch die Vertragsparteien bzw. die den Bescheid erlassende Behörde ist dabei unerheblich. Sofern es sich mithin um Entgelt für das Legen des Hausanschlusses durch den Wasserversorgungsunternehmer handelt, ist auch die dieser Zahlung zugrunde liegende Leistung ermäßigt zu besteuern.

37 Reparatur-, Wartungs- und ähnliche Leistungen an den Hausanschlüssen durch den Wasserversorger unterliegen dem ermäßigten Steuersatz. Dies gilt auch dann, wenn diese Unterhaltungs-

kosten gesondert in Rechnung gestellt werden, da diese nicht als selbständige Hauptleistung beurteilt werden. Eines Rückgriffs auf die neue BFH-Rechtsprechung bedarf es insofern nicht.

Dem entgegenstehende Regelungen im BMF-Schreiben vom 05.08.2004 (IV B 7 – S 7220 – 46/04, BStBl I 2004, 638) sind nicht mehr anzuwenden.

Für vor dem 01.07.2009 ausgeführte Leistungen wird es – auch für Zwecke des Vorsteuerabzugs des Leistungsempfängers – nicht beanstandet, wenn sich der leistende Unternehmer auf die entgegenstehenden Regelungen des BMF-Schreibens vom 05.08.2004 (IV B 7 – S 7220 – 46/04, BStBl I 2004, 638) beruft. **38**

Zur umsatzsteuerrechtlichen Behandlung des Legens von Hauswasseranschlüssen nimmt die **Landesfinanzdirektion Thüringen** mit Erlass vom 20.08.2009 (S 7100 A – 50 – A 3.11, DStR 2009, 2198) Stellung. Der Erlass stellt dabei klar, dass es sich bei den Rechnungsberichtigungen durch die Versorgungsunternehmen um die Berichtigung eines unrichtigen Steuerausweises i. S. d. § 14c Abs. 1 Satz 2 UStG handelt. Soweit die Voraussetzungen des Abschn. 14c.1 Abs. 5 UStAE erfüllt sind, erfolgt eine Änderung nach § 17 Abs. 1 UStG. **38a**

Der Erlass nimmt weiterhin zum Umfang der Leistungen im Zusammenhang mit Hauswasseranschlüssen Stellung.

Zur umsatzsteuerlichen Behandlung des Legens von Hauswasseranschlüssen nimmt das **Bayerische Landesamt für Steuern** mit Verf.. vom 25.6.2009 (S 7221.1.1 – 1/16 St 34, UR 2009, 863) Stellung. Zunächst stellt die Verf. klar, dass sowohl das Verlegen eines Neuanschlusses als auch Reparatur-, Wartungs- und ähnliche Leistungen ermäßigt besteuert werden und nimmt ausführlich zur Rechnungsberichtigung Stellung.

Erbringen **Handwerksbetriebe oder andere Dritte** das Legen des Hauswasseranschlusses unmittelbar an den Grundstückeigentümer, d. h. ohne Beauftragung durch das Wasserversorgungsunternehmen, fällt diese Leistung nicht mehr unter den Begriff »Lieferung von Wasser«, weil diese Unternehmer selbst nicht Lieferanten des Wassers sind. **38b**

Zur Übergangsregel vgl. BMF vom 07.04.2009 (IV B 8 – S 7100/07/10024, 2009/0215132, BStBl I 2009, 531).

2.4.1.6 Umsätze mit Gehhilfe-Rollatoren (Abschn. 12.1 Abs. 1 Satz 3 Nr. 5 UStAE)

Gemäß § 12 Abs. 2 Nr. 1 i. V. m. Nr. 52 Buchst. b der Anlage 2 zum UStG unterliegen die Lieferungen, die Einfuhr und der innergemeinschaftliche Erwerb von orthopädischen Apparaten und anderen orthopädischen Vorrichtungen einschließlich Krücken sowie medizinisch-chirurgischer Gürtel und Bandagen, ausgenommen Teile und Zubehör (aus Unterposition 9021 10 des Zolltarifs) dem ermäßigten Umsatzsteuersatz von 7 %. **38c**

Der EuGH hat mit Urteil vom 22.12.2010 (Rs. C-273/09, ABl. EU 2011 Nr. C 63, 5) entschieden, dass die Verordnung (EG) Nr. 729/2004 der Kommission vom 15.04.2004 zur Einreihung von bestimmten Waren in die kombinierte Nomenklatur in der Fassung der am 07.05.2004 veröffentlichten Berichtigung ungültig ist. Sie ist ungültig, soweit zum einen durch die Berichtigung der Anwendungsbereich der ursprünglichen Verordnung auf Gehhilfe-Rollatoren erstreckt worden ist, die aus einem Aluminiumrohrrahmen auf vier Rädern, mit vorderen Drehlagerrädern, Griffen und Bremsen bestehen und ihrer Beschaffenheit nach als Hilfe für Personen mit Gehschwierigkeiten bestimmt sind, und zum anderen die Verordnung in der berichtigten Fassung diese Gehhilfe-Rollatoren in die Unterposition 8716 80 00 der kombinierten Nomenklatur einreiht. Nach Rz. 56 des Urteils sind Gehhilfe-Rollatoren in die Position 9021 einzureihen.

Nach BMF vom 11.08.2011 (IV D 2 – S 7227/11/10001, BStBl I 2011, 824) unterliegen die Lieferungen, die Einfuhr und der innergemeinschaftliche Erwerb von Gehhilfe-Rollatoren gem. § 12 Abs. 2 Nr. 1 i. V. m. Nr. 52 Buchst. b der Anlage 2 zum UStG dem ermäßigten Umsatzsteuersatz von 7 %.

Gehhilfe-Rollatoren dienen dem Nutzer als Stütze beim Gehen und bestehen im Allgemeinen aus einem röhrenförmigen Metallrahmen auf drei oder vier Rädern (von denen einige oder alle drehbar sind), Griffen und Handbremsen. Gehhilfe-Rollatoren können in der Höhe verstellbar und mit einem Sitz zwischen den Griffen sowie einem Korb zur Aufbewahrung persönlicher Gegenstände ausgestattet sein. Der Sitz gestattet dem Benutzer, kurze Rasten einzulegen.

Die Regelungen dieses Schreibens sind in allen offenen Fällen anzuwenden. Soweit bisher ergangene Verwaltungsanweisungen – insbesondere das BMF-Schreiben vom 05.08.2004 (IV B 7 – S 7220 – 46/04, BStBl I 2004, 638) – die Anwendung der Umsatzsteuerermäßigung nach § 12 Abs. 2 Nr. 1 i.V.m. Nr. 52 Buchst. b der Anlage 2 zum UStG ausschließen, sind sie nicht mehr anzuwenden.

Zur Übergangsregel vgl. BMF vom 11.08.2011(BStBl I 2011, 824).

2.4.1.7 Umsätze mit Hörbüchern auf einem körperlichen Datenträger (Abschn. 12.1 Abs. 1 Satz 3 Nr. 6 UStAE)

38d Gemäß § 12 Abs. 2 Nr. 1 und 2 UStG ermäßigt sich die Steuer für Umsätze mit den in der Anlage 2 zum UStG bezeichneten Gegenständen auf 7 %. Durch Art. 9 Nr. 8 des Gesetzes zur Anpassung des nationalen Steuerrechts an den Beitritt Kroatiens zur EU und zur Änderung weiterer steuerlicher Vorschriften vom 25.07.2014 (BGBl I 2014, 1266) wurde die Nr. 50 der Anlage 2 zum UStG wie folgt gefasst:

»50 Platten, Bänder, nicht flüchtige Halbleiterspeichervorrichtungen, »intelligente Karten (smart cards)« und andere Tonträger oder ähnliche Aufzeichnungsträger, die ausschließlich die Tonaufzeichnung der Lesung eines Buches enthalten, mit Ausnahme der Erzeugnisse, für die Beschränkungen als jugendgefährdende Trägermedien bzw. Hinweispflichten nach § 15 Absatz 1 bis 3 und 6 des Jugendschutzgesetzes in der jeweils geltenden Fassung bestehen aus Position 8523«

Im Ergebnis sinkt der Steuersatz für Umsätze mit den genannten Gegenständen – im Folgenden als Hörbücher bezeichnet – auf 7 %. Die Änderung trat am 01.01.2015 in Kraft. Gem. BMF vom 11.08.2011 gilt hierzu Folgendes:

Der ermäßigte Umsatzsteuersatz für Hörbücher ist auf Umsätze anzuwenden, die nach dem 31.12.2014 ausgeführt werden. Neben den Lieferungen, der Einfuhr und dem innergemeinschaftlichen Erwerb ist auch die Vermietung dieser Gegenstände begünstigt.

Die Anwendung der Steuerermäßigung setzt die Übertragung bzw. Vermietung eines körperlichen Gegenstands in Gestalt eines Speichermediums voraus. Das Speichermedium kann im Einzelfall sowohl digital (z.B. CD-ROM, USB-Speicher oder Speicherkarten) als auch analog (z.B. Tonbandkassetten oder Schallplatten) sein.

Weitere Voraussetzung ist, dass auf dem Medium ausschließlich die Tonaufzeichnung der Lesung eines Buches gespeichert ist. Der dabei zugrundeliegende Buchbegriff ist funktional zu verstehen, d.h. die Lesung muss einen Text wiedergeben, der dem herkömmlichen Verständnis vom Inhalt eines Buches entspricht. Die Anwendung des ermäßigten Umsatzsteuersatzes ist deshalb nicht davon abhängig, dass der Inhalt eines Hörbuchs als gedruckte Fassung verlegt wurde oder verlegt werden soll. Für Lesungen, die dem ermäßigten Umsatzsteuersatz unterliegen, ist die Verwendung von Musik und Geräuschen, die der Illustration des Textes dienen, zulässig. Auch eine mehrstimmige Lesung schließt die Einordnung als begünstigtes Hörbuch nicht aus, soweit sich dies aus dem Buch, z.B. durch Dialoge in wörtlicher Rede ergibt. Hat ein Verlag ausschließlich das Recht durch den Lizenzgeber eingeräumt bekommen, eine Lesung zu produzieren, ohne dass ihm auch die Hörspielrechte eingeräumt werden, ist das Erzeugnis aus Vereinfachungsgründen als Lesung anzuerkennen.

Nach Nummer 50 der Anlage 2 zum UStG sind nicht begünstigt:

1. **Hörbücher, für die Beschränkungen als jugendgefährdende Trägermedien** bzw. **Hinweispflichten** nach § 15 Abs. 1 bis 3 und 6 des Jugendschutzgesetzes in der jeweils geltenden Fassung bestehen.Diese Hinweispflicht besteht für die von der Bundesprüfstelle für jugendgefährdende Schriften indizierten jugendgefährdenden Trägermedien sowie für die offensichtlich schwer jugendgefährdenden Trägermedien. Die von der Bundesprüfstelle für jugendgefährdende Schriften indizierten jugendgefährdenden Trägermedien werden im Bundesanzeiger veröffentlicht. Für amtliche Zwecke wird von der Bundesprüfstelle jährlich ein Gesamtverzeichnis herausgegeben.
2. **Hörspiele** unterscheiden sich von Lesungen in der Regel dadurch, dass diesen ein Drehbuch zugrundeliegt, ähnlich einem Filmwerk. Außerdem bedienen sich Hörspiele überwiegend dramaturgischer Effekte, wie z. B. der sprachlichen Interaktion. Hörspiele geben grundsätzlich nicht denselben Inhalt wie gedruckte Bücher wieder, sondern bedienen sich des Stoffs als Grundlage für eine eigene Geschichte.
3. **Hörzeitungen und Hörzeitschriften** erscheinen üblicherweise periodisch und geben Informationen mit aktuellem Bezug z. B. aus Politik, Wirtschaft, Sport und Feuilleton oder aus bestimmten abgegrenzten Fachthemengebieten wieder.
4. **Auf elektronischem Weg erbrachte sonstige Leistungen** (z. B. das Herunterladen von Hörbüchern aus dem Internet).

Sofern der Unternehmer gegen Zahlung eines Gesamtverkaufspreises ein gedrucktes Buch im Sinne der Nr. 49 Buchst. a der Anlage 2 zum UStG abgibt und gleichzeitig den elektronischen Zugang zum Hörbuch einräumt, ist der Gesamtverkaufspreis nach Maßgabe von Abschn. 10.1 Abs. 11 UStAE aufzuteilen. Für vor dem 01.01.2016 ausgeführte Umsätze wird es nicht beanstandet, wenn der Unternehmer diese Vorgänge als einheitliche Leistung behandelt, die insgesamt dem ermäßigten Steuersatz unterliegt. Im Übrigen wird auf die allgemeinen Regelungen in Abschnitt A des BMF-Schreibens vom 05.08.2004 (BStBl I 2004, 638) hingewiesen.

2.4.1.8 Auf elektronischem Weg gelieferte digitale Bücher, Zeitungen und Zeitschriften (EuGH vom 07.03.2017, Rs. C-390/15, RPO)

»Der Grundsatz der Gleichbehandlung steht dem Ausschluss auf elektronischem Weg gelieferter 38e
digitaler Bücher, Zeitungen und Zeitschriften von der Anwendung eines ermäßigten Mehrwertsteuersatzes nicht entgegen. Die MwStSystRL ist in dieser Hinsicht gültig.«

Vgl. im Folgenden Pressemitteilung 22/17 des EuGH vom 07.03.2017, Rs. C-390/15, RPO.

Nach der MwStSystRL können die Mitgliedstaaten auf gedruckte Publikationen wie Bücher, Zeitungen und Zeitschriften einen ermäßigten Mehrwertsteuersatz/zwei ermäßigte Mehrwertsteuersätze anwenden. (Es sei denn, diese Druckerzeugnisse dienen vollständig oder im Wesentlichen Werbezwecken). Für digitale Publikationen gilt hingegen der normale Steuersatz, mit Ausnahme digitaler Bücher, die auf einem physischen Träger wie etwa einer CD-ROM geliefert werden. In diesem Fall darf auch auf digitale Bücher ein ermäßigter Mehrwertsteuersatz angewandt werden. Werden sie hingegen per Download oder Streaming übermittelt, gilt der normale Steuersatz. Für digitale Zeitungen und Zeitschriften gilt stets der normale Steuersatz, unabhängig davon, in welcher Form sie geliefert werden (vgl. Rz. 38d).

Der polnische Bürgerbeauftragte Rzecznik Praw Obywatelskich (RPO) hat beim polnischen Verfassungsgericht beantragt, die polnischen Bestimmungen über den ermäßigten Mehrwertsteuersatz für Publikationen auf ihre Verfassungskonformität zu prüfen. Das angerufene polnische Verfassungsgericht zweifelt an der Gültigkeit dieser unterschiedlichen Besteuerung. Es möchte vom Gerichtshof zum einen wissen, ob diese Besteuerung mit dem Grundsatz der Gleichbehandlung vereinbar ist, und zum anderen, ob das Europäische Parlament am Gesetzgebungsverfahren hinreichend beteiligt wurde. Der Wortlaut von Anhang III Nr. 6 der geänderten Richtlinie 2006/112 weicht nämlich vom Wortlaut des Richtlinienvorschlags, auf dessen Grundlage das Parlament angehört wurde, ab. In seinem Urteil stellt der Gerichtshof zunächst fest, dass durch die Regelung in der Mehrwertsteuerrichtlinie, soweit mit ihr die Anwendung eines ermäßigten Mehrwertsteuersatzes auf die Lieferung digitaler Bücher auf elektronischem Weg ausgeschlossen wird, während sie bei der Lieferung digitaler Bücher auf jeglichen physischen Trägern zulässig ist, zwei Sachverhalte ungleich behandelt werden, die in Anbetracht des vom Unionsgesetzgeber mit der Gestattung der Anwendung eines ermäßigten Mehrwertsteuersatzes bei bestimmten Arten von Büchern verfolgten Zwecks, und zwar dem der Förderung des Lesens, vergleichbar sind. Sodann prüft der Gerichtshof, ob die Ungleichbehandlung gerechtfertigt ist. Dies ist der Fall, wenn sie im Zusammenhang mit einem rechtlich zulässigen Ziel steht, das mit der Maßnahme, die zu einer solchen unterschiedlichen Behandlung führt, verfolgt wird, und wenn die unterschiedliche Behandlung in angemessenem Verhältnis zu diesem Ziel steht. Beim Erlass einer steuerlichen Maßnahme muss der Unionsgesetzgeber Entscheidungen politischer, wirtschaftlicher und sozialer Art treffen, divergierende Interessen in eine Rangfolge bringen oder komplexe Beurteilungen vornehmen. Infolgedessen ist ihm in diesem Rahmen ein weites Ermessen zuzuerkennen, so dass sich die gerichtliche Kontrolle der Einhaltung der genannten Voraussetzungen auf offensichtliche Fehler beschränken muss. In diesem Kontext weist der Gerichtshof darauf hin, dass der Ausschluss der Anwendung eines ermäßigten Mehrwertsteuersatzes auf die Lieferung digitaler Bücher auf elektronischem Weg die Konsequenz der für den elektronischen Handel geltenden Mehrwertsteuer-Sonderregelung ist. In Anbetracht der fortwährenden Weiterentwicklungen, denen elektronische Dienstleistungen als Ganzes unterworfen sind, wurde es nämlich als erforderlich angesehen, für diese Dienstleistungen klare, einfache und einheitliche Regeln aufzustellen, damit der für sie geltende Mehrwertsteuersatz zweifelsfrei ermittelt werden kann und so die Handhabung dieser Steuer durch die Steuerpflichtigen und die nationalen Finanzverwaltungen erleichtert wird. Durch den Ausschluss der elektronischen Dienstleistungen von der Anwendung eines ermäßigten Mehrwertsteuersatzes erspart es der Unionsgesetzgeber den Steuerpflichtigen und den nationalen Finanzverwaltungen, bei jeder Art solcher Dienstleistungen zu prüfen, ob sie unter eine der Kategorien von Dienstleistungen fällt, die nach der Mehrwertsteuerrichtlinie in den Genuss eines ermäßigten Satzes kommen können. Eine solche Maßnahme muss deshalb als zur Verwirklichung des mit der Mehrwertsteuer-Sonderregelung für den elektronischen Handel verfolgten Ziels geeignet angesehen werden. Würde man den Mitgliedstaaten die Möglichkeit geben, auf die Lieferung digitaler Bücher auf elektronischem Weg einen ermäßigten Mehrwertsteuersatz anzuwenden, wie es bei der Lieferung solcher Bücher auf jeglichen physischen Trägern zulässig ist, würde überdies die Kohärenz der gesamten vom Unionsgesetzgeber angestrebten Maßnahme beeinträchtigt, die darin besteht, alle elektronischen Dienstleistungen von der Möglichkeit der Anwendung eines ermäßigten Mehrwertsteuersatzes auszunehmen.

Zur Pflicht, das Europäische Parlament im Gesetzgebungsverfahren anzuhören, führt der Gerichtshof aus, dass sie impliziert, das Parlament immer dann erneut anzuhören, wenn der letztlich verabschiedete Text als Ganzes gesehen in seinem Wesen von demjenigen abweicht, zu dem es bereits angehört wurde, es sei denn, die Änderungen entsprechen im Wesentlichen einem vom Parlament selbst geäußerten Wunsch. Sodann prüft der Gerichtshof, ob in Bezug auf die Bestimmung der Richtlinie, mit der die Anwendung eines ermäßigten Mehrwertsteuersatzes auf die Lieferung von Büchern auf physischen Trägern beschränkt wird, eine erneute Anhörung des Parlaments erforderlich war. Der Gerichtshof sieht dabei in der Endfassung der betreffenden Bestimmung nur eine redaktionelle Vereinfachung des Textes des Richtlinienvorschlags, dessen Wesen in vollem Umfang erhalten blieb. Der Rat war daher nicht verpflichtet, das Parlament erneut anzuhören.

Die nämliche Richtlinienbestimmung ist nach Auffassung des EuGH damit gültig.

2.4.1.9 Ausmalbücher für Erwachsene

Nach den E-Bundles steht der Buchhandel nun vor einem neuen Umsatzsteuerproblem. Die Finanzverwaltung hat bei einem der Marktführer sowohl Ausmalbücher für Erwachsene als auch Sticker-, Puzzle- und Sudoku-Bücher dem allgemeinen Umsatzsteuersatz unterworfen. 39

2.4.1.9.1 Uneinheitliches Vorgehen der Verlage und Buchhändler

Aus einer Produktbeschreibung (vgl. Weimann, UidP, Kapitel 69.7.1): »Auf dem Weg aus dem Stress in die Entspannung greifen immer mehr Erwachsene zu Malbüchern und Bunt-, Blei- und Filzstiften. Sie malen sich die Anspannung von der Seele. Statt in Yoga, eine Massage oder Meditation investieren sie ihre Freizeit in fantasievolle Muster und exotische Vögel, die nach dem Ausmalen gern mit dem Smartphone fotografiert und dann stolz in sozialen Netzwerken wie Instagram gezeigt werden.«

Bei den Kunden sollen die Ausmalbücher also für Entspannung sorgen – bei den Verlagen und Händlern bewirken die Bücher genau das Gegenteil. Die Verlage handhaben die Besteuerung der Produkte offensichtlich unterschiedlich. Während die einen die Titel den Kindermalbüchern (Steuersatz: 7 %) zuordnen, betrachten andere die Bücher als Sammlung von Illustrationen (ebenfalls 7 %). Wieder andere besteuern mit 19 %.

2.4.1.9.2 Wann ist ein Buch ein Buch?

Ein umsatzsteuerermäßigtes Buch zeichnet sich vor allem dadurch aus, dass es einen **Text zum Lesen** beinhaltet (FG Hamburg vom 09.12.2013, 4 K 203, 12, rkz., astw.iww.de, Abruf-Nr. 189160; dazu Weimann, AStW 2016, 886; vgl. auch DER SPIEGEL, Ausgabe 22/2016, 127 sowie Weimann, UidP, Kapitel 69.7.2). Die Einordnung richtet sich nach dem sog. Zollkodex, der in der Praxis leider nicht immer leicht anzuwenden ist. In kritischen Fällen muss der wissenschaftliche Dienst des Zolls um eine eindeutige Einschätzung gebeten werden – dort können Verlage eine unverbindliche Zolltarifauskunft einholen. 39a

Bei den Ausmalbüchern allerdings war das offenbar anders, denn erst durch die Betriebsprüfung in einem großen Handelsunternehmen sind in der Branche überhaupt Zweifel an der Anwendung des reduzierten Mehrwertsteuersatzes aufgekommen (Börsenverein des deutschen Buchhandels, 7 oder 19 Prozent? Die Crux mit den Ausmalbüchern, boersenblatt.net, 11.06.2017).

2.4.1.9.3 Differenzierung unumgänglich

Nach Auffassung des Börsenvereins (a. a. O.) ist wie folgt zu unterscheiden (vgl. Weimann, Umsatzsteuer in der Praxis, Kapitel 69.7.3): 39b

- **Sudoku-Bücher:** Hierzu erging das Urteil des FG Hamburg 09.12.2013, 4 K 203, 12, rkz., astw.iww.de, Abruf-Nr. 189160; dazu Weimann, AStW 2016, 886, das ganz klar besagt, dass hier jedenfalls dann 19 % MwSt anzusetzen sind, wenn die Veröffentlichung insgesamt keinen qualifizierenden Text hat. Daran kann die Branche erst einmal schwer rütteln. Die streitgegenständliche Veröffentlichung bestand außer einer kurzen Einleitung und den Lösungsseiten bloß aus Sudoku-Rätseln.
- **Stickerbücher und Kindermalbücher:** Stickerbücher, die nicht nur reine Stickerheftchen sind, sollen unter die 7 % fallen, ebenso wie Malbücher für Kinder. Hierzu gibt es laut Zollauskunft auch bereits positiv beschiedene Anfragen – beziehungsweise: für Malbücher für Kinder ist das bereits im Zollkodex so festgeschrieben.
- **Erwachsenenmalbücher:** Ausmalbücher für Erwachsene dagegen sind ein Sonderfall, weil sie erst vor wenigen Jahren aufgekommen sind. Manche sind genauso gut als Malbuch für Kinder geeignet, da ist die Einordnung mit 7 % unproblematisch. Steuerrechtliche Unschärfen gibt es dann, wenn die Titel eindeutig als Ausmalbücher für Erwachsene beworben bzw. konzipiert werden. Denn als der Zollkodex erarbeitet wurde, hat niemand daran gedacht, dass es solche Produkte einmal geben könnte. Deshalb finden sie dort auch keine Erwähnung.

2.4.1.10 Umsätze mit Fotobüchern (Abschn. 12.1 Abs. 1 Satz 3 Nr. 8 UStAE)

40 Nach der Durchführungsverordnung (EU) 2015/2254 der Kommission vom 02.12.2015 zur Einreihung bestimmter Waren in die kombinierte Nomenklatur ist eine fest gebundene Ware (sog. Fotobuch) aus Papier mit Abmessungen von etwa 21 × 31 cm, mit gedruckten vollfarbigen, personalisierten Fotos und kurzem Text zu den Aktivitäten, Veranstaltungen, Personen usw. auf den jeweiligen Fotos in die Position 4911 91 00 einzureihen. Eine Einreihung in Position 4901 als Buch ist ausgeschlossen, da die Ware nicht zum Lesen bestimmt ist.

Gem. BMF vom 20.04.2016 (BStBl I 2016, 483) gilt zu den umsatzsteuerrechtlichen Konsequenzen der Durchführungsverordnung Folgendes:

Lieferungen und innergemeinschaftliche Erwerbe von Fotobüchern unterliegen dem **allgemeinen Umsatzsteuersatz** (§ 12 Abs. 1 UStG).

Die Steuerermäßigung nach § 12 Abs. 2 Nr. 1 i. V. m. Nr. 49 Buchst. a der Anlage 2 zum UStG ist **nicht** anwendbar. Dies gilt auch dann, wenn der zu beurteilende Gegenstand andere Abmessungen als die in der UStDV genannten aufweist oder nicht oder nicht vollständig im Vollfarbdruck hergestellt wurde.

Fotobücher weisen in der Regel folgende **Merkmale** auf:

- Der Inhalt der Ware wird vom Leistungsempfänger unter Zuhilfenahme eines vom leistenden Unternehmer zur Verfügung gestellten Computerprogramms bzw. über einen Internetbrowser mit entsprechender Webanwendung individuell gestaltet.
- Er besteht aus Fotos ggf. ergänzt um einen kurzen Text zu den Aktivitäten, Veranstaltungen, Personen usw., die auf den Fotos abgebildet sind.
- Der Inhalt dient der Dokumentation privater Ereignisse oder der Darstellung von Unternehmen (z. B. anlässlich von Firmenjubiläen oder Abbildung von Referenzobjekten).
- Die Ware ist nicht zur allgemeinen Verbreitung beispielsweise durch Verlage oder über den Buchhandel bestimmt.

Eine internationale Standardbuchnummer (ISBN) wurde nicht vergeben.

Zur Übergangsregel vgl. BMF vom 20.04.2016 (BStBl I 2016, 483).

2.4.1.11 Umsätze mit Kunstgegenständen und Sammlungsstücken (Abschn. 12.1 Abs. 1 Satz 3 Nr. 7 UStAE)

41 Durch Art. 10 Nr. 5 AmtshilfeRLUmsG vom 26.06.2013 (BGBl I 2013, 1809) wurde der Anwendungsbereich des ermäßigten Umsatzsteuersatzes für Umsätze mit Kunstgegenständen und Sammlungsstücken an die unionsrechtlichen Vorgaben in Art. 103 MwStSystRL angepasst (vgl. § 12 Abs. 2 Nr. 12 und 13 UStG). Daneben wurde durch Art. 10 Nr. 12 AmtshilfeRLUmsG eine Regelung zur Ermittlung einer besonderen Bemessungsgrundlage in den Fällen differenzbesteuerter Umsätze mit Kunstgegenständen geschaffen (vgl. § 25a Abs. 3 Satz 2 UStG n. F., sog. Pauschalmarge). Die Änderungen sind am 01.01.2014 in Kraft getreten.

Zu den **Einzelheiten** vgl. BMF vom 18.12.2014 (BStBl I 2015, 44).

42 Lichtinstallationen: Mit Verordnung (EU) Nr. 731/2010 der Kommission vom 11.08.2010 zur Einreihung von bestimmten Waren in die kombinierte Nomenklatur wurden sog »Lichtinstallationen« der Position 9405 10 28 zugewiesen.

Die Einreihung in die Position 9703 00 00 als Erzeugnis der Bildhauerkunst ist danach ausgeschlossen, da nicht die Installation selbst, sondern das Ergebnis ihrer Verwendung (der Lichteffekt) ein »Kunstwerk« darstellt. Entsprechendes gilt für eine Einreihung in die Position 9705 00 00, da die Installation kein Sammlungsstück von geschichtlichem Wert ist (FinMin Sachsen-Anhalt, Erlass vom 12.05.2016 – 42-S 7229-26).

Der zolltariflichen Einreihung folgend unterliegen Umsätze mit diesen Gegenständen dem **allgemeinen Umsatzsteuersatz.**

2.4.1.12 Lieferung von Messekatalogen

Der Verkauf von Messekatalogen an Messebesucher unterliegt dem ermäßigten Umsatzsteuersatz (BFH Urteil vom 14.06.2016, VII R 12/15). 43

Sachverhalt

Die Klägerin (... und Revisionsklägerin...) ist eine Messegesellschaft und wendet sich gegen die Anwendung des Regelsteuersatzes auf den Verkauf von Messekatalogen.

Der BFH teilt die Auffassung der Klägerin. Die streitgegenständlichen Messekataloge sind als Erzeugnisse des graphischen Gewerbes, die nicht überwiegend Werbezwecken dienen, in die nämliche Position des Zolltarifs einzureihen und damit ermäßigt zu besteuern.

Ob ein Buch oder eine Broschüre überwiegend Werbezwecken dient, ist somit allein anhand der Druckschrift zu beurteilen. Nicht maßgeblich ist, wie der Begriff »Werbung« außerhalb des Zolltarifs verstanden wird. Entscheidend ist, ob ein Druck nach seiner Beschaffenheit und seiner erkennbaren Zweckbestimmung, also nach Art der Aufmachung, des Inhalts und Herausgabezwecks, soweit diese ihren Niederschlag in dem Druck gefunden haben, überwiegend Werbezwecken dient. Dies ist der Fall, wenn der Druck überwiegend darauf ausgerichtet ist,

- durch zwangfreie und absichtliche Beeinflussung des Adressaten
- diesen zur Erfüllung des Werbeziels, d. h. insbesondere zur Inanspruchnahme entgeltlicher Waren oder Dienstleistungen, zu veranlassen

2.4.1.13 Überlassung von Kaffeeautomaten im Zusammenhang mit der Lieferung von Kaffeebohnen und -pulver

Nach § 12 Abs. 2 Nr. 1 UStG i. V. m. lfd. Nr. 12 der Anlage 2 zum UStG unterliegt die Lieferung von Kaffeebohnen und -pulver dem ermäßigten Steuersatz, während auf die Lieferung von zubereitetem Kaffee der Regelsteuersatz anzuwenden ist (OFD Niedersachsen, Verfügung vom 31.05.2017, S 7222-27-St 184). 44

Sachverhalt

Ein Unternehmer beliefert seine Kunden (z. B. Kantinenbetreiber) mit Kaffeebohnen oder -pulver. Zeitgleich stellt er seinen Kunden Kaffeeautomaten (z. B. Kaffeevollautomaten) einschließlich Wartung unentgeltlich zur Verfügung. Die Kunden sind verpflichtet, den Kaffee ausschließlich beim Unternehmer zu erwerben. Die Kosten für die Kaffeeautomaten wurden bei der Preiskalkulation für die Kaffeelieferung berücksichtigt. Erst der Endnutzer (Kantinenbesucher) erhält fertig zubereiteten Kaffee auf Knopfdruck.

Die Überlassung der Kaffeeautomaten ist nach den Grundsätzen in Abschn. 3.10 Abs. 5 UStAE **keine unselbständige Nebenleistung** zur steuerbegünstigten Lieferung der Kaffeebohnen bzw. des Kaffeepulvers. Der Kaffeeautomat erfüllt für den Kantinenbetreiber einen eigenen Zweck, da das verzehrfertige Getränk erst durch den Kaffeeautomaten hergestellt wird und ohne den Kaffeeautomaten keine Getränkeumsätze zu erzielen sind.

Die Überlassung von Kaffeeautomaten und die Lieferung der Kaffeebohnen und/oder des -pulvers sind grundsätzlich **nicht zu einer einheitlichen Leistung eigener Art** zusammenzufassen. Aus Sicht des Durchschnittsverbrauchers sind beide Leistungen nicht so eng aufeinander abgestimmt, dass sie ihre Selbständigkeit verlieren und zu etwas Neuem zusammenwachsen (vgl. Abschn. 3.10 Abs. 2 ff. UStAE).

Es werden somit zwei Leistungen zu einem Gesamtentgelt erbracht. Dabei unterliegt die Überlassung der Kaffeeautomaten dem allgemeinen Steuersatz, während die Lieferung der Kaffeebohnen und des -pulvers dem ermäßigten Steuersatz unterliegt. 45

Das vereinbarte Entgelt ist entsprechend den Grundsätzen in Abschn. 10.1 Abs. 11 UStAE nach der einfachstmöglichen Methode aufzuteilen.

Abweichend hiervon kann bei Umsätzen aus dem Betrieb von (Heiß) Getränkeautomaten aufgrund besonderer Sachverhaltsgestaltung eine komplexe unteilbare, insgesamt dem allgemeinen Steuersatz unterliegende **einheitliche Leistung** anzunehmen sein. Dies kann der Fall sein, wenn im Rahmen der Gesamtbetrachtung die Überlassung des Automaten und z. B. des Kaffeepulvers so eng miteinander verbunden sind, dass sie für den Kunden objektiv einen einzigen untrennbaren wirtschaftlichen Vorgang bilden. Kriterien hierfür können z. B. sein:

- Die Überlassung des Kaffeepulvers erfolgt in einer für den Automaten kompatiblen Form, d. h. das Kaffeepulver wird in **eigenentwickelten sog. Systembechern (Cups)**, bei denen sich lose vorportioniertes Kaffeepulver in Einwegbechern befindet, bereitgestellt. Der Automat kann ausschließlich mit diesen Bechern des Unternehmers betrieben werden. Die Überlassung des Kaffeepulvers erfolgt nur an Personen, die über einen vom Unternehmer zur Verfügung gestellten Automaten verfügen.
- Der vom Kunden (z. B. Kantinenbetreiber) an den Unternehmer zu entrichtende **Preis ist abhängig von der Anzahl der Getränke**, die die Endnutzer (Kantinenbesucher) an dem Automaten erwerben. Je mehr Getränke am Automaten umgesetzt werden, desto geringer ist der vom Kunden zu entrichtende Preis für das Kaffeepulver je Portion.
- **Dem Kunden steht der Kasseninhalt zu.** Er bestimmt auch den vom Endnutzer am Automaten zu entrichtenden Preis und ist dabei an keine Vorgaben des Unternehmers gebunden. Der Kunde erlangt durch die einheitliche Leistung eine Infrastruktur, die es ihm ermöglicht, Getränke an seine Endnutzer zu liefern. Er wünscht gerade die Verbindung der Leistungselemente, die technisch aufeinander abgestimmt sind. Auch die Art und Weise der Preisgestaltung zeigt, dass beide Elemente wirtschaftlich unteilbar miteinander verbunden sind.

2.4.1.14 Verkauf von »Wiesnbrezn« auf dem Münchener Oktoberfest ist umsatzsteuerbegünstigt

46 Verkauft ein Brezelverkäufer auf dem Oktoberfest in Festzelten »Wiesnbrezn« an die Gäste des personenverschiedenen Festzeltbetreibers, ist der ermäßigte Umsatzsteuersatz von 7 % für Lebensmittel anzuwenden. Der BFH weist damit die Rechtsauffassung der bayerischen Finanzverwaltung zurück, die im Verkauf der Brezeln durch den Brezelverkäufer einen restaurantähnlichen Umsatz gesehen hatte, der dem Regelsteuersatz von 19 % unterliegen sollte (BFH Urteil vom 03.08.2017, V R 15/17).

Sachverhalt

Im Streitfall pachtete die Klägerin (K) während des Oktoberfestes Verkaufsstände in mehreren Festzelten an. Die von ihr beschäftigten »Breznläufer« gingen durch die Reihen des Festzelts und verkauften die Brezeln an die an Bierzelttischen sitzenden Gäste des Festzeltbetreibers.

Das Finanzamt sah hierin umsatzsteuerrechtlich eine sog. sonstige Leistung, die dem Regelsteuersatz unterliege. Es sei ein überwiegendes Dienstleistungselement gegeben, weil der K die von den Festzeltbetreibern bereitgestellte Infrastruktur, bestehend aus Zelt mit Biertischgarnituren und Musik, zuzurechnen sei. Das Finanzgericht bestätigte dies.

Der BFH hob das Urteil der Vorinstanz auf und gab der Klage statt. Der Verkauf der Brezeln führt umsatzsteuerrechtlich zu einer **Lieferung** der Backwaren, die **ermäßigt zu besteuern** ist. Die in den Festzelten aufgestellten Biertischgarnituren, bestehend aus Tischen und Bänken, dienten den eigenen Gastronomieumsätzen des Festzeltbetreibers. Damit handelte es sich aus der Sicht der K um **fremde Verzehrvorrichtungen**, an denen der K **kein eigenes Mitbenutzungsrecht** zugestanden hat. K hat keine Verfügungs- oder Dispositionsmöglichkeit in dem Sinne erlangt, dass sie

Besuchern Sitzplätze im Festzelt zuweisen konnte. Nach der »Realität« im Bierzelt ist auch nicht davon auszugehen, dass Personen, die ausschließlich Brezeln von K erwarben, zur Nutzung der Biertischgarnituren berechtigt gewesen wären, ohne zusätzliche Leistungen des Festzeltbetreibers in Anspruch nehmen zu müssen.

Der Sachverhalt des Besprechungsurteils dürfte in der Praxis häufiger vorkommen, als man zunächst annimmt. Immer wieder überlassen Veranstalter – z.B. die Betreiber von Opern- und Theaterhäusern – den Verkauf von Snacks u. dergleichen Dritten und stellen Infrastruktur (vor allem Sitzgelegenheiten) rein tatsächlich zur Verfügung. Der BFH stellt klar, dass dies einer Umsatzsteuerbegünstigung nicht entgegensteht.

2.4.2 Vermietung der in Anlage 2 bezeichneten Gegenstände (§ 12 Abs. 2 Nr. 2 UStG)

Ebenfalls begünstigt ist die Vermietung der in der Anlage 2 bezeichneten Gegenstände (§ 12 Abs. 2 Nr. 2 UStG). Erfasst werden z.B. 47

- Vermietungen von Reitpferden,
- Bücherverleih gegen Gebühren und
- Vermietung von Pflanzen für Dekorationszwecke.

Von der Ermäßigung ausgenommen sind:

- Briefmarken und dergleichen (z.B. Ersttagsbriefe, Ganzsachen) als Sammlungsstücke (Anlage 2 Nr. 49 f),
- diverse Kunstgegenstände (Anlage 2 Nr. 53),
- diverse Sammlungsstücke (Anlage 2 Nr. 54).

2.4.3 Vieh- und Pflanzenzucht (§ 12 Abs. 2 Nr. 3 UStG)

Mit dem ermäßigten Steuersatz werden gem. § 12 Abs. 2 Nr. 3 UStG begünstigt: 48

- die Aufzucht und
- das Halten von Vieh sowie
- die Anzucht von Pflanzen und
- die Teilnahme an Leistungsprüfungen für Tiere.

Die Vorschrift gelangt aber nur für Unternehmer zur Anwendung, die nicht gem. § 24 UStG nach Durchschnittssätzen versteuern. § 24 UStG ist als Spezialvorschrift vorrangig zu prüfen. 49

Bezüglich der Begünstigung für Pferdepensionen und -training vgl. OFD Hannover vom 26.01.2000, Az: S 7233 – 9 – StH 531/S 7233 – 6 – StO 353, StEd 2000, 297. Hierzu auch das Urteil des FG Düsseldorf vom 26.06.2002, Az: 5 K 2483 U, UStB 2003, 10, nrkr.: Danach sind die Umsätze aus dem Betrieb einer Pferdepension nur dann steuerbegünstigt, wenn sich der Betreiber der Pension dazu verpflichtet, die vollständige Pflege der Pferde zu übernehmen, so dass die artgerechte Haltung der Pferde ohne einem Betreuungsbeitrag der Eigentümer gewährleistet ist. Eine nicht steuerbegünstigte sonstige Leistung erbringt der Betreiber dagegen, wenn er sich dem Pferdebesitzer neben Leistungen wie Fütterung und Pflege dazu verpflichtet, eigens betriebene Reitanlagen zur Nutzung zu überlassen (FG Nürnberg vom 07.07.2009, Az: 2 K 1053/2008). 50

TIPP
In vergleichbaren Fällen sollte in Betracht gezogen werden, die Unterbringung der Pferde und die Nutzung des Reitplatzes in getrennten Verträgen zu regeln.

51 Zwei Aspekte gilt es zu beachten:

- Erfasst wird nur die Aufzucht und das Halten **fremder** Tiere; die Aufzucht eigener Tiere ist nicht steuerbar; der Verkauf selbstgezogener eigener Tiere fällt u.U. unter § 12 Abs. 2 Nr. 1 UStG i.V.m. Nr. 1 der Anlage.
- Unter **Vieh** werden nach Abschn. 12.2 Abs. 2 UStAE nur solche Tiere gezählt, die **auch in der Anlage 2 zu § 12 UStG aufgeführt** sind. Aufzucht und Halten z.B. von Hunden und Katzen werden danach nicht mit dem ermäßigten Steuersatz begünstigt.

2.4.4 Vatertierhaltung, Förderung der Tierzucht (§ 12 Abs. 2 Nr. 4 UStG)

52 Von § 12 Abs. 2 Nr. 4 UStG werden die unmittelbar mit der Vatertierhaltung, der Förderung der Tierzucht, der künstlichen Tierbesamung oder der Leistungs- und Qualitätsprüfung in der Tierzucht und in der Milchwirtschaft zusammenhängenden Leistungen (vgl. dazu Abschn. 12.3 Abs. 5 UStAE) begünstigt (z.B. Deckgelder, Zuchtwertschätzungen, Abstammungsnachweise, Umlagen (teilweise auch Mitgliederbeiträge genannt), die nach der Zahl der deckfähigen Tiere bemessen werden, etc.). Zuchttiere sind Tiere der in Nr. 1 der Anlage aufgeführten Nutztierarten, wenn sie die Voraussetzungen des § 2 Nr. 1 Tierzuchtgesetz (TierZG) erfüllen. Das Tier bzw. dessen Eltern/Großelterntiere müssen in einem Zuchtbuch derselben Rasse (bei Pferden auch einer anderen Rasse) eingetragen oder vermerkt sein (reinrassiges bzw. registriertes Zuchttier). Die Tiere müssen nicht zur Vermehrung bestimmt sein (Abschn. 12.3 Abs. 3 S. 3 UStAE), so dass auch Wallache Zuchttiere in diesem Sinne sein können (BFH vom 18.12.1996, BStBl II 1997, 334).

53 Nicht begünstigt sind Leistungen, die nur mittelbar der Tierzucht dienen, z.B. Geburtshilfen, Trächtigkeitsuntersuchungen, Belüftung von Stallungen (BMF vom 31.07.2000, DStR 2001, 228).

54 Auch hier ist zu beachten, dass die Vorschrift **gegenüber § 24 UStG nachrangig** ist.

2.4.5 Zahntechniker, Zahnärzte (§ 12 Abs. 2 Nr. 6 UStG)

55 Im Hinblick auf die Steuerbefreiung des § 4 Nr. 14 UStG will das Gesetz mit der Vorschrift des § 12 Abs. 2 Nr. 6 UStG sicherstellen, dass die Leistungen der Zahntechniker und auch der Zahnärzte steuerbegünstigt bleiben (insofern wird hierzulande anders entschieden als z.B. in Luxemburg, das sogar eine vollständige Steuerbefreiung dafür vorsieht, was richtlinienkonform ist (vgl. EuGH vom 07.12.2006, Rs. C-240/05 – Eurodental, IStR 2007, 31). Für die Steuerbefreiung des § 4 Nr. 14 UStG ist nicht Voraussetzung, dass der Auftrag von einem Heilkundigen erteilt wird (FG München vom 20.01.2009, Az: 14 V 3223/08). Sie vermeidet Wettbewerbsverzerrungen zwischen Zahnärzten, zahntechnischen Labors (unabhängig von deren Rechtsform, z.B. als OHG, KG oder GmbH) und selbständigen Zahntechnikern. Dentisten sind den Zahnärzten gleichgestellt (Gesetz über die Ausübung der Zahnheilkunde vom 31.03.1952 i.d.F. vom 04.02.1970, BStBl I 1970, 241; vgl. auch Abschn. 12.4 Abs. 3 UStAE). Da die heilkundlichen Tätigkeiten gem. § 4 Nr. 14 UStG steuerbefreit sind, erfasst die Vorschrift des § 12 Abs. 2 Nr. 6 UStG die Prothetikumsätze (vgl. Abschn. 12.4 Abs. 2 UStAE). Bis zur Abschaffung des Eigenverbrauchs ab 01.04.1999 durch das StEntlG 1999/2000/2002 ist auch dieser i.R.d. § 12 Abs. 2 Nr. 6 UStG steuerbegünstigt.

56 Auch hier gilt der Grundsatz der Einheitlichkeit der Leistung, so dass Hilfsgeschäfte (z.B. Verkauf von Bohrern, Gips etc.) wie die Hauptleistung steuerbegünstigt sind.

Der Gesetzgeber wollte ursprünglich die Steuerermäßigung für Prothetikumsätze im Rahmen des StVergAbG (BGBl I 2003, 660) wegen angeblichen Wertungswiderspruchs zur Nichtberücksichtigung der Arzneimittel aufgeben (vgl. Gesetzesbegründung, Anl. 2 zu BT-Drucks. 15/199, zu Art. 7, zu Nr. 3 Buchst. b). Dieses Vorhaben wurde aber aufgegeben, da erkannt wurde, dass unter EG-rechtlichen Aspekten im Hinblick auf die Wettbewerbsneutralität diese Umsätze eigentlich sogar von der USt befreit werden müssten. 57

2.4.6 Theater, Orchester, Museen etc. (§ 12 Abs. 2 Nr. 7 Buchst. a UStG)

Werden die Leistungen der Theater, Orchester, Chöre, Museen und Veranstaltungen von Theateraufführungen und Konzerten durch andere Unternehmer nicht bereits durch § 4 Nr. 20 UStG von der USt befreit, werden sie gem. § 12 Abs. 2 Nr. 7 Buchst. a UStG mit dem ermäßigten Steuersatz versteuert (EuGH vom 23.10.2003, Rs. C-109/02, UStB 2004, 3) – auch wenn es sich um Mischformen z.B. von Theater und Konzert handelt (BFH vom 26.04.1995, BStBl II 1995, 519; Abschn. 12.5 Abs. 2 S. 4 UStAE). Wegen der Begriffe Theater, Orchester etc. wird ebenso auf die Kommentierung zu § 4 Nr. 20 UStG verwiesen wie hinsichtlich der betroffenen Leistungen (vgl. die Kommentierung zu § 4 Nr. 20, vgl. Abschn. 4.20.1 bis 4.20.3 UStAE; vgl. auch Alvermann/Fraedrich, UStB 2003, 80). 58

Im Gegensatz zu § 4 Nr. 20 UStG muss der Unternehmer im Rahmen des § 12 Abs. 2 Nr. 6 UStG keine besondere Qualifikation besitzen. Begünstigt sind alle Unternehmer, welche die Veranstaltung erbringen, ohne selbst die entsprechenden Einrichtungen zu betreiben. Allerdings **muss er dem Publikum gegenüber als leistender Unternehmer auftreten**, d.h. wenn er selbst Veranstalter seiner Darbietungen ist, also auf eigene Rechnung die notwendigen organisatorischen Maßnahmen trifft und gegenüber dem Publikum im eigenen Namen auftritt, z.B. als 59

- Solokünstler,
- selbständiger Kabarettist (BMF vom 22.09.1999, Az: IV D 1 – S 7238 – 2/99, UR 2000, 353),

wenn also ein **Leistungsaustausch zwischen dem Solisten und dem Publikum** erfolgt (EuGH vom 03.04.2003, Rs. C-144/00, UR 2003, 248; vom 23.10.2003, Rs. C-109/02, UStB 2004, 3; BFH vom 26.04.1995, BStBl II 1995, 519); **nicht** aber, wenn er z.B. als Solist in einem fremden Orchester mitspielt (dann erbringt er die Leistung diesem bzw. dem Theater gegenüber) oder wenn es sich um die Leistung eines Theaterchoreographen gegenüber dem Theaterveranstalter handelt (FG Düsseldorf vom 27.01.2010, Az: 5 K 1072/08); Gleiches gilt für eine selbständige Chorsängerin (BFH vom 14.12.1995, BStBl II 1996, 386). Für die Steuerbegünstigung von **Rock- und Popkonzerten** ist ausschlaggebend, ob der (Live-)Auftritt der Rock- und Popgruppe im Vordergrund der Veranstaltung steht (FG Rheinland-Pfalz vom 22.05.2003, Az: 6 K 1712/01, EFG 2003, 1275, rkr.). Der BFH hat mit Urteil vom 18.08.2005 (V R 50/04, BStBl II 2006, 101) Konzerte i.S.d. § 12 Abs. 2 Nr. 7 Buchst. a UStG definiert als Aufführungen von Musikstücken, bei denen Instrumente und/oder die menschliche Stimme eingesetzt werden. Hingegen ist das bloße Abspielen eines Tonträgers kein Konzert. Bei Musik, die durch Verfremden und Mischen bestehender Musik entsteht, können Plattenteller, Mischpulte und CD-Player »Instrumente« sein, wenn sie (wie konventionelle Musikinstrumente) zum Vortrag eines Musikstücks und nicht nur zum Abspielen eines Tonträgers genutzt werden. Eine **Techno-Veranstaltung** kann daher ein **Konzert** i.S.d. § 12 Abs. 2 Nr. 7 Buchst. a UStG sein. Umsätze eines Kinderbuchautors aus **Leseveranstaltungen** sind dem ermäßigten Steuersatz zu unterwerfen (FG Hamburg, Gerichtsbescheid vom 28.05.2009, Az: 1 K 53/08, EFG 2009, 1878).

60 Eine für die Ausübenden ungünstige Konstellation ist diejenige, dass zwei umsatzsteuerrechtlich als Einzelunternehmer zu behandelnde Musiker als Duo auftreten. Denn dann handelt es sich bei den Leistungen des Einzelnen nicht um eine – steuerbefreite – Leistung eines Kammermusikensembles. Auch andere Merkmale des § 12 Abs. 2 Nr. 7 UStG sind nicht erfüllt. Als Einzelsänger fallen sie nicht unter die Vorschrift. Auch als Veranstalter von Konzerten sind sie nicht anzusehen, da sie nicht als solche auftreten (BFH vom 24.02.2000, Az: B R 23/99, BStBl II 2000, 302).

61 Nicht begünstigt sind **Vermittlungsleistungen** (vgl. auch Abschn. 12.5 Abs. 4 S. 3 UStAE). Als Vermittlungsleistungen werden auch die Leistungen von Vorverkaufsstellen angesehen.

62 **Nebenleistungen** zu – nach § 4 Nr. 20 UStG befreiten – Hauptleistungen sind steuerbegünstigt (z. B. Programmverkauf, Garderobe, Vermietung von Operngläsern), nicht aber z. B. das Besingen einer Schallplatte mit anschließendem Verkauf im Fachhandel.

2.4.7 Überlassung von Filmen und Filmvorführungen (§ 12 Abs. 2 Nr. 7 Buchst. b UStG)

63 Dem ermäßigten Steuersatz unterliegen nach § 12 Abs. 2 Nr. 7 Buchst. b UStG die Überlassung von Filmen zur Auswertung und Vorführung sowie die Filmvorführungen. Die Filme müssen allerdings gem. § 6 Abs. 3 Nr. 1 bis 5 des **Gesetzes zum Schutze der Jugend in der Öffentlichkeit** gekennzeichnet sein. (War die Erstaufführung des Films allerdings vor dem 01.01.1970, gilt der ermäßigte Steuersatz auch weiterhin ohne die genannte Kennzeichnung.) Daher sind auch Filme steuerbegünstigt, die den Hinweis enthalten: »Nicht freigegeben unter achtzehn Jahren«.

64 Die Überlassung von Filmen zur Auswertung und Vorführung ist **zugleich nach § 12 Abs. 2 Nr. 7 Buchst. c UStG begünstigt** (vgl. auch Abschn. 12.6 Abs. 2 i. V. m. Abschn. 12.7 UStAE).

65 Begünstigt sind auch die **Entgelte für Filmvorführungen** (Eintrittsgelder) einschließlich der untergeordneten Nebenleistungen (Garderobe, Verkauf von Programmen). Andere Umsätze (z. B. Abgabe von Speisen und Getränken oder Hilfsumsätze) fallen nicht unter die Steuerermäßigung (BFH vom 01.06.1995, BStBl II 1995, 914; vgl. auch Abschn. 12. 6. Abs. 3 S. 3 UStAE).

66 Das **Pay-TV** (Abruf-Fernsehen) durch private Fernsehunternehmen ist ebenfalls nicht begünstigt (Abschn. 12.6 Abs. 2 S. 2 UStAE).

67 Ebenfalls von der Begünstigung ausgeschlossen sind Werbeleistungen durch Vorführungen von **Werbefilmen** sowie **Lichtbildervorführungen** (diese bestehen nur in einer Aneinanderreihung von Standbildern, während Filme durch die Darstellung von Bewegungsabläufen charakterisiert sind).

68 Als Filme gelten auch bespielte **Video-Cassetten**, so dass deren entgeltliche Überlassung an andere Unternehmer zur Vorführung oder Weitervermietung steuerbegünstigt ist, es sei denn, diese erfolgt im nichtöffentlichen, also privaten Bereich (Abschn. 12.6 Abs. 4 UStAE).

2.4.8 Einräumung, Übertragung und Wahrnehmung urheberrechtlicher Schutzrechte (§ 12 Abs. 2 Nr. 7 Buchst. c UStG)

69 Sonstige Leistungen sind gem. § 12 Abs. 2 Nr. 7 Buchst. c UStG mit dem ermäßigen Steuersatz zu versteuern, deren wesentlicher Inhalt in der Einräumung, Übertragung und Wahrnehmung von Rechten nach dem Urheberrechtsgesetz vom 09.09.1965 (BGBl I 1965, 1273, zuletzt geändert durch Gesetz vom 09.09.1993, BGBl I 1993, 910) besteht. Die Steuerermäßigung setzt voraus, dass der Rechteinhaber dem Leistungsempfänger nach dem wirtschaftlichem Gehalt des Umsatzes das Recht zur Verwertung des Werks einräumt (BFH vom 21.10.2009, Az: V R 8/08, BFH/NV 2010,

476). Dazu gehören auch die Darbietungen ausübender Künstler sowie die Umsätze der Verwertungsgesellschaften, die Nutzungsrechte, Einwilligungsrechte oder Vergütungsansprüche aus dem UrhG wahrnehmen.

Exkurs: Begriffe des urheberrechtlich geschützten Werks und der Verwertung von Rechten 70

Nach den Bestimmungen des UrhG ist der Urheber der Schöpfer des Werkes (als solches gilt nur die persönliche geistige Schöpfung). Dazu zählen (vgl. Abschn. 12.7 Abs. 2 bis 23 UStAE):

- Sprachwerke (Reden, Schriftwerke, Computerprogramme),
- Musikwerke,
- pantomimische Werke inkl. Werke der Tanzkunst,
- Werke der bildenden Kunst (inkl. Baukunst und Werke der angewandte Kunst und Entwürfe solcher Werke),
- Lichtbildwerke (inkl. Werke, die ähnlich wie Lichtbildwerke geschaffen werden),
- Filmwerke (inkl. Werke, die ähnlich wie Filmwerke geschaffen werden),
- Darstellungen wissenschaftlicher oder technischer Art (Zeichnungen, Pläne, Karten, Skizzen, Tabellen, plastische Darstellungen).

Ausschließlich dem Urheber steht das Recht zu, sein Werk zu verwerten. Dies kann in verschiedener Weise geschehen: 71

Verwertung von Rechten nach dem UrhG	
körperlich (§ 15 Abs. 1 UrhG)	**unkörperlich (§ 15 Abs. 2 UrhG)**
Vervielfältigungsrecht	Vortrags-, Aufführungs- und Vorführungsrecht
Verbreitungsrecht	Senderecht
Ausstellungsrecht	Recht der Wiedergabe durch Bild- und Tonträger
	Recht der Wiedergabe von Funksendungen; Zur Besteuerung von Telekommunikationsleistungen vgl. BMF vom 11.08.2006, Az: IV A 5 – S 7210 – 23/06, BStBl I 2006, 477, Tz. 33.

Nicht begünstigt sind z. B. (vgl. Abschn. 12.7 Abs. 1 S. 4 UStAE) Leistungen der 72

- Meinungs-,
- Sozial-,
- Wirtschafts-,
- Markt-,
- Verbraucher- und
- Werbeforschung.

Hierbei handelt es sich um demoskopische Daten, die erhoben werden, nicht aber um eine Rechtsübertragung. 73

Computersoftware ist durch die UrhG-Novelle (BGBl I 1993, 910) 1993 in den Urheberrechtsschutz integriert worden (§§ 69 a ff. UrhG). 74

75 **Exkurs: Grundzüge der §§ 69 a ff. UrhG**

In den §§ 69 a ff. UrhG ist der urheberrechtliche Schutz von Computerprogrammen ausgestaltet worden:

- Gem. § 69 c Nr. 1 S. 1 UrhG bedarf jede Vervielfältigung geschützter Computerprogramme des Lizenzerwerbs – unabhängig vom Vervielfältigungsmittel und der Vervielfältigungsform und unabhängig von der Dauerhaftigkeit der Vervielfältigung.
- Der Zustimmung des Rechtsinhabers bedarf gem. § 69 c Nr. 1 S. 2 UrhG auch das Laden, Anzeigen, Ablaufen, Übertragen oder Speichern des Computerprogramms, soweit es eine Vervielfältigung erfordert.
- Ferner hat der Rechtsinhaber des Computerprogramms gem. § 69 c Nr. 2 UrhG das ausschließliche Recht, die Übersetzung, Bearbeitung, das Arrangement und andere Umarbeitungen sowie die Vervielfältigung der erzielten Ergebnisse vorzunehmen oder zu gestatten. Soweit allerdings vertraglich nichts Gegenteiliges bestimmt ist, darf der Nutzungsberechtigte, also der ein Vervielfältigungsstück des Computerprogramms erwerbende Anwender, dieses im Rahmen einer bestimmungsgemäßen Benutzung auch ohne Zustimmung des Rechtsinhabers vervielfältigen, umarbeiten und die betreffende Umarbeitung vervielfältigen (§ 69 d Abs. 1 UrhG).
- Dem Nutzungsberechtigten darf vertraglich nicht untersagt werden, eine Sicherungskopie herzustellen, wenn dies zur Sicherung künftiger Nutzungen für den Fall erforderlich ist, dass die Arbeitskopie zerstört oder nicht mehr benutzbar ist (§ 69 d Abs. 2 UrhG).
- Andere Abmachungen sind insoweit nichtig. In dem Umfang, wie ihm das Laden, Anzeigen, Abrufen, Übertragen und Speichern des Programms gestattet ist, kann der Nutzungsberechtigte bei diesen Handlungen auch das Funktionieren des Programms beobachten, untersuchen und testen, um die dem Programm oder seinen Elementen zugrunde liegenden Ideen und Grundsätze zu ermitteln (§ 69 d Abs. 3 UrhG).

76 Nach der – inzwischen wohl als gefestigt zu beurteilenden – Rechtsprechung des BFH unterliegt die entgeltliche Überlassung von urheberrechtlich geschützter Computersoftware gem. § 12 Abs. 2 Nr. 7 Buchst. c UStG dem ermäßigten Steuersatz, wenn der Urheber oder Nutzungsberechtigte dem Leistungsempfänger die in § 69 c S. 1 Nr. 1 bis 3 UrhG bezeichneten Rechte auf Vervielfältigung und Verbreitung nicht nur als Nebenleistung einräumt. Der Regelsteuersatz ist hingegen anzuwenden, wenn der wirtschaftliche Gehalt des Vorgangs überwiegend auf die Anwendung der Software auf die Bedürfnisse des Leistungsempfängers hin ausgerichtet ist (BFH vom 16.08.2001, Az: V R 42/99, UR 2002, 133; vom 16.08.2001, Az: V R 14/01, UR 2002, 133; vom 17.01.2002, Az: V R 13/01, BFH/NV 2002, 821). Dem lassen sich folgende Grundsätze entnehmen:

- Veräußert ein Händler **Standardsoftware**, stellt dies keine Übertragung urheberrechtlich geschützter Nutzung dar. Denn dieser Verkauf unterscheidet sich nicht von demjenigen eines Buchs oder eines Tonträgers – unabhängig von der Frage, ob es sich zivilrechtlich um einen Sachkauf oder um den Kauf eines immateriellen Wirtschaftsguts handelt. Die Handlungen bestehen nur in der Anwendung der Computerprogramme.
- Gleiches gilt für die Überlassung von Standardsoftware vom Hersteller (FG Köln vom 29.09.2000, Az: 7 K 1119/99, rkr., EFG 2001, 111).
- Überlässt der Hersteller dem Händler Standardsoftware, ist dies ein Vorgang, der das Verbreitungsrecht gem. § 15 Abs. 1 Nr. 1 UrhG betrifft; gem. § 17 Abs. 1 UrhG beinhaltet das Verbreitungsrecht das Recht, das Original oder Vervielfältigungsstücke des Werks der Öffentlichkeit anzubieten. Daher ist dieser Vorgang steuerbegünstigt.
- Die Entwicklung von **Individualsoftware** (Computerprogramme, die speziell für einen bestimmten Aufgabenzweck oder für die spezifischen Bedürfnisse eines ganz bestimmten Anwenders erstellt werden) ist mit dem Regelsteuersatz zu versteuern, wenn der wirtschaftliche Gehalt des Vorgangs nicht auf die Verbreitung der Software, sondern auf deren Anwen-

dung für die Bedürfnisse des Anwenders gerichtet ist (BFH vom 16.06.2001, UR 2002, 133; vom 27.09.2001, UR 2002, 136).

- Werden dagegen über die Mindestbefugnisse des § 69d UrhG hinausgehende – und nicht nur als Nebenfolge eingeräumte – Verwertungs- und anderweitige Vermögensrechte hinsichtlich der Software auf den Auftraggeber übertragen – was bei der Individualsoftware regelmäßig der Fall sein wird –, liegt der Tatbestand der Einräumung oder Übertragung von Urheberrechten i. S. d. § 12 Abs. 2 Nr. 7 Buchst. c UStG vor, so dass dann die Anwendung des ermäßigten Steuersatzes gerechtfertigt ist.
- Wird die Software – unabhängig davon, ob es sich um Standard- oder Individualsoftware handelt –, auf **elektronischem Weg** überlassen, d. h. per Internet oder Modem, stellt Abschn. 3.5 Abs. 3 Nr. 8 S. 2 UStAE darauf ab, dass diese Art der Übertragung eine sonstige Leistung i. S. d. § 3 Nr. 9 UStG darstellt (so auch das FG Niedersachsen vom 16.01.1997, Az: V 163/97, EFG 1997, 914). Bei Standardsoftware kommt der Regelsteuersatz zur Anwendung, da der Hauptinhalt der Leistung nicht in der Überlassung urheberrechtlich geschützter Rechte besteht (OFD Koblenz vom 22.06.1998, Az: S 7100A – St 512, UR 1998, 355; OFD Düsseldorf vom 11.01.1999, Az: S 7100A – St 141, DStR 1999, 328; OFD Koblenz vom 29.02.1998, Az: S 7100A – St 512, UR 1999, 218; OFD Frankfurt a. M. vom 25.09.2002, Az: S 7240A – 18 – St I 22, UR 2003, 206 und vom 07.05.2002, Az: S 7240A – 9 – St I 22, UR 2003, Heft 2). Dem ist zuzustimmen, da die Art der Überlassung des Programms (verkörpert auf Datenträger oder auf elektronischem Wege) nichts über die Übertragung von Urheberrechten aussagt.
- Letztlich ist dies alles eine Frage der Feststellung der Verwertungsabsicht des Anwenders. Diese hat ggf. das Gericht im Rahmen der Beweiswürdigung festzustellen. Dabei wird es besonderes Augenmerk auf die Abfassung der Verträge richten (vgl. dazu Abschn. 12.7 Abs. 1 UStAE [vgl. Abschn. 168 Abs. 1 UStR 2008]). Es kann sogar die Anwendung des ermäßigten Steuersatzes, den die Finanzverwaltung anerkannt hat, kassieren.

Beweisanzeichen für die Nutzung des Rechts auf Vervielfältigung und Verbreitung sind: 77

- die Tätigkeit des Leistungsempfängers,
- die bei ihm vorhandenen Vertriebswege,
- die wirkliche Durchführung der Vervielfältigung und Verbreitung,
- die Vereinbarung für die Bemessung und Aufteilung des Entgelts nach Entwicklung, Benutzung und/oder Verbreitung.

Verwertungsrechte an Computerprogrammen 78

Ist das Urheberrecht Hauptbestandteil der Leistung (Übertragung ausschließlicher Nutzungs- und Verwertungsrechte an einer individuell erstellten Software), wird diese mit dem ermäßigten Steuersatz gem. § 12 Abs. 2 Nr. 7 Buchst. c UStG besteuert, ohne dass ein Verstoß gegen Art. 98 Abs. 2 i. V. m. Anhang III MwStSystRL vorliegt (so das FG Hamburg vom 28.11.2003, Az: III 10/01, nrkr., EFG 2004, 855). In dem zugrunde liegenden Fall ging es um eine Individualsoftware für ein Versicherungsunternehmen. Diese sollte so programmiert werden, dass die Software auch bei anderen Versicherern und auch ausländischen Konzerngesellschaften ohne größere technische Probleme eingesetzt werden kann. Dem Versicherer wurde das Recht eingeräumt, »die im Rahmen dieses Vertrags erbrachten Erstellungsleistungen auf sämtliche Arten zu nutzen«. Der Versicherer verkaufte die Software-Weiterentwicklung an andere Konzernunternehmen zu Marktpreisen. Auch Lizenzierungen waren geplant.

Nach Auffassung des FG Hamburg findet der ermäßigte Steuersatz gem. § 12 Abs. 2 Nr. 7 Buchst. c UStG Anwendung. 79

80 **Dies verstoße nicht gegen Art. 98 Abs. 2 i.V.m. Anhang 3 MwStSystRL.** Ausdrücklich enthielten die in Anhang H aufgezählten 17 Kategorien keine Bestimmung für die Übertragung von Urheberrechten an Computerprogrammen. Ob Computerprogramme den in Nr. B der Anlage H genannten Werken »von Schriftstellern sowie deren Urheberrechten« unterfielen, sei höchstrichterlich bisher nicht entschieden. Dafür, dass der BFH Computerprogramme als Werke von Schriftstellern i.S.d. Nr. 8 der Anlage H ansehe, spreche jedoch seine Entscheidung vom 13.03.1997 (BFH vom 13.03.1997, Az: V B 120/96, UR 1998, 157). **Auch die Finanzverwaltung** habe in Abschn. 168 UStR 2000 und weiteren Verwaltungsanweisungen zur Vereinbarkeit mit dem Europarecht bislang keine Stellung genommen. Auch sie bejahe die Anwendung des ermäßigten Steuersatzes auf die Übertragung von Urheberrechten an Computerprogrammen, wenn die Urheberrechtsübertragung als **leistungsbestimmend** anzusehen sei.

81 Der BFH wertet folgende Gegebenheiten als **Indizien** für die Einräumung der urheberrechtlichen Nutzungsrechte als Hauptbestandteil der Leistung:

- die offene Gestaltung des Programms,
- Verwendung auch in ausländischen Gesellschaften,
- Standardisierungen, die über den Eigenbedarf hinausgingen und
- der spätere tatsächliche Verkauf der Individualsoftware.

82 **In der Praxis sollten folgende Konstellationen unterschieden werden:**

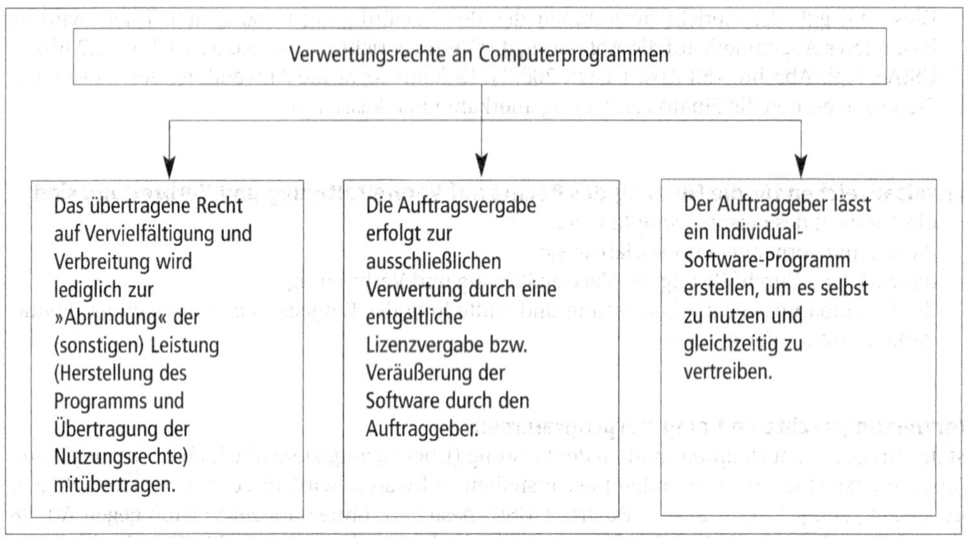

83 **Die Finanzverwaltung** (OFD Hannover vom 03.02.1997, Az: S 7240 – 67 – StH 541, S 7240 – 37 – St0353, UR 1998, 358) erkennt im letztgenannten Fall zwei selbstständige Hauptleistungen an. Für die Anwendung des privilegierten Steuersatzes für die Übertragung der Rechte hält sie eine **ausdrückliche vertragliche Regelung** über die Eigenständigkeit dieser Leistung sowie das darauf entfallende Entgelt für erforderlich. Das leuchtet ein, da sonst das einheitliche Entgelt aufgespalten werden müsste. Da dies aber kaum möglich sein wird, müsste auf die gesamte (sonstige) Leistung der Normalsteuersatz angewendet werden. Denn der Vertrag auf Herstellung der Software und die Übertragung der Nutzungsrechte bliebe (eine) Hauptleistung des geschlossenen Vertrags.

Sollte **keine entsprechende vertragliche Aufschlüsselung der Leistungen** getroffen worden sein, käme nur für die zweite Fallgruppe § 12 Abs. 2 Nr. 7 Buchst. c UStG in Betracht. Dabei ist aber zu bedenken, dass die Mitgliedstaaten nur Umsätze in den durch Art. 98 ff. MwStSystRL gezogenen Grenzen dem ermäßigten Steuersatz unterwerfen dürfen. In der dazu aufgestellten Anlage H käme allenfalls Kategorie 8 »Werke bzw. Darbietungen von Schriftstellern, Komponisten und ausübenden Künstlern sowie deren Urheberrechten« in Betracht. Ob diese Position auch das Recht auf Vervielfältigung und Verbreitung von Individualsoftware umfasst, ist zumindest fraglich. Dies wird der BFH entscheiden bzw. die Frage ggf. dem EuGH in einem Vorabentscheidungsersuchen vorlegen müssen. Jedenfalls sollten die einschlägigen Fälle offen gehalten werden. 84

Zu Einzelfällen vgl. die Ausführungen in Abschn. 12.7 Abs. 6 ff. UStAE: 85

- Schriftsteller,
- Journalisten/Presseagenturen,
- Vorträge, Reden, Gutachten, technische Darstellungen,
- Werke der Musik,
- Werke der bildenden Künste und der angewandten Kunst (auch der der Grafiker, Gebrauchsgrafiker, Grafikdesigner und Bühnenbildner),
- Lichtbildwerke und Lichtbilder (auch Bildjournalisten, Fotodesigner),
- Darbietung ausübender Künstler. Deren Darbietung ist nicht immer mit der Einwilligung zu ihrer Verwertung oder mit der Abtretung urheberrechtlicher Nutzungsrechte verbunden. Wird sie z. B. weder von Rundfunk- oder Fernsehanstalten gesendet, noch auf Bild- und Tonträger aufgenommen und vervielfältigt, ist sie nicht steuerbegünstigt, sondern mit dem Regelsteuersatz zu versteuern. Umgekehrt kommt der ermäßigte Steuersatz zur Anwendung, wenn eine Leistung (z. B. durch einen Solisten) in einem öffentlichen Konzert erbracht und gleichzeitig von einer Rundfunk- und Fernsehanstalt aufgezeichnet und gesendet wird – und zwar hinsichtlich der Leistung des Solisten gegenüber der Rundfunk- und Fernsehanstalt; die Leistung gegenüber dem Konzertveranstalter unterliegt dagegen dem Regelsteuersatz. Insofern hat die EU-Kommission Klage gegen die Bundesrepublik Deutschland erhoben, da der ermäßigte Steuersatz für Leistungen von Musikensembles gegenüber der Öffentlichkeit und dem Musikveranstalter vorgeschrieben ist, während für Solisten, die für einen Veranstalter Leistungen erbringen, der Regelsteuersatz gilt (EU-Kommission, Klage vom 22.03.2002, Rs. C-109/92, ABl. EG Nr. C 131, 7).

2.4.9 Zirkusunternehmen, Schausteller, zoologische Gärten (§ 12 Abs. 2 Nr. 7 Buchst. d UStG)

Die Vorschrift des § 12 Abs. 2 Nr. 7 Buchst. d UStG begünstigt die Leistungen von Zirkusunternehmen, Schaustellern und zoologischen Gärten. Zu den Zirkusvorführungen gehören auch Tierschauen. Vgl. im Übrigen Abschn. 12.8 Abs. 1 UStAE. 86

Was als Leistungen aus der Tätigkeit als Schausteller zu qualifizieren ist, regelt § 30 UStDV (vgl. dazu auch Abschn. 12.8 Abs. 2 UStAE). 87

Die Leistungen zoologischer Gärten sind nur insoweit begünstigt (vgl. dazu Abschn. 12.8 Abs. 3 UStAE), als nicht bereits eine Steuerbefreiung gem. § 4 Nr. 20a UStG greift. 88

Bei Fernsehaufzeichnung können die Leistungen sowohl nach § 12 Abs. 2 Nr. 7 Buchst. c UStG als auch nach § 12 Abs. 2 Nr. 7 Buchst. d UStG begünstigt sein. 89

2.4.10 Gemeinnützige, mildtätige und kirchliche Einrichtungen sowie deren Zusammenschlüsse (§ 12 Abs. 2 Nr. 8 UStG)

90 § 12 Abs. 2 Nr. 8a UStG begünstigt die Leistungen der Körperschaften, die gemeinnützige, mildtätige oder kirchliche Zwecke i. S. d. §§ 51 bis 68 AO verfolgen.

91 Diese Voraussetzungen sind z. B. in folgenden Fällen **nicht** erfüllt:

- Die Tätigkeit von **Beliehenen** (privaten Unternehmern, die von Hoheitsträgern zur Ausführung hoheitlicher Aufgaben eingesetzt werden, z. B. im Bereich Müllbeseitigung) sind nicht begünstigt, da sie nicht selbstlos ist, sondern in erster Linie eigenwirtschaftlichen Zwecken dient.
- **Scientology-Organisationen** verfolgen nicht gemeinnützige Zwecke, so dass ihre Tätigkeit ebenfalls nicht begünstigt ist (FG Münster vom 25.05.1994, Az: 15 K 5247 U, nrkr., Az des BFH: XI R 50/94, EFG 1994, 810; OFD Erfurt vom 04.07.1994, Az: S 0170A – 14 St 313, DB 1994, 1956).
- Geht die Körperschaft Tätigkeiten nach, die **rechtswidrig** sind (z. B. wenn ein Fußballverein seinen Spielern über Dritte Sponsorengelder zuwendet und somit Lohnsteuerverkürzung begeht), ist sie nicht gemeinnützig (BFH vom 27.09.2001, Az: V R 17/99, BStBl II 2002, 169).
- **Unentgeltliche Wertabgaben** gem. § 3 Abs. 1b und Abs. 9a UStG sind ebenfalls nicht begünstigt.

92 Zur Behandlung **gemeinnütziger Forschungseinrichtungen**: vgl. § 8 Nr. 9 AO. Diese werden ggf. zu Zweckbetrieben, auch im Rahmen der Auftragsforschung (Doemen, UR 1997, 285). Dazu hat der Bundesrat am 11.05.2007 den Entwurf eines Gesetzes zur steuerlichen Gleichbehandlung der Auftragsforschung öffentlich-rechtlicher Forschungseinrichtungen (Hochschulforschungsförderungsgesetz – HFFördG) eingebracht (BR-Drucks. 198/07). Während die Umsätze aus der Auftragsforschung privater gemeinnütziger Forschungseinrichtungen über § 68 Nr. 9 AO i. V. m. § 12 Abs. 2 Nr. 8 Buchst. a UStG dem ermäßigten Steuersatz unterliegen, gilt dies bislang nicht für die Umsätze aus der Auftragsforschung staatlicher Hochschulen. Diese Ungleichbehandlung soll nunmehr beseitigt werden. Ursprünglich bestand in § 4 Nr. 21a UStG sogar eine Steuerbefreiung; diese wurde aber vom EuGH als nicht gemeinschaftskonform verworfen (EuGH vom 20.06.2002, Rs. C-287/00, UVR 2002, 315). Diese Vorschrift wurde daher im Rahmen des Steueränderungsgesetzes 2003 zum 01.01.2004 aufgehoben. Auch die Europäische Kommission setzt sich für eine wirksamere steuerliche Förderung des Bereichs Forschung und Entwicklung ein (Pressemitteilung der Kommission vom 22.11.2006, IP/06/1598); dies betrifft aber insbesondere den Vorsteuerabzug, die Steuerbefreiung und die Subventionen, aber auch die umsatzsteuerliche Behandlung von öffentlichen und privaten Forschungseinrichtungen.

93 Geldleistungen eines Sponsors an eine steuerbegünstigte Einrichtung (z. B. Sportverein) stellen regelmäßig Entgelt auf Grund eines Sponsoring-Vertrags für konkrete Werbeleistungen (Banden-, Trikotwerbung, Anzeigen etc.) dar. D. h. es handelt sich um Leistungen innerhalb eines – nicht begünstigten – wirtschaftlichen Geschäftsbetriebs.

Luftsportverein

Ein eingetragener Verein verfolgt seiner Satzung nach die Förderung und Ausübung des Luftsports mit Freiluftballonen; er ist insoweit ausschließlich und unmittelbar gemeinnützig. Von Unternehmen bekam er Ballone mit Werbeaufschriften zur Verfügung gestellt, die er zu Sport- und Aktionsfahrten des Unternehmens und dessen Beteiligungsgesellschaften einzusetzen hatte, um so ein gutes Medienecho zu erhalten. Eine bestimmte Zahl von Mitfahrerplätzen ist jeweils bereitzustellen. Das Unternehmen übernimmt alle mit dem Betrieb der Ballone zusammenhängenden Kosten.

Lösung:
Der BFH hat entschieden, dass sich der Luftsportverein als Unternehmer betätigt hat, weil er für das Unternehmen Werbeleistungen erbringt und als Gegenleistung die Ballone mit Ausrüstung zur Nutzung erhält (BFH vom 01.08.2002, Az: V R 21/01, UR 2003, 26). Daher unterliegt der Umsatz dem allgemeinen Steuersatz.

Im Rahmen eines **wirtschaftlichen Geschäftsbetriebs** ausgeführte Leistungen sind nicht steuerbegünstigt, sondern werden mit dem Regelsteuersatz belegt. Dabei handelt es sich um eine 94

- selbständige,
- nachhaltige Tätigkeit,
- durch die Einnahmen oder andere wirtschaftliche Vorteile erzielt werden und
- die über den Rahmen einer Vermögensverwaltung hinausgeht.

Eine Gewinnerzielungsabsicht wird nicht vorausgesetzt. 95

Handelt es sich bei dem Geschäftsbetrieb aber um einen Zweckbetrieb i. S. d. §§ 65 bis 68 AO oder um eine Vermögensverwaltung (Vermögen wird genutzt z. B. zur verzinslichen Kapitalanlage und Vermietung/Verpachtung von Immobilien) einer an sich begünstigten Körperschaft, sind diese Umsätze doch steuerbegünstigt. 96

Zweckbetriebe: Abgrenzung und Beispiele 97

Der ermäßigte Steuersatz gilt auch für Zweckbetriebe i. S. d. §§ 65 bis 68 AO (dazu BMF vom 09.02.2007, Az: IV A 5 - S 7242a - 07/0001, UR 2007, 236). Ein solcher ist anzunehmen, wenn

- der Zweckbetrieb nicht in erster Linie der Erzielung zusätzlicher Einnahmen durch die Ausführung von Umsätzen dient, die in unmittelbarem Wettbewerb mit dem allgemeinen Steuersatz unterliegenden Leistungen anderer Unternehmer ausgeführt werden, oder
- die Körperschaft mit diesen Leistungen ihrer in §§ 66 bis 68 AO bezeichneten Zweckbetriebe ihre steuerbegünstigten satzungsgemäßen Zwecke selbst verwirklicht (so der Tendenz nach auch schon BFH vom 13.08.1986, Az: II R 246/81, BStBl II 1986, 831. Das neue BMF-Schreiben führt in die Neuregelung ein: Mit Art. 7 Nr. 5 Buchst. a JStG 2007 wurde § 12 Abs. 2 Nr. 8 Buchst. a UStG um einen neuen S. 3 ergänzt, der die genannten Kriterien nunmehr im Gesetz verankert hat.

Beispiele für Zweckbetriebe:

- **Behindertenwerkstätten** (Diers, UR 1981, 117),
- **Lotterien und Ausspielungen**, sofern von den zuständigen Behörden anerkannt; das ist der Fall, wenn eine steuerbegünstigte Körperschaft derartige Veranstaltungen maximal zweimal im Jahr ausschließlich zu gemeinnützigen, mildtätigen oder kirchlichen Zwecken durchführt (§ 68 Nr. 6 AO);
- Tätigkeit der **Landessportverbände** zur Verleihung des deutschen Sportabzeichens/Jugendsportabzeichens (Abschn. 12.9 Abs. 4 Ziff. 1 UStAE).
- **Kulturelle Einrichtungen und Veranstaltungen** einer steuerbegünstigten Körperschaft (z. B. eines Vereins) – unabhängig von einer Umsatz- oder Einkommensgrenze; die Lieferung von Speisen und Getränken sowie die Werbung gehören nicht zum Zweckbetrieb (Abschn. 12. 9. Abs. 5 UStAE),
- **Sportliche Veranstaltungen** eines Sportvereins, wenn die Einnahmen inkl. USt 30.678 € im Jahr nicht übersteigen (§ 67 a Abs. 1 AO). Auch hier gehören Werbemaßnahmen und die Lieferung von Speisen und Getränken nicht zum Zweckbetrieb. Gleiches gilt für Amateurveranstaltungen, z. B. Schauauftritt eines Vereins für Formationstanzsport (a. A. FG Düsseldorf vom 05.09.1989, Az: 8/15 K 427/85 U, EFG 1990, aufgehoben aber durch BFH vom 22.07.2003, Az: VI R 190/97, BStBl II 1994, 886). Ebenso: Nutzungsüberlassung der Eisbahn durch einen Eislaufverein sowohl an Mitglieder als auch an Nichtmitglieder, Vermietung von Schlittschuhen, wenn diese Leistungen im Rahmen des Zweckbetriebs ausgeführt werden, d. h. dass der Verein mit nicht begünstigten Betrieben nicht in einen größeren Wettbewerb eintreten darf, als dies zur Erfüllung seiner steuerbegünstigten Zwecke unvermeidbar ist (BFH vom 30.03.2000, Az: V R 30/99, UR 2000, 327),
- **Betreuungsleistungen von Vereinsbetreuern** – und zwar unabhängig davon, ob die Betreuungsleistungen gegenüber mittellosen oder vermögenden Personen erbracht werden (FG Düsseldorf vom 16.08.2006, Az: 5 K 5856/02, nrkr, Az des BFH: V R 64/06 und V R 67/06).

Beispiele für Nichtbegünstigung:

- Die Nutzungsüberlassung einer Anlage an einen gemeinnützigen Golfclub an Nichtmitglieder gegen Zahlung der sog. Greenfees ist kein Zweckbetrieb in diesem Sinne (BFH vom 09.04.1987, Az: V R 150/78, BStBl II 1987, 659; a.A. Prugger, Stbg 1990, 85);
- Ausführung von Leistungen außerhalb des satzungsmäßigen Zwecks über 10 % des Umsatzes (UR 1995, 481);
- Da Wettbewerb mit nicht begünstigten Einrichtungen nicht ausgeschlossen:
  - Krankenfahrten gemeinnütziger Organisationen (Abschn. 170 Abs. 4 UStR 2008),
  - Krankenhauswäschereien (BFH vom 18.10.1990, Az: V R 35/85, BStBl II 1991, 157),
  - Krankenhausapotheken (BFH vom 18.10.1990, Az: V R 76/89, BStBl II 1991, 268),
  - Abfallbeseitigungsgesellschaften (BFH vom 15.12.1993, Az: X R 115/91, UR 1994, 362);
- Verwaltungs- und Geschäftsführungsleistungen eines als gemeinnützig anerkannten Vereins an Mitgliedsvereine, wenn über Jahre hinweg Leistungen an Dritte erbracht werden und die Einrichtung hierfür personell entsprechend ausgestattet ist (BFH vom 29.01.2009, Az: V R 46/06),
- Verträge zwischen Händlern und Dienstleistern sowie den Krankenkassen über den Kauf und regelmäßig auch über die Versorgung der Geräte (OFD Koblenz, Verf. vom 27.12.2006, Az: S 7270 A – St 44 4, UStB 2007, 130),
- Carsharing (BFH vom 12.06.2008, Az: V R 33/05, DStR 2008, 1688).

98 Zu Zusammenschlüssen steuerbegünstigter Einrichtungen: vgl. Abschn. 12.9 Abs. 8 UStAE; zu Leistungen von Integrationsprojekten gem. § 132 Abs. 1 SGB IX: BMF vom 02.03.2006, Az: IV A 5 – S 7242a – 3/06, BStBl I 2006, 242.

2.4.11 Schwimm- und Heilbäder, Bereitstellung von Kureinrichtungen (§ 12 Abs. 2 Nr. 9 UStG)

99 Auch die mit dem Betrieb von Schwimmbädern und der Verabreichung von Heilbädern sowie mit der Bereitstellung von Kureinrichtungen verbundenen Umsätze sind steuerbegünstigt, soweit als Entgelt eine Kurtaxe zu entrichten ist (§ 12 Abs. 2 Nr. 9 UStG). Vgl. dazu ausführlich Abschn. 12.11 UStAE, der in Abs. 2 auch die nicht begünstigten Leistungen aufführt; vgl. dazu auch OFD Hannover vom 21.08.2006, Az: S 2743 – 12 – StO 184, DB 2006, 2204; dazu insbesondere: BMF vom 20.03.2007, Az: IV A 5 – S 7243/07/002. Die Finanzverwaltung nimmt Bezug auf die Rechtsprechung des BFH, derzufolge die Verabreichung eines Heilbads der Behandlung einer Krankheit oder einer anderen Gesundheitsstörung und damit dem Schutz der menschlichen Gesundheit dienen muss (BFH vom 12.05.2005, Az: V R 54/02, UR 2008, 561). Dieses Urteil wendet die Finanzverwaltung nicht über den Einzelfall hinaus an, so z. B. auch nicht im Hinblick auf die Befreiung der Nutzung einer Sauna in einem Fitnessstudio, die regelmäßig lediglich dem allgemeinen Wohlbefinden dient.

100 Bei Hotelschwimmbädern, die sowohl den Hausgästen als auch Fremden zur Nutzung offen stehen, kann die (Nicht-)Begünstigung anhand folgender von der OFD Frankfurt entwickelter Fallgruppen (OFD Frankfurt vom 08.07.1971, Az: S 7243 A – 3 – St IV 20, UR 1971, 318) geprüft werden:

a) Steht das Schwimmbad den Hausgästen gegen ein neben dem Pensionspreis zu entrichtendes besonderes Entgelt zur Verfügung?
b) Ist die Schwimmbadbenutzung in dem Beherbergungs-/Pensionspreis offen oder verdeckt enthalten – unabhängig davon, ob der Gast das Schwimmbad tatsächlich benutzt?
c) Steht das Schwimmbad fremden Personen (z. B. Gästen anderer Hotels) gegen Eintrittspreis zur Verfügung?

101 Im Fall b) liegt eine Nebenleistung zur Beherbergung vor, die daher nicht nach § 12 Abs. 2 Nr. 9 UStG begünstigt ist. In den anderen Fällen werden die Umsätze nur mit dem ermäßigten Steuersatz versteuert.

TIPP
Im Fall b) kann die Steuerbegünstigung »gerettet« werden, wenn der Unternehmer in Angebot und Rechnung unterschiedliche Pensionspreise mit bzw. ohne Schwimmbadbenutzung ausweist oder wenn die Hotelgäste für die Schwimmbadbenutzung ein gesondertes Entgelt bezahlen müssen (so auch die OFD Frankfurt vom 08.07.1971, Az: S 7243 A – 3 – St IV 20, UR 1971, 318).

Nicht begünstigt ist aber die an den Betreiber erbrachte Betriebsführung von Schwimmbädern, da letztlich der Endverbraucher begünstigt werden soll, nicht aber der an den Schwimmbadbetreiber Leistende (FG München vom 16.05.2002, Az: 14 K 2165/01, EFG 2002, 1415, rkr.). Vgl. auch unter »Fitnessstudios«. 102

Der Begriff **Heilbäder** ist weit auszulegen, so dass es reicht, dass die Maßnahme der Vorbeugung von Krankheiten dient (BFH vom 18.06.1993, Az: V R 1/89, BStBl II 1993, 853). Vgl. dazu im Einzelnen Abschn. 12.11 Abs. 4 S. 1 UStAE. Vgl. auch unter »Fitnessstudios«. 103

Bräunungsstudios erbringen nur kosmetische Dienste und können daher nicht als medizinische Behandlung angesehen werden, so dass ihre Umsätze nicht steuerbegünstigt sind (BFH vom 18.06.1993, Az: V R 1/89, BStBl II 1993, 853; Abschn. 12.11 Abs. 4 S. 4 UStAE). 104

Fitnessstudios hingegen können u. U. steuerbegünstigte Umsätze erzielen (dazu BFH vom 13.09.2000, Az: V B 60/00, BFH/NV 2001, 349). Wird ein Schwimmbad als Teil einer Fitnessanlage betrieben, so erzielt ausschließlich der das Schwimmbad betreibende Unternehmer auch dann gem. § 12 Abs. 2 Nr. 9 S. 1 Alt. 1 UStG privilegierte Umsätze, wenn die Besucher der Fitnessanlage keinen auf das Schwimmbad beschränkten Nutzungsvertrag schließen können. Ein unmittelbar mit dem Betrieb eines Schwimmbads verbundener Umsatz ist auch dann zu bejahen, wenn die Nutzer des Bads einen Nutzungsvertrag nicht mit dem Betreiber abschließen, sondern mit einem Dritten, dem der Betreiber das Recht hierzu einräumt. Entsprechendes gilt für die »Verabreichung« von Heilbädern i. S. d. § 12 Abs. 2 Nr. 9 S. 1 Alt. 2 UStG (FG Hamburg vom 16.12.2005, Az: VII 198/05, UStB 2006, 213). 105

Saunabetriebe, die der Kontaktanbahnung dienen, sind im Übrigen nicht als Heilbad steuerbegünstigt (BFH vom 06.02.2002, Az: V B 36/01, BFH/NV 2002, 824). Der Betrieb von Saunen innerhalb einer Fitnessanlage ist nicht mehr steuerbegünstigt (BFH vom 12.05.2005, Az: V R 54/02; FG Hamburg vom 16.12.2005, Az: VII 198/05, UStB 2006, 213; insofern Nichtanwendungserlass des BMF-Schreibens vom 20.03.2007, Az: IV A 5 – S 7243/07/0002, UStB 2007, 131). 106

Die Überlassung von **Kureinrichtungen** gegen Bezahlung einer Kurtaxe ist eine einheitliche begünstige Leistung, vgl. im Einzelnen Abschn. 12.11 Abs. 5 UStAE [vgl. Abschn. 171 Abs. 4 UStR 2008]. Zu den Kurtaxen zählen auch die nach § 11 KAG NRW erhobenen »Kurbeiträge«oder die in den Kommunalbädern in Rheinland-Pfalz erhobenen »Fremdenverkehrsbeiträge«, die in Bayern und Schleswig-Holstein erhobenen »Kurabgaben«. Die Gebrauchsüberlassung einzelner Kureinrichtungen/-anlagen sowie die Veranstaltung von Theateraufführungen und Kurkonzerten gegen ein neben der Kurtaxe zu entrichtendes Entgelt sind nicht begünstigt (BFH vom 01.10.1981, UR 1982, 32). 107

2.4.12 Personenbeförderungen (§ 12 Abs. 2 Nr. 10 UStG)

Die Vorschrift des § 12 Abs. 2 Nr. 10 UStG ist mehrfach geändert worden. Zur seit dem 01.01.2012 aktuellen Fassung (§ 28 Abs. 4 UStG) vgl. Abschn. 12.13–12.15 UStAE. 108

2.4.13 Vermietung von Wohn- und Schlafräumen zur kurzfristigen Beherbergung und kurzfristige Vermietung von Campingflächen (§ 12 Abs. 2 Nr. 11 UStG)

109 Durch Art. 5 Nr. 1 des Wachstumsbeschleunigungsgesetzes vom 22.12.2009 wurde gem. § 12 Abs. 2 Nr. 11 UStG der ermäßigte Steuersatz für Beherbergungsleistungen zum 01.01.2010 neu eingeführt. Die Neuregelung ist sicherlich auch eine Folge des starken Einflusses der Interessenverbände des Hotelgewerbes. Hervorzuheben ist allerdings, dass bereits 21 der 27 EU-Mitgliedstaaten, insbesondere die meisten Anrainerstaaten Deutschlands, einen verminderten Umsatzsteuersatz auf Beherbergungsleistungen anwenden.

110 Die Finanzverwaltung hat mit BMF-Schreiben vom 05.03.2010 (Az: IV D 2 – S 7210/07/10003 und Az: IV C 5 – S 2353/09/10008) zur Anwendung des ermäßigten Steuersatzes für Beherbergungsleistungen Stellung genommen.

111 Begünstigt sind Leistungen, die in der Aufnahme von Personen zur Gewährung von Unterkunft bestehen. Demnach umfasst die Steuerermäßigung sowohl die Umsätze des klassischen Hotelgewerbes als auch kurzfristige Beherbergungsleistungen in Pensionen, Fremdenzimmern, Ferienwohnungen und vergleichbaren Einrichtungen sowie die Unterbringung von Begleitpersonen in Krankenhäusern, sofern diese Leistung nicht gemäß § 4 Nr. 14 Buchst. b UStG (z. B. bei Aufnahme einer Begleitperson zu therapeutischen Zwecken) steuerfrei ist.

112 Auch die Weiterveräußerung von eingekauften Zimmerkontingenten im eigenen Namen und für eigene Rechnung an andere Unternehmer (z. B. Reiseveranstalter) unterliegt der Steuerermäßigung.

113 Nach dem Gesetzeswortlaut muss es sich zunächst um eine **Vermietungsleistung** handeln und die erbrachte Leistung muss **unmittelbar** der Beherbergung dienen.

114 Keine Beherbergungsleistungen mangels Vermietung und daher auch nicht begünstigt sind nach Ansicht der Finanzverwaltung folgende Leistungen:

- Überlassung von Tagungsräumen,
- Überlassung von Räumen zur Ausübung einer beruflichen oder gewerblichen Tätigkeit,
- gesondert vereinbarte Überlassung von Plätzen zum Abstellen von Fahrzeugen,
- Überlassung von nicht ortsfesten Wohnmobilen, Caravans, Wohnanhängern, Hausbooten und Yachten,
- Beförderungen in Schlafwagen der Eisenbahnen,
- Überlassung von Kabinen auf der Beförderung dienenden Schiffen,
- Vermittlung von Beherbergungsleistungen,
- Umsätze von Tierpensionen,
- unentgeltliche Wertabgaben (z. B. Selbstnutzung von Ferienwohnungen).

115 Liegen Vermietungs-/Beherbergungsleistungen vor, ist zu prüfen, ob diese Leistungen unmittelbar zur Vermietung dienen. Die Unmittelbarkeit wird bei folgenden Leistungen angenommen:

- Überlassung von möblierten und mit anderen Einrichtungsgegenständen (z. B. Fernsehgerät, Radio, Telefon, Zimmersafe) ausgestatteten Räumen,
- Stromanschluss,
- Überlassung von Bettwäsche, Handtüchern und Bademänteln,
- Reinigung der gemieteten Räume,
- Bereitstellung von Körperpflegeutensilien, Schuhputz- und Nähzeug,
- Weckdienst,
- Bereitstellung eines Schuhputzautomaten,
- Mitunterbringung von Tieren in den überlassenen Wohn- und Schlafräumen.

Währenddessen soll keine Unmittelbarkeit bei folgenden Leistungen vorliegen: 116

- Verpflegungsleistungen (z. B. Frühstück, Halb- oder Vollpension, »All inclusive«),
- Getränkeversorgung aus der Minibar,
- Nutzung von Kommunikationsnetzen (insbesondere Telefon und Internet),
- Nutzung von Fernsehprogrammen außerhalb des allgemein und ohne gesondertes Entgelt zugänglichen Programms (»pay per view«),
- Leistungen, die das körperliche, geistige und seelische Wohlbefinden steigern (»Wellnessangebote«); die Überlassung von Schwimmbädern oder die Verabreichung von Heilbädern im Zusammenhang mit einer begünstigten Beherbergungsleistung kann dagegen nach § 12 Abs. 2 Nr. 9 S. 1 UStG dem ermäßigten Steuersatz unterliegen,
- Überlassung von Fahrberechtigungen für den Nahverkehr, die jedoch nach § 12 Abs. 2 Nr. 10 UStG dem ermäßigten Steuersatz unterliegen können,
- Überlassung von Eintrittsberechtigungen für Veranstaltungen, die jedoch nach § 4 Nr. 20 UStG steuerfrei sein oder nach § 12 Abs. 2 Nr. 7 Buchst. a oder d UStG dem ermäßigten Steuersatz unterliegen können,
- Transport von Gepäck außerhalb des Beherbergungsbetriebs,
- Überlassung von Sportgeräten und -anlagen,
- Ausflüge,
- Reinigung und Bügeln von Kleidung, Schuhputzservice,
- Transport zwischen Bahnhof/Flughafen und Unterkunft.

Nach der Gesetzesbegründung sind von der Steuerermäßigung nicht umfasst, da sie nicht der Beherbergung dienen, 117

- das Frühstück,
- der Zugang zu Kommunikationsnetzen (insbesondere Telefon und Internet),
- die TV-Nutzung (»pay per view«),
- die Getränkeversorgung aus der Minibar,
- Wellnessangebote,
- Überlassung von Tagungsräumen,
- sonstige Pauschalangebote usw.,

auch wenn diese Leistungen mit dem Entgelt für die Beherbergung abgegolten sind (Bericht des Finanzausschusses, BT-Drucks. 17/147, 9 f.). Entsprechendes gilt nach der Gesetzesbegründung auch für die Nebenleistungen i. R. d. kurzfristigen Überlassung von Campingflächen.

Die Leistung der Hoteliers »Übernachtung mit Frühstück« warf vor der Einführung des ermäßigten Steuersatzes für Beherbergungsleistungen keine Probleme auf, da beide Leistungen dem regulären Steuersatz unterlagen. Nach der Gesetzesbegründung soll nun die Frühstücksleistung nicht vom ermäßigten Steuersatz umfasst sein. Dies steht allerdings im Widerspruch zur Rechtsprechung des BFH, der jedenfalls bisher davon ausgeht, dass es sich bei der Verpflegungsleistung um eine Nebenleistung untergeordneter Bedeutung handelt (BFH vom 01.08.1996, Az: V R 58/94, BStBl II 1997, 160; BFH vom 15.01.2009, Az: V R 9/06, DStR 2009, 742). 118

Die kurzfristige Vermietung von Campingflächen betrifft Flächen zum Aufstellen von Zelten und Flächen zum Abstellen von Wohnmobilen und Wohnwagen. Auch die kurzfristige Vermietung von ortsfesten Wohnmobilen, Wohncaravans und Wohnanhängern ist begünstigt. Zur begünstigten Vermietung gehört auch die Lieferung von Strom (BFH vom 15.01.2009, Az: V R 91/07, BStBl II 2009, 615; BMF vom 21.07.2009, Az: IV B 9 – S 7168/08/10001, BStBl I 2009, 821). 119

Reiseleistungen, die der Margenbesteuerung nach § 25 UStG unterliegen, gelten gemäß § 25 Abs. 1 S. 3 UStG als eine einheitliche sonstige Leistung, bei welcher ein Beherbergungsanteil nicht 120 der Steuerermäßigung nach § 12 Abs. 2 Nr. 11 UStG unterliegt, selbst dann, wenn die Reiseleistung nur aus einer Übernachtungsleistung besteht.

120a Im Zusammenhang mit dem BMF-Schreiben vom 05.03.2010 (BStBl I 2010, 259), das zur Anwendung von § 12 Abs. 2 Nr. 11UStG ergangen ist, wurde an das BMF die Frage herangetragen, wie in der Rechnung neben der Beherbergungsleistung mit weiteren, **dem ermäßigten Steuersatz unterliegenden Leistungen (z.B. Schwimmbad), die nicht unter die Vereinfachungsregelung** der Tz. 15 des o.a. BMF-Schreibens fallen, zu verfahren ist. Nach dem Erörterungsergebnis der obersten Finanzbehörden des Bundes und der Länder gilt Folgendes: Soweit i.V.m. der Beherbergung Leistungen erbracht werden, die ebenfalls dem ermäßigten Steuersatz unterliegen und für die kein Entgelt berechnet wird, kann der auf die Beherbergung und diese Leistungen entfallende Entgeltsanteil **in der Rechnung in einem Betrag** ausgewiesen werden (FinMin Sachsen-Anhalt, Erlass vom 12.05.2016 – 42-S 7220-18).

Eine **Kalkulation** (vgl. Tz. 14 des o.a. BMF-Schreibens) ist insoweit **nicht erforderlich.**

2.4.14 Briefmarken, Kunstgegenstände und Sammlungsstücke (§ 12 Abs. 2 Nrn. 12 u. 13 UStG)

121 Ab dem 01.01.2014 (Rn. 17) hat Art. 10 Nr. 5 Amtshilferichtlinie-Umsetzungsgesetz (Gesetz zur Umsetzung der Amtshilferichtlinie sowie zur Änderung steuerlicher Vorschriften – AmtshilfeRLUmsG – vom 26.06.2013, BGBl I 2013, 1809, BStBl I 2013, 802) aus § 12 Abs. 2 Nrn. 1 und 2 UStG die Steuerermäßigung für Briefmarken und dgl., Kunstgegenständen und Sammlungsstücken (Anlage 2 Nrn. 49 Buchst. f, 53 u. 54) aus den § 12 Abs. 2 Nrn. 1 und 2 UStG herausgenommen (Rn. 47) und in den neuen § 12 Nrn. 12 und 13 UStG auf das EU-rechtlich zulässige Maß beschränkt.

122 Die bisherige Regelung war unvereinbar mit Art. 103 MwStSystRL, weil sie auch den gewerblichen Kunsthandel sowie die Vermietung von Kunstgegenständen und Sammlungsstücken umfasste (BT-Drucks. 17/12375 zu Art. 7 zu Nr. 1). Vorgesehen war dies bereits im Bericht des Finanzausschusses des Bundestags für das JStG 2013 (BT-Drucks. 17/11190 zu Art. 10 zu Nr. 5).

123 § 12 Abs. 2 Nr. 12 UStG regelt nunmehr die Steuerermäßigung für die Einfuhr (= aus einem Drittland nach Deutschland) von Kunstgegenständen und Sammlungsstücken.

124 § 12 Abs. 2 Nr. 13 UStG regelt die Steuerermäßigung auf die Lieferungen und innergemeinschaftlichen Erwerbe von Kunstgegenständen. Im gewerblichen Kunsthandel (z.B. bei Galeristen) wird der ermäßigte Steuersatz damit keine Anwendung mehr finden (Leonard in Bunjes, § 12 Rz. 235).

125 Die Unternehmer des **Münz- und Briefmarkenhandels** haben in der Vergangenheit vielfach gemäß § 25a Absatz 8 UStG auf die Anwendung der Differenzbesteuerung verzichtet und auf ihre Umsätze die allgemeinen Regelungen des Umsatzsteuergesetzes angewendet. Vor dem Hintergrund der o.a. Änderungen des Umsatzsteuergesetzes beabsichtigen viele Unternehmer, ab dem 01.01.2014 verstärkt die Differenzbesteuerung anzuwenden. Dieser Übergang ist sowohl hinsichtlich der Frage, welche Gegenstände die Voraussetzungen des § 25a Abs. 1 Nr. 2 UStG erfüllen, als auch hinsichtlich der Ermittlung des Einkaufspreises mit erheblichen Schwierigkeiten verbunden. Das BMF beanstandet mit Schreiben vom 29.11.2013 (a.a.O.) für die Anwendung der Differenzbesteuerung nach § 25a Abs. 1 UStG nicht, wenn Unternehmer, deren Haupttätigkeit im Handel mit Münzen oder Briefmarken oder deren öffentlicher Versteigerung besteht, für zum 31.12.2013 vorhandene **Warenbestände ein vereinfachtes Verfahren** anwenden.

2.5 Steuersatzänderungen

Die letzte Steuersatzänderung wurde zum 01.01.2007 vorgenommen; daher wird insoweit auf die Vorauflage (§ 12, Abschn. 2.5) und Weimann, Umsatzsteuererhöhung 2007 (a. a. O.) verwiesen. 126

2.6 Umsatzsteuersätze im europäischen Vergleich

Die Europäische Union veröffentlicht auf ihrer offiziellen Website (https://europa.eu) die Mehrwertsteuersätze der einzelnen EU-Länder. Die Aktualisierung erfolgt zweimal jährlich, jeweils im Januar und im Juli. Die aktuelle Übersicht ist auf dem Stand 01.07.2018: 127

Mehrwertsteuersätze in den EU-Ländern

Mehrwertsteuersätze in den einzelnen EU-Ländern (Aktualisierung erfolgt zweimal jährlich, jeweils im Januar und Juli)					
Mitgliedsland	**Ländercode**	**Normalsatz**	**Ermäßigter Satz**	**Stark ermäßigter Satz**	**Zwischensatz**
Österreich	AT	20	10 / 13	—	13
Belgien	BE	21	6 / 12	–	12
Bulgarien	BG	20	9	–	–
Zypern	CY	19	5 / 9	–	–
Tschechische Republik	CZ	21	10 / 15	–	–
Deutschland	DE	19	7	–	–
Dänemark	DK	25	–	–	–
Estland	EE	20	9	–	–
Griechenland	EL	24	6 / 13	–	–
Spanien	ES	21	10	4	–
Finnland	FI	24	10 / 14	–	–
Frankreich	FR	20	5,5 / 10	2,1	–
Kroatien	HR	25	5 / 13	–	–
Ungarn	HU	27	5 / 18	–	–
Irland	IE	23	9 / 13,5	4,8	13,5
Italien	IT	22	5 / 10	4	–
Litauen	LT	21	5 / 9	–	–
Luxemburg	LU	17	8	3	14
Lettland	LV	21	12	–	–
Malta	MT	18	5 / 7	–	–
Niederlande	NL	21	6	–	–
Polen	PL	23	5 / 8	–	–
Portugal	PT	23	6 / 13	–	13
Rumänien	RO	19	5 / 9	–	–
Schweden	SE	25	6 / 12	–	–

Mehrwertsteuersätze in den einzelnen EU-Ländern (Aktualisierung erfolgt zweimal jährlich, jeweils im Januar und Juli)					
Mitgliedsland	**Ländercode**	**Normalsatz**	**Ermäßigter Satz**	**Stark ermäßigter Satz**	**Zwischensatz**
Slowenien	SI	22	9,5	–	–
Slowakei	SK	20	10	–	–
Vereinigtes Königreich	UK	20	5	–	–

Detailliertere Informationen zu den Mehrwertsteuersätzen finden Sie auf den Internetseiten der Generaldirektion Steuern und Zollunion (TAXUD).

Mehrwertsteuer wird zwar in der gesamten EU erhoben, **doch legt jedes EU-Land seine eigenen Sätze fest**. Der vorstehenden Tabelle können Sie die Mehrwertsteuersätze in den einzelnen Ländern entnehmen. Die Angaben der EU sind jedoch unverbindlich, daher wird empfohlen, die jeweils aktuellen Steuersätze bei der zuständigen Steuerbehörde zu erfragen.

§ 13 UStG
Entstehung der Steuer

(1) Die Steuer entsteht
1. für Lieferungen und sonstige Leistungen
a) bei der Berechnung der Steuer nach vereinbarten Entgelten (§ 16 Abs. 1 Satz 1) mit Ablauf des Voranmeldungszeitraums, in dem die Leistungen ausgeführt worden sind. Das gilt auch für Teilleistungen. Sie liegen vor, wenn für bestimmte Teile einer wirtschaftlich teilbaren Leistung das Entgelt gesondert vereinbart wird. Wird das Entgelt oder ein Teil des Entgelts vereinnahmt, bevor die Leistung oder die Teilleistung ausgeführt worden ist, so entsteht insoweit die Steuer mit Ablauf des Voranmeldungszeitraums, in dem das Entgelt oder das Teilentgelt vereinnahmt worden ist,
b) bei der Berechnung der Steuer nach vereinnahmten Entgelten (§ 20) mit Ablauf des Voranmeldungszeitraums, in dem die Entgelte vereinnahmt worden sind,
c) in den Fällen der Beförderungseinzelbesteuerung nach § 16 Abs. 5 in dem Zeitpunkt, in dem der Kraftomnibus in das Inland gelangt,
d) in den Fällen des § 18 Abs. 4c mit Ablauf des Besteuerungszeitraums nach § 16 Abs. 1a Satz 1, in dem die Leistungen ausgeführt worden sind;
e) in den Fällen des § 18 Absatz 4e mit Ablauf des Besteuerungszeitraums nach § 16 Absatz 1b Satz 1, in dem die Leistungen ausgeführt worden sind;
2. für Leistungen im Sinne des § 3 Abs. 1b und 9a mit Ablauf des Voranmeldungszeitraums, in dem diese Leistungen ausgeführt worden sind;
3. in den Fällen des § 14c im Zeitpunkt der Ausgabe der Rechnung;
4. [aufgehoben]
5. im Fall des § 17 Abs. 1 Satz 6 mit Ablauf des Voranmeldungszeitraums, in dem die Änderung der Bemessungsgrundlage eingetreten ist;
6. für den innergemeinschaftlichen Erwerb im Sinne des § 1a mit Ausstellung der Rechnung, spätestens jedoch mit Ablauf des dem Erwerb folgenden Kalendermonats;
7. für den innergemeinschaftlichen Erwerb von neuen Fahrzeugen im Sinne des § 1b am Tag des Erwerbs;
8. im Fall des § 6a Abs. 4 Satz 2 in dem Zeitpunkt, in dem die Lieferung ausgeführt wird;
9. im Fall des § 4 Nr. 4a Satz 1 Buchstabe a Satz 2 mit Ablauf des Voranmeldungszeitraums, in dem der Gegenstand aus einem Umsatzsteuerlager ausgelagert wird.
(2) Für die Einfuhrumsatzsteuer gilt § 21 Abs. 2.

Literatur

Lippross, Umsatzsteuer, 24. Aufl. 2017. **von Seltmann**, Mehrwertsteuer auf die Anwaltsrechnungen ab dem 1.1.2007, NJW-Spezial 2006, 525. **Wäger**, Anmerkungen zum BFH-Urteil vom 24.10.2013, V R 31/12 (Sollbesteuerung bei langfristigen Zahlungszielen), BFH/PR 2014, 138. **Weimann**, Umsatzsteuererhöhung 2007/Checklisten – Kalkulationen – Umsetzungshilfen [zitiert: USt-Erhöhung], Freiburg/Planegg bei München 2006. **Weimann**, Steuersatzerhöhung: Überwälzung trotz entgegenstehenden Zivilrechts?, UStB 2006, 233. **Weimann**, Leistungszeitpunkt bei Liefergeschäften, UStB 2006, 289. **Weimann**, Leistungszeitpunkt als entscheidendes Prüfungskriterium für sonstige Leistungen, UStB 2006, 318. **Weimann**, Steuersatzerhöhung: Innergemeinschaftlicher Erwerb, UStB 2007, 23. **Weimann**, Steuersatzerhöhung: Unsicherheit um Leistungszeitpunkt bei langfristigen Verträgen, UStB 2007, 57. **Weimann**, Anzahlungsbesteuerung: Anwendung auf (Geschenk-)Gutscheine und Wertkarten?, UStB 2007, 58. **Weimann**, Umsatzsteuer in der Praxis [zitiert: UidP], 16. Aufl. 2018. **Weimann/Kraatz**, Sicherheitseinbehalte, Leasinggeschäfte, Ratenverkäufe etc.: BFH stellt die bisherigen Liquiditätsnachteile der Sollbesteuerung in Frage, StB 2014, 280.

Verwaltungsanweisungen

OFD Hannover vom 10.09.1969, Az: S 7270 -12 – StH 731 / S 7270 – 9 – StO 621, Wartungsleistungen, Beck'sche Textausgabe Umsatzsteuer, § 13 III 35.

BdF vom 13.08.1969, Az: A/2 – S 7270 – 25/68, Teilleistungen in der Kühlhauswirtschaft, Beck'sche Textausgabe Umsatzsteuer, § 13 III 36.

OFD Hamburg vom 12.03.1970, Az: S 7270 – 16/70 – St 251, Teilleistungen durch Ärzte, Beck'sche Textausgabe Umsatzsteuer, § 13 III 37.

OFD Hamburg vom 07.03.1972, Az: S 7117 – 19/71 – St 251, Entstehen der Steuerschuld bei Mitgliedern der GEMA, Becksche Textausgabe Umsatzsteuer, § 13 III 39.

OFD Saarbrücken vom 01.03.1979, Az: S 7522 – 17 – St 24 / S 7270 Punkt 16, Teilleistungen bei Sprengarbeiten, OFD Hamburg vom 12.03.1970, Az: S 7270 – 16/70 – St 251, Teilleistungen durch Ärzte, Becksche Textausgabe Umsatzsteuer, § 13 III 41.

BMF vom 19.06.1979, Az: IV A 2 – S 7270 – 9/79, Zeitpunkt der Versteuerung von Auslagerungsentgelten bei Kühlhäusern, Becksche Textausgabe Umsatzsteuer, § 13 III 36a.

OFD Hamburg vom 12.03.1970, Az: S 7270 – 16/70 – St 251, Teilleistungen durch Ärzte, Becksche Textausgabe Umsatzsteuer, § 13 III 37.

OFD Hamburg vom 07.03.1972, Az: S 7117 – 19/71 – St 251, Entstehen der Steuerschuld bei Mitgliedern der GEMA, Becksche Textausgabe Umsatzsteuer, § 13 III 39.

OFD Saarbrücken vom 01.03.1979, Teilleistungen bei Sprengarbeiten (§ 13 Abs. 1 Nr. 1 UStG), Becksche Textausgabe Umsatzsteuer, § 13 III 41.

BMF vom 15.09.1980, Az: IV A 2 – S 7270 – 6/80, Entstehung der Steuer für die Tätigkeit als Aufsichtsratsmitglied (§ 13 Abs. 1 Nr. 1 Buchst. a UStG), Becksche Textausgabe Umsatzsteuer, § 13 III 44.

OFD Hannover vom 16.06.1999, Az: S 7300 – 912 – StH 42 / S 7300 – 442 – StO 354, Vertragsübernahme bei noch nicht erfüllten Werklieferungsverträgen, Becksche Textausgabe Umsatzsteuer, § 13 III 46.

FinMin NRW vom 27.08.1981, Az: S 7176 – 3 – V C 4, Entstehung der Steuer bei Frühbezugsabschlüssen in der Ofenindustrie (§ 13 Abs. 1 Nr. 1a UStG), Becksche Textausgabe Umsatzsteuer, § 13 III 43.

OFD Düsseldorf vom 30.09.1998, Az: S 7270 A – St 1412 – D, Teilleistungen bei Fahrschulen, Becksche Textausgabe Umsatzsteuer, § 13 III 45.

OFD Karlsruhe vom 19.09.2005, S 7270 Karte 2 § 13 UStG, Abgrenzung von Leistungen und Teilleistungen in der Bauwirtschaft, DStR 2005, 1736.

BMF vom 26.09.2005, Az: IV A 5 – S 7280a – 82/05, BStBl I 2005, 937.

BMF vom 11.08.2006, Az: IV A 5 – S 7210 – 23/06, Umsatzsteuer; Anhebung des allgemeinen Steuersatzes (§ 12 Abs. 1 UStG) sowie der land- und forstwirtschaftlichen Durchschnittssätze (§ 24 Abs. 1 UStG) zum 1. Januar 2007, BStBl I 2006, 477.

FinMin NRW vom 29.08.2006, Az: S 7210 – 3 – V A 4, Anhebung des allgemeinen Steuersatzes zum 1.1.2007 – umsatzsteuerrechtliche Behandlung des Verkaufs von Dauer- und Jahreskarten, UR 2007, 155.

OFD Koblenz vom 27.12.2006, Az: S 7270 A – St 444, Anhebung des allgemeinen Steuersatzes zum 1.1.2007 – Behandlung der von Krankenkassen gezahlten Vergütungspauschalen, UR 2007, 317.

OFD Frankfurt a.M. vom 26.01.2007, Az: S 7210 A – 21 – St 112, Zweifelsfragen im Zusammenhang mit der Steuersatzanhebung auf 19 Prozent, UR 2007, 549.

OFD Hannover vom 25.04.2007, Az: S 7227 – 15 – StO 184, Leistungen der Hörgeräteakustiker, Becksche Textausgabe Umsatzsteuer, § 13 III 38.

BMF vom 12.10.2009, Az: IV B 8 – S 7270/07/10001 (2009/0637303), Merkblatt zur Umsatzbesteuerung in der Bauwirtschaft (USt M2), Stand Oktober 2009, BStBl I 2009, 1292.

BMF vom 15.04.2011, Az: IV D 2 – S7270/10/10001 (2011/0304805), Umsatzbesteuerung von Anzahlungen (§ 13 Abs. 1 Nr. 1 Buchst. a Satz 4 UStG); Neufassung von Abschnitt 13.5 Abs. 2 Umsatzsteuer-Anwendungserlass, BStBl I 2011, 489.

BMF vom 25.07.2012, Az: IV D 2 – S 7270/12/10001 (2012/0674543), Umsatzsteuer; Entstehung der Steuer in den Fällen des unrichtigen Steuerausweises (§ 13 Abs. 1 Nr. 3 UStG i.V.m. § 14c Abs. 1 UStG); Konsequenzen des BFH-Urteils vom 8. September 2011, BStBl II 2012, 876.

BMF vom 12.12.2013, Az: IV D 3 – S 7015/13/10001 (2013/1118439), Umsatzsteuer-Anwendungserlass; Änderungen zum 31. Dezember 2013 (Einarbeitung von Rechtsprechung und redaktionelle Änderung), BStBl I 2013, 1627.

BMF vom 02.04.2015, Az: IV D 2 – S 7270/12/10001, 2015/0251833, Entstehung der Steuer bei Ausstellung einer Rechnung mit unrichtigem Steuerausweis; Änderung des Abschnitts 13.7 UStAE, BStBl I 2015, 272 (weiter gültig lt. BMF vom 19.03.2018, Nr. 1566).

BMF vom 03.08.2015, Az: III C 2 – S 7333/08/10001 :004, 2015/0660238, Änderung der Bemessungsgrundlage wegen vorübergehender Uneinbringlichkeit aufgrund eines Sicherungseinbehaltes, BStBl I 2015, 624.

BMF vom 19.12.2016, Az: III C 3 – S 7015/16/10001 (2016/1122932), Umsatzsteuer-Anwendungserlass; Änderungen zum 31. Dezember 2016 (Einarbeitung von Rechtsprechung und redaktionelle Änderung), BStBl I 2016, 1459.

Hinweis: Zur Problematik der zeitlichen Geltungsdauer von BMF-Schreiben vgl. Einführung UStG, Rz. 100 ff.

Richtlinien/Hinweise/Verordnungen

UStAE: Abschn. 13.1–13.7.

MwStSystRL: Art. 62–71 (= Titel VI), Art. 167 ff.

1 Allgemeines

1.1 Überblick über die Vorschrift

Aus der Kenntnis des Zeitpunktes der Steuerentstehung ergibt sich, welchem Besteuerungszeitraum (Voranmeldungszeitraum, § 18 Abs. 1–2a UStG; Kalenderjahr, § 18 Abs. 3 UStG) getätigte oder empfangene Umsätze zuzurechnen sind. 1

TIPP

Umsatzsteuererhöhung: Diese zeitliche Zuordnung hat materiell-rechtliche Auswirkungen insbesondere bei **Steuersatzerhöhungen** sowie für die Geltendmachung von Ansprüchen aus dem umsatzsteuerlichen Schuldverhältnis (vgl. Rn. 20 ff. und vgl. Rn. 25).

Gem. § 38 AO entstehen die Ansprüche aus dem Steuerschuldverhältnis grundsätzlich, sobald der Tatbestand verwirklicht ist, an den das Gesetz die Leistungspflicht knüpft. Damit der Unternehmer nicht für jede einzelne Steuerschuld besondere Fristen, Erklärungspflichten oder Ähnliches erfüllen muss, verlegt § 13 UStG abweichend von § 38 AO in Fällen, in denen der Unternehmer in der Regel laufend oder mehrfach die Steuertatbestände verwirklicht, den Entstehungszeitpunkt für alle Steuerschulden, die im Laufe des Voranmeldungszeitraums entstanden sind, **einheitlich** auf den **Ablauf des Voranmeldungszeitraums** (Schlosser-Zeuner in Bunjes, 9. Aufl. 2009 [= Vorauflage], § 13 Rn. 5). 2

Für die **Sondertatbestände** 3

- Beförderungseinzelbesteuerung (§ 16 Abs. 5 UStG),
- unrichtiger oder unberechtigter Steuerausweis (§ 14c UStG),
- i. g. Erwerb von neuen Fahrzeugen (§ 1b UStG),
- fehlerhaft i. g. Lieferung ohne Vertrauensschutz (§ 6a Abs. 4 S. 2 UStG)

knüpft die Entstehung an den **jeweiligen Einzelvorgang** an.

Für die **Einfuhrumsatzsteuer** gelten über § 21 Abs. 2 UStG die Vorschriften für Zölle sinngemäß (§ 13 Abs. 2 UStG). 4

1.2 Rechtsentwicklung

1.2.1 Materiell-rechtliche Entwicklung

Die Vorschrift orientiert sich seit Inkrafttreten des UStG 1980 an den Bestimmungen der 6. EG-RL. Insbesondere durch die Aufnahme der sog. Mindest-Besteuerung, wonach Ansprüche aus dem Steuerschuldverhältnis bereits entstehen können (vgl. § 13 Abs. 1 Nr. 1 Buchst. a S. 4 UStG), bevor die Leistung erbracht wurde, trägt § 13 UStG den Anweisungen der gemeinschaftsrechtlichen Vorgaben Rechnung. Zur Rechtsentwicklung ausführlich Bülow in S/W/R, § 13 Rn. 1 ff.; Nieskens in R/D, Anm. 1 ff.). 5

Die **Einführung des Binnenmarktgesetzes** zum 01.01.1993 bedingte bezüglich der Frage nach der Entstehung der Steuerschuld eine erstmalige Regelung der neu hinzugekommenen Tatbestände des 6

- i. g. Erwerbs (jetziger § 13 Abs. 1 Nr. 6 UStG),
- des i. g. Erwerbs neuer Fahrzeuge (jetziger § 13 Abs. 1 Nr. 7 UStG),
- der fehlerhaften i. g. Lieferung ohne Vertrauensschutz (jetziger § 13 Abs. 1 Nr. 8 UStG).

7 Mit Wirkung vom 01.01.1994 hat das StMBG vom 21.12.1993 (BGBl I 1993, 2310) die damalige Grenze bei der **Mindest-Besteuerung** (10.000 DM, damalige sog. Mindest-Istbesteuerung) weggefallen. Damit unterliegt seit dem 01.01.1994 **jede Zahlung bei Vereinnahmung unabhängig von der Höhe** der Besteuerung (jetziger § 13 Abs. 1 Nr. 1 Buchst. a S. 4 UStG).

8 Durch das StEntlG 1999/2000/2002 vom 24.03.1999 (BGBl I 1999, 402) wurde § 13 UStG den Neuregelungen der ehemaligen Eigenverbrauchsbesteuerung (nunmehrige **unentgeltliche Wertabgaben**) angepasst (jetziger § 13 Abs. 1 Nr. 2 UStG).

9 Die durch das StVergAbG vom 16.05.2003 (BGBl I 2003, 660) eingeführte Sonderregelung für **elektronische Dienstleistungen** (Einortsprinzip, vgl. § 16 Abs. 1a, § 18 Abs. 4c UStG) erforderte eine entsprechende Regelung für die Entstehung der Steuerschuld (§ 13 Abs. 1 Nr. 1 Buchst. d UStG).

10 Durch das StÄndG 2003 vom 15.12.2003 (BGBl I 2003, 2645) hat § 13 UStG folgende Änderungen erfahren (vgl. Amtliche Gesetzesbegründung, BR-Drucks. 630/03):

- § 13 Abs. 1 Nr. 3 UStG wurde dem neuen § 14c Abs. 1 UStG **(unrichtiger Steuerausweis)** redaktionell angepasst (Folgeänderung). Der nach § 14c Abs. 1 UStG aufgrund des unrichtigen Ausweises der Steuer geschuldete Mehrbetrag entsteht in dem Zeitpunkt, in dem die Steuer für die Lieferung oder sonstige Leistung nach § 13 Abs. 1 Nr. 1 Buchst. a oder Buchst. b S. 1 UStG entsteht.
- § 13 Abs. 1 Nr. 4 UStG wurde dem neuen § 14c Abs. 2 UStG **(unberechtigter Steuerausweis)** redaktionell angepasst (Folgeänderung). Der nach § 14c Abs. 2 UStG aufgrund des unberechtigten Ausweises der Steuer geschuldete Betrag entsteht im Zeitpunkt der Ausgabe der Rechnung.
- Der neue § 13b Nr. 9 UStG regelt den Zeitpunkt der Entstehung der Steuerschuld bei der **Auslagerung aus einem Steuerlager**.

10a Das Gesetz zur Anpassung des nationalen Steuerrechts an den Beitritt Kroatiens zur EU und zur Änderung weiterer steuerlicher Vorschriften vom 25.07.2014 (BGBl I 2014, 1266) hat § 13 Abs. 1 Nr. 1 UStG um Buchstabe e ergänzt.

10b Die vorerst letzte Änderung hat § 13 UStG durch das StÄndG 2015 vom 02.11.2015 (BGBl I 2015, 1834) erfahren. § 13 Abs. 1 Nr. 3 UStG regelt nun beide Fälle des § 14c UStG gleich; § 13 Abs. 1 Nr. 4 UStG wurde daher aufgehoben.

1.2.2 Formell-rechtliche Entwicklung

11 Mit Einführung der Steuerschuldnerschaft des Leistungsempfängers zum 01.01.2002 hat das StÄndG 2001 (BGBl I 2001, 3794) den § 13 UStG formal entzerrt, und zwar wie folgt:

- Die Regelungen zur Entstehung der Steuer regelt auch weiterhin § 13 UStG.
- Ein neuer § 13a UStG nimmt die allgemeinen Vorschriften zum Steuerschuldner auf.
- Die neue Steuerschuldnerschaft regelt der neue § 13b UStG.

12 Diese Struktur lehnt sich an die Art. 6 und 21 der 6. EG-RL an und wird zur Klarstellung für das nationale deutsche Recht nachvollzogen (Amtliche Gesetzesbegründung, BR-Drucks. 399/01).

1.3 Geltungsbereich

1.3.1 Sachlicher Geltungsbereich

13 § 13 UStG regelt die Entstehung der Ansprüche aus dem USt-Schuldverhältnis.

1.3.2 Persönlicher Geltungsbereich

§ 13 UStG sieht hinsichtlich des persönlichen Geltungsbereichs keine Beschränkungen vor und gilt daher für **alle Unternehmer** i. S. d. § 2 UStG. 14

1.3.3 Zeitlicher Geltungsbereich

Zum zeitlichen Anwendungsbereich vgl. Rn. 5 ff. 15

1.4 Gemeinschaftsrechtliche Grundlagen und Verhältnis zu anderen Vorschriften

1.4.1 Grundlagen in der 6. EG-Richtlinie

Gemeinschaftsrechtlich beruhte § 13 UStG zunächst auf den Vorgaben der 2. EG-RL und seit dem Inkrafttreten des UStG 1980 bis zum 31.12.2006 auf denen der 6. EG-RL (ausführlich hierzu Nieskens in R/D, § 13 Anm. 14 ff.): 16

- Art. 10 Abs. 2 der 6. EG-RL enthält die Vorschriften über die Entstehung der Steuer bei Lieferungen und sonstigen Leistungen.
- Art. 10 Abs. 3 der 6. EG-RL enthält die Vorschriften über die Entstehung der EUSt.
- Art. 17 Abs. 1 der 6. EG-RL bestimmt, dass das Recht auf den Vorsteuerabzug entsteht, wenn der Anspruch auf die abziehbare Steuer entsteht.
- Art. 28d Abs. 2 der 6. EG-RL bestimmt den Entstehungszeitpunkt der Steuer beim i. g. Erwerb.
- Art. 28d Abs. 3 der 6. EG-RL enthält die Bestimmung bezüglich der Mindest-Ist-Besteuerung, die durch § 13 Abs. 1 Nr. 1 Buchst. a S. 4 UStG in nationales Recht umgesetzt worden ist.

Zum 01.01.2007 haben die Vorschriften die MwStSystRL die der 6. EG-RL abgelöst; nunmehr gelten 17

- Art. 63 ff. MwStSystRL für die Lieferung von Gegenständen und Dienstleistungen inkl. der Anzahlungsbesteuerung,
- Art. 68 f. MwStSystRL für den i. g. Erwerb von Gegenständen,
- Art. 70 f. MwStSystRL für die Einfuhr von Gegenständen,
- Art. 167 ff. MwStSystRL für den Vorsteueranspruch.

1.4.2 Verhältnis zum Zollrecht

Für die **Einfuhrumsatzsteuer** gehen die Bestimmungen des Zollrechts denen des UStG vor (§ 13 Abs. 2 i. V. m. § 21 Abs. 2 UStG). 18

1.4.3 Verhältnis zum allgemeinen Verfahrensrecht

19 Im Verhältnis zu **§ 38 AO** ist § 13 UStG die speziellere Vorschrift und geht damit vor. Liegt der Zeitpunkt der entstandenen Steuer fest, so ist jemand zu benennen, der die **Steuer schuldet**. Gegen den Schuldner der Steuer macht der Fiskus seine Ansprüche geltend. Eine Definition des Steuerschuldners sieht die AO nicht vor und verweist auf die Einzelsteuergesetze (vgl. **§ 43 AO**). § 13 a UStG regelt für das Umsatzsteuerrecht, wer Steuerschuldner ist.

2 Kommentierung

2.1 Bedeutung, Inhalt und Aufbau der Vorschrift

20 § 13 Abs. 1 UStG regelt nicht die Voraussetzungen der Umsatzsteuer, sondern lediglich den **Zeitpunkt ihrer Entstehung**. Materiell-rechtlich entsteht die Umsatzsteuer durch die Verwirklichung der jeweiligen Steuertatbestände kraft Gesetzes (BFH vom 07.07.1983, Az: V R 197/81, BStBl II 1984, 70) und damit unabhängig davon, ob

- eine Steuerfestsetzung durch das FA erfolgt ist oder
- eine Rechnung mit gesondertem Steuerausweis ausgegeben wurde (Ausnahme: Fälle § 13 Abs. 1 Nr. 1 Nr. 3, Nr. 4 UStG) oder
- ob der Unternehmer den betreffenden Umsatz in die Umsatzsteuer-Voranmeldung oder -erklärung aufnimmt oder nicht (BFH vom 20.01.1997, Az: V R 28/95, BStBl II 1997, 716).

21 Insofern füllt § 13 UStG auch nicht die »Blankettvorschrift« des § 38 AO (»Entstehung der Ansprüche aus dem Steuerschuldverhältnis: Die Ansprüche aus dem Steuerschuldverhältnis entstehen, sobald der Tatbestand verwirklicht ist, an den das Gesetz die Leistungspflicht knüpft«) aus, sondern ergänzt die Vorschrift lediglich (vgl. statt vieler Bülow in V/S, UStG § 13 Rn. 9; Nieskens in R/D, § 13 Anm. 44).

22 **Rechtstechnisch** knüpft § 13 Abs. 1 UStG hinsichtlich des Entstehungszeitpunkts der Steuer nicht an die Verwirklichung eines jeden einzelnen steuerbaren bzw. zu versteuernden Vorgangs an, sondern fasst aus praktischen Erwägungen die in

- Nr. 1 Buchst. a (Lieferungen und sonstige Leistungen, Sollversteuerung),
- Nr. 1 Buchst. b (Lieferungen und sonstige Leistungen, Ist-Besteuerung),
- Nr. 1 Buchst. d (elektronische Leistungen von Drittlandsunternehmern: Vereinfachungs-Wahlrecht des § 18 Abs. 4c UStG),
- Nr. 2 (unentgeltliche Wertabgaben),
- Nr. 5 (Änderung der Bemessungsgrundlage),
- Nr. 9 (Auslagerungen)

geregelten Vorgänge zusammen und bestimmt, dass für alle diese Vorgänge (gemeinsam) die Umsatzsteuer »mit Ablauf des Voranmeldungszeitraums/Besteuerungszeitraums« entsteht.

23 Ausgenommen hiervon sind die Vorgänge in

- Nr. 1 Buchst. c (Beförderungseinzelbesteuerung),
- Nr. 3 (Unrichtiger Steuerausweis),

- Nr. 4 (Unberechtigter Steuerausweis),
- Nr. 6 bis Nr. 8 (Binnenmarktumsätze).

Hier sieht das UStG **Sonderregelungen** vor.

§ 13 UStG betrifft nur die »in dem Besteuerungszeitraum entstandene« Steuer i. S. v. § 16 Abs. 1 UStG, d. h. diese eine unselbstständige Besteuerungsgrundlage. Diese ist mit den Vorsteueransprüchen zu saldieren (§ 16 Abs. 2 UStG; ausgenommen sind Fälle des § 16 Abs. 1a S. 3 UStG: Vereinfachungs-Wahlrecht von Drittlandunternehmern bei elektronischen Dienstleistungen). Der Saldo ergibt dann die für den Besteuerungszeitraum zu berechnende Steuer i. S. v. § 18 Abs. 1 UStG (BFH vom 24.03.1983, Az: V R 8/81, BStBl II 1983, 612; vom 13.11.1986, Az: IV R 211/83, BStBl II 1987, 347). 24

TIPP

Weder die gem. § 13 Abs. 1 UStG entstandene Steuer noch der Vorsteueranspruch führen verfahrensmäßig ein Eigenleben. Sie sind vielmehr beide integrale Bestandteile der Steuerberechnung nach § 16 UStG. Erst der Saldo aus beiden Besteuerungsgrundlagen ergibt die für den Besteuerungszeitraum festzusetzende (positive oder negative) Steuer i. S. v. § 18 Abs. 1 UStG (Bülow in V/S, § 13 Rn. 11; Wagner in S/R, § 13 Rn. 6 f.).

2.2 Bedeutung der Steuerentstehung für vergangene und zukünftige Umsatzsteuererhöhungen/Leistungszeitpunkt als entscheidendes Prüfungskriterium

Nur vordergründig ist die Erhöhung des Umsatzsteuersatzes ein Problem des § 12 UStG (= eigentliche Regelung des Steuersatzes). Vielmehr gilt es im Zusammenhang mit der Steuersatzerhöhung primär stets zu entscheiden, wann die Umsatzsteuer i. S. v. § 13 UStG entstanden ist. Damit kommt dem Zeitpunkt der in Frage stehenden (steuerbaren und steuerpflichtigen) Leistung eine zentrale Bedeutung zu (so auch Raudszus, UStB 2006, 139): 25

1. Der damals neue allgemeine Steuersatz von 19 % war auf Lieferungen, sonstige Leistungen und i. g. Erwerbe anzuwenden, die nach dem 31.12.2006 bewirkt wurden. Maßgebend für die Anwendung dieses Steuersatzes ist stets der Zeitpunkt, in dem der jeweilige Umsatz ausgeführt wird (= **Leistungszeitpunkt**).
2. Auf den Zeitpunkt der **vertraglichen Vereinbarung** kommt es für die Frage, welchem Steuersatz eine Leistung unterliegt, ebenso wenig an wie auf den Zeitpunkt der **Entgeltsvereinnahmung** oder der **Rechnungserteilung** (BMF vom 11.08.2006, BStBl I 2006, 477 Rn. 4).
3. Auch in den Fällen der **Ist-Besteuerung** (§ 20 UStG) und der **Ist-Besteuerung von Anzahlungen** (§ 13 Abs. 1 Nr. 1 Buchst. a S. 4 UStG) ist entscheidend, wann der Umsatz bewirkt wird (Abschn. 12.1 Abs. 3 UStAE). Das gilt unabhängig davon, wann die Steuer nach § 13 Abs. 1 Nr. 1 UStG entsteht.
4. Entsprechendes gilt für **Teilleistungen**; für diese sieht die Finanzverwaltung allerdings besondere Übergangsregelungen vor (BMF vom 11.08.2006, BStBl I 2006, 477 Rn. 4).

TIPP

Der Leistungszeitpunkt und dessen mögliche Verschiebung (Verlagerung vor den 01.01.2007) ist daher auch der Ausgang aller Gestaltungsüberlegungen (vgl. Weimann, USt-Erhöhung, Kap. 4.3).

2.3 Sollversteuerung (§ 13 Abs. 1 Nr. 1 Buchst. a UStG): Grundlagen

2.3.1 Allgemeines

26 Bei der **Besteuerung nach vereinbarten Entgelten** (Sollversteuerung) entsteht die Steuer grundsätzlich mit Ablauf des Voranmeldungszeitraums, in dem die Lieferung oder sonstige Leistung ausgeführt worden ist (= **Leistungszeitpunkt**). Das gilt auch für unentgeltliche Wertabgaben i. S. v. § 3 Abs. 1b, Abs. 9a UStG.

27 Die Steuer entsteht in der gesetzlichen Höhe **unabhängig davon, ob** die am Leistungsaustausch beteiligten Unternehmer von den ihnen vom Gesetz gebotenen Möglichkeiten der Rechnungserteilung mit gesondertem Steuerausweis und des Vorsteuerabzugs Gebrauch machen oder nicht (vgl. Abschn. 13.1 Abs. 1 UStAE). Für Umsätze, die ein Unternehmer in seinen Voranmeldungen nicht angibt (auch bei Rechtsirrtum über deren Steuerbarkeit), entsteht die Umsatzsteuer ebenso wie bei ordnungsgemäß erklärten Umsätzen (vgl. BFH vom 20.01.1997, BStBl II 1997, 716).

28 Der Zeitpunkt der Leistung ist entscheidend für die Bestimmung, **für welchen Voranmeldungszeitraum** ein Umsatz zu berücksichtigen ist (vgl. BFH vom 13.10.1960, BStBl III 1960, 478). Dies gilt nicht für die Ist-Besteuerung von Anzahlungen i. S. d. § 13 Abs. 1 Nr. 1 Buchst. a S. 4 UStG (vgl. Rn. 86 ff.).

2.3.2 Sicherheitseinbehalte und andere langfristige Zahlungsziele führen zur Steuerberichtigung

29 Soweit ein der Sollbesteuerung unterliegender Unternehmer seinen Entgeltanspruch aufgrund eines vertraglichen Einbehalts zur Absicherung von Gewährleistungsansprüchen über einen Zeitraum von zwei bis fünf Jahren nicht verwirklichen kann, ist er bereits für den Voranmeldungszeitraum der Leistungserbringung zur Steuerberichtigung berechtigt (BFH vom 24.10.2013, Az: V R 31/12, BFH/NV 2014, 465).

Sachverhalt

Im entschiedenen Fall hatte ein Unternehmen (U) Malerarbeiten ausgeführt und mit dem Auftraggeber (A) einen Sicherheitseinbehalt vereinbart. Letzter musste erst nach Ablauf der Gewährleistungsfrist, die zwischen zwei und fünf Jahren betrug, bezahlt werden. U rechnete gegenüber A daher wie folgt ab:

Malerarbeiten:	100.000 €
Umsatzsteuer:	19.000 €
Rechnungsbetrag:	119.000 €
./. Sicherungseinbehalt (10 %):	11.900 €
= Zahlbetrag:	107.100 €

Daraus forderte das Finanzamt in Übereinstimmung mit der bisher h. M. die ausgewiesene Umsatzsteuer i. H. v. 19.000 €. Das Malerunternehmen wollte jedoch nur aus dem soweit vereinnahmten Betrag die Umsatzsteuer herausrechnen und lediglich 19/119 von 107.100 € = 17.100 € abführen.

30 Der BFH gab dem Malerunternehmen Recht; ein Unternehmer soll nicht zur mehrjährigen Vorfinanzierung der Umsatzsteuer gezwungen werden. Daher entsteht zwar zuerst eine USt i. H. v. 19.000 €. Diese ist aber i. H. v. 10 % zunächst uneinbringlich und darf insoweit sofort steuermindernd berichtigt werden.

Wird der Sicherheitseinbehalt am Ende der Gewährleistungsfrist vereinnahmt, muss die USt in entsprechender Höhe wieder erhöhend korrigiert werden. 31

HINWEISE

1. Das Urteil hat auch Auswirkungen auf den Vorsteuerabzug des Leistungsempfängers. Soweit die Umsatzsteuer nicht geschuldet wird, darf korrespondierend auch keine Vorsteuer gezogen werden.
2. Hätte M anstatt des Selbsteinbehalts die laut Vertrag ebenfalls mögliche Bankbürgschaft beigebracht, wäre das Besprechungsurteil wohl anders ausgefallen.
3. Ausdrücklich offen gelassen hat der BFH, ob die Entscheidung auch auf Ratenzahlungsverkäufe und Kaufleasing übertragbar ist. Allerdings dürfte dem nach den jetzt entschiedenen Grundsätzen wenig entgegenstehen (Wäger, BFH/NV Online, HI 6461979).

2.4 Sollversteuerung: Leistungszeitpunkt bei Liefergeschäften (§ 13 Abs. 1 Nr. 1 Buchst. a S. 1 UStG)

Das UStG enthält keine Aussage zur Frage des Zeitpunkts der Lieferung; die Gesetzesbegründung zu § 3 Abs. 6 f. UStG stellt daher insoweit auf die Vorgaben des Zivilrechts ab (vgl. Begründung des USt-ÄndG 1997, BT-Drucks. 390/96 und Abschn. 177 Abs. 2 S. 1 der »alten« UStR 2005: »Lieferungen ... sind ausgeführt, wenn der Leistungsempfänger die Verfügungsmacht über den zu liefernden Gegenstand erlangt.«). Nach dieser Auffassung entspricht der Lieferzeitpunkt dem Zeitpunkt des Gefahrübergangs und des Übergangs von Nutzen und Lasten (vgl. §§ 446, 447 BGB). Damit wäre in Versendungs- oder Beförderungsfällen der Lieferzeitpunkt nicht zwangsläufig identisch mit dem Zeitpunkt des Beginns der Versendung oder Beförderung. Der Praxis bereitet die Auffassung des Gesetzgebers insbesondere dann Schwierigkeiten, wenn das Zivilrecht auf den Erhalt der Ware abstellt (vgl. Weimann, USt-Erhöhung, Kap. 4.3.2). Mit der wohl h. M. ist daher davon auszugehen, dass der Lieferzeitpunkt den Ortsbestimmungen des § 3 Abs. 6 f. UStG folgt. In der Vergangenheit war diese Auffassung ausschließlich in der Literatur zu finden und wurde – soweit ersichtlich erstmalig – auch vom BMF bei der Neuregelung der Rechnungsangabe »Leistungszeitpunkt« nach § 14 Abs. 4 S. 1 Nr. 6 UStG übernommen (BMF vom 26.09.2005, BStBl I 2005, 937). Nunmehr ist es auch allgemeines Gedankengut der Finanzverwaltung, dass – wenn der **Lieferort sich nach § 3 Abs. 6 UStG** bestimmt – der **Tag der Lieferung der Tag des Beginns der Beförderung oder Versendung** des Gegenstands ist (BFH vom 06.12.2007, Az: V R 24/05, BStBl II 2009, 490; Abschn. 13.1 Abs. 2 S. 2 UStAE). 32

TIPP

Gilt also eine Lieferung an einem bestimmten Ort als ausgeführt, wird damit auch der Lieferzeitpunkt festgelegt.

Für die Kreditorenbuchhaltungen heißt das: bisher wurde für den Lieferzeitpunkt auf den Wareneingang abgestellt; nunmehr wird in der Regel der Transportbeginn maßgeblich sein (Ausnahme: ruhende Lieferungen, die einer bewegten Lieferung folgen, vgl. Rn. 38 f.). Die für die Buchung notwendigen Informationen sollten dem Lieferschein entnehmbar sein.

Bedeutung hatten diese Überlegungen zuletzt insbesondere im Hinblick auf die **Steuersatzerhöhung** zum 01.01.2007 (vgl. Rn. 25). Vgl. hierzu OFD Frankfurt a. M. vom 26.01.2007, Az: S 7210 A – 21 – St 112; Zweifelsfragen im Zusammenhang mit der Steuersatzanhebung auf 19 Prozent / ... 5. Zeitpunkt der Lieferung, UR 2007, 549. 33

2.4.1 »Abhol-Geschäfte« (Transport durch den Kunden)

34 Die Lieferung wird grundsätzlich mit der Übergabe an den Abnehmer oder den von ihm Beauftragten ausgeführt.

Beispiel:
Elektrohändler E verkauft dem Kunden K am 04.12.2006 einen Gefrierschrank, den E nicht vorrätig hat und daher im Werk bestellen muss. Das Werk liefert prompt; E informiert den K bereits am 13.12.2006, dass der Gefrierschrank zur Abholung bereit steht. K nutzt die Zeit zwischen den Feiertagen, leiht sich von seinem Arbeitgeber einen Lkw und holt den Gefrierschrank mit einem Freund am 30.12.2006 bei E ab. Da an dem Samstag die Buchhaltung des E unbesetzt ist, quittiert K den Erhalt; Rechnungserteilung und Bezahlung werden für die 1. Januarwoche vereinbart.

Lösung:
Die Lieferung des E erfolgt mit der Übergabe an K und damit vor dem 01.01.2007; sie unterliegt dem damals »alten« Steuersatz i. H.v. 16 %. Rechnungserteilung und Bezahlung in der 1. Januarwoche sind bedeutungslos.

Beispiel:
Sachverhalt wie oben; K kann sich den Lkw erst nach den Feiertagen am 02.01.2007 ausleihen.

Lösung:
Die Lieferung erfolgt erst nach dem 01.01.2007 und unterliegt dem damals »neuen« Steuersatz i. H. v. 19 %.

2.4.2 »Bring-Geschäfte« (Transport durch den Verkäufer)

35 Die Lieferung wird zu Beginn des Transports (Beförderung oder Versendung) ausgeführt.

Beispiel:
Sachverhalt wie Beispiele oben; E bringt dem K den Gefrierschrank am 30.12.2006 bzw. 02.01.2007.

Lösung:
Die Lieferung erfolgt mit Beginn der Beförderung (§ 3 Abs. 6 S. 1 und 2 UStG) und damit am 30.12.2006 zu 16 % oder am 02.01.2007 zu 19 %.

2.4.3 Nebenleistungen

36 »Nebenleistungen teilen das Schicksal der Hauptleistung« (Abschn. 3.10 Abs. 5 UStAE); diese vielstrapazierte Aussage (»jedem bekannt, oft verwandt, inhaltlich verkannt!«) gilt auch für die Bestimmung des Lieferzeitpunkts. Praktische Auswirkungen hatte auch diese Erkenntnis bei **Umsatzsteuererhöhungen**.

Beispiel:
Privatmann P kauft bei Elektrohändler E eine Waschmaschine, die noch am 29.12.2006 bei P aufgestellt wird. Der Monteur des E, der dem P die Waschmaschine anschließt, kommt allerdings erst nach den Feiertagen am 02.01.2007 zu P. E stellt dem P die Montage mit 20 € gesondert in Rechnung.

Lösung:
Die Montage teilt als Nebenleistung das Schicksal der Hauptleistung »Lieferung der Waschmaschine«. Da Letztere noch vor dem 01.01.2007 erfolgte, betrug der Steuersatz für den Gesamtumsatz weiterhin 16 %.

Soweit vermeintliche Nebenleistungen aber von selbständigen Unternehmern nach **bloßer Vermittlung durch den Hauptunternehmer** erbracht werden, mutieren sie zu einer selbstständigen (separaten) Hauptleistung. 37

Beispiel:
Sachverhalt wie voriges Beispiel. E informiert lediglich einen mit ihm kooperierenden selbständigen Klempner über den bei P vorzunehmenden Waschmaschinenanschluss.

Lösung:
Die Lieferung der Waschmaschine erfolgt wie bisher noch in 2006 zu 16 %; die Montage ist eine selbständige Leistung, die mit 19 % zu versteuern ist.

2.4.4 Reihengeschäfte

Hier gelten die vorstehenden Ausführungen für den Zeitpunkt der **bewegten Lieferung** und den der **ruhenden Lieferungen, die der bewegten Lieferung vorangehen** (§ 3 Abs. 6 S. 1, Abs. 7 S. 2 Nr. 1 UStG). 38

Ruhende Lieferungen, die der bewegten Lieferung folgen, werden dagegen am Ende des Transports ausgeführt (§ 3 Abs. 7 S. 2 Nr. 2 UStG); das Ende des Transports ist daher auch für den Lieferzeitpunkt maßgebend. 39

Beispiel:
Der deutsche Unternehmer D bestellt einen Gegenstand bei dem italienischen Unternehmer I. Dieser bestellt den Gegenstand bei dem Franzosen F, der ihn seinerseits bei dem Niederländer NL bestellt. Alle Beteiligten benutzen eine USt-IdNr. ihres Landes; vereinbarungsgemäß befördert NL den Gegenstand direkt zu D.

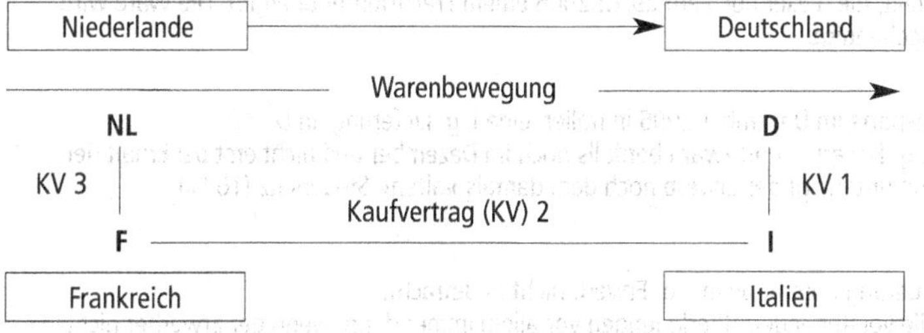

Lösung:
Lieferung des NL an F: Der Ort Lieferung liegt bei NL in den Niederlanden, da sich hier der Gegenstand z.Zt. des Transportbeginns befindet (§ 3 Abs. 6 UStG)
Folge: Die Lieferung wird z.Zt. des Transportbeginns erbracht.
Erwerb des F von NL: F tätigt einen i. g. Erwerb u. a. in Deutschland (§ 3d S. 1 UStG)
Folge: Der i. g. Erwerb erfolgt zeitgleich mit der korrespondierenden i. g. Lieferung bei Transportbeginn.
Hinweis: Gleichzeitig tätigt F einen i. g. Erwerb in Frankreich wegen der Verwendung der französischen UStIdNr. Der Erwerb entfällt rückwirkend, sobald F den französischen Behörden die Besteuerung in Deutschland nachgewiesen hat (vgl. § 3d S. 2 UStG).
Lieferungen des F an I und des I an D: F und I tätigen in Deutschland (§ 3 Abs. 7 S. 2 Nr. 2 UStG) steuerbare und steuerpflichtige Lieferungen an ihre Vertragspartner
Folge: Die Lieferungen werden z.Zt. der Transportbeendigung erbracht!

Beispiel:
Alle Unternehmer sollen deutsche Unternehmer sein. D1 bestellt am 20.12.2006 Ware (allgemeiner Steuersatz) bei D2. D2 hat die Ware nicht vorrätig und bestellt sie seinerseits bei D3, der die Ware

vereinbarungsgemäß direkt zu D1 bringen soll. Letzteres versucht er bereits am 22.12.2006 – allerdings erfolglos, da die Warenannahme des D1 wegen Inventur geschlossen hat. Dadurch muss D3 die Ware zunächst wieder mit zurücknehmen und kann sie erst am 03.01.2007 nach erneutem Transport an D1 »ausliefern«.

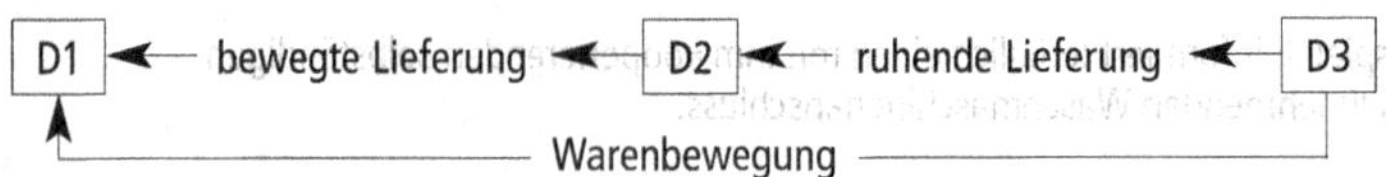

Lösung:
D3 tätigt die bewegte Lieferung an D2 – m. E. in dem Moment, in dem er erstmalig versucht, die Ware nach D1 zu bringen. Lieferzeitpunkt ist daher der 22.12.2006; die Lieferung unterliegt dem »alten« Steuersatz.
D2 tätigt an D1 eine ruhende Lieferung, die einer bewegten Lieferung folgt – der Lieferzeitpunkt richtet sich daher nach dem Ende der Warenbewegung! D2 tätigt seine Lieferung damit erst am 03.01.2007; die Lieferung unterliegt dem damals neuen Steuersatz von 19 %.

2.4.5 Innergemeinschaftlicher Erwerb

40 Nach herrschender Meinung wird der i. g. Erwerb zeitgleich mit der korrespondierenden Lieferung des Lieferers ausgeführt, also mit dem Beginn der Beförderung oder Versendung und nicht erst in dem Zeitpunkt, in dem der Gegenstand der Lieferung im Inland eintrifft (Lippross, a. a. O. (Kap. 9); Weimann, UStB 2007, 23).

Beispiel:
Unternehmer D aus Dortmund hat im Dezember 2006 unter Verwendung seiner USt-IdNr. Ware bei Unternehmer I in Rom bestellt, die dieser noch am 29.12.2006 einem Frachtführer übergibt. Die Ware wird dem D am 03.01.2007 ausgehändigt.

Lösung:
I tätigt bei Beginn des Transports im Dezember 2006 in Italien eine i. g. Lieferung an D.
D tätigt seinerseits einen i. g. Erwerb – und zwar ebenfalls noch im Dezember und nicht erst bei Erhalt der Ware im Januar 2007. Damit unterliegt der Erwerb noch dem damals »alten« Steuersatz (16 %).

TIPP
1. Eine Anzahlungsbesteuerung kommt beim i. g. Erwerb nicht in Betracht.
2. Von Bedeutung sind die vorstehenden Überlegungen vor allem immer dann, wenn der Erwerber nicht zum (vollen) Vorsteuerabzug berechtigt ist (Banken, Versicherungen, kommunale Unternehmen etc.).

2.4.6 Sukzessivlieferverträge

41 Bei Sukzessivlieferungsverträgen ist der Zeitpunkt jeder einzelnen Lieferung maßgebend (Abschn. 13.1 Abs. 2 S. 2 UStAE).

Beispiel:
Herrenausstatter Klamotten Anton (A) bestellt bei Hersteller Egon Chef (E) 1500 Stück Herrenhemden, von denen 900 im Dezember 2006 und 600 im Januar 2007 geliefert werden.

Lösung:
Es handelt sich um eine Sukzessivlieferung: Liefergegenstand ist jedes einzelne Hemd! 900 Hemden sind daher mit 16 %, 600 Hemden mit 19 % zu versteuern.

TIPP

Gerade bei Sukzessivlieferungen besteht für den Kunden die **Gefahr des zu hohen Vorsteuerausweises.** Häufig stellt die Debitorenbuchhaltung der Lieferanten auf die letzte Warenbewegung ab und würde im o. a. Beispiel für alle Hemden 19 % fakturieren. **Die Kreditorenbuchhaltung des Kunden muss daher wachsam sein!**

2.4.7 Kauf auf Probe vs. Kauf mit Rückgaberecht

Besonderheiten gelten für den Kauf auf Probe. Hier wird dem Käufer mit der Zusendung der Ware die faktische Befähigung zur Verfügung über den Gegenstand zunächst noch nicht verschafft (§ 454 BGB). Sendet der Käufer den Gegenstand innerhalb der Probezeit an den Lieferer zurück, kommt keine Lieferung zustande (OFD Hamburg vom 13.02.1996, StEd 1996, 240). Eine Lieferung wird damit erst nach Ablauf der vom Verkäufer eingeräumten Billigungsfrist oder durch Überweisung des Kaufpreises bewirkt (BFH vom 06.12.2007, Az: V R 24/05, BStBl II 2009, 490; Abschn. 13.1 Abs. 6 S. 1 und S. 2). 42

Beispiel:

Steuerberater S bestellt im Dezember 2006 beim Schäffer-Poeschel Verlag die Vorauflage dieses Kommentars unter den Voraussetzungen des § 454 BGB zur Ansicht und schaut sich das Werk über die Feiertage in aller Ruhe an. Das Werk gefällt ihm und er bestellt es am 02.01.2007 per Telefax fest.

Lösung:

Die Lieferung erfolgt mit der Festbestellung am 02.01.2007 (OFD Hamburg vom 13.02.1996, StEd 1996, 240). Auf den anzuwendenden Steuersatz hat das Lieferdatum hier allerdings keine Auswirkung, da der ermäßigte Steuersatz mit 7 % damals unverändert weiter galt (BMF vom 11.08.2006, BStBl I 2006, 477 Rn. 1).

Dagegen ist bei einem Kauf mit Rückgaberecht die Lieferung bereits mit der Zusendung der Ware ausgeführt (Abschn. 13.1 Abs. 6 S. 3 UStAE). 43

Beispiel:

Sachverhalt wie Beispiel oben. Das Werk wird am 19.12.2006 an S ausgeliefert. S hat die Möglichkeit, das Werk innerhalb eines Monats an den Schäffer-Poeschel Verlag zurückzuschicken.

Lösung:

Die Lieferung erfolgt mit Beginn der Beförderung (§ 3 Abs. 6 S. 1 und 2 UStG) und damit am 19.12.2006. Sollte der Kunde im Januar 2007 von seinem Rückgaberecht Gebrauch machen, führt dies beim Schäffer-Poeschel Verlag nach § 17 Abs. 2 Nr. 3, Abs. 1 UStG zu einer Änderung der Bemessungsgrundlage und damit zu einer Umsatzsteuerberichtigung.

Hinweis: Hätte der Umsatz dem allgemeinen Steuersatz unterlegen und damit in 2006 mit 16 % besteuert werden müssen, würde auch die Berichtigung in 2007 zu 16 % erfolgen.

TIPP

Der Kauf mit Rückgaberecht ist also im Hinblick auf **Umsatzsteuererhöhungen** dem Kauf auf Probe vorzuziehen, da sich die Steuererhöhung auf vorab getätigte Verkäufe nicht auswirkt!

2.4.8 Werklieferungen/Montagefälle

Die Leistung wird (i. d. R.) dann ausgeführt, wenn die Ware (z. B. Maschine) funktionsfähig montiert ist, vom Hersteller dem Auftraggeber übergeben und von Letzterem **abgenommen** wird (vgl. Abschn. 13.2 UStAE). 44

Beispiel:
Hardwarebetreuer H nutzt die Feiertage, um die Kanzlei von Rechtsanwalt R neu zu verkabeln und einen zweiten Server in die EDV-Anlage zu integrieren. Am 02.01.2007 führt H dem R seine Arbeitsergebnisse vor; R ist sehr zufrieden.

Lösung:
Die Lieferung erfolgt mit der Übergabe und Abnahme am 02.01.2007 und damit bereits unter dem neuen Steuersatz (19 %). Ist R nicht zum vollen Vorsteuerabzug berechtigt, sollte die Abnahme noch im alten Jahr erfolgen; so ließen sich dann 3 % Umsatzsteuer einsparen.

TIPP
Das Beispiel gibt den Regelfall wieder: insbesondere Arztpraxen und andere kleinere Unternehmen werden über die Feiertage geschlossen haben und deshalb Renovierungen und dgl. durchführen lassen.
Bei fehlender oder eingeschränkter Vorsteuerabzugsberechtigung sollte ein dazu Berechtigter (vgl. BFH vom 09.03.2006, Az: V B 77/05, BFH/NV 2006, 1530) Leistungen noch vor einer Steuersatzerhöhung vornehmen!
Der Steuerberater sollte im **Vorfeld von Steuererhöhungen** auf seine »kritischen« Mandanten – d. h. alle, die nicht oder nur eingeschränkt zum Vorsteuerabzug berechtigt sind wie Humanmediziner, Finanz- oder Versicherungsdienstleister, Wohnungsvermieter, private »Häuslebauer«, Kommunen – im Hinblick auf seine **Unterrichtungspflicht von sich aus** zugehen, ggf. durch ein Mandantenschreiben.

2.4.9 Strom-, Gas-, Wärme- und Wasserlieferungen

45 Lieferungen von Elektrizität, Gas, Wärme, Kälte und Wasser sind jedoch erst mit Ablauf des jeweiligen Ablesezeitraums als ausgeführt zu behandeln. Die während des Ablesezeitraums geleisteten Abschlagszahlungen der Tarifabnehmer sind nicht als Entgelt für Teilleistungen (vgl. Rn. 64 ff.) anzusehen, führen aber nach § 13 Abs. 1 Nr. 1 Buchst. a S. 4 UStG bereits mit Ablauf des Voranmeldungszeitraums ihrer Vereinnahmung zur Entstehung der Steuer (sog. »Anzahlungsbesteuerung«, vgl. Abschn. 13.1 Abs. 2 S. 3 f. UStAE und vgl. Rn. 86 ff.). Vgl. BMF vom 11.08.2006, BStBl I 2006, 477 Rz. 34.

2.4.10 Unentgeltliche Wertabgaben

46 Die Umsatzsteuer entsteht für unentgeltliche Wertabgaben mit Ablauf des Voranmeldungszeitraums, in dem sie ausgeführt wurden (§ 13 Abs. 1 Nr. 2 UStG), und zwar sowohl bei »Soll-« als auch bei »Ist-«Besteuerung des Unternehmers. Auf die Unterschiede dieser Besteuerungsarten kommt es insoweit nicht an (vgl. Rn. 102).

2.4.11 Kommissionsgeschäfte

47 Bei der **Verkaufskommission** vollzieht sich die Lieferung des Kommittenten an den Kommissionär gleichzeitig mit der Lieferung des Kommissionärs an den Abnehmer. Bei der **Einkaufskommission** erfolgt die Lieferung des Dritten an den Einkaufskommissionär nur dann zeitgleich mit der Lieferung des Kommissionärs an den Kommittenten, wenn dieser bereits vor Versendung der Ware an ihn die Verfügungsmacht darüber erlangt hat (z. B. durch Einigung und vorweggenommenes Besitzkonstitut) oder wenn er zivilrechtlich die Gefahr des zufälligen Untergangs trägt.

2.4.12 Verwertung von Sicherungsgut / Pfandgut

Gängiges Mittel zur Absicherung von Kreditforderungen ist die Sicherungsübereignung. Dabei überträgt der Kreditnehmer dem Kreditgeber das Eigentum an einem Gegenstand und behält sich gleichzeitig das Recht zu dessen Veräußerung vor. Die bloße Übertragung von Sicherungseigentum führt damit umsatzsteuerlich noch nicht zur Lieferung, weil der Kreditgeber keine Verfügungsmacht über den sicherungsübereigneten Gegenstand erhält (BFH vom 20.07.1978, Az: V R 2/75, BStBl II 1978, 684). Erst bei der Verwertung des Sicherungsguts stellt sich die Frage nach deren umsatzsteuerlichen Konsequenzen für den Kreditgeber – in der Regel eine Bank. 48

Im Augenblick der Verwertung des Sicherungsguts kommt es nach h. M. zu zwei Lieferungen, und zwar 49

- einer Lieferung des Sicherungsgebers an den Sicherungsnehmer und
- einer zweiten des Sicherungsnehmers an den Abnehmer

(vgl. § 3 Rn. 22 ff.; ausführlich zur Lieferung bei Sicherungsübereignung Bülow in V/S (= Vorgängerkommentar zu S/W/R, § 3 Rn. 53 ff.). Nach der Rechtsprechung des BFH ist der Zeitpunkt der Lieferung des Sicherungsgebers an den Sicherungsnehmer identisch mit dem Beginn der Veräußerung an den Dritten (BFH vom 20.07.1978, Az: V R 2/75, BStBl II 1978, 684). Die Steuerschuld von Sicherungsnehmer und Sicherungsgeber entsteht somit zur gleichen Zeit.

Beispiel:
Für den Unternehmer U finanziert Bank B die Anschaffung eines Kfz. Bis zur Rückzahlung des Darlehens lässt sich B das Kfz sicherungsübereignen. Da U seinen Zahlungsverpflichtungen nicht nachkommt, verwertet B das Kfz durch Veräußerung an einen privaten Abnehmer A.

Lösung:
Die Veräußerung des Pkw durch die Bank führt umsatzsteuerlich zu einer

- ersten Lieferung des Sicherungsgebers an die Bank und einer
- zweiten Lieferung der Bank an den Erwerber.

Sicherungsgeber —— **Lieferung 1** ⟶ Bank —— **Lieferung 2** ⟶ Erwerber

Wie die Lieferung des Sicherungsgebers wird auch die **Lieferung des Pfandschuldners an den Pfandgläubiger** erst im Zeitpunkt der Verwertung des Pfandes durch den Pfandgläubiger bewirkt (Bülow in S/W/R, § 13 Rn. 23, zum Lieferort in V/S, § 3 Rn. 70 ff.). 50

Weitere Besonderheiten ergeben sich bei der Verwertung von Sicherungsgut 51

- durch den Sicherungsgeber **im eigenen Namen, aber für Rechnung des Sicherungsnehmers:** In diesem Fall führt der Sicherungsnehmer an den Dritten eine entgeltliche Lieferung i. S. d. § 1 Abs. 1 Nr. 1 UStG 1993 aus; der Dritte kann deshalb die ihm vom Sicherungsgeber in Rechnung gestellte Umsatzsteuer unter den weiteren Voraussetzungen des § 15 Abs. 1 Nr. 1 UStG 1993 als Vorsteuer abziehen. Zudem greift § 3 Abs. 3 UStG ein; zwischen dem Sicherungsnehmer (Kommittent) und dem Sicherungsgeber (Kommissionär) liegt eine Lieferung vor, bei der der Sicherungsgeber (Verkäufer, Kommissionär) als Abnehmer gilt. Gleichzeitig erstarkt die Sicherungsübereignung zu einer Lieferung i. S. des § 1 Abs. 1 Nr. 1 UStG des Sicherungsgebers an den Sicherungsnehmer. Es liegt ein Dreifachumsatz vor (Fortführung von BFH vom 06.10.2005, Az: V R 20/04, BFH/NV 2006, 222);
- nach Eröffnung des **Insolvenzverfahrens** (Bülow, in V/S, § 3 Rn. 59 ff., in S/W/R § 13 Rn. 143 ff.).

2.4.13 Zwangsvollstreckung

52 Anders als bei der Verwertung von Sicherungsgut/Pfandgut kommt es bei der Zwangsvollstreckung **lediglich zu einer** Lieferung zwischen dem Vollstreckungsschuldner und dem Erwerber. Im Zeitpunkt des Zuschlags wird dem Erwerber das Eigentum an dem versteigerten Gegenstand direkt vom Vollstreckungsschuldner verschafft. Dem mit der Verwertung beauftragten Vollstreckungsorgan werden wirtschaftlich nicht Substanz, Wert und Ertrag der Sache zugewendet (BFH vom 19.12.1985, Az: V R 39/76, BStBl II 1986, 500; vom 16.04.1997, Az: XI R 87/96, BStBl II 1997, 585; vgl. auch Bülow in S/W/R, § 13 Rn. 2).

2.5 Sollversteuerung: Leistungszeitpunkt bei sonstigen Leistungen (§ 13 Abs. 1 Nr. 1 Buchst. a S. 1 UStG)

53 Das UStG selbst lässt – wie schon für Lieferungen – auch die Frage unbeantwortet, wann eine sonstige Leistung erbracht wird. Das mag insbesondere darauf zurückzuführen sein, dass sonstige Leistungen in den unterschiedlichsten Ausprägungen vorkommen und sich daher nicht exakt positiv definieren lassen. Nach dem UStAE sind sonstige Leistungen »grundsätzlich im Zeitpunkt ihrer Vollendung ausgeführt« (Abschn. 13.1 Abs. 3 UStAE). Die h.M. definiert praxistauglicher: Der Zeitpunkt einer sonstigen Leistung ist der Zeitpunkt, in dem der Unternehmer alle zum Erbringen der Leistung erforderlichen Handlungen ausgeführt hat, die Leistung also in vollem Umfang bewirkt ist (vgl. statt vieler Wagner in S/R, § 13 UStG, Rn. 27).

TIPP

Eine sonstige Leistung ist mit anderen Worten dann erbracht, wenn der leistende Unternehmer alles getan hat, was er vertraglich schuldet!

54 Sonstige Leistungen lassen sich in Anlehnung an die im bürgerlichen Recht vorgegebenen Schuldvertragsarten in vier Fallgruppen unterteilen, die nicht nur der Bestimmung des Leistungsinhalts und Leistungsorts, sondern auch der Leistungszeitpunkts dienen:

- Fallgruppe 1: Arbeits-, Dienst- und Werkleistungen (vgl. Rn. 55),
- Fallgruppe 2: substanzüberlassende sonstige Leistungen durch verfügende Willenserklärung (vgl. Rn. 57),
- Fallgruppe 3: Leistungen, die auf die Überlassung des Gebrauchs oder der Nutzung gerichtet sind (vgl. Rn. 58 f.),
- Fallgruppe 4: übrige sonstige Leistungen (vgl. Rn. 61).

2.5.1 Arbeits-, Dienst- und Werkleistungen

55 Arbeits-, Dienst- und Werkleistungen sind Leistungen durch **positives Tun** und als solche grundsätzlich im **Zeitpunkt ihrer Vollendung** ausgeführt. Das gilt insbesondere für Werkleistungen; sie sind mit Fertigstellung des Werks ausgeführt (Abschn. 13.1 Abs. 3 S. 1 UStAE). Der Zeitpunkt der Vollendung des Werks wird hier häufig mit dem Zeitpunkt der **Abnahme** zusammenfallen (Abschn. 13.2 Abs. 3 S. 2 UStAE). Die Abnahme ist jedoch – anders als bei der Werklieferung – nicht Voraussetzung der Erfüllung. Zu den Besonderheiten in der Bauwirtschaft vgl. Rn. 70 ff.

BEISPIEL

Unternehmensberater U erstellt für Immobilienunternehmer I eine Machbarkeitsstudie zur Errichtung eines neuen Gewerbeparks. Den Jahreswechsel 2006/2007 nutzt U, um die Ergebnisse der Studie noch einmal zu überdenken und das für I gefertigte Gutachten in Ruhe »querzulesen«. In der 1. KW 2007 bringt die Sekretärin des U das Gutachten in die Endform; in der 2. KW werden dem I die Ergebnisse vorgestellt.

Lösung:

Die Leistung des U wird erst mit der Bekanntgabe der Ergebnisse im Januar 2007 erbracht und unterliegt damit dem neuen Steuersatz i. H. v. 19 %.

Abwandlung:

Sachverhalt wie oben. U stellt dem I die Ergebnisse seiner Studie aber bereits am 29.12.2006 vor.

Lösung:

Ist I nicht zum vollen Vorsteuerabzug berechtigt, sollte diese Gestaltung angestrebt werden; so ließen sich dann 3 % Umsatzsteuer einsparen.

Dieselbe Problematik ergibt sich auch bei **Werklieferungen/Montagefällen** (vgl. Rn. 44). 56

2.5.2 Substanzüberlassende sonstige Leistungen durch verfügende Willenserklärung

Substanzüberlassende sonstige Leistungen durch verfügende Willenserklärung sind ebenfalls solche durch **positives Tun**. Sie sind mit der (uneingeschränkten und vorbehaltlosen) **Übertragung des Vollrechts** bewirkt. Dabei kommt es auf den **Zeitpunkt an, in dem der Leistungsempfänger die faktische Herrschaftsbefugnis über das Recht erlangt**, es also ausüben kann (analog zur Verschaffung der Verfügungsmacht bei der Lieferung von Gegenständen, auf die neuerdings aber für die Frage des Lieferzeitpunkts ja gerade nicht mehr abgestellt wird, vgl. Rn. 32 ff.). Der Zeitpunkt der späteren tatsächlichen Ausübung des Rechts durch den Leistungsempfänger ist damit ohne Bedeutung. 57

Beispiel:

(Endgültige) Übertragung von ...

1. Medikamentenzulassungen,
2. Urheber- und Verlagsrechten (BFH vom 16.07.1970, Az: V R 95/66, BStBl II 1970, 706),
3. Lieferungs- und Kompensationsrechten (BFH vom 19.08.1976, Az: V R 160/71, BStBl II 1977, 226).

TIPP

Die Annahme einer Duldungsleistung der Fallgruppe 3 scheidet in diesen Sachverhaltsgestaltungen mangels einer beim Übertragenden verbleibenden Rechtsposition (Endgültigkeit der Übertragung!) aus.

2.5.3 Duldungsleistungen

Leistungen, die auf die Überlassung des Gebrauchs oder der Nutzung gerichtet sind, haben ein Dulden und damit ein **negatives Tun** zum Gegenstand. 58

Beispiel:

- Miet- oder Leasingverträge,
- (zeitlich begrenzte) Gewährung des Zugangs zu einer Online-Datenbank,
- Überlassung von Patent-, Urheber- oder sonstigen geschützten Rechten (Hinweis auf das »GEMA-Urteil« des BFH vom 22.03.1979, Az: V R 127/70, BStBl II 1979, 594).

59 Bei **zeitlich begrenzten Duldungsleistungen** ist die Leistung mit Beendigung des entsprechenden Rechtsverhältnisses ausgeführt, es sei denn, die Beteiligten hätten Teilleistungen vereinbart oder es kommt die Ist-Besteuerung von Anzahlungen zum Tragen (Abschn. 13.1 Abs. 3 S. 2 UStAE). Werden derartige Leistungen zeitlich unbegrenzt oder über einen sehr langen Zeitraum erbracht, kommt es auf die **Abreden der Beteiligten** (Entgeltvereinbarung, Kündigungsmöglichkeit) an. Danach kann eine Aufteilung in **Teilleistungen** entsprechend den Zeiträumen, für die jeweils vereinbarungsgemäß ein Entgelt zu zahlen ist, in Betracht kommen. Bei **(vorschüssiger) Einmalzahlung** wird man – entsprechend der Vollrechtsübertragung (Fallgruppe 2) – die Leistung als in dem Zeitpunkt ausgeführt ansehen müssen, von dem ab der Leistungsempfänger die ihm eingeräumten Rechte ausüben kann (vgl. auch Bülow in S/W/R, § 13 Rn. 31; Weimann, USt-Erhöhung, Kap. 4.3.3 und UStB 2006, 318).

Beispiel:
Der Betreiber einer Online-Datenbank gewährt einem User den Zugang vom 20.12.2006 bis zum 19.12.2007; das Nutzungsentgelt ist in einer Summe vorschüssig zu leisten.

Lösung:
Ob der vorschüssigen Einmalzahlung wird die Dauerleistung bereits bei Vertragsbeginn am 20.12.2006 erbracht und unterliegt damit dem »alten« Steuersatz von 16 %.

60 Hinzuweisen ist auch auf die ersatzweisen Überlegungen des Deutschen Steuerberater-Verbandes zu dieser Problematik (vgl. Rn. 62 f.).

2.5.4 Unterlassungsleistungen etc.

61 Die übrigen sonstigen Leistungen haben **Unterlassungen oder Verzichte** und damit ebenfalls ein **negatives Tun** zum Gegenstand. Die Ausführungen zu den Leistungen, die auf die Überlassung des Gebrauchs oder der Nutzung gerichtet sind, gelten hier entsprechend.

Beispiel:
- Unterlassen von Wettbewerb (BFH vom 13.11.2003, Az: V R 59/02, BStBl II 2004, 472).
- Verzicht auf eine Fernverkehrskonzession zugunsten eines Dritten (FG Münster vom 12.08.1964, UR 1965, 225).
- Ein wohlhabender Mensch bietet dem Pop-Sänger Dandy K 100.000 € dafür, dass er zukünftig keine neue CD mehr produziert. Dandy geht auf dieses Angebot ein, weil er Realist genug ist zu erkennen, dass sich das »Kunstwerk« voraussichtlich eher schlecht als recht verkaufen ließe.

2.5.5 Steuersatzerhöhungen: Unsicherheit um Leistungszeitpunkt bei langfristigen Verträgen

62 Nach Auffassung der Finanzverwaltung sind langfristige Leistungen erst mit Beendigung des entsprechenden Rechtsverhältnisses ausgeführt, es sei denn, die Beteiligten hätten Teilleistungen vereinbart oder es kommt die Ist-Besteuerung von Anzahlungen zum Tragen (Abschn. 13.1 Abs. 3 S. 2 UStAE). Auf Grund der hieraus resultierenden Praxisprobleme wird in der Literatur die Auffassung vertreten, dass man bei (vorschüssiger) **Einmalzahlung** – entsprechend der Vollrechtsübertragung bei den substanzüberlassenden sonstigen Leistungen gegen verfügende Willenserklärungen – die Leistung als in dem Zeitpunkt ausgeführt ansehen muss, von dem ab der Leistungsempfänger die ihm eingeräumten Rechte ausüben kann (vgl. Rn. 58 f.).

Die deutsche Finanzverwaltung teilt diese Auffassung derzeit wohl nicht. Problematisch gestalten sich damit – zuletzt bei der Steuersatzerhöhung zum 01.01.2007 – Fallgestaltungen wie die folgende: 63

Beispiel:
Ein Unternehmen der Software-Branche erstellt ein Programm zur Absicherung von PCs gegen Viren und vertreibt die Nutzungsrechte hieran in den Monaten Februar bis August 2006 für 100 € zuzüglich 16 % USt = 116 €. Hierin enthalten ist mit einem Wert von 50 € das Recht des Nutzers, für den Zeitraum von zwölf Monaten die in unregelmäßigen Abständen erscheinenden aktualisierten Virensignatur-Dateien und Aktualisierungen des Programms aus dem Internet herunterzuladen. Die Software selbst wird auf einer CD ausgeliefert.

Lösung:
Die Überlassung der Standard-Software ist eine Lieferung. Diese wird bereits in 2006 erbracht und unterliegt dem Steuersatz von 16 %.
Die Möglichkeit der Aktualisierung ist eine Dauerleistung in Form einer sonstigen Leistung. Diese gilt als erbracht, wenn der vereinbarte Leistungszeitraum endet (Abschn. 13.1 Abs. 3 UStAE), also der einjährige Update-Zeitraum beendet ist. Dies ist erst im Jahr 2007 der Fall. Daher ist der neue allgemeine Steuersatz von 19 % auf die gesamte sonstige Leistung anzuwenden.
Der korrekte Umsatzsteuerbetrag errechnet sich daher aus der Lieferung (50 € × 16 % USt = 8 €) und der sonstigen Leistung (50 € × 19 % USt = 9,50 €) und beträgt daher insgesamt 17,50 €.

Ausführlich hierzu die Vorauflage, § 13, 2.5.5

TIPP
Da die Finanzverwaltung ihre für den Unternehmer nachteilige – Auffassung zum Jahreswechsel 2006/2007 mehrfach bestätigt hat (vgl. OFD Koblenz vom 27.12.2006, Az: S 7270 A – St 444, UR 2007, 317; OFD Frankfurt a. M. vom 26.01.2007, Az: S 7210 A – 21 – St 112; Zweifelsfragen im Zusammenhang mit der Steuersatzanhebung auf 19 Prozent / ... 3. Behandlung der von Krankenkassen gezahlten Vergütungspauschalen ..., UR 2007, 549), sollte der Steuerberater in Frage kommenden Mandanten im Hinblick auf zukünftige Steuersatzerhöhungen eine »vorausschauende und geschickte Vertragsgestaltung« nahelegen.

2.6 Sollversteuerung: Teilleistungen (§ 13 Abs. 1 Nr. 1 Buchst. a S. 2 und 3 UStG)

Für Teilleistungen entsteht die Steuer bei der Berechnung nach vereinbarten Entgelten in entsprechender Anwendung der Überlegungen für Vollleistungen (vgl. Rn. 32 ff. und vgl. Rn. 53 ff.) mit Ablauf des Voranmeldungszeitraums, in dem die Teilleistung ausgeführt worden ist (§ 13 Abs. 1 S. 1 Buchst. a S. 2 i. V. m. S. 1 UStG). Die Vorschrift beinhaltet eine Sonderregelung zur Entstehung der Steuerschuld (BFH vom 30.09.1977, Az: V R 109/73, BStBl II 1977, 227). 64

2.6.1 Begriff der Teilleistungen

Teilleistungen sind 65

- wirtschaftlich abgrenzbare Teile,
- einheitlicher langfristiger Leistungen (Dauerleistungen, Werklieferungen, Werkleistungen),
- für die das Entgelt gesondert vereinbart wird und
- die demnach statt der einheitlichen Gesamtleistung geschuldet werden

(vgl. § 13 Abs. 1 S. 1 Nr. 1 Buchst. a S. 3 UStG).

2.6.2 Der umsatzsteuerliche Vorteil von Teilleistungen zur »Abwehr« von Steuererhöhungen

66 Der umsatzsteuerliche Vorteil von Teilleistungen zeigte sich zuletzt bei der Steuererhöhung zum 01.01.2007. Der Vorteil besteht darin, dass sich über das **Aufsplitten eigentlich einheitlicher langfristiger Leistungen**, die erst nach der Erhöhung erbracht werden und damit eigentlich dem neuen (höheren) Steuersatz unterliegen, erreichen lässt, dass zumindest Teile noch unter den alten (niedrigeren) Steuersatz fallen.

67 Für die letzte Steuererhöhung (01.01.2007) heißt das:

- Auf **Teilleistungen, die vor dem 01.01.2007 erbracht wurden** und die der Umsatzsteuer nach dem allgemeinen Steuersatz unterliegen, ist der bis zum 31.12.2006 geltende allgemeine Steuersatz von 16 % anzuwenden.
- **Später ausgeführte Teilleistungen** sind der Besteuerung nach dem allgemeinen Steuersatz von 19 % zu unterwerfen (BMF, Schreiben vom 11.08.2006, BStBl I 2006, 477, Rz. 20).

2.6.3 Prüfungsreihenfolge: Voraussetzungen für die Anerkennung von Teilleistungen

68 Das **BMF** hat sich hierzu zuletzt im Zusammenhang mit der Umsatzerhöhung 2007 geäußert und erkennt bei Werklieferungen und Werkleistungen an, dass diese in Teilen vor dem 01.01.2007 erbracht wurden, wenn folgende Voraussetzungen erfüllt sind (BMF vom 11.08.2006, BStBl I 2006, 477, Rz. 21):

- Es muss sich um einen **wirtschaftlich abgrenzbaren Teil** einer Werklieferung oder Werkleistung handeln.
- Der Leistungsteil muss, wenn er Teil einer Werklieferung ist, **vor der Steuererhöhung** (also vor dem 01.01.2007) **abgenommen** worden sein; ist er Teil einer Werkleistung, muss er vor dem 01.01.2007 vollendet oder beendet worden sein.
- **Vor der Steuererhöhung** (also vor dem 01.01.2007) **muss vereinbart** worden sein, dass für Teile einer Werklieferung oder Werkleistung entsprechende Teilentgelte zu zahlen sind.
- Sind für Teile einer Werklieferung oder Werkleistung zunächst keine Teilentgelte gesondert vereinbart worden, muss die vertragliche Vereinbarung vor der Steuererhöhung (vor dem 01.01.2007) **entsprechend geändert** werden.
- Das Teilentgelt muss **gesondert abgerechnet** werden.

69 Daraus ergeben sich für die Praxis folgende **Prüfungsschritte:**

- **Teilbarkeit der Leistung:** Die Finanzverwaltung erkennt Teilleistungen nur an, wenn einheitliche langfristige Leistungen wirtschaftlich überhaupt teilbar sind (vgl. Rn. 70 f.).
- **Vertragliche Vereinbarungen:** Wenn Teilleistungen danach wirtschaftlich überhaupt denkbar sind, dann müssen diese wirksam vereinbart werden (vgl. Rn. 72 ff.).
- **Umsetzung der Vertragsvereinbarungen:** Wenn Teilleistungen wirksam vereinbart wurden, müssen die Beteiligten diese auch entsprechend umsetzen (vgl. Rn. 81 ff.).

2.6.4 Teilbarkeit der Leistung

2.6.4.1 Voraussetzungen

Ob der Unternehmer 70

- eine unteilbare Leistung,
- eine Teilleistung (als Teil einer einheitlichen Leistung) oder
- mehrere (voneinander unabhängige und damit selbständige) Einzelleistungen

erbringt, entscheidet sich nach allgemeinen umsatzsteuerlichen Grundsätzen (vgl. insbes. Abschn. 3.10 UStAE). Eine einheitliche Leistung ist dann teilbar, wenn sie **ohne Wertminderung** und **ohne Beeinträchtigung des Leistungszwecks** zerlegt werden kann (Heinrichs in Palandt, BGB § 266 Rn. 1b).

TIPP

Dabei spielt m. E. auch immer der Gedanke eine Rolle, ob die vermeintliche Teilleistung **von einem anderen Unternehmer fortgesetzt** werden kann.
Ob die vermeintlichen Teilleistungen dagegen **in einem einzigen oder mehreren separaten Verträgen** vereinbart werden, ist ohne Belang.

Beispiel:

Ein Hersteller für Erdwärmeheizungen (H) hat ein ganz spezielles System entwickelt, das nur er beherrscht. Im Dezember 2006 beginnt H bei einem Privatkunden (P) mit einer Installation, von der abzusehen ist, dass H diese erst Anfang 2007 beenden können wird. Damit P zumindest zum Teil noch in den »Genuss« des alten Steuersatzes kommt, teilen H und P die Arbeiten vertraglich auf in Erdanschluss, Lieferung der Endgeräte und oberirdische Installationen; sie vereinbaren für alle Leistungsteile auch ein gesondertes Entgelt. Den Erdanschluss erstellt H noch im Dezember 2006; gleichzeitig liefert er auch noch die Endgeräte. Die oberirdischen Installationen bringt H im Februar 2007 zum Abschluss. H möchte den Erdanschluss und die Lieferung der Endgeräte als selbständige Teilleistungen noch mit 16 % fakturieren.

Lösung:

Die beabsichtigte Aufteilung ist nicht möglich. H bietet ein exklusives System an; H wird damit als einziger Anbieter auf dem Markt die Arbeiten sinnvoll beenden können. Eine Aufteilung der Gesamtleistung in selbstständige Teilleistungen ist damit nicht möglich.

2.6.4.2 Kompakt-ABC

Anwaltliche Leistungen 71

Vgl. Stichwort »Rechtsanwaltsleistungen«

Architektenleistungen

Die Leistungen der Architekten und Ingenieure, denen Leistungsbilder nach der Honorarordnung für Architekten und Ingenieure (HOAI) zu Grunde liegen, werden grundsätzlich als einheitliche Leistung erbracht, auch wenn die Gesamtleistung nach der Beschreibung in der HOAI, insbesondere durch die Aufgliederung der Leistungsbilder, teilbar ist. Allein die Aufgliederung der Leistungsbilder zur Ermittlung des (Teil-)Honorars führt nicht zur Annahme von Teilleistungen i. S. d. § 13 Abs. 1 Nr. 1 Buchst. a UStG. Nur wenn zwischen den Vertragspartnern im Rahmen des Gesamtauftrags über ein Leistungsbild zusätzliche Vereinbarungen über die gesonderte Ausführung und Honorierung einzelner Leistungsphasen getroffen werden, sind insoweit Teilleistungen anzunehmen. Dies gilt sinngemäß auch für Architekten- und Ingenieurleistungen, die nicht nach der HOAI abgerechnet werden (vgl. Abschn. 13.3 UStAE).

Ärztliche Tätigkeit

Grundlage der ärztlichen Abrechnung sind die Art und Zahl der ärztlichen Konsultationen, nicht die Art und Schwere der Krankheit. Die ärztliche Behandlung setzt sich damit aus vielen Teilleistungen zusammen (OFD Hamburg vom 12.03.1970, Az: S 7270 – 16/70 – St 251). Freilich werden diese Überlegungen auf Grund der grundsätzlichen Steuerbefreiung von Humanmedizinern (§ 4 Nr. 14 UStG) vor allem bei den Veterinären von Bedeutung sein.

Aufsichtsratsvergütungen

Der Aufsichtsrat wird von der Hauptversammlung für eine bestimmte, meist satzungsmäßig festgesetzte, in der Regel mehrjährige Amtsperiode gewählt. Die Tätigkeit des Aufsichtsrats erfolgt damit in Teilen für die einzelnen Geschäftsjahre. Die jeweilige Teilleistung ist mit der Entlastung, die jährlich von der ordentlichen Hauptversammlung beschlossen wird, erbracht (BMF vom 15.09.1980, Az: IV A 2 – S 7270 – 6/80).

Bauleistungen

Die Bauwirtschaft führt Arbeiten auf dem Grund- und Boden der Auftraggeber im Allgemeinen nicht in Teilleistungen, sondern als einheitliche Leistungen aus (Abschn. 13.2 UStAE). Die Aufteilung der einzelnen Gewerke wird von der Finanzverwaltung nach näher definierten Kriterien zugelassen (vgl. BMF [BdF] vom 28.12.1970, Az: IV A 2 – 7440 – 8/70; BMF vom 12.10.2009, BStBl I 2009, 1292; Abschn. 13.4 Beispiele 2, 4 und 5 UStAE). Abschlagszahlungen auf ein schlüsselfertig zu lieferndes Bauwerk sind keine Teilleistungen, sondern Vorauszahlungen (Hessisches FG, EFG 1998, 1441).

Buchführungsleistungen

Vgl. Stichwort »Steuerberaterleistungen«

Dauerkarten

Die Überlassung einer Eintrittskarte, die zum Besuch mehrerer Sportveranstaltungen innerhalb eines bestimmten Zeitraums berechtigt, ist stets als **Dauerleistung** anzusehen, die **mit Ablauf des Berechtigungszeitraums erbracht** wird. Leistungszeitraum ist dabei typischerweise eine Spielsaison. Dem Leistungsempfänger kommt es regelmäßig darauf an, alle im Leistungszeitraum stattfindenden Spiele besuchen zu können. Ob die Anzahl der Spiele einer Saison zum Zeitpunkt des Erwerbs der Karte bereits feststeht oder ob diese variabel ist, ist dabei nicht von Bedeutung. Umsätze mit Dauerkarten für eine über den Jahreswechsel hinausreichende Saison unterliegen daher – vorbehaltlich der Steuerermäßigung nach § 12 Abs. 2 Nr. 8 UStG – dem seit 01.01.2007 geltenden allgemeinen Steuersatz von 19 % (FinMin NRW vom 12.12.2006, Az: S 7210 – 3 – V A 4).

Diese Dauerleistung **kann jedoch in Teilleistungen erbracht** werden. Die Annahme von Teilleistungen setzt gemäß § 13 Abs. 1 Nr. 1 Buchst. a S. 3 UStG voraus, dass einem bestimmten Teil der wirtschaftlich teilbaren Leistung ein gesondertes Entgelt zugeordnet werden kann.

In den Fällen, in denen die **Anzahl der Spiele, zu deren Besuch die Karte berechtigt, nicht feststeht**, ist dies nicht möglich. Daher scheidet die Annahme von Teilleistungen für diese Sachverhalte mangels konkreter Zuordnungsmöglichkeit des Entgelts aus. Der Umsatz wird erst mit Ablauf der Spielsaison ausgeführt. Bei Dauerleistungen aus dem Verkauf von Karten, die zum Besuch einer feststehenden Anzahl von Spielen berechtigen, ist die in § 13 Abs. 1 Nr. 1 Buchst. a S. 3 UStG geforderte Zuordnung jedoch möglich, falls gesonderte Entgeltvereinbarungen für die einzelnen Teilleistungen vor dem 01.01.2007 getroffen werden. Als **Vereinbarung eines kürzeren Abrechnungszeitraums** ist es insbesondere auch anzusehen, wenn in einer vor dem 01.01.2007 erteilten Rechnung das Entgelt oder der Preis für diesen Abrechnungszeitraum angegeben wird (vgl. die Ausführungen zu Abschn. 3.3 des BMF vom 11.08.2006, BStBl I 2006, 477). Die Aufteilung des Entgeltes auf die einzelnen Teilleistungen hat hierbei anhand der Anzahl der Spiele zu erfolgen (FinMin NRW vom 29.08.2006, Az: S 7210 – 3 – V A 4, UR 2007, 155; vgl. auch OFD Frankfurt a. M. vom 26.01.2007, Az: S 7210 A – 21 – St 112, UR 2007, 549).

Einmalzahlungen
Vgl. Stichwort »Leasingverträge«

Fahrschulen
Die einzelnen Fahrstunden und die Vorstellung zur Prüfung können als Teilleistungen anerkannt werden; die Grundgebühr hingegen kann nicht zerlegt werden (OFD Düsseldorf vom 30.09.1998, Az: S 7270 A – St 1412 – D; Abschn. 13.4 Beispiel 3 UStAE).

GEMA
Die Leistung der GEMA-Mitglieder (Komponisten, Textdichter, Musikverleger) erstreckt sich nach dem Berechtigungsvertrag auf einen Zeitraum von sechs Jahren, der sich, sofern er nicht gekündigt wird, jeweils um sechs weitere Jahre verlängert. Die Abrechnung erfolgt für Abrechnungsperioden (halbjährlich oder jährlich). In der Anerkennung der Abrechnungsperioden ist die Vereinbarung von Teilleistungen zu sehen (OFD Hamburg vom 07.03.1972, Az: S 7117 – 19/71 – St 251).

Grabpflegeleistungen
Einzelne Grabpflegeleistungen auf Grund eines langjährigen Grabpflegevertrages gegen ein einmaliges vorab geleistetes Entgelt führen nicht zu Teilleistungen. Jede einzelne Grabpflege – z. B. das »Aufmachen« der Gräber im Frühjahr und bei Winteranfang – ist eine selbstständige Leistung, die mit Abschluss der Arbeiten im Besteuerungszeitraum ausgeführt ist (BFH vom 21.06.2001, Az: V R 80/99, UR 2001, 446).

Hörgeräteakustiker
Vgl. OFD Hannover vom 07.04.2004, BStBl I 2004, 628.

Ingenieurleistungen
Vgl. Stichwort »Architektenleistungen«

Jahreskarten
Vgl. Stichwort »Dauerkarten«

Insolvenzverfahren
Eine selbstständige Leistung ist der z.Zt. der Eröffnung des Konkurs-/Insolvenzverfahrens zur Erfüllung eines zweiseitigen Vertrages erbrachte Teil der (Gesamt-)Leistung, wenn der Konkursverwalter/Insolvenzverwalter gem. § 17 KO/§ 103 InsO die weitere Vertragserfüllung ablehnt; anders, wenn der Konkurs-/Insolvenzverwalter den Vertrag erfüllt (Schlosser-Zeuner in B/G, 8. Aufl. 2006, § 13 Rn. 18 unter Hinweis auf BFH vom 21.06.2001, Az: V R 68/00, UR 2002, 29). Vgl. auch OFD Frankfurt a. M. vom 26.01.2007, Az: S 7210 A – 21 – St 112; Zweifelsfragen im Zusammenhang mit der Steuersatzanhebung auf 19 Prozent / ... 4. Die Entstehung der Umsatzsteuer für Leistungen der Insolvenzverwalter ..., UR 2007, 549.

Konkursverfahren
Vgl. Stichwort »Insolvenzverfahren«

Kühlhauswirtschaft
Die Entgelte für »Kältelieferungen und Lagerhaltung« werden in bestimmten Abrechnungszeiträumen (monatlich, halbmonatlich, zehntätig oder wöchentlich) gesondert und endgültig abgerechnet. Es handelt sich bei den in den einzelnen Abrechnungszeiträumen erbrachten Leistungen um Teilleistungen (BMF [BdF] vom 13.08.1969, Az: IV A 2/S 7270 - 25/28; BMF vom 19.06.1979, Az: IV A 2 - S 7270 - 9/79).

Leasingverträge
Soweit Leasing zu einer Dauerleistung führt, wird diese in (in der Regel monatlichen) Teilleistungen erbracht (vgl. Abschn. 13.1 Abs. 4 UStAE). Häufig werden neben den Teilleistungsentgelten zusätzliche Einmalzahlungen (Sonderzahlungen) vereinbart, die bei Vertragsbeginn fällig werden. Die Sonderzahlungen sind Vorauszahlungen auf die späteren Teilleistungen (vgl. Weimann, USt-Erhöhung, Kap. 6.5.3 unter Hinweis auf BFH vom 19.05.1988, Az: V R 102/83, BStBl II 1988, 848), führen jedoch nach § 13 Abs. 1 Nr. 1 Buchst. a S. 4 UStG zu einer früheren Entstehung der Steuer (Abschn. 13.4 S. 5 UStAE; zur Anzahlungsbesteuerung vgl. Rn. 86 ff.).

Mietverträge
Mietleistungen werden in der Regel in Teilen geschuldet (Abschn. 13.4 Beispiel 1 UStAE). Zu Einmal- und Sonderzahlungen vgl. Stichwort »Leasingverträge«.

Nebenleistungen
Nebenleistungen teilen das Schicksal der Hauptleistung und führen damit gerade nicht zu (selbstständig zu beurteilenden) Teilleistungen (vgl. Rn. 36 f.).

Ofenindustrie
Zu den Besonderheiten der Frühbezugsabschlüsse vgl. FinMin NRW vom 27.08.1981, Az: S 7276 - 3 - VC 4.

Pfandbeträge
Die Erstattung von Pfandbeträgen betrifft zwar vordergründig die Teilbarkeit von Leistungen, ist aber tatsächlich eine solche der Änderung der Bemessungsgrundlage (§ 17 UStG, vgl. im Einzelnen BMF vom 11.08.2006, BStBl I 2006, 477, Rz. 29; OFD Frankfurt a. M. vom 26.01.2007, Az: S 7210 A - 21 - St 112; Zweifelsfragen im Zusammenhang mit der Steuersatzanhebung auf 19 Prozent / ... 2. Auswirkungen auf die Erstattung von Pfandbeträgen ..., UR 2007, 549 [550]).

Raten- oder Teilzahlungen
führen nicht ohne weiteres zur Annahme einer Teilleistung (Schlosser-Zeuner in Bunjes, § 13 Rn. 16).

Rechtsanwaltsleistungen
Bei Rechtsanwaltsleistungen gilt es zu unterscheiden, ob den Leistungen Vergütungsvereinbarungen zu Grunde liegen oder nicht (vgl. von Seltmann, NJW-Spezial 2006, 525; Weimann, UStB 2007, 90):

- Bei **Zeitvergütungen** (z. B. Stundenhonoraren) ergibt sich aus der Natur der Vergütungsvereinbarung, dass das Entgelt für bestimmte Teile der Leistung, nämlich Zeitabschnitte, gesondert vereinbart wurde. Hier dürften sich bei der Abrechnung von dem 01.01.2007 erbrachter Leistungen also auch bei Fehlen einer besonderen Vereinbarung über die Abrechnung von Teilleistungen keine umsatzsteuerliche Probleme ergeben.

- Anders ist dies aber bei allen **zeitunabhängigen Vergütungsvereinbarungen** wie Pauschalvergütungen oder jeder Form der Abänderung einer gesetzlichen Vergütung. Hier kann die Aufteilung in gesondert abrechenbare Teilleistungen vereinbart werden, wenn die Teilleistungen wirtschaftlich von den zeitlich nachfolgenden Teilleistungen abgegrenzt werden können. Es empfiehlt sich zum Beispiel die Abgrenzung der außergerichtlichen Beratung zur außergerichtlichen Vertretung und die Abgrenzung dieser wiederum zur gerichtlichen Vertretung. Auch die Tätigkeiten in verschiedenen Verfahrensabschnitten können und sollten wirtschaftlich voneinander abgegrenzt werden. Es dürfte sich immer wieder dann um eine wirtschaftlich abgrenzbare Teilleistung handeln, wenn es sich bei der Abrechnung nach dem Gesetz um verschiedene Angelegenheiten handelte.
- Liegt keine Vergütungsvereinbarung vor und wird **nach dem RVG abgerechnet**, ist die Aufspaltung in Teilleistungen schwierig. Die innerhalb einer Angelegenheit im gebührenrechtlichen Sinne zu erbringenden Leistungen dürften kaum wirtschaftlich voneinander abgetrennt werden können. Im Zweifel sollte eine Vergütungsvereinbarung getroffen werden, die eine Regelung über die Aufspaltung in Teilleistungen enthält. Als Abrechnungsgrundlage könnte das RVG beibehalten werden; allerdings müssten **abweichende Fälligkeitsvereinbarungen** getroffen werden.

Sonderzahlungen

Vgl. Stichwort »Leasingverträge«

Sprengarbeiten

Vgl. OFD Saarbrücken vom 01.03.1979, Az: S 7522 - 17 - St 24/S 7220 Punkt 16.

Steuerberaterleistungen

Besonderheiten gelten bei Finanz- und Lohnbuchführungsleistungen. Diese werden in der Praxis unterschiedlich vereinbart:

- es kann sich um die Vereinbarung von Anzahlungen mit anschließender Schlussrechnung handeln oder
- es wird eine echte Pauschalvereinbarung getroffen, bei der keine Schlussrechnung erfolgt.

In beiden Fällen liegen **Teilleistungen vor**. Die Buchführungsleistungen werden nicht als Ganzes, sondern in Teilen geschuldet (vgl. Abschn. 13.4 S. 1 UStAE). Das gilt auch bei Anzahlungsvereinbarungen, selbst wenn die Schlussrechnung erst nach dem 31.12.2006 erfolgt. Entscheidend ist daher, wann die jeweilige Teilleistung ausgeführt wird. Bei der Schlussrechnung wird daher grundsätzlich eine **Aufteilung der Rechnung** vorzunehmen sein (Weimann, UStB 2007, 90). Denn soweit bestimmte Buchungsmonate (z. B. Finanzbuchführung für den Monat Dezember 2006) erst in 2007 gebucht werden, kommt insoweit der neue Steuersatz i. H. v. 19 % zur Anwendung (so auch Küffner, DStR 2006, 1552, 1557).

Telekommunikationsleistungen

Telekommunikationsleistungen (z. B. Telefondienstleistungen) sind den Dauerleistungen zuzurechnen, sofern sie auf Verträgen beruhen, die auf unbestimmte Zeit oder für eine Mindestzeit (meist zwischen 6 und 24 Monaten) abgeschlossen werden und periodische Abrechnungszeiträume vorsehen. Nach Rz. 24 sind in diesen Fällen Teilleistungen anzuerkennen, die am Ende des vereinbarten Abrechnungszeitraums als erbracht gelten. Fällt der 01.01.2007 in den vereinbarten Abrechnungszeitraum, ist es auch nicht zu beanstanden, wenn einmalig ein zusätzlicher Abrechnungszeitraum eingerichtet wird, der am 31.12.2006 endet (BMF vom 11.08.2006, BStBl I 2006, 477, Rz. 33).

Vorauszahlungen
Vgl. Stichwort »Leasingverträge«

Wartungsleistungen
können auf die einzelnen Wartungszeiträume aufgeteilt werden (OFD Hannover vom 10.09.1969, Az: S 7270 – 12 – StH 731 (S 7270 – 9 – StO 621)).

Werklieferungen oder -leistungen
Die wirtschaftliche Teilbarkeit einer Werklieferung bzw. Werkleistung setzt voraus, dass die Teilleistung selbst eine Werklieferung bzw. Werkleistung ist (OFD Karlsruhe vom 19.09.2005, DStR 2005, 1736).

VG Wort
Auf die Autorenleistungen sind die Überlegungen zur GEMA entsprechend anzuwenden.

TIPP
Der Tatbestand der Teilbarkeit wird unter Verwendung unbestimmter Rechtsbegriffe definiert (»ohne Wertminderung«, »Beeinträchtigung des Leistungszwecks«). In Fällen, die durch die Rechtsprechung oder durch Verwaltungsanweisungen noch nicht geregelt sind, sollte bei größerer steuerlicher Auswirkung Rechtssicherheit über eine **verbindliche Auskunft** angestrebt werden.
Ist Letzteres nicht gewünscht, sollten die Beteiligten das Risiko einer abweichenden Beurteilung durch die **Finanzverwaltung** bereits vertraglich regeln und verteilen. Hier bietet sich etwa folgende Vertragsklausel an: »... Die Beteiligten gehen davon aus, das sich der in § xy bezeichnete Leistungsgegenstand für Zwecke der Umsatzsteuer in die ebenda bezeichneten Teilleistungen i. S. v. § 13 Abs. 1 Nr. 1 Buchst. a S. 2 und 3 UStG aufteilen lässt. Für den Fall, dass die Finanzverwaltung diese Auffassung nicht teilt, schuldet der Kunde auch die auf Grund der abweichenden Beurteilung tatsächlich festgesetzte und erhobene Mehrsteuer.«

2.6.5 Vertragliche Vereinbarung von Teilleistungen

72 Wenn die Bildung von Teilleistungen grundsätzlich möglich ist (vgl. Rn. 70 f.), ist weitere Voraussetzung für deren umsatzsteuerliche Anerkennung, dass diese auch wirksam vertraglich vereinbart wurden.

2.6.5.1 Erstverträge

73 Die Vereinbarung von Teilleistungen erfordert, dass für **bestimmte Teile** einer teilbaren Leistung das **Entgelt gesondert vereinbart** wird (§ 13 Abs. 1 Nr. 1 Buchst. a S. 3 UStG). Der Vertrag über eine – eigentlich einheitliche, aber grundsätzlich teilbare – Leistung muss diese also

- in Teile aufteilen und
- für diese Teile ein gesondertes Teilleistungsentgelt festlegen.

74 Vereinbarungen dieser Art sind im Allgemeinen anzunehmen, wenn für einzelne Leistungsteile **gesonderte Entgeltsabrechnungen** durchgeführt werden. Das Entgelt ist auch in diesen Fällen nach den Grundsätzen des § 10 Abs. 1 UStG zu ermitteln. Deshalb gehören Vorauszahlungen auf spätere Teilleistungen zum Entgelt für diese Teilleistungen (vgl. BFH vom 19.05.1988, Az: V R 102/83, BStBl II 1988, 848), die jedoch nach § 13 Abs. 1 Nr. 1 Buchst. a S. 4 UStG bereits mit Ablauf des Voranmeldungszeitraums ihrer Vereinnahmung zur Entstehung der Steuer führen (Abschn. 13.4 S. 5 UStAE; zur Anzahlungsbesteuerung vgl. Rn. 86 ff.).

Für **Bauleistungen** erfordert das Aufsplitten in Teilleistungen ein **Leistungsverzeichnis**, das eine Leistungsbeschreibung, Mengen und Preise enthält. Nur wenn im Leistungsverzeichnis derartige Einzelpositionen enthalten sind, können Teilleistungen angenommen werden. Wird lediglich ein Festpreis für das Gesamtwerk vereinbart, scheiden Teilleistungen aus (OFD Karlsruhe vom 19.09.2005, DStR 2005, 1736, Tz. 3.3). 75

Der Vereinbarung von Teilleistungen und entsprechenden Teilleistungsentgelten steht es nicht entgegen, wenn die Teilleistungsentgelte auf Grund entsprechender **Fälligkeitsvereinbarungen** in einer Summe zu zahlen sind (vgl. Rn. 77 – Beispiel). 76

2.6.5.2 Änderungsverträge

Sind für Teile einer Leistung zunächst keine Teilentgelte gesondert vereinbart worden, kann das auch in einem Änderungsvertrag nachgeholt werden. Soll der Änderungsvertrag dazu dienen, für Teile der Leistung die **jüngste Steuersatzerhöhung** zu vermeiden, muss er vor dem 01.01.2007 geschlossen worden sein (BMF vom 11.08.2006, BStBl I 2006, 477, Rz. 25). Wichtig ist, dass der Änderungsvertrag neben der Vereinbarung der Teilleistungen auch **Teilleistungsentgelte** vorsieht. Wird lediglich ein Festpreis für die Gesamtleistung vereinbart, scheiden Teilleistungen aus (vgl. BMF vom 11.08.2006, BStBl I 2006, 477, Rz. 24; OFD Karlsruhe vom 19.09.2005, Az: S 7270 Karte 2 § 13 UStG, DStR 2005, 1736): 77

Beispiel:
Vertrag Nr. 1234 vom 24.01.2006 über eine Aufzugswartung
Laufzeit 1 Jahr, beginnend 01.02.2006
Entgelt 12.000 € zzgl. USt 1920 €

Lösung:
Der umsatzsteuerliche Leistungszeitraum endet nach Auffassung der Finanzverwaltung mit der Leistungsbereitschaft am 31.01.2007 (vgl. Rn. 53 ff.). Grundsätzlich unterliegt die Wartung damit dem neuen Steuersatz von 19 %. Belastet der leistende Unternehmer die Steuererhöhung nicht nach, ist aus dem bisherigen Bruttopreis die nunmehrige Umsatzsteuer herauszurechnen. Dadurch erhöht sich die Umsatzsteuer und mindert sich entsprechend der Nettoertrag:
Umsatzsteuer: 13.920 € : 1,19 × 0,19 = 2222,52 €
Mehrsteuer: 2222,52 € ./. 1920 € = 302,52 €
Nettoertrag: 13.920 € ./. 2222,52 € = 11.697,48 € = Minderung um 302,52 €

Möglicher Änderungsvertrag (vgl. Weimann, UStB 2006, 344):
»In Änderung des Vertrages Nr. 1234 vom 24.01.2006 über eine Aufzugswartung wird für die Zeit vom 01.02.2006 bis zum 31.12.2006 ein Entgelt i. H. v. 11.000 € zzgl. 16 % USt = 1760 € USt und für die Zeit vom 01.01.2007 bis zum 31.01.2007 ein Entgelt i. H. v. 1000 € zzgl. 19 % USt = 190 € USt vereinbart.«

Mögliche Fälligkeitsvereinbarung:
Dabei ist es ohne weiteres möglich, dass die Teilleistungsentgelte auf Grund einer entsprechenden Fälligkeitsvereinbarungen in einer Summe zu zahlen sind (vgl. Rn. 76). Die Fälligkeitsvereinbarung könnte etwa lauten: »Wir erbitten die Überweisung des Gesamtzahlungsbetrages in Höhe von 13.950 € bis zum 15.02.2006 auf unser u. a. Geschäftskonto.«

Als Vereinbarung eines früheren Abrechnungszeitraums ist es insbesondere auch anzusehen, wenn in einer **vor dem 01.01.2007 erteilten Rechnung** das Entgelt oder der Preis für diesen Abrechnungszeitraum – ggf. neben dem Gesamtentgelt oder -preis – angegeben wird (BMF vom 11.08.2006, BStBl I 2006, 477, Rz. 25). Letztlich ist darauf hinzuweisen, dass nach wohl h. M. bei vorschüssiger Einmalzahlung die Leistung entsprechend einer Vollrechtsübertragung als insgesamt bei Leistungsbeginn ausgeführt angesehen wird. 78

79 Ein besonderes Problem ergibt sich für **Verträge über Dauerleistungen**, die als Rechnung anzusehen sind (vgl. Abschn. 14.1 Abs. 2 UStAE). Insbesondere **Mietverträge** sind an den ab 01.01.2007 geltenden Steuersatz anzupassen. Ein in Folge der Erhöhung des Steuersatzes geänderter Vertrag muss für Zwecke des Vorsteuerabzugs des Leistungsempfängers nach § 15 Abs. 1 S. 1 Nr. 1 UStG **alle nach § 14 Abs. 4 UStG erforderlichen Pflichtangaben** enthalten. Auf die Regelung des § 31 Abs. 1 UStDV ist hinzuweisen; der Änderungsvertrag kann daher auf den bereits vorhandenen Vertrag Bezug nehmen (BMF vom 11.08.2006, BStBl I 2006, 477, Rz. 23 a.E.). Wichtig ist, dass damit die bisherige Ausnahmeregelungen zur StNr., USt-IdNr. und Rechnungsnummer bei vor dem 01.01.2004 geschlossenen Verträgen (vgl. dazu den »alten« Abschn. 185 Abs. 8, Abs. 11 UStR 2005) nicht mehr zur Anwendung kommen; auch vor dem 01.01.2004 geschlossene (Miet-)Verträge müssen damit ab dem 01.01.2007 die StNr./USt-IdNr. benennen und eine Rechnungsnummer tragen, um den Leistungsempfänger zum Vorsteuerabzug zu berechtigen (Weimann, UStB 2006, 344).

80 Die Mustervertragsformulierung könnte wie folgt aussehen: »In Änderung des Mietvertrages vom 18.03.2002, den wir nunmehr unter der Vertragsnummer 1234 führen werden, beträgt der Mietzins ab dem 01.01.2007 monatlich 1000 € zzgl. gesetzlicher Umsatzsteuer von dann 19 % = 190 €. Das Finanzamt Dortmund-Ost führt uns unter der StNr. 555/666/7777.«

TIPP

Die empfohlenen Vertragsanpassungen sollten – soweit noch nicht geschehen – möglichst zeitnah vorgenommen werden.

Durch die Bezugnahme auf schon vorhandene Verträge (vgl. § 31 Abs. 1 UStDV) hält sich der Arbeitsaufwand im konkreten Fall in Grenzen.

Im Hinblick auf Haftungsfragen ist es unabdingbar, die Mandantenakten auf umzustellende Verträge durchzusehen und dies aktenkundig zu machen.

Insbesondere bei Mietverträgen ergibt sich die Besonderheit, dass auch Altverträge umzustellen sind.

2.6.6 Umsetzung der Vertragsvereinbarungen/Besondere Bedeutung der Abnahme

81 Nach Auffassung der OFD Karlsruhe erfordert die Annahme von Teilleistungen nicht nur die wirtschaftliche Teilbarkeit und deren vertragliche Vereinbarung, sondern auch die **tatsächliche Durchführung der vertraglichen Vereinbarungen** (OFD Karlsruhe vom 19.09.2005, DStR 2005, 1736, Tz. 3.2). Besondere Bedeutung kommt dabei der Abnahme zu.

Beispiel:

Ist für die Abnahme Schriftform vereinbart worden, so ist auch die Abnahme der Teilleistungen gesondert schriftlich festzuhalten.

82 Darüber hinaus sind die **Rechtsfolgen der Abnahme** zu beachten (vgl. z.B. § 13 VOB/B = Beginn der Gewährleistungsfrist). Eine nur aus steuerlichen Gründen vorgenommene Abnahme wird nicht anerkannt (vgl. BFH vom 09.03.2006, Az: V B 77/05, veröffentlicht am 28.06.2006, BFH/NV 2006, 1530; vgl. auch OFD Karlsruhe vom 19.09.2005, DStR 2005, 1736).

Beispiel:

Die Gewährleistungsfrist soll erst mit der Abnahme des Gesamtwerks beginnen.

83 Die OFD weist darauf hin, dass bei einer Steuersatzerhöhung die Teilleistungen vor deren Inkrafttreten – aktuell also vor dem 01.01.2007 – abgenommen werden müssen; eine Werkleistung muss vorher vollendet oder beendet sein (OFD Karlsruhe vom 19.09.2005, DStR 2005, 1736, Tz. 3.2).

Bereits deshalb ist die **Abnahme grundsätzlich schriftlich** vorzunehmen und von beiden Vertragspartnern zu **unterschreiben. Fehlende Restarbeiten** oder **Nachbesserungen** schließen eine wirksame Abnahme nicht aus, wenn das Werk ohne diese Arbeiten seinen bestimmungsgemäßen Zwecken dienen kann (OFD Karlsruhe, a. a. O., Tz. 1). Sofern keine besonderen Formvorschriften für die Abnahme vereinbart wurden, kann die Abnahme in jeder möglichen Form erfolgen, mit der der Auftraggeber die vertragsgemäße Erfüllung anerkennt (u. a. auch durch stillschweigendes Handeln des Auftraggebers, z. B. durch Benutzung des Werkes, vgl. OFD Karlsruhe, a. a. O., Tz. 1).

TIPP

Mit Prüfungen durch die Finanzverwaltung ist zu rechnen! Im Nachgang zur letzten Steuersatzerhöhung zum 31.03.1998/01.04.1998 hat sich herausgestellt, dass die Finanzverwaltung gerade bei größeren Projekten Abnahmeprotokolle, die unmittelbar vor »dem Stichtag« erstellt worden sind, einer ganz besonders kritischen Prüfung unterzieht. Die OFD Karlsruhe (vom 19.09.2005, DStR 2005, 1736, Tz. 3.5) verlangt zur Anerkennung nachprüfbare Unterlagen.

Es ist also damit zu rechnen, dass sich Prüfer unter Umständen die Bauakte, Stundenlohnzettel der Arbeitnehmer oder Ähnliches vorlegen lassen, aus denen dann evtl. auch nach dem 31.12.2006 durchgeführte Arbeiten noch hervorgehen. Sind die in 2007 ausgeführten Arbeiten nicht nur unwesentlich, wird die Teilleistung nicht anerkannt oder sogar der Vorwurf des Gestaltungsmissbrauchs erhoben.

2.6.7 Abrechnung von Teilentgelten, die vor dem 01.01.2007 für nach dem 31.12.2006 ausgeführte Leistungen vereinnahmt werden

Erteilt der Unternehmer 84

- Rechnungen mit gesondertem Steuerausweis über
- Teilentgelte, die er vor dem 01.01.2007 vereinnahmt für
- steuerpflichtige Leistungen oder Teilleistungen, die dem allgemeinen Steuersatz unterliegen und
- nach dem 31.12.2006 ausgeführt werden,

ist in diesen Rechnungen die nach dem **»alten« Steuersatz (16 %)** berechnete Umsatzsteuer anzugeben.

Der Leistungsempfänger ist, sofern die übrigen Voraussetzungen des § 15 UStG vorliegen, berechtigt, die in der jeweiligen Rechnung ausgewiesene Umsatzsteuer als **Vorsteuer** abzuziehen, wenn er die Rechnung erhalten und soweit er die verlangte Zahlung geleistet hat (BMF vom 11.08.2006, BStBl I 2006, 477, Rz. 8). Hierzu ausführlich die Vorauflage, § 13, Kap. 2.6.7. 85

2.6.8 Sicherheitseinbehalte, Leasinggeschäfte, Ratenverkäufe etc.: BFH stellt die bisherigen Liquiditätsnachteile der Sollbesteuerung in Frage

Der BFH hat darauf erkannt, dass ein der Sollbesteuerung unterliegender Unternehmer, der seinen Entgeltsanspruch aufgrund eines vertraglichen Einbehalts zur Absicherung von Gewährleistungsansprüchen über einen Zeitraum von zwei bis fünf Jahren nicht verwirklichen kann, bereits für den Voranmeldungszeitraum der Leistungserbringung zur Steuerberichtigung berechtigt ist (BFH vom 24.10.2013, Az: V R 31/12, BStBl II 2015, 674). Das auf den ersten Blick sicher recht spezielle und eher theoretisch anmutende Urteil dürfte sich in der Praxis immer dann – und zwar zum Vorteil des Mandanten – auswirken, wenn dieser als Sollbesteuerer nach Erbringung seiner Leistung zwar einen Entgeltsanspruch hat, diesen aber aufgrund entgegenstehender Vereinbarun- 86 gen zunächst nicht durchsetzen kann. Entsprechend mindert sich dann der Vorsteueranspruch des aus den Vereinbarungen begünstigten Leistungsempfängers.

Beispiel:
Ein deutsches Unternehmen (D) ist im Bereich der Oberflächentechnik tätig und führte für einen ebenfalls deutschen Unternehmenskunden (K) Malerarbeiten aus. Auf Grund eines Sicherheitseinbehalts wegen möglicher Baumängel musste K zunächst nur 90 % der Rechnungssumme zahlen. Die verbleibenden 10 % waren erst nach Ablauf der Gewährleistungsfrist (5 Jahre) fällig.

Lösung:
D wollte dementsprechend zunächst nur 90 % des Umsatzes versteuern und die Umsatzsteuer auf die restlichen 10 % nach Fälligkeit in 5 Jahren bezahlen.
Das Finanzamt forderte mit der bislang herrschenden Meinung die sofortige Zahlung der gesamten Umsatzsteuer.

87 Der BFH teilt die Auffassung des leistenden Unternehmers. Die Sollbesteuerung – also die Besteuerung nach vereinbarten Entgelten – ist auch im Hinblick auf die EU-Vorgaben im Grundsatz nicht zu beanstanden. Daraus ergibt sich für den leistenden Unternehmer zwangsläufig auch eine gewisse Pflicht zur Vorfinanzierung der Umsatzsteuer (BFH, a. a. O., Rz. 11 ff.). Diese Pflicht darf den Sollbesteuerer aber im Vergleich zum Istbesteuerer nicht über die Gebühr belasten! Dieses Ziel – also die Vermeidung einer Überbelastung – erreicht der BFH über die Auslegung des Begriffs der »Uneinbringlichkeit« nach § 17 Abs. 2 Nr. 1 UStG. Die Auslegung muss auch dazu dienen, die Besteuerungsgleichheit zwischen der Soll- und Istbesteuerung zu gewährleisten (so bereits BFH vom 22.7.2010, Az: V R 4/09, BStBl II 2013, 590, unter II.4.b dd (1) und oben II.1.a.). Aus diesem Grund legt der BFH den Berichtigungstatbestand (§ 17 Abs. 2 Nr. 1 UStG) weit aus (BFH, a. a. O., Rz. 20). Damit ist ab sofort zu unterscheiden zwischen

- **nachträglicher Uneinbringlichkeit:** Schon immer unstreitig war, dass die Sollbesteuerung den Unternehmer bei Umständen, die erst nach der Leistungserbringung eintreten, nicht verpflichtet, Umsatzsteuer über mehrjährige Zeiträume vorzufinanzieren (vgl. Abschn. 17.1 Abs. 5 UStAE; und.
- **anfänglicher Uneinbringlichkeit:** Vor dem Besprechungsurteil noch ungeklärt war der Fall, dass der Unternehmer bereits nach den der Leistungserbringung zugrunde liegenden Verträgen von vornherein nicht berechtigt ist, das Entgelt bei Leistungserbringung vollständig zu vereinnahmen.

88 Hier hält der BFH die Annahme einer Uneinbringlichkeit bereits für den Voranmeldungszeitraum der Leistungserbringung für gerechtfertigt:

- Eine Verpflichtung des Unternehmers zu einer mehrjährigen Vorfinanzierung der Umsatzsteuer ohne Entgeltvereinnahmung ist im Hinblick auf die Aufgabe als Steuereinnehmer auch dann **unverhältnismäßig**, wenn diese von vornherein feststeht (BFH, a. a. O., Rz. 19 und 23).
- Aufgrund der vom deutschen Gesetzgeber ausgeübten Ermächtigung, einzelne Unternehmer der Istbesteuerung zu unterwerfen, ist es mit dem **Gleichheitsgrundsatz** unvereinbar, wenn der Steueranspruch bei Vereinbarung eines Sicherungseinbehalts für den Gewährleistungsfall bei der Istbesteuerung erst aufgrund der Vereinnahmung nach Ablauf von Gewährleistungsfristen von zwei bis fünf Jahren entsteht, während bei der Sollbesteuerung auch im Umfang des Sicherungseinbehalts bereits aufgrund der Leistungserbringung sofort zu versteuern ist (BFH, a. a. O., Rz. 20).

HINWEISE

1. Die Auslegung des Begriffs der »Uneinbringlichkeit« dient also hier dazu, eine gewisse **Besteuerungsgleichheit** zwischen Soll- und Istbesteuerung herzustellen (*Weimann / Kraatz,* a. a. O.).

2. Der BFH hätte wahrscheinlich anders entschieden, wenn D die laut Vertrag ebenfalls mögliche **Bankbürgschaft** erbracht und damit den vollen Zahlungsanspruch gehabt hätte (BFH, a. a. O., Rz. 26).

Anzuwenden sein wird das Urteil immer dann, wenn die Sollbesteuerung deswegen zu einer nicht gewollten Vorfinanzierung der Umsatzsteuer durch den Mandanten führt, weil sein Kunde erst später den vollen Preis zahlt, also vor allem bei 89

- **Sicherheitseinbehalten**
  Beispiel: Der Mandant ist Bauunternehmer und tätigt ein dem Urteilsachverhalt vergleichbares Geschäft.
- **Ratenzahlungsgeschäften**
  Beispiel: Ihr Mandant betreibt ein Möbelhaus und kurbelt den in den Sommermonaten 2018 schleppenden Umsatz mit der Verkaufsfördermaßname »Ab sofort schön wohnen und erst ab Juli 2019 in 12 gleichen Raten bezahlen!« an.
- **Lieferungen gleichgestellte Leasinggeschäften**
  Betroffen sind insbesondere Fälle des Spezialleasings, d. h. der Leasinggegenstand ist speziell auf die Verhältnisse des Leasingnehmers zugeschnitten und kann nach Ablauf der Grundmietzeit nur noch bei ihm sinnvolle Verwendung finden (vgl. Abschn. 3.5 Abs. 5 ff. UStAE und BFH vom 30.11.1989, Az: IV R 97/86, BFH/NV 1991, 432).
  Beispiel: Ihr Mandant ist Anlagenbauer und baut eine auf die speziellen Kundenbedürfnisse zugeschnittene Maschine. Zur Finanzierung wird ein zweijähiges Leasing vereinbart.

Nicht anzuwenden sein dürfte die neue Rechtsprechung dann, wenn nicht der leistende Unternehmer, sondern ein **Dritter** – etwa ein Kreditinstitut – die **Finanzierung übernimmt** (Wäger, a. a. O.). 90

Ist danach – etwa aufgrund eines Sicherungseinbehalts – beim leistenden Unternehmer eine Berichtigung des Steueranspruchs zu bejahen, muss ein zum Vorsteuerabzug berechtigter Leistungsempfänger **korrespondierend den Vorsteuerabzug berichtigen** (§ 17 Abs. 2 Nr. 1 i. V. m. Abs. 1 Satz 2 UStG). 91

Beispiel:
Ihr Mandant ist ein selbständiger Fliesenleger und lässt von Bauunternehmer B eine neue Außenlagerfläche anlegen. Das Gewerk soll € 150.000 zzgl. USt kosten. A und B vereinbaren einen Sicherheitseinbehalt i. H. v. 10 %. Diesen muss A erst in 5 Jahren – nach Ablauf der Gewährleistungsfrist – leisten. B Rechnet gegenüber A daher wie folgt ab:

	Baumaßnahme	150.000 €
	Umsatzsteuer	28.500 €
	Rechnungsbetrag	178.500 €
./.	Sicherungseinbehalt (10 %)	17.850 €
	sofort zu zahlen	160.650 €

Lösung:
Der sofortige Vorsteuerabzug des A reduziert sich auf 25.650 € [90 % von 28.500 €].

Die Finanzverwaltung teilt die Rechtsauffassung des BFH (BMF vom 03.08.2015, a. a. O.). 92

Das Niedersächsische FG hat mit Urteil vom 18.08.2016 (Az: 5 K 288/15) einer Klage stattgegeben, mit der die Umsatzsteuerberichtigung im Zeitpunkt der Leistungserbringung für **Provisionsraten** begehrt wurde, deren Fälligkeit mehr als zwei Jahre nach dem Zeitpunkt der Leistungserbringung lag: 93

Klägerin war eine Spielervermittlerin, die Profifußballspieler vermittelte und für erfolgreiche Vermittlungen von den aufnehmenden Vereinen Vermittlungsprovisionen erhielt. Diese Provisionsforderungen waren nach den Vereinbarungen mit den Vereinen ratenweise über die Laufzeit der Spielerverträge zu zahlen. Die Klägerin begehrte mit ihrer Klage gegen die Umsatzsteuerfestsetzung 2012 die Berichtigung der Umsatzsteuer auf solche Provisionsraten, die nach den vertraglichen Vereinbarungen im Jahr 2015 (und damit mehr als zwei Jahre nach Leistungserbringung) fällig werden sollten. Nach Auffassung des FG ist in diesem Fall von einer Uneinbringlichkeit nach § 17 Abs. 2 Nr. 1 UStG auch dann auszugehen, wenn der leistende Unternehmer im Zeitpunkt der Leistungserbringung aufgrund der mit dem Leistungsempfänger getroffenen Vereinbarungen über die Fälligkeit des Entgeltes für mehr als zwei Jahre nicht mit einer Vereinnahmung der Leistungsentgelte rechnen kann.

Diese Entscheidung hat **große praktische Bedeutung u.a. für Ratenzahlungsverkäufe**. Das beklagte Finanzamt hat gegen die Entscheidung Revision eingelegt, das Revisionsverfahren wird beim **BFH unter dem Aktenzeichen V R 51/16** geführt.

2.7 Ist-Besteuerung von Anzahlungen etc. (sog. Anzahlungsversteuerung, § 13 Abs. 1 Nr. 1 Buchst. a S. 4 UStG)

2.7.1 Grundsätzliches

94 Nach § 13 Abs. 1 Nr. 1 Buchst. a S. 4 UStG entsteht die Steuer in den Fällen, in denen das Entgelt oder ein Teil des Entgelts (z.B. Anzahlungen, Abschlagszahlungen, Vorauszahlungen) vor Ausführung der Leistung oder Teilleistung gezahlt wird, **stets – auch bei grundsätzlicher Sollversteuerung** – bereits mit Ablauf des Voranmeldungszeitraums, in dem das Entgelt oder Teilentgelt vereinnahmt worden ist (Abschn. 13.1 Abs. 3 S. 3, Abschn. 13.5 Abs. 1 UStAE). Zum Zeitpunkt der Vereinnahmung vgl. Rn. 96.

TIPP

In der Praxis steht der Berater häufig vor dem Problem, dem Mandanten die Begrifflichkeit nahe bringen zu müssen (ähnlich Küffner, DStR 2006, 1552, 1557):

- **Anzahlungsrechnungen** liegen vor, wenn der leistende Unternehmer vor dem (ersten) Tätigwerden einen Teil des Entgelts verlangt.
- **Abschlagsrechnungen** liegen vor, wenn der Unternehmer noch nicht geleistet hat, aber bereits für den Kunden tätig geworden ist und dafür einen Teil des Entgelts verlangt (vgl. Abschn. 13.4 Beispiel 5 UStAE).
- **Vorausrechnungen** liegen vor, wenn der Unternehmer im Voraus das gesamte Entgelt für eine noch nicht ausgeführte Leistung in Rechnung stellt; eine Schlussrechnung ist dann nicht mehr erforderlich (vgl. Abschn. 14.8 Abs. 6 UStAE).

95 Anzahlungen usw. können außer in Barzahlungen **auch in Lieferungen oder sonstigen Leistungen** bestehen, die im Rahmen eines Tausches oder tauschähnlichen Umsatzes als Entgelt oder Teilentgelt hingegeben werden. Eine Vereinnahmung der Anzahlung durch den Leistungsempfänger wird in diesen Fällen nicht dadurch ausgeschlossen, dass diese **Leistung selbst noch nicht als ausgeführt gilt** und die Steuer hierfür nach § 13 Abs. 1 Nr. 1 Buchst. a S. 1 UStG noch nicht entstanden ist (vgl. EuGH vom 19.12.2012, Rs. C-549/11, HFR 2013, 188; Abschn. 13.5 Abs. 2 UStAE).

96 Anzahlungen führen zur Entstehung der Steuer, wenn sie für eine **bestimmte Lieferung oder sonstige Leistung** entrichtet werden (vgl. Rn. 93 f.). Dies setzt voraus, dass **alle maßgeblichen**

Elemente der künftigen Lieferung oder künftigen Dienstleistung **bereits bekannt** sind, insbesondere die Gegenstände oder die Dienstleistungen zum Zeitpunkt der Anzahlung genau bestimmt sind (BFH vom 15.09.2011, Az: V R 36/09, BStBl II 2012, 365). Bezieht sich eine Anzahlung auf mehrere Lieferungen oder sonstige Leistungen, so ist sie entsprechend aufzuteilen. Was Gegenstand der Lieferung oder sonstigen Leistung ist, muss nach den Gegebenheiten des Einzelfalls beurteilt werden. Wird eine Leistung in Teilen geschuldet und bewirkt (Teilleistung), so sind Anzahlungen der jeweiligen Teilleistung zuzurechnen, für die sie geleistet werden (vgl. BFH vom 19.05.1988, BStBl II 1988, 848). Fehlt es bei der Vereinnahmung der Zahlung noch an einer **konkreten Leistungsvereinbarung**, so ist zu prüfen, ob die Zahlung als **bloße Kreditgewährung** zu betrachten ist; aus den Umständen des Einzelfalles, z. B. bei dauernder Geschäftsverbindung mit regelmäßig sich wiederholenden Aufträgen, kann sich ergeben, dass es sich dennoch um eine Anzahlung für eine künftige Leistung handelt, die zur Entstehung der Steuer führt (Abschn. 13.5 Abs. 3 UStAE).

Eine Anzahlung für eine Leistung, die **voraussichtlich unter eine Befreiungsvorschrift** des § 4 UStG fällt oder **nicht steuerbar** ist, braucht nicht der Steuer unterworfen zu werden. Dagegen ist die Anzahlung zu versteuern, wenn bei ihrer Vereinnahmung **noch nicht abzusehen** ist, ob die Voraussetzungen für die Steuerbefreiung oder Nichtsteuerbarkeit der Leistung erfüllt werden (Abschn. 13.5 Abs. 4 UStAE). 97

TIPP

In der Praxis wird dieser Gedanke wohl sehr restriktiv anzuwenden sein: in welchen Fällen sollte, da die Anzahlungsbesteuerung ja eine konkrete Leistungsvereinbarung erfordert, nicht abzusehen sein, ob die Voraussetzungen einer Steuerbefreiung erfüllt werden? Derartige Fallgestaltungen könnten sich im Bereich der Ausfuhren ergeben; hier besteht bei Abhollieferungen Unsicherheit darüber, ob der Kunde den Ausfuhrnachweis erbringt.

Ergibt sich **im Nachhinein**, dass die Leistung nicht der Umsatzsteuer unterliegt, ist die Bemessungsgrundlage in entsprechender Anwendung des § 17 Abs. 2 Nr. 2 UStG zu berichtigen (BFH vom 08.09.2011, Az: V R42/10, BStBl II 2012, 248). 98

Zur Behandlung von Anzahlungen für steuerpflichtige **Reiseleistungen**, für die die Bemessungsgrundlage nach § 25 Abs. 3 UStG zu ermitteln ist, vgl. § 25 Rn. 39 ff. 99

Zur **Rechnungserteilung** bei der Ist-Besteuerung von Anzahlungen siehe Abschn. 14.8 UStAE, zum **Vorsteuerabzug** bei Anzahlungen siehe Abschn. 15.3 UStAE und zur Minderung der Bemessungsgrundlage bei **Rückgewähr einer Anzahlung** vgl. Abschn. 17.1 Abs. 7 UStAE. Werden **Anzahlungen in fremder Währung** geleistet, so ist die einzelne Anzahlung nach dem im Monat der Vereinnahmung geltenden Durchschnittskurs umzurechnen (§ 16 Abs. 6 UStG); bei dieser Umrechnung verbleibt es, auch wenn im Zeitpunkt der Leistungsausführung ein anderer Durchschnittskurs gilt (Abschn. 13.5 Abs. 7 UStAE). 100

2.7.2 Anwendung der Anzahlungsbesteuerung auf (Geschenk-)Gutscheine und Wertkarten?

In der Praxis besteht Unsicherheit darüber, ob auch die Ausgabe eines klassischen Geschenkgutscheins (Warengutschein oder Gutschein über eine Dienstleistung) oder einer Wertkarte (z. B. 10er-Karte für den Besuch einer Massagepraxis) bei gleichzeitiger Vereinnahmung des Entgelts (also der Zahlung des Schenkers bzw. des Wertkarteninhabers) der Anzahlungsbesteuerung unterliegt. Hier gilt es wie folgt zu unterscheiden (vgl. Weimann, UStB 2007, 58; BFH vom 24.08.2006, Az: V R 16/05, BStBl II 2007, 340): 101

- **Konkret gefasste(r) Gutschein/Wertkarte:** Nur dann, wenn ein Gutschein oder eine Wertkarte **so konkret** ist, dass die Leistung **nach Art, Umfang und Zeitpunkt** bereits bei Ausgabe des Gutscheins oder der Wertkarte (Vereinnahmung des Entgelts) **bestimmt** werden kann, ist die Umsatzsteuer schon i.R. d. **Anzahlungsbesteuerung** abzuführen (vgl. Abschn. 13.5 Abs. 3 S. 1 UStAE). Diese Fälle werden in der Praxis wohl eher selten vorkommen.

Beispiel:

- Geschenkgutscheine: Gutschein für den Besuch des Musical »König der Löwen« am Freitag, den 02.06.2010, um 20:00 Uhr in Hamburg.
- Wertkarten: Buchung von Massagen für zehn bereits feststehende Termine.

Die Gutscheine lauten z. B. über

- einen bestimmten Euro-Betrag,
- Waren im Wert von × EUR aus dem Warensortiment eines Kaufhauses,
- eine Dienstleistung, die (an irgendeinem Tag) in Anspruch genommen werden kann.

102 Mangels Konkretisierbarkeit eines bestimmten Umsatzes nach Art, Umfang und Zeitpunkt erfüllen diese Fälle in der Regel nicht die Voraussetzungen der Anzahlungsbesteuerung. Das gilt auch für die typischen Wertkarten (10er-Karten für den Besuch eines Hallenbades, eines Fitness-Clubs etc.). Die Umsätze sind nicht bei Bezahlung des Gutscheins, sondern erst mit Ablauf des Voranmeldungszeitraums der späteren Lieferung oder sonstigen Leistung **bei Einlösung des Gutscheins anzumelden**.

TIPP

Es ist davon auszugehen, dass in zahlreichen Fällen eine zutreffende Versteuerung von Geschenkgutscheinen bzw. der später daraus resultierenden Lieferung bzw. sonstigen Leistung nicht erfolgt. Insbesondere besteht die Gefahr, dass immer dann, wenn die Vereinnahmung des Entgelts (bei Ausgabe des Gutscheins) bereits in 2006 umsatzversteuert wurde, die 3 %ige Nachversteuerung bei Ausführung des Umsatzes im neuen Jahr schlichtweg vergessen wird. Da die Finanzverwaltung die zutreffende Nachversteuerung von Anzahlungen im alten Jahr im Zusammenhang mit der Steuersatzerhöhung sehr genau überprüfen wird, sollten steuerliche Berater ihre Mandanten unbedingt auf die Geschenkgutscheinproblematik hinweisen.

Bei der Umsatzsteuersatzerhöhung zum 01.04.1998 konnte dieses Problem zumindest praktisch vernachlässigt werden. Zum einen erfolgte lediglich eine Erhöhung um 1 Prozentpunkt des Regelsteuersatzes, zum anderen lag der Zeitpunkt 01.04. nicht so, dass ungewöhnlich viele Geschenkgutscheine im Umlauf waren.

2.8 Versteuerung nach vereinnahmten Entgelten (Ist-Besteuerung, § 13 Abs. 1 Nr. 1 Buchst. b UStG)

2.8.1 Grundsätzliches

103 Bei der Besteuerung nach vereinnahmten Entgelten (vgl. § 20 UStG, Abschn. 20.1 UStAE) entsteht die Steuer für Lieferungen und sonstige Leistungen mit Ablauf des Voranmeldungszeitraums, in dem die Entgelte vereinnahmt worden sind. Anzahlungen sind stets im Voranmeldungszeitraum ihrer Vereinnahmung zu versteuern (vgl. Rn. 86 ff.).

2.8.2 Zeitpunkt der Vereinnahmung

Zur Bestimmung des Vereinnahmungszeitpunkts gilt es wie folgt zu unterscheiden (vgl. Abschn. 13.6 Abs. 1 UStAE): 104

- Als Zeitpunkt der Vereinnahmung gilt bei **Überweisungen auf ein Bankkonto** grundsätzlich der Zeitpunkt der Gutschrift.
- Zur Frage der Vereinnahmung bei Einzahlung auf ein **gesperrtes Konto** vgl. BFH vom 27.11.1958, Az: V 284/57 U, BStBl III 1959, 64 und vom 23.04.1980, Az: VIII R 156/75, BStBl II 1980, 643.
- Vereinnahmt sind auch Beträge, die der Schuldner **dem Gläubiger am Fälligkeitstag gutschreibt**, wenn die Beträge dem Berechtigten von nun an zur Verwendung zur Verfügung stehen (vgl. BFH vom 24.03.1993, Az: X R 55/91, BStBl II 1993, 499). Dies gilt jedoch nicht, wenn die Beträge im Zeitpunkt der Gutschrift nicht fällig waren und das Guthaben nicht verzinst wird (vgl. BFH vom 12.11.1997, Az: XI R 30/97, BStBl II 1998, 252).
- Beim **Kontokorrentverkehr** ist das Entgelt mit der Anerkennung des Saldos am Ende eines Abrechnungszeitraums vereinnahmt.
- Wird für eine Leistung ein **Wechsel** in Zahlung genommen, gilt das Entgelt erst mit dem Tag der Einlösung oder – bei Weitergabe – mit dem Tag der Gutschrift oder Wertstellung als vereinnahmt.
- Ein **Scheckbetrag** ist grundsätzlich nicht erst mit Einlösung des Schecks, sondern bereits mit dessen Hingabe zugeflossen, wenn der sofortigen Vorlage des Schecks keine zivilrechtlichen Abreden entgegenstehen und wenn davon ausgegangen werden kann, dass die bezogene Bank im Falle der sofortigen Vorlage des Schecks den Scheckbetrag auszahlen oder gutschreiben wird (vgl. BFH vom 20.03.2001, Az: IX R 97/97, BStBl II 2001, 482).
- Die **Abtretung einer Forderung an Zahlungs statt** (§ 364 Abs. 1 BGB) führt im Zeitpunkt der Abtretung in Höhe des wirtschaftlichen Wertes, der der Forderung im Abtretungszeitpunkt zukommt, zu einem Zufluss.
- Das Gleiche gilt bei einer **zahlungshalber erfolgten Zahlungsabtretung** (§ 364 Abs. 2 BGB), wenn eine fällige, unbestrittene und einziehbare Forderung vorliegt (vgl. BFH vom 30.10.1980, Az: IV R 97/78, BStBl II 1981, 305).
- Eine **Aufrechnung** ist im Zeitpunkt der Aufrechnungserklärung einer Zahlung gleichzusetzen (vgl. BFH vom 19.04.1977, Az: VIII R 119/75, BStBl II 1977, 601).

2.8.3 Leistungen an das Personal

Führen Unternehmer, denen die Besteuerung nach vereinnahmten Entgelten gestattet worden ist, Leistungen an ihr Personal aus, für die kein besonderes Entgelt berechnet wird, so entsteht die Steuer insoweit mit Ablauf des Voranmeldungszeitraums, in dem diese Leistungen ausgeführt worden sind (Abschn. 13.6 UStAE). 105

2.8.4 Wechsel der Versteuerungsart

Die im Zeitpunkt der Ausführung der Lieferung oder sonstigen Leistung geltenden Voraussetzungen für die Entstehung der Steuer bleiben auch dann maßgebend, wenn der Unternehmer **von der Berechnung der Steuer nach vereinnahmten Entgelten zur Berechnung der Steuer nach vereinbarten Entgelten** wechselt. Für Umsätze, die in einem Besteuerungszeitraum ausgeführt wurden, für den dem Unternehmer die Berechnung der Steuer nach vereinnahmten Entgelten 106 erlaubt war, gilt diese Besteuerung weiter, auch wenn in späteren Besteuerungszeiträumen ein Wechsel zur Sollversteuerung eintritt. Danach entsteht die Steuer insoweit bei Vereinnahmung des Entgelts (vgl. BFH vom 30.01.2003, Az: V R 58/01, BStBl II 2003, 817).

107 Im Falle eines bereits sollversteuerten Umsatzes bleibt der Zeitpunkt des Entstehens der Steuer auch dann unverändert, wenn der Unternehmer **zur Ist-Versteuerung** wechselt und das Entgelt noch nicht vereinnahmt hat. (Abschn. 13.6 UStAE).

2.9 Beförderungseinzelbesteuerung (§ 13 Abs. 1 Nr. 1 Buchst. c UStG)

108 Die Regelung des § 13 Abs. 1 Nr. 1 Buchst. c UStG hat **nur Bedeutung für die Personenbeförderung im Gelegenheitsverkehr mit Kraftomnibussen, die nicht im Inland zugelassen sind** (vgl. § 16 Abs. 5 UStG). Bei allen anderen Arten der Personenbeförderung sowie für Güterbeförderungen richtet sich der Zeitpunkt des Entstehens der Steuer nach § 13 Abs. 1 Nr. 1 Buchst. a oder b UStG. Die Steuer wird für jeden einzelnen steuerpflichtigen Umsatz durch die zuständige Zolldienststelle berechnet. Abweichend vom Grundsatz der Soll- oder Ist-Besteuerung, dass die Steuer mit Ablauf des Voranmeldungszeitraums entsteht, entsteht die Steuer in den Fällen der Einzelbesteuerung gem. § 13 Abs. 1 Nr. 1 Buchst. c UStG in dem Zeitpunkt, in dem der Kraftomnibus über eine Drittlandsgrenze in das Inland gelangt **(Zeitpunkt des Grenzübergangs)**. Dieser Zeitpunkt ist auch **gleichzeitig der Fälligkeitszeitpunkt** der Steuer. Allerdings kann das zuständige Hauptzollamt auf Antrag zulassen, dass die während eines Kalendermonats bei einer Eingangszollstelle zu entrichtenden Steuern **bis zum 10. Tag des Folgemonats gestundet** werden (BMF vom 15.04.1980, BStBl I 1980, 258; vgl. auch Abschn. 16.2 Abs. 8 UStAE; vgl. auch Bülow in S/W/R, § 13 Rn. 115 f.).

2.10 Entstehung der Steuer auf elektronische Dienstleistungen von Drittlandsunternehmern (§ 13 Abs. 1 Nr. 1 Buchst. d UStG)

109 Gem. § 16 Abs. 1a S. 1 UStG haben Drittlandsunternehmer, die elektronische Dienstleistungen an in der EU ansässige Nichtunternehmer erbringen und vom Wahlrecht der Erfassung in nur einem EU-Mitgliedstaat nach § 18 Abs. 4c UStG (sog. Einortregistrierung) Gebrauch machen, **vierteljährliche Erklärungen** abzugeben, in denen sie **sämtliche im Gemeinschaftsgebiet erbrachten Umsätze** i. S. v. § 3 a Abs. 3a UStG anmelden müssen. Weil es für diese Umsätze keine Voranmeldungszeiträume gibt und § 16 Abs. 1a S. 1 UStG das Kalendervierteljahr als Besteuerungszeitraum definiert, wird hieran anknüpfend in § 13 Abs. 1 Nr. 1 Buchst. d UStG der Steuerentstehungszeitpunkt bestimmt. § 13 Abs. 1 Nr. 1 Buchst. d UStG regelt somit den **Entstehungszeitpunkt sowohl für die inländischen als auch für die ausländischen Umsatzsteuern** der Drittlandsunternehmen (so auch Bülow in S/W/R, § 13 Rn. 116a).

2.11 Entstehung der Steuer auf unentgeltliche Wertabgaben (§ 13 Abs. 1 Nr. 2 UStG)

Die Umsatzsteuer entsteht für unentgeltliche Wertabgaben mit Ablauf des Voranmeldungszeitraums, in dem sie ausgeführt wurden (§ 13 Abs. 1 Nr. 2 UStG), und zwar sowohl bei »Soll-« als auch bei »Ist-«Besteuerung des Unternehmers. Auf die Unterschiede dieser Besteuerungsarten kommt es insoweit nicht an (vgl. Abschn. 13.1 Abs. 1 S. 2 UStAE). 110

TIPP
Ist beabsichtigt, Unternehmensvermögen in das Privatvermögen zu überführen, wird es in Fällen mit größerer wirtschaftlicher Bedeutung Sinn machen, diese bei einer »drohenden« Umsatzsteuererhöhung vorzuverlagern. Die Empfehlung hierzu sollte vom Berater selbst kommen!

Beispiel:
Rechtsanwalt R hatte im Unternehmensvermögen einen Porsche, den er seinem Sohn am 02.01.2007 zu dessen 18. Geburtstag schenken wollte. Bei Anschaffung des Fahrzeugs hatte R die Vorsteuern gezogen; das Fahrzeug hat einen Tageswert (netto) von 40.000 €.

Lösung:
Mit der Schenkung kommt es ertragsteuerlich zur Privatentnahme (§ 4 Abs. 1 S. 2, § 6 Abs. 1 Nr. 4 EStG) und umsatzsteuerlich zur unentgeltlichen Zuwendung (§ 3 Abs. 1b S. 1 Nr. 1 UStG). Letztere ist gem. § 10 Abs. 4 S. 1 Nr. 1 UStG mit dem Einkaufspreis zzgl. der Nebenkosten und damit mit dem Tageswert zu bemessen (vgl. Heidner in Bunjes/Geist, UStG, 8. Aufl. 2005, § 10 Rn. 82 ff.).
Hätte R entschieden, seinem Sohn das Auto noch in 2006 zu geben, hätte die USt 40.000 € × 16 % = 6400 € betragen. Hätte R aber mit der Schenkung bis zum Geburtstag des Sohne gewartet, hätte dies die Steuer um 1200 € auf 7600 € erhöht.

2.12 Entstehung der Steuer bei unrichtigem Steuerausweis (§ 13 Abs. 1 Nr. 3 UStG)

In den Fällen des unrichtigen Steuerausweises (§ 14c Abs. 1 S. 1 UStG, Abschnitt 14c.1 UStAE) entsteht die Steuer nach § 13 Abs. 1 Nr. 3 UStG in dem 111

- Zeitpunkt, in dem die Steuer für die Lieferung oder sonstige Leistung nach § 13 Abs. 1 Nr. 1 Buchst. a oder Buchst. b UStG entsteht,
- spätestens jedoch im Zeitpunkt der Ausgabe der Rechnung

(Abschn. 13.7 S. 1 UStAE).

Weist der leistende Unternehmer oder der von ihm beauftragte Dritte in einer Rechnung über eine steuerpflichtige Leistung einen höheren Steuerbetrag aus, als der leistende Unternehmer nach dem Gesetz schuldet, wird es aus Vereinfachungsgründen jedoch nicht beanstandet, wenn der Unternehmer den Mehrbetrag für den Voranmeldungszeitraum anmeldet, mit dessen Ablauf die Steuer für die zu Grunde liegende Leistung nach § 13 Abs. 1 Nr. 1 Buchst. a oder b UStG entsteht (Abschn. 13.7 S. 2 UStAE). 112

Beispiel:
Der Unternehmer U liefert im Voranmeldungszeitraum Januar 01 einen Rollstuhl (Position 8713 des Zolltarifs) für insgesamt 238 € und weist in der am 02.02.01 ausgegebenen Rechnung unter Anwendung des Steuersatzes 19 % eine darin enthaltene Umsatzsteuer in Höhe von 38 € gesondert aus.

Lösung:
Die gesetzlich geschuldete Steuer i. H. v. 7 % entsteht mit Ablauf des Voranmeldungszeitraums Januar 01. Der nach § 14c Abs. 1 Satz 1 UStG geschuldete Mehrbetrag entsteht im Zeitpunkt der Ausgabe der Rechnung im Februar 01. Es wird jedoch nicht beanstandet, wenn der Unternehmer die in der Rechnung ausgewiesene Steuer in voller Höhe für den Voranmeldungszeitraum Januar 01 anmeldet.

113 Ergänzend hinzuweisen ist auf das BFH-Urteil vom 05.06.2014 (Az: XI R 44/12, BStBl II 2016, 187) zur Anwendung der Mindestbemessungsgrundlage und zum Zeitpunkt der Steuerentstehung bei **Nachberechnung**.

114 Abschn. 13.7 UStAE wurde neu eingefügt durch BMF vom 25.07.2012 (a. a. O.). Die Ursprungsfassung wurde durch BMF vom 02.04.2015 (a. a. O.) um die Vereinfachungsregel in Abschn. 13.7 Satz 3 UStAE ergänzt und durch BMF vom 19.12.2016 neu gefasst. Die drei BMF-Schreiben sind jeweils auf **alle offenen Fälle** anzuwenden.

2.13 Entstehung der Steuer bei unberechtigtem Steuerausweis (§ 13 Abs. 1 Nr. 4 UStG)

115 Im Fall des § 14c Abs. 2 UStG entsteht die Steuer im Zeitpunkt der Ausgabe der Rechnung (§ 13 Abs. 1 Nr. 4 UStG). Im Hinblick auf die von Abrechnungen mit unberechtigtem Steuerausweis ausgehende **konkrete Gefährdungssituation** (Gefahr von unrechtmäßigen Vorsteuer-Erstattungen) hat der Gesetzgeber in § 13 Abs. 1 Nr. 4 UStG den Entstehungszeitpunkt des Steueranspruchs aus § 14c Abs. 2 UStG auf den Zeitpunkt der **»Ausgabe« der Rechnung** gelegt. Die Steuer entsteht also nicht erst mit Ablauf des betreffenden Voranmeldungszeitraums, was auch im Hinblick darauf konsequent ist, dass Steuerschuldner nach § 14c Abs. 2 UStG auch Nichtunternehmer sein können (Bülow in S/W/R, § 13 Rz. 124).

116 Auf das Datum der Rechnung kommt es nicht an. Entscheidend ist vielmehr der Zeitpunkt der »Ausgabe« der Rechnung, was gleichbedeutend ist mit der **Aushändigung (Begebung) bzw. der Absendung an den Leistungsempfänger** (vgl. auch BFH vom 10.12.1981, Az: V R 3/75, BStBl II 1981, 229). Ein vor **Konkurs- bzw. Insolvenzeröffnung** so entstandener Steueranspruch aus § 14c Abs. 2 UStG ist Konkurs- bzw. Insolvenzforderung (vgl. BFH vom 10.12.1981, Az: V R 3/75, BStBl II 1981, 229).

2.14 Entstehung der Steuer in den Fällen des § 17 Abs. 1 S. 6 UStG (§ 13 Abs. 1 Nr. 5 UStG)

117 Im Fall des § 17 Abs. 1 S. 6 UStG entsteht die Steuer mit Ablauf des Voranmeldungszeitraums, in dem die Änderung der Bemessungsgrundlage eingetreten ist. Die Vorschrift betrifft sog. **Zentralregulierungsgeschäfte**. Bei diesen ist in den Abrechnungsverkehr zwischen Lieferer und Abnehmer i. d. R. eine (Zentralregulierungs-)Gesellschaft – als Dritter – eingeschaltet, die die Zahlungen regelmäßig unter Vornahme von Abzügen (Skonti) abwickelt, die zu einer Entgeltsminderung führen (Wagner in S/R, § 13 Rn. 89).

2.15 Entstehung der Steuer für den innergemeinschaftlichen Erwerb (§ 13 Abs. 1 Nr. 6 UStG)

Für den i. g. Erwerb i. S. d. § 1 a UStG entsteht die Steuer 118
- mit Ausstellung der Rechnung,
- spätestens jedoch mit Ablauf des dem Erwerb folgenden Kalendermonats

(§ 13 Abs. 1 Nr. 6 UStG).

Die Steuer entsteht damit u. U. vor Rechnungseingang. In der Praxis stellt sich die Frage, wie die Buchhaltung des Leistungsempfängers auf den Leistungsbezug aufmerksam wird (alter Grundsatz »Keine Buchung ohne Beleg«). Hier wird es eine **Aufgabe des Controlling** sein, den Informationsfluss innerhalb des Unternehmens sicherzustellen. Dies kann z. B. durch einen **Eigenbeleg** geschehen; dabei ist die Bemessungsgrundlage ausgehend vom Vertrag, der dem Leistungsbezug zugrunde liegt, zu schätzen. 119

Lange Zeit unklar war für derartige Fallgestaltungen der **Zeitpunkt der Entstehung des Vorsteuerabzugs**. Es wäre durchaus denkbar gewesen, dass zunächst ausschließlich die Steuerschuld und erst bei Rechnungseingang der Vorsteueranspruch entsteht. Der BFH hatte diese Frage dem EuGH für (gleichgelagerte) § 13b-Fälle zur Entscheidung vorgelegt; dieser hat – zugunsten des Steuerpflichtigen – auf die **gleichzeitige Entstehung von Steuerschuld und Vorsteueranspruch** erkannt (EuGH vom 01.04.2004, Rs. C-90/02, Gerhard Bockemühl, UR 2004, 367). 120

Beispiel:
Am 24.05.2007 wurde ein i. g. Erwerb getätigt; die Rechnungsausstellung erfolgte am 17.08.2007.

Lösung:
Die Steuerschuld entsteht mit Ablauf des 30.06.2007.

2.16 Entstehung der Steuer für den innergemeinschaftlichen Erwerb neuer Fahrzeuge (§ 13 Abs. 1 Nr. 7 UStG)

Für den i. g. Erwerb von neuen Fahrzeugen i. S. d. § 1b UStG entsteht die Steuer am Tag des Erwerbs (§ 13 Abs. 1 Nr. 7 UStG). Durchzuführen ist die **Fahrzeugeinzelbesteuerung** nach § 16 Abs. 5a UStG. 121

2.17 Entstehung der Steuer in den Fällen des § 6a Abs. 4 S. 2 UStG (§ 13 Abs. 1 Nr. 8 UStG)

Im Fall des § 6a Abs. 4 S. 2 UStG entsteht die Steuer in dem Zeitpunkt, in dem die Lieferung ausgeführt wird. Diese Steuerschuld entsteht, wenn ein Abnehmer einem liefernden Unternehmer unrichtige Angaben macht, und die i. g. Lieferung deshalb beim Lieferer als steuerfrei anzusehen ist (**Gutglaubensschutz des Lieferers** nach § 6a Abs. 4 S. 1 UStG). Die Steuer, die dann der Abnehmer schuldet, entsteht dann gem. § 13 Abs. 1 Nr. 8 UStG in dem Zeitpunkt, in dem die Lieferung ausgeführt wird. Für diese Regelung **fehlt die EG-rechtliche Grundlage** (Wagner in S/R, § 13 Rn. 95). 122

2.18 Entstehung der Steuer bei Auslagerung aus einem Umsatzsteuerlager (§ 13 Abs. 1 Nr. 9 UStG)

123 Im Fall des § 4 Nr. 4a S. 1 Buchst. a S. 2 UStG entsteht die Steuer mit Ablauf des Voranmeldungszeitraums, in dem der Gegenstand aus einem Umsatzsteuerlager ausgelagert wird.

2.19 Entstehung der Einfuhrumsatzsteuer (§ 13 Abs. 2 UStG)

124 Für die Einfuhrumsatzsteuer gilt § 21 Abs. 2 UStG. Gem. §§ 13 Abs. 2, 21 Abs. 2 UStG entsteht die EUSt in dem Zeitpunkt, in dem die Zollschuld entsteht. Wann das im Einzelnen der Fall ist (z. B. Überführen der Ware in den freien Verkehr, in das Verfahren der vorübergehenden Verwendung, vorschriftswidriges Verbringen in das Zollgebiet, Entziehen der Ware aus der zollamtlichen Überwachung) ergibt sich aus Art. 202–216 Z (Schlosser-Zeuner in Bunjes, § 13 Anm. 37).

2.20 Entstehung der Steueransprüche im Konkurs-/Insolvenzverfahren

125 Die Entstehung der Steueransprüche richtet sich nach Eröffnung des Konkursverfahrens/Insolvenzverfahrens über das Vermögen des Gemeinschuldners/Schuldners **weiterhin nach umsatzsteuerrechtlichen Grundsätzen** (BFH vom 14.02.1978, Az: VIII R 28/73, BStBI II 1978, 356). Sie ist von der Begründetheit einer Forderung i. S. v. § 3 Abs. 1 KO, § 38 InsO zu unterscheiden, die sich nach Konkursrecht bzw. Insolvenzrecht richtet (BFH vom 28.07.1983, Az: V S 8/81, BStBI II 1983, 694).

126 Zur **Begründetheit**, wenn zwischen Ausführung der Leistung und Vereinnahmung des Entgelts die Eröffnung des Konkursverfahrens fällt, vgl. Wagner in S/R, § 13 Rn. 96a ff.

127 Lehnt der Konkursverwalter/Insolvenzverwalter die Erfüllung eines (teilweise erfüllten) gegenseitigen Werklieferungsvertrages gem. § 17 KO/103 InsO ab, so ist der **bis dahin erbrachte Teil der neu bestimmte Gegenstand** der Werklieferung. Diese Lieferung ist im Zeitpunkt der Konkurseröffnung/Eröffnung des Insolvenzverfahrens erbracht (BFH vom 02.02.1978, Az: V R 128/76, BStBl II 1978, 483, s. dazu S/R, § 13 Rn. 104 ff.) Nach Inkrafttreten der InsolvenzO hat sich an den erwähnten Grundsätzen nichts geändert (Schlosser-Zeuner in Bunjes, § 13 Rn. 36).

2.21 Vorsteueranspruch, Steuererstattungsanspruch, Rückforderungsansprüche

128 Für das Entstehen des **Vorsteueranspruchs** gilt § 13 Abs. 1 UStG nach h. M. grundsätzlich analog, wie sich bereits aus dem Fehlen einer entsprechenden Regelung in § 15 UStG ergibt (BFH vom 25.11.1976, Az: V R 98/71, BStBl II 1977, 448; BFH vom 15.09.1983, Az: V R 125/78, BStBl II 1984, 71; Bülow in S/W/R, § 13 Rn. 12; Wagner in S/R, § 13 Anm. 13 f.).

TIPP

Der Vorsteueranspruch entsteht daher mit Ablauf des Voranmeldungszeitraums, in dem die Tatbestandsmerkmale des § 15 Abs. 1 UStG in der Summe verwirklicht wurden (BFH vom 17.09.1981, Az: V R 76/75, BStBl II 1982, 198; BFH vom 20.10.1994, Az: V R 84/92, BStBl II 1995, 233). Hinzuweisen ist m. E. allerdings auch weiterhin auf die Diskussion zur Unterscheidung zwischen der Entstehung und der Ausübung des Rechts zum Vorsteuerabzug (ausführlich hierzu Weimann, UidP, 4. Aufl. 2006, Kap. 25.9).

Führt die Steuerberechnung nach § 16 UStG zu einem Überschuss der Vorsteuern über die Umsatzsteuer, und damit zu einem **Steuererstattungsanspruch**, so entsteht dieser in dem Zeitpunkt, in dem die Höhe des Überschusses feststeht; das ist der Ablauf des maßgebenden Voranmeldungszeitraums, in den die einzelnen Vorsteueransprüche fallen. Im Ergebnis gilt also auch hier – wie beim lediglich eine Zahllast mindernden Vorsteueranspruch – die Regelung des § 13 Abs. 1 UStG (BFH vom 30.03.1993, Az: VII R 108/92, BFH/NV 1993, 583, UR 1994, 238; Bülow in S/W/R, § 13 Rn. 13). 129

Ebenso wie der »normale« Vorsteueranspruch ist auch der **Rückforderungsanspruch aus einer Vorsteuerberichtigung gem. § 15a UStG** unselbstständig. Seine Entstehung unterliegt, wie sich aus §§ 15a Abs. 5, 16 Abs. 2 S. 2 UStG ergibt, ebenfalls dem Abschnittsprinzip. Der Anspruch entsteht mit Ablauf des Voranmeldungszeitraums, in dem die Änderung der Verhältnisse eingetreten ist (vgl. § 18 Abs. 1 S. 2 UStG, strittig, wie hier Bülow in S/W/R, § 13 Rn. 14, a. A. Nieskens in R/D, § 13 Anm. 47, der die Entstehung grundsätzlich mit Ablauf des entsprechenden Kalenderjahrs und nur in den Fällen des § 15a Abs. 4 und 5 UStG i. V. m. § 44 Abs. 4 UStDV mit Ablauf des Voranmeldungszeitraums annimmt). Dagegen ist der Ablauf des Voranmeldungszeitraums in den Sonderfällen des § 15a Abs. 4 und 5 UStG i. V. m. § 44 Abs. 4 S. 3 UStDV und des § 15a Abs. 2 S. 2 UStG als Entstehungszeitpunkt wohl unstreitig (vgl. Abschn. 15a.11 Abs. 5 S. 2). 130

Es kann dahinstehen, ob sich die Entstehung des **Vorsteuer-Rückforderungsanspruchs nach § 17 UStG** aus §§ 13, 16 oder aus § 17 Abs. 1 S. 7 i. V. m. Abs. 2 UStG ergibt: Da die Berichtigung für den Besteuerungszeitraum vorzunehmen ist, in dem die Änderung der Bemessungsgrundlage eingetreten ist (§ 17 Abs. 1 S. 7 UStG) bzw. in dem das vereinbarte Entgelt uneinbringlich geworden ist (§ 17 Abs. 2 UStG), entsteht der Vorsteuer-Rückforderungsanspruch – übereinstimmend mit der Regelung des § 13 Abs. 1 UStG – mit Ablauf des jeweiligen Besteuerungszeitraums (BFH vom 12.06.1975, Az: V R 42/74, BStBl II 1995, 755; Urteil vom 16.07.1987, Az: V R 80/82, BStBl II 1987, 691; Urteil vom 08.10.1997, Az: XI R 25/97, BStBl II 1998, 69; Bülow in S/W/R, § 13 Rn. 15). 131

§ 13a UStG
Steuerschuldner

(1) Steuerschuldner ist in den Fällen
1. des § 1 Abs. 1 Nr. 1 und des § 14c Abs. 1 der Unternehmer;
2. des § 1 Abs. 1 Nr. 5 der Erwerber;
3. des § 6a Abs. 4 der Abnehmer;
4. des § 14c Abs. 2 der Aussteller der Rechnung;
5. des § 25b Abs. 2 der letzte Abnehmer;
6. des § 4 Nr. 4a Satz 1 Buchstabe a Satz 2 der Unternehmer, dem die Auslagerung zuzurechnen ist (Auslagerer); daneben auch der Lagerhalter als Gesamtschuldner, wenn er entgegen § 22 Abs. 4c Satz 2 die inländische Umsatzsteuer-Identifikationsnummer des Auslagerers oder dessen Fiskalvertreters nicht oder nicht zutreffend aufzeichnet.
(2) Für die Einfuhrumsatzsteuer gilt § 21 Abs. 2.

Verwaltungsanweisungen
BMF vom 28.01.2004, Az: IV D 1 – S 7157 – 1/04 / IV D 1 – S 7157a – 1/04, Umsatzsteuer; Einführung einer Umsatzsteuerlagerregelung (§ 4 Nr. 4a UStG) und einer Steuerbefreiung für die einer Einfuhr vorangehenden Lieferungen von Gegenständen, BStBl I 2004, 242 weiter gültig lt. BMF vom 19.03.2018, Nr. 1402 (**Hinweis:** Zur Problematik der zeitlichen Geltungsdauer von BMF-Schreiben vgl. Einführung UStG, Rz. 100 ff.).

Richtlinien/Hinweise/Verordnungen
MwStSystRL: Art. 193 ff.

1 Allgemeines

1.1 Überblick über die Vorschrift

1 Gem. § 43 AO bestimmen die Steuergesetze, wer Steuerschuldner oder Gläubiger einer Steuervergütung ist. Allgemein lässt sich sagen, dass i. d. R. derjenige **Steuerschuldner** ist, der die Steuer zu entrichten, d. h. für sie mit seinem Vermögen einzustehen hat und an den sich die Finanzbehörde im Beitreibungsverfahren halten kann (Brockmeyer in Klein, AO, § 43 Rn. 2).

HINWEIS
Gegen den Schuldner der Steuer macht der Fiskus also seine Ansprüche geltend.

2 Eine Definition des Steuerschuldners sieht die AO damit nicht vor und verweist auf die Einzelsteuergesetze. § 13 a UStG regelt die Steuerschuldnerschaft für das Umsatzsteuerrecht wie folgt:

- Steuerschuldner ist i. d. R. der (leistende) Unternehmer i. S. d. § 2 UStG (vgl. § 13 a Abs. 1 Nr. 1 UStG).
- Bei der Verwirklichung bestimmter umsatzsteuerlicher Tatbestände benennt das UStG jedoch auch andere Personen als Steuerschuldner; diese können auch Nichtunternehmer sein (vgl. § 13 a Abs. 1 Nr. 2–6 UStG).
- Für die Einfuhrumsatzsteuer gelten über § 21 Abs. 2 UStG die Vorschriften für Zölle sinngemäß (§ 13 a Abs. 2 UStG).

1.2 Rechtsentwicklung

1.2.1 Formell-rechtliche Entwicklung

3 § 13 a UStG wurde zum 01.01.2002 neu in das UStG eingeführt. Bis zu diesem Zeitpunkt wurde die Frage der Steuerschuldnerschaft von § 13 UStG mitgeregelt (§ 13 Abs. 2 UStG a. F., vgl. § 13 Rn. 11 f.).

1.2.2 Materiell-rechtliche Entwicklung

4 Die Vorschrift orientiert sich als »alter« § 13 Abs. 2 UStG seit Inkrafttreten des UStG 1980 an den Bestimmungen der 6. EG-RL/MwStSystRL (hierzu ausführlich vgl. § 13 Rn. 11 f.).

5 Das UStÄndG 1997 (BGBl I 1996, 1851) hat den damaligen § 13 Abs. 2 UStG um eine neue Nr. 5 ergänzt um klarzustellen, dass bei einem i. g. Dreiecksgeschäft (§ 25 b UStG) die Steuerschuld des mittleren Unternehmers auf den letzten Abnehmer übergeht.

1.3 Geltungsbereich

1.3.1 Sachlicher Geltungsbereich

6 § 13 a UStG regelt für das Umsatzsteuerrecht, wer Steuerschuldner ist.

1.3.2 Persönlicher Geltungsbereich

7 Steuerschuldner ist, wer die Steuer zu entrichten, d. h. für sie mit seinem Vermögen einzustehen hat und an den sich die Finanzbehörde im Beitreibungsverfahren halten kann. Als Steuerschuldner kommen nach § 13 a Abs. 1 UStG sowohl Unternehmer als auch Nichtunternehmer in Betracht (vgl. Rn. 2).

1.3.3 Zeitlicher Geltungsbereich

8 In dieser Form gilt § 13 a UStG mit Wirkung ab 01.01.2002; bis dahin wurde die Steuerschuldnerschaft von § 13 UStG mitgeregelt (vgl. Rn. 3).

1.4 Gemeinschaftsrechtliche Grundlagen und Verhältnis zu anderen Vorschriften

1.4.1 Grundlagen in der MwStSystRL

9 Gemeinschaftsrechtlich beruht § 13 a UStG auf den Vorgaben der Art. 193 ff. MwStSystRL und setzt diese zutreffend um (so auch Bülow in V/S, § 13 a, Rn. 4, der aber auf Zweifel von Teilen der Literatur an der EG-rechtlichen Grundlage des § 13 Abs. 1 Nr. 3 UStG hinweist).

§ 13 a . . . UStG	Art. . . . der MwStSystRL	Regelungsgehalt
Abs. 1 Nr. 1 Alternative 1	193	Grundfall (§ 1 Abs. 1 Nr. 1 UStG)
Abs. 1 Nr. 1 Alternative 2	203	Unrichtiger Steuerausweis (§ 14 c Abs. 1 UStG)

§ 13a ... UStG	Art. ... der MwStSystRL	Regelungsgehalt
Abs. 1 Nr. 2	200	I. g. Erwerb (§ 1 Abs. 1 Nr. 5 UStG)
Abs. 1 Nr. 3	205	Abnehmer einer i. g. Lieferung bei Falschangaben (§ 6 a Abs. 4 UStG)
Abs. 1 Nr. 4	203	Unberechtigter Steuerausweis (§ 14 c Abs. 2 UStG)
Abs. 1 Nr. 5	197	I. g. Dreiecksgeschäft (§ 25 b Abs. 2 UStG)
Abs. 1 Nr. 6	202	USt-Lager (§ 4 Nr. 4a, § 22 Abs. 4c S. 2 UStG)
Abs. 2	201	EUSt (§ 21 Abs. 2 UStG)

1.4.2 Verhältnis zum Zollrecht

Für die **Einfuhrumsatzsteuer** gehen die Bestimmungen des Zollrechts denen des UStG vor (§ 13 a Abs. 2 i. V. m. § 21 Abs. 2 UStG). 10

1.4.3 Verhältnis zum allgemeinen Verfahrensrecht

§ 13 a UStG ist **»Ausführungsgesetz« zu § 43 AO** (vgl. Rn. 1). 11

2 Kommentierung

2.1 Der Grundfall: Steuerschuldner beim Leistungsaustausch (§ 13 a Abs. 1 Nr. 1 Alt. 1 UStG)

Im Grundfall des § 1 Abs. 1 Nr. 1 UStG ist **Steuerschuldner der Unternehmer**, der die Lieferungen oder sonstigen Leistungen im Rahmen seines Unternehmens gegen Entgelt im Inland ausführt. Zum Unternehmerbegriff vgl. § 2 UStG. 12

Bei **Gesamtrechtsnachfolge** (z. B. Erbfolge, Vermögensübertragung, Verschmelzung und Umwandlung von Gesellschaften, nicht aber Geschäftsveräußerung i. S. v. § 1 Abs. 1a – vgl. § 1 Rn. 151 ff.) gehen die Forderungen und Schulden aus dem Steuerschuldverhältnis auf den Rechtsnachfolger über (§ 45 AO). Der Gesamtrechtsnachfolger wird damit anstelle des Rechtsvorgängers zum **Steuerschuldner, obgleich die Unternehmerstellung selbst nicht** auf ihn übergeht (BFH vom 19.11.1970, Az: V R 14/67, BStBl II 1971, 121). Voraussetzung ist allerdings, dass die Steuer durch Tatbestandsverwirklichung seitens des Rechtsvorgängers entstanden ist. Für den Erben bedeutet das (vgl. Bülow in V/S, § 13 a Rn. 8; Nieskens in R/D, § 13 a Anm. 103): 13

- **Bei Soll-Versteuerung seitens des Erblassers** schuldet der Erbe die USt auf vor dem Erbfall bewirkte Umsätze des Erblassers auch dann, wenn der entsprechende Voranmeldungszeitraum erst nach dem Tod des Erblassers endet.
- **Versteuerte der Erblasser seine Umsätze nach vereinnahmten Entgelten**, schuldet der Erbe die USt auf die noch vom Erblasser ausgeführten Umsätze, auch wenn die Entgelte erst nach dem Erbfall vom Erben vereinnahmt werden. Der Erbe hat die Entgelte im Zeitpunkt der Vereinnahmung der USt zu unterwerfen.

14 Gehört zum Nachlass ein Unternehmen, das vom **Testamentsvollstrecker** für den Erben fortgeführt wird, so ist **grundsätzlich der Erbe** der Unternehmer und damit Steuerschuldner. Der Testamentsvollstrecker handelt kraft Amtes für den Erben (Bülow in V/S, § 13 a Rn. 9). Führt der Testamentsvollstrecker dagegen ein Handelsgeschäft als Treuhänder des Erben im eigenen Namen (sog. **Treuhandlösung**) weiter, so ist er selbst der Unternehmer und Schuldner der USt (BFH vom 11.10.1990, Az: V R 75/80, UR 1991, 139).

15 Im Fall der **Organschaft** (§ 2 Abs. 2 Nr. 2 UStG) ist der Organträger (= beherrschender Unternehmer) Schuldner der **Umsatzsteuer des gesamten Organkreises**. Die Organgesellschaften haften ihrerseits allerdings gem. § 73 AO für solche Umsatzsteuerschulden des Organträgers, für welche die Organschaft zwischen ihnen steuerlich von Bedeutung ist. Das bedeutet im Ergebnis eine **Haftung der Organgesellschaft für die Umsatzsteuer des gesamten Organkreises** (Bülow in V/S, § 13 a Rn. 12).

16 **Besonderheiten** ergeben sich bei

- Insolvenz (vgl. BFH vom 16.07.1987, Az: V R 80/82, BStBl II 1987, 691; BFH vom 12.05.1993, Az: XI R 49/90, BFH/NV 1994, 274, UR 1994, 347);
- Konkurs (vgl. BFH vom 16.07.1987, Az: V R 80/82, BStBl II 1987, 691; BFH vom 12.05.1993, Az: XI R 49/90, BFH/NV 1994, 274, UR 1994, 347);
- Sequestration (vgl. BFH vom 21.12.1988, Az: V R 29/86, BStBl II 1989, 434);
- Treuhand (vgl. BFH vom 11.10.1990, Az: V R 75/85, BStBl II 1991, 191);
- Vergleichsverwaltung (vgl. BFH vom 18.05.1988, Az: X R 27/80, BStBl II 1988, 716);
- Zwangsverwaltung (vgl. BFH vom 23.06.1988, Az: V R 203/83, BStBl II 1988, 920).

2.2 Steuerschuldner bei unrichtigem Steuerausweis (§ 13 a Abs. 1 Nr. 1 Alt. 2 UStG)

17 Schuldner der unrichtig ausgewiesenen Umsatzsteuer (§ 14c Abs. 1 UStG) ist der die Rechnung ausstellende Unternehmer.

18 Wird im Gutschriftswege abgerechnet (§ 14 Abs. 2 S. 2 und 3 UStG), ist nicht der Aussteller der Gutschrift, sondern der leistende Unternehmer (= Gutschriftsempfänger) der Schuldner der unrichtig ausgewiesenen USt, soweit er dem Steuerausweis nicht widerspricht (vgl. EuGH vom 17.09.1997, Rs. C-141/96, Bernhard Langhorst, UR 1997, 471).

2.3 Steuerschuldner bei innergemeinschaftlichem Erwerb (§ 13 a Abs. 1 Nr. 2 UStG)

19 Steuerschuldner eines i. g. Erwerbs (§ 1 Abs. 1 Nr. 5 UStG) ist **der Erwerber**.

Das gilt auch für den **Erwerb neuer Fahrzeuge durch Nichtunternehmer** (§ 1 b UStG, vgl. auch Nieskens in R/D, § 13 a, Anm. 151). 20

In den Fällen des **i. g. Verbringens** (§ 1 a Abs. 2 UStG) ist Erwerber und damit Steuerschuldner der verbringende Unternehmer. 21

Bei einem **i. g. Dreiecksgeschäft** gilt der Erwerb des ersten Abnehmers als besteuert (§ 25 b Abs. 3 UStG). Eher von theoretischer Bedeutung zu sein scheint mir daher der Hinweis, dass der erste Abnehmer Schuldner der USt bleibe und nur von der diesbezüglichen Erklärungs- und Abführungspflicht entbunden werde (so z. B. Bülow, in V/S, § 13 a Rn. 15; Nieskens in R/D, § 13 a Anm. 103, 152). 22

2.4 Steuerschuldner bei Falschangaben zur innergemeinschaftlichen Lieferung (§ 13 a Abs. 1 Nr. 3 UStG)

Hat der Unternehmer eine Lieferung als steuerfrei behandelt, obwohl die Voraussetzungen nach Abs. 1 nicht vorliegen, so ist die Lieferung gleichwohl als steuerfrei anzusehen, wenn die Inanspruchnahme der Steuerbefreiung auf unrichtigen Angaben des Abnehmers beruht und der Unternehmer die Unrichtigkeit dieser Angaben auch bei Beachtung der Sorgfalt eines ordentlichen Kaufmanns nicht erkennen konnte. In diesem Fall **schuldet der Abnehmer die entgangene Steuer** (§ 6 a Abs. 4 UStG). 23

Gemeinschaftrechtliche Grundlage der Regelung ist nach – m. E. zutreffender – Auffassung des Gesetzgebers Art. 21 Abs. 3 der 6. EG-RL (vgl. amtliche Begründung zu § 6 a Abs. 4, BT-Drucks. 12/2463, 31). Sieht man die Regelung des § 6 a Abs. 4 UStG allerdings – wie weite Teile der Literatur – als nicht durch die 6. EG-RL/MwStSystRL gedeckt an, so bleibt auch die Regelung des § 13 a Abs. 1 Nr. 3 UStG ohne gemeinschaftsrechtliche Grundlage (vgl. Nieskens in R/D, § 13 a Anm. 28, m. w. N.). 24

TIPP

Auch der Berater, der die kritische Literaturauffassung nicht teilt, wird im Einzelfall sicher zu prüfen haben, ob sich aus daraus Argumente gegen eine Inanspruchnahme des Mandanten gewinnen lassen! Allerdings muss bezweifelt werden, ob § 13 a Abs. 1 Nr. 3 UStG wirklich von praktischer Relevanz ist, da die Inanspruchnahme des ausländischen Abnehmers, der im Inland umsatzsteuerlich nicht erfasst ist, äußerst schwierig ist. Der Anspruch des Fiskus wird daher regelmäßig ins Leere gehen (vgl. Bülow in V/S, § 13 a Rn. 19).

2.5 Steuerschuldner bei unberechtigtem Steuerausweis (§ 13 a Abs. 1 Nr. 4 UStG)

Schuldner der unberechtigt ausgewiesenen Umsatzsteuer (§ 14c Abs. 2 UStG) ist der die Rechnung ausstellende Unternehmer. 25

Wird im Gutschriftswege abgerechnet (§ 14 Abs. 2 S. 2 und 3 UStG), ist nicht der Aussteller der Gutschrift, sondern der Gutschriftsempfänger der Schuldner der unberechtigt ausgewiesenen USt, soweit er dem Steuerausweis nicht widerspricht (Bülow in S/W/R, § 13 a, Rn. 20; Beispiel nach Radeisen in V/S = Vorgängerkommentar zu S/W/R, 120. Lfg. 2004, § 14c Rn. 131 f.). 26

Beispiel:
Pensionär P schreibt für verschiedene Verlage noch gelegentlich Fachaufsätze. Da er die Umsatzgrenzen nach § 19 UStG nicht überschreitet, wendet er die Kleinunternehmerbesteuerung an. Verlag V rechnet mit P vereinbarungsgemäß nach § 14 Abs. 2 S. 3 UStG in 2014 mit einer Gutschrift ab; V weist die USt gesondert aus.

Lösung:
Es handelt sich um einen unberechtigten Steuerausweis nach § 14c Abs. 2 S. 1 UStG; P schuldet die in der Gutschrift ausgewiesene Umsatzsteuer. Die Gutschrift verliert aber die Wirkung der Rechnung, wenn P dem Steuerausweis widerspricht.

2.6 Steuerschuldner für den letzten Umsatz eines innergemeinschaftlichen Dreiecksgeschäfts (§ 13a Abs. 1 Nr. 5 UStG)

27 Im Fall eines i. g. Dreiecksgeschäfts wird gem. § 25b Abs. 2 UStG die Steuer für die (Inlands-)Lieferung des ersten Abnehmers an den letzten Abnehmer von dem letzten Abnehmer geschuldet (Hinweis auf die Ausführungen vgl. § 25b Rn. 32ff.).

28 Zum Tragen kommt die Regelung, wenn der letzte Abnehmer eine deutsche USt-IdNr. verwendet und der Liefergegenstand am Ende der Beförderung oder Versendung in Deutschland ankommt. Mit der Übertragung der Steuerschuldnerschaft ist auch die Übertragung der Erklärungs- und Aufzeichnungspflichten verbunden. Da solche Pflichten auch entstehen, wenn tatsächlich keine USt geschuldet wird (z. B. bei einer steuerfreien Lieferung), ist – obwohl keine Steuerschuld entsteht – die Übertragung der Steuerschuldnerschaft auch in solchen Fällen möglich (Bülow in S/W/R, § 13a Rn. 22).

2.7 Steuerschuldner für Umsatzsteuerlagergeschäfte (§ 13a Abs. 1 Nr. 6 UStG)

29 Die Vorschrift regelt die Steuerschuldnerschaft bei der **Auslagerung von Gegenständen aus einem Umsatzsteuerlager** i. S. v. § 4 Nr. 4a UStG.

30 Steuerschuldner für den aufgrund der Auslagerung des Gegenstands aus dem USt-Lager steuerpflichtigen letzten Umsatz vor der Auslagerung ist nach § 13a Abs. 1 Nr. 6 HS 1 UStG der **Auslagerer**. Wird der Gegenstand im Zusammenhang mit einer Lieferung ausgelagert, ist der liefernde Unternehmer als Auslagerer Steuerschuldner. Wird ein in ein USt-Lager eingelagerter unter die Anl. 1 zu § 4 Nr. 4a fallender Gegenstand geliefert und zu einem späteren Zeitpunkt ausgelagert, ist regelmäßig der Abnehmer Steuerschuldner (BMF vom 28.01.2004, Az: IV D 1 – S 7157 – 1/04 / IV D 1 – S 7157a – 1/04, BStBl I 2004, 242, Tz. 34).

31 Neben dem Auslagerer ist der **Umsatzsteuerlagerhalter** Steuerschuldner, und zwar als **Gesamtschuldner**, wenn er seiner Verpflichtung zur Aufzeichnung der USt-IdNr. des Auslagerers oder dessen Fiskalvertreters (vgl. § 22 Abs. 4c S. 2 UStG) nicht nachkommt (§ 13a Abs. 1 Nr. 6 HS 2 UStG). Liegen die Voraussetzungen für eine Inanspruchnahme des Umsatzsteuerlagerhalters als Gesamtschuldner vor, ist dieser aber nur dann in Anspruch zu nehmen, wenn der Auslagerer seinen umsatzsteuerlichen Verpflichtungen nicht nachkommt und die USt nicht anmeldet und/oder ganz oder teilweise nicht entrichtet. Für die Inanspruchnahme des USt-Lagerhalters mit Steuerbescheid gelten die allgemeinen Regelungen der AO (§§ 155ff. AO; vgl. BMF vom 28.01.2004, BStBl I 2004, 242, Tz. 35 und Anlage 2 Beispiel 21). Dem Wortlaut nach greift die

Inanspruchnahme des Lagerhalters auch im Fall des **Diebstahls einer eingelagerten Ware**. Der Dieb wird zum Auslagerer, da er die Ware endgültig aus dem USt-Lager herausnimmt. Der Lagerhalter hat die USt-IdNr. des Auslagerers (Dieb) nicht aufgezeichnet. Die gesamtschuldnerische Inanspruchnahme des Lagerhalters wäre jedoch unbillig, da er gar keine Möglichkeit der Aufzeichnung hatte (so auch Bülow in S/W/R, § 13 a Rn. 27).

Wendet der Auslagerer oder der USt-Lagerhalter die **Kleinunternehmerregelung** nach § 19 32
Abs. 1 an, gilt diese Regelung nicht für die von ihm als Steuerschuldner bzw. Gesamtschuldner für die Auslagerung geschuldete Steuer (BMF vom 28.01.2004, BStBl I 2004, 242, Tz. 36). Wendet der Auslagerer oder der Umsatzsteuerlagerhalter als **Blinder** auf seine Umsätze die Steuerbefreiung nach § 4 Nr. 19 UStG an, gilt diese Regelung nicht für die von ihm als Steuerschuldner bzw. Gesamtschuldner für die Auslagerung geschuldete Steuer (§ 4 Nr. 19 Buchst. a S. 4 UStG, BMF vom 28.01.2004, BStBl I 2004, 242, Tz. 37).

TIPP

Lagergeschäfte kommen in der Praxis eher selten vor und bedürfen daher nur im konkreten Einzelfall der Vertiefung (vgl. auch die Kommentierung zu § 4 Nr. 4a).

2.8 Steuerschuldner der Einfuhrumsatzsteuer (§ 13 a Abs. 2 UStG)

Gem. § 13 a Abs. 2 UStG bestimmt sich die Steuerschuldnerschaft nach § 21 Abs. 2 UStG (hierzu 33
ausführlich vgl. § 21 Rn. 28 ff.).

§ 13b UStG
Leistungsempfänger als Steuerschuldner

(1) Für nach § 3a Abs. 2 im Inland steuerpflichtige sonstige Leistungen eines im übrigen Gemeinschaftsgebiet ansässigen Unternehmers entsteht die Steuer mit Ablauf des Voranmeldungszeitraums, in dem die Leistungen ausgeführt worden sind.

(2) [1]Für folgende steuerpflichtige Umsätze entsteht die Steuer mit Ausstellung der Rechnung, spätestens jedoch mit Ablauf des der Ausführung der Leistung folgenden Kalendermonats:

1. Werklieferungen und nicht unter Absatz 1 fallende sonstige Leistungen eines im Ausland ansässigen Unternehmers;
2. Lieferungen sicherungsübereigneter Gegenstände durch den Sicherungsgeber an den Sicherungsnehmer außerhalb des Insolvenzverfahrens;
3. Umsätze, die unter das Grunderwerbsteuergesetz fallen;
4. Bauleistungen, einschließlich Werklieferungen und sonstigen Leistungen im Zusammenhang mit Grundstücken, die der Herstellung, Instandsetzung, Instandhaltung, Änderung oder Beseitigung von Bauwerken dienen, mit Ausnahme von Planungs- und Überwachungsleistungen. [2]Als Grundstücke gelten insbesondere auch Sachen, Ausstattungsgegenstände und Maschinen, die auf Dauer in einem Gebäude oder Bauwerk installiert sind und die nicht bewegt werden können, ohne das Gebäude oder Bauwerk zu zerstören oder zu verändern. [3]Nummer 1 bleibt unberührt;
5. Lieferungen
   a) der in § 3g Abs. 1 Satz 1 genannten Gegenstände eines im Ausland ansässigen Unternehmers unter den Bedingungen des § 3g und
   b) von Gas über das Erdgasnetz und von Elektrizität, die nicht unter Buchstabe a fallen;
6. Übertragung von Berechtigungen nach § 3 Nummer 3 des Treibhausgas-Emissionshandelsgesetzes, Emissionsreduktionseinheiten nach § 2 Nummer 20 des Projekt-Mechanismen-Gesetzes und zertifizierten Emissionsreduktionen nach § 2 Nummer 21 des Projekt-Mechanismen-Gesetzes;
7. Lieferungen der in der Anlage 3 bezeichneten Gegenstände;
8. Reinigen von Gebäuden und Gebäudeteilen. Nummer 1 bleibt unberührt;
9. Lieferungen von Gold mit einem Feingehalt von mindestens 325 Tausendstel, in Rohform oder als Halbzeug (aus Position 7108 des Zolltarifs) und von Goldplattierungen mit einem Goldfeingehalt von mindestens 325 Tausendstel (aus Position 7109);
10. Lieferung von Mobilfunkgeräten, Tablet-Computern und Spielkonsolen sowie von integrierten Schaltkreisen vor Einbau in einen zur Lieferung auf der Einzelhandelsstufe geeigneten Gegenstand, wenn die Summe der für sie in Rechnung zu stellenden Entgelte im Rahmen eines wirtschaftlichen Vorgangs mindestens 5 000 Euro beträgt; nachträgliche Minderungen des Entgelts bleiben dabei unberücksichtigt;
11. Lieferungen der in der Anlage 4 bezeichneten Gegenstände, wenn die Summe der für sie in Rechnung zu stellenden Entgelte im Rahmen eines wirtschaftlichen Vorgangs mindestens 5 000 Euro beträgt; nachträgliche Minderungen des Entgelts bleiben dabei unberücksichtigt.

(3) Abweichend von den Absatz 1 und 2 Nummer 1 entsteht die Steuer für sonstige Leistungen, die dauerhaft über einen Zeitraum von mehr als einem Jahr erbracht werden, spätestens mit Ablauf eines jeden Kalenderjahres, in dem sie tatsächlich erbracht werden.

(4) [1]Bei der Anwendung der Absätze 1 bis 3 gilt § 13 Abs. 1 Nummer 1 Buchstabe a Satz 2 und 3 entsprechend. [2]Wird in den in den Absätzen 1 bis 3 sowie in den in Satz 1 genannten Fällen das Entgelt oder ein Teil des Entgelts vereinnahmt, bevor die Leistung oder die Teilleistung ausgeführt worden ist, entsteht insoweit die Steuer mit Ablauf des Voranmeldungszeitraums, in dem das Entgelt oder das Teilentgelt vereinnahmt worden ist.

(5) [1]In den in den Absätzen 1 und 2 Nummer 1 bis 3 genannten Fällen schuldet der Leistungsempfänger die Steuer, wenn er ein Unternehmer oder eine juristische Person ist; in den in Absatz 2 Nummer 5 Buchstabe a, Nummer 6, 7, 9 bis 11 genannten Fällen schuldet der Leistungsempfänger die Steuer, wenn er ein Unternehmer ist. [2]In den in Absatz 2 Nummer 4 Satz 1 genannten Fällen schuldet der Leistungsempfänger die Steuer unabhängig davon, ob er sie für eine von ihm erbrachte Leistung im Sinne des Absatzes 2 Nummer 4 Satz 1 verwendet, wenn er ein Unternehmer ist, der nachhaltig entsprechende Leistungen erbringt; davon ist auszugehen, wenn ihm das zuständige Finanzamt eine im Zeitpunkt der Ausführung des Umsatzes gültige auf längstens drei Jahre befristete Bescheinigung, die nur mit Wirkung für die Zukunft widerrufen oder zurückgenommen werden kann, darüber erteilt hat, dass er ein Unternehmer ist, der entsprechende Leistungen erbringt. [3]Bei den in Absatz 2 Nummer 5 Buchstabe b genannten Lieferungen von Erdgas schuldet der Leistungsempfänger die Steuer, wenn er ein Wiederverkäufer von Erdgas im Sinne des § 3g ist. [4]Bei den in Absatz 2 Nummer 5 Buchstabe b genannten Lieferungen von Elektrizität schuldet der Leistungsempfänger in den Fällen die Steuer, in denen der liefernde Unternehmer und der Leistungsempfänger Wiederverkäufer von Elektrizität im Sinne des § 3g sind. [5]In den in Absatz 2 Nummer 8 Satz 1 genannten Fällen schuldet der Leistungsempfänger die Steuer unabhängig davon, ob er sie für eine von ihm erbrachte Leistung im Sinne des Absatzes 2 Nummer 8 Satz 1 verwendet, wenn er ein Unternehmer ist, der nachhaltig entsprechende Leistungen erbringt; davon ist auszugehen, wenn ihm das zuständige Finanzamt eine im Zeitpunkt der Ausführung des Umsatzes gültige auf längstens drei Jahre befristete Bescheinigung, die nur mit Wirkung für die Zukunft widerrufen oder zurückgenommen werden kann, darüber erteilt hat, dass er ein Unternehmer ist, der entsprechende Leistungen erbringt. [6]Die Sätze 1 bis 5 gelten vorbehaltlich des Satzes 10 auch, wenn die Leistung für den nichtunternehmerischen Bereich bezogen wird. [7]Sind Leistungsempfänger und leistender Unternehmer in Zweifelsfällen übereinstimmend vom Vorliegen der Voraussetzungen des Absatzes 2 Nummer 4, 5 Buchstabe b, Nummer 7 bis 11 ausgegangen, obwohl dies nach der Art der Umsätze unter Anlegung objektiver Kriterien nicht zutreffend war, gilt der Leistungsempfänger dennoch als Steuerschuldner, sofern dadurch keine Steuerausfälle entstehen. [8]Die Sätze 1 bis 6 gelten nicht, wenn bei dem Unternehmer, der die Umsätze ausführt, die Steuer nach § 19 Absatz 1 nicht erhoben wird. [9]Die Sätze 1 bis 8 gelten nicht, wenn ein in Absatz 2 Nummer 2, 7 oder 9 bis 11 genannter Gegenstand von dem Unternehmer, der die Lieferung bewirkt, unter den Voraussetzungen des § 25a geliefert wird. [10]In den in Absatz 2 Nummer 4, 5 Buchstabe b und Nummer 7 bis 11 genannten Fällen schulden juristische Personen des öffentlichen Rechts die Steuer nicht, wenn sie die Leistung für den nichtunternehmerischen Bereich beziehen.

(6) Die Absätze 1 bis 5 finden keine Anwendung, wenn die Leistung des im Ausland ansässigen Unternehmers besteht

1. in einer Personenbeförderung, die der Beförderungseinzelbesteuerung (§ 16 Abs. 5) unterlegen hat,
2. in einer Personenbeförderung, die mit einem Fahrzeug im Sinne des § 1b Abs. 2 Satz 1 Nummer 1 durchgeführt worden ist,

3. in einer grenzüberschreitenden Personenbeförderung im Luftverkehr,
4. in der Einräumung der Eintrittsberechtigung für Messen, Ausstellungen und Kongresse im Inland,
5. in einer sonstigen Leistung einer Durchführungsgesellschaft an im Ausland ansässige Unternehmer, soweit diese Leistung im Zusammenhang mit der Veranstaltung von Messen und Ausstellungen im Inland steht, oder
6. in der Abgabe von Speisen und Getränken zum Verzehr an Ort und Stelle (Restaurationsleistung), wenn diese Abgabe an Bord eines Schiffs, in einem Luftfahrzeug oder in einer Eisenbahn erfolgt.

(7) [1]Ein im Ausland ansässiger Unternehmer im Sinne des Absatzes 2 Nummer 1 und 5 ist ein Unternehmer, der im Inland, auf der Insel Helgoland und in einem der in § 1 Absatz 3 bezeichneten Gebiete weder einen Wohnsitz, seinen gewöhnlichen Aufenthalt, seinen Sitz, seine Geschäftsleitung noch eine Betriebsstätte hat; dies gilt auch, wenn der Unternehmer ausschließlich einen Wohnsitz oder einen gewöhnlichen Aufenthaltsort im Inland, aber seinen Sitz, den Ort der Geschäftsleitung oder eine Betriebsstätte im Ausland hat. [2]Ein im übrigen Gemeinschaftsgebiet ansässiger Unternehmer ist ein Unternehmer, der in den Gebieten der übrigen Mitgliedstaaten der Europäischen Union, die nach dem Gemeinschaftsrecht als Inland dieser Mitgliedstaaten gelten, einen Wohnsitz, seinen gewöhnlichen Aufenthalt, seinen Sitz, seine Geschäftsleitung oder eine Betriebsstätte hat; dies gilt nicht, wenn der Unternehmer ausschließlich einen Wohnsitz oder einen gewöhnlichen Aufenthaltsort in den Gebieten der übrigen Mitgliedstaaten der Europäischen Union, die nach dem Gemeinschaftsrecht als Inland dieser Mitgliedstaaten gelten, aber seinen Sitz, den Ort der Geschäftsleitung oder eine Betriebsstätte im Drittlandsgebiet hat. [3]Hat der Unternehmer im Inland eine Betriebsstätte und führt er einen Umsatz nach Absatz 1 oder Absatz 2 Nummer 1 oder Nummer 5 aus, gilt er hinsichtlich dieses Umsatzes als im Ausland oder im übrigen Gemeinschaftsgebiet ansässig, wenn die Betriebsstätte an diesem Umsatz nicht beteiligt ist. [4]Maßgebend ist der Zeitpunkt, in dem die Leistung ausgeführt wird. [5]Ist es zweifelhaft, ob der Unternehmer diese Voraussetzungen erfüllt, schuldet der Leistungsempfänger die Steuer nur dann nicht, wenn ihm der Unternehmer durch eine Bescheinigung des nach den abgabenrechtlichen Vorschriften für die Besteuerung seiner Umsätze zuständigen Finanzamts nachweist, dass er kein Unternehmer im Sinne der Sätze 1 und 2 ist.

(8) Bei der Berechnung der Steuer sind die §§ 19 und 24 nicht anzuwenden.

(9) Das Bundesministerium der Finanzen kann mit Zustimmung des Bundesrates durch Rechtsverordnung bestimmen, unter welchen Voraussetzungen zur Vereinfachung des Besteuerungsverfahrens in den Fällen, in denen ein anderer als der Leistungsempfänger ein Entgelt gewährt (§ 10 Abs. 1 Satz 3), der andere an Stelle des Leistungsempfängers Steuerschuldner nach Absatz 5 ist.

(10) [1]Das Bundesministerium der Finanzen kann mit Zustimmung des Bundesrates durch Rechtsverordnung den Anwendungsbereich der Steuerschuldnerschaft des Leistungsempfängers nach den Absätzen 2 und 5 auf weitere Umsätze erweitern, wenn im Zusammenhang mit diesen Umsätzen in vielen Fällen der Verdacht auf Steuerhinterziehung in einem besonders schweren Fall aufgetreten ist, die voraussichtlich zu erheblichen und unwiederbringlichen Steuermindereinnahmen führen. [2]Voraussetzungen für eine solche Erweiterung sind,

1. die Erweiterung frühestens zu dem Zeitpunkt in Kraft treten darf, zu dem die Europäische Kommission entsprechend Artikel 199b Absatz 3 der Richtlinie 2006/112/EG des Rates vom 28. November 2006 über das gemeinsame Mehrwertsteuersystem (ABl. L 347 vom 11.12.2006, S. 1) in der Fassung von Artikel 1 Nummer 1 der Richtlinie 2013/42/EU (ABl. L 201 vom 26.7.2013, S. 1) mitgeteilt hat, dass sie keine Einwände gegen die Erweiterung erhebt;.

2. die Bundesregierung einen Antrag auf eine Ermächtigung durch den Rat entsprechend Artikel 395 der Richtlinie 2006/112/EG in der Fassung von Artikel 1 Nummer 2 der Richtlinie 2013/42/EG (ABl. L 201 vom 26.7.2013, S. 1) gestellt hat, durch die die Bundesrepublik Deutschland ermächtigt werden soll, in Abweichung von Artikel 193 der Richtlinie 2006/112/EG, die zuletzt durch die Richtlinie 2013/61/EU (ABl. L 353 vom 28.12.2013, S. 5) geändert worden ist, die Steuerschuldnerschaft des Leistungsempfängers für die von der Erweiterung nach Nummer 1 erfassten Umsätze zur Vermeidung von Steuerhinterziehungen einführen zu dürfen;

3. die Verordnung nach neun Monaten außer Kraft tritt, wenn die Ermächtigung nach Nummer 2 nicht erteilt worden ist; wurde die Ermächtigung nach Nummer 2 erteilt, tritt die Verordnung außer Kraft, sobald die gesetzliche Regelung, mit der die Ermächtigung in nationales Recht umgesetzt wird, in Kraft tritt

Literatur

Forster, Qualifikation von Bauträgern als Bauleister i. S. v. § 13b Abs. 5 S. 2 UStG, DStR 2011, 351. **Gerhards**, Die Steuerschuldnerschaft des Leistungsempfängers (§ 13b UStG) bei Bauleistungen im Lichte von Rechtsprechung und aktueller Gesetzgebung, DStZ 2014, 708. **Hummels/Krumbholz**, Die umsatzsteuerliche Behandlung von Transaktionsentgelten und Handlingfees im Strom- und Gashandel, BB 2014, 1431. **Huschens**, Steuerschuldnerschaft des Leistungsempfängers – Lieferungen von Metallen, UVR 2015, 83. **Kraeusel**, Neuregelungen zur Verlagerung der Steuerschuld, zum Ort der sonstigen Leistung bei elektronischen Dienstleistungen inkl. »Mini-one-stop-shop« und zum ermäßigten Steuersatz für Hörbücher, UVR 2014, 233. **Kraeusel/Szabo**, Der neue Umsatzsteuer-Anwendungserlass, UVR 2011, 18. **Lippross**, Umsatzsteuer bei Bauleistungen an Bauträger – auf die »bauwerksbezogene Werklieferung« kommt es an – Zum Inhalt und zu den Auswirkungen des BFH-Urteils vom 22.08.2013, V R 37/10, MwStR 2013, 756. **Lippross**, Vertrauensschutz nach § 176 Abs. 2 AO bei der Änderung von Umsatzsteuervoranmeldungen durch Jahresumsatzsteuerbescheid – Aktuelle Fragestellung im Zusammenhang mit der Besteuerung von Bauleistungen an Bauträger, DStR 2014, 879. **Lippross**, Steuerschuldnerschaft bei Bauleistungen an Bauträger – § 27 Abs. 19 UStG – ein Handstreich des Gesetzgebers zur Einschränkung des Vertrauensschutzes nach § 176 AO in sog. Altfällen –, UR 2014, 717. **Meyer-Burow/Connemann**, Schuldner der Steuer, Vorsteuerabzug und Bescheinigung USt 1 TS – Zweifel über die Ansässigkeit des leistenden Unternehmers (§ 13b Abs. 7 S. 4 UStG), UR 2011, 374. **Montfort**, MwSt-Paket; die Änderungen durch das EU-Vorgaben-Umsetzungsgesetz, DStR 2010, 1001. **o. V.**, Umsatzsteuer – Vertrauensschutz für Bauleistende/»Einspruch des Monats«, AStW 2015, 214. **Paintner**, Das Gesetz zur Anpassung der Abgabenordnung an den Zollkodex der Union und zur Änderung weiterer steuerlicher Vorschriften im Überblick, DStR 2015, 1. **Radeisen**, Bauträger, Bauleistungen und die Edelmetalle – Zu den Änderungen des Reverse-Charge-Verfahrens 2014, DB 2014, 2547. **Weber**, Änderungen des Umsatzsteuerrechts durch das Jahressteuergesetz 2010; UVR 2011, 11. **Weber**, Änderungen des Umsatzsteuergesetzes durch das Amtshilferichtlinien-Umsetzungsgesetz, UVR 2013, 236. **Weimann,** Bauleistungen an Bauträger - vorerst doch keine Umsatzsteuer-Rückwirkung!, AStW 2015, 505. **Weimann,** Bauleistungen an Bauträger – weitere Urteile, AStW 2015, 776. **Weimann,** Finanzämter stoppen die Abwicklung der Bauträgerfälle, AStW 2016, 345. **Weimann,** Übergangsregelung zur Steuerschuld bei Bauleistungen: spielt auch das Zivilrecht mit?, AStW 2016, 985. **Weimann/Fuisting,** Vertrauensschutz in Bauträgerfällen: Vorerst keine rückwirkende Änderung von § 27 Abs. 19 UStG, GStB 2015, 283.

Verwaltungsanweisungen
BMF vom 16.10.2009, Az: IV B 9 – S 7279/0, BStBl I 2009, 1298.
BMF vom 11.03.2010, Az: IV D 3 – S 7279/0, BStBl I 2010, 254.
BMF vom 21.07.2010, Az: IV D 3 – S 7279/10/10002, BStBl I 2010, 626.
BMF vom 04.02.2011, Az: IV D 3 – S 7279/10/10006, BStBl I 2011, 152.
BMF vom 24.06.2011, Az: IV D 3 – S 7279/11/10001, BStBl I 2011, 687.
BMF vom 22.01.2015, Az: IV D 3 – S 7279/14/10002-02, BStBl I 2015, 123.
BMF vom 04.02.2015, Az: IV D 3 – S 7279/11/10002-04, BStBl I 2015, 166.
BMF vom 13.03.2015, Az: IV D 3 – S 7279/13/10003 (2015/0230137), BStBl I 2015, 234.
BMF vom 17.06.2015, Az: IV D 3 – S 7279/13/10002, BStBl I 2015, 513.
BMF vom 28.07.2015, Az: IV D 3 – S 7279/14/10003, BStBl I 2015, 623.
BMF vom 10.08.2016, Az: III C 3 – S 7279/16/10001, BStBl I 2016, 820.
BMF vom 26.07.2017, Az: III C 3 – S 7279/11/10002-09/IV A 3 – S 0354/07/10002-10, BStBl I 2017, 1001.
BMF vom 18.05.2018, Az: III C 3 – S 7279/11/10002-10, BStBl I 2018, 695.
Hinweis: Zur Problematik der zeitlichen Geltungsdauer von BMF-Schreiben vgl. Einführung UStG, Rz. 100 ff.

Richtlinien/Hinweise/Verordnungen
UStAE: Abschn. 13b.1.
UStDV: § 30a, § 33 S. 3.
MwStSystRL: Art. 199.

1 Allgemeines

1.1 Überblick über die Vorschrift

Vom Jahr 1980 bis zum Jahr 2001 hatten Auftraggeber ausländischer Dienstleister und Werklieferer die Sonderregelungen des Abzugsverfahrens zu beachten (§ 18 Abs. 8 UStG i. V. m. §§ 51 ff. UStDV 1999). Das StÄndG 2001 hat in einem eigens dafür eingeführten § 13b UStG diese besondere Besteuerungsform ab dem 01.01.2002 durch die Übertragung der USt-Schuld auf den Auftraggeber ersetzt. 1

1.2 Rechtsentwicklung

§ 13b UStG trat zum **01.01.2002** die Nachfolge des bisherigen Abzugsverfahrens (§ 18 Abs. 8 UStG i. V. m. §§ 51 ff. UStDV 1999) an. 2

Das StÄndG 2003 (BStBl I 2003, 710) hat seit **01.01.2004** die Ausnahmen vom Wechsel der Steuerschuld auf grenzüberschreitende Personenbeförderungen mit Luftfahrzeugen ausgedehnt. 3

Das HBeglG 2004 (BGBl I 2003, 3076, ber. BGBl I 2004, 69, BStBl I 2004, 120) hat seit **01.04.2004** den Anwendungsbereich der Vorschrift (§ 13b Abs. 1 UStG) noch einmal erheblich erweitert und 4 auf Umsätze, die unter das GrEStG fallen (Neufassung des § 13b Abs. 1 S. 1 Nr. 3 UStG), und bestimmte Bauleistungen (neuer § 13b Abs. 1 S. 1 Nr. 4 UStG) ausgedehnt.

5 Durch das EURLUmsG (BGBl I 2004, 3310, BStBl I 2004, 1159) wurde der Anwendungsbereich des § 13b Abs. 1 S. 1 UStG um Lieferungen von Gas und Elektrizität eines im Ausland ansässigen Unternehmers unter den Bedingungen des § 3g UStG mit Wirkung ab **01.01.2005** erweitert. Außerdem wurde m. W. z. **16.12.2004** in § 13b Abs. 2 UStG Satz 4 angefügt. Danach schuldet der Leistungsempfänger die Steuer nicht, wenn bei dem Unternehmer, der die Umsätze ausführt, die Steuer nach § 19 Abs. 1 UStG nicht erhoben wird.

6 Durch das JStG 2007 (BGBl I 2006, 2878, BStBl I 2007, 28) sind die Ausnahmen, in denen die Steuerschuldnerschaft des Leistungsempfängers **nicht** anzuwenden ist, m. W. z. **01.01.2007** in § 13b Abs. 3 UStG um die Nr. 4 und 5 erweitert worden. Danach findet die Steuerschuldnerschaft des Leistungsempfängers (§ 13b Abs. 1 und 2 UStG) keine Anwendung, wenn die Leistung des im Ausland ansässigen Unternehmers in der Einräumung der Eintrittsberechtigung für Messen, Ausstellungen und Kongressen im Inland besteht (§ 13b Abs. 3 Nr. 4 UStG), oder wenn eine im Ausland ansässige Durchführungsgesellschaft sonstige Leistungen an im Ausland ansässige Unternehmer erbringt, soweit diese sonstigen Leistungen im Zusammenhang mit der Veranstaltung von Messen und Ausstellungen im Inland stehen (§ 13b Abs. 3 Nr. 5 UStG).

7 Durch das JStG 2009 (BGBl I 2008, 2794, BStBl I 2009, 74) wurde der Begriff des im Ausland ansässigen Unternehmers m. W. z. **01.01.2010** erweitert. Danach ist ein im Ausland ansässiger Unternehmer i. S. d. Abs. 1 Nr. 1 und 5 ein Unternehmer, der weder im Inland noch auf der Insel Helgoland oder in einem der in § 1 Abs. 3 UStG bezeichneten Gebiete einen Wohnsitz, seinen Sitz, seine Geschäftsleitung oder eine Betriebsstätte hat; hat der Unternehmer im Inland eine Betriebsstätte und führt er einen Umsatz nach Abs. 1 Nr. 1 oder Nr. 5 aus, gilt er hinsichtlich dieses Umsatzes als im Ausland ansässig, wenn der Umsatz nicht von der Betriebsstätte ausgeführt wird.

8 Durch das Gesetz zur Umsetzung steuerlicher EU-Vorgaben sowie zur Änderung steuerlicher Vorschriften vom 08.04.2010 (BGBl I 2010, 386, BStBl I 2010, 334) ist § 13b UStG m. W. z. **01.07.2010** geändert und neu gefasst worden. Um das Ziel einer effektiveren Kontrolle des i. g. Waren- und Dienstleistungsverkehrs zu erreichen, bedarf es bei Umsätzen, die der leistende Unternehmer in einer Zusammenfassenden Meldung (§ 18a Abs. 2 UStG) in dem jeweiligen Meldezeitraum anmelden muss, eines einheitlichen Entstehungszeitpunkts der USt der Umsätze i. S. d. § 3a Abs. 2 UStG. Dieser Zeitpunkt ist EU-einheitlich ab 01.01.2010 der Zeitpunkt, in dem die jeweiligen Leistungen ausgeführt worden sind (§ 13b Abs. 1 UStG). Bei den bisherigen Umsätzen des § 13b Abs. 1 S. 1 Nr. 1 bis 5 UStG bleibt es bei dem bisherigen Entstehungszeitpunkt (§ 13b Abs. 2 Nr. 1 bis 5 UStG). Um eine Umsatzbesteuerung bei Dauerleistungen sicherzustellen, wird in § 13b Abs. 3 UStG geregelt, dass bei Dauerleistungen zumindest eine jährliche Besteuerung zu erfolgen hat, wenn der Leistungsempfänger für diesen Umsatz Steuerschuldner ist.

9 Außerdem wurde m. W. v. **01.07.2010** der Anwendungsbereich der Steuerschuldnerschaft des Leistungsempfängers auf die Übertragung von Berechtigungen nach § 3 Abs. 4 des Treibhausgas-Emissionshandelsgesetzes (Treibhausgas-Emissionshandelsgesetz vom 08.07.2004, BGBl I 2005, 1578, zuletzt geändert durch Art. 1 des Gesetzes vom 16.07.2009, BGBl I 2009, 1954), Emissionsreduktionseinheiten i. S. d. § 3 Abs. 5 des Treibhausgas-Emissionshandelsgesetzes und zertifizierten Emissionsreduktionen i. S. d. § 3 Abs. 6 des Treibhausgas-Emissionshandelsgesetzes erweitert (§ 13b Abs. 2 Nr. 6 UStG).

10 Durch das JStG 2010 vom 07.12.2010 (BGBl I 2010, 1768) ist der Anwendungsbereich des § 13b Abs. 2 Nr. 5 UStG m. W. z. **01.01.2011** um die Lieferung von Wärme oder Kälte erweitert worden. Außerdem wird der Anwendungsbereich der Steuerschuldnerschaft des Leistungsempfängers zum **01.01.2011** um die Lieferungen der in der Anlage 3 zum UStG bezeichneten Gegenstände – insbesondere Industrieschrott und Altmetalle – (§ 13b Abs. 2 Nr. 7 UStG), das Reinigen von

Gebäuden und Gebäudeteilen (§ 13b Abs. 2 Nr. 8 UStG) sowie bestimmte Lieferungen von Gold (§ 13b Abs. 2 Nr. 9 UStG) erweitert.

Durch das Sechste Gesetz zur Änderung von Verbrauchsteuergesetzen vom 16.06.2011 (BGBl I 2011, 1090) ist m. W. z. **01.07.2011** der Anwendungsbereich der Steuerschuldnerschaft des Leistungsempfängers in § 13b Abs. 2 und 5 auf bestimmte Lieferungen von Mobilfunkgeräten und integrierten Schaltkreisen nochmals erweitert worden (§ 13b Abs. 2 Nr. 10 UStG). 11

Durch das Gesetz zur Anpassung der Rechtsgrundlagen für die Fortentwicklung des Emissionshandels vom 21.07.2011 (BGBl I 2011, 1475) ist § 13b m. W. z. **28.07.2011** geändert worden. Durch die Änderung wird § 13b Abs. 2 Nr. 6 UStG an die neuen gesetzlichen Regelungen beim Emissionshandel angepasst. Inhaltliche Änderungen am Umfang der Steuerschuldnerschaft des Leistungsempfängers für diese Leistungen ergeben sich dadurch nicht. 12

Durch das Gesetz zur Umsetzung der Amtshilferichtlinie sowie zur Änderung steuerlicher Vorschriften (Amtshilferichtlinie-Umsetzungsgesetz – AmtshilfeRLUmsG) vom 26.06.2013 (BGBl I 2013, 1809) wurde m. W. z. **01.09.2013** der Anwendungsbereich der Steuerschuldnerschaft des Leistungsempfängers für Lieferungen von Gas oder Elektrizität sowie von Wärme oder Kälte durch einen im Ausland ansässigen Unternehmer (§ 13b Abs. 2 Nr. 5 UStG) auf Lieferungen von Gas oder Elektrizität durch einen im Inland ansässigen Unternehmer ergänzt. Die Regelung beruht auf Art. 199a Abs. 1 S. 1 Buchst. e MwStSystRL in der Fassung von Art. 1 Nr. 2 Buchst. b der RL 2013/43/EU des Rates vom 22.07.2013 zur Änderung der RL 2006/112/EG über das gemeinsame Mehrwertsteuersystem im Hinblick auf eine fakultative und zeitweilige Anwendung der Umkehrung der Steuerschuldnerschaft (Reverse-Charge-Verfahren) auf Lieferungen bestimmter betrugsanfälliger Gegenstände und Dienstleistungen (ABl. EU Nr. L 201 vom 26.07.2013, 4). Voraussetzung nach der nationalen Umsetzung ist, dass der Leistungsempfänger ein Unternehmer ist, der selbst derartige Leistungen erbringt bzw. – bei Lieferungen von Elektrizität – der liefernde Unternehmer und der Leistungsempfänger Wiederverkäufer von Elektrizität i. S. d. § 3g UStG sind. 13

Durch das Gesetz zur Umsetzung der Amtshilferichtlinie sowie zur Änderung steuerlicher Vorschriften (Amtshilferichtlinie-Umsetzungsgesetz – AmtshilfeRLUmsG) vom 26.06.2013 (BGBl I 2013, 1809) wurde m. W. z. **30.06.2013** in § 13b Abs. 6 Nr. 2 UStG das Wort »Taxi« durch die Wörter »Fahrzeuge im Sinne des § 1b Absatz 2 Satz 1 Nummer 1« ersetzt. Damit wird die Personenbeförderung mit motorbetriebenen Landfahrzeugen mit einem Hubraum von mehr als 48 Kubikzentimetern oder einer Leistung von mehr als 7,2 Kilowatt aus dem Anwendungsbereich der Steuerschuldnerschaft des Leistungsempfängers herausgenommen. Steuerschuldner ist der leistende Unternehmer. Nur dieser muss sich im Inland erfassen lassen. 14

Durch das Gesetz zur Umsetzung der Amtshilferichtlinie sowie zur Änderung steuerlicher Vorschriften (Amtshilferichtlinie-Umsetzungsgesetz – AmtshilfeRLUmsG) vom 26.06.2013 (BGBl I 2013, 1809) wurden m. W. z. **30.06.2013** in § 13b Abs. 7 UStG die Begriffe des im Ausland ansässigen und des im übrigen Gemeinschaftsgebiet ansässigen Unternehmers neu definiert. Nach der Begründung zum Entwurf des AmtshilfeRLUmsG soll ein Unternehmer auch dann im Ausland ansässig sein, wenn er dort den Sitz seiner wirtschaftlichen Tätigkeit, seine Geschäftsleitung oder eine feste Niederlassung und im Inland nur einen Wohnsitz hat. Hat der Unternehmer aber weder den Sitz der wirtschaftlichen Tätigkeit, noch die Geschäftsleitung oder eine Betriebsstätte im Ausland, von wo aus die Umsätze ausgeführt worden sind, im Inland aber einen Wohnsitz, ist er im Inland ansässig. Ein im übrigen Gemeinschaftsgebiet ansässiger Unternehmer ist ein Unternehmer, der in den Gebieten der übrigen Mitgliedstaaten der EU, die nach dem Gemeinschaftsrecht als Inland dieser Mitgliedstaaten gelten, einen Wohnsitz, seinen gewöhnlichen Aufenthalt, seinen Sitz, seine Geschäftsleitung oder eine Betriebsstätte hat; dies gilt nicht, wenn der Unternehmer ausschließlich einen Wohnsitz oder einen gewöhnlichen Aufenthaltsort in den Gebieten der übrigen Mitgliedstaaten der EU, die nach dem Gemeinschaftsrecht als Inland dieser Mitgliedstaaten gelten, aber seinen Sitz, den Ort der Geschäftsleitung oder eine Betriebsstätte im Dritt- 15 landsgebiet hat. Hat der Unternehmer im Inland eine Betriebsstätte und führt er einen Umsatz nach § 13b Abs. 1 oder Abs. 2 Nr. 1 oder Abs. 2 Nr. 5 UStG aus, gilt er hinsichtlich dieses Umsatzes als im Ausland oder im übrigen Gemeinschaftsgebiet ansässig, wenn die Betriebsstätte an diesem Umsatz nicht beteiligt ist. Für die Frage, ob ein Unternehmer im Ausland ansässig ist, ist der Zeitpunkt maßgebend, in dem die Leistung ausgeführt wird. Unternehmer, die ein im Inland gelegenes Grundstück besitzen und steuerpflichtig vermieten, sind insoweit als im Inland ansässig zu behandeln. Sie haben diese Umsätze im allgemeinen Besteuerungsverfahren zu erklären. Der Leistungsempfänger schuldet nicht die Steuer für diese Umsätze (Abschn. 13b.11 Abs. 2 S. 2 bis 4 UStAE).

16 Durch das Gesetz zur Umsetzung der Amtshilferichtlinie sowie zur Änderung steuerlicher Vorschriften (Amtshilferichtlinie-Umsetzungsgesetz – AmtshilfeRLUmsG vom 26.06.2013, BGBl I 2013, 1809) wurde m. W. z. **30.06.2013** außerdem in § 14 UStG ein neuer Abs. 7 angefügt. Der Unternehmer, der einen Umsatz im Inland ausführt, für den der Leistungsempfänger die Steuer nach § 13b UStG schuldet (Steuerschuldnerschaft des Leistungsempfängers), und hat der Unternehmer im Inland weder seinen Sitz noch seine Geschäftsleitung, eine Betriebsstätte, die an der Erbringung dieses Umsatzes beteiligt ist, oder in Ermangelung eines Sitzes seinen Wohnsitz oder gewöhnlichen Aufenthalt im Inland, soll abweichend von § 14 Abs. 1 bis 6 UStG für die Rechnungserteilung die Vorschriften des Mitgliedstaates gelten, in dem der Unternehmer seinen Sitz, seine Geschäftsleitung, eine Betriebsstätte, von der aus der Umsatz ausgeführt wird, oder in Ermangelung eines Sitzes seinen Wohnsitz oder gewöhnlichen Aufenthalt hat. Dies gilt nicht, wenn eine Gutschrift nach § 14 Abs. 2 S. 2 UStG vereinbart worden ist.

17 Durch das Gesetz zur Umsetzung der Amtshilferichtlinie sowie zur Änderung steuerlicher Vorschriften (Amtshilferichtlinie-Umsetzungsgesetz – AmtshilfeRLUmsG) vom 26.06.2013 (BGBl I 2013, 1809) wurde m. W. z. **30.06.2013** § 14a UStG umfassend geändert, weil die RL 2010/45/EU des Rates vom 13.07.2010 zur Änderung der RL 2006/112/EG über das gemeinsame Mehrwertsteuersystem hinsichtlich der Rechnungsstellungsvorschriften (sog. Rechnungsstellungsrichtlinie) zum 01.01.2013 in allen Mitgliedstaaten verbindlich umzusetzen ist. Im Fall der Steuerschuldnerschaft des Leistungsempfängers muss die Rechnung die Angabe »Steuerschuldnerschaft des Leistungsempfängers« enthalten (vgl. § 14a Abs. 5 S. 1 UStG).

17a Durch Art. 7 Nr. 3 i. V. m. Art. 28 Abs. 1 des Gesetzes zur Anpassung des nationalen Steuerrechts an den Beitritt Kroatiens zur EU und zur Änderung weiterer steuerlicher Vorschriften vom 25.07.2014 (BGBl I 2014, 1266) werden mit Wirkung vom **31.07.2014** in § 13b Abs. 7 S. 5 die Wörter »im Sinne des Satzes 1« durch die Wörter »im Sinne der Sätze 1 und 2« ersetzt. Darüber hinaus wird durch Art. 8 Nr. 2 Buchst. a Doppelbuchst. aa i. V. m. Art. 28 Abs. 4 des o. a. Gesetzes m. W. z. **01.10.2014** der Anwendungsbereich der Steuerschuldnerschaft des Leistungsempfängers für Lieferungen von Mobilfunkgeräten sowie von integrierten Schaltkreisen (§ 13b Abs. 2 Nr. 10 UStG) auf Lieferungen von Tablet-Computern und Spielekonsolen ergänzt. Außerdem wird durch Art. 8 Nr. 2 Buchst. a Doppelbuchst. bb i. V. m. Art. 28 Abs. 4 des o. a. Gesetzes m. W. z. **01.10.2014** der Anwendungsbereich der Steuerschuldnerschaft des Leistungsempfängers auf Lieferungen von Edelmetallen und unedlen Metallen erweitert (§ 13b Abs. 2 Nr. 11 UStG). Durch Art. 8 Nr. 2 Buchst. b i. V. m. Art. 28 Abs. 4 des o. a. Gesetzes m. W. z. **01.10.2014** wird § 13b Abs. 5 UStG im Hinblick auf das BFH-Urteil vom 22.08.2013, Az: V R 37/10, BStBl II 2014, 128, die Steuerschuldnerschaft des Leistungsempfängers bei Bauleistungen (§ 13b Abs. 2 Nr. 4 S. 1 UStG), bei der Reinigung von Gebäuden und Gebäudeteilen (§ 13b Abs. 2 Nr. 8 UStG) sowie bei Fehlbeurteilungen geändert. Damit wird die vor dem o. a. BFH-Urteil vom 22.08.2013 geltende Rechtslage wieder hergestellt. Darüber hinaus wird durch Art. 8 Nr. 2 Buchst. b i. V. m. Art. 28 Abs. 4 des o. a. Gesetzes m. W. z. **01.10.2014** § 13b Abs. 5 UStG um einen neuen Satz 8 ergänzt. Danach kommt § 13b Abs. 5 S. 1 bis 8 UStG nicht zur Anwendung, wenn ein in § 13b Abs. 2 Nr. 2, 7 oder 9 bis 11 UStG genannter Gegenstand von dem Unternehmer, der die Lieferung bewirkt, unter den Voraussetzungen des § 25a UStG geliefert wird.

Durch das Gesetz zur Anpassung der Abgabenordnung an den Zollkodex der Union und zur Änderung weiterer steuerlicher Vorschriften (sog. ZollkodexAnpG) vom 22.12.2014 (BGBl I 2014, 2417) wurde § 13b UStG mehrfach geändert: **17b**

1. Durch Art. 11 Nr. 1 und 2 des ZollkodexAnpG vom 22.12.2014 (BGBl I 2014, 2417) wurde Nr. 11 und die Anlage 4 zu § 13b Abs. 2 Nr. 11 UStG m. W. z. **01.01.2015** neu gefasst. Voraussetzung ist nunmehr, dass die Summe der für die Lieferung in Rechnung zu stellenden Entgelte im Rahmen eines wirtschaftlichen Vorgangs mindestens 5.000 € beträgt. Nachträgliche Minderungen des Entgelts bleiben dabei unberücksichtigt. Durch die Änderungen werden praktische Anwendungsprobleme vermieden, u. a. bei der Veräußerung entsprechender Metalle von Einzelhändler an Abnehmer, über deren Status als Unternehmer sich der liefernde Unternehmer nur aufwändig informieren kann. Die Anlage 4 zum UStG wurde neu gefasst, um Abgrenzungsschwierigkeiten zu vermeiden.
2. Durch Art. 10 Nr. 2 des ZollkodexAnpG vom 22.12.2014 (BGBl I 2014, 2417) wurde § 13b Abs. 5 Satz 3 UStG m. W. z. **31.12.2014** (= Tag nach der Verkündung im BGBl I) neu gefasst. Danach schuldet bei den in § 13b Abs. 2 Nr. 5 Buchst. b UStG genannten Lieferungen von Erdgas der Leistungsempfänger die Steuer, wenn er ein Wiederverkäufer von Erdgas i. S. d. § 3g UStG ist. Nach dem bisherigen Wortlaut der Vorschrift war bei im Inland steuerpflichtigen Lieferungen von Erdgas der Leistungsempfänger Steuerschuldner, wenn er ein Unternehmer ist, der selbst Erdgas liefert. Diese Regelung ist unionsrechtskonform dergestalt einschränkend auszulegen, dass die Steuerschuldnerschaft des Leistungsempfängers bei den genannten Umsätzen nur dann anzuwenden ist, wenn der Leistungsempfänger ein Wiederverkäufer i. S. d. § 3g UStG ist. Durch die Änderung wurde dies klargestellt.
3. Durch Art. 9 Nr. 3 des ZollkodexAnpG vom 22.12.2014 (BGBl I 2014, 2417) wurde § 13b Abs. 10 UStG m. W. z. **01.01.2015** neu angefügt. Zur kurzfristigen Erweiterung der Steuerschuldnerschaft des Leistungsempfängers bei einer Mehrzahl von Fällen des Verdachts auf Steuerhinterziehung in einem besonders schweren Fall und zur raschen Verhinderung von Steuerausfällen wurde eine Ermächtigung des Bundesministeriums der Finanzen in § 13b Abs. 10 UStG aufgenommen, durch Rechtsverordnung mit Zustimmung des Bundesrates den Umfang der Steuerschuldnerschaft des Leistungsempfängers unter bestimmten Voraussetzungen (zunächst) zeitlich beschränkt zu erweitern (sog. **Schnellreaktionsmechanismus**).

Durch Art. 11 Nr. 2 Buchst. a des Steueränderungsgesetzes (StÄndG 2015) vom 02.11.2015 (BGBl I 2015, 1834) wurde § 13b Abs. 2 Nr. 4 UStG m. W. z. **06.11.2015** neu gefasst. Der BFH hatte mit Urteil vom 28.08.2014, Az: V R 7/14, BStBl II 2015, 682, entschieden, dass Betriebsvorrichtungen keine Bauwerke i. S. v. § 13b Abs. 2 Nr. 4 S. 1 UStG a. F. sind. Damit kam nach Ansicht des BFH eine Verlagerung der Steuerschuld auf den Leistungsempfänger bei Lieferungen von und Leistungen an Betriebsvorrichtungen nicht in Betracht. Mit der Neufassung des § 13b Abs. 4 Nr. 2 UStG durch das StÄndG 2015 wurden einerseits die unionsrechtliche Vorgabe klarer als bislang und andererseits die in Abschn. 13b.2 Abs. 2 S. 2 und 3 UStAE enthaltene Verwaltungsauffassung inhaltlich in das UStG übernommen. Damit wurde klargestellt, dass Lieferungen von und Leistungen an Betriebsvorrichtungen weiterhin unverändert unter die Regelung des § 13b UStG fallen können. **17c**

Durch Art. 11 Nr. 3 des StÄndG 2015 vom 02.11.2015 (BGBl I 2015, 1834) wurde Nr. 3 der Anlage 4 zum UStG m. W. z. **06.11.2015** wie folgt neu gefasst: **17d**

»Roheisen oder Spiegeleisen, in Masseln, Blöcken oder anderen Rohformen; Körner und Pulver aus Roheisen, Spiegeleisen, Eisen oder Stahl; Rohblöcke und andere Rohformen aus Eisen oder

Stahl; Halbzeug aus Eisen oder Stahl«. Durch diese Änderung sollen praktische Anwendungsprobleme vermieden werden.

17e Durch Art. 11 Nr. 2 Buchst. b des StÄndG 2015 vom 02.11.2015 (BGBl I 2015, 1834) wurde m. W. z. **06.11.2015** in § 13b Abs. 5 S. 6 neu gefasst und Satz 10 UStG angefügt. Der leistende Unternehmer kann häufig nicht zweifelsfrei feststellen, ob der Empfänger die Leistung für sein Unternehmen bezieht oder nicht. Die Steuerschuldnerschaft des Leistungsempfängers nach § 13b UStG gilt daher auch dann, wenn die Leistung für den nichtunternehmerischen Bereich bezogen wird (§ 13b Abs. 5 S. 6 UStG). Ist eine juristische Person des öffentlichen Rechts Leistungsempfänger, kann der leistende Unternehmer regelmäßig an der Art der Einrichtung, für die er tätig wird (Behörde oder Betrieb gewerblicher Art), erkennen, ob die Leistung für den unternehmerischen oder den hoheitlichen Bereich bezogen wird. § 13b Abs. 5 S. 6 UStG führt in diesen Fällen zu einem unnötigen Verwaltungsaufwand für die juristische Person des öffentlichen Rechts, da sie die Leistungsbezüge für den hoheitlichen Bereich dem Finanzamt erklären und die darauf entfallende Umsatzsteuer an dieses abführen muss, statt sie zusammen mit dem Leistungsentgelt in einer Summe an den leistenden Unternehmer zu entrichten. Um diesen Aufwand zu vermeiden, hat die Steuerverwaltung Fälle, in denen juristische Personen des öffentlichen Rechts in nennenswertem Umfang Leistungen für ihren hoheitlichen Bereich beziehen, die der Steuerschuldnerschaft des Leistungsempfängers unterliegen, von der Rechtsfolge des § 13b Abs. 5 S. 6 UStG ausgenommen.

1.3 Geltungsbereich

1.3.1 Sachlicher Geltungsbereich

18 Sachlich anwendbar ist die Vorschrift auf die unten (vgl. Rn. 26ff.) beschriebenen Umsätze.

1.3.2 Persönlicher Geltungsbereich

19 Persönlich anwendbar ist die Vorschrift auf den unten (vgl. Rn. 104ff.) beschriebenen Personenkreis.

1.3.3 Zeitlicher Geltungsbereich

20 § 13b UStG gilt seit dem 01.01.2002 und hat zum 01. 01. bzw. 01.04.2004 weitreichende Änderungen erfahren. In den Jahren danach wurde § 13b UStG mehrfach geändert und zum 01.07.2010 neu gefasst. Auch danach wurde § 13b UStG mehrfach geändert (vgl. Rn. 2ff.).

1.4 Rechtsgrundlagen, gemeinschaftsrechtliche Grundlagen und Verhältnis zu anderen Vorschriften

21 Für die umsatzsteuerliche Behandlung des Umsatzes, für den der Leistungsempfänger die Steuer nach § 13b UStG schuldet, gelten die allgemeinen Bestimmungen des UStG:

- die Bemessungsgrundlage für den Umsatz richtet sich nach § 10 UStG,
- der Steuersatz richtet sich nach § 12 UStG,
- die Entstehung der Steuer regelt § 13 UStG,
- hinsichtlich des Vorsteuerabzugs der Steuer gilt § 15 UStG, insbesondere § 15 Abs. 1 S. 1 Nr. 4 UStG,
- bei einer evtl. Berichtigung des Vorsteuerabzugs ist § 15a UStG anzuwenden,
- bei Berichtigungen des Entgelts gilt § 17 UStG entsprechend,
- der Leistungsempfänger hat den Umsatz, für den er die Steuer nach § 13b UStG schuldet, i.R. d. allgemeinen Besteuerungsverfahrens nach § 18 UStG anzumelden und die Steuer zu entrichten; dies gilt auch für Unternehmer und juristische Personen des öffentlichen und des privaten Rechts, soweit sie nur als Leistungsempfänger Steuer schulden (§ 18 Abs. 4a UStG),
- für den Umsatz sind vom Leistungsempfänger Aufzeichnungspflichten nach § 22 UStG zu erfüllen.

Diese Struktur lehnt sich an Art. 199 MwStSystRL/Art. 6 und 21 der 6. EG-RL an und wurde zur Klarstellung für das nationale deutsche Recht nachvollzogen (Amtliche Gesetzesbegründung, BR-Drucks. 399/01). 22

Die Einführung des § 13b UStG führte zu einer Reihe weiterer **Folgeänderungen** sowohl des UStG als auch in der UStDV: 23

- § 9 Abs. 3 S. 2 UStG (Option bei Grundstücksumsätzen),
- § 27 UStG (Übergangsregelung),
- § 30a UStDV (Steuerschuldnerschaft bei unfreien Versendungen),
- § 33 UStDV (Rechnungen über Kleinbeträge).

Andere Folgeänderungen waren redaktioneller Art.

2 Kommentierung

2.1 Sinn und Zweck der Regelung

Vorrangig dient die Regelung der einfachen und möglichst **vollständigen Erfassung bestimmter steuerpflichtiger Umsätze**, die im Ausland ansässige Unternehmer im Inland erbringen. Neben der Durchsetzung der deutschen Besteuerungshoheit für diese Umsätze soll durch die Verlagerung der Steuerschuld auf den Leistungsempfänger der Aufwand für den ausländischen Leistungserbringer und die deutsche Finanzverwaltung möglichst gering gehalten werden. 24

Die Regelung **verhindert die Registrierungspflicht des Leistenden** im Staat des umsatzsteuerlichen Leistungsortes. Für im Inland ausgeführte Leistungen ist das Verfahren vom (deutschen) Leistungsempfänger des ausländischen Leistenden durchzuführen. Während bei dem ausländischen Leistenden und der Verwaltung durch diese Regelung Vereinfachungseffekte eintreten, bedeutet sie für den Leistungsempfänger einen gewissen Mehraufwand. 25

2.2 Betroffene Eingangsumsätze (§ 13b Abs. 1 und 2 UStG)

2.2.1 Umsätze nach § 3a Abs. 2 UStG (§ 13b Abs. 1 UStG)

26 § 13b Abs. 1 UStG definierte bis 30.06.2010 die Umsätze, bei denen der Leistungsempfänger Steuerschuldner ist. Nach der in den Jahren 2002 und 2003 gültigen Gesetzesfassung kam es zu einem Übergang der Steuerschuld auf den Leistungsempfänger in den Fällen der

- Werklieferungen und sonstigen Leistungen eines im Ausland ansässigen Unternehmers;
- Lieferungen sicherungsübereigneter Gegenstände durch den Sicherungsgeber an den Sicherungsnehmer außerhalb des Insolvenzverfahrens;
- Lieferungen von Grundstücken im Zwangsversteigerungsverfahren durch den Vollstrecker an den Ersteher,

soweit diese **steuerbar und steuerpflichtig** erbracht werden.

TIPP

Vor der Prüfung des § 13b UStG hat mithin die der Steuerbarkeit zu stehen; nur wenn man bei der Prüfung zu dem Ergebnis kommt, dass der Leistungsort in Deutschland liegt, stellt sich die Frage der Steuerschuldnerschaft des Leistungsempfängers!

27 Durch das Gesetz zur Umsetzung steuerlicher EU-Vorgaben sowie zur Änderung steuerlicher Vorschriften vom 08.04.2010 (BGBl I 2010, 386, BStBl I 2010, 334) ist § 13b UStG m. W. z. **01.07.2010** geändert und neu gefasst worden. Um das Ziel einer effektiveren Kontrolle des i. g. Waren- und Dienstleistungsverkehrs zu erreichen, bedarf es bei Umsätzen, die der leistende Unternehmer in einer Zusammenfassenden Meldung (§ 18a Abs. 2 UStG) in dem jeweiligen Meldezeitraum anmelden muss, eines einheitlichen Entstehungszeitpunkts der USt der Umsätze i. S. d. § 3a Abs. 2 UStG. Dieser Zeitpunkt ist EU-einheitlich **ab 01.01.2010** der Zeitpunkt, in dem die jeweiligen Leistungen ausgeführt worden sind (§ 13b Abs. 1 UStG). Bei den bisherigen Umsätzen des § 13b Abs. 1 UStG bleibt es bei dem bisherigen Entstehungszeitpunkt (§ 13b Abs. 2 UStG).

28 Der Steuerschuldnerschaft des Leistungsempfängers unterliegen die **ab dem 01.01.2010** im Inland steuerpflichtigen sonstigen Leistungen i. S. d. § 3a Abs. 2 UStG eines im übrigen Gemeinschaftsgebiet ansässigen Unternehmers. Hierbei handelt es sich um die im Inland steuerpflichtigen sonstigen Leistungen eines im übrigen Gemeinschaftsgebiet ansässigen Unternehmers, der diese in seiner Zusammenfassenden Meldung anzugeben hat. Die Steuer entsteht in diesen Fällen mit Ablauf des Voranmeldungszeitraums, in dem die sonstige Leistung tatsächlich erbracht wird (§ 13b Abs. 1 UStG).

2.2.2 Werklieferungen und Werkleistungen eines im Ausland ansässigen Unternehmers (§ 13b Abs. 2 Nr. 1 UStG)

29 In § 13b Abs. 2 UStG werden die Umsätze definiert, bei denen der Leistungsempfänger Steuerschuldner ist. Hauptanwendungsfall sind Werklieferungen und alle sonstigen Leistungen ausländischer Unternehmer – mit Ausnahme der sonstigen Leistungen, die unter § 13b Abs. 1 UStG fallen (§ 13b Abs. 2 Nr. 1 UStG).

30 Der Steuerschuldnerschaft unterliegen Werklieferungen (§ 3 Abs. 4 UStG, Abschn. 3.8 UStAE) der im Ausland ansässigen Unternehmer, die entgeltlich im Inland erbracht werden. Dazu gehören in der Praxis insbesondere Bau- und Montageleistungen (Abschn. 13b.1 Abs. 2 Nr. 2 UStAE).

Beispiel:
Der ausschließlich in Frankreich ansässige Bauunternehmer F soll das Dach der in Hamburg ansässigen Spedition des H neu decken. F liefert die Dachziegel und deckt das Dach neu.

Lösung:
F erbringt in Deutschland eine steuerbare und steuerpflichtige Werklieferung (§ 3 Abs. 7 S. 1 UStG). Da F keinen Nachweis erbringt, im Inland ansässig zu sein, schuldet H die USt (§ 13b Abs. 5 UStG).

Werkleistungen sind sonstige Leistungen. Zur Abgrenzung von Werklieferungen und Werkleistungen vgl. Abschn. 3.8 Abs. 6 UStAE. Die Unterscheidung hat u.a. Bedeutung für die Bestimmung des Orts der sonstigen Leistung nach § 3a UStG. Der Ort der Werkleistung an einem Grundstück bestimmt sich stets nach dem Belegenheitsort des Grundstücks (§ 3a Abs. 3 Nr. 1 UStG). 31

Beispiel:
Sachverhalt wie im Beispiel oben (vgl. Rn. 30), allerdings besorgt H die Dachziegel selbst.

Lösung:
F erbringt in Deutschland eine steuerbare und steuerpflichtige Werkleistung, deren Ort gem. § 3a Abs. 3 Nr. 1 UStG am Belegenheitsort der Spedition ist. Da F keinen Nachweis erbringt, im Inland ansässig zu sein, schuldet H die USt (§ 13b Abs. 5 UStG).

2.2.3 Andere sonstige Leistungen eines im Ausland ansässigen Unternehmers (§ 13b Abs. 2 Nr. 1 UStG)

Alle sonstigen Leistungen (§ 3 Abs. 9 UStG) eines im Ausland ansässigen Unternehmers können, wenn deren Ort im Inland belegen ist, den Wechsel der Steuerschuldnerschaft nach § 13b UStG auslösen. Bis zum 30.06.2010 fielen diese sonstige Leistungen ohne Rücksicht auf ihre Art unter § 13b Abs. 1 Nr. 1 UStG in der bis zu diesem Zeitpunkt geltenden Fassung. Als sonstige Leistungen zählten hierzu z.B. die Leistungen von Steuerberatern, Architekten, Lizenzgebern, Handelsvertretern, aber auch die Güterbeförderungsleistungen sowie die o.a. Werkleistungen. Darunter fallen auch Werkleistungen gewerblicher Unternehmen. 32

Seit dem 01.07.2010 richtet sich bei der Art nach unter § 3a Abs. 2 UStG fallenden sonstigen Leistungen eines in einem anderen EU-Mitgliedstaat ansässigen Unternehmers, die am Ort des Leistungsempfängers nach § 3a Abs. 2 UStG im Inland der Besteuerung unterliegen, weil der Leistungsempfänger ein Unternehmer ist, der die sonstige Leistung für den unternehmerischen Bereich bezieht, oder eine nichtunternehmerisch tätige juristische Person, der eine USt-IdNr. erteilt worden ist, der Wechsel der Steuerschuldnerschaft nicht mehr nach § 13b Abs. 2 Nr. 1 UStG, sondern nach § 13b Abs. 1 UStG. 33

2.2.4 Sicherungsübereignete Gegenstände (§ 13b Abs. 2 Nr. 2 UStG)

Gängiges Mittel zur Absicherung von Kreditforderungen ist die Sicherungsübereignung). Dabei überträgt der Kreditnehmer dem Kreditgeber das Eigentum an einem Gegenstand und behält sich gleichzeitig das Recht zu dessen Veräußerung zurück. Die bloße Übertragung von Sicherungseigentum führt damit umsatzsteuerlich noch nicht zur Lieferung, weil der Kreditgeber keine Verfügungsmacht über den sicherungsübereigneten Gegenstand erhält (BFH vom 20.07.1978, BStBl II 1978, 684). Erst bei der Verwertung des Sicherungsguts stellt sich die Frage nach deren umsatzsteuerlichen Konsequenzen für den Kreditgeber – in der Regel eine Bank. 34

Beispiel:
Für den Unternehmer U finanziert Bank B die Anschaffung eines Kfz. Bis zur Rückzahlung des Darlehens lässt sich B das Kfz sicherungsübereignen. Da U seinen Zahlungsverpflichtungen nicht nachkommt, verwertet B das Kfz durch Veräußerung an einen privaten Abnehmer A.

Lösung:
Die Veräußerung des Pkw durch die Bank führt umsatzsteuerlich zu ersten Lieferung des Sicherungsgebers an die Bank und einer zweiten Lieferung der Bank an den Erwerber.

Sicherungsgeber —(Lieferung 1)→ **Bank** —(Lieferung 2)→ **Erwerber**

35 Sind beide Lieferungen in Deutschland steuerbar und steuerpflichtig, schuldet die Bank

- die USt für die erste Lieferung des Sicherungsnehmers an die Bank im Wege der Steuerschuldnerschaft des Leistungsempfängers, wenn die Lieferung (noch) außerhalb des Insolvenzverfahrens erfolgt (§ 13b Abs. 2 Nr. 2 UStG);
- die USt für die zweite eigene Lieferung an den Erwerber als »normale« USt nach § 13a Nr. 1 UStG.

36 Da die Bank hinsichtlich der USt für die erste Lieferung zum Vorsteuerabzug berechtigt ist, wird eine Doppelbesteuerung beider Umsätze im Grundsatz vermieden (Abschn. 13b.1 Abs. 2 Nr. 4 UStAE).

2.2.5 Umsätze, die unter das Grunderwerbsteuergesetz fallen (§ 13b Abs. 2 Nr. 3 UStG)

37 Die Steuerschuldnerschaft des Leistungsempfängers nach § 13b Abs. 2 Nr. 3 UStG gilt ausschließlich für steuerpflichtige Lieferungen von Grundstücken im Zwangsversteigerungsverfahren durch den Vollstreckungsschuldner an den Ersteher (vgl. hierzu Abschn. 13b.1 Abs. 2 Nr. 5 UStAE, mit Fallbeispiel). Seit dem **01.04.2004** gilt die Steuerschuldnerschaft des Leistungsempfängers bei allen steuerpflichtigen Umsätzen, die unter das Grunderwerbsteuergesetz fallen. Voraussetzung ist, dass der jeweilige Umsatz nach dem 31.03.2004 ausgeführt worden ist (§ 27 Abs. 1 UStG) oder das Entgelt oder ein Teil des Entgelts nach dem 31.03.2004 vereinnahmt wird und die Leistung erst nach der Vereinnahmung des Entgelts oder des Teilentgelts ausgeführt wird.

TIPP
In den Fällen, in denen das Entgelt oder ein Teil des Entgelts vor dem 01.04.2004 vereinnahmt und der Umsatz erst nach dem 31.03.2004 erbracht worden ist, beanstandet es die Finanzverwaltung nicht, wenn bei der Anwendung der Steuerschuldnerschaft des Leistungsempfängers nur das um das vor dem 01.04.2004 vom leistenden Unternehmer vereinnahmte Entgelt oder die vereinnahmten Teile des Entgelts geminderte Entgelt zugrunde gelegt wird. Voraussetzung hierfür ist aber, dass das vereinnahmte Entgelt oder die vereinnahmten Teil des Entgelts vom Unternehmer in zutreffender Höhe versteuert werden (BMF vom 31.03.2004, BStBl I 2004, 453, Tz. 2 i. V. m. Tz. 22).

38 Zu den Umsätzen, die unter das Grunderwerbsteuergesetz fallen (= **grunderwerbsteuerbare Umsätze**), vgl. im Einzelnen Abschn. 4.9.1 UStAE; dazu gehören insbesondere die Umsätze von unbebauten und bebauten Grundstücken. Da die Umsätze, die unter das Grunderwerbsteuergesetz fallen, grundsätzlich nach § 4 Nr. 9 Buchst. a UStG steuerfrei sind, ist für die Anwendung der Steuerschuldnerschaft des Leistungsempfängers (Abnehmers) erforderlich, dass ein wirksamer **Verzicht auf die Steuerbefreiung (Option)** durch den Lieferer vorliegt. Der Verzicht auf die

Steuerbefreiung bei Lieferungen von Grundstücken im Zwangsversteigerungsverfahren durch den Vollstreckungsschuldner an den Ersteher ist nur bis zur Aufforderung zur Abgabe von Geboten im Zwangsversteigerungstermin zulässig (§ 9 Abs. 3 S. 1 UStG). Bei anderen Umsätzen, die unter das Grunderwerbsteuergesetz fallen, ist die Option zwingend **im notariell zu beurkundenden Vertrag** (§ 311b Abs. 1 BGB) zu erklären (§ 9 Abs. 3 S. 2 UStG, vgl. Abschn. 13b.1 Abs. 2 Nr. 5 S. 4 UStAE); dies dient dem Schutz des Leistungsempfängers vor einer nachträglichen Option durch den leistenden Unternehmer, durch die eine nachträgliche Steuerschuld beim Leistungsempfänger entstehen würde (Huschens, NWB 2004, 55 = Fach 7, 6139).

Steuerschuldner für Umsätze nach § 13b Abs. 2 Nr. 3 UStG ist der Leistungsempfänger, wenn dieser ein Unternehmer oder eine juristische Person ist (§ 13b Abs. 5 UStG; zu den möglichen Steuerschuldnern vgl. Rn. 104ff.). Das gilt auch, wenn die Leistung für den nichtunternehmerischen Bereich bezogen worden ist (§ 13b Abs. 5 S. 3 UStG). 39

Die Verlagerung der Steuerschuld bei den Grundstücksumsätzen hat folgenden **Hintergrund**: Zu den unter die Vorschrift fallenden Umsätzen gehören insbes. die Lieferungen von bebauten und unbebauten Grundstücken. Daneben fallen hierunter aber z.B. auch die Übertragung von Miteigentumsanteilen an einem Grundstück und die Lieferung von auf fremdem Boden errichteten Gebäuden nach Ablauf der Miet- oder Pachtzeit sowie die Bestellung und Übertragung von Erbbaurechten gegen Einmalzahlung oder regelmäßig wiederkehrenden Erbbauzinsen (OFD Koblenz vom 09.02.2006, Az: S 7279 A - St 44 4, DStR 2006, 472). 40

2.2.6 Bestimmte Bauleistungen (§ 13b Abs. 2 Nr. 4 UStG)

2.2.6.1 Maßgebliche Umsätze

Seit dem 01.04.2004 gilt die Steuerschuldnerschaft des Leistungsempfängers auch bei bestimmten Bauleistungen, wenn der leistende Unternehmer ein im Inland ansässiger Unternehmer ist (§ 13b Abs. 2 Nr. 4 UStG). 41

TIPP

Soweit nach § 13b Abs. 2 Nr. 4 S. 2 UStG gilt: »Nr. 1 bleibt unberührt«, heißt das, dass entsprechende Leistungen von im Ausland ansässigen Unternehmern (§ 13b Abs. 7 UStG) auch weiterhin unter den Anwendungsbereich von § 13b Abs. 2 Nr. 1 UStG fallen.

Unter § 13b Abs. 2 Nr. 4 S. 1 UStG fallen Werklieferungen und sonstige Leistungen, die der Herstellung, Instandsetzung, Instandhaltung, Änderung oder Beseitigung von Bauwerken dienen. Der **Begriff des Bauwerks ist weit auszulegen** (Abschn. 13b.2 Abs. 1 UStAE). Er umfasst **nicht nur Gebäude**, sondern darüber hinaus **sämtliche** irgendwie mit dem Erdboden verbundene oder infolge ihrer eigenen Schwere auf ihm ruhende, aus Baustoffen oder Bauteilen mit baulichem Gerät hergestellte **Anlagen** wie Brücken, Straßen, Tunnel oder Versorgungsleitungen. 42

Der Begriff der Bauleistung ist bei der Anwendung des § 13b Abs. 2 Nr. 4 S. 1 UStG und beim Steuerabzug nach § 48ff. EStG weitgehend gleich auszulegen. Danach orientieren sich die Begriffe der Bauleistung bzw. des Bauwerks an § 211 SGB III und den dazu ergangenen §§ 1 und 2 der Baubetriebe-Verordnung (vgl. BMF vom 27.12.2002, BStBl I 2002, 1399 – zur Bauabzugsteuer, Tz. 5). Entsprechend sind die in § 1 Abs. 2 und § 2 der Baubetriebe-Verordnung genannten Leistungen regelmäßig Bauleistungen i.S.d. § 13b Abs. 2 Nr. 4 S. 1 UStG, wenn sie im Zusammenhang mit einem Bauwerk durchgeführt werden (Abschn. 13b.2 Abs. 2 UStAE). 43

Die Leistung muss sich damit unmittelbar auf die Substanz des Bauwerks auswirken, d.h. es muss eine **Substanzveränderung** im Sinne einer Substanzerweiterung, Substanzverbesserung oder Substanzbeseitigung bewirkt werden. Hierzu zählen auch Erhaltungsaufwendungen (z.B. Reparaturleistungen, Abschn. 13b.2 Abs. 3 UStAE). 44

TIPP

Reparatur- und Wartungsarbeiten an Bauwerken oder Teilen von Bauwerken fallen nicht unter § 13 b Abs. 2 Nr. 4 S. 1 UStG, wenn das Nettoentgelt für den einzelnen Umsatz nicht mehr als 500 € beträgt (Abschn. 13b.2 Abs. 7 Nr. 15 UStAE). Wartungsleistungen an Bauwerken oder Teilen von Bauwerken, die einen Nettowert von 500 € übersteigen, sind nur dann als Bauleistungen zu behandeln, wenn Teile verändert, bearbeitet oder ausgetauscht werden.

45 Auch **künstlerische Leistungen** an Bauwerken gehören zu den unter die Vorschrift fallenden Leistungen, wenn sie sich unmittelbar auf die Substanz auswirken und der Künstler auch die Ausführung des Werks als eigene Leistung schuldet. Stellt der Künstler lediglich seine Ideen oder Planungen zur Verfügung stellt oder überwacht er die Ausführung des von einem Dritten geschuldeten Werks durch einen Unternehmer, liegt keine Bauleistung vor (Abschn. 13b.2 Abs. 5 Nr. 9 UStAE). Ein **Reinigungsvorgang**, bei dem die zu reinigende Oberfläche verändert wird, stellt eine unter § 13 b Abs. 2 Nr. 4 S. 1 UStG fallende Leistung dar. Dies gilt ebenso für eine Fassadenreinigung, bei der die Oberfläche abgeschliffen oder mit Sandstrahl bearbeitet wird (Abschn. 13b.2 Abs. 5 Nr. 10 UStAE).

46 Zu den Bauleistungen gehören daneben insbesondere:

- der Einbau von Fenstern, Türen, Bodenbelägen, Aufzügen, Rolltreppen und Heizungsanlagen sowie die Errichtung von Dächern und Treppenhäusern;
- die Werklieferungen oder der Einbau von Ausstattungsgegenständen oder Maschinenanlagen, sofern diese sich unmittelbar auf die Substanz des Bauwerks auswirken. Dies ist der Fall, wenn die Ausstattungsgegenstände oder Maschinenanlagen auf Dauer in einem Gebäude oder Bauwerk installiert sind, und nicht bewegt werden können, ohne das Gebäude oder Bauwerk zu zerstören oder erheblich zu verändern; Abschn. 3a.3 Abs. 2 S. 3 vierter Spiegelstrich S. 2 UStAE gilt entsprechend;
- Erdarbeiten im Zusammenhang mit der Erstellung eines Bauwerks;
- EDV- oder Telefonanlagen, die fest mit dem Bauwerk verbunden sind, in das sie eingebaut werden. Die Lieferung von Endgeräten selbst ist dagegen keine Bauleistung;
- die Dachbegrünung eines Bauwerks;
- der Hausanschluss durch Versorgungsunternehmen (die Hausanschlussarbeiten umfassen regelmäßig Erdarbeiten, Mauerdurchbruch, Installation der Hausanschlüsse und Verlegung der Hausanschlussleitungen vom Netz des Versorgungsunternehmens zum Hausanschluss), wenn es sich um eine eigenständige Leistung handelt;
- künstlerische Leistungen an Bauwerken, wenn sie sich unmittelbar auf die Substanz auswirken und der Künstler auch die Ausführung des Werks als eigene Leistung schuldet. Stellt der Künstler lediglich Ideen oder Planungen zur Verfügung oder überwacht er die Ausführung des von einem Dritten geschuldeten Werks durch einen Unternehmer, liegt keine Bauleistung vor;
- ein Reinigungsvorgang, bei dem die zu reinigende Oberfläche verändert wird, Dies gilt z. B. für eine Fassadenreinigung, bei der die Oberfläche abgeschliffen oder mit Sandstrahl bearbeitet wird;
- Werklieferungen von Photovoltaikanlagen, die auf oder an einem Gebäude oder Bauwerk installiert werden (z. B. dachintegrierte Anlagen, Auf-Dach-Anlagen oder Fassadenmontagen) oder mit dem Grund und Boden auf Dauer fest verbunden werden (Freiland-Photovoltaikanlagen).

2.2.6.2 Abgrenzung: Unmaßgebliche Umsätze

47 Ausgenommen sind nach § 13 b Abs. 2 Nr. 4 S. 2 UStG ausdrücklich Planungs- und Überwachungsarbeiten. Hierunter fallen ausschließlich planerische Leistungen (z. B. von Statikern, Architekten, Garten- und Innenarchitekten, Vermessungs-, Prüf- und Bauingenieuren), Labordienstleistungen

(z. B. chemische Analyse von Baustoffen) oder reine Leistungen zur Bauüberwachung, zur Prüfung von Bauabrechnungen und zur Durchführung von Ausschreibungen und Vergaben (Abschn. 13b.2 Abs. 6 UStAE). Insbesondere folgende Leistungen fallen nicht unter die in § 13b Abs. 2 Nr. 4 UStG genannten Umsätze (vgl. auch Abschn. 13b.2 Abs. 7 UStAE):

- Materiallieferungen (z. B. durch Baustoffhändler oder Baumärkte), auch wenn der liefernde Unternehmer den Gegenstand der Lieferung im Auftrag des Leistungsempfängers herstellt, nicht aber selbst in ein Bauwerk einbaut;
- Lieferungen einzelner Maschinen, die vom liefernden Unternehmer im Auftrag des Abnehmers auf ein Fundament gestellt werden. Stellt der liefernde Unternehmer das Fundament oder die Befestigungsvorrichtung allerdings vor Ort selbst her, ist nach den Grundsätzen in Abs. 6 zu entscheiden, ob es sich um eine Bauleistung handelt;
- Anliefern von Beton (demgegenüber stellt das Anliefern und das anschließende fachgerechte Verarbeiten des Betons durch den Anliefernden eine Bauleistung dar). Wird Beton geliefert und durch Personal des liefernden Unternehmers an der entsprechenden Stelle des Bauwerks lediglich abgelassen oder in ein gesondertes Behältnis oder eine Verschalung eingefüllt, liegt eine Lieferung, aber keine Werklieferung, und somit keine Bauleistung vor. Dagegen liegt eine Bauleistung vor, wenn der liefernde Unternehmer den Beton mit eigenem Personal fachgerecht verarbeitet;
- Lieferungen von Wasser und Energie;
- Zurverfügungstellen von Betonpumpen und anderen Baugeräten. Das Zurverfügungstellen von Baugeräten ist dann eine Bauleistung, wenn gleichzeitig Personal für substanzverändernde Arbeiten zur Verfügung gestellt wird;
- Zurverfügungstellen von anderen Baugeräten (es sei denn, es wird zugleich Bedienungspersonal für substanzverändernde Arbeiten zur Verfügung gestellt). Zu den Baugeräten gehören auch Großgeräte wie Krane oder selbstfahrende Arbeitsmaschinen. Das reine Zurverfügungstellen (Vermietung) von Kranen – auch mit Personal – stellt keine Bauleistung dar. Voraussetzung ist, dass zu dem zwischen dem leistenden Unternehmer und dem Leistungsempfänger vereinbarten Leistungsinhalt keine Leistung zählt, die der Herstellung, Instandsetzung, Instandhaltung, Änderung oder Beseitigung von Bauwerken dient. Eine Bauleistung liegt dann nicht vor, wenn Leistungsinhalt ist, einen Kran an die Baustelle zu bringen, diesen aufzubauen und zu bedienen und nach Weisung des Anmietenden bzw. dessen Erfüllungsgehilfen Güter am Haken zu befördern. Ebenso liegt keine Bauleistung vor, wenn ein Baukran mit Personal vermietet wird und die mit dem Kran bewegten Materialien vom Personal des Auftraggebers befestigt oder mit dem Bauwerk verbunden werden, da nicht vom Personal des Leistungserbringers in die Substanz des Bauwerks eingegriffen wird;
- Aufstellen von Material- und Bürocontainern, mobilen Toilettenhäusern;
- Entsorgung von Baumaterialien (Schuttabfuhr durch Abfuhrunternehmer);
- Aufstellen von Messeständen;
- Gerüstbau;
- Anlegen von Bepflanzungen und deren Pflege (z. B. Bäume, Gehölze, Blumen, Rasen) mit Ausnahme von Dachbegrünungen. Nicht zu den Bauleistungen im Zusammenhang mit einem Bauwerk gehören das Anlegen von Gärten und von Wegen in Gärten, soweit dabei keine Bauwerke hergestellt, instand gesetzt, geändert oder beseitigt werden, die als Hauptleistung anzusehen sind. Das Anschütten von Hügeln und Böschungen sowie das Ausheben von Gräben und Mulden zur Landschaftsgestaltung sind ebenfalls keine Bauleistungen;
- Aufhängen und Anschließen von Beleuchtungen sowie das Anschließen von Elektrogeräten. Dagegen sind eine Montage und das Anschließen von Beleuchtungssystemen, z. B. in Kaufhäusern oder Fabrikhallen, eine Bauleistung;

- als Verkehrssicherungsleistungen bezeichnete Leistungen (Auf- und Abbau, Vorhaltung, Wartung und Kontrolle von Verkehrseinrichtungen, unter anderem Absperrgeräte, Leiteinrichtungen, Blinklicht- und Lichtzeichenanlagen, Aufbringung von vorübergehenden Markierungen, Lieferung und Aufstellen von transportablen Verkehrszeichen, Einsatz von fahrbaren Absperrtafeln und die reine Vermietung von Verkehrseinrichtungen und Bauzäunen). Dagegen sind das Aufbringen von Endmarkierungen (sog. Weißmarkierungen) sowie das Aufstellen von Verkehrszeichen und Verkehrseinrichtungen, die dauerhaft im öffentlichen Verkehrsraum verbleiben, Bauleistungen, wenn es sich um jeweils eigenständige Leistungen handelt;
- die Arbeitnehmerüberlassung, auch wenn die überlassenen Arbeitnehmer für den Entleiher Bauleistungen erbringen, unabhängig davon, ob die Leistungen nach dem Arbeitnehmerüberlassungsgesetz erbracht werden oder nicht;
- die bloße Reinigung von Räumlichkeiten oder Flächen, z. B. von Fenstern;
- Reparatur- und Wartungsarbeiten an Bauwerken oder Teilen von Bauwerken, wenn das (Netto-)Entgelt für den einzelnen Umsatz nicht mehr als 500 € beträgt. Wartungsleistungen an Bauwerken oder Teilen von Bauwerken, die einen Nettowert von 500 € übersteigen, sind nur dann als Bauleistungen zu behandeln, wenn Teile verändert, bearbeitet oder ausgetauscht werden;
- Wartungsleistungen an Bauwerken oder Teilen von Bauwerken, die einen Nettowert von 500 € übersteigen, sind nur dann als Bauleistungen i. S. d. § 13b Abs. 2 Nr. 4 UStG zu behandeln, wenn Teile verändert, bearbeitet oder ausgetauscht werden.
- Luftdurchlässigkeitsmessungen an Gebäuden, die für die Erfüllung von § 6 der Energieeinsparverordnung und Anlage 4 zur Energieeinsparverordnung durchgeführt werden, da sich diese Leistungen nicht auf die Substanz eines Gebäudes auswirken;
- Bebauung von eigenen Grundstücken zum Zwecke des Verkaufs; insoweit liegt eine Lieferung und keine Werklieferung vor. Dies gilt auch dann, wenn die Verträge mit den Abnehmern bereits zu einem Zeitpunkt geschlossen werden, in dem diese noch Einfluss auf die Bauausführung und Baugestaltung – unabhängig vom Umfang – nehmen können.

2.2.6.3 Grundsatz der Einheitlichkeit der Leistung

48 Werden im Rahmen eines Vertragsverhältnisses mehrere Leistungen erbracht, bei denen es sich teilweise um Bauleistungen handelt, kommt es darauf an, welche Leistung im Vordergrund steht, also der vertraglichen Beziehung das Gepräge gibt. Die Leistung fällt nur dann – insgesamt – unter § 13b Abs. 2 Nr. 4 S. 1 UStG, wenn die Bauleistung als Hauptleistung anzusehen ist. Die Nebenleistungen teilen jeweils das Schicksal der Hauptleistung (Abschn. 13b.2 Abs. 4 UStAE). Ein auf einem Gesamtvertrag beruhendes Leistungsverhältnis ist jedoch aufzuteilen, wenn hierin mehrere ihrem wirtschaftlichen Gehalt nach selbständige und voneinander unabhängige Einzelleistungen zusammengefasst werden (BFH vom 24.11.1994, Az: V R 30/92, BStBl II 1995, 151).

2.2.6.4 Leistungsempfänger als Steuerschuldner

49 Werden Umsätze i. S. v. § 13b Abs. 2 Nr. 4 S. 1 UStG von einem im Inland ansässigen Unternehmer im Inland erbracht, ist der Leistungsempfänger Steuerschuldner, wenn er Unternehmer ist und selbst Umsätze i. S. v. § 13b Abs. 2 Nr. 4 S. 1 UStG erbringt (§ 13b Abs. 5 S. 2 UStG).

2.2.6.4.1 Leistungsempfänger erbringt selbst nachhaltig Bauleistungen

2.2.6.4.1.1 Regelung bis zum 14.02.2014

50 Voraussetzung für die Steuerschuldnerschaft des Leistungsempfängers ist, dass er **nachhaltig** Bauleistungen erbringt. Hiervon ist auszugehen, wenn

- der Leistungsempfänger im vorangegangenen Kj. Bauleistungen i. S. v. § 13b Abs. 2 Nr. 4 S. 1 UStG erbracht hat, deren Bemessungsgrundlage (§ 10 UStG) **mehr als 10 % der Summe seiner steuerbaren Umsätze** betragen hat, oder
- der Leistungsempfänger dem leistenden Unternehmer eine im Zeitpunkt der Ausführung des Umsatzes gültige **Freistellungsbescheinigung** nach § 48b EStG vorlegt.

Unternehmer, die im **Zeitpunkt der an sie ausgeführten Bauleistungen** i. S. v. § 13b Abs. 2 Nr. 4 S. 1 UStG nachhaltig keine entsprechenden Umsätze erbringen, sind als Leistungsempfänger nicht Steuerschuldner, selbst wenn sie im weiteren Verlauf des Kj. derartige Umsätze erbringen (Abschn. 13b.3 UStAE). Die 10 %-Grenze ist eine Ausschlussgrenze. Unternehmer, die Bauleistungen unterhalb dieser Grenze erbringen, sind danach grundsätzlich keine bauleistenden Unternehmer. 51

Es ist davon auszugehen, dass der Leistungsempfänger Bauleistungen nachhaltig erbringt, wenn der Leistungsempfänger dem leistenden Unternehmer eine im Zeitpunkt der Ausführung des Umsatzes gültige Freistellungsbescheinigung nach § 48b EStG vorlegt. Die Verwendung dieser Freistellungsbescheinigung muss durch den Leistungsempfänger ausdrücklich für umsatzsteuerliche Zwecke erfolgen. Der leistende Unternehmer kann nicht zwingend davon ausgehen, dass sein Leistungsempfänger (Auftraggeber) Unternehmer ist, der nachhaltig Bauleistungen erbringt, wenn dieser ihm zu einem früheren Zeitpunkt als leistender Unternehmer für ertragsteuerliche Zwecke eine Freistellungsbescheinigung nach § 48b EStG vorgelegt hat. 52

Hat der Leistungsempfänger dem leistenden Unternehmer bereits für einen Umsatz eine Freistellungsbescheinigung nach § 48b EStG für umsatzsteuerliche Zwecke vorgelegt, kann der leistende Unternehmer in der Folgezeit davon ausgehen, dass dieser Leistungsempfänger nachhaltig Bauleistungen erbringt. Einer erneuten Vorlage der Freistellungsbescheinigung nach § 48b EStG durch den Leistungsempfänger bedarf es insoweit nicht. Dies gilt nicht, wenn die Freistellungsbescheinigung nicht mehr gültig ist. Für diesen Fall muss der Leistungsempfänger erneut darlegen, ob er nachhaltig Bauleistungen erbringt oder nicht. 53

Verwendet der Leistungsempfänger eine Freistellungsbescheinigung i. S. v. § 48b EStG, ist er als Leistungsempfänger Steuerschuldner, auch wenn er tatsächlich kein bauleistender Unternehmer ist. Dies gilt nicht, wenn der Leistungsempfänger eine gefälschte Freistellungsbescheinigung verwendet und der leistende Unternehmer hiervon Kenntnis hatte. 54

Bei **Organschaftsverhältnissen** ist der Organträger nur insoweit als Leistungsempfänger Steuerschuldner, als er oder die einzelne Organgesellschaft selbst nachhaltig Bauleistungen i. S. v. § 13b Abs. 2 Nr. 4 S. 1 UStG erbringt. Die vorstehend angeführten Tatbestandmerkmale sind auf den jeweiligen Unternehmensteil anzuwenden, der Bauleistungen erbringt (Abschn. 13b.3 Abs. 7 UStAE). 55

Erbringt bei einem Organschaftsverhältnis nur ein Teil des Organkreises (z. B. der Organträger oder eine Organgesellschaft) nachhaltig Bauleistungen, ist der Organträger nur für die Bauleistungen Steuerschuldner, die an diesen Teil des Organkreises erbracht werden. Bei der Berechnung der 10 %-Grenze sind nur die Bemessungsgrundlagen der Umsätze zu berücksichtigen, die dieser Teil des Organkreises erbracht hat (vgl. Abschn. 13b.3 Abs. 7 S. 2 und 3 UStAE). 56

Die Steuerschuldnerschaft des Leistungsempfängers nach § 13b Abs. 2 Nr. 4 S. 1 UStG ist von Personengesellschaften (z. B. KG, GbR) und Kapitalgesellschaften (AG, GmbH) nicht anzuwenden, wenn ein Unternehmer eine Bauleistung für den privaten Bereich eines (Mit-) Gesellschafters oder Anteilseigners erbringt, da es sich hierbei um unterschiedliche Personen handelt (vgl. Abschn. 13b.3 Abs. 11 UStAE). 57

Arbeitsgemeinschaften (ARGE) sind auch dann als Leistungsempfänger Steuerschuldner, wenn sie nur eine Gesamtleistung erbringen. Dies gilt bereits für den Zeitraum, in dem sie noch keinen Umsatz erbracht haben. Soweit Gesellschafter einer ARGE Bauleistungen an die ARGE erbringen, ist die ARGE als Leistungsempfänger Steuerschuldner. Bestehen Zweifel, ob die Leistung an die ARGE eine Bauleistung ist, kann Abschn. 13b.3 Abs. 6 UStAE angewendet werden. 58

59 Zur Steuerschuldnerschaft eines Leistungsempfängers nach § 13b Abs. 5 S. 2 UStG, der selbst Bauleistungen erbringt, wurde ein klarstellendes BMF-Schreiben mit Anwendungsregelungen herausgegeben (BMF vom 16.10.2009, BStBl I 2009, 1298), dass in Abschn. 13b.3 Abs. 2 und 8 UStAE übernommen wurde.

2.2.6.4.1.2 Regelung vom 15.02.2014 bis 31.09.2014

59a Mit Urteil vom 22.08.2013, Az: V R 37/10, BStBl II 2014, 128, hat der BFH die Regelungen zur Steuerschuldnerschaft des Leistungsempfängers bei Bauleistungen nach § 13b Abs. 5 S. 2 i. V. m. Abs. 2 Nr. 4 UStG ausgelegt. Nach seiner Entscheidung sind die Regelungen einschränkend dahingehend auszulegen, dass es für die Entstehung der Steuerschuld darauf ankommt, ob der Leistungsempfänger die an ihn erbrachte Werklieferung oder sonstige Leistung, die der Herstellung, Instandsetzung, Instandhaltung, Änderung oder Beseitigung von Bauwerken dient, seinerseits zur Erbringung einer derartigen Leistung verwendet. Auf den Anteil der vom Leistungsempfänger ausgeführten bauwerksbezogenen Werklieferungen oder sonstigen Leistungen im Sinne des § 13b Abs. 5 S. 2 UStG an den insgesamt von ihm erbrachten steuerbaren Umsätzen komme es entgegen Abschn. 13b.3 Abs. 2 UStAE nicht an.

59b Bis zum **31.09.2014** bleibt es für die Übergangszeit bei der Anwendung des o. a. BFH-Urteils vom 22.08.2013. Weitere Einzelheiten hierzu enthalten die BMF-Schreiben vom 05.02.2014 (BStBl I 2014, 233) und vom 08.05.2014 (BStBl I 2014, 823) sowie Abschn. 13b.3 UStAE. Zur Fehlbeurteilung vgl. Rn. 64 ff.

2.2.6.4.1.3 Regelung ab 01.10.2014

59c In den in § 13b Abs. 2 Nr. 4 S. 1 UStG genannten Fällen schuldet der Leistungsempfänger ab **01.10.2014** nach § 13b Abs. 5 S. 2 UStG die Steuer unabhängig davon, ob er sie für eine von ihm erbrachte Bauleistung i. S. d. § 13b Abs. 2 Nr. 4 S. 1 UStG verwendet, wenn er ein Unternehmer ist, der nachhaltig entsprechende Bauleistungen erbringt; davon ist auszugehen, wenn ihm das zuständige Finanzamt eine im Zeitpunkt der Ausführung des Umsatzes gültige auf längstens drei Jahre befristete Bescheinigung, die nur mit Wirkung für die Zukunft widerrufen oder zurückgenommen werden kann, darüber erteilt hat, dass er ein Unternehmer ist, der entsprechende Bauleistungen erbringt. Ein entsprechender Vordruck mit weiteren Ausführungen wird zeitnah vom BMF herausgegeben. Zur Fehlbeurteilung vgl. Rn. 64 ff.

2.2.6.4.2 Leistungsempfänger erbringt selbst andersartige Bauleistungen

60 Es ist nicht erforderlich, dass die an den Leistungsempfänger erbrachten Umsätze, für die er als Leistungsempfänger Steuerschuldner ist, mit von ihm erbrachten Umsätzen nach § 13b Abs. 2 Nr. 4 S. 1 UStG unmittelbar zusammenhängen (Abschn. 13b.3 Abs. 10 UStAE; zu den möglichen Steuerschuldnern im Allgemeinen vgl. Rn. 104 ff.). Insoweit orientiert sich die Vorschrift an der entsprechenden **österreichischen Regelung**, die seit dem 01.10.2002 in Kraft ist.

Beispiel:
Der Bauunternehmer A beauftragt den Unternehmer B mit dem Einbau einer Heizungsanlage in sein Bürogebäude. A bewirkt regelmäßig Umsätze nach § 13b Abs. 2 Nr. 4 S. 1 UStG.

Lösung:
Der Einbau der Heizungsanlage durch B ist eine unter § 13b Abs. 2 Nr. 4 S. 1 UStG fallende Werklieferung. Für diesen Umsatz ist A Steuerschuldner, da er selbst Umsätze nach § 13b Abs. 2 Nr. 4 S. 1 UStG erbringt. Unbeachtlich ist, dass der von B erbrachte Umsatz nicht mit derartigen Ausgangsumsätzen des A in Zusammenhang steht.

TIPP
Somit unterliegt eine Bauleistung auch dann der Regelung, wenn der Empfänger selbst ganz andere Bauleistungen erbringt.

2.2.6.4.3 Leistungsempfänger ist selbst anderweitig unternehmerisch tätig oder Nichtunternehmer

Der Leistungsempfänger ist für an ihn erbrachte in § 13b Abs. 2 Nr. 4 S. 1 UStG genannte Leistungen nicht Steuerschuldner, wenn er keine entsprechenden Umsätze selbst erbringt. Die Steuerschuldnerschaft des Leistungsempfängers gilt deshalb vor allem nicht für **Nichtunternehmer** (vgl. Rn. 62) sowie für Unternehmer mit anderen als den vorgenannten Umsätzen, z.B. **Bauträger**, soweit sie nur Umsätze erbringen, die unter das Grunderwerbsteuergesetz fallen. **Wohnungseigentümergemeinschaften** sind für Bauleistungen i.S.v. § 13b Abs. 2 Nr. 4 S. 1 UStG als Leistungsempfänger nicht Steuerschuldner, wenn diese Leistungen als nach § 4 Nr. 13 UStG steuerfreie Leistungen der Wohnungseigentümergemeinschaften an einzelne Wohnungseigentümer weitergegeben werden (Abschn. 13b.3 Abs. 9 UStAE). Dies gilt auch dann, wenn die Wohnungseigentümergemeinschaft derartige Umsätze nach § 9 Abs. 1 UStG als steuerpflichtig behandelt. 61

2.2.6.4.4 Leistungen an Unternehmer für den nichtunternehmerischen Bereich

Erfüllt der Leistungsempfänger die Voraussetzungen des § 13b Abs. 5 UStG, ist er auch dann Steuerschuldner, wenn die Leistung für den **nichtunternehmerischen Bereich** erbracht wird (§ 13b Abs. 5 S. 3 UStG). 62

Ausgenommen hiervon sind entsprechende Bauleistungen, die ausschließlich an den hoheitlichen Bereich von **juristischen Personen des öffentlichen Rechts** erbracht werden, auch wenn diese im Rahmen von Betrieben gewerblicher Art unternehmerisch tätig sind und nachhaltig Bauleistungen i.S.v. § 13b Abs. 2 Nr. 4 S. 1 UStG erbringen. Die oben (vgl. Rn. 50ff.) angeführten Tatbestandmerkmale sind auf den jeweiligen Betrieb gewerblicher Art entsprechend anzuwenden, der Bauleistungen erbringt (Abschn. 13b.3 Abs. 12 UStAE). 63

2.2.6.4.5 Fehlbeurteilungen

Erbringt ein Unternehmer eine Leistung, die **keine** Bauleistung i.S.v. § 13b Abs. 2 Nr. 4 S. 1 UStG ist, und bezeichnet er sie dennoch in der Rechnung als Bauleistung, ist der Leistungsempfänger für diesen Umsatz **nicht** Steuerschuldner nach § 13b Abs. 5 UStG (Abschn. 13b.3 Abs. 13 UStAE). 64

Hat ein Leistungsempfänger für einen an ihn erbrachten Umsatz § 13b Abs. 2 Nr. 4 S. 1 und Abs. 5 S. 2 UStG angewandt, obwohl die Voraussetzungen hierfür fraglich waren oder sich später herausstellt, dass die **Voraussetzungen hierfür nicht vorgelegen** haben, ist diese Handhabung beim Leistenden und beim Leistungsempfänger **bis zum 14.02.2014** nicht zu beanstanden, wenn 65

- sich beide Vertragspartner über die Anwendung von § 13b UStG einig waren und
- der Umsatz vom Leistungsempfänger in zutreffender Höhe versteuert wird (Abschn. 13b.8 UStAE).

TIPP
Der leistende Unternehmer trägt hier das Risiko der Versteuerung durch den Leistungsempfänger!

Der BFH hat mit Urteil vom 22.08.2013, Az: V R 37/10, BStBl II 2014, 128, die Regelungen zur Steuerschuldnerschaft des Leistungsempfängers bei Bauleistungen nach § 13b Abs. 5 S. 2 i.V.m. Abs. 2 Nr. 4 UStG ausgelegt. Nach seiner Entscheidung sind die Regelungen einschränkend dahingehend auszulegen, dass es für die Entstehung der Steuerschuld darauf ankommt, ob der Leistungsempfänger die an ihn erbrachte Werklieferung oder sonstige Leistung, die der Herstellung, Instandsetzung, Instandhaltung, Änderung oder Beseitigung von Bauwerken dient, seiner- 65a seits zur Erbringung einer derartigen Leistung verwendet. Auf den Anteil der vom Leistungsempfänger ausgeführten bauwerksbezogenen Werklieferungen oder sonstigen Leistungen im Sinne des § 13b Abs. 5 S. 2 UStG an den insgesamt von ihm erbrachten steuerbaren Umsätzen komme es entgegen Abschn. 13b.3 Abs. 2 UStAE nicht an. Im Übrigen sei es entgegen der Vereinfachungsregelung in Abschn. 13b.8 UStAE nicht entscheidungserheblich, ob sich die Beteiligten über die Handhabung der Steuerschuldnerschaft ursprünglich einig waren oder nicht. Die o. a. Entscheidung des BFH hat mittelbar auch Auswirkungen auf die Steuerschuldnerschaft des Leistungsempfängers bei der Reinigung von Gebäuden und Gebäudeteilen (§ 13b Abs. 5 S. 5 i. V. m. Abs. 2 Nr. 8 UStG). Weitere Einzelheiten enthalten die BMF-Schreiben vom 05.02.2014 (BStBl I 2014, 233) und vom 08.05.2014 (BStBl I 2014, 823).

65b Bis zum **31.09.2014** bleibt es für die Übergangszeit bei der Anwendung des o. a. BFH-Urteils vom 22.08.2013. Weitere Einzelheiten hierzu enthalten die BMF-Schreiben vom 05.02.2014 (BStBl I 2014, 233) und vom 08.05.2014 (BStBl I 2014, 823) sowie Abschn. 13b.3 UStAE.

65c Durch Art. 8 Nr. 2 Buchst. b i. V. m. Art. 28 Abs. 4 des Gesetzes zur Anpassung des nationalen Steuerrechts an den Beitritt Kroatiens zur EU und zur Änderung weiterer steuerlicher Vorschriften vom 25.07.2014 (BGBl I 2014, 1266) wird m. W. z. **01.10.2014** im Hinblick auf das o. a. BFH-Urteil vom 22.08.2013 eine gesetzliche Regelung in § 13b Abs. 5 S. 7 UStG aufgenommen, mit der die vor dem o. a. BFH-Urteil vom 22.08.2013 geltende Rechtslage wieder hergestellt wird. Sind Leistungsempfänger und leistender Unternehmer in Zweifelsfällen übereinstimmend vom Vorliegen der Voraussetzungen des § 13b Abs. 2 Nr. 4, 5 Buchst. b, Nr. 7 bis 11 UStG ausgegangen, obwohl dies nach der Art der Umsätze unter Anlegung objektiver Kriterien nicht zutreffend war, gilt der Leistungsempfänger dennoch als Steuerschuldner, sofern dadurch keine Steuerausfälle entstehen. **Bis zum 31.09.2014 bleibt** es für eine Übergangszeit bei der Anwendung des o. a. BFH-Urteils vom 22.08.2013.

65d Durch Art. 11 Nr. 2 Buchst. a des Steueränderungsgesetzes (StÄndG 2015) vom 02.11.2015 (BGBl I 2015, 1834) wurde § 13b Abs. 2 Nr. 4 UStG m. W. z. **06.11.2015** neu gefasst. Der BFH hatte mit Urteil vom 28.08.2014, Az: V R 7/14, BStBl II 2015, 682, entschieden, dass **Betriebsvorrichtungen** keine Bauwerke i. S. v. § 13b Abs. 2 Nr. 4 S. 1 UStG a. F. sind. Damit kam nach Ansicht des BFH eine Verlagerung der Steuerschuld auf den Leistungsempfänger bei Lieferungen von und Leistungen an Betriebsvorrichtungen nicht in Betracht. Art. 199 Abs. 1 Buchst. a MwStSystRL, auf dem § 13b Abs. 2 Nr. 4 UStG beruht, enthält den Begriff der Bauleistung. Dieser Begriff ist unionsrechtlich einheitlich und nicht nach nationalem Bewertungsrecht auszulegen. Der Begriff der Bauleistung i. S. v. Art. 199 Abs. 1 Buchst. a MwStSystRL ist dabei nicht nur auf Leistungen im Zusammenhang mit einem Grundstück beschränkt, sondern weiter auszulegen. Mit der Neufassung des § 13b Abs. 4 Nr. 2 UStG durch das StÄndG 2015 wurden einerseits die unionsrechtliche Vorgabe klarer als bislang und andererseits die in Abschn. 13b.2 Abs. 2 S. 2 und 3 UStAE enthaltene Verwaltungsauffassung inhaltlich in das UStG übernommen. Damit wurde klargestellt, dass Lieferungen von und Leistungen an Betriebsvorrichtungen weiterhin unverändert unter die Regelung des § 13b UStG fallen können.

2.2.6.4.6 Übergangsregelung (§ 27 Abs. 19 UStG)

65e Zu den mit der Rückwirkung verbunden Zweifelsfragen vgl. ausführlich § 27, Rn. 30 ff.

2.3 Lieferung von Erdgas und Elektrizität sowie von Wärme und Kälte über Wärme- oder Kältenetze (§ 13b Abs. 2 Nr. 5 UStG)

66 Ab 01.01.2005 wurde durch das EURLUmsG vom 09.12.2004 (BGBl I 2004, 3310) § 3g UStG neu in das UStG eingefügt. Durch § 3g UStG wird der Lieferort bei der Lieferung von Gas über Erdgas-

netze oder von Elektrizität neu festgelegt. M. W. z. **01.01.2011** wurde der Anwendungsbereich der Steuerschuldnerschaft für Lieferungen von Gas oder Elektrizität um Lieferungen von Wärme und Kälte durch das JStG 2010 vom 08.12.2010 (JStG 2010, BGBl I 2010, 1768) ergänzt (§ 13b Abs. 2 Nr. 5 i.V.m. § 3g UStG). Danach ist die Steuerschuldnerschaft des Leistungsempfänger s bei Lieferungen der in § 3g Abs. 1 S. 1 UStG genannten Gegenstände eines im Ausland ansässigen Unternehmers unter den Bedingungen des § 3g UStG (vgl. Abschn. 13g.1 UStAE) anzuwenden. Dabei wird danach unterschieden, ob diese Lieferungen an einen Wiederverkäufer oder an sonstige Abnehmer ausgeführt werden.

Der Lieferort ist bei der Lieferung von Gas über das Erdgasnetz und von Elektrizität und ab **01.01.2011** von Wärme und Kälte über ein Wärme- oder Kältenetz an Wiederverkäufer dort, wo dieser Abnehmer sein Unternehmen betreibt oder eine Betriebsstätte unterhält, für die die Gegenstände geliefert wurden, und zwar unabhängig davon, wie dieser die gelieferten Gegenstände tatsächlich verwendet (§ 3g Abs. 1 UStG). **67**

Ein Unternehmer wird als Wiederverkäufer i.S.v. § 3g Abs. 1 UStG angesehen, dessen Haupttätigkeit in Bezug auf den Erwerb von Gas über das Erdgasnetz, von Elektrizität, von Wärme oder Kälte über Wärme- oder Kältenetze im Wiederverkauf dieser Gegenstände besteht. Dabei ist nicht die Gesamttätigkeit des Wiederverkäufers maßgebend, sondern nur dessen Tätigkeit in der Sparte »Kauf von Gas, Elektrizität, Wärme oder Kälte über Wärme- oder Kältenetze«. Der Verbrauch dieses Unternehmers zu eigenen unternehmerischen oder nicht unternehmerischen Zwecken muss von untergeordneter Bedeutung sein. Als Verbrauch von untergeordneter Bedeutung zu eigenen Zwecken kann eine Menge von weniger als 10 % des Gesamtumsatzes von Gas, Elektrizität, Wärme oder Kälte über Wärme- oder Kältenetze angesehen werden. **68**

Dagegen wird bei der Lieferung von Gas über das Erdgasnetz, von Elektrizität, von Wärme oder Kälte über Wärme- oder Kältenetze an andere Abnehmer als Wiederverkäufer bei der Bestimmung des Orts der Lieferung auf den Ort des tatsächlichen Verbrauchs dieser Gegenstände abgestellt. Grundsätzlich ist das der Ort, wo sich der Zähler des Abnehmers befindet. Sollte ein Abnehmer, der nicht Wiederverkäufer ist, die an ihn gelieferten Gegenstände nicht tatsächlich nutzen bzw. verbrauchen (z.B. bei Wiederverkauf von Überkapazitäten), wird insoweit für die Lieferung an diesen Abnehmer der Verbrauch dort fingiert, wo dieser Abnehmer sein Unternehmen betreibt oder eine Betriebsstätte hat, für die die Gegenstände geliefert werden (§ 3g Abs. 2 UStG). **69**

Bei Lieferungen von Gas über das Erdgasnetz oder von Elektrizität durch einen im Ausland ansässigen Unternehmer an einen steuerpflichtigen Wiederverkäufer im Inland oder an einen anderen Unternehmer im Inland ist der Leistungsempfänger Steuerschuldner (§ 13b Abs. 2 Nr. 5 und Abs. 5 S. 1 HS 2 UStG). Dies gilt auch, wenn der im Ausland ansässige Unternehmer im Inland lediglich eine Vertretung oder eine Betriebsstätte hat, die nicht als Zweigniederlassung anzusehen ist. Hat der leistende Unternehmer im Inland, auf der Insel Helgoland oder in einem der in § 1 Abs. 3 UStG bezeichneten Gebiete einen Wohnsitz, seinen Sitz, seine Geschäftsleitung oder eine Zweigniederlassung, ist er Steuerschuldner; § 13b Abs. 2 Nr. 5 UStG ist dann nicht anzuwenden. Dies gilt auch, wenn die Lieferung von Gas oder Elektrizität nicht vom Inland aus erfolgt. **70**

M. W. z. **01.09.2013** wurde der Anwendungsbereich der Steuerschuldnerschaft des Leistungsempfängers für Lieferungen von Gas oder Elektrizität sowie von Wärme oder Kälte durch einen im Ausland ansässigen Unternehmer (§ 13b Abs. 2 Nr. 5 UStG) auf Lieferungen von Gas oder Elektrizität durch einen im Inland ansässigen Unternehmer erweitert. Voraussetzung ist, dass der Leistungsempfänger ein Unternehmer ist, der selbst derartige Leistungen erbringt bzw. – bei Lieferungen von Elektrizität – der liefernde Unternehmer und der Leistungsempfänger Wiederverkäufer von Elektrizität i.S.d. § 3g UStG sind. Zum Nachweis, dass ein Unternehmer Wiederverkäufer von Erdgas und/oder Elektrizität ist, wurde das Vordruckmuster USt 1 TH mit BMF-Schreiben vom 19.09.2013 eingeführt (BStBl I 2013, 1217). **71**

2.4 Handel mit Treibhaus-Emissionszertifikaten (§ 13b Abs. 2 Nr. 6 UStG)

72 Durch das Gesetz zur Umsetzung steuerlicher EU-Vorgaben sowie zur Änderung steuerlicher Vorschriften vom 08.04.2010 (BGBl I 2010, 386 = BStBl I 2010, 334) wurde m. W. z. **01.07.2010** der Anwendungsbereich der Steuerschuldnerschaft des Leistungsempfängers (§ 13b UStG) auf den Handel mit Treibhaus-Emissionszertifikaten erweitert (§ 13b Abs. 2 Nr. 6 UStG).

73 Berechtigungen i. S. d. § 3 Nr. 3 Treibhausgas-Emissionshandelsgesetzes (TEHG) sind zwischen Verantwortlichen i. S. d. § 3 Abs. 7 TEHG sowie zwischen Personen innerhalb der EU oder zwischen Personen innerhalb der EU und Personen in Drittländern, mit denen Abkommen über die gegenseitige Anerkennung von Berechtigungen gem. Art. 25 Abs. 1 der RL 2003/87/EG (ABl. L 140 vom 05.06.2009, 63) geschlossen wurden, übertragbar (§ 7 Abs. 3 TEHG). Die Übertragung erfolgt nach § 7 Abs. 3 TEHG durch Einigung und Eintragung auf dem Konto des Erwerbers in dem nach § 17 TEHG von den zuständigen Behörden zu führenden Emissionshandelsregister.

74 Die Übertragung einer Berechtigung i. S. d. § 3 Nr. 3 TEHG ist umsatzsteuerlich eine sonstige Leistung. Überträgt ein Unternehmer das Emissionsrecht an einen anderen Unternehmer, ist der Leistungsort regelmäßig dort, wo der Leistungsempfänger seinen Sitz oder eine Betriebsstätte hat, an die die Leistung tatsächlich erbracht wird (§ 3a Abs. 2 UStG). Liegt der Leistungsort im Inland und ist der leistende Unternehmer hier nicht ansässig, ist der Leistungsempfänger (Unternehmer) Steuerschuldner (§ 13b Abs. 2 Nr. 1 und Abs. 5 UStG). Sind leistender Unternehmer und Leistungsempfänger im Inland ansässig, war bis zum 30.06.2010 der leistende Unternehmer Steuerschuldner (§ 13a Abs. 1 Nr. 1 UStG).

75 Die Steuerschuldnerschaft des Leistungsempfängers ist generell zum 01.07.2010 erweitert worden auf die Übertragung von Berechtigungen nach § 3 Nr. 3 TEHG, Emissionsreduktionseinheiten i. S. d. § 3 Abs. 5 TEHG (§ 13b Abs. 2 Nr. 6 und Abs. 5 S. 1 HS 2 UStG).

2.5 Lieferung von Schrott und Altmetall (§ 13b Abs. 2 Nr. 7 UStG)

76 Durch das JStG 2010 vom 08.12.2010 (BGBl I 2010, 1768) wurde der Anwendungsbereich der Steuerschuldnerschaft des Leistungsempfängers um die Lieferungen der in der Anlage 3 des UStG bezeichneten Gegenstände (insbesondere Industrieschrott und Altmetalle; vgl. hierzu Abschn. 13b.4 Abs. 1 UStAE) m. W. z. **01.01.2011** erweitert (§ 13b Abs. 2 Nr. 7 UStG).

TIPP
Bestehen Zweifel, ob ein Gegenstand unter die Anlage 3 des UStG fällt, haben der Lieferer und der Abnehmer die Möglichkeit, bei dem zuständigen Bildungs- und Wissenschaftszentrum der Bundesfinanzverwaltung eine unverbindliche Zolltarifauskunft für Umsatzsteuerzwecke (uvZTA) mit dem Vordruckmuster 0310 einzuholen. Das Vordruckmuster mit Hinweisen zu den Zuständigkeiten für die Erteilung von uvZTA steht auf den Internetseiten der Zollabteilung des Bundesministeriums der Finanzen (http://www.zoll.de) unter der Rubrik Vorschriften und Vordrucke – Formularcenter – Gesamtliste aller Vordrucke zum Ausfüllen und Herunterladen bereit. UvZTA können auch von den Landesfinanzbehörden (z. B. den Finanzämtern) beantragt werden (vgl. Abschn. 13b.4 Abs. 1 S. 2 bis 4 UStAE).

77 Werden sowohl Gegenstände geliefert, die unter die Anlage 3 des UStG fallen, als auch Gegenstände, die nicht unter die Anlage 3 des UStG fallen, ergeben sich unterschiedliche Steuerschuldner. Dies ist auch bei der Rechnungsstellung zu beachten.

78 Erfolgt die Lieferung von Gegenständen der Anlage 3 des UStG im Rahmen eines Tauschs oder eines tauschähnlichen Umsatzes gilt als Entgelt für jede einzelne Leistung der gemeine Wert der vom

Leistungsempfänger erhaltenen Gegenleistung, beim Tausch oder tauschähnlichen Umsatz mit Baraufgabe ggf. abzüglich bzw. zuzüglich einer Baraufgabe (vgl. Abschn. 10.5 Abs. 1 S. 5 bis 9 UStAE). Zum Entgelt bei Werkleistungen, bei denen zum Entgelt neben der vereinbarten Barvergütung auch der bei der Werkleistung anfallende Materialabfall gehört, vgl. Abschn. 10.5 Abs. 2 UStAE.

Zur Bemessungsgrundlage bei tauschähnlichen Umsätzen bei der Abgabe von werthaltigen Abfällen, für die gesetzlichen Entsorgungspflichten bestehen, vgl. Abschn. 10.5 Abs. 2 S. 9 UStAE. **79**

Werden Mischungen oder Warenzusammensetzungen geliefert, die sowohl aus in der Anlage 3 des UStG bezeichneten als auch dort nicht genannten Gegenständen bestehen, sind die Bestandteile grundsätzlich getrennt zu beurteilen. Ist eine getrennte Beurteilung nicht möglich, werden Waren nach dem Stoff oder Bestandteil beurteilt, der ihnen ihren wesentlichen Charakter verleiht; die Steuerschuldnerschaft des Leistungsempfängers nach § 13b Abs. 2 Nr. 7 UStG ist demnach auf Lieferungen von Gegenständen anzuwenden, sofern der Stoff oder der Bestandteil, der den Gegenständen ihren wesentlichen Charakter verleiht, in der Anlage 3 des UStG bezeichnet ist; Abschn. 13b.1 Abs. 23 UStAE bleibt unberührt. Bei durch Bruch, Verschleiß oder aus ähnlichen Gründen nicht mehr gebrauchsfähigen Maschinen, Elektro- und Elektronikgeräten, Heizkesseln und Fahrzeugwracks ist aus Vereinfachungsgründen davon auszugehen, dass sie unter die Steuerschuldnerschaft des Leistungsempfängers nach § 13b Abs. 2 Nr. 7 UStG fallen; dies gilt auch für Gegenstände, für die es eine eigene Zolltarifposition gibt. Unterliegt die Lieferung unbrauchbar gewordener landwirtschaftlicher Geräte der Durchschnittssatzbesteuerung nach § 24 UStG (vgl. Abschn. 24.2 Abs. 6 UStAE), findet § 13b Abs. 2 Nr. 7 UStG keine Anwendung. **80**

Hat ein Leistungsempfänger für einen an ihn erbrachten Umsatz § 13b Abs. 2 Nr. 7 i.V.m. Abs. 5 S. 1 HS 2 angewandt, obwohl die Voraussetzungen hierfür fraglich waren oder sich später herausstellt, dass die Voraussetzungen hierfür nicht vorgelegen haben, ist diese Handhabung beim Leistenden und beim Leistungsempfänger nicht zu beanstanden, wenn sich beide Vertragspartner über die Anwendung von § 13b UStG einig waren und der Umsatz vom Leistungsempfänger in zutreffender Höhe versteuert wird (vgl. Abschn. 13b.8 UStAE). **81**

2.6 Reinigen von Gebäuden und Gebäudeteilen (§ 13b Abs. 2 Nr. 8 UStG)

Durch das JStG 2010 vom 08.12.2010 (BGBl I 2010, 1768) wurde der Anwendungsbereich der Steuerschuldnerschaft des Leistungsempfängers um das Reinigen von Gebäuden und Gebäudeteilen m. W. z. **01.01.2011** erweitert (§ 13b Abs. 2 Nr. 8 UStG). **82**

Zu den Gebäuden gehören Baulichkeiten, die auf Dauer fest mit dem Grundstück verbunden sind. Zu den Gebäudeteilen zählen insbesondere Stockwerke, Wohnungen und einzelne Räume. Nicht zu den Gebäuden oder Gebäudeteilen gehören Baulichkeiten, die nur zu einem vorübergehenden Zweck mit dem Grund und Boden verbunden und daher keine Bestandteile eines Grundstücks sind, insbesondere Büro- oder Wohncontainer, Baubuden, Kioske, Tribünen oder ähnliche Einrichtungen (vgl. Abschn. 13b.5 Abs. 1 UStAE). **83**

Unter die Reinigung von Gebäuden und Gebäudeteilen fällt insbesondere: **84**

- die Reinigung sowie die pflegende und schützende (Nach-)Behandlung von Gebäuden und Gebäudeteilen (innen und außen);
- die Hausfassadenreinigung (einschließlich Graffitientfernung). Dies gilt nicht für Reinigungsarbeiten, die bereits unter § 13b Abs. 2 Nr. 4 S. 1 UStG fallen (vgl. vgl. Abschn. 13b.2 Abs. 5 Nr. 10 UStAE);
- die Fensterreinigung;
- die Reinigung von Dachrinnen und Fallrohren;

- die Bauendreinigung;
- die Reinigung von haustechnischen Anlagen, soweit es sich nicht um Wartungsarbeiten handelt;
- die Hausmeisterdienste und die Objektbetreuung, wenn sie auch Gebäudereinigungsleistungen beinhalten.

85 Unter die Reinigung von Gebäuden und Gebäudeteilen i.S.d. § 13b Abs. 2 Nr. 8 S. 1 UStG fällt insbesondere nicht:

- die Schornsteinreinigung;
- die Schädlingsbekämpfung;
- der Winterdienst, soweit es sich um eine eigenständige Leistung handelt;
- die Reinigung von Inventar, wie Möbel, Teppiche, Matratzen, Bettwäsche, Gardinen und Vorhänge, Geschirr, Jalousien und Bilder, soweit es sich um eine eigenständige Leistung handelt;
- die Arbeitnehmerüberlassung, auch wenn die überlassenen Arbeitnehmer für den Entleiher Gebäudereinigungsleistungen erbringen, unabhängig davon, ob die Leistungen nach dem Arbeitnehmerüberlassungsgesetz erbracht werden oder nicht.

2.6.1 Regelung bis zum 14.02.2014

86 Werden Gebäudereinigungsleistungen von einem im Inland ansässigen Unternehmer im Inland erbracht, ist der Leistungsempfänger nur dann Steuerschuldner, wenn er Unternehmer ist und selbst Gebäudereinigungsleistungen erbringt (§ 13b Abs. 5 S. 2 UStG). Der Leistungsempfänger muss derartige Gebäudereinigungsleistungen nachhaltig erbringen oder erbracht haben (vgl. hierzu Abschn. 13b.3 Abs. 1 und 2 UStAE, die sinngemäß gelten). Daneben ist davon auszugehen, dass der Leistungsempfänger nachhaltig Gebäudereinigungsleistungen erbringt, wenn er dem leistenden Unternehmer einen im Zeitpunkt der Ausführung des Umsatzes gültigen Nachweis nach dem Vordruckmuster USt 1 TG im Original oder in Kopie vorlegt. Hinsichtlich dieses Musters wird auf das BMF-Schreiben vom 10.10.2013 (BStBl I 2013, 1621) hingewiesen. Verwendet der Leistungsempfänger einen Nachweis nach dem Vordruckmuster USt 1 TG, ist er als Leistungsempfänger Steuerschuldner, auch wenn er tatsächlich kein Unternehmer ist, der selbst Gebäudereinigungsleistungen erbringt. Dies gilt nicht, wenn der Leistungsempfänger einen gefälschten Nachweis nach dem Vordruckmuster USt 1 TG verwendet und der leistende Unternehmer hiervon Kenntnis hatte (vgl. hierzu Abschn. 13b.2 Abs. 4 und Abschn. 13b.3 Abs. 4, 7 und 9 bis 13 UStAE, die sinngemäß gelten).

2.6.2 Regelung vom 15.02.2014 bis 31.09.2014

86a Der BFH hat mit Urteil vom 22.08.2013, Az: V R 37/10, BStBl II 2014, 128, die Regelungen zur Steuerschuldnerschaft des Leistungsempfängers bei Bauleistungen nach § 13b Abs. 5 S. 2 i.V.m. Abs. 2 Nr. 4 UStG ausgelegt. Nach seiner Entscheidung sind die Regelungen einschränkend dahingehend auszulegen, dass es für die Entstehung der Steuerschuld darauf ankommt, ob der Leistungsempfänger die an ihn erbrachte Werklieferung oder sonstige Leistung, die der Herstellung, Instandsetzung, Instandhaltung, Änderung oder Beseitigung von Bauwerken dient, seinerseits zur Erbringung einer derartigen Leistung verwendet. Auf den Anteil der vom Leistungsempfänger ausgeführten bauwerksbezogenen Werklieferungen oder sonstigen Leistungen im Sinne des § 13b Abs. 5 S. 2 UStG an den insgesamt von ihm erbrachten steuerbaren Umsätzen komme es entgegen Abschn. 13b.3 Abs. 2 UStAE nicht an. Die o.a. Entscheidung des BFH hat mittelbar auch Auswirkungen auf die Steuerschuldnerschaft des Leistungsempfängers bei der Reinigung von Gebäuden und Gebäudeteilen (§ 13b Abs. 5 S. 5 i. V. m. Abs. 2 Nr. 8 UStG). Weitere Einzelheiten enthalten die BMF-Schreiben vom 05.02.2014 (BStBl I 2014, 233) und vom 08.05.2014 (BStBl I 2014, 823).

2.6.3 Regelung ab 01.10.2014

In den in § 13b Abs. 2 Nr. 8 S. 1 UStG genannten Fällen schuldet der Leistungsempfänger ab **01.10.2014** nach § 13b Abs. 5 S. 2 UStG die Steuer unabhängig davon, ob er sie für eine von ihm erbrachte Gebäudereinigungsleistung im Sinne des § 13b Abs. 2 Nr. 8 S. 1 UStG verwendet, wenn er ein Unternehmer ist, der nachhaltig entsprechende Gebäudereinigungslistungen erbringt; davon ist auszugehen, wenn ihm das zuständige Finanzamt eine im Zeitpunkt der Ausführung des Umsatzes gültige auf längstens drei Jahre befristete Bescheinigung, die nur mit Wirkung für die Zukunft widerrufen oder zurückgenommen werden kann, darüber erteilt hat, dass er ein Unternehmer ist, der entsprechende Gebäudereinigungslistungen erbringt. Ein entsprechender Vordruck mit weiteren Ausführungen wird zeitnah vom BMF herausgegeben. Zur Fehlbeurteilung vgl. Rn. 87 ff. **86b**

2.6.4 Fehlbeurteilungen

Hat ein Leistungsempfänger für einen an ihn erbrachten Umsatz § 13b Abs. 2 Nr. 8 i. V. m. Abs. 5 S. 1 HS 2 und S. 3 UStG angewandt, obwohl die Voraussetzungen hierfür fraglich waren oder sich später herausstellt, dass die Voraussetzungen hierfür nicht vorgelegen haben, ist diese Handhabung beim Leistenden und beim Leistungsempfänger **bis zum 14.02.2014** nicht zu beanstanden, wenn sich beide Vertragspartner über die Anwendung von § 13b UStG einig waren und der Umsatz vom Leistungsempfänger in zutreffender Höhe versteuert wird (vgl. Abschn. 13b.8 UStAE). **87**

Durch Art. 8 Nr. 2 Buchst. b i. V. m. Art. 28 Abs. 4 des Gesetzes zur Anpassung des nationalen Steuerrechts an den Beitritt Kroatiens zur EU und zur Änderung weiterer steuerlicher Vorschriften vom 25.07.2014 (BGBl I 2014, 1266) wurde m. W. z. **01.10.2014** im Hinblick auf das BFH-Urteil vom 22.08.2013, Az: V R 37/10, BStBl II 2014, 128 (vgl. hierzu Rn. 65a), eine gesetzliche Regelung in § 13b Abs. 5 S. 7 UStG aufgenommen, mit der die vor dem o. a. BFH-Urteil vom 22.08.2013 geltende Rechtslage wieder hergestellt wird. Sind Leistungsempfänger und leistender Unternehmer in Zweifelsfällen übereinstimmend vom Vorliegen der Voraussetzungen des § 13b Abs. 2 Nr. 4, 5 Buchst. b, Nr. 7 bis 11 UStG ausgegangen, obwohl dies nach der Art der Umsätze unter Anlegung objektiver Kriterien nicht zutreffend war, gilt der Leistungsempfänger dennoch als Steuerschuldner, sofern dadurch keine Steuerausfälle entstehen. **Bis zum 31.09.2014** bleibt es für eine Übergangszeit bei der Anwendung des o. a. BFH-Urteils vom 22.08.2013. Weitere Einzelheiten hierzu enthalten die BMF-Schreiben vom 05.02.2014 (BStBl I 2014, 233) und vom 08.05.2014 (BStBl I 2014, 823). **87a**

2.7 Bestimmte Lieferungen von Gold (§ 13b Abs. 2 Nr. 9 UStG)

Durch das JStG 2010 vom 08.12.2010 (BGBl I 2010, 1768) wurde der Anwendungsbereich der Steuerschuldnerschaft des Leistungsempfängers um bestimmte Lieferungen von Gold m. W. z. **01.01.2011** erweitert (§ 13b Abs. 2 Nr. 9 UStG). **88**

89 Unter die Umsätze nach § 13b Abs. 2 Nr. 9 UStG (vgl. Abschn. 13b.6 UStAE) fallen die Lieferung von Gold (einschließlich von platiniertem Gold) oder Goldlegierungen in Rohform oder als Halbzeug mit einem Feingehalt von mindestens 325 Tausendstel und Goldplattierungen mit einem Feingehalt von mindestens 325 Tausendstel und die steuerpflichtigen Lieferungen von Anlagegold mit einem Feingehalt von mindestens 995 Tausendstel nach § 25c Abs. 3 UStG. Goldplattierungen sind Waren, bei denen auf einer Metallunterlage auf einer Seite oder auf mehreren Seiten Gold in beliebiger Dicke durch Schweißen, Löten, Warmwalzen oder ähnliche mechanische Verfahren aufgebracht worden ist. Zum Umfang der Lieferungen von Anlagegold vgl. Abschn. 25c.1 Abs. 1 S. 2, Abs. 2 und 4 UStAE, zur Möglichkeit der Option zur Umsatzsteuerpflicht bei der Lieferung von Anlagegold vgl. Abschn. 25c.1 Abs. 5 UStAE (vgl. Abschn. 13b.6 S. 3 UStAE).

Beispiel:
Der in Bremen ansässige Goldhändler G überlässt der Scheideanstalt S in Hamburg verunreinigtes Gold mit einem Feingehalt von 500 Tausendstel. S trennt vereinbarungsgemäß das verunreinigte Gold in Anlagegold und unedle Metalle und stellt aus dem Anlagegold einen Goldbarren mit einem Feingehalt von 995 Tausendstel her; das hergestellte Gold fällt unter die Position 7108 des Zolltarifs. Der entsprechende Goldgewichtsanteil wird G auf einem Anlagegoldkonto gutgeschrieben; G hat nach den vertraglichen Vereinbarungen auch nach der Bearbeitung des Goldes und der Gutschrift auf dem Anlagegoldkonto noch die Verfügungsmacht an dem Gold. Danach verzichtet G gegen Entgelt auf seinen Herausgabeanspruch des Anlagegolds. G hat nach § 25c Abs. 3 S. 2 UStG zur Umsatzsteuerpflicht optiert.

Lösung:
Der Verzicht auf Herausgabe des Anlagegolds gegen Entgelt stellt eine Lieferung des Anlagegolds von G an S dar. Da G nach § 25c Abs. 3 S. 2 UStG zur Umsatzsteuerpflicht optiert hat, schuldet S als Leistungsempfänger die Umsatzsteuer für diese Lieferung (§ 13b Abs. 5 S. 1 in Verbindung mit Abs. 2 Nr. 9 UStG).

90 Hat ein Leistungsempfänger für einen an ihn erbrachten Umsatz § 13b Abs. 2 Nr. 9 i. V. m. Abs. 5 S. 1 HS 2 und S. 2 und 3 UStG angewandt, obwohl die Voraussetzungen hierfür fraglich waren oder sich später herausstellt, dass die Voraussetzungen hierfür nicht vorgelegen haben, ist diese Handhabung beim Leistenden und beim Leistungsempfänger nicht zu beanstanden, wenn sich beide Vertragspartner über die Anwendung von § 13b UStG einig waren und der Umsatz vom Leistungsempfänger in zutreffender Höhe versteuert wird (vgl. Abschn. 13b.8 UStAE).

2.8 Lieferungen von Mobilfunkgeräten und integrierten Schaltkreisen (§ 13b Abs. 2 Nr. 10 UStG)

91 Durch das Sechste Gesetz zur Änderung von Verbrauchsteuergesetzen vom 16.06.2011 (BGBl I 2011, 1090) wurde m. W. z. **01.07.2011** der Anwendungsbereich der Steuerschuldnerschaft des Leistungsempfängers (§ 13b UStG) auf bestimmte Lieferungen von Mobilfunkgeräten und integrierten Schaltkreisen erweitert (§ 13b Abs. 2 Nr. 10 UStG in der ab 01.07.2011 geltenden Fassung). Unter die Steuerschuldnerschaft fallen Lieferungen von Mobilfunkgeräten sowie von integrierten Schaltkreisen vor Einbau in einen zur Lieferung auf der Einzelhandelsstufe geeigneten Gegenstand, wenn die Summe der für sie in Rechnung zu stellenden Entgelte im Rahmen eines wirtschaftlichen Vorgangs mindestens 5.000 € beträgt; nachträgliche Minderungen des Entgelts bleiben dabei unberücksichtigt (§ 13b Abs. 2 Nr. 10 UStG).

92 Mobilfunkgeräte sind Geräte, die zum Gebrauch mittels eines zugelassenen Mobilfunknetzes und auf bestimmten Frequenzen hergestellt oder hergerichtet wurden, unabhängig von etwaigen weiteren Nutzungsmöglichkeiten. Hiervon werden insbesondere alle Geräte erfasst, mit denen Telekommunikationsleistungen in Form von Sprachübertragung über drahtlose Mobilfunk-Netz-

werke in Anspruch genommen werden können, z.B. Telefone zur Verwendung in beliebigen drahtlosen Mobilfunk-Netzwerken (insbesondere für den zellularen Mobilfunk – Mobiltelefone – und Satellitentelefone). Ebenso fällt die Lieferung von kombinierten Produkten (sog. Produktbündel), d.h. gemeinsame Lieferungen von Mobilfunkgeräten und Zubehör zu einem einheitlichen Entgelt, unter die Regelung, wenn die Lieferung des Mobilfunkgeräts die Hauptleistung darstellt. Die Lieferung von Geräten, die reine Daten übertragen, ohne diese in akustische Signale umzusetzen, fällt dagegen nicht unter die Regelung. Zum Beispiel gehören daher folgende Gegenstände nicht zu den Mobilfunkgeräten i.S.v. § 13b Abs. 2 Nr. 10 UStG:

- Navigationsgeräte;
- Computer, soweit sie eine Sprachübertragung über drahtlose Mobilfunk-Netzwerke nicht ermöglichen (z.B. Tablet-PC);
- MP3-Player;
- Spielekonsolen;
- On-Board-Units.

Ein integrierter Schaltkreis ist eine auf einem einzelnen (Halbleiter-)Substrat (sog. Chip) unterge- 93
brachte elektronische Schaltung (elektronische Bauelemente mit Verdrahtung). Zu den integrierten Schaltkreisen zählen insbesondere Mikroprozessoren und CPUs (Central Processing Unit, Hauptprozessor einer elektronischen Rechenanlage). Die Lieferungen dieser Gegenstände fallen unter die Umsätze i.S.v. § 13b Abs. 2 Nr. 10 UStG (vgl. Abschn. 13b Abs. 2 Nr. 12 UStAE), sofern sie (noch) nicht in einen zur Lieferung auf der Einzelhandelsstufe geeigneten Gegenstand (Endprodukt) eingebaut wurden. Ein Gegenstand ist für die Lieferung auf der Einzelhandelsstufe insbesondere dann geeignet, wenn er ohne weitere Be- oder Verarbeitung an einen Endverbraucher geliefert werden kann (vgl. Abschn. 13b.7 Abs. 2 UStAE).

Beispiel:
Der in Halle ansässige Chiphersteller C liefert dem in Erfurt ansässigen Computerhändler A CPUs zu einem Preis von insgesamt 20.000 €. Diese werden von C an A unverbaut, d.h. ohne Einarbeitung in ein Endprodukt, übergeben. A baut einen Teil der CPUs in Computer ein und bietet den Rest in seinem Geschäft zum Einzelverkauf an. Im Anschluss liefert A unverbaute CPUs in seinem Geschäft an den Unternehmer U für insgesamt 6.000 €. Außerdem liefert er Computer mit den eingebauten CPUs an den Einzelhändler E für insgesamt 7.000 €.
A schuldet als Leistungsempfänger der Lieferung des C die Umsatzsteuer nach § 13b Abs. 5 S. 1 i.V.m. Abs. 2 Nr. 10 UStG, weil es sich insgesamt um die Lieferung unverbauter integrierter Schaltkreise handelt; auf die spätere Verwendung durch A kommt es nicht an.

Lösung:
Für die sich anschließende Lieferung der CPUs von A an U schuldet U als Leistungsempfänger die Umsatzsteuer nach § 13b Abs. 5 Satz 1 i.V.m. Abs. 2 Nr. 10 UStG, weil es sich insgesamt um die Lieferung unverbauter integrierter Schaltkreise handelt; auf die spätere Verwendung durch U kommt es nicht an.
Für die Lieferung der Computer mit den eingebauten CPUs von A an E schuldet A als leistender Unternehmer die Umsatzsteuer (§ 13a Abs. 1 Nr. 1 UStG), weil Liefergegenstand nicht mehr integrierte Schaltkreise, sondern Computer sind.

Aus Vereinfachungsgründen können bei der Abgrenzung die Gegenstände als integrierte Schaltkreise 94
angesehen werden, die unter die Unterposition 8542 31 90 des Zolltarifs fallen; dies sind insbesondere monolithische und hybride elektronische integrierte Schaltungen mit in großer Dichte angeordneten und als eine Einheit anzusehenden passiven und aktiven Bauelementen, die sich als Prozessoren bzw. Steuer- und Kontrollschaltungen darstellen (vgl. Abschn. 13b.7 Abs. 2 S. 6 UStAE).

Die Lieferungen folgender Gegenstände fallen beispielsweise nicht unter die in § 13b Abs. 2 95
Nr. 10 UStG genannten Umsätze, auch wenn sie elektronische Komponenten enthalten:

- Antennen;

- elektrotechnische Filter;
- Induktivitäten (passive elektrische oder elektronische Bauelemente mit festem oder einstellbarem Induktivitätswert);
- Kondensatoren;
- Sensoren (Fühler).

96 Als verbaute integrierte Schaltkreise sind insbesondere die folgenden Gegenstände anzusehen, bei denen der einzelne integrierte Schaltkreis bereits mit anderen Bauteilen verbunden wurde:

- Platinen, die mit integrierten Schaltkreisen und ggf. mit verschiedenen anderen Bauelementen bestückt sind;
- Bauteile, in denen mehrere integrierte Schaltkreise zusammengefasst sind;
- zusammengesetzte elektronische Schaltungen;
- Platinen, in die integrierte Schaltkreise integriert sind (sog. Chips on board);
- Speicherkarten mit integrierten Schaltungen (sog. Smart Cards);
- Grafikkarten, Flashspeicherkarten, Schnittstellenkarten, Soundkarten, Memory-Sticks.

97 Ebenfalls nicht unter § 13b Abs. 2 Nr. 10 UStG fallen:

- Verarbeitungseinheiten für automatische Datenverarbeitungsmaschinen, auch mit einer oder zwei der folgenden Arten von Einheiten in einem gemeinsamen Gehäuse: Speichereinheit, Eingabe- und Ausgabeeinheit (Unterposition 8471 50 00 des Zolltarifs);
- Baugruppen zusammengesetzter elektronischer Schaltungen für automatische Datenverarbeitungsmaschinen oder für andere Maschinen der Position 8471 (Unterposition 8473 30 20 des Zolltarifs);
- Teile und Zubehör für automatische Datenverarbeitungsmaschinen oder für andere Maschinen der Position 8471 (Unterposition 8473 30 80 des Zolltarifs).

98 Lieferungen von Mobilfunkgeräten und integrierten Schaltkreisen fallen nur unter die Regelung zur Steuerschuldnerschaft des Leistungsempfängers nach § 13b Abs. 2 Nr. 10 UStG, wenn der Leistungsempfänger ein Unternehmer ist und die Summe der für die steuerpflichtigen Lieferungen dieser Gegenstände in Rechnung zu stellenden Bemessungsgrundlagen mindestens 5.000 € beträgt. Abzustellen ist dabei auf alle im Rahmen eines zusammenhängenden wirtschaftlichen Vorgangs gelieferten Gegenstände der genannten Art. Als Anhaltspunkt für einen wirtschaftlichen Vorgang dient insbesondere die Bestellung, der Auftrag oder der (Rahmen-)Vertrag mit konkretem Auftragsvolumen. Lieferungen bilden stets einen einheitlichen wirtschaftlichen Vorgang, wenn sie im Rahmen eines einzigen Erfüllungsgeschäfts geführt werden, auch wenn hierüber mehrere Aufträge vorliegen oder mehrere Rechnungen ausgestellt werden (vgl. Abschn. 13b.7 Abs. 3 UStAE).

Beispiel:
Der in Stuttgart ansässige Großhändler G bestellt am 01.07.2011 bei dem in München ansässigen Handyhersteller H 900 Mobilfunkgeräte zu einem Preis von insgesamt 45.000 €. Vereinbarungsgemäß liefert H die Mobilfunkgeräte in zehn Tranchen mit je 90 Stück zu je 4.500 € an G aus.

Lösung:
Die zehn Tranchen Mobilfunkgeräte stellen einen zusammenhängenden wirtschaftlichen Vorgang dar, denn die Lieferung der Geräte erfolgte auf der Grundlage einer Bestellung über die Gesamtmenge von 900 Stück. G schuldet daher als Leistungsempfänger die Umsatzsteuer für diese zusammenhängenden Lieferungen (§ 13b Abs. 5 Satz 1 i. V. m. Abs. 2 Nr. 10 UStG).

99 Keine Lieferungen im Rahmen eines zusammenhängenden wirtschaftlichen Vorgangs liegen in folgenden Fällen vor:

- Lieferungen aus einem Konsignationslager, das der liefernde Unternehmer in den Räumlichkeiten des Abnehmers unterhält, wenn der Abnehmer Mobilfunkgeräte oder integrierte Schaltkreise jederzeit in beliebiger Menge entnehmen kann;
- Lieferungen auf Grund eines Rahmenvertrags, in dem lediglich Lieferkonditionen und Preise der zu liefernden Gegenstände, nicht aber deren Menge festgelegt wird;
- Lieferungen im Rahmen einer dauerhaften Geschäftsbeziehung, bei denen Aufträge – ggf. mehrmals täglich – schriftlich, per Telefon, per Telefax oder auf elektronischem Weg erteilt werden, die zu liefernden Gegenstände ggf. auch zusammen ausgeliefert werden, es sich aber bei den Lieferungen um voneinander unabhängige Erfüllungsgeschäfte handelt.

Nachträgliche Entgeltminderungen für die Beurteilung der Betragsgrenze von 5.000 € bleiben unberücksichtigt; dies gilt auch für nachträgliche Teilrückabwicklungen (vgl. Abschn. 13b.1 Abs. 22k S. 6 UStAE). 100

Ist auf Grund der vertraglichen Vereinbarungen nicht absehbar oder erkennbar, ob die Betragsgrenze von 5.000 € für Lieferungen erreicht oder überschritten wird, wird es aus Vereinfachungsgründen nicht beanstandet, wenn die Steuerschuldnerschaft des Leistungsempfängers nach § 13 b Abs. 2 Nr. 10 und Abs. 5 S. 1 UStG angewendet wird, sofern sich beide Vertragspartner über die Anwendung von § 13 b UStG einig waren und der Umsatz vom Leistungsempfänger in zutreffender Höhe versteuert wird. Dies gilt auch dann, wenn sich im Nachhinein herausstellt, dass die Betragsgrenze von 5.000 € nicht überschritten wird (vgl. Abschn. 13b.7 Abs. 3 S. 7 und 8 UStAE). 101

Hat ein Leistungsempfänger für einen an ihn erbrachten Umsatz § 13 b Abs. 2 Nr. 10 i. V. m. Abs. 5 S. 1 HS 2 und S. 2 und 3 UStG angewandt, obwohl die Voraussetzungen hierfür fraglich waren, oder sich später herausstellt, dass die Voraussetzungen hierfür nicht vorgelegen haben, ist diese Handhabung beim Leistenden und beim Leistungsempfänger nicht zu beanstanden, wenn sich beide Vertragspartner über die Anwendung von § 13 b UStG einig waren und der Umsatz vom Leistungsempfänger in zutreffender Höhe versteuert wird (vgl. Abschn. 13b.8 UStAE). 102

Durch Art. 8 Nr. 2 Buchst. a Doppelbuchst. aa i. V. m. Art. 28 Abs. 4 des Gesetzes zur Anpassung des nationalen Steuerrechts an den Beitritt Kroatiens zur EU und zur Änderung weiterer steuerlicher Vorschriften vom 25.07.2014 (BGBl I 2014, 1266) wird m. W. z. **01.10.2014** der Anwendungsbereich der Steuerschuldnerschaft des Leistungsempfängers für Lieferungen von Mobilfunkgeräten sowie von integrierten Schaltkreisen (§ 13 b Abs. 2 Nr. 10 UStG) auf Lieferungen von Tablet-Computern und Spielekonsolen ergänzt. Außerdem wird durch Art. 8 Nr. 2 Buchst. a Doppelbuchst. bb i. V. m. Art. 28 Abs. 4 des o. a. Gesetzes m. W. z. **01.10.2014** der Anwendungsbereich der Steuerschuldnerschaft des Leistungsempfängers auf Lieferungen von Edelmetallen und unedlen Metallen erweitert (§ 13 b Abs. 2 Nr. 11 UStG). 102a

2.9 Lieferungen der in der Anlage 4 zum UStG bezeichneten Gegenstände – insb. Edelmetalle, unedle Metalle, Selen und Cermets (§ 13 b Abs. 2 Nr. 11 UStG)

Durch Art. 8 Nr. 2 Buchst. a Doppelbuchst. bb i. V. m. Art. 28 Abs. 4 des Gesetzes zur Anpassung des nationalen Steuerrechts an den Beitritt Kroatiens zur EU und zur Änderung weiterer steuerlicher Vorschriften vom 25.07.2014 (BGBl I 2014, 1266) wurde m. W. z. **01.10.2014** der Anwendungsbereich der Steuerschuldnerschaft des Leistungsempfängers auf Lieferungen von Edelmetallen und unedlen Metallen erweitert (§ 13 b Abs. 2 Nr. 11 UStG). 102b

102c Durch Art. 11 Nr. 1 und 2 des ZollkodexAnpG vom 22.12.2014 (BGBl I 2014, 2417) wurde Nr. 11 und die Anlage 4 zu § 13b Abs. 2 Nr. 11 UStG m. W. z. **01.01.2015** neu gefasst. Voraussetzung ist nunmehr, dass die Summe der für die Lieferung in Rechnung zu stellenden Entgelte im Rahmen eines wirtschaftlichen Vorgangs mindestens 5.000 € beträgt. Nachträgliche Minderungen des Entgelts bleiben dabei unberücksichtigt. Durch die Änderungen werden praktische Anwendungsprobleme vermieden, u. a. bei der Veräußerung entsprechender Metalle von Einzelhändler an Abnehmer, über deren Status als Unternehmer sich der liefernde Unternehmer nur aufwändig informieren kann. Die Anlage 4 zum UStG wurde neu gefasst, um Abgrenzungsschwierigkeiten zu vermeiden.

102d Durch Art. 11 Nr. 3 des StÄndG 2015 vom 02.11.2015 (BGBl I 2015, 1834) wurde Nr. 3 der Anlage 4 zum UStG, m. W. z. **06.11.2015** wie folgt neu gefasst:

»Roheisen oder Spiegeleisen, in Masseln, Blöcken oder anderen Rohformen; Körner und Pulver aus Roheisen, Spiegeleisen, Eisen oder Stahl; Rohblöcke und andere Rohformen aus Eisen oder Stahl; Halbzeug aus Eisen oder Stahl«.

Durch diese Änderung sollen praktische Anwendungsprobleme vermieden werden.

2.10 Tausch oder tauschähnlicher Umsatz

103 Besteht die »Bezahlung« der Leistung des ausländischen Unternehmers ausschließlich in einer Lieferung (Tausch) oder einer sonstigen Leistung (tauschähnlicher Umsatz, § 10 Abs. 2 S. 2 UStG), kommt § 13b UStG zur Anwendung (Abschn. 13b.1 Abs. 2 S. 2 UStAE).

Das hat zur Folge, dass der im Ausland ansässige Unternehmer seine Umsätze nicht mehr im normalen Besteuerungsverfahren durchführen muss; er soll sich mit anderen Worten zukünftig nicht mehr bei einem deutschen Finanzamt anmelden müssen.

2.11 Verpflichteter Personenkreis (§ 13b Abs. 5 UStG)

104 § 13b Abs. 5 UStG bestimmt, wer als Leistungsempfänger die Steuer schuldet. Der Anwendungsbereich der Vorschrift beschränkt sich danach auf Leistungsempfänger, die für USt-Zwecke bereits erfasst sind bzw. denen eine solche Erfassung zur Sicherstellung des USt-Aufkommens zugemutet werden kann. Die Steuerschuldnerschaft des Leistungsempfängers erstreckt sich mit Ausnahme der in § 13b Abs. 5 S. 10 UStG genannten Leistungen, die ausschließlich an den nichtunternehmerischen Bereich von juristischen Personen des öffentlichen Rechts erbracht werden, sowohl auf die Umsätze für den unternehmerischen als auch auf die Umsätze für den nichtunternehmerischen Bereich des Leistungsempfängers (vgl. Abschn. 13b.1 Abs. 1 Satz 4 UStAE). Ausgeschlossen von der Steuerschuldnerschaft sind damit – wie bisher – nur Privatpersonen. § 13b Abs. 5 S. 1 bis 3 **[seit 01.09.2013: § 13b Abs. 5 S. 1 bis 6 UStG]** gelten nicht, wenn bei dem Unternehmer, der die Umsätze ausführt, die Steuer nach § 19 Abs. 1 UStG nicht erhoben wird.

2.11.1 Unternehmerische Leistungsbezüge von Ausländern (§ 13b Abs. 5 S. 1 UStG)

Die Steuerschuldnerschaft betrifft jeden Unternehmer und jede juristische Person und damit auch Humanmediziner, Kleinunternehmer, pauschalierende Landwirte und Kommunen. 105

Beispiel:
Der in Geldern ansässige Arzt A (Humanmediziner) ist Blumenfreund und lässt die Tulpen des Vorgartens an seinem Praxisgebäude vom Amsterdamer Gärtner NL pflegen. NL kann keinen Nachweis erbringen, dass er in Deutschland zur USt geführt wird.

Lösung:
Die Gesamtleistung des NL unterliegt der deutschen Besteuerung (§ 3a Abs. 3 Nr. 1 UStG); Steuerschuldner ist A. Dabei ist unerheblich, dass die Ausgangsumsätze des A nach § 4 Nr. 14 UStG umsatzsteuerfrei erfolgen.

Dagegen schuldet der Leistungsempfänger in den in § 13b Abs. 2 Nr. 5 bis 7 sowie 9 und 10 UStG genannten Fällen die Steuer nur dann, wenn er ein Unternehmer ist. 106

2.11.2 Unternehmerischer Bezug bestimmter Leistungen von Inländern (§ 13b Abs. 5 S. 3 bis 6 UStG)

Werden Umsätze i. S. v. § 13b Abs. 2 Nr. 4 S. 1 und Nr. 8 UStG von einem im Inland ansässigen Unternehmer im Inland erbracht, ist der Leistungsempfänger Steuerschuldner, wenn er Unternehmer ist und selbst Umsätze i. S. v. § 13b Abs. 2 Nr. 4 S. 1 und Nr. 8 UStG erbringt (§ 13b Abs. 5 S. 2 UStG, hierzu ausführlich vgl. Rn. 49 ff.). 107

Bei den in § 13b Abs. 2 Nr. 5 Buchst. b UStG genannten Lieferungen von Erdgas schuldet der Leistungsempfänger ab **01.09.2013** die Steuer, wenn er ein Wiederverkäufer von Erdgas i. S. d. § 3g UStG ist. Bei den in § 13b Abs. 2 Nr. 5 Buchst. b UStG genannten Lieferungen von Elektrizität schuldet der Leistungsempfänger ab **01.09.2013** in den Fällen die Steuer, in denen der liefernde Unternehmer und der Leistungsempfänger Wiederverkäufer von Elektrizität im Sinne des § 3g UStG sind. 108

2.11.3 Außerunternehmerische Leistungsbezüge (§ 13b Abs. 5 S. 6 UStG)

Von der Steuerschuldnerschaft wird neben dem unternehmerischen auch der außerunternehmerische (in der Regel also der private) Bereich des Leistungsempfängers betroffen. Der Gesetzgeber hat sich damit der Rechtsprechung der Finanzgerichte angeschlossen (vgl. FG Baden-Württemberg vom 17.09.1997, Az: 7 K 91/95, rkr., EFG 1998, 339 und Abschn. 233 Abs. 1 S. 4 UStR 2000). 109

Beispiel:
Wie Beispiel oben (vgl. Rn. 105); A beauftragt den NL, auch die Tulpen des Privathauses zu pflegen.

Lösung:
Auch hier ist A Steuerschuldner (§ 13b Abs. 5 S. 3 UStG).

Durch Art. 11 Nr. 2 Buchst. b des StÄndG 2015 vom 02.11.2015 (BGBl I 2015, 1834) wurde m. W. z. **06.11.2015** in § 13b Abs. 5 S. 6 neu gefasst und S. 10 UStG angefügt. Der leistende Unternehmer kann häufig nicht zweifelsfrei feststellen, ob der Empfänger die Leistung für sein Unternehmen 109a bezieht oder nicht. Die Steuerschuldnerschaft des Leistungsempfängers nach § 13b UStG gilt daher auch dann, wenn die Leistung für den nichtunternehmerischen Bereich bezogen wird (§ 13b Abs. 5 S. 6 UStG). Ist eine juristische Person des öffentlichen Rechts Leistungsempfänger, kann der leistende Unternehmer regelmäßig an der Art der Einrichtung, für die er tätig wird (Behörde oder Betrieb gewerblicher Art), erkennen, ob die Leistung für den unternehmerischen oder den hoheitlichen Bereich bezogen wird. § 13b Abs. 5 S. 6 UStG führt in diesen Fällen zu einem unnötigen Verwaltungsaufwand für die juristische Person des öffentlichen Rechts, da sie die Leistungsbezüge für den hoheitlichen Bereich dem Finanzamt erklären und die darauf entfallende Umsatzsteuer an dieses abführen muss, statt sie zusammen mit dem Leistungsentgelt in einer Summe an den leistenden Unternehmer zu entrichten. Um diesen Aufwand zu vermeiden, hat die Steuerverwaltung Fälle, in denen juristische Personen des öffentlichen Rechts in nennenswertem Umfang Leistungen für ihren hoheitlichen Bereich beziehen, die der Steuerschuldnerschaft des Leistungsempfängers unterliegen, von der Rechtsfolge des § 13b Abs. 5 S. 6 UStG ausgenommen.

2.12 Ausnahmen vom Wechsel der Steuerschuldnerschaft (§ 13b Abs. 6 UStG)

110 Die Steuerschuldnerschaft des Leistungsempfängers ist bei bestimmten Beförderungsleistungen nach § 13b Abs. 6 UStG ausgeschlossen:

- In den Fällen der Beförderungseinzelbesteuerung nach § 16 Abs. 5 UStG bedarf es keiner Steuerschuld des Leistungsempfängers, weil durch die Erhebung der Steuer an den Außengrenzen zum Drittland durch die Zollverwaltung beim ausländischen leistenden Unternehmer bereits eine Besteuerung sichergestellt wird.
- Bei Personenbeförderungsleistungen mit einem Fahrzeug i.S.d. § 1b Abs. 2 S. 1 Nr. 1 UStG (d.h. mit einem motorbetriebenen Landfahrzeug mit einem Hubraum von mehr als 48 Kubikzentimetern oder einer Leistung von mehr als 7,2 Kilowatt) würde die Steuerschuldnerschaft des Leistungsempfängers zu erheblichen Problemen bei der Abwicklung führen. Deshalb bleibt in diesen Fällen der leistende Unternehmer Steuerschuldner.
- Die grenzüberschreitende Personenbeförderung mit **Luftfahrzeugen** ist ebenfalls von der Anwendung des § 13b UStG ausgenommen; Steuerschuldner bleibt damit der leistende Unternehmer.
- Die Steuerschuldnerschaft des Leistungsempfängers (§ 13b Abs. 1 bis 5 UStG) findet keine Anwendung, wenn die Leistung des im Ausland ansässigen Unternehmers in der Einräumung der Eintrittsberechtigung für Messen, Ausstellungen und Kongresse im Inland besteht (§ 13b Abs. 6 Nr. 4 UStG). Für diese Leistungen ist der leistende Unternehmer Steuerschuldner (§ 13a Abs. 1 Nr. 1 UStG). Unter die Umsätze, die zur Einräumung der Eintrittsberechtigung für Messen, Ausstellungen und Kongresse gehören, fallen insbesondere Leistungen, für die der Leistungsempfänger Kongress-, Teilnehmer- oder Seminarentgelte entrichtet, sowie damit im Zusammenhang stehende Nebenleistungen, wie z.B. Beförderungsleistungen, Vermietung von Fahrzeugen oder Unterbringung, wenn diese Leistungen vom Veranstalter der Messe, der Ausstellung oder des Kongresses zusammen mit der Einräumung der Eintrittsberechtigung als einheitliche Leistung (vgl. Abschn. 3.10, 3a.4 Abs. 6 und 7 sowie Abschn. 13b.10 Abs. 2 UStAE) angeboten werden.
- Die Steuerschuldnerschaft des Leistungsempfängers (§ 13b Abs. 1 bis 5 UStG) findet keine Anwendung, wenn eine im Ausland ansässige Durchführungsgesellschaft sonstige Leistungen an im Ausland ansässige Unternehmer erbringt, soweit diese Leistungen im Zusammenhang mit der Veranstaltung von Messen und Ausstellungen im Inland stehen (§ 13b Abs. 6 Nr. 5

UStG). Für diese Leistungen ist der leistende Unternehmer Steuerschuldner (§ 13 a Abs. 1 Nr. 1 UStG). Im Rahmen von Messen und Ausstellungen werden auch Gemeinschaftsausstellungen durchgeführt, z. B. von Ausstellern, die in demselben ausländischen Staat ansässig sind. Vielfach ist in diesen Fällen zwischen dem Veranstalter und den Ausstellern ein Unternehmen eingeschaltet, das im eigenen Namen die Gemeinschaftsausstellung organisiert (so genannte Durchführungsgesellschaft). In diesen Fällen erbringt der Veranstalter sonstige Leistungen an die zwischengeschaltete Durchführungsgesellschaft. Diese erbringt die sonstigen Leistungen an die an der Gemeinschaftsausstellung beteiligten Aussteller (vgl. Abschn. 3a.4 Abs. 4 UStAE). Weitere Einzelheiten vgl. auch Abschn. 13b.10 Abs. 3 UStAE.

- Die zwischengeschalteten Durchführungsgesellschaften erbringen neben der Überlassung von Standflächen usw. in der Regel eine Reihe weiterer Leistungen an die an der Gemeinschaftsausstellung beteiligten Aussteller. Werden diese Leistungen als eine einheitliche Leistung (vgl. Abschn. 3.10 UStAE erbracht, ist diese sonstige Leistung als ähnliche Tätigkeit nach § 3 a Abs. 2 Nr. 3 Buchst. a UStG anzusehen (vgl. EuGH vom 09.03.2006, Rs. C-114/05, HFR 2006, 628). § 3 a Abs. 2 Nr. 3 Buchst. a UStG ist hierbei gemeinschaftskonform (Art. 52 MwStSystRL) und unter Einbeziehung der o. a. EuGH-Rechtsprechung dahingehend auszulegen, dass sich bei Leistungen einer im Ausland ansässigen Durchführungsgesellschaft im Zusammenhang mit Messen und Ausstellungen der Leistungsort dort befindet, wo diese Leistungen tatsächlich bewirkt werden, also da, wo die Messe oder Ausstellung durchgeführt wird.
- § 13 b Abs. 1 bis 5 UStG findet ebenfalls **ab 01.01.2011 keine Anwendung**, wenn die Leistung des im Ausland ansässigen Unternehmers in der Abgabe von Speisen und Getränken zum Verzehr an Ort und Stelle (Restaurationsleistung) besteht, wenn diese Abgabe an Bord eines Schiffs, in einem Luftfahrzeug oder in einer Eisenbahn erfolgt (§ 13 b Abs. 6 Nr. 6 UStG und Abschn. 13b.10 Abs. 4 UStAE).

2.13 Ausländischer Leistender

§ 13 b Abs. 7 UStG definiert den im Ausland ansässigen Unternehmer i. S. v. § 13 b Abs. 2 Nr. 1 und 5 UStG. Außerdem enthält die Vorschrift eine Regelung, dass der Leistungsempfänger in Fällen, in denen es zweifelhaft ist, ob der leistende Unternehmer im Ausland ansässig ist, nur dann die Steuer nicht schuldet, wenn der leistende Unternehmer ihm durch eine Bescheinigung des zuständigen inländischen Finanzamts nachweist, dass er kein im Ausland ansässiger Unternehmer ist (vgl. auch Abschn. 13b.11 Abs. 2 UStAE). Die Regelung soll verhindern, dass der Leistungsempfänger auf Grund unzutreffender Angaben des Leistenden fälschlicherweise davon ausgeht, dass er die Steuer nicht schuldet. 111

Ein **im Ausland ansässiger Unternehmer** hat in den in § 13 b Abs. 7 S. 1 HS 1 UStG bezeichneten Gebieten 112

- keinen Wohnsitz,
- keinen Sitz,
- keine Geschäftsleitung,
- keine Betriebsstätte.

Ein im üGG ansässiger Unternehmer ist ein Unternehmer, der in den Gebieten der übrigen Mitgliedstaaten der Europäischen Gemeinschaft, die nach dem Gemeinschaftsrecht als Inland dieser Mitgliedstaaten gelten, einen Wohnsitz, einen Sitz, eine Geschäftsleitung oder eine Betriebsstätte hat (§ 13 b Abs. 7 S. 1 HS 2 UStG). Hat der Unternehmer im Inland eine Betriebsstätte und führt er einen Umsatz nach § 13 b Abs. 1 oder Abs. 2 Nr. 1 oder Nr. 5 UStG aus, gilt er hinsichtlich 113 dieses Umsatzes als im Ausland oder im üGG ansässig, wenn der Umsatz nicht von dieser Betriebsstätte ausgeführt wird (§ 13b Abs. 7 S. 2 UStG).

114 Sollte eine der vorgenannten Voraussetzungen vorliegen, wäre der ausländische Unternehmer verpflichtet, sich im Inland bei einem Finanzamt registrieren zu lassen. Er würde dann »wie ein deutscher Unternehmer« im Geschäftsverkehr auftreten und müsste die von ihm in Rechnung gestellten USt-Beträge selbst an das für ihn zuständige Finanzamt abführen.

115 Unternehmer, die ein **im Inland gelegenes Grundstück** besitzen und steuerpflichtig vermieten, sind insoweit als im Inland ansässig zu behandeln. Sie haben diese Umsätze im allgemeinen Besteuerungsverfahren zu erklären. Der Leistungsempfänger schuldet nicht die Steuer für diese Umsätze (Abschn. 13b.11 Abs. 2 S. 2 UStAE).

116 Für die Frage, ob ein Unternehmer im Ausland ansässig ist, ist der **Zeitpunkt maßgebend**, in dem die Leistung ausgeführt wird (§ 13b Abs. 7 S. 3 UStG); dieser Zeitpunkt ist auch dann maßgebend, wenn das Merkmal der Ansässigkeit bei Vertragsabschluss oder bei der Ausführung des Umsatzes noch nicht vorgelegen hat. Die Tatsache, dass ein Unternehmer bei einem Finanzamt im Inland umsatzsteuerlich geführt wird, ist kein Merkmal dafür, dass er im Inland ansässig ist. Das Gleiche gilt grundsätzlich, wenn dem Unternehmer eine deutsche USt-IdNr. erteilt wurde. Zur Frage der Ansässigkeit bei Organschaftsverhältnissen wird auf Abschn. 2.9 UStAE hingewiesen (Abschn. 13b.11 Abs. 2 UStAE).

117 Ist es für den Leistungsempfänger nach den Umständen des Einzelfalls ungewiss, ob der leistende Unternehmer im Zeitpunkt der Leistungserbringung im Inland ansässig ist (z. B. weil die Standortfrage in rechtlicher oder tatsächlicher Hinsicht unklar ist oder die Angaben des leistenden Unternehmers zu Zweifel Anlass geben), schuldet der Leistungsempfänger die Steuer nur dann nicht, wenn ihm der leistende Unternehmer durch eine **Bescheinigung** des nach den abgabenrechtlichen Vorschriften für die Besteuerung seiner Umsätze zuständigen Finanzamts nachweist, dass er kein Unternehmer i. S. d. § 13b Abs. 7 S. 1 UStG ist (§ 13b Abs. 7 S. 4 UStG). Die Bescheinigung hat der leistende Unternehmer bei dem für ihn zuständigen Finanzamt zu beantragen. Soweit erforderlich hat er hierbei in geeigneter Weise darzulegen, dass er im Inland ansässig ist. Für die Bescheinigung nach § 13b Abs. 7 S. 4 UStG wurde der Vordruck »USt 1 TS – Bescheinigung über die Ansässigkeit im Inland« eingeführt (BStBl I 2013, 1623); siehe hierzu Abschn. 13b.11 Abs. 3 UStAE. Die Gültigkeitsdauer der Bescheinigung ist grundsätzlich auf ein Jahr beschränkt. Ist nicht auszuschließen, dass der leistende Unternehmer nur für eine kürzere Dauer als ein Jahr im Inland ansässig bleibt, hat das Finanzamt die Gültigkeit der Bescheinigung entsprechend zu befristen (Abschn. 13b.11 Abs. 4 UStAE).

TIPP

Allein die vorgenannte Bescheinigung des Finanzamts ist als Nachweis anzuerkennen!

118 M. W. z. **30.06.2013** wurden in § 13b Abs. 7 S. 1 und 2 UStG die Begriffe des im Ausland ansässigen und des im übrigen Gemeinschaftsgebiet ansässigen Unternehmers neu definiert. Ein im Ausland ansässiger Unternehmer i. S. d. § 13b Abs. 2 Nr. 1 und 5 UStG ist ein Unternehmer, der im Inland (§ 1 Abs. 2 UStG), auf der Insel Helgoland und in einem der in § 1 Abs. 3 UStG bezeichneten Gebiet weder einen Wohnsitz, seinen gewöhnlichen Aufenthalt, seinen Sitz, seine Geschäftsleitung noch eine Betriebsstätte hat; dies gilt auch, wenn der Unternehmer ausschließlich einen Wohnsitz oder einen gewöhnlichen Aufenthaltsort im Inland, aber seinen Sitz, den Ort der Geschäftsleitung oder eine Betriebsstätte im Ausland hat (§ 13b Abs. 7 S. 1 UStG n.F.). Ein Unternehmer ist auch dann im Ausland ansässig, wenn er dort den Sitz seiner wirtschaftlichen Tätigkeit, seine Geschäftsleitung oder eine feste Niederlassung und im Inland nur einen Wohnsitz hat. Hat der Unternehmer aber weder den Sitz der wirtschaftlichen Tätigkeit, noch die Geschäftsleitung oder eine Betriebsstätte im Ausland, von wo aus die Umsätze ausgeführt worden sind, im Inland, aber einen Wohnsitz, ist er im Inland ansässig. Ein im übrigen Gemeinschaftsgebiet ansässiger Unternehmer ist ein Unternehmer,

der in den Gebieten der übrigen Mitgliedstaaten der EU, die nach dem Gemeinschaftsrecht als Inland dieser Mitgliedstaaten gelten, einen Wohnsitz, seinen gewöhnlichen Aufenthalt, seinen Sitz, seine Geschäftsleitung oder eine Betriebsstätte hat; dies gilt nicht, wenn der Unternehmer ausschließlich einen Wohnsitz oder einen gewöhnlichen Aufenthaltsort in den Gebieten der übrigen Mitgliedstaaten der EU, die nach dem Gemeinschaftsrecht als Inland dieser Mitgliedstaaten gelten, aber seinen Sitz, den Ort der Geschäftsleitung oder eine Betriebsstätte im Drittlandsgebiet hat (§ 13b Abs. 7 S. 2 UStG n.F.). Hat der Unternehmer im Inland eine Betriebsstätte und führt er einen Umsatz nach § 13b Abs. 1 oder Abs. 2 Nr. 1 oder Abs. 2 Nr. 5 UStG aus, gilt er hinsichtlich dieses Umsatzes als im Ausland oder im übrigen Gemeinschaftsgebiet ansässig, wenn die Betriebsstätte an diesem Umsatz nicht beteiligt ist (§ 13b Abs. 7 S. 3 UStG n.F.). Für die Frage, ob ein Unternehmer im Ausland ansässig ist, ist der Zeitpunkt maßgebend, in dem die Leistung ausgeführt wird (§ 13b Abs. 7 S. 4 UStG n.F.). Unternehmer, die ein im Inland gelegenes Grundstück besitzen und steuerpflichtig vermieten, sind insoweit als im Inland ansässig zu behandeln. Sie haben diese Umsätze im allgemeinen Besteuerungsverfahren zu erklären. Der Leistungsempfänger schuldet nicht die Steuer für diese Umsätze (Abschn. 13b.11 Abs. 2 S. 2 bis 4 UStAE).

2.14 Entstehung der Steuer

Für die oben (vgl. Rn. 26ff.) bezeichneten steuerpflichtigen Umsätze entstand die Steuer bis zum 30.06.2010 mit Ausstellung der Rechnung, spätestens jedoch mit Ablauf des der Ausführung der Leistung folgenden Kalendermonats. § 13 Abs. 1 Nr. 1 Buchst. a S. 2 und 3 UStG galt entsprechend. 119

Beispiel:

Der in Belgien ansässige Unternehmer B führt am 19.07.2004 in Köln eine Werklieferung (Errichtung und Aufbau eines Messestandes) an seinen deutschen Abnehmer D aus. Die Rechnung über diesen inländischen steuerpflichtigen Umsatz, für den D als Leistungsempfänger die Steuer schuldet, erstellt B am 15.09.2004. Sie geht D am 17.09.2004 zu. D hat monatliche USt-Voranmeldungen abzugeben.

Lösung:

Die Steuer entsteht

- mit Ablauf des Monats, in dem die Rechnung ausgestellt worden ist (= September 2004),
- spätestens jedoch mit Ablauf des der Ausführung der Leistung folgenden Kalendermonats (= August 2004).

D hat den Umsatz in seiner USt-Voranmeldung für August 2004 anzumelden.

In der Praxis stellt sich die Frage, wie die Buchhaltung des Leistungsempfängers auf den Leistungsbezug aufmerksam wird (alter Grundsatz: »Keine Buchung ohne Beleg«). Hier wird es eine **Aufgabe des Controllings** sein, den Informationsfluss innerhalb des Unternehmens sicherzustellen. Dies kann z.B. durch einen **Eigenbeleg** geschehen; dabei ist die Bemessungsgrundlage ausgehend von Vertrag, der dem Leistungsbezug zugrunde liegt, zu schätzen. Noch nicht geklärt ist für derartige Fallgestaltungen der **Zeitpunkt der Entstehung des Vorsteuerabzugs**. Es ist durchaus denkbar, dass zunächst ausschließlich die Steuerschuld und erst bei Rechnungseingang der Vorsteueranspruch entsteht; der BFH hat diese Frage dem EuGH zur Entscheidung vorgelegt (vgl. Rn. 139ff.). 120

Wird das Entgelt oder ein Teil des Entgelts vereinnahmt, bevor die Leistung oder Teilleistung ausgeführt worden ist, entsteht insoweit die Steuer mit Ablauf des Voranmeldungszeitraums, in dem das Entgelt oder das Teilentgelt vereinnahmt worden ist (§ 13b Abs. 4 S. 2 UStG). Liegen die Voraussetzungen für die Steuerschuld des Leistungsempfängers im Zeitpunkt der Vereinnahmung 121 der Anzahlungen nicht vor, schuldet der leistende Unternehmer die Umsatzsteuer. Erfüllt der Leistungsempfänger im Zeitpunkt der Leistungserbringung die Voraussetzungen als Steuerschuldner, bleibt die bisherige Besteuerung der Anzahlungen beim leistenden Unternehmer bestehen (vgl. BFH-Urteil vom 21.06.2001, V R 68/00, BStBl II 2002, 255). Aus Vereinfachungsgründen ist es nicht zu beanstandet, wenn der Leistungsempfänger die Anmeldung der Steuer auf das Entgelt oder Teilentgelt bereits in dem Voranmeldungszeitraum anmeldet, in dem die Beträge von ihm verausgabt werden (Abschn. 13b.12 Abs. 3 UStAE).

122 Durch das Gesetz zur Umsetzung steuerlicher EU-Vorgaben sowie zur Änderung steuerlicher Vorschriften vom 08.04.2010 (BGBl I 2010, 386, BStBl I 2010, 334) ist § 13b UStG m. W. z. 01.07.2010 geändert worden. Um das Ziel einer effektiveren Kontrolle des i. g. Waren- und Dienstleistungsverkehrs zu erreichen, bedarf es bei Umsätzen, die der leistende Unternehmer in einer Zusammenfassenden Meldung (§ 18a Abs. 2 UStG) in dem jeweiligen Meldezeitraum anmelden muss, eines einheitlichen Entstehungszeitpunkts der USt der Umsätze i. S. d. § 3a Abs. 2 UStG. Dieser Zeitpunkt ist EU-einheitlich ab 01.01.2010 der Zeitpunkt, an dem die jeweilige Leistung ausgeführt wird (§ 13b Abs. 1 UStG). Die Steuer entsteht in diesen Fällen somit mit Ablauf des Voranmeldungszeitraums, in dem die Leistungen ausgeführt worden sind (Abschn. 13b.12 Abs. 1 Nr. 1 UStAE).

123 Bei den Umsätzen des § 13b Abs. 2 UStG bleibt es bei dem bisherigen Entstehungszeitpunkt (§ 13b Abs. 2 UStG). In diesen Fällen entsteht die Steuer unverändert mit Ausstellung der Rechnung, spätestens jedoch mit Ablauf des der Ausführung der Leistung folgenden Kalendermonats.

124 Um eine Umsatzbesteuerung bei Dauerleistungen sicherzustellen, wird in § 13b Abs. 3 UStG geregelt, dass die Steuer bei sonstigen Leistungen, die dauerhaft über einen Zeitraum von mehr als einem Jahr erbracht werden, spätestens mit Ablauf eines jeden Kalenderjahres entsteht, in dem sie tatsächlich erbracht werden.

2.15 Bemessungsgrundlage, Steuerberechnung, Steuersatz

125 § 13b Abs. 8 UStG stellt klar, dass der Leistungsempfänger die geschuldete Steuer nach den allgemeinen umsatzsteuerlichen Vorschriften zu berechnen hat. Die Kleinunternehmerregelung des § 19 UStG, bei der bis zu einem Umsatz von 17.500 € auf eine Steuererhebung verzichtet wird, ist bei ausländischen Unternehmern nicht anwendbar. Auch die Sonderregelung für land- und forstwirtschaftliche Umsätze nach § 24 UStG findet keine Anwendung.

126 In den Fällen, in denen der Leistungsempfänger die Steuer schuldet, ist Bemessungsgrundlage der in der Rechnung oder Gutschrift ausgewiesene Betrag (Betrag ohne USt). Die USt ist von diesem Betrag vom Leistungsempfänger zu berechnen.

TIPP
Anders als in den Fällen, in denen der Leistende die USt schuldet, kann hier nicht davon ausgegangen werden, dass im Zweifel die zivilrechtliche Preisvereinbarung die USt enthält.

127 Bei **tauschähnlichen Umsätzen** mit oder ohne Baraufgabe ist § 10 Abs. 2 S. 2 und 3 UStG anzuwenden.

128 Die **Mindestbemessungsgrundlage** nach § 10 Abs. 5 UStG ist auch bei Leistungen eines im Ausland ansässigen Unternehmers zu beachten. Ist der Leistungsempfänger Steuerschuldner nach § 13b Abs. 5 UStG, hat er die Bemessungsgrundlage für den Umsatz nach § 10 Abs. 5 UStG zu ermitteln (Abschn. 13b.13 Abs. 1 UStAE).

Im **Zwangsversteigerungsverfahren** ist das Meistgebot der Berechnung als Nettobetrag zu Grunde zu legen. Werden **sicherungsübereignete Gegenstände** durch den Sicherungsgeber an den Sicherungsnehmer außerhalb des Insolvenzverfahrens geliefert und sind bei dieser Lieferung die Voraussetzungen des § 25a UStG erfüllt, hat der Sicherungsnehmer die Bemessungsgrundlage nach § 25a Abs. 3 UStG und die Steuer nach § 12 Abs. 1 UStG zu berechnen (Abschn. 13b.13 Abs. 2 und 3 UStAE). 129

Der Leistungsempfänger hat bei der Steuerberechnung den **Steuersatz** zu Grunde zu legen, der sich für den maßgeblichen Umsatz nach § 12 UStG ergibt. Das gilt auch in den Fällen, in denen der Leistungsempfänger die Besteuerung nach § 19 Abs. 1 oder § 24 Abs. 1 UStG anwendet (§ 13b Abs. 8 UStG). Ändert sich die Bemessungsgrundlage, gilt § 17 Abs. 1 HS 1 UStG in den Fällen des § 13b UStG sinngemäß (Abschn. 13b.13 Abs. 4 UStAE). 130

Beispiel:
Der ausschließlich in Frankreich ansässige Bauunternehmer F deckt im April 2006 das Dach der in Hamburg ansässigen Spedition des H neu; F liefert dazu auch die Dachziegel. Im Februar 2007 stellt sich bei den Ziegeln ein Materialfehler heraus. F erstattet dem H daraufhin 10 % des bereits vereinnahmten Leistungsentgelts.

Lösung:
F erbringt im April 2006 in Deutschland eine steuerbare und steuerpflichtige Werklieferung (§ 3 Abs. 7 S. 1 UStG). Da F keinen Nachweis erbringt, im Inland ansässig zu sein, schuldet H die USt (§ 13b Abs. 2 UStG a.F.).
In der Voranmeldung für Februar 2007 hat H die in 2006 vorgenommene Besteuerung i.H.v. 10 % zu berichtigen; Entsprechendes gilt für aus dem Leistungseingang gezogenen Vorsteuern. Da die Berichtigungen einen Erwerb im Jahr 2006 betreffen (vor der USt-Erhöhung), müssen diese zum alten Steuersatz (16 %) erfolgen.
Die Voranmeldung für April 2006 bleibt unverändert!

2.16 Besonderheiten beim Entgelt von dritter Seite

§ 13b Abs. 9 UStG ermächtigt das BMF, durch Rechtsverordnung nähere Bestimmungen über die Anwendung der Steuerschuldnerschaft zu treffen in Fällen, in denen ein anderer als der Leistungsempfänger das Entgelt gewährt. In derartigen Fällen soll es möglich werden festzulegen, dass derjenige, der das Entgelt gewährt, auch die Steuer schuldet. 131

Von dieser Ermächtigung wird durch § 30a UStDV für Fälle der unfreien Versendung Gebrauch gemacht. Grundsätzlich ist Leistungsempfänger derjenige, der aus zivilrechtlichen Verträgen berechtigt und verpflichtet ist. Ihm gegenüber erfolgt auch die Abrechnung des Leistenden. In den Fällen der unfreien Versendung oder Besorgung einer solchen (§§ 453ff. HGB) erfolgt die Abrechnung nicht gegenüber dem Auftraggeber, sondern gegenüber dem Empfänger der Warensendung (vgl. Abschn. 13b.9 UStAE). Aus Vereinfachungsgründen ist es deshalb sinnvoll, den Rechnungsempfänger an Stelle des Auftraggebers zum Steuerschuldner zu bestimmen. Er darf auch den Vorsteuerabzug vornehmen. 132

Nach § 30a UStDV müssen aber folgende Voraussetzungen vorliegen: 133

1. Der Gegenstand wird durch einen im Ausland ansässigen Unternehmer befördert oder eine solche Beförderung durch einen im Ausland ansässigen Spediteur besorgt;
2. der Empfänger der Frachtsendung (Rechnungsempfänger) ist ein Unternehmer oder eine juristische Person des öffentlichen Rechts;
3. der Empfänger der Frachtsendung (Rechnungsempfänger) hat die Entrichtung des Entgelts für die Beförderung oder für ihre Besorgung übernommen und
4. aus der Rechnung über die Beförderung oder ihre Besorgung ist auch die in der Nr. 3 bezeichnete Voraussetzung zu ersehen.

134 Der Rechnungsempfänger erkennt seine Steuerschuldnerschaft anhand der Angaben in der Rechnung (§ 14a UStG und § 30a Nr. 3 UStDV).

2.17 Rechnungserteilung und -aufbewahrung

135 § 14a Abs. 5 UStG regelt die Verpflichtung des leistenden Unternehmers zur Ausstellung von Rechnungen auch in den Fällen, in denen nicht er, sondern der Leistungsempfänger Steuerschuldner ist. Die Rechnung muss zur Rechtssicherheit der Betroffenen neben den allgemeinen Angaben nach § 14 Abs. 4 UStG auch einen Hinweis auf die Steuerschuldnerschaft enthalten. Fehlt dieser Hinweis, wird der Leistungsempfänger von der Steuerschuldnerschaft nicht entbunden.

136 Ein **gesonderter Steuerausweis** ist nach § 14a Abs. 5 S. 3 UStG nicht zulässig. Bei einem gesonderten Steuerausweis durch den leistenden Unternehmer würde diese Steuer von ihm nach § 14c Abs. 1 UStG geschuldet (Abschn. 13b.14 Abs. 1 S. 5 UStAE).

137 Durch § 33 S. 3 UStDV soll die Vereinfachung des § 33 UStDV für **Kleinbetragsrechnungen** bei Leistungen i. S. d. § 13b UStG ausgeschlossen werden. Dies ist notwendig, weil diese Rechnungen nicht alle im Zusammenhang mit einer Steuerschuldnerschaft des Leistungsempfängers erforderlichen Angaben (Benennung des Leistungsempfängers, Hinweis auf die Steuerschuldnerschaft) enthalten (Abschn. 13b.14 Abs. 1 UStAE).

138 Der Unternehmer hat ein Doppel der Rechnung **zehn Jahre aufzubewahren**. Die Aufbewahrungsfrist beginnt mit dem Schluss des Kj., in dem die Rechnung ausgestellt worden ist (§ 14b Abs. 1 S. 4 Nr. 3 UStG; Abschn. 13b.14 Abs. 2 UStAE).

2.18 Vorsteuerabzug

139 § 15 Abs. 1 Nr. 4 UStG ermöglicht dem Leistungsempfänger den Vorsteuerabzug für die Steuer, die er nach § 13b Abs. 5 UStG schuldet. Die auf Anzahlungen entfallende Steuer kann bereits in dem Voranmeldungszeitraum als Vorsteuer abgezogen werden, in dem die Zahlung geleistet wurde (vgl. Abschn. 13b.15 Abs. 1 S. 2 UStAE). Damit soll eine Entlastung des Unternehmers in dem Voranmeldungszeitraum erreicht werden, in dem die geschuldete Steuer vom Leistungsempfänger angemeldet wird.

140 Dem Leistungsempfänger ist der Vorsteuerabzug unter den weiteren Voraussetzungen des § 15 UStG zu gewähren, wenn der leistende Unternehmer dem Leistungsempfänger eine Rechnung erteilt, in der er entgegen § 14a Abs. 5 UStG keinen Hinweis auf die Steuerschuldnerschaft des Leistungsempfängers aufnimmt (vgl. Abschn. 13b.15 Abs. 2 UStAE), da nach § 15 Abs. 1 S. 1 Nr. 4 UStG das Vorliegen einer Rechnung nach §§ 14, 14a UStG nicht Voraussetzung für den Abzug der nach § 13b Abs. 2 UStG geschuldeten Steuer als Vorsteuer ist (vgl. Abschn. 13b.15 Abs. 2 UStAE). Liegt dem Leistungsempfänger im Zeitpunkt der Erstellung der Umsatzsteuer-Voranmeldung bzw. Erklärung für das Kj., in der der Umsatz anzumelden ist, für den der Leistungsempfänger die Steuer schuldet, keine Rechnung vor, muss er die Bemessungsgrundlage ggf. schätzen. Die von ihm angemeldete Steuer kann er im gleichen Besteuerungszeitraum unter den weiteren Voraussetzungen des § 15 UStG als Vorsteuer abziehen (vgl. Abschn. 13b.15 Abs. 3 UStAE).

141 Soweit **an nicht im Gemeinschaftsgebiet ansässige Unternehmer** Umsätze ausgeführt werden, für die sie Steuerschuldner nach § 13b Abs. 5 UStG sind, haben sie die für Vorleistungen in Rechnung gestellte Steuer im allgemeinen Besteuerungsverfahren und nicht im Vorsteuer-Vergütungsverfahren geltend zu machen. § 15 Abs. 4b UStG stellt sicher, dass für die nicht im

Gemeinschaftsgebiet ansässigen Unternehmer die im Vorsteuer-Vergütungsverfahren geltenden Beschränkungen und Ausschlüsse auch im allgemeinen Besteuerungsverfahren Anwendung finden.

Beispiel:
Der in Frankreich ansässige Unternehmer A wird von dem ebenfalls in Frankreich ansässigen Unternehmer B beauftragt, eine Maschine nach Frankfurt zu liefern und dort zu montieren. Der Lieferort soll sich nach § 3 Abs. 7 S. 1 UStG richten.

Lösung:
In diesem Fall erbringt A im Inland eine steuerpflichtige Werklieferung an B (§ 13b Abs. 2 Nr. 1 UStG). Die USt für diese Werklieferung schuldet B (§ 13b Abs. 5 S. 1 UStG). Unter den weiteren Voraussetzungen des § 15 UStG kann B im allgemeinen Besteuerungsverfahren die nach § 13b Abs. 5 S. 1 UStG geschuldete USt und die für Vorleistungen an ihn in Rechnung gestellte USt als Vorsteuer abziehen (§ 15 Abs. 1 S. 1 Nr. 1 und 4 UStG).

Der Unternehmer kann bei Vorliegen der weiteren Voraussetzungen des § 15 UStG den Vorsteuerabzug in der USt-Voranmeldung oder USt-Erklärung für das Kj. geltend machen, in der er den Umsatz zu versteuern hat (§ 13b Abs. 1 und 2 UStG, vgl. Abschn. 13b.15 Abs. 4 und 5 UStAE). 142

2.19 Schnellreaktionsmechanismus (§ 13b Abs. 10 UStG)

§ 13b Abs. 10 UStG enthält eine Ermächtigung des BMF, durch Rechtsverordnung mit Zustimmung des Bundesrates den Umfang der Steuerschuldnerschaft des Leistungsempfängers unter bestimmten Voraussetzungen (zunächst) zeitlich beschränkt auf weitere Umsätze zu erweitern, wenn im Zusammenhang mit diesen Umsätzen in einer Mehrzahl von Fällen der Verdacht auf Steuerhinterziehung in einem besonders schweren Fall aufgetreten ist (sog. **Schnellreaktionsmechanismus**). 142a

Mit der Regelung in § 13b Abs. 10 UStG wird die Voraussetzung geschaffen, zeitnah von durch den unionsrechtlichen Schnellreaktionsmechanismus eröffneten Möglichkeiten zur Betrugsbekämpfung national Gebrauch zu machen. Eine auf der Ermächtigung nach § 13b Abs. 10 UStG beruhende Verordnung mit einer Erweiterung der Steuerschuldnerschaft des Leistungsempfängers ist nur eine vorläufige Maßnahme. Ermächtigt der Rat Deutschland entsprechend dem gestellten Antrag nach Art. 395MwStSystRL, eine entsprechende von der MwStSystRL abweichende Regelung längerfristig beibehalten zu dürfen, muss die – zunächst in der Verordnung geregelte – Erweiterung der Steuerschuldnerschaft des Leistungsempfängers in jedem Fall im Rahmen eines Gesetzgebungsverfahrens in das UStG aufgenommen werden. Die Regelung über das Außerkrafttreten der Verordnung stellt zum einen sicher, dass die Verordnung nur von begrenzter Dauer ist. Sie stellt im Falle der Erteilung einer Anschlussermächtigung nach Art. 395 MwStSystRL aber auch sicher, dass die Regelung ohne zeitliche Unterbrechung national fort gilt. 142b

2.20 Steuerschuldnerschaft des Leistungsempfängers und allgemeines Besteuerungsverfahren

USt-Voranmeldungen (§ 18 Abs. 1 und 2 UStG) und eine Steuererklärung für das Kj. (§ 18 Abs. 3 und 4 UStG) haben auch die Unternehmer und juristischen Personen des öffentlichen Rechts 143 abzugeben, soweit sie als Leistungsempfänger ausschließlich eine Steuer nach § 13b Abs. 5 UStG zu entrichten haben (§ 18 Abs. 4a S. 1 UStG). Voranmeldungen sind nur für die Voranmeldungszeiträume abzugeben, in denen die Steuer für die Umsätze i. S. d. § 13b Abs. 1 UStG zu erklären ist (§ 18 Abs. 4a S. 2 UStG). Die Anwendung des § 18 Abs. 2a UStG ist ausgeschlossen (vgl. Abschn. 13b.16 Abs. 1 UStAE).

144 Hat der im Ausland bzw. im übrigen Gemeinschaftsgebiet ansässige Unternehmer im Besteuerungszeitraum oder Voranmeldungszeitraum nur Umsätze ausgeführt, für die der Leistungsempfänger die Steuer schuldet (§ 13b Abs. 2 UStG), sind von ihm nur dann Steueranmeldungen abzugeben, wenn

- er selbst als Leistungsempfänger eine Steuer nach § 13b UStG schuldet,
- er eine Steuer nach § 14c UStG schuldet oder
- das Finanzamt ihn hierzu besonders auffordert. Das Finanzamt hat den Unternehmer insbesondere in den Fällen zur Abgabe von Steueranmeldungen aufzufordern, in denen es zweifelhaft ist, ob er tatsächlich nur Umsätze ausgeführt hat, für die der Leistungsempfänger die Steuer schuldet. Eine Besteuerung des Unternehmers nach § 16 und § 18 Abs. 1 bis 4 UStG ist jedoch nur dann durchzuführen, wenn der im Ausland ansässige Unternehmer im Inland steuerpflichtige Umsätze ausgeführt hat, für die der Leistungsempfänger die Steuer nicht schuldet (vgl. Abschn. 13b.16 Abs. 2 UStAE).

145 Bei der Besteuerung des im Ausland bzw. im übrigen Gemeinschaftsgebiet ansässigen Unternehmers nach § 16 und § 18 Abs. 1 bis 4 UStG sind die Umsätze, für die der Leistungsempfänger die Steuer schuldet, nicht zu berücksichtigen. Ferner bleiben die Vorsteuerbeträge unberücksichtigt, die im Vorsteuer-Vergütungsverfahren (§ 18 Abs. 9 UStG, §§ 59 bis 61a UStDV) vergütet wurden. Die danach verbleibenden Vorsteuerbeträge sind ggf. durch Vorlage der Rechnungen und Einfuhrbelege nachzuweisen. Abschn. 15.11 Abs. 1 UStAE gilt sinngemäß. Das Finanzamt hat die vorgelegten Rechnungen und Einfuhrbelege durch Stempelaufdruck oder in anderer Weise zu entwerten und dem Unternehmer zurückzusenden (vgl. Abschn. 13b.16 Abs. 3 UStAE).

146 Hat der im Ausland bzw. im übrigen Gemeinschaftsgebiet ansässige Unternehmer im Besteuerungszeitraum oder im Voranmeldungszeitraum nur Umsätze ausgeführt, für die der Leistungsempfänger die Steuer schuldet, und kommt deshalb das allgemeine Besteuerungsverfahren nach § 16 und § 18 Abs. 1 bis 4 UStG nicht zur Anwendung, können die nach § 15 UStG abziehbaren Vorsteuerbeträge unter den weiteren Voraussetzungen nur im Vorsteuer-Vergütungsverfahren vergütet werden (§ 18 Abs. 9 UStG, §§ 59 bis 61a UStDV, vgl. Abschn. 13b.16 Abs. 4 UStAE).

2.21 Aufzeichnungspflichten

147 Neben den allgemeinen Aufzeichnungspflichten nach § 22 UStG müssen in den Fällen des § 13b Abs. 1 bis 5 UStG beim Leistungsempfänger die in § 22 Abs. 2 Nr. 1 und 2 UStG enthaltenen Angaben über die von ihm ausgeführten oder noch nicht ausgeführten Lieferungen und sonstigen Leistungen aus den Aufzeichnungen zu ersehen sein. Auch der leistende Unternehmer hat diese Angaben gesondert aufzuzeichnen (§ 22 Abs. 2 Nr. 8 UStG). Die Verpflichtung, zur Feststellung der Steuer und der Grundlagen ihrer Berechnung Aufzeichnungen zu machen, gilt in den Fällen der Steuerschuldnerschaft des Leistungsempfängers auch für Personen, die nicht Unternehmer sind (§ 22 Abs. 1 S. 2 UStG, vgl. Abschn. 13b.17 UStAE).

BEISPIEL
Bezug einer Leistung für den nichtunternehmerischen Bereich des Unternehmers oder den Hoheitsbereich einer juristischen Person des öffentlichen Rechts.

2.22 Buchungssätze

Eingangsumsätze, auf die der neue § 13b UStG Anwendung findet, werden beim deutschen Unternehmer wie folgt zu buchen sein: 148

- Aktivkonto (oder Aufwandskonto) an Geldkonto (oder Verbindlichkeiten),
- Vorsteuer aus § 13b UStG an USt aus § 13b UStG.

Selbstverständlich können die Buchungen auch auf **Sammelkonten** erfolgen, die durch eine besondere Kennung die Datenbasis für die USt-Erklärung gewährleisten (vgl. Winter, UR 2001, 325). 149

2.23 Inkrafttreten und Übergangsregelungen

Zur Übergangsregelung in § 27 Abs. 4 UStG vgl. BMF vom 05.12.2001, BStBl I 2001, 1013. Zur Übergangsregelung bei der Anwendung der Erweiterung des § 13b UStG ab 01.04.2004 auf alle Umsätze, die unter das GrEStG fallen, und auf bestimmte Bauleistungen vgl. BMF vom 31.03.2004, BStBl I 2001, 453, und vom 02.12.2004, BStBl I 2004, 1129. Zur Übergangsregelung bei der Anwendung der Erweiterung der Ausnahmen, in denen die Steuerschuldnerschaft des Leistungsempfängers nicht anzuwenden ist, ab 01.01.2007 bei Messen, Ausstellungen und Kongressen vgl. BMF vom 20.12.2006, BStBl I 2006, 796. Zur Übergangsregelung bei der Abgrenzung des Begriffs des Unternehmers, der selbst Bauleistungen erbringt, vgl. BMF vom 16.10.2009, BStBl I 2009, 1298. Zum Übergang auf die Anwendung der Erweiterung des § 13b UStG ab 01.01.2011 auf Lieferungen von Kälte und Wärme, Lieferungen der in der Anlage 3 des UStG bezeichneten Gegenstände und bestimmte Lieferungen von Gold sowie zur Übergangsregelung bei der Anwendung der Erweiterung des § 13b UStG ab 01.01.2011 auf Gebäudereinigungsleistungen vgl. BMF vom 04.02.2011, BStBl I 2011, 156. Zum Übergang auf die Anwendung der Erweiterung des § 13b UStG ab 01.07.2011 auf bestimmte Lieferungen von Mobilfunkgeräten und integrierten Schaltkreisen vgl. Teil II des BMF-Schreibens vom 24.06.2011, BStBl I 2011, 687, und Teil II des BMF-Schreibens vom 22.09.2011, BStBl I 2011, 910. Die Erweiterung des § 13b Abs. 2 Nr. 10 i.V.m. Abs. 5 S. 1 HS 2 UStG auf Lieferungen von Tablet-Computern und Spielekonsolen, die Einfügung des § 13b Abs. 2 Nr. 11 i.V.m. Abs. 5 S. 1 HS 2 UStG sowie die Änderung in § 13b Abs. 5 S. 2 und 5 i.V.m. Abs. 2 Nr. 4 S. 1 und Abs. 2 Nr. 8 S. 1 UStG ist auf Umsätze und Teilleistungen anzuwenden, die nach dem 30.09.2014 ausgeführt werden (§ 27 Abs. 1 S. 1 UStG), sowie in den Fällen, in denen das Entgelt oder ein Teil des Entgelts vor dem 01.10.2014 vereinnahmt wird und die Leistung erst nach dem 30.09.2014 ausgeführt wird (§ 13b Abs. 4 S. 2 UStG, § 27 Abs. 1 S. 2 UStG). Vgl. BMF vom 26.09.2014, BStBl I 2014, 1297. Die Übergangsregelung in Abschnitt II Nr. 2 des BMF-Schreibens vom 26.09.2014, BStBl I 2014, 1297, in der Fassung des BMF-Schreibens vom 05.12.2014, BStBl I 2014, 1618, für Lieferungen von Edelmetallen, unedlen Metallen, Selen und Cermets wurde durch das BMF-Schreiben vom 22.01.2015, BStBl I 2015, 123, erweitert. 150

2.24 Ertragsteuerliche Folgewirkungen

151 Der Gesetzgeber hält die neue Steuerschuldnerschaft offenbar für eine rein umsatzsteuerlich-technische Änderung ohne materielle Folgen. Dabei wurde übersehen, dass diese USt nicht mehr Bestandteil der Bemessungsgrundlage für den Steuerabzug nach § 50a EStG ist. Bei vordergründiger Betrachtung wird die neue Steuerschuldnerschaft – abgesehen vom sicher gravierenden Wegfall der Nullregelung – in der Praxis kaum auffallen, weil es dabei bleibt, dass der Leistungsempfänger bei Werklieferungen und sonstigen Leistungen die Steuer seines im Ausland ansässigen Geschäftspartners von der Gegenleistung einbehält und an das eigene Finanzamt abführt. Rechtstechnisch geschah dies bislang im Haftungsverfahren, d.h. der im Ausland ansässige Leistende blieb Steuerschuldner. Nunmehr wird der Leistungsempfänger selbst zum Steuerschuldner. Der ausländische Unternehmer ist daneben weder zusätzlicher Steuerschuldner noch kommt seine Haftung für die USt in Betracht. Hier liegt der entscheidende Unterschied zur bisherigen Rechtslage. Ist der ausländische Unternehmer (Gläubiger der Vergütung i.S.d. § 50a EStG) von vornherein nicht mehr Schuldner der USt, kann er auch von keiner Steuerschuld befreit werden. Anders als in den Fällen der bisherigen Nullregelung, durch deren Anwendung der ausländische Unternehmer gerade von seiner Steuerschuld befreit wurde, führt die Anwendung des neuen Reverse-Charge-Verfahrens zukünftig beim ausländischen Unternehmer nicht mehr zu einer Einnahme. Ob der Leistungsempfänger die infolge der Neuregelung von ihm originär geschuldete USt ordnungsgemäß erklärt und zahlt, ist für die umsatzsteuerliche Position des ausländischen Unternehmers unerheblich.

§ 13c UStG
Haftung bei Abtretung, Verpfändung oder Pfändung von Forderungen

(1) [1]Soweit der leistende Unternehmer den Anspruch auf die Gegenleistung für einen steuerpflichtigen Umsatz im Sinne des § 1 Abs. 1 Nr. 1 an einen anderen Unternehmer abgetreten und die festgesetzte Steuer, bei deren Berechnung dieser Umsatz berücksichtigt worden ist, bei Fälligkeit nicht oder nicht vollständig entrichtet hat, haftet der Abtretungsempfänger nach Maßgabe des Absatzes 2 für die in der Forderung enthaltene Umsatzsteuer, soweit sie im vereinnahmten Betrag enthalten ist. [2]Ist die Vollziehung der Steuerfestsetzung in Bezug auf die in der abgetretenen Forderung enthaltene Umsatzsteuer gegenüber dem leistenden Unternehmer ausgesetzt, gilt die Steuer insoweit als nicht fällig. [3]Soweit der Abtretungsempfänger die Forderung an einen Dritten abgetreten hat, gilt sie in voller Höhe als vereinnahmt. [4]Die Forderung gilt durch den Abtretungsempfänger nicht als vereinnahmt, soweit der leistende Unternehmer für die Abtretung der Forderung eine Gegenleistung in Geld vereinnahmt. [5]Voraussetzung ist, dass dieser Geldbetrag tatsächlich in den Verfügungsbereich des leistenden Unternehmers gelangt; davon ist nicht auszugehen, soweit dieser Geldbetrag auf ein Konto gezahlt wird, auf das der Abtretungsempfänger die Möglichkeit des Zugriffs hat.

(2) [1]Der Abtretungsempfänger ist ab dem Zeitpunkt in Anspruch zu nehmen, in dem die festgesetzte Steuer fällig wird, frühestens ab dem Zeitpunkt der Vereinnahmung der abgetretenen Forderung. [2]Bei der Inanspruchnahme nach Satz 1 besteht abweichend von § 191 der Abgabenordnung kein Ermessen. [3]Die Haftung ist der Höhe nach begrenzt auf die im Zeitpunkt der Fälligkeit nicht entrichtete Steuer. [4]Soweit der Abtretungsempfänger auf die nach Absatz 1 Satz 1 festgesetzte Steuer Zahlungen im Sinne des § 48 der Abgabenordnung geleistet hat, haftet er nicht.

(3) [1]Die Absätze 1 und 2 gelten bei der Verpfändung oder der Pfändung von Forderungen entsprechend. [2]An die Stelle des Abtretungsempfängers tritt im Fall der Verpfändung der Pfandgläubiger und im Fall der Pfändung der Vollstreckungsgläubiger.

Literatur

Bös, Umsatzsteueraspekte beim Forderungsverkauf, Stbg 2004, 367. **Hahne**, Die Haftung für Umsatzsteuerschulden bei der Abtretung und Verpfändung von Forderungen nach § 13c UStG n. F., BB 2003, 2720. **Hahne**, Der Haftungstatbestand nach § 13c UStG n.F./Zugleich Nachweis der Notwendigkeit einer teleologischen Reduktion des Anwendungsbereichs der Vorschrift, DStR 2004, 210. **Hahne**, Haftung für Umsatzsteuerschulden bei der Abtretung, Pfändung und Verpfändung von Forderungen/Anmerkungen zum BMF-Schreiben vom 24.05.2004 zur Anwendung von § 13c UStG n.F., UR 2004, 633. **Haunhorst**, Haftungsfalle Forderungsabtretung?!/Zweifelsfragen zur Neuregelung des § 13c UStG, UVR 2004, 377. **Giehl/Vana**, ABS-Transaktionen – Haftung der Zweckgesellschaft nach § 13c UStG?/Folgen und Risiken durch die Neuregelung, UStB 2004, 357. Kersting, Haftung des Zessionars nach § 13c UStG; FMP 2008,106. **Mende**, Umsatzsteuerrechtliche Haftungsvorschriften/BMF-Schreiben v. 24.05.2004 – S 7279a (BStBl I 2004, 514) zu §§ 13a und 13d UStG, NWB 2004, 2725 = Fach 7, 6339. **Rekers**, Zur Haftung des Abtretungsempfängers gem. § 13 c für USt beim sogenannten echten Factoring; ZInsO 2016, 681. **Schießl**, Umsatzsteuerhaftung nach § 13c UStG, StuB 2014,441. **Rekers**, Zur Haftung des Abtretungsempfängers gemäß § 13c ZInsO 2016, 650. **Schrad**, Haftung des Abtretungsempfängers einer zahlungsgestörten Forderung DB 2018, 1276. **Siebert**, Der neue Haftungstatbestand des § 13c UStG/Eine Bestandsaufnahme nach dem Erlass des BMF, UStB 2004, 279. **Slotty-Harms/Jansen**, Auswirkungen des neuen Haftungstatbestands in § 13c UStG n.F. bei Abtretung, Verpfändung und Pfändung von Forderungen, UR 2004, 221. **Weber/Reiß**, Umsatzsteuerliche Beurteilung von ABS-Transaktionen/Die Bedeutung der Neuregelung des § 13c UStG und der geänderten BFH-Rechtsprechung zum Factoring unter besonderer Berücksichtigung der neuen BMF-Schreiben vom 24.05.2004 und 03.06.2004, BB 2004, 1367. **Weimann**, Umsatzsteuer in der Praxis (UidP), 12. Aufl. 2014. **Weßlin/Romswinkel**, Abtretung und Verpfändung von Forderungen/Die neue Haftungsnorm des § 13c UStG, UStB 2004, 95. **Wiese/Gradl**, Die neuen Haftungstatbestände § 13c und § 13d UStG/Ist das Umsatzsteueraufkommen noch zu retten?, DB 2004, 844.

Verwaltungsanweisungen

BMF vom 24.05.2004, Az: IV B 7 – S 7279a – 17/04, IV B 7 – S 7279b – 2/04, BStBl I 2004, 514.
BMF vom 30.01.2006, Az: IV A 5 – S 7279a – 2/06, BStBl I 2006, 207.
BMF vom 09.05.2018, Az: III C 2 – S 7279-a/0:002.
Hinweis: Zur Problematik der zeitlichen Geltungsdauer von BMF-Schreiben vgl. Einführung UStG, Rz. 100 ff.

Richtlinien/Hinweise/Verordnungen
UStAE: Abschn. 13c.1.
MwStSystRL: Art. 205.

Sonstige Verlautbarungen
Unterrichtung des Deutschen Bundestages durch den Präsidenten des Bundesrechnungshofes; Bericht nach § 99 BHO über die Steuerausfälle bei der Umsatzsteuer durch Steuerbetrug und Steuervermeidung; Vorschläge an den Gesetzgeber, BT-Drucks. 15/1495, www.bundesrechnungshof.de/Veröffentlichungen/Sonderberichte (abgelegt bei Weimann, UidP/CD-ROM/Wichtiges aus der Verwaltung/Wichtiges von anderen Behörden; ausführlich hierzu vor § 1, Abschn. 10.2.2; Amtliche Gesetzesbegründung, BR-Drucks. 630/03 vom 05.09.2003, BT-Drucks. 15/1562 vom 23.09.2003.

1 Allgemeines

1.1 Überblick über die Vorschrift

Der Bundesrechnungshof hat Fallgestaltungen aufgezeigt, in denen in großem Stil Umsatzsteuer- 1
betrug und -vermeidung vorkommen. In einem aktuellen Bericht geht der BRH u. a. davon aus, dass die Fälle der Globalzession zu hohen Umsatzsteuerausfällen führen. Diese Problematik versucht der Gesetzgeber mit dem neuen § 13c UStG einzudämmen (vgl. Rn. 5). Die neue Vorschrift hat damit **keine steuererhöhende Wirkung**, sondern dient lediglich dazu, die Voraussetzungen zu schaffen, dass der Staat die ihm gesetzlich zustehende USt auch erhält (Bundesrechnungshof, BT-Drucks. 15/1495 vom 03.09.2003, Abschn. I.2, a. a. O.).

Das BMF hat in einem **Einführungsschreiben** zu der damaligen Neuregelung Stellung genom- 2
men (BMF vom 24.05.2004, BStBl I 2004, 514, Abschn. A). Die dortigen Anweisungen sind als Abschn. 182b in die UStR 2005 übernommen worden; nunmehr Abs. 13c .1 UStAE.

Ergänzend erörtert das BMF mit Schreiben vom 30.01.2006 (BStBl I 2006, 207) die Frage der 3
Vereinnahmung abgetretener Forderungen durch den Abtretungsempfänger; diese Anweisungen wurden als Abschn. 182b Abs. 19ff. in die UStR 2008 übernommen. Abschn. 182b UStR wiederum wurde durch den UStAE als Abschn. 13c.1 unverändert fortgeführt.

1.2 Rechtsentwicklung

Die Haftung bei Abtretung, Verpfändung oder Pfändung von Forderungen wurde durch das 4
StÄndG 2003 neu in das UStG aufgenommen (zum Anwendungszeitraum vgl. Rn. 13).

1.3 Geltungsbereich

1.3.1 Sachlicher Geltungsbereich

5 § 13 c UStG begründet unter bestimmten Voraussetzungen einen Haftungstatbestand für die Fälle, in denen ein Unternehmer eine Kundenforderung abtritt und der Abtretungsempfänger die Forderung einzieht oder an einen Dritten überträgt (vgl. Abschn. 13c.1 Abs. 1 UStR; BMF vom 24.05.2004, BStBl I 2004, 514, Abschn. A.1, Tz. 1). Die Rechtsfolgen des § 13 c für die Forderungsabtretung treten auch bei der Verpfändung oder Pfändung von Forderungen ein (§ 13 c Abs. 3 UStG, hierzu nachfolgend vgl. Rn. 20). Ursprünglich beabsichtigte der Gesetzgeber die gesamtschuldnerische Haftung nach § 13 c UStG-Entwurf nur für den Fall der Abtretung; erst auf Vorschlag des Bundesrates wurde Abs. 3 eingefügt.

6 Mit der Festsetzung der Haftungsschuld wird ein **Gesamtschuldverhältnis i.S.d. § 44 AO** begründet. Die Regelung dient der **Vermeidung von Umsatzsteuerausfällen**, die dadurch entstehen, dass der abtretende Unternehmer häufig finanziell nicht mehr in der Lage ist, die von ihm geschuldete USt zu entrichten, weil der Abtretungsempfänger die Forderung eingezogen hat; § 13 c UStG hat damit keine steuererhöhende Wirkung (vgl. Rn. 1). Der Abtretungsempfänger war bisher nicht verpflichtet; diese USt, die zivilrechtlich Bestandteil der abgetretenen Forderung ist, an das Finanzamt abzuführen (Amtliche Gesetzesbegründung, BR-Drucks. 630/03 vom 05.09.2003, BT-Drucks. 15/1562 vom 23.09.2003).

7 § 13 c UStG kommt zur Anwendung bei der

- Abtretung,
- Verpfändung und
- Pfändung

von Forderungen, die Umsatzsteuerbeträge beinhalten.

1.3.2 Persönlicher Geltungsbereich

8 § 13 c UStG sieht hinsichtlich des persönlichen Geltungsbereichs keine Beschränkungen vor und gilt daher für **alle Unternehmer** i. S. d. § 2 UStG.

9 Die Vorschrift **»überlappt« den Privatbereich** des Unternehmers: auch soweit er hier Forderungen im Wege der Abtretung oder des Pfandes erhält, greift die Haftung des § 13 c UStG.

1.3.3 Zeitlicher Geltungsbereich

10 § 13 c UStG ist gem. § 27 Abs. 7 S. 1 UStG ab 01.01.2004 auf Forderungen anzuwenden, die **nach dem 07.11.2003** (Tag des Gesetzesbeschlusses des Deutschen Bundestages zum StÄndG) **abgetreten, verpfändet oder gepfändet** worden sind (vgl. Abschn. 13c.1 Abs. 44 UStR 2005; BMF vom 24.05.2004, BStBl I 2004, 514, Abschn. A.5, Tz. 40).

11 Auch im Falle einer vor dem 08.11.2003 abgeschlossenen **Globalzession** gilt die Haftung nur für Forderungen, die nach dem 31.12.2003 entstanden sind (vgl. Abschn. 113c.1 Abs. 44 UStR 2008; BMF vom 24.05.2004, BStBl I 2004, 514, Abschn. A.5, Tz. 41).

TIPP

Wann die jeweiligen **Leistungen erbracht** wurden, ist für die Haftung dem Grunde nach unerheblich (Hahne, BB 2003, 2720); wichtig ist diese Frage aber für die Haftung der Höhe nach (vgl. Rn. 17ff.).

Die Regelung bietet den betroffenen Unternehmern damit relativ umfassenden **Vertrauensschutz**. 12
Unternehmer können nur als Haftungsschuldner in Anspruch genommen werden, wenn die maßgeblichen Rechtsgeschäfte nach dem Zeitpunkt der Beschlussfassung des Deutschen Bundestages getätigt wurden (Amtliche Gesetzesbegründung, BR-Drucks. 630/03 vom 05.09.2003, BT-Drucks. 15/1562 vom 23.09.2003).

1.4 Gemeinschaftsrechtliche Grundlagen und Verhältnis zu anderen Vorschriften

Der Gesetzgeber begründet § 13c UStG mit Art. 21 Abs. 3 der 6. EG-RL – nunmehr Art. 205 i. V. m. 13
Art. 193 MwStSystRL (vgl. Amtliche Gesetzesbegründung, BR-Drucks. 630/03 vom 05.09.2003, BT-Drucks. 15/1562 vom 23.09.2003); ob der Reichweite der Haftung (vgl. Rn. 14) äußert die Literatur berechtigte Bedenken (vgl. Hahne, DStR 2004, 210). Die Vereinbarkeit mit höherrangigem Recht und den allgemeinen Rechtsgrundsätzen hat der BFH mit Urteil vom 20.03.2013, – Az: XI R 11/12 klargestellt (BFHE 241/89).

2 Kommentierung

2.1 Haftungsvoraussetzungen (§ 13c Abs. 1, Abs. 3 UStG)

2.1.1 Die Haftungsvoraussetzungen im Überblick

§ 13c Abs. 1 S. 1 UStG enthält die grundsätzlichen Voraussetzungen für die Haftung im Falle der 14
Abtretung einer Forderung; für deren Verpfändung oder Pfändung gelten die Voraussetzungen entsprechend (§ 13c Abs. 3 UStG). Der Abtretungsempfänger/Pfandgläubiger/Vollstreckungsgläubiger haftet für die in der nämlichen Forderung enthaltene USt, wenn folgende Voraussetzungen vorliegen:

- **Der Haftungsgegen Stand:** Gehaftet wird für die in einer Forderung aus einem (steuerbaren und) steuerpflichtigen Umsatz enthaltene Umsatzsteuer (vgl. Rn. 15).
- **Der die Haftung auslösende Rechtsakt:** Die nämliche Forderung wird abgetreten, verpfändet oder gepfändet (vgl. Rn. 17).
- **Durch den Rechtsakt Belasteter (»leistender Unternehmer«):** Der Abtretende/Pfandschuldner/Vollstreckungsschuldner ist Unternehmer (vgl. Rn. 27 ff.).
- **Durch den Rechtsakt Begünstigter:** Der Abtretungsempfänger/Pfandgläubiger/Vollstreckungsgläubiger (§ 13c Abs. 3 S. 2 UStG) ist Unternehmer. Nach dem EuGH-Urteil vom 26.06.2003 (Rs. C-305/01, MKG-Kraftfahrzeuge-Factoring GmbH, BStBl II 2004, 688, UR 2003, 399) ist auch der, der das Ausfallrisiko für die an ihn abgetretene Forderung übernimmt (echtes Factoring), Unternehmer (vgl. Rn. 27 ff.).
- **Zahlungsrückstand bei Fälligkeit:** Der leistende Unternehmer hat die festgesetzte Steuer im Zeitpunkt der Fälligkeit nicht entrichtet. In der festgesetzten Steuer muss die in der abgetretenen Forderung enthaltene USt berücksichtigt sein (vgl. Rn. 30 ff.).

- **Vereinnahmung:** Der Abtretungsempfänger muss die abgetretene Forcierung ganz oder teilweise vereinnahmt haben. Hat er sie teilweise vereinnahmt, erstreckt sich die Haftung nur auf die USt, die im tatsächlich vereinnahmten Betrag enthalten ist (vgl. Rn. 36ff.). Zu den Besonderheiten der Kettenabtretung vgl. Rn. 57ff.

2.1.2 Haftungsgegen Stand: Forderungen aus steuerbaren und steuerpflichtigen Umsätzen eines Unternehmers

15 § 13c UStG erfasst nur die Abtretung (oder Verpfändung oder Pfändung, vgl. Rn. 20ff.) von Forderungen aus steuerbaren und **steuerpflichtigen Umsätzen** eines Unternehmers.

16 Der steuerpflichtige Umsatz muss nicht an einen anderen Unternehmer erbracht worden sein, es kann sich **auch** um einen steuerpflichtigen **Umsatz an einen Nichtunternehmer** handeln (vgl. Abschn. 13c.1 Abs. 2 UStAE; BMF vom 24.05.2004, BStBl I 2004, 514, Abschn. A.2.1, Tz. 2).

2.1.3 Rechtsakte, die eine Haftung auslösen: Abtretung, Verpfändung, Pfändung

2.1.3.1 Abtretung (§ 13c Abs. 1 S. 1 UStG)

17 Obwohl der Regelungszweck der Vorschrift auf Sicherungsabtretungen zielt, umfasst der Haftungstatbestand grundsätzlich **alle Formen der Abtretung** von Forderungen aus steuerpflichtigen Umsätzen. Somit kann auch jeder Erwerber entsprechender Forderungen Haftungsschuldner für nicht entrichtete USt sein. Insbesondere fällt unter § 13c UStG die Abtretung bestimmter **künftiger Forderungen** aus bestehenden Geschäftsverbindungen zugunsten eines Dritten im Zusammenhang mit Waren- oder Bankkrediten. Hauptfälle dieser Abtretungen künftiger Forderungen sind u. a. die **Sicherungsabtretung** zugunsten eines Kreditgebers, einschließlich der sog. **Globalzession** (vgl. Abschn. 13c.1 Abs. 3 UStAE; BMF vom 24.05.2004, BStBl I 2004, 514, Abschn. A.2.1, Tz. 3), auch in Form der stillen Zession (Schieß StuB 214,441; BFH vom 20.13.2013, Az: XI R 11/12 und BFH vom 13.04.2016, Az:. V R 65/14.

TIPP

Fälle der neuen Haftung sind damit auch Factoring und Forfaitierung. Um die zusätzlichen Risiken künftig abzudecken, werden Banken und Unternehmern voraussichtlich die Konditionen für die abtretenden Unternehmen erhöhen. Um erhöhte Finanzierungskosten zu vermeiden und gleichzeitig alle Finanzierungsmöglichkeiten auch weiterhin zu nutzen, werden Banken und Unternehmer die Abwicklung ihrer Geschäftsbeziehungen an die neue Rechtslage anpassen und über Gestaltungsalternativen nachdenken müssen (vgl. hierzu Hahne, DStR 2004, 210). Die wohl wichtigste Gestaltungsalternative bietet die Kettenabtretung (vgl. Rn. 57ff.).

18 Die Abtretung (§ 398 BGB) ist grundsätzlich **nicht formbedürftig**. Unmittelbare Folge der Abtretung ist der **Wechsel der Gläubigerstellung** (Abschn. 13c.1 Abs. 4 UStAE; BMF vom 24.05.2004, BStBl I 2004, 514, Abschn. A.2.1, Tz. 4).

19 Die Abtretung kann **auf einen Teilbetrag der Gesamtforderung beschränkt** werden. Dabei ist die Umsatzsteuer zivilrechtlich unselbständiger Teil des abgetretenen Forderungsbetrages. Die Abtretung kann **nicht auf einen (fiktiven) Nettobetrag ohne Umsatzsteuer beschränkt** werden, vielmehr erstreckt sich die Haftung auf die im abgetretenen Betrag enthaltene Umsatzsteuer. Die Umsatzsteuer, für die gehaftet wird, ist somit **aus dem abgetretenen Forderungsbetrag herauszurechnen** (vgl. Abschn. 13c.1 Abs. 7 UStAE; BMF vom 24.05.2004, BStBl I 2004, 514, Abschn. A.2.1, Tz. 7).

TIPP

Umsatzsteuererhöhung: Im Hinblick auf eine Steuersatzerhöhung gilt es zu beachten, dass ein neuer allgemeiner Steuersatz auf Lieferungen, sonstige Leistungen und i. g. Erwerbe anzuwenden ist, die nach einem bestimmten Zeitpunkt bewirkt werden. Maßgebend für die Anwendung des Steuersatzes ist stets der Zeitpunkt, in dem der jeweilige Umsatz ausgeführt wird (= Leistungszeitpunkt). Auf den Zeitpunkt der vertraglichen Vereinbarung kommt es für die Frage, welchem Steuersatz eine Leistung unterliegt, ebenso wenig an wie auf den Zeitpunkt der Entgeltsvereinnahmung oder der Rechnungserteilung (vgl. § 13 Rn. 25).

Beispiel:

Unternehmer U_1 tritt U_2 unter den weiteren Voraussetzungen des § 13c UStG am 15.06.2007 eine Warenforderung i. H. v. 200.000 € ab, die in 2007 entstanden ist und die die USt mit 19 % beinhaltet.

Lösung:

Der Haftungsbetrag ermittelt sich durch Herausrechnen (»von oben nach unten«) wie folgt:
200.000 € : 1,19 × 0,19 = 31.932,77 €.

Abwandlung:

Die abgetretene Forderung ist bereits in 2006 entstanden und beinhaltet die USt mit 16 %.

Lösung:

Der Haftungsbetrag ermittelt sich durch Herausrechnen (»von oben nach unten«) wie folgt:
200.000 €: 1,16 × 0,16 = 27.586,20 €.

2.1.3.2 Verpfändung und Pfändung (§ 13c Abs. 3 UStG)

Die Rechtsfolgen des § 13c für die Forderungsabtretung treten auch bei der Verpfändung oder Pfändung von Forderungen ein (vgl. Abschn. 13c.1 Abs. 5 UStAE; BMF vom 24.05.2004, BStBl I 2004, 514, Abschn. A.2.1, Tz. 5). Ursprünglich beabsichtigte der Gesetzgeber die gesamtschuldnerische Haftung nach § 13c UStG-Entwurf nur für den Fall der Abtretung; erst auf Vorschlag des Bundesrates wurde Abs. 3 eingefügt. 20

2.1.3.2.1 (Freiwillige) Verpfändung

Bei der Verpfändung einer Forderung gem. den §§ 1273ff., 1279ff. BGB kann wie bei der Sicherungsabtretung der Pfandgläubiger die Forderung bei Pfandreife einziehen und damit seine eigene Forderung gegen den Gläubiger befriedigen (§§ 1282, 1288 Abs. 2 BGB). Die Verpfändung erfolgt damit – ähnlich wie eine Sicherungsabrede – zwar aus wirtschaftlichem Zwang heraus, aber im Grundsatz **freiwillig**. 21

In der Praxis werden Pfandrechte an Forderungen wegen der Pflicht zur Anzeige an den Schuldner (§ 1280 BGB) eher selten bestellt; dennoch schlug der Bundesrat vor, dass § 13c UStG zur **Vermeidung von Umgehungen** auch diesen Fall mit erfasst (Stellungnahme des Bundesrates und Gegenäußerung der Bundesregierung, BT-Drucks. 15/1798 vom 22.10.2003). 22

2.1.3.2.2 (Unfreiwillige) Pfändung

Gleiches gilt für die Pfändung von Forderungen, denn in der Sache macht es keinen Unterschied, ob der leistende Unternehmer eine Forderung freiwillig als Sicherheit anbietet oder ob dessen **Gläubiger – aus Sicht des leistenden Unternehmers unfreiwillig – in eine Forderung vollstreckt**. In beiden Fällen kann sich der Gläubiger aus dem Bruttobetrag der Forderung befriedigen, während der Fiskus mit dem ihm zustehenden Umsatzsteueranteil ausfällt (Stellungnahme des Bundesrates und Gegenäußerung der Bundesregierung, BT-Drucks. 15/1798 vom 22.10.2003). Bei der Pfändung von Forderungen kommt eine **Haftung des Vollstreckungsgläubigers** in Betracht. Durch die Pfändung wird eine Geldforderung beschlagnahmt (z. B. § 829 ZPO). Die Pfändung ist mit der **Zustellung des Beschlusses an den Drittschuldner** als bewirkt anzusehen (§ 829 Abs. 3 ZPO; vgl. Abschn. 13c.1 Abs. 6 UStAE; BMF vom 24.05.2004, BStBl I 2004, 514, Abschn. A.2.1, Tz. 6). 23

2.1.3.2.3 Formneutralität

24 Wie in den Fällen der Abtretung umfasst die Haftung **alle Formen** der Verpfändung bzw. Pfändung.

2.1.4 Durch den Rechtsakt Belasteter (»leistender« Unternehmer)

25 Voraussetzung für die Haftung ist, dass der Leistende **Unternehmer i.S.d. § 2 UStG** ist (Abschn. 13c.1 Abs. 8 UStAE; BMF vom 24.05.2004, BStBl I 2004, 514, Abschn. A.2.2, Tz. 8).

26 Zur Anwendung des § 13c UStG bei **Kleinunternehmern i.S.d. § 19 UStG** und land- und forstwirtschaftlichen Unternehmern, die die **Durchschnittssatzbesteuerung nach § 24 UStG** anwenden, vgl. Rn. 27ff.

2.1.5 Durch den Rechtsakt Begünstigter (Abtretungsempfänger, Pfandgläubiger, Vollstreckungsgläubiger)

27 Der Abtretungsempfänger, Pfandgläubiger oder Vollstreckungsgläubiger muss nach § 13c Abs. 1 S. 1 i.V.m. Abs. 3 UStG **Unternehmer i.S.d. § 2 UStG** sein, das ist auch der Factor (BFH vom 16.12.2015 XI R 28/13).

28 **Kleinunternehmer i.S.d. § 19 UStG** oder land- und forstwirtschaftliche Unternehmer, die die **Durchschnittssatzbesteuerung nach § 24 UStG** anwenden, können auch Haftungsschuldner i.S.d. § 13c UStG sein.

TIPP
Nicht Voraussetzung für die Haftung nach § 13c UStG ist, dass die Abtretung, Verpfändung oder Pfändung der **Forderung für den unternehmerischen Bereich des Begünstigten** erfolgt. Pfändet z.B. ein Unternehmer eine Forderung für seinen nichtunternehmerischen Bereich, kann er als Haftungsschuldner nach § 13c UStG in Anspruch genommen werden (vgl. Abschn. 13c.1 Abs. 9 UStAE; BMF vom 24.05.2004, BStBl I 2004, 514, Abschn. A.2.3, Tz. 9). Hierauf sollte der Berater die Mandanten hinweisen, und zwar nicht nur bei Übernahme eines Mandats, sondern auch immer wieder während der Ausübung (etwa durch Mandanten-Rundschreiben).

29 Bei Abtretungen, Verpfändungen und Pfändungen **an bzw. durch Nichtunternehmer** kommt die Haftung nach § 13c UStG nicht in Betracht. Zu den Nichtunternehmern gehören auch **juristische Personen des öffentlichen Rechts**, soweit nicht ein Betrieb gewerblicher Art (vgl. § 2 Abs. 3 UStG) vorliegt (Abschn. 13c.1 Abs. 10 UStAE; BMF vom 24.05.2004, BStBl I 2004, 514, Abschn. A.2.3, Tz. 10) und in den Fällen des ab 2016 geltenden neu eingefügten § 2b UStG.

2.1.6 Nichtentrichtung der Steuer bei Fälligkeit

30 § 13c UStG setzt voraus, dass der leistende Unternehmer die Steuer, bei deren Ermittlung der steuerpflichtige Umsatz ganz oder teilweise berücksichtigt wurde, für den der Anspruch auf Gegenleistung (Forderung) abgetreten, verpfändet oder gepfändet wird, **bei Fälligkeit nicht oder nicht vollständig entrichtet** hat.

31 § 13c UStG kann deshalb nicht angewendet werden, wenn sich keine zu entrichtende Steuer ergibt, wie z.B. bei **Vorsteuerüberschüssen** oder leistenden Unternehmern, die die **Kleinunternehmerregelung** (§ 19 UStG) anwenden. Bei der Abtretung, Verpfändung oder Pfändung von

Forderungen eines land- und forstwirtschaftlichen Unternehmers, der die **Durchschnittssatzbesteuerung nach § 24 UStG** anwendet, kommt eine Haftung in Betracht, soweit bei diesem eine Zahllast entsteht (Abschn. 13c.1 Abs. 11 UStAE; BMF vom 24.05.2004, BStBl I 2004, 514, Abschn. A.2.4, Tz. 11).

TIPP

1. War die Umsatzsteuer, für die eine Haftung in Betracht kommen würde, **in der Vorauszahlung für den maßgeblichen Voranmeldungszeitraum nicht enthalten**, kommt eine Haftung **nicht** in Betracht (Abschn. 13c.1 Abs. 12 S. 1 UStAE; BMF vom 24.05.2004, BStBl I 2004, 514, Abschn. A.2.4, Tz. 12 S. 1).
2. Ist die in der abgetretenen, verpfändeten oder gepfändeten Forderung enthaltene Umsatzsteuer **erstmals in der zu entrichtenden Steuer für das Kalenderjahr enthalten**, greift die Haftung ein, wenn der leistende Unternehmer den Unterschiedsbetrag i. S. d. § 18 Abs. 4 UStG bei Fälligkeit nicht oder nicht vollständig entrichtet hat (Abschn. 13c.1 Abs. 12 S. 2 UStAE; BMF vom 24.05.2004, BStBl I 2004, 514, Abschn. A.2.4, Tz. 12 S. 2). Damit führt u. U. auch die durch **Betriebsprüfungen** für das entsprechende Kj. gegen den abtretenden Unternehmer festgesetzte Mehrsteuer zu einer Haftung nach § 13c UStG.
3. Hat der leistende Unternehmer die **Vorauszahlung für den maßgeblichen Voranmeldungszeitraum vollständig entrichtet** und war die in der abgetretenen, verpfändeten oder gepfändeten Forderung enthaltene USt in der Vorauszahlung enthalten, haftet der Abtretungsempfänger, Pfandgläubiger oder Vollstreckungsgläubiger nicht. Dies gilt auch dann, wenn sich für das entsprechende Kalenderjahr eine zu entrichtende Steuer i. S. d. § 18 Abs. 3 UStG zugunsten des Finanzamts ergibt und der Unternehmer den Unterschiedsbetrag nach § 18 Abs. 4 UStG bei Fälligkeit nicht oder nicht vollständig entrichtet hat (vgl. Abschn. 13c.1 Abs. 13 UStAE; BMF vom 24.05.2004, BStBl I 2004, 514, Abschn. A.2.4, Tz. 13). **Hinweis:** Das wurde bei Einführung des § 13c UStG teilweise anders gesehen. Eine Haftung tritt nach § 13c Abs. 1 S. 1 UStG ein, wenn »die festgesetzte Steuer, bei deren Berechnung dieser Umsatz berücksichtigt worden ist, bei Fälligkeit nicht oder nicht vollständig entrichtet« wurde. Daraus, dass die USt eine **Jahressteuer** und der Besteuerungszeitraum das **Kj. ist**, wurde geschlossen, dass sich das Haftungsrisiko dem Grunde nach auf nicht beglichene USt des gesamten Jahres ohne Begrenzung auf einen bestimmten Voranmeldungszeitraum erstrecke.
4. Anfangs wurde auch die Auffassung vertreten, dass **kein sachlicher Zusammenhang** zwischen der in der Forderung enthaltenen USt und dem rückständigen Steuerbetrag bestehen müsse. Die nicht entrichtete USt sollte **auch auf einer Vorsteuerkürzung** oder zusätzlichen Erfassung anderer Umsätze beruhen können; entscheidend sei ausschließlich, dass die festgesetzte USt nicht vollständig entrichtet wurde. Auch diese Auffassung ist angesichts Abschn. 13c.1 Abs. 13 S. 2 UStAE nicht länger haltbar.

Die Haftung greift dem Grunde nach, wenn die Steuer nicht bis zum Ablauf des **Fälligkeitstages** (§ 220 Abs. 1 AO i. V. m. § 18 Abs. 1 und 4 UStG) entrichtet wird. Die Anwendung von § 13c UStG kommt nicht in Betracht, wenn die Steuer innerhalb der Zahlungs-Schonfrist nach § 240 Abs. 3 AO entrichtet wird. Ein bis zum Ablauf der **Zahlungsschonfrist** entrichteter Betrag ist bei der Berechnung des Haftungsbetrages zu berücksichtigen (Abschn. 13c.1 Abs. 14 UStAE; BMF vom 24.05.2004, BStBl I 2004, 514, Abschn. A.2.4, Tz. 14). 32

TIPP

Soweit die Steuer nach diesem Zeitpunkt entrichtet wird, fallen die Voraussetzungen für den Erlass eines Haftungsbescheides ab diesem Zeitpunkt weg (vgl. Rn. 62 ff.)!

Ist die umsatzsteuerrechtliche Behandlung des der Forderung zugrunde liegenden steuerpflichtigen Umsatzes streitig und wurde in Bezug darauf bei der entsprechenden Steuerfestsetzung **Aussetzung der Vollziehung** gewährt, ist insoweit keine Fälligkeit gegeben (§ 13c Abs. 1 S. 2 UStG, vgl. auch Abschn. 13c.1 Abs. 15 UStAE). 33

Für die Begründung der Haftung reicht es aus, wenn der der abgetretenen, verpfändeten oder gepfändeten Forderung zugrunde liegende **Umsatz bei der Steuer berücksichtigt** wurde. Eine **weitere Zuordnung** der in der abgetretenen, verpfändeten oder gepfändeten Forderung enthaltenen Umsatzsteuer ist **nicht** erforderlich (vgl. Abschn. 13c.1 Abs. 16 UStAE; BMF vom 24.05.2004, BStBl I 2004, 514, Abschn. A.2.4, Tz. 16). 34

TIPP
Deshalb kann die Haftung nicht dadurch ausgeschlossen werden, dass der leistende Unternehmer Zahlungen an das Finanzamt speziell der in den abgetretenen, verpfändeten oder gepfändeten Forderungen enthaltenen Umsatzsteuer zuordnet.

35 Wird über das Vermögen des leistenden Unternehmers das **Insolvenzverfahren** eröffnet, können Steuerbeträge nicht mehr festgesetzt werden, das Steuerfestsetzungsverfahren wird unterbrochen. Ist die Umsatzsteuer, für die die Haftung in Betracht kommt, durch den Insolvenzverwalter bzw. den Insolvenzschuldner für Zeiträume vor Eröffnung des Insolvenzverfahrens angemeldet worden, gilt die Umsatzsteuer gem. § 41 Abs. 1 InsO insoweit als fällig i.S.d. § 13c UStG. Entsprechendes gilt, wenn die Umsatzsteuer von Amts wegen zur Insolvenztabelle angemeldet worden ist. Hierbei ist es unerheblich, ob der Insolvenzverwalter der Anmeldung widerspricht. Nur in Fällen der Aussetzung der Vollziehung (vgl., Ausführungen zu Abschn. 13c.1 Abs. 15 UStAE) ist keine Fälligkeit i.S.d. § 13c UStG gegeben. Erfolgt keine Anmeldung zur Insolvenztabelle und wurde der Vorauszahlungsbescheid nicht durch den Jahresbescheid ersetzt, dann kann sich die Haftung nach § 13 c UStG in Folge eines Vorauszahlungsbescheides ergeben (BFH vom 21.11.2013 Az: V R 21/12; ZiP 2014, 737). Von einer Nichtentrichtung der Steuer ist auch dann auszugehen, wenn eine Insolvenzquote zu erwarten ist (Abschn. 13c.1 Abs. 17 UStAE; BMF vom 24.05.2004, BStBl I 2004, 514, Abschn. A.2.4, Tz. 17). Wird tatsächlich eine Zahlung durch den Insolvenzverwalter auf die angemeldete Umsatzsteuer geleistet, ist ein rechtmäßiger Haftungsbescheid zugunsten des Haftungsschuldners insoweit zu widerrufen (vgl. Rn. 62 ff. zu Abschn. 13c.1 Abs. 40 UStAE).

2.1.7 Vereinnahmung der abgetretenen, verpfändeten oder gepfändeten Forderung

2.1.7.1 Allgemeines

36 Die Haftung setzt voraus, dass der Abtretungsempfänger, Pfandgläubiger oder Vollstreckungsgläubiger die abgetretene, verpfändete oder gepfändete Forderung ganz oder teilweise vereinnahmt hat (§ 13c Abs. 1 S. 1 letzter HS UStG). Wurde die Forderung **teilweise vereinnahmt**, erstreckt sich die Haftung nur auf die Umsatzsteuer, die im tatsächlich vereinnahmten Betrag enthalten ist (Abschn. 13c.1 Abs. 18 UStAE; BMF vom 24.05.2004, BStBl I 2004, 514, Abschn. A.2.5, Tz. 18).

Beispiel:
Abtretungsempfänger A haftet unter den weiteren Voraussetzungen des § 13c UStG für eine Forderung über 50.000 € zzgl. 9500 € USt, von der er 30.000 € vereinnahmt hat.

Lösung:
Der Haftungsbetrag ermittelt sich wie folgt: 30.000 € : 1,19 × 0,19 = 4789,91 €. Sollte es dem A gelingen, weitere Teilbeträge zu vereinnahmen, erhöht sich der Haftungsbetrag entsprechend.

37 In den Fällen der **Sicherungsabtretung** gilt die Forderung durch den Abtretungsempfänger auch dann als vereinnahmt, wenn der leistende Unternehmer die Forderung selbst einzieht und den Geldbetrag an den Abtretungsempfänger weiterleitet oder wenn der Abtretungsempfänger die Möglichkeit des Zugriffs auf den Geldbetrag hat (Abschn. 13c.1 Abs. 19 S. 1 UStAE; BMF vom 24.05.2004, BStBl I 2004, 514, Abschn. A.2.5, Tz. 19; auch nachfolgend vgl. § 13c Rn. 44 ff.).

38 In den Fällen des **Forderungsverkaufs** gilt die Forderung nicht durch den Abtretungsempfänger als vereinnahmt, soweit der leistende Unternehmer für die Abtretung der Forderung eine **Gegenleistung in Geld** vereinnahmt (z.B. bei entsprechend gestalteten Asset Backed Securities (ABS-Transaktionen)). Voraussetzung ist, dass dieser Geldbetrag tatsächlich in den Verfügungsbereich

des leistenden Unternehmers gelangt. Davon ist nicht auszugehen, soweit dieser Geldbetrag auf ein Konto gezahlt wird, auf das der Abtretungsempfänger die Möglichkeit des Zugriffs hat (Abschn. 13c.1 Abs. 27 S. 1–3 UStAE; BMF vom 24.05.2004, BStBl I 2004, 514, Abschn. A.2.5, Tz. 20; auch nachfolgend vgl. Rn. 54). Hinsichtlich der **Vereinnahmung eines Kaufpreises** für die abgetretene Forderung durch den Forderungskäufer bzw. Abtretungsempfänger gelten gem. Abschn. 13c.1 Abs. 27 S. 4 UStAE die Anweisungen in Abschn. 13c.1 Abs. 20–26 UStAE zur Vereinnahmung abgetretener Forderungen durch den Abtretungsempfänger (vgl. Rn. 42) entsprechend, soweit der Kaufpreis auf einem beim Forderungskäufer bzw. Abtretungsempfänger geführten Konto des leistenden Unternehmers eingeht. Anders sieht es nunmehr der BFH, der von einer vollen Haftung des Abtretungsempfängers für die vereinnahmten und nach Abzug der Kosten weitergeleiteten Forderungen ausgeht. Der Abtretungsempfänger wird durch die Weiterleitung nicht aus der Haftung entlassen, die entsprechenden Regelungen des UStAE sind nicht anzuwenden, denn der Abtretungsempfänger hätte die Möglichkeit der Enthaftung gehabt, wenn er nur die um die Umsatzsteuer gekürzten Beträge weitergeleitet hätte – BFH vom 16.12.2015, Az: XI R 28/13. Mit Wirkung zum 01.01.2017 hat der Gesetzgeber die bisherige Regelung in Abschn. 13c.1 Abs. 27 in § 13c Abs. 1 S. 4 + 5 übernommen. Für davor abgetretene Forderungen kann der Abtretungsempfänger sich auf Abschnitt 13c.1 Abs. 27 berufen (BMF vom 09.05.2018).

§ 13 c UStG ist anzuwenden, wenn i. R. v. **Insolvenzverfahren** beim leistenden Unternehmer anstelle des Abtretungsempfängers der Insolvenzverwalter die abgetretene Forderung einzieht oder verwertet (§ 166 Abs. 2 InsO; Schießl StuB 2014, 441; BFH vom 20.03.2013, Az: XI R 11/12. Der Abtretungsempfänger vereinnahmt den vom Insolvenzverwalter eingezogenen Geldbetrag nach Abzug der Feststellungs- und Verwertungskosten (§ 170 InsO) auf Grund des durch die Abtretung begründeten Absonderungsrechts. Gem. Abschn. 13c.1 Abs. 28 S. 3 UStAE sind hinsichtlich des Umfangs der Haftung Abschn. 13c.1 39

- Abs. 18 (vgl., teilweise Vereinnahmung des abgetretenen Forderungsbetrages),
- Abs. 30 (vgl., Abtretung an Dritte),
- Abs. 41 ff. (vgl. Rn. 73)

UStAE entsprechend anzuwenden.

Vereinnahmt der Abtretungsempfänger, Pfandgläubiger oder Vollstreckungsgläubiger die Forderung und **zahlt er den eingezogenen Geldbetrag ganz oder teilweise an den leistenden Unternehmer zurück**, beschränkt sich die Haftung auf die im einbehaltenen Restbetrag enthaltene Umsatzsteuer. Die Haftung kann nicht dadurch ausgeschlossen werden, dass der Abtretungsempfänger, Pfandgläubiger oder Vollstreckungsgläubiger an den leistenden Unternehmer einen **Betrag in Höhe der auf die Forderung entfallenden Umsatzsteuer entrichtet** (vgl. Rn. 30 ff. zu Abschn. 13c.1 Abs. 16 UStAE); vielmehr beschränkt sich auch in diesem Fall die Haftung auf die im einbehaltenen Restbetrag enthaltene Umsatzsteuer (Abschn. 13c.1 Abs. 29 UStAE; BMF vom 24.05.2004, BStBl I 2004, 514, Abschn. A.2.5, Tz. 22). 40

2.1.7.2 Besonderheiten der Vereinnahmung abgetretener Forderungen durch den Abtretungsempfänger (Abschn. 13c.1 Abs. 19 ff. UStAE; BMF-Schreiben vom 30.01.2006)

Die Frage der Vereinnahmung (sicherungs-)abgetretener Forderungen durch den Abtretungsempfänger stellt sich insbesondere dann, wenn – etwa bei einer Globalzession – nicht der leistende Unternehmer, sondern der Abtretungsempfänger die Einziehungs- oder die Verfügungsbefugnis an einer Forderung hat. Das BMF regelte diese Frage zunächst in Ergänzung des Abschn. 182b 41

UStR 2005 umfassend mit Schreiben vom 30.01.2006 (BStBl I 2006, 207). Auch diese Anweisungen wurden zunächst als Abschn. 182b Abs. 19ff. in die UStR 2008 übernommen und dann ab 01.11.2010 durch den UStAE ab Abschnitt 13c.1 (Abs. 19 ff. UStAE) unverändert fortgeführt.

2.1.7.2.1 Der Abtretungsempfänger macht von seiner Einziehungsbefugnis Gebrauch

42 Maßgebender Rechtsgrund für die Einziehung der Forderung ist die mit der Abtretung verbundene Sicherungsabrede. Eine Vereinnahmung durch das kontoführende Unternehmen (i. d. R. ein Kreditinstitut) als Abtretungsempfänger liegt in den Fällen der Sicherungsabtretung vor, wenn dieses die Forderung **unter Offenlegung der Sicherungsabrede selbst beim Schuldner der Forderung einzieht**. In diesem Fall entzieht es dem leistenden Unternehmer dessen Einziehungsbefugnis aufgrund der im Rahmen der Globalzession getroffenen Vereinbarungen (Abschn. 13c.1 Abs. 20 UStAE; BMF vom 30.01.2006, BStBl I 2006, 207, Abschn. I.1).

43 Eine Vereinnahmung durch den Abtretungsempfänger bzw. Gläubiger liegt darüber hinaus auch dann vor, wenn die Einziehung der Forderung durch den Abtretungsempfänger **auf der Grundlage anderer Ansprüche**, wie z. B. einer Einzelabrede, eines Pfandrechts oder ohne Rechtsgrundlage erfolgt (Abschn. 13c.1 Abs. 21 UStAE; BMF vom 30.01.2006, BStBl I 2006, 207, Abschn. I.2).

2.1.7.2.2 Der Abtretungsempfänger macht von seiner Verfügungsbefugnis am Forderungsbetrag Gebrauch

44 Insoweit ist die Abtretung für die **Inhaberschaft an der Forderung maßgebend**. Diese begründet auch bei mittelbarer Vereinnahmung (z. B. mittels Bareinzahlung oder Überweisung von einem anderen Konto des Gläubigers nach Vereinnahmung durch den Gläubiger) das **Recht auf Entzug der Verfügungsbefugnis** (Abschn. 13c.1 Abs. 22 UStAE; BMF vom 30.01.2006, BStBl I 2006, 207, Abschn. II.1).

45 Nach dem **Sinn und Zweck des § 13c UStG** soll der Abtretungsempfänger haften, soweit nicht mehr der leistende Unternehmer, sondern der Abtretungsempfänger über den eingegangenen Geldbetrag verfügen kann und daher die Verfügungsmacht über die in der abgetretenen Forderung enthaltene Umsatzsteuer hat (vgl. Rn. 1ff. und vgl. Rn. 5ff.). Nach Abschn. 13c.1 Abs. 19 S. 1 UStAE (vgl. Rn. 36ff.) gilt demnach in den Fällen der Sicherungsabtretung die Forderung auch dann durch den Abtretungsempfänger als vereinnahmt, wenn und soweit der **leistende Unternehmer die Forderung zwar selbst einzieht**, den **Geldbetrag** jedoch an den Abtretungsempfänger **weiterleitet** oder dieser die **Möglichkeit des Zugriffs auf diesen Betrag** hat. Dies betrifft insbesondere die Fälle, in denen Forderungsbeträge auf einem **beim Abtretungsempfänger geführten Konto des leistenden Unternehmers** eingehen. Die Vereinnahmung des Forderungsbetrages durch den Abtretungsempfänger wird jedoch nicht bereits bei jedem Geldeingang auf einem bei dem Abtretungsempfänger geführten Konto des leistenden Unternehmers fingiert; dies gilt grds. auch dann nicht, wenn sich das Konto des leistenden Unternehmers im Debet befindet, sondern nur soweit der **Abtretungsempfänger die Verfügungsbefugnis** erhält (Abschn. 13c.1 Abs. 23 UStAE; BMF vom 30.01.2006, BStBl I 2006, 207, Abschn. II.1).

46 Die Verfügungsbefugnis am Forderungsbetrag liegt **insbesondere in folgenden Fällen** beim Abtretungsempfänger, so dass insoweit eine Vereinnahmung durch diesen fingiert wird:

47 (1) Das beim Abtretungsempfänger geführte Konto des leistenden Unternehmers befindet sich auch nach der Gutschrift des Forderungseingangs im Debet und es besteht **keine Kreditvereinbarung** (»Kreditlinie«, »Kreditrahmen«, vgl. Abschn. 13c.1 Abs. 24 UStAE; BMF vom 30.01.2006, BStBl I 2006, 207, Abschn. II.2.1).

Ausgangsfall:
Unternehmer A unterhält ein Kontokorrentkonto bei dem kontoführenden Unternehmen B. B hat sich die Forderungen aus der Geschäftstätigkeit des A im Wege der Globalzession abtreten lassen.

Es besteht keine Kreditvereinbarung für das Konto des A bei B. Ein Kunde des A begleicht eine Forderung i. H. v. 34.800 € durch Barzahlung; A zahlt den Betrag auf sein Konto bei B ein, welches nach der Gutschrift noch einen Saldo von 5000 € im Debet aufweist.

Lösung:
B hat das Recht, den Betrag ausschließlich zum Ausgleich der eigenen Forderung zu verwenden und dem A insoweit eine anderweitige Verfügung zu versagen. Die Forderung gilt in voller Höhe als durch B vereinnahmt.

(2) Das beim Abtretungsempfänger geführte Konto des leistenden Unternehmers befindet sich auch nach der Gutschrift des Forderungseingangs im Debet und eine bestehende **Kreditvereinbarung** (»vereinbarte Überziehung«) ist **ausgeschöpft** (vgl. Abschn. 13c.1 Abs. 24 Nr. 2 UStAE; BMF vom 30.01.2006, BStBl I 2006, 207, Abschn. II.2.2). 48

Abwandlung 1:
Für das Konto des A bei B besteht ein Kreditrahmen von 100.000 € (sog. »vereinbarte Überziehung«). Ein Kunde des A begleicht eine Forderung i. H. v. 34.800 € durch Überweisung auf das Konto des A bei B, welches nach der Gutschrift noch einen Saldo von 120.000 € im Debet aufweist.

Lösung:
B hat das Recht, den Betrag ausschließlich zum Ausgleich der eigenen Forderung zu verwenden und dem A insoweit eine anderweitige Verfügung zu versagen. Die Forderung gilt in voller Höhe als durch B vereinnahmt.

(3) Das beim Abtretungsempfänger geführte Konto des leistenden Unternehmers befindet sich auch nach der Gutschrift des Forderungseingangs im Debet und ein bestehender **Kreditrahmen ist zwar noch nicht ausgeschöpft**, wird jedoch **im unmittelbaren Zusammenhang mit dem Geldeingang eingeschränkt**. Das Konto des leistenden Unternehmers ist **nach dieser Einschränkung** (z. B. durch Kündigung oder Reduzierung des Kreditrahmens) **über das vereinbarte Maß** in Anspruch genommen (vgl. Abschn. 13c.1 Abs. 24 Nr. 3 UStAE; BMF vom 30.01.2006, BStBl I 2006, 207, Abschn. II.2.3). 49

Abwandlung 2:
Für das Konto des A bei B besteht ein Kreditrahmen von 100.000 € (sog. »vereinbarte Überziehung«). Ein Kunde des A begleicht eine Forderung i. H. v. 34.800 € durch Überweisung auf das Konto des A bei B, welches nach der Gutschrift noch einen Saldo von 70.000 € im Debet aufweist. B reduziert den vereinbarten Kreditrahmen unmittelbar nach Gutschrift des Forderungseingangs auf 50.000 €.

Lösung:
A kann über den gutgeschriebenen Forderungsbetrag nicht mehr verfügen, da er von B zum Ausgleich der eigenen (durch die Reduzierung des Kontokorrentkredits entstandenen) Forderung verwendet worden ist und dem A kein weiterer Verfügungsrahmen auf seinem Konto verblieben ist. Die Forderung gilt in voller Höhe als durch B vereinnahmt.

(4) Der Abtretungsempfänger **separiert den Geldbetrag** nach Eingang auf dem Konto des leistenden Unternehmers auf ein anderes Konto, z. B. ein **Sicherheitenerlöskonto** (vgl. Abschn. 13c.1 Abs. 24 Nr. 4 UStAE; BMF vom 30.01.2006, BStBl I 2006, 207, Abschn. II.2.4). 50

Abwandlung 3:
Für das Konto des A bei B besteht ein Kreditrahmen von 100.000 € (sog. »vereinbarte Überziehung«). Ein Kunde des A begleicht eine Forderung i. H. v. 34.800 € durch Überweisung auf das Konto des A bei B, welches nach der Gutschrift zunächst noch einen Saldo von 80.000 € im Debet aufweist. B bucht den zunächst gutgeschriebenen Betrag auf ein Darlehnskonto des A um, welches von diesem nicht bedient worden war.

Lösung:
A kann über den gutgeschriebenen Forderungsbetrag nach Separierung durch B nicht mehr verfügen, da er von B zum Ausgleich der eigenen (neben dem Kontokorrent bestehenden Darlehns-)Forderung verwendet worden ist. Dies gilt unabhängig davon, ob dem A ein Verfügungsrahmen auf seinem Konto verblieben ist. Die Forderung gilt in voller Höhe als durch B vereinnahmt.
Gleiches gilt bei Umbuchung auf ein gesondertes Sicherheitenerlöskonto.

51 (5) Bei einem **Kontokorrentkonto** widerspricht das kontoführende Unternehmen Verfügungen des leistenden Unternehmers regelmäßig nicht bereits bei jedem Überschreiten des vereinbarten Kreditrahmens. In der Regel erfolgt ein Widerspruch erst dann, wenn die vorgenommene Anweisung den vereinbarten Kreditrahmen um mehr als 15 % überschreitet. In diesem Rahmen kann der leistende Unternehmer die Erfüllung seiner Kontoanweisungen vom kontoführenden Unternehmen regelmäßig noch erwarten. Es ist daher nur insoweit von einem Entzug der Verfügungsbefugnis über eingehende Beträge durch das kontoführende Unternehmen auszugehen, als das Konto des leistenden Unternehmers **den vereinbarten Kreditrahmen auch nach der Gutschrift des Forderungseingangs um 15 % überschreitet**; nur insoweit muss der leistende Unternehmer davon ausgehen, dass er über den gutgeschriebenen Betrag nicht mehr verfügen können wird (vgl. Abschn. 13c.1 Abs. 25 UStAE; BMF vom 30.01.2006, BStBl I 2006, 207, Abschn. II.3).

Abwandlung 4:
Für das Konto des A bei B besteht ein Kreditrahmen von 100.000 € (sog. »vereinbarte Überziehung«). Ein Kunde des A begleicht eine Forderung i. H. v. 34.800 € durch Überweisung auf das Konto des A bei B, welches nach der Gutschrift noch einen Saldo von 110.000 € im Debet aufweist.

Lösung:
Obwohl der Kreditrahmen des A keine weiteren Verfügungen zulässt und die Forderung damit als in voller Höhe durch B vereinnahmt gelten könnte, ist davon auszugehen, dass A über einen Teilbetrag der gutgeschriebenen Forderung i. H. v. 5000 € noch verfügen kann, da die kontoführenden Unternehmen im Allgemeinen nur den die Kreditlinie um 15 % übersteigenden Forderungseingang zum Ausgleich der eigenen (durch ausnahmsweise geduldete Überziehung des Kontokorrentkredits entstandenen) Forderung verwenden wird und den A insoweit von einer Verfügung ausschließen. Die Forderung **gilt** daher i. H. v. 29.800 € als durch B vereinnahmt.

52 (6) **Kündigt oder reduziert das kontoführende Unternehmen die Kreditlinie** zwar ganz oder teilweise, ggf. auf einen geringeren Betrag, räumt es dem leistenden Unternehmer jedoch einen gewissen Zeitraum ein, um dieses Kreditziel (vereinbarte Überziehung) zu erreichen, wird es während dieses Zeitraums auch weiterhin Verfügungen des Unternehmers zu Lasten seines Kontokorrents innerhalb des bisherigen Kreditrahmens zulassen **(geduldete Überziehung)**. In diesem Fall ist von einer Vereinnahmung durch das kontoführende Unternehmen für eigene Zwecke der Rückführung eingeräumter Kredite nur insoweit auszugehen, als die geduldete Überziehung insgesamt zu einer Verringerung des in Anspruch genommenen Kredits geführt hat. Bei dieser Betrachtung ist auf den Unterschiedsbetrag abzustellen, der sich nach Gutschrift des Geldeingangs zum Kreditbetrag im Kündigungszeitpunkt ergibt (vgl. Abschn. 13c.1 Abs. 26 UStAE; BMF vom 30.01.2006, BStBl I 2006, 207, Abschn. II.4).

Abwandlung 5:
Für das Konto des A bei B besteht ein Kreditrahmen von 100.000 € (sog. »vereinbarte Überziehung«), der auch vollständig ausgeschöpft ist. B kündigt diesen Kreditrahmen auf 40.000 € herab, räumt dem A jedoch eine Zeitspanne von drei Monaten ein, um dieses Kreditziel zu erreichen und sagt dem A zu, Verfügungen zu Lasten dieses Kontos innerhalb des bisherigen Kreditrahmens zunächst nicht zu widersprechen. Innerhalb dieses Zeitraums verzeichnet B insgesamt 348.000 € Zahlungseingänge und führt Verfügungen von insgesamt 298.000 € zu Lasten des A aus.

Lösung:
A hat bei einem Debet von 50.000 € nach Ablauf der drei Monate nicht mehr die Möglichkeit, über die seinem Konto gutgeschriebenen Forderungseingänge zu verfügen, da sowohl der (nun i. H. v. 40.000 €) vereinbarte als auch der üblicherweise zusätzlich geduldete Kreditrahmen (i. H. v. weiteren 15 %, hier 6000 €) ausgeschöpft ist und B diese Beträge zum Ausgleich der eigenen (durch die teilweise Kündigung des Kontokorrentkredits entstandenen) Forderung verwendet hat. Wegen der Zusage von B, zunächst die Verfügungsmöglichkeit des A im bisherigen Umfang zu belassen, gelten die Forderungen nicht i. H. v. 348.000 € als durch B vereinnahmt, sondern nur im Umfang der tatsächlichen Verwendung zur Darlehensrückführung von 50.000 €. Eine Haftung des B besteht dementsprechend für die in den durch B als vereinnahmt geltenden Forderungen enthaltene Umsatzsteuer.

2.1.7.2.3 Anwendung in Fällen des Forderungskaufs

Die vorstehenden Ausführungen (vgl. Rn. 42 und vgl. Rn. 44 ff.) gelten hinsichtlich der Verein- 53
nahmung eines Kaufpreises für eine abgetretene Forderung durch den Forderungskäufer bzw. Abtretungsempfänger (vgl. dazu auch vorstehend vgl. Rn. 36 ff.) entsprechend, soweit der Kaufpreis auf einem beim Forderungskäufer bzw. Abtretungsempfänger geführten Konto des leistenden Unternehmers eingeht (vgl. Abschn. 13c.1 Abs. 27 S. 4 UStAE; BMF vom 30.01.2006, BStBl I 2006, 207, Abschn. III.).

2.1.7.2.4 Anwendung von Abschn. 182b Abs. 19–26 UStR 2008 bzw. des BMF-Schreibens vom 30.01.2006

Die Grundsätze dieses Schreibens sind auf Forderungen anzuwenden, die **nach dem 07.11.2003** 54
abgetreten, verpfändet oder gepfändet wurden (vgl. Abschn. 13c.1 Abs. 44 UStAE; BMF vom 30.01.2006, BStBl I 2006, 207, Abschn. III.).

Da die Abtretung erst mit der Entstehung der Forderung vollendet ist, gilt dies grundsätzlich 55
auch bei **vor dem 08.11.2003 abgeschlossenen Globalzessionen**, wenn die abgetretene Forderung nach dem 07.11.2003 entstanden ist (§ 27 Abs. 7 UStG). Insoweit ist allerdings die Übergangsregelung des Abschn. 13c.1 Abs. 44 UStAE 2005 (vgl. Rn. 10 ff.) zu beachten, der die Anwendung von § 13c UStG bei vor dem 08.11.2003 abgeschlossenen Globalzessionen auf nach dem 31.12.2003 entstandene Forderungen einschränkt (vgl. Abschn. 13c.1 Abs. 44 UStAE 2008, BMF vom 30.01.2006, BStBl I 2006, 207, Abschn. III.).

Die Anwendung ist **nicht** auf Kreditinstitute als kontoführende Unternehmen beschränkt. 56

2.1.8 Besonderheiten der Kettenabtretung (§ 13c Abs. 1 S. 3 UStG)

Hat der Abtretungsempfänger die abgetretene Forderung **ganz oder teilweise an einen Dritten** 57
abgetreten, gilt dieses Rechtsgeschäft insoweit als Vereinnahmung, d. h. der Abtretungsempfänger kann für die im Gesamtbetrag der weiter übertragenen Forderung enthaltene Umsatzsteuer in Haftung genommen werden. Dies gilt unabhängig davon, welche Gegenleistung er für die Übertragung der Forderung erhalten hat. Entsprechendes gilt für die Pfandgläubiger und Vollstreckungsgläubiger in den Fällen der Verpfändung und Pfändung von Forderungen (Abschn. 13c.1 Abs. 30 UStAE; BMF vom 24.05.2004, BStBl I 2004, 514, Abschn. A.2.5, Tz. 23).

Damit haften **nachfolgende Abtretungsempfänger** nicht für Umsatzsteuerschulden des leis- 58
tenden Unternehmers; das ist sicherlich ein Vorteil für den Rechtsverkehr. Nachteilig wirkt jedoch, dass die Begrenzung der Haftung auf die in dem effektiven erlösten Betrag anteilig enthaltene USt aufgegeben und damit das **Haftungsrisiko des ersten Abtretungsempfängers erhöht** wird.

Steuerpflichtige können diese Sonderregelung nutzen, um bei der Abtretung die Haftung Dritter 59
(etwa Banken) auszuschließen. Tritt der leistende Unternehmer die abzutretenden Forderungen zunächst an eine **konzerneigene Finanzierungsgesellschaft** ab, die diese dann ihrerseits an eine

Bank weiterverkauft, haftet nur die Finanzierungsgesellschaft für eine etwaige Umsatzsteuerschuld. Dabei muss sichergestellt werden, dass die Finanzierungsgesellschaft als selbstständige Unternehmerin nicht zum Organkreis des leistenden Unternehmers gehört; andernfalls wäre die erste Forderungsabtretung als reiner Innenumsatz ohne Bedeutung (so auch Hahne, DStR 2004, 210).

Sonstige Form der Vereinnahmung: Von einer Vereinnahmung ist auch dann auszugehen, wenn der Abtretungsempfänger gegenüber dem Schuldner der Gegenleistung mit einer eigenen Forderung aufrechnet. Dies gilt auch für solche Vorgänge, bei der der Abtretungsempfänger eine Lieferung oder Dienstleistung an Zahlungsstatt annimmt (Kersting FMP 2008,106).

2.2 Inanspruchnahme des Haftenden

2.2.1 Zeitpunkt (§ 13 c Abs. 2 S. 1 UStG)

60 Die Haftungsinanspruchnahme ist **frühestens** in dem Zeitpunkt zulässig, in dem die **Steuer fällig war und nicht oder nicht vollständig entrichtet wurde** (§ 13c Abs. 2 S. 1 HS 1 UStG); § 240 Abs. 3 AO (sog. »Schonfrist«: Nichterhebung von Säumniszuschlägen bei einer Säumnis bis zu drei Tagen) ist zu beachten (Abschn. 13c.1 Abs. 31 S. 1 UStAE; BMF vom 24.05.2004, BStBl I 2004, 514, Abschn. A.3.1, Tz. 24 S. 1).

61 Hat der Abtretungsempfänger, Pfandgläubiger oder Vollstreckungsgläubiger die Forderung zu diesem Zeitpunkt noch nicht vereinnahmt, ist der **Zeitpunkt der nachfolgenden Vereinnahmung maßgebend** (§ 13c Abs. 2 S. 1 HS 2 UStG; vgl. auch Abschn. 13c.1 Abs. 31 S. 2 UStAE).

2.2.2 Haftungsbescheid (§ 13 c Abs. 2 S. 2 UStG, § 191 AO)

62 Der Begünstigte (Abtretungsempfänger, Pfandgläubiger oder Vollstreckungsgläubiger) ist bei Vorliegen der gesetzlichen Voraussetzungen durch Haftungsbescheid in Anspruch zu nehmen. Die Haftungsinanspruchnahme **nach anderen Haftungstatbeständen** (z. B. auf Grund §§ 69 AO, 128 HGB) **bleibt unberührt** (Abschn. 13c.1 Abs. 32 UStAE; BMF vom 24.05.2004, BStBl I 2004, 514, Abschn. A.3.2, Tz. 25).

63 Für den Erlass des Haftungsbescheides gelten die **allgemeinen Regeln des § 191 AO, ohne dass dabei ein Ermessen besteht** (§ 13c Abs. 2 S. 2 UStG). Der Begünstigte wird insbesondere nur **nachrangig** als Haftungsschuldner in Anspruch genommen, weil erst feststehen muss, dass der leistende Unternehmer die festgesetzte Steuer im Zeitpunkt der Fälligkeit nicht oder nicht vollständig entrichtet hat (Amtliche Gesetzesbegründung, BR-Drucks. 630/03 vom 05.09.2003, BT-Drucks. 15/1562 vom 23.09.2003).

64 Die Haftung ist **verschuldensunabhängig:** auf ein Verschulden des leistenden Unternehmers oder des Abtretungsempfängers kommt es daher nicht an (Abschn. 13c.1 Abs. 33 UStAE; BMF vom 24.05.2004, BStBl I 2004, 514, Abschn. A.3.2, Tz. 26).

65 Bei der Inanspruchnahme des Haftungsschuldners durch **Zahlungsaufforderung (Leistungsgebot)** ist § 219 AO (Zahlungsaufforderung bei Haftungsbescheiden) zu beachten. Wenn nichts anderes bestimmt ist, darf daher ein Haftungsschuldner auf Zahlung nur in Anspruch genommen werden, soweit die **Vollstreckung in das bewegliche Vermögen des Steuerschuldners ohne Erfolg** geblieben oder anzunehmen ist, dass die Vollstreckung aussichtslos sein würde. Diese Einschränkung gilt nicht, wenn die Haftung darauf beruht, dass der Haftungsschuldner Steuer-

hinterziehung oder Steuerhehlerei begangen hat oder gesetzlich verpflichtet war, Steuern einzubehalten und abzuführen oder zu Lasten eines anderen zu entrichten.

Der Haftungsbescheid ist durch das Finanzamt zu erlassen, das für die Umsatzsteuer des leistenden Unternehmers **örtlich zuständig** ist (vgl. §§ 21, 24 AO; Abschn. 13c.1 Abs. 34 UStAE; BMF vom 24.05.2004, BStBl I 2004, 514, Abschn. A.3.2, Tz. 27). **66**

Stellt das Finanzamt fest, dass der Anspruch des leistenden Unternehmers auf Gegenleistung für einen steuerpflichtigen Umsatz i.S.d. § 1 Abs. 1 Nr. 1 UStG an einen anderen Unternehmer abgetreten, verpfändet oder gepfändet wurde, ist **von Amts wegen zu prüfen**, ob die Steuer, bei deren Berechnung der Umsatz berücksichtigt worden ist, bei Fälligkeit nicht oder nicht vollständig entrichtet wurde. Es ist insbesondere im Vollstreckungsverfahren und im Rahmen von Außenprüfungen auf entsprechende Haftungstatbestände zu achten und ggf. zeitnah der Erlass eines Haftungsbescheides anzuregen (Abschn. 13c.1 Abs. 35 UStAE; BMF vom 24.05.2004, BStBl I 2004, 514, Abschn. A.3.2, Tz. 28). **67**

Das für den leistenden Unternehmer zuständige Finanzamt ist berechtigt, den **begünstigten Unternehmer** (Abtretungsempfänger, Pfandgläubiger oder Vollstreckungsgläubiger) über den Zeitpunkt und die Höhe der vereinnahmten abgetretenen, verpfändeten oder gepfändeten Forderung **zu befragen und Belege anzufordern**, weil es für den Erlass des Haftungsbescheides zuständig ist. Diese Befragung soll in der Regel in schriftlicher Form durchgeführt werden. Es gelten die **Mitwirkungspflichten i.S.d. §§ 90ff. AO** (Abschn. 13c.1 Abs. 36 UStAE; BMF vom 24.05.2004, BStBl I 2004, 514, Abschn. A.3.2, Tz. 29). **68**

Der **leistende Unternehmer** hat gem. **§ 93 AO Auskunft** über den der Abtretung, Verpfändung oder Pfändung zu Grunde liegenden Umsatz (Höhe des Umsatzes und den darauf entfallenen Steuerbetrag) sowie über den Abtretungsempfänger, Pfandgläubiger oder Vollstreckungsgläubiger zu geben. Es gelten die **Mitwirkungspflichten i.S.d. §§ 90ff. AO**. Der Abtretungsempfänger, Pfandgläubiger oder Vollstreckungsgläubiger muss vom leistenden Unternehmer so eindeutig bezeichnet werden, dass er durch das anfragende Finanzamt eindeutig und leicht identifiziert werden kann. Wird keine oder keine hinreichende Antwort erteilt, kann diese mit **Zwangsmitteln (§§ 328ff. AO)** durchgesetzt oder eine **Außenprüfung, bzw. eine Umsatzsteuer-Nachschau (§ 27b UStG)** durchgeführt werden (Abschn. 13c.1 Abs. 37 UStAE; BMF vom 24.05.2004, BStBl I 2004, 514, Abschn. A.3.2, Tz. 30). **69**

Dem **begünstigten Unternehmer** (Abtretungsempfänger, Pfandgläubiger oder Vollstreckungsgläubiger) soll **vor Erlass eines Haftungsbescheides rechtliches Gehör gewährt werden (vgl. § 91 AO)**. Er hat gem. **§ 93 AO Auskunft** zu geben. Wird keine oder keine hinreichende Antwort erteilt, kann das für den leistenden Unternehmer zuständige Finanzamt z.B. ein Ersuchen auf Amtshilfe bei dem für den Abtretungsempfänger, Pfandgläubiger oder Vollstreckungsgläubiger örtlich zuständigen Finanzamt stellen. Die Ermittlungen können auch im Rahmen einer **Außenprüfung oder einer Umsatzsteuer-Nachschau nach § 27b UStG** durchgeführt werden (Abschn. 13c.1 Abs. 38 UStAE; BMF vom 24.05.2004, BStBl I 2004, 514, Abschn. A.3.2, Tz. 31). **70**

Mit der Festsetzung der Haftungsschuld wird ein **Gesamtschuldverhältnis** i.S.d. § 44 AO begründet (Abschn. 13c.1 Abs. 39 UStAE; BMF vom 24.05.2004, BStBl I 2004, 514, Abschn. A.3.2, Tz. 32). **71**

Die Rechtmäßigkeit des Haftungsbescheides richtet sich nach den **Verhältnissen im Zeitpunkt seines Erlasses** bzw. der entsprechenden Einspruchsentscheidung. Minderungen der dem Haftungsbescheid zugrunde liegenden Steuerschuld durch Zahlungen des Steuerschuldners nach Ergehen einer Einspruchsentscheidung berühren die Rechtmäßigkeit des Haftungsbescheides nicht (Abschn. 13c.1 Abs. 40 S. 1 und S. 2 UStAE; BMF vom 24.05.2004, BStBl I 2004, 514, Abschn. A.3.2, Tz. 33 S. 1 und 2). **72**

TIPP
Ein rechtmäßiger Haftungsbescheid ist aber zugunsten des Haftungsschuldners zu widerrufen, soweit die ihm zugrunde liegende Steuerschuld später gemindert worden ist (Abschn. 13c.1 Abs. 40 S. 3 UStAE; BMF vom 24.05.2004, BStBl I 2004, 514, Abschn. A.3.2, Tz. 33 S. 3).

2.2.3 Begrenzung der Haftung (§ 13c Abs. 1 S. 1 letzter HS, Abs. 2 S. 3 UStG)

73 Die Haftung ist der Höhe nach

- auf den Betrag der im Fälligkeitszeitpunkt nicht entrichteten USt (§ 13c Abs. 2 S. 3 UStG) **und**
- auf die im vereinnahmten Betrag der abgetretenen, verpfändeten oder gepfändeten Forderung enthaltene USt (§ 13c Abs. 1 S. 1 letzter HS UStG)

begrenzt (**zweifache Begrenzung**, vgl. Abschn. 13c.1 Abs. 41 UStAE; BMF vom 24.05.2004, BStBl I 2004, 514, Abschn. A.3.3, Tz. 34 ff.).

Beispiel 1:
Der Unternehmer U hat auf Grund der Angaben in seiner Umsatzsteuer-Voranmeldung eine Vorauszahlung i. H. v. 20.000 € an das Finanzamt zu entrichten. In der Bemessungsgrundlage für die Umsatzsteuer ist auch ein Betrag i. H. v. 100.000 € enthalten, der zivilrechtlich zuzüglich 19.000 € USt an den Abtretungsempfänger A, der Unternehmer i. S. d. § 2 UStG ist, abgetreten worden ist. A hat 119.000 € vereinnahmt. U entrichtet bei Fälligkeit der Vorauszahlung nur einen Betrag i. H. v. 15.000 € an das Finanzamt.

Lösung:
Eine Haftungsinanspruchnahme des A ist i. H. v. 5000 € zulässig. Die Differenz zwischen der Vorauszahlung (20.000 €) und dem von U entrichteten Betrag (15.000 €) ist geringer als der in der abgetretenen Forderung enthaltene Umsatzsteuerbetrag (19.000 €).

Beispiel 2:
Sachverhalt wie Beispiel 1. U entrichtet die Vorauszahlung bei Fälligkeit nicht. Das Finanzamt stellt fest, dass A die abgetretene Forderung an einen Dritten für 80.000 € zuzüglich 15.200 € USt übertragen hat.

Lösung:
Die Haftungsinanspruchnahme des A ist i. H. v. 19.000 € zulässig. Die abgetretene Forderung gilt infolge der Übertragung an den Dritten als in voller Höhe vereinnahmt.

Beispiel 3:
Der Unternehmer U hat auf Grund der Angaben in seiner Umsatzsteuer-Voranmeldung für den Monat Juli 2007 eine Vorauszahlung i. H. v. 20.000 € an das Finanzamt zu entrichten. In der Bemessungsgrundlage für die Umsatzsteuer ist auch ein Betrag i. H. v. 100.000 € enthalten, der zivilrechtlich zuzüglich 19.000 € USt an den Abtretungsempfänger A, der Unternehmer i. S. d. § 2 UStG ist, abgetreten worden ist. U entrichtet bei Fälligkeit nur einen Betrag i. H. v. 5000 € an das Finanzamt. Das Finanzamt stellt fest, dass A am 20.08.2007 aus der abgetretenen Forderung einen Teilbetrag i. H. v.59.500 € erhalten hat.

Lösung:
Der Haftungstatbestand ist frühestens zum 20.08.2007 erfüllt. Der Haftungsbetrag ist der Höhe nach auf 15.000 € (20.000 € ./. 5000 €) begrenzt. Wegen der nur teilweisen Vereinnahmung der Forderung ist A nur i. H. v. 9500 € (in dem vereinnahmten Betrag enthaltene Steuer = 59.500 € : 1,19 × 0,19) in Anspruch zu nehmen.

2.3 Haftungsausschluss (§ 13c Abs. 2 S. 4 UStG)

Der Abtretungsempfänger, Pfandgläubiger oder Vollstreckungsgläubiger kann sich der Haftungsinanspruchnahme entziehen, soweit er **als Dritter Zahlungen i.S.d. § 48 AO** zugunsten des leistenden Unternehmers bewirkt (§ 13c Abs. 2 S. 4 UStG; vgl. auch Abschn. 13c.1 Abs. 42 UStAE). 74

Derartige Zahlungen soll der Abtretungsempfänger, Pfandgläubiger oder Vollstreckungsgläubiger **an das für den leistenden Unternehmer örtlich zuständige Finanzamt** unter Angabe der Steuernummer des Steuerschuldners leisten. Insbesondere soll der Anlass der Zahlung angegeben werden sowie der Name desjenigen, für den die Zahlung geleistet wird. Zusätzlich soll der Abtretungsempfänger, Pfandgläubiger oder Vollstreckungsgläubiger die Zahlung zeitraumbezogen der Vorauszahlung oder dem Unterschiedsbetrag zuordnen, in der/dem die Umsatzsteuer aus dem der abgetretenen, verpfändeten oder gepfändeten Forderung zugrunde liegenden Umsatz enthalten ist (Abschn. 13c.1 Abs. 43 S. 1–3 UStAE; BMF vom 24.05.2004, BStBl I 2004, 514, Abschn. A.4, Tz. 39 S. 1–3). 75

Die **Steuerschuld des leistenden Unternehmers verringert sich** um die vom Abtretungsempfänger, Pfandgläubiger oder Vollstreckungsschuldner geleisteten Zahlungen (Abschn. 13c.1 Abs. 43 S. 4 UStAE; BMF vom 24.05.2004, BStBl I 2004, 514, Abschn. A.4, Tz. 39 S. 4). 76

Wird die Steuer vom leistenden Unternehmer im Fälligkeitszeitpunkt entrichtet, kann der vom Abtretungsempfänger, Pfandgläubiger oder Vollstreckungsgläubiger geleistete Betrag an den leistenden Unternehmer **erstattet** oder mit anderen Steuerrückständen des leistenden Unternehmers **verrechnet** werden (Abschn. 13c.1 Abs. 43 S. 5 UStAE; BMF vom 24.05.2004, BStBl I 2004, 514, Abschn. A.4, Tz. 39 S. 5). Die Haftung nach § 13 c UStG kann hingegen nicht dadurch ausgeschlossen werden, dass zwischen dem, der die Forderung einzieht und dem, der sie dann erhält, vereinbart wird, dass dies nur Nettobeträge seien (Schießl StuB 2014, 441; BFH vom 20.03.2013 XI R 11/12). 77

TIPP

Den Haftungsausschluss sollte der Steuerberater dem Mandanten insbesondere beim **Forderungsverkauf (Factoring)** vorschlagen. Der Abtretungsempfänger (Factor) läuft hier Gefahr, als Haftungsschuldner in Anspruch genommen zu werden, obwohl er die USt als Teil des (Brutto-)Kaufpreises bereits an den Abtretenden gezahlt hat. Dies kann dadurch vermieden werden, dass der Abtretungsempfänger die in der abgetretenen (Brutto-)Forderung enthaltene USt gem. § 48 AO direkt an das Finanzamt des leistenden Unternehmers abführt (Leonard in B/G, 8. Aufl. 2005, § 13c Rz. 35). Das Erfordernis eines Haftungsausschlusses ist in diesen Fällen jedoch dadurch geringer geworden, dass auch nach Auffassung der FinVerw die Forderung nicht durch den Abtretungsempfänger als vereinnahmt gilt, soweit der leistende Unternehmer für die Abtretung der Forderung eine Gegenleistung in Geld vereinnahmt (vgl. Rn. 36ff., vgl. Rn. 53 zu Abschn. 13c.1 Abs. 27 UStAE bzw. nun § 13c Abs. 1 S 4, 5 218 ff.

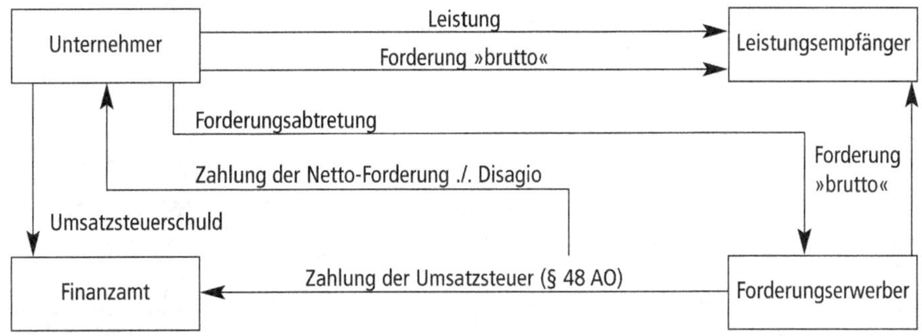

§ 13d UStG
Haftung bei Änderung der Bemessungsgrundlage

Aufgehoben mit Wirkung vom 01.01.2008 durch Gesetz vom 20.12.2007 (BGBl I 2007, 3150).

§ 14 UStG
Ausstellung von Rechnungen

(1) [1]Rechnung ist jedes Dokument, mit dem über eine Lieferung oder sonstige Leistung abgerechnet wird, gleichgültig, wie dieses Dokument im Geschäftsverkehr bezeichnet wird. [2]Die Echtheit der Herkunft der Rechnung, die Unversehrtheit ihres Inhalts und ihre Lesbarkeit müssen gewährleistet werden. [3]Echtheit der Herkunft bedeutet die Sicherheit der Identität des Rechnungsausstellers. [4]Unversehrtheit des Inhalts bedeutet, dass die nach diesem Gesetz erforderlichen Angaben nicht geändert wurden. [5]Jeder Unternehmer legt fest, in welcher Weise die Echtheit der Herkunft, die Unversehrtheit des Inhalts und die Lesbarkeit der Rechnung gewährleistet werden. [6]Dies kann durch jegliche innerbetriebliche Kontrollverfahren erreicht werden, die einen verlässlichen Prüfpfad zwischen Rechnung und Leistung schaffen können. [7]Rechnungen sind auf Papier oder vorbehaltlich der Zustimmung des Empfängers elektronisch zu übermitteln. [8]Eine elektronische Rechnung ist eine Rechnung, die in einem elektronischen Format ausgestellt und empfangen wird.

(2) [1]Führt der Unternehmer eine Lieferung oder eine sonstige Leistung nach § 1 Abs. 1 Nr. 1 aus, gilt Folgendes:

1. führt der Unternehmer eine steuerpflichtige Werklieferung (§ 3 Abs. 4 Satz 1) oder sonstige Leistung im Zusammenhang mit einem Grundstück aus, ist er verpflichtet, innerhalb von sechs Monaten nach Ausführung der Leistung eine Rechnung auszustellen;
2. führt der Unternehmer eine andere als die in Nummer 1 genannte Leistung aus, ist er berechtigt, eine Rechnung auszustellen. Soweit er einen Umsatz an einen anderen Unternehmer für dessen Unternehmen oder an eine juristische Person, die nicht Unternehmer ist, ausführt, ist er verpflichtet, innerhalb von sechs Monaten nach Ausführung der Leistung eine Rechnung auszustellen. Eine Verpflichtung zur Ausstellung einer Rechnung besteht nicht, wenn der Umsatz nach § 4 Nr. 8 bis 28 steuerfrei ist. § 14a bleibt unberührt.

[2]Unbeschadet der Verpflichtungen nach Satz 1 Nr. 1 und 2 Satz 2 kann eine Rechnung von einem in Satz 1 Nr. 2 bezeichneten Leistungsempfänger für eine Lieferung oder sonstige Leistung des Unternehmers ausgestellt werden, sofern dies vorher vereinbart wurde (Gutschrift). [3]Die Gutschrift verliert die Wirkung einer Rechnung, sobald der Empfänger der Gutschrift dem ihm übermittelten Dokument widerspricht. [4]Eine Rechnung kann im Namen und für Rechnung des Unternehmers oder eines in Satz 1 Nr. 2 bezeichneten Leistungsempfängers von einem Dritten ausgestellt werden.

(3) Unbeschadet anderer nach Absatz 1 zulässiger Verfahren gelten bei einer elektronischen Rechnung die Echtheit der Herkunft und die Unversehrtheit des Inhalts als gewährleistet durch

1. eine qualifizierte elektronische Signatur [bis 28.07.2017: oder eine qualifizierte elektronische Signatur mit Anbieter-Akkreditierung nach dem Signaturgesetz vom 16. Mai 2001 (BGBl. I S. 876), das zuletzt durch Artikel 4 des Gesetzes vom 17. Juli 2009 (BGBl. I S. 2091) geändert worden ist, in der jeweils geltenden Fassung] oder
2. elektronischen Datenaustausch (EDI) nach Artikel 2 der Empfehlung 94/820/EG der Kommission vom 19. Oktober 1994 über die rechtlichen Aspekte des elektronischen Datenaustausches (ABl. L 338 vom 28.12.1994, S. 98), wenn in der Vereinbarung über diesen Datenaustausch der Einsatz von Verfahren vorgesehen ist, die die Echtheit der Herkunft und die Unversehrtheit der Daten gewährleisten.

(4) [1]Eine Rechnung muss folgende Angaben enthalten:

1. den vollständigen Namen und die vollständige Anschrift des leistenden Unternehmers und des Leistungsempfängers,
2. die dem leistenden Unternehmer vom Finanzamt erteilte Steuernummer oder die ihm vom Bundeszentralamt für Steuern erteilte Umsatzsteuer-Identifikationsnummer,
3. das Ausstellungsdatum,
4. eine fortlaufende Nummer mit einer oder mehreren Zahlenreihen, die zur Identifizierung der Rechnung vom Rechnungsaussteller einmalig vergeben wird (Rechnungsnummer),
5. die Menge und die Art (handelsübliche Bezeichnung) der gelieferten Gegenstände oder den Umfang und die Art der sonstigen Leistung,
6. den Zeitpunkt der Lieferung oder sonstigen Leistung; in den Fällen des Absatzes 5 Satz 1 den Zeitpunkt der Vereinnahmung des Entgelts oder eines Teils des Entgelts, sofern der Zeitpunkt der Vereinnahmung feststeht und nicht mit dem Ausstellungsdatum der Rechnung übereinstimmt,
7. das nach Steuersätzen und einzelnen Steuerbefreiungen aufgeschlüsselte Entgelt für die Lieferung oder sonstige Leistung (§ 10) sowie jede im Voraus vereinbarte Minderung des Entgelts, sofern sie nicht bereits im Entgelt berücksichtigt ist,
8. den anzuwendenden Steuersatz sowie den auf das Entgelt entfallenden Steuerbetrag oder im Fall einer Steuerbefreiung einen Hinweis darauf, dass für die Lieferung oder sonstige Leistung eine Steuerbefreiung gilt,
9. in den Fällen des § 14b Abs. 1 Satz 5 einen Hinweis auf die Aufbewahrungspflicht des Leistungsempfängers und
10. in den Fällen der Ausstellung der Rechnung durch den Leistungsempfänger oder durch einen von ihm beauftragten Dritten gemäß Absatz 2 Satz 2 die Angabe »Gutschrift«

[2]In den Fällen des § 10 Abs. 5 sind die Nummern 7 und 8 mit der Maßgabe anzuwenden, dass die Bemessungsgrundlage für die Leistung (§ 10 Abs. 4) und der darauf entfallende Steuerbetrag anzugeben sind. [3]Unternehmer, die § 24 Abs. 1 bis 3 anwenden, sind jedoch auch in diesen Fällen nur zur Angabe des Entgelts und des darauf entfallenden Steuerbetrags berechtigt.

(5) [1]Vereinnahmt der Unternehmer das Entgelt oder einen Teil des Entgelts für eine noch nicht ausgeführte Lieferung oder sonstige Leistung, gelten die Absätze 1 bis 4 sinngemäß. [2]Wird eine Endrechnung erteilt, sind in ihr die vor Ausführung der Lieferung oder sonstigen Leistung vereinnahmten Teilentgelte und die auf sie entfallenden Steuerbeträge abzusetzen, wenn über die Teilentgelte Rechnungen im Sinne der Absätze 1 bis 4 ausgestellt worden sind.

(6) Das Bundesministerium der Finanzen kann mit Zustimmung des Bundesrates zur Vereinfachung des Besteuerungsverfahrens durch Rechtsverordnung bestimmen, in welchen Fällen und unter welchen Voraussetzungen

1. Dokumente als Rechnungen anerkannt werden können,
2. die nach Absatz 4 erforderlichen Angaben in mehreren Dokumenten enthalten sein können,
3. Rechnungen bestimmte Angaben nach Absatz 4 nicht enthalten müssen,
4. eine Verpflichtung des Unternehmers zur Ausstellung von Rechnungen mit gesondertem Steuerausweis (Absatz 4) entfällt oder
5. Rechnungen berichtigt werden können.

(7) [1]Führt der Unternehmer einen Umsatz im Inland aus, für den der Leistungsempfänger die Steuer nach § 13b schuldet, und hat der Unternehmer im Inland weder seinen Sitz noch seine Geschäftsleitung, eine Betriebsstätte, von der aus der Umsatz ausgeführt wird oder die an der Erbringung dieses Umsatzes beteiligt ist, oder in Ermangelung eines Sitzes seinen Wohnsitz oder gewöhnlichen Aufenthalt im Inland, so gelten abweichend von den Absätzen 1 bis 6 für die Rechnungserteilung die Vorschriften des Mitgliedstaats, in dem der Unternehmer seinen

Sitz, seine Geschäftsleitung, eine Betriebsstätte, von der aus der Umsatz ausgeführt wird, oder in Ermangelung eines Sitzes seinen Wohnsitz oder gewöhnlichen Aufenthalt hat. [2]Satz 1 gilt nicht, wenn eine Gutschrift gemäß Absatz 2 Satz 2 vereinbart worden ist.

Literatur

Alvermann/Wollweber, Der Anspruch auf Erteilung einer USt-Identifikationsnummer, UStB 2009, 261. **Bachstein**, Die EU-konforme Rechnung?, IWB 2013, 144. **Becker**, Hat die Rechnung als Voraussetzung des Vorsteuerabzugs ausgedient? Auswirkungen der EuGH-Urteile »Senatex« und »Barlis 06«, NWB 45/2016, 3374ff. **Becker**, Rechnungsanforderungen und Vorsteuerabzug – Geht der Formalismus in der Umsatzsteuer zu weit?, NWB 18/2016, 1344ff. **Becker**, Die Rechnungsberichtigung fehlerhafter Rechnungen und ihre Folgen, MwStR 11/2016, 447ff. **Becker**, Stellungnahme zu den Schlussanträgen des Generalanwalts in den Rechtssachen »Geissel« und »Butin«, MwStR 2017, 610ff. **Beyer**, Straf-/bußgeldrechtliche Risiken bei nicht ordnungsgemäßen Rechnungen? Praxishinweise aufgrund der neuen EuGH-Rechtsprechung zur Rückwirkung von Rechnungsberichtigungen, NWB 51/2016, 3852ff. **Beuche/Trinks**, JStG 2013 – erhebliches Umsatzsteuerrisiko bei Gutschriften ab 1.1.2013, NWB 2012, 3762. **Birkenfeld**, Rückwirkung in der Umsatzsteuer, UR 2013, 126. **Bosche**, Berichtigung von Rechnungen durch den Abrechnungsempfänger, UR 18/2015, 693ff. **Burbaum/Schlüter**, Elektronische Rechnungen und ein Blick in das europäische Ausland, UR 6/2017, 222ff. **Duyfjes/von Streit**, Anwendbares Recht bei der Ausstellung von Rechnungen für grenzüberschreitende Dienstleistungen, UR 2013, 233. **Herold/Volkenborn**, Die sieben wichtigsten Regeln zur Umsetzung der GoBD in die Praxis; Prüfungsschwerpunkte, Umsetzungsempfehlungen und Stolperfallen, NWB 13/2017, 922ff. **Eckert**, Ausstellung von Rechnungen und Vorsteuerabzug, BBK

2010, 17. **Eckert**, Aktuelles zur Ausstellung von Rechnungen und zum Vorsteuerabzug, BBK 2011, 64. **Eckert**, Die wichtigsten Änderungen der Umsatzsteuer 2013/2014, BBK 2013, 811. **Eichborn**, Wie kommt der Unternehmer an seine Rechnung? Anmerkungen zum BFH-Urteil vom 30.3.2011, XI R 12/08 sowie zur Steuerbarkeit der Leistungen Beliehener, DStR 2011, 1249. **Englisch**, Anforderungen an die Leistungsbeschreibung in der Rechnung für Zwecke des Vorsteuerabzugs – Zugleich Anmerkungen zu BFH, Urt. v. 8.10.2008 – V R 59/07, UR 2009, 196, UR 2009, 181. **Englisch**, Rückwirkende Korrektur fehlerhafter Rechnungsangaben, UR 2011, 488. **Fetzer/Hubertus**, Zeitpunkt des Vorsteuerabzugs bei Rechnungsberichtigung, BBK 2010, 1175. **Fetzer/Hubertus**, Vereinfachung der umsatzsteuerlichen Anforderungen an elektronische Rechnungen, BBK 2011, 716. **Grambeck**, Die Rechnungsberichtigung entfaltet bei der Inanspruchnahme des Vorsteuerabzugs zeitliche Rückwirkung, StuB 7/2017, 260 ff. **Gries/Stößel**, Formale Voraussetzungen für den Vorsteuerabzug und die Steuerfreiheit der innergemeinschaftlichen Lieferung, NWB 24/2016, 1794 ff. **Groß/Lamm**, Sicherung des Vorsteuerabzugs bei digitalisierten Eingangsrechnungen, UR 2008, 331. **Groß/Lamm/Lindgens**, Neuanfang für den elektronischen Rechnungsaustausch – Chancen und Risiken aus der Änderung durch das Steuervereinfachungsgesetz 2011, DStR 2012, 1413. **Haberland**, Anforderungen gem. § 14 Abs. 4 Nr. 5 UStG an Warenrechnungen im Niedrigpreissegment, UR 2018, 342 ff. **Hartmann**, Mehrwertsteuerausweis in Rechnungen als materielle Voraussetzung des Vorsteuerabzugs? Die EuGH-Urteile in der Rs. Volkswagen und der Rs. Biosafe und die Folgen für die vorsteuerrechtliche Systematik der Rechnungsangaben, UR 2018, 393 ff. **Hartmann**, Vorsteuerabzug bei geleisteten Anzahlungen und anschließend ausbleibender Leistung – EuGH-Urteil v. 31.5.2018 – Es. C-660/16 »Kollroß« und C-661/16 »Wirtl«, NWB 2018, 2242 ff. **Hartmann**, Mehrwertsteuerausweis in Rechnungen als materielle Voraussetzung des Vorsteuerabzugs? – Die EuGH-Urteile in der Rs. Volkswagen und der Rs. Biosafe und die Folgen für die vorsteuerrechtliche Systematik der Rechnungsangaben, UR 2018, 392 ff. **Hechtner**, Finanzverwaltung und Rechtsprechung lehnen rückwirkende umsatzsteuerliche Rechnungskorrektur weiter ab, BBK 2011, 412. **Heinrichshofen**, Urteilsanmerkungen zu C-8/17 »Biosafe«, UR 2018, 402 f. **Henn/Kuballa**, Aufbewahrung elektronischer Unterlagen, NWB 2017, 2648 ff. **Henn/Kuballa**, Steuerrechtliche Anforderung an die Aufbewahrung elektronischer Unterlagen, NWB 2017, 2779 ff. **Höink/Hudasch**, Das Spannungsverhältnis – Rückwirkung der Rechnungsberichtigung sowie Vorsteuerabzug ohne Rechnung?, BB 5/2017, 215 ff. **Hummel**, Vorsteuerabzug aufgrund von Leistungen und Rechnungen einer »erloschenen Gesellschaft bürgerlichen Rechts« – Zur Angabe des alten Namens der Gesellschaft bürgerlichen Rechts in der Rechnung trotz Ausscheidens des vorletzten Gesellschafters, UR 2011, 531. **Hummel**, Voraussetzungen und Rechtsfolgen eines Widerspruchs zu einer Gutschrift, UR 2012, 497. **Huschens**, Änderungen im Bereich der Umsatzsteuer durch das Jahressteuergesetz 2007, INF 2007, 16. **Huschens**, Umsatzsteueränderungen durch das Jahressteuergesetz 2007 – Anpassungen an das Gemeinschaftsrecht und die BFH-Rechtsprechung, NWB 2007, 25 ff. (Fach 7, 6807). **Huschens**, Umsatzsteueränderungen durch das Steuerbürokratieabbaugesetz, NWB 2009, 125. **Huschens**, Erleichterungen bei elektronischen Rechnungen, NWB 2011, 3438. **Huschens**, Elektronische Übermittlung von Rechnungen, NWB 2012, 2684. **Huschens**, Änderungen des UStG durch das Amtshilferichtlinie-Umsetzungsgesetz, NWB 2013, 2132. **Jacobs/Zitzl**, Rückwirkung der Rechnungsberichtigung auf den Zeitpunkt der ursprünglichen Ausstellung; Voraussetzungen der Rechnungsberichtigung, UR 3/2017, 125 ff. **Kemper**, Die Umsatzsteuer-Identifikationsnummer nach § 27a UStG – Ihre Bedeutung, der Rechtsanspruch auf Erteilung und der Vertrauensschutz, DStR 33–34/2014, 1654 ff. **Kemper**, Die »Sanktion« von Rechnungsmängeln nach den EuGH-Entscheidungen Senatex und Barlis 06, DStR 13/2017, 702 ff. **Kemper**, Rechnungsinhalt und Berichtigung von Rechnungen, UR 2018, 542 ff. **Korf**, Elektronische Signatur als Rechnungs- oder bloßes Übermittlungselement, UR 2013, 183. **Korf**, Abrechnung nach der Rechnungsrichtlinie, UR 2013, 448. **Kraeusel**, Auswirkungen des Widerspruchs der Gutschrift auf den Vorsteuerabzug, UR 2013, 609. **Kretzer-Moßner/Neeser**, Die elektronische Rechnung und ihre Tücken im Alltag – Zum Hintergrund, den Gesetzesgrundlagen und dem Stand der Rechtsentwicklung, DStR 2008, 2148. **Langer**, Kommentar zum BFH Urteil vom 20.10.2016, V R 26/15, MwStR 2/2017, 76 f. **Langer**, Kommentar zum EuGH-Urteil »Volkswagen AG«, DStR 2018, 679 f. **Langer/Hammerl**, Ist eine Rechnungsberichtigung mit rückwirkendem Vorsteuerabzug möglich?, NWB 2013, 590. **Langer/Hammerl**, Rechnungen im Umsatzsteuerrecht, NWB 2013, 1278. **Langer/Zugmaier**, Vorsteuerabzug trotz fehlerhafter oder unvollständiger Rechnung, DStR 39/2016, 2249 ff. **Lohse**, Vorsteuerabzug aus Rechnungen eines »als nicht existenter Wirtschaftsbeteiligter angesehenen« Steuerpflichtigen, BB 14/2015, 801 f. **Luther**, Vorsteuerabzug ohne (ordnungsgemäße) Rechnung; Die Folgen des EuGH-Urteils Senatex, UStG 10/2016, 303 ff. **Mann**, Die elektronische Rechnung als Risiko für den Vorsteuerabzug, UStB 2010, 334. **Mann**, Gutgläubigkeit beim Vorsteuerabzug nach § 15 Abs. 1 S. 1 Nr. 1 UStG, UStB 2011, 216. **Maunz**, Urteilanmerkungen zu C-533/16 »Volkswagen AG«, UR 2018, 364 f. **Meurer**, Der Rechnungsberichtigung kommt keine Rückwirkung zu, DStR 2010, 2442. **Meyer-Burow/Connemann**, »Gutschrift«, Rechnungsstorno und Haftung nach § 14c UStG, UStB 2/2014, 59 ff. **Neuhahn/Trinks**, Erleichterte Rechnungsstellung nach dem Steuervereinfachungsgesetz 2011? – Vom Unterschied zwischen »gut gemeint« und »gut gemacht«, UR 2011, 329. **Michel**, Voraussetzungen und Folgen der Rechnungsberichtigung, DB 5/2017, 216 f. **Nacke**, Änderungen bei den Grundlagen des Umsatzsteuerrechts, NWB 2017, 3124 ff. **Nieskens**, Umsatzsteuer 2009 – Änderungen in der Umsatzsteuer durch das Steuerbürokratieabbaugesetz und das JStG 2009 –, UR 2009, 253. **Nieskens**, Anmerkungen zum EuGH-Urteil vom 15.07.2010, C-368/09 Pannon Gép, UR 2010, 697. **Paintner**, Das Gesetz zur Umsetzung der Amtshilferichtlinie sowie zur Änderung steuerlicher Vorschriften im Überblick, DStR 2013, 1693. **Radeisen**, Rückwirkende Rechnungsberichtigungen nach Gemeinschaftsrecht – Zu den Rechnungsanforderungen aus Sicht des EuGH und BFH, DB 5/2017, 212 ff. **Reiß**, Rückwirkung des Vorsteuerabzugs nach/bei Berichtigung/Ergänzung von unzureichenden Rechnungsangaben – Senatex und die Folgen, MwStR 24/2016, 972 ff. **Pfadler**, Aufbewahrung von digitalen Belegen, NWB 2012, 322. **Plikat**, Die ordnungsgemäße Rechnung – Eine »Neverending« Story?, UStB 2008, 255. **Prätzler**, BFH ändert Auffassung zu Rechnungspflichtangaben – Erleichterung für den Vorsteuerabzug, StuB 2018, 618 ff. **Prätzler/Stuber**, Praxisfragen in Zusammenhang mit dem Vorsteuerabzug aus Online-Tickets, UR 2017, 710ff. **Pump/Fittkau**, Luftrechnungen des Lieferanten als Ursache seines finanziellen Ruins und seiner Bestrafung wegen Steuerhinterziehung (Teil I/II), UStB 2008, 112 und 143. **Rathke/Ritter**, Kaufmännische Gutschrift vs. umsatzsteuerliche Gutschrift, NWB 2013, 2534. **Reiß**, Vorsteuerabzug und Steuerschuld aus (An-)Zahlungen an Betrüger für nicht erbrachte Lieferungen – Zu zwei (unvollkommenen) BFH-Vorlagen an den EuGH, MwStR 11/2017, 444. **Reiß**, Vorsteuer(abzug) ohne Erhalt einer tatsächlich ausgeführten Lieferung oder Dienstleistung eines anderen Unternehmers – zum (verfehlten) Entscheidungsvorschlag in den Schlussanträgen des Generalanwalts zu den Vorlageersuchen des V. und XI. Senats in den Rs. C-660/16 und C-661/16, MwStR 2018, 372ff. **Reiß**, Vorsteuerabzugsrecht und Festsetzungsverjährung bei nachträglichen Rechnungskorrekturen, UR 2018, 457 ff. **Robisch**, Elektronische Rechnungstellung – Praxisorientierte Bestandsaufnahme unter Berücksichtigung der Neuregelung zum 1.7.2011, UR 2012, 550. **Saurin**, Automatisierung der Rechnungsprüfung, BBK 2009, 629. **Schmitz/Trinks**, Neues zur elektronischen Rechnungsstellung – Zugleich Anmerkungen zum BMF-Schreiben vom 2.7.2012, UR 2012, 781. **Schroen**, Scheinbar korrekte Rechnung, dennoch kein Vorsteuerabzug, NWB 2010, 4124. **Schumann**, Glaube und Wahrheit beim Vorsteuerabzug aus Anzahlungen – Zugleich Besprechung des EuGH-Urteils v. 31.5.2018 – C-660/16 und C-661/16, Kollroß und Wirtl, DStR 2018, 1653 ff. **Seifert**, Elektronische Rechnungen und Vorsteuerabzug, StuB 2011, 108. **Sikorski**, Die Umsatzsteuerhighlights des Jahres 2006 – Ein Überblick über die wesentlichen Gesetzesänderungen als Beratungs-Know-how für den Praktiker, DStR 2007, 520. **Seifert**, Rechnungsformalitäten und Vorsteuerabzug, StuB 2018, 478 f. **Sikorski**, Berichtigung von Rechnungen im Umsatzsteuerrecht, NWB 8/2017, 564ff. **Spatscheck/Stenert**, Die unrichtige Lieferadresse als Versagungsgrund für den Vorsteuerabzug – Neuere Entwicklungen in der Rechtsprechung, DStR 19/2016, 1070ff. **Slapio**, Rechnung und Vorsteuerabzug, UR 12/2017, 456ff. **Spatscheck/Stenert**, Ist die bisherige Rechtsprechung zum Vorsteuerabzug europarechtswidrig? – Anmerkungen zu den Vorabentscheidungsersuchen des BFH, DStR 40/2016, 2313ff. **Stadie**, Widerspruch gegen eine ordnungsgemäße umsatzsteuerrechtliche Gutschrift nach vollständigem Empfang der Gegenleistung, UR 2013, 365. **Sterzinger**, Anmerkungen zum EuGH-Urteil vom 15.07.2010, C – 368/09 Pannon Gép, UR 2010, 700. **Sterzinger**, Wesentliche Änderungen des UStG durch das Amtshilferichtlinien-Umsetzungsgesetz, UStB 2013, 292. **Sterzinger**, Urteilsanmerkungen zu V R 26/15, UR 2/2017, 62ff. **Sterzinger**, Rechnungsangabe »vollständige Anschrift« und Berücksichtigung des Gutglaubensschutzes beim Vorsteuerabzug, UR 2017, 609ff. **Thietz-Bartram**, Der Widerspruch gegen Gutschriften im Umsatzsteuerrecht – verzichtbar?, MwStR 2017, 817ff. **Treiber**, Die Bedeutung der Rechnung für den Vorsteuerabzug nach »Senatex« und »Barlis«, UR 2017, 858ff. **Trinks**, BFH segnet rückwirkende Rechnungskorrektur ab, NWB 2/2017, 86f. **Vellen**, Neue bzw. geplante Richtlinien und Verordnungen, EU-UStB 2010, 58. **von Streit**, Anmerkungen zum EuGH-Urteil »Biosafe«, DStR 2018, 790f. **von Streit/Streit**, Anmerkungen zu den Urteilen des EuGH vom 15.09.2016 in den Rechtssachen C-516/14 und C-518/14, UStB 2/2017, 57ff. **von Streit/Streit**, Nachträglicher Umsatzsteuerausweis bei Verfristung des Vorsteuerabzugs, UStB 2018, 140ff. **von Streit/Luther**, Angabe der Anschrift in Rechnungen – Anmerkungen zum Urteil des BFH vom 22.7.2015 – V R 23/14, UStB 2/2016, 51ff. **Wägner**, Anmerkungen zum EuGH-Urteil vom 15.07.2010, C-368/09 Pannon Gép, DStR 2010, 1475. **Wengerofsky/Rolfes**, Pflichtangaben in Rechnungen; Eine Bestandsaufnahme unter Berücksichtigung der jüngsten Rechtsprechung, StuB 7/2017, 253ff. **Weimann**, Elektronische Rechnung: Überprüfung durch den Rechnungsempfänger, UStB 2007, 25. **Weimann**, Zivilrechtliches Zurückbehaltungsrecht bei umsatzsteuerlich fehlerhafter Eingangsrechnung, UStB 2007, 331. **Weimann**, UStR 2008: »Leistungsdatum entspricht Rechnungsdatum« als zulässige Rechnungsangabe, UStB 2008, 29. **Weimann**, Elektronische Rechnungen: Sonderprobleme des Outsorcings der Rechnungsstellung, UStB 2008, 58. **Weimann**, Vorsteuerabzug bei »aktivem guten Glauben« trotz falscher Rechnungsangaben wohl möglich!, UStB 2008, 211. **Weimann**, Kreditoren: Rechtsanspruch auf eine fehlerfreie Eingangsrechnung, UStB 2009, 22. **Weimann**, Kreditorenprüfung: BFH-Urteil verdeutlicht die Gefahren unzureichender Leistungsbeschreibungen, UStB 2009, 80. **Weimann**, Aktuell: Eine »verschärfende Vereinfachung« der Rechnungsstellung zu erwarten, UStB 2009, 140. **Weimann**, Elektronische Rechnungen: Was tun, wenn widersprochen wird?, UStB 2009, 177. **Weimann**, Rechnungen per Telefax oder E-Mail: Wie soll der Mandant widersprechen?, UStB 2009, 208. **Weimann**, Name und Anschrift des leistenden Unternehmers als Rechnungspflichtangaben, UStB 2009, 303. **Weimann**, Kfz-Werkstätten: Abrechnung von »TÜV-Abnahmen«, UStB 2011, 302. **Weimann**, Steuervereinfachungsgesetz 2011/Neues zur elektronischen Rechnung: Praxiserprobte Checklisten für die Buchhaltung, GStB 2012, 15. **Weimann**, E-Rechnungen, Freiburg 2013. **Widmann**, Umsatzsteuerliche Aussagen im Koalitionsvertrag zwischen CDU, CSU und FDP für die 17. Legislaturperiode des Deutschen Bundestags, UR 2010, 8. **Widmann**, Über Rechnungen nach den EuGH-Urteilen in den Rs. Senatex und Barlis, UR 1/2017, 18ff. **Wittmann/Zugmaier**, Vorsteuerabzug: Schadenersatz wegen fehlerhafter Rechnungsstellung, DStR 2008, 538. **Zaumseil**, Anforderungen an die Leistungsbeschreibung der Rechnung, UStB 2009, 226. **Zugmaier/Streit**, Erwiderung auf Meurer, »Der Rechnungsberichtigung kommt keine Rückwirkung zu«, DStR 2010, 2446.

Verwaltungsanweisungen

BMF vom 19.12.2003, Az: IV B 7 – S 7300 – 75/03, BStBl I 2004, 62.
BMF vom 29.01.2004, Az: IV B 7 – S 7280 – 19/04, BStBl I 2004, 258.
BMF vom 03.08.2004, Az: IV B 7 – S 7280a – 145/04, BStBl I 2004, 739.
BMF vom 24.11.2004, Az: IV A 5 – S 7280 – 21/04, IV A 5 – S 7295 – 1/04, BStBl I 2004, 1122.

BMF vom 26.09.2005, Az: IV A 5 – S 7280a – 82/05, BStBl I 2005, 937.
BMF vom 26.10.2005, Az: IV A 5 – S 7280a – 88/05, DStR 2006, 327.
OFD Koblenz vom 21.02.2006, Az: S 7280 A – St 445.
BMF vom 28.03.2006, Az: IV A 5 – S 7280 a – 14/06, BStBl I 2006, 345.
BMF vom 28.03.2006, Az: IV A 5 – S 7295 – 2/06, DStR 2006, 1086.
BMF vom 11.08.2006, Az: IV A 5 – S 7210 – 23/06, BStBl I 2006, 477.
BMF vom 18.10.2006, Az: IV A 5 – S 7285 – 7/06, BStBl I 2006, 621.
BMF vom 25.10.2013, Az: IV D 2 – S 7280/12/10002, BStBl I 2013, 1305 (Anpassung UStAE an AmtshilfeRLUmsG).
Hinweis: Zur Problematik der zeitlichen Geltungsdauer von BMF-Schreiben vgl. Einführung UStG, Rz. 100 ff.

Richtlinien/Hinweise/Verordnungen
UStAE: Abschn. 14.1–14. 11.
MwStSystRL: Art. 217 ff.
UStDV: §§ 31–34.

1 Allgemeines

1.1 Übersicht über die Vorschrift

§ 14 UStG »Ausstellung von Rechnungen« wurde durch Art. 5 Nr. 15 des Zweiten Gesetzes zur Änderung steuerlicher Vorschriften (StÄndG 2003; Gesetz vom 15.12.2003, BGBl I 2003, 2645) neu gefasst. Die Vorschrift trat nach Art. 25 Abs. 4 StÄndG 2003 am 01.01.2004 in Kraft. Ausweislich der Gesetzesbegründung (vgl. BT-Drucks. 15/1562 vom 23.09.2003) handelte es sich um die Anpassung der nationalen Vorschriften über die umsatzsteuerliche Rechnungslegung an die RL 2001/115/EG (Rechnungsrichtlinie) des Rates zur Änderung der RL 77/388/EWG (6. EG-RL) vom 20.12.2001 (ABl. EG 2002 Nr. L 15, 24). Ziel der Richtlinie war die Vereinfachung, Modernisierung und Harmonisierung der mehrwertsteuerlichen Anforderungen an die Rechnungserteilung. Darüber hinaus wurde u.a. für die Rechnungsstellung durch Dritte und die Abrechnung durch Gutschrift sowie die elektronische Rechnungsstellung ein gemeinsamer europäischer Rechtsrahmen geschaffen. 1

Besondere Bedeutung kommt der Neufassung des § 14 UStG schon deswegen zu, weil nach § 15 Abs. 1 S. 1 Nr. 1 S. 2 UStG eine Rechnung nur dann zum Vorsteuerabzug berechtigt, wenn sie nach den §§ 14, 14a UStG ausgestellt ist, mithin grundsätzlich alle erforderlichen Angaben enthält. 2

Die Neufassung der Vorschrift beinhaltet eine systematische Neugliederung. § 14 Abs. 1 UStG definiert zunächst den **Begriff der Rechnung**. In § 14 Abs. 2 UStG sind die Regelungen zur **Berechtigung und Verpflichtung der Rechnungserteilung** sowie die Rechtsgrundlage für die Abrechnung mittels **Gutschrift** enthalten. § 14 Abs. 3 UStG regelt Fragen zur elektronischen Rechnung. Die in eine **Rechnung aufzunehmenden Angaben** ergeben sich aus § 14 Abs. 4 UStG. Die Rechnungserteilung in Fällen der **Vorabrechnung oder Anzahlungsrechnung** wird in § 14 Abs. 5 UStG geregelt. § 14 Abs. 6 UStG enthält die **Ermächtigungsvorschrift** zum Erlass einer Rechtsverordnung. In diesem Zusammenhang ebenfalls neu gefasst/geändert wurden die §§ 31 bis 34 UStDV (Art. 6 StÄndG 2003; in Kraft seit 01.01.2004 – Art. 25 Abs. 4 StÄndG 2003). Mit Wirkung vom 30.06.2013 wurde § 14 UStG um einen neuen Abs. 7 ergänzt, der für bestimmte Fälle regelt, nach dem Recht welchen Mitgliedstaates eine Rechnung auszustellen ist. 3

1.2 Rechtsentwicklung

4 Die heutige Fassung der §§ 14 bis 14c UStG beruht im Wesentlichen auf der **Neufassung/Neustrukturierung** der Vorschrift durch Art. 5 des Zweiten Gesetzes zur Änderung steuerlicher Vorschriften (StÄndG 2003; Gesetz vom 15.12.2003, BGBl I 2003, 2645), die nach Art. 25 Abs. 4 StÄndG 2003 am **01.01.2004** in Kraft getreten ist (vgl. Rn. 1 ff.).

5 Danach wurde § 14 UStG noch mehrfach geändert. Änderungen ergaben sich durch:

- das **Schwarzarbeitsbekämpfungsgesetz – SchwarzArbBekG**, Gesetz vom 23.07.2004, BGBl I 2004, 1842 mit Wirkung ab **01.08.2004**,
- durch das Haushaltsbegleitgesetz 2006, BGBl I 2006, 1402,
- durch das Erste Gesetzes zum Abbau bürokratischer Hemmnisse insbesondere in der mittelständischen Wirtschaft (**MittelstandsentlastungsG**, Gesetz vom 22.08.2006, BGBl I 2006, 1970) ab 01.01.2007,
- durch das Jahressteuergesetzes 2007 (**JStG 2007**, Gesetz vom 13.12.2006, BGBl I 2006, 2878) sowie
- durch das Gesetz zur Modernisierung und Entbürokratisierung des Steuerverfahrens (**Steuerbürokratieabbaugesetz**, Gesetz vom 20.12.2008, BGBl I 2008, 2850) ab 01.01.2009 in Kraft.

6 Aktuell wurden durch Art. 5 Nr. 1 Buchst. a und b des **Steuervereinfachungsgesetzes 2011** (StVereinfG 2011, Gesetz vom 01.11.2011, BGBl I 2011, 2131) § 14 Abs. 1 und 3 UStG neu gefasst. Art. 5 trat nach Art. 18 Abs. 3 des Steuervereinfachungsgesetzes am 01.07.2011 in Kraft. Durch Art. 5 Nr. 3 des Steuervereinfachungsgesetzes wurde § 27 Abs. 18 UStG eingefügt. Demnach ist § 14 Abs. 1 und 3 UStG in der ab 01.07.2011 geltenden Fassung auf alle Rechnungen über Umsätze anzuwenden, die nach dem 30.06.2011 ausgeführt werden (vgl. Rn. 58 ff.).

7 Nachdem das JStG 2013 (vgl. BT-Drucks. 17/10000 vom 19.06.2012) im Vermittlungsausschuss Anfang 2013 endgültig scheiterte, werden die darin enthaltenen Änderungen des UStG nunmehr weitestgehend durch das Gesetz zur Umsetzung der Amtshilferichtlinie sowie zur Änderung steuerlicher Vorschriften (Amtshilferichtlinie-Umsetzungsgesetz – **AmtshilfeRLUmsG**) vom 26.06.2013 (BGBl I 2013, 1809) umgesetzt. Erweitert wird durch Art. 10 Nr. 7 Buchst. a Doppelbuchst. cc des AmtshilfeRLUmsG der Katalog der Pflichtangaben in § 14 Abs. 4 S. 1 UStG um eine neue Nr. 10, die den Fall der Abrechnung mittels Gutschrift betrifft. Angefügt wird durch Art. 10 Nr. 7 Buchst. b AmtshilfeRLUmsG § 14 Abs. 7 UStG, der die Anwendbarkeit der Rechnungslegungsvorschriften anderer Mitgliedstaaten regelt. Die Änderungen treten nach Art. 31 Abs. 1 AmtshilfeRLUmsG am Tag nach der Verkündung (= 30.06.2013) in Kraft. Die Verwaltung hat mit BMF-Schreiben vom 25.10.2013, Az: IV D 2 – S 7280/12/10002, BStBl I 2013, 1305, den UStAE an die Gesetzesänderungen angepasst. Für Rechnungen, die bis einschließlich 31.12.2013 ausgestellt werden, beanstandet es die Verwaltung nicht, wenn die Rechnungsangabe nach § 14 Abs. 4 S. 1 Nr. 10 UStG fehlt bzw. die Angaben in der Rechnung oder Gutschrift (§ 14 Abs. 2 S. 2 UStG) nicht den Vorgaben nach § 14 a Abs. 1, 5 und 6 UStG entsprechen.

7a Durch Art. 11 Abs. 35 des Gesetzes zur Durchführung der Verordnung (EU) Nr. 910/2014 des Europäischen Parlaments und des Rates vom 23.07.2014 über elektronische Identifizierung und Vertrauensdienste für elektronische Transaktionen im Binnenmarkt und zur Aufhebung der Richtlinie 1999/93/EG (**eIDAS-Durchführungsgesetz**) vom 19.07.2017 (BGBl I 2017, 2745) wurden in § 14 Abs. 3 Nr. 1 UStG die Wörter »oder eine qualifizierte elektronische Signatur mit Anbieter-Akkreditierung nach dem Signaturgesetz vom 16.05.2001 (BGBl I 2001. 876), das zuletzt durch Artikel 4 des Gesetzes zur Umsetzung der Dienstleistungsrichtlinie im Gewerberecht und in weiteren Rechtsvorschriften vom 17.07.2009 (BGBl I 2009, 2091) geändert worden ist, in der jeweils geltenden Fassung« gestrichen. Die Änderung trat nach Art. 12 Abs. 1 S. 1 des Gesetzes am Tag nach der Verkündung im

BGBl in Kraft (= 29.07.2017). Gleichzeitig trat nach Art. 12 Abs. 1 S. 2 Nr. 1 des Gesetzes das Signaturgesetz vom 16.05.2001 außer Kraft. Neu eingeführt wird das Vertrauensdienstegesetz – VDG.

Durch Art. 9 Nr. 5 des Entwurfes eines Gesetzes zur Vermeidung von Umsatzsteuerausfällen beim Handelt mit Waren im Internet und zur Änderung weiterer steuerlicher Vorschriften (vgl. Gesetzesentwurf der Bundesregierung, BT-Drucks. 19/4455 vom 24.09.2018) soll § 14 Abs. 7 UStG um einen neuen Satz 3 ergänzt werden (vgl. § 14 Abs. 7 S. 3 UStG-E). Ausweislich der Gesetzesbegründung (S. 59 des Gesetzentwurfes) dient die Ergänzung der Anpassung an die durch Art. 1 der RL (EU) 2017/2455 vom 05.12.2017 vorgenommene Neufassung von Art. 219a der MwStSystRL. Betroffen sind die besonderen Besteuerungsverfahren in Titel XII Kapitel 6 der MwStSystRL (vgl. z.B. national die Regelung in § 18h UStG; vgl. die Kommentierung zu § 18h UStG). Ziel des Gesetzgebers ist dabei die Verringerung der Belastung der Unternehmen durch einheitliche Anwendung der Vorschriften über die Rechnungsstellung die im Mitgliedstaat der Identifizierung des Lieferers bzw. Leistungserbringers gelten. Nach § 27 Abs. 24 S. 1 UStG-E soll die Neuregelung auf Umsätze, die nach dem 31.12.2018 ausgeführt werden anzuwenden sein (zum Inkrafttreten vgl. Art. 16 Abs. 3 des Gesetzesentwurfs). 7b

1.3 Geltungsbereich

1.3.1 Sachlicher Geltungsbereich

§ 14 UStG regelt die urkundsmäßige Abwicklung eines Umsatzes. Der BFH beurteilt die Rechnung auf Grund des Steuerausweises für den Vorsteuerabzug als **Belegnachweis** (BFH vom 21.01.1993, Az: V R 30/88, BStBl II 1993, 384). 8

1.3.2 Persönlicher Geltungsreich

§ 14 UStG sieht hinsichtlich des persönlichen Geltungsbereichs keine Beschränkungen vor und gilt daher zunächst für **alle Unternehmer** i. S. d. § 2 UStG. Einschränkungen können sich jedoch aus anderen Vorschriften des UStG ergeben (vgl. z. B. § 19 Abs. 1 S. 4 UStG für Kleinunternehmer). 9

1.3.3 Zeitlicher Geltungsbereich

Die Vorschrift wurde durch Art. 4 Nr. 14 StÄndG 2003 vom 15.12.2003 (BGBl I 2003, 2645) mit Wirkung vom 01.01.2004 (Art. 17 Abs. 4 StÄndG 2003) neu gefasst. Für die nachfolgenden Gesetzesänderungen vgl. Rn. 5 ff. sowie die 3. Auflage. 10

Die aktuelle Neufassung des § 14 Abs. 1 und 3 UStG durch das **Steuervereinfachungsgesetz 2011** (StVereinfG 2011) ist nach § 27 Abs. 18 UStG i. d. F. des Steuervereinfachungsgesetzes 2011 auf alle Rechnungen über Umsätze anzuwenden, die **nach dem 30.06.2011** ausgeführt werden (vgl. Rn. 58 ff.). 11

Die Änderungen durch das AmtshilfeRLUmsG in § 14 Abs. 4 S. 1 Nr. 10 und Abs. 7 UStG treten nach Art. 31 Abs. 1 AmtshilfeRLUmsG am Tag nach der Verkündung, mithin am 30.06.2013, in Kraft. 12

1.4 Gemeinschaftsrechtliche Grundlagen und Verhältnis zu anderen Vorschriften

13 § 14 UStG beruht auf den gemeinschaftsrechtlichen Vorgaben der Art. 217 ff. MwStSystRL/Art. 21 Nr. 1 Buchst. c, Art. 22 Abs. 3 und Abs. 9 der 6. EG-RL sowie auf der RL 2001/115/EG des Rates vom 20.12.2001 (a. a. O.).

14 Die MwStSystRL (2006/112/EG) wurde mit RL 2010/45/EU vom 13.07.2010 (ABl. L 189.2010, 1) »Richtlinie 2010/45/EU des Rates vom 13. Juli 2010 zur Änderung der Richtlinie 2006/112/EG über das gemeinsame Mehrwertsteuersystem hinsichtlich der Rechnungsstellungsvorschriften« geändert. Die Änderungsrichtlinie ist bis zum 01.01.2013 in nationales Recht umzusetzen. Ausweislich der Gesetzesbegründung in BT-Drucks. 17/5125 vom 21.03.2011, 51 (Gesetzentwurf der Bundesregierung zum Steuervereinfachungsgesetz 2011) reagiert der Gesetzgeber mit der Neufassung von § 14 Abs. 1 und 3 UStG auch auf die geänderten Anforderungen der MwStSystRL. Weiterführend vgl. Vellen, EU-UStB 3/2010, 58; Mann, UStB 2010, 334 ff.

15 Durch das AmtshilfeRLUmsG werden Art. 219a Nr. 2 Buchst. a und Art. 226 Nr. 10a der MwStSystRL in nationales Recht umgesetzt.

15a Zur elektronischen Rechnungsstellung gegenüber der öffentlichen Hand vgl. das Gesetz zur Umsetzung der Richtlinie 2014/55/EU über die elektronische Rechnungsstellung im öffentlichen Auftragswesen vom 04.04.2017 (BGBl I 2017, 770) und die Verordnung über die elektronische Rechnungsstellung im öffentlichen Auftragswesen des Bundes (E-Rechnungsverordnung- ERechV) vom 13.10.2017 (BGBl I 2017, 3555).

2 Kommentierung

2.1 Begriff der Rechnung

2.1.1 Definition

16 Die Definition des Rechnungsbegriffes findet sich in § 14 Abs. 1 S. 1 UStG. Demnach ist Rechnung »... jedes Dokument, mit dem über eine Lieferung oder sonstige Leistung abgerechnet wird, gleichgültig, wie dieses Dokument im Geschäftsverkehr bezeichnet wird.« Rechnungen sind nach § 14 Abs. 1 S. 7 UStG (bis 30.06.2011 § 14 Abs. 1 S. 2 UStG) entweder auf Papier oder, vorbehaltlich der Zustimmung des Empfängers der Rechnung, auf elektronischem Weg zu übermitteln. Speziell zur elektronischen Rechnung einschließlich der Änderungen durch das StVereinfG 2011 vgl. Rn. 53 ff.

2.1.2 Bedeutung der Rechnung

17 § 14 UStG definiert den Begriff der Rechnung aus der Sicht des und für das Umsatzsteuerrecht(s). Dabei kommt der Rechnung für die beiden Seiten des Leistungsaustausches unterschiedliche Bedeutung zu. Für den **leistenden Unternehmer** entsteht die Steuer grundsätzlich durch Erbringung einer Leistung i. S. d. UStG (vgl. § 13 Abs. 1 UStG). Insofern bedarf es i. d. R. keiner Rechnung, um die weiteren Rechtsfolgen eintreten zu lassen (vgl. die Kommentierung zu § 13 – mit Sonderfällen). Für

ihn hat die Rechnung eine besondere Bedeutung bei der Ausübung einer Option (vgl. § 9 UStG) oder in Fällen des unrichtigen oder ggf. unberechtigten Steuerausweises nach § 14c UStG, da in letzteren Fällen die Steuer nicht durch Leistungserbringung, sondern durch Ausweis erst entsteht (vgl. § 13 Abs. 1 Nr. 3 UStG und vgl. die Kommentierung zu § 14c UStG). Für den **Leistungsempfänger** entwickelt die Rechnung eine gänzlich andere Bedeutung. Nach § 15 Abs. 1 S. 1 Nr. 1 S. 2 UStG muss der Leistungsempfänger für den Vorsteuerabzug im Besitz einer nach den §§ 14, 14a UStG ausgestellten Rechnung sein. Fehlt es daran, entfällt die Möglichkeit des Vorsteuerabzugs.

Bei **verspäteter Rechnungsstellung** kann Vorsteuer erst beansprucht werden, wenn die Rechnung vorliegt, nicht bereits in dem Besteuerungszeitraum, in dem die Leistung erbracht und bezahlt wurde. Bei einem tauschähnlichen Umsatz, bei dem weder für Leistung noch Gegenleistung eine Rechnung gestellt wurde, bedeutet dies, dass Umsatzsteuerschuld und Vorsteueranspruch zeitlich auseinanderfallen und Zinsbelastungen nach § 233a AO entstehen können (vgl. Niedersächsisches FG vom 25.10.2010, Az: 5 K 425/08, BB 2011, 1365; nachgehend: Urteil des BFH vom 19.06.2013, Az: XI R 41/10, BFH/NV 2013, 2041 kein rückwirkender Vorsteuerabzug bei erstmaliger Rechnungserteilung – keine Billigkeitsmaßnahme bei verspäteter Rechnungserteilung; vgl. Rn. 158ff. zur Problematik der Rechnungsberichtigung). 18

Der Leistungsempfänger hat die Angaben in einer Rechnung grundsätzlich auf ihre Richtigkeit und Vollständigkeit unter Beachtung der Verhältnismäßigkeit zu überprüfen (vgl. Abschn. 15.2a Abs. 6 UStAE). Aus fehlerbehafteten Rechnungen kann er keinen Vorsteuerabzug geltend machen (vgl. § 15 UStG Rn. 72ff.; zur Überprüfung von Eingangsrechnungen vgl. Weimann, UStB 2005, 32; zur Automatisierung der Rechnungsprüfung Saurin, BBK 2009, 629ff.). Nach der Rechtsprechung besteht eine Obliegenheit des Leistungsempfängers, sich über die Richtigkeit der Angaben in der Rechnung zu vergewissern (Feststellungslast; vgl. BFH vom 06.12.2007, Az: V R 61/05, BStBl II 2008, 695). Bei **Verlust der Rechnung** trägt der Steuerpflichtige die objektive Beweislast dafür, dass er die zum Vorsteuerabzug berechtigende Originalrechnung im Zeitpunkt des Vorsteuerabzugs besessen hat (vgl. FG München vom 21.01.2009, Az: 14 K 2093/08, DStRE 2010, 299; vgl. BFH vom 23.10.2014, Az.: V R 23/13, BStBl II 2015, 313 [Vorinstanz: FG Sachsen-Anhalt vom 20.02.2013, Az.: 2 K 1037/10, EFG 2013, 1715]). Zu Billigkeitsmaßnahmen vgl. Abschn. 15.11 Abs. 7 UStAE und OFD Niedersachsen vom 30.05.2011, Az: S 7300 – 628 St 173, DStR 2011, 1429. 19

2.1.3 Begriff der Rechnung

Nach § 14 Abs. 1 S. 1 UStG ist Rechnung jedes Dokument, mit dem über eine Lieferung oder sonstige Leistung abgerechnet wird, gleichgültig, wie dieses Dokument im Geschäftsverkehr bezeichnet wird. Eine Rechnung kann nach § 31 Abs. 1 S. 1 UStDV aus mehreren Dokumenten bestehen, aus denen sich insgesamt die nach § 14 Abs. 4 UStG erforderlichen Angaben ergeben. In einem der Dokumente sind das Entgelt und der darauf entfallende Steuerbetrag jeweils zusammengefasst anzugeben und alle anderen Dokumente zu bezeichnen, aus denen sich die übrigen Angaben nach § 14 Abs. 4 UStG ergeben (vgl. § 31 Abs. 1 S. 2 UStDV). Die Angaben müssen leicht und eindeutig nachprüfbar sein (§ 31 Abs. 1 S. 3 UStDV). Eine Rechnung muss nicht ausdrücklich als solche bezeichnet sein, es reicht aus, wenn sich aus dem Inhalt des Dokuments ergibt, dass der Unternehmer über eine Leistung abrechnet (vgl. Abschn. 14.1 Abs. 1 S. 2, 3 UStAE). Nicht als Rechnung gelten Schriftstücke, die nicht der Abrechnung über eine Leistung dienen, sondern sich ausschließlich auf den Zahlungsverkehr beziehen, beispielsweise **Mahnungen** (vgl. Abschn. 14.1 Abs. 1 S. 4 UStAE). 20

Rechnet ein Kreditinstitut mittels Kontoauszug über eine von ihm erbrachte Leistung ab, kommt diesem **Kontoauszug** Abrechnungscharakter zu mit der Folge, dass dieser Kontoauszug eine Rechnung i.S.d. § 14 Abs. 1 S. 1 UStG darstellt (vgl. Abschn. 14.1 Abs. 1 S. 5 UStAE). Beinhaltet der Kontoauszug lediglich Mitteilungen über den Zahlungsverkehr, fehlt ihm der Abrechnungscharakter; 21

vgl. OFD Koblenz vom 11.02.2008, Az: S 7280 A – St 44 5, UR 2008, 440, Verf. vom 02.07.2008, Az: S 7280 A – St 445, UR 2008, 867, Verf. vom 14.07.2008, Az: S 7280 A St 445, DStR 2008, 1965 und Verf. vom 11.12.2008, Az: S 7280 A – St 44 5, StEK UStG 1980 § 14/153. Ergänzend weist die OFD Koblenz darauf hin, dass ein Kontoauszug alle inhaltlichen und formalen Anforderungen des § 14 Abs. 4 UStG erfüllen muss, um dem Bankkunden den Vorsteuerabzug zu ermöglichen (vgl. Plikat, UStB 2008, 255 zur Frage der vollen Anschrift des Leistungsempfängers). Zur Angabe einer fortlaufenden Rechnungsnummer in Kontoauszügen mit Rechnungscharakter nach § 14 Abs. 4 S. 1 Nr. 4 UStG (z. B. Abrechnung über Schließfachgebühren) vgl. BayLfSt vom 19.11.2008 (Az: S 7280.2.1-1/2 St 35, UR 2009, 107). Die Rechnungsnummer kann durch eine Kombination der Kontonummer, der Kontoauszugsnummer und des Kontoauszugsdatums gebildet werden. Durch die Kombination dieser drei Angaben soll die eindeutige Identifizierbarkeit der Rechnung gewährleistet sein.

22 Auch ein **Vertrag** kann eine Rechnung sein, wenn er alle nach § 14 Abs. 4 UStG erforderlichen Angaben enthält. Im Vertrag fehlende Angaben können in anderen Unterlagen enthalten sein, sofern im Vertrag auf diese anderen Unterlagen verwiesen wird und die Angaben in den sonstigen Unterlagen eindeutig sind (vgl. § 31 Abs. 1 UStDV). Wird in einem Vertrag der Zeitraum, über den sich die Leistung oder Teilleistung erstreckt, nicht angegeben, reicht es aus, dass sich der Zeitraum aus den **Zahlungsbelegen** ergibt (BFH vom 07.07.1988, Az: V B 72/86, BStBl II 1988, 913 – für einen Mietvertrag mit offen ausgewiesener USt für die Monatsmiete – Voraussetzungen einer Rechnung mit Berechtigung zum Vorsteuerabzug erst in Verbindung mit ergänzenden Belegen, z. B. Zahlungsbelegen, diese dienen der **Konkretisierung der Teilleistung** [zur Abgrenzung zwischen erstmaliger Rechnungserteilung und Rechnungsberichtigung i. d. Z. vgl. BFH vom 10.01.2013, Az: XI B 33/12 (NV), BFH/NV 2013, 783]; vgl. BFH vom 03.02.2016, Az.: V B 35/15 n. v., BFH/NV 2016, 794, Rz. 4, 5 zum Vorsteuerabzug aus Dauerschuldverhältnissen [Tätigkeitsvergütung des Komplementärs]; weitere Beispiele in Abschn. 14.1 Abs. 2 S. 3 UStAE – Wartungsvertrag, Pauschalvertrag mit einem Steuerberater). Im Vertrag muss jedoch die USt eindeutig ausgewiesen sein, zumal gerade im typischen Anwendungsbereich der Miet- und Pachtverträge eine eindeutige Option zur Steuerpflicht erforderlich ist (vgl. § 4 Nr. 12 Buchst. a UStG i. V. m. § 9 Abs. 1 UStG; vgl. BFH vom 04.03.1982, Az: V R 55/80, BStBl II 1982, 317 – für den Fall einer Grundstücksveräußerung).

23 Streitig ist, ob auch in den einzelnen Zahlungsbelegen die USt zusätzlich offen ausgewiesen sein muss (so wohl zumindest für den Fall zwischenzeitlicher Steuersatzänderung und unter dem Aspekt einer Gutschrift BFH vom 07.11.2000, Az: V R 49/99, BStBl II 2008, 493 [vgl. a. BMF vom 09.05.2008, Az: IV A 5 – S 7300/07/0017, BStBl I 2008, 675 zur gemeinschaftlichen Auftragserteilung; Anwendungserlass u. a. zu vorstehendem Urteil des BFH] und nachfolgend FG Köln vom 20.02.2003, Az: 3 K 3300/02, EFG 2003, 1205; a. A. FG Düsseldorf vom 24.10.2001, Az: 5 K 5819/97 U, EFG 2002, 360 – Zahlungsbelege dienen nur der Konkretisierung der Teilleistung – offener Steuerausweis im Vertrag ausreichend; nach Auffassung der OFD Hannover ist ein **nochmaliger Ausweis in den Zahlungsbelegen** nicht erforderlich [Verf. vom 02.05.2002, Az: S 7280 – 142 – StH 542/S 7280 – 73 – StO 354, UR 2002, 443]). Die OFD hebt hier explizit auf das Urteil des BFH vom 07.11.2000 (BStBl II 2008, 493) ab und führt aus, der Hinweis des BFH sei nur vor dem Hintergrund der im Urteilsfall zwischenzeitlich eingetretenen Steuersatzänderung zu sehen, durch die der Steuerausweis im Pachtvertrag falsch geworden sei. In dieser Situation berichtigt der Steuerausweis auf dem Überweisungsträger in Kombination mit dem Pachtvertrag im Sinne einer Gutschrift den zu niedrigen Steuerausweis.]). Weitere Klarheit in diesem Bereich könnte die gegen den Gerichtsbeschluss des FG Baden-Württemberg vom 21.02.2008 (Az: 12 K 53/03, EFG 2008, 1158) eingelegte Revision bringen (BFH Az: V R 11/08). Der BFH muss hier die Frage entscheiden, ob der Steuerausweis in einem Mietvertrag kombiniert mit den jeweiligen Zahlungsbelegen (wohl ohne nochmaligen Steuerausweis) bei Nichtvorliegen der Optionsvoraussetzungen als unrichtiger Steuerausweis zu werten ist (§ 14 Abs. 2 S. 1 UStG a. F.; aktuell § 14c Abs. 1 UStG). Mit Urteil vom 28.05.2009 (Az: V R 11/08, Homepage BFH) weist der BFH die Revision des Klägers zurück und

kommt zu dem Ergebnis, dass in der Kombination des Mietvertrags mit offenem Steuerausweis und der entsprechenden Zahlungsbelege zur Konkretisierung des Leistungszeitraums ein unrichtiger Steuerausweis i. S. d. § 14c Abs. 1 UStG zu sehen ist. Auf einen ggf. erforderlichen nochmaligen Ausweis der Steuer in den Zahlungsbelegen geht das Urteil nicht ein und fordert einen solchen daher wohl auch nicht.

Wegen der durch die **Erhöhung des Regelsteuersatzes** zum 01.01.2007 erforderlichen **Vertragsanpassung** vgl. BMF vom 11.08.2006, Az: IV A 5 - S 7210 - 23/06, BStBl I 2006, 477, Tz. 22, 23. 24

Abrechnungspapiere in Zusammenhang mit sog. **Innenumsätzen** (vgl. Abschn. 2.7 Abs. 1 S. 3 UStAE; von Bedeutung vor allem bei Organschaftsverhältnissen [vgl. § 2 Abs. 2 Nr. 2 UStG]) stellen keine Rechnungen i. S. v. § 14 UStG dar. Wird in ihnen USt gesondert ausgewiesen, berechtigen die Belege nicht zum Vorsteuerabzug (vgl. Abschn. 15.2a Abs. 12 UStAE), die gesondert ausgewiesene USt wird jedoch auch nicht nach § 14c Abs. 2 UStG geschuldet (vgl. Abschn. 14.1 Abs. 4 UStAE und Abschn. 14c.2 Abs. 2a UStAE). Zur insoweit abweichenden Rechtsauffassung des FG München in dessen Urteil vom 17.06.2009 (Az: 3 K 223/06, EFG 2010, 911) vgl. § 14c UStG Rn. 65 m. w. N. 25

Nach § 14 Abs. 1 S. 2 UStG a. F. (bis 30.06.2011) waren Rechnungen auf **Papier** oder vorbehaltlich der Zustimmung des Empfängers auf **elektronischem Weg** zu übermitteln. Die Zustimmung zur elektronischen Übermittlung bedurfte keiner besonderen Form, es musste lediglich Einvernehmen zwischen dem Rechnungsaussteller und dem Rechnungsempfänger darüber bestehen, dass die Rechnung auf elektronischem Weg übermittelt werden soll (vgl. BT-Drucks. 15/1562, 48). Die Zustimmung zur elektronischen Übermittlung konnte z. B. in Form einer Rahmenvereinbarung erklärt werden, sie konnte auch nachträglich erklärt werden und es genügte auch, dass diese Verfahrensweise tatsächlich praktiziert und damit stillschweigend gebilligt wurde (vgl. Abschn. 14.4 Abs. 1 S. 3–5 UStAE a. F.). Zur elektronischen Rechnung und den Änderungen durch das **StVereinfG 2011** vgl. Rn. 53 ff. Für Rechnungen gilt grundsätzlich das Erfordernis der **Schriftform**. 26

2.1.4 Rechnung bei grenzüberschreitenden Umsätzen ab 30.06.2013

Nach Art. 219a Nr. 1 MwStSystRL (zu Art. 219a MwStSystRL und die nationale Umsetzung vgl. Duyfjes/von Streit, UR 2013, 233) unterliegt die Rechnungsstellung den Vorschriften des Mitgliedstaats, in dem der Umsatz ausgeführt wird (= allgemeiner Grundsatz). Dieser Regelung trägt bereits § 14 Abs. 2 S. 1 UStG Rechnung. Durch das AmtshilfeRLUmsG wird nunmehr auch die Ausnahmeregelung des Art. 219a Nr. 2 Buchst. a MwStSystRL m. W. v. 30.06.2013 in nationales Recht überführt und als § 14 Abs. 7 UStG eingefügt. 27

Ist der leistende Unternehmer im Inland nicht ansässig (Kriterien: Sitz, Geschäftsleitung, Betriebsstätte, Wohnsitz oder gewöhnlicher Aufenthalt) und schuldet der Leistungsempfänger die Steuer nach § 13b UStG, gilt für die Rechnungsstellung nach § 14 Abs. 7 S. 1 UStG abweichend vom allgemeinen Grundsatz das Recht des Mitgliedstaats, in dem der leistende Unternehmer ansässig ist (vgl. BMF vom 25.10.2013, Az: IV D 2 - S 7280/12/10002, DStR 2013, 2341 unter I.1.a) sowie Abschn. 14.1 Abs. 6 UStAE auch zur Ansässigkeit und mit Beispielen). Von Vorteil ist diese Regelung für den leistenden Unternehmer insoweit, als er sich nicht mit den Rechnungsstellungsvorschriften anderer Mitgliedstaaten zu befassen braucht. Für den Leistungsempfänger bedeutet die Regelung, dass in seinen Unterlagen nach den Regelungen verschiedener Mitgliedstaaten ausgestellte Rechnung enthalten sein können, die ggf. von den deutschen Vorschriften abweichen (zur Sprachproblematik vgl. Korf, UR 2013, 448 ff., Bachstein, IWB 2013, 144 ff.; zum Vorsteuerabzug in Fällen des § 13b UStG vgl. Abschn. 13b.15 UStAE und Abschn. 15.10 UStAE). 28

Eine Rückausnahme beinhaltet § 14 Abs. 7 S. 2 UStG, wonach für den Fall der Gutschrift nach § 14 Abs. 2 S. 2 UStG wieder der allgemeine Grundsatz gilt (= Rechnungsstellung nach den Vorschriften des Mitgliedstaats, in dem der Umsatz ausgeführt wird; vgl. Huschens, NWB 2013, 29

2132ff.; vgl. Abschn. 14.1 Abs. 6 S. 4 UStAE i. d. F. des BMF-Schreibens vom 25.10.2013, Az: IV D 2 – S 7280/12/10002, DStR 2013, 2341).

29a Zu der sich aktuell im Gesetzgebungsverfahren befindlichen Ergänzung des § 14 Abs. 7 UStG um einen weiteren Satz 3 vgl. Rz. 76.

2.2 Pflicht zur Ausstellung einer Rechnung

2.2.1 Rechtsentwicklung

30 **Durch das StÄndG 2003** besteht seit **01.01.2004** für den Unternehmer generell die **Pflicht zur Erteilung einer Rechnung**, wenn der Leistungsempfänger seinerseits Unternehmer ist und die Leistung für sein Unternehmen bezieht.

31 **Durch das Schwarzarbeitsbekämpfungsgesetz** wurde § 14 Abs. 2 UStG mit Wirkung ab 01.08.2004, durch das **Steuerbürokratieabbaugesetz** (Gesetz vom 20.12.2008, BGBl I 2008, 2850) mit Wirkung ab 01.01.2009 neu gefasst und gilt derzeit in dieser Fassung, die auch die Grundlage der nachfolgenden Kommentierung bildet. Ausführlich zur Rechtsentwicklung vgl. 3. Auflage.

2.2.2 Berechtigung

32 **Grundtatbestand des § 14 Abs. 2 S. 1 UStG** ist, dass ein Unternehmer (vgl. § 2 UStG) eine **steuerbare Lieferung oder sonstige Leistung** (vgl. § 1 Abs. 1 Nr. 1 UStG) ausführt. Die Leistung muss demnach im Rahmen seines Unternehmens, im Inland und gegen Entgelt erbracht werden. Die Steuerpflicht der erbrachten Leistung ist keine Voraussetzung für die Anwendung des § 14 UStG, wirkt jedoch auf die Berechtigung zum gesonderten Ausweis der USt. Sofern die erbrachte Leistung einer Steuerbefreiung unterliegt, ist der Unternehmer nach § 14 Abs. 4 S. 1 Nr. 8 UStG zur Angabe der Steuerbefreiungsvorschrift verpflichtet und darf keinen gesonderten Umsatzsteuerausweis vornehmen. Verstößt er dagegen, liegt der Fall eines unrichtigen Steuerausweise nach § 14c Abs. 1 UStG mit den entsprechenden Folgen vor (vgl. die Kommentierung zu § 14c UStG). Es muss beachtet werden, dass nicht alle Unternehmer zum gesonderten Ausweis der Steuer berechtigt sind. Für den **Kleinunternehmer** ergibt sich dies aus § 19 Abs. 1 S. 4 UStG, der dem Kleinunternehmer den gesonderten Ausweis der USt in einer Rechnung (§ 14 Abs. 4 UStG) verbietet. Übt der Kleinunternehmer allerdings die Option nach § 19 Abs. 2 UStG aus, unterliegt er den allgemeinen Regelungen. In Fällen der **Differenzbesteuerung** nach § 25a Abs. 3 und 4 UStG ergibt sich dies aus § 14a Abs. 6 S. 2 UStG. Nicht betroffen ist allerdings der Fall des Verzichts auf Anwendung der Differenzbesteuerung nach § 25a Abs. 8 UStG, für diesen Fall greifen die allgemeinen Regelungen (vgl. Abschn. 25a.1 Abs. 21 S. 6 UStAE). In Fällen des § 25 Abs. 3 UStG (**Besteuerung von Reiseleistungen**) schließt § 14a Abs. 6 S. 2 UStG den gesonderten Ausweis der USt aus. Bei **i. g. Dreiecksgeschäften** nach § 25b UStG enthält § 14a Abs. 7 S. 3 UStG ein entsprechendes Verbot zum gesonderten Ausweis der USt.

33 Generell nicht zum Ausstellen einer Rechnung mit gesondertem Steuerausweis berechtigt sind **Nichtunternehmer**. Zu den nicht Berechtigten zählen Privatpersonen, Unternehmer, die eine Leistung nicht im Rahmen ihres Unternehmens erbringen (aus dem Privatbereich), sowie juristische Personen des öffentlichen Rechts, die im hoheitlichen Bereich tätig werden (vgl. zur Abgrenzung § 2 Abs. 3 UStG a. F. – Einschränkung der Unternehmereigenschaft auf die Betriebe gewerblicher Art und land- und forstwirtschaftliche Betriebe und § 2b UStG n. F.).

Eine **reine Berechtigung** zur Ausstellung einer Rechnung, d.h. ohne Verpflichtung, besteht nach § 14 Abs. 2 S. 1 Nr. 2 S. 1 UStG dann, wenn der Unternehmer eine steuerbare Lieferung oder sonstige Leistung ausführt, es sich dabei nicht um eine Werklieferung oder sonstige Leistung im Zusammenhang mit einem Grundstück handelt (vgl. § 14 Abs. 2 S. 1 Nr. 1 UStG) und der Leistungsempfänger kein Unternehmer oder keine juristische Person ist (vgl. § 14 Abs. 2 S. 1 Nr. 2 S. 2 UStG). Demnach besteht insbesondere bei Leistungserbringung gegenüber Privatpersonen ohne Grundstücksbezug grundsätzlich keine Verpflichtung, eine Rechnung nach § 14 UStG auszustellen. § 14 Abs. 2 S. 1 Nr. 2 S. 1 UStG hat durch die Neufassung durch das Steuerbürokratieabbaugesetz (vgl. Rn. 37 ff.) keine Änderung erfahren, sondern ist unverändert erhalten geblieben. 34

2.2.3 Verpflichtung

2.2.3.1 Allgemeines

Bereits durch die Neufassung des § 14 UStG durch das **StÄndG 2003** (vgl. Rn. 30) wurde in § 14 Abs. 2 S. 2 UStG die Verpflichtung zur Ausstellung einer Rechnung eingeführt, sofern der Umsatz an einen Unternehmer mit Leistungsbezug für sein Unternehmen oder an eine juristische Person, soweit diese nicht Unternehmer ist, erbracht wird. Das bisherige »auf Verlangen« ist durch die Neufassung des § 14 Abs. 2 UStG entfallen, die Neufassung zwingt den Unternehmer zur Ausstellung einer Rechnung. 35

Durch die erneute Neufassung durch das **Schwarzarbeitsbekämpfungsgesetz** hat sich an dieser Verpflichtung nichts geändert. Sie ist nunmehr lediglich in § 14 Abs. 2 S. 1 Nr. 2 S. 2 UStG enthalten, wobei allerdings die Verpflichtung hinsichtlich der juristischen Person als Leistungsempfänger allgemein gehalten ist und nicht mehr auf deren nichtunternehmerischen Bereich verweist (vgl. Rn. 31). Die Verpflichtung greift ab dem 01.01.2004, da sie bereits im StÄndG 2003 enthalten war. Die inhaltliche Ausgestaltung der Rechnung muss den Anforderungen des § 14 Abs. 4 UStG entsprechen, mithin die in § 14 Abs. 4 UStG enthaltenen Pflichtangaben ausweisen. Die Frist zur Ausstellung der Rechnung beträgt **sechs Monate** nach Ausführung der Leistung. Zu beachten sind hier ergänzend die Regelungen des § 14a UStG, der eine ggf. kürzere Frist zur Rechnungsstellung regelt (Änderung durch das AmtshilfeRLUmsG, vgl. Rn. 7 und vgl. die Kommentierung zu § 14a UStG). Gegenüber den grundstücksbezogenen Leistungen ist die **Steuerpflicht keine Voraussetzung** der Verpflichtung, eine Rechnung auszustellen (jedoch vgl. Rn. 39). 36

2.2.3.2 Neufassung durch das Steuerbürokratieabbaugesetz

Durch Art. 8 Nr. 1 Buchst. a des Steuerbürokratieabbaugesetzes (vgl. Rn. 5) wurde § 14 Abs. 2 S. 1 Nr. 2 UStG ab 01.01.2009 neu gefasst (vgl. Rn. 10 ff.). Nach § 27 Abs. 15 UStG i.d.F. des Steuerbürokratieabbaugesetzes ist die Neufassung auf alle Rechnungen über Umsätze anzuwenden, die **nach dem 31.12.2008** ausgeführt werden. 37

Unverändert geblieben ist innerhalb des § 14 Abs. 2 S. 1 Nr. 2 UStG Satz 1 der Vorschrift (vgl. Rn. 32 ff.). In § 14 Abs. 2 S. 1 Nr. 2 S. 2 UStG wurde die Rechnungslegungspflicht gegenüber juristischen Personen wieder um den Zusatz »die nicht Unternehmer ist« ergänzt. Eine ähnliche Formulierung fand sich bereits im StÄndG 2003 und war durch die erneute Änderung durch das Schwarzarbeitsbekämpfungsgesetz entfallen. Eine inhaltliche Änderung geht damit m.E. nicht einher, da sich die Rechnungslegungspflicht gegenüber einer juristischen Person, die Unternehmer ist, bereits aus der allgemeinen Regelung ergibt. Die Gesetzesbegründung geht auf diesen Punkt auch nicht weiter ein (vgl. BT-Drucks. 16/10.188 vom 02.09.2008, 29 und BT-Drucks. 16/10.940 vom 13.11.2008, 11). 38

39 Neu eingefügt wurde § 14 Abs. 2 S. 1 Nr. 2 S. 3 und S. 4 UStG. Demnach besteht nach § 14 Abs. 2 S. 1 Nr. 2 S. 3 UStG eine Verpflichtung zur Ausstellung einer Rechnung nicht, wenn der Umsatz nach § 4 Nr. 8 bis 28 UStG steuerfrei ist, wobei allerdings § 14a UStG und die dort geregelten Verpflichtungen unberührt bleiben sollen (§ 14 Abs. 2 S. 1 Nr. 2 S. 4 UStG [vgl. Abschn. 14.1 Abs. 3 S. 7, 8 UStAE]). Letzteres sollte ursprünglich wohl sicherstellen, dass in den Fällen des § 14a UStG in jedem Fall die Pflicht zur Erteilung einer Rechnung besteht (vgl. BT-Drucks. 16/10.188 vom 02.09.2008, 29). Für Leistungen, die unter die nicht ausdrücklich genannten Steuerbefreiungen fallen, besteht weiterhin die Pflicht zur Erteilung einer Rechnung. Für z. B. eine i. g. Lieferung, die nach § 4 Nr. 1 Buchst. b UStG steuerfrei ist, muss folglich nach wie vor eine Rechnung ausgestellt werden und gelten die besonderen Vorschriften des § 14a UStG für den Inhalt dieser Rechnung. Ebenfalls erhalten geblieben ist insoweit die Rechnungserteilungspflicht z. B. für Ausfuhrlieferungen (§ 4 Nr. 1 Buchst. a UStG; vgl. hierzu auch BT-Drucks. 16/10.579 vom 05.10.2008 Stellungnahme des Bundesrates). Zu beachten sind ggf. zusätzlich die durch das AmtshilfeRLUmsG (vgl. Rn. 7 und vgl. die Kommentierung zu § 14a UStG) in § 14a UStG eingefügten abweichenden Fristen für die Rechnungsstellung.

2.2.4 Grundstücksbezogene Leistungen

40 Durch das Schwarzarbeitsbekämpfungsgesetz (vgl. Rn. 5 und 31) neu eingeführt wurde der Zwang zur Ausstellung einer Rechnung in Fällen der Werklieferung (§ 3 Abs. 4 UStG) oder sonstigen Leistung im Zusammenhang mit einem Grundstück in § 14 Abs. 2 S. 1 Nr. 1 UStG. Dabei ist zu beachten, dass die der Verpflichtung **zugrunde liegende Leistung** nach dem Gesetzeswortlaut **steuerpflichtig** sein muss. Der Verpflichtung ist innerhalb von sechs Monaten nach Ausführung der Leistung nachzukommen. Sie soll den **Kontrolldruck** in diesem Bereich erhöhen und zur Bekämpfung von Geschäften ohne Ausstellung von Rechnungen beitragen. Demgemäß wurde auch für Nichtunternehmer als Leistungsempfänger die **Aufbewahrungspflicht** nach § 14b Abs. 1 S. 5 UStG eingeführt (vgl. die Kommentierung zu § 14b UStG). Der Unternehmer ist zudem in Fällen des § 14b Abs. 1 S. 5 UStG nach § 14 Abs. 4 S. 1 Nr. 9 UStG verpflichtet, in der Rechnung auf die Aufbewahrungspflicht hinzuweisen.

41 Da der Gesetzeswortlaut keine entsprechende Eingrenzung beinhaltet, gilt die Verpflichtung zur Ausstellung einer Rechnung bei grundstücksbezogenen Leistungen allgemein, d. h. unabhängig davon, ob der Leistungsempfänger Unternehmer ist oder nicht. Auch gegenüber Nichtunternehmern oder Unternehmern, die entsprechende Leistungen im nichtunternehmerischen Bereich verwenden, ist eine Rechnung auszustellen (vgl. Abschn. 14.1 Abs. 3 S. 1, 3 UStAE). Die Pflicht zur Ausstellung einer Rechnung ist auch nicht davon abhängig, ob der Leistungsempfänger der Eigentümer des Grundstücks ist. Auch der Mieter einer Mietwohnung kommt als Auftraggeber in Betracht (vgl. BMF vom 24.11.2004, Az: IV A 5 – S 7280 – 21/04 / IV A 5 – S 7295 – 1/04, BStBl I 2004, 1122, Tz. 2; Abschn. 14.1 Abs. 3 S. 3 UStAE). Weiterhin gilt die Pflicht auch für **Kleinunternehmer** nach § 19 Abs. 1 UStG, die jedoch nicht zum gesonderten Ausweis der USt berechtigt sind (vgl. § 19 Abs. 1 S. 4 UStG) und für **Land- und Forstwirte**, die die Durchschnittssatzbesteuerung nach § 24 UStG anwenden (vgl. Abschn. 14.1 Abs. 3 S. 4 UStAE). Wird das Entgelt oder ein Teil des Entgelts vor Ausführung der Leistung vereinnahmt, ist die Rechnung innerhalb von sechs Monaten nach Vereinnahmung des Entgelts oder Teilentgelts auszustellen (vgl. BMF vom 24.11.2004, BStBl I 2004, 1122, Tz. 5; Abschn. 14.1 Abs. 3 S. 2 UStAE). Die Rechnungen müssen den Vorgaben des § 14 Abs. 4 S. 1 UStG entsprechen, das Fehlen einzelner Merkmale soll nach Verwaltungsauffassung jedoch keine Ordnungswidrigkeit darstellen, wohl aber der vorsätzliche oder leichtfertige Verstoß gegen die Verpflichtung zur Erteilung oder zur rechtzeitigen Erteilung (vgl. § 26a Abs. 1 Nr. 1 UStG und vgl. BMF vom 24.11.2004, BStBl I 2004,

1122, Tz. 7, 8). Für den Fall der zulässigen Gutschrift muss diese, vorbehaltlich der Regelungen des § 14a UStG, innerhalb von sechs Monaten erteilt werden (vgl. Abschn. 14.3 Abs. 2 S. 4 UStAE). Eine **Ausnahme** von der Pflicht zur Ausstellung einer Rechnung sieht die Verwaltung im Fall von Leistungen nach § 4 Nr. 12 S. 1 und 2 UStG (Vermietungsleistungen), sofern diese Leistungen nicht an einen anderen Unternehmer für dessen Unternehmen oder an eine juristische Person erbracht werden (vgl. Abschn. 14.1 Abs. 3 S. 5 UStAE; zur Kritik an dieser Einschränkung, der die gesetzliche Grundlage fehlt, vgl. Weyand, INF 2005, 66, der hier bußgeldrechtliche Gefahren annimmt).

Nach der **Gesetzesbegründung** (vgl. BT-Drucks. 15/2573, 33) bezieht sich der **Begriff Leistungen im Zusammenhang mit einem Grundstück** auf alle wesentlichen Bestandteile des Grundstücks (§ 94 BGB), was auch gelten soll, wenn es sich um ertragsteuerliche selbständige Wirtschaftsgüter handelt, und auch auf Leistungen im Zusammenhang mit Scheinbestandteilen (§ 95 BGB). Nicht eingeschlossen sollen sein sonstige Leistungen am Zubehör (§ 97 BGB). Dabei muss die Werklieferung oder sonstige Leistung in einem **engen Zusammenhang** mit dem Grundstück stehen, der gegeben sein soll, wenn sich die Leistung nach den tatsächlichen Umständen überwiegend auf die Bebauung, Verwertung, Nutzung oder Unterhaltung des Grundstücks selbst bezieht. Unter den Begriff fallen daher zunächst Bauleistungen. Der Begriff des Bauwerks ist dabei weit auszulegen und umschließt nicht nur Gebäude, sondern auch alle Anlagen, die irgendwie mit dem Erdboden verbunden sind oder auf Grund ihrer eigenen Schwere auf ihm ruhen und aus Baustoffen oder Bauteilen mit baulichem Gerät hergestellt werden. Ebenso in den Anwendungsbereich der Vorschrift fallen Leistungen, die der Erschließung von Grundstücken und der Vorbereitung von Bauleistungen dienen. Zu den steuerpflichtigen Dienstleitungen zählen auch Reinigungsarbeiten an Räumlichkeiten und Flächen, Leistungen im gärtnerischen Bereich, Instandhaltungsarbeiten in und an Gebäuden oder Wartungs- und Reparaturarbeiten. **42**

Nach Verwaltungsauffassung zählen zu den Leistungen im Zusammenhang mit einem Grundstück: **43**

- **Bauleistungen**: Dazu gehören alle Bauleistungen, bei denen die Steuerschuldnerschaft nach § 13b Abs. 2 Nr. 4 UStG unter den weiteren Voraussetzungen auf den Leistungsempfänger übergehen kann (vgl. Abschn. 14.2 Abs. 2 S. 1 UStAE unter Verweisung auf Abschn. 13b.2 UStAE).
- **Leistungen, die der Erschließung eines Grundstücks oder der Vorbereitung von Bauleistungen** dienen (vgl. Abschn. 14.2 Abs. 2 S. 2 und 3 UStAE) Insoweit ist auch zu berücksichtigen, dass sich der Anwendungsbereich des § 13b Abs. 2 Nr. 4 UStG und derjenige des § 14 Abs. 2 S. 1 Nr. 1 UStG ausdrücklich unterscheiden (vgl. Abschn. 13b.2 Abs. 6 UStAE und Abschn. 14.2 Abs. 1 S. 2 UStAE).
- **Sonstige Leistungen** in Zusammenhang mit einem Grundstück (vgl. Abschn. 14.2 Abs. 1 S. 2 UStAE und Abschn. 3a.3 UStAE). Die reine Vermietungsleistung soll demgegenüber ausgeschlossen sein (vgl. Abschn. 14.1 Abs. 3 S. 5 UStAE), sofern sie nicht an einen Unternehmer, an dessen Unternehmen oder an eine juristische Person erbracht wird.
- Weitere Leistungen, die in einem **engen Zusammenhang** mit einem Grundstück stehen. Ein solcher soll vorliegen, wenn sich die Werklieferung oder sonstige Leistung nach den tatsächlichen Umständen überwiegend auf die Bebauung, Verwertung, Nutzung oder Unterhaltung aber auch auf Veräußerung oder den Erwerb des Grundstücks selbst bezieht (vgl. Abschn. 14.2 Abs. 3 UStAE mit Auflistung).

Keine Pflicht zur Ausstellung einer Rechnung soll hingegen bestehen bei der Veröffentlichung von Immobilienanzeigen sowie bei der Rechts- und Steuerberatung in Grundstücksangelegenheiten, sofern es sich um selbständige Leistungen handelt (vgl. Abschn. 14.2 Abs. 4 UStAE). Daneben unterliegen **alltägliche Geschäfte**, die mit einem Kaufvertrag abgeschlossen werden, wie bei- **44**

spielsweise der Erwerb von Gegenständen durch einen Nichtunternehmer in einem Baumarkt, nicht der Pflicht zur Ausstellung einer Rechnung. Auch die Lieferung von Baumaterial auf die Baustelle eines Nichtunternehmers ist nicht erfasst (vgl. Abschn. 14.2 Abs. 5 UStAE).

2.2.5 Abrechnung durch Dritte

45 Nach § 14 Abs. 2 S. 4 UStG kann sich der Unternehmer bei der Erstellung einer Rechnung der Mithilfe eines Dritten bedienen. Der Leistungsempfänger als am Leistungsaustausch Beteiligter kommt aber als beauftragter Dritter nicht in Betracht, er kann höchstens als technische Schreibhilfe mitwirken (vgl. bereits BFH vom 28.04.1983, Az: V R /79, BStBl II 1983, 525; so auch für die Neufassung; BT-Drucks. 15/1562 vom 23.09.2003, 48; vgl. Abschn. 14.1 Abs. 3 S. 10 UStAE; zur Verwendung eines Adressstempels des Leistungsempfängers vgl. FG Köln vom 06.12.2006, Az: 4 K 1354/02, EFG 2007, 631, Urteilsgründe unter I.3.; Revisionsentscheidung: BFH vom 08.07.2009, XI R 51/07 (NV), BFH/NV 2010, 256). Die Rechnungserstellung muss im Namen und für Rechnung des Unternehmers erfolgen. Bei dem Beauftragten kann es sich um einen unselbständigen Dritten (z. B. eigenes Personal) oder vor allem um selbständige Dritte handeln. Der leistende Unternehmer hat sicher zu stellen, dass der mit der Rechnungserstellung beauftragte Dritte die Einhaltung der sich aus § 14 UStG und § 14a UStG ergebenden formalen Voraussetzungen gewährleistet (vgl. Abschn. 14.1 Abs. 3 S. 12 UStAE). Zur elektronischen Rechnung vgl. Abschn. 14.4 Abs. 10 S. 1 UStAE). Rechnet der Leistungsempfänger über eine an ihn erbrachte Leistung ab, liegt demgegenüber eine Gutschrift vor (vgl. § 14 Abs. 2 S. 2, 3 UStG).

46 Der Beschluss des Insolvenzgerichts gemäß § 64 InsO zur Festsetzung des Vergütungsanspruchs des Insolvenzverwalters ist keine Rechnung eines Dritten i. S. des § 14 Abs. 2 S. 4 UStG, die zum Vorsteuerabzug berechtigt (vgl. BFH vom 26.09.2012, Az: V R 9/11, BStBl II 2013, 346; vgl. Abschn. 15.2a Abs. 1 S. 5 und 6 UStAE).

2.2.6 Sanktionen

47 Nach § 26a Abs. 1 Nr. 1 UStG handelt ordnungswidrig, wer vorsätzlich oder leichtfertig entgegen § 14 Abs. 2 S. 1 Nr. 1 UStG oder § 14 Abs. 2 Nr. 2 S. 2 UStG eine Rechnung nicht oder nicht rechtzeitig ausstellt. Die Ordnungswidrigkeit kann nach § 26a Abs. 2 UStG mit einer Geldbuße von bis zu 5000 € belegt werden. Die Erteilung einer Rechnung, die nicht alle nach § 14 Abs. 4 S. 1 UStG erforderlichen Pflichtangaben enthält, soll nach Verwaltungsauffassung jedoch keine Ordnungswidrigkeit darstellen (vgl. BMF vom 24.11.2004, Az: IV A 5 – S 7280 – 21/04/IV A 5 – S 7295 – 1/04, BStBl I 2004, 1122, Tz. 8 für § 14 Abs. 2 S. 1 Nr. 1 UStG, Tz. 23 für § 14 Abs. 2 S. 1 Nr. 2 UStG; Abschn. 14.5 Abs. 1 S. 12 UStAE). Ordnungswidrig soll demnach wohl nur derjenige handeln, der gegen die Pflicht zur Erteilung einer Rechnung oder die Frist zur Erteilung einer Rechnung (sechs Monate) verstößt. Zur Kritik an der diesbezüglichen Verwaltungsauffassung vgl. Weyand (in INF 2005, 66) der davon ausgeht, dass diese Einschränkungen des Ordnungswidrigkeitstatbestandes im Gesetz keine Grundlage fänden und daher weder Bußgeldbehörden noch Bußgeldrichter binden würden. Wegen weiterer Einzelheiten vgl. die Kommentierung zu § 26a.

48 Nach Auffassung des FG Saarland (Urteil vom 16.06.2010, Az: 1 K 2111/06, DStRE 2011, 945; Rev. anhängig unter Az: XI R 26/10; BFH-Beschluss vom 20.02.2013, Az: XI R 26/10, BFH/NV 2013, 1047 – Vorlage EuGH wegen Vorsteuerabzug; nachgehend: EuGH vom 13.03.2014, Rs. C-204/13 »Malburg«, BFH/NV 2014, 813 ohne Äußerung zur Rechnungsproblematik; nachfolgend BFH vom 26.08.2014, XI R 26/10, BFH/NV 2015, 121) sieht das UStG keine zeitliche Grenze für das Ausstellen einer Rechnung vor. Wird eine Rechnung verspätet, d. h. außerhalb der

Frist nach § 14 Abs. 2 S. 1 Nr. 2 UStG von sechs Monaten, erteilt, stellt dies zwar eine Ordnungswidrigkeit dar, führt jedoch beim Leistungsempfänger nicht zum Ausschluss des Vorsteuerabzugs (im Urteilsfall ca. zehn Jahre zwischen Leistungserbringung und Rechnungsstellung).

2.2.7 Anspruch auf Erteilung einer Rechnung

Während den leistenden Unternehmer nach § 14 Abs. 2 UStG in den dort genannten Fällen eine Verpflichtung zur Erstellung einer Rechnung trifft, hat der Leistungsempfänger einen Anspruch auf Erteilung einer Rechnung, sofern er ein Unternehmer mit Leistungsbezug für sein Unternehmen oder eine juristische Person ist (vgl. Weimann, UStB 2009, 22 ff.). Der Anspruch auf Erteilung einer Rechnung ist allerdings zivilrechtlicher Natur (Ableitung aus § 242 BGB, Nebenpflicht aus dem zugrunde liegenden Schuldverhältnis; zum Zurückbehaltungsrecht nach § 273 Abs. 1 BGB vgl. BGH vom 26.06.2014, Az: VII ZR 247/13, DStR 2014, 1887 m. w. N. und FG Hamburg vom 11.02.2014, 3 V 247/13, rkr.; zum zivilrechtlichem Zurückbehaltungsrecht bei umsatzsteuerlich fehlerhafter Eingangsrechnung vgl. Weimann, UStB 2007, 331) und kann gem. § 13 GVG nur vor den ordentlichen Gerichten geltend gemacht werden (vgl. BGH vom 11.12.1974, Az: VIII ZR 186/73, NJW 1975, 310; Verjährung nach 30 Jahren – BGH vom 02.12.1992, UR 1993, 84; ab 2002 – drei Jahre vgl. § 195 BGB; weiterhin gelten die allgemeinen Verjährungsvorschriften des BGB). Nach Abschn. 14.1 Abs. 5 S. 3 UStAE setzt der Anspruch voraus, dass der leistende Unternehmer zur Rechnungsausstellung mit gesondertem Steuerausweis berechtigt ist und ihn die zivilrechtliche Abrechnungslast trifft (Verweisung auf BFH vom 04.03.1982, Az: V R /79, BStBl II 1982, 309). Dies erklärt sich daraus, dass der Leistungsempfänger regelmäßig eine Rechnung mit gesondertem Steuerausweis einfordern wird. Ist es jedoch ernstlich zweifelhaft, ob eine Leistung der Umsatzsteuer unterliegt, kann der Leistungsempfänger nur dann die Erteilung einer Rechnung mit gesondertem Steuerausweis verlangen, wenn der Vorgang bestandkräftig zur Umsatzsteuer herangezogen wurde (vgl. BGH vom 24.02.1988, Az: VIII ZR 64/87, UR 1988, 183; BGH vom 10.11.1988, Az: VII ZR 137/87, UR 1989, 121; BGH vom 02.11.2001, Az: V ZR 224/00, UR 2002, 91). Nach der neueren Rechtsprechung des BFH kann die Steuerpflicht eines Vorgangs ggf. auch mittels einer Feststellungsklage nach § 41 FGO geklärt werden (vgl. BFH vom 10.07.1997, Az: V R 94/96, BStBl II 1997, 707; zur Abgrenzung: BFH vom 30.03.2011, Az: XI R 12/08, BStBl II 2011, 819 – »Eine Klage, mit der eine Kfz-Werkstatt gegenüber dem für sie nicht zuständigen Finanzamt des TÜV die Feststellung begehrt, dass sie und nicht der Halter des jeweiligen Kfz Leistungsempfängerin i. S. des § 15 Abs. 1 Satz 1 Nr. 1 UStG von im Einzelnen aufgezählten und vom TÜV durchgeführten gesetzlichen Hauptuntersuchungen i. S. des § 29 StVZO ist, ist unzulässig, wenn weder über die Steuerbarkeit und Steuerpflicht der Leistung noch über die Höhe des Steuersatzes Streit besteht.« Letztlich offen war demnach nur die Frage nach den am Leistungsaustausch Beteiligten. Diese Frage entscheidet sich grundsätzlich nach den zivilrechtlichen Leistungsbeziehungen, deren Beurteilung dem Zivilgericht, ggf. auch der Verwaltungsgerichtsbarkeit, obliegt. Kritisch zu diesem Urteil vgl. Eichborn, DStR 2011, 1249 ff. Infrage gestellt wird u. a. die Steuerbarkeit »hoheitlicher« Leistungen der Überwachungsorganisationen [finanzgerichtliche Klärung angemahnt]; vgl. Weimann, UStB 2011, 302 ff. – kein steuerbarer Umsatz. Zur Streitfrage vgl. Rn. 82). Nach Eröffnung des Insolvenzverfahrens richtet sich der Anspruch auf Erteilung einer Rechnung gegen den Insolvenzverwalter und zwar auch dann, wenn die Leistung vor Eröffnung des Insolvenzverfahrens bewirkt wurde (vgl. Abschn. 14.1 Abs. 5 S. 7 UStAE). Zu Schadenersatz wegen fehlerhafter Rechnungsstellung vgl. Wittmann/Zugmaier, DStR 2008, 538. 49

2.3 Gutschrift

2.3.1 Rechtsentwicklung

50 Durch das StÄndG 2003 wurden die bisher in § 14 Abs. 5 UStG a.F. enthaltenen Regelungen zur Gutschrift in § 14 Abs. 2 S. 3, 4 UStG übernommen (ausführlicher vgl. 3. Auflage). Durch die erneute Neufassung des § 14 Abs. 2 UStG durch das Schwarzarbeitsbekämpfungsgesetz haben sich redaktionelle Änderungen ergeben. Aktuell sind die Regelungen zur Gutschrift in § 14 Abs. 2 S. 2, 3 UStG enthalten.

2.3.2 Regelungsinhalt

51 Der Begriff Gutschrift beschreibt den Umstand, dass nicht der Leistungsgeber über eine von ihm erbrachte Leistung abrechnet, sondern der Leistungsempfänger über eine an ihn erbrachte Leistung (vgl. § 14 Abs. 2 S. 2 UStG). Keine Gutschrift ist die im allgemeinen Sprachgebrauch ebenso bezeichnete Korrektur einer zuvor ergangenen Rechnung (Abschn. 14.3 Abs. 1 S. 6 UStAE und Abschn. 14.3 Abs. 2 S. 5 UStAE). Nach der gesetzlichen Neuregelung gilt:

- Eine Gutschrift **gilt** nicht mehr wie früher als Rechnung, sondern eine Rechnung kann auch in Form einer Gutschrift erstellt werden. Diese ist also eine Rechnung, die den übrigen Vorschriften über die Rechnung unterliegt, einschließlich § 14c UStG (vgl. § 14 Abs. 2 S. 2 UStG).
- Eine Gutschrift kann nach § 14 Abs. 2 S. 2 UStG von einem in § 14 Abs. 2 S. 1 Nr. 2 UStG genannten Leistungsempfänger erteilt werden. Im Kreis der Leistungsempfänger nach § 14 Abs. 2 S. 2 UStG sind auch die **juristischen Personen**, soweit sie **nicht Unternehmer** sind, enthalten (vgl. Abschn. 14.3 Abs. 1 S. 2 UStAE).
- Nach § 14 Abs. 2 S. 2 UStG kann mittels Gutschrift über jede Leistung abgerechnet werden, die Steuerpflicht der Leistung ist keine Voraussetzung für eine Gutschrift (vgl. Abschn. 14.3 Abs. 1 S. 4 UStAE). Zu beachten ist dabei allerdings, dass dadurch auch ein unrichtiger Steuerausweis entstehen kann, der in den Anwendungsbereich des § 14c UStG fällt (vgl. Abschn. 14.3 Abs. 1 S. 5 UStAE). Für den Fall, dass in einer Gutschrift über eine steuerfreie Leistung Steuer gesondert ausgewiesen wird, kann darin eine Optionserklärung des leistenden Unternehmers liegen (vgl. BFH vom 26.02.2003, Az: V B 178/02, BFH/NV 2003, 951). Zu den Besonderheiten im Zusammenhang mit der Option bei Umsätzen nach § 4 Nr. 9 Buchst. a UStG vgl. die Kommentierung zu § 9.
- Eine Abrechnung mittels Gutschrift ist auch gegenüber einem **Kleinunternehmern** (§ 19 Abs. 1 UStG) möglich (vgl. Abschn. 14.3 Abs. 1 S. 4 UStAE). Es treten ggf. die Rechtsfolgen des § 14c UStG ein (unberechtigten Steuerausweis; vgl. BT-Drucks. 15/1562 vom 23.09.2003, 48; Abschn. 14.3 Abs. 1 S. 5 UStAE).
- Zur **Wirksamkeit einer Gutschrift** bedarf es der **Übermittlung** an den leistenden Unternehmer. Darunter versteht die Rechtsprechung, dass die Gutschrift dem Empfänger so zugänglich gemacht wird, dass er von ihrem Inhalt Kenntnis nehmen kann. Allein die Aufgabe zur Post ist hierzu nicht ausreichend, erst nach Zuleitung/Übermittlung wird die Gutschrift, bei Vorliegen der anderen Voraussetzungen, wirksam und berechtigt zum Vorsteuerabzug (vgl. BFH vom 15.09.1994, Az: XI R 56/93, BStBl II 1995, 275 – i. S. v. tatsächlichem Zugang; vgl. Abschn. 14.3 Abs. 3 S. 2 UStAE).
- Nach § 14 Abs. 2 S. 3 UStG verliert die Gutschrift die Wirkung einer Rechnung vollständig, sobald der Empfänger der Gutschrift dem ihm übermittelten Dokument widerspricht (vgl. Abschn. 14.3 Abs. 4 S. 2 UStAE). Der **Widerspruch** wirkt – auch für den Vorsteuerabzug des

Leistungsempfängers – erst in dem Besteuerungszeitraum, in dem er erklärt wird (»ex nunc«, vgl. BFH vom 15.09.1994, Az: XI R 56/93, BStBl II 1995, 275). Die Wirksamkeit des Widerspruchs setzt den Zugang beim Gutschriftsaussteller voraus (Abschn. 14.3 Abs. 4 S. 6 UStAE und BFH vom 19.05.1993, Az: V R110/88, BStBl II 1993, 779). Eine besondere umsatzsteuerrechtliche Frist für den Widerspruch besteht nicht. Umstritten/unklar ist, ob die Regelung des § 195 BGB gilt (früher: 30 Jahre, seit 2002: drei Jahre; anderer Ansatz: es gilt die Unanfechtbarkeit der Steuerfestsetzung; vgl. Korn in Bunjes § 14 UStG Rn. 61 unionsrechtskonforme Auslegung, wohl nicht § 195 BGB; vgl. FG München vom 05.11.2014, Az.: 3 K 3209/11, EFG 2015, 427 – pro § 195 BGB). Der Widerspruch wirkt auch dann, wenn die Gutschrift inhaltlich korrekt ist und der Vereinbarung zwischen den Beteiligten entspricht. Die Beteiligten müssen sich im Zweifel zivilrechtlich auseinandersetzen. S. a. Thüringer FG vom 25.05.2011, Az: 1 K 1006/09 EFG 2012, 375 (Rev. XI R 25/11). Wirkung eines wirksamen Widerspruchs »ex nunc«. »Eine Beschränkung des Rechts zum Widerspruch nach § 14 Abs. 2 Satz 3 UStG ist ebenso wie eine zeitliche Befristung für die Ausübung dieses Rechts im Gesetz nicht vorgesehen. Der Gutschriftenempfänger kann daher jederzeit, zumindest bis zum Ablauf der regelmäßigen Verjährung von drei Jahren gemäß § 195 BGB, unabhängig von eventuell erfolgten Steuerfestsetzungen oder -erstattungen, ohne Angabe von Gründen den ihm übermittelten Gutschriftdokumenten widersprechen. Ob der Widerspruch berechtigt ist, muss zwischen den Beteiligten vor den Zivilgerichten geklärt werden.« Ausführlicher vgl. Hummel, UR 2012, 497 ff. Zum Widerspruchsrecht vgl. Thietz- Bartram in MwStR 2017, 817 ff. (Frage: kann auf das Widerspruchsrecht verzichtet werden?). Mit Urteil vom 23.01.2013 (Az: XI R 25/11, BStBl II 2013, 417) hat der BFH im Revisionsverfahren entschieden: »Widerspricht der Empfänger einer Gutschrift dem ihm übermittelten Abrechnungsdokument, verliert die Gutschrift die Wirkung einer zum Vorsteuerabzug berechtigenden Rechnung auch dann, wenn die Gutschrift den zivilrechtlichen Vereinbarungen entspricht und die Umsatzsteuer zutreffend ausweist. Es genügt, dass der Widerspruch eine wirksame Willenserklärung darstellt.« Kritisch zur Entscheidung des BFH vgl. Stadie, UR 2013, 365 ff.; Darstellung der Auswirkungen anhand Fallbeispielen vgl. Kraeusel, UR 2013, 609 ff.; ausdrücklich offen gelassen in BFH vom 25.04.2013, Az: V R 2/13, BStBl II 2013, 844, Rz. 28.

- Die am Leistungsaustausch Beteiligten können **frei vereinbaren**, ob der leistende Unternehmer oder der Leistungsempfänger abrechnet, wobei die **Vereinbarung vor der Abrechnung** getroffen werden muss (vgl. Abschn. 14.3 Abs. 2 S. 1, 2 UStAE). Die Vereinbarung kann grundsätzlich formlos erfolgen, demnach auch durch mündliche Absprache (insofern kommt dem Kriterium »vor« ggf. keine allzu große Bedeutung zu). Daneben kommt eine förmliche Vereinbarung, eine Vereinbarung in Verträgen oder sonstigen Geschäftsunterlagen in Betracht (vgl. Abschn. 14.3 Abs. 2 S. 2 UStAE). Gerade die Möglichkeit der formlosen Vereinbarung könnte in der Praxis zu Problemen dahin gehend führen, dass, wenn der Gutschriftenempfänger dieser nicht widerspricht, von einer entsprechenden Vereinbarung auszugehen sein könnte. Um unliebsame Überraschungen zu vermeiden, empfiehlt es sich daher grundsätzlich, eine klare und eindeutige Vereinbarung anzustreben (Nachweisproblematik). Durch die freie Vereinbarkeit kommt es nach der neuen Rechtslage wohl nicht mehr auf die **zivilrechtliche Abrechnungslast** an (vgl. hierzu noch Abschn. 184 Abs. 1 UStR 2000). Fraglich ist, ob, wenn die Abrechnungslast zivilrechtlich unabdingbar geregelt ist, z. B. über § 87c HGB, eine davon abweichende Gestaltung und Bezeichnung des Abrechnungspapiers umsatzsteuerliche Wirkung entwickeln kann (vgl. hierzu auch BFH vom 04.03.1982, Az: V R /79, BStBl II 1982, 309; vgl. Korn in Bunjes, § 14 UStG Rn. 58).
- § 14 Abs. 2 UStG enthält keine Bestimmungen über die Zulässigkeit einer **Vorausgutschrift oder Gutschrift über Anzahlungen**. In § 14 Abs. 5 S. 1 UStG ist jedoch geregelt, dass die Absätze 1 bis 4 sinngemäß gelten, wenn der Unternehmer das Entgelt oder einen Teil des

Entgelts für eine noch nicht ausgeführte Lieferung oder sonstige Leistung vereinnahmt. Die Abrechnung mittels Gutschrift ist daher auch in diesen Fällen zulässig.

- Auch für den Aussteller einer Gutschrift gilt die in § 14 Abs. 2 S. 1 Nr. 2 S. 2 UStG normierte **Frist von sechs Monaten** zur Erstellung der Rechnung/Gutschrift (vgl. Abschn. 14.3 Abs. 2 S. 4 UStAE – vorbehaltlich der Regelungen des § 14a UStG). Auch über die in § 14 Abs. 2 S. 1 Nr. 1 UStG genannten **steuerpflichtigen Werklieferungen und sonstigen Leistungen** im Zusammenhang mit einem Grundstück kann mittels Gutschrift abgerechnet werden. Für diesen Fall gilt ebenfalls die dort genannte Frist von sechs Monaten (vgl. BMF vom 24.11.2004, BStBl I 2004, 1122, Tz. 4, 6).
- Zur elektronischen Rechnung/Gutschrift vgl. Abschn. 14.4 Abs. 10 S. 1 UStAE.
- Zu **Ordnungswidrigkeiten** im Zusammenhang mit der Erstellung einer Rechnung/Gutschrift vgl. die Kommentierung zu § 26a. Hier dürfte sich das Problem ergeben, dass § 26a Abs. 1 Nr. 1 UStG ausdrücklich nur auf § 14 Abs. 2 S. 1 Nr. 1 und Abs. 2 S. 2 UStG verweist (vgl. Rn. 47), dort aber nur der leistenden Unternehmer genannt ist, es fehlt mithin die ausdrückliche Bezugnahme auch auf die Fälle der Gutschrifterteilung. Andererseits handelt ordnungswidrig nach § 26a Abs. 1 UStG »wer vorsätzlich oder ...« bestimmte dort genannte Handlungen unterlässt oder vornimmt. Dies könnte aber auch derjenige sein, der nach § 14 Abs. 2 S. 2 UStG die Verpflichtung zur Erteilung einer Gutschrift übernimmt. Vgl. § 26a UStG Rn. 10.
- Die Erstellung einer **Gutschrift durch Dritte** ist nach § 14 Abs. 2 S. 4 UStG grundsätzlich zulässig (vgl. Abschn. 14.3 Abs. 1 S. 3 UStAE).
- Zur Erteilung von Gutschriften durch **Holzaufkäufer** vgl. FinMin Brandenburg vom 09.01.2009 (Az: 31 – S 7280 – 2/05, UR 2009, 177). Es ist insbesondere auf den zutreffenden Leistungsgeber zu achten, da Forstbetriebsgemeinschaften regelmäßig nicht als Eigenhändler tätig werden, sondern im Namen und für Rechnung der einzelnen Waldbesitzer.

52 Durch das AmtshilfeRLUmsG wurde der Hinweis auf das Vorliegen einer Gutschrift den Pflichtangaben des § 14 Abs. 4 UStG ab 30.06.2013 hinzugefügt (zu Einzelheiten vgl. Rn. 144ff.).

2.4 Elektronische Rechnung

2.4.1 Rechtsentwicklung

2.4.1.1 Allgemeines

53 Zur rechtlichen Entwicklung der elektronischen Rechnung bis zum Jahr 2003 vgl. die 3. Auflage. Durch das **StÄndG 2003** wurden die zuvor in § 14 Abs. 4 S. 2 UStG a. F. enthaltenen Regelungen in § 14 Abs. 3 UStG übernommen, der nunmehr die formellen Voraussetzungen für auf elektronischem Weg übermittelte Rechnungen regelt. Gewährleistet sein müssen bei elektronischen Rechnungen sowohl die Echtheit der Herkunft als auch die Unversehrtheit des Inhaltes. Diese Voraussetzung wird nach § 14 Abs. 3 Nr. 1 UStG erfüllt, wenn die Rechnung mit einer qualifizierten elektronischen Signatur oder einer qualifizierten elektronischen Signatur mit Anbieter-Akkreditierung nach dem Signaturgesetz vom 16.05.2001 (BGBl I 2001, 876; geändert durch Art. 2 des Gesetzes vom 16.05.2001, BGBl I 2001, 876) versehen ist. Zu den Änderungen durch das Gesetz zur Durchführung der Verordnung (EU) Nr. 910/2014 des Europäischen Parlaments und des Rates vom 23.07.2014 über elektronische Identifizierung und Vertrauensdienste für elektronische Transaktionen im Binnenmarkt und zur Aufhebung der Richtlinie 1999/93/EG (**eIDAS-Durchführungsgesetz**) vom 19.07.2017 (BGBl I 2017, 2745) vgl. Rn. 7a.

Diese Voraussetzungen werden nach § 14 Abs. 3 Nr. 2 UStG ebenfalls erfüllt, bei Übermittlung durch **elektronischen Datenaustausch (EDI)** nach Art. 2 der Empfehlung 94/820/EG der Kommission vom 19.10.1994 über die rechtlichen Aspekte des elektronischen Datenaustauschs (ABl. EG 1994 Nr. L 338, 98), wenn in der Vereinbarung über diesen Datenaustausch der Einsatz von Verfahren vorgesehen ist, die die Echtheit der Herkunft und die Unversehrtheit der Daten gewährleisten. Zusätzlich muss jedoch eine **zusammenfassende Rechnung** auf Papier oder unter den Voraussetzungen des § 14 Abs. 3 Nr. 1 UStG auf elektronischem Wege übermittelt werden (zum Steuerbürokratieabbaugesetz vgl. Rn. 55ff.). Nach der Gesetzesbegründung (vgl. BT-Drucks. 15/1562 vom 23.09.2003, 48) können die zusammenfassenden Rechnungen für einen bestimmten Zeitraum (etwa: Tag, Woche, Dekade, Monat) übermittelt werden und müssen für die einzelnen Umsätze eines Übertragungszeitraums die Entgelte und die darauf entfallenden Steuerbeträge jeweils in einer Summe zusammenfassen. 54

2.4.1.2 Steuerbürokratieabbaugesetz

Durch Art. 8 Nr. 1 Buchst. b des Steuerbürokratieabbaugesetzes (vgl. Rn. 5) wurde § 14 Abs. 3 Nr. 2 UStG ab 01.01.2009 neu gefasst (vgl. Rn. 10). Die Neufassung ist nach § 27 Abs. 15 UStG i. d. F. des Steuerbürokratieabbaugesetzes auf alle Rechnungen über Umsätze anzuwenden, die **nach dem 31.12.2008** ausgeführt werden. Inhaltlich besteht die Neufassung eigentlich aus einer Streichung, nämlich dem Wegfall des letzten Halbsatzes der Regelung »... und zusätzlich eine zusammenfassende Rechnung auf Papier oder unter den Voraussetzungen der Nummer 1 auf elektronischem Weg übermittelt wird.« 55

Ausweislich der Gesetzesbegründung (vgl. BT-Drucks. 16/10.188 vom 02.09.2008, 29) wird durch die Änderung auf die bisher obligatorische Übermittlung einer zusammenfassenden Rechnung (Sammelrechnung) bei Übermittlung der Rechnungen über elektronischen Datenaustausch (EDI) nach Artikel 2 der Empfehlung 94820/EG der Kommission vom 19.10.1994 über die rechtlichen Aspekte des elektronischen Datenaustauschs (ABl. EG L 338, 98) und damit auf die bisher durch Deutschland ausgeübte Option nach Art. 233 Abs. 3 MwStSystRL verzichtet. Die Änderung soll dem Abbau steuerlicher Informationspflichten dienen und einen deutlichen Beitrag zum Abbau der daraus resultierenden Kosten für die Unternehmen leisten. 56

2.4.1.3 Einzelheiten zur elektronischen Rechnung bis 30.06.2011

Wegen Einzelheiten zur elektronischen Rechnung bis zum 30.06.2011 vgl. die 4. Auflage, Kapitel 2.4.2 bis 2.4.6. 57

2.4.2 Vereinfachung der elektronischen Rechnung durch das StVereinfG 2011

2.4.2.1 Allgemeines

Durch Art. 5 Nr. 1 Buchst. a und b des Steuervereinfachungsgesetzes 2011 (Gesetz vom 01.11.2011, BGBl I 2011, 2131) wurden § 14 Abs. 1 und 3 UStG neu formuliert. Art. 5 trat nach Art. 18 Abs. 3 StVereinfG am **01.07.2011** in Kraft. § 27 Abs. 18 UStG i. d. F. des StVereinfG 2011 regelt, dass die Neufassung auf alle Rechnungen über Umsätze anzuwenden ist, die nach dem 30.06.2011 ausgeführt werden. 58

Die vor dem StVereinfG 2011 geltenden Regelungen zur elektronischen Rechnung waren von hohen technischen Anforderungen geprägt und damit für die Praxis wenig tauglich. Diesen Umstand erkennend und unter dem Druck der zwischenzeitlich durch die Richtlinie 2010/45/EU vom 13.07.2010 (ABl. L 189.2010, 1) geänderten MwStSystRL (Umsetzung bis zum 01.01.2013), 59 hat der Gesetzgeber mit dem **StVereinfG 2011** (Gesetz vom 01.11.2011, BGBl I 2011, 2131) die Regelungen zur elektronischen Rechnung mit Wirkung **ab 01.07.2011** an die geänderte MwStSystRL (insbesondere an Art. 233) angepasst und damit vereinfacht.

60 Zu den Fragen im Zusammenhang mit der gesetzlichen Neuregelung hat das BMF zunächst auf seiner Homepage einen FAQ-Katalog veröffentlicht (BMF vom 26.07.2011, Az: IV D 2 – S 7287-a/09/10004), der zusammen mit dem BMF-Schreiben vom 02.07.2012 (Az: IV D 2 – S 7287-a/09/10004 : 003, BStBl I 2012, 726 – Änderung des UStAE) die Grundlage der nachstehenden Ausführungen bildet. Zu den Anforderungen an elektronische Rechnungen ausführlich vgl. Weimann, E-Rechnungen, Freiburg 2013; Huschens, NWB 2012, 2684; Groß/Lamm/Lindgens, DStR 2012, 1413; Robisch, UR 2012, 550; Schmitz/Trinks, UR 2012, 781; Burbaum/Schlüter in UR 2017, 222ff.

61 Nicht verändert hat sich durch die Neuformulierung des § 14 Abs. 1 UStG die allgemeine Definition des Rechnungsbegriffs, § 14 Abs. 1 S. 1 UStG ist unverändert geblieben. Nach der Gesetzesbegründung sind die in § 14 Abs. 1 S. 2–6 UStG genannten Anforderungen bereits bisher für Papierrechnungen zu gewährleisten, weswegen der Neufassung insoweit lediglich deklaratorischer Charakter zukommt (vgl. BT-Drucks. 17/5125 vom 21.03.2011, 52). Ebenso können Rechnungen wie bisher auf Papier oder vorbehaltlich der Zustimmung des Empfängers elektronisch übermittelt werden (§ 14 Abs. 1 S. 7 UStG). Zukünftig werden Rechnungen in Papierform und elektronische Rechnungen gleich behandelt, die Anforderungen an die Rechnungen in Papierform erhöhen sich dadurch nicht (vgl. BT-Drucks. 17/5125 vom 21.03.2011, 52).

2.4.2.2 Definition der elektronischen Rechnung

62 Zwar war schon bisher in § 14 Abs. 3 UStG von der elektronischen Rechnung die Rede, eine entsprechende ausdrückliche Definition enthielt das Gesetz jedoch nicht. Dieser Mangel wird durch § 14 Abs. 1 S. 8 UStG behoben. Demnach ist eine elektronische Rechnung eine Rechnung, die in einem elektronischen Format ausgestellt und empfangen wird. Darunter können fallen: E-Mail, E-Mail mit Textanhang oder PDF-Anhang, Computer-Telefax oder Fax-Server, Web-Download, Datenträgeraustausch (EDI) oder DE-Mail-Dienst (vgl. BT-Drucks. 17/5125 vom 21.03.2011, 52 und BMF; vgl. Abschn. 14.4 Abs. 2 S. 3 UStAE). Der Übertragungsweg ist nach der Neuregelung technologieneutral ausgestaltet, ein bestimmtes technisches Übermittlungsverfahren ist nicht vorgeschrieben, ebenso wenig die Verwendung einer Signatur. Unabhängig davon kann der Unternehmer die bisher bereits in § 14 Abs. 3 UStG a.F. zulässigen Verfahren auch nach § 14 Abs. 3 UStG weiterhin nutzen. Nicht unter den Begriff elektronische Rechnungen sollen allerdings fallen die Übermittlung von Rechnungen von Standard-Fax zu Standard-Fax oder von Computer-Telefax/Fax-Server an Standard-Telefax, insoweit sollen Papierrechnung gegeben sein (Abschn. 14.4 Abs. 2 S. 4 UStAE; ergänzend vgl. Huschens, NWB 2011, 3438ff. [3443] – bei der Übermittlung von Standard-Telefax an Computer-Telefax/Fax-Server soll dagegen eine elektronische Übermittlung vorliegen).

2.4.2.3 Anforderungen an eine elektronische Rechnung

63 § 14 Abs. 1 S. 2–4 UStG benennt allgemein die Anforderungen an Rechnungen, die für elektronische Rechnungen gleichermaßen gelten wie für Papierrechnungen. Demnach müssen gewährleistet werden: die Echtheit der Herkunft, die Unversehrtheit des Inhalts sowie die Lesbarkeit der Rechnung.

64 Unter Echtheit der Herkunft ist dabei nach § 14 Abs. 1 S. 3 UStG zu verstehen, dass die Identität des Rechnungsausstellers sichergestellt ist (vgl. Abschn. 14.4 Abs. 3 S. 2 UStAE). Das kann sein der leistende Unternehmer, bei Gutschriften der Leistungsempfänger oder ein Dritter, der zur Erstellung der Rechnung eingeschaltet wird.

Unversehrtheit des Inhalts bedeutet nach § 14 Abs. 1 S. 4 UStG, dass die nach dem UStG erforderlichen Angaben während der Übermittlung nicht geändert wurden (vgl. Abschn. 14.4 Abs. 3 S. 3 UStAE). 65

Unter Lesbarkeit ist zu verstehen, dass die Rechnung in einer für das menschliche Auge lesbaren Form geschrieben ist (vgl. Abschn. 14.4 Abs. 3 S. 5 UStAE – auch zur Konvertierung von Nachrichtenformaten). 66

Verwendet der Unternehmer die in § 14 Abs. 3 UStG aufgelisteten Verfahren, gelten bei einer elektronischen Rechnung die Echtheit der Herkunft und die Unversehrtheit des Inhalts als gewährleistet (Fiktion; vgl. BT-Drucks. 17/5124 vom 21.03.2011, 53 – sofern die vom Gesetz geforderten Angaben nicht geändert wurden; vgl. Abschn. 14.4 Abs. 7 bis 9 UStAE). 67

2.4.2.4 Innerbetriebliches Kontrollverfahren

Die Anforderungen an eine Rechnung müssen gewährleistet werden. Nach § 14 Abs. 1 S. 5 UStG legt der Unternehmer fest, in welcher Weise die Echtheit der Herkunft, die Unversehrtheit des Inhalts und die Lesbarkeit der Rechnung gewährleistet werden sollen (vgl. Art. 233 Abs. 1 S. 2 und 3 MwStSystRL). Dazu kann er sich jeglicher innerbetrieblicher Kontrollverfahren bedienen, die einen verlässlichen Prüfpfad zwischen Rechnung und Leistung schaffen können (vgl. § 14 Abs. 1 S. 6 UStG). Kein derartiges Kontrollverfahren ist erforderlich, wenn der Unternehmer sich der schon bisher für die elektronische Rechnung zulässigen Verfahren nach § 14 Abs. 3 UStG bedient, da hier die Echtheit der Herkunft und die Unversehrtheit des Inhalts als gewährleistet gelten (vgl. BT-Drucks. 17/5125 vom 21.03.2011, 53 – sofern die vom Gesetz geforderten Angaben nicht geändert wurden; vgl. Abschn. 14.4 Abs. 4 UStAE). 68

Nach der Gesetzesbegründung (vgl. BT-Drucks. 17/5125 vom 21.03.2011, 52) sind unter »innerbetrieblichen Kontrollverfahren« Verfahren zu verstehen, die der Unternehmer zum Abgleich der Rechnung mit seinen Zahlungsverpflichtungen einsetzt. Der Unternehmer wird im eigenen Interesse insbesondere überprüfen, ob die Rechnung in der Substanz korrekt ist, d. h. ob die in Rechnung gestellte Leistung tatsächlich in dargestellter Qualität und Quantität erbracht wurde, der Rechnungsaussteller also tatsächlich den Zahlungsanspruch hat, die vom Rechnungssteller angegebene Kontoverbindung korrekt ist und Ähnliches, um zu gewährleisten, dass das Unternehmen tatsächlich nur die Rechnungen begleicht, zu deren Begleichung es auch verpflichtet ist (vgl. Abschn. 14.4 Abs. 5 S. 1 UStAE). Erhält der Unternehmer eine inhaltlich richtige Rechnung, bei der sowohl die Leistung, der Leistende, das Entgelt sowie der Zahlungsempfänger richtig benannt sind, rechtfertigt dies wohl die Annahme, dass bei der Übermittlung keine die Echtheit der Herkunft und die Unversehrtheit des Inhalts beeinträchtigenden Fehler vorgekommen sind, d. h. die Rechnung nicht verfälscht oder verändert wurde (vgl. Abschn. 14.4 Abs. 6 S. 4 UStAE). Nach Auffassung des BMF müssen keine speziellen neuen Verfahren im Unternehmen geschaffen werden. Bereits ein entsprechend eingerichtetes Rechnungswesen kann als geeignetes Kontrollverfahren dienen, das die Zuordnung der Rechnung zur empfangenen Leistung ermöglicht (vgl. Abschn. 14.4 Abs. 5 S. 2 UStAE). Es muss sich dabei nicht um ein »technisches« oder EDV-gestütztes Verfahren handeln. Auch in kleinen Unternehmen, die über kein kaufmännisches Rechnungswesen verfügen, können »innerbetriebliche Kontrollverfahren« zur Überprüfung eingehender Rechnungen angewandt werden. In der einfachsten Form kann dies z. B. durch einen manuellen Abgleich der Rechnung mit der Bestellung, dem Auftrag, dem Kaufvertrag und ggf. dem Lieferschein geschehen (vgl. BT-Drucks. 17/5125 vom 21.03.2011, 52; vgl. Abschn. 14.4 Abs. 5 S. 3, 4 und Abs. 6 S. 2 UStAE). Nach der Gesetzesbegründung (a. a. O.) besteht bezüglich des Kontrollverfahrens keine Dokumentationspflicht (vgl. Abschn. 14.4 Abs. 6 S. 3 UStAE). Dem Gesetzestext des § 14 UStG ist insoweit auch nichts zu entnehmen. Im Grunde muss der Unternehmer demnach eigentlich nicht mehr tun, als er bislang bereits vernünftigerweise tun musste. 69

Da eine ordnungsgemäße Rechnung zu den Voraussetzungen des Vorsteuerabzugs gehört (vgl. § 15 Abs. 1 S. 1 Nr. 1 S. 2 UStG) und der Unternehmer hier in der Beweislast steht, war er bereits vor der Neufassung des § 14 Abs. 1 UStG schlecht beraten, wenn er nicht zeitnah zum Eingang der Rechnung diese auf eventuelle Mängel kontrolliert und bei dieser Gelegenheit auch gleich die Berechtigung der Rechnung z. B. anhand der Bestellung etc. überprüft hat. Insofern gehen das nunmehr erforderliche Kontrollverfahren und die Prüfung der Voraussetzungen des Vorsteuerabzugs letztlich Hand in Hand, auch wenn das Kontrollverfahren lediglich zum Ziel hat, die korrekte Übermittlung sicherzustellen, während die Überprüfung für Zwecke des Vorsteuerabzugs die inhaltliche Richtigkeit und Ordnungsmäßigkeit der Rechnung zum Gegenstand hat.

70 Ob es allerdings ratsam ist, im Zusammenhang mit dem nunmehr erforderlichen Kontrollverfahren völlig auf eine entsprechende Dokumentation zu verzichten, darf bezweifelt werden. Erfahrungsgemäß treten Streitfragen mit dem Fiskus regelmäßig nicht zeitnah zum Eingang der Rechnungen, sondern häufig zeitlich stark verzögert im Rahmen späterer Überprüfungen durch die Verwaltung auf. Wurden die ursprünglichen Prüfungshandlungen dokumentiert (z. B. durch Aufzeichnung der Prüfungshandlungen in einer Datei; eventuell generelle betriebliche Verfahrensanleitung zur Prüfung und Archivierung elektronischer Rechnungen; i. d. Z. vgl. OFD München, Verf. vom 03.06.2004, Az: S 0316 – 32 St 324– zur Kontierung elektronischer Rechnungen; keine Veränderung der Rechnung), entfällt später zumindest der Vorwurf, man habe kein Kontrollverfahren durchgeführt.

2.4.7.5 Besondere Formen der Rechnungsstellung

71 Zu elektronischen Rechnungen bei Gutschriften, Ausstellung durch Dritte, Anzahlungsrechnungen und Fahrausweisen vgl. Abschn. 14.4 Abs. 10, 11 UStAE.

2.4.7.6 Aufbewahrung elektronischer Rechnungen

72 Rechnungen, ob in Papierform oder in elektronischer Form, unterliegen den Aufbewahrungsregelungen des § 14b UStG. Demnach sind Rechnungen zehn Jahre aufzubewahren (vgl. die Kommentierung zu § 14b UStG) und unterliegt ein Verstoß gegen die Aufbewahrungspflicht als Ordnungswidrigkeit den Bußgeldvorschriften des § 26a UStG. Für einen Unternehmer bedeutet dies eine Bußgeldandrohung von bis zu 5000 € (vgl. § 26a Abs. 1 Nr. 2 i. V. m. Abs. 2 UStG; vgl. Abschn. 14b.1 Abs. 10 UStAE – auch zum Vorsteuerabzug bei Verstößen). Die aufbewahrten Rechnungen müssen nach § 14b Abs. 1 S. 2 UStG während des gesamten Aufbewahrungszeitraums die Voraussetzungen des § 14 Abs. 1 S. 2 UStG erfüllen, d. h. es müssen die Echtheit der Herkunft, die Unversehrtheit des Inhalts sowie die Lesbarkeit der Rechnungen gewährleistet sein (BMF vom 26.07.2011: auch die maschinelle Auswertbarkeit; vgl. Abschn. 14b.1 Abs. 5 S. 1 UStAE). Ausweislich der Gesetzesbegründung (vgl. BT-Drucks. 17/5125 vom 21.03.2011, 52) gilt: »Auch bei elektronischen Rechnungen sind § 147 AO, die Grundsätze ordnungsmäßiger DV-gestützter Buchführungssysteme (GoBS) und die Grundsätze zum Datenzugriff und zur Prüfbarkeit digitaler Unterlagen (GDPdU) zu beachten. Danach hat die Speicherung der Inhalts- und Formatierungsdaten der elektronischen Rechnung auf einem Datenträger zu erfolgen, der Änderungen nicht mehr zulässt. Der Originalzustand der übermittelten Daten muss erkennbar sein.« Zu den GoBS bisher vgl. BMF vom 07.11.1995, Az: IV A 8 – S 0316 – 52/95, BStBl I 1997, 738; zu den GDPdU vgl. BMF vom 16.07.2001, Az: IV D 2 – S 0316 – 136/01, BStBl I 2001, 415 jeweils mit späteren Änderungen, insbesondere BMF vom 14.09.2012, Az: IV A 4 – S 0316/12/10001, BStBl I 2012, 930 zur Aufhebung Abschn. II. Nr. 1 der GDPdU (vgl. Abschn. 14b.1 Abs. 6 UStAE n. F.; vgl. Pfadler, NWB 2012, 322). Für Veranlagungszeiträume, die nach dem 31.12.2014 beginnen, vgl. BMF vom 14.11.2014, Az: IV A 4 – S 0316/13/10003 (GoBD), BStBl I 2014, 1450. Zur Archivierung

von Rechnungen und Lieferscheinen auf CD durch (Apotheken-)Lieferanten vgl. LfSt Bayern vom 20.01.2017, S 0317.1.1-4/3 St 42, DB 2017, 280. Zu Kontierungsvermerken auf elektronisch erstellten und versandten Eingangsrechnungen vgl. LfSt Bayern vom 20.01.2017, S 0316.1.1-5/3 St 42, DStR 2017, 547. Literaturhinweis: Burbaum/Schlüter in UR 2017, 222 ff.; Herold/Volkenborn in NWB 2017, 922 ff.; Henn/Kuballa in NWB 2017, 2648 ff. und 2779 ff.

2.4.7.7 Zustimmung des Rechnungsempfängers

Nach § 14 Abs. 1 S. 7 UStG sind Rechnungen auf Papier oder vorbehaltlich der Zustimmung des Empfängers elektronisch zu übermitteln. Wortgleich fand sich diese Formulierung bislang in § 14 Abs. 1 S. 2 UStG a. F. Der Empfänger hat demnach auch im Anwendungsbereich der Neufassung Anspruch auf eine Rechnung in Papierform und kann einer elektronischen Übermittlung widersprechen. Hinsichtlich des Einvernehmens zur elektronischen Übermittlung vgl. Abschn. 14.4 Abs. 1 UStAE. Es bedarf keiner besonderen Form. Möglich sind Rahmenvereinbarungen (allgemeine Geschäftsbedingungen), nachträgliches Einvernehmen, aber auch tatsächliches Praktizieren (stillschweigende Billigung). M. E. ist es für den Empfänger einer elektronischen Rechnung durchaus überlegenswert, ob er den Empfang jedweden elektronischen Formats akzeptieren will. Dabei sollte berücksichtigt werden, dass es in der Natur elektronischer Formate liegt, dass sie oftmals leicht abänderbar sind und insofern ggf. im Nachhinein Fragen auftreten können. Für den Fall des Widerspruchs muss sich der Rechnungsaussteller des Risikos eines doppelten Steuerausweises bewusst sein. 73

2.4.7.8 Umsatzsteuer-Nachschau

Ausweislich der Gesetzesbegründung (vgl. BT-Drucks. 17/5125 vom 21.03.2011, 53) darf die Reduzierung der Anforderungen an elektronische Rechnungen nicht einseitig zu Lasten einer effektiven Steuerbetrugsbekämpfung gehen. Daher ergänzt das StVereinfG 2011 § 27b Abs. 2 UStG um die Sätze 2 und 3. Demnach kann bei einer Umsatzsteuer-Nachschau auch auf gespeicherte Daten zurückgegriffen werden und kann hierzu das Datenverarbeitungssystem genutzt werden; dies gilt auch für elektronische Rechnungen nach § 14 Abs. 1 S. 8 UStG (vgl. Abschn. 27b.1 Abs. 5 S. 8–11 UStAE). 74

2.5 Inhalte der Rechnung

2.5.1 Rechtsentwicklung

Durch die Neufassung des § 14 UStG durch das StÄndG 2003 wurden die Pflichtangaben in einer Rechnung in § 14 Abs. 4 UStG zusammengefasst. Durch das Gesetz zur Intensivierung der Bekämpfung der Schwarzarbeit und damit zusammenhängender Steuerhinterziehung (**Schwarzarbeitsbekämpfungsgesetz – SchwarzArbBekG**, Gesetz vom 23.07.2004, BGBl I 2004, 1842) wurde § 14 Abs. 4 UStG mit Wirkung ab 01.08.2004 eine weitere Ziffer 9 angefügt, die im Zusammenhang mit der zeitgleich eingeführten Aufbewahrungspflicht auch für Nichtunternehmer nach § 14b Abs. 1 S. 5 UStG einen entsprechenden Hinweis in der Rechnung vorschreibt. Durch Art. 7 Nr. 7 des Jahressteuergesetzes 2007 (**JStG 2007**, Gesetz vom 13.12.2006, BGBl I 2006, 2878) wurde § 14 Abs. 4 S. 1 Nr. 6 UStG neu formuliert. Die Änderung trat nach Art. 20 Abs. 1 des JStG 2007 am Tag nach der Verkündung des Gesetzes in Kraft (in BGBl I 2006 Nr. 60 vom 75

18.12.2006). Durch das AmtshilfeRLUmsG, Gesetz vom 26.06.2013, BGBl I 2013, 1809, wurde eine neue Nr. 10 in § 14 Abs. 4 UStG eingefügt (vgl. Rn. 144ff.).

2.5.2 Allgemeines

76 § 14 Abs. 4 UStG listet die Pflichtangaben in einer Rechnung auf. Diese sind immer dann anzugeben, wenn der Unternehmer zur Erteilung einer Rechnung verpflichtet ist, da das Gesetz keine weitergehende Einschränkung diesbezüglich enthält (vgl. jedoch Abschn. 14.5 Abs. 1 S. 1 UStAE, die dortige Einschränkung stammt noch aus dem BMF-Schreiben vom 29.01.2004, Az: IV B 7 – S 7280 – 19/04, BStBl I 2004, 258, Tz. 31 vor Neufassung der Rechnungspflicht durch das Schwarzarbeitsbekämpfungsgesetz). Die Hauptanwendungsfälle dürften natürlich Leistungen an andere Unternehmer oder an juristische Personen, soweit sie nicht Unternehmer sind, sowie die in § 14a UStG bezeichneten Fälle sein. Die inhaltlichen Angaben werden zusätzlich durch die §§ 33 und 34 UStDV für Kleinbetragsrechnungen und Fahrausweise präzisiert. Weitere Pflichtangaben ergeben sich aus § 14a UStG in den dort genannten Fällen. Unerheblich ist es, ob es sich bei den Leistungen um steuerpflichtige oder steuerfreie handelt oder ob die Sonderregelungen nach den §§ 23 bis 25c UStG angewendet werden (vgl. Abschn. 14.5 Abs. 1 S. 2 UStAE).

77 Die Gesamtheit aller Dokumente, die die nach den §§ 14 Abs. 4, 14a UStG geforderten Angaben insgesamt enthalten, bilden die Rechnung (vgl. § 31 Abs. 1 S. 1 UStDV). Fehlen in einem Dokument Angaben, müssen diese in anderen Dokumenten enthalten sein. In einem dieser Dokumente müssen mindestens das Entgelt und der Steuerbetrag angegeben werden. Außerdem sind in diesem Dokument alle anderen Dokumente zu bezeichnen, aus denen sich die in den §§ 14 Abs. 4, 14a UStG geforderten Angaben insgesamt ergeben (vgl. § 31 Abs. 1 S. 2 UStDV). Die zu einer Rechnung gehörenden Dokumente müssen alle vom Rechnungsaussteller erstellt werden, im Falle der Gutschrift vom Aussteller der Gutschrift (vgl. Abschn. 14.5 Abs. 1 S. 8, 9 UStAE). Bei Beauftragung eines Dritten ist auch der Auftraggeber zur Erstellung fehlender Dokumente berechtigt (vgl. Abschn. 14.5 Abs. 1 S. 10 UStAE). Für die Leistungsbeschreibung ist es zulässig, auf den vom leistenden Unternehmer erstellten Lieferschein Bezug zu nehmen (vgl. Abschn. 14.5 Abs. 1 S. 11 UStAE). Nach BMF-Schreiben vom 29.01.2004, Az: IV B 7 – S 7280 – 19/04, BStBl I 2004, 258, Tz. 92 führen Ungenauigkeiten unter den übrigen Voraussetzungen nicht zu einer Versagung des Vorsteuerabzugs, wenn z.B. bei Schreibfehlern im Namen oder der Anschrift des leistenden Unternehmers oder des Leistungsempfängers oder in der Leistungsbeschreibung ungeachtet dessen eine eindeutige und unzweifelhafte Identifizierung der am Leistungsaustausch Beteiligten, der Leistung und des Leistungszeitpunkts möglich ist und die Ungenauigkeiten nicht sinnentstellend sind.

78 Nach der Rechtsprechung des BFH besteht eine Obliegenheit des Leistungsempfängers, sich über die Richtigkeit der Angaben in einer Rechnung zu vergewissern. So trägt er beispielsweise die Feststellungslast dafür, dass der in der Rechnung einer GmbH angegebene Sitz tatsächlich bestanden hat (vgl. BFH vom 06.12.2007, Az: V R 61/05, BStBl II 2008, 695, vgl. Rn. 19).

2.5.3 Name und Anschrift

2.5.3.1 Überblick

79 Die Rechnung muss den **vollständigen Namen** und die **vollständige Anschrift** des leistenden Unternehmers und des Leistungsempfängers beinhalten (§ 14 Abs. 4 S. 1 Nr. 1 UStG; zum Künstlernamen vgl. Weimann, UStB 2009, 303ff.). Die Regelung entspricht den bisherigen §§ 14 Abs. 1 S. 1 Nr. 1 und 2 UStG a.F. (zur eindeutigen Benennung des Rechnungsausstellers nach § 14 Abs. 1

S. 1 Nr. 1 UStG a.F. vgl. BFH vom 25.02.2005, Az: V B 190/03 (NV), BFH/NV 2005, 1397 – zur eindeutigen Benennung zählt auch die Angabe der Firma i.S.v. § 17 HGB oder jede sonstige Bezeichnung, die eine eindeutige Feststellung des Namens und der Anschrift des Unternehmers ermöglicht). Wegen der Verfahrensweise bei **ungenauer Bezeichnung des Leistungsgebers** im Zusammenhang mit dem **Vorsteuerabzug** aus der Rechnung vgl. Abschn. 15.11 Abs. 3 S. 3 UStAE i.V.m. Abschn. 15.2a Abs. 2 UStAE. Wegen der Verfahrensweise bei **ungenauer Bezeichnung des Leistungsempfängers** im Zusammenhang mit dem Vorsteuerabzug aus der Rechnung vgl. Abschn. 15.11 Abs. 3 S. 4 i.V.m. Abschn. 15.2a Abs. 3 UStAE.

Zur **Abrechnung der Hörgeräteakustiker** gegenüber dem Versicherten vgl. OFD Koblenz vom 11.02.2008, Az: S 7280 A – St 44 5, UR 2008, 440 (und vom 11.12.2008, Az: S 7280 A – St 44 5, StEK UStG 1980 § 14/153), Leistungsempfänger ist die gesetzliche Krankenkasse (Sach- und Dienstleistungsprinzip), Zuzahlung von dritter Seite (Patient), ggf. § 14c Abs. 2 UStG, mit Übergangsregelung bis 31.12.2007/01.01.2008 (gilt wohl grundsätzlich auch für Abgabe von Medikamenten durch Apotheken unter Zuzahlung lt. Verf. vom 14.07.2008; zum Umsatzsteuerausweis auf Zuzahlungsquittungen von Apotheken vgl. OFD Frankfurt a.M. vom 22.01.2010, Az: S 7280 A–76–St 111, NWB 2010, 1315 – keine Nichtbeanstandungsregelung wie bei z.B. Hörgeräteakustikern/ggf. § 14c Abs. 2 UStG/Abgrenzung zur Kleinbetragsrechnung); ergänzend/erweiternd auch für Augenoptiker, Orthopädie-Techniker, Orthopädie-Schuhtechniker und Friseure bei Leistungen an die Träger der gesetzlichen Sozialversicherung vgl. OFD Koblenz vom 02.07.2008, Az: S 7280 A – St 445, UR 2008, 867 und vom 14.07.2008, Az: S 7280 A – St 44 5, DStR 2008, 1965, mit Übergangsregelung 30.06.2008/01.07.2008, ggf. § 14c Abs. 2 UStG (vgl. OFD Koblenz vom 11.12.2008, Az: S 7280 A – St 44 5, StEK UStG 1980 § 14/153). 80

Zum Leistungsempfänger bei der **Impfung gegen die Blauzungenkrankheit** vgl. BayLfSt, Verf. vom 30.10.2008, Az: S 7234.2.1–1/11 St 34, UR 2009, 33. 81

Bei der **Kfz-Hauptuntersuchung** durch den TÜV ist regelmäßig der Fahrzeughalter der Leistungsempfänger, an ihn muss sich daher die die Rechnung richten (vgl. FG München vom 15.11.2006, Az: 3 K 3118/03, EFG 2007, 1115, Rev.: XI R 12/08, vgl. nachstehend; vgl. OFD München vom 09.01.2003, Az: S 7200 – 199 – St 432 und OFD Frankfurt a.M. vom 24.06.2010, Az: S 7100 A – 228 – St 110, UR 2010, 784 – zu den am Leistungsaustausch Beteiligten). Im Urteilsfall wurden die Fahrzeuge durch eine Kfz-Werkstatt im Kundenauftrag beim TÜV vorgefahren oder kamen TÜV-Prüfer zur Überprüfung der Fahrzeuge zur Kfz-Werkstatt. Die Kfz-Werkstatt forderte vom TÜV Rechnungen mit Steuerausweis. Nach Auffassung des FG sind die jeweiligen Fahrzeughalter die Leistungsempfänger und stellen die TÜV-Gebühren für die Kfz-Werkstatt lediglich durchlaufende Posten dar. Eine Leistungskommission (§ 3 Abs. 3, 11 UStG) liege nicht vor. Mit Urteil vom 30.03.2011 (Az: XI R 12/08, BStBl II 2011, 819; vgl. hierzu auch BVerfG vom 03.12.2012, Az: 1 BvR 1747/11, BFH/NV 2013, 686 Verfassungsbeschwerde nicht angenommen) weist der BFH die Revision der Klägerin wegen Unzulässigkeit der Klage zurück. Die dem Rechtsstreit zugrundeliegende Frage nach den am Leistungsaustausch Beteiligten ist offen geblieben (vgl. Rn. 49). Zum ähnlich gelagerten Problem einer **zweiten Leichenschau** vgl. FG Münster vom 10.12.2013, 15 K 2774/12 U, EFG 2014, 385 und nachfolgend BFH vom 03.07.2014, V R 1/14 (V), BFH/NV 2014, 2024. 82

Ergänzt wird die Vorschrift durch § 31 Abs. 2 UStDV, wonach die Bezeichnungen in der Rechnung eine eindeutige Feststellung sowohl des Leistungsgebers als auch des Leistungsempfängers ermöglichen müssen. Die Verwendung von Kürzeln ist zulässig (vgl. § 31 Abs. 3 S. 1 UStDV), wenn ihre Bedeutung in der Rechnung oder anderen Unterlagen eindeutig festgelegt ist. Die erforderlichen anderen Unterlagen müssen sowohl beim Aussteller als auch beim Empfänger der Rechnung vorhanden sein (§ 31 Abs. 3 S. 2 UStDV). Verfügt der Leistungsempfänger über ein **Postfach** oder über eine **Großkundenadresse**, ist es ausreichend, wenn diese Daten anstelle der Anschrift angegeben werden (vgl. Abschn. 14.5 Abs. 2 S. 3 UStAE; zur Gültigkeit dieser Erleichterung vor dem Hintergrund des BFH-Urteils vom 22.07.2015, V R 23/14, BStBl II 2015, 914 vgl. BMF 83 vom 13.09.2016, III C 2 – S 7280-a/07/10005: 002, UR 2016, 936). Im Fall der umsatzsteuerlichen **Organschaft** kann der Name und die Anschrift der Organgesellschaft angegeben werden, wenn der leistende Unternehmer oder der Leistungsempfänger unter dem Namen und der Anschrift der Organgesellschaft die Leistung erbracht oder bezogen hat (vgl. Abschn. 14.5 Abs. 4 S. 1 UStAE). Nicht erforderlich ist nach Verwaltungsauffassung demnach, dass der umsatzsteuerliche Unternehmer, der Organträger, zwingend angegeben wird. Als vollständige Anschrift gilt jede betriebliche Anschrift, sofern ein Unternehmer mehrere Zweigniederlassungen, Betriebsstätten oder Betriebsteile unterhält (vgl. Abschn. 14.5 Abs. 4 S. 2 UStAE).

84 Zu **Strohmanngeschäften** vgl. BFH vom 10.09.2015 (Az.: V R 17/14 n.v., BFH/NV 2016, 80; Vorinstanz: FG Düsseldorf vom 15.02.2013, Az.: 1 K 720/12 U, EFG 2014, 1914 – Vorsteuerabzug aus Gutschriften im Zusammenhang mit Schrottlieferungen). Demnach müssen Rechnungsaussteller und leistender Unternehmer identisch sein und es kann grundsätzlich auch ein Strohmann leistender Unternehmer sein. S.a. FG Düsseldorf vom 15.02.2013 (Az.: 1 K 943/10 U, Haufe-Index 7621208 – Vorsteuerabzug aus Gutschriften im Zusammenhang mit Schrottlieferungen/Parallelverfahren; nachgehend Beschluss des BFH vom 07.12.2016, Az.: XI R 31/14 n.v., BFH/NV 2017, 487. Zum Strohmanngeschäft vgl. BFH vom 20.10.2016, Az.: V R 36/14 n.v., BFH/NV 2017, 327 (Vorinstanz FG München vom 13.11.2013, Az.: 3 K 3180/10, Haufe-Index 7487608).

2.5.3.2 Scheinsitz des Leistungsgebers und Vertrauensschutzüberlegungen

85 Der Vorsteuerabzug aus Rechnungen ist für den Rechnungsempfänger grundsätzlich nur möglich, wenn die in der Rechnung angegebene Anschrift (Sitz) des Rechnungsausstellers richtig ist, da das für den Vorsteuerabzug erforderliche Tatbestandsmerkmal der Leistung eines anderen Unternehmers für die Verwaltung leicht und eindeutig nachprüfbar sein muss. Besondere Probleme treten daher für den Fall auf, dass es sich bei der angegebenen Anschrift um einen **Scheinsitz** handelt. Unter der angegebenen Anschrift muss wirtschaftliche Aktivität entfaltet werden. Ein Scheinsitz liegt vor, wenn unter dem angegebenen Firmensitz weder Geschäftsleitungs- und Arbeitgeberfunktionen, Behördenkontakte und Zahlungsverkehr stattfinden (vgl. BFH vom 27.06.1996, Az: V R 51/93, BStBl II 1996, 620; zu diesen Kriterien ausführlicher FG Köln vom 22.10.2008, Az: 4 K 1367/05, EFG 2009, 370). Die Richtigkeit der Anschrift muss dabei in zeitlicher Hinsicht sowohl bei Ausführung der Leistung als auch bei Rechnungsstellung zutreffend sein (vgl. BFH vom 01.02.2001, Az: V R 6/00 (NV), BFH/NV 2001, 941). Der den Vorsteuerabzug begehrende Unternehmer trägt die Feststellungslast für das Vorliegen der Voraussetzungen, ihn trifft die Obliegenheit, sich über die Richtigkeit der Geschäftsdaten zu vergewissern. Einen Gutglaubensschutz hat die Rechtsprechung bisher abgelehnt (vgl. BFH vom 01.02.2001, a.a.O.). Ein Vorsteuerabzug soll demnach trotz Gutgläubigkeit auch dann ausscheiden, wenn feststeht, dass Leistender und Rechnungsaussteller identisch und die in Rechnung gestellte Leistungen tatsächlich durchgeführt worden sind, aber die in der Rechnung angegebene Anschrift des Leistenden im Zeitpunkt der Rechnungsausstellung und Leistungserbringung nicht oder nicht mehr besteht. Zur Auffassung der Verwaltung vgl. auch Abschn. 15.2a Abs. 2 und 6 UStAE.

86 Mit Urteil vom 06.12.2007 (Az: V R 61/05, BStBl II 2008, 695) hat der BFH ergänzend festgestellt, seine bisherige Rechtsprechung hinsichtlich eines Scheinsitzes des Leistungsgebers habe sich zwar ausdrücklich nur auf den Fall einer GmbH bezogen, der Grundsatz der **Rechtsformneutralität** der Umsatzsteuer gebiete es jedoch, diese Anforderungen an alle Unternehmer gleichermaßen zu stellen. Im Urteilsfall hatte ein Italiener zwar in Deutschland ein Gewerbe angemeldet, nach den Feststellungen des FG (Vorinstanz FG Düsseldorf vom 21.09.2005, Az: 5 K 4658/01 U, EFG 2006, 610) betrieb er unter der angegebenen Adresse jedoch tatsächlich kein Unternehmen, sondern befand sich dort nur ein Büroservice. Bei der Lieferung von Fahrzeugen erzeugte er dadurch den Eindruck, diese seien von der inländischen Firma geliefert worden und erteilte

Rechnungen mit offenem Steuerausweis (Verschleierung eines i. g. Erwerbs). Der BFH lehnte den Vorsteuerabzug des inländischen Leistungsempfängers wegen des »Scheinsitzes« des Leistungsgebers (natürliche Person) ab. Dabei hat er es offen gelassen, ob ein »Briefkasten-Sitz« mit postalischer Erreichbarkeit des Unternehmers nach den Umständen des Einzelfalls als hinreichende Adresse des leistenden Unternehmers überhaupt in Betracht kommen kann, da im Urteilsfall detaillierte Feststellungen die Annahme eines Scheinsitzes rechtfertigten. Den Vorsteuerabzug aus Billigkeitsgründen lehnte der BFH gleichfalls ab, da dem Leistungsempfänger bekannt war, dass der Leistungsgeber einen Wohnsitz in Italien hatte und auch dessen Handy-Nummer eine italienische Vorwahl hatte. Diese Umstände hätten Anlass zu erhöhter Sorgfalt sein müssen. Ausdrücklich offen gelassen hat der BFH dabei, ob Angaben in Rechnungen überhaupt einem **Gutglaubensschutz** unterliegen können (vgl. Weimann, UStB 2008, 211 – Gutglaubensschutz soll wohl grundsätzlich möglich sein, dann aber in Anlehnung an die Rechtsprechung des EuGH zu § 6a Abs. 4 UStG [EuGH vom 27.09.2007, Rs. C-409/04 Teleos, UR 2007, 813] und an den Vorsteuerabzug bei Karussellgeschäften [BFH vom 19.04.2007, Az: V R 48/04BStBl II 2009, 315] nur für den Fall, dass der Unternehmer die Sorgfalt eines ordentlichen Kaufmanns beachtet hat und nur bei »aktivem« guten Glauben, d. h., wenn der Unternehmer alle Maßnahmen getroffen hat, die vernünftigerweise von ihm verlangt werden können, um sicherzustellen, dass seine Umsätze nicht in einen Betrug einbezogen sind.).

Der **4. Senat des FG Köln** hat in zwei Entscheidungen vom 06.12.2006 (Az: 4 K 1354/02 [**Rev. XI R 51/07**] und 4 K 1356/02, EFG 2007, 631 [**Rev. V R 15/07**]) die Auffassung vertreten, dass vor dem Hintergrund der Entscheidungen des EuGH vom 06.07.2006 (Rs. C-439/04 [Kittel] und Rs. C-440/04 [Recolta], UR 2006, 594) zur Wahrung der Neutralität des Mehrwertsteuersystems für den Vorsteuerabzug ein **Gutglaubensschutz/Vertrauensschutz** geboten sei, sofern der Rechnungsempfänger alle ihm vernünftigerweise zumutbaren Maßnahmen ergriffen hat, die Angaben einer Rechnung zu überprüfen. Der Gutglaubensschutz soll dabei unmittelbar auf Art. 17 Abs. 1 der 6. EG-RL beruhen und voraussetzen, dass ein Leistungsaustausch stattgefunden hat, die erforderlichen Maßnahmen zur Überprüfung ergriffen wurden und der Rechnungsempfänger gutgläubig war. Wegen weiterer Einzelheiten, insbesondere der Art der erforderlichen Prüfungshandlungen und der auch nach diesen Entscheidungen vorhandenen Grenzen des Gutglaubensschutzes vgl. die Urteilsbegründung unter I. 2. c). In den beiden Verfahren handelt es sich um Parallelfälle. Die betroffenen Unternehmer erwarben jeweils von einer Firma hochwertige Gebrauchtwagen und machten aus den Rechnungen Vorsteuern geltend. Im Rahmen einer Steuerfahndungsprüfung stellte sich heraus, dass zum Zeitpunkt der Lieferungen und Rechnungsstellung an der in den Rechnungen angegebene Firmenadresse des leistenden Unternehmers keinerlei Aktivitäten mehr stattfanden. Das jeweils zuständige Finanzamt verweigerte den Vorsteuerabzug, das FG Köln sah einen Vertrauensschutztatbestand. 87

In der Grundsatzentscheidung des **BFH vom 30.04.2009** (Az: V R 15/07, BStBl II 2009, 744) führt das Gericht aus, dass eine ordnungsgemäße Rechnung zu den materiell-rechtlichen Voraussetzungen des Vorsteuerabzugs zählt. Die Rechnungsangaben müssen eine eindeutige und leicht nachprüfbare Feststellung des Leistungsgebers ermöglichen. Rechnungsaussteller und leistender Unternehmer müssen grundsätzlich identisch sein. Hierzu erforderlich ist die Angabe der zutreffenden Anschrift. Die Angabe einer Anschrift, an der im Zeitpunkt der Rechnungsausstellung keinerlei geschäftliche Aktivitäten stattfinden, reicht als zutreffende Anschrift nicht aus. Ist die Anschrift falsch, entfällt der Vorsteuerabzug. Diese Beurteilung entspricht auch den gemeinschaftsrechtlichen Vorgaben. Davon zu trennen ist Frage nach dem Vertrauensschutz. **§ 15 UStG sieht keinen Vertrauensschutz vor**. Ein **Vertrauensschutz** könnte sich jedoch aus den allgemeinen **gemeinschaftsrechtlichen Vorgaben** (Rechtssicherheit, Verhältnismäßigkeit, Vertrauensschutz) ergeben. Wie diesem Vertrauensschutz Rechnung getragen wird, ist dabei Sache der Mitgliedstaaten. Nach nationalem Recht wird der Vertrauensschutz nicht im Festsetzungsverfah- 88 ren (§§ 16, 18 UStG), sondern im **Billigkeitsverfahren** (§§ 163, 227 AO) umgesetzt (ggf. Verbindung nach § 163 S. 3 AO). Ein Vertrauensschutz kann demnach in Betracht kommen, wenn der Unternehmer **gutgläubig** war und **Maßnahmen ergriffen** hat, die vernünftigerweise von ihm verlangt werden können, um sich von der Richtigkeit der Angaben in der Rechnung zu überzeugen und seine Beteiligung an einem Betrug ausgeschlossen ist (zur Reichweite der Billigkeit vgl. OFD Niedersachsen vom 30.05.2011, Az: S 7300 – 628 St 173, DStR 2011, 1429 – nicht erfasst z. B. Fälle des § 14c UStG; zu Fragen der Billigkeit vgl. Abschn. 15.11 Abs. 7 UStAE; zu Scheinfirmen oder Domizilgesellschaften vgl. FG des Saarlandes vom 16.06.2010, Az: 1 K 1176/07, EFG 2010, 1739 – keine zutreffende Angabe des tatsächlichen Leistungsgebers in einer Rechnung; vgl. Mann, UStB 2011, 216ff. »Gutgläubigkeit beim Vorsteuerabzug«). In einem Parallelverfahren hat sich der XI. Senat dem Urteil im Wesentlichen angeschlossen (vgl. **BFH vom 08.07.2009**, Az: XI R 51/07 (NV), BFH/NV 2010, 256). Zum Schutz des guten Glaubens/Billigkeitsverfahren vgl. BFH vom 22.07.2015, Az.: V R 23/14, BStBl II 2015, 914 und BFH vom 18.02.2016, Az.: V R 62/14, BStBl II 2016, 589.

89 Nahezu zeitgleich mit dem 4. Senat hat der **6. Senat des FG Köln** (vgl. FG Köln vom 19.12.2006, Az: 6 K 84/02, EFG 2007, 627) den Vorsteuerabzug aus Rechnungen mit unzutreffender Anschrift des Leistenden abgelehnt. Auf Grund der Besonderheiten des zu entscheidenden Sachverhaltes, der insoweit von den durch den 4. Senat entschiedenen Fällen abweicht, sah der 6. Senat auch keinen Grund für einen Vertrauensschutz. Zunächst stellt das Gericht fest, dass es sich im entschiedenen Fall bei der auf den Rechnungen angegebenen Anschrift (Sitz) nach den hierfür durch die höchstrichterliche Rechtsprechung entwickelten Grundsätzen (vgl. eingangs) um einen Scheinsitz handelte, da unter dieser Anschrift lediglich ein Büroserviceunternehmen ohne Vermietung von Geschäftsräumen an Dritte bestand und der vermeintliche Leistungsgeber dort keinerlei geschäftliche Aktivitäten entwickelte (Briefkasten). Einen Vertrauensschutz, auch im Hinblick auf die Rechtsprechung des EuGH (vgl. EuGH vom 12.01.2006, Rs. C-354/03 [Optigen], DStRE 2006, 252 und Urteile vom 06.07.2006, Rs. C-439/04 [Kittel] und Rs. C-440/04 [Recolta], DStR 2006, 1274), lehnte das Gericht im entschiedenen Fall ab. Einerseits habe sich die Klägerin nicht ausreichend um die Überprüfung der Richtigkeit der Angaben bemüht, andererseits hätte ihr durch die Umstände der Geschäftsanbahnung und Geschäftsabwicklung bewusst sein müssen, dass sie sich mit dem Erwerb an einem Umsatz beteiligt, der in eine Mehrwertsteuerhinterziehung einbezogen ist. Nach der zitierten Rechtsprechung des EuGH, die zudem nicht zur Frage des Scheinsitzes ergangen sei, sei sie deshalb als an der Hinterziehung Beteiligte anzusehen, ein Vorsteuerabzug deshalb nicht zulässig. Die Revision (V R 19/07) wurde zwischenzeitlich zurückgenommen.

90 Mit Urteil vom 08.10.2008 (Az: V R 63/07 (NV), BFH/NV 2009, 1473) hat der BFH die gegen das Urteil des FG Köln vom 13.06.2007 (Az: 11 K 536/05, EFG 2007, 1734) anhängige Revision entschieden. Im Urteilsfall lehnte das FG den Vorsteuerabzug aus Rechnungen ab, da nicht feststellbar war, wo sich der Unternehmenssitz des leistenden Unternehmers befand. Dabei hob das FG auch und gerade auf den Zeitpunkt der Rechnungserstellung ab. Daneben war bereits unklar, wer überhaupt als leistender Unternehmer anzusehen war. Einen Gutglaubensschutz lehnte das FG ab, da die subjektive, gutgläubige Überzeugung des Leistungsempfängers kein objektives Merkmal ersetzen könne. Auch § 15 Abs. 1 Nr. 1 UStG sehe einen Schutz des guten Glaubens nicht vor. Der BFH wies die Revision der Klägerin als unbegründet zurück. Im Wesentlichen entsprechen die Urteilsgründe dabei bereits denjenigen des Urteils vom 30.04.2009 (BStBl II 2009, 744). Hinsichtlich der Frage, welche Anschrift in einer Rechnung anzugeben sei, führt der BFH aus, dass es sich um die **bei Rechnungserstellung zutreffende Anschrift** handeln müsse, da die Finanzverwaltung zur eindeutigen und leicht nachprüfbaren Feststellung des leistenden Unternehmers eine aktuelle Adresse benötige. Ob auch die ggf. bei Leistungserbringung abweichende Adresse anzugeben ist, blieb offen.

Mit Urteil vom 22.07.2015 (Az.: V R 23/14, BStBl II 2015, 914; Verfassungsbeschwerde nicht zur Entscheidung angenommen, BVerfG vom 13.02.2016, 1 BvR 2419/15; zur Anwendung vgl. BMF vom 13.09.2016, III C 2 – S 7280-a/07/10005 :002, UR 2016, 936; Vorinstanz: FG Düsseldorf vom 14.03.2014, Az.: 1 K 4567/10 U, Haufe-Index 7942664) stellt der BFH fest (vgl. Urteilsgründe Rz. 23–28), dass das Merkmal »vollständige Anschrift« in § 14 Abs. 4 Nr. 1 UStG nur durch die Angabe der zutreffenden Anschrift des leistenden Unternehmers erfüllt wird, unter der er seine wirtschaftlichen Aktivitäten entfaltet. Ein **Briefkastensitz** mit nur postalischer Erreichbarkeit reicht hierfür nicht aus (anders noch im Urteil vom 19.04.2007, Az: V R 48/04, BStBl II 2009, 315). Die Feststellungslast trägt der den Vorsteuerabzug begehrende Leistungsempfänger. Unter Bezugnahme auf das Urteil des EuGH vom 28.06.2007, Rs. C-73/06 »Planzer Luxembourg«, HFR 2007, 924) führt der BFH aus, dass ein bloßer Briefkastensitz nicht die Realität abbildet, sondern sie verschleiert. Erneut verweist der BFH darauf (vgl. Urteilsgründe Rz. 30–36), dass § 15 UStG den **Schutz des guten Glaubens** an die Vorsteuerabzugsvoraussetzungen im Festsetzungsverfahren nicht vorsieht. Vertrauensschutz kann aufgrund besonderer Verhältnisse des Einzelfalls nur im Rahmen einer **Billigkeitsmaßnahme** nach §§ 163, 227 AO gewährt werden (vgl. z. B. BFH vom 30.04.2009, Az.: V R 15/07, BStBl II 2009, 744; zum Billigkeitsverfahren vgl. BFH vom 18.02.2016, Az. V R 62/14, BStBl II 2016, 589). Literaturhinweis: Gries/Stößel in NWB 2016, 1794 ff.; Becker in NWB 2016, 1344 ff.; von Streit/Luther in UStB 2016, 51 ff. 91

Zweifel an der Rechtsprechung des BFH (vgl. vorstehend) zum Briefkastensitz, zum Billigkeitsverfahren sowie zur Feststellungslast lässt das Urteil des **EuGH vom 22.10.2015**, Rs. C-277/14, **PPUH Stehcemp**, HFR 2015, 1182, aufkommen. Leitsatz: »Die Bestimmungen der Sechsten Richtlinie 77/388/EWG des Rates vom 17. Mai 1977 zur Harmonisierung der Rechtsvorschriften der Mitgliedstaaten über die Umsatzsteuern – Gemeinsames Mehrwertsteuersystem: einheitliche steuerpflichtige Bemessungsgrundlage in der Fassung der Richtlinie 2002/38/EG des Rates vom 7.5.2002 sind dahin auszulegen, dass sie einer nationalen Regelung wie der des Ausgangsverfahrens entgegenstehen, die einem Steuerpflichtigen das Recht auf Abzug der Mehrwertsteuer, die für Gegenstände, die ihm geliefert wurden, geschuldet ist oder entrichtet wurde, mit der Begründung versagt, dass die Rechnung von einem Wirtschaftsteilnehmer ausgestellt wurde, der nach den in dieser Regelung festgelegten Kriterien als ein nicht existenter Wirtschaftsteilnehmer anzusehen ist, und dass es unmöglich ist, die Identität des tatsächlichen Lieferers der Gegenstände festzustellen. Etwas anderes gilt nur, wenn aufgrund objektiver Anhaltspunkte und ohne von dem Steuerpflichtigen ihm nicht obliegende Überprüfungen zu fordern dargelegt wird, dass dieser Steuerpflichtige wusste oder hätte wissen müssen, dass diese Lieferung im Zusammenhang mit einer Mehrwertsteuerhinterziehung steht, was vom vorlegenden Gericht zu prüfen ist.« Im Urteilsfall war zu beurteilen, ob der als Leistungsgeber in den Rechnungen angegebene Unternehmer existierte und er die abgerechneten (und tatsächlich ausgeführten) Leistungen erbracht hat, oder ob nicht ein anderer Wirtschaftsteilnehmer der tatsächliche Leistungsgeber war. Literaturhinweis: Nacke in NWB 2017, 3124 ff. zu Vertrauensschutz und Vorsteuerabzug. 92

Mit **Beschluss vom 06.04.2016** (Az.: V R 25/15, DStR 2016, 1527; Az. des EuGH: C-375/16) legt der V. Senat des BFH dem EuGH folgende Fragen zur **Vorabentscheidung** vor: 93

»1. Setzt Art. 226 Nr. 5 MwStSystRL die Angabe einer Anschrift des Steuerpflichtigen voraus, unter der er seine wirtschaftlichen Tätigkeiten entfaltet?

2. Für den Fall, dass Frage 1. zu verneinen ist:

a) Reicht für die Angabe der Anschrift nach Art. 226 Nr. 5 MwStSystRL eine Briefkastenadresse?
b) Welche Anschrift ist von einem Steuerpflichtigen, der ein Unternehmen (z. B. des Internethandels) betreibt, das über kein Geschäftslokal verfügt, in der Rechnung anzugeben?

3. Ist für den Fall, dass die formellen Rechnungsanforderungen des Art. 226 MwStSystRL nicht erfüllt sind, der Vorsteuerabzug bereits immer dann zu gewähren, wenn keine Steuerhinterziehung vorliegt oder der Steuerpflichtige die Einbeziehung in einen Betrug weder kannte noch

kennen konnte oder setzt der Vertrauensschutzgrundsatz in diesem Fall voraus, dass der Steuerpflichtige alles getan hat, was von ihm zumutbarer Weise verlangt werden kann, um die Richtigkeit der Rechnungsangaben zu überprüfen?«

Der V. Senat äußerst im Vorlagebeschluss Zweifel, ob seine Auslegung des Art. 226 Nr. 5 MwStSystRL (insbesondere das Erfordernis der wirtschaftlichen Tätigkeit unter der angegebenen Adresse des Leistungsgebers) mit der Rechtsprechung des EuGH in dessen Urteil vom 22.10.2015 in der Rechtssache PPUH Stehcemp (a. a. O.) in Einklang steht (vgl. Beschlussgründe Rz. 54). Ebenso, ob die Anforderungen, die er an die Gewährung des Vorsteuerabzugs aus Vertrauensschutzgesichtspunkten stellt, wenn dessen materielle und formelle Voraussetzungen nicht vollständig erfüllt sind, mit der Rechtsprechung des EuGH im Einklang stehen (vgl. Beschlussgründe Rz. 55 ff.). Dem Klagefall zugrunde liegt der Sachverhalt, dass ein Online-Autohändler auf seinen Rechnungen eine inländische Adresse angab, bei der es allerdings bereits zweifelhaft war, ob an der angegebenen Adresse überhaupt Räumlichkeiten angemietet waren und ob unter dieser Adresse mehr geschäftliche Aktivitäten ausgeübt wurden, als nur die Aufbewahrung betrieblicher Unterlagen oder die Entgegennahme von Post (Vorinstanz: FG Köln vom 28.04.2015, Az.: 10 K 3803/13, EFG 2015, 1655). In diesem Zusammenhang ist beim V. Senat ein weiteres Revisionsverfahren unter dem Az.: V R 28/16 gegen das Urteil des FG Baden-Württemberg vom 21.04.2016, Az.: 1 K 1158/14, EFG 2016, 1562 (Briefkastenadresse, Vorsteuerabzug aus Gutschriften), anhängig.

94 Ebenfalls mit **Beschluss vom 06.04.2016** (Az.: XI R 20/14, BFH/NV 2016, 1405; Az. des EuGH: C-374/16; Vorinstanz: FG Düsseldorf vom 14.03.2014, Az.: 1 K 4566/10 U, EFG 2014, 1526) legt der XI. Senat dem EuGH folgende Fragen zur **Vorabentscheidung** vor: »1. Enthält eine zur Ausübung des Rechts auf Vorsteuerabzug nach Art. 168 Buchst. a i. V. m. Art. 178 Buchst. a MwStSystRL erforderliche Rechnung die »vollständige Anschrift« i. S. v. Art. 226 Nr. 5 MwStSystRL, wenn der leistende Unternehmer in der von ihm über die Leistung ausgestellten Rechnung eine Anschrift angibt, unter der er zwar postalisch zu erreichen ist, wo er jedoch keine wirtschaftliche Tätigkeit ausübt?

2. Steht Art. 168 Buchst. a i. V. m. Art. 178 Buchst. a MwStSystRL unter Beachtung des Effektivitätsgebots einer nationalen Praxis entgegen, die einen guten Glauben des Leistungsempfängers an die Erfüllung der Vorsteuerabzugsvoraussetzungen nur außerhalb des Steuerfestsetzungsverfahrens im Rahmen eines gesonderten Billigkeitsverfahrens berücksichtigt? Ist Art. 168 Buchst. a i. V. m. Art. 178 Buchst. a MwStSystRL insoweit berufbar?« Bei dem zugrunde liegenden Verfahren handelt es sich um ein Parallelverfahren zu der Entscheidung des V. Senats vom 22.07.2015 (Az.: V R 23/14, BStBl II 2015, 914, vgl. Rz. 91). Die dem EuGH vorgelegten Fragen ähneln denjenigen aus dem Vorlagebeschluss des V. Senats vom 06.04.2017 (vgl. Rz. 93), wobei der XI. Senat insbesondere auf die EU-Konformität des nach nationalem Recht nur im Billigkeitswege zu berücksichtigenden Vertrauensschutzes abhebt.

94a Mit Urteil vom 15.11.2017 (Rs. C-374/16 [**Geissel**; Vorlagebeschluss des XI. Senats; vgl. Rn. 94] und C-375/16 [**Butin**; Vorlagebeschluss des V. Senats; vgl. Rn. 93]) hat der EuGH nunmehr wie folgt entschieden: »Art. 168 Buchst. a und Art. 178 Buchst. a in Verbindung mit Art. 226 Nr. 5 der Richtlinie 2006/112/EG des Rates vom 28.11.2006 über das gemeinsame Mehrwertsteuersystem sind dahin auszulegen, dass sie einer nationalen Regelung wie der im Ausgangsverfahren fraglichen entgegenstehen, die die Ausübung des Rechts auf Vorsteuerabzug davon abhängig macht, dass in der Rechnung die Anschrift angegeben ist, unter der der Rechnungsaussteller seine wirtschaftliche Tätigkeit ausübt.« Das Gericht stellt letztlich fest, dass der Sinn der Anschrift in Kombination mit der erforderlichen Angabe der USt-IdNr. darin bestünde, die Entrichtung der geschuldeten Steuer und die Vorsteuerabzugsberechtigung zu überprüfen. Die Angaben sollen die Identifizierung des Wirtschaftsteilnehmers ermöglichen, insbesondere dabei die Angabe der USt-IdNr., da zur Erlangung einer solchen zuvor ein Registrierungsverfahren durchlaufen werden müsse. Über diesen Zweck hinausgehende verschärfende Anforderungen dürfen die Mitgliedstaaten nicht stellen (vgl. C-516/14 »Barlis 06«; vgl. Rn. 169 ff.). Die Angabe des Ortes der wirtschaftlichen Tätigkeit sei dazu nicht zwingend erforderlich (vgl. C-277/14 »PPUH Stehcemp«; vgl. Rn. 92). Daneben sei für den Vorsteuerabzug zu berücksichtigen, dass der Besitz einer Rechnung nur ein formelles Erfordernis darstellt (vgl. C-518/14 »Senatex«; vgl. Rn. 169ff.). Zu den Schlussanträgen des Generalanwalts vom 05.07.2017 (UR 2017, 629) vgl. Sterzinger in UR 2017, 609ff. und Becker in MwStR 2017, 610ff.

Mit **Urteil vom 21.06.2018** (Az.: V R 25/15; DStR 2018, 1661, Aufhebung des vorinstanzlichen Urteils und Zurückverweisung aus anderen Gründen; siehe insoweit auch BFH, Urteil vom 21.06.2018, Az.: V R 28/16, DStR 2018, 1659) reagiert der **V. Senat des BFH** auf das Urteil des EuGH vom 15.11.2017 (Rs.: Butin C-375/16, vgl. vorstehende Rn. 93 und Rn. 94a) und ändert seine bisherige Rechtsprechung; Leitsätze »1. Eine zum Vorsteuerabzug berechtigende Rechnung setzt nicht voraus, dass die wirtschaftlichen Tätigkeiten des leistenden Unternehmers unter der Anschrift ausgeübt werden, die in der von ihm ausgestellten Rechnung angegeben ist (**Änderung der Rechtsprechung**). 2. Es reicht jede Art von Anschrift und damit auch eine Briefkastenanschrift, sofern der Unternehmer unter dieser Anschrift erreichbar ist.« Mit **Urteil vom 13.06.2018** (Az.: XI R 20/14, DStR 2018, 1967, Aufhebung des vorinstanzlichen Urteils und Zurückverweisung aus anderen Gründen) reagiert der **XI. Senat des BFH** auf das Urteil des EuGH vom 15.11.2017 (Rs.: Geissel C-374/16, vgl. vorstehende Rn. 94) und ändert seine bisherige Rechtsprechung; Leitsatz: »1. Die Ausübung des Rechts auf Vorsteuerabzug setzt nicht voraus, dass die wirtschaftlichen Tätigkeiten des leistenden Unternehmers unter der Anschrift ausgeübt werden, die in der dem Unternehmer erteilten Rechnung, für dessen Unternehmen die Lieferungen oder sonstigen Leistungen ausgeführt worden sind, angegeben ist. Dies gilt jedenfalls dann, wenn der leistende Unternehmer unter der von ihm angegebenen Rechnungsanschrift erreichbar ist (Änderung der Rechtsprechung).« Literaturhinweis: Prätzler in StuB 2018, 618 ff. 94b

Zur Aussetzung der Vollziehung in Fällen eines angegebenen Briefkastensitzes aufgrund der Vorlagebeschlüsse des BFH vgl. FG Hamburg vom 12.09.2016, Az.: 2 V 177/16, Haufe-Index 9884544. 95

Literaturhinweise: Spatscheck/Stenert in DStR 2016, 1070ff. (speziell auch zu den Auswirkungen des Urteils des EuGH in der Rs. »PPUH Stehkemp«); Spatscheck/Stenert in DStR 2016, 2313 ff. (zu den Vorlagebeschlüssen des BFH); Lohse in BB 2016, 801 f. 96

Fazit: 97

Auch wenn die Rechtsprechung einen Vertrauensschutz nach allgemeinen gemeinschaftsrechtlichen Grundsätzen bejaht, ist Skepsis begründet und sollte sich der Unternehmer nicht zur Blauäugigkeit/Nachlässigkeit hinreißen lassen. Das Gewähren des Vorsteuerabzugs aus Vertrauensschutzgründen setzt, jedenfalls nach der bisherigen Rechtsprechung des BFH, voraus, dass der Unternehmer gutgläubig war und alles Erdenkliche zur Überprüfung der Rechnungsangaben getan hat und dies nachweislich. Dabei kann ein schützendes Element der Zeitraum sein, in dem ein durch den Unternehmer nachweislicher geprüfter Firmensitz des Leistungsgebers zum Zeitpunkt der Rechnungsausstellung nicht mehr bestanden hat (vgl. BFH vom 08.10.2008, BFH/NV 2009, 1473 – zwei Monate). Ebenfalls schützend wirken können Bestätigungen der Finanzverwaltung, wenn sich diese genau auf den angegebenen Firmensitz des Leistungsgebers beziehen und keine Gründe zum Zweifeln gegeben sind. Andererseits verweist der BFH (vgl. BFH vom 30.04.2009, BStBl II 2009, 744) auf die hohen Nachweisverpflichtungen bei Barkäufen hochwertiger Wirtschaftsgüter. Die Grenzen des Zumutbaren sind hier aber noch nicht ausgelotet und zudem hochgradig einzelfallabhängig. Hinsichtlich der aktuellen Rechtsprechung des EuGH in der Rs. »PPUH Stehcemp« sowie der beiden Vorlagebeschlüsse des BFH muss die weitere Entwicklung abgewartet werden.

2.5.3.3 Rechnungsempfang durch Dritte

Hat der Leistungsempfänger einen **Dritten mit dem Empfang der Rechnung beauftragt** und wird die Rechnung unter Nennung nur des Namens des Leistungsempfängers mit »c/o« an den Dritten adressiert, gilt hinsichtlich der nach § 14 Abs. 4 S. 1 Nr. 1 UStG erforderlichen Angabe des voll- 98 ständigen Namens und der vollständigen Anschrift des Leistungsempfängers nach Verwaltungsauffassung (BMF vom 28.03.2006, Az: IV A 5 – S 7280a – 14/06, BStBl I 2006, 345, vgl. Abschn. 14.5 Abs. 3 UStAE): »Gem. § 14 Abs. 4 S. 1 Nr. 1 UStG müssen in der Rechnung u. a. der vollständige Name und die vollständige Anschrift des Leistungsempfängers angegeben werden. Der vollständige Name und die vollständige Anschrift sind der bürgerliche Name und die vollständige und richtige Anschrift. Gem. § 31 Abs. 2 UStDV ist den Anforderungen des § 14 Abs. 4 S. 1 Nr. 1 UStG genügt, wenn sich aufgrund der in die Rechnungen aufgenommenen Bezeichnungen der Name und die Anschrift des Leistungsempfängers eindeutig feststellen lassen. Die Verwendung von Abkürzungen ist unter den Voraussetzungen des § 31 Abs. 3 UStDV möglich. Die Ergänzung des Namens des Leistungsempfängers um die Angabe seiner Steuernummer oder seiner UStIdNr. genügt diesen Voraussetzungen nicht. Auch in einer Rechnung, die unter Nennung nur des Namens des Leistungsempfängers mit »c/o« an einen Dritten adressiert ist, muss entsprechend § 14 Abs. 4 S. 1 Nr. 1 UStG und den Vereinfachungen des § 31 Abs. 2 und 3 UStDV die Identität des Leistungsempfängers leicht und eindeutig feststellbar sein. Ein gegenüber einem anderen als dem Leistungsempfänger gesondert ausgewiesener Steuerbetrag löst eine zusätzliche Steuerschuld nach § 14c Abs. 2 UStG aus. Die Anschrift des Dritten gilt in diesen Fällen nicht als betriebliche Anschrift des Leistungsempfängers, wenn dieser unter der Anschrift des Dritten nicht gleichzeitig über eine Zweigniederlassung, eine Betriebsstätte oder einen Betriebsteil verfügt. Dies gilt auch dann, wenn der beauftragte Dritte mit der Bearbeitung des gesamten Rechnungswesens des Leistungsempfängers beauftragt ist.« Mit Schreiben vom 11.10.2006 (Az: IV A 5 – S 7280a – 50/06, UR 2007, 77) teilt das BMF in Ergänzung seines Schreibens vom 28.03.2006 (BStBl I 2006, 345) mit, dass Name und Anschrift des Leistungsempfängers leicht und eindeutig aus den in die Rechnung aufgenommenen Angaben feststellbar sein müssen und nach § 31 Abs. 3 UStDV für die Angabe des Leistungsempfängers auch Abkürzungen, Buchstaben, Zahlen oder Symbole verwendet werden können, wenn ihre Bedeutung in der Rechnung oder anderen Unterlagen eindeutig festgelegt ist. »Die Angabe einer Steuernummer des Leistungsempfängers oder einer Auftragsnummer, ohne dass sich über diese Angaben und beim leistenden Unternehmer und beim Leistungsempfänger über vorzuhaltende Unterlagen der vollständige Name und die vollständige Anschrift des Leistungsempfängers ergeben, genügt diesen Anforderungen nicht. Angaben, die umfangreiche Ermittlungstätigkeiten der Finanzbehörden zur Identifizierung des Leistungsempfängers erfordern, gewährleisten keine leichte und eindeutige Feststellbarkeit. Hinzu kommt, dass die Angabe der Steuernummer oder der UStIdNr. des Leistungsempfängers bis auf die in § 14a UStG geregelten Ausnahmen nicht verlangt werden kann.« Wird gegen diese Anforderungen verstoßen, geht das BMF, nicht mehr ganz so kategorisch, davon aus, dass ein Fall des § 14c Abs. 2 UStG vorliegt, sondern ein solcher liegt unter Umständen vor, tendenziell aber schon. Nicht hingegen liegt ein Fall des § 14c Abs. 1 UStG vor. Diese Einordnung wirkt sich insbesondere auf die Art der Beseitigung der Rechtsfolgen aus (vgl. § 14c UStG Rn. 46ff.; kritisch gegenüber der Verwaltungsauffassung: Neeser, UVR 2006, 272).

2.5.4 Steuernummer oder Umsatzsteuer-Identifikationsnummer

2.5.4.1 Allgemeines

99 Die Rechnung muss die dem Unternehmer vom Finanzamt erteilte **Steuernummer** oder die ihm vom Bundeszentralamt für Steuern erteilte **USt-IdNr.** enthalten (§ 14 Abs. 4 S. 1 Nr. 2 UStG). Zur Überprüfung einer angegebenen Steuernummer oder USt-IdNr. im Zusammenhang mit der Berechtigung zum Vorsteuerabzug vgl. Abschn. 15.2a Abs. 6 UStAE und vgl. Rn. 105ff. Anzugeben ist die für die Umsatzbesteuerung vergebene Steuernummer, falls der Unternehmer mehrere Steuernummern hat. Bei Neuzuteilung ist die aktuelle Steuernummer anzugeben. Zusätzliche Angaben über das zuständige Finanzamt sind nicht erforderlich (vgl. Abschn. 14.5 Abs. 5 S. 3–5

UStAE). Für den Fall einer Gutschrift nach § 14 Abs. 2 S. 2 UStG bezieht sich die Angabepflicht auf die Steuernummer oder USt-IdNr. des Leistungsgebers, nicht auf diejenige des Gutschriftsausstellers. Der Leistungsgeber muss die Daten dementsprechend dem Gutschriftsaussteller mitteilen. Dies gilt ebenso für ausländische Unternehmer (vgl. Abschn. 14.5 Abs. 5 S. 6, 7 UStAE).

Bei Leistungen im eigenen Namen (Eigengeschäft) ist **grundsätzlich die eigene Steuernummer** oder USt-IdNr. anzugeben. Bei Abrechnung über einen vermittelten Umsatz diejenige des tatsächlich leistenden Unternehmers. Bei Abrechnung innerhalb einer Rechnung sowohl über ein Eigengeschäft als auch einen vermittelten Umsatz kann sich die Zuordnung des Umsatzes zur jeweiligen Steuernummer oder USt-IdNr. zur Vereinfachung aus Symbolen oder Kennziffern ergeben, die jedoch zu erläutern sind (vgl. Abschn. 14.5 Abs. 6 UStAE und Abschn. 14.10 Abs. 3 UStAE – Achtung: bei unzutreffender Trennung droht § 14c Abs. 2 UStG). 100

In **Organschaftsfällen** (vgl. § 2 Abs. 2 Nr. 2 UStG) muss die Organgesellschaft entweder die ihr oder dem Organträger zugeteilte USt-IdNr. (zur Erteilung vgl. § 27a Abs. 1 S. 3 UStG) angeben oder die Steuernummer des Organträgers (vgl. Abschn. 14.5 Abs. 7 UStAE). 101

Da § 14 Abs. 4 S. 1 Nr. 2 UStG keine Ausnahmen regelt, muss die Steuernummer oder USt-IdNr. grundsätzlich immer angegeben werden, auch bei Leistungserbringung durch **Kleinunternehmer** (§ 19 Abs. 1 UStG), bei **steuerfreien Leistungen** oder in Fällen des **Übergangs der Steuerschuldnerschaft** nach § 13b UStG (vgl. Abschn. 14.5 Abs. 8 UStAE; zu § 13b UStG vgl. auch § 14a UStG Rn. 32 ff.). 102

Für **Verträge über Dauerleistungen**, beispielsweise bei Vermietung, erachtete es die Verwaltung für unschädlich, wenn in vor dem 01.01.2004 geschlossenen Verträgen diese Angabe nicht enthalten war, eine diesbezügliche Ergänzung sollte nicht erforderlich sein. Für nach dem 31.12.2003 abgeschlossene Verträge galt dies jedoch nicht (vgl. so noch Abschn. 185 Abs. 8 UStR 2005; vgl. FG München vom 04.12.2008, Az: 14 K 1781/08, DStRE 2009, 1130 unter Entscheidungsgründe II. 3. – Streitjahre 2000 bis 2005 – Angabe der Steuernummer in vor dem 01.01.2004 abgeschlossenen Mietverträgen nicht erforderlich; Hinweis: die nachstehend angesprochene Verwaltungsauffassung hinsichtlich der späteren Anpassung spielte im Urteil keine Rolle, da das Mietverhältnis bereits im Oktober 2005 beendet wurde). Diese für den Steuerpflichtigen günstige Ausnahmeregelung soll nach Auffassung des BMF offenbar zukünftig nicht mehr gelten. Mit Schreiben vom 11.08.2006 (Az: IV A 5 – S 7210 – 23/06, BStBl I 2006, 477, Tz. 22, 23) teilt das BMF mit, dass Verträge über Dauerleistungen im Zusammenhang mit der Erhöhung des Regelsteuersatzes ab 01.01.2007 entsprechend anzupassen sind und ein infolge der Erhöhung des Steuersatzes geänderter Vertrag für Zwecke des Vorsteuerabzugs des Leistungsempfängers alle nach § 14 Abs. 4 UStG erforderlichen Pflichtangaben enthalten muss, demnach auch die Steuernummer oder USt-IdNr. Für die Anpassung gilt § 31 Abs. 1 UStDV. Für den Fall der Erteilung einer neuen Steuernummer durch das Finanzamt, beispielsweise wegen Verlagerung des Unternehmenssitzes, muss der Unternehmer dem Leistungsempfänger die neue Steuernummer in geeigneter Weise mitteilen (vgl. Abschn. 14.5 Abs. 9 S. 2, 3 UStAE allgemein für Verträge). Nicht erforderlich soll die Angabe der Steuernummer oder der USt-IdNr. auf den Zahlungsbelegen sein (vgl. Abschn. 14.5 Abs. 9 S. 4 UStAE). 103

Wegen Besonderheiten bei Verträgen über Dauerleistungen im Zusammenhang mit der Erhöhung des Regelsteuersatzes zum 01.01.2007 vgl. BMF vom 11.08.2006, BStBl I 2006, 477, Tz. 24, 25. 104

2.5.4.2 Vorsteuerabzug

Zum Vorsteuerabzug bei **fehlerhafter Steuernummer** in einer Rechnung vgl. Abschn. 15.2a Abs. 6 UStAE (anscheinend a. A.: FG Hamburg vom 28.06.2012, Az: 2 K 196/11 [NZB XI B 108/12], wonach es unerheblich sein soll, ob der Leistungsempfänger die unzutreffenden Angaben hätte erkennen können [im Klagefall eine falsche Steuernummer]). Nach Auffassung des Niedersächsischen FG (Urteil vom 20.02.2009, Az: 16 K 311/08, EFG 2009, 798 [NZB V R 29/09; Rev.: 105

V R 55/09]) berechtigt auch ein angegebenes Wiedervorlage-Aktenzeichen (»75/180 Wv«, Finanzamt: XYZ) zum Vorsteuerabzug, da es dem Unternehmer nicht zumutbar sei, die Vergabepraxis für Steuernummern im Einzelnen zu ermitteln und der Fehler insofern nicht erkennbar war. Offen geblieben ist die Frage, ob man ein derartiges Aktenzeichen nicht auch als Steuernummer i. S. d. § 14 Abs. 4 S. 1 Nr. 2 UStG ansehen könnte.

106 Mit Urteil vom 02.09.2010 hat der BFH die Revision gegen das Urteil des Niedersächsischen FG vom 20.02.2009 (a. a. O.) entschieden (Az: V R 55/09, BStBl II 2011, 235). Nach Auffassung des BFH ist unter Steuernummer die dem Steuerpflichtigen zur verwaltungstechnischen Erfassung und Durchführung des Besteuerungsverfahrens erteilte und mitgeteilte Nummer zu verstehen. Im Urteilsfall wurde lediglich ein aus einer Zahlen- und Buchstabenkombination gebildetes Aktenzeichen verwendet und damit weder eine Steuernummer noch eine USt-IdNr. angegeben. Für den Rechnungsempfänger scheidet der Vorsteuerabzug entgegen der Rechtsauffassung der Vorinstanz daher aus. Einen Vertrauensschutztatbestand lehnte der BFH im Rahmen eines obiter dictums ebenfalls ab, da das streitige Aktenzeichen ohne weiteres erkennbar nicht dem Aufbau einer in Deutschland gebräuchlichen Steuernummer entspreche. Weiterführend vgl. Schroen, NWB 2010, 4124 ff.

2.5.4.3 Zwang zur Erteilung einer Steuernummer

107 Aus § 14 Abs. 4 S. 1 Nr. 2 UStG kann sich mittelbar ein öffentlich-rechtlicher Anspruch auf **Erteilung einer Steuernummer** ergeben (vgl. BFH vom 26.02.2008, Az: II B 6/08 (NV), BFH/NV 2008, 1004; vorläufiger Rechtsschutz), da diese Vorschrift die Angabe der Steuernummer in einer Rechnung fordert und diese daher nicht nur der verwaltungstechnischen Erfassung des Unternehmers dient, sondern vielmehr regelmäßig Voraussetzung für ein selbstständiges gewerbliches oder berufliches Tätigwerden ist. Von Interesse kann dies insbesondere dann sein, wenn sich das FA weigert, eine Steuernummer zuzuteilen, um ggf. dadurch »Missbrauchsbekämpfung« respektive Prophylaxe zu betreiben. Weiterführend zur Problematik der Vergabe einer Steuernummer vgl. FG Nürnberg vom 04.06.2007, Az: 2 V 373/2007, EFG 2007, 1820, Niedersächsisches FG vom 23.08.2007, Az: 5 K 364/06, EFG 2007, 1929 (Rev. II R 66/07), FG Münster vom 27.03.2007, Az: 1 K 3553/06 S; EFG 2007, 1575 (Rev. II R 64/07 – Revision durch Beschluss vom 24.02.2010 nach § 126a FGO zurückgewiesen), BFH vom 20.12.2007, Az: IX B 194/07 (NV), BFH/NV 2008, 600, FG Köln vom 29.05.2007, Az: 8 V 1653/07, rkr., DStRE 2008, 226, FG München vom 19.02.2009, Az: 14 K 4531/06, EFG 2009, 1507. Mit **Urteil vom 23.09.2009** (Az: II R 66/07, BStBl II 2010, 712) hat der **BFH** die gegen das Urteil des Niedersächsischen FG vom 23.08.2007 (EFG 2007, 1919) durch die Verwaltung eingelegte Revision abgewiesen und die bereits für den Beschluss vom 26.02.2008 (BFH/NV 2008, 1004) maßgeblichen Gründe bestätigt. Demnach kann die Erteilung einer Steuernummer grundsätzlich nicht verweigert werden, außer in Fällen offensichtlichen Missbrauchs (vgl. Sächsisches FG vom 13.08.2014, Az.: 8 K 650/14, Haufe-Index 7279509). Der Anspruch ergibt sich mittelbar aus § 14 Abs. 4 S. 1 Nr. 2 UStG, da der Steuerpflichtige zur ordnungsgemäßen Erteilung einer Rechnung eine Steuernummer benötigt (ohne die er i. Ü. auch keine USt-IdNr. beantragen kann). Für Deutsche und inländische juristische Personen des Privatrechts ist insoweit Art. 12 Abs. 1 GG betroffen (Berufsfreiheit), für Ausländer zumindest die allgemeine Handlungsfreiheit nach Art. 2 Abs. 1 GG (weiterreichende gemeinschaftsrechtliche Anforderungen mussten nicht geprüft werden). Zur Anwendung dieses Urteils hat sich das BMF mit Schreiben vom 01.07.2010 (Az: IV D 3 – S 7420/07/10061 : 002, BStBl I 2010, 625) positioniert (vgl. Abschn. 14.5 Abs. 5 S. 9 UStAE). Demnach wird sich an der Verwaltungspraxis wohl nicht viel ändern.

108 Nach Auffassung des FG des Landes Sachsen-Anhalt (Urteil vom 20.04.2011, Az: 3 K 631/10, EFG 2011, 1927) haben auch Unternehmer mit Sitz im Gemeinschafts- oder Drittlandsgebiet (im Streitfall in der Ukraine ansässige Gesellschaft mit beschränkter Haftung ukrainischen Rechts mit inländischer Zweigniederlassung) einen öffentlich-rechtlichen Anspruch auf Erteilung einer Steuernummer. Voraussetzung ist die durch objektive Anhaltspunkte belegte Absicht, im Inland eine unternehmeri-

sche Tätigkeit auszuüben. Als Anhaltspunkte kommen u. a. in Betracht der Abschluss eines Mietvertrags über Geschäftsräume, eine Gewerbeanmeldung bei der IHK, die beantragte und erfolgte Erteilung einer Zollnummer, die Anbahnung von Geschäftsbeziehungen mit anderen Unternehmern oder die Abgabe des Fragebogens zur steuerlichen Erfassung. Die Vergabe einer Steuernummer ist nur zu versagen, wenn sie ausschließlich missbräuchlich verwandt werden soll.

Zum Anspruch auf Zuteilung einer USt-IdNr. vgl. EuGH vom 14.03.2013, Rs. C-527/11, »Ablessio«, BFH/NV 2013, 889. Für die Verweigerung der Zuteilung einer USt-IdNr. müssen ernsthafte Anzeichen für den Verdacht beabsichtigter betrügerischer Verwendung gegeben sein (vgl. Kemper, DStR 33–34/2014, 1654 ff.). 109

2.5.5 Ausstellungsdatum

110 Zu den Pflichtangaben zählt nach § 14 Abs. 4 S. 1 Nr. 3 UStG auch das **Ausstellungsdatum** der Rechnung. Die Angabe des Ausstellungsdatums in Verbindung mit der Regelung bezüglich der Angabe einer fortlaufenden Rechnungsnummer (vgl. § 14 Abs. 4 S. 1 Nr. 4 UStG) dient wohl der allgemeinen Überprüfbarkeit der Aufzeichnungen des Unternehmers und somit letztlich der Bekämpfung des Steuermissbrauches.

2.5.6 Fortlaufende Rechnungsnummer

111 Zu den Pflichtangaben zählt nach § 14 Abs. 4 S. 1 Nr. 4 UStG auch eine **fortlaufende Rechnungsnummer** mit einer oder mehreren Zahlenreihen. Die Rechnungsnummer dient der Identifizierung der Rechnung und darf nur einmal vergeben werden. Zulässig ist es, eine oder mehrere Zahlenreihen zu verwenden (vgl. OFD Koblenz vom 11.02.2008, Az: S 7280 A – St 44 5, UR 2008, 440 und OFD Koblenz vom 14.07.2008, Az: S 7280 A – St 44 5, DStR 2008, 1965, eine lückenlose Abfolge der ausgestellten Rechnungsnummern ist nicht zwingend, da es nur um die Einmaligkeit der erteilten Rechnungsnummer geht; vgl. Abschn. 14.5 Abs. 10 UStAE; aber: BFH vom 07.02.2017, X B 79/16 n. v., BFH/NV 2017, 774, Rz. 19 »Ob Lücken bei der fortlaufenden Nummerierung der Rechnungen nach § 14 Abs. 4 Satz 1 Nr. 4 UStG zur Schätzung führen müssen, ist also einzelfallbezogen zu beantworten und obliegt der Entscheidung der Tatsacheninstanz.«). Ebenso zulässig ist die Kombination von Zahlen und Buchstaben. Zur fortlaufenden Rechnungsnummer bei der Verwendung von Kontoauszügen als Rechnung vgl. BayLfSt, Verf. vom 19.11.2008 (Az: S 7280.2.1-1/2 St 35, UR 2009, 107; vgl. Rn. 21). Der Unternehmer kann entscheiden, wie viele und welche separaten Nummernkreise er schaffen will, wobei er Nummernkreise für zeitlich, geografisch oder organisatorisch abgegrenzte Bereiche einrichten kann. Er muss jedoch sicherstellen, dass die jeweilige Rechnung leicht und eindeutig einem Nummernkreis zugeordnet werden kann und die Rechnungsnummer einmalig ist (vgl. Abschn. 14.5 Abs. 10 und 11 UStAE).

Nach Auffassung des FG Hamburg vom 25.11.2014, Az.: 3 K 85/14, BB 2015, 533 gilt: »Eine Rechnungsnummer entspricht dann nicht den Vorgaben der § 14 Abs. 4 Satz 1 Nr. 4 UStG, Art. 226 Nr. 2 Richtlinie 2006/112/EG, wenn sie durch die mehrfache Anfügung von Bindestrichen und weiteren Zahlen so unübersichtlich gestaltet wird, dass nur durch eine aufwendige Prüfung festgestellt werden kann, ob die Rechnungsnummer einmalig vergeben ist.« 112

Bei Verträgen über Dauerleistungen, die vor dem 01.01.2004 abgeschlossen wurden, ist es unschädlich, wenn diese keine fortlaufende Nummer enthalten. Bei ab dem 01.01.2004 abgeschlossenen Verträgen müssen die Verträge eine einmalige Nummer enthalten. Zahlungsbelege i. d. Z. müssen keine fortlaufende Nummer erhalten (vgl. Abschn. 14.5 Abs. 12 UStAE). Im Hinblick auf den durch die Steuersatzerhöhung offenbar ausgelösten Meinungsumschwung der Verwal- 113 tung (vgl. BMF vom 11.08.2006, Az: IV A 5 – S 7210 – 23/06, BStBl I 2006, 477, Tz. 22, 23 und vgl. Rn. 103) kann davon ausgegangen werden, dass dieser auch die fortlaufende Rechnungsnummer betrifft, mithin eine solche in den geänderten Verträgen einzufügen ist.

114 Wird über eine Leistung mittels Gutschrift abgerechnet (§ 14 Abs. 2 S. 2 UStG), muss der Gutschriftenaussteller die fortlaufende Nummer vergeben (zum Verlust des Vorsteuerabzugs aus Gutschriften mit mehrfach vergebenen Nummern vgl. FG München vom 01.07.2015, Az.: 3 K 2165/12, rkr., DStRE 2017, 241). Wird mit der Ausstellung der Rechnung ein Dritter beauftragt, kann dieser die fortlaufende Nummer vergeben (vgl. Abschn. 14.5 Abs. 13 UStAE). Kleinbetragsrechnungen (§ 33 UStDV; vgl. Rn. 176ff.) und Fahrausweise (§ 34 UStDV; vgl. Rn. 182ff.) müssen keine fortlaufende Nummer enthalten (vgl. Abschn. 14.5 Abs. 14 UStAE).

2.5.7 Handelsübliche Bezeichnung

2.5.7.1 Allgemeines

115 Die Rechnung muss die Menge und die Art **(handelsübliche Bezeichnung)** der gelieferten Gegenstände oder den Umfang und die Art der sonstigen Leistung angeben (§ 14 Abs. 4 S. 1 Nr. 5 UStG). Die Verwendung von Abkürzungen, Buchstaben, Zahlen oder Symbolen ist zulässig, wenn ihre Bedeutung in der Rechnung oder in anderen Unterlagen eindeutig festgelegt ist (§ 31 Abs. 3 S. 1 UStDV). Dabei müssen die erforderlichen anderen Unterlagen sowohl beim Rechnungsaussteller als auch beim Rechnungsempfänger vorhanden sein (§ 31 Abs. 3 S. 2 UStDV).

116 Als handelsüblich gilt dabei jede im Geschäftsverkehr für einen Gegenstand allgemein verwendete Bezeichnung, z.B. Markenartikelbezeichnungen (vgl. Abschn. 14.5 Abs. 15 S. 2 UStAE). Auch handelsübliche Sammelbezeichnungen sind ausreichend, wenn sie die Bestimmung des anzuwendenden Steuersatzes eindeutig ermöglichen, z.B. Baubeschläge, Büromöbel, Kurzwaren, Schnittblumen, Spirituosen, Tabakwaren oder Waschmittel (vgl. Abschn. 14.5 Abs. 15 S. 3 UStAE). Allgemeine Bezeichnungen, die Gruppen verschiedenartiger Gegenstände umfassen, beispielsweise »Geschenkartikel«, sollen demgegenüber nicht ausreichend sein (vgl. Abschn. 14.5 Abs. 15 S. 4 UStAE). Unrichtige oder ungenaue Angaben führen grundsätzlich zum Verlust des Vorsteuerabzugs (vgl. Abschn. 15.11 Abs. 3 S. 5 UStAE, wegen weiterer Einzelheiten vgl. Abschn. 15.2a Abs. 4 und 5 UStAE). Bei fehlender Angabe über die Menge der gelieferten Gegenstände lässt die Verwaltung den Nachweis dieses Merkmals über ergänzende Unterlagen (z.B. Lieferschein) des Leistungsempfängers zu (vgl. Abschn. 15.11 Abs. 3 S. 6 UStAE). Nach Auffassung des FG Hamburg vom 30.09.2015 (Az.: 5 K 85/12, BB 2016, 854; zur nicht ausreichenden Gattungsangabe vgl. FG Hamburg, Beschluss vom 29.07.2016, Az.: 2 V 34/16, juris) gilt: »Die Leistungsbezeichnung gelieferter Gegenstände erfordert, sofern Artikelnummern oder Herstellerbezeichnungen nicht erkennbar sind, eine zur Identifizierung geeignete Beschreibung der Beschaffenheit der Gegenstände.« Demnach reichen auch im Niedrigpreissektor bei Textilien Angaben wie »Rock, Kleid, Bluse«, selbst bei teilweiser Kennzeichnung als Damenbekleidung nicht aus, um die »Art« der gelieferten Gegenstände hinreichend zu beschreiben. Unter »Art« ist nicht ein Synonym für die Gattung, sondern für die »Beschaffenheit« zu verstehen. »Neben der Herstellerangabe bzw. der Angabe einer etwaigen Eigenmarke gehört hierzu auch die Benennung von Größe, Farbe, Material (ggf. auch: Sommer- oder Winterware), Schnittform (langer oder kurzer Arm, lange oder kurze Hose, Jogginghose, Schlupfhose etc.). […] Soweit die Ware selbst nicht mit dem Namen oder einer Kennzeichnung des Herstellers bzw. einer Eigenmarke gekennzeichnet war, müssen jedenfalls andere Beschaffenheitsmerkmale angeführt werden, die eine Identifizierung hinreichend ermöglichen.« Für den Handel mit **Kleidungsstücken im Niedrigpreissegment** vgl. Hessisches FG vom 31.07.2017 (Az.: 1 K 323/14, EFG 2017, 1772; vgl. Hessische FG vom 12.10.2017, Az.: 1 K 547/14): Den Anforderungen an die handelsübliche Bezeichnung ist nicht genügt, wenn die Kleidungsstücke bloß der Gattung nach (z.B. Hose, Pulli, Oberteile, Jacke) bezeichnet sind.

Es bedarf einer Beschaffenheitsbeschreibung mit den identifizierenden Merkmalen. Zu den Rechnungsanforderungen beim massenhaften Handel mit **Modeschmuck und Accessoires im Niedrigpreissegment** vgl. Hessisches FG vom 12.10.2017, Az.: 1 K 2402/14. Demnach reicht die Angabe »diverser Modeschmuck« (Armband, Ohrring, Kette etc.) sowie der Nettoeinzelpreis und die Anzahl der gelieferten Artikel wegen der fehlenden Identifikationsmöglichkeit nicht aus. Literaturhinweise: Haberland in UR 2018, 342 ff.

Im Zusammenhang mit Ausfuhrlieferungen (§ 6 UStG) und i. g. Lieferungen (§ 6 a UStG) ist im Rahmen des Buchnachweises (§§ 13, 17c UStDV) die handelsübliche Bezeichnung aufzuzeichnen. Zur Auslegung des Begriffs vgl. § 6 Rn. 154 ff. (Vorsicht insbesondere bei hochpreisigen Waren). 117

Gibt der Unternehmer Waren an die Kunden eines anderen Unternehmers mittels sog. **Warenzertifikate** (Warengutscheine) ab und erfolgt auf Grund der vertraglichen Vereinbarungen die Lieferung der Waren an den anderen Unternehmer, der diese Waren seinen Kunden als Werbegeschenke zuwendet, ist Gegenstand des Leistungsaustausches die Lieferung der Waren, nicht der Warenzertifikate (Warengutscheine). Die Rechnung muss daher die Waren bezeichnen, nicht die Warenzertifikate. Werden die Warenzertifikate angegeben, entfällt der Vorsteuerabzug (vgl. BFH vom 24.08.2006, Az: V R 16/05, BStBl II 2007, 340 unter II. 3.; zur Ausgabe von Gutscheinen vgl. OFD Magdeburg vom 02.05.2006, Az: S 7200 – 179 – St 244, UR 2007, 470). Noch nicht abschließend geklärt sind m. E. die aufgrund des EuGH-Urteils vom 29.07.2010 (Rs. C-40/09, Astra Zeneca, BFH/NV 2010, 1762) für das deutsche Steuerrecht zu ziehenden Folgen für die Behandlung von Gutscheinen (vgl. BMF vom 16.03.2011, Az: IV D 2 – S 7500/0 : 003, unter 4.; OFD Niedersachsen, Verf. vom 17.01.2011, Az.: S 7100 – 779 – St 171, UR 2011, 762; weiterführend vgl. Nieskens, UR 2010, 893; Korn, DStR 2010, 1662; zur aktuellen Entwicklung vgl. die Kommentierung zu § 17 Rn. 50 ff.). 118

Zur erleichterten Rechnungsstellung bei **Beherbergungsleistungen** mit Sammelbegriffen wie »Business-Package« oder »Servicepauschale« vgl. Abschn. 12.16. Abs. 12 UStAE (zu Saunaleistungen speziell vgl. BMF vom 21.10.2015, III C 2 – 7243/07/10002-03, BStBl I 2015, 835). 119

2.5.7.2 Geräteidentifikationsnummer

Zur Bedeutung der **IMEI-Nummer** bei Mobiltelefonen vgl. BFH vom 19.04.2007, Az: V R 48/04, BStBl II 2009, 315. Der Aufzeichnung der IMEI-Nummer (International Mobile Equipment Identity Number) kann Bedeutung für die Prüfung der Frage zukommen, ob der Unternehmer Maßnahmen zur Vermeidung einer Beteiligung an einem Umsatzsteuerkarussell ergriffen hat. Offengeblieben ist, ob die Angabe der IMEI-Nummer im Streitjahr 1999 in den Rechnungen oder in diese ergänzenden Geschäftsunterlagen handelsüblich war und deswegen getätigt werden musste (unter Verweisung auf Jorcyk/Rüth, UStB 2006, 103). Die Frage ist umstritten, zumal Art. 226 Nr. 6 MwStSystRL lediglich die Angabe der Menge und Art fordert, eine handelsübliche Bezeichnung hingegen begrifflich nicht verwendet. Andererseits muss sich aber die erbrachte Leistung aus der Rechnung auch eindeutig und leicht nachprüfbar ergeben (vgl. zu Computerbauteilen BFH vom 06.04.2006, Az: V B 22/06 (NV), BFH/NV 2006, 1715 – AdV), wozu im Zweifel eine Gerätenummer beitragen kann. Zur Angabe von Seriennummern bei Prozessoren/CPU vgl. FG München vom 08.02.2007, Az: 14 K 1898/04, DStR 2007, 1031 (nachgehend BFH vom 23.11.2007, Az: V B 54/07 (NV) – Aufhebung/Zurückverweisung nach § 127 FGO) und FG München vom 08.02.2007, Az: 14 K 1898/04, nrkr., EFG 2007, 881 (Bezeichnung: CPU Intel Pentium III – 800, 256 KB, 133 MHz beschreibt den Liefergegenstand ausreichend; Angabe von Seriennummern nicht zwingend; allerdings zur alten Rechtslage [§ 14 Abs. 4 UStG a. F.] ergangen [Streitjahr 2001]; keine Festlegung, ob eine derartige Angabe handelsüblich ist; Rechtsfrage noch nicht abschließend geklärt). Zum Urteil des BFH vom 19.04.2007 (BStBl II 2009, 315) hat sich das BMF mit Schreiben vom 01.04.2009 (Az: IV B 8 – S 7280-a/07/10004, BStBl I 2009, 525; vgl. Abschn. 14.5 Abs. 15 S. 5 UStAE) geäußert. Demnach kann aus § 14 Abs. 4 S. 1 Nr. 5 UStG für Zwecke des Vorsteuerabzugs 120 keine Verpflichtung zur Angabe einer Geräteidentifikationsnummer in der Rechnung hergeleitet werden. Allerdings kann die Nichtaufzeichnung einer üblicherweise in der Lieferkette weitergegebenen Geräteidentifikationsnummer (z.B. IMEI-Nummer) ein Indiz für eine nicht ausgeführte Lieferung sein und ebenso ein Indiz dafür, dass der Unternehmer wusste oder hätte wissen können oder müssen, dass er in einen Umsatzsteuerbetrug einbezogen war.

2.5.7.3 Genaue Leistungsbeschreibung

121 Nach dem Urteil des BFH vom 08.10.2008 (Az: V R 59/07, BStBl II 2009, 218; Vorinstanz: Sächsisches FG vom 08.11.2006, Az: 1 K 2702/04, EFG 2008, 811 – hätte die streitige Formulierung gerade noch so akzeptiert) reicht zur **Benennung einer erbrachten sonstigen Leistung** die Bezeichnung »für **technische Beratung und Kontrolle** im Jahr 1996« nach § 14 Abs. 4 UStG a.F. nicht aus (Folge: Verlust des Vorsteuerabzugs beim Leistungsempfänger). Nach ständiger Rechtsprechung muss das Abrechnungspapier Angaben tatsächlicher Art enthalten, welche die Identifizierung der abgerechneten Leistung ermöglichen. Der Aufwand zur Identifizierung muss dahin gehend begrenzt sein, dass die Rechnungsangaben eine eindeutige und leicht nachprüfbare Feststellung der Leistung ermöglichen, über die abgerechnet worden ist. Die Abrechnung kann auf andere Geschäftsunterlagen verweisen; diese müssen eindeutig bezeichnet sein (vgl. hierzu FG Berlin-Brandenburg von 29.11.2012, Az: 5 K 5274/10 [Rev. Az: V R 28/13] – Sind ergänzende Geschäftsunterlagen, auf die die Rechnung Bezug nimmt, nur dann bei der Beurteilung, ob die Rechnung eine hinreichende Leistungsbeschreibung enthält, zu berücksichtigen, wenn diese der Rechnung beigefügt sind?; mit Urteil vom 16.01.2014, Az: V R 28/13, BStBl II 2014, 867 verweist der BFH die Sache zurück, nicht erforderlich ist es jedenfalls, dass die in Bezug genommenen Unterlagen der Rechnung beigefügt sind, sie müssen nach § 31 Abs. 3 S. 2 UStDV lediglich »vorhanden« sein; zu den Anforderungen vgl. überblicksartig BFH vom 22.07.2014, Az.: XI B 29/14 n.v., BFH/NV 2014, 1780, Rz. 19ff.). Weiterführende Literaturhinweis: Weimann, UStB 2009, 80ff.; Englisch, UR 2009, 181ff.; Zaumseil, UStB 2009, 226ff. Zu **Allgemeinplätzen** wie »Trockenbauarbeiten«, »Fliesenarbeiten« und »Außenputzarbeiten« vgl. BFH vom 05.02.2010, Az: XI B 31/09 (NV), BFH/NV 2010, 962. Zur Formulierung »zur Deckung Ihrer erhaltenen Vorauszahlungen« bei Gutschriften an Handelsvertreter vgl. BFH vom 10.01.2012, Az: XI B 80/11 (NV), BFH/NV 2012, 815. Die Rechnungsangabe »Renovierungsarbeiten« stellt nach Ansicht des FG Berlin-Brandenburg (Urteil vom 19.05.2010, Az: 5 K 5056/09; DStRE 2012, 368; Rev. unter Az: XI R 40/10) keine hinreichend bestimmte Leistungsbezeichnung dar (bestätigt durch Urteil des BFH vom 29.08.2012, Az: XI R 40/10 (NV), BFH/NV 2013, 182 – es fehlten zudem ergänzende Verweise auf andere Geschäftsunterlagen und Angaben zum Zeitpunkt der Leistungen). Zur Erkennbarkeit einer Arbeitnehmerüberlassung als Leistungsgegenstand im Baugewerbe (Abgrenzung zu Werklieferungen oder Werkleistungen) vgl. FG Saarland vom 16.06.2010, Az: 1 K 1176/07, EFG 2010, 1739.

122 Zur ungenauen Beschreibung der Leistung in Rechnungen eines Rechtsanwalts (z.B. »für allgemeine wirtschaftliche Beratung im [Zeitraum] berechnen wir Ihnen pauschal wie vereinbart«) vgl. BFH vom 20.10.2016, Az. V R 26/15, BFH/NV 2017, 252. Die Entscheidung ist insbesondere auch wegen der Feststellungen des BFH zur rückwirkenden Rechnungsberichtigung interessant (vgl. dazu Rz. 162ff.).

123 Zu den Anforderungen an die Leistungsbeschreibung in Rechnungen vgl. FG Hamburg vom 25.11.2014, Az.: 3 K 85/14, BB 2015, 533 (»Putzarbeiten«, »Fugenarbeiten«, »Kalkzement auffüllen«, »Gerüstan- und abbau« ohne Angaben zu den entsprechenden Örtlichkeiten nicht ausreichend). S.a. FG Hamburg vom 21.08.2015, Az.: 2 V 154/15, BB 2015, 2581 (pauschale Angabe »Gerüstbau-Arbeiten« mit pauschalen Angaben zum Bauprojekt ohne konkrete Angaben zu den Örtlichkeiten und einzelnen Arbeiten nicht ausreichend). Ebenfalls keine ausreichende Leistungsbeschreibung liegt nach dem Beschluss des FG Hamburg vom 06.03.2017 (Az.: 2 V 295/16, juris) vor, wenn in Rechnungen lediglich Angaben wie »Paletten Umverpackung«, »Abpacken/Sortieren von Waren«,

»Be- und Entladen« etc. enthalten sind und zudem jeweils über größere Zeiträume ohne weitere Konkretisierung abgerechnet wird, wodurch auch Doppelabrechnungen nicht auszuschließen sind. Erforderlich sind Angaben zu Art, Umfang, Inhalt und Ort der Leistung. Zur Leistungsbeschreibung im Zusammenhang mit dem Organisieren von Kaffeefahrten vgl. FG Berlin-Brandenburg vom 24.11.2015, Az.: 7 K 15090/13, EFG 2016, 317 (nicht ausreichend sind Formulierungen wie »Planung Besucher« oder »Vorplanung« in einer bestimmten Kalenderwoche). Nach Auffassung des FG Hamburg (Urteil vom 27.06.2017, Az.: 2 K 214/16, EFG 2017, 1914) ist eine Rechnung, mit der über Transport- und Logistikleistungen abgerechnet wird und die als Beschreibung des Leistungsgegenstandes lediglich die Bezeichnung »Tagestouren in Hamburg und Umland, Pauschal« enthält und als Leistungszeitraum lediglich einen gesamten Monat ausweist, nicht i.S.v. § 14 Abs. 4 Nr. 5 UStG ordnungsgemäß und berechtigt nicht zum Vorsteuerabzug. Zu nicht ausreichenden Allgemeinplätzen wie »Werbungskosten lt. Absprache«, »Akquisitions-Aufwand«, »Überführungs- und Reinigungskosten« und »Überführungskosten« vgl. BFH, Urteil vom 01.03.2018 (Az: V R 18/17 (V), BFH/NV 2018, 916, Rz. 14 ff.).

Nach Auffassung des Thüringischen FG (Urteil vom 21.04.2010, Az: 3 K 633/09, EFG 2011, 281 – umfängliche Darstellung der bisher ergangenen Rechtsprechung; Rev. anhängig unter Az: XI R 32/10) ist die Leistungsbeschreibung unzureichend und der Vorsteuerabzug daher unter folgenden Umständen zu versagen: »Eine Leistungsbeschreibung ist dann unzulänglich, wenn sie sich ohne Angabe der tätigen Personen, der Einsatztage, der geleisteten Stunden bzw. Stundensätze bzw. durch Art oder Umfang der durch das Personal erbrachten Arbeitsleistungen auf Formulierungen wie »Personalgestellung/Schreibarbeiten, Büromaterial, Porto, EDV und Fachliteratur«, beschränkt. Unzureichend ist auch die Bezugnahme in der Rechnung auf eine mündliche Vereinbarung.« Im Urteilsfall wurden Leistungen einer Bürogemeinschaft nach Auffassung des Finanzgerichts zu pauschal abgerechnet und ergab sich eine Präzisierung auch nicht aus Unterlagen, auf die in den Rechnungen verwiesen worden wäre. Mit Urteil vom 15.05.2012 (Az: XI R 32/10 (NV), BFH/NV 2012, 1836) weist der BFH die Revision des Klägers zurück (Besitz einer ordnungsgemäßen Rechnung als materiell-rechtliche Voraussetzung des Vorsteuerabzugs/zu unionsrechtlichen Vorgaben). »Eine zum Vorsteuerabzug berechtigende Rechnung hat Angaben zu Umfang und Art der abgerechneten sonstigen Leistungen zu enthalten. Aus den (bloßen) Angaben »Personalgestellung – Schreibarbeiten« und »Büromaterial, Porto, EDV, Fachliteratur« ergibt sich auch in Verbindung mit dem in der Rechnung angegebenen Leistungszeitraum »Nachzahlung 2008« keine Quantifizierung der erbrachten Leistungen.« **124**

Mit Urteil vom 15.09.2016 (Az: C-516/14 »Barlis 06«, DStR 2016, 2216, Rz. 28) hat der EuGH zu Art. 226 Nr. 6 MwStSystRL entschieden, dass die Rechnungsangabe »Erbringung juristischer Dienstleistungen ab [einem bestimmten Datum] bis zum heutigen Tag« oder »Erbringung juristischer Dienstleistungen bis zum heutigen Tag« keine hinreichend detaillierte Leistungsbeschreibung darstellt. Aber – unter weiteren Voraussetzungen kein Verlust des Vorsteuerabzugs. Zur Möglichkeit der Rechnungskorrektur vgl. Rz. 162 ff. **125**

2.5.8 Zeitpunkt der Leistung

Nach § 14 Abs. 4 S. 1 Nr. 6 UStG ist in der Rechnung der Zeitpunkt der Lieferung oder sonstigen Leistung anzugeben. Für den Fall der Versteuerung nach vereinbarten Entgelten dient die Angabe des Leistungszeitpunktes der Feststellung des Entstehungszeitpunktes der Umsatzsteuer (vgl. § 13 Abs. 1 S. 1 Nr. 1 UStG). Wegen ggf. von den gemeinschaftsrechtlichen Vorgaben abweichender Umsetzung vgl. Huschens, NWB 2007, 25 [34] und INF 2007, 16 [18]). **126**

Dies gilt (vgl. BMF vom 26.09.2005, Az: IV A 5 – S 7280a – 82/05, BStBl I 2005, 937; vgl. Abschn. 14.5 Abs. 16 S. 2 UStAE) auch dann, wenn das Ausstellungsdatum der Rechnung (§ 14 Abs. 4 S. 1 Nr. 3 UStG) mit dem Zeitpunkt der Lieferung oder sonstigen Leistung übereinstimmt **127** (zur vereinfachten Angabe Leistungsdatum entspricht Rechnungsdatum vgl. Weimann, UStB 2008, 29). Nach § 31 Abs. 4 UStDV kann als Zeitpunkt der Lieferung oder sonstigen Leistung der Kalendermonat angegeben werden, in dem die Leistung ausgeführt wird. Die Verpflichtung zur Angabe des Zeitpunkts besteht auch in den Fällen, in denen die Ausführung der Leistung gegen Barzahlung erfolgt. Bei einer Rechnung über eine bereits ausgeführte Leistung ist die Angabe des Leistungszeitpunkts in jedem Fall erforderlich.

128 Sofern sich der Lieferzeitpunkt in Verbindung mit § 31 Abs. 1 UStDV aus einem **Lieferschein** ergeben soll, muss der Lieferschein neben dem Lieferscheindatum das Leistungsdatum angeben. Entspricht das Lieferscheindatum dem Leistungsdatum, kann anstelle der Angabe des Leistungsdatums ein Hinweis in die Rechnung aufgenommen werden, dass das Lieferscheindatum dem Leistungsdatum entspricht (vgl. Sächsisches FG vom 12.04.2007, Az: 2 K 784/06, EFG 2007, 1998). Mit Urteil vom 17.12.2008 (Az: XI R 62/07, BStBl II 2009, 432; vgl. Abschn. 14.5 Abs. 16 S. 2 und S. 5 Nr. 1 UStAE) weist der BFH die Revision der Klägerin gegen das Urteil des Sächsischen FG vom 12.04.2007 (a.a.O.) zurück und stellt fest, dass § 14 Abs. 4 S. 1 Nr. 6 UStG zwingend die Angabe des Leistungsdatums erfordert, auch wenn dieses identisch mit dem Ausstellungsdatum der Rechnung sein sollte (und dies auch schon vor Neufassung durch das JStG 2007), da die Angabe der eindeutigen und leicht nachprüfbaren Feststellung der Steuerentstehung und des korrespondierenden Vorsteueranspruchs dient (zweifelnd an der Rechtsprechung des BFH vgl. FG Nürnberg vom 02.07.2013, Az: 2 K 360/11, EFG 2013, 1531).

129 In Fällen der Ortsbestimmung nach § 3 Abs. 6 UStG (**Beförderungs- oder Versendungslieferung**) ist als Tag der Lieferung der Tag des Beginns der Beförderung oder der Versendung anzugeben. In allen Fällen, in denen sich der Leistungsort nicht nach § 3 Abs. 6 UStG bestimmt, ist als Tag der Lieferung der Tag der Verschaffung der Verfügungsmacht anzugeben (vgl. Abschn. 14.5 Abs. 16 S. 5 Nr. 2 und 3 UStAE). Es kann nach § 31 Abs. 4 UStDV der Kalendermonat angegeben werden.

130 Bei **sonstigen Leistungen** ist der Zeitpunkt der Ausführung (= Vollendung) anzugeben (vgl. Abschn. 14.5 Abs. 16 S. 5 Nr. 4 S. 1, 2 UStAE). Bei zeitlich begrenzten Dauerleistungen ist die Leistung mit Beendigung des entsprechenden Rechtsverhältnisses ausgeführt, es sei denn, es wurden Teilleistungen vereinbart (vgl. Abschn. 14.5 Abs. 16 S. 5 Nr. 4 S. 3–5 UStAE und Abschn. 14.5 Abs. 17 UStAE zur erleichterten Ermittlung des Leistungszeitpunktes bei Dauerleistungen anhand der Zahlungsbelege).

131 Mit Urteil vom 15.09.2016 (Az: C-516/14, »Barlis 06«, DStR 2016, 2216, Rz. 32, 33) hat der EuGH zu Art. 226 Nr. 7 MwStSystRL entschieden, dass die Rechnungsangabe »Erbringung juristischer Dienstleistungen bis zum heutigen Tag« ohne Konkretisierung des Beginns des Abrechnungszeitraums keine hinreichend detaillierte Angabe zum Leistungszeitpunkt darstellt. Aber – unter weiteren Voraussetzungen kein Verlust des Vorsteuerabzugs. Zur Möglichkeit der Rechnungskorrektur vgl. Rz. 162ff.

132 In den Fällen des § 14 Abs. 5 S. 1 UStG (= Vorabrechnung; **Anzahlungsrechnung**) ist der Zeitpunkt der Vereinnahmung des Entgelts oder Teilentgelts anzugeben, sofern er feststeht und nicht mit dem Ausstellungsdatum der Rechnung identisch ist (vgl. § 14 Abs. 4 S. 1 Nr. 6 HS 2 UStG, zum darin liegenden Verzicht auf die Angabe des Leistungszeitpunkts vgl. BFH vom 02.12.2015, V R 15/15, BStBl II 2016, 486, Rz. 26ff.). Es reicht aus, den Kalendermonat anzugeben (vgl. Abschn. 14.5 Abs. 16 S. 5 Nr. 5 S. 2 UStAE).Wegen Einzelheiten zu Vorabrechnungen vgl. Rn. 151ff.

2.5.9 Entgelt

133 Die Rechnung muss nach § 14 Abs. 4 S. 1 Nr. 7 UStG das **Entgelt** für die Lieferung oder sonstige Leistung ausweisen. In die Vorschrift wurde die bisher in § 32 S. 1 UStDV a.F. enthaltene Regelung integriert, wonach bei der Abrechnung über Lieferungen oder sonstige Leistungen die unterschiedlichen Steuersätzen unterliegen, die Entgelte getrennt nach Steuersätzen auszuweisen sind. Wird

gleichzeitig über steuerfreie Leistungen abgerechnet, sind auch die darauf entfallenden Entgelte getrennt auszuweisen. Zusätzlich ist jede im Voraus vereinbarte Minderung des Entgeltes, sofern nicht bereits im Entgelt berücksichtigt, auszuweisen. Unter Entgelt ist das umsatzsteuerliche Entgelt i.S.v. § 10 UStG zu verstehen. Ist das Entgelt nicht ausgewiesen, kann keine Vorsteuer geltend gemacht werden (vgl. BFH vom 27.07.2000, Az: V R 55/99, BStBl II 2001, 426 – schon für die alte Rechtslage).

Vereinbarungen über **Entgeltsminderungen** werden über § 14 Abs. 4 S. 1 Nr. 7 UStG zu einem Bestandteil der Rechnung. Die allgemeinen Formerfordernisse (§ 14 Abs. 1 UStG, § 31 Abs. 1 UStDV) gelten somit auch für die Angabe derartiger Vereinbarungen. Die nach § 14 Abs. 4 UStG erforderlichen Angaben können sich dabei aus mehreren Dokumenten ergeben. Fehlt in dem Dokument, in dem das Entgelt und der Steuerbetrag angegeben sind, die Entgeltsminderungsvereinbarung, muss diese in einem gesonderten Dokument bei den am Leistungsaustausch Beteiligten schriftlich vorliegen, auf das in dem vorbezeichneten Dokument verwiesen wird. Die Angaben müssen eindeutig und leicht nachprüfbar sein, die Verweisung auf die Entgeltsminderungsvereinbarung muss deshalb hinreichend genau sein. Dazu gehört auch, dass die (schriftliche) Entgeltsminderungsvereinbarung auf Nachfrage ohne Zeitverzögerung bezogen auf die jeweilige Rechnung vorgelegt werden kann. Eine Berichtigung der Rechnung soll nicht erforderlich sein, wenn sich eine vor Ausführung der Leistung getroffene Vereinbarung nach diesem Zeitpunkt ändert. Entgeltsminderungsvereinbarungen sind in der Rechnung nur insoweit anzugeben, als der Leistungsempfänger sie gegenüber dem Leistungsgeber unmittelbar geltend machen kann. Vereinbarungen des leistenden Unternehmers mit Dritten, die nicht Leistungsempfänger sind, müssen in der Rechnung nicht angegeben werden. Bei **Skonto** genügt eine Angabe wie z.B. »2 % Skonto bei Zahlung bis«. Das Skonto muss nicht betragsmäßig (weder mit dem Bruttobetrag noch mit dem Nettobetrag zzgl. USt) ausgewiesen werden (vgl. Abschn. 14.5 Abs. 19 S. 13 UStAE). Die Angabe einer Entgeltsminderungsvereinbarung ist nach Abschn. 14.5 Abs. 19 S. 3 UStAE sowohl im Fall des Steuerausweises als auch im Fall des Hinweises auf eine Steuerbefreiung erforderlich. Zur Angabepflicht auch bei vereinbarten **Jahresmengenrabatten** vgl. FG Münster vom 13.01.2009 (Az: 5 K 5721/04 U, EFG 2009, 795 [Rev. XI R 3/09 – durch den BFH aus anderen Gründen mit Urteil vom 10.02.2010, Az: XI R 3/09 (NV), BFH/NV 2010, 1450 abgewiesen]) – grundsätzlich bejaht. 134

Bei tatsächlicher Inanspruchnahme der im Voraus getroffenen Entgeltsminderungsvereinbarung liegt ein Fall des § 17 UStG vor (Änderung der Bemessungsgrundlage). Regelmäßig wird hier kein weiterer Austausch von Belegen/Berichtigungen erforderlich sein (vgl. jedoch § 17 Abs. 4 UStG und vgl. § 17 Rn. 26ff.). 135

Wegen zusätzlicher Entgeltszahlungen von dritter Seite vgl. Abschn. 14.10 Abs. 1 UStAE. 136

Wegen der Anforderungen an die Rechnungsstellung im Zusammenhang mit dem ermäßigten Steuersatz nach § 12 Abs. 2 Nr. 11 UStG (**kurzfristige Beherbergung**; eingefügt durch das Wachstumsbeschleunigungsgesetz, Gesetz vom 22.12.2009, BGBl I 2009, 3950 mit Wirkung ab 01.01.2010) vgl. BMF vom 05.03.2010, Az: IV D 2 – S 7210/07/10003/IV C 5 – S 2353/09/10008, BStBl I 2010, 259, Rz. 12ff. (Abschn. 12.16 Abs. 12 UStAE, zu Saunaleistungen speziell vgl. BMF vom 21.10.2015, III C 2 – 7243/07/10002-03, BStBl I 2015, 835) und OFD Magdeburg vom 15.09.2010, Az: S 7220 – 13 – St 243, UR 2011, 77. 137

2.5.10 Steuersatz/Steuerbetrag/Steuerbefreiung

Die Rechnung muss nach § 14 Abs. 4 S. 1 Nr. 8 UStG den auf das Entgelt entfallenden **Steuerbetrag** ausweisen. Zusätzlich muss auch der **Steuersatz** (vgl. § 12 UStG) angegeben werden. Eine ggf. vorliegende Steuerbefreiung ist anzugeben. Bei automatischer Ermittlung des Steuerbetrages durch Maschinen gilt § 32 UStDV, wonach die Angabe des Steuerbetrags in einer Summe zulässig ist, wenn über Leistungen zu verschiedenen Steuersätzen abgerechnet wird und für die einzelnen 138

Posten der Rechnung der Steuersatz angegeben wird. Die Regelung gilt nach Abschn. 14.5 Abs. 21 UStAE auch für den Fall, dass in der Rechnung neben steuerpflichtigen auch steuerfreie oder nicht steuerbare Umsätze aufgeführt werden. Soweit Kosten für Nebenleistungen (z. B. Beförderung, Verpackung, Versicherung) besonders berechnet werden, sind sie den unterschiedlich besteuerten Hauptleistungen entsprechend zuzuordnen. Die Aufteilung ist nach geeigneten Merkmalen, wie dem Verhältnis der Werte oder Gewichte vorzunehmen (vgl. Abschn. 14.5 Abs. 21 S. 2, 3 UStAE).

139 Hinsichtlich der **Angabe von Steuerbefreiungen** ist es nach Verwaltungsauffassung (vgl. Abschn. 14.5 Abs. 20 UStAE) nicht erforderlich, dass der Unternehmer die entsprechenden Vorschriften des UStG oder der MwStSystRL/6. EG-RL nennt. Die Rechnung soll aber einen Hinweis auf den Grund der Steuerbefreiung enthalten, der auch in umgangssprachlicher Form angegeben werden kann, wie z. B.: »Ausfuhr«, »innergemeinschaftliche Lieferung« (igL), »steuerfreie Vermietung« u. Ä. (zur Bedeutung der Angabe der Steuerbefreiung für die Steuerbefreiung als solche vgl. BFH vom 30.03.2006, Az: V R 47/03, BStBl II 2006, 634 – bei i.g.L ist der fehlende Hinweis kein Grund zur Nichtanerkennung der Steuerbefreiung, kann jedoch den erforderlichen Belegnachweis beeinträchtigen, vgl. weiterführend die Kommentierung zu § 6a Rn. 95,125, 126 Der Hinweis auf die Steuerbefreiung kann sich auch aus der Zusammenschau einer einheitlichen Rechnung mit der ihr beigefügten Anlage ergeben (vgl. BFH vom 26.11.2014, Az.: XI R 37/12 n. v., BFH/NV 2015, 358, Rz. 29–34 im Zusammenhang mit einer igL).

140 Bei der Besteuerung nach Durchschnittssätzen für die Land- und Forstwirtschaft (§ 24 UStG) ist nach § 24 Abs. 1 S. 5 UStG der maßgebliche Durchschnittssatz zusätzlich anzugeben (vgl. Abschn. 14.5 Abs. 22 UStAE).

141 Keine Anwendung findet § 14 Abs. 4 S. 1 Nr. 8 UStG in bestimmten Fällen der Rechnungslegung nach § 14a UStG (vgl. Rn. 32 ff. und vgl. die Kommentierung zu § 14a UStG). Nicht zum gesonderten Ausweis der Steuer berechtigt sind Kleinunternehmer (vgl. § 19 Abs. 1 S. 4 UStG). Wegen zusätzlicher Entgeltszahlungen von dritter Seite vgl. Abschn. 14.10 Abs. 1 UStAE.

142 Wegen der Anforderungen an die Rechnungsstellung im Zusammenhang mit dem ermäßigten Steuersatz nach § 12 Abs. 2 Nr. 11 UStG (**kurzfristige Beherbergung**; eingefügt durch das Wachstumsbeschleunigungsgesetz vom 22.12.2009, BGBl I 2009, 3950 mit Wirkung ab 01.01.2010) vgl. BMF vom 05.03.2010, Az: IV D 2 – S 7210/07/10003/IV C 5 – S 2353/09/10008, BStBl I 2010, 259, Rz. 12 ff. (Abschn. 12.16 Abs. 12 UStAE) und OFD Magdeburg vom 15.09.2010, Az: S 7220 – 13 – St 243, UR 2011, 77.

2.5.11 Hinweis auf die Aufbewahrungspflicht

143 Durch das Schwarzarbeitsbekämpfungsgesetz neu eingefügt wurde § 14 Abs. 4 S. 1 Nr. 9 UStG mit Wirkung ab 01.08.2004. Der Unternehmer muss in Fällen des § 14b Abs. 1 S. 5 UStG einen Hinweis auf die Aufbewahrungspflicht der Rechnung durch den Leistungsempfänger geben (vgl. § 14b UStG Rn. 18 ff.). Betroffen sind steuerpflichtige Werklieferungen und sonstige Leistungen im Zusammenhang mit einem Grundstück (vgl. Rn. 40 ff.) an Leistungsempfänger, die nicht Unternehmer sind oder die Leistung nicht für ihr Unternehmen beziehen. Dabei ist es nach Verwaltungsauffassung (vgl. Abschn. 14.5 Abs. 23 S. 2 UStAE) ausreichend, wenn in der Rechnung ein allgemeiner Hinweis enthalten ist, dass ein nichtunternehmerischer Leistungsempfänger diese Rechnung zwei Jahre lang aufzubewahren hat. Ein Hinweis auf die Aufbewahrungspflicht des Leistungsempfängers nach § 14b Abs. 1 S. 5 UStG ist nicht erforderlich (vgl. Abschn. 14.5 Abs. 23 S. 3 UStAE), wenn es sich bei der steuerpflichtigen Werklieferung oder sonstigen Leistung um eine Bauleistung i. S. d. § 13b Abs. 2 Nr. 4 UStG an einen anderen Unternehmer handelt, für die dieser die Umsatzsteuer schuldet (vgl. auch § 14b Abs. 1 S. 4 Nr. 3 UStG). Bei Kleinbetragsrechnungen (§ 33 UStDV) kann der Hinweis ebenfalls entfallen.

2.5.12 Hinweis auf Gutschriften

Nach § 14 Abs. 4 S. 1 Nr. 10 UStG i. d. F. des AmtshilfeRLUmsG muss eine Gutschrift ausdrücklich als solche bezeichnet sein. Ausweislich der Gesetzesbegründung (vgl. BT-Drucks. 17/12375 vom 19.02.2013, 46) dient die Erweiterung des Katalogs der Pflichtangaben in einer Rechnung der Umsetzung von Art. 226 Nr. 10a MwStSystRL (dort eingefügt durch RL 2010/45/EU vom 13.07.2010, ABl. EU Nr. L 189, 1 m. W. v. 11.08.2010). Im Unterschied zum Steuervereinfachungsgesetz 2011 führt das AmtshilfeRLUmsG in § 27 UStG keine Anwendungsregelung zu den Änderungen ein, die somit grundsätzlich ab dem 30.06.2013 gelten (vgl. Rn. 7 mit zeitlich begrenzter Nichtbeanstandungsregelung). Speziell für die Angabe nach § 14 Abs. 4 S. 1 Nr. 10 UStG bleibt zunächst offen, ob die Regelung für Umsätze ab dem 30.06.2013 oder bereits für Umsätze vor diesem Termin gelten soll. Nach dem allgemeinen Grundsatz des § 27 Abs. 1 S. 1 UStG dürften Rechnungen für Umsätze ab dem 30.06.2013 betroffen sein. 144

Mit der Erweiterung des Katalogs der Pflichtangaben gehen sowohl für den Leistungsempfänger als auch den Leistungsgeber Risiken einher. Einerseits berechtigen unvollständige Rechnungen/Gutschriften den Leistungsempfänger nicht zum Vorsteuerabzug (beachte ggf. Zinsproblematik nach § 233 a AO), andererseits wird für den Leistungsgeber der eventuelle Verlust von Steuerbefreiungen befürchtet (vgl. Bachstein, IWB 2013, 144 ff. [151]). Für den Fall der Verwendung des Begriffes »Gutschrift« in kaufmännischem Sinne (z. B. Storno, Gutschrift, Rechnungskorrektur) wird das Risiko gesehen, dadurch ggf. in den Anwendungsbereich des § 14c UStG zu gelangen (vgl. Huschens, NWB 2013, 2132 ff. [2133]; Langer/Hammerl, NWB 2013, 1278 ff. [1289]; differenzierend nach § 14c Abs. 1 und 2 UStG Korf, UR 2013, 448 ff. [451]; vgl. Sterzinger, UStB 2013, 292 ff. [293]; a. A. Rathke/Ritter, NWB 2013, 2534; ausführlich Meyer-Burow/Connemann, UStB 2/2014, 59 ff.). Zur Verwaltungsmeinung vgl. BMF vom 25.10.2013, Az: IV D 2 – S 7280/12/10002, DStR 2013, 2341 unter I.2. sowie Abschn. 14.3 Abs. 2 S. 5 UStAE i. V. m. Abschn. 14c.1 Abs. 3 S. 3 UStAE, wonach in derartigen Fällen allein die Bezeichnung als »Gutschrift« nicht zur Anwendung des § 14c UStG führt. 145

Im Schrifttum diskutiert wird zudem die Frage, ob allein die in der Vorschrift genannte Bezeichnung Gutschrift zulässig ist oder ob nicht auch andere Bezeichnungen wie »self-billing« oder »self-billed invoice« verwendet werden können (vgl. z. B. Eckert, BBK 2013, 811 ff. [822]). Vgl. hierzu BMF vom 25.10.2013, DStR 2013, 2341, unter I.2. und II. (Tabelle zu den Formulierungen) sowie Abschn. 14.5 Abs. 24 UStAE zur Verwendung von Formulierungen anderer Amtssprachen sowie zur Behandlung begrifflicher Unschärfen bei Verwendung anderer Bezeichnungen. 146

Wird in einem Dokument sowohl über erhaltene Leistungen (Gutschrift) als auch erbrachte Leistungen (Rechnung) abgerechnet, muss nach Verwaltungsauffassung die Rechnungsangabe »Gutschrift« enthalten sein, muss klar ersichtlich sein, worüber als Leistungsgeber oder Leistungsempfänger abgerechnet wird und sind Saldierungen und Verrechnungen der gegenseitigen Leistungen unzulässig (vgl. BMF vom 25.10.2013, DStR 2013, 2341, unter I.2. sowie Abschn. 14.3 Abs. 2 S. 6–8 UStAE). 147

2.5.13 Verbilligte Leistungen

§ 14 Abs. 4 S. 2 und 3 UStG enthält Regelungen über die Rechnung in Fällen der verbilligten Leistung (Mindestbemessungsgrundlage nach § 10 Abs. 5 UStG). Erbringt der Unternehmer verbilligte Leistungen, ist zu prüfen, ob die USt auf der Grundlage des tatsächlichen Entgelts (§ 10 Abs. 1 UStG) oder der sog. Mindestbemessungsgrundlage (§ 10 Abs. 5 UStG) entsteht (wegen Einzelheiten vgl. § 10 UStG Rn. 133 ff.). Die Mindestbemessungsgrundlage ermittelt sich nach den Vorschriften des § 10 Abs. 4 UStG. Der jeweils höhere Betrag ist als Grundlage für die Berechnung der USt heranzuziehen. 148

149 In den Fällen des § 10 Abs. 5 UStG (Begrenzung auf das marktübliche Entgelt durch Art. 7 Nr. 2 des KroatienAnpG vom 25.07.2014, BGBl I 2014, 1266) ist nach § 14 Abs. 4 S. 2 UStG in der Rechnung die Mindestbemessungsgrundlage nach § 10 Abs. 4 UStG anzugeben sowie der darauf entfallende Steuerbetrag. Inwieweit die Rechnungserteilung Pflicht ist, richtet sich dabei nach § 14 Abs. 2 UStG. Ist der Leistungsempfänger Unternehmer, wirkt sich diese Regelung auf die Höhe seines Vorsteuerabzugs aus (Beispiel vgl. Abschn. 14.9 Abs. 1 UStAE).

150 Nach § 14 Abs. 4 S. 3 UStG gilt die Regelung des § 14 Abs. 4 S. 2 UStG nicht für Unternehmer, die § 24 Abs. 1 bis 3 UStG (Durchschnittssätze für land- und forstwirtschaftliche Betriebe) anwenden. Diese sind auch in Fällen der Mindestbemessungsgrundlage lediglich berechtigt, das Entgelt und die darauf entfallende USt in Rechnungen anzugeben.

2.6 Vorabrechnungen/Anzahlungsrechnungen

2.6.1 Allgemeines

151 Nach § 14 Abs. 5 S. 1 UStG gelten § 14 Abs. 1–4 UStG sinngemäß, wenn der Unternehmer das Entgelt oder einen Teil des Entgeltes für eine Lieferung oder sonstige Leistung vor Ausführung der Leistung vereinnahmt. Die Vorschrift steht in Zusammenhang mit den Vorschriften über die Entstehung der Steuer (§ 13 UStG) und des Vorsteuerabzuges (§ 15 UStG). Nach § 13 Abs. 1 Nr. 1 Buchst. a UStG entsteht die Steuer in Fällen der Versteuerung nach vereinbarten Entgelten (= Sollbesteuerung; vgl. § 16 Abs. 1 UStG) grundsätzlich mit Ablauf des Voranmeldungszeitraumes, in dem die Leistung ausgeführt wird. Wird jedoch das Entgelt oder ein Teil des Entgeltes vor Ausführung der Leistung vereinnahmt, entsteht die Steuer insoweit bereits mit Ablauf des Voranmeldungszeitraumes der Vereinnahmung (§ 13 Abs. 1 Nr. 1 Buchst. a S. 4 UStG = Mindest-Istbesteuerung). In Fällen der Versteuerung nach vereinnahmten Entgelten (= Istbesteuerung; vgl. § 20 Abs. 1 UStG) entsteht die Steuer nach § 13 Abs. 1 Nr. 1 Buchst. b UStG mit Ablauf des Voranmeldungszeitraumes der Vereinnahmung. § 14 Abs. 1–4 UStG regelt die Rechnungserteilung für bereits erbrachte Leistungen; § 14 Abs. 5 S. 1 UStG ergänzt den Anwendungsbereich um die Fälle der Mindest-Istbesteuerung (Sollbesteuerung/Rechnungserteilung vor Ausführung der Leistung). Die Regelung gilt auch in Fällen der Istbesteuerung (vgl. Abschn. 14.8 Abs. 1 S. 3 UStAE). Entsprechend regelt § 15 Abs. 1 S. 1 Nr. 1 S. 3 UStG den Vorsteuerabzug.

152 Mit Beschluss vom 21.09.2016 (Az.: V R 29/15, BFH/NV 2017, 243; Az. des EuGH: C-660/16 »Kollroß«) hat der V. Senat des BFH ein Vorabentscheidungsersuchen an den EuGH gerichtet, welches zum Ziel hat, offene Fragen, die sich insbesondere aus der Entscheidung des EuGH in der Rs. »Firin« (EuGH vom 13.03.2014, Rs. C-107/13, BFH/NV 2014, 812) ergeben, bezüglich des Verhältnisses der Umsatzsteuerschuld aus Anzahlungs-/Vorabrechnungen und dem Vorsteuerabzug aus derartigen Rechnungen in Fällen der Nichterbringung der Leistung weitergehend zu klären. Im Klagefall geht es um die betrügerische Nichtlieferung eines Blockheizkraftwerkes. Offen ist, unter welchen konkreten Bedingungen zunächst der Vorsteuerabzug möglich ist (Sicherheit einer Leistungserbringung), ob eine Berichtigung des Vorsteuerabzugs von der Rückzahlung der Anzahlung abhängt und ob ggf. ein Anspruch des Leistungsempfängers gegenüber dem Fiskus auf Erstattung der Steuer besteht. Betroffene Normen: § 15 Abs. 1 Nr. 1 Satz 3 UStG, § 17 Abs. 2 Nr. 2 i. V. m. Abs. 1 S. 2 UStG. Letztlich handelt es sich bei dem Verfahren aber auch um ein Abgrenzungsproblem zu § 14c UStG. Einen in dieselbe Richtung weisenden Vorlagebeschluss hat der XI. Senat des BFH, ebenfalls unter dem 21.09.2016 (Az.: XI R 44/14, BFH/NV 2017, 243; EuGH: Rs. C-661/16 »Wirtl«) gefasst. Vgl. die Kommentierung zu § 14c UStG Rz. 87f. und die Kommentierung zu § 15 UStG. Literaturhinweis: Reiß in MwStR 2017, 444. Die Schlussanträge des Generalanwalts Wahl vom 30.01.2018 in den Rechts-

sachen C-660/16 und C-661/16 sind in MwStR 2018, 396 veröffentlicht (kritisch gegenüber den Schlussanträgen Reiß in MwStR 2018, 372 ff.). Vgl. Urteil des EuGH vom 31.05.2018, Rs. C-660/16 und C-661/16 Wollroß und Wirte; DStR 2018, 1171 (die Folgerechtsprechung des BFH steht derzeit hoch aus). Literaturhinweise: Hartmann in NWB 2018, 2242 ff.; Schumann in DStR 2018, 1653 ff.

2.6.2 Anwendungsbereich

Von der Regelung erfasst werden zwei Fallgestaltungen: 153

- **Vorabrechnungen:** Der Unternehmer vereinnahmt das gesamte Entgelt für eine noch nicht ausgeführte Leistung, die Ausstellung von Rechnungen über Anzahlungen erübrigt sich für diesen Fall (vgl. Abschn. 14.8 Abs. 1 S. 2 und Abs. 6 UStAE).
- **Anzahlungsrechnung:** Der Unternehmer vereinnahmt Teilentgelte i. S. v. Anzahlungen für eine noch nicht ausgeführte Leistung.

2.6.3 Pflicht zur Rechnung

In den Bereich der sinngemäßen Anwendung des § 14 Abs. 1–4 UStG fällt auch die Pflicht zur Rechnungslegung nach § 14 Abs. 2 UStG. Durch die sinngemäße Anwendung von § 14 Abs. 2 UStG auch in Fällen der Vorab- oder Anzahlungsrechnungen ist der Unternehmer in den Fällen des § 14 Abs. 2 S. 1 Nr. 1 und Nr. 2 S. 2 UStG **verpflichtet, eine Rechnung** über die »erhaltene« Vorabzahlung oder die Anzahlungen auszustellen, die den Anforderungen des § 14 Abs. 4 UStG entspricht. Ist der Leistungsempfänger Unternehmer und bezieht er die Leistung für sein Unternehmen, kann er auf Grund der Rechnung den Vorsteuerabzug grundsätzlich bereits in dem Voranmeldungszeitraum beanspruchen, in dem auch die USt auf Seiten des Leistungsgebers entsteht. Die Abrechnung mittels **Gutschrift** (§ 14 Abs. 2 S. 2, 3 UStG) ist auch in Fällen der Vorab- und Anzahlungsrechnungen zulässig (vgl. Abschn. 14.8 Abs. 3 UStAE). Nicht erforderlich ist, dass im Zeitpunkt der Rechnungsausstellung bereits das Entgelt oder Teilentgelt vereinnahmt wurde (vgl. Abschn. 14.8 Abs. 5 S. 3 UStAE; insoweit abweichend vom Gesetzestext – praxisorientiert, da i. d. R. zunächst die Anzahlung mittels Rechnung angefordert wird). 154

2.6.4 Angaben in der Rechnung

Bei der **sinngemäßen Anwendung des § 14 Abs. 4 S. 1 UStG** ist zu beachten, dass in der Rechnung darauf hinzuweisen ist, dass über eine noch nicht erbrachte Leistung abgerechnet wird (vgl. Abschn. 14.5 Abs. 16 S. 5 Nr. 5 S. 3 UStAE und Abschn. 14.8 Abs. 1 S. 1 UStAE). Um den Anforderungen des § 14 Abs. 4 S. 1 Nr. 5 UStG zu entsprechen, muss der Gegenstand der zukünftigen Leistung hinreichend bestimmt angegeben werden. Die Angaben müssen eine eindeutige und leicht nachprüfbare Feststellung der Leistung ermöglichen. Diesen Anforderungen ist jedenfalls dann nicht genügt, wenn statt über zukünftige Lieferungen die Anzahlungsrechnung über »Warenzertifikate« (Warengutscheine) erteilt wird, die zwar ihrerseits hinreichend genau bezeichnet sind, jedoch ebenfalls keine Angaben über die tatsächlichen Liefergegenstände enthalten (vgl. BFH vom 24.08.2006, Az: V R 16/05, BStBl II 2007, 340 unter II. 3 – auch zu den Grenzen der Auslegung bei ungenauen Angaben; vgl. Rn. 118; zur Ausgabe von Gutscheinen vgl. OFD Magdeburg vom 02.05.2006, Az: S 7200 – 179 – St 244, UR 2007, 470). Noch nicht abschließend geklärt sind m. E. die aus dem Urteil des EuGH vom 25.07.2010 (Rs. C-40/09, Astra Zeneca, 155

BFH/NV 2010, 1762) für die Behandlung von Gutscheinen nach deutschem Recht zu ziehenden Folgen (vgl. BMF vom 16.03.2011, Az: IV D 2 – S 7500/0 : 003, unter 4.; OFD Niedersachsen vom 17.01.2011, Az.: S 7100 – 779 – St 171, UR 2011, 762; weiterführend vgl. Nieskens, UR 2010, 893 und Korn, DStR 2010, 1662; zur aktuellen Entwicklung vgl. die Kommentierung zu § 17 Rn. 50ff.). Statt des **Zeitpunkts der Leistung** (§ 14 Abs. 4 S. 1 Nr. 6 UStG) ist der voraussichtliche Zeitpunkt der Leistung oder der Kalendermonat nach § 31 Abs. 4 UStDV anzugeben, ggf. der Zeitraum, in dem geleistet werden soll, oder der Zeitpunkt, bis zu dem geleistet werden soll, sofern der Zeitpunkt unklar ist, auch dies (vgl. Abschn. 14.8 Abs. 4 S. 3–5 UStAE). Wegen des **Zeitpunkts der Vereinnahmung** nach § 14 Abs. 4 S. 1 Nr. 6 UStG i. V. m. § 14 Abs. 5 S. 1 UStG vgl. Rn. 126ff. In der Rechnung über Anzahlungen ist nach § 14 Abs. 4 S. 1 Nr. 7 UStG als **Entgelt** der Betrag der Voraus- oder Anzahlung anzugeben, nach § 14 Abs. 4 S. 1 Nr. 8 UStG der darauf entfallende **Steuerbetrag**. Der Unternehmer kann in der Rechnung über Zahlungen vor Ausführung der Leistung mehrere oder alle Anzahlungen zusammenfassen und dabei den Gesamtbetrag der Zahlungen und die darauf entfallende Steuer angeben (vgl. Abschn. 14.8 Abs. 5 S. 1, 2 UStAE).

2.6.5 Vereinnahmung

156 Werden die mittels Vorabrechnung oder Anzahlungsrechnung angeforderten **Beträge vom Leistungsempfänger nicht bezahlt**, treten die Rechtsfolgen des § 14c Abs. 2 UStG (unberechtigter Steuerausweis) selbst dann nicht ein, wenn der Unternehmer die Leistung nicht ausführt, es sei denn, die Ausführung der Leistung war von Beginn an nicht beabsichtigt (vgl. BFH vom 21.02.1980, Az: V R /73, BStBl II 1980, 283; Abschn. 14.8 Abs. 2 UStAE). Damit die Rechtsfolgen des § 14c Abs. 2 UStG nicht eintreten, muss die Rechnung eindeutig als Vorab- oder Anzahlungsrechnung erkennbar sein (vgl. BFH vom 05.02.1998, Az: V R 65/97, BStBl II 1998, 415). Leistet der Rechnungsempfänger die Zahlung zunächst nicht in der angeforderten Höhe, entsteht die USt nur auf das tatsächlich vereinnahmte Entgelt (vgl. Abschn. 14.8 Abs. 5 S. 4 UStAE). Wird die Leistung später nicht ausgeführt (bei ursprünglich ernsthaftem Willen und Vereinnahmung/Abgrenzung zu § 14c Abs. 2 UStG; vgl. § 14c UStG Rn. 63ff.), kann die USt/Rechnung über § 17 Abs. 2 Nr. 2 UStG i. V. m. § 17 Abs. 1 S. 1 UStG berichtigt werden, die Berichtigung des Vorsteuerabzuges erfolgt über § 17 Abs. 2 Nr. 2 UStG i. V. m. § 17 Abs. 1 S. 2 UStG (vgl. die Kommentierung zu § 17).

2.6.6 Endrechnung

157 Für den Fall, dass der Unternehmer über die von ihm ausgeführte Leistung eine **Endrechnung** erteilt (nicht erforderlich z. B. bei Vorabrechnungen, da hier das gesamte Entgelt bereits den Gegenstand der Vorabrechnung bildet; Abschn. 14.8 Abs. 6 UStAE), muss er die mittels Anzahlungsrechnung(-en) erlangten Teilentgelte vom Gesamtentgelt und die in den Anzahlungsrechnungen ausgewiesenen Steuerbeträge von der Gesamtsteuer absetzen, wenn er über die Teilentgelte Rechnungen nach § 14 Abs. 1–4 UStG erteilt hat (§ 14 Abs. 5 S. 2 UStG). Das Gesetz will hier verhindern, dass sich sowohl aus den Rechnungen über die Anzahlungen als auch aus der Endrechnung ein mehrfacher Vorsteuerabzug ergibt. Für die Ausgestaltung der Endrechnung bestehen verschiedene Möglichkeiten und Vereinfachungsregelungen (vgl. hierzu Abschn. 14.8 Abs. 7 und Abs. 8 UStAE mit **Beispielen**). Ein nachträglicher Widerruf (Rücknahme) der Anzahlungsrechnungen bei Erteilung der Endrechnung ändert nichts an der Pflicht, die Anzahlungsrechnungen in der Endrechnung nach § 14 Abs. 5 S. 2 UStG abzusetzen (vgl. Abschn. 14.8 Abs. 9 UStAE). Unterlässt der Unternehmer es, die Teilentgelte und die auf sie entfallende Steuer in der Endrechnung abzusetzen oder setzt er diese nur unvollständig ab, schuldet er den in der Endrech-

nung offen ausgewiesenen Steuerbetrag insgesamt oder vermindert um die abgesetzten Teilbeträge nach § 14c Abs. 1 UStG (= unrichtiger Steuerausweis; vgl. OFD Frankfurt a.M. vom 03.12.2012, Az: S 7300 A – 131 – St 128, DStR 2013, 1190 z.B. bei Einzel- und Monatsabrechnungen von Kurierdiensten, Tankstellen, zahntechnischen Labors, Bauunternehmen). Die fehlerhafte Endrechnung kann nach § 14c Abs. 1 S. 2 UStG i.V.m. § 17 Abs. 1 UStG berichtigt werden (vgl. Abschn. 14.8 Abs. 10 UStAE). Statt einer Endrechnung kann der Unternehmer auch eine **Restrechnung** über den nach Leistungserbringung noch ausstehenden Restbetrag erteilen (vgl. Abschn. 14.8 Abs. 11 UStAE).

2.7 Rechnungsberichtigung

2.7.1 Rechtsentwicklung

Durch das StÄndG 2003 wurde in § 14 Abs. 6 Nr. 5 UStG eine Ermächtigungsvorschrift zum Erlass einer Rechtsverordnung über die Voraussetzungen einer Rechnungsberichtigung aufgenommen. Diese Ermächtigung ist in § 31 Abs. 5 UStDV umgesetzt. Bedeutung kommt der Vorschrift insbesondere im Zusammenhang mit der durch § 15 Abs. 1 S. 1 Nr. 1 S. 2 UStG geschaffenen Rechtslage bezüglich des Vorsteuerabzuges zu. Rechnungen berechtigen nur dann zum Vorsteuerabzug, wenn sie nach den §§ 14, 14a UStG ausgestellt sind, mithin sämtliche erforderlichen Angaben enthalten (vgl. auch Abschn. 15.11 Abs. 3 UStAE). Über die Berichtigungsmöglichkeit des § 31 Abs. 5 UStDV soll somit auch der Vorsteuerabzug des Leistungsempfängers bei fehlerhaften Rechnungen ermöglicht werden (vgl. BT-Drucks. 15/1562 vom 23.09.2003, 54ff.). 158

2.7.2 Regelungsinhalt

Nach § 31 Abs. 5 UStDV kann eine Rechnung berichtigt/ergänzt werden, wenn sie nicht alle nach § 14 Abs. 4 UStG oder § 14a UStG erforderlichen Angaben enthält (§ 31 Abs. 5 S. 1 Buchst. a UStDV). Ebenso ist eine Berichtigung zulässig, wenn eine Rechnung unzutreffende Angaben enthält (§ 31 Abs. 5 S. 1 Buchst. b UStDV). Bei der Berichtigung müssen nur die fehlenden Angaben ergänzt bzw. die unzutreffenden Angaben richtiggestellt werden (§ 31 Abs. 5 S. 2 UStDV). Zur Berichtigung muss nicht die ursprüngliche Rechnung zurückgefordert werden (vgl. Abschn. 14.11 Abs. 1 S. 7 UStAE); die Berichtigung kann mittels eines Dokumentes erfolgen, welches spezifisch und eindeutig auf die ursprüngliche Rechnung bezogen ist und die geänderten Angaben enthält (§ 31 Abs. 5 S. 2 UStDV). Der Bezug zur ursprünglichen Rechnung wird regelmäßig durch die Angabe der fortlaufenden Nummer dieser Rechnung hergestellt (§ 14 Abs. 4 S. 1 Nr. 4 UStG; Abschn. 14.11 Abs. 1 S. 4 UStAE). Bezüglich Form und Inhalt gelten die gleichen Anforderungen wie in § 14 UStG (§ 31 Abs. 5 S. 3 UStDV). Zu den Anforderungen an eine wirksame Rechnungsberichtigung vgl. BFH vom 11.10.2007, Az: V R 27/05, BStBl II 2008, 438 und vgl. § 14c UStG Rn. 30. 159

Eine Rechnung kann grundsätzlich **nur durch den Aussteller der Rechnung berichtigt** werden (vgl. bereits BFH vom 27.09.1979, Az: V R 78/73, BStBl II 1980, 228). Lediglich in dem Fall, in dem ein Dritter mit der Ausstellung der Rechnung beauftragt wurde (vgl. § 14 Abs. 2 S. 4 UStG), kann die Berichtigung durch den leistenden Unternehmer selbst oder im Fall der Gutschrift (vgl. § 14 Abs. 2 S. 2, 3 UStG) durch den Gutschriftsaussteller vorgenommen werden (Abschn. 14.11 Abs. 2 S. 2 UStAE). Grundsätzlich nicht zu einer Veränderung des Inhalts der Abrechnung, insbesondere 160 nicht zum gesonderten Ausweis der Steuer, ist der Abrechnungsempfänger berechtigt. Dies gilt selbst dann, wenn der Abrechnungsempfänger die Aufteilung eines Gesamtkaufpreises in Entgelt und Steuerbetrag im Beisein des leistenden Unternehmers vornimmt (vgl. Abschn. 14.11 Abs. 2 S. 5 UStAE). Eine Berichtigung oder Ergänzung durch den Rechnungsempfänger ist jedoch anzuerkennen, wenn sich der Abrechnende die Änderung zu eigen macht und dieser Umstand aus der Abrechnung oder anderen Unterlagen hervorgeht, auf die in der Abrechnung hingewiesen wird (vgl. BFH vom 17.04.1980, Az: V S 18/79, BStBl II 1980, 540 – schriftliche Billigung durch den Rechnungsaussteller und klarer Hinweis in der Rechnung, um zu vermeiden, dass es zu Abweichungen zwischen der steuerlichen Behandlung durch den Leistungsgeber und den Leistungsnehmer kommt). In eingeschränktem Umfang lässt die Verwaltung eine Ergänzung durch den Abrechnungsempfänger für Zwecke des Vorsteuerabzugs zu. Fehlen in einer Rechnung die Angabe der Menge der gelieferten Gegenstände (§ 14 Abs. 4 S. 1 Nr. 5 UStG) oder der Zeitpunkt (§ 14 Abs. 4 S. 1 Nr. 6 UStG), kann dies mittels anderer Unterlagen ergänzt oder nachgewiesen werden (vgl. Abschn. 15.11 Abs. 3 S. 6 UStAE). Am ausschließlichen Recht des Rechnungsausstellers zur Berichtigung einer Rechnung zweifelnd vgl. Bosche in UR 2015, 693.

2.7.3 Anspruch auf Berichtigung

161 Der Leistungsempfänger kann den Vorsteuerabzug nur dann beanspruchen, wenn er im Besitz einer Rechnung ist, die den Anforderungen der §§ 14, 14a UStG entspricht (vgl. § 15 Abs. 1 S. 1 Nr. 1 S. 2 UStG). Gegenüber Unternehmern ist der leistende Unternehmer grundsätzlich verpflichtet, eine den Voraussetzungen des § 14 UStG entsprechende Rechnung auszustellen (vgl. § 14 Abs. 2 UStG, vgl. Rn. 30ff.). Beinhaltet die ausgestellte Rechnung Fehler, kann der Leistungsempfänger daher vom leistenden Unternehmer die Berichtigung der Rechnung fordern, um die Möglichkeit des Vorsteuerabzugs zu erhalten. Genau wie der Anspruch auf Erteilung einer Rechnung, ist auch der Anspruch auf die Berichtigung einer Rechnung zivilrechtlicher Natur und muss im Zweifel vor den ordentlichen Gerichten geltend gemacht werden (vgl. Rn. 49). Ein zeitliche Befristung ist im UStG nicht vorgesehen, im Zweifel gilt die zivilrechtliche Verjährung (§ 195 BGB).

2.7.4 Zeitliche Wirkung einer Rechnungsberichtigung

162 **Umstritten ist der Zeitpunkt, auf den eine Rechnungsberichtigung wirkt**. Nach § 15 Abs. 1. S. 1 Nr. 1 S. 2 UStG setzt der Vorsteuerabzug voraus, dass der Unternehmer im Besitz einer Rechnung ist, die den Vorgaben der §§ 14, 14a UStG entspricht. Enthält eine Rechnung Fehler, ist diese Voraussetzung unzweifelhaft nicht erfüllt, ein Vorsteuerabzug scheidet zunächst aus (vgl. auch Abschn. 15.2a Abs. 7 UStAE; zu Fragen des Vertrauensschutzes nach § 176 Abs. 1 Nr. 3 AO im Zusammenhang mit der Rechtslage zum Vorsteuerabzug vor Änderung der Rechtsprechung durch das BFH-Urteil vom 02.04.1998, Az: V R 34/97, BStBl II 1998, 695 vgl. BFH vom 25.04.2013, Az: V R 2/13, BStBl II 2013, 844). Der Leistungsempfänger hat einen Anspruch auf Berichtigung. Kommt der Rechnungsaussteller dem nach, kann der Leistungsempfänger in dem Moment, in dem die berichtigte Rechnung bei ihm vorliegt, den Vorsteuerabzug vornehmen. Dieser Beurteilung wird durch die Entscheidung des EuGH vom 29.04.2004 (Rs. C-152/02, Terra Baubedarf-Handel GmbH/Deutschland, DStRE 2004, 830; vgl. auch die nachgehende Entscheidung des BFH vom 01.07.2004, Az: V R 33/01, BStBl II 2004, 861; ebenso BFH vom 24.08.2006, Az: V R 16/05, BStBl II 2007, 340 unter II. 3. c; vgl. auch BT-Drucks. 15/1562, 50 – »Der Vorsteuerabzug kann somit erst mit dem Zugang einer vollständigen oder berichtigten Rechnung geltend gemacht werden«) gestützt. Dennoch wird im Fachschrifttum teilweise gefordert, die Berichtigung sollte »Rück-

wirkung« entwickeln können (vgl. z. B. Wagner, DStR 2004, 477 [480] – Vereinfachung/Grundsatz des Sofortabzugs/keine Gefährdung des Steueraufkommens, wenn lediglich einzelne Angaben berichtigt werden müssen).

Mit Urteil vom 15.07.2010 (Rs. C-368/09, **Pannon Gép** Ungarn, BFH/NV 2010, 1762) hat der **EuGH** über einen Fall der Vorsteuerabzugsberechtigung bei Rechnungsberichtigung entschieden. Ein Bauunternehmen hatte Leistungen durch ein Subunternehmen bezogen. Aus den Rechnungen des Subunternehmens (Dezember 2007) wurde Vorsteuerabzug beansprucht. Im Jahr 2008 stellte sich heraus, dass diese Rechnungen ein falsches Leistungsdatum enthielten. Daraufhin stornierte das Subunternehmen im September 2008 seine falschen Rechnungen mittels Gutschriften und erteilte berichtigte Rechnungen, wobei für die Gutschriften und berichtigten Rechnungen unterschiedliche Nummernkreise verwendet wurden. Die ungarische Finanzverwaltung forderte im Januar 2009 die Vorsteuer zurück, obgleich zu diesem Zeitpunkt die berichtigten Rechnungen bereits vorlagen. Die berichtigten Rechnungen beurteilte sie als nicht zum Vorsteuerabzug berechtigend, da diese keine einheitlichen fortlaufenden Nummern mit den Gutschriften aufwiesen. Nach der Beurteilung des EuGH steht dem Steuerpflichtigen der Vorsteuerabzug zu, wenn die materiellen und formellen Voraussetzungen erfüllt sind und in Fällen wie dem zu entscheidenden die berichtigten Rechnungen der Behörde vor ihrer Entscheidung zugeleitet werden (Bezug nehmend darauf vgl. EuGH vom 08.05.2013, Rs. C-271/12 »Petroma«, UR 2013, 591, für den Fall einer verspäteten Zuleitung der Berichtigung; Ablehnung Rückwirkung im entschiedenen Sonderfall). Die enge Auslegung der fortlaufenden Nummerierung nach ungarischem Recht ist nicht gemeinschaftsrechtskonform. 163

Die Entscheidung des EuGH wirft Fragen hinsichtlich des **Zeitpunkts des Vorsteuerabzugs in Fällen der Rechnungsberichtigung** auf. Zwar hat sich der EuGH konkret dazu nicht geäußert, insbesondere nimmt er keinen Bezug auf die Entscheidung »Terra Baubedarf« (a. a. O.), der Sachverhalt spricht jedoch dafür, dass der EuGH dem Steuerpflichtigen den Vorsteuerabzug unter den beschriebenen Bedingungen im Dezember 2007 belassen hat. Nach derzeitiger Auslegung durch die deutsche Finanzverwaltung und auch des BFH hätte im Urteilsfall der Vorsteuerabzug hingegen erst im September 2008 erfolgen dürfen, da der Steuerpflichtige erst zu diesem Zeitpunkt im Besitz von zum Vorsteuerabzug berechtigenden Rechnungen war. Umstritten ist derzeit die Frage, ob sich aus der Entscheidung des EuGH ableiten lässt, dass eine Rechnungsberichtigung generell Rückwirkung entfaltet und damit entgegen der bisherigen Behandlung der Vorsteuerabzug im ursprünglichen Abzugszeitraum erhalten bleibt. Die Frage ist insbesondere wegen der **Verzinsung nach § 233 a AO** von erheblicher Bedeutung. 164

Nach Auffassung der **Verwaltung** ergeben sich durch das Urteil des EuGH **keine Auswirkungen auf den Zeitpunkt des Vorsteuerabzugs bei Rechnungsberichtigung** und bleibt die bisherige Rechtslage unverändert bestehen (vgl. BMF vom 16.03.2011, Az: IV D 2 – S 7500/0 : 003, unter 3.; vgl. FinMin Brandenburg vom 09.03.2011, Az: 31 – S 7300 – 3/10, UR 2011, 522; Verfg. der OFD Magdeburg vom 03.03.2014, S 7300 – 123 – St 244, SIS 140837 – zum Ruhen des Verfahrens und AdV). 165

Im **Schrifttum** finden sich zur Auslegung des EuGH-Urteils unterschiedliche Auffassungen. Einerseits wird die Meinung vertreten, die Entscheidung sei nicht als Abgehen von den bisherigen Rechtsgrundsätzen zu betrachten, da das Urteil letztlich zur Frage einer Rückwirkung keine konkrete Äußerung enthalte, es bleibe daher bei einer Wirkung der Rechnungsberichtigung ex nunc (vgl. z. B. Meurer, DStR 2010, 2442 ff., Nieskens, UR 2010, 697). Andererseits ergeben sich auch gegenteilige Interpretationen, nach denen auf der Grundlage des EuGH-Urteils von einer Rückwirkung auszugehen ist (vgl. z. B. Wäger, DStR 2010, 1475 ff.; Sterzinger, UR 2010, 700; Zugmaier/Streit, DStR 2010, 2446 ff.; Hechtner, BBK 2011, 421 ff.; Englisch, UR 2011, 488 ff.). Für den Fall einer Rückwirkung werden zusätzliche Fragen thematisiert. Zunächst stellt sich die Frage, wann der Zeitraum für eine Berichtigung mit Rückwirkung enden soll. Im EuGH-Urteil wird auf den Zeitpunkt der Entscheidung der Finanzbehörde abgehoben, ggf. soll sich dieser Zeitraum aber 166 bis zur letzten mündlichen Verhandlung vor dem Finanzgericht erstrecken. Daneben stellt sich die Frage, welche Anforderungen eine erstmalige Rechnung erfüllen muss, damit sie als Rechnung anerkannt werden kann, deren ggf. spätere Berichtigung Rückwirkung entfaltet. Anders formuliert: Liegt eine spätere Berichtigung vor oder eine spätere erstmalige Rechnung?

167 Zu den Auswirkungen des EuGH-Urteils hat sich bereits das **FG Rheinland-Pfalz** in seinem Urteil vom 23.09.2010 (Az: 6 K 2089/10, UR 2010, 863; nachgehend vgl. BFH vom 25.03.2011, Az: V B 94/10 (NV), BFH/NV 2011, 1404 – Zurückweisung NZB, keine konkrete Äußerung zu den Folgen des EuGH-Urteils) geäußert. Nach Auffassung des Finanzgerichts kann aus der Entscheidung des EuGH nicht auf eine grundsätzliche Rückwirkung der Rechnungsberichtigung geschlossen werden. Auch nach dem Beschluss des **FG Berlin-Brandenburg** vom 22.02.2011 (Az: 5 V 5004/11, EFG 2011, 1295) kann aus dem EuGH-Urteil nicht auf eine Rückwirkung der Rechnungsberichtigung für Zwecke des Vorsteuerabzugs geschlossen werden (so auch im Urteil vom 10.06.2015, Az: 7 K 7377/11, EFG 2015, 1650 [Rev. V R 26/15], im Urteil vom 09.10.2014, Az: 5 K 5092/14, EFG 2015, 600 [Rev. V R 54/14] und im Urteil vom 13.11.2014, Az: 5 K 5083/4 [Rev. V R 64/14]; zu den Revisionsentscheidungen vgl. nachstehend Rz. 171) . Gleichfalls diese Auffassung vertritt das **Niedersächsische FG** in seinem Urteil vom 25.10.2010 (Az: 5 K 425/08, BB 2011, 1365; nachgehend Urteil des BFH vom 19.06.2013, Az: XI R 41/10, zugelassen wegen grundsätzlicher Bedeutung im Hinblick auf die EuGH-Entscheidungen zu Terra Baubedarf und Pannon Gép; Frage im Ergebnis offen geblieben, da fragliche Rechnungserteilung im Urteilsfall als erstmalige und nicht als Berichtigung eingestuft wurde; keine Billigkeit bei verspäteter Rechnungserteilung), der EuGH habe lediglich einen Sonderfall entschieden. Ebenfalls gegen Rückwirkung einer Rechnungsberichtigung **FG Hamburg**, Beschluss vom 06.12.2011, Az: 2 V 149/11 rkr (vgl. FG Hamburg vom 20.10.2014, Az: 2 V 214/14, EFG 2015, 254 pro Rückwirkung). Entgegengesetzt äußert sich allerdings das **FG Nürnberg** in seinem Aussetzungsbeschluss vom 07.10.2010, Az: 2 V 802/2009, EFG 2011, 1113. Demnach verbieten es die Mehrwertsteuerrichtlinien nicht, fehlerhafte Rechnungen mit Rückwirkung zu berichtigen (Verweisung auf EuGH zu Pannon Gép). Fraglich sei, ob die bisherige Rechtsprechung des BFH zu den Fragen der nachträglichen Rechnungsberichtigung aufrecht erhalten bliebe. Ebenfalls zweifelnd **FG des Saarlandes**, (Aussetzungs-)Beschluss vom 16.02.2012, Az: 2 V 1343/11, EFG 2012, 1115 (nachgehend BFH vom 10.01.2013, Az: XI B 33/12 (NV), BFH/NV 2013, 783). Das **FG Köln** neigt dazu, eine rückwirkende Rechnungsberichtigung anzuerkennen (vgl. FG Köln vom 16.10.2012, Az: 8 K 2753/08, EFG 2013, 168 [Revision: Az: V R 32/12, Beschluss vom 11.04.2013, BFH/NV 2013, 1426 – Zurückverweisung ohne Urteil]), wobei es als zeitliche Grenze zumindest den Abschluss des Einspruchsverfahrens sieht. Zwischenzeitlich zweifelnd auch Niedersächsisches FG im (Aussetzungs-)Beschluss vom 01.10.2013, Az: 5 V 217/13 – Aussetzung angeordnet. S. a. FG Berlin-Brandenburg vom 29.08.2013, Az: 7 V 7096/13 rkr. In Richtung rückwirkender Berichtigung mit der zeitlichen Grenze des Einspruchsverfahrens neigt auch das FG Münster 10.12.2015 (Az: 5 K 4322/12 U, EFG 2016, 337).

168 Nach **Auffassung des BFH** (Beschluss vom 20.07.2012, Az: V B 82/11, BStBl II 2012, 809) sind die Auswirkungen des EuGH-Urteils vom 15.07.2010 **Pannon Gép** (Rs. C-368/09) bisher noch nicht höchstrichterlich beurteilt worden und nimmt der BFH diese Beurteilung in diesem Beschluss auch nicht vor (Rückverweisung einer Aussetzungssache an das FG). Zumindest hält der BFH die Rückwirkung einer Rechnungsberichtigung aber auch nicht für undenkbar. »Es ist ernstlich zweifelhaft, ob der Vorsteuerabzug aus einer zunächst fehlerhaften Rechnung auch dann versagt werden kann, wenn diese Rechnung später berichtigt wird, sofern das zunächst erteilte Dokument die Mindestanforderungen an eine Rechnung erfüllt und daher Angaben zum Rechnungsaussteller, zum Leistungsempfänger, zur Leistungsbeschreibung, zum Entgelt und zur gesondert ausgewiesenen Umsatzsteuer enthält.« S. a. Langer/Hammerl, NWB 2013, 590 ff.; Birkenfeld, UR 2013, 126 [132 ff.].

169 Mit Vorlagebeschluss vom 03.07.2014 (Az: 5 K 40/14, EFG 2015, 80) hat das Niedersächsische Finanzgericht die Frage nach der Rückwirkung einer Rechnungsberichtigung dem EuGH vorgelegt. Im Klagefall versagte das zuständige Finanzamt anlässlich einer Außenprüfung den Vorsteuerabzug aus Provisionsabrechnungen, da die Gutschriften keine Angaben zu den Steuernummern oder UStIdNr. der Handelsvertreter beinhalteten. Obwohl die fehlerhaften Gutschriften noch während der Außenprüfung bzw. noch vor Ergehen einer Einspruchsentscheidung berichtigt wurden, verneinte das Finanzamt die Rückwirkung der Rechnungsberichtigung und setzte die Umsatzsteuer mit der Folge von Nachzahlungszinsen entsprechend fest. Mit Urteil vom 15.09.2016 (Az: C-518/14 »**Senatex**«, DStR 2016, 2211; vgl. EuGH vom 15.09.2016, Az: C-516/14 »**Barlis 06**«, DStR 2016, 2216 zu ungenauen Angaben des Leistungsumfangs und Leistungszeitpunkts; förmliche Rechnungsberichtigung überhaupt erforderlich, wenn die materiellen Voraussetzungen vorliegen?) stellt der EuGH fest: »Art. 167, Art. 178 Buchst. a, Art. 179 und Art. 226 Nr. 3 der Richtlinie 2006/112/EG des Rates vom 28. November 2006 über das gemeinsame Mehrwertsteuersystem sind dahin auszulegen, dass sie einer nationalen Regelung wie der im Ausgangsverfahren fraglichen entgegenstehen, wonach der Berichtigung einer Rechnung in Bezug auf eine zwingende Angabe, nämlich die Mehrwertsteuer-Identifikationsnummer, keine Rückwirkung zukommt, so dass das Recht auf Vorsteuerabzug in Bezug auf die berichtigte Rechnung nicht für das Jahr ausgeübt werden kann, in dem diese Rechnung ursprünglich ausgestellt wurde, sondern für das Jahr, in dem sie berichtigt wurde.« Nach Auffassung des EuGH stellen die Nachzahlungszinsen einen Verstoß gegen die garantierte Neutralität der Mehrwertsteuer dar. Der Vorsteuerabzug hänge zudem von den materiellen Voraussetzungen ab, während die ordnungsgemäße Rechnung zu den formellen Voraussetzungen zähle. Im Unterschied zur Rechtssache Terra Baubedarf (vgl. EuGH vom 29.04.2004, C-152/02, HFR 2004, 709) hätten im aktuellen Urteilsfall zum Zeitpunkt der Inanspruchnahme des Vorsteuerabzugs durch Senatex Rechnungen vorgelegen und sei die Umsatzsteuer bezahlt gewesen. Eine unterschiedslose Anwendung der Verzinsung ohne Berücksichtigung des Einzelfalls sei zudem auch keine nach Art. 273 MwStSystRL zulässige Sanktion zur Sicherstellung der genauen Erhebung der Steuer bzw. zur Verhinderung von Steuerhinterziehung. Diesbezüglich denkbar wäre jedoch die Auferlegung einer angemessenen Geldbuße oder finanziellen Sanktion, um zur Einhaltung der Rechtsvorschriften anzuhalten (zu diesem Aspekt speziell vgl. Kemper in DStR 2017, 702 ff.; vgl. Beyer in NWB 2016, 3854 ff.). Offen geblieben ist in der Entscheidung »Senatex«, welche Mindestanforderungen eine Rechnung hinsichtlich einer rückwirkenden Berichtigungsfähigkeit erfüllen muss und bis zu welchem Zeitpunkt eine rückwirkende Berichtigung zulässig ist.

170 Die Entscheidungen des EuGH »Senatex« und »Barlis 06« eröffnen die Diskussion, welche konkrete Bedeutung der Rechnung im System der Mehrwertsteuer, insbesondere für den Vorsteuerabzug, zukünftig zukommen soll. Dabei zeichnet sich ab, dass es, obgleich der EuGH die Rechnung den formellen Voraussetzungen zurechnet, ganz ohne Rechnung nicht geht (vgl. »Terra Baubedarf«). Offen bleibt vorläufig, welche Mindestangaben eine Rechnung haben muss, um noch für den Vorsteuerabzug zu taugen, und, ob aufgrund des formellen Charakters der Rechnung für Zwecke des Vorsteuerabzugs nicht auch ein Ersatz durch andere Unterlagen im Einzelfall möglich ist. Vor einer zu euphorischen und vorschnellen Adaption der EuGH-Rechtsprechung kann allerdings nur gewarnt werden. Es bleibt abzuwarten, wie sich die nationale Rechtsprechung zu den Aussagen des EuGH positioniert (vgl. auch nachstehende Rz.). Vorläufig kann nur angeraten werden, die Anforderungen der §§ 14 ff. UStG auch weiterhin ernst zu nehmen.

171 Der BFH reagiert mit Urteil vom 20.10.2016 (Az: V R 26/15 (V), BFH/NV 2017, 252 [Vorinstanz FG Berlin-Brandenburg, Urteil vom 10.06.2015, Az.: 7 K 7377/11, EFG 2015, 1650]; vgl. BFH vom 20.10.2016, Az: V R 64/14 n. v., BFH/NV 2017, 490 – rückwirkende Berichtigung bei fehlerhafter Angabe der Steuernummer des Rechnungsausstellers und BFH, Urteil vom 20.10.2016, Az: V R 54/14 n. v., BFH/NV 2017, 488 – rückwirkende Berichtigung der Angaben zu Name und Anschrift des

Leistungsempfängers) auf die Senatex-Entscheidung des EuGH. Im Urteilsfall waren Rechnungen mit Leistungsbeschreibungen wie »vereinbartes Beraterhonorar« oder »betriebswirtschaftliche Beratung« ohne Hinweise auf ergänzende Unterlagen zu beurteilen. In richtlinienkonformer Auslegung von § 15 Abs. 1 Satz 1 Nr. 1 UStG und § 31 Abs. 5 UStDV hält der V. Senat an seiner früheren Rechtsprechung nicht mehr fest, wonach die Vorsteuer aus einer berichtigten Rechnung erst im Besteuerungszeitraum der Berichtigung abgezogen werden konnte. Eine Rechnungsberichtigung nach § 31 Abs. 5 UStDV wirkt demnach auf den Zeitpunkt zurück, in dem die Rechnung ursprünglich ausgestellt wurde (Urteilsgründe Rz. 15). Der Besitz der Rechnung ist materielle Anspruchsvoraussetzung für die Ausübung des Rechts auf Vorsteuerabzug (Urteilsgründe Rz. 17). Zu den Mindestanforderungen der Berichtigungsfähigkeit führt der BFH aus (Urteilsgründe Rz. 19): »Ein Dokument ist jedenfalls dann eine Rechnung und damit berichtigungsfähig, wenn es Angaben zum Rechnungsaussteller, zum Leistungsempfänger, zur Leistungsbeschreibung, zum Entgelt und zur gesondert ausgewiesenen Umsatzsteuer enthält. Hierfür reicht es aus, dass sie diesbezügliche Angaben enthält und die Angaben nicht in so hohem Maße unbestimmt, unvollständig oder offensichtlich unzutreffend sind, dass sie fehlenden Angaben gleichstehen. Dabei genügt es mit Blick auf die Leistungsbeschreibung, dass – wie im Streitfall – die Rechnung unter dem Briefkopf eines Rechtsanwalts erteilt wird und auf einen nicht näher bezeichneten Beratervertrag Bezug nimmt oder dass sie über »allgemeine wirtschaftliche Beratung« oder »betriebswirtschaftliche Beratung« ausgestellt ist.« Zu beachten ist, dass es sich an dieser Stelle nicht um die Beurteilung der Frage handelt, ob diese »Leistungsbeschreibungen« auch den Anforderungen des § 14 Abs. 4 Satz 1 Nr. 5 UStG entsprechen. Hinsichtlich des Zeitpunkts bis zu dem eine Rechnung mit Rückwirkung berichtigt werden kann führt der BFH aus, dass dies – mangels konkreter gesetzlicher Regelungen – nach allgemeinen Grundsätzen der Schluss der letzten mündlichen Verhandlung vor dem Finanzgericht sei (§ 96 Abs. 1 Satz 1 FGO; Urteilsgründe Rz. 23). Offen gelassen hat der BFH, ob die Rechnungsberichtigung ein rückwirkendes Ereignis i. S. v. § 233a Abs. 2a, Abs. 7 i. V. m. § 175 Abs. 1 Satz 1 Nr. 2 AO sein kann; ebenso, ob aufgrund der Entscheidung des EuGH vom 15.09.2016 »Barlis« (Az.: C-516/14, DStR 2016, 2216) die förmliche Berichtigung einer nicht ordnungsgemäßen Rechnung für den Vorsteuerabzug ggf. nicht erforderlich ist.

171a Zwei weitere Entscheidungen des EuGH betreffen, zumindest indirekt, die Frage, ob bestimmte Rechnungsangaben eher formellen oder materiellen Charakter haben. In beiden Entscheidungen wurde Umsatzsteuer durch den Leistungsgeber zunächst nicht oder zu niedrig ausgewiesen, Jahre später wurden die Rechnungen zwar berichtigt (und die Umsatzsteuer auch abgeführt), der entsprechende Vorsteuerabzug beim Leistungsempfänger war jedoch durch nationale Regelungen einer Ausschlussfrist für die Geltendmachung fraglich (vgl. EuGH vom 21.03.2018, Rs. C-533/16 »**Volkswagen AG**«, DStR 2018, 676 und EuGH vom 12.04.2018, Rs. C-8/17 »**Biosafe**«, DStR 2018, 787). Die Entscheidungen könnten dahingehend interpretiert werden, dass die Rechnungsangabe des Steuerbetrags, obgleich in den aktuellen Entscheidungen des EuGH (z. B. Barlsi 06, Senatex) der Rechnung für den Vorsteuerabzug nur formeller Charakter zugewiesen wird, materiell-rechtlichen Charakter hat, eine rückwirkende Berichtigung daher nicht in Betracht kommt (Literaturhinweise: Hartmann in UR 2018, 392ff.; von Streit in DStR 2018, 790f. (Rückwirkung m. E. grundsätzlich bejahend, Hinweis auf Konsequenzen ggf. für die Verjährungsvorschriften §§ 169ff. AO); Langer in DStR 2018, 679f. (Rechtslage weiterhin unklar); Maunz in UR 2018, 364; Heinrichshofen in UR 2018, 402f.; von Streit/Streit in UStB 2018, 140ff. Hartmann in UR 2018, 392 (Rechtslage unklar); Reiß in UR 2018, 457 ff. (Hinweis auf die Konsequenzen ggf. für die Verjährungsvorschriffen §§ 169 ff. AO).

172 Literaturhinweise zu »Senatex«/»Barlis 06« und der Folgerechtsprechung des BFH (Vorsteuerabzug; Rechnungsberichtigung): Langer/Zugmaier in DStR 2016, 2249ff.; Luther in UStB 2016, 303ff.; Becker in NWB 2016, 3374ff.; Reiß in MwStR 2016, 972ff.; Grambeck in StuB 2017, 260ff.; von Streit/Streit in UStB 2017, 57ff. (mit sehr weit gehender Interpretation der Auswirkungen der EuGH-Rechtsprechung); Sterzinger in UR 2017, 62ff.; Trinks in NWB 2017, 86f.; Jacobs/Zitzl in

UR 2017, 125ff.; Widmann in UR 2017, 18ff.; Höink/Hudasch in BB 2017, 215ff.; Langer in MwStR 2017, 76f.; Michel in DB 5/2017, 216f.; Radeisen in DB 5/2017, 212ff.; Sikorski in NWB 2017, 564ff.; Slapio in UR 2017, 456ff.; Wengerofsky/Rolfes in StuB 2017, 253ff.; Becker in MwStR 2016, 447ff.; Nacke in NWB 2017, 3124ff.; Treiber in UR 2017, 858ff.

Zu den Grenzen einer rückwirkend berichtigungsfähigen Rechnung hat sich zwischenzeitlich auch das FG Münster mit Urteil vom 01.12.2016 (Az: 5 K 1275/14 U, EFG 2017, 522) unter Bezugnahme auf den Beschluss des BFH vom 20.07.2012 (Az: V B 82/11, BStBl II 2012, 809, vgl. vorstehend Rz. 168) geäußert. Demnach ist eine Rechnung nicht rückwirkend berichtigungsfähig, wenn sie einen unzutreffenden Leistungsempfänger ausweist (vgl. Urteil des BFH vom 20.10.2016, a.a.O., vorstehend Rz. 171, Mindestanforderungen an eine berichtigungsfähige Rechnung). Die spätere »Korrektur« stellt eine erstmalige Rechnung dar, die zu diesem Zeitpunkt den Vorsteuerabzug ermöglicht. Mit Urteil vom 06.12.2016 (Az.: 2 K 297/16, Haufe-Index 10332537) hat das **FG Hamburg** die Rückwirkung einer Rechnungsberichtigung unter Verweisung auf das EuGH-Urteil »Senatex« in einem Fall anerkannt, bei dem die Leistungsbeschreibung lediglich enthielt: »Honorar für Beratungstätigkeit gemäß Beratervertrag vom [Datum]«. Mit Urteil vom 29.03.2017 (Az.: 3 K 2565/16, EFG 2017, 1037) hat das **FG München** die Rückwirkung einer Rechnungsberichtigung bei fehlender USt-IdNr. oder Steuernummer anerkannt und sich zum Nachweis der materiellen Voraussetzungen des Vorsteuerabzugs geäußert (nachgehend Urteil des BFH vom 01.03.2018, Az: V R 18/17 (V), BFH/NV 2018, 916, Rz. 22, Rückwirkung grundsätzlich möglich, Verweisung auf EuGH- Urteil Senatex, Rs. C-518/14 [vgl. Rn. 169] und BFH Urteil vom 20.10.2016, Az.: V R 26/15 [vgl. Rn. 171]). Mit Urteil vom 12.10.2017 (Az.: 6 K 1083/17, EFG 2017, 1917) hat das **FG Rheinland-Pfalz** entschieden, dass eine berichtigungsfähige Rechnung jedenfalls dann nicht vorliegt, wenn im Anschluss an eine nicht mehr vorliegende Organschaft der falsche Leistungsempfänger bezeichnet ist. Nach dem Urteil des **Sächsischen FG** vom 01.02.2017 (Az.: 2 K 1209/16, EFG 2017, 1308; Rev. XI R 10/17) setzt eine Rechnungsberichtigung voraus, dass die Rechnung nicht alle geforderten Angaben nach § 14 Abs. 4 oder § 14a UStG enthält oder diese Angaben unzutreffend sind. Diese Berichtigungsvoraussetzungen sind nur dann erfüllt, wenn die ursprüngliche Rechnung falsche oder unvollständige Angaben enthielt. Ist dies nicht der Fall, ist (und war) die Rechnung einer Berichtigung nicht zugänglich. Vgl. **FG Baden-Württemberg** vom 24.05.2017, Az.: 1 K 605/17, EFG 2018, 244; Rev. V R 48/17) zur rückwirkenden Berichtigung einer vor dem 01.07.2011 erstellten Gutschrift, bei der die Steuernummer bzw. die USt-IdNr. fehlen, die Leistungsbeschreibung ungenau ist und die per E-Mail ohne elektronische Signatur übermittelt wurde (im Urteilsfall berichtigte Gutschrift in Papierform anerkannt). 173

Berichtigt ein Leistungsgeber die zunächst zutreffend mit offen ausgewiesener Umsatzsteuer erteilte Rechnung zu einem späteren Zeitpunkt in der Weise, dass er nunmehr unzutreffend eine Rechnung ohne offenen Umsatzsteuerausweis erteilt, geht der Vorsteuerabzug beim Rechnungsempfänger nicht allein deshalb verloren, weil es am Erfordernis des Besitzes einer Rechnung nach § 14 UStG fehlt (vgl. FG Rheinland-Pfalz vom 25.11.2010, Az: 6 K 2114/08, EFG 2011, 746). Im Urteilsfall gingen die am Leistungsaustausch Beteiligten zunächst von einem steuerpflichtigen Umsatz aus. Ca. zwei Jahre später berichtigte der Leistungsgeber die Rechnung dahin gehend, dass er nunmehr keine Umsatzsteuer mehr auswies, da es sich bei dem Umsatz um eine Geschäftsveräußerung im Ganzen gehandelt haben solle. Das Finanzamt des Leistungsempfängers berichtigte daraufhin die Umsatzsteuerfestsetzung entsprechend. Das FG hebt auf die Grundsätze des EuGH-Urteils vom 15.03.2007 (Rs. C-35/05 »Reemtsma Cigaretten GmbH«, UR 2007, 343) ab und folgert, dass bei einer »unrichtigen« Berichtigung einer Rechnung der Vorsteuerabzug nicht entfällt. Dies soll zudem auch in Fällen zweifelhafter Rechtslage gelten. Beachtlich ist die Rechnungsberichtigung allerdings dann, wenn es sich um eine berechtigte Berichtigung handelt. 174

2.7.5 Verhältnis zu § 14c UStG

175 § 31 Abs. 5 UStDV regelt die grundsätzliche Möglichkeit, eine zum Teil unzutreffende Rechnung zu berichtigen oder zu ergänzen, sofern die ausgestellte Rechnung entweder nicht alle Angaben oder zum Teil unzutreffende Angaben enthält. Eine weitere umsatzsteuerrechtliche Berichtigungsvorschrift besteht in § 14c Abs. 1 S. 2 UStG, die den Fall des unrichtigen (zu hohen) Steuerausweises regelt und sich speziell auf den Mehrbetrag richtet. In einigen der in § 14c Abs. 1 UStG erfassten Fällen muss zur Berichtigung des Steuerbetrags noch die Rückgängigmachung der Gefährdung des Steueraufkommens hinzutreten (§ 14c Abs. 1 S. 3 UStG). Daneben enthält § 14c Abs. 2 UStG eine spezielle Regelung hinsichtlich des unberechtigten Steuerausweises und der hierfür gegebenen Berichtigungsmöglichkeiten, die jedoch ebenfalls von weiteren Voraussetzungen abhängt. Wie im Einzelfall eine Berichtigung zu erfolgen hat ist nach den jeweils einschlägigen Vorschriften und den dort genannten Voraussetzungen zu entscheiden (vgl. Wagner, DStR 2004, 477).

2.8 Kleinbetragsrechnung

176 § 33 UStDV definiert eine Rechnung, deren Gesamtbetrag brutto 150 € (bisher, vgl. dazu Rn. 181) nicht übersteigt als sog. **Kleinbetragsrechnung** und räumt dem Unternehmer für diesen Fall Erleichterungen bei der Erstellung der Rechnung ein. Grundsätzlich unterliegt jede Rechnung den Vorgaben des § 14 UStG einschließlich der Pflichtangaben. Auch bei Kleinbetragsrechnungen sind die formalen Voraussetzungen des § 14 UStG zu beachten, lediglich für den Inhalt der Kleinbetragsrechnung regelt § 33 UStDV Erleichterungen (vgl. Abschn. 14.6 Abs. 2 S. 1 UStAE). Eine Kleinbetragsrechnung muss mindestens die folgenden Angaben enthalten (fraglich: § 14 Abs. 4 S. 1 Nr. 10 UStG):

- § 33 S. 1 Nr. 1 UStDV – den vollständigen Namen und die vollständige Anschrift des leistenden Unternehmers (entspricht in der Formulierung § 14 Abs. 4 S. 1 Nr. 1 UStG). Nicht erforderlich ist die Angabe des Leistungsempfängers.
- § 33 S. 1 Nr. 2 UStDV – das Ausstellungsdatum der Kleinbetragsrechnung (entspricht § 14 Abs. 4 S. 1 Nr. 3 UStG).
- § 33 S. 1 Nr. 3 UStDV – die Menge und die Art der gelieferten Gegenstände oder den Umfang und die Art der sonstigen Leistung (entspricht mit Ausnahme der handelsüblichen Bezeichnung, § 14 Abs. 4 S. 1 Nr. 5 UStG).
- § 33 S. 1 Nr. 4 – das Entgelt und den darauf entfallenden Steuerbetrag für die Lieferung oder sonstige Leistung in einer Summe sowie den anzuwendenden Steuersatz (ersetzt § 14 Abs. 4 S. 1 Nr. 7 und Nr. 8 UStG – getrennter Ausweis von Entgelt, Steuersatz und Steuerbetrag).
- § 33 S. 1 Nr. 4 – Hinweis auf eine ggf. vorliegende Steuerbefreiung (vgl. § 14 Abs. 4 S. 1 Nr. 8 UStG).

177 In den geforderten Mindestangaben sind demnach insbesondere nicht enthalten:

- § 14 Abs. 4 S. 1 Nr. 2 UStG: die Angabe der Steuernummer oder der UStIdNr.,
- § 14 Abs. 4 S. 1 Nr. 4 UStG: die fortlaufende Rechnungsnummer,
- § 14 Abs. 4 S. 1 Nr. 6 UStG: der Zeitpunkt der Lieferung oder sonstigen Leistung,
- § 14 Abs. 4 S. 1 Nr. 9 UStG: der Hinweis in Fällen des § 14b Abs. 1 S. 5 UStG.

178 Nach § 33 S. 2 UStDV sind die §§ 31 (Angaben in Rechnungen) und 32 (Umsätze, die verschiedenen Steuersätzen unterliegen) UStDV entsprechend anzuwenden (vgl. Abschn. 14.6 Abs. 1 S. 2 und Abs. 2 UStAE).

Die Regelungen über Kleinbetragsrechnungen finden keine Anwendung in den in § 33 S. 3 UStDV genannten Fällen: 179

- § 3 c UStG: Ort der Lieferung in besonderen Fällen/i. g. Versandhandel,
- § 13 b UStG: Leistungsempfänger als Steuerschuldner,
- § 6 a UStG: i. g. Lieferung.

Für den Vorsteuerabzug aus Kleinbetragsrechnungen regelt § 35 Abs. 1 UStDV, dass der Leistungsempfänger den Rechnungsbetrag in Entgelt und Steuerbetrag aufteilen kann. Zur Berechnung der abzugsfähigen Vorsteuer vgl. Abschn. 15.4 UStAE (mit Rechenbeispielen). 180

Durch Art 5 des Zweiten Gesetzes zur Entlastung insbesondere der mittelständischen Wirtschaft von Bürokratie (Zweites Bürokratieentlastungsgesetz), BGBl. I 2017, 2143 wird die Betragsgrenze für Kleinbetragsrechnungen in § 33 S. 1 UStDV von bisher 150 € auf 250 € angehoben. Ausweislich der Gesetzesbegründung (vgl. BT-Drucks. 18/9949 vom 12.10.2016, 22 und BT-Drucks. 18/11778 vom 29.03.2017, 13) dient die Anhebung einerseits dem Ausgleich von Preissteigerungen, andererseits der Entlastung bei der Erteilung und Prüfung von Rechnungen. Nach Art. 9 Abs. 2 des Gesetzes tritt die Anhebung zum 01.01.2017 in Kraft. Anpassung in Abschn. 14.6 Abs. 1 S. 1 UStAE durch BMF vom 15.11.2017 (Az.: III C 2 – S 7285/07/10002, BStBl. I 2017, 1518). 181

2.9 Fahrausweise als Rechnung

Nach § 34 Abs. 1 S. 1 UStDV gelten Fahrausweise, die für die **Beförderung von Personen** ausgegeben werden, als Rechnungen, wenn zwar nicht sämtliche in § 14 Abs. 4 UStG geforderten Angaben enthalten sind, mindestens aber: 182

- § 34 Abs. 1 S. 1 Nr. 1 UStDV: der vollständige Name und die vollständige Anschrift des Unternehmers, der die Beförderung ausführt. Die Vereinfachungsregelung des § 31 Abs. 2 UStDV (eindeutiger Rückschluss auf den leistenden Unternehmer anhand der in der Rechnung verwendeten Bezeichnung) ist entsprechend anzuwenden (§ 34 Abs. 1 S. 1 Nr. 1 S. 2 UStDV);
- § 34 Abs. 1 S. 1 Nr. 2 UStDV: das Ausstellungsdatum;
- § 34 Abs. 1 S. 1 Nr. 3 UStDV: das Entgelt und der Steuerbetrag in einer Summe;
- § 34 Abs. 1 S. 1 Nr. 4 UStDV: der anzuwendende Steuersatz, wenn die Beförderungsleistung nicht dem ermäßigten Steuersatz nach § 12 Abs. 2 Nr. 10 UStG unterliegt. Anstelle des Steuersatzes kann auf Fahrausweisen der Eisenbahnen, die dem öffentlichen Verkehr dienen, die Tarifentfernung angegeben werden (§ 34 Abs. 1 S. 2 UStDV);
- § 34 Abs. 1 S. 1 Nr. 5 UStDV: im Fall der Anwendung des § 26 Abs. 3 UStG einen Hinweis auf die grenzüberschreitende Beförderung von Personen im Luftverkehr.

Die in § 14 Abs. 4 S. 1 UStG darüber hinausgehenden Angaben sind nicht erforderlich, insbesondere muss in Fahrausweisen die Steuernummer oder UStIdNr. (vgl. § 14 Abs. 4 S. 1 Nr. 2 UStG) des leistenden Unternehmers nicht angegeben werden (fraglich: § 14 Abs. 4 S. 1 Nr. 10 UStG, wenn bei Fahrausweisen auch unwahrscheinlich). Die übrigen formalen Voraussetzungen des § 14 UStG sind jedoch zu beachten (vgl. Abschn. 14.7 Abs. 3 S. 3 UStAE). 183

Fahrausweise sind Dokumente, die einen Anspruch auf Beförderung von Personen gewähren (Abschn. 14.7 Abs. 1 S. 1 UStAE). Mit zu den Fahrausweisen zählen auch Zuschlagskarten, Platzkarten, Bettkarten und Liegekarten (Abschn. 14.7 Abs. 1 S. 2 UStAE). Werden Fahrausweise mit Fahrscheindruckern erstellt, erfüllen diese die Voraussetzungen des § 34 UStDV auch dann, wenn auf ihnen der Steuersatz in Verbindung mit einem Symbol angegeben ist (z. B. »V« mit dem ergänzenden Vermerk »V = 19 % USt«; Abschn. 14.7 Abs. 1 S. 3 UStAE). Nicht als Fahrausweis 184

i. S. d. § 34 UStDV gelten Rechnungen über die Beförderung in einem **Taxi oder Mietwagen** (Abschn. 14.7 Abs. 1 S. 4 UStAE). Rechnungen über eine derartige Beförderung müssen daher die in einer Rechnung erforderlichen Angaben, unter Berücksichtigung der §§ 31 bis 33 UStDV, enthalten. Auch **Zeitfahrausweise** erfüllen die Voraussetzungen des § 34 UStDV (vgl. Abschn. 14.7 Abs. 2 UStAE).

185 Nach § 34 Abs. 3 UStDV gelten die Regelungen für Belege im **Reisegepäckverkehr** entsprechend. Belege für die Mitnahme des Reisegepäcks gelten somit unter den Voraussetzungen des § 34 Abs. 1, 2 UStDV als Rechnungen i. S. d. § 14 UStG. Die Beförderung des Gepäcks muss in Zusammenhang mit einer Personenbeförderung stehen (Reisegepäckverkehr), da es sich ansonsten um eine reine Güterbeförderung handelt.

186 Fahrausweise für eine **grenzüberschreitende Beförderung** im **Personenverkehr** und im internationalen Eisenbahn-Personenverkehr gelten nur dann als Rechnung i. S. d. § 14 UStG, wenn eine **Bescheinigung** des Beförderungsunternehmers oder seines Beauftragten darüber vorliegt, welcher Anteil des Beförderungspreises auf die Strecke im Inland entfällt (§ 34 Abs. 2 S. 1 UStDV). Die Bescheinigung muss den Steuersatz für den auf das Inland entfallenden Teil der Beförderungsleistung enthalten (§ 34 Abs. 2 S. 2 UStDV). Hintergrund dieser Zusatzregelung sind die Vorschriften über die Bestimmung des Leistungsortes bei Beförderungsleistungen (§ 3b Abs. 1 UStG i. V. m. §§ 2 bis 7 UStDV). Bei einer grenzüberschreitenden Beförderung von Personen ist nur der auf das Inland entfallende Teil der Beförderungsstrecke steuerbar i. S. d. UStG (§ 3b Abs. 1 S. 2 UStG i. V. m. § 1 Abs. 1 Nr. 1 UStG). Nur bezüglich dieses Streckenanteils kann somit USt entstehen. Die Vereinfachung der Rechnung (§ 34 Abs. 1 UStDV) gilt zwar auch für diesen Fall, zusätzlich ist aber eine Bescheinigung über den inländischen Streckenanteil erforderlich. Die Angabe des Steuersatzes ist notwendig, weil sich die Tarifentfernung auf die gesamte Beförderungsstrecke bezieht, diese jedoch nur teilweise steuerbar ist. § 34 Abs. 1 S. 2 UStDV gilt insoweit nicht.

187 Aus **Fahrausweisen** kann der Unternehmer **Vorsteuerabzug** beanspruchen, wenn er den Rechnungsbetrag in Entgelt und Steuerbetrag aufteilt (§ 35 Abs. 2 S. 1 UStDV – Selbstberechnung). Dabei ist nach § 35 Abs. 2 S. 2 UStDV vom Regelsteuersatz 19 % (§ 12 Abs. 1 UStG) auszugehen, wenn der Regelsteuersatz im Fahrausweis angegeben ist, oder, bei Angabe der Tarifentfernung, diese größer als 50 Kilometer ist (vgl. § 12 Abs. 2 Nr. 10 Buchst. b UStG). In den übrigen Fällen ist vom ermäßigten Steuersatz nach § 12 Abs. 2 UStG auszugehen (§ 35 Abs. 2 S. 3 UStDV). Bei Fahrausweisen im Luftverkehr kann der Vorsteuerabzug nur beansprucht werden, wenn der Regelsteuersatz (§ 12 Abs. 1 UStG) im Fahrausweis angegeben ist (§ 35 Abs. 2 S. 4 UStDV). Zur Berechnung des Steuerbetrages vgl. Abschn. 15.5 UStAE. Wegen der Besonderheiten zum Vorsteuerabzug aus Fahrausweisen, die im **Online-Verfahren** ausgestellt wurden, vgl. Abschn. 14.4 Abs. 11 UStAE (zu aktuellen Praxisfragen im Zusammenhang mit Online-Tickets vgl. Prätzler/Stuber in UR 2017, 710 ff.).

188 Bei **Vermittlung durch ein Reisebüro** besteht die Gefahr eines doppelten Umsatzsteuerausweises. Erteilt das Reisebüro im Einvernehmen mit dem die Leistung tatsächlich ausführenden Verkehrs- oder Leistungsträger eine Abrechnung mit ausgewiesener Steuer, kann es zu einem doppelten Steuerausweis kommen, wenn die Fahrscheine ebenfalls die Steuer ausweisen. Rechnet das Reisebüro dabei unter Hinweis auf die eigene Vermittlertätigkeit ab (Ausweis der Steuer »im Namen und für Rechnung des Verkehrs- oder Leistungsträgers«), entsteht für den Verkehrs- oder Leistungsträger eine Steuer nach § 14c Abs. 1 UStG. Erteilt das Reisebüro die Rechnung ohne Hinweis auf die Vermittlungstätigkeit, rechnet es ggf. über eine nicht erbrachte Leistung ab und schuldet die Steuer nach § 14c Abs. 2 UStG (vgl. OFD Karlsruhe vom 29.02.2008, Az: S 7282 – Karte 1, UR 2008, 522; vgl. OFD Frankfurt a. M. vom 03.12.2012, Az: S 7300 A – 131 – St 128, DStR 2013, 1190).

§ 14a UStG
Zusätzliche Pflichten bei der Ausstellung von Rechnungen in besonderen Fällen

(1) [1]Hat der Unternehmer seinen Sitz, seine Geschäftsleitung, eine Betriebsstätte, von der aus der Umsatz ausgeführt wird, oder in Ermangelung eines Sitzes seinen Wohnsitz oder gewöhnlichen Aufenthalt im Inland und führt er einen Umsatz in einem anderen Mitgliedstaat aus, an dem eine Betriebsstätte in diesem Mitgliedstaat nicht beteiligt ist, so ist er zur Ausstellung einer Rechnung mit der Angabe »Steuerschuldnerschaft des Leistungsempfängers« verpflichtet, wenn die Steuer in dem anderen Mitgliedstaat von dem Leistungsempfänger geschuldet wird und keine Gutschrift gemäß § 14 Absatz 2 Satz 2 vereinbart worden ist. [2]Führt der Unternehmer eine sonstige Leistung im Sinne des § 3a Absatz 2 in einem anderen Mitgliedstaat aus, so ist die Rechnung bis zum fünfzehnten Tag des Monats, der auf den Monat folgt, in dem der Umsatz ausgeführt worden ist, auszustellen. [3]In dieser Rechnung sind die Umsatzsteuer-Identifikationsnummer des Unternehmers und die des Leistungsempfängers anzugeben. [4]Wird eine Abrechnung durch Gutschrift gemäß § 14 Absatz 2 Satz 2 über eine sonstige Leistung im Sinne des § 3a Absatz 2 vereinbart, die im Inland ausgeführt wird und für die der Leistungsempfänger die Steuer nach § 13b Absatz 1 und 5 schuldet, sind die Sätze 2 und 3 und Absatz 5 entsprechend anzuwenden.

(2) Führt der Unternehmer eine Lieferung im Sinne des § 3c im Inland aus, ist er zur Ausstellung einer Rechnung verpflichtet.

(3) [1]Führt der Unternehmer eine innergemeinschaftliche Lieferung aus, ist er zur Ausstellung einer Rechnung bis zum fünfzehnten Tag des Monats, der auf den Monat folgt, in dem der Umsatz ausgeführt worden ist, verpflichtet. [2]In der Rechnung sind auch die Umsatzsteuer-Identifikationsnummer des Unternehmers und die des Leistungsempfängers anzugeben. [3]Satz 1 gilt auch für Fahrzeuglieferer (§ 2a). [4]Satz 2 gilt nicht in den Fällen der §§ 1b und 2a.

(4) [1]Eine Rechnung über die innergemeinschaftliche Lieferung eines neuen Fahrzeugs muss auch die in § 1b Abs. 2 und 3 bezeichneten Merkmale enthalten. [2]Das gilt auch in den Fällen des § 2a.

(5) [1]Führt der Unternehmer eine Leistung im Sinne des § 13b Absatz 2 aus, für die der Leistungsempfänger nach § 13b Absatz 5 die Steuer schuldet, ist er zur Ausstellung einer Rechnung mit der Angabe »Steuerschuldnerschaft des Leistungsempfängers« verpflichtet; Absatz 1 bleibt unberührt. [2]Die Vorschrift über den gesonderten Steuerausweis in einer Rechnung nach § 14 Absatz 4 Satz 1 Nummer 8 wird nicht angewendet.

(6) [1]In den Fällen der Besteuerung von Reiseleistungen nach § 25 hat die Rechnung die Angabe »Sonderregelung für Reisebüros« und in den Fällen der Differenzbesteuerung nach § 25a die Angabe »Gebrauchtgegenstände/Sonderregelung«, »Kunstgegenstände/Sonderregelung« oder »Sammlungsstücke und Antiquitäten/Sonderregelung« zu enthalten. [2]In den Fällen des § 25 Abs. 3 und des § 25a Abs. 3 und 4 findet die Vorschrift über den gesonderten Steuerausweis in einer Rechnung (§ 14 Abs. 4 Satz 1 Nr. 8) keine Anwendung.

(7) [1]Wird in einer Rechnung über eine Lieferung im Sinne des § 25b Abs. 2 abgerechnet, ist auch auf das Vorliegen eines innergemeinschaftlichen Dreiecksgeschäfts und die Steuerschuldnerschaft des letzten Abnehmers hinzuweisen. [2]Dabei sind die Umsatzsteuer-Identifikationsnummer des Unternehmers und die des Leistungsempfängers anzugeben. [3]Die Vor-

schrift über den gesonderten Steuerausweis in einer Rechnung (§ 14 Abs. 4 Satz 1 Nr. 8) findet keine Anwendung.

Literatur

Duyfjes/von Streit, Anwendbares Recht bei der Ausstellung von Rechnungen für grenzüberschreitende Dienstleistungen, UStB 8/2013, 233. **Eckert**, Die wichtigsten Änderungen der Umsatzsteuer 2013/2014, BBK 17/2013, 811. **Huschens**, Änderungen des Umsatzsteuerrechts durch das JStG 2009, NWB 2009, 36. **Huschens**, Änderungen des UStG durch das Amtshilferichtlinie-Umsetzungsgesetz, NWB 2013, 2132. **Korf**, Abrechnung nach der Rechnungsrichtlinie, UR 2013, 448. **Langer/Hammerl**, Rechnungspflichtangaben: Neues BMF-Schreiben relativiert Regelungen im Einzelnen, NWB 2013, 3674. **Nieskens**, Umsatzsteuer 2009 – Änderungen in der Umsatzsteuer durch das Steuerbürokratieabbaugesetz und das JStG 2009 –, UR 2009, 253. **Paintner**, Das Gesetz zur Umsetzung der Amtshilferichtlinie sowie zur Änderung steuerlicher Vorschriften im Überblick, DStR 2013, 1693. **Rüth**, Der Einfluss der Umsatzsteuer-Identifikationsnummer auf den Ort der Dienstleistung, EU-UStB 2009, 7. **Sterzinger**, Wesentliche Änderungen des UStG durch das Amtshilferichtlinie-Umsetzungsgesetz, UStB 2013, 292.

Verwaltungsanweisungen

BMF vom 29.01.2004, Az: IV B 7 – S 7280 – 19/04, BStBl I 2004, 258 (Einführungsschreiben).
BMF vom 25.10.2013, Az: IV D 2 – S 7280/12/10002, BStBl I 2013, 1305 (Anpassung UStAE an AmtshilfeRLUmsG).
Hinweis: Zur Problematik der zeitlichen Geltungsdauer von BMF-Schreiben vgl. Einführung UStG, Rz. 100 ff.

Richtlinien/Hinweise/Verordnungen

UStAE: Abschn. 14a.1.
MwStSystRL: Art. 217 ff.

1 Allgemeines

1.1 Übersicht über die Vorschrift

§ 14a UStG regelt zusätzliche Pflichten bei der Ausstellung von Rechnungen in besonderen Fällen. Dabei ergänzt die Norm § 14 UStG, dessen Regelungen, soweit nicht ausdrücklich etwas anderes bestimmt ist, unberührt bleiben. Die Rechnung muss auch in Fällen des § 14a UStG grundsätzlich die Pflichtangaben des § 14 Abs. 4 UStG beinhalten (vgl. Abschn. 14a.1 Abs. 1 S. 1-4 UStAE). Entsprechend § 14 Abs. 2 Satz 2 UStG kann auch mittels Gutschrift abgerechnet werden (vgl. Abschn. 14a.1 Abs. 1 S. 5 UStAE). 1

§ 14a Abs. 1 S. 1-3 UStG betreffen Umsätze eines inländischen Unternehmers im übrigen Gemeinschaftsgebiet, für die der Leistungsempfänger im anderen Mitgliedstaat die Steuer schuldet und keine Gutschrift gemäß § 14 Abs. 2 S. 2 UStG vereinbart wurde. § 14a Abs. 1 S. 4 UStG betrifft sonstige Leistungen im Sinne des § 3a Abs. 2 UStG, die im Inland ausgeführt werden, für die der Leistungsempfänger die Steuer nach § 13b Abs. 1 und 5 schuldet und bei denen eine Abrechnung mittels Gutschrift vereinbart wurde. § 14a Abs. 2 UStG betrifft im Inland ausgeführte Lieferungen i.S.v. § 3c UStG (**i. g. Versandhandel**); § 14a Abs. 3, 4 UStG **i. g. Lieferungen** (§ 6a UStG) einschließlich Fälle des § 2a UStG (Fahrzeuglieferungen); § 14a Abs. 5 UStG Fälle des § 13b Abs. 2 und 5 UStG (**Leistungsempfänger als Steuerschuldner**); § 14a Abs. 6 UStG Fälle der Besteuerung von **Reiseleistungen** (§ 25 UStG) sowie der **Differenzbesteuerung** (§ 25a UStG); § 14a Abs. 7 UStG **i. g. Dreiecksgeschäfte** (§ 25b UStG). 2

1.2 Rechtsentwicklung

Die Vorschrift wurde ursprünglich durch das USt-Binnenmarktgesetz zum 01.01.1993 in das UStG eingefügt und danach nur marginal geändert. 3

Neu gefasst wurde **§ 14a UStG** »Zusätzliche Pflichten bei der Ausstellung von Rechnungen in besonderen Fällen« (zuvor »Ausstellung von Rechnungen in besonderen Fällen«) durch Art. 5 Nr. 16 des Zweiten Gesetzes zur Änderung steuerlicher Vorschriften (**Steueränderungsgesetz 2003** – StÄndG 2003; Gesetz vom 15.12.2003, BGBl I 2003, 2645). Die Vorschrift trat nach Art. 25 Abs. 4 StÄndG 2003 am **01.01.2004** in Kraft. Nach der Gesetzesbegründung (BT-Drucks. 15/1562 vom 23.09.2003, 49) bleiben die Vorschriften des § 14 UStG unberührt; § 14a UStG ergänzt lediglich § 14 UStG; die **Pflichtangaben des § 14 Abs. 4 UStG** müssen somit auch in den Rechnungen, die unter § 14a UStG fallen, enthalten sein (s. a. Einführungsschreiben des BMF zu den Änderungen durch das StÄndG 2003, BMF vom 29.01.2004, Az: IV B 7 – S 7280 – 19/04, BStBl I 2004, 258). 4

Durch Art. 7 Nr. 8 des **Jahressteuergesetzes 2009** (JStG 2009, Gesetz vom 19.12.2008, BGBl I 2008, 2794) wurde § 14a Abs. 1 UStG neu gefasst (zur vorherigen Fassung vgl. die 3. Auflage). Die Neufassung trat nach Art. 39 Abs. 9 JStG 2009 am **01.01.2010** in Kraft. Die Neufassung passt die Vorschrift einerseits an die ebenfalls durch das JStG 2009 neu gefassten Ortsvorschriften in §§ 3a, 3b UStG an, andererseits dient die speziell geforderte Angabe der USt-IdNr. der Erstellung der Zusammenfassenden Meldung nach § 18a UStG (vgl. § 18a Abs. 1 S. 2 UStG; BT-Drucks. 16/11.108 vom 27.11.2008, 39; s. a. BMF vom 04.09.2009, Az: IV B 9 – S 7117/08/10001, BStBl I 2009, 1005, Tz. 142–145). 5

Durch das **Gesetz zur Umsetzung steuerlicher EU-Vorgaben sowie zur Änderung steuerlicher Vorschriften** (vgl. Gesetzentwurf der Bundesregierung vom 15.02.2010, BT-Drucks. 17/506 6 vom 25.01.2010; Gesetz vom 08.04.2010, BGBl I 2010, 386) sollte das deutsche Steuerrecht weiter an europarechtliche Vorgaben angepasst werden. Davon betroffen war nach Art. 6 des Gesetzes auch das UStG. Durch Art. 6 Nr. 4 Buchst. a wurde in § 14a Abs. 1 UStG die bisherige Verweisung auf »§ 13b Abs. 1 S. 1 Nr. 1 und Abs. 2 S. 1« durch eine Verweisung auf »§ 13b Absatz 1 und Absatz 5 Satz 1« ersetzt. Durch Art. 6 Nr. 4 Buchst. b wurde in § 14a Abs. 5 S. 1 UStG die Angabe »§ 13b Abs. 1« durch die Wörter »§ 13b Absatz 1 und 2« und die Angabe »§ 13b Abs. 2« durch die Angabe »§ 13b Absatz 5« ersetzt. Die Änderungen traten nach Art. 12 Abs. 4 des Gesetzes am **01.07.2010** in Kraft (zur Anwendung s. a. § 27 Abs. 1 UStG). Ausweislich der Gesetzesbegründung handelte es sich um redaktionelle Folgeänderungen zur Neufassung des § 13b UStG durch Art. 6 Nr. 3 des Gesetzes.

7 Erneute Änderungen hat die Vorschrift durch Art. 10 Nr. 8 des Gesetzes zur Umsetzung der Amtshilferichtlinie sowie zur Änderung steuerlicher Vorschriften (Amtshilferichtlinie-Umsetzungsgesetz – **AmtshilfeRLUmsG**, Gesetz vom 26.06.2013, BGBl I 2013, 1809) erfahren. Nach Art. 31 Abs. 1 des AmtshilfeRLUmsG traten die Änderungen am Tag nach der Verkündung (= **30.06.2013**) in Kraft. Die Verwaltung hat mit BMF-Schreiben vom 25.10.2013 (Az: IV D 2 – S 7280/12/10002, BStBl I 2013, 1305) den UStAE an die Gesetzesänderungen angepasst und eine Nichtbeanstandungsregelung für bis zum 31.12.2013 ausgestellte Rechnungen verfügt, deren Angaben nicht den Vorgaben des § 14a Abs. 1, 5 und 6 UStG entsprechen.

8 Durch Art. 7 Nr. 4 des Gesetzes zur Anpassung des nationalen Steuerrechts an den Beitritt Kroatiens zur EU und zur Änderung weiterer steuerlicher Vorschriften (**KroatienAnpG**), Gesetz vom 25.07.2014, BGBl I 2014, 1266, wurde in § 14a Abs. 1 S. 4 UStG eine redaktionelle Anpassung an die durch das AmtshilfeRLUmsG, a. a. O., vorgenommenen Änderungen in § 14a Abs. 5 UStG umgesetzt (vgl. BT-Drucks. 18/1529 vom 26.05.2014, 73).

1.3 Geltungsbereich

1.3.1 Sachlicher Geltungsbereich

9 § 14a UStG ergänzt die Rechnungsstellungsvorschriften des § 14 UStG; die sachlichen Geltungsbereiche sind daher grundsätzlich identisch. Eine Erweiterung erfährt der Anwendungsbereich des § 14 UStG durch die Regelungen in § 14a Abs. 1 UStG (für den umgekehrten Fall vgl. § 14 Abs. 7 UStG). Auch im Anwendungsbereich des § 14a UStG kann mittels Gutschrift (§ 14 Abs. 2 S. 2 UStG) abgerechnet werden (vgl. Abschn. 14a.1 Abs. 1 S. 5 UStAE).

1.3.2 Persönlicher Geltungsbereich

10 § 14a UStG ergänzt die Rechnungsstellungsvorschriften des § 14 UStG; die persönlichen Geltungsbereiche sind daher grundsätzlich identisch. Eine Erweiterung beinhaltet § 14a Abs. 3 S. 3 UStG hinsichtlich der Lieferung neuer Fahrzeuge nach § 2a UStG, bei der die Pflicht zur Erteilung einer Rechnung auch den ansonsten Nichtunternehmer trifft.

1.3.3 Zeitlicher Geltungsbereich

Die Vorschrift wurde durch Art. 4 Nr. 15 StÄndG 2003 vom 15.12.2003 (BGBl I 2003, 2645) mit **Wirkung vom 01.01.2004** (Art. 17 Abs. 4 StÄndG 2003) neu gefasst. Für vorhergehende Besteuerungszeiträume gilt § 14a UStG a.F. Die Neufassung von § 14a Abs. 1 UStG durch das JStG 2009 gilt seit dem 01.01.2010 (Art. 39 Abs. 9 JStG 2009). Die Änderungen durch das AmtshilfeRLUmsG traten am 30.06.2013 in Kraft. Die Änderung durch das KroatienAnpG trat am 31.07.2014 in Kraft (vgl. Art. 28 Abs. 1 KroatienAnpG). 11

1.4 Gemeinschaftsrechtliche Grundlagen und Verhältnis zu anderen Vorschriften

§ 14a UStG beruht auf den gemeinschaftsrechtlichen Vorgaben des Art. 217ff. MwStSystRL/Art. 22 Abs. 3 der 6. EG-RL. 12

Soweit nichts anderes bestimmt ist, bleiben die Regelungen des § 14 UStG unberührt. § 14a UStG ergänzt § 14 UStG. Dies schließt die **Pflichtangaben nach § 14 Abs. 4 UStG** ein. 13

2 Kommentierung

2.1 § 14a Abs. 1 UStG

2.1.1 Rechtslagen bis zum 29.06.2013

§ 14a UStG wurde in den letzten Jahren mehrfach mit Auswirkungen auch auf den Anwendungsbereich gerade in § 14a Abs. 1 UStG geändert. Die aktuelle Auflage stellt nur die Kommentierung zur Rechtslage ab 30.06.2013 dar. Zur Rechtslage bis zum 31.12.2009 vgl. die 3. Aufl. Zur Rechtslage bis 29.06.2013 vgl. die 4. Auflage. 14

2.1.2 Rechtslage ab 30.06.2013

Durch Artikel 10 Nr. 8 Buchst. a des AmtshilfeRLUmsG wurde § 14a Abs. 1 UStG m.W.v. 30.06.2013 neu gefasst. Ausweislich der Gesetzesbegründung (vgl. BT-Drucks. 17/12375 vom 19.02.2013, 46) dient die Änderung der Anpassung an Art. 219a Nr. 2 Buchst. a sowie Art. 222 MwStSystRL. 15

Nach § 14a Abs. 1 S. 1 UStG ist ein im Inland ansässiger Unternehmer zur Ausstellung einer Rechnung mit der Angabe »Steuerschuldnerschaft des Leistungsempfängers« (zu abweichenden Bezeichnungen vgl. Abschn. 14a.1 Abs. 2 S. 3 UStAE) verpflichtet, wenn er in einem anderen Mitgliedstaat – ohne Beteiligung einer dortigen Betriebsstätte – einen Umsatz ausführt, für den der Leistungsempfänger in dem anderen Mitgliedstaat die Steuer schuldet (s.a. Abschn. 14a.1 Abs. 2 S. 1 UStAE). In Fällen der Vereinbarung einer Abrechnung mittels Gutschrift gilt dies nicht (vgl. 16

Abschn. 14a.1 Abs. 2 S. 2 UStAE). Zur korrespondierenden Regelung für nicht im Inland ansässige Unternehmer vgl. § 14 Abs. 7 UStG und die Kommentierung zu § 14 UStG. Geregelt wird mithin nicht nur die Pflicht zur Ausstellung einer Rechnung, sondern ebenso die Frage nach den dabei zu beachtenden rechtlichen Regelungen (vgl. Abschn. 14a.1 Abs. 1 UStAE – nach den »inländischen« §§ 14, 14a UStG; s. a. Art. 219a Nr. 2 Buchst. a MwStSystRL).

17 Für den Fall der Erbringung einer sonstigen Leistung nach § 3a Abs. 2 UStG in einem anderen Mitgliedstaat regelt § 14a Abs. 1 S. 2 UStG n. F. die Pflicht zur Ausstellung der Rechnung bis zum 15. Tag des Folgemonats. Die Nichteinhaltung der Frist soll keine Ordnungswidrigkeit nach § 26a UStG darstellen (vgl. Abschn. 14a.1 Abs. 3 S. 4 UStAE).

18 In einer nach § 14a Abs. 1 S. 1-3 UStG auszustellenden Rechnung muss die Angabe enthalten sein »Steuerschuldnerschaft des Leistungsempfängers« (zu abweichenden Formulierungen vgl. Abschn. 14a.1 Abs. 2 S. 3 i. V. m. Abs. 6 S. 2 UStAE). Daneben sind die USt-IdNrn. der Beteiligten anzugeben.

19 Führt ein im übrigen Gemeinschaftsgebiet ansässiger Unternehmer eine Leistung nach § 3a Abs. 2 UStG im Inland aus, für die der Leistungsempfänger nach § 13b Abs. 1 und 5 UStG die Steuer schuldet, und vereinbaren die am Leistungsaustausch Beteiligten die Abrechnung mittels Gutschrift, gelten nach § 14a Abs. 1 S. 4 UStG die Regelungen des § 14a Abs. 1 S. 2 und 3 UStG (Frist; USt-IdNr.) sowie § 14a Abs. 5 UStG (Angabe Steuerschuldnerschaft; kein Steuerausweis) entsprechend (vgl. Abschn. 14a.1 Abs. 2 S. 4 UStAE).

2.2 Innergemeinschaftlicher Versandhandel

20 Bei den durch § 3c UStG betroffenen Fällen handelt es sich um den sog. **i. g. Versandhandel**. Hauptanwendungsfall des § 3c UStG ist die Lieferung an Privatpersonen (vgl. Definition des Abnehmers i. S. der Vorschrift, § 3c Abs. 2 UStG). Im Ergebnis führt § 3c UStG zu einer Verlegung des Ortes der Lieferung vom Beginn der Beförderung oder Versendung (grundsätzlich gilt § 3 Abs. 6 S. 1 UStG) an deren Ende in einem anderen Mitgliedstaat der Europäischen Gemeinschaft, wenn es sich um Lieferungen an bestimmte Abnehmer (§ 3c Abs. 2 UStG) handelt und der liefernde Unternehmer in dem anderen Mitgliedstaat die sog. »Lieferschwelle« überschreitet (§ 3c Abs. 3 UStG). Wegen weiterer Einzelheiten vgl. die Kommentierung zu § 3c und Abschn. 3c.1 UStAE. Treten die Rechtsfolgen des § 3c UStG für einen im Inland ansässigen Unternehmer ein, verlagert sich der Ort seiner Lieferungen in den jeweils anderen Mitgliedstaat, die Lieferungen sind im Inland nicht steuerbar. Nach dem Wortlaut des § 14a Abs. 2 UStG erstreckt sich die Verpflichtung zur Ausstellung einer Rechnung mit gesondertem Steuerausweis nur auf im Inland ausgeführte Lieferungen, in vorgenanntem Fall besteht diese Verpflichtung daher nicht. Allerdings sind die umsatzsteuerlichen Regelungen des Bestimmungsstaates zu beachten.

21 Für den umgekehrten Fall (ein Unternehmer erbringt Lieferungen aus dem Gebiet eines anderen Mitgliedstaates, deren Leistungsort sich aufgrund der Anwendung des § 3c UStG in das Inland verlagert und dadurch im Inland steuerbar und steuerpflichtig wird) gilt die Verpflichtung zur Ausstellung einer Rechnung nach § 14a Abs. 2 UStG (vgl. Abschn. 14a.1 Abs. 7 UStAE). Daneben muss die Rechnung die nach § 14 Abs. 4 UStG erforderlichen Angaben enthalten, insbesondere den gesonderten Ausweis der USt (§ 14 Abs. 4 S. 1 Nr. 8 UStG; vgl. Abschn. 14a.1 Abs. 7 UStAE).

2.3 Innergemeinschaftliche Lieferungen

2.3.1 Innergemeinschaftliche Lieferung

§ 14a UStG verweist nicht auf § 6a UStG, sondern spricht in § 14a Abs. 3 S. 1 UStG allgemein von der i. g. Lieferung. Eine solche liegt vor, wenn die ausgeführte Lieferung sowohl die Tatbestandsmerkmale des § 6a Abs. 1 UStG erfüllt (vgl. die Kommentierung zu § 6a) als auch steuerfrei nach § 4 Nr. 1 Buchst. b UStG ist (vgl. Abschn. 14a.1 Abs. 4 S. 1 UStAE). Auf Grund des Anwendungsbereiches des § 6a UStG ergibt sich eine Verpflichtung zur Ausstellung einer Rechnung nach § 14a UStG für den Unternehmer daher, wenn er i. g. Lieferungen ausführt, 22

- an Unternehmer, die für ihr Unternehmen erwerben (vgl. § 6a Abs. 1 S. 1 Nr. 2 Buchst. a UStG),
- an juristische Personen, die nicht Unternehmer sind oder die nicht für ihr Unternehmen erwerben (vgl. § 6a Abs. 1 S. 1 Nr. 2 Buchst. b UStG), oder
- an jeden anderen Erwerber, sofern es sich um die Lieferung neuer Fahrzeuge handelt (vgl. § 6a Abs. 1 S. 1 Nr. 2 Buchst. c UStG).

Konstitutiv wirkt die Norm allerdings nur in den Fällen des § 6a Abs. 1 S. 1 Nr. 2 Buchst. c UStG, da bei Leistungserbringung gegenüber einem Unternehmer oder einer juristischen Person die Rechnungslegungspflicht bereits in § 14 Abs. 2 UStG enthalten ist. 23

In Zusammenhang mit § 6a Abs. 1 S. 1 Nr. 3 (**Erwerbsbesteuerung in einem anderen Mitgliedstaat**) ergibt sich aus § 14a Abs. 3 S. 1 UStG eine Verpflichtung bei Lieferungen an sog. »Schwellenerwerber« (vgl. § 1a Abs. 3 UStG) aber nur dann, wenn diese die jeweils geltende Erwerbsschwelle (ihres Mitgliedstaates) überschreiten oder auf deren Anwendung verzichtet haben (vgl. § 1a Abs. 4 UStG), da ansonsten keine i. g. Lieferung vorliegt. Umgekehrt ist der Unternehmer nicht nach § 14a Abs. 3 UStG verpflichtet, der aufgrund von Sondervorschriften keine i. g. Lieferungen ausführen kann, z. B. der Kleinunternehmer (vgl. die Kommentierung zu § 6a und § 19 Abs. 1 S. 4). 24

Inhaltlich entspricht die auszustellende Rechnung grundsätzlich den **Vorgaben des § 14 Abs. 4 UStG**, was auch den Hinweis auf die Steuerfreiheit beinhaltet (§ 14 Abs. 4 S. 1 Nr. 8 UStG; Abschn. 14a Abs. 1 und Abs. 4 S. 1 UStAE). Wie dieser Hinweis zu erfolgen hat, wird in der Vorschrift nicht geregelt. Da den meisten Unternehmern das USt-Recht, wenn überhaupt, nur in seiner nationalen Ausprägung bekannt sein dürfte, bietet es sich an, auf die Steuerfreiheit nach § 6a UStG hinzuweisen. Es genügt ein umgangssprachlicher Hinweis (vgl. Abschn. 14.5 Abs. 20 UStAE). Zu den Auswirkungen eines fehlenden Hinweises auf die Steuerbefreiung vgl. § 6a Rn. 126ff. 25

Zusätzlich muss in der Rechnung nach § 14a Abs. 3 S. 2 UStG sowohl die **USt-IdNr.** des Unternehmers als auch die des Leistungsempfängers angegeben sein (vgl. auch Art. 22 Abs. 3 Buchst. b der 6. EG-RL bzw. Art. 226 Nr. 3 und Nr. 4 MwStSystRL). 26

Durch Art. 10 Nr. 8 Buchst. b des AmtshilfeRLUmsG wurden § 14a Abs. 3 S. 1 und 2 UStG m. W. v. 30.06.2013 neu gefasst. Ausweislich der Gesetzesbegründung (vgl. BT-Drucks. 17/12375 vom 19.02.2013, 47) dient die Änderung der Anpassung an Art. 222 MwStSystRL. § 14a Abs. 3 S. 1 UStG beinhaltet nunmehr für die Fälle der i. g. Lieferung eine von den allgemeinen Vorgaben des § 14 Abs. 2 UStG abweichende **zeitliche Vorgabe zur Erstellung** der Rechnung, wonach die Rechnung bis zum 15. Tag des Monats, der auf den Monat folgt, in dem der Umsatz ausgeführt worden ist, ausgestellt werden muss. Die Nichteinhaltung der Frist soll nach Verwaltungsmeinung allerdings keine Ordnungswidrigkeit nach § 26a UStG darstellen (vgl. Abschn. 14a Abs. 3 S. 4 UStAE). 27

2.3.2 Innergemeinschaftliches Verbringen

28 In Fällen des **i. g. Verbringens** nach § 6a Abs. 2 UStG (i. V. m. §§ 1a Abs. 2, 3 Abs. 1a UStG, Abschn. 1a.2 UStAE) liegt streng genommen ein sog. Innenumsatz vor (vgl. Abschn. 2.7 Abs. 1 S. 3 UStAE), der nur aufgrund der besonderen gemeinschaftsrechtlichen Regelungen als Lieferung/Erwerb fingiert wird. Da der Unternehmer sich selbst gegenüber keine Belege mit umsatzsteuerlicher Wirkung ausstellen kann (vgl. § 14 Abs. 1 UStG; Abschn. 14.1 Abs. 4 UStR), betrifft die Verpflichtung des § 14a Abs. 3 S. 1 UStG nicht die Fälle des i. g. Verbringens. Dennoch soll der Unternehmer nach Verwaltungsmeinung verpflichtet sein, eine sog. »Proforma-Rechnung« auszustellen, einen Beleg in dem dem ausländischen Unternehmensteil der Umfang der verbrachten Gegenstände, die Bemessungsgrundlage sowie die USt-IdNr. des inländischen und des ausländischen Unternehmensteils angegeben werden (vgl. Abschn. 14a.1 Abs. 5 S. 2 UStAE). Abschn. 14a.1 Abs. 5 S. 3 UStAE (vgl. dazu die Kommentierung zu § 1a Rn. 47 sog. »Pommes-Erlass«) wurde durch BMF vom 23.04.2018 (Az.: C III 3 – S 7103-a/17/10001) gestrichen.

2.3.3 Fahrzeuglieferer

29 § 14a Abs. 3 UStG erfasst auch den **Fahrzeuglieferer** nach § 2a UstG (vgl. die Kommentierung zu § 2a). Auch derjenige, der lediglich für die Fahrzeuglieferung »wie ein Unternehmer« behandelt wird (vgl. § 2a S. 1 UStG), unterliegt der Pflicht zur Erteilung einer Rechnung (vgl. § 14a Abs. 3 S. 3 UStG). Die Norm wirkt für den Fahrzeuglieferer regelmäßig konstitutiv. Nach § 14a Abs. 3 S. 4 UStG muss in Fällen der §§ 1b und 2a UStG keine USt-IdNr. angegeben werden. Anzugeben hat der Fahrzeuglieferer nach § 14a Abs. 4 S. 2 UStG auch die in § 1b Abs. 2 und 3 UStG bezeichneten Merkmale (vgl. Rn. 30ff.). Ansonsten muss die Rechnung die üblichen Angaben des § 14 Abs. 4 UStG enthalten (vgl. Abschn. 14a.1 Abs. 8 UStAE).

2.4 Neue Fahrzeuge

30 Nach § 14a Abs. 4 S. 1 UStG muss eine Rechnung über die i. g. Lieferung eines neuen Fahrzeugs auch die in § 1b Abs. 2 und 3 UStG bezeichneten Merkmale (Art des Fahrzeugs/Eigenschaft »neu«; s. a. Abschn. 14a.1 Abs. 8 UStAE) enthalten; dies gilt auch in Fällen des § 2a UStG (vgl. § 14a Abs. 4 S. 2 UStG). Bei der Lieferung neuer Fahrzeuge (vgl. die Kommentierungen zu § 1b UStG) müssen zwei Fälle unterschieden werden: Einerseits kann eine derartige Lieferung durch einen Unternehmer (§ 2 UStG) im Rahmen seines Unternehmens erfolgen, andererseits durch einen Nichtunternehmer, der nur über die Sondervorschrift des § 2a UStG (= Fahrzeuglieferer; vgl. Rn. nbsp; 29) für diesen Vorgang wie ein Unternehmer behandelt wird (vgl. § 2a S. 1 UStG und vgl. die Kommentierung zu § 2a)).

31 Liefert ein Unternehmer **im Rahmen seines Unternehmens** neue Fahrzeuge, liegt, die übrigen Tatbestandsmerkmale des § 6a UStG vorausgesetzt, unabhängig von der Natur des Erwerbers, grundsätzlich eine i. g. Lieferung vor, da eine solche nach § 6a Abs. 1 S. 1 Nr. 2 Buchst. c UStG auch gegenüber »jedem anderen Erwerber« möglich ist (auch bei sog. »Schwellenerwerbern«, vgl. § 1a Abs. 5 S. 1 UStG). Die Verpflichtung eine Rechnung auszustellen ergibt sich für den Unternehmer daher bereits aus § 14a Abs. 3 S. 1 UStG (vgl. Rn. 22ff.). In dieser Rechnung muss der Unternehmer, neben den sonst erforderlichen Inhalten, nach § 14a Abs. 3 S. 2 UStG grundsätzlich seine eigene USt-IdNr. und die des Leistungsempfängers angeben. Gehört der Leistungsempfänger

nicht zu den in § 1a Abs. 1 Nr. 2 UStG genannten Personen (Unternehmer mit Erwerb für ihr Unternehmen/juristische Personen), entfällt zumindest die Verpflichtung zur Angabe der USt-IdNr. des Leistungsempfängers, da dieser als Nicht-Unternehmer keine USt-IdNr. besitzt (Auslegung von § 14a Abs. 3 S. 4 UStG, wonach die Verpflichtung nicht für Fälle des § 1b UStG gelten soll – zweifelhaft, ob dies auch die eigene USt-IdNr. des leistenden Unternehmers betrifft). Das gleiche Problem tritt auf, wenn der Leistungsempfänger ein sog. »Schwellenerwerber« ist, der lediglich aufgrund der Ausnahmeregelung des § 1a Abs. 5 S. 1 UStG in den Bereich des § 1a Abs. 1 Nr. 2 UStG fällt und i. d. R. keine USt-IdNr. besitzen wird (vgl. auch § 27a Abs. 1 UStG).

2.5 Leistungsempfänger als Steuerschuldner

Allgemein regelt § 14a Abs. 5 UStG die Verpflichtung des Unternehmers zur Ausstellung einer Rechnung in Fällen des Übergangs der Steuerschuld auf den Leistungsempfänger nach § 13b UStG. Geändert haben sich in den letzten Jahren mehrfach die Verweisungen auf § 13b UStG, um § 14a Abs. 5 UStG an die gesetzliche Weiterentwicklung des § 13b UStG anzupassen. Zu den älteren Rechtsständen vor dem AmtshilfeRLUmsG vgl. die 4. Auflage. 32

Durch Art. 10 Nr. 8 Buchst. c des AmtshilfeRLUmsG wurde § 14a Abs. 5 UStG m. W. v. **30.06.2013** neu gefasst. Ausweislich der Gesetzesbegründung (vgl. BT-Drucks. 17/12375 vom 19.02.2013, 47) dient die Änderung der Anpassung nationalen Rechts an die Art. 219a Nr. 2 Buchst. a und Art. 226 Nr. 11a MwStSystRL. Nach der Neufassung des § 14a Abs. 5 S. 1 1. HS UStG ist der Unternehmer zur Ausstellung einer Rechnung mit der Angabe »Steuerschuldnerschaft des Leistungsempfängers« verpflichtet, wenn er Leistungen i. S. d. § 13b Abs. 2 UStG (vgl. den dortigen Katalog an Leistungen) ausführt, für die der Leistungsempfänger die Steuer nach § 13b Abs. 5 UStG schuldet. § 14a Abs. 1 UStG (Leistungen eines inländischen Unternehmers in einem anderen Mitgliedstaat mit Übergang der Steuerschuld auf den Leistungsempfänger, vgl. Rz. 15 ff.), der weitere Regelungen zur Rechnungsstellung in Fällen des § 13b UStG enthält, bleibt unberührt (vgl. § 14a Abs. 5 S. 1 2. HS UStG). 33

Alternativ kann die Bezeichnung »Steuerschuldnerschaft des Leistungsempfängers« auch durch Formulierungen anderer Amtssprachen ersetzt werden (z. B. »Reverse charge«, vgl. Abschn. 14a.1 Abs. 6 S. 2 UStAE, Liste der Begriffe s. BMF vom 25.10.2013, BStBl I 2013, 1305). Das Fehlen der Angabe hat keine Auswirkung auf den Übergang der Steuerschuld auf den Leistungsempfänger (vgl. Abschn. 13b.14 Abs. 1 S. 4 UStAE). 34

Wie bisher kommt die Vorschrift über den gesonderten Steuerausweis in einer Rechnung nach § 14 Abs. 4 S. 1 Nr. 8 UStG nicht zur Anwendung (vgl. § 14a Abs. 5 S. 2 UStG). Weist der leistende Unternehmer die Steuer in der Rechnung gesondert aus, schuldet er die Steuer nach § 14c Abs. 1 UStG (vgl. Abschn. 13b.14 Abs. 1 S. 5 UStAE). 35

2.6 Reiseleistungen/Differenzbesteuerung

Zur Rechtslage bis zum 29.06.2013 vgl. die 4. Auflage. 36

Durch Art. 10 Nr. 8 Buchst. d AmtshilfeRLUmsG wurde m. W. v. 30.06.2013 § 14a Abs. 6 S. 1 UStG neu gefasst. Im Unterschied zur bisherigen Gesetzesfassung werden nunmehr die zu verwendenden Begriffe genau vorgegeben. Nach Abschn. 14a.1 Abs. 10 S. 2 UStAE können statt der deutschen Begriffe auch Formulierungen aus anderen Amtssprachen verwendet werden (vgl. Liste in BMF-Schreiben vom 25.10.2013, BStBl I 2013, 1305). Zu den Auswirkungen eines 37 fehlenden Hinweises auf die Differenzbesteuerung in der Rechnung vgl. FG Düsseldorf vom 23.05.2015, 1 K 2537/12 U, AO, EFG 2014, 1542 (unschädlich für die Anwendung). Zu widersprüchlichen Angaben auf einer Rechnung vgl. EuGH vom 18.05.2017 (Rs. C-624/15 »Litdana«, BFH/NV 2017, 1006).

38 Wie bisher findet nach § 14a Abs. 6 S. 2 UStG in Fällen des § 25 Abs. 3 UStG und des § 25a Abs. 3 und 4 UStG die Vorschrift über den gesonderten Steuerausweis in einer Rechnung (§ 14 Abs. 4 S. 1 Nr. 8 UStG) keine Anwendung; ein Vorsteuerabzug aus diesen Rechnungen ist ausgeschlossen (vgl. Abschn. 14a.1 Abs. 10 S. 3 UStAE). Weist der Unternehmer in Fällen der Differenzbesteuerung die Steuer offen aus, schuldet er sie nach § 14c Abs. 2 UStG (vgl. Abschn. 25a.1 Abs. 16 UStAE).

2.7 Innergemeinschaftliche Dreiecksgeschäfte

39 § 14a Abs. 7 UStG regelt die Erteilung einer Rechnung für den Fall, dass der an einem i. g. Dreiecksgeschäft beteiligte **mittlere Unternehmer** (= erster Abnehmer), die Rechtsfolgen des § 25b Abs. 2 UStG eintreten lassen will. Ein i. g. Dreiecksgeschäft (wegen Einzelheiten vgl. die Kommentierung zu § 25b) liegt vor, wenn drei Unternehmer über denselben Gegenstand Umsatzgeschäfte abschließen und der Gegenstand unmittelbar vom ersten Lieferer an den letzten Abnehmer gelangt (§ 25b Abs. 1 S. 1 Nr. 1 UStG), die Unternehmer in jeweils verschiedenen Mitgliedstaaten für Zwecke der USt erfasst sind (§ 25b Abs. 1 S. 1 Nr. 2 UStG), der Gegenstand der Lieferung aus dem Gebiet eines Mitgliedstaates in das Gebiet eines anderen Mitgliedstaates gelangt (§ 25b Abs. 1 S. 1 Nr. 3 UStG) und dabei der Gegenstand der Lieferung durch den ersten Lieferer oder den ersten Abnehmer befördert oder versendet wird (§ 25b Abs. 1 S. 1 Nr. 4 UStG). Liegen diese Voraussetzungen kumulativ vor, besteht für den mittleren Unternehmer (= erster Abnehmer) die Möglichkeit, unter den weiteren Voraussetzungen des § 25b Abs. 2 UStG, die für seine steuerpflichtige Lieferung im Bestimmungsland entstehende Steuerschuld auf den letzten Abnehmer zu verlagern und dadurch eine ansonsten erforderliche steuerliche Registrierung im Bestimmungsland zu vermeiden. Gleichzeitig gilt damit auch sein i. g. Erwerb als besteuert (vgl. § 25b Abs. 3 UStG; Abschn. 25b.1 Abs. 7 UStAE). Wegen weiterer Einzelheiten vgl. die Kommentierung zu § 25b.

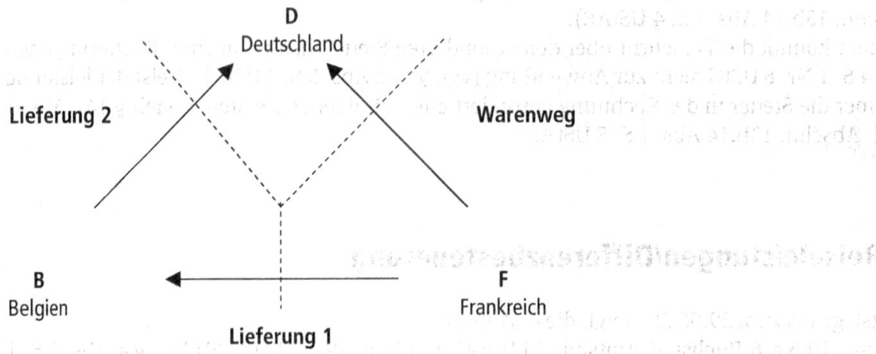

40 Um diese Rechtsfolgen eintreten zu lassen, ist, neben weiteren Anforderungen (vgl. § 25b Abs. 2 UStG), erforderlich, dass der mittlere Unternehmer (= erster Abnehmer) eine Rechnung i.S.d. § 14a Abs. 7 UStG erteilt, in der er die USt nicht ausweist (§ 25b Abs. 2 Nr. 3 UStG). Erteilt

dementsprechend der mittlere Unternehmer keine Rechnung nach § 14a Abs. 7 UStG, treten die Rechtsfolgen des § 25b Abs. 2 UStG für seine Lieferung nicht ein, da die entsprechende **Rechnungsstellung materielle Voraussetzung** hierfür ist (vgl. Abschn. 25b.1 Abs. 8 S. 1 UStAE). Der Unternehmer schuldet in diesem Fall die entstandene USt sowohl für die Lieferung als auch den i. g. Erwerb, seine Rechnung unterliegt den Bestimmungen des § 14 UStG. § 14a Abs. 7 UStG beschreibt die Rechnungslegung aus deutscher Sicht. Voraussetzung für die Anwendung der Vorschrift ist daher, dass der zugrundeliegende Vorgang (§ 25b UStG) im Inland steuerbar ist.

Erteilt der mittlere Unternehmer eine Rechnung i. S. d. § 14a Abs. 7 UStG, muss die Rechnung einen Hinweis auf das Vorliegen eines i. g. Dreiecksgeschäftes und den Übergang der Steuerschuld auf den letzten Abnehmer enthalten (§ 14a Abs. 7 S. 1 UStG). Wie dieser Hinweis im Detail aussehen soll, regelt die Vorschrift nicht. Nach Verwaltungsmeinung genügt ein Hinweis z. B. folgenden Wortlautes »Innergemeinschaftliches Dreiecksgeschäft nach § 25b UStG« oder »Vereinfachungsregelung nach Art. 141 MwStSystRL« (vgl. Abschn. 25b.1 Abs. 8 S. 2 Nr. 1 UStAE; vgl. FG München vom 16.07.2015, Az.: 14 K 1813/13, EFG 2015, 1990 zur Unionsrechtskonformität). Zusätzlich muss die Rechnung einen Hinweis auf die Steuerschuldnerschaft des letzten Abnehmers enthalten, da es für den letzten Abnehmer klar und eindeutig erkennbar sein muss, dass er die Steuer schuldet (vgl. Abschn. 25b.1 Abs. 8 S. 2 Nr. 2 UStAE). 41

Ebenfalls müssen in der Rechnung nach § 14a Abs. 7 S. 2 UStG die USt-IdNr. des Unternehmers und des Leistungsempfängers angegeben werden (vgl. Abschn. 25b.1 Abs. 8 S. 2 Nr. 3 und 4 UStAE). 42

Die Vorschriften über den offenen Steuerausweis nach § 14 Abs. 4 S. 1 Nr. 8 UStG finden zudem keine Anwendung (§ 14a Abs. 7 S. 3 UStG). Der Nichtausweis der USt als Tatbestandsmerkmal ergibt sich zwar bereits aus § 25b Abs. 2 Nr. 3 UStG, § 14a Abs. 7 S. 3 UStG legt aber zusätzlich fest, dass der Unternehmer für den Fall des § 25b Abs. 2 UStG nicht berechtigt ist, USt auszuweisen. 43

§ 14b UStG
Aufbewahrung von Rechnungen

(1) [1]Der Unternehmer hat ein Doppel der Rechnung, die er selbst oder ein Dritter in seinem Namen und für seine Rechnung ausgestellt hat, sowie alle Rechnungen, die er erhalten oder die ein Leistungsempfänger oder in dessen Namen und für dessen Rechnung ein Dritter ausgestellt hat, zehn Jahre aufzubewahren. [2]Die Rechnungen müssen für den gesamten Zeitraum die Anforderungen des § 14 Abs. 1 Satz 2 erfüllen. [3]Die Aufbewahrungsfrist beginnt mit dem Schluss des Kalenderjahres, in dem die Rechnung ausgestellt worden ist; § 147 Abs. 3 der Abgabenordnung bleibt unberührt. [4]Die Sätze 1 bis 3 gelten auch

1. **für Fahrzeuglieferer (§ 2a);**
2. **in den Fällen, in denen der letzte Abnehmer die Steuer nach § 13a Abs. 1 Nr. 5 schuldet, für den letzten Abnehmer;**
3. **in den Fällen, in denen der Leistungsempfänger die Steuer nach § 13b Abs. 5 schuldet, für den Leistungsempfänger.**

[5]In den Fällen des § 14 Abs. 2 Satz 1 Nr. 1 hat der Leistungsempfänger die Rechnung, einen Zahlungsbeleg oder eine andere beweiskräftige Unterlage zwei Jahre gemäß den Sätzen 2 und 3 aufzubewahren, soweit er

1. **nicht Unternehmer ist oder**
2. **Unternehmer ist, aber die Leistung für seinen nichtunternehmerischen Bereich verwendet.**

(2) [1]Der im Inland oder in einem der in § 1 Abs. 3 bezeichneten Gebiete ansässige Unternehmer hat alle Rechnungen im Inland oder in einem der in § 1 Abs. 3 bezeichneten Gebiete aufzubewahren. [2]Handelt es sich um eine elektronische Aufbewahrung, die eine vollständige Fernabfrage (Online-Zugriff) der betreffenden Daten und deren Herunterladen und Verwendung gewährleistet, darf der Unternehmer die Rechnungen auch im übrigen Gemeinschaftsgebiet, in einem der in § 1 Abs. 3 bezeichneten Gebiete, im Gebiet von Büsingen oder auf der Insel Helgoland aufbewahren. [3]Der Unternehmer hat dem Finanzamt den Aufbewahrungsort mitzuteilen, wenn er die Rechnungen nicht im Inland oder in einem der in § 1 Abs. 3 bezeichneten Gebiete aufbewahrt. [4]Der nicht im Inland oder in einem der in § 1 Abs. 3 bezeichneten Gebiete ansässige Unternehmer hat den Aufbewahrungsort der nach Absatz 1 aufzubewahrenden Rechnungen im Gemeinschaftsgebiet, in den in § 1 Abs. 3 bezeichneten Gebieten, im Gebiet von Büsingen oder auf der Insel Helgoland zu bestimmen. [5]In diesem Fall ist er verpflichtet, dem Finanzamt auf dessen Verlangen alle aufzubewahrenden Rechnungen und Daten oder die an deren Stelle tretenden Bild- und Datenträger unverzüglich zur Verfügung zu stellen. [6]Kommt er dieser Verpflichtung nicht oder nicht rechtzeitig nach, kann das Finanzamt verlangen, dass er die Rechnungen im Inland oder in einem der in § 1 Abs. 3 bezeichneten Gebiete aufbewahrt.

(3) Ein im Inland oder in einem der in § 1 Abs. 3 bezeichneten Gebiete ansässiger Unternehmer ist ein Unternehmer, der in einem dieser Gebiete einen Wohnsitz, seinen Sitz, seine Geschäftsleitung oder eine Zweigniederlassung hat.

(4) [1]Bewahrt ein Unternehmer die Rechnungen im übrigen Gemeinschaftsgebiet elektronisch auf, können die zuständigen Finanzbehörden die Rechnungen für Zwecke der Umsatzsteuerkontrolle über Online-Zugriff einsehen, herunterladen und verwenden. [2]Es muss sichergestellt sein, dass die zuständigen Finanzbehörden die Rechnungen unverzüglich über Online-Zugriff einsehen, herunterladen und verwenden können.

(5) Will der Unternehmer die Rechnungen außerhalb des Gemeinschaftsgebiets elektronisch aufbewahren, gilt § 146 Abs. 2a der Abgabenordnung.

Literatur

Hannig, Verlagerung der elektronischen Buchführung ins Ausland, NWB 46/2013, 3604. **Mann**, Die elektronische Rechnung als Risiko für den Vorsteuerabzug, UStB 2010, 334. Roderburg/Richter, Verlagerung der elektronischen Buchführung ins Ausland; Gesetzliche Regelung und Umsetzung in der Praxis, IStR 11/2016, 456ff. **Vellen**, Neue bzw. geplante Richtlinien und Verordnungen, EU-UStB 2010, 58.

Verwaltungsanweisungen

BMF vom 01.02.1984, Az: IV A 7 – S 0318 – 1/84, BStBl I 1984, 155 (Mikrofilm-Grundsätze).
BMF vom 07.11.1995, Az: IV A 8 – S 0316 – 52/95, BStBl I 1995, 738 (GoBS).
BMF vom 16.07.2001, Az: IV D 2 – S 0316 – 136/01, BStBl I 2001, 415 (Datenzugriff).
BMF vom 29.01.2004, Az: IV B 7 – S 7280 – 19/04, BStBl I 2004, 258.
BMF vom 24.11.2004, Az: IV A 5 – S 7280 – 21/04 und IV A 5 – S 7295 – 1/04, BStBl I 2004, 1122.
OFD Koblenz vom 06.01.2006, Az: S 7134 A – St 442, DStR 2006, 326.
OFD Koblenz vom 21.02.2006, Az: S 7280 A – St 445, DStR 2006, 758.
BMF vom 01.12.2006, Az: IV A 5 – S 7300 – 90/06, BStBl I 2007, 90.
OFD Koblenz vom 07.05.2007, Az: S 7134 A St 44 2, UR 2007, 708.
BMF vom 14.11.2014, Az: IV A 4 – S 0316/13/10003, BStBl I 2014, 1450 (GoBD).
Hinweis: Zur Problematik der zeitlichen Geltungsdauer von BMF-Schreiben vgl. Einführung UStG, Rz. 100 ff.

Richtlinien/Hinweise/Verordnungen

UStAE: Abschn. 14b.1.
MwStSystRL: Art. 244ff.

1 Allgemeines

1.1 Übersicht über die Vorschrift

1 § 14b UStG wurde durch Art. 5 Nr. 17 des Zweiten Gesetzes zur Änderung steuerlicher Vorschriften (**Steueränderungsgesetz 2003** – StÄndG 2003; Gesetz vom 15.12.2003, BGBl I 2003, 2645) in das UStG m. W. v. 01.01.2004 neu eingefügt. Die Vorschrift setzt Art. 244 ff. MwStSystRL/Art. 22 Abs. 3 Buchst. d der 6. EG-RL um und regelt im Wesentlichen Aufbewahrungspflichten des Unternehmers für Rechnungen sowie den Aufbewahrungsort für Rechnungen. § 14b Abs. 1 UStG führt zunächst eine **generelle Aufbewahrungspflicht** ein. Durch § 14b Abs. 1 S. 5 UStG werden auch **Nichtunternehmer** zur Aufbewahrung von Rechnungen in bestimmten Fällen verpflichtet. Den **Ort der Aufbewahrung** regelt § 14b Abs. 2 UStG in Abhängigkeit von der Ansässigkeit des Unternehmers. § 14b Abs. 3 UStG definiert den Begriff der **Ansässigkeit** i. S. d. Vorschrift. In § 14b Abs. 4 UStG findet sich die Berechtigung der Verwaltung zum **Online-Zugriff** bei elektronischer Aufbewahrung im üGG. Siehe auch das Einführungsschreiben des BMF zu den Änderungen durch das StÄndG 2003 (BMF vom 29.01.2004, Az: IV B 7 – S 7280 – 19/04, BStBl I 2004, 258).

1.2 Rechtsentwicklung

1.2.1 Allgemeines

2 Nach der Einführung der Norm zum 01.01.2004 durch das StÄndG 2003 wurde § 14b Abs. 1 S. 5 UStG durch das Gesetz zur Intensivierung der Bekämpfung der Schwarzarbeit und damit zusammenhängender Steuerhinterziehung (**SchwarzArbBekG**, Gesetz vom 23.07.2004, BGBl I 2004, 1842) mit Wirkung ab 01.08.2004 angefügt. Durch Art. 7 Nr. 9 des **JStG 2009** (Gesetz vom 19.12.2008, BGBl I 2008, 2794) wurde § 14b UStG um einen neuen Abs. 5 erweitert, der die elektronische Aufbewahrung von Rechnungen außerhalb des Gemeinschaftsgebiets regelt.

1.2.2 Gesetz zur Umsetzung steuerlicher EU-Vorgaben und spätere Gesetzesänderungen

3 Durch Art. 6 Nr. 5 des **Gesetzes zur Umsetzung steuerlicher EU-Vorgaben** sowie zur Änderung steuerlicher Vorschriften (vgl. Gesetzesentwurf der Bundesregierung vom 25.01.2010, BT-Drucks. 17/506; Gesetz vom 08.04.2010, BGBl I 2010, 386) wurde in § 14b Abs. 1 S. 4 Nr. 3 UStG die Verweisung auf § 13b Abs. 2 UStG durch eine Verweisung auf § 13b Abs. 5 UStG m. W. v. 01.07.2010 ersetzt (Grund: Neufassung § 13b UStG). Durch die Neufassung des § 13b UStG ist die in § 13b Abs. 2 S. 1 UStG a. F. enthaltene Einschränkung auf juristische Personen des öffentlichen Rechts entfallen (vgl. § 13b Abs. 5 S. 1 UStG n. F.). Ausweislich der Gesetzesbegründung sollen in Umsetzung des Art. 196 MwStSystRL in der ab 01.01.2010 geltenden Fassung auch juristische Personen des privaten Rechts betroffen sein. Diese waren schon bislang betroffen, sofern sie Unternehmer sind. Art. 196 MwStSystRL betrifft demgegenüber auch nicht steuerpflichtige juristische Personen mit UStIdNr.

Durch Art. 5 Nr. 2 des **Steuervereinfachungsgesetzes 2011** (Gesetz vom 01.11.2011, BGBl I 2011, 2131) wurde § 14b Abs. 1 S. 2 UStG mit Wirkung ab 01.07.2011 (Art. 18 Abs. 3 des Steuervereinfachungsgesetzes 2011: Art. 3 tritt am 01.07.2011 in Kraft) neu formuliert. 4

1.3 Geltungsbereich

1.3.1 Sachlicher Geltungsbereich

§ 14b UStG regelt die Aufbewahrung von Rechnungen. 5

1.3.2 Persönlicher Geltungsbereich

§ 14b UStG sieht hinsichtlich des persönlichen Geltungsbereichs keine Beschränkungen vor und gilt daher zunächst für **alle Unternehmer** i. S. d. § 2 UStG. Eine besondere Einschränkung hinsichtlich des betroffenen Unternehmers enthält die Norm nicht. Betroffen sind daher grundsätzlich **auch Kleinunternehmer** (vgl. Korn in Bunjes, § 14b UStG Rn. 3). Daneben erweitert die Vorschrift die Aufbewahrungspflicht nach § 14b Abs. 1 S. 5 UStG auch auf **Nichtunternehmer**. 6

1.3.3 Zeitlicher Geltungsbereich

§ 14b UStG wurde durch Art. 4 Nr. 16 **StÄndG 2003** vom 15.12.2003 (BGBl I 2003, 2645) **m. W. v. 01.01.2004** (Art. 17 Abs. 4 StÄndG 2003) neu in das UStG eingefügt. Die Regelungen des § 14b Abs. 1 S. 5 UStG wurden mit **Wirkung ab 01.08.2004** eingefügt. § 14b Abs. 5 UStG i. d. F. des **JStG 2009** tritt nach Art. 39 Abs. 1 JStG 2009 am Tag nach der Verkündung in Kraft (= 25.12.2008, Verkündung im BGBl I 2008 Nr. 63 vom 24.12.2008). Die geänderte Verweisung in § 14b Abs. 1 S. 4 Nr. 3 UStG tritt nach Art. 12 Abs. 4 des **Gesetzes zur Umsetzung steuerlicher EU-Vorgaben** sowie zur Änderung steuerlicher Vorschriften am 01.07.2010 in Kraft. Die durch das **Steuervereinfachungsgesetz 2011** (Gesetz vom 01.11.2011, BGBl I 2011, 2131) vorgenommene Neuformulierung von § 14b Abs. 1 S. 2 UStG tritt nach Art. 18 Abs. 3 des Steuervereinfachungsgesetzes am 01.07.2011 in Kraft. 7

1.4 Gemeinschaftsrechtliche Grundlagen und Verhältnis zu anderen Vorschriften

§ 14b UStG setzt Art. 22 Abs. 3 Buchst. d der 6. EG-RL (Art. 244 ff. MwStSystRL) um. Die Verpflichtung zur Aufbewahrung von Rechnungen nach § 14b Abs. 1 S. 5 UStG auch durch Nichtunternehmer oder Unternehmer mit Leistungsbezug für den nichtunternehmerischen Bereich beruht auf Art. 248 MwStSystRL. § 14b Abs. 1 S. 2 UStG wurde den Formulierungen der MwStSystRL angepasst (Art. 233 Abs. 1 MwStSystRL). 8

2 Kommentierung

2.1 Aufbewahrungspflicht

2.1.1 Allgemeines

9 Nach § 14b Abs. 1 S. 1 UStG ist der Unternehmer verpflichtet, ein Doppel der Rechnungen, die er selber oder ein Dritter in seinem Namen und für seine Rechnung ausgestellt hat, **zehn Jahre** aufzubewahren (**Ausgangsrechnungen**). Dies gilt auch für vom Unternehmer erhaltene Rechnungen (**Eingangsrechnungen**) und für vom Leistungsempfänger oder in dessen Namen und für dessen Rechnung von einem Dritten ausgestellte Rechnungen (**Gutschriften**). Die Vorschrift betrifft grundsätzlich **alle Unternehmer** und alle Rechnungen, sie postuliert eine **generelle Aufbewahrungspflicht** nach UStG.

10 Nach § 14b Abs. 1 S. 4 UStG gilt die Aufbewahrungspflicht nach § 14b Abs. 1 S. 1–3 UStG auch für:

- den Fahrzeuglieferer nach § 2a UStG (der Fahrzeuglieferer ist letztlich Nichtunternehmer, wird aber für die i. g. Lieferung eines neuen Fahrzeugs wie ein Unternehmer behandelt),
- den letzten Abnehmer in Fällen, in denen der letzte Abnehmer die Steuer nach § 13a Abs. 1 Nr. 5 UStG schuldet (= § 25b Abs. 2 UStG/i. g. Dreiecksgeschäft),
- den Leistungsempfänger in Fällen des § 13b Abs. 5 UStG, in denen der Leistungsempfänger die Steuer schuldet (Übergang der Steuerschuldnerschaft vom Leistungsgeber auf den Leistungsnehmer; vgl. Abschn. 14b.1 Abs. 3 Anstrich 3 UStAE).

11 Hinsichtlich der Aufbewahrungspflicht von **Kleinbetragsrechnungen** nach § 33 UStDV gilt nach Verwaltungsauffassung eine Vereinfachung dahin gehend, dass bei Erteilung der Rechnungen mithilfe einer elektronischen Registrierkasse das Aufbewahren der Tagesendsummenbons ausreichen soll, sofern diese die Gewähr der Vollständigkeit bieten und den Namen des Geschäfts, das Ausstellungsdatum und die Tagesendsumme enthalten; im Übrigen müssen die Voraussetzungen der BMF-Schreiben vom 09.01.1996, Az: IV A 8 – S 0310 – 5/95, BStBl I 1996, 34 und vom 26.11.2010, Az: IV A 4 – S 0316/08/10004-07, BStBl I 2010, 1342 erfüllt werden (vgl. Abschn. 14b.1 Abs. 1 S. 2 UStAE). Soweit die Grenze des § 33 UStDV überschritten wird, ist der leistende Unternehmer jedoch auch weiterhin zur Aufbewahrung des Doppels der erteilten Rechnung verpflichtet (§ 14b Abs. 1 S. 1 UStG).

12 Sofern bei **gemeinsamer Auftragserteilung** durch mehrere Personen für Zwecke des Vorsteuerabzugs ein oder mehrere Gemeinschafter als Leistungsempfänger anzusehen sind, muss einer dieser Gemeinschafter das Original der Rechnung und jeder andere dieser Gemeinschafter mindestens eine Ablichtung der Rechnung aufbewahren (Abschn. 14b.1 Abs. 1 S. 3 UStAE).

2.1.2 Lesbarkeit

13 Die Rechnungen müssen für den gesamten Zeitraum der Aufbewahrung lesbar sein (§ 14b Abs. 1 S. 2 UStG). Durch das StVereinfG 2011 wurde § 14b Abs. 1 S. 2 UStG neu formuliert und verweist nunmehr auf § 14 Abs. 1 S. 2 UStG. Erforderlich ist daher, dass die Echtheit der Herkunft, die Unversehrtheit des Inhalts und die Lesbarkeit der Rechnungen während des Aufbewahrungszeitraums gewährleistet sein müssen (vgl. Abschn. 14b.1 Abs. 5 S. 1 UStAE). Dies entspricht den Anforderungen des Art. 233 Abs. 1 MwStSystRL Im Zusammenhang mit der Neuformulierung des § 14 Abs. 1 UStG durch das StVereinfG 2011 führt die Gesetzesbegründung (BT-Drucks. 17/5125 vom 21.03.2011, 52) aus, dass damit keine Erhöhung der Anforderungen an Papierrechnungen

einherginge, da diese Anforderungen bereits bisher Bestandteil der GoB gewesen seien (deklaratorischer Charakter). Gleiches dürfte auch für die Neuformulierung des § 14b Abs. 1 S. 2 UStG gelten.

Nachträgliche Änderungen sind nicht zulässig (vgl. Abschn. 14b.1 Abs. 5 S. 2 UStAE). Bei 14
Ausdrucken auf Thermopapier muss die Rechnung durch einen nochmaligen Kopiervorgang konserviert werden, damit sie über den gesamten Zeitraum der Aufbewahrungspflicht lesbar ist. Die ursprünglich auf Thermopapier ausgedruckte Rechnung muss nicht aufbewahrt werden (vgl. Abschn. 14b.1 Abs. 5 S. 3, 4 UStAE).

Ausweislich der Gesetzesbegründung zum StÄndG 2003 (vgl. BT-Drucks. 15/1562 vom 15
23.09.2003, 49) bleiben die Regelungen des § 147 Abs. 2 AO unberührt, die Aufbewahrung kann daher auch auf Bildträgern (z.B. Mikrofilm) oder Datenträgern (z.B. Magnetband, Diskette, CD-ROM) erfolgen (elektronische Aufbewahrung). Zu beachten sind dabei bis 31.12.2014 die »Grundsätze ordnungsmäßiger DV-gestützter Buchführungssysteme – GoBS (vgl. BMF vom 07.11.1995, Az: IV A 8 – S 0316 – 52/95, BStBl I 1995, 738) sowie die Grundsätze zum Datenzugriff und zur Prüfbarkeit digitaler Unterlagen – GDPdU. Ab 01.01.2015 gilt das Schreiben des BMF vom 14.11.2014, Az: IV A 4 – S 0316/13/10003, BStBl I 2014, 1450 (GoBD).

Zur Aufbewahrung elektronischer Rechnungen vgl. § 14 Rn. (vgl. Abschn. 14b.1 Abs. 6 S. 1 16
UStAE). Elektronische Rechnungen sind elektronisch aufzubewahren; die ausschließliche Aufbewahrung eines Ausdrucks ist unzulässig. Bei **elektronisch übermittelten Rechnungen** muss der Unternehmer neben der Rechnung auch die Nachweise über die Echtheit und die Unversehrtheit der Daten aufbewahren (z.B. qualifizierte elektronische Signatur). Dies gilt auch dann, wenn nach anderen Vorschriften die Gültigkeit dieser Nachweise bereits abgelaufen ist (vgl. Abschn. 14b.1 Abs. 6 S. 2 UStAE). Auch nach der Neuregelung der elektronischen Rechnung in § 14 Abs. 1 und 3 UStG durch das StVereinfG 2011 dürfte sich an der Aufbewahrungspflicht einer elektronischen Signatur – sofern verwendet – nichts geändert haben.

TIPP
Sollte innerhalb der Aufbewahrungsfrist das EDV-System gewechselt werden, muss der Unternehmer sicherstellen, dass seine bis zu diesem Zeitpunkt archivierten Daten auch anschließend noch lesbar gemacht werden können. Sofern dies auf dem neuen System nicht möglich sein sollte, muss der Unternehmer ggf. auch die alte Hard- und Software einlagern/aufheben.

2.1.3 Aufbewahrungsfrist

Die Aufbewahrungsfrist beginnt mit Ablauf des Kalenderjahres, in dem die Rechnung ausgestellt 17
worden ist (vgl. § 14b Abs. 1 S. 3 1. HS UStG), wobei die Regelungen des § 147 Abs. 3 AO unberührt bleiben sollen (vgl. § 14b Abs. 1 S. 3 2. HS UStG). Da § 14b Abs. 1 S. 1 UStG als lex spezialis gegenüber den Vorschriften der AO die Aufbewahrungsfrist mit zehn Jahren festschreibt, kann die Verweisung auf § 147 Abs. 3 AO nur insofern von Bedeutung sein, als die Aufbewahrungsfrist sich wegen noch laufender Festsetzungsfrist verlängern würde (§ 147 Abs. 3 S. 3 AO; vgl. Abschn. 14b.1 Abs. 2 UStAE).

2.1.4 Aufbewahrungspflicht bei Nichtunternehmern

Neben den Aufbewahrungspflichten für Fahrzeuglieferer nach § 2a UStG wurde durch das 18
SchwarzArbBekG (Gesetz vom 23.07.2004, BGBl I 2004, 1842) mit Wirkung ab 01.08.2004 erstmals eine Aufbewahrungspflicht auch für »echte« Nichtunternehmer eingeführt. Betroffen sind die Fälle des § 14 Abs. 2 S. 1 Nr. 1 UStG, in denen der Nichtunternehmer eine **steuerpflichtige**

Werklieferung oder sonstige Leistung im Zusammenhang mit einem Grundstück bezieht (im Einzelnen vgl. § 14 Rn. 40ff. und vgl. § 14 Rn. 143). Während § 14 Abs. 2 S. 1 Nr. 1 UStG die Pflicht zur Ausstellung einer Rechnung durch den leistenden Unternehmer regelt, normiert § 14b Abs. 1 S. 5 Nr. 1 UStG die entsprechende Aufbewahrungspflicht für den nichtunternehmerischen Leistungsempfänger. Die Regelung soll durch **Erhöhung des Kontrolldrucks** die Steuerehrlichkeit sowohl beim Leistungsgeber als auch beim Leistungsempfänger fördern.

19 Die Aufbewahrungspflicht gilt auch für den Unternehmer, sofern er entsprechende Leistungen für den nichtunternehmerischen Bereich verwendet (§ 14b Abs. 1 S. 5 Nr. 2 UStG). Werden die entsprechenden Leistungen an den unternehmerischen Bereich des Leistungsempfängers erbracht, greift § 14b Abs. 1 S. 1 UStG. Als Besonderheit gilt es zu beachten, dass auch bei Leistungserbringung an den nichtunternehmerischen Bereich eine Aufbewahrungspflicht von zehn Jahren greifen kann, wenn es sich um eine Bauleistung nach § 13 Abs. 2 Nr. 4 UStG handelt. In diesen Fällen geht die Steuerschuldnerschaft nach § 13 Abs. 5 S. 2 und 6 UStG auf den Leistungsempfänger über, wenn er ebenfalls Bauleistungen erbringt, was die Rechtsfolgen des § 14b Abs. 1 S. 4 Nr. 3 UStG auslöst (= Aufbewahrungspflicht zehn Jahre), der der Anwendung des § 14b Abs. 1 S. 5 UStG vorgeht (vgl. BMF vom 24.11.2004, Az: IV A 5 – S 7280 – 21/04/IV A 5 – S 7295 – 1/04, BStBl I 2004, 1122, Tz. 25; vgl. Abschn. 14b.1 Abs. 4 S. 6 UStAE).

20 Der Leistungsempfänger ist verpflichtet, die Rechnung, einen Zahlungsbeleg (z.B. Kontoauszüge und Quittungen) oder eine andere beweiskräftige Unterlage (z.B. Bauverträge, Bestellungen, Abnahmeprotokolle nach VOB, Unterlagen über Rechtsstreitigkeiten u.Ä.; vgl. Abschn. 14b.1 Abs. 4 S. 2, 3 UStAE) **zwei Jahre** lang aufzubewahren. Die aufzubewahrenden Unterlagen müssen dabei während der gesamten Zeit die Voraussetzungen des § 14 Abs. 1 S. 2 UStG erfüllen (Echtheit der Herkunft, inhaltliche Unversehrtheit, Lesbarkeit; § 14b Abs. 1 S. 2 UStG). Die Aufbewahrungsfrist beginnt mit dem Schluss des Kj., in dem die Rechnung ausgestellt worden ist (§ 14b Abs. 1 S. 3 UStG).

21 Die Aufbewahrungspflicht gilt auch dann, wenn der Unternehmer gegen seine Verpflichtung nach § 14 Abs. 4 S. 1 Nr. 9 UStG (Hinweis auf die Aufbewahrungspflicht) verstößt oder es sich um eine Kleinbetragsrechnung (§ 33 UStDV) ohne die Hinweispflicht handelt (vgl. Abschn. 14b.1 Abs. 4 S. 4 UStAE; vgl. § 14 Rn. 143).

22 Für steuerpflichtige Leistungen nach § 4 Nr. 12 S. 1 und 2 UStG (**Vermietungsleistungen**), die weder an einen anderen Unternehmer für dessen Unternehmen noch an eine juristische Person erbracht werden, besteht nach Verwaltungsauffassung keine Aufbewahrungspflicht nach § 14b Abs. 1 S. 5 UStG (vgl. Abschn. 14b.1 Abs. 4 S. 5 UStAE). Diese Regelung ist aus der Sicht des Bürgers erfreulich, schränkt sie doch den an sich unbegrenzten Anwendungsbereich der Norm für das alltägliche Leben wieder auf ein erträglicheres Maß ein. Hintergrund für diese Regelung ist die Formulierung des § 14 Abs. 2 S. 1 Nr. 1 UStG, nach der der Unternehmer verpflichtet ist, bei jedweder sonstigen Leistung im Zusammenhang mit einem Grundstück eine Rechnung zu erteilen, die dann nach § 14b Abs. 1 S. 5 UStG für den Nichtunternehmer aufbewahrungspflichtig würde. Macht man sich bewusst, dass darunter auch kurzfristige Vermietungen fallen (vgl. zum Anwendungsbereich Abschn. 3a.3 und 4.12.1 UStAE), könnte sich § 14b Abs. 1 S. 5 UStG sehr schnell zu einem Damoklesschwert entwickeln, zumal ein Verstoß gegen die Aufbewahrungspflicht nach § 26a Abs. 1 Nr. 3 UStG als Ordnungswidrigkeit sanktionsbewährt ist (mit bis zu 500 €).

2.2 Ort der Aufbewahrung

2.2.1 Allgemeines

§ 14b Abs. 2 UStG regelt den Ort der Aufbewahrung für die nach § 14b Abs. 1 UStG aufzubewahrenden Rechnungen und Gutschriften. Die Vorschrift bestimmt den **Aufbewahrungsort** in Abhängigkeit von der Ansässigkeit des Unternehmers und unterscheidet zwischen den im Inland oder in den in § 1 Abs. 3 UStG bezeichneten Gebieten ansässigen Unternehmern und solchen, die nicht in diesen Gebieten ansässig sind. Die Frage der **Ansässigkeit** wird in § 14b Abs. 3 UStG geregelt. Im Inland oder in den in § 1 Abs. 3 UStG bezeichneten Gebieten ansässig ist ein Unternehmer dann, wenn er in einem dieser Gebiete einen Wohnsitz, seinen Sitz, seine Geschäftsleitung oder eine Zweigniederlassung hat (vgl. Abschn. 14b.1 Abs. 7 S. 2 UStAE). Zur Abgrenzung vgl. auch die Kommentierung zu § 6 Abs. 2 und vgl. die Kommentierung zu § 13b Abs. 7, die das Problem der Ansässigkeit aus dem umgekehrten Blickwinkel angehen: »Wann ist ein Abnehmer ein ausländischer Abnehmer, wann ein Leistungsgeber im Ausland ansässig?« Durch das EuGH-Urteil vom 06.11.2011 (Rs. C-421/10 »Stoppelkamp«, BFH/NV 2011, 2219 – zum Reverse-Charge-Verfahren nach § 13b UStG; vgl. Art. 9 Nr. 5 JStG 2013-E [BT-Drucks. 17/10000 vom 19.06.2012]) ist es fraglich geworden, ob ein reiner Wohnsitz ohne wirtschaftliche Tätigkeit im Inland die Ansässigkeit begründet (vgl. Korn in Bunjes, § 14b, Rn. 15). 23

2.2.2 Im Inland ansässige Unternehmer

Der **im Inland** oder in den in § 1 Abs. 3 UStG bezeichneten Gebieten **ansässige Unternehmer** muss die aufbewahrungspflichtigen Rechnungen grundsätzlich im Inland oder in den in § 1 Abs. 3 UStG bezeichneten Gebieten aufbewahren (§ 14b Abs. 2 S. 1 UStG, Abschn. 14b.1 Abs. 7 S. 1 UStAE). Die Aufbewahrung in einem anderen Gebiet, beispielsweise einem Drittland, scheidet grundsätzlich aus. Eine Ausnahme sieht § 14b Abs. 2 S. 2 UStG für den Fall vor, dass eine elektronische Aufbewahrung vorliegt (vgl. § 147 Abs. 2 AO). Unter elektronischer Aufbewahrung sind nicht nur elektronische Rechnungen zu verstehen (vgl. BT-Drucks. 15/1562 vom 23.09.2003, 49), sondern auch Rechnungen, die als Wiedergabe auf Bild- oder Datenträgern aufbewahrt werden (vgl. Abschn. 14b.1 Abs. 8 S. 1 UStAE). Ist in einem solchen Fall die vollständige Fernabfrage (**Online-Zugriff**) der Daten und deren Herunterladen und Verwendung gewährleistet, kann (darf) der Unternehmer die Rechnungen auch im üGG (vgl. § 1 Abs. 2a S. 1 UStG; Abschn. 1.9, 1.10 UStAE), in einem der in § 1 Abs. 3 UStG bezeichneten Gebiete (fraglich, ob diese Möglichkeit nicht schon aufgrund der Formulierung des § 14b Abs. 2 S. 1 UStG für im Inland ansässige Unternehmer zulässig ist – § 14b Abs. 2 S. 2 UStG soll wohl grundsätzlich eine Erweiterung/Erleichterung darstellen), im Gebiet von Büsingen oder auf der Insel Helgoland aufbewahren (Grund für die Aufbewahrungsmöglichkeit in letzteren Gebieten soll ausweislich der Gesetzesbegründung sein, dass es sich hierbei um deutsches Hoheitsgebiet handelt; vgl. BT-Drucks. 15/1562 vom 23.09.2003, 49; vgl. auch § 1 Abs. 2 UStG). Die elektronische Aufbewahrung setzt daher auch die Einräumung der Möglichkeit des Online-Zugriffs voraus, sofern die Rechnungen nicht im Inland oder in den in § 1 Abs. 3 UStG bezeichneten Gebieten aufbewahrt werden. Bewahrt der Unternehmer die Rechnungen nicht im Inland oder in einem der in § 1 Abs. 3 UStG bezeichneten Gebiete auf, hat er dem Finanzamt den **Aufbewahrungsort mitzuteilen** (§ 14b Abs. 2 S. 3 UStG; Abschn. 14b.1 Abs. 8 S. 2 UStAE). Letzteres kann streng genommen nur in den Fällen des § 14b Abs. 2 S. 2 UStG (elektronische Aufbewahrung) eintreten, da nach § 14b Abs. 2 S. 1 UStG grundsätzlich die Aufbewahrung im Inland oder in den in § 1 Abs. 3 UStG bezeichneten 24

Gebieten vorgeschrieben ist und § 14b Abs. 2 S. 3 UStG sicherlich nicht nur eine Meldepflicht im Falle eines Verstoßes beinhalten soll (so wohl auch die Verwaltung in Abschn. 14b.1 Abs. 8 S. 2 UStAE – »... in diesem Fall ...«). Zudem enthält die Vorschrift außer § 14b Abs. 2 S. 2 UStG keine weitere Möglichkeit, Ausnahmen vom grundsätzlichen Aufbewahrungsort im Inland oder den in § 1 Abs. 3 UStG bezeichneten Gebieten zuzulassen. Fraglich erscheint, was genau Inhalt dieser Meldung sein soll. Da die Erweiterung des Aufbewahrungsortes wohl nur in Fällen der elektronischen Aufbewahrung greift, ist davon auszugehen, dass der Unternehmer für diesen Fall auch verpflichtet ist, die Zugriffsmöglichkeiten zu beschreiben und den Online-Zugriff tatsächlich zu ermöglichen (Ausweitung der Zugriffsrechte; vgl. auch § 14b Abs. 4 UStG).

2.2.3 Im Ausland ansässige Unternehmer

25 Für den **nicht im Inland oder in einem in § 1 Abs. 3 UStG bezeichneten Gebieten ansässigen Unternehmer** (dazu zählen auch Unternehmer mit Ansässigkeit in Büsingen oder auf Helgoland, vgl. § 1 Abs. 2 S. 1 UStG) regelt § 14b Abs. 2 S. 4 UStG, dass er den Aufbewahrungsort der nach § 14b Abs. 1 UStG aufzubewahrenden Rechnungen bestimmen muss (festlegen/benennen/tatsächlich umsetzen). Dabei kann sich der Aufbewahrungsort im Gemeinschaftsgebiet (§ 1 Abs. 2a UStG), in den in § 1 Abs. 3 UStG bezeichneten Gebieten, im Gebiet von Büsingen oder auf der Insel Helgoland befinden (vgl. Abschn. 14b.1 Abs. 9 S. 1 UStAE). Das Gemeinschaftsgebiet umfasst nach § 1 Abs. 2a S. 1 UStG auch das Inland. Der nicht im Inland ansässige Unternehmer kann den Aufbewahrungsort demnach entweder im Hoheitsgebiet der Bundesrepublik Deutschland bestimmen (Inland, Gebiete nach § 1 Abs. 3 UStG, Büsingen, Helgoland); in diesen Gebieten kann die Verwaltung problemlos zugreifen, oder in Gebieten, die als Inland anderer Mitgliedstaaten gelten; hier ist ein Zugriff über Amtshilfeabkommen gewährleistet. Ausgeschlossen wird durch die Vorschrift die Aufbewahrung außerhalb der genannten Gebiete. Der Unternehmer ist verpflichtet, dem Finanzamt auf Verlangen alle Rechnungen und Daten oder bei Aufbewahrung auf Bild- oder Datenträgern diese unverzüglich zur Verfügung zu stellen (§ 14b Abs. 2 S. 5 UStG – grundsätzlich also körperliche Übergabe der Unterlagen im Gegensatz beispielsweise zum Download). Diese Formulierung beinhaltet nicht konkret, wo der Unternehmer die Unterlagen zur Verfügung stellen muss. In der Praxis wird dies regelmäßig im Inland der Fall sein (z. B. Prüfung an Amtsstelle; vgl. die Regelungen der Umsatzsteuerzuständigkeitsverordnung – UStZustV). Unklar ist die Formulierung »in diesem Fall« und kann letztlich nur aus der Rechtsfolge des § 14b Abs. 2 S. 6 UStG hergeleitet werden, wonach bei einem Verstoß (keine oder verspätete Vorlage nach Aufforderung durch das Finanzamt) das Finanzamt verlangen kann, dass die Rechnungen im Inland oder in einem der in § 1 Abs. 3 UStG bezeichneten Gebiete aufbewahrt werden (Zugriff möglich, da deutsches Hoheitsgebiet). »In diesem Fall« kann daher nur bedeuten, dass der Unternehmer die Rechnungen zunächst nicht im Inland oder in den in § 1 Abs. 3 UStG bezeichneten Gebieten aufbewahrt und ihn deswegen eine besondere Herausgabeverpflichtung trifft. Ist ein **nicht im Gemeinschaftsgebiet ansässiger Unternehmer** nach den Bestimmungen des Staates, in dem er ansässig ist, verpflichtet, die Rechnungen im Staat der Ansässigkeit aufzubewahren, ist es ausreichend, wenn dieser Unternehmer im Gemeinschaftsgebiet Ablichtungen der aufzubewahrenden Rechnungen aufbewahrt (Abschn. 14b.1 Abs. 9 S. 4 UStAE).

2.2.4 Aufbewahrung außerhalb des Gemeinschaftsgebiets

26 § 14b Abs. 5 UStG wurde durch das JStG 2009 eingeführt, ebenso § 146 Abs. 2a AO; zur damaligen Rechtslage vgl. die 4. Auflage. Die Vorschriften ermöglichen es dem Unternehmer, unter den

Bedingungen des § 146 Abs. 2a AO Rechnungen auch außerhalb des Gemeinschaftsgebietes elektronisch aufzubewahren.

Durch Art. 9 Nr. 7 des **JStG 2010** (Gesetz vom 08.12.2010, BGBl I 2010, 1768) wurde § 146 Abs. 2a AO neu formuliert (zur Anwendung des § 146 Abs. 2a AO vgl. Hannig, NWB 2013, 3604ff. und in NWB 2013, 4072ff.). Die Änderungen treten nach Art. 32 Abs. 1 des JStG am Tag nach der Verkündung des Gesetzes, mithin am 14.12.2010 in Kraft. Die Neufassung wirkt über die Verweisung in § 14b Abs. 5 UStG auch für die elektronische Aufbewahrung von Rechnungen. 27

Ausweislich der Gesetzesbegründung (vgl. elektronische Vorabfassung der BT-Drucks. 17/2249 vom 22.06.2010, 147) erfolgt die Neufassung zur Vereinfachung des Verfahrens. Inhaltlich entfallen ist die geografische Beschränkung auf EU- oder EWR-Staaten, da § 146 Abs. 2a S. 1 AO i.d.F. des JStG 2010 nur noch auf eine Aufbewahrung außerhalb des Geltungsbereiches der AO verweist. Gleichfalls entfallen ist das Erfordernis der Zustimmung des ausländischen Staates in § 146 Abs. 2a S. 3 Nr. 1 AO. Zur Handhabung des § 146 Abs. 2a AO vgl. BayLfSt vom 20.01.2017, Az.: S 0316.1.1-3/5 St 42, IStR 2017, 335; Literaturhinweis: Roderburg/Richter in IStR 2016, 456ff. 28

2.3 Online-Zugriff

§ 14b Abs. 4 S. 1 UStG räumt den zuständigen Finanzbehörden (nicht näher definiert; im Zweifel nach der AO zuständig) das **Online-Zugriffsrecht** (staatenübergreifend) auf elektronisch aufbewahrte Rechnungen ein (Umsetzung Art. 249 MwStSystRL/Art. 22a der 6. EG-RL; BT-Drucks. 15/1562 vom 23.09.2003, 49) und stellt damit die Rechtsgrundlage des Online-Zugriffs dar. Voraussetzung ist einerseits die elektronische Aufbewahrung, andererseits ein Aufbewahrungsort im üGG (nicht zulässig bei Aufbewahrung z.B. im Inland, auch wenn elektronische Aufbewahrung vorliegt). 29

Die Vorschrift differenziert nicht nach der Ansässigkeit des Unternehmers (vgl. § 14b Abs. 2, 3 UStG), woraus sich streng genommen ergibt, dass der nicht im Inland ansässige Unternehmer (vgl. § 14b Abs. 2 S. 4 UStG), der seine Rechnungen elektronisch im üGG aufbewahrt, ebenfalls dem Online-Zugriff unterliegt (in § 14b Abs. 2 UStG nicht speziell erwähnt, da dort nur der Aufbewahrungsort geregelt wird). 30

In richtlinienkonformer Auslegung musste der Anwendungsbereich der Norm jedenfalls bisher wohl auf den im Inland ansässigen Unternehmer beschränkt werden, der durch die elektronische Aufbewahrung die Möglichkeit eingeräumt erhielt, seinen Aufbewahrungspflichten auch im üGG nachzukommen (vgl. § 14b Abs. 2 S. 2 UStG), denn Art. 249 MwStSystRL a.F./Art. 22a der 6. EG-RL ging davon aus, dass der Unternehmer die Unterlagen nicht in seinem Ansässigkeitsstaat aufbewahrt und deshalb die Behörden des Ansässigkeitsstaats das Recht auf elektronischen Zugriff erhalten sollen. 31

Demgegenüber hebt die Neufassung des Art. 249 MwStSystRL (geändert durch RL 2010/45/EU) nicht mehr auf den Aufbewahrungsort ab, sondern nur auf die elektronische Aufbewahrung als solche. Zudem ermöglicht die Neufassung des Art. 249 MwStSystRL den Online-Zugriff sowohl den Behörden des Ansässigkeitsstaates als auch den Behörden anderer Mitgliedstaaten. 32

Sinn des Online-Zugriffs ist die Ausübung der **USt-Kontrolle**. Die Verwaltung darf die Rechnungen einsehen (Lesezugriff), herunterladen (Download) und verwenden. Während das Einsehen und Herunterladen noch verständlich ist (tatsächliche Vorgänge), erscheint fraglich, was der Gesetzgeber unter dem Verwenden der Daten versteht. Gemeint sein kann einerseits die Verwendung in einem Verwaltungsverfahren, sprich im Zweifel negative Folgerungen aus den eingesehenen und heruntergeladenen Daten zu ziehen (USt-Kontrolle), ohne mangels z.B. einer Prüfungsanordnung daran gehindert zu sein (Problem: Verwertungsverbot), andererseits auch 33 das Verwenden i.S.v. weitergeben an andere Finanzämter zur Auswertung mit z.B. Folgen für den Vorsteuerabzug des Leistungsempfängers (wohl beides). Nach der Gesetzesbegründung (BT-Drucks. 15/1562 vom 23.09.2003, 49) ist zudem nicht eindeutig, welche Rechnungen der Gesetzgeber im Blick hat, wenn er von elektronischer Aufbewahrung spricht. In der Gesetzesbegründung zu § 14b Abs. 2 UStG geht der Gesetzgeber für den Begriff der elektronischen Aufbewahrung nicht nur von elektronischen Rechnungen aus (vgl. auch Abschn. 14b.1 Abs. 8 S. 1 UStAE), in der Gesetzesbegründung zu § 14b Abs. 4 UStG betont er aber gerade die Aufbewahrung elektronischer Rechnungen. Art. 249 MwStSystRL a.F./n.F. und Art. 22a der 6. EG-RL gehen m.E. insofern lediglich von der Aufbewahrung mit einem elektronischen Medium aus (respektive »... in einer Weise ...«).

34 Nach § 14b Abs. 4 S. 2 UStG muss sichergestellt sein, dass die zuständigen Finanzbehörden die Rechnungen **unverzüglich über Online-Zugriff einsehen**, herunterladen und verwenden können. Daraus ergibt sich bei elektronischer Aufbewahrung auch die Verpflichtung, die Zugriffsmöglichkeit zu schaffen und zu unterhalten sowie der Verwaltung die Zugriffsmöglichkeiten zu beschreiben. Da es sich bei der elektronischen Aufbewahrung um Datensätze handelt, stellt sich zudem die Frage, ob es bezüglich des Aufbewahrungsortes auf den Standort des Servers ankommt. Insgesamt drängt sich der Eindruck auf, dass der Gesetzgeber in § 14b UStG nicht sauber zwischen elektronischen Rechnungen, elektronischer Aufbewahrung, ggf. Aufbewahrung gleichzeitig vorhandener Papierausfertigung einer Rechnung sowie den mit der elektronischen Aufbewahrung einhergehenden »räumlichen« Problemen trennt.

2.4 Sanktionen

35 Nach § 26a Abs. 1 UStG handelt ordnungswidrig, wer vorsätzlich oder leichtfertig

- entgegen § 14b Abs. 1 S. 1 UStG, auch i.V.m. Satz 4, ein dort bezeichnetes Doppel oder eine dort bezeichnete Rechnung nicht oder nicht mindestens zehn Jahre aufbewahrt (§ 26a Abs. 1 Nr. 2 UStG);
- entgegen § 14b Abs. 1 S. 5 UStG eine dort bezeichnete Rechnung, einen Zahlungsbeleg oder eine andere beweiskräftige Unterlage nicht oder nicht mindestens zwei Jahre aufbewahrt (§ 26a Abs. 1 Nr. 3 UStG).

36 Verstößt demnach der Unternehmer gegen die ihm durch § 14b Abs. 1 S. 1–4 UStG auferlegten Aufbewahrungspflichten, kann ein Geldbußgeld i.H.v. bis zu 5000 € gegen ihn verhängt werden (§ 26a Abs. 2 UStG). Zu den für den Vorsteuerabzug zu treffenden Folgerungen vgl. Abschn. 14b.1 Abs. 10 UStAE. Bei einem Verstoß durch einen Nichtunternehmer gegen die Aufbewahrungspflichten des § 14b Abs. 1 S. 5 UStG kann die Geldbuße bis zu 500 € betragen (§ 26a Abs. 2 UStG). Wegen weiterer Einzelheiten vgl. die Kommentierung zu § 26a.

§ 14c UStG
Unrichtiger oder unberechtigter Steuerausweis

(1) [1]Hat der Unternehmer in einer Rechnung für eine Lieferung oder sonstige Leistung einen höheren Steuerbetrag, als er nach diesem Gesetz für den Umsatz schuldet, gesondert ausgewiesen (unrichtiger Steuerausweis), schuldet er auch den Mehrbetrag. [2]Berichtigt er den Steuerbetrag gegenüber dem Leistungsempfänger, ist § 17 Abs. 1 entsprechend anzuwenden. [3]In den Fällen des § 1 Abs. 1a und in den Fällen der Rückgängigmachung des Verzichts auf die Steuerbefreiung nach § 9 gilt Absatz 2 Satz 3 bis 5 entsprechend.

(2) [1]Wer in einer Rechnung einen Steuerbetrag gesondert ausweist, obwohl er zum gesonderten Ausweis der Steuer nicht berechtigt ist (unberechtigter Steuerausweis), schuldet den ausgewiesenen Betrag. [2]Das Gleiche gilt, wenn jemand wie ein leistender Unternehmer abrechnet und einen Steuerbetrag gesondert ausweist, obwohl er nicht Unternehmer ist oder eine Lieferung oder sonstige Leistung nicht ausführt. [3]Der nach den Sätzen 1 und 2 geschuldete Steuerbetrag kann berichtigt werden, soweit die Gefährdung des Steueraufkommens beseitigt worden ist. [4]Die Gefährdung des Steueraufkommens ist beseitigt, wenn ein Vorsteuerabzug beim Empfänger der Rechnung nicht durchgeführt oder die geltend gemachte Vorsteuer an die Finanzbehörde zurückgezahlt worden ist. [5]Die Berichtigung des geschuldeten Steuerbetrags ist beim Finanzamt gesondert schriftlich zu beantragen und nach dessen Zustimmung in entsprechender Anwendung des § 17 Abs. 1 für den Besteuerungszeitraum vorzunehmen, in dem die Voraussetzungen des Satzes 4 eingetreten sind.

Literatur

Bosche, Berichtigung von Rechnungen durch den Abrechungsempfänger, UR 18/2015, 693 ff. **Eckert**, Umsatzsteuerschuld auch bei unvollständiger Rechnung, BBK 2011, 1103. **Endert/Sepetauz**, Unrichtiger Umsatzsteuerausweis gemäß § 14 c UStG, BBK 2012, 1068. **Frye**, Steuerschuld des Rechnungsausstellers – Anforderungen an eine Rechnung i. S. d. § 14 c UStG, UR 2011, 1. **Grambeck**, Berichtigung der Umsatzsteuer nach § 14c Abs. 1 UStG – Keine Rückwirkung, aber auch keine Bindung an Rückzahlung, NWB 2017, 2174 ff. **Grambeck/Nesemann**, BFH bestätigt ermäßigten Umsatzsteuersatz für das Legen von Hauswasseranschlüssen, NWB 2018, 1592 ff. **Hartmann**, Vorsteuerabzug bei geleisteten Anzahlungen und anschließend ausbleibender Leistung – EuGH-Urteil v. 31.5.2018 – Es. C-660/16 »Kollroß« und C-661/16 »Wirtl«, NWB 2018, 2242 ff. **Haupt**, Verteilungsfragen bei Korrekturen der Umsatzsteuer – Neutralitätsgrundsatz oder in dubio pro fisco? Anmerkungen zu BFH v. 16.5.2018 – XI R 28/16 und BGH v. 17.5.2018 – VII ZR 157/17. **Klein**, Umsatzsteuerrechtliche Behandlung von Hauswasseranschlussleistungen – Die BFH-Urteile vom 8.10.2008 unter besonderer Berücksichtigung verfahrensrechtlicher Folgefragen im Rahmen des § 14 c UStG, DStR 2009, 1127. **L'habitant**, Leistungsbeschreibung (nebst Leistungsdatum) bei Abrechnungsdokumenten i. S. d. § 14c UStG – eine beispielhafte Analyse anhand diverser Fallgestaltungen, UStB 2018, 53 ff. **Meyer-Burow/Connemann**, Anspruch des Rechnungsempfängers gegen die Finanzverwaltung auf Erstattung gesetzlich nicht geschuldeter Umsatzsteuer (Reemtsma-Anspruch) – Teil I in UStB 11/2015, 318 ff. – Teil II in UStB 12/2015, 353 ff. **Oldiges**, Berichtigung eines Steuerbetrags nach § 14c Abs. 1 Satz 2 UStG – Rückzahlung der vereinnahmten Umsatzsteuer an den Leistungsempfänger, NWB 2018, 3074 ff. **Pfefferle/Renz**, Fiskus bremst – Berichtigung einer § 14 c UStG-Steuer wird schwieriger; Anmerkungen zum BMF-Schreiben vom 01.10.2015, NWB 47/2015, 3456 ff. **Pump/Fittkau**, Luftrechnungen des Lieferanten als Ursache seines finanziellen Ruins und seiner Bestrafung wegen Steuerhinterziehung (Teil I/II), UStB 2008, 112 und 143. **Raudszus**, Korrektur eines unrichtigen Steuerausweises – Praktische Hinweise zu Konfliktsituationen mit §§ 15, 17 UStG, UStB 2007, 43. **Reiß**, Vorsteuerabzug und Steuerschuld aus (An-)Zahlungen an Betrüger für nicht erbrachte Lieferungen – Zu zwei (unvollkommenen) BFH-Vorlagen an den EuGH, MwStR 11/2017, 444. **Reiß**, Vorsteuer(abzug) ohne Erhalt einer tatsächlich ausgeführten Lieferung oder Dienstleistung eines anderen Unternehmers – zum (verfehlten) Entscheidungsvorschlag in den Schlussanträgen des Generalanwalts zu den Vorlageersuchen des V. und XI. Senats in den Rs. C-660/16 und C-661/16, MwStR 2018, 372 ff. **Rolfes**, Umsatzsteuerpflicht bei Sale-and-lease-back-Geschäften; Anmerkungen zum BFH-Urteil vom 06.04.2016 – V R 12/15, StuB 19/2016, 738 ff. **Schumann**, Glaube und Wahrheit beim Vorsteuerabzug aus Anzahlungen – Zugleich Besprechung des EuGH-Urteils v. 31.5.2018 – C-660/16 und C-661/16, Kollroß und Wirtl, DStR 2018, 1653 ff. **Sterzinger**, Steuerrückforderungsanspruch des Rechnungsempfängers, UStB 2015, 193 ff. **Tehler**, Die Berichtigung eines unrichtigen Steuerausweises in einer Rechnung, EU-UStB 2009, 39. **Trinks/Eitner**, Umsatzsteuerrisiko bei mehrmaliger Rechnungsübermittlung, NWB 2012, 2532. **von Harenne**, Rechnungsbegriff des § 14 c UStG und das Merkmal der »Leistungsbeschreibung« i. S. d. § 14 Abs. 4 Nr. 5 UStG, UR 5/2015, 169 ff. **von Streit**, Konsequenzen fehlerhafter Rechnungen für den Vorsteuerabzug, UStB 2013, 201. **Vosseler**, Umsatzsteuerliche Behandlung von Sale-and-Lease-back-Geschäften – Zur Reichweite eines BFH-Urteils vom 9.2.2006, DStR 2007, 188. **Weimann**, Korrektur unberechtigter Steuerausweise, UStB 2006, 179. **Weimann**, Berichtigung von Rechnungen, UStB 2006, 343. **Weimann**, Endrechnung nach Anzahlungsversteuerung: Vorsicht vor teuren Abrechnungsfehlern, UStB 2011, 90. **Zaumseil**, Voraussetzungen des unberechtigten Steuerausweises nach § 14c Abs. 2 UStG vor dem Hintergrund der aktuellen BFH-Rechtsprechung, UStB 2011, 256. **Zeuner**, § 14c UStG im Insolvenzverfahren, UR 2006, 153.

Verwaltungsanweisungen
BMF vom 29.01.2004, Az: IV B 7 – S 7280 – 19/04, BStBl I 2004, 258.
BMF vom 07.10.2015, Az.: III C 2 – S 7282/13/10001, BStBl I 2015, 782.
Hinweis: Zur Problematik der zeitlichen Geltungsdauer von BMF-Schreiben vgl. Einführung UStG, Rz. 100 ff.

Richtlinien/Hinweise/Verordnungen
UStAE: Abschn. 14c.1 und 14c.2.
MwStSystRL: Art. 203, Art. 217 ff.

1 Allgemeines

1.1 Übersicht über die Vorschrift

§ 14c UStG wurde durch Art. 5 Nr. 18 des Zweiten Gesetzes zur Änderung steuerlicher Vorschriften (**Steueränderungsgesetz 2003** – StÄndG 2003; Gesetz vom 15.12.2003, BGBl I 2003, 2645) in das UStG neu eingefügt. Die Vorschrift trat nach Art. 25 Abs. 4 StÄndG 2003 am **01.01.2004** in Kraft und stellt einen Ausfluss aus der Übernahme der RL 2001/115/EG vom 20.12.2001 (Rechnungsrichtlinie/ABl. EG 2002 Nr. L 15, 24) und der Rechtsprechung des EuGH (EuGH vom 19.09.2000, Rs. C-454/98, DStRE 2001, 1166, **Schmeink & Cofreth** AG & Co. KG und Manfred Strobel) in die nationalen Rechtsvorschriften dar. Ziel der Richtlinie ist die Vereinfachung, Modernisierung und Harmonisierung der mehrwertsteuerlichen Anforderungen an die Rechnungsstellung. Inhaltlich ersetzt § 14c UStG die zuvor in § 14 Abs. 2 und 3 UStG a.F. enthaltenen Regelungen bezüglich des unrichtigen und des unberechtigten Steuerausweises. Dementsprechend sind die zuvor in § 14 Abs. 2 UStG a.F. enthaltenen Regelungen für den Fall des **unrichtigen Steuerausweises** nunmehr in **§ 14c Abs. 1 UStG** enthalten; die Regelungen für den Fall des **unberechtigten Steuerausweises** nach § 14 Abs. 3 UStG a.F. in **§ 14c Abs. 2 UStG.** In Die **Steuerentstehung** in Fällen des § 14c Abs. 1 UStG ist bis zum 05.11.2015 in § 13 Abs. 1 Nr. 3 UStG geregelt; die Steuerentstehung in Fällen des § 14c Abs. 2 UStG bis zum 05.11.2015 in § 13 Abs. 1 Nr. 4 UStG. Ab dem **06.11.2015** regelt § 13 Abs. 1 Nr. 3 UStG die Steuerentstehung für § 14c UStG einheitlich im Zeitpunkt der Ausgabe der Rechnung (Änderung durch Art. 11 Nr. 1 **StÄndG 2015**, Gesetz vom 02.11.2015, BGBl I 2015, 1834; Aufhebung § 13 Abs. 1 Nr. 4 UStG; vgl. Abschn. 13.7 UStAE). Die **Steuerschuldnerschaft** in Fällen des § 14c Abs. 1 UStG ist in § 13a Abs. 1 Nr. 1 UStG geregelt (= der Unternehmer), die Steuerschuldnerschaft in Fällen des § 14c Abs. 2 UStG ergibt sich aus § 13a Abs. 1 Nr. 4 UStG (= der Aussteller der Rechnung). 1

1.2 Rechtsentwicklung

Inhaltlich ersetzt § 14c UStG die **früher in § 14 Abs. 2 und 3 UStG a.F.** enthaltenen Regelungen bezüglich des unrichtigen und des unberechtigten Steuerausweises. Die zuvor in § 14 Abs. 2 UStG a.F. enthaltenen Regelungen für den Fall des unrichtigen Steuerausweises sind in § 14c Abs. 1 UStG eingegangen, die Regelungen für den Fall des unberechtigten Steuerausweises nach § 14 Abs. 3 UStG a.F. in § 14c Abs. 2 UStG. 2

3 § 14c Abs. 1 S. 1 und 2 UStG entsprechen dem Wortlaut nach im Wesentlichen dem Wortlaut des § 14 Abs. 2 UStG a. F. In das Gesetz aufgenommen wurde lediglich die Bezeichnung »Unrichtiger Steuerausweis«, die sich im Fachschrifttum bereits als Begriff eingebürgert hatte. Inhaltlich ergeben sich gegenüber § 14 Abs. 2 UStG a. F. keine Änderungen (vgl. Gesetzesbegründung – BT-Drucks. 15/1562 vom 23.09.2003, 42). Neu ist die Regelung des § 14c Abs. 1 S. 3 UStG, wonach in Fällen des § 1 Abs. 1a UStG (Geschäftsveräußerung im Ganzen) und in Fällen der Rückgängigmachung einer Option nach § 9 UStG die S. 3 bis 5 des § 14c Abs. 2 UStG entsprechend gelten, was eine Beseitigung der Gefährdung des Steueraufkommens voraussetzt.

4 § 14c Abs. 2 S. 1 und 2 UStG entsprechen dem Wortlaut des bisherigen § 14 Abs. 3 UStG a. F. In das Gesetz aufgenommen wurde lediglich die Bezeichnung »Unberechtigter Steuerausweis«, die sich im Fachschrifttum bereits als Begriff eingebürgert hatte. Inhaltliche Änderungen bezüglich des Anwendungsbereichs gegenüber § 14 Abs. 3 UStG a. F. haben sich nicht ergeben. Neu hinzugekommen sind die S. 3 bis 5 der Vorschrift, die die Möglichkeit der Berichtigung des unberechtigten Steuerausweises erstmals gesetzlich regeln.

1.3 Geltungsbereich

1.3.1 Sachlicher Geltungsbereich

5 § 14c UStG regelt die Fälle des Falschausweises von USt in einer Rechnung.

1.3.2 Persönlicher Geltungsbereich

6 **§ 14c Abs. 1 UStG** sieht hinsichtlich des persönlichen Geltungsbereichs keine Beschränkungen vor und gilt daher zunächst für **alle Unternehmer** i. S. d. § 2 UStG. Einschränkungen ergeben sich jedoch aus anderen Vorschriften des UStG (vgl. § 19 Abs. 1 S. 4 UStG für Kleinunternehmer [Abschn. 14c.2 Abs. 1 S. 1 UStAE], § 25a i. V. m. § 14a Abs. 6 UStG für die Differenzbesteuerung [Abschn. 25a.1 Abs. 16 S. 2 UStAE]).

7 § 14c Abs. 2 UStG gilt für alle Personen (Unternehmer und Nichtunternehmer), die die normierten Tatbestände erfüllen.

1.3.3 Zeitlicher Geltungsbereich

8 Die Vorschrift wurde durch Art. 4 Nr. 17 StÄndG 2003 vom 15.12.2003 (BGBl I 2003, 2645) m. W. v. 01.01.2004 (Art. 17 Abs. 4 StÄndG 2003) neu in das UStG eingefügt.

1.4 Gemeinschaftsrechtliche Grundlagen und Verhältnis zu anderen Vorschriften

9 § 14c UStG n. F. beruht auf den gemeinschaftsrechtlichen Vorgaben der Art. 21 Abs. 1 Buchst. d, Art. 22 Abs. 3 und Abs. 9 der 6. EG-RL (Art. 203, Art. 217 ff. MwStSystRL) sowie auf der

RL 2001/115/EG des Rates vom 20.12.2001 (Rechnungsrichtlinie/ABl. EG 2002 Nr. L 15, 24). Zur Auslegung des Art. 21 Abs. 1 Nr. 1 der 6. EG-RL vgl. EuGH vom 18.06.2009 (Rs. C-566/07 »Stadeco BV«, BFH/NV 2009, 1371). Dem Sachverhalt nach ging es um einen nach deutschem Umsatzsteuerrecht unrichtigen Steuerausweis nach § 14c Abs. 1 UStG (= nicht steuerbare Leistung im Ausland). Der Grundsatz der Neutralität schließt es nach Auffassung des EuGH grundsätzlich nicht aus, dass die Berichtigung der Umsatzsteuer von der Berichtigung der Rechnung abhängig gemacht wird, wenn die Gefährdung des Steueraufkommens nicht rechtzeitig und vollständig beseitigt wurde. Das Gemeinschaftsrecht verbietet es darüber hinaus nicht, die Erstattung von zu Unrecht erhobenen Steuern abzulehnen, wenn dies zu einer ungerechtfertigten Bereicherung des Anspruchsberechtigten führen würde (z. B. weil dieser seinerseits den überhöhten Rechnungsbetrag nicht teilweise an den Leistungsempfänger zurückerstattet hat). Zur Berichtigung einer Rechnung und ggf. entgegenstehenden nationalen Vorschriften sowie zum Recht, sich unmittelbar auf den Neutralitätsgrundsatz zu berufen, vgl. EuGH vom 11.04.2013, Rs. C-138/12 Rusedespred OOD, BFH/NV 2013, 1054.

Zum Verhältnis des Art. 203 MwStSystRL (nat. § 14c UStG) zu Art. 167 MwStSystRL (nat. § 15 10
UStG) vgl. EuGH vom 31.01.2013, Rs. C-642/11 Stroy Trans EOOD, DStRE 2013, 740 und EuGH vom 31.01.2013, Rs. C-643/11 LVK, DStRE 2013, 745. In beiden Fällen war streitig, ob Lieferungen tatsächlich erfolgten und ein Gleichklang der steuerlichen Behandlung zwischen Rechnungsaussteller (Steuerschuld) und Rechnungsempfänger (Vorsteuerabzug) zwingend ist. Im Ergebnis steht, dass Rechnungsaussteller und Rechnungsempfänger nach unterschiedlichen Kriterien behandelt werden, weswegen ein Auseinanderfallen (Steuerschuld ja, Vorsteuerabzug nein) zulässig ist. Weitere Aspekte: Anwendung von Beweisregeln; Bindungswirkung der Behandlung beim Rechnungsaussteller für den Rechnungsempfänger; Verhältnismäßigkeit und Vertrauensschutz; Gleichbehandlungsgrundsatz; Beweislast (Vorsteueranspruch).

Neu ab 01.01.2004 (StÄndG 2003) ist, dass dem Schuldner eines unberechtigt ausgewiesenen 11
Steuerbetrages nach Beseitigung der Gefährdungslage für das Steueraufkommen die Möglichkeit zur Berichtigung des unberechtigt ausgewiesenen Steuerbetrages eingeräumt wird. Die Regelung dient insoweit der Umsetzung der Rechtsprechung des EuGH (EuGH vom 19.09.2000, Rs. C-454/98, Schmeink & Cofreth/Strobel, DStRE 2000, 1166, vgl. BR-Drucks. 630/03 vom 05.09.2003, BT-Drucks. 15/1562 vom 23.09.2003).

2 Kommentierung

2.1 Unrichtiger Steuerausweis (§ 14c Abs. 1 UStG)

2.1.1 Grundfall (§ 14c Abs. 1 S. 1 und 2 UStG)

Die Vorschrift des § 14c Abs. 1 UStG betrifft nach ihrem Wortlaut nur **Unternehmer**, die nach § 14 12
Abs. 1 UStG persönlich zum gesonderten Ausweis der USt in Rechnungen berechtigt sind, wobei die Gründe des zu hohen Steuerausweises unbeachtlich sind, da die Vorschrift nur auf das objektive Vorliegen eines solchen abhebt (vgl. BFH vom 13.11.1996, Az: XI R 69/95, BStBl II 1997, 579). Die Rechtsfolgen sollen nach Verwaltungsauffassung unabhängig davon eintreten, ob die Rechnung alle in § 14 Abs. 4 und § 14a UStG aufgeführten Angaben enthält, wobei jedoch die Angabe des Entgelts als Grundlage des gesondert ausgewiesenen Steuerbetrags unverzichtbar ist (vgl. Abschn. 14c.1 Abs. 1 S. 2, 3 UStAE unter Verweisung auf BFH vom 17.02.2011, Az.: V R

39/09, BStBl II 2011, 734 ergangen zu § 14c Abs. 2 UStG; a.A. Vorinstanz: FG Thüringen vom 23.07.2009, Az: 2 K 184/07, EFG 2009, 1684; zu V R 39/09 s.a. Rn. 47).

13 Beauftragt der leistende Unternehmer einen Dritten mit der Erstellung der Rechnung (§ 14 Abs. 2 S. 4 UStG), schuldet er auch die durch den **Dritten** zu hoch ausgewiesene Steuer, da ihm dessen Handlungen zuzurechnen sind.

14 § 14c Abs. 1 UStG greift auch in Fällen der **Gutschrift** (§ 14 Abs. 2 S. 3 UStG). Widerspricht der leistende Unternehmer dem zu hohen Steuerausweis nicht, schuldet er den Mehrbetrag nach § 14c Abs. 1 S. 1 UStG (vgl. BFH vom 23.04.1998, Az: V R 13/92, BStBl II 1998, 418; vgl. EuGH vom 17.09.1997, Rs. C-141/96, Langhorst, UR 1997, 471; vgl. BFH vom 16.10.2013, Az: XI R 39/12 (V), BFH/NV 2014, 137, Rz. 59). Zum Widerspruch verweist Abschn. 14c.1 Abs. 3 S. 2 UStAE nunmehr (BMF vom 12.12.2013, Az.: IV D 3 – S 7015/13/10001, BStBl I 2013, 1627) auf Abschn. 14.3 Abs. 4 UStAE und damit das Urteil des BFH vom 23.01.2013 (Az.: XI R 25/11, BStBl II 2013, 417; vgl. § 14 Rn. 51). Ob auch der Aussteller der Gutschrift die Steuer nach § 14c Abs. 1 UStG schulden kann, erscheint zumindest fraglich, da die Vorschrift nach dem Wortlaut nur den leistenden Unternehmer trifft.

15 Zur Verwendung des Begriffes »Gutschrift« vor dem Hintergrund der durch das AmtshilfeR-LUmsG vom 26.06.2013 (BGBl I 2013, 1809) in § 14 Abs. 4 S. 1 Nr. 10 UStG eingeführten Pflichtangabe vgl. Abschn. 14c.1 Abs. 3 S. 3] UStAE(vgl. BMF-Schreiben vom 25.10.2013, Az: IV D 2 – S 7280/12/10002; BStBl I 2013, 1305; vgl. § 14 Rn. 144ff. m. w. N.).

16 Weist demgegenüber eine Person, die nicht zur Ausstellung von Rechnungen befugt ist, in einer Rechnung USt gesondert aus, liegt ein Fall des § 14c Abs. 2 UStG, ein unberechtigter Steuerausweis, vor. Der Unterscheidung kommt insofern erhebliche Bedeutung zu, als sich die Möglichkeiten der Fehlerbeseitigung unterscheiden.

17 In den Anwendungsbereich von § 14c Abs. 1 UStG fallen grundsätzlich folgende Fälle (vgl. auch BFH vom 07.05.1981, Az: V R /75, BStBl II 1981, 547; Abschn. 14c.1 Abs. 1 S. 5 UStAE):

- für eine steuerpflichtige Leistung wird ein höherer Steuerbetrag ausgewiesen als gesetzlich für die Leistung geschuldet wird,
- für eine steuerpflichtige Leistung erfolgt ein Steuerausweis trotz Übergang der Steuerschuld (vgl. Abschn. 13b.14 Abs. 1 S. 5 UStAE),
- für eine steuerfreie Leistung wird ein Steuerbetrag ausgewiesen,
- für eine nicht steuerbare Leistung wird ein Steuerbetrag ausgewiesen,
- für nicht versteuerte steuerpflichtige Leistungen wird ein Steuerbetrag ausgewiesen, wenn die Steuer für die Leistung wegen des Ablaufs der Festsetzungsfrist (§§ 169 bis 171 AO) nicht mehr erhoben werden kann.

18 Die zu hoch ausgewiesene Steuer wird durch den Unternehmer unabhängig davon geschuldet, dass der Leistungsempfänger die Steuer nicht als Vorsteuer abziehen kann (vgl. die Kommentierung zu § 15 und vgl. Abschn. 15.2 Abs. 1 S. 1–3 UStAE). Nach der Rechtsprechung des BFH (vgl. BFH vom 02.04.1998, Az: V R 34/97, BStBl II 1998, 695) und dem insoweit mittlerweile eindeutigen Gesetzestext des § 15 Abs. 1 S. 1 Nr. 1 UStG, kommt ein Vorsteuerabzug nur insoweit in Betracht, als die Umsatzsteuer für die Leistung gesetzlich geschuldet wird. Nicht aufgrund der Leistung geschuldet wird jedoch die nach § 14c UStG geschuldete Steuer (vgl. Abschn. 15.2 Abs. 1 S. 2 UStAE).

19 Ein unrichtiger Steuerausweis liegt vor, wenn der Unternehmer für eine Lieferung oder sonstige Leistung einen **höheren Steuerbetrag** gesondert in einer Rechnung ausweist, als er nach den Vorschriften des UStG für diesen Umsatz schuldet (zur »Verschlimmbesserung« einer an sich korrekten Rechnung vgl. BFH vom 25.04.2013, Az: V R 2/13, BStBl II 2013, 844, Rz. 28, 29). Die Rechtsfolgen beziehen sich nach dem Gesetzeswortlaut nur auf den **Mehrbetrag**, die für den Umsatz gesetzlich geschuldete Steuer ist grundsätzlich nicht betroffen. Nicht von der Vorschrift erfasst wird demnach der zu **niedrige Steuerausweis** (vgl. Abschn. 14c.1 Abs. 9 UStAE mit

Beispiel). Für den Fall des zu niedrigen Steuerausweises, schuldet der Unternehmer den nach den Vorschriften des UStG gesetzlich für den Umsatz geschuldeten höheren Steuerbetrag. Auswirkungen ergeben sich für die Berechnung des geschuldeten Steuerbetrages. § 10 Abs. 1 S. 2 UStG geht davon aus, dass Entgelt für einen Umsatz alles ist, was der Leistungsempfänger für die Leistung aufwendet, abzüglich der gesetzlichen (zutreffenden) USt.

2.1.2 Anwendungsbeispiele

Nach Rechtsprechung und Verwaltungsauffassung liegt ein unrichtiger (zu hoher) Steuerausweis **insbesondere in folgenden Fällen** vor: 20

- Der Unternehmer weist für eine steuerpflichtige Leistung eine höhere als dafür gesetzlich geschuldete Steuer aus (z. B. Ausweis des **Regelsteuersatzes** nach § 12 Abs. 1 UStG i. H. v. 19 %, obwohl der **ermäßigte Steuersatz** nach § 12 Abs. 2 UStG i. H. v. 7 % anzuwenden wäre). Ein Anwendungsfall ist die umsatzsteuerliche Behandlung des Legens von **Hauswasseranschlüssen** durch ein Wasserversorgungsunternehmen. Mit Urteilen vom 08.10.2008 (Az: V R 61/03 und V R 27/06, BStBl II 2009, 321 und 325) hat der BFH entschieden, dass der ermäßigte Steuersatz anzuwenden ist (vgl. Klein, DStR 2009, 1127ff.). Nach der bisherigen Verwaltungsauffassung (vgl. BMF vom 05.08.2004, Az: IV B 7 – S 7220 – 46/04, BStBl I 2004, 638) war der Regelsteuersatz anzuwenden. Mit Schreiben vom 07.04.2009 (Az: IV B 8 – S 7100/07/10024, BStBl I 2009, 531) erkennt die Verwaltung die Rechtsprechung an und beanstandet es nicht, wenn sich der leistende Unternehmer für vor dem 01.07.2009 erbrachte Leistungen auf die bisherige Regelung beruft (gilt auch für Vorsteuerabzug). Wurde bisher der Regelsteuersatz ausgewiesen, liegt ein unrichtiger Steuerausweis nach § 14c Abs. 1 S. 1 UStG vor, der grundsätzlich einer Berichtigung zugänglich ist. Mit den diesbezüglichen Folgen setzen sich mehrere Verfügungen von Mittelbehörden auseinander: LFD Thüringen vom 20.08.2009 (Az: S 7100 A – 50 A 3.11, DStR 2009, 2198 [UR 2010, 36]): fordert für den Berichtigungsfall eine Aufstellung aller Berichtigungen sowie die Vorlage der berichtigten Rechnungen, will aber auf die Vorlage der Rechnungen verzichten, wenn sich die Rechnungsbeträge maximal um 100 € ändern. Die gegenläufige Vorsteuerberichtigung soll im Voranmeldungszeitraum der Rechnungskorrektur erfolgen (!). OFD Rheinland vom 26.08.2009 (Az: ohne, DB 2009, 2127): sieht die Berichtigung der Vorsteuer grundsätzlich im Zeitraum des tatsächlichen Vorsteuerabzugs, will aber zur Vereinfachung in den Fällen, in denen die ursprüngliche Steuerfestsetzung noch geändert werden könnte, eine Korrektur auch im Zeitraum der Rechnungskorrektur akzeptieren (Ausnahme: Änderung der BMG, unmittelbare Anwendung des § 17 UStG). BayLfSt vom 25.06.2009 (Az: S 7221.1.1–1/16 St 34, UR 2009, 863): unterscheidet zusätzlich noch zwischen ursprünglich offenem Steuerausweis (= dann § 14c Abs. 1 UStG) und ursprünglich nicht offen ausgewiesener Steuer (abgabenrechtliche Vorschriften). Mit der Besteuerung des Legens von Hauswasseranschlüssen, speziell der Frage nach der Personenidentität auf der Ebene des Leistenden, setzt sich der **BFH** in seinem **Urteil vom 07.02.2018** (Az.: XI R 17/17 (V), DStR 2018, 742) auseinander: »Das Legen eines Hauswasseranschlusses ist auch dann als »Lieferung von Wasser« i. S. d. § 12 Abs. 2 Nr. 1 UStG i. V. m. Nr. 34 der Anlage 2 zum UStG anzusehen, wenn diese Leistung nicht von dem Wasserversorgungsunternehmen erbracht wird, das das Wasser liefert (Anschluss an das BGH-Urteil vom 18.04.2012 VIII ZR 253/11, HFR 2012, 1110).« Wer bisher den Regelsteuersatz ausgewiesen hat, fällt damit folglich unter § 14c UStG. Es bleibt abzuwarten, ob die Verwaltung eine zeitliche Nichtbeanstandung akzeptiert (vgl. Grambeck/Nesemann in NWB 2018, 1592ff.).
- Der Unternehmer weist Steuer gesondert aus, obwohl die erbrachte **Leistung steuerfrei** ist (z. B. Ausweis der Steuer bei steuerfreien Ausfuhrlieferungen nach §§ 4 Nr. 1 Buchst. a i. V. m. 6 UStG; vgl. BFH vom 10.12.1993, Az: V R 73/90, BStBl II 1993, 383). In diesem Zusammen-

hang sind jedoch auch die Regelungen des § 9 UStG bezüglich einer ggf. möglichen Option zur Steuerpflicht zu beachten (vgl. BFH vom 01.02.2001, Az: V R 23/00, BStBl II 2003, 673 – für den Fall einer zunächst als [optiert] steuerpflichtig behandelten Grundstückslieferung mit späterer Rücknahme der Option – die Rücknahme der Option wirkt auf das Jahr der Leistung zurück, die ausgewiesene Steuer fällt unter § 14c Abs. 1 UStG [ergangen zu § 14 Abs. 2 S. 1 UStG a.F.] und wird erst mit Berichtigung erstattet – der Leistungsempfänger verliert den Vorsteuerabzug aber rückwirkend, da durch die Rücknahme der Option für den Umsatz keine Steuer geschuldet wird). Zu beachten ist hier auch die Regelung in § 14c Abs. 1 S. 3 UStG (= Berichtigungsverfahren nach § 14c Abs. 2 S. 3–5 UStG).

- Steuerausweis entgegen § 25a UStG a.F. (**Differenzbesteuerung**; vgl. aktuell § 14a Abs. 6 UStG), vgl. BFH vom 13.11.1996, Az: XI R 69/95, BStBl II 1997, 579; BFH vom 19.12.2002, Az: V R 66/00, BFH/NV 2003, 591 (insofern a.A. – Verwaltung in Abschn. 25a.1 Abs. 16 S. 2 UStAE – Fall des § 14c Abs. 2 UStG mit den weiteren daran geknüpften Voraussetzungen für die Berichtigung; ebenso für die Anwendung des § 14c Abs. 2 UStG Korn in Bunjes, § 14c UStG Rn. 21).
- Der Unternehmer weist für eine **nicht steuerbare Leistung** Steuer aus (beispielsweise für eine Leistung, für die sich ein Leistungsort im Ausland ergibt (vgl. BFH vom 19.09.1996, Az: V R 41/94, BStBl II 1999, 249), für eine Leistung die unentgeltlich erbracht wird, für eine nicht steuerbare Geschäftsveräußerung im Ganzen nach § 1 Abs. 1a UStG). Für die Geschäftsveräußerung im Ganzen ist zusätzlich § 14c Abs. 1 S. 3 UStG zu beachten (= Berichtigungsverfahren nach § 14c Abs. 2 S. 3–5 UStG).
- Der Unternehmer erteilt für eine in der Vergangenheit bewirkte steuerpflichtige Leistung nach Ablauf der Festsetzungsfrist (§§ 169 bis 171 AO) eine erstmalige oder geänderte Rechnung mit gesondertem Steuerausweis (**nachträgliche Rechnungserteilung**). Für die ursprüngliche Leistung schuldet der Unternehmer wegen Ablauf der Festsetzungsfrist die Steuer nicht mehr. Der spätere Steuerausweis stellt jedoch einen zu hohen Steuerausweis nach § 14c Abs. 1 UStG dar (vgl. BFH vom 13.11.2003, Az: V R 79/01, BStBl II 2004, 375 und vgl. bereits BMF vom 02.01.1989, Az: IV A 2 – S 7280 – 37/88, UR 1989, 71; Abschn. 14c.1 Abs. 1 S. 5 Nr. 5 UStAE). Zur Rechnungserstellung im Zusammenhang mit der **Geschäftsführung als umsatzsteuerliche Leistung** vgl. OFD Frankfurt a.M. vom 12.12.2008, Az: S 7100 A – 82 – St 110, UR 2009, 500 unter 4.
- Der Unternehmer weist in **Kleinbetragsrechnungen** (vgl. § 33 UStDV) einen zu hohen Steuersatz aus (vgl. Abschn. 14c.1 Abs. 2 UStAE).
- Der Unternehmer weist in **Fahrausweisen** (vgl. § 34 UStDV) einen zu hohen Steuersatz oder fälschlich eine Tarifentfernung von mehr als 50 Kilometern aus (vgl. Abschn. 14c.1 Abs. 2 UStAE). Zum Risiko der Doppelabrechnung im Zusammenhang mit der Vermittlung durch Reisebüros vgl. OFD Karlsruhe vom 28.02.2012, Az: S 7282 – Karte 1, und OFD Frankfurt vom 03.12.2012, Az: S 7300 A – 131 – St 128, DStR 2013, 1190 unter 3. – für den Verkehrsträger ggf. § 14c Abs. 1 UStG, für das Reisebüro ggf. § 14c Abs. 2 UStG.
- Der Aussteller einer **Gutschrift** nach § 14 Abs. 2 S. 2, 3 UStG weist in der Gutschrift einen zu hohen Steuerbetrag aus, dem der Gutschriftempfänger nicht widerspricht (vgl. Abschn. 14c.1 Abs. 3 S. 1 UStAE und BFH vom 23.04.1998, Az: V R 13/92, BStBl II 1998, 418). Zur Verwendung des Begriffes »Gutschrift« in kaufmännischem Sinne vgl. Abschn. 14c.1 Abs. 3 S. 3 UStAE (BMF-Schreibens vom 25.10.2013 (Az: IV D 2 – S 7280/12/10002, BStBl I 2013, 1305; vgl. § 14 Rn. 144ff. m.w.N.). Zum Widerspruch vgl. Abschn. 14c.1 Abs. 3 S. 2 UStAE.
- Der Aussteller einer Gutschrift bezieht fälschlich ein Entgelt von dritter Seite mit in die Bemessungsgrundlage der Gutschrift ein. Vgl. BFH vom 16.10.2013, Az: XI R 39/12 , BStBl II 2014, 1024 – im Urteilsfall ging es um von **Mobilfunkanbietern** gewährte **Geräteboni**, die als Entgelt von dritter Seite eingestuft wurden. »§ 14c Abs. 1 Satz 1 UStG ist auch anwendbar,

wenn der ausgewiesene Steuerbetrag selbst nicht fehlerhaft ermittelt wurde (im Sinne von »unrichtiger Steuerbetrag«), sondern im Zusammenhang mit einer unzutreffenden Bemessungsgrundlage steht, z.B. weil in einer Rechnung (oder Gutschrift) unzutreffend ein Entgelt von dritter Seite i.S. des § 10 Abs. 1 Satz 3 UStG einbezogen wurde [...].« BFH vom 16.10.2013, BStBl II 2014, 1024, Rz. 60.

- Der Unternehmer berechnet die Steuer von einem zu hohen Entgelt, z.B. in Fällen des **verdeckten Preisnachlasses** (vgl. Abschn. 14c.1 Abs. 4 und Abschn. 10.5 Abs. 4, 5 UStAE).
- Wegen Entgeltsminderungen i. Z. m. **Wechseldiskont** vgl. Abschn. 10.3 Abs. 6 S. 4 UStAE.
- Der Unternehmer stellt über ein und dieselbe Leistung **mehrere Rechnungen** aus, ohne dass sie als Duplikat oder Kopie gekennzeichnet wurden (vgl. Abschn. 14c.1 Abs. 4 UStAE; BFH vom 27.04.1994, Az: XI R 54/93, BStBl II 1994, 718 – Frage aber mehr oder weniger offen gelassen). Zur Ausnahme inhaltlich identischer Mehrstücke vgl. Abschn. 14c.1 Abs. 4 S. 5 UStAE (vgl. Trinks/Eitner, NWB 2012, 2532ff.). In diesen Bereich fallen ggf. doppelte Abrechnungen im Zusammenhang mit Fahrausweisen durch Reisebüros, aber auch Gesamtabrechnungen, wenn zuvor Einzelrechnungen erteilt wurden oder Abschlagsrechnungen, z.B. bei Bauleistungen, Einzel- und Monatsabrechnungen von Kurierdiensten, von Tankstellen, von zahntechnischen Labors, vorläufige und endgültige Rechnungen der Autovermieter, Monats- und Jahresrechnungen über Leasingraten. Wegen weiterer Einzelheiten vgl. BMF vom 28.02.2001, Az: IV B 7 – S 7300 – 8/01, UR 2001, 180, und OFD Karlsruhe vom 19.09.2005, Az: S 7280, UR 2005, 703; OFD Karlsruhe vom 28.02.2012, Az: S 7282 – Karte 1; OFD Frankfurt vom 03.12.2012, Az: S 7300 A – 131 – St 128, DStR 2013, 1190 unter 1. Wird über eine Lieferung sowohl mit Rechnung des liefernden Unternehmers als auch mit Gutschrift des Leistungsempfängers abgerechnet, geht die Verwaltung hingegen von einem Fall des § 14c Abs. 2 UStG aus (vgl. LFD Thüringen vom 04.04.2008, Az: S 7283 A – 08 – A 3.12, LEXinform 5231327 – zur Behandlung von Schrottlieferungen im Metallhandel – zur Möglichkeit eines Ungültigkeitsvermerks; vgl. Weimann, UStB 2009, 113).
- Der Unternehmer erteilt eine **fehlerhafte Endrechnung** (§ 14 Abs. 5 S. 2 UStG) in Fällen vereinnahmter Anzahlungen (vgl. Abschn. 14.8 Abs. 10 S. 3 UStAE). Unklar ist, ob der Sachverhalt unter § 14c Abs. 1 oder Abs. 2 UStG fällt (vgl. BFH vom 11.04.2002, Az: V R 26/01, BStBl II 2004, 317 – offengelassen; BFH vom 13.11.1996, Az: XI R 69/95, BStBl II 1997, 579 – § 14 Abs. 2 UStG a.F. [§ 14c Abs. 1 UStG]).
- Weist in Fällen des **§ 13b UStG**, für die der Leistungsempfänger die Steuer nach § 13b Abs. 5 UStG schuldet, der Leistungsgeber in der Rechnung Steuer offen aus, schuldet er diese nach § 14c Abs. 1 UStG (vgl. Abschn. 13b.14 Abs. 1 S. 5 UStAE). Bestätigt durch BFH vom 12.10.2016, Az.: XI R 43/14 (v), BFH/NV 2017, 408; ebenso BFH vom 19.11.2014, Az.: V R 41/13 (v), BFH/NV 2015, 634; ebenso BFH, Beschluss vom 31.05.2017, Az.: V B 5/17 (NV), BFH/NV 1202, Rz. 3ff. Zur Rechnungslegungspflicht in Fällen des § 13b UStG vgl. § 14a UStG Rn. 32ff. Berichtigung des unrichtigen Steuerausweises erst nach Rückzahlung der gesondert ausgewiesenen Steuer an den Leistungsempfänger möglich (vgl. OFD Karlsruhe vom 25.09.2012, S 7282 Karte 2, UR 2013, 283).
- Kommt es durch die nachträgliche **Verwendung einer UStIdNr.** zur Verlagerung des Ortes einer sonstigen Leistung in einen anderen EU-Mitgliedstaat, unterfällt der bis dahin ausgewiesene Steuerbetrag § 14c Abs. 1 UStG (vgl. Abschn. 42c Abs. 3 S. 8 UStR 2008 im Zusammenhang mit Leistungen nach § 3b Abs. 3–6 UStG [i. g. Güterbeförderung]). In diesem Zusammenhang ist die Neufassung der §§ 3a, 3b UStG durch das JStG 2009 von Bedeutung. Für ab dem 01.01.2010 erbrachte sonstige Leistungen tritt eine Ortsverlagerung durch die Verwendung einer UStIdNr. nicht mehr ein (vgl. die Kommentierung zu § 3a und vgl. die Kommentierung zu § 3b), sondern verlagert sich der Ort der sonstigen Leistung nach § 3a Abs. 2 UStG. Ggf.

kann dann ein unrichtiger Steuerausweis nach § 14c Abs. 1 UStG für eine nicht steuerbare Leistung vorliegen.

- Zu Besonderheiten bei sog. **Regionen-Card oder Städte-Card** vgl. OFD Hannover vom 22.12.2009, Az: S 7110 – 56 – StO 171, UR 2010, 352.
- Zum unrichtigen Steuerausweis im Zusammenhang mit sog. **Standortmietverträgen** über Funkfeststationen vgl. OFD Frankfurt vom 15.10.2012, Az: S 7168 A – 44 – St 112, DStR 2012, 2603 (zu: juristischen Personen des öffentlichen Rechts und Landwirten); vgl. FinMin Sachsen-Anhalt vom 08.10.2015, Az.: 42 S 7168 – 26, UR 2016, 248.
- Zur Veräußerung gebrauchter **Geldspielautomaten** und nachträglicher Berufung auf Steuerfreiheit nach Unionsrecht vgl. BFH vom 24.04.2013, Az: XI R 9/11 n. v., BFH/NV 2013, 1457 (Anwendung § 4 Nr. 28 UStG; rückwirkender Verlust des Vorsteuerabzugs aus Gutschrift im Jahr des Leistungsbezugs [§ 175 Abs. 1 S. 1 Nr. 2 AO]).
- Zur **fehlerhaften Option** bei Vermietung an einen **Generalmieter** und daraus resultierendem unrichtigen Steuerausweis nach § 14c Abs. 1 UStG vgl. BFH vom 15.04.2015, Az.: V R 46/13, BStBl II 2015, 947.

21 **Kein Anwendungsfall** liegt demgegenüber in Fällen der **Änderung der Bemessungsgrundlage nach § 17 UStG** vor. Bei einer nachträglichen Verminderung der Bemessungsgrundlage ist der in der Rechnung ausgewiesene Steuerbetrag zu hoch. Der in der Rechnung zu hoch ausgewiesene Steuerbetrag wird nicht nach § 14c Abs. 1 UStG geschuldet. Die Rechtsprechung geht davon aus (vgl. BFH vom 30.11.1995, Az: V R 57/94, BStBl II 1996, 206; vgl. Abschn. 14c.1 Abs. 4 S. 3 UStAE), dass § 17 Abs. 1 UStG insoweit § 14c Abs. 1 UStG verdrängt. Der leistende Unternehmer muss daher seine ursprünglich richtig erteilte Rechnung im Nachhinein nicht korrigieren (vgl. die Kommentierung zu § 17 Rz. 26). Ebenfalls kein Anwendungsfall des § 14c Abs. 1 UStG liegt vor, wenn in einer Rechnung über eine nicht steuerpflichtige Lieferung lediglich der **Gesamtpreis** einschließlich USt in einem Betrag angegeben wird (vgl. Abschn. 14c.1 Abs. 4 S. 2 UStAE – kein gesonderter Steuerausweis; s. a. Abschn. 14c.1 Abs. 1 S. 3 UStAE).

2.1.3 Rechtsfolgen

2.1.3.1 Allgemeines

22 **Rechtsfolge** des zu hohen Steuerausweises ist, dass der Unternehmer auch den Mehrbetrag schuldet. § 14c Abs. 1 UStG bezieht sich nur auf den Mehrbetrag, der im Gesamtbetrag des Steuerausweises enthaltene zutreffende Steuerbetrag wird nach den allgemeinen Vorschriften des UStG als Folge der Leistungserbringung geschuldet (Berechnungsbeispiele vgl. Abschn. 14c.1 Abs. 5 UStAE). Zum Zeitpunkt der Steuerentstehung vgl. Rn. 41 ff.

2.1.3.2 Berichtigungsmöglichkeit

23 Nach § 14c Abs. 1 S. 2 UStG besteht für den leistenden Unternehmer die **Möglichkeit zur Berichtigung** des Steuerbetrages. Lange umstritten war, ob die Berichtigung eines zu hohen Steuerausweises von der **Rückzahlung** des bereits geleisteten Entgelts abhängt. Noch nach der Entscheidung des V. Senats vom 11.10.2007 (Az.: V R 27/05, BStBl II 2008, 438) sollte eine Rückzahlung nicht erforderlich sein. Allerdings hat der V. Senat mit Urteil vom 18.09.2008 (Az.: V R 56/06, BStBl II 2009, 250) seine Rechtsprechung zu § 17 UStG geändert und die Berichtigung unter den Vorbehalt der Rückzahlung bereits entrichteter Entgelte gestellt. Mit Schreiben vom 07.10.2015 (Az.: III C 2 – S 7282/13/10001, BStBl I 2015, 782; Literaturhinweis; Pfefferle/Renz in NWB 2015, 3456 ff.) übernimmt die Verwaltung diese neue Rechtsprechung auch für den Anwen-

dungsbereich des § 14c Abs. 1 UStG und formuliert in Abschn. 14c.1 Abs. 5 S. 4 UStAE: »Wurde ein zu hoch ausgewiesener Rechnungsbetrag bereits vereinnahmt und steht dem Leistungsempfänger aus der Rechnungsberichtigung ein Rückforderungsanspruch zu, ist die Berichtigung des geschuldeten Mehrbetrags erst nach einer entsprechenden Rückzahlung an den Leistungsempfänger zulässig (vgl. BFH vom 18. 9. 2008, V R 56/06, BStBl 2009 II S. 250, und vom 2. 9. 2010, V R 34/09, BStBl 2011 II S. 991).« Die Beispiele in Abschn. 14c.1 Abs. 5 UStAE wurden entsprechend angepasst (vgl. Abschn. 17.1 Abs. 10 S. 2 UStAE). Die Rückzahlung kann durch Abtretung des Erstattungsanspruchs an den Leistungsempfänger erfolgen (vgl. LFD Thüringen, Verfg. vom 11.03.2016, Az.: S 7282 A-09-A 5.15; vgl. BFH vom 12.10.2016, Az.: XI R 43/14 (v), BFH/NV 2017, 408, Rz. 38-41, offen gelassen hat der BFH allerdings, ob auch im Falle des § 14c Abs. 1 UStG eine wirksame Berichtigung des Steuerbetrags gegenüber dem FA nicht nur die Berichtigung der Rechnung, sondern auch die Rückzahlung der Umsatzsteuer an den Leistungsempfänger voraussetzt). Dass die Rückzahlung des Umsatzsteuerbetrags an den Leistungsempfänger in Fällen des § 14c Abs. 1 UStG eine Voraussetzung für die Umsatzsteuerberichtigung beim Leistungsgeber sein soll, bezweifelt das FG Münster in seinem Urteil vom 13.09.2016, Az.: 5 K 412/13 U, und widerspricht damit ausdrücklich dem BMF-Schreiben vom 07.10.2015 (Az.: III C 2 – S 7282/13/10001, BStBl I 2015, 782). Im Urteilsfall wurden Nebenleistungen zu einer Vermietungsleistung zunächst als steuerpflichtige eigene Leistung abgerechnet. Zu einem späteren Zeitpunkt wurden auf Grundlage der Einheitlichkeit der Leistung insgesamt steuerfreie Umsätze erklärt und die Rechnungen berichtigt. Eine Rückzahlung erfolgte nicht. Jedenfalls dann, wenn der Vorsteuerabzug beim Leistungsempfänger nicht möglich war und auch nicht geltend gemacht wurde, hält das FG eine Rückzahlung auch nicht für erforderlich. Gegen das Urteil ist die Revision unter dem Az.: XI R 28/16 anhängig (zur Rückzahlungsproblematik vgl. Grambeck in NWB 2017, 2174 ff.). Mit seiner Revisionsentscheidung vom 16.05.2018 (Az.: XI R 28/16, DStR 2018, 1663) hebt der BFH das Urteil des FG Münster auf und weist die Klage ab. Leitsatz: »Die wirksame Berichtigung eines Steuerbetrags nach § 14c Abs. 1 S. 2, § 17 Abs. 1 UStG erfordert grundsätzlich, dass der Unternehmer die vereinnahmte Umsatzsteuer an den Leistungsempfänger zurückgezahlt hat.« (Vermeidung einer ungerechtfertigten Bereicherung) Literaturhinweis: Oldiges in NWB 2018, 3074 ff. (kritisch wegen fehlender dogmatischer Begründung); Haupt in DStR 2018, 1953 ff. (ablehnend).

Für den Fall der Berichtigung ist § 17 Abs. 1 UStG, entsprechend anzuwenden (vgl. **24**
Abschn. 17.1 Abs. 10 UStAE). Daraus folgt, dass im Falle der Berichtigung für den leistenden Unternehmer die Berichtigung seiner Umsatzsteuer entsprechend § 17 Abs. 1 S. 1 UStG erfolgt. Der Leistungsempfänger hat demgegenüber von Beginn an keine Berechtigung zum Vorsteuerabzug, da es sich bei dem zu hohen Steuerausweis nicht um gesetzlich für einen Umsatz geschuldete Steuer handelt (vgl. Abschn. 17.1 Abs. 10 S. 4, 5 UStAE und Abschn. 15.2 Abs. 1 S. 2 UStAE).

2.1.3.3 Zeitpunkt der Berichtigung

Der **Zeitpunkt der Berichtigung** ergibt sich in entsprechender Anwendung des § 17 Abs. 1 S. 7 **25**
UStG. Die Berichtigung ist in dem Besteuerungszeitraum vorzunehmen, in dem der leistende Unternehmer den Steuerbetrag nach § 14c Abs. 1 UStG berichtigt und einen ggf. bestehenden Rückzahlungsanspruch befriedigt hat (vgl. Abschn. 17.1 Abs. 10 S. 2 UStAE; Abschn. 14c.1 Abs. 5 S. 3, 4 UStAE). Eine Rückwirkung auf den Besteuerungszeitraum der Rechnungserteilung ergibt sich nicht. Daran hat auch das Urteil des EuGH vom 15.07.2010 (Rs. C-368/09, »Pannon Gép«, DStR 2010, 1475) nichts geändert (vgl. BFH vom 26.01.2012, Az: V R 18/08, BStBl II 2015, 962, Rz. 34; vgl. BFH vom 12.10.2016, Az.: XI R 43/14 (v), BFH/NV 2017, 408, Rz. 35-37; vgl. BFH vom 31.05.2017, Az.: V B 5/17 (NV), BFH/NV 2017, 1202, Rz. 7 – keine Rückwirkung einer Rechnungsberichtigung i. S. d. § 14c Abs. 1 S. 2 UStG auf den Zeitpunkt der Ausstellung der Rechnung; unter

ausdrücklicher Bezugnahme auf die Entscheidungen des EuGH »Senatex« [Urteil vom 15.09.2016, C-518/14, UR 2016, 800], »Barlis 06« [Urteil vom 15.09.2016, C-516/14, UR 2016, 795]).

26 In Fällen der Gutschrifterteilung (§ 14 Abs. 2 S. 3 UStG) wirkt der Widerspruch gegen einen zu hohen Steuerausweis erst in dem Besteuerungszeitraum, in dem er erfolgt (vgl. BFH vom 19.05.1993, Az: V R /88, BStBl II 1993, 779 – Wirkung »ex nunc«; vgl. Abschn. 14c.1 Abs. 3 S. 2 Abschn. 14.3 Abs. 4 S. 5 UStAE; Abschn. 17.1 Abs. 10 S. 3 UStAE). Wegen weiterer Einzelheiten im Zusammenhang mit § 17 UstG vgl. die Kommentierung zu § 17.

27 Zum Zeitpunkt des Ausweises einer Forderung (**Aktivierung des Umsatzsteuererstattungsanspruchs aus Rechnungsberichtigung**) in der Bilanz im Zusammenhang mit einem unrichtigen Steuerausweis nach § 14c Abs. 1 UStG vgl. Sächsisches FG vom 20.09.2007, Az: 2 K 1974/06, EFG 2008, 820 – erst nach tatsächlicher Berichtigung der Rechnung, nicht bereits im Zeitpunkt der Ausstellung der fehlerhaften Rechnung (ebenso die Revisionsentscheidung des BFH vom 15.03.2012, Az: III R 96/07, BStBl II 2012, 719; zu Buchhaltungsfragen vgl. Endert/Sepetauz in BBK 2012, 1068 ff.).

28 Es liegt in der Natur der Sache, dass die nach § 14c Abs. 1 UStG geschuldete Steuer ggf. nicht zu ihrem Entstehungszeitpunkt (vgl. § 13 Abs. 1 Nr. 3 UStG; z. B. bei fehlerbehafteten Anzahlungs-/Endrechnungen; Abschn. 14.8 Abs. 10 S. 3 UStAE) an das Finanzamt abgeführt wird. Kommt es zu einer verspäteten Zahlung, greift § 233a AO, die Verzinsung von Steueransprüchen. Die Anwendung dieser Regelung auf nach § 14c Abs. 1 UStG geschuldete Steuer entspricht nach Auffassung des BFH (vgl. BFH vom 19.03.2009, Az: V R 48/07, BStBl II 2010, 92 ergangen zu § 14 Abs. 2 UStG a. F.; vgl. Abschn. 14c.1 Abs. 5 S. 3 UStAE) dem Willen des Gesetzgebers. Eine rückwirkende Berichtigung widerspricht dem Regelungszweck des § 14 Abs. 2 S. 2 i. V. m. § 17 Abs. 1 UStG. Sachliche Unbilligkeit liegt nicht vor (Abschöpfung eines unrechtmäßig erlangten Liquiditätsvorteils). Die im AEAO (vgl. BMF vom 02.01.2008, Az: IV A 4 – S 0062/07/0001, BStBl I 2008, 26, Tz. 70.2.3 zu § 233a AO) enthaltene »Billigkeitsregelung« der Finanzverwaltung zum Erlass der Nachzahlungszinsen bei fehlerhaften Endrechnungen ist rechtswidrig (Verstoß gegen Gesetzeszweck sowie Art. 3 Abs. 1 GG; kein Anspruch auf Fortführung gesetzeswidriger Verwaltungspraxis; AEAO zwischenzeitlich angepasst mit Übergangsregelung). Zwischenzeitlich wurde der AEAO in diesem Punkt geändert und an die Rechtsprechung des BFH angepasst (vgl. BMF vom 22.12.2009, Az: IV A 3 – S 0062/08/10007-07, BStBl I 2010, 9 – mit Vertrauensschutzregelung bis 22.12.2009; vgl. Weimann, UStB 2011, 90).

29 Zum **insolvenzrechtlichen Aufrechnungsverbot** nach § 96 Abs. 1 Nr. 1 InsO in Fällen des § 14c Abs. 1 UStG vgl. FG des Saarlands vom 01.06.2016 (Az.: 2 K 1184/14, Haufe-Index 10083799; Revision anhängig unter Az.: VII R 18/16). »1. Für die Anwendung des § 96 Abs. 1 Nr. 1 InsO ist es entscheidend, ob zum Zeitpunkt der Insolvenzeröffnung bereits alle materiell-rechtlichen Tatbestandsvoraussetzungen vorliegen. Daher kommt es für den aus einer Rechnungsberichtigung nach § 14c Abs. 1 S. 2 UStG i. V. m. § 17 Abs. 1 S. 1 UStG resultierenden Erstattungsanspruch in materiell-rechtlicher Hinsicht darauf an, wann der unrichtige Steuerausweis in einer berichtigten Rechnung beseitigt wurde (Anschluss an FG Hamburg vom 25.11.2015, 6 K 167/15 [Hinweis des Verf.: Revisionsentscheidung des BFH vom 08.11.2016, Az. VII R 34/15, DStR 2017, 544, vgl. Rz. 82]). 2. Hat die Insolvenzschuldnerin vor Eröffnung des Insolvenzverfahrens unberechtigt Umsatzsteuer in Rechnungen ausgewiesen und berichtigt der Insolvenzverwalter nach Eröffnung des Insolvenzverfahrens diese Rechnungen, so stellt der sich hieraus ergebende Umsatzsteuererstattungsanspruch keinen vorinsolvenzlichen Anspruch dar, gegen den das FA zulässigerweise mit anderen vorinsolvenzlichen Steuerforderungen gegen die Insolvenzschuldnerin aufrechnen dürfte.«

2.1.3.4 Form der Berichtigung

30 Die **Form der Berichtigung** nach § 14c Abs. 1 UStG ist im Gesetz nicht geregelt (vgl. Hessisches FG vom 10.02.2005, Az: 6 K 1802/01, EFG 2005, 988, Revision, Az: V R 27/05 – lediglich Schriftform; auch bei Rechnung in Form eines notariell beurkundeten Grundstückskaufvertrags kein Form-

zwang für Berichtigung). In seiner Revisionsentscheidung (vgl. BFH vom 11.10.2007, Az: V R 27/05, BStBl II 2008, 438) bestätigt der BFH die Entscheidung des Hessischen FG. Zusätzlich stellt das Gericht klar, dass es sich bei einer Rechnungsberichtigung um einen rein umsatzsteuerrechtlichen Vorgang handelt und deshalb die zivilrechtliche Befugnis zur Rechnungsberichtigung und ggf. Formerfordernisse nicht zu prüfen sind (im Urteilsfall notarielle Beurkundung). Die Prüfung des Vorliegens einer Rechnung und ebenso einer Berichtigung folgt allein den umsatzsteuerrechtlichen Bestimmungen des § 14 UStG. Auch eine leserliche Unterschrift ist nicht erforderlich, um den Aussteller eine Rechnung oder einer Berichtigung zu bestimmen. Die Berichtigung muss durch den Leistungsgeber gegenüber dem Leistungsempfänger im Sinne einer **Berichtigungserklärung** erfolgen (vgl. Abs. 7 S. 1 UStAE). Nicht erforderlich soll es grundsätzlich sein, dass der leistende Unternehmer die Originalrechnung zurückerhält (vgl. BFH vom 19.09.1996, Az: V R 41/94, BStBl II 1999, 249). Da die Berichtigungserklärung den Regelungen über die Erteilung einer Rechnung folgt, muss sie den Anforderungen des § 14 Abs. 1 UStG entsprechen, d.h. in Papierform (schriftlich; vgl. Abschn. 14c.1 Abs. 7 S. 2 UStAE) oder auf elektronischem Wege erfolgen. Abschn. 14c.1 Abs. 7 S. 4 UStAE verweist bezüglich der Anforderungen an die Berichtigung auf Abschn. 14.11 UStAE und damit letztlich auf § 31 Abs. 5 UStDV. Kritisch hinsichtlich der Frage, wer zur Berichtigung berechtigt ist (Aussteller oder auch Empfänger) vgl. Bosche in UR 2015, 693 ff.

Aus der Berichtigungserklärung muss sich ergeben, ggf. im Wege der Auslegung und unter **31** Berücksichtigung der Bedürfnisse des Geschäftsverkehrs, dass und wie der leistende Unternehmer den ursprünglichen Steuerausweis berichtigt. Die Berichtigungserklärung muss hinreichend bestimmt sein (vgl. Abschn. 14c.1 Abs. 7 S. 2 UStAE). Die Berichtigungserklärung muss dem Leistungsempfänger zugehen (vgl. BFH vom 25.02.1993, Az: V R /91, BStBl II 1993, 643). Dazu ausreichend ist beispielsweise eine Bescheinigung auf der Durchschrift der Originalrechnung (vgl. BFH vom 10.12.1993, Az: V R 73/90, BStBl II 1993, 383 – mit Bestätigung des Erhalts durch den Leistungsempfänger). Sollen mehrere Steuerbeträge berichtigt werden, kann dies in einer Berichtigungserklärung erfolgen, sofern sichergestellt wird, welche Steuerbeträge im Einzelnen berichtigt werden sollen (vgl. Abschn. 14c.1 Abs. 7 S. 3 UStAE). Die Zusammenfassung in einer Summe, ohne Bezug zu den betroffenen Rechnungen ist nicht ausreichend (vgl. BFH vom 25.02.1993, Az: V R 112/91, BStBl II 1993, 643; ebenso möglich soll eine zusammengefasste Berichtigung gegenüber mehreren Rechnungsempfängern sein, sofern die Berichtigung allen Betroffenen zugeht und ersichtlich ist, welche Berichtigungen wen betreffen).

Zur Berichtigung mittels **Abtretungsanzeige** vgl. BFH vom 12.10.2016 (Az.: XI R 43/14 (v), **32** BFH/NV 2017, 408): »Eine in einer Abtretungsanzeige an das Finanzamt enthaltene Abtretungserklärung des leistenden Unternehmers ist als Berichtigung des Steuerbetrags i. S. d. § 14c Abs. 1 S. 2 UStG anzusehen, wenn diese dem Leistungsempfänger zugegangene Abtretungserklärung spezifisch und eindeutig auf eine (oder mehrere) ursprüngliche Rechnung(en) bezogen ist und aus ihr klar hervorgeht, dass der leistende Unternehmer über seine Leistungen – statt, wie bisher, unter Ansatz des ursprünglich ausgewiesenen Steuerbetrags – nunmehr nur noch ohne Umsatzsteuer abrechnen will.«

In Fällen der **Ausfuhr im nichtkommerziellen Reiseverkehr** (vgl. § 6 Abs. 3a UStG) schuldet **33** der Unternehmer ausgewiesene Steuerbeträge nach § 14c Abs. 1 UStG, sofern die Ausfuhr steuerfrei ist. Der Unternehmer kann den Steuerausweis entweder berichtigen oder die Originalrechnung zurückverlangen und aufbewahren (vgl. Abschn. 14c.1 Abs. 8 UStAE). Hierzu vertritt das FG München (Urteil vom 19.05.2010, Az: 3 K 1180/08, EFG 2010, 1934) die Auffassung, dass die Rückgabe der Originalrechnung nicht der in § 14c Abs. 1 S. 2 UStG geforderten Rechnungsberichtigung entspricht. Dieses Vereinfachungsverfahren könne jedenfalls nur dann anerkannt werden, wenn die zurückgegebene Rechnung im Original – und nicht lediglich als digitale Kopie (im Urteilsfall eingescannte Belege) – aufbewahrt wird, da ansonsten der Nachweis nicht geführt werden kann, dass tatsächlich das Original zurückgegeben worden ist.

2.1.3.5 Gefährdung des Steueraufkommens

34 Nach der neueren Rechtsprechung des BFH (vgl. BFH vom 22.03.2001, Az: V R 11/98, BStBl II 2004, 313 – unter Verweisung auf EuGH vom 19.09.2000, Rs. C-454/98, Schmeink & Cofreth/Strobel, DStRE 2000, 1166) stellt der unrichtige Steuerausweis nach § 14 Abs. 2 S. 1 UStG (aktuell § 14c Abs. 1 UStG) eine **Gefährdung des Steueraufkommens** dar. Die Berichtigung des Steuerausweises soll daher voraussetzen, dass der Unternehmer den Nachweis erbringt, dass der Rechnungsempfänger die Vorsteuer aus der Rechnung nicht abgezogen hat, dass ihm der Vorsteuerabzug versagt wurde oder dass ein vorgenommener Abzug rückgängig gemacht wurde. Das Urteil ist vor Einfügung des § 14c UStG durch das StÄndG 2003 ergangen, der § 14 Abs. 2 UStG a. F. in § 14c Abs. 1 UStG übernommen hat. Aus der aktuellen Gesetzesfassung ist dieses Erfordernis nicht in dieser Allgemeinheit abzuleiten, da das Gesetz nur für die in § 14c Abs. 1 S. 3 genannten Fälle durch Verweisung auf § 14c Abs. 2 S. 3 bis 5 UStG zusätzliche Voraussetzungen schafft (so auch Stadie in UStG, § 14c UStG Rn. 59; zur Problematik vgl. Raudszus, UStB 2007, 43; vgl. Tehler, EU-UStB 3/2009, 39 ff. [41] – es erscheint im Hinblick auf die Rechtsprechung des BFH und EuGH ratsam, auch in Fällen des § 14c Abs. 1 UStG die Gefährdung des Steueraufkommens zu beseitigen.). Durch das Fehlen der Verknüpfung zwischen der Berichtigung auf Seiten des Leistungsgebers einerseits und der Rückgängigmachung des Vorsteuerabzugs beim Rechnungsempfänger andererseits können sich einseitige Belastungen des Fiskus ergeben, sofern beim Rechnungsempfänger der Vorsteuerabzug nicht mehr berichtigt werden kann.

2.1.4 Vorsteuerabzug

35 Weist der Unternehmer in einer Rechnung einen zu hohen Steuerbetrag aus, kann der Leistungsempfänger diesen Betrag nicht als **Vorsteuer** in Anspruch nehmen. Grund hierfür ist die richtlinienkonforme Auslegung (MwStSystRL) der Berechtigung zum Vorsteuerabzug des Leistungsempfängers durch den BFH (vgl. BFH vom 02.04.1998, Az: V R 34/97, BStBl II 1998, 695), wonach nur die für einen Umsatz geschuldete USt zum Vorsteuerabzug berechtigt (vgl. auch den geänderten Wortlaut von § 15 Abs. 1 S. 1 Nr. 1 UStG), die neuere Rechtsprechung bestätigt dies (vgl. BFH vom 01.02.2001, Az: V R 23/00, BStBl II 2003, 673; BFH vom 11.04.2002, Az: V R 26/01, BStBl II 2004, 317). Nach Abschn. 15.2 Abs. 1 S. 2 UStAE ist der Vorsteuerabzug damit nicht zulässig, soweit der die Rechnung ausstellende Unternehmer die Steuer nach § 14c Abs. 1 oder 2 UStG schuldet. Die Formulierung »soweit« schließt den Vorsteuerabzug nicht vollständig aus. Demgemäß regelt Abschn. 15.2a Abs. 6 S. 12 UStAE, dass in Fällen des § 14c Abs. 1 UStG der Vorsteuerabzug unter den übrigen Voraussetzungen i. H. der für die bezogene Leistung geschuldeten Steuer vorgenommen werden kann (vgl. hierzu bereits OFD Nürnberg vom 20.01.2000, Az: S 7300 – 420/St 43, UR 2000, 259 mit Beispielen; Bestätigung durch BFH vom 19.11.2009, Az: V R 41/08, DStR 2010, 159).

36 Soweit der Leistungsempfänger einen höheren Betrag als für die Leistung gesetzlich geschuldet wird als Vorsteuer geltend gemacht hat, muss er den Mehrbetrag an das Finanzamt zurückzahlen. Die Rückzahlung ist dabei für den Besteuerungszeitraum vorzunehmen, für den der Mehrbetrag als Vorsteuer abgezogen wurde (vgl. Abschn. 14c.1 Abs. 10 UStAE; vgl. BFH vom 16.08.2001, Az: V R 72/00 (NV), BFH/NV 2002, 545 – zum Erlass von Zinsen [§§ 227, 233a AO] und BFH vom 19.12.2002, Az: V R 66/00 (NV), BFH/NV 2003, 591). Nach dem Urteil des BFH vom 06.12.2007 (Az: V R 3/06, BStBl II 2009, 203; zitiert in Abschn. 17.1 Abs. 10 S. 5; zur Fortsetzung des Klagefalles vgl. FG Düsseldorf vom 17.02.2010, Az: 1 K 2823/09 U, EFG 2010, 935) erfolgt die Korrektur nach Maßgabe der abgabenrechtlichen Änderungsvorschriften (§§ 172 ff. AO). Die Entscheidung betrifft die aktuelle Rechtslage gleichermaßen. Der BFH führt diesbezüglich aus,

dass auch die Neufassung in § 14c Abs. 1 S. 2 und 3 UStG von der Nichtabziehbarkeit der Vorsteuer beim Leistungsempfänger ausgehe. Folglich betreffen diese Regelungen nicht den Leistungsempfänger, sondern regeln nur die Voraussetzungen für die Erstattung der wegen unberechtigten Steuerausweises geschuldeten Umsatzsteuer des Steuerschuldners.

Nach dem BFH-Urteil vom 30.06.2015 (Az.: VII R 30/14 (v), BFH/NV 2015, 1611, Sachverhalt: 37
Steuerausweis bei nicht steuerbarer Leistung, vgl. Abschn. 14c.1 Abs. 1 S. 5 Nr. 4 UStAE) kann dem EuGH-Urteil vom 15.03.2007 (Rs. C-35/05 »Reemtsma«, HFR 2007, 515) kein unionsrechtliches Gebot entnommen werden, einen Anspruch des Leistungsempfängers aus § 37 Abs. 2 AO auf Erstattung zu Unrecht vom Leistenden in Rechnung gestellter Umsatzsteuer gegen den Fiskus anzuerkennen, wenn eine Erstattung vom Leistenden wegen dessen Insolvenz nicht mehr (vollständig) erreicht werden kann. Demnach werden die Regelungen, die das deutsche Umsatzsteuer- und Abgabenrecht zum Schutz des Leistungsempfängers bereithält, der die zu Unrecht in Rechnung gestellte Umsatzsteuer an den Rechnungsaussteller gezahlt hat, den Anforderungen, die der EuGH an eine systemgerechte Abwicklung zu Unrecht erhobener und gezahlter Umsatzsteuer stellt, grundsätzlich gerecht. Im Hinblick auf das Urteil des EuGH vom 26.04.2017 (Rs. C-564/15 »Farkas«) erscheint ein unionsrechtlich begründeter Erstattungsanspruch gegenüber der Steuerverwaltung im Einzelfall zumindest jedoch nicht völlig abwegig (zu etwaigen Steuerrückforderungsansprüchen des Leistungsempfängers vgl. Sterzinger In UStB 2015, 193ff.; Meyer-Burow/Connemann in UStB 2015, 318ff. und 353ff.).

2.1.5 Geschäftsveräußerungen im Ganzen, Rückgängigmachung einer Option (§ 14c Abs. 1 S. 3 UStG)

§ 14c Abs. 1 S. 3 UStG regelt, dass in Fällen des § 1 Abs. 1a UStG (Geschäftsveräußerung im 38
Ganzen) und in Fällen der Rückgängigmachung einer Option nach § 9 UStG die S. 3 bis 5 des § 14c Abs. 2 UStG entsprechend gelten. Daraus folgt einerseits, dass der Gesetzgeber diese Tatbestände offenbar als Fälle des unrichtigen Steuerausweises einstuft, andererseits, dass diese Sachverhalte als Gefährdungstatbestände gesehen werden und deren Berichtigung demnach den (schärferen) Vorschriften der bereits bisher als Steuergefährdung eingestuften Sachverhalte des § 14 Abs. 3 UStG a. F., jetzt § 14c Abs. 2 UStG, unterliegen sollen (vgl. Abschn. 14c.1 Abs. 11 UStAE). Letztlich handelt es sich hierbei nicht um eine Erweiterung des Anwendungsbereiches der S. 1 und 2 der Vorschrift, sondern um eine **Einschränkung der Berichtigungsmöglichkeiten** für bestimmte Unterfälle des unrichtigen Steuerausweises. Die Fälle des § 1 Abs. 1a UStG wurden auf Wunsch des Bundesrates (BT-Drucks. 15/1798 vom 22.10.2003) als Reaktion auf die Rechtsprechung des BFH (vgl. BFH vom 22.03.2001, Az: V R 11/98, BFH/NV 2001, 1088 [BStBl II 2004, 313]) in das Gesetz aufgenommen, um die sog. Ausfallhaftung auszudehnen.

§ 14c Abs. 1 S. 3 UStG beinhaltet die Kernaussage, dass in den genannten Fällen eine Berichti- 39
gung der Steuer grundsätzlich zulässig ist. Im Gegensatz zu den Fällen des § 14c Abs. 1 S. 1, 2 UStG, bei denen wie bisher in Fällen des § 14 Abs. 2 UStG a. F. grundsätzlich eine Korrekturmitteilung an den Rechnungsempfänger und deren Zugang ausreichend ist (vgl. Rn. 30), kann der Steuerausweis in Fällen des § 14c Abs. 1 S. 3 UStG jedoch nur unter den weiteren Voraussetzungen des § 14c Abs. 2 S. 3–5 UStG berichtigt werden (vgl. Abschn. 9.1 Abs. 4 UStAE). Nach der bisherigen Rechtsprechung des BFH (vgl. BFH vom 01.02.2001, Az: V R 23/00, BStBl II 2003, 673; vgl. BFH vom 03.04.2013, Az.: V B 64/12 n. v., BFH/NV 2013, 1135) wirkt die Rückgängigmachung einer **Option** (zu den Voraussetzungen der Option vgl. die Kommentierung zu § 9) auf das Ursprungsjahr zurück, die ursprünglich durch die Option ausgewiesene USt wird jedoch nach § 14 Abs. 2 UStG a. F. (jetzt § 14c Abs. 1 UStG) geschuldet. Diese USt kann der Unternehmer in sinngemäßer Anwendung des § 17 UStG berichtigen, allerdings unter den weiteren Vorausset-

zungen des § 14c Abs. 2 UStG. Die sinngemäße Anwendung kann u.E. nur darin bestehen, dass entsprechend § 17 Abs. 1 S. 7 UStG eine Erstattung der Umsatzsteuer an den Unternehmer frühestens nach erfolgter Berichtigung möglich ist, nicht jedoch rückwirkend für die Besteuerungszeiträume, in denen der Unternehmer die ursprünglich ausgewiesene Umsatzsteuer abgeführt hat. Für den Leistungsempfänger entfällt der **Vorsteuerabzug** hingegen rückwirkend (vgl. BFH vom 06.10.2005, Az: V R 8/04 (NV), BFH/NV 2006, 835 – kein Fall des § 17 UStG liegt nach Auffassung des BFH vor, wenn es rückwirkend zur **Rücknahme einer Option** nach § 9 UStG kommt, da sich hier nicht die Bemessungsgrundlage ändert, sondern eine Umqualifizierung des Umsatzes stattfindet, deren Folgen für den Vorsteuerabzug nach § 175 Abs. 1 S. 1 Nr. 2 AO zu ziehen sind). Zu Einzelheiten hinsichtlich des Verfahrens vgl. Rn. 46ff. und vgl. Rn. 70ff. Zur nicht steuerbaren Geschäftsveräußerung im Ganzen nach § 1 Abs. 1a UStG vgl. BFH vom 11.10.2007, Az: V R 27/05, BStBl II 2008, 438.

40 Zur Rücknahme einer Option nach § 25c Abs. 3 UStG vgl. BFH vom 10.12.2009, Az.: XI R 7/08, n.v., BFH/NV 2010, 1497 (Vorinstanz: FG Rheinland-Pfalz vom 13.12.2007, Az.: 6 K 1655/746 – § 14c Abs. 1 S. 3 UStG entsprechend anzuwenden). Nach Auffassung des BFH wirkt die Rückgängigmachung der Option steuerlich auf das Jahr der Ausführung des Umsatzes zurück und es entfällt folglich der Vorsteuerabzug rückwirkend für das Abzugsjahr (§ 175 Abs. 1 S. 1 Nr. 2 AO). § 14c Abs. 1 S. 2 UStG und § 17 Abs. 1 UStG sind auf den Vorsteuerabzug nicht anzuwenden. Die Rücknahme der Option ist umsatzsteuerlich nicht abhängig von einer Zustimmung des Leistungsempfängers und hängt auch nicht von der Rückzahlung der ausgewiesenen Umsatzsteuer durch den Leistenden an den Leistungsempfänger ab. Dem Grundsatz der Neutralität und Effektivität der Mehrwertsteuer ist in der Regel genügt, wenn der Leistende die Erstattung der irrtümlich an die Steuerbehörden bezahlten Mehrwertsteuer verlangen und der Leistungsempfänger eine zivilrechtliche Klage gegen den Leistenden auf Rückzahlung der rechtsgrundlos bezahlten Beträge erheben kann (vgl. EuGH vom 15.03.2007, Rs. C-35/05, Reemtsma, UR 2007, 343). Die Rückgängigmachung des Vorsteuerabzugs setzt nicht voraus, dass der Leistende das Verfahren nach § 14c Abs. 1 S. 3 UStG durchgeführt hat, da sich diese Norm lediglich auf die Umsatzsteuer des Leistenden bezieht. Aus diesem Grund kann auch die Frage offenbleiben, ob § 14c Abs. 1 S. 3 UStG in Fällen der Rücknahme einer Option nach § 25c Abs. 3 UStG überhaupt anwendbar ist.

2.1.6 Steuerentstehung und Steuerschuldner

41 Nach § 13 Abs. 1 Nr. 3 UStG a.F. **entstand die Steuer** in Fällen des § 14c Abs. 1 UStG in dem Zeitpunkt, in dem die Steuer für die Lieferung oder sonstige Leistung nach § 13 Abs. 1 Nr. 1 Buchst. a oder b UStG entsteht, spätestens im Zeitpunkt der Ausgabe der Rechnung. Wurde demnach die Steuer für einen steuerpflichtigen Umsatz zu hoch ausgewiesen, folgte die Steuerentstehung entweder dem Sollprinzip (§ 13 Abs. 1 Nr. 1 Buchst. a UStG) oder dem Istprinzip (§ 13 Abs. 1 Nr. 1 Buchst. b UStG). Bei steuerfreien Umsätzen, die mit Steuerausweis abgerechnet wurden, knüpft das Gesetz an den Zeitpunkt der Ausgabe der Rechnung an. Hinsichtlich der Tatbestände des § 14c Abs. 1 S. 3 UStG war zu differenzieren. Entsteht eine Steuer nach § 14c Abs. 1 S. 1 UStG in Zusammenhang mit einer **nicht steuerbaren Geschäftsveräußerung** im Ganzen (§ 1 Abs. 1a UStG), war die Steuerentstehung nach § 13 Abs. 1 Nr. 1 UStG kein geeigneter Anknüpfungspunkt, da für den Umsatz aufgrund der Nichtsteuerbarkeit gerade keine Steuer entsteht. In diesem Fall entstand die Steuer nach § 13 Abs. 1 Nr. 3 UStG mit **Ausgabe der Rechnung.**

42 Nach BFH (vgl. BFH vom 08.09.2011, Az: V R 5/10, BStBl II 2012, 620) gilt: »Wird über eine bisher steuerfreie oder nicht steuerbare Leistung erstmals mit Umsatzsteuer abgerechnet, entsteht die Steuer nach richtlinienkonformer Auslegung erst im Zeitpunkt der Ausstellung der Rechnung.«

Durch die Neufassung des § 13 Abs. 1 Nr. 3 UStG durch das StÄndG 2003 ist die Rechtsprechung zur Rückwirkung der Rechnungserteilung auf das Jahr der Leistungserbringung überholt. Ergänzt wurde dies durch das Urteil des BFH vom 05.06.2014 (Az.: I R 44/12, BStBl II 2016, 187), in dem der BFH in richtlinienkonformer (Art. 66 MwStSystRL) Auslegung von § 13 Abs. 1 Nr. 3 UStG i. d. F. des StÄndG 2003 feststellt: »Weist der Unternehmer in einer berichtigten Rechnung über eine steuerpflichtige Leistung (Nachberechnung) einen höheren Steuerbetrag aus, als er nach dem Gesetz schuldet, entsteht die nach § 14c Abs. 1 UStG geschuldete Mehrsteuer nicht vor Ablauf des Voranmeldungszeitraums, in dem die berichtigte Rechnung erteilt worden ist (entgegen Abschn. 13.7 Satz 2 UStAE).«

Ab dem **06.11.2015** regelt § 13 Abs. 1 Nr. 3 UStG die Steuerentstehung für § 14c UStG einheitlich im Zeitpunkt der Ausgabe der Rechnung (Änderung durch Art. 11 Nr. 1 **StÄndG 2015**, Gesetz vom 02.11.2015, BGBl I 2015, 1834; Aufhebung § 13 Abs. 1 Nr. 4 UStG; vgl. Abschn. 13.7 UStAE). 43

In Fällen der **Rückgängigmachung einer Option** erscheint die Anwendung der Vorschrift unklar. Zunächst wurde die Steuer aufgrund der Option gesondert ausgewiesen; die Steuer entstand nach § 13 Abs. 1 Nr. 1 UStG entsprechend der Soll- oder der Istversteuerung zu Recht. Die Rücknahme einer Option wirkt nach der Rechtsprechung (vgl. BFH vom 01.02.2001, Az: V R 23/00, BStBl II 2003, 673 – für den Fall einer zunächst als [optiert] steuerpflichtig behandelten Grundstückslieferung mit späterer Rücknahme der Option) auf das Jahr der Leistung zurück; die ausgewiesene Steuer fällt durch die Rücknahme unter § 14c Abs. 1 S. 1 UStG. Da durch die Rücknahme der Option der Umsatz unter die gesetzlich vorgesehene Steuerbefreiung fällt, entsteht für den Umsatz streng genommen keine Steuer, an deren Entstehungszeitpunkt sich die Steuer nach § 14c Abs. 1 UStG anhängen könnte. Auch hier bietet es sich an, die Steuerentstehung an die Ausgabe der Rechnung zu knüpfen. 44

Steuerschuldner der Steuer nach § 14c Abs. 1 UStG ist der leistende Unternehmer (vgl. § 13a Abs. 1 Nr. 1 UStG). 45

2.2 Unberechtigter Steuerausweis (§ 14c Abs. 2 UStG)

2.2.1 Rechtsentwicklung

§ 14c UStG wurde durch das StÄndG 2003 mit Wirkung vom 01.01.2004 (vgl. Rn. 1ff.) eingefügt und ersetzt mit Absatz 2 die zuvor in § 14 Abs. 3 UStG a. F. enthaltenen Regelungen. Ergänzend sehen § 14c Abs. 2 S. 3–5 UStG in Umsetzung der EuGH-Rechtsprechung eine Berichtigungsmöglichkeit auch für den unberechtigten Steuerausweis vor. 46

2.2.2 Allgemeines

Nach § 14c Abs. 2 S. 1 UStG schuldet derjenige, der in einer Rechnung einen Steuerbetrag gesondert ausweist, obwohl er zum gesonderten Ausweis der Steuer nicht berechtigt ist, den ausgewiesenen Betrag. Gleiches gilt nach § 14c Abs. 2 S. 2 UStG, wenn jemand wie ein leistender Unternehmer abrechnet und einen Steuerbetrag gesondert ausweist, obwohl er kein Unternehmer ist oder eine Leistung nicht ausführt. Durch die Gleichstellung der **Rechnung** und der **Gutschrift** (vgl. § 14 Abs. 2 S. 3 UStG) greift die Vorschrift auch in Fällen der unwidersprochenen Gutschrift. Die Rechtsfolgen treten nach Verwaltungsauffassung auch dann ein, wenn die ausgestellte 47

Rechnung nicht sämtliche in § 14 Abs. 4 und 14a UStG genannten Angaben enthält. Unverzichtbar ist jedoch die Angabe des Rechnungsausstellers und des Entgelts als Grundlage der gesondert ausgewiesenen Steuer (vgl. BFH vom 27.07.2000, Az: V R 55/99, BStBl II 2001, 426 und Abschn. 14c.2 Abs. 1 S. 3, 4 UStAE). In gegenteilige Richtung weist das Urteil des FG München vom 07.12.2006, Az: 14 K 4037/05, ergangen zu § 14 Abs. 3 UStG a. F. [unter Verweisung auf BFH vom 01.08.1996, Az: V R 9/96 (NV), BFH/NV 1997, 381]. Die gegen das Urteil durch das FA eingelegte Beschwerde hat der BFH mit Beschluss vom 21.02.2008 [Az: XI B 170/07 (NV)] abgewiesen.) Mit Urteil vom 23.07.2009 hat das Thüringer FG (Az: 2 K 184/07, EFG 2009, 1684 [Rev. V R 39/09, vgl. nachstehend]) entschieden, dass der Rechnungsbegriff des § 14c Abs. 2 UStG mangels eigenständiger Definition in § 14c UStG demjenigen des § 14 UStG entspricht. Um die Rechtsfolgen des § 14c Abs. 2 UStG auszulösen, muss eine Rechnung sämtliche in § 14 Abs. 4 UStG genannten Merkmale enthalten, da sie ansonsten nicht zum Vorsteuerabzug berechtigt und daher auch nicht in der Lage ist, das Steueraufkommen zu gefährden (a. A. Niedersächsisches FG vom 30.07.2010, Az: 16 K 55/10, EFG 2010, 2127 nrkr.– Gefährdungstatbestand tritt unabhängig von der Vollständigkeit der Rechnungsangaben ein; auch »unvollständige« Rechnungen lösen die Rechtsfolgen des § 14c Abs. 2 UStG aus; das Recht auf Vorsteuerabzug und die Gefährdungstatbestände des § 14c UStG unterliegen unterschiedlichen Anforderungen und rechtfertigen unterschiedliche Begriffsbestimmungen des Rechnungsbegriffs; für den Fall einer Rechnung über einen nicht ausgeführten Umsatz kommt es auf den Rechnungsbegriff ohnehin nicht an, da § 14c Abs. 2 S. 2 UStG lediglich auf die Rechtsfolgen des § 14c Abs. 2 S. 1 UStG verweist, ohne auf den Rechnungsbegriff abzuheben). Mit **Urteil vom 17.02.2011** (Az: V R 39/09, BStBl II 2011, 734) stellt der **BFH** fest: »1. Ein unberechtigter Steuerausweis i. S. des § 14c Abs. 2 UStG setzt nicht voraus, dass die Rechnung alle in § 14 Abs. 4 UStG aufgezählten Pflichtangaben aufweist. 2. Die an den Rechnungsbegriff des § 15 Abs. 1 UStG und den des § 14c UStG zu stellenden Anforderungen sind nicht identisch.« Änderung der Rechtsprechung: Für die Anwendung des § 14c Abs. 2 UStG reicht ein Dokument aus, das abstrakt die Gefahr begründet, dass der Empfänger daraus unberechtigt Vorsteuern beansprucht. Dies ist bereits gegeben, wenn das Dokument den Rechnungsaussteller, den vermeintlichen Leistungsempfänger, eine Leistungsbeschreibung, sowie das Entgelt und die gesondert ausgewiesene Umsatzsteuer ausweist (weiterführend vgl. Frye, UR 2011, 1 ff.; Zaumseil, UStB 2011, 256 ff.; Eckert, BBK 2011, 1103 ff.; von Harenne, UR 2015, 169 ff.; Bezug nehmend im Hinblick auf § 14 Abs. 3 UStG a. F. vgl. FG Baden-Württemberg vom 25.01.2013, Az: 9 K 1138/11, EFG 2013, 815). Zur Leistungsbeschreibung vgl. BFH vom 19.11.2014 (Az.: V R 29/14 n. v., BFH/NV 2015, 706). Diese kann sich auch aus Unterlagen ergeben, auf die in der Rechnung verwiesen wird, die der Rechnung aber nicht beigefügt sein müssen. Offen geblieben ist letztlich, ob die Anforderungen an die Leistungsbeschreibung denen einer Rechnung i. S. d. § 15 Abs. 1 UStG entsprechen.

48 Ob Rechnungsangaben unzutreffend sind und zu einer Steuerschuld aufgrund unberechtigten Steuerausweises führen können, ist nach allgemeinen Grundsätzen unter Berücksichtigung auch anderer Dokumente vorzunehmen, auf die in der Rechnung verwiesen wird. Unionsrechtlich (vgl. EuGH vom 15.09.2016, Rs. C-516/14, DStR 2016, 2216) ist zudem zu berücksichtigen, dass sich die Steuerverwaltung nicht auf die Prüfung der Rechnung selbst beschränken darf (vgl. BFH vom 16.03.2017, Az.: V R 27/16, DStR 2017, 1435, Rz. 12, 13). Aktuell vgl. BFH vom 21.09.2016, Az.: XI R 4/15 (v), BFH/NV 2017, 397 zum unberechtigten Steuerausweis in einem Gebührenbescheid.

49 Bei **Kleinbetragsrechnungen** (§ 33 UStDV) hat der angegebene Steuersatz die Wirkung eines unberechtigten Steuerausweises (vgl. Abschn. 14c.2 Abs. 1 S. 5 UStAE). Abweichend hiervon hat das Hessische FG mit Urteil vom 25.06.2009 (Az: 6 K 565/09, EFG 2009, 1789, rkr.) entschieden, dass die Angabe des Steuersatzes in einer Kleinbetragsrechnung nach § 33 UStDV keinen gesonderten Steuerausweis nach § 14c Abs. 2 UStG darstellt (im Urteilsfall hatte eine Kleinunternehmerin Kleinbetragsrechnungen erteilt). Der gesonderte Steuerausweis in § 14c Abs. 2 UStG entspricht

dem in § 14 Abs. 4 Nr. 8 UStG geforderten Ausweis eines Geldbetrags, der auch als Steuerbetrag gekennzeichnet ist. Das Missverhältnis zwischen durch einen **Kleinunternehmer** nicht abzuführender und nach dieser Rechtsauffassung nicht nach § 14c Abs. 2 UStG geschuldeter Steuer einerseits und der Möglichkeit des Vorsteuerabzugs über § 35 UStDV ist dem FG bewusst, es sieht hier aber gesetzlichen Regelungsbedarf. Die Revision war wegen grundsätzlicher Bedeutung zugelassen, wurde aber offenbar nicht eingelegt, ggf. auch wegen der Streitsumme von ca. 130 €.

Der Auffassung des Hessischen FG hat sich jüngst das FG Nürnberg angeschlossen (vgl. FG Nürnberg vom 16.10.2012, Az: 2 K 1217/10, EFG 2013, 1278). Auch das FG Nürnberg vertritt die Auffassung, dass es bei einer Kleinbetragsrechnung am offenen Steuerausweis fehle und akzeptiert mangels gesetzlicher Regelung (z.B. in § 19 Abs. 1 S. 4 UStG) im Zweifel das Auseinanderfallen von Umsatzsteuerschuld und Vorsteuerabzug (Rev. XI R 41/12). 50

Mit seiner Revisionsentscheidung (vgl. BFH vom 25.09.2013, Az: XI R 41/12, BStBl II 2014, 135) hebt der BFH das Urteil des FG Nürnberg auf: »Weist ein zum gesonderten Steuerausweis nicht berechtigter Kleinunternehmer in einer sog. »Kleinbetragsrechnung« das Entgelt und den darauf entfallenden Steuerbetrag für eine Lieferung oder sonstige Leistung in einer Summe sowie den anzuwendenden Steuersatz aus, schuldet er den sich aus einer Aufteilung des in einer Summe angegebenen Rechnungsbetrags in Entgelt und Steuerbetrag ergebenden Steuerbetrag jedenfalls dann gemäß § 14c Abs. 2 Satz 1 UStG, wenn die Kleinbetragsrechnung alle in § 33 Satz 1 UStDV genannten Angaben enthält und deshalb vom Leistungsempfänger gemäß § 35 Abs. 1 UStDV für Zwecke des Vorsteuerabzugs verwendet werden kann.« 51

Entsprechendes gilt für **Fahrausweise** i. S. d. § 34 UStDV (vgl. Abschn. 14c.2 Abs. 1 S. 6 UStAE). 52

Der Steueranspruch nach § 14c Abs. 2 UStG entsteht mit Ausgabe der Rechnung (vgl. § 13 Abs. 1 Nr. 4 UStG a. F. Ab dem **06.11.2015** regelt § 13 Abs. 1 Nr. 3 UStG die Steuerentstehung für § 14c UStG einheitlich im Zeitpunkt der Ausgabe der Rechnung (Änderung durch Art. 11 Nr. 1 **StÄndG 2015**, Gesetz vom 02.11.2015, BGBl I 2015, 1834; Aufhebung § 13 Abs. 1 Nr. 4 UStG; vgl. Abschn. 13.7 UStAE). 53

2.2.2.1 Nicht berechtigte Unternehmer

Nach § 14c Abs. 2 S. 1 UStG schuldet derjenige die Steuer, der in einer Rechnung einen Steuerbetrag gesondert ausweist, obwohl er zum gesonderten Ausweis der Steuer nicht berechtigt ist. In Abgrenzung zu § 14c Abs. 2 S. 2 UStG fällt unter die Norm nur der nicht berechtigte Unternehmer, da der Fall des Nichtunternehmers ausdrücklich in § 14c Abs. 2 S. 2 UStG genannt ist. Hauptanwendungsfall ist der umsatzsteuerliche **Kleinunternehmer** nach § 19 Abs. 1 UStG (vgl. Abschn. 14c.2 Abs. 2 Nr. 1 UStAE; h.M.), da dieser nach § 19 Abs. 1 S. 4 UStG nicht zum gesonderten Ausweis der Steuer berechtigt ist. 54

Fraglich ist, ob nur der Kleinunternehmer in den Anwendungsbereich der Vorschrift fällt. Der Gesetzeswortlaut fordert, dass derjenige (= Unternehmer) nicht zum Steuerausweis berechtigt sein darf. Dieses Kriterium trifft auf den Kleinunternehmer wegen § 19 Abs. 1 S. 4 UStG zu. Andererseits schließt das UStG an anderer Stelle die Berechtigung zum Steuerausweis ebenfalls aus (vgl. z. B. § 14a Abs. 6 UStG i. V. m. § 25a UStG [Differenzbesteuerung – nach Verwaltungsauffassung liegt ein Fall des § 14c Abs. 2 UStG vor – vgl. Abschn. 25a.1 Abs. 16 S. 2 UStAE]; § 14a Abs. 5 UStG i. V. m. § 13b UStG [Übergang der Steuerschuldnerschaft; vgl. Abschn. 13b.14 Abs. 1 S. 5 UStAE = § 14c Abs. 1 UStG]; § 14a Abs. 7 UStG i. V. m. § 25b UStG [i. g. Dreiecksgeschäft]). Nach Auffassung des BFH (vgl. BFH vom 07.05.1981, Az: V R /75, BStBl II 1981, 547) kommt es auf die persönliche Berechtigung des Unternehmers an. Diese fehlt **generell** nur dem Kleinunternehmer (vgl. § 19 Abs. 1 S. 4 UStG – weist der Kleinunternehmer USt aus, liegt § 14c Abs. 2 UStG vor). Die o. g. anderen Beschränkungen wirken demgegenüber **partiell**, es bleibt daher fraglich, ob diesbezüglich Fälle des § 14c Abs. 1 oder 2 UStG vorliegen (vgl. Korn in B, § 14c UStG Rn. 35, 55 bejahend für Differenzbesteuerung und Reiseleistungen). Durch die Änderung der Rechtsprechung zum Vorsteuerabzug (vgl. BFH vom 11.04.2002, Az: V R 26/01, BStBl II 2004, 317 – Vorsteuerabzug weder bei § 14c Abs. 1 noch Abs. 2 UStG) relativiert sich die Frage für den Rechnungsempfänger (vgl. Abschn. 15.2 Abs. 1 S. 2 UStAE). Auswirkungen ergeben sich hingegen für die Frage, unter welchen Bedingungen die Berichtigung erfolgen kann, insbesondere, ob eine Gefährdung des Steueraufkommens rückgängig gemacht werden muss. Für den Fall der **Rücknahme einer Optionserklärung nach § 19 Abs. 2 UStG**, ließ die Verwaltung früher die Berichtigung der bis zu diesem Zeitpunkt ausgestellten Rechnungen in entsprechender Anwendung des § 14 Abs. 2 UStG a. F. zu (vgl. Abschn. 190 Abs. 4 UStR 2000). Aktuell ist dieser Fall in Abschn. 14c.2 Abs. 6 UStAE erfasst mit der Folge, dass die Verwaltung die schärferen Voraussetzungen des § 14c Abs. 2 UStG anwenden will.

2.2.2.2 Nichtunternehmer

56 In den Anwendungsbereich des § 14c Abs. 2 S. 2, 1. Alt. UStG fallen alle Nichtunternehmer, die in einem Dokument wie leistende Unternehmer abrechnen und dabei USt gesondert ausweisen. In diese Rubrik fallen auch Unternehmer, die eine Leistung, die sie nicht im Rahmen ihres Unternehmens erbringen, mit gesondertem Steuerausweis abrechnen (vgl. Abschn. 14c.2 Abs. 2 Nr. 4 UStAE). Nichtunternehmer sind insbesondere Privatpersonen. Als Nichtunternehmer gilt auch der Hoheitsbetrieb einer juristischen Person des öffentlichen Rechts (vgl. Abschn. 14c.2 Abs. 2 Nr. 5 UStAE).

57 Einschränkend hat der EuGH entschieden (vgl. EuGH vom 06.11.2003, Rs. C-78–80/02, Karageorgou, DStRE 2004, 108) dass ein Betrag, der als Mehrwertsteuer in einer Rechnung ausgewiesen wird, die eine Person ausstellt, die Dienstleistungen an den Staat erbringt, dann nicht als Mehrwertsteuer zu qualifizieren ist, wenn diese Person irrtümlich annimmt, dass sie diese Dienstleistungen als Selbständiger erbringt, obwohl in Wirklichkeit ein Verhältnis der Unterordnung besteht. Art. 21 Nr. 1 Buchst. c der 6. EG-RL verbietet nicht die Rückerstattung eines Betrages, der in einer Rechnung oder einem ähnlichen Dokument irrtümlich als Mehrwertsteuer ausgewiesen ist, wenn die fraglichen Dienstleistungen nicht der Mehrwertsteuer unterliegen und der in Rechnung gestellte Betrag daher nicht als Mehrwertsteuer qualifiziert werden kann. Eine Gefährdung des Steueraufkommens hat der EuGH damit für den Fall verneint, dass eine für den Staat als Nichtselbständiger tätige Person auf Anweisung des Arbeitgebers eine Quittung über erhaltene Mehrwertsteuer ausstellt. Es ist fraglich, ob die Entscheidung des EuGH den Anwendungsbereich des § 14c UStG wesentlich beeinflussen wird. In seinem Beschluss vom 20.10.2006 (Az: V B 20/05, UR 2007, 311 – NZB, vgl. Rn. 63) bezeichnet der BFH den durch den EuGH entschiedenen Fall als Sonderfall, der zumindest dann, wenn ein Unternehmer gegenüber einem anderen Unternehmer über eine angebliche Lieferung abrechnet, keinen Grund für die Zulassung der Revision wegen grundsätzlicher Bedeutung oder zur Fortbildung des Rechts oder zur Sicherung einer einheitlichen Rechtsprechung bietet (erneut bestätigt durch BFH vom 18.03.2008, Az: V B 107/07 (NV), BFH/NV 2008, 1367 – eine Gefährdung des Steueraufkommens hat der EuGH nur für den entschiedenen Sonderfall verneint; andere Sachlage, wenn Unternehmer untereinander über eine angeblich steuerbare Lieferung abrechnen).

58 Nicht abschließend geklärt ist, ob durch den Ausweis von Umsatzsteuer in einer **Gutschrift** gegenüber einem Nichtunternehmer ein unberechtigter Steuerausweis nach § 14c Abs. 2 UStG entstehen kann, da nach § 14 Abs. 2 S. 2 UStG die Möglichkeit zur Abrechnung mittels Gutschrift nur für Unternehmer untereinander besteht (vgl. BFH vom 16.03.2017, Az.: V R 27/16, DStR 2017, 1435, Rz. 16). Dies jedenfalls für den Fall der Mitwirkung unter Verweisung auf das Urteil des BFH vom 07.04.2011, Az.: V R 44/09, BStBl II 2011, 954) bejahend: Niedersächsisches Finanzgericht, Urteil vom 09.10.2013, Az.: 5 K 319/12, EFG 2014, 162.

2.2.2.3 Schein- oder Gefälligkeitsrechnungen durch Unternehmer

In den Anwendungsbereich des § 14c Abs. 2 S. 2, 2. Alt. UStG fallen insbesondere Fälle, in denen der abrechnende Unternehmer die Leistung nicht erbringt (vgl. BFH vom 20.07.2011, Az: XI B 108/10 (NV), BFH/NV 2011, 2134 – »Die Festsetzung von Umsatzsteuer nach § 14c Abs. 2 S. 2 2. Alternative UStG verlangt die (positive) Feststellung, dass eine in einer Rechnung ausgewiesene Lieferung oder sonstige Leistung nicht ausgeführt wurde. Dafür reicht nicht aus, dass dies »nicht auszuschließen« ist.«). Nach Verwaltungsauffassung fällt auch die fälschliche Abrechnung mit gesondertem Steuerausweis in Fällen des Schadensersatzes unter die 2. Alt. (vgl. Abschn. 14c.2 Abs. 2 Nr. 2 S. 1 UStAE). Ebenfalls unter die 2. Alt. fallen Fälle der **unrichtigen Leistungsbezeichnung** durch einen Unternehmer (vgl. Abschn. 14c.2 Abs. 2 Nr. 3 UStAE: Angabe eines anderen als des tatsächlich gelieferten Gegenstandes oder einer anderen sonstigen Leistung als der tatsächlich ausgeführten). 59

2.2.3 Gefährdungstatbestand

Sinn der Vorschrift ist es im Wesentlichen, Missbräuche des USt-Systems durch ungerechtfertigte Inanspruchnahme von Vorsteuerbeträgen zu vermeiden (vgl. BFH vom 21.02.1981, Az: V R /73, BStBl II 1980, 283). Die in Rechnungen i. S. d. § 14c Abs. 2 UStG ausgewiesene Steuer berechtigt zwar nicht zum Vorsteuerabzug (vgl. BFH vom 11.04.2002, Az: V R 26/01, BStBl II 2004, 317), die Praxis zeigt jedoch, dass es tatsächlich vergleichsweise leicht gelingt, den Vorsteuerabzug unberechtigt zu erlangen. Andererseits würden sich ohne § 14c Abs. 2 UStG Probleme bei der Erhebung der entsprechenden USt ergeben, da der Aussteller des Abrechnungspapiers keine Leistung i. S. d. UStG erbracht hat, für die er USt nach den allgemeinen Vorschriften des UStG schuldet. 60

Auf diesen **Gefährdungstatbestand** des USt-Aufkommens reagiert § 14c Abs. 2 UStG. Abrechnungspapiere i. S. d. Vorschrift sind daher solche, die die Merkmale des § 14 UStG aufweisen und deswegen geeignet sind, unberechtigt Vorsteuern zu beanspruchen (vgl. BFH vom 04.05.1995, Az: V R 29/94, BStBl II 1995, 747 – selbst bei einem fiktiven Rechnungsadressaten). Ein Abrechnungspapier muss nicht sämtliche Angaben des § 14 Abs. 4 und § 14a UStG enthalten, um die Rechtsfolgen des § 14c Abs. 2 UStG eintreten zu lassen, mindestens aber die Angabe des Rechnungsausstellers und des Entgelts (vgl. Abschn. 14c.2 Abs. 1 S. 3, 4 UStAE; vgl. Rn. 47ff.). 61

Um zu einem Gefährdungstatbestand zu kommen, muss der Aussteller des Abrechnungspapiers dieses in den Verkehr bringen **(Begebung)**. Mangelnde Geschäftsfähigkeit schließt die Anwendung der Vorschrift nicht aus (vgl. BFH vom 30.01.2003, Az: V R 98/01, BStBl II 2003, 498 – Änderung der Rechtsprechung gegenüber BFH vom 21.02.1981, Az: V R /73, BStBl II 1980, 283 – bisher keine Anwendung bei krankhafter Störung der Geistestätigkeit, wohl aber bei Beeinträchtigung durch Rauschmittel [insofern o. Ä.]). Unter Begebung ist die körperliche Übergabe des Abrechnungspapiers an den Adressaten zu verstehen. Dem steht gleich, wenn der Aussteller in die Verwendung des Abrechnungspapiers als Rechnung, ausdrücklich oder konkludent, nachträglich einwilligt oder ein Rechnungsentwurf ohne Begebung zum Adressaten gelangt, dem Aussteller dieser Umstand bekannt ist, er aber die fälschliche Verwendung in Kauf nimmt (vgl. BFH vom 21.04.2005, Az: V B 182/03 (NV), BFH/NV 2005, 1640). Auf einen **tatsächlich eingetretenen Schaden** des Steuergläubigers kommt es nicht an, ebenso wenig auf den Nachweis eines Verschuldens (BFH vom 10.12.1981, Az: V R 3/75, BStBl II 1982, 229; vgl. Abschn. 14c.2 Abs. 7 UStAE). Wissen um einen Missbrauch und **Vorsatz** sind nicht erforderlich für die Anwendung der Vorschrift (vgl. BFH vom 21.05.1987, Az: V R /78, BStBl II 1987, 652), wohl aber die Mitwirkung an der Ausstellung (vgl. BFH vom 16.03.1993, Az: XI R 103/90, BStBl II 1993, 531; vgl. Abschn. 14c.2 Abs. 4 S. 4 UStAE; zur Frage der Mitwirkung sind die Grundsätze der Stellvertretung, zu denen auch die Grundsätze der 62

Anscheins- und Duldungsvollmacht gehören, zu berücksichtigen [BFH vom 07.04.2011, Az: V R 44/09, BStBl II 2011, 954; vgl. FG Münster vom 12.09.2017, Az.: 15 K 1089/15 U, EFG 2017, 1767 rkr.]). Schaltet der Nichtunternehmer oder Kleinunternehmer zur Veräußerung eines Pkw einen **Vermittler** ein und ermächtigt diesen nicht ausdrücklich zum gesonderten Ausweis der Steuer, im Zweifel im Wege der Auslegung, kann ihm der gesonderte Steuerausweis durch den Vermittler nicht zugerechnet werden (vgl. BFH vom 04.03.1982, Az: V R 59/81, BStBl II 1982, 315). Wer zulässt, dass unter seinem Namen Rechnungen in Umlauf gebracht werden, schuldet die gesondert ausgewiesene Steuer (vgl. BFH vom 04.05.1995, Az: V R 83/93 (NV), BFH/NV 1996, 190; auch Strohmann schuldet nach § 14c Abs. 2 UStG, vgl. FG München vom 13.01.2009, Az: 14 S 4536/06, DStRE 2010, 297 und FG München vom 19.03.2009, Az: 14 K 4535/06, EFG 2010, 455 [Rev.: V R 44/09; vgl. Rn. 63, Stichwort »betrügerische Rechnungen«]). Die **Begebung an einen Dritten** ist ausreichend (vgl. BFH vom 27.10.1993, Az: XI R 99/90, BStBl II 1994, 277 – für einen Fall des Versicherungsbetruges durch eine Kfz-Werkstatt; vgl. Niedersächsisches FG vom 30.07.2010, Az: 16 K 55/10, EFG 2010, 2127 – Übermittlung einer Rechnung über eine nicht erbrachte Lieferung an einen Dritten). Nicht erforderlich ist, dass die Adressaten des Abrechnungspapiers existieren (vgl. BFH vom 04.05.1995, Az: V R 29/94, BStBl II 1995, 747). Auch ein vom **Arbeitgeber zur Abrechnung von Provisionen** verwendetes Formular kann den Tatbestand des § 14 Abs. 3 UStG erfüllen (vgl. BFH vom 13.09.1984, Az: V B 53/83, BStBl II 1985, 20), ebenso das Aushändigen eines **blanko unterschriebenen Papiers** zum Ausfüllen als Kaufvertrag durch den Käufer (vgl. BFH vom 05.08.1988, Az: X R 66/82, BStBl II 1988, 1019 [zitiert in Abschn. 14c.2 Abs. 2 Nr. 5 S. 2 UStAE]; vgl. BFH vom 28.12.2004, Az: V B 154–156/04 (NV), BFH/NV2005, 727). Mit Urteil vom 30.03.2006 (Az: V R 46/03 (NV), DStR 2006, 1084) hat der BFH die Rechtsprechung hinsichtlich der **Überlassung eines leeren Briefbogens** präzisiert: »Wer einem Dritten einen leeren Briefbogen (hier des Unternehmens der Mutter) überlässt, weist keine Umsatzsteuer unberechtigt aus, wenn der Dritte auf dem Briefbogen später eine Rechnung erstellt und dieses Ausfüllen dem Überlassenden auch nicht zurechenbar ist.« Als Mindestvoraussetzung für die Zurechnung nennt der BFH, dass in dem Papier »irgendeine Willenserklärung« verkörpert sein muss, die auf denjenigen als Aussteller hinweist, der das Papier überlassen hat (ggf. auch verabredetes gemeinsames Handeln). Der Aussteller des Abrechnungsdokuments muss die mögliche missbräuchliche Verwendung durch den Empfänger nicht kennen, noch ist eine dahingehende Absicht erforderlich (vgl. BFH vom 21.09.2016, Az.: XI R 4/15 (v), BFH/NV 2017, 397, Rz. 37).

2.2.4 Anwendungsbeispiele

2.2.4.1 Schein- oder Gefälligkeitsrechnungen

63 Schein- oder Gefälligkeitsrechnungen liegen nach der Rechtsprechung z. B. in folgenden Fällen vor:

- BFH vom 27.10.1993, Az: XI R 99/90, BStBl II 1994, 277 – **Versicherungsbetrug** durch eine Kfz-Werkstatt, die zu diesem Zweck gegenüber der Versicherung, zumindest teilweise, **nicht erbrachte Reparaturleistungen** abrechnete.
- BFH vom 21.06.1994, Az: VII R 34/92, BStBl II 1995, 230 – Ausstellung einer Rechnung durch den **Konkursverwalter**, obwohl eine Lieferung der Konkursmasse nicht vorliegt (auch zu Haftungsfragen des Konkursverwalters).
- BFH vom 04.05.1995, Az: V R 29/94, BStBl II 1995, 747 – Ausstellung von Rechnungen über **fingierte Fahrzeuglieferungen** an nicht existente Leistungsempfänger.
- BFH vom 05.02.1998, Az: V R 65/97, BStBl II 1998, 415 – Ausstellung einer »**Vorausrechnung**« über eine noch zu erbringende Lieferung, die als solche nicht erkennbar ist (vgl. hierzu auch BFH vom 20.10.2006, Az: V B 20/05 (NV), UR 2007, 311 – Ablehnung NZB; Vorinstanz FG Münster vom 04.11.2004, Az: 5 K 135/04 U – § 14 Abs. 3 UStG a.F., wenn aus Rechnungen nicht

hervorgeht, dass die Lieferung erst später erfolgen soll). Spätestens in dem Zeitpunkt, in dem feststeht, dass die Lieferung nicht mehr erfolgt, liegt ein Fall des § 14c Abs. 2 UStG vor. Ebenso, wenn von Beginn an klar ist, dass die Leistung nicht ausgeführt wird. Abgrenzung in BFH vom 21.02.1981, Az: V R /73, BStBl II 1980, 283 – klar erkennbare Vorausrechnungen fallen nicht unter § 14c Abs. 2 UStG, wenn der Rechnungsaussteller bei der Begebung nachweislich willens und in der Lage (und verpflichtet) ist, die Leistung alsbald zu erbringen (vgl. BFH vom 20.03.1980, Az: V R /74, BStBl II 1980, 287). Vgl. Abschn. 14c.2 Abs. 2 Nr. 2 S. 2–6 UStAE m. w. N. Zum betrügerischen Handel mit Blockheizkraftwerken vgl. FG Münster vom 03.04.2014, Az.: 5 K 383/12 U, EFG 2014, 877 (Schneeballsystem; Lieferung nie beabsichtigt; Anwendung § 14c Abs. 2 UStG). Weiterführend vgl. Rz. 87f.

- **Rechnungsberichtigung** gegenüber einem Adressaten, der nicht der Leistungsempfänger war. In diesem Zusammenhang ist auch die Entwicklung der Rechtsprechung zur Gesamtrechtsnachfolge zu beachten. Mit Urteil vom 07.08.2002 (Az: I R 99/00, BStBl II 2003, 835) hat der BFH entschieden, dass bei einer Ausgliederung durch Neugründung nach § 123 Abs. 3 Nr. 2 UmwG der übernehmende Rechtsträger nicht Gesamtrechtsnachfolger des übertragenden Rechtsträgers ist (Ablehnung der partiellen Gesamtrechtsnachfolge; betroffen sind Aufspaltung, Abspaltung, Ausgliederung [§§ 123 ff. UmwG] sowie die Vermögensübertragung [bei Teilübertragung] nach § 174 UmwG). Liegt demnach Einzelrechtsnachfolge vor, stellt sich die Frage nach dem zutreffenden Adressaten einer ggf. durchzuführenden Rechnungsberichtigung für Leistungen, die vor der Umwandlung erbracht wurden.
- Zur Behandlung bei **Karussellgeschäften** vgl. BFH vom 29.11.2004, Az: V B 78/04, BStBl II 2005, 535 (Vorinstanz FG Baden-Württemberg, Beschluss vom 07.05.2004, Az: 12 V 17/04, EFG 2004, 1405) und grundlegend EuGH vom 12.01.2006, Rs. C-354/03, »Optigen Ltd.«, C-355/03, »Fulcrum Electronics Ltd.«, C-484/03 »Bond House Systems Ltd.«, IStR 2006, 132. S. a. BFH vom 19.04.2007, Az: V R 48/04, BStBl II 2009, 315.
- Zum Ausweis von Umsatzsteuer bei **Abrechnungen von Hörgeräteakustikern** gegenüber dem Versicherten vgl. OFD Koblenz vom 11.02.2008, Az: S 7280 A – St 44 5, UR 2008, 440 (Leistungsempfänger ist die gesetzliche Krankenkasse/Sach- und Dienstleistungsprinzip/Patient leistet Zuzahlung von dritter Seite/gleich gelagertes Problem wohl bei Abgabe von Medikamenten durch Apotheken unter Zuzahlung des Patienten/Übergangsregelung 31.12.2007/01.01.2008; vgl. jedoch auch OFD Frankfurt a. M. vom 22.01.2010, Az: S 7280 A–76–St 111, NWB 2010, 1315 – Umsatzsteuerausweis bei Zuzahlungsquittungen von Apotheken/keine Nichtbeanstandungsregelung wie z. B. bei Hörgeräteakustikern/ggf. § 14c Abs. 2 UStG). Ergänzend/erweiternd vgl. OFD Koblenz vom 02.07.2008, Az: S 7280 A – St 445, UR 2008, 867, vom 14.07.2008, Az: S 7280 A – St 445, DStR 1965 und vom 11.12.2008, S 7280 A – St 44 5, StEK UStG 1980 § 14/153 auch für weitere Berufsgruppen relevant – **Augenoptiker**, **Orthopädie-Techniker**, **Orthopädie-Schuhtechniker** und **Friseure** bei Leistungen an die Träger der gesetzlichen Sozialversicherung (mit Übergangsregelung 30.06.2008/01.07.2008).
- **Abrechnung eines Reisebüros in eigenem Namen** über die durch einen Verkehrs- oder Leistungsträger erbrachte Beförderungsleistung (Fahrschein), obgleich nur die Vermittlungsleistung erbracht (vgl. OFD Karlsruhe vom 28.02.2012, Az: S 7282 – Karte 1 und OFD Frankfurt vom 03.12.2012, Az: S 7300 A – 131 – St 128, DStR 2013, 1190 unter 3.
- Zur umsatzsteuerrechtlichen Behandlung der Durchführung von **Impfungen gegen die Blauzungenkrankheit** vgl. BayLfSt vom 30.10.2008, Az: S 7234.2.1–1/11 St 34, UR 2009, 33. Die Abrechnung des Veterinärs gegenüber der Bayrischen Tierseuchenkasse führt zu § 14c Abs. 2 UStG (falscher Leistungsempfänger).
- Versendung **betrügerischer Rechnungen** mit gesondertem Steuerausweis über Eintragung in ein noch zu erstellendes **Telefaxverzeichnis** ohne jeden Leistungswillen. Der Strohmann als offizieller Verlagsinhaber schuldet die Steuer (vgl. FG München vom 13.01.2009, Az: 14

S 4536/06, DStRE 2010, 297 und FG München vom 19.03.2009, Az: 14 K 4535/06, EFG 2010, 455 [Rev.: V R 44/09]; in seiner Revisionsentscheidung [BFH vom 07.04.2011, Az: V R 44/09, BStBl II 2011, 954] bestätigt der BFH die Entscheidung des FG München. Zur Frage der Mitwirkung sind die Grundsätze der Stellvertretung, zu denen auch die Grundsätze der Anscheins- und Duldungsvollmacht gehören, zu berücksichtigen. Der Klägerin seien die Rechnungen jedenfalls auf der Grundlage einer Anscheinsvollmacht, wenn nicht sogar einer Duldungsvollmacht zuzurechnen. Sie hätte bei pflichtgemäßer Sorgfalt das Handeln ihres angeblichen Vertreters erkennen und verhindern können.).
- Zu Besonderheiten im Zusammenhang mit sog. Regionen-Card oder Städte-Card vgl. OFD Hannover vom 22.12.2009, Az: S 7110 – 56 – StO 171, UR 2010, 352.

2.2.4.2 Unrichtige Leistungsbezeichnung

64 Eine unrichtige Leistungsbezeichnung liegt nach den Urteilen des BFH und/oder Verwaltungsauffassung z. B. in folgenden Fällen vor:
- BFH vom 21.05.1987, Az: V R 129/78, BStBl II 1987, 652 – Ausstellen einer Rechnung über die **Lieferung von Antriebsmotoren**, tatsächlich jedoch Lieferung von **Schrottmotoren**.
- BFH vom 20.08.1997, Az: V B 114/96, BFH/NV 1998, 229 – Ausstellung von Rechnungen über die **Lieferung von Lkw**, obwohl vom wirtschaftlichen Gehalt eine **Kreditgewährung** vorlag.
- BFH vom 09.12.1987, Az: V B 54/85, BStBl II 1988, 700 – Abrechnung über die Leistung »**Mauerwerk**«, tatsächlich **Arbeitnehmerüberlassung**, vgl. BFH vom 14.10.2002, Az: V B 9/02 (NV), BFH/NV 2003, 213 für den umgekehrten Fall). Zur Abgrenzung von lediglich ungenauen Leistungsbezeichnungen, die die Folgen des § 14 Abs. 3 UStG nicht auslösen, vgl. BFH vom 04.12.1987, Az: V S 9/85, BStBl II 1988, 702; Abschn. 14c.2 Abs. 2 Nr. 3 S. 3 UStAE).
- BFH vom 09.02.2006, Az: V R 22/03, BStBl II 2006, 727 – In Fällen des »**sale and lease back**« liegt ein Fall des § 14 Abs. 3 UStG a. F. (§ 14c Abs. 2 UStG) vor, wenn es auf Grund der Gestaltung des Einzelfalls nicht zur Verschaffung der Verfügungsmacht zwischen dem Leasingnehmer und Leasinggeber kommt, sondern der zivilrechtlichen Eigentumsübertragung lediglich Sicherungs- und Finanzierungsfunktion zukommt (tatsächliche Leistung = Finanzierungsleistung). In einem solchen Fall stellen weder die Übertragung noch die Rückübertragung des Eigentums umsatzsteuerrechtliche Lieferungen dar; die hierfür ausgewiesene Steuer wird geschuldet, kann jedoch nach Maßgabe von Abschn. 190d Abs. 3 und 4 UStR 2005/2008 (aktuell: Abschn. 14c.2 Abs. 3 und 5 UStAE) berichtigt werden (vgl. OFD Hannover vom 19.09.2006, Az: S 7100 – 611 – StO 172, DStR 2007, 201). Zu Kritik an und zum Anwendungsbereich der Entscheidung vgl. Vosseler, DStR 2007, 188. Zur Abgrenzung in Fällen des »sale and lease back« vgl. BFH vom 06.04.2016, Az.: V R 12/15, BStBl II 2017, 188. Im Urteilsfall wurde die erbrachte Leistung aufgrund der Gesamtumstände nicht als Kreditgewährung, sondern als steuerpflichtige sonstige Leistung in Form der »Mitwirkung bei einer bilanziellen Gestaltung« beurteilt (Anpassung in Abschn. 3.7 Abs. 7 S. 6 UStAE mit BMF, Schreiben vom 03.02.2017, Az.: III C 2 – S 7100/07/10031: 006, BStBl I 2017, 180). Literaturhinweis: Rolfes in StuB 2016, 738 ff.
- Abrechnung über die vereinbarte Geschäftsbesorgung in Fällen der Dienstleistungskommission nach § 3 Abs. 11 UStG (vgl. Abschn. 3.15 Abs. 4 UStAE).
- Zur Abgrenzung von lediglich ungenauer Leistungsbezeichnung »Werbemaßnahmen im Businesspool« vgl. FG des Saarlandes vom 12.05.2011, Az: 1 K 1304/06, EFG 2012, 568.
- Abrechnung über hochwertige Prozessoren bei tatsächlicher Lieferung von minderwertigen elektronischen Bauteilen (vgl. BFH vom 18.02.2013, Az: XI B 117/11 n. v., BFH/NV 2013, 981; vgl. Kaiser in NWB 2013, 2698).
- Zu Überlegungen hinsichtlich der Bedeutung der Leistungsbeschreibung in einer Rechnung im Zusammenhang mit § 14c UStG vgl. L'habitant in UStB 2018, 53 ff.

2.2.4.3 Nichtunternehmer

Beispiele für Rechnungen von Nichtunternehmern liegen nach der Rechtsprechung des BFH z. B. in folgenden Fällen vor: 65

- BFH vom 05.08.1988, Az: X R 66/82, BStBl II 1988, 1019 – Händigt ein Nichtunternehmer einem Unternehmer (Käufer eines Pkw) ein **blanko unterschriebenes Papier** zum Ausfüllen als Kaufvertrag aus, ohne dabei ausdrücklich den gesonderten Steuerausweis zu untersagen, und weist der Käufer die USt gesondert aus, schuldet der Verkäufer (Nichtunternehmer) die gesondert ausgewiesene Steuer (zur Abgrenzung vgl. BFH vom 30.03.2006, Az: V R 46/03 (n. v., DStR 2006, 1084).
- BFH vom 09.09.1993, Az: V R 45/91, BStBl II 1994, 131 – ein **Rentner** (Nichtunternehmer), der Leistungen abrechnet, die nicht er, sondern sein **Schwiegersohn** erbracht hat, schuldet die gesondert ausgewiesene Steuer nach § 14 Abs. 3 UStG (aktuell § 14c Abs. 2 UStG).
- BFH vom 04.05.1995, Az: V R 83/93 (NV), BFH/NV 1996, 190 – **Abrechnung unter dem Namen eines anderen**.
- BFH vom 13.09.1984, Az: V B 53/83, BStBl II 1985, 20 – hat ein Nichtunternehmer über seine Leistung abgerechnet, schuldet er die gesondert ausgewiesene USt auch dann, wenn im Abrechnungsverkehr zwischen Unternehmern die Leistung aufgrund einer Gutschrift abzurechnen gewesen wäre.
- Ein neues Problem ist im Zusammenhang mit einer Rechnungsstellung durch einen Nichtunternehmer durch das Urteil des FG München vom 17.06.2009, Az: 3 K 223/06, EFG 2010, 911 aufgetreten. Nach Auffassung des FG München ist auch die **Abrechnung innerhalb des Organkreises** ein Fall des § 14c Abs. 2 UStG (entgegen Abschn. 14.1 Abs. 4 UStAE). Gegen das Urteil ist die Revision unter dem Az: V R 7/10 anhängig (vgl. nachstehend). Die gegenteilige Auffassung hat das FG Baden-Württemberg mit Urteil vom 25.11.2009, Az: 1 K 250/06, EFG 2010, 1012 vertreten. Abrechnungspapiere innerhalb des Organkreises sind keine Rechnungen, eine Berichtigung nach § 14c Abs. 2 S. 3 ff. UStG scheidet aus. Die Revision (V R 67/09) wurde zurückgenommen. Mit Urteil vom 28.10.2010 (Az: V R 7/10, BStBl II 2011, 391) stellt der BFH fest: »Erteilt eine Organgesellschaft für Innenleistungen (§ 2 Abs. 2 Nr. 2 Satz 2 UStG) Rechnungen mit gesondertem Steuerausweis an den Organträger, begründet dies für die Organgesellschaft weder nach § 14 Abs. 2 UStG 1993 noch nach § 14 Abs. 3 UStG 1993 eine Steuerschuld.« Bezüglich des § 14 Abs. 2 UStG a. F. (aktuell § 14c Abs. 1 UStG = unrichtiger Steuerausweis) ist allerdings offen geblieben, ob die Norm überhaupt auf Innenleistungen im Organkreis anzuwenden ist, da Steuerschuldner jedenfalls nicht die Klägerin (als Organgesellschaft), sondern der Organträger wäre (vgl. Martin, BFH/PR 2011, 191). Die Anwendung des § 14 Abs. 3 UStG a. F. (aktuell § 14c Abs. 2 UStG = unberechtigter Steuerausweis) lehnt der BFH ab. Eine Organgesellschaft erfülle bis auf das Merkmal der Selbständigkeit alle Unternehmervoraussetzungen und sei als Teil des unternehmerischen Organkreises grundsätzlich zum Steuerausweis berechtigt; gegenüber Dritten könne die Organgesellschaft für durch sie erbrachte Leistungen unter eigenem Namen Rechnungen erteilen. Daraus kann m. E. gefolgert werden, dass die Anwendung des § 14 Abs. 3 S. 1 UStG a. F. (aktuell § 14c Abs. 2 S. 1 UStG) für Innenleistungen in Organschaftsfällen ausscheidet. Hinsichtlich § 14 Abs. 3 S. 2 UStG a. F. (aktuell § 14c Abs. 2 S. 2 UStG) stellt der BFH fest, dass die Organgesellschaft zumindest als Teil des Organkreises Unternehmer und zum Steuerausweis berechtigt sei. Vgl. Abschn. 14c.2 Abs. 2a UStAE; kritische Stellungnahme vgl. von Streit/Duyfjes, UR 2011, 258 ff.
- Zum unberechtigten Steuerausweis im Zusammenhang mit sog. **Standortmietverträgen über Funkfeststationen** bei juristischen Personen des öffentlichen Rechts vgl. OFD Frankfurt vom 15.10.2012, Az: S 7168 A – 44 – St 112, DStR 2012, 2603; vgl. FinMin Sachsen-Anhalt vom 08.10.2015, Az.: 42 S 7168 – 26, UR 2016, 248.

- Zum unberechtigten Steuerausweis in einem **Gebührenbescheid** im Zusammenhang mit der **Tierkörperbeseitigung** durch einen öffentlich-rechtlichen Zweckverband vgl. BFH vom 21.09.2016, Az. XI R 4/15 (v), BFH/NV 2017, 397.

2.2.5 Rechtsfolgen des unberechtigten Steuerausweises

66 Nach § 14c Abs. 2 UStG schuldet derjenige, der unberechtigt USt gesondert ausweist, den ausgewiesenen Betrag (vgl. § 13a Abs. 1 Nr. 4 UStG – der **Aussteller der Rechnung**). Nicht eindeutig ist dies bei Gutschriften, da hier einerseits der Aussteller der Gutschrift in Betracht kommt, andererseits aber auch der Empfänger der Gutschrift. Die im Schrifttum vertretenen Auffassungen hierzu sind vielfältig (vgl. z.B. Korn in Bunjes, § 14c UStG, Rz. 5 m.w.N. – Empfänger nur bei Mitwirkung an der Erstellung). Nach Auffassung des FG Münster (Urteil vom 09.09.2014, Az.: 15 K 2469/13 U, EFG 2014, 2180, m.w.N.) gilt: »Der Senat ist der Auffassung, dass jedenfalls dann, wenn wie im vorliegenden Verfahren der Gutschriftenempfänger nicht etwa den Gutschriften nur »nicht widersprochen hat«, sondern vielmehr sämtliche Gutschriften unterzeichnet, und an den Leistungsempfänger zurückgesandt hat, der Empfänger der Gutschrift – mithin die Klägerin – Steuerschuldner der zu Unrecht ausgewiesenen USt ist.« Im Klagefall streitgegenständlich waren Gutschriften mit offenem Steuerausweis gegenüber einer Kleinunternehmerin. Allerdings führt das FG auch aus, dass die Klägerin sich durch ihr Verhalten die Gutschriften zu Eigen gemacht habe und daher als Ausstellerin der Rechnungen zu betrachten sei (§ 13a Abs. 1 Nr. 4 UStG i.V.m. § 14c Abs. 2 UStG). S.a. FG München vom 28.06.2016 (Az.: 2 K 3248/13, EFG 2016, 1484). Im Urteilsfall ging es um Gutschriften über nicht erbrachte Leistungen, für die das FG die Steuerschuld nach § 14 Abs. 3 S. 2 UStG a.F. unter Verweisung auf das Urteil des FG Münster vom 09.09.2014 (a.a.O.) dem Gutschriftenempfänger zugewiesen hat.

67 Weist ein nur zur Gesamtvertretung berechtigter Geschäftsführer einer GmbH ohne Mitwirkung des anderen Geschäftsführers in einer Abrechnung USt gesondert aus, obwohl keine Leistung erbracht wurde, schuldet die GmbH die ausgewiesene Steuer nach § 14c Abs. 2 UStG, wenn der Geschäftsführer den allgemeinen Rahmen des ihm übertragenen Geschäftskreises nicht offensichtlich überschritten hat (vgl. BFH vom 28.01.1993, Az: V R 75/88, BStBl II 1993, 357).

68 Dabei ist zu beachten, dass es über § 14c Abs. 2 UStG zu einer **doppelten Belastung** kommen kann, wenn z.B. über eine tatsächlich erbrachte Leistung eine Rechnung erteilt wird, die eine unrichtige Leistungsbezeichnung ausweist. Einerseits wird die Steuer für die tatsächlich erbrachte Leistung geschuldet, andererseits die Steuer nach § 14c Abs. 2 UStG (vgl. BFH vom 08.09.1994, Az: V R 70/91, BStBl II 1995, 32 und Abschn. 14c.2 Abs. 2 Nr. 3 S. 2 UStAE). Steuerschuldner ist nach § 13a Abs. 1 Nr. 4 UStG der Aussteller der Rechnung (zur Organschaft vgl. Abschn. 14c.2 Abs. 4 S. 2 UStAE).

69 Die Steuer entsteht nach § 13 Abs. 1 Nr. 4 UStG a.F. im **Zeitpunkt der Ausgabe** der Rechnung (aktuell: StÄndG 2015 § 13 Abs. 1 Nr. 3 UStG; vgl. Rz. 1). Unternehmer erklären die Steuer nach § 14c Abs. 2 UStG im Rahmen ihrer Voranmeldungen. Nichtunternehmer sind zur Abgabe von **Voranmeldungen** verpflichtet, wenn sie Steuern nach § 14c Abs. 2 UStG schulden (§ 18 Abs. 4b UStG), jedoch erstreckt sich die Pflicht nur auf die Voranmeldungszeiträume, in denen die Steuer zu erklären ist (§ 18 Abs. 4b UStG i.V.m. § 18 Abs. 4a S. 2 UStG).

2.2.6 Berichtigungsmöglichkeit

2.2.6.1 Rechtsentwicklung

70 Im Unterschied zu § 14 Abs. 2 UStG a.F. sah § 14 Abs. 3 UStG a.F. die Möglichkeit einer **Beseitigung der Rechtsfolgen** durch Rechnungsberichtigung grundsätzlich nicht vor. Die ältere

Rechtsprechung des BFH (vgl. BFH vom 21.02.1980, Az: V R /73, BStBl II 1980, 283) ging jedoch davon aus, dass eine Gefährdung des Steueraufkommens dann nicht vorlag, wenn es dem Rechnungsaussteller gelang, das Abrechnungspapier **vor** Verwendung durch den Adressaten wieder in die Hand zu bekommen oder zu vernichten oder wenn er die Gefährdungslage, falls er die Rechnung nicht zurückbekommen konnte, durch anderweitige rechtzeitige Maßnahmen, wie die Anzeige beim zuständigen Finanzamt, vollständig beseitigte. Für diesen Fall war der Erlass (§ 227 AO) aus sachlicher Billigkeit geboten. Die Verwaltung ließ in derartigen Fällen die Berichtigung der Rechnung sinngemäß nach § 14 Abs. 2 UStG a. F. zu (vgl. Abschn. 190 Abs. 3 S. 2 UStR 2000). Keine rechtzeitige Maßnahme i. S. d. Rechtsprechung lag hingegen vor, wenn der Unternehmer, der die Leistung anstelle des Ausstellers des Abrechnungspapiers tatsächlich erbracht hat, die Steuer anmeldete und abführte, da hier immer noch die Möglichkeit des Vorsteuerabzuges aus den Abrechnungspapieren bestehen blieb (BFH vom 09.09.1993, Az: V R 45/91, BStBl II 1994, 131 – für den Fall der Ausstellung von Rechnungen auf den Namen des Schwiegervaters bei Leistungserbringung durch den Schwiegersohn; vgl. BFH vom 04.05.1995, Az: V R 83/93 (NV), BFH/NV 1996, 190 – für den Fall der Abrechnung unter dem Namen eines anderen). Nach der Rechtsprechung des BGH vom 23.11.1995, Az: IX ZR 225/94, DB 1996, 470, war ein Erlass nach § 227 AO jedenfalls dann auszusprechen, wenn die von einem Nichtunternehmer abgerechnete Leistung tatsächlich erbracht und versteuert wurde, der Leistungsempfänger die Vorsteuer vollumfänglich zurückgezahlt hat und der Nichtunternehmer einem entschuldbaren Irrtum über seine Unternehmereigenschaft unterlegen hatte.

Die in diesem Zusammenhang ungeklärten Rechtsfragen, insbesondere auch die Frage, ob eine 71
Berichtigung in diesen Fällen generell vom guten Glauben des Rechnungsausstellers abhängt (vgl. EuGH vom 13.12.1989, Rs. C-342/87, Genius Holding, UR 1991, 83), legte der BFH in einem Vorabentscheidungsersuchen dem EuGH vor (BFH vom 15.10.1998, Az: V R 38/97 und V R 61/97, BFH/NV 1999, 576 – Vorabentscheidungsersuchen an den EuGH in den Fällen Schmeink & Cofreth AG & Co. KG und Strobel). Im Fall **Schmeink & Cofreth** handelte es sich um eine nicht erbrachte Beratungsleistung, für die USt ausgewiesen wurde. Der Rechnungsempfänger hatte keine Vorsteuer geltend gemacht und die Rechnung zurückgegeben. Im Fall **Strobel** handelte es sich um nicht erbrachte Lieferungen, für die USt ausgewiesen wurde, der Rechnungsempfänger hatte den Vorsteuerabzug in Anspruch genommen, der Rechnungsaussteller erstattete Selbstanzeige.

Das Vorabentscheidungsersuchen wurde durch den EuGH mit Entscheidung vom 19.09.2000 72
(Rs. C-454/98, DStRE 2001, 1166, Schmeink & Cofreth AG & Co. KG und Strobel) wie folgt beantwortet:

- Hat der Aussteller der Rechnung die Gefährdung des Steueraufkommens rechtzeitig und vollständig beseitigt, so verlangt der Grundsatz der Neutralität der Mehrwertsteuer, dass zu Unrecht in Rechnung gestellte Mehrwertsteuer berichtigt werden kann, ohne dass eine solche Berichtigung vom guten Glauben des Ausstellers der betreffenden Rechnung abhängig gemacht werden darf (Rn. 61 der Urteilsgründe).
- Es ist Sache der Mitgliedsstaaten, das Verfahren festzulegen, in dem zu Unrecht in Rechnung gestellte Mehrwertsteuer berichtigt werden kann, wobei diese Berichtigung nicht im Ermessen der Finanzverwaltung stehen darf (Rn. 70 der Urteilsgründe).

Der EuGH geht demnach grundsätzlich davon aus, dass die zu Unrecht ausgewiesene USt 73
berichtigt werden kann, überlässt aber das dazu erforderliche Verfahren den Mitgliedsstaaten, wobei allerdings kein Ermessensspielraum der Verwaltung bestehen soll (Ermessensreduzierung auf null), da das Ziel in der Neutralität der USt besteht. Allerdings geht die Entscheidung des EuGH von einer rechtzeitigen und vollständigen Beseitigung der Folgen aus. Für den Fall, dass dies nicht mehr möglich ist, beispielsweise wenn die Vorsteuer nicht mehr rückabgewickelt werden kann,

können die Mitgliedsstaaten die Berichtigung vom guten Glauben des Rechnungsausstellers abhängig machen (Rn. 61 der EuGH-Entscheidung).

74 Das genaue Verfahren der Berichtigung, i. R. d. Festsetzung oder mittels Erlass, wurde damit nicht geregelt. In der Folge hat der BFH in mehreren Entscheidungen auf die Entscheidung des EuGH Bezug genommen und wie folgt geurteilt:

- BFH vom 22.02.2001, Az: V R 5/99, BStBl II 2004, 143 – Fall einer durch ein Unternehmen nicht ausgeführten Lieferung mit späterem Storno der Rechnung vor Geltendmachung des Vorsteuerabzuges. Die Steuerfestsetzung ist zu berichtigen, wenn die Gefährdung des Steueraufkommens noch im Streitjahr beseitigt wurde (Anwendung des § 17 Abs. 1 S. 3 UStG i. V. m. § 14 Abs. 2 S. 2 UStG – u. E. im Urteilsfall unlogisch). Sollte die Berichtigung erst nach dem Streitjahr erfolgt sein und die Steuerfestsetzung bereits unabänderbar, bleibt die Billigkeitsmaßnahme mittels Erlass, jedoch dann ohne Ermessensspielraum der Verwaltung über die Erlassgründe.
- BFH vom 08.03.2001, Az: V R 61/97, BStBl II 2004, 373 – Fall Strobel. Ausstellung fingierter Rechnungen über nicht erbrachte Lieferungen. Die Gefährdungslage wurde durch die Abführung der Steuer beseitigt, da dies den möglichen Vorsteuerabzug der Rechnungsempfänger neutralisierte. Durch einen Erlass könnte sich aber wieder eine Gefährdungslage ergeben. Diese neuerliche Gefährdungslage wird nur durch Rückabwicklung der Vorsteuer beseitigt. Liegt dies vor, hat der Steuerpflichtige Anspruch auf Erlass.
- BFH vom 17.05.2001, Az: V R 77/99, BStBl II 2004, 370 – Abrechnung einer Vermittlungsprovision durch einen Landwirt im nichtunternehmerischen Bereich (Berichtigung auch für Nichtunternehmer!), Abführung der Steuer an das Finanzamt, Bestandskraft des Bescheides, später Erlassantrag. Der durch den Rechnungsempfänger geltend gemachte Vorsteuerabzug wurde rückgängig gemacht, die ursprüngliche Rechnung berichtigt. Zwingender Erlass der USt nach § 227 AO, da ohne diesen Erlass wiederum die Neutralität der USt gefährdet würde.

75 Letztlich wurde aus der neueren Rechtsprechung nicht klar, wie das Verfahren der Berichtigung zukünftig abgewickelt werden soll. Grund hierfür ist, dass es sich in den entschiedenen Fällen jeweils um Altfälle handelt, bei denen der BFH regelmäßig die Billigkeitsmaßnahme (§§ 163, 227 AO) in den Vordergrund gestellt hat. U. E. sind die Vorschriften des § 14 Abs. 2 S. 2 UStG und des § 17 Abs. 1 S. 3 UStG auch auf die Fälle des § 14 Abs. 3 UStG anzuwenden, wobei allerdings die reine Berichtigung der Rechnung oder deren Rückerhalt nicht ausreicht. Zusätzlich muss die Gefährdungslage beseitigt sein, dies tritt erst mit Rückabwicklung der Vorsteuer ein (zur Behandlung bei Ausgabe der Rechnung vor dem 01.01.2004 und der entsprechenden Anwendung der neuen Rechtslage vgl. FinMin NRW vom 14.11.2006, Az: S 7280 – 46 – VA 4/S 0457 – 66/2 – VA 3, UStB 1/2008, 8).

2.2.6.2 Gesetzliche Neuregelung durch StÄndG 2003

76 Mit der Einführung des § 14c UStG durch das StÄndG 2003 wurde das Problem durch den Gesetzgeber geregelt. Die bisher in § 14 Abs. 3 UStG a. F. genannten Fälle sind nunmehr in § 14c Abs. 2 S. 1, 2 UStG erfasst. Zusätzlich regeln die S. 3 bis 5 der Vorschrift das Verfahren bei Berichtigung. Eine Berichtigung ist demnach grundsätzlich zulässig, jedoch von der Beseitigung der Gefährdung des Steueraufkommens abhängig (vgl. § 14c Abs. 2 S. 3 UStG). Dies ist nach § 14c Abs. 2 S. 4 UStG der Fall, wenn der Vorsteuerabzug beim Empfänger der Rechnung nicht durchgeführt wurde oder die geltend gemachte Vorsteuer an die Finanzbehörde zurückgezahlt worden ist. Die Berichtigung ist beim Finanzamt schriftlich zu beantragen und nach dessen Zustimmung in entsprechender Anwendung des § 17 Abs. 1 UStG für den Besteuerungszeitraum vorzunehmen, in dem die Voraussetzungen des § 14c Abs. 2 S. 4 UStG eingetreten sind (§ 14c Abs. 2 S. 5 UStG). Auf den guten Glauben des Rechnungsausstellers kommt es für die Berichtigung nicht an (vgl. BFH

vom 22.02.2001, Az: V R 5/99, BStBl I 2004, 143; Abschn. 14c.2 Abs. 3 S. 4 UStAE). Die Verwaltung (vgl. BMF vom 29.01.2004, Az: IV B 7 – S 7280 – 19/04, BStBl I 2004, 258, Tz. 86) wendet das ab 01.01.2004 normierte Berichtigungsverfahren auch auf Fälle der Rechnungserteilung vor dem 01.01.2004 an, die noch unter § 14 Abs. 3 UStG a. F. fallen (für Rechnung vor dem 01.01.2004 vgl. FinMin NRW vom 14.11.2006, Az: S 7280 – 46 – VA 4/S 0457 – 66/2 – VA 3, UStB 1/2008, 8, zum Billigkeitserlass nach § 227 AO).

2.2.6.3 Berichtigungsverfahren

Das Berichtigungsverfahren gliedert sich in mehrere Teilschritte. In einem **ersten Schritt** muss u. E. die Rechnung berichtigt werden, da dies bereits ein allgemeines Kriterium des § 14c Abs. 1 S. 2 UStG ist (vgl. Korn in Bunjes, § 14c UStG, Rz. 47 und Widmann in S/W/R, § 14c UStG, Rz. 56, 67). Da für die Art der Berichtigung keine speziellen Regelungen im Gesetz enthalten sind, gelten im Zweifel die dafür durch die Rechtsprechung entwickelten Grundsätze zu § 14c Abs. 1 UStG (die Verwaltung fordert nach Abschn. 14c.2 Abs. 3 S. 1 UStAE eine »Ungültigerklärung des Steuerausweises«; a. A. offenbar Sächsisches FG vom 29.07.2013, Az: 6 K 429/12, Tenor »1. Die Berichtigung nach § 14c Abs. 2 Satz 4 UStG setzt keine Korrektur der zuvor erteilten Rechnungen über nicht erbrachte Leistungen voraus.«). 77

Im **zweiten Schritt** muss der Rechnungsaussteller beim zuständigen Finanzamt schriftlich einen Antrag auf Berichtigung stellen, den das Finanzamt anschließend prüft. Der Antrag ist gesondert zu stellen, d. h., die Berichtigung darf nicht stillschweigend im Rahmen einer Voranmeldung oder der Jahreserklärung vorgenommen werden, da ansonsten der Verwaltung das Bewusstsein über den Vorgang und die erforderlichen Prüfungshandlungen fehlen könnte. In diesem Antrag muss der Rechnungsempfänger hinreichend benannt werden (vgl. Abschn. 14c.2 Abs. 5 S. 2 UStAE), da das Finanzamt bei dem für den Rechnungsempfänger zuständigen Finanzamt weitere Überprüfungen vornehmen muss. Zu diesem Antrag gehört u. E. auch die Vorlage der entsprechenden Unterlagen. Im Rahmen der Bearbeitung fragt das für den Rechnungsaussteller zuständige Finanzamt bei dem für den Rechnungsempfänger zuständigen Finanzamt an, ob, wann und in welcher Höhe der Rechnungsempfänger aus der Rechnung Vorsteuern beansprucht hat, und für den Fall des beanspruchten Vorsteuerabzugs, ob und wann dieser rückgängig gemacht und der entsprechende Betrag zurückgezahlt wurde. Erst nach erfolgter Rückzahlung ist die Steuergefährdung beseitigt (vgl. Gesetzesbegründung in BT-Drucks. 15/1562 vom 23.09.2003, 50). 78

Nach dem Urteil des BFH vom 16.09.2015 (Az.: XI R 47/13 n. v., BFH/NV 2016, 428) gilt: »Eine Gefährdung des Steueraufkommens ist nicht i. S. v. § 14c Abs. 2 S. 3 UStG beseitigt, wenn die zuständige Steuerfahndungsstelle Zweifel daran hat, ob in Rechnung gestellte Leistungen tatsächlich ausgeführt worden sind.« Nach dem Beschluss des BFH vom 03.11.2016 (Az.: V B 81/16 n. v., BFH/NV 2016, 330) gilt: »Die Gefährdung des Steueraufkommens kann auch dann beseitigt sein, wenn der Rechnungsempfänger wegen einer Umsatzsteuersonderprüfung an der Durchführung des begehrten Vorsteuerabzugs tatsächlich gehindert war.« Vgl. Abschn. 14c.2 Abs. 3 S. 6 UStAE unter Verweisung auf BFHl vom 08.11.2016 (Az.: VII R 34/15, BStBl. II 2017, 496): es muss endgültig feststehen, dass jedwede Gefährdung des Steueraufkommens ausgeschlossen ist. 79

Der Rechnungsaussteller erhält nunmehr in einem **dritten Schritt** die Zustimmung der Finanzverwaltung zur Berichtigung des Steuerbetrages (ggf. in der Höhe beschränkt) und Mitteilung über den Besteuerungszeitraum, in dem er die Berichtigung in entsprechender Anwendung des § 17 Abs. 1 UStG vornehmen kann (vgl. Abschn. 14c.2 Abs. 3 S. 7 UStAE, die Zustimmung ist nicht von einer Rückzahlung eines vereinnahmten Betrages durch den Steuerschuldner an den Belegempfänger abhängig). Dies ist der Besteuerungszeitraum, in dem die Steuergefährdung beseitigt wurde, im Zweifel also der Besteuerungszeitraum, in dem der Rechnungsempfänger die Vorsteuern an das Finanzamt zurückzahlt (vgl. § 14c Abs. 2 S. 5 UStG und Abschn. 14c.2 Abs. 5 S. 5 80

UStAE). Wurde beim Empfänger der Rechnung kein Vorsteuerabzug geltend gemacht, ist die Berichtigung beim Aussteller der Rechnung für den Zeitraum zu berichtigen, in dem die Steuer entstanden ist (§ 13 Abs. 1 Nr. 4 UStG [aktuell: Nr. 3] = Ausgabe der Rechnung; Abschn. 14c.2 Abs. 5 S. 6 UStAE; vgl. FG Baden-Württemberg vom 21.02.2008, Az: 12 K 53/03, EFG 2008, 1158 – das FG bezweifelt offenbar die Rechtmäßigkeit dieser Richtlinienregelung; vgl. Rn. 25 ff.). Für die Berichtigung der Steuerbescheide gelten die allgemeinen verfahrensrechtlichen Vorschriften der Abgabenordnung (Abschn. 14c.2 Abs. 8 UStAE).

81 Kann das Finanzamt den Steuerbetrag vom Rechnungsempfänger nicht mehr zurückerhalten, scheidet demnach eine Berichtigung der Steuer nach § 14c Abs. 2 UStG aus. Im Gegensatz zur früheren Rechtsprechung des BFH (vgl. BFH vom 22.02.2001, Az: V R 5/99, BStBl II 2004, 143; BFH vom 08.03.2001, Az: V R 61/97, BStBl II 2004, 373; BFH vom 17.05.2001, Az: V R 77/99, BStBl II 2004, 370 – Anschlussurteile zum Urteil des EuGH vom 19.09.2000, DStRE 2001, 1166) erfolgt damit die Beseitigung der steuerlichen Folgen in Fällen des § 14c Abs. 2 UStG nicht mehr mittels Erlass nach § 227 AO, sondern durch Berichtigung entsprechend § 17 Abs. 1 UStG im Zeitpunkt der Beseitigung der Gefährdung des Steueraufkommens. Durch die Entstehung der Steuer nach § 14c Abs. 2 UStG im Zeitpunkt der Ausgabe der Rechnung, kann auch mit der neuen Berichtigungsmöglichkeit bei einem unberechtigten Steuerausweis eine endgültige Belastung des Rechnungsausstellers verbleiben, wenn der Empfänger der Rechnung den Vorsteuerabzug beansprucht, den Rechnungsaussteller aber nicht bezahlt hat und das Finanzamt die Vorsteuer nicht mehr zurückerhält. Die durch den EuGH (vgl. EuGH vom 19.09.2000, Rs. C-454/98, DStRE 2001, 1166) angesprochene Möglichkeit der Mitgliedsstaaten, die Berichtigung vom guten Glauben des Rechnungsausstellers abhängig zu machen (Rn. 61 der EuGH-Entscheidung), für den Fall, dass die Beseitigung der Gefährdung des Steueraufkommens nicht mehr möglich ist, beispielsweise wenn die Vorsteuer nicht mehr rückabgewickelt werden kann, hat der deutsche Gesetzgeber nicht umgesetzt.

82 Zum **insolvenzrechtlichen Aufrechnungsverbot** nach § 96 Abs. 1 Nr. 1 InsO in Fällen des unberechtigten Steuerausweises nach § 14c Abs. 2 UStG vgl. BFH vom 08.11.2016 (Az.: VII R 34/15 (v), BStBl II 2017, 496; zitiert in Abschn. 14c.2 Abs. 3 S. 6 UStAE durch BMF vom 13.12.2017, Az.: III C 3 – S 7015/16/10003, BStBl I 2017, 1667; Vorinstanz: FG Hamburg vom 25.11.2015, 6 K 167/15, EFG 2016, 421): »Für die Anwendung des § 96 Abs. 1 Nr. 1 InsO im Fall einer Steuerberichtigung nach § 14c Abs. 2 UStG ist entscheidend, wann die Gefährdung des Steueraufkommens beseitigt worden ist; die Steuerberichtigung wirkt insolvenzrechtlich nicht auf den Zeitpunkt der Rechnungsausstellung zurück.«

2.2.7 Vorsteuerabzug

83 Durch Art. 5 Nr. 19 Buchst. a Doppelbuchst. aa des StÄndG 2003 (Gesetz vom 15.12.2003, BGBl I 2003, 2645) wurde der Wortlaut des § 15 Abs. 1 S. 1 Nr. 1 UStG an die richtlinienkonforme Auslegung der Vorschrift durch die Rechtsprechung (vgl. BFH vom 02.04.1998, Az: V R 34/97, BStBl II 1998, 695; BFH vom 01.02.2001, Az: V R 23/ 00, BStBl II 2003, 673; BFH vom 11.04.2002, Az: V R 26/01, BStBl II 2004, 317), wonach der Rechnungsempfänger nur für den Umsatz **geschuldete** USt als Vorsteuer abziehen konnte, angepasst. Ein Vorsteuerabzug ist damit nicht zulässig, soweit der die Rechnung ausstellende Unternehmer die Steuer nach § 14c Abs. 2 UStG schuldet (vgl. Abschn. 15.2 Abs. 1 S. 2 UStAE). Zum Vorsteuerabzug in Fällen des § 14c Abs. 1 UStG vgl. Rn. 35 ff.

84 Mit der Frage, ob dem Rechnungsempfänger der **Vorsteuerabzug aus Billigkeitsgründen** (§ 163 AO; vgl. hierzu auch Abschn. 15.11 Abs. 7 UStAE) belassen werden kann, wenn er seinerseits einer **Nichtleistung** aufgesessen ist und dies nicht erkennen konnte, setzt sich das Urteil des

FG Berlin vom 14.06.2006 auseinander (Az: 2 K 4129/03, EFG 2006, 1469 nrkr. [DStRE 2007, 176]). Im Urteilsfall wurden der Klägerin nicht existente Leasinggüter verkauft, die sie ihrerseits verleaste. Den übrigen an den »Umsätzen« Beteiligten war das Vorliegen von Scheingeschäften/Luftgeschäften bekannt. Aus den Rechnungen über die Ankäufe machte die Klägerin Vorsteuerbeträge geltend (durch Finanzamt verweigert, da beim Rechnungsaussteller § 14 Abs. 3 UStG a.F.), aus ihren Ausgangsrechnungen über die Leasingumsätze erklärte sie die Umsatzsteuer (durch Finanzamt als § 14 Abs. 3 UStG a.F. behandelt, teilweise erlassen). Das FG Berlin lehnte es ab, der Klägerin den Vorsteueranspruch aus Billigkeitsgründen zu belassen. Zunächst verweist die Urteilsbegründung auf den allgemeinen Grundsatz, dass ein Vorsteuerabzug nur in Betracht kommt, wenn die ausgewiesene Steuer aufgrund einer tatsächlich erbrachten Leistung geschuldet wird, was im Klagefall eindeutig nicht vorlag. Nach Auffassung des FG Berlin stellt es ein geschäftliches Risiko dar, wenn der Unternehmer einem »Luftgeschäft« aufsitzt und besteht kein Grund, dieses Risiko dem Steuerfiskus aufzubürden. Ausdrücklich lehnt das FG Berlin die im Schrifttum (m.w.N.) geäußerte Auffassung ab, dass dem, der unverschuldet eine Nichtleistung empfange und der seinen zivilrechtlichen Regressanspruch nicht erfolgreich geltend machen könne, die Vorsteuer aus Billigkeitsgründen zu belassen sei. Dies entspreche auch dem durch den EuGH (m.w.N.) entwickelten Konzept zur Neutralität der Mehrwertsteuer und der Beseitigung der Gefährdung des Steueraufkommens. Mit Urteil vom 10.12.2008 (Az: XI R 57/06 (NV), BFH/NV 2009, 1156) weist der BFH die Revision der Klägerin zurück. Nach der Rechtsprechung des EuGH erstrecke sich der Vorsteuerabzug nur auf für tatsächlich erbrachte Leistungen geschuldete Umsatzsteuer, nicht hingegen auf nach § 14 Abs. 3 UStG a.F. geschuldete Umsatzsteuer. Allein der Umstand, dass der Unternehmer die ihm in Rechnung gestellte Umsatzsteuer bezahlt hat (an den vermeintlichen Leistungsgeber), rechtfertigt eine Billigkeitsmaßnahme nicht. Auch aus der Rechtsprechung des EuGH zu Optigen (vgl. EuGH vom 12.01.2006, Rs. C-354/03, DStRE 2006, 133) und Reemtsma (vgl. EuGH vom 15.03.2007, Rs. C-35/05, DStRE 2007, 570) ergibt sich nichts anderes. Im Fall Optigen wurden Leistungen tatsächlich ausgeführt, im Fall Reemtsma war die Steuer tatsächlich an den Fiskus abgeführt worden.

Zu Vertrauensschutzerwägungen in Fällen des Vorsteuerabzugs aus Scheinrechnungen vgl. FG Berlin-Brandenburg vom 17.08.2016 (Az.: 7 K 7246/14, EFG 2016, 1829; Revision anhängig unter Az.: V R 50/16). Das FG geht davon aus, dass bei fehlender Leistungserbringung ein herabgesetzter Vertrauensschutz besteht. 85

Nach dem BFH-Urteil vom 30.06.2015 (Az.: VII R 30/14 (v), BFH/NV 2015, 1611, Sachverhalt: Steuerausweis bei nicht steuerbarer Leistung, vgl. Abschn. 14c.1 Abs. 1 S. 5 Nr. 4 UStAE) kann dem EuGH-Urteil vom 15.03.2007, Rs. C-35/05 »Reemtsma«, HFR 2007, 515) kein unionsrechtliches Gebot entnommen werden, einen Anspruch des Leistungsempfängers aus § 37 Abs. 2 AO auf Erstattung zu Unrecht vom Leistenden in Rechnung gestellter Umsatzsteuer gegen den Fiskus anzuerkennen, wenn eine Erstattung vom Leistenden wegen dessen Insolvenz nicht mehr (vollständig) erreicht werden kann. Demnach werden die Regelungen, die das deutsche Umsatzsteuer- und Abgabenrecht zum Schutz des Leistungsempfängers bereithält, der die zu Unrecht in Rechnung gestellte Umsatzsteuer an den Rechnungsaussteller gezahlt hat, den Anforderungen, die der EuGH an eine systemgerechte Abwicklung zu Unrecht erhobener und gezahlter Umsatzsteuer stellt, grundsätzlich gerecht. Im Hinblick auf das Urteil des EuGH vom 26.04.2017 (Rs. C-564/15 »Farkas«) erscheint ein unionsrechtlich begründeter Erstattungsanspruch gegenüber der Steuerverwaltung im Einzelfall zumindest jedoch nicht völlig abwegig (zu etwaigen Steuerrückforderungsansprüchen des Leistungsempfängers vgl. Sterzinger In UStB 2015, 193ff.; Meyer-Burow/Connemann in UStB 2015, 318ff. und 353ff.). 86

Zum betrügerischen Handel mit Blockheizkraftwerken vgl. FG Münster vom 03.04.2014, Az.: 5 K 383/12 U, EFG 2014, 877 (**Schneeballsystem**; Lieferung nie beabsichtigt; Anwendung § 14c Abs. 2 UStG; kein Vorsteuerabzug). Zur gegenteiligen Beurteilung eines vergleichbaren Sachver- 87 halts vgl. FG München vom 17.11.2015 (Az.: 14 K 2223/13, Haufe-Index 9695534; Revision-Az.: V R 33/16, ruhend aufgrund EuGH-Vorlage vom 21.09.2016, Az. V R 29/15, EuGH Rs. C-660/16 »Kollruß«). Das FG München belässt dem Betrogenen den Vorsteuerabzug trotz § 14c Abs. 2 UStG unter Verweisung auf die Rechtsgrundsätze der EuGH-Entscheidung »Firin« (Urteil vom 13.03.2014, Rs. C-107/13, BFH/NV 2014, 812). In diesem Sinne vgl. FG München, Urteil vom 16.07.2015, Az.: 14 K 1376/12, Haufe-Index 9695532; Revision-Az.: XI R 10/16, ausgesetzt bis zur Entscheidung in der Rs. C-661/16 »Wirtl«. Diese Auffassung vertritt auch das FG München (vom 16.07.2015, Az.: 14 K 277/12, EFG 2015, 1992; vgl. Rz. 88). In diesem Sinne vgl. Sächsische FG vom 17.06.2015, Az.: 2 K 325/15, EFG 2015, 1652 (Revision-Az.: V R 27/15).

88 Mit Beschluss vom 21.09.2016 (Az.: V R 29/15, BFH/NV 2017, 243; Vorinstanz: FG München vom 16.07.2015, Az.: 14 K 277/12, EFG 2015, 1992; Az. des EuGH: C-660/16 »Kollruß«) hat der V. Senat des BFH ein Vorabentscheidungsersuchen an den EuGH gerichtet, welches zum Ziel hat, offene Fragen, die sich insbesondere aus der Entscheidung des EuGH in der Rs. »Firin« (Urteil vom 13.03.2014, Rs. C-107/13, BFH/NV 2014, 812) ergeben, bezüglich des Verhältnisses der Umsatzsteuerschuld aus Anzahlungs-/Vorabrechnungen und dem Vorsteuerabzug aus derartigen Rechnungen in Fällen der Nichterbringung der Leistung weitergehend zu klären. Im Klagefall geht es um die **betrügerische Nichtlieferung** eines Blockheizkraftwerkes. Offen ist, unter welchen konkreten Bedingungen zunächst der Vorsteuerabzug möglich ist (Sicherheit einer Leistungserbringung), ob eine Berichtigung des Vorsteuerabzugs von der Rückzahlung der Anzahlung abhängt und ob ggf. ein Anspruch des Leistungsempfängers gegenüber dem Fiskus auf Erstattung der Steuer besteht. Betroffene Normen: § 15 Abs. 1 Nr. 1 Satz 3 UStG, § 17 Abs. 2 Nr. 2 i. V. m. Abs. 1 S. 2 UStG. Letztlich handelt es sich bei dem Verfahren aber auch um ein Abgrenzungsproblem zu § 14c UStG. Einen in dieselbe Richtung weisenden Vorlagebeschluss hat der XI. Senat des BFH, ebenfalls unter dem 21.09.2016 (Az.: XI R 44/14, BFH/NV 2017, 243; EuGH: Rs. C-661/16 »Wirtl«) gefasst. Literaturhinweis: Reiß in MwStR 2017, 444 ff. Die Schlussanträge des Generalanwalts Wahl vom 30.01.2018 in den Rechtssachen C-660/16 und C-661/16 sind in MwStR 2018, 396 veröffentlicht (kritisch gegenüber den Schlussanträgen Reiß in MwStR 2018, 372 ff.). Vgl. Urteil des EuGH vom 31.05.2018, Rs. C-660/16 und C-661/16 Kollroß und Wirtl; DStR 2018, 1171 (die Folgerechtsprechung des BFH steht derzeit noch aus). Vgl. auch die Kommentierung zu § 15 UStG. Literaturhinweise: Hartmann in NWB 2018 ff. Schumann in DStR 2018, 1653 ff.

§ 15 UStG
Vorsteuerabzug

(1) [1]Der Unternehmer kann die folgenden Vorsteuerbeträge abziehen:

1. **die gesetzlich geschuldete Steuer für Lieferungen und sonstige Leistungen, die von einem anderen Unternehmer für sein Unternehmen ausgeführt worden sind. Die Ausübung des Vorsteuerabzugs setzt voraus, dass der Unternehmer eine nach den §§ 14, 14a ausgestellte Rechnung besitzt. Soweit der gesondert ausgewiesene Steuerbetrag auf eine Zahlung vor Ausführung dieser Umsätze entfällt, ist er bereits abziehbar, wenn die Rechnung vorliegt und die Zahlung geleistet worden ist;**
2. **die entstandene Einfuhrumsatzsteuer für Gegenstände, die für sein Unternehmen nach § 1 Abs. 1 Nummer 4 eingeführt worden sind;**
3. **die Steuer für den innergemeinschaftlichen Erwerb von Gegenständen für sein Unternehmen, wenn der innergemeinschaftliche Erwerb nach § 3d Satz 1 im Inland bewirkt wird;**
4. **die Steuer für Leistungen im Sinne des § 13b Abs. 1 und 2, die für sein Unternehmen ausgeführt worden sind. Soweit die Steuer auf eine Zahlung vor Ausführung dieser Leistungen entfällt, ist sie abziehbar, wenn die Zahlung geleistet worden ist;**
5. **die nach § 13a Abs. 1 Nr. 6 geschuldete Steuer für Umsätze, die für sein Unternehmen ausgeführt worden sind.**

[2]Nicht als für das Unternehmen ausgeführt gilt die Lieferung, die Einfuhr oder der innergemeinschaftliche Erwerb eines Gegenstands, den der Unternehmer zu weniger als 10 Prozent für sein Unternehmen nutzt.

(1a) [1]Nicht abziehbar sind Vorsteuerbeträge, die auf Aufwendungen, für die das Abzugsverbot des § 4 Abs. 5 Satz 1 Nr. 1 bis 4, 7 oder des § 12 Nr. 1 des Einkommensteuergesetzes gilt, entfallen. [2]Dies gilt nicht für Bewirtungsaufwendungen, soweit § 4 Abs. 5 Satz 1 Nr. 2 des Einkommensteuergesetzes einen Abzug angemessener und nachgewiesener Aufwendungen ausschließt.

(1b) [1]Verwendet der Unternehmer ein Grundstück sowohl für Zwecke seines Unternehmens als auch für Zwecke, die außerhalb des Unternehmens liegen, oder für den privaten Bedarf seines Personals, ist die Steuer für die Lieferungen, die Einfuhr und den innergemeinschaftlichen Erwerb sowie für die sonstigen Leistungen im Zusammenhang mit diesem Grundstück vom Vorsteuerabzug ausgeschlossen, soweit sie nicht auf die Verwendung des Grundstücks für Zwecke des Unternehmens entfällt. [2]Bei Berechtigungen, für die die Vorschriften des bürgerlichen Rechts über Grundstücke gelten, und bei Gebäuden auf fremdem Grund und Boden ist Satz 1 entsprechend anzuwenden.

(2) [1]Vom Vorsteuerabzug ausgeschlossen ist die Steuer für die Lieferungen, die Einfuhr und den innergemeinschaftlichen Erwerb von Gegenständen sowie für die sonstigen Leistungen, die der Unternehmer zur Ausführung folgender Umsätze verwendet:

1. **steuerfreie Umsätze;**
2. **Umsätze im Ausland, die steuerfrei wären, wenn sie im Inland ausgeführt würden.**

[2]Gegenstände oder sonstige Leistungen, die der Unternehmer zur Ausführung einer Einfuhr oder eines innergemeinschaftlichen Erwerbs verwendet, sind den Umsätzen zuzurechnen, für die der eingeführte oder innergemeinschaftlich erworbene Gegenstand verwendet wird.

(3) Der Ausschluss vom Vorsteuerabzug nach Absatz 2 tritt nicht ein, wenn die Umsätze

1. **in den Fällen des Absatzes 2 Satz 1 Nr. 1**

a) nach § 4 Nr. 1 bis 7, § 25 Abs. 2 oder nach den in § 26 Abs. 5 bezeichneten Vorschriften steuerfrei sind oder
b) nach § 4 Nr. 8 Buchstabe a bis g, Nr. 10 oder Nr. 11 steuerfrei sind und sich unmittelbar auf Gegenstände beziehen, die in das Drittlandsgebiet ausgeführt werden;

2. in den Fällen des Absatzes 2 Satz 1 Nr. 2
   a) nach § 4 Nr. 1 bis 7, § 25 Abs. 2 oder nach den in § 26 Abs. 5 bezeichneten Vorschriften steuerfrei wären oder
   b) nach § 4 Nr. 8 Buchstabe a bis g, Nr. 10 oder Nr. 11 steuerfrei wären und der Leistungsempfänger im Drittlandsgebiet ansässig ist oder diese Umsätze sich unmittelbar auf Gegenstände beziehen, die in das Drittlandsgebiet ausgeführt werden.

(4) [1]Verwendet der Unternehmer einen für sein Unternehmen gelieferten, eingeführten oder innergemeinschaftlich erworbenen Gegenstand oder eine von ihm in Anspruch genommene sonstige Leistung nur zum Teil zur Ausführung von Umsätzen, die den Vorsteuerabzug ausschließen, so ist der Teil der jeweiligen Vorsteuerbeträge nicht abziehbar, der den zum Ausschluss vom Vorsteuerabzug führenden Umsätzen wirtschaftlich zuzurechnen ist. [2]Der Unternehmer kann die nicht abziehbaren Teilbeträge im Wege einer sachgerechten Schätzung ermitteln. [3]Eine Ermittlung des nicht abziehbaren Teils der Vorsteuerbeträge nach dem Verhältnis der Umsätze, die den Vorsteuerabzug ausschließen, zu den Umsätzen, die zum Vorsteuerabzug berechtigen, ist nur zulässig, wenn keine andere wirtschaftliche Zurechnung möglich ist. [4]In den Fällen des Absatzes 1b gelten die Sätze 1 bis 3 entsprechend.

(4a) Für Fahrzeuglieferer (§ 2a) gelten folgende Einschränkungen des Vorsteuerabzugs:

1. Abziehbar ist nur die auf die Lieferung, die Einfuhr oder den innergemeinschaftlichen Erwerb des neuen Fahrzeugs entfallende Steuer.
2. Die Steuer kann nur bis zu dem Betrag abgezogen werden, der für die Lieferung des neuen Fahrzeugs geschuldet würde, wenn die Lieferung nicht steuerfrei wäre.
3. Die Steuer kann erst in dem Zeitpunkt abgezogen werden, in dem der Fahrzeuglieferer die innergemeinschaftliche Lieferung des neuen Fahrzeugs ausführt.

(4b) Für Unternehmer, die nicht im Gemeinschaftsgebiet ansässig sind und die nur Steuer nach § 13b Abs. 5 schulden, gelten die Einschränkungen des § 18 Abs. 9 Sätze 4 und 5 entsprechend.

(5) Das Bundesministerium der Finanzen kann mit Zustimmung des Bundesrates durch Rechtsverordnung nähere Bestimmungen darüber treffen,

1. in welchen Fällen und unter welchen Voraussetzungen zur Vereinfachung des Besteuerungsverfahrens für den Vorsteuerabzug auf eine Rechnung im Sinne des § 14 oder auf einzelne Angaben in der Rechnung verzichtet werden kann,
2. unter welchen Voraussetzungen, für welchen Besteuerungszeitraum und in welchem Umfang zur Vereinfachung oder zur Vermeidung von Härten in den Fällen, in denen ein anderer als der Leistungsempfänger ein Entgelt gewährt (§ 10 Abs. 1 Satz 3), der andere den Vorsteuerabzug in Anspruch nehmen kann, und
3. wann in Fällen von geringer steuerlicher Bedeutung zur Vereinfachung oder zur Vermeidung von Härten bei der Aufteilung der Vorsteuerbeträge (Absatz 4) Umsätze, die den Vorsteuerabzug ausschließen, unberücksichtigt bleiben können oder von der Zurechnung von Vorsteuerbeträgen zu diesen Umsätzen abgesehen werden kann.

Literatur

Balbinot/Berner, Holdingsgesellschaften im Umsatzsteuerrecht: Umfang der Berechtigung des Vorsteuerabzugs, DStR 13-14/2018, 648. **Becker**, Hat die Rechnung als Voraussetzung des Vorsteuerabzugs ausgedient? Auswirkungen der EuGH-Urteile »Senatex« und »Barlis 06«, NWB 2016, 3375. **Becker**, Rechnungsanforderungen und Vorsteuerabzug – Geht der Formalismus in der Umsatzsteuer zu weit? Eine Analyse anhand ausgewählter Rechnungsangaben, NWB 2016, 1344. **Becker**, BFH konkretisiert Maßstäbe zur Vorsteueraufteilung bei einem Blockheizkraftwerk, Analyse des BFH-Urteils vom 16.11.2016 – V R 1/15, NWB 9/2017, 638. **Beyme**, Unternehmereigenschaft und Vorsteuerabzugsberechtigung eines Berufsverbandes – FG Berlin-Brandenburg, Urteil v. 13.9.2017 – 2 K 2164/15, USt direkt digital 1/2018, 8. **Erdbrügger**, Berufsverbände als vorsteuerabzugsberechtigte Unternehmer Zugleich Anmerkung zum Urteil des FG Berlin-Brandenburg vom 13.09.2017 – 2 K 2164/15, DStR 2018, 59. **Friedrich-Vache/Endres-Reich**, Vorsteuerabzug der Funktions- und Führungsholding – Was ist der direkte und unmittelbare Zusammenhang mit der wirtschaftlichen Gesamttätigkeit?, UR 17/2017, 649. **Eggert**, Umsatzsteuerliche Zuordnung zum Unternehmensvermögen bis zum 31.05., Rechtzeitige Dokumentation für den Vorsteuerabzug erforderlich, BBK 6/2017, 275. **Gries/Stößel**, Formale Voraussetzungen für den Vorsteuerabzug und die Steuerfreiheit der innergemeinschaftlichen Lieferung, NWB 2016, 1794. **Groß/Lamm**, Sicherung des Vorsteuerabzugs bei digitalisierten Eingangsrechnungen, UR 2008, 331. **Hammerl/Fietz**, Gemischt genutzte Gebäude – Welcher (Vorsteuer-)Schlüssel passt zum neuen Schloss? Hinweise zum BFH-Urteil vom 10.08.2016 – XI R 31/09, NWB 2016, 3598. **Hammerl/Fietz**, Umsatzsteuerrechtliche Organschaft und Vorsteuerabzug von Holdings, Praktische Auswirkungen des BMF-Schreibens vom 26.05.2018, NWB 3/2018, 133. **Hartmann**, Vorsteuerabzug bei geleisteten Anzahlungen und anschließend ausbleibender Leistung, EuGH-Urteil vom 31.05.2018 – Rs. C-660/16 »Kollroß« und C-661/16 »Wirtl«. **Heuermann**, Anmerkung zum BFH-Urteil vom 16.11.2016, Az: V R 1/15, DStR 2017, 101. **Kessler/Reingen**, Vorsteueraufteilung bei gemischt genutzten Gebäuden – Back to the Roots, DStR 2016, 2929. **Langer/Zugmaier**, Vorsteuerabzug trotz fehlerhafter oder unvollständiger Rechnung, DStR 2016, 2249. **Langer**, DStR 13-14/2018, 679, Anmerkung zu EuGH Urteil vom 21.03.2018 – C-533/16, DStR 13-14/2018, 679. **Lohse/Zanzinger**, Rechtsprechungsänderung des BFH bei Ertragsteuern und bei der Umsatzsteuer im Jahr 2015, DStR 2016, 1243. **Meurer**, Vorsteuerabzug aus Eingangsleistungen bei gemischt genutzten Gebäuden, Kein objektbezogener Bestandsschutz für »Altgebäude«, NWB 2014, 980. **Pfefferle/Renz**, Vorsteuerausschluss bei überwiegender Nutzung im Rahmen einer nichtwirtschaftlichen Tätigkeit, EUGH-Urteil vom 15.09.2016 – Rs. C-400/15, NWB 2016, 3527. **Radeisen**, Umsatzsteuer 2015/2016 – Praxis zwischen Verwaltung und Gerichten, StbG 2016, 7. **Radeisen**, Rechnungen, Vorsteuerabzug und der EuGH – Die ordnungsgemäße Rechnung und der Vorsteuerabzug, DB 11/2018, 593. **Rätke/Tiede**, Neues zur Aufteilung der Vorsteuer bei gemischt genutzten Gebäuden, Nochmals zur Anwendung der aktuellen BFH- und EuGH- Rechtsprechung mit Praxisfällen, BBK 2016, 1089. **Rondorf**, Neue Grundsätze für den Vorsteuerabzug und die Vorsteuerberichtigung, Die Verwaltung zieht Konsequenzen aus der jüngeren Rechtsprechung, NWB 2012, 891. **Sievert**, Vorsteuerabzug bei beabsichtigter Unternehmensgründung, StuB 2016, 382. **Sikorski**, Berichtigung von Rechnungen im Umsatzsteuerrecht. Oder: Rückwirkende Rechnungskorrekturen endlich zulässig, NWB 8/2017, 564. **Spatscheck/Stenert**, Die unrichtige Lieferantenadresse als Versagungsgrund für den Vorsteuerabzug, Neuere Entwicklungen in der Rechtsprechung, DStR 2016, 1070. Spatscheck/Spilker, Grenzen für die Verfolgung von Vorsteuerbetrug bei Karusellgeschäften, DB 21/2018, 1239. **Treiber**, Vorsteueraufteilung bei gemischt genutzten Gebäuden, Anmerkung zum BFH-Urteil vom 10.08.2016 Az: XI R 31/09, DStR 2016, 2280. **Trinks**, Umsatzsteuer: Auslegung der Rechnungsanforderungen für den Vorsteuerabzug, NWB 26/2018, 1872.

Verwaltungsanweisungen

BMF vom 05.06.2001, Az: IV B 7 – S 7280 – 18/01, BStBl I 2001, 360.
BMF vom 23.06.2005, Az: IV A 5 – S 7303a – 18/05, BStBl I 2005, 816.
BMF vom 28.03.2006, Az: IV A 5 – S 7304 – 11/06, BStBl I 2006, 346.
BMF vom 18.07.2006, Az: IV A 5 – S 7303a – 7/06, BStBl I 2006, 450.
BMF vom 09.05.2008, Az: IV A 5 – S 7300/07/0017, BStBl I 2008, 675.
BMF vom 01.04.2009, Az: IV B 8 – S 7124/07/10002, BStBl I 2009, 523.
BMF vom 07.07.2011, Az: IV D 2 – S 7300-b/09/10001, DStR 20011, 2525.
BMF vom 02.01.2014, Az: IV D 2 – S 7300/12/10002: 001 BStBl I 2014,119
BMF vom 05.06.2014, Az: IV D 2 – S 7300/07/10002: 001 BStBl I 2014, 896.
BMF vom 14.10.2015, Az: IV C 5 – S 2332/15/10001 BStBl I 2015, 832.
BMF vom 13.09.2016, Az. III C 2 – S 7280-a/07/10005:002, NWB Datenbank, DAAAF-82369.
BMF vom 26.05.2017, Az. III C 2 – S 7105/15/10002: NWB Datenbank, HAAG-46849.
Hinweis: Zur Problematik der zeitlichen Geltungsdauer von BMF-Schreiben vgl. Einführung UStG, Rz. 100ff.

Hinweise/Richtlinien/Verordnungen
UStAE: Abschn. 15.1–15.22.
MwStSystRL: Art. 167 ff.
UStDV: § 35 ff.

1 Allgemeines

1.1 Überblick über die Vorschrift

Dem Vorsteuerabzug kommt innerhalb des seit 1967 geltenden USt-Systems in der Form des **Allphasennettosystems** eine wesentliche Bedeutung zu. Dadurch dass die Unternehmer die ihnen von anderen Unternehmern berechnete USt als Vorsteuer in Abzug bringen können, ist der unternehmerische Leistungsaustausch frei von USt, sofern die Leistungsempfänger zum vorsteuerabzugsberechtigten Personenkreis gehören. Die USt-Belastung soll im Ergebnis nicht den unternehmerischen Leitungsaustausch, sondern nur den **Endverbrauch** treffen. Anders als die Ertragsteuern stellt die USt für die vorsteuerabzugsberechtigten Unternehmer keinen Kostenfaktor dar und wirkt sich für vorsteuerabzugsberechtigte Unternehmer wettbewerbsneutral aus. § 15 UStG regelt im Detail, unter welchen Voraussetzungen dem Unternehmer ein Vorsteuerabzug gewährt wird. D.h., § 15 UStG regelt, welche Personen zum Vorsteuerabzug berechtigt sind, zu welchem Zeitpunkt der Vorsteuerabzug vorgenommen werden kann, welche Einschränkungen und Abzugsverbote bestehen, wie das Aufteilungsverhältnis von abzugsfähigen und nicht abzugsfähigen Vorsteuerbeträgen zu ermitteln ist und welche Nachweise erbracht werden müssen. 1

1.2 Rechtsentwicklung

Mit der Umstellung des USt-Systems von der Allphasenbruttobesteuerung zur **Allphasennettobesteuerung** durch das **UStG 1967** wurde die Regelung des Vorsteuerabzugs geschaffen. Das UStG 1967 bewirkte die Umsetzung der 6. EG-RL in das deutsche Umsatzsteuerrecht. Die EG-rechtlichen Grundlagen für den Vorsteuerabzug sind die Art. 14–17 der genannten Richtlinie. Aus konjunkturpolitischen Gründen wurde der Vorsteuerabzug für **Anlagegüter** durch das **StÄndG 1973** zunächst vorübergehend aufgehoben, durch die RVO vom 20.12.1973 jedoch wieder eingeführt. Das **UStG 1980** brachte eine Reihe von Änderungen des Vorsteuerabzugs mit sich. Der Kreis der nicht abzugsfähigen Vorsteuern wurde erweitert um die Vorsteuern auf Eingangsleistungen, die mit der Erbringung von nicht steuerbaren Ausgangsleistungen zusammenhängen, die im Falle der Steuerbarkeit steuerfrei wären (»steuerfreie« Leistungen ohne Entgelt und »steuerfreie« Leistungen im Ausland). In den Kreis der **Vorsteuerabzugsberechtigten** wurden Unternehmer ohne inländischen Sitz oder ohne inländische Betriebsstätte ebenso einbezogen wie Unternehmer, die keine Leistungen im Inland erbringen. Mit der Einführung der Steuerpflicht für **Anzahlungen** ging eine entsprechende Erweiterung des Vorsteuerabzugs einher. Schließlich änderte sich die Vorschrift für die Aufteilung von abzugsfähigen und nicht abzugsfähigen Vorsteuerbeträgen. An die Stelle der Umsatzmethode als Regelmethode trat nun die Methode der wirtschaftlichen Zurechnung (Kostenmethode), so dass die **Vorsteuerauftei-** 2

lung fortan primär nach dem Verhältnis der Kosten für die zur Gewährung oder Versagung des Vorsteuerabzugs führenden Ausgangsleistungen erfolgte. Die Umsatzmethode wurde zunächst noch in Ausnahmefällen anerkannt, entfiel jedoch mit Wirkung zum 01.01.1990 durch das **WoBauFG vom 22.12.1989** (Wegfall von § 15 Abs. 5–7 UStG). Damit verbunden war eine redaktionelle Anpassung des § 43 UStDV.

3 Abweichend vom vorherrschenden System der Allphasennettobesteuerung führten das UStG 1980 für Reiseleistungen (§ 25 UStG) und das WoBauFG vom 22.12.1989 für Umsätze mit gebrauchten Sachen gem. § 25a UStG die **Margenbesteuerung** (Besteuerung der Wertschöpfung, Differenzbesteuerung) ein, so dass sich im heutigen USt-System zwei verschiedene Besteuerungssysteme finden.

4 Das **UStG 1992** bewirkte die Einbeziehung der Steuer auf den innergemeinschaftlichen Erwerb **(Erwerbsteuer)** in den Kreis der abzugsfähigen Vorsteuern. Die **Fahrzeuglieferer** erhielten eine eingeschränkte Vorsteuerabzugsberechtigung (§§ 2a, 15 Abs. 4a UStG). Infolge der Abschaffung der bisherigen Regelung des Reihengeschäftes (§ 3 Abs. 2 UStG) durch das **UStÄndG 1997** kam es zur Streichung der §§ 41 Abs. 2, 41a Abs. 2 UStDV.

5 Entscheidende Änderungen erfuhr der Vorsteuerabzug durch das **StEntlG 1999/2000/2002**. Nach dem neuen § 15 Abs. 1 S. 2 UStG setzt die Zugehörigkeit eines Wirtschaftsgutes zum Unternehmensvermögen eine unternehmerische Nutzung von mindestens 10 % voraus. Vorsteuerbeträge, die sich auf die Anschaffungs- oder Herstellungskosten von Wirtschaftsgütern beziehen, die zu weniger als 10 % unternehmerisch genutzt werden, sind seit dem 01.04.1999 vom Abzug ausgeschlossen. Weitere Abzugsverbote wurden für Vorsteuerbeträge eingeführt, die auf bestimmte ertragsteuerlich nicht abzugsfähige **Erwerbsaufwendungen** und **Lebenshaltungskosten** (§ 4 Abs. 5 Nr. 1–4, Nr. 7, Abs. 7, § 12 Nr. 1 EStG, § 15 Abs. 1a Nr. 1 UStG), **Reisekosten** (§ 15 Abs. 1a Nr. 2 UStG) sowie auf **Umzugskosten** für einen Wohnungswechsel (§ 15 Abs. 1a Nr. 3 UStG) entfallen. Das Vorsteuerabzugsverbot für Reisekosten wurde zum 01.01.2004 wieder aufgehoben.

6 Das StEntlG 1999/2000/2002 reduzierte ab dem 01.04.1999 den Vorsteuerabzug für Fahrzeuge, die sowohl unternehmerisch als auch außerunternehmerisch genutzt wurden **(gemischt genutzte Fahrzeuge)** auf 50 % (§ 15 Abs. 1b UStG). Im Gegenzug entfiel die Besteuerung der Privatnutzung als unentgeltliche Wertabgabe gem. § 3 Abs. 9a S. 2 UStG (zur Übergangsreglung vgl. Aufl. 4 § 15 Rz. 6). Das **StÄndG 2003** bewirkte die Abschaffung der 50 %-Regelung zum 01.01.2004. Dadurch wurde der Rechtszustand vor dem 01.04.1999 wieder hergestellt. Die außerunternehmerische Nutzung des Fahrzeugs stellt seither wieder eine steuerpflichtige unentgeltliche Wertabgabe dar.

7 Das **StÄndG 2001** brachte eine weitere Änderung des Vorsteuerabzugs mit sich. Sie beruhte auf der Einführung des **Reverse-Charge-Verfahrens**(§ 13b UStG). Unter den in § 13b UStG genannten Fällen wird die Steuerschuldnerschaft des leistenden Unternehmers auf den Leistungsempfänger verlagert (vgl. hierzu die Ausführungen zu § 13b UStG). Der Leistungsempfänger kann die Umsatzsteuerschuld, die nach § 13b UStG auf ihn verlagert wurde, bei Vorliegen der übrigen Voraussetzungen des § 15 UStG als Vorsteuer geltend machen.

8 Weitere Änderungen des Vorsteuerabzugs erfolgten durch das **StÄndG 2003** mit Wirkung zum 01.01.2004. § 15 Abs. 1 S. 1 Nr. 1 UStG wurde neu formuliert und kann als Ausfluss der mit dem StÄndG 2003 eingeführten strengeren Regelungen der Rechnungsstellung betrachtet werden.

9 Das StÄndG 2003 führte ferner zur Anpassung des § 15 Abs. 1 S. 1 Nr. 2 UStG (Abzugsfähigkeit der Einfuhr-USt) an die Neufassung des § 1 Abs. 1 Nr. 4 UStG. Dadurch wurden die Vereinfachungsvorschriften der §§ 41, 41a, 42 i.V.m. § 50 UStDV entbehrlich. Der Katalog der abzugsfähigen Vorsteuern wurde um die Nr. 5 erweitert, die in engem Zusammenhang mit der Einführung der **USt-Lagerregelung** steht. Die bei der Auslagerung von Gegenständen aus einem USt-Lager entstehende USt-Schuld ist gem. § 15 Abs. 1 S. 1 Nr. 5 UStG als Vorsteuer abzugsfähig. Der gesonderte Steuerausweis in einer Rechnung ist hierfür nicht erforderlich. Von besonderer Bedeutung ist der zum 01.01.2004 wirksam werdende neue S. 3 in § 15 Abs. 4 UStG. § 15 Abs. 4

S. 3 UStG enthält eine verbindliche Regelung für die **Vorsteueraufteilung**. Ursächlich für diese Regelung war das Urteil des BFH vom 17.08.2001, Az: V R 1/01, BB 2001, 2359, wonach die Umsatzmethode entgegen der Auffassung der Finanzverwaltung eine sachgerechte Methode darstellte. Die Umsatzmethode war bis dato zwar die Regelmethode nach der MwStSystRL/6. EG-RL, jedoch nicht zwingend vorgeschrieben, da die Mitgliedstaaten auch davon abweichende Methoden festlegen können. Eine entsprechende gesetzliche Regelung fehlte bis zu diesem Zeitpunkt in § 15 Abs. 4 UStG. Zum 01.01.2004 wurde die bestehende Gesetzeslücke geschlossen, so dass die Umsatzmethode nur noch dann anerkannt wird, wenn keine andere wirtschaftliche Zuordnung möglich ist. Dadurch soll verhindert werden, dass die Vorsteueraufteilung dem Unternehmer Steuervorteile verschafft, die unter wirtschaftlichen Gesichtspunkten nicht zu rechtfertigen sind.

Das **Jahressteuergesetz 2007** (JStG 2007, BGBl I 2006, 2878) änderte § 15 UStG wie folgt: 10

- § 15 Abs. 1a Nr. 1 und Nr. 3 UStG a.F. verstießen gegen die Art. 17 Abs. 6 der 6. EG-RL (jetzt Art. 176 Unterabs. 2 MwStSystRL). Das BMF hatte bereits geregelt, dass die Bestimmungen im Vorgriff auf eine gesetzliche Neuregelung nicht mehr anzuwenden waren (Bewirtungskosten: BMF vom 23.06.2005, BStBl I 2005, 816; Umzugskosten: BMF vom 18.07.2006, BStBl I 2006, 450). Die Gesetzesänderung brachte materiell nichts Neues.
- § 15 Abs. 2 S. 1 Nr. 3 UStG: Die Vorschrift wurde aufgehoben. Bei einer in unternehmerischem Interesse ausgeführten unentgeltlichen Lieferung oder sonstigen Leistung, die steuerfrei wäre, wenn sie gegen Entgelt ausgeführt würde, wird der Vorsteuerabzug seither nach den allgemeinen Grundsätzen des § 15 UStG gewährt. Auch hier hatte die Finanzverwaltung bereits mit BMF-Schreiben vom 28.03.2006 (BStBl I 2006, 346) auf die Rechtsprechung des BFH (Urteil vom 11.12.2003, Az: V R 48/02, BStBl II 2006, 384) reagiert; auch hier führte die Gesetzesänderung materiell zu keinen Änderungen.

Der Rat der Europäischen Union hat am 12.02.2008 das MwSt-Paket verabschiedet. Es umfasst u. a. eine Richtlinie zur Neuregelung des Vorsteuer-Vergütungsverfahrens an EU-Ansässige. Die Änderungen traten zum 01.01.2010 in Kraft und betrafen Unternehmer, die grenzüberschreitende Leistungen erbrachten. Nach bis zu diesem Zeitpunkt geltendem Recht musste der Unternehmer in jedem EU-Staat, aus dem er Rechnungen mit Umsatzsteuerausweis hatte, einen Antrag auf Vorsteuererstattung stellen. Ab dem 01.01.2010 kann er diesen Antrag bei seinem Finanzamt in Deutschland auf elektronischem Wege stellen. In diesem Zusammenhang wurde durch Art. 7 Nr. 10 des **JStG 2009** (Gesetz vom 19.12.2008, BGBl I 2008, 2794) eine redaktionelle Änderung in § 15 Abs. 4b UStG hinsichtlich der Verweisung auf die Neufassung des § 18 Abs. 9 UStG vorgenommen, die nach Art. 39 Abs. 9 JStG 2009 mit Wirkung vom 01.01.2010 in Kraft trat. 11

Durch Art. 6 Nr. 6 des **Gesetzes zur Umsetzung steuerlicher EU-Vorgaben** sowie zur Änderung steuerlicher Vorschriften vom 08.04.2010 wurden § 15 Abs. 1 S. 1 Nr. 4 S. 1 und Abs. 4b UStG redaktionell an die Neufassung des § 13b UStG angepasst. Die Änderungen traten nach Art. 12 Abs. 4 des Gesetzes am 01.07.2010 in Kraft. Durch das **JStG 2010** wurde zum 01.01.2011 der Vorsteuerabzug bei gemischt genutzten Grundstücken eingeschränkt. Der Vorsteuerabzug ist noch zulässig, soweit er sich auf unternehmerisch genutzte Grundstücksteile bezieht (§ 15 Abs. 1b UStG). Das sog. Seeling-Modell ist seit dem 01.01.2011 dadurch nicht mehr anwendbar. 12

Durch Art. 10 Nr. 9 des **Amtshilferichtlinie-Umsetzungsgesetzes vom 26.06.2013** wurden § 15 Abs. 1 S. 1 Nr. 2 und Nr. 3 sowie Abs. 3 mit Wirkung zum 30.06.2013 geändert. Ursache dieser Änderungen waren Entscheidungen des EuGH. Nach altem Recht war die Einfuhrumsatzsteuer nur unter der Voraussetzung der Zahlung als Vorsteuer abziehbar. In seinem Urteil vom 29.03.2012, Rs C-414/10, Societé Véleclair, (BStBl II 2013, 941) hat der EuGH jedoch entschieden, dass das Vorsteuerabzugsrecht nicht von der tatsächlichen Zahlung der Einfuhrumsatzsteuer abhängig sein darf. Demzufolge wurde das Gesetz geändert, so dass die Einfuhrumsatzsteuer 13 bereits im Zeitpunkt ihrer Entstehung abzugsfähig ist. Der Vorsteuerabzug beim innergemeinschaftlichen Erwerb beschränkt sich auf die Fälle, in denen der innergemeinschaftliche Erwerb in Deutschland bewirkt wird (§ 3d S. 1 UStG). Nicht abziehbar ist jedoch die Erwerbsteuer, die nach § 3d S. 2 UStG geschuldet wird. Diese Änderung des § 15 UStG hat nur eine klarstellende Funktion. Die Einschränkung des Vorsteuerabzugs entspricht der Auffassung der Finanzverwaltung (Abschn. 15.10 Abs. 2 UStAE). Eine weitere Änderung betrifft den Vorsteuerabzugs für Versicherungsumsätze, wenn der Leistungsempfänger im Drittland ansässig ist (§ 15 Abs. 3 Nr. 1b und Nr. 2b UStG).

1.3 Geltungsbereich

1.3.1 Sachlicher Geltungsbereich

14 Die abzugsfähigen Vorsteuerbeträge sind in den Nr. 1 bis 5 des § 15 Abs. 1 UStG abschließend aufgeführt. Dazu gehören zunächst die Vorsteuerbeträge, die sich auf die Eingangsleistungen eines der Regelbesteuerung unterliegenden Unternehmers beziehen und in einer Rechnung i. S. d. §§ 14, 14a UStG gesondert ausgewiesen sind. Abzugsfähig sind ferner die entstandene Einfuhr-USt, die Erwerbsteuer, die Steuer für Leistungen i. S. d. § 13b Abs. 1 und Abs. 2 UStG sowie die nach § 13a Abs. 1 Nr. 6 UStG geschuldete Steuer. Schließlich können Leistungsempfänger die von ihnen gem. § 13b UStG geschuldete USt des leistenden Unternehmers als Vorsteuer abziehen.

In allen Fällen setzt der Vorsteuerabzug voraus, dass die Vorsteuer eine nach deutschem Recht geschuldete Steuer ist (Gebot der Umsatzsteuer-Wahrheit, vgl. BFH vom 02.04.1998, Az: V R 34/97, BStBl II 1998, 695). Der Abzug ausländischer Steuern kann nur in dem jeweiligen Staat nach dem dort herrschenden USt-Recht vorgenommen werden. Im Übrigen unterbleibt der Abzug der genannten Vorsteuerbeträge, wenn die Ausschlusstatbestände des § 15 Abs. 1a oder 1b UStG erfüllt sind, oder wenn die Eingangsleistungen mit der Ausführung von Umsätzen zusammenhängen, die den Vorsteuerabzug versagen (§ 15 Abs. 2 i. V. m. Abs. 3 UStG). Umsatzsteuer, die nicht im Inland entstanden ist, kann nicht im Wege des Vorsteuervergütungsverfahrens zurückgezahlt werden. Dies gilt nach der Rechtsprechung des EuGH für den Fall, dass ein Unternehmer bei einer grenzüberschreitenden Leistung den Leistungsort falsch bestimmt und in der Rechnung irrtümlich Umsatzsteuer ausweist, obwohl das Besteuerungsrecht bei einem anderen Staat liegt (vgl. EuGH vom 15.03.2007, Rs. C-35/05, Reemtsma, IStR 2007, 261).

15 Hinsichtlich der gesetzlichen Vorsteuerausschlüsse sind die gemeinschaftsrechtlichen Vorgaben zu beachten. Die im nationalen Recht zum Zeitpunkt des In-Kraft-Tretens der 6. EG-Richtlinie bestehenden Vorsteuerausschlüsse dürfen nicht erweitert und nicht neu eingeführt werden. Das Recht der Mitgliedstaaten beschränkt sich darauf, bis zum Erlass einer gemeinschaftlichen Regelung alle nationalen Regelungen über den Vorsteuerausschluss beizubehalten, die zum Zeitpunkt des In-Kraft-Tretens der 6. EG-Richtlinie tatsächlich angewandt wurden (vgl. EuGH vom 11.12.2008, Rs. C-371/07, Danfoss, UR 2009, 60).

1.3.2 Persönlicher Geltungsbereich

16 Zum Vorsteuerabzug berechtigt sind nur **Unternehmer i. S. d. Umsatzsteuergesetzes** (vgl. Rn. 29ff. hier Querverweis zu Randnummer zu Ausführungen Unternehmereigenschaft unter Gliederungspunkt 2.1.2 einfügen).

1.3.3 Zeitlicher Geltungsbereich

§ 15 UStG wurde letztmals mit Gesetz vom 26.06.2013 (BGBl I 2013, 1809) mit Wirkung vom 30.06.2013 geändert. Zur Anwendung des § 15 Abs. 1, 1b und 4b vgl. § 27 Abs. 4 Satz 1, Abs. 16 UStG. 17

Einstweilen frei. 18–20

Die durch das JStG 2009 in § 15 Abs. 4b UStG vorgenommene redaktionelle Änderung ist nach Art. 39 Abs. 9 JStG 2009 am 01.01.2010 in Kraft getreten. Die durch das Gesetz zur Umsetzung steuerlicher EU-Vorgaben sowie zur Änderung steuerlicher Vorschriften vorgenommenen redaktionellen Anpassungen in § 15 Abs. 1 S. 1 Nr. 4 S. 1 und Abs. 4b UStG traten nach Art. 12 Abs. 4 des Gesetzes am 01.07.2010 in Kraft. 21

1.4 Verhältnis zu anderen Vorschriften

Infolge des unmittelbaren Zusammenhangs zwischen der Umsatzbesteuerung von unternehmerischen Leistungen einerseits und dem Vorsteuerabzug andererseits steht die Regelung des § 15 UStG in einer Beziehung zu allen Vorschriften des UStG. Von besonderer Bedeutung sind die Vorschriften, die mit den Voraussetzungen und mit dem Ausschluss des Vorsteuerabzugs zusammenhängen, wie z. B. die Definition des Unternehmers (§§ 2 – 2a UStG), der Katalog der steuerfreien Leistungen (§ 4 UStG), die Definition des Entgelts (§ 10 UStG), die Steuerschuldnerschaft des Leistungsempfängers (§ 13b UStG), die Ordnungsmäßigkeit von Rechnungen (§§ 14, 14a UStG), die Vorsteuerberichtigung (§ 15a UStG), die Kleinunternehmerregelung (§ 19 UStG), die Differenzbesteuerung (§ 25a UStG). 22

1.5 Vorsteuerbeträge im Einkommensteuerrecht

Im Rahmen der einkommensteuerrechtlichen Einkunftsermittlung kann der Vorsteuerbetrag zu Anschaffungs- oder Herstellungskosten, Betriebsausgaben oder Werbungskosten führen. Entscheidend ist hierfür die Vorsteuerabzugsfähigkeit sowie die Methode der Einkunftsermittlungsart. 23

Kann der Unternehmer die Vorsteuer von der Umsatzsteuer abziehen, wird sein Unternehmen nicht mit der Vorsteuer belastet. Insoweit liegen weder Anschaffungs- oder Herstellungskosten noch Betriebsausgaben oder Werbungskosten vor (§ 9b Abs. 1 EStG). Im Umkehrschluss führen Vorsteuerbeträge, die nicht von der Umsatzsteuer abgezogen werden können, zu Anschaffungs- oder Herstellungskosten bzw. Betriebsausgaben oder Werbungskosten. 24

Wird der Vorsteuerabzug nach § 15a UStG berichtigt, gelten die sich dadurch ergebenden »Vorsteuerkorrektur«-Mehrbeträge grundsätzlich als Betriebseinnahmen oder Einnahmen; »Vorsteuerkorrektur«-Minderbeträge gelten grundsätzlich als Betriebsausgaben oder Werbungskosten, sofern sie durch den Betrieb veranlasst wurden oder der Erwerbung, Sicherung und Erhaltung von Einnahmen dienen (§ 9b Abs. 2 S. 1 UStG). Eine Berichtigung der Anschaffungs- oder Herstellungskosten erfolgt bei Vorsteuerabzugsberichtigungen, die durch § 15a UStG ausgelöst wurden, nicht (§ 9b Abs. 2 Satz 2 UStG). 25

2 Kommentierung

2.1 Vorsteuerabzug im Überblick

2.1.1 Systematischer Aufbau und Prüffolge des § 15 UStG

26 § 15 UStG **regelt abschließend** unter welchen Voraussetzungen ein Unternehmer, die von ihm an andere Unternehmer entrichtete Umsatzsteuer oder z. B. die im Zusammenhang mit der Einfuhr, dem innergemeinschaftlichen Erwerb oder dem Übergang der Steuerschuldnerschaft (§ 13b UStG) an Behörden entrichtete Umsatzsteuer, als Vorsteuer geltend machen kann.

§ 15 UStG regelt dabei

- in den Abs. 1 bis 3 die Voraussetzungen des Vorsteuerabzug,
- in Abs. 4 wie die Vorsteuerabzugsbeträge aufzuteilen sind, falls nur ein Teil der Vorsteuer geltend gemacht werden kann,
- in Abs. 4a die Behandlung sog. Fahrzeuglieferer,
- in Abs. 4b die Behandlung für im Gemeinschaftsgebiet ansässige Unternehmer, die ausschließlich nach § 13b Abs. 5 Steuer schulden,
- in Abs. 5 die Möglichkeit zur Schaffung bestimmter Vereinfachungen des Vorsteuerabzugs.

27 Die **systematische Prüffolge** des Vorsteuerabzugs regeln § 15 Abs. 1 bis 3 UStG. § 15 Abs. 1 UStG legt hierbei zunächst fest, welche Vorsteuerbeträge **dem Grunde nach** abzugsfähig sind. Liegt die Vorsteuerabzugsberechtigung nach § 15 Abs. 1 UStG dem Grunde nach vor muss geprüft werden, ob einer der **Ausschlusstatbestände** der Abs. 1a, 1b oder des Abs. 2 i. V. m. Abs. 3 UStG erfüllt ist. Liegt ein Ausschlusstatbestand vor, führt dies zu einem **Vorsteuerabzugsverbot**.

28 Grafische Darstellung des Vorsteuerabzugs:

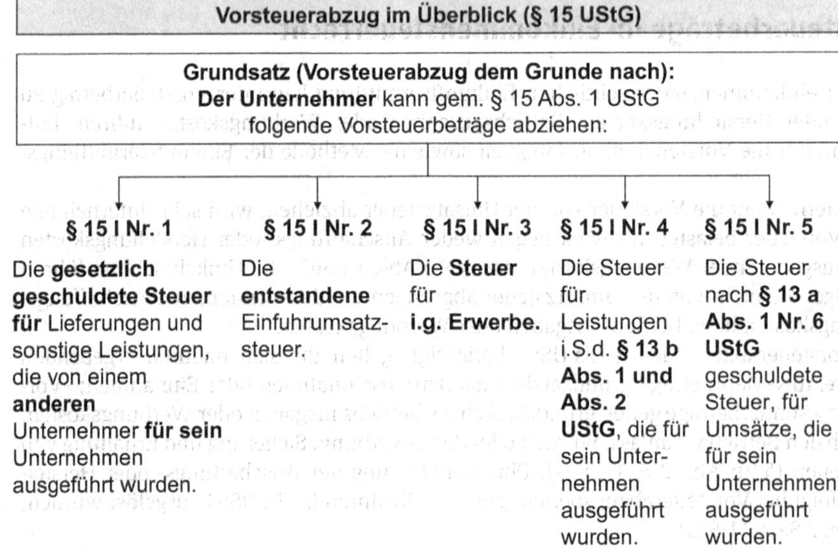

Ausnahme (Vorsteuerabzugsverbote):
Der Unternehmer kann folgende Vorsteuerbeträge **nicht** abziehen:

§ 15 Abs. 1a UStG

Vorsteuerbeträge, die auf Aufwendungen entfallen, für die das Abzugsverbot des § 4 Abs.5 Nr. 1–4, 7 oder des § 12 Nr. 1 EStG gilt. Dies gilt nicht für Bewirtungsaufwendungen, soweit § 4 Abs. 5 Satz 1 Nr. 2 des EStG einen Abzug angemessener und nachgewiesener Aufwendungen ausschließt.

§ 15 Abs. 1b UStG

Verwendet der Unternehmer ein Grundstück sowohl für Zwecke seines Unternehmens als auch für Zwecke, die außerhalb des Unternehmens liegen, oder für den privaten Bedarf seines Personals, ist die Steuer für die Lieferungen, die Einfuhr und den innergemeinschaftlichen Erwerb sowie für die sonstigen Leistungen im Zusammenhang mit diesem Grundstück vom **Vorsteuerabzug ausgeschlossen, soweit** sie nicht auf die Verwendung des Grundstücks für Zwecke des Unternehmens entfällt. Bei Berechtigungen, für die die Vorschriften des bürgerlichen Rechts über Grundstücke gelten, und bei Gebäuden auf fremdem Grund und Boden ist Satz 1 entsprechend anzuwenden.

§ 15 Abs. 2 UStG

Vorsteuerbeträge aus Lieferungen, Einfuhren, i. g. Erwerben oder sonstigen Leistungen, die zur **Ausführung nachfolgender Umsätze verwendet werden**

- **Steuerfreie Umsätze**
- **Umsätze im Ausland,** die steuerfrei wären, wenn sie im Inland ausgeführt würden.

! **Das Vorsteuerabzugsverbot greift jedoch nicht (§ 15 Abs. 3), wenn es sich bei den in § 15 Abs. 2 genannten Umsätzen um Umsätze handelt, die**

- **nach § 4 Nr. 1–7, § 25 II, § 26 V steuerfrei** sind bzw. wären

oder

- **nach § 4 Nr. 8 a–g, Nr. 10 oder Nr. 11 steuerfrei** sind bzw. wären **und** diese sich unmittelbar auf Gegenstände beziehen, die in das Drittland ausgeführt werden bzw. der Leistungsempfänger im Drittland ansässig ist.

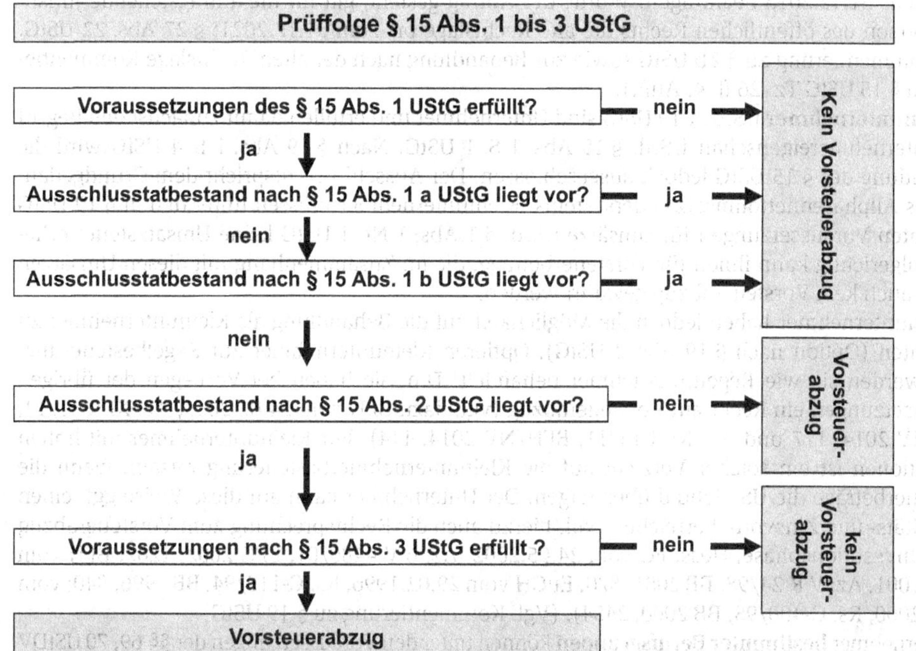

2.1.2 Unternehmereigenschaft als Grundvoraussetzung des Vorsteuerabzugs

29 Zum Vorsteuerabzug berechtigt sind nur **Unternehmer** (§ 15 Abs. 1 1. HS UStG). Unternehmer ist, wer eine gewerbliche oder berufliche Tätigkeit i. S. d. § 2 UStG ausübt. (Vgl. Kommentierung zu § 2 UStG).

30 Nach § 2a UStG werden **sog. Fahrzeuglieferer** wie Unternehmer behandelt und sind damit unter den übrigen Voraussetzungen des § 15 UStG zum Vorsteuerabzug berechtigt. Als Fahrzeuglieferer gelten Personen, die ein neues Fahrzeug in das übrige Gemeinschaftsgebiet liefern und entweder den Unternehmerbegriff nach § 2 UStG nicht erfüllen (z. B. Privatpersonen) oder den Unternehmerbegriff zwar erfüllen, jedoch das neue Fahrzeug außerhalb ihres Unternehmens (z. B. Privatbereich) in das übrige Gemeinschaftsgebiet liefern. (Vgl. Kommentierung zu § 2a UStG).

31 **Juristische Personen des öffentlichen Rechts** gelten gemäß § 2b UStG grundsätzlich nicht als Unternehmer i. S. d. § 2 UStG, soweit sie Tätigkeiten ausüben, die ihnen im Rahmen der öffentlichen Gewalt obliegen. Sie zählen daher grundsätzlich nicht zum vorsteuerabzugsberechtigten Personenkreis.

32 Führt die Behandlung einer juristischen Person des öffentlichen Rechts als Nichtunternehmer zu größeren Wettbewerbsverzerrungen oder übt die juristische Person des öffentlichen Rechts eine der in § 2b Abs. 4 UStG genannten Tätigkeiten aus (z. B. die Tätigkeit der Notare, die Abgabe von Brillen und Brillenteilen durch Selbstabgabestellen, die Leistungen der Landesvermessung und des Liegenschaftskatasters, die Tätigkeit der Bundesanstalt für Landwirtschaft), wird die Behandlung der juristischen Person des öffentlichen Rechts als Nichtunternehmer aufgehoben. Die juristische Person des öffentlichen Rechts ist in diesen Fällen Unternehmerin und zählt zum vorsteuerabzugsberechtigten Personenkreis. (§ 2b UStG gilt mit Wirkung zum 01.01.2016. Juristische Personen des öffentlichen Rechts, konnten die Besteuerung nach der alten Rechtslage bis spätestens 31.12.2016 beantragen. Wurde der Antrag gestellt, gilt für die antragstellende juristische Person des öffentlichen Rechts die alte Rechtslage bis zum 31.12.2021; § 27 Abs. 22 UStG. Vgl. Kommentierung zu § 2b UStG sowie zur Behandlung nach der alten Rechtslage Kommentierung zu § 15 UStG Tz. 26 ff. 4. Aufl.).

33 **Kleinunternehmer** i. S. d. § 19 UStG sind Unternehmer und erfüllen damit zunächst den Begriff der Unternehmereigenschaft i. S. d. § 15 Abs. 1 S. 1 UStG. Nach § 19 Abs. 1 S. 4 UStG wird die Anwendung des § 15 UStG jedoch ausgeschlossen. Der Ausschluss entspricht dem Grundgedanken des Allphasennettoumsatzsteuersystems. Kleinunternehmer müssen unter den in § 19 UStG genannten Voraussetzungen für Umsätze i. S. d. § 1 Abs. 1 Nr. 1 UStG keine Umsatzsteuer erheben. Folgerichtig kann ihnen für Vorsteuerbeträge, die im Zusammenhang mit diesen Umsätzen stehen auch kein Vorsteuerabzug gewährt werden.

34 Kleinunternehmer haben jedoch die Möglichkeit auf die Behandlung als Kleinunternehmer zu verzichten (Option nach § 19 Abs. 2 UStG). Optieren Kleinunternehmer zur Regelbesteuerung, dann werden sie wie Regelunternehmer behandelt. D.h. sie haben bei Vorliegen der übrigen Voraussetzungen ein Recht auf Vorsteuerabzug (vgl. dazu BFH vom 24.07.2013, Az: XI R 31/12, BFH/NV 2014, 117 und Az: XI R 14/11, BFH/NV 2014, 114). Für Kleinunternehmer mit hohen Investitionen ist ein solcher Verzicht auf die Kleinunternehmerbesteuerung ratsam, wenn die Vorsteuerbeträge die USt-Schuld übersteigen. Der Unternehmer kann auf diese Weise ggf. einen Liquiditäts- und Zinsvorteil erreichen (vgl. hierzu auch die Rechtsprechung zum Vorsteuerabzug in der Investitionsphase, Hess. FG vom 24.05.2002, Az: 6 V 4480/01, EFG 2002, 1267, BFH vom 08.03.2001, Az: V R 24/98, BB 2001, 870, EuGH vom 29.02.1996, Rs. C-110/94, BB 1996, 940; vom 08.06.2000, Rs. C-400/98, BB 2000, 2454). (Vgl. Kommentierung zu § 19 UStG).

35 Unternehmer **bestimmter Berufsgruppen** können unter den Voraussetzungen der §§ 69, 70 UStDV den Vorsteuerabzug in Höhe eines in der Anlage zu §§ 69 und 70 UStDV festgesetzten Prozentsatzes

des Umsatzes vornehmen. Insoweit ist der Vorsteuerabzug nach § 15 Abs. 1 UStG trotz Vorliegen der Unternehmereigenschaft ausgeschlossen. Ein darüberhinausgehender Vorsteuerabzug ist nur in den Grenzen des § 70 Abs. 2 UStDV möglich. Zu den in der Anlage aufgeführten Berufsgruppen werden einzelne Berufsgruppen aus den Bereichen des Handwerks, des Einzelhandels, der Freien Berufe sowie bestimmte sonstige Gewerbebetriebe aufgelistet (vgl. Kommentierung zu § 23 UStG).

Gemeinnützige, mildtätige und kirchliche Körperschaften, Personenvereinigungen und **Vermögensmassen** i. S. d. § 5 Abs. 1 Nr. 9 KStG können anstelle der exakten Ermittlung der Vorsteuerbeträge eine Vorsteuerpauschalierung gem. § 23 a UStG in Anspruch nehmen. In diesem Fall belaufen sich die abzugsfähigen Vorsteuerbeträge auf 7 % der steuerpflichtigen Umsätze. Ein darüber hinausgehender Vorsteuerabzug entfällt ebenso wie eine genaue Berechnung der tatsächlich entstandenen abzugsfähigen Vorsteuerbeträge (Zuordnung der Eingangsleistungen zum unternehmerischen Bereich, Differenzierung nach Ausgangsumsätzen mit und ohne Vorsteuerausschluss). Die Vorsteuerpauschalierung setzt voraus, dass keine steuerliche Buchführungspflicht besteht und die steuerpflichtigen Vorjahresumsätze den Betrag von 35.000 € nicht überschritten haben. (Vgl. Kommentierung zu § 23 a UStG). 36

Land- und Forstwirte erfüllen ebenfalls die Unternehmereigenschaft i. S. d. § 15 Abs. 1 S. 1 UStG und sind daher unter den übrigen Voraussetzungen zum Vorsteuerabzug berechtigt. Einer systembedingten Einschränkung des Vorsteuerabzugs unterliegen Land- und Forstwirte, die sich für die **Durchschnittsbesteuerung nach § 24 UStG** entschieden haben. Im Fall der Durchschnittsbesteuerung können Land-und Forstwirte nur pauschale Vorsteuerbeträge geltend machen. In Abhängigkeit der Umsätze und der darauf lastenden Umsatzsteuer wird per Gesetz der Vorsteuerabzug in Höhe eines Prozentsatzes des jeweiligen Umsatzes ermittelt. Darüber hinausgehende Vorsteuern können nicht geltend gemacht werden. (vgl. Kommentierung zu § 24 UStG). 37

Unternehmern, die **Reiseleistungen** nach § 25 UStG versteuern, wird der Vorsteuerabzug für bestimmte Reisevorleistungen versagt. Ebenso werden diesen Unternehmen nach § 13 b UStG als Leistungsempfänger geschuldete Steuerbeträge versagt (vgl. Kommentierung zu § 25 UStG). 38

Unternehmer, deren Umsätze der **Differenzbesteuerung** unterliegen, werden durch § 25 a Abs. 5 UStG hinsichtlich der Vorsteuerabzugsfähigkeit eingeschränkt. Nach § 25 a Abs. 5 S. 3 UStG ist der **sog. Wiederverkäufer** in den Fällen des § 25 a Abs. 2 UStG (Differenzbesteuerung im Zusammenhang mit bestimmten Kunstgegenständen, Sammlungsstücken oder Antiquitäten) nicht berechtigt, die entstandene Einfuhrumsatzsteuer, die gesondert ausgewiesene Steuer oder die nach § 13 b Abs. 5 UStG entstandene Vorsteuer abzuziehen. (S. Kommentierung zu § 25 a UStG). 39

Beim Leistungsaustausch des **Gesellschafters einer Personengesellschaft** und der Gesellschaft hängt die Vorsteuerabzugsberechtigung des **Gesellschafters** davon ab, ob er Unternehmer ist und die Leistungen für sein Unternehmen bezieht. Sofern der Gesellschafter i. R. seines Unternehmens Leistungen an die Personengesellschaft erbringt, ist er selbst zum Vorsteuerabzug berechtigt, so dass er die auf seine Eingangsleistungen entfallenden Vorsteuerbeträge abziehen kann. Dieser Vorsteuerabzug setzt voraus, dass nicht die Personengesellschaft, sondern der Gesellschafter der Leistungsempfänger ist. Die unternehmerische Tätigkeit des Gesellschafters wird bereits dadurch begründet, dass er einen Gegenstand erwirbt und diesen der Gesellschaft zur Nutzung überlässt. 40

Die persönliche Vorsteuerabzugsberechtigung muss im Zeitpunkt des Leistungsbezugs gegeben sein. Zum Beginn und zum Ende der Unternehmereigenschaft vgl. Kommentierung zu § 2. 41

Die Vorsteuerabzugsberechtigung hängt weder von der Ansässigkeit des Unternehmers noch vom Ort der Leistungserbringung ab. Demnach können auch Unternehmer, die ihren Sitz nicht im Inland haben und dort auch keine Zweigniederlassung unterhalten, den Abzug deutscher Vorsteuerbeträge beantragen. Die Staatsangehörigkeit des Unternehmers ist ebenso irrelevant. 42

2.1.3 Ausgewählte Einzelfälle zur Unternehmereigenschaft im Zusammenhang mit der Vorsteuerabzugsberechtigung

43 **Geschäftsführungs- und Vertretungsleistungen**: Zur umsatzsteuerlichen Beurteilung von Geschäftsführungs- und Vertretungsleistungen eines Gesellschafters an die Gesellschaft hat der BFH mit seinem Urteil vom 06.06.2002 (Az: V R 43/01, BStBl II 2003, 36) seine bis dahin vertretene Organverwaltertheorie aufgegeben. Unabhängig von der Rechtsform der Gesellschaft und der Stellung des Gesellschafters richtet sich die Steuerbarkeit der Geschäftsführungs- und Vertretungsleistungen danach, ob der Gesellschafter selbständig oder nichtselbständig tätig wird und ob ein gewinnunabhängiges Sonderentgelt bzw. eine Leistungsabgeltung über die Beteiligung am Gewinn oder Verlust der Gesellschaft vereinbart wurde. Beispiele für die Qualifikation von Entgelten als Sonderentgelte sind in der Verfügung der OFD Frankfurt vom 12.12.2008 (Az: S 7100 A – 82 – St 110, UR 2009, 501) aufgelistet.

44 Ist der **Geschäftsführer einer GmbH** nach dem Gesamtbild der Verhältnisse selbständig tätig und stellt er der GmbH seine Leistungen in Rechnung, kann die GmbH aus diesen Rechnungen den Vorsteuerabzug geltend machen (vgl. FG Köln vom 19.06.2006, Az.: 6 K 2049/05, EFG 2007, 225). Bei der Prüfung, ob der Geschäftsführer selbständig oder nichtselbständig tätig ist, hat das Merkmal des Unternehmerrisikos in Form des Vergütungsrisikos eine große Bedeutung. Der fehlende Anspruch auf Entgeltfortzahlung im Urlaubs- oder Krankheitsfall spricht für die Selbständigkeit, die Freistellung von einem Vermögensrisiko spricht für die Nichtselbständigkeit.

45 **Vorsteuerabzugsberechtigung bei beabsichtigter Unternehmensgründung**: Mit Urteil vom 11.11.2015 (Az: V R 8/15, NWB Datenbank, DAAAF-69017) hat der BFH zur Problematik der Vorsteuerabzugsberechtigung bei beabsichtigter Unternehmensgründung Stellung genommen. Der Kläger beabsichtigte die Aufnahme einer unternehmerischen Tätigkeit über die Gründung einer GmbH an der er als Alleingesellschafter beteiligt sein sollte. Für die noch zu gründende GmbH sollte das Vermögen einer bereits langjährig tätigen anderen GmbH erworben werden (Unternehmenskauf). Im Zusammenhang mit der beabsichtigten GmbH Gründung sowie des beabsichtigten Vermögenserwerbs (Unternehmenskauf) bezog der Kläger Beratungsleistungen und wollte die aus den Beratungsleistungen entstandene Umsatzsteuer als Vorsteuer geltend machen. Weder die Gründung der GmbH noch der geplante Unternehmenskauf wurden tatsächlich vollzogen.

46 Als mögliche vorsteuerabzugsberechtigte Unternehmer thematisierte der BFH verschiedene Varianten und gelangte zu dem Ergebnis, dass der Kläger weder aufgrund eigener unternehmerischer Tätigkeit, noch in seiner Eigenschaft als Gesellschafter vorsteuerabzugsberechtigter Unternehmer sei. Eine eigene unternehmerische Tätigkeit wurde nicht entfaltet. Der bloße Erwerb und das bloße Halten von Gesellschaftsanteilen der noch zu gründenden GmbH begründeten ebenfalls keine Unternehmereigenschaft. Vorsteuerabzugsberechtigter Unternehmer konnte daher nur die Vorgründungsgesellschaft, die Vorgesellschaft der zu gründenden GmbH oder die Gesellschaft selbst (spätere GmbH) sein. (Zu den Gründungsphasen einer Kapitalgesellschaft und der Unternehmereigenschaft vgl. Kommentierung zu § 2 UStG.) Da die GmbH tatsächlich nie gegründet wurde, kam als vorsteuerabzugsberechtigter Unternehmer nur die Vorgründungsgesellschaft in Frage. Der BFH (Urteil vom 11.11.2015, Az: V R 8/15, NWB Datenbank, DAAAF-69017) stellte unter Verweis auf das EuGH-Urteil vom 29.04.2004 (Rs.C-137/02, Faxworld, NWB Datenbank, IAAAB-72574) fest, dass eine Vorgründungsgesellschaft grundsätzlich ein vorsteuerabzugsberechtigter Unternehmer sein kann. Die Vorsteuerabzugsberechtigung ergäbe sich im Fall Faxworld aus der Tatsache, dass die Vorgründungsgesellschaft Leistungen in Anspruch genommen hatte, die sie zur Durchführung von geplanten steuerbaren Umsätzen benötigte. Dass die geplanten steuerbaren Umsätze nicht von ihr selbst, sondern von der noch zu gründenden Gesellschaft (Faxworld AG) ausgeübt werden sollten, war hierbei unschädlich (vgl. EuGH vom 29.04.2004, Rs.C-137/02, Faxworld, NWB Datenbank,

IAAAB-72574, Rn. 41). Im dem durch den BFH (Urteil vom 11.11.2015, Az: V R 8/15, NWB Datenbank, DAAAF-69017) zu beurteilenden Fall mangelte es nach Auffassung des BFH jedoch an »übertragbaren Vermögenswerten«. Im Gegensatz zum Fall Faxworld sieht der BFH in den bezogenen Beratungsleistungen keine übertragbaren Leistungen, die bei der beabsichtigten GmbH Gründung zu umsatzsteuerbaren Umsätzen geführt hätten. Der BFH (Urteil vom 11.11.2015, Az: V R 8/15, NWB Datenbank, DAAAF-69017) stellt vielmehr fest, dass auch für den Fall, dass die GmbH tatsächlich gegründet worden wäre, für die vom Kläger bezogenen Leistungen keine auf eine GmbH übertragbaren Vermögenswerte (»Investitionsgüter«) entstanden seien.

Um den Verlust des Vorsteuerabzuges aus Beratungsleistungen im Zusammenhang mit der Gründung einer Kapitalgesellschaft zu vermeiden, wird in der Literatur als Folge des BFH-Urteils vom 11.11.2015 (Az: V R 8/15, NWB Datenbank, DAAAF-69017) unter umsatzsteuerrechtlichen Aspekten empfohlen, zunächst ein Einzelunternehmen zu gründen und die GmbH Gründung solange hinauszuzögern bis Investitionsumsätze getätigt werden können. (vgl. Sievert, StuB 2016, S. 383). 47

Vorsteuerabzug einer Führungsholding: Der EUGH hat mit Urteil vom 16.07.2015, (Az: Rs. C-108/14; Rs. C109/14 Larentia + Minerva mbH CoKG sowie Marenave Schiffahrts AG, NWB Datenbank, RAAAE-97099) u. a. zur Frage des **Vorsteuerabzugs einer Führungsholding** Stellung genommen. Dem EuGH-Urteil folgte der BFH im Grundsatz mit nachstehenden Urteilen: BFH vom 19.01.2016, (Az: XI R 38/12, NWB Datenbank, GAAAF-6879), BFH vom 06.04.2016 (Az: V R 6/14, NWB Datenbank, FAAAF-75531) und BFH vom 01.06.2016 (Az: XI R 17/11, NWB Datenbank DAAAF-78180). Der EuGH entschied, dass eine **Führungsholding,** die an der Verwaltung ihrer Tochtergesellschaften teilnimmt und hierfür ein Entgelt erhält eine wirtschaftliche Tätigkeit ausübt. Die Führungsholding ist insoweit Unternehmerin und daher grundsätzlich zum vollen Vorsteuerabzug ihrer Eingangsleistungen berechtigt. Dazu zählt grundsätzlich auch der Erwerb von Beteiligungen. Aus den Ausführungen der oben zitierten Rechtsprechung lassen sich die unter Tz. 49 aufgeführten Fallvarianten einer Holdinggesellschaft und deren Behandlung in Bezug auf die Vorsteuerabzugsberechtigung unterscheiden (vgl. Radeisen, StbG 2016, 9 ff.). 48

Den Grundsätzen der EuGH Rechtsprechung folgt auch der V. Senat des BFH in seinem Urteil vom 06.04.2018 (Az: V R6/14, NWB Datenbank, FAAAF-75591). Allerdings beschränkt der BFH den Vorsteuerabzug trotz Vorliegens einer reinen Führungsholding, da im Sachverhalt nicht klar dargelegt werden kann, ob der strittige Vorsteuerbetrag tatsächlich nur dem unternehmerischen Bereich zugeordnet werden kann. Insbesondere die Höhe des Vorsteuerabzugs im Zusammenhang mit dem Erwerb der Beteiligung im Verhältnis zur Höhe des Stammkapitals der Tochtergesellschaft lassen Zweifel aufkommen, ob der Vorsteuerabzug in voller Höhe dem unternehmerischen Bereich zuzuordnen ist, BFH vom 06.04.2018 (Az: V R6/14, NWB Datenbank, FAAAF-7559, Rn. 34). Den Aspekt der Verhältnismäßigkeit greift das BMF (vom 26.05.2017, NWB Datenbank, HAAG-46849) auf und ergänzt Abschn. 22 Abs. 1 UStAE um folgenden Satz 4: »*Ein Recht auf Vorsteuerabzug aus Leistungen im Zusammenhang mit dem Einwerben von Kapital zur Anschaffung einer gesellschaftsrechtlichen Beteiligung besteht für den Unternehmer (insbesondere für eine Holding) jedoch nicht, soweit das eingeworbene Kapital in keinem Verhältnis zu der im unternehmerischen Bereich gehaltenen gesellschaftsrechtlichen Beteiligung steht, oder wenn die Umsätze, die dieses Recht begründen sollen, eine missbräuchliche Praxis darstellen.*« In der Literatur wird das alleinige Abstellen auf die Verhältnismäßigkeit als nicht mit der o.g. EuGH Rechtsprechung vereinbar betrachtet und daher empfohlen, in diesen Fällen Rechtsmittel einzulegen (Hammerl/Fietz, NWB 3/2018, 140 f. m.W.N.). Ferner wird empfohlen, eine möglichst ausführliche Dokumentation auf Unternehmerseite vorzunehmen, um dadurch u. a. der Gefahr der Gründung einer nichtunternehmerischen Sphäre entgegenzuwirken. So wird z. B. eine Dokumentation im Rahmen eines Investitionsplans bei Einwerbung von Kapital und der laufenden Kostenstruktur sowie der Kostenverteilung vorgeschlagen. (Friedrich-Vache/Endres-Reich, UR 17/2017, 658; Balbinot/Berner, DStR 13-14/2018, 652). 48a

49 Nachfolgende Übersicht in Anlehnung an Radeisen (StbG 2016, 10).

Art der Holding	Führungsholding	Finanzholding	Mischholding
Voraussetzung	Die Holding greift in die Verwaltung **aller** Gesellschaften, an denen sie Beteiligungen erworben hat ein und führt Transaktionen durch, wie z. B. das Erbringen von finanziellen, kaufmännischen und technischen Dienstleistungen.	Die Holding greift **nicht** in die Verwaltung von Gesellschaften ein, an denen sie Beteiligungen erworben hat.	Die Holding greift nur bei **einem Teil** der Gesellschaften, bei denen sie eine Beteiligung erworben hat, in die Verwaltung ein. Bei dem anderen Teil der Gesellschaften beschränkt sich ihre Tätigkeit auf das reine Halten der Beteiligung.
Unternehmereigenschaft	Die Holding ist wirtschaftlich tätig, sie übt eine unternehmerische Tätigkeit aus und erfüllt daher die Voraussetzungen einer Unternehmerin.	Die Holding ist nicht unternehmerisch tätig. Ihr einziger Zweck ist der bloße Erwerb und das bloße Halten von Beteiligungen. Sie ist somit keine Unternehmerin.	Die Holding ist unternehmerisch tätig und damit Unternehmerin. Sie hat jedoch auch einen nichtunternehmerischen Bereich in Bezug auf die Beteiligungen, bei denen sie keine wirtschaftliche Tätigkeit ausübt.
Vorsteuerabzug	Die Vorsteuer ist nach § 15 Abs. 1 UStG grundsätzlich in voller Höhe abzugsfähig. Eine Einschränkung ergibt sich nur, wenn die damit zusammenhängenden nachfolgenden Ausgangsleistungen zu einem Vorsteuerabzugsverbot bzw. zu einer Einschränkung des Vorsteuerabzugsverbots nach den allgemeinen Vorschriften führen. (§ 15 Abs. 1, 1a, 1b, 2 i. V. m. 3 UStG). Nach Abschn. 15.22 Abs. 1 S. 4 UStAE versagt die Finanzverwaltung jedoch die Abzugsfähigkeit bei Vorliegen einer Unverhältnismäßigkeit oder eines Missbrauchs.	Kein Vorsteuerabzug nach § 15 Abs. 1 UStG mangels Unternehmereigenschaft.	Die Eingangsleistungen müssen für einen Vorsteuerabzug dem unternehmerischen Bereich der Holdinggesellschaft unmittelbar zuordenbar sein. Sind die Eingangsleistungen sowohl dem unternehmerischen als auch dem nichtunternehmerischen Bereich zuzuordnen, muss eine Aufteilung nach § 15 Abs. 4 UStG erfolgen. Vorsteuern aus Eingangsleistungen, die dem nichtunternehmerischen Bereich zuzuordnen sind, können nicht abgezogen werden.
Anmerkung	Mit Urteil vom 06.04.2016 (Az: V R 6/14, NWB Datenbank, FAAAF-75531) erkennt der BFH die Vorsteuerabzugsberechtigung einer Führungsholding dem Grunde nach an. Der BFH verneint jedoch den erforderlichen Zusammenhang mit dem Beteiligungserwerb, wenn das **eingeworbene Kapital** in **keinem Verhältnis zu dem Beteiligungserwerb** steht und fordert hier eine Aufteilung der Vorsteuerbeträge entsprechend § 15 Abs. 4 UStG.		Zur Zuordnungs-/Aufteilungsproblematik vgl. Friedrich-Vache/Endres-Reich, UR 17/2017, 649; Balbinot/Berner, DStR 13-14/2018, 648.

Vorsteuerabzug bei Berufsverbänden: Mit Urteil vom 13.09.2017 hat das FG Berlin-Brandenburg (Az.: 2 K 2164/15, NWB Datenbank, YAAA-62530) erstmals **Berufsverbände** als vorsteuerabzugsberechtigte Unternehmer anerkannt. Strittig war hierbei inwieweit ein Berufsverband der Wirtschaftsbranche die Unternehmereigenschaft erfüllt. Nach Auffassung des FG ist ein Berufsverband in der Rechtsform eines nicht gemeinnützigen eingetragenen Vereins ein vorsteuerabzugsberechtigter Unternehmer, soweit das Leistungsangebot, das sich an die Mitglieder richtet, die Voraussetzungen eines steuerbaren Leistungsaustauschs erfüllt und die entsprechenden Mitgliederbeitragsrechnungen die USt gesondert ausweisen. Entscheidend für das Vorliegen einer entgeltlichen Leistung ist hierbei, dass der Berufsverband seinen Mitgliedern im Rahmen ihrer freiwilligen Mitgliedschaft als Gegenleistung für erbrachte Mitgliedsbeiträge eine Möglichkeit zur Inanspruchnahme von Leistungsangeboten bietet. Ob sich die Finanzverwaltung der Auffassung des FG Berlin-Brandenburg anschließen wird, ist offen. (S. Erdbrügger, DStR 2018, 59, 61 f., s. auch Beyme, USt direkt digital 1/2018, 8.) Das Urteil wurde zur Revision zugelassen und ist seit 20.02.2018 beim BFH unter dem Aktenzeichen V R 45/17 anhängig. 49a

2.2 Vorsteuerabzug nach § 15 Abs. 1 S. 1 Nr. 1 UStG

2.2.1 Tatbestandsmerkmale des § 15 Abs. 1 UStG

Nach § 15 Abs. 1 S. 1 Nr. 1 UStG kann der Unternehmer 50

- die **gesetzlich geschuldete Steuer**
- für Lieferungen und Leistungen,
- die von **einem anderen Unternehmer**
- **für sein Unternehmen** ausgeführt worden sind,

als Vorsteuer gegenüber der Finanzbehörde geltend machen. Der Vorsteuerabzug wird jedoch nur gewährt, wenn der Unternehmer des Weiteren **eine nach §§ 14, 14a UStG ausgestellte Rechnung** besitzt. Soweit der gesondert ausgewiesene Steuerbetrag auf eine Zahlung vor Ausführung dieser Umsätze entfällt, ist er bereits abziehbar, wenn die Rechnung vorliegt und die Zahlung geleistet worden ist.

2.2.2 Gesetzlich geschuldete Steuer für Lieferungen und Leistungen von einem anderen Unternehmer (Leistender Unternehmer)

Abzugsfähig sind nur solche Vorsteuerbeträge, die dem Leistungsempfänger von anderen Unternehmern für im Rahmen ihres Unternehmens ausgeführte Leistungen gesetzlich geschuldet werden. Bei Leistungen von Nichtunternehmern entfällt der Vorsteuerabzug (vgl. BFH vom 04.04.2003, Az: V B 145/02, BFH/NV 2003, 1096). Die leistenden Unternehmer müssen ferner zum gesonderten Steuerausweis in einer Rechnung berechtigt sein. Leistungen von Unternehmern außerhalb ihres Unternehmens, Leistungen innerhalb eines Unternehmens (z. B. Innenumsätze einer Organschaft), Leistungen von Nichtunternehmern oder von Unternehmern ohne Berechtigung zum Steuerausweis begründen für den Leistungsempfänger keinen Vorsteuerabzug. Dieses gilt auch dann, wenn der Leistungsempfänger eine Rechnung mit gesondertem Steuerausweis bekommen hat und der Leistende die ausgewiesene Steuer gem. § 14 c Abs. 2 UStG schuldet (vgl. Kommentierung zu § 14 c, 51

Rz. 83ff.). Zu den Nichtunternehmern gehören z.B. auch die nicht selbständig tätigen Subunternehmer (vgl. FG Köln vom 18.10.2007, Az: 10 K 6376/03, EFG 2008, 415).

52 Nach dem Urteil des BFH vom 12.08.2009, Az: XI R 48/07, BFH/NV 2010, 259, kommt als leistender Unternehmer auch ein **Strohmann** in Betracht, vorausgesetzt es werden Umsätze ausgeführt, die dem Strohmann zuzurechnen sind. Diese Voraussetzung ist z.B. erfüllt, wenn der Hintermann die Funktion eines Subunternehmers hat und im Namen des Strohmannes tatsächlich Leistungen ausführt. Ein unter fremdem Namen auftretender Unternehmer ist dagegen selbst der Leistende, wenn nach den erkennbaren Umständen durch sein Handeln nur verdeckt wird, dass er und nicht der Vertretene die Leistung ausführt (vgl. BFH vom 04.09.2003, Az: V R 9, 10/02, BStBl II 2004, 627). Vorgeschobene Strohmanngeschäfte, die nur zum Schein abgeschlossen werden, führen nicht dazu, dass der Strohmann die Unternehmereigenschaft hat. Ein zum Schein abgeschlossenes vorgeschobenes Strohmanngeschäft liegt vor, wenn der Leistungsempfänger weiß oder davon ausgehen musste, dass der Strohmann keine eigene Verpflichtung aus dem Rechtsgeschäft übernehmen und dementsprechend auch keine eigenen Leistungen versteuern will (vgl. BFH vom 12.08.2009, BFH/NV 2010, 259).

53 Nach § 15 Abs. 1 S. 1 Nr. 1 USTG ist nur die für den Umsatz **gesetzliche geschuldete Umsatzsteuer** als Vorsteuer abzugsfähig. D. h. die nach § 14c UStG vom Leistenden unrichtig oder unberechtigt ausgewiesene Umsatzsteuer ist nicht als Vorsteuer abziehbar. Abziehbar sind somit nur Umsatzsteuerbeträge, die nach deutschem Umsatzsteuerrecht geschuldet werden (vgl. BFH vom 02.04.1998, V R 34/97, BStBl II 1998, 695, BFH vom 06.12.2007, V R 3/06, BStBl II 2009, 203). Das gilt auch für die Umsatzsteuer, die für die Lieferungen und sonstigen Leistungen, die nach § 1 Abs. 3 UStG wie Umsätze im Inland zu behandeln sind, geschuldet wird (vgl. Abschn. 15.2 Abs. 1 USTAE).

2.2.3 Begriff des Leistungsempfängers

54 Notwendige Voraussetzung für den Vorsteuerabzug ist, dass der den Vorsteuerabzug geltend machende Unternehmer der Leistungsempfänger ist und die Lieferungen und sonstigen Leistungen für sein Unternehmen bezieht. Der **Leistungsempfänger** ist nach ständiger Rechtsprechung derjenige, der aus dem zugrundeliegenden schuldrechtlichen Vertragsverhältnis als Auftraggeber berechtigt oder verpflichtet ist. Wem die empfangene Leistung wirtschaftlich zuzuordnen ist oder wer die empfangende Leistung tatsächlich bezahlt hat, ist unerheblich. Im Rahmen der Ermittlung des Leistungsempfängers, hat ein Abrechnungspapier nur die Funktion eines Beweisanzeichens (vgl. BFH vom 28.08.2013, Az: XI R 4/11, NWB Datenbank, OAAAE-46617; FG Düsseldorf vom 27.04.2015, Az: 1 K 3636/13U; NWB Datenbank YAAAF-03986).

55 Handelt ein Steuerpflichtiger nicht im eigenen Namen, sondern im Namen eines Dritten, so ist er nicht als Leistungsempfänger anzusehen. In diesem Fall kommt kein Vorsteuerabzug in Betracht (vgl. FG München vom 15.11.2006, Az: 3 K 3118/03, EFG 2007, 1115). Unerheblich ist, ob die Person, die danach als Leistungsempfänger anzusehen ist, auf eigene oder fremde Rechnung handelt (vgl. zum Vorsteuerabzugsrecht eines Treuhänders BFH vom 18.02.2009, Az: V R 82/07, BStBl II 2009, 876).

56 **Bestelleintritt in Leasingfälle**: Im Zusammenhang mit der Beschaffung von Investitionsgütern kann es zu einem Dreiecksverhältnis zwischen Käufer (künftiger Leasing**nehmer**), Verkäufer (Lieferant des Gegenstandes) und Leasing-Unternehmen (künftiger Leasing**geber**) kommen, wenn der Käufer eines Gegenstandes sich während des Kaufvertrags anstelle des Erwerbs eines Kaufgegenstandes für das Leasen des Kaufgegenstandes entschließt und als dritten Beteiligten den künftigen Leasinggeber involviert. Tritt der künftige Leasinggeber in den Kaufvertrag ein (sog. **Bestelleintritt**) ist zu klären, wer der Leistungsempfänger des durch den Verkäufer zu liefernden

Kaufgegenstandes ist. Für die Beurteilung, wer aus dem schuldrechtlichen Vertragsverhältnis (hier: Kaufvertrag) berechtigt und verpflichtet ist, sind die tatsächlichen Verhältnisse im Zeitpunkt der Leistungsausführung heranzuziehen. Tritt das Leasing-Unternehmen **vor** der Lieferung des Leasing-Gegenstandes an den Käufer in den Kaufvertrag ein, liefert der Verkäufer (Lieferant) den Leasing-Gegenstand an das Leasing-Unternehmen (künftiger Leasing**geber**), weil der Leasinggeber im Zeitpunkt der Lieferung aus dem Kaufvertrag berechtigt und verpflichtet ist. Eine körperliche Übergabe des Leasing-Gegenstandes an den künftigen Leasingnehmer steht dabei einer Lieferung an das Leasing-Unternehmen nicht entgegen. Tritt dagegen das Leasing-Unternehmen in den Kaufvertrag ein **nachdem** der Kunde bereits die Verfügungsmacht über den Leasing-Gegenstand erhalten hat (sog. **nachträglicher Bestelleintritt**), liegt eine Lieferung des Verkäufers an den ursprünglichen Käufer (künftiger Leasing**nehmer**) vor. (Vgl. BMF vom 31.08.2015, NWB Datenbank, SAAAF-01324; Abschn. 3.5 Abs. 7a USTAE).

Ehegatten als Auftraggeber: Sind mehrere Personen, z. B. Eheleute, gemeinsam die Auftraggeber, ist grundsätzlich die Gemeinschaft als Leistungsempfänger unter den übrigen Voraussetzungen zum Vorsteuerabzug berechtigt. Der Vorsteuerabzug entfällt jedoch, wenn die Gemeinschaft selbst nicht unternehmerisch tätig ist. Beim Erwerb eines Gegenstandes durch Ehegatten in Bruchteilsgemeinschaft steht der Vorsteuerabzug dem unternehmerisch tätigen Ehegatten zu, soweit dieser den Gegenstand für seine unternehmerischen Zwecke verwendet und soweit er als Mitunternehmer an dem Gegenstand beteiligt ist (vgl. EuGH vom 21.04.2005, Rs. C-25/03, DB 2005, 1035; BFH vom 06.10.2005, Az: V R 40/01, StB 2006, 4). Im konkreten Fall ging es um die Herstellung eines Einfamilienhauses durch Ehegatten, die beide Eigentümer des Hauses sind (¼ Ehemann und ¾ Ehefrau), wobei der Ehemann ein Zimmer (12 % der Gesamtwohnfläche) als Arbeitszimmer für seine schriftstellerische Tätigkeit nutzt und die darauf entfallenden Vorsteuerbeträge geltend machte. Dem Ehemann steht für den Gebäudeteil, der seinem Unternehmen zugeordnet ist, der Vorsteuerabzug in voller Höhe zu, sofern der Abzugsbetrag nicht über seinen Miteigentumsanteil an dem Gebäude hinausgeht. 57

In diesem Fall muss der Unternehmer-Ehegatte keine Rechnung haben, die auf seinen Namen ausgestellt ist und in der die auf seinen Mitunternehmeranteil entfallenden Entgelte und Steuerbeträge gesondert ausgewiesen sind. Für den Vorsteuerabzug reicht es aus, dass die Rechnung an die Ehegatten-Gemeinschaft ausgestellt ist oder dass der Unternehmer-Ehegatte zusammen mit seinem Ehepartner als Leistungsempfänger genannt ist. Nach einem aktuellen Urteil des BFH besteht jedoch kein Vorsteuerabzugsrecht, wenn an einem Wohn- und Geschäftshaus einer aus einem Ehepaar bestehenden Grundstücksgemeinschaft Baumaßnahmen durchgeführt werden und die Rechnungen nur auf den Namen des Ehemannes ausgestellt sind, der im Außenverhältnis allein als Vertragspartner auftritt und nicht offenlegt, dass er auch im Namen des anderen Gemeinschafters handelt. Dies gilt auch dann, wenn er nicht selbst, sondern nur als Mitglied der Gemeinschaft unternehmerisch tätig ist (vgl. BFH vom 23.09.2009, Az: XI R 14/08, DStR 2009, 2667). 58

Gemeinschafter/Gemeinschaften als Auftraggeber: Im Schreiben vom 05.09.2008 (BMF vom 09.05.2008, Az: IV A 5 – S 7300/07/0017, DB 2008, 1242) hat die Finanzverwaltung zur Leistungsempfängereigenschaft und zur Ermittlung der auf die Gemeinschafter entfallenden Vorsteuerbeträge Stellung genommen. Dabei wird unterschieden zwischen der Leistungsempfängereigenschaft aus der Sicht eines für die Gemeinschaft tätigen Unternehmers (z. B. seine Option zur Umsatzsteuer bei an sich steuerfreien Leistungen) und dem Vorsteuerabzugsrecht der Gemeinschafter, wenn die Gemeinschaft selbst nicht unternehmerisch tätig ist. In dem Schreiben nimmt die Finanzverwaltung zugleich Bezug zur Rechtsprechung des BFH (Urteil vom 07.11.2000, Az: V R 49/99, BFH/NV 2001, 402, BFH vom 01.02.2001, Az: V R 79/99, BFH/ NV 2001, 989, BFH vom 01.10.1998, Az: V R 31/98, BFH/NV 1999, 575). Die Leistungsempfängereigenschaft einer Gemeinschaft ist – so das BMF – nicht nur dann zu bejahen, wenn eine unternehmerisch tätige 59

Personenmehrheit vorliege, sondern auch dann, wenn die Gemeinschaft als wirtschaftlich und umsatzsteuerrechtlich relevantes Gebilde auftrete (z.B. Überlassung eines Wirtschaftsgutes an einen Gemeinschafter ohne Entgelt). Im Urteil vom 01.02.2001, Az: V R 79/99 hatte der BFH entschieden, dass der Vermieter eines Gebäudes zu 50 % zur Umsatzsteuerpflicht optieren kann, wenn er an ein Ehepaar vermietet und nur einer der Ehegatten das Gebäude unternehmerisch nutzt. Diese Rechtsauffassung lehnt die Finanzverwaltung ab und will das Urteil über den entschiedenen Fall hinaus nicht anwenden. Schließlich fordert die Finanzverwaltung die teilweise Nichtanwendung des BFH-Urteils vom 01.10.1998 (Az: V R 31/98 – Mähdrescherfall). In diesem Urteil stellte der BFH klar, dass die unternehmerisch tätigen Gemeinschafter einer Bruchteilsgemeinschaft die Vorsteuerbeträge, die beim Leistungsbezug durch die Gemeinschaft auf sie entfallen, gesondert und einheitlich feststellen lassen können. Dass die Rechnung an die nicht unternehmerisch tätige Bruchteilsgemeinschaft gerichtet war, hatte keinen Einfluss auf die Vorsteuerabzugsberechtigung der Gemeinschafter. Diese Rechtsauffassung lehnt die Finanzverwaltung jedoch ab mit der Begründung, die Umsatzsteuer könne nur dann gesondert und einheitlich festgestellt werden, wenn mehrere Unternehmer im Rahmen eines Gesamtobjektes Leistungen ausführten oder erhielten. Ein solches Gesamtobjekt sei nur gegeben, wenn bei mehreren Wirtschaftsgütern jedes Wirtschaftsgut einem Steuerpflichtigen getrennt zuzurechnen sei und diese Steuerpflichtigen zu demselben Dritten gleichartige Rechtsbeziehungen hätten. Die Praxistauglichkeit des BMF-Schreibens ist fraglich. Hinzu kommen Zweifel an der Rechtmäßigkeit, denn die Verwaltungsauffassung entspricht nicht dem vom EuGH entwickelten Neutralitätsgebot.

60 Bestehen Zweifel, ob die Vorsteuer gesondert festgestellt werden muss, ist es ratsam, vorsorglich doppelgleisig zu fahren. Man sollte den jeweiligen Vorsteuerabzug aus dem gemeinschaftlichen Leistungsempfang über die nicht unternehmerisch tätige Gemeinschaft für die jeweils eigenen Unternehmen anteilig unmittelbar geltend machen und zusätzlich eine gesonderte Feststellung beantragen mit dem Hinweis, dass bereits die Vorsteuer geltend gemacht worden ist und die Feststellung vorsorglich beantragt wurde.

61 Eine Bruchteils- oder Miteigentümergemeinschaft, die selbst nicht unternehmerisch tätig ist, kann keinen Vorsteuerabzug in Anspruch nehmen. Wenn die Mitglieder einer solchen nicht unternehmerisch tätigen Gemeinschaft ebenfalls keine Unternehmer sind, steht auch ihnen der Vorsteuerabzug nicht zu. Ein Mitglied einer Miteigentümergemeinschaft übt z.B. dann eine persönliche Tätigkeit aus, die zum Vorsteuerabzug berechtigt, wenn es seinen Miteigentumsanteil der Gemeinschaft entgeltlich zur Nutzung überlässt (vgl. BFH vom 06.09.2007, Az: V R 16/06, HFR 2008, 840).

62 **Kenntnis über Vorhandensein einer GbR**: Ist den Gesellschaftern einer GbR nicht bewusst, dass durch ihr Verhalten im Wirtschaftsverkehr (gemeinsame Finanzierung des Wareneinkaufs, gemeinschaftliche Beteiligung an Einnahmen etc.) eine Gesellschaft gegründet wurde, kann die GbR nicht Leistungsempfängerin sein (vgl. Niedersächsisches FG vom 26.08.2009, Az: 16 K 56/09, EFG 2009, 1881).

2.2.4 Leistungen für das Unternehmen des Leistungsempfängers

2.2.4.1 Allgemeine Zuordnungsregeln

63 Der Unternehmer kann den Vorsteuerabzug nur für Leistungen beanspruchen, die für **sein Unternehmen** bezogen wurden (vgl. z.B. BFH vom 20.12.1984, Az: V R 25/76, BFHE 142, 524). Es muss somit bei jeder Eingangsleistung beurteilt werden, ob die bezogene Leistung dem Unternehmensbereich vollständig, teilweise oder nicht zugeordnet werden kann. D.h. der Unternehmer muss für jeden Leistungsbezug eine Zuordnungsentscheidung treffen. Nur für die dem Unterneh-

men zugordneten Leistungsbezüge kann der Unternehmer unter den übrigen Voraussetzungen des § 15 UStG einen Vorsteuerabzug in Anspruch nehmen.

Objekt der Zuordnungsentscheidung ist grundsätzlich jeder Leistungsbezug. Hierzu zählt jeder Liefergegenstand und jede sonstige Leistung. Werden Erhaltungsaufwendungen im Einkommensteuerrecht in Anschaffungs- oder Herstellungskosten umgewandelt, sind sie umsatzsteuerrechtlich dennoch als eigenes Objekt (sonstige Leistung) für den Vorsteuerabzug zu beurteilen (vgl. Abschn. 15.2c Abs. 9 UStAE). Selbständig nutzbare Wirtschaftsgüter im Zusammenhang mit Grundstücken (z.B. Garage, Photovoltaikanlagen auf Gebäuden, etc.) sind eigenständige Zuordnungsobjekte. 64

Die Zuordnung eines Leistungsbezugs zum Unternehmen verlangt eine Zuordnungsentscheidung des Unternehmens bei Anschaffung, Herstellung oder Einlage des Gegenstands (vgl. BFH vom 17.12.2008, Az: XI R 64/06, BFH/NV 2009, 798, Niedersächsisches FG vom 03.01.2008, Az: 16 K 558/04, DStRE 2008, 894, FG Rheinland-Pfalz vom 06.08.2008, Az: 6 K 2333/06, NWB 41/2008 F 1, 326, BFH vom 11.04.2008, Az: V R 10/07, DB 2008, 2007). Der Grundsatz des Sofortabzugs der Vorsteuer verlangt, dass der Unternehmer die Zuordnungsentscheidung im Zeitpunkt des Leistungsbezugs trifft. Nach außen dokumentiert wird diese Entscheidung grundsätzlich in der Umsatzsteuer-Voranmeldung des Voranmeldungszeitraums, in den der Leistungsbezug fällt. Die Zuordnungsentscheidung muss auf jeden Fall »zeitnah« erfolgen. Zeitnah ist die Dokumentation, sofern sie bis spätestens 31.05. des dem Leistungsbezug folgenden Jahres (Anknüpfung an die gesetzliche Abgabefrist der Jahressteuererklärung) vorgenommen wird. Ab dem Veranlagungszeitraum 2018 ist die gesetzliche Abgabefrist jeweils der 31.07. des betreffenden Jahres (§ 10a Abs. 4 EGAO). Eine Fristverlängerung zur Abgabe der entsprechenden Umsatzsteuerjahreserklärung hat auf den Zeitpunkt der Dokumentation keine Auswirkung (vgl. BFH vom 07.07.2011, V R 42/09, BStBl I 2014 II, 76). D.h. die Dokumentation muss unabhängig von der tatsächlichen Abgabe der Umsatzsteuererklärung spätestens am 31.07. des Folgejahres durchgeführt worden sein. (vgl. auch Abschn. 15.2 c Abs. 14 ff. UStAE). Die erforderliche schriftliche Erklärung kann auch im Rahmen des Fragebogens USt 2 W erfolgen (vgl. ausführlich OFD Koblenz vom 14.07.2008, Az: S 7206/S 7300 A – St 44 5, DStR 2008, 1927 und vom 04.11.2008, Az: S 7206/S 7300 A-St 44 5, UR 2009, 427) oder durch ein kurzes Schreiben an das Finanzamt (Eggert, BBK 2017, 278). 65

Eine »zeitnahe« Zuordnungsentscheidung hat der Unternehmer jedoch nur zu treffen, wenn auch ein Zuordnungswahlrecht besteht (BFH vom 03.08.2017, Az: V R 62/16, NWB Datenbank, RAAAG-64229, Rn. 18 f. m.W.N.). Zu beachten ist hierbei, dass nicht jede gemischte Nutzung eines Gegenstandes zu einem Zuordnungswahlrecht führt. Ein Zuordnungswahlrecht besteht nur bei gemischter Nutzung eines Gegenstandes für den unternehmerischen und nichtunternehmerischen/unternehmensfremden Bereich. Im Fall einer gemischten Nutzung im unternehmerischen und nichtwirtschaftliche Bereich i.e.S. (z.B. hoheitliche Tätigkeit) gilt ein Aufteilungsgebot (vgl. BFH vom 03.08.2017, Az: V R 62/16, NWB Datenbank, RAAAG-64229, Rn. 18 f. m.W.N., Abschn. 15.2c Abs. 14 S. 5 mit Verweis auf Ausnahmeregelung; Übersicht Rz. 67).

Erfolgt eine Zuordnungsentscheidung des Leistungsbezugs zum Unternehmen und ändern sich die Verhältnisse zu einem späteren Zeitpunkt, kann der Vorsteuerabzug nur noch unter den Voraussetzungen des § 15a UStG angepasst bzw. korrigiert werden. Wird eine Leistung im Zeitpunkt des Leistungsbezugs nicht dem Unternehmen zugeordnet, so ist der Vorsteuerabzug endgültig ausgeschlossen; § 15a UStG greift mangels Unternehmenszuordnung in diesen Fällen nicht. Im Falle einer späteren Einlage in das Unternehmen kann der bisher nicht vorgenommene Vorsteuerabzug nicht nachgeholt werden (vgl. BFH vom 06.05.1993, Az: V R 45/88, BFH/NV 1993, 50). 66

In der Literatur und Rechtsprechung werden für die Frage der Zuordnung von Lieferungen oder sonstigen Leistungen zum Unternehmen des Unternehmers verschiedene Begriffe bzw. Begriffs- 67 paare verwendet (vgl. Rondorf, NWB 2012, 891 ff.; Meurer, NWB 2014, 980 ff., Pfefferle/Renz, NWB 2016, 3527 ff.; EUGH vom 12.02.2009, Rs C-515/07, VLNTO, NWB Datenbank, FAA-AD-15376).

So werden z. B. folgende Begriffe/Begriffspaare genannt:

- Unternehmensvermögen – Privatvermögen,
- unternehmerische – außerunternehmerische Bereiche/Zwecke/Verwendungen/Tätigkeiten,
- unternehmerische – unternehmensfremde Zwecke/Verwendungen/Tätigkeiten/Bereiche,
- wirtschaftliche – nicht wirtschaftliche – völlig unternehmensfremde Zwecke/Verwendungen/ Tätigkeiten/Bereiche etc.

Es ist erkennbar, dass der BFH sowie die Finanzverwaltung immer stärker auf die Begrifflichkeiten der EU-Rechtsprechung zurückgreifen; eine klare Begriffsabgrenzung fehlt derzeit jedoch. Unter Verweis auf das EUGH-Urteil vom 12.02.2009 (Rs C-515/07, VLNTO, NWB Datenbank, FAA-AD-15376) werden derzeit folgende Bereiche unterschieden:

- Wirtschaftlicher Bereich *(unternehmerischer Bereich, Unternehmensvermögen)*.
- Nichtunternehmerischer, unternehmensfremder Bereich *(privater Bereich, Privatvermögen)*.
- Nicht völlig unternehmensfremder Bereich, nichtwirtschaftlicher Bereich (*übrige wirtschaftliche Tätigkeit*).

Die Finanzverwaltung ordnet den *nicht völlig unternehmensfremden, nichtwirtschaftlichen Bereich* auf nationaler Ebene dem nichtunternehmerischen Bereich zu (vgl. Pfefferle/Renz, NWB 2016, 3527 ff.).

Die Begrifflichkeiten könnten daher in Anlehnung an die Finanzverwaltung wie folgt systematisiert werden:

Unternehmensbereiche/-sphären		
Unternehmerischer Bereich.	Nichtunternehmerischer Bereich.	
Unternehmerische Tätigkeit.	Nichtunternehmerische Tätigkeit.	
Wirtschaftlicher Bereich.	Nichtwirtschaftlicher Bereich i. e. S.	Unternehmensfremder Bereich.
	– Ideelle Vereinszwecke. – Bloßes Halten, Erwerben und Veräußern einer gesellschaftsrechtlichen Beteiligung. – Hoheitliche Tätigkeit einer juristischen Person des öffentlichen Rechts.	– Privater Bedarf des Unternehmers bzw. seines Personals. – Private Zwecke des Gesellschafters.

68 Leistungen, die **ausschließlich** für die **unternehmerische Tätigkeit** bezogen wurden, sind dem Unternehmen zuzurechnen (**Zurechnungsgebot**) und berechtigen den Unternehmer unter den weiteren Voraussetzungen des § 15 UStG zum Vorsteuerabzug. Leistungen, die **ausschließlich** für **nichtunternehmerische Tätigkeiten** bezogen wurden, sind von der Zurechnung zum Unternehmen ausgeschlossen (**Zurechnungsverbot**).

69 Wird ein Leistungsbezug **sowohl für eine unternehmerische als auch für eine nichtunternehmerische Tätigkeit** erworben, liegt ein **sog. teilunternehmerischer Leistungsbezug** vor. Besteht der teilunternehmerische Leistungsbezug in der Lieferung einer vertretbaren Sache, d. h. der Liefergegenstand ist nach Zahl, Maß und Gewicht bestimmt (z. B. Öllieferung, Gärtnerarbeiten, etc.), so ist eine Aufteilung entsprechend der beabsichtigten Verwendung vorzunehmen (**Auftei-**

lungsgebot). Besteht der teilunternehmerische Leistungsbezug in einer sonstigen Leistung, so besteht auch hier das Aufteilungsgebot.

Bezieht der Unternehmer einen **einheitlichen Gegenstand**, den er **sowohl für seinen unternehmerischen als auch für seinen nichtunternehmerischen Tätigkeitsbereich** verwenden möchte, so steht ihm grundsätzlich ein **Zuordnungswahlrecht** zu. D.h. der Unternehmer kann den einheitlichen Gegenstand 70

- in vollem Umfang dem Unternehmen zuordnen (unternehmerischer Tätigkeitsbereich) oder
- in vollem Umfang dem nichtunternehmerischen Tätigkeitsbereich zuordnen oder
- nur entsprechend der beabsichtigten unternehmerischen Verwendung anteilig dem Unternehmensbereich zuordnen.

Eingeschränkt wird das Zuordnungswahlrecht im deutschen Umsatzsteuerrecht durch die sog. 10 %-Regelung des § 15 Abs. 1 S. 2 UStG. (vgl. Punkt 2.2.4.2)

Teilunternehmerische nichtwirtschaftliche Verwendung i.e.S. eines Gegenstandes: Besteht die nichtunternehmerische Tätigkeit in einer nichtwirtschaftlichen Tätigkeit i.e.S., so hat der Unternehmer **kein Wahlrecht** zur vollständigen Zuordnung. Es besteht grundsätzlich ein **Aufteilungsgebot**. Die Finanzverwaltung lässt es aus Billigkeitsgründen zu, dass der Unternehmer den Gegenstand im vollen Umfang in seinem nichtunternehmerischen Bereich belassen kann. In diesem Fall ist eine spätere Vorsteuerberichtigung zugunsten des Unternehmers jedoch ausgeschlossen (Abschn. 15.2 c Abs. 1 S. 2 Nr. 2 a, Abs. 14 UStAE). 70a

Graphische Darstellung der Zuordnungsoptionen nach Abschn. 15.2c UStAE: 71

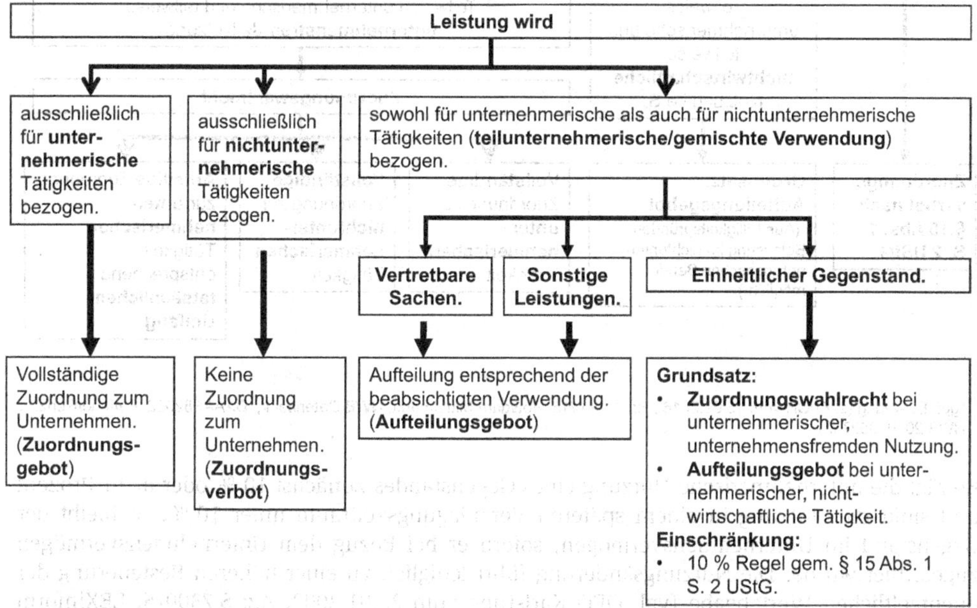

2.2.4.2 Einschränkung der Zuordnungsentscheidung durch die sog. 10 %-Regelung des § 15 Abs. 1 S. 2 UStG

72 Nach der durch das StEntlG 1999/2000/2002 mit Wirkung ab dem 01.04.1999 eingefügten Fiktion des § 15 Abs. 1 S. 2 UStG gelten Gegenstände, die zu weniger als 10 % für das Unternehmen genutzt werden, nicht als zum Unternehmen gehörig, so dass die beim innerdeutschen oder innergemeinschaftlichen Erwerb und bei der Einfuhr solcher Gegenstände entstehenden Vorsteuern nicht abzugsfähig sind. Der Vorsteuerabzug aus dem Bezug von Gegenständen verlangt somit eine unternehmerische Nutzung von mindestens 10 %. Entscheidend ist diesbezüglich die im Erwerbszeitpunkt objektiv glaubhaft gemachte Nutzungsabsicht (vgl. EuGH vom 08.06.2000, Rs. C-396/98, BB 2000, 2454).

73 Die 10 % Regelung wirkt sich unmittelbar auf die Zuordnungsentscheidung des Unternehmers aus. Bezieht der Unternehmer einen sog. einheitlichen Gegenstand, den er teilunternehmerisch nutzen möchte, ergeben sich in Abhängigkeit der geplanten Verwendungszwecke nach Auffassung der Finanzverwaltung nachfolgende Zuordnungsmöglichkeiten (vgl. Abschn. 15.2c Abs. 2 UStAE):

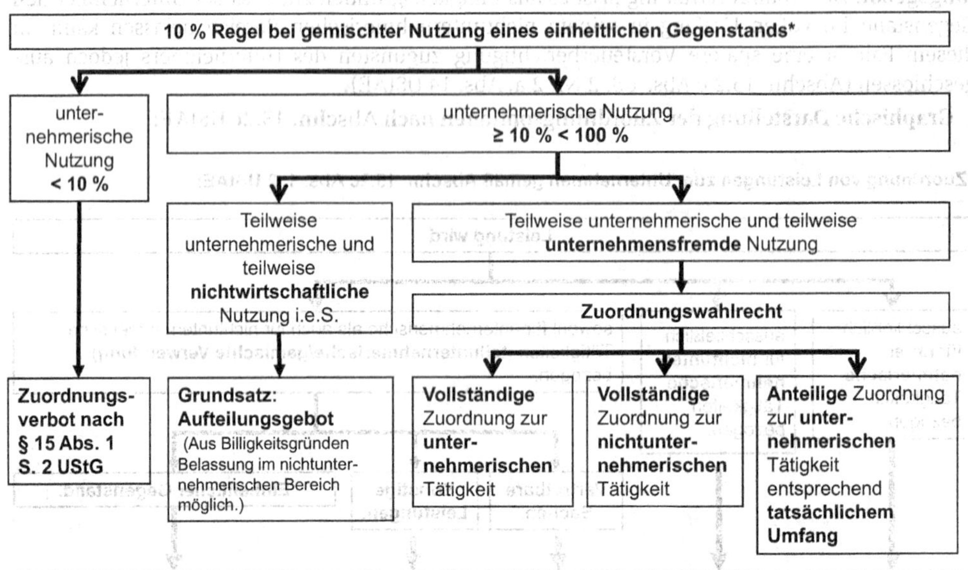

74 Beträgt die unternehmerische Nutzung eines Gegenstandes zunächst 10 % oder mehr Prozent und sinkt die Nutzung in einem späteren Veranlagungszeitraum unter 10 %, so bleibt der Gegenstand im Unternehmensvermögen, sofern er bei Bezug dem Unternehmensvermögen zugeordnet wurde. Die Nutzungsänderung führt lediglich zu einer höheren Besteuerung der unentgeltlichen Wertabgabe (vgl. OFD Karlsruhe vom 28.01.2009, Az: S 7300/5, LEXinform 5232054). Für Eingangsleistungen in Form von sonstigen Leistungen gibt es keine vergleichbare Einschränkung. Das Leasing oder die Anmietung von Gegenständen, die weniger als 10 %

unternehmerisch genutzt werden, führt nicht zum totalen Ausschluss des Vorsteuerabzugs. Gleiches gilt für sonstige Leistungen, die mit der Nutzung von Gegenständen verbunden sind, die nicht zum Unternehmensvermögen gehören, da sich § 15 Abs. 1 S. 2 UStG nur auf den Erwerb des Gegenstandes selbst bezieht.

Die 10 %-Regelung widerspricht dem EG-Recht. Deutschland verfügt jedoch über eine vom EU-Rat ab dem 01.04.1999 erlassene Sonderermächtigung, die bereits mehrfach verlängert wurde. Die Ermächtigung gilt derzeit bis zum 31.12.2018 (vgl. Entscheidung des Rates vom 10.12.2015 zur Änderung der Entscheidung 2009/791/EG und des Durchführungsbeschlusses 2009/1013/EU zur Ermächtigung Deutschlands bzw. Österreichs, weiterhin eine von den Art. 168 und 168a der Richtlinie 2006/112/EG über das gemeinsame Mehrwertsteuersystem abweichende Regelung anzuwenden, ABl. EU 2015 Nr. 334/12). **75**

Mit Urteil vom 15.09.2016 (Rs. C-400/15, Potsdam-Mittelmarkt, NWB Datenbank, DAA-AF82022) nimmt der EuGH u.a. zur Frage Stellung, ob sich die 10 % Regelung auch auf Gegenstände oder Dienstleistungen bezieht, die der Unternehmer zu mehr als 90 % für **nichtwirtschaftliche Tätigkeiten** i. S. d. EUGH-Urteils vom 12.09.2009 (Rs. C-515/07, VLNTO, NWB Datenbank, FAAAD-15376) verwendet. Strittig ist hierbei der Anwendungszeitraum der in der Ratsermächtigung vom 10.12.2015 (Entscheidung des Rates vom 10.12.2015 zur Änderung der Entscheidung 2009/791/EG und des Durchführungsbeschlusses 2009/1013/EU zur Ermächtigung Deutschlands bzw. Österreichs, weiterhin eine von den Artikeln 168 und 168a der Richtlinie 2006/112/EG über das gemeinsame Mehrwertsteuersystem abweichende Regelung anzuwenden, ABl. EU 2015 Nr. 334/12) genannten Ausnahmeregelung. Entsprechend der Ratsermächtigung werden Deutschland und Österreich ermächtigt, Vereinfachungsregelungen für den Vorsteuerabzug zu schaffen. Die 10 % Regelung des § 15 Abs. 1 S. 2 UStG basiert auf dieser Ermächtigung. Allerdings wurde die Ermächtigung mit der Entscheidung des Rates vom 10.12.2015 dahingehend geändert, dass in Anpassung an die EU-Rechtsprechung seither auch Gegenstände und Dienstleistungen, die für den **nichtwirtschaftlichen** Bereich verwendet werden sollen erstmalig explizit erwähnt werden. Der EUGH (vom 15.09.2016, Rs. C-400/15, Potsdam-Mittelmarkt, NWB Datenbank, DAAAF82022) entschied, dass die Ermächtigungsregelung für den nichtwirtschaftlichen Bereich erst ab 01.01.2016 anzuwenden ist. **76**

Der BFH (Urteil vom 16.11.2016, Az:XI R 15/13, NWB Datenbank TAAAF-89555) schließt sich der Rechtsprechung des EuGH an. Der BFH stellt hierbei fest, dass die BRD im Besteuerungszeitraum 2008 nicht ermächtigt war, den Vorsteuerabzug nach § 15 Abs. 1 S. 2 UStG für Eingangsleistungen, die sich zu mehr als 90 % auf **nichtwirtschaftliche Tätigkeiten** beziehen, auszuschließen. Die Ermächtigung gilt für nichtwirtschaftliche Tätigkeiten erst ab 01.01.2016 (BFH vom 16.11.2016, Az:XI R 15/13, NWB Datenbank TAAAF-89555, Rn. 27). Der Unternehmer kann sich daher für die betreffenden Veranlagungszeiträume vor 01.01.2016 auf das für ihn günstigere Unionsrecht berufen. (BFH vom 16.11.2016, Az:XI R 15/13, NWB Datenbank TAAAF-89555, Nr. 2 Leitsatz; so auch BFH vom 03.08.2017, Az: V R 62/16, NWB Datenbank, RAAAG-64229, Rn. 31; vgl. auch Pefferle/Renz, NWB 2016, 3527 ff. mit weiteren kritischen Fragestellungen)

2.2.4.3 Ausgewählte Einzelfälle

Zuordnungsproblematik bei der Errichtung eines teilunternehmerisch genutzten Gebäudes: **77**

Vgl. BMF vom 02.01.2014, Az: IV D 2 – S 7300/12/10002: 001, BStBl I 2014, 119: Umsatzsteuer; Zuordnung von Leistungen zum Unternehmen nach § 15 Abs. 1 UStG unter Berücksichtigung der BFH-Urteile vom 7.07.2011 Az: V R 41/09, V R 42/09 und V R 21/10 sowie vom 19.07.2011 Az: XI R 29/10, XI R 21/10 und XI R 29/09.

78 **Zuordnungsproblematik bei teilunternehmerischer Nutzung von Fahrzeugen**
Vgl. BMF vom 05.06.2014, Az: IV D 2 – S 7300/07/10002: 001, BStBl I 2014 I, 896, Umsatzsteuer; Vorsteuerabzug und Umsatzbesteuerung bei (teil-)unternehmerisch verwendeten Fahrzeugen.

79 **Zur Zuordnungsproblematik bei Betriebsveranstaltungen**
Vgl. BMF v. 14.10.2015, Az: IV C 5 – S 2332/15/10001, BStBl I 2015, 832.

Von einer überwiegend durch das unternehmerische Interesse des Arbeitgebers veranlassten, üblichen Zuwendung ist regelmäßig auszugehen, wenn der Betrag pro Arbeitnehmer und Betriebsveranstaltung 110 € inkl. Umsatzsteuer, nicht überschreitet. Übersteigt hingegen der Betrag, der auf den einzelnen Arbeitnehmer entfällt, je Veranstaltung die Grenze von 110 € inkl. Umsatzsteuer, ist von einer überwiegend durch den privaten Bedarf des Arbeitnehmers veranlassten unentgeltlichen Zuwendung auszugehen.

80 Zur **rechtzeitigen Zuordnung einer Photovoltaikanlage**, die auch Strom für den privaten Verbrauch produziert vgl. Niedersächsisches FG vom 11.02.2016 (Az: 5 K 112/15, NWB Datenbank, IAAAF-71885). Das niedersächsische Finanzgericht stellt ausdrücklich fest, dass allein der Umstand, dass ein Steuerpflichtiger sich gegenüber dem Finanzamt äußert, er beginne mit der Veräußerung von Strom eine weitere unternehmerische Betätigung, nicht klarstellen würde, dass damit eine Zuordnungsentscheidung verbunden sei. Ferner verweist das Finanzgericht auf die ständige Rechtsprechung des BFH, wonach eine Zuordnungsentscheidung nicht mehr zeitnah sei, wenn sie erstmals nach dem Zeitpunkt abgegeben wird, der nach dem gesetzlich vorgeschriebenen Abgabetermin der Steuererklärung liegt.

80a **Ermittlung der 10 % Grenze bei Dacharbeiten für Photovoltaikanlagen:** Soll der Vorsteuerabzug aus einer Werklieferung, die die **gesamte** Dachfläche (unternehmerisch und nichtunternehmerisch genutzte Dachfläche) betrifft, geltend gemacht werden, muss für die Ermittlung der 10 % Grenze des § 15 Abs. 1 S. 2 UStG, das **gesamte** Gebäude und damit die Verwendungsmöglichkeit des gesamten Gebäudes in die Verhältnisrechnung miteinbezogen werden. (BFH vom 03.08.2017, Az. V R 59/16, NWB Datenbank, EAAAG-57380.)

80b Vorsteuerabzug bei **gemischter Nutzung eines Marktplatzes**: Verwendet eine Stadt ihren Marktplatz sowohl unternehmerisch als auch für nichtwirtschaftliche Tätigkeiten (z. B. »public viewing« Veranstaltungen, Open-Air-Konzerte) kann sie den Vorsteuerabzug nur anteilig geltend machen. Eine zeitnahe Zuordnungsentscheidung ist nicht erforderlich, da es für die gemischte Nutzung eines Gegenstandes der sowohl unternehmerisch als auch nichtwirtschaftlich genutzt wird kein Zuordnungswahlrecht gibt. (BFH vom 03.08.2017, Az: V R 62/16, NWB Datenbank, RAAAG-64229, Leitsatz, Rn. 18 ff.).

80c Zum **Vorsteuerabzug einer Gemeinde** aus den Herstellungskosten einer Sporthalle (BFH vom 28.06.2017, Az. XI R 12/15, DStR 35/2017, 1873).

2.2.5 Vorliegen einer ordnungsgemäßen Rechnung

2.2.5.1 Besitz einer Rechnung als formelle Voraussetzung mit materiell-rechtlicher Wirkung

81 § 15 Abs. 1 S. 1 Nr. 1 S. 2 UStG UStG verlangt für die Ausübung des Vorsteuerabzugs, dass der Unternehmer eine nach den Vorschriften der §§ 14, 14a UStG ausgestellte Rechnung besitzt (zum Begriff und Inhalt einer Rechnung vgl. Kommentierung zu § 14, 14a UStG). Aus nationaler Sicht handelt es sich hierbei um eine materiell-rechtliche Voraussetzung, d. h. der Vorsteuerabzug kann ohne das Vorliegen einer ordnungsgemäßen Rechnung nicht entstehen (vgl. BFH vom 20.10.2016, Az: V R 26/15, NWB Datenbank, AAAAF-89048, Rn. 18 m.W.N.). Auf unionsrechtlicher Ebene betrachtet der EuGH in mehreren Entscheidungen den Besitz einer Rechnung nicht als materielle, sondern als formelle Voraussetzung für das Recht auf Vorsteuerabzug (vgl.

EuGH vom 15.09.2016, Rs. C-516/14, Barlis, NWB Datenbank, HAAAF 82025, Rn. 40, 41; EuGH vom 15.09.2016, Rs. C-518/14, Senatex, NWB Datenbank, XAAAF 82024 Rn. 28, 29; EuGH vom 22.10.2015, Rs. C-277/14, Stehcemp, NWB-Datenbank, PAAAF-08204, Rn. 28, 29). Der EuGH erwähnt jedoch, dass das Recht auf Vorsteuerabzug »nur ausgeübt werden kann, wenn der Steuerpflichtige eine im Einklang mit Art. 226 der Richtlinie ausgestellte Rechnung besitzt« (EuGH vom 15.09.2016, Rs. C-516/14, Barlis, NWB Datenbank, HAAAF 82025, Rn. 29) und unterscheidet daher wie folgt:

Materielle Voraussetzungen für das Recht auf Vorsteuerabzug:
- Der den Steuerabzug Begehrende ist Steuerpflichtiger.
- Die Leistungen müssen vom Steuerpflichtigen für Zwecke seiner besteuerten Umsätze verwendet werden.
- Die Leistungen müssen von einem anderen Steuerpflichtigen bezogen worden sein.

Formelle Voraussetzungen für das Recht auf Vorsteuerabzug:
- Der Steuerpflichtige muss eine Rechnung besitzen.
- Die Rechnung muss im Einklang mit Art. 226 MwStSystRL stehen.

Die nationale Regelung wird als unionskonform betrachtet, da der EuGH für die endgültige Ausübung des Vorsteuerabzugsrechts nur den Besitz einer Rechnung verlange; dem Besitz der Rechnung wird zumindest eine materiell-rechtliche Wirkung zugewiesen (vgl. Becker, NWB 2016, 3380; BFH vom 20.10.2016, Az: V R 26/15, NWB Datenbank, AAAAF-89048, Rn. 18).

Mit dem in § 15 Abs. 1 S. 1 Nr. 1 S. 2 UStG enthaltenen Verweis auf das Vorliegen einer 82
Rechnung i. S. d. §§ 14, 14a UStG ergibt sich, dass eine Rechnung nach nationaler Rechtlage auch den Vorgaben der §§ 14, 14a UStG entsprechen muss und daher sämtliche dort genannten Angaben enthalten muss (Vollständigkeitsgebot). Das deutsche Umsatzsteuerrecht entspricht in diesem Punkt den unionsrechtlichen Vorgaben (vgl. Langer/Zugmaier, DStR 2016, 2250). Sehr vielfältig und zum Teil widersprüchlich ist jedoch die Handhabung der Finanzverwaltung und Gerichte zu folgenden Themen:
- Detaillierungsgrad der Rechnungsangaben,
- Berichtigungen fehlerhafter Rechnungen,
- Gutglaubensschutz, etc.

Die Finanzverwaltung sowie die deutschen Gerichte tendierten bisher zu einer eher strengen, teilweise sehr formalen Handhabung. Der EuGH weicht die engen Grenzen in seiner jüngeren Rechtsprechung auf (vgl. Langer/Zugmaier, DStR 2016, 2250; Becker, NWB 2016, 1344; Becker, NWB 2016, 3374; Lohse/Zanzinger, DStR 2016, 1244 f.; Spatscheck/Stenert, DStR 2016, 1074 ff., BFH vom 07.07.2015, Az: V R 23/14, NWB Datenbank, DAAAF-00986).

2.2.5.2 Anforderungen an die Leistungsbeschreibung

Nach § 14 Abs. 4 Nr. 5 UStG muss die Rechnung Angaben über die Menge und die Art des 83
gelieferten Gegenstandes bzw. den Umfang und die Art der sonstigen Leistung enthalten (Leistungsbeschreibung). Über den Detailierungsgrad der Leistungsbeschreibung existieren unterschiedliche Auffassungen, die durch die jeweilige Sichtweise der Zwecksetzung der Normen geprägt sind. Die Leistungsbeschreibung soll als Beweismittel dienen, dass tatsächlich ein Leistungsaustausch stattgefunden hat. § 15 Abs. 1 S. 1 Nr. 1 UStG verlangt daher aus Sicht der Finanzverwaltung eine eindeutige und leicht nachvollziehbare Identifizierung der Eingangsleistung, durch die die Nachprüfbarkeit der abgerechneten Leistung gewährleistet ist und auch Mehrfachabrechnungen ausgeschlossen werden können (vgl. Zugmaier, DStR 2016, 2250;

Becker, NWB 2016, 1354 ff. m. w. N.; Abschn. 15.2a Abs. 5 UStAE mit Verweis auf BFH vom 10.11.1994, V R 45/93, BStBl II 1995, 395 und BFH vom 16.01.2014, V R 28/13, BStBl II 2014, 867).

84 Angaben wie z. B. »gesamter Warenbestand« lassen nicht erkennen, was im Einzelnen der Gegenstand der Lieferung war. Daher ist eine solche Angabe für die Identifizierbarkeit der Leistung nicht ausreichend (vgl. BFH vom 15.12.2008, Az: V B 82/08, BFH/NV 2009, 797). Ebenfalls unzureichend sind Leistungsbeschreibungen wie z. B.: »technische Beratung und Kontrolle«. Auch hier fehlt es an der Konkretisierung des Geschäftsgegenstandes (vgl. BFH vom 08.10.2008, Az: V R 59/07, BStBl II 2009, 218). Ferner sind die Anforderungen an eine ordnungsgemäße Rechnung nicht erfüllt, wenn sich weder aus Leistungsbeschreibungen wie z. B. »Werbungskosten lt. Absprache«, »Aquisitions-Aufwand«, »Überführungs- und Reinigungskosten« noch aus ergänzenden Unterlagen der Ort der Leistungserbringung sowie eine mögliche Steuerpflicht ableiten lassen. (BFH vom 01.03.2018, Az. V R 18/17, NWB Datenbank SAA-AG-85180.)

85 Sind die Angaben im Abrechnungspapier unrichtig oder so ungenau, dass eine Identifizierung des Leistungsgegenstands nicht möglich ist, versagt die Finanzverwaltung den Vorsteuerabzug (Abschn. 15.2a Abs. 5 S. 3 USTAE).

- Unrichtige Angaben liegen nach Auffassung der Finanzverwaltung vor, wenn in der Rechnung aufgeführte Leistungen tatsächlich nicht erbracht wurden und auch nicht erbracht werden sollen (z. B. bei Gefälligkeitsrechnungen), oder zwar eine Leistung ausgeführt wurde oder ausgeführt werden soll, jedoch in der Rechnung nicht auf die tatsächliche Leistung, sondern auf eine andere Leistung hingewiesen wird (vgl. Abschn. 15.2a Abs. 5 S. 3 Nr. 1 UStAE).
- Ungenaue Angaben hingegen liegen vor, wenn die Rechnungsangaben zwar richtig sind, aber es an einer präzisen Formulierung mangelt, die keine völlige Gewissheit über Art und Umfang des Leistungsgegenstands verschafft (vgl. Abschn. 15.2a Abs. 5 S. 3 Nr. 2 UStAE).

Weitere Unterlagen, Nachweise oder Rechnungsergänzungen durch den Leistungsempfänger können nach Auffassung der Finanzverwaltung unter Verweis auf die höchstrechtliche Rechtsprechung nicht berücksichtigt werden (vgl. Abschn. 15.2a Abs. 5 S. 3 Nr. 2 USTAE). Durch das am 15.09.2016 ergangenen EuGH-Urteil (Rs. C-516/14, Barlis, NWB Datenbank, HAAAF 82025) ist es jedoch fraglich, ob die strengen Anforderungen an die Leistungsbeschreibungen in dieser Form beibehalten werden können. Insbesondere erscheint die Versagung des Vorsteuerabzugs allein auf Basis ungenauer oder fehlender Angaben in der Rechnungsstellung mit dem Unionsrecht unvereinbar.

86 Nach Ansicht des EuGH muss zwar die Angabe bezüglich Umfang und Art der erbrachten Leistung in einer Rechnung enthalten sein. Der Wortlaut des Art. 226 Nr. 6 MwStSystRL verlangt jedoch nur eine Präzisierung »jedoch nicht, dass die konkreten erbrachten Dienstleistungen erschöpfend beschrieben werden müssen. ... die in einer Rechnung enthaltenen [Angaben müssen] es der Steuerverwaltung ermöglichen, die Entrichtung der geschuldeten Steuer und gegebenenfalls das Bestehen des Vorsteuerabzugsrecht zu kontrollieren ...« (EuGH vom 15.09.2016, Rs. C-516/14, Barlis, NWB Datenbank, HAAAF 82025, Rn. 26 f.).

In den weiteren Ausführungen heißt es, »dass die Steuerverwaltung das Recht auf Vorsteuerabzug nicht allein deshalb verweigern kann, weil eine Rechnung nicht die in Art. 226 Nrn. 6 und 7 der Richtlinie 2006/112 aufgestellten Voraussetzungen erfüllt, wenn sie [die Steuerverwaltung] über sämtliche Daten verfügt, um zu prüfen, ob die für dieses Recht geltenden materiellen Voraussetzungen erfüllt sind. ... Dabei darf sich die Steuerverwaltung nicht auf die Prüfung der Rechnung selbst beschränken. Sie hat auch die vom Steuerpflichtigen beigebrachten zusätzlichen Informationen zu berücksichtigen. Dies wird durch Art. 219 der Richtlinie 2006/112 bestätigt, wonach einer Rechnung jedes Dokument und jede Mitteilung gleichgestellt ist, das oder die die ursprüngliche Rechnung ändert und spezifisch und eindeutig auf diese bezogen ist.« (EuGH vom 15.09.2016, Rs. C-516/14, Barlis, NWB Datenbank, HAAAF 82025, Rn. 43 f.).

Damit können formelle Fehler in einer Rechnung geheilt werden, in dem der Steuerpflichtige entweder neben der ursprünglichen Rechnung der Finanzverwaltung weitere Informationen zur Verfügung stellt, die die materielle Voraussetzung für den Steuerabzug belegen oder eine Berichtigung der Rechnung vornimmt (vgl. Becker, NWB 2016, 3380 ff.; Langer/Zugmaier, DStR 2016, 2252, Spatscheck/Stenert, DStR 2016, 1077; vgl. auch Gliederungspunkt 2.2.2.4). Es bleibt abzuwarten wie die Finanzverwaltung auf die Rechtsprechung des EuGH reagiert. Der Vorsteuerabzug darf wahrscheinlich nicht mehr allein aufgrund ungenauer/unrichtiger Bezeichnungen im Rechnungsdokument versagt werden. Die Finanzverwaltung wird aufgefordert sein, hier allumfassender zu prüfen und ggf. die Maßstäbe der Präzisierung der Rechnungsangaben neu zu überdenken. Um Risiken zu vermeiden sollten die formellen Aspekte einer Rechnung weiterhin sorgfältig beachtet werden und entsprechende Rechnungseingangskontrollen durchgeführt werden. Bei fehlerhaften Rechnungen sollten Rechnungsberichtigungen zur Vermeidung von Risiken stets durchgeführt werden (vgl. Langer/Zugmaier, DStR 2016, 2252).

2.2.5.3 Anforderungen an die Erfassung des vollständigen Namens und der vollständigen Anschrift des leistenden Unternehmers – Gutglaubensschutz der Rechnungsangaben

§ 14 Abs. 4 S. 1 Nr. 1 UStG verlangt im Rahmen der Rechnungsstellung »den vollständigen Namen und die vollständige Anschrift des leistenden Unternehmers und des Leistungsempfängers«. In Abschn. 15.2a Abs. 1, 2 UStAE vertritt die Finanzverwaltung die Auffassung, dass es ausreichend ist, wenn sich auf Grund der in der Rechnung enthaltenen Bezeichnungen der Name und die Anschrift sowohl des leistenden Unternehmers als auch des Leistungsempfängers eindeutig feststellen lassen. Verfügt der Leistungsempfänger über ein Postfach oder eine Großkundenadresse wird es als ausreichend betrachtet, wenn anstelle der Anschrift die Daten des Postfachs bzw. der Großkundenadresse angegeben werden (vgl. BMF vom 13.09.2016, NWB Datenbank, DAAAF-82369). 87

Welche Anforderungen an die Anschrift des leistenden Unternehmers zu stellen ist, wird in der Literatur unter Verweis auf das Urteil des BFH vom 22.07.2016 (Az: V R 23/14, NWB Datenbank, DAAAF-00986) heftig diskutiert (vgl. Spatscheck/Stenert, DStR 2016 1070 ff., Lohse/Zanziger, DStR 2016, 1244 f.; Gries/Stößel, NWB 2016, 1794 ff., Becker, NWB 2016, 3384 ff.). 88

Der BFH (Urteil vom 22.07.2016, Az: V R 23/14, NWB Datenbank, DAAAF-00986) sieht das Merkmal »vollständige Anschrift« in Bezug auf den leistenden Unternehmer nur erfüllt, wenn der leistende Unternehmer unter dieser Anschrift auch seine »wirtschaftliche Aktivität« entfaltet. An der bisherigen Ausnahmeregelung, dass ein »Briefkastensitz« mit nur postalischer Erreichbarkeit ausreichen kann, hält der BFH ausdrücklich nicht mehr fest (BFH vom 22.07.2016, Az: V R 23/14, Rn. 25, NWB Datenbank, DAAAF-00986). Hat der Leistungsempfänger auf die Richtigkeit der Anschrift des leistenden Unternehmens vertraut (Gutgläubigkeit des Leistungsempfängers) kann er sich nach Auffassung des BFH nicht auf den Schutz des guten Glaubens berufen. § 15 UStG sieht den Schutz des guten Glaubens für den Vorsteuerabzug nicht vor, dieser kann nur im Rahmen einer Billigkeitsregel gem. §§ 163, 227 AO gewährt werden (vgl. BFH vom 22.07.2016, Az: V R 23/14, Rn. 31, NWB Datenbank, DAAAF-00986).

Der V. und XI. Senat des BFH haben jeweils mit Vorlagebeschluss vom 06.04.2016 (BFH vom 04.06.2016, Az: V R 25/15, NWB Datenbank, HAAAF-777198; BFH vom 06.04.2016, Az: XI R

20/14, NWB Datenbank, ZAAAF-77192) dem EuGH entsprechende Anfragen zur Klärung vorgelegt. Geklärt werden soll, ob

- der leistende Unternehmer unter der, in einer Rechnung angegebenen Anschrift, auch seine wirtschaftliche Tätigkeit entfalten muss;
- eine Adresse, unter der der leistende Unternehmer postalisch erreichbar, aber nicht wirtschaftlich tätig ist, den Anforderungen genügt;
- die Angabe einer reinen Briefkastenadresse in einer Rechnung als vollständige Anschrift genügt;
- eine nationale Regelung, wonach der Gutglaubensschutz des Leistungsempfängers nur außerhalb des Steuerfestsetzungsverfahrens im Rahmen eines gesonderten Billigkeitsverfahrens berücksichtigt werden kann, zulässig ist;
- der Vertrauensschutz für den Fall, dass die formellen Rechnungsanforderungen (in Bezug auf die vollständige Anschrift) nicht erfüllt sind, verlangt, dass der Leistungsempfänger alles getan haben muss, was von ihm in zumutbarer Weise verlangt werden kann, um die Richtigkeit der Angaben in einer Rechnung zu überprüfen.

Der EuGH hat die Fragen mit Urteil vom 15.11.2017 (Az. C-374/16 und C-375/16, NWB Datenbank, ZAAG-62440) nur teilweise beantwortet. Nach Auffassung des EuGH widerspricht es den unionsrechtlichen Grundsätzen, wenn in einer Rechnung die Anschrift des leistenden Unternehmers stehen muss, unter der er seine wirtschaftliche Aktivität entfalten muss. Eine postalische Erreichbarkeit dürfte daher künftig wieder genügen (hierzu ausführlich Radeisen, DB 11/2018, 596). Die Fragen zum Gutglaubensschutz musste der EuGH im zugrundeliegend Fall nicht mehr beantworten, sodass die Klärung der vom BFH vorgelegten Fragen weiterhin aussteht (FG Bremen vom 06.06.2018 – 2 K 19/17 (5), NWB Datenbank DAAAG-89018).

Die Finanzverwaltung wollte unter Verweis auf die Vorlagebeschlüsse des V. und XI. Senats die weiteren Entwicklungen abwarten (vgl. BMF vom 13.09.2016, NWB Datenbank, DAAAF-82369). Es bleibt abzuwarten, wie die Finanzverwaltung auf das EuGH Urteil reagiert.

2.2.5.4 Auswirkungen einer Rechnungsberichtigung auf den Vorsteuerabzug

89 Eine ordnungsgemäße Rechnung liegt grundsätzlich nur dann vor, wenn alle zwingenden Angaben der §§ 14, 14 a UStG enthalten sind. Fehlt eine dieser Angaben oder ist eine der Angaben unzutreffend, lässt § 31 Abs. 5 UStDV eine Korrektur zu. Die fehlenden oder unzutreffenden Angaben müssen durch ein Dokument, das spezifisch und eindeutig auf die Rechnung bezogen ist, übermittelt werden. Form und Inhalt müssen den Anforderungen des § 14 UStG entsprechen.

90 Die Finanzverwaltung lässt in Analogie zu § 17 Abs. 1 S. 7 UStG den Vorsteuerabzug erst in dem Zeitpunkt zu, in dem der Rechnungsaussteller die Rechnung berichtigt und die zu berichtigenden Angaben an den Rechnungsempfänger übermittelt hat (vgl. Abschn. 15.2a Abs. 7 UStAE). Graphisch lässt sich die derzeitige Handhabung der Finanzverwaltung und deren Auswirkung auf das Recht des Vorsteuerabzugs wie folgt darstellen (Quelle: Becker, NWB 2016, 3375):

Prüfschema entsprechend Abschn. 15.2a UStAE:*

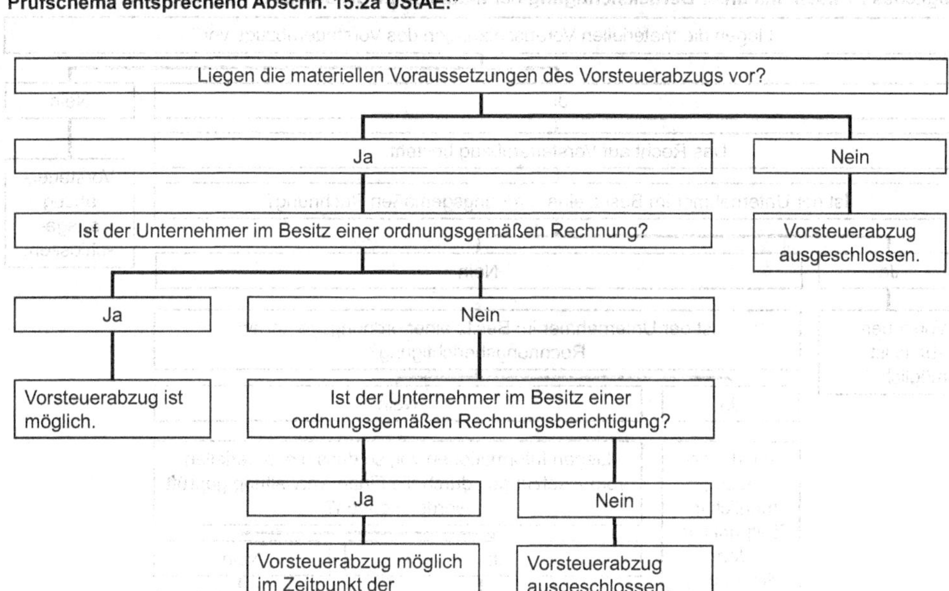

*Quelle: Becker, NWB 2016, 3375; Das Prüfschema steht im Widerspruch zur aktuellen EuGH-Rechtsprechung (EuGH vom 15.09.2016 EuGH , Rs. C-516/14, Barlis, NWB Datenbank, HAAAF 82025; EuGH vom 15.09.2016, Rs. C-518/14, Senatex, NWB Datenbank, XAAAF 82024) sowie dem BFH Urteil vom 20.10.2016 (Az. V R 26/15, NWB Datenbank AAAAF-89048).

Mit Urteil vom 15.09.2016 stellt der EuGH fest, dass eine nationale Regelung mit den Art. 167, 178 Buchst. a, 179 u. 226 Nr. 3 MwStSystRL nicht vereinbar ist, »wonach der Berichtigung einer Rechnung in Bezug auf eine zwingende Angabe ... keine Rückwirkung zukommt, sodass das Recht auf Vorsteuerabzug in Bezug auf die berichtigte Rechnung nicht für das Jahr ausgeübt werden kann, in dem diese Rechnung ursprünglich ausgestellt wurde, sondern für das Jahr, in dem sie berichtigt wurde« (EuGH vom 15.09.2016, Rs. C-518/14, Senatex, NWB Datenbank, XAAAF 82024 Rn. 43). Der Bundesfinanzhof hat auf die neue EuGH-Rechtsprechung mit Urteil vom 20.10.2016 (Az: V R 26/15, NWB Datenbank, AAAAF-89048) reagiert und in seinem Leitsatz explizit auf die Änderung seiner bisherigen Rechtsprechung hingewiesen. Berichtigt der Unternehmer eine Rechnung wirkt die Berichtigung auf den Zeitpunkt zurück, in dem die Rechnung erstmalig ausgestellt wurde; die Berichtigung kann bis zum Schluss der letzten Verhandlung vor dem Finanzgericht erfolgen (vgl. BFH vom 20.10.2016, V R 26/15, Leitsatz, NWB Datenbank, AAAAF-89048). Der bisherigen Handhabung der Finanzverwaltung, wonach eine Rechnungsberichtigung erst ab dem Zeitpunkt der Berichtigung ihre Wirksamkeit entfaltet, dürfte damit die Grundlage entzogen sein. Insbesondere dürften unter Beachtung der aktuellen Rechtsprechung keine Zinsen nach § 233a AO mehr erhoben werden. (Vgl. auch Sikorski, NWB 8/2017, 564.) 91

In Anlehnung an Becker (NWB 2016, 3375) könnte das Prüfschema für die Frage nach dem Vorsteuerabzug unter Berücksichtigung der aktuellen EuGH-Rechtsprechung sowie unter Berücksichtigung der Entscheidung des BFH vom 15.10.2016 (Az: V R 26/15, NWB Datenbank, AAAAF-89048) wie folgt aussehen: 92

Mögliches Prüfschema unter Berücksichtigung der aktuellen EuGH und BFH Rechtsprechung:*

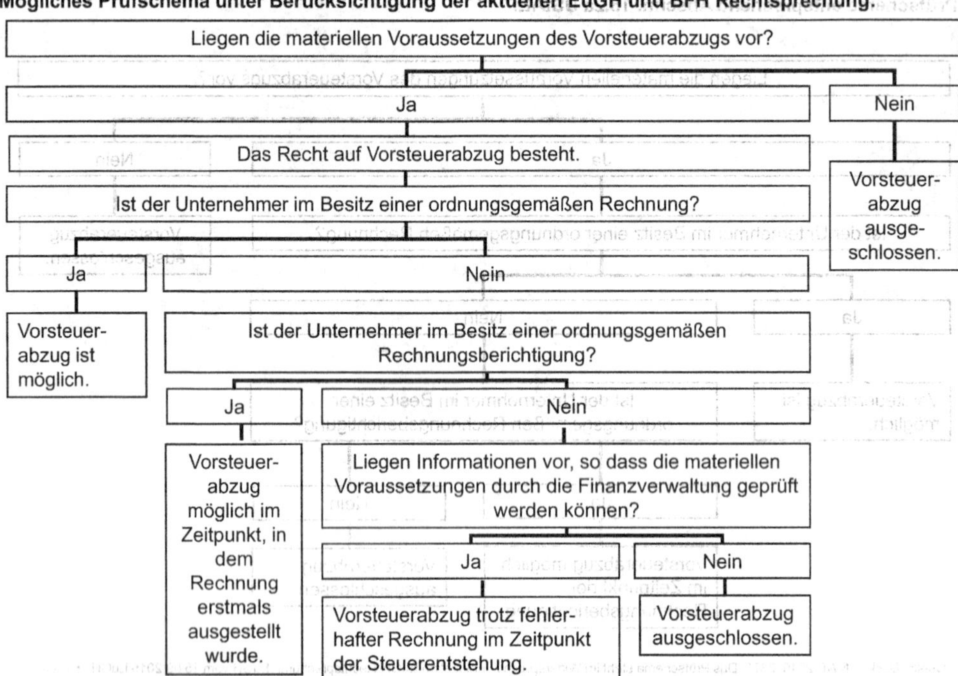

*Quelle: in Anlehnung an Becker, NWB 2016, 3375; Das Prüfschema unter Berücksichtigung der aktuellen EuGH-Rechtsprechung (EuGH vom 15.09.2016 EuGH , Rs. C-516/14, Barlis, NWB Datenbank, HAAAF 82025; EuGH vom 15.09.2016, Rs. C-518/14, Senatex, NWB Datenbank, XAAAF 82024) sowie unter Berücksichtigung des BFH Urteils vom 20.10.2016 (Az. V R 26/15, NWB Datenbank AAAAF-89048).

2.2.5.5 Weitere Hinweise zur Ordnungsmäßigkeit einer Rechnung im Zusammenhang mit dem Vorsteuerabzugsrecht

93 Geht das Original der Rechnung verloren, kann der Unternehmer mit allen verfahrensrechtlich zulässigen Beweismitteln nachweisen, dass zum Zeitpunkt der Entstehung des Rechts auf Vorsteuerabzug eine ordnungsgemäße Rechnung vorgelegen hat (vgl. BFH vom 16.04.1997, Az: XI R 63/93, BStBl II 1997, 582, zur grundsätzlichen Bedeutung der Rechnung für den Vorsteuerabzug vgl. BFH vom 31.07.2007, Az: V B 156/06, BFH/NV 2008, 416, FG Hamburg vom 14.08.2013, Az: 2 K 125/12, FG Nürnberg vom 02.02.2013, Az: 2 K 360/11, EFG 2013, 1531). Die Vorlage einer Kopie kann ausreichend sein (vgl. BFH vom 19.11.1998, Az: V R /96, BB 1999, 147). Elektronische Rechnungen müssen mit einer digitalen Signatur versehen sein.

94 Verträge über Dauerleistungen, z. B. Miet- oder Pachtverträge, in denen nur das Entgelt und die Umsatzsteuer für eine Teilleistung ausgewiesen sind, sind für den Vorsteuerabzug ausreichend, wenn die Leistungsabschnitte durch entsprechende Zahlungsaufforderungen oder Bankbelege über die Teilleistungen konkretisiert werden. Das betrifft auch Mindestlizenzgebühren, für die gesonderte Entgeltvereinbarungen bestehen. Der zeitliche Umfang der Leistungen muss sich durch geeignete schriftliche Unterlagen leicht und eindeutig ergeben (vgl. BFH vom 04.02.2008, Az: V B 170/06, BFH/NV 2008, 829). Der Vorsteuerabzug ist auch dann zu gewähren, wenn eine Leistung wirtschaftlich wertlos war und der Lizenzgeber möglicherweise in Betrugsabsicht gehandelt hat, ohne dass der Leistungsempfänger dies erkennen konnte (BFH vom 18.04.2013, Az: V R 19/12, BFH/NV 2013, 1515).

Der Vorsteuerabzug setzt voraus, dass dem Leistungsempfänger die Rechnung tatsächlich zugegangen ist. Betriebsferien haben jedoch keinen Einfluss auf die Möglichkeit der Kenntnisnahme des Empfängers vom Zugang einer Rechnung (vgl. BFH vom 18.07.2007, Az: V B 29/06, BFH/NV 2007, 2152). 95

Abweichend vom Grundfall, dass der leistende Unternehmer dem Leistungsempfänger eine Rechnung über den Umsatz ausstellt, gibt es auch den Fall der Abrechnung durch den Leistungsempfänger. Um solche Abrechnungen von den Rechnungen des leistenden Unternehmers zu unterscheiden, werden sie **Gutschriften** genannt. Der umsatzsteuerliche Begriff der Gutschrift stimmt jedoch nicht mit dem sonst üblichen Begriffsverständnis überein. Der Vorsteuerabzug des Leistungsempfängers, der die Gutschrift ausstellt, setzt voraus, dass der leistende Unternehmer tatsächlich zum gesonderten Steuerausweis berechtigt ist und dass zwischen den beiden Vertragspartnern Einigkeit über die Abrechnung mittels Gutschrift besteht. Der leistende Unternehmer muss dem Gutschriftenaussteller alle für die Ordnungsmäßigkeit der Gutschrift erforderlichen Daten, einschließlich seiner Steuernummer, mitteilen. Der Vorsteuerabzug aus einer Gutschrift entfällt, wenn der leistende Unternehmer dem Gutschriftenaussteller fälschlicherweise angibt, er sei zum Steuerausweis berechtigt (§ 14c UStG). Widerspricht der leistende Unternehmer, d. h. der Gutschriftempfänger, dem ausgewiesenen Steuerbetrag, muss der Vorsteuerabzug ebenfalls unterbleiben. Dieser Widerspruch wird in dem Besteuerungszeitraum wirksam, in dem er erklärt wird. Gutschriften, in denen eine USt-Schuld ausgewiesen ist, obwohl die zu Grunde liegende Leistung überhaupt nicht steuerbar oder nicht steuerpflichtig ist, berechtigen grundsätzlich nicht zum Vorsteuerabzug. 96

Erleichterungen bezüglich der Rechnungsangaben sehen die §§ 33–35 UStDV für Kleinbetragsrechnungen (§§ 33, 35 Abs. 1 UStDV) und für Fahrausweise (§§ 34, 35 Abs. 2 UStDV) vor. **Kleinbetragsrechnungen** sind Rechnungen mit einem **Gesamtbetrag von höchstens 150 €**. Sie müssen den Steuerbetrag, der für den Leistungsempfänger den Vorsteuerbetrag darstellt, nicht gesondert ausweisen, wenn stattdessen das Bruttoentgelt, d. h. das Entgelt und der Steuerbetrag in einer Summe, und der maßgebende Steuersatz angegeben sind (vgl. BMF vom 05.06.2001, Az: IV B 7 – S 7280 – 18/01, BStBl I 2001, 360). 97

Darüber hinaus müssen die Kleinbetragsrechnungen jedoch weitere Daten enthalten, die durch das StÄndG 2003 zum 01.01.2004 verschärft worden sind, um dem zunehmenden USt-Betrug entgegen zu wirken. Zu den erforderlichen Angaben gehören neben dem erwähnten Bruttobetrag und Steuersatz auch, der vollständige Name und die vollständige Anschrift des leistenden Unternehmers, ferner das Datum der Rechnungsausstellung und die Bezeichnung des Leistungsgegenstands (Menge und Art der gelieferten Gegenstände oder Umfang und Art der sonstigen Leistung). Die Identifizierung des Leistungsgegenstandes muss eindeutig und leicht nachprüfbar sein. Pauschale Bezeichnungen reichen für die eindeutige Bezeichnung der Leistung nicht aus (vgl. BFH vom 03.05.2007, Az: V B 87/05, BFH/NV 2007, 1550). Nicht verlangt werden die Steuernummer bzw. die UStIdNr. des Leistenden, die Rechnungsnummer und der Name und die Anschrift des Leistungsempfängers. Kassenbons, die nur das Entgelt und den Steuersatz angeben, sind keine ordnungsgemäßen Rechnungen. 98

Der Leistungsempfänger muss aus den Kleinbetragsrechnungen den Steuerbetrag selbst herausrechnen. Die Vereinfachung des § 33 UStDV gilt weder für Leistungen gem. §§ 3c und 6a UStG noch für den Übergang der Steuerschuldnerschaft auf den Leistungsempfänger gem. § 13b UStG. Wenn ein Kleinunternehmer in einer Kleinbetragsrechnung – neben dem anzuwendenden Steuersatz – das Entgelt und den darauf entfallenden Steuerbetrag in einer Summe angibt, steht dem Leistungsempfänger der Vorsteuerabzug zu (BFH vom 25.09.2013, Az: XI R 41/12, BFH/NV 2014, 134). 99

100 **Fahrausweise** im Personenverkehr berechtigen als ordnungsgemäße Rechnungen zum Vorsteuerabzug, wenn sie den Anforderungen des § 34 UStDV genügen und steuerpflichtige Beförderungsleistungen im Inland betreffen, die dem Unternehmen dienen (z. B. Geschäftsreisen des Betriebsinhabers, Dienstreisen, Fahrtätigkeit oder Einsatzwechseltätigkeit seiner Arbeitnehmer, nicht aber Fahrten zwischen Wohnung und Arbeitsstätte oder Familienheimfahrten bei doppelter Haushaltsführung). Sie müssen den Namen und die Anschrift des Beförderungsunternehmens ausweisen, ferner das Bruttoentgelt und den Steuersatz, sofern die Beförderungsleistung dem Regelsteuersatz unterliegt. Seit dem 01.01.2004 müssen die Fahrausweise zusätzlich das Ausstellungsdatum und bei Flugreisen den Hinweis auf die Anwendung des § 26 Abs. 3 UStG enthalten, wenn der leistende Unternehmer von dieser Vergünstigung Gebrauch gemacht hat. Fahrausweise der Eisenbahnen im öffentlichen Verkehr können anstelle des Steuersatzes auch die Tarifentfernung angeben. Anerkannt wird auch das »Surf & Rail« – Ticket der Deutschen Bahn AG, das sich der Leistungsempfänger aus dem Internet besorgt und selbst ausdruckt.

101 Ebenso wie bei Kleinbetragsrechnungen muss der Leistungsempfänger auch bei Fahrausweisen den Steuerbetrag aus dem Bruttoentgelt herausrechnen. Dabei kommt der für den Regelsteuersatz geltende Multiplikator nur dann zur Anwendung, wenn der Fahrausweis die Angabe des Regelsteuersatzes oder einer Tarifentfernung von mehr als 50 Kilometern enthält. In allen anderen Fällen unterliegt die Beförderungsleistung gem. § 12 Abs. 2 Nr. 10 UStG dem ermäßigten Steuersatz. Bei Entgelten für Platzreservierungen und Gepäckbeförderungen und bei sonstigen Zuschlägen richtet sich der Steuersatz nach der zu Grunde liegenden Beförderungsleistung. Der Vorsteuerabzug aus Fahrausweisen im Luftverkehr wird nur unter der Voraussetzung der Angabe des Regelsteuersatzes gewährt. Für grenzüberschreitende Flüge gibt es eine Steuervergünstigung gem. § 26 Abs. 3 UStG, so dass hierfür kein Vorsteuerabzug in Betracht kommt. Fahrausweise über grenzüberschreitende Strecken bedürfen gem. § 34 Abs. 2 UStDV einer Bescheinigung des Beförderungsunternehmens oder seines Beauftragten über den auf die inländische Strecke entfallenden Anteil des Fahrpreises und den dazu gehörenden Steuerbetrag. Belege über die Fahrten mit einem Taxi oder Mietwagen sind keine Fahrausweise. Sie können jedoch als Kleinbetragsrechnungen anerkannt werden, wenn sie die dafür erforderlichen Angaben enthalten. Ansonsten berechtigen sie den Leistungsempfänger unter den Voraussetzungen des § 14 UStG zum Vorsteuerabzug. In diesem Fall müssen sie die an eine normale Rechnung gestellten Anforderungen erfüllen.

102 Der Vorsteueranspruch aus Fahrausweisen steht dem Unternehmer im Voranmeldungszeitraum der Zahlung zu, auch wenn es sich um Jahres- oder andere Zeitkarten handelt. Bei Rückgabe der Fahrausweise muss eine Vorsteuerberichtigung gem. § 15a UStG erfolgen.

2.2.6 Ausgewählte Einzelfälle

102a Mit Urteil vom 01.03.2018 (Az. V R 18/17, NWB Datenbank SAAAG-85180, Leitsatz) werden die umsatzsteuerrechtlichen Rechnungsanforderungen weiter konkretisiert. Danach steht es dem Vorsteuerabzug nicht entgegen, wenn keine Angaben zum Leistungszeitpunkt enthalten sind. Die Angabe des Kalendermonats kann sich aus dem Rechnungsstellungsdatum ergeben, wenn nach den Verhältnissen des Einzelfalls davon ausgegangen werden kann, dass die Leistung in dem

Monat bewirkt wurde, in dem die entsprechende Rechnung ausgestellt wurde (vgl. auch Trinks, NWB 26/2018, 1872).

Vorsteuerabzug bei **Zweifeln an der tatsächlichen Leistungserbringung** durch den Rechnungsaussteller: Bestehen Zweifel, ob der unbekannt verzogene Rechnungsausteller die abgerechneten Leistungen tatsächlich erbracht hat, kann allein durch die Vorlage der Rechnung die Person des Leistenden nicht nachgewiesen werden. Hierzu müssen weiter Nachwiese wie z.B. Auftragsunterlagen, Abnahmeprotokolle etc. vorgelegt werden. Ein etwaiger Gutglaubensschutz des Rechnungsempfängers scheidet aus, wenn die Zweifel an der tatsächlichen Erbringung der Leistung bestehen nur durch pauschale Behauptungen des Leistungsempfängers vorgetragen werden. (FG Bremen vom 06.06.2018, Az. 2 K 19/17 (5), NWB Datenbank DAAAG-89018; Revision wurde nicht zugelassen.) **102b**

Mit Urteil vom 21.03.2018 führt der EuGH (Az. C-533/16, Volkswagen AG Vorabentscheidungsersuchen Slowakische Republik, DStR 13-14/2018, 676) u. a. aus, dass der Anspruch auf Erstattung der Vorsteuer nach Unionsrecht erst dann entstehen kann, wenn der Leistungsempfänger von dem Entstehen der Mehrwertsteuerpflicht Kenntnis hat und die hierfür notwendige Rechnung besitzt. Im zu entscheidenden Fall hatte Volkswagen als Leistungsempfänger erst nach einigen Jahren der Leistungserbringung durch den leistenden Unternehmer eine Rechnung mit gesondertem Umsatzsteuerausweis erhalten. Der leistende Unternehmer war im Zeitpunkt der Leistungserstellung davon ausgegangen, dass keine Umsatzsteuerpflicht vorlag. Erst nach einigen Jahren wurde festgestellt, dass nach slowakischem Recht eine Umsatzsteuerpflicht entstanden ist. Der leistende Unternehmer hatte für die betreffenden Veranlagungszeiträume die Rechnungen berichtigt und die entstandene Umsatzsteuer an das Finanzamt abgeführt. Volkswagen hat durch die Rechnungsberichtigung in Rechnung gestellte Umsatzsteuer an den leistenden Unternehmer ebenfalls entrichtet. Strittig war, ob der Vorsteuererstattungsanspruch bereits im Zeitpunkt des Leistungsaustausches entstanden ist und dadurch ein Teil des geltend gemachten Vorsteuerabzugs zwischenzeitlich verjährt war. Der EuGH gelangt zu der Auffassung, dass der Anspruch auf Erstattung der Vorsteuer im zugrundeliegenden Fall erst in dem Zeitpunkt entsteht, indem dem Leistungsempfänger die Rechnung vorliegt und der Leistungsempfänger hierdurch von der Umsatzsteuerpflicht des Leistungsaustausches Kenntnis erlangen konnte. Im zugrundeliegenden Fall war es dem Leistungsempfänger vor Berichtigung der Rechnung »objektiv unmöglich, [sein] Erstattungsrecht vor dieser Berichtigung auszuüben, da [er] vorher weder im Besitz der Rechnung war, noch von der Mehrwertsteuerschuld wusste.« (EuGH (Az. C-533/16, Volkswagen AG Vorabentscheidungsersuchen Slowakische Republik, DStR 13-14/2018, Rn. 49 f., vgl. auch Langer, DStR 13-14/2018, 679 f.). **102c**

Vorsteuerabzug bei geleisteten Anzahlungen und anschließend ausbleibender Leistung (vgl. Hartmann, NWB 31/2018, 2242; EuGH vom 31.05.2018, Az. Rs. C-660/16 Kollroß« und C-661/16 Wirtl, NWB Datenbank GAAAG-87248). **102d**

2.3 Abzug der Einfuhrumsatzsteuer (§ 15 Abs. 1 S. 1 Nr. 2 UStG)

Ebenfalls als Vorsteuer abzugsfähig ist die bei der Einfuhr eines Gegenstandes entstehende **Einfuhr-USt** (Einfuhrumsatzsteuer). Gem. § 15 Abs. 1 S. 1 Nr. 2 UStG setzt der Vorsteuerabzug voraus, dass die Einfuhr-USt entstanden ist und der Gegenstand **für das Unternehmen** des Unternehmers ins Inland **eingeführt** wurde. D.h. auch hier muss die Unternehmereigenschaft des Leistungsempfängers vorliegen und der Gegenstand muss dem Unternehmen zugeordnet werden. Nach der bis zum 29.06.2013 gültigen Fassung konnte nur die gezahlte Einfuhrumsatz- **103** steuer als Vorsteuer geltend gemacht werden. Maßgeblich war also nicht die Entstehung oder Festsetzung, sondern die tatsächliche Zahlung der Einfuhrumsatzsteuer.

104 Der umsatzsteuerrechtliche Einfuhrtatbestand wird verwirklicht, wenn ein Gegenstand aus dem Drittlandsgebiet in das Inland verbracht wird und dieses ein steuerbarer Umsatz ist. Es kommt nicht nur darauf an, dass der Gegenstand ins Inland gelangt, sondern er muss hier auch der Besteuerung unterworfen werden, so dass eine Einfuhrumsatzsteuerschuld entsteht. Befindet sich der Gegenstand in einem zollrechtlichen Versandverfahren, liegt keine Einfuhr vor.

105 Der abzugsberechtigte Unternehmer muss die Einfuhr-USt nicht selbst entrichtet haben, sondern kann auch eine dritte Person (z.B. Spediteur, Handelsvertreter, Frachtführer) damit beauftragen und die Zahlung durch einen zollamtlichen Beleg (z.B. Abgabenbescheid) oder bei dessen Verlust durch einen Ersatzbeleg (z.B. Abschrift der Zollquittung, Ersatzbeleg für den Vorsteuerabzug nach amtlich vorgeschriebenem Muster) nachweisen. Der Belegnachweis ist zwar in § 15 Abs. 1 S. 1 Nr. 2 UStG nicht ausdrücklich erwähnt, ergibt sich jedoch aus dem allgemeinen Grundsatz, dass der Steuerpflichtige für die steuerlichen Tatsachen zu seinen Gunsten die Beweislast trägt. Erfolgt die Zollabfertigung nicht durch den Unternehmer selbst, sondern durch von ihm beauftragte Dritte, so müssen die Originalbelege für umsatzsteuerliche Zwecke entwertet werden. Anstelle der Originalbelege werden Ersatzbelege ausgestellt, die zum Vorsteuerabzug berechtigen.

106 Bei der Abwicklung der Einfuhren mit dem IT-Verfahren ATLAS (Automatisiertes Tarif- und Lokales Zoll-Abwicklungs-System) treten regelmäßig standardisierte elektronische Nachrichten (EDIFACT) an die Stelle der Bescheide über die Einfuhrabgaben (dazu gehört auch die Einfuhr-USt). Der erforderliche Belegnachweis kann durch einen Ausdruck des elektronisch übermittelten Bescheids über die Einfuhrabgaben zusammen mit einem Beleg über die Entrichtung der Einfuhr-USt an die Zollbehörde oder einen Beauftragten geführt werden. Die Finanzbehörden können sich zum Zwecke der Ermittlung des Vorsteuerabzugs (Einfuhr-USt) an die Zollbehörden wenden, die Auskünfte über die Steuernummer der ATLAS-Teilnehmer oder deren Vertreter und über die Höhe der entstandenen Einfuhr-USt erteilen (vgl. BMF vom 08.02.2001, Az: IV B 7 – S 7302 – 3/01, BStBl I 2001, 156).

108 **Einfuhr in das Zollgebiet:** Die Einfuhr-USt kann nur unter der Voraussetzung abgezogen werden, dass der Gegenstand tatsächlich in das Inland i. S. d. UStG **eingeführt** worden ist und dort der Besteuerung unterlegen hat (§ 15 Abs. 1 S. 1 Nr. 2 UStG). Vorsteuerabzugsberechtigt ist im Falle der Einfuhr nur der Unternehmer, für **dessen Unternehmen** der Gegenstand eingeführt wird. Häufig sind mehrere Personen an der Einfuhr beteiligt (z.B. der Lieferer, der Abnehmer, der Beauftragte), so dass die Frage der persönlichen Abzugsberechtigung gesondert geprüft werden muss (vgl. dazu Weimann, UVR 2002, 38). Nach bisherigem Recht gilt die Ware für die Person eingeführt, die die Zahlung der Einfuhr-USt vornimmt. Nach der mit dem StÄndG 2003 geschaffenen Neuregelung führt derjenige, der die Einfuhr-USt zahlt, die Ware ein und ist zum Vorsteuerabzug berechtigt, wenn die Einfuhr für sein Unternehmen erfolgt. Die Vereinfachungsregelungen der §§ 41, 41a und 42 UStDV konnten deshalb wegfallen. Ungeachtet der Gesetzesänderung kommt es nach wie vor entscheidend auf die **Verfügungsmacht** über den eingeführten Gegenstand im **Zeitpunkt** der **Einfuhr** an (vgl. BFH vom 24.04.1980, Az: V R 52/73, BStBl II 1980, 615). Der Lieferer ist abzugsberechtigt, wenn er kraft seiner Verfügungsmacht den Gegenstand über die Grenze verbringt und im Inland an seinen Abnehmer liefert. Nach § 3 Abs. 8 UStG, der bei der Beförderung oder Versendung durch den Lieferer das Inland als den Ort der Lieferung fingiert, wenn der Lieferer oder sein Beauftragter die Einfuhr-USt schuldet, gilt der Lieferer als Inhaber der Verfügungsmacht im Zeitpunkt der Einfuhr. Demgegenüber steht die Abzugsberechtigung dem Abnehmer zu, wenn dieser bereits im Einfuhrzeitpunkt über den Gegenstand verfügt und die Abholung entweder selbst vornimmt oder einen Dritten damit beauftragt. Ist der Ort der Lieferung

gem. § 3 Abs. 8 UStG im Inland, wird angenommen, dass der Abnehmer erst im Inland die Verfügungsmacht erhält. Der Abzug der Einfuhr-USt steht in diesem Fall dem Lieferer zu.

Verweigert der Abnehmer die Annahme eines Gegenstandes, der bereits zum freien Verkehr abgefertigt und in das Inland verbracht wurde, bestimmt sich die Abzugsberechtigung nach den im UStAE dargelegten Grundsätzen. Entscheidend ist auch hier die Verfügungsmacht im Zeitpunkt der Einfuhr. Der Lieferer hat die Abzugsberechtigung, wenn der Gegenstand auf Antrag des Abnehmers gem. § 3 Abs. 6 UStG (Beförderungs- oder Versendungsfall) abgefertigt wird und der Abnehmer die Warenannahme von vornherein verweigert. Erfolgt die Annahmeverweigerung erst später, d.h. nachdem der Abnehmer zuvor die Annahme erklärt hat, liegt die Abzugsberechtigung beim Abnehmer. 109

Wenn die Zollanfertigung weder durch den Lieferer noch durch den Abnehmer, sondern durch einen Spediteur, Frachtführer, Handelsvertreter oder einen anderen Beauftragten erfolgt, wird dieser Beauftragte zum Zollschuldner und muss die Einfuhrumsatzsteuer an die Zollverwaltung entrichten. Dennoch ist der Beauftragte nicht zum Vorsteuerabzug berechtigt, weil er nicht als Lieferer oder Abnehmer an dem grenzüberschreitenden Umsatz beteiligt ist und daher keine Einfuhr für sein Unternehmen stattfindet. Dieses gilt auch dann, wenn der Gegenstand auf Veranlassung des Auftraggebers vorübergehend vom Beauftragten eingelagert wird. Wickelt der Beauftragte die Zollabfertigung in eigenem Namen ab, behält er aus Nachweisgründen das Original des Zollbelegs. Für den Auftraggeber wird ein Ersatzbeleg ausgestellt, damit dieser den Vorsteuerabzug vornehmen kann. 110

2.4 Abzug der Erwerbsteuer (§ 15 Abs. 1 S. 1 Nr. 3 UStG)

Gem. § 15 Abs. 1 S. 1 Nr. 3 UStG ist die **USt auf den entgeltlichen innergemeinschaftlichen Erwerb** von Gegenständen, die für das Unternehmen des Leistungsempfängers erworben wurden, als Vorsteuer abzugsfähig (vgl. auch Art. 168 Buchst. c und d MwStSystRL/Art. 17 Abs. 2 Buchst. c und d der 6. EG-RL), wenn der innergemeinschaftliche Erwerb nach § 3d S. 1 UStG im Inland bewirkt wurde. Der Vorsteuerabzug setzt die Unternehmereigenschaft des Leistenden und die Abzugsberechtigung des Leistungsempfängers voraus. Dieser soll durch die Erwerbsteuer wirtschaftlich nicht belastet werden. Für den Vorsteuerabzug entscheidend ist, dass die Voraussetzungen für eine Besteuerung des innergemeinschaftlichen Erwerbs erfüllt sind (§ 1 Abs. 1 Nr. 5, § 1a UStG) und kein den Vorsteuerabzug ausschließender Tatbestand vorliegt. Der Leistungsempfänger darf weder Kleinunternehmer sein (§ 19 UStG) noch die Durchschnittsbesteuerung anwenden (§ 24 UStG). Ferner dürfen keine Vorsteuerabzugsverbote (§ 15 Abs. 1 S. 2, Abs. 1a, Abs. 1b, Abs. 2 UStG) gegeben sein. 111

Die Abzugsfähigkeit der Erwerbsteuer verlangt keine Rechnung i.S.d. § 14 UStG. Der Grund liegt darin, dass der ausländische Unternehmer in seiner Abrechnung über die innergemeinschaftliche Lieferung keine USt gesondert ausweisen darf, weil die Lieferung steuerfrei ist (§ 4 Nr. 1 Buchst. b, § 6a UStG). Der USt-Ausweis in der Rechnung ist daher unzulässig (§ 14a Abs. 1 S. 1 UStG). 112

Abzugsfähig ist die Erwerbsteuer in demselben Voranmeldungszeitraum, in dem sie selbst entstanden und vom Leistungsempfänger anzumelden ist, so dass sich für den Leistungsempfänger weder Zins- noch Liquiditätsnachteile ergeben. Die Erwerbsteuer entsteht gem. § 13 Abs. 1 Nr. 6 UStG mit Ausstellung der Rechnung, spätestens mit Ablauf des Monats, der auf den Erwerb folgt. Anders als beim Vorsteuerabzug nach § 15 Abs. 1 S. 1 Nr. 1 UStG ist der Abzug der Erwerbsteuer mit der Entstehung der Erwerbsteuer unmittelbar verknüpft. Für den erwerbenden Unter- 113 nehmer stehen die Besteuerung und der Vorsteuerabzug in einem gesetzestechnischen Zusammenhang.

114 Folgendes ist zu beachten: Der innergemeinschaftliche Erwerb wird nach § 3d S. 1 UStG auf dem Gebiet des Mitgliedstaates bewirkt, in dem sich der Gegenstand am Ende der Beförderung oder Versendung befindet. Wenn der Erwerber gegenüber dem Lieferer eine ihm von einem anderen Mitgliedstaat als dem, in dem sich der Gegenstand am Ende der Beförderung oder Versendung befindet, erteilte Umsatzsteuer-Identifikationsnummer (USt-IdNr.) verwendet, gilt der Erwerb nach § 3d S. 2 UStG so lange im Gebiet dieses Mitgliedstaates als bewirkt, bis der Erwerber nachweist, dass der Erwerb durch den in § 3d S. 1 UStG bezeichneten Mitgliedstaat besteuert worden ist. Sofern ein Unternehmer nach § 3d S. 2 UStG bei einem innergemeinschaftlichen Erwerb gegenüber dem Lieferer eine USt-IdNr. verwendet, die ihm von einem anderen Mitgliedstaat erteilt wurde als dem, in dem sich der erworbene Gegenstand am Ende der Beförderung oder Versendung befindet, so steht ihm der Vorsteuerabzug nach § 15 Abs. 1 Nr. 3 UStG nicht zu. Die Vorschrift des § 15 Abs. 1 S. 1 Nr. 3 UStG, wonach der Unternehmer die Steuer für den innergemeinschaftlichen Erwerb von Gegenständen für sein Unternehmen als Vorsteuer abziehen darf, betrifft nur den Regelfall des innergemeinschaftlichen Erwerbs (d.h. das Ende der Beförderung ist im Inland), nicht jedoch den Fall, dass der Erwerber gegenüber dem Veräußerer seine inländische USt-IdNr. verwendet hat, die Beförderung hingegen in einem anderen Mitgliedstaat endet (vgl. BFH vom 01.09.2010, Az: V R 39/08, BStBl II 2011, 658 und vom 08.09.2010, Az: XI R 40/08, BStBl II 2011, 661; BMF vom 07.07.2011, Az: IV D 2 - S 7300 - b/09/10001, BStBl I 2011, 739).

2.5 Vorsteuerabzug im Rahmen der auf den Leistungsempfänger übergegangenen Steuerschuldnerschaft nach § 13b UStG (§ 15 Abs. 1 S. 1 Nr. 4 UStG)

115 Anstelle des Abzugsverfahrens (§§ 51–58 UStDV) wurde zum 01.01.2002 das **Reverse-Charge-Verfahren** (§ 13b UStG) eingeführt, wonach die Steuerschuld in bestimmten Fällen (z.B. bei Werkleistungen und sonstigen Leistungen ausländischer Unternehmer) auf den Leistungsempfänger übergeht, vorausgesetzt, dieser ist ein Unternehmer oder eine juristische Person des öffentlichen Rechts. Der **Übergang** der **Steuerschuldnerschaft** auf den **Leistungsempfänger** findet auch dann statt, wenn der Leistungsbezug nicht für den unternehmerischen, sondern für den außerunternehmerischen Bereich erfolgt. Gem. § 15 Abs. 1 S. 1 Nr. 4 UStG kann der Leistungsempfänger die von ihm geschuldete USt als Vorsteuer abziehen, sofern er persönlich zum Vorsteuerabzug berechtigt ist, die Leistung für sein Unternehmen erhalten hat und keine Vorsteuerausschlusstatbestände vorliegen. In allen anderen Fällen führt die Steuerschuldnerschaft des Leistungsempfängers für ihn zur Definitivbelastung.

116 Infolge des Übergangs der Steuerschuldnerschaft muss der leistende Unternehmer in seiner Abrechnung den Leistungsempfänger darauf hinweisen (§ 14a Abs. 5 UStG). Der Vorsteuerabzug des Leistungsempfängers setzt nicht voraus, dass er im Besitz einer Rechnung mit gesondertem Steuerausweis ist (vgl. EuGH vom 01.04.2004, Rs. C-90/02, Gerhard Bockemühl, HFR 2004, 815; BFH vom 17.06.2004, Az: V R 61/00, UVR 2005, 39). Eine Verletzung von Aufzeichnungspflichten (z.B. keine Eintragung der Rechnungen in das Register der Eingangs- und Ausgangsrechnungen) schließt den Vorsteuerabzug aus einem Reverse-Charge-Umsatz nicht aus. Die formalen Voraussetzungen für die Ausübung des Vorsteuerabzugsrechts im Fall des Reverse-Charge-Verfahrens können zwar durch die EU-Mitgliedstaaten vorgeschrieben werden. Der Unternehmer darf jedoch

sein Vorsteuerabzugsrecht nicht verlieren, wenn die Formalitäten nicht eingehalten werden (vgl. EuGH vom 08.05.2008, Rs. C-95/07, C-96/07, Ecotrade, DB 2008, 1082).

Der Zeitpunkt des Vorsteuerabzugs richtet sich im Regelfall nach dem Voranmeldungszeitraum, 117
in dem der Leistungsempfänger den Umsatz anmelden muss. Dieses ist der Zeitpunkt der Rechnungsausstellung, spätestens jedoch der Ablauf des Monats, der auf die Ausführung der Leistung folgt. Wenn der Leistungsempfänger die Zahlung bereits vor Ausführung der Leistung erbringt, ist die Steuer abzugsfähig, wenn die Zahlung geleistet worden ist (§ 15 Abs. 1 S. 1 Nr. 4 S. 2 UStG).

2.6 Vorsteuerabzug eines Auslagerers (§ 15 Abs. 1 S. 1 Nr. 5 UStG)

Die durch das StÄndG 2003 eingeführte Steuerlagerregelung dient der Gleichbehandlung von 118
Waren aus dem Gemeinschaftsgebiet mit Waren aus dem Drittlandsgebiet in Zolllagern. Hintergrund dieser Neuregelung ist die 2. Vereinfachungsrichtlinie (95/7/EWG vom 10.04.1995) mit der Neufassung von Art. 16 der 6. EG-RL/Art. 138f, 140f MwStSystRL. Lieferungen von verbrauchsteuerpflichtigen Waren in ein Verbrauchsteuerlager oder von nicht verbrauchsteuerpflichtigen Waren in ein von den einzelnen Mitgliedstaaten jeweils festgelegtes USt-Lager (vgl. Anlage 1 zum UStG) sind steuerfrei. Die Steuerbefreiung endet im Zeitpunkt der Entnahme der Ware aus dem Steuerlager (Auslagerung). Der mit der Einführung der Steuerlagerregelung geschaffene Tatbestand des § 15 Abs. 1 S. 1 Nr. 5 UStG regelt den Vorsteuerabzug für die USt, die der Auslagerer gem. § 13a Abs. 1 Nr. 6 UStG schuldet.

2.7 Vorsteuerabzugsverbote (§ 15 Abs. 1a, Abs. 1b, Abs. 2, Abs. 3 UStG)

2.7.1 Vorsteuerabzugsverbote im Zusammenhang mit bestimmten Aufwendungen nach § 4 Abs. 5 und § 12 EStG (§ 15 Abs. 1a UStG)

Nach § 15 Abs. 1a S. 1 UStG sind Vorsteuerbeträge, die auf Aufwendungen entfallen, für die das 119
Abzugsverbot des § 4 Abs. 5 Satz 1 Nr. 1 bis 4, 7 oder des § 12 Nr. 1 EStG gilt, nicht abzugsfähig. Hierunter fallen die dort aufgeführten

- Geschenke (§ 4 Abs. 5 Nr. 1 EStG),
- Bewirtungsaufwendungen (§ 4 Abs. 5 Nr. 2 EStG),
- Gästehäuser (§ 4 Abs. 5 Nr. 3 EStG),
- Aufwendungen für Jagd, Fischerei, Segel-/Motorjachten u.ä. (§ 4 Abs. 5 Nr. 4 EStG),
- bestimmte Kosten der Lebensführung soweit sie als unangemessen anzusehen sind (§ 4 Abs. 5 Nr. 7 EStG),
- Kosten der Lebensführung nach § 12 Nr. 1 EStG.

Für die Beurteilung, ob Aufwendungen i. S. d. von § 4 Abs. 5 Satz 1 Nr. 1 bis 7 EStG vorliegen, sind zwar die Regelungen des Einkommensteuerrechts maßgebend, es besteht jedoch keine Bindungswirkung an die im Ertragsteuerrecht getroffenen Feststellungen/Entscheidungen (vgl. BFH vom 02.07.2008, XI R 66/06, BStBl II 2009, 206; Abschn. 15.6 UStAE). Soweit § 4 Abs. 5 S. 1 Nr. 2 EStG einen Abzug für angemessene und nachgewiesene Aufwendungen einkommensteuerrechtlich zulässt, lässt § 15 Abs. 1a S. 2 UStG den Vorsteuerabzug ebenfalls zu (Einschränkung des Abzugsverbots bei Bewirtungsaufwendungen).

120 § 15 Abs. 1a UStG bezieht sich nicht auf die Tatbestände des § 4 Abs. 5 Satz 1 Nr. 5, 6, 6a und 6b EStG. D.h. für Aufwendungen im Zusammenhang mit

- Fahrten zwischen Wohnung und Betriebsstätte,
- Familienheimfahrten,
- doppelter Haushaltsführung,
- Übernachtungen,
- häuslichen Arbeitszimmern.

(§ 4 Abs. 5 S. 1 Nr. 6, 6a und 6b EStG) wird bei Vorliegen der übrigen Voraussetzungen des § 15 UStG ein Vorsteuerabzug gewährt.

2.7.2 Vorsteuerabzugsverbote im Zusammenhang mit Grundstücken (§ 15 Abs. 1b UStG)

121 Verwendet der Unternehmer ein Grundstück sowohl für Zwecke seines Unternehmens als auch für Zwecke, die außerhalb des Unternehmens liegen, oder für den privaten Bedarf seines Personals, so ist nach § 15 Abs. 1b UStG die Steuer für die Lieferungen, die Einfuhr und den innergemeinschaftlichen Erwerb sowie für die sonstigen Leistungen im Zusammenhang mit diesem Grundstück vom Vorsteuerabzug ausgeschlossen, soweit sie nicht auf die Verwendung des Grundstücks für Zwecke des Unternehmens entfällt. Bei Berechtigungen, für die die Vorschriften des bürgerlichen Rechts über Grundstücke gelten, und bei Gebäuden auf fremdem Grund und Boden ist § 15 Abs. 1b S. 1 UStG entsprechend anzuwenden. § 15 Abs. 1b UStG berührt nicht das Zuordnungswahlrecht des Unternehmers nach § 15 Abs. 1 UStG (vgl. Abschnitt 15.2c). Wird ein Grundstück für nichtwirtschaftliche Tätigkeiten i. e. S. verwendet, ist die Vorsteuer bereits nach § 15 Abs. 1 UStG nicht abziehbar (vgl. BFH vom 03.03.2011, Az: V R 23/10, BStBl II 2012, 74, Abschnitte 2.10, 2.11, 15.2b Abs. 2 und Abschnitt 15.19 UStAE).

2.7.3 Vorsteuerabzugsverbot im Zusammenhang mit der Ausführung steuerfreier und bestimmter nichtsteuerbarer Umsätze im Ausland (§ 15 Abs. 2, Abs. 3 UStG)

122 Da die USt den unternehmerischen Leistungsverkehr entlasten und den Endverbrauch belasten soll, zugleich jedoch den Unternehmer nicht bereichern darf, wird der Vorsteuerabzug grundsätzlich nur unter der Voraussetzung gewährt, dass die Eingangsleistungen mit steuerpflichtigen Ausgangsleistungen und steuerpflichtigen unentgeltlichen Wertabgaben zusammenhängen. Demzufolge entfällt der Vorsteuerabzug, wenn der Unternehmer mit den von anderen Unternehmern bezogenen Leistungen (Lieferungen und sonstige Leistungen, innergemeinschaftlicher Erwerb, Einfuhr) steuerfreie oder nicht steuerbare Umsätze ausführt, weil in diesen Fällen keine Belastung des Endverbrauchs stattfindet. Die Zurechnung von Eingangs- zu Ausgangsleistungen richtet sich nach wirtschaftlichen Zurechnungskriterien. Zu prüfen ist dabei, welche Eingangsleistungen ursächlich für welche Ausgangsleistungen waren bzw. welche Eingangsleistungen die Ausgangsleistungen gefördert haben (vgl. BFH vom 04.03.1993, Az: V R 68/89, BFHE 171, 108).

123 Nach ständiger Rechtsprechung des EuGH muss grundsätzlich ein direkter und unmittelbarer Zusammenhang bestehen zwischen einem bestimmten Eingangsumsatz und einem oder mehre-

ren vorsteuerunschädlichen Ausgangsumsätzen, damit dem Unternehmer der Vorsteuerabzug zusteht (vgl. z.B. EuGH vom 08.02.2007, Rs. C-435/05, Investrand BV, UR 2007, 225). Aus dem Erwerb von Gegenständen und dem Bezug von Dienstleistungen kann nur dann ein Vorsteuerabzug geltend gemacht werden, wenn die Aufwendungen zu den Kostenelementen der vorsteuerunschädlichen Ausgangsumsätze gehören und Preisbestandteile sind. Diese Zuordnungsgrundsätze gelten auch für Vereine, die sowohl vorsteuerschädliche nichtwirtschaftliche Tätigkeiten ausüben als auch vorsteuerunschädliche wirtschaftliche Leistungen ausführen (vgl. FG München vom 05.11.2008, Az: 3 K 3427/03, EFG 2009, 787).

Erbringt ein Unternehmer mehrere Ausgangsleistungen, so ist zu prüfen, ob es sich dabei um **124** eine einheitlich zu beurteilende Leistung oder um verschiedene selbständig zu beurteilende Leistungen handelt. Ein Bauunternehmer, der für eigene Rechnung Bauwerke errichtet, um sie anschließend zu veräußern, erbringt eine einheitliche Leistung (Verkauf von schlüsselfertigen Gebäuden), die eine steuerfreie Grundstückslieferung darstellt und somit den Vorsteuerabzug ausschließt. Es ist nicht von Bedeutung, dass der Bauunternehmer im Rahmen seiner Bautätigkeit Leistungen (gegen sich selbst) erbringt, die im Falle der Leistungsausführung an Dritte, steuerpflichtig wären (vgl. EuGH vom 29.10.2009, Rs. C-174/08, NCC, DB 2009, 2530).

Sofern ein direkter und unmittelbarer Zusammenhang zwischen einem bestimmten Eingangs- **125** umsatz und einem oder mehreren Ausgangsumsätzen fehlt, kann eine Vorsteuerabzugsberechtigung bestehen, wenn die Kosten für die Eingangsleistung zu den allgemeinen Aufwendungen gehören und – als solche – Bestandteile des Preises der vom Unternehmer ausgeführten Leistungen sind. Der Vorsteuerabzug setzt in diesem Fall voraus, dass die wirtschaftliche Tätigkeit zu Umsätzen führt, die den Vorsteuerabzug nicht ausschließen (BFH vom 24.04.2013, Az: XI R 25/10, BFH/NV 2013, 1517).

Infolge der geänderten Rechtsprechung des EuGH und des BFH zur Entscheidung über den **126** Vorsteuerabzugs nach Maßgabe der Verwendungsabsicht (vgl. 4. Aufl. § 15 Rn. 10 ff.) kommt es für die Beurteilung der Frage, ob Vorsteuerbeträge ganz oder teilweise vom Vorsteuerabzug ausgeschlossen sind, neben dem wirtschaftlichen Zusammenhang zwischen Eingangs- und Ausgangsleistungen auf die Verwendungsabsicht im Zeitpunkt des Leistungsbezugs an. Die Entscheidung über die Höhe des Vorsteuerabzugs erfolgt somit vor der Ausführung von Umsätzen, d.h. vor der tatsächlichen Verwendung. Eine spätere Abweichung der tatsächlichen von der beabsichtigten Verwendung löst als Änderung der Verhältnisse eine Vorsteuerberichtigung nach § 15a UStG aus. Zu beachten ist, dass der Vorsteuerabzug nicht versagt wird, wenn die geplanten steuerpflichtigen Ausgangsumsätze nicht erbracht werden können (z.B. verdorbene Ware, Verlust des Auftrags, erfolglose Unternehmertätigkeit). Führt der Unternehmer steuerfreie Umsätze aus, für die er gem. § 9 UStG zur Steuerpflicht optieren will, wird ihm der Vorsteuerabzug gewährt, sofern er den Optionswillen überzeugend darlegen kann (z.B. anhand von Mietverträgen, Kalkulationsgrundlagen, Schriftverkehr mit Vertragspartnern, vgl. auch BFH vom 08.03.2001, Az: V R 24/98, BB 2001, 870, BMF vom 24.04.2003, Az: IV B 7 – S 7300 – 15/03/IV B 7 – S 7316 – 1/03, BStBl I 2003, 313). Bleibt die Steuerpflicht entgegen der ursprünglichen Absicht später aus, kommt es nicht zur rückwirkenden Aberkennung, sondern zur Berichtigung des Vorsteuerabzugs gem. § 15a UStG.

Macht der Leistende den Verzicht auf die Steuerfreiheit nach § 9 UStG rückgängig, verliert der **127** Leistungsempfänger das Recht auf Vorsteuerabzug mit Rückwirkung auf den Zeitpunkt der ursprünglichen Inanspruchnahme (BFH vom 03.04.2013, Az: V B 64/12, BFH/NV 2013, 1135).

Unternehmer, die steuerfreie Ausgangsumsätze erbringen, können zur Steuerpflicht optieren **128** und damit von ihrem Vorsteuerabzugsrecht Gebrauch machen, wenn sie ihre Leistungen an Unternehmer für deren Unternehmen erbringen. Erfolgt die Leistungserbringung an eine Körperschaft des öffentlichen Rechts, besteht das Optionsrecht nur bezüglich der Leistungen für einen Betrieb gewerblicher Art (vgl. FG des Saarlandes vom 28.03.2007, Az: 1 K 1313/03, EFG 2007, 1823).

129 Die Überlassung von Sportgebäuden samt Sportgeräten (Betriebsvorrichtungen) an einen einzigen Vertragspartner für einen langfristigen Zeitraum von z. B. 15 Jahren ist als einheitliche steuerfreie Grundstücksvermietung zu qualifizieren, wenn keine weiteren Leistungen erbracht werden. Diese Leistung ist nicht vergleichbar mit den unterschiedlichen Leistungen, die der Betreiber einer Sportanlage erbringt. Deshalb kommt eine Aufteilung der Leistung in eine steuerfreie Grundstücksvermietung und eine steuerpflichtige Vermietung von Betriebsvorrichtungen nicht in Betracht (vgl. BFH vom 17.12.2008, Az: XI R 23/08, DStR 2009, 797).

130 Wenn ein Unternehmer einen Gegenstand des Unternehmensvermögens zum Teil für steuerfreie Ausgangsleistungen (z. B. steuerfreie Vermietung eines Grundstücksteils oder Nutzung eines Grundstücksteils für steuerfreie ärztliche Leistungen) und zum Teil privat nutzt (z. B. private Wohnzwecke) und dabei auch den privat genutzten Teil dem Unternehmensvermögen zuordnet, steht ihm nach Auffassung des FG Düsseldorf der Vorsteuerabzug insoweit nicht zu. Die Versteuerung der unentgeltlichen Nutzung über § 3 Abs. 9a Nr. 1 UStG setze voraus, dass der Gegenstand für steuerpflichtige Ausgangsumsätze verwendet würde. Die Vorschrift des § 3 Abs. 9a Nr. 1 UStG sei als reine Vorsteuerberichtigungsnorm anzusehen (vgl. FG Düsseldorf vom 07.04.2006, Az: 1 K 5764/04 U, EFG 2008, 495, bestätigt durch BFH vom 11.03.2009, Az: XI R 69/07, UR 2009, 421; FG Düsseldorf vom 17.01.2007, Az: 5 K 3659/04 U, EFG 2007, 1385, bestätigt durch BFH vom 08.10.2008, Az: XI R 58/07, BStBl II 2009, 394).

132 Erbringt der Unternehmer vorsteuerabzugsschädliche steuerfreie Ausgangsleistungen und steuerpflichtige Ausgangsleistungen, so kommt es für den Vorsteuerabzug darauf an, inwieweit die vorsteuerbelasteten Aufwendungen für den Bezug der Eingangsumsätze Teil der Kosten der Ausgangsumsätze sind (vgl. BFH vom 09.11.2006, Az: V R 9/04, BStBl II 2007, 285 und Az: R 43/04, UStB 2007, 31). Ein direkter Zusammenhang zwischen einem Eingangsumsatz (z. B. Bauleistungen zur Herstellung von Wohnappartements) und einem steuerfreien Ausgangsumsatz (z. B. steuerfreie Vermietung von Wohnappartements), der darin besteht, dass die Eingangsleistungen vollständig in die Ausgangsleistungen eingegangen sind, führt zum vollständigen Vorsteuerabzugsverbot. Eine teilweise Zurechnung der Vorsteuerbeträge zu steuerpflichtigen Ausgangsleistungen (z. B. Verpflegung der Bewohner, Reinigung der Appartements, Freizeitangebote) ist ausgeschlossen (vgl. BFH vom 11.05.2007, Az: V B 129/05, BFH/NV 2007, 1551). Der vom EuGH verlangte direkte und unmittelbare Zusammenhang zwischen einer Eingangsleistung und einer Ausgangsleistung ist dann erfüllt, wenn die Eingangsleistung der Ausgangsleistung direkt und unmittelbar zurechenbar ist. Bei den mit der Eingangsleistung verbundenen Kosten muss es sich um Einzelkosten handeln (vgl. auch EuGH vom 08.02.2007, Rs. Investrand, C-435/05, HFR 2007, 407).

133 Der Ausschluss des Vorsteuerabzugs für Eingangsleistungen, die mit »steuerfreien« Umsätzen im Ausland zusammenhängen (§ 15 Abs. 2 Nr. 2 UStG), soll eine Gleichstellung von Inlands- und Auslandsumsätzen bewirken. Zu den Auslandsumsätzen gehören alle Umsätze, deren Leistungsort im Ausland liegt. Dies betrifft nicht nur die Umsätze, die tatsächlich im Ausland erbracht werden, sondern auch die Umsätze, die auf Grund des Empfängerortsprinzips als im Ausland erbracht gelten (vgl. EuGH vom 02.07.2009, Rs. C-377/08, EGN BV, Wpg 2009, 791). Die umsatzsteuerliche Beurteilung der Auslandsumsätze richtet sich stets nach deutschem USt-Recht. Es kommt somit nicht darauf an, ob die Auslandsumsätze nach ausländischem Recht steuerfrei oder steuerpflichtig sind. Besteht für einen steuerfreien Umsatz die Option zur Steuerpflicht und nimmt der Unternehmer diese Möglichkeit wahr, so liegt kein steuerfreier Auslandsumsatz vor (vgl. BFH vom 06.05.2004, Az: V R 73/03, BStBl II 2004, 856). Bei einer Grundstücksvermietung im Ausland, die als steuerpflichtiger Umsatz behandelt wird, ist der Vorsteuerabzug nicht ausgeschlossen.

Beispiel:
Ein Unternehmer hat ein Mehrfamilienhaus in Spanien hergestellt. Das Gebäude dient ausschließlich Wohnzwecken. Die entstandenen deutschen Vorsteuerbeträge belaufen sich auf 20.000 €.

Lösung:
Die Vermietungsleistungen sind nicht steuerbar, weil der Leistungsort in Spanien und nicht im Inland liegt. Im Falle ihrer Steuerbarkeit wären die Vermietungsleistungen gem. § 4 Nr. 12 Buchst. a UStG steuerfrei. Daher entfällt der Vorsteuerabzug gem. § 15 Abs. 2 Nr. 2 UStG.

Abwandlung:
Das Gebäude dient zu 50 % gewerblichen Zwecken und wird insoweit steuerpflichtig vermietet.

Lösung:
In diesem Fall kann der Unternehmer 50 % der Vorsteuerbeträge abziehen.

Der Ausschluss vom Vorsteuerabzug betrifft jedoch nur die nach § 4 Nr. 8–28 UStG steuerbefreiten 134
Umsätze und die nicht steuerbaren Umsätze, die im Falle ihrer Steuerbarkeit nach § 4 Nr. 8–28 UStG steuerfrei wären (zur steuerlichen Behandlung von Reiseleistungen und Leistungen der Weiterbildung von Volkshochschulen, Stiftungen etc. vgl. Verf. der OFD Rheinland vom 22.01.2008, Az: S 7419 – 1000 – St 435, UR 2008, 282). Die Ausführung steuerfreier oder nicht steuerbarer Umsätze i. S. d. § 4 Nr. 1–7, § 25 Abs. 2 oder § 26 Abs. 5 UStG führt dagegen nicht zur Versagung des Vorsteuerabzugs. Dasselbe gilt für Umsätze der Banken und Versicherungen, die nach § 4 Nr. 8 Buchst. a–g oder Nr. 10 Buchst. a UStG steuerfrei sind und sich unmittelbar auf Gegenstände beziehen, die ins Drittlandsgebiet verbracht werden, bzw. deren Leistungsempfänger im Drittlandsgebiet ansässig ist. Der unmittelbare Zusammenhang verlangt, dass die Bank- und Versicherungsumsätze direkt mit den Ausfuhrgegenständen zusammenhängen.

Beispiel 1:
Ein Unternehmer, der Exportgüter herstellt, finanziert die dafür erforderliche Maschine mit einem Kredit.

Lösung:
In diesem Fall kann der Vorsteuerabzug nicht beansprucht werden, weil die Kreditfinanzierung einer Maschine, die der Herstellung von Exportgütern dient, den unmittelbaren Zusammenhang nicht erfüllt.

Beispiel 2 (nach UStAE):
Ein Unternehmer in London lässt bei einem Versicherungsunternehmen in Hamburg eine Ware gegen Transportschäden versichern und liefert sie anschließend an einen Abnehmer in Moskau.

Lösung:
Die Versicherungsleistung ist gem. § 3a Abs. 3 und 4 Nr. 6 Buchst. a UStG nicht steuerbar. Das Versicherungsunternehmen kann die Vorsteuerbeträge, die sich unmittelbar auf die Versicherungsleistung beziehen, zum Abzug bringen. Entscheidend ist in diesem Fall, dass die Ware in das Drittlandsgebiet gelangt. Dass der Leistungsempfänger im Gemeinschaftsgebiet ansässig ist, hat keine Bedeutung.

Von großer praktischer Bedeutung ist die **Nichtanwendung des »alten« Vorsteuerabzugsverbots** 135
nach § 15 Abs. 2 S. 1 Nr. 3 UStG a. F. Vorsteuerbeträge, die mit unentgeltlichen Lieferungen und Leistungen eines Unternehmers zusammenhängen, waren gem. § 15 Abs. 2 S. 1 Nr. 3 UStG a. F. vom Vorsteuerabzug ausgeschlossen, wenn die betreffenden Lieferungen oder sonstigen Leistungen im Fall der Entgeltlichkeit umsatzsteuerfrei wären. Betroffen hiervon waren z. B. unentgeltliche Grundstücksüberlassungen.

Bereits mit Urteil vom 11.12.2003 (Az: V R 48/02, BStBl II 2006, 384) hatte der BFH darauf erkannt, dass dieses Vorsteuerabzugsverbot wegen des günstigeren Gemeinschaftsrechts (Art. 17 Abs. 2 der 6. EG-RL) nicht anzuwenden ist. Interessant ist, dass die Veröffentlichung im BStBl ob der schwierigen Rechtslage drei Jahre auf sich warten ließ! Das BMF hatte zeitgleich mit der Veröffentlichung auf das Urteil reagiert und die Verwaltung angewiesen, § 15 Abs. 2 S. 1 Nr. 3 UStG bis zu einer zu erwartenden gesetzlichen Neuregelung nicht mehr anzuwenden (BMF, Schreiben vom 28.03.2006, Az.: IV A 5 – S 7304 – 11/06, BStBl I 2006, 346). In dem Schreiben erläutert das BMF an Fallbeispielen, wann ein Vorsteuerabzug gewährt wird und wann er ausgeschlossen ist. Maßgeblich für den Umfang des Vorsteuerabzugs sind im Ergebnis die ersten geplanten entgeltlichen Umsätze. Durch das JStG 2007 wurde die Regelung nunmehr aufgehoben (vgl. Rn. 10).

Beispiel:
Der Unternehmer errichtet ein Hotel, das nach der Fertigstellung zunächst für ein Jahr unentgeltlich und anschließend für 20 Jahre steuerpflichtig verpachtet werden soll.

Lösung:
Dem Verpächter steht der Vorsteuerabzug aus den Herstellungskosten des Hotels zu, da im Zeitpunkt des Leistungsbezugs die spätere steuerpflichtige Verwendung feststeht.

Abwandlung:
Das Hotel soll nach der Fertigstellung zunächst für ein Jahr unentgeltlich und sodann für 20 Jahre steuerfrei verpachtet werden.

Lösung:
Dem Verpächter steht der Vorsteuerabzug aus den Herstellungskosten des Hotels nicht zu, da im Zeitpunkt des Leistungsbezugs die spätere steuerfreie Verwendung feststeht.

TIPP
1. § 15 Abs. 2 S. 1 Nr. 3 UStG a. F. erfasste **nicht die »Seeling-Fälle«**; die Vorschrift behandelte ausschließlich Wertabgaben aus unternehmerischen Gründen!
2. Soweit **Umsatzsteuerveranlagungen noch änderbar** sind, wird Unternehmern auf Antrag im Hinblick auf Umsätze, die mit unentgeltlichen Lieferungen oder sonstigen Leistungen in Zusammenhang stehen und die steuerfrei wären, wenn sie gegen Entgelt ausgeführt würden, der Vorsteuerabzug unter den allgemeinen Voraussetzungen des § 15 UStG gewährt.

136 Nach dem Urteil des EuGH vom 28.11.2013 (Rs. C-401/05, DB 2014, 37) kann sich ein Unternehmer nicht einerseits auf eine unionsrechtswidrige Steuerbefreiung berufen und gleichzeitig den Vorsteuerabzug in Anspruch nehmen. Wenn es nicht möglich ist, das nationale Recht konform mit Art. 13 Teil A Abs. 1 Buchst. e der 6. EG-Richtlinie auszulegen, kann sich der Unternehmer unmittelbar auf die Richtlinie berufen, um den Anspruch auf Vorsteuerabzug zu erlangen. Sowohl Art. 13 Teil A Abs. 1 Buchst. e als auch Art. 17 Abs. 1 und 2 der 6. EG-Richtlinie sind hierfür hinreichend bestimmt. Allerdings ist eine asymmetrische Berufung auf die Richtlinie nicht möglich, so dass der Unternehmer grundsätzlich nicht – gestützt auf die Richtlinie – den Abzug der Vorsteuer geltend machen kann, ohne seine Ausgangsumsätze zu versteuern.

137 Zu den steuerfreien Umsätzen und den nicht steuerbaren »steuerfreien« Umsätzen, die den **Vorsteuerabzug gem. § 15 Abs. 3 UStG** gewähren, gehören insbesondere

- Ausfuhrlieferungen und innergemeinschaftliche Lieferungen,
- Lohnveredelungen an Gegenständen der Ausfuhr,
- Umsätze für die Seeschifffahrt und Luftfahrt,
- grenzüberschreitende Güterbeförderungen,
- Beförderungen im internationalen Eisenbahnfrachtverkehr,
- übrige sonstige Leistungen, die mit der Ein-, Aus- oder Durchfuhr zusammenhängen,
- Goldlieferungen an Zentralbanken,
- die Vermittlung der genannten Umsätze,
- bestimmte Umsätze der Eisenbahnen,
- bestimmte Umsätze an ständige diplomatische Missionen,
- bestimmte Umsätze an berufskonsularische Vertretungen,
- bestimmte Umsätze an zwischenstaatliche Einrichtungen,
- bestimmte Umsätze an NATO-Streitkräfte in anderen Staaten,
- Reiseleistungen, bei denen die Reisevorleistungen im Drittlandsgebiet erbracht werden,

- Umsätze nach dem NATO-Zusatzabkommen, nach dem Offshore-Steuerabkommen und dem Protokoll über die NATO-Hauptquartiere,
- die genannten Bank- und Versicherungsumsätze.

Bei einem innergemeinschaftlichen Umsatz, der – wenn er im Inland ausgeführt würde – den Vorsteuerabzug ausschließen würde, kommt kein Vorsteuerabzug in Betracht. Unternehmer, die einen innergemeinschaftlichen Umsatz tätigen, dürfen nicht besser gestellt werden als Unternehmer, die inländische Umsätze tätigen (vgl. EuGH vom 07.12.2006, Rs. C-240/05 Eurodental Sàrl, HFR 2007, 91). Gegenstand des Vorabentscheidungsersuchens war die umsatzsteuerliche Behandlung der Lieferung von Zahnersatz eines Unternehmers aus Luxemburg an deutsche Unternehmer. Streitig war, ob auf diesen Umsatz die Steuerbefreiung für innergemeinschaftliche Lieferungen zur Anwendung kommt, die den Vorsteuerabzug nicht ausschließt, oder die Steuerbefreiung für inländische Lieferungen, die den Vorsteuerabzug ausschließt. Der EuGH entschied, dass ein vorsteuerschädlicher steuerfreier Inlandsumsatz auch dann keinen Vorsteuerabzug ermöglicht, wenn es sich um einen innergemeinschaftlichen Umsatz handelt, weil die Eingangsleistung andernfalls komplett entlastet beim Unternehmer ankäme (Neutralitätsgebot). 138

2.7.4 Ausgewählte Einzelfälle des Vorsteuerabzugsverbot nach § 15 Abs. 1a–3 UStG

Vorsteuerabzug bei Auflösung eines langfristigen Pachtvertrags gegen Entgelt und nach erfolgter steuerfreier Grundstücksveräußerung: Zahlt der Verpächter für die vorzeitige Auflösung eines Pachtvertrags ein Entgelt an den Pächter, dann ist der Verpächter zum Abzug der darin enthaltenen Vorsteuer berechtigt, sofern die vorzeitige Auflösung des Vertrages in einem Zeitpunkt erfolgt, in dem das Pachtverhältnis noch besteht und eine beabsichtigte Grundstücksveräußerung noch nicht festgestellt werden kann (BFH vom 13.12.2017, Az. XI R 3/16, 860). 138a

2.8 Aufteilung von Vorsteuerbeträgen (§ 15 Abs. 4 UStG)

2.8.1 Aufteilung von Vorsteuerbeträgen

§ 15 Abs. 4 UStG erfasst Mischfälle, in denen ein Unternehmer für sein Unternehmen gelieferte oder eingeführte oder innergemeinschaftlich erworbene Gegenstände oder für sein Unternehmen in Anspruch genommene sonstige Leistungen (**Eingangsleistung**), **sowohl** für Ausgangsumsätze, die den Vorsteuerabzug ausschließen (**Ausschlussumsätze**) **als auch** für Ausgangsumsätze, die den Vorsteuerabzug **nicht** ausschließen (**Abzugsumsätze**) verwendet. In diesen Fällen darf der Unternehmer die auf den Eingangsleistungen lastende Vorsteuer nur anteilig abziehen, d. h. der Vorsteuerbetrag ist aufzuteilen (**Aufteilungsgegenstand/-objekt**). § 15 Abs. 4 UStG regelt somit die Aufteilung von Vorsteuerbeträgen aus Eingangsleistungen in bestimmten Fällen. 139

Voraussetzung für die Anwendung des § 15 Abs. 4 UStG ist, dass ein Vorsteuerabzugsbetrag nach § 15 Abs. 1 UStG dem Grunde nach existiert, denn nur dann liegt ein Betrag vor der »aufgeteilt« werden kann. Als Aufteilungsmethoden nennt § 15 Abs. 4 UStG drei Arten der Aufteilung.

- Aufteilung entsprechend der wirtschaftlichen Zurechnung (§ 15 Abs. 4 S. 1 UStG).
- Aufteilung im Wege einer sachgerechten Schätzung (§ 15 Abs. 4 S. 2 UStG).

- Aufteilung nach Maßgabe der Umsätze, falls eine wirtschaftliche Zurechnung nicht möglich ist (§ 15 Abs. 4 S. 3 UStG).

140 Nach jahrelanger Rechtsunsicherheit zeigen die in jüngster Zeit ergangenen Urteile etwas mehr Klarheit in der grundsätzlichen Vorgehensweise der Vorsteueraufteilung (vgl. Hammerl/Fietz, NWB 2016, 3598; Kessler/Reingen, DStR 2016, 2929; zur bisherigen Rechtslage vgl. 4. Aufl.). Unter Berücksichtigung der insbesondere zu gemischt genutzten Gebäuden ergangenen EuGH und BFH Rechtsprechung ist erkennbar, dass eine Klärung der Vorsteueraufteilungsproblematik nach § 15 Abs. 4 UStG grundsätzlich in zwei Phasen erfolgt (vgl. BFH vom 10.08.2016, Az: XI R 31/09, NWB Datenbank, NAAAF-82840; EuGH vom 09.06.2016, Rs. C-332/14, Rey Grundstücksgemeinschaft, NWB Datenbank, CAAAF-75425):

- Phase 1: Bestimmung des Aufteilungsobjektes,
- Phase 2: Bestimmung des Aufteilungsmaßstabes.

141 **Bestimmung des Aufteilungsobjektes:** Zunächst muss bestimmt werden, ob der Vorsteuerabzugsbetrag aus der jeweiligen Eingangsrechnung und damit die Eingangsleistung überhaupt von § 15 Abs. 4 UStG erfasst wird. Hierzu muss als erstes jede Eingangsleistung nach dem Grundsatz der Einzelzurechnung unmittelbar einem oder mehreren Ausgangsumsätzen zugeordnet werden (vgl. Hammerl/Fietz, NWB, 3599 m.W.N.). D.h. jede Eingangsleistung stellt grundsätzlich ein eigenständiges Aufteilungsobjekt dar. Die Ausgangsumsätze, denen die Eingangsleistungen zugeordnet werden müssen, können wiederum in drei Kategorien unterteilt werden (vgl. Abschn. 15.17 Abs. 1 S. 2 UStAE).

- **Kategorie 1:** Vorsteuerbeträge, die in voller Höhe abziehbar sind, weil sie ausschließlich Umsätzen zuzurechnen sind, die zum Vorsteuerabzug berechtigen. → **Zuordnung der Eingangsleistung zu sog. Abzugsumsätzen.**
  Z.B. Vorsteuerbeträge, die bei der Anschaffung von Material oder Anlagegütern in einem Fertigungsbetrieb anfallen; Vorsteuerbeträge aus Warenbezügen in einem Handelsbetrieb.
- **Kategorie 2:** Vorsteuerbeträge, die in voller Höhe vom Abzug ausgeschlossen sind, weil sie ausschließlich Umsätzen zuzurechnen sind, die nicht zum Vorsteuerabzug berechtigen. → **Zuordnung der Eingangsleistung zu sog. Ausschlussumsätzen.**
  Z.B. bei steuerfreien Grundstücksverkäufen die Vorsteuerbeträge für Leistungen des Maklers, des Notars oder für Inserate. Bei steuerfreien Vermietungen und Verpachtungen z.B. Vorsteuerbeträge aus der Anschaffung oder Herstellung eines Wohngebäudes, aus laufenden Instandhaltungsaufwendungen, aus Rechtsberatung oder aus Eingangsleistungen, die im Zusammenhang mit der Grundstücksverwaltung anfallen.
- **Kategorie 3:** Übrige Vorsteuerbeträge. In diese Gruppe fallen **alle Vorsteuerbeträge, die sowohl mit Umsätzen, die zum Vorsteuerabzug berechtigen, als auch mit Umsätzen, die den Vorsteuerabzug ausschließen,** in wirtschaftlichem Zusammenhang stehen. → **Zuordnung der Eingangsleistung zu Abzugs- und Ausschlussumsätzen.**
  Z.B. Vorsteuerbeträge, die mit dem Bau, der Einrichtung und der Unterhaltung eines Verwaltungsgebäudes in Verbindung stehen, das auch der Ausführung steuerfreier Umsätze im Sinne des § 4 Nr. 12 UStG dient.

Vorsteuerbeträge aus Eingangsleistungen der Kategorien 1 und 2 müssen nicht aufgeteilt werden, da sie systembedingt entweder vollständig zum Vorsteuerabzug berechtigen (Kategorie 1) oder der Vorsteuerabzug vollständig versagt wird (Kategorie 2). D.h. nur Vorsteuerbeträge der Kategorie 3 werden von § 15 Abs. 4 UStG erfasst und müssen aufgeteilt werden. Aufteilungsobjekte der Kategorie 3 sind den Abzugs- und Ausschlussumsätzen nach den in § 15 Abs. 4 UStG vorgesehenen Aufteilungsmaßstäben zuzuordnen.

Graphische Darstellung: 142

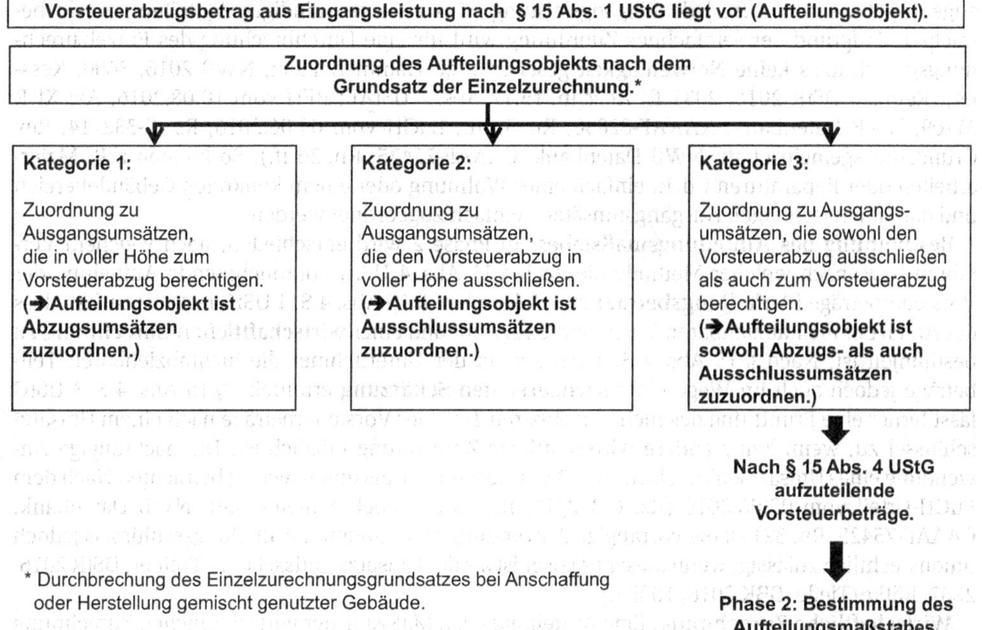

Aufteilungsobjekte bei gemischt genutzten Gebäuden: Bei gemischt genutzten Gebäuden wird hinsichtlich des Aufteilungsobjektes unterschieden, ob es sich bei den Eingangsleistungen um Eingangsleistungen im Zusammenhang mit der Anschaffung oder Herstellung eines Gebäudes handelt oder um Eingangsleistungen im Zusammenhang mit der Nutzung, der Unterhaltung oder dem Erhalt des Gebäudes. 143

Eingangsleistungen im Zusammenhang mit der Anschaffung oder der Herstellung des Gebäudes werden abweichend vom Grundsatz der Einzelzurechnung als »ein« Aufteilungsobjekt betrachtet. D.h. die einzelnen Eingangsleistungen werden nicht vorrangig den Kategorien 1, 2 oder 3 zugeordnet, sondern »**alle**« Eingangsleistungen werden als »**ein**« **Aufteilungsobjekt der Kategorie 3** betrachtet und daher nach § 15 Abs. 4 UStG aufgeteilt (sog. Ein-Topf-Theorie, vgl. Treiber, DStR 2016, 2280; Hammerl/Fietz, NWB 2016, 3600, Kessler, /Reingen DStR 2016, 2931 f.; Abschn. 15.17 Abs. 7 UStAE; BFH vom 10.08.2016, Az: XI R 31/09, NWB Datenbank, NAAAF-82840, Rn. 32 ff.; EuGH vom 09.06.2016, Rs. C-332/14, Rey Grundstücksgemeinschaft, NWB Datenbank, CAAAF-75425, Rn. 26 ff.). Begründet wird die Durchbrechung des Einzelzurechnungsgrundsatzes mit dem Hinweis, dass die Zuordnung der einzelnen Eingangsleistungen in der Praxis sehr komplex und sehr schwer sei. 144

Der EuGH zeigt m. E. nur ein Wahlrecht auf, indem er formuliert, dass eine nationale Regelung dem Steuerpflichtigen gestatten »kann« vom Einzelzurechnungsgrundsatz in Fällen der schweren Durchführbarkeit abzuweichen (EuGH vom 09.06.2016, Rs. C-332/14, Rey Grundstücksgemeinschaft, NWB Datenbank, CAAAF-75425, Rn. 28). Der BFH (10.08.2016, Az: XI R 31/09, NWB Datenbank, NAAAF-82840, Rn. 26 ff. m. w. N.) hält hingegen an der bisherigen nationalen Rechtsprechung fest, die die Zuordnung der Eingangsleistungen zu den Kategorien 1 bis 3 bei Anschaffung oder Herstellung eines Gebäudes stets als schwierig betrachtet und daher die Durchbrechung des Einzelzurechnungsgrundsatzes fordert (kritisch Kessler/Reingen, DStR 2016, 2933).

145 Eingangsleistungen im Zusammenhang mit der Nutzung, der Unterhaltung oder dem Erhalt des Gebäudes müssen nach dem Einzelzurechnungsgrundsatz den jeweiligen Kategorien 1 bis 3 zugeordnet werden. D.h. jede Eingangsleistung wird als eigenständiges Aufteilungsobjekt betrachtet. Aufgrund der »einfachen« Zuordnung wird für eine Durchbrechung des Einzelzurechnungsgrundsatzes keine Notwendigkeit gesehen (vgl. Hammerl/Fietz, NWB 2016, 3600, Kessler, /Reingen DStR 2016, 2931 f.; Abschn. 15.17 Abs. 7 UStAE; BFH vom 10.08.2016, Az: XI R 31/09, NWB Datenbank, NAAAF-82840, Rn. 32 ff.; EuGH vom 09.06.2016, Rs. C-332/14, Rey Grundstücksgemeinschaft, NWB Datenbank, CAAAF-75425, Rn. 26 ff.). So können z.B. Malerarbeiten oder Reparaturen i.d.R. einfach einer Wohnung oder einem konkreten Gebäudebereich und damit den jeweiligen Ausgangsumsätzen einfach zugeordnet werden.

146 **Bestimmung des Aufteilungsmaßstabes:** In Phase 2 wird entschieden, nach welchem Verfahren bzw. nach welcher Methode die nach § 15 Abs. 4 UStG vorzunehmende Aufteilung der Vorsteuerbeträge (**Aufteilungsbetrag)** zu erfolgen hat. § 15 Abs. 4 S. 1 UStG legt hierzu fest, dass der Anteil der nichtabziehbaren Vorsteuerbeträge anhand einer **wirtschaftlichen Zurechnung** zu bestimmen ist. Nach § 15 Abs. 4 S. 2 UStG kann der Unternehmer die nichtabziehbaren Teilbeträge jedoch auch im Wege einer **sachgerechten Schätzung** ermitteln. § 15 Abs. 4 S. 3 UStG lässt ferner eine Ermittlung des nichtabziehbaren Teils der Vorsteuerbeträge nach einem Umsatzschlüssel zu, wenn keine andere wirtschaftliche Zurechnung möglich ist. Die nachrangige Anwendung eines Umsatzschlüssels nach S. 3 wurde zum Teil als unionswidrig betrachtet. Nach dem EuGH-Urteil vom 09.06.2016 (Rs. C-332/14, Rey Grundstücksgemeinschaft, NWB Datenbank, CAAAF-75425, Rn. 32) ist die vorrangige Anwendung eines anderen Aufteilungsschlüssels jedoch unionsrechtlich zulässig, wenn dieser präziser ist als der Umsatzschlüssel (vgl. Treiber, DStR 2016, 2287; Rätke/Tiede, BBK 2016, 1095 f.).

147 **Wirtschaftliche Zurechnung:** Eine Aufteilung nach Maßgabe der wirtschaftlichen Zurechnung kann dadurch erfolgen, dass die Vorsteuerbeträge **gegenständlich** zugeordnet werden oder eine Aufteilung nach **Kostenzurechnungsgesichtspunkten** erfolgt (Abschn. 15.17 Abs. 2 S. 6 UStAE m.w.N.).

Eine **gegenständliche Zurechnung** ist geboten, wenn die vorsteuerbelasteten Eingangsleistungen in die verschiedenen Bereiche der Ausgangsumsätze eingehen. Z.B. Kauf eines **Postens** mit Werbeartikeln, der der Kategorie 3 zugeordnet wurde und nun gegenständlich teilweise in den steuerfreien Bereich (Ausschlussumsätze) und teilweise in den steuerpflichtigen Bereich (Abzugsumsätze) eingeht (vgl. BFH 16.09.1993 Az: VR 82/91, NWB Datenbank SAAAA-94779).

Unter die **wirtschaftliche Zurechnung nach Kostenzurechnungsgesichtspunkten** fallen alle Methoden, die sich an der Kosten-Leistungsrechnung oder der Aufwands- und Ertragsrechnung orientieren, indem sie nach gewissen Anhaltpunkten suchen. So kann z.B. die Verteilung von Verwaltungsgemeinkosten anhand der Schlüsselung eines Betriebsabrechnungsbogens (BAB) eine wirtschaftliche Zurechnung der Eingangsleistung nach Kostenzurechnungsgesichtspunkten darstellen. Z.B. entfallen entsprechend der Schlüsselungsdaten des BAB 30 % der Verwaltungsgemeinkosten auf den Bereich X, in dem Ausgangsumsätze getätigt werden, die zum Vorsteuerabzug berechtigen und 70 % auf den Bereich Y, in dem Ausgangsumsätze getätigt werden, die den Vorsteuerabzug ausschließen.

148 **Sachgerechte Schätzung:** Der Unternehmer hat nach § 15 Abs. 4 S. 2 UStG das Wahlrecht anstelle einer wirtschaftlichen Zurechnung auch eine sachgerechte Schätzung durchzuführen. Welche Schätzmethode der Steuerpflichtige als sachgerechte Schätzmethoden anwendet, obliegt seiner Wahl; der Unternehmer hat hier einen gewissen Spielraum. Das Finanzamt ist an die gewählte Methode gebunden, es kann lediglich überprüfen, ob die Methode sachgerecht ist (vgl. BFH vom 12.03.1998 Az: V 50/97, NWB Datenbank, LAAAA-96264). Als sachgerechte Schätz-

methode kommen – insbesondere bei Gebäuden – folgende Methoden in Betracht (vgl. Hammerl/Fietz, NWB 2016, 3603 m. w. N.):

- Gesamtumsatzschlüssel (Verhältnis von Abzug- zu Ausschlussumsätzen in Bezug auf die Umsätze des gesamten Unternehmens).
- Objektbezogener Umsatzschlüssel (Verhältnis von Abzug- zu Ausschlussumsätzen in Bezug auf den Gesamtumsatz eines Objekts, wie z. B. eines konkreten Gebäudes oder eines konkreten Unternehmensteils).
- Objektbezogener Flächenschlüssel (Verhältnis der jeweiligen Nutzflächen).
- Aufteilung nach dem umbauten Raum.
- Aufteilung nach den Ertragswerten.
- Aufteilung nach betriebswirtschaftlichen Größen.

Rangfolge der Methoden: Nach § 15 Abs. 4 S. 3 UStG dürfen Umsatzmethoden nur angewandt werden, wenn keine andere wirtschaftliche Zurechnungsmethode anwendbar ist. Unter Berücksichtigung des EuGH-Urteils vom 09.06.2016 (EuGH vom 09.06.2016, Rs. C-332/14, Rey Grundstücksgemeinschaft, NWB Datenbank, CAAAF-75425) leitet der BFH in seinem Urteil vom 10.08.2016 (Az: XI R 31/09, NWB Datenbank, NAAAF-82840) folgende Rangfolge bei den Aufteilungsmethoden für Vorsteuerbeträge auf Eingangsleistungen im Zusammenhang mit der Herstellung oder dem Erwerb von gemischt genutzten Gebäude ab (vgl. Hammerl/Fietz, NWB 2016, 3603 m. w. N.): 149

1. **Objektbezogener Flächenschlüssel:** Diese Methode stellt i. d. R. eine präzisere Aufteilungsmethode als ein Umsatzschlüssel dar.
2. **Objektbezogener Umsatzschlüssel:** Weisen die Flächen sehr unterschiedliche Ausstattungsmerkmale auf (z. B. hochwertigere Materialien) oder sind die Flächen nicht vergleichbar (z. B. Photovoltaikanlage auf einem Dach und Gebäudenutzfläche), dann ist der Flächenschlüssel nicht präziser als der Umsatzschlüssel. Der objektbezogene Umsatzschlüssel ist dann geeigneter.
3. **Gesamtumsatzschlüssel:** Dieser ist anzuwenden, wenn die Herstellung des Gebäudes zu den allgemeinen Kosten des Unternehmens gehört.

Es bleibt abzuwarten, wie sich die Praxis künftig verhalten wird (vgl. Rätke/Tiede, BBK 2016, 1094 ff.; Hammerl/Fietz, NWB 2016, 3603 ff.).

Zeitpunkt der Vorsteueraufteilung: Da der Unternehmer bereits im Zeitpunkt des Leistungsbezugs über die Verwendung entscheiden muss, ist die Vorsteueraufteilung ebenfalls im Zeitpunkt des Leistungsbezugs vorzunehmen, selbst wenn die tatsächliche Verwendung erst zu einem späteren Zeitpunkt beginnt. Stimmt die tatsächliche Verwendung nicht mit der beabsichtigten Verwendung überein, wird eine Vorsteuerberichtigung gem. § 15a UStG erforderlich, die innerhalb des maßgeblichen Berichtigungszeitraums ab dem Zeitpunkt der Änderung der Verhältnisse durchgeführt wird. 150

Die formelle Bestandskraft der Umsatzsteuerfestsetzung für das Jahr der Anschaffung oder Herstellung eines gemischt genutzten Gegenstandes, dessen Vorsteuerbeträge sachgerecht aufgeteilt worden sind, hat zur Folge, dass der gewählte Aufteilungsmaßstab auch für die folgenden Steuerfestsetzungen von Bedeutung ist (vgl. BFH vom 02.03.2006, Az: V R 49/05, BStBl II 2006, 729, vom 22.11.2007, Az: V R 35/06, BFH/NV 2008, 628). 151

Vereinfachungen: Für Unternehmer, die neben steuerpflichtigen Umsätzen auch bestimmte steuerfreie Umsätze tätigen, sieht § 43 UStDV Erleichterungen bei der Aufteilung von Vorsteuern vor. Diese Erleichterungen bestehen darin, dass die Vorsteueraufteilung nicht erfolgen muss, weil sie einen unverhältnismäßig hohen Verwaltungsaufwand verursachen würde. Vorsteuern, die nicht ausschließlich den steuerfreien Umsätzen zuzurechnen sind, können daher in vollem 152

Umfang abgezogen werden. Die Vereinfachungsregelung des § 43 UStDV gilt für die folgenden steuerfreien Finanzleistungen:

- Umsätze von Geldforderungen, denen zum Vorsteuerabzug berechtigende Umsätze zu Grunde liegen,
- Umsätze von Wechseln, die der Unternehmer von einem Leistungsempfänger bekommen hat, weil er den Leistenden als Bürge oder Garantiegeber befriedigt, vorausgesetzt, die Vorsteuern sind nicht vom Abzug ausgeschlossen,
- Lieferungen von gesetzlichen Zahlungsmitteln, von im Inland gültigen Wertzeichen und von Einlagen bei Kreditinstituten, wenn es sich bei diesen Umsätzen um Hilfsumsätze handelt.

2.8.2 Ausgewählte Einzelfälle

153 Der Betreiber einer Spielhalle kann Vorsteuerbeträge, die weder seinen steuerfreien Umsätzen mit Geldspielgeräten noch seinen steuerpflichtigen Umsätzen mit Unterhaltungsspielgeräten direkt und unmittelbar zuzuordnen sind, grundsätzlich nicht nach dem Flächenschlüssel aufteilen, wenn die Lokalteile mit den dort aufgestellten Geldspielgeräten (lediglich) durch Stellwände oder größere Pflanzen von dem übrigen Ladenlokal der jeweiligen Spielhalle abgetrennt sind. Die Vorsteueraufteilung nach dem Flächenschlüssel ist in diesem Fall nicht hinreichend objektiv nachprüfbar und daher nicht sachgerecht (vgl. BFH vom 05.09.2013, Az: XI R 4/10, BFH/NV 2013, 2037).

154 Wenn die Geschosshöhen oder die Ausstattung der Räume, die zur Ausführung unterschiedlicher Umsätze genutzt werden, jedoch sehr stark voneinander abweichen, muss der entstandene **Bauaufwand** den einzelnen Umsätzen zugerechnet werden (vgl. BFH vom 20.07.1988, Az: X R 8/80, BStBl II 1998, 1012, zur direkten Zurechnung von Vorsteuerbeträgen bei der Herstellung eines Gebäudes vgl. auch OFD Cottbus, Vfg. vom 06.02.2003, Az: S 7306 – 0004 – St 244, LEXinform 0577249). Nur in den Fällen, in denen die genannten Methoden nicht anwendbar sind oder nicht zu einer wirtschaftlichen Zuordnung führen, kann die Vorsteueraufteilung nach der Umsatzmethode erfolgen (vgl. BFH vom 13.08.2008, Az: XI R 53/07, DStR 2008, 2262).

Beispiel:

Ein Unternehmer lässt ein Gebäude herstellen, das er zu eigenen betrieblichen Zwecken (500 qm) und zu fremden Wohnzwecken (300 qm) nutzen will. Die Fenster der betrieblichen Räume sind als Schaufenster besonders gestaltet. Hierauf entfallen Vorsteuerbeträge i. H. v. 20.000 €. Auf die Fenster der Wohnungen entfallen Vorsteuerbeträge von 10.000 €. Die restlichen Vorsteuern aus der Gebäudeherstellung betragen 400.000 €.

Lösung:

Es handelt sich um ein gemischt genutztes Grundstück, da es zum Teil für Umsätze ohne Vorsteuerausschluss (betriebliche Nutzung) und zum Teil für Umsätze mit Vorsteuerausschluss (Wohnzwecke) verwendet wird. Die Vorsteuern aus der Anschaffung und dem Einbau der Fenster sind den Gebäudeteilen direkt zuzurechnen, während die übrigen Vorsteuerbeträge nach dem Nutzflächenverhältnis aufzuteilen sind.

	Vorsteuer	**abziehbar**	**nicht abziehbar**
Fenster	30.000 €	20.000 €	10.000 €
übrige Herstellungskosten	400.000 €	250.000 €	150.000 €
Gesamtsumme	430.000 €	270.000 €	160.000 €

155 Für Land- und Forstwirte, die einen landwirtschaftlichen Betrieb mit Vorsteuerpauschalierung unterhalten und daneben einen Gewerbebetrieb mit Regelbesteuerung haben, gelten für die Inanspruchnahme eines anteiligen Vorsteuerabzugs nach dem BFH-Urteil vom 13.11.2013 (Az: XI R 2/11, NWB

Datenbank EAAAE-52613) folgende Grundsätze: Der Unternehmer muss die Leistungsbezüge nach dem Prinzip der wirtschaftlichen Zurechnung je einem der beiden Unternehmensteile zuordnen und damit die Vorsteuerbeträge aufteilen. Dabei sind Innenumsätze zwischen dem land- und forstwirtschaftlichen Betrieb und dem gewerblichen Betrieb eines Unternehmens mangels Lieferung oder unentgeltlicher Wertabgabe nicht steuerbar. Wenn beim Bezug der jeweiligen Eingangsleistung noch keine eindeutige Zuordnung möglich ist, ist die Aufteilung notfalls im Wege einer Schätzung vorzunehmen, wobei diese nach der wahrscheinlichen späteren Verwendung der erworbenen Güter zu erfolgen hat.

Mit Urteil vom 16.11.2016 (Az: V R 1/15, DStR 2017, 101, ausführliche Analyse vgl. Becker, NWB 9/2017, 638) gelangt der BFH zu dem Ergebnis, dass der Vorsteuerabzugsbetrag bei der Eingangsleistung »**Anschaffung eines Blockheizkraftwerks**« unter § 15 Abs. 4 UStG fällt, da im zugrundeliegenden Fall mit dem Blockheizkraftwerk sowohl Umsätze ausgeführt werden, die zum Vorsteuerabzug berechtigen (Stromerzeugung) als auch Umsätze, die den Vorsteuerabzug ausschließen (Wärmeproduktion einer Gärtnerei). Der BFH prüft hierbei, welcher Aufteilungsschlüssel anzuwenden ist. Der Flächenschlüssel wird abgelehnt, da die Fläche für die vom Kraftwerk produzierte Energie ohne Bedeutung ist. Maßgebend ist der objektbezogene Umsatzschlüssel. Bemerkenswert ist, dass der BFH nicht die produzierten Kilowattstunden (kWh) ins Verhältnis setzt, sondern die Marktwerte/-preise des erzeugten Stroms und der produzierten Wärme. (S. Heuermann, DStR 2017, 104.) 156

2.9 Vorsteuerabzug für private Fahrzeuglieferer § 15 Abs. 4a UStG

Abweichend von dem Grundsatz, dass das Vorsteuerabzugsrecht nur Unternehmern zusteht, räumt § 15 Abs. 4a UStG den **privaten Fahrzeuglieferern** einen eingeschränkten Vorsteuerabzug ein. Private Fahrzeuglieferer sind Privatpersonen oder nicht im Rahmen ihres Unternehmens handelnde Unternehmer, die ein neues Fahrzeug erworben oder eingeführt haben und es in das übrige Gemeinschaftsgebiet liefern (§ 2a UStG). Diese innergemeinschaftliche Lieferung ist gem. § 6a UStG steuerfrei. Die Besteuerung des Umsatzes erfolgt als innergemeinschaftlicher Erwerb im Bestimmungsland durch den Abnehmer. Der Vorsteuerabzug des Fahrzeuglieferers bewirkt, dass die Lieferung von deutscher USt frei ist und nur der Steuerbelastung des Bestimmungslandes unterliegt. Die abzugsfähigen Vorsteuerbeträge beschränken sich auf die Vorsteuern, die auf den innerdeutschen oder innergemeinschaftlichen Erwerb oder die Einfuhr des Fahrzeugs entfallen. Dabei können jedoch nur die Steuerbeträge abgezogen werden, die entstünden, wenn die Fahrzeuglieferung nicht steuerbefreit wäre (§§ 4 Nr. 1, 6a, 15 Abs. 4a Nr. 2 UStG). Erwerbsvorgänge, die nicht oder nur teilweise mit USt belastet sind, sollen nicht zum Vorsteuerabzug führen. Vorsteuern aus den Anschaffungsnebenkosten oder den Betriebskosten des Fahrzeugs sind nicht abzugsfähig. Der Zeitpunkt des Vorsteuerabzugs richtet sich nach dem Zeitpunkt, in dem die innergemeinschaftliche Fahrzeuglieferung stattfindet und die USt im Bestimmungsland entsteht, so dass der Vorsteuerabzug keine Liquiditätswirkung entfaltet. 157

2.10 Zeitpunkt des Vorsteuerabzugs

Der Vorsteuerabzug erfolgt grundsätzlich in dem Voranmeldungszeitraum, in dem alle Voraussetzungen des § 15 UStG gemeinsam erfüllt sind. Entscheidend ist, dass der Unternehmer von einem anderen Unternehmer eine zum Vorsteuerabzug berechtigende Leistung und eine ord- 158 nungsgemäße Rechnung erhalten hat. Die Entstehung des Vorsteueranspruchs hängt weder von der Zahlung der Rechnung noch vom Beginn der Verwendung der bezogenen Leistung ab. Der Zahlungszeitpunkt ist jedoch von Bedeutung, wenn der Leistungsempfänger eine Voraus- oder Abschlagszahlung leistet. In diesem Fall kann er die Vorsteuer gem. § 15 Abs. 1 S. 1 Nr. 1 S. 2 UStG bereits im Voranmeldungszeitraum der Zahlung geltend machen, obgleich er die Leistung noch nicht erhalten hat. Der Vorsteueranspruch steht jedoch unter der auflösenden Bedingung, dass die Leistung ausgeführt wird. Bleibt die Leistung aus, wird der ursprünglich in Abzug gebrachte Vorsteuerbetrag gem. § 17 Abs. 2 Nr. 2 UStG wieder rückgängig gemacht.

159 Nach dem Gesetzeswortlaut verlangt der Vorsteuerabzug, dass der Leistungsempfänger im Besitz einer Rechnung mit gesondertem Steuerausweis ist. Ist der Zahlungsbetrag niedriger als der in der Rechnung ausgewiesene Betrag, beschränkt sich der Vorsteuerabzug auf den Zahlungsbetrag. Liegt der Zeitpunkt des Leistungsbezugs vor dem Zeitpunkt des Rechnungseingangs, steht dem Leistungsempfänger der Vorsteuerabzug erst zu, wenn er die Rechnung erhalten hat. Für den Vorsteuerabzug müssen beide Voraussetzungen, d. h. der Leistungsbezug und der Erhalt der Rechnung, vorliegen. Im Falle einer späteren Rechnungserteilung wirkt das Vorsteuerabzugsrecht nicht auf den Zeitpunkt der Leistung zurück. Die deutsche Regelung des § 15 UStG steht im Einklang mit Art. 17 und 18 der 6. EG-RL – jetzt: Art. 167 ff. MwStSystRL (vgl. dazu EuGH vom 29.04.2004, Rs. C-152/02, DB 2004, 1080 und BFH vom 01.07.2004, Az.: V R 33/01, BStBl II 2004, 861).

2.11 Nachweis der Voraussetzungen für die Abzugsfähigkeit der Vorsteuerbeträge

160 Da es bei dem Vorsteuerabzug um eine Steuervorschrift zu Gunsten des Steuerpflichtigen handelt, trägt dieser die alleinige Darlegungs- und Feststellungslast (vgl. BFH vom 24.07.2002, Az: V B 25/02, BB 2002, 2006). Er muss deshalb nachweisen, dass die Voraussetzungen für den Vorsteuerabzug vorlagen, und ist verpflichtet, ordnungsgemäße Aufzeichnungen zu führen (§ 22 UStG, §§ 63–67 UStDV). Die Darlegungs- und Feststellungslast umfasst nicht nur die Vorlage einer Rechnung i. S. d. § 14 UStG oder eines zollamtlichen Belegs, sondern auch den Nachweis der Unternehmereigenschaft des Leistenden und des Leistungsbezugs für das eigene Unternehmen. Der Unternehmer kann sich nicht auf den Gutglaubensschutz berufen (vgl. BFH vom 09.07.1998, Az: V B 143/97, IStR 1999, 276; vom 01.02.2001, Az: V R 6/00, BFH/NV 2001, 941; vom 24.04.1986, Az: V R /76, BFH/NV 1987, 745; FG des Saarlandes vom 26.03.2003, Az: 1 K 142/01, NWB 2003, 1651; FG Nürnberg vom 09.08.2002, Az: II 474/2001, DStRE 2004, 41). Die im Zeitpunkt des Leistungsbezugs beabsichtigte Verwendung muss durch objektive Beweisanzeichen belegt werden.

161 Fehlt es an den formalen Voraussetzungen oder sind die formalen Voraussetzungen nicht vollständig erfüllt, ist nach folgenden Grundsätzen zu verfahren: Kann der Unternehmer die für den Vorsteuerabzug erforderliche Originalrechnung über den Leistungsbezug nicht mehr vorlegen, jedoch nachweisen, dass er im Besitz einer solchen Rechnung gewesen ist, besteht die Möglichkeit der Schätzung des Vorsteuerbetrags. Der Nachweis kann mit allen verfahrensrechtlich zulässigen Beweismitteln geführt werden (vgl. BFH vom 12.05.2003, Az: V B 226/02, BFH/NV 2003, 1226; vom 16.04.1997, Az: XI R 63/93, BStBl II 1997, 582; vom 05.08.1988, Az: X R 55/81, BStBl II 1989, 120). Beim Verlust der Originalrechnung wird in Einzelfällen auch das Rechnungsduplikat akzeptiert (vgl. BFH vom 20.08.1998, Az: V R 55/96, UR 1999, 77). Darüber hinaus kann der Vorsteuerabzug auch aus **Billigkeitsgründen** wegen sachlicher Härte (§ 163 AO) gewährt werden, wenn die Versagung nicht mit dem Sinn und Zweck des UStG vereinbar wäre. Billigkeitsmaßnahmen befreien den Unternehmer jedoch nicht von seiner Mitwirkungspflicht bei der Sachverhaltsaufklärung.

Fehlerhafte oder unvollständige Rechnungen berechtigen nicht zum Vorsteuerabzug, denn der ordnungsgemäße Belegnachweis ist hierfür unverzichtbar. Der Unternehmer kann jedoch die Ergänzung der fehlenden Angaben bzw. die Berichtigung der Rechnung durch den Rechnungsaussteller veranlassen. Fehlerhafte Daten über den Lieferumfang oder das Datum des Umsatzes müssen nicht berichtigt werden, wenn der Unternehmer die richtigen Daten anhand seiner Geschäftsunterlagen darlegen kann. 162

2.12 Missbräuchliche Gestaltungen zur Erlangung des Vorsteuerabzugs

Unternehmer, die steuerfreie Umsätze mit Vorsteuerabzugsverbot tätigen, versuchen oftmals, durch besondere Sachverhaltsgestaltungen in den Genuss des Vorsteuerabzugs zu gelangen. Diese Sachverhaltsgestaltungen unterliegen der Prüfung des Rechtsmissbrauchs gemäß § 42 AO. Eine rechtsmissbräuchliche Sachverhaltsgestaltung, die zum Ausschluss des Vorsteuerabzugs führt, liegt nach ständiger Rechtsprechung vor, wenn sie weder durch wirtschaftliche noch durch sonst beachtliche außersteuerliche Gründe gerechtfertigt ist. Ertragsteuerliche Gründe, wie z.B. die Inanspruchnahme der steuerfreien Rücklage nach § 6b EStG, sind keine anzuerkennenden Rechtfertigungsgründe (vgl. zur Problematik BFH vom 09.11.2006, Az: V R 43/04, BStBl II 2007, 344). Im Urteilssachverhalt ging es um eine Bank, die Gesellschafterin einer von ihr gegründeten Personengesellschaft war und dieser im Wege der Sacheinlage ein unbebautes Grundstück übertragen hatte. Die Personengesellschaft errichtete auf diesem Grundstück ein Geschäftshaus, das speziell auf die Bedürfnisse der Bank zugeschnitten war, und vermietete das Gebäude nach dessen Fertigstellung steuerpflichtig an die Bank. Das Ziel der Vorschaltung der Personengesellschaft bestand darin, den Vorsteuerabzug aus der Errichtung des Gebäudes geltend zu machen. Ohne diese Gestaltung hätte die Bank infolge ihrer steuerfreien Ausgangsumsätze kein Recht auf Vorsteuerabzug in Anspruch nehmen können. Der BFH sah in der Gestaltung einen Fall des Steuermissbrauchs, da keine außersteuerlichen Gründe ersichtlich waren. 163

In einem Fall zum Vorsteuerabzug aus Lieferungen in einem Umsatzsteuerkarussell hat der BFH im Anschluss an zwei Urteile des EuGH (vom 12.01.2006, Rs. C-354/03, C-355/03 und C-484/03, Optigen, EuGHW 2006, I-483, vom 06.07.2006, Rs. C-439/04 und C-440/04, Axel Kittel, UR 2006, 594) entschieden, dass Unternehmer, die alle Maßnahmen treffen, um zu gewährleisten, dass ihre Umsätze nicht zu einer Steuerhinterziehung führen, auf die Rechtmäßigkeit ihrer Umsätze vertrauen können, ohne befürchten zu müssen, ihr Vorsteuerabzugsrecht zu verlieren. Im Streitfall ging es um die Lieferung von Mobiltelefonen im Rahmen eines Umsatzsteuerkarussells. Dies liegt vor, wenn Handelsware nach einem Gesamtplan unter Einbeziehung mehrerer Unternehmer, die sich z.T. in mehreren EU-Mitgliedstaaten befinden, in einer Lieferkette verkauft wird, und ein Unternehmer planmäßig die ihm in Rechnung gestellte Vorsteuer geltend macht, seine Umsätze jedoch nicht erklärt und verschwindet, bevor es zur Steuerfestsetzung kommt. Sofern der betreffende Unternehmer nicht weiß und auch nicht wissen kann, dass er in eine Lieferkette einbezogen worden ist und daher auch die Tatpläne seiner Vor- bzw. Nachlieferanten nicht kennt, ist ihm der Vorsteuerabzug zu gewähren (vgl. BFH vom 19.04.2007, Az: V R 48/04, DStR 2007, 1524). Die Behaftung eines anderen Umsatzes in der Lieferkette mit einem Umsatzsteuerbetrug hat jedoch grundsätzlich keine Auswirkungen auf das Vorsteuerabzugsrecht. Von besonderer Bedeutung für die Gesamtbeurteilung sind die persönlichen und wirtschaftlichen Beziehungen der Unternehmer untereinander. Je näher sich der den Vorsteuerabzug begehrende Unternehmer und ein Missing Trader stehen, desto größer ist die Wahrscheinlichkeit der Kenntnis von der 164

Einbindung in einen Umsatzsteuerbetrug (vgl. BFH vom 19.05.2010, Az: XI R 78/07, UR 2010, 952). Zu den Grenzen für die Verfolgung von Vorsteuerbetrug bei Karusellgeschäften vgl. Spatscheck/Spilker, DB 21/2018, 1239.

165 Ein umsatzsteuerlicher Gestaltungsmissbrauch liegt nach Ansicht des FG Münster vor, wenn der Erwerber eines Grundstücks auf Grund der Option des Verkäufers zur Umsatzsteuer einen Vorsteuerabzug hat, diesen jedoch bewusst erst zu dem Zeitpunkt geltend macht, als feststeht, dass die Umsatzsteuerschuld des Verkäufers infolge seiner zwischenzeitlich eingetretenen Vermögenslosigkeit nicht mehr realisiert werden kann. Im Urteilsfall war der Grundstückskäufer über die schlechte Finanzlage des Verkäufers informiert (vgl. FG Münster vom 08.03.2007, Az: 5 K 1992/03 U, EFG 2007, 1562).

166 Aus Scheinrechnungen, denen keine tatsächlichen Leistungen zu Grunde liegen, kann kein Vorsteuerabzug geltend gemacht werden, da das UStG nur tatsächliche wirtschaftliche Vorgänge erfasst (vgl. BFH vom 10.12.2008, Az: XI R 57/06, BFH/NV 2009, 1156). Ein Vorsteuerabzug aus Scheinrechnungen im Billigkeitsweg kommt nicht in Betracht, wenn der Rechnungsempfänger die Zahlungsunfähigkeit des Rechnungsausstellers nicht belegt. (FG Berlin-Brandenburg vom 17.08.2016, Az. 7 K 7246/14, DStRE 12/2017, 749. Seit 20.10.2016 anhängig unter BFH Az. V R 50/16.)

§ 15a UStG
Berichtigung des Vorsteuerabzugs

(1) [1]Ändern sich bei einem Wirtschaftsgut, das nicht nur einmalig zur Ausführung von Umsätzen verwendet wird, innerhalb von fünf Jahren ab dem Zeitpunkt der erstmaligen Verwendung die für den ursprünglichen Vorsteuerabzug maßgebenden Verhältnisse, ist für jedes Kalenderjahr der Änderung ein Ausgleich durch eine Berichtigung des Abzugs der auf die Anschaffungs- oder Herstellungskosten entfallenden Vorsteuerbeträge vorzunehmen. [2]Bei Grundstücken einschließlich ihrer wesentlichen Bestandteile, bei Berechtigungen, für die die Vorschriften des bürgerlichen Rechts über Grundstücke gelten, und bei Gebäuden auf fremdem Grund und Boden tritt an die Stelle des Zeitraums von fünf Jahren ein Zeitraum von zehn Jahren.

(2) [1]Ändern sich bei einem Wirtschaftsgut, das nur einmalig zur Ausführung eines Umsatzes verwendet wird, die für den ursprünglichen Vorsteuerabzug maßgebenden Verhältnisse, ist eine Berichtigung des Vorsteuerabzugs vorzunehmen. [2]Die Berichtigung ist für den Besteuerungszeitraum vorzunehmen, in dem das Wirtschaftsgut verwendet wird.

(3) [1]Geht in ein Wirtschaftsgut nachträglich ein anderer Gegenstand ein und verliert dieser Gegenstand dabei seine körperliche und wirtschaftliche Eigenart endgültig oder wird an einem Wirtschaftsgut eine sonstige Leistung ausgeführt, gelten im Fall der Änderung der für den ursprünglichen Vorsteuerabzug maßgebenden Verhältnisse die Absätze 1 und 2 entsprechend. [2]Soweit im Rahmen einer Maßnahme in ein Wirtschaftsgut mehrere Gegenstände eingehen oder an einem Wirtschaftsgut mehrere sonstige Leistungen ausgeführt werden, sind diese zu einem Berichtigungsobjekt zusammenzufassen. [3]Eine Änderung der Verhältnisse liegt dabei auch vor, wenn das Wirtschaftsgut für Zwecke, die außerhalb des Unternehmens liegen, aus dem Unternehmen entnommen wird, ohne dass dabei nach § 3 Abs. 1b eine unentgeltliche Wertabgabe zu besteuern ist.

(4) [1]Die Absätze 1 und 2 sind auf sonstige Leistungen, die nicht unter Absatz 3 Satz 1 fallen, entsprechend anzuwenden. [2]Die Berichtigung ist auf solche sonstigen Leistungen zu beschränken, für die in der Steuerbilanz ein Aktivierungsgebot bestünde. [3]Dies gilt jedoch nicht, soweit es sich um sonstige Leistungen handelt, für die der Leistungsempfänger bereits für einen Zeitraum vor Ausführung der sonstigen Leistung den Vorsteuerabzug vornehmen konnte. [4]Unerheblich ist, ob der Unternehmer nach den §§ 140, 141 der Abgabenordnung tatsächlich zur Buchführung verpflichtet ist.

(5) [1]Bei der Berichtigung nach Absatz 1 ist für jedes Kalenderjahr der Änderung in den Fällen des Satzes 1 von einem Fünftel und in den Fällen des Satzes 2 von einem Zehntel der auf das Wirtschaftsgut entfallenden Vorsteuerbeträge auszugehen. [2]Eine kürzere Verwendungsdauer ist entsprechend zu berücksichtigen. [3]Die Verwendungsdauer wird nicht dadurch verkürzt, dass das Wirtschaftsgut in ein anderes einbezogen wird.

(6) Die Absätze 1 bis 5 sind auf Vorsteuerbeträge, die auf nachträgliche Anschaffungs- oder Herstellungskosten entfallen, sinngemäß anzuwenden.

(6a) Eine Änderung der Verhältnisse liegt auch bei einer Änderung der Verwendung im Sinne des § 15 Abs. 1b vor.

(7) Eine Änderung der Verhältnisse im Sinne der Absätze 1 bis 3 ist auch beim Übergang von der allgemeinen Besteuerung zur Nichterhebung der Steuer nach § 19 Abs. 1 und umgekehrt

und beim Übergang von der allgemeinen Besteuerung zur Durchschnittssatzbesteuerung nach den §§ 23, 23a oder 24 und umgekehrt gegeben.

(8) [1]Eine Änderung der Verhältnisse liegt auch vor, wenn das noch verwendungsfähige Wirtschaftsgut, das nicht nur einmalig zur Ausführung eines Umsatzes verwendet wird, vor Ablauf des nach den Absätzen 1 und 5 maßgeblichen Berichtigungszeitraums veräußert oder nach § 3 Abs. 1b geliefert wird und dieser Umsatz anders zu beurteilen ist als die für den ursprünglichen Vorsteuerabzug maßgebliche Verwendung. [2]Dies gilt auch für Wirtschaftsgüter, für die der Vorsteuerabzug nach § 15 Abs. 1b teilweise ausgeschlossen war.

(9) Die Berichtigung nach Absatz 8 ist so vorzunehmen, als wäre das Wirtschaftsgut in der Zeit von der Veräußerung oder Lieferung im Sinne des § 3 Abs. 1b bis zum Ablauf des maßgeblichen Berichtigungszeitraums unter entsprechend geänderten Verhältnissen weiterhin für das Unternehmen verwendet worden.

(10) [1]Bei einer Geschäftsveräußerung (§ 1 Abs. 1a) wird der nach den Absätzen 1 und 5 maßgebliche Berichtigungszeitraum nicht unterbrochen. [2]Der Veräußerer ist verpflichtet, dem Erwerber die für die Durchführung der Berichtigung erforderlichen Angaben zu machen.

(11) Das Bundesministerium der Finanzen kann mit Zustimmung des Bundesrates durch Rechtsverordnung nähere Bestimmungen darüber treffen,

1. **wie der Ausgleich nach den Absätzen 1 bis 9 durchzuführen ist und in welchen Fällen zur Vereinfachung des Besteuerungsverfahrens, zur Vermeidung von Härten oder nicht gerechtfertigten Steuervorteilen zu unterbleiben hat;**
2. **dass zur Vermeidung von Härten oder eines nicht gerechtfertigten Steuervorteils bei einer unentgeltlichen Veräußerung oder Überlassung eines Wirtschaftsguts**
   a) **eine Berichtigung des Vorsteuerabzugs in entsprechender Anwendung der Absätze 1 bis 9 auch dann durchzuführen ist, wenn eine Änderung der Verhältnisse nicht vorliegt,**
   b) **der Teil des Vorsteuerbetrags, der bei einer gleichmäßigen Verteilung auf den in Absatz 9 bezeichneten Restzeitraum entfällt, vom Unternehmer geschuldet wird,**
   c) **der Unternehmer den nach den Absätzen 1 bis 9 oder Buchstabe b geschuldeten Betrag dem Leistungsempfänger wie eine Steuer in Rechnung stellen und dieser den Betrag als Vorsteuer abziehen kann.**

Literatur

Ahrens/Hammler, Ausgewählte Zweifelsfragen im Zusammenhang mit der Vorsteuerberichtigung nach § 15a UStG bei Grundstücken/Gebäuden, UStB 2006, 173. **Birkenfeld**, Vorsteuerberichtigung hat Lücken. Eine Darstellung der Problematik anhand von Fallbeispielen, UStB 2004, 16. **Birkenfeld**, Zuordnung von Wohnräumen, wechselndes Recht der Vorsteuerberichtigung und Entwicklungen bei grenzüberschreitenden Umsätzen, UR 2004, 265. **De Weerth**, Vorsteuerberichtigung bei fälschlicher Einstufung als steuerpflichtige Tätigkeit (Anmerkung zu EuGH vom 11.04.2018, Rs. C-532/16, SEB bankas AB), MwStR 2018, 518. **Hahne**, Anwendung der Erweiterung der Vorsteuerberichtigung gem. § 15a UStG n.F. Vorgaben für eine sachgerechte Auslegung der gesetzlichen Neuregelung, DB 2005, 1541. **Hahne**, Vorsteuerberichtigung gem. § 15a Abs. 3 und 4 UStG und ihre Vereinbarkeit mit den Vorgaben der MwStSystRL, BB 2008, 247. **Hidien/Janzen**, Die Neuregelung der Vorsteuerberichtigung nach § 15a UStG. Ein Überblick über die Grundfälle des Tatbestandes, UStB 2005, 126–131 und 152–155. **Huschens**, Umsatzsteueränderungen durch das EU-Richtlinien-Umsetzungsgesetz. Weitreichende Änderungen bei der Vorsteuerberichtigung, (Fach 7, 6385–6404), NWB 2005, 29. **Huschens**, Die Vorsteuerberichtigung nach § 15a UStG. Anmerkung zum BMF-Schreiben vom 06.12.2005 – IV A 5 – S 7316 – 25/05 –, INF 2006, 16–22 und 64–69. **Kahlert**, Vorsteuerberichtigung bei erfolgreicher Insolvenzanfechtung: Anmerkungen zu BFH vom 29.03.2017, XI R 5/16, MwStR 2017, 549. **Küffner/Zugmaier**, Vorsteuerberichtigung nach § 15a UStG: Anmerkungen zum BMF-Schreiben vom 06.12.2005 – IV A 5 – S 7316 – 25/05 –, DStR 2006, 262. **Lübke/Georgy**, Vorsteuerabzug, Vorsteueraufteilung und Vorsteuerberichtigung im Licht der neuen Rechtsprechung, UR 2003, 265. **Radeisen**, Aktuelles aus der Umsatzsteuer – Streitpunkte beim Vorsteuerabzug und dessen Berichtigung –, Stbg 2008, 1. **Reiß**, Vorsteuerabzug, Berichtigung des Vorsteuerabzugs und Besteuerung unentgeltlicher Wertabgaben, UR 2013, 148. **Rondorf**, Neue Grundsätze für den Vorsteuerabzug und die Vorsteuerberichtigung, NWB 2012, 891. **Schmidt**, Die Berichtigung des Vorsteuerabzugs. Vorsteuerberichtigung nach der Neufassung des § 15a UStG zum 01.01.2005, (Fach 7, S. 6559–6576), NWB 2006, 27. **Schmitz/Erdbürger**, Vorsteuerberichtigung: Das BMF-Schreiben zu § 15a Abs. 3 und 4 UStG, BB 2008, 253. **Schüler-Täsch**, Berichtigung wegen Nichtverwendung einer Immobilie für die Zwecke der besteuerten Umsätze (Anmerkung zu EuGH vom 28.02.2018, Rs. C-672/16, Imofloresmira + Investimentos Imobilarios), MwStR 2018, 391. **Streit, von/Zugmaier**, Kann Art. 168a MwStSystRL-E der Vorsteuerfinanzierung den Wind aus den Segeln nehmen?, UR 2008, 205. **Waterschap/Zeeuws/Vlaanderen**, Vorsteuern für jPöR bei Anschaffungen für den Hoheitsbereich endgültig verloren!, UVR 2005, 324–327. **Weimann**, Die neue Berichtigung des Vorsteuerabzugs als Beratungsaufgabe/Rechtsgrundlagen, Praxistipps und Fallbeispiele, UVR 2004, 295. **Weimann**, Art. 20 der 6 EG-RL/§ 15a UStG sind kein Allheilmittel gegen alle als solche empfundenen »Vorsteuer-Ungerechtigkeiten«. Anmerkungen zum und Beratungskonsequenzen aus dem Urteil des EuGH vom 02.06.2005 – Rs. C-378/02, UVR 2005, 234. **Weimann**, Die Neuerungen der Vorsteuerberichtigung/Arbeitshinweise zum Schreiben des BMF vom 06.12.2005, steuer-journal 2/2006, 15 (sj 06020010), 3/2006, 14 (sj 06030011). **Weimann**, Kleinbetragsrechnung, Telefaxrechnung, Vorsteuerberichtigung »Erstes Mittelstandsentlastungsgesetz« schafft umsatzsteuerliche Erleichterungen, verpasst aber auch Chancen!, steuer-journal 20/2006 (sj 0620001). **Weimann**, Mittelstandsentlastungsgesetz: Änderungen des UStG, steuer-journal 20/2006, 14 (sj 06200011). **Wiedekind/Müller-Lee**, Berichtigung des Vorsteuerabzugs für Gegenstände, die als Bestandteil in einen anderen Gegenstand eingehen: Wie ist der Begriff der »Maßnahme« in § 15a Abs. 3 Satz 2 UStG zu verstehen?, UStB 2008, 18.

Verwaltungsanweisungen

OFD Saarbrücken vom 27.05.1993, S 7316 – 14 – St 241, Vorsteuerberichtigung nach § 15a UStG bei Gebäuden nach Beendigung der Vermietung für NATO-Zwecke, Becksche Textausgabe Umsatzsteuer, § 15a III 16.

OFD Frankfurt vom 22.01.1996, Steuerbefreiung bei Abstandszahlungen des Bundesvermögensamtes in Höhe des Vorsteuer-Berichtigungsbetrages nach § 15a UStG nach Beendigung der Vermietung für NATO-Zwecke, Becksche Textausgabe Umsatzsteuer, § 15a III 16a.

BMF vom 06.12.2005, Az: IV A 5 – S 7316 – 25/05, § 15a Umsatzsteuergesetz (UStG) – Berichtigung des Vorsteuerabzugs, BStBl I 2005, 1068.

BMF vom 12.04.2007, Az: IV A 5 – S 7316 – 07/0002, 2007/0161365, § 15a Abs. 3 und 4 Umsatzsteuergesetz (UStG) – Berichtigung des Vorsteuerabzugs für Gegenstände, die als Bestandteil in einen anderen Gegenstand eingegangen sind, und für sonstige Leistungen, BStBl I 2007, 466.

BMF vom 30.09.2008, Az: IV B 8 S 7306/08/10001, 2008/0526721, § 15 Abs. 4 Umsatzsteuergesetz (UStG) – Vorsteuerabzug bei der Anschaffung oder Herstellung von Gebäuden, die sowohl zur Erzielung vorsteuerunschädlicher als auch vorsteuerschädlicher Umsätze verwendet werden, BStBl I 2008, 896.

OFD Koblenz vom 04.11.2008, Az: S 7206/S 7300 A – St 44 5, Nichtunternehmerische Verwendung eines dem Unternehmen zugeordneten Gebäudes / Umsetzung der Seeling-Rechtsprechung, UR 2009, 427.

BMF vom 24.04.2012, Az: IV D 2 – S 7300/11/10002, 2012/0363470, Verlängerung der Nichtbeanstandungsregelung des BMF-Schreibens vom 02.012012, BStBl I 2012, 533.

LfSt Bayern, Verf. vom 29.08.2013, S 7316.2.1 – 3/6 St 33, Vorsteuerberichtigung; Umlaufvermögen, SIS 13 23 29.

OFD Karlsruhe vom 29.02.2016, S 7316, Vorsteuerberichtigung nach § 15a UStG bei Änderung der rechtlichen Beurteilung, DStR 2016, 969.

Hinweis: Zur Problematik der zeitlichen Geltungsdauer von BMF-Schreiben vgl. Einführung UStG, Rz. 100 ff.

Richtlinien/Hinweise/Verordnungen

UStAE: Abschn. 15a.1–15a.12.
MwStSystRL: Art. 184 ff.
UStDV: §§ 44, 45.

1 Allgemeines

1.1 Überblick über die Vorschrift

1 Die Vorsteuerberichtigung (§ 15a UStG), stellt eine den **Vorsteuerabzug** (§ 15 UStG) ergänzende Vorschrift dar. Sie betrifft alle Leistungsbezüge für das Unternehmen und kommt zur Anwendung, sofern sich ab dem Zeitpunkt der erstmaligen Verwendung (ggf. innerhalb der -Verwendungsabsicht im Zeitpunkt des Leistungsbezugs. Stimmt die **tatsächliche Verwendung** nicht mit der **beabsichtigten Verwendung** überein, erfolgt eine Vorsteuerberichtigung, es sei denn, die Bagatellgrenzen des § 44 UStDV sind nicht überschritten. Eine Änderung der Verhältnisse liegt vor, wenn der Unternehmer in einem oder mehreren Jahren des Berichtigungszeitraums Umsätze ausführt, die für den Vorsteuerabzug aus tatsächlichen oder rechtlichen Gründen anders beurteilt werden, als die Umsätze, die der Unternehmer zunächst ausführen will (vgl. z. B. BFH vom 16.05.2002, Az: V R 56/00, UR 2002, 470, vom 22.02.2001, Az: V R 77/96, BStBl II 2003, 426, vom 12.06.1997, Az: V R 49/92, HFR 1998, 220). Die Vorsteuerberichtigung wird nicht rückwirkend, sondern erst ab dem Zeitpunkt der Änderung der Verhältnisse (ex nunc) durchgeführt. Für rückwirkende Vorsteuerberichtigungen sind die verfahrensrechtlichen Vorschriften der AO bezüglich der Aufhebung und Änderung von Steuerfestsetzungen (insbesondere §§ 129, 164, 165, 172 ff. AO) anzuwenden.

2 § 15a UStG soll in erster Linie die missbräuchliche Inanspruchnahme des Vorsteuerabzugs verhindern. Der volle Vorsteuerabzug steht dem Unternehmer nur unter der Voraussetzung zu, dass mit

dem Leistungsbezug (Wirtschaftsgut des Anlage- oder Umlaufvermögens, ausgeführte Arbeiten an Gegenständen, ausgeführte sonstige Leistungen) innerhalb des maßgeblichen Berichtigungszeitraumes Umsätze ausgeführt werden, die den Vorsteuerabzug nicht ausschließen. Andernfalls muss eine den Nutzungsverhältnissen entsprechende Korrektur erfolgen. Desgleichen ist eine Berichtigung zu Gunsten des Unternehmers erforderlich, wenn der bisher nicht zulässige Vorsteuerabzug infolge der Änderung der Verhältnisse ganz oder teilweise geltend gemacht werden kann. Die allgemeinen Voraussetzungen für den Vorsteuerabzug müssen vor der Durchführung der Vorsteuerberichtigung erfüllt sein (vgl. Abschn. 15a.1 Abs. 5 UStAE). Fehlt es an der ordnungsgemäßen Rechnung oder am zollamtlichen Einfuhrbeleg, werden die betreffenden Vorsteuerbeträge nicht in die Berichtigung einbezogen. Werden die erforderlichen Dokumente später nachgereicht und haben sich die Verhältnisse zu diesem Zeitpunkt bereits geändert, kommt es in dem Jahr, in dem die Dokumente vorliegen, zum Vorsteuerabzug und zugleich zur Vorsteuerberichtigung.

1.2 Rechtsentwicklung

Die Berichtigungsvorschrift des § 15 a UStG kam durch das **SteuerÄndG 1973** in das UStG 1967 3
und trat an die Stelle des § 15 Abs. 7 UStG 1967. Sie basierte auf Art. 11 Abs. 3 Unterabs. 3 der 2. EG-RL (67228/EWG), der eine Vorsteuerberichtigung für Investitionsgüter vorsah, wenn sich die Nutzungsverhältnisse (Nutzung für Umsätze, die den Vorsteuerabzug ermöglichen oder ausschließen) innerhalb des Berichtigungszeitraumes änderten. Der Berichtigungszeitraum des § 15 Abs. 7 UStG belief sich für alle Wirtschaftsgüter auf fünf Jahre. Der neue § 15 a UStG führte bei Grundstücken, ihren wesentlichen Bestandteilen und grundstücksgleichen Rechten sowie bei Binnenschiffen zu einer Verlängerung des Berichtigungszeitraums von fünf auf zehn Jahre, weil man erkannt hatte, dass die kurze Frist von nur fünf Jahren bei langlebigen Anlagegütern zu ungerechtfertigten Steuervorteilen führen konnte. Bei Wirtschaftsgütern, deren tatsächliche Verwendungsdauer kürzer als die typisierten Berichtigungszeiträume war, konnte die tatsächliche Verwendungsdauer als Berichtigungszeitraum berücksichtigt werden. Ferner wurde die Vorsteuerberichtigung auf nachträgliche Anschaffungs- oder Herstellungskosten ausgedehnt. Schließlich sah der neue § 15 a UStG auch eine Berichtigung in den Fällen der Veräußerung oder Entnahme des Wirtschaftsgutes vor Ablauf des Berichtigungszeitraums vor. Mit dem Inkrafttreten des **UStG 1980** wurde die 6. EG-RL (77/388/EWG) ins deutsche Recht umgesetzt. Der Berichtigungszeitraum für Binnenschiffe wurde wieder auf fünf Jahre verkürzt. Weitere Änderungen betrafen die Verordnungsermächtigungen. Das **StMBG 1994** führte zur Erweiterung des § 15 a UStG um den Abs. 6a, der die Vorsteuerberichtigung im Falle einer nicht mehr steuerbaren Geschäftsveräußerung (§ 1 Abs. 1a UStG) betrifft und die Nichtbesteuerung der letztmaligen Verwendung des Wirtschaftsgutes verhindern soll. Mit dem **StBereinG 1999** erfolgte eine Änderung des § 44 Abs. 1 UStDV bezüglich des Zeitpunkts der Vorsteuerberichtigung. Während die Berichtigung bislang nur am Ende eines Kalenderjahres erklärt zu werden brauchte, muss die Vorsteuerberichtigung seit dem 01.01.2000 bereits im Voranmeldungszeitraum der Nutzungsänderung durchgeführt werden, sofern der Berichtigungsbetrag 6000 €/12000 DM übersteigt.

Erneute Änderungen erfuhr die Vorsteuerberichtigung zum 01.04.1999 durch das **StEntlG** 4
1999/2000/2002. Die Abschaffung des Tatbestands des Eigenverbrauchs und die an seine Stelle tretende unentgeltliche Wertabgabe (§ 3 Abs. 1b, Abs. 9a UStG) führten zu redaktionellen Änderungen in den Abs. 4, 5 und 6. In Abs. 3 wurde als Nr. 2 eine Verpflichtung zur Vorsteuerberichtigung in den Fällen der Nutzungsänderung von Fahrzeugen eingeführt (Wechsel von bisher gemischter Nutzung zur ausschließlich unternehmerischen Nutzung und umgekehrt). Diese

Änderung folgte aus der Begrenzung des Vorsteuerabzugs auf 50 % für gemischt genutzte Fahrzeuge (§ 15 Abs. 1b UStG). Die neue Berichtigungsvorschrift des § 15a Abs. 4 S. 2 UStG kam bei steuerpflichtiger Veräußerung von gemischt genutzten Fahrzeugen zur Anwendung. Sie diente der Kompensierung, da die Veräußerung zu 100 % steuerpflichtig war, dem Unternehmer bei Anschaffung jedoch nur ein Vorsteuerabzug von 50 % zustand. Weitere Änderungen der §§ 15 und 15a UStG waren infolge der neuen Rspr. des EuGH und des BFH zum Vorsteuerabzug erforderlich (vgl. z. B. EuGH vom 08.06.2000, Rs. C-396/98, HFR 2000, 687; BFH vom 22.02.2001, Az: V R 77/96, DB 2001, 785). Nach der durch das **StÄndG 2001** geänderten Fassung des § 15a UStG erfolgt eine Vorsteuerberichtigung, wenn die tatsächliche Verwendung nicht mit der beabsichtigten Verwendung übereinstimmt. Da der Berichtigungszeitraum im Zeitpunkt der erstmaligen Verwendung des Wirtschaftsgutes beginnt und auch das Jahr der erstmaligen Verwendung umfasst, können die in der Investitionsphase geltend gemachten Vorsteuerbeträge im Ergebnis wieder rückgängig gemacht werden. § 15a Abs. 5 UStG wurde durch das StÄndG 2001 aufgehoben. Die Verordnungsvorschrift des § 44 Abs. 2 S. 1 UStDV wurde insoweit geändert, als der Zeitpunkt der Berichtigung in den VZ verlegt werden kann, in dem der Berichtigungsgrund entstanden ist. Durch das StEuglG wurden die DM-Beträge in Euro-Beträge umgerechnet.

5 Die Vorsteuerberichtigung in der durch das StÄndG 2001 geänderten Fassung ist grundsätzlich erst ab dem 01.01.2002 anzuwenden. Für Zeiträume vor dem 01.01.2002 gilt sie rückwirkend gem. § 27 Abs. 8 UStG, so dass die Vorsteuer zu berichtigen ist, wenn der Unternehmer im Zeitpunkt des Leistungsbezugs den Vorsteuerabzug infolge der von ihm erklärten Verwendungsabsicht in Anspruch genommen hat, später jedoch eine davon abweichende Verwendung vornimmt. Diese Rückwirkung gilt für alle Wirtschaftsgüter, die nicht nur einmalig zur Ausführung eines Umsatzes verwendet werden (BFH vom 24.09.2009, Az: V R 6/08, BStBl II 2010, 315).

6 Mit Wirkung zum 01.01.2004 ist § 15 Abs. 1b UStG (Vorsteuerabzugsverbot für gemischt genutzte Fahrzeuge i. H. v. 50 %) gestrichen worden, weil dieses Vorsteuerabzugsverbot nach Auffassung des Gesetzgebers nicht mit der MwStSystRL vereinbar ist. Auf Grund dieser Änderung musste § 15a Abs. 3 UStG neu gefasst werden, denn die Vorsteuerberichtigung ist für eine geänderte Nutzung von gemischt genutzten Fahrzeugen nicht mehr erforderlich. Eine weitere Folge aus der Streichung des § 15 Abs. 1b UStG ist die Streichung des § 15a Abs. 4 S. 2 UStG. Die Gesetzesänderung in Form des Wegfalls des § 15 Abs. 1b UStG stellt eine Änderung der Verhältnisse i. S. d. § 15a UStG dar und löst damit selbst eine Vorsteuerberichtigung aus.

7 Mit Wirkung zum 01.01.2005 wurden § 15a UStG und § 44 UStDV durch das EURLUmsG erneut geändert. Die von der Vorsteuerberichtigung betroffenen Leistungsbezüge wurden ausgedehnt auf die Wirtschaftsgüter des Umlaufvermögens, auf ausgeführte Arbeiten an Gegenständen und auf ausgeführte sonstige Leistungen.

8 Die für die Vorsteuerberichtigung maßgebliche Bagatellgrenze ist zum 01.01.2005 von 250 € auf 1.000 € angehoben worden. Die Vorsteuerberichtigung erfolgt am Ende des Berichtigungszeitraums, wenn die auf die Ausgaben entfallende Vorsteuer nicht mehr als 2500 € beträgt. Mit Wirkung zum 01.01.2007 erfolgte eine weitere Änderung des § 15a UStG durch das »Erste Gesetz zum Abbau bürokratischer Hemmnisse insbesondere in der mittelständischen Wirtschaft« – (»MittelstandsentlastungsG«) (BStBl I 2006, 1970). In § 15a Abs. 3 UStG wurde ein neuer Satz eingefügt, wonach sämtliche Gegenstände, die **im Rahmen einer Maßnahme** des Unternehmers in ein Wirtschaftsgut eingegangen sind, und sämtliche sonstige Leistungen, die im Rahmen **dieser** (einen) Maßnahme an einem Wirtschaftsgut ausgeführt worden sind, zu **einem Berichtigungsobjekt** zusammenzufassen sind. Die Vorschrift erleichtert die Überwachung und Durchführung der Vorsteuerberichtigung durch die betroffenen Unternehmer und die Verwaltung (BR-Drucks. 302/06 vom 05.05.2006 und BT-Drucks. 16/1407 vom 09.05.2006, Begründung zu Art. 8 Nr. 1 Buchst. a). Das bisher bestehende Wahlrecht der Zusammenfassung ist nunmehr zur Pflicht geworden.

In § 15a Abs. 4 UStG wurden zwei neue Sätze eingefügt, die klarstellen, welche **sonstigen Leistungen** der Berichtigung des Vorsteuerabzugs unterliegen. Die Verpflichtung zur Berichtigung des Vorsteuerabzugs wird auf solche sonstigen Leistungen beschränkt, für die ertragsteuerrechtlich ein **Aktivierungsgebot** besteht. Neu ist allerdings auch hier, dass der Unternehmer anders als nach dem BMF-Schreiben vom 06.12.2005 (BStBl I 2005, 1068) (»... wird es nicht beanstandet ...«) **keinerlei Wahlrechte** hat. Der Vorsteuerberichtigung unterliegen – abgesehen von den Anzahlungs- oder Vorauszahlungsfällen – nur noch solche Leistungen, für die in der Steuerbilanz ein Aktivierungsgebot bestünde. Dabei kommt es nicht darauf an, ob der Unternehmer nach §§ 140, 141 AO selbst zur Buchführung verpflichtet ist. Die Regelung gilt damit auch für Unternehmer, die ihren Gewinn nach § 4 Abs. 3 EStG oder ihre Einkünfte als Überschuss der Einnahmen über die Werbungskosten ermitteln. 9

Die Änderung des Art. 20 Abs. 2 Unterabs. 6 der 6. EG-RL (Art. 187 Abs. 1 Unterabs. 3 MwStSystRL) durch die zweite USt-Vereinfachungsrichtlinie (95/7/EG) ermöglicht den Mitgliedstaaten, den Berichtigungszeitraum für Grundstücke auf 20 Jahre auszudehnen. Von dieser Möglichkeit hat der Gesetzgeber bislang noch keinen Gebrauch gemacht. 10

Das Jahressteuergesetz 2010 führte mit Wirkung zum 01.01.2011 zur Einführung der Berichtigungsregelungen des Abs. 6a und des Abs. 8 S. 2. Dabei handelt es sich um Folgeregelungen des ebenfalls zum 01.01.2011 eingeführten § 15 Abs. 1b UStG (anteiliger Ausschluss des Vorsteuerabzugs für nichtunternehmerisch genutzte Grundstücke). Durch die neuen Berichtigungsregelungen wird sichergestellt, dass es bei einer späteren Nutzungsänderung eines gemischt genutzten Grundstücks zur Vorsteuerberichtigung kommt. Die Neuregelungen betreffen Grundstücke, die vor dem 01.01.2011 erworben wurden bzw. deren Herstellung vor dem 01.01.2011 begonnen hat. 11

Die Vereinfachungsvorschrift des § 44 Abs. 3 UStDV wurde zum 01.01.2012 aufgehoben (Art. 1 Nr. 5 der Zweiten Verordnung zur Änderung steuerlicher Verordnungen vom 02.12.2011). In der Praxis hat diese Regelung nicht zur Vereinfachung geführt. 12

1.3 Auswirkungen der Vorsteuerberichtigung auf das Ertragsteuerrecht

Die Vorsteuerberichtigung führt gem. § 9b Abs. 2 EStG aus Vereinfachungsgründen nicht zur Änderung der Anschaffungs- oder Herstellungskosten. Daher entfällt die Änderung der Bilanzansätze und die Neuberechnung der jährlichen Abschreibungen. Die Berichtigung zu Gunsten des Unternehmers, d. h. die Erhöhung der abzugsfähigen Vorsteuerbeträge, stellt ertragsteuerlich eine (Betriebs-)Einnahme dar und führt demzufolge zur Erhöhung des zu versteuernden Einkommens und damit zur Erhöhung der Ertragsteuerbelastung. Umgekehrt wirkt sich die Berichtigung zu Ungunsten des Unternehmers, d. h. die Kürzung der abzugsfähigen Vorsteuerbeträge, über den Betriebsausgaben- oder Werbungskostenabzug ertragsteuermindernd aus. 13

Die einkommensteuerliche Behandlung der Berichtigungsbeträge nach § 9b EStG setzt nicht voraus, dass sie im Rahmen einer Einkunftsart anfallen. Wenn ein Unternehmer z. B. Vorsteuerabzugsbeträge nach § 15a Abs. 8 UStG zurückzahlen muss, weil er ein mit Vorsteuerabzug erworbenes Mietwohngrundstück des Privatvermögens umsatzsteuerfrei veräußert, so sind diese Vorsteuerbeträge Werbungskosten bei den Einkünften aus Vermietung und Verpachtung, obwohl die Veräußerung nicht steuerbar ist. 14

Die Vereinfachungsregelung des § 9b Abs. 2 EStG gilt nur für Vorsteuerberichtigungen gem. § 15a UStG. Die Aufhebung oder Änderung einer USt-Festsetzung nach den Vorschriften der AO, die z. B. rückwirkend auf Grund einer Außenprüfung erfolgen, machen eine Änderung der 15 ursprünglichen Anschaffungs- oder Herstellungskosten und damit auch eine Neuberechnung der Abschreibungen und eine Änderung der Bilanzansätze erforderlich.

1.4 Vorsteuerberichtigung im Insolvenzverfahren

16 Im Insolvenzverfahren eines Unternehmens wird regelmäßig eine Insolvenzquote festgelegt, so dass die Gläubiger nur einen Teil ihrer Forderungen erhalten. Dabei stellt sich die Frage, ob Steuerforderungen zu den bevorzugten Masseverbindlichkeiten gehören oder als Insolvenzforderungen unter die Insolvenzquote fallen (§ 15a Abs. 8 UStG). Nach der Rechtsprechung des BFH zählt ein Vorsteuerberichtigungsanspruch der Finanzverwaltung zu den Masseverbindlichkeiten, wenn dieser Anspruch durch eine von der ursprünglichen Planung abweichende Nutzung von Wirtschaftsgütern durch den Insolvenzverwalter entsteht (BFH vom 09.02.2011, Az: XI R 35/09, BFH/NV 2011, 1445). Das Finanzamt kann die Forderung durch Steuerbescheid gegenüber dem Insolvenzverwalter festsetzen. Ebenso hat das FG Berlin-Brandenburg mit seinem Urteil vom 24.11.2011 (Az: 7 K 7008/08, EFG 2001, 1385) entschieden, dass ein Vorsteuerberichtigungsbetrag, der dadurch entsteht, dass der Insolvenzverwalter ein vor Eröffnung des Insolvenzverfahrens mit Vorsteuerabzug erworbenes Erbbaurecht steuerfrei veräußert, als Masseverbindlichkeit anzusehen ist. Der BFH hat diese Rechtsauffassung bestätigt (Urteil vom 08.03.2012, Az: V R 24/11, BFH/NV 2012, 898).

1.5 Geltungsbereich

1.5.1 Sachlicher Geltungsbereich

1.5.1.1 Wirtschaftsgüter des Anlage- und Umlaufvermögens

17 Die Vorsteuerberichtigung gem. § 15a Abs. 1 UStG gilt für alle beweglichen und unbeweglichen **Wirtschaftsgüter**, für deren Anschaffung oder Herstellung Vorsteuern von **mehr als 1.000 €** angefallen (§ 44 Abs. 1 UStDV) und die länger als ein Jahr für die Ausführung von Umsätzen nutzbar sind. Es handelt sich dabei um Wirtschaftsgüter des **Anlagevermögens** mit Anschaffungs- oder Herstellungskosten von mehr als **5.263,16 € (netto; bei einem Steuersatz von 19 %)**. Art. 187 Abs. 1/Art. 20 Abs. 2 der 6. EG-RL spricht von **Investitionsgütern**. Darunter versteht der EuGH einen Gegenstand, der langlebig ist und dessen Anschaffungs- oder Herstellungskosten über mehrere Jahre abgeschrieben werden (EuGH vom 01.02.1977, Rs. C-51/76, Nederlandse Ondernemingen, UR 1977, 90). Der umsatzsteuerliche Begriff des Wirtschaftsgutes deckt sich mit dem ertragsteuerlichen Begriff, so dass die ertragsteuerlichen Abgrenzungskriterien analog herangezogen werden. Demnach sind Wirtschaftsgüter i.S.d. § 15a Abs. 1 UStG alle Gegenstände und vermögenswerten Vorteile, die der vorsteuerabzugsberechtigte Unternehmer von einem anderen Unternehmer entgeltlich bezogen hat, die selbständig zu bewerten sind und einzeln veräußert werden können. Ferner müssen die Wirtschaftsgüter dem Unternehmensvermögen (d.h. nicht dem ertragsteuerlichen Betriebsvermögen) zugeordnet und zu mindestens 10 % für unternehmerische Zwecke verwendet werden (§ 15 Abs. 1 S. 2 UStG). Wirtschaftsgüter i.S.d. § 15a Abs. 1 UStG können ganz oder teilweise zu Umsätzen genutzt werden, die den Vorsteuerabzug ermöglichen oder ausschließen.

Beim Bezug von Wirtschaftsgütern des **Umlaufvermögens** muss seit dem 01.01.2005 gem. § 15a Abs. 2 UStG ebenfalls eine Vorsteuerberichtigung vorgenommen werden, wenn diese Gegenstände tatsächlich anders bezüglich des Vorsteuerabzugs genutzt werden, als dies im Zeitpunkt des Leistungsbezugs beabsichtigt war. Die umsatzsteuerliche Verwendung von Wirtschaftsgütern des Umlaufvermögens ist der jeweilige Umsatz, d.h. der Umsatz löst die Vorsteuerberichtigung aus. Betroffen von dieser Regelung sind insbesondere Grundstücke, die zum Umlaufvermögen gehören, wenn die Veräußerung umsatzsteuerlich anders zu beurteilen ist als die ursprüngliche Verwendungsabsicht. Weitere Wirtschaftsgüter des Umlaufvermögens sind Handelswaren, Rohstoffe und sonstige Gegenstände, die Bestandteile eines Werkes sind, das vom Unternehmer hergestellt wird. 18

Ein Anwendungsfall der Vorsteuerberichtigung liegt z.B. vor, wenn ein Kleinunternehmer aus dem Wareneinkauf zunächst keinen Vorsteuerabzug geltend machen kann, später jedoch auf Grund der Überschreitung der Umsatzgrenzen unter die Regelbesteuerung fällt und die Ware steuerpflichtig veräußert. Durch Vorsteuerberichtigung kann der Vorsteuerabzug nachträglich geltend gemacht werden (BayLfSt vom 10.02.2011, Az: S 7316.2.1-3/3 St 33, StuB 2011, 197). 19

Die Vorsteuerberichtigung bei Wirtschaftsgütern des Umlaufvermögens findet nur einmalig statt. Sie erfolgt in dem Besteuerungszeitraum, in dem die Änderung der Verhältnisse eintritt (Abschn. 15a.5 UStAE). 20

Wichtig ist, dass die Nachholung des Vorsteuerabzugs eine ordnungsmäßige Rechnung voraussetzt, so dass die Inanspruchnahme des Vorsteuerabzugsrechts nicht aus formalen Gründen scheitert. 21

Die Bagatellgrenze des § 44 Abs. 1 UStDV ist dabei zu beachten. Für jedes einzelne Berichtigungsobjekt kommt es auf die Höhe der Anschaffungs- oder Herstellungskosten an. Nachträgliche Anschaffungs- oder Herstellungskosten stellen eigene Berichtigungsobjekte dar, so dass sie nicht einzubeziehen sind. 22

1.5.1.2 (Nachträgliche) Anschaffungs- oder Herstellungskosten

Unter die Berichtigungsvorschrift des § 15a UStG fallen zunächst die Vorsteuerbeträge, die sich auf die Anschaffungs- oder Herstellungskosten der unternehmerisch genutzten Wirtschaftsgüter beziehen. Die Einbeziehung von Kosten in die Anschaffungs- oder Herstellungskosten richtet sich nach ertragsteuerlichen Grundsätzen, wobei es nicht auf die bilanzsteuerliche Bilanzierung und Bewertung ankommt. Deshalb erstreckt sich der sachliche Anwendungsbereich des § 15a UStG auch auf solche Kosten, die dem Grunde nach zu den Anschaffungs- oder Herstellungskosten gehören, jedoch nicht aktiviert werden. 23

Des Weiteren gilt die Vorsteuerberichtigung für die Vorsteuern auf **nachträgliche Anschaffungs-** oder **Herstellungskosten** von Berichtigungsobjekten nach § 15a Abs. 1 bis 4 UStG. Für diese Vorsteuerbeträge gibt es in § 15a Abs. 6 UStG eine eigene Berichtigungsvorschrift, so dass sie nicht in die auf die Anschaffungs- oder Herstellungskosten entfallenden Vorsteuern einbezogen werden. Die Bagatellgrenzen des § 44 UStDV sind isoliert zu prüfen. Der **Berichtigungszeitraum** beginnt in dem Zeitpunkt, in dem das geänderte Wirtschaftsgut erstmals zur Erzielung von Umsätzen verwendet wird und beträgt je nach Wirtschaftsgut fünf oder zehn Jahre, es sei denn, das Wirtschaftsgut weist im Zeitpunkt der nachträglichen Anschaffungs- oder Herstellungskosten eine kürzere Restnutzungsdauer auf, so dass dieser kürzere Zeitraum maßgebend ist (vgl. Abschn. 15a.8 Abs. 1 S. 4 UStAE). 24

Die für die Anwendung des § 15a UStG erforderliche Abgrenzung von **nachträglichen Anschaffungs-** oder **Herstellungskosten** einerseits und **Erhaltungsaufwand** andererseits erfolgt nach ertragsteuerlichen Grundsätzen. Für Vorsteuern auf Erhaltungsaufwand kommt im Falle einer späteren Nutzungsänderung eine Berichtigung nach § 15a Abs. 3 UStG in Betracht (Abschn. 15.a. 25

Abs. 2 Nr. 6 UStAE). Der Vorsteuerabzug richtet sich nach der Verwendungsabsicht im Zeitpunkt des Leistungsbezugs. Anschaffungsnahe Herstellungskosten i. S. d. § 6 Abs. 1 Nr. 1a EStG gelten nicht als nachträgliche Anschaffungs- oder Herstellungskosten (Abschn. 15.17 Abs. 6 UStAE).

1.5.1.3 Bestandteile eines Wirtschaftsgutes und Leistungen an einem Wirtschaftsgut

26 Die Vorsteuerberichtigung gilt ab dem 01.01.2005 auch für Gegenstände, die nachträglich in ein Wirtschaftsgut eingehen und dadurch ihre Eigenart verlieren (§ 15 a Abs. 3 UStG). Es handelt sich um Gegenstände, die nicht selbständig nutzbar sind und mit dem Wirtschaftsgut, dessen Bestandteile sie werden, in einem einheitlichen Nutzungs- und Funktionszusammenhang stehen. Als feste Bestandteile eines Kfz kommen z. B. eine Klimaanlage, ein fest eingebautes Navigationssystem oder ein Austauschmotor in Betracht. Feste Bestandteile eines Gebäudes können z. B. eine Klimaanlage, ein Aufzug, eine Einbauküche, Fenster, ein angebauter Balkon sein.

27 Jeder Bestandteil hat einen eigenen Berichtigungszeitraum, der unabhängig ist von dem Wirtschaftsgut, in das er eingegangen ist. Die Dauer des Berichtigungszeitraums (z. B. 5 oder 10 Jahre) richtet sich nach dem Wirtschaftsgut, in das der Gegenstand eingeht.

28 Ausgeführte Leistungen an Wirtschaftsgütern fallen ebenfalls unter die Vorsteuerberichtigung des § 15 a Abs. 3 UStG, wenn sie im Zeitpunkt des Leistungsbezugs wirtschaftlich noch nicht verbraucht sind. Sie müssen eine eigene Werthaltigkeit über den Zeitpunkt des Leistungsbezugs hinaus haben. Solche Leistungen sind z. B. der Fassadenanstrich, die Fassadenreinigung, Renovierungsarbeiten und Generalüberholungsarbeiten. Nach Auffassung der Finanzverwaltung fallen nur solche Leistungen unter die Berichtigungspflicht nach § 15 a Abs. 3 UStG, die unmittelbar an einem Wirtschaftsgut erbracht werden (Abschn. 15a.6. Abs. 5 UStAE). Bei fehlender Unmittelbarkeit erfolgt die Vorsteuerberichtigung nach § 15 a Abs. 4 UStG.

29 Für die Vorsteuerberichtigung bezüglich der ausgeführten Leistungen kommt es nicht darauf an, dass die Leistungen den Wert des Wirtschaftsgutes erhöhen. Auch werterhaltende Maßnahmen fallen unter die Vorsteuerberichtigung.

30 Alle Gegenstände, die im Rahmen **einer Maßnahme** des Unternehmers in ein Wirtschaftsgut eingegangen sind, **müssen** seit dem 01.01.2007 zu einem Berichtigungsobjekt zusammengefasst werden. Dasselbe gilt für alle sonstigen Leistungen, die im Rahmen **dieser** (einen) Maßnahme an einem Wirtschaftsgut ausgeführt worden sind.

31 Die Regelung ist im Grundsatz materiell nicht neu, nunmehr aber auch gesetzlich verankert. Neu ist allerdings, dass die Zusammenfassung zu einem Berichtigungsobjekt nunmehr zwingend zu erfolgen hat; das BMF-Schreiben vom 06.12.2005 (BStBl I 2005, 1068) hatte diese lediglich wahlweise zugelassen (» wird es nicht beanstandet «). Dem Unternehmer ist es daher nicht mehr möglich, alle Leistungen als getrennte Berichtigungsobjekte zu behandeln. Auch sonst hat er keinerlei weitere Wahlrechte (vgl. auch Abschn. 15a.6 Abs. 11 UStAE. Insbesondere ist es nicht zulässig, einzelne Leistungen, die für sich genommen zu einem Vorsteueranspruch von 1000 € und weniger führen und von daher unter die Bagatellgrenze nach § 44 Abs. 1 UStDV fielen, aus der Gesamtbetrachtung auszunehmen.

32 Die Gegenstände und Leistungen müssen »im Rahmen einer Maßnahme« erfolgen, d. h. in einem **engen zeitlichen Zusammenhang** erbracht werden und dem Erhalt oder der Verbesserung des Wirtschaftsgutes dienen. Solche Maßnahmen können z. B. sein: Renovierungen an Gebäuden (z. B. Renovierung einzelner Räume oder Etagen, der Außenfassade, des Dachs, der Heizungsanlage – dabei dürfte es nicht ausgeschlossen sein, mehrere verschiedene Teilrenovierungen, die zeitgleich erbracht werden und die wirtschaftlich miteinander zusammenhängen, zu einem Objekt zusammenzufassen), die Generalüberholung oder der Neuanstrich eines Schiffs, zusammen mit dafür notwendigen Renovierungsarbeiten, Kfz-Reparaturen etc. (so auch Huschens, NWB 2006, 2845, Fach 7, 6755).

Der enge zeitliche Zusammenhang ist als erfüllt anzusehen, wenn die verschiedenen Leistungen 33
- für ein bewegliches Wirtschaftsgut innerhalb von drei Monaten und
- für ein unbewegliches Wirtschaftsgut innerhalb von sechs Monaten

bezogen werden (vgl. mit Beispielen BMF vom 12.04.2007, Az: IV A 5 – S 7316 – 07/0002, BStBl I 2007, 466).

1.5.1.4 Entnahme von Wirtschaftsgütern aus dem Unternehmen

Ein weiterer Fall der Vorsteuerberichtigung ist die Entnahme eines Wirtschaftsgutes aus dem Unternehmen für unternehmensfremde Zwecke. Bei einer solchen Entnahme liegt nach § 15a Abs. 3 UStG eine Änderung der Verhältnisse vor, wenn die Entnahme nicht als unentgeltliche Wertabgabe nach § 3b UStG zu besteuern ist. Dies ist z.B. gegeben bei der Entnahme eines ohne Vorsteuerabzug erworbenen Autos, das während seiner Zugehörigkeit zum Unternehmen repariert worden ist. 34

Beispiel:
Der zum Unternehmen des U gehörende Pkw wurde generalüberholt und anschließend in das Privatvermögen überführt. Aus den Anschaffungskosten hatte U keinen Vorsteuerabzug, aus den Renovierungskosten hingegen schon.

Lösung:
Die Entnahme des Pkw ist keine steuerbare Wertabgabe nach § 3 Abs. 1b UStG, weil U aus den Anschaffungskosten des Pkw keinen Vorsteuerabzug hatte. Anstelle der Besteuerung eines Umsatzes tritt die Vorsteuerberichtigung gem. § 15a Abs. 3 UStG.

Die Einbringung einer vermieteten Wohnung, die bisher zum Einzelunternehmen gehört hat, als Sonderbetriebsvermögen in eine GbR stellt keine Entnahme dar, die eine Vorsteuerberichtigung nach § 15a Abs. 3 UStG auslöst (vgl. BFH vom 18.01.2012, Az: XI R 13/10, HFR 2012, 646). Es liegt keine Verwendung des Gebäudes für außerunternehmerische Zwecke vor, weil das Gebäude nach der Einbringung weiterhin zur Erzielung von Umsätzen genutzt wird. 35

Grundstücksübertragungen zwischen Angehörigen können eine Vorsteuerberichtigung auslösen (vgl. OFD Niedersachen vom 16.09.2011, Az: S 7109 – 10 – St 172, DStR 2001, 2467 mit mehreren Beispielen). 36

Beispiel:
Ein Unternehmer überträgt seinem Sohn unentgeltlich ein Betriebsgrundstück und behält sich den Nießbrauch zur weiteren uneingeschränkten Verwendung des Grundstücks in seinem Unternehmen vor.

Lösung:
Der Unternehmer hat das Grundstück weder seinem Sohn geliefert noch aus seinem Unternehmen entnommen. Er hat lediglich das mit dem Nießbrauch belastete Eigentum übertragen und sich die Nutzungsmöglichkeit zurückbehalten, die ihm bisher infolge seines Eigentums zustand. Eine unentgeltliche Wertabgabe durch Entnahme liegt nicht vor, weil die Verfügungsmacht beim Unternehmer verblieben ist Eine Berichtigung des Vorsteuerabzugs kommt bei Bestellung des Vorbehaltsnießbrauchs nicht in Betracht. Erst mit Beendigung des Vorbehaltsnießbrauchs liegt je nach Sachverhalt eine Lieferung, eine unentgeltliche Wertabgabe durch Entnahme oder eine nicht steuerbare Geschäftsveräußerung vor. Bei einer (gleichgestellten) Lieferung ist der Vorsteuerabzug des Unternehmers ggf. zu berichtigen.

1.5.1.5 Sonstige Leistungen eigener Art

Für sonstige Leistungen eigener Art, die nicht an einem anderen Wirtschaftsgut ausgeführt werden, ist im Falle der Nutzungsänderung ab dem 01.01.2005 eine Berichtigung des Vorsteuerabzugs vorzunehmen. Darunter fallen z.B. die folgenden Leistungen: 37

- Beratungsleistungen (z. B. für ein Unternehmenskonzept, eine Produktkonzeption),
- gutachterliche Leistungen,
- Anmietung eines Wirtschaftsguts,
- Patente, Urheberrechte, Lizenzen,
- bestimmte Computerprogramme,
- Werbeleistungen,
- Anzahlung für längerfristiges Mietleasing.

38 Die durch das Mittelstands-EntlastungsG zum 01.01.2007 eingeführten Sätze 2 und 3 in § 15a Abs. 4 UStG stellen klar, dass sich die Vorsteuerberichtigung auf solche Leistungen beschränkt, die der Unternehmer in seiner Steuerbilanz **aktivieren** müsste (als Wirtschaftsgut oder Rechnungsabgrenzungsposten). Für die Frage des steuerlichen Aktivierungsgebots kommt es auf die tatsächliche Buchführungspflicht nicht an. Die Regelung gilt daher auch für die Gewinnermittlung nach § 4 Abs. 3 EStG und für die Überschussermittlung (vgl. Abschn. 15a.7 Abs. 3 UStAE).

39 Auch diese Regelung ist – wie die Neuregelung des § 15a Abs. 3 UStG – materiell nicht neu (vgl. BMF vom 06.12.2005, BStBl I 2005, 1068, Rz. 2 Buchst. e, Tz. 46), nunmehr aber auch gesetzlich verankert. Neu ist allerdings auch hier, dass der Unternehmer anders als nach dem o. a. BMF-Schreiben (»... wird es nicht beanstandet ...«) keinerlei Wahlrechte mehr hat. Der Vorsteuerberichtigung unterliegen – abgesehen von den Anzahlungs- oder Vorauszahlungsfällen – nur noch solche Leistungen, für die in der Steuerbilanz ein Aktivierungsgebot bestünde.

40 Die gesetzliche Neuregelung bezweckt, insbesondere solche Fälle zu erfassen, in denen für einen bestimmten Zeitraum Zahlungen geleistet werden, die wirtschaftlich diesem gesamten Zeitraum zuzurechnen sind (z. B. Zahlung einer Miete im März 2007 vorschüssig für einen bis zum 28.02.2009 datierten Vertrag).

41 Die Beschränkung der Vorsteuerberichtigung auf aktivierungspflichtige Leistungen gilt nicht, soweit es sich um sonstige Leistungen handelt, für die der Leistungsempfänger bereits für einen Zeitraum vor Ausführung der sonstigen Leistung den Vorsteuerabzug vornehmen konnte (Voraus- und Anzahlung). Dazu gehören z. B. Miet- und Pachtvorauszahlungen, Beratungsleistungen, gutachterliche Leistungen, Patente, Urheberrechte, Lizenzen, bestimmte Computerprogramme, Werbeleistungen, Anzahlungen für längerfristiges Mietleasing. Diese Regelung dient der **Vermeidung von Steuerumgehungsmodellen** (BR-Drucks. 302/06 vom 05.05.2006 und BT-Drucks. 16/1407 vom 09.05.2006, Begründung zu Art. 8 Nr. 1 Buchst. b). Der Vorsteuerabzug aus An- oder Vorauszahlungen auf sonstige Leistungen i. S. d. § 15a Abs. 4 UStG führt immer zu einem Berichtigungsobjekt (vgl. auch BMF vom 12.04.2007, Az: IV A 5 – S 7316 – 07/0002, BStBl I 2007, 466).

42 Umsatzsteuerrechtlich sind sonstige Leistungen grundsätzlich erst im Zeitpunkt ihrer Vollendung ausgeführt. Wenn sie jedoch bereits vor ihrer Vollendung im Unternehmen des Leistungsempfängers verwendet werden, erfolgt eine Vorsteuerberichtigung bereits vor dem Zeitpunkt des Leistungsbezugs in denjenigen Fällen, in denen bereits vor Leistungsbezug die Voraussetzungen für den Vorsteuerabzug nach § 15 UStG (Zahlung vor Ausführung der Leistung) erfüllt sind und sich im Zeitpunkt der Verwendung die Verhältnisse gegenüber den für den ursprünglichen Vorsteuerabzug maßgebenden Verhältnissen ändern (Abschn. 15a.7 Abs. 4 UStAE).

Beispiel:
Der Vermieter V schließt mit dem Unternehmer U einen Mietvertrag über ein Bürogebäude für einen Zeitraum von fünf Jahren. U will in den Räumen steuerpflichtige Umsätze ausführen. Demzufolge vermietet V das Gebäude steuerpflichtig an U, der die Miete für die gesamte Laufzeit im Voraus zahlt und den Vorsteuerabzug geltend macht. Nach einem Jahr nutzt U das Gebäude jedoch nur noch für steuerfreie Umsätze, die den Vorsteuerabzug ausschließen.

Lösung:
Für die im Voraus gezahlte Miete muss U in seiner Bilanz einen Rechnungsabgrenzungsposten bilden. Ab dem zweiten Jahr der Gebäudenutzung ändern sich die für den Vorsteuerabzug relevanten Verhältnisse, so dass gem. § 15 a Abs. 4 UStG eine Vorsteuerberichtigung erfolgen muss.

1.5.2 Persönlicher Geltungsbereich

Die Vorsteuerberichtigung betrifft alle Unternehmer, die persönlich zum Vorsteuerabzug berechtigt sind (dazu vgl. die Kommentierung zu § 15 UStG). Dazu gehören die im Inland ansässigen Unternehmer ebenso wie die Unternehmer, die ihre Ansässigkeit im Ausland haben und die im Inland Wirtschaftsgüter für unternehmerische Zwecke erwerben oder Dienstleistungen in Anspruch nehmen, ohne dass sie dort selbst steuerpflichtige Umsätze ausführen (§ 18 Abs. 9 UStG). Keine Anwendung findet die Vorsteuerberichtigung auf Kleinunternehmer (§ 19 Abs. 1 S. 1 UStG), die nicht zur Umsatzsteuer optiert haben und demzufolge auch nicht vorsteuerabzugsberechtigt sind. 43

Die Vorsteuerberichtigung setzt nicht voraus, dass die Änderung der Verhältnisse, die eine solche Berichtigung auslöst, bei dem Unternehmer eintritt, der die Wirtschaftsgüter ursprünglich angeschafft oder hergestellt hat. Bei einer Geschäftsveräußerung im Ganzen (§ 1 Abs. 1a UStG) übernimmt der erwerbende Unternehmer die Stelle des Veräußerers. Ähnlich ist es bei einer Gesellschaft, deren Unternehmen im Gesamtunternehmen eines Organträgers aufgeht (Organschaft gem. § 2 Abs. 2 Nr. 2 UStG). Der Vorsteuerabzug richtet sich nach den Verhältnissen bei dem Unternehmer, bei dem die Wirtschaftsgüter für die Ausführung von Ausgangsumsätzen verwendet werden. 44

Im Falle der Beendigung einer Organschaft trifft die Vorsteuerberichtigungspflicht bei einer Änderung der Verhältnisse entweder den Organträger oder das Organ. Es kommt entscheidend darauf an, ob das die Berichtigung auslösende Ereignis vor oder nach Beendigung der Organschaft eingetreten ist. Tritt dieses Ereignis vor Beendigung der Organschaft ein, ist die Vorsteuerberichtigung gegenüber dem Organ durchzuführen. Tritt das Ereignis dagegen erst während oder nach der Beendigung der Organschaft ein, erfolgt die Vorsteuerberichtigung gegenüber dem Organträger (vgl. BFH vom 05.12.2008, Az: V B 101/07, BFH/NV 2009, 432). 45

Bei fehlender Unternehmereigenschaft des Leistungsempfängers im Zeitpunkt des Leistungsbezugs ist ein nachträglicher Vorsteuerabzug durch einen zum Vorsteuerabzug berechtigten Rechtsnachfolger ausgeschlossen (BFH vom 01.12.2010, Az: XI R 28/08, BStBl II 2011, 994). 46

1.5.3 Zeitlicher Geltungsbereich

Die Berichtigungsregelungen des § 15 a Abs. 6a und Abs. 8 S. 2 UStG wurden durch das JStG 2010 mit Wirkung zum 01.01.2011 eingeführt. Sie gelten nicht für Grundstücke, die vor dem 01.01.2011 angeschafft wurden oder mit deren Herstellung vor dem 01.01.2011 begonnen wurde. 47

Die durch das Mittelstandentlastungsgesetz 2006 geschaffenen Neuregelungen in § 15 a Abs. 3 und Abs. 4 UStG sind erstmals anzuwenden auf Vorsteuerbeträge, deren zugrunde liegende Umsätze nach dem 31.12.2006 erbracht wurden. Zuvor war § 15 a UStG durch das EURUmsG mit Wirkung zum 01.01.2005 und durch das SteuerÄndG 2003 mit Wirkung zum 01.01.2004 geändert worden. 48

Die auf dem StÄndG 2001 beruhende Fassung war grundsätzlich seit dem Kalenderjahr **2002** anzuwenden. Wenn der Steuerpflichtige den Vorsteuerabzug nach der neuen Rechtsprechung des EuGH vom 08.06.2000 (Rs. C-396/98, BB 2000, 2454 und C-400/98, BB 2000, 2454) und des BFH vom 22.02.2001 (Az: V R 77/96, BB 2001, 785), vom 08.03.2001 (Az: V R 24/98, BB 2001, 870), 49 vom 22.03.2001 (Az: V R 46/00, DB 2001, 1386), vom 17.05.2001 (Az: V R 38/00, BB 2001, 2039) und vom 25.04.2002 (Az: V R 58/00, BStBl II 2003, 435) für einen Zeitraum vor dem 01.01.2002 geltend gemacht hatte, war § 15a UStG i.d.F. des StÄndG 2001 nach Treu und Glauben analog anzuwenden (BMF vom 24.04.2003, Az: IV/B7 – S 7300 – 15/03, BStBl I 2003, 313). Für die übrigen Altfälle ist jeweils eine der vorherigen Fassungen des § 15a UStG maßgebend. Die bis zum 31.12.2001 geltende Fassung wurde zum **01.04.1999** wirksam. Die Anwendung des § 44 Abs. 1 UStDV i.d.F. des StBereinG 1999 begann am **01.01.2000**. § 15a Abs. 6a UStG wird seit dem **01.01.1994** angewendet. Für die noch älteren Altfälle gilt § 15a UStG i.d.F. des UStG 1980.

2 Kommentierung

2.1 Verwendungsabsicht im Zeitpunkt des Leistungsbezugs

50 Bis zum Inkrafttreten des StÄndG 2001 war die Gewährung des Vorsteuerabzugs dem Grunde und der Höhe nach allein von der tatsächlichen Verwendung des Wirtschaftsgutes abhängig. Der Vorsteuerabzug war nur insoweit zulässig, als der Unternehmer das Wirtschaftsgut tatsächlich für Umsätze verwendete, die den Vorsteuerabschluss nicht ausschlossen. Der Unternehmer hatte zwar bereits im Zeitpunkt des Leistungsbezugs einen Anspruch auf den Vorsteuerabzug; dieser wurde jedoch nur vorläufig gewährt, falls das Wirtschaftsgut nicht unmittelbar nach seinem Erwerb oder seiner Fertigstellung, sondern erst später verwendet wurde. Stimmte die tatsächliche Verwendung des Wirtschaftsgutes nicht mit der Verwendungsabsicht überein, die für den Vorsteuerabzug im Zeitpunkt des Leistungsbezugs zu Grunde gelegt worden war, wurde der Vorsteuerabzug **rückwirkend** nach den Vorschriften der AO berichtigt und nur entsprechend der tatsächlichen Verhältnisse gewährt. Sowohl der EuGH als auch der BFH sahen in der rückwirkenden Korrektur des Vorsteuerabzugs einen Verstoß gegen die 6. EG-RL (vgl. EuGH vom 08.06.2000, Rs. C-396/98 und C-400/98, BB 2000, 2454; BFH vom 25.04.2002, Az: V R 58/00, BStBl II 2003, 435; vom 22.03.2001, Az: V R 46/00, DB 2001, 1396; vom 17.05.2001, Az: V R 38/00, BB 2001, 2039; vom 08.03.2001, Az: V R 24/98, BB 2001, 870; vom 22.02.2001, Az: V R 77/96, BB 2001, 785).

51 Nach der neuen Rechtsprechung kann der Unternehmer den Vorsteuerabzug schon **im Zeitpunkt des Leistungsbezugs** beanspruchen, soweit er die **Absicht** hat, die erhaltene Lieferung oder sonstige Leistung für Umsätze zu verwenden, die den Vorsteuerabzug nicht ausschließen und diese Verwendungsabsicht glaubhaft und objektiv nachprüfbar ist. Weicht die tatsächliche Verwendung von der Verwendungsabsicht ab, erfolgt keine rückwirkende Korrektur des Vorsteuerabzugs nach der AO, sondern eine **Vorsteuerberichtigung** gem. § 15a UStG ab dem Zeitpunkt der Änderung der für den Vorsteuerabzug maßgebenden Verhältnisse. Durch die Gesetzesänderung ändert sich die Höhe des Vorsteuerabzugs im Ergebnis nicht, da es nach der neuen ebenso wie nach der alten Rechtslage auf die tatsächliche Verwendung des Leistungsbezugs ankommt. Die Gesetzesänderung beinhaltet jedoch je nach Verwendungsabsicht einen positiven oder negativen Zinseffekt für den Unternehmer, wenn sich die Verhältnisse innerhalb des Berichtigungszeitraums ändern. Die Verwendungsabsicht im Zeitpunkt des Leistungsbezugs bestimmt zunächst die Höhe des Vorsteuerabzugs. Die Änderung der Verhältnisse zu Lasten des Unternehmers gewährt ihm einen Zinsgewinn; im Fall der Änderung der Verhältnisse zu Gunsten des Unternehmers, entsteht für ihn ein Zinsverlust.

2.2 Beginn und Ende des Berichtigungszeitraums

Für alle Leistungsbezüge, die nicht nur einmalig zur Ausführung von Umsätzen dienen, muss ein Berichtigungszeitraum bestimmt werden. Der maßgebende Berichtigungszeitraum richtet sich zunächst nach der **tatsächlichen Verwendungsdauer** des Leistungsbezugs (§ 15 a Abs. 1 UStG). Sie orientiert sich an der betriebsgewöhnlichen Nutzungsdauer, kann im Einzelfall jedoch auch davon abweichen. Für Grundstücke einschließlich ihrer wesentlichen Bestandteile, für grundstücksgleiche Rechte und für Gebäude auf fremdem Grund und Boden gilt jedoch ein Berichtigungszeitraum von höchstens **zehn Jahren** (§ 15 a Abs. 1 S. 2 UStG), für andere Leistungsbezüge ein Zeitraum von höchstens **fünf Jahren** (§ 15 a Abs. 1 S. 1 UStG). Für Betriebsvorrichtungen, die als wesentliche Bestandteile auf Dauer in ein Gebäude eingebaut wurden, gilt sowohl nach nationalem Recht wie nach Unionsrecht grundsätzlich der für Grundstücke geltende Vorsteuerberichtigungszeitraum von zehn Jahren (BFH vom 14.07.2010, Az: XI R 9/09, BStBl II 2010, 1086). Der BFH hat diese Entscheidung wie folgt begründet: Der Gesetzgeber hat in § 15 a Abs. 1 UStG die Betriebsvorrichtungen nicht eigenständig erwähnt, sondern unterscheidet nur zwischen Grundstücken einschließlich ihrer wesentlichen Bestandteile und sonstigen Wirtschaftsgütern. Demzufolge fallen Betriebsvorrichtungen, die Bestandteile von Grundstücken geworden sind, unter den 10-jährigen Berichtigungszeitraum. 52

Dieses BFH-Urteil hat Folgen für Fotovoltaikanlagen. Sie stellen selbständige Wirtschaftsgüter dar, die vom Grundstück unabhängige Zuordnungsobjekte sind. Tritt im Zusammenhang mit einer Fotovoltaikanlagen eine Änderung der Verhältnisse ein, bestimmt sich der Berichtigungszeitraum nach der Verfügungen der OFD Frankfurt vom 17.10.2011 bzw. vom 07.03.2012 (Az: S 7316 A – 2 – St 128, UR 2012, 654) wie folgt: Auf-Dach-Fotovoltaikanlagen unterliegen grundsätzlich dem 5-jährigen Berichtigungszeitraum, denn sie gehören regelmäßig nicht zu den wesentlichen Bestandteilen eines Gebäudes. Dachintegrierte Fotovoltaikanlagen dienen zugleich als Dachdeckungsersatz und sind somit wesentlicher Gebäudebestandteil, so dass für sie der 10-jährige Berichtigungszeitraums in Betracht kommt. 53

Ein frühzeitiges Ende des Berichtigungszeitraums tritt ein, wenn das Wirtschaftsgut wider Erwarten unbrauchbar wird. Der Schrottverkauf fällt nicht mehr in den Berichtigungszeitraum (vgl. Abschn. 15a.3 Abs. 7 UStAE). 54

Jedes Wirtschaftsgut hat einen einheitlichen Berichtigungszeitraum, der am Tag der erstmaligen tatsächlichen Verwendung beginnt und nach Ablauf des maßgeblichen Zeitraums (zehn Jahre, fünf Jahre oder kürzere Verwendungsdauer) endet. Während der Vorsteuerabzug bereits im Zeitpunkt des Leistungsbezugs in Abhängigkeit von der Verwendungsabsicht vorgenommen werden kann, beginnt der Berichtigungszeitraum erst mit der Ausführung des ersten Umsatzes. Nutzungsfreie Zeiten nach dem Zeitpunkt des Leistungsbezugs führen demzufolge zur Verschiebung des Beginns. Im Falle einer nur teilweisen Verwendung kommt es nicht zur zeitlichen Verschiebung, d. h. bei teilweiser Verwendung beginnt der Berichtigungszeitraum im Zeitpunkt der Verwendung. Im Unterschied zu anfänglichen Zeiten der Nichtverwendung wirken sich nutzungsfreie Zeiten während des Berichtigungszeitraumes nicht aus. Die umsatzsteuerliche Beurteilung dieser nutzungsfreien Zeiten richtet sich nach der erklärten und durch objektive Anhaltspunkte glaubhaft gemachten Nutzungsabsicht des Unternehmers (vgl. BFH vom 16.05.2002, Az: V R 56/00, BB 2002, 1575, vom 25.04.2002, Az: V R 58/00, BStBl II 2003, 435). 55

Für **nachträgliche Anschaffungs- oder Herstellungskosten** eines Wirtschaftsgutes, das längerfristig zur Ausführung von Umsätzen genutzt wird, gibt es einen eigenen Berichtigungszeitraum von fünf oder zehn Jahren (vgl. Abschn. 15a.8 Abs. 1 UStAE). Der Beginn dieses Berichtigungszeitraums ist der Zeitpunkt, zu dem das geänderte Wirtschaftsgut erstmalig zur Leistungserbringung verwendet wird. Der Berichtigungszeitraum endet vor Ablauf der gesetzlichen Frist (fünf oder zehn Jahre), wenn das Wirtschaftsgut nicht mehr zur Leistungserbringung genutzt werden 56 kann. Wird das Wirtschaftsgut, für das nachträgliche Anschaffungs- oder Herstellungskosten anfallen, nur einmalig für Ausgangsumsätze verwendet, erfolgt die Vorsteuerberichtigung für den Besteuerungszeitraum, in dem das Wirtschaftsgut zur Leistungserbringung verwendet wird. Bei **Gebäuden**, die **in Bauabschnitten** errichtet und bereits vor der Fertigstellung verwendet werden, sind verschiedene Berichtigungszeiträume maßgebend. Jeder Gebäudeteil, der eigenständig verwendet wird, hat seinen eigenen von der Verwendung abhängigen Berichtigungszeitraum (vgl. Abschn. 15a.3 Abs. 2 UStAE). Für den Fall, dass ein Gebäude vor der erstmaligen Verwendung zunächst leer steht, beginnt der Berichtigungszeitraum erst mit der erstmaligen tatsächlichen Verwendung (vgl. Abschn. 15a.3 Abs. 3 UStAE mit Berechnungsbeispiel).

57 Für das Ende des Berichtigungszeitraumes gibt es eine Vereinfachungsregelung. Aufgrund des für die USt geltenden Monatsprinzips endet der Berichtigungszeitraum stets am Monatsende. Entscheidend ist, ob der maßgebliche Zeitraum vor dem 16. oder nach dem 15. eines Kalendermonats endet. Endet der Zeitraum vor dem 16. Tag, wird dieser Monat nicht berücksichtigt; endet der Zeitraum nach dem 15. Tag, wird dieser Monat in vollem Umfang in die Berichtigung einbezogen (§ 45 UStDV).

2.3 Änderung der für den Vorsteuerabzug maßgebenden Verhältnisse

2.3.1 Nutzungsänderung

2.3.1.1 Abweichung der tatsächlichen Verwendung von der Verwendungsabsicht

58 Auslöser für eine Vorsteuerberichtigung ist die Änderung der für den Vorsteuerabzug maßgebenden Verhältnisse, d. h. der Verhältnisse, die den Vorsteuerabzug ermöglichen oder ausschließen. Eine solche Änderung der Verhältnisse kann aus tatsächlichen oder rechtlichen Gründen eintreten. Sie liegt z. B. in den Fällen der **Nutzungsänderung** vor, die dadurch gekennzeichnet ist, dass die tatsächliche Verwendung des Leistungsbezugs von der ursprünglich im Zeitpunkt des Leistungsbezugs beabsichtigten Verwendung abweicht. Bei Leistungsbezügen, die nicht nur einmalig zur Ausführung von Umsätzen verwendet werden, kommt es auf die Nutzungsänderung innerhalb des jeweils maßgeblichen Berichtigungszeitraums an. Unter der Voraussetzung, dass die Nutzungsänderung gewichtig ist, d. h. entweder mindestens 10 % oder weniger als 10 % und mehr als 1000 € pro Jahr beträgt, und dass der Leistungsbezug für das Unternehmen erfolgte, lösen folgende Fälle eine Vorsteuerberichtigung aus:

Verwendungsabsicht im Zeitpunkt des Leistungsbezugs	Tatsächliche Verwendung innerhalb des maßgeblichen Berichtigungszeitraums
100 % Umsätze mit Vorsteuerabzug	< 100 % Umsätze mit Vorsteuerabzug (gemischte Verwendung oder ausschließlich Umsätze ohne Vorsteuerabzug)
0 % Umsätze mit Vorsteuerabzug	> 0 % Umsätze mit Vorsteuerabzug (gemischte Verwendung oder ausschließlich Umsätze mit Vorsteuerabzug)
Umsätze mit und ohne Vorsteuerabzug (gemischte Verwendung)	100 % Umsätze mit Vorsteuerabzug oder 0 % Umsätze mit Vorsteuerabzug oder andere gemischte Verwendung

Die durch Nutzungsänderung hervorgerufene Vorsteuerberichtigung gilt sowohl für die Vorsteuern, die auf die Anschaffungs- oder Herstellungskosten entfallen, als auch für die Vorsteuern auf nachträgliche Herstellungskosten. Keine Vorsteuerberichtigung erfolgt, wenn ein Leistungsbezug, der zunächst höchstens zu 10 % unternehmerischen Zwecken dient, später zu mehr als 10 % unternehmerischen Zwecken dient (Einlage). Ein solcher Leistungsbezug erfolgt nicht für das Unternehmen und fällt daher nicht unter § 15a UStG (vgl. zu dieser Problematik EuGH vom 11.07.1991, Rs. C-97/90, UR 1991, 291 und Dziadkowski, DStR 2002, 486ff.). Die Anwendbarkeit des § 15a UStG auf Leistungsbezüge, die zum Teil dem Unternehmen und zum Teil dem Privatvermögen zugeordnet werden und bei denen sich später die Nutzungsverhältnisse ändern, wird von der Finanzverwaltung abgelehnt (vgl. Abschn. 15a.1 Abs. 6 UStAE). Dies betrifft insbesondere solche Wirtschaftsgüter, die zunächst nichtunternehmerisch und später unternehmerisch genutzt werden (z.B. Umwandlung von Wohnräumen in Bürogebäude). 59

Eine Änderung der Verhältnisse liegt nicht vor, wenn ein Gebäude während des Berichtigungszeitraums abgerissen und an seiner Stelle ein neues Gebäude errichtet wird, ohne dass sich die Nutzung der Gebäude verändert (vgl. EuGH vom 18.10.2012, Rs. C-234/11, TETS Haskovo, UR 2012, 921). 60

Beim nachgewiesenen Diebstahl erfolgt keine Vorsteuerberichtigung, obwohl die gestohlenen Gegenstände nicht mehr für steuerpflichtige Umsätze genutzt werden können. Nach dem Urteil des EuGH vom 04.10.2012, Rs. C-550/11, PIGI (UR 2012, 924) unterbleibt die Vorsteuerkorrektur, wenn es keine nationale Regelung für diesen Fall gibt. 61

2.3.1.2 Veräußerung oder fiktive Lieferung

Die Veräußerung ist ebenso wie die fiktive Lieferung (Entnahme/unentgeltliche Zuwendung an Dritte i.S.d. § 3 Abs. 1b UStG) eine Änderung der Verhältnisse, wenn dieser letzte Umsatz bezüglich des Vorsteuerabzugs anders zu beurteilen ist als die ursprünglich beabsichtigte Verwendung. Ebenso wie im Falle der Veräußerung ist auch in den Fällen der Verwertung des Wirtschaftsgutes i.R. der Zwangsvollstreckung oder des Insolvenzverfahrens oder der Verwertung durch den Gesamtrechtsnachfolger nach einem Erb- oder Schenkungsvorgang zu prüfen, ob eine Vorsteuerberichtigung vorzunehmen ist. Gleiches gilt auch für die unentgeltliche Übertragung von Miteigentumsanteilen und für die Einräumung eines unentgeltlichen Nießbrauchsrechtes an einem Gebäude, bei dessen Erwerb oder Herstellung der Unternehmer den Vorsteuerabzug geltend gemacht hatte. Der letzte Umsatz (Veräußerung/fiktive Lieferung) wird für die Beurteilung des Vorsteuerabzugs, der auf die Restdauer des Berichtigungszeitraumes entfällt, zugrunde gelegt (§ 15a Abs. 8 UStG). Dieser Nutzungsvergleich führt dazu, dass entweder keine oder eine vollständige Berichtigung durchzuführen ist. Wenn eine Vorsteuerberichtigung erforderlich ist, muss der Berichtigungsbetrag bereits in dem Voranmeldungszeitraum, in dem der letzte Umsatz stattfindet, erklärt werden (§ 44 Abs. 4 S. 3 UStDV). 62

Beispiel:
U hat im Januar 08 ein Gebäude erworben, das er zu 30 % steuerpflichtig und zu 70 % steuerfrei vermietet. Die Anschaffungskosten betragen 421.052 € zuzüglich 80.000 € USt. Zum 01.01.10 wird das Gebäude unter Wahrnehmung des Optionsrechts (§ 4 Nr. 9a, § 9 UStG) steuerpflichtig veräußert.

Lösung:

Berichtigungszeitraum	01.01.08–31.12.17
Anteil der Umsätze mit Vorsteuerabzug in 08	30 %
Anteil der Umsätze mit Vorsteuerabzug in 10–17	100 %
Änderung der Verhältnisse zu Gunsten von U	70 %
Vorsteuerbetrag insgesamt	80.000 €

jährlicher Vorsteuerbetrag	8.000 €
jährlicher Vorsteuerberichtigungsbetrag (70 % × 8.000 €)	5.600 €
Vorsteuerberichtigung für 10–17 (8 × 5.600 €)	44.800 €
Anmeldung der Vorsteuerberichtigung	Voranmeldungszeitraum 01/10

63 Der Nutzungsvergleich mit anschließender Vorsteuerberichtigung muss auch dann erfolgen, wenn die Veräußerung oder fiktive Lieferung im Jahr der Anschaffung oder Herstellung des Wirtschaftsgutes stattfindet und die steuerliche Beurteilung dieses letzten Umsatzes vom bisher vorgenommenen Vorsteuerabzug abweicht.

Beispiel:
U hat am 01.05.10 ein Fahrzeug erworben (Anschaffungskosten 33.684 € zuzüglich Umsatzsteuer 6400 €), das er zu 100 % unternehmerisch nutzt. Das Fahrzeug wird zu 50 % für vorsteuerschädliche und zu 50 % für vorsteuerunschädliche Umsätze verwendet. Am 01.11.10 wird es veräußert.

Lösung:

Berichtigungszeitraum	01.05.10–30.04.15
Vorsteuerabzug bei Erwerb	50 %
Vorsteuerabzug bei Veräußerung in 11/10	100 %
Berichtigungsbetrag	3.200 €
Restdauer des Berichtigungszeitraums	01.11.10–30.04.15
Berichtigungsbetrag pro Jahr	640 €
Vorsteuerberichtigung für 10 (640 € × $^2/_{12}$)	107 €
Vorsteuerberichtigung für 11–15	2.773 €
Vorsteuerberichtigung insgesamt	2.880 €
Erklärung des Berichtigungsbetrages	Voranmeldungszeitraum 11/10

2.3.2 Geschäftsveräußerung im Ganzen

64 Seit dem 01.01.1994 fällt die Geschäftsveräußerung nicht mehr unter die Steuerbarkeit. Der Berichtigungszeitraum läuft gem. § 15a Abs. 10 S. 1 UStG für den Erwerber weiter, so dass die Geschäftsveräußerung selbst keine sofortige Vorsteuerberichtigung nach sich zieht. Um zu vermeiden, dass infolge der fehlenden Steuerbarkeit der Geschäftsveräußerung eine teilweise Nichtbesteuerung des Endverbrauchs eintritt, übernimmt der Erwerber die Rechtsstellung des Veräußerers (vgl. Abschn. 15a.10 Nr. 2 UStAE). Ob und in welchem Umfang eine Vorsteuerberichtigung erfolgt, hängt nun von der Nutzung der Wirtschaftsgüter durch den Erwerber ab. Ändern sich die Nutzungsverhältnisse, muss der Erwerber die Vorsteuer berichtigen, es sei denn, es handelt sich um geringfügige Nutzungsänderungen i. S. d. § 44 Abs. 2 UStDV. Da die Vorsteuerberichtigung zu Lasten wie zu Gunsten des Erwerbers ausfallen kann, muss sie in die Kaufpreisverhandlungen einfließen. Der Veräußerer hat gem. § 15a Abs. 10 S. 2 UStG die gesetzliche Verpflichtung, dem Erwerber genaue Informationen zu geben über die Höhe der auf die Anschaffungs- oder Herstellungskosten der einzelnen Wirtschaftsgüter entfallenden Vorsteuerbeträge, über den maßgeblichen Berichtigungszeitraum, über die ursprüngliche Verwendungsabsicht und die tatsächliche bisherige Verwendung (Beginn der Verwendung, Verwendung für Umsätze mit/ohne Vorsteuerabzug). Bei Grundstücksgeschäften ist mit der Übertragung eines vermieteten

Grundstücks der Tatbestand einer Geschäftsveräußerung i. S. d. § 1 Abs. 1a UStG erfüllt, denn durch den Eintritt in den Miet- oder Pachtvertrag wird ein Vermietungs- oder Verpachtungsunternehmen übertragen. Demgegenüber ist keine Geschäftsveräußerung anzunehmen, wenn es an einer bestehenden Vermietung oder Verpachtung des Grundstücks fehlt. Die Übertragung eines unvermieteten Grundstücks führt nicht zu einer Übertragung eines Unternehmens(teils), mit dem eine selbständige wirtschaftliche Tätigkeit fortgeführt werden kann (BFH vom 11.10.2007, Az: V R 57/06, BStBl II 2008, 447, und vom 06.05.2010, Az: V R 25/09, BFH/NV 2010, 1873, Thüringer FG vom 09.12.2010, Az: 2 K 156/07, EFG 2011, 1206).

Voraussetzung für den Tatbestand der Geschäftsveräußerung im Ganzen ist, dass das übertragene Vermögen die Fortsetzung der bisher ausgeübten Tätigkeit des Veräußerers möglich macht. Dabei kommt es auf die Art der übertragenen Vermögensgegenstände und den Grad der Übereinstimmung oder Ähnlichkeit zwischen den Tätigkeiten an, die vor oder nach der Übertragung ausgeübt worden sind (vgl. BFH vom 04.09.2008, Az: V R 23/06, UR 2009, 538). Nach dem Urteil des BFH vom 30.04.2009, Az: V R 4/07 (BStBl II 2009, 863) kann die Veräußerung eines Bürogebäudes eines Unternehmens mit dem Unternehmensgegenstand »Vermietung von Büroraum« eine Geschäftsveräußerung sein. Es kommt darauf an, ob der Veräußerer im Zeitpunkt der Übergabe die jeweils materiellen und immateriellen Bestandteile des Unternehmens veräußert, die in der Gesamtbetrachtung ein Unternehmen oder einen Unternehmensteil darstellen, mit dem die Fortführung einer selbständigen wirtschaftlichen Tätigkeit möglich ist. Erforderlich ist, dass wenigstens die wesentlichen Mietverträge unverändert auf den Erwerber übergehen. 65

Eine Geschäftsveräußerung im Ganzen liegt auch dann vor, wenn ein Unternehmer das Eigentum an einem Grundstück, das er umsatzsteuerpflichtig vermietet, zur Hälfte auf seinen Ehepartner überträgt, und die kraft Gesetzes entstandene Bruchteilsgemeinschaft die bisherige Vermietungstätigkeit fortführt. Mit der Übertragung der Miteigentumsanteile an dem Grundstück geht die Vermietungstätigkeit des vorherigen Alleineigentümers auf die Bruchteilsgemeinschaft über (vgl. BFH vom 06.09.2007, Az: V R 41/05, BStBl II 2008, 65). Dass zivilrechtlich ein Grundstücksanteil nicht an eine Bruchteilsgemeinschaft übertragen werden kann, ist umsatzsteuerrechtlich bedeutungslos, weil die Bruchteilsgemeinschaft mit ihrer Entstehung zivilrechtlich in den bestehenden Mietvertrag des bisherigen Alleineigentümers mit dem Mieter eingetreten ist und damit das Vermietungsunternehmen fortsetzt. Eine Vorsteuerberichtigung entfällt. 66

Wenn der Alleineigentümer eines Grundstücks, das zum Teil steuerpflichtig vermietet und zum Teil für eigene steuerpflichtige Umsätze genutzt wird, einen Miteigentumsanteil auf eine andere Person überträgt, liegt bezüglich des fremd vermieteten Grundstücksteils eine Geschäftsveräußerung nach § 1 Abs. 1a UStG vor (vgl. BFH vom 22.11.2007, Az: V R 5/06, BB 2008, 471). Die Vermietungstätigkeit geht auf die Bruchteilsgemeinschaft über. Die Einräumung des Miteigentumsanteils an dem Grundstück löst keine Vorsteuerberichtigung aus, sofern die eigenunternehmerische Nutzung den quotalen Miteigentumsanteil des ursprünglichen Alleineigentümers nicht übersteigt. 67

Mit seinem Urteil vom 19.12.2012, Az: XI R 38/10 (BB 2013, 725) hat der BFH entschieden, dass die Veräußerung eines Erbbaurechts mit aufstehendem, verpachteten Reha-Zentrum unter Fortführung des Pachtvertrags durch den Erwerber eine nicht steuerbare Geschäftsveräußerung im Ganzen darstellt. Es liegt keine Änderung der Verhältnisse vor, so dass keine Vorsteuerberichtigung durchzuführen ist. 68

2.3.3 Rechtsänderungen

Eine Änderung der Verhältnisse tritt nicht nur im Falle der Nutzungsänderung ein, sondern auch durch Rechtsänderungen. Dazu gehört die **Gesetzesänderung** ebenso wie die **Änderung der höchstrichterlichen Rechtsprechung**. Die Vorsteuer muss z. B. berichtigt werden, wenn bisher steuer- 69 pflichtige Umsätze durch eine Änderung des UStG steuerfrei werden und umgekehrt (vgl. Abschn. 15a.2 Abs. 2 Nr. 5 UStAE). Desgleichen ist eine Vorsteuerberichtigung vonnöten, wenn sich die Steuerpflicht oder Steuerfreiheit bestimmter Umsätze infolge einer Entscheidung des EuGH oder des BFH ändert (vgl. Abschn. 15a.2 Abs. 2 Nr. 6 UStAE; EuGH vom 04.10.1995, Rs. C-291/92, UR 1995, 485; BFH vom 12.11.1997, Az: XI R 64/93, BFH/NV 1998, 501; BFH vom 31.08.2007, Az: V B 193/06, BFH/NV 2007, 2366, zur Vorsteuerberichtigung bei der Überlassung von Sportanlagen vgl. BMF vom 15.10.2001, Az: IV B 7 – S 7100 – 220/01, Spetzler, UVR 2001, 337).

70 Eine Änderung der Verhältnisse liegt auch dann vor, wenn sich der Unternehmer während des Berichtigungszeitraums nachträglich auf die Steuerfreiheit der gleichbleibenden Verwendungsumsätze nach dem Unionsrecht beruft (z.B. Umsatze aus Geldspielautomaten, vgl. BFH vom 15.09.2011, Az: V R 8/11, BStBl II 2012, 368 und vom 19.10.2011, XI R 16/09, BStBl II 2012, 371).

2.3.4 Änderung der Besteuerungsform

71 Nach der neuen Vorschrift des § 15a Abs. 7 UStG zieht die **Änderung der Besteuerungsform** eine Vorsteuerberichtigung nach sich (vgl. ausführlich dazu Abschn. 15a.9 UStAE). Dies gilt für Kleinunternehmer, die ihre Entscheidung zur Umsatzsteuerpflicht widerrufen und zur **Kleinunternehmerbesteuerung** gem. § 19 UStG übergehen, ebenso wie für Kleinunternehmer, die von der Kleinunternehmerbesteuerung zur Regelbesteuerung wechseln. Unter § 15a Abs. 7 UStG fällt ebenso der Übergang von der Regelbesteuerung zur Besteuerung nach **Durchschnittssätzen** (Pauschalbesteuerung) gem. §§ 23, 23a oder 24 UStG und umgekehrt (zum Wechsel der Besteuerung nach Durchschnittssätzen zur Regelbesteuerung vgl. BFH vom 12.06.2008, Az: V R 22/06, DB 2009, 99). Wenn das Investitionsgut, dessen Anschaffung oder Herstellung durch den Wechsel zur Regelbesteuerung zum Vorsteuerabzug berechtigt, erst nach dem Wechsel der Besteuerungsform verwendet wird, beginnt der Zeitraum der Vorsteuerberichtigung (Berichtigungszeitraum) erst mit der erstmaligen Verwendung und nicht schon mit dem Wechsel der Besteuerungsform. Es kommt stets auf die Änderung der Verhältnisse seit dem Beginn der Verwendung an.

72 Im Ergebnis löst jeder Wechsel der Besteuerungsform (Kleinunternehmer, Angehörige der in der Anlage zu §§ 69, 70 UStDV genannten Berufs- und Gewerbezweige, begünstigte Körperschaften und Vermögensmassen i. S. d. § 5 Abs. 1 Nr. 9 KStG, Land- und Forstwirte) durch Verzicht auf eine Steuerbefreiung und Widerruf dieses Verzichtes dem Grunde nach eine Vorsteuerberichtigung aus. Die Neuregelung des § 15a Abs. 1 S. 1 UStG ist auch für Zeiträume vor dem 01.01.2002 anzuwenden (vgl. BFH vom 30.05.2007, Az: V B 104/05, BFH/NV 2007, 1725).

Beispiel:
U ist Kleinunternehmer und wendet seit Jahren die Regelung des § 19 Abs. 1 UStG an. Im Jahr 2008 hat er einen Pkw für sein Unternehmen angeschafft, jedoch aus der Anschaffung keinen Vorsteuerabzug geltend gemacht. Ab 2010 wechselt U zur Regelbesteuerung und ist daher zum Vorsteuerabzug berechtigt. Im Jahr 2010 liegt daher im Verhältnis zum Jahr 2008 eine Nutzungsänderung vor, so dass U für den Rest des Berichtigungszeitraums eine Vorsteuerberichtigung zu seinen Gunsten bekommt.

2.3.5 Rechtsfehler (falsche Entscheidung über den Vorsteuerabzug im Erstjahr)

73 Für Steuerfestsetzungen, die infolge der fehlerhaften Vornahme des Vorsteuerabzugs im Erstjahr **rechtswidrig** sind, weil Vorsteuern zu Unrecht in Abzug gebracht oder zu Unrecht nicht abgezogen wurden, kommt keine Vorsteuerberichtigung gem. § 15a UStG in Betracht, soweit eine

Änderung der Steuerfestsetzung für das Abzugsjahr nach den Vorschriften der AO noch möglich ist oder im Zeitpunkt der Erkenntnis der Fehlerhaftigkeit noch möglich gewesen wäre (vgl. BFH vom 05.02.1998, Az: V R 66/94, DB 1998, 967, vom 24.02.2000, Az: V R 33/97, UR 2000, 386). Die Vorsteuerberichtigung ist nur auf solche Steuerfestsetzungen anwendbar, die abgabenrechtlich nicht mehr geändert werden können, d.h. bestandskräftig sind. Für die Beantwortung der Frage, ob eine Änderung der für den Vorsteuerabzug maßgebenden Verhältnisse eingetreten ist, wird die fehlerhafte Entscheidung über den Vorsteuerabzug im Abzugsjahr zu Grunde gelegt. Eine Änderung der für den Vorsteuerabzug maßgebenden Verhältnisse liegt in diesem Fall vor, wenn erkannt wird, dass die rechtliche Beurteilung der Verwendungsumsätze im Abzugsjahr fehlerhaft war (vgl. BFH vom 13.11.1997, Az: V R /93, DStR 1998, 77). Die Verwendungsumsätze selbst müssen sich nicht geändert haben (vgl. ständige höchstrichterliche Rechtsprechung des BFH: Urteile vom 19.02.1997, Az: XI R 51/93, StB 1997, 12; vom 07.05.1997, Az: V R 15/93, HFR 1998, 122; vom 07.05.1997, Az: V R /92, BFH/NV 1998, 221; vom 07.05.1997, Az: V R /92, BFH/NV 1997, 909; vom 07.05.1997, Az: V R /92, BFH/NV 1998, 95; vom 12.06.1997, Az: V R 36/95, BStBl II 1997, 589; vom 12.06.1997, Az: V R 49/92, HFR 1998, 220; vom 19.06.1997, Az: V R 57/97, BFH/NV 1998, 357; vom 24.07.1997, Az: V R 57/95, HFR 1998, 221; vom 24.07.1997, Az: V R 59/94, HFR 1998, 220; vom 24.07.1997, Az: V R 60/94, HFR 1998, 221; vom 27.08.1997, Az: XI R /92, HFR 1998, 394; vom 13.11.1997, Az: V R /93, DStR 1998, 77; vom 10.12.1997, Az: XI R 83/90, HFR 1998, 676; vom 18.12.1997, Az: V R 12/97, HFR 1998, 677; vom 08.01.1998, Az: V R 5/97, BFH/NV 1998, 890; kritisch zur dieser Auffassung Weimann, DStR 1994, 1365, DStR 1995, 173, FG Berlin vom 22.10.1996, Az: VII 172/93; FG Köln vom 17.12.1996, Az: 7 K 1078/91, EFG 1997, 915, Zurückverweisung an FG durch BFH vom 24.02.2000, Az: V R 33/97, UR 2000, 386).

Ein Anwendungsbeispiel für die fehlerhafte Beurteilung des Vorsteuerabzugs im Erstjahr ist die spätere Feststellung der Gemeinschaftswidrigkeit der deutschen Vorschriften (BFH vom 19.10.2011, Az: XI R 16/09, BStBl II 2012, 371). Die für den ursprünglichen Vorsteuerabzug maßgeblichen Verhältnisse ändern sich, wenn sich der Unternehmer nachträglich innerhalb des Berichtigungszeitraums auf die Steuerfreiheit seiner Verwendungsumsätze nach dem Unionsrecht beruft. 74

Die Vorsteuerberichtigung erfolgt ab dem Zeitpunkt der Erkenntnis der fehlerhaften rechtlichen Beurteilung bis zum Ablauf des Berichtigungszeitraums. 75

Die Erkenntnis der fehlerhaften rechtlichen Beurteilung, d.h. die Änderung der rechtlichen Beurteilung, wird demnach genauso behandelt wie eine Gesetzesänderung. Die Anwendung des § 15 a UStG auf die Vorsteuerbeträge, die auf die noch nicht abgelaufenen Jahre des Berichtigungszeitraums entfallen, wird einerseits dem Vertrauensschutz des Unternehmers (keine Änderung der bestandskräftigen Steuerfestsetzungen) und andererseits dem Ziel des richtigen Vorsteuerabzugs (Änderung zu Gunsten wie auch zu Ungunsten des Unternehmers) gerecht. 76

Beispiel:
Zum 01.01.01 erwarb U ein Gebäude (Anschaffungskosten 400.000 € zuzüglich Umsatzsteuer 64.000 €). U nutzte das Gebäude für steuerfreie Umsätze, verzichtete jedoch auf die Steuerbefreiung und machte deshalb den vollen Vorsteuerabzug geltend. Das Finanzamt erkannte die Option zur Steuerpflicht zunächst an, stellte jedoch im Januar 07 fest, dass diese Entscheidung fehlerhaft war, da die Voraussetzungen für die Option von Anfang an nicht vorlagen. Die Steuerfestsetzung des Jahres 01 wurde mit Ablauf des Jahres 06 bestandskräftig.

Lösung:

Berichtigungszeitraum	01.01.01–31.12.10
Anteil der Umsätze mit Vorsteuerabzug in 01	100 %
Anteil der Umsätze mit Vorsteuerabzug in 07	0 %

Änderung der Verhältnisse zu Lasten von U	100 %
Vorsteuerbetrag insgesamt	64.000 €
jährlicher Vorsteuerbetrag	6.400 €
jährlicher Vorsteuerberichtigungsbetrag	6.400 €
Restdauer des Berichtigungszeitraums	01.01.07–31.12.10
Steuerfestsetzung 01	keine Änderung
Anmeldung der Vorsteuerberichtigung	Voranmeldungszeitraum 01/07

Erweiterung des Sachverhalts: U veräußert das Gebäude im Januar 07 steuerpflichtig an E.

Anteil der Umsätze mit Vorsteuerabzug in 01	100 %
Anteil der Umsätze mit Vorsteuerabzug in 07	100 %
Änderung der Verhältnisse	0 %

→ keine Vorsteuerberichtigung

77 Der Vorsteuerabzug für ein gemischt genutztes Gebäude wird gem. § 15 Abs. 4 UStG nur anteilig gewährt. Das im Zeitpunkt des Leistungsbezugs gewählte Aufteilungsverfahren ist sowohl für den Unternehmer als auch für die Finanzbehörde bindend. Diese Bindungswirkung gilt jedoch nach einem Urteil des FG Berlin-Brandenburg nicht für das Aufteilungsergebnis. Sie tritt daher nicht ein, wenn einer Aufteilung nach dem Flächenschlüssel unzutreffende Flächenanteile zugrunde lagen (FG Berlin-Brandenburg vom 17.02.2011, Az: 7 K 7150/08, EFG 2011, 1377).

78 In der Rs. C-622/11 (Pactor Vastgoed BV) hatte der EuGH darüber zu entscheiden, bei wem eine Rückforderung von Umsatzsteuer bzw. Vorsteuer erfolgen kann, wenn fälschlicherweise für Grundstückslieferungen auf die Steuerbefreiung verzichtet wurde und daher fehlerhaft ein Vorsteuerabzug aus Eingangsleistungen geltend gemacht wurde. In seinem Urteil vom 10.10.2013 vertritt der EuGH die Auffassung, dass die Berichtigung bei dem Unternehmer erfolgen muss, der den Vorsteuerabzug zu Unrecht beantragt hat. Die Entscheidung des EuGH betrifft das deutsche Recht nicht direkt, da dieses Recht die Möglichkeit der Vorsteuerrückforderung nur bei dem Unternehmer sieht, der die Steuer ursprünglich abgezogen hat.

2.4 Berichtigungsverfahren

2.4.1 Vereinfachung der Vorsteuerberichtigung gemäß §§ 44, 45 UStDV

79 Vor der Durchführung der Vorsteuerberichtigung ist die Anwendung der Vereinfachungsregelungen der §§ 44, 45 UStDV zu prüfen. In den folgenden Fällen **unterbleibt** eine Vorsteuerberichtigung:

- Die auf die **Anschaffungs- oder Herstellungskosten** entfallende Vorsteuer beträgt höchstens **1000 €**.
- Die auf **nachträgliche Herstellungskosten** oder auf Leistungen gem. § 15 a Abs. 3 und 4 UStG entfallende Vorsteuer beträgt höchstens **1000 €**.
- Die Änderung der Verhältnisse beläuft sich im Kalenderjahr auf **weniger als 10 %** und der Vorsteuerberichtigungsbetrag des betreffenden Kalenderjahres beträgt höchstens **1000 €**.

Diese Vereinfachungsregelung erfordert den Vergleich der Verwendungsverhältnisse im Abzugsjahr und in den Folgejahren:

1. Berechnung des Anteils der Umsätze mit Vorsteuerabzug im Abzugsjahr;
2. Berechnung des Anteils der Umsätze mit Vorsteuerabzug in den Folgejahren;
3. Berechnung der Anteilsdifferenz; keine Vorsteuerberichtigung, wenn Anteilsdifferenz < 10 % und Berichtigungsbetrag ≤ 1000 €.

Beispiel:
U erwirbt im Januar 01 ein Gebäude (Vorsteuerbetrag 210.000 €) und eine Büroeinrichtung (Vorsteuerabzug 5000 €). Beide Wirtschaftsgüter werden zu 30 % für Umsätze genutzt, die den Vorsteuerabzug ausschließen. Ab Januar 04 erhöht sich der Anteil dieser Umsätze auf 35 %.

Lösung:

Berichtigungszeitraum Gebäude	01.01.01–31.12.10
Berichtigungszeitraum Büroeinrichtung	01.01.01–31.12.05
Anteil der Umsätze mit Vorsteuerabzug in 01	70 %
Anteil der Umsätze mit Vorsteuerabzug ab 04	65 %
Änderung der Verhältnisse zu Lasten von U	5 % (d.h. < 10 %)
jährlicher Vorsteuerbetrag Gebäude	21.000 €
Vorsteuerberichtigungsbetrag ab 04 (5 % × 21.000 €)	1.050 €

→ Vorsteuerberichtigung ist erforderlich

jährlicher Vorsteuerbetrag Büroeinrichtung	1.000 €
Vorsteuerberichtigungsbetrag ab 04 (5 % × 1.000 €)	50 €

→ Vorsteuerberichtigung ist nicht erforderlich

Die Vorsteuerberichtigung erfolgt grundsätzlich für den Voranmeldungszeitraum, in dem sich die Verhältnisse für den Vorsteuerabzug geändert haben. Abweichend von diesem Grundsatz gibt es folgende voranmeldungstechnische Vereinfachungen: 80

- Wenn die Vorsteuer auf Anschaffungs- oder Herstellungskosten höchstens 2500 € beträgt, erfolgt die Vorsteuerberichtigung für alle Kalenderjahre einheitlich in der Jahreserklärung für das letzte Jahr des Berichtigungszeitraums.
- Wenn die Vorsteuer auf nachträgliche Herstellungskosten höchstens 2500 € beträgt, erfolgt die Vorsteuerberichtigung für alle Kalenderjahre einheitlich im letzten Jahr des Berichtigungszeitraums. Gleiches gilt für die Leistungen nach § 15 a Abs. 3 und 4 UStG.
- Wenn der Berichtigungsbetrag höchstens 6000 € beträgt, erfolgt die Vorsteuerberichtigung für das Kalenderjahr, in dem sich die Verhältnisse bezüglich des Vorsteuerabzugs geändert haben, d.h. keine monatliche oder vierteljährliche Vorsteuerberichtigung. Auf Grund dieser Vereinfachungsregelung muss der Unternehmer zunächst den Berichtigungsbetrag für das gesamte Jahr ermitteln, um entscheiden zu können, ob die Berichtigung in einem Voranmeldungszeitraum oder erst in der Jahresanmeldung erfolgen muss.
- Wenn es vor Ablauf des Berichtigungszeitraums zur Veräußerung oder fiktiven Lieferung kommt, erfolgt die Vorsteuerberichtigung für die Restlaufzeit des Berichtigungszeitraums im Voranmeldungszeitraum, in dem die Veräußerung oder fiktive Lieferung stattfindet.
- Für die Berechnung des Berichtigungszeitraums gilt das Monatsprinzip: Fällt das Ende des Berichtigungszeitraums auf einen Tag in der ersten Monatshälfte (1.–16. Tag), endet der Berichtigungszeitraum bereits mit Ablauf des Vormonats. Fällt das Ende des Berichtigungs-

zeitraums auf einen Tag in der zweiten Monatshälfte (ab dem 17. Tag), endet der Berichtigungszeitraum mit Ablauf dieses Monats. Entsprechendes gilt für den Beginn des Berichtigungszeitraums.

2.4.2 Vornahme der Vorsteuerberichtigung

81 Wenn sich die für den Vorsteuerabzug maßgebenden Verhältnisse geändert haben und die Bagatellgrenzen des § 44 UStDV überschritten sind, ist die Vorsteuerberichtigung für jedes Jahr des Berichtigungszeitraums erforderlich, in dem eine Änderung der Verhältnisse vorliegt. Demzufolge muss der gesamte Vorsteuerbetrag auf die Jahre des Berichtigungszeitraums aufgeteilt werden (1/1 tatsächliche Verwendungsdauer oder 1/10 oder 1/5). Fallen der Beginn bzw. das Ende des Berichtigungszeitraums nicht auf den Beginn bzw. das Ende eines Kalenderjahres, wird der auf diese Jahre entfallende Vorsteuerbetrag nur anteilig berücksichtigt (unterjähriger Vorsteuerbetrag). Für die Berichtigungszeiträume, die innerhalb eines Monats beginnen bzw. enden, ist § 45 UStDV zu beachten. Der Vorsteuerberichtigungsbetrag ergibt sich aus dem Produkt der prozentualen Änderung der Verhältnisse und dem Vorsteuerbetrag des betreffenden Jahres. Das Berechnungsschema sieht somit wie folgt aus:

1. Ermittlung der prozentualen Änderung der für den Vorsteuerabzug maßgebenden Verhältnisse (Vergleich des Anteils der Verwendungsumsätze mit/ohne Vorsteuerabzug im Abzugsjahr und in den Folgejahren);
2. Prüfung, ob die Bagatellgrenzen des § 44 UStDV überschritten sind;
3. Aufteilung des Vorsteuerbetrags auf die Jahre des Berichtigungszeitraums;
4. ggf. Berechnung des unterjährigen Vorsteuerbetrags für das erste bzw. das letzte Jahr des Berichtigungszeitraums (Beachtung des § 45 UStDV);
5. Ermittlung des Vorsteuerberichtigungsbetrags für das einzelne Kalenderjahr des Berichtigungszeitraums (prozentuale Änderung der Verhältnisse/Vorsteuerbetrag des betreffenden Jahres);
6. Anmeldung der Vorsteuerberichtigung im Voranmeldungszeitraum oder in der Jahresanmeldung.

Beispiel:
U erwirbt Anfang April 08 ein Wirtschaftsgut mit einer betriebsgewöhnlichen Nutzungsdauer von sechs Jahren. Die Vorsteuer beträgt 12.000 €. In den Jahren 08 und 09 wird das Wirtschaftsgut zu 40 % für Umsätze genutzt, die den Vorsteuerabzug ausschließen. Ab Januar 10 bis Ende März 14 sinkt der Anteil der Umsätze ohne Vorsteuerabzug auf 20 %.

Lösung:

Berichtigungszeitraum	01.04.08–31.03.13
Änderung der Verhältnisse zu Gunsten von U	20 % (d.h. > 10 %)
Vorsteuerbetrag insgesamt	12.000 €
jährlicher Vorsteuerbetrag	2.400 €
Restdauer des Berichtigungszeitraums	01.01.10–31.03.13
Vorsteuerberichtigungsbetrag 10–13 (2.400 € × 20 %)	je 480 €
Vorsteuerberichtigungsbetrag 14 (2.400 € × 20 % × 3/12)	120 €
Anmeldung der Berichtigungsbeträge	Jahresanmeldungen 10–13

2.4.3 Aufzeichnungspflichten

Ab dem Kalenderjahr, für das erstmalig eine Vorsteuerberichtigung durchzuführen ist, müssen die folgenden Angaben eindeutig und leicht nachprüfbar aufgezeichnet werden (vgl. § 22 Abs. 4 UStG, Abschn. 15a.12 UStAE): 82

- Anschaffungs- oder Herstellungskosten, nachträgliche Anschaffungs- oder Herstellungskosten bzw. Aufwendungen für das Berichtigungsobjekt und die gesamten darauf entfallenden Vorsteuerbeträge;
- Zeitpunkt der erstmaligen Verwendung des Berichtigungsobjektes;
- Dauer des Berichtigungszeitraums (tatsächliche Verwendungsdauer/betriebsgewöhnliche Nutzungsdauer oder typisierte Nutzungsdauer von fünf oder zehn Jahren);
- Verwendung des Berichtigungsobjektes (Umsätze mit/ohne Vorsteuerabzug – Angaben zu den Nutzungsanteilen);
- Zeitpunkt und umsatzsteuerliche Behandlung der Veräußerung oder fiktiven Lieferung, sofern diese innerhalb des Berichtigungszeitraums stattfindet;
- Zeitpunkt, Ursache und Belege einer vorzeitigen Unbrauchbarkeit des Berichtigungsobjektes.

Zur Überwachung der Vorsteuerberichtigung verwendet die Finanzverwaltung ein **Überwachungsblatt**, in dem alle für die Vorsteuerberichtigung erforderlichen Daten festgehalten werden (vgl. BMF vom 07.10.2002, Az: IV D 1 – S 7532 – 40/02, UR 2003, 93, OFD Koblenz vom 20.12.2006, Az: S 7316A – St 44 5, UR 2007, 433). Unternehmer, die zur Vorsteuerberichtigung verpflichtet sind, können dieses Vordruckmuster für ihre Berichtigungsobjekte ebenfalls benutzen. 83

§ 16 UStG
Steuerberechnung, Besteuerungszeitraum, Einzelbesteuerung

(1) [1]Die Steuer ist, soweit nicht § 20 gilt, nach vereinbarten Entgelten zu berechnen. [2]Besteuerungszeitraum ist das Kalenderjahr. [3]Bei der Berechnung der Steuer ist von der Summe der Umsätze nach § 1 Abs. 1 Nr. 1 und 5 auszugehen, soweit für sie die Steuer in dem Besteuerungszeitraum entstanden und die Steuerschuldnerschaft gegeben ist. [4]Der Steuer sind die nach § 6a Abs. 4 Satz 2, nach § 14c sowie nach § 17 Abs. 1 Satz 6 geschuldeten Steuerbeträge hinzuzurechnen.

(1a) [1]Macht ein nicht im Gemeinschaftsgebiet ansässiger Unternehmer von § 18 Abs. 4c Gebrauch, ist Besteuerungszeitraum das Kalendervierteljahr. [2]Bei der Berechnung der Steuer ist von der Summe der Umsätze nach § 3a Abs. 5 auszugehen, die im Gemeinschaftsgebiet steuerbar sind, soweit für sie in dem Besteuerungszeitraum die Steuer entstanden und die Steuerschuldnerschaft gegeben ist. [3]Absatz 2 ist nicht anzuwenden.

(1b) [1]Macht ein im übrigen Gemeinschaftsgebiet ansässiger Unternehmer (§ 13b Absatz 7 Satz 2) von § 18 Absatz 4e Gebrauch, ist Besteuerungszeitraum das Kalendervierteljahr. [2]Bei der Berechnung der Steuer ist von der Summe der Umsätze nach § 3a Absatz 5 auszugehen, die im Inland steuerbar sind, soweit für sie in dem Besteuerungszeitraum die Steuer entstanden und die Steuerschuldnerschaft gegeben ist. [3]Absatz 2 ist nicht anzuwenden.

(2) [1]Von der nach Absatz 1 berechneten Steuer sind die in den Besteuerungszeitraum fallenden, nach § 15 abziehbaren Vorsteuerbeträge abzusetzen. [2]§ 15a ist zu berücksichtigen.

(3) Hat der Unternehmer seine gewerbliche oder berufliche Tätigkeit nur in einem Teil des Kalenderjahres ausgeübt, so tritt dieser Teil an die Stelle des Kalenderjahres.

(4) Abweichend von den Absätzen 1, 2 und 3 kann das Finanzamt einen kürzeren Besteuerungszeitraum bestimmen, wenn der Eingang der Steuer gefährdet erscheint oder der Unternehmer damit einverstanden ist.

(5) [1]Bei Beförderungen von Personen im Gelegenheitsverkehr mit Kraftomnibussen, die nicht im Inland zugelassen sind, wird die Steuer, abweichend von Absatz 1, für jeden einzelnen steuerpflichtigen Umsatz durch die zuständige Zolldienststelle berechnet (Beförderungseinzelbesteuerung), wenn eine Grenze zum Drittlandsgebiet überschritten wird. [2]Zuständige Zolldienststelle ist die Eingangszollstelle oder Ausgangszollstelle, bei der der Kraftomnibus in das Inland gelangt oder das Inland verlässt. [3]Die zuständige Zolldienststelle handelt bei der Beförderungseinzelbesteuerung für das Finanzamt, in dessen Bezirk sie liegt (zuständiges Finanzamt). [4]Absatz 2 und § 19 Abs. 1 sind bei der Beförderungseinzelbesteuerung nicht anzuwenden.

(5a) Beim innergemeinschaftlichen Erwerb neuer Fahrzeuge durch andere Erwerber als die in § 1a Abs. 1 Nr. 2 genannten Personen ist die Steuer abweichend von Absatz 1 für jeden einzelnen steuerpflichtigen Erwerb zu berechnen (Fahrzeugeinzelbesteuerung).

(5b) [1]Auf Antrag des Unternehmers ist nach Ablauf des Besteuerungszeitraums an Stelle der Beförderungseinzelbesteuerung (Absatz 5) die Steuer nach den Absätzen 1 und 2 zu berechnen. [2]Die Absätze 3 und 4 gelten entsprechend.

(6) [1]Werte in fremder Währung sind zur Berechnung der Steuer und der abziehbaren Vorsteuerbeträge auf Euro nach den Durchschnittskursen umzurechnen, die das Bundesministerium der Finanzen für den Monat öffentlich bekannt gibt, in dem die Leistung ausgeführt oder

das Entgelt oder ein Teil des Entgelts vor Ausführung der Leistung (§ 13 Abs. 1 Nr. 1 Buchstabe a Satz 4) vereinnahmt wird. [2]Ist dem leistenden Unternehmer die Berechnung der Steuer nach vereinnahmten Entgelten gestattet (§ 20), so sind die Entgelte nach den Durchschnittskursen des Monats umzurechnen, in dem sie vereinnahmt werden. [3]Das Finanzamt kann die Umrechnung nach dem Tageskurs, der durch Bankmitteilung oder Kurszettel nachzuweisen ist, gestatten. [4]Macht ein nicht im Gemeinschaftsgebiet ansässiger Unternehmer von § 18 Abs. 4c Gebrauch, hat er zur Berechnung der Steuer Werte in fremder Währung nach den Kursen umzurechnen, die für den letzten Tag des Besteuerungszeitraums nach Absatz 1a Satz 1 von der Europäischen Zentralbank festgestellt worden sind; macht ein im übrigen Gemeinschaftsgebiet (§ 13b Absatz 7 Satz 2) ansässiger Unternehmer von § 18 Absatz 4e Gebrauch, hat er zur Berechnung der Steuer Werte in fremder Währung nach den Kursen umzurechnen, die für den letzten Tag des Besteuerungszeitraums nach Absatz 1b Satz 1 von der Europäischen Zentralbank festgestellt worden sind. [5]Sind für die in Satz 4 genannten Tage keine Umrechnungskurse festgestellt worden, hat der Unternehmer die Steuer nach den für den nächsten Tag nach Ablauf des Besteuerungszeitraums nach Absatz 1a Satz 1 oder Absatz 1b Satz 1 von der Europäischen Zentralbank festgestellten Umrechnungskursen umzurechnen.

(7) Für die Einfuhrumsatzsteuer gelten § 11 Abs. 5 und § 21 Abs. 2.

Richtlinien/Hinweise/Verordnungen

UStAE: Abschn. 16.1–16.4.

MwStSystRL: Art. 206 ff., Art. 250 ff.

UStDV: §§ 46–62.

1 Allgemeines

1.1 Überblick über die Vorschrift

1 § 16 UStG enthält Regelungen zur Steuerberechnung (u. a. zur Besteuerung nach vereinbarten oder vereinnahmten Entgelten), zum Besteuerungszeitraum sowie zur Einzelbesteuerung (Beförderungs- und Fahrzeugeinzelbesteuerung).

2 Die Vorschrift bringt den **Grundsatz der Einheit des Unternehmens** zum Ausdruck, nach dem die in allen Betrieben eines Unternehmers ausgeführten Umsätze zusammenzurechnen sind.

1.2 Rechtsentwicklung

3 § 16 UStG hat sich aus § 11 UStG 1951 entwickelt. Schon damals war der maßgebliche Zeitraum, für den die USt zu berechnen und zu erklären war, das Kj. In der Folgezeit wurde die Vorschrift zunächst mehrfach geändert und ergänzt, um in der jetzigen Fassung seit dem 01.01.1980 nahezu unverändert zu gelten (vgl. Rn. 6; ausführlich zur Historie Bülow in V/S, § 16 Rn. 4 ff.).

1.3 Geltungsbereich

1.3.1 Sachlicher Geltungsbereich

Die Vorschrift regelt die Grundsätze der Steuerberechnung (u. a. Besteuerung nach vereinbarten oder vereinnahmten Entgelten), den Besteuerungszeitraum sowie die Sonderfälle der Einzelbesteuerung (Beförderungs- und Fahrzeugeinzelbesteuerung). 4

1.3.2 Persönlicher Geltungsbereich

§ 16 UStG sieht hinsichtlich des persönlichen Geltungsbereichs keine Besonderheiten oder Beschränkungen vor und gilt daher grundsätzlich für **alle Unternehmer** i. S. d. § 2 UStG. Für den i. g. Erwerb neuer Fahrzeuge (vgl. § 1 b UStG) regelt § 16 Abs. 5a UStG den Sonderfall der Besteuerung von **Nichtunternehmern** (Fahrzeugeinzelbesteuerung). 5

1.3.3 Zeitlicher Geltungsbereich

§ 16 UStG war seit dem 01.01.1980 zunächst jahrelang nahezu unverändert geblieben. Mit Wirkung zum **01.07.2003** sind jedoch durch das StVergAbG mit dem Ziel der Neuregelung der USt-Besteuerung elektronischer Dienstleistungen (vgl. Kommentierung zu § 3a Abs. 4 Nr. 14 i. V. m. Abs. 5 UStG) in § 16 der neue Abs. 1a eingefügt, Abs. 4 redaktionell verändert und in Abs. 6 die Sätze 4 und 5 eingefügt worden (ausführlich hierzu Weimann, UVR 2003, 314). Mit dem StÄndG 2003 wurde § 16 Abs. 1 S. 4 UStG m. W. z. **01.01.2004** redaktionell überarbeitet und die Angabe »§ 14 Abs. 2 und 3« durch die Angabe »§ 14c« ersetzt. Außerdem wurde durch das Gesetz zur Umsetzung von EU-RL in nationales Steuerrecht und zur Änderung weiterer Vorschriften (Richtlinien-Umsetzungsgesetz – EURLUmsG) die Vorschrift des § 16 Abs. 1 S. 4 UStG mit Wirkung ab 16.12.2004 redaktionell angepasst. Ferner ist durch das JStG 2009 vom 19.12.2008 in § 16 Abs. 1a S. 2 mit Wirkung ab 01.01.2010 die Angabe »§ 3a Abs. 3a« durch »§ 3a Abs. 5« ersetzt worden. 6

1.4 Gemeinschaftsrechtliche Grundlagen und Verhältnis zu anderen Vorschriften

§ 16 Abs. 1 bis 4 UStG sind nicht unmittelbar durch die 6. EG-RL gedeckt, widersprechen der RL aber auch nicht, da diese zur Steuerberechnung an sich keine speziellen Vorgaben beinhaltet. Abs. 5 beruht auf Art. 27, Abs. 5a auf Art. 22 Abs. 11 und Abs. 6 auf Art. 11 Teil C Abs. 2 i. V. m. Art. 27 der 6. EG-RL (Bülow in V/S, § 16 Rn. 3). 7

2 Kommentierung

2.1 Steuerberechnung

2.1.1 Besteuerung nach vereinbarten/vereinnahmten Entgelten

8 Die Steuer ist grundsätzlich, soweit nicht § 20 UStG (Istversteuerung) gilt, **nach vereinbarten Entgelten** zu berechnen (**Sollversteuerung**, § 16 Abs. 1 UStG).

9 Nach § 20 Abs. 1 UStG kann das Finanzamt auf Antrag gestatten, dass ein Unternehmer, dessen Gesamtumsatz (§ 19 Abs. 3 UStG) im vorangegangenen Kj. nicht mehr als 500.000 € betragen hat, oder der von der Verpflichtung, Bücher zu führen und auf Grund jährlicher Bestandsaufnahmen regelmäßig Abschlüsse zu machen, nach § 148 AO befreit ist, oder soweit er Umsätze aus einer Tätigkeit als Angehöriger eines freien Berufs im Sinne des § 18 Abs. 1 Nr. 1 EStG ausführt, die Steuer **nicht nach den vereinbarten Entgelten** (§ 16 Abs. 1 S. 1 UStG), sondern nach den **vereinnahmten Entgelten** berechnet.

10 Der **Antrag** auf Genehmigung der **Besteuerung nach vereinnahmten Entgelten** ist an **keine Frist** gebunden. Ist die Steuerfestsetzung jedoch **formell bestandskräftig** geworden, so ist mit dem Eintritt der formellen Bestandskraft sowohl für den Steuerpflichtigen als auch für das FA hinsichtlich der Besteuerungsart eine **Bindungswirkung** eingetreten. Auf die Unabänderbarkeit der Steuerfestsetzung kommt es insoweit nicht an. Dem Antrag wird grundsätzlich unter dem Vorbehalt jederzeitigen Widerrufs entsprochen, wenn der Unternehmer eine der Voraussetzungen des § 20 Abs. 1 UStG erfüllt. Die Genehmigung erstreckt sich wegen des Prinzips der Abschnittsbesteuerung stets auf das **volle Kj**. Bei der Genehmigung handelt es sich um einen **begünstigenden Verwaltungsakt**, der unter den Voraussetzungen der §§ 130, 131 AO zurückgenommen oder widerrufen werden kann. Hat der Unternehmer etwa die Gestattung der Istbesteuerung durch **unlautere, unvollständige oder unrichtige Angaben** erwirkt, kann das FA den begünstigenden, aber rechtswidrigen Verwaltungsakt (§ 118 AO) gemäß § 130 Abs. 2 Nr. 2 und 3 AO auch mit Wirkung für die Vergangenheit zurücknehmen. Dem steht nicht entgegen, dass für den Zeitraum bis zur Rücknahme der Gestattung die Umsatzsteuer-Voranmeldungen auf der Grundlage von Zahlungseingängen abgegeben wurden und i. S. v. § 13 Abs. 1 Nr. 1 Buchst. b UStG zur Entstehung von Steuern geführt haben (BFH vom 10.12.2008, Az: XI R 1/08, BStBl II 2009, 1026).

11 Einer **Kapitalgesellschaft**, zu der sich Freiberufler zusammengeschlossen haben, kann die Genehmigung der Istversteuerung nach § 20 Abs. 1 Nr. 3 UStG **nicht** erteilt werden. Dies gilt auch für eine Steuerberatungsgesellschaft in der **Rechtsform einer GmbH** (BFH vom 22.07.1999, Az: V R 51/98, BStBl II 1999, 630). Sie ist mit ihren buchführungspflichtigen Umsätzen nicht zur Steuerberechnung nach vereinnahmten Entgelten gemäß § 20 Abs. 1 S. 1 Nr. 3 UStG berechtigt (BFH vom 22.07.2010, Az: V R 4/09, BStBl II 2013, 590).

2.1.2 Wechsel der Steuerberechnungsart

12 Die Voraussetzungen für die Entstehung der Steuer im Zeitpunkt der Ausführung der Lieferung oder sonstigen Leistung bleiben auch maßgebend, wenn der Unternehmer von der Berechnung der Steuer nach vereinnahmten Entgelten zur Berechnung der Steuer nach vereinbarten Entgelten wechselt. Beim Wechsel der Art der Steuerberechnung dürfen Umsätze nicht doppelt erfasst werden oder unversteuert bleiben (§ 20 Abs. 1 S. 3 UStG).

13 Auch ein **Wechsel** von der Besteuerung nach vereinnahmten Entgelten (§ 20 UStG) zur Besteuerung nach vereinbarten Entgelten (§ 16 UStG) ist bis zur formellen Bestandskraft der jeweiligen

Jahressteuerfestsetzung zulässig, und zwar **auch rückwirkend** (BFH vom 10.12.2008, Az: XI R 1/08, BStBl II 2009, 1026).

Da es sich bei der **Gestattung der Istbesteuerung** um einen begünstigenden – sonstigen – **Verwaltungsakt** handelt und die Sollbesteuerung der gesetzliche Regelfall ist, steht es dem Unternehmer grundsätzlich frei, von der Gestattung keinen Gebrauch zu machen und ohne weiteres zur Sollbesteuerung zurückzukehren. Dafür ist weder ein Antrag des Steuerpflichtigen noch eine Erlaubnis des FA erforderlich (BFH vom 10.12.2008, Az: XI R 1/08, BStBl II 2009, 1026, m. w. N.). Die **Rückkehr zur Sollbesteuerung** kann auch **konkludent** erfolgen, so z. B. durch Abgabe einer Umsatzsteuer-Jahreserklärung, in der die Versteuerung nach vereinbarten Entgelten erfolgt. 14

Der Wechsel der Besteuerungsart stellt keinen Eingriff in den gesetzlichen Umsatzsteuertatbestand dar. Nach § 13 Abs. 1 Nr. 1 Buchst. b UStG (i. V. m. § 38 AO) entsteht die Steuer bei der **Berechnung nach vereinnahmten Entgelten** zwar mit Ablauf des Voranmeldungszeitraums, in dem die **Entgelte vereinnahmt** worden sind. Ein Wechsel bedeutet aber gleichwohl **keinen Eingriff in den Besteuerungssachverhalt**, weil er nicht zur Folge hat, dass dadurch das Vorliegen einer i. S. v. § 1 Abs. 1 UStG steuerbaren und steuerpflichtigen Lieferung oder sonstigen Leistung entfallen würde. Ob ein Umsatz überhaupt steuerpflichtig ist und welcher Steuersatz zur Anwendung kommt, richtet sich vielmehr nach den **tatsächlichen Verhältnissen im Zeitpunkt der Leistung** und ist daher **unabhängig vom Zeitpunkt der Entgeltsvereinnahmung** (vgl. Geist in Rau/Dürrwächter, UStG § 20 Rn. 55). 15

Der Zeitpunkt, bis zu dem nach einer Option zur Istbesteuerung rückwirkend auf diese **verzichtet** werden kann, ist ebenso wenig geregelt wie der **Zeitpunkt für eine Gestattung** der Istbesteuerung. Für Letztere ist jedoch allgemein anerkannt, dass sie jedenfalls dann nicht mehr zulässig ist, wenn sie sich auf einen Besteuerungszeitraum erstreckt, der bereits durch eine **bestandskräftige Umsatzsteuerfestsetzung** abgeschlossen ist (vgl. BFH vom 10.12.2008, Az: XI R 1/08, BStBl II 2009, 1026, m. w. N.). Hat der Steuerpflichtige die Istbesteuerung in Anspruch genommen, dann kann für die Rückgängigmachung kein längerer Zeitraum als für ihre Ausübung eingeräumt werden. 16

Dabei kommt es nicht auf die formelle Bestandskraft der jeweiligen Umsatzsteuer-Voranmeldung an, sondern auf die formelle Bestandskraft der Jahressteuerfestsetzung. Denn maßgeblicher Besteuerungszeitraum für die Umsatzsteuer ist das Kj. (§ 16 Abs. 1 S. 2 UStG). Daher werden die auf (monatlich oder vierteljährlich abzugebenden) Voranmeldungen beruhenden Festsetzungen durch eine Jahressteuerfestsetzung (§ 18 Abs. 3 UStG) abgelöst, was in verfahrensrechtlicher Hinsicht u. a. dazu führt, dass – in einem die Voranmeldungen betreffenden Rechtsstreit – ein Jahressteuerbescheid zum Gegenstand des Verfahrens wird (§ 68 FGO) und sich der Rechtsstreit hinsichtlich der Voranmeldungen i. S. v. § 124 Abs. 2 AO »auf andere Weise« erledigt (ständige BFH-Rechtsprechung, vgl. z. B. BFH vom 22.10.2003, Az: V B 103/02, BFH/NV 2004, 502). Hinzu kommt, dass auch die gesetzlichen Regelungen zum Widerruf der Optionen des § 19 und des § 23 UStG auf § 18 Abs. 3 und 4 UStG und damit auf die Jahressteuerfestsetzung verweisen. Gründe für eine hiervon abweichende Behandlung des Wechsels zwischen Ist- und Sollbesteuerung sind nicht erkennbar. 17

2.2 Besteuerungszeitraum, Berechnung der Steuer

2.2.1 Grundsatz

Besteuerungszeitraum ist grundsätzlich das **Kj.** (§ 16 Abs. 1 S. 2 UStG). 18

19 Bei der **Berechnung der Steuer** ist von der Summe der Umsätze nach § 1 Abs. 1 Nr. 1 bis 3 und 5 UStG auszugehen, soweit für sie die Steuer in dem Besteuerungszeitraum entstanden und die Steuerschuldnerschaft gegeben ist. Das Gesetz (§§ 1, 2, 13, 16ff. UStG) macht die Umsatzsteuerpflicht des leistenden Unternehmers nicht vom Vorsteuerabzug des Leistungsempfängers abhängig (BFH vom 06.10.2005, Az: V R 15/04, BFH/NV 2006, 836). Vielmehr hat der Unternehmer die von ihm geschuldete Umsatzsteuer unabhängig davon zu entrichten, ob sie bei ordnungsgemäßer Inrechnungstellung vom Leistungsempfänger als Vorsteuer abgezogen werden kann. Da es den Wertungen des Gesetzes entspricht, dass der leistende Unternehmer unabhängig vom Vorsteuerabzug des Leistungsempfängers zur Umsatzsteuer veranlagt wird, ist die Inanspruchnahme des leistenden Unternehmers auch nicht etwa sachlich unbillig. Das UStG lässt eine Umsatzsteuerschuld auch dann entstehen, wenn der Unternehmer sich über die Steuerbarkeit oder die Steuerpflicht geirrt hat (BFH vom 04.04.2003, Az: V B 212/02, BFH/NV 2003, 1098).

20 Der Steuer sind die nach § 6a Abs. 4 S. 2 UStG, § 14 Abs. 2 und 3 sowie § 17 Abs. 1 S. 6 geschuldeten Steuerbeträge hinzuzurechnen (§ 16 Abs. 1 S. 4 UStG).

2.2.2 Fälle des § 18 Abs. 4c UStG i. V. m. § 3a Abs. 5 UStG

21 Macht ein **nicht im Gemeinschaftsgebiet ansässiger Unternehmer** von **§ 18 Abs. 4c UStG** Gebrauch, so bestimmt § 16 Abs. 1a UStG das **Kalendervierteljahr** zum Besteuerungszeitraum. Bei der **Berechnung der Steuer** ist in diesem Fall von der Summe der Umsätze nach § 3a Abs. 5 UStG auszugehen, die im Gemeinschaftsgebiet steuerbar sind, soweit für sie in dem Besteuerungszeitraum die Steuer entstanden und die Steuerschuldnerschaft gegeben ist. Abs. 2 ist nicht anzuwenden.

2.2.3 Vorsteuer

22 Von der nach § 16 Abs. 1 UStG berechneten Steuer sind die in den Besteuerungszeitraum fallenden, nach § 15 UStG **abziehbaren Vorsteuerbeträge** abzusetzen.

23 Dabei begründet ein **einzelner Vorsteuerbetrag** keinen **Vorsteuervergütungsanspruch**, sondern allein einen **Anspruch auf Vorsteuerabzug**, wie sich aus § 15 Abs. 1, § 16 Abs. 2 UStG ergibt (vgl. BFH vom 16.01.2007, Az: VII R 7/06, BStBl II 2007, 745). **Einzelne Vorsteuerbeträge** sind umsatzsteuerrechtlich lediglich **unselbständige Besteuerungsgrundlagen**, die bei der Berechnung der Umsatzsteuer mitberücksichtigt werden und in die Festsetzung der Umsatzsteuer eingehen (BFH vom 16.11.2004, VII R 75/03, BFHE 208, 296, BStBl II 2006, 193). Es stehen sich also bei diesem Abzug gem. § 16 Abs. 2 UStG **keine Ansprüche aus dem Steuerschuldverhältnis gegenüber** (vgl. BFH vom 16.01.2007, Az: VII R 7/06, BStBl II 2007, 745).

24 Diese **Berechnung der Umsatzsteuer** nach § 16 Abs. 1, § 16 Abs. 2, § 18 Abs. 1 und Abs. 3 UStG hat auch **Vorrang vor einer Aufrechnung** durch das FA mit anderen Ansprüchen (BFH in BFHE 208, 296, BStBl II 2006, 193). Nur wenn die Berechnung der Umsatzsteuer für einen bestimmten Besteuerungszeitraum einen Vorsteuerüberschuss ergibt, kann gegen dieses Guthaben die Aufrechnung mit anderen Ansprüchen aus dem Steuerschuldverhältnis erklärt werden (vgl. BFH in BFHE 188, 149, BStBl II 1999, 423).

25 Das nach § 15 UStG gegebene **Recht auf Vorsteuerabzug** für die dem Unternehmer für jeden einzelnen Umsatz in Rechnung gestellte Umsatzsteuer **ist kein selbständiger Anspruch** und kann nicht unmittelbar gegenüber dem FA geltend gemacht werden (h. M., vgl. z. B. Wagner in Sölch/Ringleb, Umsatzsteuer, § 15 Rz. 45ff.; Forgách in Reiß/Kraeusel/Langer, UStG § 15 Rz. 472). Viel-

mehr sind nach § 16 Abs. 2 S. 1, § 18 Abs. 1 UStG mit der Umsatzsteuer-Voranmeldung die nach § 15 UStG abziehbaren Vorsteuerbeträge von der nach § 16 Abs. 1 UStG berechneten Steuer abzusetzen.

Will das FA **nach der Eröffnung des Insolvenzverfahrens** die Aufrechnung gegen einen Vorsteuervergütungsanspruch des Schuldners erklären und setzt sich dieser Anspruch sowohl aus vor als auch aus nach der Eröffnung des Insolvenzverfahrens begründeten Vorsteuerabzugsbeträgen zusammen, hat das FA sicherzustellen, dass die Aufrechnung den Vorsteuervergütungsanspruch nur insoweit erfasst, als sich dieser aus Vorsteuerbeträgen zusammensetzt, die vor der Eröffnung des Insolvenzverfahrens begründet worden sind. Dies geschieht, indem im Rahmen der **Saldierung** gemäß § 16 Abs. 2 S. 1 UStG die für den Besteuerungszeitraum berechnete Umsatzsteuer vorrangig mit vor Insolvenzeröffnung begründeten Vorsteuerabzugsbeträgen verrechnet wird (BFH vom 16.01.2007, Az: VII R 7/06, BStBl II 2007, 745). **26**

Ansonsten gilt, dass die **Abgabe der Umsatzsteuer-Voranmeldung** (§ 18 UStG) und die darin vorzunehmende **Saldierung** vom Gesetz geforderte Handlungen des Unternehmers und **keine** i. S. d. §§ 129 ff. InsO **die Insolvenzgläubiger benachteiligenden Rechtshandlungen** sind, deren Wirksamkeit durch den Insolvenzverwalter im Wege der Anfechtung beseitigt werden könnte (BFH vom 14.01.2009, Az: VII S 24/08, BFH/NV 2009, 885, unter Hinweis auf BFHE 208, 296, BStBl II 2006, 193). **27**

Allerdings kann der Unternehmer Vorsteuerbeträge erst in dem Besteuerungszeitraum abziehen, in dem die materiell-rechtlichen Anspruchsvoraussetzungen i. S. d. § 15 Abs. 1 Nr. 1 S. 1 UStG insgesamt vorliegen (BFH vom 20.10.1994, Az: V R 84/92, BFHE 176, 469, BStBl II 1995, 233, m. w. N.). Zu diesen Voraussetzungen gehört eine Rechnung mit gesondertem Umsatzsteuerausweis (vgl. BFH vom 26.04.1979, Az: V R 46/72, BStBl II 1979, 530, unter II.2.a; vom 16.04.1997, Az: XI R 63/93, BStBl II 1997, 582). Die für den Steuerpflichtigen ungünstige Rechtsfolge, dass die Vorsteuer erst in dem Besteuerungszeitraum abgezogen werden kann, in dem ihm auch die Rechnung vorliegt, beruht auf einer bewussten Anordnung des Gesetzgebers, die nicht durch eine Billigkeitsmaßnahme unterlaufen werden darf (BFH vom 19.06.2013, Az: XI R 41/10, BStBl II 2014, 738). Diese Rechtslage steht im Einklang mit dem Gemeinschaftsrecht (BFH vom 01.07.2004, Az: V R 33/01, BStBl II 2004, 861). Der Anspruch auf Abzug der Vorsteuerbeträge entsteht gem. Art. 167 MwStSystRL/Art. 17 Abs. 1 der RL 77/388/EWG, er kann aber gem. Art. 178 MwStSystRL/Art. 18 Abs. 1 und 2 der RL 77/388/EWG erst in dem Besteuerungszeitraum – ohne Rückwirkung auf den Besteuerungszeitraum der Entstehung – ausgeübt werden, in dem auch die Rechnung mit Steuerausweis vorliegt. **28**

Wenn die in einen Besteuerungszeitraum fallenden abziehbaren Vorsteuerbeträge die zu berechnende Umsatzsteuer übersteigen, wird damit auf Seiten des Steuerpflichtigen (Unternehmers) für den betroffenen Voranmeldungszeitraum ein erfüllbarer Vorsteuervergütungsanspruch begründet (§ 13 Abs. 1 Nr. 1, § 15 Abs. 1 Nr. 1, § 16 Abs. 1 und 2, § 18 Abs. 1 UStG; § 38 AO). Dabei ist die Zustimmung des FA gemäß § 168 S. 2 AO nicht Voraussetzung für die Entstehung eines erfüllbaren Vorsteuervergütungsanspruchs. Die Zustimmung nach § 168 S. 2 AO bewirkt lediglich, dass eine Steueranmeldung, die zu einer Herabsetzung der Steuer oder zu einer Steuervergütung führt, einer Steuerfestsetzung unter Vorbehalt der Nachprüfung gleichsteht (BFH vom 16.11.2004, Az: VII R 75/03, BStBl II 2006, 193). **29**

§ 15a ist zu berücksichtigen. Die **Einfuhrumsatzsteuer** ist von der Steuer für den Besteuerungszeitraum abzusetzen, in dem sie entrichtet worden ist. Die bis zum 16. Tag nach Ablauf des Besteuerungszeitraums zu entrichtende Einfuhrumsatzsteuer kann bereits von der Steuer für diesen Besteuerungszeitraum abgesetzt werden, wenn sie in ihm entstanden ist (§ 16 Abs. 2 UStG). **30**

2.2.4 Beginn oder Beendigung während des Jahres

Hat der Unternehmer seine gewerbliche oder berufliche Tätigkeit nur in einem Teil des Kj. ausgeübt, so tritt dieser Teil an die Stelle des Kj. (§ 16 Abs. 3 UStG). **31**

2.2.5 Verkürzter Besteuerungszeitraum

32 Abweichend von den Abs. 1, 2 und 3 kann das Finanzamt einen **kürzeren Besteuerungszeitraum** bestimmen, wenn der Eingang der Steuer gefährdet erscheint oder der Unternehmer damit einverstanden ist (§ 16 Abs. 4 UStG).

2.3 Beförderungseinzelbesteuerung

33 Die Verwaltungsgrundsätze zur Beförderungseinzelbesteuerung sind zusammengefasst in dem BMF-Schreiben vom 04.02.2014 (Az: IV D 3 – S 7327/07/10001, BStBl I 2014, 220): Merkblatt zur Umsatzbesteuerung von grenzüberschreitenden Personenbeförderungen mit Omnibussen, die nicht in der Bundesrepublik Deutschland zugelassen sind (Stand 01.01.2014), an das sich die nachfolgenden Ausführungen weitgehend anlehnen.

2.3.1 Allgemeines

34 **Personenbeförderungen** unterliegen in der Bundesrepublik Deutschland der USt. Die Besteuerung dieser Leistungen ist durch die Richtlinie 2006/112/EG über das gemeinsame Mehrwertsteuersystem – Mehrwertsteuer-Systemrichtlinie – vorgeschrieben.

35 **Personenbeförderungen mit Omnibussen** unterliegen **wie jede andere Leistung**, die ein Unternehmer gegen Entgelt ausführt, der USt. Dies gilt unabhängig davon, ob die Beförderung von einem inländischen oder ausländischen Unternehmer ausgeführt wird, ob inländische oder ausländische Fahrgäste befördert werden und ob die Fahrgäste Jugendliche oder Erwachsene/Senioren sind. Es gilt sowohl für Personenbeförderungen im **Linienverkehr** als auch für Personenbeförderungen im **Gelegenheitsverkehr**. Erstreckt sich eine Personenbeförderung sowohl auf das Gebiet der Bundesrepublik Deutschland als auch auf andere Gebiete, ist in der Bundesrepublik Deutschland **nur** die Beförderung auf der **im Inland** zurückgelegten Strecke steuerpflichtig. Die Besteuerung erfolgt **grundsätzlich im allgemeinen Besteuerungsverfahren** bei einem Finanzamt.

36 Die **Beförderungseinzelbesteuerung** an den Grenzen der Bundesrepublik Deutschland zu den nicht zur Europäischen Gemeinschaft gehörenden Staaten (**Drittlandsgrenze**) wird dagegen **beim Grenzübertritt** durch eine Zolldienststelle durchgeführt. Die Personenbeförderung mit nicht im Inland zugelassenen Kraftomnibussen, die keine regelmäßigen Routen befahren (**Gelegenheitsverkehr**), unterliegt der **Beförderungseinzelbesteuerung**, wenn bei der Ein- oder Ausreise die Grenze zu einem Drittland überquert wird (§ 16 Abs. 5 UStG). Der **Beförderer** muss **kein** ausländischer Unternehmer sein. Ferner kommt es nicht darauf an, ob der Unternehmer Eigentümer des Omnibusses ist oder diesen nur angemietet hat. **Sonderfahrten**, die ausschließlich im Inland stattfinden und **mit einer grenzüberschreitenden Beförderung zusammenhängen** (z. B. während des Aufenthalts einer Reisegruppe in Deutschland), fallen ebenfalls unter die Beförderungseinzelbesteuerung (OFD Koblenz vom 24.11.1999, Az: S 7100 – St 44 2, StEK UStG 1980 § 3 Abs. 9 Nr. 24, siehe auch BMF vom 18.06.1996, Az: IV C 4 – S 7424 c – 3/96, UR 1996, 277, DStR 1996, 1247). **Kleinbusse** (Fahrzeuge, die über nicht mehr als neun Sitzplätze verfügen) fallen **nicht** unter diese Bestimmung.

2.3.2 Begriffsbestimmungen

Der **Linienverkehr** umfasst die regelmäßige Beförderung von Personen auf einer zwischen bestimmten Ausgangs- und Endpunkten eingerichteten und genehmigten Verkehrsverbindung, auf der Fahrgäste an bestimmten Haltestellen ein- oder aussteigen können. Mitzuführen ist die Genehmigung für jede Teilstrecke der von der jeweiligen Linie zu befahrenden Staaten. 37

Der **Gelegenheitsverkehr** umfasst die nicht dem Linienverkehr zuzuordnenden Verkehrsarten, also **Ausflugsfahrten**, **Ferienziel-Reisen** und den **Verkehr mit Mietomnibussen**. **Ausflugsfahrten** sind Fahrten, die der Unternehmer nach einem bestimmten, von ihm aufgestellten Plan und zu einem für alle Teilnehmer gleichen und gemeinsam verfolgten Ausflugszweck anbietet und ausführt. **Ferienziel-Reisen** sind Reisen zu Erholungsaufenthalten, die der Unternehmer nach einem bestimmten, von ihm aufgestellten Plan zu einem Gesamtentgelt für Beförderung und Unterkunft mit oder ohne Verpflegung anbietet und ausführt. **Verkehr mit Mietomnibussen** ist die Beförderung von Personen mit angemieteten Kraftomnibussen, mit denen der Unternehmer Fahrten ausführt, deren Zweck, Ziel und Ablauf der Mieter bestimmt. Mitzuführen ist bei genehmigungspflichtigen Verkehrsdiensten die Genehmigung für die jeweilige Einzelfahrt, bei genehmigungsfreien Verkehrsdiensten ein vollständig ausgefülltes Fahrtenblatt. Bei den in bilateralen Abkommen mit Drittstaaten als **Pendelverkehr** bezeichneten Beförderungsleistungen handelt es sich um **Gelegenheitsverkehr**. 38

Eine **Drittlandsgrenze der Bundesrepublik Deutschland** ist eine Grenze zu einem Staat, der nicht der Europäischen Gemeinschaft angehört (Grenze zwischen der Schweiz und Deutschland und an den Seehäfen). 39

2.3.3 Keine Überquerung einer Drittlandsgrenze der Bundesrepublik Deutschland

Für die Besteuerung von Personenbeförderungen mit **nicht in der Bundesrepublik Deutschland straßenverkehrsrechtlich zugelassenen Omnibussen**, die bei der Ein- oder Ausreise **keine Drittlandsgrenze** der Bundesrepublik Deutschland **überqueren**, gelten grundsätzlich folgende Regelungen: 40

2.3.3.1 Anzeigepflicht

Im Ausland ansässige Unternehmer, die grenzüberschreitende Personenbeförderungen mit nicht im Inland zugelassenen Kraftomnibussen durchführen, haben dies vor der erstmaligen Ausführung derartiger auf das Inland entfallender Umsätze bei dem für die Umsatzbesteuerung nach § 21 AO zuständigen FA anzuzeigen. Werden **ausschließlich** Umsätze ausgeführt, die der Beförderungseinzelbesteuerung (§ 16 Abs. 5 UStG) unterliegen oder für die der Leistungsempfänger die Steuer nach § 13b Abs. 2 S. 1 oder 3 UStG schuldet, ist eine Anzeige nicht erforderlich. 41

Die Anzeige über die erstmalige Ausführung grenzüberschreitender Personenbeförderungen mit nicht im Inland zugelassenen Kraftomnibussen ist an keine Form gebunden. Für die Anzeige sollte jedoch der Vordruck USt 1 TU – Anzeige über die grenzüberschreitende Personenbeförderung mit Kraftomnibussen (§ 18 Abs. 12 S. 1 UStG) verwendet werden, der bei dem nach § 21 AO zuständigen FA erhältlich ist. Wird der Vordruck nicht verwendet, sind gleichwohl die mit dem Vordruck verlangten Angaben zu machen. 42

2.3.3.2 Zuständiges Finanzamt

43 Wird das Beförderungsunternehmen **von der Bundesrepublik Deutschland aus betrieben**, ist für das Besteuerungsverfahren das **Finanzamt zuständig**, von dessen Bezirk aus der Unternehmer sein Unternehmen betreibt.

44 Für **Unternehmer**, die **Wohnsitz, Sitz oder Geschäftsleitung im Ausland** haben, ergeben sich nach § 21 Abs. 1 S. 2 AO i. V. m. der Umsatzsteuerzuständigkeitsverordnung die in der Anlage zum BMF-Schreiben vom 04.02.2014 (Az: IV D 3 – S 7327/07/10001, BStBl I 2014, 220) aufgeführten Zuständigkeiten.

2.3.3.3 Bemessungsgrundlage und Steuersatz

45 **Bemessungsgrundlage** für die USt ist der Teil des vereinbarten Fahrpreises abzüglich der USt (Entgelt), der **auf die im Inland zurückgelegte Strecke entfällt**. Der auf den Streckenanteil im Inland entfallende Teil des Fahrpreises ist an Hand des Gesamtpreises zu ermitteln. Der Fahrpreis ist hiernach im Verhältnis der Längen der inländischen und ausländischen Streckenanteile aufzuteilen. Der **Steuersatz** beträgt grundsätzlich **19 %**. Für den genehmigten **Linienverkehr** ist der ermäßigte Steuersatz von **7 %** anzuwenden, wenn die Beförderungsstrecke im Inland nicht mehr als **50 km** beträgt.

2.3.3.4 Allgemeines Besteuerungsverfahren

46 Die auf den inländischen Streckenanteil der Beförderung entfallende USt wird im **allgemeinen Besteuerungsverfahren** erhoben (Ausnahmen vgl. Rn. 56ff.). Dazu hat der Beförderungsunternehmer USt-Voranmeldungen und eine jährliche Umsatzsteuererklärung bei dem für ihn zuständigen Finanzamt abzugeben.

2.3.4 Überquerung einer Drittlandsgrenze der Bundesrepublik Deutschland

47 Für Personenbeförderungen mit nicht in der Bundesrepublik Deutschland straßenverkehrsrechtlich zugelassenen Omnibussen, die bei der Ein- oder Ausreise **eine Drittlandsgrenze** der Bundesrepublik Deutschland (d. h. die Grenze zwischen der Schweiz und Deutschland) überqueren, gilt Folgendes:

2.3.4.1 Linienverkehr

48 Für die Besteuerung von **Beförderungen im Linienverkehr** gelten hinsichtlich der **Bemessungsgrundlage**, des **Steuersatzes**, des **zuständigen Finanzamtes** und des **Besteuerungsverfahrens** die obigen Ausführungen entsprechend (vgl. Rn. 41ff.).

2.3.4.2 Gelegenheitsverkehr

49 Für die Besteuerung von Beförderungen im **Gelegenheitsverkehr** mit nicht in der Bundesrepublik Deutschland straßenverkehrsrechtlich zugelassenen Omnibussen, die bei der Ein- oder Ausreise eine Drittlandsgrenze der Bundesrepublik Deutschland überqueren, gelten folgende Regelungen:

2.3.4.2.1 Zuständige Behörde

Die Besteuerung wird bei der Ein- oder Ausreise über eine Drittlandsgrenze der Bundesrepublik Deutschland an der Grenze durch die **zuständige Zolldienststelle** durchgeführt. Sie handelt hierbei **für das Finanzamt**, in dessen Bezirk sie liegt. 50

2.3.4.2.2 Bemessungsgrundlage und Steuersatz

Aus Vereinfachungsgründen wird die USt im Verfahren der Beförderungseinzelbesteuerung **auf der Grundlage eines Durchschnittsbeförderungsentgelts** berechnet. Das Durchschnittsbeförderungsentgelt beträgt **4,43 Cent** (vgl. § 25 UStDV). Die zu entrichtende USt beträgt bei einem Steuersatz von 19 % daher **0,84 Cent** für jeden in der Bundesrepublik Deutschland zurückgelegten Personenkilometer. Die maßgebliche Zahl der **Personenkilometer** ergibt sich durch Vervielfachung der Anzahl der beförderten Personen mit der Anzahl der Kilometer der im Inland zurückgelegten Beförderungsstrecke (tatsächlich im Inland durchfahrene Strecke). 51

2.3.4.2.3 Besteuerungsverfahren

Der **Beförderungsunternehmer** hat **für jede einzelne Fahrt** bei der Ein- oder Ausreise bei der Zolldienststelle an der Drittlandsgrenze eine Steuererklärung in zweifacher Ausfertigung abzugeben. Die **Zolldienststelle**, die auch die Steuererklärungsvordrucke vorrätig hält, setzt die Steuer auf beiden Ausfertigungen fest. Der Beförderungsunternehmer erhält nach der Entrichtung der Steuer eine Ausfertigung mit einer Steuerquittung zurück. Die Ausfertigung ist mit der Steuerquittung während der Fahrt mitzuführen. Bei der Ausreise aus der Bundesrepublik Deutschland **über eine Drittlandsgrenze** ist bei der Zolldienststelle eine weitere Steuererklärung abzugeben, wenn sich die Zahl der Personenkilometer geändert hat. 52

Gegen die Steuerfestsetzung der Zolldienststelle kann innerhalb eines Monats **Einspruch** eingelegt werden. Hilft die Zolldienststelle dem Einspruch nicht oder nicht in vollem Umfang ab, erfolgt die weitere Bearbeitung durch das Finanzamt, in dessen Bezirk die Zolldienststelle liegt. 53

Bei der Beförderungseinzelbesteuerung werden **keine Vorsteuerbeträge** berücksichtigt. Der Beförderungsunternehmer kann jedoch die Vergütung von Vorsteuerbeträgen im **Vorsteuer-Vergütungsverfahren** beantragen, wenn die Vorsteuern im Zusammenhang mit einer Personenbeförderung stehen, die der Beförderungseinzelbesteuerung unterlegen hat. 54

Beförderungsunternehmer, die das Durchschnittsbeförderungsentgelt als zu hoch ansehen, können nach Ablauf eines Kj. ihre Personenbeförderungen im **allgemeinen Besteuerungsverfahren** beim zuständigen Finanzamt erneut erklären (Umsatzsteuererklärung USt 2 A). In diesem Fall ist die USt nach dem auf den inländischen Streckenanteil entfallenden Fahrpreis zu berechnen. Von der errechneten USt sind die im Zusammenhang mit den Personenbeförderungen stehenden Vorsteuerbeträge abzuziehen. Dies gilt nicht für Vorsteuerbeträge, die bereits im Vorsteuer-Vergütungsverfahren erstattet wurden. Auf den sich danach ergebenden Steuerbetrag wird die bei der Beförderungseinzelbesteuerung an den Drittlandsgrenzen entrichtete USt angerechnet. Ein sich ergebender Überschuss wird erstattet. Die Höhe der anzurechnenden USt ist durch Vorlage aller im Verfahren der Beförderungseinzelbesteuerung ergangenen Steuerbescheide nachzuweisen. 55

2.3.5 Ausnahmen von der Besteuerung als Personenbeförderung

2.3.5.1 Unentgeltliche oder nicht im Rahmen eines Unternehmens durchgeführte Personenbeförderungen

Personenbeförderungen unterliegen insbesondere **nicht** der Besteuerung, wenn diese **unentgeltlich** oder mit eigenen Omnibussen **nicht im Rahmen eines Unternehmens** durchgeführt werden. Werden z. B. Mitglieder ausländischer Vereine, kulturelle Gruppen (Theater- und Musik- 56 ensembles, Chöre usw.) oder **Schüler-, Studenten- und Jugendgruppen** in Omnibussen befördert, die dem **Verein, der Gruppe oder der Schule gehören**, kann im Allgemeinen davon ausgegangen werden, dass die Personenbeförderung **nicht im Rahmen eines Unternehmens** durchgeführt wird. Dies ist an Hand der Zulassungsdokumente für den Omnibus nachzuweisen.

2.3.5.2 Anmietung

57 Keine Personenbeförderung liegt vor, wenn der Verein, die Gruppe oder die Schule den **Omnibus anmietet** und anschließend die Personen **im eigenen Namen, unter eigener Verantwortung** und **für eigene Rechnung** befördert. Dies ist durch Belege und Unterlagen nachzuweisen, die insbesondere die gegenseitigen Rechtsbeziehungen eindeutig erkennen lassen. Dabei ist u. a. auch von Bedeutung, ob der **Fahrer des Omnibusses** Angestellter des den Omnibus vermietenden Unternehmers ist und von diesem bezahlt wird. Ist dies der Fall, ist im Allgemeinen davon auszugehen, dass die Personenbeförderung durch diesen Busunternehmer ausgeführt wird und der Sachverhalt damit die Voraussetzungen einer steuerpflichtigen Personenbeförderung erfüllt.

2.3.5.3 Nachweise

58 Die Frage, ob die angebotenen **Nachweise** über das Vorliegen einer **nicht steuerbaren Personenbeförderung** als ausreichend anzuerkennen sind, ist **vor Ort** vom abfertigenden Zollbeamten zu entscheiden. Um eine korrekte und zügige Abwicklung zu gewährleisten, muss deshalb der Mietvertrag – ggf. mit einer deutschen Übersetzung – mitgeführt werden. Aus diesem muss sich eindeutig ergeben, welche Leistungen von dem vermietenden Unternehmer erbracht werden. Wird dieser Nachweis gegenüber der Zolldienststelle nicht erbracht, wird die **USt durch Steuerbescheid festgesetzt**. Der Mieter sollte deshalb zur Vereinfachung der Abfertigung den Sachverhalt **vor der Durchführung der Personenbeförderung durch das zuständige Finanzamt prüfen lassen**, um bei der abfertigenden Zolldienststelle eine **Bescheinigung dieses Finanzamts** zum Nachweis vorlegen zu können, dass es sich um eine nicht steuerbare Personenbeförderung handelt.

2.3.5.4 Nicht steuerbare Personenbeförderungen

59 Ist davon auszugehen, dass es sich um eine **nicht steuerbare Personenbeförderung** handelt, unterliegt allerdings die **Vermietungsleistung** des Unternehmers, der sein Unternehmen von einem im Drittland liegenden Ort aus betreibt, der USt, soweit das vermietete Beförderungsmittel **im Inland genutzt** wird. Die Besteuerung erfolgt dann im allgemeinen Besteuerungsverfahren.

2.3.5.5 Einspruch, Erstattung, Nacherhebung bei der Beförderungseinzelbesteuerung

60 Gegen die im Verfahren der Beförderungseinzelbesteuerung durch Steuerbescheid festgesetzte USt ist der **Einspruch** gegeben (§ 347 Abs. 1 Nr. 1 AO). Die zuständige Zolldienststelle ist berechtigt, dem Einspruch abzuhelfen (§ 367 Abs. 3 S. 2 AO, § 16 Abs. 5 S. 3 UStG). Hilft sie ihm nicht im vollen Umfang ab, hat sie den Einspruch dem örtlich zuständigen Finanzamt vorzulegen. Über den Einspruch entscheidet dann das Finanzamt.

61 Gibt eine Zolldienststelle einen Einspruch zur Entscheidung an das örtlich zuständige Finanzamt ab, bleibt das Finanzamt bis zum Abschluss des Rechtsbehelfsverfahrens einschließlich der Abwicklung von Umsatzsteuererstattungen und Umsatzsteuernacherhebungen zuständig. Diese

Verfahrensweise ist auch bei Einsprüchen anzuwenden, die unmittelbar beim zuständigen Finanzamt eingelegt werden (BMF vom 10.02.1994, Az: III B 2 – SV 8450 – 34/93, StEd 1995, 263).

2.4 Fahrzeugeinzelbesteuerung

2.4.1 Steueranmeldung nach § 18 Abs. 5a UStG

Gem. § 18 Abs. 5a UStG hat in den Fällen der **Fahrzeugeinzelbesteuerung** (§ 16 Abs. 5a UStG) der **Erwerber**, abweichend von den Abs. 1 bis 4, spätestens bis zum zehnten Tag nach Ablauf des Tages, an dem die Steuer entstanden ist, eine **Steuererklärung** nach amtlich vorgeschriebenem Vordruck abzugeben, in der er die zu entrichtende Steuer selbst zu berechnen hat (**Steueranmeldung**). Die Steueranmeldung muss **vom Erwerber eigenhändig unterschrieben** sein. Gibt der Erwerber die Steueranmeldung nicht ab oder hat er die Steuer nicht richtig berechnet, so kann das Finanzamt die Steuer festsetzen. Die Steuer ist am zehnten Tag nach Ablauf des Tages fällig, an dem sie entstanden ist. 62

Der **entgeltliche i. g. Erwerb** eines **neuen Fahrzeugs** unterliegt seit 01.01.1993 (ausnahmslos) der USt in der Bundesrepublik Deutschland. Von der Verpflichtung, diesen Erwerb zu versteuern, ist jedermann betroffen, also auch Nichtunternehmer. 63

Ein **i. g. Erwerb** liegt vor, wenn das **neue Fahrzeug** bei einer Lieferung an den Abnehmer **aus einem EU-Mitgliedstaat in das Inland** gelangt. Dabei kommt es nicht darauf an, ob der Lieferer oder der Abnehmer das Fahrzeug ins Inland befördert oder versendet hat. 64

Insbesondere **Privatpersonen**, nicht unternehmerisch tätige Personenvereinigungen und Unternehmer, die das Fahrzeug für ihren nichtunternehmerischen Bereich erwerben (§ 1 b UStG), haben für jedes erworbene neue Fahrzeug eine **Umsatzsteuererklärung** im Verfahren der **Fahrzeugeinzelbesteuerung** bei ihrem zuständigen **Finanzamt** abzugeben. 65

Fahrzeuge in diesem Sinne sind motorbetriebene Landfahrzeuge mit einem Hubraum von mehr als 48 Kubikzentimeter oder einer Leistung von mehr als 7,2 Kilowatt. Als **neu** gilt das Fahrzeug, wenn zum Zeitpunkt des Erwerbs die erste Inbetriebnahme nicht mehr als sechs Monate zurückliegt oder das Fahrzeug nicht mehr als 6000 Kilometer zurückgelegt hat. **Bemessungsgrundlage** für den Erwerb ist das Entgelt. Dies ist grundsätzlich der in Rechnung gestellte Betrag. Zur Bemessungsgrundlage gehören auch Nebenkosten (z. B. Beförderungskosten und Provisionen), die der Lieferer dem Erwerber berechnet. Die vom Lieferer erteilte Rechnung ist der Umsatzsteuererklärung beizufügen. 66

Das **Verbringen eines neuen Fahrzeugs** von einem EU-Mitgliedstaat in einen anderen ist **nicht als steuerbarer Umsatz** anzusehen, wenn es im Zusammenhang mit einem **Wohnortwechsel** einer Privatperson erfolgt. Auch die **Rücküberführung** eines Fahrzeugs, das ursprünglich umsatzsteuerfrei i. g. geliefert worden ist, ist kein steuerbarer Vorgang (OFD München vom 22.08.2001, Az: S 7103 b – 5 St 435, StEK UStG 1980 § 1 b/11; UR 2002, 184). 67

2.4.2 Allgemeines Besteuerungsverfahren

Nach § 16 Abs. 5b UStG ist **auf Antrag des Unternehmers** nach Ablauf des Besteuerungszeitraums **an Stelle der Beförderungseinzelbesteuerung** (Abs. 5) die Steuer nach den Abs. 1 und 2 zu berechnen. Die Abs. 3 und 4 gelten entsprechend. 68

69 **Unternehmer**, die das Fahrzeug für ihren unternehmerischen Bereich erwerben, oder juristische Personen, die nicht Unternehmer sind oder die das Fahrzeug nicht für ihr Unternehmen erwerben, haben ebenfalls den Erwerb im **allgemeinen Besteuerungsverfahren** bei ihrem zuständigen Finanzamt anzumelden.

2.5 Umrechnung

70 § 16 Abs. 6 UStG regelt die Umrechnung bei Abwicklung in fremder Währung. Danach sind **Werte in fremder Währung** zur Berechnung der Steuer und der abziehbaren Vorsteuerbeträge auf Euro nach den **Durchschnittskursen umzurechnen**, die das Bundesministerium der Finanzen als Durchschnittskurse für den Monat öffentlich bekannt gibt, in dem die Leistung ausgeführt oder das Entgelt oder ein Teil des Entgelts vor Ausführung der Leistung (§ 13 Abs. 1 Nr. 1 Buchst. a S. 4 UStG) vereinnahmt wird. Ist dem leistenden Unternehmer die Berechnung der Steuer nach **vereinnahmten Entgelten** gestattet (§ 20 UStG), so sind die Entgelte nach den Durchschnittskursen des Monats umzurechnen, in dem sie vereinnahmt werden. Das Finanzamt kann die **Umrechnung nach dem Tageskurs**, der durch Bankmitteilung oder Kurszettel nachzuweisen ist, gestatten.

71 Macht ein nicht im Gemeinschaftsgebiet ansässiger Unternehmer von § 18 Abs. 4c UStG Gebrauch, hat er zur Berechnung der Steuer Werte in fremder Währung nach den Kursen umzurechnen, die für den letzten Tag des Besteuerungszeitraums nach Abs. 1a S. 1 UStG von der Europäischen Zentralbank festgestellt worden sind. Sind für diesen Tag keine Umrechnungskurse festgestellt worden, hat der Unternehmer die Steuer nach den für den nächsten Tag nach Ablauf des Besteuerungszeitraums nach Abs. 1a S. 1 von der Europäischen Zentralbank festgestellten Umrechnungskursen umzurechnen.

§ 17 UStG
Änderung der Bemessungsgrundlage

(1) [1]Hat sich die Bemessungsgrundlage für einen steuerpflichtigen Umsatz im Sinne des § 1 Abs. 1 Nr. 1 geändert, hat der Unternehmer, der diesen Umsatz ausgeführt hat, den dafür geschuldeten Steuerbetrag zu berichtigen. [2]Ebenfalls ist der Vorsteuerabzug bei dem Unternehmer, an den dieser Umsatz ausgeführt wurde, zu berichtigen. [3]Dies gilt nicht, soweit er durch die Änderung der Bemessungsgrundlage wirtschaftlich nicht begünstigt wird. [4]Wird in diesen Fällen ein anderer Unternehmer durch die Änderung der Bemessungsgrundlage wirtschaftlich begünstigt, hat dieser Unternehmer seinen Vorsteuerabzug zu berichtigen. [5]Die Sätze 1 bis 4 gelten in den Fällen des § 1 Abs. 1 Nr. 5 und des § 13b sinngemäß. [6]Die Berichtigung des Vorsteuerabzugs kann unterbleiben, soweit ein dritter Unternehmer den auf die Minderung des Entgelts entfallenden Steuerbetrag an das Finanzamt entrichtet; in diesem Fall ist der dritte Unternehmer Schuldner der Steuer. [7]Die Berichtigungen nach den Sätzen 1 und 2 sind für den Besteuerungszeitraum vorzunehmen, in dem die Änderung der Bemessungsgrundlage eingetreten ist. [8]Die Berichtigung nach Satz 4 ist für den Besteuerungszeitraum vorzunehmen, in dem der andere Unternehmer wirtschaftlich begünstigt wird.

(2) Absatz 1 gilt sinngemäß, wenn

1. **das vereinbarte Entgelt für eine steuerpflichtige Lieferung, sonstige Leistung oder einen steuerpflichtigen innergemeinschaftlichen Erwerb uneinbringlich geworden ist. Wird das Entgelt nachträglich vereinnahmt, sind Steuerbetrag und Vorsteuerabzug erneut zu berichtigen;**
2. **für eine vereinbarte Lieferung oder sonstige Leistung ein Entgelt entrichtet, die Lieferung oder sonstige Leistung jedoch nicht ausgeführt worden ist;**
3. **eine steuerpflichtige Lieferung, sonstige Leistung oder ein steuerpflichtiger innergemeinschaftlicher Erwerb rückgängig gemacht worden ist;**
4. **der Erwerber den Nachweis im Sinne des § 3d Satz 2 führt;**
5. **Aufwendungen im Sinne des § 15 Abs. 1a getätigt werden.**

(3) [1]Ist Einfuhrumsatzsteuer, die als Vorsteuer abgezogen worden ist, herabgesetzt, erlassen oder erstattet worden, so hat der Unternehmer den Vorsteuerabzug entsprechend zu berichtigen. [2]Absatz 1 Satz 7 gilt sinngemäß.

(4) Werden die Entgelte für unterschiedlich besteuerte Lieferungen oder sonstige Leistungen eines bestimmten Zeitabschnitts gemeinsam geändert (z. B. Jahresboni, Jahresrückvergütungen), so hat der Unternehmer dem Leistungsempfänger einen Beleg zu erteilen, aus dem zu ersehen ist, wie sich die Änderung der Entgelte auf die unterschiedlich besteuerten Umsätze verteilt.

Literatur

Feil/Greisl/Kupke, Aktuelle Entwicklungen bei der umsatzsteuerlichen Behandlung von Gutscheinen, BB 2012, 3113. **Ebbinghaus/Hinz**, Unternehmenssanierung und Umsatzsteuer unter Erhalt des Rechtsträgers, UR 2014, 249 **Engisch**, Das neue MwSt-Sonderregime für Gutscheine, ifst-Schrift 515 (2017). **Feldgen**, Insolvenzrechtliche Besonderheiten des § 17 UStG, DStZ 2017, 172. **Fritsch**, Rabattgewährung durch Reisebüros, UStB 2014, 222. **Grambeck**, Factoring – ein altes Problem im neuen Gewand, UR 2007, 84. **Grünwald**, Anzahlungsbesteuerung im Umsatzsteuerrecht – Wie endgültig ist die vorläufige Besteuerung?, DStR 2012, 998. **Hafner**, Zahlung als ungeschriebenes Tatbestandsmerkmal der Änderung der Bemessungsgrundlage, UR 2012, 261. **Hechl/Henning**, Der Vorschlag der Kommission zur mehrwertsteuerlichen Behandlung von Gutscheinen, UStB 2013, 120. **Hippke**, Berichtigung der umsatzsteuerlichen Bemessungsgrundlage beim Forderungsverkäufer, NWB 2010, 3449. **Hundt-Eßwein**, Entgeltminderung nach § 17 Abs. 1 UStG n.F. auch bei Vermittlungsleistungen, UStB 2007, 105. **Kahlert**, Erhebung der Umsatzsteuer im Insolvenzverfahren – Rechtsvergleich und Vorlagepflicht, DStR 2015, 1485. **Klenk**, Änderung der Bemessungsgrundlage und Rückforderung einer Erstattung, UR 2007, 205. **Kollruss/Weissert/Schanz/Ilin**, Die spätere Verwendung von Anlagevermögen als Geschenk, UStB 2008, 341. **Korf**, Zahlungsgestörte Forderungen, UVR 2016, 222. **Korn**, Umsatzsteuerpflicht der Abgabe von Gutscheinen nach dem EuGH-Urteil »Astra Zeneca« – Folgen für die Besteuerung der Gutscheineinlösung, DStR 2010, 1662. **L'habitant**, Umsatzsteuerliche Behandlung genossenschaftlicher Rückvergütungen bei Einkaufs- und Zentralregulierungsgenossenschaften, UR 2017, 399. **Lippross**, Übergang der Steuerschuld bei Bauleistungen an Bauträger, DStR 2016, 993. **Luther**, Die neue Gutschein Richtlinie – Welche Folgen ergeben sich für den E-Commerce?, UStB 2016, 272. **Moldan**, Umsatzsteuerliche Behandlung von Werbeprämien – Verkaufsprämien von Herstellern und Lieferanten, UStB 2016, 78. **Nieskens**, Verkauf von Warengutscheinen – EuGH-Entscheidung in Sachen Astra Zeneca und ihre Folgen für das deutsche Recht, UR 2010, 893. **Polok**, Die umsatzsteuerrechtliche Behandlung der Gewährung eines Herstellerrabatts durch pharmazeutische Unternehmen, UR 2018, 147. **Prätzler**, Rabatte in mehrstufigen grenzüberschreitenden Lieferketten bzw. Lieferketten mit teilweiser Steuerschuldnerschaft des Leistungsempfängers – ein Diskussionsbeitrag, MwStR 2017, 355. **Prätzler/Stuber**, Entgeltminderung bei Preisnachlass in mehrstufigen Lieferkette und Reverse-Charge – ein Diskussionbeitrag, MwStR 2016, 286. **Radeisen**, Umsatzsteuerliche Absicherung von Geschenken, Werbegeschenken und -prämien, Hospitalityleistungen sowie Sponsoringmaßnahmen, INF 2007, 266. **Raudszus**, Korrektur eines unrichtigen Steuerausweises – Praktische Hinweise zu Konfliktsituationen mit §§ 15, 17 UStG, UStB 2007, 43. **Reiß**, Verfassungswidriger Vertrauensschutz nach Kassenlage oder verfassungsrechtlich und europarechtlich gebotene Änderung von Steuerfestsetzungen gegen Bauunternehmer nach § 27 Abs. 19 UStG, MwStR 2016, 361. **Reiß**, Vorsteuerabzug und Steuerschuld aus (An-)Zahlungen an Betrüger für nicht erbrachte Leistungen – Zu zwei (unvollkommenen) BFH-Vorlagen an den EuGH, MwStR 2017, 444. **Roth**, Insolvenzrechtliche Berichtigungen und Aufrechnungsfragen, DStR 2017, 1766. **Robisch**, Konsequentes Ist-Prinzip bei Änderungen der Bemessungsgrundlage, UR 2009, 343. **Robisch/Staiger/Stuber**, Umsatzsteuerliche Probleme im Zusammenhang mit Bonusprogrammen, UR 2010, 522. **Rondorf**, Auswirkung der Insolvenz auf umsatzsteuerliche Organschaftsverhältnisse, NWB 2010, 2870. **Rondorf**, Umsatzsteuerliche Behandlung von Kundenforderungen des Insolvenzschuldners, NWB 2013, 2079. **Schmittmann**, Aktuelle Fragen der Umsatzsteuer in Krise und Insolvenz, StuB 2011, 229. **Schmittmann**, Umsatzsteuer, Aufrechnung und Insolvenz in der aktuellen Rechtsprechung des Bundesfinanzhofs, StuB 212, 874. **Schulze**, Das Dilemma unrichtiger Verwaltungsvorschriften im Mehrwertsteuerrecht am Beispiel der Bauleistungen – Ausweg durch Rechtsfortbildung?, DStR 2016, 561. **Seer**, Abstimmungsprobleme zwischen Umsatzsteuer- und Insolvenzrecht, DStR 2016, 1289. **Seifert**, Vorsteuerberichtigung: Beendigung einer Organschaft bei Insolvenz, StuB 2008, 733. **Slapio/Böhler**, Überlegungen zur umsatzsteuerlichen Behandlung sog. Werbekostenzuschüsse, UR 2009, 628. **Specker**, Zusatzskonto eines Zentralregulierers als Beispiel für die Entgeltsminderung in Leistungsketten – zugleich Anmerkung zu BFH, Urt. v. 13.3.2008 – V R 70/06, UR 2008, 651, UR 2009, 1. **Stadie**, Änderung der Bemessungsgrundlage: Änderung der ursprünglichen Steuerfestsetzung infolge einer Änderung der Bemessungsgrundlage für den Vorsteuerabzug bei Rückforderung abgetretener Erstattung im Insolvenzverfahren, UR 2007, 117. **Stadie**, Neues vom V. Senat des BGH: Uneinbringlichkeit des Umsatzsteuerbetrages entsprechend § 17 Abs. 2 Nr. 1 UStG, MwStR 2016, 481. **Stadie**, Umsatzsteuer und Insolvenz, UR 2013, 158. **Stadie**, Vorfinanzierung der Umsatzsteuer, selbst dann wenn die Gegenleistung erst in zwei Jahren fällig ist?,

UR 2018, 3. **Straub**, Zum Begriff der Uneinbringlichkeit des Entgelts i. S. des § 17 Abs. 2 Nr. 1 UStG bei Eintritt der zivilrechtlichen Verjährung, DStR 2009, 1303. **Teufel**, Zahlungsgestört oder nicht: keine Einziehungsleistung beim echten Factoring, UR 2016, 413 ff. **Vobbe**, Umsatzsteuerliche Behandlung von Preisnachlässen durch Verkaufsagenten/Vermittler – Änderung der Verwaltungsauffassung, MwStR 2015, 233 **Weigel**, Rückforderung eines abgetretenen Vorsteueranspruchs, UStB 2008, 67. **Weimann**, Erhöhen Überzahlungen oder Doppelzahlungen das Entgelt?, UStB 2008, 268. **Weerth**, Umsatzsteuerliche Organschaft und Insolvenz, Anmerkungen zum Urteil des BFH v. 22.10.2009, V R 14/08, DStR 2010, 323, DStR 2010, 590. **Welte/Friedrich-Vache**, Umsatzsteuer und Insolvenz – Geänderte Rechtsprechung des BFH vom 9.12.2010 in Vereinbarkeit mit EU-Mehrwertsteuersteuerrecht –, UR 2012, 740. **Winter/Ludäscher**, Zusatzskonto – Steuerfalle bei Einschaltung eines im Ausland ansässigen Zentralregulierers –, UR 2012, 868. **Wübbelsmann**, Umsatzsteuerliche Wechselwirkungen des Rangrücktritts, DStR 2016, 1723. **Wüst**, Preisnachlässe bei grenzüberschreitenden Lieferketten – Zugleich Anmerkung zu den BFH-Urteilen vom 5.6.2014 – XI R 25/12 und vom 4.12.2014 – Az: V R 6/13, MwStR 2015, 157.

Verwaltungsanweisungen

BMF vom 12.04.2013, Az: IV D 2 – S 7330/09/10001: 001, BStBl I 2013, 518 (Vereinnahmung des Entgelts in der vorläufigen Insolvenzverwaltung von bereits berichtigten Umsätzen, Änderung UStAE).

BMF vom 20.10.2014, Az: IV D 2 – S 7200/07/10022: 002, BStBl I 2014, 1372 (Umsatzsteuerliche Behandlung der Hin- und Rückgabe von Transportbehältnissen).

BMF vom 27.02.2015, Az: IV D 2 – S 7200/07/10003, BStBl I 2015, 232 (Umsatzsteuerliche Behandlung von Preisnachlässen durch Verkaufsagenten/Vermittler).

BMF vom 20.05.2015, Az: IV A 3 – S 0550/10/10020 – 05, 2015/0416027, BStBl I 2015, 476 (Insolvenzordnung; Anwendungsfragen zu § 55 Abs. 4 InsO).

BMF vom 03.08.2015, Az: III C 2 – S 7333/08/10001: 004, BStBl I 2015, 624 (Änderung der Bemessungsgrundlage wegen vorübergehender Uneinbringlichkeit aufgrund eines Sicherungseinbehaltes).

BMF vom 18.05.2016, Az: III C 2 – S 7330/09/10001: 002, 2016/0284329, BStBl I 2016, 506 (Umsatzsteuer; Berichtigung der Bemessungsgrundlage wegen Uneinbringlichkeit im vorläufigen Insolvenzverfahren).

BMF vom 13.07.2017, Az: III C 2-S – 7200/07/10011: 003,2017/0561983, BStBl I 2017, 992 (Änderung der Bemessungsgrundlage bei Preisnachlässen und Preiserstattungen außerhalb unmittelbarer Leistungsbeziehungen, Überarbeitung des Abschnitts 17.2 UStAE).

LfSt Bayern vom 27.06.2007, Az: S 7200 – 39 St 34 M, DStR 2007, 1306 (agenturmäßiger Verkauf von Neufahrzeugen).

OFD Frankfurt a. M. vom 08.02.2011, Az: S 7200 A – 254-St 111, DStR 2011, 675 (Bemessungsgrundlage beim Forderungsverkauf).

OFD Karlsruhe vom 25.09.2012, USt-Kartei S 7282 – Karte 2, UR 2013, 283 (Berichtigung des gesonderten Steuerausweises in Fällen des Übergangs der Steuerschuldnerschaft).

OFD Niedersachsen vom 23.11.2012, Az: S 7340-44-St 182, DStR 2013, 1239 (Entgeltminderung bei Stromsteuerentlastung für land- und forstwirtschaftliche Unternehmen nach § 9b StromStG).

Hinweis: Zur Problematik der zeitlichen Geltungsdauer von BMF-Schreiben vgl. Einführung UStG, Rz. 100 ff.

Richtlinien/Hinweise/Verordnungen

UStAE: Abschn. 17.1, 17. 2.
MwStSystRL: Art. 90, Art. 92, Art. 184 ff.

1 Allgemeines

1.1 Übersicht über die Vorschrift

1 § 17 Abs. 1 S. 1 UStG regelt die **Pflicht zur Berichtigung** des für einen ausgeführten Umsatz geschuldeten Steuerbetrages durch den **leistenden Unternehmer, wenn** sich die Bemessungsgrundlage für einen steuerpflichtigen Umsatz nach § 1 Abs. 1 Nr. 1 UStG im Nachhinein geändert hat. Korrespondierend dazu enthält § 17 Abs. 1 S. 2 UStG die Verpflichtung des **Leistungsempfängers** zur Berichtigung des in Anspruch genommenen Vorsteuerbetrages. Sinngemäß gilt dies auch in

Fällen des i. g. Erwerbs (§ 1 Abs. 1 Nr. 5 UStG) und der Steuerschuldnerschaft des Leistungsempfängers nach § 13b UStG (§ 17 Abs. 1 S. 5 UStG). Nach § 17 Abs. 1 S. 7 UStG erfolgt die Berichtigung in dem **Besteuerungszeitraum**, in dem die Änderung der Bemessungsgrundlage eingetreten ist. Die Regelungen des § 17 Abs. 1 UStG gelten sinngemäß (§ 17 Abs. 2 UStG) für die Fälle der **Uneinbringlichkeit** des Entgelts (§ 17 Abs. 2 Nr. 1 UStG), der **Nichtausführung** einer Leistung (§ 17 Abs. 2 Nr. 2 UStG), der **Rückgängigmachung** einer Leistung (§ 17 Abs. 2 Nr. 3 UStG), der **doppelten Erwerbsbesteuerung** (§ 17 Abs. 2 Nr. 4 UStG) sowie der **nachträglichen steuerschädlichen Verwendung** i. S. v. § 15 Abs. 1a (§ 17 Abs. 2 Nr. 5 UStG). Für den Fall der Herabsetzung, des Erlasses oder der Erstattung von **EUSt** regelt § 17 Abs. 3 UStG die Berichtigung des Vorsteuerabzuges. § 17 Abs. 4 UStG betrifft die Verpflichtung zur Erstellung eines **Beleges** in Sonderfällen.

Der Sinn der Vorschrift besteht im Wesentlichen darin sicherzustellen, dass sich die Umsatz- 2
besteuerung letztlich auf den Umfang der tatsächlich vereinnahmten Gegenleistung beschränkt (§ 17 Abs. 1 S. 1 UStG) und dementsprechend die Vorsteuerabzugsberechtigung des Leistungsempfängers (§ 17 Abs. 1 S. 2 UStG) der Höhe der Umsatzsteuerbelastung anzupassen, um ein **Gleichgewicht zwischen Umsatzsteuerbelastung und Vorsteuerabzug** herzustellen (vgl. BFH vom 31.05.2001, Az: V R 71/99, BStBl II 2003, 206). § 17 UStG ergänzt insofern die Vorschriften des § 10 UStG (Bemessungsgrundlage) und des § 15 UStG (Vorsteuerabzug) und stellt sicher, dass sich USt und Vorsteuer trotz ihrer auf einen Besteuerungszeitraum begrenzten und im Grundsatz dem Soll-Prinzip folgenden Berechnung nach dem tatsächlich aufgewendeten Entgelt bemessen.

Im **Besteuerungsverfahren** ist § 17 UStG sowohl für den jeweiligen Voranmeldungszeitraum 3
(vgl. § 18 Abs. 1 S. 3 UStG) als auch in der Umsatzsteuerjahreserklärung (§ 18 Abs. 3 S. 1 UStG) zu berücksichtigen. Nach § 18a Abs. 7 S. 2 UStG ist § 17 UStG auf die Zusammenfassende Meldung i. g. Lieferungen sinngemäß anzuwenden, d. h., der Unternehmer muss geänderte Bemessungsgrundlagen in der Zusammenfassenden Meldung berichtigen (es gilt sinngemäß § 17 Abs. 1 S. 7 UStG). Ebenso gilt die sinngemäße Anwendung des § 17 UStG für die gesonderte Erklärung i. g. Lieferungen im Besteuerungsverfahren (vgl. § 18b S. 4 UStG). Die nachträglichen Erhöhungen oder Minderungen der Bemessungsgrundlage unterliegen den allgemeinen Aufzeichnungspflichten des § 22 UStG (vgl. Abschn. 22.2 Abs. 2 UStAE).

1.2 Rechtsentwicklung

§ 17 UStG gehört zum »Inventar« des deutschen Umsatzsteuerrechts. Bereits das UStG 1934 4
enthielt in § 12 UStG eine Berichtigungsregelung, die sich aber wegen der bis 1967 grundsätzlich geltenden Besteuerung nach vereinnahmten Entgelten auf die Rückgewähr bereits vereinnahmter Entgelte beschränkte. Mit dem Wechsel zur Soll-Besteuerung erfolgte die Erweiterung des Anwendungsbereichs der seither in § 17 UStG enthaltenen Regelung.

Wesentliche Änderungen der Vorschrift erfolgten durch das **UStBG** (Umsatzsteuer-Binnenmarkt- 5
gesetz, Gesetz vom 25.08.1992, BGBl I 1992, 1548) ab 1993 durch Einbeziehung des i. g. Erwerbs (§ 1 Abs. 1 Nr. 5 UStG) und Einfügung des § 17 Abs. 2 Nr. 4 UStG (Berichtigungsmöglichkeit in Fällen des § 3d S. 2 UStG). Durch das **StEntlG 1999/2000/2002** (Steuerentlastungsgesetz, Gesetz vom 24.03.1999, BStBl I 1999, 304) wurde § 17 Abs. 1 UStG an den Wegfall des Eigenverbrauchstatbestands angepasst und § 17 Abs. 2 Nr. 5 UStG (Korrekturmöglichkeit bei Vorsteuerabzugsverbot nach § 15 Abs. 1a UStG) angefügt. Durch das **StÄndG 2001** (Steueränderungsgesetz, Gesetz vom 20.12.2001, BGBl I 2001, 3922) wurde der Anwendungsbereich auf die Fälle des § 13b UStG ausgedehnt.

Durch das **EURLUmsG** (Gesetz zur Umsetzung von EU-RL in nationales Steuerrecht und zur 6
Änderung weiterer Vorschriften, Gesetz vom 09.12.2004, BGBl I 2004, 3310) wurde § 17 Abs. 1 UStG in Reaktion auf die Rechtsprechung des EuGH zur Behandlung von Preisnachlassgutschei-

nen (vgl. EuGH vom 15.10.2002, Rs. C-427/98, BStBl II 2004, 328) neu formuliert (vgl. BT-Drucks. 15/3677 vom 06.09.2004, vgl. auch BT-Drucks. 15/4050 vom 27.10.2004). Die Neufassung trat am 16.12.2004 in Kraft.

7 Die vorerst letzte Änderung der Vorschrift erfolgte durch Art. 7 Nr. 12 des **JStG 2009** (Gesetz vom 19.12.2008, BGBl I 2008, 2794). Dabei wurde die in § 17 Abs. 2 Nr. 5 UStG enthaltene Verweisung auf § 15 Abs. 1a Nr. 1 UStG durch eine Verweisung auf § 15 Abs. 1a UStG ersetzt. Ausweislich der Gesetzesbegründung (vgl. BT-Drucks. 16/10.189 vom 02.09.2008, 105) handelt es sich um eine lediglich redaktionelle Anpassung der Vorschrift an den durch das JStG 2007 (Gesetz vom 13.12.2006, BGBl I 2006, 2878) neu gefassten § 15 Abs. 1a UStG. Die Änderung trat am 25.12.2008 in Kraft.

1.3 Gemeinschaftsrechtliche Grundlagen

8 Das europäische Gemeinschaftsrecht enthält getrennte Berichtigungsvorschriften für die Steuerbemessungsgrundlage und die Vorsteuerberichtigung, die den Rahmen für § 17 UStG vorgeben.

9 Im Hinblick auf die Bemessungsgrundlage ist Art. 90 MwStSysRL maßgeblich.

Art. 90 Abs. 1 MwStSystRL verpflichtet die Mitgliedsstaaten im Falle der Annullierung, der Rückgängigmachung, der Auflösung, der vollständigen oder teilweisen Nichtbezahlung oder des Preisnachlasses nach der Bewirkung des Umsatzes, die Steuerbemessungsgrundlage und mithin den Betrag der vom Steuerpflichtigen geschuldeten Mehrwertsteuer immer dann zu vermindern, wenn der Steuerpflichtige nach der Bewirkung eines Umsatzes die gesamte Gegenleistung oder einen Teil davon nicht erhält. Diese Bestimmung ist Ausdruck des fundamentalen Grundsatzes der MwStSystRL, dass die Bemessungsgrundlage die tatsächlich erhaltene Gegenleistung ist und aus dem folgt, dass die Steuerverwaltung als Mehrwertsteuer keinen höheren als den dem Steuerpflichtigen gezahlten Betrag erheben darf (vgl. in diesem Sinne EuGH, Urteil vom 26.01.2012, Rs. C-588/10, Kraft Foods Polska UR 2012, 610; EuGH vom 15.05.2014, Rs. C-337/13, Almos, UR 2014, 900).

Art. 90 Abs. 2 MwStSystRL erlaubt den Mitgliedstaaten, im Fall der vollständigen oder teilweisen Nichtbezahlung des Preises des Umsatzes von dieser Regel abzuweichen, wovon Deutschland aber keinen Gebrauch gemacht hat, wie § 17 Abs. 2 Nr. 1 UStG zeigt.

Soweit ein Mitgliedstaat aber nach Maßgabe des Art 90 Abs. 2 MwStSystRL abweichen will, müssen seine nationalen Vorschriften alle anderen Fälle des Art. 90 Abs. 1 MwStSystRL erfassen, ansonsten kann sich der Steuerpflichtige unmittelbar auf Art. 90 Abs. 1 MwStSystRL berufen (EuGH vom 15.05.2014, Rs. C-337/13, Almos, UR 2014, 900 zur ungarischen Rechtslage).

In seinem Urteil vom 23.11.2017 (Rs. C-246/16, Enzo di Maura, UR 2018, 37) entschied der EuGH zudem, dass ein Mitgliedstaat die Verminderung der Besteuerungsgrundlage für die Umsatzsteuer nicht davon abhängig machen kann, dass ein Insolvenzverfahren erfolglos geblieben ist, wenn ein solches Verfahren mehr als zehn Jahre dauern kann.

Mit Entscheidung vom 21.06.2017 (Az: V R 51/16, UR 2017, 810 m. Anmerk. Nücken = DStR 2017, 2049 mit Anm. Heuermann; kritisch hierzu Stadie, UR 2018, 3) hat der BFH dem EuGH mehrere Fragen vorgelegt, die die generelle Reichweite der Sollbesteuerung und die Verpflichtung der Mitgliedstaaten zur Berichtigung betreffen, wenn das Entgelt nicht in engem zeitlichen Zusammenhang mit der Leistungserbringung in voller Höhe zu entrichten ist. Konkret geht es um die Besteuerung von Vermittlungsumsätzen im Profifußball, deren Vergütung erst mehrere Jahre nach der Vermittlung fällig wurden.

10 Die Regelung der Berichtigung des Vorsteuerabzugs wegen nachträglicher Änderungen der Bemessungsgrundlage findet sich dagegen als Teilbereich der Berichtigung des Vorsteuerabzugs in den Art. 184 ff. MwStSysRL, wobei die Mitgliedstaaten auch hier nach Art. 186 MwStSysRL die Einzelheiten festlegen.

Mit der gesamtheitlichen Regelung in § 17 UStG füllt der deutsche Gesetzgeber diese Ermächtigungen aus. 11

1.4 Verhältnis zu anderen Korrekturvorschriften

Der Berichtigung nach § 17 UStG liegt zu Grunde, dass die ursprüngliche Umsatzsteuerfestsetzung aufgrund des vereinbarten Entgelts selbst nicht geändert wird, sondern vielmehr im Zeitpunkt der nachträglichen Änderung auch die sich ergebenden Berichtigungen durchzuführen sind (vgl. BFH vom 13.07.2006, Az: V B 70/06, BStBl II 2007, 415). Für eine Korrektur der ursprünglichen Steuerfestsetzung nach den Korrekturvorschriften der Abgabenordnung ist insofern kein Raum, da sie ja von der nachträglichen Änderung der Bemessungsgrundlage nicht tangiert wird, also nach wie vor materiell rechtmäßig ist. Anders wäre es nur, wenn die Bemessungsgrundlage von vornherein in unzutreffender Höhe angesetzt worden war. 12

In Abweichung hierzu hat der VII. Senat des BFH (vgl. BFH vom 27.10.2009, Az: VII R 4/08, BStBl II 2010, 257 m. Anm. Jäger, HFR 2010, 337; krit. Weigel, AO-StB 2010, 74) in Fortführung seiner bisherigen Rechtsprechung (vgl. Urteile vom 09.04.2002, Az: VII R 108/00, BStBl II 2002, 562, vom 19.08.2008, Az: VII R 36/07, BStBl II 2009, 90 und vom 17.03.2009, Az: VII R 38/08, BStBl II 2009, 953) allerdings ausgeführt, dass § 17 UStG lediglich eine aus Gründen umsatzsteuerrechtlicher Systematik und Praktikabilität geschaffene verfahrensrechtliche Sonderregelung gegenüber den Änderungsvorschriften des § 164 Abs. 2 bzw. des § 175 Abs. 1 Nr. 2 AO sei und sich die Wirkung dieser Norm nur auf die Bestimmung des Korrekturzeitraums im Steuerrechtsverhältnis zwischen Steuerpflichtigem und Fiskus beschränkt. Der Entscheidung lag eine Abtretung des Umsatzsteuervergütungsanspruchs des nunmehr insolventen Leistungsempfängers an den leistenden Unternehmer zu Grunde. Im Ergebnis bejahte der BFH einen Rückforderungsanspruch gegen den Abtretungsempfänger/Zessionar. Die Schwierigkeit bestand darin, dass die Rückforderung nach § 37 Abs. 2 AO den Wegfall des rechtlichen Grundes für die Auszahlung des Umsatzsteuervergütungsanspruchs voraussetzt, die Berichtigung nach § 17 UStG aber gerade die ursprüngliche Steuerfestsetzung unberührt lässt. Darüber setzte sich der VII. Senat hinweg: »Der Zessionar der vormaligen Umsatzsteuervergütung kann sich nicht darauf berufen, dass die Berichtigung ex nunc nach § 17 Abs. 1 Satz 7 UStG die Wirksamkeit der vormaligen Festsetzung der Umsatzsteuervergütung nicht berührt. Denn im Rahmen des Schuldverhältnisses zwischen dem FA und dem Zessionar, das durch die Leistung auf einen abgetretenen Umsatzsteuervergütungsanspruch begründet worden ist, spielen die Besonderheiten des materiellen Umsatzsteuerrechts keine Rolle.« 13

Im Rahmen des § 15 a UStG ist zu beachten, dass Berichtigungen nach § 17 UStG den für die Vorsteuerkorrektur maßgeblichen Vorsteuerbetrag des § 15 a UStG beeinflussen. 14

1.5 Anwendungsbereich

1.5.1 Sachlicher Geltungsbereich

§ 17 UStG bezieht sich auf alle in der Norm genannten Arten steuerpflichtiger Umsätze und betrifft daher: 15

- entgeltliche steuerbare Lieferungen und sonstige Leistungen nach § 1 Abs. 1 Nr. 1 UStG (§ 17 Abs. 1 S. 1 UStG),

- den entgeltlichen Lieferungen und sonstigen Leistungen gleichgestellte Sachverhalte (§ 1 Abs. 1 Nr. 1 UStG i. V. m. § 3 Abs. 1b und Abs. 9a UStG – § 17 Abs. 1 S. 1 UStG; vgl. BFH vom 19.11.2009, Az: V R 41/08, DStR 2010, 159 bei nachträglicher Vereinbarung eines Entgelts; Stadie in R/D, § 17 UStG Rn. 102),
- den i. g. Erwerb nach § 1 Abs. 1 Nr. 5 i. V. m. § 1a UStG (§ 17 Abs. 1 S. 5 UStG – sinngemäße Anwendung),
- die Steuerschuldnerschaft des Leistungsempfängers nach § 13b UStG (§ 17 Abs. 1 S. 5 UStG – sinngemäße Anwendung),
- Sondertatbestände des § 17 Abs. 2 UStG (Uneinbringlichkeit des Entgelts, Nichtausführung der Leistung, Rückgängigmachung der Leistung, doppelte Erwerbsbesteuerung, nachträgliche steuerschädliche Verwendung),
- Änderungen bei der Einfuhrumsatzsteuer (§ 17 Abs. 3 UStG).

16 Entsprechende Anwendung findet die Norm zudem in den Fällen des unrichtigen oder unberechtigten Steuerausweises (§ 14c Abs. 1 S. 2 und Abs. 2 S. 5 UStG).

1.5.2 Persönlicher Geltungsbereich

17 § 17 UStG sieht hinsichtlich des persönlichen Geltungsbereichs keine Beschränkungen vor und gilt daher für **alle Unternehmer** i. S. d. § 2 UStG. Einschränkungen ergeben sich aber, wenn sie – wie z. B. der Kleinunternehmer (vgl. dazu Rn. 19) – keine steuerpflichtigen Umsätze ausführen. **Nichtunternehmer** sind mangels steuerpflichtiger Umsätze grundsätzlich von der Berichtigung nach § 17 UStG nicht betroffen. Berichtigungspflichten für sie können sich aber im Rahmen des i. g. Erwerbs nach § 1b UStG (vgl. Rn. 73) oder im Falle des unberechtigten Steuerausweises i. S. d. § 14c Abs. 2 UStG ergeben.

2 Pflicht zur Berichtigung

2.1 Allgemeines

18 Nach dem Wortlaut der Vorschrift besteht für den leistenden Unternehmer und den Leistungsempfänger die **Pflicht zur Berichtigung** der USt bzw. des Vorsteuerabzuges (§ 17 Abs. 1 S. 1 UStG »hat der Unternehmer«, § 17 Abs. 1 S. 2 UStG »ist der Vorsteuerabzug«). Darüber hinaus besteht die Pflicht zur Berichtigung der am Leistungsaustausch Beteiligten unabhängig davon, ob der jeweils andere Beteiligte seiner eigenen, aus § 17 UStG resultierenden, Verpflichtung nachkommt, da die Formulierung ausschließlich auf den Umstand abhebt, dass sich die Bemessungsgrundlage eines Umsatzes geändert hat. Bestätigt wird dies auch dadurch, dass der leistende Unternehmer lediglich in den Fällen des § 17 Abs. 4 UStG (unterschiedlich besteuerte Leistungen) zur Erstellung eines Beleges, mithin zu einer Mitteilung, verpflichtet ist (vgl. auch Abschn. 17.1 Abs. 5 S. 9 UStAE). Die Pflicht zur Berichtigung besteht auch dann, wenn sich die gegenläufigen Berichtigungen im Ergebnis ausgleichen (vgl. Abschn. 17.1 Abs. 3 S. 1 UStAE). Die Berichtigungspflicht ist unabhängig von der Änderung des Steuerbetrages in der ursprünglichen Rechnung (vgl. BFH vom 30.11.1995, Az: V R 57/94, BStBl II 1996, 206 und Abschn. 17.1 Abs. 3 S. 3 UStAE). § 17 UStG

findet auch dann Anwendung, wenn nach dem Gesetz **nicht geschuldete USt in einer Rechnung** offen ausgewiesen wird (z.B. § 14c Abs. 1 UStG bei steuerfreiem oder nicht steuerbarem Umsatz). Durch den Steuerausweis entsteht eine Steuerschuld, die erst in dem Besteuerungszeitraum durch Vergütung des entsprechenden Betrags berichtigt werden kann, in dem sowohl die Rechnung berichtigt wurde als auch bei Bestehen eines Rückzahlungsanspruchs der zu hoch ausgewiesene Rechnungsbetrag an den Leistungsempfänger zurückgezahlt wurde (vgl. Abschn. 17.1 Abs. 10 S. 2 UStAE – neu gefasst durch BMF-Schreiben vom 07.10.2015, BStBl I 2015, 782). Dies gilt selbst dann, wenn die USt noch nicht festgesetzt oder angemeldet worden war (vgl. BFH vom 04.02.2005, Az: VII R 20/04, BStBl II 2010, 55) vgl. die Kommentierung zu 14c. Kein Fall des § 17 UStG liegt hingegen nach Auffassung des BFH vor, wenn es rückwirkend zur **Rücknahme einer Option** nach § 9 UStG kommt, da sich hier nicht die Bemessungsgrundlage ändert, sondern eine Umqualifizierung des Umsatzes stattfindet, deren Folgen für den Vorsteuerabzug nach § 175 Abs. 1 S. 1 Nr. 2 AO zu ziehen sind (vgl. BFH vom 06.10.2005, Az: V R 8/04, BFH/NV 2006, 835). Wird dagegen wirksam auf Steuerbefreiungen nach § 9 UStG verzichtet und ändert sich die Bemessungsgrundlage für die zutreffend als steuerpflichtig behandelten Umsätze, dann besteht Berichtigungspflicht nach § 17 UStG (vgl. BFH vom 20.07.2006, Az: V R 13/04, BStBl II 2007, 22).

Die Vorschrift findet grundsätzlich nur dann Anwendung, wenn für einen Umsatz USt geschul- 19
det wird und Vorsteuer abgezogen werden kann. Nicht in den **Anwendungsbereich** der Vorschrift fallen daher Kleinunternehmer i.S.v. § 19 Abs. 1 UStG. Da von einem Kleinunternehmer die USt nicht erhoben wird (§ 19 Abs. 1 S. 1 UStG) kann nicht davon ausgegangen werden, dass er USt i.S.v. § 17 Abs. 1 S. 1 UStG schuldet. Durch die Nichtanwendung des § 14 Abs. 4 UStG (gesonderter Steuerausweis in einer Rechnung) auf Kleinunternehmer ist der Leistungsempfänger nicht zur Inanspruchnahme von Vorsteuern berechtigt, insofern erübrigt sich auch der durch § 17 UStG angestrebte Ausgleich zwischen Umsatzsteuerbelastung und Vorsteueranspruch (§ 17 Abs. 1 S. 2 UStG). Allerdings wird ein durch einen Kleinunternehmer unberechtigt ausgewiesener Steuerbetrag nach § 14c Abs. 2 S. 5 UStG in entsprechender Anwendung des § 17 Abs. 1 UStG berichtigt. Zudem sind Kleinunternehmer weiterhin zur Berichtigung der Steuer verpflichtet, die sie vor dem Übergang zu § 19 Abs. 1 UStG i.R.d. Regelbesteuerung ausgeführt haben (vgl. Rn. 42).

Anwendung findet die Vorschrift dagegen im Bereich der Besteuerung nach allgemeinen Durch- 20
schnittssätzen (§ 23 UStG/pauschale Berechnung der abziehbaren Vorsteuern anhand des Umsatzes/Änderung bei der Höhe des Umsatzes) und der Besteuerung nach Durchschnittssätzen für die Land- und Forstwirtschaft (§ 24 UStG). Die Anwendung hängt auch nicht davon ab, ob die Beteiligten die USt nach vereinbarten Entgelten (Sollbesteuerung, § 16 UStG) oder nach vereinnahmten Entgelten (Istbesteuerung, § 20 UStG) ermitteln. Versteuert der Leistungsgeber seine Umsätze nach vereinnahmten Entgelten muss nicht zwingend bei beiden Unternehmern ein Fall des § 17 UStG auftreten, auch wenn sich die Bemessungsgrundlage für einen Umsatz ändert (vgl. Rn. 29f.).

Gehen die umsatzsteuerlichen Pflichten im Rahmen der Gesamtrechtsnachfolge (Erbschaft, 21
Umwandlung) auf den Rechtsnachfolger über, obliegt diesem die Berichtigungspflicht. Auch in Fällen des § 1 Abs. 1a UStG (Einbringungen oder Übertragungen von Geschäftsbetrieben im Ganzen), übernimmt der Rechtsnachfolger die Berichtigungspflicht.

2.2 Sonderfall Organschaft

In Fällen der **Organschaft** (§ 2 Abs. 2 Nr. 2 UStG) ist der Organträger Unternehmer hinsichtlich des 22
gesamten Organkreises. Er allein ist im Organkreis Schuldner der USt und zum Vorsteuerabzug berechtigt. Die Berichtigungspflicht des § 17 UStG trifft daher ausschließlich den Organträger,

unabhängig davon, ob es sich dabei um durch den Organträger selbst oder die Organgesellschaften verwirklichte Sachverhalte handelt.

23 Nach der Rechtsprechung des BFH (vgl. Urteil vom 15.12.2016, Az: V R 14/16, BStBl II 2017, 600) endet bei Insolvenzeröffnung über das Vermögen des Organträgers oder der Organgesellschaft die Organschaft. Dies gilt auch, wenn ein Sachwalter im Rahmen der Eigenverwaltung nach §§ 270 ff. InsO bestellt wird. Bei Anordnung von Sicherungsmaßnahmen über das Vermögen des Organträgers oder der Organgesellschaft und Bestellung eines vorläufigen Insolvenzverwalters endet die Organschaft bereits vor Eröffnung des Insolvenzverfahrens mit dessen Bestellung, wenn der vorläufige Insolvenzverwalter maßgeblichen Einfluss hat und damit die notwendige Beherrschung durch den Organträger nicht mehr möglich ist, insbesondere bei Zustimmungsvorbehalt nach § 21 Abs. 2 Nr. 2 Alt. 2 InsO (vgl. BFH-Urteile vom 08.08.2013, Az: V R 18/13, BStBl II 2017, 543; vom 24.08.2016, Az: V R 36/15, BStBl II 2017, 595 und vom 28.06.2017, Az: XI R 23/14, DStR 2017, 1987).

Die Verwaltung setzte diese Rechtsprechung mit BMF-Schreiben vom 26.05.2017 (BStBl I 2017, 790 = MwStR 2017, 477 mit Anmerkungen von Slapio; vgl hierzu auch Wagner/Marchal, DStR 2017, 2151) um und änderte u.a. A 2.8. Abs. 12 UStAE entsprechend (vgl. zur Beendigung der umsatzsteuerlichen Organschaft auch OFD Frankfurt/Main vom 12.07.2017, DStR 2017, 1828, sowie speziell zu den Rechtsfolgen bei Beendigung der Organschaft OFD Niedersachen vom 27.7.2017, DStR 2017, 1826).

Ausdrücklich ist nach Verwaltungsmeinung auch ein Ende der Organschaft anzunehmen, wenn ein personenidentischer Sachwalter, ein vorläufiger Insolvenzverwalter oder Insolvenzverwalter bestellt wird (vgl. A 2.8. Abs. 12 UStAE). Mit der Bestellung des vorläufigen Verwalters mit Zustimmungsvorbehalt tritt jedoch auch Uneinbringlichkeit ein (zur Uneinbringlichkeit bei Insolvenz vgl. Rn. 94ff.), so dass die Organschaft noch im Zeitpunkt des Eintritts der Uneinbringlichkeit bestand und sich der Vorsteuerberichtigungsanspruch gegen den Organträger richtet (BFH vom 08.08.2013, Az: V R 18/13, DStR 2013, 1883; vgl. auch BFH vom 03.07.2014, Az: V R 32/13, DStR 2014, 2020).

24 Nur wenn die Vorsteuerberichtigungspflicht resultierend aus der Uneinbringlichkeit von Forderungen gegen die Organgesellschaft, nach Organschaftsbeendigung eintritt, trifft sie allein die Organgesellschaft selbst bzw. hat aus Sicht der Finanzverwaltung ihr gegenüber zu erfolgen und der frühere Organträger kann nicht mehr in Anspruch genommen werden (vgl. BFH vom 22.10.2009, Az: V R 14/08, BStBl II 2011, 988). Da in der Praxis aber zumeist ein starker oder ein vorläufiger Insolvenzverwalter mit Zustimmungsvorbehalt bestellt wird, folgt aus der Bestellung des vorläufigen Insolvenzverwalters regelmäßig Uneinbringlichkeit und erst (eine juristische Sekunde) danach die Beendigung von Organschaft. Eine Inanspruchnahme des Organträgers wird daher regelmäßig möglich sein.

25 Unerheblich ist dagegen, wenn der Vorsteuerberichtigungsanspruch erst nach Beendigung der Organschaft fällig wird. Maßgeblich ist allein, ob der Berichtigungsanspruch vor oder nach Beendigung der Organschaft entstanden ist.

3 Rechnungslegung

26 Voraussetzung für die Anwendung des § 17 UStG ist eine Änderung der Bemessungsgrundlage des zugrundeliegenden Umsatzes. Von daher stellt sich die Frage, welche Auswirkungen dies auf die Rechnungslegung des leistenden Unternehmers hat. Dieser ist bei Ausführung der Leistung berechtigt bzw. bei einem unternehmerischen Leistungsempfänger verpflichtet (vgl. § 14 Abs. 2 UStG), eine Rechnung mit offen ausgewiesener USt zu erteilen (vgl. die Kommentierung zu § 14). Ändert sich die Bemessungsgrundlage im Nachhinein, muss unterschieden werden:

- Bei einer nachträglichen **Verminderung** der Bemessungsgrundlage ist der in der Rechnung ausgewiesene Steuerbetrag zu hoch. Da § 17 Abs. 1 S. 1, 2 UStG lediglich auf die Veränderung der Bemessungsgrundlage abhebt, ist für die Pflicht zur Berichtigung nach § 17 UStG die Berichtigung der Rechnung i.S.d. § 14 UStG unerheblich (vgl. auch Abschn. 17.1 Abs. 3 S. 3 UStAE). Der in der Rechnung zu hoch ausgewiesene Steuerbetrag wird auch nicht nach § 14c Abs. 1 UStG geschuldet. Der BFH geht davon aus (vgl. BFH vom 30.11.1995, Az: V R 57/94, BStBl II 1996, 206; vgl. a. BFH vom 12.01.2006, Az: V R 3/04, BStBl II 2006, 479, vgl. a. FG Köln vom 31.03.2008, Az: 15 K 7085/02, rkr., EFG 2008, 1246), dass § 17 Abs. 1 UStG insoweit § 14c Abs. 1 UStG verdrängt, zumal nach § 17 Abs. 1 S. 7 UStG der Zeitpunkt der Berichtigung auch nicht auf den ursprünglichen Zeitpunkt der Leistung/Rechnungslegung zurückbezogen wird. Der leistende Unternehmer muss daher seine ursprünglich richtig erteilte Rechnung im Nachhinein nicht korrigieren (vgl. auch Abschn. 17.2. Abs. 2 S. 4 UStAE zur Behandlung bei der Ausgabe von Gutscheinen). Andererseits ist der Leistungsempfänger auch ohne die Berichtigung der ursprünglichen Rechnung verpflichtet, den bisher zu hoch in Anspruch genommenen Vorsteuerabzug entsprechend zu berichtigen (vgl. BFH vom 24.08.1995, Az: V R 55/94, BStBl II 1995, 808). Zur Sicherstellung dieses Rückforderungsanspruches kann das Finanzamt des Leistenden das für den Leistungsempfänger zuständige Finanzamt auf die Berichtigung/Ausbuchung der Forderung hinweisen (vgl. auch Abschn. 17. 1. Abs. 5 S. 10 UStAE).
- Bei einer nachträglichen **Erhöhung** der Bemessungsgrundlage ist der in der Rechnung ausgewiesene Steuerbetrag zu niedrig. Für den leistenden Unternehmer würde sich u.E. auch ohne § 17 Abs. 1 S. 1 UStG eine Berichtigungspflicht ergeben, da § 10 Abs. 1 S. 2, 3 UStG das Entgelt als Bemessungsgrundlage der USt unabhängig von einer zeitlichen Komponente definiert (insofern hat § 17 Abs. 1 S. 1 UStG deklaratorischen Charakter). Wegen der Steuerentstehung in Fällen der Sollbesteuerung (§§ 16, 13 Abs. 1 Nr. 1 Buchst. a UStG) erlangt jedoch § 17 Abs. 1 S. 7 UStG aus Sicht des leistenden Unternehmers besondere Bedeutung, da insoweit der Zeitpunkt der Berichtigung abweichend von einer ggf. grundsätzlich bestehenden Berichtigungspflicht nach dem Modell der Sollbesteuerung geregelt wird. Eine Berichtigung der ursprünglich richtigen Rechnung ist aus der Sicht des leistenden Unternehmers auch in diesem Fall nicht erforderlich, da die Entstehung der Steuerschuld grundsätzlich nicht an die Erteilung einer Rechnung anknüpft (Ausnahme: § 14c Abs. 2 UStG). Zweifelhaft erscheint jedoch, ob auch der Leistungsempfänger ohne eine durch den leistenden Unternehmer berichtigte Rechnung berechtigt ist, den Vorsteuerabzug entsprechend zu berichtigen/erhöhen (§ 17 Abs. 1 S. 2 UStG). § 15 Abs. 1 S. 1 Nr. 1 UStG setzt für die Vornahme des Vorsteuerabzugs grundsätzlich das Vorliegen einer Rechnung voraus. Dieses zusätzliche Erfordernis entfällt u.E. auch nicht durch § 17 Abs. 1 S. 2 UStG (insofern kein konstitutiver Charakter), da die Vorschrift nicht losgelöst von den §§ 10, 14 und 15 UStG gesehen werden kann.

Wegen der Abgrenzung zu § 14c Abs. 1 S. 2 UStG in Fällen, bei denen von Beginn an die USt nach **27** § 14c Abs. 1 S. 1 UStG zu hoch ausgewiesen war vgl. die Kommentierung zu § 14c und BFH vom 12.10.1994, Az: XI R 78/93, BStBl II 1995, 33; BFH vom 04.02.2005, Az: VII R 20/04, BStBl II 2010, 55, vgl. auch Abschn. 17.1 Abs. 10 UStAE. Nach Verwaltungsauffassung ist zudem in Fällen des Wechseldiskonts (vgl. Abschn. 10.3 Abs. 6 S. 4 UStAE) sowie des verdeckten Preisnachlasses (vgl. Abschn. 10.5 Abs. 5 UStAE) eine Rechnungsberichtigung vorzunehmen.

Eine ausdrückliche Verpflichtung einen »**Beleg**« über die Änderung der Bemessungsgrundlage zu **28** erstellen, also zur Berichtigung der Rechnung, enthält § 17 Abs. 4 UStG für den Fall, dass sich die Entgelte für unterschiedlich besteuerte Leistungen eines bestimmten Zeitabschnitts gemeinsam ändern (vgl. Abschn. 17.1 Abs. 3 S. 4 UStAE). Das Gesetz nennt als Beispiele hierfür Jahresboni oder Jahresrückvergütungen. Diese Regelung dient, wie die gesamte Vorschrift, dem Gleichklang zwischen USt und Vorsteuer. Erbringt der leistende Unternehmer beispielsweise an einen Abnehmer sowohl

Lieferungen zum Regelsteuersatz als auch solche zum ermäßigten Steuersatz, muss er dem Abnehmer mitteilen, welche Umsätze sich wie verändert haben, damit dieser seiner Berichtigungspflicht nach § 17 Abs. 1 S. 2 UStG deckungsgleich mit den Änderungen beim leistenden Unternehmer nachkommen kann. Die Vorschrift stellt daher auch sicher, dass keine Fälle auftreten, in denen der leistende Unternehmer die Umsätze zum Regelsteuersatz berichtigt, der Leistungsempfänger aber den Vorsteuerabzug nur aus ermäßigt besteuerten Umsätzen kürzt. Wegen Vereinfachungsregelungen in Zusammenhang mit unterjährigen Erhöhungen des Steuersatzes vgl. Rn. 40.

4 Zeitpunkt der Berichtigung

4.1 Allgemeines

29 Nach § 17 Abs. 1 S. 7 UStG ist die Berichtigung in dem Besteuerungszeitraum vorzunehmen, in dem die Änderung der Bemessungsgrundlage eingetreten ist. Grundsätzlich ist bei der USt das Kalenderjahr der Besteuerungszeitraum (§ 16 Abs. 1 S. 2 UStG). Die Berichtigungspflicht tritt jedoch nach § 18 Abs. 1 S. 3 UStG bereits für den Voranmeldungszeitraum ein. Die Berichtigungen sind also bereits »unterjährig« im entsprechenden Voranmeldungszeitraum durchzuführen und müssen in der späteren Jahreserklärung (vgl. § 18 Abs. 3 S. 1 UStG) nochmals erfasst werden, da ansonsten eine Abweichung zwischen den in den Voranmeldungszeiträumen angemeldeten USt-, Vorsteuerbeträgen und den Zahlen der Jahreserklärung auftritt. Lediglich für den Fall, dass die Finanzverwaltung auf die Abgabe von Voranmeldungen verzichtet hat (vgl. § 18 Abs. 2 S. 3 UStG), fallen die Berichtigungspflicht nach § 17 UStG und die Jahreserklärung zusammen.

30 § 17 UStG erfordert eine nachträgliche Änderung der Bemessungsgrundlage. Ergibt sich die Änderung der Bemessungsgrundlage bereits in dem Besteuerungszeitraum, in dem auch die USt für die Leistung entsteht, muss der Unternehmer in seiner Voranmeldung bzw. Jahreserklärung von vornherein die geänderte Bemessungsgrundlage angeben (vgl. BFH vom 29.01.1987, Az: V R 53/76, BStBl II 1987, 516).

Beispiel 1:
Unternehmer A liefert an Unternehmer B Waren im Wert von 500 € netto zzgl. 19 % USt. Die Waren holt B bei A am 14.11. ab, die Rechnung wird bezahlt:
a) am 30.11.,
b) am 03.12.,
dabei nimmt B Skonto i. H. v. 3 % in Anspruch. A unterliegt der Besteuerung nach vereinbarten Entgelten (**Regelbesteuerung oder Sollbesteuerung**, § 16 Abs. 1 S. 1 UStG) und gibt monatliche Umsatzsteuervoranmeldungen ab (§ 18 Abs. 2 S. 2 UStG).

Lösung:
a) Für A entsteht die USt nach dem Sollprinzip mit Ablauf des Voranmeldezeitraums November (vgl. § 13 Abs. 1 S. 1 Nr. 1 Buchst. a S. 1 UStG), grundsätzlich unabhängig von der Bezahlung durch B. Erfolgt die Bezahlung durch B noch im November, entsteht die USt bereits auf der Basis des durch den Skonto geminderten Entgelts (vgl. § 10 Abs. 1 S. 2 UStG) i. H. v. 485 € (× 19 % = 92,15 €) und muss so in der Umsatzsteuervoranmeldung für November erklärt werden. B kann nach § 15 Abs. 1 S. 1 Nr. 1 UStG aus der Rechnung des A im Voranmeldungszeitraum November Vorsteuern i. H. v. 92,15 € geltend machen.
b) Erfolgt die Bezahlung erst im Dezember, muss A in der Umsatzsteuervoranmeldung November den Umsatz nach dem vereinbarten Entgelt (Sollprinzip) erklären (Entgelt 500 € × 19 % = 95 €). Da er dieses Entgelt später jedoch nicht vereinnahmt hat, tritt im Voranmeldungszeitraum Dezember der Fall des § 17 Abs. 1 S. 1 UStG ein. A muss in der Umsatzsteuervoranmeldung für Dezember die USt

berichtigen (Zahlbetrag 577,15 € [595 € ./. 3 %] × 19.119 = 92,15 €/bisher 95 €). B kann aus der Rechnung des A im Voranmeldungszeitraum November zunächst Vorsteuern i. H. v. 95 € geltend machen, im Voranmeldungszeitraum Dezember tritt für ihn jedoch der Fall des § 17 Abs. 1 S. 2 UStG ein, er muss die beanspruchte Vorsteuer um 2,85 € mindern (Berechnung s. A).

Beispiel 2:
Wie Beispiel 1, A unterliegt jedoch der Besteuerung nach vereinnahmten Entgelten (**Istbesteuerung**, § 20 Abs. 1 UStG).

Lösung:
a) Es ergeben sich keine Änderungen gegenüber der obigen Lösung. Für A entsteht die USt nach § 13 Abs. 1 S. 1 Nr. 1 Buchst. b UStG mit Ablauf des Voranmeldungszeitraums, in dem das Entgelt vereinnahmt wurde, somit im Voranmeldungszeitraum November und auf der Basis des geminderten Entgelts. B hat entsprechend den Vorsteuerabzug.
b) Für A ergibt sich im Unterschied zu Beispiel 1 die Entstehung der Steuer bei Istbesteuerung und Zahlung im Dezember auch erst im Dezember. A muss in der Voranmeldung für Dezember den Umsatz auf der Basis des durch den Skontobetrag geminderten Entgelts anmelden. Ein Fall des § 17 Abs. 1 S. 1 UStG liegt aus seiner Sicht nicht vor. Für B ergibt sich die Lösung wie in Beispiel 1.

4.2 Berichtigungszeitraum

4.2.1 Grundsätzliche Behandlung

Die Berichtigung nach § 17 Abs. 1 S. 7 UStG in dem Besteuerungszeitraum, in dem die Änderung der Bemessungsgrundlage eintritt, bewirkt auch, dass die Steuererklärung für den ursprünglichen Besteuerungszeitraum, in dem der Umsatz bewirkt und erklärt wurde, nicht mehr geändert werden muss (Vereinfachung des Besteuerungsverfahrens; vgl. a. BFH vom 16.08.2001, Az: V R 72/00 (NV), BFH/NV 2002, 545 [zur Rechnungsberichtigung i. d. Z. § 14 Abs. 2 UStG a.F., aktuell § 14c Abs. 1 UStG]; BFH vom 19.12.2002, Az: V R 66/00, BFH/NV 2003, 591 [ebenfalls zur Rechnungsberichtigung]; BFH vom 04.02.2005, Az: VII R 20/04, BStBl II 2010, 55; wegen der Rücknahme einer Option zur Steuerpflicht vgl. BFH vom 06.10.2005, Az: V R 8/04 (NV), BFH/NV 2006, 835 – kein Fall § 17 UStG/Rückwirkung). Insofern ergibt sich auch nicht die Frage nach der Anwendung der abgabenrechtlichen Änderungsvorschriften in diesen Fällen (z. B. §§ 164, 175 AO, vgl. auch Rn. 12f.) hinsichtlich der ursprünglichen Steuererklärung. Dieses Problem kann aber dann auftreten, wenn eine erforderliche Korrektur nach § 17 UStG »pflichtwidrig« nicht durchgeführt wurde. Für diesen Fall bedarf es einer abgabenrechtlichen Änderungsvorschrift, um eine Korrektur für den betreffenden Besteuerungszeitraum der Änderung vorzunehmen. In den meisten Fällen dürften sich daraus jedoch keine Probleme ergeben, da die sich aus einer Umsatzsteuervoranmeldung ergebende USt als Vorauszahlung kraft Gesetzes unter dem Vorbehalt der Nachprüfung steht (vgl. § 164 Abs. 1 S. 2 AO, § 18 Abs. 1 UStG) und die Umsatzsteuerjahreserklärung als Steueranmeldung einer Steuerfestsetzung unter dem Vorbehalt der Nachprüfung gleichsteht (§ 168 S. 1 AO, § 18 Abs. 3 S. 1 UStG). Allerdings müssen dabei die abgabenrechtlichen Fristen für die Festsetzungsverjährung (§§ 169ff. AO) beachtet werden. Erfolgt zudem eine von der Umsatzsteuerjahreserklärung abweichende Festsetzung, so ist zu vermerken, ob der Vorbehalt weiter besteht. Fehlt ein entsprechender Vermerk, fällt der nach § 168 S. 1 AO kraft Gesetzes bestehende Vorbehalt weg, da in diesem Fall die konkrete Einzelfallbehandlung mittels Verwaltungsakt die generelle gesetzliche Regelung des § 168 S. 1 AO verdrängt (vgl. BFH vom 02.12.1999, Az: V R 19/99, BStBl II 2000, 284, AEAO zu § 164 Nr. 6 und AEAO zu § 168 Nr. 7). Wird in einem derartigen Fall später festgestellt, dass der Unternehmer eine Berichtigung nach § 17 UStG hätte 31 vornehmen müssen, bleiben nur noch die allgemeinen Korrekturvorschriften der Abgabenordnung zur Änderung des Steuerbescheides (vgl. §§ 172 ff. AO).

4.2.2 Einzelfälle

32 In Fällen der Berechnung der USt des leistenden Unternehmers nach **vereinbarten Entgelten** (§ 16 Abs. 1 S. 1 UStG) gilt Folgendes:

- Bei einer **Änderung des Entgelts vor Erbringung der Leistung**, ist § 17 UStG schon dem Grunde nach nicht einschlägig, da dann die Steuer von vornherein auf Basis des geänderten Entgelts nach § 13 UStG entsteht (vgl. Rn. 30).
- Wird eine **Änderung des Entgelts vereinbart**, noch **bevor die Gegenleistung entrichtet wurde**, ist die USt bereits für den Besteuerungszeitraum zu berichtigen, in dem die Änderung des Entgelts vereinbart wird, weil zu diesem Zeitpunkt nur noch die entsprechende geänderte Verbindlichkeit gegenüber dem Leistungsempfänger entsteht. Auf den Zeitpunkt der danach erfolgenden Erfüllung der Verbindlichkeit kommt es nicht an.
- Wird dagegen eine **Minderung des Entgelts vereinbart**, **nachdem die Gegenleistung entrichtet wurde**, mindert sich nach der geänderten Rechtsprechung des BFH die Bemessungsgrundlage nach § 17 Abs. 1 UStG erst im Besteuerungszeitraum der tatsächlichen Rückgewähr des Entgelts (vgl. BFH vom 18.09.2008, Az: V R 56/06, BStBl II 2009, 250 im Anschluss an EuGH vom 29.05.2001, Rs. C-86/99, Freemans plc/England, UR 2001, 349). Konkret führt der BFH aus: »Bei einer Besteuerung nach vereinbarten Entgelten bildet die Solleinnahme zwar zunächst die Bemessungsgrundlage. Hat der leistende Unternehmer das Entgelt aber einmal insgesamt vereinnahmt, bleibt für eine Sollbesteuerung kein Raum. Die Bemessungsgrundlage kann in diesem Fall nicht mehr durch (bloße) Vereinbarung, sondern nur durch tatsächliche Rückzahlung des vereinnahmten Entgelts geändert werden. Erst im Besteuerungszeitraum, in dem das Entgelt tatsächlich zurückbezahlt ist, ist die Bemessungsgrundlage nach § 17 Abs. 1 Satz 1 Nr. 1 UStG zu berücksichtigen.«
- Die Änderung der Rechtsprechung wurde durch entsprechende Änderung des Umsatzsteuererlasses von der Finanzverwaltung übernommen (vgl. Abschn. 17.1 Abs. 2 S. 3 UStAE). Die Rückzahlung wird somit in diesen Fällen zum ungeschriebenen Tatbestand der Berichtigung (vgl. Hafner, UR 2012, 261). Praktisch relevant wird dies insbesondere, wenn sich die Bemessungsgrundlage für eine Leistung aufgrund einer **Mängelrüge** nachträglich mindert. Auch gewährte Rabattgutschriften oder Preisnachlässe mindern das Entgelt für die Lieferungen erst im Moment der Auszahlung oder Verfügung des Kunden in anderer Weise (vgl. EuGH vom 29.05.2001, Rs. C-86/99, Freemans plc/England, UR 2001, 349).
- Die dargestellten Grundsätze bei nachträglicher Entgeltsminderung gelten entsprechend auch für den Fall der **nachträglichen Erhöhung des Entgelts** (vgl. Abschn. 17.1 Abs. 2 S. 4 UStAE). So hat der BFH mit Urteil vom 19.11.2009 (Az: V R 41/08, DStR 2010, 159) entschieden, dass auch die Berichtigung der Vorsteuer bei einer nachträglichen Erhöhung der Bemessungsgrundlage von der tatsächlichen Zahlung des Entgelts abhängt. Der BFH verweist insofern ausdrücklich auf das Urteil vom 18.09.2008 (BStBl II 2009, 250) und bezeichnet eine entsprechende Behandlung für den Fall des Vorsteuerabzugs bei Erhöhung der Bemessungsgrundlage als folgerichtig. Wird nach Erbringung der Leistung eine Erhöhung des Entgelts vereinbart, dürfen USt und Vorsteuer somit erst im Voranmeldungszeitraum der Nachzahlung korrigiert werden (vgl. Hafner, UR 2012, 261, 263). Voraussetzung ist zudem eine entsprechende Berichtigung der Rechnung (vgl. Rn. 26).
- Auch für **Rückvergütungen, Boni, Skonti und Rabatte** folgt aus der Rechtsprechung des BFH mit Urteil vom 18.09.2008 (Az: V R 56/06, BStBl II 2009, 250), dass diese erst mit dem Zufluss beim Leistungsempfänger zu berücksichtigen sind, wenn sie nach der Zahlung der Gegen-

leistungen gewährt werden (vgl. auch Rn. 48). Mithin kommt es zukünftig auf den Zeitpunkt ihrer tatsächlichen Rückzahlung an. Nur wenn die Vergütung noch nicht vereinnahmt wurde, begründet bereits die bloße Vereinbarung der Entgeltsminderung eine Berichtigungspflicht. Auch **Über- oder Doppelzahlungen** können erst mit Zurückzahlung der übersteigenden Beträge berichtigt werden (vgl. auch BFH vom 19.07.2007, Az: V R 11/05, BStBl II 2007, 966).

- Aus diesen Prämissen des BFH folgt auch bei **Verbrauchsabrechnungen und Abschlagsrechnungen**, dass bei einem Guthaben in der Endabrechnung eine Berichtigung nach § 17 Abs. 1 UStG erst bei Rückzahlung bzw. Verrechnung des Guthabens möglich ist. Ergeben sich dagegen Nachzahlungen des Leistungsempfängers, soll nach Auffassung des BMF (vgl. BMF vom 26.06.2010 und vom 12.01.2011, Az: IV D 2 – S7333/09/10001:001, vgl. auch OFD Hannover vom 31.03.2011, Az: S 7730 – 25 St 181, UR 2011, 720) erst mit Abrechnung die Steuer auf den Differenzbetrag entstehen, so dass es keiner Berichtigung nach § 17 UStG bedarf (vgl. zum Ganzen Hafner, UR 2012, 261).
- In Fortführung seiner Rechtsprechung hat der BFH weiter entschieden, dass auch bei **Anzahlungen** erst eine Berichtigung nach § 17 Abs. 2 Nr. 2 UStG möglich ist, wenn die vereinnahmte Anzahlung zurückgewährt wird (vgl. BFH vom 02.09.2010, Az: V R 34/09, BStBl II 2011, 991, Abschn. 17.1 Abs. 7 S. 3 und Abs. 8 S. 5 UStAE). Dies gilt selbst dann, wenn die **Leistung nicht erbracht** wird. Behält der Leistungsempfänger das vorab vereinnahmte Entgelt, bleibt es somit bei der Steuerbelastung (vgl. BFH vom 15.09.2011, Az: V R 36/09, BStBl II 2012, 365 zur Besteuerung gebuchter, aber nicht angetretener Flugreisen). Dies ist nicht unproblematisch, da die reine Anzahlung keinen Leistungsaustausch und mithin keine steuerbare Leistung begründet (kritisch auch Grünwald DStR 2012, 998). Vertragsstrafen wegen Nichterfüllung oder wegen nicht gehöriger Erfüllung sind als echter Schadensersatz mangels Leistungsaustausch gerade nicht steuerbar (vgl. Abschn. 1.3 Abs. 3 UStAE).

  Andererseits wurde die Leistung, d.h. der Flug, durch die Fluggesellschaft, in dem der Entscheidung des BFH vom 15.09.2011 zugrundeliegendem Fall erbracht, nur wurde sie eben nicht vom Leistungsempfänger in Anspruch genommen (bei nicht genutzten Fahrkarten und Eintrittskarten ist die Problemlage ähnlich). In diesem Sinn hat auch der EuGH in seinem Urteil vom 23.12.2015 (Rs. C-289/14, DStR 2016, 11) entschieden. Die Fluggesellschaften würden ihre Leistung bereits erbringen, sobald sie den Fluggast in die Lage versetzen, die betreffende Leistung in Anspruch zu nehmen. Der einbehaltene Preis sei damit keine mehrwertsteuerfreie Entschädigung. Zugleich hält es der EuGH – nicht ganz stringent – auch für möglich, dass ein Fall der Anzahlung vor Erbringung der Dienstleistung vorliegen könne (vgl. auch Grube, MwStR 2016, 202). Bedauerlich ist in diesem Kontext, dass der EuGH sich nicht mit seinem Urteil vom 18.07.2007 (Rs. C-277/05 – Société thermale d'Eugénie-les-Bains, UR 2007, 643) auseinandersetzte, bei dem er die von einem Gast an einen Hotelbetreiber als »Angeld« geleisteten und einbehaltenen Beträge als pauschalisierte Entschädigung als nicht mehrwertsteuerpflichtig einordnete.

  Entscheidender Unterschied könnte sein, ob der Kunde rechtzeitig vor dem eigentlich vorgesehenen Leistungszeitpunkt storniert oder ob der Kunde ohne Stornoerklärung die erbrachte Leistung lediglich nicht in Anspruch genommen hat. Bestünde demnach bei rechtzeitiger Stornierung eine echter Schadensersatzanspruch des Unternehmers, dann könnte er diesen mit dem Anspruch des Kunden auf Rückzahlung seiner Anzahlung aufrechnen. Einer Berichtigung nach § 17 UStG stünde dabei nicht die fehlende Rückgewähr der Anzahlung entgegen, denn die Anzahlung wurde lediglich im vereinfachten Zahlungswege verrechnet (vgl. auch Urteil des Schleswig-Holsteinischen FG vom 27.05.2016, Az: 4 K 20/13, Haufe-Index 9527471, zur Verrechnung von Anzahlungen mit echten Schadensersatzansprüchen nach § 103 InsO).

Bei einem leistenden Unternehmer, der die USt nach **vereinnahmten Entgelten** berechnet (§ 20 Abs. 1 UStG), führen Änderungen der Entgeltvereinbarung nur dann zu einer Änderung nach § 17 33

Abs. 1 S. 1 UStG, wenn er das Entgelt bereits vereinnahmt hat. Die Berichtigung ist dann für den Besteuerungszeitraum vorzunehmen, in dem der Unternehmer das Entgelt ganz oder teilweise an den Leistungsempfänger zurückzahlt.

34 Zur Berichtigung der USt ist der Unternehmer auch dann verpflichtet, wenn er seine aktive unternehmerische Betätigung im Zeitpunkt der Änderung der Bemessungsgrundlage bereits aufgegeben hat (= Nachwirkung der Unternehmereigenschaft).

35 Die **Berichtigung der Vorsteuer** erfolgt grundsätzlich nach den gleichen Grundsätzen wie die Berichtigung der USt, da über § 17 Abs. 1 S. 1, 2 UStG ein Gleichlauf zwischen USt und Vorsteuer angestrebt wird. Der Leistungsempfänger hat daher seine Vorsteuer für den Besteuerungszeitraum zu berichtigen, für den der leistende Unternehmer die USt berichtigt. Eine Ausnahme gilt für den Fall, dass der leistende Unternehmer nach vereinnahmten Entgelten versteuert und das vereinbarte Entgelt noch vor der Bezahlung absprachegemäß gemindert wird. In diesem Fall muss der Leistungsempfänger die bereits in Anspruch genommenen Vorsteuerbeträge für den Besteuerungszeitraum berichtigen, in dem die Änderung des Entgelts vereinbart wird.

36 Nach § 17 Abs. 1 S. 3 UStG muss der Unternehmer seinen Vorsteuerabzug nur berichtigen, wenn er durch die Änderung der Bemessungsgrundlage wirtschaftlich begünstigt ist. Ist ein anderer Unternehmer wirtschaftlich begünstigt, muss dieser gem. § 17 Abs. 1 S. 4 UStG seinen Vorsteuerabzug berichtigen. Die Berichtigung erfolgt nach § 17 Abs. 1 S. 8 UStG in dem Besteuerungszeitraum, in dem der andere Unternehmer wirtschaftlich begünstigt wird. Wegen der Besonderheiten im Zusammenhang mit der Neufassung des § 17 Abs. 1 UStG (§ 17 Abs. 1 S. 3, 4, 8 UStG) vgl. auch Rn. 50 ff.

37 Bildet die bisher durch den Leistungsempfänger beanspruchte Vorsteuer die Ausgangsgröße für die Anwendung des § 15 a UStG, werden die durch die Anwendung des § 17 UStG erforderlichen diesbezüglichen Berichtigungen zusammenfassend in dem Besteuerungszeitraum vorgenommen, in dem § 17 UStG zur Anwendung kommt (vgl. Abschn. 15a.4 Abs. 2 S. 5 UStAE).

5 Ermittlung des Änderungsbetrages

38 § 17 Abs. 1 UStG hebt auf die Änderung der Bemessungsgrundlage ab. Die Bemessungsgrundlage ergibt sich aus § 10 Abs. 1 S. 2 UStG. Entgelt ist alles, was der Leistungsempfänger aufwendet, um die Leistung zu erhalten, jedoch abzüglich der USt. Dementsprechend ergibt sich der Änderungsbetrag i. S. d. § 17 Abs. 1 S. 1 UStG aus dem Betrag (brutto), den der Leistungsempfänger, in Abweichung zum ursprünglichen Entgelt, nicht mehr aufwendet. Für die Korrektur des Vorsteuerbetrages nach § 17 Abs. 1 S. 2 UStG gilt dies entsprechend.

Beispiel:
Unternehmer A erbringt an Unternehmer B eine Lieferung zu einem vereinbarten Entgelt i. H. v. 23.800 €. Zwei Monate später gewährt A dem B einen Preisnachlass von 10 %.

Lösung:
Nach § 10 Abs. 1 S. 2 UStG schuldet A zunächst USt i. H. v. 3.800 € (23.800 € × 19/119). Durch den Preisnachlass verringert sich die Bemessungsgrundlage für den Umsatz auf 21.420 € brutto, die USt beträgt 3.420 € (21.420 € × 19/119). Die USt ist also im Ergebnis um 10 % bzw. 380 € zu mindern.

Tritt bis zum Zeitpunkt der Änderung der Bemessungsgrundlage nach § 17 UStG eine Änderung bei den Steuersätzen oder der Steuerpflicht eines Umsatzes ein, gilt für die Berichtigung grundsätzlich das zum Zeitpunkt der Ausführung des Umsatzes geltende Recht (vgl. § 27 Abs. 1 S. 1 UStG). 39

Beispiel:
Unternehmer A erbringt eine Lieferung am 15.03. eines Jahres. A unterliegt der Regelbesteuerung und gibt monatliche Umsatzsteuervoranmeldungen ab. Im April bezahlt der Kunde die Rechnung unter Abzug von Skonto. Durch Gesetzesänderung wird der Steuersatz ab 01.04. dieses Jahres um einen Prozentpunkt erhöht.

Lösung:
Die Anhebung des Steuersatzes gilt für Umsätze, die ab dem 01.04. ausgeführt werden. Da A den Umsatz noch unter der Geltung des bisherigen Steuersatzes ausgeführt hat, erfolgt auch die Berichtigung aufgrund des Skontos im April des Jahres noch zum bisherigen Steuersatz.

Zuletzt stellte sich dieses Problem zum **01.01.2007** durch Anhebung des Regelsteuersatzes in § 12 Abs. 1 UStG von 16 % auf 19 % (HBeglG 2006; vgl. BMF vom 11.08.2006, Az: IV A 5 – S 7210 – 23/06, BStBl I 2006, 477, Tz. 26, 27 mit Vereinfachungsregelung; vgl. OFD Frankfurt a. M. vom 03.04.2007, Az: S 7210 A – 21 – St 112, UR 2008, 129 mit weiteren Einzelfragen). 40

Auswirkungen ergeben sich insbesondere auch in den Fällen des § 17 Abs. 2 Nr. 1 S. 2 UStG, wenn, u. U. Jahre später, eine Forderung, für die die USt wegen Uneinbringlichkeit berichtigt wurde, doch noch eingeht. Die erneute Berichtigung muss dann zum ursprünglich gültigen Steuersatz erfolgen. 41

Für den Fall des **Wechsels der Besteuerungsform** (Kleinunternehmer nach § 19 Abs. 1 UStG – Regelbesteuerung oder Besteuerung nach Durchschnittssätzen für die Land- und Forstwirtschaft nach § 24 UStG) gilt, dass die Umsätze, die noch vor dem Wechsel, also noch zu Zeiten der Kleinunternehmereigenschaft, ausgeführt wurden, nicht in den Anwendungsbereich des § 17 UStG fallen (vgl. auch Abschn. 19.5 Abs. 4 UStAE). Für den umgekehrten Fall (Regelbesteuerung oder Besteuerung nach Durchschnittssätzen für die Land- und Forstwirtschaft nach § 24 UStG – Kleinunternehmer nach § 19 Abs. 1 UStG) folgt daraus, dass diese gerade in den Anwendungsbereich des § 17 UStG fallen. Tritt etwa eine Änderung der Bemessungsgrundlage nach dem Übergang zur Kleinunternehmereigenschaft ein, ist diese weiterhin nach § 17 UStG zu berichtigen (vgl. auch Abschn. 19.5 Abs. 9 UStAE). 42

6 Keine Haftung des leistenden Unternehmers

Die Pflichten des leistenden Unternehmers und des Leistungsempfängers bestehen unabhängig voneinander. Beide Pflichten beruhen zwar auf demselben auslösenden Moment, sind jedoch nicht in der Weise miteinander verbunden, dass der leistende Unternehmer die USt nur berichtigen müsste, wenn auch der Leistungsempfänger die Vorsteuer berichtigt und umgekehrt. Der leistende Unternehmer kann dementsprechend auch nicht belangt werden, wenn der Leistungsempfänger seinen Pflichten zur Berichtigung des Vorsteuerabzugs nicht nachkommt. 43

Durch das StÄndG 2003 (Gesetz vom 15.12.2003, BGBl I 2003, 2645) war zwischenzeitlich § 13 d UStG eingefügt worden. Nach dieser Norm haftete der leistende Unternehmer, wenn beim Leistungsempfänger die Vorsteuer nach § 17 UStG berichtigt und die hierauf festgesetzte Steuer bei Fälligkeit nicht oder nicht vollständig entrichtet worden ist, für diese Steuer. 44

45 Bereits durch das JStG 2008 (Jahressteuergesetz 2008, Gesetz vom 20.12.2007, BGBl I 2007, 3150) wurde § 13d UStG m.W.v. 01.01.2008 wieder aufgehoben. Ausweislich der Gesetzesbegründung (vgl. BT-Drucks. 16/6290 vom 04.09.2007, 112) wurde die Vorschrift von leistenden Unternehmern als erhebliche Belastung empfunden und hat zudem die in sie gesetzten Erwartungen nicht erfüllt, da sich ihr Anwendungsbereich auf wenige Einzelfälle mit kaum wahrnehmbaren finanziellen Auswirkungen beschränkte.

7 Anwendungsfälle

7.1 Änderung der Bemessungsgrundlage

46 § 17 Abs. 1 UStG hebt auf die Änderung der Bemessungsgrundlage ab, ohne den **Begriff der Bemessungsgrundlage** inhaltlich zu definieren. Ob eine Änderung der Bemessungsgrundlage vorliegt, ergibt sich aus den Regelungen des § 10 UStG (vgl. Abschn. 17.1 Abs. 1 S. 2 UStAE unter Verweisung auf Abschn. 10.1–10.7 UStAE). Wegen weiterer Einzelheiten vgl. die Kommentierung zu § 10. Aus der Definition des Entgeltsbegriffes (vgl. § 10 Abs. 1 S. 2 UStG) ergibt sich, dass Entgelt alles ist, was der Leistungsempfänger aufwendet, um die Leistung zu erhalten, abzüglich der USt. Nach § 10 Abs. 1 S. 3 UStG können dazu auch Zahlungen von Dritten zählen. Kommt es nachträglich zu Abweichungen vom ursprünglich vereinbarten Entgelt, muss geprüft werden, ob sich die Abweichung tatsächlich auf das vereinbarte Entgelt bezieht, oder ob es sich um die Folgen aus zusätzlich verwirklichten Sachverhalten handelt. Beispielsweise können sich Abgrenzungsfragen zum Schadenersatz/zu Vertragsstrafen (vgl. Abschn. 1.3 UStAE und die Kommentierung in § 1 Rn. 61 ff.; vgl. auch BFH vom 16.01.2003, Az: V R 72/01, BStBl II 2003, 620) ergeben. Ebenso können Zahlungen das Entgelt für eine weitere Leistung darstellt. Diese Frage stellt sich beispielsweise bei Stundung des Kaufpreises und den damit ggf. zusammenhängenden Zinszahlungen (vgl. Abschn. 3.11 UStAE), betroffen ist hier auch die Abgrenzung zwischen Haupt- und Nebenleistung (vgl. Abschn. 3.10 UStAE).

47 § 17 Abs. 1 UStG erfasst sowohl die nachträgliche Minderung als auch Erhöhung des ursprünglich vereinbarten Entgelts. Als Ursachen für eine Minderung des Entgelts kommen z. B. in Betracht, die vertragliche Vereinbarung zwischen den am Leistungsaustausch Beteiligten, Minderung aufgrund einer Mängelrüge, Zahlungsvergünstigungen wie Skonto etc. Dabei sind die Gründe für die Minderung letztlich nicht entscheidend (vgl. Abschn. 10.3 Abs. 1 S. 3 UStAE). Erhöhungen des Entgelts können sich aus nachträglich vereinbarten zusätzlichen Zahlungen, aber auch aus freiwilligen Zahlungen ergeben.

48 **Beispiele für nachträgliche Minderungen:**

- Abzugsbeträge bei Zahlung, z. B. **Skonto, Rabatte, Preisnachlässe**. Zur Entgeltsminderung führt auch die nachträgliche Rückgewähr bereits bezahlter Beträge (vgl. Abschn. 10.3 Abs. 1 UStAE). Wegen der Zuwendung einer Reise als Belohnung für die Höhe der Warenbezüge als Preisnachlass vgl. BFH vom 28.06.1995, Az: XI R 66/94, BStBl II 1995, 850. Wegen Preisnachlässen, die von Agenten eingeräumt werden vgl. Rn. 60 ff. Zu Rabatten im Versandhandel vgl. EuGH vom 29.05.2001, Rs. C-86/99, Freemans plc/England, UR 2001, 349 (Abschn. 17.1 Abs. 2 S. 5 UStAE). Zum Zeitpunkt der Berichtigung bei Boni, Skonti und Rabatten vgl. Rn. 29 f. und vgl. Rn. 32.
- Bei der Verwendung von **Kunden- bzw. Bonuskarten** geben Systemanbieter (z. B. Payback, Deutschlandcard) kostenlose Kundenkarten heraus, die den Karteninhaber in die Lage versetzen, bei Abschluss von Verträgen mit Partnerunternehmen Punkte zu sammeln, die er später gegen diverse Vorteile einlösen kann. Seitens der Verwaltung wird insofern eine Entgeltminderung i. S. d. § 17 Abs. 1 UStG für die Leistung des Partnerunternehmens bejaht, allerdings nur, wenn zugunsten der Karteninhaber eine

Barauszahlungsverpflichtung über den Punktewert besteht und die Einlöseschwelle für die Barauszahlung nicht höher ist, als die Einlöseschwelle für Sachprämien. Zudem soll die Entgeltminderung erst bei Einlösung der Punkte erfolgen. Dem ist das FG München in seinem Urteil vom 23.08.2017 (Az: 3 K 1271/16, MwStR 2018, 86 mit Anm. Marchal) teilweise entgegen getreten: Die Einsatzmöglichkeit des Punkteguthabens zur Verrechnung bei einem nachfolgenden Einkauf bei einem Partnerunternehmer reiche zur Bejahung einer Entgeltminderung aus. Bagatellgrenzen für die Einlösung der erworbenen Punkte blieben bei der rechtlichen Beurteilung außer Betracht. Die Berichtigung nach § 17 Abs. 1 S. 1 UStG sei in dem Zeitpunkt vorzunehmen, in dem das punkteausgebende Unternehmen im Rahmen des monatlichen »Punkteclearings mit dem Gegenwert der bei ihm erworbenen Punkte in € durch den Systemanbieter wirtschaftlich belastet ist. Mittelbar ist dem Urteil des FG zudem zu entnehmen, dass für den Fall, dass Punkte durch Zeitablauf verfallen und der punkteausgebende Unternehmer den Gegenwert der Punkte vom Systemanbieter in € zurückerstattet bekommt, eine Berichtigung der Bemessungsgrundlage zulasten des punkteausgebenden Unternehmens erfolgen müsse. Gegen das Urteil des FG München wurde Revision eingelegt, die beim BFH unter dem Az: V R 42/17 anhängig ist, so dass abzuwarten bleibt, ob die m. E. zutreffenden und praxisgerechten Erwägungen des FG München höchstrichterlich Bestand haben.

- **Forderungsverzicht** stellt keine Vereinnahmung, sondern eine Kürzung des Entgelts dar (vgl. BFH vom 21.03.1968, Az: V 85/65, BStBl II 1968, 466; dies gilt auch bei Verzicht eines Gesellschafters gegenüber seiner Gesellschaft bzw. bei Verzicht aus privaten Gründen, vgl. BFH vom 28.09.2000, Az: V R 37/98, BFH/NV 2001, 491 und BFH vom 24.06.2015, Az: XI B 63/14, DStR 2016, 887).
- **Mängelrüge** (BFH vom 13.12.1995, Az: XI R 16/95, BStBl II 1996, 208 und BFH vom 16.01.2003, Az: V R 72/01, BStBl II 2003, 620 – auch zur Abgrenzung Entgeltsminderung/mangelbedingter Schadenersatz; zur Abgrenzung zum Schadenersatz vgl. BFH vom 19.04.2007, Az: V R 44/05 (NV), BFH/NV 2007, 1548). Zur Abgrenzung zwischen Schadenersatz und Minderung der BMG bei mangelhafter Bauleistung vgl. BFH vom 17.12.2009, Az: V R 1/09 (NV), BFH/NV 2010, 1869. Zum Zeitpunkt der Berichtigung vgl. Rn. 32.
- Notariell vereinbarte **Kaufpreisminderung** bei einem Grundstück (vgl. BFH vom 30.11.1995, Az: V R 57/94, BStBl II 1996, 206). Ist der Kaufpreis bereits bezahlt, tritt die Berichtigung erst mit der Rückzahlung des Kaufpreises oder einer gleichwertigen Gutschrift ein – vgl. auch Rn. 32.
- Rücknahme von **Leergut** und Rückzahlung des **Pfandbetrages** begründen eine Entgeltminderung. Soweit im Handel für die Belieferung mit Waren **Transportbehältnisse** – wobei insofern unterschieden wird zwischen Transporthilfsmitteln und Warenumschließungen – eingesetzt werden, deren Überlassung gegen ein gesondert vereinbartes Pfandgeld erfolgt, kommt es bei Rückgabe des Transportbehältnisses und Rückzahlung des Pfandgeldes zur Entgeltminderung (vgl. Abschn. 3.10. Abs. 5a UStAE sowie BMF-Schreiben vom 20.10.2014, BStBl I 2014, 1372; zur umsatzsteuerlichen Behandlung der Überlassung von Transporthilfsmitteln im Rahmen reiner Tauschsysteme vgl. dagegen das BMF-Schreiben vom 05.11.2013, BStBl I 2013, 1386). Der leistende Unternehmer hat mithin die Umsatzsteuer nach § 17 Abs. 1 S. 1 UStG und der Leistungsempfänger ggf. seine Vorsteuer nach § 17 Abs. 1 S. 2 UStG zu berichtigen.
  Transporthilfsmitteln ist gemeinsam, dass sie für logistische Aktivitäten innerhalb des Unternehmens, aber auch beim Durchlaufen von Handelsstufen, an denen mehrere Unternehmer beteiligt sind (Hersteller – Großhändler – Einzelhändler), eingesetzt werden. Sie werden grundsätzlich nicht an den Endverbraucher geliefert. Transporthilfsmittel sind z. B. Getränke-Paletten, H1-Kunststoffpaletten, Kisten (z. B. Ernteboxen), Steigen und Container für Blumen, Obst und Gemüse, Rollcontainer, Fleischkästen, Fischtransportkisten, Shipper-Boxen für Kartoffeln und Zwiebeln, Quattro-Boxen etc. Die Hingabe des Transporthilfsmittels gegen Pfandgeld stellt eine eigenständige Lieferung dar, die dem Regelsteuersatz nach § 12 Abs. 1 UStG unterliegt. Bei seiner Rückgabe erfolgt eine Rückgängigmachung der Lieferung i. S. d. § 17 Abs. 2 Nr. 3 UStG.
  Warenumschließungen liegen vor, wenn aufgrund der Eigenart einer Ware eine bestimmte Umschließung erforderlich ist, um diese für den Endverbraucher verkaufs- und absatzfähig zu machen. Hierbei handelt es sich überwiegend um innere und äußere Behältnisse, Aufmachungen, Umhüllungen und Unterlagen, welche für die Lieferbarkeit von Waren an den Endverbraucher notwendig (z. B. Flaschen) oder üblich (z. B. Getränkekasten) sind oder unabhängig von ihrer Verwendung als Verpackung keinen dauernden selbständigen Gebrauchswert haben. Warenumschließungen teilen das Schicksal der Hauptleistung und unterliegen somit den steuerlichen Regelungen der eigentlichen Hauptleistung. Bei ihrer Rücknahme kommt es zu einer Entgeltminderung i. S. d. § 17 Abs. 1 S. 1 UStG. Abschn. 10.1 Abs. 8 UStAE enthält sowohl für Warenumschließungen als auch Transporthilfsmittel eine Vereinfachungsregelung, die es u. a. erlaubt, die Pfandbeträge zunächst nicht zu berücksichtigen und

das Pfandbetragssaldo der Umsatzsteuer zu unterwerfen. Übernimmt der Besitzer pfandpflichtiger Einweggebinde gegenüber dem Erstinverkehrbringer gegen Entgelt die Verwertung, dann erbringt er diesem gegenüber eine sonstige Leistung, vgl. OFD Frankfurt vom 09.03.2011, Az: S 7117 A–38–St 110, DStR 2011, 1762.

- **Reklamezuschüsse als Preisnachlass** (vgl. BFH vom 05.08.1965, Az: V 144/62 U, BStBl III 1965, 630; zum Verkaufswettbewerb eines Lieferanten vgl. BFH vom 09.11.1994, Az: XI R 81/92, BStBl II 1995, 277; zur **Abgrenzung von Werbeprämien** für Neuabonnenten, die nicht zur Entgeltsminderung führen vgl. BFH vom 07.03.1995, Az: XI R 72/93, BStBl II 1995, 518; zur umsatzsteuerlichen Behandlung von Werbeprämien vgl. OFD Frankfurt a. M. vom 07.08.2007, UR 2008, 238 und vom 02.09.2015, UR 2015, 925; Moldan, UStB 2016, 78; zur Verkaufsförderung mit Treuepunkten vgl. Sterzinger, UStB 2016, 7).
- **Wechseldiskonte**, die dem Unternehmer bei der Weitergabe vor Fälligkeit (Diskontierung) eines in Zahlung genommenen Wechsels von der Bank abgezogen werden, mindern das Entgelt (vgl. Abschn. 10.3 Abs. 6 Abs. 1 UStAE; kritisch Stadie in R/D, § 17 UStG Rn. 159; vgl. auch Korn in Bunjes, § 17 UStG Rn. 51). Die Finanzverwaltung geht in derartigen Fällen von der Verpflichtung des Unternehmers aus, die Rechnung entsprechend zu berichtigen, ansonsten würde die USt auf den Wechseldiskont nach § 14c Abs. 1 UStG geschuldet (Abschn. 10.3 Abs. 6 S. 4 UStAE).
- **Verdeckte Preisnachlässe** (vgl. Abschn. 10.5 Abs. 4, 5 UStAE – die Finanzverwaltung geht auch hier von einer Verpflichtung zur Berichtigung der Rechnung nach § 14c Abs. 1 UStG aus).
- **Importquote der Apotheker** – Kürzungsbetrag stellt Minderung für die steuerpflichtigen Umsätze der Apotheker nach § 17 Abs. 1 S. 1 UStG dar (vgl. OFD Hannover vom 16.01.2003, Az: S 7330 – 26 – StO351/S 7330 – 40 – StH 442, DStR 2003, 739).
- Die von einer Internet-Apotheke gezahlten »Aufwandsentschädigungen« an Kassenpatienten für deren Mitwirkung an ihrer von der Apotheke berufsrechtlich geschuldeten Beratung mindert nicht die Bemessungsgrundlage der steuerpflichtigen Versandhandelsumsätze gegenüber den Privatpatienten (vgl. BFH vom 24.02.2015, Az: V B 147/14, DStR 2015, 756; vgl. dazu Vellen, UStB 2015, 114).
- **Preisnachlass eines Reisebüros** an den Endverbraucher begründet keine Entgeltsminderung für die Vermittlungsleistung an den Reiseveranstalter mehr (vgl. BFH, Urteil vom 27.02.2014, Az: V R 18/11, BStBl II 2015, S. 306; vgl. auch Rn. 58ff.).
- Rabatte, die einem **Konsolidierer** für postvorbereitende Handlungen durch die Deutsche Post AG gewährt werden, können zu einer Änderung der Bemessungsgrundlage führen (vgl. BMF vom 13.12.2006, Az: IV A 5 – S 7100 – 177/06, BStBl I 2007, 119).
- **Herstellerrabatte pharmazeutischer Unternehmen** (§ 130a SGB V und § 1 AMRabG). Die gesetzlichen Krankenkassen erhalten von den Apotheken für abgegebene Arzneimittel einen Abschlag von zurzeit 7 % (bei bestimmten Arzneimitteln 6 %) des (Netto-)Herstellerabgabepreises. Die pharmazeutischen Unternehmen sind nach § 130 a SGB V verpflichtet, den Apotheken den Abschlag zu erstatten. Da nach dem sog. Sach- und Dienstleistungsprinzip gem. § 2 Abs. 2 SGB V die gesetzliche Krankenversicherung als umsatzsteuerrechtlicher Endabnehmer in der Leistungskette angesehen wird, bestanden seitens der Finanzverwaltung keine Bedenken, bei den Rabatt gewährenden pharmazeutischen Unternehmen eine Minderung des Entgelts gem. § 17 Abs. 1 S. 1 UStG betreffend die Lieferung an den unmittelbaren Leistungsempfänger (z. B. Apotheke oder Zwischenhändler) anzunehmen (vgl. Abschn. 10.3. Abs. 7 UStAE sowie BMF vom 14.11.2012, BStBl I 2012, 1170; vgl. auch BFH vom 28.05.2009, Az: V R 2/08, BStBl II 2009, 870).
  Dagegen wollte die Verwaltung Rabattgewährungen von Pharmaunternehmen nach § 1 des Gesetzes über Rabatte für Arzneimittel (AMRabG) an Unternehmen der privaten Krankenversicherung und den Trägern der Kosten in Krankheits-, Pflege- und Geburtsfällen nach beamtenrechtlichen Vorschriften nicht entgeltmindernd berücksichtigen (vgl. Abschn. 10.3. Abs. 7 UStAE sowie BMF vom 14.11.2012, BStBl I 2012, 1170). Maßgeblich hierfür war vor allem, dass die privaten Krankenversicherungen nicht als umsatzsteuerrechtlicher Endabnehmer in der Leistungskette gelten und daher außerhalb der Lieferkette stehen (A 10.3. Abs. 7 S. 7 UStAE; vgl. auch Polok, UR 2018, 147). Vor diesem Hintergrund legte der BFH mit Beschluss vom 22.06.2016 (Az: V R 42/15, DStR 2016, 1919) dem EuGH die Frage vor, ob die Abschläge, die ein pharmazeutischer Unternehmer gem. § 1 AMRabG den Unternehmen der privaten Krankenversicherung gewährt, dessen Bemessungsgrundlage mindert. Der EuGH entschied mit Urteil vom 20.12.2017 (Rs. C-462/16, Boehringer Ingelheim Pharma, UR 2018, 166; vgl. hierzu Polok, UR 2018, 147), dass der Abschlag, den ein pharmazeutisches Unternehmen aufgrund einer nationalen Gesetzesregelung einem Unternehmen der privaten Krankenversicherung gewährt, i. S. dieses Artikels zu einer Minderung der Steuerbemessungsgrundlage für dieses pharmazeutische Unternehmen führt, wenn es Arzneimittel über Großhändler an Apotheken liefert, die die Arzneimittel

an privat Krankenversicherte liefern, denen von der privaten Krankenversicherung die Kosten für den Bezug der Arzneimittel erstattet werden. Die privaten Krankenkassen seien ebenso wie die gesetzlichen Krankenkassen als Endverbraucher einer Lieferkette anzusehen und die Bemessungsgrundlage dürfe den vom Endverbraucher (Krankenkasse) abzgl. der Umsatzsteuer gezahlten Betrag nicht übersteigen. Der BFH gab daraufhin der Klage statt (Urteil vom 08.02.2018, Az: V R 42/15).

- Der umsatzunabhängige **Solidarbeitrag pharmazeutischer Unternehmen** zugunsten der gesetzlichen Krankenkassen **mindert** dagegen **nicht** die Bemessungsgrundlage, weil es an einer Leistungskette fehlt (vgl. BFH vom 30.01.2014, Az: V R 1/13, BFH/NV 2014, 911).
- **Inanspruchnahme einer Bürgschaft.** Nach dem Urteil des FG München vom 06.03.2008 (Az: 14 K 3663/05, EFG 2008, 1078, rkr. nachdem die Revision wegen Fristversäumnis als unzulässig verworfen wurde – vgl. BFH vom 21.10.2008, Az: V R 19/08 (NV), BFH/NV 2009, 396) löst die Rückzahlung eines Entgelts von dritter Seite wegen der Inanspruchnahme einer Bürgschaft die Berichtigung des Vorsteuerabzugs aus. Im Urteilsfall hatte der Kläger einen Bauträgervertrag mit einem später insolventen Unternehmen über drei noch zu errichtende Gewerbeeinheiten geschlossen und den vereinbarten Kaufpreis entrichtet. I.H.d. Bruttokaufpreises hatte eine Bank eine selbstschuldnerische Bürgschaft übernommen. Nachdem der Bauträger weder das Objekt vollständig noch mangelfrei erstellt und dem Kläger auch nicht das zivilrechtliche Eigentum am Vertragsgegenstand verschafft hatte, leistete die Bank auf Grund der Bürgschaft einen Betrag i. H. d. Kaufpreises zzgl. eines Verzugsschadens an den Kläger. Das FA ging von einem Fall des § 17 Abs. 2 Nr. 3 UStG aus und berichtigte den Vorsteuerabzug, hiergegen richtete sich die Klage. Das FG führt in den Urteilsgründen aus, Entgelt sei alles, was der Leistungsempfänger für die erhaltene Leistung bezahle. Durch die Inanspruchnahme der Bürgschaft sei dem Kläger das entrichtete Entgelt zurückerstattet worden, sodass er im Ergebnis kein Entgelt mehr geleistet habe und demzufolge auch keinen Vorsteueranspruch geltend machen könne. Die Höhe des geleisteten Entgelts sowie die Beurteilung einer Änderung der Bemessungsgrundlage bestimmen sich ausschließlich nach umsatzsteuerlichen Kriterien. Der zivilrechtliche Grund der Rückzahlung soll ebenso irrelevant sein, wie der Umstand einer Rückzahlung durch einen Dritten (Bank), selbst wenn dieser auf Grund einer eigenen Verpflichtung leistet, da insofern nichts anderes gelten könne als bei einer Kaufpreiszahlung durch einen Dritten als Bürgen, die gleichfalls als Entgelt zu betrachten sei.
- **Mietgarantie.** Mit Urteil vom 11.02.2010 (Az: V R 2/09, BStBl II 2010, 765) hat der BFH entschieden: »Hat der Verkäufer einer vermieteten Gewerbeimmobilie dem Käufer im Kaufvertrag aus den bereits abgeschlossenen Mietverträgen Mieterträge garantiert, deren Höhe durch die tatsächlich erzielten Mieten nicht erreicht werden, und zahlt er hierfür an den Käufer einen Ausgleich, steht diese Zahlung in unmittelbarem Zusammenhang mit der Lieferung der Immobilie und mindert deren Bemessungsgrundlage.« Im Gegensatz zum BFH hatte die Vorinstanz (vgl. Schleswig-Holsteinisches FG vom 26.11.2008, Az: 4 K 38/07, EFG 2009, 433) noch nicht steuerbaren Schadenersatz angenommen. Zur Abgrenzung vgl. a. BFH vom 10.02.1988, Az: X R 16/82, BStBl II 1988, 640.
- Zur Behandlung von **Guthaben aus Verbrauchsabrechnung** unter Berücksichtigung der aktuellen Rechtsprechung des BFH zur Rückzahlung vgl. Rn. 32.
- Rückvergütungen von Genossenschaften an ihre Mitglieder für Leistungen, die diese von der Genossenschaft bezogen haben (vgl. L'habitant, UR 2017, 369).

Beispiele für nachträgliche Erhöhungen: 49

- **Über- oder Doppelzahlung**: Mit Urteil vom 19.07.2007 (Az: V R 11/05, BStBl II 2007, 966) hat der BFH seine Rechtsprechung zur Erfassung von Über- und Doppelzahlungen als Entgelt i. S. d. § 10 UStG bestätigt. Anders als bei einer Fehlzahlung besteht bei einer Über- oder Doppelzahlung ein Zusammenhang zwischen der Leistung und der Zahlung, auch wenn sich der Kunde in einem Motivirrtum hinsichtlich des Bestehens der Kaufpreisschuld befindet. Wird die Überzahlung an den Kunden erstattet, stellt dies eine Änderung der Bemessungsgrundlage i. S. d. § 17 Abs. 1 UStG dar. Folglich bleibt das für die Leistung vereinnahmte überhöhte Entgelt bestehen, wenn die Überzahlung nicht an den Kunden erstattet wird.
- Umsatzabhängige Zusatzvergütung von Genossenschaften an ihre Mitglieder für Leistungen, die sie an die Genossenschaft erbracht haben (vgl. BFH vom 06.06.2002, Az: V R 59/00, BStBl II 2003, 215; FG München vom 05.05.2009, Az: 14 K 4321/06, EFG 2009, 1510; Abschn. 17.1 Abs. 3 S. 5 UStAE).
- Incentive-Reise als zusätzliches Entgelt für erbrachte Vermittlungsleistungen (vgl. BFH vom 28.07.1994, Az: V R 16/92, BStBl II 1995, 274).
- Nachträgliche Zuschüsse als zusätzliches Entgelt von Dritten (vgl. Abschn. 10.2 Abs. 3 UStAE).

7.2 Gutscheine, Gutschriften und Preisnachlässe

50 Gutscheine, Gutschriften oder Preisnachlässe stellen in der Praxis für viele Unternehmer ein wichtiges Instrument zu Neugewinnung oder Bindung von Kunden dar. Für den Verbraucher sind Gutscheine vor allem als Geschenkidee sehr beliebt, geben Sie den Beschenkten doch gewisse Auswahlmöglichkeiten aus dem Sortiment des Unternehmers auf den sich der Gutschein bezieht und vermeiden so den etwaigen Umtausch bei Nichtgefallen eines Sachgeschenks.

Der Begriff des Gutscheins wird in § 17 UStG nicht erwähnt. Aus Abschn. 17.2. Abs. 4 S. 2 UStAE lässt sich entnehmen, dass Gutscheine den Endabnehmer in die Lage versetzen, eine Leistung um den Nennwert des Gutscheins verbilligt zu erwerben (vgl. auch BT-Drucks. 15/3677 vom 06.09.2004, 43). Der Nennwert des Gutscheins entspricht einem Bruttobetrag, d.h., er schließt die USt ein (vgl. Abschn. 17.2. Abs. 4 S. 3 UStAE). Je nach Ausgestaltung ist weiter zwischen dem sog. Wert- und dem Sachgutschein zu differenzieren. Während sich der **Sach- bzw. Warengutschein** bereits auf eine konkrete, feststehende Leistung bezieht, enthält der **Wertgutschein** bzw. **Gutschein mit Wertaufdruck (Wertscheck)** lediglich einen Geldbetrag, der zum Bezug von noch nicht feststehenden Leistungen berechtigt (vgl. OFD Niedersachsen, 17.01.2011 – S-7100-779-St 171, UR 2011, 762; OFD Magdeburg, 02.05.2006 – S – 7200 – 179 – St 244; Nieskens UR 2010, 893; Feil/Kupke/Geisl, BB 2012, 3113).

Zahlreiche Entscheidungen des EuGH (v.a. vom 24.10.1996, Rs. C-317/94, Elida Gibbs/England, BStBl II 2004, 324; vom 29.07.2010, Rs. C-40/09, Astra Zeneca, BFH/NV 2010, 1762 und vom 03.05.2012, Rs. C-520/10, Lebara, BStBl II 2012, 755) und deren schwierige praktische Umsetzung machten deutlich, dass es einer einheitlichen europäischen Regelung zur Behandlung von Gutscheinen bedarf. Hauptproblemfelder waren zum einen die umsatzsteuerliche Würdigung der Gutscheinaus- und -weitergabe selbst und zum anderen die Rabattgewährung innerhalb einer mehrgliedrigen Vertriebskette.

Bereits am 10.05.2015 legte die EU-Kommission einen umfangreichen und Beispiele enthaltenden Vorschlag zur mehrwertsteuerlichen Behandlung von Gutscheinen vor (vgl. hierzu Hechl/Henning, UStB 2013, S. 120). Am 01.07.2016 wurde schließlich die Richtlinie (EU) 2016/1065 des Rates vom 27.06.2016 zur Änderung der Richtlinie 2006/112/EG hinsichtlich der Behandlung von Gutscheinen (ABl L 177 vom 01.07.2016, 9) veröffentlicht (vgl. hierzu Engisch, ifst-Schrift 515 (2017); Luther, UStB 2016, 272). Die gem. Art. 410a MwStSystRL bis zum 31.12.2018 umzusetzende RL 2016/1065 fügt insbesondere die Art. 30a, 30b und 73a neu in die MwStSystRL ein. Der neue Art. 30a MwStSystRL definiert einen Gutschein als ein Instrument, bei dem die Verpflichtung besteht, es als Gegenleistung oder Teil einer solchen für eine Lieferung eines Gegenstandes oder eine Erbringung einer Dienstleistung anzunehmen. Zudem unterscheidet er zwischen dem »**Einzweck-Gutschein**«, bei dem Ort und geschuldete Mehrwertsteuer der Leistung, auf die sich der Gutschein bezieht, bei seiner Ausstellung feststehen und dem »**Mehrzweck-Gutschein**«, bei dem dies gerade noch nicht der Fall ist (vgl. zur Abgrenzung auch Engisch, ifst-Schrift 515 (2017), 19 ff.; Luther, UStB 2016, 272). Die neuen Art. 30b und 73a MwStSystRL regeln die mehrwertsteuerliche Behandlung von Einzweck- und Mehrzweck-Gutscheinen.

Die im Vorschlag vom 10.05.2015 zur mehrwertsteuerlichen Behandlung von Gutscheinen noch vorgesehenen Regelungen zu Rabattgewährungen in mehrgliedrigen Vertriebsketten mittels kostenloser Rabattgutscheine (vgl. hierzu Hechl/Henning, UStB 2013, 120) wurden dagegen in der RL 2016/1065 nicht umgesetzt. Insofern bestehen aber in § 17 Abs. 1 S. 3 bis 5 UStG nationale gesetzliche Regelungen und es sind zudem zahlreiche Entscheidungen des EuGH und des BFH sowie umfangreichen Ausführungen der Verwaltung zu berücksichtigen. Begrifflich kann bei den Rabattgutscheinen zwischen sog. Preisnachlassgutscheinen und sog. Preiserstattungsgutscheinen unterschieden werden. Erstere vermindern bei Vorlage den Kaufpreis von vornherein; letztere geben die Möglichkeit sich einen Teil des gezahlten Kaufpreises im Nachhinein (i. d. R. durch den

Hersteller) erstatten zu lassen. In der umsatzsteuerliche Behandlung gibt es aber keine grundlegenden Unterschiede zwischen Preisnachlass- und Preiserstattungsgutscheinen.

Am 01.08.2018 hat die Bundesregierung den Entwurf eines »Gesetzes zur Vermeidung von Umsatzsteuerausfällen beim Handel mit Waren im Internet und zur Änderung weiterer steuerlicher Vorschriften« beschlossen (vgl. BR-Drs. 372/18). Dieser sieht zur Umsetzung der RL 2016/1065 eine Erweiterung von § 3 UStG um die Absätze 13 bis 15 vor, in denen entsprechend der europäischen Vorgaben die Begriffe Gutschein, Einzweckgutschein und Mehrzweckgutschein definiert und deren umsatzsteuerliche Behandlung geregelt wird.

7.2.1 Umsatzsteuerliche Würdigung der Aus- und Weitergabe von Wert- und Sachgutscheinen

Die entgeltliche Ausgabe von sog. **Wertgutscheinen, die den Mehrzweck-Gutscheinen nach Art. 30a Nr. 3 MwStSystRL entsprechen**, wurde in Deutschland einhellig als bloßer Austausch von Zahlungsmitteln (d.h. Geld gegen Gutschein als besondere Form des Zahlungsmittels) angesehen, die nicht der USt zu unterwerfen ist (BFH vom 24.08.2006, Az: V R 16/05, BStBl. II 2007, 340; OFD-Magdeburg vom 02.05.2006, Az: S 7200-179-St 244, UR 2007, 470; Korn, DStR 2010, 1662; Nieskens, UR 2010, 893). Bereits der RFH hatte mit Urteil vom 22.01.1932, (Az: V A 913/31, StuW 1932; vgl. auch Korn in DStR 2010, 1662) entschieden, dass der Verkauf von Gutscheinen einen nichtsteuerbaren Umsatz darstelle. 51

Hinsichtlich des Weiterverkaufs von Wertgutscheinen findet sich im Zusammenhang mit dem Vertrieb von Telefonkarten die Aussage, dass es sich in der Differenz von gezahltem Preis und Wert der Telefonkarte um eine Provisionszahlung für die Vermittlungsleistung des Wiederverkäufers handelt, die nach § 4 Nr. 8 Buchst. d UStG steuerfrei ist (OFD Frankfurt vom 25.03.2010; Az: S 7100 A-172-St 11, DB 2010, 1969).

Bei der entgeltlichen Ausgabe von **Sachgutscheinen, die den Einzweck-Gutscheinen nach Art. 30a Nr. 2 MwStSystRL entsprechen**, wurde dagegen der gezahlte Betrag für den Erwerb des Gutscheins als eine Anzahlung i.S.d. § 13 Abs. 1 S. 1 Nr. 1 Buchst. a S. 4 UStG angesehen (vgl. OFD-Magdeburg vom 02.05.2006, Az: S 7200-179-St 244; OFD Karlsruhe vom 25.08.2011, Az: S 7270, DStR 2011, 1910; OFD Frankfurt vom 25.03.2010; Az: S 7100 A-172-St 11, DB 2010, 1969; vgl. auch Feil/Kupke/Geisl, BB 2012, 3113).

52 Mit Urteil vom 29.07.2010 bewertete der EuGH (Rs. C-40/09, Astra Zeneca, BFH/NV 2010, 1762) allerdings die Ausgabe von Wertgutscheinen eines im Vereinigten Königreich ansässigen Arbeitgebers an seine Arbeitnehmer als wirtschaftliche Tätigkeit des Arbeitgebers und die Ausgabe der Gutscheine unabhängig von ihrer späteren Verwendung als eigenständige Dienstleistung (vgl. hierzu Nieskens, UR 2010, 893; Korn, DStR 2010, 1662). Da es sich bei der entgeltlichen Ausgabe der Gutscheine demnach um eine umsatzsteuerpflichtige sonstige Leistung handele, könne der unternehmerische Leistungsempfänger den Vorsteuerabzug aus dem Ankauf der Gutscheine beanspruchen, müsse aber andererseits die entgeltliche Weitergabe der Umsatzbesteuerung unterwerfen.

Unklar war allerdings, wie in diesem Fall die Einlösung der Gutscheine zu beurteilen sei und welche Auswirkungen die Nichteinlösung der Gutscheine hätte (vgl. auch Feil/Kupke/Geisl, BB 2012, 3113).

Von daher verwundert es nicht, dass die Finanzverwaltung trotz der expliziten Feststellung des EuGH, die Ausgabe von Gutscheinen gegen Entgelt stelle eine steuerbare sonstige Leistung dar, an der Nichtbesteuerung von Wertgutscheinen festhielt (vgl. BMF vom 20.12.2010, Az: IV D 2-S 7200/07/10011/002, DStR 2011, 629; OFD Niedersachsen vom 17.01.2011, Az: S 7100-779-St 171, UR 2011, 762; vgl. auch OFD Magdeburg vom 02.05.2006, S-7200-179-St 244, UR 2007, 470;

OFD Frankfurt a. M. vom 25.03.2010, Az: S-7100 A-172-St 110, DB 2010, 1969; OFD Karlsruhe vom 25.08.2011, Az: S 7270, DStR 2011, 1910; da diese Sichtweise im Kern der ab 01.01.2019 geltenden unionsrechtlichen Regelung in Art. 31a und 31b MwStSystRL entspricht – vgl. Rz. 54, dürfte die faktische Nichtanwendung des EuGH-Urteils vom 29.07.2010 unbedenklich sein – vgl. Nieskens in R/D, § 13 Rn. 335).

53 Im sog. Hotelscheck-Urteil vom 08.09.2011 (Az: V R 42/10, BStBl. II 2012, 248) näherte sich der BFH der Sichtweise des EuGH in Sachen Astra Zeneca an, in dem er das Entgelt für Hotelschecks als eine im Inland steuerpflichtige Anzahlung für vereinbarte Vermittlungsleistungen gegenüber den Kunden ansah und bereits zu diesem Zeitpunkt der deutschen Umsatzsteuer unterwarf. Dass in dem Zeitpunkt der Entgeltsentrichtung die Leistung noch gar nicht hinreichend konkretisiert war (also ein Wertgutschein bzw. Mehrzweckgutschein vorlag), insbesondere noch gar nicht feststand, ob die vermittelte Leistung in einem inländischen oder ausländischen Hotel erfolgt und mithin überhaupt in Deutschland steuerbar ist, störte den BFH insoweit nicht. Käme es zum Abschluss eines Beherbergungsvertrages mit einem Hotel, das sich auf einem nicht im Inland belegenen Grundstück befindet, und liegt danach eine im Inland nicht steuerbare Vermittlungsleistung vor, sei die Bemessungsgrundlage für die Anzahlung in entsprechender Anwendung des § 17 Abs. 2 Nr. 2 i. V. m. Satz 1 UStG zu berichtigen. Die Regelung beträfe ihrem Wortlaut nach Anzahlungen für später nicht ausgeführte Leistungen; sie gelte jedoch entsprechend, wenn die Anzahlung für eine sonstige Leistung mangels anderer Anhaltspunkte am Unternehmensort des Leistenden gemäß § 3 a Abs. 1 UStG steuerbar ist und der tatsächliche Leistungsort erst später bestimmt werden kann.

54 Nach dem neuen Art. 30b Abs. 2 UA 1 MwStSystRL unterliegt die Ausgabe und weitere Übertragung von Mehrzweck-Gutscheinen – von Gutscheinen also, bei denen der Ort oder die geschuldete Umsatzsteuer der Leistung, auf die sich der Gutschein bezieht, bei Ausstellung noch nicht feststehen – nicht der Mehrwertsteuer. Erst die tatsächliche Leistungserbringung für die der Gutschein angenommen wird, unterliegt der Mehrwertsteuer. Damit wird sowohl die Astra Zeneca-Entscheidung des EuGH als auch das Hotelscheck-Urteil des BFH insofern negiert.

Bemessungsgrundlage der Leistung ist nach dem neuen Art. 73a MwStSystRL die für den Gutschein gezahlte Gegenleistung bzw. in Ermangelung von Informationen über diese Gegenleistung, der Geldwert des Gutscheins, jeweils abzüglich der Mehrwertsteuer.

Soweit allerdings die Zwischenschaltung unternehmerischer Zwischenhändler zu bestimmbaren Vertriebs- oder Absatzförderleistungen führt, unterliegen diese nach Art. 31b Abs. 2 UA 2 MwStSystRL der Mehrwertsteuer. Diese sind – so die explizite Aussage in den Erwägungen zur RL 2016/1065 – zu versteuern; eine eventuelle Steuerfreiheit nach Art. 135 Abs. 1 Buchst. d) MwStSystRL kommt also nicht in Betracht.

Beispiel (nach dem Vorschlag zur mehrwertsteuerlichen Behandlung von Gutscheinen vom 10.05.2012):

Unternehmer A veräußert einen Mehrzweck-Gutschein zum Nennwert von 100 € an das Vertriebsunternehmen V1 für 80 €. V1 veräußert diesen wiederum für 90 € an das Vertriebsunternehmen V2. Der Endkunde K erwirbt den Gutschein schließlich für 100 € von V2.

Lösung:

Der Verkauf des Mehrzweck-Gutscheins in der Absatzkette selbst unterliegt auf keiner Stufe der Umsatzsteuer. Mithin verbietet sich auch insofern eine Rechnung mit Umsatzsteuerausweis auszustellen. Allerdings hat V1 an A eine Vertriebsdienstleistung erbracht, deren Gegenleistung im Unterschiedsbetrag zwischen dem Nennwert und dem gezahlten Preis besteht und vorliegend 20 € beträgt. Unter Herausrechnung der Umsatzsteuer ergibt sich eine Bemessungsgrundlage von 16,80 €, die Umsatzsteuer 3,20 €. V1 hätte also nur 76,80 € an A zu bezahlen und insofern eine Rechnung auszustellen, um A einen Vorsteuerabzug von 3,20 € zu ermöglichen. Bei innergemeinschaftlichen Sachverhalten wäre § 3 a Abs. 2 UStG und § 13 b Abs. 1 UStG zu beachten.
V2 würde seinerseits gegenüber V1 eine Vertriebsleistung erbringen, mit einer Gegenleistung von 10 €.

Die Gutscheineinlösung durch K würde dann die Besteuerung der entsprechenden Leistung durch A auslösen, wobei die Gutscheineinlösung wie Bargeld Bestandteil der Gegenleistung des K wäre.
Die deutsche Finanzverwaltung hätte wohl bislang auch das Vorliegen von Vermittlungsleistungen angenommen, diese aber als steuerfrei nach § 4 Nr. 8 d) UStG behandelt (OFD Frankfurt vom 25.03.2010; Az: S 7100 A–172–St 11, DB 2010, 1969). Dies sollte im Hinblick auf die Vorgaben in Art. 30b MwStSystRL bis zum 01.01.2019 klar geregelt werden.

Hinsichtlich der Behandlung von Einzweck-Gutscheinen regelt der neue Art. 30b Abs. 1 MwStSystRL, dass diese bereits als Leistung gelten, auf die sich der Gutschein bezieht. Dies entspricht auch der Sichtweise des **EuGH,** in dessen **Entscheidung vom 03.05.2012** (Rs. C-520/10, Lebara, BStBl II 2012, 755): Der Vertrieb von Telefonkarten, die ausschließlich für Anrufe in Drittländer über ein bestimmtes Telekommunikationsdienstleistungsunternehmen genutzt werden konnten, stellte auch in Bezug auf jeden Zwischenverkauf der zwischengeschalteten Zwischenhändler eine Telekommunikationsdienstleistung des jeweiligen Veräußerers dar, die auf Basis des jeweiligen Verkaufspreises der Umsatzsteuer zu unterwerfen sind. Der jeweilige Verkauf des Einzweck-Gutscheins wurde also nicht der bloßen Anzahlungsbesteuerung unterworfen, sondern der Besteuerung aufgrund der Leistungserbringung (vgl. Feil/Kupke/Geisl, BB 2012, 3113; vgl. jetzt auch FG Köln vom 16.02.2016, Az: 1 K 927/13, EFG 2016, 772; Revision beim BFH anhängig unter dem Az: V R 12/16). Die deutsche Finanzverwaltung hatte bereits mit BMF-Schreiben vom 24.09.2012 (BStBl I 2012, 947) das EuGH-Urteil vom 03.05.2012 umgesetzt, so dass sich aus Art. 30b Abs. 1 MwStSystRL keine Änderung der deutschen Rechtspraxis ergeben. 55

Beispiel (nach EuGH vom 03.05.2012, Rs. C-520/10, Lebara, BStBl II 2012, 755):
Unternehmer A veräußert einen Einzweck-Gutschein (hinreichend konkretisierte Telefonkarte) zum Nennwert von 100 € an das Vertriebsunternehmen V für 80 €. Der Endkunde K erwirbt den Gutschein für 90 € von V.

Lösung:
Der Verkauf des Einzweck-Gutscheins in der Absatzkette unterliegt auf jeder Stufe der Umsatzsteuer. A erbringt bereits mit der Veräußerung des Einzweck-Gutscheins an V1 die Leistung auf die sich der Gutschein bezieht. Gegenleistung sind die von V1 gezahlten 80 €, so dass sich bei einem Steuersatz von 19 % eine Bemessungsgrundlage von 67,23 € ergäbe. A hat dem V1 eine entsprechende Rechnung auszustellen, um diesem den Vorsteuerabzug zu ermöglichen. Entsprechendes gilt in Bezug auf V und K unter Zugrundelegung der Gegenleistung von 90 €.
Die Gutscheineinlösung durch K selbst würde dann keine weitere Besteuerung auslösen. Weitere Folge wäre aber auch, dass mangels Anzahlungsbesteuerung die Nichteinlösung des Einzweck-Gutscheins keine Berichtigung nach § 17 Abs. 2 Nr. 2 UStG begründet. Bei Rücknahme des Einzweck-Gutscheins und Rückgewähr der gezahlten Gegenleistung, sollte aber § 17 Abs. 2 Nr. 3 UStG eingreifen.

Zu beachten ist, dass die Annahme einer vorgelagerten Leistungserbringung nur in Bezug auf die Veräußerung des Einzweck-Gutscheins an einen Zwischenhändler möglich ist, der im eigenen Namen als Eigenhändler oder Kommissionär handelt. Handelt ein Zwischenhändler im fremden Namen und für fremde Rechnung, bewirkt er eine Vermittlungsleistung (vgl. BMF-Schreiben vom 24.9.2012, BStBl I 2012, 947; Feil/Kupke/Geisl, BB 2012, 3113).

Soweit Einzweck-Gutscheine unentgeltlich aus- oder weitergegeben werden, sind diese Vorgänge mangels Leistungsaustausch grundsätzlich nicht steuerbar. Soweit unentgeltlich erworbene Mehrzweck-Gutscheine eingelöst werden, hat dies nach dem neuen Art. 73a MwStSystRL grundsätzlich keinen Einfluss auf die Bemessungsgrundlage der bezogenen Leistung. 56

Soweit hierdurch im Ergebnis Leistungen unentgeltlich erbracht werden, darf dies m. E. allerdings nicht zu einer Umgehung der Besteuerung unentgeltlicher Wertabgaben nach § 3 Abs. 1b oder Abs. 9a UStG führen. Bei unentgeltlicher Gutscheinausgabe an nahestehende Personen sollte zudem die Mindestbemessungsgrundlage nach § 10 Abs. 5 UStG beachtet werden, wenn bei teilweiser Entgeltzahlung und Einlösung des unentgeltlich erworbenen Gutscheins die Bemessungsgrundlage für die Leistung niedriger wäre als nach § 10 Abs. 4 UStG.

7.2.2 Rabattgewährung innerhalb einer mehrgliedrigen Vertriebskette

7.2.2.1 Historische Entwicklung der derzeitigen Rechtslage

57 Bereits mit seiner **Entscheidung vom 24.10.1996** (vgl. EuGH vom 24.10.1996, Elida Gibbs/England Rs. C-317/94, BStBl II 2004, 324) hatte der **EuGH** entschieden, dass sowohl Preisnachlassgutscheine als auch Preiserstattungsgutscheine, die der Hersteller einer Ware im Rahmen einer Verkaufsförderungsaktion ausgibt, eine Minderung der Bemessungsgrundlage für den Hersteller bewirken, wenn er die entsprechenden Beträge dem Enderwerber oder einem Einzelhändler erstattet. Dies gelte auch, wenn der Hersteller die Waren zunächst an einen Großhändler liefere. Grund hierfür sei die Neutralität der Mehrwertsteuer innerhalb der Unternehmerkette.

Die Reaktion der deutschen Finanzverwaltung bestand zunächst in einem teilweise ablehnenden **BMF-Schreiben vom 25.05.1998** (Az: IV C 3–S 7200–29/98, BStBl I 1998, 627). Nach Auffassung des BMF sollte sich die Bemessungsgrundlage eines Umsatzes jeweils nur nach den Verhältnissen auf der konkreten Handelsstufe bestimmen (= Hersteller zu Händler/Händler zu Endkunde), wobei Umstände außerhalb der konkreten Leistungsbeziehung, also eine ggf. auf der Endverbrauchsstufe stattfindende Entgeltsminderung, keine Rolle spielen sollten. Dies Ansicht führte dazu, dass die Finanzverwaltung in Fällen direkter Erstattungen durch den Hersteller an den Endkunden keine Minderung der Bemessungsgrundlage für den Hersteller der Ware sehen wollte, da es sich dabei um einen Umstand »außerhalb der konkreten Leistungsbeziehung« des Herstellers zu seinem Abnehmer (Groß- oder Einzelhändler) handeln würde. Nur für den Fall, dass der Hersteller dem Händler den Wert der vom Hersteller ausgegebenen Preisnachlassgutscheine direkt vergütet, sollte eine Minderung der Bemessungsgrundlage sowohl der Lieferung des Herstellers an den Händler, als auch des Händlers an den Endkunden eintreten. Mit **Urteil vom 15.10.2002** stellte der **EuGH** (Rs. C-427/98, BStBl II 2004, 328) daraufhin einen Verstoß der Bundesrepublik Deutschland gegen die Verpflichtung aus der 6. EG-RL, Vorschriften zu erlassen, die eine Minderung der Bemessungsgrundlage bei Preisnachlassgutscheinen auch außerhalb unmittelbarer Lieferbeziehungen regeln, fest.

58 In einer weiteren **Entscheidung vom 16.01.2003** (Rs. C-398/99, Yorkshire, BStBl II 2004, 335) äußerte sich der **EuGH** zur Besteuerung des Händlers, der die durch den Hersteller ausgegebenen Preisnachlassgutscheine vom Endkunden als Minderung des Verkaufspreises akzeptiert und sich diesen Betrag vom Hersteller erstatten lässt, und entschied, dass in derartigen Fällen der Nennwert eines vom Hersteller einer Ware begebenen Preisnachlassgutscheins in die Besteuerungsgrundlage des Händlers einzubeziehen ist, mithin einen Teil seines Entgelts darstellt. Neben der Kernaussage, dass es für eine Minderung der Bemessungsgrundlage auf der Seite des Herstellers nicht auf unmittelbare Leistungsbeziehungen zwischen diesem und dem Endverbraucher, der den Gutschein einlöst, ankommt, stellte der EuGH insbesondere klar, dass es durch die Einlösung des Gutscheins auch in Fällen der Hingabe an Zahlungs statt durch den Endabnehmer und anschließender Auszahlung des Gutscheins durch den Hersteller an den Händler nicht zu einer Minderung der Bemessungsgrundlage für den Eingangsumsatz des Händlers und damit nicht zu einer Vorsteuerberichtigung bei ihm kommt, da bei diesem durch den Vorgang Entgelt für seinen eigenen Ausgangsumsatz, allerdings bezahlt durch den Hersteller, vorliegt. Ein und derselbe Betrag kann aber nicht gleichzeitig das Entgelt des Händlers erhöhen und die Bemessungsgrundlage für seinen Eingangsumsatz mindern.

Mit **BMF-Schreiben vom 19.12.2003** (Az: IV B 7-S 7200-101/03, BStBl I 2004, 443) übernahm die Finanzverwaltung die Grundsätze dieser EuGH-Rechtsprechung und hob das BMF-Schreiben vom 25.05.1998 (BStBl I 1998, 627) auf.

Mit dem **EURLUmsG vom 09.12.2004** (BGBl I 2004, 3310) wurde § 17 Abs. 1 UStG den Vorgaben der 6. EG-RL angepasst. Zwar kam es nicht zur ursprünglich geplanten Einführung eines § 17 Abs. 2a UStG (vgl. BT-Drucks. 15/3677 vom 06.09.2004), der ausschließlich den Sachverhalt der Preisnachlassgutscheine/Preiserstattungsgutscheine umsatzsteuerlich regeln und eines § 45 a UStDV, der die entsprechenden Nachweisvoraussetzungen enthalten sollte. Jedoch erfolgte eine umfassende Neuregelung des § 17 Abs. 1 UStG. Der Regelungsgehalt des zunächst vorgeschlagenen Abs. 2a wurde allgemein in § 17 Abs. 1 UStG übernommen (vgl. BT-Drucks. 15/4050 vom 27.10.2004). Die neuen Sätze 3, 4 und 8 enthalten nun wesentliche Aussagen zur umsatzsteuerlichen Behandlung von Gutscheinen, die von einem Unternehmer zur Umsatzförderung ausgegeben werden, ohne aber explizit auf Gutscheine abzustellen. Nach § 17 Abs. 1 S. 5 UStG sind die Sätze 1 bis 4 sinngemäß auf Fälle des § 1 Abs. 1 Nr. 5 UStG und des § 13 b UStG anzuwenden. **59**

Der **BFH** wandte in seinem **Urteil vom 12.01.2006** (Az: V R 3/04, BStBl II 2006, 479) die der Gesetzänderung zugrunde liegende Rechtsprechung des EuGH zur Ausgabe von Gutscheinen innerhalb einer Leistungskette auch auf **Vermittlungsleistungen** an. Seine vorhergehende Rechtsprechung (vgl. BFH vom 14.04.1983, Az: V B 28/81, BStBl II 1983, 393), dass sich eine Entgeltsminderung nur in der jeweiligen Leistungsbeziehung ergeben könne, gab der BFH insofern auf. Im Urteilsfall (Klagejahre 1996–1999) gewährte ein Reisebüro einem Endkunden Preisnachlässe zu Lasten der eigenen Vermittlungsprovision. Dem Auftraggeber des Reisebüros (Reiseveranstalter) gegenüber wurden die dem Endkunden gewährten Preisnachlässe nicht berechnet. Nach Auffassung des BFH mindern die dem Endkunden gewährten Preisnachlässe das Entgelt des Reisebüros, ohne dass dies für den die Vermittlungsleistungen beziehenden Reiseveranstalter eine Verringerung des Vorsteuerabzugs bedeuten würde. Im Gesamtergebnis würde der Fiskus genau die Steuer erhalten, die im durch den Endverbraucher aufgewendeten Betrag enthalten ist (vgl. Hundt-Eßwein, UStB 2007, 105). **60**

In seiner Entscheidung **vom 13.07.2006** (Az: V R 46/05, BStBl II 2007, 186) führte der BFH seine Rechtsprechung vom 12.01.2006 fort. Im Urteilsfall ging es um die Vermittlung von Kunden durch den Kläger an Telefongesellschaften. Als Anreiz für den Abschluss der Verträge mit den Telefongesellschaften zahlte der Kläger aus seinen von den Telefongesellschaften erlangten Provisionen an die von ihm vermittelten Endkunden monatlich Beträge zurück, so dass die Endkunden die Leistungen der Telefongesellschaften letztlich verbilligt in Anspruch nehmen konnten. Nach Auffassung des BFH sei der Kläger als erster Unternehmer in einer Leistungskette zu behandeln (Kläger – Telefongesellschaft – Endkunde). Die von ihm an die Endkunden bezahlten Beträge stellen Preisnachlässe dar, die zu einer Änderung seiner Bemessungsgrundlage führen. Dadurch werden weder die Gutschriften der Telefongesellschaften gegenüber dem Kläger falsch (kein Fall des § 14c UStG), noch ändert sich der Vorsteuerabzug der Telefongesellschaften aus den Gutschriften. Das Entgelt in den Leistungsbeziehungen zwischen den Telefongesellschaften und den Endkunden wird hierdurch nicht berührt. **61**

Mit **Schreiben vom 08.12.2006** (Az: IV A 5-S 7200-86/06, BStBl I 2007, 117 vgl. BMF vom 12.12.2008, Az: IV B 8-S 7200/07/10003, BStBl I 2009, 205 mit einer befristeten Vertrauensschutzregelung zur Korrektur des Vorsteuerabzugs beim Endverbraucher bis zum 07.07.2006) hatte sich das BMF der Rechtsauffassung des BFH im Urteil vom 12.01.2006 (Az: V R 3/04, BStBl II 2006, 479) angeschlossen.

Allerdings kamen dem BFH in der Folge Zweifel, ob seine Rechtsprechung in Bezug auf Vermittlungsleistungen mit dem EU-Recht vereinbar ist. Diese Bedenken resultieren aus der Erkenntnis, dass die Vermittlungsleistungen nicht Teil einer »Vertriebskette« sind. Mit **Beschluss vom 26.04.2012** (Az: V R 18/11, BFHE 237, 512; vgl. auch BB 2012, 2479 mit Anm. Apel) legte er **62** daher dem **EuGH** u. a. die Frage vor, ob es nach den Grundsätzen des EuGH-Urteils vom 24.10.1996 (Rs. C-317/94, Elida Gibbs/England, BStBl II 2004, 324) auch dann zu einer Minderung der Besteuerungsgrundlage im Rahmen einer Vertriebskette kommt, wenn ein Vermittler (hier: Reisebüro) dem Empfänger (hier: Reisekunde) des von ihm vermittelten Umsatzes (hier: Leistung des Reiseveranstalters an den Reisekunden) einen Teil des Preises für den vermittelten Umsatz vergütet. Der EuGH entschied mit **Urteil vom 16.01.2014** (Rs. C-300/12, Ibero Tours, DStR 2014, 139), dass die Grundsätze, die der Gerichtshof im Urteil vom 24.10.1996 (Rs. C-317/94, Elida Gibbs, BStBl II 2004, 324) zur Bestimmung der Besteuerungsgrundlage der Mehrwertsteuer aufgestellt hat, nicht anzuwenden sind, wenn ein Reisebüro als Vermittler dem Endverbraucher aus eigenem Antrieb und auf eigene Kosten einen Nachlass auf den Preis der vermittelten Leistung gewährt, die von dem Reiseveranstalter erbracht wird. Daraufhin gab der BFH mit **Urteil vom 27.02.2014** (Az: V R 18/11, BStBl II 2015, S. 306, vgl. hierzu Fritsch, UStB 2014, 222) seine Rechtsprechung auf. Reisebüros sind damit nicht mehr nach § 17 UStG berechtigt, das Entgelt für die an die Reiseveranstalter erbrachten Vermittlungsleistungen um Preisnachlässe zu vermindern, die sie den Kunden der Reiseveranstalter gewährt haben.

63 Mit **Schreiben vom 27.02.2015** (BStBl I 2015, S. 232) folgte das BMF der Rechtsprechung des EuGH-Urteils vom 16.01.2014, C-300/12, Ibero Tours, BStBl 2015 II 317) und dem BFH-Urteil vom 27.02.2014 (Az: V R 18/11, BStBl 2015 II 306; vgl. auch Vobbe, MwStR 2015, 233). Preisnachlässe die dem Kunden vom einen Vermittler gewährt werden, **mindern nicht** das Entgelt für die Leistung des Vermittlers. Mithin führt ein derartiger Preisnachlass auch nicht zu einer Berichtigung des Vorsteuerabzugs beim Endkunden, soweit dieser vorsteuerabzugsberechtigter Unternehmer ist. Die Grundsätze dieses Schreibens sind in allen offenen Fällen anzuwenden. Es wird jedoch nicht beanstandet, wenn die Vermittler bzw. Verkaufsagenten für Preisnachlässe, die bis zur Veröffentlichung der BFH-Urteile im BStBl II (Veröffentlichung erfolgte am 27.03.2015) gewährt wurden, von einer Entgeltminderung ausgegangen sind.

64 Darüber hinaus hatte der BFH entschieden (Urteile vom 05.06.2014, Az: XI R 25/12, UR 2014, 743 und BStBl 2017 II, 806 und vom 04.12.2014; Az: V R 6/13, DStR 2015, 296 und BStBl 2017 II, 810; kritisch hierzu Stadie in R/D, § 17 Rn. 215; vgl. auch Wüst, MwStR 2015, 157), dass die Vorsteuerberichtigung beim begünstigten Abnehmer nach § 17 Abs. 1 S. 4 i. V. m. S. 1 UStG voraussetzt, dass sich aufgrund des Preisnachlasses die Bemessungsgrundlage für einen im Inland steuerpflichtigen Umsatz der an der Leistungskette beteiligten Unternehmer geändert hat. Unterliegt danach der Umsatz des preisnachlassgewährenden Unternehmers bereits nicht der deutschen Umsatzsteuer, weil dieser steuerfrei oder im Inland nicht steuerbar ist, hat sich nach § 17 Abs. 1 S. 1 UStG die Bemessungsgrundlage für diesen Umsatz nicht geändert. Führt ein Unternehmer eine innergemeinschaftliche Lieferung aus dem übrigen Gemeinschaftsgebiet in das Inland aus und gewährt er einem in der Lieferkette nicht unmittelbar nachfolgenden Unternehmer einen Preisnachlass, liegt daher keine Minderung der Bemessungsgrundlage nach § 17 Abs. 1 S. 1 UStG beim liefernden Unternehmer vor. Ebenso wenig ändert sich in diesem Fall die Bemessungsgrundlage für den innergemeinschaftlichen Erwerb seines unmittelbaren Abnehmers, vgl. § 17 Abs. 1 S. 5 UStG. Aber auch der Vorsteuerabzug bei dem durch den Preisnachlass oder die Preiserstattung tatsächlich begünstigten Unternehmer ist nicht zu mindern, da die Lieferung des preisnachlassgewährenden Unternehmers im Inland nicht steuerbar ist (vgl. hierzu auch unten Rz. 69a).

Die Veröffentlichung dieser Urteile im BStBl nahm die Verwaltung zum Anlass Abschn. 17.2. UStAE mit BMF-Schreiben vom 13.07.2017 (BStBl I 2017, 992) komplett zu überarbeiten. Die bisherigen Grundsätze des Abschnitts 17.2 Abs. 1 bis 10 UStAE blieben dabei erhalten, werden aber kürzer und kompakter dargestellt und um die Rechtsprechungsgrundsätze der vorgenannten BFH-Urteile ergänzt.

7.2.2.2 Allgemeine Voraussetzungen zur Änderung der Bemessungsgrundlage bei der Ausgabe von Gutscheinen und Verkaufsförderungsmaßnahmen

Voraussetzungen für die Minderung der Bemessungsgrundlage bei dem Unternehmer (z.B. Hersteller), der den Gutschein ausgegeben und vergütet hat, sind nach Abschn. 17.2. Abs. 1 S. 5 UStAE, dass 65

1. der den Preisnachlass gewährende Unternehmer eine im Inland steuerpflichtige Leistung erbracht hat (vgl. auch Rz. 69a),
2. die Leistung an den begünstigten Abnehmer im Inland steuerpflichtig ist und
3. der den Preisnachlass gewährende Unternehmer hat das Vorliegen der vorstehenden Voraussetzungen sowie den Preisnachlass bzw. die Preiserstattung nachgewiesen.

Die Minderung der Bemessungsgrundlage setzt dagegen nicht voraus, dass ein Preisnachlass oder eine Preiserstattung auf allen Stufen einer Leistungskette vom ersten Unternehmer bis zum letzten Abnehmer in der jeweiligen Leistungsbeziehung erfolgt. Ebenso wenig kommt es auf die Position des Unternehmers, der den Preisnachlass gewährt, oder die des begünstigten Abnehmers in der Leistungskette an.

Die Minderung der Bemessungsgrundlage bei der Ausgabe von Gutscheinen kommt allerdings nicht in Betracht, wenn der mit einem Gutschein verbundene finanzielle Aufwand von dem Unternehmer aus allgemeinem Werbeinteresse getragen wird und nicht einem nachfolgenden Umsatz in der Leistungskette (Hersteller - letzter Abnehmer) zugeordnet werden kann (vgl. Abschn. 17.2. Abs. 8 UStAE mit Beispielen). Konkret hatte der BFH mit **Urteil vom 11.05.2006** (Az: V R 33/03, BStBl II 2006, 699) entschieden, dass **Parkchips**, die Kunden bei einem bestimmten Mindestumsatz ausgegeben werden und die diese bei einem anderen Unternehmer (Parkhaus) einlösen können, weder einen Preisnachlassgutschein noch einen Preiserstattungsgutschein i. S. d. Rechtsprechung des EuGH darstellen (vgl. auch Abschn. 10.3 Abs. 3 UStAE).

7.2.2.3 Änderung der Bemessungsgrundlage

Der Nennwert des ausgegebenen und vergüteten Gutscheins entspricht einem Bruttobetrag (vgl. Abschn. 17.2. Abs. 4 S. 3 i. V. m. Abschn. 10.3 Abs. 1 UStAE). Die Minderung der Bemessungsgrundlage ergibt sich daher durch Herausrechnen der Umsatzsteuer, die sich nach dem Umsatzsteuersatz berechnet, der auf den Umsatz Anwendung findet, für den der Gutschein eingelöst wird (vgl. A 17.2. Abs. 2 S. 1 UStAE). Nach § 17 Abs. 1 S. 7 UStG tritt die Minderung der Bemessungsgrundlage in dem Besteuerungszeitraum ein, in dem der Unternehmer den Gutschein vergütet hat. Aus der Berichtigung folgt nicht, dass die Rechnung an seinen Abnehmer oder ein etwaiger Vorsteuerabzug dieses Abnehmers zu berichtigen wäre. Auch § 14c Abs. 1 UStG findet keine Anwendung, vgl. A 17.2 Abs. 2 S. 2 und 4 UStAE. 66

7.2.2.4 Nachweisverpflichtung

Im Gesetzesentwurf zum EURLUmsG (vgl. BT-Drucks. 15/3677 vom 06.09.2004, Art. 6) war noch die Einführung eines neuen § 45a UStDV beabsichtigt, der die Einzelheiten zur Nachweisverpflichtung im Zusammenhang mit der Ausgabe von Gutscheinen enthalten sollte. Nachdem die Vorschrift letztlich nicht eingeführt wurde, hat die Finanzverwaltung den Inhalt in den UStAE übernommen (vgl. Abschn. 17.2. Abs. 5 bis 6a UStAE). 67

Nach Abschn. 17.2. Abs. 5 UStAE kann sich der preisnachlassgewährende Unternehmer zum Nachweis aller ihm vorliegender Unterlagen zum Preisnachlass bedienen, soweit sich mit diesen leicht und eindeutig nachprüfen lässt, ob die Voraussetzungen einer Minderung der Bemessungsgrundlage vorliegen. Abschn. 17.2. Abs. 6 UStAE konkretisiert in den Fällen von Preisnachlass- und Preiserstattungsgutscheinen, wie hier der Nachweis regelmäßig auch geführt werden kann.

Soweit beim begünstigten Abnehmer ausnahmsweise keine Minderung des Vorsteuerabzugs vorzunehmen ist – etwa wenn die Lieferung des preisnachlassgewährenden Unternehmers im Inland nicht steuerbar ist (vgl. Rz. 64) – hat der vorsteuerberechtigte Unternehmer die Voraussetzungen der Ausnahme nachzuweisen, was in Abschn. 17.2. Abs. 6a UStAE näher konkretisiert wird.

7.2.2.5 Keine Berichtigung des Vorsteuerabzugs des wirtschaftlich nicht begünstigten Leistungsempfängers, § 17 Abs. 1 S. 2 und 3 UStG

68 § 17 Abs. 1 S. 3 UStG bezieht sich unmittelbar auf Satz 2 der Vorschrift und regelt, dass der Leistungsempfänger den Vorsteuerabzug aus der empfangenen Leistung nicht berichtigen muss, wenn er wirtschaftlich durch die Änderung der Bemessungsgrundlage für den Umsatz seines Leistungsgebers nicht begünstigt ist, d.h., für seinen Eingangsumsatz deswegen nicht weniger bezahlen muss. Erfasst sind sowohl die Fälle des **Preisnachlassgutscheins** (Hingabe an Zahlungs statt durch den Endabnehmer) als auch des **Preiserstattungsgutscheins** (Erstattung durch den ausgebenden Unternehmer an den Endabnehmer); vgl. Abschn. 17.2. Abs. 4 S. 4 UStAE.

Beispiel 1:
Hersteller (H) liefert einen Gegenstand an G (Großhändler), G liefert den Gegenstand an E (Einzelhändler), E liefert den Gegenstand an den Endabnehmer (K). Daneben bringt H Preiserstattungsgutscheine in Umlauf, die der Endabnehmer bei ihm direkt zur Erstattung einlösen kann.

Lösung:
H liefert den Gegenstand für einen bestimmten Betrag an G. G bezahlt den Rechnungsbetrag für seinen Eingangsumsatz an H und kann den Vorsteuerabzug beanspruchen. Wenn K den Gutschein später einlöst, wird G dadurch wirtschaftlich nicht begünstigt. G kann daher seine Vorsteuer nicht berichtigen, § 17 Abs. 1 S. 2, 3 UStG. Für die Lieferung des G an E ergeben sich ebenfalls keine umsatzsteuerlichen Folgen bei der Einlösung des Preiserstattungsgutscheins. Für G ergibt sich keine Berichtigungspflicht nach § 17 Abs. 1 S. 1 UStG, da sich die Bemessungsgrundlage seines Ausgangsumsatzes nicht geändert hat. Für E liegt daher kein Fall des § 17 Abs. 1 S. 2 UStG vor. Auch die Einlösung des Gutscheins durch K hat auf den Vorsteuerabzug des E keine Auswirkungen, da er hierdurch wirtschaftlich nicht begünstigt ist, § 17 Abs. 2 S. 2 und 3 UStG. Die spätere Einlösung des Gutscheins hat auch keinen Einfluss auf die Bemessungsgrundlage der Lieferung von E an K (vgl. Abschn. 17.2. Abs. 4 Bsp. 2 UStAE). H kann bei Einlösung des Gutscheins durch K die USt seines Ausgangsumsatzes (an G) nach § 17 Abs. 1 S. 1 UStG berichtigen. Nach § 17 Abs. 1 S. 3 UStG hat dies weder für G noch für E umsatzsteuerliche Folgen. Rechnungsberichtungen bedarf es nicht. Auch § 14c Abs. 1 UStG findet keine Anwendung (vgl. Abschn. 17.2. Abs. 2 S. 4 UStAE).

Beispiel 2
Wie Beispiel 1; H bringt jedoch Preisnachlassgutscheine in Umlauf. Endabnehmer K verwendet den Gutschein an Zahlungs statt gegenüber E und mindert seine eigene Zahlung an E entsprechend. E lässt sich den Gutschein von H erstatten.

Lösung:
Die umsatzsteuerliche Würdigung entspricht der Lösung in Beispiel 2. H kann die USt für seine Lieferung an G nach § 17 Abs. 1 S. 1 UStG berichtigen, soweit er E den im Gutschein ausgewiesenen Betrag erstattet. Für G und E ergeben sich weder Änderungen beim Vorsteuerabzug, noch bei der Bemessungsgrundlage ihrer Ausgangsumsätze. Insbesondere mindert sich durch die Entgegennahme des Gutscheins an Zahlungs statt nicht die Bemessungsgrundlage für E's Lieferung an K. Diese setzt sich vielmehr aus zwei Komponenten zusammen, einerseits aus der reduzierten Zahlung des K, andererseits aus der Erstattung des Gutscheines durch H (vgl. Abschn. 17.2. Abs. 4 Bsp. 1 UStAE).

7.2.2.6 Berichtigung des Vorsteuerabzugs des wirtschaftlich begünstigten Leistungsempfängers, § 17 Abs. 1 S. 4, 8 UStG

§ 17 Abs. 1 S. 4 UStG erfasst Fälle, in denen der Endabnehmer ein ganz oder teilweise zum Vorsteuerabzug berechtigter Unternehmer ist. Hier muss der Endabnehmer den Vorsteuerabzug aus seinem Eingangsumsatz bei Einlösung eines Gutscheins entsprechend mindern, da er durch die Verbilligung seines Leistungsbezugs wirtschaftlich begünstigt ist. Für den vorgeschalteten Leistungsgeber kommt es hingegen nicht zu einer Minderung der Bemessungsgrundlage (vgl. Abschn. 17.2. Abs. 4 Bsp. 1 S. 10 UStAE). 69

Nach § 17 Abs. 1 S. 8 UStG muss der Endabnehmer dabei seine Vorsteuer in dem Besteuerungszeitraum mindern, in dem er wirtschaftlich begünstigt ist. Da die wirtschaftliche Begünstigung darin besteht, entweder gegenüber dem unmittelbaren Leistungsgeber eine Minderung des Kaufpreises zu erreichen (Hingabe an Zahlungs statt) oder den Gutschein gegenüber dem Hersteller einzulösen, tritt die wirtschaftliche Begünstigung entweder im Besteuerungszeitraum der Hingabe oder der Einlösung ein.

Beispiel:
Hersteller (H) liefert einen Gegenstand an G (Großhändler), G liefert den Gegenstand an E (Einzelhändler), E liefert den Gegenstand an den Endabnehmer (K). Daneben bringt H Preiserstattungs- oder Preisnachlassgutscheine in Umlauf. K ist selbst Unternehmer und zum Vorsteuerabzug berechtigt und löst bei H einen Gutschein ein.

Lösung:
Da K durch die Einlösung des Gutscheins seine Eingangsleistung verbilligt erlangt, ist er wirtschaftlich begünstigt und kann den Vorsteuerabzug nach § 15 Abs. 1 Nr. 1 UStG i. V. m. § 17 Abs. 1 S. 4 UStG nur aus dem tatsächlich durch ihn aufgewandten Betrag geltend machen. Bei Einlösung eines Preiserstattungsgutscheins ist die Berichtigung nach § 17 Abs. 1 S. 8 UStG in dem Besteuerungszeitraum vorzunehmen, in dem die Erstattung erfolgt. Bei Einlösung eines Preisnachlassgutscheins ist m. E. der Vorsteuerabzug des K von vornherein auf seine Barzahlung beschränkt.
H kann entsprechend § 17 Abs. 1 S. 7 UStG seine Bemessungsgrundlage für die Lieferung an G in dem Besteuerungszeitraum mindern, in dem er den Gutschein tatsächlich vergütet (vgl. Abschn. 17.2. Abs. 2 S. 2 UStAE).

7.2.2.7 Rabatte in grenzüberschreitenden Lieferketten

Voraussetzung für die Entgeltminderung ist u. a., dass der preisnachlassgewährende Unternehmer eine im Inland steuerpflichtige Leistung erbringt. Dies sorgt bei grenzüberschreitenden Sachverhalten zu schwierigen Abgrenzungsproblemen, ob und wann Rabatte umsatzsteuerliche Wirkungen entfalten können (vgl. hierzu auch Prätzler, MwStR 2017, 355). Die Verwaltung nimmt sich der Thematik in A 17.2. Abs. 3 UStAE an und unterlegt dies auch mit Beispielen. 69a

Beispiel 1
Der spanische Hersteller A verkauft Ware an den spanischen Großhändler B. B verkauft die Ware an einen deutschen Zwischenhändler C. C verkauft die Ware an den deutschen Einzelhändler D, der die Ware an den letzten Abnehmer der Leistungskette E aus Deutschland verkauft. B erstattet D wegen Abnahme einer bestimmten Menge von Waren, die über ihn vertrieben wurden, nachträglich einen Teil des von D für diese Waren aufgewendeten Preises.

Lösung:
Da die Lieferung des B im Inland nicht steuerbar ist, ändert sich durch dessen Erstattung weder die Bemessungsgrundlage für den innergemeinschaftlichen Erwerb des C noch hat D seinen Vorsteuerabzug nicht zu mindern. Nach A 17.2. Abs. 6a UStAE muss allerdings D nachweisen, dass es bei ihm nicht zur Minderung des Vorsteuerabzugs kommt.

Beispiel 2
Unternehmer S aus Zürich liefert Gegenstände, die er mit eigenem Lkw befördert, an seinen Abnehmer K in Stuttgart. K verkauft die Waren an den deutschen Einzelhändler B in Baden-Baden. K lässt die Gegenstände in den freien Verkehr überführen und wird Schuldner der Einfuhrumsatzsteuer. B löst einen von S ausgegebenen Preiserstattungsgutschein ein.

Lösung:
Da die Lieferung des S in Deutschland nicht steuerbar ist, muss B seinen Vorsteuerabzug nicht mindern, wenn er den Gutschein einlöst.

Beispiel 3
Unternehmer S aus Zürich liefert Gegenstände, die er mit eigenem Lkw befördert, an seinen Abnehmer K in Stuttgart. K verkauft die Waren an den deutschen Einzelhändler B in Baden-Baden. S lässt die Gegenstände in den freien Verkehr überführen und wird Schuldner der Einfuhrumsatzsteuer. B löst einen von S ausgegebenen Preiserstattungsgutschein ein.

Lösung:
Da nun S die Einfuhrumsatzsteuer schuldet, bewirkt er gem. § 3 Abs. 8 UStG eine im Inland steuerbare Lieferung. Daher ändert sich durch Erstattung die Bemessungsgrundlage für seine inländische Lieferung und auch B hat seinen Vorsteuerabzug zu mindern.

7.2.2.8 Rabattgewährung in Reverse-Charge-Fällen

70 Angesichts der ständigen Ausweitung des Anwendungsbereiches des § 13b UStG, stellt sich auch die Frage, wie sich eine Umkehr der Steuerschuld auf die Rabattgewährung in mehrgliedrigen Vertriebsketten mit der Umkehr der Steuerschuld auswirkt. Problematisch ist insofern, dass der gutscheinausstellende Hersteller bei Umkehr der Steuerschuldnerschaft nicht Steuerschuldner ist. Insofern wird vorgeschlagen, den durch den Preisnachlass wirtschaftlich belasteten Hersteller gleichwohl das Recht zur Berichtigung der Bemessungsgrundlage zu gewähren, wenn er den Gutschein vergütet (vgl. Prätzler/Stuber, MwStR 2016, S. 286; Prätzler, MwStR 2017, 355). Dies ist m. E. sachgerecht. Bei Rabattgewährung hat nach § 17 Abs. 1 S. 3 und 4 UStG nur der wirtschaftlich begünstigte Unternehmer seinen Vorsteuerabzug zu berichtigen. Daher sollte auch nur der durch die Rabattgewährung wirtschaftlich belastete Unternehmer, die Umsatzsteuer mindern können.

Beispiel:
Hersteller (H) liefert Tablets an G (Großhändler), G liefert den Gegenstand an E (Einzelhändler), E liefert den Gegenstand an den Endabnehmer (K). Daneben bringt H Preiserstattungsgutscheine in Umlauf, die der Endabnehmer bei ihm direkt zur Erstattung einlösen kann.

Lösung:
Für die Lieferung der Tablets schuldet nach Maßgabe des § 13b Abs. 2 Nr. 10 UStG i. V. m. § 13b Abs. 5 S. 1 UStG der jeweilige unternehmerische Leistungsempfänger die Umsatzsteuer.
Auch wenn demnach G die Umsatzsteuer für die Lieferung der Tablets von H an G schuldet, sollte H die Bemessungsgrundlage für die Lieferung an G mindern können, soweit er Gutscheine tatsächlich vergütet.
Für G ist die Einlösung des Gutscheins bei H wirtschaftlich neutral und begründet daher nach § 17 Abs. 1 S. 3 UStG auch keine Berichtigung des Vorsteuerabzugs.

7.3 Innergemeinschaftlicher Erwerb

71 Nach § 17 Abs. 1 S. 5 UStG gilt die Berichtigungspflicht für Fälle des i. g. Erwerbs nach § 1 Abs. 1 Nr. 5 UStG sinngemäß. Unter den Anwendungsbereich des § 1 Abs. 1 Nr. 5 UStG fallen im Wesentlichen der i. g. Erwerb nach § 1 a UStG und der i. g. Erwerb neuer Fahrzeuge nach § 1 b UStG.

Bei i. g. Erwerb nach § 1a UStG muss zwischen den Fällen des § 1a Abs. 1 (Zusammenhang mit i. g. Lieferungen anderer Unternehmer) und dem i. g. Verbringen nach § 1a Abs. 2 UStG unterschieden werden (wegen Einzelheiten vgl. die Kommentierung zu § 1a). In ersterem Fall bildet das Entgelt (§ 10 Abs. 1 UStG) die Bemessungsgrundlage der USt, in letzterem Fall ergibt diese sich aus § 10 Abs. 4 S. 1 Nr. 1 UStG. Steuerschuldner ist der Erwerber (§ 13a Abs. 1 Nr. 2 UStG), die Steuer entsteht nach § 13 Abs. 1 Nr. 6 UStG mit Ausstellung der Rechnung, spätestens mit Ablauf des dem Erwerb folgenden Kalendermonats, die Berechtigung zum Vorsteuerabzug ergibt sich aus § 15 Abs. 1 S. 1 Nr. 3 UStG (zeitgleich mit der Steuerentstehung, vgl. Abschn. 15.10 Abs. 3 UStAE). Der i. g. Erwerb ist i. R. der Jahreserklärung/Umsatzsteuervoranmeldung zu erklären (§ 16 Abs. 1 S. 3 i. V. m. § 18 Abs. 1 S. 3 UStG). Ob eine Änderung der Bemessungsgrundlage vorliegt, ist nach den allgemeinen Kriterien zu prüfen (z. B. Zahlung in einem Besteuerungszeitraum nach der Entstehung der Steuer unter Abzug von Skonto), einschließlich der nach der Rechtsprechung als Unterfälle des § 17 Abs. 1 S. 1 UStG zu beurteilenden Fälle des § 17 Abs. 2 UStG (vgl. BFH vom 10.03.1983, Az: V B 46/80, BStBl II 1983, 389). Tritt eine Änderung der Bemessungsgrundlage ein, muss der Unternehmer dies in der Voranmeldung des betreffenden Besteuerungszeitraums nach § 17 Abs. 1 S. 7 UStG erfassen. Gleichzeitig wirkt der Umstand auf seine Vorsteuerabzugsberechtigung, insofern verwirklicht der Unternehmer sowohl einen Fall des § 17 Abs. 1 S. 1 UStG als auch des § 17 Abs. 1 S. 2 UStG (i. V. m. S. 5), da bei Fällen des § 1a UStG Steuerschuldnerschaft und Vorsteuerabzugsberechtigung in einer Person zusammentreffen. Ist der Unternehmer zum vollständigen Vorsteuerabzug berechtigt, gleichen sich die gegenläufigen Änderungen aus. 72

Bei i. g. Erwerb neuer Fahrzeuge durch Nichtunternehmer (§ 1b UStG) entsteht die Steuer nach § 13 Abs. 1 Nr. 7 UStG am Tag des Erwerbs. Es gilt nach § 16 Abs. 5a UStG die sog. Fahrzeugeinzelbesteuerung. Der Erwerber muss für jeden steuerpflichtigen Erwerb die Steuer einzeln berechnen und mit einer Steueranmeldung nach § 18 Abs. 5a UStG bis zum zehnten Tag nach Ablauf des Erwerbstages anmelden (wegen Einzelheiten vgl. die Kommentierung zu §§ 1b und 18). Vorsteuerabzug scheidet mangels Erwerb für das Unternehmen regelmäßig aus. Bei nachträglichen Änderungen der Bemessungsgrundlage muss der Erwerber nach § 17 Abs. 1 S. 1 und 5 UStG die Erwerbssteuer/Steueranmeldung berichtigen. Fraglich erscheint, wie in diesen Fällen § 17 Abs. 1 S. 7 UStG anzuwenden ist, da sich § 1b UStG auf punktuelle Ereignisse bezieht, insofern streng genommen kein Besteuerungszeitraum vorhanden ist. Bei sinngemäßer Anwendung kommt es daher für die aus der Änderung der Bemessungsgrundlage resultierende Berichtigungspflicht auf den Tag der Änderung an, die Berichtigung muss dann innerhalb von zehn Tagen erfolgen (vgl. § 18 Abs. 5a UStG). 73

7.4 Steuerschuldnerschaft nach § 13b UStG

Nach § 17 Abs. 1 S. 5 UStG gilt § 17 Abs. 1 S. 1 bis 4 UStG auch für die Fälle der Steuerschuldnerschaft nach § 13b UStG. § 13b UStG (wegen Einzelheiten vgl. die Kommentierung zu § 13b) regelt den Übergang der Steuerschuldnerschaft für bestimmte in § 13b Abs. 1 und Abs. 2 UStG aufgelistete Umsätze auf den Leistungsempfänger (vgl. § 13b Abs. 5 UStG), sofern dieser Unternehmer oder juristische Person des öffentlichen Rechts ist (ggf. auch für Leistungen für den nichtunternehmerischen Bereich). Die Steuer entsteht dabei entweder mit Ablauf des VZ der Leistungserbringung (vgl. § 13b Abs. 1 UStG) oder mit Ausstellung der Rechnung, spätestens mit Ablauf des der Ausführung der Leistung folgenden Monats (vgl. § 13b Abs. 2 UStG). Die Steuer fließt grundsätzlich in die Steueranmeldungen des Steuerschuldners ein. Der Steuerschuldner kann den 74

Vorsteuerabzug nach § 15 Abs. 1 S. 1 Nr. 4 UStG in Anspruch nehmen (vgl. § 15 Rz. 154ff.; Vorsteuerabzug auch ohne Rechnung), sofern die Leistung für sein Unternehmen erbracht wurde.

75 Tritt nachträglich eine Änderung der Bemessungsgrundlage i.S.v. § 17 Abs. 1 UStG ein, ist der Leistungsempfänger als Steuerschuldner gem. § 17 Abs. 1 S. 7 UStG zur Berichtigung in dem Besteuerungszeitraum verpflichtet, in dem die Änderung eintritt (zu den Besonderheiten bei der Rabattgewährung in mehrgliedrigen Vertriebsketten oben Rn. 57ff.). Gleichzeitig wirkt der Umstand ggf. auf seine Vorsteuerabzugsberechtigung. Insofern verwirklicht der vorsteuerabzugsberechtigte Unternehmer sowohl einen Fall des § 17 Abs. 1 S. 1 UStG als auch des § 17 Abs. 1 S. 2 UStG, da bei Fällen des § 13b UStG Steuerschuldnerschaft und Vorsteuerabzugsberechtigung in einer Person zusammentreffen. Ist der Unternehmer zum vollständigen Vorsteuerabzug berechtigt, gleichen sich die gegenläufigen Änderungen aus. Soweit ein Kleinunternehmer die Steuer nach § 13b UStG schuldet (vgl. A 13b.1. Abs. 1 S. 3 UStAE) trifft ihn die Berichtigungspflicht nach § 17 Abs. 1 S. 1 UStG. Mangels eigener Vorsteuerabzugsberechtigung des Kleinunternehmers (vgl. § 19 Abs. 1 S. 4 UStG) entfällt aber eine Vorsteuerberichtigung nach § 17 Abs. 1 S. 2 UStG.

76 Weist der leistende Unternehmer entgegen § 14a Abs. 5 UStG in der Rechnung die USt gesondert aus, schuldet er diese Steuer nach § 14c Abs. 1 UStG. Die Berichtigung der Rechnung nach § 14c Abs. 1 S. 2 i.V.m. § 17 Abs. 1 UStG in den Fällen des § 13b UStG ist dabei erst möglich, soweit die bisher gesondert ausgewiesene Steuer an den Leistungsempfänger zurückgezahlt wurde (vgl. OFD Karlsruhe, Vfg. vom 25.09.2012, UR 2013, 283, vgl. auch Abschn. 17.1 Abs. 10 S. 2 UStAE).

7.5 Zentralregulierung

77 § 17 Abs. 1 S. 6 UStG regelt den Sonderfall der sog. **Zentralregulierung**. Bei Zentralregulierern handelt es sich um genossenschaftlich oder erwerbswirtschaftlich organisierte Unternehmen, die aufgrund vertraglicher Vereinbarungen mit ihren Mitgliedern oder Anschlusskunden (Leistungsempfänger) deren Rechnungen gegenüber einem Lieferanten zentral bezahlen. Der Vorteil dieser Konstruktion für den Leistungsempfänger liegt darin, dass der Zentralregulierer, durch die einheitliche Bezahlung zum bestmöglichen Zeitpunkt, den durch die Lieferanten eingeräumten Skontoabzug optimal ausnutzen kann. Auf der Seite der Lieferanten führt der durch den Zentralregulierer vorgenommene Skontoabzug zur Anwendung des § 17 Abs. 1 S. 1 UStG, diese berichtigen ihre an den Fiskus abgeführte USt entsprechend. Der Umfang dieser Berichtigung beim Leistungsgeber muss, aus dem Gedanken des Ausgleichs zwischen USt und Vorsteuer heraus, auf der Seite des Vorsteuerabzuges grundsätzlich nachvollzogen werden (beim Leistungsempfänger oder dem Zentralregulierer). Die Leistungsempfänger ihrerseits bezahlen den Rechnungsbetrag an den Zentralregulierer. Aufgrund der Vereinbarungen zwischen dem Zentralregulierer und seinen Mitgliedern oder Anschlusskunden (Leistungsempfänger) können diese den Forderungsbetrag zeitnah oder unter Verlängerung des Zahlungsziels an diesen bezahlen. Gibt der Zentralregulierer in diesem Zusammenhang den Skontoabzug nicht vollständig an die Leistungsempfänger weiter (z.B. wegen Verlängerung des Zahlungsziels; beim Leistungsempfänger stellt der von ihm tatsächlich gegenüber dem Zentralregulierer erhaltene Skontoabzug einen Fall des § 17 Abs. 1 S. 2 UStG dar), entsteht bei ihm ein sog. Skontoüberschuss brutto i.H. der Differenz zwischen dem von ihm erlangten Skontoabzug und dem an den Leistungsempfänger weiter gereichten Skontoabzug. Entrichtet der Zentralregulierer die auf den Skontoüberschuss brutto entfallende USt nach § 17 Abs. 1 S. 6, 2. HS UStG (= Übergang der Steuerschuld) direkt an das Finanzamt, unterbleibt bei den Leistungsempfängern eine weitergehende Berichtigung der Vorsteuer nach § 17 Abs. 1 S. 6, 1. HS UStG. Der Zentralregulierer erklärt die Steuer nach § 17 Abs. 1 S. 6 UStG im Rahmen seiner Umsatzsteuererklärungen oder Umsatzsteuervoranmeldungen (vgl. §§ 16 Abs. 1 S. 4, 18 Abs. 1 S. 3 UStG). Durch dieses Verfahren

ist der Zentralregulierer auch nicht gezwungen, den durch ihn erzielten tatsächlichen Skontoabzug gegenüber den Leistungsempfängern offen zu legen. Die Anwendung des § 17 Abs. 1 S. 6 UStG ist nach dem Wortlaut der Vorschrift nicht zwingend, sondern optional.

Der bei diesem Verfahren beim Zentralregulierer verbleibende Skontoüberschuss netto (Skontoüberschuss brutto abzüglich der USt nach § 17 Abs. 1 S. 6 UStG) kann aufgrund vertraglicher Vereinbarungen zwischen dem Zentralregulierer und den Leistungsempfängern das Entgelt für eine Leistung des Zentralregulierers darstellen. Sofern die Leistung des Zentralregulierers in der Kreditierung des Rechnungsbetrages durch Verlängerung des Zahlungsziels der Leistungsempfänger besteht, fällt dies als Kreditgewährung unter die Steuerbefreiung des § 4 Nr. 8 Buchst. a UStG. Für den Zentralregulierer ist in diesem Zusammenhang der Vorsteuerabzug nach § 15 Abs. 1 Nr. 1 UStG für Vorleistungen ausgeschlossen (nach BMF vom 03.05.1991, DStR 1991, 714, bestehen Erleichterungen für den Zentralregulierer bei Feststellung der nichtabziehbaren Vorsteuern in Zusammenhang mit den steuerfreien Kreditierungen). Für den Zentralregulierer besteht die Möglichkeit zur Option nach § 9 Abs. 1 UStG, für diesen Fall schuldet er allerdings noch die auf das Entgelt (= Skontoüberschuss netto) entfallende USt. 78

Beispiel (vgl. Abschn. 17.1 Abs. 4 UStAE):

Die Einkaufsgenossenschaft E (Zentralregulierer) vermittelt eine Warenlieferung von A an B. E wird auch in den Abrechnungsverkehr eingeschaltet. Sie zahlt für B den Kaufpreis an A unter Inanspruchnahme von Skonto. B zahlt an E den Kaufpreis ohne Inanspruchnahme von Skonto.

Lösung:

Nach § 17 Abs. 1 S. 1 UStG hat A seine Steuer zu berichtigen. B braucht nach § 17 Abs. 1 S. 6 UStG seinen Vorsteuerabzug nicht zu berichtigen, soweit E die auf den Skontoabzug entfallende Steuer an das Finanzamt entrichtet.

Die Schwierigkeiten der umsatzsteuerlichen Beurteilung von Leistungen im Rahmen von Zentralregulierungen werden deutlich in dem Urteil des BFH vom 13.03.2008 (Az: V R 70/06, BStBl II 2008, 997; vgl. hierzu auch kritisch Specker, UR 2009, 1) zugrunde liegenden Fall: Der Zentralregulierer bezahlte hier die Rechnungen seiner Mitglieder zusammengefasst an die Lieferanten. Er nahm dabei einen Skontoabzug von 3 % in Anspruch und kürzte den Zahlungsbetrag um weitere 4 %, einen sog. Kooperationsbonus, den die Lieferanten bereit waren für die selbstschuldnerische Bürgschaftsübernahme sowie die Abwicklung des Zahlungsverkehrs durch den Zentralregulierer zu leisten. Die Mitglieder bezahlten die Rechnungen mittels Bankeinzug unter Inanspruchnahme eines Skonto von 4 % an den Zentralregulierer (3 % Skonto der Lieferanten zzgl. 1 % Zusatzskonto). Daneben bezahlten die Mitglieder an den Zentralregulierer für dessen Leistungen offenbar ein pauschales Monatsentgelt sowie einen umsatzbezogenen Verwaltungsbeitrag. Durch die Differenz zwischen dem durch den Zentralregulierer bei Zahlung vorgenommen (3 %) und dem an die Mitglieder weitergereichten (4 %) Skonto, entstand bei diesem ein »Skontounterschuss« i. H. v. 1 %. Der Zentralregulierer ging davon aus, dass in analoger Anwendung des § 17 Abs. 1 S. 2 UStG (aktuell § 17 Abs. 1 S. 6 UStG) aus dieser Differenz eine negative USt bei ihm entstehen würde. Das erstinstanzlich befasste FG Köln (Urteil vom 27.04.2006 Az: 10 K 4948/05, EFG 2006, 1620) beurteilte das Zentralregulierungsgeschäft als aus zwei rechtlich selbständigen Hauptleistungen bestehend. Einerseits erbringt demnach der Zentralregulierer gegenüber den Lieferanten durch Übernahme der selbstschuldnerischen Bürgschaft für die aus Warenbestellungen seiner Mitglieder resultierenden Verbindlichkeiten gegenüber den Lieferanten und die Durchführung des gesamten Zahlungs- und Abwicklungsverkehrs eine sonstige Leistung gegenüber den Lieferanten. [Das Entgelt hierfür besteht in dem Kooperationsbonus, der beim Zentralregulierer unstreitig der Besteuerung unterliegt.] Andererseits erbringen auch die Mitglieder dem Zentralregulierer gegenüber eine sonstige Leistung, indem sie sich verpflichten, die Warenbezüge bei den durch den Zentralregulierer benannten Firmen und zu den durch ihn vereinbarten Konditionen zu tätigen, 79 sowie ihm den gesamten Zahlungs- und Abwicklungsverkehr zu übertragen. Das Entgelt hierfür besteht in der Differenz von 1 % (= Skontounterschuss/Skontomehrbetrag). Da der Zentralregulierer insoweit Leistungsempfänger ist, kann er aus dem Skontomehrbetrag Vorsteuerabzug beanspruchen, wenn er im Besitz einer ordnungsgemäßen Rechnung/Gutschrift ist.

80 Der **BFH** folgte in seiner Entscheidung vom 13.03.2008 (Az: V R 70/06, BStBl II 2008, 997) dieser Beurteilung nicht, hob das Urteil der Vorinstanz auf und gab der Klage statt. Nach seiner Beurteilung führte die Auffassung des FA und des FG zu einer Verdrehung der tatsächlichen Leistungsbeziehungen. Nicht die Mitglieder des Zentralregulierers erbringen eine Leistung an diesen, sondern der Zentralregulierer erbringt Leistungen an die Mitglieder, wofür er die monatliche Pauschale sowie die umsatzabhängige Verwaltungsprovision erhält. Daneben steht der Zentralregulierer in Leistungsbeziehungen zu den Lieferanten, für die der Kooperationsbonus i. H. v. 4 % das Entgelt darstellt. Gewähre nun der Zentralregulierer den Kunden der Lieferanten (also seinen eigenen Mitgliedern) einen Zusatzskonto i. H. v. 1 %, würde dies für den Zentralregulierer eine Entgeltsminderung hinsichtlich seiner Provision aus den Leistungsbeziehungen zu den Lieferanten darstellen; im Gegenzug wäre der Vorsteuerabzug der Mitglieder/Kunden für die Lieferung des Lieferanten um diese weiteren 1 % zu mindern (der Vorsteuerabzug des Lieferanten für die Leistung des Zentralregulierers bliebe dagegen unberührt). Der BFH begründete seine Entscheidung mit der Rechtsprechung des EuGH (vgl. EuGH vom 24.10.1996, Rs. C-317/94, Elida Gibbs/England, BStBl II 2004, 324) und der Folgerechtsprechung zur Vermittlungsprovision eines Reisebüros (vgl. BFH vom 12.01.2006, Az: V R 3/04, BStBl II 2006, 479) und eines Telefonvermittlers (vgl. BFH vom 13.07.2006, Az: V R 46/05, BStBl II 2007, 186).

In seiner Entscheidung vom 03.07.2014 (Az: V R 3/12, BStBl II 2015, 307) entschied der BFH– vor dem Hintergrund der EuGH-Entscheidung vom 16.01.2014 (Rs. C-300/12, Ibero Tours, DStR 2014, 139, vgl. auch Rn. 63) unter Aufgabe seiner Entscheidung vom 13.03.2008 –, dass Preisnachlässe, die ein Zentralregulierer seinen Anschlusskunden für den Bezug von Waren von bestimmten Lieferanten gewährt, nicht die Bemessungsgrundlage für die Leistungen, die der Zentralregulierer gegenüber den Lieferanten erbringt, mindern und dementsprechend auch nicht zu einer Berichtigung des Vorsteuerabzugs beim Anschlusskunden führen (vgl. hierzu auch Vellen, UStB 2014, 280). Die Finanzverwaltung hat dem mit BMF-Schreiben vom 27.02.2015 Rechnung getragen und Abschn. 10.3 Abs. 5 UStAE entsprechend angepasst (kritisch hierzu Vobbe, MwStR 2015, 233; vgl. auch L'habitant, UR 2017, 369).

81 Zusätzliche Probleme ergeben sich, wenn der Zentralregulierer im Ausland sitzt und seine Leistungen nach Maßgabe von § 13b UStG durch Übertragung der Umsatzsteuerschuld auf seine Leistungsempfänger besteuert werden (vgl. hierzu Winter/Ludäscher, UR 2012, 686).

7.6 Uneinbringlichkeit des Entgelts (§ 17 Abs. 2 Nr. 1 UStG)

7.6.1 Allgemeines

82 Nach § 17 Abs. 2 Nr. 1 S. 1 UStG gilt § 17 Abs. 1 UStG sinngemäß, wenn das vereinbarte Entgelt für eine steuerpflichtige Lieferung, sonstige Leistung oder einen steuerpflichtigen i. g. Erwerb uneinbringlich geworden ist. Sinngemäße Anwendung bedeutet, dass der **leistende Unternehmer** nach § 17 Abs. 2 Nr. 1 S. 1 UStG i. V. m. § 17 Abs. 1 S. 1 UStG berechtigt/verpflichtet ist, die für die Leistung entstandene USt zu berichtigen, sprich vom Finanzamt zurückzufordern. Im Unterschied zu den Fällen der Änderung der Bemessungsgrundlage nach § 17 Abs. 1 UStG, hat sich bei Uneinbringlichkeit einer Forderung an der Bemessungsgrundlage der erbrachten Leistung als solcher nichts geändert, lediglich das Entgelt kann durch den leistenden Unternehmer nicht

realisiert werden. Aus der Sicht des leistenden Unternehmers entsteht die USt bei Versteuerung nach **vereinbarten Entgelten** (§ 16 Abs. 1 S. 1 UStG; § 13 Abs. 1 Nr. 1 Buchst. a UStG/Sollversteuerung) mit Ablauf des Voranmeldungszeitraums, in dem die Leistung ausgeführt wurde. Ist zu diesem Zeitpunkt die Zahlung durch den Leistungsempfänger noch nicht erfolgt, muss der leistende Unternehmer insoweit nach dem Sollprinzip der Steuerentstehung wirtschaftlich in Vorleistung gegenüber dem Fiskus treten. Kann er in einem späteren Besteuerungszeitraum (vgl. § 17 Abs. 1 S. 7 UStG) das Entgelt für die ausgeführte Leistung nicht realisieren, entsteht für ihn ein Erstattungsanspruch gegenüber dem Fiskus. Unterliegt der leistende Unternehmer hingegen der Besteuerung nach **vereinnahmten Entgelten** (§ 20 Abs. 1 UStG/Istversteuerung), entsteht die USt für von ihm ausgeführte Leistungen nach § 13 Abs. 1 Nr. 1 Buchst. b UStG erst mit Ablauf des Voranmeldungszeitraums, in dem das Entgelt vereinnahmt wird. Wird das Entgelt für eine Leistung uneinbringlich, ergibt sich daher kein weiterer Handlungsbedarf, da USt noch nicht entstanden ist. Die Anwendung der Vorschrift führt allerdings beim **Leistungsempfänger** zu einer Berichtigung des Vorsteuerabzuges. Im Unterschied zur Entstehung der USt beim leistenden Unternehmer (vgl. oben Soll-/Istversteuerung), unterliegt der Vorsteuerabzug nach § 15 Abs. 1 UStG grundsätzlich dem Sollprinzip. Der Leistungsempfänger ist bereits dann zum Vorsteuerabzug berechtigt, wenn eine Leistung an ihn ausgeführt wurde und er im Besitz einer Rechnung i. S. d. § 14 UStG mit offen ausgewiesener USt ist. Insofern erlangt der Leistungsempfänger einen wirtschaftlichen Vorteil, da er vom Fiskus bereits die Erstattung der Vorsteuer beanspruchen kann, bevor er seinerseits durch Bezahlung der zugrundeliegenden Rechnung tatsächlich wirtschaftlich belastet wird. Steht fest, dass der Leistungsempfänger die Rechnung nicht bezahlen wird, ist er über § 17 Abs. 2 Nr. 1 UStG i. V. m. § 17 Abs. 1 S. 2 UStG verpflichtet, die bereits beanspruchte Vorsteuer zu berichtigen. Es entsteht ein Rückforderungsanspruch des Fiskus. Der Zeitpunkt der Berichtigung ist nicht erst dann anzunehmen, wenn der Leistungsempfänger aufgrund schlechter wirtschaftlicher Situation bereits verpflichtet ist Insolvenzantrag zu stellen. Ergibt sich aus den - Gesamtumständen, insbesondere aus einem längeren Zeitablauf nach Eingehung der Verbindlichkeit, dass der Leistungsempfänger der Zahlungsverpflichtung nicht mehr nachkommen wird, tritt die Berichtigungspflicht ein (vgl. Abschn. 17.1 Abs. 5 S. 11 UStAE). Der Vorsteuerrückforderungsanspruch des Finanzamtes entsteht mit Ablauf des Voranmeldungszeitraums, in dem die Uneinbringlichkeit eingetreten ist (BFH vom 08.10.1997, Az: XI R 25/97, BStBl II 1998, 69).

Die **Berichtigungspflichten** des § 17 UStG entstehen beim leistenden Unternehmer und beim Leistungsempfänger grundsätzlich **unabhängig voneinander** (vgl. Rn. 18), dies gilt auch für den Fall des § 17 Abs. 2 Nr. 1 UStG. Dementsprechend ist der leistende Unternehmer nicht verpflichtet, dem Leistungsempfänger Mitteilung über eine von ihm vorgenommene Berichtigung zu machen (vgl. Abschn. 17.1 Abs. 5 S. 8 UStAE). Das Finanzamt des leistenden Unternehmers ist jedoch berechtigt, dem Finanzamt des Leistungsempfängers die Berichtigung der Forderung anzuzeigen (vgl. Abschn. 17.1 Abs. 5 S. 9 UStAE), um eine Gleichbehandlung herbeizuführen (Herstellung des Gleichgewichts der USt und des Vorsteuerabzugs im Umsatzsteuersystem). Kann auf Seiten des Leistungsempfängers der Rückforderungsanspruch bezüglich der Vorsteuer durch den Fiskus nicht realisiert werden (häufiger Praxisfall/regelmäßig in Insolvenzfällen, wo der Vorsteuerrückerstattungsanspruch des Fiskus als Insolvenzforderung nur im Rahmen der regelmäßig niedrigen Quote beglichen wird), ändert dies nichts an dem insoweit getrennt bestehenden Rückforderungsanspruch bezüglich der USt beim leistenden Unternehmer. Die daraus resultierende alleinige Belastung des Fiskus ist systemimmanent; der leistende Unternehmer soll gerade nicht mit USt belastet werden. Für den Fall, dass sich der leistende Unternehmer zusätzlich den Vorsteuervergütungsanspruch vom Leistungsempfänger hat abtreten lassen vgl. Rn. 13. 83

7.6.2 Uneinbringlichkeit

84 Zum **Begriff der Uneinbringlichkeit** wird in § 17 Abs. 2 Nr. 1 UStG nicht definiert. Nach Abschn. 17.1 Abs. 5 S. 3 UStAE (vgl. a. OFD Chemnitz vom 16.03.1999, Az: S 7333 – 7/1 – St34, DStR 1999, 1567; Eckert, BBK 2006, 1329) liegt Uneinbringlichkeit insbesondere vor, wenn

1. der Schuldner zahlungsunfähig ist,
2. den Forderungen die Einrede des Einforderungsverzichts entgegen gehalten werden kann (vgl. BFH vom 10.03.1983, Az: V B 46/80, BStBl II 1983, 389; vgl. auch Wübbelsmann, DStR 2016, 1723 zum Rangrücktritt) oder
3. der Anspruch auf Entrichtung des Entgelts nicht erfüllt wird und bei objektiver Betrachtung damit zu rechnen ist, dass der Leistende die Entgeltforderung ganz oder teilweise jedenfalls auf absehbare Zeit rechtlich oder tatsächlich nicht durchsetzen kann (vgl. BFH vom 20.7.2006, Az: V R 13/04, BStBl II 2006, 22; BFH vom 20.05.2010, Az: V R 5/09, BFH/NV 2011, 77; BFH vom 24.10.2013, Az: V R 31/12, DStR 2014, 262).

85 Uneinbringlichkeit setzt demnach voraus, dass die zugrunde liegende Forderung einerseits noch nicht erfüllt, andererseits aber weder rechtlich noch tatsächlich durchsetzbar ist (BFH vom 08.12.1993, Az: XI R 81/90, BStBl II 1994, 338). Die von § 17 Abs. 2 Nr. 1 UStG erfassten Fälle der Uneinbringlichkeit werden daher durch eine bestehende, aber nicht realisierbare Forderung gekennzeichnet. Rechtlich nicht mehr durchsetzbar ist eine Forderung, wenn sie gerichtlich erfolglos geltend gemacht wurde, mit einer gerichtlichen Durchsetzung nicht mehr gerechnet werden kann oder begründete Einreden (z. B. Verjährung) erhoben werden. Dabei ist der Gläubiger verpflichtet darzulegen, in welchem Umfang er rechtliche Maßnahmen geprüft oder ergriffen hat. Erst das rechtliche Unvermögen des Gläubigers löst die Berichtigung der USt aus. Hat der Gläubiger nur Zweifel an der Durchsetzbarkeit einer Forderung oder die bloße Absicht, die Höhe eines vereinbarten Entgelts gerichtlich klären zu lassen (vgl. jedoch BFH vom 31.05.2001, Az: V R 71/99, BStBl II 2003, 206), reicht dies für eine Berichtigung noch nicht aus, da dadurch die Uneinbringlichkeit noch nicht dargelegt wird. Als Hauptfall der mangelnden Durchsetzbarkeit aus tatsächlichen Gründen wird die Zahlungsunfähigkeit des Schuldners angesehen. Zur Frage, wann konkret Zahlungsunfähigkeit gegeben ist, müsste an sich die Rechtsprechung der Zivilgerichte zur Zahlungsunfähigkeit etwa im Rahmen des § 17 InsO oder § 64 GmbHG herangezogen werden können. Sie wäre demnach insbesondere von der Zahlungsstockung abzugrenzen, die vorliegt, wenn die Illiquidität einen Zeitraum nicht überschreitet, den eine kreditwürdige Person benötigt, um sich die benötigten Mittel zu leihen, was wiederum bei längstens drei Wochen liegt (vgl. BGH vom 24.05.2005, Az: IX ZR 123/04, DStR 2005, 1616 m. w. N.). Soweit der Schuldner also seine fälligen Verbindlichkeiten nicht innerhalb von drei Wochen begleichen kann, läge mithin Zahlungsunfähigkeit vor. Diese eindeutige, für den leistenden Unternehmer vorteilhafte, für den Leistungsempfänger nachteilige Rechtsprechung, wird aber bislang von der Finanzverwaltung nicht explizit im Rahmen des § 17 UStG herangezogen.

Fehlt dem Schuldner der Zahlungswille, soll dies grundsätzlich nicht ausreichen, es sei denn, er entzieht sich erfolgreich den Zahlungsverpflichtungen, z. B. wegen vereinbarten Einforderungsverzichts des Gläubigers. Zahlungseinstellung des Schuldners ist nicht erforderlich. Droht der Forderungsausfall tatsächlich, z. B. bei allgemein bekannter schlechter wirtschaftlicher Lage des Schuldners oder wenn der Schuldner einen Wechsel nicht einlösen konnte (FG Niedersachsen vom 26.09.1991, Az: XI 620/87, EFG 1992, 303), kann der Gläubiger die Forderung als uneinbringlich ansehen. Uneinbringlichkeit soll jedoch nicht vorliegen, wenn laufende Zahlungen dokumentieren, dass Zahlungsunfähigkeit nicht vorlag, wobei es auf den Rechtsgrund der Zahlungen hierbei nicht ankommt (FG München vom 06.10.1993, Az: 3 K 432/91, EFG 1994, 855).

Uneinbringlichkeit wegen Zahlungsunfähigkeit setzt zudem grundsätzlich voraus, dass Vollstreckungsmaßnahmen erfolglos waren bzw. objektiv feststeht, dass der Schuldner nicht mehr zahlen kann. **Zahlungsunwilligkeit** allein reicht nicht aus, um Uneinbringlichkeit zu begründen (vgl. FG Thüringen vom 01.12.2009, Az: 3 K 921/07, DStRE 2011, 105; a. A. Stadie in R/D, § 17 Rn. 204). Dementsprechend liegt Uneinbringlichkeit nicht vor, wenn der Schuldner **Zahlungen lediglich** über einen längeren Zeitraum **verweigert** (so auch BFH vom 31.05.2001, Az: V R 71/99, BStBl II 2003, 206 für eine Verzögerung der Zahlung nach Fälligkeit). Allein das **Bilden einer Gewährleistungsrückstellung** für Baumängel in der Bilanz eines Bauunternehmers berechtigt noch nicht zur Berichtigung nach § 17 UStG (vgl. BFH, Beschluss vom 31.01.2006, Az: V B 79/04, BFH/NV 2006, 1166, zur Revision gegen das Urteil des FG Berlin vom 20.04.2004, Az: 5 K 5056/02). Dagegen berechtigt der **vertragliche Einbehalt** eines Teils des Entgelts (im Urteilsfall 5 bis 10 % der Auftragssumme) **zur Absicherung von Gewährleistungsansprüchen** über einen Zeitraum von zwei bis fünf Jahren zur Berichtigung nach § 17 Abs. 2 Nr. 1 UStG wegen Uneinbringlichkeit bereits für den Voranmeldungszeitraum der Leistungserbringung (vgl. BFH vom 24.10.2013, Az: V R 31/12, DStR 2014, 280; vgl. dazu auch Langer/Hammerl, NWB 2014, 668; Prätzler, DB 2014, 505). Die Finanzverwaltung setzte die Entscheidung mit BMF-Schreiben vom 03.08.2015 um (BStBl I 2015, 624, vgl. jetzt auch Abschn. 17.1 Abs. 5 S. 3 UStAE). 86

Der BFH begründete seine Entscheidung mit der Erwägung, dass eine Vorfinanzierung der Umsatzsteuer über mehrjährige Zeiträume im Verhältnis zur Besteuerung der Unternehmer, die der Istbesteuerung unterliegen, mit dem Gleichheitsgrundsatz unvereinbar sei. Bedauerlicherweise lässt das Gericht offen, ob diese Erwägung auch auf andere, ähnlich gelagerte Fallgestaltungen übertragbar ist, etwa beim Ratenkauf oder beim umsatzsteuerlich als Lieferung behandelten Leasing.

In diesem Zusammenhang ist auch die EuGH-Vorlage des BFH vom 21.06.2017 (Az: V R 51/16, UR 2017, 810 m. Anm. Nücken, DStR 2017, 2049 mit Anm. Heuermann; kritisch hierzu Stadie UR 2018, 3) hinzuweisen, die die generelle Reichweite der Sollbesteuerung und die Verpflichtung der Mitgliedstaaten zur Berichtigung betrifft, wenn das Entgelt nicht in engem zeitlichen Zusammenhang mit der Leistungserbringung in voller Höhe zu entrichten ist.

Nach Auffassung des FG Köln (Urteil vom 22.08.2001, Az: 2 K 6183/96, EFG 2001, 1521) soll die Zahlungsunwilligkeit bei längerem Anhalten (neun Monate) zur Uneinbringlichkeit führen (im Urteilsfall ging es aber m. E. eher um einen Fall des substantiierten Bestreitens, da unklar war, ob für den Anspruch des Klägers eine vertragliche Grundlage bestand). Ertragsteuerrechtlich zulässige pauschale Wertberichtigungen berechtigen dagegen nicht zu einer Berichtigung nach § 17 Abs. 2 UStG (vgl. Abschn. 17.1 Abs. 5 S. 7 UStAE).

Uneinbringlichkeit liegt dagegen vor, wenn **der Leistungsempfänger** das Bestehen der Entgeltsforderung als solche (zumindest teilweise) oder der Höhe nach substantiiert bestreitet, da er damit zum Ausdruck bringt, dass er die Forderung ganz oder teilweise nicht bezahlen wird. Dies ist beispielsweise der Fall, wenn es zu Streitigkeiten hinsichtlich der vertragsgemäßen Erfüllung von Bauleistungen kommt und sich die Parteien unter Zuziehung von Gutachtern gerichtlich auseinandersetzen (vgl. BFH vom 22.04.2004, Az: V R 72/03, BStBl II 2004, 684; Fortführung der Rechtsprechung durch Urteil des BFH vom 20.07.2006, Az: V R 13/04, BStBl II 2007, 22; Abschn. 17.1 Abs. 5 S. 3 UStAE). Eine Berichtigung kommt auch in Betracht, wenn der Leistungsempfänger zwar nicht die Entgeltsforderung als solche bestreitet, jedoch mit einer vom Gläubiger (Leistungsgeber) substantiert bestrittenen Gegenforderung aufrechnet und bei objektiver Betrachtung damit zu rechnen ist, dass der Leistende die Entgeltsforderung (ganz oder teilweise), jedenfalls auf absehbare Zeit nicht durchsetzen kann (vgl. BFH vom 20.07.2006, Az: V R 13/04, BStBl II, 22; Abschn. 17.1 Abs. 5 S. 4 UStAE). 87

Die **Novation bzw. Schuldumschaffung** oder Schuldersetzung (Umwandlung einer Forderung aus Lieferungen und Leistungen in eine Darlehensforderung) ist umsatzsteuerlich irrelevant. 88

Maßgeblich ist allein, was der Leistungsempfänger aufwendet. Dies gilt selbst dann, wenn die Parteien anlässlich der Umwandlung ausdrücklich vereinbart haben, dass diese »an Erfüllung statt« erfolgt. Dass zivilrechtlich die eigentliche Forderung aus dem Umsatz erloschen ist, ist umsatzsteuerrechtlich ohne Belang. Unter Verbrauchsteueraspekten ist die tatsächliche Belastung maßgebend, d. h. das, was der Leistungsempfänger wirtschaftlich für die Leistung aufwendet (FG Köln vom 14.11.2013, Az: 15 K 2659/10, EFG 2014, 602; FG Hamburg vom 02.09.2013, Az: 2 V 119/13, vgl. a. FG München vom 07.10.2008, Az: 14 V 2772/08, DStRE 2009, 1211; Korn in Bunjes, § 17 UStG Rn. 65; Stadie in R/D, § 17 UStG Rn. 406 ff.; Stadie in UStG, § 17 UStG Rn. 57; Schwarz in V/S, § 17 UStG Rn. 130; kritisch allerdings Ebbinghaus/Hinz, UR 2014, 249).

Der BFH hat in seinem Urteil vom 13.01.2005 (Az: V R 21/04, BFH/NV 2005, 928) entschieden, dass in der Umwandlung zumindest dann keine Bezahlung des Entgelts für die ursprüngliche Leistung liegt, wenn der Schuldner nicht in der Lage ist, das Entgelt zu bezahlen, mithin die Forderung vor und nach der Umwandlung uneinbringlich ist. Die Voraussetzungen, unter denen die Umwandlung unter Umständen einer Entgeltszahlung gleichkommt, hat der BFH offen gelassen (vgl. hierzu auch Wübbelsmann, DStR 2016, 1723).

89 Auch bei **Kontokorrentverhältnissen** ist zwar das Entgelt mit Anerkennung des Saldos am Ende des Abrechnungszeitraums vereinnahmt (vgl. Abschn. 13.6 Abs. 1 S. 7 UStAE), jedoch führt dies umsatzsteuerlich noch nicht zum Erlöschen der Entgeltforderungen, so dass eine Berichtigung nach § 17 UStG in Betracht kommt, wenn das Kontokorrent nicht ausgeglichen wird (vgl. Stadie in R/D, § 17 UStG Rn. 229 und in UStG, § 17 UStG Rn. 57 sowie Korn in Bunjes, § 17 UStG Rn. 65).

90 Uneinbringlichkeit liegt zudem vor, wenn der leistende Unternehmer das Entgelt, das ihm mit Hilfe eines Bankkredits des Leistungsempfängers gezahlt worden ist, an die Bank wieder zurückzahlen muss, weil er für die Rückzahlung des Kredits die **Haftung** übernommen hat und sich die Bank das Geld wieder zurückholt (vgl. BFH vom 20.05.2010, Az: V R 5/09, BFH/NV 2011, 77; vgl. auch das vorinstanzliche Urteil des FG Rheinland-Pfalz vom 11.12.2008, Az: 6 K 2270/07, EFG 2009, 533).

7.6.3 Wechsel

91 Uneinbringlichkeit ist nur gegeben, wenn die Forderung nicht bereits durch Erfüllung (§ 362 BGB) oder durch Annahme einer anderen Leistung an Erfüllungs Statt (§ 364 Abs. 1 BGB) erloschen ist. Bei der bloßen Annahme eines Gegenstandes »erfüllungshalber« bleibt die ursprüngliche Forderung jedoch bestehen. Die Hinnahme eines **Wechsels** erfolgt, wie sich aus § 364 Abs. 2 BGB ergibt, grundsätzlich nur erfüllungshalber. In den Fällen, in denen daher der Leistungsempfänger anstelle der Zahlung des Kaufpreises einen Wechsel hingibt oder einen Wechsel des Leistenden akzeptiert, kann daher nach wie vor Uneinbringlichkeit des vereinbarten Entgelts eintreten, wenn der Leistungsempfänger als Bezogener den Wechsel zum Fälligkeitstag nicht zahlt. Konkret hat der BFH (Urteil vom 09.08.1990, Az: V R /85, BStBl II 1990, 1098) entschieden: Gibt ein Käufer anstelle der Zahlung des Kaufpreises erfüllungshalber einen Wechsel hin und stellt der Verkäufer dem Käufer zusätzlich einen Akzeptantenwechsel aus, damit dieser den ursprünglich hingegebenen Wechsel bei Fälligkeit einlösen kann, wobei die Beteiligten vereinbart haben, dass die Kaufpreisforderung des Verkäufers erst nach Einlösung des Akzeptantenwechsels durch den Käufer erlöschen soll, tritt Uneinbringlichkeit des vereinbarten Entgelts für den Verkäufer ein, wenn der Verkäufer aus dem Akzeptantenwechsel in Anspruch genommen wird, weil der Käufer diesen nicht einlösen konnte. Dies gilt auch, wenn der Käufer statt eines Wechsels zunächst einen Scheck hingibt, dieser jedoch durch einen Akzeptantenwechsel des Verkäufers erst gedeckt wird (vgl. BFH vom 08.12.1993, Az: XI R 81/90, BStBl II 1994, 338).

7.6.4 Abtretung von Forderungen

92 Die **Abtretung einer Forderung** unter dem Nennwert ist für sich im Hinblick auf die Berichtigungspflichten des § 17 UStG unerheblich. Entscheidend für die Berichtigung nach § 17 Abs. 2 Nr. 1 UStG ist allein, ob und inwieweit die Forderung gegen den Leistungsempfänger (Kunde) uneinbringlich ist. Insbesondere ist die Unterscheidung zwischen echtem und unechtem Factoring im Rahmen des § 17 UStG ohne Bedeutung (allgemein zur Behandlung des Factorings vgl. Abschn. 2.4 UStAE sowie Teufel, UR 2016, 413), da sich diese Unterscheidung auf die umsatzsteuerliche Behandlung des Leistungsaustausches zwischen dem Factor (z. B. Bank/Inkassobüro) und dem sog. Anschlusskunden (Leistungsgeber), nicht auf den Leistungsaustausch bezieht, durch den die abgetretene Forderung entstanden ist (Leistungsgeber/Kunde) (vgl. BFH vom 27.05.1987, Az: X R 2/81, BStBl II 1987, 739 und Abschn. 10.1 Abs. 4 S. 4 UStAE). Trotz späterer Forderungsabtretung ist für den Leistungsgeber Entgelt das, was der Leistungsempfänger (Kunde) aufwendet, um die Leistung zu erhalten (§ 10 Abs. 1 S. 2 UStG). Die bloße Abtretung einer Forderung aus einem Umsatzgeschäft unter Nennwert mindert daher nicht die Bemessungsgrundlage für die ausgeführte Leistung (vgl. BFH vom 06.05.2010, Az: V R 15/09, BStBl II 2011, 142). Eine teilweise Uneinbringlichkeit liegt erst dann vor, wenn der Leistungsempfänger (Kunde) gegenüber dem Factor eine geringere Zahlung leistet, als ursprünglich als Entgelt mit dem Leistungsgeber vereinbart war. Die Berichtigung der USt durch den Leistungsgeber (§ 17 Abs. 2 Nr. 1 UStG i. V. m. § 17 Abs. 1 S. 1 UStG) setzt allerdings voraus, dass er von der verminderten Zahlung an den Factor Kenntnis hat und die tatsächliche Zahlungshöhe gegenüber dem Finanzamt nachweisen kann (vgl. Abschn. 17.1 Abs. 6 UStAE mit Beispiel; vgl. auch OFD Frankfurt vom 08.02.2011, Az: S 7200 A-254-St 111, DStR 2011, 675 zur Möglichkeit der Schätzung des Entgelts beim Leistungsgeber; nach BFH vom 06.05.2010, Az: V R 15/09, BStBl II 2011, 142 obliegt es dem Abtretenden, mit dem Forderungserwerber einen Auskunftsanspruch hinsichtlich des Umfangs der Zahlung des Leistungsempfängers zu vereinbaren). Für den Leistungsempfänger gilt Entsprechendes für die Berichtigung des von ihm vorgenommenen Vorsteuerabzuges. Dieser verbleibt ihm nur dann in voller Höhe, wenn er das mit dem Leistungsgeber vereinbarte Entgelt an den Factor entrichtet. Bei verminderter Zahlung muss der Leistungsempfänger den Vorsteuerabzug berichtigen (§ 17 Abs. 2 Nr. 1 UStG i. V. m. § 17 Abs. 1 S. 2 UStG).

Soweit zahlungsgestörte Forderungen, d. h. Forderungen die seit mehr als 90 Tagen allenfalls zu einem geringen Teil ausgeglichen wurden (vgl. Abschn. 2.4 Abs. 7 und 8 UStAE; Teufel, UR 2016, 413 kritisch u. a. zur 90-Tagesfrist vgl. Korf, UVR 2016, 222), abgetreten werden, konnten diese regelmäßig bereits vor der Abtretung wegen Uneinbringlichkeit nach § 17 Abs. 2 Nr. 1 UStG berichtigt werden. Soweit der Leistungsempfänger einen Teil der Forderungen gegenüber dem Factor bezahlt, wäre erneut nach § 17 Abs. 2 Nr. 1 S. 2 UStG zu berichtigen.

Gerade beim echten Factoring, bei dem der Forderungserwerber das Ausfallrisiko übernimmt, ist die Berichtigungspflicht des Zendenten, obwohl er wirtschaftlich nicht mehr betroffen ist, durchaus fraglich (vgl. einerseits Wagner in S/R § 10 Rz 173; andererseits Stadie in R/D, § 17 UStG Rn. 259 ff.).

7.6.5 Insolvenz

93 Dass spätestens die Eröffnung des Insolvenzverfahrens über das Vermögen des Leistungsempfängers Auswirkungen auf die Durchsetzbarkeit noch offener Forderungen seiner Gläubiger hat und mithin – soweit noch nicht geschehen – zur Berichtigung der Vorsteuer des insolventen Leistungsempfängers und der Umsatzsteuer seiner Gläubiger nach § 17 UStG führt, ist ohne Weiteres nachvollziehbar.

Nach der Rechtsprechung des BFH (Urteil vom 09.12.2010, Az: V R 22/10, BStBl 2011, 996) begründet darüber hinaus auch die Insolvenz des leistenden Unternehmers eine Berichtigung nach § 17 UStG bezüglich dessen noch offener Entgeltforderungen.

7.6.5.1 Insolvenz des Leistungsempfängers

94 Wird über das Vermögen eines Unternehmers das **Insolvenzverfahren** eröffnet, werden die gegen ihn gerichteten Forderungen **spätestens** zu diesem Zeitpunkt, unbeschadet einer möglichen Insolvenzquote, in voller Höhe uneinbringlich i.S.d. § 17 Abs. 2 Nr. 1 UStG (vgl. BFH vom 22.10.2009, Az: V R 14/08, BStBl II 2011, 988; Abschn. 17.1 Abs. 16 S. 1 UStAE). Grund hierfür ist, dass die Gläubiger mit Eröffnung des Insolvenzverfahrens ihre Forderungen von Rechts wegen nicht mehr gegenüber dem Unternehmer durchsetzen können (vgl. BFH vom 13.11.1986, Az: V R 59/79, BStBl II 1997, 226 zum Konkursverfahren). Konkreter Zeitpunkt der Uneinbringlichkeit ist spätestens der Zeitpunkt der Verfahrenseröffnung (vgl. BGH vom 19.07.2007, Az: IX ZR 81/06, UR 2007, 742, vgl. a. FG Köln vom 20.02.2008, Az: 7 K 3972/02, EFG 2008, 905: Uneinbringlichkeit bereits, wenn der Antrag auf Eröffnung des Insolvenzverfahrens durch den Insolvenzschuldner und der sachliche Insolvenzgrund der Zahlungsunfähigkeit gem. § 17 InsO oder der Überschuldung gem. § 19 InsO gegeben ist). In der Entscheidung vom 08.08.2013 (Az: V R 18/13, DStR 2013, 1883) hat der BFH ausgeführt, dass Uneinbringlichkeit aus der Bestellung eines vorläufigen Insolvenzverwalters resultiert, wenn dem Schuldner entweder gem. § 21 Abs. 2 Nr. 2, 1. Alt. InsO ein allgemeines Verfügungsverbot auferlegt wurde oder die Wirksamkeit seiner Verfügungen nach § 21 Abs. 2 Nr. 2, 1. Alt. InsO von der Zustimmung des vorläufigen Verwalters abhängt (vgl. auch Rn. 23).

Das FG Saarland bejahte mit Urteil vom 13.07.2016 (Az: 1 K 1132/13, EFG 2016, 1744; Revision beim BFH anhängig unter dem Az: XI R 19/16; vgl. auch Feldgen, DStZ 2017, 172) Uneinbringlichkeit bei Insolvenz des Leistungsempfängers trotz bestehender Aufrechnungslage.

95 Ist demnach spätestens mit Eröffnung des Insolvenzverfahrens Uneinbringlichkeit gegeben, ist einerseits die USt beim leistenden Unternehmer nach § 17 Abs. 2 Nr. 1 UStG i.V.m. § 17 Abs. 1 S. 1 UStG, andererseits der Vorsteuerabzug beim insolventen Leistungsempfänger nach § 17 Abs. 2 Nr. 1 UStG i.V.m. § 17 Abs. 1 S. 2 UStG zu berichtigen (vgl. auch Abschn. 17.1 Abs. 16 UStAE). Soweit das uneinbringlich gewordene Entgelt nachträglich vereinnahmt wird – etwa im Rahmen der Verteilung des Verwertungserlöses an die Gläubiger –, ist erneut nach § 17 Abs. 2 Nr. 1 S. 2 UStG zu berichtigen.

Uneinbringlichkeit ist auch dann gegeben, wenn der Insolvenzverwalter bei sog. schwebenden Verträgen gem. § 103 InsO Erfüllung wählt und es zum vertragsgemäßen Leistungsaustausch kommt. In diesem Fall sind mit Zahlung des Entgelts Umsatzsteuer und Vorsteuerabzug ggf. erneut nach § 17 Abs. 2 Nr. 1 S. 2 UStG zu berichtigen (BFH vom 22.10.2009, Az: V R 14/08, BStBl II 2011, 988 in Abweichung zu seiner bisherigen Rechtsprechung, vgl. BFH vom 28.06.2000, Az: V R 45/99, BStBl II 2000, 703). Der Umsatzsteueranspruch ist in diesem Fall Masseverbindlichkeit nach § 55 Abs. 1 Nr. 1 InsO (BFH vom 30.04.2009, Az: V R 1/06, BStBl II 2000, 138).

96 Der Rückforderungsanspruch des Finanzamtes für Vorsteuern, die der Insolvenzschuldner vor Eröffnung des Insolvenzverfahrens abgezogen hat und die nun aufgrund der Insolvenzverfahrens über sein Vermögen uneinbringlich werden, entsteht spätestens mit Ablauf des Voranmeldungszeitraums, in den der Tag der Insolvenzeröffnung fällt (vgl. BFH vom 16.07.1987, Az: V R 80/82, BStBl II 1987, 691). Der Anspruch ist spätestens im Augenblick der Eröffnung des Insolvenzverfahrens begründet im Sinne des § 38 InsO und daher durch das Finanzamt in voller Höhe zur Insolvenztabelle anzumelden. Seine Befriedigung hängt von der Höhe einer ggf. später festgestellten Insolvenzquote ab. Soweit ein vorläufiger Insolvenzverwalter bestellt wird, kommt es bereits mit dessen Bestellung zur Uneinbringlichkeit (vgl. BFH vom 08.08.2013, Az: V R 18/13, DStR 2013, 1883).

Hat dagegen der Insolvenzschuldner bereits vor Eröffnung des Insolvenzverfahrens seine Gläubiger bezahlt und ficht dann der Insolvenzverwalter diese Zahlungen erfolgreich gem. §§ 129ff. InsO an, ist die Vorsteuer mit dem Rückzahlungen gem. § 17 Abs. 1 S. 2 i.V.m. § 17 Abs. 2 Nr. 1 S. 2 UStG zu berichtigen und der daraus resultierende Vorsteuervergütungsanspruch eine Masseverbindlichkeit, da er erst im Rahmen der Masseverwaltung entstanden ist (vgl. BFH vom 29.03.2017, Az: XI R 5/16, BStBl II 2017, 738 und vom 15.12.2016, Az: V R 26/16, BStBl II 2017, 735).

Auf Grund der regelmäßig nur geringen Insolvenzquoten ist die Finanzverwaltung bestrebt, ihre Insolvenzforderungen mit etwaigen Umsatzsteuererstattungsansprüchen, die während des Insolvenzverfahrens vom Insolvenzverwalter geltend gemacht werden, aufzurechnen. Allerdings ist eine Aufrechnung nach § 96 Abs. 1 Nr. 1 InsO ausgeschlossen, wenn der Insolvenzgläubiger erst nach Insolvenzeröffnung etwas zur Masse schuldig geworden ist. 97

Der VII. Senat des BFH hat insofern entschieden, dass es nicht darauf ankommt, wann die zu berichtigende Steuerforderung begründet ist, sondern wann der Berichtigungstatbestand materiell-rechtlich verwirklicht wird (vgl. Urteil vom 25.07.2012, Az: VII R 29/11, BStBl II 2013, 36 in Abweichung zu seiner bisherigen Rechtsprechung, vgl. BFH vom 06.10.2005, Az: VII B 309/04 (NV), BFH/NV 2006, 369; zum Ganzen Schmittmann, StuB 2012, 874, vgl. auch Stadie, UR 2013, 163f.). Begleicht demnach der Insolvenzverwalter eine zuvor als uneinbringlich behandelte Entgeltforderung oder wird ein Drittschuldner des Insolvenzschuldners zahlungsunfähig, ist bzgl. des daraus resultierenden Erstattungsanspruchs eine Aufrechnung des FA nach § 96 Abs. 1 Nr. 1 InsO mit Insolvenzforderungen ausgeschlossen, da der Berichtigungstatbestand des § 17 UStG erst nach Eröffnung des Insolvenzverfahrens materiell-rechtlich verwirklicht wurde.

Die bisherige Rechtsprechung des VII. Senats des BFH, wonach die Aufrechnung des FA von USt-Forderungen auf Grund unrichtigen/unberechtigten Steuerausweises vor Eröffnung des Insolvenzverfahrens gegen Rückerstattungsansprüche nach Berichtigung der Rechnung im Insolvenzverfahren nicht durch § 96 Abs. 1 Nr. 1 InsO ausgeschlossen sei (vgl. BFH vom 04.02.2005, Az: VII R 20/04, BStBl II 2010, 55: vor Insolvenzeröffnung unrichtiger Steuerausweis für Geschäftsveräußerung im Ganzen, nach Insolvenzeröffnung Berichtigung durch Insolvenzverwalter) war vor dem Hintergrund des BFH-Urteils vom 25.07.2012 nicht mehr haltbar. Folgerichtig entschied der VII. Senat daher mit Urteil vom 08.11.2016 (Az: VII R 34/15, DStR 2017, 544) unter expliziter Abstandnahme von seinem Urteil vom 04.02.2005, dass der Berichtigungsanspruch erst im Besteuerungszeitraum der Berichtigung entstehe und nicht auf den Zeitpunkt der Rechnungsausstellung zurückwirke. Eine Aufrechnung der Finanzverwaltung mit Insolvenzforderungen nach § 96 Abs. 1 Nr. 1 InsO ist damit ausgeschlossen, wenn die Berichtigung des unrichtigen/unberechtigten Steuerausweises erst nach der Insolvenzeröffnung erfolgt. 98

7.6.5.2 Insolvenz des leistenden Unternehmers

Die Einordnung von Umsatzforderungen als Insolvenzforderungen oder Masseforderung hängt davon ab, ob die Forderungen vor Eröffnung des Insolvenzverfahrens »begründet« i.S.d. § 38 InsO sind. 99

Der V. Senat des BFH knüpft dabei nicht an die Leistungsausführung an (so noch der VII. Senat des BFH, Urteil vom 16.01.2007, Az: VII R 7/06, BStBl II 2007, 745 im Zusammenhang mit dem insolvenzrechtlichen Aufrechnungsverbot des § 96 Abs. 1 S. 1 InsO; vgl. auch Frotscher, Besteuerung bei Insolvenz, 8. Aufl. 2013, 212f.; Kahlert, DStR 2015, 1485), sondern an die vollständige Verwirklichung des Umsatzsteuertatbestandes (der VII. Senat des BFH schloss sich dem im Urteil vom 25.07.2012, Az: VII R 29/11, BStBl II 2013, 36 zur Wahrung der Einheitlichkeit der Rechtsprechung an).

Dies führt bei der Ist-Besteuerung, wenn die Leistung vor Insolvenzeröffnung ausgeführt wurde, die Forderung jedoch erst nach Insolvenzeröffnung vereinnahmt wird, dazu, dass der Umsatzsteueranspruch als Masseforderung zu qualifizieren ist, da zum Tatbestand der Umsatzsteuerforderung die Vereinnahmung gehört und mithin dessen vollständige Verwirklichung erst nach Insolvenzeröffnung erfolgte (vgl. BFH vom 29.01.2009, Az: V R 64/07, BStBl II 2009, 682).

Bei der Soll-Besteuerung gelangt der BFH über die Konstruktion einer »rechtlichen Uneinbringlichkeit« zur gleichen Rechtsfolge. Da spätestens mit Eröffnung des Insolvenzverfahrens nach § 80 Abs. 1 InsO das Verwaltungs- und Verfügungsrecht über das zur Insolvenzmasse gehörende Vermögen auf den Insolvenzverwalter übergehe, sei ab diesem Zeitpunkt der leistende Unternehmer nicht mehr in der Lage, das Entgelt für seine Leistung zu vereinnahmen. Insofern bestehe sein Unternehmen aus mehreren Unternehmensteilen – nämlich der Insolvenzmasse, ggf. einem freigegebenen Vermögen sowie einem vorinsolvenzrechtlichen Unternehmensteil – zwischen denen einzelne umsatzsteuerliche Berechtigungen und Verpflichtungen nicht miteinander verrechnet werden können. Diese Erwägungen veranlassten den BFH in seinem Urteil vom 09.12.2010 (Az: V R 22/10, BStBl II 2011, 996, bestätigt durch BFH vom 24.11.2011, Az: V R 13/11, BStBl II 2012, 298) entgegen der bisherigen Rechtsprechung auch bei Insolvenz des leistenden Unternehmers in Bezug auf seine noch offenen Forderungen (rechtliche) Uneinbringlichkeit i. S. d. § 17 UStG zu bejahen (vgl. hierzu kritisch Kahlert, DStR 2015, 1485; Kahlert/Onusseit, DStR 2012, 334; Schmittmann, ZIP 2011, 1125; i.E. zustimmend Stadie, UR 2013, 158, u. a. mit dem Argument, dass sonst bei Vereinnahmung der Gegenleistung der Insolvenzmasse der volle Umsatzsteuerbetrag zugutekäme, der Steuergläubiger für diese Umsatzsteuerforderung aber nur eine Quote bekäme; Seer, DStR 2016, 1289 unter dem Gesichtspunkt der Steuerneutralität und zur Vermeidung einer unzulässigen Beihilfe).

Dies hat zur Folge, dass für die noch offenen Entgeltforderungen für erbrachte Leistungen des leistenden Unternehmers der Steuerbetrag nach § 17 Abs. 2 Nr. 1 i. V. m. Abs. 1 S. 1 UStG zu berichtigen ist. Hierdurch entsteht ein Steuererstattungsanspruch, den der Fiskus zur Aufrechnung mit Insolvenzforderungen nutzen kann (fraglich ist, ob der Aufrechnung das Aufrechnungsverbot des § 96 Abs. 1 Nr. 3 InsO entgegensteht – so Roth, DStR 2017, 1768 f.). Im Ergebnis mindert dies die offenen Forderungen des FA. Vereinnahmt der Insolvenzverwalter später das Entgelt, ist der Steuerbetrag erneut nach § 17 Abs. 2 Nr. 1 S. 2 UStG zu berichtigen, was jetzt aber eine Masseverbindlichkeit des Fiskus i. S. d. § 55 Abs. 1 Nr. 1 InsO begründet.

Die Finanzverwaltung hat diese Grundsätze in Abschn. 17.1 Abs. 11 UStAE und AEAO zu § 251 Nr. 9.2. übernommen.

Gegen die Rechtsprechung des V. Senats wandte sich vor allem das FG Berlin-Brandenburg in seinen Entscheidungen vom 02.04.2014 (Az: 7 K 7337/12, EFG 2014, 1427) und vom 15.01.2015 (Az: 5 K 5182/13, EFH 2015, 1847) mit dem Vorwurf der Unionsrechtswidrigkeit. Der V. Senat des BFH nutzte sein Urteil vom 24.09.2014 (Az: V R 48/13, BStBl II 2015, 506) um dem entgegen zu treten. Der für die Revision zuständige XI. Senat des BFH wies die Kritik des FG Berlin Brandenburg in seiner Revisionsentscheidung nunmehr ebenfalls zurück (Urteil vom 01.03.2016, Az: XI R 21/14, BStBl II 2016, 756).

Nach Auffassung der Finanzverwaltung muss der Leistungsempfänger dagegen, trotz Änderung der Bemessungsgrundlage beim Leistenden, seinen Vorsteuerabzug (ausnahmsweise) nicht korrespondierend korrigieren (vgl. Abschn. 17.1 Abs. 15 UStAE; kritisch Frotscher, Besteuerung bei Insolvenz, 8. Aufl. 2013, 215 f.).

100 In seinem Urteil vom 24.09.2014 erstreckte der BFH (Urteil vom 24.09.2014, Az: V R 48/13, BStBl II 2015, S. 506) seine Doppelberichtigungsjudikatur auf den Beginn des Insolvenzeröffnungsverfahrens und auch auf die Vorsteuer. Die Finanzverwaltung setzte bereits mit BMF-Schreiben vom 20.05.2015 (BStBl I 2015, 476) das BFH-Urteil vom 24.09.2014 um, ohne aber den UStAE entsprechend anzupassen. Dies wurde mit BMF-Schreiben vom 18.05.2016 (BStBl I 2016, 506) nachgeholt und insbesondere Abschn. 17.1 Abs. 12 und Abs. 13 UStAE geändert. Dabei geht

die Finanzverwaltung zum Teil über die Feststellungen des BFH hinaus, insbesondere indem sie den Kreis der erfassten Bestellungen sog. schwacher Insolvenzverwalter erweitert.

Für Besteuerungstatbestände in Steuerfällen, bei denen die Sicherungsmaßnahmen vom Insolvenzgericht nach dem 31.12.2014 anordnet werden (vgl. zu Anwendungsfragen das BMF-Schreiben vom 18.05.2016 unter III.) gelten demnach folgende Grundsätze:

1. **Vor Beginn des Insolvenzeröffnungsverfahrens ausgeführte Leistungen**
   Mit Bestellung eines sog. starken Insolvenzverwalters oder eines sog. schwachen Insolvenzverwalters mit allgemeinem Zustimmungsvorbehalt, mit Recht zum Forderungseinzug oder mit Berechtigung zur Kassenführung werden die noch ausstehenden Entgelte für zuvor erbrachte Leistungen im Augenblick vor der Eröffnung des vorläufigen Insolvenzverfahrens aus Rechtsgründen uneinbringlich. Dies hat zur Folge, dass mit Bestellung eines entsprechenden Insolvenzverwalters die uneinbringlich gewordenen Steuerbeträge nach § 17 Abs. 2 Nr. 1 S. 1 UStG i. V. m. Abs. 1 S. 1 UStG zu berichtigen sind, wodurch ein Steuererstattungsanspruch entsteht, den der Fiskus zur Aufrechnung mit Insolvenzforderungen nutzen kann.
   Vereinnahmt später der vorläufige Insolvenzverwalter oder der Insolvenzverwalter das Entgelt ist der Umsatzsteuerbetrag gem. § 17 Abs. 2 Nr. 1 S. 2 UStG erneut zu berichtigen (vgl. auch Abschn. 17.1. Abs. 12 und 13 UStAE). Der hieraus resultierende Steuerberichtigungsanspruch begründet bei Vereinnahmung durch den sog. starken Insolvenzverwalter eine Masseverbindlichkeit i. S. d. § 55 Abs. 2 S. 1 InsO, bei Vereinnahmung durch einen der genannten sog. schwachen Insolvenzverwalter eine Massenverbindlichkeit i. S. d. § 55 Abs. 1 Nr. 1 InsO und bei Vereinnahmung durch den Insolvenzverwalter eine Masseverbindlichkeit i. S. d. § 55 Abs. 4 InsO.
2. **Vor Beginn des Insolvenzeröffnungsverfahrens bezogene Eingangsleistungen**
   Entgeltforderungen für bezogene Eingangsleistungen werden mit Bestellung eines sog. starken Insolvenzverwalters oder eines sog. schwachen Insolvenzverwalters mit allgemeinem Zustimmungsvorbehalt, mit Recht zum Forderungseinzug oder mit Berechtigung zur Kassenführung entsprechend uneinbringlich. Spätestens zu diesem Zeitpunkt hat der leistende Unternehmer die Umsatzsteuer zu berichtigen und beim insolventen Leistungsempfänger ist dementsprechend die Vorsteuer zu berichtigen (vgl. Abschn. 17.1. Abs. 16 UStAE).
   Soweit das Entgelt nachträglich durch den vorläufigen oder endgültigen Insolvenzverwalter gezahlt wird, sind Umsatzsteuer beim leistenden Unternehmer und Vorsteuerabzug beim Leistungsempfänger erneut zu berichtigen. Der hieraus resultierende Vorsteueranspruch steht der Masse zu und ist anspruchsmindernd bei der Berechnung der für den Voranmelde- oder Besteuerungszeitraum ergebenden Masseverbindlichkeiten i. S. d. § 55 InsO anspruchsmindernd zu berücksichtigen.
3. **Im Insolvenzeröffnungsverfahren ausgeführte Leistungen**
   Nach der Bestellung eines starken vorläufigen Insolvenzverwalters sind ausgeführte Umsätze nicht nach § 17 Abs. 2 Nr. 1 S. 1 UStG zu berichtigen, wenn das Insolvenzverfahren eröffnet wird. Die darauf entfallende Umsatzsteuer gilt als Masseverbindlichkeit i. S. d. § 55 Abs. 2 InsO. Nach Bestellung eines sog. schwachen Insolvenzverwalters mit allgemeinem Zustimmungsvorbehalt, mit Recht zum Forderungseinzug oder mit Berechtigung zur Kassenführung sind bis zur Beendigung des Insolvenzeröffnungsverfahrens ausgeführte Umsätze grundsätzlich im Voranmeldezeitraum der Leistungserbringung zu versteuern, sie sind gleichzeitig uneinbringlich und daher nach § 17 Abs. 2 Nr. 1 S. 1 i. V. m. Abs. 1 S. 1 UStG zu berichtigen (vgl. BMF-Schreiben vom 20.05.2015, BStBl I 2015, 476, Rn. 16 Bsp. 2).
   Kommt es zur Vereinnahmung des Entgelts ist erneut nach § 17 Abs. 2 Nr. 1 S. 2 UStG zu berichtigen, wobei dem nicht entgegen steht, dass die Berichtigungen im selben Voranmelde- oder Besteuerungszeitraum zusammentreffen (Abschn. 17.1 Abs. 13 UStAE). Der aus der zweiten Berichtigung resultierende Steuerberichtigungsanspruch führt zu einer Masseverbindlichkeit i. S. d. § 55 InsO (s. o. 1.).

4. **Im Insolvenzeröffnungsverfahren bezogene Eingangsleistungen**
   Nach der Bestellung eines starken vorläufigen Insolvenzverwalters begründete Vorsteueransprüche stehen der Masse zu. Sie sind nicht zu berichtigen.
   Vorsteueransprüche aus Leistungen, die der Insolvenzschuldner in einem Insolvenzeröffnungsverfahren mit einem sog. schwachen Insolvenzverwalter bezieht, sind gleichzeitig uneinbringlich und daher nach § 17 Abs. 2 Nr. 1 S. 1 i.V.m. Abs. 1 S. 2 UStG zu berichtigen. Da Vorsteueranspruch und Berichtigungsanspruch regelmäßig im gleichen Voranmeldezeitraum zusammenfallen, ergeben sich grundsätzlich keine Steueransprüche, die als Insolvenzforderungen geltend zu machen wären (vgl. BMF-Schreiben vom 20.05.2015, BStBl I 2015, 476, Rn. 20). Durch den sog. schwachen Insolvenzverwalter veranlasste Zahlungen führen zu einer erneuten Berichtigung des Vorsteuerabzugs. Der hieraus resultierende Vorsteueranspruch steht der Masse zu und ist anspruchsmindernd bei der Berechnung der für den Voranmelde- oder Besteuerungszeitraum ergebenden Masseverbindlichkeiten i.S.d. § 55 InsO anspruchsmindernd zu berücksichtigen.

Nach Auffassung des FG Baden-Württemberg im Urteil vom 15.06.2016 (Az: 9 K 2564/14, EFG 2016, 1565, Revision beim BFH anhängig unter dem Az: V R 45/16; vgl. hierzu auch Feldgen, DStZ 2017, 172) sind die Grundsätze der Doppelberichtigungsjudikatur auch im Falle eines Insolvenzverfahrens unter Anordnung der Eigenverwaltung anzuwenden.

7.6.6 Verhältnis zur ertragsteuerlichen Behandlung

101 Von der umsatzsteuerrechtlichen Behandlung der Uneinbringlichkeit ist die **ertragsteuerliche Behandlung** der Bewertung von Forderungen zu unterscheiden. Ertragsteuerlich kann der Unternehmer Forderungen bewerten, wenn er seinen Gewinn (§ 2 Abs. 2 Nr. 1 EStG) nach den Grundsätzen des Betriebsvermögensvergleichs (§ 4 Abs. 1 EStG) mittels Bilanzierung ermittelt. Bei den i.d.Z. zu beurteilenden Forderungen handelt es sich i.d.R. um solche aus Lieferungen und Leistungen, die als Umlaufvermögen einzustufen und zu bewerten sind. Grundsätzlich unterliegen diese Forderungen daher der Bewertung nach § 6 Abs. 1 Nr. 2 EStG und sind mit dem Nennwert zu bewerten (Anschaffungskosten/vereinbarter Preis). Treten aus der Sicht des Bilanzstichtages Umstände ein, die den Unternehmer an der Werthaltigkeit der Forderung zweifeln lassen, liegt ein Problem der Teilwertfindung bezüglich der Forderung vor (§ 6 Abs. 1 Nr. 2 S. 2 EStG i.V.m. § 6 Abs. 1 Nr. 1 S. 3 EStG). Dabei besteht für den Unternehmer die Möglichkeit die Bewertung pauschal (Pauschalwertberichtigung) oder einzeln (Einzelwertberichtigung) durchzuführen. Diese ertragsteuerlich zulässige **Pauschalwertberichtigung** führt nicht zur Anwendung des § 17 Abs. 2 Nr. 1 UStG (vgl. Abschn. 17.1 Abs. 5 S. 7 UStAE). Dies ist schon deswegen gerechtfertigt, weil § 17 Abs. 2 Nr. 1 UStG von der Berichtigung einer einzelnen Forderung ausgeht, die Pauschalwertberichtigung sich jedoch auf den Gesamtbestand der einbezogenen Forderungen bezieht. Hinsichtlich einer einzelnen Forderung liegen insoweit keine Erkenntnisse vor, die eine auch umsatzsteuerliche Berichtigung rechtfertigen würden, zumal sich die Pauschalwertberichtigung auch überwiegend aus den Erfahrungen der Vergangenheit, nicht aus solchen bezüglich aktuell bestehender Forderungen, ergibt. Zudem werden bei der Bildung der Pauschalwertberichtigung auch Faktoren wie das Zinsrisiko und Mahn- und Beitreibungskosten, nicht nur das Ausfallrisiko, einbezogen. Diese haben nichts mit der Uneinbringlichkeit des Entgelts, sondern mit den Kosten der Beitreibung zu tun. Im Anwendungsbereich der **Einzelwertberichtigungen** können sich dagegen deckungsgleiche Bereiche ergeben, die jedoch betragsmäßig voneinander abweichen können. Fällt beispielsweise eine Forderung wegen der Eröffnung des Insolvenzverfahrens aus und bestehen keine Aussichten auf eine Insolvenzquote ergibt sich ertragsteuerlich die

Wertberichtigung in voller Höhe (Forderungsverlust), umsatzsteuerlich liegt Uneinbringlichkeit nach § 17 Abs. 2 Nr. 1 UStG vor. Ist eine Quote absehbar, kann ertragsteuerlich lediglich bis auf die Quote wertberichtigt werden (ggf. auch Wertbeeinflussung), umsatzsteuerlich liegt dennoch Uneinbringlichkeit in voller Höhe vor. Ebenso kann ertragsteuerliche die Bewertung mit einem niedrigeren Teilwert durch Rückgriffsmöglichkeiten (z. B. wegen einer Ausfallversicherung; werthaltige Bürgschaften) ausgeschlossen oder betragsmäßig beschränkt sein, umsatzsteuerlich aber dennoch die Uneinbringlichkeit vorliegen. Umsatzsteuerlich sind Forderungen spätestens mit Insolvenzeröffnung uneinbringlich, der Zeitpunkt kann aufgrund Zahlungsunfähigkeit aber auch bereits vor der Insolvenzeröffnung liegen und sich insoweit mit einer ertragsteuerlichen Forderungsbewertung ganz oder teilweise decken (wegen der Frage der teilweisen Uneinbringlichkeit s. oben). Dabei muss die **ertragsteuerliche Berechnung** der Wertminderung grundsätzlich auf dem Nettowert der Forderung erfolgen, da sich bei Gewinnermittlung durch Betriebsvermögensvergleich die USt nicht auf die Höhe des Gewinns auswirkt. Liegt neben der Einzelwertberichtigung auch ein Grund für die Anwendung des § 17 Abs. 2 Nr. 1 UStG vor (z. B. bei Forderungsausfall), wird insoweit auch die im Bilanzansatz der Forderung enthaltene USt vermindert (erfolgsneutral). Wird die Forderung in ihrem Bestehen ganz oder teilweise substantiiert bestritten, führt dies umsatzsteuerlich zur Anwendung des § 17 Abs. 2 Nr. 1 UStG (vgl. BFH vom 31.05.2001, Az: V R 71/99, BStBl II 2003, 206), ertragsteuerlich stellt sich schon die Frage nach der Aktivierungsfähigkeit (vgl. BFH vom 26.04.1989, Az: I R /84, BStBl II 1991, 213 zu bestrittenen Forderungen).

7.6.7 Vereinnahmung nach Berichtigung

Wird das Entgelt für eine Leistung nach erfolgter Berichtigung nach § 17 Abs. 2 Nr. 1 S. 2 UStG **102**
nachträglich vereinnahmt, sind nach § 17 Abs. 2 Nr. 1 2 UStG sowohl die USt als auch die Vorsteuer erneut zu berichtigen. Dabei ist zu beachten, dass, sofern sich zwischenzeitlich der Steuersatz für die Leistung geändert hat (z. B. 01.01.2007: Erhöhung von 16 % auf 19 %; s. a. BMF vom 11.08.2006, Az: IV A 5-S 7210-23/06, BStBl I 2006, 477), die Steuer nur mit dem ursprünglichen Steuersatz wieder auflebt und die Steuer nur anteilig aus dem Zahlungsbetrag entsteht, nicht auf Grundlage des ursprünglich vereinbarten Entgelts. Eine nachträgliche Vereinnahmung liegt auch in Fällen der Zahlung durch Dritte (§ 10 Abs. 1 S. 3 UStG) vor (vgl. BFH vom 19.10.2001, Az: V R 48/00, BStBl II 2003, 210 und BFH vom 19.10.2001, Az: V R 75/98, BFH/NV 2002, 547 – jeweils zur Uneinbringlichkeit im Konkurs und anschließender Zahlung durch eine Bank, die zum Leistungsempfänger in Geschäftsbeziehungen stand, gegen Abtretung der Konkursforderung und Orientierung der Zahlungshöhe an der Höhe der Forderung).

Der Umstand, dass auf Grund des § 17 Abs. 2 Nr. 1 S. 2 UStG bei späterer Zahlung eine erneute **103**
Berichtigung erfolgt, verhindert nicht die ursprüngliche Berichtigung, da für deren Zulässigkeit spätere Ereignisse grundsätzlich nicht zu berücksichtigen sind (vgl. BFH vom 22.04.2004, Az: V R 72/03, BStBl II 2004, 684 unter II 1. b).

7.6.8 Analoge Anwendung des § 17 Abs. 2 Nr. 1 UStG bei rechtsfehlerhafter Anwendung des § 13b UStG?

Seitens der Finanzverwaltung wurde jahrelang unzutreffend der Übergang der Steuerschuld bei **103a**
Bauleistungen an Bauträger angenommen. Nach entsprechender Feststellung durch den BFH (vgl. v. a. das Urteil vom 22.08.2013, Az: V R 37/10, BStBl II 2014, 128) kam es schließlich mit dem KroatienAnpG vom 25.04.2014 (BGBl. I 2014, 1266) zur Einführung von § 27 Abs. 19 UStG, um zu

verhindern, dass Bauträger, die für ihre Eingangsleistungen unzutreffend Umsatzsteuer nach § 13b UStG entrichtet hatten, diese Steuerbeträge erstattet werden müssen. Zu diesem Zweck schließt § 27 Abs. 19 S. 2 UStG u. a. den Vertrauensschutz nach § 176 Abs. 2 AO aus, wogegen aber erhebliche verfassungs- und unionsrechtliche Bedenken erhoben werden (zum Ganzen ausführlich Lippross, DStR 2016, 993 m. w. N.).

Der V. Senat des BFH hatte in seiner Entscheidung im AdV-Verfahren vom 27.01.2016 (Beschluss vom 27.01.2016, Az: V B 87/15, DStR 2016, 417) ebenfalls ernstliche Zweifel an der Verfassungsmäßigkeit von § 27 Abs. 19 UStG. Darüber hinaus hat er eine entsprechende Anwendung von § 17 Abs. 2 Nr. 1 S. 1 und 2 UStG aufgrund einer durch die unzutreffende Verwaltungsanweisung verursachten Uneinbringlichkeit des materiell-rechtlich geschuldeten Steuerbetrags erwogen: »Die vom Bauträger und Bauunternehmer übereinstimmend – entsprechend der damaligen Verwaltungsauffassung angenommene Steuerschuld des Bauträgers – entfiele dann entsprechend § 17 Abs. 2 Nr. 1 S. 2 UStG erst aufgrund einer Zahlung des Steuerbetrags durch den Bauträger (Leistungsempfänger) an den Bauunternehmer (Leistender).« Dieser Ansatz wird aber überwiegend aus systematischen, verfassungsrechtlichen und unionsrechtlichen Gründen abgelehnt (vgl. Hummel, UR 2016, 289; Lippross, DStR 2016, 993; Reiß, MwStR 2016, 361; Stadie, MwStR 2016, 481 m. w. N., der eine Lösung über § 48 Abs. 1 AO vorschlägt; zustimmend dagegen Schulze, DStR 2016, 561).

Mit Urteil vom 23.02.2017 (Az: V R 16/16 und V R 24/16, BStBl II 2017, 760) entschied der V. Senat des BFH schließlich, dass § 27 Abs. 19 UStG weder nach unionsrechtlichen noch nach verfassungsrechtlichen Aspekten ganz oder teilweise unwirksam sei (vgl. dazu auch Heuermann, DStR 2017, 783; Lippross, DStR 2017, 1297; Reiß, MwStR 2017, 407; Sterzinger, UR 2017, 325) und es daher auf eine mögliche Anwendung des § 17 Abs. 2 Nr. 1 UStG nicht ankomme.

7.7 Nichtausführung einer Leistung (§ 17 Abs. 2 Nr. 2 UStG)

104 Nach § 17 Abs. 2 Nr. 2 UStG ist § 17 Abs. 1 UStG sinngemäß anzuwenden, wenn für eine vereinbarte Leistung ein Entgelt entrichtet, die Leistung jedoch nicht ausgeführt worden ist. Die Vorschrift ist in Zusammenhang mit den Vorschriften über die Mindest-Istbesteuerung zu sehen. Nach § 13 Abs. 1 Nr. 1 Buchst. a S. 4 UStG entsteht die USt auf Zahlungen vor Erbringung der Leistung nach dem Istprinzip (Vereinnahmung) mit Ablauf des Voranmeldungszeitraums der Zahlung (Abweichung vom Sollprinzip der Vorschrift). Korrespondierend regelt § 15 Abs. 1 S. 1 Nr. 1 S. 3 UStG die Möglichkeit des Vorsteuerabzuges, sofern eine Rechnung über die Zahlung vorliegt und die Zahlung geleistet wurde. Kommt es nicht zur Ausführung der Leistung, ist die USt nach § 17 Abs. 2 Nr. 2 UStG i. V. m. § 17 Abs. 1 S. 1 UStG zu berichtigen, die Vorsteuer nach § 17 Abs. 2 Nr. 2 UStG i. V. m. § 17 Abs. 1 S. 2 UStG (vgl. Abschn. 17.1 Abs. 7 UStAE). Zur Vorsteuerberichtung, wenn feststeht, dass die Leistung, für welche der Steuerpflichtige eine Anzahlung geleistet hat, nie ausgeführt wird – vgl. EuGH vom 13.03.2014, Rs. C-107/13, FIRIN, DStR 2014, 650. Zu später nicht erbrachten Bauleistungen und Anzahlungsrechnungen vgl. bereits BFH vom 17.05.2001, Az: V R 38/00, BStBl II 2003, 434. In einem Parallelfall des FG Nürnberg (Urteil vom 27.06.2006, Az: II 415/2003, EFG 2007, 471) wurden für eine noch zu erbringende Bauleistung Anzahlungsrechnungen erteilt (1995/96). In 1997 teilte der Bauträger mit, dass er die Leistung nicht mehr erbringen würde. Das FG berichtigte den Vorsteuerabzug aus den Jahren 1995/96 nach § 17 Abs. 2 Nr. 2 UStG in 1997. Zwar war der Vorsteuererstattungsanspruch an den Bauträger abgetreten worden, das FG hielt jedoch über § 37 Abs. 2 S. 3 AO auch die Inanspruchnahme des Zedenten für zulässig (undeutlich: Verhältnis UStG/AO; zur Problematik der Abtretung vgl. Rn. 13 und vgl. Rn. 114). Wegen der Anwendung des § 17 Abs. 2 Nr. 3 UStG in Fällen der Rückgängigmachung vgl. Rn. 108 ff.

Umstritten ist, ob die Berichtigung vom tatsächlichen Rückfluss der Zahlung abhängt. Der V. Senat des BFH (Urteil vom 18.09.2008, Az: V R 56/06, BStBl II 2009, 250, vgl. Rn. 32) vertritt im Anschluss an das EuGH-Urteil vom 29.05.2001 (Rs. C-86/99, Freemans plc/England, UR 2001, 349) – unter Aufgabe seiner bisherigen Rechtsprechung (vgl. BFH vom 30.11.1995, Az: V R 57/94, BStBl II 1996, 206) – die Auffassung, dass der leistende Unternehmer nach Anzahlungen die Umsatzsteuer wegen Nichtsausführung der Leistung nur korrigieren kann, soweit er die erhaltene Anzahlungen zurückgezahlt hat (kritisch Reiß, MwStR 2017, 444 da nur bei Ausführung einer Leistung gesetzliche Umsatzsteuer geschuldet wird). **105**

Die Finanzverwaltung hat sich der Rechtsprechung des V. Senats in Abschn. 17.1 Abs. 7 S. 3 UStAE angeschlossen.

Im Hinblick auf die Bedingungsgleichheit von Steuer- und Vorsteuerberichtigung hat der V. Senat des BFH es auch für die Vorsteuerberichtigung nach § 17 Abs. 2 Nr. 2 und Abs. 1 S. 2 UStG als zutreffend erachtet, auf das Erfordernis einer Rückzahlung abzustellen, so dass auch der Vorsteuerabzug beim Anzahlenden erst bei Rückzahlung der Anzahlung zu berichtigen ist (vgl. in diesem Sinne BFH vom 08.09.2011, Az: V R 43/10, BStBl II 2014, 203; bereits BFH vom 17. 05.2001, Az: V R 38/00, BStBl II 2003, 434 sowie vom 21.09.2016, Az: VR 29/15, UR 2017, 66).

Im Urteil vom 13.03.2014 vertrat der EuGH (Rs. C-107/13, FIRIN, UR 2014, 705) allerdings die Auffassung, dass der Vorsteuerabzug gem. Art. 185 Abs. 1 MwStSystRL grundsätzlich zu berichtigen sei, wenn mit der Erbringung der Leistung nicht mehr zu rechnen ist. Bereits bei Ausbleiben der Leistung habe der Anzahlende seine Vorsteuer zu berichtigen. Die Berichtigung des Steueranspruchs beim Anzahlungsempfänger solle dagegen erst bei Rückzahlung der Anzahlung erfolgen. Allerdings betraf die Entscheidung einen Sachverhalt, bei dem der leistende Unternehmer die Umsatzsteuer für die Anzahlung nicht erklärte und abführte und zudem enge gesellschaftsrechtliche Beziehungen zwischen Anzahlenden und Anzahlungsempfänger bestanden, was ein Steuerhinterziehungssystem nahe legte.

Daraus resultierten bei Sachverhalten, in denen der Anzahlende davon ausging, dass die Leistung ausgeführt werden würde und zudem der leistende Unternehmer die Umsatzsteuer auf die Anzahlung erklärte und abführte, abweichende Meinungen des V. und des XI. Senats des BFH, die in zwei Vorlagebeschlüssen zum EuGH mündeten.

Der V. Senat des BFH (BFH vom 21.09.2016, Az: V R 29/15, MwStR 2017, 122 m. Anm. Jacobs/Zitzl) sah den »Leistungsempfänger« (und Anzahlenden) als zum Vorsteuerabzug gem. § 15 Abs. 1 S. 1 Nr. 1 S. 3 UStG sowie nach Art. 167 und Art. 168 Buchst. a MwStSystRL berechtigt an, wenn dieser an der Durchführung der Leistung keine Zweifel hegen musste. Er nur auch vor dem Hintergrund der FIRIN-Entscheidung des EuGH der Auffassung, dass die Mitgliedstaaten berechtigt seien, einen Gleichklang zwischen Steuer- und Vorsteuerberichtigung herzustellen. Wäre der Anzahlende zu einer Berichtigung des Vorsteuerabzugs unabhängig von der Rückzahlung der Anzahlung verpflichtet, dann träte eine dauerhafte Bereicherung des Fiskus ein, was gegen den Neutralitätsgrundsatz verstoßen würde. Für den Fall, dass dem der EuGH nicht folgt, wollte der V. Senat zudem wissen, ob dem Anzahlenden, dann wenigstens ein Erstattungsanspruch gegen den Fiskus zustehe, wenn er seine Anzahlung nicht zurückerhalte und ggf. ob dies im Festsetzungs- oder Erhebungsverfahren zu berücksichtigen wäre.

Der XI. Senat des BFH (Beschluss vom 21.09.2016, Az: XI R 44/14, MwStR 2017, 128 m. Anm. Treiber) wollte dagegen den Vorsteuerabzug des Anzahlenden versagen. Er war der Ansicht, dass aus der FIRIN-Entscheidung folge, dass ein Vorsteuerabzug ausscheidet (bzw. kein Vorsteueranspruch entsteht), wenn bei objektiver Betrachtung von Anfang an feststand, dass nach dem normalen Verlauf der Dinge die Gegenstände nicht geliefert würden bzw. nicht geliefert werden könnten (so auch im Ergebnis Reiß, MwStR 2017, 444).

Soweit bereits ein Vorsteuerabzug erfolgte, sei dieser zu berichtigen, wobei es nicht auf die Rückzahlung der Anzahlung ankäme.

Mit Urteil vom 31.05.2018 (Rs. C-660/16 und C-661/16, Kollroß und Wirtl, UR 2018, 519 mit Anm. Billig) entschied der EuGH zum einen, dass das Recht zum Vorsteuerabzug vom Anzahlenden zum Zeitpunkt der Anzahlung ausgeübt werden darf, ohne das weitere, später bekannt gewordene Tatsachen zu berücksichtigen wären, durch die die Bewirkung der betreffenden Leistung unsicher würde. Nur wenn anhand objektiver Umstände erwiesen ist, dass der Anzahlende zum Zeitpunkt der Anzahlung wusste oder hätte wissen müssen, dass die Leistung voraussichtlich nicht bewirkt wird, sei das Recht zum Vorsteuerabzug zu versagen. Insofern folgte er also dem V. Senat des BFH.

Hinsichtlich der Frage einer Vorsteuerberichtigung des Leistungsempfängers urteilte der EuGH zum anderen, dass die Vorsteuer zu berichtigen sei, wenn feststehe, dass die Leistung nicht erfolgt. Der Umstand, dass der Anzahlungsempfänger die geschuldete Umsatzsteuer selbst nicht berichtigt, stehe dem nicht entgegen. Der Grundsatz der steuerlichen Neutralität wird grundsätzlich dadurch gewahrt, dass der Anzahlende die Möglichkeit hat, die Anzahlung vom Anzahlungsempfänger zurückzuerhalten. Insoweit war er also auf der Linie des XI. Senats des BFH. Da der Anzahlungsempfänger die Mehrwertsteuer für die Anzahlungen aber bereits an die Steuerbehörde entrichtet hatte und auch eine Berichtigung der Mehrwertsteuer angesichts der Insolvenz des Anzahlungsempfängers und mithin mangels Rückgewähr der Anzahlung ausscheiden würde, hätte der Anzahlende jedoch – so der EuGH weiter – einen Anspruch auf Erstattung der Vorsteuer unmittelbar gegen die Steuerbehörden, wenn eine Klage auf Rückzahlung unmöglich oder übermäßig erschwert sei, insbesondere bei Zahlungsunfähigkeit des Anzahlungsempfängers. Vor diesem Hintergrund sei es aber offenkundig unangemessen, den Anzahlenden zu verpflichten, zunächst seine Vorsteuer zu berichtigen und anschließend seinen Erstattungsanspruch gegen die Steuerbehörden einzuklagen. Nach alledem urteilte der EuGH, dass es nationalem Recht nicht entgegenstehe, die Berichtigung des Vorsteuerabzugs von der Rückzahlung der Anzahlung abhängig zu machen und folgte so in der Sache dem V. Senat des BFH.

106 In entsprechender Anwendung des § 17 Abs. 2 Nr. 2 UStG ist die Bemessungsgrundlage zudem zu berichtigen, wenn sich im Nachhinein ergibt, dass eine Leistung nicht der USt unterliegt (vgl. BFH vom 08.09.2011, Az: V R 42/10, BStBl II 2012, 248, Abschn. 13.5 Abs. 4 S. 3 UStAE). Auch in diesem Fall hat die Berichtigung erst im Besteuerungszeitpunkt der Rückgewähr zu erfolgen (vgl. Abschn. 17.1 Abs. 7 UStAE Bsp. S. 5).

107 Zur umsatzsteuerlichen Behandlung der Ausgabe von Gutscheinen für eine konkrete bezeichnete Leistung (z. B. Kino, Gutschein über Filmvorführung) hatte die OFD Karlsruhe in ihrer Vfg. vom 29.02.2008 (Az: S 7270/03, UR 2008, 399) noch explizit aufgeführt, dass in den Fällen, in denen solche Gutscheine endgültig nicht eingelöst werden, die USt für die gem. § 13 Abs. 1 S. 1 Nr. 1 Buchst. a S. 4 UStG der USt unterliegende Anzahlung nach § 17 Abs. 2 Nr. 2 UStG zu berichtigen ist. Die Nachfolgeverfügung der OFD Karlsruhe vom 25.8.2011 (Az: S 7270, DStR 2011, 1910) enthält keinen Hinweis auf § 17 Abs. 2 Nr. 2 UStG mehr. Im Hinblick auf die dargelegte Rechtsprechung des BFH dürfte unter der Voraussetzung der tatsächlichen Rückgewähr der Anzahlung eine Berichtigung möglich sein.

7.8 Rückgängigmachung einer Leistung (§ 17 Abs. 2 Nr. 3 UStG)

7.8.1 Abgrenzung zur Rücklieferung

108 Wird eine steuerpflichtige Lieferung oder sonstige Leistung oder ein steuerpflichtiger i. g. Erwerb rückgängig gemacht, sind nach § 17 Abs. 2 Nr. 3 UStG in sinngemäßer Anwendung von § 17 Abs. 1 UStG die USt und der Vorsteuerabzug zu berichtigen.

109 Zu unterscheiden sind für die Anwendung des § 17 Abs. 2 Nr. 3 UStG die Rückgängigmachung einer Leistung von der sog. **Rücklieferung**, die nicht in den Anwendungsbereich der Vorschrift

fällt. Ob eine nichtsteuerbare Rückgängigmachung eines Liefervorgangs oder eine Rücklieferung vorliegt, ist aus der Sicht des Leistungsempfängers zu beurteilen (vgl. zuletzt BFH vom 12.11.2008, Az: XI R 46/07, BStBl II 2009, 558; vgl. Abschn. 1.1 Abs. 4 und Abschn. 17.1 Abs. 8 UStAE). Dabei ist auf eine innere Verknüpfung zwischen dem Erwerb und der Rückgabe dergestalt abzuheben, das Leistung und Gegenleistung zurückgegeben werden, wohingegen die Rücklieferung zwei getrennte wirtschaftliche Vorgänge voraussetzt. I.d.R. erfolgt eine Rücklieferung aufgrund eines erneuten Willensentschlusses (vgl. BFH vom 27.06.1995, Az: V R 27/94, BStBl II 1995, 756) und erst einige Zeit nach dem ursprünglichen Kauf (vgl. BFH vom 22.11.1962, Az: V 214/58 S, BStBl III 1963, 194; BFH vom 09.03.1967, Az: V 96/64, BStBl III 1967, 379). Entscheidungserheblich sind auch die Rechtspositionen der Beteiligten. Kommt der Leistungsempfänger bei einer Lieferung unter Eigentumsvorbehalt (§ 455 BGB) in Zahlungsverzug, kann der Lieferer die Rückgabe der gelieferten Sachen erzwingen, es kommt zur Rückgängigmachung der ursprünglichen Lieferung (vgl. BFH vom 17.12.1981, Az: V R 75/77, BStBl II 1982, 233 – zur Lieferung von Gerüstteilen unter Eigentumsvorbehalt). Zur Rückgängigmachung eines **Finanzierungs-Leasingvertrags** vgl. FG Nürnberg vom 29.01.2007 (Az: II 342/2005, DStRE 2007, 1572, rkr., – Ablehnung AdV, da nicht ernstlich zweifelhaft ist, dass die außerordentliche Kündigung eines Finanzierungsleasing-Vertrags über einen Hubschrauber und die einvernehmliche Rückgabe des Hubschraubers zur Verringerung der ursprünglichen Bemessungsgrundlage wegen Rückgabe einer Lieferung nach § 17 Abs. 2 Nr. 3 UStG führt; vgl. auch EuGH vom 12.10.2017, Rs. C-404/16, Lombard, UR 2018, 32: bei Kündigung eines Finanzierungsleasing-Vertrages ist eine Änderung der Bemessungsgrundlage zulässig). Fristlose Kündigung und einvernehmliche Rückgabe ohne weitergehende wechselseitige Ansprüche führten zur Rückgängigmachung der Lieferung (keine Rücklieferung) und Berichtigung nach § 17 Abs. 2 Nr. 3 UStG im Jahr des Eintritts (2003) des Ereignisses (Berichtigung wohl i. H. der Differenz zwischen der ursprünglichen Bemessungsgrundlage und den tatsächlich gezahlten Leasingraten). Für die Unterscheidung zwischen Rücklieferung und Rückgängigmachung ist es ohne Bedeutung, ob der Leistungsempfänger Unternehmer oder Nichtunternehmer ist (vgl. BFH vom 19.06.2002, Az: V B 113/01 (NV), BFH/NV 2002, 1353). Rechtspositionen, die zur Rückabwicklung des ursprünglichen Geschäftes führen können sind z. B. Rücktritt (§§ 323 ff., 437 BGB), Unwirksamkeit des Rechtsgeschäftes, Anfechtung (vgl. BFH vom 20.08.1999, Az: V B 74/99 (NV), BFH/NV 2000, 243 – für den Fall der Anfechtung eines Praxisübernahmevertrages). § 17 Abs. 2 Nr. 3 UStG kommt auch bei sonstigen Leistungen in Betracht, soweit sie von ihrer Art her rückgängig gemacht werden können (vgl. BFH vom 20.08.1999, Az: V B 74/99 (NV), BFH/NV 2000, 243 für den Fall der Übertragung eines immateriellen Wirtschaftsgutes, hier: Kundenstamm). Gerade bei Gebrauchsüberlassungen oder Dienstleistungen dürfte aber regelmäßig eine Rückgängigmachung ausscheiden, da sie sich mit ihrer Nutzung bzw. Erbringung verbraucht haben (vgl. BFH vom 18.09.2008, Az: V R 56/06, BFH/NV 2009, 316: keine Rückgängigmachung einer Maklerleistung).

Als Rücklieferung beurteilte der BFH die **Rücknahme von Umzugskartons** gegen Entgelt durch ein Umzugsunternehmen (Urteil vom 12.11.2008, Az: XI R 46/07, BStBl II 2009, 558; vgl. Abschn. 17.1 Abs. 8 S. 1–3 UStAE). Der Verkauf der Kartons sei weder nach § 17 Abs. 2 Nr. 3 UStG rückgängig gemacht worden, noch sei eine Entgeltsminderung für die ursprünglichen Lieferungen eingetreten, noch gelten hierfür die Sonderregelungen für mit Pfand belegte Gegenstände. Eine Rückgängigmachung ist anzunehmen, wenn der Liefernde oder der Lieferungsempfänger das der Hinlieferung zugrunde liegende Umsatzgeschäft beseitigt oder sich auf dessen Unwirksamkeit beruft, die zuvor begründete Erwartung des Lieferers auf ein Entgelt dadurch entfällt und der Lieferempfänger den Liefergegenstand in Rückabwicklung zurückgibt. Bei Rückgängigmachung liegt typischerweise eine Vertragsstörung im weiten Sinne vor. Ein Merkmal der Rückgängigmachung ist die Rückzahlung des ursprünglichen Entgelts. Demgegenüber liegt eine Rücklieferung vor, wenn ein neues Umsatzgeschäft eingegangen wird, bei dem der Liefergegenstand gegen Entgelt zurückgegeben wird. 110

7.8.2 Nichterfüllung bei Insolvenz

111 Nach dem BFH-Urteil vom 08.05.2003 (Az: V R 20/02, BStBl II 2003, 953 mit Anm. Klenk, DStR 2003, 1750; vgl. auch Abschn. 17.1 Abs. 8 S. 4 UStAE) kann ein Fall der Rückgängigmachung i. S. v. § 17 Abs. 2 Nr. 3 UStG vorliegen, wenn der Insolvenzverwalter die Erfüllung eines Vertrages, der zum Zeitpunkt der Insolvenzeröffnung von beiden Seiten nicht oder nicht vollständig erfüllt war, ablehnt. Im Urteilsfall ging es um die Lieferung eines Grundstücks, bei der zwar die Verfügungsmacht, nicht jedoch das Eigentum übertragen und der Kaufpreis noch nicht vollständig bezahlt worden war. Der Konkursverwalter (jetzt Insolvenzverwalter) lehnte die (weitere) Erfüllung des Vertrages ab (vgl. jetzt § 103 InsO). Für den Teil des Kaufpreises, der bis zur Eröffnung des Konkursverfahrens nicht bezahlt worden war, nahm der BFH einen Fall des § 17 Abs. 2 Nr. 1 UStG (Uneinbringlichkeit) an, für den zuvor teilweise gezahlten Kaufpreis einen Fall des § 17 Abs. 2 Nr. 3 UStG, da durch die Ablehnung der Erfüllung das zugrundeliegende Umsatzgeschäft in ein Rückabwicklungsverhältnis umgewandelt worden sei.

112 Wählt der Insolvenzverwalter bei Insolvenz des leistenden Unternehmers die Nichterfüllung eines Vertrages (§ 103 InsO) und begehrt er die Berichtigung der USt aus erhaltenen Anzahlungen, kommt eine Berichtigung erst und nur in Betracht, wenn die Anzahlungen tatsächlich zurückgezahlt wurden (BFH vom 02.09.2010, Az: V R 34/09, BStBl II 2011, 991, vgl. auch Rn. 32). Mangels Rückzahlung wird daher ein Erstattungsanspruch regelmäßig zunächst ausscheiden. Kommt es im Rahmen der Befriedigung der Insolvenzgläubiger zur quotalen Rückzahlung, wird erst hierdurch und zu diesem Zeitpunkt ein Erstattungsanspruch begründet. Vor diesem Hintergrund scheidet auch eine Aufrechnung des FA mit Insolvenzforderungen aus (vgl. Rn. 97).

7.8.3 Inanspruchnahme aus Bürgschaft

113 Eine Vorsteuerberichtigungspflicht des Leistungsempfängers kann sich nach Auffassung des FG München auch daraus ergeben, dass er einen Bürgen in Anspruch nimmt und dieser ihm seine Gegenleistung zurückerstattet (vgl. Urteil vom 06.03.2008, Az: 14 K 3663/05, EFG 2008, 1078, vgl. Rn. 48 Beispiele).

7.8.4 Abtretung von Umsatzsteuervergütungsansprüchen

114 Wie bereits angeführt (vgl. Rn. 13) vertritt der VII. Senat BFH mit **Urteil vom 27.10.2009** (Az: VII R 4/08, BStBl II 2010, 257) hierzu: »Hat der Unternehmer einen Umsatzsteuervergütungsanspruch abgetreten und das Finanzamt den Vergütungsbetrag an den Zessionar ausgezahlt, entsteht ein Rückzahlungsanspruch gegen den Zessionar, wenn und soweit der Vergütungsanspruch auf einem später gemäß § 17 UStG berichtigten Vorsteuerabzug beruhte.« In Fortentwicklung seiner bisherigen Rechtsprechung führt der BFH weiter aus: »Der Rückzahlungsanspruch setzt die Feststellung voraus, dass die Ereignisse, die gemäß § 17 UStG die Vorsteuerberichtigung erfordern, diejenigen Umsätze betreffen, auf deren Besteuerung der abgetretene Vergütungsanspruch beruhte. Verbleibt nach Abzug der berichtigten Vorsteuern in dem von der Zession betroffenen Voranmeldungszeitraum noch ein negativer Umsatzsteuerbetrag, so ist die Rückforderung in Höhe dieses Restbetrags nicht gerechtfertigt.«

7.8.5 Umtausch

Bezüglich der umsatzsteuerlichen Einordnung des **Umtausches** muss u. E. differenziert werden. War der Liefergegenstand mängelbehaftet und wird deshalb zeitnah gegen einen gleichartigen Gegenstand um- bzw. ausgetauscht, liegt keine Rückgängigmachung der ursprünglichen Lieferung vor, da die Kaufentscheidung des Leistungsempfängers sich unverändert auf den Liefergegenstand bezieht. Ggf. auftretende Wertunterschiede stellen nachträgliche Änderungen der Bemessungsgrundlage (§ 10 UStG) dar, die in dem Besteuerungszeitraum, in dem sie auftreten nach § 17 Abs. 1 UStG berichtigt werden. Wird jedoch der Liefergegenstand z. B. wegen Nichtgefallens (Stichwort: Weihnachtsgeschäft) gegen einen andersartigen Gegenstand umgetauscht, liegt u. E. eine Rückgängigmachung der ursprünglichen Lieferung und eine erneute Lieferung vor. Auswirkungen ergeben sich aber auch in diesem Fall lediglich bei Abweichungen in der Entgeltshöhe, da auch im Bereich des § 17 Abs. 2 Nr. 3 UStG die Vorschriften des § 17 Abs. 1 UStG sinngemäß anzuwenden sind, die Berichtigung nach § 17 Abs. 1 S. 7 UStG daher regelmäßig in denselben Besteuerungszeitraum fallen wird, in dem auch die erneute Lieferung erfolgt. Im Zusammenhang mit der Anhebung des Regelsteuersatzes ab 01.01.2007 vertritt das BMF (Schreiben vom 11.08.2006, Az: IV A 5 - S 7210 - 23/06, BStBl I 2006, 477, Tz. 43) ohne weiter zu differenzieren die Auffassung, der Umtausch stelle eine Rückgängigmachung der Lieferung dar. Sofern demnach ein vor dem 01.01.2007 gelieferter Gegenstand nach diesem Zeitpunkt umgetauscht wird, unterliegt die Ersatzlieferung dem Regelsteuersatz 19 %. 115

§ 17 Abs. 2 Nr. 3 UStG ist auch anzuwenden, wenn ein steuerpflichtiger i. g. Erwerb rückgängig gemacht wird (vgl. dazu Korf in H/M, § 17 UStG Rn. 235 ff.). 116

7.8.6 Rückzahlung

Mit Urteil vom 02.09.2010 (Az: V R 34/09, BStBl II 2011, 991) hat der BFH entschieden, dass auch in Fällen des § 17 Abs. 2 Nr. 2 und Nr. 3 UStG bei bereits vereinnahmtem Entgelt die Rückzahlung Voraussetzung der Berichtigung ist (vgl. Rn. 32). 117

7.9 Nachweis der Erwerbsbesteuerung (§ 17 Abs. 2 Nr. 4 UStG)

Nach § 17 Abs. 2 Nr. 4 UStG ist § 17 Abs. 1 UStG sinngemäß anzuwenden, wenn der Erwerber den Nachweis i. S. d. § 3d S. 2 UStG führt. Die Vorschrift hebt auf die Möglichkeit einer doppelten Erfassung des i. g. Erwerbs i. S. d. § 1a UStG durch die Verwendung einer UStIdNr. eines anderen Mitgliedsstaates ab. Grundsätzlich bestimmt sich der Ort des i. g. Erwerbs (§ 1a UStG) nach § 3d S. 1 UStG. Ein i. g. Erwerb wird in dem Gebiet des Mitgliedsstaates bewirkt, in dem sich der Gegenstand am Ende der Beförderung oder Versendung befindet. Verwendet der Unternehmer jedoch eine UStIdNr. eines anderen Mitgliedsstaates, gilt der i. g. Erwerb als auch in diesem Staat bewirkt (§ 3d S. 2 UStG). 118

Beispiel:
Unternehmer D aus Deutschland bestellt bei Unternehmer F in Frankreich Waren, die dieser an eine Betriebsstätte des D in Belgien liefern soll. F transportiert die Waren mit eigenem Lkw von Frankreich nach Belgien. Bei der Bestellung benutzt D seine deutsche UStIdNr. gegenüber F.

Lösung:
D verwirklicht einen i. g. Erwerb i. S. d. § 1 a UStG in Belgien, da die Beförderung des F auf belgischem Gebiet endet (§ 3 d S. 1 UStG). Da D gegenüber F jedoch seine deutsche UStIdNr. verwendet, gilt der i. g. Erwerb so lange als in Deutschland bewirkt, bis D nachweist, dass er den i. g. Erwerb in Belgien versteuert hat (§ 3 d S. 2 UStG). Insofern tritt eine doppelte Steuerpflicht sowohl in Belgien als auch in Deutschland ein, da der Ort des i. g. Erwerbs grundsätzlich in Belgien liegt. D muss den i. g. Erwerb zunächst in Deutschland der Besteuerung unterwerfen. Ein Vorsteuerabzug ist ausgeschlossen, vgl. § 15 Abs. 1 S. 1 Nr. 3 UStG. Weist D nach, dass er den i. g. Erwerb in Belgien versteuert hat, greift die Fiktion des § 3 d S. 2 UStG nicht mehr, dementsprechend berichtigt D die Besteuerung in Deutschland nach § 17 Abs. 2 Nr. 4 UStG. Die Berichtigung ist in dem Besteuerungszeitraum vorzunehmen, in dem D den Nachweis über die Besteuerung in Belgien erbringt (§ 17 Abs. 1 S. 7 UStG).

119 Nach dem Urteil des EuGH vom 22.04.2010 (Rs. C-536/08 und C-539/08, UR 2010, 418) hat die Steuer nach § 3 d S. 2 UStG Strafcharakter und darf deshalb nicht als Vorsteuer abgezogen werden. Die Neutralität der Mehrwertsteuer ist daher nicht über den Vorsteuerabzug, sondern über die Berichtigung der Bemessungsgrundlage nach § 17 Abs. 2 Nr. 4 UStG herzustellen (weiterführend von Streit, EU-UStB 2010, 43 ff.; Maunz, UR 2010, 422 ff.; Weimann, UStB 2010, 288 ff.). Der BFH hat sich dem angeschlossen (vgl. Urteile vom 08.09.2010, Az: XI R 40/08, BStBl II 2011, 661 und vom 01.09.2010, Az: V R 39/08, BStBl 2011 II, 658) und einen Vorsteuerabzug nach § 15 Abs. 1 Nr. 3 UStG in den Fällen des § 3 d S. 2 UStG versagt. Die Finanzverwaltung ist dem durch BMF-Schreiben vom 07.07.2011 (BStBl I 2011, 739) gefolgt. Der Gesetzgeber hat zudem den Wortlaut des § 15 Abs. 1 Nr. 3 UStG durch das Amtshilferichtlinie-Umsetzungsgesetz vom 26.06.2013 (BGBl I 2013, 1809) entsprechend klarstellend ergänzt.

7.10 Aufwendungen i. S. d. § 15 Abs. 1a UStG, § 17 Abs. 2 Nr. 5 UStG

120 § 17 Abs. 2 Nr. 5 UStG regelt die sinngemäße Anwendung des § 17 Abs. 1 UStG in Zusammenhang mit Aufwendungen i. S. d. § 15 Abs. 1a UStG. Die bisherige Querverweisung auf § 15 Abs. 1a Nr. 1 UStG wurde durch das JStG 2009 an die Neufassung des § 15 Abs. 1a UStG durch das JStG 2007 redaktionell angepasst. § 15 Abs. 1a UStG regelt den Vorsteuerausschluss für Aufwendungen, für die das Abzugsverbot des § 4 Abs. 5 S. 1 Nr. 1 bis 4, 7, Abs. 7 oder des § 12 Nr. 1 EStG gilt (vgl. Abschn. 15.6 UStAE).

121 Im Einzelnen fallen in den Anwendungsbereich:

- Aufwendungen für Geschenke an Personen, die nicht Arbeitnehmer des Steuerpflichtigen sind (§ 4 Abs. 5 S. 1 Nr. 1 EStG; vgl. a. Radeisen, INF 2007, 266);
- Aufwendungen für die Bewirtung von Personen aus geschäftlichem Anlass (§ 4 Abs. 5 S. 1 Nr. 2 EStG; beachte auch die Änderungen in § 15 Abs. 1a UStG durch das JStG 2007 – Gesetz vom 13.12.2006, BGBl I 2006, 2878);
- Aufwendungen für Einrichtungen des Steuerpflichtigen, soweit sie der Bewirtung, Beherbergung oder Unterhaltung von Personen dienen, die nicht Arbeitnehmer des Steuerpflichtigen sind (Gästehäuser; § 4 Abs. 5 S. 1 Nr. 3 EStG);
- Aufwendungen für Jagd oder Fischerei, für Segelyachten oder Motoryachten sowie für ähnliche Zwecke (§ 4 Abs. 5 S. 1 Nr. 4 EStG; vgl. BFH vom 02.07.2008, Az: XI R 60/06, BStBl II 2009, 167:
  1. Vorsteuerbeträge, die auf laufende Aufwendungen für Segelyachten entfallen, sind ab dem 01.04.1999 gem. § 15 Abs. 1a Nr. 1 UStG 1999 i. V. m. § 4 Abs. 5 S. 1 Nr. 4 EStG nicht abziehbar, wenn der Unternehmer die Segelyachten zwar nachhaltig und zur Erzielung von Einnahmen, jedoch ohne Gewinn-/Überschusserzielungsabsicht vermietet.

2. Hat der Unternehmer die Segelyachten bereits vor dem 01.04.1999 erworben und die Vorsteuer für die Kosten des Erwerbs abgezogen, ist der Vorsteuerabzug nach § 17 Abs. 2 Nr. 5 UStG 1999 zu berichtigen, soweit er auf die Absetzung für Abnutzung in der Zeit ab dem 01.04.1999 entfällt; vgl. Abschn. 17.1 Abs. 9 UStAE); zur Abgrenzung in Fällen einer Pferdezucht mit erheblichen Umsätzen und zur Auslegung der gesetzlichen Formulierung »sowie für ähnliche Zwecke« in § 4 Abs. 5 Nr. 4 EStG vgl. BFH vom 12.02.2009, Az: V R 61/06, BStBl II 2009, 828;

- andere Aufwendungen, die die private Lebensführung berühren und als unangemessen anzusehen sind (§ 4 Abs. 5 S. 1 Nr. 7 EStG);
- die o.g. Aufwendungen, bei denen gegen die Aufzeichnungspflichten verstoßen wird (§ 4 Abs. 7 EStG; beachte auch die Änderungen in § 15 Abs. 1a UStG durch das JStG 2007 – Gesetz vom 13.12.2006, BGBl I 2006, 2878);
- Aufwendungen, die ertragsteuerlich unter § 12 Nr. 1 UStG fallen.

Die Vorschrift § 17 Abs. 2 Nr. 5 UStG betrifft die Berichtigung des Vorsteuerabzuges i.S.d. § 17 Abs. 1 S. 2 UStG in Zusammenhang mit den o.g. Aufwendungen. Es muss dabei unterschieden werden zwischen dem Besteuerungszeitraum, in dem sich erstmalig die Frage nach dem Vorsteuerabzug i.S.d. § 15 Abs. 1, 1a UStG stellt und einer später ggf. erforderlichen Korrektur dieser Vorsteuerabzugsentscheidung über § 17 Abs. 2 Nr. 5 UStG. Dabei kann sich im Besteuerungszeitraum der Berichtigung sowohl eine Erhöhung als auch eine Verminderung des Vorsteuerabzuges ergeben. 122

Beispiel 1:
Unternehmer A erwirbt Gegenstände, die für eine Verwendung als Geschenke an Geschäftsfreunde vorgesehen sind. Der Wert der einzelnen Gegenstände überschreitet die in § 4 Abs. 5 S. 1 Nr. 1 EStG genannte Grenze. Einen Teil der Gegenstände verschenkt A noch im Monat des Erwerbes, für die übrigen Gegenstände kann die spätere Verwendung zunächst als sicher gelten. In einem späteren Besteuerungszeitraum verwendet A einen der Gegenstände tatsächlich vorsteuerunschädlich im eigenen Unternehmen.

Lösung:
Für die bereits im Besteuerungszeitraum des erstmaligen Vorsteuerabzuges verschenkten Gegenstände tritt der Vorsteuerausschluss nach § 15 Abs. 1a UStG ein, da A diese Gegenstände bereits vorsteuerschädlich verwendet hat. Für die noch nicht verschenken Gegenstände tritt ebenfalls der Vorsteuerausschluss ein, da diese für eine vorsteuerschädliche Verwendung vorgesehen sind. Da A einen der Gegenstände später tatsächlich nicht vorsteuerschädlich verwendet, tritt der Fall des § 17 Abs. 2 Nr. 5 UStG ein, A kann den Vorsteuerabzug in dem Besteuerungszeitraum berichtigen (erhöhen), in dem er den Gegenstand vorsteuerunschädlich verwendet (vgl. Stadie in R/D, § 17 UStG Anm. 280, Korf in H/M, § 17 UStG, Rn. 265 – der Wortlaut des § 17 Abs. 2 Nr. 5 UStG »Aufwendungen im Sinne des § 15 Abs. 1a UStG getätigt werden« legt an sich nahe, diese Fallkonstellation nicht zu erfassen, jedoch entsprechende Anwendung aus Vereinfachungsgründen, da ansonsten Berichtigung des ursprünglichen Besteuerungszeitraums notwendig; a.A. Korn in Bunjes, § 17 UStG Rn. 85).

Beispiel 2:
(vgl. Abschn. 15.6 Abs. 5 UStAE). Der Unternehmer A schenkt seinem Geschäftskunden B im April 02 eine Uhr aus seinem Warenbestand. Die Uhr hatte A im Dezember 01 für 30 € zuzüglich 5,70 € USt eingekauft. Im Dezember 02 erhält B von A aus Anlass des Weihnachtsfestes ein Präsent, das A im Dezember 02für ebenfalls 30 € zuzüglich 5,70 € USt gekauft hatte.

Lösung:
Durch das zweite Geschenk im Dezember 02 wird die Grenze des § 4 Abs. 5 EStG überschritten, sodass auch die Aufwendungen für das erste Geschenk im April 02 nicht abziehbar werden. A muss in der USt-Voranmeldung Dezember 02 eine Vorsteuerberichtigung nach § 17 Abs. 2 Nr. 5 UStG i.H.v. 5,70 € für das erste Geschenk vornehmen. Die Vorsteuer aus dem zweiten Geschenk i.H.v. ebenfalls 5,70 € fällt unter § 15 Abs. 1a UStG und ist ebenfalls nicht abziehbar.

Beispiel 3:
Unternehmer A erwirbt Gegenstände zunächst in der Absicht einer eigenbetrieblichen Nutzung ohne Vorsteuerausschluss. In einem späteren Besteuerungszeitraum verschenkt er einen Gegenstand jedoch an einen Geschäftsfreund.

Lösung:
Im Besteuerungszeitraum des erstmaligen Vorsteuerabzuges entscheidet sich dieser nach der geplanten Verwendung (Zuordnungsentscheidung, vgl. auch Abschn. 15.2c UStAE). Da A zu diesem Zeitpunkt eine Verwendung im eigenen Unternehmen plant und diese keinen Vorsteuerausschluss erzeugt, kann er die Vorsteuer nach § 15 Abs. 1 UStG zunächst geltend machen. In dem Besteuerungszeitraum, in dem A den Gegenstand tatsächlich verschenkt, hat er Aufwendungen i. S. des § 15 Abs. 1a UStG getätigt und fällt in die Berichtigungspflicht nach § 17 Abs. 2 Nr. 5 UStG. Im Zusammenhang mit einem zunächst im eigenen Unternehmen genutzten Gegenstand wird allerdings im Schrifttum auch ein Konkurrenzverhältnis zwischen den Regelungen in § 3 Abs. 1b S. 1 Nr. 3 UStG (unentgeltliche Wertabgabe) und § 17 Abs. 2 Nr. 5 UStG (Vorsteuerberichtigung) diskutiert (vgl. Kollruss/Weissert/Schanz/Ilin, UStB 2008, 341 m. w. N., am Beispiel der späteren Schenkung eines Gegenstandes des Anlagevermögen, Zielrichtung: Vorrang von § 3 Abs. 1b S. 1 Nr. 3 UStG, jedenfalls keine Anwendung von sowohl der Besteuerung der unentgeltlichen Wertabgabe als auch des Ausschlusses des Vorsteuerabzugs über § 15 Abs. 1a UStG i. V. m. § 17 Abs. 2 Nr. 5 UStG; vgl. Stadie in R/D, § 17 Rn. 283; Abschn. 3.3 Abs. 10ff. UStAE).

7.11 Einfuhrumsatzsteuer

123 § 17 Abs. 3 UStG regelt den Fall, dass die Einfuhrumsatzsteuer (vgl. § 1 Abs. 1 Nr. 4 UStG) nachträglich durch die zuständige Zollstelle herabgesetzt, erlassen oder erstattet wird, die der Unternehmer als Vorsteuer geltend gemacht hat (§ 15 Abs. 1 S. 1 Nr. 2 UStG). In diesem Fall muss der Unternehmer den bisherigen Vorsteuerabzug entsprechend berichtigen. Der Zeitpunkt der Berichtigung bestimmt sich in sinngemäßer Anwendung des § 17 Abs. 1 S. 7 UStG, die Berichtigung muss daher in dem Besteuerungszeitraum erfolgen, in dem das auslösende Ereignis eintritt. Dies dürfte die tatsächliche Erstattung der EUSt sein (vgl. Stadie in R/D, § 17 UStG Anm. 315; Stadie in UStG, § 17 UStG Rn. 93; Schwarz in V/S, § 17 UStG Rn. 179; vgl. BFH vom 18.09.2008, Az: V R 56/06, BStBl II 2009, 250). Die Vorschrift stellt den Ausgleich zwischen der Belastung mit Einfuhrumsatzsteuer einerseits und dem entsprechenden Vorsteuerabzug andererseits her und entspricht somit dem Grundgedanken des § 17 Abs. 1 UStG.

§ 18 UStG
Besteuerungsverfahren

(1) [1]Der Unternehmer hat bis zum 10. Tag nach Ablauf jedes Voranmeldungszeitraums eine Voranmeldung nach amtlich vorgeschriebenem Datensatz durch Datenfernübertragung zu übermitteln, in der er die Steuer für den Voranmeldungszeitraum (Vorauszahlung) selbst zu berechnen hat. [2]Auf Antrag kann das Finanzamt zur Vermeidung von unbilligen Härten auf eine elektronische Übermittlung verzichten; in diesem Fall hat der Unternehmer eine Voranmeldung nach amtlich vorgeschriebenem Vordruck abzugeben. [3]§ 16 Abs. 1 und 2 und § 17 sind entsprechend anzuwenden. [4]Die Vorauszahlung ist am 10. Tag nach Ablauf des Voranmeldungszeitraums fällig.

(2) [1]Voranmeldungszeitraum ist das Kalendervierteljahr. [2]Beträgt die Steuer für das vorangegangene Kalenderjahr mehr als 7500 Euro, ist der Kalendermonat Voranmeldungszeitraum. [3]Beträgt die Steuer für das vorangegangene Kalenderjahr nicht mehr als 1000 Euro, kann das Finanzamt den Unternehmer von der Verpflichtung zur Abgabe der Voranmeldungen und Entrichtung der Vorauszahlungen befreien. [4]Nimmt der Unternehmer seine berufliche oder gewerbliche Tätigkeit auf, ist im laufenden und folgenden Kalenderjahr Voranmeldungszeitraum der Kalendermonat. [5]Satz 4 gilt entsprechend in folgenden Fällen:

1. bei im Handelsregister eingetragenen, noch nicht gewerblich oder beruflich tätig gewesenen juristischen Personen oder Personengesellschaften, die objektiv belegbar die Absicht haben, eine gewerbliche oder berufliche Tätigkeit selbständig auszuüben (Vorratsgesellschaften), und zwar ab dem Zeitpunkt des Beginns der tatsächlichen Ausübung dieser Tätigkeit, und
2. bei der Übernahme von juristischen Personen oder Personengesellschaften, die bereits gewerblich oder beruflich tätig gewesen sind und zum Zeitpunkt der Übernahme ruhen oder nur geringfügig gewerblich oder beruflich tätig sind (Firmenmantel), und zwar ab dem Zeitpunkt der Übernahme.

(2a) [1]Der Unternehmer kann an Stelle des Kalendervierteljahres den Kalendermonat als Voranmeldungszeitraum wählen, wenn sich für das vorangegangene Kalenderjahr ein Überschuss zu seinen Gunsten von mehr als 7500 Euro ergibt. [2]In diesem Fall hat der Unternehmer bis zum 10. Februar des laufenden Kalenderjahres eine Voranmeldung für den ersten Kalendermonat abzugeben. [3]Die Ausübung des Wahlrechts bindet den Unternehmer für dieses Kalenderjahr.

(3) [1]Der Unternehmer hat für das Kalenderjahr oder für den kürzeren Besteuerungszeitraum eine Steuererklärung nach amtlich vorgeschriebenem Datensatz durch zu übermitteln, in der er die zu entrichtende Steuer oder den Überschuss, der sich zu seinen Gunsten ergibt, nach § 16 Abs. 1 bis 4 und § 17 selbst zu berechnen hat (Steueranmeldung). [2]In den Fällen des § 16 Abs. 3 und 4 ist die Steueranmeldung binnen einem Monat nach Ablauf des kürzeren Besteuerungszeitraums zu übermitteln. [3]Auf Antrag kann das Finanzamt zur Vermeidung von unbilligen Härten auf eine elektronische Übermittlung verzichten; in diesem Fall hat der Unternehmer eine Steueranmeldung nach amtlich vorgeschriebenem Vordruck abzugeben und eigenhändig zu unterschreiben.

(4) [1]Berechnet der Unternehmer die zu entrichtende Steuer oder den Überschuss in der Steueranmeldung für das Kalenderjahr abweichend von der Summe der Vorauszahlungen, so ist der Unterschiedsbetrag zugunsten des Finanzamts einen Monat nach dem Eingang der

Steueranmeldung fällig. [2]Setzt das Finanzamt die zu entrichtende Steuer oder den Überschuss abweichend von der Steueranmeldung für das Kalenderjahr fest, so ist der Unterschiedsbetrag zugunsten des Finanzamts einen Monat nach der Bekanntgabe des Steuerbescheids fällig. [3]Die Fälligkeit rückständiger Vorauszahlungen (Absatz 1) bleibt von den Sätzen 1 und 2 unberührt.

(4a) [1]Voranmeldungen (Absätze 1 und 2) und eine Steuererklärung (Absätze 3 und 4) haben auch die Unternehmer und juristischen Personen abzugeben, die ausschließlich Steuer für Umsätze nach § 1 Abs. 1 Nr. 5, § 13b Abs. 5 oder § 25b Abs. 2 zu entrichten haben, sowie Fahrzeuglieferer (§ 2a). [2]Voranmeldungen sind nur für die Voranmeldungszeiträume abzugeben, in denen die Steuer für diese Umsätze zu erklären ist. [3]Die Anwendung des Absatzes 2a ist ausgeschlossen.

(4b) Für Personen, die keine Unternehmer sind und Steuerbeträge nach § 6a Abs. 4 Satz 2 oder nach § 14c Abs. 2 schulden, gilt Absatz 4a entsprechend.

(4c) [1]Ein nicht im Gemeinschaftsgebiet ansässiger Unternehmer, der als Steuerschuldner ausschließlich Umsätze nach § 3a Abs. 5 im Gemeinschaftsgebiet erbringt und in keinem anderen Mitgliedstaat für Zwecke der Umsatzsteuer erfasst ist, kann abweichend von den Absätzen 1 bis 4 für jeden Besteuerungszeitraum (§ 16 Abs. 1a Satz 1) eine Steuererklärung auf amtlich vorgeschriebenem Vordruck bis zum 20. Tag nach Ablauf jedes Besteuerungszeitraums abgeben, in der er die Steuer selbst zu berechnen hat; die Steuererklärung ist dem Bundeszentralamt für Steuern elektronisch zu übermitteln. [2]Die Steuer ist am 20. Tag nach Ablauf des Besteuerungszeitraums fällig. [3]Die Ausübung des Wahlrechts hat der Unternehmer auf dem amtlich vorgeschriebenen, elektronisch zu übermittelnden Dokument dem Bundeszentralamt für Steuern anzuzeigen, bevor er Umsätze nach § 3a Abs. 5 im Gemeinschaftsgebiet erbringt. [4]Das Wahlrecht kann nur mit Wirkung vom Beginn eines Besteuerungszeitraums an widerrufen werden. [5]Der Widerruf ist vor Beginn des Besteuerungszeitraums, für den er gelten soll, gegenüber dem Bundeszentralamt für Steuern auf elektronischem Weg zu erklären. [6]Kommt der Unternehmer seinen Verpflichtungen nach den Sätzen 1 bis 3 oder § 22 Abs. 1 wiederholt nicht oder nicht rechtzeitig nach, schließt ihn das Bundeszentralamt für Steuern von dem Besteuerungsverfahren nach Satz 1 aus. [7]Der Ausschluss gilt ab dem Besteuerungszeitraum, der nach dem Zeitpunkt der Bekanntgabe des Ausschlusses gegenüber dem Unternehmer beginnt.

(4d) Die Absätze 1 bis 4 gelten nicht für nicht im Gemeinschaftsgebiet ansässige Unternehmer, die im Inland im Besteuerungszeitraum (§ 16 Abs. 1 Satz 2) als Steuerschuldner ausschließlich Umsätze nach § 3a Abs. 5 erbringen und diese Umsätze in einem anderen Mitgliedstaat erklären sowie die darauf entfallende Steuer entrichten.

(4e) [1]Ein im übrigen Gemeinschaftsgebiet ansässiger Unternehmer (§ 13b Absatz 7 Satz 2), der als Steuerschuldner Umsätze nach § 3a Absatz 5 im Inland erbringt, kann abweichend von den Absätzen 1 bis 4 für jeden Besteuerungszeitraum (§ 16 Absatz 1b Satz 1) eine Steuererklärung nach amtlich vorgeschriebenem Datensatz durch Datenfernübertragung bis zum 20. Tag nach Ablauf jedes Besteuerungszeitraums übermitteln, in der er die Steuer für die vorgenannten Umsätze selbst zu berechnen hat; dies gilt nur, wenn der Unternehmer im Inland, auf der Insel Helgoland und in einem der in § 1 Absatz 3 bezeichneten Gebiete weder seinen Sitz, seine Geschäftsleitung noch eine Betriebsstätte hat. [2]Die Steuererklärung ist der zuständigen Steuerbehörde des Mitgliedstaates der Europäischen Union zu übermitteln, in dem der Unternehmer ansässig ist; diese Steuererklärung ist ab dem Zeitpunkt eine Steueranmeldung im Sinne des § 150 Absatz 1 Satz 3 und des § 168 der Abgabenordnung, zu dem die in ihr enthaltenen Daten von der zuständigen Steuerbehörde des Mitgliedstaates der Europäischen Union, an die der Unternehmer die Steuererklärung übermittelt hat, dem Bundeszentralamt für Steuern übermittelt und dort in bearbeitbarer Weise aufgezeichnet wurden.

[3]Satz 2 gilt für die Berichtigung einer Steuererklärung entsprechend. [4]Die Steuer ist am 20. Tag nach Ablauf des Besteuerungszeitraums fällig. [5]Die Ausübung des Wahlrechts nach Satz 1 hat der Unternehmer in dem amtlich vorgeschriebenen, elektronisch zu übermittelnden Dokument der Steuerbehörde des Mitgliedstaates der Europäischen Union, in dem der Unternehmer ansässig ist, vor Beginn des Besteuerungszeitraums anzuzeigen, ab dessen Beginn er von dem Wahlrecht Gebrauch macht. [6]Das Wahlrecht kann nur mit Wirkung vom Beginn eines Besteuerungszeitraums an widerrufen werden. [7]Der Widerruf ist vor Beginn des Besteuerungszeitraums, für den er gelten soll, gegenüber der Steuerbehörde des Mitgliedstaates der Europäischen Union, in dem der Unternehmer ansässig ist, auf elektronischem Weg zu erklären. [8]Kommt der Unternehmer seinen Verpflichtungen nach den Sätzen 1 bis 5 oder § 22 Absatz 1 wiederholt nicht oder nicht rechtzeitig nach, schließt ihn die zuständige Steuerbehörde des Mitgliedstaates der Europäischen Union, in dem der Unternehmer ansässig ist, von dem Besteuerungsverfahren nach Satz 1 aus. [9]Der Ausschluss gilt ab dem Besteuerungszeitraum, der nach dem Zeitpunkt der Bekanntgabe des Ausschlusses gegenüber dem Unternehmer beginnt. [10]Die Steuererklärung nach Satz 1 gilt als fristgemäß übermittelt, wenn sie bis zum 20. Tag nach Ablauf des Besteuerungszeitraums (§ 16 Absatz 1b Satz 1) der zuständigen Steuerbehörde des Mitgliedstaates der Europäischen Union übermittelt worden ist, in dem der Unternehmer ansässig ist, und dort in bearbeitbarer Weise aufgezeichnet wurde. [11]Die Entrichtung der Steuer erfolgt entsprechend Satz 4 fristgemäß, wenn die Zahlung bis zum 20. Tag nach Ablauf des Besteuerungszeitraums (§ 16 Absatz 1b Satz 1) bei der zuständigen Steuerbehörde des Mitgliedstaates der Europäischen Union, in dem der Unternehmer ansässig ist, eingegangen ist. [12]§ 240 der Abgabenordnung ist mit der Maßgabe anzuwenden, dass eine Säumnis frühestens mit Ablauf des 10. Tages nach Ablauf des auf den Besteuerungszeitraum (§ 16 Absatz 1b Satz 1) folgenden übernächsten Monats eintritt.

(5) In den Fällen der Beförderungseinzelbesteuerung (§ 16 Abs. 5) ist abweichend von den Absätzen 1 bis 4 wie folgt zu verfahren:

1. Der Beförderer hat für jede einzelne Fahrt eine Steuererklärung nach amtlich vorgeschriebenem Vordruck in zwei Stücken bei der zuständigen Zolldienststelle abzugeben.
2. Die zuständige Zolldienststelle setzt für das zuständige Finanzamt die Steuer auf beiden Stücken der Steuererklärung fest und gibt ein Stück dem Beförderer zurück, der die Steuer gleichzeitig zu entrichten hat. Der Beförderer hat dieses Stück mit der Steuerquittung während der Fahrt mit sich zu führen.
3. Der Beförderer hat bei der zuständigen Zolldienststelle, bei der er die Grenze zum Drittlandsgebiet überschreitet, eine weitere Steuererklärung in zwei Stücken abzugeben, wenn sich die Zahl der Personenkilometer (§ 10 Abs. 6 Satz 2), von der bei der Steuerfestsetzung nach Nummer 2 ausgegangen worden ist, geändert hat. Die Zolldienststelle setzt die Steuer neu fest. Gleichzeitig ist ein Unterschiedsbetrag zugunsten des Finanzamts zu entrichten oder ein Unterschiedsbetrag zugunsten des Beförderers zu erstatten. Die Sätze 2 und 3 sind nicht anzuwenden, wenn der Unterschiedsbetrag weniger als 2,50 Euro beträgt. Die Zolldienststelle kann in diesen Fällen auf eine schriftliche Steuererklärung verzichten.

(5a) [1]In den Fällen der Fahrzeugeinzelbesteuerung (§ 16 Abs. 5a) hat der Erwerber, abweichend von den Absätzen 1 bis 4, spätestens bis zum 10. Tag nach Ablauf des Tages, an dem die Steuer entstanden ist, eine Steuererklärung nach amtlich vorgeschriebenem Vordruck abzugeben, in der er die zu entrichtende Steuer selbst zu berechnen hat (Steueranmeldung). [2]Die Steueranmeldung muss vom Erwerber eigenhändig unterschrieben sein. [3]Gibt der Erwerber die Steueranmeldung nicht ab oder hat er die Steuer nicht richtig berechnet, so kann das Finanzamt die Steuer festsetzen. [4]Die Steuer ist am 10. Tag nach Ablauf des Tages fällig, an dem sie entstanden ist.

(5b) [1]In den Fällen des § 16 Abs. 5b ist das Besteuerungsverfahren nach den Absätzen 3 und 4 durchzuführen. [2]Die bei der Beförderungseinzelbesteuerung (§ 16 Abs. 5) entrichtete Steuer ist auf die nach Absatz 3 Satz 1 zu entrichtende Steuer anzurechnen.

(6) [1]Zur Vermeidung von Härten kann das Bundesministerium der Finanzen mit Zustimmung des Bundesrates durch Rechtsverordnung die Fristen für die Voranmeldungen und Vorauszahlungen um einen Monat verlängern und das Verfahren näher bestimmen. [2]Dabei kann angeordnet werden, dass der Unternehmer eine Sondervorauszahlung auf die Steuer für das Kalenderjahr zu entrichten hat.

(7) [1]Zur Vereinfachung des Besteuerungsverfahrens kann das Bundesministerium der Finanzen mit Zustimmung des Bundesrates durch Rechtsverordnung bestimmen, dass und unter welchen Voraussetzungen auf die Erhebung der Steuer für Lieferungen von Gold, Silber und Platin sowie sonstige Leistungen im Geschäft mit diesen Edelmetallen zwischen Unternehmern, die an einer Wertpapierbörse im Inland mit dem Recht zur Teilnahme am Handel zugelassen sind, verzichtet werden kann. [2]Das gilt nicht für Münzen und Medaillen aus diesen Edelmetallen.

(8) (weggefallen)

(9) [1]Zur Vereinfachung des Besteuerungsverfahrens kann das Bundesministerium der Finanzen mit Zustimmung des Bundesrates durch Rechtsverordnung die Vergütung der Vorsteuerbeträge (§ 15) an im Ausland ansässige Unternehmer, abweichend von § 16 und von den Absätzen 1 bis 4, in einem besonderen Verfahren regeln. [2]Dabei kann auch angeordnet werden,

1. dass die Vergütung nur erfolgt, wenn sie eine bestimmte Mindesthöhe erreicht,
2. innerhalb welcher Frist der Vergütungsantrag zu stellen ist,
3. in welchen Fällen der Unternehmer den Antrag eigenhändig zu unterschreiben hat,
4. wie und in welchem Umfang Vorsteuerbeträge durch Vorlage von Rechnungen und Einfuhrbelegen nachzuweisen sind,
5. dass der Bescheid über die Vergütung der Vorsteuerbeträge elektronisch erteilt wird,
6. wie und in welchem Umfang der zu vergütende Betrag zu verzinsen ist.

[3]Einem Unternehmer, der im Gemeinschaftsgebiet ansässig ist und Umsätze ausführt, die zum Teil den Vorsteuerabzug ausschließen, wird die Vorsteuer höchstens in der Höhe vergütet, in der er in dem Mitgliedstaat, in dem er ansässig ist, bei Anwendung eines Pro-rata-Satzes zum Vorsteuerabzug berechtigt wäre. [4]Einem Unternehmer, der nicht im Gemeinschaftsgebiet ansässig ist, wird die Vorsteuer nur vergütet, wenn in dem Land, in dem der Unternehmer seinen Sitz hat, keine Umsatzsteuer oder ähnliche Steuer erhoben oder im Fall der Erhebung im Inland ansässigen Unternehmern vergütet wird. [5]Von der Vergütung ausgeschlossen sind bei Unternehmern, die nicht im Gemeinschaftsgebiet ansässig sind, die Vorsteuerbeträge, die auf den Bezug von Kraftstoffen entfallen. [6]Die Sätze 4 und 5 gelten nicht für Unternehmer, die nicht im Gemeinschaftsgebiet ansässig sind, soweit sie im Besteuerungszeitraum (§ 16 Abs. 1 Satz 2) als Steuerschuldner ausschließlich elektronische Leistungen nach § 3a Abs. 5 im Gemeinschaftsgebiet erbracht und für diese Umsätze von § 18 Abs. 4c Gebrauch gemacht haben oder diese Umsätze in einem anderen Mitgliedstaat erklärt sowie die darauf entfallende Steuer entrichtet haben; Voraussetzung ist, dass die Vorsteuerbeträge im Zusammenhang mit elektronischen Leistungen nach § 3a Abs. 5 stehen.

(10) Zur Sicherung des Steueranspruchs in Fällen des innergemeinschaftlichen Erwerbs neuer motorbetriebener Landfahrzeuge und neuer Luftfahrzeuge (§ 1b Abs. 2 und 3) gilt Folgendes:

1. Die für die Zulassung oder die Registrierung von Fahrzeugen zuständigen Behörden sind verpflichtet, den für die Besteuerung des innergemeinschaftlichen Erwerbs neuer Fahrzeuge zuständigen Finanzbehörden ohne Ersuchen Folgendes mitzuteilen:

a) bei neuen motorbetriebenen Landfahrzeugen die erstmalige Ausgabe von Zulassungsbescheinigungen Teil II oder die erstmalige Zuteilung eines amtlichen Kennzeichens bei zulassungsfreien Fahrzeugen. Gleichzeitig sind die in Nummer 2 Buchstabe a bezeichneten Daten und das zugeteilte amtliche Kennzeichen oder, wenn dieses noch nicht zugeteilt worden ist, die Nummer der Zulassungsbescheinigung Teil II zu übermitteln,

b) bei neuen Luftfahrzeugen die erstmalige Registrierung dieser Luftfahrzeuge. Gleichzeitig sind die in Nummer 3 Buchstabe a bezeichneten Daten und das zugeteilte amtliche Kennzeichen zu übermitteln. Als Registrierung im Sinne dieser Vorschrift gilt nicht die Eintragung eines Luftfahrzeugs in das Register für Pfandrechte an Luftfahrzeugen.

2. In den Fällen des innergemeinschaftlichen Erwerbs neuer motorbetriebener Landfahrzeuge (§ 1b Abs. 2 Satz 1 Nummer 1 und Abs. 3 Nummer 1) gilt Folgendes:

a) Bei der erstmaligen Ausgabe einer Zulassungsbescheinigung Teil II im Inland oder bei der erstmaligen Zuteilung eines amtlichen Kennzeichens für zulassungsfreie Fahrzeuge im Inland hat der Antragsteller die folgenden Angaben zur Übermittlung an die Finanzbehörden zu machen:

aa) den Namen und die Anschrift des Antragstellers sowie das für ihn zuständige Finanzamt (§ 21 der Abgabenordnung),

bb) den Namen und die Anschrift des Lieferers,

cc) den Tag der Lieferung,

dd) den Tag der ersten Inbetriebnahme,

ee) den Kilometerstand am Tag der Lieferung,

ff) die Fahrzeugart, den Fahrzeughersteller, den Fahrzeugtyp und die Fahrzeug-Identifizierungsnummer,

gg) den Verwendungszweck.

Der Antragsteller ist zu den Angaben nach den Doppelbuchstaben aa und bb auch dann verpflichtet, wenn er nicht zu den in § 1a Abs. 1 Nummer 2 und § 1b Abs. 1 genannten Personen gehört oder wenn Zweifel daran bestehen, dass die Eigenschaften als neues Fahrzeug im Sinne des § 1b Abs. 3 Nummer 1 vorliegen. Die Zulassungsbehörde darf die Zulassungsbescheinigung Teil II oder bei zulassungsfreien Fahrzeugen, die nach § 4 Abs. 2 und 3 der Fahrzeug-Zulassungsverordnung ein amtliches Kennzeichen führen, die Zulassungsbescheinigung Teil I erst aushändigen, wenn der Antragsteller die vorstehenden Angaben gemacht hat.

b) Ist die Steuer für den innergemeinschaftlichen Erwerb nicht entrichtet worden, hat die Zulassungsbehörde auf Antrag des Finanzamts die Zulassungsbescheinigung Teil I für ungültig zu erklären und das amtliche Kennzeichen zu entstempeln. Die Zulassungsbehörde trifft die hierzu erforderlichen Anordnungen durch schriftlichen Verwaltungsakt (Abmeldungsbescheid). Das Finanzamt kann die Abmeldung von Amts wegen auch selbst durchführen, wenn die Zulassungsbehörde das Verfahren noch nicht eingeleitet hat. Satz 2 gilt entsprechend. Das Finanzamt teilt die durchgeführte Abmeldung unverzüglich der Zulassungsbehörde mit und händigt dem Fahrzeughalter die vorgeschriebene Bescheinigung über die Abmeldung aus. Die Durchführung der Abmeldung von Amts wegen richtet sich nach dem Verwaltungsverfahrensgesetz. Für Streitigkeiten über Abmeldungen von Amts wegen ist der Verwaltungsrechtsweg gegeben.

3. In den Fällen des innergemeinschaftlichen Erwerbs neuer Luftfahrzeuge (§ 1b Abs. 2 Satz 1 Nr. 3 und Abs. 3 Nr. 3) gilt Folgendes:

a) Bei der erstmaligen Registrierung in der Luftfahrzeugrolle hat der Antragsteller die folgenden Angaben zur Übermittlung an die Finanzbehörden zu machen:
   aa) den Namen und die Anschrift des Antragstellers sowie das für ihn zuständige Finanzamt (§ 21 der Abgabenordnung),
   bb) den Namen und die Anschrift des Lieferers,
   cc) den Tag der Lieferung,
   dd) das Entgelt (Kaufpreis),
   ee) den Tag der ersten Inbetriebnahme,
   ff) die Starthöchstmasse,
   gg) die Zahl der bisherigen Betriebsstunden am Tag der Lieferung,
   hh) den Flugzeughersteller und den Flugzeugtyp,
   ii) den Verwendungszweck.

   Der Antragsteller ist zu den Angaben nach Satz 1 Doppelbuchstabe aa und bb auch dann verpflichtet, wenn er nicht zu den in § 1a Abs. 1 Nr. 2 und § 1b Abs. 1 genannten Personen gehört oder wenn Zweifel daran bestehen, ob die Eigenschaften als neues Fahrzeug im Sinne des § 1b Abs. 3 Nr. 3 vorliegen. Das Luftfahrt-Bundesamt darf die Eintragung in der Luftfahrzeugrolle erst vornehmen, wenn der Antragsteller die vorstehenden Angaben gemacht hat.
b) Ist die Steuer für den innergemeinschaftlichen Erwerb nicht entrichtet worden, so hat das Luftfahrt-Bundesamt auf Antrag des Finanzamts die Betriebserlaubnis zu widerrufen. Es trifft die hierzu erforderlichen Anordnungen durch schriftlichen Verwaltungsakt (Abmeldungsbescheid). Die Durchführung der Abmeldung von Amts wegen richtet sich nach dem Verwaltungsverfahrensgesetz. Für Streitigkeiten über Abmeldungen von Amts wegen ist der Verwaltungsrechtsweg gegeben.

(11) [1]Die für die Steueraufsicht zuständigen Zolldienststellen wirken an der umsatzsteuerlichen Erfassung von Personenbeförderungen mit nicht im Inland zugelassenen Kraftomnibussen mit. [2]Sie sind berechtigt, im Rahmen von zeitlich und örtlich begrenzten Kontrollen die nach ihrer äußeren Erscheinung nicht im Inland zugelassenen Kraftomnibusse anzuhalten und die tatsächlichen und rechtlichen Verhältnisse festzustellen, die für die Umsatzsteuer maßgebend sind, und die festgestellten Daten den zuständigen Finanzbehörden zu übermitteln.

(12) [1]Im Ausland ansässige Unternehmer (§ 13b Abs. 7), die grenzüberschreitende Personenbeförderungen mit nicht im Inland zugelassenen Kraftomnibussen durchführen, haben dies vor der erstmaligen Ausführung derartiger auf das Inland entfallender Umsätze (§ 3b Abs. 1 Satz 2) bei dem für die Umsatzbesteuerung zuständigen Finanzamt anzuzeigen, soweit diese Umsätze nicht der Beförderungseinzelbesteuerung (§ 16 Abs. 5) unterliegen [2]Das Finanzamt erteilt hierüber eine Bescheinigung. [3]Die Bescheinigung ist während jeder Fahrt mitzuführen und auf Verlangen den für die Steueraufsicht zuständigen Zolldienststellen vorzulegen. [4]Bei Nichtvorlage der Bescheinigung können diese Zolldienststellen eine Sicherheitsleistung nach den abgabenrechtlichen Vorschriften in Höhe der für die einzelne Beförderungsleistung voraussichtlich zu entrichtenden Steuer verlangen. [5]Die entrichtete Sicherheitsleistung ist auf die nach Absatz 3 Satz 1 zu entrichtende Steuer anzurechnen.

Literatur

Drüen/Hechtner, Rechts- und Sicherheitsfragen der elektronischen Umsatzsteuer-Voranmeldung im Projekt »ELSTER«, DStR 2006, 821. **Jaupt**, Vorsteuervergütungsverfahren – ein europäisches Trauerspiel, UR 2007, 602. **Lehr**, Rückvergütung – Erstattung ausländischer Vorsteuern: Voraussetzungen, Verfahren und praktische Lösungen, GmbH-Stpr. 2005, 360. **Monfort**, MwSt-Paket: Aufhebung der 8. EG-Richtlinie und vollständige Neuregelung des Vorsteuer-Vergütungsverfahrens an EU-Ansässige, IWB 9/2008 F. 11 Europäische Union Gr. 2, 891.

Verwaltungsanweisungen

BMF vom 03.12.2009, Az: IV B 9 – S 7359/09/10001, BStBl I 2009, 1520; DStR 2009, 2596 (zum Vorsteuer-Vergütungsverfahren ab 01.01.2010).

Hinweis: Zur Problematik der zeitlichen Geltungsdauer von BMF-Schreiben vgl. Einführung UStG, Rz. 100 ff.

Hinweise/Richtlinien/Verordnungen

UStAE: Abschn. 18.1–18.17.
UStDV: §§ 46–62 UStDV.
MwStSystRL: Art. 206 ff., 250 ff.

1 Allgemeines

1.1 Überblick über die Vorschrift

1 § 18 UStG gestaltet das Besteuerungsverfahren für die USt als **(Vor-)Anmeldungsverfahren**. Das Verfahren besitzt damit im Hinblick auf die Festsetzung und Erhebung der Jahressteuer **vorläufigen Charakter**. Es beruht auf dem **Prinzip der »Selbstveranlagung«**; d. h. Berechnung, Erklärung und Abführung der USt erfolgen durch den Unternehmer selbst, während das FA das Verfahren überwacht und nur in bestimmten Fällen eingreift.

2 Die Vorschrift regelt die Abgabe der USt-Voranmeldungen und der USt-Jahreserklärungen sowie die Entrichtung fälliger Steuerbeträge, und zwar sowohl für den Regelfall als auch für die **Sonderfälle**

- Beförderungseinzelbesteuerung,
- Einortsbesteuerung der Anbieter elektronischer Dienstleistungen,
- Fahrzeugeinzelbesteuerung,
- Vergütungsverfahren.

3 Außerdem begründet § 18 UStG Mitteilungs- und Mitwirkungspflichten der Zulassungsbehörden im Fall der **Zulassung neuer Land- und Luftfahrzeuge** (i. g. Erwerb neuer Fahrzeuge, § 1 b UStG).

1.2 Rechtsentwicklung

§ 18 wurde zuletzt insbesondere für die Bekämpfung des Umsatzsteuerbetruges, die Abschaffung des Abzugsverfahrens sowie die Besteuerung elektronischer Dienstleistungen und grenzüberschreitender Personenbeförderung umfangreich geändert (vgl. Rn. 8ff.). Durch Art. 5 Nr. 22 Buchst. e des Zweiten Gesetzes zur Änderung steuerlicher Vorschriften (Steueränderungsgesetz 2003 – StÄndG 2003) vom 15.12.2003 (BGBl I 2003, 2645, BStBl I 2003, 710) wurde § 18 Abs. 12 UStG m. W. v. 01.01.2005 neu aufgenommen. Durch Art. 5 Nr. 15 €LUmsG wurde § 18 Abs. 12 S. 1 UStG m. W. v. 01.01.2005 neu gefasst. Redaktionelle Änderungen in Abs. 4c (Ersetzung von »Bundesamt der Finanzen« durch »Bundeszentralamt für Steuern«) erfolgten durch das Gesetz zur Neuorganisation der Bundesfinanzverwaltung und zur Schaffung eines Refinanzierungsregisters (anzuwenden seit 01.01.2006). Durch das JStG 2009 vom 19.12.2008 (anzuwenden ab 01.01.2010) erfolgten einige redaktionelle Anpassungen, v. a. aber wurde § 18 Abs. 9 UStG neu gefasst. 4

Durch das Jahressteuergesetz 2009 (JStG 2009) vom 19.12.2008 (anzuwenden ab 01.01.2010) wurde § 18 Abs. 9 UStG und durch Art. 4 des Jahressteuergesetzes 2010 vom 08.12.2010 (JStG 2010, BGBl I 2010, 1768) wurden § 18 Abs. 3 (elektronische Steueranmeldung) und Abs. 10 UStG (u. a. Eröffnung des Verwaltungsrechtswegs für Streitigkeiten über Abmeldungen von Amts wegen durch das FA) neu gefasst. 5

1.3 Geltungsbereich

1.3.1 Sachlicher Geltungsbereich

Die Vorschrift regelt die Abgabe der USt-Voranmeldungen und -Jahreserklärungen sowie die Entrichtung fälliger Steuerbeträge und begründet Mitteilungs- und Mitwirkungspflichten der Zulassungsbehörden im Fall der Zulassung neuer Land- und Luftfahrzeuge (vgl. Rn. 3). 6

1.3.2 Persönlicher Geltungsreich

Die Vorschrift wendet sich vorrangig an Unternehmer (vgl. § 18 Abs. 1 S. 1 UStG), im Ausnahmefall aber auch an Nichtunternehmer (vgl. § 18 Abs. 4a und 4b UStG). 7

1.3.3 Zeitlicher Geltungsbereich

§ 18 UStG gilt im Wesentlichen seit **1980** unverändert (ausführlich Kraeusel in R/K/L, § 18 Rn. 1ff.). 8

Seit dem **01.01.2002** verpflichtet § 18 Abs. 2 S. 4 UStG **Unternehmensgründer** zur Abgabe monatlicher USt-Voranmeldungen. Die Gesetzesänderung gehört zu den Maßnahmen zur Bekämpfung des Umsatzsteuerbetruges, die das StVBG vom 19.12.2001 (BGBl I 2001, 3922) zum 01.01.2002 in das UStG eingefügt hat, und soll erreichen, dass die Finanzämter zeitnäher Informationen über Unternehmer erhalten, die ihre Tätigkeit neu aufnehmen. 9

Ebenfalls zum **01.01.2002** hat das StÄndG 2001 (BGBl I 2001, 3794) das bisherige Abzugsverfahren durch die **Steuerschuld des Leistungsempfängers** (§ 13b UStG) ersetzt; dies führte zur Aufhebung des früheren § 18 Abs. 8 UStG. 10

11 Zum **01.07.2003** ist mit dem StVergAbG (BStBl I 2003, 321) im Zuge der Neuregelung der Umsatzbesteuerung **elektronischer Dienstleistungen** für nicht im Gemeinschaftsgebiet ansässige Unternehmer, die im Gemeinschaftsgebiet als Steuerschuldner ausschließlich sonstige Leistungen auf elektronischem Weg an in der EU ansässige Nichtunternehmer erbringen, ein neues Vereinfachungs-Wahlrecht (§ 18 Abs. 4c und 4d UStG) eingeführt worden.

1.4 Gemeinschaftsrechtliche Grundlagen und Verhältnis zu anderen Vorschriften

12 § 18 UStG setzt die Vorgaben der MwStSystRL (6. EG-RL) um (ausführlich hierzu Kraeusel in R/K/L, § 18 Rn. 175 ff.).

13 Die in § 18 Abs. 3 UStG (i. d. F. von Art. 4 des JStG 2010) vorgeschriebene Abgabe der Steuererklärung (nicht mehr auf amtlichem Vordruck, sondern) nach amtlich vorgeschriebenem Datensatz durch Datenfernübertragung nach Maßgabe der Steuerdaten-Übermittlungsverordnung ist für nach dem 31.12.2010 endende Besteuerungszeiträume obligatorisch (vgl. § 27 Abs. 17 UStG).

2 Kommentierung

2.1 Voranmeldungsverfahren

14 Der Unternehmer hat **bis zum 10. Tag nach Ablauf jedes Voranmeldungszeitraums** eine Voranmeldung bei dem für ihn zuständigen Finanzamt abzugeben, in der er die USt selbst zu berechnen hat (§ 18 Abs. 1 UStG). In der Voranmeldung sind alle im Inland ausgeführten Umsätze anzugeben. Von der **berechneten USt** sind die mit den Umsätzen im Zusammenhang stehenden **Vorsteuerbeträge abzuziehen**. Umsatzsteuer-Voranmeldungen müssen auch dann abgegeben werden, wenn sie auf »null« lauten (BFH vom 07.09.2006, Az: V B 203/05, V B 204/05, BFH/NV 2006, 2312). Die danach berechnete Vorauszahlung ist am zehnten Tag nach Ablauf des Voranmeldungszeitraums **fällig**.

15 Ein Steuerpflichtiger, der die USt nach **vereinnahmten Entgelten** berechnet, ist auch in den Monaten nicht von der Abgabe einer USt-Voranmeldung entbunden, in denen er keine Entgelte vereinnahmt hat, sofern die Voraussetzungen für die Abgabe monatlicher Voranmeldungen vorliegen (BFH vom 04.04.2003, Az: V B 183/02, BFH/NV 2003, 1097; BFH vom 05.06.2003, Az: V B 183/02, BFH/NV 2003, 1352).

2.1.1 Form

16 Nach § 18 Abs. 1 S. 1 UStG hat der Unternehmer die Voranmeldung **nach amtlich vorgeschriebenem Datensatz durch Datenfernübertragung nach Maßgabe der Steuerdaten-Übermittlungsverordnung** zu übermitteln. Auf Antrag kann das FA zur Vermeidung von unbilligen Härten auf eine elektronische Übermittlung verzichten. In diesem Fall ist die USt-Voranmeldung (weiterhin) **schriftlich, und zwar nach amtlich vorgeschriebenem Vordruck** abzugeben (zu den Grund-

sätzen für die Verwendung von Steuererklärungsvordrucken siehe BMF vom 03.04.2012, Az: IV A 5 – O/1000/07/10086-07/IV A 3 – S 0321/07/10004, BStBl I 2012, 522).

Die **Verpflichtung zur Abgabe der elektronischen Umsatzsteuer-Voranmeldung** ergibt sich aus dem Gesetz. § 150 Abs. 1 AO trifft keine abschließende Regelung über die **Form der Steuererklärung**. Aus dem Vorbehalt in § 150 Abs. 1 S. 2 AO ergibt sich, dass die zulässige Übermittlungsart im Einzelsteuergesetz bzw. in einer Rechtsverordnung geregelt werden kann. Hiervon hat der Gesetzgeber in § 18 UStG Gebrauch gemacht. Die Verpflichtung eines Unternehmers, seine Umsatzsteuer-Voranmeldungen dem Finanzamt grundsätzlich durch Datenfernübertragung elektronisch zu übermitteln, ist verfassungsgemäß (BFH vom 14.03.2012, Az: XI R 33/09, BStBl II 2012, 477; BFH vom 14.04.2015, Az: V B 158/14, BFH/NV 2015, 1115) und wahrt auch die gemeinschaftsrechtlichen Vorgaben. Sie liegt nach allgemeiner Ansicht innerhalb des verfassungsrechtlichen Gestaltungsspielraumes des Gesetzgebers (vgl. Drüen/Hechtner, DStR 2006, 821, 822 m. w. N.; FG Niedersachsen vom 17.03.2009, Az: 5 K 303/08, rkr.). 17

Für Ausnahmefälle hat der Gesetzgeber eine **Härtefallregelung** vorgesehen. Ein Härtefall liegt insbesondere dann vor, wenn die Schaffung der technischen Möglichkeiten für eine Datenfernübertragung des amtlich vorgeschriebenen Datensatzes nur mit einem nicht unerheblichen finanziellen Aufwand möglich wäre oder wenn der Steuerpflichtige nach seinen individuellen Kenntnissen und Fähigkeiten nicht oder nur eingeschränkt in der Lage ist, die Möglichkeiten der Datenfernübertragung zu nutzen (§ 150 Abs. 8 S. 2 AO). Beantragt der Unternehmer, zur Vermeidung von unbilligen Härten die Umsatzsteuer-Voranmeldungen (weiterhin) nach amtlich vorgeschriebenem Vordruck in Papierform abgeben zu dürfen, muss das Finanzamt diesem Antrag entsprechen, wenn dem Unternehmer die elektronische Datenübermittlung der Umsatzsteuer-Voranmeldungen wirtschaftlich oder persönlich unzumutbar ist (BFH vom 14.03.2012, Az: XI R 33/09, BStBl II 2012, 477). Neue Regelungen zur Steuerdaten-Übermittlungsverordnung und zur Steuerdaten-Abrufverordnung enthält ein BMF-Schreiben vom 16.11.2011 (Az: IV A 7 – O 2200/09/10009 :001, BStBl I 2011, 1063). 18

Hat der verpflichtete Unternehmer die Umsatzsteuer-Voranmeldung nicht in der nach § 18 Abs. 1 S. 1 UStG gebotenen Form abgegeben, ohne dass ein Verzicht hierauf gemäß § 18 Abs. 1 S. 2 UStG vorlag, so ist er seiner Verpflichtung zur Abgabe der Umsatzsteuer-Voranmeldung nicht nachgekommen. Ohne Verzicht nach § 18 Abs. 1 S. 2 UStG ist für Zwecke des § 152 AO von einer Nichtabgabe auszugehen. Das FA ist daher zur Festsetzung eines Verspätungszuschlags nach § 152 Abs. 1 S. 1 AO berechtigt. Über die Gründe gegen die Verpflichtung zur Abgabe von Umsatzsteuer-Voranmeldungen entsprechend § 18 Abs. 1 S. 1 UStG kann dabei nicht im Verfahren über die Festsetzung eines Verspätungszuschlags, sondern nur im Verzichtsverfahren entschieden werden (BFH vom 15.12.2015, Az: V B 102/15, BFH/NV 2016, 373).

2.1.2 Abgabefrist

Bis zum zehnten Tag nach Ablauf des Voranmeldungszeitraums hat der Unternehmer die Voranmeldung bei dem für ihn zuständigen Finanzamt abzugeben (§ 18 Abs. 1 S. 1 UStG). Für die **Berechnung der Frist** gelten die allgemeinen Vorschriften, insbesondere also auch §§ 108 AO, 187 ff. BGB. 19

2.1.3 Dauerfristverlängerung (§ 46 UStDV), Sondervorauszahlung (§ 47 UStDV)

20 Die Vorauszahlung ist am zehnten Tag nach Ablauf des Voranmeldungszeitraums fällig (§ 18 Abs. 1 S. 4 UStG). Zur Vermeidung von Härten kann das BMF mit Zustimmung des Bundesrates gem. § 18 Abs. 6 S. 1 UStG durch Rechtsverordnung die Fristen für die Voranmeldungen und Vorauszahlungen um einen Monat verlängern und das Verfahren näher bestimmen. Dabei kann angeordnet werden, dass der Unternehmer eine Sondervorauszahlung auf die Steuer für das Kj. zu entrichten hat (§ 18 Abs. 6 S. 2 UStG).

21 Der Verordnungsgeber hat von dieser Möglichkeit Gebrauch gemacht: Nach § 46 UStDV hat das FA dem Unternehmer auf Antrag die **Fristen für die Abgabe der Voranmeldungen** und für die **Entrichtung** der Vorauszahlungen (§ 18 Abs. 1, 2 und 2a UStG) um einen Monat zu **verlängern**.

22 Die **Umsatzsteuer-Sondervorauszahlung**, die ein zur Abgabe monatlicher Umsatzsteuer-Voranmeldungen verpflichteter Unternehmer zu berechnen, anzumelden und zu entrichten hat, wenn das FA ihm die Fristen für die Abgabe der Umsatzsteuer-Voranmeldungen und für die Entrichtung der Umsatzsteuer-Vorauszahlungen um einen Monat verlängert hat, ist eine **Steueranmeldung** (BFH vom 07.07.2005, Az: V R 63/03, BStBl II 2005, 813).

23 Die Fristverlängerung ist bei einem Unternehmer, der die Voranmeldungen monatlich abzugeben hat, unter der **Auflage** zu gewähren, dass dieser eine **Sondervorauszahlung** auf die Steuer eines jeden Kj. entrichtet (§ 47 Abs. 1 S. 1 UStDV). Die Sondervorauszahlung **beträgt ein Elftel der Summe** der Vorauszahlungen für das vorangegangene Kj. (§ 47 Abs. 1 S. 2 UStDV). Der Unternehmer hat die Fristverlängerung für die Abgabe der Voranmeldungen bis zu dem Zeitpunkt zu **beantragen**, an dem die Voranmeldung, für die die Fristverlängerung erstmals gelten soll, nach § 18 Abs. 1, 2 und 2a UStG abzugeben ist (§ 48 Abs. 1 S. 1 UStDV). In dem **Antrag** hat der Unternehmer, der die Voranmeldungen monatlich abzugeben hat, die Sondervorauszahlung selbst zu berechnen und anzumelden. Gleichzeitig hat er die angemeldete Sondervorauszahlung zu entrichten (§ 48 Abs. 1 S. 3 und 4 UStDV). Nach § 48 Abs. 4 UStDV ist die festgesetzte Sondervorauszahlung bei der Festsetzung der **Vorauszahlung** für den letzten Voranmeldungszeitraum des Besteuerungszeitraums **anzurechnen**, wobei Besteuerungszeitraum das **Kj.** ist (§ 16 Abs. 1 S. 2 UStG).

24 Bei **bestehender Dauerfristverlängerung** ist der Unternehmer gem. § 48 Abs. 2 S. 1 UStDV verpflichtet, die **Sondervorauszahlung** für das jeweilige Jahr bis zum gesetzlichen Zeitpunkt der Abgabe der ersten Voranmeldung **zu berechnen, anzumelden und zu entrichten**. Das FA muss nicht etwa jedes Jahr von Neuem über die Dauerfristverlängerung entscheiden. Vielmehr gilt eine auf Antrag gewährte Dauerfristverlängerung so lange, bis der Unternehmer seinen Antrag zurücknimmt oder das FA die Fristverlängerung widerruft. Der Widerruf einer Dauerfristverlängerung hat zur Folge, dass der Unternehmer die gem. § 46 UStDV eingeräumte einmonatige Fristverlängerung für die Abgabe der Umsatzsteuer-Voranmeldungen nicht mehr in Anspruch nehmen kann. Ein Anspruch auf Erstattung der Sondervorauszahlung ergibt sich daraus jedoch nicht (BFH vom 16.12.2008, Az: VII R 17/08). Während der **Geltungsdauer der Fristverlängerung** muss der Unternehmer die Sondervorauszahlung für das jeweilige Kj. anmelden und entrichten (vgl. BFH vom 29.10.1993, Az: V B 38/93, BFH/NV 1994, 589).

25 Die **Anrechnung der Sondervorauszahlung** auf die Steuerschuld des entsprechenden Voranmeldungszeitraumes ist abgabenrechtlich nicht Teil des **Steuerfestsetzungsverfahrens**, sondern Teil des **Erhebungsverfahrens**. Auch die **Abrechnung der Sondervorauszahlung** ist ein eigenständiger Verwaltungsakt.

Widerruf der Dauerfristverlängerung bei Gefährdung: 26
Eine auf Antrag gewährte Dauerfristverlängerung gilt so lange fort, bis der Unternehmer seinen Antrag zurücknimmt oder das FA die Fristverlängerung widerruft (BFH vom 07.07.2005, Az: V R 63/03, BStBl II 2005, 813).

§ 46 S. 2 UStDV verpflichtet das FA, den Antrag abzulehnen oder eine gewährte **Dauerfristverlängerung zu widerrufen**, wenn der **Steueranspruch gefährdet erscheint**. Der Steueranspruch **erscheint gefährdet**, wenn die konkrete Möglichkeit eines Steuerausfalls nicht von der Hand zu weisen ist (so FG Baden-Württemberg vom 25.03.2002, Az: 9 K 513/98, n.v.). 27

In Insolvenzfällen ist eine Gefährdung des Steueranspruches anzunehmen, sobald dem FA bekannt wird, dass der Unternehmer oder ein Dritter einen Antrag auf Eröffnung des Insolvenzverfahrens gestellt haben. Bei Bekanntwerden eines Antrags auf Eröffnung des Insolvenzverfahrens wird von den FÄ unverzüglich widerrufen. 28

Rechtsgrundlage für den **Widerruf** ist § 131 Abs. 2 Nr. 1 AO i. V. m. § 46 S. 2 UStDV. Nach § 131 Abs. 2 Nr. 1 AO darf ein **rechtmäßiger begünstigender Verwaltungsakt**, auch nachdem er unanfechtbar geworden ist, mit Wirkung für die Zukunft unter anderem dann widerrufen werden, wenn der Widerruf durch Rechtsvorschrift zugelassen ist. Aus der Formulierung »darf nur« wird allgemein geschlossen, dass der Widerruf eines Verwaltungsaktes eine **Ermessensentscheidung** ist (vgl. BFH vom 21.05.1997, Az: I R 38/96, BFH/NV 1997, 904 m. w. N.). 29

2.1.4 Folgen der verspäteten Abgabe, Nichtabgabe

2.1.4.1 Schätzung der Besteuerungsgrundlagen

Wird eine USt-Voranmeldung oder die USt-Jahreserklärung **nicht abgegeben**, hat das Finanzamt die USt durch **Schätzung der Besteuerungsgrundlagen** zu ermitteln (§ 162 AO). Hat der Unternehmer die USt-Vorauszahlung oder die Jahresumsatzsteuer nicht richtig berechnet, wird das Finanzamt diese in zutreffender Höhe festsetzen. 30

2.1.4.2 Verspätungszuschlag

Nach § 152 Abs. 1 S. 1 AO kann die Finanzbehörde einen **Verspätungszuschlag** gegen denjenigen festsetzen, der seiner Verpflichtung zur Abgabe einer Steuererklärung nicht oder nicht fristgerecht nachkommt. Der Verspätungszuschlag kann bis zu 10 % der festgesetzten Steuer – **höchstens 25.000 €** – betragen. 31

Umsatzsteuer-Voranmeldung und Jahressteuererklärung sind – grundsätzlich **auch für die Festsetzung von Verspätungszuschlägen – eigenständige Verfahren**. Ergeht aber während des Verfahrens gegen Verspätungszuschläge wegen verspäteter Abgabe bzw. Nichtabgabe von Umsatzsteuer-Voranmeldungen ein **Jahressteuerbescheid**, sind dessen Festsetzungen für die Zumessung der Verspätungszuschläge von Bedeutung (so BFH vom 16.05.1995, Az: XI R 73/94, BStBl II 1996, 259). 32

2.1.4.3 Säumniszuschlag

Bei **verspäteter Zahlung** fällt für jeden angefangenen Kalendermonat 1 % **Säumniszuschlag** an (§ 240 Abs. 1 AO). 33

2.1.4.4 Straf- und bußrechtliche Folgen

34 Schuldhaftes Verhalten des Unternehmers in Form der pflichtwidrigen Nichtabgabe oder der Abgabe einer unrichtigen oder unvollständigen USt-Voranmeldung kann als **Steuerhinterziehung** (§ 370 AO) bestraft oder als **leichtfertige Steuerverkürzung** (§ 378 AO) mit **Geldbuße** geahndet werden, wobei die verspätete Abgabe einer USt-Voranmeldung u. U. als Selbstanzeige (§§ 371, 378 Abs. 3 AO) zu werten sein kann, ebenso die Abgabe einer (richtigen) Umsatzsteuerjahreserklärung im Verhältnis zu einer oder mehreren unterlassenen oder unrichtigen Umsatzsteuer-Voranmeldungen. Wenn ein Unternehmer die sich aus seinem Unternehmen ergebenden steuerrechtlichen Verpflichtungen nicht erfüllt, kann außerdem geprüft werden, ob Genehmigungen zu widerrufen sind.

2.1.4.5 Verspätete oder Nichtabgabe des Antrags auf Dauerfristverlängerung

35 Die USt-Voranmeldung und die USt-Jahreserklärung sind Steuererklärungen i. S. v. § 150 AO. Wenn die Finanzbehörde die Befugnis zur Festsetzung eines Verspätungszuschlags wegen verspäteter Abgabe einer **anderen steuerlich erheblichen Erklärung** erhalten soll, muss dies ausdrücklich gesetzlich geregelt sein, so etwa in § 152 Abs. 4 AO für die **Feststellungserklärung** oder in § 18 a Abs. 8 S. 1, 2 UStG 1999 für die **zusammenfassende Meldung** (vgl. BFH vom 26.04.2001, Az: V R 9/01, BFH/NV 2001, 1167).

36 Der Unternehmer muss die Fristverlängerung für die Abgabe der Voranmeldungen gem. § 48 Abs. 1 S. 1 UStDV bis zu dem Zeitpunkt beantragen, an dem die Voranmeldung, für die die Fristverlängerung erstmals gelten soll, nach § 18 Abs. 1, 2, 2a UStG abzugeben ist. Er ist hierzu allerdings **nicht gesetzlich verpflichtet, sondern lediglich berechtigt**. Anders als bei nicht rechtzeitiger Anmeldung der Sondervorausauszahlung, ist die Finanzbehörde daher nicht befugt, einen **Verspätungszuschlag** festzusetzen, wenn der Unternehmer einen Antrag auf Dauerfristverlängerung nach dem 10. 01. eines Jahres abgibt (BFH vom 26.04.2001, Az: V R 9/01, BFHE 194, 541). Eine auf Antrag gewährte Dauerfristverlängerung **gilt so lange fort**, bis der Unternehmer seinen Antrag zurücknimmt oder das FA die Fristverlängerung widerruft; während der Geltungsdauer der Fristverlängerung muss der Unternehmer die Umsatzsteuer-Sondervorauszahlung für das jeweilige Kj. anmelden und entrichten (BFH vom 07.07.2005, Az: V R 63/03, BStBl II 2005, 813).

37 Die Umsatzsteuer-Sondervorauszahlung ist eine **Steueranmeldung**. Daher kann die Finanzbehörde als Sanktion gegen die verspätete Erfüllung der Verpflichtung zur Berechnung, Anmeldung und Entrichtung einer Umsatzsteuer-Sondervorauszahlung einen Verspätungszuschlag festsetzen (BFH vom 07.07.2005, Az: V R 63/03, BStBl II 2005, 813), nicht jedoch für einen **verspätet gestellten Antrag auf Dauerfristverlängerung**, weil dieser Antrag keine »Steuererklärung« darstellt und daher insoweit die Tatbestandsvoraussetzungen des § 152 Abs. 1 S. 1 AO nicht erfüllt sind.

2.1.5 Haftung bei Nichtabgabe

38 Da die pflichtwidrige Nichtabgabe einer USt-Voranmeldung sowie einer vorgeschriebenen USt-Erklärung den Straftatbestand der Steuerhinterziehung (§ 370 AO) erfüllen kann (vgl. Rn. 34), trifft den Täter oder Teilnehmer einer Steuerhinterziehung oder einer Steuerhehlerei gem. § 71 AO eine Haftung für die verkürzten Steuern und die zu Unrecht gewährten Steuervorteile sowie für die Zinsen nach § 235 AO.

2.1.6 Umsatzsteuer-Vorauszahlung, Haftung bei Nichtabführung

Ferner haften nach § 69 AO die in den §§ 34 und 35 AO bezeichneten Personen (gesetzliche Vertreter, Vermögensverwalter und Verfügungsberechtigte), soweit Ansprüche aus dem Steuerschuldverhältnis (§ 37 AO) infolge **vorsätzlicher** oder **grob fahrlässiger Verletzung** der ihnen auferlegten Pflichten **nicht** oder **nicht rechtzeitig festgesetzt oder erfüllt** oder soweit infolgedessen Steuervergütungen oder Steuererstattungen ohne rechtlichen Grund gezahlt werden. Die Haftung umfasst auch die infolge der Pflichtverletzung zu zahlenden Säumniszuschläge. 39

2.2 Voranmeldungszeitraum

Die Vorschriften des UStG über den Voranmeldungszeitraum (§ 18 Abs. 2 UStG) finden sich zwar unter den Vorschriften über das Besteuerungsverfahren; sie erschöpfen sich jedoch nicht in ihrer verfahrensrechtlichen Bedeutung, sondern beinhalten wesentliche materiell-rechtliche Konkretisierungen des Umsatzsteueranspruches, wie ihr Zusammenhang mit § 13 Abs. 1 UStG erkennen lässt (BFH vom 15.06.1999, Az: VII R 3/97, BStBl II 2000, 46). 40

2.2.1 Grundsatz

Grundsätzlicher Voranmeldungszeitraum ist das **Kalendervierteljahr** (§ 18 Abs. 2 S. 1 UStG). 41

2.2.2 Kalendermonat (7.500 €)

Jedoch ist der **Kalendermonat** Voranmeldungszeitraum, wenn die Steuer für das vorangegangene Kj. mehr als **7.500 €** betragen hat (§ 18 Abs. 2 S. 2 UStG). 42

2.2.3 Befreiung (1.000 €)

Beträgt die USt für das vorangegangene Kj. nicht mehr als **1.000 €**, kann das Finanzamt den Unternehmer von der Verpflichtung zur Abgabe der Voranmeldungen und Entrichtung der Vorauszahlungen **befreien** (§ 18 Abs. 2 S. 3 UStG). 43

2.2.4 Beginn der beruflichen/gewerblichen Tätigkeit

Nach § 18 Abs. 2 S. 4 UStG ist im laufenden und folgenden Kj. Voranmeldungszeitraum der Kalendermonat, wenn der Unternehmer seine berufliche oder gewerbliche Tätigkeit **aufnimmt** (Neugründung). 44

Die Verpflichtung zur Abgabe monatlicher USt-Voranmeldungen besteht für das **Jahr der Neugründung** und für das **folgende Kj.** 45

Neugründungsfälle, in denen auf Grund der beruflichen oder gewerblichen Tätigkeit keine USt festzusetzen ist (z. B. Unternehmer mit ausschließlich steuerfreien Umsätzen ohne Vorsteuer- 46 abzug – § 4 Nr. 8ff. UStG, **Kleinunternehmer** – § 19 Abs. 1 UStG, **Land- und Forstwirte** – § 24 UStG), fallen **nicht** unter die Regelung des § 18 Abs. 2 S. 4 UStG.

47 Auch in **Neugründungsfällen** kann **Dauerfristverlängerung** (§ 18 Abs. 6 UStG i. V. m. §§ 46 bis 48 UStDV) gewährt werden.

2.2.5 Wahl des Unternehmers

48 Unter den Voraussetzungen von § 18 Abs. 2a S. 1 UStG kann der Unternehmer auch den **Kalendermonat** als Voranmeldungszeitraum **wählen**.

2.3 Umsatzsteuer-Jahreserklärung

49 Nach Ablauf eines Kj. hat der Unternehmer bis zum 31.05. des Folgejahres (§ 149 Abs. 2 S. 1 AO) bei dem für ihn zuständigen Finanzamt (§ 21 Abs. 1 S. 1 AO) für das Kj. oder für den kürzeren Besteuerungszeitraum eine USt-Jahreserklärung nach amtlich vorgeschriebenem Datensatz durch Datenfernübertragung nach Maßgabe der Steuerdaten-Übermittlungsverordnung zu übermitteln, in der er die zu entrichtende Steuer oder den Überschuss, der sich zu seinen Gunsten ergibt, nach § 16 Abs. 1 bis 4 und § 17 selbst zu berechnen hat (Steueranmeldung nach § 18 Abs. 3 S. 1 UStG).

2.3.1 Allgemeines

50 Auch die USt-Jahreserklärung beruht auf dem Prinzip der Selbstveranlagung (Selbsterrechnung, Erklärung und Abführung der erklärten Steuer).

Eine Umsatzsteuererklärung ist eine Steueranmeldung i. S. des § 167 AO, die, wenn sie nicht zu einer Herabsetzung der zu entrichtenden Steuer führt, sondern eine Zahllast aufweist, gemäß § 168 S. 1 AO kraft Gesetzes mit dem Zugang (Tag des Eingangs beim FA) der Erklärung beim FA ohne Weiteres einer Steuerfestsetzung unter dem Vorbehalt der Nachprüfung gleichsteht (BFH vom 06.09.2012, Az: V B 14/12, BFH/NV 2013, 345). Wenn der Unternehmer die zu entrichtende Steuer oder den Überschuss (negative Steuer) in der Steueranmeldung für das Kj. abweichend von der Summe der Vorauszahlungen **erklärt** (vgl. § 18 Abs. 4 S. 1 UStG) oder das FA die zu entrichtende Steuer oder den Überschuss abweichend von der Steueranmeldung für das Kj. **festsetzt** (vgl. § 18 Abs. 4 S. 2 UStG), ist ein Unterschiedsbetrag zugunsten des FA einen Monat nach dem Eingang der Steueranmeldung bzw. nach der Bekanntgabe des Steuerbescheids fällig (§ 18 Abs. 4 S. 1 UStG), während ein Erstattungsbetrag zugunsten des Unternehmers erst mit der Zustimmung des FA fällig wird (§ 220 Abs. 2 i. V. m. § 168 S. 2 AO).

2.3.2 Verhältnis Umsatzsteuer-Voranmeldungen und Umsatzsteuer-Jahreserklärung

51 Nach der Rechtsprechung des BFH ist der Jahressteuerbescheid vom Zeitpunkt seines Ergehens an alleinige Grundlage für die Verwirklichung des Anspruchs auf die mit Ablauf des Veranlagungszeitraums entstandene Steuer sowie für die Einbehaltung der als Vorauszahlung für den Veranlagungszeitraum entrichteten bzw. für die Vergütung der die positiven Umsatzsteuern über-

steigenden (Vorsteuer-)Beträge. Das materielle Ergebnis der in dem Kj. positiv oder negativ entstandenen Umsatzsteuer wird für die Zukunft ausschließlich in dem Jahressteuerbescheid festgestellt. Damit erledigen sich die den Veranlagungszeitraum betreffenden Vorauszahlungsbescheide i. S. d. § 124 Abs. 2 AO auf andere Weise und verlieren ihre Wirksamkeit; deren Regelungen nimmt der Jahressteuerbescheid in sich auf. Entsprechendes muss für gem. § 168 AO mit Festsetzungswirkung ausgestattete Anmeldungen gelten (BFH vom 25.07.2012, Az: VII R 44/10, m. w. N.). Der **Umsatzsteuerjahresbescheid** regelt ein Steuerrechtsverhältnis, das mit den durch **Vorauszahlungsbescheide** bzw. **Anmeldungen** geregelten Steuerrechtsverhältnissen **nicht identisch** ist (vgl. BFH vom 24.01.1995, Az: VII R /92, BStBl II 1995, 862). Das Umsatzsteuervoranmeldungsverfahren stellt ein gegenüber der Festsetzung der Jahresumsatzsteuer eigenständiges Verfahren dar. Wenn auch Besteuerungszeitraum das Kj. ist (§ 16 Abs. 1 S. 2 UStG), so entstehen doch mit Ablauf des jeweiligen Voranmeldungszeitraums kraft Gesetzes eigenständige Umsatzsteueransprüche, die von den in dem Voranmeldungszeitraum ausgeführten Lieferungen und sonstigen Leistungen und von den in diesen Zeitraum fallenden abziehbaren Vorsteuerbeträgen abhängen (§ 13 Abs. 1, § 18 Abs. 2 S. 1 und 2 i. V. m. § 16 Abs. 1 und 2 UStG) und deren Festsetzung sogar dann Bestand haben, wenn ihnen die in § 18 Abs. 3 und 4 UStG vorgesehene Jahressteuerfestsetzung bis zum Ablauf der Festsetzungsfrist nicht nachfolgt (BFH vom 17.09.1992, Az: V R 17/86, BFH/NV 1993, 279; anders für die Einkommensteuer: BFH vom 03.07.1995, Az: GrS 3/93, BStBl II 1995, 730).

Andererseits tritt bei einem Vorauszahlungsbescheid, auch wenn der Bescheid nicht aufgehoben wird, **mit dem Erlass des Jahressteuerbescheides** ein **Wirksamkeitsverlust** ein. Die Rechtswirksamkeit des Vorauszahlungsbescheides ist also von Anfang an durch den Erlass des Jahressteuerbescheids befristet (BFH vom 15.06.1999, Az: VII R 3/97, BStBl II 2000, 46). Der Vorauszahlungsbescheid ist keiner materiellen Bestandskraft in dem Sinne fähig, dass er mit auch gegenüber dem Jahressteuerbescheid durchsetzungsfähiger Verbindlichkeit über das Bestehen einer Umsatzsteuer(vorauszahlungs)schuld entscheiden könnte (BFH vom 01.10.1992, Az: V R 81/89, BStBl II 1993, 120). **52**

Erledigt sich einerseits die Steuerfestsetzung aufgrund einer Umsatzsteuer-Voranmeldung oder eines Umsatzsteuervorauszahlungsbescheides mit der wirksamen Bekanntgabe des Jahressteuerbescheides, so schließt dies andererseits aber nicht aus, dass auch nach Ergehen des Umsatzsteuerjahresbescheides auf die in einem Umsatzsteuervorauszahlungsbescheid getroffenen Regelungen abzustellen ist, soweit von diesen unbeschadet des Ergehens des Umsatzsteuerjahresbescheides fortwirkende Rechtswirkungen ausgehen, wie es etwa bei einer Abtretung eines Erstattungsanspruchs (negativen Vorauszahlungsbetrages) der Fall ist (vgl. hierzu BFH vom 02.02.1995, Az: VII R 42/94, BFH/NV 1995, 853). **53**

Die Ansprüche auf Vorauszahlung von Umsatzsteuer für die Voranmeldungszeiträume des Kj. gehen materiell-rechtlich in dem Anspruch auf die für das Kj. zu entrichtende Steuer oder in dem Überschuss (§ 18 Abs. 3 S. 1 UStG) auf. Sie sind Teil der Festsetzung der für das Kj. (noch) geschuldeten Umsatzsteuer (vgl. BFH/NV 1991, 563, m. w. N.). Für die **Aufrechnung** des FA mit Ansprüchen aus Vorauszahlungsbescheiden nach Erlass des Jahressteuerbescheides bedeutet dies allerdings, dass die Aufrechnung der Höhe nach nur nach Maßgabe des im Jahressteuerbescheid noch festgestellten Rückstands wirksam ist, ebenso wie im umgekehrten Fall – Aufrechnung mit negativem Steueranspruch aus einer Umsatzsteuer-Voranmeldung bei einer Jahressteuerfestsetzung auf 0 € – die Aufrechnung wirkungslos ist (vgl. BFH vom 05.10.1990, BFH/NV 1991, 633). **54**

Die **Erledigung des Vorauszahlungsbescheides** tritt nach BFH vom 29.11.1984, Az: V R /83, BStBl II 1985, 370 auch dann ein, wenn der Vorauszahlungsbescheid bereits Grundlage anderer Verwaltungsakte geworden ist oder es noch werden kann, etwa einer Vollstreckungsmaßnahme oder der Erhebung von steuerlichen Nebenleistungen. Ein wegen des Vorauszahlungsbescheides **anhängiges Rechtsbehelfsverfahren** kann daher nach Ergehen des Jahressteuerbescheides – **55** allenfalls – bei in Ausnahmefällen trotz § 68 FGO bzw. § 365 Abs. 3 AO (vgl. FG Hamburg vom 04.08.1998, Az: II 39/97, EFG 1999, 157) bestehendem rechtlichen Interesse – mit dem Ziel der **Feststellung der Rechtswidrigkeit** des Vorauszahlungsbescheides fortgeführt werden. Eine solche Feststellung kann zwar nicht im Einspruchsverfahren, wohl aber auch bei einem im Einspruchsverfahren erledigten Steuerbescheid vom FG getroffen werden (vgl. § 100 Abs. 1 S. 4 FGO, und BFH vom 07.08.1979, Az: VII R 14/77, BStBl II 1979, 708).

56 Wird der Umsatzsteuer-Jahresbescheid aufgehoben, weil der Adressat nicht mehr als Steuerschuldner angesehen wird (fehlende Unternehmereigenschaft), werden die durch den Erlass des Jahressteuerbescheids erledigten Vorauszahlungsfestsetzungen nicht wieder wirksam, sondern sind als stillschweigend aufgehoben anzusehen (BFH vom 27.11.2012, Az: VII B 16/12, BFH/NV 2013, 506).

57 Nach BFH vom 29.11.1984 (Az: V R /83, BStBl II 1985, 370, 371) bleiben jedoch unabhängig von der grundsätzlich suspendierenden Wirkung des Jahressteuerbescheides die Rechtswirkungen eines Vorauszahlungsbescheides erhalten, welche dieser »als solcher« in der Vergangenheit ausgelöst hat. Zu diesen **formellen Rechtswirkungen des Vorauszahlungsbescheides**, die in der Vergangenheit eingetreten sind und von der späteren Festsetzung der Jahressteuer unberührt bleiben, gehören danach z.B. auf den Vollstreckungstitel des Vorauszahlungsbescheides in der Vergangenheit gestützte **Vollstreckungsmaßnahmen** (BFHE 143, 101, BStBl II 1985, 370) – allerdings hat der BFH den Bestand von Vollstreckungsmaßnahmen ausdrücklich von der Rechtmäßigkeit der in dem Vorauszahlungsbescheid festgesetzten Vorauszahlung abhängig gemacht –, desgleichen **festgesetzte Verspätungszuschläge** (BFH vom 16.05.1995, Az: XI R 73/94, BStBl II 1996, 259) oder – bei negativer Steuer – die **Auszahlung** des an einen Dritten abgetretenen Vorsteuerüberschusses (BFH vom 24.01.1995, Az: VII R /92, BStBl II 1995, 862), ferner die **Säumnis** (BFH vom 31.01.1991, Az: V B 135/90, BFH/NV 1991, 563). Auch die Fälligkeit von Vorauszahlungen und eine dadurch entstandene **Aufrechnungslage** werden durch den Jahressteuerbescheid nicht berührt (BFH vom 22.08.1995, Az: VII B 107/95, 532; BStBl II 1995, 916; vgl. BFH vom 24.01.1995, BStBl II 1995, 862).

58 Im Anschluss an diese Rechtsprechung hat der BFH entschieden, dass auch nach Erlass des Jahressteuerbescheides sogar noch wirksam mit rückständigen Vorauszahlungsansprüchen aufgerechnet werden kann, sofern nach dem Jahressteuerbescheid noch eine Umsatzsteuerschuld besteht (BFH vom 22.08.1995, BStBl II 1996, 916).

59 Voraussetzung für einen **Anspruch auf Rückerstattung von Vorauszahlungen** ist, dass die Jahressteuer niedriger ist als die Summe der – an das FA abgeführten – Vorauszahlungen. Zu diesen Vorauszahlungen gehört auch eine Sondervorauszahlung nach § 47 UStDV. **Nach Festsetzung der Jahressteuer** kommt die **Erstattung der Sondervorauszahlung** nach § 37 Abs. 2 S. 2 AO nur in Betracht, soweit sie nicht zur Tilgung der Jahressteuer benötigt wird. **Nach Eröffnung des Insolvenzverfahrens** ist der Erstattungsanspruch in dem an den Insolvenzverwalter gerichteten Abrechnungsbescheid zur Jahresumsatzsteuer zu berücksichtigen (so – noch zur Rechtslage unter Geltung der KO – BFH vom 18.07.2002, Az: V R 56/01, BStBl II 2002, 705).

2.3.3 Erklärungspflicht nach Eröffnung des Insolvenzverfahrens und im Fall der Zwangsverwaltung

60 Die **Eröffnung des Insolvenzverfahrens** hat auf die Unternehmereigenschaft des Schuldners keinen Einfluss. Auch nach Eröffnung des Insolvenzverfahrens gilt der Grundsatz der Unternehmereinheit (vgl. BFH vom 09.12.2010, Az: V R 22/10 BStBl II 2011, 996). Bedingt durch die Erfordernisse des Insolvenzrechts, besteht das Unternehmen nach Verfahrenseröffnung jedoch aus mehreren Unternehmensteilen, zwischen denen einzelne umsatzsteuerrechtliche Berechtigungen und Verpflichtun-

gen nicht miteinander verrechnet werden können (BFH vom 24.11.2011, Az: V R 13/11, BStBl II 2012, 298). Zu unterscheiden sind der vorinsolvenzrechtliche Unternehmensteil, gegen den Insolvenzforderungen zur Tabelle anzumelden sind (§§ 174 ff. InsO), der die Insolvenzmasse betreffende Unternehmensteil, gegen den Masseverbindlichkeiten geltend zu machen sind, sowie ggf. das vom Insolvenzverwalter freigegebene Vermögen, bei dem Steueransprüche gegen den Insolvenzschuldner persönlich ohne insolvenzrechtliche Einschränkungen geltend gemacht werden können. Diese Teilbereiche sind bei allen Umsatzsteuersachverhalten und damit auch bei der Zuordnung der dem Gesamtunternehmen zustehenden Berechtigungen – wie z. B. dem Recht auf Vorsteuerabzug nach § 15 des Umsatzsteuergesetzes (UStG) – zu beachten.

Mit der Eröffnung des Insolvenzverfahrens geht zwar die Verwaltungs- und Verfügungsbefugnis auf den Insolvenzverwalter über; gleichwohl führt das Insolvenzverfahren nicht zu einer Spaltung des Unternehmens, sondern der Schuldner bleibt leistender Unternehmer und hat – nunmehr durch den Insolvenzverwalter – die umsatzsteuerrechtlichen Pflichten zu erfüllen (BFH vom 16.01.2007, Az: VII R 7/06, BStBl II 2007, 745). Hierzu gehören auch die steuerlichen Erklärungspflichten sowie die Berechnung der Steuer unter Abzug der Vorsteuerbeträge gemäß § 16 Abs. 1 und 2 UStG. Eine umsatzsteuerrechtliche Pflicht des Schuldners bzw. des Insolvenzverwalters, eine Steuerberechnung auf den Zeitpunkt der Insolvenzeröffnung vorzunehmen, besteht nicht, denn der Besteuerungszeitraum wird durch die Eröffnung des Insolvenzverfahrens nicht unterbrochen (Stadie in Rau/Dürrwächter, UStG, § 18 Anm. 945). 61

Vom Schuldner **während des Insolvenzverfahrens erworbenes Vermögen** gehört grundsätzlich zur Insolvenzmasse und dient damit der gleichmäßigen Befriedigung aller Insolvenzgläubiger (§ 35 InsO). Allerdings hat der Insolvenzverwalter bei Aufnahme einer selbstständigen Tätigkeit des Schuldners zu erklären, ob auch hieraus herrührendes Vermögen zur Insolvenzmasse gehören soll und ob Ansprüche aus dieser Tätigkeit im Insolvenzverfahren sollen geltend gemacht werden können. Gibt er dem Schuldner gegenüber die Erklärung ab, dass er die Aktiva und Passiva aus dem Insolvenzbeschlag freigibt, hat dies nach BFH vom 01.09.2010 (Az: VII R 35/08, BStBl II 2011, 336) zur Folge, dass das FA einen durch die Tätigkeit ggf. begründeten Umsatzsteuervergütungsanspruch gegen Steuerforderungen verrechnen kann, die in der Zeit **vor Eröffnung des Insolvenzverfahrens** entstanden und unbefriedigt geblieben sind. Denn das Aufrechnungsverbot, das eine Verrechnung gegen Ansprüche, die ein Gläubiger während des Verfahrens zur Insolvenzmasse schuldig geworden ist, verbietet (§ 96 Abs. 1 Nr. 1 InsO), greift nicht ein. Ebenso ist der InsO kein ungeschriebenes allgemeines Verbot zu entnehmen, mit Insolvenzforderungen gegen Ansprüche des Schuldners aufzurechnen, die nicht in die Insolvenzmasse fallen. Die InsO weist also den Insolvenzgläubigern nicht etwa ausschließlich die Insolvenzmasse als Haftungssubstrat zu (BFH vom 01.09.2010, Az: VII R 35/08, BStBl II 2011, 336). 62

Auch der **Zwangsverwalter** betreibt nicht etwa ein neues oder anderes Unternehmen (BFH vom 10.04.1997, Az: V R 26/96, BStBl II 1997, 552). 63

Ebenso wie die Eröffnung des Insolvenzverfahrens steuerrechtlich nicht zu einer Trennung des Vermögens des Schuldners und der Insolvenzmasse führt (vgl. BFH vom 14.02.1978, Az: VIII R 28/73, BFHE 124, 411; BStBl II 1978, 356), oder zu einem Einschnitt in Bezug auf den Unternehmer, der Leistungen bezieht oder empfängt, ist dies auch bei der Anordnung von Zwangsverwaltung über einen Gegenstand seines Unternehmens nicht der Fall. Der Übergang der Verwaltungsbefugnis auf den Zwangsverwalter oder einen Insolvenzverwalter lässt das Eigentumsrecht und die Unternehmereigenschaft z. B. des Grundstückseigentümers sowie die Einheit seines Unternehmens unberührt (BFH vom 15.06.1999, Az: VII R 3/97, BStBl II 2000, 46). 64

Die **Anordnung der Zwangsverwaltung** führt allerdings, um die Erfüllung der in § 155 Abs. 2 ZVG bezeichneten Ansprüche zu gewährleisten, zu einer **Sonderung des beschlagnahmten Grundbesitzes** von dem übrigen Vermögen des Schuldners. Die bei der Verwaltung dieses Sondervermögens von dem Zwangsverwalter begründeten Ansprüche, auch die **positiven und negativen** 65

Steueransprüche, gehören zu der Zwangsverwaltungsmasse und sind folglich verfahrensrechtlich von dem bzw. gegen den Zwangsverwalter geltend zu machen (BFH vom 19.12.1985, Az: V R /76, BStBl II 1986, 500, und vom 10.04.1997, BStBl II 1997, 552). Am Vorliegen eines **einheitlichen materiell-rechtlichen Umsatzsteuerschuldverhältnisses** ändert dies jedoch nichts.

66 Der Zusammenhang der Vorschriften des UStG über den Voranmeldungszeitraum (§ 18 Abs. 2 UStG) mit § 13 Abs. 1 UStG (vgl. hierzu BFH vom 15.06.1999, Az: VII R 3/97, BStBl II 2000, 46) erfordert es nach Auffassung des BFH, die **Steuerentstehung** (§ 13 Abs. 1 UStG) und die **Voranmeldungszeiträume** nach **Maßgabe der Umsätze des Unternehmens**, nicht einzelner, nur aus verfahrensrechtlichen Gründen gesondert zu erfassender, für dieses Unternehmen handelnder Steuerpflichtiger zu bestimmen. Dem entspricht, dass **Zwangsverwalter**, die ein Grundstück zwar im eigenen Namen und kraft eigenen Rechts, jedoch für Rechnung des Eigentümers verwalten und insoweit nur die Rechte und Pflichten des Grundstückseigentümers wahrzunehmen haben, ebenso wie **Insolvenzverwalter** zwar gem. § 34 Abs. 3 AO **eigene steuerliche Pflichten** zu erfüllen haben, welche sich jedoch aus der Rechtsstellung des Unternehmens herleiten, für das sie anstelle des Unternehmers **als Parteien kraft Amtes** tätig werden (vgl. Schuhmann in Rau/Dürrwächter/Flick/Geist, UStG 8. Aufl., § 18 Rn. 1188).

67 Nach § 33 Abs. 1 AO ist **Steuerpflichtiger**, wer eine Steuer schuldet, für eine Steuer haftet, eine Steuer für Rechnung eines Dritten einzubehalten und abzuführen hat, wer eine Steuererklärung abzugeben, Sicherheit zu leisten, Bücher und Aufzeichnungen zu führen oder andere ihm durch Steuergesetze auferlegte Verpflichtungen zu erfüllen hat. Die gesetzlichen Vertreter natürlicher und juristischer Personen und die Geschäftsführer von nichtrechtsfähigen Personenvereinigungen und Vermögensmassen haben deren steuerliche Pflichten zu erfüllen; sie haben insbesondere dafür zu sorgen, dass die Steuern aus den Mitteln entrichtet werden, die sie verwalten (§ 34 Abs. 1 AO). Steht eine Vermögensverwaltung anderen Personen als den Eigentümern des Vermögens oder deren gesetzlichen Vertretern zu, so haben die **Vermögensverwalter** die in § 34 Abs. 1 AO bezeichneten Pflichten, soweit ihre Verwaltung reicht (§ 34 Abs. 3 AO).

68 Ist über die **Grundstücke eines Unternehmers** die **Zwangsverwaltung** angeordnet, bleibt der **Vollstreckungsschuldner** als Unternehmer i. S. d. Umsatzsteuerrechts Steuerschuldner und damit Steuerpflichtiger nach § 33 Abs. 1 AO. Neben ihn tritt gem. § 34 Abs. 3 i. V. m. § 34 Abs. 1 AO der **Zwangsverwalter als Steuerpflichtiger** (§ 33 Abs. 1 AO), soweit seine Verwaltung reicht. Führt der Vollstreckungsschuldner außerhalb des Unternehmensbereichs, auf den sich die Beschlagnahme erstreckt, Umsätze aus, ist die hieraus entstandene USt – allein – durch einen an den Vollstreckungsschuldner zu richtenden Umsatzsteuerbescheid geltend zu machen (BFH vom 23.06.1988, BStBl II 1988, 920). Im Übrigen sind die **Umsatzsteuerbescheide** an den Zwangsverwalter zu richten.

69 Unterliegen **mehrere Grundstücke** der Zwangsverwaltung, sind die Nutzungen des Grundstücks und die Ausgaben der Verwaltung gem. § 155 ZVG grundsätzlich für jedes Grundstück gesondert zu ermitteln. Nach dieser Vorschrift sind aus den Nutzungen des Grundstücks die Ausgaben der Verwaltung und die übrigen in § 155 Abs. 1 ZVG genannten Kosten vorweg zu bestreiten; die Überschüsse werden auf die in § 10 Abs. 1 Nr. 1 bis 5 ZVG bezeichneten Ansprüche verteilt. Da die Gläubiger dieser Ansprüche bei jedem Grundstück unterschiedliche Personen sein können und auch identischen Gläubigern die Nutzungen aus jedem Grundstück regelmäßig in unterschiedlicher Höhe gebühren, müssen die Nutzungen grundsätzlich für jedes Grundstück gesondert ermittelt werden. Die **USt** ist deshalb ebenfalls für jedes Grundstück **gesondert zu ermitteln und anzumelden** (BFH vom 18.10.2001, Az: V R 44/00, BStBl II 2002, 171).

70 Da zu den in § 155 ZVG genannten »Ausgaben der Zwangsverwaltung« eben auch die USt gehört, der die Lieferungen oder sonstigen Leistungen im Rahmen der Verwaltung durch den Zwangsverwalter unterliegen (BFH vom 23.06.1988, BStBl II 1988, 920), hat der Zwangsverwalter für die einzelnen Grundstücke gesonderte **USt-Erklärungen** abzugeben und das FA ist nicht

berechtigt, eine zusammengefasste Veranlagung durchzuführen. Die Vorschrift des § 155 ZVG geht den Regelungen der §§ 2, 16 und 18 UStG, nach denen der Unternehmer grundsätzlich nur ein Unternehmen hat und für dieses nur einmal zur USt veranlagt wird, vor (so BFH vom 23.06.1988, BStBl II 1988, 920). Bei Anordnung von Zwangsverwaltung über Grundstücke des Gemeinschuldners können daher sowohl gegen den Schuldner als auch gegen den Zwangsverwalter je deren Tätigkeitsbereiche getrennt erfassende Umsatzsteuerbescheide ergehen. Eine Aufteilung des Unternehmens des Schuldners findet dadurch nicht statt. Dem Schuldner sind auch die Umsätze des Zwangsverwalters im Rahmen seiner Verwaltungstätigkeit zuzurechnen (BFH vom 10.04.1997, Az: V R 26/96, BStBl II 1997, 552).

Nach BFH vom 18.10.2001 (Az: V R 44/00, BStBl II 2002, 171) gilt es zu vermeiden, dass USt aus 71
der Verwaltung des einen Grundstücks die Befriedigung der Ansprüche aus einem anderen Grundstück mindert. Darauf, ob die verschiedenen Grundstücke des Vollstreckungsschuldners vom selben oder von verschiedenen Zwangsverwaltern verwaltet werden, kommt es grundsätzlich nicht an. Etwas anderes mag gelten, wenn angeordnet wird, dass die Zwangsverwaltung verschiedener Grundstücke gem. §§ 18, 146 ZVG in einem Verfahren erfolgen soll, die Grundstücke einheitlich (z.B. durch gemeinsame Vermietung an denselben Mieter) unternehmerisch genutzt werden oder der Zwangsverwalter aus sonstigen Gründen berechtigterweise davon absieht, die USt für die einzelnen Grundstücke gesondert zu ermitteln.

2.4 Fälligkeit

2.4.1 Allgemeines

Nach § 220 Abs. 1 AO richtet sich die Fälligkeit von Ansprüchen aus einem Steuerschuldverhältnis 72
nach den Vorschriften der Steuergesetze. Greifen spezielle steuergesetzliche Fälligkeitsbestimmungen i.S.d. § 220 Abs. 1 AO nicht ein, wird ein Anspruch aus dem Steuerschuldverhältnis nach § 220 Abs. 2 S. 1 AO – von dem Fall eines abweichenden Leistungsgebots abgesehen – grundsätzlich mit seiner **Entstehung** fällig. Der Anspruch des FA auf Umsatzsteuervorauszahlungen entsteht regelmäßig mit dem Ende des letzten Tages des maßgeblichen Voranmeldungszeitraums (§ 13 UStG). Dabei entsteht die Umsatzsteuer für steuerbare und steuerpflichtige Leistungen unabhängig davon, ob der leistende Unternehmer sie in einer Rechnung gesondert ausweist oder beim FA voranmeldet (BFH vom 20.01.1997, Az: V R 28/95, BStBl II 1997, 716). Der leistende Unternehmer hat die von ihm geschuldete, nicht gesondert ausgewiesene Umsatzsteuer auch dann zu entrichten, wenn der Leistungsempfänger sie bei ordnungsgemäßer Inrechnungstellung als Vorsteuer hätte abziehen können. Das UStG lässt eine Steuerschuld auch dann entstehen, wenn der leistende Unternehmer sich über die Steuerbarkeit oder die Steuerpflicht geirrt hat (BFH vom 06.10.2005, Az: V R 15/04, BFH/NV 2006, 836).

Vorgenannten Grundsatz (Entstehung der USt mit dem Ende des letzten Tages des maßgeb- 73
lichen Voranmeldungszeitraums) schränkt § 220 Abs. 2 S. 2 AO jedoch ein. Denn nach dieser Vorschrift tritt die Fälligkeit erst mit der **Bekanntgabe der Steuerfestsetzung** ein, wenn sich in den Fällen des § 220 Abs. 2 S. 1 AO, also bei Steuern, deren Fälligkeit nicht besonders gesetzlich bestimmt ist, der betreffende Anspruch aus der Festsetzung der Steuer ergibt.

§ 220 Abs. 2 S. 2 AO schiebt also die Fälligkeit von Ansprüchen aus dem Steuerschuldverhältnis 74
abweichend von dem Grundsatz des § 220 Abs. 2 S. 1 AO **nur bei Festsetzung der Forderung hinaus**, was nach dem systematischen Zusammenhang der Vorschriften auf den Erlass eines Steuerbescheides i.S.d. § 218 Abs. 1 AO verweist (BFH vom 04.05.2004, Az: VII R 45/03, BStBl II 2004, 815).

75 Diese Einschränkung greift freilich dann nicht Platz, wenn der Anspruch des FA keiner Festsetzung durch Steuerbescheid nach § 218 Abs. 1 AO zugänglich ist, weil das FA wegen **Eröffnung eines Insolvenzverfahrens** durch § 87 InsO gehindert ist, seine Steuerforderungen durch Steuerbescheid festzusetzen (vgl. BFH vom 18.12.2002, Az: I R 33/01, BFHE 201, 392; BStBl II 2003, 630). In diesem Fall greift § 220 Abs. 2 S. 2 AO nicht ein. Die Fälligkeit richtet sich dann folglich nach § 220 Abs. 2 S. 1 AO (BFH vom 31.05.2005, Az: VII R 71/04, BFH/NV 2005, 2147).

76 Das FA kann im Insolvenzverfahren mit Forderungen (z. B. USt) aufrechnen, die vor Verfahrenseröffnung entstanden sind, ohne dass es deren vorheriger Festsetzung, Feststellung oder Anmeldung zur Insolvenztabelle bedarf (BFH vom 04.05.2004, Az: VII R 45/03, BStBl II 2004, 815). Das FA darf allerdings im Insolvenzverfahren nicht gegen zugunsten des Schuldners festgesetzte Erstattungszinsen (z. B. zur USt) aufrechnen, soweit diese nach Eröffnung des Insolvenzverfahrens angefallen sind (BFH vom 31.05.2005, Az: VII R 71/04, BFH/NV 2005, 2147).

2.4.2 Zustimmungsfälle

77 Nachdem das UStG keine besondere Regelung über die **Fälligkeit von Erstattungsansprüchen** vorsieht, tritt diese gemäß § 220 Abs. 2 S. 2 AO erst mit der **Bekanntgabe der Festsetzung** ein. Ist eine Steuer aufgrund gesetzlicher Verpflichtungen (hier: § 18 Abs. 3 S. 1 UStG) anzumelden und tatsächlich angemeldet, ist eine Festsetzung i. S. d. § 155 AO nicht erforderlich, wenn sie nicht zu einer abweichenden Steuer führt (§ 167 Abs. 1 AO). Dann steht die Steueranmeldung einer **Festsetzung unter Vorbehalt der Nachprüfung gleich** (§ 168 S. 1 AO).

78 Führt die Steueranmeldung allerdings zu einer **Herabsetzung** der bisher zu entrichtenden Steuer oder zu einer **Steuervergütung**, so gilt dies erst, wenn die **Finanzbehörde zustimmt** (§ 168 S. 2 AO). In diesem Fall hat die Steueranmeldung die Wirkung einer Steuerfestsetzung unter Vorbehalt der Nachprüfung daher erst, wenn die Zustimmung der Behörde vorliegt.

79 Welche **Frist für die Entscheidung über eine Zustimmung** nach § 168 S. 2 AO **angemessen** ist, ist in Anlehnung an die allgemeinen Regelungen, die das Abgaben- und Verfahrensrecht für den Fall der **Untätigkeit von Finanzbehörden** vorsieht, zu beurteilen. Als Anhaltspunkt für die Beurteilung der Frist zur Zustimmung nach § 168 S. 2 AO kann auf die **Sechsmonatsfrist** des § 46 Abs. 1 FGO zurückgegriffen werden. Abhängig von den konkreten Umständen des Einzelfalles kann unter Umständen auch eine längere Untätigkeit gerechtfertigt sein. Aus der Regelung des § 18f UStG ergibt sich, dass dem FA ein **angemessener Zeitraum** zur Prüfung eines erklärten **Vorsteuerüberhanges** einzuräumen ist (BFH vom 06.10.2005, Az: V B 140/05, BFH/NV 2006, 473).

80 Nach BFH vom 28.02.1996 (Az: XI R 42/94, BStBl II 1996, 660) kommt der **Zustimmung** (i. V. m. der Steueranmeldung) die **Eigenschaft eines Verwaltungsaktes** zu (vgl. auch BFH vom 05.10.1990, Az: V B 137/89, BFH/NV 1991, m. w. N.). Dafür spricht auch die Bestimmung des § 355 Abs. 1 S. 2 AO, wonach Steueranmeldungen anfechtbare Verwaltungsakte darstellen. Da der an die Behörde gerichtete Anmeldungsvorgang des Steuerpflichtigen als solcher kein Verwaltungsakt (mit den in § 118 AO normierten Merkmalen) sein kann, kann einer Steueranmeldung daher die Eigenschaft eines Verwaltungsaktes – jedenfalls im Falle der Steuererstattung – nur durch ihre Anerkennung durch die Behörde durch deren Zustimmung zukommen. Insofern bedarf es eines **bestätigenden und die Behörde verpflichtenden Aktes**. Damit stellt deren Zustimmung in Erstattungsfällen zumindest einen **notwendigen Bestandteil** dar, der erforderlich ist, der Steueranmeldung die Wirkung einer Steuerfestsetzung unter Vorbehalt zu verleihen. Ihr kommt nach der Rechtsprechung des BFH (vgl. Urteil vom 26.09.1989, Az: VII R 22/86, BFH/NV 1990, 334) **Außenwirkung** zu.

81 Gemäß § 168 S. 3 AO bedarf die Zustimmung allerdings **keiner Form**. Sie kann somit schriftlich, (fern-)mündlich oder in anderer Form, aber auch stillschweigend (etwa durch Auszahlung des

Erstattungsbetrages) erfolgen. Es reicht aus, dass sie dem Adressaten zur Kenntnis gelangt; sie muss ihm bekannt werden (vgl. BFH vom 05.10.1990, BFH/NV 1991, 633). Diese **Besonderheit des Zustimmungsaktes** ist auch der Regelung des § 355 Abs. 1 AO zu entnehmen, wonach die **Rechtsbehelfsfrist** in den Fällen des § 168 S. 2 AO – abweichend vom grundsätzlichen Erfordernis der Bekanntgabe – mit dem Bekanntwerden der Zustimmung zu laufen beginnt. Der Zeitpunkt des Eintritts der Wirksamkeit der Steuerfestsetzung aufgrund der vom FA erteilten Zustimmung muss wiederum mit dem des Beginns der Rechtsbehelfsfrist übereinstimmen.

Führt eine Steueranmeldung daher zu einer **Steuervergütung**, wird die dann erforderliche **82** Zustimmung des FA (erst) wirksam, wenn sie **dem Adressaten bekannt** wird. Für dieses Ergebnis spricht letztlich auch ein Vergleich mit der Zustimmung i. S. d. Zivilrechts (§ 182 BGB), die eine **empfangsbedürftige Willenserklärung** darstellt (vgl. BFH vom 28.02.1996, Az: XI R 42/94, BStBl II 1996, 660). Ergeht keine anderweitige Mitteilung, wird die Zustimmung dem Steuerpflichtigen grundsätzlich mit der **Zahlung** (§ 224 Abs. 3 AO) der Steuervergütung bzw. des Mindersolls bekannt (durch schlüssiges Verhalten des FA).

Ob die Anmeldung eines bestimmten Umsatzes **zu Recht** erfolgt ist oder nicht, ist im Übrigen für **83** die Rechtswirkung (§ 168 AO) einer wirksam abgegebenen Anmeldung ohne Belang. Auch die Entstehung eines Erstattungsanspruchs hängt nicht davon ab, ob die Anmeldung rechtmäßig oder rechtswidrig ist. Eine mit der Zustimmung des FA entstandene und bis zu einer Aufhebung der betreffenden Steuerfestsetzung fortbestehende negative Umsatzsteuerforderung (**Erstattungsanspruch**) kann daher auch wirksam **abgetreten** werden.

Die von einer Voranmeldung ausgehende **Festsetzungswirkung**, auf der die Auskehrung eines **84** Erstattungsbetrages beruht, **entfällt**, wenn das FA die Vorauszahlung für den betroffenen Voranmeldungszeitraum abweichend von der Voranmeldung festsetzt (vgl. BFH vom 26.01.2006, Az: VII B 327/05, BFH/NV 2006, 843). Die von einer Voranmeldung ausgehende Festsetzungswirkung entfällt aber auch dann, wenn sich aus dem Tenor oder der Begründung des Umsatzsteuerjahresbescheides die Fehlerhaftigkeit der betreffenden Voranmeldung ergibt. Für den Fall der Abtretung eines Erstattungsanspruchs aus einer USt-Voranmeldung folgt daraus, dass der Abtretungsempfänger den zu Gunsten des Abtretenden aufgrund seiner Anmeldung festgesetzten Erstattungsanspruch nur belastet mit dem Vorbehalt der Nachprüfung der Richtigkeit der Anmeldung erwirbt. Denn der Zessionar kann nur das erhalten, was der Zedent besessen hat (BFH vom 13.07.2007, Az: VII B 362/06, BFH/NV 2007, 2364).

2.4.3 Unterschiedsbeträge (Mehr- und Mindersoll)

Berechnet der Unternehmer die zu entrichtende Steuer oder den Überschuss in der Steueranmel- **85** dung für das Kj. abweichend von der Summe der Vorauszahlungen, so ist der Unterschiedsbetrag zugunsten des Finanzamts einen Monat nach dem Eingang der Steueranmeldung fällig.

Setzt das Finanzamt die zu entrichtende Steuer oder den Überschuss abweichend von der **86** Steueranmeldung für das Kj. fest, so ist der Unterschiedsbetrag zugunsten des Finanzamts einen Monat nach der Bekanntgabe des Steuerbescheids fällig. Die Fälligkeit rückständiger Vorauszahlungen bleibt hiervon unberührt (§ 16 Abs. 4 UStG).

2.5 Sonderfälle

2.5.1 Besteuerungsverfahren nach § 18 Abs. 4c und Abs. 4d UStG

87 Zur umsatzsteuerlichen Behandlung von **auf elektronischem Weg erbrachten sonstigen Leistungen** (§ 3 a Abs. 4 Nr. 13 UStG) sind mit BMF-Schreiben vom 12.06.2003 (Az: IV D 1 – S 7117 f – 15/03, BStBl I 2003, 375) nähere Regelungen u. a. auch zum Besteuerungsverfahren (§ 18 Abs. 4c und Abs. 4d UStG) ergangen, die nachfolgend – teilweise zusammengefasst – dargestellt werden.

2.5.1.1 Allgemeines

88 Nicht im Gemeinschaftsgebiet ansässige Unternehmer, die im Gemeinschaftsgebiet als Steuerschuldner **ausschließlich sonstige Leistungen auf elektronischem Weg** an in der EU ansässige Nichtunternehmer erbringen, können sich abweichend von § 18 Abs. 1 bis 4 UStG unter bestimmten Bedingungen dafür entscheiden, **nur in einem EU-Mitgliedstaat erfasst zu werden** (§ 18 Abs. 4c UStG). Macht ein Unternehmer von diesem Wahlrecht Gebrauch und entscheidet er sich dafür, sich nur in Deutschland erfassen zu lassen, muss er dies dem für dieses Besteuerungsverfahren zuständigen **Bundesamt** für Finanzen **vor Beginn seiner Tätigkeit** in der EU auf dem amtlich vorgeschriebenen, elektronisch zu übermittelnden Dokument anzeigen. Unternehmer, die ihre Tätigkeit erstmalig beginnen, müssen die Anzeige auf dem amtlich vorgeschriebenen Dokument elektronisch übermitteln, bevor sie Umsätze nach § 3 a Abs. 5 UStG im Gemeinschaftsgebiet erbringen.

2.5.1.2 Elektronische Steuererklärung

89 Abweichend von § 18 Abs. 1 bis 4 UStG hat der Unternehmer dann für jedes Kalendervierteljahr (Besteuerungszeitraum nach § 16 Abs. 1a UStG) eine **Steuererklärung** bis zum 20. Tag nach Ablauf des Besteuerungszeitraums **elektronisch** beim Bundesamt für Finanzen abzugeben. Hierbei hat er die auf den jeweiligen Mitgliedstaat entfallenden Umsätze zu trennen und dem im betreffenden Mitgliedstaat geltenden allgemeinen Steuersatz zu unterwerfen. Der Unternehmer hat die Steuer nach § 16 Abs. 1a UStG **selbst zu berechnen** (§ 18 Abs. 4c S. 1 UStG). Die Steuer ist spätestens am 20. Tag nach Ende des Besteuerungszeitraums **zu entrichten** (§ 18 Abs. 4c S. 2 UStG).

2.5.1.3 Umrechnung

90 Bei der **Umrechnung** von Werten in fremder Währung muss der Unternehmer einheitlich den von der Europäischen Zentralbank festgestellten Umrechnungskurs des letzten Tages des Besteuerungszeitraums bzw. falls für diesen Tag kein Umrechnungskurs festgelegt wurde, den für den nächsten Tag nach Ablauf des Besteuerungszeitraums festgelegten Umrechnungskurs anwenden (§ 16 Abs. 6 S. 4 und 5 UStG). Die Anwendung eines monatlichen Durchschnittskurses entsprechend § 16 Abs. 6 S. 1 bis 3 UStG ist ausgeschlossen.

2.5.1.4 Widerruf des Wahlrechts

91 Der Unternehmer kann die **Ausübung des Wahlrechts widerrufen** (§ 18 Abs. 4c S. 4 UStG). Ein Widerruf ist nur bis zum Beginn eines neuen Kalendervierteljahres (Besteuerungszeitraum nach § 16 Abs. 1a UStG) mit Wirkung ab diesem Zeitraum möglich (§ 18 Abs. 4c S. 5 UStG). Das

allgemeine Besteuerungsverfahren (§ 18 Abs. 1 bis 4 UStG) und das Besteuerungsverfahren nach § 18 Abs. 4c UStG **schließen sich gegenseitig aus.**

2.5.1.5 Ausschluss von dem Besteuerungsverfahren nach § 18 Abs. 4c UStG

Das Bundesamt für Finanzen kann den Unternehmer von dem Besteuerungsverfahren nach § 18 Abs. 4c UStG **ausschließen**, wenn er seinen Verpflichtungen nach § 18 Abs. 4c S. 1 bis 3 UStG oder seinen Aufzeichnungspflichten (§ 22 Abs. 1 UStG) in diesem Verfahren wiederholt nicht oder nicht rechtzeitig nachkommt. 92

2.5.1.6 Umsatzbesteuerung in einem anderen EU-Mitgliedstaat

Nicht im Gemeinschaftsgebiet ansässige Unternehmer, die im Inland als Steuerschuldner **nur steuerbare sonstige Leistungen auf elektronischem Weg an Nichtunternehmer** erbringen, deren Umsatzbesteuerung aber in einem dem Besteuerungsverfahren nach § 18 Abs. 4c UStG entsprechenden Verfahren **in einem anderen EU-Mitgliedstaat** durchgeführt wird, sind nach § 18 Abs. 4d UStG von der Verpflichtung zur Abgabe von Voranmeldungen und der Steuererklärung für das Kj. **im Inland befreit.** 93

2.5.1.7 Vorsteuerbeträge

Nicht im Gemeinschaftsgebiet ansässige Unternehmer, die im Gemeinschaftsgebiet als Steuerschuldner **ausschließlich sonstige Leistungen auf elektronischem Weg** an **in der EU ansässige Nichtunternehmer** erbringen **und** von dem **Wahlrecht** der steuerlichen Erfassung in nur einem EU-Mitgliedstaat Gebrauch machen, können **Vorsteuerbeträge** nur im Rahmen des Vorsteuer-Vergütungsverfahrens geltend machen (§ 16 Abs. 1a S. 3, § 18 Abs. 9 S. 8 UStG i. V. m. § 59 Nr. 4 UStDV). In diesen Fällen sind die Einschränkungen des § 18 Abs. 9 S. 4 und 5 UStG nicht anzuwenden. Voraussetzung ist, dass die Steuer für die auf elektronischem Weg erbrachten sonstigen Leistungen entrichtet wurde und dass die Vorsteuerbeträge im Zusammenhang mit diesen Umsätzen stehen. Für Vorsteuerbeträge im Zusammenhang mit anderen Umsätzen (z. B. elektronisch erbrachte sonstige Leistungen durch einen nicht in der Gemeinschaft ansässigen Unternehmer an einen in der Gemeinschaft ansässigen Unternehmer, der Steuerschuldner ist) gelten die Einschränkungen des § 18 Abs. 9 S. 4 und 5 UStG unverändert. 94

2.5.1.8 Aufzeichnungspflichten

Der nicht im Gemeinschaftsgebiet ansässige Unternehmer hat über die im Rahmen der Regelung nach **§ 18 Abs. 4c und 4d UStG** getätigten Umsätze **Aufzeichnungen** mit ausreichenden Angaben zu führen. Diese Aufzeichnungen sind dem Bundesamt für Finanzen auf Anfrage auf elektronischem Weg zur Verfügung zu stellen (§ 22 Abs. 1 S. 4 UStG). Die **Aufbewahrungsfrist** beträgt **zehn Jahre** (§ 147 Abs. 3 AO). 95

2.5.2 Vorsteuer-Vergütung an im Ausland ansässige Unternehmer

2.5.2.1 Nationales Recht und gemeinschaftsrechtliche Grundlagen

Nach § 18 Abs. 9 S. 1 UStG kann zur Vereinfachung des Besteuerungsverfahrens das Bundesministerium der Finanzen (BMF) mit Zustimmung des Bundesrates durch Rechtsverordnung die **Vergütung der Vorsteuerbeträge** (§ 15 UStG) **an im Ausland ansässige Unternehmer**, abwei- 96 chend von § 16 UStG und von § 18 Abs. 1 bis 4 UStG, in einem besonderen Verfahren regeln. Von der Ermächtigung in § 18 Abs. 9 S. 1 UStG hat der Verordnungsgeber in **§§ 59 ff. UStDV** Gebrauch gemacht.

97 Der Vergütungsantrag muss dem amtlichen Muster entsprechen (BFH vom 14.12.2012, Az: V B 19/12 unter Hinweis auf BFH in BFH/NV 2012, 1840, m. w. N.). Die Frist für den Vergütungsantrag (§ 18 Abs. 9 S. 3 UStG) ist eine Ausschlussfrist, die nicht rückwirkend verlängert werden kann (vgl. BFH in BFH/NV 2012, 1840; BFH vom 18.01.2007, Az: V R 23/05, BFHE 217, 32, BStBl II 2007, 430).. Sie wird nur durch einen vollständigen, dem amtlichen Muster in allen Einzelheiten entsprechenden Antrag gewahrt, wobei dem Antrag die Rechnungen und Einfuhrbelege im Original beizufügen sind. Das Verlangen nach Vorlage der Originalrechnung mit dem Vergütungsantrag kann unverhältnismäßig sein, wenn das Unvermögen des Antragstellers zur fristgerechten Vorlage der Originalrechnung vom Antragsteller nicht zu vertreten ist (BFH vom 19.11.2014, Az: V R 39/13, BStBl 2015 II, 352). Die Ausschlussfrist des § 18 Abs. 9 Satz 3 UStG wahrt nur, wer einen Antrag stellt, in dem er Angaben zu den entsprechend Art. 3 Buchst. a Satz 2 i. V. m. Anhang C Buchst. F der Richtlinie 79/1072/EWG geforderten Mindestinformationen (Art der Tätigkeit oder des Gewerbezweigs für die er die Leistungen bezogen hat) macht (BFH vom 24.09.2015, Az: V R 9/14, BStBl 2015 II, 1067).

98 Diese nationalen Vorschriften beruhen – soweit sie sich auf im übrigen Gemeinschaftsgebiet ansässige Ausländer beziehen – auf der 8. RL 79/1072/EWG des Rates vom 06.12.1979 zur Harmonisierung der Rechtsvorschriften der Mitgliedstaaten über die Umsatzsteuern – Verfahren zur Erstattung der Mehrwertsteuer an nicht im Inland ansässige Steuerpflichtige – RL 79/1072/EWG, ABl EG, Nr. L 331/11).

2.5.2.2 Vergütungsverfahren, Bescheinigung, Belegnachweis

99 Zum Vergütungsverfahren bestimmt § 61 Abs. 3 UStDV, dass der (im Ausland ansässige) Unternehmer der zuständigen Finanzbehörde durch behördliche Bescheinigung des Staates, in dem er ansässig ist, nachweisen muss, dass er als Unternehmer unter einer Steuernummer eingetragen ist. Diese Bescheinigung muss zum einen den Vergütungszeitraum abdecken und zum anderen die Aussage enthalten, dass der Antragsteller Unternehmer i. S. d. Umsatzsteuerrechts ist. Das ergibt sich aus dem Zweck der Bescheinigung (BFH vom 18.01.2007, Az: V R 22/05, BStBl II 2007, 430). Ein Unternehmer, der die Vergütung von Vorsteuerbeträgen beantragt, muss dabei grundsätzlich bereits mit dem Vergütungsantrag die zugrunde liegenden Rechnungen im Original vorlegen (BFH vom 18.01.2007, a. a. O.).

100 Auch aus dem einschlägigen **Gemeinschaftsrecht** folgt, dass ein im Drittland – wie z. B. der Schweiz – ansässiger Unternehmer die Erstattung von Vorsteuerbeträgen nur verlangen kann, wenn er nachweist, dass er eine wirtschaftliche Tätigkeit entsprechend Art. 4 Abs. 1 der 6. RL des Rates vom 17.05.1977 zur Harmonisierung der Rechtsvorschriften der Mitgliedstaaten über die Umsatzsteuern 77/388/EWG (RL 77/388/EWG) ausübt. Nach Art. 17 Abs. 4 der RL 77/388/EWG erfolgen Mehrwertsteuererstattungen an nicht im Gemeinschaftsgebiet ansässige Steuerpflichtige entsprechend den in der 13. RL des Rates vom 17.11.1986 zur Harmonisierung der Rechtsvorschriften der Mitgliedstaaten über die Umsatzsteuern 86/560/EWG – RL 86/560/EWG, ABl EG, Nr. L 326/40) festgelegten Bestimmungen.

101 Nach Art. 3 Abs. 1 S. 1 der RL 86/560/EWG erfolgt die Erstattung der Mehrwertsteuer an nicht im Gebiet der Gemeinschaft ansässige Steuerpflichtige **auf Antrag des Steuerpflichtigen**. Die Mitgliedstaaten bestimmen die **Modalitäten für die Antragstellung einschließlich der Antragsfristen**, des Zeitraums, auf den der Antrag sich beziehen muss, der für die Einreichung zuständigen Behörden und der Mindestbeträge, für die die Erstattung beantragt werden kann (Art. 3 Abs. 1 S. 2 der RL 86/560/EWG). Sie legen auch die Einzelheiten für die Erstattung, einschließlich der Fristen, fest (Art. 3 Abs. 1 S. 3 der RL 86/560/EWG). Sie legen dem Antragsteller die Pflichten auf,

die erforderlich sind, um die Begründetheit des Antrags beurteilen zu können und um Steuerhinterziehungen zu vermeiden, und verlangen insbesondere den Nachweis, dass er eine wirtschaftliche Tätigkeit entsprechend Art. 4 Abs. 1 der RL 77/388/EWG ausübt (Art. 3 Abs. 1 S. 4 der RL 86/560/EWG). Der Antrag auf Vorsteuervergütung eines im Drittland ansässigen Unternehmers erfordert – anders als der eines im Unionsgebiet ansässigen Unternehmens – dessen eigenhändige Unterschrift (BFH vom 08.08.2013, Az: V R 3/11, Abgrenzung zum EuGH-Urteil C-433/08, Yaesu Europe BV, Slg. 2009, I-11487).

Die Vorschrift des Art. 4 Abs. 1 der RL 77/388/EWG definiert den »**Steuerpflichtigen**« i. S. d. 102 Mehrwertsteuerrechts. Danach gilt als Steuerpflichtiger, wer eine der in Art. 4 Abs. 2 der RL 77/388/EWG genannten wirtschaftlichen Tätigkeiten selbständig und unabhängig von ihrem Ort ausübt, gleichgültig zu welchem Zweck und mit welchem Ergebnis. Aus Art. 3 Abs. 1 S. 4 der RL 86/560/EWG i. V. m. Art. 4 Abs. 1 der RL 77/388/EWG folgt mithin, dass ein außerhalb des Gebiets der Gemeinschaft ansässiger Steuerpflichtiger die Erstattung von Mehrwertsteuerbeträgen nur dann erlangen kann, wenn er durch eine Bescheinigung der zuständigen Behörde des Staates, in dem er ansässig ist, den Nachweis erbringt, dass er eine wirtschaftliche Tätigkeit entsprechend Art. 4 Abs. 1 der RL 77/388/EWG ausübt.

2.5.2.3 Vereinbarkeit mit Gemeinschaftsrecht

Eine unzulässige **Diskriminierung** von Unternehmern, die im Ausland ansässig sind, gegenüber in 103 der Bundesrepublik Deutschland ansässigen Unternehmern liegt hierin nicht. Denn auch ein Unternehmer, der in der Bundesrepublik Deutschland ansässig ist und der in einem anderen Mitgliedstaat der Gemeinschaft die Erstattung von Mehrwertsteuer verlangt, muss einen entsprechenden Nachweis vorlegen. Er muss nach Art. 17 Abs. 4 der RL 77/388/EWG i. V. m. Art. 3 Buchst. b S. 1 der 8. RL des Rates vom 06.12.1979 zur Harmonisierung der Rechtsvorschriften der Mitgliedstaaten über die Umsatzsteuern 79/1072/EWG – RL 79/1072/EWG – durch eine Bescheinigung der zuständigen Behörde des Staates, in dem er ansässig ist, den Nachweis erbringen, dass er »Mehrwertsteuerpflichtiger« dieses Staates ist. Dementsprechend sieht auch das Muster dieser Bescheinigung (Anhang B zur RL 79/1072/EWG) vor, dass der Steuerpflichtige »als Mehrwertsteuerpflichtiger« eingetragen ist. Überdies darf nach Art. 3 Abs. 2 der RL 86/560/EWG die Erstattung von Mehrwertsteuer an im Drittland ansässige Unternehmer nicht zu günstigeren Bedingungen erfolgen als für in der Gemeinschaft ansässige Steuerpflichtige. Das bedeutet, dass der Gesetzgeber die nicht im Gemeinschaftsgebiet ansässigen Antragsteller nicht günstiger stellen darf als Antragsteller, die im (übrigen) Gemeinschaftsgebiet ansässig sind (vgl. BFH vom 23.10.2003, Az: V R 49/01, BFH/NV 2004, 673; zur Vereinbarkeit des Vorsteuer-Vergütungsverfahrens mit dem Gemeinschaftsrecht – **Diskriminierungsverbot, Grundsatz der Verhältnismäßigkeit** – vgl. ferner BFH vom 04.07.2005, Az: V B 195/04, BFH/NV 2005, 2064, mit Nachweisen).

Die **Vergütung von Vorsteuerbeträgen** nach § 18 Abs. 9 UStG i. V. m. §§ 59 ff. UStDV **setzt** 104 **ferner voraus**, dass die geltend gemachten Vorsteuerbeträge gemäß § 15 UStG abziehbar sind (vgl. BFH vom 10.04.2003, Az: V R 35/01, BFHE 202, 187, BStBl II 2003, 782, unter II.1.). Denn diese Vorschriften sehen für im Ausland ansässige Unternehmer die Vergütung von Vorsteuerbeträgen abweichend von den für die im Inland ansässigen Unternehmer geltenden §§ 16, 18 Abs. 1 bis 4 UStG (lediglich) ein **besonderes Vergütungsverfahren** vor (vgl. § 18 Abs. 9 S. 1 UStG). Sie lassen aber die materiellen Voraussetzungen des Vorsteuerabzugs unberührt. Deshalb muss der die Vergütung von Vorsteuerbeträgen begehrende Steuerpflichtige **bereits bei Leistungsbezug** Unternehmer i. S. d. § 2 UStG sein (vgl. § 15 Abs. 1 Nr. 1 S. 1 UStG).

Der Unternehmer hat die Vergütung selbst zu berechnen und die Vorsteuerbeträge durch 105 Vorlage von Rechnungen und Einfuhrbelegen im Original nachzuweisen (vgl. § 18 Abs. 9 UStG). Die Einzelheiten des Vergütungsverfahrens sind in §§ 59 ff. UStDV geregelt. Der Vergütungsantrag ist eine Steueranmeldung i. S. d. § 150 Abs. 1 S. 2 AO, die nach Zustimmung durch die Finanzbehörde (§ 168 S. 1 und 2 AO) einer Steuerfestsetzung unter dem Vorbehalt der Nachprüfung gleichsteht (Birkenfeld, Umsatzsteuer-Handbuch, § 214 Rz 116; Schmid in Offerhaus/Söhn/Lange, § 18 UStG Rz 339; Walkenhorst in Peter/Burhoff/Stöcker, Umsatzsteuer, § 18 Rz 368; Kronthaler in Sölch/Ringleb, Umsatzsteuer, § 18 Rz 125).

2.5.2.4 Antragsfrist

106 Der **Vergütungsantrag** ist gem. § 61 Abs. 2 S. 1 UStDV **binnen neun Monaten nach Ablauf des Kj.** zu stellen, in dem der Vergütungsanspruch entstanden (vgl. § 38 AO) ist. Die Frist für die Abgabe von Anträgen auf Vorsteuervergütung für das Kj. **2009** wurde bis zum 31.03.2011 verlängert (BMF vom 01.11.2010, Az: IV D 3 – S 7359/10/10004, BStBl I 2010, 1280; UR 2010, 922). Die **Frist für den Vergütungsantrag** ist eine **Ausschlussfrist** (EuGH vom 21.06.2012, Rs. C – 294/11, BStBl II 2012, 942) und kann nicht rückwirkend verlängert werden (vgl. BFH vom 21.10.1999, Az: V R 76/98, BFHE 190, 239; BStBl II 2000, 214; BFH in BFHE 203, 531; BStBl II 2004, 196). Wird die Frist jedoch ohne Verschulden versäumt, so kommt unter den Voraussetzungen des § 110 AO **Wiedereinsetzung** in den vorigen Stand in Betracht (vgl. auch BFH in BFHE 190, 239, BStBl II 2000, 214, unter II. 2.). Ein wirksamer Vorsteuer-Vergütungsantrag erfordert einen Eintrag in Ziffer 9a; ohne die Angaben zu Ziffer 9b handelt es sich nicht um einen vollständigen Antrag, sodass ein Antrag ohne diese Angabe nicht fristwahrend ist (BFH vom 24.07.2012, Az: V B 76/11, BFH/NV 2012, 1840; BFH vom 14.12.2012, Az: V B 19/12, BFH/NV 2013, 602).

2.5.2.5 Missbrauchsfälle, Beweislast

107 Der **Vergütungsanspruch setzt** gem. § 18 Abs. 9 S. 1 UStG zunächst **voraus**, dass es sich um einen **im Ausland ansässigen Unternehmer** handelt (§ 59 Abs. 1 i. V. m. § 51 Abs. 3 S. 1 UStDV). Als **nicht im Inland ansässiger Unternehmer** gilt nach Art. 1 der RL 79/1072/EWG derjenige Steuerpflichtige, der im Inland weder den Sitz seiner wirtschaftlichen Tätigkeit noch eine feste Niederlassung hat, von wo aus die Umsätze bewirkt worden sind.

108 Eine den Anforderungen des § 61 Abs. 3 UStDV entsprechende **Bescheinigung**, die die in Art. 3 Buchst. b und Art. 9 Abs. 2 der RL 79/1072/EWG genannten gemeinschaftsrechtlichen Vorgaben in Gestalt des entsprechenden Musters in Anhang B der RL 79/1072/EWG erfüllt, **begründet** nach der Rechtsprechung des EuGH grundsätzlich die **Vermutung**, dass der Betreffende nicht nur in dem Mitgliedstaat, dessen Steuerverwaltung ihm die genannte Bescheinigung ausgestellt hat, **mehrwertsteuerpflichtig** ist, sondern dass er dort auch **ansässig** ist (EuGH vom 28.06.2007, Rs. C-73/06, Planzer Luxembourg Sarl, Slg. 2007, I-5655).

109 Diese **Vermutung ist aber widerlegbar** und kann im Einzelfall tatsächlich entkräftet werden (BFH vom 14.05.2008, Az: XI R 58/06, BStBl II 2008, 831). Denn der EuGH hat in der genannten Entscheidung zugleich hervorgehoben, dass es der Steuerverwaltung des Landes, in dem die Erstattung der Vorsteuer beantragt wird, nicht verwehrt werden darf, sich **bei Zweifeln an der wirtschaftlichen Realität des Sitzes**, dessen Anschrift in dieser Bescheinigung angegeben ist, zu vergewissern, ob diese Realität tatsächlich gegeben ist, indem sie auf die Verwaltungsmaßnahmen zurückgreift, die die Gemeinschaftsregelung auf dem Gebiet der Mehrwertsteuer hierzu vorsieht. Insoweit stellt der EuGH darauf ab, dass die Berücksichtigung der wirtschaftlichen Realität ein grundlegendes Kriterium für die Anwendung des gemeinsamen Mehrwertsteuersystems ist (vgl. EuGH in Slg. 2007, I-5655, Rn. 43, und BFH vom 06.12.2007, Az: V R 61/05, BFH/NV 2008, 907).

110 Außerdem ist nach ständiger Rechtsprechung eine **betrügerische oder missbräuchliche Berufung auf das Gemeinschaftsrecht nicht erlaubt**. Eine solche liegt nach der Rechtsprechung des EuGH vor, wenn ein Steuerpflichtiger nach den in der RL 79/1072/EWG des Rates aufgestellten

Bedingungen in den Genuss des Erstattungssystems zu kommen versucht, obwohl der Sitz, dessen Anschrift in der dem Muster in Anhang B dieser RL entsprechenden Bescheinigung genannt wird, im Ausstellungsstaat keiner **wirtschaftlichen Realität** entspricht. Hat die Steuerverwaltung des Erstattungsstaats beispielsweise im Falle eines **Verdachts auf Missbrauch steuerlicher Gestaltungsmöglichkeiten** Zweifel an der wirtschaftlichen Realität des in dieser Bescheinigung angegebenen Sitzes, kann sie zwar aufgrund der beschriebenen sich aus dieser Bescheinigung ergebenden Vermutung nicht ohne weitere vorherige Nachprüfung gegenüber dem Steuerpflichtigen die Erstattung verweigern. Ihr steht dann nach Art. 6 der RL 79/1072/EWG aber die Möglichkeit offen, den Steuerpflichtigen zu zwingen, ihr die Auskünfte zu erteilen, die erforderlich sind, um beurteilen zu können, ob der Erstattungsantrag begründet ist, so etwa **Informationen**, von denen anzunehmen sind, dass sie es ihr ermöglichen, die **wirtschaftliche Realität** des in der Bescheinigung über die Steuerpflichtigeneigenschaft genannten Sitzes **zu bewerten**. Der Verwaltung stehen insoweit auch die gemeinschaftsrechtlichen Instrumente der **Verwaltungskooperation** und der **Amtshilfe** zu Gebote, die zur korrekten Festsetzung der Mehrwertsteuer und zum Kampf gegen Steuerhinterziehung und Steuerumgehung auf diesem Gebiete erlassen worden sind (vgl. im Einzelnen EuGH-Urteil in Slg. 2007, I-5655, Rn. 48).

Geht aus den erhaltenen Informationen hervor, dass die in der Bescheinigung über die Steuer- 111
pflichtigeneigenschaft angegebene Anschrift weder dem Sitz der wirtschaftlichen Tätigkeit des Steuerpflichtigen entspricht, noch die einer festen Niederlassung ist, von der aus dieser Steuerpflichtige seine Umsätze tätigt, so ist die Steuerverwaltung des Erstattungsstaats berechtigt, die vom Steuerpflichtigen beantragte **Erstattung zu verweigern** (vgl. EuGH-Urteil in Slg. 2007, I-5655, Rn. 44 bis 49, jeweils m. w. N.).

Der **Sitz einer wirtschaftlichen Tätigkeit einer Gesellschaft** ist dabei der Ort, an dem die 112
wesentlichen Entscheidungen zur allgemeinen Leitung dieser Gesellschaft getroffen und die Handlungen zu deren zentraler Verwaltung vorgenommen werden (EuGH-Urteil in Slg. 2007, I-5655, Rn. 63). Diese Definition hat der EuGH zwar im Zusammenhang mit der Anwendung von Art. 1 Nr. 1 der 13. RL 86/560/EWG des Rates vom 17.11.1986 zur Harmonisierung der Rechtsvorschriften der Mitgliedstaaten über die Umsatzsteuern – Verfahren der Erstattung der Mehrwertsteuer an nicht im Gebiet der Gemeinschaft ansässige Steuerpflichtige – RL 86/560/EWG, ABl EG Nr. L 326/40) getroffen. Da es sich insoweit aber in Art. 1 Nr. 1 der RL 86/560/EWG und Art. 1 der RL 79/1072/EWG um identische und in einem ähnlichen Zusammenhang verwandte Begriffe handelt, ist diese Definition auch auf die RL 79/1072/EWG zu übertragen.

Der **Begriff des Sitzes der wirtschaftlichen Tätigkeit** hat eine **eigenständige Bedeutung** 113
gegenüber demjenigen der **festen Niederlassung**, von wo aus die Umsätze bewirkt worden sind (EuGH-Urteil in Slg. 2007, I-5655, Rn. 58). Bei der Bestimmung des Sitzes der wirtschaftlichen Tätigkeit einer Gesellschaft ist eine **Vielzahl von Faktoren** zu berücksichtigen, und zwar in erster Linie der statutarische Sitz, der Ort der zentralen Verwaltung, der Ort, an dem die Führungskräfte der Gesellschaft zusammentreffen, und der – gewöhnlich mit diesem übereinstimmende – Ort, an dem die allgemeine Unternehmenspolitik dieser Gesellschaft bestimmt wird. **Andere Elemente**, wie der Wohnsitz der Hauptführungskräfte, der Ort, an dem die Gesellschafterversammlung zusammentritt, der Ort, an dem die Verwaltungsunterlagen erstellt und die Bücher geführt werden, und der Ort, an dem die Finanz- und insbesondere die Bankgeschäfte hauptsächlich wahrgenommen werden, können ebenfalls in Betracht gezogen werden (EuGH-Urteil in Slg. 2007, I-5655, Rn. 61). Dementsprechend lässt sich eine fiktive Ansiedlung in Form einer **»Briefkastenfirma«** oder einer **»Strohfirma«** nicht als Sitz einer wirtschaftlichen Tätigkeit einstufen (EuGH-Urteil in Slg. 2007, I-5655, Rn. 62).

In formeller Hinsicht kann sich das BfF je nach Lage des Falles auf **Nachfragen beim Steuer-** 114
pflichtigen i. S. v. Art. 6 der RL 79/1072/EWG beschränken oder daneben auch noch weitere Möglichkeiten der Zusammenarbeit der Verwaltungen der Mitgliedstaaten bzw. der Amtshilfe

ausschöpfen. Denn der EuGH hat ausdrücklich darauf hingewiesen, dass die bei der Anwendung von Art. 6 der RL 79/1072/EWG erlangten Informationen bereits eine Bewertung der wirtschaftlichen Realität des in der **Bescheinigung über die Steuerpflichtigeneigenschaft** (»Unternehmerbescheinigung«) genannten Sitzes ermöglichen können. Ist Letzteres nicht möglich, stehen der Verwaltung daneben auch die gemeinschaftsrechtlichen Instrumente der **Verwaltungskooperation** und der **Amtshilfe** zu Gebote (EuGH-Urteil in Slg. 2007, I-5655, Rn. 47, 48). Ergeben die Nachforschungen des BfF eindeutig, dass der in der Bescheinigung über die Steuerpflichtigeneigenschaft genannte Sitz nicht bestand, so wird ein Amtshilfeersuchen regelmäßig nicht mehr erforderlich sein (vgl. auch BFH vom 14.05.2008, Az: XI R 58/06, BStBl II 2008, 831).

2.5.2.6 Verzinsung

115 Der **Steuervergütungsanspruch** des Unternehmers nach § 18 Abs. 9 UStG i. V. m. §§ 59ff. UStDV beruht auf einer »Festsetzung der Umsatzsteuer« i. S. d. § 233a Abs. 1 S. 1 AO und ist deshalb nach näherer Maßgabe des § 233a AO zu **verzinsen** (BFH vom 17.04.2008, Az: V R 41/06, BStBl II 2009, 2).

2.5.2.7 Verwaltungsanweisungen

116 Das **Bundesfinanzministerium** hat mit **Schreiben vom 03.12.2009** (Az: IV B 9 – S 7359/09/10001, BStBl I 2009, 1520; DStR 2009, 2596) zum **Vorsteuer-Vergütungsverfahren ab 01.01.2010** (zur Anwendung der Regelungen der § 18 Abs. 9, § 18g und § 27 Abs. 14 UStG sowie §§ 59, 61 und 61a UStDV zum Vorsteuer-Vergütungsverfahren in der ab 01.01.2010 geltenden Fassung von Art. 7 Nr. 13 Buchst. c, Nr. 16 und Nr. 19 sowie Art. 8 Nr. 6 bis 9 des JStG 2009 vom 19.12.2008, BGBl I 2008, 2794) ausführliche Regelungen erlassen. Dieses Schreiben ist auf **Vorsteuer-Vergütungsanträge** anzuwenden, die **nach dem 31.12.2009 gestellt werden**, unabhängig vom jeweiligen Vergütungszeitraum. Hiernach gilt zusammengefasst Folgendes:

2.5.2.7.1 Unter das Vorsteuer-Vergütungsverfahren fallende Unternehmer und Vorsteuerbeträge

117 Das **Vorsteuer-Vergütungsverfahren** kommt **nur für Unternehmer** in Betracht, die **im Ausland ansässig** sind. Die **Ansässigkeit im Ausland** richtet sich nach § 59 S. 2 UStDV. Liegen Leistungserbringung im Inland an den Unternehmer und Vergütungszeitraum in unterschiedlichen Besteuerungszeiträumen, bestehen keine Bedenken, das Vorsteuer-Vergütungsverfahren anzuwenden, wenn der Unternehmer im Vergütungszeitraum nicht im Inland ansässig ist. Ein Unternehmer ist **bereits dann im Inland ansässig**, wenn er eine Betriebsstätte hat und von dieser Umsätze ausführt oder beabsichtigt, von dieser Umsätze auszuführen. Unternehmer, die ein im Inland gelegenes Grundstück besitzen und vermieten oder beabsichtigen zu vermieten, sind ebenfalls als im Inland ansässig zu behandeln. Zur Abgrenzung des Vorsteuer-Vergütungsverfahrens vom allgemeinen Besteuerungsverfahren.

118 Das **Vorsteuer-Vergütungsverfahren setzt voraus**, dass der im Ausland ansässige Unternehmer in einem Vergütungszeitraum (s. u.) im Inland entweder keine Umsätze oder nur die Umsätze ausgeführt hat, die in § 59 UStDV genannt sind. Sind diese **Voraussetzungen erfüllt**, kann die Vergütung der Vorsteuerbeträge **nur im Vorsteuer-Vergütungsverfahren** durchgeführt werden. Ist der im Ausland ansässige Unternehmer Steuerschuldner nach § 13b UStG, erfolgt die Vergütung von Vorsteuerbeträgen im Regelbesteuerungs- und nicht im Vergütungsverfahren (BFH vom 07.03.2013, Az: V R 12/12, BFH/NV 2013, 1133).

119 Der **vergütungsberechtigte Unternehmer** (Leistender) ist i. R. d. **gesetzlichen Mitwirkungspflicht** (§ 90 Abs. 1 AO) verpflichtet, auf Verlangen die Leistungsempfänger zu benennen, wenn diese für seine Leistungen die Steuer nach § 13b Abs. 2 S. 1 und 3 UStG schulden.

2.5.2.7.2 Vom Vorsteuer-Vergütungsverfahren ausgeschlossene Vorsteuerbeträge

Sind die **Voraussetzungen** für die Anwendung des Vorsteuer-Vergütungsverfahrens nach § 59 UStDV **nicht erfüllt**, können Vorsteuerbeträge **nur im allgemeinen Besteuerungsverfahren** nach § 16 und § 18 Abs. 1 bis 4 UStG berücksichtigt werden. 120

Reiseveranstalter sind nicht berechtigt, die ihnen für Reisevorleistungen gesondert in Rechnung gestellten Steuerbeträge als Vorsteuer abzuziehen (§ 25 Abs. 4 UStG). Insoweit entfällt deshalb auch das Vorsteuer-Vergütungsverfahren. 121

Nicht vergütet werden Vorsteuerbeträge, die mit Umsätzen im Ausland in Zusammenhang stehen, die – wenn im Inland ausgeführt – den Vorsteuerabzug ausschließen würden. 122

Einem **Unternehmer, der nicht im Gemeinschaftsgebiet ansässig ist**, wird die Vorsteuer nur vergütet, wenn in dem Land, in dem der Unternehmer seinen Sitz hat, keine Umsatzsteuer oder ähnliche Steuer erhoben oder im Fall der Erhebung im Inland ansässigen Unternehmern vergütet wird (sog. **Gegenseitigkeit** i. S. v. § 18 Abs. 9 S. 4 UStG). 123

Unternehmer, die ihren Sitz auf den **Kanarischen Inseln**, in **Ceuta** oder in **Melilla** haben, sind für die Durchführung des Vorsteuer-Vergütungsverfahrens **wie Unternehmer mit Sitz im Gemeinschaftsgebiet** zu behandeln. Hinsichtlich der Verzeichnisse der Drittstaaten, zu denen **Gegenseitigkeit gegeben oder nicht gegeben** ist, wird auf das BMF-Schreiben vom 25.09.2009, BStBl I 2009, 1233, sowie auf ggf. spätere hierzu im BStBl I veröffentlichte BMF-Schreiben hingewiesen. Bei **fehlender Gegenseitigkeit** ist das Vorsteuer-Vergütungsverfahren nur durchzuführen, wenn der nicht im Gemeinschaftsgebiet ansässige Unternehmer 124

1. nur Umsätze ausgeführt hat, für die der Leistungsempfänger die Steuer schuldet (§ 13 b Abs. 2 S. 1 und 3 UStG) oder die der Beförderungseinzelbesteuerung (§ 16 Abs. 5 und § 18 Abs. 5 UStG) unterlegen haben,
2. im Inland nur i. g. Erwerbe und daran anschließende Lieferungen i. S. d. § 25 b Abs. 2 UStG ausgeführt hat, oder
3. im Gemeinschaftsgebiet als Steuerschuldner ausschließlich sonstige Leistungen auf elektronischem Weg an im Gemeinschaftsgebiet ansässige Nichtunternehmer erbracht und von dem Wahlrecht der steuerlichen Erfassung in nur einem EU-Mitgliedstaat (§ 18 Abs. 4c und 4d UStG) Gebrauch gemacht hat (vgl. BMF vom 04.09.2009, Az: IV B 9 – S 7117/08/10001, BStBl I 2009, 1005, Rn. 101).

Von der Vergütung ausgeschlossen sind bei Unternehmern, die nicht im Gemeinschaftsgebiet ansässig sind, die Vorsteuerbeträge, die auf den **Bezug von Kraftstoffen** entfallen (§ 18 Abs. 9 S. 5 UStG). 125

2.5.2.7.3 Vergütungszeitraum

Der **Vergütungszeitraum** muss mindestens drei aufeinander folgende Kalendermonate in einem Kj. umfassen. Es müssen nicht in jedem Kalendermonat Vorsteuerbeträge angefallen sein. Für den restlichen Zeitraum eines Kj. können die Monate November und Dezember oder es kann auch nur der Monat Dezember Vergütungszeitraum sein. Wegen der Auswirkungen der Mindestbeträge auf den zu wählenden Vergütungszeitraum vgl. § 61 Abs. 3 und § 61 a Abs. 3 UStDV. 126

Antragstellung: Ein **im übrigen Gemeinschaftsgebiet ansässiger Unternehmer**, dem im Inland von einem Unternehmer für einen steuerpflichtigen Umsatz Umsatzsteuer in Rechnung gestellt worden ist, kann über die zuständige Stelle in dem Mitgliedstaat, in dem der Unternehmer ansässig ist, bei der zuständigen Behörde im Inland einen Antrag auf Vergütung dieser Steuer stellen. Für die Vergütung der Vorsteuerbeträge im Vorsteuer-Vergütungsverfahren ist ausschließlich das Bundeszentralamt für Steuern (BZSt) zuständig (§ 5 Abs. 1 Nr. 8 FVG). 127

Der im übrigen Gemeinschaftsgebiet ansässige Unternehmer hat den **Vergütungsantrag** nach amtlich vorgeschriebenem Datensatz durch Datenfernübertragung nach Maßgabe der Steuer- 128 daten-Übermittlungsverordnung über das in dem Mitgliedstaat, in dem der Unternehmer ansässig ist, eingerichtete **elektronische Portal** dem BZSt zu übermitteln (§ 61 Abs. 1 UStDV). Eine unmittelbare Übermittlung des Vergütungsantrags von dem im übrigen Gemeinschaftsgebiet ansässigen Unternehmer an das BZSt ist nicht mehr möglich. Eine schriftliche Bescheinigung des Mitgliedstaats, in dem der Unternehmer ansässig ist, zur Bestätigung der Unternehmereigenschaft ist durch im übrigen Gemeinschaftsgebiet ansässige Unternehmer nicht mehr beizufügen.

129 Die Vergütung ist **binnen neun Monaten nach Ablauf des Kj.**, in dem der Vergütungsanspruch entstanden ist, zu beantragen (§ 61 Abs. 2 UStDV). Es handelt sich hierbei um eine **Ausschlussfrist**, bei deren Versäumung unter den Voraussetzungen des § 110 AO Wiedereinsetzung in den vorigen Stand gewährt werden kann.

130 Der Unternehmer hat die Vergütung **selbst zu berechnen**. Dem Vergütungsantrag sind auf elektronischem Weg die Rechnungen und Einfuhrbelege in Kopie beizufügen, wenn das Entgelt für den Umsatz oder die Einfuhr mindestens 1000 €, bei Rechnungen über den Bezug von Kraftstoffen mindestens 250 € beträgt. Bei begründeten Zweifeln an dem Recht auf Vorsteuerabzug in der beantragten Höhe kann das BZSt verlangen, dass die Vorsteuerbeträge – unbeschadet der Frage der Rechnungshöhe – durch Vorlage von Rechnungen und Einfuhrbelegen im Original nachgewiesen werden.

131 Die beantragte Vergütung muss **mindestens 400 €** betragen (§ 61 Abs. 3 UStDV). Das gilt nicht, wenn der Vergütungszeitraum das Kj. oder der letzte Zeitraum des Kj. ist. Für diese Vergütungszeiträume muss die beantragte Vergütung **mindestens 50 €** betragen.

132 Einem Unternehmer, der im Gemeinschaftsgebiet ansässig ist und Umsätze ausführt, die **zum Teil** den Vorsteuerabzug ausschließen, wird die Vorsteuer höchstens in der Höhe vergütet, in der er in dem Mitgliedstaat, in dem er ansässig ist, bei Anwendung eines **Pro-rata-Satzes** zum Vorsteuerabzug berechtigt wäre (§ 18 Abs. 9 S. 3 UStG).

133 **Bescheiderteilung:** Das BZSt hat den Vergütungsantrag eines im übrigen Gemeinschaftsgebiet ansässigen Unternehmers grundsätzlich innerhalb von vier Monaten und zehn Tagen nach Eingang aller erforderlichen Unterlagen **abschließend zu bearbeiten** und den **Vergütungsbetrag auszuzahlen**. Die **Bearbeitungszeit** verlängert sich bei Anforderung weiterer Informationen zum Vergütungsantrag durch das BZSt auf **längstens acht Monate**. Die Fristen nach den Sätzen 1 und 2 gelten auch bei Vergütungsanträgen von Unternehmern, die auf den Kanarischen Inseln, in Ceuta oder in Melilla ansässig sind.

134 Der **Bescheid über die Vergütung von Vorsteuerbeträgen** ist **in elektronischer Form** zu übermitteln. Eine qualifizierte elektronische Signatur nach dem Signaturgesetz ist dabei nicht erforderlich (§ 61 Abs. 4 S. 2 UStDV).

135 **Verzinsung:** Der nach § 18 Abs. 9 UStG zu vergütende Betrag ist zu verzinsen (§ 61 Abs. 5 UStDV). Der **Zinslauf beginnt** grundsätzlich mit Ablauf von vier Monaten und zehn Werktagen nach Eingang des Vergütungsantrags beim BZSt. Übermittelt der Unternehmer Kopien der Rechnungen oder Einfuhrbelege nicht zusammen mit dem Vergütungsantrag, sondern erst zu einem späteren Zeitpunkt, **beginnt der Zinslauf erst** mit Ablauf von vier Monaten und zehn Tagen nach Eingang dieser Kopien beim BZSt. Hat das BZSt zusätzliche oder weitere zusätzliche Informationen angefordert, beginnt der Zinslauf erst mit Ablauf von zehn Werktagen nach Ablauf der Fristen in Art. 21 der RL 2008/9/EG des Rates vom 12.02.2008 zur Regelung der Erstattung der Mehrwertsteuer gemäß der RL 2006/112/EG an nicht im Mitgliedstaat der Erstattung, sondern in einem anderen Mitgliedstaat ansässige Steuerpflichtige (ABl EU Nr. L 44, 23).

136 Der **Zinslauf endet** mit erfolgter Zahlung des zu vergütenden Betrages; die Zahlung gilt als erfolgt mit dem Tag der Fälligkeit, es sei denn, der Unternehmer weist nach, dass er den zu vergütenden Betrag später erhalten hat. Wird die Festsetzung oder Anmeldung der Steuervergütung geändert, ist eine bisherige Zinsfestsetzung zu ändern; § 233 a Abs. 5 AO gilt entsprechend.

Für die Höhe und Berechnung der Zinsen gilt § 238 AO. Auf die Festsetzung der Zinsen ist § 239 AO entsprechend anzuwenden.

Ein **Anspruch auf Verzinsung besteht nicht**, wenn der Unternehmer einer Mitwirkungspflicht nicht innerhalb einer Frist von einem Monat nach Zugang einer entsprechenden Aufforderung des BZSt nachkommt (§ 61 Abs. 6 UStDV). 137

Ein **im Drittlandsgebiet ansässiger Unternehmer**, dem im Inland von einem Unternehmer Umsatzsteuer in Rechnung gestellt worden ist, kann bei der **zuständigen Behörde im Inland** einen **Antrag auf Vergütung** dieser Steuer stellen. Für die Vergütung der Vorsteuerbeträge im Vorsteuer-Vergütungsverfahren ist ausschließlich das BZSt zuständig (§ 5 Abs. 1 Nr. 8 FVG). 138

Für den **Antrag auf Vergütung der Vorsteuerbeträge** ist ein Vordruck nach **amtlich vorgeschriebenem Muster** zu verwenden. Der Unternehmer hat die Möglichkeit, den Vergütungsantrag dem BZSt – ggf. vorab – **elektronisch zu übermitteln**. Zur Zulassung abweichender Vordrucke für das Vorsteuer-Vergütungsverfahren vgl. BMF vom 12.01.2007, BStBl I 2007, 121. In jedem Fall muss der Vordruck **in deutscher Sprache** ausgefüllt werden. In dem Antragsvordruck sind die Vorsteuerbeträge, deren Vergütung beantragt wird, im Einzelnen aufzuführen (**Einzelaufstellung**). Es ist nicht erforderlich, zu jedem Einzelbeleg darzulegen, zu welcher unternehmerischen Tätigkeit die erworbenen Gegenstände oder empfangenen sonstigen Leistungen verwendet worden sind. Pauschale Erklärungen reichen aus, z.B. grenzüberschreitende Güterbeförderungen im Monat Juni. 139

Zur Arbeitsvereinfachung wird für die Einzelaufstellung das folgende Verfahren zugelassen: 140

1. Bei Rechnungen, deren Gesamtbetrag 150 € nicht übersteigt und bei denen das Entgelt und die Umsatzsteuer in einer Summe angegeben sind (§ 33 UStDV):
   a) Der Unternehmer kann die Rechnungen getrennt nach Kostenarten mit laufenden Nummern versehen und sie mit diesen Nummern, den Nummern der Rechnungen und mit den Bruttorechnungsbeträgen in gesonderten Aufstellungen zusammenfassen.
   b) Die in den Aufstellungen zusammengefassten Bruttorechnungsbeträge sind aufzurechnen. Aus dem jeweiligen Endbetrag ist die darin enthaltene Umsatzsteuer herauszurechnen und in den Antrag zu übernehmen. Hierbei ist auf die gesonderte Aufstellung hinzuweisen.
   c) Bei verschiedenen Steuersätzen sind die gesonderten Aufstellungen getrennt für jeden Steuersatz zu erstellen.
2. Bei Fahrausweisen, in denen das Entgelt und der Steuerbetrag in einer Summe angegeben sind (§ 34 UStDV), gilt Nr. 1 entsprechend.
3. Bei Einfuhrumsatzsteuerbelegen:
   a) Der Unternehmer kann die Belege mit laufenden Nummern versehen und sie mit diesen Nummern, den Nummern der Belege und mit den in den Belegen angegebenen Steuerbeträgen in einer gesonderten Aufstellung zusammenfassen.
   b) Die Steuerbeträge sind aufzurechnen und in den Antrag zu übernehmen. Hierbei ist auf die gesonderte Aufstellung hinzuweisen.
4. Die gesonderten Aufstellungen sind dem Vergütungsantrag beizufügen.

Der Unternehmer hat die Vergütung selbst zu berechnen. Dem Vergütungsantrag sind die **Rechnungen und Einfuhrbelege im Original** beizufügen (§ 61a Abs. 2 S. 3 UStDV); sie können allenfalls **bis zum Ende der Antragsfrist nachgereicht werden** (vgl. BFH vom 18.01.2007, Az: V R 23/05, BStBl II 2007, 430). Kann ein Unternehmer in Einzelfällen den erforderlichen Nachweis der Vorsteuerbeträge nicht durch Vorlage von Originalbelegen erbringen, sind **Zweitschriften** nur anzuerkennen, wenn der Unternehmer den Verlust der Originalbelege nicht zu vertreten hat, der dem Vergütungsantrag zugrunde liegende Vorgang stattgefunden hat und keine Gefahr besteht, 141 dass weitere Vergütungsanträge gestellt werden (vgl. BFH vom 20.08.1998, Az: V R 55/96, BStBl II 1999, 324). Bei der **Zweitausfertigung eines Ersatzbelegs** für den Abzug der Einfuhrumsatzsteuer als Vorsteuer kommt es nicht darauf an, aufgrund welcher Umstände die Erstschrift des Ersatzbelegs nicht vorgelegt werden kann (vgl. BFH vom 19.11.1998, Az: V R 102/96, BStBl II 1999, 255).

142 Die Vergütung ist **binnen sechs Monaten nach Ablauf des Kj.**, in dem der Vergütungsanspruch entstanden ist, zu beantragen (§ 61 a Abs. 2 UStDV). Die Antragsfrist ist eine Ausschlussfrist, bei deren Versäumung unter den Voraussetzungen des § 110 AO Wiedereinsetzung in den vorigen Stand gewährt werden kann.

143 Die beantragte Vergütung muss **mindestens 1000 €** betragen (§ 61 a Abs. 3 UStDV). Das gilt nicht, wenn der Vergütungszeitraum das Kj. oder der letzte Zeitraum des Kj. ist. Für diese Vergütungszeiträume muss die beantragte Vergütung mindestens 500 € betragen.

144 Der **Nachweis** nach § 61 a Abs. 4 UStDV ist nach dem **Muster USt 1 TN** zu führen. Hinsichtlich dieses Musters wird auf das BMF-Schreiben vom 11.01.1999, BStBl I 1999, 192, sowie auf ggf. spätere hierzu im BStBl I veröffentlichte BMF-Schreiben hingewiesen. Die Bescheinigung muss den Vergütungszeitraum abdecken (vgl. BFH vom 18.01.2007, Az: V R 22/05, BStBl II 2007, 426). Für Vergütungsanträge, die später als ein Jahr nach dem Ausstellungsdatum der Bescheinigung gestellt werden, ist eine neue Bescheinigung vorzulegen. Bei staatlichen Stellen, die nach Rn. 55 des BMF-Schreibens vom 04.09.2009, Az: IV B 9 – S 7117/08/10.001 (BStBl I 2009, 1005) als Unternehmer i.S.d. § 2 Abs. 3 UStG anzusehen sind, ist auf die Vorlage einer behördlichen Bescheinigung (§ 61 a Abs. 4 UStDV) zu verzichten. Die **Bindungswirkung der Unternehmerbescheinigung entfällt**, wenn das BZSt bei Zweifeln an deren Richtigkeit aufgrund von Aufklärungsmaßnahmen (eigene Auskünfte des Unternehmers, Amtshilfe) Informationen erhält, aus denen hervorgeht, dass die in der Bescheinigung enthaltenen Angaben unrichtig sind (vgl. BFH vom 14.05.2008, Az: XI R 58/06, BStBl II 2008, 831).

145 Der **Vergütungsantrag** ist vom Unternehmer **eigenhändig zu unterschreiben** (§ 61 a Abs. 2 S. 4 UStDV). Der Unternehmer kann den Vergütungsanspruch **abtreten** (§ 46 Abs. 2 und 3 AO). Im Falle der Vergütung hat das BZSt die Originalbelege durch Stempelaufdruck oder in anderer Weise zu **entwerten**.

146 Der nach § 18 Abs. 9 UStG **zu vergütende Betrag** ist nach § 233 a AO **zu verzinsen** (vgl. BFH vom 17.04.2008, Az: V R 41/06, BStBl II 2009, 2 und Nr. 62 des AEAO zu § 233 a AO).

147 **Vorsteuer-Vergütungsverfahren und allgemeines Besteuerungsverfahren:**
Für einen Voranmeldungszeitraum **schließen sich das allgemeine Besteuerungsverfahren und das Vorsteuer-Vergütungsverfahren grundsätzlich gegenseitig aus**. Sind jedoch die Voraussetzungen des Vorsteuer-Vergütungsverfahrens erfüllt und schuldet der im Ausland ansässige Unternehmer die Steuer im allgemeinen Besteuerungsverfahren (z.B. nach § 14 c Abs. 1 UStG), kann die Vergütung der Vorsteuerbeträge abweichend von § 16 Abs. 2 S. 1 UStG nur im Vorsteuer-Vergütungsverfahren durchgeführt werden. Im Laufe eines Kj. kann zudem der Fall eintreten, dass die Vorsteuerbeträge eines im Ausland ansässigen Unternehmers abschnittsweise im Wege des Vorsteuer-Vergütungsverfahrens und im Wege des allgemeinen Besteuerungsverfahrens zu vergüten oder von der Steuer abzuziehen sind.

148 **In diesen Fällen ist wie folgt zu verfahren:**

1. Vom Beginn des Voranmeldungszeitraums an, in dem das allgemeine Besteuerungsverfahren durchzuführen ist, endet insoweit die Zuständigkeit des BZSt.
2. Erfüllt der Unternehmer im Laufe des Kj. erneut die Voraussetzungen des Vorsteuer-Vergütungsverfahrens, ist für dieses Verfahren wieder das BZSt zuständig (§ 5 Abs. 1 Nr. 8 FVG); vgl. Rn. 9 bis 28.

3. Für Zeiträume, in denen die Voraussetzungen für das allgemeine Besteuerungsverfahren vorliegen, hat der Unternehmer eine Voranmeldung abzugeben. In diesem Fall sind die abziehbaren Vorsteuerbeträge durch Vorlage der Rechnung und Einfuhrbelege im Original nachzuweisen (§ 62 Abs. 2 UStDV).
4. Nach Ablauf des Kj. hat der Unternehmer bei dem FA eine Steuererklärung abzugeben. Das FA hat die Steuer für das Kj. festzusetzen. Hierbei sind die Vorsteuerbeträge nicht zu berücksichtigen, die im Vorsteuer-Vergütungsverfahren vergütet worden sind (§ 62 Abs. 1 UStDV).

Ist bei einem im Ausland ansässigen Unternehmer das allgemeine Besteuerungsverfahren durchzuführen und ist dem FA nicht bekannt, ob der Unternehmer im laufenden Kj. bereits die Vergütung von Vorsteuerbeträgen im Vorsteuer-Vergütungsverfahren beantragt hat, hat das FA **beim BZSt anzufragen**. Wurde das Vorsteuer-Vergütungsverfahren beim BZSt in diesem Fall bereits durchgeführt, hat der Unternehmer die abziehbaren Vorsteuerbeträge auch im allgemeinen Besteuerungsverfahren durch Vorlage der Rechnungen und Einfuhrbelege im Original nachzuweisen (§ 62 Abs. 2 UStDV). Die Belege sind zu entwerten. 149

Vorsteuer-Vergütungsverfahren für im Inland ansässige Unternehmer: 150
Unternehmern, die in der Bundesrepublik Deutschland ansässig sind und die für die Vergütung von Vorsteuerbeträgen in einem Drittstaat eine Bestätigung ihrer Unternehmereigenschaft benötigen, stellt das zuständige FA eine **Bescheinigung nach dem Muster USt 1 TN (Unternehmerbescheinigung)** aus. Das **gilt auch für Organgesellschaften und Zweigniederlassungen im Inland**, die zum Unternehmen eines im Ausland ansässigen Unternehmers gehören.

Die **Bescheinigung darf nur Unternehmern erteilt werden, die zum Vorsteuerabzug berechtigt sind.** Sie **darf nicht erteilt werden**, wenn der Unternehmer nur steuerfreie Umsätze ausführt, die den Vorsteuerabzug ausschließen, oder die Besteuerung nach § 19 Abs. 1 oder § 24 Abs. 1 UStG anwendet. 151

Unternehmern, die die Vergütung von Vorsteuerbeträgen in einem anderen Mitgliedstaat beantragen möchten, wird **keine Bescheinigung** erteilt. Die Bestätigung der Unternehmereigenschaft erfolgt in diesen Fällen durch das BZSt **durch Weiterleitung des Vergütungsantrags an den Mitgliedstaat der Erstattung** (vgl. Rn. 153ff.). 152

Vorsteuer-Vergütungsverfahren in einem anderen Mitgliedstaat für im Inland ansässige Unternehmer: 153
Antragstellung: Ein **im Inland ansässiger Unternehmer**, dem in einem anderen Mitgliedstaat von einem Unternehmer Umsatzsteuer in Rechnung gestellt worden ist, kann **über das BZSt bei der zuständigen Behörde dieses Mitgliedstaates** einen Antrag auf Vergütung dieser Steuer stellen. Beantragt der Unternehmer die Vergütung für mehrere Mitgliedstaaten, ist für jeden Mitgliedstaat ein gesonderter Antrag zu stellen.

Anträge auf Vergütung von Vorsteuerbeträgen in einem anderen Mitgliedstaat sind nach amtlich vorgeschriebenem Datensatz durch Datenfernübertragung nach Maßgabe der Steuerdaten-Übermittlungsverordnung dem BZSt zu übermitteln (§ 18g UStG). Informationen zur elektronischen Übermittlung sind auf den Internetseiten des BZSt (www.bzst.de) abrufbar. Der Antragsteller muss authentifiziert sein. In dem Vergütungsantrag ist die Steuer für den Vergütungszeitraum zu berechnen. 154

Der **Vergütungsantrag ist bis zum 30. 09.** des auf das Jahr der Ausstellung der Rechnung folgenden Kj. zu stellen. Für die Einhaltung der Frist nach Satz 1 genügt der rechtzeitige Eingang des Vergütungsantrags beim BZSt. Der Vergütungsbetrag muss **mindestens 50 €** betragen oder einem entsprechend in Landeswährung umgerechneten Betrag entsprechen. Der Unternehmer kann auch einen Antrag für einen Zeitraum von mindestens drei Monaten stellen, wenn der 155

Vergütungsbetrag **mindestens 400 €** beträgt oder einem entsprechend in Landeswährung umgerechneten Betrag entspricht.

156 Der Unternehmer hat in dem Vergütungsantrag Folgendes anzugeben:

- den Mitgliedstaat der Erstattung;
- Name und vollständige Anschrift des Unternehmers;
- eine Adresse für die elektronische Kommunikation;
- eine Beschreibung der Geschäftstätigkeit des Unternehmers, für die die Gegenstände bzw. Dienstleistungen erworben wurden, auf die sich der Antrag bezieht;
- den Vergütungszeitraum, auf den sich der Antrag bezieht;
- eine Erklärung des Unternehmers, dass er während des Vergütungszeitraums im Mitgliedstaat der Erstattung keine Lieferungen von Gegenständen bewirkt und Dienstleistungen erbracht hat, mit Ausnahme bestimmter steuerfreier Beförderungsleistungen (vgl. § 4 Nr. 3 UStG), von Umsätzen, für die ausschließlich der Leistungsempfänger die Steuer schuldet, oder i. g. Erwerbe und daran anschließender Lieferungen i. S. d. § 25b Abs. 2 UStG;
- die Umsatzsteuer-Identifikationsnummer (USt-IdNr.) oder Steuernummer (StNr.) des Unternehmers;
- seine Bankverbindung (inklusive IBAN und BIC).

157 **Neben diesen Angaben** sind in dem Vergütungsantrag für jeden Mitgliedstaat der Erstattung und für jede Rechnung oder jedes Einfuhrdokument **folgende Angaben** zu machen:

- Name und vollständige Anschrift des Lieferers oder Dienstleistungserbringers;
- außer im Falle der Einfuhr die USt-IdNr. des Lieferers oder Dienstleistungserbringers oder die ihm vom Mitgliedstaat der Erstattung zugeteilte Steuerregisternummer;
- außer im Falle der Einfuhr das Präfix des Mitgliedstaats der Erstattung;
- Datum und Nummer der Rechnung oder des Einfuhrdokuments;
- Bemessungsgrundlage und Steuerbetrag in der Währung des Mitgliedstaats der Erstattung;
- Betrag der abziehbaren Steuer in der Währung des Mitgliedstaats der Erstattung;
- ggf. einen (in bestimmten Branchen anzuwendenden) Pro-rata-Satz;
- Art der erworbenen Gegenstände und Dienstleistungen **aufgeschlüsselt nach Kennziffern**:
  1. Kraftstoff;
  2. Vermietung von Beförderungsmitteln;
  3. Ausgaben für Transportmittel (andere als unter Kennziffer 1 oder 2 beschriebene Gegenstände und Dienstleistungen);
  4. Maut und Straßenbenutzungsgebühren;
  5. Fahrtkosten wie Taxikosten, Kosten für die Benutzung öffentlicher Verkehrsmittel;
  6. Beherbergung;
  7. Speisen, Getränke und Restaurantdienstleistungen;
  8. Eintrittsgelder für Messen und Ausstellungen;
  9. Luxusausgaben, Ausgaben für Vergnügungen und Repräsentationsaufwendungen;
  10. Sonstiges. Hierbei ist die Art der gelieferten Gegenstände bzw. erbrachten Dienstleistungen anzugeben.

158 Soweit es der Mitgliedstaat der Erstattung vorsieht, hat der Unternehmer **zusätzliche elektronisch verschlüsselte Angaben** zu jeder Kennziffer zu machen, soweit dies aufgrund von Einschränkungen des Vorsteuerabzugs im Mitgliedstaat der Erstattung erforderlich ist.

159 Beträgt die **Bemessungsgrundlage** in der Rechnung oder dem Einfuhrdokument **mindestens 1.000 €** (bei Rechnungen über **Kraftstoffe** mindestens **250 €**), hat der Unternehmer – elektronische – Kopien der Rechnungen oder der Einfuhrdokumente dem Vergütungsantrag beizufügen,

wenn der Mitgliedstaat der Erstattung dies vorsieht. Die Dateianhänge zu dem Vergütungsantrag dürfen aus technischen Gründen die Größe von **5 MB nicht überschreiten**.

Der Unternehmer hat in dem Antrag eine **Beschreibung seiner unternehmerischen Tätigkeit** anhand des harmonisierten Codes vorzunehmen, wenn der Mitgliedstaat der Erstattung dies vorsieht. Der **Mitgliedstaat der Erstattung** kann **zusätzliche Angaben** in dem Vergütungsantrag verlangen. Informationen über die Antragsvoraussetzungen der einzelnen Mitgliedstaaten sind auf den Internetseiten des BZSt (www.bzst.de) abrufbar. **160**

Die dem BZSt elektronisch übermittelten Anträge werden vom BZSt als für das Vorsteuer-Vergütungsverfahren zuständige Behörde auf ihre Zulässigkeit vorgeprüft. Dabei hat das BZSt ausschließlich festzustellen, ob **161**

- die vom Unternehmer angegebene **USt-IdNr. bzw. StNr. zutreffend** und ihm zuzuordnen ist und
- der Unternehmer ein **zum Vorsteuerabzug berechtigter Unternehmer** ist.

Stellt das BZSt nach Durchführung der Vorprüfung fest, dass der Antrag insoweit zulässig ist, leitet es diesen an den Mitgliedstaat der Erstattung über eine elektronische Schnittstelle weiter. **Mit der Weitergabe des Antrags bestätigt das BZSt**, dass **162**

- die vom Unternehmer angegebene USt-IdNr. bzw. StNr. zutreffend ist und
- der Unternehmer ein zum Vorsteuerabzug berechtigter Unternehmer ist.

Die Weiterleitung an den Mitgliedstaat der Erstattung hat **innerhalb von 15 Tagen** nach Eingang des Antrags zu erfolgen. Das BZSt hat dem Antragsteller eine **elektronische Empfangsbestätigung** über den Eingang des Antrags zu übermitteln. **163**

2.6 Innergemeinschaftlicher Erwerb

2.6.1 Mitteilungspflichten der Kraftfahrzeug-Zulassungsstellen

Nach § 18 Abs. 10 Nr. 1 UStG müssen die **Kraftfahrzeug-Zulassungsstellen** zur Sicherstellung der Umsatzbesteuerung des Erwerbs neuer Kraftfahrzeuge aus anderen EU-Mitgliedstaaten (seit 01.01.1996) den für die Besteuerung des i. g. Erwerbs neuer Kraftfahrzeuge zuständigen Finanzämtern ohne Ersuchen die **erstmalige Ausgabe eines Fahrzeugbriefes** mitteilen und die Angaben des Antragstellers übermitteln. Eine Mitteilung ist zu fertigen und an das zuständige Finanzamt zu übersenden, wenn sich aus den vorgelegten Unterlagen ergibt, dass das Kraftfahrzeug **aus dem Ausland in das Inland gelangt** ist und vom Antragsteller **kein Verzollungsnachweis** vorgelegt werden kann. Sind diese Voraussetzungen erfüllt, handelt es sich um ein **Kraftfahrzeug aus einem anderen EU-Mitgliedstaat**. Die Mitteilung ist dem vom Antragsteller angegebenen Finanzamt zu übersenden. **Antragsteller** ist derjenige, der entweder die Ausstellung des Fahrzeugbriefes selbst beantragt oder für den ein Dritter (z. B. Händler) den Fahrzeugbrief besorgt. **164**

2.6.2 Festsetzungsverfahren beim innergemeinschaftlichen Erwerb

Beim i. g. Erwerb neuer Fahrzeuge durch Nichtunternehmer oder durch Unternehmer, die das Fahrzeug nicht für ihr Unternehmen erwerben, ist die USt für jeden **einzelnen Erwerb** zu berechnen (Fahrzeugeinzelbesteuerung § 16 Abs. 5a UStG). Die USt auf den Erwerb ist bis zum **165** zehnten Tag nach dem Tag des Erwerbs **anzumelden** und zu **entrichten** (§ 18 Abs. 5a S. 4 UStG i. V. m. § 13 Abs. 1 Nr. 7 UStG). Die Steuer **entsteht** am Tag des Erwerbs und ist zehn Tage nach Ablauf dieses Tages **fällig** (§ 13 Abs. 1 Nr. 7 UStG). Der i. g. Erwerb ist mit der Lieferung des neuen Fahrzeugs an den Erwerber **bewirkt**. Der Tag des Erwerbs entspricht daher dem Tag der Verschaffung der Verfügungsmacht. **Steuerschuldner** ist der Erwerber (§ 13a Abs. 1 Nr. 2 UStG).

166 Der Erwerb **bemisst** sich gem. § 10 Abs. 1 S. 1 UStG nach dem Entgelt. Hierzu zählt nach § 10 Abs. 1 S. 2 UStG alles, was der Leistungsempfänger aufwendet, um die Leistung zu erhalten, jedoch abzüglich der USt auf den Erwerb. In die **Bemessungsgrundlage** sind auch **Nebenkosten** einzubeziehen, die dem Erwerber vom Fahrzeuglieferer im Zusammenhang mit der Fahrzeuglieferung berechnet werden (Überführungskosten u. Ä.). Da beim Kauf eines Neufahrzeugs oftmals Altfahrzeuge in Zahlung gegeben werden, ist darauf zu achten, dass **nicht nur der Differenzbetrag** besteuert wird. Für den **i. g. Erwerb neuer Fahrzeuge** gilt der **allgemeine Steuersatz** gem. § 12 Abs. 1 UStG. Bei Werten in **fremder Währung** ist die Bemessungsgrundlage nach dem am Tag des Erwerbs geltenden **Tageskurs umzurechnen**, der durch Bankmitteilung oder Kurszettel nachzuweisen ist. Der Nachweis ist der Umsatzsteuererklärung beizufügen.

167 Die Steuererklärung ist eine **Steueranmeldung** i. S. d. § 150 AO. Sie führt mit Eingang beim FA gem. § 168 S. 1 AO zu einer Steuerfestsetzung unter dem Vorbehalt der Nachprüfung (§ 164 Abs. 1 AO).

168 **Ändert** sich die Bemessungsgrundlage (z. B. durch eine Kaufpreisminderung aufgrund einer Mängelrüge), ist die Steuerschuld gem. § 17 Abs. 1 UStG zu berichtigen. Die **Berichtigung** ist für den Besteuerungszeitraum vorzunehmen, in welchem die Änderung der Bemessungsgrundlage eingetreten ist (§ 17 Abs. 1 S. 3 UStG). Dies gilt sinngemäß, wenn der **Erwerb rückgängig** gemacht wird (§ 17 Abs. 2 Nr. 3 UStG). Eine **berichtigte Steueranmeldung** mit einer geringeren Steuer führt erst nach Zustimmung durch das FA zu einer Steuerfestsetzung.

169 Nach § 21 Abs. 2 AO ist grundsätzlich das FA **zuständig**, das auch für die Durchführung der Einkommensteuerveranlagung des Erwerbers zuständig ist.

2.7 Anzeigepflicht grenzüberschreitender Personenbeförderungen mit Omnibussen (§ 18 Abs. 12 UStG)

170 Nach § 18 Abs. 12 UStG haben **im Ausland ansässige Unternehmer**, die **grenzüberschreitende Personenbeförderungen** mit **nicht im Inland zugelassenen Kraftomnibussen** durchführen, dies **vor der erstmaligen Ausführung** solcher auf das Inland entfallender Umsätze bei dem für die USt zuständigen FA **anzuzeigen**, soweit diese Umsätze nicht der Beförderungseinzelbesteuerung unterliegen (zu Einzelheiten siehe BMF vom 04.02.2014, Az: IV D 3 – S 7327/07/10001, BStBl I 2014, 220, Merkblatt 2014). Das für die Umsatzbesteuerung nach § 21 AO zuständige Finanzamt erteilt über die umsatzsteuerliche Erfassung des im Ausland ansässigen Unternehmers für jeden nicht im Inland zugelassenen Kraftomnibus, der für grenzüberschreitende Personenbeförderungen eingesetzt werden soll, eine gesonderte Bescheinigung (§ 18 Abs. 12 S. 2 UStG), die während jeder Fahrt mitzuführen und auf Verlangen den für die Steueraufsicht zuständigen Zolldienststellen vorzulegen ist (§ 18 Abs. 12 S. 3 UStG). Bei Nichtvorlage der Bescheinigung können die Zolldienststellen eine Sicherheitsleistung nach den abgabenrechtlichen Vorschriften i. H. d. für die einzelne Beförderungsleistung voraussichtlich zu entrichtenden Steuer verlangen (§ 18 Abs. 12 S. 4 UStG). Die entrichtete Sicherheitsleistung ist auf die nach § 18 Abs. 3 S. 1 UStG zu entrichtende Steuer anzurechnen (§ 18 Abs. 12 S. 5 UStG).

171 Mit der Regelung sollen **Wettbewerbsnachteile deutscher Unternehmer** und **Steuerausfälle** vermieden werden. Die Umsatzbesteuerung grenzüberschreitender Personenbeförderungen mit nicht im Inland zugelassenen Kraftomnibussen ist entweder im Verfahren der **Beförderungs-**

einzelbesteuerung nach § 16 Abs. 5 UStG durchzuführen, wenn eine Grenze zum Drittlandsgebiet (Grenze zwischen der Schweiz und Deutschland) überschritten wird, oder im **allgemeinen Besteuerungsverfahren** des § 18 Abs. 1 bis 4 UStG, wenn keine Drittlandsgrenze überschritten wird.

Die für die Steueraufsicht zuständigen Zolldienststellen wirken nach § 18 Abs. 11 UStG an der umsatzsteuerlichen Erfassung dieser Personenbeförderungen im Rahmen von zeitlich und örtlich begrenzten Kontrollen mit. § 18 Abs. 12 UStG bietet die gesetzliche Grundlage dafür, dass sich im Ausland ansässige Unternehmer, die grenzüberschreitende Personenbeförderungen durchführen, bei der deutschen Finanzverwaltung registrieren lassen. 172

§ 26a Abs. 1 Nr. 1a UStG stuft die Nichtvorlage der in § 18 Abs. 12 S. 3 UStG bezeichneten Bescheinigung als **Ordnungswidrigkeit** ein. Ordnungswidrig handelt, wer vorsätzlich oder leichtfertig entgegen § 18 Abs. 12 S. 3 UStG die Bescheinigung nach § 18 Abs. 12 S. 2 UStG nicht oder nicht rechtzeitig vorlegt (§ 26a Abs. 1 Nr. 4 UStG). Diese Ordnungswidrigkeit kann mit einer Geldbuße bis zu 5000 € geahndet werden (§ 26a Abs. 2 UStG). Über § 377 AO finden die für die Steuerordnungswidrigkeiten geltenden Regelungen Anwendung. 173

§ 18a UStG
Zusammenfassende Meldung

(1) [1]Der Unternehmer im Sinne des § 2 hat bis zum 25. Tag nach Ablauf jedes Kalendermonats (Meldezeitraum), in dem er innergemeinschaftliche Warenlieferungen oder Lieferungen im Sinne des § 25b Abs. 2 ausgeführt hat, dem Bundeszentralamt für Steuern eine Meldung (Zusammenfassende Meldung) nach amtlich vorgeschriebenem Datensatz durch Datenfernübertragung zu übermitteln, in der er die Angaben nach Absatz 7 Satz 1 Nummer 1, 2 und 4 zu machen hat. [2]Soweit die Summe der Bemessungsgrundlagen für innergemeinschaftliche Warenlieferungen und für Lieferungen im Sinne des § 25b Abs. 2 weder für das laufende Kalendervierteljahr noch für eines der vier vorangegangenen Kalendervierteljahre jeweils mehr als 50000 Euro beträgt, kann die Zusammenfassende Meldung bis zum 25. Tag nach Ablauf des Kalendervierteljahres übermittelt werden. [3]Übersteigt die Summe der Bemessungsgrundlage für innergemeinschaftliche Warenlieferungen und für Lieferungen im Sinne des § 25b Abs. 2 im Laufe eines Kalendervierteljahres 50000 Euro. hat der Unternehmer bis zum 25. Tag nach Ablauf des Kalendermonats, in dem dieser Betrag überschritten wird, eine Zusammenfassende Meldung für diesen Kalendermonat und die bereits abgelaufenen Kalendermonate dieses Kalendervierteljahres zu übermitteln. [4]Nimmt der Unternehmer die in Satz 2 enthaltene Regelung nicht in Anspruch, hat er dies gegenüber dem Bundeszentralamt für Steuern anzuzeigen. [5]Vom 1. Juli 2010 bis zum 31. Dezember 2011 gelten die Sätze 2 und 3 mit der Maßgabe, dass an die Stelle des Betrages von 50000 Euro der Betrag von 100000 Euro tritt.
(2) [1]Der Unternehmer im Sinne des § 2 hat bis zum 25. Tag nach Ablauf jedes Kalendervierteljahres (Meldezeitraum), in dem er im übrigen Gemeinschaftsgebiet steuerpflichtige sonstige Leistungen im Sinne des § 3a Abs. 2, für die der in einem anderen Mitgliedstaat ansässige Leistungsempfänger die Steuer dort schuldet, ausgeführt hat, dem Bundeszentralamt für Steuern eine Zusammenfassende Meldung nach amtlich vorgeschriebenem Datensatz durch Datenfernübertragung zu übermitteln, in der er die Angaben nach Absatz 7 Satz 1 Nummer 3 zu machen hat. [2]Soweit der Unternehmer bereits nach Absatz 1 zur monatlichen Übermittlung einer Zusammenfassenden Meldung verpflichtet ist, hat er die Angaben im Sinne von Satz 1 in der Zusammenfassenden Meldung für den letzten Monat des Kalendervierteljahres zu machen.
(3) [1]Soweit der Unternehmer im Sinne des § 2 die Zusammenfassende Meldung entsprechend Absatz 1 bis zum 25. Tag nach Ablauf jedes Kalendermonats übermittelt, kann er die nach Absatz 2 vorgesehenen Angaben in die Meldung für den jeweiligen Meldezeitraum aufnehmen. [2]Nimmt der Unternehmer die in Satz 1 enthaltene Regelung in Anspruch, hat er dies gegenüber dem Bundeszentralamt für Steuern anzuzeigen.
(4) Die Absätze 1 bis 3 gelten nicht für Unternehmer, die § 19 Abs. 1 anwenden.
(5) [1]Auf Antrag kann das Finanzamt zur Vermeidung unbilliger Härten auf eine elektronische Übermittlung verzichten; in diesem Fall hat der Unternehmer eine Meldung nach amtlich vorgeschriebenem Vordruck abzugeben. [2]§ 150 Abs. 8 der Abgabenordnung gilt entsprechend. [3]Soweit das Finanzamt nach § 18 Abs. 1 Satz 2 auf eine elektronische Übermittlung der Voranmeldung verzichtet hat, gilt dies auch für die Zusammenfassende Meldung. [4]Für die Anwendung dieser Vorschrift gelten auch nichtselbständige juristische Personen im Sinne des § 2 Abs. 2 Nummer 2 als Unternehmer. [5]Die Landesfinanzbehörden übermitteln dem Bundeszentralamt für Steuern die erforderlichen Angaben zur Bestimmung der Unterneh-

mer, die nach den Absätzen 1 und 2 zur Abgabe der Zusammenfassenden Meldung verpflichtet sind. [6]Diese Angaben dürfen nur zur Sicherstellung der Abgabe der Zusammenfassenden Meldung verwendet werden. [7]Das Bundeszentralamt für Steuern übermittelt den Landesfinanzbehörden die Angaben aus den Zusammenfassenden Meldungen, soweit diese für steuerliche Kontrollen benötigt werden.

(6) Eine innergemeinschaftliche Warenlieferung im Sinne dieser Vorschrift ist

1. eine innergemeinschaftliche Lieferung im Sinne des § 6a Abs. 1 mit Ausnahme der Lieferungen neuer Fahrzeuge an Abnehmer ohne Umsatzsteuer-Identifikationsnummer;
2. eine innergemeinschaftliche Lieferung im Sinne des § 6a Abs. 2.

(7) [1]Die Zusammenfassende Meldung muss folgende Angaben enthalten:

1. für innergemeinschaftliche Warenlieferungen im Sinne des Absatzes 6 Nummer 1:
   a) die Umsatzsteuer-Identifikationsnummer jedes Erwerbers, die ihm in einem anderen Mitgliedstaat erteilt worden ist und unter der die innergemeinschaftlichen Warenlieferungen an ihn ausgeführt worden sind, und
   b) für jeden Erwerber die Summe der Bemessungsgrundlagen der an ihn ausgeführten innergemeinschaftlichen Warenlieferungen;
2. für innergemeinschaftliche Warenlieferungen im Sinne des Absatzes 6 Nummer 2:
   a) die Umsatzsteuer-Identifikationsnummer des Unternehmers in den Mitgliedstaaten, in die er Gegenstände verbracht hat, und
   b) die darauf entfallende Summe der Bemessungsgrundlagen;
3. für im übrigen Gemeinschaftsgebiet ausgeführte steuerpflichtige sonstige Leistungen im Sinne des § 3a Abs. 2, für die der in einem anderen Mitgliedstaat ansässige Leistungsempfänger die Steuer dort schuldet:
   a) die Umsatzsteuer-Identifikationsnummer jedes Leistungsempfängers, die ihm in einem anderen Mitgliedstaat erteilt worden ist und unter der die steuerpflichtigen sonstigen Leistungen an ihn erbracht wurden,
   b) für jeden Leistungsempfänger die Summe der Bemessungsgrundlagen der an ihn erbrachten steuerpflichtigen sonstigen Leistungen und
   c) einen Hinweis auf das Vorliegen einer im übrigen Gemeinschaftsgebiet ausgeführten steuerpflichtigen sonstigen Leistung im Sinne des § 3a Abs. 2, für die der in einem anderen Mitgliedstaat ansässige Leistungsempfänger die Steuer dort schuldet;
4. für Lieferungen im Sinne des § 25b Abs. 2:
   a) die Umsatzsteuer-Identifikationsnummer eines jeden letzten Abnehmers, die diesem in dem Mitgliedstaat erteilt worden ist, in dem die Versendung oder Beförderung beendet worden ist,
   b) für jeden letzten Abnehmer die Summe der Bemessungsgrundlagen der an ihn ausgeführten Lieferungen und
   c) einen Hinweis auf das Vorliegen eines innergemeinschaftlichen Dreiecksgeschäfts.

[2]§ 16 Abs. 6 und § 17 sind sinngemäß anzuwenden.

(8) [1]Die Angaben nach Absatz 7 Satz 1 Nummer 1 und 2 sind für den Meldezeitraum zu machen, in dem die Rechnung für die innergemeinschaftliche Warenlieferung ausgestellt wird, spätestens jedoch für den Meldezeitraum, in dem der auf die Ausführung der innergemeinschaftlichen Warenlieferung folgende Monat endet. [2]Die Angaben nach Absatz 7 Satz 1 Nummer 3 und 4 sind für den Meldezeitraum zu machen, in dem die im übrigen Gemeinschaftsgebiet steuerpflichtige sonstige Leistung im Sinne des § 3a Abs. 2, für die der in einem anderen Mitgliedstaat ansässige Leistungsempfänger die Steuer dort schuldet, und die Lieferungen nach § 25b Abs. 2 ausgeführt worden sind.

(9) [1]Hat das Finanzamt den Unternehmer von der Verpflichtung zur Abgabe der Voranmeldungen und Entrichtung der Vorauszahlungen befreit (§ 18 Abs. 2 Satz 3), kann er die

Zusammenfassende Meldung abweichend von den Absätzen 1 und 2 bis zum 25. Tag nach Ablauf jedes Kalenderjahres abgeben, in dem er innergemeinschaftliche Warenlieferungen ausgeführt hat oder im übrigen Gemeinschaftsgebiet steuerpflichtige sonstige Leistungen im Sinne des § 3a Abs. 2 ausgeführt hat, für die der in einem anderen Mitgliedstaat ansässige Leistungsempfänger die Steuer dort schuldet, wenn

1. **die Summe seiner Lieferungen und sonstigen Leistungen im vorangegangenen Kalenderjahr 200000 Euro nicht überstiegen hat und im laufenden Kalenderjahr voraussichtlich nicht übersteigen wird,**
2. **die Summe seiner innergemeinschaftlichen Warenlieferungen oder im übrigen Gemeinschaftsgebiet ausgeführten steuerpflichtigen Leistungen im Sinne des § 3a Abs. 2, für die der in einem anderen Mitgliedstaat ansässige Leistungsempfänger die Steuer dort schuldet, im vorangegangenen Kalenderjahr 15000 Euro nicht überstiegen hat und im laufenden Kalenderjahr voraussichtlich nicht übersteigen wird und**
3. **es sich bei den in Nummer 2 bezeichneten Warenlieferungen nicht um Lieferungen neuer Fahrzeuge an Abnehmer mit Umsatzsteuer-Identifikationsnummer handelt.**

[2]Absatz 8 gilt entsprechend.

(10) Erkennt der Unternehmer nachträglich, dass eine von ihm abgegebene Zusammenfassende Meldung unrichtig oder unvollständig ist, so ist er verpflichtet, die ursprüngliche Zusammenfassende Meldung innerhalb eines Monats zu berichtigen.

(11) Auf die Zusammenfassende Meldung sind mit Ausnahme von § 152 der Abgabenordnung ergänzend die für Steuererklärungen geltenden Vorschriften der Abgabenordnung anzuwenden.

(12) [1]Zur Erleichterung und Vereinfachung der Abgabe und Verarbeitung der Zusammenfassenden Meldung kann das Bundesministerium der Finanzen durch Rechtsverordnung mit Zustimmung des Bundesrates bestimmen, dass die Zusammenfassende Meldung auf maschinell verwertbaren Datenträgern oder durch Datenfernübertragung übermittelt werden kann. [2]Dabei können insbesondere geregelt werden:

1. **die Voraussetzungen für die Anwendung des Verfahrens;**
2. **das Nähere über Form, Inhalt, Verarbeitung und Sicherung der zu übermittelnden Daten;**
3. **die Art und Weise der Übermittlung der Daten;**
4. **die Zuständigkeit für die Entgegennahme der zu übermittelnden Daten;**
5. **die Mitwirkungspflichten Dritter bei der Erhebung, Verarbeitung und Übermittlung der Daten;**
6. **der Umfang und die Form der für dieses Verfahren erforderlichen besonderen Erklärungspflichten des Unternehmers.**

[3]Zur Regelung der Datenübermittlung kann in der Rechtsverordnung auf Veröffentlichungen sachverständiger Stellen verwiesen werden; hierbei sind das Datum der Veröffentlichung, die Bezugsquelle und eine Stelle zu bezeichnen, bei der die Veröffentlichung archivmäßig gesichert niedergelegt ist.

Literatur

Eversloh, Anmerkung, Verpflichtung von Rechtsanwälten zur Abgabe der Zusammenfassenden Meldung trotz Schweigepflicht, jurisPR-SteuerR 4/2018 Anm. 5. **Jansen**, Neue Ortsregelungen für sonstige Leistungen ab 2010 – Fragestellungen im Zusammenhang mit grundstücksbezogenen Leistungen und bei der Abgabe der Zusammenfassenden Meldungen für innergemeinschaftliche Dienstleistungen, 2008, 837. **Marfels**, Abgabepflicht der Zusammenfassenden Meldung durch Rechtsanwälte trotz Schweigepflicht, AO-StB 2018, 36. **Monfort**, Zusammenfassende Meldung seit dem 01.07.2010 – Was ist beim Ausfüllen der Zusammenfassenden Meldung zu beachten? – Praxisleitfaden für die NWB 2010, 2734. **Prätzler**, Steuerfreie innergemeinschaftliche Lieferung ohne Umsatzsteuer-Identifikationsnummer des Abnehmers, jurisPR-SteuerR 4/2016 Anm. 6. **Rondorf**, Anmerkung zu einer Entscheidung des BFH (Urteil vom 27.09.2017, Az. XI R 15/15), MwStR 2018, 86. **Weimann**, Zusammenfassende Meldung: Was für 2012 Neues zu beachten gilt, UStB 2012, 88. **Weimann**, Zusammenfassende Meldung im Jahr 2017, Was das BZSt monatlich/vierteljährlich wissen möchte, UidP, 15. Aufl. 2017, Kapitel 63. **Weimann**, Internationale Umsätze, Eintragung in die Vordrucke UStVA 2017, USt-Erklärung 2016 und ZM, UidP, 15. Aufl. 2017, Kapitel 67. **Weitze-Scholl**, Rechtsanwälte müssen mandatsbezogene Daten zu Umsatzsteuerzwecken angeben, DStR 2018, 542.

Verwaltungsanweisungen

BMF vom 15.06.2010, Az: IV D 3 – S 7427/08/10003-03, BStBl I 2010, 569.
Hinweis: Zur Problematik der zeitlichen Geltungsdauer von BMF-Schreiben vgl. Einführung UStG, Rz. 100 ff.

Richtlinien/Hinweise/Verordnungen

UStAE: Abschn. 18a.1–18a.5.
MwStSystRL: Art. 262 ff.
VO 1798/2003 EG des Rates vom 07.10.2003.
StDÜV vom 28.01.2003 (letzte Änderung vom 01.11.2011).

1 Allgemeines

§ 18 a UStG wurde in 2010 m. W. z. 01.01.2010 und zum 01.07.2010 zweimal geändert. Nachstehende Kommentierung beleuchtet den Zeitraum ab 01.07.2010. Bezüglich der Rechtslage der Zeiträume vor 2010 und dem ersten Halbjahr 2010 vgl. Rn. 5 und vgl. Rn. 6. 1

1.1 Überblick über die Vorschrift

2 Die Zusammenfassende Meldung ist ein wesentlicher Bestandteil der durch den Wegfall der Grenzkontrollen an den EG-Binnengrenzen zum 01.01.1993 eingeführten i. g. Kontrolle der Warenbewegungen.

3 Durch das Kontrollsystem soll die Besteuerung der i. g. Erwerbe im Bestimmungsland sichergestellt und ein Abgleich zwischen den i. g. Lieferungen und den i. g. Erwerben innerhalb eines gewissen Berichtszeitraumes hergestellt werden. Seit 2010 umfasst sie auch bestimmte Bereiche sonstiger Leistungen innerhalb der EU.

4 Die Besonderheit der Zusammenfassenden Meldung besteht darin, dass sie außerhalb des Voranmeldungsverfahrens angesiedelt ist und nicht an das für die USt zuständige FA, sondern an das Bundeszentralamt für Steuern nach amtlich vorgeschriebenem Datensatz durch Datenfernübertragung nach Maßgabe der Steuerdaten-Übermittlungsverordnung (StDÜV) auf elektronischem Weg zu übermitteln.

1.2 Rechtsentwicklung

1.2.1 Zeitraum 01.01.1993 bis 31.12.2009

5 Die Vorschrift wurde i. R. d. Einführung der Regelungen zum Binnenmarkt zum 01.01.1993 in das UStG eingefügt. Seitdem dient sie der Überwachung des i. g. Warenverkehrs und hat die fortgefallenen Grenzkontrollen durch den Zoll ersetzt. Wesentliche Änderungen ergaben sich aus dem Wegfall der sog. Lohnveredelung als i. g. Lieferung, zum 01.01.1997, die Einführung des i. g. Dreiecksgeschäfts (§ 25b UStG) und die Einführung des Fiskalvertreters (§§ 22a–e UStG). Seit 01.01.2007 ist die Zusammenfassende Meldung auf elektronischem Weg nach Maßgabe der Steuerdatenübermittlungsverordnung (StDÜV) zu übermitteln. Wegen weiterer Einzelheiten zu Rechtsfragen, Erklärungs- und Meldepflichten vgl. die Vorauflage.

1.2.2 Zeitraum 01.01.2010 bis 30.06.2010

6 Zum 01.01.2010 fand eine Erweiterung des Anwendungsbereichs statt. Seither ist auch für sonstige Leistungen, für die sich der Leistungsort nach § 3a Abs. 2 UStG im übrigen Gemeinschaftsgebiet befindet und die zudem dort steuerpflichtig gegenüber einem anderen Unternehmer (sog. B2B-Umsatz) ausgeführt werden, eine Zusammenfassende Meldung zu übermitteln. Bezüglich der Einzelheiten zu dieser Neuregelung wird auf die nachstehende Kommentierung verwiesen. Zu Fragen, die die Bestimmung des Leistungsorts für sonstige Leistungen betreffen, vgl. die Kommentierung zu §§ 3aff. Die für den kurzen Zeitraum geltende Regelung führte zwar ein neues Tatbestandsmerkmal ein, beließ es jedoch bezüglich der Meldezeiträume und Abgabefristen bei den bis zum 31.12.2009 geltenden Regelungen, so dass insoweit auf die Vorkommentierung verwiesen wird. Anpassungen an die Vorgaben der MWStSystRL machten eine Änderung der Melde- und Abgabefristen für die Zusammenfassende Meldung notwendig, die – unverständlicherweise – zum 01.01.2010 unterblieben und erst in einem weiteren Gesetzgebungsverfahren m. W. z. 01.07.2010 umgesetzt worden sind.

1.2.3 Zeitraum ab 01.07.2010

Zum 01.07.2010 fand eine weitere Änderung der Vorschrift statt, die zudem zu einer kompletten sprachlichen Neufassung geführt hat. Der veränderte Aufbau bedingte eine Neuzuordnung der Absätze, worauf zu achten ist, wenn die Regelung zitiert wird. Wesentlicher Inhalt der geänderten Regelung ist die Neuordnung sowohl des Meldezeitraums als auch der Abgabefrist. Die nachstehende Kommentierung folgt der neuen Systematik. 7

1.3 Geltungsbereich

1.3.1 Sachlicher Geltungsbereich

Der Tatbestand einer meldepflichtigen i. g. Warenlieferung nach § 18a Abs. 1 UStG liegt vor: 8

- bei Ausführung einer i. g. Lieferung i. S. d. § 6a Abs. 1 UStG an Abnehmer im übrigen Gemeinschaftsgebiet. Hiervon ausgenommen sind die Lieferungen neuer Fahrzeuge an Abnehmer ohne USt-IdNr.;
- Verbringen von Gegenständen gem. § 3 Abs. 1a Nr. 1 i. V. m. § 6a Abs. 2 Nr. 1 UStG von einem inländischen Unternehmensteil in einen im übrigen Gemeinschaftsgebiet gelegenen Unternehmensteil desselben Unternehmers;
- Lieferungen i. S. d. § 25b Abs. 2 UStG i. R. v. i. g. Dreiecksgeschäften.

Der Tatbestand einer meldepflichtigen sonstigen Leistung nach § 18a Abs. 2 UStG liegt vor, wenn sich deren Leistungsort nach § 3a Abs. 2 UStG im übrigen Gemeinschaftsgebiet befindet, die Leistung dort steuerpflichtig ist und der im anderen Mitgliedstaat ansässige Leistungsempfänger dort die Steuer schuldet. 9

1.3.2 Persönlicher Geltungsbereich

Zur Abgabe einer Zusammenfassenden Meldung sind diejenigen Unternehmer verpflichtet, die vom sachlichen Geltungsbereich (vgl. Rn. 8) betroffen sind. 10

Als Unternehmer i. S. d. Vorschrift gelten Unternehmer i. S. d. § 2 UStG, Organgesellschaften einer umsatzsteuerrechtlichen Organschaft, weil diese eine eigene USt-IdNr. besitzen und Fiskalvertreter gem. §§ 22a–e UStG. Dagegen unterliegen Kleinunternehmer i. S. d. § 19 Abs. 1 UStG nicht der Abgabeverpflichtung (§ 18a Abs. 4 UStG). Auch nichtselbständige juristische Personen i. S. d. § 2 Abs. 2 Nr. 2 UStG gelten als Unternehmer i. S. d. § 18a UStG (vgl. § 18a Abs. 5 S. 4 UStG). 11

1.4 Verhältnis zu anderen Vorschriften

Die Zusammenfassende Meldung ist eine Zentralvorschrift für alle Unternehmer, die i. g. Lieferungen und bestimmte sonstige Leistungen tätigen. Deshalb sind grundsätzlich nahezu sämtliche Vorschriften zum i. g. Warenverkehr, zum Ort der sonstigen Leistungen sowie § 18b UStGzu nennen. 12

2 Die einzelnen Tatbestandsmerkmale

13 Nachstehend werden drei Fallvarianten untersucht:
1. Der Unternehmer übermittelt seine Zusammenfassende Meldung ausschließlich aufgrund i. g. Lieferungen (vgl. Rn. 14ff.).
2. Der Unternehmer übermittelt seine Zusammenfassende Meldung ausschließlich aufgrund zu meldender sonstiger Leistungen (vgl. Rn. 26ff.).
3. Der Unternehmer übermittelt seine Zusammenfassende Meldung sowohl zur Meldung i. g. Lieferungen als auch sonstiger Leistungen.

2.1 Meldung innergemeinschaftlicher Lieferungen (§ 18 a Abs. 1 UStG)

2.1.1 Von der Meldepflicht erfasste Sachverhalte

14 Der Meldepflicht) unterliegen
- gem. § 18 a Abs. 6 Nr. 1 UStG i. g. Lieferungen i. S. d. § 6 a Abs. 1 UStG (vgl. die Kommentierung zu § 6 a UStG) mit Ausnahme der Lieferungen neuer Fahrzeuge an Abnehmer ohne USt-IdNr. (für diese vgl. die Kommentierung zu § 18 c UStG) und
- gem. § 18 a Abs. 6 Nr. 2 UStG i. g. Lieferungen nach § 6 a Abs. 2 UStG (= i. g. Verbringen).

15 Der Meldepflicht unterliegen nicht die Lieferungen an Privatpersonen. Ebenso wenig werden steuerpflichtige **i. g. Erwerbe** in der Zusammenfassenden Meldung vermerkt.

16 Sollten in dem Meldezeitraum i. g. Warenlieferungen oder -bewegungen an einen Erwerber unter der Angabe verschiedener USt-IdNr. bewirkt werden, so müssen die oben erläuterten Angaben getrennt nach der einzelnen USt-IdNr. gemacht werden. In Fällen des § 25 b Abs. 2 UStG (Meldung eines i. g. Dreiecksgeschäfts) ist eine Besonderheit zu beachten (vgl. Rn. 19).

2.1.2 Inhalt der Zusammenfassenden Meldung

17 § 18 a Abs. 7 UStG bestimmt, welche Angaben die Zusammenfassende Meldung enthalten muss. § 18 a Abs. 8 UStG bestimmt, wann die Angaben zu machen sind. Danach sind für i. g. Lieferungen nach § 6 a Abs. 1 UStG
- die USt-IdNr. des Erwerbers und
- die Summe der Bemessungsgrundlagen aller Lieferungen an einen Erwerber;
- für i. g. Lieferungen nach § 6 a Abs. 2 UStG (i. g. Verbringen)
- die eigene USt-IdNr. des Unternehmers, die ihm von einem anderen Mitgliedstaat vergeben wurde und
- die darauf entfallende Summe der Bemessungsgrundlagen anzugeben.

18 Die Angaben sind für den Meldezeitraum vorzunehmen, in dem die Rechnung ausgestellt wird, spätestens jedoch in dem Meldezeitraum, in dem der auf die Ausführung der Lieferung folgende Monat endet (§ 18 a Abs. 8 S. 1 UStG).

Für den Sonderfall der i. g. Lieferung im Rahmen eines Reihengeschäfts (§ 25b Abs. 2 UStG) sind zu melden: 19

- die USt-IdNr. des letzten Abnehmers aus dem Mitgliedstaat, in dem die Beförderung oder Versendung beendet wurde,
- die Summe der Bemessungsgrundlagen aller Lieferungen an den letzten Abnehmer;
- und ist ein Hinweis auf das Vorliegen eines i. g. Dreiecksgeschäfts – dies geschieht bei der elektronischen Meldung durch den Eintrag einer »2« in Spalte 3 der Meldung vorzunehmen.

Die Angaben sind für den Meldezeitraum vorzunehmen, in dem die Lieferung ausgeführt worden ist (§ 18a Abs. 8 S. 2 UStG). 20

Durch den Hinweis in § 18a Abs. 7 S. 2 UStG auf § 16 Abs. 6 UStG wird das Verfahren bei Bemessungsgrundlagen in fremden Währungen geregelt (vgl. die Kommentierung zu § 18). 21

2.1.3 Meldezeitraum und Abgabefrist

Für die Zusammenfassende Meldung, in der ausschließlich i. g. Lieferungen gemeldet werden, gilt grundsätzlich der **Kalendermonat** als Meldezeitraum (§ 18a Abs. 1 S. 1 UStG). Die Meldung muss bis zum 25. Tag nach Ablauf des Kalendermonats auf elektronischem Weg übermittelt werden. Dies gilt **auch** für diejenigen Unternehmer, denen für die Abgabe der USt-Voranmeldung die einmonatige Dauerfristverlängerung gewährt wird (§§ 46 bis 48 UStDV). Damit gibt es für die Abgabe der Zusammenfassenden Meldung keine Dauerfristverlängerung und im Übrigen einen von der USt-Voranmeldung abweichenden (Übermittlungs-)Abgabezeitpunkt. Nach dem Wortlaut des Gesetzes (§ 18a Abs. 1 S. 1 UStG) braucht der Unternehmer eine Zusammenfassende Meldung nur für diejenigen Meldezeiträume abzugeben, in denen er i. g. Lieferungen **tatsächlich** zu melden hat. Sog. »**Nullmeldungen**« sind nicht abzugeben. 22

Allerdings hat der Unternehmer grundsätzlich die Zusammenfassende Meldung nach § 18a Abs. 1 S. 2 UStG **vierteljährlich** bis zum 25. Tag nach Ablauf des Quartals übermitteln, wenn die Summe der Bemessungsgrundlagen seiner i. g. Lieferungen im laufenden und den vier vorangegangenen Quartalen **jeweils** 50.000 € nicht überschritten haben (dazu zählen auch Bemessungsgrundlagen nach § 25b Abs. 2 UStG). Wird jedoch in einem Quartal diese Summe überstiegen, hat der Unternehmer für den ersten Kalendermonat der Überschreitung und ggf. davor liegende Kalendermonate des betroffenen Quartals monatlich eine Zusammenfassende Meldung abzugeben (§ 18a Abs. 1 S. 3 UStG). 23

Beispiel:

Im gesamten Jahr 2010 lagen die Summen i. g. Lieferungen jeweils zwischen 5000 € und 10.000 € je Kalendermonat. Im Januar 2011 lag die Summe bei 20.000 € und im Februar 2011 wurden 35.000 € erreicht. Damit lag im Februar für das erste Quartal eine Summe von über 50.000 € vor. Damit hat der Unternehmer bis zum 25. 03. für die Monate Januar und Februar 2011 jeweils eine Zusammenfassende Meldung zu übermitteln und auch für die folgenden Kalendermonate, bis wieder die Voraussetzungen des § 18a Abs. 1 S. 2 UStG vorliegen.

Will der Unternehmer stets monatlich eine Zusammenfassende Meldung übermitteln, so ist dies nach § 18a Abs. 1 S. 4 UStG möglich, nachdem er dies dem BZSt angezeigt hat.

S. auch das Beispiel von Weimann, UStB 2012, 88.

Nach § 18 Abs. 9 S. 1 UStG kann der Unternehmer die Zusammenfassende Meldung bis zum 25. Tag nach **Ablauf jedes Kj.** auf elektronischem Weg übermitteln (vgl. Rn. 36), in dem er i. g. Warenlieferungen ausgeführt hat, wenn ihn das Finanzamt von der Verpflichtung zur Abgabe der 24

Voranmeldungen und Entrichtung der Vorauszahlungen befreit hat (§ 18 Abs. 2 S. 3 UStG). Dies gilt aber nur, wenn

1. die Summe seiner Lieferungen und sonstigen Leistungen im vorangegangenen Kj. 200.000 € nicht überstiegen hat und im laufenden Kj. voraussichtlich nicht übersteigen wird,
2. die Summe seiner i. g. Warenlieferungen im vorangegangenen Kj. 15.000 € nicht überstiegen hat und im laufenden Kj. voraussichtlich nicht übersteigen wird und
3. es sich bei den in Nr. 2 bezeichneten Warenlieferungen nicht um Lieferungen neuer Fahrzeuge an Abnehmer mit USt-IdNr. handelt. Die Regelungen des § 18a Abs. 8 UStG gelten gem. § 18a Abs. 9 S. 2 UStG entsprechend.

25 Es ist schleierhaft, warum der Abgaberhythmus der Zusammenfassenden Meldung nicht ganz an die Voranmeldungen gekoppelt ist. Für die Praxis wäre dies sicherlich ein Segen.

2.2 Meldung sonstiger Leistungen (§ 18a Abs. 2 UStG)

2.2.1 Von der Meldepflicht erfasste Sachverhalte

26 § 18a Abs. 7 UStG bestimmt, welche Angaben die Zusammenfassende Meldung) enthalten muss. § 18a Abs. 8 UStG bestimmt, wann die Angaben zu machen sind.

27 Nach § 18a Abs. 2 S. 1 UStG hat der Unternehmer im übrigen Gemeinschaftsgebiet ausgeführte **steuerpflichtige** sonstige Leistungen, für die sich der Leistungsort nach § 3a Abs. 2 UStG bestimmt und für die der in einem anderen Mitgliedstaat ansässige Leistungsempfänger die Steuer dort schuldet, zu melden (zu den tatbestandlichen Voraussetzungen des § 3a Abs. 2 UStG vgl. die Kommentierung zu § 3a). Dies gilt nach Auffassung des BFH vom 27.09.2017, Az. XI R 15/15, UR 2018, 126 auch für eine Rechtsanwaltsgesellschaft, die gegenüber im Gemeinschaftsgebiet ansässigen Unternehmen – im Inland nicht steuerbare – rechtsberatende Tätigkeiten erbringt. Die Klägerin dürfe die Abgabe der Zusammenfassenden Meldung und der darin geforderten Angaben nicht aufgrund von § 102 Abs. 1 Nr. 3 Buchst. b AO verweigern (ebenso Vfg. der OFD Frankfurt/M. vom 14.06.2010, UR 2010, 792; Stadie, UStG, 3. Aufl., § 18a Rz 2; *Treiber* in Sölch/Ringleb, Umsatzsteuer, § 18a Rz. 15); denn sie sei aufgrund der Mitteilung (Verwendung) der USt-IdNr. von den Mandanten insoweit konkludent von ihrer Schweigepflicht entbunden worden. Das Verfahren ist jedoch anhängig beim BVerfG unter dem Mitteilungsdatum 17.04.2018 und dem Az. 1 BvR 2899/17.

2.2.2 Inhalt der Zusammenfassenden Meldung

28 Die Zusammenfassende Meldung muss nach § 18a Abs. 7 Nr. 3 UStG folgende Angaben enthalten:

- die USt-IdNr. jedes Leistungsempfängers, die ihm in einem anderen Mitgliedstaat erteilt worden ist und unter der die steuerpflichtigen sonstigen Leistungen an ihn erbracht wurden,
- für jeden Leistungsempfänger die Summe der Bemessungsgrundlagen der an ihn erbrachten steuerpflichtigen sonstigen Leistungen und
- einen Hinweis auf das Vorliegen einer im übrigen Gemeinschaftsgebiet ausgeführten steuerpflichtigen sonstigen Leistung i. S. d. § 3a Abs. 2 UStG, für die der in einem anderen Mitgliedstaat ansässige Leistungsempfänger die Steuer dort schuldet. Dies erfolgt in der elektronischen Meldung durch den Eintrag einer »1« in Spalte 3.

Nach § 18a Abs. 8 S. 2 UStG sind die Angaben für den Meldezeitraum zu machen, in dem die im übrigen Gemeinschaftsgebiet steuerpflichtige sonstige Leistung i. S. d. § 3a Abs. 2 UStG, für die der in einem anderen Mitgliedstaat ansässige Leistungsempfänger die Steuer dort schuldet, ausgeführt worden ist. 29

Die Tatbestandsvoraussetzung der **steuerpflichtigen sonstigen Leistung** im übrigen Gemeinschaftsgebiet ist m. E. die große Schwachstelle im Meldesystem, die ernsthaft auch anzuprangern ist. Die Regelung zwingt den leistenden Unternehmer, eine Einschätzung seiner Leistung nach dem Gesetz des anderen Mitgliedstaats vorzunehmen. Nur wenn seine Leistung i. S. d. § 3a Abs. 2 UStG im übrigen Gemeinschaftsgebiet auch steuerpflichtig ist, kommt es zur Anwendung des Wechsels der Steuerschuldnerschaft (analog zu § 13b UStG). Und nur dann ist er auch verpflichtet, eine Zusammenfassende Meldung abzugeben. Die Rechts- und Bürokratiefolgen, die eintreten, wenn hier Fehlentscheidungen getroffen sind, können im Moment nur vermutet werden. Geht ein deutscher Unternehmer von der Steuerpflicht seiner Leistung im übrigen Gemeinschaftsgebiet aus und trägt er die Bemessungsgrundlage in die Zusammenfassende Meldung ein, erfolgt jedoch wegen anderer Rechtsauffassung keine korrespondierende Reaktion des Leistungsempfängers in dessen Steuererklärung, kann dies Hinweisfälle im Kontrollsystem und damit vermeidbare Rückfragen der Steuerverwaltung nach sich ziehen. Besser wäre eine stringente Freistellung des leistenden Unternehmers auch in Fällen der Steuerfreiheit von sämtlichen Verpflichtungen im übrigen Gemeinschaftsgebiet, ähnlich wie bei der i. g. Lieferung. Dort hat der Erwerber zu entscheiden, ob dessen Erwerb steuerfrei (vgl. analog § 4b UStG) oder steuerpflichtig erfolgt. Der liefernde Unternehmer hat aber in jedem Fall die Bemessungsgrundlage seiner i. g. Lieferung in die Zusammenfassende Meldung aufzunehmen. 30

2.2.3 Meldezeitraum und Abgabefrist

Für die Zusammenfassende Meldung, in der ausschließlich sonstige Leistungen gemeldet werden, gilt grundsätzlich das **Quartal** als Meldezeitraum (§ 18a Abs. 2 S. 1 UStG). Die Meldung muss bis zum 25. Tag nach Ablauf des Quartals abgegeben werden. Dies gilt **auch** für diejenigen Unternehmer, denen für die Abgabe der USt-Voranmeldung die einmonatige Dauerfristverlängerung gewährt wird (§§ 46 bis 48 UStDV). Damit gibt es für die Abgabe der Zusammenfassenden Meldung keine Dauerfristverlängerung und im Übrigen einen von der USt-Voranmeldung abweichenden (Übermittlungs-)Abgabezeitpunkt. Nach dem Wortlaut des Gesetzes (§ 18a Abs. 1 S. 1 UStG) braucht der Unternehmer eine Zusammenfassende Meldung nur für diejenigen Meldezeiträume abzugeben, in denen er sonstige Leistungen **tatsächlich** zu melden hat. Sog. **»Nullmeldungen«** sind nicht abzugeben. 31

Nach § 18 Abs. 9 S. 1 UStG kann der Unternehmer die Zusammenfassende Meldung bis zum 25. Tag nach **Ablauf jedes Kj.** übermitteln, in dem er im übrigen Gemeinschaftsgebiet steuerpflichtige sonstige Leistungen i. S. d. § 3a Abs. 2 UStG ausgeführt hat, für die der in einem anderen Mitgliedstaat ansässige Leistungsempfänger die Steuer dort schuldet, wenn ihn das Finanzamt von der Verpflichtung zur Abgabe der Voranmeldungen und Entrichtung der Vorauszahlungen befreit hat (§ 18 Abs. 2 S. 3 UStG). Dies gilt aber nur, wenn 32

1. die Summe seiner Lieferungen und sonstigen Leistungen im vorangegangenen Kj. 200.000 € nicht überstiegen hat und im laufenden Kj. voraussichtlich nicht übersteigen wird,
2. die Summe seiner im übrigen Gemeinschaftsgebiet steuerpflichtigen sonstige Leistungen i. S. d. § 3a Abs. 2 UStG, für die der in einem anderen Mitgliedstaat ansässige Leistungsempfänger die Steuer dort schuldet, im vorangegangenen Kj. 15.000 € nicht überstiegen hat und im laufenden Kj. voraussichtlich nicht übersteigen wird. Die Regelungen des § 18a Abs. 8 UStG geltend gem. § 18a Abs. 9 S. 2 UStG entsprechend.

2.3 Meldung innergemeinschaftlicher Lieferungen und sonstiger Leistungen (§ 18 a Abs. 2 und 3 UStG)

33 Für den Fall, dass ein Unternehmer neben seinen i. g. Lieferungen auch sonstige Leistungen zu melden hat, sieht das Gesetz eine befremdlich anmutende Lösung vor. Nach § 18 a Abs. 2 S. 2 UStG soll der Unternehmer soweit er bereits nach § 18 a Abs. 1 UStG wegen seiner i. g. Lieferungen zur monatlichen Übermittlung einer Zusammenfassenden Meldung verpflichtet ist, für seine sonstigen Leistungen i. S. d. § 18 a Abs. 2 S. 1 UStG die entsprechenden Angaben in der Zusammenfassenden Meldung für den **letzten Monat des Kalendervierteljahres** machen.

Beispiel:
Der Unternehmer A liefert monatlich für 200.000 € an seinen Kunden in Frankreich Waren. Im Januar für er für diesen auch eine technische Beratung aus und fordert dafür netto 1000 €. Die Beratung hat er in der Zusammenfassenden Meldung für März zu berücksichtigen.

34 Glücklicherweise kann der Unternehmer, der sowieso monatlich Zusammenfassende Meldungen nach § 18 a Abs. 1 UStG abzugeben hat, auch seine sonstigen Leistungen in der Zusammenfassenden Meldung angeben, in der sie entstanden sind (§ 18 a Abs. 3 S. 1 UStG). Er muss dies aber dem BZSt anzeigen (§ 18 a Abs. 3 S. 2 UStG).

35 Nach § 18 Abs. 9 S. 1 UStG kann der Unternehmer die Zusammenfassende Meldung bis zum 25. Tag nach **Ablauf jedes Kj.** übermitteln, in dem er i. g. Warenlieferungen ausgeführt hat oder im übrigen Gemeinschaftsgebiet steuerpflichtige sonstige Leistungen i. S. d. § 3 a Abs. 2 ausgeführt hat, für die der in einem anderen Mitgliedstaat ansässige Leistungsempfänger die Steuer dort schuldet, wenn ihn das Finanzamt von der Verpflichtung zur Abgabe der Voranmeldungen und Entrichtung der Vorauszahlungen befreit hat (§ 18 Abs. 2 S. 3 UStG). Dies gilt aber nur, wenn

1. die Summe seiner Lieferungen und sonstigen Leistungen im vorangegangenen Kj. 200.000 € nicht überstiegen hat und im laufenden Kj. voraussichtlich nicht übersteigen wird,
2. die Summe seiner i. g. Warenlieferungen oder im übrigen Gemeinschaftsgebiet ausgeführten steuerpflichtigen Leistungen i. S. d. § 3 a Abs. 2, für die der in einem anderen Mitgliedstaat ansässige Leistungsempfänger die Steuer dort schuldet, im vorangegangenen Kj. 15.000 € nicht überstiegen hat und im laufenden Kj. voraussichtlich nicht übersteigen wird und
3. es sich bei den in Nr. 2 bezeichneten Warenlieferungen nicht um Lieferungen neuer Fahrzeuge an Abnehmer mit USt-IdNr. handelt. Die Regelungen des § 18 a Abs. 8 UStG gelten gem. § 18 a Abs. 9 S. 2 UStG entsprechend.

2.4 Formale Anforderungen an die Zusammenfassende Meldung

36 Die Zusammenfassende Meldung ist grundsätzlich auf elektronischem Weg an das BZSt zu übermitteln, außer in Fällen unbilliger Härte (vgl. § 18 a Abs. 1 S. 1 und Abs. 5 UStG). Zu den technischen Einzelheiten dieses Verfahrens wird auf die umfangreiche Dokumentation des BZSt auf dessen Internetseite verwiesen. Ein Härtefall kann vorliegen, wenn und solange es Unternehmer nicht zumutbar ist, die notwendigen technischen Voraussetzungen (z. B. PC-Ausstattung, Internetanschluss) für die elektronische Übermittlung zu schaffen. Insbesondere ist dieser Unternehmer von der elektronischen Abgabe entbunden, wenn dies bereits für die Abgabe von Umsatzsteuer-Voranmeldungen gilt (§ 18 a Abs. 5 S. 3 UStG). Zusammenfassende Meldungen in Papierform nach amtlich vorgeschriebenem Vordruck in herkömmlicher Form – auf Papier oder per

Telefax – (vgl. dazu Abschn. 18.1 Abs. 4 S. 3 UStAE) an das BZSt, Dienstsitz Saarlouis, 66738 Saarlouis, zu senden.

2.5 Berichtigung der Zusammenfassenden Meldung

Hat sich die **Bemessungsgrundlage** für eine i. g. Lieferung oder meldepflichtige eine sonstige Leistung, die in einer Zusammenfassenden Meldung erfasst wurde, in einem anderen Meldezeitraum geändert, so ist § 17 UStG entsprechend anzuwenden (§ 18a Abs. 7 S. 2 UStG). Dies bedeutet, dass die ursprüngliche Zusammenfassende Meldung unverändert belassen wird. Die Änderung der Bemessungsgrundlage wird vielmehr in der Zusammenfassenden Meldung erfasst, in der die Änderung eingetreten ist und zwar in Form einer negativen Zahlenangabe. **37**

Erkennt der Unternehmer nachträglich, dass eine von ihm abgegebene Zusammenfassende Meldung **unrichtig oder unvollständig** ist, so ist er gem. § 18a Abs. 10 UStG verpflichtet, die ursprüngliche Zusammenfassende Meldung innerhalb von einem Monat zu berichtigen (nach den bis 30.06.2010 geltenden Regelungen betrug diese Frist drei Monate). Für jeden zu berichtigenden Meldezeitraum ist eine gesonderte Berichtigungsmeldung auszufüllen und zu übermitteln, wobei Kennziffer 03 entsprechend zu markieren ist. **38**

In der Berichtigungsmeldung werden die Angaben, die in der ursprünglichen Zusammenfassenden Meldung korrekt gemeldet worden sind, **nicht** wiederholt (sog. »Nettoberichtigung«). Bei der Abgabe von maschinell erstellten Berichtigungsmeldungen können abweichend hiervon alle für den Meldezeitraum zu meldenden Angaben wiederholt werden. In diesem Fall sind die berichtigten Angaben deutlich zu kennzeichnen (z. B. indem ein »x« vorangestellt wird). **39**

2.6 Verfahrensrechtliche Aspekte

Zusammenfassende Meldungen sind keine Steuererklärungen. Es finden jedoch die für Steuererklärungen geltenden Vorschriften der AO ergänzend Anwendung (§ 18a Abs. 11 S. 1 UStG). Soweit einschlägig, gewährt diese Regelung der Finanzverwaltung im Ergebnis die Rechte, die auch für herkömmliche Steuererklärungen gelten. § 152 Abs. 2 AO ist mit der Maßgabe anzuwenden, dass der Verspätungszuschlag 1 % der Summe aller nach § 18a Abs. 7 S. 1 Nr. 1 Buchst. b, Nr. 2 Buchst. b und Nr. 3 Buchst. b UStG zu meldenden Bemessungsgrundlagen für i. g. Warenlieferungen i. S. d. § 18a Abs. 6 UStG und im übrigen Gemeinschaftsgebiet ausgeführte steuerpflichtige sonstige Leistungen i. S. d. § 3a Abs. 2 UStG, für die der in einem anderen Mitgliedstaat ansässige Leistungsempfänger die Steuer dort schuldet, nicht übersteigen und höchstens 2500 € betragen darf. **40**

Zur Erleichterung und Vereinfachung der Abgabe und Verarbeitung der Zusammenfassenden Meldung kann nach § 18a Abs. 12 UStG das BMF durch Rechtsverordnung mit Zustimmung des Bundesrates bestimmen, dass die Zusammenfassende Meldung auf maschinell verwertbaren Datenträgern oder durch Datenfernübertragung übermittelt werden kann. Dabei können insbesondere geregelt werden: **41**

1. die Voraussetzungen für die Anwendung des Verfahrens;
2. das Nähere über Form, Inhalt, Verarbeitung und Sicherung der zu übermittelnden Daten;
3. die Art und Weise der Übermittlung der Daten;
4. die Zuständigkeit für die Entgegennahme der zu übermittelnden Daten;
5. die Mitwirkungspflichten Dritter bei der Erhebung, Verarbeitung und Übermittlung der Daten;

6. der Umfang und die Form der für dieses Verfahren erforderlichen besonderen Erklärungspflichten des Unternehmers.

42 Zur Regelung der Datenübermittlung kann in der Rechtsverordnung auf Veröffentlichungen sachverständiger Stellen verwiesen werden; hierbei sind das Datum der Veröffentlichung, die Bezugsquelle und eine Stelle zu bezeichnen, bei der die Veröffentlichung archivmäßig gesichert niedergelegt ist.

§ 18b UStG
Gesonderte Erklärung innergemeinschaftlicher Lieferungen und bestimmter sonstiger Leistungen im Besteuerungsverfahren

[1]Der Unternehmer im Sinne des § 2 hat für jeden Voranmeldungs- und Besteuerungszeitraum in den amtlich vorgeschriebenen Vordrucken (§ 18 Abs. 1 bis 4) die Bemessungsgrundlagen folgender Umsätze gesondert zu erklären:

1. seiner innergemeinschaftlichen Lieferungen,
2. seiner im übrigen Gemeinschaftsgebiet ausgeführten steuerpflichtigen sonstigen Leistungen im Sinne des § 3a Abs. 2, für die der in einem anderen Mitgliedstaat ansässige Leistungsempfänger die Steuer dort schuldet, und
3. seiner Lieferungen im Sinne des § 25b Abs. 2.

[2]Die Angaben für einen in Satz 1 Nummer 1 genannten Umsatz sind in dem Voranmeldungszeitraum zu machen, in dem die Rechnung für diesen Umsatz ausgestellt wird, spätestens jedoch in dem Voranmeldungszeitraum, in dem der auf die Ausführung dieses Umsatzes folgende Monat endet. [3]Die Angaben für Umsätze im Sinne des Satzes 1 Nummer 2 und 3 sind in dem Voranmeldungszeitraum zu machen, in dem diese Umsätze ausgeführt worden sind. [4]§ 16 Abs. 6 und § 17 sind sinngemäß anzuwenden. [5]Erkennt der Unternehmer nachträglich vor Ablauf der Festsetzungsfrist, dass in einer von ihm abgegebenen Voranmeldung (§ 18 Abs. 1) die Angaben zu Umsätzen im Sinne des Satzes 1 unrichtig oder unvollständig sind, ist er verpflichtet, die ursprüngliche Voranmeldung unverzüglich zu berichtigen. [6]Die Sätze 2 bis 5 gelten für die Steuererklärung (§ 18 Abs. 3 und 4) entsprechend.

Literatur

Prätzler/Stuber, Nachweis der Unternehmereigenschaft und des unternehmerischen Bezugs bei Empfängern sonstiger Leistungen, BB 2013, 475. **Weimann**, Umsatzsteuer-Voranmeldung 2010, Umsatzsteuererklärung 2009, Zusammenfassende Meldung/Was es Neues zu beachten gilt, UStB 2010, 52. **Weimann**, Zusammenfassende Meldung im Jahr 2017, Was das BZSt monatlich/vierteljährlich wissen möchte, UidP, 15. Aufl. 2017, Kapitel 63. **Weimann**, Internationale Umsätze/Eintragung in die Vordrucke UStVA 2017, USt-Erklärung 2016 und ZM, UidP, 15. Aufl. 2017, Kapitel 67.

Verwaltungsanweisungen

www.bzst.bund.de → »Zusammenfassende Meldung«.
BMF vom 15.06.2010, Az: IV D 3 – S 7427/08/10003-03, BStBl I 2010, 569.

Hinweis: Zur Problematik der zeitlichen Geltungsdauer von BMF-Schreiben vgl. Einführung UStG, Rz. 100 ff.

Richtlinien/Hinweise/Verordnungen
UStAE: Abschn. 3a.16 Abs. 7, Abschn. 25b.1 Abs. 7 (Beispiel).
MwStSystRL: Art. 251 Buchst. a.

1 Allgemeines

1.1 Überblick über die Vorschrift

1 Mit dieser Vorschrift soll sichergestellt werden, dass die Angaben über innergemeinschaftliche Lieferungen und bestimmte sonstige Leistungen nach § 3 a Abs. 2 UStG in den USt-Voranmeldungen bzw. USt-Erklärungen (an das zuständige Finanzamt) mit den Angaben übereinstimmen, die in den Zusammenfassenden Meldungen (an das Bundeszentralamt für Steuern) zu machen sind, um einen Abgleich der Daten zu ermöglichen. Die Vorschrift ergänzt somit gleichermaßen § 18 UStG wie auch § 18 a UStG.

1.2 Rechtsentwicklung

2 Die Vorschrift wurde i. R. d. Einführung der Regelungen zum Binnenmarkt zum 01.01.1993 in das UStG eingefügt. Wesentliche Änderungen ergaben sich aus dem Wegfall der sog. Lohnveredelung als i. g. Lieferung, zum 01.01.1997 die Einführung des i. g. Dreiecksgeschäfts (§ 25 b UStG) und die Einführung des Fiskalvertreters (§§ 22 a–e UStG). Mit Änderung zu 01.01.2010 wurde die Vorschrift um den Aspekt der meldepflichtigen sonstigen Leistung nach § 3 a Abs. 2 UStG ergänzt (vgl. die Kommentierung zu § 18 a). Eine »unsaubere« Gesetzgebungsarbeit machte eine weitere Ergänzung der Vorschrift notwendig, die m. W. z. 01.07.2010 in Kraft getreten ist, und die im Wesentlichen den Erklärungszeitpunkt nach § 18 b S. 2 und 3 UStG geändert und an EU-Recht angepasst hat. Ausführlich dazu vgl. die Kommentierung zu § 18 a.

1.3 Geltungsbereich

1.3.1 Sachlicher Geltungsbereich

3 Der Tatbestand einer meldepflichtigen i. g. Warenlieferung liegt vor:

- bei Ausführung einer i. g. Lieferung i. S. d. § 6 a Abs. 1 UStG an Abnehmer im übrigen Gemeinschaftsgebiet; hiervon ausgenommen sind die Lieferungen neuer Fahrzeuge an Abnehmer ohne USt-IdNr.;

- Verbringen von Gegenständen gem. § 3 Abs. 1a Nr. 1 i. V. m. § 6a Abs. 2 Nr. 1 UStG von einem inländischen Unternehmensteil in einen im übrigen Gemeinschaftsgebiet gelegenen Unternehmensteil desselben Unternehmers;
- Lieferungen i. S. d. § 25b Abs. 2 UStG i. R. v. i. g. Dreiecksgeschäften.

Der Tatbestand einer meldepflichtigen sonstigen Leistung liegt vor, wenn der Unternehmer im übrigen Gemeinschaftsgebiet steuerpflichtige sonstige Leistungen, für die sich der Leistungsort nach § 3a Abs. 2 UStG bestimmt und für die der in einem anderen Mitgliedstaat ansässige Leistungsempfänger die Steuer dort schuldet, ausgeführt hat. 4

1.3.2 Persönlicher Geltungsbereich

Zu beachten ist die Vorschrift von den Unternehmern, die vom sachlichen Geltungsbereich (vgl. Rn. 3) betroffen sind. 5

1.4 Verhältnis zu anderen Vorschriften

Die Vorschrift hängt eng zusammen mit § 18a UStG (Zusammenfassende Meldung). Daneben sind grundsätzlich nahezu sämtliche Vorschriften zum i. g. Warenverkehr zu nennen. Hervorzuheben ist die Verknüpfungen mit § 6a UStG (i. g. Lieferungen). Seit 2010 sind auch die Ausführungen zu § 3a Abs. 2 UStG zu beachten. Dass es für die bei steuerfreien innergemeinschaftlichen Lieferungen bzw. bei den im Gesetz genannten nichtsteuerbaren sonstigen Leistungen nach § 3a Abs. 2 UStG zu machenden Angaben überhaupt einer Regelung bedarf, ist dem innergemeinschaftlichen Kontrollverfahren geschuldet. Das Kontrollverfahren gleicht die Angaben aus der an das BZSt übermittelnden ZM (vgl. dazu § 18a UStG) mit den Angaben im Voranmeldungsverfahren ab, weshalb die von § 18b UStG geforderten Angaben dafür unerlässlich sind. 6

2 Die einzelnen Tatbestände

Die Anwendung der Tatbestände nach § 18b UStG ergibt sich unmittelbar und zweifelsfrei aus dem Gesetzestext und kann unkommentiert bleiben. Hilfsweise wird auf die Anleitungen zur USt-Voranmeldung und USt-Jahreserklärung verwiesen. Wegen der gesetzlichen Meldepflicht sonstiger Leistungen, für die sich der Leistungsort nach § 3a Abs. 2 UStG bestimmt und für die der in einem anderen Mitgliedstaat ansässige Leistungsempfänger die Steuer dort schuldet, wurde eine die Kz. 21 in der Voranmeldung (USt 1A) ab 2010 eingeführt. Für den umgekehrten Fall, dass der Unternehmer Leistungsempfänger einer derartigen sonstigen Leistung ist, sieht der Vordruck die Kz. 46 zur Eintragung vor. Entsprechende Angaben sind in der USt-Jahreserklärung (USt 2a) in den Kz. 721 und Kz. 846 vorzunehmen. 7

8 Mit der Erklärung nach § 18b UStG bringt der Unternehmer gegenüber den Finanzbehörden zum Ausdruck, dass die vorgenommenen Lieferungen nach § 4 Nr. 1 Buchst. b und § 6a UStG umsatzsteuerfrei sind, der Unternehmer mithin keine Umsatzsteuer für diese Lieferungen schuldet (EuGH, Große Kammer, Urteil vom 07.12.2010, Rs. C-285/09, DStR 2010, 2572).

§ 18c UStG
Meldepflicht bei der Lieferung neuer Fahrzeuge

[1]Zur Sicherung des Steueraufkommens durch einen Austausch von Auskünften mit anderen Mitgliedstaaten kann das Bundesministerium der Finanzen mit Zustimmung des Bundesrates durch Rechtsverordnung bestimmen, dass Unternehmer (§ 2) und Fahrzeuglieferer (§ 2a) der Finanzbehörde ihre innergemeinschaftlichen Lieferungen neuer Fahrzeuge an Abnehmer ohne Umsatzsteuer-Identifikationsnummer melden müssen. [2]Dabei können insbesondere geregelt werden:
1. **die Art und Weise der Meldung;**
2. **der Inhalt der Meldung;**
3. **die Zuständigkeit der Finanzbehörden;**
4. **der Abgabezeitpunkt der Meldung.**
5. **(weggefallen)**

Literatur

Prätzler, Steuerfreie innergemeinschaftliche Lieferung neuer Fahrzeuge (»Santogal«), EuGH vom 14.06.2017, Az. C-26/16, jurisPR-SteuerR 34/2017 Anm. 6. **Raudszus/Wagner**, Die neue Fahrzeuglieferungs-Meldepflichtverordnung ab dem 01.07.2010, UStB 2010, 272. **Weimann**, Umsatzsteuer-Voranmeldung 2010, Umsatzsteuererklärung 2009, Zusammenfassende Meldung/Was es Neues zu beachten gilt, UStB 2010, 52. **Weimann**, Meldepflicht beim Verkauf von Neufahrzeugen an Privatkunden in der EU beachten, Auto Steuern\.Recht 3/2013, 6.

Verwaltungsanweisungen

www.bzst.bund.de → »Meldung Fahrzeuglieferung«.
Hinweis: Zur Problematik der zeitlichen Geltungsdauer von BMF-Schreiben vgl. Einführung UStG, Rz. 100 ff.

Richtlinien/Hinweise/Verordnungen

UStAE: Abschn. 18c.1.
MwStSystRL: Art. 254.

1 Allgemeines

1 § 18c UStG regelt nichts selbst, sondern dient als Rechtsgrundlage für den Erlass einer Rechtsverordnung, die m. W. v. **01.07.2010** in geltendes Recht umgesetzt worden ist (Fahrzeuglieferungs-Meldepflichtverordnung vom 15.03.2009, BGBl I 2009, 630 – FzgLiefgMeldV).

1.1 Überblick über die Vorschrift

2 Die Meldepflicht dient der Sicherung des Steueraufkommens. Sie betrifft Unternehmer nach § 2 UStG sowie Fahrzeuglieferer nach § 2 a UStG, die neue Fahrzeuge i. S. v. § 1 b Abs. 2 und 3 UStG i. g. i. S. v. § 6 a Abs. 1 und 2 UStG an Erwerber liefern, denen keine USt-IdNr. eines anderen Mitgliedstaates erteilt wurde.

3 Die Meldung erfolgt an das Bundeszentralamt für Steuern (BZSt) grundsätzlich bis zum zehnten Tag nach Ablauf des Kalendervierteljahrs in dem die Lieferung ausgeführt worden ist.

1.2 Rechtsentwicklung

4 Die Kontrolle i. g. Lieferungen innerhalb der Unternehmerkette erfolgt durch den Abgleich von Angaben in der Umsatzsteuer-Voranmeldung mit den Angaben in der Zusammenfassenden Meldung, angestoßen durch die Verwendung der USt-IdNr. zwischen dem Lieferer und dem Erwerber sowie durch Datenaustausche dieser Angaben zwischen den Mitgliedstaaten. Dieses Verfahren funktioniert jedoch nicht bei den Fahrzeuglieferungen durch Unternehmer nach § 2 a UStG, da diesen keine USt-IdNr. erteilt wird und bei Fahrzeuglieferungen durch Unternehmer nach § 2 UStG an Erwerber ohne USt-IdNr. Daher konnte bislang die ordnungsgemäße Besteuerung beim i. g. Erwerb von neuen Fahrzeugen durch Privatpersonen, nichtunternehmerisch tätige Personenvereinigungen und Unternehmer, die das Fahrzeug für ihren nichtunternehmerischen Bereich beziehen, durch die Finanzämter nur in Ausnahmefällen sichergestellt werden. Die vollständige Sicherstellung der ordnungsgemäßen Umsatzbesteuerung soll nun über einen Austausch der dafür notwendigen Informationen zwischen den EU-Mitgliedstaaten erfolgen. Die für andere EU-Mitgliedstaaten notwendigen Informationen über i. g. Erwerbe neuer Fahrzeuge sollen durch den Erlass der Fahrzeuglieferungs-Meldepflichtverordnung vom 15.03.2009, BGBl I 2009, 630 (FzgLiefgMeldV) Deutschland in die Lage versetzen, den anderen EU-Mitgliedstaaten die für die Sicherstellung der Umsatzbesteuerung notwendigen Informationen i. R. d. automatischen oder strukturiert automatischen Auskunftsaustauschs zu übermitteln. Die FzgLiefgMeldV ist zum **01.07.2010** in Kraft getreten.

1.3 Geltungsbereich

5 Die FzgLiefgMeldV betrifft persönlich Unternehmer nach § 2 UStG sowie Fahrzeuglieferer nach § 2 a UStG. Sie gilt sachlich für die Lieferung neuer Fahrzeuge i. S. v. § 1 b Abs. 2 und 3 UStG, die i.

g. i.S.v. § 6a Abs. 1 und 2 UStG geliefert werden, wenn dem Erwerber keine USt-IdNr. eines anderen Mitgliedstaates erteilt wurde.

2 Kommentierung

2.1 Gegenstand, Form und Frist der Meldung

6 Nach § 1 Abs. 1 FzgLiefgMeldV haben Unternehmer und Fahrzeuglieferer nach § 2, 2a UStG die i. g. Lieferung (§ 6a Abs. 1 und 2 UStG) eines neuen Fahrzeuges i. S. d. § 1b Abs. 2 und 3 UStG bis zum 10. Tag nach Ablauf des Kalendervierteljahres, in dem die Lieferung ausgeführt worden ist (Meldezeitraum), dem Bundeszentralamt für Steuern nach § 2 FzgLiefgMeldV zu melden, sofern der Abnehmer der Lieferung keine USt-IdNr. eines anderen Mitgliedstaates der EU verwendet. Die Meldung erfolgt für jedes gelieferte Fahrzeug jeweils gesondert. Sind einem Unternehmer die Fristen für die Abgabe der Voranmeldungen um einen Monat verlängert worden (§§ 46 bis 48 der UStDV), gilt diese Fristverlängerung auch für die Anzeigepflichten i. R. d. FzgLiefgMeldV.

7 Formal gilt nach § 1 Abs. 2 Nr. 1 FzgLiefgMeldV für die Mitteilung, dass Unternehmer i. S. v. § 2 UStG die Meldungen nach amtlich vorgeschriebenem Datensatz durch Datenfernübertragung nach Maßgabe der Steuerdaten-Übermittlungsverordnung zu übermitteln haben. Lediglich auf Antrag kann das Finanzamt zur Vermeidung unbilliger Härten auf eine elektronische Übermittlung verzichten. Nach § 1 Abs. 2 Nr. 2 FzgLiefgMeldV können Fahrzeuglieferer nach § 2a UStG die Meldung entweder auf elektronischem Weg nach Maßgabe der Steuerdaten-Übermittlungsverordnung übermitteln oder in Papierform abgeben (vgl. Abschn. 18c.1 Abs. 2 UStAE).

8 Weitere Einzelheiten über die Meldung sind unter www.bzst.de oder unter www.elster.de zu finden. Dort ist auch ein pdf-Formular abrufbar.

2.2 Inhalt der Meldung

9 Nach § 2 FzgLiefgMeldV muss die zu übermittelnde Meldung folgende Angaben enthalten:

1. den Namen und die Anschrift des Lieferers,
2. die Steuernummer und bei Unternehmern i. S. v. § 2 UStG zusätzlich die USt-IdNr. des Lieferers,
3. den Namen und die Anschrift des Erwerbers,
4. das Datum der Rechnung,
5. den Bestimmungsmitgliedstaat,
6. das Entgelt (Kaufpreis),
7. die Art des Fahrzeugs (Land-, Wasser- oder Luftfahrzeug),
8. den Fahrzeughersteller,
9. den Fahrzeugtyp (Typschlüsselnummer),
10. das Datum der ersten Inbetriebnahme, wenn dieses vor dem Rechnungsdatum liegt,
11. den Kilometerstand (bei motorbetriebenen Landfahrzeugen), die Zahl der bisherigen Betriebsstunden auf dem Wasser (bei Wasserfahrzeugen) oder die Zahl der bisherigen Flugstunden (bei Luftfahrzeugen), wenn diese am Tag der Lieferung über Null liegen,

12. die Kraftfahrzeug-Identifizierungs-Nummer (bei motorbetriebenen Landfahrzeugen), die Schiffs-Identifikations-Nummer (bei Wasserfahrzeugen) oder die Werknummer (bei Luftfahrzeugen).

Mit Urteil vom 14.06.2017, Az. C-26/16, HFR 2017, 780 hat der EuGH entschieden, dass

- Art. 138 Abs. 2 Buchst. a der Richtlinie 2006/112/EG des Rates vom 28.11.2006 über das gemeinsame Mehrwertsteuersystem dem entgegensteht, dass nationale Vorschriften den Anspruch auf Steuerbefreiung einer innergemeinschaftlichen Lieferung eines neuen Fahrzeugs von der Voraussetzung abhängig machen, dass der Erwerber dieses Fahrzeugs im Bestimmungsmitgliedstaat des Fahrzeugs niedergelassen oder wohnhaft ist.
- Art. 138 Abs. 2 Buchst. a der Richtlinie 2006/112 dahin auszulegen ist, dass die Befreiung einer Lieferung eines neuen Fahrzeugs von der Steuer im Liefermitgliedstaat nicht allein deshalb verweigert werden darf, weil dieses Fahrzeug Gegenstand einer nur vorübergehenden Zulassung im Bestimmungsmitgliedstaat war.
- Art. 138 Abs. 2 Buchst. a der Richtlinie 2006/112 dem entgegensteht, dass der Verkäufer eines neuen Fahrzeugs, das vom Erwerber in einen anderen Mitgliedstaat befördert und in diesem Mitgliedstaat zugelassen wird, später verpflichtet ist, die Mehrwertsteuer zu entrichten, wenn nicht bewiesen ist, dass die vorübergehende Zulassung ausgelaufen ist und dass die Mehrwertsteuer im Bestimmungsmitgliedstaat entrichtet wurde oder wird.
- Art. 138 Abs. 2 Buchst. a der Richtlinie 2006/112 sowie die Grundsätze der Rechtssicherheit, der Verhältnismäßigkeit und des Vertrauensschutzes dem entgegenstehen, dass der Verkäufer eines neuen Fahrzeugs, das vom Erwerber in einen anderen Mitgliedstaat befördert und in diesem Mitgliedstaat vorübergehend zugelassen wird, im Fall eines vom Erwerber begangenen Steuerbetrugs später verpflichtet ist, die Mehrwertsteuer zu entrichten, sofern nicht anhand objektiver Elemente bewiesen ist, dass dieser Verkäufer wusste oder hätte wissen müssen, dass der Umsatz mit einem Steuerbetrug des Erwerbers verknüpft war, und dass er nicht alle ihm zur Verfügung stehenden zumutbaren Maßnahmen ergriffen hat, um seine Beteiligung an diesem Steuerbetrug zu verhindern. Es ist Sache des vorlegenden Gerichts, zu prüfen, ob dies auf der Grundlage einer umfassenden Beurteilung aller Gesichtspunkte und tatsächlichen Umstände des Ausgangsverfahrens der Fall ist.

Das Urteil war zu einem Fall aus Portugal ergangen. Die vom EuGH aufgestellten Grundsätze stehen der Meldepflichtverordnung m. E. nicht entgegen.

2.3 Meldepflichtiger

10 Zur Meldung verpflichtet ist gem. § 3 FzgLiefgMeldV der Unternehmer (§ 2 UStG) oder Fahrzeuglieferer (§ 2a UStG), der die Lieferung des Fahrzeuges ausführt.

2.4 Ordnungswidrigkeit

11 Gem. § 4 FzgLiefgMeldV liegt eine Ordnungswidrigkeit i. S. v. § 26a Abs. 1 Nr. 6 UStG vor, wenn vorsätzlich oder leichtfertig entgegen § 1 Abs. 1 S. 1 FzgLiefgMeldV eine Meldung nicht, nicht richtig, nicht vollständig oder nicht rechtzeitig gemacht wurde.

§ 18d UStG
Vorlage von Urkunden

[1]Die Finanzbehörden sind zur Erfüllung der Auskunftsverpflichtung nach der Verordnung (EU) Nr. 904/2010 des Rates vom 7. Oktober 2010 über die Zusammenarbeit der Verwaltungsbehörden und die Betrugsbekämpfung auf dem Gebiet der Mehrwertsteuer (ABl. L 268 vom 12.10.2010, S. 1) berechtigt, von Unternehmern die Vorlage der jeweils erforderlichen Bücher, Aufzeichnungen, Geschäftspapiere und anderen Urkunden zur Einsicht und Prüfung zu verlangen. [2]§ 97 Abs. 2 der Abgabenordnung gilt entsprechend. [3]Der Unternehmer hat auf Verlangen der Finanzbehörde die in Satz 1 bezeichneten Unterlagen vorzulegen.

Literatur

Weimann, Umsatzsteuer-Voranmeldung 2010, Umsatzsteuererklärung 2009, Zusammenfassende Meldung/Was es Neues zu beachten gilt, UStB 2010, 52.

Richtlinien/Hinweise/Verordnungen

UStAE: Abschn. 18d.1.
VO 1798/2003 EG des Rates vom 07.10.2003.

1 Überblick über die Vorschrift

Durch den Wegfall der Binnengrenzen zum 01.01.1993 wurde ein neues Kontrollverfahren zur Überwachung des innergemeinschaftlichen Warenverkehrs eingeführt. Zu dessen Erfüllung sind die Finanzbehörden auf die Mitwirkung der Unternehmer angewiesen. Für die Vorlage von diesbezüglichen Geschäftspapieren ist § 18 d UStG die gesetzliche Legitimation. 1

In Deutschland wird die Kontrolle z.Zt. unter Mithilfe der Hauptzollämter durchgeführt. 2

2 Rechtsentwicklung

Die Vorschrift wurde i. R. d. Einführung der Regelungen zum Binnenmarkt zum 01.01.1993 in das UStG eingefügt. 3

§ 18e UStG
Bestätigungsverfahren

Das Bundeszentralamt für Steuern bestätigt auf Anfrage

1. **dem Unternehmer im Sinne des § 2 die Gültigkeit einer Umsatzsteuer-Identifikationsnummer sowie den Namen und die Anschrift der Person, der die Umsatzsteuer-Identifikationsnummer von einem anderen Mitgliedstaat erteilt wurde;**
2. **dem Lagerhalter im Sinne des § 4 Nr. 4a die Gültigkeit der inländischen Umsatzsteuer-Identifikationsnummer sowie den Namen und die Anschrift des Auslagerers oder dessen Fiskalvertreters.**

Literatur

Herpolsheimer, So fragen Sie die Umsatzsteuer-Identifikationsnummer praxisgerecht und sicher ab, ASR 2/2015, 6. **Kemper**, Die Umsatzsteuer-Identifikationsnummer als »materielle Voraussetzung« der Steuerbefreiung, UR 2018, 337. **Nieskens**, Steuerfreie innergemeinschaftliche Lieferung auch ohne USt-IdNr., EU-UStB 2017, 2. **Reiß**, Materielle und formelle Voraussetzungen für die Befreiung der innergemeinschaftlichen Lieferung, UR 2017, 254. **Prätzler**, USt-IdNr. als formelle Voraussetzung für die Steuerfreiheit | FG München v. 09.02.2017 – 14 K 2913/16, jurisPR-SteuerR 27/2017 Anm. 6. **Sterzinger**, Steuerfreie innergemeinschaftliche Lieferungen trotz Fehlens der Umsatzsteuer-Identifikationsnummer des Erwerbers?, UR 2013, 45. **Weimann**, Umsatzsteuer-Voranmeldung 2010, Umsatzsteuererklärung 2009, Zusammenfassende Meldung/Was es Neues zu beachten gilt, UStB 2010, 52. **Weimann**, Zwischenzeitlich ungültig gewordene USt-IdNr. – Steuerbefreiung bleibt erhalten, AStW 2016, 771. **Wohlfart**, Auswirkungen des Wegfalls der USt-IdNr. während der Vertragsabwicklung, UStB 2016, 299.

Richtlinien/Hinweise/Verordnungen

UStAE: Abschn. 18e.1–18e.2.

VO (EWG) Nr. 218/92 des Rates über die Zusammenarbeit der Verwaltungsbehörden auf dem Gebiet der indirekten Besteuerung (MwSt): Art. 6 Abs. 4.

1 Allgemeines

1.1 Überblick über die Vorschrift

Für die korrekte buch- und belegmäßige Aufzeichnung für i. g. Lieferungen und zur Erfüllung der Meldepflichten (z. B. Zusammenfassende Meldung gem. § 18a UStG) ist neben der Verwendung der eigenen USt-IdNr. (§ 27a UStG) die Kenntnis der USt-IdNr. des Leistungsempfängers notwendig. 1

Nach § 18e UStG lässt sich der leistende Unternehmer die Gültigkeit der USt-IdNr. seines Leistungsempfängers vom Bundeszentralamt für Steuern bestätigen. 2

1.2 Rechtsentwicklung

Die Vorschrift wurde i. R. d. Einführung der Regelungen zum Binnenmarkt zum 01.01.1993 in das UStG eingefügt. 3

2 Die einzelnen Tatbestände

2.1 Bedeutung des Bestätigungsverfahrens

Mit Urteil vom 18.07.2002, BStBl II 2003, 616 führt der BFH aus, dass in § 17a Abs. 1 UStDV geregelt ist, dass bei i. g. Lieferungen (§ 6a Abs. 1 des Gesetzes) der Unternehmer im Geltungsbereich dieser Verordnung durch Belege nachweisen muss, dass er oder der Abnehmer den Gegenstand der Lieferung in das übrige Gemeinschaftsgebiet befördert oder versendet hat (§ 17a Abs. 1 S. 1 UStDV). Dies muss sich aus den Belegen eindeutig ergeben (§ 17a Abs. 1 S. 2 UStDV). Die Aufzeichnung der **richtigen** USt-IdNr. des Abnehmers ist erforderlich, um den Buchnachweis für eine innergemeinschaftliche Lieferung zu führen (vgl. dazu BFH vom 02.04.1997, Az: V B 159/96, UR 1997, 224). Zwar ist zwischenzeitlich entschieden, dass es der Finanzverwaltung des Herkunftsmitgliedstaats verwehrt ist, im Falle des i.g. Verbringens gem. § 3 Abs. 1a UStG eine Umsatzsteuerbefreiung lediglich mit der Begründung zu versagen, der Steuerpflichtige habe keine vom Bestimmungsmitgliedstaat erteilte Umsatzsteuer-Identifikationsnummer mitgeteilt, wenn keine konkreten Anhaltspunkte für eine Steuerhinterziehung bestehen, der Gegenstand in einen anderen Mitgliedstaat verbracht worden ist und auch die übrigen Voraussetzungen für die Steuerbefreiung vorliegen (vgl. dazu EuGH vom 20.10.2016, Az. C-24/15, UR 2016, 882, FG München vom 09.02.2017, Az. 14 K 2913/16, EFG 2017, 877). Dennoch sollte dieser Umstand in der Praxis nicht angestrebt werden, weil dann immer auf anderem Weg der Nachweis für die Umsatzsteuerbefreiung zu führen ist – insbesondere in Fällen, in denen es nicht um das unternehmensinterne Verbringen, sondern um eine »echte« i.g. Lieferung geht, vgl. aber weiter auch Rz. 16ff. 4

Hat der liefernde Unternehmer das Bestätigungsverfahren nach § 18e UStG durchgeführt und sich beim Bundeszentralamt für Steuern versichert, ist grundsätzlich davon auszugehen, dass er die Sorgfaltspflichten eines ordentlichen Kaufmanns beachtet hat (vgl. Handzik in Offerhaus/ 5

Söhn/Lange, UStG § 6a Rn. 96). Dies gilt nur für die qualifizierte Anfrage. Zu den aktuellen Entwicklungen des Vertrauensschutzes nach § 6a Abs. 4 UStG, für den das Bestätigungsverfahren ein wesentlicher Baustein ist (vgl. § 6a UStG Rn. 138ff.).

6 Seit 2010 hat der Unternehmer für sonstige Leistungen nach § 3a Abs. 2 UStG, für die der Leistungsempfänger im übrigen Gemeinschaftsgebiet die Umsatzsteuer in analoger Anwendung des § 13b UStG schuldet, eine Zusammenfassende Meldung abzugeben (vgl. § 18a Abs. 1 S. 2 UStG (vgl. die Kommentierung zu § 3a UStG und vgl. die Kommentierung zu § 18a UStG). Auch hierfür kann das Bestätigungsverfahren von Nutzen sein.

2.2 Durchführung des Bestätigungsverfahrens

7 Abschn. 18e.1 UStAE beinhaltet die wesentlichen Einzelheiten zum Verfahren; Abschn. 18e.2 UStAE verweist bzgl. des Aufbaus der USt-IdNr. lediglich auf www.bzst.de.

8 Darüber hinaus sind folgende Hinweise nützlich:

- schriftlich erreicht man das Bundeszentralamt für Steuern unter Bundeszentralamt für Steuern, Dienstsitz Saarlouis, Ahornweg 1–3, 66740 Saarlouis;
- Fax 0228 406–3801, -3753;
- telefonisch unter 0228 406-0;
- im Internet unter www.bzst.de (hier erhält man auch weitere Informationen zum Verfahren);
- die EU-Kommission hat ebenfalls einen Dienst eingerichtet, der unter http://ec.europa.eu

zu erreichen ist.

9 Im Bestätigungsverfahren erteilt das Bundeszentralamt für Steuern darüber Auskunft, ob eine ausländische USt-IdNr. zum Zeitpunkt der Anfrage in dem Mitgliedstaat, der sie erteilt hat, gültig ist und ob die vom Anfragenden mitgeteilten Angaben zu Firmenname (einschließlich der im Handelsregister vermerkten Rechtsform), Firmenort, Postleitzahl und Straße mit den in der Unternehmerdatei des jeweiligen EU-Mitgliedstaates registrierten Daten übereinstimmen.

10 **Anfrageberechtigt** ist jeder Inhaber einer deutschen USt-IdNr. Anfrageberechtigt ist auch, wer in der Unternehmerdatei gespeichert ist, aber noch keine USt-IdNr. erhalten hat. In diesem Fall wird die Anfrage gleichzeitig als Antrag auf Erteilung einer USt-IdNr. behandelt. Es wird zwischen einfacher und qualifizierter Anfrage unterschieden. Nicht anfrageberechtigt ist, wer eine USt-IdNr. ausschließlich zum Zweck des i. g. Erwerbs erteilt bekommen hat.

11 Bei der **einfachen Anfrage** wird nur die ausländische USt-IdNr. angegeben – diese ist nicht ausreichend für die Anwendung der Vertrauensschutzregelung nach § 6a Abs. 4 UStG.

12 Bei der **qualifizierten Anfrage** werden neben der ausländischen USt-IdNr. mindestens der Firmenname und Ort des Abnehmers angegeben.

13 Das Bundeszentralamt für Steuern teilt Anfragenden mit, ob die angegebene USt-IdNr. zum Zeitpunkt der Anfrage im anderen EU-Mitgliedstaat gültig oder ungültig war.

14 Im Fall der qualifizierten Anfrage macht das Bundeszentralamt für Steuern stets Angaben zu Name, Ort, Postleitzahl und Straße. Abhängig vom Ergebnis des Abgleichs der Angaben lt. Anfrage mit den im EG-Mitgliedstaat gespeicherten Daten sind folgende Antworten möglich:

a) »stimmt überein«,
b) »stimmt nicht überein«,
c) »von Ihnen nicht angefragt«
d) »vom Mitgliedstaat nicht mitgeteilt«.

Ergibt die Prüfung zu einzelnen Angaben b) »stimmt nicht überein«, wird im Antwortschreiben auf mögliche steuerliche Folgen (§ 6a Abs. 1 und 4 UStG) hingewiesen. 15

2.3 Steuerbefreiung auch bei zwischenzeitlich ungültig gewordener USt-IdNr.

Nach Auffassung des FG Berlin-Brandenburg reicht es aus, dass ein Lieferant bei einem EU-Geschäft die USt-IdNr. des Geschäftspartners bei Vertragsschluss überprüft. Wird die USt-IdNr. während der Geschäftsabwicklung ungültig, muss der Händler sich dieses nicht zurechnen lassen (FG Berlin-Brandenburg vom 04.11.2015, Az. 7 K 7283/13). 16

Beispiel:
Ein deutscher Kfz-Händler (D) verkaufte ein Fahrzeug an ein spanisches Unternehmen (ES). D behandelte den Umsatz als innergemeinschaftliche Lieferung umsatzsteuerfrei (§§ 4 Nr. 1 Buchst. b, 6a UStG).
Im Abschluss an eine Umsatzsteuer-Nachschau (§ 27b UStG) versagte das Finanzamt die Steuerbefreiung. Die von ES angegebene USt-IdNr. sei zwar bei Vertragsschluss, nicht aber im (späteren) Lieferzeitpunkt gültig gewesen.
D hat nach Auffassung des FG die nach § 6a Abs. 3 UStG, §§ 17a ff. UStDV **Beleg- und Buchnachweise vollständig erbracht.** Dem steht nicht entgegen, dass die aufgezeichnete USt-IdNr. zurzeit die Lieferung nicht mehr galt. Denn zum **Zeitpunkt des Vertragsschlusses** hatte die D alle für den Beleg- und Buchnachweis erforderlichen Angaben erfasst (Besprechungsurteil, Rz. 35).
Der Vertragsschluss erfolgte mit der Bestätigung des Geldeinganges durch die Pro-Forma-Rechnung und der Bereitstellung des Fahrzeugs zur Abholung. **Denn bereits zu diesem Zeitpunkt hatte sich D vertraglich gebunden,** das Fahrzeug an ES zum vereinbarten und schon erhaltenen Preis zu liefern. Mit der Abfrage der USt-IdNr. beim BZSt hat D zu diesem Zeitpunkt alles getan, um die erforderlichen Angaben zu ermitteln. Zudem galt die USt-IdNr. auch an diesem Tag noch. Es war zum Zeitpunkt des Vertragsschlusses für D nicht möglich, zu erkennen, dass sich dies zukünftig ändern werde.

Allein das Auseinanderfallen von Vertragsschluss und Lieferzeitpunkt verpflichtet den Lieferer nicht, die beim Vertragsschluss korrekten Angaben insbesondere zur Umsatzsteueridentifikationsnummer erneut und gegebenenfalls laufend in ganz kurzen Abständen zu überprüfen (Besprechungsurteil, Rz. 37). 17

Dies wäre dann anders, wenn 18

- der Lieferer **Anhaltspunkte für eine Änderung** der Angaben hat; diesen müsste er dann nachgehen oder
- zwischen Vertragsschluss und Lieferung eine **größere Zeitspanne** liegt. Eine Zeitspanne von – wie im Streitfall – elf Tagen (davon neun Tage zwischen Vertragsschluss und Liefertag) reicht dafür aber nach Ansicht des Senats nicht aus. Welche Zeitspanne ausreichen würde, lässt das Gericht offen (Besprechungsurteil, Rz. 38).

Die FG hat Revision gemäß § 115 Abs. 2 FGO zugelassen, weil die Einzelheiten zur Aufzeichnungspflicht der USt-IdNr. nebst der Vertrauensschutzregelung des § 6a Abs. 4 UStG bei Wegfall der USt-IdNr. während der Abwicklung des Geschäfts noch nicht im Einzelnen geklärt sind (Besprechungsurteil, Rz. 45). Die Finanzverwaltung hat darauf – soweit ersichtlich – verzichtet. 19

In diesem Verzicht steckt eine große Aussagekraft. Rechnet die Finanzverwaltung nämlich mit einer für sie negativen Entscheidung des BFH, vermeidet sie es gerne, dass ein Streitfall »hochgekocht« wird, verzichtet auf Rechtsmittel und wendet die – wahrscheinlich falsche, aber profiskalische – Rechtsauffassung weiter an.

Das Besprechungsurteil ist das erste zu diesem Problembereich; die Rechtsauffassung ist damit alles andere als gesichert. Das Urteil sollte daher nur als **Rettungsanker** gesehen werden – und keinesfalls als »Freibrief« zur Einsparung von Prüfungshandlungen des Lieferanten:

- Ein vorsichtiger Unternehmer sollte damit auch weiterhin die USt-IdNr. bei der Lieferung – und damit in der Regel ein zweites Mal – prüfen.
- Nur dann, wenn diese zweite Prüfung im Ausnahmefall einmal nicht erfolgt ist oder sich sonstige Unregelmäßigkeiten ergeben, sollte man sich des Urteils erinnern.

20 Das FG weist hilfsweise darauf hin, dass

- nach der EuGH- und BFH-Rechtsprechung die Steuerbefreiung nicht allein wegen des Fehlens der Aufzeichnung einer USt-IdNr. ohne Weiteres hätte versagt werden dürfen (Besprechungsurteil, Rz. 39 f.) und
- ggf. auch Vertrauensschutz gem. § 6a Abs. 4 UStG zu gewähren wäre (Besprechungsurteil, Rz. 41 f.).

§ 18f UStG
Sicherheitsleistung

[1]Bei Steueranmeldungen im Sinne von § 18 Abs. 1 und 3 kann die Zustimmung nach § 168 Satz 2 der Abgabenordnung im Einvernehmen mit dem Unternehmer von einer Sicherheitsleistung abhängig gemacht werden. [2]Satz 1 gilt entsprechend für die Festsetzung nach § 167 Abs. 1 Satz 1 der Abgabenordnung, wenn sie zu einer Erstattung führt.

Literatur
Weimann, Sicherheitsleistungen bei Vorsteuerüberhängen, UStB 2003, 154. **o.V.**, Sicherheitsleistungen bei der USt, StWK Gruppe 27, 175 = Heft 5/2003.

Richtlinien/Hinweise/Verordnungen
UStAE: Abschn. 18f.1

1 Allgemeines

1.1 Überblick über die Vorschrift

§ 18f UStG stellt es m. W. v. 01.01.2002 (vgl. Rn. 2) in das Ermessen (§ 5 AO) des zuständigen Finanzamts, die **Erstattung von Vorsteuerüberhängen** von einer entsprechenden Sicherheitsleistung des Unternehmers abhängig zu machen. Das Recht zum Vorsteuerabzug ist **in hohem Maße** 1

betrugsanfällig; zum von der EU-Kommission für 2017 ermittelten Betrugsvolumen vgl. Einf. UStG, Rz. 66. In den Fällen, in denen die Zustimmung des Finanzamts zur Steueranmeldung erforderlich ist (§ 168 S. 2 AO), weil diese zu einer Herabsetzung der bisher entrichteten USt oder zu einer Vergütung von angemeldeten Vorsteuerbeträgen führt, kann bei zweifelhafter Berechtigung zum Vorsteuerabzug die seitens der Finanzverwaltung erforderliche Prüfung eine gewisse Zeit in Anspruch nehmen. Die Ermittlungsdauer kann beim Unternehmer zu Liquiditätsschwierigkeiten führen. Mit Rücksicht auf Liquiditätsprobleme kann der Vorsteueranspruch einvernehmlich gegen Sicherheitsleistung zunächst akzeptiert werden. Damit ist sowohl dem Steuerpflichtigen als auch der Finanzverwaltung gedient. Auf Grund der Sicherheitsleistung geht das Finanzamt **kein Risiko eines Steuerausfalls** ein. Das BMF hat mit Schreiben vom 08.10.2002, BStBl I 2002, 1018 zu der Neuregelung Stellung genommen. Das Einführungsschreiben ist bis auf redaktionelle Änderung inhaltsgleich mit Abschn. 245k UStR 2005; Letzterer wiederum wurde unverändert in die UStR 2008 und als Abschn. 18f.1 ab 01.11.2010 auch in die UStAE übernommen.

1.2 Rechtsentwicklung

2 § 18f UStG wurde **m. W. v. 01.01.2002** durch das Steuerverkürzungsbekämpfungsgesetz (StVBG vom 19.12.2001, BGBl I 2001, 3922 = BStBl I 2002, 32) neu in das UStG eingefügt.

1.3 Geltungsbereich

1.3.1 Sachlicher Geltungsbereich

3 Der Zustimmung nach § 168 S. 2 AO unterliegen Steueranmeldungen (§ 167 AO) in Form von USt-Voranmeldungen (§ 18 Abs. 1 UStG) und USt-Jahreserklärungen (§ 18 Abs. 3 UStG), soweit der Unternehmer für sich einen Erstattungsbetrag **(»Rotbetrag«)** ermittelt hat.

4 Die Verweisung des **§ 18f S. 2 UStG** auf § 167 Abs. 1 S. 1 AO ist erforderlich, um auch in den Fällen, in denen das Finanzamt von der Voranmeldung abweicht, die Festsetzung einer Sicherheitsleistung zu ermöglichen (vgl. Amtliche Gesetzesbegründung, BT-Drucks. 637/01).

1.3.2 Persönlicher Geltungsbereich

5 § 18f UStG sieht hinsichtlich des persönlichen Geltungsbereichs keine Beschränkungen vor und gilt daher für **alle Unternehmer** i. S. d. § 2 UStG.

1.3.3 Zeitlicher Geltungsbereich

6 § 18f UStG gilt m. W. v. 01.01.2002 (Art. 9 Abs. 2 StVBG). Die Vorschrift gilt für die betroffenen Steueranmeldungen oder -festsetzungen (vgl. Rn. 3f.), wenn sie nach dem 31.12.2001 erfolgen. Damit können Sicherheitsleistungen auch für bereits vor dem 01.01.2002 abgeschlossene Anmeldungs- bzw. Besteuerungszeiträume vereinbart werden. Auf den Zeitpunkt des angemeldeten

Umsatzes oder der Entstehung eines Vorsteueranspruchs kommt es für die Anwendung des § 18f UStG nicht an (Huschens in V/S = Vorgängerkommentar zu S/W/R, 111. Lfg. 3/2002, § 18f Rn. 31).

1.4 Gemeinschaftsrechtliche Grundlagen und Verhältnis zu anderen Vorschriften

Obwohl § 18f UStG als rein verfahrensrechtliche Regelung in der MwStSystRL **keine mit ihr unmittelbar korrespondierende Vorschrift** findet, dürfte er aber EG-rechtlich grundsätzlich unbedenklich sein. 7

Insbesondere verstößt § 18f UStG nicht gegen den Grundsatz des Sofortabzugs der Vorsteuer. 8 Die MwStSystRL gewährt dem Steuerpflichtigen zwar das Recht, die mit dem Bezug der Leistung entstandene Vorsteuer sofort durch Vorlage der Rechnung auszuüben; dabei unterstellt sie allerdings die Richtigkeit der Angaben des Steuerpflichtigen zur Abzugsberechtigung. Die MwStSystRL trifft gerade **keine Maßnahmen zur Sicherung des Steueraufkommens;** diese obliegen vielmehr den Mitgliedstaaten (Leonard in Bunjes, 16. Aufl. 2017, § 18f Rn. 3; zustimmend Mößlang in S/R, § 18f Rn. 1).

Die Ausgestaltung des konkreten Sicherungssystems findet aber ihre Grenzen im **Grundsatz der** 9 **Verhältnismäßigkeit der Mittel** (EuGH vom 18.12.1997, Rs. C-286/94, C-340/95, C-401/95 und C-47/96, Garage Molenheide u. a., UR 1998, 470; vom 25.10.2001, Rs. C-78/00, Kommission/Italienische Republik, UR 2001, 541). Sicherungsmaßnahmen dürfen nicht so eingesetzt werden, dass sie das **Vorsteuerabzugsrecht in Frage stellen**. Das Recht darf nicht so eingeschränkt werden, dass ein grundsätzlich zum Vorsteuerabzug berechtigter Unternehmer für eine bestimmte Frist mit Mehrwertsteuern belastet bleibt oder die Steuern für ihn Kostenfaktoren darstellen. Aus diesem Blickwinkel könnte die Regelung über die Sicherheitsleistung problematisch sein. Eine Vorsteuererstattung gegen Sicherheitsleistung, die dem Unternehmer aus den dazu notwendigen Bankbürgschaften Kosten verursacht, könnte ein finanzielles Risiko i. S. d. EuGH-Urteils vom 25.10.2001 darstellen. Daran ändert auch nichts, dass die Sicherheitsleistung nur im Einvernehmen mit dem Unternehmer gefordert werden kann. Sieht der Unternehmer keinen anderen Weg, an das Vorsteuerguthaben zu gelangen, wird er zwangsläufig mit der Sicherheitsleistung einverstanden sein. Andererseits folgt, wie der EuGH weiter ausführt, bereits aus dem Wortlaut des Art. 183 MwStSystRL und insbesondere aus dem Ausdruck »nach den von ihnen festgelegten Einzelheiten«, dass die Mitgliedstaaten bei der Festlegung der Einzelheiten der Erstattung des Mehrwertsteuerüberschusses über gewisse Spielräume verfügen. Jedenfalls kann nach der EuGH-Entscheidung das Institut der Sicherheitsleistung kein Freibrief für die Finanzbehörden sein, die Prüfung der Rechtmäßigkeit von Vorsteuerguthaben länger als unbedingt erforderlich hinauszuzögern (Huschens, in V/S = Vorgängerkommentar zu S/W/R, 111. Lfg. 3/2002, § 18f Rn. 14; so aber auch Abschn. 18f.1 Abs. 3 S. 4 UStAE).

2 Kommentierung

2.1 Ermessensentscheidung der Finanzverwaltung

10 Der Unternehmer kann die Auszahlung möglicher Vorsteuerüberhänge durch das Angebot einer Sicherheitsleistung nicht erzwingen; vielmehr steht der Finanzbehörde ein Ermessen (§ 5 AO) zu, ob sie diese gegen Sicherheitsleistung erstatten will oder nicht (Leonard in Bunjes, 16. Aufl. 2017, § 18f Rn. 16).

11 Zur Ermessensentscheidung liefert die amtliche Gesetzesbegründung (BT-Drucks. 14/6883) wertvolle Anhaltspunkte: »Das Finanzamt kann von der Sicherheitsleistung Gebrauch machen, wenn unklar ist, ob die Voraussetzungen für den Vorsteuerabzug vorliegen. Nach bisherigem Recht konnte die Erstattung in diesen Fällen zunächst nicht erfolgen. Das bedeutet, die notwendige Prüfung muss nunmehr nicht mehr zu Lasten der Liquidität des zutreffenden Unternehmens gehen. Der Erstattungsbetrag wird ausgezahlt. Der Unternehmer ist lediglich mit den Kosten z.B. einer Bürgschaft belastet.«

2.1.1 Dauer der Sicherheit

12 Die Sicherheitsleistung kann nach dem Grundsatz der **Verhältnismäßigkeit der Mittel** längstens für die **Dauer der notwendigen Prüfung** verlangt werden; damit kann das Vorsteuerabzugsrecht sachgerecht geprüft werden, ohne dass – wie bislang – zusätzlich personelle Ressourcen für die Bearbeitung der Einwendungen des Unternehmers gegen die Vorenthaltung des Vorsteuerabzugs gebunden werden. Ferner ist erforderlich, dass die Finanzverwaltung die Zweifel an der Richtigkeit der eingereichten Steueranmeldung nicht **kurzfristig (= innerhalb von sechs Wochen)** ausräumen kann (Abschn. 18f.1 Abs. 3 S. 3 UStAE; vgl. auch Weimann, UStB 2003, 154, m. w. N.).

Beispiel:
Autozulieferer A hat erhebliche Vorsteuerüberhänge aus der Anschaffung neuer Maschinen. Wegen der Höhe der Erstattungsbeträge möchte das Finanzamt die Maschinen sehen und die Eingangsrechnungen prüfen.

Lösung:
Die bestehenden Zweifel könnte das Finanzamt durch eine USt-Nachschau oder USt-Sonderprüfung kurzfristig ausräumen. Eine Sicherheitsleistung ist damit nicht angezeigt.

2.1.2 Objektiv schwieriger Fall

13 Die Vorschrift ist damit regelmäßig nur auf Fälle anzuwenden, die auf einem besonders schwierig zu beurteilenden Sachverhalts beruhen (Abschn. 18f.1 Abs. 3 S. 3 UStAE). Dabei muss sich die Schwierigkeit m. E. auch **objektiv messbar aus dem Sachverhalt** ergeben und darf sich nicht lediglich aus der besonderen Situation des prüfenden Finanzamts ergeben.

Beispiel:
Wie Beispiel oben (vgl. Rn. 12). Im Finanzamt sind alle USt-Sonderprüfer einer Grippewelle zum Opfer gefallen. Das Finanzamt hat daher Schwierigkeiten, das Tagesgeschäft zu bewältigen.

Lösung:
Für eine Sicherheitsleistung nach § 18f UStG ist kein Raum.

2.1.3 Kosten der Sicherheit

Soweit für den Unternehmer durch die Sicherheit Kosten entstehen (z. B. Bereitstellungsprovisionen für eine Bankbürgschaft), führen diese zu keiner unverhältnismäßigen Belastung des Unternehmers, weil dieser gleichzeitig den **finanziellen Vorteil der Liquidität** hat, also keinen Bankkredit in Anspruch nehmen muss. 14

Für **Existenzgründer** mit wenig Liquidität dürfte eine Bankbürgschaft in der Praxis zwar schwierig zu erhalten sein; hier stellt sich aber die Frage, warum der Fiskus bei der Herausgabe von Geld unbekümmerter sein sollte als eine Bank, die mit der Bestellung von Sicherheiten gar Geschäfte machen will. 15

Die Kosten für die Bankbürgschaft begründen nach all dem kein »finanzielles Risiko« i. S. d. EuGH-Rspr. (EuGH vom 25.10.2001, Rs. C78/00, BFH/NV Beilage 2002, 25; vgl. auch Leonard in Bunjes, 16. Aufl. 2017, § 18f Rn. 24ff.). 15a

2.2 Einvernehmen mit dem Unternehmer

Soweit § 18f S. 1 UStG die Sicherheitsleistung vom Einvernehmen mit dem Unternehmer abhängig macht, sollte in der Praxis berücksichtigt werden, dass die Ablehnung einer angeforderten Sicherheitsleistung durch den Unternehmer die begehrte Erstattung vermutlich verzögern wird. In diesen Fällen wird das Finanzamt den Sachverhalt vor einer Erstattung vermutlich erst eingehend prüfen (o. V., Sicherheitsleistungen bei der USt, StWK Gruppe 27, 175 = Heft 5/2003). 16

2.3 Vermeidung von Sicherheitsanforderungen durch den Unternehmer

Da gerade bei dieser Vorschrift der Gesetzgeber das Ziel der »Bekämpfung des Umsatzsteuerbetrugs« nicht eindeutig vorgeben hat, kann nur auf eine vertrauensvolle Atmosphäre zwischen Steuerpflichtigen und den zuständigen Finanzämtern gehofft werden. 17

TIPP

Es ist daher zu empfehlen, dass diskontinuierlich entstehende hohe Vorsteuerüberhänge (bei monatlichen Voranmeldungen ab 3.000 €) bereits mit der Beantragung **glaubhaft erläutert und/oder nachgewiesen** werden, z. B. durch Vorlage von Kopien der Eingangsrechnungen. Das erfordert jedoch, umsatzsteuerlichen Sachverhalten auch während eines Kj. größere Aufmerksamkeit zu widmen (Weimann, UStB 2003, 153 m. w. N.).

2.4 Rechtsschutz

Der Unternehmer kann die Entscheidung der Senatsverwaltung für eine Sicherheitsleistung finanzgerichtlich überprüfen lassen; dabei beschränkt sich die Überprüfung auf Ermessensfehler (§ 102 FGO). 18

TIPP

Das Verlangen nach einer Sicherheitsleistung ist eine nicht selbständig anfechtbare aufschiebende Bedingung (§ 120 Abs. 1, Abs. 2 Nr. 3 AO). Gegenstand von Einspruch und Klage ist deshalb die »Zustimmung des Finanzamts zur Steuererstattung unter der aufschiebenden Bedingung einer Sicherheitsleistung« (Leonard in Bunjes, 16. Aufl. 2017, § 18f Rn. 31).

§ 18g UStG
Abgabe des Antrags auf Vergütung von Vorsteuerbeträgen in einem anderen Mitgliedstaat

[1]Ein im Inland ansässiger Unternehmer, der Anträge auf Vergütung von Vorsteuerbeträgen entsprechend der Richtlinie 2008/9/EG des Rates vom 12. Februar 2008 zur Regelung der Erstattung der Mehrwertsteuer gemäß der Richtlinie 2006/112/EG an nicht im Mitgliedstaat der Erstattung, sondern in einem anderen Mitgliedstaat ansässige Steuerpflichtige (ABl. EU Nr. L 44 S. 23) in einem anderen Mitgliedstaat stellen kann, hat diesen Antrag nach amtlich vorgeschriebenem Datensatz durch Datenfernübertragung dem Bundeszentralamt für Steuern zu übermitteln. [2]In diesem hat er die Steuer für den Vergütungszeitraum selbst zu berechnen.]

Literatur

Burgmaier, Auslegung des Begriffs »Unterschrift« im Verfahren der zur Erstattung der Mehrwertsteuer an nicht im Inland ansässige Steuerpflichtige, UR 2010, 148. **Hidien/Masuch**, Vorsteuer-Vergütungsverfahren für inländische Unternehmer in einem anderen EU-Mitgliedstaat ab dem 1.1.2010, StBW 2010, 176. **Langer**, Neues Vorsteuer-Vergütungsverfahren ab 2010, DB 2010, 647. **Radeisen**, Gemeinsam mit dem Gemeinschaftsrecht? Aktuelles aus der Umsatzsteuer, Stbg 2010, 97.

Verwaltungsanweisungen

BMF vom 03.12.2009, Az: IV B 9 – S 7359/09/10.001 (2009/0796941), Rz. 34–45, BStBl I 2009, 1520.
Hinweis: Zur Problematik der zeitlichen Geltungsdauer von BMF-Schreiben vgl. Einführung UStG, Rz. 100 ff.

Richtlinien/Hinweise/Verordnungen

UStAE: Abschn. 18g.1.
MwStSystRL: Art. 170.
Richtlinie 2008/9/EG des Rates vom 12.02.2008 zur Regelung der Erstattung der Mehrwertsteuer gemäß der Richtlinie 2006/112/EG an nicht im Mitgliedstaat der Erstattung, sondern in einem anderen Mitgliedstaat ansässige Steuerpflichtige (ABl. EU Nr. L 44, 23).

Art. 48 der **Verordnung (EU) Nr. 904/2010** des Rates vom 07.10.2010 über die Zusammenarbeit der Verwaltungsbehörden und die Betrugsbekämpfung auf dem Gebiet der Mehrwertsteuer (ABl. L 268 vom 12.10.2010, 1) – Zusammenarbeits-VO –.

1 Allgemeines und Überblick über die Vorschrift

1 **§ 18g UStG bestimmt ausschließlich**, auf welchem Weg ein im Inland ansässiger Unternehmer, der in einem anderen Mitgliedstaat einen Antrag auf Vergütung von Vorsteuern stellt, diesen Antrag zu stellen hat. Das deutsche Recht dagegen kennt für Anträge im Inland ansässiger Unternehmer, die in Drittstaaten gestellt werden, anders als § 18g UStG für Anträge in anderen Mitgliedstaaten, keine Regelung für die Form der Antragstellung. Nach § 18g UStG hat der Unternehmer den Antrag **nach amtlich vorgeschriebenem Datensatz** durch Datenfernübertragung dem BZSt zu übermitteln. In diesem hat er die Steuer für den Vergütungszeitraum selbst zu berechnen. § 18g UStG ergänzt die Regelung in § 18 Abs. 9 UStG, die zusammen mit den Bestimmungen der §§ 59ff. UStDV das Vergütungsverfahren für im Ausland ansässige Unternehmer regelt, die in Deutschland Vergütungsanträge stellen.

1.1 Rechtsentwicklung

2 Durch das JStG 2009 vom 19.12.2008 (BGBl I 2008, 2794, BStBl I 2009, 74) wurde die RL 2008/9/EG vom 12.02.2008 zur Regelung der Erstattung der Mehrwertsteuer gem. der RL 2006/112/EG an nicht im Mitgliedstaat der Erstattung, sondern in einem anderen Mitgliedstaat ansässige Steuerpflichtige m. W. z. 01.01.2010 in nationales Recht umgesetzt (§§ 15 Abs. 4b, 18 Abs. 9, 18g und 27 Abs. 14 UStG sowie §§ 59, 61, 61a und 74a UStDV).

2a Durch das Gesetz zur Modernisierung des Besteuerungsverfahrens (StModernG) vom 18.07.2016 (BGBl I 2016, 1679) wurde die Verweisung auf die **Steuerdaten-Übermittlungsverordnung** – StDÜV – vom 28.01.2003 (BGBl I 2003, 139, zuletzt geändert durch Art. 6 des Steuervereinfachungsgesetzes 2011 vom 01.11.2011, BGBl I 2011, 2131 = BStBl I 2011, 986) in § 18g S. 1 UStG gestrichen. Ab **01.01.2017** sind nach dem Wegfall der bisherigen Verordnungsermächtigung in § 150 Abs. 7 AO und Übernahme der bisher in der Steuerdaten-Übermittlungsverordnung (StDÜV) angesiedelten Regelungen in § 72a Abs. 1 bis 3 und § 87a Abs. 6 sowie in die §§ 87b bis 87d AO die Vorschriften der AO unmittelbar anzuwenden.

1.2 Geltungsbereich

1.2.1 Sachlicher Geltungsbereich

3 § 18g UStG regelt das Verfahren der Vergütung von Vorsteuerbeträgen für im Inland ansässige Unternehmer.

1.2.2 Persönlicher Geltungsbereich

Nur ein im Inland ansässiger Unternehmer kann Anträge auf Vergütung von Vorsteuerbeträgen entsprechend der RL 2008/9/EG des Rates vom 12.02.2008 zur Regelung der Erstattung der Mehrwertsteuer gemäß der RL 2006/112/EG an nicht im Mitgliedstaat der Erstattung, sondern in einem anderen Mitgliedstaat ansässige Steuerpflichtige (ABl. EU Nr. L 44 S. 23) in einem anderen Mitgliedstaat stellen. 4

1.2.3 Zeitlicher Geltungsbereich

§ 18g UStG gilt seit dem 01.01.2010. Die Regelungen sind erstmals auf Anträge auf Vergütung von Vorsteuerbeträgen anzuwenden, die nach dem 31.12.2009 von einem im Inland ansässigen Unternehmer in einem anderen Mitgliedstaat gestellt werden. 5

1.3 Gemeinschaftsrechtliche Grundlagen

Mit der RL 2008/9/EG vom 12.02.2008 (ABl. EU 2008 Nr. L 44, 23) zur Regelung der Erstattung der Mehrwertsteuer gem. der RL 2006/112/EG an nicht im Mitgliedstaat der Erstattung, sondern in einem anderen Mitgliedstaat ansässige Steuerpflichtige wird das Verfahren der Vergütung von Vorsteuerbeträgen an im übrigen Gemeinschaftsgebiet ansässige Unternehmer geregelt. 6

2 Kommentierung

2.1 Voraussetzungen

Zur Anwendung der Regelung wurde das BMF-Schreiben vom 03.12.2009 (BStBl I 2009, 1520) herausgegeben, das in Abschn. 18.10–18.16 und 18g.1 UStAE übernommen wurde. Das Vergütungsverfahren ist nur für im Gemeinschaftsgebiet ansässige Unternehmer geändert worden. Für im Drittlandsgebiet ansässige Unternehmer ist es bei dem bisherigen Verfahren geblieben. Somit gibt es ab 01.01.2010 zwei verschiedene Vergütungsverfahren. Das neue Verfahren für im Gemeinschaftsgebiet ansässige Unternehmer gilt für alle nach dem 31.12.2009 gestellten Erstattungsanträge. 7

Die Antragstellung erfolgt zentralisiert über das elektronische Portal des Ansässigkeitsstaats des Unternehmers für sämtliche Vorsteuervergütungsanträge in allen Mitgliedstaaten, in denen die Vorsteuern entstanden sind. In Deutschland ansässige Unternehmer, die Vergütungsanträge in anderen Mitgliedstaaten stellen, reichen die Anträge elektronisch beim Bundeszentralamt für Steuern – BZSt – ein. 8

Rechnungen, aus denen sich der Vergütungsanspruch ergibt, müssen nicht im Original eingereicht werden. Die Vergütungsanträge sind bis zum 30. 09. des Folgejahres der Rechnungsstellung zu stellen. Der Erstattungsstaat muss bei Überschreiten der ihm zugestandenen Bearbeitungszeit den Vergütungsanspruch des Antragstellers verzinsen. 9

10 Ein in Deutschland ansässiger Unternehmer, dem in einem anderen Mitgliedstaat von einem Unternehmer USt in Rechnung gestellt worden ist, kann bei der zuständigen Behörde dieses Mitgliedstaats einen Antrag auf Vergütung dieser Steuer stellen. Beantragt der Unternehmer die Vergütung für mehrere Mitgliedstaaten, ist für jeden Mitgliedstaat ein gesonderter Antrag zu stellen.

11 Der Antrag ist bis zum 30. 09. des auf das Jahr der Inrechnungstellung folgenden Kalenderjahrs zu stellen.

12 Der Vergütungsbetrag muss mindestens 50 € betragen. Der Unternehmer kann auch einen Antrag für einen Zeitraum von mindestens drei Monaten stellen, wenn der Vergütungsbetrag mindestens 400 € beträgt. Der Antrag ist – für jeden Mitgliedstaat gesondert – auf elektronischem Weg über ein inländisches Portal (www.elster.de oder www.bzst.de) beim BZSt einzureichen. Hierzu wird eine Maske mit Pflichtfeldern verwendet, die vom Antragsteller auszufüllen sind. Der Antragsteller muss, soweit dies der Erstattungsmitgliedstaat vorsieht, authentifiziert sein.

13 Beträgt die Bemessungsgrundlage in der Rechnung oder dem Einfuhrdokument mindestens 1000 € (bei Rechnungen über Kraftstoff mindestens 250 €), hat der Antragsteller Kopien der Rechnung oder der Einfuhrdokumente dem Antrag beizufügen, wenn der Vergütungsmitgliedstaat dies vorsieht. Hierfür reichen eingescannte Rechnungskopien aus. Die einzureichenden elektronischen Belege werden über eine entsprechende Uploadfunktion den jeweiligen Positionen zugeordnet.

TIPP

Die Dateigröße der je Antrag insgesamt beigefügten Belege darf zurzeit 5 MB nicht überschreiten. Nach aktuellem Stand der Abstimmung zwischen den Mitgliedstaaten wird daher empfohlen, nur papiergebunden vorliegende Belege schwarz/weiß mit einer Auflösung von 200 dpi beizufügen. Die Belege können dem elektronischen Antrag als pdf-, als jpg- oder als tif-Datei beigefügt werden.

2.2 Prüfung durch das Bundeszentralamt für Steuern

14 Die über das elektronische Portal eingereichten Anträge in Deutschland ansässiger Unternehmer werden vom BZSt als für das Vorsteuer-Vergütungsverfahren zuständige deutsche zentrale Behörde auf ihre Zulässigkeit vorgeprüft. Dabei muss das BZSt u. a. feststellen, ob

- die vom Antragsteller angegebene USt-IdNr. bzw. Steuernummer zutreffend und ihm zuzuordnen ist;
- der Antragsteller ein zum Vorsteuerabzug berechtigter Unternehmer ist (also beim zuständigen Finanzamt als Unternehmer geführt wird) und
- der Antrag alle sonstigen erforderlichen Angaben enthält.

15 Stellt das BZSt fest, dass der Antrag zulässig ist, leitet es diesen an den Mitgliedstaat der Erstattung über eine elektronische Schnittstelle weiter. Mit der Weitergabe bestätigt das BZSt, dass die vom Antragsteller angegebene USt-IdNr. bzw. Steuernummer zutrifft und der Antragsteller ein zum Vorsteuerabzug berechtigter Unternehmer ist.

16 Das BZSt hat dem Antragsteller eine elektronische Empfangsbestätigung über den Eingang (des zulässigen Antrags) zu übermitteln. Die Weiterleitung an den Mitgliedstaat der Erstattung muss innerhalb von 15 Tagen nach Eingang des Antrags erfolgen.

17 Stellt das BZSt fest, dass die vom Antragsteller angegebene USt-IdNr. bzw. Steuernummer nicht zutreffend und/oder ihm nicht zuzuordnen ist und/oder der Antrag nicht alle sonstigen erforderlichen Informationen enthält, wird der Antrag zurückgewiesen und nicht an den Mitgliedstaat der Erstattung weitergeleitet.

Stellt das BZSt fest, dass der Antragsteller kein Unternehmer ist, aber von der Kleinunternehmerregelung (§ 19 UStG) Gebrauch macht, aber hinsichtlich seiner Umsätze die Pauschalregelung des § 24 Abs. 1 UStG anwendet, oder Unternehmer ist, aber ausschließlich Umsätze bewirkt, die nach § 4 Nr. 8 bis 28 UStG steuerfrei sind, wird das BZSt den Antrag ebenfalls zunächst nicht an den Mitgliedstaat der Erstattung weiterleiten. 18

In diesem Fall wird das BZSt bei dem nach § 21 AO für die Umsatzbesteuerung des Antragstellers zuständigen Finanzamt nachfragen, ob eines der vorgenannten Merkmale tatsächlich erfüllt ist. Bestätigt das Finanzamt, dass eines der Merkmale erfüllt ist, weist das BZSt den Antrag zurück und übermittelt ihn nicht dem Mitgliedstaat der Erstattung. Bestätigt das Finanzamt, dass der Antragsteller ein zum Vorsteuerabzug berechtigter Unternehmer ist, leitet das BZSt den Antrag an den Erstattungsmitgliedstaat weiter. 19

Die Zurückweisung des Antrags auf Vergütung von Vorsteuerbeträgen durch das BZSt erfolgt automationsunterstützt. Sie ist ein rechtsmittelfähiger Verwaltungsakt. Gegen die Zurückweisung kann der Antragsteller Einspruch einlegen. Über den Einspruch entscheidet das BZSt nach Feststellung des Sachverhalts durch das nach § 21 AO für die Umsatzbesteuerung des Antragstellers zuständige Finanzamt. 20

2.3 Verfahren im Mitgliedstaat der Erstattung

Leitet das BZSt den Antrag an den Mitgliedstaat der Erstattung weiter, muss dieser innerhalb von vier bis acht Monaten ab Antragseingang über den Antrag entscheiden. Der Antrag unterliegt grundsätzlich den Verfahrens- und materiell-rechtlichen Regelungen des Erstattungsmitgliedstaats. Erfolgt die Vergütung erst nach Ablauf der zulässigen Bearbeitungsfrist, ist der Vergütungsbetrag zu verzinsen. 21

Der Mitgliedstaat der Erstattung setzt den in Deutschland ansässigen Antragsteller auf elektronischem Weg unverzüglich vom Datum des Eingangs des Antrags bei sich in Kenntnis. Er teilt auch innerhalb von vier Monaten ab Eingang des Erstattungsantrags mit, ob die Erstattung gewährt oder abgewiesen wird. 22

Ist der Mitgliedstaat der Erstattung der Auffassung, dass er nicht über alle relevanten Informationen für die Entscheidung über eine vollständige oder teilweise Erstattung verfügt, kann er beim Antragsteller (in Deutschland nur bei diesem, nicht bei der für ihn zuständigen Behörde) innerhalb des Vier-Monats-Zeitraums elektronisch zusätzliche Informationen anfordern. 23

Die angeforderten Informationen können die Einreichung des Originals oder eine Durchschrift der einschlägigen Rechnungen oder des Einfuhrdokuments umfassen, wenn der Erstattungsstaat begründete Zweifel am Bestehen einer bestimmten Forderung hat. In diesem Fall gelten die Schwellenwerte von 1000 € oder 250 € für die Pflicht zur Vorlage von Rechnungskopien nicht. 24

Fordert der Mitgliedstaat der Erstattung zusätzliche Informationen an, teilt er dem Antragsteller innerhalb von zwei Monaten ab Eingang der angeforderten Informationen mit, ob er die Erstattung gewährt oder den Erstattungsantrag abweist. Der Zeitraum, der für die Entscheidung über eine vollständige oder teilweise Erstattung ab Eingang des Antrags im Erstattungsstaat zur Verfügung steht, beträgt jedoch auf jeden Fall mindestens sechs Monate. Wenn der Erstattungsstaat weitere Informationen anfordert, teilt er dem Antragsteller innerhalb von acht Monaten ab Eingang des Erstattungsantrags bei sich die Entscheidung über eine vollständige oder teilweise Erstattung mit. 25

Wird eine Erstattung gewährt, wird der Betrag spätestens innerhalb von zehn Arbeitstagen nach Ablauf der o. g. Fristen erstattet. Hinsichtlich der Antragstellung gelten in den einzelnen anderen Mitgliedstaaten besondere Bedingungen (sog. Preferences). 26

2.4 Anspruch auf Verzinsung

27 Erfolgt die Vergütung erst nach Ablauf der Bearbeitungsfrist (grundsätzlich vier Monate; bei Nachfragen der Finanzbehörde bis zu acht Monate) zuzüglich der Erstattungsfrist von zehn Tagen, ist der Vergütungsbetrag zu verzinsen. Die Zinshöhe richtet sich nach geltenden nationalen Verzinsungsbestimmungen des Mitgliedstaats der Erstattung.

Beispiel:
Der deutsche Unternehmer U stellt am 10.09.2010 für Rechnungen, die im Jahr 2009 von französischen Unternehmern ausgestellt wurden, beim BZSt den Erstattungsantrag (Fristende für diesen Antrag ist der 30.09.2010). Ist der Antrag zulässig, hat das BZSt diesen bis 25.09.2010 an die französische Erstattungsbehörde weiterzuleiten und U eine Eingangsbestätigung (über den Eingang beim BZSt) zu übermitteln.

Lösung:
Die französische Behörde hat U unverzüglich eine Bestätigung über den Eingang des Antrags, z. B. 25.09.2010, zu übermitteln. Sie muss U grundsätzlich bis 24.01.2011 mitteilen, ob dem Antrag entsprochen wird. Fordert die französische Behörde weitere Unterlagen an, muss sie U bis spätestens 24.05.2011 die Entscheidung über eine vollständige oder teilweise Erstattung mitteilen. Kann eine Erstattung erfolgen, muss diese binnen zehn Tagen ab dem 24.05.2011 ausgezahlt werden. Nach diesem Zeitpunkt ist der Erstattungsbetrag zu verzinsen.

2.5 Erstattungsfähige Vorsteuerbeträge

28 Vorsteuern sind stets nur in dem Mitgliedstaat erstattungsfähig, in dem sie angefallen sind. Maßgeblich sind dabei grundsätzlich die materiellen Vorschriften über den Vorsteuerabzug, die im Mitgliedstaat der Erstattung gelten. Die Vorsteuervergütung ist in allen Mitgliedstaaten beschränkt auf den Umfang, der für den Vorsteuerabzug nach dem jeweiligen nationalen Recht für die normale Umsatzsteuerveranlagung gilt. Vorsteuern auf bestimmte Kosten können nicht in allen Mitgliedstaaten gleichermaßen geltend gemacht werden. Die meisten Staaten kennen sog. Vorsteuerausschlüsse. Das betrifft insbesondere den Bereich der Repräsentationskosten sowie Reisekosten und Aufwendungen für Unterbringung und Verpflegung. Aber auch im Bereich der Kfz-Kosten bestehen zum Teil weit reichende Vorsteuerausschlüsse.

29 Über die Höhe der Erstattung bestimmt nicht der Staat allein, in dem der Antrag gestellt wird (vgl. EuGH vom 13.07.2000, Rs. C-136/99, BFH/NV Beilage 2001, 112). Ein Unternehmer, der in seinem Sitzstaat nur teilweise zum Vorsteuerabzug berechtigt ist, hat grundsätzlich Anspruch auf Rückerstattung von Vorsteuern, die in einem anderen (Erstattungs-)Staat angefallen sind. Auch Unternehmer, die mit ihren Umsätzen im Sitzstaat steuerpflichtig sind und im Erstattungsstaat steuerbefreit, haben Anspruch auf partielle Rückerstattung der im Mitgliedstaat der Erstattung angefallenen Vorsteuern.

30 Die Erstattung scheidet aus für in Rechnung gestellte Mehrwertsteuerbeträge für Lieferungen (i. g. Lieferungen oder Ausfuhrlieferungen), die steuerfrei sind oder befreit werden können. Gleiches gilt für nach den Rechtsvorschriften des Mitgliedstaats der Erstattung fälschlich in Rechnung gestellte Mehrwertsteuerbeträge. Damit scheidet – wie im normalen Besteuerungsverfahren – eine Erstattung aus für Steuern, die nur aufgrund eines unzutreffenden Steuerausweises, nicht aber aufgrund des Umsatzes geschuldet werden.

TIPP
Um nicht Gefahr zu laufen, evtl. auf einer zu hoch ausgewiesenen und bereits an den Vertragspartner gezahlten USt »sitzen zu bleiben«, sollte sich der Unternehmer immer davon überzeugen, dass die ihm in Rechnung gestellte Steuer dem Grunde und der Höhe nach zutreffend ist. Das gilt insbesondere für den Steuersatz.

Ein Unternehmer, der in seinem Sitzstaat gemischte (teils steuerpflichtige, teils steuerfreie) Umsätze bewirkt, hat grundsätzlich auch in einem solchen Fall Anspruch auf Erstattung von Vorsteuern eines anderen Mitgliedstaats (vgl. EuGH vom 13.07.2000, Rs. C-136/99, BFH/NV Beilage 2001, 112). Die Erstattung kann ihm nicht allein aufgrund dieser Tatsache verweigert werden, da der Unternehmer in seinem Sitzstaat ebenfalls zum anteiligen Vorsteuerabzug berechtigt ist. 31

§ 18h UStG
Verfahren der Abgabe der Umsatzsteuererklärung für einen anderen Mitgliedstaat

(1) [1]Ein im Inland ansässiger Unternehmer, der in einem anderen Mitgliedstaat der Europäischen Union Umsätze nach §3a Absatz 5 erbringt, für die er dort die Steuer schuldet und Umsatzsteuererklärungen abzugeben hat, hat gegenüber dem Bundeszentralamt für Steuern nach amtlich vorgeschriebenem Datensatz durch Datenfernübertragung anzuzeigen, wenn er an dem besonderen Besteuerungsverfahren entsprechend Titel XII Kapitel 6 Abschnitt3 der Richtlinie 206/112/EG des Rates in der Fassung von Artikel 5 Nummer 15 der Richtlinie 2008/8/EG des Rates vom 12. Februar 2008 zur Änderung der Richtlinie 2006/112/EG bezüglich des Ortes der Dienstleistung (ABl. L 44 vom 20.2.2008, S. 23) teilnimmt. [2]Eine Teilnahme im Sinne des Satzes 1 ist dem Unternehmer nur einheitlich für alle Mitgliedstaaten der Europäischen Union möglich, in denen er weder einen Sitz noch eine Betriebsstäte hat. [3]Die Anzeige nach Satz 1 hat vor Beginn des Besteuerungszeitraums zu erfolgen, ab dessen Beginn der Unternehmer von dem besonderen Besteuerungsverfahren Gebrauch macht. [4]Die Anwendung des besonderen Besteuerungsverfahrens kann nur mit Wirkung vom Beginn eines Besteuerungszeitraums an widerrufen werden. [5]Der Widerruf ist vor Beginn des Besteuerungszeitraums, für den er gelten soll, gegenüber dem Bundeszentralamt für Steuern nach amtlich vorgeschriebenem Datensatz auf elektronischem Weg zu erklären.

(2) Erfüllt der Unternehmer die Voraussetzungen für die Teilnahme an dem besonderen Besteuerungsverfahren nach Absatz 1 nicht, stellt das Bundeszentralamt für Steuern dies durch Verwaltungsakt gegenüber dem Unternehmer fest.

(3) [1]Ein Unternehmer, der das in Absatz 1 genannte besondere Besteuerungsverfahren anwendet, hat seine hierfür abzugebenden Umsatzsteuererklärungen bis zum 20. Tag nach Ablauf jedes Besteuerungszeitraums nach amtlich vorgeschriebenem Datensatz durch Datenfernübertragung dem Bundeszentralamt für Steuern zu übermitteln. [2]In dieser Erklärung hat er die Steuer für den Besteuerungszeitraum selbst zu berechnen. [3]Die berechnete Steuer ist an das Bundeszentralamt für Steuern zu entrichten.

(4) [1]Kommt der Unternehmer seinen Verpflichtungen nach Absatz 3 oder den von ihm in einem anderen Mitgliedstaat der Europäischen Union zu erfüllenden Aufzeichnungspflichten entsprechend Artikel 369k der Richtlinie 2006/112/EG des Rates in der Fassung des Artikels 5 Nummer 15 der Richtlinie 2008/8/EG des Rates vom 12. Februar 2008 zur Änderung der Richtlinie 2006/112/EG bezüglich des Ortes der Dienstleistung (ABl. L 44 vom 20.2.2008, S. 11) wiederholt nicht oder nicht rechtzeitig nach, schließt ihn das Bundeszentralamt für Steuern von dem besonderen Besteuerungsverfahren nach Absatz 1 durch Verwaltungsakt aus. [2]Der Ausschluss gilt ab dem Besteuerungszeitraum, der nach dem Zeitpunkt der Bekanntgabe des Ausschlusses gegenüber dem Unternehmer beginnt.

(5) Ein Unternehmer ist im Inland im Sinne des Absatzes 1 Satz 1 ansässig, wenn er im Inland seinen Sitz oder seine Geschäftsleitung hat oder, für den Fall, dass er im Drittlandsgebiet ansässig ist, im Inland eine Betriebsstätte hat.

(6) Auf das Verfahren sind, soweit es vom Bundeszentralamt für Steuern durchgeführt wird, die §§30, 80 und 87a und der Zweite Abschnitt des Dritten Teils und der Siebente Teil der Abgabenordnung sowie die Finanzgerichtsordnung anzuwenden.

Literatur
Weimann/Kraatz, Grenzüberschreitende elektronische Leistungen ab 1.1.2015 – Der »Mini-One-Stop-Shop« ist da!, PIStB 2014, 298. **Weimann/Tybussek**, MOSS: Ab 2015 kommt der »mini-one-stop-shop« endlich auch für EU-Unternehmer!, GStB 2013, 103.

Verwaltungsanweisungen
BMF vom 13.12.2017, III C 3 – S 7015/16/10003, 2017/1017217, BStBl I 2017, 1667
Hinweis: Zur Problematik der zeitlichen Geltungsdauer von BMF-Schreiben vgl. Einführung UStG, Rz. 100 ff.

Richtlinien/Hinweise/Verordnungen
UStAE: Abschn. 18h.1
MwStSystRL: Art. 369a–369k

1 Allgemeines

1.1 Überblick über die Vorschrift/Gesetzeszweck

1 Nach Art. 58 MwStSystRL in der ab dem 01.01.2015 geltenden Fassung von Art. 5 Nr. 1 der RL 2008/8/EG des Rates vom 12.02.2008 zur Änderung der RL 2006/112/EG bezüglich des Ortes der Dienstleistung (ABl. EU 2008 Nr. L 44, 11) gilt als Leistungsort bei

- Telekommunikationsleistungen,
- Rundfunk- und Fernsehleistungen und
- auf elektronischem Weg erbrachten Leistungen

an Nichtunternehmer der Ort, an dem der Leistungsempfänger seinen Sitz, seinen Wohnsitz oder seinen gewöhnlichen Aufenthaltsort hat (vgl. Kommentierung zu § 3 a Rn. 141 ff.). Damit soll eine systematisch zutreffende Besteuerung am tatsächlichen Verbrauchsort erreicht werden (BT-Drucks. 18/1995 vom 02.07.2014, zu Nr. 3 / § 18h UStG – neu – Allgemein).

HINWEISE

1. **Bestimmung des Leistungsorts:** Der Leistungsort bei diesen Leistungen an Nichtunternehmer bestimmt sich somit unabhängig von dem Ort, an dem der leistende Unternehmer ansässig ist. Künftig ist es für den Leistungsort daher **unerheblich, ob der Leistende im Gemeinschaftsgebiet oder im Drittlandsgebiet ansässig ist** (vgl. Kommentierung zu § 3 a Rn. 143).
2. **Bestimmung des Besteuerungsverfahrens:** Für nicht im Gemeinschaftsgebiet ansässige Unternehmer, die derartige Leistungen an Nichtunternehmer mit Sitz, Wohnsitz oder gewöhnlichem Aufenthalt im Unionsgebiet erbringen, wird die bisherige Sonderregelung (vgl. Art. 359 bis 369 MwStSystRL in der ab dem 01.01.2015 geltenden Fassung von Art. 5 Nr. 11 bis 14 der RL 2008/8/EG), nach der sich diese Unternehmer nur in einem EU-Mitgliedstaat erfassen lassen müssen, wenn sie in der EU sonstige Leistungen auf elektronischem Weg erbringen, um Telekommunikationsleistungen und Rundfunk- und Fernsehleistungen erweitert. Die Regelung dient der Vereinfachung. Damit müssen sich Unternehmer, die diese Umsätze EU-weit erbringen, nur noch in einem EU-Mitgliedstaat für Umsatzsteuerzwecke erfassen lassen (vgl. Kommentierung zu § 18 Rn. 87 ff.).

2 Neben den entsprechenden Ortsregelungen für die vorgenannten Umsätze enthält die Änderungsrichtlinie **Regelungen zur Vereinfachung des Besteuerungsverfahrens von im Gemeinschaftsgebiet ansässigen Unternehmern**, die die vorgenannten Umsätze an Nichtunternehmer mit Sitz,

Wohnsitz oder gewöhnlichem Aufenthalt in einem anderen EU-Mitgliedstaat erbringen (sog. »Mini-one-stop-shop« / »Einzige Mini-Anlaufstelle«). Hier wird durch die Art. 369a bis 369k MwStSystRL in der ab dem 01.01.2015 geltenden Fassung von Art. 5 Nr. 15 der RL 2008/8/EG ein neues Besteuerungsverfahren eingeführt, nach dem diese Unternehmer von der Möglichkeit Gebrauch machen können, alle vorgenannten Umsätze an Nichtunternehmer mit Sitz, Wohnsitz oder gewöhnlichem Aufenthalt in anderen EU-Mitgliedstaaten nur in dem EU-Mitgliedstaat umsatzsteuerlich zu erklären, in dem sie ansässig sind. Voraussetzung ist, dass der leistende Unternehmer in dem jeweiligen EU-Mitgliedstaat, in dem er die vorgenannten Leistungen erbringt, weder seinen Sitz noch eine feste Niederlassung (= Betriebsstätte i.S.v. Abschn. 3a.1 Abs. 3 UStAE) hat (vgl. Art. 369b i.V.m. Art. 369a Abs. 1 Nr. 1 MwStSystRL in der ab 01.01.2015 geltenden Fassung von Art. 5 Nr. 15 der RL 2008/8/EG). Diese Sonderregelung gilt auch dann, wenn der Unternehmer im Verbrauchsmitgliedstaat auch andere Umsätze erbringt, die nicht der Sonderregelung unterliegen und für die er die Umsatzsteuer schuldet (vgl. Art. 369a Abs. 1 Nr. 1 und Umkehrschluss aus Art. 369j Abs. 2 MwStSystRL in der ab 01.01.2015 geltenden Fassung von Art. 5 Nr. 15 der RL 2008/8/EG). Damit wird es den Unternehmern, die ab 01.01.2015 im Mitgliedstaat des tatsächlichen Verbrauchs die vorgenannten Umsätze erbringen, ermöglicht, ihren umsatzsteuerlichen Pflichten in diesen Staaten unmittelbar durch Übermittlung der Steuererklärungen auf elektronischem Weg über ein inländisches Portal und Zahlung der Steuerschuld über ein Konto der inländischen Finanzverwaltung nachzukommen. Unabhängig davon, ob die Unternehmer diese Leistungen in einem oder mehreren Mitgliedstaaten erbringen, können sie die genannten Pflichten und Zahlungen somit insoweit bei einer Stelle im Inland erfüllen. Ungeachtet dessen ist der allgemeine Steuersatz des Verbrauchsmitgliedstaates anzuwenden, also des Staates, in dem der Leistungsempfänger ansässig ist. Diesem Mitgliedstaat steht auch die Umsatzsteuer zu (BT-Drs. 18/1995 vom 02.07.2014, a.a.O.).

Die **Regelungen, wie der Verbrauchsmitgliedstaat die ihm zustehende Umsatzsteuer erhält und wie eine Kontrolle der Unternehmer erfolgen soll**, beinhaltet die gleichzeitig verabschiedete Verordnung (EG) Nr. 143/2008 des Rates vom 12.02.2008 zur Änderung der Verordnung (EG) Nr. 1798/2003 hinsichtlich der Einführung von Verwaltungsvereinbarungen und des Informationsaustauschs im Hinblick auf die Regelungen bezüglich des Ortes der Dienstleistung, die Sonderregelungen und die Regelung der Erstattung der Mehrwertsteuer (ABl. EU 2008 Nr. L 44, 1). Die Verordnung (EG) Nr. 1798/2003 ist zwischenzeitlich ersetzt worden durch die Verordnung (EU) Nr. 904/2010 des Rates vom 07.10.2010 über die Zusammenarbeit der Verwaltungsbehörden und die Betrugsbekämpfung auf dem Gebiet der Mehrwertsteuer (BT-Drucks. 18/1995 vom 02.07.2014, a.a.O.). 3

Auf die **Gesamtdarstellung aller Neuerungen rund um die E-Leistungen** (vgl. Rn. 33ff.) wird hingewiesen. 4

1.2 Rechtsentwicklung

Das vereinfachte Besteuerungsverfahren nach § 18h UStG ist das Kroatien-Anpassungsgesetz vom 25.07.2014 (BGBl I 2014, 1266) eingeführt worden (vgl. Rz. 1ff.). 4a

Das »Gesetz zur Modernisierung des Besteuerungsverfahrens« vom 18.07.2016 (BGBl I 2016, 1679) hat zu einer ersten Änderung des Vorschriftstextes geführt. Nach Art. 12 Nr. 2 ÄndG wurden **m.W.v. 01.01.2017** in § 18h Abs. 1 S. 1, Abs. 3 S. 1 UStG die Worte »nach Maßgabe der Steuerdaten-Übermittlungsverordnung« gestrichen. Mit BMF-Schreiben vom 13.12.2017 (BStBl I 2017, 1667) wurde Abschn. 18h.1 UStAE entsprechend angepasst. 4b

1.3 Geltungsbereich

1.3.1 Persönlicher Geltungsbereich

5 Das neue Verfahren gilt gem. § 18h Abs. 1 S. 1 UStG ausschließlich für
- im Inland (= Bundesrepublik Deutschland mit den Ausnahmen nach § 1 Abs. 2 S. 1 UStG) ansässige Unternehmer,
- welche die nämlichen Umsätze in einem anderen EU-Mitgliedstaat (§ 1 Abs. 2a UStG) erbringen.

1.3.2 Sachlicher Geltungsbereich

6 Begünstigt sind ausschließlich **Umsätze nach § 3a Abs. 5 UStG** (vgl. Kommentierung zu § 3a Rn. 141 ff.).

1.3.3 Zeitlicher Geltungsbereich

7 Die EU-Vorgaben sind **zum 01.01.2015 in nationales Recht umzusetzen** (vgl. Rn. 1 ff.). Die sich auf Grund der Änderungsverordnung ergebenden notwendigen Anpassungen des nationalen Rechts sind ebenfalls zum 01.01.2015 durchzuführen.

8 Die Unternehmer, die ab dem 01.01.2015 an dem neuen Verfahren teilnehmen wollen, **können dies ab dem 01.10.2014 ihrem Ansässigkeitsmitgliedstaat anzeigen** (BT-Drucks. 18/1995 vom 02.07.2014, zu Nr. 3 / § 18h UStG – neu – Allgemein, a. E.).

9 § 18h UStG wird daher durch Art. 8 Nr. 3 »Gesetz zur Anpassung des nationalen Steuerrechts an den Beitritt Kroatiens zur EU und zur Änderung weiterer steuerlicher Vorschriften« (nachfolgend kurz »KroatienAnpG«) vom 25.07.2014 (BGBl I 2014, 1266) neu eingeführt und tritt am **01.10.2014** in Kraft (Art. 28 Abs. 4 KroatienAnpG).

10 Der neue **§ 27 Abs. 20 UStG** regelt dementsprechend, dass das neue besondere Besteuerungsverfahren erstmals für Besteuerungszeiträume des Jahres 2015 gilt.

2 Kommentierung

2.1 Downloadtipps

11 EU-Kommission und deutsche Finanzverwaltung sind bemüht, den Unternehmern und ihren Beratern die komplexe Neuregelung näherzubringen.

2.1.1 Informationen zum deutschen Verfahren auf der Homepage des BZSt

12 Die Teilnahme an der Sonderregelung können deutsche Unternehmer auf elektronischem Weg beim Bundeszentralamt für Steuern beantragen. Dies ist **ab dem 01.10.2014** mit Wirkung zum

01.01.2015 möglich und gilt einheitlich für alle Staaten der EU. Für Anträge deutscher Unternehmer stellt das BZSt ein **Online-Portal** zur Verfügung. Weitergehende Informationen zum Verfahren Mini-One-Stop-Shop werden rechtzeitig auf der Homepage des Bundeszentralamts für Steuern unter www.bzst.bund.de veröffentlicht (BMF, Newsletter vom 11.07.2014, www.bundesfinanzministerium.de/Service/Presse/Pressemitteilungen).

2.1.2 Leitfaden Europa auf der Homepage der EU-Kommission

Die EU-Kommission hat einen Leitfaden veröffentlicht, um die Unternehmen auf die Neuregelungen vorzubereiten **(http://ec.europa.eu)**. 13

2.2 Grundsätzliches zum Regelungsgehalt

Die zum 01.01.2015 in Kraft tretende neue Vorschrift regelt im Wesentlichen die Anzeige über die Teilnahme an dem besonderen Besteuerungsverfahren und die Übermittlung von Umsatzsteuererklärungen von im Inland ansässigen Unternehmern, die in anderen Mitgliedstaaten Telekommunikationsdienstleistungen, Rundfunk- und Fernsehdienstleistungen und/oder auf elektronischem Weg Dienstleistungen an Nichtunternehmer erbringen und von dem besonderen Besteuerungsverfahren nach Art. 369a ff. der RL 2006/112/EG in der Fassung von Art. 5 Nr. 15 der RL 2008/8/EG Gebrauch machen, an die zuständige Finanzbehörde in einem anderen Mitgliedstaat (BT-Drucks. 18/1995 vom 02.07.2014, zu Nr. 3/§ 18h UStG – neu – vor den Erläuterungen zu Abs. 1). 14

2.3 Antragsmodalitäten und -verfahren (§ 18h Abs. 1 UStG)

Nach Abs. 1 haben Unternehmer, die 15
- im Inland ihren Sitz haben oder
- als im Drittlandsgebiet ansässige Unternehmer im Inland eine Betriebsstätte haben und
- an dem besonderen Besteuerungsverfahren teilnehmen wollen,

dies gegenüber dem BZSt anzuzeigen (BT-Drucks. 18/1995 vom 02.07.2014, zu Nr. 3/§ 18h UStG – neu – zu Abs. 1).

Die Teilnahme an dem besonderen Verfahren ist nur einheitlich für alle Mitgliedstaaten möglich, in denen der Unternehmer keine Betriebsstätte hat und in denen er derartige Umsätze erbringt. 16

Die Anzeige **muss vor Beginn des Besteuerungszeitraums** (= Kalenderjahr, § 16 Abs. 1 S. 2 UStG) erfolgen, für den der Unternehmer erstmalig an dem besonderen Besteuerungsverfahren teilnehmen will. 17

Zu den weiteren Einzelheiten aus Sicht der FinVerw vgl. Abschn. 18h.1 Abs. 1 UStAE. 17a

2.4 Negativfeststellung des BZSt (§ 18h Abs. 2 UStG)

18 Nach § 18h Abs. 2 UStG stellt das BZSt **durch Verwaltungsakt** (§ 108 AO) fest, wenn der Unternehmer nicht mehr die Voraussetzungen für die Anwendung des besonderen Besteuerungsverfahrens erfüllt.

19 Dies ist insbesondere dann der Fall, wenn

- der Unternehmer mitteilt, dass er keine Telekommunikationsdienstleistungen, Rundfunk- und Fernsehdienstleistungen oder Dienstleistungen auf elektronischem Weg an in einem anderen Mitgliedstaat ansässige Nichtunternehmer erbringt oder
- diese wirtschaftliche Tätigkeit nicht mehr ausübt oder
- er die Voraussetzungen für die Inanspruchnahme des besonderen Besteuerungsverfahrens nicht mehr erfüllt, weil er z. B. im Inland keinen Sitz mehr hat oder in allen anderen EU-Mitgliedstaaten, in denen er die vorgenannten Dienstleistungen erbringt, eine Betriebsstätte unterhält

(BT-Drucks. 18/1995 vom 02.07.2014, zu Nr. 3/§ 18h UStG – neu – zu Abs. 2).

20 Die Teilnahme an dem besonderen Besteuerungsverfahren kann vom Unternehmer widerrufen werden. Der **Widerruf** ist gegenüber dem BZSt zu erklären. Ein Widerruf ist nur bis zum Beginn eines neuen Besteuerungszeitraums mit Wirkung ab diesem Zeitraum möglich. Zu den weiteren Einzelheiten aus Sicht der FinVerw vgl. Abschn. 18h.1 Abs. 5 UStAE.

2.5 Elektronische Datenübermittlung (§ 18h Abs. 3 UStG)

21 Der im Inland ansässige Unternehmer hat nach § 18h Abs. 3 UStG bis zum 20. Tag nach Ende jedes Kalendervierteljahres eine Umsatzsteuererklärung für jeden Mitgliedstaat, in dem er das besondere Besteuerungsverfahren anwendet, **auf elektronischem Weg zu übermitteln**. Die Erklärungen sind über ein elektronisches Portal (ELSTER-Portal oder BZSt Online Portal) zunächst dem BZSt zu übermitteln(BT-Drucks. 18/1995 vom 02.07.2014, zu Nr. 3/§ 18h UStG – neu – zu Abs. 3).

22 Das BZSt übermittelt die Erklärungen **an das für den Unternehmer zuständige Finanzamt im jeweiligen Mitgliedstaat weiter**.

23 Der Unternehmer hat den Vordruck auszufüllen und die Steuer selbst zu berechnen.

24 Die berechnete Steuer ist an das BZSt zu entrichten.

24a Zu den weiteren Einzelheiten aus Sicht der FinVerw vgl. Abschn. 18h.1 Abs. 2 ff. UStAE.

2.6 Ausschluss vom besonderen Besteuerungsverfahren (§ 18h Abs. 4 UStG)

25 Nach § 18h Abs. 4 UStG kann der im Inland ansässige Unternehmer von dem besonderen Besteuerungsverfahren durch das BZSt ausgeschlossen werden, wenn er seinen Verpflichtungen in diesem Verfahren

- wiederholt,
- (überhaupt) nicht oder
- nicht rechtzeitig

nachkommt.

Der Ausschluss kann auch dann erfolgen, wenn der Unternehmer seinen **Aufzeichnungspflichten** und der Verpflichtung, die Aufzeichnungen der zuständigen Finanzbehörde **auf elektronischem Weg** zur Verfügung zu stellen, nicht nachkommt. 26

Der Ausschluss gilt ab dem Besteuerungszeitraum, der nach dem Zeitpunkt der Bekanntgabe des Ausschlusses gegenüber dem Unternehmer beginnt (BT-Drucks. 18/1995 vom 02.07.2014, zu Nr. 3/§ 18h UStG - neu - zu Abs. 4). 27

Zu den weiteren Einzelheiten aus Sicht der FinVerw vgl. Abschn. 18h.1 Abs. 6 UStAE. 27a

2.7 Ansässigkeit im Inland (§ 18h Abs. 5 UStG)

§ 18h Abs. 5 UStG definiert den im Inland ansässigen Unternehmer, der die Möglichkeit hat, an dem besonderen Besteuerungsverfahren teilzunehmen. 28

Dies sind Unternehmer, die hier ihren Sitz oder ihre Geschäftsleitung haben, oder im Drittlandsgebiet ansässige Unternehmer, die im Inland eine Betriebsstätte haben (BT-Drs. 18/1995 vom 02.07.2014, zu Nr. 3/§ 18h UStG - neu - zu Abs. 5). 29

Zu den weiteren Einzelheiten aus Sicht der FinVerw vgl. Abschn. 18h.1 Abs. 8 UStAE. 29a

2.8 Verfahrensfragen (§ 18h Abs. 6 UStG)

Gemäß § 18h Abs. 6 UStG gelten für das Verfahren, soweit es vom BZSt durchgeführt wird, die angeführten Vorschriften von **AO und FGO**. Die Regelung ist erforderlich, da § 18h UStG ausländische Umsatzsteuer und somit keine durch Bundesrecht geregelte Steuer betrifft und deshalb die AO und die FGO nicht unmittelbar anwendbar sind (§ 1 Abs. 1 S. 1 AO, § 33 Abs. 1 Nr. 1 FGO). 30

Aus der angeordneten Anwendung von Vorschriften der AO und der FGO folgt u. a., dass die dem BZSt bekannt gewordenen Daten dem **Steuergeheimnis (§ 30 AO)** unterliegen und gegen Verwaltungsakte des BZSt nach § 18h Abs. 2 und 4 UStG das **Einspruchsverfahren (§§ 347 ff. AO)** und die **Anfechtungsklage** zum Finanzgericht gegeben sind. 31

Aufgrund EU-rechtlicher Vorgaben sind insbesondere die Regelungen zum 32

- Verspätungszuschlag (§ 152 AO),
- Säumniszuschlag (§ 240 AO) sowie
- Vollstreckungs- und Strafverfahren (Sechster und Achter Teil der AO)

von der Anwendung ausgeschlossen. Die Regelung beruht auf Art. 369b bis 369f MwStSystRL in der Fassung von Art. 5 Nr. 15 der RL 2008/8/EG (BT-Drs. 18/1995 vom 02.07.2014, zu Nr. 3/§ 18h UStG - neu - zu Abs. 6).

Zu den weiteren Einzelheiten aus Sicht der FinVerw vgl. Abschn. 18h.1 Abs. 9 UStAE. 32a

3 Überblick: Der »Mini-One-Stop-Shop (MOSS)« als integraler Bestandteil des »Mehrwertsteuerpakets II«

33 Am 11.07.2014 hat der Bundesrat dem »Gesetz zur Anpassung des nationalen Steuerrechts an den Beitritt Kroatiens zur EU und zur Änderung weiterer steuerlicher Vorschriften« zugestimmt. Damit ist der Weg frei für die Einführung des MOSS.

3.1 Der MOSS im Überblick

34 Kauft ein Kunde in Deutschland bei einem Händler im europäischen Ausland z. B. ein E-Book, fällt künftig die Umsatzsteuer in Deutschland an und nicht mehr im Heimatstaat des Anbieters. Der Bundesrat hat am 11.07.2014 dieser **ab 01.01.2015 geltenden Neuregelung** zugestimmt und damit eine europäische Vorgabe umgesetzt. Für die betroffenen Unternehmen wird zeitgleich eine Verfahrensvereinfachung durch den sog. »Mini-One-Stop-Shop (MOSS)« eingeführt (BMF, Newsletter 33 vom 11.07.2014, www.bundesfinanzministerium.de).

35 Betroffen sind

- Telekommunikationsleistungen,
- Rundfunkleistungen,
- Fernsehleistungen und
- (andere) auf elektronischem Weg erbrachte Dienstleistungen an private Kunden innerhalb der EU. Diese werden bisher in dem Staat mit Umsatzsteuer belegt, in dem das Unternehmen ansässig ist, das die Dienstleistung erbringt. Dies gilt zum Beispiel auch für die großen Anbieter von Musik, E-Books, Apps und Filmen zum Download im Internet. Ab dem 01.01.2015 sind diese Umsätze in Deutschland zu versteuern, wenn der Kunde in Deutschland wohnt.

36 Unternehmer, die solche Leistungen erbringen, müssen sich daher grundsätzlich in Deutschland umsatzsteuerlich erfassen lassen und hier ihren Melde- und Erklärungspflichten nachkommen. Alternativ können sie aber auch die neue Verfahrenserleichterung durch den MOSS in Anspruch nehmen. Diese Verfahrenserleichterung gilt ab dem 01.01.2015 in allen Mitgliedstaaten der EU.

HINWEIS

Ab 01.01.2015 können Unternehmen in Deutschland ihre in den übrigen EU-Mitgliedstaaten ausgeführten Umsätze mit E-Dienstleistungen zentral über das BZSt auf elektronischem Weg erklären und die Steuer insgesamt entrichten.

3.2 Der MOSS im Detail

37 Nach Auffassung der EU-Mitgliedstaaten lässt sich bei der Umsatzbesteuerung bestimmter grenzüberschreitender Dienstleistungen durch eine »Einorts-Registrierung« der Steuerbetrug eindämmen; gleichzeitig werden Verwaltungsabläufe vereinfacht. Bereits seit 01.07.2003 gilt daher eine Sonderregelung für Drittlands-Unternehmer, die Telekommunikations-, Rundfunk- und Fernseh- oder (andere) elektronische Dienstleistungen erbringen; diese soll ab 2015 auf EU-Unternehmen ausgeweitet werden. Für deutsche Unternehmen – und auch die FinVerw – ergibt sich daraus die

Herausforderung, rechtzeitig Verfahrensabläufe und IT-Systeme auf die künftigen rechtlichen Anforderungen vorzubereiten (vgl. Weimann/Tybussek).

3.2.1 Regelung bis 31.12.2014

3.2.1.1 EU-Dienstleister an EU-Privatkunden

Der Besteuerungsort bei 38

- Telekommunikationsdienstleistungen,
- Rundfunk- und Fernsehdienstleistungen und
- auf elektronischem Weg erbrachten Dienstleistungen
- **an** in der EU ansässige Privatabnehmer
- **durch** in einem EU-Mitgliedstaat ansässigen Unternehmer

ist derzeit am Sitz des leistenden Unternehmers (§ 3a Abs. 1 UStG); die Unternehmer erklären diese Umsätze in ihrer Umsatzsteuererklärung im Sitzstaat.

HINWEIS
In der Praxis ist die derzeitige Regelung sehr einfach zu handhaben, da die nämlichen Leistungen zu **»normalen« Inlandsumsätzen** führen.

3.2.1.2 Drittlands-Dienstleister an EU-Privatkunden

Der Leistungsort bei 39

- auf elektronischem Weg erbrachten Leistungen
- an in der EU ansässige Privatabnehmer
- durch einen im Drittlandsgebiet ansässigen Unternehmer

liegt am Wohnsitz des Empfängers.

Der im Drittlandsgebiet ansässige Unternehmer kann sich jedoch nur in einem EU-Mitgliedstaat 40
erfassen lassen und dort alle derartigen in der EU ausgeführten Umsätze erklären und die Steuer entrichten.

HINWEIS
Derzeit ist das BZSt für die Durchführung des entsprechenden **Verfahrens in Deutschland nach § 18 Abs. 4c UStG** beim **One-stop-shop** für im Drittlandsgebiet ansässige Unternehmer, die Dienstleistungen auf elektronischem Weg an im Gemeinschaftsgebiet ansässige Nichtunternehmer erbringen, zuständig.

3.2.2 Besteuerungsverfahren ab 01.01.2015 (sog. Mini-One-Stop-Shop)

3.2.2.1 Die Neuregelung

Nach Art. 58 MwStSystRL in der ab 01.01.2015 geltenden Fassung von Art. 5 Nr. 1 der RL 41
2008/8/EG des Rates vom 12.02.2008 zur Änderung der RL 2006/112/EG bezüglich des Ortes der Dienstleistung (ABl. EU 2008 Nr. L 44, 11) gilt als Leistungsort bei

- Telekommunikationsleistungen,
- Rundfunk- und Fernsehleistungen,
- auf elektronischem Weg erbrachten Leistungen
- an Nichtunternehmer

der **Ort, an dem der Leistungsempfänger seinen Sitz, seinen Wohnsitz oder seinen gewöhnlichen Aufenthaltsort** hat.

HINWEIS
Die neuen Vorschriften führen dazu, dass bei Erbringung der nämlichen Dienstleistungen **umsatzsteuerliche Pflichten im EU-Ausland ggf. neu begründet** werden können. Dies führt zu einem **erhöhten Verwaltungsaufwand** durch

- Umstellung der Buchführung;
- Einrichtung der EDV;
- Bestellung eines (zusätzlichen) Steuerberaters;
- Bestellung eines Fiskalvertreters;
- ...

... der bereits bei der **Kalkulation eines Auftrags** und damit von den (in der Regel mit steuerlichen Fragen weniger befassten) Verkaufsabteilungen berücksichtigt werden muss (Weimann/Tybussek)!

3.2.2.2 Die Folgen für Drittlandsunternehmer

42 Für nicht im Gemeinschaftsgebiet ansässige Unternehmer, die derartige Leistungen an Nichtunternehmer mit Sitz, Wohnsitz oder gewöhnlichem Aufenthalt im Unionsgebiet erbringen, wird die **bisherige Sonderregelung** (vgl. Art. 359 bis 369 MwStSystRL in der ab 01.01.2015 geltenden Fassung von Art. 5 Nr. 11 bis 14 der RL 2008/8/EG), nach der sich diese Unternehmer nur in einem EU-Mitgliedstaat erfassen lassen müssen, wenn sie in der EU sonstige Leistungen auf elektronischem Weg erbringen, **auf Telekommunikationsleistungen und Rundfunk- und Fernsehleistungen ausgedehnt**.

HINWEIS
Für auf elektronischem Weg erbrachte Leistungen an Nichtunternehmer bleibt hier »alles beim alten«! Die Neuregelung wird sich insoweit – also im Drittlandsbereich – nur auf die Erbringer von Telekommunikationsleistungen und Rundfunk- und Fernsehleistungen auswirken.

3.2.2.3 Die Folgen für EU-Unternehmer

43 Für im Gemeinschaftsgebiet ansässige Unternehmer, die die vorgenannten Umsätze an Nichtunternehmer mit Sitz, Wohnsitz oder gewöhnlichem Aufenthalt in einem anderen EU-Mitgliedstaat erbringen, wird durch die Art. 369a bis 369k MwStSystRL in der ab 01.01.2015 geltenden Fassung von Art. 5 Nr. 15 der RL 2008/8/EG ein **neues Besteuerungsverfahren** eingeführt, nach dem diese Unternehmer von der Möglichkeit Gebrauch machen können, alle vorgenannten Umsätze an Nichtunternehmer mit Sitz, Wohnsitz oder gewöhnlichem Aufenthalt in anderen EU-Mitgliedstaaten nur in dem EU-Mitgliedstaat umsatzsteuerlich zu erklären, in dem sie ansässig sind.

HINWEIS
Durch Anwendung des Besteuerungsverfahrens vermeidet der (deutsche) Dienstleister zukünftig eine ansonsten erforderliche Registrierung im EU-Ausland. Hierbei handelt es sich um ein **Wahlrecht**, auf das der Berater den Mandanten rechtzeitig hinweisen und vorbereiten muss (Weimann/Tybussek).

44 Voraussetzung ist, dass der leistende Unternehmer in dem jeweiligen EU-Mitgliedstaat, in dem er die vorgenannten Leistungen erbringt,

- weder seinen Sitz
- noch eine feste Niederlassung (= Betriebsstätte i.S.v. Abschn. 3a.1 Abs. 3 UStAE)

hat (vgl. Art. 369b i.V.m. Art. 369a Abs. 1 Nr. 1 MwStSystRL in der ab 01.01.2015 geltenden Fassung von Art. 5 Nr. 15 der RL 2008/8/EG).

Diese Sonderregelung gilt auch dann, wenn der Unternehmer im Verbrauchsmitgliedstaat **daneben noch andere Umsätze erbringt**, die nicht der Sonderregelung unterliegen und für die er die Umsatzsteuer schuldet (vgl. Art. 369a Abs. 1 Nr. 1 und Umkehrschluss aus Art. 369j Abs. 2 MwStSystRL in der ab 01.01.2015 geltenden Fassung von Art. 5 Nr. 15 der RL 2008/8/EG). Der EU-Mitgliedstaat, in dem ein Unternehmer von der Sonderregelung nach Art. 369a bis 369k MwStSystRL in der ab 01.01.2015 geltenden Fassung von Art. 5 Nr. 15 der RL 2008/8/EG Gebrauch macht, hat entsprechend der Verordnung (EU) Nr. 904/2010 des Rates vom 07.10.2010 über die Zusammenarbeit der Verwaltungsbehörden und die Betrugsbekämpfung auf dem Gebiet der Mehrwertsteuer (ABl. EU 2010 Nr. L 268, 1) die für das Besteuerungsverfahren erforderlichen Informationen zu übermitteln. 45

3.2.3 Pflichten des Unternehmers

Macht ein Unternehmer von der Vereinfachung Gebrauch, wird er Folgendes beachten müssen (vgl. auch Weimann/Tybussek): 46

3.2.3.1 Meldung an den Mitgliedstaat der Identifizierung

Der Unternehmer hat dem EU-Mitgliedstaat der Identifizierung (= EU-Mitgliedstaat, in dem der Unternehmer ansässig ist oder – falls er nicht im Unionsgebiet ansässig ist, und hier nur eine oder mehrere feste Niederlassungen hat – in dem er von der Sonderregelung Gebrauch machen will) 47

- die Aufnahme und die Beendigung seiner dieser Sonderregelung unterliegenden Tätigkeit als Unternehmer sowie
- diesbezügliche Änderungen, durch die er die Voraussetzungen für die Inanspruchnahme dieser Sonderregelung nicht mehr erfüllt,

zu melden.

Die Meldung hat auf elektronischem Weg zu erfolgen (vgl. Art. 369c MwStSystRL in der ab 01.01.2015 geltenden Fassung von Art. 5 Nr. 15 der RL 2008/8/EG). 48

Ein Unternehmer, der die Sonderregelung in Anspruch nimmt, wird hinsichtlich der dieser Regelung unterliegenden steuerbaren Umsätze **nur in dem EU-Mitgliedstaat der Identifizierung umsatzsteuerlich erfasst**, in dem er für umsatzsteuerliche Zwecke ohnehin bereits erfasst ist (Art. 369d Abs. 1 MwStSystRL in der ab 01.01.2015 geltenden Fassung von Art. 5 Nr. 15 der RL 2008/8/EG). 49

HINWEIS

Dem deutschen Unternehmer/Mandanten wird zu empfehlen sein, den Meldepflichten über das BZSt nachzukommen.

3.2.3.2 Besteuerungszeitraum

Der Unternehmer hat **für jedes Kalendervierteljahr** (= Besteuerungszeitraum) eine Umsatzsteuererklärung (besondere Erklärung) auf elektronischem Weg zu übermitteln, **auch wenn er im Besteuerungszeitraum keine Telekommunikationsleistungen**, Rundfunk- und Fernsehleistungen oder Dienstleistungen auf elektronischem Weg erbracht hat. 50

3.2.3.3 Abgabefrist

51 Die Erklärung ist **innerhalb von 20 Tagen** nach Ablauf des Besteuerungszeitraums abzugeben (Art. 369f MwStSystRL in der ab 01.01.2015 geltenden Fassung von Art. 5 Nr. 15 der RL 2008/8/EG).

3.2.3.4 Erklärungsinhalt

52 In der besonderen Erklärung hat der Unternehmer

- neben der Identifikationsnummer nach Art. 369d MwStSystRL
- die im Besteuerungszeitraum ausgeführten Umsätze, für die die Sonderregelung gilt (aufgegliedert nach dem jeweiligen EU-Mitgliedstaat, in dem sie erbracht wurden),
- den Gesamtbetrag der entsprechenden Steuer (aufgegliedert nach Steuersätzen)
- sowie die anzuwendenden Umsatzsteuersätze und
- die Gesamtsteuerschuld

anzumelden (Art. 369g Abs. 1 MwStSystRL in der ab 01.01.2015 geltenden Fassung von Art. 5 Nr. 15 der RL 2008/8/EG).

53 Hat der Unternehmer eine oder mehrere feste Niederlassungen in anderen EU-Mitgliedstaaten, von denen aus die Dienstleistungen erbracht werden, die unter die Sonderregelung fallen, hat er in der besonderen Erklärung für jeden EU-Mitgliedstaat der Niederlassung ergänzend zu den zuvor genannten Angaben auch

- den Gesamtbetrag der Umsätze, für die die Sonderregelung gilt, dieser Niederlassung
- zusammen mit der jeweiligen USt-IdNr. oder der Steuernummer,
- aufgeschlüsselt nach dem jeweiligen EU-Mitgliedstaat des Verbrauchs,

anzugeben (Art. 369g Abs. 2 MwStSystRL in der ab 01.01.2015 geltenden Fassung von Art. 5 Nr. 15 der RL 2008/8/EG).

54 Die Angaben sind in den **Erklärungen in Euro** zu machen (Art. 369h Abs. 1 MwStSystRL in der ab 01.01.2015 geltenden Fassung von Art. 5 Nr. 15 der RL 2008/8/EG).

3.2.3.5 Steuerentrichtung

55 Die in der besonderen Erklärung angemeldete Steuer ist spätestens bis zum 20. Tag des auf den Besteuerungszeitraum folgenden Monats zu entrichten. Der Betrag ist auf ein von der zuständigen Behörde des EU-Mitgliedstaates der Identifizierung festgelegtes Konto zu überweisen (Art. 369i MwStSystRL in der ab 01.01.2015 geltenden Fassung von Art. 5 Nr. 15 der RL 2008/8/EG).

3.2.3.6 Vorsteuerabzug

56 Der Unternehmer kann etwaige Vorsteuern, die ihm für Vorleistungen in EU-Mitgliedstaaten, in denen er **nur** unter die Sonderregelung fallende Umsätze erbracht hat, in Rechnung gestellt wurden, nur im Vorsteuer-Vergütungsverfahren geltend machen.

HINWEIS
Erbringt er **noch andere Umsätze** in diesem EU-Mitgliedstaat und muss sich insoweit ohnehin dort erfassen lassen, hat er die Vorsteuerbeträge dagegen dort insgesamt im allgemeinen Besteuerungsverfahren geltend zu machen (Art. 369j MwStSystRL in der ab 01.01.2015 geltenden Fassung von Art. 5 Nr. 15 der RL 2008/8/EG).

3.2.3.7 Aufzeichnungspflichten

Der Unternehmer hat ausreichende Aufzeichnungen über die der Sonderregelung unterliegende Umsätze zu führen. 57

HINWEIS
Diese Aufzeichnungen müssen ggf. den jeweils betroffenen EU-Mitgliedstaaten (EU-Mitgliedstaat, in dem der Unternehmer seine besondere Erklärung abgibt, EU-Mitgliedstaat, in dem die der Sonderregelung unterliegenden Umsätze erbracht worden sind) **auf elektronischem Weg** zur Verfügung gestellt werden.

Die Aufzeichnungen sind 10 Jahre aufzubewahren (Art. 369k MwStSystRL in der ab 01.01.2015 geltenden Fassung von Art. 5 Nr. 15 der RL 2008/8/EG).

3.2.3.8 Ausschluss

Der Unternehmer kann von der Anwendung der Sonderregelung in bestimmten Fällen ausgeschlossen werden (vgl. Art. 369e MwStSystRL in der ab 01.01.2015 geltenden Fassung von Art. 5 Nr. 15 der RL 2008/8/EG). 58

HINWEIS
Das Sonderverfahren soll helfen, den Steuerbetrug einzudämmen (s. o.). Ein Ausschluss wird vor allem dann erfolgen, wenn **Missbrauch bereits festgestellt wurde oder zu befürchten ist.**

3.2.4 Die Pflichten der Finanzverwaltung

Der EU-Mitgliedstaat, in dem ein Unternehmer von der Sonderregelung nach Art. 369a bis 369k MwStSystRL in der ab 01.01.2015 geltenden Fassung von Art. 5 Nr. 15 der RL 2008/8/EG Gebrauch macht, hat entsprechend der Verordnung (EU) Nr. 904/2010 des Rates vom 07.10.2010 über die Zusammenarbeit der Verwaltungsbehörden und die Betrugsbekämpfung auf dem Gebiet der Mehrwertsteuer (ABl. EU 2010 Nr. L 268, 1) folgende Pflichten zu erfüllen (vgl. auch Weimann/Tybussek). 59

3.2.4.1 Identifizierung

Die **zuständige Behörde übermittelt innerhalb von zehn Tagen** nach Ablauf des Monats, in dem die Anzeige über die Inanspruchnahme der Sonderregelung eingegangen ist, die zur Identifizierung des Unternehmers erforderlichen Angaben (insbesondere Name, Anschrift und USt-IdNr.) **elektronisch den zuständigen Behörden aller anderen EU-Mitgliedstaaten** (Art. 44 Abs. 2 S. 2 der Verordnung (EU) Nr. 904/2010). 60

3.2.4.2 Informationen zu den Besteuerungsgrundlagen

Die zuständige Behörde übermittelt spätestens zehn Tage nach Ablauf des Monats, in dem die besondere Erklärung des Unternehmers eingegangen ist, auf elektronischem Weg der zuständigen Behörde des jeweiligen EU-Mitgliedstaats, in dem der Unternehmer Umsätze, die unter die Sonderregelung fallen, ausgeführt hat, die für sie relevanten Angaben. 61

Hat der Unternehmer in anderen EU-Mitgliedstaaten feste Niederlassungen, von denen er entsprechende Umsätze ausgeführt hat, muss eine entsprechende Meldung auch an die zuständige Behörde des jeweiligen EU-Mitgliedstaats der festen Niederlassung erfolgen. 62

63 Die EU-Mitgliedstaaten, die die Abgabe der Steuererklärung in einer anderen Landeswährung als dem Euro vorgeschrieben haben, rechnen dabei die Beträge in Euro um; hierfür ist der Umrechnungskurs des letzten Tages des Erklärungszeitraums zu verwenden. Die Umrechnung erfolgt auf der Grundlage der Umrechnungskurse, die von der Europäischen Zentralbank für den betreffenden Tag oder, falls an diesem Tag keine Veröffentlichung erfolgt, für den nächsten Tag, an dem eine Veröffentlichung erfolgt, veröffentlicht werden (Art. 45 Abs. 2 der Verordnung [EU] Nr. 904/2010).

64 Die zuständige Behörde übermittelt den zuständigen Behörden der anderen EU-Mitgliedstaaten des Verbrauchs auf elektronischem Weg die erforderlichen Angaben, damit sich die Angaben aus der besonderen Erklärung für den betreffenden Besteuerungszeitraum und die dazu erforderliche Zahlung zuordnen lassen (Art. 45 Abs. 3 der Verordnung [EU] Nr. 904/2010).

3.2.4.3 Überwachung der Zahlung

65 Die zuständige Behörde stellt sicher, dass die vom Unternehmer jeweils gezahlte – und dem jeweiligen EU-Mitgliedstaat des Verbrauchs geschuldete – Steuer auf das auf Euro lautende Bankkonto des jeweiligen EU-Mitgliedstaates überwiesen wird, das von diesem bestimmt wurde.

66 Die EU-Mitgliedstaaten, die die Zahlung in einer anderen Landeswährung als dem Euro vorgeschrieben haben, rechnen dabei die Beträge in Euro um; hierfür ist der Umrechnungskurs des letzten Tages des Erklärungszeitraums zu verwenden. Die Umrechnung erfolgt auf der Grundlage der Umrechnungskurse, die von der Europäischen Zentralbank für den betreffenden Tag oder, falls an diesem Tag keine Veröffentlichung erfolgt, für den nächsten Tag, an dem eine Veröffentlichung erfolgt, veröffentlicht werden. Die Überweisung erfolgt spätestens zehn Tage nach Ablauf des Monats, in dem die Zahlung eingegangen ist (Art. 46 Abs. 1 der Verordnung [EU] Nr. 904/2010). Entrichtet der Unternehmer nicht die gesamte Steuerschuld, sind die Überweisungen an die jeweiligen EU-Mitgliedstaaten entsprechend dem Verhältnis der Steuerschulden für den jeweiligen EU-Mitgliedstaat aufzuteilen. Die EU-Mitgliedstaaten sind hierüber auf elektronischem Weg zu unterrichten (Art. 46 Abs. 2 der Verordnung ([EU] Nr. 904/2010).

67 Die EU-Mitgliedstaaten teilen den anderen EU-Mitgliedstaaten die jeweiligen Kontonummern mit, auf die die Zahlungen zu erfolgen haben (Art. 47 Abs. 1 der Verordnung [EU] Nr. 904/2010).

3.2.4.4 Unterrichtung zum Ausschluss

68 Die zuständige Behörde unterrichtet die zuständigen Behörden der anderen EU-Mitgliedstaaten unverzüglich elektronisch, wenn ein Unternehmer von der Sonderregelung ausgeschlossen worden ist (Art. 44 Abs. 3 der Verordnung [EU] Nr. 904/2010).

3.2.4.5 Unterrichtung zum Steuersatz

69 Die EU-Mitgliedstaaten unterrichten die anderen EU-Mitgliedstaaten über Änderungen beim Steuersatz für die unter die Sonderregelung fallenden Umsätze (Art. 47 Abs. 2 der Verordnung [EU] Nr. 904/2010).

3.2.4.6 Verwaltungskosteneinbehalt

70 Hinzuweisen ist ferner darauf, dass die EU-Mitgliedstaaten der Identifizierung übergangsweise in den Jahren 2015 und 2016 **30 % der zu überweisenden Steuerbeträge** und in den Jahren 2017 und 2018 **15 %** der zu überweisenden Steuerbeträge einbehalten können (Art. 46 Abs. 3 der Verordnung [EU] Nr. 904/2010).

3.2.5 Fazit

Die neuen Vorschriften führen dazu, dass bei Erbringung der nämlichen Dienstleistungen umsatzsteuerliche Pflichten im EU-Ausland ggf. neu begründet werden können. Dies führt zu einem erhöhten Verwaltungsaufwand, der sich durch die Entscheidung zur Anwendung des Sonderverfahrens einschränken lassen wird; allerdings wird auch das Sonderverfahren als neue Erklärungspflicht gewisse Mehrkosten verursachen. Ein Steuerberater muss den Mandanten auf die Problematik und das Wahlrecht hinweisen; **Schulungen und sichere Verfahrensabläufe (Controlling)** sind dann vorzuschlagen. Freilich bleiben bei all dem die weitere Entwicklung und die konkrete Umsetzung durch den deutschen Gesetzgeber und die Finanzverwaltung abzuwarten (Weimann/Tybussek). 71

4 Teilnahme am Verfahren und weitere Informationen

Die Teilnahme an der Sonderregelung können deutsche Unternehmer auf elektronischem Weg beim BZSt beantragen. Dies war seit dem 01.10.2014 mit erstmaliger Wirkung vom 01.01.2015 möglich und gilt einheitlich für alle Staaten der EU. Für Anträge deutscher Unternehmer steht ein Online-Portal des BZSt (www.bzst.de) zur Verfügung. 72

§ 19 UStG
Besteuerung der Kleinunternehmer

(1) [1]Die für Umsätze im Sinne des § 1 Abs. 1 Nr. 1 geschuldete Umsatzsteuer wird von Unternehmern, die im Inland oder in den in § 1 Abs. 3 bezeichneten Gebieten ansässig sind, nicht erhoben, wenn der in Satz 2 bezeichnete Umsatz zuzüglich der darauf entfallenden Steuer im vorangegangenen Kalenderjahr 17500 Euro nicht überstiegen hat und im laufenden Kalenderjahr 50000 Euro voraussichtlich nicht übersteigen wird. [2]Umsatz im Sinne des Satzes 1 ist der nach vereinnahmten Entgelten bemessene Gesamtumsatz, gekürzt um die darin enthaltenen Umsätze von Wirtschaftsgütern des Anlagevermögens. [3]Satz 1 gilt nicht für die nach § 13a Abs. 1 Nr. 6, § 13b Abs. 5, § 14c Abs. 2 und § 25b Abs. 2 geschuldete Steuer. [4]In den Fällen des Satzes 1 finden die Vorschriften über die Steuerbefreiung innergemeinschaftlicher Lieferungen (§ 4 Nr. 1 Buchstabe b, § 6a), über den Verzicht auf Steuerbefreiungen (§ 9), über den gesonderten Ausweis der Steuer in einer Rechnung (§ 14 Abs. 4), über die Angabe der Umsatzsteuer-Identifikationsnummern in einer Rechnung (§ 14a Abs. 1, 3 und 7) und über den Vorsteuerabzug (§ 15) keine Anwendung.

(2) [1]Der Unternehmer kann dem Finanzamt bis zur Unanfechtbarkeit der Steuerfestsetzung (§ 18 Abs. 3 und 4) erklären, dass er auf die Anwendung des Absatzes 1 verzichtet. [2]Nach Eintritt der Unanfechtbarkeit der Steuerfestsetzung bindet die Erklärung den Unternehmer mindestens für fünf Kalenderjahre. [3]Sie kann nur mit Wirkung vom Beginn eines Kalenderjahres an widerrufen werden. [4]Der Widerruf ist spätestens bis zur Unanfechtbarkeit der Steuerfestsetzung des Kalenderjahres, für das er gelten soll, zu erklären.

(3) [1]Gesamtumsatz ist die Summe der vom Unternehmer ausgeführten steuerbaren Umsätze im Sinne des § 1 Abs. 1 Nr. 1 abzüglich folgender Umsätze:

1. **der Umsätze, die nach § 4 Nr. 8 Buchstabe i, Nr. 9 Buchstabe b und Nr. 11 bis 28 steuerfrei sind;**
2. **der Umsätze, die nach § 4 Nr. 8 Buchstabe a bis h, Nr. 9 Buchstabe a und Nr. 10 steuerfrei sind, wenn sie Hilfsumsätze sind.**

[2]Soweit der Unternehmer die Steuer nach vereinnahmten Entgelten berechnet (§ 13 Abs. 1 Nr. 1 Buchstabe a Satz 4 oder § 20), ist auch der Gesamtumsatz nach diesen Entgelten zu berechnen. [3]Hat der Unternehmer seine gewerbliche oder berufliche Tätigkeit nur in einem Teil des Kalenderjahres ausgeübt, so ist der tatsächliche Gesamtumsatz in einen Jahresgesamtumsatz umzurechnen. [4]Angefangene Kalendermonate sind bei der Umrechnung als volle Kalendermonate zu behandeln, es sei denn, dass die Umrechnung nach Tagen zu einem niedrigeren Jahresgesamtumsatz führt.

(4) [1]Absatz 1 gilt nicht für die innergemeinschaftlichen Lieferungen neuer Fahrzeuge. [2]§ 15 Abs. 4a ist entsprechend anzuwenden.

Literatur

Mensch, Besteuerung als Kleinunternehmer, UR 2014, 472. **Eckert**, Auslegung des Verzichts auf die Besteuerung als Kleinunternehmer, BBK 2013, 255. **Beyer**, Die Kleinunternehmerregelung der Umsatzsteuer, BBK 2009, 479. **Schmittmann**, Kriterien für die Umsatzsteuerpflicht bei eBay-Verkäufen, K&R 2012, 545. **Weimann**, Differenzbesteuerung: Ermittlung der Kleinunternehmergrenze, astw.iww.de, Abruf-Nr. 187136.

Verwaltungsanweisungen

BMF vom 02.01.2012, Az: IV D 3 – S 7360/11/10001, BStBl I 2013, 481.
BMF vom 16.06.2009, Az: IV B 9 – S 7360/08/10001, BStBl I 2009, 755.
OFD Karlsruhe vom 28.02.2012, USt-Kartei S 7360 Karte 1.
Hinweis: Zur Problematik der zeitlichen Geltungsdauer von BMF-Schreiben vgl. Einführung UStG, Rz. 100 ff.

Richtlinien/Hinweise/Verordnungen

UStAE: Abschn. 19.1–19.5.
MwStSystRL: Art. 282 ff.
UStDV: § 65.

1 Allgemeines

1.1 Überblick über die Vorschrift

Die Rechtsnorm regelt den Verzicht auf die Steuererhebung für Unternehmer, die gewisse Freigrenzen nicht überschreiten. Diese Unternehmer werden mit ihren Umsätzen nicht der USt unterworfen. Im Gegenzug erhalten sie auch keinen Vorsteuerabzug. Diese Vereinfachungsregelung für Kleinunternehmer gilt nur für inländische, nicht für ausländische Unternehmer (§ 19 Abs. 1 S. 1 UStG). 1

In der Rechtsnorm ist auch dargelegt, wann und wie ein Unternehmer auf die Kleinunternehmerschaft verzichten kann, wenn er beispielsweise aus Gründen des Vorsteuerabzugs die Regelbesteuerung in Anspruch nehmen will. 2

1.2 Rechtsentwicklung

3 Diese Kleinunternehmerregelung war von Anfang an im UStG 1966 enthalten. Sinn und Zweck war und ist, kleine Unternehmen von den Formalien des Allphasen-Netto-Mehrwertsteuersystems zu entlasten.

4 In jüngster Zeit erfuhr diese Rechtsnorm fünf Änderungen:

1. Durch Art. 14 Nr. 7 des StEuglG vom 19.12.2000 (BGBl I 2000, 1790) wurden die bisherigen Grenzbeträge mit Wirkung vom 01.01.2002 von bisher 100.000 DM in jetzt 50.000 € und bisher 32.500 DM in 16.620 € umgerechnet.
2. Durch Art. 18 Nr. 12 Buchst. a und b des StÄndG 2001 vom 20.12.2001 (BGBl I 2001, 3794) wurde der Abs. 1 S. 3 m. W. v. 01.01.2002 neu gefasst. Die Neufassung stellt klar, dass auch der Kleinunternehmer die Steuer für die er nach § 13b UStG Steuerschuldner ist, abführen muss. Gleichzeitig wurde - aus redaktionellen Gründen - Satz 5 aufgehoben.
3. Durch das Gesetz zur Förderung von Kleinunternehmern und zur Verbesserung der Unternehmensfinanzierung - Kleinunternehmerförderungsgesetz - vom 31.07.2003 (BGBl I 2003, 1550) wurde rückwirkend zum 01.01.2003 die Kleinunternehmergrenze von 16.620 € auf 17.500 € angehoben.
4. Eine weitere Änderung erfuhr § 19 UStG mit Wirkung vom 01.01.2004 durch das StÄndG 2003 vom 15.12.2003 (BStBl I 2003, 710). Zunächst wurde § 19 Abs. 1 S. 3 UStG neu gefasst. Durch die zusätzliche Aufnahme des § 13a Abs. 1 Nr. 6 UStG stellt die Neufassung klar, dass die vom Auslagerer oder Lagerhalter geschuldete Steuer nicht unter die Kleinunternehmerregelung fällt; außerdem wird aufgrund der Regelung zum unberechtigten Steuerausweis in § 14c Abs. 2 UStG das Zitat redaktionell angepasst. Ebenfalls redaktionell angepasst wurden die Zitate in § 19 Abs. 1 S. 4 UStG auf Grund der Neuregelung der §§ 14, 14a UStG (Gesetzesbegründung, BR-Drucks. 630/03 vom 05.09.2003).
5. Letzte Änderungen erfuhr § 19 UStG m. W. v. 01.07.2010 durch den Gesetzesentwurf vom 16.12.2009 zum Gesetz zur Umsetzung steuerlicher EU-Vorgaben sowie zur Änderung steuerlicher Vorschriften. Geändert wurde der Verweis in Abs. 1 S. 3 von § 13b Abs. 2 zu § 13b Abs. 5 aus redaktionellen Gründen.

1.3 Geltungsbereich

1.3.1 Sachlicher Geltungsbereich

5 Die Kleinunternehmerregelung kann von allen Unternehmern in Anspruch genommen werden, welche die einschlägigen Umsatzgrenzen nicht überschreiten und die ihren Sitz im Inland haben (§ 19 Abs. 1 S. 1 UStG).

1.3.2 Persönlicher Geltungsbereich

6 In den Genuss der Kleinunternehmerregelung können alle Unternehmer kommen. Im Gesetz ist lediglich von Unternehmer, die im Inland ansässig sind, die Rede. Kleinunternehmer können natürliche oder juristische Personen sein.

1.3.3 Zeitlicher Geltungsbereich

Die Rechtsnorm gilt mit Veränderungen seit dem 01.01.1967 und kann generell in der jeweiligen Fassung auf alle noch änderbaren Zeiträume angewandt werden (vgl. Rn. 3, 4). 7

1.3.4 Gemeinschaftsrechtliche Grundlagen und Verhältnis zu anderen Vorschriften

Die ursprüngliche gemeinschaftsrechtliche Grundlage waren die Art. 24 Abs. 1, Art. 28c Teil A Buchst. a und b und Art. 28 Abs. 1 der 6. EG-RL (bis einschließlich 2006). Unionsrechtliche Grundlagen ab 2007 sind in Art. 282 ff. der MwStSystRL zu finden. Zudem besteht in § 65 UStDV eine spezielle Aufzeichnungsvorschrift. 8

2 Die einzelnen Tatbestände

2.1 Voraussetzungen für die Kleinunternehmerschaft

Lag der Gesamtumsatz im Vorjahr nicht über 17.500 € und wird er im laufenden Kalenderjahr voraussichtlich die Grenze von 50.000 € nicht überschreiten, erfüllt ein Unternehmer die Voraussetzungen für die Kleinunternehmerbesteuerung. Steuerliche Folge hiervon ist, dass die USt nicht erhoben wird. Allerdings kann der Unternehmer die Vorsteuer, welche auf den Eingangsleistungen lastet, ebenfalls nicht abziehen. Den Gegensatz hierzu stellt die Regelbesteuerung dar. Sie fordert vom Unternehmer sämtliche umsatzsteuerlichen Konsequenzen (z. B. erhöhte Aufzeichnungspflichten). Einzelheiten sind in Abschn. 19.1 UStAE enthalten. 9

Erfüllt der Unternehmer die Grenzen der Kleinunternehmerbesteuerung, gilt er kraft Gesetzes als Kleinunternehmer. Allerdings kann er auf den Kleinunternehmerstatus verzichten. Der Verzicht kann bis zur Unanfechtbarkeit der Steuerfestsetzung erklärt werden. Danach bindet diese Erklärung den Unternehmer für fünf Kj. Der Widerruf kann nur mit Wirkung zu Beginn eines Kj. erfolgen (§ 19 Abs. 2 UStG). Auch der Widerruf kann nur bis zur Unanfechtbarkeit der Steuerfestsetzung des Kalenderjahres, für das er gelten soll, erfolgen (Abschn. 19.2 Abs. 4 S. 2 UStAE). Detaillierte Inhalte hierzu sind in Abschn. 19.2 UStAE enthalten. Die Unanfechtbarkeit bezieht sich auf die formelle Bestandskraft des Bescheides (vgl. Abschn. 19.2 Abs. 6 UStAE). Zu beachten ist in diesem Zusammenhang, dass eine Voranmeldung bzw. eine Steuerfestsetzung bezüglich eines Voranmeldungszeitraums keine Steuerfestsetzungen i. S. d. § 19 Abs. 2 S. 1 UStG darstellen (Abschn. 19.2 Abs. 5 S. 4 UStAE). Zur Rechnungsberichtigung beim Wechsel der Besteuerungsart vgl. Abschn. 19.2 Abs. 2 S. 2 UStAE. 10

2.2 Gesamtumsatz

11 Maßgebender Umsatz für diese Grenzen ist der Gesamtumsatz. Der Gesamtumsatz ist der jeweilige gesamte steuerbare Umsatz des Unternehmens i. S. d. § 1 Abs. 1 Nr. 1 UStG, bemessen nach vereinnahmten Entgelten – ohne die Umsätze von Wirtschaftsgütern des Anlagevermögens (§ 19 Abs. 1 S. 2 UStG).

12 Bei der Ermittlung des Gesamtumsatzes ist nicht auf die Bemessungsgrundlagen i. S. d. § 10 UStG abzustellen. Maßgebend sind vielmehr die vom Unternehmer vereinnahmten Bruttobeträge. Nicht zum Gesamtumsatz zählen Umsätze aus der Veräußerung und der Entnahme von Anlagevermögen. Die Zugehörigkeit zum Anlagevermögen wird nach ertragsteuerlichen Grundsätzen beurteilt (Abschn. 19.1 Abs. 6 S. 3 UStAE).

13 Der Gesamtumsatz wiederum setzt sich aus verschiedenen Umsatzarten zusammen. Nicht alle Umsatzarten zählen zum maßgebenden Gesamtumsatz.

14 Gesamtumsatz ist die Summe der vom Unternehmer ausgeführten steuerbaren Umsätze, vermindert um die steuerfreien Umsätze nach den §§ 4 Nr. 8i, 9b, 11–28 UStG. Zusätzlich wird der Gesamtumsatz noch um die steuerfreien Umsätze nach § 4 Nr. 8a–h, Nr. 9a und Nr. 10 vermindert, wenn diese Umsätze sog. Hilfsumsätze sind.

15 Zum Gesamtumsatz gehören jedoch auch folgende Umsätze:

- die Umsätze, die nach § 1 Abs. 3 UStG als Umsätze wie im Inland anzusehen sind,
- Umsätze, für die ein anderer als Leistungsempfänger Steuerschuldner nach § 13 b Abs. 5 UStG ist (Abschn. 19.3 Abs. 1 UStAE).
- Wird die Sonderregelung für die Besteuerung von Reiseleistungen nach § 25 UStG und für die Differenzbesteuerung nach § 25 a UStG angewandt, ändert sich die Ermittlung des Gesamtumsatzes ab dem 01.01.2010. Bislang wurde der Gesamtumsatz nach dem Differenzbetrag ermittelt. Ab dem 01.01.2010 wird für die Ermittlung des Gesamtumsatzes auf die vereinnahmten Entgelte abgestellt. (BMF vom 16.06.2009, Az: IV B 9 – S 7360/08/10001, BStBl I 2009, 755 sowie Abschn. 19.3 Abs. 1 S. 5 UStAE). Die Gerichtsbarkeit sieht das jedoch nicht so. Das FG Köln hatte mit Urteil vom 13.04.2016, Az. 9 K 667/14, Pressemitteilung des FG Köln vom 06.07.2016, entschieden, dass hier lediglich die Differenz zwischen Ein- und Verkaufspreis Berechnungsgrundlage für den Gesamtumsatz sei. Wegen der grundsätzlichen Bedeutung des Verfahrens wurde ausdrücklich die Revision beim BFH zugelassen (Az. beim BFH XI R 7/16). Der BFH entschied am 07.02.2018, das Problem dem EuGH zur Entscheidung vorzulegen; Az: EuGH: C-388/18 (UR 2018, 530).

16 Hat der Unternehmer während des laufenden Jahres sein Unternehmen gegründet, gilt für das Gründungsjahr die Umsatzgrenze von 17.500 €. Der erzielte bzw. voraussichtlich erzielte Umsatz des Gründungsjahres ist für die Überprüfung der Kleinunternehmergrenze auf einen Jahresumsatz umzurechnen (BFH vom 02.04.2009, Az: V B 15/08, BFH/NV 2009, 1284; Abschn. 19.1 Abs. 4 UStAE).

17 Bei der Umrechnung des tatsächlichen Umsatzes in einen Jahresgesamtumsatz ist der Zeitraum seit dem Beginn der rechtserheblichen Handlungen zu berücksichtigen. Dabei gilt, dass eine unternehmerische Tätigkeit schon beginnen kann, wenn jemand nach der Aufforderung eines späteren Auftraggebers ein Angebot für eine Lieferung oder eine sonstige Leistung gegen Entgelt abgibt (BFH vom 18.11.1999, Az: V R 22/99, BStBl II 2000, 241). Eine Schulung des Unternehmers, die vor der eigentlichen Unternehmensgründung besucht wird, stellt grundsätzlich keine berufliche Tätigkeit dar, die den Beginn des Unternehmens beeinflusst (Abschn. 19.3 Abs. 3 S. 4 UStAE).

2.3 Gesamtumsatz ist Bruttoumsatz

Der Gesamtumsatz setzt sich zusammen aus den erzielten Umsätzen nebst der dazugehörigen USt. 18

Zum Gesamtumsatz gehören auch die Umsätze aus der Land- und Forstwirtschaft, die nach § 24 19
UStG pauschaliert werden. Angesetzt werden müssen die tatsächlich erzielten Umsätze. Soweit diese Umsätze nicht aufgezeichnet wurden, müssen sie nach den entsprechenden Betriebsmerkmalen unter Berücksichtigung der besonderen Verhältnisse geschätzt werden (Abschn. 24.7 Abs. 4 S. 2 UStAE, FG Münster vom 29.03.2012, Az: 5 K 3805/09 U, EFG 2012, 1500). Diese Betriebsmerkmale können beispielsweise die Ertragsmesszahlen für die bewirtschafteten Flächen sein (vgl. § 24 Durchschnittsätze für land- und forstwirtschaftliche Betriebe, Rn. 87 Anlage 4).

2.4 Nicht zum Gesamtumsatz gehörende Umsätze

Nicht nur die oben (vgl. Rn. 11 ff.) aufgeführten Umsätze führen zu einer Minderung der Gesamt- 20
umsätze. Auch folgende Umsatzarten zählen bei der Prüfung der Kleinunternehmergrenzen nicht zum Gesamtumsatz:

- die Umsätze von Wirtschaftsgütern des Anlagevermögens (Abschn. 19.1 Abs. 6 UStAE),
- die beim letzten Abnehmer in einem i. g. Dreiecksgeschäft (§ 25b Abs. 2 UStG) ankommenden Lieferungen, für die er die Steuer schuldet (Abschn. 19.3 Abs. 1 S. 3 UStAE),
- die Umsätze, für die der Unternehmer als Leistungsempfänger die Steuer nach § 13b Abs. 5 UStG schuldet (Abschn. 19.3 Abs. 1 S. 2 UStAE),
- die private Verwendung eines dem Unternehmen zugeordneten Gegenstandes, die nicht nach § 3 Abs. 9a Nr. 1 UStG steuerbar ist (Abschn. 19.3 Abs. 1 S. 2 UStAE). Für Eingangsleistungen, die vor dem 31.03.2012 bezogen wurden, kann noch die alte Regelung in Anspruch genommen werden (BMF vom 02.01.2012, Az: IV D 3 – S 7360/11/10001, BStBl I 2013, 481).

Weitere Ausführungen zum Gesamtumsatz können Abschn. 19.3 UStAE entnommen werden. 21

2.5 Erwerbsbesteuerung

Der Kleinunternehmer unterliegt der Erwerbsbesteuerung, wenn er die Erwerbsschwelle 22
(12.500 €) überschreitet oder darauf verzichtet (§§ 1a Abs. 1, 3 und 4 UStG). Die Erwerbsteuerpflicht tritt auch – uneingeschränkt – beim Erwerb verbrauchsteuerpflichtiger Waren und neuer Fahrzeuge ein (§ 1a Abs. 5 UStG).

2.6 Lieferung eines neuen Fahrzeugs durch einen Kleinunternehmer

Liefert ein Kleinunternehmer ein neues Fahrzeug an einen Abnehmer in einem anderen EU-Staat, 23
gelten für ihn auch die Vorschriften über die i. g. Lieferungen (§ 19 Abs. 4 UStG). Der Abnehmer ist hierbei in jedem Falle erwerbsteuerpflichtig. Aus diesem Grunde kann der Kleinunternehmer für diese Lieferung ausnahmsweise den Vorsteuerabzug geltend machen (§ 15 Abs. 4a UStG).

2.7 Betriebseinstellung und Wiedereröffnung im gleichen Jahr

24 Bei der Ermittlung der Kleinunternehmergrenze bleibt der Vorjahresumsatz auch dann maßgebend, wenn der Unternehmer während ein und desselben Kj. einen Betrieb eingestellt und einen neuen Betrieb eröffnet hat. Hiervon ausgenommen sind Neugründungen in einer anderen Form z. B. anstatt eines Einzelunternehmens eine GbR.

2.8 Kleinunternehmerschaft besteht kraft Gesetz

25 Ist ein Unternehmer Existenzgründer oder als Unternehmer im Nebenberuf tätig, kann die Kleinunternehmerschaft für ihn wichtig sein. Denn sowohl bei Gründung eines Unternehmens als auch bei der nebenberuflichen Unternehmerschaft unterliegen die Steuerpflichtigen grundsätzlich der USt. Normalerweise hat der Unternehmer seine Umsätze aufzuzeichnen und regelmäßig USt-Voranmeldungen abzugeben. Auf die Größe und den Unternehmensumfang wird normalerweise nicht abgestellt. Diese Art der umsatzsteuerlichen Besteuerung wird in Fachkreisen auch »Regelbesteuerung« genannt. Als Verwaltungs- und Arbeitserleichterung kleiner Unternehmen gibt es aber die so genannte Kleinunternehmerregelung. Von einem Kleinunternehmer erhebt der Fiskus keine USt. Allerdings hat der Kleinunternehmer auch keinen Vorsteuerabzug. Diese Kleinunternehmerbesteuerung gilt kraft Gesetzes, wenn der Unternehmer die so genannten Kleinunternehmergrenzen nicht überschreitet.

2.9 Wahl der Regelbesteuerung

26 Allerdings hat ein Unternehmer unterhalb dieser Kleinunternehmergrenzen ein Wahlrecht. Er muss die Kleinunternehmerregelung nicht unbedingt gegen sich gelten lassen. Wenn es für ihn wirtschaftlich vorteilhafter ist, kann er zur regulären Umsatzbesteuerung wechseln. Die Wahl der Regelbesteuerung bindet den Unternehmer jedoch für fünf Jahre. Grundsätzlich ist diese Option formlos möglich – auch durch konkludentes Handeln (Abschn. 19.2 UStAE). Allerdings ist der Verzicht auf die Kleinunternehmerregelung durch eine konkludente Handlung nicht angesagt, wenn der Unternehmer nur für einen Teilbereich seines Unternehmens eine Umsatzsteuererklärung abgibt (BFH vom 04.12.2013, Az: XI R 31/12, BStBl II 2014, 214). In Zweifelsfällen soll der Unternehmer gefragt werden. Sollten hierbei Zweifel verbleiben, kann eine Option zur Regelbesteuerung nicht angenommen werden (Abschn. 19.2 Abs. 1 Nr. 2 S. 5 UStAE).

2.10 Wechsel der Besteuerungsform

27 Will der Unternehmer die Besteuerungsform wechseln, sollte er die Einzelheiten des Abschn. 19.5 UStAE beachten. Dabei gilt für den Wechsel von § 19 Regelbesteuerung oder zu § 24 UStG Abschn. 19.5 Abs. 1–5 UStAE. Für den Übergang von der Regelbesteuerung bzw. § 24 UStG nach § 19 UStG gilt Abschn. 19.5 Abs. 6–10 UStAE. Will ein Landwirt (§ 24-Besteuerer) von der Regelung des § 19 Abs. 1 UStG (Kleinunternehmer) Gebrauch machen, muss er zuerst auf die Besteuerung nach Durchschnittssätzen verzichten. Überschreitet er die Grenzen des § 19 Abs. 1 UStG nicht, gilt er als Kleinunternehmer. Will er jedoch die Regelbesteuerung anwenden, muss er

nochmals auf die Anwendung der Kleinunternehmerregelung (nach § 19 Abs. 1, 2 UStG) verzichten. Er muss eine »Doppeloption« vornehmen (vgl. auch Abschn. 24.8 Abs. 2 UStAE).

Dabei gilt es zu beachten, dass der Wechsel von der Kleinunternehmerbesteuerung nach § 19 Abs. 1 UStG zur Regelbesteuerung eine Änderung der Verhältnisse i. S. d. § 15 a UStG darstellt (BFH vom 17.06.2004, Az: V R 31/02, BStBl II 2004, 858). 28

2.11 Anwendung der Kleinunternehmerregelung bei stark schwankenden Umsätzen

Grundsätzlich wird nach § 19 Abs. 1 S. 1 UStG die Umsatzsteuer nicht erhoben, wenn der Umsatz zuzüglich der darauf entfallenden Steuer im vorangegangenen Kj. 17.500 € nicht überstiegen hat und im laufenden Kj. 50.000 € nicht übersteigen wird. Sofern kein Vorjahresumsatz vorhanden ist, weil beispielsweise ein Unternehmer seine Tätigkeit erst im laufenden Kj. aufgenommen hat, ist allein entscheidend, ob im laufenden Kj. die Umsatzgrenze von 17.500 € voraussichtlich überschritten wird (vgl. Abschn. 19.1 Abs. 4 S. 2 UStAE). 29

Betätigt sich beispielsweise eine Vereinsgemeinschaft nur jeweils im Drei-Jahres-Rhythmus unternehmerisch, stellt sich die Frage, welche Grenzen maßgebend sind. Dabei richtet sich die Betrachtungsweise danach, ob die Unternehmereigenschaft im Jahr der Ausrichtung eines Festes jeweils neu beginnt oder ob sie alle drei Jahre über fortdauert. 30

Nach ständiger höchstrichterlicher Finanzrechtsprechung (vgl. BFH vom 13.12.1963, BStBl III 1964, 90 und vom 21.12.1989, UR 1990, 212) liegt, auch wenn zeitweilig keine Umsätze ausgeführt werden, ein Ende der unternehmerischen Betätigung nicht vor, wenn der Unternehmer die Absicht hat, das Unternehmen weiterzuführen oder in absehbarer Zeit wiederaufleben zu lassen. Dieser Grundsatz muss auch angewandt werden, wenn die Unterbrechung der Tätigkeit einen größeren Zeitraum andauert. 31

Deshalb kann beispielsweise im Falle einer Vereinsgemeinschaft davon ausgegangen werden, dass die regelmäßige Durchführung einer Festveranstaltung und die bestehende Absicht, auch künftig so zu verfahren, die Unternehmereigenschaft der Vereinsgemeinschaft nicht jeweils erlischt, sondern fortdauert. Die Anwendung der Kleinunternehmerregelung des § 19 Abs. 1 UStG hängt in diesem Fall somit entsprechend dem Gesetzeswortlaut davon ab, ob der Vorjahresumsatz 17.500 € nicht überstiegen hat und ob der Umsatz im laufenden Kj. 50.000 € voraussichtlich nicht übersteigen wird (OFD Karlsruhe vom 28.02.2012, S 7360 Karte 1). 32

Die Gesetzmäßigkeit der Kleinunternehmerregelung (§ 19 Abs. 1 S. 1 UStG) gilt nach seinem Sinn und Zweck grundsätzlich auch dann, wenn bereits zu Beginn des Jahres voraussehbar ist, dass der Jahresumsatz im anstehenden Jahr wieder unter die Grenze von 17.500 € sinken wird (BFH vom 18.10.2007, Az: V B 164/06, BStBl II 2008, 272). 33

2.12 Unberechtigter Umsatzsteuerausweis durch Kleinunternehmer

Sofern ein Kleinunternehmer i. S. d. § 19 Abs. 1 UStG in einer Rechnung Umsatzsteuer gesondert ausweist, schuldet er die ausgewiesene Umsatzsteuer nach § 14 c UStG (BFH vom 09.03.2009, Az: XI B 87/08). 34

2.13 Ermittlung der Kleinunternehmergrenze bei Differenzbesteuerung

35 Von Gebrauchtwarenhändlern wird keine Umsatzsteuer erhoben, wenn der Differenzbetrag zwischen Verkaufs- und Einkaufspreisen im Jahr nicht über der Kleinunternehmergrenze von € 17.500 liegt (FG Köln vom 13.04.2016, 9 K 667/14).

Der Kläger (K) ist ein Gebrauchtwagenhändler, der in den Jahren 2009 und 2010 jeweils Umsätze in Höhe von ca. 25.000 € erzielt hatte. Da K seine Fahrzeuge von Privatpersonen ohne Umsatzsteuer ankaufte, hätte er ohnehin nur die Differenz zwischen Ein- und Verkaufspreisen der Umsatzsteuer unterwerfen müssen (Differenzbesteuerung nach § 25a UStG).

Da diese Differenzbeträge aber in beiden Jahren unter der Kleinunternehmergrenze von 17.500 € liegen, wollte K gar keine Umsatzsteuer abführen. Nach § 19 UStG wird von Kleinunternehmern, deren Gesamtumsatz im Vorjahr nicht über 17.500 € lag und im laufenden Jahr 50.000 € voraussichtlich nicht übersteigen wird, keine Umsatzsteuer erhoben.

Das Finanzamt hatte jedoch für 2010 Umsatzsteuer festgesetzt, da es die Kleinunternehmergrenze aufgrund des Gesamtumsatzes von 25.000 € als überschritten ansah.

Das FG Köln kam zu dem Ergebnis, dass auch **bei der Ermittlung des Gesamtumsatzes** nach der Kleinunternehmerregelung

- nur auf die Differenzumsätze und
- nicht auf die Gesamteinnahmen

abzustellen ist und gab der Klage statt. Das Gericht stützt seine Entscheidung unmittelbar auf Art. 288 MwStSystRL. Danach könnten bei Anwendung der Kleinunternehmerregelung Umsätze nur insoweit herangezogen werden, wie sie auch tatsächlich der Besteuerung unterliegen.

Der Senat hat wegen der grundsätzlichen Bedeutung des Verfahrens gegen sein Urteil die Revision zum BFH zugelassen. Das dortige Aktenzeichen lautet XI R 7/16. Der BFH entschied am 07.02.2018, die Frage, ob für die Anwendung der Kleinunternehmerregelung der maßgebliche Umsatz in der Differenz oder im vereinnahmten Betrag besteht, dem EuGH vorzulegen; dortiges Az: C-388/18.

§ 20 UStG
Berechnung der Steuer nach vereinnahmten Entgelten

[1]Das Finanzamt kann auf Antrag gestatten, dass ein Unternehmer,

1. **dessen Gesamtumsatz (§ 19 Abs. 3) im vorangegangenen Kalenderjahr nicht mehr als 500000 Euro betragen hat, oder**
2. **der von der Verpflichtung, Bücher zu führen und auf Grund jährlicher Bestandsaufnahmen regelmäßig Abschlüsse zu machen, nach § 148 der Abgabenordnung befreit ist, oder**
3. **soweit er Umsätze aus einer Tätigkeit als Angehöriger eines freien Berufs im Sinne des § 18 Abs. 1 Nr. 1 des Einkommensteuergesetzes ausführt,**

die Steuer nicht nach den vereinbarten Entgelten (§ 16 Abs. 1 Satz 1), sondern nach den vereinnahmten Entgelten berechnet. [2]Erstreckt sich die Befreiung nach Satz 1 Nr. 2 nur auf einzelne Betriebe des Unternehmers und liegt die Voraussetzung nach Satz 1 Nr. 1 nicht vor, so ist die Erlaubnis zur Berechnung der Steuer nach den vereinnahmten Entgelten auf diese Betriebe zu beschränken. [3]Wechselt der Unternehmer die Art der Steuerberechnung, so dürfen Umsätze nicht doppelt erfasst werden oder unversteuert bleiben.

Literatur

Busch, Zur konkludenten Gestattung der Istbesteuerung (§ 20 UStG), HFR 2016, 564. **Eckert**, Erhöhung der Umsatzgrenze für die Istversteuerung ab 1.7.2009, BBK 2009, 689. **Eversloh**, Anforderungen an einen konkludenten Antrag auf Ist-Besteuerung, jurisPR-SteuerR 2/2016 Anm. 6. **Flore/Burmann**, Soll-Besteuerung der Steuerberatungs-GmbH, Ist-Besteuerung der Zahnbehandlungs-GmbH?, UR 2000, 103. **Huschens**, Dauerhafte Verlängerung der Ist-Versteuerungsgrenze, NWB 2011, 4326. **Michel**, Rückwirkender Wechsel von der Istbesteuerung zur Sollbesteuerung bis zur Bestandskraft des Jahressteuerbescheides – Grundsatz der Rechtssicherheit, DB 2009, 604. **Prätzler**, Naht das Ende der Sollbesteuerung?, BB 2017, Heft 41, I. **Schrader**, Anmerkung zum Urteil des BFH vom 18.08.2015, V R 47/14, wonach es zulässig ist, einen Antrag auf Ist-Besteuerung auch konkludent zu stellen, MwStR 2016, 38. **Weigel**, Voraussetzungen für einen konkludenten Antrag auf die Besteuerung nach vereinnahmten Entgelten (Ist-Besteuerung), UStB 2015, 346. **Weßling**, Steuergefährdung bei Genehmigung der Besteuerung nach vereinnahmten Entgelten nach § 20 Abs. 1 Nr. 1 UStG, BB 2013, 2526. **Zimmert**, Bekämpfung von Umsatzsteuerausfällen und Entbürokratisierung durch Übergang auf umfassende Ist-Versteuerung, DStR 2015, 921.

Richtlinien/Hinweise/Verordnungen

UStAE: Abschn. 20.1.
MwStSystRL: Art. 66 Buchst. b.

1 Allgemeines

1 Die ursprüngliche Vorschrift ermöglichte eine Ist-Besteuerung für die Unternehmer, deren Gesamtumsatz im Vorjahr nicht mehr als 500.000 € betragen hat oder die von der Verpflichtung, Bücher zu führen, nach den §§ 140f. AO befreit waren. Nach der auf Art. 66 Buchst. b MwStSystRL/Art. 10 Abs. 2 Unterabs. 3 zweiter Gedankenstrich der 6. EG-RL beruhenden Vorschrift haben kleinere Unternehmen die Möglichkeit, die Besteuerung nach vereinnahmten Entgelten vorzunehmen.

2 Kommentierung

2.1 Die Tatbestandsmerkmale (Übersicht)

2 Nach § 20 S. 1 Nr. 1 bis 3 UStG kann das Finanzamt auf Antrag des Steuerpflichtigen dem Unternehmer

- der eine bestimmte Gesamtumsatzhöchstgrenze nicht überschreitet oder
- von der Verpflichtung, Bücher zu führen, nach §§ 140f. AO befreit ist oder
- Umsätze aus der Tätigkeit als Angehöriger eines freien Berufes i.S.d. § 18 Abs. 1 Nr. 1 EStG ausführt,

gestatten, die Versteuerung statt nach vereinbarten Entgelten nach vereinnahmten Entgelten vorzunehmen.

2.2 Ermessenswahlrecht des Finanzamtes

3 Liegt eine der Voraussetzungen des § 20 S. 1 Nr. 1 bis 3 UStG vor, kann dem Antrag grundsätzlich entsprochen werden (Abschn. 20.1 Abs. 1 S. 2 UStAE). Eine Genehmigung ist unter dem Vorbehalt des jederzeitigen Widerrufs zu stellen und erstreckt sich wegen des Prinzips der Abschnittsbesteuerung stets auf volle Kj. Der Antrag ist nicht an eine bestimmte Form gebunden. Ein Antrag auf Istbesteuerung ist auch darin zu sehen, wenn der Unternehmer eine entsprechende Steuererklärung abgibt und das Finanzamt dieser folgt.

4 Die Genehmigung gilt stets für das volle Kj. und bleibt so lange wirksam, bis das Finanzamt keinen Widerruf oder eine Rücknahme ausspricht oder der Unternehmer die Aufhebung beantragt.

5 Obwohl die **Rücknahme** nach § 130 Abs. 1 und Abs. 2 AO sowohl für die Vergangenheit wie auch für die Zukunft in Betracht kommt, wird sie sich in der Praxis nur auf die Zukunft beziehen können.

6 Der **Widerruf** ist nur unter den in § 131 Abs. 2 AO genannten Voraussetzungen mit Wirkung für die Zukunft zulässig.

7 Obwohl der Wechsel von der Ist- zur Sollbesteuerung gesetzlich nicht geregelt ist, ist eine Rückkehr zur Sollbesteuerung aus Praktikabilitätsgründen nur für die Zukunft möglich.

2.3 Ein Antrag des Steuerpflichtigen ist Voraussetzung

Der Antrag auf Genehmigung der Besteuerung nach vereinnahmten Entgelten kann bis zur formellen Bestandskraft der jeweiligen Umsatzsteuer-Jahresfestsetzung gestellt werden (Abschn. 20.1 Abs. 1 S. 1 UStAE). Jeder Unternehmer, der eine der Voraussetzungen des § 20 S. 1 Nr. 1 bis 3 UStG erfüllt, kann einen Antrag stellen. In Frage kommen auch Land- und Forstwirte (§ 24 UStG) sowie Unternehmer, die die Differenzbesteuerung nach § 25 a UStG anwenden. 8

Nach dem BFH-Urteil vom 18.08.2015, V R 47/14, BFHE 2015, 251 = UR 2016, 169, kann der Antrag auf Ist-Besteuerung konkludent gestellt werden. Der Steuererklärung muss deutlich erkennbar zu entnehmen sein, dass die Umsätze auf Grundlage vereinnahmter Entgelte erklärt worden sind. Das kann sich aus einer eingereichten Einnahme-/Überschussrechnung nach § 4 Abs. 3 EStG ergeben. Hat ein Steuerpflichtiger einen hinreichend deutlichen Antrag auf Genehmigung der Ist-Besteuerung beim Finanzamt gestellt, dann hat die antragsgemäße Festsetzung der Umsatzsteuer den Erklärungsinhalt, dass der Antrag genehmigt worden ist. Ein hinreichend deutlicher Antrag auf Gestattung der Ist-Besteuerung liegt vor, wenn der Steuerpflichtige in den von ihm abgegebenen Voranmeldungen und Jahreserklärungen die Umsatzsteuer nach vereinnahmten Entgelten berechnet hat und dies für das Finanzamt erkennbar war (vgl. BFH vom 18.11.2015, XI R 38/14, BFH/NV 2016, 950). 8a

Voraussetzung ist, dass der Unternehmer wenigstens eine Voraussetzung des § 20 S. 1 bis 3 UStG erfüllt, nicht erforderlich ist, dass alle drei Voraussetzungen gleichzeitig erfüllt sein müssen. 9

Die Istbesteuerung nach § 20 S. 1 Nr. 2 UStG kommt nur bei besonderen Härten, wie z. B. dem Überschreiten der nach § 20 S. 1 Nr. 1 UStG bestehenden Umsatzgrenze auf Grund außergewöhnlicher und einmaliger Geschäftsvorfälle, nicht aber allgemein auf Grund einer fehlenden Buchführungspflicht in Betracht (Abschn. 20.1 Abs. 1 S. 5 UStAE). 10

Die Genehmigung der Istbesteuerung nach § 20 S. 1 Nr. 3 UStG ist nicht zu erteilen, wenn der Unternehmer für die in der Vorschrift genannten Umsätze Bücher führt. Dabei ist es unerheblich, ob die Bücher auf Grund einer gesetzlichen Verpflichtung oder freiwillig geführt werden (Abschn. 20.1 Abs. 1 S. 7 UStAE). 11

Dem Unternehmer kann die Besteuerung nach vereinnahmten Entgelten insbesondere dann gestattet werden, wenn der Gesamtumsatz (§ 19 Abs. 3 UStG) im vorangegangenen Kj. die Umsatzgrenze des § 20 S. 1 Nr. 1 UStG nicht überschritten hat. Im Jahr des Beginns der gewerblichen oder beruflichen Tätigkeit ist auf den voraussichtlichen Gesamtumsatz abzustellen. In diesem Fall und wenn die gewerbliche oder berufliche Tätigkeit nur in einem Teil des vorangegangenen Kj. ausgeübt wurde, ist der Gesamtumsatz in einen Jahresumsatz umzurechnen (Abschn. 20.1 Abs. 4 UStAE). 12

2.4 Gesamtumsatzhöchstgrenze

Bezüglich der Berechnung der Gesamtumsatzhöchstgrenze wird in § 20 S. 1 Nr. 1 UStG auf § 19 Abs. 3 UStG verwiesen. Demnach fließen in die Berechnung nur Umsätze ein, die nach § 1 Abs. 1 Nr. 1 UStG steuerbar sind, allerdings bleiben solche außen vor, deren Steuerbarkeit sich aus § 1 Abs. 1 Nr. 4 und Nr. 5 UStG ergibt. Von den nach § 1 Abs. 1 Nr. 1 UStG steuerbaren Umsätzen sind folgende steuerfreie Umsätze in Abzug zu bringen: 13

- Umsätze, die nach § 4 Nr. 8 Buchst. i, Nr. 9 Buchst. b und Nr. 11 bis 28 UStG steuerfrei sind,
- Umsätze, die nach § 4 Nr. 8 Buchst. a bis h, Nr. 9 Buchst. a und Nr. 10 UStG steuerfrei sind, allerdings nur, wenn es sich um Hilfsumsätze handelt.

14 Die Umsatzgrenze beträgt 500.000 €.

15 Durch Art. 8 des Gesetzes zur verbesserten steuerlichen Berücksichtigung von Vorsorgeaufwendungen (Bürgerentlastungsgesetz Krankenversicherung) vom 16.07.2009 (BGBl I 2009, 1959, BStBl I 2009, 782) wurde § 20 Abs. 2 UStG neu gefasst. Danach tritt vom 01.07.2009 bis 31.12.2011 an die Stelle des Betrags von 250.000 € der Betrag von 500.000 €. Die bisher nur in den neuen Bundesländern geltende Umsatzgrenze gilt damit zeitlich befristet im gesamten Bundesgebiet.

16 Durch Art. 1 des Dritten Gesetzes zur Änderung des Umsatzsteuergesetzes vom 06.12.2011 (BGBl I 2011, 2562, BStBl I 2011, 1271) wurde der bisherige Abs. 2 in § 20 UStG gestrichen und im neuen S. 1 die Nr. 1 geändert. Danach wird die Umsatzgrenze bei der Berechnung nach vereinnahmten Entgelten ab 01.01.2012 dauerhaft von 250.000 € auf 500.000 € angehoben und gilt damit bundeseinheitlich für alle Unternehmer.

16a Durch Art. 3 Nr. 1 des Gesetzes zur Entlastung insbesondere der mittelständischen Wirtschaft von Bürokratie (Bürokratieentlastungsgesetz) vom 28.07.2015 (BGBl I 2015, 1400) wurde in § 141 Abs. 1 S. 1 Nr. 1 AO die Umsatzgrenze von 500.000 € mit Wirkung vom 01.01.2016 auf 600.000 € angehoben.

Die dauerhafte Erhöhung der Umsatzgrenze auf 500.000 € für alle Unternehmer im Bundesgebiet diente nicht nur der dauerhaften Liquiditätsverbesserung der Unternehmer, sondern auch der Vereinheitlichung, da die Umsatzgrenze von 500.000 € mit der für die Buchführungspflicht bis 31.12.2015 bestehenden Umsatzgrenze übereinstimmte. Gewerbliche Unternehmer und Land- und Forstwirte sind ab 1.1.2016 erst bei Überschreiten des Umsatzes von 600.000 € (bis 31.12.2015 500.000 €) im Kalenderjahr zur Buchführung verpflichtet (§ 141 Abs. 1 S. 1 Nr. 1 AO), sofern nicht bereits nach anderen Vorschriften eine Buchführungspflicht besteht oder die weiteren Grenzen des § 141 AO überschritten werden. Besteht keine Buchführungspflicht und werden auch freiwillig keine Bücher geführt, ergeben sich die steuerlichen Konsequenzen aus einem Geschäftsvorfall sowohl umsatz- als auch ertragsteuerrechtlich einheitlich erst bei Zufluss der Einnahme.

17 Im Falle der Gesamtrechtsnachfolge wird der Erwerber Unternehmer und hat unter den Voraussetzungen des § 20 S. 1 Nr. 1 bis 3 UStG das Wahlrecht zur Istbesteuerung. Das gilt für das Jahr der Gesamtrechtsnachfolge auch dann, wenn er bereits vor der Gesamtrechtsnachfolge Unternehmer war. In diesem Fall werden für die Bestimmung der Gesamtumsatzgrenze nach dem Grundsatz der Unternehmenseinheit im Folgejahr sämtliche Umsätze zusammengerechnet.

18 Besteht das Unternehmen aus mehreren Betrieben, gilt die Umsatzgrenze grundsätzlich für das gesamte Unternehmen. Werden Buchführungserleichterungen i. S. d. § 20 S. 1 Nr. 2 UStG nur für einzelne Betriebe gewährt, erstreckt sich die Möglichkeit der Istbesteuerung (unabhängig von der Umsatzhöhe) nur auf diese Betriebe (§ 20 S. 2 UStG).

19 Wechselt der Unternehmer die Art der Steuerberechnung (z. B. von der Soll- zur Istbesteuerung), ist eine Doppelerfassung oder Nichterfassung durch entsprechende ergänzende Aufzeichnungen, die freiwillig geführt werden können, zu vermeiden (§ 20 S. 3 UStG).

20 Für die Anwendung der Ist- oder Sollbesteuerung sind auch dann die Bedingungen im Zeitpunkt der Ausführung der Lieferung oder sonstigen Leistung maßgebend, wenn der Unternehmer von der Besteuerung nach vereinbarten Entgelten wechselt (BFH vom 30.01.2003, Az: V R 58/01, BStBl II 2003, 482). Danach führt der Wechsel von der Ist- zur Sollbesteuerung nicht automatisch dazu, dass ein noch nicht vereinnahmtes Entgelt aus Umsätzen, die während der gestatteten Istbesteuerung ausgeführt wurde, nachträglich nach den Grundsätzen der nunmehr geltenden Sollbesteuerung erfasst wird.

21 Ein rückwirkender Wechsel von der Istbesteuerung zur Sollbesteuerung ist bis zur formellen Bestandskraft der jeweiligen Jahressteuerfestsetzung für das Kj. zulässig (vgl. Abschn. 20.1 Abs. 3 S. 3 UStAE). Dem Unternehmer steht es grundsätzlich frei, von der Gestattung der Istbesteuerung keinen Gebrauch zu machen und ohne weiteres zur Sollbesteuerung zu wechseln. Hierfür ist

weder ein Antrag des Unternehmers noch eine Genehmigung des Finanzamts erforderlich (BFH vom 10.12.2008, Az: XI R 1/08, BFH/NV 2009, 666).

2.5 Befreiung von der Verpflichtung, Bücher zu führen

Wird ein Steuerpflichtiger von der Pflicht, Bücher zu führen, nach § 148 AO befreit, kann er nach § 20 S. 1 Nr. 2 UStG die Versteuerung nach vereinnahmten Entgelten beantragen. Wird die Bewilligung i. S. d. § 148 S. 3 AO widerrufen, entfällt damit gleichzeitig die Tatbestandsvoraussetzung des § 20 S. 1 Nr. 2 UStG. Der Unternehmer kann nur dann weiter nach vereinnahmten Entgelten die Umsatzbesteuerung vornehmen, wenn er nach dem Widerruf die Umsatzgrenze nach § 20 S. 1 Nr. 1 UStG nicht überschritten hat oder nach § 20 S. 1 Nr. 3 UStG zu den Freiberuflern nach § 18 Abs. 1 Nr. 1 EStG gehört. 22

2.6 Tätigkeit als Freiberufler

Für Freiberufler i. S. d. § 18 Abs. 1 Nr. 1 EStG besteht unabhängig von Vorjahresumsätzen und Buchführungsverpflichtungen immer die Möglichkeit, die Istbesteuerung zu wählen. Die Istbesteuerung ist allerdings auf die Umsätze aus § 18 Abs. 1 Nr. 1 EStG beschränkt und kann nicht auf § 18 Abs. 1 Nr. 2 oder 3 EStG ausgedehnt werden. So sind Umsätze aus der Testamentsvollstreckung oder Vermögensverwaltung immer nach vereinbarten Entgelten der USt zu unterwerfen. 23

2.7 Versteuerung nach vereinnahmten Entgelten

Abweichend von der Generalnorm, der Besteuerung nach vereinbarten Entgelten, entsteht die USt bei der Besteuerung nach vereinnahmten Entgelten mit Ablauf des Voranmeldungszeitraumes, in dem das Entgelt beim Unternehmer eingegangen ist. Unbeachtlich ist, wann die zugrunde liegende Leistung erbracht wurde. Allerdings genießen nur die in § 20 S. 1 UStG genannten Unternehmer das Wahlrecht, von der regulären Sollbesteuerung (Besteuerung nach vereinbarten Entgelten) zur Istbesteuerung zu wechseln. Die Unternehmer, die ihren Gewinn nach § 4 Abs. 3 EStG versteuern, werden in aller Regel von der Möglichkeit der Istbesteuerung nach § 20 UStG Gebrauch machen. 24

2.8 Entstehungszeitpunkt der Steuer

Grundsätzlich entsteht die Steuer mit Ablauf des Voranmeldungszeitraumes der Vereinnahmung (Abschn. 20.1 Abs. 2 UStAE). Das gilt auch für Anzahlungen. Als Zeitpunkt der Vereinnahmung gilt bei unbaren Zahlungen der Tag der Gutschrift auf dem Bankkonto. Ein Scheckbetrag ist bereits mit dessen Hingabe zugeflossen, wenn der sofortigen Vorlage des Schecks keine zivilrechtlichen Abreden entgegenstehen und wenn davon ausgegangen werden kann, dass die bezogene Bank im Falle der sofortigen Vorlage des Schecks den Scheckbetrag auszahlen oder gutschreiben wird. 25

§ 21 UStG
Besondere Vorschriften für die Einfuhrumsatzsteuer

(1) Die Einfuhrumsatzsteuer ist eine Verbrauchsteuer im Sinne der Abgabenordnung.
(2) Für die Einfuhrumsatzsteuer gelten die Vorschriften für Zölle sinngemäß; ausgenommen sind die Vorschriften über den aktiven Veredelungsverkehr nach dem Verfahren der Zollrückvergütung und über den passiven Veredelungsverkehr.
(2a) [1]Abfertigungsplätze im Ausland, auf denen dazu befugte deutsche Zollbedienstete Amtshandlungen nach Absatz 2 vornehmen, gehören insoweit zum Inland. [2]Das Gleiche gilt für ihre Verbindungswege mit dem Inland, soweit auf ihnen einzuführende Gegenstände befördert werden.
(3) Die Zahlung der Einfuhrumsatzsteuer kann ohne Sicherheitsleistung aufgeschoben werden, wenn die zu entrichtende Steuer nach § 15 Abs. 1 Satz 1 Nr. 2 in voller Höhe als Vorsteuer abgezogen werden kann.
(4) [1]Entsteht für den eingeführten Gegenstand nach dem Zeitpunkt des Entstehens der Einfuhrumsatzsteuer eine Zollschuld oder eine Verbrauchsteuer oder wird für den eingeführten Gegenstand nach diesem Zeitpunkt eine Verbrauchsteuer unbedingt, so entsteht gleichzeitig eine weitere Einfuhrumsatzsteuer. [2]Das gilt auch, wenn der Gegenstand nach dem in Satz 1 bezeichneten Zeitpunkt bearbeitet oder verarbeitet worden ist. [3]Bemessungsgrundlage ist die entstandene Zollschuld oder die entstandene oder unbedingt gewordene Verbrauchsteuer. [4]Steuerschuldner ist, wer den Zoll oder die Verbrauchsteuer zu entrichten hat. [5]Die Sätze 1 bis 4 gelten nicht, wenn derjenige, der den Zoll oder die Verbrauchsteuer zu entrichten hat, hinsichtlich des eingeführten Gegenstands nach § 15 Abs. 1 Satz 1 Nr. 2 zum Vorsteuerabzug berechtigt ist.
(5) Die Absätze 2 bis 4 gelten entsprechend für Gegenstände, die nicht Waren im Sinne des Zollrechts sind und für die keine Zollvorschriften bestehen.

Literatur

Wolffgang, Einfuhrumsatzsteuerschuld: Abhängig von der Zollschuld?, UR 2017, S. 845 **Gellert**, Zollkodex und Abgabenordnung, Analyse über das Verhältnis der Vorschriften der Abgabenordnung zu den Vorschriften des Zollkodexes der Europäischen Gemeinschaft, Diss., Aachen 2003. **Thoma/Böhm/Kirchhainer**, Zoll und Umsatzsteuer, Die rechtliche Beurteilung und praktische Abwicklung von Warenlieferungen mit Drittlandsbezug, 3. Aufl., Wiesbaden 2015. **von Streit/Wrobel**, Zurück in die Zukunft, BFH bekräftigt seine Rechtsprechung zum Einfuhrtatbestand – Änderungsbedarf im UStG und in den Verwaltungsrichtlinien, UStB 2009, 12. **Witte**, Zollkodex der Union (UZK), Kommentar, 7. Aufl. 2018.

Verwaltungsanweisungen

VSF S 03 00 – AO-DV Zoll.
VSF Z 11 02 – Erstattung und Erlass von Einfuhr- und Ausfuhrabgaben.
VSF Z 81 01 – Dienstvorschrift Einfuhrumsatzsteuer.
BMF – (III B 1 – Z 0440/13/10010:010 DOK 2016/0107166 vom 19.02.2016, Einführungserlass zur Anwendung neuen Unionsrechts im Zollbereich ab dem 01.05.2016, E-VSF-Nachrichten 11 2016 Nr. 446 vom 11.03.2016
GZD – Z 0440 – 4/16 – DV.A.31 vom 27.04.2016, Verfügung zur Umsetzung des Unionszollkodex, E-VSF-Nachrichten 18 2016 Nr. 73 vom 02.05.2016.

Richtlinien/Hinweise/Verordnungen

MwStSystRL: Art. 15 Abs. 1, Art. 70–71, Art. 86 Abs. 1 Buchst. a, Art. 211, Art. 260, Art. 274–277.
EUStBV: § 14

1 Allgemeines

1.1 Überblick über die Vorschrift

1 Nach § 1 Abs. 1 Nr. 4 UStG unterliegt »die Einfuhr von Gegenständen im Inland oder in den österreichischen Gebieten Jungholz und Mittelberg der Umsatzsteuer (Einfuhrumsatzsteuer)«.

2 § 21 UStG ist die zentrale Vorschrift für die EUSt. Sie bewirkt durch die generelle Anwendbarkeit der Vorschriften für Zölle und die Definition der EUSt als Verbrauchsteuer die technische Gleichschaltung mit den Zöllen, ohne dass sie aber dadurch ihre Einbindung in das Umsatzsteuersystem verlieren würde.

3 Die Vorschrift legt des Weiteren einige Vereinfachungen fest für den Fall, dass die EUSt als Vorsteuer abgezogen werden kann. Sie regelt ferner hinsichtlich der Abfertigungsplätze sowie der Erweiterung des Warenbegriffs zwei Besonderheiten.

1.2 Rechtsentwicklung

4 Schon seit es die Umsatzsteuer gibt, wird auch die Einfuhr von Gegenständen dieser Steuer unterworfen. Die Besteuerung an der Grenze sollte die ausländische Ware im Inland so stellen, dass sie gleich oder ähnlich mit Steuern belastet ist wie im Inland erzeugte oder gehandelte Waren.

5 Bereits i. R. d. der Ausgleichsteuer seit 1951 wurde diese als Verbrauchsteuer charakterisiert und an die Zollvorschriften angebunden. Ab dem 01.01.1967 gab es das Mehrwertsteuersystem und damit zusammenhängend die dann so genannte EUSt. Die einzig bedeutsame Umgestaltung erfolgte mit der Vollendung des Binnenmarktes und der Einführung des Zollkodex und seiner Durchführungsverordnung. In diesem Zusammenhang wurden das Zollgesetz (ZG) und die Allgemeine Zollordnung (AZO) aufgehoben, so dass auch § 21 UStG entsprechend angepasst werden musste. Durch das Steueränderungsgesetz 2003 wurden einige redaktionelle Änderungen vorgenommen, insbesondere die Anpassung an den geänderten Einfuhrbegriff, ferner wurde in § 21 Abs. 4 S. 5 UStG ein Halbsatz gestrichen.

1.3 Unionsrechtliche Grundlagen und Verhältnis zu anderen Vorschriften

6 Die Rechtsnorm hat ihre Wurzeln in folgenden Passagen der MwStSystRL: Art. 15 Abs. 1, Art. 70–71, Art. 86 Buchst. a, Art. 211, Art. 260, Art. 274–277.

7 § 21 UStG wird ergänzt insbesondere durch die §§ 5 (Steuerbefreiungen bei der Einfuhr) und 11 (Bemessungsgrundlage bei der Einfuhr).

8 Als Kernvorschrift für die EUSt wird an verschiedenen Stellen auf sie Bezug genommen, z. B. in § 13 Abs. 2 UStG (Entstehung der Steuer) und § 13 a Abs. 2 UStG (Steuerschuldner).

1.4 Geltungsbereich

1.4.1 Sachlicher Geltungsbereich

Die EUSt wird ausschließlich auf Gegenstände erhoben (§ 1 Abs. 1 Nr. 4 UStG), nicht hingegen auf sonstige Leistungen. 9

1.4.2 Persönlicher Geltungsbereich

Die Vorschrift gilt für den Schuldner der EUSt, dies kann auch ein Nicht-Unternehmer sein (vgl. Rn. 31 ff.). 10

2 Kommentierung

2.1 Einfuhrumsatzsteuer ist Verbrauchsteuer (§ 21 Abs. 1 UStG)

Die EUSt ist eine Verbrauchsteuer, und zwar eine allgemeine Verbrauchsteuer im Gegensatz zu den besonderen Verbrauchsteuern für einzelne Gruppen von Erzeugnissen (z.B. Energiesteuer, Alkoholsteuer, Tabaksteuer). Gleichwohl kann die EUSt als Vorsteuer abgezogen werden (§ 15 Abs. 1 Nr. 2 UStG). 11

Die sachliche und örtliche Zuständigkeit der Hauptzollämter folgt aus §§ 16, 23 AO i.V.m. § 12 Abs. 2 FVG. Diese Zuständigkeiten wiederum ergeben sich aus der Erhebungszuständigkeit der Bundesfinanzverwaltung für Verbrauchsteuern »einschließlich der Einfuhrumsatzsteuer« (Art. 108 Abs. 1 GG). Lediglich hinsichtlich der Ertragshoheit ist die EUSt nicht wie eine Verbrauchsteuer zu behandeln, denn diese steht Bund, Ländern und Gemeinden gemeinsam zu (Art. 106 Abs. 3 GG). 12

§ 21 Abs. 1 UStG ist keine Verweisungsnorm, sondern eine Legaldefinition (vgl. BFH vom 03.09.1990, Az: VII R 71/88, BFHE 161, 260), die aber bewirkt, dass die jeweiligen Vorschriften der AO zur Anwendung gelangen, soweit diese spezielle Regelungen für Verbrauchsteuern enthält. 13

Diese Regelungen der AO treten aber wiederum hinter die Spezialregelungen der einzelnen Verbrauchsteuergesetze zurück, mithin auch hinter die speziellen Regelungen der gem. Abs. 2 für anwendbar erklärten Vorschriften für Zölle. Die Rechtsprechung hat hieraus folgende **Rangordnung der Vorschriften** entwickelt: 14

- in erster Linie sind die einschlägigen Vorschriften des **UStG** anwendbar. Hierzu gehören § 1 Abs. 1 Nr. 4 UStG (Steuergegenstand), § 5 UStG (Steuerbefreiungen), § 11 UStG (Bemessungsgrundlage), die Vorschriften über den Vorsteuerabzug (§ 15 Abs. 1 Nr. 2 und Abs. 2 UStG, § 16 Abs. 2 S. 3 und 4 UStG, § 25a Abs. 5 S. 3 UStG), § 16 Abs. 7 i.V.m. § 11 Abs. 5 UStG (Bemessungsgrundlage), § 17 Abs. 3 UStG (Berichtigung der Bemessungsgrundlage) sowie die speziellen Bestimmungen in § 21 Abs. 2a bis 5 UStG;
- gleichrangig dazu die **unmittelbar anwendbaren Vorschriften des Zollrechts**, d.h. diejenigen, auf die im nationalen Recht direkt verwiesen wird, z.B. die Zollwertvorschriften (Art. 69–74 UZK, Art. 127–146 UZK; Verweis in § 11 Abs. 1 UStG) und die Umrechnungsvorschriften (Art. 146 UZK-IA; Verweis in §§ 11 Abs. 5, 16 Abs. 7 UStG);

- nachrangig die sinngemäß anwendbaren Vorschriften für Zölle, also insbesondere UZK, UZK-DA und UZK-IA (Verweis in § 21 Abs. 2 UStG, bzw. mittelbar über § 13 Abs. 2, § 13a Abs. 2 UStG);
- sodann die **Vorschriften der AO über Verbrauchsteuern** und schließlich
- die **allgemeinen Vorschriften der AO**.

15 Von den Vorschriften der AO über Verbrauchsteuern wird z. B. die Festsetzungsverjährung des § 169 Abs. 2 S. 1 AO (ein Jahr) von Art. 103 Abs. 1 UZK (drei Jahre ab Entstehung der EUSt-Schuld) überlagert, ferner werden die Billigkeitsregelungen der §§ 163 und 227 AO von den abschließenden Regelungen in Art. 119 Abs. 1 UZK (Irrtum der zuständigen Behörden) und Art. 116 Abs. 1 lit d) i. V. m. 120 UZK (Billigkeit) verdrängt. Zu den weiteren Einzelheiten vgl. die AO-DV Zoll, abgedruckt in VSF S 03 00, ferner (noch zum ZK) Gellert sowie Schulmeister in Witte, Anhang 3.

16 Anwendbar sind dagegen die Sachhaftung (§ 76 AO), die Berichtigung von Erklärungen (§ 153 AO) sowie die Zahlungsverjährung (§§ 228 ff. AO).

17 Obwohl die EUSt gem. § 1 Abs. 1 Nr. 4 UStG eine Form der in § 233a AO mit aufgeführten Umsatzsteuer ist, passt die Vorschrift des § 233a AO über die Verzinsung vor Fälligkeit für die EUSt als Einfuhrabgabe nicht, zumal Art. 116 Abs. 6 UZK die Verzinsung bei zu erstattenden Einfuhrabgaben explizit ausschließt (vgl. BFH vom 23.09.2009, Az: VII R 44/08, BFH/NV 2010, 88 ff. zu Art. 241 S. 1 ZK). Zu § 236 AO (Prozesszinsen vgl. Rz. 70).

2.2 Sinngemäße Anwendung der Vorschriften über Zölle (§ 21 Abs. 2 UStG)

2.2.1 Allgemeines

18 § 21 Abs. 2 UStG enthält eine »dynamische Verweisung« (vgl. BFH vom 03.05.1990, Az: VII R 71/88, BFHE 161, 260) auf die jeweils geltenden Vorschriften für Zölle, soweit nicht das UStG selbst Sonderregelungen (z. B. zum Steuersatz und zum Vorsteuerabzug) oder konkrete Verweisungen enthält (z. B. in § 11 Abs. 1 UStG). Zum Rangverhältnis der Normen vgl. Rn. 14. Durch die sinngemäße Anwendung der Zollvorschriften soll insbesondere sichergestellt werden, dass die bei der Einfuhr zu erhebenden Abgaben von ein und derselben Behörde in einem Bescheid nach dem gleichen Verfahren aufgrund einheitlich getroffener Feststellungen einfach und zweckmäßig erhoben werden (BFH vom 26.04.1988, Az: VII R 124/85, BFHE 153, 463).

2.2.2 Sinngemäße Anwendung

19 Die sinngemäße Anwendung der Zollvorschriften für die EUSt bedeutet noch nicht ohne weiteres die Anwendbarkeit aller Zollvorschriften. Die Frage, ob und inwieweit eine Vorschrift des Zollrechts im Einklang mit Sinn und Zweck der EUSt als Teil der Mehrwertsteuer steht, bedarf für jede Bestimmung einer eigenen Prüfung (vgl. BFH vom 03.09.1990, BFHE 161, 260). Dies wird hauptsächlich dort zum Tragen kommen, wo es das Prinzip des Vorsteuerabzuges als wesentlicher Grundgedanke des Mehrwertsteuersystems erfordert (vgl. Müller-Eiselt in R/K/L, § 21 UStG Rn. 12; Jatzke in S/R, § 21 UStG Rn. 28). Aber auch der Eigenart der EUSt als Verbrauchsteuer, die, wie die Mehrwertsteuer allgemein als proportionale Verbrauchsteuer (Art. 1 Abs. 2 S. 1

MwStSystRL), dem Bestimmungslandprinzip unterliegt, sind Abweichungen von der strengen Konnexität geschuldet (vgl. Rz. 29).

20 Zwei gesetzlich vorgesehene **Ausnahmen** von der sinngemäßen Anwendung betreffen die Vorschriften über den **aktiven Veredelungsverkehr nach dem Verfahren der Zollrückvergütung** und über den passiven Veredelungsverkehr. Das erstere Verfahren deshalb, weil bei diesem die Waren in den freien Verkehr übergeführt werden müssen und bei einer etwaigen Wiederausfuhr die EUSt wegen des Vorsteuerabzuges nicht erstattet oder erlassen werden soll. Die Nichtanwendung im Rahmen des **passiven Veredelungsverkehrs** korrespondiert mit § 11 Abs. 2 UStG, der für diese Fälle nur das Veredelungsentgelt bzw. die Wertsteigerung als Bemessungsgrundlage vorsieht.

2.2.3 Vorschriften über Zölle

2.2.3.1 Allgemeines

21 Vorschriften für Zölle sind alle in der Bundesrepublik Deutschland unmittelbar anwendbaren Rechtsnormen, die Zölle betreffen; dazu zählen insbesondere die unionsrechtlichen Vorschriften für Zölle, die – wie z. B. alle Verordnungen der Organe der Union – in den Mitgliedsstaaten unmittelbar gelten und – nach dem Grundsatz des Vorrang des Unionsrechts – zur Unanwendbarkeit deutscher Vorschriften führen (BFH vom 03.09.1990, BFHE 161, 260).

22 Zu den wesentlichen Rechtsnormen des **Gemeinschaftsrechts** zählen

- bis zum 30.04.2016: der Zollkodex (ZK),
- bis zum 30.04.2016: die Zollkodex-Durchführungsverordnung (ZK-DVO),
- ab 01.05.2016: der Unionszollkodex (UZK),
- ab 01.05.2016: die Delegierte Verordung zum Unionszollkodex (UZK-DA),
- ab 01.05.2016: die Durchführungsverordnung zum Unionszollkodex (UZK-IA),
- die Zollbefreiungsverordnung -VO (EG) Nr. 1186/2009 (hierzu vgl. § 5 Rn. 25–28),
- die Kombinierte Nomenklatur – VO (EWG) Nr. 2658/87 des Rates über die zolltarifliche und statistische Nomenklatur sowie den Gemeinsamen Zolltarif.

23 Seit 01.01.1994 galt der Zollkodex (ZK) mit Durchführungsverordnung (ZK-DVO), der viele Einzelverordnungen zusammenfasste. Der ZK sollte spätestens bis 24.06.2013 durch den Modernisierten Zollkodex (MZK) ersetzt werden. Dies zerschlug sich aber, da durch den Vertrag von Lissabon nunmehr zwei Arten von Durchführungsvorschriften vorgesehen sind, nämlich neben den Durchführungsverordnungen (Art. 291 AEUV) neuerdings auch Delegierte Verordnungen gem. Art. 290 AEUV. Da zudem die geplante Umstellung der Verwaltung und Verfahren auf IT-Systeme innerhalb des vorgesehenen Zeitrahmens unrealistisch war, entschied man sich zu einer vollständigen Neufassung der Vorschriften. Daraufhin wurde mit VO (EU) 952/2013 vom 09.10.2013 der Zollkodex der Union **(Unionszollkodex – UZK)** erlassen, der am 01.05.2016 in Kraft getreten ist zusammen mit der Delegierten VO 2015/2446 **(UZK-DA)**, der Durchführungs VO 2015/2447 **(UZK-IA)**, und der Delegierten Übergangs VO 2016/341 **(UZK-TDA)**. Der UZK-TDA legt fest, wie in der Übergangszeit bis zur Einführung aller geplanten IT-Systeme zu verfahren ist; nach dem Durchführungsbeschluss der Kommission vom 11.04.2016 soll die Einführungs- und Umstellungsphase am 31.12.2020 abgeschlossen sein; diese Phase wird wohl bis 2025 verlängert werden.

24 Zu den wesentlichen Normen des **nationalen Rechts** gehören

- Zollverwaltungsgesetz (ZollVG),
- Zollverordnung (ZollV),
- Einreise-Freimengen-Verordnung (EF-VO), vgl. § 5 Rn. 29 ff.,
- Kleinsendungs-Einfuhrfreimengen-Verordnung (KF-VO), vgl. § 5 Rn. 33 ff.

2.2.3.2 Erfassung und Behandlung der Waren

25 Zollvorschriften enthalten eingehende Regelungen zur Erfassung und Behandlung der Waren. Für diese muss grundsätzlich schon vor dem Verbringen in das Zollgebiet eine **summarische Eingangsanmeldung** (ESumA) bei der ersten Eingangszollstelle abgegeben werden (Art. 127 Abs. 3 UZK). Die Waren dürfen nur auf bestimmten Verkehrswegen und zu bestimmten Zeiten ins Inland verbracht werden und sind an vorgeschriebenen Plätzen zu gestellen (vgl. §§ 2 ff. ZollVG). **Gestellung** ist gem. Art. 33 i. V. m. Art. 139 UZK »die Mitteilung an die Zollbehörden, dass Waren bei der Zollstelle oder an einem von den Zollbehörden bezeichneten oder zugelassenen Ort eingetroffen sind und für Zollkontrollen zur Verfügung stehen«. Spätestens mit der Gestellung ist eine **Anmeldung** der Waren vorzunehmen, und zwar direkt zur Überführung in ein Zollverfahren oder, wenn die Voraussetzungen hierfür noch nicht vorliegen, zunächst zur Überführung in die **vorübergehende Verwahrung** (Art. 144 ff. UZK), wobei deren Lagerung ausschließlich in bewilligten Verwahrungslagern erfolgen darf (Art. 147 Abs. 1 UZK). Innerhalb von 90 Tagen sind die Waren zur Überführung in ein Verfahren anzumelden oder wiederauszuführen (Art. 149 UZK). **Anmelder** kann grundsätzlich **nur eine in der Union ansässige Person** sein (Art. 170 Abs. 2 UZK), so dass sich im Drittland ansässige Importeure einer in der EU ansässigen Person bedienen müssen, zumeist eines Logistikdienstleisters oder eines verbundenen Unternehmens, die dann auch Inhaber des Verfahrens und damit ggf. auch Schuldner der Einfuhrabgaben wird (vgl. Rz. 35). Die Vorschriften sehen für **zugelassene Wirtschaftsbeteiligte** (Authorized Economic Operator – AEO) z. T. erhebliche **Verfahrenserleichterungen** vor (vgl. BMF, Einführungserlass, S. 6 f).

2.2.3.3 Zollverfahren

26 Die Waren müssen in ein Zollverfahren überführt werden. Folgende Zollverfahren sieht der UZK vor (Art. 5 Nr. 16 UZK):

- Überlassung zum zollrechtlich freien Verkehr (Art. 201 ZK)
- Besondere Verfahren:
  - Versand
  - Externer Versand (Art. 226 UZK)
  - Interner Versand (Art. 227 UZK)
  - Lagerung
  - Zolllager (Art. 240 UZK)
  - Freizonen (Art. 243 UZK)
  - Verwendung
  - Vorübergehende Verwendung (Art. 250 UZK)
  - Endverwendung (Art. 254 UZK)
  - Veredelung
  - Aktive Veredelung (Art. 256 UZK)
  - Passive Veredelung (Art. 259 UZK)
- Ausfuhr (Art. 269 UZK)

27 Die Überführung in ein Zollverfahren wird mit der **Überlassung** vollzogen. Überlassung von Waren »ist die Handlung, durch die die Zollbehörden Waren für das Zollverfahren zur Verfügung stellen, in das die Waren übergeführt werden« (Art. 5 Nr. 26 UZK).

2.2.3.4 Entstehung, Zeitpunkt und Schuldner der Zoll- und EUSt-Schuld

28 Auch wenn es sich bei Zöllen und EUSt um Abgaben anlässlich der Einfuhr handelt, ist der **Begriff der Einfuhr** weder im UZK noch im UStG definiert. Die Einfuhr als Steuerentstehungstatbestand besteht aus zwei Komponenten:

1. körperliches **Verbringen des Gegenstandes in das Inland** als tatsächliche Handlung mit menschlichem Willen (Schulmeister in Witte, Art. 134 Rn. 3), nicht z. B. ein durch Unwetter losgerissenes Boot, das flussabwärts ins Inland treibt;
2. **weitere**, je nach Sachlage unterschiedliche **Tatbestandsmerkmale**, die in den Art. 77-79 UZK im Einzelnen festgelegt sind.

Hinsichtlich der EUSt muss aufgrund ihres Charakters als Verbrauchsteuer noch hinzukommen, dass die **Waren in den Wirtschaftskreislauf der Union gelangt** sind. Der EuGH hat mit diesem Erfordernis in der jüngsten Zeit in mehreren Fällen die strenge Konnexität zwischen Zollschuldentstehung und EUSt-Entstehung aufgebrochen, und zwar in Fällen, in denen die Zollschuld durch ein Fehlverhalten entstanden ist (Art. 79 UZK, zuvor Art. 202 bis 204, 206 ZK): 29

(1) In den verbundenen Sachen Eurogate Distribution und DHL Hub Leipzig (EuGH vom 02.06.2016, Rs. C-226/14 und 228/14) wurden Nicht-Unionswaren, die sich in einem Zollverfahren (Zolllager bzw. externen gemeinschaftlichen Versandverfahren, jetzt: externen Unionsversandverfahren) befanden, wieder ausgeführt; hier war die Zollschuld aufgrund eines Fehlverhaltens bei der Lagerbuchführung bzw. bei der Erledigung des Versandverfahrens gem. Art. 204 ZK entstanden.

(2) In der Sache Latvija dzelzcels (EuGH vom 18.05.2017, Rs. C-154/16) waren im Rahmen eines externen gemeinschaftlichen Versandverfahrens, jetzt: externen Unionsversandverfahrens, Fehlmengen festgestellt worden, verursacht durch ein Leck in einem Tankwagen.

(3) In der Sache Wallenborn Transports (EuGH vom 01.06.2017, Rs. C-571/15) war – ebenfalls im Rahmen eines externen gemeinschaftlichen Versandverfahrens, jetzt: externen Unionsversandverfahrens – vor dessen formeller Beendigung der LKW in einem Freihafen entladen worden, wodurch eine Zollschuld nach Art. 203 ZK entstand. Die Nicht-Unionswaren wurden anschließend per Schiff über die Ostsee nach Finnland befördert.

In allen Fällen verneinte der EuGH das Entstehen der EUSt-Schuld trotz des jeweiligen Entstehens einer Zollschuld mit der Begründung, die Waren seien nicht in den Wirtschaftskreislauf der Union gelangt. Während in der Sache C-154/16 durch den Verlust der ausgelaufenen Ware jede Verbrauchsmöglichkeit von vornherein ausgeschlossen war, war in den anderen Fällen zwar grundsätzlich die Annahme einer Verbrauchsmöglichkeit gegeben, der tatsächliche Verbrauch habe jedoch jeweils ausgeschlossen werden können, und zwar in den Fällen C-226/14 und C-228/14 deshalb, weil die Waren durchgängig dem jeweiligen Zollverfahren unterlagen, und im Wallenborn-Fall deshalb, weil die Zollschuldentstehung im Freihafen erfolgte und die Ware anschließend außer Landes befördert wurde.

Die Bedeutung dieser Rechtsprechung wird für Vorgänge im zeitlichen Geltungsbereich des UZK sicherlich abnehmen, da insbesondere durch den neu eingeführten Erlöschenstatbestand des Art. 124 Abs. 1 Buchst. k) UZK (vgl. Rz. 44) in der Praxis viele Fälle schnell gelöst werden können. Für die vielen noch anhängigen Altfälle und auch für solche Situationen, in denen die Waren nicht wieder ausgeführt werden, wird sie aber bestehen bleiben. Zum Ganzen ausführlich vgl. Wolffgang.

Vgl. zum Einfuhrbegriff auch BFH vom 25.10.2006, Az: VII R 64/05, BFH/NV 2007, 527, sowie Urteil vom 06.05.2008, Az: VII R 30/07, BFHE 221, 325, BFH/NV 2008, 1971; vgl. § 15 Rn. 151. 30

Zollschuldner kann jede Person sein, auf die Unternehmereigenschaft kommt es anders als bei § 1 Abs. 1 Nr. 1 UStG nicht an. Es können mehrere Personen Schuldner von Zoll und EUSt sein; diese haften dann als Gesamtschuldner (Art. 84 UZK). 31

Allen Entstehungstatbeständen ist gemein, dass die Einfuhrzollschuld regelmäßig entsteht mit dem **Statuswechsel** von der Nicht-Unionsware (Art. 5 Nr. 24 UZK) zur Unionsware (Art. 5 Nr. 23 ZK). Demgemäß kann eine Zollschuld nur einmal entstehen, nachfolgende Handlungen oder Unterlassungen in Bezug auf die Ware sind grundsätzlich unbeachtlich, so der EuGH in ständiger Rechtsprechung, zuletzt vom 06.09.2012, Rs. C-262/10, Döhler Neuenkirchen, Rz. 46, ihm folgend der BFH, zuletzt vom 28.03.2013, VII B 219/21, BFH/NV 2013, 1137. 32

Beispiel:
Ein beladener Container aus den USA wird im Freihafen Hamburg entladen und sodann per Lkw nach München befördert; der Fahrer hatte es bei der Ausfahrt aus dem Freihafen allerdings versäumt, die Formalitäten zur Überführung der Waren in das vorgesehene externe Unions-Versandverfahren zu beachten. In München wird die Ware vom Importeur zur Überführung in den freien Verkehr angemeldet.

Lösung:
Die Anmeldung ist zollschuldrechtlich ohne Bedeutung, da die Ware bereits bei Verlassen des Freihafens der zollamtlichen Überwachung entzogen wurde und dadurch den Status einer Unionsware erlangt hat.

33 Dies gilt auch, wenn durch den Tatbestand nur eine Zollschuld entstehen kann, aber keine EUSt, weil sich der Vorgang außerhalb des Erhebungsgebiets der EUSt (vgl. § 1 Abs. 2 UStG) ereignet hatte.

Beispiel:
Eine Luftfrachtsendung aus China wird im Rahmen eines Versandverfahrens per verplombtem Lkw vom Flughafen Frankfurt in den Freihafen Hamburg befördert, ohne dass das Versandverfahren zuvor beendet wurde. Im Freihafen wird die Plombe ohne Zollaufsicht gebrochen, die Sendung in einen Container umgeladen und nach Finnland verschifft. Die drei Tage später ablaufende Frist zur Erledigung des Versandverfahrens wird versäumt.

Lösung:
Da vor Beendigung des Versandverfahrens die Plombe ohne Zollaufsicht gebrochen wurde, wurde hierdurch die Ware der zollamtlichen Überwachung entzogen, Art. 79 Abs. 1 Buchst. a) UZK (vgl. Rn. 38). Da der Tatbestand im Freihafen verwirklicht wurde, entstand zwar eine Zollschuld, aber keine EUSt. Die spätere Versäumung der Erledigung des Versandverfahrens ist EUSt-schuldrechtlich ohne Bedeutung, vgl. EuGH vom 01.06.2017, Rs. C-571/16, Wallenborn Transports, Rz. 63.

2.2.3.4.1 Regelfall: Überlassung zum zollrechtlich freien Verkehr gem. Art. 201 UZK

34 Der mit Abstand wichtigste Tatbestand der Zoll- und EUSt-Schuldentstehung ist die Überlassung zum zollrechtlich freien Verkehr. Sie geschieht wie jede Überführung in ein Zollverfahren durch Anmeldung (Art. 158ff. UZK), die in der Regel elektronisch mittels des Systems »ATLAS« erfolgt, ansonsten mittels des sog. Einheitspapiers. Sie kann auch mündlich oder durch bestimmte Verhaltensweisen (Art. 135 ff UZK-DA) abgegeben werden. Die Zollschuld entsteht zum Zeitpunkt der Annahme der Zollanmeldung Art. 201 Abs. 2 UZK). Nach dem Urteil des EuGH vom 01.02.2001, Rs. C-66/99 (D. Wandel GmbH), muss jedoch ergänzend die Überlassung der Ware hinzukommen. Kommt es zwischen Annahme und Überlassung zu einer Störung, kann die Zollschuld auf andere Weise entstanden sein, mit allen sich daraus ergebenden Nachteilen.

35 **Zoll- und EUSt-Schuldner** ist der Anmelder, bei indirekter Vertretung auch die Person, für deren Rechnung die Anmeldung vorgenommen wird.

Beispiel:
Ein Lagerhalter unterhält ein öffentliches Zolllager i.S.d. Art. 240 Abs. 2 UZK. Er meldet eingelagerte Ware in eigenem Namen, aber für Rechnung seines Kunden zur Überführung in den freien Verkehr an.

Lösung:
Beide sind Schuldner von Zoll und EUSt.

Werden in einer Zollanmeldung falsche Angaben gemacht, die dazu führen, dass Einfuhrabgaben ganz oder teilweise nicht erhoben werden, wird auch die Person zum Zollschuldner, die die für die Zollanmeldung erforderlichen Angaben geliefert hat und die gewusst hat oder vernünftigerweise hätte wissen müssen, dass sie unrichtig waren (Art. 77 Abs. 3 UA 2 UZK). Dies ist in erster Linie von Bedeutung für Nacherhebungen, wenn der ursprüngliche Schuldner nicht mehr belangt werden kann.

Beispiel:
Ein Spediteur meldet in Vollmacht des deutschen Empfängers ein Reitpferd zur Überlassung in den freien Verkehr an und verwendet hierfür eine ihm vom Verkäufer übersandte Rechnung, in der der Kaufpreis irrtümlich nur mit 10 % des tatsächlich vereinbarten und gezahlten Kaufpreises angegeben wurde. Dieser Umstand wird im Rahmen einer Außenprüfung beim Spediteur entdeckt.

Lösung:
Der Verkäufer ist ebenfalls Schuldner der Einfuhrabgaben geworden, der Spediteur jedoch dann nicht, wenn er aufgrund der übrigen Umstände nicht wissen musste, dass die Rechnung falsch war.

2.2.3.4.2 Entstehung der Zollschuld bei Verstößen gem. Art. 79 UZK

Die bisher unter Art. 202–204 ZK erfassten Tatbestände des unerlaubten Verbringens (Art. 202 ZK), des Entziehens aus der zollamtlichen Überwachung (Art. 203 ZK) und der sonstigen Verfehlungen gegen zollrechtliche Vorschriften (Art. 204 ZK) waren häufig Gegenstand gerichtlicher Entscheidungen aller Instanzen einschließlich des EuGH, zum einen wegen der Abgrenzung der Tatbestände und der damit verbundenen unterschiedlichen Zollschuldner und zum anderen deshalb, weil in vielen Fällen die unzureichenden Korrekturvorschriften in keinem ausgewogenen Verhältnis zur Zollschuldentstehung standen (vgl. hierzu Rz. 53 der Vorauflage). 36

Mit Einführung des UZK sind diese verschiedenen **Tatbestände** in Art. 79 Abs. 1 Buchst. a) UZK zusammengefasst worden. Nunmehr entsteht eine Einfuhrzollschuld, wenn »eine der in den zollrechtlichen Vorschriften festgelegten Verpflichtungen in Bezug auf das Verbringen von Nicht-Unionswaren in das Zollgebiet der Union, auf das Entziehen dieser Waren aus der zollamtlichen Überwachung oder auf die Beförderung, Veredelung, Lagerung, vorübergehende Verwahrung, vorübergehende Verwendung oder Verwertung dieser Waren in diesem Gebiet« nicht erfüllt ist. Aus der Fülle der Rechtsprechung zu Art. 202 bis 204 ZK seien jeweils nur einige Beispiele genannt:

Eine Einfuhrschuld entsteht, wenn eine einfuhrabgabenpflichtige Ware **vorschriftswidrig** in das Zollgebiet **verbracht** wird. Zeitlich ist das Verbringen nicht auf den reinen Grenzübertritt beschränkt, sondern erstreckt sich auf den gesamten Zeitraum bis zur Gestellung; wenn innerhalb dieses Zeitraums die Ware gestohlen wird, gilt sie als unerlaubt verbracht. Vorschriftswidriges Verbringen ist nicht nur der bewusste Schmuggel von Waren sondern auch das unbewusste Verbringen von versteckter und damit bei der ESumA bzw. der Gestellung nicht erklärter Ware, z. B. die von einem Dritten in einem Leerraum verborgenen Zigaretten (vgl. dazu auch § 8 S. 2 ZollV, wonach versteckte Waren ausdrücklich zu gestellen sind). 37

Der Begriff des **Entziehens aus der zollamtlichen Überwachung** ist so zu verstehen, »dass er jede Handlung oder Unterlassung erfasst, die dazu führt, dass die zuständige Zollbehörde auch nur zeitweise am Zugang zu einer unter zollamtlicher Überwachung stehenden Ware ... gehindert wird« (EuGH vom 01.02.2001, Rs. C-66/99, D. Wandel GmbH, BFH/NV 2001, Beilage 3, 202–206). 38

Typische Fälle stellen dar:

- das Entfernen der Waren vom Ort der vorübergehenden Verwahrung ohne Zustimmung der Zollbehörden (Art. 148 Abs. 5 UZK),
- Nichterledigung eines Versandverfahrens, auch wenn die Waren letztlich in ein Drittland weiterbefördert werden,
- Verarbeitung der Ware ohne Zustimmung der Zollbehörden.

Beispiel:
Ein Pickup aus den USA wird mittels Versandverfahrens von Antwerpen nach Dänemark befördert; unterwegs wird das Fahrzeug heimlich mit einer Abschleppausrüstung versehen, die nach der Verzollung mit dem wesentlich günstigeren Zollsatz für Abschleppfahrzeuge wieder abgebaut wird.

Lösung:
Der ungenehmigte Umbau stellt ein Entziehen aus der zollamtlichen Überwachung dar.

39 Weitere, früher unter Art. 204 ZK fallende sonstige Verstöße können vielfältiger Natur sein, zumeist handelt es sich um Fristüberschreitungen, z. B. die nicht rechtzeitige Anmeldung der Ware zur Überführung in ein Zollverfahren nach vorangegangener vorübergehender Verwahrung innerhalb der 90-Tage-Frist (Art. 149 UZK), oder die nicht rechtzeitige Gestellung der Ware im Rahmen eines externen Unionsversandverfahrens (Art. 233 Abs. 1 Buchst. a UZK). Instruktiv auch das Urteil des EuGH vom 06.09.2012, Rs. C-28/11, Eurogate Distribution I, betreffend die verspätet vorgenommene Eintragung von Veränderungen in der Buchhaltung eines Zolllagers.

40 Der **Zeitpunkt** des Entstehens der Zollschuld ist der Moment, zu dem die Verpflichtung, deren Nichterfüllung die Zollschuld entstehen lässt, nicht oder nicht mehr erfüllt ist (Art. 79 Abs. 2 Buchst. a) UZK).

41 Die örtliche und nationale Zuständigkeit der erhebenden Zollbehörde sowie die Entstehung der EUSt wird durch den **Ort der Zollschuldentstehung** bestimmt (Art. 101 Abs. 1 UZK). Grundsätzlich entsteht die Zollschuld dort, wo die Zollanmeldung abgegeben wird (Art. 87 Abs. 1 UA 1 UZK), ansonsten dort, wo der Entstehungstatbestand verwirklicht wurde (Art. 87 Abs. 1 UA 2 UZK) und hilfsweise dort, wo das Entstehen festgestellt wird (Art. 87 Abs. 1 UA 3 UZK). Kommen mehrere Orte in Betracht, so ist maßgeblich der Ort, an dem die Zollschuld zuerst entstanden ist (Art. 87 Abs. 3 UZK). Für Fälle nicht beendeter Zollverfahren finden ergänzend die Art. 77–80 UZK-DA Anwendung. Bei einer Zollschuld von weniger als 10.000 € gilt die Zollschuld als in dem Mitgliedstaat entstanden, in dem ihre Entstehung festgestellt wurde (Art. 87 Abs. 4 UZK). Für Einzelheiten wird auf die Kommentierungen zu Art. 87 UZK verwiesen.

42 Gem. Art. 79 Abs. 3 UZK ist zunächst **Zollschuldner**, wer die betreffenden Verpflichtungen zu erfüllen hatte, i. d. R. also der Inhaber des Verfahrens, in bestimmten Situationen aber auch der Handelnde, selbst wenn er ohne Kenntnis der objektiven Tatbestandserfüllung handelte. Es kommt aber je nach Fallgestaltung auch derjenige in Betracht, der »wusste oder vernünftigerweise hätte wissen müssen«, dass einer Verpflichtung nicht erfüllt war, und der

(i) für Rechnung der Person handelte, die die Verpflichtung zu erfüllen hatte, oder

(ii) an der Handlung beteiligt war, die zur Nichterfüllung der Verpflichtung führte, oder

(iii) die betreffenden Waren mit entsprechender positiver oder unterstellter Kenntnis erworben oder in Besitz genommen hatte (Art. 79 Abs. 3 UZK).

Zollschuldner kann auch eine juristische Person sein, wenn sie »als derjenige angesehen werden kann, der mit seinem Verhalten den Grund für das vorschriftswidrige Verbringen gesetzt hat«, ein Vermittler, der über eBay die Lieferung von Waren an Endverbraucher vermittelt hatte oder ein Hintermann, der kraft Organisationsgewalt die Durchführung eines Transportes mit Schmuggelware angeordnet hatte. Die umfangreiche Rechtsprechung ist zu Art. 202, 203 ZK ergangen.

Zoll- und EUSt-Schuldner ist stets die die Ware tatsächlich verbringende, also handelnde natürliche Person.

Beispiel:
Auf einem Lkw sind – ohne dass es der Fahrer weiß – Zigaretten versteckt. Der Fahrer ist Schuldner der Einfuhrabgaben.

Lösung:
Für ihn gilt § 8 Abs. 2 ZollV: »Hinsichtlich versteckter oder durch besonders angebrachte Vorrichtungen verheimlichter Waren bedarf es einer ausdrücklichen Mitteilung« (sprich: Gestellung). So der EuGH vom 04.03.2004, Rs. C-238/02 (Viluckas) und C-246/02 (Jonusas), und ihm folgend der BFH in ständiger Rechtsprechung, z. B. Urteil vom 07.12.2004, Az: VII R 21/04, BFH/NV 2005, 1166–1169.

2.2.3.4.3 Weitere Entstehungstatbestände

43 Art. 78 UZK regelt das Entstehen der Zollschuld im Rahmen von Zollpräferenzbehandlungen.

Art. 79 Abs. 1 Buchst. b) UZK sieht das Entstehen der Zollschuld vor bei Pflichtverstößen im Zusammenhang mit der Endverwendung (z.B. bei Verstößen gegen die Zollbefreiungen der ZollbefreiungsVO).

Art. 79 Abs. 1 Buchst. c) UZK schließlich betrifft die Überlassung von Waren in ein Zollverfahren, obwohl die Voraussetzungen hierfür nicht vorliegen (z.B. das Überschreiten der Mengen- oder Wertangaben in der Bewilligung der aktiven Veredelung).

2.2.3.5 Erlöschen der Zoll- und EUSt-Schuld

Art. 124 UZK sieht das Erlöschen der Einfuhrzollschuld und damit auch der EUSt in einer Reihe von Fällen vor, die z.T. auch als Korrektiv für die sehr schnell verwirklichten Entstehungstatbestände vorgesehen sind: 44

Hierbei ist insbesondere zu nennen der Tatbestand des Art. 124 Abs. 1 Buchst. k) UZK. Danach erlischt die wegen eines Verstoßes gem. Art. 79 ZK entstandene Zollschuld, wenn den »Zollbehörden nachgewiesen wird, dass die Waren nicht verwendet oder verbraucht, sondern aus dem Zollgebiet der Union verbracht worden sind«, sofern der betreffende Zollschuldner keinen Täuschungsversuch unternommen hat (Art. 124 Abs. 6 UZK). Hiermit kann eine Vielzahl von Verfehlungsfällen, insbesondere bei Verstößen im Zusammenhang mit der Durchfuhr von Waren, zufriedenstellend erledigt werden.

Allerdings steht dieser Erlöschenstatbestand im Konflikt mit Art. 124 Abs. 1 Buchst. b) UZK, wonach die Zollschuld auch durch Entrichtung des Einfuhrabgabenbetrages erlischt. Dies ist zumindest dann problematisch, wenn die Verbringung aus dem Zollgebiet der Union erst erfolgt oder erfolgen kann, nachdem die Zollschuld erhoben und – wegen der sofortigen Vollziehbarkeit des Abgabenbescheides – bezahlt worden ist. Hier wird Art. 124 Abs. 1 Buchst. b) UZK dahin ausgelegt werden müssen, dass im Fall des Art. 124 Abs. 1 Buchst. k) UZK das Erlöschen als nicht erfolgt anzusehen ist.

Einen weiteren Erlöschenstatbestand für wegen eines Verstoßes gem. Art. 79 ZK entstandene Zollschulden sieht Art. 124 Abs. 1 Buchst. h) UZK vor; danach erlischt die Schuld, wenn der Verstoß keine erheblichen Auswirkungen auf die ordnungsgemäße Abwicklung des betreffenden Zollverfahrens hatte und kein Täuschungsversuch war, und wenn alle notwendigen Formalitäten erfüllt wurden, um die Situation zu bereinigen. 45

Weitere Erlöschenstatbestände sind u.a. der Eintritt der Verjährung gem. Art. 103 UZK, die Ungültigkeitserklärung der Zollanmeldung zu einem Zollverfahren, das die Verpflichtung zur Zahlung von Einfuhrabgaben enthält, die Beschlagnahme und Einziehung abgabenpflichtiger Waren, die Zerstörung solcher Waren unter zollamtlicher Aufsicht, oder dass die betreffenden Waren infolge unvorhersehbarer Ereignisse oder höherer Gewalt oder auf Anweisung der Zollbehörden zerstört wurden oder unwiederbringlich verloren gegangen, d.h. von niemandem mehr zu verwenden sind. 46

2.2.4 Verfahrensvorschriften

2.2.4.1 Erfassung

Der Einfuhrabgabenbescheid ist die »**Mitteilung der Zollschuld**« (Art. 101, 102 UZK). Bei einer korrekten Selbstanmeldung des Einfuhrabgabenbetrages gilt die Überlassung der Waren durch die Zollbehörden als Mitteilung (Art. 102 Abs. 2 UZK). 47

Die Mitteilung muss unterbleiben, wenn eine Frist von drei Jahren seit Entstehung der Abgabenschuld vergangen ist (Art. 103 Abs. 1 UZK). Diese **Verjährungsfrist** wird allerdings im Falle eines Rechtsbehelfs für die Dauer dieses Rechtsbehelfs ausgesetzt. Entstand die Einfuhrabgaben- 48 schuld aufgrund strafbarer Handlung, so verlängert sich die Frist auf mindestens fünf und höchstens zehn Jahre gemäß dem einzelstaatlichen Recht, also in Deutschland auf fünf Jahre bei leichtfertiger Steuerverkürzung bzw. auf zehn Jahre bei Steuerhinterziehung (Art. 103 Abs. 2 UZK i. V. m. § 169 Abs. 2 S. 2 AO).

2.2.4.2 Nacherhebung

49 Eine Abgabenschuld ist zu erfassen, sobald sie bekannt wird, also auch nachträglich (Art. 105 Abs. 3 ZK). Hierzu zählen insbesondere die Fälle der unzutreffenden Tarifierung, der zu geringen Mengenangaben sowie der unzutreffenden Annahme von Abgabenbegünstigungen bzw. -befreiungen.

50 Nach Art. 220 Abs. 2 Buchst. b ZK war von der nachträglichen buchmäßigen Erfassung unter bestimmten Voraussetzungen **abzusehen**. Diese Möglichkeit wird nunmehr im Rahmen der Erstattungs- und Erlassregelungen gewährt (vgl. Rz. 66).

2.2.4.3 Entrichtung, Zinsen

51 Für die Entrichtung der Einfuhrabgaben hat die Zollbehörde im Regelfall eine Frist von höchstens zehn Tagen ab Zugang des Bescheids zu setzen (Art. 108 Abs. 1 UZK). Die Aussetzung der Zahlung kann unter bestimmten Voraussetzungen auf Antrag erfolgen, und zwar im Regelfall gegen Sicherheitsleistung (Art. 108 Abs. 3 UZK i. V. m. Art. 89 Abs. 2 UZK-DA). Die Aussetzung der Vollziehung eines Bescheides insgesamt kann nur unter den engeren Voraussetzungen von Art. 45 Abs. 2 UZK beantragt werden. § 361 AO wird insoweit vom Zollrecht überlagert. Auf Antrag können auch Zahlungsaufschub und andere Zahlungserleichterungen (z. B. Ratenzahlung) gewährt werden (Art. 110 bis 112 UZK). Zum Zahlungsaufschub der EUSt vgl. u. Abschn. 2.4.

52 Kreditzinsen sind zu erheben für gewährte Zahlungserleichterungen (Art. 112 Abs. 2 UZK), Verzugszinsen sind zu erheben für verspätete Zahlungen (Art. 114 Abs. 1 UZK) und für erhobene Abgaben im Zusammenhang mit Verstößen gegen Zollvorschriften oder bei nachträglicher Kontrolle (Art. 114 Abs. 2 UZK). Der Zinssatz beträgt für Kreditzinsen ein Prozentpunkt, für Verzugszinsen zwei Prozentpunkte über dem am ersten Tag des Fälligkeitsmonats geltenden Zinssatz der EZB für Hauptrefinanzierungsgeschäfte.

2.2.4.4 Erstattung und Erlass, Billigkeit

53 Gem. § 5 Abs. 3 UStG i. V. m. § 14 Abs. 1 EUStBV wird die EUSt »erstattet oder erlassen in sinngemäßer Anwendung der Art. 235 bis 242 ZK und der Durchführungsvorschriften dazu«. Tatsächlich erfolgen Erstattung und Erlass durch Anwendung der Art. 116 bis 121 UZK, Art. 92 bis 102 UZK-DA und Art. 172 bis 181 UZK-IA. Der Verordnungsgeber hat es nicht geschafft, die in dieser Vorschrift enthaltene Verweisung im Zusammenhang mit der Einführung des UZK anzupassen. Dies ist jedoch nicht von Bedeutung, da die Vorschrift wegen des vorrangigen § 21 Abs. 2 UStG lediglich deklaratorischen Charakter hat (vgl. Alexander in Witte, vor Art. 116 UZK Rn. 5).

54 **Verhältnis zum Vorsteuerabzug**

Hinsichtlich der EUSt hängt außer in den Fällen des Art. 236 ZK (jetzt: Art. 117 UZK (vgl. Rn. 62 ff.) die Erstattung oder der Erlass aus Gründen der Verfahrensvereinfachung davon ab, dass der Antragsteller nicht oder nicht in vollem Umfang zum Vorsteuerabzug berechtigt ist (§ 14 Abs. 2 EUStBV).

55 **Erstattung oder Erlass nach Art. 116 bis 121 UZK**

Die Art. 116 ff UZK zusammen mit den sie betreffenden Durchführungsvorschriften der Art. 92 bis 102 UZK-DA und Art. 172 bis 181 UZK-IA regeln abschließend die Korrektur der zu hohen

Zollschuld (zuvor Art. 235 bis 242 ZK, vgl. BFH vom 17.08.2000, Az: VII R 108/95, BFHE 192, 140, BFH/NV 2001, 133). Sie sind damit das notwendige Gegenstück zur Nacherhebung von zu niedrig berechneten Einfuhrabgaben (vgl. Rn. 49). Wurde zu Unrecht erstattet oder erlassen, so lebt die ursprüngliche Einfuhrabgabenschuld wieder auf, und es ist innerhalb unverjährter Zeit nachzuerheben (Art. 116 Abs. 7 UZK).

Erstattung ist die Rückzahlung entrichteter Einfuhrabgaben, Erlass der Verzicht auf die Zollschuld oder eines Teils davon (Art. 5 Nr. 28 und 29 UZK). 56

Nunmehr weitgehende Ausgewogenheit der Korrekturvorschriften 57

Die in Rz. 53 der Vorauflage kritisierte Unausgewogenheit der Korrekturvorschriften ist mit der Einführung des UZK in weiten Teilen beseitigt worden. Leitlinie ist hierbei der 38. Erwägungsgrund des UZK: »Es ist angebracht, dem guten Glauben des Beteiligten in den Fällen, in denen eine Zollschuld auf einer Nichteinhaltung zollrechtlicher Vorschriften beruht, Rechnung zu tragen und die Folgen fahrlässigen Verhaltens des Zollschuldners auf ein Mindestmaß abzumildern.«

Es bleibt abzuwarten, inwieweit sich diese Leitlinie gegenüber dem Gedanken betreffend die Sicherung der Eigenmittel der Union durchsetzen kann.

2.2.4.4.1 Erstattung oder Erlass wegen nicht bestehender Abgabenschuld (Art. 117 UZK)

Grundfall von Erstattung/Erlass ist gem. Art. 117 ZK, dass der gezahlte Betrag gesetzlich nicht geschuldet oder der Betrag zu Unrecht erhoben worden war. 58

Diese Vorschrift setzt anders als die nationalen Vorschriften der AO ausschließlich beim Betrag der Zollschuld an, nicht bei der Fehlerhaftigkeit des Bescheides an sich. Die entsprechenden Vorschriften der AO, insbesondere § 163 AO (abweichende Steuerfestsetzung aus Billigkeitsgründen), § 164 AO (Festsetzung unter Vorbehalt der Nachprüfung), § 165 AO (vorläufige Steuerfestsetzung), §§ 167 bis 171 AO (Festsetzungsverjährung) und §§ 172 bis 177 AO (Bestandskraft von Steuerbescheiden) werden von Art. 117 UZK überlagert (vgl. Alexander in Witte, vor Art. 116 UZK Rn. 14). Sogar die Korrektur von Schreibfehlern (§ 129 AO) ist ausschließlich über Art. 117 UZK zu regeln.

Beispielsfälle für einen gesetzlich nicht geschuldeten Betrag: Es wurde ein zu hoher Zollwert, ein falscher Zolltarif oder eine zu große Warenmenge zu Grunde gelegt; ein Tipp- oder Rechenfehler führte zu einer zu hohen Zollschuld; Rückwaren, die einer Abgabenbefreiung unterliegen, wurden irrtümlich nicht als solche angemeldet; nach einem nicht beendeten Versandverfahren wird der Nachweis für das Erlöschen der Zollschuld gem. Art. 124 Abs. 1 Buchst. k) UZK erbracht.. 59

Erstattung/Erlass sind nur bei einer Täuschung im Zusammenhang mit der zu hohen Zollanmeldung ausgeschlossen. Der Begriff der Täuschung ist neu, im ZK wurde von betrügerischer Absicht gesprochen. Es ist jedoch davon auszugehen, dass auch jetzt nur vorsätzliches Handeln erfasst ein soll, geringere Verschuldensformen also unschädlich sind. 60

Erstattung/Erlass erfolgt grundsätzlich von Amts wegen, sobald der Zollbehörde die Erfüllung des entsprechenden Tatbestands bekannt geworden ist (Art. 121 Abs. 4 UZK), wenn, z.B. im Rahmen einer Außenprüfung, die Zollbehörde feststellt, dass ein Erstattungs-/Erlassfall vorliegt. Ansonsten erfolgt Erstattung/Erlass auf Antrag; dieser ist innerhalb einer Frist von drei Jahren nach Mitteilung der Abgabenschuld zu stellen (Art. 121 Abs. 1 Buchst. a) UZK). Er kann formlos gestellt werden. 61

Außer in den Fällen des Art. 117 UZK hängt die Erstattung oder der Erlass von EUSt jedoch davon ab, dass der Antragsteller hinsichtlich der Gegenstände nicht oder nicht in vollem Umfang zum Vorsteuerabzug berechtigt ist (§ 14 Abs. 2 S. 1 EUStBV). Wird in den Fällen des Art. 117 UZK erstattet oder erlassen und ist der Antragsteller zum Vorsteuerabzug berechtigt, erfolgt eine Kontrollmitteilung (VSF Z 81 01 Abs. (145)). 62

2.2.4.4.2 Erstattung wegen für ungültig erklärter Zollanmeldung (Art. 116 Abs. 1 UA 2 UZK)

63 In den häufiger vorkommenden Fällen der irrtümlichen Anmeldung der Ware zur Überführung in den freien Verkehr kann die Zollanmeldung gem. Art. 174 UZK i. V. m. Art. 148 UZK-DA für ungültig erklärt werden. Ist auf die Anmeldung bereits bezahlt worden, muss bei Ungültigerklärung erstattet werden; für die EUSt gilt dies nur, wenn und soweit der Abgabenschuldner nicht zum Vorsteuerabzug berechtigt ist. Der Antrag ist innerhalb der für die Ungültigkeitserklärung geltenden Frist zu stellen (At. 121 Abs. 1 Buchst. c) UZK).

2.2.4.4.3 Erstattung oder Erlass wegen Zurückweisung der Waren (Art. 238 ZK)

64 Einfuhrabgaben werden gem. Art. 118 UZK insoweit erstattet oder erlassen, als die Waren nachweislich vom Einführer zurückgewiesen werden, weil sie entweder schadhaft sind oder aber den vertraglichen Bedingungen nicht entsprechen. Erstattet werden die buchmäßig erfassten Eingangsabgaben. Allerdings dürfen die zurückgewiesenen Waren weder verwendet noch gebraucht worden sein. Ausgenommen ist der Fall, dass die Schadhaftigkeit oder die nicht vorhandene zugesicherte Eigenschaft erst nach Gebrauch oder Verwendung der Ware festgestellt werden konnte.

65 Der Antrag ist innerhalb von zwölf Monaten nach der Mitteilung der Abgaben durch die Zollbehörde an den Zollschuldner bei der zuständigen Zollbehörde zu stellen (Art. 121 Abs. 1 Buchst. b) UZK).

2.2.4.4.4 Irrtum der zuständigen Behörden (Art. 119 UZK)

66 Eine wesentliche, häufig in Anspruch genommene Regelung des Vertrauensschutzes stellt Art. 119 UZK für die Fälle dar, in denen die Zollanmeldung fälschlicherweise zu einer zu niedrigen Zollschuld führte und diese Anmeldung auf einem Irrtum der zuständigen Behörden beruhte, die der gutgläubige Zollschuldner vernünftigerweise nicht erkennen konnte. Hierbei ist in erster Linie die Verwendung von außerhalb der Union ansässigen Behörden ausgestellte falsche Präferenzbescheinigungen zu nennen, was gem. Art. 119 Abs. 3 UZK generell schon zu einem vernünftigerweise nicht erkennbaren Irrtum führt. Aber auch eine falsche Auslegung der Tarifvorschriften durch den Zoll aus Anlass der Zollanmeldung kann dazugehören. Wegen der Einzelheiten wird auf die einschlägigen, umfangreichen Kommentierungen zu Art. 220 Abs. 2 Buchst. b ZK verwiesen. In vielen Fällen mit einem Volumen von mehr als 500.000 Euro hat die Kommission zu entscheiden (vgl. dazu jetzt Art. 116 Abs. 3 UZK). Die Entscheidungen der Kommission in den sog. REC-Verfahren werden auf der Website der Generaldirektion Steuern und Zollunion (TAXUD) veröffentlicht.

2.2.4.4.5 Billigkeit (Art. 120 UZK)

67 Wenn die Zollschuld unter besonderen Umständen entstanden ist, die nicht auf eine Täuschung oder offensichtliche Fahrlässigkeit des Zollschuldners zurückzuführen sind, können Einfuhrabgaben gem. Art. 120 Abs. 1 UZK erstattet werden.

Solche besonderen Umstände »liegen vor, wenn die Umstände des Falls klar erkennen lassen, dass sich der Zollschuldner im Vergleich zu anderen Wirtschaftsbeteiligten im gleichen Geschäftsfeld in einer besonderen Lage befindet und dass ihm, wenn diese besonderen Umstände nicht vorliegen würden, keine Nachteile aus der Erhebung des Einfuhr- oder Ausfuhrabgabenbetrags entstanden wären« (§ 120 Abs. 2 UZK). Die Vorschrift nimmt damit die Rechtsprechung des EuGH zu Art. 239 ZK auf, die die Vorgängervorschrift des Art. 239 ZK als eine auf Billigkeitserwägungen beruhende Generalklausel bezeichnet hatte (vgl. EuGH vom 10.05.2001, Rs. C-186/97 u. a. – Kaufring u. a./Kommission, bei Tz. 225), die entsprechend eng auszulegen sei. Auf die Kommentierung zu Art. 239 ZK wird verwiesen. Auch hier hat die Kommission gem. Art., 116 Abs. 3 UZK bei Fällen über 500.000 Euro zu entscheiden. Die Entscheidungen der Kommission in den sog. REM-Verfahren werden ebenfalls auf der Website der GD TAXUD veröffentlicht.

Der Antrag ist innerhalb einer Frist von drei Jahren nach Mitteilung der Abgabenschuld zu stellen (Art. 121 Abs. 1 Buchst. a) UZK). 68

Die Billigkeitsnorm des § 227 AO ist – auch für die EUSt – nicht anwendbar. 69

2.2.4.4.6 Zinsen (Art. 116 Abs. 3 UZK)

Im Falle der Erstattung sind von den betreffenden Zollbehörden keine Zinsen zu zahlen. Im Gegensatz zur Vorgängervorschrift des Art. 241 ZK enthält Art. 116 Abs. 3 UZK nicht die Regelung, dass Zinsen dann zu zahlen sind, wenn dies aufgrund der einzelstaatlichen Vorschriften vorgesehen ist. Hieraus schließt die deutsche Zollverwaltung zu Unrecht, dass auch keine Prozesszinsen (§ 236 AO) zu zahlen seien. Sie verkennt dabei, dass es sich bei § 236 AO um eine Regelung des autonomen deutschen Verfahrensrechtes handelt, die nicht an den Erstattungsanspruch an sich anknüpft sondern allein an den Umstand der Klagerhebung; vgl. hierzu Reimer, Prozesszinsen auf erstattete Einfuhrabgaben, AW-Prax 2017, S. 453 f. 70

2.2.4.5 Rechtsbehelfe

Hinsichtlich der Rechtsbehelfe verweist Art. 44 UZK im Ergebnis auf nationales Recht zurück, nämlich auf der ersten Stufe auf das Einspruchsverfahren vor dem zuständigen Hauptzollamt und auf einer zweiten Stufe auf das Verfahren vor dem Finanzgericht. 71

Abweichend geregelt ist die **Aussetzung der Vollziehung** (AdV), indem der Entscheidungsmaßstab sowohl des Hauptzollamtes als auch des Finanzgerichtes im Rahmen eines Verfahrens nach § 69 Abs. 3 FGO ausschließlich von Art. 45 Abs. 2 und 3 UZK bestimmt wird; die § 361 AO ist insoweit unanwendbar. Gem. Art. 45 Abs. 3 UZK ist die AdV in wesentlich stärkerem Maße von einer Sicherheitsleistung abhängig zu machen, die nur dann nicht gefordert werden darf, wenn dies aufgrund der Lage des Schuldners zu ernsten Schwierigkeiten wirtschaftlicher oder sozialer Art führen würde, was auf der Grundlage einer dokumentierten Bewertung festzustellen ist. 72

2.3 Abfertigungsplätze (§ 21 Abs. 2a UStG)

Diese Regelung, die in ihrer Neufassung zum 01.01.2004 den geänderten Einfuhrbegriff des § 1 Abs. 1 Nr. 4 UStG berücksichtigt, definiert Abfertigungsplätze und Verbindungswege im Ausland als zum Inland gehörig, ohne Rücksicht auf die Gebietseinteilung des Zollrechts, so dass auch dort durch dazu befugte deutsche Beamte Amtshandlungen vorgenommen werden können, die zur Entstehung einer EUSt-Schuld führen. Dies hat Bedeutung sowohl für die vorgeschobenen Abfertigungsplätze in der Schweiz (Badischer Bahnhof Basel und Deutsches Zollamt in Schaffhausen) als auch für die deutschen Freihäfen, die nicht zum Erhebungsgebiet gehören (vgl. § 1 Abs. 2 S. 1 UStG). 73

2.4 Aufschub der Einfuhrumsatzsteuer (§ 21 Abs. 3 UStG)

Die in Art. 110 UZK für den beantragten Zahlungsaufschub vorgesehene Sicherheitsleistung kann für die EUSt entfallen, wenn die zu entrichtende EUSt in voller Höhe als Vorsteuer abgezogen werden kann, weil das Steueraufkommen in diesen Fällen nicht gefährdet wird. Es genügt, wenn die EUSt überhaupt als Vorsteuer abgezogen werden kann, diese Voraussetzungen müssen nicht unbedingt in der Person des Anmelders vorliegen. So kommt auch der anmeldende Spediteur in den Genuss des sicherheitsbefreiten Aufschubs, wenn – wie es die Regel ist – sein Kunde als 74

Importeur zum Vorsteuerabzug berechtigt ist. Zu beachten ist in diesem Fall, dass der Spediteur, wenn er der Inhaber des Aufschubkontos ist, über das er die Einfuhr für seinen Kunden anmeldet, im Falle der Insolvenz des Kunden selbst zum EUSt-Schuldner werden kann, da er sich im Antragsformular unwiderruflich verpflichten muss, die EUSt-Schuld bei Fälligkeit für den Abgabenschuldner zu entrichten (vgl. Vordruck 0580 Feld 8).

2.5 Weitere Einfuhrumsatzsteuerschuld (§ 21 Abs. 4 UStG)

75 Das Zollrecht sieht vor, dass zu einer besonderen Verwendung bestimmte Waren zu einem ermäßigten Zollsatz oder gar abgabenfrei in den freien Verkehr übergeführt werden können, wenn und solange bestimmte Voraussetzungen erfüllt werden (vgl. Art. 254 UZK i. V. m. Art. 239 UZK-DA), die Waren insbesondere unter zollamtlicher Überwachung bleiben. Liegen diese Voraussetzungen nicht mehr vor, und werden die Waren nicht gleichzeitig wieder ausgeführt oder zerstört, so ist der normale Zollsatz anzuwenden mit der Folge, dass eine weitere EUSt entsteht. Da mit der Überführung in den freien Verkehr bereits eine EUSt-Schuld entstanden war, ist Bemessungsgrundlage nur die nacherhobene Abgabe. Gleiches gilt für im freien Verkehr befindliche verbrauchsteuerpflichtige Waren unter Steueraussetzung (vgl. z. B. § 15 Abs. 2 TabStG) sowie für abgabenbegünstigte Gegenstände, die nach der Überführung in den freien Verkehr bearbeitet oder verarbeitet werden (§ 21 Abs. 4 S. 2 UStG).

76 Diese weitere EUSt entsteht in konsequenter Anwendung des Grundsatzes des Vorsteuerabzuges nicht, wenn der EUSt-Schuldner in Bezug auf die betreffenden Gegenstände zum vollen Vorsteuerabzug berechtigt ist. Die früher geltende Regelung, dass auch derjenige EUSt-Schuldner in den Genuss der Nichtentstehung der weiteren EUSt kommt, der zum vollen Vorsteuerabzug berechtigt wäre, wenn er den Gegenstand für sein eigenes Unternehmen eingeführt hätte, wurde – da sinnwidrig – durch das Steueränderungsgesetz 2003 m. W. z. 01.01.2004 gestrichen. Dies betrifft vor allem Logistikunternehmen, wenn das in ihrer Obhut befindliche Gut gem. Art. 79 Abs. 1 Buchst. a) UZK der zollamtlichen Überwachung entzogen und damit die Abgabenbegünstigung beendet wurde.

2.6 Erweiterter Warenbegriff (§ 21 Abs. 5 UStG)

77 § 21 Abs. 5 UStG stellt klar, dass die Regelungen über die EUSt auf alle Gegenstände Anwendung finden, die nach § 1 Abs. 1 UStG bei inländischen Umsätzen einer Besteuerung unterliegen, auch wenn sie zollfrei gestellt sind oder möglicherweise gar nicht dem zollrechtlichen Warenbegriff unterfallen. Dies gilt insbesondere für Elektrizität, Gas, Wärme, Kälte und ähnliche Sachen (vgl. Art. 15 Abs. 1 MwStSystRL). Zum seinerzeitigen Problemfall Elektrizität vgl. BFH vom 01.07.1975, Az: VII R 25/73, BFHE 117, 120.

§ 22 UStG
Aufzeichnungspflichten

(1) [1]Der Unternehmer ist verpflichtet, zur Feststellung der Steuer und der Grundlagen ihrer Berechnung Aufzeichnungen zu machen. [2]Diese Verpflichtung gilt in den Fällen des § 13a Abs. 1 Nr. 2 und 5, des § 13b Abs. 5 und des § 14c Abs. 2 auch für Personen, die nicht Unternehmer sind. [3]Ist ein land- und forstwirtschaftlicher Betrieb nach § 24 Abs. 3 als gesondert geführter Betrieb zu behandeln, so hat der Unternehmer Aufzeichnungspflichten für diesen Betrieb gesondert zu erfüllen. [4]In den Fällen des § 18 Abs. 4c und 4d sind die erforderlichen Aufzeichnungen auf Anfrage des Bundeszentralamtes für Steuern auf elektronischem Weg zur Verfügung zu stellen; in den Fällen des § 18 Abs. 4e sind die erforderlichen Aufzeichnungen auf Anfrage der für das Besteuerungsverfahren zuständigen Finanzbehörde auf elektronischem Weg zur Verfügung zu stellen.

(2) Aus den Aufzeichnungen müssen zu ersehen sein:

1. die vereinbarten Entgelte für die vom Unternehmer ausgeführten Lieferungen und sonstigen Leistungen. Dabei ist ersichtlich zu machen, wie sich die Entgelte auf die steuerpflichtigen Umsätze, getrennt nach Steuersätzen, und auf die steuerfreien Umsätze verteilen. Dies gilt entsprechend für die Bemessungsgrundlagen nach § 10 Abs. 4, wenn Lieferungen im Sinne des § 3 Abs. 1b, sonstige Leistungen im Sinne des § 3 Abs. 9a sowie des § 10 Abs. 5 ausgeführt werden. Aus den Aufzeichnungen muss außerdem hervorgehen, welche Umsätze der Unternehmer nach § 9 als steuerpflichtig behandelt. Bei der Berechnung der Steuer nach vereinnahmten Entgelten (§ 20) treten an die Stelle der vereinbarten Entgelte die vereinnahmten Entgelte. Im Fall des § 17 Abs. 1 Satz 6 hat der Unternehmer, der die auf die Minderung des Entgelts entfallende Steuer an das Finanzamt entrichtet, den Betrag der Entgeltsminderung gesondert aufzuzeichnen;
2. die vereinnahmten Entgelte und Teilentgelte für noch nicht ausgeführte Lieferungen und sonstige Leistungen. Dabei ist ersichtlich zu machen, wie sich die Entgelte und Teilentgelte auf die steuerpflichtigen Umsätze, getrennt nach Steuersätzen, und auf die steuerfreien Umsätze verteilen. Nummer 1 Satz 4 gilt entsprechend;
3. die Bemessungsgrundlage für Lieferungen im Sinne des § 3 Abs. 1b und für sonstige Leistungen im Sinne des § 3 Abs. 9a Nr. 1. Nummer 1 Satz 2 gilt entsprechend;
4. die wegen unrichtigen Steuerausweises nach § 14c Abs. 1 und wegen unberechtigten Steuerausweises nach § 14c Abs. 2 geschuldeten Steuerbeträge;
5. die Entgelte für steuerpflichtige Lieferungen und sonstige Leistungen, die an den Unternehmer für sein Unternehmen ausgeführt worden sind, und die vor Ausführung dieser Umsätze gezahlten Entgelte und Teilentgelte, soweit für diese Umsätze nach § 13 Abs. 1 Nr. 1 Buchstabe a Satz 4 die Steuer entsteht, sowie die auf die Entgelte und Teilentgelte entfallenden Steuerbeträge;
6. die Bemessungsgrundlagen für die Einfuhr von Gegenständen (§ 11), die für das Unternehmen des Unternehmers eingeführt worden sind, sowie die dafür entstandene Einfuhrumsatzsteuer;
7. die Bemessungsgrundlagen für den innergemeinschaftlichen Erwerb von Gegenständen sowie die hierauf entfallenden Steuerbeträge;

8. in den Fällen des § 13b Abs. 1 bis 5 beim Leistungsempfänger die Angaben entsprechend den Nummern 1 und 2. Der Leistende hat die Angaben nach den Nummern 1 und 2 gesondert aufzuzeichnen;
9. die Bemessungsgrundlage für Umsätze im Sinne des § 4 Nr. 4a Satz 1 Buchstabe a Satz 2 sowie die hierauf entfallenden Steuerbeträge.

(3) [1]Die Aufzeichnungspflichten nach Abs. 2 Nr. 5 und 6 entfallen, wenn der Vorsteuerabzug ausgeschlossen ist (§ 15 Abs. 2 und 3). [2]Ist der Unternehmer nur teilweise zum Vorsteuerabzug berechtigt, so müssen aus den Aufzeichnungen die Vorsteuerbeträge eindeutig und leicht nachprüfbar zu ersehen sein, die den zum Vorsteuerabzug berechtigenden Umsätzen ganz oder teilweise zuzurechnen sind. [3]Außerdem hat der Unternehmer in diesen Fällen die Bemessungsgrundlagen für die Umsätze, die nach § 15 Abs. 2 und 3 den Vorsteuerabzug ausschließen, getrennt von den Bemessungsgrundlagen der übrigen Umsätze, ausgenommen die Einfuhren und die innergemeinschaftlichen Erwerbe, aufzuzeichnen. [4]Die Verpflichtung zur Trennung der Bemessungsgrundlagen nach Abs. 2 Nr. 1 Satz 2, Nr. 2 Satz 2 und Nr. 3 Satz 2 bleibt unberührt.

(4) In den Fällen des § 15a hat der Unternehmer die Berechnungsgrundlagen für den Ausgleich aufzuzeichnen, der von ihm in den in Betracht kommenden Kalenderjahren vorzunehmen ist.

(4a) Gegenstände, die der Unternehmer zu seiner Verfügung vom Inland in das übrige Gemeinschaftsgebiet verbringt, müssen aufgezeichnet werden, wenn

1. an den Gegenständen im übrigen Gemeinschaftsgebiet Arbeiten ausgeführt werden,
2. es sich um eine vorübergehende Verwendung handelt, mit den Gegenständen im übrigen Gemeinschaftsgebiet sonstige Leistungen ausgeführt werden und der Unternehmer in dem betreffenden Mitgliedstaat keine Zweigniederlassung hat oder
3. es sich um eine vorübergehende Verwendung im übrigen Gemeinschaftsgebiet handelt und in entsprechenden Fällen die Einfuhr der Gegenstände aus dem Drittlandsgebiet vollständig steuerfrei wäre.

(4b) Gegenstände, die der Unternehmer von einem im übrigen Gemeinschaftsgebiet ansässigen Unternehmer mit Umsatzsteuer-Identifikationsnummer zur Ausführung einer sonstigen Leistung im Sinne des § 3a Abs. 3 Nr. 3 Buchstabe c erhält, müssen aufgezeichnet werden.

(4c) [1]Der Lagerhalter, der ein Umsatzsteuerlager im Sinne des § 4 Nr. 4a betreibt, hat Bestandsaufzeichnungen über die eingelagerten Gegenstände und Aufzeichnungen über Leistungen im Sinne des § 4 Nr. 4a Satz 1 Buchstabe b Satz 1 zu führen. [2]Bei der Auslagerung eines Gegenstands aus dem Umsatzsteuerlager muss der Lagerhalter Name, Anschrift und die inländische Umsatzsteuer-Identifikationsnummer des Auslagerers oder dessen Fiskalvertreters aufzeichnen.

(4d) [1]Im Fall der Abtretung eines Anspruchs auf die Gegenleistung für einen steuerpflichtigen Umsatz an einen anderen Unternehmer (§ 13c) hat

1. der leistende Unternehmer den Namen und die Anschrift des Abtretungsempfängers sowie die Höhe des abgetretenen Anspruchs auf die Gegenleistung aufzuzeichnen;
2. der Abtretungsempfänger den Namen und die Anschrift des leistenden Unternehmers, die Höhe des abgetretenen Anspruchs auf die Gegenleistung sowie die Höhe der auf den abgetretenen Anspruch vereinnahmten Beträge aufzuzeichnen. Sofern der Abtretungsempfänger die Forderung oder einen Teil der Forderung an einen Dritten abtritt, hat er zusätzlich den Namen und die Anschrift des Dritten aufzuzeichnen.

[2]Satz 1 gilt entsprechend bei der Verpfändung oder der Pfändung von Forderungen. [3]An die Stelle des Abtretungsempfängers tritt im Fall der Verpfändung der Pfandgläubiger und im Fall der Pfändung der Vollstreckungsgläubiger.

(4e) [1]Wer in den Fällen des § 13c Zahlungen nach § 48 der Abgabenordnung leistet, hat Aufzeichnungen über die entrichteten Beträge zu führen. [2]Dabei sind auch Name, Anschrift und die Steuernummer des Schuldners der Umsatzsteuer aufzuzeichnen.

(5) Ein Unternehmer, der ohne Begründung einer gewerblichen Niederlassung oder außerhalb einer solchen von Haus zu Haus oder auf öffentlichen Straßen oder an anderen öffentlichen Orten Umsätze ausführt oder Gegenstände erwirbt, hat ein Steuerheft nach amtlich vorgeschriebenem Vordruck zu führen.

(6) Das Bundesministerium der Finanzen kann mit Zustimmung des Bundesrates durch Rechtsverordnung

1. **nähere Bestimmungen darüber treffen, wie die Aufzeichnungspflichten zu erfüllen sind und in welchen Fällen Erleichterungen bei der Erfüllung dieser Pflichten gewährt werden können, sowie**
2. **Unternehmer im Sinne des Abs.es 5 von der Führung des Steuerhefts befreien, sofern sich die Grundlagen der Besteuerung aus anderen Unterlagen ergeben, und diese Befreiung an Auflagen knüpfen.**

Literatur

Pump, Die Kassenführung im bargeldintensiven Betrieb am Beispiel des Friseurs, StBp 2016, 131. **Pump,** Die Einzelaufzeichnungspflicht von Barerlösen bei offenen Ladenkasse bei Umsatzsteuer und Einkommensteuer, StBp 2015, 1 **Pump,** Rechtsfolgen bei Verwendung von Manipulationssoftware, DStZ 2013, 299. **Groß/Lamm,** Datenzugriffsrecht auf freiwillig geführte Aufzeichnungen, StC 2010, 27. **Krain,** Elektronische Buchführung und Datenzugriff, StuB 2010, 98.

Verwaltungsanweisungen

BMF vom 14.11.2014, Az: IV A 4 – S 0316/13/10003 (Grundsätze zur ordnungsmäßigen Führung und Aufbewahrung von Büchern, Aufzeichnungen und Unterlagen in elektronischer Form sowie zum Datenzugriff (GoBD)).

BMF vom 30.04.2012, Az: IV D 9 – S 7532/08/10005, BStBl I 2012, 579 (Muster Steuerheft)

BMF vom 02.02.2009, Az: IV B 9 – S 7532/08/10005, BStBl I 2009, 370.

Hinweis: Zur Problematik der zeitlichen Geltungsdauer von BMF-Schreiben vgl. Einführung UStG, Rz. 100 ff.

Richtlinien/Hinweise/Verordnungen

UStAE: Abschn. 22.1–22.6.
MwStSystRL: Art. 242 ff.
UStDV: §§ 63–68.

1 Allgemeines

1.1 Überblick über die Vorschrift

1 Grundsätzlich sind die Buchführungs- und Aufzeichnungspflichten in den §§ 140 ff. der AO geregelt. Je nach Betriebsart und Unternehmensgröße werden an die Aufzeichnungen mehr oder weniger qualitativ hochwertige Anforderungen gestellt. Eines ist jedoch allen Aufzeichnungsarten gemein. Nämlich dass die Aufzeichnungen so beschaffen sein müssen, dass sie einem sachverständigen Dritten innerhalb angemessener Zeit einen Überblick über die Geschäftsvorfälle und über die Lage des Unternehmens vermitteln können. Zudem müssen die Geschäftsvorfälle sich in ihrer Entstehung und Abwicklung verfolgen lassen. Grundsätzlich sind Aufzeichnungen so vorzunehmen, dass der Zweck, den sie für die Besteuerung erfüllen sollen, erreicht wird.

2 Die umsatzsteuerlichen Aufzeichnungspflichten sind eine eigenständige, speziell für die Belange der USt zugeschnittene Aufzeichnungsverpflichtung. Diese Aufzeichnungspflichten sind grundsätzlich unabhängig von den anderen Aufzeichnungspflichten des Steuer- und Handelsrechts.

- Abs. 1 der Rechtsnorm zeigt auf, dass die Zielsetzung der umsatzsteuerlichen Aufzeichnungsvorschriften die Feststellung sowohl der Steuer als auch der Bemessungsgrundlagen ist. Definiert werden hier auch Sonderfälle, in denen Personen, die nicht als Unternehmer gelten, aufzeichnungspflichtig i. S. d. § 22 UStG sind. Ferner wird geregelt, welche Aufzeichnungen zwingend elektronisch zur Verfügung gestellt werden müssen.
- In Abs. 2 sind die einzelnen Aufzeichnungspflichten nach Art und Umfang benannt. Darin eingeschlossen sind auch die unentgeltlichen Leistungen nach § 3 Abs. 1b und 9a UStG, die entgeltlichen Leistungen gleich gestellt werden.
- In Abs. 3 werden Aufzeichnungspflichten für die Fälle beschrieben, in denen der Unternehmer überhaupt nicht oder nur teilweise vorsteuerabzugsberechtigt ist.
- Nach Abs. 4 muss der Unternehmer die Berechnungsgrundlagen für eine Vorsteuerberichtigung, aufzeichnen.

- Abs. 4a enthält die Aufzeichnungspflichten für das i. g. Verbringen von Waren zu Lohnveredelungszwecken. Geregelt werden hierin auch die Aufzeichnungspflichten für das Verbringen von Gegenständen, mit denen im anderen EU-Staat sonstige Leistungen ausgeführt werden.
- Abs. 4b gibt Aufschluss über die Aufzeichnungspflichten hinsichtlich empfangener sonstiger Leistungen an beweglichen körperlichen Gegenständen anderer Unternehmer aus einem anderen EU-Mitgliedsstaat.
- In Abs. 4c werden die Aufzeichnungspflichten hinsichtlich des Umsatzsteuerlagers beschrieben.
- Abs. 4d beschreibt, was wer im Falle einer Abtretung, Pfändung oder Verpfändung eines Anspruchs auf Gegenleistung für einen steuerpflichtigen Umsatz an einen anderen Unternehmer aufzeichnen muss.
- In Abs. 4e wird geregelt, dass derjenige, der Zahlungen in den Fällen des § 13c nach § 48 AO zu leisten hat, darüber auch Aufzeichnungen führen muss. Mit aufgezeichnet werden müssen auch Name, Anschrift und Steuernummer des Umsatzsteuerschuldners.
- Abs. 5 letztlich gibt Aufschluss darüber, welche Unternehmer ein sog. Umsatzsteuerheft zu führen haben. In Abs. 6 ist die Ermächtigung für die entsprechenden Regelungen der UStDV zu finden.
- Neben den umsatzsteuerlichen Aufzeichnungsvorschriften gelten die allgemeinen steuerlichen Aufzeichnungsvorschriften der §§ 140–148 AO ebenso.

1.2 Rechtsentwicklung

Die umsatzsteuerlich relevanten Daten muss der Unternehmer zeitabschnittsweise zusammenfassen, um die entstandene Steuer dem Finanzamt abzuführen. Dabei kann er die Vorsteuerbeträge von der geschuldeten USt abziehen, um zur Zahllast zu gelangen. Dieses System setzt voraus, dass alle mit der Umsatzerzielung zusammenhängenden Merkmale nicht nur beleg-, sondern auch buchmäßig erfasst werden. Diese Aufzeichnungen müssen mitunter über das Maß der allgemeinen Aufzeichnungspflichten des Steuer- und Handelsrechts hinausgehen (z. B. Aufzeichnung der USt-IdNr. des Kunden). 3

Im alten Bruttosystem, das bis 1966 galt, war das nicht notwendig. Die Aufzeichnungspflichten dieses Systems waren – wie auch für andere Steuerarten – in der (Reichs-)Abgabenordnung geregelt. 4

Erst die Einführung des Allphasen-Netto-Systems machte weitergehende, speziell auf das Mehrwertsteuerrecht ausgelegte Aufzeichnungsvorschriften notwendig. Diese wurden von Anfang an im § 22 UStG zusammengefasst. Die Änderungen in der Vergangenheit beinhalteten im Wesentlichen jeweils die Anpassung der Aufzeichnungsvorschriften an geänderte Umsatzsteuernormen. Die letzten Änderungen galten der Abschaffung des Abzugsverfahrens, der Neueinführung der Steuerschuldnerschaft des Leistungsempfängers, der Neuregelung der USt-Haftung und der Einführung des Steuerfreilagers. Die Aufzeichnungsverpflichtung wurde auf Nichtunternehmer erweitert, die als Leistungsempfänger nach § 13b UStG die USt schulden können. Zusätzlich wurde im Abs. 2 die Nr. 8 eingefügt, um den steuerschuldenden Leistungsempfänger klar in die Aufzeichnungsverpflichtung zu nehmen. 5

Durch das EURLUmsG (BGBl I 2004, 3310) und das Gesetz zur Neuorganisation der Bundesfinanzverwaltung und zur Schaffung eines Refinanzierungsregisters vom 22.09.2005 (BGBl I 2005, 2809) wurden an der Vorschrift redaktionelle Änderungen vorgenommen. 6

Durch das Jahressteuergesetz 2008 vom 20.12.2007 wurde in Abs. 4e S. 1 anstelle der bisherigen »§§ 13c und 13d« der »§ 13c« gesetzt. 7

Das dritte Mittelstandsentlastungsgesetz – MEG III – vom 17.03.2009 (BGBl I 2009, 550) fügte m. W. v. 25.03.2009 dem § 68 Abs. 1 UStDV eine neue Nr. 4 an. 8

9 Durch das JStG 2009 vom 19.12.2008 (BGBl I 2008, 2794) wurde in § 22 Abs. 4b UStG der bisherige Verweis auf § 3a Abs. 2 Nr. 3 Buchst. c UStG m. v. W. 01.01.2010 durch die Angabe § 3a Abs. 3 Nr. 3 Buchst. c UStG ersetzt. Durch den Gesetzesentwurf vom 16.12.2009 soll durch das darin gefasste Gesetz zur Umsetzung steuerlicher EU-Vorgaben sowie zur Änderung steuerlicher Vorschriften zum 01.07.2010 in Abs. 1 S. 2 der Verweis in § 13b Abs. 5 UStG geändert werden. In Abs. 2 Nr. 8 wird der Verweis in § 13b Abs. 1 bis 5 UStG geändert. Sowohl die Änderung des JStG 2009 als auch die Änderungen aufgrund des Gesetzes zur Umsetzung steuerlicher EU-Vorgaben sowie zur Änderung steuerlicher Vorschriften sind redaktionell begründet. Die jüngsten Änderungen erfuhr die Rechtsnorm durch das »KroatienAnpG«. Die Änderungen darin sind im Wesentlichen Folgeänderungen hinsichtlich des Vorsteuerabzugs, der sich durch das Amtshilferichtlinien-Umsetzungsgesetzes für die EUSt geändert hat (abzugsberechtigt ist anstelle der bezahlten EUSt die entstandene EUSt). Eine weitere Änderung resultiert aus dem neuen Halbsatz des § 22 Abs. 1 S. 4 bezüglich der neu eingeführten Regelung des § 18 Abs. 4e.

1.3 Geltungsbereich

1.3.1 Sachlicher Geltungsbereich

10 Die Aufzeichnungspflicht nach dieser Rechtsnorm bezieht sich einerseits auf die Bemessungsgrundlagen der vom Unternehmer erbrachten steuerbaren Leistungen und der unentgeltlichen Wertabgabe. Diese Aufzeichnungen sind für die richtige Bemessung der USt auf die erbrachten Ausgangsleistungen notwendig. Andererseits beziehen sich die Aufzeichnungspflichten auch auf die Eingangsleistungen des Unternehmers, um die abziehbaren Vorsteuerbeträge ermitteln zu können. Aufgezeichnet werden müssen in diesem Zusammenhang auch die Vorsteuerberichtigungen nach § 15a UStG.

11 Die Vorschrift beinhaltet ebenso die Aufzeichnungsvorschriften in Zusammenhang mit einem Umsatzsteuerlager, in Haftungsfällen bei Abtretungen sowie bei Verpfändungen und Pfändungen von Forderungen.

12 Die Aufzeichnungspflichten knüpfen grundsätzlich an die Unternehmerschaft schlechthin in Verbindung mit steuerbaren Umsätzen an. Die umsatzsteuerlichen Aufzeichnungspflichten führen u. a. auch dazu, dass z. B. ein nicht bilanzierungspflichtiger Unternehmer (z. B. im Falle von Vermietungsumsätzen) seine Aufzeichnungen elektronisch i. S. d. GdpdU führen muss.

1.3.2 Persönlicher Geltungsbereich

13 Grundsätzlich muss derjenige, der umsatzsteuerbare Tatbestände bewirkt, hierüber auch Aufzeichnungen führen. Üblicherweise ist das der Unternehmer. In begründeten Einzelfällen können jedoch auch Nichtunternehmer den umsatzsteuerlichen Aufzeichnungsverpflichtungen unterliegen. Der Aufzeichnungspflichtige kann seine Aufzeichnungen auch von einem Beauftragten erstellen lassen (z. B. Steuerberater).

1.3.3 Zeitlicher Geltungsbereich

Die Rechtsnorm wurde als Bestandteil des UStG 1966 eingeführt und regelt seitdem die speziellen umsatzsteuerlichen Aufzeichnungspflichten. 14

1.3.4 Gemeinschaftsrechtliche Grundlagen und Verhältnis zu anderen Vorschriften

Die gemeinschaftsrechtliche Grundlage dieser Rechtsnorm ist in Art. 241 ff. MwStSystRL zu finden. Die Vorschrift des § 22 UStG stellt grundsätzlich zu den allgemeinen Aufzeichnungspflichten im Handels- und Steuerrecht (z. B. §§ 140 ff. AO) keine Alternativregelung, sondern eine weiter, tiefer gehende Ergänzung dar, die den umsatzsteuerlichen Besonderheiten Rechnung trägt. 15

2 Kommentierung

2.1 Aufzeichnungspflichtige Vorgänge

Aufgezeichnet werden müssen insbesondere alle für die erbrachten und erhaltenen Leistungen relevanten Merkmale. Ferner sind Nachweise für in Anspruch genommene Steuervergünstigungen (Steuerfreiheit, ermäßigter Steuersatz) aufzuzeichnen und vorzuhalten. Durch die Aufzeichnungen muss die Erfüllung der Voraussetzungen sich leicht und eindeutig erkennen lassen. 16

Aufzeichnungspflichtig sind auch die nicht steuerbaren Umsätze. Obwohl diese in der einschlägigen Rechtsnorm nicht ausdrücklich erwähnt sind, werden sie dennoch durch die Formulierung in § 22 Abs. 1 UStG sowie § 63 Abs. 1 UStDV von der Aufzeichnungspflicht erfasst. Nach den Formulierungen in den einschlägigen Rechtsnormen müssen die Aufzeichnungen so beschaffen sein, dass sie es einem sachverständigen Dritten innerhalb angemessener Zeit ermöglichen, sich einen Überblick über die Grundlagen der Steuerberechnung zu verschaffen. Dazu gehört natürlich auch die Abgrenzung, ob das inländische oder ein ausländisches USt-Recht für die maßgeblichen Geschäftsvorfälle Anwendung findet. 17

Zusätzlich hierzu enthält § 22 UStG eine Reihe von Aufzeichnungsverpflichtungen, die der Unternehmer für die Umsatzbesteuerung beachten muss. 18

2.2 Inhalt der Aufzeichnungsverpflichtung nach § 22 UStG

Die Aufzeichnungspflichten umfassen im Wesentlichen: 19

- die vereinbarten (oder ggf. vereinnahmten) Entgelte für die ausgeführten Lieferungen und sonstigen Leistungen. Aus den Aufzeichnungen muss ersichtlich sein, wie sich die Entgelte auf die steuerpflichtigen Umsätze (nach Steuersatz getrennt) und die steuerfreien Umsätze aufteilen;
- die Bemessungsgrundlagen für Leistungen nach § 3 Abs. 1b sowie § 3 Abs. 9a UStG sowie Grundlagen für die Ermittlung der Mindestbemessungsgrundlage;

- ob und für welche Umsätze statt der Steuerfreiheit die Steuerpflicht gewählt wird (Option nach § 9 UStG);
- den Betrag der Entgeltsminderung nach § 17 UStG;
- vereinnahmte Teilentgelte und Entgelte für noch nicht ausgeführte Lieferungen und sonstige Leistungen. Auch hier muss eine Aufteilung der Entgelte auf die jeweiligen Steuersätze und ggf. steuerfreie Entgelte erfolgen;
- wegen unrichtigem und unberechtigtem Steuerausweis geschuldete Umsatzsteuerbeträge;
- die Bemessungsgrundlage für die Einfuhr von Gegenständen;
- die Bemessungsgrundlage für den i. g. Erwerb;
- die Bemessungsgrundlage und Steuer für die Steuerschuldnerschaft des Leistungsempfängers nach § 13b UStG; Land- und Forstwirte, die die Durchschnittssatzbesteuerung nach § 24 UStG anwenden, schulden als Leistungsempfänger auch die Steuer nach § 13b UStG. Sie haben daher insoweit die Aufzeichnungspflichten nach § 22 Abs. 2 Nr. 8 UStG zu erfüllen.
- die Steuerbeträge, die auf sämtliche Entgelte und Leistungen entfallen und vom Unternehmen erbracht werden;
- Bemessungsgrundlagen und Steuerbeträge auf sämtliche Entgelte und Leistungen für das Unternehmen (Vorsteuerabzug); bei teilweisem Vorsteuerabzug müssen die abziehbaren und abzugsfähigen Vorsteuerbeträge leicht und eindeutig erkennbar sein;
- Pflicht zur getrennten Aufzeichnung von vorsteuerschädlichen Umsätzen; diese müssen von den Umsätzen, die vorsteuerabzugsberechtigt sind, getrennt aufgezeichnet werden;
- Vorsteuerkorrekturen nach § 15a UStG;
- Zahlungsdaten, Anschriften und Abtretungsbeträge sowohl beim Abtretungsempfänger als auch beim Abtretenden bei Abtretungen i. S. v. § 13c UStG; diese Aufzeichnungsvorschriften gelten analog auch für Pfändungen und Verpfändungen von Forderungen;
- besondere Aufzeichnungen für das Steuerlager;
- die entrichteten Beträge bei Zahlungen in den Fällen der §§ 13c UStG sowie Anschriftendaten und Steuernummer des Umsatzsteuerschuldners;
- i. g. Verbringen von Gegenständen zur Verfügung des Unternehmers, wenn der Gegenstand im übrigen Gemeinschaftsgebiet bearbeitet wird oder mit dem Gegenstand im übrigen Gemeinschaftsgebiet sonstige Leistungen ausgeführt werden oder wenn der Gegenstand im übrigen Gemeinschaftsgebiet nur vorübergehend verwendet wird. Bedingung hierbei ist jedoch, dass die Einfuhr eines derartigen Gegenstandes aus dem Drittland steuerfrei wäre.

20 Nach Rechtsprechung des BFH gelten die Aufzeichnungsverpflichtung nach § 22 Abs. 2 Nr. 3, Nr. 1 S. 2 und § 3 Abs. 1b Nr. 1 UStG unmittelbar auch für ertragsteuerliche Zwecke (BFH vom 19.03.2007, Az: X B 191/06, BFH/NV 2007, 1134).

2.3 Ordnungsgrundsätze

21 Grundsätzlich gelten im Bereich der umsatzsteuerlichen Aufzeichnungspflichten dieselben Ordnungsgrundsätze wie in den §§ 140 ff. AO. Einzelheiten hierzu können dem Abschn. 22.1 UStAE entnommen werden. Für die umsatzsteuerlichen Aufzeichnungen gelten ebenso die Grundsätze zum Datenzugriff und zur Prüfbarkeit digitaler Unterlagen (Abschn. 22.1 Abs. 2 S. 2 UStAE).

2.4 Aufzeichnungspflichtige Personen

Aufzeichnungspflichtig sind grundsätzlich alle Unternehmer. Allerdings gelten für pauschalierende Landwirte (§ 24 UStG), für Kleinunternehmer (§ 19 UStG) und Unternehmer, welche die abziehbaren Vorsteuerbeträge nach bestimmten Durchschnittssätzen berechnen (§§ 23, 23a UStG), gewisse Erleichterungen. Zusätzlich zum Kreis der Unternehmer müssen auch gelegentliche Fahrzeuglieferer (§ 2a UStG) Aufzeichnungen führen, weil sie selbst als Nichtunternehmer diesbezüglich wie Unternehmer behandelt werden. 22

Ferner müssen auch juristische Personen, die zwar nicht Unternehmer sind, jedoch Steuer für einen i. g. Erwerb schulden, gewisse Aufzeichnungspflichten wahrnehmen (z. B. beim Erwerb verbrauchsteuerpflichtiger Waren, beim Überschreiten der Erwerbsschwelle bzw. beim Verzicht auf sie sowie beim Erwerb eines neuen Fahrzeugs). Grundsätzlich unterliegen die juristischen Personen als Nichtunternehmer mit ihren i. g. Erwerben der normalen Aufzeichnungspflicht wie ein Unternehmer auch. 23

Eine juristische Person, die auch als Unternehmer innergemeinschaftlich erwirbt, muss ihre Aufzeichnungen über den i. g. Erwerb in den unternehmerischen und den nicht unternehmerischen Bereich trennen. Die Trennungspflicht entfällt, wenn die unternehmerischen Erwerbe nicht zum Vorsteuerabzug berechtigen. Wegen Einzelheiten vgl. Abschn. 22.3 UStAE. 24

Für Buchnachweise im i. g. Waren- und Dienstleistungsverkehr gelten besondere Aufzeichnungsvorschriften (§ 17c UStDV). 25

Auch nicht buchführungspflichtige Gewerbetreibende müssen ihre Betriebseinnahmen gemäß § 22 UStG i. V. m. §§ 63 bis 68 UStDV einzeln aufzuzeichnen. Das geht soweit, dass die Grundaufzeichnungen, wie beispielsweise im Taxigewerbe die erstellten Schichtzettel gemäß § 147 Abs. 1 AO, aufzubewahren sind (BFH vom 26.02.2004, Az: XI R 25/02, BStBl II 2004, 599, BFH vom 18.03.2015, Az: III B 43/14, BFH/NV 2015, 978.). Sofern diese Unterlagen elektronisch geführt werden sind sie – wie alle anderen, steuerlich relevanten Unterlagen – ebenfalls elektronisch zu archivieren. 26

Im Falle des unberechtigten Steuerausweises nach § 14c Abs. 2 UStG und bei bestimmten i. g. Vorgängen gelten die Aufzeichnungspflichten und die Pflicht zur Zusammenrechnung auch für Personen, die nicht Unternehmer sind (Abschn. 22.1 Abs. 5 UStAE). 27

2.5 Umfang der Aufzeichnungen

Die Aufzeichnungen müssen grundsätzlich die gesamte Umsatz- und auch Vorsteuerseite betreffen. Auf spezielle umsatzsteuerliche (zusätzliche) Aufzeichnungen kann verzichtet werden, wenn aus dem Rechnungswesen diese Aufzeichnungen aufgrund anderweitiger Vorschriften in gleicher Art und Güte hervorgehen. Wegen Einzelheiten hierzu vgl. Abschn. 22.2 Abs. 1 UStAE. 28

Steuerpflichtige, die ihren Gewinn nach § 4 Abs. 3 EStG ermitteln, sind aufgrund eines Beschlusses des BFH vom 02.09.2008 (Az: V B 4/08, BFH/NV 2010, 186) nicht verpflichtet, ein gesondertes Kassenbuch zu führen. Allerdings müssen jedoch Aufzeichnungen geführt werden, die über eine bloße Belegsammlung hinausgehen. Aufzeichnungen über Entnahmen müssen jedoch geführt werden. Die Pflicht ergibt sich aus § 22 Abs. 2 Nr. 1 UStG. 29

Aufzuzeichnen sind auch Unterlagen, die Einfluss auf die Bemessungsgrundlagen bzw. die Höhe des Steuersatzes haben. So ist durch die BFH-Rechtsprechung bereits geklärt, dass der Betreiber eines Taxiunternehmens sog. Schichtzettel aufbewahren muss (BFH vom 26.02.2004, Az: XI R 25/02, BStBl II 2004, 599; BFH vom 07.02.2007, Az: V B 161/05, V B 162/05, BFH/NV 2007, 1208, BFH vom 18.03.2015, Az: III B 43/14, BFH/NV 2015, 978). 30

31 Grundsätzlich gilt auch bei den umsatzsteuerlichen Aufzeichnungen, dass sie so beschaffen sein müssen, dass ein sachverständiger Dritter innerhalb angemessener Zeit einen Überblick über die Umsätze und die abziehbaren Vorsteuern des Unternehmens sowie die Grundlagen für die Steuerberechnung erhält (§ 63 Abs. 1 S. 1 UStDV).

2.6 Aufzeichnungspflichten bei innergemeinschaftlichen Warenlieferungen

32 Hierfür gelten besondere Aufzeichnungspflichten. Neben den in Abschn. 22.2 UStAE genannten Anforderungen muss auch der Abnehmer- bzw. Verbringensnachweis sowie die Gelangensbestätigung erbracht werden (§ 6a Abs. 3, §§ 17a–17c UStDV). Zudem können an die allgemeinen Aufzeichnungspflichten durch die spezifischen Buchnachweise im i. g. Warenverkehr erhöhte Anforderungen gestellt werden. Für weitere Ausführungen zu Aufzeichnungspflichten bei innergemeinschaftlichen Warenlieferungen und innergemeinschaftlichen Erwerben vgl. Abschn. 22.3 UStAE.

2.7 Aufteilung der Vorsteuerbeträge

33 Werden die Vorsteuerbeträge aufgeteilt, müssen auch besondere Aufzeichnungsvorschriften beachtet werden vgl. Abschn. 22.4 UStAE.

2.8 Aufzeichnungspflichten aus der Steuerlagerregelung

34 Zentrale Vorschrift der Umsatzsteuerlagerregelung ist die Steuerbefreiung des § 4 Nr. 4a UStG. Wie andere Steuerbefreiungsnormen auch, bedingte diese spezifische Steuerbefreiung u. a. besondere Aufzeichnungspflichten für den Auslagerer und den Lagerhalter (vgl. BMF vom 28.01. 2004, Az: IV D 1 – S 7157 – 1/04, IV D 1 – S 7157a – 1/04, BStBl I 2004, 242.

2.8.1 Aufzeichnungen des Auslagerers

35 Zum Begriff des Auslagerers vgl. § 4 Nr. 4a Rn. 43. Dem Auslagerer muss eine **inländische IdNr.** zugeteilt worden sein. Der Auslagerer hat für seine Tätigkeit spezielle **Erklärungs- und Aufzeichnungspflichten** hinsichtlich der Auslagerungsumsätze (vgl. § 22 Abs. 2 Nr. 9 UStG) zu führen. Kleinunternehmer (§ 19 UStG) schulden als Auslagerer auch die Steuer für einen der Auslagerung eines Gegenstandes aus einem Umsatzsteuerlager vorangehenden Umsatz (§ 4 Nr. 4a Buchst. a S. 2, § 13a Abs. 1 Nr. 6 UStG), sowie als Leistungsempfänger die Steuer nach § 13b UStG. Sie haben daher auch die Aufzeichnungspflichten nach § 22 Abs. 2 Nr. 8 und 9 UStG zu erfüllen (§ 65 S. 2 UStDV). Für die Umsätze des Auslagerers gelten die Grundsätze für die Kleinunternehmerbesteuerung nicht (§ 19 Abs. 1 S. 3 UStG).

36 Der Auslagerer muss über eine deutsche USt-IdNr. verfügen. **Ausländische Auslagerer** müssen sich daher im Inland bei dem nach der USt-Zuständigkeits-VO örtlich zuständigen Finanzamt registrieren lassen. Soweit sie nur steuerfreie Umsätze (i. g. Lieferungen oder Ausfuhrlieferungen)

tätigen und keinen Anspruch auf Vorsteuerrückerstattungen geltend machen, können sie einen Fiskalvertreter (§§ 22a ff. UStG) bestellen. Sie haben die Bemessungsgrundlage für die ausgelagerten Umsätze sowie den darauf entfallenden Steuerbetrag aufzuzeichnen (§ 22 Abs. 2 Nr. 9 UStG).

2.8.2 Aufzeichnungen des Lagerhalters

Zum Begriff des Lagerhalters vgl. § 4 Nr. 4a Rn. 31. Der Lagerhalter ist verpflichtet, 37

- **Bestandsaufzeichnungen** über die eingelagerten und ausgelagerten Gegenstände zu führen,
- die **Umsätze** aufzuzeichnen, die im Zusammenhang mit dem im Steuerlager befindlichen Gegenständen ausgeführt werden (Lagerung, Erhaltung, Verbesserung der Aufmachung und Handelsgüte, Vorbereitung des Vertriebs oder des Weiterverkaufs),
- die Namen und Anschriften sowie die inländische USt-IdNr. des **Auslagerers** oder dessen Fiskalvertreters aufzuzeichnen.

Durch eine **qualifizierte Anfrage beim BZSt** kann sich der Lagerhalter vergewissern, ob die ihm vom Auslagerer erteilten Angaben zutreffend sind (§ 18e UStG). 38

Kommt der Lagerhalter seinen Aufzeichnungspflichten nicht nach, kann er als Gesamtschuldner für die vom Auslagerer geschuldete USt in **Haftung** genommen werden, wenn er entgegen § 22 Abs. 4c S. 2 UStG die inländische USt-IdNr. des auslagernden Unternehmers oder seines Fiskalvertreters nicht oder nicht zutreffend aufzeichnet (§ 13a Abs. 1 Nr. 6 UStG). 39

2.9 Aufzeichnungspflichten bei Abtretung, Verpfändung usw. von Forderungen

Sofern Forderungen abgetreten, verpfändet oder gepfändet werden, greift die Haftung des Zahlungsempfängers nach § 13c UStG. Bedingung ist, dass beim Verpfändungs- bzw. Abtretungsvorgang die Umsatzsteuer nicht oder nicht vollständig berücksichtigt worden ist. 40

In Fällen dieser Art muss der leistende Unternehmer folgende Daten aufzeichnen: 41

- Name und Anschrift des Abtretungsempfängers,
- Höhe des abgetretenen Anspruchs auf die Gegenleistung.

Der Abtretungsempfänger muss folgende Daten aufzeichnen: 42

- Name und Anschrift des leistenden Unternehmers,
- Höhe des abgetretenen Anspruchs auf die Gegenleistung,
- Höhe der auf den abgetretenen Anspruch vereinnahmten Beträge.
- Tritt der Abtretungsempfänger den Anspruch selbst wiederum an einen Dritten ab, muss er zusätzlich noch Name und Anschrift des Dritten aufzeichnen (§ 22 Abs. 4d UStG).

2.10 Aufzeichnungspflichten bei Zahlungen nach § 48 AO in den Fällen der §§ 13c UStG

Werden Leistungen aus dem Steuerschuldverhältnis des § 13c UStG von Dritten (z.B. vom Haftenden) entrichtet, müssen zusätzliche Aufzeichnungen vorgenommen werden. Wer derartige 43

Zahlungen leistet, muss die entrichteten Beträge sowie den Namen, die Anschrift und die Steuernummer des Umsatzsteuerschuldners aufzeichnen (§ 22 Abs. 4e UStG).

2.11 Aufzeichnungspflichten für die Vorsteuerberichtigung

44 Der Unternehmer muss in den Fällen des § 15a UStG die Berechnungsgrundlagen für den Ausgleich aufzeichnen, der von ihm in den in Betracht kommenden Kj. vorzunehmen ist. Diese Aufzeichnungspflichten gelten als erfüllt, wenn er folgende Angaben eindeutig und leicht nachprüfbar aufzeichnet (Abschn. 15a.12 Abs. 1 UStAE):

- die Anschaffungs- oder Herstellungskosten bzw. Aufwendungen für das betreffende Objekt sowie die darauf entfallenden Vorsteuerbeträge. Bei mehreren Einzelbeträgen, muss auch die Gesamtsumme aufgezeichnet werden;
- den Zeitpunkt der erstmaligen tatsächlichen Verwendung des Objekts;
- in den Fällen des § 15a Abs. 1 UStG die Verwendungsdauer;
- die Anteile, zu denen das Wirtschaftsgut zur Ausführung der vorsteuerschädlichen bzw. vorsteuerunschädlichen Umsätze verwendet wurde;
- bei einer Veräußerung oder unentgeltlichen Wertabgabe nach § 3 Abs. 1b oder 9a UStG des Wirtschaftsguts den Zeitpunkt und die umsatzsteuerliche Behandlung des Vorgangs;
- bei einer Verkürzung des Berichtigungszeitraums wegen vorzeitiger Unbrauchbarkeit des Berichtigungsobjekts muss die Ursache unter Angabe des Zeitpunkts und unter Hinweis auf die entsprechenden Unterlagen aufgezeichnet werden.

45 Die erforderlichen Aufzeichnungen haben getrennt für jeden einzelnen Berichtigungsvorgang zu erfolgen (Abschn. 15a.12 Abs. 2 UStAE).

3 Aufzeichnungserleichterungen

46 Für bestimmte Sachverhalte lassen die Aufzeichnungsvorschriften des UStG Erleichterungen in der Gestaltung der Aufzeichnungen zu.

3.1 Allgemeine Aufzeichnungserleichterungen

47 Allgemeine Aufzeichnungserleichterungen können für bestimmte, in § 63 Abs. 3 UStDV bezeichnete Vorgänge in Anspruch genommen werden. Inwieweit diese Erleichterung geht, kann dem Abschn. 22.5 UStAE entnommen werden. Verschiedene Buchhaltungssysteme arbeiten nach diesen Aufzeichnungserleichterungen.

3.2 Aufzeichnungen bei erleichterter Trennung der Entgelte

Unter gewissen Voraussetzungen können Unternehmer von der erleichterten Trennung der Entgelte Gebrauch machen vgl. Abschn. 22.6 UStAE. Darüber hinaus ist die Lektüre des entsprechenden Merkblattes, herausgegeben vom BMF (mit Berechnungsbeispielen) sehr hilfreich (BMF vom 06.05.2009, BStBl I 2009, 681). Diese Broschüre ist bei jedem Finanzamt erhältlich. 48

Eine Erleichterung bei der Trennung der Entgelte kommt jedoch dann nicht in Betracht, wenn im Unternehmen eine elektronische Registrierkasse mit Zählwerken für mehrere Warengruppen oder mit anderweitigen entsprechenden Speichermöglichkeiten vorhanden ist (Abschn. 22.6 Abs. 1 S. 5 UStAE). Da nach den ertragsteuerlichen Vorschriften Bargeschäfte in bestimmten Betrieben (z.B. Gaststätten, Handelsgeschäften) immer mittels elektronischer Registrierkassen aufgezeichnet werden müssen, hat die erleichterte Trennung der Entgelte in der Praxis an Bedeutung verloren. 49

3.3 Steuerheft

Grundsätzlich muss ein Reisegewerbetreibender ein (Umsatz-) Steuerheft führen (§ 22 Abs. 5 UStG). Ein aufzeichnungspflichtiger Unternehmer kann nach § 68 Abs. 1 Nr. 1 UStDV von der Führung eines Steuerheftes befreit werden. Dazu hat das FinMin Schleswig-Holstein nähere Einzelheiten ausgeführt. Eine Befreiung ist grundsätzlich nur möglich, wenn der Unternehmer eine gewerbliche Niederlassung im Inland besitzt und ordnungsmäßige Aufzeichnungen nach § 22 UStG i.V.m. den §§ 63 bis 66 UStDV führt. Eine gewerbliche Niederlassung ist dann vorhanden, wenn der Unternehmer einen zum dauernden Gebrauch eingerichteten Raum unterhält, der den Mittelpunkt seines geschäftlichen Lebens bildet. Dieser muss als Schwerpunkt der Tätigkeit anzusehen sein (z.B. Geschäftslokal, Verkaufsstelle, Büro). Unter Umständen kann auch eine Wohnung unter diesen Voraussetzungen eine gewerbliche Niederlassung darstellen. Eine bloße Kontaktstelle eines »fliegenden Händlers« bildet keine gewerbliche Niederlassung. Das gilt selbst dann, wenn der Unternehmer über diese Kontaktstelle ständig telefonisch erreichbar ist und an diesem Ort seine Bürotätigkeiten verrichtet. Ist jedoch der Unternehmer nach gesetzlichen Vorschriften zur Buchführung verpflichtet oder führt er freiwillig Buch, kann auf Führung eines Steuerhefts auch dann verzichtet werden, wenn er keine gewerbliche Niederlassung begründet (FinMin Schleswig-Holstein vom 23.04.2008, Az: S 7389 – VI 326, § 68 Abs. 1 Nr. 4 UStDV). Muss der Unternehmer in derartigen Fällen kein Steuerheft führen, erhält er von seinem Finanzamt eine Bescheinigung über die Befreiung. 50

Landwirtschaftliche Durchschnittssatzbesteuerer sowie Zeitungs- und Zeitschriftenhändler sind von der Führung eines Steuerhefts ebenfalls befreit (§ 68 Abs. 1 Nr. 2 und 3 UStDV). Ein aktuelles Muster des Steuerheftes ist im Schreiben des BMF vom 30.04.2012, Az: IV B 9 – S 7532, BStBl I 2012, 579 enthalten. Das BMF-Schreiben vom 02.02.2009, Az: IV B 9 – S 7532/08/10005, BStBl I 2009, 370 gilt ansonsten inhaltlich weiterhin. 51

3.4 Unentgeltliche Wertabgabe

Die Pauschalierung der unentgeltlichen Wertabgabe (Eigenverbrauch) bei einer Speisewirtschaft stellt eine Aufzeichnungserleichterung dar. Dabei kommt es nach Ansicht des BFH nicht darauf an, ob bzw. wie oft die Familienmitglieder des Gastwirts in der Gaststätte anwesend waren und in 52 welchem Umfang sie in der Gaststätte hergestellte fertige Gerichte eingenommen haben. Sofern der Gastwirt über seine Wertabgabe keine Aufzeichnungen führt, gehen mögliche Ungenauigkeiten, die sich aus der Anwendung amtlichen Richtsatzsammlung ergeben können, zu seinen Lasten (FG München vom 28.06.2007, Az: 14 K 2378/05). Die Aufzeichnungspflichten bei unentgeltlichen Wertabgaben ergeben sich aus § 22 Abs. 2 Nr. 3 UStG sowie Abschn. 22.2 Abs. 7 UStAE. Werden die Aufzeichnungspflichten nach § 22 Abs. 2 Nr. 3 UStG missachtet, sind die Sachentnahmen nach § 162 AO zu schätzen (BFH vom 23.04.2015, Az: V R 32/14, BFH/NV 2015, 1106).

4 Weitere Aufzeichnungspflichten außerhalb des § 22 UStG

53 Neben den Aufzeichnungspflichten des § 22 UStG bestehen noch weitere (spezielle) Aufzeichnungspflichten für bestimmte Erleichterungen. Auch diese müssen, um die Erleichterung in Anspruch nehmen zu können, beachtet werden. Im Einzelnen sind dies:

- Berichtigung des Vorsteuerabzugs nach § 15a UStG (vgl. auch Abschn. 15a.12 UStAE),
- Besteuerung von Reiseleistungen nach § 25 UStG (vgl. auch Abschn. 25.5 UStAE),
- Steuerschuldnerschaft des Leistungsempfängers nach § 13b UStG,
- Ausstellen und Führen eines Umsatzsteuerheftes (BMF vom 02.02.2009, BStBl I 2009, 370),
- i. g. Waren- und Dienstleistungsverkehr sowie Im- und Exportlieferungen und Lohnveredelungen an Exportwaren (§§ 8 –13, 17c–22 UStDV),
- i. g. Verbringensfälle nach § 6a Abs. 2 UStG (Abschn. 6a.1 Abs. 20 UStAE) mit dortigen Verweisen,
- ausländische Luftverkehrsunternehmer mit Steuererlass nach § 26 Abs. 3 UStG (BMF vom 02.02.1998, BStBl I 1998, 159, OFD Frankfurt vom 21.01.2002, Az: S A – 13 – St I 23, UR 2002, 535),
- i. g. Dreiecksgeschäfte nach § 25b Abs. 6 UStG (Abschn. 25b.1 Abs. 10),
- Steuerbefreiungen bei der Einfuhr (zollrechtliche Aufzeichnungspflichten),
- Neufassung der §§ 146 Abs.1, 146 b AO-Anwendungserlass.

5 Archivierungspflicht

54 Zur elektronischen Archivierung hat sich das BMF in den Schreiben vom 16.07.2001, Az: IV D 2 – S 0136 – 136/01, BStBl I 2001, 415, vom 18.04.2011, Az: IV D – S 7287, BStBl I 2011, vom 14.11.2014, Az: IV A 4 – S 0316/13/1003 und BMF vom 14.11.2014, Az: IV A 4 – S 0316/13/10003 geäußert.

55 Originär digitale Unterlagen nach § 146 Abs. 5 AO müssen auf maschinell verwertbaren Datenträgern archiviert werden. Als originär digitale Unterlagen sind solche anzusehen, die in das Datenverarbeitungssystem in elektronischer Form eingehen. Ebenfalls solche sind die im Datenverarbeitungssystem erzeugten Daten. Unter einem maschinell verwertbaren Datenträger versteht man ein maschinell lesbarer und auswertbarer Datenträger.

Die originär digitalen Unterlagen dürfen nicht ausschließlich in ausgedruckter Form oder auf Mikrofilm aufbewahrt werden. Somit reicht die Aufzeichnung im COM-Verfahren (Computer-Output-Mikrofilm) nicht mehr aus. Diese Einschränkung gilt jedoch dann nicht, wenn die vor der Übertragung auf Mikrofilm vorhandenen Daten vorgehalten werden, die eine maschinelle Auswertbarkeit durch das Datenverarbeitungssystem gewährleisten. Nicht ausreichend ist auch die ausschließliche Archivierung in maschinell nicht auswertbaren Formaten (z. B. PDF-Datei). 56

Zur Lesbarmachung von gescannten Belegen gegenüber der Außenprüfung hat sich der BFH in einem Urteil geäußert. Danach ist der Steuerpflichtige gehalten, im Original in Papierform erstellte und später durch Scannen digitalisierte Ein- und Ausgangsrechnungen über sein Computersystem per Bildschirm lesbar zu machen. Dieser Verpflichtung kann er sich nicht durch das Angebot des Ausdruckens auf Papier entziehen. Zudem erstreckt sich der Datenzugriff der Finanzverwaltung gem. § 147 Abs. 6 AO auch auf die Finanzbuchhaltung. Dabei ist der Steuerpflichtige nicht berechtigt, bestimmte Einzelkonten (im Urteilsfall Drohverlustrückstellungen, nicht abziehbare Betriebsausgaben und organschaftliche Steuerumlagen) zu sperren. Dies gilt auch dann, wenn aus seiner Sicht nur das handelsrechtliche Ergebnis, nicht aber die steuerliche Bemessungsgrundlage davon beeinflusst wird (BFH vom 26.09.2007, Az: I B 53, 54/07, BStBl II 2008, 415). 57

Das Finanzamt hat grundsätzlich das Recht, **digitalisierte Daten** gem. § 147 Abs. 6 AO zu nutzen. Nach Ansicht des BFH steht der Finanzbehörde grundsätzlich das Recht auf elektronischen Datenzugriff auf solche Unterlagen zu, die der Steuerpflichtige nach § 147 Abs. 1 AO aufzubewahren hat. Dabei muss beachtet werden, dass die Verpflichtung zur geordneten Aufbewahrung von Unterlagen nach § 147 Abs. 1 AO auch Steuerpflichtige trifft, die gem. § 4 Abs. 3 EStG als Gewinn den Überschuss der Betriebseinnahmen über die Betriebsausgaben ansetzen.S$ ET: 03/2015 58

Führt der Steuerpflichtige jedoch Aufzeichnungen, zu denen er gesetzlich nicht verpflichtet ist, sind diese Aufzeichnungen dann nicht gemäß § 146 Abs. 6 AO »für die Besteuerung von Bedeutung« anzusehen, wenn sie der Besteuerung nicht zugrunde zu legen sind (BFH vom 24.06.2009, Az: VIII R 80/06, BFH/NV 2009, 1857).

Die Aufzeichnungspflichten in § 22 UStG sowie die oben (vgl. Rn. 53) aufgeführten Aufzeichnungspflichten außerhalb des § 22 UStG gelten als gesetzliche Aufzeichnungspflichten hinsichtlich des o. g. Urteils (vgl. Rn. 59). 60

In einem Urteil des FG Baden-Württemberg wurde entschieden, dass auch bei relativ kleinen Sachverhalten die Kosten für die Erstellung eines digitalen Datenträgers durch einen Dienstleister zur Durchführung der digitalen Prüfung verhältnismäßig und somit nicht ermessenfehlerhaft sind (FG Baden-Württemberg vom 11.05.2007, Az: 9 K 178/06). Die gegen das Urteil eingelegte Revision blieb erfolglos (BFH vom 05.03.2008, Az: VI B 74/07, n. v.). 61

Im Schreiben des BMF vom 14.11.2014, Az: IV A 4 – S 0316/13/10003, sind die Grundzüge der digitalen Aufbereitung, Aufbewahrung und Wiedergabe ausführlich und detailliert beschrieben. 62

§ 22a UStG Fiskalvertretung

(1) Ein Unternehmer, der weder im Inland noch in einem der in § 1 Abs. 3 genannten Gebiete seinen Wohnsitz, seinen Sitz, seine Geschäftsleitung oder eine Zweigniederlassung hat und im Inland ausschließlich steuerfreie Umsätze ausführt und keine Vorsteuerbeträge abziehen kann, kann sich im Inland durch einen Fiskalvertreter vertreten lassen.
(2) Zur Fiskalvertretung sind die in § 3 Nr. 1 bis 3 und § 4 Nr. 9 Buchstabe c des Steuerberatungsgesetzes genannten Personen befugt.
(3) Der Fiskalvertreter bedarf der Vollmacht des im Ausland ansässigen Unternehmers.

Literatur

Fischer/Slotty-Harms, Logistikbranche: Umsatzsteuerliche und zollrechtliche Aspekte, UVR 2009, 171. **Möller**, Fiskalvertretung für Einfuhren aus Drittländern in Deutschland, UStB 2008, 46. **Prätzler**, Umsatzsteuerpflicht für Umsätze in Zollagern (»Profitube«), jurisPR-SteuerR 7/2013 Anm. 5. **Raudszus**, Steuerschuldnerschaft des Leistungsempfängers, UStB 2002, 258.

Verwaltungsanweisungen
BMF vom 11.05.1999, Az: IV D 2 – S 7395 – 6/99, BStBl I 1999, 515.
Hinweis: Zur Problematik der zeitlichen Geltungsdauer von BMF-Schreiben vgl. Einführung UStG, Rz. 100 ff.

Richtlinien/Hinweise/Verordnungen
MwStSystRL: Art. 204 f.

1 Allgemeines

1 I. R. d. Umsatzsteuer-Änderungsgesetzes 1997 (BStBl I 1996, 1851) ist m. W. z. 01.01.1997 erstmalig eine Fiskalvertreter-Regelung in das UStG aufgenommen worden (§§ 22 a–e UStG).

Die Regelung basiert auf Art. 204 MwStSystRL/Art. 21 der 6. EG-RL, der den Mitgliedstaaten die Möglichkeit einräumt, bei der Ausführung von Umsätzen im Inland durch einen im Ausland ansässigen Unternehmer eine andere Person als Steuerschuldner zu bestimmen. 2

Der Fiskalvertreter darf für den Vertretenen Erklärungspflichten übernehmen, jedoch keine Steuerzahlungen für ihn leisten oder in seinem Namen Vorsteuererstattungen entgegennehmen. In solchen Fällen müssen die steuerlichen Verpflichtungen vom ausländischen Unternehmer selbst – allenfalls unter Mithilfe eines Angehörigen der steuerberatenden Berufe – und unter einer eigenen Steuernummer wahrgenommen werden. 3

Für den ausländischen Unternehmer ist die Inanspruchnahme des Fiskalvertreters fakultativ. D. h. er entscheidet, ob er den Fiskalvertreter in Anspruch nehmen oder seinen steuerlichen Erklärungspflichten auf andere Weise nachkommen will. 4

2 Die einzelnen Tatbestände

2.1 Betroffener Unternehmerkreis

§ 22 Abs. 1 1. HS UStG bestimmt, dass 5

- ein Unternehmer,
- der weder im Inland noch in einem der in § 1 Abs. 3 UStG genannten Gebiete seinen Wohnsitz, seinen Sitz, seine Geschäftsleitung oder eine Zweigniederlassung hat,
- sich im Inland durch einen Fiskalvertreter vertreten lassen darf.

Jeder Unternehmer, der im Inland steuerbare Umsätze tätigt, ist – von wenigen Ausnahmen abgesehen (z. B. Kleinunternehmer nach § 19 UStG) – verpflichtet, eine USt-Erklärung abzugeben. Dabei kommt es nicht darauf an, dass der Unternehmer weder im Inland noch in einem der in § 1 Abs. 3 UStG genannten Gebiete seinen Wohnsitz, seinen Sitz, seine Geschäftsleitung oder eine Zweigniederlassung hat. Dabei ist allerdings zu beachten, dass die Kleinunternehmerregelung für im Ausland ansässige Unternehmer keine Anwendung findet (Umkehrschluss aus § 19 Abs. 1 S. 1 UStG). 6

Nach dem Sinn und Zweck der Vorschrift des § 22 a Abs. 1 UStG können von der Regelung über die Fiskalvertretung nur solche Unternehmer erfasst werden, die im Inland nicht bereits unter einer Steuernummer für Zwecke der USt registriert sind, weil sie unter ihrer deutschen Steuernummer die maßgeblichen steuerlichen Verpflichtungen erfüllen können. 7

Zu den im Ausland ansässigen Unternehmern gehören zwar auch Organtöchter im Inland ansässiger Organmütter, da durch § 2 Abs. 2 Nr. 2 S. 2 UStG die Wirkungen der Organschaft auf Innenleistungen zwischen den im Inland gelegenen Unternehmensteilen beschränkt sind. Eine Anwendung der Fiskalvertreter-Regelung scheidet jedoch aus, weil die Umsätze der Organtöchter im Inland der im Inland ansässigen Organmutter zuzurechnen sind und rechtstechnisch unter ihrer Steuernummer abgewickelt werden. 8

2.2 Anwendungsbereich der Fiskalvertreter-Regelung

9 Gem. § 22 a Abs. 1 2. HS UStG ist die Fiskalvertreter-Regelung nur für solche im Ausland ansässigen Unternehmer zugänglich, die im Inland
- ausschließlich steuerfreie Umsätze ausführen und
- keine Vorsteuerbeträge abziehen können.

10 Aus der Gesetzesvorschrift ist abzuleiten, dass ausländische Unternehmer, die im Inland steuerpflichtige Umsätze tätigen oder Vorsteueransprüche geltend machen können, von der Fiskalvertreter-Regelung keinen Gebrauch machen dürfen. Sie müssen sich bei einem für sie nach Mitgliedstaaten getrennten zentral zuständigen Finanzamt registrieren lassen.

11 Der Gesetzeswortlaut des § 22 a Abs. 1 UStG, wonach die Fiskalvertreter-Regelung nur Anwendung finden soll, wenn der im Ausland ansässige Unternehmer im Inland ausschließlich steuerfreie Umsätze tätigt, ist eindeutig.

12 Die Fiskalvertretung ist ausgeschlossen, wenn der Vertretene im Inland neben seinen steuerfreien Umsätzen auch steuerpflichtige Umsätze ausführt, also auch dann, wenn der Vertretene
- steuerpflichtige Werklieferungen oder sonstige Leistungen ausführt, für die der Leistungsempfänger Steuerschuldner nach § 13 b UStG ist (aber vgl. Rn. 13);
- steuerpflichtige Umsätze ausführt, für die gem. § 18 Abs. 7 UStG i. V. m. §§ 49 und 50 UStDV auf die Erhebung der darauf entfallenden Steuer verzichtet wird;
- für den gleichen Zeitraum am Vorsteuer-Vergütungsverfahren nach § 18 Abs. 9 UStG teilnimmt;
- i. g. Erwerbe i. R. v. i. g. Dreiecksgeschäften tätigt, die nach § 25 b Abs. 3 UStG als besteuert gelten, und steuerpflichtige Lieferungen i. R. v. i. g. Dreiecksgeschäften erbringt, für die die Steuer vom letzten Abnehmer gem. § 25 b Abs. 2 UStG geschuldet wird;
- Empfänger einer steuerpflichtigen Werklieferung oder sonstigen Leistung eines im Ausland ansässigen Unternehmers ist, bei denen § 13 b UStG (bzw. in Altfällen die Null-Regelung gem. § 52 Abs. 2 UStDV) angewendet werden kann.

2.3 Anwendungsfälle für die Fiskalvertreter-Regelung

13 Nachstehend werden stichwortartig die häufigsten Anwendungsfälle für die Fiskalvertreter-Regelung dargestellt (weitere Ausführungen zu den Anwendungsfällen bei den jeweiligen Kommentierungen der zitierten Vorschriften):
- steuerfreie Einfuhren (§ 5 Abs. 1 Nr. 3 UStG);
- steuerfreie i. g. Erwerbe (§ 4 b Nr. 4 UStG);
- das Dreiecksgeschäft gem. § 25 b Abs. 2 UStG;
- steuerfreie grenzüberschreitende Beförderungen von Gegenständen i. S. d. § 4 Nr. 3 UStG, sofern der Unternehmer keine Lieferungen oder sonstige Leistungen bezieht, für die er die Vorsteuer nach § 15 UStG abziehen kann;
- steuerfreie Lieferungen vor der Einfuhr gem. § 4 Nr. 4b UStG,
- m. E. auch steuerfreie Leistungen, für die im Falle der Steuerpflicht § 13 b UStG anwendbar wäre.

Beispiel:
Der im Drittland (Schweiz) ansässige Unternehmer V vermittelt für den deutschen Lieferer D eine Lieferung in die Schweiz an den Unternehmer S.

Lösung:
V erbringt eine Vermittlungsleistung an D. Der Leistungsort befindet sich gem. § 3a Abs. 2 UStG in Deutschland bei D. Dem Grunde nach würde diese Dienstleistung unter § 13b Abs. 1 Nr. 1 UStG (in der Fassung vom 01.01.2010) fallen. Da jedoch die Steuerbefreiung des § 4 Nr. 5 Buchst. a UStG (Vermittlung einer Ausfuhrlieferung nach § 4 Nr. 1 Buchst. a UStG) greift, ist § 13b UStG nicht anwendbar, da diese Regelung nicht für steuerfreie Leistungen gilt. V erbringt also in Deutschland eine steuerfreie sonstige Leistung, für die er eine Erklärung (USt-Voranmeldung) an das für die Schweiz zentral zuständige Finanzamt Konstanz abgeben müsste. Für diese Erklärungspflicht kann sich V eines Fiskalvertreters bedienen.

2.4 Zur Fiskalvertretung befugter Personenkreis

§ 22a Abs. 2 UStG bestimmt, dass die in den §§ 3 und 4 Nr. 9 Buchst. c des Steuerberatungsgesetzes genannten Personen zur Fiskalvertretung befugt sind. Dort sind genannt: 14

- Steuerberater, Steuerbevollmächtigte, Steuerberatungsgesellschaften;
- Rechtsanwälte, Wirtschaftsprüfer, Wirtschaftsprüfungsgesellschaften, vereidigte Buchprüfer und Buchprüfungsgesellschaften;
- Speditionsunternehmen, soweit sie Hilfe in Eingangsabgabesachen leisten;
- sonstige gewerbliche Unternehmen, soweit sie im Zusammenhang mit der Zollbehandlung Hilfe in Eingangsabgabesachen leisten (z. B. Zolldeklaranten, Lagerhalter).

2.5 Bestellung des Fiskalvertreters/Vollmachterteilung

Gem. § 22a Abs. 3 UStG benötigt der Fiskalvertreter eine Vollmacht des im Ausland ansässigen Unternehmers, um seine Tätigkeit ausführen zu können. Zu beachten ist, dass die Vollmacht erteilt sein muss, bevor der im Ausland ansässige Unternehmer im Inland steuerfreie, der Fiskalvertreter-Regelung dem Grunde nach zugängliche Umsätze tätigt. Einer in ausländischer Sprache erteilten Vollmacht sollte in jedem Fall eine beglaubigte deutsche Übersetzung beigefügt werden. Die Vollmacht ist bei den Geschäftsunterlagen zu verwahren und dem Finanzamt nur auf Verlangen vorzulegen. 15

Der ausländische Unternehmer hat die Möglichkeit, sich von mehreren Fiskalvertretern vertreten zu lassen; pro verwirklichtem Sachverhalt aber immer nur von einem. Jedem Fiskalvertreter muss eine Vollmacht des ausländischen Unternehmers in der oben beschriebenen Form vorliegen. 16

Die Gültigkeitsdauer einer Vollmacht ist nirgendwo konkret benannt. Sie endet jedoch wohl bei Beendigung der Fiskalvertretung. Lebt die Fiskalvertretung wieder auf, ist eine neue Vollmacht zu erteilen. 17

18 **Muster für eine Vollmachtserklärung:**

Vollmacht zur Fiskalvertretung
(Muster)

Hiermit erteilen wir der Firma ... (Name, Anschrift, USt-IdNr. für die Fiskalvertretung) die Vollmacht zur Fiskalvertretung nach §§ 22a ff. UStG.
Hiermit wird die Firma ... bevollmächtigt,

- die sich nach der Zollabfertigung aus der steuerfreien innergemeinschaftlichen Lieferung unserer Waren ergebenden umsatzsteuerlichen Pflichten wahrzunehmen;
- als Fiskalvertreter eine Steuererklärung nach § 22b Abs. 2 Satz 1 UStG abzugeben;
- als Fiskalvertreter die zusammenfassende Meldung nach § 22b Abs. 2 Satz 3 UStG abzugeben.

Wir bestätigen, dass die Voraussetzungen nach § 22a Abs. 1 UStG bei uns gegeben sind. Wir übernehmen gegenüber der Firma ... die volle Haftung für die Vollständigkeit und Richtigkeit sämtlicher Angaben, die für die Durchführung der Aufträge erforderlich sind, und gewährleisten die Übergabe eines Rechnungsdoppels für Umsätze in Deutschland, bei denen von der Fiskalvertretung Gebrauch gemacht wird.

Ort, Datum Firma, Unterschrift

....

auszugsweise aus DIHT, Merkblatt für Unternehmer (Stand: 1/97)

2.6 Ort der Leistung des Fiskalvertreters

19 Für die Inanspruchnahme der Leistung eines Fiskalvertreters fällt keine inländische Vorsteuer an, da die Leistung des Fiskalvertreters im Inland nicht steuerbar ist. Der Fiskalvertreter erbringt gegenüber dem im Ausland ansässigen Unternehmer eine sonstige Leistung, die einer beratenden Tätigkeit i. S. d. § 3 a Abs. 4 Nr. 3 UStG entspricht. Die Leistung wird gem. § 3 a Abs. 3 i. V. m. Abs. 4 Nr. 3 UStG dort erbracht, wo der Leistungsempfänger (der Vertretene) sein Unternehmen betreibt.

2.7 Exkurs: Fiskalvertretung in anderen EU-Mitgliedstaaten

20 Auch in den anderen EU-Mitgliedstaaten gibt es Regelungen zu Fiskalvertretern, die für deutsche Unternehmer, welche im EU-Ausland Umsätze tätigen, von Bedeutung sind. Zur weiteren Klärung von Einzelfragen sei auf die **Länderanhänge** dieses Kommentars verwiesen. Generell gilt: M. W. v. 01.01.2002 ist eine Änderung der 6. EG-RL in Kraft getreten (ABl. EG 2000 Nr. L 269/44), wonach

die Diskriminierung ausländischer Steuerpflichtiger bei der Erfüllung ihrer steuerlichen Pflichten gemindert werden sollte. In vielen EU-Mitgliedstaaten war die Bestellung eines Fiskalvertreters zwingend vorgeschrieben, wenn ein im Ausland ansässiger Unternehmer in dem entsprechenden Mitgliedstaat umsatzsteuerliche Verpflichtungen zu erfüllen hatte (obligatorischer Fiskalvertreter). Seit dem 01.01.2002 muss es in sämtlichen Mitgliedstaaten allen Steuerpflichtigen gestattet sein, ihre steuerlichen Pflichten selbst wahrzunehmen. Den Mitgliedstaaten ist es freigestellt, Regelungen vorzuhalten, wonach ausländische Unternehmer freiwillig einen Vertreter bestimmen können (fakultativer Fiskalvertreter).

§ 22b UStG
Rechte und Pflichten des Fiskalvertreters

(1) [1]Der Fiskalvertreter hat die Pflichten des im Ausland ansässigen Unternehmers nach diesem Gesetz als eigene zu erfüllen. [2]Er hat die gleichen Rechte wie der Vertretene.
(2) [1]Der Fiskalvertreter hat unter der ihm nach § 22d Abs. 1 erteilten Steuernummer eine Steuererklärung (§ 18 Abs. 3 und 4) abzugeben, in der er die Besteuerungsgrundlagen für jeden von ihm vertretenen Unternehmer zusammenfasst. [2]Dies gilt für die Zusammenfassende Meldung entsprechend.
(3) [1]Der Fiskalvertreter hat die Aufzeichnungen im Sinne des § 22 für jeden von ihm vertretenen Unternehmer gesondert zu führen. [2]Die Aufzeichnungen müssen Namen und Anschrift der von ihm vertretenen Unternehmer enthalten.

Literatur
Fischer/Slotty-Harms, Logistikbranche: Umsatzsteuerliche und zollrechtliche Aspekte, UVR 2009, 171. **Möller**, Fiskalvertretung für Einfuhren aus Drittländern in Deutschland, UStB 2008, 46. **Raudszus**, Steuerschuldnerschaft des Leistungsempfängers, UStB 2002, 258.

Verwaltungsanweisungen
BMF vom 11.05.1999, Az: IV D 2 – S 7395 – 6/99, BStBl I 1999, 515.
Hinweis: Zur Problematik der zeitlichen Geltungsdauer von BMF-Schreiben vgl. Einführung UStG, Rz. 100 ff.

Hinweise/Richtlinien/Verordnungen
MwStSystRL: Art. 204f.

1 Abgabe von Erklärungen und Meldungen

1 Kernstück der Fiskalvertreter-Regelung ist die Übernahme der Erklärungs- und Meldepflichten für den im Ausland ansässigen Unternehmer.

2 Unter der gesonderten Steuernummer hat der Fiskalvertreter gem. § 18 Abs. 3 und 4 UStG jährlich eine USt-Jahreserklärung für alle von ihm vertretenen Unternehmer abzugeben. Die Fristen und Termine weichen von den allgemeinen Grundsätzen nicht ab. USt-Voranmeldungen sind nicht abzugeben.

3 Eine Zusammenfassende Meldung ist vom Fiskalvertreter nach Maßgabe des § 18a UStG auf elektronischem Weg abzugeben (vgl. § 18a Rn. 4). Hier sind die Bemessungsgrundlagen für jeden vertretenen Unternehmer und die dazu gehörige USt-IdNr. des Abnehmers des Vertretenen auf-

zuführen. Die notwendigen Daten haben die Vertretenen im Bedarfsfall zur Verfügung zu stellen. Die in § 18a Abs. 9 UStG genannten Grenzen saldierter i. g. Warenlieferungen im vorangegangenen Kj. ist auch bei der Fiskalvertretung zu beachten. Mit dieser Grenze wird die jährliche, vierteljährliche oder monatliche Abgabe der Zusammenfassenden Meldung bestimmt.

Angaben zur Intrahandelsstatistik sind für die Vertretenen vom Fiskalvertreter zu erstellen und beim Statistischen Bundesamt in Wiesbaden abzugeben. 4

2 Aufzeichnungspflichten

Den Fiskalvertreter treffen – in § 22b Abs. 3 UStG normierte – Aufgaben nach Maßgabe der allgemeinen in § 22 UStG näher bezeichneten Aufzeichnungspflichten. Diese hat er getrennt für jeden vertretenen Unternehmer vorzunehmen; d.h. der Fiskalvertreter hat die einzelnen Bemessungsgrundlagen gesondert aufzuzeichnen. Über die Vorschrift des § 22 UStG hinaus müssen die Aufzeichnungen Namen und Anschrift der von ihm vertretenen Unternehmer enthalten. 5

§ 22c UStG
Ausstellung von Rechnungen im Falle der Fiskalvertretung

Die Rechnung hat folgende Angaben zu enthalten:
1. **den Hinweis auf die Fiskalvertretung;**
2. **den Namen und die Anschrift des Fiskalvertreters;**
3. **die dem Fiskalvertreter nach § 22d Abs. 1 erteilte Umsatzsteuer-Identifikationsnummer.**

Literatur
Fischer/Slotty-Harms, Logistikbranche: Umsatzsteuerliche und zollrechtliche Aspekte, UVR 2009, 171. **Möller**, Fiskalvertretung für Einfuhren aus Drittländern in Deutschland, UStB 2008, 46. **Raudszus**, Steuerschuldnerschaft des Leistungsempfängers, UStB 2002, 258.

Verwaltungsanweisungen
BMF vom 11.05.1999, Az: IV D 2 - S 7395 - 6/99, BStBl I 1999, 515.
Hinweis: Zur Problematik der zeitlichen Geltungsdauer von BMF-Schreiben vgl. Einführung UStG, Rz. 100 ff.

Hinweise/Richtlinien/Verordnungen
MwStSystRL: Art. 204 f.

1 Überblick

1 Im Falle der Inanspruchnahme eines Fiskalvertreters hat die Rechnung neben den in § 14a UStG erforderlichen Rechnungsangaben auch folgenden Angaben zu beinhalten:

- den Hinweis auf die Fiskalvertretung;
- den Namen und die Anschrift des Fiskalvertreters;
- die dem Fiskalvertreter nach § 22d Abs. 1 UStG erteilte USt-IdNr.

2 Diese zusätzlichen Angaben sind zur ordnungsgemäßen Durchführung des i. g. Kontrollverfahrens unverzichtbar und in § 22c UStG normiert. Rechnungsaussteller ist regelmäßig der vom Fiskalvertreter vertretende ausländische Unternehmer. § 31 UStDV ist entsprechend anwendbar. Ggf. hat der Fiskalvertreter den ausländischen Unternehmer von den zusätzlich erforderlichen Rechnungsangaben in Kenntnis zu setzen. Der Fiskalvertreter hat daneben darauf zu achten, dass ihm ein Doppel der Rechnung zukommt, die er zu seinen Geschäftsunterlagen zu nehmen hat.

3 Es ist denkbar, dass die auf die Einfuhr oder den i. g. Erwerb nachfolgende i. g. Lieferung in einem »Verbringen gem. § 6a Abs. 2 UStG besteht. In diesem Fall ist gemäß Abschn. 14a.1 Abs. 3

S. 2 UStAE i. V. m. § 22c UStG ein Beleg (sog. »Pro-forma-Rechnung«) auszustellen. In diesem Beleg sind folgende Angaben zu machen:

- verbrachte Gegenstände;
- Bemessungsgrundlagen;
- USt-IdNr. des inländischen Unternehmensteils – in diesem Fall die USt-IdNr. des Fiskalvertreters;
- USt-IdNr. des im anderen Mitgliedstaat belegenden Unternehmensteils;
- ein Hinweis auf die Fiskalvertretung;
- Name und Anschrift des Fiskalvertreters.

Auch im Verbringensfall benötigt der Fiskalvertreter ein Rechnungsdoppel. 4

§ 22d UStG
Steuernummer und zuständiges Finanzamt

(1) Der Fiskalvertreter erhält für seine Tätigkeit eine gesonderte Steuernummer und eine gesonderte Umsatzsteuer-Identifikationsnummer nach § 27a, unter der er für alle von ihm vertretenen im Ausland ansässigen Unternehmen auftritt.
(2) Der Fiskalvertreter wird bei dem Finanzamt geführt, das für seine Umsatzbesteuerung zuständig ist.

Literatur
Fischer/Slotty-Harms, Logistikbranche: Umsatzsteuerliche und zollrechtliche Aspekte, UVR 2009, 171. **Möller**, Fiskalvertretung für Einfuhren aus Drittländern in Deutschland, UStB 2008, 46. **Raudszus**, Steuerschuldnerschaft des Leistungsempfängers, UStB 2002, 258.

Verwaltungsanweisungen
BMF vom 11.05.1999, Az: IV D 2 - S 7395 - 6/99, BStBl I 1999, 515.
Hinweis: Zur Problematik der zeitlichen Geltungsdauer von BMF-Schreiben vgl. Einführung UStG, Rz. 100 ff.

Hinweise/Richtlinien/Verordnungen
MwStSystRL: Art. 204 f.

1 Erteilung einer Steuernummer und einer USt-IdNr.

1 Gem. § 22d Abs. 1 UStG erhält der Fiskalvertreter für seine Tätigkeit eine gesonderte Steuernummer und eine gesonderte USt-IdNr. für alle von ihm vertretenen im Ausland ansässigen Unternehmer.

2 Die Steuernummer erteilt das Finanzamt, das für die Umsatzbesteuerung des Fiskalvertreters zuständig ist (§ 22 Abs. 2 UStG). Der Antragsteller hat dem Finanzamt glaubhaft zu machen, dass er zu dem begünstigten Personenkreis (vgl. § 22a Rn. 14) gehört. Die Vollmacht (vgl. § 22a Rn. 15) muss zu diesem Zeitpunkt weder vorliegen, noch beim Finanzamt vorgelegt werden. Eine Steuernummer kann auch erteilt werden, wenn der potentielle Fiskalvertreter noch keinen im Ausland ansässigen Unternehmer betreut.

3 Die USt-IdNr. wird vom Bundeszentralamt für Steuern erteilt (vgl. § 27a Rn. 38).

§ 22e UStG
Untersagung der Fiskalvertretung

(1) [1]Die zuständige Finanzbehörde kann die Fiskalvertretung der in § 22a Abs. 2 mit Ausnahme der in § 3 des Steuerberatungsgesetzes genannten Person untersagen, wenn der Fiskalvertreter wiederholt gegen die ihm auferlegten Pflichten nach § 22b verstößt oder ordnungswidrig im Sinne des § 26a handelt.
(2) [1]Für den vorläufigen Rechtsschutz gegen die Untersagung gelten § 361 Abs. 4 der Abgabenordnung und § 69 Abs. 5 der Finanzgerichtsordnung.

Literatur

Fischer/Slotty-Harms, Logistikbranche: Umsatzsteuerliche und zollrechtliche Aspekte, UVR 2009, 171. **Möller**, Fiskalvertretung für Einfuhren aus Drittländern in Deutschland, UStB 2008, 46. **Raudszus**, Steuerschuldnerschaft des Leistungsempfängers, UStB 2002, 258.

Verwaltungsanweisungen

BMF vom 11.05.1999, Az: IV D 2 – S 7395 – 6/99, BStBl I 1999, 515.
Hinweis: Zur Problematik der zeitlichen Geltungsdauer von BMF-Schreiben vgl. Einführung UStG, Rz. 100 ff.
MwStSystRL: Art. 204 f.

1 Sanktionen im Zusammenhang mit der Fiskalvertretung

1.1 Verspätete oder Nichtabgabe der Zusammenfassenden Meldung

Eine verspätete Abgabe der Zusammenfassenden Meldung durch den Fiskalvertreter kann mit einem Verspätungszuschlag geahndet werden. Es gilt die Vorschrift des § 18a Abs. 8 UStG entsprechend. 1

Weigert sich der Fiskalvertreter die Steuererklärung oder die Zusammenfassende Meldung abzugeben, kann gegen ihn ein Zwangsgeld festgesetzt werden. 2

1.2 Ordnungswidriges Verhalten des Fiskalvertreters

3 Ein ordnungswidriges Verhalten des Fiskalvertreters ist gegeben, wenn

- entgegen § 14a Abs. 1 S. 3 UStG das Doppel der Rechnung nicht aufbewahrt wird;
- die Zusammenfassende Meldung nicht oder nicht rechtzeitig abgegeben wird;
- die in § 18d S. 3 UStG bezeichneten Unterlagen nicht, nicht vollständig oder nicht rechtzeitig vorgelegt wurden.

1.3 Untersagung der Fiskalvertretung

4 Die Fiskalvertretung kann durch Untersagung durch die Finanzbehörden beendet werden. Dies ist der Fall, wenn

- der Fiskalvertreter gegen die ihm nach § 22b UStG auferlegten Pflichten verstößt oder entgegen § 14a Abs. 1 S. 3 UStG das Doppel der Rechnung nicht aufbewahrt wird;
- die Zusammenfassende Meldung nicht oder nicht rechtzeitig abgegeben wird;
- die in § 18d S. 3 UStG bezeichneten Unterlagen nicht, nicht vollständig oder nicht rechtzeitig vorgelegt wurden.

2 Beendigung der Fiskalvertretung

5 Die Fiskalvertretung ist beendet, wenn dem Fiskalvertreter die Vollmacht durch den Vertretenen entzogen wird oder wenn die zuständige Finanzbehörde die Fiskalvertretung untersagt. Gleiches gilt, wenn der Vertretene entweder im Inland steuerpflichtige Umsätze ausführt oder ihm in Rechnung gestellte Vorsteuerbeträge abziehen kann.

6 Ist die Fiskalvertretung beendet, ist wie folgt zu verfahren:

a) Der **Fiskalvertreter** hat die Beendigung der Fiskalvertretung eines jeden von ihm Vertretenen dem Finanzamt formlos mitzuteilen. Die bis zum Zeitpunkt der Beendigung der Fiskalvertretung getätigten Umsätze sind vom Fiskalvertreter in der Umsatzsteuererklärung für das Kj. zu erfassen und in die Zusammenfassende Meldung des entsprechenden Zeitraums zu übernehmen. Die allgemeinen Erklärungs- und Aufzeichnungspflichten sind für die Zeit der Bestellung bis zur Beendigung der Fiskalvertretung von ihm zu erfüllen.

b) Der im **Ausland ansässige Unternehmer** muss sich nach Beendigung der Fiskalvertretung unter einer eigenen Steuernummer registrieren lassen und ggf. eine eigene USt-IdNr. beantragen. Er hat unter der Steuernummer alle Steuererklärungen (USt-Voranmeldung bzw. nach Ablauf des Besteuerungszeitraums eine USt-Erklärung für das Kj.) abzugeben. In diesen Erklärungen hat er alle Umsätze einschließlich der über die Fiskalvertretung getätigten Umsätze anzugeben. Außerdem ist eine Zusammenfassende Meldung abzugeben, in der nur die i. g. Warenlieferungen nach § 18a Abs. 2 UStG zu erklären sind, die in die Zeit nach Beendigung der Fiskalvertretung fallen.

Die in der Zeit der Fiskalvertretung erteilten Rechnungen und Pro-forma-Rechnungen (vgl. Abschn. 14a.1 Abs. 3 S. 2 UStAE) mit dem Hinweis auf die Vertretung sind nicht zu berichtigen. 7

Nach Ablauf des Besteuerungszeitraums, in dem die Fiskalvertretung beendet wurde, kann der im Ausland ansässige Unternehmer erneut einen Fiskalvertreter bestellen, wenn die Voraussetzungen dafür vorliegen. 8

Ist die Fiskalvertretung durch Untersagung beendet worden, ist der bisherige Fiskalvertreter zur Abgabe einer Steueranmeldung (§ 18 Abs. 3 S. 2 UStG) und der Zusammenfassenden Meldungen aufzufordern. Außerdem ist er zur Benennung aller von ihm vertretenen im Ausland ansässigen Unternehmer aufzufordern. Das Finanzamt stellt sicher, dass die benannten Unternehmer über die Untersagung in Kenntnis gesetzt werden. Vom Zeitpunkt der Untersagung an kann der im Ausland ansässige Unternehmer die allgemeinen Erklärungs- und Aufzeichnungspflichten selbst erfüllen oder sich eines weiteren Fiskalvertreters bedienen. 9

§ 23 UStG
Allgemeine Durchschnittssätze

(1) Das Bundesministerium der Finanzen kann mit Zustimmung des Bundesrates zur Vereinfachung des Besteuerungsverfahrens für Gruppen von Unternehmern, bei denen hinsichtlich der Besteuerungsgrundlagen annähernd gleiche Verhältnisse vorliegen und die nicht verpflichtet sind, Bücher zu führen und auf Grund jährlicher Bestandsaufnahmen regelmäßig Abschlüsse zu machen, durch Rechtsverordnung Durchschnittssätze festsetzen für

1. die nach § 15 abziehbaren Vorsteuerbeträge oder die Grundlagen ihrer Berechnung oder

2. die zu entrichtende Steuer oder die Grundlagen ihrer Berechnung.

(2) Die Durchschnittssätze müssen zu einer Steuer führen, die nicht wesentlich von dem Betrag abweicht, der sich nach diesem Gesetz ohne Anwendung der Durchschnittssätze ergeben würde.

(3) [1]Der Unternehmer, bei dem die Voraussetzungen für eine Besteuerung nach Durchschnittssätzen im Sinne des Absatzes 1 gegeben sind, kann beim Finanzamt bis zur Unanfechtbarkeit der Steuerfestsetzung (§ 18 Abs. 3 und 4) beantragen, nach den festgesetzten Durchschnittssätzen besteuert zu werden. [2]Der Antrag kann nur mit Wirkung vom Beginn eines Kalenderjahres an widerrufen werden. [3]Der Widerruf ist spätestens bis zur Unanfechtbarkeit der Steuerfestsetzung des Kalenderjahres, für das er gelten soll, zu erklären. [4]Eine erneute Besteuerung nach Durchschnittssätzen ist frühestens nach Ablauf von fünf Kalenderjahren zulässig.

Literatur

Hilbertz, Vorsteuerpauschalierung nach § 23 UStG, MBP 2008, 66. **Radeisen**, Vorsteuerpauschalierung, LSW Gruppe 4/353, 1–8.

Richtlinien/Hinweise/Verordnungen
UStAE: Abschn. 23.1–23.4.
MwStSystRL: Art. 192, 281.
UStDV: §§ 66, 69–70.

1 Allgemeines

1.1 Überblick über die Vorschrift

Die Rechtsnorm berechtigt das BMF, mit Zustimmung des Bundesrates für bestimmte Berufsgruppen eine Vereinfachungsregelung hinsichtlich deren Besteuerung zu schaffen. Allerdings ist hierfür Bedingung, dass annähernd gleiche Verhältnisse innerhalb der jeweiligen Gruppe vorliegen und die anwendenden Unternehmer nicht verpflichtet sind, Bücher zu führen bzw. aufgrund jährlicher Bestandsaufnahme Abschlüsse zu fertigen. Die Durchschnittssätze müssen zu einer Steuer führen, die nicht wesentlich von dem Betrag abweicht, der sich bei Anwendung der Regelbesteuerung ergäbe. Dieser Ermächtigung ist das BMF mit den §§ 66, 69, 70 UStDV nachgekommen. 1

1.2 Rechtsentwicklung

Die Umsatzsteuerpauschalierung wurde schon vor der Einführung des Mehrwertsteuersystems i. R. d. Durchschnittssätze praktiziert. Die Pauschalierung wurde vom UStG 1967 im Rahmen einer allgemeinen Durchschnittssatzbesteuerung und für die Landwirtschaft übernommen. Ursprünglich umfassten die Durchschnittssatzbesteuerung 18 Berufs- und Gewerbezweige. Gegenwärtig umfasst die Durchschnittssatzbesteuerung bis zu 87 Berufs- und Gewerbezweige. 2

Die Durchschnittssätze wurden in der Vergangenheit analog dem allgemeinen Steuersatz auch erhöhend angepasst. Die letzte materielle Änderung erfolgte durch das Steueränderungsgesetz vom 25.02.1992 mit Wirkung ab dem 01.01.1993. Damals wurde die Umsatzgrenze für die Anwendung der Durchschnittssätze von 100.000 DM auf 120.000 DM angehoben. Durch das Euro-Glättungsgesetz (StEuglG) wurde die Umsatzgrenze auf 61.356 € umgerechnet. 3

1.3 Geltungsbereich

1.3.1 Sachlicher Geltungsbereich

Die Vereinfachung der Voll- oder Teilpauschalierung kann von den begünstigten Berufs- und Gewerbezweigen dann in Anspruch genommen werden, wenn der Gesamtumsatz im vorangegangenen Kj. 61.356 € nicht überschritten hat. Dabei wird der maßgebliche Umsatz nur nach den tatsächlich erzielten Umsätzen im entsprechenden Berufs- oder Gewerbezweig ohne Einfuhr, ohne innergemeinschaftlichen Erwerb und den in § 4 Nr. 8, 9a, 10 und 21 bezeichneten Umsätzen (§ 69 Abs. 2 UStDV) ermittelt. 4

1.3.2 Persönlicher Geltungsbereich

5 Die Umsatzsteuerpauschalierung kann nur von den in der Anlage zu §§ 69 und 70 UStDV aufgeführten Personen mit den dort genannten Berufs- oder Gewerbezweigen in Anspruch genommen werden. Für Personen anderer Berufs- oder Gewerbezweige (ausgenommen § 24 UStG – Landwirtschaft) ist eine Pauschalierung nicht möglich.

1.3.3 Zeitlicher Geltungsbereich

6 Die Anwendung der Durchschnittssätze ist seit dem Bestehen des UStG 1967 möglich. Lediglich die Anzahl der begünstigten Berufs- und Gewerbezweige hat sich von damals 18 auf nunmehr 87 erhöht.

1.4 Gemeinschaftsrechtliche Grundlagen und Verhältnis zu anderen Vorschriften

7 Die gemeinschaftsrechtliche Vorgabe ist in Art. 192, 281 MwStSystRL zu finden.

8 Die Erleichterung bzw. die Entbindung von Aufzeichnungsvorschriften stellt eine Ausnahme von den allgemein gültigen Aufzeichnungsregeln des § 22 UStG dar.

2 Kommentierung

2.1 Tatbestandsvoraussetzungen

9 Will ein Unternehmer die Durchschnittsätze in Anspruch nehmen, hat er die Umsatzgrenze des § 69 Abs. 3 UStDV zu beachten. Danach darf erden Umsatz aus den in der Anlage zur UStDV bezeichneten Berufs- und Gewerbezweigen im vorangegangenen Kalenderjahr i. H. v. 61.356 € nicht überschritten haben. Zudem darf er nicht verpflichtet sein, Bücher zu führen und auf Grund jährlicher Bestandsaufnahmen regelmäßig Abschlüsse zu machen (§ 23 Abs. 1 UStG; § 68 UStDV).

10 Maßgebend ist der Umsatz aus den in der UStDV bezeichneten Berufs- und Gewerbezweige und nicht der Gesamtumsatz (§ 69 Abs. 2 UStDV). Wurde die berufliche oder gewerbliche Tätigkeit des Unternehmers im Vorjahr nicht während des ganzen Kj. ausgeübt, ist der Vorjahresumsatz auf einen Jahresumsatz hochzurechnen. Insoweit gilt § 19 Abs. 3 S. 3 ff. UStG entsprechend. Sofern das Unternehmen im laufenden Jahr eröffnet, ist der voraussichtliche Jahresumsatz zu schätzen (Abschn. 23.1 Abs. 3 S. 3 UStAE). Der angenommene Jahresumsatz gilt auch, wenn sich nachträglich herausstellen sollte, dass der tatsächliche Umsatz vom voraussichtlichen Umsatz abweicht. Sofern ein Unternehmer im Rahmen der Gesamtrechtsnachfolge ein anderes Unternehmen übernimmt, muss der Übernehmer für die Berechnung des Umsatzes des vorangegangenen Kalenderjahres seinen Umsatz nicht mit dem des übernommenen Unternehmens zusammenrechnen, Abschn. 23.1 Abs. 3 S. 5 UStAE. Bei Anwendung der Pauschalierungsregelung nach § 23 UStG wird zwischen einer Vollpauschalierung (§ 70 Abs. 1 UStDV) und einer Teilpauschalierung (§ 70 Abs. 2 UStDV) unterschieden.

2.2 Höhe und Umfang der Durchschnittssätze

Die Höhe der jeweils anwendbaren Durchschnittssätze ist aus der Anlage zu § 70 UStDV ersichtlich. Die Anlage ist in zwei Abschnitte untergliedert. Der Abschn. A enthält Durchschnittssätze, welche für sämtliche Vorsteuerbeträge des Unternehmens gelten, die mit der jeweiligen beruflichen oder gewerblichen Tätigkeit zusammenhängen. Weitere Vorsteuerbeträge hinsichtlich dieses Gewerbezweiges können nicht geltend gemacht werden (§ 70 Abs. 1 UStDV). Die Anlage A ist in folgende Berufs- bzw. Gewerbesparten aufgegliedert: 11

- Handwerk,
- Einzelhandel,
- sonstige Gewerbebetriebe,
- freie Berufe.

Innerhalb dieser Sparten werden verschiedene Tätigkeiten aufgeführt. Die Höhe der pauschalierten Vorsteuer ergibt sich durch die Anwendung des Pauschalierungssatzes, der unter der jeweiligen beruflichen- oder gewerblichen Tätigkeit aufgeführt ist. 12

Neben Abschn. A gibt es noch Abschn. B. Unter diesem Abschn. sind die Tätigkeiten, für welche die sog.Teilpauschalierung gilt, aufgeführt. Bei Anwendung der Teilpauschalierung können neben der pauschalierten Vorsteuer, die nach den Durchschnittssätzen ermittelt werden, noch zusätzliche Vorsteuerbeträge abgezogen werden. Die zusätzlichen Vorsteuerabzugsmöglichkeiten sind jedoch auf die im § 70 Abs. 2 UStDV genannten konkreten Fälle begrenzt. Im Einzelnen sind dies: 13

- Vorsteuern für Gegenstände, die der Unternehmer zur Weiterveräußerung erworben oder eingeführt hat, einschließlich der Vorsteuerbeträge für Rohstoffe, Halberzeugnisse, Hilfsstoffe und Zutaten;
- Vorsteuern für die Lieferung von Gebäuden, Grundstücken und Grundstücksteilen;
- Vorsteuern für Ausbauten, Einbauten, Umbauten und Instandsetzungen bei Gebäuden, Grundstücken und Grundstücksteilen;
- Vorsteuern bei Leistungen i. S. d. § 4 Nr. 12 UStG.

Der zusätzliche Vorsteuerabzug ist jedoch nicht möglich bei Vorsteuerbeträgen in Zusammenhang mit Maschinen und sonstigen Vorrichtungen aller Art, die in Verbindung mit einer Betriebsanlage stehen. Dies gilt auch dann, wenn die Betriebsvorrichtung wesentlicher Bestandteil eines Grundstücks ist. Beim Wechsel der Besteuerungsform sind die Abschn. 15.1 Abs. 5 und 6 UStAE zu beachten. Für Vorsteuerberichtigungen beim Wechsel der Besteuerungsform ist Abschn. 15a.9 UStAE zu beachten (Abschn. 23.3 Abs. 2 UStAE). 14

2.3 Aufkommensneutralität der Durchschnittssätze

Grundsätzlich müssen die Vorschriften der Durchführungsverordnung sicherstellen, dass die Pauschalierung nur eintritt, wenn sich das Steueraufkommen der betroffenen Personengruppen aufkommensneutral verhält. Diese vorgesehene Neutralität ist jedoch ausschließlich als Richtlinie für den Verordnungsgeber bestimmt. Sie kann deshalb von der Finanzverwaltung nicht herangezogen werden, um im Einzelfall einem Unternehmer die Anwendung der Durchschnittssätze zu versagen (Abschn. 23.1 Abs. 1 S. 2 UStAE). Die Anwendung der Durchschnittssätze ist aus diesem Grund auch dann nicht zu beanstanden, wenn im Einzelfall eine erheblich Abweichung festgestellt wird (Abschn. 23.1 Abs. 1 S. 3 UStAE). Weitere Einzelheiten hierzu können den Abschn. 23.1–23.4 UStAE entnommen werden. 15

2.4 Antragspflicht der Pauschalierung

16 Will der Unternehmer die Besteuerung nach der Gesamtpauschalierung in Anspruch nehmen, muss er hierzu einen Antrag stellen. Der Antrag kann durch schlüssiges Verhalten gestellt werden (BFH vom 11.12.1997, Az: V R 50/94, BStBl II 1998, 420). Die Rücknahme eines derartigen Antrags ist nur bis zur Unanfechtbarkeit der Steuerfestsetzung möglich. Zu beachten ist hierbei, dass unter Bestandskraft die formelle Bestandkraft gemeint ist. Nach Ansicht des BFH kommt es auf die Unabänderbarkeit der Steuerfestsetzung (z. B. per Antrag auf Änderung nach § 164 AO) nicht an (Abschn. 23.4 Abs. 1, 19.2 Abs. 6 UStAE).

17 Für die Anwendung der Gesamtpauschalierung darf der Umsatz des Unternehmers im Vorjahr 61.356 € nicht überstiegen haben.

2.5 Rücknahme des Antrags auf Pauschalierung

18 Der Unternehmer kann seinen Antrag, die abziehbaren Vorsteuerbeträge nach Durchschnittssätzen zu berechnen, (für die Vergangenheit) zurücknehmen oder (für die Zukunft) widerrufen. Der Antrag kann dem Finanzamt gegenüber durch schlüssiges Verhalten gestellt werden. Entsprechendes gilt für dessen Rücknahme oder Widerruf.

19 Die Rücknahme eines Antrags auf Besteuerung nach Durchschnittssätzen ist nur bis zur Unanfechtbarkeit der Steuerfestsetzung vom Beginn eines Kalenderjahres an möglich. Unter Unanfechtbarkeit ist die formelle Bestandskraft der erstmaligen Steuerfestsetzung zu verstehen; auf deren Unabänderbarkeit kommt es nicht an (BFH vom 11.12.1997, Az: V R 50/94, BStBl II 1998, 420). Der Widerruf bindet den Unternehmer fünf Jahre an die Regelbesteuerung (§ 23 Abs. 3 UStG).

2.6 Keine Vorsteuerpauschalierung für Ferienhäuser/-wohnungen

20 Die für Fremdenheime und Pensionen festgesetzten Durchschnittssätze zur Ermittlung der abziehbaren Vorsteuerbeträge können nur solche Unternehmer in Anspruch nehmen, die ihre Gäste nicht nur beherbergen, sondern zusätzlich auch verpflegen. Eine unternehmerische Tätigkeit, bei der hinsichtlich der Besteuerungsgrundlagen keine annähernd gleichen Verhältnisse zu den in der Anlage zu §§ 69 und 70 UStDV 1980/1991 bezeichneten Berufs- und Gewerbezweigen vorliegen, kann nicht schätzungsweise aufgeteilt werden, um den Vorsteuerabzug sowohl nach § 15 UStG als auch nach § 23 UStG i. V. m. §§ 69 und 70 UStDV 1980/1991 zu ermitteln (BFH vom 18.05.1995, Az: V R 7/94, BStBl II 1995, 751, Abschn. 23.2 Abs. 1 S. 5 UStAE).

2.7 Begünstigte Umsätze

21 Für die Anwendung der Durchschnittssätze ist es notwendig, dass die davon betroffenen Berufs- und Gewerbezweige hinsichtlich der Besteuerungsgrundlagen annähernd gleiche Verhältnisse aufweisen. Deshalb können die jeweils festgesetzten Durchschnittssätze nur durch solche Unternehmer angewandt werden, die die wesentlichen Leistungen des Berufs- und Gewerbezweiges erbringen (Abschn. 23.2

Abs. 1 UStAE). Die schätzungsweise Aufteilung des Vorsteuerabzugs bei nicht annähernd gleichen Verhältnissen zu den begünstigten Gewerbezweigen ist nicht möglich (Abschn. 23.2 Abs. 1 S. 5 UStAE).

Die Durchschnittsätze können auch dann angewandt werden, wenn noch andere Umsätze ausgeführt werden, die üblicherweise in den Bereich eines anderen Berufs- oder Gewerbezweiges fallen. Sind Handelsbetriebe davon betroffen, müssen die Umsätze, welche die in der UStDV bezeichneten Gegenstände betreffen, überwiegen. In den anderen Fällen können die Durchschnittssätze angewandt werden, wenn die schädlichen Umsätze 25 % der gesamten Umsätze aus dem begünstigten Berufs- oder Gewerbezweig nicht übersteigen. Beim Übersteigen dieser 25 % können die nach § 69 Abs. 2 UStDV begünstigten Umsätze den Durchschnittsätzen unterworfen werden, nicht jedoch die Umsätze aus der zusätzlichen Tätigkeit. Sofern der zusätzliche Umsatz unter einen anderen begünstigten Gewerbezweig fällt, können hierfür die zutreffenden Durchschnittsätze angewandt werden (Abschn. 23.2 Abs. 2 UStAE). 22

3 Einzelfälle

In der Praxis ist im Rahmen eines FG-Verfahrens die Frage aufgetaucht, ob eine Übersetzerin die umsatzsteuerlichen Durchschnittssätze nach Abschn.: A IV Nr. 5 der Anlage zu § 70 Abs. 1 UStDV (Pauschalierung für Schriftsteller) anwenden darf. Das FG Baden-Württemberg sah in der Übersetzung ein geschriebenes Werk mit unterhaltendem Inhalt, auch wenn dies durch eine Übersetzung in eines in ausländischer Sprache verfassten Ursprungswerkes geschehen ist (FG Baden-Württemberg vom 18.07.2007, Az: 3 K 93/03, EFG 2007, 1914). Aus diesem Grunde gestand es der Übersetzerin die o.g. Pauschalierungsmöglichkeit zu. Der BFH widersprach dieser Rechtsauffassung und entschied, dass der Vorsteuerabzug für einen Übersetzer nicht mit den für Schriftsteller geltenden Durchschnittssätzen geltend gemacht werden kann. Denn die Vorsteuerpauschalierung gilt der Vereinfachung des Besteuerungsverfahrens nach § 23 UStG i.V.m. § 70 UStDV für bestimmte Berufsgruppen. Die Rechtsnorm erfordert, dass das FA den Unternehmer leicht und eindeutig einer der in § 70 UStDV genannten Berufsgruppe zuordnen kann. Übersetzer sind keine »Schriftsteller« i.S.d. Anlage zu den §§ 69 und 70 UStDV Abschn. A IV. Nr. 5. Eine einzelfallorientierte Zuordnung der Übersetzer zu den Schriftstellern oder gar eine weitere Differenzierung je nach der Übersetzungstiefe oder dem wissenschaftlichen Gehalt widerspricht nach Meinung des BFH dem Vereinfachungszweck (BFH vom 23.07.2009, Az: V R 66/07, BStBl II 2010, 86). Unschädlich ist jedoch die Anwendung dieses Durchschnittssatzes für Komponisten, Liederdichter und Librettisten (Abschn. 23.2 Abs. 6 UStAE). 23

§ 23a UStG
Durchschnittssatz für Körperschaften, Personenvereinigungen und Vermögensmassen im Sinne des § 5 Abs. 1 Nr. 9 des Körperschaftsteuergesetzes

(1) [1]Zur Berechnung der abziehbaren Vorsteuerbeträge (§ 15) wird für Körperschaften, Personenvereinigungen und Vermögensmassen im Sinne des § 5 Abs. 1 Nr. 9 des Körperschaftsteuergesetzes, die nicht verpflichtet sind, Bücher zu führen und auf Grund jährlicher Bestandsaufnahmen regelmäßig Abschlüsse zu machen, ein Durchschnittssatz von 7 Prozent des steuerpflichtigen Umsatzes, mit Ausnahme der Einfuhr und des innergemeinschaftlichen Erwerbs, festgesetzt. [2]Ein weiterer Vorsteuerabzug ist ausgeschlossen.

(2) Der Unternehmer, dessen steuerpflichtiger Umsatz, mit Ausnahme der Einfuhr und des innergemeinschaftlichen Erwerbs, im vorangegangenen Kalenderjahr 35000 Euro überstiegen hat, kann den Durchschnittssatz nicht in Anspruch nehmen.

(3) [1]Der Unternehmer, bei dem die Voraussetzungen für die Anwendung des Durchschnittssatzes gegeben sind, kann dem Finanzamt spätestens bis zum 10. Tag nach Ablauf des ersten Voranmeldungszeitraums eines Kalenderjahres erklären, dass er den Durchschnittssatz in Anspruch nehmen will. [2]Die Erklärung bindet den Unternehmer mindestens für fünf Kalenderjahre. [3]Sie kann nur mit Wirkung vom Beginn eines Kalenderjahres an widerrufen werden. [4]Der Widerruf ist spätestens bis zum 10. Tag nach Ablauf des ersten Voranmeldungszeitraums dieses Kalenderjahres zu erklären. [5]Eine erneute Anwendung des Durchschnittssatzes ist frühestens nach Ablauf von fünf Kalenderjahren zulässig.

Literatur
FinMin Baden-Württemberg, Steuertipps für gemeinnützige Vereine, 70ff. **Pflüger**, Neue Regeln zur Erweiterung der Förderung gemeinnütziger Körperschaften, GStB 2008, 70.

Richtlinien/Hinweise/Verordnungen
MwStSystRL: Art. 192, 281.
UStDV: § 66a.

1 Allgemeines

1.1 Überblick über die Vorschrift

Die Pauschalierung nach § 23 a UStG stellt – wie auch teilweise § 23 UStG – eine Art Vollpauschalierung dar. Dies deshalb, weil neben der pauschalierten Vorsteuer keine weiteren z. B. tatsächlichen Vorsteuerbeträge geltend gemacht werden können. 1

1.2 Rechtsentwicklung

Die Rechtsnorm wurde durch Art. 6 Nr. 2 des Gesetzes zur Verbesserung und Vereinfachung der Vereinsbesteuerung (Vereinsfördergesetz) eingefügt und ist zum 01.01.1990 in Kraft getreten. Zeitgleich wurde durch Art. 7 Vereinsfördergesetz § 66a UStDV in die UStDV eingefügt (BStBl I 1989, 499). Durch diese Norm entfallen die Aufzeichnungspflichten hinsichtlich der Vorsteuerbeträge, falls die betroffene Körperschaft die Vorsteuern nach § 23 a UStG ermittelt. 2

Die Rechtsnorm wurde durch Art. 1 Nr. 26 des Gesetzes zur Anpassung des UStG und anderer Rechtsvorschriften an den EG-Binnenmarkt vom 25.08.1992 geändert (BStBl I 1992, 552). Die Ausnahmen hinsichtlich der Vorsteuerpauschalierung wurden darin um den i. g. Erwerb erweitert. Damit fallen der i. g. Erwerb und die Einfuhr aus der Pauschalierung heraus. 3

Die letzte Änderung erfuhr diese Regelung durch das Steuer-Euroglättungsgesetz (StEuglG). Die bisherige Umsatzgrenze von 60.000 DM wurde in 30.678 € umgewandelt. Durch das Gesetz zur weiteren Stärkung des bürgerschaftlichen Engagements vom 10.10.2007 (BGBl I 2007, 2332) wurde die Grenze von 30.678 € auf 35.000 € m. W. v. 01.01.2008 heraufgesetzt. 4

1.3 Geltungsbereich

1.3.1 Sachlicher Geltungsbereich

Die Pauschalierung betrifft den Vorsteuerabzug aus Lieferungen und sonstigen Leistungen an Körperschaften, Personenvereinigungen und Vermögensmassen im Sinne des § 5 Abs. 1 Nr. 9 KStG). Ausgenommen hiervon sind lediglich die Umsätze aus der Einfuhr und dem i. g. Erwerb. 5

Die Rechtsnorm bringt den betroffenen Steuerpflichtigen Erleichterungen in zweierlei Art. Beispielweise tätigen gemeinnützige Vereine für gewöhnlich sowohl steuerbare (wirtschaftlicher 6

Geschäftsbetrieb; Zweckbetrieb) als auch nicht steuerbare Leistungen (ideeller Bereich – nicht unternehmerisch). Den Vorsteuerabzug können solche Körperschaften jedoch nur insoweit geltend machen, als vorsteuerunschädliche Umsätze vorliegen. Die Vorsteuerbeträge müssen somit entsprechend zugeordnet und aufgezeichnet werden. Diese Verpflichtung entfällt mit Anwendung der Pauschalierungsregelung.

7 Hat die entsprechende Körperschaft lediglich Umsätze, die dem ermäßigten Steuersatz unterliegen, führt die Pauschalierung zu einer Zahllast von Null. Somit fallen diese Körperschaften vollständig aus der Umsatzbesteuerung heraus.

1.3.2 Persönlicher Geltungsbereich

8 Die Erleichterung des § 23a UStG können Körperschaften, Personenvereinigungen und Vermögensmassen i. S. d. § 5 Abs. 1 Nr. 9 KStG in Anspruch nehmen. Bedingung ist jedoch, dass diese Personen nicht verpflichtet sind, Bücher zu führen und auf Grund jährlicher Bestandsaufnahmen regelmäßig Abschlüsse zu machen.

1.3.3 Zeitlicher Geltungsbereich

9 Die Rechtsnorm wurde zum 01.01.1990 einführt. Sie kann von den begünstigten Körperschaften bis heute angewandt werden, wenn die Tatbestandsvoraussetzungen erfüllt sind. Die Rechtsnorm in aktueller Fassung gilt vom 01.01.2008 an.

1.3.4 Gemeinschaftsrechtliche Grundlagen und Verhältnis zu anderen Vorschriften

10 Die europarechtliche Grundlage sind die Art. 192, Art. 281 MwStSystRL (bislang Art. 24 Abs. 1 der 6. EG-RL). Die Erleichterung bzw. die Entbindung von Aufzeichnungsvorschriften hinsichtlich des Vorsteuerabzugs stellt eine Ausnahme von den allgemein gültigen Aufzeichnungsregeln des § 22 UStG dar.

2 Die einzelnen Tatbestandsmerkmale

2.1 Begünstigte Körperschaften

11 Die Vorsteuerpauschalierung nach § 23a UStG können Körperschaften, Personenvereinigungen und Vermögensmassen i. S. v. § 5 Abs. 1 Nr. 9 KStG (gemeinnützige, mildtätige und kirchliche Institutionen) geltend machen, wenn sie bestimmte Tatbestandsmerkmale erfüllen. In den Genuss der Vorsteuerpauschalierung kommen in der Praxis normalerweise Körperschaften wie Vereine, Personenvereinigungen (z. B. nicht rechtsfähige Vereine) und Vermögensmassen (z. B. Stiftungen), die ausschließlich und unmittelbar gemeinnützigen, mildtätigen oder kirchlichen Zwecken dienen (§§ 51 bis 68 AO).

2.2 Vorsteuerabzug

Begünstigte Körperschaften können die abziehbaren Vorsteuerbeträge mit einem Durchschnittssatz von 7 % des steuerpflichtigen Umsatzes ermitteln (§ 23 a Abs. 1 UStG). Dabei sind jedoch die Einfuhren und die i. g. Erwerbe ausgenommen. 12

Durch die Anwendung der Pauschalierungsregelung ist die Körperschaft von den üblichen Aufzeichnungspflichten des § 22 Abs. 2 Nr. 5 und 6 UStG entbunden (Entgelt für steuerpflichtige Lieferungen und sonstige Leistungen, § 66 a UStDV). Sofern nur Umsätze im Zweckbetriebsbereich ausgeführt werden, führt die Pauschalierung der Vorsteuerbeträge i. d. R. zu einem ständigen Null-Saldo. 13

Durch das Haushaltsbegleitgesetz 2006 ergeben sich für diesen Bereich keinerlei Änderungen, weil von der Steuersatzerhöhung nur der Regelsteuersatz betroffen ist. Pauschalierungsberechtigte Körperschaften unterliegen gem. § 12 Abs. 2 Nr. 8a, b UStG dem ermäßigten Steuersatz. 14

2.3 Voraussetzung für die Pauschalierung

Voraussetzung für die Wahl der Pauschalierung ist, dass die Körperschaft bzw. Personenvereinigung usw. weder nach Handelsrecht noch nach der AO verpflichtet ist, Bücher zu führen und Abschlüsse auf Grund eines Bestandsvergleichs (Bilanzierung) zu fertigen. Die Wahl der Pauschalierung ist jedoch möglich, wenn die Körperschaft freiwillig Bücher führt und bilanziert (vgl. Gesetzeswortlaut § 23 a Abs. 1 S. 1 UStG). 15

2.4 Umsatzgrenze

Sofern eine Körperschaft oder Personenvereinigung die Vorsteuerbeträge im Wege der Pauschalierung ermitteln will, darf sie als weitere Voraussetzung im vorangegangenen Kalenderjahr nicht mehr als 35.000 € Umsatz erzielt haben. Umsatz in diesem Sinne ist der im Vorjahr erzielte Umsatz (§ 10 Abs. 1 UStG) ohne die Einfuhr und den i. g. Erwerb. Steuerfreie Umsätze gehören nicht zum maßgebenden Umsatz (§ 23 a Abs. 2 UStG). 16

Im Jahr der Begründung der unternehmerischen Tätigkeit einer Körperschaft, ist die Umsatzgrenze von 35.000 € an der Umsatzprognose des Unternehmers zu messen. 17

Das sieht auch der BFH in seinem Beschluss vom 27.06.2006 so. Er stellte ebenfalls fest, dass die Pauschalierung nach Durchschnittssätzen gemäß § 23 a UStG im ersten Kalenderjahr der unternehmerischen Betätigung von den voraussichtlichen Umsätzen dieses Jahres abhängig ist (BFH vom 27.06.2006, Az: V B 143/05, BStBl II 2006, 732). 18

2.5 Wahl der Pauschalierung

Der Unternehmer kann die Pauschalierung formlos wählen. Diese Erklärung hat am 10. Tag nach Ablauf des ersten Voranmeldungszeitraum zu erfolgen, in dessen Besteuerungszeitraum der Durchschnittssatz angewendet werden soll (§ 23 a Abs. 3 S. 1 UStG; BFH vom 30.03.1995, Az: V R 22/94, BStBl II 1995, 70). Um in der Praxis jedoch Unklarheiten und Diskussionen zu vermeiden, 19 empfiehlt es sich, zur Umsatzsteuer-Voranmeldung eine Anlage mit entsprechender Willenserklärung elektronisch oder in Papierform einzureichen.

20 Auch wenn der Unternehmer Jahresbesteuerer ist, muss er die Pauschalierung bis zum 10. Tag nach Ablauf des ersten Kalendervierteljahres seinem Finanzamt mitteilen.

21 Wurde die Erklärungsfrist versäumt, kann Wiedereinsetzung in den vorigen Stand gewährt werden, wenn entsprechende Gründe hierfür vorliegen (z. B. höhere Gewalt vgl. § 110 AO).

22 Die Erklärung nach § 23 a Abs. 3 UStG muss auch von Unternehmern abgegeben werden, die nach § 18 Abs. 2 S. 3 UStG von der Verpflichtung zur Abgabe von Umsatzsteuer-Voranmeldungen befreit sind (sog. Jahreszahler). Auch hier gilt die Abgabefrist bis zum 10. April des Kalenderjahr, für das der Durchschnittssatz gelten soll.

2.6 Bindungsfrist

23 Die Wahl der Pauschalierung bindet die Körperschaft fünf Kj. an die Besteuerung nach § 23 a UStG (§ 23 a Abs. 3 S. 2 UStG).

24 Die Pauschalierung kann nur mit Wirkung vom Beginn eines Kj. an widerrufen werden. Auch hier muss der Widerruf bis zum 10. Tag nach Ablauf des ersten Voranmeldungszeitraums für dessen Besteuerungszeitraum er gelten soll, erklärt werden. Für »Jahresbesteuerer« gilt die gleiche Erklärungsfrist. Wenn die Körperschaft die Pauschalbesteuerung widerruft, ist sie fünf Jahre lang an die Regelbesteuerung gebunden (§ 23 a Abs. 3 UStG).

25 Dies gilt jedoch dann nicht, wenn eine Körperschaft von der Pauschalierung zur Regelbesteuerung wechselt, weil die gesetzlichen Voraussetzungen nicht mehr erfüllt werden (z. B. wegen Überschreitens der Umsatzgrenze von 35.000 €). Die Sperrfrist von fünf Jahren greift dann nicht ein.

26 Sind hierbei jedoch die vorherigen Voraussetzungen wieder erfüllt, muss auch die vorige Besteuerungsform wieder in Anspruch genommen werden.

27 Die Zeiträume, in denen die Durchschnittssatzbesteuerung nicht angewendet werden konnte, weil beispielsweise die Umsatzgrenzen überschritten wurden, zählen auch zur Fünfjahresfrist.

2.7 Wechsel der Besteuerungsform

28 Wechselt die Körperschaft die Besteuerungsform, muss sie die Eingangsumsätze den jeweiligen Besteuerungszeiträumen zuordnen. Hierbei ist der Zeitpunkt der Lieferung und nicht der Zeitpunkt der Rechnungserteilung maßgebend.

Beispiel:
Der Schützenverein S wählt für den Besteuerungszeitraum 2017 die Besteuerung nach § 23 a UStG. Zuvor, im Jahre 2016, wendete er noch die Regelbesteuerung an. Am 29.12.2016 schafft sich der Verein einen Computer für 3500 € plus 19 % USt an. Die Rechnung für diese Leistung ging erst am 10.01.2017 dem Verein zu.

Lösung:
Den Vorsteuerabzug für diesen Erwerb kann S nicht im Dezember 2016 geltend machen, weil in diesem Zeitraum die Rechnung nicht vorgelegen hat. Die Rechnung lag erst im Januar 2017 vor. Der Vorsteuerabzug kann deshalb erst im Voranmeldungszeitraum, in dem auch die Rechnung vorliegt, geltend gemacht werden. Wirtschaftlich gehört jedoch der Umsatz noch in einen Zeitraum, welcher der Regelbesteuerung zu unterwerfen war. Aus diesem Grunde kann S für die Anschaffung die tatsächlich in Rechnung gestellte Vorsteuer im Zeitraum, in dem die Pauschalierung schon angewendet wird, geltend machen.

Wenn sich in der Praxis die Fallgestaltung wie im obigen Beispiel dargestellt ergibt, sollte in jedem Falle dem Finanzamt in einer Anlage klar dargelegt werden, dass der tatsächlich geltend gemachte Vorsteuerabzug den Vorjahreszeitraum betrifft und nicht als Wahl der Regelbesteuerung aufzufassen ist. Das Datum des Leistungsbezugs ist nachzuweisen. 29

Beim umgekehrten Wechsel (von der Pauschalierungsregelung zur Regelbesteuerung) gelten diese Regelungen analog. 30

Beispiel:
Sachverhalt wie oben, nur dass S im Jahr 2016 von der Pauschalierung Gebrauch gemacht hat und für den Besteuerungszeitraum 2017 die Regelbesteuerung gewählt hat.

Lösung:
Mit Rechnungseingang im Januar kann S keine Vorsteuer geltend machen, weil die Vorsteuer schon durch die Anwendung des Pauschalsatzes in 2016 abgegolten wurde.

3 Anlage: Auszug aus § 5 KStG

Befreiungen
[In der Fassung der Bekanntmachung vom 15.10.2002 (BGBl I 2002, 4144); zuletzt geändert durch Art. 2 des Gesetzes vom 29.07.2009 (BGBl I 2009, 2302)] 31

(1) Von der Körperschaftsteuer sind befreit

[. . .]

9. Körperschaften, Personenvereinigungen und Vermögensmassen, die nach der Satzung, dem Stiftungsgeschäft oder der sonstigen Verfassung und nach der tatsächlichen Geschäftsführung ausschließlich und unmittelbar gemeinnützigen, mildtätigen oder kirchlichen Zwecken dienen (§ 51 bis § 68 der Abgabenordnung). Wird ein wirtschaftlicher Geschäftsbetrieb unterhalten, ist die Steuerbefreiung insoweit ausgeschlossen. Satz 2 gilt nicht für selbstbewirtschaftete Forstbetriebe; [. . .]

§ 24 UStG
Durchschnittssätze für land- und forstwirtschaftliche Betriebe

(1) [1]Für die im Rahmen eines land- und forstwirtschaftlichen Betriebs ausgeführten Umsätze wird die Steuer vorbehaltlich der Sätze 2 bis 4 wie folgt festgesetzt:

1. **für die Lieferungen von forstwirtschaftlichen Erzeugnissen, ausgenommen Sägewerkserzeugnisse, auf 5,5 Prozent,**
2. **für die Lieferungen der in der Anlage 2 nicht aufgeführten Sägewerkserzeugnisse und Getränke sowie von alkoholischen Flüssigkeiten, ausgenommen die Lieferungen in das Ausland und die im Ausland bewirkten Umsätze, und für sonstige Leistungen, soweit in der Anlage 2 nicht aufgeführte Getränke abgegeben werden, auf 19 Prozent,**
3. **für die übrigen Umsätze im Sinne des § 1 Abs. 1 Nr. 1 auf 10,7 Prozent**

der Bemessungsgrundlage. [2]Die Befreiungen nach § 4 mit Ausnahme der Nummern 1 bis 7 bleiben unberührt; § 9 findet keine Anwendung. [3]Die Vorsteuerbeträge werden, soweit sie den in Satz 1 Nr. 1 bezeichneten Umsätzen zuzurechnen sind, auf 5,5 Prozent, in den übrigen Fällen des Satzes 1 auf 10,7 Prozent der Bemessungsgrundlage für diese Umsätze festgesetzt. [4]Ein weiterer Vorsteuerabzug entfällt. [5]§ 14 ist mit der Maßgabe anzuwenden, dass der für den Umsatz maßgebliche Durchschnittssatz in der Rechnung zusätzlich anzugeben ist.

(2) [1]Als land- und forstwirtschaftlicher Betrieb gelten

1. **die Landwirtschaft, die Forstwirtschaft, der Wein-, Garten-, Obst- und Gemüsebau, die Baumschulen, alle Betriebe, die Pflanzen und Pflanzenteile mit Hilfe der Naturkräfte gewinnen, die Binnenfischerei, die Teichwirtschaft, die Fischzucht für die Binnenfischerei und Teichwirtschaft, die Imkerei, die Wanderschäferei sowie die Saatzucht;**
2. **Tierzucht- und Tierhaltungsbetriebe, soweit ihre Tierbestände nach den §§ 51 und 51a des Bewertungsgesetzes zur landwirtschaftlichen Nutzung gehören.**

[2]Zum land- und forstwirtschaftlichen Betrieb gehören auch die Nebenbetriebe, die dem land- und forstwirtschaftlichen Betrieb zu dienen bestimmt sind. [3]Ein Gewerbebetrieb kraft Rechtsform gilt auch dann nicht als land- und forstwirtschaftlicher Betrieb, wenn im Übrigen die Merkmale eines land- und forstwirtschaftlichen Betriebs vorliegen.

(3) Führt der Unternehmer neben den in Absatz 1 bezeichneten Umsätzen auch andere Umsätze aus, so ist der land- und forstwirtschaftliche Betrieb als ein in der Gliederung des Unternehmens gesondert geführter Betrieb zu behandeln.

(4) [1]Der Unternehmer kann spätestens bis zum 10. Tag eines Kalenderjahres gegenüber dem Finanzamt erklären, dass seine Umsätze vom Beginn des vorangegangenen Kalenderjahres an nicht nach den Absätzen 1 bis 3, sondern nach den allgemeinen Vorschriften dieses Gesetzes besteuert werden sollen. [2]Die Erklärung bindet den Unternehmer mindestens für fünf Kalenderjahre; im Fall der Geschäftsveräußerung ist der Erwerber an diese Frist gebunden. [3]Sie kann mit Wirkung vom Beginn eines Kalenderjahres an widerrufen werden. [4]Der Widerruf ist spätestens bis zum 10. Tag nach Beginn dieses Kalenderjahres zu erklären. [5]Die Frist nach Satz 4 kann verlängert werden. [6]Ist die Frist bereits abgelaufen, so kann sie rückwirkend verlängert werden, wenn es unbillig wäre, die durch den Fristablauf eingetretenen Rechtsfolgen bestehen zu lassen.

Literatur

Riegler, Besteuerung landwirtschaftlicher Umsätze nach Durchschnittssätzen, UR 2015, 329. **Kronawitter**, Land- und forstwirtschaftliche Betriebe einer juristischen Person des öffentlichen Rechts im Steuerrecht, KStZ 2012, 81. **Horn**, Abgrenzung der Land- und Forstwirtschaft vom Gewerbebetrieb aus umsatzsteuerlicher Sicht,

HLBS-Report 2011, 158. **Klenk**, Landwirtschaftlicher Betrieb und Gewerbebetrieb des Pauschallandwirts, UR 2009, 79. **Klenk**, Landwirtschaftlicher Betrieb und Gewerbebetrieb des Pauschallandwirts, UR 2009, 79. **Wohlfahrt**, »Verkauf« von Ackerstatusrechten keine landwirtschaftliche Dienstleistung, UStB 2017, 50. **Wohlfahrt**, Dienstleistungsumsätze eines landwirtschaftlichen Erzeugers, UStB 2016, 269.

Verwaltungsanweisungen
BMF vom 27.10.2010, Az: IV D 2 S 7410/07/10016, BStBl I 2010, 1273.
OFD Frankfurt a.M. vom 21.02.2017, Az: S 7410 A-74-St 112.
OFD Karlsruhe vom 29.02.2016, USt-Kartei S 7414
OFD Karlsruhe vom 29.02.2016, USt-Kartei S 7410 Karte 4a
OFD Karlsruhe vom 15.01.2013, USt-Kartei S 7410 Karte 5.
OFD Karlsruhe vom 25.08.2011, USt-Kartei S 7416 Karte 1.
OFD Karlsruhe vom 25.08.2011, USt-Kartei S 7200 Karte 15.
OFD Karlsruhe vom 25.08.2011, USt-Kartei S 7417 Karte 1.
Hinweis: Zur Problematik der zeitlichen Geltungsdauer von BMF-Schreiben vgl. Einführung UStG, Rz. 100 ff.

Richtlinien/Hinweise/Verordnungen
UStAE: Abschn. 24.1–24.9.
MwStSystRL: Art. 192, Art. 295 ff.
UStDV: §§ 67, 71.

1 Allgemeines

1.1 Überblick über die Vorschrift

1 Für land- und forstwirtschaftliche Betriebe können unter bestimmten Voraussetzungen Umsatz- und Vorsteuerpauschalierungen vorgenommen werden, um den Verwaltungsaufwand des Landwirts zu vereinfachen. Diese Pauschalierungsbesteuerung erleichtert die Aufzeichnungs- und Steuererklärungspflichten des Landwirts erheblich. Bedingung hierbei ist, dass es sich bei dem betreffenden Unternehmensteil um einen Betrieb der Land- und Forstwirtschaft handelt.

2 Für den Landwirt ergibt sich im Ergebnis in der Regel eine Zahllast von Null, es sei denn es handelt sich um ganz spezielle Waren wie beispielsweise alkoholische Flüssigkeiten oder bestimmte Getränke.

1.2 Rechtsentwicklung

3 Schon in der Zeit des Bruttoallphasensystems waren die Landwirte von der Umsatzbesteuerung ausgenommen. Mit dieser Maßnahme wollte man die Landwirtschaft unterstützen und stärken.

4 Diesem Ansinnen gab auch das 1966 geschaffene Allphasen-Netto-Mehrwertsteuersystem nach und schuf die Pauschalierungsregelung. Eine bloße Steuerbefreiung würde den Landwirt zwar von der USt auf seiner Leistungsseite entlasten, doch auf der Eingangsseite müsste man möglicherweise auf den Vorsteuerabzug verzichten. Mit dem Pauschalierungssystem hat der Gesetzgeber jedoch sichergestellt, dass der Landwirt von der Vorsteuer entlastet wird und am freien Markt berechtigt ist, die USt gesondert auszuweisen, ohne selbst auf einer Zahllast »sitzen zu bleiben«.

5 Mit Einführung des Mehrwertsteuersystems operierte man im Pauschalierungsbereich mit 3 % und 5 % Umsatz- und Vorsteuer. Im Laufe der Zeit wurden diese Sätze jedoch analog mit der Anhebung der Regelsätze auch verändert. Aus der alleinigen Betrachtung der Zahllast des Land-

wirts wäre das nicht unbedingt notwendig. Doch der Verkauf der landwirtschaftlichen Produkte an Händler wäre benachteiligt, wenn der Landwirt keinen »marktüblichen« USt-Satz ausweisen dürfte, den der Händler als Vorsteuer abziehen kann.

Eine weitere Änderung erfuhr die Vorschrift durch Art. 18 Nr. 15 des StÄndG 2001 (BGBl I 2001, 3794). In Abs. 1 wurde die Nr. 2 ergänzt. Neu aufgenommen wurden die sonstigen Leistungen i.S.d. § 3 Abs. 9 S. 4 UStG (Abgabe von Speisen und Getränken als sonstige Leistungen) soweit es sich um Getränke handelt, die nicht in der Anlage aufgeführt sind. 6

Durch das Haushaltsbegleitgesetz 2006 vom 29.06.2006 (BGBl I 2006, 1042) wurden auch die Steuersätze des § 24 UStG der allgemeinen Steuersatzerhöhung angepasst. Das Jahressteuergesetz 2008 vom 20.12.2007 tilgte in § 24 Abs. 1 Nr. 2 UStG die Worte »nach § 3 Abs. 9 Satz 4«. Die Streichung beinhaltet keinerlei Änderung der Rechtsauslegung. 7

1.3 Geltungsbereich

1.3.1 Sachlicher Geltungsbereich

Die pauschalierte Besteuerung der Land- und Forstwirtschaft kann nur auf die land- und forstwirtschaftlichen Umsätze eines Berufsangehörigen angewandt werden. Das bedeutet, dass den Umsätzen selbst erzeugte landwirtschaftliche Produkte und landwirtschaftliche Dienstleistungen zugrunde liegen müssen (Abschn. 24.1 Abs. 1 S. 2 UStAE). Andere Umsätze, die im Rahmen des land- und forstwirtschaftlichen Betriebs ausgeführt werden, unterliegen der Besteuerung nach den allgemeinen Grundsätzen (Abschn. 24.1. Abs. 1 S. 3 UStAE. Dies gilt auch für Umsätze im Rahmen eines land- und forstwirtschaftlichen Nebenbetriebs im Sinne des § 24 Abs. 2 S. 2 UStG. Gewerbebetriebe, die neben dem Betrieb der Land- und Forstwirtschaft betrieben werden, können diese Begünstigung grundsätzlich nicht in Anspruch nehmen – ausgenommen in den Fällen des Abschn. 24.1 Abs. 1 S. 5UStAE. 8

1.3.2 Persönlicher Geltungsbereich

Die Begünstigung des § 24 UStG konnte bislang nur ein Land- und Forstwirt in Anspruch nehmen, der nicht kraft Rechtsform als Gewerbebetrieb gilt (§ 24 Abs. 2 UStG). Gewerbebetriebe kraft Rechtsform sind insbesondere Kapitalgesellschaften, Erwerbs- und Wirtschaftsgenossenschaften und gewerblich strukturierte Personengesellschaften. Dieser gesetzlichen Vorgabe widersprach der BFH mit Urteil vom 16.04.2008, Az: XI R 73/07, BStBl II 2009, 1024. Nach Ansicht des BFH verletzte diese Norm Gemeinschaftsrecht und war daher nicht mehr anzuwenden. Weil die Rechtsnorm nicht geändert wurde, entstand für den betroffenen Unternehmer seinerzeit ein Wahlrecht, ob er die Besteuerung entsprechend der Gesetzeslage oder der Rechtsprechung durchführen lassen will. Die Berufung auf das BFH-Urteil konnte auch rückwirkend erfolgen. Rückwirkende Anträge mussten bis zum 30.06.2010 gestellt worden sein. Zu beachten war hierbei, dass die gewählte Gesetzeslage keine Option nach § 24 Abs. 4 UStG darstellte (Abschn. 24.1 Abs. 3 UStAE in der Fassung vor dem 17.12.2013). Abschn. 24.1 Abs. 3 UStAE erlaubt in der aktuellen Fassung auch den eingangs erwähnten Gesellschaften und Gemeinschaften, die sowohl gewerbliche als auch land- und forstwirtschaftliche Umsätze erbringen, die Anwendung der Besteuerung nach § 24 UStG für die land- und forstwirtschaftlichen Umsätze. Bedingung ist jedoch, dass diese Umsätze durch geeignete Maßnahmen von den gewerblichen Umsätzen getrennt sind. Als Beispiel nennen die UStAE getrennte Aufzeichnungen und getrennte Lagerung der Warenbestände (Abschn. 24.1 Abs. 3 Satz 4 UStAE). 9

1.3.3 Zeitlicher Geltungsbereich

10 Die Grundzüge der Rechtsnorm waren schon im UStG 1996 enthalten. Sie erfuhr zwar einige Änderungen, doch ist sie in ihrem wesentlichen Kern bis heute erhalten und hat auch ihre Grundlagen in der Art. 192, 295 ff. MwStSystRL (Offerhaus/Söhn/Lange, UStG, § 24 Tz. 2 ff.).

2 Kommentierung

2.1 Landwirtschaftlicher Betrieb

11 Ein Betrieb der Land- und Forstwirtschaft liegt vor, wenn der Zweck des Betriebs die planmäßige Bewirtschaftung des Bodens zur Gewinnung von pflanzlichen und tierischen Erzeugnissen ist. Als landwirtschaftliche Betätigung gilt auch die unmittelbare Verwertung der darin gewonnen Erzeugnisse. Als landwirtschaftliche Betriebe gelten nicht nur die Betriebe, die bei Anlegung strenger Maßstäbe als landwirtschaftliche Betriebe anzusehen sind, sondern auch Betriebe, die als sog. landwirtschaftliche Nebenbetriebe dem eigentlichen land- und forstwirtschaftlichen Betrieb zu dienen bestimmt sind (§ 24 Abs. 2 S. 2 UStG). Eine detaillierte Aufzählung ist in § 24 Abs. 2 UStG enthalten. Zugekaufte Produkte sind von der Anwendung der Durchschnittssätze grundsätzlich ausgeschlossen. Produkte dieser Art sind solche, die zum Zwecke der Weiterveräußerung zugekauft werden. Sofern jedoch zugekaufte Produkte im landwirtschaftlichen Betrieb durch urproduktive Tätigkeit zu einem Produkt anderer Marktgängigkeit verarbeitet werden, gelten sie als landwirtschaftliche Produkte (z. B. zugekaufter Samen, Sämlinge, Stecklinge usw. Abschn. 24.2 Abs. 1 S. 5ff UStAE).

12 Aus diesem Grunde können in einem Hofladen oder in anderen Verkaufseinrichtungen grundsätzlich nur noch die Produkte der Durchschnittssatzbesteuerung unterliegen, die der Landwirt selbst erzeugt hat. Die zugekauften Produkte müssen stets der Regelbesteuerung unterworfen werden (BFH vom 14.06.2007, Az: V R 56/05, BStBl II 2008, 158). Hierbei ist es unerheblich, ob es sich um zugekaufte landwirtschaftliche Produkte oder um Handelsware handelt (Abschn. 24.2 Abs. 1 S. 3 UStAE). Betätigt sich ein Unternehmer teils gewerblich, teils landwirtschaftlich, müssen beide Betätigungen grundsätzlich getrennt beurteilt werden. Einzelheiten können den Abschn. 24.1 Abs. 1, 2, 24.2 Abs. 1 S. 3ff sowie 24.3 UStAE entnommen werden. Nicht der Durchschnittsatzbesteuerung unterliegt die entgeltliche Beherbergung und Verköstigung von Erntehelfern (Hessisches FG vom 07.04.2014, Az: 6 K 1612/11, EFG 2014, 1729).

2.2 Handelsgeschäft im einheitlichen land- und forstwirtschaftlichen Betrieb

13 Selbsterzeugte land- und forstwirtschaftliche Produkte können grundsätzlich vom Landwirt über ein eigenes Handelsgeschäft (Hofladen) vertrieben werden, wenn sie durch einen Nebenbetrieb nicht über die erste Verarbeitungsstufe hinaus be- oder verarbeitet worden sind. Führt die Verarbeitung zu Produkten der zweiten oder einer noch höheren Verarbeitungsstufe (z. B. alko-

holische Getränke, Spirituosen usw.), kann hierauf die Durchschnittsatzbesteuerung nicht angewandt werden (Abschn. 24.2 Abs. 2 UStAE).

Veräußert ein Landwirt Waren in einem sog. Hofladen, so unterliegt nur die Veräußerung im Wesentlichen selbsterzeugter landwirtschaftlicher Produkte grundsätzlich der (pauschalen) Umsatzbesteuerung nach Durchschnittssätzen. Dagegen ist die Veräußerung aller zugekaufter Produkte grundsätzlich nach den allgemeinen Vorschriften des UStG zu besteuern (Abschn. 24.2 Abs. 1 S. 3 ff UStAE). Das gilt grundsätzlich auch für die Veräußerung von zugekauften landwirtschaftlichen Produkten. Zu beachten ist, dass nur solche landwirtschaftlichen Erzeugnisse unter die Durchschnittssatzbesteuerung fallen, die in einem aktiven, bewirtschafteten Betrieb hergestellt worden sind (Abschn. 24.1 Abs. 4 S. 1 UStAE). 14

2.3 Landwirtschaftliche Erzeugnisse

Bei landwirtschaftlichen Produkten handelt es sich um typische landwirtschaftliche Erzeugnisse, die im Rahmen der land- und forstwirtschaftlichen Produktion hergestellt worden sind. Dabei muss es sich um Produkte und Dienstleistungen entsprechend der Art. 295 bis 305 MwStSystRL handeln. Zugekaufte Erzeugnisse können im land- und forstwirtschaftlichen Betrieb kultiviert werden, erlangen somit eine andere Marktgängigkeit und gelten dann ebenfalls als eigenes, begünstigtes Produkt. Das gilt sowohl für den pflanzlichen als auch für den tierischen Bereich (Abschn. 24.2 Abs. 1 S. 5 UStAE). Eine beispielhafte Zuordnung einzelner Erzeugnisse zu den entsprechenden Umsatzsteuersätzen nach § 24 Abs. 1 UStG kann Abschn. 24.2 Abs. 4–6 UStAE entnommen werden. 15

2.4 Verarbeitung und Veredelung eigener Produkte

Zum landwirtschaftlichen Betrieb gehört auch die Veredelung eigener landwirtschaftlicher Erzeugnisse, wenn das Veredelungsprodukt nach der Verkehrsauffassung noch als landwirtschaftliches Erzeugnis anzusehen ist. Ob die Be- oder Verarbeitung in einem Nebenbetrieb erfolgt ist hierbei unbeachtlich. »Als landwirtschaftliche Erzeugung gelten auch Verarbeitungstätigkeiten, die ein Landwirt bei im Wesentlichen aus seiner landwirtschaftlichen Produktion stammenden Erzeugnissen mit normalerweise in land-, forst- oder fischwirtschaftlichen Betrieben verwendeten Mitteln ausübt« (Art. 295 ff. i. V. m. Anhang VII und VIII MwStSystRL/Anhang A, Teil V der 6. EG-RL). Man spricht hier von der ersten Verarbeitungsstufe. Führt die Veredelung zu einem Produkt der zweiten oder einer weiteren Stufe, unterliegen die Umsätze dieser Produkte nicht mehr der Durchschnittssatzbesteuerung. Dabei ist die Verarbeitung durch einen Lohnunternehmer unschädlich (Abschn. 24.2 Abs. 2 UStAE). 16

Sofern bei der Verarbeitung bzw. Veredelung landwirtschaftlicher Produkte zugekaufte Erzeugnisse verwendet werden, ist der Zukauf unschädlich, sofern die eigenen Produkte mit den zugekauften Waren untrennbar vermischt worden sind. Allerdings darf die Menge der zugekauften Produkte nicht mehr als 25 % betragen. Als Maßstab für den Zukauf gilt die im Handel übliche Maßeinheit (Abschn. 24.2 Abs. 3 S. 2 UStAE). Bedingung ist, dass die Produkte untrennbar miteinander verbunden sind und durch den Erzeugerprozess die erste Verarbeitungsstufe nicht verlassen. Die Beispiele in Abschn. 24.2 Abs. 3 UStAE zeigen die einschlägigen Unterschiede sehr deutlich auf. 17

18 Zutaten und Nebenstoffe zählen nicht zur Grenze von 25 %. Hierbei stellen Gewürze, Konservierungsmittel, Zusatzstoffe i.S.d. Weingesetzes und Warenumschließungen Zusatzstoffe und Nebenprodukte dar.

2.5 Forstwirtschaftliche Erzeugnisse

19 Die forstwirtschaftlichen Erzeugnisse sind den jeweiligen Pauschalierungssätzen des Gesetzes entsprechend zu differenzieren. Eine Aufzählung von Forstprodukten, die unter den pauschalierten Steuersatz des § 24 Abs. 1 Nr. 1 UStG i.H.v. derzeit 5,5 % fallen, sind in Abschn. 24.2 Abs. 4 UStAE beispielhaft aufgezählt. Hierzu zählen beispielsweise Stammholz, Schichtholz, Industrieholz und Nebenerzeugnisse wie Forstsamen, Naturharz, Pilze und Beeren. Dabei gilt zu beachten, dass Produkte aus Sonderkulturen außerhalb des Waldes nicht als forstwirtschaftliche, sondern allenfalls als landwirtschaftliche Produkte gelten. Für diese gilt der Steuersatz nach § 24 Abs. 1 S. 1 Nr. 3 UStG (derzeit 10,7 %).

20 Forstwirtschaftliche Produkte i.S.v. § 24 Abs. 1 Nr. 2 UStG unterliegen dem Steuersatz von 19 % und beinhalten alle in der Anlage 2 (zu § 12 UStG) nicht aufgeführten Sägewerkserzeugnisse. Eine beispielhafte Aufzählung ist hierfür in Abschn. 24.2 Abs. 5 UStAE enthalten. Hierzu zählen insbesondere alle gesägten Waldprodukte (Balken, Bretter), Holzwolle und Holzmehl.

21 **Liste der Tätigkeiten landwirtschaftlicher Erzeugung nach Anhang VII MwStSystRL**

I. Anbau im eigentlichen Sinne

- Ackerbau im Allgemeinen, einschließlich Weinbau,
- Obstbau (einschließlich Olivenanbau) und Gemüse-, Blumen- und Zierpflanzengartenbau, auch unter Glas,
- Anbau von Pilzen und Gewürzen, Erzeugung von Saat- und Pflanzgut; Betrieb von Baumschulen.

II. Tierzucht und Tierhaltung in Verbindung mit der Bodenbewirtschaftung

- Viehzucht und -haltung,
- Geflügelzucht und -haltung,
- Kaninchenzucht und -haltung,
- Imkerei,
- Seidenraupenzucht,
- Schneckenzucht.

III. Forstwirtschaft

IV. Fischerei

- Süßwasserfischerei,
- Fischzucht,
- Muschelzucht, Austernzucht und Zucht anderer Weich- und Krebstiere,
- Froschzucht.

22 **Liste der landwirtschaftlichen Dienstleistung nach Anhang VIII MwStSystRL im Sinne des Art. 295 Abs. 1 Nr. 5**

- Anbau-, Ernte-, Dresch-, Press-, Lese- und Einsammelarbeiten, einschließlich Säen und Pflanzen.

- Verpackung und Zubereitung, wie beispielsweise Trocknung, Reinigung, Zerkleinerung, Desinfektion und Einsilierung landwirtschaftlicher Erzeugnisse,
- Lagerung landwirtschaftlicher Erzeugnisse,
- Hüten, Zucht und Mästen von Vieh,
- Vermietung normalerweise in land-, forst- und fischwirtschaftlichen Betrieben verwendeter Mittel zu landwirtschaftlichen Zwecken,
- technische Hilfe,
- Vernichtung schädlicher Pflanzen und Tiere, Behandlung von Pflanzen und Böden durch Besprühen,
- Betrieb von Be- und Entwässerungsanlagen,
- Beschneiden und Fällen von Bäumen und andere forstwirtschaftliche Dienstleistungen.

Sonstige Leistungen im Rahmen eines land- und forstwirtschaftlichen Betriebs (Durchschnittsatzbesteuerer) sind ausführlich in Abschn. 24.3 UStAE dargestellt. Zudem ist eine Vereinfachungsregelung zur Abgrenzung einer gewerblichen Tätigkeit enthalten (Umsatzgrenze von 51.500 €). Einzelheiten (auch zur Ermittlung dieser Grenze) sind in Abschn. 24.3 Abs. 3 UStAE ausführlich dargestellt. Eine Begründung für die Annahme dieser Grenze ist in Abschn. 24.3 Abs. 2 UStAE enthalten. 23

Das Überschreiten der Grenze alleine schließt die Anwendung der Durchschnittssätze grundsätzlich nicht aus. Beim Überschreiten muss anhand weiterer Kriterien geprüft werden, ob die erbrachten Dienstleistungen dem land- und forstwirtschaftlichen Betrieb zuzurechnen sind oder nicht (Abschn. 24.3 Abs. 3 S. 4ff. UStAE).

2.6 Energieerzeugung und -entsorgung

Die Energieerzeugung beispielsweise durch Wind, Sonne oder Wasserkraft stellt grundsätzlich keine planmäßige Nutzung des Bodens und dessen natürlicher Kräfte dar. Aus diesem Grunde gelten diese Betätigungen nicht als Land- und Forstwirtschaft. Es ist auch kein Nebenbetrieb anzunehmen, weil keine Be- oder Verarbeitung von Rohstoffen vorgenommen wird. Sofern derartige Anlagen Energie (z.B. Strom, Wärme) in das Netz einspeisen, stellen sie gewerbliche Betriebe dar, wenn die Erzeugung für den eigenen Betrieb nicht überwiegt. 24

Für die Beurteilung der Biomasseerzeugung durch einen Landwirt sind drei Fallgestaltungen zu unterscheiden (OFD Karlsruhe vom 15.01.2013, USt-Kartei S 7410 Karte 5): 25

- Die im Rahmen einer Biogasanlage erzeugte Biomasse wird zur Erzeugung von Strom und Wärme verwendet und insgesamt im landwirtschaftlichen Betrieb genutzt. Die Biogasanlage stellt dann einen Bestandteil des landwirtschaftlichen Betriebs dar.
- Die Biogas- und -energieerzeugung durch einen pauschalierenden Landwirt erfolgt im Rahmen eines Mischbetriebs. Die im eigenen landwirtschaftlichen Betrieb erzeugte Biomasse oder die durch die Erzeugung von Pflanzen und Tieren angefallenen Abfallstoffe (z.B. Gülle) sind landwirtschaftliche Erzeugnisse. Die Verarbeitung der Biomasse zu Biogas stellt jedoch keine landwirtschaftliche Verarbeitungstätigkeit dar. Das Erzeugnis »Biogas« stellt aus der Sicht des Durchschnittverbrauchers kein landwirtschaftliches Erzeugnis dar. Aus diesem Grunde unterliegen auch die Umsätze aus der Abgabe von Biogas oder dem daraus erzeugten Strom bzw. der Wärme nicht der Durchschnittsatzbesteuerung nach § 24 Abs. 1 Nr. 3 UStG. Wird die erzeugte Energie teilweise im land- und forstwirtschaftlichen Betrieb verwendet, muss die Vorsteuer sowohl aus Anschaffung als auch aus den Kosten des laufenden Betriebs nach den Grund-

sätzen des § 15 Abs. 4 UStG im Verhältnis der Strom und Wärmemengen aufgeteilt werden (Abschn. 24.7 Abs. 2 UStAE). Sofern sich die Nutzungsverhältnisse ändern oder stark schwanken, kann eine Vorsteuerberichtigung nach § 15a UStG in Betracht kommen.

- Die Biogas- und Energieerzeugung stelle eine nahezu ausschließliche Tätigkeit dar. Das ist der Fall, wenn der Landwirt nahezu seine gesamte Ernte als Biomasse in einer Biogasanlage verwendet. In Fällen dieser Art liegt kein landwirtschaftlicher Betrieb mehr vor.

Zur Erbringung von Entsorgungsleistungen – auch in Zusammenhang mit Energieerzeugung – vgl. Abschn. 24.3 Abs. 10 UStAE, BFH vom 24.03.2013, Az: VR 34/11, BStBl II 2013, 460 sowie vom 23.01.2013, Az: XI R 27/11, BStBl II 2013, 458. Liefert ein Landwirt Biomasse an einen Biogasanlagenbetreiber, kann eine Gehaltslieferung vorliegen. Allerdings muss das so vereinbart und auch durchgeführt worden sein. Geliefert werden nur die Kohlewasserstoffverbindungen zur energetischen Nutzung. Die Biomasse als solche bleibt im Eigentum des Lieferers (BFH vom 10.08.2017, Az: V R 3/16, BStBl II 2017, 1264).

2.7 Landwirtschaftliche Betriebe als »Liebhaberei«

26 Landwirtschaftliche Betriebe in kleinerem Umfang werden manchmal aus Erwägungen der Freizeitgestaltung geführt (z. B. Pferdezucht in kleinem Rahmen). Dadurch, dass der Betriebsinhaber bzw. sein Ehegatte einen Hauptberuf ausübt, der den Lebensunterhalt sichert und mögliche Verluste aus dem landwirtschaftlichen Betrieb abdeckt, ist es möglich, einen solchen Betrieb auf Dauer mit Verlusten zu führen. Betriebe dieser Art sind ertragsteuerlich in der Regel sog. »Liebhaberei-Betriebe«, weil sie keine Gewinne abwerfen, sondern nur mit Verlusten betrieben werden. Diese Verluste werden in der Regel ertragsteuerlich nicht anerkannt. Hierbei ist jedoch zu beachten, dass ein Betrieb, der ertragsteuerlich als »Liebhaberei« angesehen wird, umsatzsteuerlich immer ein Unternehmen darstellt, wenn die Voraussetzungen des § 1 Abs. 1 Nr. 1 UStG erfüllt sind.

27 Die Umsätze aus der Tierzucht gelten jedoch dann nicht als landwirtschaftlicher Betrieb und unterliegen auch nicht der Durchschnittssatzbesteuerung, wenn aufgrund des Vieh-/Flächenverhältnisses die Voraussetzungen der §§ 51, 51a BewG nicht mehr erfüllt sind (Abschn. 24.1 Abs. 2 S. 5 UStAE).

2.8 Vermietung landwirtschaftlicher Betriebe

28 Ein Unternehmer, der seinen landwirtschaftlichen Betrieb oder Betriebsteile verpachtet kann mit diesen Wirtschaftsgütern keine Umsätze im Sinne des § 24 UStG erzielen (Abschn. 24.3 Abs. 7 UStAE).

29 Selbst wenn der Landwirt seinen landwirtschaftlichen Betriebszweig ganz oder nur zum Teil verpachtet, unterliegen die Verpachtungsumsätze nicht der Durchschnittssatzbesteuerung.

30 Wird ein landwirtschaftlicher Betrieb oder Teilbetrieb nach der Verpachtung veräußert, unterliegt der Veräußerungsumsatz nicht den Durchschnittssätzen des § 24 UStG. Wird jedoch an den bisherigen Pächter veräußert, liegt keine nicht steuerbare Geschäftsveräußerung nach § 1 Abs. 1a UStG vor (OFD Karlsruhe vom 25.08.2011, USt-Kartei S 7416 Kartei 1). Zur Veräußerung von Anlagevermögen vgl. Abschn. 24.2 Abs. 6 S. 2, 3 UStAE.

31 Werden im Rahmen des landwirtschaftlichen Betriebs Gegenstände vermietet, ist zu unterscheiden, ob sie weniger als zwölf Monate oder zwölf Monate und mehr vermietet werden. Eine

Vermietung von unter zwölf Monaten erfolgt i. R. d. Durchschnittssatzbesteuerung. Einzelheiten mit Beispielen sind dem Abschn. 24.3 Abs. 6 UStAE zu entnehmen. Zur Problematik der Veräußerung von Produkten nach der Betriebsverpachtung bzw. Veräußerung wird auf Abschn. 24.1 Abs. 4 S. 2, 3 UStAE verwiesen.

2.9 Aufzucht und Halten von Vieh

Auch bei der Aufzucht und dem Halten fremden Viehs können landwirtschaftsschädliche Fallgestaltungen auftreten. Einzelheiten sind in Abschn. 24.3 Abs. 11 UStAE ausführlich dargestellt. 32

Die Pensionstierhaltung bei Freizeitpferden oder bei Tieren, deren Nutzung nicht einem land- oder forstwirtschaftlichen Betrieb dienen, unterliegt grundsätzlich nicht der Durchschnittssatzbesteuerung. Sie unterliegt für gewöhnlich der Regelbesteuerung (Abschn. 24.3 Abs. 12 S. 1 UStAE). Selbst für Fohlen, die im Rahmen einer Pensionstierhaltung gepflegt werden, sieht der BFH keine Anwendung der Durchschnittssatzbesteuerung (BFH vom 10.09.2014, Az: XI R 33/13, BStBl II 2015, 720). 33

2.10 Forstwirtschaftliche Betriebe

Sinn und Zweck eines forstwirtschaftlichen Betriebs ist die Bewirtschaftung von Waldgrundstücken, um Erzeugnisse des Waldes zu gewinnen. Als Bewirtschaftung des Waldbodens ist unabhängig vom Einzelfall die Bestellung, die Durchforstung, die Pflege (einschließlich Schädlingsbekämpfung und »Waldsterbevorsorge«) sowie Haupt- und Endnutzung anzusehen. 34

Ein forstwirtschaftlicher Betrieb liegt in der Regel nicht vor, wenn: 35

- das Waldgrundstück nach Erwerb abgeholzt und einer anderen landwirtschaftlichen Nutzung zugeführt wird,
- das Grundstück überwiegend zu Wohn- und Freizeitzwecken genutzt wird,
- es sich um eine Weihnachtsbaumkultur (auch zur Schmuckreisiggewinnung) handelt,
- es sich um Weidenanbau, Baumschulen, Obstgärten, Parkanlagen, Alleebäume und Grenzbäume um einen Hof handelt (Abschn. 24.2 Abs. 4 S. 3 UStAE).

Wie dem landwirtschaftlichen Betrieb, können auch dem forstwirtschaftlichen Betrieb sog. Nebenbetriebe wie z. B. die Köhlerei oder unter bestimmten Umständen Sägewerke zugeordnet werden (bis höchstens zur ersten Verarbeitungsstufe). Die Vermietung und Verpachtung von Grundstücken zur Ausbeute von Sand, Steinen und Kies erfolgt nicht im Rahmen der Forstwirtschaft. 36

Kein forstwirtschaftlicher Nebenbetrieb liegt bei der Vermietung von Zeltplätzen vor. Dies gilt selbst dann nicht, wenn die Vermietung der Durchführung von Jugendlagern bzw. Jugendfreizeiten dient. 37

Die Vermietung von Holzlagerplätzen stellt ebenfalls keinen forstwirtschaftlichen Nebenbetrieb dar. 38

Die Verpachtung eines forstwirtschaftlichen Hofes unterliegt nach Meinung des BFH nicht der pauschalen Umsatzbesteuerung: 39

Verpachtet ein Land- und Forstwirt seinen gesamten forstwirtschaftlichen Betriebsteil, so unterliegen die Verpachtungsumsätze nicht der pauschalen Umsatzbesteuerung nach Durchschnittssätzen. 40

Erlöse aus der Veranstaltungen von Treibjagden fallen nicht unter die durchschnittssatzbesteuerten Umsätze eines Land- und Forstwirts mit Eigenjagdrecht. Die Einräumung der Möglichkeit, Wildtiere abzuschießen, stellt keine forstwirtschaftliche Dienstleistung dar (Abschn. 24.3 Abs. 8, 12 UStAE). 41

2.11 ABC der land- und forstwirtschaftlichen Betriebe

42 **Anbaubetriebe**
Anbaubetriebe, die Getreide, Feldfrüchte, Gemüse, Obst, Wein und dergleichen auf eigenem oder gepachtetem Boden anbauen, stellen immer einen landwirtschaftlichen Betrieb dar.

Aufzuchtbetriebe
Aufzuchtsbetriebe, die Fische züchten und großziehen, sind nur dann als landwirtschaftliche Betriebe einzustufen, wenn dies unter Ausnutzung der Naturkräfte geschieht. Zusätzliche Voraussetzung ist, dass die Fische der menschlichen Ernährung dienen. Hierunter fallen alle Speisefische, die in natürlichen Teichen, Weihern, Seen und in künstlich angelegten Teichen, Weihern usw. gezüchtet werden.

Aufzucht von Besatzfischen
Ebenso gilt die **Aufzucht von Besatzfischen**, die wiederum später Ernährungszwecken dienen, Köderfischen, mit denen Speisefische geangelt werden, Futterfische für die Ernährung von Fischen, die als Speisefische Verwendung finden und Testfische zur Überprüfung der Wasserqualität von Kläranlagen als landwirtschaftlicher Betrieb.

Aufzucht von Fischen, die als Köderfische für Sportanglerzwecke dienen
Nicht als landwirtschaftlicher Betrieb gilt die **Aufzucht von Fischen, die als Köderfische für Sportanglerzwecke** (wobei die gefangenen Fische nicht als Speisefische verwendet werden), als Testfische zur Überprüfung der Trinkwasserqualität bei Wasserwerken, und als Zierfische dienen.

Aufzucht von Jungfischen
Die **Aufzucht von Jungfischen** (Setzlinge) zum Zwecke der Mast in Stahl- oder Kunststoffbehältern ist keine Teichwirtschaft i. S. v. § 24 UStG (FG Niedersachsen vom 08.09.1994, Az: V 210/91, UR 1994, 72, rechtskräftig).

Berechtigungsholz
Die Lieferung solchen Holzes geschieht auch i. R. d. forstwirtschaftlichen Betriebs.

Binnenfischerei
gilt als landwirtschaftlicher Betrieb. Keinen landwirtschaftlichen Betrieb stellt die Küsten- und Hochseefischerei dar.

Biogaserzeugung
stellt ab 2011 keinen landwirtschaftlichen Betrieb mehr dar (vgl. Rn. 25).

Botanische Gärten
sind nicht als land- und forstwirtschaftliche Betriebe anzusehen.

Fischereibetriebe
Vgl. Stichwort »Binnenfischerei«.

Fischzuchtbetriebe
Vgl. Stichwort »Aufzuchtbetriebe«.

Friedhofsgärtnereien
Landwirtschaftliche Gartenbaubetriebe, die Grabpflegeumsätze erbringen, können die Durchschnittssatzbesteuerung nicht anwenden. Ihre Leistungen stellen eine einheitliche sonstige Leistung dar. Grabpflegeleistungen werden an Privatpersonen erbracht und können nach der BFH-Rechtsprechung somit keine landwirtschaftliche Dienstleistung darstellen (BFH vom 31.05.2007, Az: V R 5/05, UR 2007, 822). Eine Aufteilung der Leistung erfolgt nicht (Abschn. 24.3 Abs. 12 UStAE).

Garten- und Landschaftsbaubetriebe
sind in der Regel keine landwirtschaftlichen Betriebe sondern Gewerbebetriebe. Sie können dann landwirtschaftliche Betriebe sein, wenn sie zur Pflanzenlieferung nur noch den Transport und die Einpflanzung anbieten (Abschn. 24.3 Abs. 12 UStAE).

Gemüseanbau
ist dem landwirtschaftlichen Betrieb zuzuordnen.

Gurkensticks
Erzeugt ein Landwirt aus seinen übergroßen Gurken nach dem Waschen und Vierteln mit Hilfe seiner Arbeitskräfte mit den in landwirtschaftlichen Betrieben üblicherweise vorhandenen Mitteln und Maschinen Gurkensticks in Gläsern, stellt diese Betätigung eine landwirtschaftliche Erzeugung bzw. Dienstleistung dar (FG München vom 25.01.2007, Az: 14 K 1312/04 [NV]).

Heilkräuteranbau
unterliegt dem landwirtschaftlichen Betrieb; hierzu ist auch das Trocknen, Entstielen und Zerkleinern von Heilkräutern zu zählen. Kein Betrieb der Landwirtschaft ist die Herstellung von Teemischungen.

Imkerei
ist landwirtschaftlicher Betrieb bzw. für die Umsätze aus der Imkerei können die Durchschnittssätze des § 24 UStG geltend gemacht werden (§ 24 Abs. 2 Nr. 1 UStG).

Klärschlammbeseitigung
Übernimmt ein Landwirt den Transport, die Ausbringung und sonstige Beseitigung von Klärschlamm, Gülle oder Grüngut – auch auf eigenbewirtschafteten Flächen-, stellt diese Betätigung eine gewerbliche Tätigkeit dar und unterliegt der Regelbesteuerung. Auch das Entgelt aus dem Betrieb einer Grüngutannahmestelle unterliegt dem Regelsteuersatz (BFH vom 08.11.2007, Az: IV R 24/05, BStBl II 2008, 356, Abschn. 24.3 Abs. 10 UStAE).

Maische, Veräußerung von
Die Veräußerung von Maische unterliegt dem Steuersatz nach § 24 Abs. 1 Nr. 2 UStG – zurzeit 19 %. Maische ist schlechthin eine alkoholische Flüssigkeit mit allen damit verbundenen steuerlichen Folgen. Nach Ansicht des BFH macht hier vergorene Kirschmaische keine Ausnahme (BFH vom 12.03.2008, Az: XI R 65/06, BFH/NV 2008, 1092; Abschn. 24.2 Abs. 5 UStAE).

Milchverarbeitung
der ersten Verarbeitungsstufe gehört noch zum landwirtschaftlichen Betrieb (z.B. Butter, Käse, Quark, Molke, Sahne und Joghurt).

Siruperzeugung
aus selbst erzeugten Zuckerrüben oder Früchten wird als landwirtschaftlicher Betrieb eingestuft.

Teichwirtschaft
Vgl. Stichwort »Aufzuchtbetriebe«.

Tierhaltung und Tierzucht
gilt dann als landwirtschaftlicher Betrieb, wenn die Tierbestände nach §§ 51 und 51a BewG zur landwirtschaftlichen Nutzung gehören. Ob ein Tierbestand zur landwirtschaftlichen Nutzung gehört, hängt davon ab, wie viel Vieheinheiten (VE) je Hektar – ha – erzeugt oder gehalten werden. Tierbestände gehören dann in vollem Umfang zur landwirtschaftlichen Nutzung und dementsprechend die daraus resultierenden Einnahmen zu den Umsätzen aus Landwirtschaft, wenn nachfolgend aufgeführte VE per ha nicht überschritten werden:

- für die ersten 20 ha nicht mehr als 10 VE,
- für die nächsten 10 ha nicht mehr als 7 VE,
- für weitere 20 ha nicht mehr als 6 VE,
- für die nächsten 50 ha nicht mehr als 3 VE,
- für die übersteigende landwirtschaftlich genutzter Fläche nicht mehr als 1,5 VE.

Wanderschäfereien
sind landwirtschaftliche Betriebe.

43 **Übersicht der Vieheinheiten nach §§ 51, 51a BewG:**

Tierart	Bemerkung	Tier = × VE
Alpakas		0,08
Lamas		0,10
Pferde	Pferde unter 3 Jahre	0,70
	Pferde 3 Jahre und älter	1,10
Rindvieh	Kälber und Jungvieh unter 1 Jahr	0,30
	Jungvieh 1 bis 2 Jahre alt	0,70
	Färsen (älter als 2 Jahre)	1,0
	Masttiere (Mastdauer weniger als 1 Jahr), Kühe	1,0
	Zuchtbullen	1,2
	Zugochsen	1,2
Schafe	Schafe unter 1 Jahr und Mastlämmer	0,05
	Schafe über 1 Jahr	0,1
Ziegen		0,08
Schweine	Ferkel, leicht bis 12 kg	0,01
	Ferkel, schwer bis 20 kg	0,02
	schweres Ferkel bzw. leichter Läufer (20 kg bis 30 kg)	0,04
	Läufer von 30 kg bis 45 kg	0,06
	schwerer Läufer (45 kg bis 60 kg)	0,08
	Mastschweine	0,16
	Jungzuchtschwein bis 90 kg	0,12
	Zuchtschweine, einschließlich Jungzuchtschweine über 90 kg	0,33

Tierart	Bemerkung	Tier = × VE
Kaninchen	Zuchtkaninchen	0,0025
	Angorakaninchen	0,0025
Geflügel	Legehennen (eigene Aufzucht)	0,02
	Legehennen aus zugekauften Junghennen	0,0183
	Zuchtputen, -enten,-gänse	0,04
Wild	Damtiere ein Jahr und älter	0,08
	Damkälber unter 1 Jahr	0,04
Strauße	Zuchttiere 14 Monate und älter	0,32
	Jungtiere unter 14 Monate	0,25

2.12 Durchschnittssatzbesteuerung land- und forstwirtschaftlicher Betriebe

Auf die Umsätze aus land- und forstwirtschaftlichen Betrieben sind grundsätzlich die Durchschnittssätze des § 24 UStG anzuwenden (Durchschnittssatzbesteuerung). Im Einzelnen gelten folgende Steuersätze: 44

2.12.1 Steuersatz nach § 24 Abs. 1 Nr. 1 UStG (5,5 %)

Die Lieferung und der Eigenverbrauch von forstwirtschaftlichen Erzeugnissen unterliegen seit dem 01.01.2007 einem Steuersatz von 5,5 %. Hiervon ausgenommen sind Sägewerkserzeugnisse. Eine Auflistung forstwirtschaftlicher Erzeugnisse i. S. dieser Vorschrift ist in Abschn. 24.2 Abs. 4 UStAE enthalten. 45

Die aufgeführten Forstprodukte unterliegen jedoch nur dann dem 5,5 %igen Steuersatz, wenn sie aus einer forstwirtschaftlichen Produktion entstammen. Aus diesem Grunde gehört beispielsweise der Stammholzverkauf aus einer Allee nicht zu den Umsätzen des § 24 Abs. 1 Nr. 1 UStG. Ebenso ergeht es dem Umsatz aus dem Weihnachtsbaumverkauf einer speziellen »Christbaumkultur«. Hier gilt der in der Durchschnittssatzbesteuerung übliche Steuersatz von 10,7 %, sofern es sich nicht um gewerbliche Umsätze handelt (vgl. auch § 24 Abs. 1 Nr. 3 UStG). 46

2.12.2 Steuersatz i. S. v. § 24 Abs. 1 Nr. 2 UStG (19 %)

Der Regelsteuersatz von 19 % gilt für Lieferungen und Eigenverbrauch von: 47

- Sägewerkserzeugnissen, die in der Anlage 2 zum UStG (Nr. 48) nicht aufgeführt sind (z. B. Bretter und Balken, gesägt und gehobelt).
- Getränke, die in der Anlage zum UStG nicht aufgeführt sind;
- alkoholische Flüssigkeiten.

48 Die Lieferung alkoholischer Flüssigkeiten unterliegt grundsätzlich dem Regelsteuersatz nach § 24 Abs. 1 S. 1 Nr. 2 UStG. Dazu gehört beispielsweise auch vergorene Kirschmaische (BFH vom 12.03.2008, Az: XI R 65/06, BFH/NV 2008, 1092); zu Einzelheiten vgl. Abschn. 24.2 Abs. 5 UStAE.

2.12.3 Steuersatz i. S. v. § 24 Abs. 1 Nr. 3 UStG (10,7 % »Normalsteuersatz der Durchschnittssatzbesteuerung«)

49 Für alle übrigen Umsätze, die weder unter § 24 Abs. 1 Nr. 1 UStG noch unter Nr. 2 aufgeführt sind, gilt der Steuersatz von 10,7 %. Der Umsatz aus der Veräußerung von Weihnachtsbäumen aus einer speziellen Christbaumkultur fällt beispielsweise hierunter, wenn der ausführende Betrieb eine Landwirtschaft ist.

2.12.4 Vorsteuerabzug bei der Besteuerung nach Durchschnittssätzen (§ 24 Abs. 1 S. 3 UStG)

50 Der Vorsteuerabzug für die Umsätze des § 24 Abs. 1 S. 1 UStG beträgt 5,5 % aus der Bemessungsgrundlage für die Durchschnittssätze.

51 Der Vorsteuerabzug der übrigen Umsätze (§ 24 Abs. 1 Nr. 2 und 3 UStG) beträgt 10,7 % – der Bemessungsgrundlage für die Durchschnittsbesteuerung.

52 Ein weitergehender Vorsteuerabzug ist nicht möglich.

53 Werden bei der Veräußerung von Alkoholika und Getränken die Durchschnittssätze (USt und Vorsteuer) angewendet, ergibt sich immer eine positive Zahllast.

54 Hinsichtlich des Vorsteuerabzugs bei einem Wechsel der Besteuerungsart wird auf Abschn. 15a.9 UStAE verwiesen.

55 Der Vorsteuerabzug für den Verkauf zugekaufter Waren erfolgt nach dem Prinzip der Regelbesteuerung, weil diese Umsätze nicht der Durchschnittssatzbesteuerung unterliegen. Für die Höhe des Steuersatzes gilt somit § 12 UStG.

2.12.5 Vereinfachungsregelung für Durchschnittssatzbesteuerer

56 Betragen aber die Umsätze aus der Veräußerung von Getränken und Alkoholika i. S. d. § 24 Abs. 1 Nr. 2 UStG und den der Regelbesteuerung unterliegenden Umsätzen z. B. aus zugekauften Erzeugnissen oder sonstigen Leistungen, die nicht landwirtschaftlichen Zwecke dienen, voraussichtlich nicht mehr als 4000 € (netto) im laufenden Jahr, kann von der Erhebung der Steuer abgesehen werden, wenn

- sie einen engen Bezug zur eigenen land- und forstwirtschaftlichen Erzeugertätigkeit aufweisen und
- der Unternehmer im fraglichen Kalenderjahr keine weiteren Umsätze ausführt, die eine Verpflichtung zur Abgabe einer Umsatzsteuererklärung nach §§ 18 Abs. 3 oder 4a UStG begründen (Abschn. 24.6 UStAE).

57 Die Pflicht zur Aufzeichnung der Umsätze bleibt jedoch bestehen (Abschn. 24.6 Abs. 3 S. 2 UStAE).

Die Vereinfachungsregelung gilt jedoch nicht für die Tätigkeit als:

- Aufsichtsrat einer Genossenschaft,

- Makler landwirtschaftlicher Versicherungen,
- landwirtschaftlicher Sachverständiger (Abschn. 24.6 Abs. 4 S. 2 UStAE).

Diese Regelungen sind zwingend auf Umsätze, die nach dem 31.03.2013 ausgeführt werden, anzuwenden. Für die Zeit zwischen 01.01.2011 und 01.04.2013 kann für Zwecke des Vorsteuerabzugs auch die bisherige Fassung des Abschn. 24.6 Abs. UStAE angewandt werden. Allerdings gilt der Umsatz von 4 000 € dann jedoch als Nettoumsatz (BMF vom 25.03.2013, Az: IV D 2 – S 7410/07/10016 – 02, BStBl II 2013, 449). 58

2.12.6 Übersicht der landwirtschaftlichen Durchschnittssätze

Bei Anwendung der Durchschnittssätze gelten folgende Steuersätze ab dem 01.01.2007: 59

Wirtschaftsgut	USt-Satz	Vorsteuer	verbleibende Belastung
Forstwirtschaftliche Erzeugnisse (z. B. Brennholz, Holzabfälle)	5,5 %	5,5 %	0 %
Sägewerkserzeugnisse, Alkoholika, Getränke (nicht in der Anlage zum UStG aufgeführt)	19 %	10,7 %	8,3 %
alle übrigen Erzeugnisse	10,7 %	10,7 %	0 %

Bis zum 31.12.2006 galten: 60

Wirtschaftsgut	USt-Satz	Vorsteuer	verbleibende Belastung
Forstwirtschaftliche Erzeugnisse (z. B. Brennholz, Holzabfälle)	5 %	5 %	0 %
Sägewerkserzeugnisse, Alkoholika, Getränke (nicht in der Anlage zum UStG aufgeführt)	16 %	9 %	7 %
alle übrigen Erzeugnisse	9 %	9 %	0 %

Sofern der Steuersatz wechselt, ist für die Umsatzbesteuerung der Steuersatz maßgebend, der im Zeitpunkt des Erbringens der Leistung gilt. 61

2.13 Umsätze aus der Betriebsveräußerung

Für die Veräußerung landwirtschaftlicher Betriebe gilt auch die Vorschrift des § 1 Abs. 1a UStG. Nach dieser Rechtsnorm unterliegen Umsätze i. d. R. einer Geschäftsveräußerung an einen anderen Unternehmer für dessen Unternehmen nicht der Umsatzsteuer. Eine Geschäftsveräußerung liegt vor, wenn ein Unternehmen oder ein in der Gliederung eines Unternehmens gesondert geführter Betrieb im Ganzen entgeltlich oder unentgeltlich übertragen wird. Der Übertragung wird die entgeltliche oder unentgeltliche Einbringung eines Unternehmens oder eines in der Gliederung eines Unternehmens gesondert geführten Betriebs in eine Gesellschaft gleich gestellt (Abschn. 24.1 Abs. 5 UStAE; vgl. die Kommentierung zu § 1). Wird der Betrieb oder Teilbetrieb 62 jedoch an den bisherigen Pächter veräußert, liegt keine Geschäftsveräußerung im Sinne von § 1 Abs. 1a UStG vor (OFD Karlsruhe vom 25.08.2011, USt-Kartei S 7416 Karte 1 Nr. 3)

2.14 Lieferungen in das Ausland und Umsätze im Ausland

63 Von der Durchschnittssatzbesteuerung werden auch steuerbefreite Umsätze i. S. v. § 4 Nr. 1–7 erfasst. D. h. Umsätze, die bei Anwendung der Regelbesteuerung steuerfrei verbleiben, unterliegen hier der USt aufgrund der Durchschnittssatzbesteuerung. Für diese Umsätze gilt somit auch die Vorsteuerabzugsberechtigung aus § 24 Abs. 1 S. 5 UStG. Ein darüber hinausgehender Vorsteuerabzug ist nicht möglich. Wegen weiterer Einzelheiten vgl. Abschn. 24.5 UStAE.

2.15 Innergemeinschaftlicher Erwerb

64 Der i. g. Erwerb wird nicht nach den Durchschnittssätzen besteuert; für i. g. Erwerbe gilt § 1 a UStG (Erwerbsbesteuerung). Für den landwirtschaftlichen Erwerber bedeutet dies, dass er auf alle i. g. Erwerbe Erwerbsteuer entrichten muss, wenn er die Erwerbschwelle i. H. v. 12.500 € überschreitet. Wird diese Erwerbschwelle nicht überschritten, liegt ein i. g. Erwerb nicht vor (§ 1 a Abs. 3 UStG). Der i. g. Erwerb wird grundsätzlich nicht nach den Durchschnittssätzen besteuert.

65 Da der land- und forstwirtschaftliche Durchschnittssatzbesteuerer seine Vorsteuerbeträge durch die Anwendung der Pauschalsätze abgegolten hat, kann es sein, dass ein Erwerb aus einem anderen Land der EU mit höherer USt-Last höhere Kosten verursacht als in Deutschland.

66 Falls die Erwerbsschwelle nicht überschritten, eine Besteuerung des i. g. Erwerbs jedoch gewünscht wird, hat der Landwirt die Möglichkeit, auf die Erwerbschwelle zu verzichten (§ 1 a Abs. 4 UStG). Der Verzicht auf die Erwerbschwelle sollte dem Finanzamt gegenüber erklärt werden, ist jedoch auch durch die Verwendung der USt-IdNr, gegenüber dem Lieferer möglich und bindet den Erwerber für zwei Kj. (§ 1a Abs. 4 UStG).

67 Die entrichtete Erwerbsteuer ist nicht als Vorsteuer abzugsfähig. Sie gilt mit der Anwendung der Pauschal-Vorsteuersätze als abgegolten.

2.16 Landwirtschaft und EG-Binnenmarkt systematisch dargestellt

68 Die umsatzsteuerliche Einordnung der land- und forstwirtschaftlichen Betriebe in das System des EG-Binnenmarktes verdeutlichen folgende Prüfungsschemata:

Aus Sicht des Käufers:

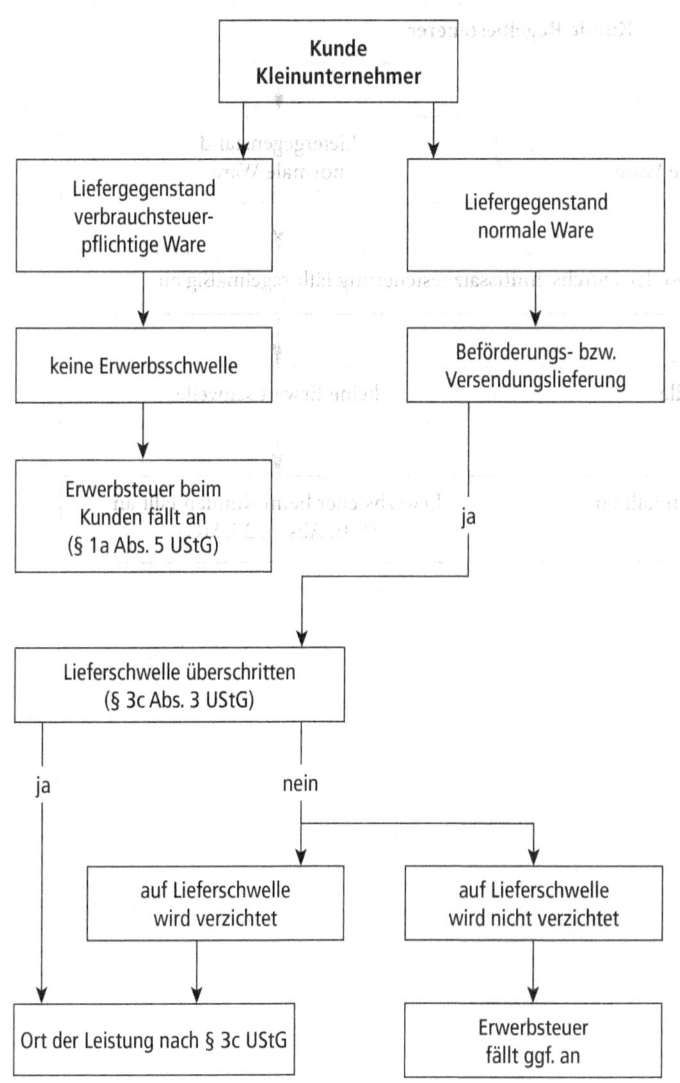

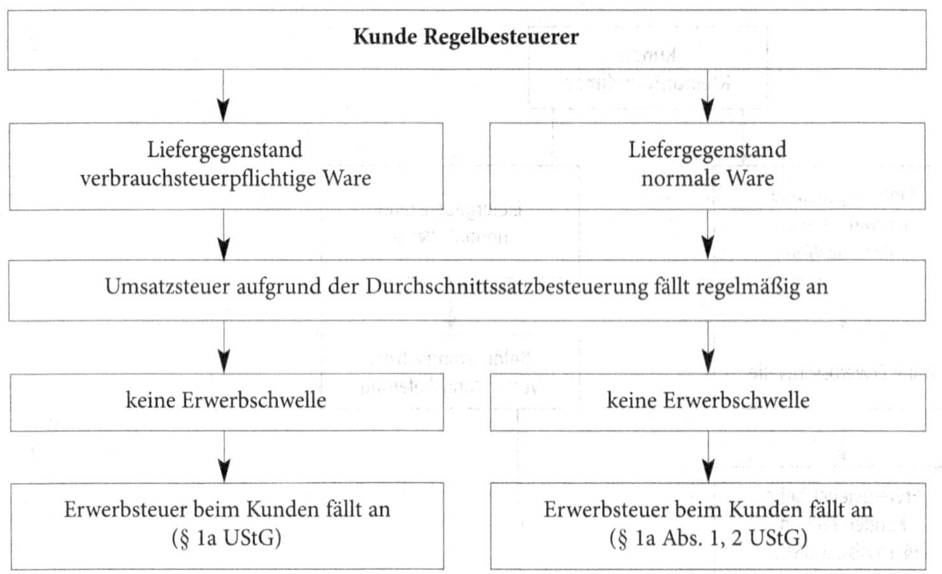
Lieferer-Unternehmer i. S. v. § 24 UStG
Kunde Regelbesteuerer
Liefergegenstand
verbrauchsteuerpflichtige Ware
Liefergegenstand
normale Ware
Umsatzsteuer aufgrund der Durchschnittssatzbesteuerung fällt regelmäßig an
keine Erwerbschwelle
keine Erwerbschwelle
Erwerbsteuer beim Kunden fällt an
(§ 1a UStG)
Erwerbsteuer beim Kunden fällt an
(§ 1a Abs. 1, 2 UStG)

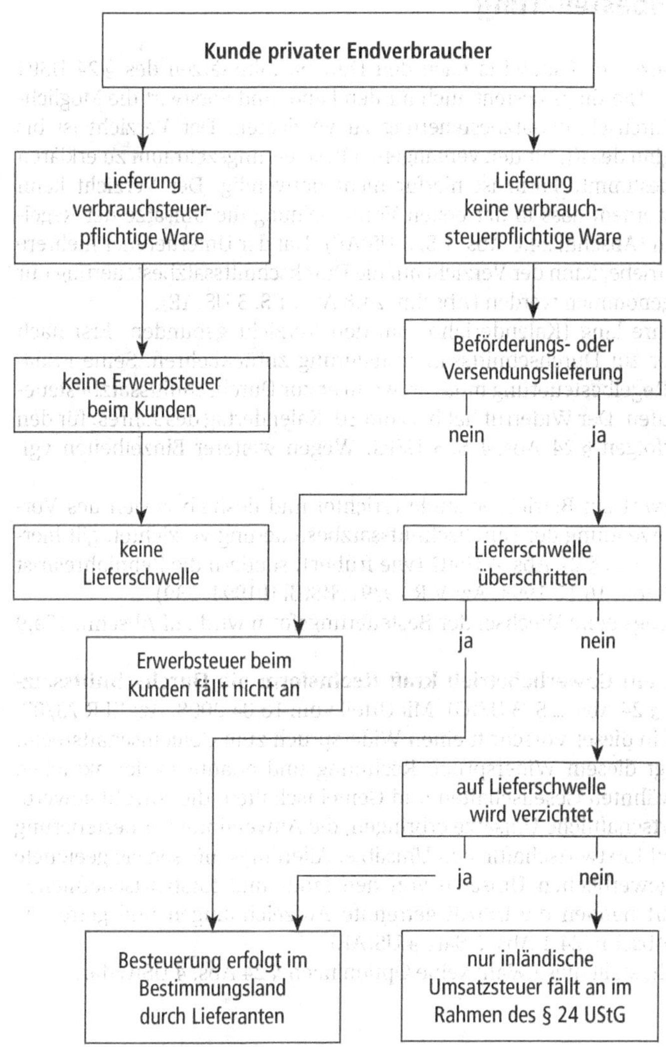

2.17 Rechnungsausstellung bei Durchschnittssatzbesteuerung

Der Durchschnittssatzbesteuerer (i. S. v. § 24 UStG) ist berechtigt, über seine Lieferungen Rechnungen mit gesondertem USt-Ausweis zu erstellen. Neben dem gesondert in Rechnung gestellten USt-Betrag sollte er auch den für diese Umsätze maßgebenden Durchschnittssatz angeben (§ 24 Abs. 1 S. 5 UStG), damit der Leistungsempfänger Vorsteuerabzug geltend machen kann. Einzelheiten sind aus Abschn. 24.9 UStAE ersichtlich. 69

2.18 Option zur Regelbesteuerung

70 Grundsätzlich werden die Umsätze des Landwirts nach den Durchschnittssätzen des § 24 UStG besteuert (§ 24 Abs. 1 S. 1 UStG). Allerdings besteht auch für den Land- und Forstwirt die Möglichkeit auf die Anwendung der Durchschnittssatzbesteuerung zu verzichten. Der Verzicht ist bis spätestens zum 10. Tag nach Beginn des Kj. für den vergangenen Besteuerungszeitraum zu erklären (§ 24 Abs. 4 S. 1 UStG). Eine bestimmte Form ist hierfür nicht notwendig. Der Verzicht kann beispielsweise dadurch erklärt werden, dass in der ersten Voranmeldung die Umsätze der Regelbesteuerung unterworfen werden (Abschn. 24.8 Abs. 1 S. 2 UStAE). Hat der Unternehmer mehrere land- und forstwirtschaftliche Betriebe, kann der Verzicht auf die Durchschnittssatzbesteuerung nur für alle Betriebe gleichzeitig vorgenommen werden (Abschn. 24.8 Abs. 1 S. 3 UStAE).

71 Der Unternehmer ist fünf Jahre lang (Kalenderjahre) an den Verzicht gebunden. Erst nach Ablauf dieses Zeitraums kann er zur Durchschnittssatzbesteuerung zurückkehren. Seine Erklärung zur Inanspruchnahme der Regelbesteuerung muss er, wenn er zur Durchschnittssatzbesteuerung zurückkehren will, widerrufen. Der Widerruf hat bis zum 10. Kalendertag des Jahres, für den der Widerruf gelten soll, zu erfolgen § 24 Abs. 4 S. 3 UStG. Wegen weiterer Einzelheiten vgl. Abschn. 24.8 UStAE.

72 Wurde vom Land- und Forstwirt ein Betriebsgebäude errichtet und deshalb wegen des Vorsteuerabzugs hieraus auf die Anwendung der Durchschnittssatzbesteuerung verzichtet, gilt hierfür nicht mehr die Fünfjahresfrist des § 24 Abs. 4 UStG (wie früher), sondern die Zehnjahresfrist des § 15 a Abs. 1 S. 2 UStG (BFH vom 16.12.1993, Az: V R 79/91, BStBl II 1994, 339).

73 Hinsichtlich des Vorsteuerabzugs beim Wechsel der Besteuerungsform wird auf Abschn. 15a.9 UStAE verwiesen.

74 Nach der Gesetzeslage **kann ein Gewerbebetrieb kraft Rechtsform die Durchschnittssatzbesteuerung nicht anwenden** (§ 24 Abs. 2 S. 3 UStG). Mit Urteil vom 16.04.2008, Az: XI R 73/07, BStBl II 2009, 1024 sah der BFH in dieser Vorschrift einen Widerspruch zum Gemeinschaftsrecht. Abschn. 24.1 Abs. 3 UStAE trägt diesem Widerspruch Rechnung und erlaubt in der aktuellen Fassung auch den eingangs erwähnten Gesellschaften und Gemeinschaften, die sowohl gewerbliche als auch land- und forstwirtschaftliche Umsätze erbringen, die Anwendung der Besteuerung nach § 24 UStG für die land- und forstwirtschaftlichen Umsätze. Allerdings müssen sie geeignete Maßnahmen treffen, um die gewerblichen Umsätze von den land- und forstwirtschaftlichen Erlösen zu trennen. Beispielhaft nennen die UStAE getrennte Aufzeichnungen und getrennte Lagerung der Warenbestände (Abschn. 24.1 Abs. 3 Satz 4 UStAE).

75 Wird die Gesetzeslage gewählt, stellt diese Wahl keine Option nach § 24 Abs. 4 UStG dar.

2.19 Doppeloption

76 Will ein Landwirt von der Regelung des § 19 Abs. 1 UStG (Kleinunternehmer) Gebrauch machen, muss er zuerst auf die Besteuerung nach Durchschnittssätzen verzichten. Überschreitet er die Grenzen des § 19 Abs. 1 UStG nicht, gilt er als Kleinunternehmer. Will er jedoch die Regelbesteuerung anwenden, muss er nochmals auf die Anwendung der Kleinunternehmerregelung (nach § 19 Abs. 1, 2 UStG) verzichten. Er muss eine »Doppeloption« vornehmen (vgl. auch Abschn. 24.8 Abs. 2 UStAE).

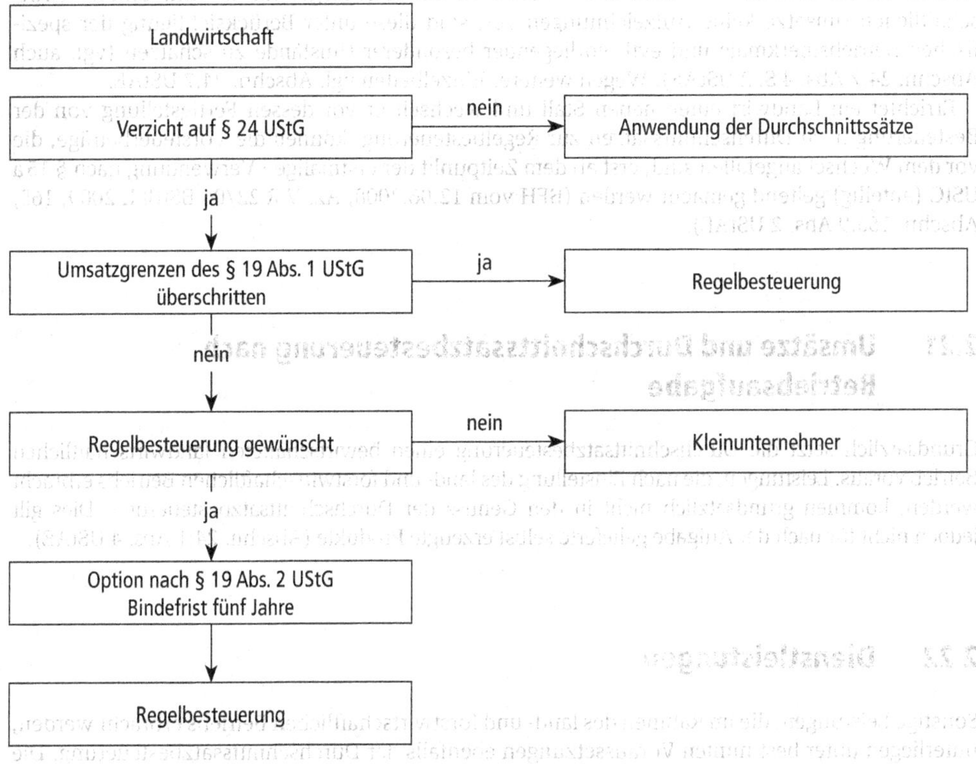

2.20 Umsätze aus Regelbesteuerung und Durchschnittssatzbesteuerung

Erbringt ein Unternehmer sowohl Umsätze aus der Durchschnittssatzbesteuerung nach § 24 UStG als auch Umsätze, die der Regelbesteuerung unterliegen, ist der land- und forstwirtschaftliche Betrieb im Unternehmen als gesondert gegliederter Betrieb zu führen. D. h., für den land- und forstwirtschaftlichen Betrieb sind gesonderte Aufzeichnungen zu erstellen (§ 24 Abs. 3 UStG). 77

Umsätze in diesem Sinne können Erlöse aus der Veräußerung von Branntwein darstellen. Branntwein der ersten Verarbeitungsstufe unterliegt der Durchschnittsatzbesteuerung von 19 %. Ein Produkt dieser Art ist ungereinigter Rohalkohol. Trinkbranntwein (Obstbrand, Tresterbrand, Weinbrand usw.) hingegen stellt ein Produkt der zweiten Verarbeitungsstufe dar. Umsätze hieraus unterliegen grundsätzlich der Regelbesteuerung. Allerdings können die regelbesteuerten Umsätze aus der Veräußerung von Alkohol beim Vorliegen der einschlägigen Voraussetzungen von der Vereinfachungsregelung des Abschn. 24.6 Abs. 1 UStAE erfasst werden (OFD Karlsruhe vom 29.02.2016, USt-Kartei S 7414).

Wenn ein Durchschnittssatzbesteuerer neben den landwirtschaftlichen Umsätzen noch andere, der Regelbesteuerung unterliegende Umsätze tätigt, gelten die Vorschriften des § 19 UStG für diese anderen Umsätze. D. h., werden die Grenzen des § 19 UStG nicht überschritten, sind für diese Umsätze die Regelungen des Kleinunternehmers anzuwenden. Gesamtumsatz hierbei ist die 78

Summe der Umsätze aus § 24 UStG und der anderen Umsätze. Liegen für die land- und forstwirtschaftlichen Umsätze keine Aufzeichnungen vor, sind diese unter Berücksichtigung der spezifischen Betriebsmerkmale und evtl. vorliegender besonderer Umstände zu schätzen (vgl. auch Abschn. 24.7 Abs. 4 S. 2 UStAE). Wegen weiterer Einzelheiten vgl. Abschn. 24.7 UStAE.

79 Errichtet ein Landwirt einen neuen Stall und wechselt er vor dessen Fertigstellung von der Besteuerung nach Durchschnittssätzen zur Regelbesteuerung, können die Vorsteuerbeträge, die vor dem Wechsel angefallen sind, erst ab dem Zeitpunkt der erstmaligen Verwendung nach § 15a UStG (anteilig) geltend gemacht werden (BFH vom 12.06.2008, Az: V R 22/06 BStBl II 2009, 165, Abschn. 15a.9 Abs. 2 UStAE).

2.21 Umsätze und Durchschnittssatzbesteuerung nach Betriebsaufgabe

80 Grundsätzlich setzt die Durchschnittsatzbesteuerung einen bewirtschafteten landwirtschaftlichen Betrieb voraus. Leistungen, die nach Einstellung des land- und forstwirtschaftlichen Betriebs erbracht werden, kommen grundsätzlich nicht in den Genuss der Durchschnittsatzbesteuerung. Dies gilt jedoch nicht für nach der Aufgabe gelieferte selbst erzeugte Produkte (Abschn. 24.1 Abs. 4 UStAE).

2.22 Dienstleistungen

81 Sonstige Leistungen, die im Rahmen des land- und forstwirtschaftlichen Betriebs erbracht werden, unterliegen unter bestimmten Voraussetzungen ebenfalls der Durchschnittssatzbesteuerung. Die Leistungen müssen mit den Produktionsmitteln des land- und forstwirtschaftlichen Betriebs erbracht worden sein (Arbeitskräfte und Maschinen). Zudem müssen sie normalerweise zur land- und forstwirtschaftlichen Erzeugung beitragen (Abschn. 24.3 Abs. 1 UStAE inkl. beispielhafter Aufzählung). Die Pensionspferdehaltung zu Zuchtzwecken unterliegt nach Ansicht des Niedersächsischen FG ebenfalls der Durchschnittsatzbesteuerung auch dann, wenn der Einsteller weder Landwirt ist noch selbst über landwirtschaftliche Flächen verfügt (Niedersächsisches FG vom 19.05.2016, Az: 5 K 85/15, Pressemitteilung vom 20.07.2015, Rev. eingelegt, Az: XI R 12/16). Mit Urteil vom 13.12.2017 wurde das FG-Urteil aus formellen Gründen aufgehoben und zur erneuten Entscheidung an das FG zurückgewiesen (anhängige Verfahren online).

82 Landwirtschaftliche Dienstleistungen bedingen eine vorhandene landwirtschaftliche Urproduktion. Sie können auch nicht unbeschränkt unter den Pauschalierungssätzen von § 24 UStG angeboten werden. Ein Anhaltspunkt dafür, dass diese Dienstleistungen außerhalb von § 24 UStG angeboten werden, ist das Überschreiten einer Umsatzgrenze von 51.500 € im Vorjahr. Einzelheiten hierzu sind detailliert in Abschn. 24.3 Abs. 3 UStAE dargestellt. Eine andere Auffassung vertritt hier das FG Münster in seinem Urteil vom 20.01.2015 – vgl. auch Rn. 23. In einem anderen Fall sah sich auch das FG Düsseldorf nicht an die Umsatzgrenzen des Abschn. 24.3 Abs. 3 UStAE gebunden und entschied entsprechend (FG Düsseldorf vom 10.06.2016, Az: 1 K 257/14 U, http://www.fg-duesseldorf.nrw.de/behoerde/presse/aktuelle/index.php). Gegen dieses Urteil wurde Nichtzulassungsbeschwerde eingelegt. Mit Urteil vom 24.08.2017, Az: V R 8/17, wurde das FG-Urteil aufgehoben und zur erneuten Entscheidung an das FG zurückgewiesen (anhängige Verfahren online, BFH/NV 2018, 65).

Werden Entsorgungsleistungen an Nichtlandwirte erbracht, ist es unbedeutend, ob die zu entsorgenden Stoffe in einem land- oder forstwirtschaftlichen Betrieb Verwendung finden (vgl. auch Abschn. 24.3 Abs. 10 UStAE). 83

Die Durchschnittssatzbesteuerung ist auch nicht anwendbar, wenn es um Verkauf oder Verpachtung von Zahlungsansprüchen nach der EU-Agrarreform (GAP-Reform) geht. In Abschn. 24.3 Abs. 9 S. 3 sind Voraussetzungen für mögliche Ausnahmen genannt. Dazu gehören aus Vereinfachungsgründen z.B. das Brennrecht. Das gilt jedoch nicht, wenn diese Wirtschaftsgüter im Zeitpunkt der Veräußerung für regelbesteuerte Umsätze verwendet wurden (Abschn. 24.3 Abs. 9 S. 4 UStAE).

Die Abholung und Entsorgung von Speiseabfällen von Restaurants und Großküchen unterliegt nach Ansicht des BFH auch dann nicht der Durchschnittssatzbesteuerung, wenn diese Speisereste nach einer Aufarbeitung in einem Schweinemastbetrieb verwendet werden (BFH vom 24.01.2013, Az: V R 34/11, BStBl II 2013, 460). 84

2.23 Organschaft mit Durchschnittssatzbesteuerer

Durch den BFH-Beschluss vom 11.06.2008 (Az: XI B 194/07, BFH/NV 2008, 1548) kann ein Durchschnittssatzbesteuerer Organträger einer regelbesteuernden Organgesellschaft sein. Die unterschiedlichen Besteuerungsformen können bei Innenumsätzen zu Nachteilen beim Vorsteuerabzug führen. Diese Nachteile müssen hingenommen werden. Um mögliche Nachteile zu vermeiden, kann auch auf die Durchschnittssatzbesteuerung verzichtet werden. 85

2.24 Zuordnung von Eingangsleistungen

Für die Zuordnung von Eingangsleistungen kommt es auf die umsatzbezogene Betrachtung an. (BFH vom 13.11.2013, Az: XI R 2/11, BStBl II 2014, 543). Diese Grundsätze gelten auch bei einer Organschaft. Einzelheiten mit Beispiel sind Abschn. 24.7 UStEA zu entnehmen. 86

3 Anlage: Gruppen der Zweige des Tierbestands nach der Flächenabhängigkeit (Anlage 2 zum BewG)

Mehr flächenabhängige Zweige des Tierbestands 87
Pferdehaltung,
Pferdezucht,
Schafzucht,
Schafhaltung,
Rindviehzucht,
Milchviehhaltung,
Rindviehmast.

Weniger flächenabhängige Zweige des Tierbestands
Schweinezucht,
Schweinemast,
Hühnerzucht,
Entenzucht,
Gänsezucht,
Putenzucht,
Legehennenhaltung,
Junghühnermast,
Entenmast,
Gänsemast,
Putenmast.

4 Anlage: Schätzungsgrundlagen landwirtschaftlicher Umsätze bei Mischbetrieben

Sofern in Mischbetrieben z. B. für die Überprüfung der Grenzen i. S. d. § 19 UStG keine Aufzeichnungen geführt werden, können ab dem 01.01.2013 folgende Hektarwerte im Schätzungswege zugrunde gelegt werden (OFD Karlsruhe vom 29.02.2016, USt-Kartei S 7410 Karte 4a).

Landwirtschaftliche Nutzung	
normale landwirtschaftliche Nutzung (einschl. übliche Tierhaltung)	
Betriebe mit LVZ unter 50	2.200,00 €
Betriebe mit LVZ über 50	2.700,00 €
Zuschlag je ha wegen Überbestands an Tieren	2.000,00 €
Sonderkulturen und Sondernutzungen	
Hopfen	7.000,00 €
Spargel	22.000,00 €
Weinbau	
Flaschenausbau	20.000,00 €
Fasseinausbau und Traubenerzeugung	11.000,00 €
Gärtnerische Nutzung	
Gemüsebau im Freiland	20.000,00 €
Gemüsebau unter Glas	250.000,00 €
Blumen und Zierpflanzen im Freiland	40.000,00 €
Blumen und Zierpflanzen unter Glas	360.000,00 €
Baumschulen	37.000,00 €
Obstbau	13.000,00 €

§ 25 UStG
Besteuerung von Reiseleistungen

(1) [1]Die nachfolgenden Vorschriften gelten für Reiseleistungen eines Unternehmers, die nicht für das Unternehmen des Leistungsempfängers bestimmt sind, soweit der Unternehmer dabei gegenüber dem Leistungsempfänger im eigenen Namen auftritt und Reisevorleistungen in Anspruch nimmt. [2]Die Leistung des Unternehmers ist als sonstige Leistung anzusehen. [3]Erbringt der Unternehmer an einen Leistungsempfänger im Rahmen einer Reise mehrere Leistungen dieser Art, so gelten sie als eine einheitliche sonstige Leistung. [4]Der Ort der sonstigen Leistung bestimmt sich nach § 3a Abs. 1. [5]Reisevorleistungen sind Lieferungen und sonstige Leistungen Dritter, die den Reisenden unmittelbar zugute kommen.
(2) [1]Die sonstige Leistung ist steuerfrei, soweit die ihr zuzurechnenden Reisevorleistungen im Drittlandsgebiet bewirkt werden. [2]Die Voraussetzung der Steuerbefreiung muss vom Unternehmer nachgewiesen sein. [3]Das Bundesministerium der Finanzen kann mit Zustimmung des Bundesrates durch Rechtsverordnung bestimmen, wie der Unternehmer den Nachweis zu führen hat.
(3) [1]Die sonstige Leistung bemisst sich nach dem Unterschied zwischen dem Betrag, den der Leistungsempfänger aufwendet, um die Leistung zu erhalten, und dem Betrag, den der Unternehmer für die Reisevorleistungen aufwendet. [2]Die Umsatzsteuer gehört nicht zur Bemessungsgrundlage. [3]Der Unternehmer kann die Bemessungsgrundlage statt für jede einzelne Leistung entweder für Gruppen von Leistungen oder für die gesamten innerhalb des Besteuerungszeitraums erbrachten Leistungen ermitteln.
(4) [1]Abweichend von § 15 Abs. 1 ist der Unternehmer nicht berechtigt, die ihm für die Reisevorleistungen gesondert in Rechnung gestellten sowie die nach § 13b geschuldeten Steuerbeträge als Vorsteuer abzuziehen. [2]Im Übrigen bleibt § 15 unberührt.
(5) [1]Für die sonstigen Leistungen gilt § 22 mit der Maßgabe, dass aus den Aufzeichnungen des Unternehmers zu ersehen sein müssen:
1. der Betrag, den der Leistungsempfänger für die Leistung aufwendet,
2. die Beträge, die der Unternehmer für die Reisevorleistungen aufwendet,
3. die Bemessungsgrundlage nach Absatz 3 und
4. wie sich die in den Nummern 1 und 2 bezeichneten Beträge und die Bemessungsgrundlage nach Absatz 3 auf steuerpflichtige und steuerfreie Leistungen verteilen.

Literatur

Grambeck, Eigenhandel mit Eintrittskarten/Nach wie vor ein ungelöstes umsatzsteuerliches Problem, UR 2009, 220. **Hässel/Rummel**, Besteuerung, Buchführung und Vertragsrecht der Reisebüros / Hinweise – Empfehlungen – Erfahrungen, 4. Aufl. 2007. **Hättich/Renz**, Handel mit Eintrittskarten für kulturelle Veranstaltungen / Anmerkungen zum BFH-Urteil vom 03.06.2009 und Gestaltungsalternativen, NWB 2010, 601. **Henkel**, Die Umsatzsteuer der Reisebüros und Reiseveranstalter/Erläuterungen und Checklisten, 4.. Auflage 2013. **Henkel**, Anmerkungen zum Urteil des EuGH vom 13.10.2005, Rs. C-200/04, iSt internationale Sprach- und Studienreisen GmbH, Durchführung sog. »High-School- und College-Programm« als Reiseleistung, UR

2005, 694. **Henkel**, Die mehrstufige Margenbesteuerung als Problemlösung für B2B-Geschäfte mit Reiseleistungen, UStB 2008, 233. **Henkel**, Besteuerung von Reiseleistungen / Über den Zweck und die Dauer von Reisen, UStB 2008, 290. **Henkel**, Die Rechtsprechung zur Besteuerung von Reiseleistungen / Eine kritische Bestandsaufnahme, UStB 2009, 107. **Henkel**, Die Opernkarte als Reiseleistung, eine Grundsatzfrage der Margenbesteuerung?, UStB 2010, 148. **Henkel/Weimann**, Zur Problematik des Leistungsortes bei Reiseleistungen, UR 1996, 257. **Hermann**, Die umsatzsteuerliche Behandlung von Reiseleistungen im Lichte der Rechtsprechung, SIS Steuerberater-Brief 09/09, 1. **Kühnen**, Anmerkungen zum Urteil des Niedersächsischen FG vom 06.03.2008 (5 K 684/02, nrkr., Az. des BFH: XI R 34/08, Verkauf von Eintrittskarten für ausländische Veranstaltungen), EFG 2009, 217 (= Entscheidung 94). **Morgner**, Die Besteuerung von Reiseanbietern / Reiseleistungen in umsatzsteuerlichen Reihengeschäften, 1. Auflage 2009. **Nieskoven**, BMF erlässt ergänzende Weisungen zur Bestimmung des Leistungsorts ab 01.01.2010, GStB 2010, 59. **Posegga**, Anmerkungen zu FG München, Urteil vom 25.06.2009, 14 K 95/06, nrkr., Revisionsaktenzeichen des BFH: V R 36/09, Umsatzsteuerbarkeit nicht in Anspruch genommener Flugtickets, UR 2010, 55. **Tausch**, Anmerkungen zu BFH, Urteil vom 03.06.2009, XI R 34/08, § 3 a Abs. 1 UStG a. F.: Handel mit Eintrittskarten, UVR 2010, 4. **Tausch**, Anmerkungen zu BFH, Urteil vom 10.12.2009, XI R 39/08, Isolierter Verkauf von Opernkarten als Reiseleistung?, UVR 2010, 194. **Weimann**, Touristische Unternehmen – Vermeidung einer Doppelbesteuerung von Drittlandsreisen, UStB 2010, 254. **Weimann**, EuGH-Vorlage zur Margenbesteuerung / BFH vom 03.08.2017, V R 60/16, AStW 2017, 976.

Verwaltungsanweisungen

BMF vom 30.11.1981, Az.: IV A 2 – S 7419 – 9/81, Behandlung von Reiseleistungen nach § 25 UStG im Zusammenhang mit Verkaufsveranstaltungen, SIS 820120.

BMF vom 10.10.1986, IV A 2 – S 7419 – 11/86, Reiseleistungen nach § 25 UStG im Zusammenhang mit Verkaufsveranstaltungen, SIS 862431.

BMF vom 07.09.1988, Az: IV A 2 – S 7419 – 19/88, Vorsteuerabzug aufgrund von Leistungen Dritter bei Flugunregelmäßigkeiten, BStBl I 1988, 407.

BMF vom 07.04.1998, Az: IV C 3 – S 7419 – 9/98, Umsatzsteuerliche Behandlung von Reiseleistungen (§ 25 UStG), BStBl I 1998, 380.

BMF vom 27.11.2006, Az: IV A 5 – S 7419 – 11/06, Umsatzsteuerliche Behandlung von Reiserücktrittskostenversicherungen; Konsequenzen des BFH-Urteils vom 13. Juli 2006 – V R 24/02 –, BStBl I 2006, 790.

BMF vom 31.01.2007, Az: IV A 5 – S 7419 – 1/07, Umsatzsteuerrechtliche Behandlung von Sprach- und Studienreisen; Konsequenzen des BFH-Urteils vom 1. Juni 2006 – V R 104/01 –, BStBl I 2007, 216.

BMF vom 16.06.2009, Az: IV B 9 – S 7360/08/10001 (2009/0309448), Ermittlung des Gesamtumsatzes i. S. d. § 19 UStG zu dem in den § 25 und § 25 a UStG verwendeten Begriff des Umsatzes, BStBl I 2009, 755.

BMF vom 04.09.2009, Az: IV B 9 – S 7117/08/10001 (2009/0580334), Ort der sonstigen Leistung nach §§ 3 a, 3b und 3e UStG ab 1. Januar 2010, BStBl I 2010, 1005.

BMF vom 08.12.2009, Az: IV B 9 – S 7117/08/10001 (2009/0824594), Änderung der Rz. 14 und 21 des BMF-Schreibens vom 4. September 2009 – IV B 9 – S 7117/08/10001 (2009/0580334) – (BStBl I , 1005), BStBl I 2009, 1612.

BMF vom 05.03.2010, Az: IV D 2 – S 7210/07/10003, IV C 5 – S 2353/09/10008 (2010/0166200), Anwendung des ermäßigten Steuersatzes für Beherbergungsleistungen (§ 12 Abs. 2 Nr. 11 UStG) ab dem 1. Januar 2010; Folgen für die Umsatz- und Lohnbesteuerung, BStBl I 2010, 259.

BMF vom 25.03.2011, Az: IV D 2 – S 7419/09/10001 (2011/0245775), Umsatzsteuer; Anwendung der Sonderregelung für Reisebüros (§ 25 UStG) auf Zu- und Abbringerflüge, BStBl I 2011, 304.

BMF vom 11.04.2011, Az: IV D 3 – S 7130/07/10008 (2011/0294414), Umsatzsteuer; Auswirkungen des EuGH-Urteils vom 7. Dezember 2006, C-240/05, Eurodental; Änderungen der Abschnitte 4.3.5, 4.4.1, 4.11b.1, 4.17.1, 4.19.1, 4.19.2, 4.25.1, 4.28.1, 6.1, 6a.1, 15.13, 25.2 und 25c.1 UStAE, BStBl I 2011, 459.

BMF vom 03.04.2012, Az: I D 2 – S 7100/07/10027 (2012/0282652), Dienstleistungskommission; Anwendung des § 25 UStG beim Auftreten des Reiseunternehmers im eigenen Namen für fremde Rechnung; BFH-Urteil vom 7. Oktober 1999, V R 79, 80/98, BStBl II 2004, 308; BFH-Urteil vom 2. März 2006, V R 25/03, BStBl. II 2006, 788, BStBl I 2012, 486 .

BMF vom 17.12.2012, Az: IV D 3 – S 7015/12/10001 (2012/1098419), Umsatzsteuer-Anwendungserlass; Änderungen zum 31. Dezember 2012 (Einarbeitung von Rechtsprechung und redaktionelle Änderung), BStBl I 2012, 1260.

BMF vom 12.12.2013, Az: IV D 3 – S 7015/13/10001 (2013/1118439), Umsatzsteuer-Anwendungserlass; Änderungen zum 31. Dezember 2013 (Einarbeitung von Rechtsprechung und redaktionelle Änderung), BStBl I 2013, 1627.

BMF vom 10.12.2014, Az: IV D 3 – S 7015/14/10001 (2014/10733025), Umsatzsteuer-Anwendungserlass; Änderungen zum 31. Dezember 2014 (Einarbeitung von Rechtsprechung und redaktionelle Änderungen), BStBl I 2014, 1622.

BMF vom 15.12.2015, Az: IV C 3 – S 7015/15/10003 (2015/1045194), Umsatzsteuer-Anwendungserlass; Änderungen zum 31. Dezember 2015 (Einarbeitung von Rechtsprechung und redaktionelle Änderungen), BStBl I 2015, 1627.

BMF vom 19.12.2016, Az: IV C 3 – S 7015/16/10001 (2016/1122932), Umsatzsteuer-Anwendungserlass; Änderungen zum 31. Dezember 2016 (Einarbeitung von Rechtsprechung und redaktionelle Änderungen), BStBl I 2016, 1459.
BMF vom 13.12.2017, Az: IV C 3 – S 7015/16/10003 (2017/1017217), Umsatzsteuer-Anwendungserlass; Änderungen zum 31.12.2017 (Einarbeitung von Rechtsprechung und redaktionelle Änderungen), BStBl I 2016, 1459.
FinMin Bayern vom 19.09.1985, 36 – S 7419b – 1/15, Negative Bemessungsgrundlage bei Reiseleistungen, Beck'sche Textausgabe Umsatzsteuer, III § 25, 11 u. SIS 861126.
OFD Erfurt vom 10.04.2000, S 7419 A – 04 – St 342, Behandlung von Stornoprovisionen aufgrund von Agenturverträgen bei Reiseleistungen, DStR 2000, 1143.
OFD Koblenz vom 08.04.2003, S 7419 A – St 44 3, Reiseleistungen nach § 25 UStG im Zusammenhang mit Verkaufsveranstaltungen und bei sog. Gewinnspielen, DStR 2004, 92.
OFD Frankfurt vom 09.02.2005, S 7419 A – 14 – St I 2.40, Restaurationsleistungen im Zusammenhang mit Kettengeschäften, UR 2005, 515 u. SIS 052512.
LFD Thüringen vom 24.10.2007, S 7419 A - 04 – A. 3.11, Behandlung von Stornoprovisionen aufgrund von Agenturverträgen bei Reiseleistungen, DStR 2008, 99.
OFD Magdeburg vom 26.04.2012, S 7419 - 16 - St 245, Umsätze aus Ferienhäusern / Ferienwohnungen im übrigen Gemeinschaftsgebiet, DStR 2012, 2083.
OFD Karlsruhe vom 29.02.2016, S 7419 Karte 1, Austeilung des Reiseerlöses bei Reiseleistungen, DStR 2016, 1034.
Hinweis: Zur Problematik der zeitlichen Geltungsdauer von BMF-Schreiben vgl. Einführung UStG, Rz. 100 ff.

Richtlinien/Hinweise/Verordnungen
UStAE: Abschn. 25.1–25.5.
MwStSystRL: Art. 306ff., Art. 370 i. V. m. Anhang X Teil A.
UStDV: § 72.

1 Allgemeines

1.1 Überblick über die Vorschrift

1 § 25 UStG ist eine Sondervorschrift für die Besteuerung von Reiseleistungen und gilt gem. § 25 Abs. 1 UStG für

- Unternehmer,
- die Reiseleistungen
- im eigenen Namen
- an Endverbraucher erbringen,
- soweit sie dabei Reisevorleistungen in Anspruch nehmen.

2 Die Vorschrift hat den **Zweck**, zur Vermeidung nicht besteuerten Letztverbrauchs Reiseleistungen durch Unternehmer innerhalb der EG-Mitgliedstaaten zu erfassen (BFH vom 21.10.1993, Az: V B 95/92, BFH/NV 1994, 346). Dies wird durch sog. »Margenbesteuerung« auf dem Umweg über die Bemessungsgrundlage erreicht (Wagner in S/R, § 25 Tz. 10).

1.2 Rechtsentwicklung

§ 25 UStG wurde in Umsetzung der gemeinschaftsrechtlichen Vorgaben (vgl. Rn. 9ff.) neu in das UStG 1980 aufgenommen und hatte in den bisherigen Fassungen des UStG keinen Vorläufer (zur Entstehung der Vorschrift ausführlich Bülow in V/S, § 25 Rz. 1ff.). 3

§ 25 Abs. 2 UStG wurde durch das Standortsicherungsgesetz vom 13.09.1993 (BStBl I 1993, 774) neu gefasst und gilt seit dem 01.11.1993. 4

1.3 Geltungsbereich

1.3.1 Sachlicher Geltungsbereich

§ 25 UStG gilt ausschließlich für die in § 25 Abs. 1 UStG bezeichneten Reiseleistungen (vgl. Rn. 1); für alle anderen Reiseleistungen gelten die allgemeinen Bestimmungen (vgl. Rn. 11). 5

1.3.2 Persönlicher Geltungsbereich

§ 25 UStG sieht hinsichtlich des persönlichen Geltungsbereichs keine Besonderheiten vor und gilt daher für alle Unternehmer, die entsprechende Umsätze tätigen. Es kommt nicht darauf an, ob das Erbringen von Reiseleistungen die hauptsächliche gewerbliche oder berufliche Tätigkeit des Unternehmers ist (vgl. Abschn. 25.1 Abs. 1 UStAE). Die besondere Besteuerung greift auch ein, wenn Unternehmer im Rahmen seines Unternehmens nur einmal die Voraussetzungen des § 25 UStG erfüllen (Wagner in S/R, § 25 Rz. 14). 6

Beispiel:

1. Ein Kaufhauskonzern bietet den Kunden neben der Handelsware auch Pauschalreisen an.
2. Ein Zeitungsverlag führt gelegentlich Leser-Reisen durch.
3. Ein Unternehmer überlässt seinen Mitarbeitern zur Belohnung für geleistete Dienste und als Ansporn eine Reise unentgeltlich oder gegen geringes Entgelt (sog. Incentive-Reise).

Als Unternehmer i. S. d. § 25 UStG kommen damit z. B. auch 7

- Fremdenverkehrsämter,
- gemeinnützige Vereine,
- Kirchen, Sportvereine,
- Verbände,
- Volkshochschulen

in Betracht (Wagner in S/R, § 25 Rz. 15).

1.3.3 Zeitlicher Geltungsbereich

In der jetzigen Form gilt § 25 UStG seit dem 01.11.1993 unverändert und dürfte auf alle noch offenen Steuerfestsetzungen anwendbar sein. 8

1.4 Gemeinschaftsrechtliche Grundlagen und Verhältnis zu anderen Vorschriften

9 Gemeinschaftsrechtlich beruht § 25 UStG auf Art. 306ff., Art. 370 i.V.m. Anhang X Teil A MwStSystRL. Wegen der nicht einheitlichen Umsetzung der Richtlinienvorgabe innerhalb der Gemeinschaft besteht die **Gefahr von Wettbewerbsverzerrungen** (vgl. Bülow in V/S, § 25 Rz. 2 und Wagner in S/R, § 25 Rz. 2, beide m.w.N.).

10 § 25 UStG geht als die **speziellere Regelung** den allgemeinen Vorschriften des UStG vor: Daher finden insbesondere die allgemeinen Regeln

- zum Grundsatz der Einheitlichkeit der Leistung (vgl. § 3 Rn. 12ff.),
- zum Leistungsort (§§ 3 Abs. 5aff., 3a, 3b, 3f UStG),
- zur Bemessungsgrundlage (§ 10 UStG)

keine Anwendung (Wagner, in S/R, § 25, Rz. 8).

11 Dagegen werden **Reiseleistungen, die nicht unter § 25 UStG fallen**, wie schon vor Aufnahme der Vorschrift in das UStG nach den allgemeinen Vorschriften besteuert (BFH vom 12.03.1998, Az: V R 17/93, BFH/NV 1998, 1049). Der Unternehmer erbringt insoweit keine einheitliche Leistung (BFH vom 01.08.1996, Az: V R 58/94, BStBl II 1997, 160).

2 Kommentierung

2.1 Grundsätzliches zur Umsatzbesteuerung von Reiseleistungen

12 § 25 UStG gilt für alle Unternehmer, die Reiseleistungen erbringen, ohne Rücksicht darauf, ob dies allein Gegenstand des Unternehmens ist Die Vorschrift hat besondere Bedeutung für die Veranstalter von Pauschalreisen (Abschn. 25.1 Abs. 1 S. 1 und 2 UStAE).

13 Es ist aber **nicht** erforderlich, dass der Unternehmer ein Bündel von Einzelleistungen erbringt. Eine Reiseleistung i.S.d. § 25 Abs. 1 UStG liegt daher auch vor, wenn der Unternehmer nur eine Leistung erbringt, z.B. die Vermietung von **Ferienwohnungen ohne Anreise und Verpflegung**; dies gilt auch dann, wenn die Reiseleistung im eigenen Namen und für fremde Rechnung ausgeführt wird (BFH vom 02.03.2006, Az: V R 25/03, BStBl. II 2006, 788; vgl. auch BMF vom 03.04.2012 und Abschn. 25.1 Abs. 1 S. 4 UStAE unter Hinweis auf Abschn. 3.15 Abs. 6 Beispiel 3 und Abs. 7 Beispiel 1–3 UStAE). Vgl. die EuGH-Vorlage des BFH vom 03.08.2017 (Rz. 14aff.).

13 Der **isolierte Verkauf von Opernkarten** durch ein Reisebüro ohne Erbringung einer Reiseleistung ist hingegen keine Reiseleistung i.S.v. § 25 Abs. 1 UStG (vgl. EuGH vom 09.12.2010, Rs. C-31/10, Minerva Kulturreisen GmbH, EuGHE I, 12889 HFR 2011, 232); dies gilt für alle offenen Fälle.

14 Die Besteuerung nach § 25 UStG kann auch für kurzfristige **Sprach- und Studienreisen** (z.B. Auslandsaufenthalte von Schülern während der Schulferien) und längerfristige Studienaufenthalte im Ausland, die mit einer Reise kombiniert sind (sog. **High-School-Programme**), in Betracht kommen (EuGH vom 13.10.2005, Rs. C-200/04, iSt internationale Sprach- und Studienreisen GmbH, UR 2005, 694; Nachfolgeentscheidung des BFH vom 01.06.2006, Az: V R 104/01, BStBl II 2007, 142, UR 2006, 650; noch a.A. Abschn. 272 Abs. 1 S. 5 UStR 2005). Das BMF wendet die neue Rechtsprechung auf alle noch offenen Fälle an. Soweit Abschn. 272 Abs. 1 S. 5 UStR 2005 länger-

fristige Studienaufenthalte im Ausland, die mit einer Reise kombiniert sind (sog. High-School-Programme), von der Anwendung des § 25 UStG ausschließt, ist er nicht mehr anzuwenden. Für vor dem 01.07.2007 ausgeführte Leistungen wird es jedoch nicht beanstandet, wenn der Unternehmer entsprechende Umsätze unter Berufung auf Abschn. 272 Abs. 1 S. 5 UStR 2008 den allgemeinen Regelungen des UStG unterwirft (BMF vom 31.01.2007, Az: IV A 5 – S 7419 – 1/07). Abschn. 25.1 Abs. 1 S. 5 UStAE führt die Regelung unverändert fort.

Aktuell ersucht der BFH den EuGH zu entscheiden, ob dieser an seiner Rechtsprechung festhält, nach der die **isolierte Überlassung von Ferienwohnungen** durch im eigenen Namen – und nicht als Vermittler – handelnde Reisebüros der sog. Margenbesteuerung unterliegt. Sollte das der Fall sein, ist zu klären, ob die Marge dann mit dem ermäßigten Steuersatz für die Beherbergung in Ferienunterkünften versteuert werden darf (BFH vom 03.08.2017, V R 60/16, BStBl II 2018, 73). 14a

Beispiel:
Die Klägerin (K) vermietete im eigenen Namen Häuser im Inland sowie in Österreich und Italien zu Urlaubszwecken an Privatkunden.
K mietete die Häuser ihrerseits für die Zeiträume der eigenen Vermietung von dem jeweiligen Eigentümer an. Die Kundenbetreuung vor Ort erfolgte durch die jeweiligen Eigentümer oder deren Beauftragte. Zu den Leistungen gehörte neben der Vermietung typischerweise auch die Reinigung der Unterkunft sowie gegebenenfalls ein Wäsche- und Brötchenservice.

Lösung:
K berechnete die Steuer zunächst nach der Sonderregelung für Reiseleistungen (sog. »Margenbesteuerung« unter Anwendung des Regelsteuersatzes. Im Nachgang beantragte K die Änderung der Steuerfestsetzung und die Anwendung des ermäßigten Steuersatzes.
Das Finanzamt und das Finanzgericht (FG) lehnten dies ab. Das FG begründete dies damit, dass unter Berücksichtigung der Rechtsprechung des EuGH zwar die Margenbesteuerung anzuwenden sei, diese aber der zusätzlichen Anwendung des ermäßigten Steuersatzes entgegenstünde. Hiergegen richtet sich die Revision der K.

Der BFH das Verfahren ausgesetzt und den EuGH um Vorabentscheidung ersucht. Der EuGH hat in einer früheren Entscheidung – die noch zu Art. 26 der 6. EG-Richtlinie ergangen ist – darauf erkannt, dass Leistungen eines Reiseveranstalters, die 14b

- nur die Unterkunft und
- nicht die Beförderung

des Reisenden umfassen, nicht vom Anwendungsbereich Sonderregelung ausgeschlossen sind, da es sonst zu einer komplexen steuerlichen Regelung führen würde, nach der es darauf ankäme, welche Bestandteile die dem Reisenden angebotenen Leistungen umfassten. Gegen die Anwendung der Sonderregelung spreche nicht, dass ein Reiseveranstalter einem Reisenden nur eine Ferienwohnung zur Verfügung stelle. Die vom Reiseveranstalter erbrachte Leistung könne selbst dann mehr als eine Leistung umfassen, wenn **nur Unterkunft gewährt** werde, da auch dann neben die Vermietung der Wohnung noch Leistungen wie die Unterrichtung und Beratung treten, durch die der Reiseveranstalter für Ferien- und Wohnungsbuchungen eine große Auswahl anbietet. In der Folgezeit hat der EuGH an dieser Rechtsprechung festgehalten.

Im Streitjahr ist unionsrechtlich der **Art. 306 MwStSystRL** ohne inhaltliche Änderung an die Stelle von Art. 26 der 6. EG-Richtlinie getreten. Damit unterliegen die Leistungen der K nach Maßgabe der EuGH-Rechtsprechung eigentlich einer Sonderregelung.

Unter Berücksichtigung neuerer EuGH-Rechtsprechung hat der BFH nunmehr Zweifel, ob die Rechtsprechung des EuGH tatsächlich weiterhin dahingehend verstanden werden soll, dass die bloße Vermietung einer Ferienwohnung, bei der »weitere Leistungen« wie die Unterrichtung und Beratung hinsichtlich einer großen Auswahl an Ferienwohnungen hinzutritt, die Anwendung der Sonderregelung für Reisebüros hinreichend rechtfertigt. Denn zu beachten ist auch, dass es sich bei derartigen Leistungen nur um eine Produktberatung durch den leistenden Unternehmer handelt. So ist es ebenso zum Beispiel beim Verkauf und der Lieferung eines Personenkraftwagens (nach einer Auswahl aus einem größeren Angebot) oder bei der Beratung im Rahmen einer Kreditvermittlung. Dabei handelt es sich jeweils nur um eine **Nebenleistung, die nur ergänzend zur Hauptleistung** hinzutritt. Der EuGH hat noch nicht entschieden, ob diese neuere Rechtsprechung zu Haupt- und Nebenleistung die Annahme rechtfertigt, dass zusätzliche Leistungen, die nur als Nebenleistung zur Überlassung von Ferienwohnungen hinzutreten, ausreichen, um die Anwendung der Sonderregelung für Reisebüros zu rechtfertigen.

Beispiel:
(1) Für die Praxis sicher von Interesse ist die Einschätzung der Rechtsfrage durch den BFH selbst: *»Der erkennende Senat geht dabei davon aus, dass der Sonderregelung für Reisebüros ein zu großer Anwendungsbereich zukommt, wenn es sich bei der weiteren Leistung, die die Anwendung der Sonderregelung rechtfertigen soll, um eine bloße Nebenleistung handelt. Auch hierdurch kommt es zu einer komplexen Regelung, wie zum Beispiel die zweite Vorlagefrage zeigt.«* Der BFH neigt also an sich eher dazu, die Sonderregelung **nicht** anzuwenden.
(2) Die Vorlagefrage ist schon ungewöhnlich und zeigt die *Unberechenbarkeit der Umsatzsteuer*. Denn eigentlich wurde diese Frage bereits vom EuGH hinreichend geklärt; die Rechtsprechung schien gefestigt. Da der BFH aber nunmehr Zweifel daran hegt, dass der EuGH bei seiner Entscheidung alles bedacht hat und – wenn ja – daran auch weiter festhalten will, legt er die Rechtsfrage nochmals vor. Für die Praxis folgt daraus letztlich, dass auch nach einer Entscheidung des EuGH **keine 100 %ige Rechtssicherheit** besteht (vgl. Weimann, BFH vom 03.08.2017, V R 60/16, AStW 2017).

14c Die Überlassung einer Ferienwohnung unterliegt für sich betrachtet **grundsätzlich der Steuersatzermäßigung.** Dabei steht der Anwendung der Steuersatzermäßigung aus Sicht des BFH nicht entgegen, wenn neben die Vermietung der Wohnung noch Leistungen wie die Unterrichtung und Beratung treten, durch die das Reisebüro für Ferien- und Wohnungsbuchungen eine große Auswahl anbietet. Denn hierbei handelt es sich – wie zum Beispiel bei einer sonstigen Produktberatung durch den leistenden Unternehmer beim Verkauf eines Personenkraftwagens – nur um eine Nebenleistung zur Hauptleistung (siehe oben Rn. 14b). Bislang ungeklärt ist die Frage einer **kombinierten Anwendung von Sonderregelung und Steuersatzermäßigung** – also die Frage, ob auf eine Leistung, die der Sonderregelung für Reisebüros unterliegt, der ermäßigte Steuersatz anzuwenden sein kann (vgl. *Weimann*, BFH vom 03.08.2017, V R 60/16, AStW 2017). Der BFH hält die Anwendung einer Steuersatzermäßigung auf die der Sonderregelung für Reisebüros unterliegenden Umsätze für möglich, aber auch für zweifelhaft, so dass diese Frage zur Auslegung des Unionsrechts durch den EuGH zu beantworten ist.

15 Ebenso erbringt jeder Unternehmer (Arbeitgeber), der an seine Arbeitnehmer im Rahmen des Dienstverhältnisses Reisen verbilligt oder unentgeltlich überlässt, insoweit Reiseleistungen i. S. d. § 25 UStG. Zur Bemessungsgrundlage in diesen Fällen vgl. Abschn. 25.3 Abs. 5, 6 UStAE.

16 Als Reiseleistungen sind insbesondere anzusehen:

- Beförderung zu den einzelnen Reisezielen, Transfer,
- Unterbringung und Verpflegung,
- Betreuung durch Reiseleiter,
- Durchführung von Veranstaltungen (z. B. Stadtrundfahrten, Besichtigungen, Sport- und sonstige Animationsprogramme)

(vgl. Abschn. 25.1 Abs. 1 S. 8 UStAE).

17 **Leistungsempfänger** ist der Besteller der Reiseleistung. Der Leistungsempfänger und der Reisende brauchen nicht identisch zu sein, z. B. wenn ein Vater seiner Tochter eine Pauschalreise schenkt (Abschn. 25.1 Abs. 1 S. 9 UStAE).

2.2 Incentive-Reisen und Kettengeschäfte

»Jung trifft alt« – die FinVerw vertritt weiter eine Rechtsauffassung, welche durch die neuere – für die Veranstalter günstige – Rechtsprechung von EuGH und BFH eigentlich überholt ist.

2.2.1 Die Auffassung der FinVerw

Da § 25 UStG **keine Anwendung** findet, soweit Reiseleistungen eines Unternehmers **für das Unternehmen des Leistungsempfängers bestimmt** sind, unterliegen insbesondere Kettengeschäfte (vgl. nachfolgende Beispiele 1 und 2) und Incentive-Reisen (vgl. nachfolgendes Beispiel 3) in den jeweiligen Vorstufen nicht der Besteuerung nach § 25 UStG (vgl. BFH vom 15.01.2009, Az: V R 9/06, BStBl II 2010, 433). In diesen Fällen erfolgt die Besteuerung nach den allgemeinen Vorschriften des Umsatzsteuergesetzes. Die Beurteilung der Steuerbarkeit, Nichtsteuerbarkeit und die Steuerfreiheit richtet sich für die erbrachten Leistungen insbesondere nach den folgenden Vorschriften: 18

- § 3b Abs. 1 i. V. m. § 26 Abs. 3 UStG für Personenbeförderungsleistungen im grenzüberschreitenden Luftverkehr,
- § 3b Abs. 1 UStG für andere Personenbeförderungsleistungen,
- § 3a Abs. 3 Nr. 1 Buchst. a UStG für Beherbergungsleistungen,
- § 3a Abs. 3 Nr. 3 Buchst. b UStG für Verpflegungsleistungen (Abgabe von Speisen und Getränken zum Verzehr an Ort und Stelle). Zur Abgrenzung von Lieferungen und sonstigen Leistungen bei der Abgabe von Speisen und Getränken vgl. Abschn. 3.6 UStAE (vgl. § 3 Rn. 165)

(vgl. Abschn. 25.1 Abs. 2 S. 3 UStAE).

Beispiel 1: (Kettengeschäft)
Der Reiseunternehmer B kauft beim Reiseunternehmer A, der sein Unternehmen im Ausland betreibt, eine komplette Pauschalreise nach Italien ein. Sie schließt ein: Beförderung mit der Eisenbahn, Transfer, Unterkunft und Verpflegung am Zielort. Der Reiseunternehmer B bietet den Reisenden diese Pauschalreise seinerseits im Rahmen seines Reiseprogramms in eigenem Namen an.

Lösung:
In diesem Fall unterliegt nur die Leistung des Reiseunternehmers B an den Reisenden der Besteuerung nach § 25 UStG. Die Umsätze auf der Vorstufe (Reiseunternehmer A an Reiseunternehmer B) unterliegen der Besteuerung nach den allgemeinen Vorschriften des Gesetzes.

- Bei der Beförderung mit der Eisenbahn unterliegt nur die Beförderungsleistung auf dem Streckenanteil, der auf das Inland entfällt, der Besteuerung (§ 3b Abs. 1 S. 2 UStG).
- Der Transfer ist als Beförderungsleistung im Ausland nicht steuerbar (§ 3b Abs. 1 S. 1 UStG).
- Bei der Unterbringung im Hotel handelt es sich um eine sonstige Leistung der in § 4 Nr. 12 UStG bezeichneten Art, die nach § 3a Abs. 3 Nr. 1 Buchst. a UStG nicht steuerbar ist. Die Verpflegungsleistungen sind nicht steuerbar, da der Ort dieser sonstigen Leistung im Ausland liegt (§ 3a Abs. 3 Nr. 3 Buchst. b UStG).

Beispiel 2: (Kettengeschäft)
Der Reiseunternehmer A kauft bei einer Luftverkehrsgesellschaft Beförderungskapazitäten über Personenbeförderungsleistungen im grenzüberschreitenden Verkehr mit Luftfahrzeugen ein und gibt einen Teil dieser Beförderungskapazitäten an den Reiseunternehmer B weiter, der sie seinerseits den Reisenden im Rahmen seines Reiseprogramms in eigenem Namen anbietet.

Lösung:
In diesem Fall unterliegt nur die Leistung des Reiseunternehmers B an den Reisenden der Besteuerung nach § 25 UStG. Die Umsätze auf den beiden Vorstufen (Luftverkehrsgesellschaft an Reiseunternehmer A und Reiseunternehmer A an Reiseunternehmer B) sind wie folgt zu behandeln:

1. Für die Leistung der Luftverkehrsgesellschaft an den Reiseunternehmer A wird die Umsatzsteuer unter den Voraussetzungen des § 26 Abs. 3 UStG nicht erhoben.
2. Die Umsatzsteuer für die Leistung des Reiseunternehmers A an den Reiseunternehmer B ist aus Gründen der Gleichbehandlung aller Reiseunternehmer ebenfalls nicht zu erheben, wenn der Reiseunternehmer A für die Leistung an den Reiseunternehmer B keine Rechnung mit gesondertem Ausweis der Steuer erteilt hat.
3. Für den Reiseunternehmer B stellt das an den Reiseunternehmer A für den Einkauf der Beförderungskapazitäten entrichtete Entgelt die Aufwendung für eine Reisevorleistung dar.

Beispiel 3: (Incentive-Reisen)
Die Firma X kauft bei einem Reiseunternehmer eine Kreuzfahrt ab Hafen Genua. Der Reisepreis umfasst auch die Anreise mit dem Bus und eine Hotelübernachtung in Genua. Die Reise dient als Belohnung für besondere Arbeitsleistungen eines Arbeitnehmers der Firma X.

Lösung:
Der Ort der einzelnen Reiseleistungen richtet sich beim Reiseunternehmer nach den vorstehenden Nr. 2 bis 4. Die Leistung der Firma X unterliegt der Besteuerung nach § 25 UStG. Zur Bemessungsgrundlage siehe Abschn. 25.3 Abs. 5 UStAE.
Die Besteuerung des Reiseverkäufers ist damit abhängig vom Verwendungszweck des Reiseeinkäufers! Erklärt der Leistungsempfänger nicht ausdrücklich, dass er die Reise für Zwecke seines Unternehmens erwirbt, oder bringt er dies nicht durch das Verlangen des gesonderten Steuerausweises in der Rechnung des Reiseunternehmers zum Ausdruck, kann der Reiseunternehmer grundsätzlich die Besteuerung nach § 25 UStG vornehmen. Das gilt jedoch nicht, wenn der Leistungsempfänger die Reise eindeutig für sein Unternehmen bezogen hat (z. B. bei Incentive-Reisen und Kettengeschäften). Hat der Reiseunternehmer im Vertrauen auf eine Erklärung seines Leistungsempfängers die Reiseleistung nach den allgemeinen Vorschriften des Gesetzes versteuert und stellt sich später heraus, dass diese Erklärung unrichtig war und die Leistung nach § 25 UStG hätte versteuert werden müssen, kann von einer Berichtigung abgesehen werden, wenn der Reiseunternehmer diese nicht ausdrücklich verlangt (Abschn. 25.1 Abs. 3 UStAE).

2.2.2 Neue Rechtsprechung von EuGH und BFH

18a *»Der Unternehmer kann sich nach der Rechtsprechung des EuGH-Urteils vom 26.9.2013, C-189/11, Kommission/Spanien (UR 2013, 835) auf Art. 26 der 6. EG-RL berufen, der entgegen der inländischen Regelung des § 25 UStG über die Margenbesteuerung nicht darauf abstellt, ob die Reiseleistung an einen Endverbraucher und nicht an einen Unternehmer erbracht worden ist.«* (BFH vom 21.11.2013, Az: V R 11/11, BFH/NV 2014, 803).

Sachverhalt des BFH-Urteils:
Die Klägerin führte Schul- und Studienreisen für Schulen, Vereine oder Gruppen durch. Sie sah ihre Leistungen als nach § 4 Nr. 23 UStG steuerfrei an. Das FA war der Auffassung, dass die Voraussetzungen dieser Vorschrift nicht vorlägen. Anzuwenden sei die Margenbesteuerung nach § 25 UStG auch hinsichtlich ausländischer Leistungsanteile, da die Schulen und Vereine keine Unternehmer gewesen seien. Das FG (FG Rheinland Pfalz vom 26.10.2009, 6 K 1615/06, Haufe-Index 2666494, EFG 2011, 1365) ging davon aus, dass die Margenbesteuerung nur in Abhängigkeit vom Unternehmerstatus des Leistungsempfängers anzuwenden sei.

Der BFH hob die Entscheidung der Vorinstanz auf und verwies die Sache an das FG zurück. Zwar seien die Leistungen nicht steuerfrei. Für die Anwendung der Margenbesteuerung komme es aber zumindest nach dem Unionsrecht, auf das sich die Klägerin zu ihren Gunsten berufen könne, nicht darauf an, ob der Empfänger die Leistung für unternehmerische Zwecke verwende.

2.2.2.1 Sonderregelung für Reiseleistungen

Für sog. Reiseleistungen sieht das nationale Recht ebenso wie das Unionsrecht eine vom Regelbesteuerungssystem abweichende Sonderregelung vor, nach der sich die Besteuerung nicht nach dem Entgelt, sondern nur nach einer sog. **Marge** richtet. Diese bestimmt sich nach dem Unterschiedsbetrag zwischen dem Entgelt für die Reiseleistung, die der Unternehmer erbringt, und dem Entgelt für Vorleistungen, die der Unternehmer für diese Reiseleistung bezieht. **18b**

Streitig war bislang der **Anwendungsbereich der Margenbesteuerung**: **18c**

- Das deutsche Recht schränkt die Margenbesteuerung in § 25 Abs. 1 UStG auf Leistungen ein, die »**nicht für das Unternehmen des Leistungsempfängers**« bestimmt sind. Die Margenbesteuerung beschränkt sich danach auf Reiseleistungen, die der Leistungsempfänger z.B. privat oder hoheitlich verwendet.
- Eine derartige Einschränkung besteht im Unionsrecht nicht (EuGH vom 26.09.2013, C-189/11, Kommission/Spanien, UR 2013, 835). Danach ist die Margenbesteuerung unionsrechtlich (Art. 306 bis 310 MwStSystRL) im Sinne einer sog. **Kundenmaxime** auf Reiseleistungen **an alle Arten von Kunden** und **nicht** nur eingeschränkt entsprechend einer sog. Reisendenmaxime auf an Endverbraucher erbrachte Reiseleistungen anzuwenden.

Kommt es somit nach der Richtlinie nicht darauf an, ob der Empfänger der Reiseleistung Endverbraucher oder Unternehmer ist, kann sich der Steuerpflichtige gegenüber dem nationalen Recht auf die Richtlinie berufen.

2.3 Abgrenzung Reiseleistung von Vermittlungsleistung

§ 25 Abs. 1 UStG gilt nicht, soweit der Unternehmer Reiseleistungen **19**

- entweder ausschließlich vermittelt oder
- einzelne Reiseleistungen im Rahmen einer Pauschalreise vermittelt werden

(Abschn. 25.1 Abs. 4 UStAE). Die Besteuerung der Vermittlungsleistungen richtet sich dann nach den allgemeinen Vorschriften des UStG; die Steuerbefreiung nach § 4 Nr. 5 UStG ist zu beachten (vgl. Abschn. 4.5.2 und 4.5.3 UStAE). Beim Zusammentreffen von Vermittlungsleistungen und Reiseleistungen gilt gem. Abschn. 25.1 Abs. 5 UStAE Folgendes:

Bündelung von Leistungen und eigene Preisgestaltung durch Reisebüros: Reisebüros erbringen i.d.R. Vermittlungsleistungen, die der Regelbesteuerung unterliegen. Die Bündelung von Leistungen und die eigene Preisgestaltung kann jedoch auch zur Annahme von Reiseleistungen i.S.d. § 25 UStG führen. **20**

Beispiel 4:
Der Reiseveranstalter A hat ein Katalogangebot mit zwei Wochen Halbpension Mallorca für 850 € ausgeschrieben. Das Reisebüro B übernimmt ein Kontingent von 20 Plätzen zu einem bestimmten Termin qua Option wie folgt:

20 × Angebot wie oben		640,00 €
abzüglich 10 % Provision	./. 64,00 €	
zuzüglich USt 19 %	12,16 €	76,16 €
		563,84 €

und ergänzt um einen Transfer zum Flughafen durch den deutschen Busunternehmer C für 40 €		40,00 €
		603,84 €
Dieses Angebot wird als Gruppenreise mit Zusatzleistungen wie folgt abgerechnet:		
Kundenpreis	799,00 €	
zuzüglich Transfer	60,00 €	859,00 €
Bruttomarge des B		255,16 €

Im Beispielsfall übernimmt das Reisebüro B ein Kontingent von Plätzen und damit auch das Risiko der Vermarktung. Bei einer bloßen Vermittlung der Reisen für einen Veranstalter besteht ein solches Vermarktungsrisiko nicht. Durch die eigene Preisgestaltung löst sich der Unternehmer B aus dem Vermittlungsverhältnis und erbringt beim Verkauf an einen Letztverbraucher eine Reiseleistung, die nach § 25 Abs. 1 UStG zu besteuern ist. Reisevorleistungen sind das Bündel »Pauschalreise« und die Transferleistungen des Busunternehmers C.

21 Erwirbt ein Tickethändler oder ein Reisebüro ein »**Paket**« **von Flugtickets**, um hieraus durch Verbindung mit anderen Leistungen (z.B. Unterkunft und Verpflegung) eine Pauschalreise zusammenzustellen, liegt eine nach § 25 UStG zu versteuernde Reiseleistung vor (Abschn. 25.1 Abs. 5 Nr. 1 S. 3 und Abschn. 4.5.3 Abs. 2 UStAE).

22 **Vermittlung von zusammengehörenden Reiseleistungen:** Bei Reisebüros ist fraglich, ob bei einem Verkauf einer Reise an einen Kunden mehrere Vermittlungsleistungen nebeneinander erbracht werden können.

Beispiel 5:
Ein Reiseveranstalter hat ein Katalogangebot mit zwei Wochen Halbpension Mallorca für 850 € ausgeschrieben. Das Angebot des Veranstalters wird ohne Veränderungen zum Katalogpreis mit dem Kunden abgerechnet. Zudem wird an den Reisenden ein Zubringerflug oder ein Bustransfer als gesonderte Vermittlungsleistung erbracht, und zwar mit getrennten Abrechnungen unter Hinweis auf den Leistungsträger.

Beispiel 6:
Eine USA-Rundreise aus mehreren Bausteinen (Flug, Hotelvoucher, Mietwagengutschein) wird nach den im Beispiel 5 dargestellten Grundsätzen an den Reisenden »verkauft«.

Beispiel 7:
Ein Katalogangebot für eine zweiwöchige Reise wird an den Kunden vermittelt, der Rückflug des Reisenden erfolgt nach drei Wochen, das Reisebüro vermittelt einen Hotelaufenthalt für die 3. Woche. Die formalen Grundsätze des Beispiels 5 sollen gelten.

Lösungen:
Im Beispielsfall 5 liegen keine gebündelten Leistungen i. S. d. Nr. 1 vor, da der Unternehmer für beide Leistungen die Voraussetzungen einer Vermittlungsleistung erfüllt; sowohl für die Pauschalreise als auch für die zusätzliche Leistung übernimmt er kein Risiko. Auch die dargestellte Form der Abrechnung spricht für zwei nebeneinander stehende Vermittlungsgeschäfte, da das Reisebüro dem Kunden den tatsächlichen Leistungsträger bekannt gibt.
Die Beispiele 6 und 7 sind wie der Beispielsfall 5 zu beurteilen, wenn die Bedingungen des Vermittlungsgeschäfts, insbesondere hinsichtlich der Form der Abrechnung gegenüber dem Reisenden erfüllt sind (Abschn. 25.1 Abs. 5 Nr. 2 UStAE).

2.4 Einheitlichkeit der Leistung (§ 25 Abs. 1 S. 1–3 UStG)

Alle bei Durchführung der Reise erbrachten Leistungen gelten als **einheitliche sonstige Leistung des Reiseveranstalters** an den Leistungsempfänger, soweit der Reiseveranstalter gegenüber dem Leistungsempfänger in eigenem Namen auftritt und für die Durchführung der Reise Lieferungen und sonstige Leistungen Dritter (Reisevorleistungen) in Anspruch nimmt (§ 25 Abs. 1 S. 1–3 UStG). 23

2.5 Leistungsort: Bestimmung nach § 3a Abs. 1 UStG (§ 25 Abs. 1 S. 4 UStG)

Die sonstige Leistung wird **nach § 3a Abs. 1 UStG an dem Ort ausgeführt**, von dem aus der Reiseveranstalter sein Unternehmen betreibt (§ 25 Abs. 1 S. 4 UStG). Wird die sonstige Leistung von einer Betriebsstätte des Reiseveranstalters ausgeführt, gilt der Ort der Betriebsstätte als Leistungsort. 24

Wenn ein **im Drittland ansässiger Reiseveranstalter** Reisen, die er im Drittland durch Einkauf und Bündelung der Reisevorleistungen produziert hat, über **eigene Betriebsstätten im Inland** vertreibt, ist für die Bestimmung des Orts der sonstigen Leistung nach den allgemeinen Zuordnungskriterien (vgl. Abschn. 3a.1 UStAE) auf den Schwerpunkt der erbrachten Leistungen abzustellen. Da es bei der Zurechnung von Reiseleistungen zu einer Betriebsstätte **maßgeblich auf den Schwerpunkt des Vertriebs (Verkaufs)** der Reise und nicht auf den ihrer Produktion ankommt, ist die Reiseleistung am Ort der Betriebsstätte im Inland steuerbar. 25

2.6 Auftritt im eigenen Namen (§ 25 Abs. 1 S. 1 UStG)

Zur Frage des Auftretens in eigenem Namen bei Reiseleistungen vgl. BFH vom 20.11.1975, BStBl II 1976, 307 (Abschn. 25.1 Abs. 7 UStAE). 26

2.7 Abgrenzung: Eigenleistungen von Reisevorleistungen (§ 25 Abs. 1 S. 1 und 5 UStG)

§ 25 Abs. 1 UStG gilt nur bei der Inanspruchnahme von Reisevorleistungen durch den Reiseunternehmer, nicht jedoch, soweit dieser Reiseleistungen durch Einsatz eigener Mittel (Eigenleistungen), wie z. B. 27

- eigene Beförderungsmittel,
- eigenes Hotel,
- Betreuung durch angestellte Reiseleiter,

erbringt. Für die Unterscheidung zwischen Eigenleistungen und Reisevorleistungen sind die **tatsächlichen Verhältnisse der Leistungsausführung gegenüber dem Reisenden** von Bedeutung; die umsatzsteuerrechtlichen Leistungsbeziehungen und die zivilrechtliche Beurteilung sind nicht entscheidend (Abschn. 25.1 Abs. 8 S. 2 UStAE).

28 Allein die Tatsache, dass der Reiseveranstalter die **volle Verantwortung für die Durchführung der Reise** zu tragen hat, führt noch nicht zur Annahme von Eigenleistungen.

2.7.1 Begriff der Eigenleistungen

29 Für die Eigenleistungen gelten die allgemeinen umsatzsteuerrechtlichen Vorschriften (vgl. BFH vom 20.11.1975, BStBl II 1976, 307). Bei Reisen, die sich auch auf das Ausland erstrecken, unterliegen der Besteuerung daher die jeweiligen im Inland erbrachten Einzelleistungen. Gem. Abschn. 25.1 Abs. 8 S. 6 UStAE sind folgende Vorschriften zu beachten:

- § 3a Abs. 1 und Abs. 2 UStG bei Betreuung durch angestellte Reiseleiter;
- § 3b Abs. 1 und § 26 Abs. 3 UStG für Personenbeförderungsleistungen;
- § 3a Abs. 3 Nr. 1 S. 2 Buchst. a UStG für Beherbergungsleistungen;
- § 3a Abs. 3 Nr. 3 Buchst. b UStG für Verpflegungsleistungen (Abgabe von Speisen und Getränken zum Verzehr an Ort und Stelle). Zur Abgrenzung von Lieferungen und sonstigen Leistungen bei der Abgabe von Speisen und Getränken vgl. Abschn. 3.6 UStAE (vgl. § 3 Rn. 165). Zur Abgrenzung von Haupt- und Nebenleistung vgl. Abschn. 3.10 Abs. 6 Nr. 13 UStAE (vgl. § 3)

30 Eigene Mittel sind auch dann gegeben, wenn der Unternehmer einen **Omnibus ohne Fahrer** oder im Rahmen eines Gestellungsvertrages ein **bemanntes Beförderungsmittel** anmietet. Der Unternehmer erbringt dagegen keine Reiseleistung unter Einsatz eigener Mittel, wenn er sich zur Ausführung einer Beförderung eines **Omnibusunternehmers** bedient, der die Beförderung in eigenem Namen, unter eigener Verantwortung und für eigene Rechnung ausführt. Der Omnibusunternehmer bewirkt in diesem Falle eine Beförderungsleistung an den Unternehmer, die als Reisevorleistung anzusehen ist (vgl. auch das Beispiel in Abschn. 3b.1 Abs. 2 UStAE).

2.7.2 Begriff der Reisevorleistungen

31 Reisevorleistungen sind alle Leistungen, die von einem Dritten erbracht werden und dem Reisenden unmittelbar zugutekommen (§ 25 Abs. 1 S. 5 UStG, Abschn. 25.1 Abs. 9 S. 1 UStAE). In Betracht kommen **alle Leistungen, die der Reisende in Anspruch nehmen würde, wenn er die Reise selbst durchführen würde**, insbesondere

- Beförderung,
- Unterbringung,
- Verpflegung.

Beispiel 8:
Ein Reiseveranstalter führt eine Pauschalreise durch. Er bedient sich für die Beförderung, Unterbringung und Verpflegung anderer Unternehmer. Insoweit sind Reisevorleistungen gegeben.

32 Keine Reisevorleistungen sind die folgenden Leistungen dritter Unternehmer, die **dem Reisenden nur mittelbar zugutekommen**:

- Ein selbständiges Reisebüro vermittelt die Pauschalreisen des Reiseveranstalters.
- Eine Kraftfahrzeugwerkstatt setzt auf einer Busreise das Fahrzeug instand.

33 Zur Abgrenzung weiterer Fälle von Eigenleistung zu Reisevorleistungen, z. B.

- Vergütungen an Zielgebietsagenturen (sog. handling fee),
- Vermietung von Ferienhäusern und Ferienwohnungen,

- Anmietung bestimmter Kontingente (Betten, Flugzeugplätze),
- Vollcharterverträge,
- Reiseleitereinsatz

(vgl. BMF vom 07.04.1998, BStBl I 1998, 380).

2.7.3 Gemischte Reiseleistungen

Gemischte Reiseleistungen liegen vor, wenn der Unternehmer sowohl Leistungen mit eigenen Mitteln erbringt (vgl. Rn. 29 f.) als auch Reisevorleistungen in Anspruch nimmt (vgl. Rn. 31 ff.). 34

In diesen Fällen ist § 25 UStG nur anwendbar, **soweit** der Unternehmer gegenüber dem Leistungsempfänger in eigenem Namen auftritt und Reisevorleistungen in Anspruch nimmt. Für die im Rahmen einer solchen Reise erbrachten Leistungen mit eigenen Mitteln gelten die allgemeinen Vorschriften (vgl. Rn. 29 ff.); der **einheitliche Reisepreis muss in diesem Falle aufgeteilt werden** (Abschn. 25.1 Abs. 14 UStAE). 35

Beispiel 9:
Im Rahmen einer Pauschalreise befördert der Unternehmer die Reisenden im eigenen Bus. Unterbringung und Verpflegung erfolgen in einem fremden Hotel.

Lösung:
In diesem Falle unterliegt die Beförderungsleistung der Besteuerung nach den allgemeinen Vorschriften; die Unterbringungs- und Verpflegungsleistung unterliegt der Besteuerung nach § 25 Abs. 3 UStG. Zur Ermittlung der Bemessungsgrundlagen vgl. Abschn. 25.3 Abs. 2 UStAE.

2.8 Storno, Umbuchungs- und Änderungsgebühren

Tritt der Reisende vor Reisebeginn vom Reisevertrag zurück und hat er für diesen Fall eine in dem Reisevertrag vorab vereinbarte Entschädigung zu entrichten **(Stornogebühr)**, liegt beim Reiseveranstalter **echter Schadensersatz** vor. Dies gilt unter der Voraussetzung, dass zivilrechtlich ein Rücktrittsrecht besteht, auch, wenn der Reiseveranstalter selbst als Folge der Stornierung einer Reise durch den Kunden bereits bestellte Reisevorleistungen (z. B. Hotelzimmer) stornieren und dafür ebenfalls Stornogebühren zahlen muss. 36

Schreibt der Reiseveranstalter dem **Reisebüro einen Anteil von Stornogebühren** gut, handelt es sich hierbei um das Entgelt für Leistungen des Reisebüros. 37

Umbuchungs- und Änderungsgebühren, die der Reisende bei Änderung eines bestehen bleibenden Reisevertrags zu entrichten hat, erhöhen das Entgelt für die Reiseleistung und teilen dessen Schicksal (Abschn. 25.1 Abs. 14 UStAE). 38

2.9 Anzahlungen auf Reiseleistungen

§ 13 Abs. 1 Nr. 1 Buchst. a S. 4 UStG gilt auch für die Besteuerung von Anzahlungen auf Reiseleistungen. 39

Wird die geschuldete **Reiseleistung für eine Anzahlung nicht erbracht**, setzt die Berichtigung nach § 17 Abs. 2 Nr. 2 UStG die Rückzahlung des Entgelts voraus, z. B. bei der Anzahlung auf nicht in Anspruch genommene Flüge (BFH vom 15.09.2011, Az: V R 36/09, BStBl II 2012, 365). 40

41 Wenn **gemischte Reiseleistungen** aufzuteilen sind und wenn für die unter § 25 UStG fallenden Reiseleistungen die Margenermittlung nach § 25 Abs. 3 UStG durchgeführt wird, wird aus Vereinfachungsgründen zugelassen, dass für solche Reiseleistungen vereinnahmte Anzahlungen nur mit einem sachgerecht geschätzten Anteil der Besteuerung unterworfen werden. Bei der Schätzung kann berücksichtigt werden, dass Anzahlungen auf steuerfreie Eigenleistungen nicht zu besteuern und Anzahlungen auf steuerpflichtige Eigenleistungen (z.B. inländische Streckenanteile von Beförderungsleistungen) – ggf. nur anteilig – zu besteuern sind (Abschn. 25.1 Abs. 15 S. 3 und 4 UStAE).

42 Anzahlungen für steuerpflichtige Reiseleistungen, für die die **Bemessungsgrundlage nach § 25 Abs. 3 UStG zu ermitteln** ist, können mit einem Anteil angesetzt werden, der der steuerpflichtigen Marge des Vorjahrs entspricht (Abschn. 25.1 Abs. 15 S. 5 UStAE).

2.10 Steuerbefreiung von Reiseleistungen

2.10.1 Unternehmensbezogene Steuerbefreiungen

43 Für eine einheitliche Reiseleistung i.S.d. § 25 Abs. 1 S. 2 UStG sind die **unternehmerbezogenen Steuerbefreiungen** nach § 4 UStG, z.B. § 4 Nr. 25 UStG, zu beachten (Abschn. 25.1 Abs. 12 UStAE).

2.10.2 Reiserücktrittskostenversicherung

44 Eine im Reisepreis enthaltene Reiserücktrittskostenversicherung, deren Abschluss bei Buchung der Reise für den Leistungsempfänger **obligatorisch** ist, war nach **bisheriger Auffassung** Bestandteil der einheitlichen Reiseleistung i.S.d. § 25 Abs. 1 S. 3 UStG und keine selbständige Leistung, auf die die Befreiungsvorschrift des § 4 Nr. 10 Buchst. b UStG anzuwenden war. Die auf die Reiserücktrittskostenversicherung entfallende anteilige Marge war somit nicht steuerfrei. Stellte dagegen der Reiseveranstalter den Abschluss einer Reiserücktrittskostenversicherung in das Belieben des Leistungsempfängers und berechnete er ggf. das Versicherungsentgelt neben dem Reisepreis gesondert **(fakultative Versicherung)**, lag hinsichtlich des Abschlusses der Versicherung eine auch umsatzsteuerrechtlich gesondert zu beurteilende Leistung vor, die nicht der Margenbesteuerung unterfiel. Die Leistung konnte je nach Sachverhalt entweder unter den Voraussetzungen des § 4 Nr. 10 Buchst. b UStG (Verschaffung von Versicherungsschutz) oder unter denen des § 4 Nr. 11 UStG (Umsatz aus der Tätigkeit als Versicherungsvertreter) steuerfrei sein (Abschn. 25.1 Abs. 13 UStAE).

45 Nunmehr hat der **BFH** darauf erkannt, dass auch ein vom Reiseveranstalter obligatorisch angebotener Versicherungsabschluss für die Kunden eine selbständige steuerfreie Leistung neben der unter § 25 UStG fallenden Reiseleistung sein kann (BFH vom 13.07.2006, Az: V R 24/02, BStBl II 2006, 935). Das **BMF** schließt sich dieser neuen Erkenntnis des BFH an. Für vor dem 01.01.2007 ausgeführte Umsätze wird nicht beanstandet, wenn der Unternehmer den Abschluss einer obligatorischen Reiserücktrittskostenversicherung weiter unter Berufung auf Abschn. 25.1 Abs. 13 S. 1, 2 UStAE als Bestandteil einer einheitlichen Reiseleistung i.S.d. § 25 Abs. 1 S. 3 UStG behandelt. Auf nach dem 31.12.2006 ausgeführte Umsätze ist Abschn. 25.1 Abs. 13 S. 1, 2 UStAE allerdings dann nicht mehr anzuwenden (BMF vom 27.11.2006, BStBl I 2006, 790).

2.10.3 Leistungsbezogene Steuerbefreiungen: Drittlandsreisen (§ 25 Abs. 2 UStG)

2.10.3.1 Grundsätze dieser besonderen Steuerbefreiung

Nach § 25 Abs. 2 UStG ist eine Reiseleistung steuerfrei, **soweit** die ihr zuzurechnenden Reisevorleistungen ausschließlich im Drittlandsgebiet bewirkt werden. Zu den Reisevorleistungen können insbesondere 46

- Unterkunft,
- Verpflegung,
- Beförderung von Personen gehören

(vgl. Rn. 31 ff.).

Beispiel 10:
Ein Reiseveranstalter bietet eine Flugrundreise in den USA bzw. eine Schiffskreuzfahrt in der Karibik zu einem Pauschalpreis an. Hin- und Rückreise sind in dem Preis nicht enthalten.

Lösung:
Die in der Beförderung der Reisenden bestehenden Reisevorleistungen werden im Drittlandsgebiet erbracht. Erfolgen auch alle übrigen Reisevorleistungen im Drittlandsgebiet, ist die Reiseleistung des Veranstalters insgesamt steuerfrei.

Beispiel 11:
Ein deutscher Reiseveranstalter bietet Pauschalreisen nach Kreta im eigenen Namen an, deren Leistungsbestandteile er selbst eingekauft hat. Er nimmt dabei Betreuungsleistungen eines schweizerischen Unternehmers in Anspruch, der im Reisezielgebiet keine Betriebsstätte hat und die Leistungen durch angestellte Reiseleiter ausführen lässt.

Lösung:
Nach dem BFH-Urteil vom 23.09.1993 (BStBl II 1994, 272) werden Reisebetreuungsleistungen von angestellten Reiseleitern am Unternehmenssitz des Reiseveranstalters erbracht. Die Betreuungsleistung im Beispielsfall wird demnach im Drittlandsgebiet bewirkt. Die Marge des deutschen Reiseveranstalters bleibt insoweit steuerfrei.

Die einheitliche sonstige Leistung ist insgesamt steuerpflichtig, wenn die vorstehend bezeichneten **Reisevorleistungen ausschließlich im Gemeinschaftsgebiet** bewirkt werden. Zu den Reisevorleistungen gehören insbesondere die Unterkunft und die Verpflegung im Gemeinschaftsgebiet (Abschn. 25.2 Abs. 2 UStAE). 47

Beispiel 12:
Ein deutscher Reiseveranstalter bietet im eigenen Namen Flugpauschalreisen von deutschen und schweizerischen Flugorten nach Kreta an. Er hat die Reisen im Wege eines Kettengeschäftes von einem Reiseveranstalter mit Sitz in der Schweiz übernommen. Der schweizerische Reiseveranstalter hat die einzelnen Reisebestandteile von im Gemeinschaftsgebiet ansässigen Leistungsträgern (Fluggesellschaften, Hotels, Betreuungsunternehmen) erworben und zu einer einheitlichen Pauschalreise gebündelt.

Lösung:
Auf Kettengeschäfte der vorliegenden Art findet § 25 UStG auf der Vorstufe keine Anwendung, da die Reiseleistungen des Paketveranstalters für das Unternehmen des erwerbenden Reiseveranstalters bestimmt sind (Abschn. 25.1 Abs. 2 UStAE). Der Ort für diese Leistungen richtet sich nicht nach § 25 Abs. 1 S. 4 und § 3 a Abs. 1 UStG, sondern nach den allgemeinen Vorschriften des Gesetzes. Dass der Sitzort des Paketveranstalters im Drittland liegt, führt insoweit nicht zur Steuerfreiheit der Marge des inländischen Reiseveranstalters. Für die Steuerfreiheit kommt es darauf an, wo die einzelnen Reisevorleistungen ausgeführt werden. Da im Beispielsfall sämtliche Reisevorleistungen im Gemeinschaftsgebiet bewirkt werden, ist die Marge des deutschen Reiseveranstalters insgesamt steuerpflichtig.

48 Werden die **Reisevorleistungen nur zum Teil im Drittlandsgebiet**, im Übrigen aber im Gemeinschaftsgebiet erbracht, ist die Reiseleistung nur insoweit steuerfrei, als die Reisevorleistungen auf das Drittlandsgebiet entfallen. Das gilt auch für Reisevorleistungen, die in der **Beförderung von Personen mit Flugzeugen und Schiffen** bestehen. Erstreckt sich somit eine Beförderung sowohl auf das Drittlandsgebiet als auch auf das Gemeinschaftsgebiet, hat der Reiseveranstalter die gesamte Beförderungsleistung nach Maßgabe der zurückgelegten Strecken in einen auf das Drittlandsgebiet und in einen auf das Gemeinschaftsgebiet entfallenden Anteil aufzuteilen (Abschn. 25.2 Abs. 3 UStAE).

Beispiel 13:
Ein Reiseveranstalter bietet eine Flugreise in die USA ab München zu einem Pauschalpreis an.

Lösung:
Die Reiseleistung des Veranstalters ist insoweit steuerpflichtig, als die Personenbeförderung im Flugzeug (Reisevorleistung) über Gemeinschaftsgebiet führt.

49 Erstreckt sich eine **Personenbeförderung im Luftverkehr** (Reisevorleistung) sowohl auf das Drittlandsgebiet als auch auf das Gemeinschaftsgebiet, kann der Reiseveranstalter **aus Vereinfachungsgründen** wie folgt verfahren (vgl. Abschn. 25.2 Abs. 4 UStAE):

- Liegt der **Zielort** der Personenbeförderung **im Drittlandsgebiet**, gilt die Beförderungsleistung (Reisevorleistung) insgesamt als im Drittlandsgebiet erbracht.

Beispiel 14:
Ein Reiseveranstalter bietet eine Flugreise von Düsseldorf nach den Kanarischen Inseln zu einem Pauschalpreis an.

Lösung:
Da der Zielort der Reise im Drittlandsgebiet liegt, gilt die Beförderungsleistung insgesamt als im Drittlandsgebiet erbracht. Erfolgen auch alle übrigen Reisevorleistungen im Drittlandsgebiet, ist die Reiseleistung des Veranstalters insgesamt steuerfrei.

- Liegt der **Zielort** der Personenbeförderung **im Gemeinschaftsgebiet**, gilt die Beförderungsleistung (Reisevorleistung) insgesamt als im Gemeinschaftsgebiet erbracht.

Beispiel 15:
Ein Reiseveranstalter bietet eine Flugreise von Düsseldorf nach Athen zu einem Pauschalpreis an.

Lösung:
Da der Zielort der Reise im Gemeinschaftsgebiet liegt, gilt die Beförderungsleistung als im Gemeinschaftsgebiet erbracht. Erfolgen auch alle übrigen Reisevorleistungen im Gemeinschaftsgebiet, ist die Reiseleistung des Veranstalters insgesamt steuerpflichtig.

50 **Hin- und Rückflug** sind bei der Anwendung der Vereinfachungsregelung als **eine** Reisevorleistung anzusehen. Der Zielort bestimmt sich nach dem Hinflug. **Zwischenlandungen** aus flugtechnischen Gründen berühren die Anwendung der Vereinfachungsregelung nicht (vgl. Abschn. 25.2 Abs. 4 S. 4f. UStAE).

51 **Inländische Zu- und Abbringerflüge** sind in die Zielortregelung einzubeziehen, wenn die als Reisevorleistung in Anspruch genommene Beförderungsleistung einschließlich der Zu- und Abbringerflüge nach umsatzsteuerrechtlichen Grundsätzen eine einheitliche Beförderungsleistung (= Grundsatz der Einheitlichkeit der Leistung, Abschn. 3.10 UStAE) darstellt (vgl. BMF vom 25.03.2011 (BStBl I 2011, 304) und Abschn. 25.2 Abs. 4 S. 7 UStAE).

52 Macht ein Reiseveranstalter von der Vereinfachungsregelung nach Abschn. 25.2 Abs. 4 UStAE Gebrauch, muss er diese Regelung **bei allen von ihm veranstalteten Reisen** anwenden. Er kann jedoch jederzeit **dazu übergehen**, seine in einer Personenbeförderung bestehenden Reisevorleistungen insgesamt nach den Streckenanteilen (vgl. Abschn. 25.2 Abs. 3 UStAE) aufzuteilen. Hat

der Reiseveranstalter den steuerfreien Anteil seiner Reiseleistungen nach Abschn. 25.2 Abs. 3 UStAE ermittelt, kann er zum Verfahren nach Abschn. 25.2 Abs. 4 UStAE nur übergehen, wenn die Ermittlung nach Abschn. 25.2 Abs. 3 UStAE nachweisbar mit unzumutbaren Schwierigkeiten verbunden ist, vgl. Abschn. 25.2 Abs. 5 UStAE).

Erstreckt sich eine **Personenbeförderung bei Kreuzfahrten mit Schiffen im Seeverkehr** sowohl auf das Drittlandsgebiet als auch auf das Gemeinschaftsgebiet, kann der Reiseveranstalter abweichend von Abschn. 25.2 Abs. 3 UStAE von der Berücksichtigung des auf das Gemeinschaftsgebiet entfallenden Anteils der gesamten Beförderungsstrecke wegen Geringfügigkeit dieses Anteils absehen (vgl. Abschn. 25.2 Abs. 6 UStAE). 53

Beispiel 16:
Ein Reiseveranstalter bietet eine Kreuzfahrt im Mittelmeer an, die in Genua beginnt und endet.

Lösung:
Die in der Beförderung der Reisenden bestehenden Reisevorleistungen sind als im Drittlandsgebiet erbracht anzusehen. Die Reiseleistung des Veranstalters ist steuerfrei.

Liegen für nach § 25 Abs. 2 UStG steuerfreie Reiseleistungen im Drittland auch die Voraussetzungen der Steuerbefreiung des § 4 Nr. 25 UStG vor, **geht die Steuerbefreiung des § 4 Nr. 25 UStG der Steuerbefreiung des § 25 Abs. 2 UStG vor** (EuGH vom 07.12.2006, Rs. C-240/05, Eurodental, BFH/NV Beilage 2007, 204; vgl. auch BMF vom 11.04.2011, BStBl I 2011, 459 und Abschn. 25.2 Abs. 7 UStAE). 54

2.10.3.2 Vermeidung einer Doppelbesteuerung von Drittlandsreisen

2.10.3.2.1 Rechtslage vom 01.01.2010 bis 31.12.2010 (Fallstudien)

Auch für touristische Unternehmen ergab sich bei Auflage von Drittlandreisen seit dem 01.01.2010 – ähnlich wie für »Mobilienarbeiter« (Anlagenbauer u.Ä., vgl. § 3a Rn. 108ff.) – zunächst die **Gefahr einer Doppelbesteuerung!** Um diese auszuschalten, hat das BMF zeitnah reagiert und Rz. 21 des Einführungsschreibens zur Neuregelung des Orts der sonstigen Leistungen (BMF vom 04.09.2009, BStBl I 2010, 1005) wie folgt ergänzt (BMF vom 08.12.2009, BStBl I 2009, 1612): 55

»(15) Werden Güterbeförderungsleistungen, im Zusammenhang mit einer Güterbeförderung stehende Leistungen wie Beladen, Entladen, Umschlagen (vgl. § 3b Abs. 2 UStG), Arbeiten an beweglichen körperlichen Gegenständen oder Reisevorleistungen i. S. d. § 25 Abs. 1 S. 5 UStG tatsächlich ausschließlich im Drittlandsgebiet – mit Ausnahme der in § 1 Abs. 3 UStG genannten Gebiete – erbracht und ist der Leistungsort für diese Leistungen unter Anwendung von § 3a Abs. 2 UStG im Inland, wird es nicht beanstandet, wenn

- der leistende Unternehmer für den Fall, dass er für den jeweiligen Umsatz Steuerschuldner nach § 13a Abs. 1 Nr. 1 UStG ist, oder
- der Leistungsempfänger für den Fall, dass er für den jeweiligen Umsatz Steuerschuldner nach § 13b Abs. 1 S. 1 Nr. 1 und Abs. 2 S. 1 UStG ist,

diesen Umsatz nicht der Umsatzbesteuerung in Deutschland unterwirft.«

Die Vorteile der Neufassung des BMF-Schreibens verdeutlicht ein Beispielfall (vgl. Weimann, UStB 2010, 254): 56

Beispiel 17:
D mit Sitz in Dortmund legt als Reiseveranstalter Asienreisen für Pauschalreisende (= Privatleute) auf. Für eine Sightseeing-Tour durch Vietnam kauft D folgende Leistungen ein:

1. Hotelübernachtungen in Hanoi,
2. Verpflegungsleistungen in diversen vietnamesischen Restaurants,

3. Personenbeförderungen mit Bussen innerhalb Vietnams,
4. Reiseleitung- und -betreuung vor Ort,
5. Ausflüge, aufgelegt von örtlichen Agenturen,
6. Mietwagen für Ausflüge »auf eigene Faust«.

Lösung:
Nach Rz. 21 n. F. verzichtet die deutsche Finanzverwaltung auf die Umsatzbesteuerung, soweit bei ausschließlich im Drittlandsgebiet erbrachten Reisevorleistungen (§ 25 Abs. 1 S. 5 UStG) die neue B2B-Vorschrift (§ 3 a Abs. 2 UStG) zu einer Verlagerung des Besteuerungsortes nach Deutschland führt:
zu a): Die Hotelübernachtungen erbringen die Hoteliers gem. § 3 a Abs. 3 Nr. 1 Buchst. a UStG am Belegenheitsort der Hotels in Vietnam. Die Übernachtungen sind nach deutschem (europäischem) USt-Recht nicht steuerbar. D erhält insoweit Netto-Rechnungen; die Verzichtsregelung wirkt sich nicht aus.
zu b): Die Verpflegungsleistungen erbringen die Restaurantbetreiber gem. § 3 a Abs. 3 Nr. 3 Buchst. b UStG am Tätigkeitsort (Ort des »Essenausgabe«) und damit ebenfalls in Vietnam. Die Ausführungen zu a) gelten entsprechend.
zu c): Die Personenbeförderungen erbringen die Transportunternehmer gem. § 3 b Abs. 1 UStG auf der Beförderungsstrecke – in Vietnam. Damit gelten auch hier die Ausführungen zu a) entsprechend.
zu d): Reiseleitung und -betreuung sind Leistungen eigener Art, für die das UStG keine Sonderregelung vorsieht; Leistungsort ist damit gem. § 3 a Abs. 2 UStG der Sitzort des D in Dortmund. Hier verzichtet Rz. 21 n. F. nun jedoch auf die Umsatzbesteuerung – und zwar sowohl bezüglich der von in Deutschland ansässigen Unternehmern (§ 13 a UStG) als auch von im Ausland ansässigen Unternehmern (§ 13 b Abs. 1 Nr. 1 UStG) im Drittland erbrachten Leistungen. **Dies hat erhebliche Bedeutung.** § 25 Abs. 2 S. 1 UStG stellt zwar die »Reiseleistungsmarge« des D insoweit umsatzsteuerfrei; gleichzeitig untersagt § 25 Abs. 4 UStG aber den Vorsteuerabzug aus den entsprechenden Eingangsleistungen. Die Verzichtsregelung führt mithin für D zu einer **echten (endgültigen) Steuerersparnis.**
zu e): Für die Ausflüge gelten – schon der Einfachheit halber – die Ausführungen unter d) entsprechend. Wäre das nicht der Fall, wären wohl § 3 a Abs. 3 Nr. 1 UStG (Zurechnung zu den Ausflugszielen?) oder § 3 a Abs. 3 Nr. 3 Buchst. a UStG (Ausflüge als unterhaltende oder kulturelle Veranstaltung?) zu prüfen (a. A. Nieskoven, GStB 2010, 59).
zu f): Die Überlassung der Mietwagen erbringen die Vermieter gem. § 3 a Abs. 3 Nr. 2 UStG am Übergabeort in Vietnam. Damit gelten die Ausführungen zu a) entsprechend.

TIPP
Werden Reisevorleistungen **tatsächlich ausschließlich** im Drittlandsgebiet erbracht, entfällt damit die Beststeuerung. Dies gilt

- sowohl dann, wenn der Mandant die Reisevorleistung für an einen anderen (deutschen) Unternehmer erbringt (**Hinweis:** Der Leistungsort liegt – wenn keine Sonderregelung greift – in diesem Fall gem. § 3 a Abs. 2 UStG in Deutschland. Der Mandant ist damit gem. § 13 a Abs. 1 Nr. 1 UStG eigentlich Steuerschuldner.)
- als auch dann, wenn der (deutsche) Mandant die Reisevorleistung von einem ausländischen Dienstleister einkauft, um damit selbst eine Reise zu produzieren. (**Hinweis:** Der Leistungsort liegt – wenn keine Sonderregelung greift – in diesem Fall gem. § 3 a Abs. 2 UStG in Deutschland. Der Mandant ist damit gem. § 13 b Abs. 1 UStG bei europäischen Dienstleistern, § 13 b Abs. 2 Nr. 1 UStG bei Drittlands-Dienstleistern, eigentlich Steuerschuldner.)

Noch einmal: Da § 25 Abs. 2 UStG zwar die Marge umsatzsteuerfrei stellt, § 25 Abs. 4 UStG aber gleichzeitig den Vorsteuerabzug ausschließt, führt das BMF-Schreiben zu einer **echten (endgültigen) Steuerersparnis** (vgl. auch Nieskoven, GStB 2010, 59).

2.10.3.2.2 Rechtslage seit dem 01.01.2011

57 Über den neuen § 3 a Abs. 8 S. 1 UStG erhält die bisherige Verwaltungsregelung zur Vermeidung einer Doppelbesteuerung (vgl. Rn. 55 ff.) eine **gesetzliche Grundlage**. Das JStG 2010 regelt in der neuen Vorschrift ausdrücklich, dass B2B-Leistungen abweichend von § 3 a Abs. 2 UStG als im Drittlandsgebiet ausgeführt zu behandeln sind, wenn die nämlichen Leistungen tatsächlich im Drittlandsgebiet genutzt oder ausgewertet werden (vgl. § 3 a Rn. 156 ff.).

2.11 Bemessungsgrundlage bei Reiseleistungen (§ 25 Abs. 3 UStG)

2.11.1 Vollumfängliche Reiseleistungen

Abweichend von § 10 UStG ist Bemessungsgrundlage lediglich die Differenz (Marge) zwischen dem Betrag, den der Leistungsempfänger entrichtet, und den Aufwendungen für die Reisevorleistungen, jedoch abzüglich der Umsatzsteuer (Abschn. 25.3 UStAE). 58

Beispiel 18:
Ein Reiseveranstalter mit Sitz oder Betriebsstätte im Inland führt eine Bahnpauschalreise im Inland aus. Der Preis beträgt 440 €. Es nehmen 40 Personen teil. Der Reiseveranstalter hat für Reisevorleistungen aufzuwenden:

- an die Deutsche Bahn AG für die Fahrt (einschließlich USt): 3200 €,
- an Hotel für Unterkunft (einschließlich USt): 12.000 €.

Lösung:
Die Marge für die Leistung des Reiseveranstalters ermittelt sich wie folgt:

Reisepreis (Aufwendungen der Reiseteilnehmer): 40 × 440 € =		17.600,00 €
./. Reisevorleistungen		
für Fahrt	3.200 €	
für Unterkunft	12.000 €	
	= 15.200 €	15.200,00 €
Marge		2.400,00 €
./. darin enthaltene USt (19/119 = Steuersatz 19 %)		383,19 €
Bemessungsgrundlage		2.016,81 €

Zu den Aufwendungen für Reisevorleistungen gehören auch die Aufwendungen, die der Unternehmer auf Grund vertraglicher Vereinbarung **für nicht ausgenutzte Kapazitäten** zahlen muss (Abschn. 25.3 Abs. 1 S. 2 UStAE). 59

Beispiel 19:
Der Reiseunternehmer, der einem Hotel die Abnahme einer bestimmten Zahl von Zimmern oder auch aller Zimmer garantiert hat, muss das dafür vertraglich vereinbarte Entgelt auch dann in voller Höhe entrichten, wenn er die gebuchten Zimmer nicht alle oder nicht für den vereinbarten Abnahmezeitraum belegen kann.

Werden im **Abrechnungsverkehr zwischen Leistungsträgern und Reiseveranstaltern** Reisevorleistungen **ausgehend vom sog. »Bruttowert«** (Verkaufspreis abzüglich Provisionen zuzüglich Umsatzsteuer auf den Provisionsbetrag) berechnet, handelt es sich bei den Provisionen regelmäßig um Entgelts- bzw. Reisevorleistungsminderungen und nicht um Vergütungen für besondere (Vermittlungs-)Leistungen. Der Wert der Reisevorleistungen ist dann identisch mit dem Wert einer agenturmäßigen Nettoberechnung. Die in den Abrechnungen des Leistungsträgers auf den Provisionsbetrag gesondert ausgewiesene Umsatzsteuer wird weder vom Leistungsträger noch vom Reiseveranstalter nach § 14c Abs. 2 UStG geschuldet (Abschn. 25.1 Abs. 1 S. 3ff. UStAE). 60

Aufwendungen für **Reisevorleistungen in fremder Währung** sind nach § 16 Abs. 6 UStG in dem Zeitpunkt umzurechnen, in dem die Aufwendungen geleistet worden sind. 61

2.11.2 Gemischte Reiseleistungen

62 Treffen bei einer Reise Leistungen des Unternehmers mit eigenen Mitteln und Leistungen Dritter zusammen (vgl. Rn. 34f.), sind für die Berechnung der Marge die **eigenen Leistungen grundsätzlich im prozentualen Verhältnis zu den Fremdleistungen auszuscheiden**. Die eigenen Leistungen sind mit den dafür aufgewendeten Kosten (einschließlich USt) anzusetzen (Abschn. 25.3 Abs. 2 UStAE).

Beispiel 20:
Ein Reiseveranstalter mit Sitz oder Betriebsstätte im Inland führt eine Omnibuspauschalreise im Inland aus. Der Preis beträgt 600 € pro Person. Es nehmen 50 Personen teil. Dem Unternehmer entstehen folgende Aufwendungen:

1. Eigenleistungen		
a) Beförderung mit eigenem Bus	4.000 €	
b) Beförderung am Zielort durch angestellte Reiseleiter	1.000 €	
	5.000 €	20 %
2. Reisevorleistungen Dritter (Unterkunft und Verpflegung)	20.000 €	80 %
	25.000 €	100 %

Lösung:
Die Marge errechnet sich wie folgt:

Reisepreis (Aufwendungen der Reiseteilnehmer): 50 × 600 € =	30.000,00 €
./. 20 % für Eigenleistungen: 20 % von 30.000 € =	6.000,00 €
	24.000,00 €
./. Reisevorleistungen Dritter	20.000,00 €
Marge	4.000,00 €
./. darin enthaltene USt (19/119)	638,65 €
Bemessungsgrundlage	3.361,35 €
Der Unternehmer hat mit 19 % zu versteuern:	
seine Eigenleistung (6000 € ./. darin enthaltene Umsatzsteuer i. H. v. 19/119)	5.042,01 €
die Reiseleistung	3.361,35 €
	8.403,36 €

63 Die Eigenleistungen können auch in anderer Weise ermittelt werden, wenn dies zu einem sachgerechten Ergebnis führt (Abschn. 25.3 Abs. 2 S. 3 UStAE).

2.11.3 Teilweise steuerfreie Drittlandsreisen

64 Ist die einheitliche sonstige Leistung teils steuerfrei und teils steuerpflichtig (vgl. Rn. 46f.; Abschn. 25.2 Abs. 3 UStAE), ist die Bemessungsgrundlage für die unter § 25 UStG fallenden Umsätze im Verhältnis der Reisevorleistungen i. S. d. § 25 Abs. 2 UStG zu den übrigen Reisevorleistungen aufzuteilen (Abschn. 25.3 Abs. 3 UStAE).

Beispiel 21:
Ein Reiseveranstalter mit Sitz oder Betriebsstätte im Inland führt von einem inländischen Flughafen eine Flugpauschalreise nach Moskau aus. Der Preis beträgt 1100 € pro Person. Es nehmen 80 Personen teil. Der Veranstalter hat an Reisevorleistungen aufzuwenden:

Flugkosten	20.000 €	25 %
Kosten für Unterkunft und Verpflegung im Hotel (einschließlich USt)	60.000 €	75 %
	80.000 €	100 %

Lösung:
Sofern die Vereinfachungsregelung des Abschn. 25.2 Abs. 4 UStAE nicht angewandt wird, errechnet sich die Marge wie folgt:

Reisepreis (Aufwendungen der Reiseteilnehmer): 80 × 1100 €	88.000,00 €
./. Reisevorleistungen	80.000,00 €
Gesamtmarge	8.000,00 €

davon entfallen

a) auf Unterkunft und Verpflegung im Drittlandsgebiet 75 % der Reisevorleistungen (steuerfrei nach § 25 Abs. 2 UStG)	6.000,00 €
b) auf den Flug 25 % der Reisevorleistungen = 2000 €. Da nur 60 % der Flugstrecke über Gemeinschaftsgebiet führt, beträgt der nach § 25 Abs. 2 UStG steuerfreie Anteil 800 €, der steuerpflichtige Anteil	1.200,00 €
./. darin enthaltene USt (19/119)	./. 191,59 €
Steuerpflichtig	1.008,41 €

Die Bemessungsgrundlage für die Flugpauschalreise beträgt danach für steuerfreie Umsätze 6.000 € + 800 € = 6.800 € und für steuerpflichtige Umsätze 1008,41 €.

2.11.4 Gruppen- und Gesamtmargen (§ 25 Abs. 3 S. 3 UStG)

Die Errechnung der Marge für die einzelne Leistung (vgl. Beispiele 18–21) kann bei Pauschalreisen mit erheblichen Schwierigkeiten verbunden sein. Eine Zuordnung der Reisevorleistungen wird vielfach abrechnungstechnische Probleme aufwerfen. § 25 Abs. 3 S. 3 UStG sieht deshalb Erleichterungen vor. Der Unternehmer hat danach die Möglichkeit, die Marge für bestimmte Gruppen von Reiseleistungen zu ermitteln: 65

- **Gruppenmarge:** Der Unternehmer hat danach die Möglichkeit, die Marge für bestimmte Gruppen von Reiseleistungen zu ermitteln; dies kann z. B. die Marge für eine in sich abgeschlossene Reise, z. B. Kreuzfahrt, oder für sämtliche Reisen während eines bestimmten Zeitraums (Saison) in einen Zielort oder ein Zielgebiet sein,
- **Gesamtmarge:** Der Unternehmer kann aber auch die Marge für seine gesamten innerhalb eines Besteuerungszeitraums bewirkten Reiseleistungen, soweit sie unter die Sonderregelung des § 25 UStG fallen, in einer Summe ermitteln (Abschn. 25.3 Abs. 4 UStAE).

Beispiel 22:
Der Unternehmer hat im Kj. Reiseleistungen i. H. v. insgesamt 2.700.000 € bewirkt. An touristischen Direktaufwendungen sind ihm entstanden:

Eigenleistungen: Beförderungen mit eigenen Bussen (davon 40% Strecke im Inland = steuerpflichtig)	500.000 €	20%
Reisevorleistungen		
1. Beförderungen mit Luftfahrzeugen		
a) über Gemeinschaftsgebiet 200.000 €		
b) über Drittlandsgebiet 300.000 €	500.000 €	20%
2. Unterkunft und Verpflegung in EU-Mitgliedstaaten	1.000.000 €	40%
3. Unterkunft und Verpflegung in Drittstaaten	500.000 €	20%
	2.500.000 €	100%

Die Marge errechnet sich wie folgt:	
Einnahmen aus Reiseleistungen	2.700.000 €
./. 20% Eigenleistungen	540.000 €
	2.160.000 €
./. Reisevorleistungen	2.000.000 €
Marge	160.000 €
davon entfallen auf	
Reisevorleistungen i. S. v. § 25 Abs. 2 UStG (Nr. 1b und Nr. 3) = 0% der gesamten Reisevorleistungen (steuerfrei)	64.000 €
Reisevorleistungen (Nr. 1a und Nr. 2) = 60% der gesamten Reisevorleistungen (steuerpflichtig)	96.000,00 €
./. darin enthaltene Umsatzsteuer (19/119)	15.327,73 €
Bemessungsgrundlage für steuerpflichtige Reiseleistungen	80.672,27 €
Der Unternehmer hat danach mit 19% zu versteuern:	
steuerpflichtige Reiseleistungen	80.672,27 €
seine Beförderungsleistung mit eigenen Bussen, soweit sie auf das Inland entfällt 40% der Einnahmen aus den Eigenleistungen i. H. v. 540.000 € = 216.000 €	
./. darin enthaltene Umsatzsteuer i. H. v. 19/119	181.512,60 €
	262.184,87 €
Nach § 25 Abs. 2 UStG sind steuerfrei	64.000,00 €
Nicht steuerbar sind die auf das Ausland entfallenden Beförderungsleistungen (§ 3b Abs. 1 UStG): 540.000 € ./. 216.000 € =	324.000 €

2.11.5 Incentive-Reisen und Arbeitnehmerreisen eines Veranstalters

66 Für den Unternehmer, der eine »Incentive-Reise« für sein Unternehmen erwirbt, gilt gem. Abschn. 25.3 Abs. 5 UStAE Folgendes:

1. Wird die Reise einem **Betriebsangehörigen als unentgeltliche Wertabgabe** i. S. d. § 3 Abs. 9a Nr. 2 UStG (vgl. Rn. 18 Beispiel 3 = Abschn. 25.1 Abs. 2 Beispiel 3 UStAE) **oder gegen Entgelt** überlassen, bewirkt der Unternehmer damit eine Reiseleistung, die der Besteuerung nach § 25 UStG unterliegt. Im Falle einer unentgeltlichen Wertabgabe ergibt sich jedoch keine Marge, weil sich die Kosten nach § 10 Abs. 4 S. 1 Nr. 3 UStG mit den Aufwendungen des Unternehmers für den Erwerb

der Reise decken. Das Gleiche gilt, wenn eine Barzahlung des Arbeitnehmers für die Reise die Aufwendungen des Unternehmers für den Erwerb der Reise nicht übersteigt. Der Abzug der auf den Erwerb der Reise entfallenden Vorsteuer ist in diesen Fällen nach § 25 Abs. 4 UStG ausgeschlossen.
2. Wird die Reise **nicht gegen Entgelt oder nicht als unentgeltliche Wertabgabe an Betriebsangehörige** weitergegeben, sondern im Unternehmen verwendet, z. B. für **Dienstreisen** von Angestellten, als **Kundengeschenk** usw., bewirkt der Unternehmer keine Reiseleistung i. S. d. § 25 UStG.

Überlässt ein **Reiseveranstalter an seine Arbeitnehmer** im Rahmen des Dienstverhältnisses Reisen verbilligt oder unentgeltlich (vgl. Abschn. 25.1 Abs. 1 UStAE), ergibt sich keine Marge, weil sich die Kosten nach § 10 Abs. 4 S. 1 Nr. 3 UStG mit den Aufwendungen des Reiseveranstalters für die Reise decken. Ein Vorsteuerabzug für die Reisevorleistungen entfällt gem. § 25 Abs. 4 UStG (Abschn. 25.3 Abs. 6 UStAE). 67

2.11.6 Abgabe von Umsatzsteuer-Voranmeldungen

Durch die Erleichterungen bei der Ermittlung der Bemessungsgrundlage nach § 25 Abs. 3 UStG wird die Verpflichtung zur Abgabe von Umsatzsteuer-Voranmeldungen nicht berührt. Soweit in diesen Fällen die Höhe der Marge für die im Voranmeldungszeitraum bewirkten Umsätze noch nicht feststeht, bestehen keine Bedenken, dass der Unternehmer in der Umsatzsteuer-Voranmeldung als Bemessungsgrundlage **geschätzte Beträge** zu Grunde legt, die anhand der Kalkulation oder nach Erfahrungssätzen der Vorjahre zu ermitteln sind. Das Gleiche gilt in den Fällen, in denen der Unternehmer zwar die Marge für jede einzelne Leistung ermittelt, ihm aber am Ende des Voranmeldungszeitraums die Höhe der Reisevorleistung für die in diesem Zeitraum bewirkten Leistungen noch nicht bekannt ist. Es muss dabei gewährleistet sein, dass sich nach endgültiger Feststellung der Bemessungsgrundlage **nicht regelmäßig höhere Abschlusszahlungen** ergeben (Abschn. 25.3 Abs. 7 UStAE). 68

2.12 Vorsteuerabzug bei Reiseleistungen (§ 25 Abs. 4 UStG)

Vom Vorsteuerabzug ausgeschlossen sind die **Umsatzsteuerbeträge, die auf Reisevorleistungen entfallen**, auf Leistungen Dritter also, die den Reisenden unmittelbar zugutekommen. 69

Umsatzsteuerbeträge, die dem Unternehmer **für andere für sein Unternehmen ausgeführte Leistungen** in Rechnung gestellt werden, sind dagegen unter den Voraussetzungen des § 15 UStG als Vorsteuern abziehbar. Hierzu gehören z. B. Vorsteuerbeträge, die beim Erwerb von Einrichtungsgegenständen, Büromaschinen und Büromaterial anfallen (Abschn. 25.4 Abs. 1 UStAE). 70

Der Vorsteuerabzug steht dem Unternehmer auch zu, wenn die empfangene Leistung zwar mit der Reise unmittelbar zusammenhängt, aber dem **Reisenden lediglich mittelbar zugutekommt** (vgl. dazu Rn. 31 ff. = Abschn. 25.1 Abs. 9 S. 3 Nr. 1, 2 UStAE). 71

Die Berechtigung zum Vorsteuerabzug entfällt **nur insoweit, als der Unternehmer Reiseleistungen bewirkt, die nach § 25 UStG der Besteuerung unterliegen**. Allerdings kommt es nicht darauf an, ob der Unternehmer für die steuerpflichtigen Reiseleistungen tatsächlich Umsatzsteuer zu entrichten hat. Nicht beansprucht werden kann der Vorsteuerabzug deshalb auch in den Fällen, in denen es für die Reiseleistung i. S. d. § 25 Abs. 1 S. 1 UStG an einer Bemessungsgrundlage (§ 25 Abs. 3 UStG) fehlt. Eine Bemessungsgrundlage nach § 25 Abs. 3 UStG ergibt sich dann nicht, wenn die vom Unternehmer für Reisevorleistungen aufgewendeten Beträge genauso hoch sind wie der vom Leistungsempfänger für die Reiseleistung gezahlte Betrag oder wenn die Beträge für Reisevorleistungen den vom Leistungsempfänger gezahlten Betrag übersteigen (vgl. Abschn. 25.3 Abs. 5 Nr. 1 und 72

Abs. 6 UStAE). Ausgeschlossen ist der Vorsteuerabzug folglich insbesondere auch bei »Incentive-Reisen« (vgl. Rn. 18 Beispiel 3 = Abschn. 25.1 Abs. 2 Beispiel 3 und Abschn. 25.3 Abs. 5 UStAE), die der Unternehmer erwirbt und Arbeitnehmern entweder ohne Aufschlag weiterberechnet oder als unentgeltliche Wertabgabe überlässt (Abschn. 25.4 Abs. 2 UStAE).

73 Der Ausschluss des Vorsteuerabzugs nach § 25 Abs. 4 S. 1 UStG gilt u. a. auch für **im Ausland ansässige Reiseveranstalter** sowie bei **im Ausland befindlichen Betriebsstätten eines im Inland ansässigen Reiseveranstalters**. Ein im Ausland ansässiger Reiseveranstalter, der im Inland Reisevorleistungen in Anspruch nimmt, kann deshalb die ihm für diese Reisevorleistungen in Rechnung gestellte Umsatzsteuer nicht als Vorsteuer abziehen. Ebenso wenig kann eine Vergütung dieser Umsatzsteuer in dem besonderen Verfahren nach § 18 Abs. 9 UStG, §§ 59–61a UStDV begehrt werden. Der im Inland ansässige Reiseveranstalter, der im Ausland eine Betriebsstätte unterhält, ist auch insoweit nicht zum Vorsteuerabzug berechtigt, als dieser Betriebsstätte für die von ihr in Anspruch genommenen Reisevorleistungen Umsatzsteuer in Rechnung gestellt worden ist (Abschn. 25.4 Abs. 3 UStAE).

74 Der Vorsteuerabzug ist nach § 15 Abs. 3 Nr. 1 Buchst. a UStG nicht ausgeschlossen, wenn die Reiseleistung nach § 25 Abs. 2 UStG steuerfrei (= **Drittlandsreisen**, vgl. Rn. 55 ff.) ist. Das Gleiche gilt nach § 15 Abs. 3 Nr. 2 Buchst. a UStG für Reiseleistungen im Ausland und für unentgeltliche Reiseleistungen, die **im Inland bzw. bei Zahlung eines Entgelts nach § 25 Abs. 2 UStG umsatzsteuerfrei wären**. Durch diese Regelung wird sichergestellt, dass der Unternehmer den Vorsteuerabzug für alle empfangenen Leistungen beanspruchen kann, die wirtschaftlich den nach § 25 Abs. 2 UStG steuerfreien oder entsprechenden nicht steuerbaren Reiseleistungen ganz oder teilweise zuzurechnen sind, z. B. die Vermittlung einer Pauschalreise durch einen anderen Unternehmer oder die Lieferung von Reiseprospekten und Katalogen an den Unternehmer. Für die in § 25 Abs. 2 S. 1 UStG bezeichneten Reisevorleistungen entfällt der Vorsteuerabzug, denn diese Leistungen unterliegen im Inland nicht der Besteuerung (Abschn. 25.4 Abs. 4 UStAE).

75 **Vermitteln inländische Reisebüros** für Reiseveranstalter gegen eine einheitlich vom Reisepreis berechnete Provision Reiseleistungen, bei denen der Reiseveranstalter **Eigenleistungen in Form von grenzüberschreitenden Personenbeförderungsleistungen** ausführt, können die Reisebüros sowohl steuerpflichtige als auch nicht steuerbare bzw. steuerfreie Vermittlungsleistungen erbringen. Zum Vorsteuerabzug der Reiseveranstalter bei Personenbeförderungsleistungen mit Flugzeugen (vgl. BMF vom 22.03.2000 BStBl I 1998, 380), mit Bussen bei Pauschalreisen vgl. BMF vom 07.12.2000 (BStBl I 2001, 98).

2.13 Aufzeichnungspflichten bei Reiseleistungen

2.13.1 Abgrenzung der Reiseleistungen erforderlich!

76 Unternehmer, die nicht nur Reiseleistungen i. S. d. § 25 Abs. 1 S. 1 UStG ausführen, müssen die **Aufzeichnungen für diese Leistungen und für die übrigen Umsätze gegeneinander abgrenzen** (Abschn. 25.5 Abs. 1 UStAE). Zu den übrigen Umsätzen zählen insbesondere auch die Reiseleistungen, auf die § 25 UStG nicht anzuwenden ist, z. B.

- Reiseleistungen, die für das Unternehmen des Leistungsempfängers bestimmt sind,
- Reiseleistungen, die der Unternehmer mit eigenen Mitteln erbringt (vgl. Rn. 18 zu Abschn. 25.1 Abs. 2 UStAE und vgl. Rn. 29 zu Abschn. 25.1 Abs. 8 UStAE).

2.13.2 Aufzeichnung der steuerfreien Reiseleistungen

Die Aufzeichnungspflicht des Unternehmers erstreckt sich nicht nur auf die umsatzsteuerpflichtigen 77
Reiseleistungen i. S. d. § 25 Abs. 1 S. 1 UStG, sondern umfasst auch die nach § 25 Abs. 2 UStG umsatzsteuerfreien Reiseleistungen. Führt der Unternehmer sowohl umsatzsteuerpflichtige als auch umsatzsteuerfreie Reiseleistungen aus, so muss aus seinen Aufzeichnungen nach § 25 Abs. 5 Nr. 4 UStG hervorgehen, welche Leistungen steuerpflichtig und welche steuerfrei sind. Dazu ist es erforderlich, dass

- entweder in den Aufzeichnungen die steuerpflichtigen und die steuerfreien Reiseleistungen voneinander abgegrenzt
- oder die steuerpflichtigen Reiseleistungen getrennt von den steuerfreien aufgezeichnet werden (Abschn. 25.5 Abs. 2 UStAE).

2.13.3 Aufzeichnungspflichten nach § 25 Abs. 5 UStG

Im Einzelnen ist nach § 25 Abs. 5 UStG über die Reiseleistungen Folgendes aufzuzeichnen (vgl. 78
Abschn. 25.5 Abs. 3 UStAE):

- der Betrag, den der Leistungsempfänger für die Leistungen aufwendet,
- die Beträge, die der Unternehmer für Reisevorleistungen aufwendet, und
- die Bemessungsgrundlage nach § 25 Abs. 3 UStG.

Der Unternehmer muss zwar die Bemessungsgrundlage nach § 25 Abs. 3 UStG errechnen. Die 79
Berechnungen selbst braucht er aber nicht aufzuzeichnen und aufzubewahren.

2.13.4 Aufzeichnung der von den Leistungsempfängern für Reiseleistungen aufgewendeten Beträge (§ 25 Abs. 5 Nr. 1 UStG)

Aufgezeichnet werden müssen die für Reiseleistungen **vereinbarten – berechneten – Preise** 80
einschließlich der USt. Ändert sich der vereinbarte Preis nachträglich, so hat der Unternehmer auch den Betrag der jeweiligen **Preisminderung oder Preiserhöhung** aufzuzeichnen (Abschn. 25.5 Abs. 4 UStAE).

Der Unternehmer muss grundsätzlich den Preis **für jede einzelne Reiseleistung** aufzeichnen. 81
Das gilt auch dann, wenn nach § 25 Abs. 3 S. 3 UStG die Bemessungsgrundlage statt für die einzelne Leistung für bestimmte Gruppen von Reiseleistungen oder für die in einem Besteuerungszeitraum erbrachten Reiseleistungen insgesamt ermittelt wird. Führt der Unternehmer an einen Leistungsempfänger mehrere Reiseleistungen i. S. d. § 25 Abs. 1 S. 1 UStG aus, so braucht er nur den Gesamtpreis für diese Reiseleistungen aufzuzeichnen (Abschn. 25.5 Abs. 5 UStAE).

Soweit der Unternehmer **gemischte Reiseleistungen** (vgl. Rn. 34f. zu Abschn. 25.1 Abs. 11 82
UStAE, vgl. auch Rn. 62f. zu Abschn. 25.3 Abs. 2 UStAE) ausführt, bei denen er einen Teil der Leistungen mit eigenen Mitteln erbringt, muss aus den Aufzeichnungen hervorgehen, auf welchen Umsatz § 25 UStG anzuwenden ist und welcher Umsatz nach den allgemeinen Vorschriften des Umsatzsteuergesetzes zu versteuern ist. Dazu sind neben dem für die Reise berechneten Gesamtpreis der auf die Reiseleistung nach § 25 Abs. 1 S. 1 UStG entfallende Preisanteil und der anteilige Preis oder das Entgelt für die mit eigenen Mitteln des Unternehmens erbrachten Leistungen aufzuzeichnen (Abschn. 25.5 Abs. 6 S. 1, 2 UStAE).

Ermittelt der Unternehmer nach § 25 Abs. 3 S. 3 UStG die Bemessungsgrundlage für Gruppen 83
von Reiseleistungen **(Gruppenmarge)** oder für die in einem Besteuerungszeitraum ausgeführten

Reiseleistungen (**Gesamtmarge**, vgl. Rn. 65 zu Abschn. 25.3 Abs. 4 UStAE) insgesamt, so können die Gesamtbeträge der Preisanteile für Reiseleistungen i.S.d. § 25 Abs. 1 S. 1 UStG und der Preisanteile bzw. Entgelte, die auf die mit eigenen Mitteln erbrachten Leistungen entfallen, errechnet und aufgezeichnet werden (Abschn. 25.5 Abs. 6 S. 3 UStAE).

2.13.5 Aufzeichnung der vom Unternehmer für Reisevorleistungen aufgewendeten Beträge (§ 25 Abs. 5 Nr. 2 UStG)

84 Grundsätzlich sind die für Reisevorleistungen (vgl. dazu Rn. 31ff.) vereinbarten – berechneten – **Preise einschließlich der USt** aufzuzeichnen. Ändern sich die Preise für Reisevorleistungen nachträglich, so ist dies in den Aufzeichnungen festzuhalten (Abschn. 25.5 Abs. 7 UStAE).

85 Aufgezeichnet werden müssen auch die Preise für die in § 25 Abs. 2 S. 1 UStG aufgeführten Reisevorleistungen, die zur Steuerbefreiung der betreffenden Reiseleistungen führen. Nimmt der Unternehmer neben Reisevorleistungen, die eine Steuerbefreiung der jeweiligen Reiseleistung nach sich ziehen, auch andere Reisevorleistungen in Anspruch, so sind die beiden Gruppen von Reisevorleistungen in den **Aufzeichnungen deutlich voneinander abzugrenzen** (Abschn. 25.5 Abs. 8 UStAE).

86 Aus den Aufzeichnungen des Unternehmers muss grundsätzlich hervorgehen, **für welche Reiseleistung die einzelne Reisevorleistung** in Anspruch genommen worden ist. Hat der Unternehmer die in Anspruch genommene Reisevorleistung für mehrere Reiseleistungen verwendet, so ist in den Aufzeichnungen außer dem Gesamtpreis anzugeben, welche Teilbeträge davon auf die einzelnen Reiseleistungen entfallen. Das Gleiche gilt, wenn der Unternehmer eine Rechnung erhält, in der ihm mehrere Reisevorleistungen berechnet werden (Abschn. 25.5 Abs. 9 UStAE).

87 Ermittelt der Unternehmer nach § 25 Abs. 3 S. 3 UStG für bestimmte Gruppen von Reiseleistungen (**Gruppenmarge**) oder für die in einem Besteuerungszeitraum ausgeführten Reiseleistungen die Bemessungsgrundlage insgesamt (**Gesamtmarge**, vgl. Rn. 65 zu Abschn. 25.3 Abs. 4 UStAE), entfällt die Verpflichtung, in den Aufzeichnungen die Reisevorleistungen ganz oder anteilig den einzelnen Reiseleistungen zuzuordnen. Aus den Aufzeichnungen des Unternehmers muss in diesen Fällen lediglich zu ersehen sein, dass die Reisevorleistungen für eine bestimmte Gruppe von Reiseleistungen oder die in einem Besteuerungszeitraum ausgeführten Reiseleistungen in Anspruch genommen worden sind (vgl. Abschn. 25.5 Abs. 8 UStAE).

2.13.6 Aufzeichnung der Bemessungsgrundlage für Reiseleistungen (§ 25 Abs. 5 Nr. 3 UStG)

88 Aufgezeichnet werden müssen sowohl die Bemessungsgrundlagen für umsatzsteuerpflichtige Reiseleistungen als auch die Bemessungsgrundlagen für umsatzsteuerfreie Reiseleistungen. Ist nach § 25 Abs. 2 UStG nur ein Teil einer Reiseleistung umsatzsteuerfrei, so muss aus den Aufzeichnungen des Unternehmers hervorgehen, wie hoch die Bemessungsgrundlage für diesen Teil der Reiseleistung ist und welcher Betrag als Bemessungsgrundlage auf den umsatzsteuerpflichtigen Teil der Reiseleistung entfällt (Abschn. 25.5 Abs. 11 UStAE).

89 Grundsätzlich ist die Bemessungsgrundlage **für jede einzelne Reiseleistung oder für den jeweiligen Teil einer Reiseleistung** aufzuzeichnen. Führt der Unternehmer an einen Leistungsempfänger mehrere Reiseleistungen aus, braucht er nur den Gesamtbetrag der Bemessungsgrundlage für diese Reiseleistungen aufzuzeichnen. Unternehmer, die nach § 25 Abs. 3 S. 3 UStG verfahren (Bildung von **Gruppenmargen** oder einer Gesamtmarge, vgl. Rn. 65f. zu Abschn. 25.3 Abs. 4 UStAE), haben lediglich die Gesamtbemessungsgrundlagen für die jeweiligen Gruppen von Reise-

leistungen oder den Gesamtbetrag der Bemessungsgrundlagen für die innerhalb eines Besteuerungszeitraums ausgeführten Reiseleistungen aufzuzeichnen (Abschn. 25.5 Abs. 12 UStAE).

Ändert sich die Bemessungsgrundlage für eine Reiseleistung nachträglich, muss in den Aufzeichnungen angegeben werden, um welchen Betrag sich die **Bemessungsgrundlage verringert oder erhöht** hat. Der Betrag der berichtigten Bemessungsgrundlage braucht nicht aufgezeichnet zu werden (Abschn. 25.5 Abs. 13 UStAE). 90

2.14 Steuersatz/Grundsätzlich keine Steuerermäßigung – auch nicht für Hotelübernachtungen

Soweit Reiseleistungen der Margenbesteuerung nach § 25 UStG unterliegen, gelten sie gemäß § 25 Abs. 1 S. 3 UStG als einheitliche sonstige Leistung. Eine Reiseleistung unterliegt als sonstige **Leistung eigener Art** auch hinsichtlich ihres Beherbergungsanteils dem **allgemeinen Steuersatz** und nicht der Steuerermäßigung nach § 12 Abs. 2 Nr. 11 UStG. 91

Das gilt auch, wenn die Reiseleistung nur **aus einer Übernachtungsleistung** besteht. Vgl. die EuGH-Vorlage des BFH vom 03.08.2017 (vgl. Rz. 14c). 92

Die **Weiterveräußerung von eingekauften Zimmerkontingenten** im eigenen Namen und für eigene Rechnung **an andere Unternehmer** – z. B. Reiseveranstalter – unterliegt dagegen der Steuerermäßigung (BMF vom 05.03.2010, Az: IV D 2 – S 7210/07/10003, IV C 5 – S 2353/09/10008, Tz. 5 und 11, BStBl I 2010, 259). 93

2.15 Verpflegung der Hotelgäste als Nebenleistungen zur Übernachtung?

Der BFH hat darauf erkannt, dass es sich bei der Verpflegung von Hotelgästen um eine Nebenleistung zur Übernachtung handelt, die **als Teil der Gesamtleistung am Ort des Hotels** nach § 3 a Abs. 3 Nr. 1 UStG **steuerbar** ist. Die Leistung wird auch dann am Belegenheitsort des Hotels ausgeführt, wenn es sich um Leistungen eines Reiseorganisators gegenüber anderen Unternehmern handelt (BFH vom 15.01.2009, Az: V R 9/06, BStBl II 2010, 433). 94

Die FinVerw wendet das Urteil, nach dem es sich bei der von einem **Reiseveranstalter im Rahmen von Pauschalreisepaketen mitverkauften Verpflegung** von Hotelgästen im Ausland regelmäßig um eine Nebenleistung zur Übernachtung handelt, nicht über den entschiedenen Einzelfall hinaus an (BMF vom 04.05.2010, Az: IV D 2 – S 7100/08/10011 :009, BStBl I 2010, 490). »Zur Begründung führt der BFH aus, dass die Verpflegung im Vergleich zur Unterbringung einen nur geringen Teil des Pauschalentgelts ausmache, da der auf die Verpflegung entfallende Anteil bezogen auf Unterbringung und Verpflegung als Gesamtleistung nur 12,5 v. H. betrage. Außerdem gehöre die Verpflegung zu den traditionellen Aufgaben eines Hoteliers, wie bereits die in Zusammenhang mit Unterbringungsleistungen allgemein gebräuchlichen Begriffe Halbpension und Vollpension zeigen würden. Allein die vom BFH angeführten Kriterien sind zur Beurteilung der Verpflegungsleistung als Nebenleistung jedoch nicht ausreichend. Vielmehr ist entsprechend den Regelungen in Abschn. 29 Abs. 5 der Umsatzsteuer-Richtlinien in der Regel davon auszugehen, dass die Verpflegungsleistung – beginnend beim Frühstück, über die Halb- und Vollpension bis hin zur All-inclusive-Verpflegung – für den Leistungsempfänger einen eigenen Zweck darstellt. Die Verpflegungsleistung dient nicht nur dazu, die Übernachtungsleistung unter optimalen Bedingun- 95 gen in Anspruch zu nehmen. Übernachtungsleistungen werden häufig ohne Verpflegungsleistungen (selbst ohne Frühstück) angeboten. Art und Umfang der Verpflegungsleistungen sind in der Regel vom Hotelgast frei wähl- und buchbar.«

TIPP

Seit dem 01.01.2010 richtet sich der Ort gemäß § 3 a Abs. 3 Nr. 3 Buchst. b UStG nach dem Ort, an dem die Verpflegungsleistung vom Unternehmer tatsächlich erbracht wird.

§ 25a UStG
Differenzbesteuerung

(1) Für die Lieferungen im Sinne des § 1 Abs. 1 Nr. 1 von beweglichen körperlichen Gegenständen gilt eine Besteuerung nach Maßgabe der nachfolgenden Vorschriften (Differenzbesteuerung), wenn folgende Voraussetzungen erfüllt sind:

1. Der Unternehmer ist ein Wiederverkäufer. Als Wiederverkäufer gilt, wer gewerbsmäßig mit beweglichen körperlichen Gegenständen handelt oder solche Gegenstände im eigenen Namen öffentlich versteigert.
2. Die Gegenstände wurden an den Wiederverkäufer im Gemeinschaftsgebiet geliefert. Für diese Lieferung wurde
   a) Umsatzsteuer nicht geschuldet oder nach § 19 Abs. 1 nicht erhoben oder
   b) die Differenzbesteuerung vorgenommen.
3. Die Gegenstände sind keine Edelsteine (aus Positionen 7102 und 7103 des Zolltarifs) oder Edelmetalle (aus Positionen 7106, 7108, 7110 und 7112 des Zolltarifs).

(2) [1]Der Wiederverkäufer kann spätestens bei Abgabe der ersten Voranmeldung eines Kalenderjahres gegenüber dem Finanzamt erklären, dass er die Differenzbesteuerung von Beginn dieses Kalenderjahres an auch auf folgende Gegenstände anwendet:

1. Kunstgegenstände (Nummer 53 der Anlage 2), Sammlungsstücke (Nummer 49 Buchstabe f und Nummer 54 der Anlage 2) oder Antiquitäten (Position 97060000 des Zolltarifs), die er selbst eingeführt hat, oder
2. Kunstgegenstände, wenn die Lieferung an ihn steuerpflichtig war und nicht von einem Wiederverkäufer ausgeführt wurde.

[2]Die Erklärung bindet den Wiederverkäufer für mindestens zwei Kalenderjahre.

(3) [1]Der Umsatz wird nach dem Betrag bemessen, um den der Verkaufspreis den Einkaufspreis für den Gegenstand übersteigt; bei Lieferungen im Sinne des § 3 Abs. 1b und in den Fällen des § 10 Abs. 5 tritt an die Stelle des Verkaufspreises der Wert nach § 10 Abs. 4 Satz 1 Nr. 1. [2]Lässt sich der Einkaufspreis eines Kunstgegenstandes (Nummer 53 der Anlage 2) nicht ermitteln oder ist der Einkaufspreis unbedeutend, wird der Betrag, nach dem sich der Umsatz bemisst, mit 30 Prozent des Verkaufspreises angesetzt. [3]Die Umsatzsteuer gehört nicht zur Bemessungsgrundlage. [4]Im Fall des Absatzes 2 Satz 1 Nr. 1 gilt als Einkaufspreis der Wert im Sinne des § 11 Abs. 1 zuzüglich der Einfuhrumsatzsteuer. [5]Im Fall des Absatzes 2 Satz 1 Nr. 2 schließt der Einkaufspreis die Umsatzsteuer des Lieferers ein.

(4) [1]Der Wiederverkäufer kann die gesamten innerhalb eines Besteuerungszeitraums ausgeführten Umsätze nach dem Gesamtbetrag bemessen, um den die Summe der Verkaufspreise und der Werte nach § 10 Abs. 4 Satz 1 Nr. 1 die Summe der Einkaufspreise dieses Zeitraums übersteigt (Gesamtdifferenz). [2]Die Besteuerung nach der Gesamtdifferenz ist nur bei solchen Gegenständen zulässig, deren Einkaufspreis 500 Euro nicht übersteigt. [3]Im Übrigen gilt Absatz 3 entsprechend.

(5) [1]Die Steuer ist mit dem allgemeinen Steuersatz nach § 12 Abs. 1 zu berechnen. [2]Die Steuerbefreiungen, ausgenommen die Steuerbefreiung für innergemeinschaftliche Lieferungen (§ 4 Nr. 1 Buchstabe b, § 6a), bleiben unberührt. [3]Abweichend von § 15 Abs. 1 ist der Wiederverkäufer in den Fällen des Absatzes 2 nicht berechtigt, die entstandene Einfuhrumsatzsteuer, die gesondert ausgewiesene Steuer oder die nach § 13b Absatz 5 geschuldete Steuer für die an ihn ausgeführte Lieferung als Vorsteuer abzuziehen.

(6) [1]§ 22 gilt mit der Maßgabe, dass aus den Aufzeichnungen des Wiederverkäufers zu ersehen sein müssen
1. die Verkaufspreise oder die Werte nach § 10 Abs. 4 Satz 1 Nr. 1,
2. die Einkaufspreise und
3. die Bemessungsgrundlagen nach den Absätzen 3 und 4.
[2]Wendet der Wiederverkäufer neben der Differenzbesteuerung die Besteuerung nach den allgemeinen Vorschriften an, hat er getrennte Aufzeichnungen zu führen.

(7) Es gelten folgende Besonderheiten:
1. Die Differenzbesteuerung findet keine Anwendung
   a) auf die Lieferungen eines Gegenstands, den der Wiederverkäufer innergemeinschaftlich erworben hat, wenn auf die Lieferung des Gegenstands an den Wiederverkäufer die Steuerbefreiung für innergemeinschaftliche Lieferungen im übrigen Gemeinschaftsgebiet angewendet worden ist,
   b) auf die innergemeinschaftliche Lieferung eines neuen Fahrzeugs im Sinne des § 1b Abs. 2 und 3.
2. Der innergemeinschaftliche Erwerb unterliegt nicht der Umsatzsteuer, wenn auf die Lieferung der Gegenstände an den Erwerber im Sinne des § 1a Abs. 1 die Differenzbesteuerung im übrigen Gemeinschaftsgebiet angewendet worden ist.
3. Die Anwendung des § 3c und die Steuerbefreiung für innergemeinschaftliche Lieferungen (§ 4 Nr. 1 Buchstabe b, § 6a) sind bei der Differenzbesteuerung ausgeschlossen.

(8) [1]Der Wiederverkäufer kann bei jeder Lieferung auf die Differenzbesteuerung verzichten, soweit er Absatz 4 nicht anwendet. [2]Bezieht sich der Verzicht auf die in Absatz 2 bezeichneten Gegenstände, ist der Vorsteuerabzug frühestens in dem Voranmeldungszeitraum möglich, in dem die Steuer für die Lieferung entsteht.

Literatur

Büchter-Hole, Anmerkungen zum Urteil des FG Köln vom 15.08.2007 (4 K 5412/03, nrkr., Az. des BFH: V R 73/07, Differenzbesteuerung nach § 25 a UStG bei aus dem Privatvermögen eingelegten Gegenständen), EFG 2008, 816 = Entscheidung 399. **Martini**, Prüfungspflicht im Rahmen der Differenzbesteuerung/Überlegungen im Anschluss an das Urteil des BFH v. 23.4.2009, UR 2010, 81. **Nieskoven**, Risiken der Differenzbesteuerung bei Besteuerungsfehlern des Vorlieferanten, A S R 11/2009, 9. **Nieskoven**, Risikofelder der Differenzbesteuerung, MBP 2010, 23. **Weber**, Wegfall des Kleinunternehmerprivilegs bei der Differenzbesteuerung, StSem 2010, 55 (Fall 22). **Weigel**, Anmerkungen zum Urteil des BFH vom 23.4.2009, V R 52/07, Keine Differenzbesteuerung bei unzutreffender vorangegangener Differenzbesteuerung, steuer-journal.de 21/2009, 10 und UStB 2010, 282. **Weimann**, Differenzbesteuerung: Anwendung doch auch auf aus dem Privatvermögen eingelegten Gegenständen möglich?, UStB 2008, 326. **Weimann**, Meldepflicht beim Verkauf von Neufahrzeugen an Privatkunden in der EU beachten, ASR 3/2013, 6. **Weimann**, Differenz- oder Regelbesteuerung ? / Die 3 Fälle, in denen Sie optieren sollten; ASR 3 / 2014, 6. **Weimann**, Vom Sinn und Unsinn der Differenzbesteuerung / Wann lohnt ein Verzicht?, GStB 2014, 254. **Weimann**, Aufzeichnungs- und Nachweispflichten bei der Differenzbesteuerung unbedingt einhalten!, ASR 8/2015, 6. **Weimann/Grobbel**, EU-Neufahrzeuge dürfen nicht differenzbesteuert weiterverkauft werden, PIStB 2014, 326.

Verwaltungsanweisungen

BMF vom 11.08.1997, Az: IV C 3 – S 7421 – 30/97, Umsatzsteuer; Anwendung des § 14 Abs. 3 UStG im Rahmen der Differenzbesteuerung nach § 25a UStG, BStBl I 1997.

BMF vom 16.06.2009, Az: IV B 9 – S 7360/08/10001 (2009/0309448), Ermittlung des Gesamtumsatzes i. S. d. § 19 UStG zu dem in den § 25 und § 25a UStG verwendeten Begriff des Umsatzes, BStBl I 2009, 755.

BMF vom 11.10.2011, Az: IV D 2 – S 7421/07/10002 (2011/0800930), Umsatzsteuer; Anwendung der Differenzbesteuerung (§ 25a UStG) bei der Veräußerung von Anlagevermögen; Konsequenzen des BFH-Urteils vom 29. Juni 2011 – Az: XI R 15/10 – (BStBl II 2011, 839), BStBl I 2011, 983.

BMF vom 29.11.2013, Az: IV D 2 – S 7229/10/10001-04 u. IV D 2 – S 7421/0 :001 (2013/1102447), Anwendung der Differenzbesteuerung (§ 25a UStG) durch Unternehmer des Münz- und Briefmarkenhandels; Übergangsregelung für bis zum 31. Dezember 2013 vorhandene Warenbestände; Änderung von Abschnitt 25a.1 Absatz 12 UStAE, BStBl I 2013, 1596.

OFD Frankfurt/Main, Verf. vom 15.03.2016, S 7421 A – 5 – St 111, SIS 160910.

OFD Niedersachsen, Verf. vom 21.05.2015, S 7421 – 24 – St 181, SIS 151312.

Hinweis: Zur Problematik der zeitlichen Geltungsdauer von BMF-Schreiben vgl. Einführung UStG, Rz. 100 ff.

Richtlinien/Hinweise/Verordnungen

UStAE: Abschn. 25a.1.

MwStSystRL: Art. 311–341.

1 Allgemeines

1.1 Überblick über die Vorschrift/Gesetzeszweck

1 Mit der Vorschrift, die am 01.01.1995 in Kraft trat, wurde die bis dahin nur für Gebraucht-Kfz geltende Differenzbesteuerung erheblich erweitert. Sie bezweckt, Wettbewerbsnachteile zu vermeiden. Denn Wiederverkäufer von Privat zu Privat sind nicht mit USt belastet, während der gewerbsmäßige Händler die Verkäufe voll versteuern musste, selbst wenn er die hier angesprochenen beweglichen Gebrauchtgegenstände von Privaten – also ohne Vorsteuerabzug – erworben hatte. Nunmehr hat der gewerbliche Händler nur noch die Marge zu versteuern, d. h. die Differenz zwischen dem Einkaufs- und dem Verkaufspreis. Für alle mit einem Einkaufspreis unter 500 € erworbenen Gebrauchtgegenstände kann die Besteuerung innerhalb eines Besteuerungszeitraums zusammengefasst erfolgen. Auf die Bemessungsgrundlage ist der allgemeine Steuersatz anzuwenden; Steuerbefreiungen bleiben unberührt. Besondere Aufzeichnungspflichten sind zu beachten. Bei Anwendung der Differenzbesteuerung ist der Vorsteuerabzug allerdings ausgeschlossen, es sei denn, der gewerbliche Wiederverkäufer verzichtet auf die Differenzbesteuerung. Für bestimmte i. g. Leistungsbeziehungen ist die Differenzbesteuerung ausgeschlossen. Es handelt sich also um eine Sonderregelung für die Besteuerung von Lieferungen nach § 1 Abs. 1 Nr. 1 UStG und der einer Lieferung gleichgestellten unentgeltlichen Wertabgaben nach § 3 Abs. 1b UStG von beweglichen

körperlichen Gegenständen (einschließlich Kunstgegenständen, Sammlungsstücken und Antiquitäten), sofern für diese Gegenstände kein Vorsteuerabzug möglich war.

1.2 Geltungsbereich

1.2.1 Persönlicher Geltungsbereich

Nur der Unternehmer, der gewerblicher **Wiederverkäufer** ist, kann die Differenzbesteuerung anwenden. Näheres dazu vgl. Rn. 46ff. 2

1.2.2 Sachlicher Geltungsbereich

Als Objekt des Wiederverkaufs muss es sich um die Lieferung beweglicher körperlicher Gegenstände aller Art handeln (seit dem 01.01.1995) – mit Ausnahme von Edelsteinen und Edelmetallen (§ 25a Abs. 1 Ziff. 3 UStG), für die beim Erwerb kein Vorsteuerabzug bestand. Näheres vgl. Rn. 8ff. 3

Edelsteine sind rohe oder bearbeitete Diamanten sowie (andere) Edelsteine (z.B. Rubine, Saphire, Smaragde) und Schmuckstücke der Positionen 71.02 und 71.03 des Zolltarifs. Nicht dazu rechnen synthetische und rekonstruierte Steine (Abschn. 25a.1 Abs. 1 S. 4, 5 UStAE). Für Letztere kann also die Differenzbesteuerung angewendet werden. 4

Edelmetalle sind Silber, Gold und Platin (einschließlich Iridium, Osmium, Palladium, Rhodium und Ruthenium – aus Positionen 71.06, 71.08, 71.10 und 71.12 des Zolltarifs) (Abschn. 25a.1 Abs. 1 S. 6 UStAE). Nicht dazu gehören Edelmetalllegierungen und -plattierungen (Abschn. 25a.1 Abs. 1 S. 7 UStAE). Für diese kann die Differenzbesteuerung also in Betracht kommen. 5

1.2.3 Zeitlicher Geltungsbereich

Die Differenzbesteuerung wurde erst m. W. z. 01.07.1990 eingeführt (Art. 1 Nr. 3 des Zweiten Gesetzes zur Änderung des UStG vom 30.03.1990, BGBl I 1990, 597), beschränkte sich aber auf inländische Umsätze mit Gebrauchtfahrzeugen. Die Regelung wurde durch Art. 1 Nr. 10 des Gesetzes zur Änderung des UStG und anderer Gesetze vom 09.08.1994 (BGBl I 1994, 2058) auf alle beweglichen körperlichen Gegenstände (mit Ausnahme von Edelsteinen und Edelmetallen) erweitert. Ferner wurde § 25a Abs. 5 S. 3 UStG durch Art. 18 Nr. 16 des StÄndG 2001, BGBl I 2001, 3794 neu gefasst: Soweit selbst eingeführte Kunstgegenstände, Sammlungsstücke und Antiquitäten nach § 25a Abs. 2 Nr. 1 UStG in die Differenzbesteuerung einbezogen werden, gilt als Einkaufpreis der nach den Vorschriften über den Zollwert ermittelte Wert des eingeführten Gegenstands zuzüglich der Einfuhrumsatzsteuer. Diese kann nicht als Vorsteuer geltend gemacht werden. Abs. 6 S. 1 ist mit 01.01.2004 aufgehoben, da nun in § 14 Abs. 6 UStG enthalten. Die Vereinfachungsregelung für nicht zu ermittelnde Einkaufspreise bei Kunstgegenständen ist neu und gilt seit dem 01.01.2014 (§ 25a Abs. 3 Satz 2 UStG, vgl. Rn. 64f.). 6

1.3 Verhältnis zu anderen Vorschriften

7 Die Differenzbesteuerung des § 25 a UStG stellt eine Sonderregelung für die Besteuerung von Lieferungen gem. § 1 Abs. 1 Nr. 1 UStG von beweglichen körperlichen Gegenständen dar – einschließlich Kunstgegenständen, Sammlungsstücken und Antiquitäten, sofern dafür kein Vorsteuerabzug bestand. Gegenüber § 15 Abs. 1 enthält § 25 a Abs. 5 S. 3 UStG eine Spezialregelung (vgl. Rn. 1) dergestalt, dass EUSt nicht als Vorsteuer abgezogen werden darf. Gegenüber der Regelung über den Steuerausweis (§ 14 Abs. 1 UStG) stellt § 25 a Abs. 6 UStG eine Spezialregelung dar, die den Steuerausweis für den Bereich der Differenzbesteuerung ausschließt. Ferner enthält § 25 a gegenüber § 22 UStG spezielle Aufzeichnungspflichten und in § 25 a Abs. 7 UStG Nichtanwendungsregelungen. Eine eigene Optionsmöglichkeit sieht § 25 a Abs. 8 UStG vor.

2 Kommentierung

2.1 Tatbestandsmerkmale (Überblick)

8 Die Differenzbesteuerung gem. § 25 a UStG kommt **zur Anwendung bei**

- der Lieferung
- beweglicher Gegenstände, wenn
- der Unternehmer ein Wiederverkäufer ist,
- der Gegenstand an den Wiederverkäufer im Gemeinschaftsgebiet geliefert wurde,
- für diese Lieferung
  - Umsatzsteuer nicht geschuldet oder
  - nach § 19 Abs. 1 UStG nicht erhoben oder
  - die Differenzbesteuerung nach § 25 a UStG vorgenommen wurde, d. h. wenn
    1. der Vorlieferer Nichtunternehmer war,
    2. die Lieferung nicht i. R. seines Unternehmens bewirkt wurde,
    3. die Lieferung steuerfrei war,
- es sich bei dem Gegenstand weder um Edelsteine noch um Edelmetalle handelt.

9 **Bemessungsgrundlage** ist die Differenz zwischen Einkaufspreis und Verkaufspreis (wobei die USt aus der Differenz herauszurechnen ist); dabei kann die Marge als

- Einzeldifferenz oder als
- Gesamtdifferenz eines Besteuerungszeitraums (bei Gegenständen bis zu einer Differenz bis 500 € – gesonderte Aufzeichnungspflicht!)

ermittelt werden.

10 Eine Ausweitung auf vorsteuerbelastete Gegenstände nach § 25 a Abs. 2 UStG findet statt

- bei Kunstgegenständen, Sammlungsstücken und Antiquitäten,
- wenn der Unternehmer die Kunstgegenstände
  - eingeführt oder
  - von einem Wiederverkäufer erworben

hat.

Dies führt zu einer Erklärungspflicht gegenüber dem Finanzamt! 11

Der Vorsteuerabzug ist generell mit dem allgemeinen Steuersatz (§ 25 a Abs. 5 UStG) möglich. Ausnahme: EUSt kann in den Fällen des § 25 a Abs. 3 UStG nicht als Vorsteuer abgezogen werden. 12

In der Rechnung ist der gesonderte USt-Ausweis verboten (§ 25 a Abs. 6 UStG). Es besteht eine besondere Aufzeichnungspflicht gem. § 26 a Abs. 6 UStG. 13

Besonderheiten bei den i. g. Lieferungen: 14

Es findet keine Differenzbesteuerung statt,

- wenn auf die Lieferung an den Wiederverkäufer die Steuerbefreiung für i. g. Lieferungen angewendet worden ist (§ 25 a Abs. 7 Nr. 1a UStG),
- wenn es sich um eine i. g. Lieferung eines neuen Fahrzeugs handelt (§ 25 a Abs. 7 Nr. 1b UStG),
- bei Veräußerung von anderen Gegenständen als Neufahrzeugen vom Inland in das übrige Gemeinschaftsgebiet: keine Steuerbefreiung für i. g. Lieferungen (§ 25 a Abs. 7 Nr. 3 UStG) bzw. beim Erwerb im Bestimmungsland.

Es besteht die **Möglichkeit der Option**, nach den allgemeinen Vorschriften gem. § 25 a Abs. 8 UStG besteuert zu werden (vgl. Rn. 90 ff.). 15

2.2 Aktuell: Differenzbesteuerung auch beim Verkauf von Ersatzteilen aus Altfahrzeugen

Der EuGH hat in einem Verfahren zum dänischen Umsatzsteuerrecht darauf erkannt, dass ein Verwerter aus von Privat angekauften Alt- und Schrottfahrzeugen ausgebaute Gebrauchtteile unter den weiteren Voraussetzungen des Art. 311 MwStSystRL – in Deutschland: § 25a UStG – differenzbesteuert verkaufen darf. 16

2.2.1 Sachverhalt

Kläger (K) des Ausgangsverfahrens ist ein dänischer Autoverwerter, dessen Haupttätigkeit im Handel mit gebrauchten Autoteilen aus Altfahrzeugen besteht. Die Tätigkeit schließt ferner die Behandlung der Fahrzeuge unter Umwelt- und Abfallgesichtspunkten ein, was eine Voraussetzung für die Berechtigung zur Entnahme von Ersatzteilen ist. Einen kleineren Teil des Gesamtumsatzes des Unternehmens macht schließlich der Verkauf von Metallschrott (Eisen) aus, der nach der Behandlung und der Entnahme der Autoteile zurückbleibt. 17

Im Ausgangsverfahren streitbefangen ist der Erwerb der Fahrzeuge von Privatpersonen. K ersuchte dazu die dänischen Steuerbehörden um eine verbindliche Auskunft darüber, ob die Sonderregelung für Gebrauchtgegenstände auf ihre im Wiederverkauf gebrauchter Autoteile bestehende Tätigkeit insoweit Anwendung findet.

Die Steuerbehörden verneinten dies und wurden darin in erster Instanz durch ein Finanzgericht bestätigt. Dagegen legte K beim vorlegenden Berufungsgericht Rechtsmittel ein. Das Gericht ersuchte den EuGH um Vorabentscheidung und wies den Sachverhalt ergänzend darauf hin, dass keine Angaben dazu verfügbar seien, wie sich die Einkaufspreise für die Fahrzeuge zusammensetzten und insbesondere wie der Wert der Autoteile, des Metallschrotts und der für die Behandlung der Fahrzeuge unter Umwelt- und Abfallgesichtspunkten vorgesehenen Verschrottungsprämie festgesetzt und in den Verkaufspreis einbezogen werde.

2.2.2 Entscheidung

18 Der EuGH hält die Differenzbesteuerung für anwendbar. Nach dem Wortlaut von Art. 311 Abs. 1 Nr. 1 der Richtlinie 2006/112 »Gebrauchtgegenstände«

- bewegliche körperliche Gegenstände, die
- in ihrem derzeitigen Zustand oder
- nach Instandsetzung

erneut verwendbar sind.

19 Aus dieser Bestimmung folgt nicht, dass der dort verwendete Begriff »Gebrauchtgegenstände« bewegliche körperliche Gegenstände, die in ihrem derzeitigen Zustand oder nach Instandsetzung erneut verwendbar sind, ausschließt, wenn sie von einem anderen Gegenstand stammen, dessen Bestandteile sie waren. Dass ein gebrauchter Gegenstand, der Bestandteil eines anderen Gegenstands ist, von diesem getrennt wird, stellt nämlich die Einstufung des entnommenen Gegenstands als »Gebrauchtgegenstand« nicht in Frage, sofern er »in seinem derzeitigen Zustand oder nach Instandsetzung« erneut verwendbar ist.

2.2.2.1 Die Gegenstände haben ihre Funktion beibehalten

20 Für die Einordnung als »Gebrauchtgegenstand« ist demnach nur erforderlich, dass dem gebrauchten Gegenstand unverändert die Funktionen zukommen, die er im Neuzustand hatte, und dass er daher in seinem derzeitigen Zustand oder nach Instandsetzung erneut verwendbar ist.

21 Dies ist bei den streitbefangenen Autoteilen der Fall, weil ihnen, auch wenn sie vom Altfahrzeug getrennt werden, unverändert die Funktionen zukommen, die sie im Neuzustand hatten, und sie somit zu **denselben Zwecken erneut verwendbar** sind.

2.2.2.2 Die Gegenstände haben ihre Identität beibehalten

22 Das Vorbringen der dänischen Regierung, die Einordnung als »Gebrauchtgegenstand« setze eine Identität zwischen dem angekauften und dem verkauften Gegenstand voraus, was beim Ankauf eines vollständigen Kraftfahrzeugs und dem Wiederverkauf von Teilen, die aus diesem Fahrzeug entnommen wurden, nicht der Fall sei, ist nicht geeignet, eine solche Auslegung in Frage zu stellen. Denn ein Kraftfahrzeug besteht aus einzelnen Teilen, die zusammengefügt wurden und daher auch wieder voneinander getrennt und in ihrem derzeitigen Zustand oder nach Instandsetzung wiederverkauft werden können.

2.2.2.3 Vermeidung einer Doppelbesteuerung

23 Die Nichtanwendung dieser Regelung auf Ersatzteile, die aus von Privatpersonen angekauften Altfahrzeugen entnommen wurden, liefe dem Ziel der Sonderregelung der Differenzbesteuerung zuwider, das nach dem **51. Erwägungsgrund der MwStSystRL** u. a. darin besteht, auf dem Gebiet der Gebrauchtgegenstände Doppelbesteuerungen zwischen Steuerpflichtigen zu vermeiden.

Würden Lieferungen solcher Ersatzteile durch einen steuerpflichtigen Wiederverkäufer mit Mehrwertsteuer belegt, hätte dies nämlich eine Doppelbesteuerung zur Folge, weil

- zum einen im Verkaufspreis dieser Teile schon zwangsläufig die beim Kauf des Fahrzeugs entrichtete Mehrwertsteuer berücksichtig wurde, und
- zum anderen, weil dieser Betrag weder von dieser Person noch vom steuerpflichtigen Wiederverkäufer abgezogen werden konnte.

2.2.2.4 Ermittlung der Differenz

Die dänische und die griechische Regierung weisen auf Schwierigkeiten hin, die sich bei der Bestimmung der Steuerbemessungsgrundlage der Differenz (Handelsspanne) und insbesondere des Einkaufspreises der einzelnen Ersatzteile nach Art. 315 MwStSystRL ergeben könnten. 24

Etwaige **praktische Schwierigkeiten** im Zusammenhang mit der Anwendung der Differenzbesteuerung können es nach Auffassung des EuGH jedoch **nicht rechtfertigen,** bestimmte Gruppen steuerpflichtiger Wiederverkäufer von dieser Regelung auszunehmen, weil weder Art. 313 noch irgendeine andere Bestimmung der MwStSystRL die Möglichkeit eines solchen Ausschlusses vorsieht.

2.2.3 Hinweis des EuGH auf Aufzeichnungspflichten und die Möglichkeit einer Gesamtdifferenz

Außerdem muss sich die Steuerbemessungsgrundlage, die nach der Differenzbesteuerungsregelung bestimmt wurde, aus **Aufzeichnungen** ergeben, die es ermöglichen, zu überprüfen, ob sämtliche Voraussetzungen für die Anwendung dieser Regelung erfüllt sind. 25

Darüber hinaus ist daran zu erinnern, dass die Mitgliedstaaten zur Vereinfachung der Steuererhebung und nach Konsultation des Mehrwertsteuerausschusses für bestimmte Umsätze oder für bestimmte Gruppen von steuerpflichtigen Wiederverkäufern vorsehen können, dass die Steuerbemessungsgrundlage für Lieferungen von Gegenständen, die der Differenzbesteuerung unterliegen und auf die ein und derselbe Mehrwertsteuersatz angewandt wird, die **Gesamtdifferenz** i. S. v. Art. 318 MwStSystRL ist. 26

Beispiel:
Die zu einem dänischen Vorlageersuchen ergangene EuGH-Entscheidung dürfte sich auch in Deutschland auswirken. Denn nach deutscher Rechtsauffassung muss es sich bei dem weiterveräußerten Gegenstand um den Nämlichen handeln. Daher kam § 25a UStG bislang nicht in Betracht, wenn der Unternehmer einen erworbenen Gegenstand in seine Bestandteile zerlegt (FG Münster und FG Berlin-Brandenburg).

2.2.4 Anmerkung

Diese Auslegung steht im Übrigen auch mit dem im fünften Erwägungsgrund der **Richtlinie 2000/53/EG (EG-Richtlinie über Altfahrzeuge)** angeführten grundlegenden Prinzip im Einklang, das darin besteht, dass Autoabfälle, darunter die Bauteile und Werkstoffe von Altfahrzeugen, wiederverwendet und verwertet werden sollten. 27

2.3 EU-Neufahrzeuge dürfen niemals differenzbesteuert weiterverkauft werden

28 Vermehrt kaufen deutsche Autohändler im EU-Ausland von Privatpersonen Neufahrzeuge an, um diese dann in Deutschland an Privatkunden zu verkaufen. Auf den Verkauf wenden die Autohändler i. d. R. die kundengünstige Differenzbesteuerung an; dies insbesondere vor dem Hintergrund, dass das Fahrzeug im EU-Ausland bereits mit Umsatzsteuer belegt wurde. Ein gravierender Fehler – und vor allem ein teurer, wie ein aktueller »Echtfall« zeigt (Weimann / Grobbel, a.a.O):

Beispiel:

Sachverhalt:
Im Prüfungszeitraum 2012 kaufte ein deutsches Autohaus (A) in Polen von Privatpersonen Neufahrzeuge im Wert von ca. 400.000 €.
Da die Fahrzeuge sämtlich an deutsche Privatkunden gingen, wollte A nur die eigene Marge (ca. 10 % = 40.000 €) der Umsatzsteuer unterwerfen und kalkulierte die Verkaufspreise wie folgt:
Einkaufspreis + Marge + Umsatzsteuer auf die Marge = Verkaufspreis
Die Betriebsprüfung vertritt dagegen die Auffassung, dass die Differenzbesteuerung keine Anwendung findet und dass das Gesamtentgelt der Umsatzsteuer unterliegt.

2.3.1 Steuerbelastungsvergleich: Erhebliche Mehrsteuern kommen auf das Autohaus zu

29 Trifft die Auffassung der Betriebsprüfung zu, führt dies für das Autohaus zu einer ganz empfindlichen Umsatzsteuermehrbelastung, die selbstverständlich nicht (nachträglich) an den Kunden weitergegeben werden kann:

Beispiel:

Fortführung Sachverhalt

(alle Beträge in €)			
	Autohaus	Betriebsprüfung	USt-Belastung
Einkaufpreise	400.000	400.000	
+ Marge	40.000	40.000	
+ 19 % auf die Marge	7.600		7.600
= Verkaufspreis	447.600		
USt lt. BP (Verkaufspreis : 119 × 19)			71.465
Steuermehrbelastung			63.865

Das Finanzamt hat Recht – ein für das Autohaus schlimmes Ergebnis, das es auf jeden Fall zu vermeiden gilt.

2.3.2 Der wirtschaftliche Hintergrund

Zunächst stellt sich die Frage, ob solche Fälle – ein EU-ausländischer Nichtunternehmer verkauft einem deutschen Händler ein Neufahrzeug – in der Praxis überhaupt vorkommen. 30

Die Antwort auf diese Frage lautet eindeutig »Ja« Die Verkäufer sind in der Regel Werksangehörige der (auch) im EU-Ausland ansässigen Hersteller. Die Werksangehörigen kaufen die Fahrzeuge vergünstigt und – anders als in Deutschland – häufig ohne Haltefrist von Ihrem Arbeitgeber und verkaufen diese mit Profit an deutsche Händler weiter. Der Einkaufspreis des deutschen Händlers liegt dann immer noch weit unter dem Preis eines Einkaufs vom Hersteller.

Derartige EU-Importe kommen vor allem aus 31

- Polen (Ford, Opel, Mercedes, Renault, VW)
- Spanien (Renault, Seat, VW)
- Tschechien (Skoda, VW)

2.3.3 Der umsatzsteuerliche Hintergrund

Grundsätzlich folgt die Besteuerung des Kfz-Handels den **allgemeinen Regeln** des Umsatzsteuerrechts. Dies gilt insbesondere für die Lieferung von 32

- Neufahrzeugen an andere Unternehmer
- Neufahrzeugen nichtunternehmerische Kunden im Inlands- und Non-EU-Geschäft
- Kraftfahrzeugteilen.

Sonderregeln gelten aber für die Lieferung von 33

- gebrauchten Fahrzeugen unter den Voraussetzungen des § 25a UStG (Differenzbesteuerung)
- Neufahrzeugen an nichtunternehmerische Kunden im EU-Geschäft (§ 4 Nr. 1 Buchst. b, § 6a Abs. 1 S. 1 Buchst. c UStG, vgl. ASR 3/2013, 6)
- **Neufahrzeugen durch (nichtunternehmerische) »Fahrzeuglieferer«** (§ 2a UStG = **Besprechungsfall**).

Durch diese Regelung soll erreicht werden, dass auch der Verkauf neuer Fahrzeuge von Nichtunternehmern 34

- **immer** dort besteuert wird, wo das Fahrzeug letztendlich verwendet wird **(Bestimmungslandprinzip)** und
- **nicht** dort, wo das Fahrzeug (zum ersten Mal) verkauft wird (Ursprungslandprinzip).

> **Beispiel:**
> Die Frage, ob die Werksangehörigen durch die Ein- und Verkäufe selbst zu einem Unternehmer werden, ist zwar interessant, stellt sich aber für den deutschen Autohändler nicht, da dann umsatzsteuerlich ein »normales« EU-Geschäft vorläge und die Steuerfolgen damit identisch wären (s. u.).

2.3.4 »Fahrzeuge« im Sinne der Sonderregeln

Den Sonderregeln unterliegen 35

- PKW, LKW, Motorräder usw., die zur Personen- und / oder Güterbeförderung bestimmt sind, (vgl. § 1b Abs. 2 S. 1 Nr. 1 UStG) und
- neu sind (§ 1b Abs. 3 Nr. 1 UStG).

2.3.5 Begriff des »Neu«fahrzeugs

36 Ein Kfz ist neu, wenn es
- nicht mehr als 6.000 km zurückgelegt hat oder
- wenn seine erste Inbetriebnahme im Zeitpunkt des Erwerbs nicht mehr als sechs Monate zurückliegt.

37 **Folge der 6.000 km–Grenze** ist, dass auch sehr alte Fahrzeuge (z.B. Sammler- oder Ausstellungsfahrzeuge) als neu i.S. dieser Vorschrift gelten können, wenn sie wenig in Betrieb waren. Hier wird man allerdings beachten müssen, dass derartige Fahrzeuge wahrscheinlich als Ausstellungs- oder Museumsstücke nicht zur Personen- oder Güterbeförderung bestimmt sind (Abschn. 1b.1 S. 2 UStAE).

38 Unklar ist der Begriff der **ersten Inbetriebnahme.** Definiert man diese als Zeitpunkt, zu dem das Fahrzeug vom ersten Erwerber zum ersten Mal bestimmungsgemäß benutzt wurde, wird bei **zulassungspflichtigen Fahrzeugen** in der Regel der Tag der ersten Zulassung maßgeblich sein. Ob dies auch auf die **Tageszulassung** durch Kfz-Händler zutrifft, erscheint zweifelhaft, auch wenn § 18 Abs. 10 Nr. 1 UStG anordnet, dass die für die Zulassung oder Registrierung zuständigen Behörden den Finanzbehörden die erstmalige Zuteilung eines amtlichen Kennzeichens mitzuteilen haben (vgl. auch § 18 Abs. 10 Nr. 2 UStG).

39 Der **Tag der ersten Inbetriebnahme** kann (wohl eher theoretisch) auch vor dem Tag der ersten Zulassung liegen. Nicht zu berücksichtigen sind dabei Zeiten oder zurückgelegte Strecken, die der **Erprobung des Fahrzeugs beim Hersteller** oder dem **Betrieb zum Zweck des Transports** (z.B. beim Be- und Entladen von PKW-Transportern) dienen.

40 Bei einem **Schrottfahrzeug** wird man allerdings nicht mehr von einem Fahrzeug i.S.v. § 1b Abs. 2 UStG sprechen können.

2.3.6 Umsatzsteuerliche Abwicklung beim Autohaus

41 Im Besprechungsfall ergibt sich für das deutsche Autohaus damit folgendes:

EU-Einkauf Neufahrzeuge von Privat
- Für den Monat des Einkaufs muss das Autohaus im Voranmeldungsverfahren **»normale« innergemeinschaftliche Erwerbe** erklären.
- In derselben Voranmeldung kann das Autohaus die Erwerbsteuer als **Vorsteuer** wieder in Abzug bringen (= Nullsummenspiel).
- Die **Abverkäufe des Autohauses** an (deutsche) Kunden unterliegen unter den weiteren Voraussetzungen der deutschen Umsatzsteuer. Dabei unterliegen die Abverkäufe der Regelbesteuerung; die Differenzbesteuerung kommt nicht in Betracht (§ 25a Abs. 7 Nr. 1 Buchst. a, Abschn. 25a.1 Abs. 18ff. UStAE).

2.3.7 »Private« Lieferanten des Autohauses

42 Da die Lieferanten die Fahrzeuge in Polen als Privatleute und damit umsatzsteuerbelastet erworben haben, könnte man meinen, die bei den Weiterverkäufen in Deutschland erhobene Umsatzsteuer würde zu einer Art Doppelbesteuerung führen.

Das ist aber nicht der Fall, weil
- die Lieferanten für die Veräußerung der Neufahrzeuge in Polen zu Unternehmern werden (**»Fahrzeuglieferer«**, vgl. § 2a d (d = deutsch) UStG) und
- dort auch **zum Vorsteuerabzug berechtigt** sind.

Beispiel:
Faktisch ist damit der Gang zum Steuerberater vorprogrammiert, weil viele Privatpersonen damit schlicht und ergreifend überfordert sein werden.

2.3.8 Besonderheiten auch bei der Veräußerung an EU-Privatkunden

Hinzuweisen ist in diesem Zusammenhang auch noch einmal auf die Besonderheiten, die sich für ein deutsches Autohaus ergeben, wenn Neufahrzeuge an EU-Privatkunden geliefert werden. Auch dann gilt das Bestimmungslandprinzip – dies allerdings mit **besonderen Meldepflichten** (vgl. Weimann, a. a. O., ASR 3/2013, 6). 43

2.3.9 Steuerberaterhaftung vermeiden

Der hier geschilderte Sachverhalt ist **kein** Einzelfall. Ein Steuerberater tut gut daran, in Frage kommende Mandanten zur Vermeidung eigener Haftungsrisiken (ungefragt) auf die Besonderheiten hinzuweisen. 44

2.3.10 Bei Gebrauchtwagen weiter Differenzbesteuerung möglich

Die Sonderregeln gelten ausschließlich für den Ankauf von Neufahrzeugen. Sie kommen damit nicht zur Anwendung, wenn das eingekaufte Fahrzeug 45

- **mehr als 6.000 km** Laufleistung hat **und**
- **älter als ½ Jahr** ist.

Beispiel:
Wie im Prüfungsfall. Aber: Die Verkäufer sind Werksangehörige und haben eine Haltefrist von einem Jahr, verkaufen also »Jahreswagen«.
In diesem Fall dürfte A auf die Weiterverkäufe die Differenzbesteuerung anwenden.

2.3.11 Fazit

Die Anwendung der Differenzbesteuerung sollte immer sorgsam bedacht werden, da Fehler in der Regel zu ganz erheblichen Mehrbelastungen führen, auf denen der Verkäufer dann letztendlich sitzen bleibt. 45a

2.4 Wiederverkäufer

Als Wiederverkäufer gilt dem Gesetzeswortlaut nach derjenige, der **»gewerbsmäßig«** mit beweglichen körperlichen Gegenständen handelt oder solche Gegenstände im eigenen Namen versteigert. Dabei ist davon auszugehen, dass der Begriff »gewerbsmäßig« die in § 2 Abs. 1 UStG für den Unternehmerbegriff verwendeten Begriffe »gewerblich und berufsmäßig« ersetzen soll. Entscheidend ist, dass sich der Wiederverkäufer wie ein Gewerbetreibender aufführt. Dies bedingt eine 46

Nachhaltigkeit der Verkaufstätigkeit. Diese muss im eigenen Namen erfolgen – ggf. nach Instandsetzung des Gegenstands.

47 Der Wiederverkäufer muss solche Geschäfte **üblicherweise** tätigen (Abschn. 25a.1 Abs. 2 S. 2 UStAE; vgl. auch Rn. 49ff.). Dabei kann sich der An- und Verkauf der Gebrauchtgegenstände auch auf einen **Teil oder Nebenbereich des Unternehmens** beschränken (Abschn. 25a.1 Abs. 2 S. 3 UStAE).

Beispiel:
Ein Kreditinstitut veräußert bei Verwertungsreife von Privatpersonen sicherungsübereignete Güter.

Lösung:
Der Veräußerungen können differenzbesteuert erfolgen.

48 Wiederverkäufer ist auch, wer bewegliche Gegenstände **im eigenen Namen öffentlich versteigert**.

2.5 Erwerb des Liefergegenstands in »Wiederverkaufsabsicht«

49 Dem EuGH lag folgender **Sachverhalt** vor: Die Klägerin erwarb als Autoleasingunternehmen neben Neuwagen auch Gebrauchtwagen von Nichtunternehmern ohne Mehrwertsteuer. Diese Gebrauchtwagen verwendete sie zunächst als Leasingfahrzeuge; später veräußerte sie diese. Der **EuGH** hat erkannt: »Art. 26a Teil A Buchst. e der 6. Richtlinie in der durch die Richtlinie 94/5 geänderten Fassung ist dahingehend auszulegen, dass als «steuerpflichtiger Wiederverkäufer» im Sinne dieser Vorschrift ein Unternehmen angesehen werden kann, das im Rahmen seiner normalen Tätigkeit Fahrzeuge wieder verkauft, die es für seine Leasingtätigkeit als Gebrauchtwagen erworben hatte, und für das der Wiederverkauf **im Augenblick der Anschaffung** des Gebrauchtgegenstandes nicht das Hauptziel, sondern nur sein **zweitrangiges und dem der Vermietung untergeordnetes Ziel** darstellt« (EuGH vom 08.12.2005, Rs. C-280/04, Jyske Finans A/S, BFH/NV Beilage 2006, 131).

50 Darauf aufbauend hat der **BFH** entschieden, dass die Veräußerung eines PKW, den ein Kioskbetreiber als Gebrauchtwagen ohne Vorsteuerabzugsberechtigung erworben und in seinem Unternehmen genutzt hat, bei richtlinienkonformer Auslegung nicht der Differenzbesteuerung nach § 25a UStG unterliegt, sondern nach den allgemeinen Vorschriften des UStG zu versteuern ist. § 25a Abs. 1 Nr. 1 UStG ist dahin zu verstehen, dass der Unternehmer bei der konkreten Lieferung, die der Differenzbesteuerung unterworfen werden soll, als Wiederverkäufer gehandelt haben muss. Dies ist nur dann der Fall, wenn der **Wiederverkauf des Gegenstandes bei seinem Erwerb zumindest nachrangig beabsichtigt** war und dieser Wiederverkauf **aufgrund seiner Häufigkeit zur normalen Tätigkeit des Unternehmers** gehört (BFH vom 29.06.2011, Az: XI R 15/10, BStBl II 2011, 839).

51 Das BMF übernimmt diese Rechtsauffassung mit Schreiben vom 11.10.2011 (BStBl I 2011, 983) und schreibt Abschn. 25a.1 Abs. 4 S. 3 UStAE entsprechend fort. Die Grundsätze dieses Schreibens sind in allen offenen Fällen anzuwenden. Für vor dem 01.01.2012 ausgeführte Umsätze wird es nicht beanstandet, wenn der Unternehmer Lieferungen von Gegenständen des Anlagevermögens unter Berufung auf Abschn. 25a.1 Abs. 4 S. 3 UStAE in der am 10.10.2011 geltenden Fassung der Differenzbesteuerung nach § 25a UStG unterwirft.

2.6 Ort der Lieferung

Der Ort der (Vor-)Lieferung an den Wiederverkäufer muss im Inland oder im übrigen Gemeinschaftsgebiet (dazu s. § 1 Abs. 2a UStG) liegen (Abschn. 25a.1 Abs. 3 S. 1 UStAE). Er richtet sich nach § 3 Abs. 6 bis 8a UStG. **Ausnahme**: Fälle des § 25 a Abs. 2 Nr. 1 UStG, d. h. wenn der Wiederverkäufer erklärt, auf von ihm selbst eingeführten Kunstgegenständen, Sammlungsstücken oder Antiquitäten der dort bezeichneten Art die Differenzbesteuerung anzuwenden. Dann ist der Abzug der entrichteten Einfuhrumsatzsteuer gem. § 25 a Abs. 5 UStG ausgeschlossen. Er ist selbst Schuldner der Einfuhrumsatzsteuer. Dann gilt die Lieferung nach § 3 Abs. 8 UStG als im Inland ausgeführt. 52

2.7 Kein Vorsteuerabzug beim Erwerb

Für die Vorlieferung an den Wiederverkäufer darf keine USt geschuldet worden sein. Das ist in folgenden Fällen anzunehmen: 53

- Die Lieferung ist steuerfrei gem. § 4 Nr. 8 bis 28 UStG (d. h. unter Ausschluss des Vorsteuerabzugs; Gegenstände, die unter Inanspruchnahme der Steuerbefreiung für i. g. Lieferungen in einem anderem Mitgliedstaat erworben wurden, zählen nicht dazu).
- Der Gegenstand wurde seitens des Wiederverkäufers erworben von
  - einer Privatperson oder einer juristischen Person des öffentlichen Rechts, die nicht Unternehmer ist,
  - einem Unternehmer aus dessen nichtunternehmerischen Betrieb (§ 3 Abs. 1b UStG),
  - einem Unternehmer aus dessen Betrieb, aber ohne Entgelt i. S. d. § 1 Abs. 1 Nr. 1 S. 1 UStG,
  - einem Kleinunternehmer, der nach dem Recht des für die Besteuerung zuständigen Mitgliedstaats steuerbefreit bzw. von der Steuer ausgenommen ist (§ 19 UStG).
- Der Verkäufer selbst ist Wiederverkäufer, der die Differenzbesteuerung angewendet hat.

HINWEIS
Die Differenzbesteuerung ist damit ggf. auch bei Verkäufen von Händler an Händler möglich!

Der **Erwerb von einer juristischen Person des öffentlichen Rechts** unterliegt für den Wiederverkäufer der Differenzbesteuerung. **Ausnahme:** Die Gegenstände sind im Rahmen eines Betriebs gewerblicher Art oder im Rahmen eines land- und forstwirtschaftlichen Betriebs verwendet oder der USt nach § 1 Abs. 3 S. 2 UStG unterworfen worden. 54

Beispiel:
Wiederverkäufer W erwirbt den Dienst-Pkw des Wirtschaftsministers.

Lösung:
In diesem Fall unterliegt der Weiterverkauf der Differenzbesteuerung. Handelt es sich hingegen um das Dienstfahrzeug des Geschäftsführers der kommunalen Versorgungsbetriebs-GmbH, ist § 25 a UStG nicht anwendbar.

Erwirbt der Wiederverkäufer den Gegenstand von einem Land- und Forstwirt, der nach Durchschnittssätzen versteuert (§ 24 UStG), kommt die Differenzbesteuerung nicht zur Anwendung, da dieser die Voraussetzungen des § 25 a Abs. 1 Nr. 2 Buchst. a UStG nicht erfüllt. Denn er schuldet für die Lieferung USt – und zwar unabhängig von einer Steuerzahllast. 55

2.8 Besonderheiten für Kunstgegenstände, Sammlungsstücke oder Antiquitäten

56 Gibt der Wiederverkäufer eine entsprechende (formlose) Erklärung gegenüber dem Finanzamt ab – verbindlich für zwei Kj. – kann er gem. § 25a Abs. 2 UStG mit Beginn des Kj., in dem er diese Erklärung abgibt (d. h. bei der ersten Voranmeldung für das betreffende Kj.), die Differenzbesteuerung anwenden, falls er

- Kunstgegenstände, Sammlungsstücke oder Antiquitäten selbst eingeführt hat oder
- Kunstgegenstände von einem anderen Unternehmer, der kein Wiederverkäufer ist, erworben hat und dafür USt geschuldet wurde.

57 Abweichend von § 25a Abs. 1 Nr. 2 UStG kann der Wiederverkäufer die Differenzbesteuerung auf die Umsätze folgender Gegenstände anwenden, wenn er sie selbst eingeführt hat oder deren Lieferung steuerpflichtig war:

- **Kunstgegenstände** i. S. d. Nr. 53 der Anlage zu § 12 Abs. 2 Nr. 1 und 2 UStG sind: Zeichnungen, Gemälde, die vollständig von Hand geschaffen wurden, Collagen, ähnliche dekorative Bildwerke, Originalstiche, -schnitte und -steindrucke, Originale der Bildhauerkunst (vgl. § 12 Rn. 26ff.),
- **Sammlungsstücke** i. S. d. Nr. 49 Buchst. f und Nr. 54 der Anlage zu § 12 Abs. 2 Nr. 1 und 2 UStG: Briefmarken etc. als Sammlungsstücke gem. Pos. 49.07 und 97.04 des Zolltarifs (z. B. Ersttagsbriefe, freigestempelte Briefumschläge), botanische, zoologische, mineralogische oder anatomische Sammlungsstücke und Sammlungen dieser Art gem. Pos. 97.05 des Zolltarifs, Sammlungen von historischem, archäologischem, paläontologischem oder völkerkundlichem Wert gem. Pos. 97.05 des Zolltarifs bzw. münzkundlichen Wert (kursungültige Banknoten einschließlich Briefmarkengeld und Papiernotengeld gem. Pos. 97.05 des Zolltarifs sowie Münzen aus unedlen Metallen gem. Pos. 97.05 des Zolltarifs) (vgl. § 12 Rn. 26ff.),
- **Antiquitäten** i. S. d. Pos. 97.06 des Zolltarifs: **Wertpapiere**, die noch ein Vermögensrecht verbriefen; **Bücher, Broschüren** und ähnliche Drucke (auch in losen Bogen und Blättern) – mit Ausnahme der Erzeugnisse, die auf Grund des Gesetzes über die Verbreitung jugendgefährdender Schriften (BGBl I 1961, 498) in eine Liste aufgenommen sind; **Münzen**, wenn die Bemessungsgrundlage für die Einfuhr (§ 11 UStG) mehr als 250 % des unter Zugrundelegung des Feingehalts berechneten Metallwerts (ohne USt) beträgt; andere Antiquitäten. **Die genannten Gegenstände müssen mehr als 100 Jahre alt sein.**

58 I. R. d. § 25a Abs. 2 UStG kann der Wiederverkäufer die Differenzbesteuerung auf einzelne Gruppen der hier genannten Gegenstände beschränken (Abschn. 25a.1 Abs. 6 S. 2 UStAE). Als Folge dieser Option für die Differenzbesteuerung kann er USt bzw. EUSt nicht als Vorsteuer abziehen. Umgekehrt kann er aber – um doch Vorsteuer abziehen zu können – bei einer bestimmen Weiterlieferung an einen anderen Unternehmer bei jeder Lieferung auf die Anwendung der Differenzbesteuerung verzichten (§ 25a Abs. 8 UStG, vgl. Rn. 90), es sei denn, die Bemessungsgrundlage bildet er gem. § 25a Abs. 4 UStG von der Gesamtdifferenz (vgl. Rn. 67ff.). Sinn der Regelung ist v. a. die Vereinfachung der Aufzeichnungspflichten gem. § 25a Abs. 6 UStG (vgl. Rn. 83f.). Zur neuen Vereinfachungsregelung für nicht zu ermittelnde Einkaufspreise bei Kunstgegenständen vgl. Rn. 64f.

2.9 Bemessungsgrundlage (§ 25a Abs. 3 UStG)

2.9.1 Allgemeines

Abweichend von § 10 UStG wird die Bemessungsgrundlage bei der Differenzbesteuerung wie folgt ermittelt. Bemessungsgrundlage ist 59

- **bei Lieferungen**: der Betrag, um den der Verkaufspreis den Einkaufspreis für den Gegenstand übersteigt (§ 25a Abs. 3 Nr. 1 UStG),
- in Fällen der Anwendung der Mindestbemessungsgrundlage (§ 10 Abs. 5 Nr. 1 UStG **bei Lieferungen an Arbeitnehmer, Anteilseigner, Gesellschafter**): der Betrag, um den der Wert nach § 10 Abs. 4 Nr. 1 UStG den Einkaufspreis für den Gegenstand übersteigt,
- **bei selbst eingeführten Gegenständen**, auf welche die Differenzbesteuerung angewendet wird: der Betrag, um den der Verkaufspreis den nach den Vorschriften über den Zollwert des eingeführten Gegenstands zuzüglich der Einfuhrumsatzsteuer ermittelten Wert übersteigt,
- **bei unentgeltlichen Lieferungen**: der »Einkaufspreis« beträgt 0 €.

Der Begriff des Verkaufspreises ist im Umsatzsteuerrecht nicht definiert. Daher wird auf die zivilrechtliche Rechtsgrundlage zurückgegriffen: § 433 BGB. Der Verkaufspreis ist demzufolge der Preis, den der Käufer dem Verkäufer schuldet. **Achtung:** Dieser Preis ist ein Bruttopreis, d.h. er schließt die Umsatzsteuer ein. Diese ist nach § 25a Abs. 3 S. 2 UStG herauszurechnen. 60

Beispiel:
Der Gebrauchtwagenhändler G kauft am 01.03.2007 einen Gebraucht-Pkw von der Privatperson P zum Preis von 18.000 €. Am 01.04.2007 verkauft er ihn an eine andere Privatperson zum Preis von 21.000 €.

Lösung:
Die Bemessungsgrundlage beträgt:
2521,01 € zuzüglich 19 % USt (478,99 €) = 3000 €.

Die USt gehört bei entgeltlichen Lieferungen nicht zur Bemessungsgrundlage. Daher ist sie aus der Differenz herauszurechnen. Bei unentgeltlichen Lieferungen (einschließlich der Entnahme) ist sie der Differenz hinzuzurechnen. 61

Divisoren		
Steuersatz 7%	zur Berechnung der USt 6,54 (abgerundet: 15,29)	zur Berechnung des Entgelts 1,07
19% (seit 01.01.2007)	15,97 (abgerundet)	1,19
Multiplikatoren		
7%	0,06542056 (abgerundet: 0,0654) oder als Bruch 7/107	0,93457943 (abgerundet: 0,9346)
19%	0,1596638 (abgerundet 15,97) oder als Bruch 19/119	0,8403362 (abgerundet 0,8403)

Fortsetzung Beispiel:
Die Bruttomarge beträgt 3000 €. Sie enthält noch die USt. Diese ist herauszurechnen:
3000 € × 100/119 = 2521,01 €.

62 Fallen Nebenleistungen an, kommt es darauf an, ob sie nach oder beim Erwerb anfallen:

- **Fallen sie nach dem Erwerb an** (z. B. wenn der Gebrauchtwagenhändler nach dem Erwerb eines Gebrauchtfahrzeugs Reparaturarbeiten an dem Fahrzeug vornimmt und es dann erst weiterverkauft), hat dies auf den Einkaufspreis keinen Einfluss. Derartige Nebenkosten mindern die Bemessungsgrundlage nicht, wirken sich aber insofern auf die Bemessungsgrundlage aus, als bei Wiederverkauf ein höherer Preis erzielt werden kann, so dass sich die Differenz zwischen Einkaufs- und Verkaufspreis erhöht.
- **Fallen sie beim Erwerb an** (Kosten für Abmeldung und Überführung), erhöhen sie den Einkaufspreis und verringern somit die Marge.

63 **Garantieleistungen** sind regelmäßig Nebenleistungen. Hier ist allerdings wie folgt zu unterscheiden:

- **Tritt der Wiederverkäufer selbst als Garantiegeber auf** (übernimmt er also – zu einem erhöhten Verkaufspreis – eine bestimmte Garantieleistung), ist dies wie ein Fall der Nebenleistung nach dem Erwerb durch den Wiederverkäufer zu beurteilen.
- **Vermittelt er lediglich** eine Reparaturkostenversicherung, die dem Käufer als Versicherungsnehmer einen unmittelbaren Anspruch gegen die Versicherung verschafft, bleibt der Verkaufspreis davon unberührt.

2.9.2 Seit 01.01.2014: Vereinfachung für Kunstgegenstände

64 Die Vereinfachungsregelung für nicht zu ermittelnde Einkaufspreise bei Kunstgegenständen in § 25 a Abs. 3 S. 2 UStG wurde durch Art 10 Nr. 12 »Gesetz zur Umsetzung der Amtshilferichtlinie sowie zur Änderung steuerlicher Vorschriften« (Amtshilferichtlinie-Umsetzungsgesetz – AmtshilfeRLUmsG – vom 26.06.2013, BGBl I 2013, 1809, BStBl I 2013, 802) eingeführt und gilt seit dem 01.01.2014 (Art. 31 Abs. 7 AmtshilfeRLUmsG).

65 Nach einer Protokollerklärung des Rates und der Kommission zur Richtlinie 94/5/EG des Rates vom 14.02.1994, mit der die unionsrechtlichen Grundlagen für die Anwendung der Differenzbesteuerung geschaffen wurden, können die Mitgliedstaaten in bestimmten Fällen vorsehen, dass die der Berechnung der Umsatzsteuer zugrunde zu legende Differenz mindestens 30 % des Verkaufspreises beträgt **(sog. »Pauschalmarge«)**. Zwingende Voraussetzung für die Anwendung der Pauschalmarge ist es, dass

- sich der Einkaufspreis für den Kunstgegenstand nicht genau ermitteln lässt oder
- dieser Einkaufspreis unbedeutend ist.

Mit der Gesetzesänderung wird von dieser Möglichkeit Gebrauch gemacht. Die Änderung **soll somit Nachteile ausgleichen**, die dem gewerblichen Kunsthandel durch den Wegfall des ermäßigten Umsatzsteuersatzes auf die Lieferung von Kunstgegenständen entstehen. Eine Schwächung des Kunststandorts Deutschland soll hiermit vermieden werden. Die neue Vorschrift entspricht einer in Frankreich geltenden Regelung (BT-Drucks. 17/12375).

2.9.3 Einzeldifferenz

66 Grundsätzlich ist die Bemessungsgrundlage **für jeden Lieferungsvorgang gesondert** zu ermitteln (Einzeldifferenz). Ist diese **negativ**, fällt keine USt an; die Bemessungsgrundlage beträgt dann 0 €. Eine Saldierung mit positiven Differenzen aus anderen Umsatzgeschäften ist unzulässig (Abschn. 25a.1 Abs. 11 UStAE). Zu den Besonderheiten des **Münz- und Briefmarkenhandels**

für zum 31.12.2013 vorhandene Warenbestände vgl. BMF vom 29.11.2013 (BStBl I 2013, 1596) sowie Abschn. 25a.1 Abs. 12 S. 6 Nr. 2 n.F. UStAE.

2.9.4 Gesamtdifferenz

Bei Gegenständen mit einem Einkaufspreis bis 500 € kann die Bemessungsgrundlage nach der Gesamtdifferenz (§ 25a Abs. 4 UStG) ermittelt werden. D. h. für sämtliche Gegenstände, die innerhalb eines Besteuerungszeitraums veräußert werden, wird die Summe der Verkaufspreise ermittelt und der Summe der entsprechenden Einkaufspreise gegenübergestellt. 67

Im Hinblick auf das Zusammenspiel von Voranmeldungen und Jahressteuererklärung ist Folgendes zu beachten: Der Wiederverkäufer muss zunächst die Gesamtdifferenz je Voranmeldungszeitraum zu ermitteln. I. R.d. USt-Jahreserklärung ist die Gesamtdifferenz für das gesamte Kalenderjahr zu bilden. Dabei können Gewinne und Verluste miteinander **saldiert** werden (Abschn. 25a.1 Abs. 13 S. 7 UStAE). Demzufolge kann es zu Abweichungen zwischen den Summen der USt für die Voranmeldungszeiträume und der Summe der USt für den Besteuerungszeitraum kommen. 68

Ergibt sich eine **negative Gesamtdifferenz**, ist es nicht zulässig, sie mit Differenzen aus anderen Besteuerungszeiträumen zu saldieren. Allerdings fällt dann auch keine USt an. 69

Wendet der Wiederverkäufer die Gesamtdifferenz an, ist ein **Verzicht** auf die Differenzbesteuerung im Einzelfall nicht mehr möglich (§ 25a Abs. 8 S. 1 UStG). 70

Wegen der Besonderheiten der Gesamtdifferenzbesteuerung müssen die hiervon erfassten Gegenstände **gesondert aufgezeichnet** werden. 71

Ein **Wechsel** von der Einzeldifferenz zur Gesamtdifferenz ist nur zu Beginn des Kalenderjahres zulässig (so auch Abschn. 25a.1 Abs. 14 UStAE). Die Möglichkeit des Wechsels eröffnet **Steuersparpotenzial**. 72

Beispiel:
Der Briefmarkenhändler B veräußert im Jahr 2005 2000 Briefmarken im Wert von 100.000 € von einem privaten Sammler. Der Wert der einzelnen Briefmarke beträgt also 50 €. Ebenfalls in 2005 verkauft er 1500 Briefmarken (Einkaufswert: 75.000 €) für 80.000 €. B wendet die Gesamtdifferenzbesteuerung an.

Lösung:
Die Gesamtmarge für 2005 beträgt 0 €. Im Jahr 2006 wechselt er zur Einzeldifferenzbesteuerung. Er verkauft die restlichen 500 Briefmarken (Einkaufspreis: 25.000 €) für 35.000 €. Er kann gem. § 25a Abs. 3 UStG den Einkaufspreis jeder Briefmarke ansetzen. Aus der Marge hat der die USt für jede Briefmarke herauszurechnen, insgesamt aus 10.000 €. Hätte er auch im Jahr 2006 die Gesamtdifferenzbesteuerung angewandt, hätte er USt aus der Bruttomarge von 35.000 € zu zahlen.
Die Einkaufspreise für die 500 Briefmarken, die er 2006 verkauft hat, kann er zweimal berücksichtigen: bei der Gesamtdifferenzbesteuerung im Jahr 2005 und nochmals bei der Einzeldifferenzbesteuerung im Jahr 2006.

Zu den Besonderheiten des **Münz- und Briefmarkenhandels für zum 31.12.2013 vorhandene Warenbestände** vgl. BMF vom 29.11.2013 (BStBl I 2013, 1596) sowie Abschn. 25a.1 Abs. 12 S. 6 Nr. 2 UStAE n.F. 73

2.9.5 Inzahlungnahme von Gebrauchtgegenständen

Bei Inzahlungnahme eines Gegenstands beim Verkauf eines Neugegenstands mit Zuzahlung ist als Einkaufspreis der – anteilige – tatsächliche Wert des dafür hingegebenen Wirtschaftsguts anzuset- 74 zen (§ 10 Abs. 2 S. 2 UStG) – nicht aber der vertraglich vereinbarte Preis des Gebrauchtgegenstands/der Wert des erworbenen Gegenstands (Abschn. 25a.1 Abs. 10 S. 1, 2 UStAE).

75 Die Finanzverwaltung wendet die Differenzbesteuerung bei der **Inzahlungnahme von Gebrauchtfahrzeugen** gem. Abschn. 25a.1 Abs. 10, Abschn. 10.5 Abs. 4 UStAE wie folgt an:

76 Beim Verkauf eines Neufahrzeugs nimmt der Kfz-Händler einen Gebrauchtwagen in Zahlung. In Höhe der Differenz zum Verkaufspreis leistet der Käufer eine Zuzahlung. Dies stellt einen **Tausch mit Baraufgabe** dar. Folge: Neben der Zuzahlung gehört zum Entgelt des Händlers auch der gemeine Wert des in Zahlung genommenen Fahrzeugs. Wird dieses zu einem höheren Preis als dem gemeinen Wert in Zahlung genommen, wird dies als **verdeckter Preisnachlass** eingestuft, der das Entgelt für die Lieferung des Neufahrzeugs mindert.

Beispiel:
Der Händler verkauft einen Pkw für 34.800 €. Er nimmt ein Gebraucht-Pkw zu 17.000 € in Zahlung (gemeiner Wert: 16.000 €). Der Käufer zahlt 17.800 € hinzu.

Lösung:
Es liegt i. H. v. 1000 € ein verdeckter Preisnachlass vor. Das Entgelt für die Neuwagenlieferung ist wie folgt zu ermitteln:

Zuzahlung des Käufers	17.800,00 €
+ gemeiner Wert	16.000,00 €
Summe	33.800,00 €
./. enthaltene USt (Steuersatz: 19 %) 15,97 %	./. 5.397,86 €
= Entgelt	28.402,14 €

77 Bei der Ermittlung des gemeinen Werts des Gebrauchtfahrzeugs ist der Verkaufserlös ggf. um Reparaturkosten, die der Wiederverkäufer aufgewandt hat, sowie die Verkaufskosten zu mindern. Wegen weiterer Einzelheiten wird auf Abschn. 10.5 UStAE mit den dort niedergelegten Beispielen verwiesen.

78 Zur Differenzbesteuerung bei Gebrauchtwagen vgl. auch FG Berlin vom 21.12.1999 (Az: 7 K 5176/98, EFG 2000, 521, rkr.).

79 Besonderheiten bei der Inzahlungnahme beim Kfz-Kauf: Bei Entnahme von Gegenständen, die unter die Differenzbesteuerung fallen, ist Bemessungsgrundlage für die Lieferung gem. § 3 Abs. 1b Nr. 1 UStG die Differenz zwischen dem Entnahmewert gem. § 10 Abs. 4 Nr. 1 UStG und dem Einkaufspreis. Entnahmen können in die Gesamtdifferenzbesteuerung einbezogen werden. Oft wird in diesen Fällen aber § 3 Abs. 1b S. 2 UStG entgegenstehen, da der jeweilige Gegenstand nicht zum Vorsteuerabzug berechtigt hat (Abschn. 25a.1 Abs. 9 UStAE).

2.10 Steuersatz

80 Gem. § 25 a Abs. 5 UStG beträgt der Steuersatz bei Anwendung der Differenzbesteuerung stets 19 % – selbst wenn der Gegenstand nach den allgemeinen Vorschriften dem ermäßigten Steuersatz unterliegen würde (vgl. auch Abschn. 25a.1 Abs. 15 S. 1 UStAE). Verzichtet der Wiederverkäufer auf die Anwendung der Differenzbesteuerung im Einzelfall, ist der nach § 12 Abs. 1 oder 2 UStG anzuwendende Steuersatz maßgebend.

2.11 Steuerbefreiungen

Steuerbefreiungen werden durch die Anwendung der Differenzbesteuerung nicht tangiert – auch nicht diejenige für Ausfuhrlieferungen (§ 4 Nr. 1 Buchst. a i. V. m. § 6 UStG). Eine **Ausnahme** bildet die Steuerbefreiung für i. g. Lieferungen (vgl. dazu Rn. 89). 81

2.12 Verbot des gesonderten Ausweises in einer Rechnung

Die Vorschrift über den gesonderten Ausweis in Rechnungen (§ 14 Abs. 1 UStG) findet i. R. d. Differenzbesteuerung keine Anwendung (§ 25 a Abs. 6 UStG). Erteilt der Wiederverkäufer dennoch eine Rechnung mit USt-Ausweis, bedeutet das einen Verzicht auf die Anwendung der Differenzbesteuerung i. S. d. § 25 a Abs. 8 UStG (vgl. dazu Rn. 90 ff.) (**Ausnahme**: i. R. d. Gesamtdifferenzbesteuerung, da hier kein Verzicht möglich ist, vgl. Rn. 67 ff.). D. h. die in Rechnung gestellte USt führt zu einer USt gem. § 14c Abs. 2 UStG (vgl. Abschn. 25a.1 Abs. 16 UStAE). Diese fällt zusätzlich zu der USt gem. § 25 a UStG an! Das anders lautende Urteil des BFH vom 13.11.1996 (DStR 1997, 365) steht dem nicht entgegen, da dieses Fälle mit gesondertem USt-Ausweis bis VZ 1994 betrifft (vgl. auch BMF vom 11.08.1997, BStBl I 1997, 806). 82

Beispiel für das Verbot des gesonderten USt-Ausweises:
Gebrauchtwagenhändler G verkauft dem Gebrauchtwagenhändler X einen Pkw, den er für 6000 € von dem Privatmann P erworben hat, für 10.000 €. X veräußert das Fahrzeug für 12.000 € an den Privatmann Y weiter. G berechnet dem X USt i. H. v. 19/119 von 4000 € = 638,66 €. Diese zieht X als Vorsteuer ab. Für die Veräußerung an Y entrichtet er 19/119 von 2000 € = 319,33 €.

Lösung:
G erfüllt die Voraussetzungen für die Anwendung der Differenzbesteuerung. Die USt beträgt 19/119 von 4000 € = 638,66 €. Da G dem X – entgegen § 25 a Abs. 4 UStG – diese USt in Rechnung gestellt hat, schuldet er diese zusätzlich gem. § 14 Abs. 3 UStG. X erfüllt die Voraussetzungen für den Vorsteuerabzug von 638,66 €, da G diese regulär gem. § 25 a UStG schuldet. Auch X darf die Differenzbesteuerung für die Veräußerung an Y gem. § 25 a Abs. 1 Nr. 2b UStG anwenden und schuldet dem Finanzamt 19/119 von 2000 € = 319,33 €. Dem Finanzamt steht an USt zu: 638,66 € + 638,66 € + 319,66 € = 1596,98 €. Ohne die nach § 14 Abs. 3 UStG geschuldete USt erhielte der Fiskus nur 275,86 € (319,33 €). Hätte G den Pkw direkt an Y verkauft, würden dem Finanzamt 19/119 von 6000 € = 957,98 € zustehen. Das würde auch dann gelten, wenn X als Agent des G fungieren und dafür eine Provision von 4000 € brutto erhalten würde. Die USt aus der Provision könnte G zwar als Vorsteuer abziehen. X müsste die Provision aber in gleicher Höhe versteuern. An der Marge des G ändert das nichts.

2.13 Aufzeichnungspflichten

2.13.1 Allgemeines

Wendet der Wiederverkäufer die Differenzbesteuerung an, hat er grundsätzlich für jeden Gegenstand Einkaufspreis und Verkaufspreis aufzuzeichnen (§ 25 a Abs. 6 S. 2 UStG); bei Anwendung der Gesamtdifferenzbesteuerung gem. § 25 a Abs. 4 UStG genügt es, wenn er die Summe der Einkaufspreise und die Summe der Verkaufspreise eines Besteuerungszeitraums aufzeichnet. Er muss also die Aufzeichnung für die von der Differenzbesteuerung erfassten Lieferungen getrennt 83 von den übrigen Aufzeichnungen führen. Das gilt auch für Sachgesamtheiten (z. B. Briefmarkenpaket, Porzellanservices, Glasserien etc.).

84 Beträgt der Gesamteinkaufspreis nicht mehr als 500 €, reicht die Aufzeichnung des Gesamteinkaufspreises (vgl. die Vereinfachungsregelung in Abschn. 25a.1 Abs. 17 S. 2 UStAE). Umgekehrt trifft den Wiederverkäufer eine Aufzeichnungspflicht, wenn er mehrere Gegenstände zu einem Gesamteinkaufspreis von über 500 € erwirbt. Bei Anwendung der Gesamtdifferenzbesteuerung hat er dann den Gesamteinkaufspreis aufzuteilen. Dabei reicht die Aufteilung auf einzelne Gegenstände, wenn der Restbetrag – nach Abzug des auf diese Gegenstände entfallenden Einkaufspreises – maximal 500 € beträgt. Erfüllt der Wiederverkäufer diese Voraussetzungen nicht, muss er die Einzeleinkaufspreise für jeden Gegenstand auch dann aufzeichnen, wenn er die Gesamtdifferenzbesteuerung anwenden will.

2.13.2 Aufzeichnungs- und Nachweispflichten unbedingt einhalten

85 Die OFD Niedersachsen nimmt aktuell zu den Aufzeichnungs- und Nachweispflichten von Gebrauchtwagenhändlern Stellung. Die OFD stellt klar, dass Verstöße und Nachlässigkeiten zu Lasten der Händler gehen und zu Mehrsteuern führen (OFD Niedersachsen, Verf. vom 21.05.2015, a.a.O, S 7421 A – 5 – St 111, SIS 160910).

2.13.2.1 Besondere Aufzeichnungspflichten des Händlers

86 Der Kfz-Händler hat – neben den allgemeinen Aufzeichnungen (§ 22 UStG) – für die Differenzbesteuerung besondere Aufzeichnungen zu führen (§ 25a Abs. 6 UStG, Abschn. 25a.1 Abs. 17 UStAE), aus denen

- der Verkaufspreis,
- der Einkaufspreis,
- die Einzel- oder Gesamtmarge (netto ohne USt)

ersichtlich sind.

87 Die Aufzeichnungen müssen für jedes Fahrzeug gesondert geführt werden. Das bedeutet, dass für jedes einzelne Fahrzeug erkennbar ist,

- zu welchem Preis es eingekauft wurde
- zu welchem Preis es verkauft wurde und
- welche Bemessungsgrundlage sich ergibt.

88 **Beispiel:**
Saldierungen mit anderen Fahrzeugverkäufen sind nicht zulässig.
Aus Vereinfachungsgründen kann der Händler in den Fällen, in denen lediglich ein Gesamtkaufpreis für mehrere Gegenstände vorliegt, den Gesamteinkaufspreis aufzeichnen,

- wenn dieser den Betrag von 500 € nicht übersteigt oder
- soweit er nach Abzug der Einkaufspreise einzelner Gegenstände den Betrag von 500 € nicht übersteigt,

vgl. Abschn. 25a.1 Abs. 17 S. 2 UStAE.

Beispiel 1
Nach Ammerwerth / Janzen / Fuß, Umsatzsteuer im Kfz-Gewerbe, 11. Aufl. 2015. Autohändler A kauft von Privat einen Pkw zusammen mit einem Satz Winterreifen und einem Dachgepäckträger für 9.250 € an. Auf den Pkw entfallen 9.000 € als Ankaufspreis.
Lösung:
Es genügt, den Pkw einzeln aufzuzeichnen. Für die Winterreifen und den Dachgepäckträger genügt eine Aufzeichnung des anteiligen Einkaufspreises von 250 €.

Beispiel 2
Wie vorher; A kauft von Privat zwei Schrottautos für insgesamt 400 € an.
Lösung:
Die besonderen Aufzeichnungspflichten gelten als erfüllt, wenn sich die aufzeichnungspflichtigen Angaben aus den Buchführungsunterlagen entnehmen lassen. Dabei sind die Aufzeichnungen getrennt von den übrigen zu führen, vgl. Abschn. 25a.1 Abs. 17 Sätze 3 u. 4 UStAE.

Die auf Kfz-Händler ausgerichteten Buchhaltungsprogramme tragen den Aufzeichnungspflichten Rechnung.

2.13.3 Weitere Nachweispflichten des Händlers

Trotz formell vollständiger Aufzeichnungen ist eine Anwendung der Differenzbesteuerung ausgeschlossen, wenn nicht festgestellt werden kann, ob die **Tatbestandsvoraussetzungen des § 25 a UStG** überhaupt erfüllt sind. Der Händler ist damit insbesondere dafür beweispflichtig, dass für die dem Ankauf zugrundeliegende Lieferung **88a**

- keine Umsatzsteuer geschuldet wird,
- die Umsatzsteuer nach § 19 UStG nicht erhoben wird oder
- die Differenzbesteuerung vorgenommen wurde.

2.13.4 Relativ »großzügige« Zeitvorgaben

Die Aufzeichnungen können vom Unternehmer auch nachgeholt werden und müssen nicht zeitnah erfolgen (FG Berlin vom 21.12.1999, 7 K 5176/98, EFG 2000, 521; Hessisches FG vom 14.02.2008, 6 V 1019/07, BFH/NV Datenbank, HI 1979335). **88b**

Beispiel:
Eine zeitliche Grenze ergibt sich nur aus der Aufgabenverteilung zwischen den Finanzgerichten und dem BFH: die erforderlichen Nachweise können damit bis zum Schluss der mündlichen Verhandlung vor dem FG nachgeholt werden (vgl. BFH vom 30.03.2006,V R 47/03, BStBl II 2006, 634).

Damit können die Nachweise beispielweise auch noch

- in einem Einspruchsverfahren oder
- während einer Betriebs- oder Sonderprüfung

beigebracht werden.

Beispiel:
Das Nachholen sollte nur als **»Rettungsanker«** verstanden werden. Im Interesse einer effizienten Buchhaltung und eines möglichst konfliktfreien Umgangs mit der Finanzverwaltung sollte das Autohaus Wert darauflegen, dass alle Nachweise zeitnah geführt werden.

2.13.5 Nachlässigkeiten haben gravierende Folgen

Liegen die geforderten Aufzeichnungen und Nachweise nicht vor und lassen sich diese auch nicht mehr nachträglich beibringen, ist die Anwendung der Differenzbesteuerung ausgeschlossen und **88c** die Umsätze sind der Regelbesteuerung zu unterwerfen. Dann kommt es zu der in Beispiel 1 aufgezeigten **Umsatzsteuer-Mehrbelastung,** die es natürlich unbedingt zu vermeiden gilt.

Beispiel:
Spätestens im **Vorfeld einer Betriebsprüfung** sollte die eigene Buchhaltung diesbezüglich geprüft werden.

2.14 Innergemeinschaftlicher Warenverkehr

89 Die Besonderheiten der Differenzbesteuerung im innergemeinschaftlichen Warenverkehr regelt § 25a Abs. 7 UStG. Dabei sind folgende Konstellationen zu unterscheiden:

- **Nimmt der Lieferer im EU-Ausland die Steuerbefreiung für i. g. Lieferungen in Anspruch** (analog § 6a UStG) und erfolgt die Warenbewegung nach Deutschland, muss der Wiederverkäufer in Deutschland Steuer auf den innergemeinschaftlichen Erwerb entrichten; die Warenlieferung unterliegt dann nicht der Differenzbesteuerung (§ 25a Abs. 7 Nr. 1 Buchst. a UStG). Gleiches gilt für den Fall der Entnahme. Grund: Durch die Steuerbefreiung in der Vorstufe wurde die Lieferung von der USt entlastet, so dass die Veräußerung durch den Wiederverkäufer der Regelbesteuerung unterliegt. Die USt kann ggf. als Vorsteuer abgezogen werden, da die Differenzbesteuerung den Vorsteuerabzug nicht grundsätzlich ausschließt, sondern nur für die in § 25a Abs. 2 UStG genannten Gegenstände.
- Die Differenzbesteuerung ist ausgeschlossen, wenn der Wiederverkäufer ein **neues Fahrzeug** (§ 1b Abs. 2, 3 UStG) von einer Privatperson erworben hat und er es in einen anderen EU-Mitgliedstaat liefert (§ 25a Abs. 7 Nr. 1 Buchst. b UStG). Das bedeutet für den Wiederverkäufer im Hinblick auf die Steuerfreiheit der innergemeinschaftlichen Lieferung im Inland (§ 4 Nr. 1 Buchst. b i. V. m. § 6a Abs. 1 UStG) einen Vorteil. Denn nunmehr trägt der Käufer im Erwerbsland die USt i. R. d. Fahrzeugeinzelbesteuerung. Dies soll dem **Bestimmungslandprinzip** Rechnung tragen. Da die Differenzbesteuerung daher keine Anwendung findet, greift der Ausschluss der Steuerbefreiung für i. g. Lieferungen durch § 25a Abs. 5 S. 2 und § 25a Abs. 7 Nr. 3 UStG nicht. Wegen der Unternehmerfiktion des § 2a UStG gilt dasselbe für den **privaten Verkäufer**. Gem. § 15 Abs. 4a UStG erhält dieser aber eine Vergütung der auf den Preis entfallenden USt. Die Vorschrift findet also keine Anwendung auf Gebrauchtwagenhändler. Für diese bedeutet das eine Benachteiligung.

TIPP
Daher sollten Gebrauchtwagenhändler in Erwägung ziehen, sich in einschlägigen Fällen lediglich als Agent im Verkauf von Privat zu Privat einschalten zu lassen.

Beispiele für i. g. Lieferungen:
Privatmann P hat im Januar 2014 einen fabrikneuen Porsche für 40.000 € zzgl. 7600 € USt = 47.600 € erworben. Er möchte den Pkw im März 2014 mit einer Laufleistung von 2500 km an den Franzosen F veräußern. Im Inland hat der Pkw auf dem Gebrauchtwagenmarkt einen Wert von 42.000 €. F müsste in Frankreich den innergemeinschaftlichen Erwerb versteuern; P bekäme die anteilige Vorsteuer gem. § 15 Abs. 4a UStG vergütet. F akzeptiert daher nur den um die deutsche USt reduzierten Preis. Der in den 42.000 € enthaltene USt-Anteil beträgt 19/119 = 6705,88 €. P könnte also den Pkw an F zu einem Preis von 35.294,12 € verkaufen, um denselben Erlös wie bei einem Verkauf auf dem inländischen Markt zu erhalten. – Würde P den Pkw an einem inländischen Gebrauchtwagenhändler G veräußern, hätte dieser 42.000 € aufzuwenden, da dies dem erzielbaren Preis auf dem privaten Gebrauchtwagenmarkt entspricht. G könnte den Pkw allerdings zu diesem Preis nicht im übrigen Gemeinschaftsgebiet weiterveräußern.

- Gebrauchtwagenhändler können neue Fahrzeuge nicht ohne eine Vergütung der Vorsteuer wie bei privaten Verbrauchern in andere EU-Mitgliedstaaten liefern, da ihr Verkaufspreis unter dem Einkaufspreis liegen müsste (wie das Beispiel zeigt). Wie bei der Regelung für Kleinunternehmer in § 19 Abs. 4 UStG müsste § 15 Abs. 4a UStG für analog anwendbar erklärt werden, da ansonsten ein Verstoß gegen Art. 3 und 12 GG angenommen wird (Friauf, zitiert in Klüglich, DB 1986, 2204; Söhn, zitiert in Tipke/Lang, Steuerrecht, 12. Aufl. 1989, 551 F. 151).

- Werden andere Gegenstände als Neufahrzeuge von Deutschland in das übrige Gemeinschaftsgebiet veräußert, ist die Steuerbefreiung für i. g. Lieferungen gem. § 4 Nr. 1b UStG ausgeschlossen (§ 25 a Abs. 7 Nr. 3 UStG). Der Wiederverkäufer kann die Differenzbesteuerung also – mit Ausnahme der Lieferung neuer Fahrzeuge – anwenden. Es erfolgt stets eine Besteuerung im Inland (Deutschland). Der Erwerb im Bestimmungsland ist entsprechend § 25 a Abs. 7 Nr. 2 UStG nicht steuerbar. Der Ort der Lieferung verlagert sich nicht gem. der Versandhandelsregelung des § 3 c UStG in das Bestimmungsland. Die Differenzbesteuerung stellt also eine Besteuerung im **Ursprungsland** sicher. Hier befindet sich der Ort der Lieferung, der sich nach § 3 Abs. 6 und 7 UStG bestimmt. Etwas anderes gilt nur, wenn der Wiederverkäufer auf die Anwendung der Differenzbesteuerung verzichtet (vgl. dazu Rn. 90 ff.).

2.15 Option zur Besteuerung nach allgemeinen Vorschriften

2.15.1 Grundsätzliches

§ 25 a Abs. 8 UStG räumt dem Wiederverkäufer die Möglichkeit ein, auf die Anwendung der Differenzbesteuerung zu verzichten und stattdessen zur Anwendung der allgemeinen Vorschriften zu optieren. Dies ist für jede einzelne Lieferung eines Gebrauchtgegenstands, von Kunstgegenständen, Sammlungsstücken und Antiquitäten – sofern er sich in den Fällen des § 25 a Abs. 2 UStG für die Anwendung der Differenzbesteuerung entschieden hat – möglich (es sei denn, er wendet die Gesamtdifferenzbesteuerung an, vgl. Rn. 67 ff., da dann der Verzicht gem. § 25 a Abs. 8 S. 1 UStG ausgeschlossen ist). Dabei ist es unerheblich, an wen die Lieferung ausgeführt werden soll, also ob es sich dabei um eine Privatperson oder aber um einen Unternehmer handelt. 90

Diese Optionsmöglichkeit besteht auch für unentgeltliche Wertabgaben i. S. d. § 3 Abs. 1b UStG (v. a. Entnahmen, unentgeltliche Sachzuwendungen an Arbeitnehmer etc.). 91

2.15.2 Fallbeispiele

Regel- und Differenzbesteuerung unterscheiden sich – grob betrachtet – dadurch, dass die Bemessungsgrundlage bei 92

- der Regelbesteuerung das Gesamtentgelt,
- der Differenzbesteuerung nur ein Teil des Entgelts

ist.

Absolut betrachtet führt die Regelbesteuerung immer zu einem höheren Bruttokaufpreis (Zahlbetrag). Damit ist die Regelbesteuerung nur dann von Vorteil, wenn ein Teil des Kaufpreises dem Kunden, weil dieser Unternehmer ist, über den Vorsteuerabzug vom Finanzamt wieder erstattet wird. 93

Sinn ergibt die Option damit nur im Firmenkundengeschäft. Im Privatkundengeschäft sollte – wo immer möglich – differenzbesteuert werden. 94

Beispiel 1: Verkauf an Firmenkunden im Inland
Autohaus A kauft ein Fahrzeug für 10.000 € von Privat an. Das Fahrzeug soll einem Unternehmenskunden mit einem Rohgewinnaufschlag i. H. v. 1.000 € verkauft werden und in Deutschland verbleiben.

Lösung:
A müsste den Verkaufspreis (VKP) wie folgt kalkulieren:

Vergleichende Kalkulation: Inlandsgeschäft

	Differenzbesteuerung	**Regelbesteuerung**
Einkaufspreis	10.000 €	10.000 €
+ Rohgewinnaufschlag	1.000 €	1.000 €
= Nettoverkaufspreis	11.000 €	11.000 €
+ USt: 19 % auf		
. . .die Marge	190 €	–
. . .den Netto-VKP	–	2.090 €
= VKP	11.190 €	13.090 €

Bei Anwendung der Differenzbesteuerung muss der Firmenkunde 11.190 € bezahlen und ist mit diesem Betrag mangels Vorsteuerabzugs endgültig belastet. Bei der Regelbesteuerung muss der Firmenkunde zunächst 13.090 € bezahlen, bekäme aber 2090 € erstattet und wäre endgültig nur mit 11.000 € belastet. Bei Anwendung der Regelbesteuerung spart der Firmenkunde damit – im Vergleich zur Differenzbesteuerung – die Umsatzsteuer auf die Marge: 1000 € × 19 % = 190 €.

HINWEISE
Da der **Privatkunde** immer mit dem VKP auch endgültig belastet ist, verdeutlicht das Beispiel zugleich, dass hier die Differenzbesteuerung immer die günstigere Alternative ist.
Selbiges gilt für **Firmenkunden, die nicht zum Vorsteuerabzug berechtigt sind**, wie Humanmediziner, Versicherungsvertreter oder Kleinunternehmer.
Für die Anwendung der Differenzbesteuerung darf das Fahrzeug aber **nie ein Neufahrzeug** sein, § 25b Abs. 7 Nr. 1 Buchst. a UStG.

Beispiel 2: Verkauf zwischen Händlern im Inland
Wie Beispiel 1. Das Fahrzeug wurde jedoch (zulässigerweise) differenzbesteuert von einem Händler-Kollegen erworben.
Das Autohaus hat das Wahlrecht »Differenz- oder Regelbesteuerung« auch dann, wenn es einen Gebrauchtwagen von einem Händler-Kollegen ankauft, den Letzterer an das Autohaus unter Anwendung der Differenzbesteuerung verkauft.
In diesem Fall sollte dann aber auch der **Einkauf optimiert** werden (vgl. Beispiel 5)!

Beispiel 3: Verkauf an Firmenkunden innerhalb der EU
Wie Beispiel 1. Der Kunde ist Italiener; die Lieferung erfüllt die Voraussetzungen der §§ 4 Nr. 1 Buchst. b, 6a UStG an eine steuerfreie innergemeinschaftliche Lieferung.
Für differenzbesteuerte Umsätze gelten die üblichen Steuerbefreiungen – mit Ausnahme der Steuerbefreiung für innergemeinschaftliche Lieferungen (§ 25a Abs. 5 Satz 2 UStG, Abschn. 25a.1 Abs. 15 S. 3f. UStG).
A müsste daher den Verkaufspreis (VKP) wie folgt kalkulieren:

Vergleichende Kalkulation: EU-Geschäft

	Differenzbesteuerung	Regelbesteuerung
Einkaufspreis	10.000 €	10.000 €
+ Rohgewinnaufschlag	1.000 €	1.000 €
= Nettoverkaufspreis	11.000 €	11.000 €
+ USt: 19% auf		
… die Marge	190 €	
… den Netto-VKP	–	0 €
= VKP	11.190 €	11.000 €

Wieder spart der Firmenkunde bei Anwendung der Regelbesteuerung die Umsatzsteuer auf die Marge – dieses Mal aber nicht wie beim Inlandsgeschäft indirekt über den Umweg des Vorsteuerabzugs, sondern direkt über einen umsatzsteuerfreien Warenbezug.
Auch diesem Fall sollte das Autohaus bei einem Händler-Händler-Geschäft den **Einkauf optimieren** (vgl. Beispiel 5)

Beispiel 4: Verkauf an Firmenkunden im Nicht-EU-Gebiet
Wie Beispiel 3. Der Kunde ist Russe; die Lieferung erfüllt die Voraussetzungen der §§ 4 Nr. 1 Buchst. a, 6 UStG an eine steuerfreie Ausfuhrlieferung.
Für differenzbesteuerte Umsätze gelten die üblichen Steuerbefreiungen; die einzige Ausnahme bildet das EU-Geschäft (s. o.). A müsste daher den Verkaufspreis (VKP) wie folgt kalkulieren:

Vergleichende Kalkulation: Nicht-EU-Geschäft

	Differenzbesteuerung	Regelbesteuerung
Einkaufspreis	10.000 €	10.000 €
+ Rohgewinnaufschlag	1.000 €	1.000 €
= Nettoverkaufspreis	11.000 €	11.000 €
+ USt: 19% auf		
… die Marge	0 €	–
… den Netto-VKP	–	0 €
= **VKP**	**11.000 €**	**11.000 €**

Hier ist es – bei einem Wareneinkauf von Privat – auf den ersten Blick egal, welche der beiden Besteuerungsformen zur Anwendung kommt: Immer erfolgt der Verkauf durch das Autohaus umsatzsteuerfrei. Denn bei Exporten in Drittländer arbeitet das Gesetz nach der Devise: »Exporte bringen Devisen und Devisen sind gut!«; beide Besteuerungsformen stellen daher die Umsätze steuerfrei.

HINWEISE
Es ist aber **sinnvoll, die Differenzbesteuerung anzuwenden**, da das Finanzamt bei unvollständigen Beleg- und Buchnachweisen dann nur die Differenzsteuer von Ihnen nachfordern kann.
Auf der **Rechnung** müssen Sie sowohl auf die Anwendung der Differenzbesteuerung nach § 25a UStG (§ 14a Abs. 6 UStG) hinweisen als auch auf die Anwendung der Steuerbefreiung für Ausfuhrlieferungen nach § 4 Nr. 1 Buchst. a, § 6 UStG (§ 14 Abs. 4 S. 1 Nr. 8 UStG).
Bei einem Händler-Händler-Geschäft kann das Autohaus auch hier den **Einkauf optimieren** und so Geld sparen (vgl. Beispiel 5)!

Beispiel 5: Einkauf von Händler zu Händler
Autohaus B nimmt von einem Privatkunden ein sehr spezielles Fahrzeug in Zahlung und verkauft dieses sofort an Autohaus A weiter. A bietet derartige Fahrzeuge deutschlandweit an.
Auch dann, wenn A das Fahrzeug von einem anderen deutschen Händler (B) eingekauft hat, gelten die Ausführungen entsprechend – d. h. A hat beim Verkauf die Wahl zwischen Differenz- und Regelbesteuerung.

Ob für A ein differenzbesteuerter oder ein regelbesteuerter Ankauf günstiger ist, kann erst entschieden werden, wenn feststeht, ob A das Fahrzeug an einen Firmenkunden oder an einen Privatkunden verkauft. Daher sollte das Fahrzeug unter den Händlerkollegen **zunächst differenzbesteuert** veräußert werden und – für den **Fall der Veräußerung an einen Firmenkunden – drei Zusatzvereinbarungen** getroffen werden:

- Der Käufer (hier: A) informiert den Händler-Kollegen (hier: B), wenn er das Fahrzeug regelbesteuert weiterverkauft.
- B optiert in diesem Fall nachträglich zur Regelbesteuerung zu optieren und erteilt dem A eine berichtigte Rechnung mit gesondertem USt-Ausweis.
- A zahlt die B die daraus entstehende Mehrsteuer.

Im **Händler-Händler-Vertrag** könnte das wie folgt vereinbart werden:

Musterklausel: Option zur Regelbesteuerung
»Der Käufer erwirbt das Fahrzeug zum Weiterverkauf.
Optiert der Käufer bei der Weiterveräußerung zur Regel-Umsatzsteuer, ist er berechtigt, dies dem Verkäufer mitzuteilen.
Der Verkäufer ist in diesem Fall verpflichtet, auch seinen Umsatz der Regelbesteuerung zu unterwerfen und dem Käufer darüber eine ordnungsgemäße Rechnung (§ 14 UStG) mit gesondertem Umsatzsteuerausweis zu erteilen. Letzteres steht unter dem Vorbehalt, dass eine Option seitens des Verkäufers umsatzsteuerlich noch möglich ist (BFH vom 10.12.2008, Az: XI R 1/08, BStBl II 2009, 1026; Abschn. 25a.1 Abs. 21 i.V.m. Abschn. 9.1 Abs. 3 u. Abs. 4 UStAE).
Der Käufer verpflichtet sich in diesem Fall zur Zahlung der Mehr-Umsatzsteuer.«

HINWEIS
Die nachträglich Option ist dem Verkäufer nur bis zur **formellen Bestandkraft der Jahressteuerfestsetzung** möglich (BFH vom 10.12.2008, Az: XI R 1/08, BStBl II 2009, 1026; Abschn. 25a.1 Abs. 21 i.V.m. Abschn. 9.1 Abs. 3 und Abs. 4 UStAE).

2.15.3 Checkliste

95 Die vorstehenden Überlegungen lassen sich – etwa zur Unterstützung der Ein- und Verkäufer – wie folgt als Checkliste zusammenfassen:

Fallvariante	Differenzbesteuerung	Regelbesteuerung
Verkauf/Inland/Privatkundengeschäft	[x]	
Verkauf/Inland/Firmenkundengeschäft		[x]
Verkauf/EU/Privatkundengeschäft	[x]	
Verkauf/EU/Firmenkundengeschäft		[x]
Verkauf/Nicht-EU/Privatkundengeschäft	[x]	
Verkauf/Nicht-EU/Firmenkundengeschäft	[x]	
Einkauf Händler-Händler für ein regelbesteuertes Geschäft		[x]

2.16 Kein offener Umsatzsteuer-Ausweis bei Differenzbesteuerung

Bei Anwendung der Differenzbesteuerung darf die Umsatzsteuer niemals offen ausgewiesen werden (§ 14a Abs. 6 S. 2 UStG). Das Verbot des gesonderten Ausweises der Steuer in einer Rechnung gilt auch dann, wenn das Autohaus – wie im Beispielsfall – das Fahrzeug an einen anderen Unternehmer liefert, der eine gesondert ausgewiesene Steuer aus dem Erwerb als Vorsteuer abziehen könnte. **96**

HINWEIS
Weist der Unternehmer – entgegen der Regelung in § 14a Abs. 6 S. 2 UStG – die auf die Differenz entfallende Steuer gesondert aus, entsteht aus dem einen Verkauf eine **zweifache Umsatzsteuerschuld** (vgl. Abschn. 25a.1 Abs. 16 UStAE):

1. Der Unternehmer schuldet die gesondert ausgewiesene Steuer nach § 14c Abs. 2 UStG.
2. Zusätzlich zu dieser Steuer schuldet er für die Lieferung des Gegenstands die Steuer nach § 25a UStG.

Das muss unbedingt vermieden werden!

2.17 Verwertung von sicherungsübereigneten Gegenständen unter Anwendung der Differenzbesteuerung nach § 25a UStG

Werden bewegliche Unternehmensgegenstände zur betrieblichen Finanzierung an ein Kreditinstitut sicherungsübereignet (z. B. Gebrauchtfahrzeuge) und tritt die Verwertungsreife für diese Gegenstände ein, liegt im Zeitpunkt der Verwertung umsatzsteuerrechtlich ein sog »Doppelumsatz« oder »Dreifachumsatz« vor (vgl. Abschn. 1.2 Abs. 1, 1 a und 4 UStAE). Sowohl der Sicherungsgeber als auch der Sicherungsnehmer können unter den Voraussetzungen des § 25a Abs. 1 UStG die Differenzbesteuerung anwenden (OFD Frankfurt/Main, Vfg. vom 15.03.2016, a. a. O., S 7421 A – 5 – St 111, SIS 160910). **97**

2.17.1 Differenzbesteuerung (§ 25a UStG) im Rahmen eines »Doppelumsatzes«

2.17.1.1 Lieferung des Sicherungsgebers an den Sicherungsnehmer

Der als Sicherungsgeber auftretende Unternehmer kann die Differenzbesteuerung für die Lieferung an das Kreditinstitut nach § 25a Abs. 1 UStG anwenden, wenn er die zur Sicherung übereigneten Gegenstände von Privatpersonen, Kleinunternehmern oder differenzbesteuert erworben hat. **98**

Der differenzbesteuerte Umsatz bemisst sich hierbei nach dem vom Kreditinstitut erzielten Veräußerungspreis abzüglich des Einkaufspreises des Gegenstands aus dem Ankauf. Verwertungskosten, die durch die Verwertung anfallen, sind bei der Bemessungsgrundlage nicht zu berücksichtigen, vgl. hierzu Tz. 4. Die Umsatzsteuer ist aus dem ermittelten Differenzbetrag mit dem Regelsteuersatz herauszurechnen (§ 25a Abs. 3 S. 3 und Abs. 5 S. 1 UStG). **99**

Erfolgt die Sicherungsverwertung außerhalb des Insolvenzverfahrens, schuldet das Kreditinstitut für die bis zum 30.09.2014 ausgeführten differenzbesteuerten Umsätze die Steuer nach § 13b Abs. 2 Nr. 2 UStG. Für nach dem 30.09.2014 erbrachte differenzbesteuerte Umsätze schuldet der Sicherungsgeber die Steuer nach § 13a UStG (vgl. § 13b Abs. 5 S. 9 UStG. **100**

2.17.2 Lieferung des Sicherungsnehmers an den Erwerber

101 Das Kreditinstitut als Sicherungsnehmer ist seinerseits berechtigt, auf den Weiterverkauf der Gegenstände die Differenzbesteuerung anzuwenden (vgl. § 25a Abs. 1 Nr. 1 und Nr. 2 Buchst. b UStG).

102 Die Bemessungsgrundlage für diesen Umsatz beträgt jedoch 0 €, weil der tatsächliche Verkaufspreis und der hiervon abzuziehende Einkaufspreis (= Verkaufspreis der Lieferung von dem Sicherungsgeber an das Kreditinstitut) betragsmäßig identisch sind.

2.17.3 Rechnungserteilung

103 Wird die Differenzbesteuerung i. S. d. § 25a UStG angewandt, hat die Rechnung die **Angabe »Gebrauchtgegenstände/Sonderregelung«** zu enthalten. Die Umsatzsteuer darf in der Rechnung nicht gesondert auswiesen werden (§ 14a Abs. 6 UStG).

104 Ist § 13b UStG anzuwenden (vgl. Tz. 2.1), ist die Rechnung zusätzlich mit der Angabe »Steuerschuldnerschaft des Leistungsempfängers« zu versehen (§ 14a Abs. 5 UStG). Weist der Wiederverkäufer dennoch die sich aus der Differenzbesteuerung ergebende Umsatzsteuer in seiner Rechnung gesondert aus, schuldet er den Steuerbetrag nach § 14c Abs. 2 UStG (vgl. auch Abschn. 25a.1 Abs. 1 UStAE).

2.17.4 Vorsteuerabzug

105 Soweit das Kreditinstitut als Sicherungsnehmer für die Lieferung der sicherungsübereigneten Gegenstände die Differenzbesteuerung nach § 25 a.1 Abs. 2 UStG anwendet, kann er die ggf. nach § 13b Abs. 5 UStG geschuldete Umsatzsteuer **nicht** als Vorsteuer abziehen (vgl. auch Abschn. 25a.1. Abs. 7 S. 6 UStAE). Darüber hinaus ist er nicht berechtigt, eine vom Sicherungsgeber nach § 14c Abs. 2 UStG geschuldete Umsatzsteuer als Vorsteuer abzuziehen (OFD Frankfurt/Main, Vfg. vom 15.03.2016, S 7421 A – 5 – St 111, SIS 160910).

106 Hinsichtlich der **Verwertungskosten** des Sicherungsnehmers ist ein Vorsteuerabzug dagegen nicht grundsätzlich ausgeschlossen.

2.17.5 Nachweisführung zur Anwendung des § 25a UStG

107 Es ist **Sache der Vertragsparteien,** Vereinbarungen über die zutreffende Anwendung der Differenzbesteuerung nach § 25a UStG – möglichst bereits im Zeitpunkt der Sicherungsübereignung – zu treffen (OFD Frankfurt/Main, Vfg. vom 15.03.2016, S 7421 A – 5 – St 111, SIS 160910).

§ 25b UStG
Innergemeinschaftliche Dreiecksgeschäfte

(1) [1]Ein innergemeinschaftliches Dreiecksgeschäft liegt vor, wenn

1. drei Unternehmer über denselben Gegenstand Umsatzgeschäfte abschließen und dieser Gegenstand unmittelbar vom ersten Lieferer an den letzten Abnehmer gelangt,
2. die Unternehmer in jeweils verschiedenen Mitgliedstaaten für Zwecke der Umsatzsteuer erfasst sind,
3. der Gegenstand der Lieferungen aus dem Gebiet eines Mitgliedstaates in das Gebiet eines anderen Mitgliedstaates gelangt und
4. der Gegenstand der Lieferungen durch den ersten Lieferer oder den ersten Abnehmer befördert oder versendet wird.

[2]Satz 1 gilt entsprechend, wenn der letzte Abnehmer eine juristische Person ist, die nicht Unternehmer ist oder den Gegenstand nicht für ihr Unternehmen erwirbt und die in dem Mitgliedstaat für Zwecke der Umsatzsteuer erfasst ist, in dem sich der Gegenstand am Ende der Beförderung oder Versendung befindet.

(2) [1]Im Fall des Absatzes 1 wird die Steuer für die Lieferung an den letzten Abnehmer von diesem geschuldet, wenn folgende Voraussetzungen erfüllt sind:

1. Der Lieferung ist ein innergemeinschaftlicher Erwerb vorausgegangen,
2. der erste Abnehmer ist in dem Mitgliedstaat, in dem die Beförderung oder Versendung endet, nicht ansässig. Er verwendet gegenüber dem ersten Lieferer und dem letzten Abnehmer dieselbe Umsatzsteuer-Identifikationsnummer, die ihm von einem anderen Mitgliedstaat erteilt worden ist als dem, in dem die Beförderung oder Versendung beginnt oder endet,
3. der erste Abnehmer erteilt dem letzten Abnehmer eine Rechnung im Sinne des § 14a Abs. 7, in der die Steuer nicht gesondert ausgewiesen ist, und
4. der letzte Abnehmer verwendet eine Umsatzsteuer-Identifikationsnummer des Mitgliedstaates, in dem die Beförderung oder Versendung endet.

(3) Im Fall des Absatzes 2 gilt der innergemeinschaftliche Erwerb des ersten Abnehmers als besteuert.

(4) Für die Berechnung der nach Absatz 2 geschuldeten Steuer gilt die Gegenleistung als Entgelt.

(5) Der letzte Abnehmer ist unter den übrigen Voraussetzungen des § 15 berechtigt, die nach Absatz 2 geschuldete Steuer als Vorsteuer abzuziehen.

(6) [1]§ 22 gilt mit der Maßgabe, dass aus den Aufzeichnungen zu ersehen sein müssen

1. beim ersten Abnehmer, der eine inländische Umsatzsteuer-Identifikationsnummer verwendet, das vereinbarte Entgelt für die Lieferung im Sinne des Absatzes 2 sowie der Name und die Anschrift des letzten Abnehmers;
2. beim letzten Abnehmer, der eine inländische Umsatzsteuer-Identifikationsnummer verwendet:
   a) die Bemessungsgrundlage der an ihn ausgeführten Lieferung im Sinne des Absatzes 2 sowie die hierauf entfallenden Steuerbeträge,
   b) der Name und die Anschrift des ersten Abnehmers.

[2]Beim ersten Abnehmer, der eine Umsatzsteuer-Identifikationsnummer eines anderen Mitgliedstaates verwendet, entfallen die Aufzeichnungspflichten nach § 22, wenn die Beförderung oder Versendung im Inland endet.

Literatur

DIHT, Rechnungshinweise bei Dreiecksgeschäften liegen vor, Info-Dienst-Rundschreiben des DIHT vom 19.11.1996. **DIHT**, Die Umsatzsteuer im internationalen Geschäftsverkehr, Stand: Januar 2014. **Kleine-Rosenstein**, Innergemeinschaftliche Dreiecksgeschäfte – Vereinfachung und Finanzierungsvorteil für Zwischenhändler, BBK 2001, 203, Fach 30, 1135. **Osec**, Praxis der Mehrwertsteuer im Geschäftsverkehr mit der EU, www.osec.ch. **Weimann**, Umsatzsteuer in der Praxis (UidP), 16. Aufl. 2018, Kap. 32. **Winter**, Reihengeschäfte: Über das Ziel hinausgeschossen?/Auswertung einer Umfrage bei den deutschen Auslandshandelskammern, UR 1998, 209.

Verwaltungsanweisungen
BMF vom 17.12.2012, Az: IV D 3 – S 7015/12/10001 (2012/1098419), Umsatzsteuer-Anwendungserlass; Änderungen zum 31.12.2012 (Einarbeitung von Rechtsprechung und redaktionelle Änderung), BStBl I 2012, 1260
Hinweis: Zur Problematik der zeitlichen Geltungsdauer von BMF-Schreiben vgl. Einführung UStG, Rz. 100 ff.

Richtlinien/Hinweise/Verordnungen
UStAE: Abschn. 25b.1.
MwStSystRL: Art. 138 f., Art. 140 f.

1 Allgemeines

1.1 Überblick über die Vorschrift

§ 25 b UStG sieht die vereinfachte Besteuerung von Reihengeschäften mit drei beteiligten Unternehmern aus drei verschiedenen Mitgliedstaaten der EG vor. Bei einem i. g. Dreiecksgeschäft würden bei Anwendung der allgemeinen Regelungen für Reihengeschäfte (vgl. § 3 Rn. 73 ff.) eigentlich folgende Umsätze ausgeführt (vgl. Abschn. 25b.1 UStAE und die amtliche Gesetzesbegründung): 1

- Eine **i. g. Lieferung des ersten Unternehmers** in der Reihe (= erster Lieferer) in dem Mitgliedstaat, in dem die Beförderung oder Versendung des Gegenstandes beginnt.
- Ein **i. g. Erwerb des mittleren Unternehmers** in der Reihe (= erster Abnehmer und zweiter Lieferer) in dem Mitgliedstaat, in dem die Beförderung oder Versendung des Gegenstandes endet.
- Ein – ggf. **zweiter**, vgl. § 3 d S. 2 UStG – **i. g. Erwerb des mittleren Unternehmers** (= erster Abnehmer/zweiter Lieferer) in dem Mitgliedstaat, der dem mittleren Unternehmer die von ihm verwendete USt-IdNr. erteilt hat.
- Eine **(Inlands-)Lieferung des mittleren Unternehmers** (= erster Abnehmer/zweiter Lieferer) an den letzten Abnehmer in dem Mitgliedstaat, in dem die Beförderung oder Versendung des Gegenstandes endet.

Fallstudie »Besteuerung von Dreiecksgeschäften nach den allgemeinen Regeln für Reihengeschäfte«
Der deutsche Automobilhersteller GAUDI (G) bestellt bei dem österreichischen Walzwerk ROST (R) Bleche. Aufgrund eigener Lieferschwierigkeiten bestellt R die Bleche bei FEUGOT (F) in Frankreich. F bringt die Bleche mit eigenem Lkw zu D. Alle Beteiligten treten unter der USt-IdNr. ihres Landes auf.

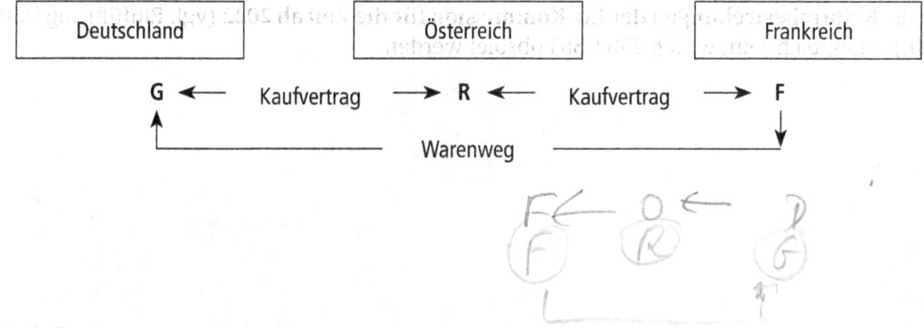

Lösung:
Ohne die Sonderregelung des § 25 b UStG wäre der Beispielfall wie folgt zu lösen:
- F tätigt **in Frankreich** eine steuerfreie i. g. Lieferung an R (§ 4 Nr. 1 Buchst. b i. V. m. § 6 a UStG).
- R tätigt **in Deutschland** einen i. g. Erwerb von F (§ 3 d S. 1 UStG).
- R tätigt **zusätzlich in Österreich** einen i. g. Erwerb von F., da er die österreichische USt-IdNr. verwandt hat (§ 3 d S. 2 UStG).

Art. 17 Abs. 2 und 3 sowie Art. 28b Teil A Abs. 2 der 6. EG-RÖ 77/388/EWG i. d. F. der RL 92/111/EWG des Rates vom 14.12.1992 sind dahin auszulegen, dass der Erwerber in dem in Art. 28b Teil A Abs. 2 Unterabs.1 der 6. EG-RÖ genannten Fall nicht zum sofortigen Abzug der auf einen i. g. Erwerb entrichteten Mehrwertsteuer als Vorsteuer berechtigt ist (vgl. § 3 d Rn. 12 ff.).
F tätigt **in Deutschland** eine »normale« (Inlands-)Lieferung an G. Die Lieferung ist steuerbar und steuerpflichtig. R hat gegenüber G damit eine Rechnung unter Ausweis deutscher Umsatzsteuer aufzumachen.
R müsste sich – sähe § 25 b UStG keine Ausnahmereglung vor – aufgrund des i. g. Erwerbs von F und der Lieferung an D in Deutschland umsatzsteuerlich registrieren lassen.

2 Die **Vereinfachung des § 25 b UStG** besteht nun darin, dass die eigentlich erforderliche steuerliche Registrierung des mittleren Unternehmers (im Beispielsfall: R) im Bestimmungsland vermieden wird. Liegt ein i. g. Dreiecksgeschäft vor, wird die Steuerschuld für die (Inlands-)Lieferung unter den Voraussetzungen des § 25 b Abs. 2 UStG von dem ersten Abnehmer auf den letzten Abnehmer übertragen. Im Fall der Übertragung der Steuerschuld gilt zugleich auch der i. g. Erwerb des ersten Abnehmers als besteuert (§ 25 b Abs. 3 UStG).

3 Die Annahme, § 25 b UStG regele das »i. g. Dreiecksgeschäft« abschließend, geht weit über die tatsächliche Bedeutung der Vorschrift hinaus. Tatsächlich regelt die Vorschrift nur eng umgrenzte Fälle des i. g. Dreiecksgeschäfts.

4 Die Orte der Lieferung im i. g. Dreiecksgeschäft bestimmen sich ausschließlich nach allgemeinen Vorschriften des § 3 Abs. 6 und Abs. 7 UStG.

1.2 Rechtsentwicklung

5 Die Vorschrift wurde durch das UStÄndG 1997 vom 12.12.1996 (BGBl I 1996, 1851) zum 01.01.1997 neu in das UStG eingefügt und hat als Binnenmarktregelung keine Vorgängervorschrift. Bis zum 31.12.1996 wurde nicht zwischen i. g. Dreiecksgeschäften und anderen i. g. Reihengeschäften unterschieden; sämtliche Reihengeschäfte wurden nach denselben Vorschriften beurteilt (ausführlich Bülow in V/S = Vorgängerkommentar zu S/W/R, 121. Lfg. 6/2004, § 25 b Rz. 1 f.).

6 Erstmals in Abschn. 276b Abs. 2 S. 2 UStR 2005 spricht die deutsche Finanzverwaltung auch dann von einem i. g. Dreiecksgeschäft, wenn
- an einem Reihengeschäft **mehr als drei Unternehmer** beteiligt sind und
- die drei **unmittelbar nacheinander** liefernden Unternehmer **am Ende der Lieferkette** stehen (vgl. Rn. 19 ff.).

Sollten die **Reformbestrebungen der EU-Kommission für die Zeit ab 2022** (vgl. Einführung UStG Rz. 62 ff.) erfolgreich sein, wird § 25b UStG obsolet werden.

1.3 Geltungsbereich

1.3.1 Sachlicher Geltungsbereich

§ 25b UStG gilt für i. g. Reihengeschäfte zwischen drei Unternehmern aus drei verschiedenen Mitgliedstaaten. 7

1.3.2 Persönlicher Geltungsbereich

§ 25b UStG beschränkt den persönlichen Geltungsbereich auf Unternehmer, die in drei jeweils verschiedenen Mitgliedstaaten für Zwecke der USt erfasst sind (vgl. Rn. 15ff. und vgl. Rn. 22ff.). 8

1.3.3 Zeitlicher Geltungsbereich

§ 25b UStG gilt **im Wesentlichen unverändert seit dem 01.01.1997** (vgl. Rn. 5). In der Folgezeit ergaben sich lediglich einzelne redaktionelle Anpassungen. 9

1.3.4 Territorialer Geltungsbereich

Territorial ist § 25b UStG auf den Handel zwischen den Mitgliedstaaten im Gemeinschaftsgebiet (Abschn. 1.10 UStAE) beschränkt. 10

Zu beachten ist, dass der Kreis der Mitgliedstaaten ständig erweitert worden ist; im Beitrittsfall kommt § 25b UStG ab dem Beitrittsdatum zur Anwendung. Zur sog. **»EU-Osterweiterung«** zum 01.05.2004 vgl. BMF vom 29.04.2004, BStBl I 2004, 480; zum Beitritt von **Rumänien** und **Bulgarien** ab 01.01.2007 vgl. BMF vom 26.01.2007, BStBl I 2007, 208; zum Beitritt von **Kroatien** zum 01.07.2013 vgl. BMF vom 28.06.2013, BStBl I 2013, 852. 11

1.4 Gemeinschaftsrechtliche Grundlagen und Verhältnis zu anderen Vorschriften

§ 25b UStG beruht gemeinschaftsrechtlich auf Art. 138f., 140f. MwStSystRL. 12

2 Kommentierung

2.1 Begriff des innergemeinschaftlichen Dreiecksgeschäfts (§ 25b Abs. 1 UStG)

13 Ein i. g. Dreiecksgeschäft setzt voraus, dass

- **drei Unternehmer** (erster Lieferer, erster Abnehmer und letzter Abnehmer) Umsatzgeschäfte abschließen. Dies gilt entsprechend, wenn der letzte Abnehmer eine juristische Person ist, die nicht Unternehmer ist oder den Gegenstand nicht für ihr Unternehmen erwirbt und die in dem Mitgliedstaat für Zwecke der USt erfasst ist, in dem sich der Gegenstand am Ende der Beförderung oder Versendung befindet (§ 25b Abs. 1 S. 2 UStG);
- die Geschäfte über denselben **Gegenstand** abgeschlossen werden;
- der Gegenstand **unmittelbar** vom (Ort des) ersten Lieferer(s) an den letzten Abnehmer (§ 25b Abs. 1 Nr. 1 UStG) gelangt;
- die drei **Unternehmer in jeweils (drei) verschiedenen Mitgliedstaaten** für Zwecke der USt erfasst sind (§ 25b Abs. 1 Nr. 2 UStG), d. h. eine USt-IdNr. haben;
- der Gegenstand bei der Beförderung/Versendung **aus dem Gebiet eines Mitgliedstaates in das Gebiet eines anderen Mitgliedstaates** gelangt (§ 25b Abs. 1 Nr. 3 UStG);
- der Gegenstand **durch den ersten** Lieferer oder Abnehmer befördert oder versendet (§ 25b Abs. 1 Nr. 4 UStG) wird.

TIPP

Kein i. g. Dreiecksgeschäft liegt dann vor, wenn der **letzte Abnehmer** in der Reihe (= der, der die Ware letztendlich haben will) befördert oder versendet (»Abholfall«, Abschn. 25b.1 Abs. 5 S. 4 UStAE)!

14 Die Voraussetzungen des § 25b Abs. 1 UStG müssen sämtlich (kumulativ) erfüllt sein (vgl. Abschn. 25b.1 Abs. 1 UStAE); ist dies nicht der Fall, gelten auch im i. g. Dreiecksgeschäft die allgemeinen Vorschriften.

2.1.1 Beteiligung von drei Unternehmern (§ 25b Abs. 1 Nr. 1 UStG)

2.1.1.1 Allgemeines

15 Der erste Abnehmer in dem Dreiecksgeschäft ist als mittlerer Unternehmer in der Reihe zugleich Abnehmer und Lieferer.

16 Letzte Abnehmer können auch Unternehmer sein, die nur steuerfreie – nicht zum Vorsteuerabzug berechtigte – Umsätze ausführen, sowie Kleinunternehmer und pauschalierende Land- und Forstwirte. Voraussetzung ist, dass sie umsatzsteuerlich in dem Mitgliedstaat erfasst sind, in dem die Beförderung oder Versendung des Gegenstandes endet.

17 Letzter Abnehmer kann ferner eine juristische Person des öffentlichen oder privaten Rechts sein, die nicht Unternehmer ist oder den Gegenstand nicht für ihr Unternehmen erwirbt, wenn sie in dem Mitgliedstaat, in dem die Warenbewegung endet, für Zwecke der USt registriert ist; erforderlich ist die Erteilung einer USt-IdNr. (§ 25b Abs. 1 S. 2 UStG, Abschn. 25b.1 Abs. 2 UStAE).

18 Ist der letzte Abnehmer dagegen eine »normale« Privatperson, liegen die Voraussetzungen des § 25b UStG nicht vor. Gleiches gilt, wenn an den Umsatzgeschäften mehr als drei Unternehmer beteiligt sind.

2.1.1.2 Das Wahlrecht in Abschn. 25b.1 Abs. 2 UStAE

Zunächst verneinte die deutsche Finanzverwaltung das Vorliegen eines i. g. Dreiecksgeschäfts i. S. v. § 25b UStG, wenn an einem Reihengeschäft mehr als drei Unternehmer beteiligt waren (so noch Abschn. 276b Abs. 2 S. 2 UStR 2000). Hieran hält die Finanzverwaltung nicht weiter fest und spricht erstmals in Abschn. 276b Abs. 2 S. 2 UStR 2005 auch dann von einem i. g. Dreiecksgeschäft, wenn 19

- an einem Reihengeschäft **mehr als drei Unternehmer** beteiligt sind und
- die drei **unmittelbar nacheinander** liefernden Unternehmer **am Ende der Lieferkette** stehen.

Die Regelung wird durch Abschn. 276b Abs. 2 UStR 2008 und ab 01.11.2011 durch Abschn. 25b.1 Abs. 2 UStAE unverändert fortgeführt. Die meisten EU-Mitgliedstaaten teilten diese nunmehr aufgegebene »enge« Auffassung der deutschen Finanzverwaltung nicht. Der Binnenmarkt war insoweit alles andere als harmonisiert; mit der Neuregelung wurde ein erfreulicher Schritt in Richtung einheitliche Interpretation von EU-Recht getan (Weimann, UidP, Kap. 17.12). Die deutsche Wirtschaft begrüßt die Regelung insbesondere deshalb, weil sie die bisherigen **Risiken des mittleren Unternehmers vermindert**. Wenn in der Vergangenheit der Vorlieferant des mittleren Unternehmers ohne dessen Wissen die Ware von einem weiteren Vorlieferanten bezog, lagen nach deutscher Verwaltungsauffassung die Voraussetzungen des § 25b UStG nicht vor. Damit wurde der mittlere Unternehmer im Bestimmungsland steuer- und registrierungspflichtig – eine Konsequenz, die der Unternehmer durch die Wahl eines i. g. Dreiecksgeschäftes gerade hatte vermeiden wollen. Die unerwarteten Pflichten wiederum führten beim mittleren Unternehmer in der Regel zu einem erhöhten Verwaltungsaufwand durch Umstellung der Buchführung, Einrichtung der EDV, Bestellung eines Steuerberaters etc., der eigentlich bereits bei der Kalkulation eines Auftrages hätte berücksichtigt werden müssen. Dem mittleren Unternehmer blieb dann allenfalls der Weg, sich durch geschickte Gestaltung seines Einkaufsvertrages zivilrechtlich gegenüber seinem Vorlieferanten schadlos zu halten; den Fiskus freilich interessierten solche Überlegungen nicht. Die Finanzverwaltung verdeutlicht die Neuregelung: 20

Beispiel:

Der in Deutschland ansässige Unternehmer D bestellt beim in Belgien ansässigen Unternehmer B dort nicht vorrätige Werkzeugteile. B gibt die Bestellung weiter an den in Luxemburg ansässigen Unternehmer L mit der Bitte, die Teile direkt zu D nach Deutschland auszuliefern. Weil auch L die Werkzeugteile nicht am Lager hat, bestellt er sie beim in Spanien ansässigen Unternehmer SP, der sie weisungsgemäß an D versendet. Alle Unternehmer treten jeweils unter der USt-IdNr. ihres Landes auf. L weist nach, dass er den Gegenstand als Lieferer i. S. v. § 3 Abs. 6 S. 6 UStG versendet hat:

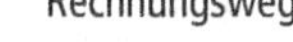

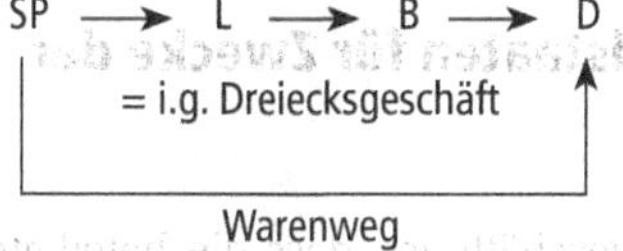

Lösung:

Zwischen SP, L, B und D liegt ein Reihengeschäft vor. Darüber hinaus ist ein i. g. Dreiecksgeschäft i. S. d. § 25b Abs. 1 UStG zwischen L, B und D anzunehmen, weil L als erster am Dreiecksgeschäft beteiligter Lieferer den Gegenstand der Lieferungen versendet. Die Versendung ist der ersten Lieferung im Dreiecksgeschäft (L an B) zuzuordnen, da L den Gegenstand als Lieferer i. S. v. § 3 Abs. 6 S. 6 UStG versendet hat (vgl. Abschn. 3.14 Abs. 7 ff. UStAE). Ort der Lieferung ist nach § 3 Abs. 6 S. 5 i. V. m. S. 1 UStG Spanien (Beginn der Versendung). Die Lieferung des L an B ist als i. g. Lieferung in Spanien steuerfrei. Der Erwerb des

Gegenstandes unterliegt bei B grundsätzlich der Besteuerung des i. g. Erwerbs in Deutschland, da die Beförderung dort endet (§ 3d S. 1 UStG), und in Belgien, da B seine belgische USt-IdNr. verwendet (§ 3d S. 2 UStG). Die zweite Lieferung im Dreiecksgeschäft (B an D) ist eine ruhende Lieferung. Lieferort ist nach § 3 Abs. 7 S. 2 Nr. 2 UStG Deutschland, da sie der Beförderungslieferung nachfolgt. SP erbringt eine ruhende Lieferung in Spanien (§ 3 Abs. 7 S. 2 Nr. 1 UStG), die nach spanischem Recht zu beurteilen ist.

21 Wie bereits erwähnt interpretierten die meisten anderen EU-Mitgliedstaaten den Begriff des i. g. Dreiecksgeschäfts in Art. 28c Teil E Abs. 3 der 6. EG-RL weiter als die deutsche Finanzverwaltung. Daher und aufgrund des Referentenentwurfs zu den ursprünglich beabsichtigten UStR 2004 (vgl. Weimann, UVR 2003, 313) erhoffte sich die Praxis, dass zukünftig auch dann aus einem Reihengeschäft ein i. g. Dreiecksgeschäft abgespalten werden kann, wenn **dem abgespaltenen Geschäft weitere Liefervorgänge folgen**. Insoweit wurde die **Praxis** durch die Neufassung der Umsatzsteuer-RL sicher **enttäuscht**, da Abschn. 25b.1 Abs. 2 S. 2 UStAE bei Geschäften mit mehr als drei Beteiligten ausdrücklich fordert, dass die drei unmittelbar nacheinander liefernden Unternehmer **am Ende der Lieferkette** stehen.

Beispiel:
Der in Deutschland ansässige Unternehmer D bestellt beim in Belgien ansässigen Unternehmer B dort nicht vorrätige Werkzeugteile. B gibt die Bestellung weiter an den in Luxemburg ansässigen Unternehmer L mit der Bitte, die Teile direkt zu D nach Deutschland auszuliefern. Weil auch L die Werkzeugteile nicht am Lager hat, bestellt er sie beim in Spanien ansässigen Unternehmer SP, der sie weisungsgemäß an D versendet. Alle Unternehmer treten jeweils unter der USt-IdNr. ihres Landes auf. SP befördert den Gegenstand mit eigenem Lkw zum Endkunden D (§ 3 Abs. 6 S. 5 UStG).

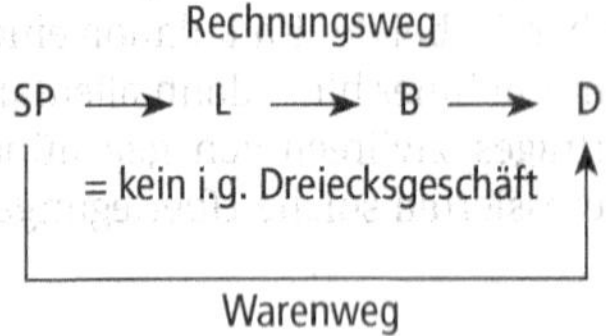

TIPP
Die UStR 2008 gelten gem. Abschn. 284 Abs. 1 S. 5 UStR 2008 grundsätzlich nur für Umsätze, die nach dem 31.12.2004 (d. h. nach der Bekanntgabe der neuen RL) ausgeführt werden. Abschn. 276b UStR 2008 beinhaltet jedoch keine materiellen Neuerungen und erläutert lediglich eine bereits vor diesem formellen Anwendungszeitraum bestehende Rechtslage. Der Unternehmer konnte sich daher zu seinen Gunsten auch **für vorherige Veranlagungszeiträume auf die neue Vorschrift berufen.**

2.1.2 Erfassung in jeweils verschiedenen Mitgliedstaaten für Zwecke der Umsatzsteuer (§ 25b Abs. 1 Nr. 2 UStG)

22 Weitere Voraussetzung für das Vorliegen eines i. g. Dreiecksgeschäfts ist, dass die beteiligten Unternehmer in jeweils verschiedenen Mitgliedstaaten für Zwecke der USt erfasst sind (§ 25b Abs. 1 S. 1 Nr. 2 UStG).

23 Hierfür reicht die tatsächliche Registrierung für Umsatzsteuerzwecke (Erteilung einer USt-IdNr.) aus. Die Ansässigkeit in einem dieser Mitgliedstaaten ist nicht erforderlich.

24 Sind mehrere der beteiligten Unternehmer in demselben Mitgliedstaat registriert, liegt kein i. g. Dreiecksgeschäft vor (vgl. Abschn. 25b.1 Abs. 3 UStAE).

Beispiel:
Der in Frankfurt ansässige und umsatzsteuerlich registrierte Unternehmer D bestellt eine dort nicht vorrätige Ware bei dem in Belgien ansässigen Unternehmer B 1.
B 1 gibt die Bestellung weiter an den ebenfalls in Belgien ansässigen Großhändler B 2, der die Ware mit eigenem Lkw unmittelbar nach Frankfurt befördert und sie dort an D übergibt.
D und B 2 treten jeweils unter der USt-IdNr. ihres Landes auf; B 1 tritt nicht unter seiner belgischen IdNr., sondern unter seiner niederländischen USt-IdNr. auf.

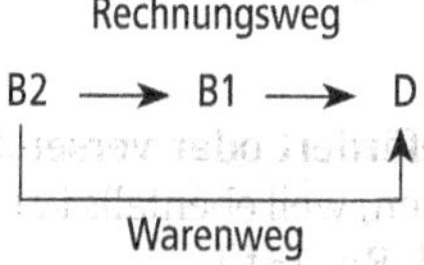

Lösung:
Die Voraussetzung des § 25b Abs. 1 Nr. 2 UStG für das Vorliegen eines i. g. Dreiecksgeschäfts ist erfüllt, da die drei beteiligten Unternehmer in jeweils verschiedenen Mitgliedstaaten (Deutschland, Belgien, Niederlande) umsatzsteuerlich registriert sind und mit USt-IdNr. aus verschiedenen Mitgliedstaaten auftreten. Auf die Ansässigkeit von B1 und B2 in demselben Mitgliedstaat kommt es bei der Beurteilung nicht an.

2.1.3 Tatsächliches Gelangen des Liefergegenstandes von einem Mitgliedstaat in einen anderen Mitgliedstaat (§ 25b Abs. 1 S. 1 Nr. 3 UStG)

Weitere Voraussetzung ist das tatsächliche Gelangen des Gegenstandes der Lieferungen von einem Mitgliedstaat in einen anderen Mitgliedstaat (§ 25b Abs. 1 S. 1 Nr. 3 UStG). 25

Diese Voraussetzung ist im Hinblick auf die **Lieferortsverlagerung nach § 3 Abs. 8 UStG** auch dann erfüllt, wenn der erste Lieferer den Gegenstand zuvor in das Gemeinschaftsgebiet eingeführt hat. Gelangt der Gegenstand allerdings aus dem Drittlandsgebiet unmittelbar in den Mitgliedstaat des letzten Abnehmers, liegt kein i. g. Dreiecksgeschäft vor (vgl. Abschn. 25b.1 Abs. 4 S. 3 UStAE; Fallstudie »I. g. Dreiecksgeschäft nach Lieferortsverlagerung gem. § 3 Abs. 8 UStG« bei Weimann, UidP, Kap. 32.2.3). 26

Der Gegenstand kann durch Beauftragte des ersten Lieferers vor der Beförderung oder Versendung in das übrige Gemeinschaftsgebiet **bearbeitet oder verarbeitet** worden sein. Gegenstand der Lieferung ist in diesem Fall jeweils der bearbeitete oder verarbeitete Gegenstand (vgl. Abschn. 25b.1 Abs. 4 S. 5 UStAE). 27

Der Gegenstand der Lieferung kann auch an einen vom letzten Abnehmer beauftragten Dritten, z. B. einen Lohnveredelungsunternehmer oder einen Lagerhalter, befördert oder versendet werden (vgl. Abschn. 25b.1 Abs. 4 S. 6 UStAE). 28

2.1.4 Beförderung oder Versendung durch den ersten Lieferer oder den ersten Abnehmer (§ 25b Abs. 1 S. 1 Nr. 4 UStG)

Ein i. g. Dreiecksgeschäft setzt weiterhin voraus, dass der Gegenstand durch den ersten Lieferer oder den ersten Abnehmer (= mittlerer Unternehmer) befördert oder versendet wird (§ 25b Abs. 1 S. 1 Nr. 4 UStG). 29

Dies gilt für den ersten Abnehmer allerdings nur dann, wenn er in seiner Eigenschaft **als Abnehmer** befördert oder versendet, d. h. die Beförderung oder Versendung der Lieferung **an ihn** (erste Lieferung) zugeordnet wird. Wird die Beförderung oder Versendung dagegen der 30 zweiten Lieferung zugeordnet, weil der mittlere Unternehmer in seiner Eigenschaft **als Lieferer** auftritt (§ 3 Abs. 6 S. 6 HS 2 UStG), liegt kein i. g. Dreiecksgeschäft vor (vgl. Abschn. 25b.1 Abs. 5 S. 2f. UStAE).

TIPP

Die Schlussfolgerung des Abschn. 25b.1 Abs. 5 S. 3 UStAE ergibt sich aus Sinn und Zweck des § 25b UStG: Nur dann, wenn die Warenbewegung der Lieferung **an** den mittleren Unternehmer (d.h. seinem Eingangsumsatz) zugeordnet wird, käme es zu der unerwünschten Registrierung des mittleren Unternehmers im Bestimmungsland.

31 Wird der Gegenstand der Lieferungen **durch den letzten Abnehmer befördert oder versendet (Abholfall)**, ist die Anwendung der Vereinfachungsregelung ausgeschlossen, weil ebenfalls kein i. g. Dreiecksgeschäft vorliegt (vgl. Abschn. 25b.1 Abs. 5 S. 4 UStAE und vgl. Rn. 13f.).

TIPP

Das wird in den anderen Mitgliedstaaten ggf. anders beurteilt (vgl. DIHT, a.a.O.; Winter, UR 1998, 209; Fallstudie »Unterschiedliche Beurteilung der i. g. Dreiecksgeschäfte in den Mitgliedstaaten« bei Weimann, UidP, Kap. 32.2.4).

2.2 Übertragung der Steuerschuld auf den letzten Abnehmer (§ 25b Abs. 2 UStG)

32 Im Fall eines i. g. Dreiecksgeschäfts i. S. d. § 25b Abs. 1 UStG wird die Steuer für die (Inlands-)Lieferung des ersten Abnehmers an den letzten Abnehmer von dem letzten Abnehmer geschuldet, wenn die in § 25b Abs. 2 Nr. 1 bis 4 UStG genannten Voraussetzungen **sämtlich (= kumulativ)** erfüllt sind (vgl. Abschn. 25b.1 Abs. 6 UStAE).

33 Die Übertragung der Steuerschuld auf den letzten Abnehmer ist bei Vorliegen der Voraussetzungen **zwingend** vorgeschrieben.

34 Durch die Übertragung der Steuerschuld wird der letzte Abnehmer Steuerschuldner für die vom ersten Abnehmer an ihn ausgeführte Lieferung (§ 13 Abs. 2 Nr. 5 UStG).

35 Unter folgenden Voraussetzungen wird die Steuerschuld für die Lieferung an den letzten Abnehmer auf diesen übertragen (so noch Abschn. 276b Abs. 7 UStR 2000):

- Der Lieferung ist ein **i. g. Erwerb** beim ersten Abnehmer **vorausgegangen** (§ 25b Abs. 2 Nr. 1 UStG).
- Der erste Abnehmer ist **nicht in dem Mitgliedstaat ansässig**, in dem die Beförderung oder Versendung endet (§ 25b Abs. 2 Nr. 2 UStG).
- Der **erste** Abnehmer **verwendet** gegenüber dem ersten Lieferer und dem letzten Abnehmer **dieselbe USt-IdNr.** Diese USt-IdNr. darf ihm nicht von einem der Mitgliedstaaten erteilt worden sein, in dem die Beförderung oder Versendung beginnt oder endet (§ 25b Abs. 2 Nr. 2 UStG).
- Der erste Abnehmer muss dem letzten Abnehmer eine **Rechnung** i. S. d. § 14a Abs. 1a und Abs. 2 UStG erteilen, in der die Steuer nicht gesondert ausgewiesen ist (§ 25b Abs. 2 Nr. 3 UStG).
- Der letzte Abnehmer muss eine USt-IdNr. des Mitgliedstaates verwenden, in dem die Beförderung oder Versendung endet (§ 25b Abs. 2 Nr. 4 UStG).

2.3 Innergemeinschaftlicher Erwerb des ersten Abnehmers (§ 25b Abs. 3 UStG)

Wird die Steuerschuld wirksam auf den letzten Abnehmer übertragen, gilt der i. g. Erwerb des ersten Abnehmers nach § 25b Abs. 3 UStG als besteuert. 36

Diese fiktive Besteuerung des i. g. Erwerbs beim ersten Abnehmer gilt für die Erwerbsbesteuerung in dem Mitgliedstaat, 37

- in dem die Beförderung oder Versendung endet (vgl. § 3d S. 1 UStG),
- unter dessen USt-IdNr. der erste Abnehmer auftritt (vgl. § 3d S. 2 UStG, vgl. Abschn. 25b.1 Abs. 7 UStAE mit Fallbeispiel).

2.4 Besonderheiten bei der Rechnungserteilung

Nach § 25b Abs. 2 Nr. 3 UStG ist materielle Voraussetzung für die Übertragung einer Steuerschuld, dass der erste Abnehmer dem letzten Abnehmer eine Rechnung i. S. d. § 14a Abs. 7 UStG erteilt, in der die Steuer nicht gesondert ausgewiesen ist. 38

Neben **Pflichtangaben nach § 14 Abs. 4 UStG** (vgl. Abschn. 25b.1 Abs. 8 S. 2 UStAE) sind in der Rechnung des ersten Abnehmers danach **zusätzlich folgende Angaben** erforderlich: 39

- ein Hinweis auf das Vorliegen eines i. g. Dreiecksgeschäfts. Für den Hinweis sieht das Gesetz keine Form vor; er könnte daher z. B. lauten »Innergemeinschaftliches Dreiecksgeschäft nach § 25b UStG« oder »Vereinfachungsregelung nach Art. 141 MwStSystRL« (Wagner in S/R, § 14a Rz. 22);
- ein Hinweis auf die Steuerschuld des letzten Abnehmers, z. B. »Die Steuer schulden danach Sie als Leistungsempfänger«;
- die Angabe der USt-IdNr. des mittleren Unternehmers (= leistender Unternehmer);
- die Angabe der USt-IdNr. des letzten Abnehmers (= Kunde des leistenden Unternehmers).

2.4.1 Hinweis auf das Vorliegen eines innergemeinschaftlichen Dreiecksgeschäfts

Der Hinweis auf das Vorliegen eines i. g. Dreiecksgeschäfts ist an keine besondere Form gebunden und **kann** (muss aber nicht, vgl. Rn. 41 ff.) **in deutscher Sprache** erfolgen. Möglich sind z. B. die Hinweise: 40

- »Innergemeinschaftliches Dreiecksgeschäft nach § 25b UStG«,
- »Vereinfachungsregelung nach Art. 141 MwStSystRL«

(vgl. Abschn. 25b.1 Abs. 8 S. 2 Nr. 1 UStAE).

2.4.2 Hinweis auf die Steuerschuld des letzten Abnehmers

Der letzte Abnehmer soll durch die Hinweise in der Rechnung eindeutig und leicht erkennen können, dass er letzter Abnehmer in einem i. g. Dreiecksgeschäft ist und die Steuerschuld auf ihn übertragen wird (Abschn. 25b.1 Abs. 8 S. 2 Nr. 2 UStAE). Entscheidend ist, dass ein Hinweis auf 41 das Vorliegen eines i. g. Dreiecksgeschäfts und zusätzlich auf die Übertragung der Steuerschuld auf den letzten Abnehmer so formuliert wird, dass der letzte Abnehmer auf Grund der Formulierung erkennen kann, was er zu tun hat. Der letzte Abnehmer hat nämlich die Steuerschuld des ersten Abnehmers (seines Lieferers) zu übernehmen und in seiner Steueranmeldung zu erklären und kann in der Regel die USt wieder als Vorsteuer geltend machen (vgl. Rn. 53). Der Hinweis **muss nicht in deutscher Sprache** erfolgen. Da der inländische Rechnungsempfänger als letzter Abnehmer die Rechnung in der Regel von einem Unternehmer aus einem anderen EU-Staaten erhält, wird der Hinweis in der Regel nicht in deutscher Sprache erfolgen (Tehler in R/K/L, § 14a Rz. 95).

TIPP

- Da der Rechnungshinweis nicht in deutscher Sprache erfolgen muss, ist es für die Überprüfung von Eingangsrechnungen unabdingbar, die entsprechenden **Formulierungen in den Sprachen der anderen Mitgliedstaaten** zu kennen.
- Mittleren Unternehmern ist zu empfehlen, in den Ausgangsrechnungen die Rechnungshinweise **stets zweisprachig** aufzumachen: einmal in der eigenen Landessprache und in der des letzten Abnehmers. Die leistenden Unternehmer stellen so sicher, dass die Finanzverwaltungen des eigenen Landes und des Bestimmungslandes ohne größere Probleme – und damit ohne Rückfragen! – erkennen, dass ein Fall des § 25b UStG vorliegt.

42 Die entsprechenden Formulierungen lauten (vgl. Rundschreiben des DIHT vom 19.11.1996; Fritsch in R/K/L, § 25b Rz. 110; Osec, a.a.O.):

- für Belgien: »Opération triangulaire intracommunautaire. La T. V. A. est due par le bénéficiaire«,
- für Dänemark: »Trekantshandel indenfor EU, momspligtig e fakturamodtager«,
- für Finnland: »Kolmikantakauppa, laskunsaaja on velvollinen suorittamaan arvonlisäveron«,
- für Frankreich: »Opération triangulaire intracommunautaire. La T. V. A. est due par le bénéficiaire«,
- für Griechenland: »ENDOKINOTIKI TRIGONIKI APOSTOLI, IPOHREOS TOU F. P. A. INE O PARALIPTIS TOU TIMO-LOGIOU«,
- für Italien: »Triangolazione intracomunitaria, debitore d'imposta è l'intestatario della fattura«,
- für Luxemburg: »Opération triangulaire intracommunautaire. La T. V. A. est due par le bénéficiaire«,
- für die Niederlande: »Intracommunautaire A-B-C-levering, heffing omzetbelasting wordt verlegd naar ontvanger van de rekenning«,
- für Portugal: »Negócio triangular intracomunitário, o devedor fiscal é o destinatário da factura«,
- für Schweden: »Gemenskapsintern trepartshandel, fakturamottagaren är skattskyldig«,
- in Spanien: »Operación triangular intracomunitaria; el destinatario de la factura es sujeto pasivo a efectos del IVA«,
- für das Vereinigte Königreich »VAT: EC Article 28c E (3) Simplification Invoice«,
- für die Republik Irland »Triangulation, invoice recipient is liable for tax«.

TIPP

Eingangsrechnungen sind auf derartige Hinweise zu untersuchen. Da dies vielfach noch immer unbekannt ist, sollten Steuerberater ihre Mandanten entsprechend informieren!

43 Der letzte Abnehmer wird in diesem Fall in seinem Land zum Steuerschuldner (vgl. § 13a Abs. 1 Nr. 5, § 25b Abs. 2 UStG), d.h. der Eingangsumsatz erhöht seine Steuerschuld. Bei gleichzeitiger Vorsteuerabzugsberechtigung kann er in gleicher Höhe Vorsteuern gegenrechnen (vgl. § 25b Abs. 5 UStG), so dass **per Saldo ein Nullsummeneffekt** eintritt.

BEISPIEL

A ist im Juli 2018 der letzte Abnehmer eines Dreiecksgeschäfts; er verwendet die Ware für Umsätze, die zum Vorsteuerabzug berechtigen, und überweist 100.000 € an seinen Lieferanten. Unter den weiteren Voraussetzungen des § 25 b UStG hat er in der USt-Voranmeldung 7/2018 wie folgt zu verfahren:

Umsätze	
Sonstige Umsätze (Zeilen 18 ff. des Vordrucks = Kz. 41 ff.)	x EUR
i. g. Dreiecksgeschäfte	
(Eingangsumsätze, Zeile 63 des Vordrucks = Kz. 69)	19.000 EUR
Vorsteuern	
Sonstige Vorsteuern (Zeilen 54 ff. = Kz. 66 ff.)	y EUR
i. g. Dreiecksgeschäfte	
(Eingangsumsätze, Zeile 55 = Kz. 66)	19.000 EUR

Steuern und Vorsteuern aus dem Dreiecksgeschäft saldieren sich.
(Vgl. auch die Muster-Voranmeldung bei Weimann, UidP, Kap. 32.8.3.)

2.5 Bemessungsgrundlage (§ 25 b Abs. 4 UStG)

Im Fall der Übertragung der Steuerschuld nach § 25 b Abs. 2 UStG auf den letzten Abnehmer gilt für die Berechnung der geschuldeten Steuer abweichend von § 10 Abs. 1 UStG die Gegenleistung als Entgelt, d. h. als Nettobetrag **ohne** USt. Die USt ist auf diesen Betrag aufzuschlagen (vgl. Abschn. 25b.1 Abs. 10 UStAE). 44

Beispiel:

Der deutsche Unternehmer D bezieht als letzter Abnehmer eines i. g. Dreiecksgeschäfts im Januar 2018 Maschinenteile von G in Großbritannien zum Preis von 13.500 GBP (Great Britain Pound = Britische Pfund).

Lösung:

Zunächst muss D die Fremdwährung gem. § 16 Abs. 6 UStG in Euro umrechnen; bei der Umrechnung ergeben sich 15.283,35 € (Umrechnungskurs im Januar 2018 gem. BMF vom 01.02.2018, Az: IV C 3 – S 7329/18/10001 (2018/0084036), BStBl I 2018, 301: 1 € = 0,88331 GBP / 1 GBP = 1,1321 €).
Hierauf ist die deutsche USt aufzuschlagen: 15.283,35 € × 19 % = 2.903,84 €.

2.6 Aufzeichnungspflichten (§ 25 b Abs. 6 UStG)

Neben den allgemeinen Aufzeichnungspflichten nach § 22 UStG sind bei i. g. Dreiecksgeschäften vom ersten und vom letzten Abnehmer zusätzliche Aufzeichnungspflichten zu erfüllen, wenn sie eine inländische USt-IdNr. verwenden (§ 25 b Abs. 6 S. 1 UStG, vgl. Abschn. 25b.1 Abs. 10 S. 1 UStAE). 45

Aus den **Aufzeichnungen des ersten Abnehmers** müssen 46

- das vereinbarte Entgelt,
- der Name und die Anschrift des letzten Abnehmers

zu ersehen sein (§ 25 b Abs. 6 S. 1 Nr. 1 UStG).

47 Aus den **Aufzeichnungen des letzten Abnehmers** müssen
- die Bemessungsgrundlage der an ihn ausgeführten Lieferungen i. S. d. § 25b Abs. 2 UStG,
- die auf die Bemessungsgrundlage entfallenden Steuerbeträge,
- der Name und die Anschrift des ersten Abnehmers

zu ersehen sein (§ 25b Abs. 6 S. 1 Nr. 2 UStG).

48 Verwendet der erste Abnehmer eine USt-IdNr. eines anderen Mitgliedstaates, ist er von den ihm im Inland obliegenden allgemeinen Aufzeichnungspflichten nach § 22 UStG befreit, wenn die Beförderung oder Versendung im Inland endet (§ 25b Abs. 6 S. 2 UStG, vgl. Abschn. 25b.1 Abs. 11 S. 2 UStAE).

TIPP

Es ist zu beachten, dass die Aufzeichnungspflichten nach dem UStG nur dann für den jeweils Beteiligten maßgebend sind, wenn der deutsche Fiskus die Besteuerungshoheit hat; ansonsten sind die Vorschriften des jeweils anderen Mitgliedstaates maßgeblich!

2.7 Umsatzsteuer-Voranmeldungen

49 Der Unternehmer hat ab dem 01.01.1997 gem. § 18b UStG seine USt-Voranmeldungen (und Jahressteuererklärungen) um besondere Angaben zu den i. g. Dreiecksgeschäften zu ergänzen. Diese Erklärungspflichten gelten für
- den ersten Abnehmer (= mittlerer Unternehmer) und
- den letzten Abnehmer;

für den ersten Unternehmer der Reihe ergeben sich keine Besonderheiten.

2.7.1 Umsatzsteuer-Voranmeldung des ersten Unternehmers

50 Die Lieferung des ersten Unternehmers an den ersten Abnehmer (= mittlerer Unternehmer) ist eine **ganz »normale« innergemeinschaftliche Lieferung** und als solche zu deklarieren.

Für den ersten Unternehmer ergeben sich daher **keine Besonderheiten**; er braucht insbesondere auch nicht wissen, dass er sich als erster Leistender an einem i. g. Dreiecksgeschäft beteiligt.

2.7.2 Umsatzsteuer-Voranmeldung des ersten Abnehmers (= mittleren Unternehmers)

51 Der erste Abnehmer hat eine Eintragung in **Kennzahl 42 des Vordrucks** zur Umsatzsteuer-Voranmeldung vorzunehmen. Einzutragen ist dort die Bemessungsgrundlage (§ 25b Abs. 4 UStG, vgl. Rn. 44) seiner Lieferungen an den letzten Abnehmer. Zur (korrespondierenden) Zusammenfassenden Meldung vgl. Rn. 55.

Der **innergemeinschaftliche Erwerb** des ersten Abnehmers gilt bereits als besteuert und wird daher nicht erklärt (Rn 36f.).

Zur korrespondierenden **Zusammenfassenden Meldung** des ersten Abnehmers vgl. Rn. 55

Zu Fallstudien zur Umsatzsteuer-Voranmeldung vgl. Weimann, UidP, Kap. 32.8.2. Daneben ist der Ausgangsumsatz freilich immer noch in der vierteljährlichen Zusammenfassenden Meldung i.S.v. § 18a UStG anzugeben (vgl. Rn. 55). 52

2.7.3 Umsatzsteuer-Voranmeldung des letzten Abnehmers

Der letzte Abnehmer hat 53
- die Steuer, die er nach § 25b Abs. 2 UStG für die Lieferung des ersten Abnehmers schuldet, in **Kennzahl 69** und
- einen Vorsteueranspruch in gleicher Höhe in **Kennzahl 66**

einzutragen (vgl. Rn. 41; Muster einer UStVA und Fallstudien bei Weimann, UidP, Kap. 32.8.3).

2.8 Zusammenfassende Meldung

Der Unternehmer hat seit dem 01.01.1997 gem. § 18a UStG die Zusammenfassende Meldung um besondere Angaben zu den i. g. Dreiecksgeschäften zu ergänzen: 54

2.8.1 Zusammenfassende Meldung des mittleren Unternehmers

Der mittlere Unternehmer (= erster Abnehmer) hat seine Lieferung an den letzten Abnehmer zu melden. Er tut dies, indem er die unter Angabe der USt-IdNr. des letzten Abnehmers die Bemessungsgrundlage benennt und durch Eintragung einer »1« in Spalte 3 kennzeichnet. Zur gleichzeitig erforderlichen Zusammenfassenden Meldung vgl. Rn. 51; Muster einer ZM und Fallstudien bei Weimann, UidP, Kap. 32.9.1. 55

2.8.2 Zusammenfassende Meldung des ersten und des letzten Unternehmers

Für den ersten Unternehmer sowie den letzten Abnehmer ergeben sich keine Besonderheiten: 56
- Der erste Unternehmer hat die i. g. Lieferung an den ersten Abnehmer zu melden.
- Der letzte Abnehmer hat keine Meldung vorzunehmen.

2.9 Buchungssätze

Buchhalterisch ergeben sich nur beim letzten Abnehmer Besonderheiten: Er hat eine 57
- Umsatzsteuerverbindlichkeit und gleichzeitig einen
- Vorsteueranspruch

zu buchen.

BEISPIEL
Unternehmer U ist in Deutschland ansässig und erhält im Jahr 2018 als letzter Abnehmer i. R. eines i. g. Dreiecksgeschäfts Ware für 20.000 €.

Lösung:
1. Buchungssatz: Ware an Geldkonto 20.000 €
2. Buchungssatz: Vorsteuer an USt 3 800 € (19 % von 20.000 €)

S			H
1. Ware	20.000 €	1. Geld	20.000 €
2. Vorsteuer	3.800 €	2. USt	3.800 €

58 Für die Vorsteuer und die USt aus i. g. Dreiecksgeschäften sind **gesonderte Unterkonten** einzurichten.

2.10 Finanzierungsvorteil durch Dreiecksgeschäfte

59 Die Vorschrift des § 25b UStG war bereits Bestandteil der Neuregelung der Reihengeschäfte durch das UStÄndG 1997 vom 12.12.1996 (BGBl I 1996, 1851 = BStBl I 1996, 1560). In der Unternehmenspraxis begegnet die Vorschrift noch immer gewissen Berührungsängsten, so dass sie in Deutschland eher selten angewandt wird. Dabei wird übersehen, dass bei Dreiecksgeschäften neben die **verfahrensrechtliche Vereinfachung** ein weiterer Vorteil. Die Übertragung der Steuerschuldnerschaft auf den letzten Abnehmer führt bei dem mittleren Unternehmer nämlich zu einem Wegfall des durch die Sollversteuerung verursachten **Vorfinanzierungseffekts** der USt (Kleine-Rosenstein, BBK 2001, 203, Fach 30, 1135; Weimann, UidP, 12. Aufl. 2014, Kap. 32.11).

2.11 Zeitgleiche Entstehung des Vorsteueranspruchs aus innergemeinschaftlichem Erwerb

60 Bekanntermaßen wurden zum 01.01.2004 die Anforderungen, denen eine Eingangsrechnung genügen muss, um zum Vorsteuerabzug zu berechtigen, erheblich verschärft. Der Leistungsempfänger muss im Besitz einer nach den §§ 14, 14a UStG ausgestellten Rechnung sein, in der die Pflichtangaben vollständig und richtig sind (vgl. Abschn. 15.2 Abs. 2 ff. UStAE). Dabei wird in der Praxis übersehen, dass dies nur für den Vorsteuerabzug nach § 15 Abs. 1 S. 1 Nr. 1 UStG gilt. Die Anforderungen beschränken sich mit anderen Worten auf Fälle, in denen die Vorsteuer in einer Eingangsrechnung ausgewiesen wird; nur hier wird die Rechnung zum »Transportmittel des Vorsteuerabzugs«. Keine Anwendung finden diese Gedanken insbesondere auf die hier zu erörternden Fälle des i. g. Erwerbs (§ 15 Abs. 1 S. 1 Nr. 3 UStG); selbiges gilt aber auch bei Steuerschuld des Leistungsempfängers (§ 15 Abs. 1 S. 1 Nr. 4 UStG, vgl. hierzu Weimann, UidP, 16. Aufl. 2018, Kap. 75.5).

Beispiel:
Unternehmer I in Rom liefert am 16.01.2018 an Unternehmer D in Dortmund steuerfrei i. g. Ware. Die Rechnung erstellt I am 22.05.2018; diese geht D am 28.05.2018 zu. D hat monatliche Umsatzsteuer-Voranmeldungen abzugeben.

Lösung:
Die Steuer entsteht
- mit Ablauf des Monats, in dem die Rechnung ausgestellt worden ist (= Mai 2018),
- spätestens jedoch mit Ablauf des der Ausführung der Leistung folgenden Kalendermonats (= Februar 2018).

D hat den Eingangsumsatz in seiner Umsatzsteuer-Voranmeldung für Februar 2018 anzumelden. Bei Berechtigung des D zum Vorsteuerabzug entsteht dieser zeitgleich.

Lange Zeit war für derartige Fallgestaltungen der **Zeitpunkt der Entstehung des Vorsteuerabzugs** unklar. Es wäre durchaus denkbar gewesen, dass zunächst ausschließlich die Steuerschuld und erst bei Rechnungseingang der Vorsteueranspruch entsteht. Der BFH hatte diese Frage dem EuGH zur Entscheidung vorgelegt, der – zugunsten des Steuerpflichtigen – auf die **gleichzeitige Entstehung von Steuerschuld und Vorsteueranspruch** erkannt hat (EuGH vom 01.04.2004, Rs. C-90/02, Gerhard Bockemühl, UR 2004, 367; vgl. auch Abschn. 15.10 UStAE). In der gleichen Umsatzsteuer-Voranmeldung, in der der i. g. Erwerb (oder der Leistungsbezug nach § 13b UStG) versteuert werden, ist unter den weiteren Voraussetzungen des § 15 UStG auch die Vorsteuer zu ziehen; das **Vorliegen einer Eingangsrechnung ist daher nicht erforderlich!** Da der Vorsteuerabzug auch ohne jedwede Eingangsrechnung möglich ist, ist es natürlich auch überflüssig zu prüfen, ob – wenn eine Rechnung vorliegt – diese dann den Voraussetzungen der §§ 14, 14a UStG genügt! 61

TIPP
1. In der Praxis halten sich die Mitarbeiter der Beratungsbüros immer wieder vollkommen unnötig mit der Frage auf, ob in den beschriebenen Fällen die Eingangsrechnungen wohl den Voraussetzungen zum Vorsteuerabzug genügen. So wird gerade mit Vorlieferanten aus den EU-Beitrittsstaaten immer wieder darüber debattiert, ob und wie Rechnungsnummern vergeben werden müssen und wie die Leistungsbeschreibung auszusehen hat. Der Berater sollte die Mitarbeiter darauf hinweisen, dass dies überflüssig ist; die Rechnungen können ohne jedwede Prüfung »durchgewinkt« werden!
2. Auch die Kreditorenbuchhalter der Mandanten verschwenden hier wertvolle Arbeitszeit; ein Mandantenrundschreiben sollte dies klarstellen!

Änderung durch das AmtshilfeRLUmsG: Kein Sofortabzug der Vorsteuer bei Angabe der falschen USt-IdNr.!
Art. 17 Abs. 2 und 3 sowie Art. 28b Teil A Abs. 2 der 6. EG-RL 77/388/EWG i. d. F. der RL 92/111/EWG des Rates vom 14.12.1992 sind dahin auszulegen, dass der Erwerber in dem in Art. 28b Teil A Abs. 2 Unterabs.1 der 6. EG-RL genannten Fall nicht zum sofortigen Abzug der auf einen i. g. Erwerb entrichteten Mehrwertsteuer als Vorsteuer berechtigt ist. (vgl. § 3d Rn 13ff.).

§ 25c UStG
Besteuerung von Umsätzen mit Anlagegold

(1) [1]Die Lieferung, die Einfuhr und der innergemeinschaftliche Erwerb von Anlagegold, einschließlich Anlagegold in Form von Zertifikaten über sammel- oder einzelverwahrtes Gold und über Goldkonten gehandeltes Gold, insbesondere auch Golddarlehen und Goldswaps, durch die ein Eigentumsrecht an Anlagegold oder ein schuldrechtlicher Anspruch auf Anlagegold begründet wird, sowie Terminkontrakte und im Freiverkehr getätigte Terminabschlüsse mit Anlagegold, die zur Übertragung eines Eigentumsrechts an Anlagegold oder eines schuldrechtlichen Anspruchs auf Anlagegold führen, sind steuerfrei. [2]Satz 1 gilt entsprechend für die Vermittlung der Lieferung von Anlagegold.

(2) Anlagegold im Sinne dieses Gesetzes sind:

1. Gold in Barren- oder Plättchenform mit einem von den Goldmärkten akzeptierten Gewicht und einem Feingehalt von mindestens 995 Tausendstel;
2. Goldmünzen, die einen Feingehalt von mindestens 900 Tausendstel aufweisen, nach dem Jahr 1800 geprägt wurden, in ihrem Ursprungsland gesetzliches Zahlungsmittel sind oder waren und üblicherweise zu einem Preis verkauft werden, der den Offenmarktwert ihres Goldgehalts um nicht mehr als 80 Prozent übersteigt.

(3) [1]Der Unternehmer, der Anlagegold herstellt oder Gold in Anlagegold umwandelt, kann eine Lieferung, die nach Absatz 1 Satz 1 steuerfrei ist, als steuerpflichtig behandeln, wenn sie an einen anderen Unternehmer für dessen Unternehmen ausgeführt wird. [2]Der Unternehmer, der üblicherweise Gold zu gewerblichen Zwecken liefert, kann eine Lieferung von Anlagegold im Sinne des Absatzes 2 Nr. 1, die nach Absatz 1 Satz 1 steuerfrei ist, als steuerpflichtig behandeln, wenn sie an einen anderen Unternehmer für dessen Unternehmen ausgeführt wird. [3]Ist eine Lieferung nach den Sätzen 1 oder 2 als steuerpflichtig behandelt worden, kann der Unternehmer, der diesen Umsatz vermittelt hat, die Vermittlungsleistung ebenfalls als steuerpflichtig behandeln.

(4) Bei einem Unternehmer, der steuerfreie Umsätze nach Absatz 1 ausführt, ist die Steuer für folgende an ihn ausgeführte Umsätze abweichend von § 15 Abs. 2 nicht vom Vorsteuerabzug ausgeschlossen:

1. die Lieferungen von Anlagegold durch einen anderen Unternehmer, der diese Lieferungen nach Absatz 3 Satz 1 oder 2 als steuerpflichtig behandelt;
2. die Lieferungen, die Einfuhr und der innergemeinschaftliche Erwerb von Gold, das anschließend von ihm oder für ihn in Anlagegold umgewandelt wird;
3. die sonstigen Leistungen, die in der Veränderung der Form, des Gewichts oder des Feingehalts von Gold, einschließlich Anlagegold, bestehen.

(5) Bei einem Unternehmer, der Anlagegold herstellt oder Gold in Anlagegold umwandelt und anschließend nach Absatz 1 Satz 1 steuerfrei liefert, ist die Steuer für an ihn ausgeführte Umsätze, die in unmittelbarem Zusammenhang mit der Herstellung oder Umwandlung des Goldes stehen, abweichend von § 15 Abs. 2 nicht vom Vorsteuerabzug ausgeschlossen.

(6) Bei Umsätzen mit Anlagegold gelten zusätzlich zu den Aufzeichnungspflichten nach § 22 die Identifizierungs-, Aufzeichnungs- und Aufbewahrungspflichten des Geldwäschegesetzes entsprechend.

Literatur

Langer, EU-einheitliche Regelung für Anlagegold bei der Umsatzsteuer, DB 1998, 2292. **Vellen**, Umsatzsteuerliche Sonderregelung für Anlagegold, UR 1999, 185.

Verwaltungsanweisungen

BMF vom 11.04.2011, Az: IV D 3 – S 7130/07/10008, 2011/0294414, Umsatzsteuer; Auswirkungen des EuGH-Urteils vom 07.12.2006, Rs. C-240/05, Eurodental; Änderungen der Abschnitte 4.3.5, 4.4.1, 4.11b.1, 4.17.1, 4.19.1, 4.19.2, 4.25.1, 4.28.1, 6.1, 6a.1, 15.13, 25.2 und 25c.1 UStAE, BStBl I 2011, 459.

BMF vom 31.10.2016, Az: III C 1 – S 7068/07/10001-08, 2016/0978840, Art. 344 und 345 der Richtlinie 2006/112/EG des Rates vom 28.11.2006 über das gemeinsame Mehrwertsteuersystem (MwStSystRL) – Sonderregelung für Anlagengold; Verzeichnis der befreiten Goldmünzen für das Jahr 2017.

BMF vom 12.12.2017, Az: III C 1 – S 7068/07/10001-09, 2017/1036221, Art. 344 und 345 der Richtlinie 2006/112/EG des Rates vom 28.11.2006 über das gemeinsame Mehrwertsteuersystem (MwStSystRL) – Sonderregelung für Anlagengold; Verzeichnis der befreiten Goldmünzen 2018.

Hinweis: Zur Problematik der zeitlichen Geltungsdauer von BMF-Schreiben vgl. Einführung UStG, Rz. 100 ff.

Richtlinien/Hinweise/Verordnungen

UStAE: Abschn. 25c.1.
MwStSystRL: Art. 344f.

1 Allgemeines

1.1 Überblick über die Vorschrift

1 Das Steuerbereinigungsgesetz 1999 hat die bisherige Steuerbefreiung für Goldgeschäfte des § 4 Nr. 8 Buchst. k UStG aus gemeinschaftsrechtlichen Gründen (hierzu ausführlich Langer in R/K/L, Rn. 9ff.) aufgehoben und die Besteuerung von Umsätzen mit Anlagegold im extra eingeführten § 25c UStG ab dem 01.01.2000 vollkommen neu geregelt. Die 6. EG-RL sah ursprünglich keine dem

deutschen Recht entsprechende Umsatzsteuerbefreiung vor; die EU-Kommission hatte daher die deutsche Regelung vor dem EuGH gerügt (Vellen, UR 1999, 185). Die Mitgliedstaaten einigten sich in der »Anlagegold-Richtlinie« darauf, die 6. EG-RL um einen neuen Art. 26b zu ergänzen, der die umsatzsteuerliche Behandlung von Umsätzen mit Anlagegold EG-einheitlich regelt. Diese Regelung setzt § 25 c UStG in das deutsche Umsatzsteuerrecht um.

2 Dabei hat der Gesetzgeber die Systematik des deutschen Umsatzsteuerrechts unbeachtet gelassen, indem er in § 25 c UStG Regelungen über Steuerbefreiung, Option, Vorsteuerabzug und Aufzeichnungspflichten zusammengefasst hat (vgl. Rn. 4), statt sie in die dafür einschlägigen Normen des UStG einzugliedern. Derartige »Entgleisungen« des Gesetzgebers sind kein Einzelfall (vgl. § 27 Abs. 1a UStG). Das UStG wird dadurch auch für den kundigen Rechtsanwender in zunehmendem Maße schwieriger zu handhaben und für den Laien vollends undurchschaubar (Heidner in Bunjes, § 25 c Rn. 2). § 25 c UStG gilt daher als »ein abschreckendes Beispiel für die Unfähigkeit der Mitgliedstaaten der EG, sich bei der Novellierung des harmonisierten Mehrwertsteuerrechts auf einfache und überschaubare Rechtssätze zu einigen« (Klenk in S/R, § 25 c Rn. 1).

1.2 Rechtsentwicklung

3 § 25 c UStG wurde zum 01.01.2000 in das UStG eingefügt, um den damals neuen Vorgaben der 6. EG-RL zu entsprechen (vgl. Rn. 1 f.). Bis zum 31.12.1999 befreite § 4 Nr. 8 Buchst. k UStG Geschäfte mit Gold von der Umsatzsteuer. Die Steuerbefreiung schloss den Vorsteuerabzug grundsätzlich aus (§ 15 Abs. 2 Nr. 1 UStG), gab dem leistenden Unternehmer jedoch bei Umsätzen an Unternehmer die Möglichkeit der Option zur Umsatzsteuerpflicht (§ 9 Abs. 1 UStG; zur Rechtsentwicklung ausführlich Langer, UR 1999, 185, Rn. 1 ff., 5 ff.).

3a Das »Gesetz zur Umsetzung der Vierten EU-Geldwäscherichtlinie, zur Ausführung der EU-Geldtransferverordnung und zur Neuorganisation der Zentralstelle für Finanztransaktionsuntersuchungen – GeldwäscheRLUmsG – « vom 23.06.2017 (BGBl I 2017, 1822) hat zu einer Änderung des § 25c Abs. 6 UStG geführt. Nach Art. 22 Abs. 1 GeldwäscheRLUmsG wurden die Wörter »mit Ausnahme der Identifizierungspflicht in Verdachtsfällen nach § 6 dieses Gesetzes« gestrichen. Die Änderung ist am 26.06.2017 in Kraft getreten (Art. 24 Abs. 1 GeldwäscheRLUmsG).

1.3 Geltungsbereich

1.3.1 Sachlicher Geltungsbereich

4 Die Vorschrift regelt die umsatzsteuerliche Behandlung der Umsätze mit Anlagegold, und zwar wie folgt:

- Abs. 1 befreit Umsätze mit Anlagegold und deren Vermittlung von der Umsatzsteuer;
- Abs. 2 definiert den Begriff des Anlagegoldes;
- Abs. 3 bietet die Option zur Steuerpflicht an;
- Abs. 4 und Abs. 5 regeln das Recht zum Vorsteuerabzug;
- Abs. 6 führt Identifizierungs-, Aufzeichnungs- und Aufbewahrungspflichten ein.

1.3.2 Persönlicher Geltungsbereich

§ 25c UStG sieht hinsichtlich des persönlichen Geltungsbereichs keine Beschränkungen vor und gilt daher für **alle Unternehmer** i. S. d. § 2 UStG. Außerunternehmerische (»private«) Goldgeschäfte bleiben daher von der Regelung unberührt. 5

BEISPIEL
Erbe B veräußert das Anlagegold des Erben an einen gewerblichen Aufkäufer.

1.3.3 Zeitlicher Geltungsbereich

§ 25c UStG ist zum 01.01.2000 in Kraft getreten und gilt für Sachverhalte, die nach dem 31.12.1999 verwirklicht werden (Art. 28 Abs. 1 StBereinG 1999). 6

1.4 Gemeinschaftsrechtliche Grundlagen und Verhältnis zu anderen Vorschriften

§ 25c UStG setzt Art. 344f. MwStSystRL in das deutsche Umsatzsteuerrecht um und ist **gemeinschaftsrechtskonform** (vgl. Rn. 1f.). 7

Die Vorschrift regelt für Anlagegoldgeschäfte die Steuerbefreiung, die Option, den Vorsteuerabzug und die Aufzeichnungspflichten und geht insoweit den §§ 4, 9, 15 und 22 UStG als die **speziellere Vorschrift** vor. Nach der EuGH-Entscheidung Eurodental (EuGH vom 07.12.2006, Rs. C-240/05, BFH/NV Beilage 2007, 204) stellt die FinVerw hierzu ausdrücklich klar (vgl. BMF vom 11.04.2011 und Abschn. 25c.1 Abs. 7 UStAE): 8

- Liegen für Goldlieferungen nach § 4 Nr. 4 UStG auch die Voraussetzungen der Steuerbefreiung für Anlagegold (§ 25c Abs. 1 und 2 UStG) vor, geht die Steuerbefreiung des § 25c Abs. 1 und 2 UStG der Steuerbefreiung des § 4 Nr. 4 UStG vor.
- Liegen für die Lieferung von Anlagegold auch die Voraussetzungen einer Ausfuhrlieferung (§ 4 Nr. 1 Buchst. a, § 6 UStG) bzw. einer innergemeinschaftlichen Lieferung (§ 4 Nr. 1 Buchst. b, § 6a UStG) vor, geht die Steuerbefreiung des § 25c Abs. 1 und 2 UStG diesen Steuerbefreiungen vor.

2 Die einzelnen Tatbestandsmerkmale

2.1 Umfang der Steuerbefreiung (§ 25c Abs. 1 UStG)

Abs. 1 regelt in enger Anlehnung an Art. 344ff. MwStSystRL den Umfang der Steuerbefreiung von Umsätzen mit Anlagegold. Steuerbefreit sind nach § 25c Abs. 1 S. 1 UStG die Lieferung, die Einfuhr sowie der i. g. Erwerb von Anlagegold. Als Lieferung von Anlagegold wird entsprechend Art. 346 MwStSystRL auch der Handel von Anlagegold in Form von Zertifikaten über sammel- oder einzelverwahrtes Gold und über Goldkonten gehandeltes Gold angesehen, der bisher im nationa- 9 len Umsatzsteuerrecht als sonstige Leistung i. S. d. § 3 Abs. 9 UStG beurteilt worden ist (Gesetzesbegründung, BR-Drucks. 475/99; vgl. auch Abschn. 70a Abs. 1 und 3 UStR 1996).

10 Gegenstand dieser fingierten Lieferungen können insbesondere auch sein (vgl. Abschn. 25c.1 Abs. 1 UStAE):

- die Veräußerung von **Golddarlehen** und **Goldswaps**, durch die ein Eigentumsrecht an Anlagegold oder ein schuldrechtlicher Anspruch auf Anlagegold begründet wird;
- die Veräußerung von **Terminkontrakten** und im Freiverkehr getätigte **Terminabschlüsse** mit Anlagegold, die zur Übertragung eines Eigentumsrechts an Anlagegold oder eines schuldrechtlichen Anspruchs auf Anlagegold führen;
- die Veräußerung von ideellen **Miteigentumsanteilen** an einem Goldbarrenbestand oder einem Goldmünzenbestand;
- die Veräußerung von **Gewichtsguthaben** an einem Goldbarrenbestand, wenn die Gewichtskonten obligatorische Rechte ausweisen;
- die Veräußerung von **Goldbarrenzertifikaten** oder **Goldmünzenzertifikaten**;
- die **Abtretung von Ansprüchen** auf Lieferung von Goldbarren oder Goldmünzen.

11 Soweit Leistungen, vor allem Optionsgeschäfte mit Goldbarren, nicht unter die Lieferfiktion des § 25c Abs. 1 S. 1 HS 2 UStG fallen, kommt eine Steuerbefreiung der Umsätze nach § 4 Nr. 8 Buchst. e UStG in Betracht. Denn der Rat und die Kommission haben in einer Protokollerklärung zu Art. 1 Teil B der RL 98/80/EG (= Art. 26 Teil B der 6. EG-RL) bekannt gegeben, dass die nicht von dieser Vorschrift erfassten Anlagegoldumsätze, die als Dienstleistungen (= sonstige Leistungen) anzusehen sind, nach Art. 13 Teil B Buchst. d der 6. EG-RL, die mit § 4 Nr. 8 Buchst. e UStG in nationales Recht umgesetzt wurden, steuerfrei sein können, wenn die Voraussetzungen der Regelung vorliegen. Damit wird ermöglicht, die bislang geltende Steuerbefreiung im Geschäft mit Goldumsätzen – mit Ausnahme der Geschäfte mit unverarbeitetem Gold – weitgehend beizubehalten (Gesetzesbegründung, BR-Drucks. 475/99).

12 Die Steuerbefreiung gilt auch für die **Vermittlung** der Lieferung von Anlagegold (Abschn. 25c.1 Abs. 1 S. 3 UStAE). Diese Regelung beruht auf Art. 347 MwStSystRL.

13 § 25c Abs. 1 UStG entspricht damit im Hinblick auf den Anwendungsbereich weitgehend der bis zum 31.12.1999 geltenden Steuerbefreiung im Geschäft mit Goldumsätzen des § 4 Nr. 8 Buchst. k UStG. Nicht unter die Steuerbefreiung fallen aber die bislang steuerfreien Umsätze von **unverarbeitetem Gold** (Industriegold) sowie die **Umformung von Goldbarren** (z. B. Verkleinerung). Ebenfalls nicht nach § 25c Abs. 1 UStG befreit sind **Ausfuhrlieferungen** und **i. g. Lieferungen** von Anlagegold. Diese Umsätze können aber unter den weiteren Voraussetzungen der §§ 4 Nr. 1, 6, § 6a UStG steuerfrei erfolgen (Langer, UR 1999, 185, Rn. 15f.).

2.2 Anlagegold (Legaldefinition, § 25c Abs. 2 UStG)

14 Die Vorschrift definiert den Begriff des Anlagegolds entsprechend Art. 344 MwStSystRL. Die Steuerbefreiung für Gold in Barren- oder Plättchenform gilt unabhängig davon, ob sie durch Wertpapiere verbrieft ist oder nicht. Hinsichtlich der Steuerbefreiung für Goldmünzen wird die Kommission vor dem 01. 12. eines jeden Jahres ein Verzeichnis der Münzen, die die Kriterien für die Steuerbefreiung erfüllen, in der Reihe C des Amtsblattes der Europäischen Gemeinschaften veröffentlichen. Die in diesem Verzeichnis aufgeführten Münzen geltend während des gesamten Jahres, für das das Verzeichnis gilt, als Anlagegold i. S. d. § 25c Abs. 2 Nr. 2 UStG. Einem Unternehmer bleibt es unbenommen, die Voraussetzungen für die Steuerbefreiung der Goldmünzen, die nicht in der Liste

enthalten sind, im Einzelfall in geeigneter Form nachzuweisen. Auf das Herstellungsverfahren – z. B. gewalzt oder gegossen – kommt es nicht an (Gesetzesbegründung, BR-Drucks. 475/99).

2.2.1 Goldbarren und Goldplättchen

Goldbarren und -plättchen bestehen aus Feingold mit einem Feingehalt von mindestens 995 Tausendsteln in firmenspezifisch typisierter eckiger Form mit eingestanzter oder eingeprägter Angabe des Herstellers, des Feingoldgehalts und des Gewichts. Die Barren können mit bildlichen Darstellungen geprägt sein (Abschn. 25c.1 Abs. 2 S. 1, 2 UStAE). 15

Nicht unter die Steuerbefreiung fällt **unverarbeitetes Gold (Industriegold)**. Unverarbeitetes Gold sind Barren, Granalien und Feinbandgold in handelsüblicher Form mit einem Feingoldgehalt von weniger als 995 Tausendsteln (Abschn. 25c.1 Abs. 4 UStAE). Umsätze von Industriegold sind daher seit 01.01.2000 steuerpflichtig; sie fielen bis 31.12.1999 unter die Steuerbefreiung nach § 4 Nr. 8 Buchst. k UStG. Die Steuerbefreiung wurde nicht für erforderlich gehalten, weil die Begünstigung nur solches Gold umfassen sollte, das – wie andere Formen der Geldanlage – zu Anlagezwecken verwendet wird. Industriegold wird hierzu regelmäßig nicht verwendet. Vielmehr wird es grundsätzlich weiter be- oder verarbeitet und für steuerpflichtige Umsätze (z. B. Lieferungen von Schmuck) verwendet. Eine Befreiung auf einer Vorstufe ist aber unsystematisch und würde bei einer späteren Besteuerung in der Umsatzkette vom Ergebnis gesehen wieder rückgängig gemacht (Langer, UR 1999, 185, Rn. 21; vgl. auch Klenk in S/R, § 25 c Rn. 25). Zu den Werkleistungen an Anlagegold vgl. Rn. 32. 16

2.2.2 Goldmünzen

Goldmünzen sind Münzen, die einen Feingoldgehalt von mindestens 900 Tausendsteln haben; Bimetall-Münzen sind keine Goldmünzen (Abschn. 25c.1 Abs. 2 S. 3, 4 UStAE). Die Münzen müssen nach dem Jahr 1800 geprägt sein; ältere Sammlermünzen sind steuerpflichtig (Klenk in S/R, § 25 c Rn. 30 f.). 17

Anders als bei der bis 31.12.1999 anzuwendenden Steuerbefreiung des § 4 Nr. 8 Buchst. k UStG ist **keine Mindestauflagenhöhe** erforderlich (§ 4 Nr. 8 Buchst. k UStG a. F.: Mindestauflage 25.000). 18

Bei Münzen, die nicht in dem o. a. Verzeichnis enthalten sind, muss der Unternehmer im Einzelfall prüfen, ob sie die Voraussetzungen für die Behandlung als Anlagegold erfüllen. Der Metallwert der Goldmünze ist dabei grundsätzlich anhand des aktuellen Tagespreises für Gold zu ermitteln; dieser wird z. B. an der Londoner Börse für die Feinunze Gold (= 31,1035 Gramm) festgelegt. Der regelmäßig in US-Dollar festgelegte Wert ist dann anhand der aktuellen Umrechnungskurse in Euro umzurechnen. Da diese **Berechnung des Goldwertes** sehr kompliziert ist, bietet die Finanzverwaltung zugunsten der Betroffenen eine Vereinfachungsregelung an. Diese ist entsprechend der Regelung für die Anwendung des ermäßigten Steuersatzes bei Goldmünzen ausgestaltet. Damit wird dem Unternehmer die Möglichkeit eingeräumt, statt des Tagespreises für Gold auch den letzten im Monat November festgestellten Gold-Tagespreis (Nachmittagsfixing) für das gesamte folgende Kj. zugrunde zu legen. 19

2.3 Optionsrecht (§ 25c Abs. 3 UStG)

20 Nach § 25c Abs. 3 S. 1 UStG kann der Unternehmer, der Anlagegold herstellt oder Gold in Anlagegold umwandelt, zur Umsatzsteuerpflicht der Lieferung von Anlagegold optieren, wenn er an einen anderen Unternehmer für dessen Unternehmen liefert. Diese Regelung beruht auf Art. 348 MwStSystRL. Ein Unternehmer, der üblicherweise Gold zu gewerblichen Zwecken liefert, kann bei der Lieferung von Anlagegold i. S. d. § 25c Abs. 2 Nr. 1 UStG an einen anderen Unternehmer für dessen Unternehmen von dem Optionsrecht Gebrauch machen. Mit dieser Vorschrift soll die nach Art. 349 MwStSystRL eingeräumte Möglichkeit in das deutsche Umsatzsteuerrecht übernommen werden. Vermittelt ein Unternehmer eine in § 25c Abs. 3 S. 1 und 2 UStG bezeichnete Lieferung, so kann er nach § 25c Abs. 3 S. 3 UStG für die Steuerpflicht des Vermittlungsumsatzes optieren, wenn der vermittelte Umsatz zuvor vom liefernden Unternehmer als steuerpflichtig behandelt worden ist. Diese Regelung beruht auf Art. 350 MwStSystRL (Gesetzesbegründung, BR-Drucks. 475/99). Die Berechtigung zur Option haben damit ausschließlich Unternehmer, die

- selbst Anlagegold herstellen oder Gold in Anlagegold umwandeln, hinsichtlich der Lieferungen von Anlagegold,
- im Rahmen ihrer Tätigkeit üblicherweise Gold zu gewerblichen Zwecken liefern, hinsichtlich der Lieferung von Anlagegold in Barren- oder Plättchenform,

wenn auch der Abnehmer ein Unternehmer ist (Abschn. 25c.1 Abs. 5 UStAE).

21 Fraglich war, ob **Banken** bei Lieferungen von Anlagegold an einen Unternehmer zur Besteuerung optieren können; die Finanzverwaltung hat dies daher ausdrücklich klargestellt (BMF vom 16.03.2000, BStBl I 2000, 456).

22 Die Option gilt jedoch für einen Unternehmer, der das gelieferte Gold **zuvor als Anlagevermögen behandelt** hat, mit anderen Worten nicht damit handelt. Insoweit ist auch die Lieferung an ihn steuerfrei zu behandeln. Eine Option wäre auch wenig sinnvoll, denn nur durch die Steuerbefreiung kann eine nicht systemgerechte Belastung mit Umsatzsteuer im unternehmerischen Bereich minimiert werden (so auch Langer, UR 1999, 185, Rn. 23).

23 Bei **Vermittlungsleistungen** ist eine Option zur Besteuerung nur noch dann möglich, wenn hinsichtlich der vermittelten Lieferung von Anlagegold vom Auftraggeber der Vermittlung zur Besteuerung optiert wurde. Diese zwingend vom Gesetzgeber aus dem Gemeinschaftsrecht umzusetzende Regelung dürfte in der Praxis kaum handhabbar sein. Der Auftraggeber der Vermittlungsleistung weiß im Zeitpunkt der Auftragsabwicklung oftmals nicht, ob sein Abnehmer Unternehmer ist. Außerdem müsste der Auftraggeber dem Vermittler regelmäßig mitteilen, dass er zur Besteuerung des vermittelten Umsatzes optiert hat. Eine Option in allen Fällen ist nach dem eindeutigen Wortlaut sowohl von § 25c Abs. 3 UStG, aber auch der ihr zugrunde liegenden Vorschrift des Art. 350 MwStSystRL nicht möglich. Damit kommt es in derartigen Fällen zu einer nicht systemgerechten Umsatzsteuerbelastung im unternehmerischen Bereich (Langer, UR 1999, 185, Rn. 23).

24 Die Option zur Besteuerung sieht § 25c Abs. 3 UStG bei **anderen sonstigen Leistungen** im Zusammenhang mit Goldumsätzen nicht vor. Eine Option kann hier allenfalls über § 9 Abs. 1 UStG erfolgen, wenn der jeweilige Umsatz grundsätzlich ein solcher nach § 4 Nr. 8 UStG ist.

2.4 Vorsteuerabzug (Legaldefinition, § 25c Abs. 4f. UStG)

25 Die Steuerbefreiung berechtigt grundsätzlich nicht zum Vorsteuerabzug. Damit die Vorteile der Sonderregelung gewahrt bleiben und Wettbewerbsverzerrungen im Hinblick auf eingeführtes

Anlagegold vermieden werden, ist in bestimmten Fällen (z. B. Ankauf des Goldes, Umwandlung von Geld in Anlagegold, Umformen von Anlagegold) ein Vorsteuerabzug möglich (Gesetzesbegründung, BR-Drucks. 475/99). Danach ist der Vorsteuerabzug trotz Steuerbefreiung der Ausgangsumsätze bei steuerpflichtigen Eingangsumsätzen möglich, wenn ein Unternehmer

- steuerfrei Anlagegold liefert, das er selbst von einem Unternehmer erworben hat, der nach § 25c Abs. 3 S. 1 oder 2 UStG auf die Steuerbefreiung verzichtet hat **(§ 25c Abs. 4 Nr. 1 UStG)**.

Beispiel:
Eine Bank erwirbt Anlagegold von einem Unternehmer, der seinerseits gem. § 25c Abs. 3 UStG auf die Steuerbefreiung der Lieferung verzichtet hat und in seiner Rechnung die Umsatzsteuer offen ausweist. Die Bank veräußert das Gold steuerfrei an eine Privatperson weiter.

Lösung:
Die Bank kann die vom vorleistenden Unternehmer in Rechnung gestellte Umsatzsteuer als Vorsteuer zum Abzug bringen.

- Gold mit einem Feingehalt von weniger als 995 Tausendsteln erwirbt oder einführt, in Anlagegold mit einem Feingehalt von mindestens 995 Tausendsteln umwandelt und im Anschluss steuerfrei liefert **(§ 25c Abs. 4 Nr. 2 UStG)**;

Beispiel:
Ein Unternehmer führt aus Australien Industriegold ein. Die Einfuhr des Goldes erfolgt einfuhrumsatzsteuerpflichtig. Der Unternehmer wandelt das Gold in Anlagegold um und liefert es steuerfrei an eine Bank.

Lösung:
Der Unternehmer kann die für die Einfuhr des Goldes entrichtete Einfuhrumsatzsteuer als Vorsteuer abziehen.

- Gold in der Form, im Gewicht oder im Feingehalt verändern lässt und im Anschluss steuerfrei liefert **(§ 25c Abs. 4 Nr. 3 UStG)**;

Beispiel:
Eine Bank beauftragt eine Goldschmelze, größere Mengen Anlagegoldes in für Privatkunden interessante Barrengrößen umzuschmelzen.

Lösung:
Das Umschmelzen des Goldes ist eine steuerpflichtige – weder durch § 25c UStG noch eine andere Steuerbefreiung begünstigte – sonstige Leistung. Die der Bank von der Goldschmelze berechnete Umsatzsteuer kann diese daher als Vorsteuer abziehen.

- Anlagegold herstellt oder Gold in Anlagegold umwandelt und steuerfrei veräußert und selbst steuerpflichtige Vorbezüge hat, die in unmittelbarem Zusammenhang mit diesen Leistungen stehen **(§ 25c Abs. 5 UStG)**. Die Formulierung entspricht weitgehend Art. 26b Teil D Nr. 2 der 6. EG-RL und ist entsprechend ungenau. Abziehbar muss aber in jedem Fall die beim Erwerb von Gold und für Dienstleistungen, die unmittelbar im Zusammenhang mit der Herstellung oder der Umwandlung von Gold stehen, in Rechnung gestellte oder entrichtete Steuer sein. Dies könnte auch für alle anderen Gegenstände gelten, die der Unternehmer erwirbt und die in einem gewissen Zusammenhang mit der Lieferung von Anlagegold stehen. Nicht abziehbar sein müssen aber – nach Sinn und Zweck der Regelung – die Steuerbeträge, die dem Unternehmer, der Anlagegold herstellt oder umwandelt, für Vorbezüge in Rechnung gestellt worden sind, die im Zusammenhang mit der steuerfreien Lieferung von Anlagegold steht, das der Unternehmer erworben hat, aber nicht be- oder verarbeitet. Nur so kann ein gleichmäßiger Vorsteuerabzug für alle Unternehmer, die mit Anlagegold handeln, sichergestellt werden (Langer, UR 1999, 185, Rn. 30).

Beispiel:
Der Unternehmer G be- und verarbeitet Edelmetalle. Dabei stellt G auch aus Gold mit einem Feingehalt von weniger als 995 Tausendsteln Anlagegold mit einem Feingehalt von mindestens 995 Tausendsteln her und wandelt Gold (auch Anlagegold) durch Veränderung von Form, Gewicht oder Feingehalt um. G erwirbt vorsteuerbelastet

a) einen Schmelzofen zum Schmelzen von Gold, das in Anlagegold umgewandelt wird,
b) ein Fahrzeug, mit dem sämtliche Edelmetalle befördert werden, und
c) eine Büroausstattung für den Verkauf.

Lösung:
Aus § 25 c Abs. 5 UStG ergibt sich hinsichtlich des Vorsteuerabzugs:
a) G kann die für die Lieferung des Schmelzofens in Rechnung gestellte Umsatzsteuer als Vorsteuer abziehen.
b) Auch die in Rechnung gestellte Umsatzsteuer für die Lieferung des Fahrzeugs ist als Vorsteuer abziehbar, zum einen, weil sie in Zusammenhang mit steuerpflichtigen Lieferungen von anderen Edelmetallen als Gold stehen, zum anderen, weil diese Gegenstände mit der Herstellung und Umwandlung von Anlagegold im Zusammenhang stehen.
c) Die in Rechnung gestellte Umsatzsteuer für den Kauf der Büroausstattung ist abziehbar, soweit sie im Zusammenhang mit steuerpflichtigen Lieferungen von anderen Edelmetallen als Gold und der steuerfreien Lieferung von hergestelltem oder umgewandeltem Anlagegold stehen, nicht aber soweit sie für die Lieferung von Anlagegold verwendet werden, das der Unternehmer nicht selbst hergestellt oder umgewandelt hat.

26 Kritisch ist zum Vorsteuerabzug nach § 25c Abs. 4 und 5 UStG Folgendes anzumerken (vgl. auch Langer, UR 1999, 185, Rn. 31):

- Die **Vorsteuerentlastung des Anlagegoldes** scheint auf den ersten Blick nicht systemgerecht zu sein, da bei einer Steuerbefreiung eine Entlastung nur in Höhe der Wertschöpfung erfolgen sollte. Hier allerdings stellt die Vorsteuerentlastung im Inland hergestelltes Anlagegold mit aus Drittstaaten eingeführtem Anlagegold gleich.
- Auch die Gewährung des **Vorsteuerabzugs für Vorbezüge** von Unternehmen, die Gold (einschließlich Anlagegold) be- und verarbeiten, ist im Hinblick auf eine sachgerechte Zuordnung von allgemeinen Verwaltungskosten zu den steuerbefreiten Umsätzen mit Anlagegold, das nicht hergestellt oder umgewandelt wird, sicher nicht unproblematisch. In der Praxis wird eine derartige Zuordnung aber kaum erforderlich sein, da die betroffenen Unternehmen in der Regel neben den steuerfreien Umsätzen mit Anlagegold allenfalls in unbedeutendem Umfang derartige Umsätze bewirken.
- Zu einer Erleichterung kommt es letztlich hinsichtlich des Vorsteuerabzugs für Vorbezüge im Zusammenhang mit dem **Umformen von Gold**. Die Umsätze aus dem Umformen von Gold sind steuerpflichtig mit Recht auf Vorsteuerabzug.

2.5 Identifizierungs-, Aufzeichnungs- und Aufbewahrungspflichten (§ 25c Abs. 6 UStG)

27 Für Umsätze mit Anlagegold gelten zusätzlich zu den Aufzeichnungspflichten nach § 22 UStG die Identifizierungs-, Aufzeichnungs- und Aufbewahrungspflichten des Geldwäschegesetzes (nachfolgend kurz »GwG«) entsprechend. Angesichts der möglichen Verwendung von Gold sowohl zu gewerblichen als auch zu Anlagezwecken und um der Geldwäsche entgegenzuwirken, wird die Verpflichtung eingeführt, bei Umsätzen mit Anlagegold zusätzlich zu den umsatzsteuerlichen Aufzeichnungspflichten die Identifizierungs-, Aufzeichnungs- und Aufbewahrungspflichten des Geldwäschegesetzes (GwG) zu beachten (Gesetzesbegründung, BR-Drucks. 475/99).

28 Die Identifizierungspflicht in **Verdachtsfällen nach § 6 GwG** war im ursprünglichen Gesetzesentwurf nicht besonders erwähnt; sie ist aber auf Initiative des Finanz- und Vermittlungsausschusses von den Identifizierungspflichten des § 25c Abs. 6 UStG a. F. ausgenommen worden. Hierzu heißt es in BT-Drucks. 14/2070: »Die Änderung stellt klar, dass die Identifizierungs-,

Aufzeichnungs- und Aufbewahrungspflichten nicht bei Verdachtsfällen bestehen, wenn der in § 2 des Geldwäschegesetzes genannte Betrag, auf den § 6 des Geldwäschegesetzes Bezug nimmt, von zurzeit 15.000 € nicht erreicht ist. § 25c Abs. 6 UStG begründet die Pflicht allein zum Zweck der Besteuerung«. Diese Ausnahme gilt seit dem 26.06.2017 nicht mehr (vgl. Rn. 3a).

Bei Annahme oder Abgabe von Edelmetallen im Wert vom weniger als 15.000 € gilt mit anderen 29
Worten die Identifizierungspflicht in den Verdachtsfällen nach § 6 GwG nur für die dort genannten Institute; für die übrigen von § 25c UStG erfassten Unternehmer gilt sie nicht entsprechend (Klenk in S/R, § 25c Rn. 67).

Die Regelung des § 25c Abs. 6 UStG begründet neue Pflichten für Unternehmer, die von § 25c UStG 30
erfasst sind, ohne Geldinstitute zu sein; Letztere müssen die Pflichten schon nach dem GwG beachten. Allerdings ist die Identifizierungspflicht in Verdachtsfällen nach § 6 GwG ausgenommen worden. Unternehmer müssen danach für Umsätze mit Anlagegold mit einer Bemessungsgrundlage von mehr als 15.000 € den Leistungsempfänger identifizieren (§§ 2, 3 GwG, vgl. Klenk in S/R, § 25c Rn. 61).

In der Praxis ist für die Identifizierung zu beachten, dass 31

- mindestens der **Name**, die **Anschrift** und die **Nummer eines Ausweispapiers** (Reisepass, Personalausweis) aufgezeichnet werden;
- die Aufzeichnung regelmäßig durch **Kopie der vorgelegten Dokumente** zu erfolgen hat;
- eine **Abspeicherung auf Bild- oder Datenträgern** zulässig ist (§ 9 Abs. 2 GwG);
- die **Aufbewahrungszeit** für diese Nachweise sechs Jahre beträgt und mit Ablauf des Kalenderjahres beginnt, in dem der aufzuzeichnende Umsatz bewirkt worden ist (§ 9 Abs. 3 GwG).

Im Einzelnen geht es wohl um die §§ 1, 2, 3, 6, 7, 8, 9 GwG.

2.6 Werkleistungen an Anlagegold

Unter den Voraussetzungen des § 25c UStG führt die Lieferung von Anlagegold beim Erwerber zu 32
umsatzsteuerfreien Goldbezügen. Derjenige, der das an ihn gelieferte Anlagegold steuerfrei bezogen hat und es anschließend einem Goldschmied zur Umarbeitung in Goldschmuck übergibt, muss an diesen lediglich den Werklohn entrichten. Das von ihm beigestellte Gold scheidet als Materialbeistellung aus dem Leistungsaustausch aus. Das verarbeitete Anlagegold gelangt so unbesteuert in den Letztverbrauch. Da diese Rechtsfolge weder vom EG-RL-Geber noch vom deutschen Gesetzgeber beabsichtigt war, ist mit einer diese ausschließenden Fortschreibung der MwStSystRL zu rechnen (Nieskens in R/D, § 25c Anm. 66 m. w. N.).

Beispiel:
Privatmann P erwirbt im Jahr 2018 von einer Bank steuerfrei einen Goldbarren für 2000 €. Aus dem Gold lässt P von Goldschmied G einen Kerzenleuchter fertigen. G berechnet für seine Arbeiten 500 € zzgl. 95 € USt, so dass P für den Leuchter insgesamt 2595 € aufwenden musste.

Lösung:
Hätte P von G den Leuchter ohne Materialbeistellung bezogen, hätte G an P auch das Material steuerbelastet weiterliefern müssen. Die Rechnung des G hätte dann wahrscheinlich wie folgt ausgesehen:

Gold	2.000 €
Arbeiten	500 €
	2.500 €
darauf USt (19 %)	475 €
	2.975 €

TIPP
Im vorstehenden Beispiel hat P durch den Einsatz »eigenen« Goldes 380 € gespart – ein (wenn auch vom Richtlinien- und Gesetzgeber ungewolltes) wirkliches »Steuersparmodell«!
Das gleiche Ergebnis müsste sich in der Praxis erreichen lassen, wenn der Goldschmied für P zunächst als dessen Vertreter den Erwerb des Anlagegoldes von der Bank vermittelt (vgl. § 25c Abs. 1 S. 2 UStG).

§ 25d UStG
Haftung für die schuldhaft nicht abgeführte Steuer

(1) [1]Der Unternehmer haftet für die Steuer aus einem vorangegangenen Umsatz, soweit diese in einer nach § 14 ausgestellten Rechnung ausgewiesen wurde, der Aussteller der Rechnung entsprechend seiner vorgefassten Absicht die ausgewiesene Steuer nicht entrichtet oder sich vorsätzlich außer Stande gesetzt hat, die ausgewiesene Steuer zu entrichten und der Unternehmer bei Abschluss des Vertrags über seinen Eingangsumsatz davon Kenntnis hatte oder nach der Sorgfalt eines ordentlichen Kaufmanns hätte haben müssen. [2]Trifft dies auf mehrere Unternehmer zu, so haften diese als Gesamtschuldner.

(2) [1]Von der Kenntnis oder dem Kennenmüssen ist insbesondere auszugehen, wenn der Unternehmer für seinen Umsatz einen Preis in Rechnung stellt, der zum Zeitpunkt des Umsatzes unter dem marktüblichen Preis liegt. [2]Dasselbe gilt, wenn der ihm in Rechnung gestellte Preis unter dem marktüblichen Preis oder unter dem Preis liegt, der seinem Lieferanten oder anderen Lieferanten, die am Erwerb der Ware beteiligt waren, in Rechnung gestellt wurde. [3]Weist der Unternehmer nach, dass die Preisgestaltung betriebswirtschaftlich begründet ist, finden die Sätze 1 und 2 keine Anwendung.

(3) [1]Örtlich zuständig für den Erlass des Haftungsbescheides ist das Finanzamt, das für die Besteuerung des Unternehmers zuständig ist. [2]Im Fall des Absatzes 1 Satz 2 ist jedes Finanzamt örtlich zuständig, bei dem der Vorsteueranspruch geltend gemacht wird.

(4) [1]Das zuständige Finanzamt hat zu prüfen, ob die Voraussetzungen für den Erlass des Haftungsbescheides vorliegen. [2]Bis zum Abschluss dieser Prüfung kann die Erteilung der Zustimmung im Sinne von § 168 Satz 2 der Abgabenordnung versagt werden. [3]Satz 2 gilt entsprechend für die Festsetzung nach § 167 Abs. 1 Satz 1 der Abgabenordnung, wenn sie zu einer Erstattung führt.

(5) Für den Erlass des Haftungsbescheides gelten die allgemeinen Grundsätze, mit Ausnahme des § 219 der Abgabenordnung.

Literatur

Farr, Haftung nach § 25d UStG im vorläufigen Insolvenzverfahren, DStR 2007, 706. **Küffner**, Vorsicht bei vermeintlichen Schnäppchen – zur Haftung für die schuldhaft nicht abgeführte Umsatzsteuer (§ 25d UStG) / Zugleich Anmerkung zum BMF-Schreiben vom 29.03.2004, IV B 2 – S 7429 – 1/04, DStR 2004, 766. **Oswald**, Die Haftung nach § 25d UStG / Ein wirksamer Beitrag zur Bekämpfung des Umsatzsteuerbetrugs?, UStB 2005, 85, 115. **Weimann**, Rechnungsangabe »Leistungsbeschreibung« als probates Mittel gegen Karussellgeschäfte, UStB 2006, 25. **Weimann**, Anmerkungen zum Urteil des EuGH vom 12.01.2006, verbundene Rs. C-354/03 [Optigen Ltd], C-355/03 [Fulcrum Electronics Ltd], C-484/03 [Bond House Systems Ltd], steuer-journal 6/2006, 13. **Weimann**, Cross-Check-, Mittler- oder Reverse-Charge-Modell: Überlegungen zu einer Reform des Umsatzsteuersystems, IWB 2006, 351, Fach 3 Gruppe 7, 695. **Weimann**, Umsatzsteuer in der Praxis (UidP), 16. Aufl. 2018, Kap. 39.

Verwaltungsanweisungen

Bundesrechnungshof, Unterrichtung des deutschen Bundestages durch den Präsidenten des Bundesrechnungshofes; Bericht nach § 99 BHO über die Steuerausfälle bei der Umsatzsteuer durch Steuerbetrug und Steuervermeidung; Vorschläge an den Gesetzgeber, BT-Drucks. 15/1495 (abgelegt bei Weimann, UidP/ Datenbank/Wichtiges aus der Verwaltung/Wichtiges von anderen Behörden).

BMF vom 29.03.2004, Az: IV B 2 – S 7429 – 1/04, BStBl I 2004, 450.

Hinweis: Zur Problematik der zeitlichen Geltungsdauer von BMF-Schreiben vgl. Einführung UStG, Rz. 100 ff.

Richtlinien/Hinweise/Verordnungen

UStAE: Abschn. 25d.1.

Sonstige behördliche Verlautbarungen

Vorschlag für eine Richtlinie des Rates zur Änderung der Richtlinie 2006/112/EG in Bezug auf die Harmonisierung und Vereinfachung bestimmter Regelungen des Mehrwertsteuersystems und zur Einführung des endgültigen Systems der Besteuerung des Handels zwischen Mitgliedstaaten, BR-Drucks. 660/17 vom 04.10.2017, www.bundesrat.de / Archiv / Drucksachen.

1 Allgemeines

1.1 Überblick über die Vorschrift

1.1.1 Die Feststellungen des Bundesrechnungshofs

1 Der Bundesrechnungshof prüft seit der Einführung des USt-Binnenmarktes zum 01.01.1993 die steuerlichen Folgen des Wegfalls der Grenzkontrollen, um zeitnah auf mögliche Betrugsdelikte hinweisen zu können. Dabei hat sich der BRH zunächst auf den innergemeinschaftlichen Handel und insbesondere den Karussellbetrug konzentriert (vgl. BT-Drucks. 13/8550 Nr. 53 und 14/4226 Nr. 68) und dem BMF entsprechende Gesetzesänderungen vorgeschlagen. Die vom Bundesrechnungshof vorgeschlagenen Gesetzesänderungen sind weitestgehend in das Gesetz zur Bekämpfung von Steuerverkürzungen bei der USt und anderen Steuern (Steuerverkürzungsbekämpfungsgesetz – StVBG vom 19.12.2001, BGBl I 2001, 3922) eingegangen und zum 01.01.2002 in Kraft getreten. Seither hat der Bundesrechnungshof eine Vielzahl weiterer Fälle zum Karussellbetrug geprüft, sich aber auch anderen Bereichen zugewandt, in denen ebenfalls in großem Stil Umsatzsteuerbetrug und -vermeidung vorkommen. In seinem damaligen Bericht (Unterrichtung durch den Präsidenten des Bundesrechnungshofes/Bericht nach § 99 BHO über die Steuerausfälle bei der USt durch Steuerbetrug und Steuervermeidung – Vorschläge an den Gesetzgeber, BT-Drucks. 15/1495 vom 03.09.2003) geht der Bundesrechnungshof noch davon aus, dass auch weiterhin insbesondere Karussellgeschäfte zu hohen

Umsatzsteuerausfällen (damals ca. 12 Mrd. EUR p.a.) führen. Das **aktuelle Zahlenmaterial der EU-Kommission** beziffert die **Umsatzsteuerausfälle im Oktober 2017** (Rn. 4).

Das StVBG hat hier nicht zu dem gewünschten Erfolg geführt. Der Bundesrechnungshof 2
bemängelt insbesondere die durch das StVBG zum 01.01.2002 eingeführte Haftung nach § 25d UStG. Die Vorschrift sei auf Grund der hohen Anforderungen an eine mögliche Haftung **wenig praxisnah**; dem Bundesrechnungshof ist daher auch kein einziger Fall bekannt geworden, in dem die Finanzverwaltung eine Inanspruchnahme nach § 25d UStG auch nur versucht hätte.

Mit dem **StÄndG 2003** vom 19.12.2003 (BGBl I 2003, 3642; BStBl I 2003, 710) nimmt der 3
Gesetzgeber die Kritik des Bundesrechnungshofs auf. Dabei orientiert sich die Vorschrift nunmehr an den Vorschriften in den Niederlanden und in Großbritannien, die eine widerlegbare **Umkehr der Beweislast** vorsehen und darüber hinaus an die **Preisgestaltung** anknüpfen (BT-Drucks. 15/1798, Gegenäußerung der Bundesregierung zu Art. 4 Nr. 30). Das BMF nimmt mit Schreiben vom 29.03.2004 (BStBl I 2004, 450) zu der Neuregelung Stellung.

1.1.2 Steuerschaden

Das Ausmaß der durch Umsatzsteuerbetrug verursachten Steuerschäden lässt sich nur schwer 4
bestimmen. Dies nicht nur deshalb, weil naturgemäß die Betrüger ihre Zahlen in keine Statistik einfließen lassen, sondern auch, weil viele Mitgliedstaaten die Zahlen zum aufgedeckten Umsatzsteuerbetrug entweder nicht erheben oder nicht veröffentlichen (wollen). Umso interessanter ist daher das **Zahlenmaterial** (10/2017), das die EU-Kommission im Zusammenhang mit den Überlegungen zur mittelfristigen Umstellung auf ein endgültiges Mehrwertsteuersystem sowie zu den flankierenden Sofortmaßnahmen veröffentlicht hat (BR-Drucks. 660/17 vom 04.10.2017, a.a.O., vgl. Einf. vor § 1, Rn. 83.04).

1.1.3 Begriff des Karussellgeschäfts

Der Haftungstatbestand des § 25d UStG dient der Bekämpfung des Umsatzsteuerbetruges, insbeson- 5
dere in Form von Karussellgeschäften, bei denen in den Fiskus schädigender Absicht Rechnungen mit USt ausgestellt werden, um dem Rechnungsempfänger den Vorsteuerabzug zu ermöglichen, ohne die ausgewiesene und geschuldete USt zu entrichten (Abschn. 25d.1 Abs. 1 UStAE).

Karussellgeschäfte sind Liefergeschäfte, bei denen in den Fiskus schädigender Absicht Rechnun- 6
gen mit Umsatzsteuer ausgestellt werden, um dem Rechnungsempfänger den Vorsteuerabzug zu ermöglichen, ohne die ausgewiesene und geschuldete Steuer zu entrichten. Die Anfangsrecht einfach »gestrickten« Betrugsgeschäfte (vgl. BRH vom 03.09.2003, BT-Drucks. 15/1495) wurden in der Folgezeit »verfeinert«, um der Finanzverwaltung die Aufdeckung zu erschweren. Mittlerweile verlaufen Karussellgeschäfte in der Regel zumindest vierstufig (vgl. Weimann, UidP, Kap. 39.3; ders., UStB 2006, 25; zur »Technik der Karussellgeschäfte« vgl. auch Hessisches FG, EFG 2003, 890):

- **Ausgangslieferant (Stufe 1):** Der **Ausgangslieferant** ist in einem anderen EU-Staat ansässig und beliefert seinen Abnehmer, den Missing Trader, steuerfrei innergemeinschaftlich.
- **Missing Trader (Stufe 2):** Der erste Empfänger der Ware versteuert im Bestimmungsland den innergemeinschaftlichen Erwerb (Nullsummenspiel!) und verkauft die Ware umsatzsteuerpflichtig an einen vorab bestimmten Inländer. **Auf dieser Stufe entstehen die Steuerausfälle**, da von vorneherein weder die Absicht besteht, eine Marge zu erzielen noch die in Rechnung gestellte Umsatzsteuer zu begleichen; der auf der zweiten Stufe tätige Unternehmer wird daher als Missing Trader bezeichnet. Der Missing Trader veräußert die Ware unter dem Einstandspreis und wird so vermögenslos. Er »taucht ab«, sobald die Finanzverwaltung versucht, die

fällige Umsatzsteuer beizutreiben, und wird durch einen noch nicht auffällig gewordenen neuen Missing Trader ersetzt. Das Finanzamt wird keine Möglichkeit zur Einsicht in die Bücher des Missing Traders haben; darum bleibt unbeantwortet, warum die Ware unter dem Einstandspreis veräußert wurde.

- **Buffer (Stufe 3):** Abnehmer des Missing Traders ist der ebenfalls im Bestimmungsland ansässige Buffer. Der Buffer dient der **Verschleierung des Lieferweges** und verkauft die Ware an den nächsten Abnehmer des Karussells. Der Buffer hat eine unauffällige Umsatzsteueranmeldung mit Vorsteuer aus dem Wareneinkauf und Umsatzsteuer aus dem Warenverkauf; es kommt zu einer Zahllast.
- **Distributor (Stufe 4):** Auch der Distributor (manchmal auch »Exporter« genannt) ist als Abnehmer des Buffers im Bestimmungsland ansässig. Der Distributor veräußert die Ware steuerfrei innergemeinschaftlich zurück an den Ausgangslieferanten. Damit ist das **Karussell geschlossen**; die Ware kann über einen neuen Missing Trader wieder in Umlauf gebracht werden.

Beispiel:
Der in Belgien ansässige Unternehmer B verkauft im Juni 2018 im Rahmen i. g. Lieferungen hochwertige Armbanduhren an den in Deutschland angemeldeten Scheinunternehmer S. Vereinbarungsgemäß beträgt der Kaufpreis 170.000 €.
S verkauft die Uhren für 150.000 € zzgl. USt i. H. v. 28.500 € dem deutschen Juwelier J_1. Während J_1 sich die Vorsteuern erstatten lässt, meldet S gegenüber dem Finanzamt die USt an, ohne diese auch bezahlen zu können, da er aus den insgesamt erhaltenen 178.500 € zunächst seine Lieferverbindlichkeiten gegenüber B i. H. von 170.000 € begleicht und durch den Verkauf unter dem Einstandspreis vermögenslos wurde.
J_1 verkauft die Uhren für 170.000 € zzgl. 32.300 € USt an den ebenfalls deutschen Juwelier J_2 und lässt sich die Vorsteuern aus dem Wareneinkauf von S i. H. v. 24.000 € vom Finanzamt erstatten.
J_2 verkauft die Uhren für 180.000 € steuerfrei innergemeinschaftlich an B zurück und lässt sich die Vorsteuern aus dem Wareneinkauf von J_1 i. H. v. 32.300 € vom Finanzamt erstatten.

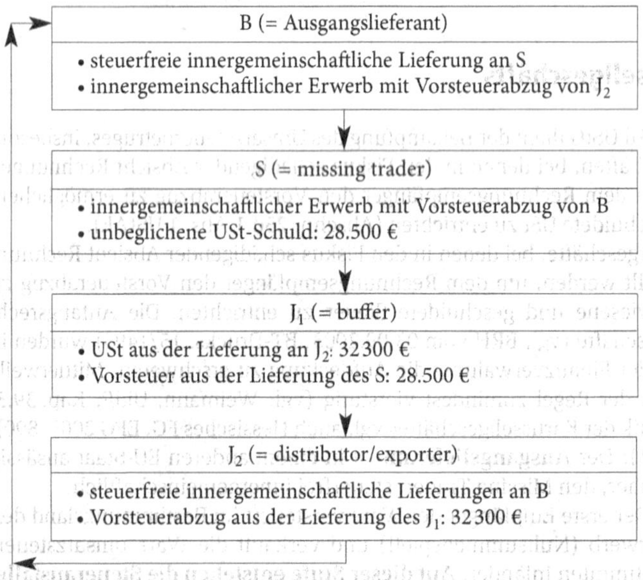

Lösung:
Das Finanzamt wird die Umsatzsteuer des Missing Traders niederschlagen müssen; der Steuerschaden beträgt mithin 28.500 €.

> **HINWEIS**
> Unternehmer, die unwissentlich Umsätze im Rahmen eines insgesamt betrügerischen Karussellgeschäfts tätigen, bleiben aus den Eingangsumsätzen zum Vorsteuerabzug berechtigt. Jeder Umsatz der Lieferkette ist für sich betrachtet eine eigenständige wirtschaftliche Tätigkeit. Das Recht des Unternehmers wird dadurch, dass ein dem eigenen Umsatz vor- oder nachgelagerter anderer Umsatz in der Kette betrugsbehaftet ist, ohne dass der Unternehmer hiervon Kenntnis hat oder haben kann, nicht berührt (EuGH vom 12.01.2005, verbundene Rs. C-354/03 [Optigen Ltd], C-355/03 [Fulcrum Electronics Ltd], C-484/03 [Bond House Systems Ltd], IStR 2006, 132; ausführlich hierzu Weimann, steuer-journal 6/2006, 13).

In der Praxis denkt die deutsche Finanzverwaltung derzeit darüber nach, inwieweit innerhalb des bestehenden Umsatzsteuersystems Karussellgeschäften durch strengere Anforderungen an die Rechnungsangabe »Leistungsbeschreibung« begegnet werden kann; es wird gefordert, dass alle vom Hersteller gewählten Produktspezifizierungen (z. B. die IMEI-Nummern) für sämtliche Handelsstufen – bis zum eigentlichen Letztverbraucher – zwingend in die Rechnungen bzw. die diese ergänzende Unterlagen aufzunehmen sind. Sollte sich der vorgestellte Gedanke durchsetzen, wäre es für die Finanzverwaltung insbesondere bei Einsatz der neuen Prüfsoftware »WIN IDEA« wohl ein Leichtes, Warenbewegungen genauestens zu verfolgen (vgl. Weimann, UStB 2006, 25, m. w. N.). Der BFH hat hierzu in einem Aussetzungsverfahren darauf erkannt, dass die Frage, ob in einer Rechnung über die Lieferung von Mobiltelefonen die jedem Gerät vom Hersteller zugeordnete Gerätenummer in der Rechnung oder in einer Anlage zur Rechnung (Lieferschein) angegeben werden muss, höchstrichterlich noch nicht geklärt ist (BFH vom 06.04.2006, Az: V B 22/06, BFH/NV 2006, 1715). 7

1.2 Rechtsentwicklung

Durch Art. 1 Nr. 6 des Gesetzes zur Bekämpfung von Steuerverkürzungen und zur Änderung anderer Steuergesetze (Steuerverkürzungsbekämpfungsgesetz – StVBG vom 19.12.2001, BGBl I 2001, 3922) wurde mit § 25d UStG a. F. die Haftung für die schuldhaft nicht abgeführte Steuer eingeführt. § 25d UStG a. F. ist gem. Art. 9 Abs. 2 StVBG am 01.01.2002 in Kraft getreten. 8

Durch Art. 5 Nr. 31 des Zweiten Gesetzes zur Änderung steuerlicher Vorschriften (Steueränderungsgesetz 2003 – StÄndG 2003 vom 19.12.2003, BGBI I 2003, 3642, BStBl I 2003, 710) wurde in § 25d UStG der Abs. 1 S. 1 neu gefasst sowie ein neuer Abs. 2 eingefügt. Diese Änderungen sind gem. Art. 25 Abs. 4 StÄndG 2003 am 01.01.2004 in Kraft getreten. Zu den Gründen der Änderungen zum 01.01.2004 vgl. Rn. 1 ff. 9

Sollten die **Reformbestrebungen der EU-Kommission für die Zeit ab 2022** (vgl. Einführung UStG, Rn. 62 ff.) erfolgreich sein, wird § 25d UStG obsolet werden. 9a

1.3 Geltungsbereich

1.3.1 Sachlicher Geltungsbereich

Der Haftungstatbestand des § 25d UStG dient der Bekämpfung des **Umsatzsteuerbetrugs**, insbesondere in Form von **Karussellgeschäften**, bei denen in den Fiskus schädigender Absicht Rechnungen mit USt ausgestellt werden, um dem Rechnungsempfänger den Vorsteuerabzug zu ermöglichen, ohne die ausgewiesene und geschuldete Steuer zu entrichten (vgl. Rn. 5). 10

TIPP

EuGH (Urteil vom 12.01.2006, verbundene Rs. C-354/03 [Optigen Ltd], C-355/03 [Fulcrum Electronics Ltd], C-484/03 [Bond House Systems Ltd.]), BFH/NV Beilage 2006, 144; vgl. Urteilsanmerkung von Weimann, steuer-journal 6/2006, 13) und BFH (Urteil vom 19.04.2007, Az: V R 48/04, BStBl II 2009, 315) haben darauf erkannt, dass der Vorsteuerabzug zu versagen ist, wenn der unternehmerische Leistungsempfänger wusste, wissen konnte oder hatte wissen müssen, dass er sich mit seinem Erwerb an einem Umsatz beteiligt hat, der in eine Umsatzsteuerhinterziehung einbezogen ist. **Ist aus einem Eingangsumsatz der Vorsteuerabzug bereits nach diesen Grundsätzen zu versagen, verbleibt für die Anwendung des § 25d UStG kein Raum mehr** (so auch Janzen/Lippross/Szabo/Tausch, Umsatzsteuer 2008, zu § 25d UStG).

1.3.2 Persönlicher Geltungsbereich

11 § 25d UStG sieht hinsichtlich des persönlichen Geltungsbereichs keine Beschränkungen vor und gilt daher für **alle Unternehmer** i. S. d. § 2 UStG.

1.3.3 Zeitlicher Geltungsbereich

12 § 25d UStG in der Fassung des Art. 9 Abs. 2 StVBG ist am **01.01.2002** in Kraft getreten und findet Anwendung auf Fälle, in denen der potenzielle Haftungsschuldner den Vertrag über seinen Eingangsumsatz nach dem 31.12.2001 abgeschlossen hat (Abschn. 25d.1 Abs. 9 UStAE a. F.).

13 § 25d UStG in der Fassung des Art. 25 Abs. 4 StÄndG 2003 ist am **01.01.2004** in Kraft getreten und findet Anwendung auf Fälle, in denen der potenzielle Haftungsschuldner den Vertrag über seinen Eingangsumsatz nach dem 31.12.2003 abgeschlossen hat (Abschn. 25d.1 Abs. 9 UStAE a. F. unter Hinweis auf das BMF-Schreiben vom 29.03.2004, BStBl I 2004, 450).

1.4 Gemeinschaftsrechtliche Grundlagen und Verhältnis zu anderen Vorschriften

14 § 25d UStG hat – als rein verfahrensrechtliche Vorschrift – kein Vorbild in der 6. EG-RL (vgl. Klenk in S/R, § 25d Rn. 4). In anderen Mitgliedstaaten (Großbritannien, Niederlande) kommen aber ähnliche Vorschriften zur Anwendung (vgl. Rn. 3).

2 Kommentierung

2.1 Haftungsvoraussetzungen (§ 25d Abs. 1 UStG)

15 Voraussetzungen für die Haftung nach § 25d UStG sind:

- Die aus einem vorangegangenen Umsatz geschuldete USt wurde nicht entrichtet. Vorangegangener Umsatz ist auch ein Umsatz auf den **Vorstufen**, nicht nur der unmittelbare Eingangsumsatz des Unternehmers.

- Diese USt wurde in einer **Rechnung** nach § 14 UStG ausgewiesen.
- Die ausgewiesene Steuer wurde vom Aussteller der Rechnung entsprechend seiner **vorgefassten Absicht** nicht entrichtet oder er hat sich vorsätzlich außer Stande gesetzt, diese zu entrichten.
- Der in Haftung zu nehmende Leistungsempfänger hatte bei Abschluss des Vertrages über seinen Eingangsumsatz vom vorsätzlichen Handeln des Rechnungsausstellers (nachweislich tatsächlich) Kenntnis oder hätte **nach der Sorgfalt eines ordentlichen Kaufmanns Kenntnis** haben müssen.

Vgl. Abschn. 25d.1 Abs. 2 UStAE.

Nicht unter die Regelung fällt die **unrichtig bzw. unberechtigt ausgewiesene USt** (§ 14 Abs. 2 und 3 UStG bzw. § 14c Abs. 1 und Abs. 2 UStG), da ein Vorsteuerabzug insoweit bereits gem. § 15 Abs. 1 Nr. 1 UStG ausgeschlossen ist (Abschn. 25d.1 Abs. 3 UStAE). 16

Die **Darlegungs- und Feststellungslast** liegt grundsätzlich bei dem für den Erlass des Haftungsbescheides zuständigen Finanzamt (Abschn. 25d.1 Abs. 4 UStAE; BMF vom 29.03.2004, BStBl I 2004, 450). 17

TIPP

BFH vom 28.02.2008, Az: V R 44/06, BStBl II 2008, 586, Haftungsvoraussetzungen des § 25d UStG im Falle der Bestellung eines vorläufigen Insolvenzverwalters: Im Falle der Bestellung eines vorläufigen Insolvenzverwalters ohne Anordnung eines allgemeinen Verfügungsverbots verbleibt die Verwaltungs- und Verfügungsbefugnis und damit auch die steuerliche Verantwortlichkeit für die Abführung der ausgewiesenen USt beim Insolvenzschuldner. Es besteht kein allgemein bekannter Erfahrungssatz dahingehend, dass bei einer Leistungserbringung in der Phase der vorläufigen Insolvenzverwaltung die rechnungsmäßig ausgewiesene USt nicht abgeführt wird, weil jedenfalls der vorläufige Insolvenzverwalter einer solchen Abführung nicht zustimmen wird. Vgl. hierzu Farr, DStR 2007, 706.

2.2 Vermutungsregelung (§ 25d Abs. 2 UStG)

Gem. § 25d Abs. 2 UStG ist von der Kenntnis oder dem Kennen müssen insbesondere dann auszugehen, wenn 18

- der Unternehmer für seinen Umsatz einen Preis in Rechnung stellt, der zum Zeitpunkt des Umsatzes unter dem marktüblichen Preis liegt oder
- der dem Unternehmer in Rechnung gestellte Preis unter dem marktüblichen Preis liegt oder
- der dem Unternehmer in Rechnung gestellte Preis unter dem Preis liegt, der seinem Lieferanten oder anderen Lieferanten, die am Erwerb der Ware beteiligt waren, in Rechnung gestellt wurde.

Marktüblich ist ein Preis, der im gewöhnlichen Geschäftsverkehr unter fremden Dritten unter Berücksichtigung der Handelsstufe üblicherweise realisiert wird (Abschn. 25d.1 Abs. 5 UStAE; BMF vom 29.03.2004, BStBl I 2004, 450). 19

3 Inanspruchnahme durch Haftungsbescheid (§ 25 d Abs. 3–5 UStG)

20 Liegen die Haftungsvoraussetzungen vor, ist der Unternehmer zunächst anzuhören (§ 91 AO). I. R. d. **Anhörung** hat der Unternehmer nach § 25 d Abs. 2 S. 3 UStG Gelegenheit, die Vermutung des § 25 d Abs. 2 S. 1 und 2 UStG zu widerlegen, indem er nachweist, dass die Preisgestaltung betriebswirtschaftlich begründet ist. Kann der Unternehmer diesen Nachweis führen, ist dessen ungeachtet von der Finanzverwaltung zu prüfen, ob die Tatbestandsmerkmale Kenntnis oder Kennen müssen aufgrund anderer Tatsachen als der Preisgestaltung vorliegen (Abschn. 25d.1 Abs. 6 UStAE).

21 Bis zum Abschluss der Prüfung, ob die Voraussetzungen für den Erlass eines Haftungsbescheides vorliegen, kann die **Erteilung der Zustimmung zu einer Steueranmeldung** zur USt (USt-Voranmeldung, -Erklärung) i. S. v. § 168 S. 2 AO versagt werden. Dies gilt entsprechend für die Festsetzung nach § 167 Abs. 1 S. 1 AO, wenn sie zu einer Umsatzsteuererstattung führt (Abschn. 25d.1 Abs. 7 UStAE).

22 Können die Haftungsvoraussetzungen nachgewiesen oder kann die Vermutung gem. § 25 d Abs. 2 S. 1 und 2 UStG nicht widerlegt werden, soll ein Haftungsbescheid erlassen werden. Kommen **mehrere Haftungsschuldner** in Betracht, so haften diese als Gesamtschuldner (§ 25 d Abs. 1 S. 2 UStG). In diesen Fällen ist es erforderlich, dass die zuständigen Finanzämter der Unternehmer, die in Haftung genommen werden sollen, ihr Vorgehen untereinander abstimmen (Abschn. 25d.1 Abs. 8 UStAE).

23 Dem für den Steuerschuldner zuständigen Finanzamt, für dessen rückständige Steuer gehaftet wird, ist jeweils ein Abdruck des Haftungsbescheides zu übersenden.

24 Der Haftungsschuldner darf auf Zahlung auch in Anspruch genommen werden, ohne dass die Vollstreckung in das bewegliche Vermögen des Ausstellers der Rechnung ohne Erfolg geblieben oder anzunehmen ist, dass die Vollstreckung aussichtslos sein wird (vgl. § 25 d Abs. 5 UStG).

§ 26 UStG
Durchführung, Erstattung in Sonderfällen

(1) [1]Die Bundesregierung kann mit Zustimmung des Bundesrates durch Rechtsverordnung zur Wahrung der Gleichmäßigkeit bei der Besteuerung, zur Beseitigung von Unbilligkeiten in Härtefällen oder zur Vereinfachung des Besteuerungsverfahrens den Umfang der in diesem Gesetz enthaltenen Steuerbefreiungen, Steuerermäßigungen und des Vorsteuerabzugs näher bestimmen sowie die zeitlichen Bindungen nach § 19 Abs. 2, § 23 Abs. 3 und § 24 Abs. 4 verkürzen. [2]Bei der näheren Bestimmung des Umfangs der Steuerermäßigung nach § 12 Abs. 2 Nr. 1 kann von der zolltariflichen Abgrenzung abgewichen werden.
(2) Das Bundesministerium der Finanzen kann mit Zustimmung des Bundesrates durch Rechtsverordnung den Wortlaut derjenigen Vorschriften des Gesetzes und der auf Grund dieses Gesetzes erlassenen Rechtsverordnungen, in denen auf den Zolltarif hingewiesen wird, dem Wortlaut des Zolltarifs in der jeweils geltenden Fassung anpassen.
(3) [1]Das Bundesministerium der Finanzen kann unbeschadet der Vorschriften der §§ 163 und 227 der Abgabenordnung anordnen, dass die Steuer für grenzüberschreitende Beförderungen von Personen im Luftverkehr niedriger festgesetzt oder ganz oder zum Teil erlassen wird, soweit der Unternehmer keine Rechnungen mit gesondertem Ausweis der Steuer (§ 14 Abs. 4) erteilt hat. [2]Bei Beförderungen durch ausländische Unternehmer kann die Anordnung davon abhängig gemacht werden, dass in dem Land, in dem der ausländische Unternehmer seinen Sitz hat, für grenzüberschreitende Beförderungen im Luftverkehr, die von Unternehmern mit Sitz in der Bundesrepublik Deutschland durchgeführt werden, eine Umsatzsteuer oder ähnliche Steuer nicht erhoben wird.
(4) [1]Die Umsatzsteuer wird einem Konsortium, das auf der Grundlage der Verordnung (EG) Nr. 723/2009 des Rates vom 25. Juni 2009 über den gemeinschaftlichen Rechtsrahmen für ein Konsortium für eine europäische Forschungsinfrastruktur (ABl. L 206 vom 8.8.2009, S. 1) durch einen Beschluss der Kommission gegründet wurde, vom Bundeszentralamt für Steuern vergütet, wenn

1. das Konsortium seinen satzungsgemäßen Sitz im Inland hat,
2. es sich um die gesetzlich geschuldete Umsatzsteuer handelt, die in Rechnung gestellt und gesondert ausgewiesen wurde,
3. es sich um Umsatzsteuer für Lieferungen und sonstige Leistungen handelt, die das Konsortium für seine satzungsgemäße und nichtunternehmerische Tätigkeit in Anspruch genommen hat,
4. der Steuerbetrag je Rechnung insgesamt 25 Euro übersteigt und
5. die Steuer gezahlt wurde.

[2]Satz 1 gilt entsprechend für die von einem Konsortium nach § 13b Abs. 5 geschuldete und von ihm entrichtete Umsatzsteuer, wenn diese je Rechnung insgesamt 25 Euro übersteigt. [3]Die Sätze 1 und 2 sind auf ein Konsortium mit satzungsgemäßem Sitz in einem anderen Mitgliedstaat sinngemäß anzuwenden, wenn die Voraussetzungen für die Vergütung durch die in § 4 Nummer 7 Satz 5 genannte Bescheinigung nachgewiesen wird. [4]Mindert sich die Bemessungsgrundlage nachträglich, hat das Konsortium das Bundeszentralamt für Steuern davon zu unterrichten und den zu viel vergüteten Steuerbetrag zurückzuzahlen. [5]Wird ein Gegenstand, den ein Konsortium für seine satzungsgemäße Tätigkeit erworben hat und für dessen Erwerb eine Vergütung der Umsatzsteuer gewährt worden ist, entgeltlich oder unent-

geltlich abgegeben, vermietet oder übertragen, ist der Teil der vergüteten Umsatzsteuer, der dem Veräußerungspreis oder bei unentgeltlicher Abgabe oder Übertragung dem Zeitwert des Gegenstands entspricht, an das Bundeszentralamt für Steuern zu entrichten. [6]Der zu entrichtende Steuerbetrag kann aus Vereinfachungsgründen durch Anwendung des im Zeitpunkt der Abgabe oder Übertragung des Gegenstands geltenden Steuersatzes ermittelt werden.

(5) Das Bundesministerium der Finanzen kann mit Zustimmung des Bundesrates durch Rechtsverordnung näher bestimmen, wie der Nachweis bei den folgenden Steuerbefreiungen zu führen ist:

1. **Artikel III Nr. 1 des Abkommens zwischen der Bundesrepublik Deutschland und den Vereinigten Staaten von Amerika über die von der Bundesrepublik zu gewährenden Abgabenvergünstigungen für die von den Vereinigten Staaten im Interesse der gemeinsamen Verteidigung geleisteten Ausgaben (BGBl. 1955 II S. 823);**
2. **Artikel 67 Abs. 3 des Zusatzabkommens zu dem Abkommen zwischen den Parteien des Nordatlantikvertrags über die Rechtsstellung ihrer Truppen hinsichtlich der in der Bundesrepublik Deutschland stationierten ausländischen Truppen (BGBl. 1961 II S. 1183, 1218);**
3. **Artikel 14 Abs. 2 Buchstabe b und d des Abkommens zwischen der Bundesrepublik Deutschland und dem Obersten Hauptquartier der Alliierten Mächte, Europa, über die besonderen Bedingungen für die Einrichtung und den Betrieb internationaler militärischer Hauptquartiere in der Bundesrepublik Deutschland (BGBl. 1969 II S. 1997, 2009).**

(6) Das Bundesministerium der Finanzen kann dieses Gesetz und die auf Grund dieses Gesetzes erlassenen Rechtsverordnungen in der jeweils geltenden Fassung mit neuem Datum und unter neuer Überschrift im Bundesgesetzblatt bekannt machen.

Literatur

Weber, Änderungen des Umsatzsteuergesetzes durch das Amtshilferichtlinie-Umsetzungsgesetz, UVR 2013, 236.

Richtlinien/Hinweise/Verordnungen

UStAE: Abschn. 26.1 bis 26. 5.
MwStSystRL: Art. 151, 370ff., 391f., 394, Anhang X Teil B Nr. 10.
UStDV: § 73.

1 Überblick über die Vorschrift/Gesetzeszweck

In verschiedenen Vorschriften des UStG wird das BMF ermächtigt, mit Zustimmung des Bundesrates spezielle Regelungen im Wege einer Rechtsverordnung zu erlassen. § 26 UStG beinhaltet dagegen verschiedene allgemeine Ermächtigungen, die sich nicht aus anderen Vorschriften des UStG ergeben. Die Ermächtigungen richten sich zum einen an die Bundesregierung (§ 26 Abs. 1 UStG) und zum anderen an das BMF (§ 26 Abs. 2, 3, 5 und 6 UStG). Alle Regelungen, mit Ausnahme von § 26 Abs. 3 UStG, bedürfen der Zustimmung des Bundesrates. 1

Nach § 26 Abs. 4 UStG wird einem Konsortium, das auf der Grundlage der Verordnung (EG) Nr. 723/2009 des Rates vom 25.06.2009 über den gemeinschaftlichen Rechtsrahmen für ein Konsortium für eine europäische Forschungsinfrastruktur (ABl. L 206 vom 08.08.2009, 1) durch einen Beschluss der Kommission gegründet wurde, die Umsatzsteuer unter bestimmten Voraussetzungen (§ 26 Abs. 4 S. 1 Nr. 1 bis 5 UStG) vom BZSt vergütet. Die Vorschrift wurde durch das Gesetz zur Umsetzung der Amtshilferichtlinie sowie zur Änderung steuerlicher Vorschriften (Amtshilferichtlinie-Umsetzungsgesetz – AmtshilfeRLUmsG) vom 26.06.2013 umgesetzt und tritt am Tag nach der Verkündung des Gesetzes in Kraft (BGBl I 2013, 1809). 2

2 Kommentierung

2.1 Ermächtigung hinsichtlich Steuerbefreiung, -ermäßigung und Vorsteuerabzug (§ 26 Abs. 1 UStG)

Von der Ermächtigung, den Umfang der im UStG enthaltenen Steuerbefreiungen, Steuerermäßigungen und des Vorsteuerabzugs näher zu bestimmen, ist in den §§ 23 und 30 UStDV Gebrauch gemacht worden. In § 23 UStDV gelten als amtlich anerkannte Verbände der freien Wohlfahrtspflege: 3

- Diakonisches Werk der Evangelischen Kirche in Deutschland e. V.,
- Deutscher Caritasverband e. V.,
- Deutscher Paritätischer Wohlfahrtsverband e. V.,
- Deutsches Rotes Kreuz e. V.,
- Arbeiterwohlfahrt – Bundesverband e. V.,
- Zentralwohlfahrtsstelle der Juden in Deutschland e. V.,
- Deutscher Blindenverband e. V.,
- Bund der Kriegsblinden Deutschlands e. V.,
- Verband Deutscher Wohltätigkeitsstiftungen e. V.,
- Bundesarbeitsgemeinschaft »Hilfe für Behinderte« e. V.,
- Verband der Kriegs- und Wehrdienstopfer, Behinderten und Sozialrentner Deutschland e. V.

Nach § 30 UStDV gelten als Leistungen aus der Tätigkeit als Schausteller, die nach § 12 Abs. 2 Nr. 7 Buchst. d UStG dem ermäßigten Steuersatz von 7 % unterliegen: 4

- Schaustellungen,
- Musikaufführungen,
- unterhaltende Vorstellungen oder
- sonstige Lustbarkeiten

auf Jahrmärkten, Volksfesten, Schützenfesten oder ähnlichen Veranstaltungen.

5 Die in § 26 Abs. 1 UStG aufgeführte Ermächtigung zur Verkürzung der zeitlichen Bindung hat ihren Niederschlag gefunden in:

- § 19 Abs. 2 UStG,
- § 23 Abs. 3 UStG,
- § 24 Abs. 4 UStG.

6 Nach der in § 71 UStDV geregelten **Verkürzung der zeitlichen Bindungen** für land- und forstwirtschaftliche Betriebe kann ein Unternehmer, der auf die Durchschnittssatzbesteuerung verzichtet hat, von der Besteuerung nach § 19 Abs. 1 UStG m. W. v. Beginn eines jeden folgenden Kj. zur Besteuerung nach § 24 UStG zurückwechseln.

7 Von der zolltariflichen Abgrenzung (§ 26 Abs. 1 S. 2 UStG) ist in der Anlage 2 des Gesetzes zu § 12 Abs. 2 Nr. 1 und Nr. 2 UStG Gebrauch gemacht worden, der keinen Verweis auf eine Position des Zolltarifs enthält.

2.2 Ermächtigung hinsichtlich Anpassung an Zolltarif (§ 26 Abs. 2 UStG)

8 Ohne separates Gesetzgebungsverfahren besteht für das Bundesministerium der Finanzen mit Zustimmung des Bundesrates durch Rechtsverordnung die Möglichkeit, sich im Zolltarif ergebene Änderungen zeitnah auf die entsprechenden Umsatzsteuervorschriften im UStG und in der UStDV zu übertragen.

9 Änderbar sind allerdings nur Vorschriften des UStG oder UStDV, in denen auf den Zolltarif hingewiesen wird, so z. B. in § 4 Nr. 14 Buchst. b UStG, § 8 Abs. 1 Nr. 1 UStG, § 8 Abs. 1 Nr. 4 UStG sowie in der Anlage 2 des Gesetzes zu § 12 Abs. 2 Nr. 1 und 2 UStG.

10 § 26 Abs. 2 UStG findet auch Anwendung bei der EUSt-Befreiungsverordnung (EUStBV).

2.3 Ermächtigung hinsichtlich Steuererlass im Falle des grenzüberschreitenden Personenluftverkehrs (§ 26 Abs. 3 UStG)

11 Die Steuer kann für grenzüberschreitende **Personenbeförderungen im Luftverkehr** niedriger festgesetzt oder ganz oder zum Teil erlassen werden, soweit der Unternehmer keine Rechnung mit gesondertem Umsatzsteuerausweis erteilt hat.

12 Die niedrigere Festsetzung oder der Erlass von USt nach § 26 Abs. 3 UStG für grenzüberschreitende Beförderungen im Luftverkehr setzt nach Abschn. 26.1 Abs. 1 UStAE voraus, dass die Leistungen von einem **Luftverkehrsunternehmer** erbracht werden. Luftverkehrsunternehmer in diesem Sinne sind Unternehmer, die die Beförderung selbst durchführen oder die als Vertragspartei mit dem Reisenden einen Beförderungsvertrag abschließen und sich hierdurch in eigenem Namen zur Durchführung der Beförderung verpflichten. Der Verkauf von Einzeltickets für grenzüberschreitende Flüge vom Reisebüro oder vom Consolidator kann als steuerfreie Vermittlungsleistung behandelt werden. Demnach sind Reisebüros und der Consolidator keine Luftverkehrsunternehmer im vorgenannten Sinne (BMF vom 12.11.1997, BStBl I 1997, 956; vgl. auch Abschn. 26.1 Abs. 1 S. 3 UStAE). Veranstalter von Pauschalreisen sind nur dann als Luftverkehrsunternehmer anzusehen, wenn sie als Veranstalter die Reisenden mit eigenen Mitteln befördern oder Beförderungsleistungen an Unternehmer für ihr Unternehmen erbringen.

Von einer grenzüberschreitenden Beförderung wird gesprochen, wenn sich eine Beförderung sowohl auf das Inland als auch auf das Ausland erstreckt (§ 3b Abs. 1 S. 2 UStG). Eine niedrigere Festsetzung oder der Erlass der USt kommt für folgende grenzüberschreitende Beförderungen in Betracht: 13

- von einem ausländischen Flughafen zu einem Flughafen im Inland,
- von einem Flughafen im Inland zu einem ausländischen Flughafen,
- von einem ausländischen Flughafen zu einem ausländischen Flughafen über das Inland.

Ausgenommen davon sind Beförderungen vom Inland in die nicht zum Inland gehörenden Gebiete der Bundesrepublik Deutschland (§ 1 Abs. 2 UStG) und umgekehrt, z. B. Flüge zwischen Hamburg und der Insel Helgoland sowie Beförderungen zwischen den nicht zum Inland gehörenden Gebieten der Bundesrepublik Deutschland über das Inland, z. B. Rundflüge von der Insel Helgoland über das Inland. 14

Zwischenlandungen im Inland schließen eine niedrigere Festsetzung oder den Erlass der USt nicht aus, wenn der Fluggast mit demselben Flugzeug weiterfliegt oder wenn er deshalb in das nächste Anschlussflugzeug umsteigt, weil das erste Flugzeug seinen gebuchten Zielflughafen nicht anfliegt. Wird der Flug dagegen unterbrochen, entfällt die niedrigere Festsetzung oder der Erlass der USt. Unterbrochen wird ein Flug, wenn der Aufenthalt über den nächstmöglichen Anschluss hinaus ausgedehnt wird (Abschn. 26.2 Abs. 2 S. 2 UStAE). 15

Bei Flugunterbrechungen kann bei der Berechnung des anteiligen Entgelts für die Beförderungsleistung im Inland von der Differenz der Flugpreise zwischen dem ausländischen Flughafen und den beiden im Inland liegenden Flughäfen ausgegangen werden, z. B. Toronto-München mit Zwischenaufenthalt in Frankfurt; steuerpflichtig ist die Differenz der Flugpreise Toronto-München und Toronto-Frankfurt, was in Einzelfällen dazu führen kann, dass für die im Inland erbrachte Beförderungsleistung ein Entgelt nicht anzusetzen ist. 16

Sind die Flugunterbrechungen von den Luftverkehrsunternehmen im Einzelnen nur mit erheblichem Verwaltungsaufwand zu ermitteln, dürfen die anteiligen Entgelte für steuerpflichtige Beförderungsleistungen geschätzt werden. Voraussetzung dafür ist aber, dass keine Rechnung mit gesondertem Steuerausweis ausgestellt wird. Das Schätzungsverfahren ist vorab im Einvernehmen mit dem zuständigen Finanzamt festzulegen. 17

Ist eine einheitliche Leistung vereinbart worden, liegt nach dem Luftverkehrsrecht eine einzige Beförderung auch dann vor, wenn eine grenzüberschreitende Beförderung von mehreren aufeinander folgenden Luftfrachtführern ausgeführt wird. Diese ist insgesamt als eine grenzüberschreitende Beförderung im Luftverkehr i. S. d. § 26 Abs. 3 UStG anzusehen. Den an dieser Leistung beteiligten Luftfrachtführern kann aus diesem Grund die USt nach § 26 Abs. 3 UStG auch dann erlassen werden, wenn sich ihr Leistungsteil nur auf das umsatzsteuerrechtliche Inland erstreckt. 18

§ 26 Abs. 3 UStG findet sowohl für inländische als auch für ausländische Unternehmer Anwendung. Haben Luftverkehrsunternehmer ihren Sitz nicht in der Bundesrepublik Deutschland, kann die USt in der Regel nur im Falle der Gegenseitigkeit niedriger festgesetzt oder erlassen werden (Abschn. 26.4 S. 1 UStAE). Zu einer niedriger festzusetzenden USt oder zum Erlass kann es auch kommen, wenn in den Ländern dieser Unternehmer die Gegenseitigkeit nicht voll gewährleistet ist. Hier kommen insbesondere die Fälle in Betracht, in denen die von deutschen Luftverkehrsunternehmern im Ausland für die einzelne Beförderungsleistung erhobene USt unverhältnismäßig niedrig ist oder in denen die Voraussetzungen der Gegenseitigkeit nur in einem Teilbereich, z. B. Charterverkehr, erfüllt sind (Abschn. 26.4 S. 3 UStAE). 19

Für die niedrigere Festsetzung oder den Erlass der USt gilt folgende Regelung (Abschn. 26.5 UStAE): 20

- Unter den Voraussetzungen des § 26 Abs. 3 UStG kann die USt für grenzüberschreitende Beförderungen im Luftverkehr niedriger festgesetzt werden oder erlassen werden, wenn es sich um folgende Unternehmer handelt:
  - Luftverkehrsunternehmer mit Sitz in der Bundesrepublik Deutschland und
  - Luftverkehrsunternehmer mit Sitz außerhalb der Bundesrepublik Deutschland, wenn die Länder, in denen sie ihren Sitz haben, in dem vom BMF herausgegebenen Verzeichnis der Länder aufgeführt sind, zu denen die Gegenseitigkeit festgestellt ist.
- Über die Einzelfälle entscheiden bei den zuvor bezeichneten Luftverkehrsunternehmern die obersten Landesfinanzbehörden oder die von ihnen beauftragten nachgeordneten Dienststellen. Eine Einschaltung des BMF ist – unabhängig von der Höhe des Steuerbetrages – nicht erforderlich.
- Bei Luftverkehrsunternehmern mit Sitz in Ländern, die in dem Verzeichnis der Länder, zu denen die Gegenseitigkeit festgestellt ist, nicht aufgeführt sind, ist das BMF einzuschalten. Das gilt auch, wenn sich Zweifel ergeben, ob von dem Land, in dem das Luftverkehrsunternehmen seinen Sitz hat, die Voraussetzungen der Gegenseitigkeit noch erfüllt sind.

21 Ein Verzeichnis der Länder, zu denen **Gegenseitigkeit** für Zwecke des Steuererlasses im Luftverkehr nach § 26 Abs. 3 UStG festgestellt ist, findet sich in der Anlage zum BMF-Schreiben vom 18.04.2017, III C 3 – S 7433/11/10005, BStBl I 2017, 713 mit Stand vom 01.04.2017 und umfasst folgende Länder:

- Ägypten,
- Äthiopien,
- Afghanistan,
- Algerien,
- Angola,
- Argentinien,
- Armenien,
- Australien,
- Bahrain,
- Bangladesch,
- Belgien,
- Brasilien,
- Brunei Darussalam,
- Bulgarien,
- Chile,
- China (Volksrepublik),
- Dänemark,
- Finnland,
- Frankreich,
- Georgien,
- Ghana,
- Griechenland,
- Großbritannien,
- Hongkong,
- Indien,
- Indonesien,
- Irak,
- Iran,
- Irland,

- Island,
- Israel,
- Italien,
- Jamaika,
- Japan,
- Jordanien,
- Kanada,
- Kasachstan,
- Katar,
- Kenia,
- Korea (Republik),
- Kroatien,
- Kuba,
- Kuwait,
- Lettland,
- Libanon,
- Libyen,
- Lichtenstein,
- Litauen,
- Luxemburg,
- Malaysia,
- Malta,
- Marokko,
- Mauritius,
- Mazedonien,
- Moldau (Republik),
- Mongolei,
- Montenegro,
- Namibia,
- Nepal,
- Neuseeland,
- Niederlande,
- Nigeria,
- Norwegen,
- Österreich,
- Oman,
- Pakistan,
- Paraguay,
- Polen,
- Portugal,
- Rumänien,
- Russland,
- Sambia,
- Saudi-Arabien,
- Schweden,
- Schweiz,
- Serbien,
- Seychellen,
- Singapur,

- Slowakische Republik,
- Slowenien,
- Somalia,
- Spanien,
- Sudan,
- Südafrika,
- Syrien,
- Tadschikistan,
- Taiwan,
- Thailand,
- Tschechische Republik,
- Türkei,
- Turkmenistan,
- Tunesien,
- Ukraine,
- Ungarn,
- Usbekistan,
- Venezuela,
- Vereinigte Arabische Emirate,
- Vereinigte Staaten von Amerika,
- Vietnam,
- Weißrussland,
- Zimbabwe,
- Zypern (Republik).

2.4 Erstattung in Sonderfällen (§ 26 Abs. 4 UStG)

22 Art. 151 Abs. 1 Unterabs. 1 Buchst. b der Richtlinie 2006/112/EG des Rates vom 28.11.2006 über das gemeinsame Mehrwertsteuersystem (ABl. L 347 vom 11.12.2006, 1) i.V.m. Art. 50 der Durchführungsverordnung (EU) Nr. 282/2011 des Rates vom 15.03.2011 zur Festlegung von Durchführungsvorschriften zur Richtlinie 2006/112/EG über das gemeinsame Mehrwertsteuersystem (ABl. L 77 vom 23.03.2011, 1) ermöglicht die Anerkennung eines Konsortiums, das auf der Grundlage der Verordnung (EG) Nr. 723/2009 des Rates vom 25.06.2009 über den gemeinschaftlichen Rechtsrahmen für ein Konsortium für eine europäische Forschungsinfrastruktur (ABl. L 206 vom 08.08.2009, 1) durch einen Beschluss der Kommission gegründet wurde, als internationale Einrichtung durch den Aufnahmemitgliedstaat. Durch die Regelung erfolgt diese Anerkennung, soweit Deutschland Aufnahmestaat ist. Die Grenzen und Bedingungen der Entlastung der Konsortien von der Umsatzsteuer auf ihre Vorbezüge werden in einem Abkommen zwischen den Mitgliedern gem. Art. 5 Abs. 1 Buchst. d der Verordnung (EG) Nr. 723/2009 festgelegt. Die Regelung ermöglicht die Ansiedlung Europäischer Forschungsinfrastruktur Konsortien in Deutschland.

23 In der Regelung wird von der Möglichkeit Gebrauch gemacht, die Entlastung der Konsortien von der Umsatzsteuer auf ihre Vorbezüge anstatt durch eine direkte Steuerbefreiung der Umsätze an die Konsortien durch eine Vergütung – wie auch bei internationalen Organisationen mit Sitz in Deutschland – herbeizuführen. Dies trägt den Bedenken des Bundesrates Rechnung, der sich bereits mehrfach gegen eine direkte Umsatzsteuerbefreiung für die Umsätze an Konsortien ausgesprochen hat. Im Übrigen entspricht die Regelung den auch für internationale Organisationen mit Sitz in Deutschland getroffenen Regelungen.

Die Aufnahme einer Regelung zur Entlastung der Konsortien für die nach § 13b Abs. 5 UStG geschuldete und von ihr entrichtete Umsatzsteuer ist notwendig, da diese Steuer in der Rechnung nicht gesondert ausgewiesen wird. Bei Leistungen an Konsortien mit satzungsgemäßem Sitz in anderen EU-Mitgliedstaaten findet vorrangig § 4 Nr. 7 S. 1 Buchst. d UStG Anwendung. Nur in den Fällen, in denen diese Steuerbefreiung nicht zur Anwendung kommt, weil der Liefergegenstand nicht in das Gebiet des anderen EU-Mitgliedstaates befördert oder versendet wird, soll in Anwendung von Art. 51 Abs. 3 der Durchführungsverordnung (EU) Nr. 282/2011 sichergestellt werden, dass bei Vorlage einer Bescheinigung des Aufnahmemitgliedstaates eine Entlastung des Konsortiums von der Umsatzsteuer auf seine Vorbezüge durch eine Vergütung sichergestellt werden kann. 24

2.5 Ermächtigung hinsichtlich Erlass der Nachweiserbringung bezüglich Steuerbefreiungen für ausländische Streitkräfte (§ 26 Abs. 5 UStG)

Für ausländische Streitkräfte, die auf dem Territorium der Bundesrepublik Deutschland stationiert sind, gelten bestimmte Umsatzsteuerbefreiungen, wenn ein entsprechender Nachweis erbracht wird. Wie der Nachweis im Einzelnen zu erbringen ist, ergibt sich aus den jeweiligen Abkommen mit den ausländischen Staaten oder Einrichtungen. Hierbei handelt es sich um: 25

- § 26 Abs. 5 Nr. 1 UStG: Art. 3 Nr. 1 des Offshore-Steuerabkommens,
- § 26 Abs. 5 Nr. 2 UStG: Art. 67 Abs. 3 des Zusatzabkommens zum NATO-Truppenstatut,
- § 26 Abs. 5 Nr. 3 UStG: Art. 14 Abs. 2 Buchst. b und d des Ergänzungsabkommens zum Protokoll über die NATO-Hauptquartiere.

Nach den Bestimmungen des § 73 UStDV hat der Unternehmer die in § 26 Abs. 5 UStG bezeichneten Steuerbefreiungen bei Lieferungen und sonstigen Leistungen, die von einer amtlichen Beschaffungsstelle in Auftrag gegeben worden sind, durch eine Bescheinigung der amtlichen Beschaffungsstelle nach amtlich vorgeschriebenem Vordruck (sog. Abwicklungsschein) nachzuweisen. Im Ermessen des Finanzamtes liegt es, auf die Vorlage eines Abwicklungsscheines zu verzichten, wenn die vorgeschriebenen Angaben aus anderen Belegen und aus den Ausführungen des Unternehmers eindeutig und leicht nachprüfbar ersichtlich sind. 26

Das BMF-Schreiben vom 02.01.2018 (Az: III C 3 – S 7492/07/10001, BStBl I 2018, 83) enthält eine Liste der amtlichen Beschaffungsstellen und Organisationen der ausländischen Streitkräfte, die zur Erteilung von Aufträgen auf Leistungen, die nach dem Zusatzabkommen zum NATO-Truppenstatut steuerfrei sind, berechtigt sind. 27

Sind Lieferungen oder sonstige Leistungen von einer deutschen Behörde für eine amtliche Beschaffungsstelle in Auftrag gegeben worden, ist der Nachweis durch eine Bescheinigung der deutschen Behörde zu führen. 28

Weiterhin muss der Unternehmer einen buchmäßigen Nachweis führen, aus dem die Aufzeichnungen eindeutig und leicht nachprüfbar zu ersehen sind. In den Aufzeichnungen selber muss auf den Abwicklungsschein oder die Bescheinigung hingewiesen sein. 29

Zur Anwendung der Umsatzsteuervergünstigungen auf Grund Art. 67 Abs. 3 des Zusatzabkommens zum NATO-Truppenstatut (NATO-ZAbk) wurde ein ausführliches BMF-Schreiben herausgegeben, das zahlreiche frühere BMF-Schreiben zusammenfasst (BMF vom 22.12.2004, Az: IV A 6 – S 7492 – 13/04, BStBl I 2004, 1200) und durch spätere BMF-Schreiben ergänzt wurde. 30

Art. 67 Abs. 3 NATO-ZAbk enthält demnach einen selbständigen Befreiungstatbestand außerhalb des Umsatzsteuergesetzes, der den Befreiungstatbeständen des Umsatzsteuergesetzes vor- 31 geht. Die Umsatzsteuerbefreiung schließt den Vorsteuerabzug nicht aus (BMF vom 22.12.2004, Az: IV A 6 – S 7492 – 13/04, BStBl I 2004, 1200, Tz. 9).

31a Kommt für einen Umsatz neben der Befreiungsvorschrift des Art. 67 Abs. 3 NATO-ZAbk grundsätzlich auch eine Steuerbefreiung nach § 4 UStG in Betracht, stellt sich im Hinblick auf den Vorsteuerabzug die Frage nach dem Vorrang der einzelnen Steuerbefreiungsvorschriften. Zum Konkurrenzverhältnis zweier Steuerbefreiungsvorschriften hat der BFH unter Zugrundelegung der Urteilsgrundsätze des EuGH (EuGH vom 07.12.2006, Eurodental, Az: C-240/05) mit Urteil vom 22.08.2013 (Az: V R 30/12, BStBl II 2014, 133), entschieden, dass die Spezialvorschrift vorrangig anzuwenden ist (vgl. auch BMF vom 04.11.2015, Az: III C 2 – S 7304/15/10001; Änderung des Absch. 15.13 Abs. 5 UStAE). Danach tritt nach § 15 Abs. 3 Nr. 1 Buchst. a UStG bei Anwendung dieser Spezialvorschriften der Ausschluss des Vorsteuerabzugs für steuerfreie Umsätze (§ 15 Abs. 2 S. 1 Nr. 1 UStG) nicht ein (vgl. auch Abschn. 15.13 Abs. 5 S. 3 UStAE).

32 Werden Lieferungen und sonstige Leistungen von einer amtlichen Beschaffungsstelle in Auftrag gegeben, ist jedoch eine im Drittland gelegene Dienststelle der Streitkräfte Leistungsempfängerin, sind nicht die Bestimmungen des NATO-ZAbk, sondern die für die Ausfuhr geltenden Bestimmungen des allgemeinen Umsatzsteuerrechts maßgebend. Die Voraussetzungen einer Ausfuhrlieferung i.S.d. § 4 Nr. 1 UStG und des § 6 UStG können als erfüllt angesehen werden, wenn ein ordnungsgemäß ausgefüllter Abwicklungsschein vorgelegt wird, in dem in Teil 2 Nr. 1 die Worte »im Gebiet der Bundesrepublik Deutschland« zu streichen sind. Das gilt auch dann, wenn die amtliche Beschaffungsstelle nicht ausdrücklich im Namen und für Rechnung der ausländischen Truppendienststelle aufgetreten ist. Für die Steuerbefreiung von Lieferungen und sonstigen Leistungen, die an die in anderen Mitgliedstaaten stationierten ausländischen NATO-Streitkräfte bewirkt werden, gilt § 4 Nr. 7 Buchst. b UStG (vgl. BMF vom 22.12.2004, Az: IV A 6 – S 7392 – 13/04, BStBl I 2004, 1200, Tz. 10).

33 Steuerfrei sind:

- Leistungen, die unmittelbar an die Truppe und das zivile Gefolge für militärische oder dienstliche Zwecke bewirkt werden. In diesen Fällen wird der Beschaffungsauftrag unmittelbar von der amtlichen Beschaffungsstelle erteilt.
- Leistungen, die zum privaten Ge- oder Verbrauch durch die Mitglieder der Truppe, des zivilen Gefolges oder deren Angehörige (= berechtigte Personen) bestimmt sind. Voraussetzung ist jedoch, dass die Leistung von einer amtlichen Beschaffungsstelle für die berechtigte Person in Auftrag gegeben worden ist. In diesen Fällen liegen grundsätzlich zwei Leistungen vor. Die Leistung des Unternehmers erfolgt an die Truppe als Leistungsempfänger und ist umsatzsteuerfrei. Die Weitergabe der Leistung durch die Truppe an die berechtigte Person unterliegt nach Art. 67 Abs. 1 NATO-ZAbk nicht der Besteuerung, da dies in den Bereich der dienstlichen Tätigkeiten der Truppe fällt. Eine Beteiligung der Truppen am deutschen Wirtschaftsverkehr (Art. 67 Abs. 1 S. 3 NATO-ZAbk) liegt nicht vor.

34 Berechtigte Personen (vgl. BMF vom 22.12.2004, Az: IV A 6 – S 7492 – 13/04, BStBl I 2004, 1200, Tz. 12) sind:

- Mitglieder der Truppe (Art. I Abs. 1 Buchst. a NATO-Truppenstatut; militärisches Personal der Truppe),
- Mitglieder des zivilen Gefolges (Art. I Abs. 1 Buchst. b NATO-Truppenstatut; das die Truppe begleitende Zivilpersonal),
- Angehörige eines solchen Mitgliedes der Truppe bzw. des zivilen Gefolges (Art. I Abs. 1 Buchst. c NATO-Truppenstatut) sowie ein nicht unter Art. I Abs. 1 Buchst. c NATO-Truppenstatut fallender naher Verwandter eines Mitglieds der Truppe oder eines zivilen Gefolges, der von diesem aus wirtschaftlichen oder gesundheitlichen Gründen abhängig ist, von ihm tatsächlich unterhalten wird, die Wohnung teilt, die das Mitglied inne hat, und sich mit

Genehmigung der Behörden der Truppe im Bundesgebiet aufhält (Art. 2 Abs. 2 Buchst. a NATO-ZAbk),
- Angestellte bestimmter Organisationen, die wie Mitglieder des zivilen Gefolges angesehen und behandelt werden (Art. 71 Abs. 5 NATO-ZAbk – z. B. bestimmte Colleges und Universities lt. Unterzeichnungsprotokoll zu Art. 71 NATO-ZAbk und aufgrund entsprechender Verbalnoten) sowie die Angehörigen dieser Personen,
- Angestellte bestimmter nichtdeutscher Unternehmen wirtschaftlichen Charakters, die ebenfalls wie Mitglieder des zivilen Gefolges angesehen und behandelt werden (Art. 72 Abs. 5 NATO-ZAbk) sowie die Angehörigen dieser Personen und
- technische Fachkräfte, die ebenfalls wie Mitglieder des zivilen Gefolges angesehen und behandelt werden (Art. 73 NATO-ZAbk), sowie die Angehörigen dieser Personen.

Unternehmer können die Umsatzsteuerbefreiung für Lieferungen und sonstige Leistungen an die in der Bundesrepublik stationierten ausländischen Truppen nur in Anspruch nehmen, wenn jede der nachfolgenden Voraussetzungen erfüllt ist: 35

- Die Lieferung oder sonstige Leistung muss von einer amtlichen Beschaffungsstelle der Stationierungstruppen in Auftrag gegeben worden sein (BMF vom 22.12.2004, Az: IV A 6 – S 7492 – 13/04, BStBl I 2004, 1200, Tz. 14–22);
- die Lieferung oder sonstige Leistung muss für den Gebrauch oder Verbrauch durch die Truppe, das zivile Gefolge, ihre Mitglieder sowie deren Angehörige bestimmt sein (BMF vom 22.12.2004, Az: IV A 6 – S 7492 – 13/04, BStBl I 2004, 1200, Tz. 12 und 23–27);
- bei der Berechnung des Entgelts darf die Umsatzsteuer nicht in Ansatz gebracht worden sein (BMF vom 22.12.2004, Az: IV A 6 – S 7492 – 13/04, BStBl I 2004, 1200, Tz. 28);
- es muss ein Beleg- und Buchungsnachweis geführt werden (BMF vom 22.12.2004, Az: IV A 6 – S 7492 – 13/04, BStBl I 2004, 1200, Tz. 29–34 und BMF vom 20.06.2014, Az: IV D 3 – S 7492/12/10001, BStBl I 2014, 910).

Zu einzelnen Auftragsarten, den vereinfachten Beschaffungsverfahren, zur Rechnungserteilung, zur umsatzsteuerlichen Behandlung der Truppen, ihres zivilen Gefolges sowie der berechtigten Personen, zur Behandlung von Umsätzen in anderen EU-Mitgliedstaaten und zur Amtshilfe vgl. BMF vom 22.12.2004, Az: IV A 6 – S 7492 – 13/04, BStBl I 2004, 1200, Tz. 35 ff. 36

Die Wertgrenzen betragen im vereinfachten Beschaffungsverfahren für Lieferungen und sonstige Leistungen im **amerikanischen** Beschaffungsverfahren 2.500 €, im **französischen** Beschaffungsverfahren 2.000 € und im **kanadischen** Beschaffungsverfahren 2.500 € (BMF vom 30.03.2006, Az: IV A 6 – S 7492 – 16/06, BStBl I 2006, 310). Für Lieferungen im **niederländischen** Beschaffungsverfahren beträgt die Wertgrenze 1.500 €. Im **niederländischen** Beschaffungsverfahren sind sonstige Leistungen, die nach dem 31.08.2000 ausgeführt werden, ausdrücklich ausgenommen (BMF vom 22.11.2001, Az: IV D 1 – S 7492 – 48/01, BStBl I 2001, 1003). M. W. z. 01.07.2008 haben die belgischen Streitkräfte ein **belgisches** Beschaffungsverfahren für Lieferungen und sonstige Leistungen bis zu einem Wert von 1.500 € eingeführt (BMF vom 20.05.2008, Az: IV A 6 – S 7492/08/10002, BStBl I 2008, 630). Die **britischen** Streitkräfte haben m. W. z. 01.01.2013 ein britisches Beschaffungsverfahren für Lieferungen und sonstige Leistungen bis zu einem Wert von 2.500 € eingeführt (BMF vom 04.02.2013, Az: IV D 3 – S 7492/07/10006, BStBl I 2013, 266). 37

Bei dienstlichen Beschaffungen im **amerikanischen** Beschaffungsverfahren unter Verwendung einer IMPAC-VISA-Kreditkarte ist das BMF-Schreiben vom 01.04.2009 (Az: IV B 9 – S 7492/07/10008, BStBl I 2009, 526) zu beachten. Seit dem Jahr 2013 wurden die IMPAC-VISA-Kreditkarten durch GPC-Kreditkarten ersetzt. Hierzu ist das BMF-Schreiben vom 24.07.2017, III C 3 – S 7492/07/10008 :017, BStBl I 2017, 998 zu beachten. 38

39 Die **britischen Truppen** wenden mit Zustimmung der Finanzverwaltung ein vereinfachtes Beschaffungsverfahren unter Verwendung von Kreditkarten an, das der Truppe und dem zivilen Gefolge die umsatzsteuerfreie Beschaffung von Leistungen für den dienstlichen Bedarf zur unmittelbaren Verwendung im Wert bis zu 5.600 € erleichtern soll (BMF vom 03.03.2011, Az: IV D 3 – S 7492/07/10006, BStBl I 2011, 234).

39a Die **belgischen Truppen** wenden mit Zustimmung der Finanzverwaltung ein vereinfachtes Beschaffungsverfahren unter Verwendung einer VISA-Kreditkarte an, das der Truppe und dem zivilen Gefolge die umsatzsteuerfreie Beschaffung von Leistungen für den dienstlichen Bedarf zur unmittelbaren Verwendung im Wert bis zu 10.000 € erleichtern soll. Weitere Einzelheiten vgl. BMF vom 18.08.2015 (Az: III C 3 – S 7492/08/10002, BStBl I 2015, 654).

2.6 Ermächtigung hinsichtlich Neubekanntmachung im Bundesgesetzblatt (§ 26 Abs. 6 UStG)

40 Durch § 26 Abs. 6 UStG wird es dem BMF möglich, sowohl das UStG als auch die zum Gesetz erlassenen Rechtsverordnungen (UStDV, EUStBV) in der jeweils geltenden Fassung mit neuem Datum und unter einer neuen Überschrift im BGBl bekannt zu machen.

§ 26a UStG
Bußgeldvorschriften

(1) Ordnungswidrig handelt, wer vorsätzlich oder leichtfertig

1. **entgegen § 14 Abs. 2 Satz 1 Nr. 1 oder 2 Satz 2 eine Rechnung nicht oder nicht rechtzeitig ausstellt,**
2. **entgegen § 14b Abs. 1 Satz 1, auch in Verbindung mit Satz 4, ein dort bezeichnetes Doppel oder eine dort bezeichnete Rechnung nicht oder nicht mindestens zehn Jahre aufbewahrt,**
3. **entgegen § 14b Abs. 1 Satz 5 eine dort bezeichnete Rechnung, einen Zahlungsbeleg oder eine andere beweiskräftige Unterlage nicht oder nicht mindestens zwei Jahre aufbewahrt,**
4. **entgegen § 18 Abs. 12 Satz 3 die dort bezeichnete Bescheinigung nicht oder nicht rechtzeitig vorlegt,**
5. **entgegen § 18a Abs. 1 bis 3 in Verbindung mit Absatz 7 Satz 1, Absatz 8 oder Absatz 9 eine Zusammenfassende Meldung nicht, nicht richtig, nicht vollständig oder nicht rechtzeitig abgibt oder entgegen § 18a Abs. 10 eine Zusammenfassende Meldung nicht oder nicht rechtzeitig berichtigt,**
6. **einer Rechtsverordnung nach § 18c zuwiderhandelt, soweit sie für einen bestimmten Tatbestand auf die Bußgeldvorschrift verweist, oder**
7. **entgegen § 18d Satz 3 die dort bezeichneten Unterlagen nicht, nicht vollständig oder nicht rechtzeitig vorlegt.**

(2) Die Ordnungswidrigkeit kann in den Fällen des Absatzes 1 Nr. 3 mit einer Geldbuße bis zu fünfhundert Euro, in den übrigen Fällen mit einer Geldbuße bis zu fünftausend Euro geahndet werden.

(3) Verwaltungsbehörde im Sinne des § 36 Absatz 1 Nummer 1 des Gesetzes über Ordnungswidrigkeiten ist in den Fällen des Absatzes 1 Nummer 5 und 6 das Bundeszentralamt für Steuern.

Literatur

Kemper, Ordnungswidrigkeitstatbestände des Umsatzsteuergesetzes, UR 2014, 673-680. Verwaltungsanweisungen BMF vom 24.11.2004, Az: IV A 5 – S 7280 – 21/04/IV A 5 – S 7295 – 1/04, BStBl I 2004, 1122. **Hinweis:** Zur Problematik der zeitlichen Geltungsdauer von BMF-Schreiben vgl. Einführung UStG, Rz. 100 ff.

1 Allgemeines

1.1 Überblick über die Vorschrift/Gesetzeszweck

1 Bislang diente die Ahndung der Verstöße gegen die in § 26a UStG genannten Mitwirkungspflichten eigens dazu, einen **funktionierenden Binnenmarkt** zu gewährleisten (Art. 1 RegE USt-Binnenmarktgesetz, BT-Drucks. 12/2463, Begründung zu Nr. 32). Die Gesetzesbegründung zur Einführung des § 26a Abs. 1 Nr. 1–3 UStG nennt als Zweck nunmehr auch die **wirksame und effektive Bekämpfung der Schwarzarbeit** (RegE Gesetz zur Intensivierung der Bekämpfung der Schwarzarbeit und damit zusammenhängender Steuerhinterziehung, BT-Drucks. 15/2573, Begründung zu Art. 12 Nr. 3 Abs. 1).

1.2 Geltungsbereich

1.2.1 Persönlicher Geltungsbereich

2 Betroffen ist jeder, der die Tatbestände vorsätzlich oder leichtfertig begeht. Dies betrifft nicht nur Täter/Mittäter, sondern auch Teilnehmer (Anstifter/Gehilfen); zwischen diesen Typen wird im Ordnungswidrigkeitenrecht abweichend vom Strafrecht (§§ 25 ff. StGB) nicht unterschieden, sondern es gilt nach § 377 Abs. 2 AO i. V. m. § 14 Abs. 1 S. 1 OWiG der sog. **Einheitstäterbegriff** (Gürtler in Göhler, Gesetz über Ordnungswidrigkeiten, 15. Aufl. 2009, § 14, Rn. 1). In diesem Sinne ordnungswidrig handeln kann nach **§ 26a Abs. 1 Nr. 1, 2 und 4–7 UStG** zunächst **jeder Unternehmer**, aber über § 377 Abs. 2 AO i. V. m. § 9 OWiG **auch** andere vom Unternehmer eingesetzte Personen oder gesetzliche **Vertreter und Beauftragte. § 26a Abs. 1 Nr. 3 UStG** richtet sich hingegen aufgrund des Verweises auf § 14b Abs. 1 S. 5 UStG ausdrücklich an **Nichtunternehmer** bzw. Unternehmer, die Leistungen für ihren nichtunternehmerischen Bereich verwenden.

1.2.2 Sachlicher Anwendungsbereich

Betroffen sind alle in § 26a Abs. 1 Nr. 1–7 UStG aufgezählten Verstöße gegen die dort genannten Mitwirkungspflichten. 3

1.2.3 Zeitlicher Anwendungsbereich

Durch das USt-Binnenmarktgesetz (BStBl I 1992, 552) wurde § 26a UStG mit Wirkung ab dem **01.01.1993** als **Bußgeldvorschrift neu** in das UStG aufgenommen. Änderungen erfolgten durch Art. 14 Nr. 11 Steuer-Euroglättungsgesetz (BGBl I 2000, 1790), Art. 18 Nr. 17 des StÄndG 2001 (BGBl I 2001, 3794), Art. 5 Nr. 33 Buchst. a und Buchst. b StÄndG 2003 (BGBl 2003, 2645), Art. 12 Nr. 3 des Schwarzarbeitsbekämpfungsgesetzes (BGBl I 2004, 1842), Art. 5 Nr. 19 Buchst. a bis c EURLUmsG (BGBl I 2004, 3310), Art. 7 Nr. 18 und Art. 39 Abs. 9 JStG 2009 (BStBl I 2009, 74), Art. 6 Nr. 13 und Art. 12 Abs. 4 des Gesetzes zur Umsetzung steuerlicher EU-Vorgaben sowie Änderung steuerlicher Vorschriften (BGBl I 2010, 386). Zuletzt wurde mit Wirkung ab 31.07.2014 durch Art. 7 Nr. 8 des Gesetzes zur Anpassung des nationalen Steuerrechts an den Beitritt Kroatiens zur EU und zur Änderung weiterer steuerlicher Vorschriften vom 25.07.2014 (BGBl I, 1266), § 26a Abs. 3 UStG neu in die Vorschrift eingefügt. 4

1.3 Verhältnis zu anderen Vorschriften

Bei den in § 26a UStG genannten Pflichtverletzungen handelt es sich um **Steuerordnungswidrigkeiten** (§ 377 Abs. 1 AO). Für diese gelten gem. § 377 Abs. 2 AO die Vorschriften des ersten Teils des Gesetzes über Ordnungswidrigkeiten (OWiG), d. h. **die §§ 1 bis 34 OWiG**, soweit die Steuergesetze nichts anderes bestimmen. Darüber hinaus finden nach § 410 Abs. 1 AO die Verfahrensvorschriften der **§§ 35–110 OWiG** Anwendung. **§ 26a UStG tritt gem. § 377 Abs. 2 AO, § 21 Abs. 1 OWiG zurück**, wenn die Pflichtverletzung gleichzeitig eine Teilnahmehandlung oder Täterhandlung einer **Steuerhinterziehung** gem. § 370 AO darstellt. 5

Die Möglichkeit einer strafbefreienden Selbstanzeige besteht – anders als z. B. in § 378 Abs. 3 AO geregelt – i. R. d. § 26a UStG nicht.

2 Kommentierung

2.1 Tatbestandsmerkmale (Überblick)

Ordnungswidrig nach § 26a Abs. 1 UStG handelt, **wer objektiv** 6

- nach § 26a Abs. 1 Nr. 1 UStG gegen die **Rechnungsausstellungspflichten des § 14 Abs. 2 S. 1 Nr. 1 oder 2 S. 2 UStG** (vgl. Rn. 11 f.),
- gem. § 26a Abs. 1 Nr. 2 und 3 UStG gegen die **Aufbewahrungspflichten des § 14b Abs. 1 S. 1, S. 4 und 5 UStG** (vgl. Rn. 16 und vgl. Rn. 18),

- nach § 26a Abs. 1 Nr. 4 UStG gegen die **Vorlagepflichten aus § 18 Abs. 12 S. 3 UStG** (vgl. Rn. 20),
- nach § 26a Abs. 1 Nr. 5 UStG gegen die **Meldepflichten aus § 18a UStG** (vgl. Rn. 21),
- nach § 26a Abs. 1 Nr. 6 UStG gegen eine **Rechtsverordnung nach § 18c UStG** (vgl. Rn. 24) oder
- nach § 26a Abs. 1 Nr. 7 UStG gegen die **Vorlagepflicht aus § 18d S. 3 UStG** (vgl. Rn. 25)

verstößt und dabei subjektiv vorsätzlich oder zumindest leichtfertig handelt.

2.2 Bußgeldtatbestand

7 § 26a UStG stellt einen speziellen **Ordnungswidrigkeiten-Tatbestand** des Umsatzsteuerrechts dar (vgl. § 377 Abs. 1 AO), d.h. es gelten gem. § 377 Abs. 2 AO die Vorschriften des ersten Teils des OWiG (§§ 1 bis 34 OWiG), soweit die Steuergesetze nichts anderes bestimmen und nach § 410 Abs. 1 AO finden die Verfahrensvorschriften der §§ 35–110 OWiG Anwendung.

8 Daraus folgt die allgemeine Prüfungsfolge von Ordnungswidrigkeitstatbeständen, welche Geldbußen als Unrechtsfolge für eine **tatbestandsmäßige, rechtswidrige und vorwerfbare Handlung** vorsehen (vgl. § 1 Abs. 1 OwiG). Im Einzelnen verlangt dies:

- **Tatbestandsmäßigkeit:** Zu unterscheiden ist dabei zwischen **objektivem Tatbestand** (Tatbestand im engeren Sinne) – beschrieben durch § 26a Abs. 1 UStG – und **subjektivem Tatbestand**, wobei der objektive Tatbestand einer Handlung als willensgetragenem Verhalten eines Menschen (Tun oder Unterlassen) bedarf. § 26a UStG beinhaltet ausschließlich **echte Unterlassungsdelikte**, die gerade das Unterlassen von Handlungen unter Strafe stellen (Gürtler in Göhler, Gesetz über Ordnungswidrigkeiten, 15. Aufl. 2009, Vor § 1 Rn. 13) Der subjektive Tatbestand des § 26a UStG sieht Vorsatz bzw. Leichtfertigkeit als besonders gesteigerte Form der Fahrlässigkeit vor und muss sich auf sämtliche objektiven Tatbestandsmerkmale des § 26a Abs. 1 UStG erstrecken.
- **Rechtswidrigkeit:** Die Tatbestandsmäßigkeit indiziert die Rechtswidrigkeit (Gürtler in Göhler, Gesetz über Ordnungswidrigkeiten, 15. Aufl. 2009, Vor § 1 Rn. 20). Rechtfertigungsgründe i.R.d. § 26a UStG sind wohl kaum denkbar.
- **Vorwerfbarkeit:** Vorsätzlichkeit bzw. Leichtfertigkeit auf subjektiver Tatbestandsebene führen regelmäßig zur Vorwerfbarkeit des Handelns. Der Kern der Vorwerfbarkeit ist im rechtswidrigen Verhalten des Täters zu sehen, obwohl dieser nach den Umständen zu rechtmäßigem Verhalten fähig und in der Lage gewesen wäre (Gürtler in Göhler, Gesetz über Ordnungswidrigkeiten, 15. Aufl. 2009, Einführung Rn. 30).

9 I. R. d. Bußgeldtatbestände des § 26a UStG gilt – wie auch im übrigen Ordnungswidrigkeitenrecht – der sog. **Einheitstäterbegriff**. Dieser unterscheidet nicht zwischen Täter/Mittäter und Teilnehmer (Anstifter, Gehilfe).

Bei Ordnungswidrigkeiten greift nach § 410 Abs. 1 AO i.V.m. § 47 Abs. 1 OWiG das sog. **Opportunitätsprinzip**, d.h. das Verfahren kann jederzeit – wenn die Voraussetzungen dafür vorliegen – eingestellt werden (vgl. dazu § 47 Abs. 1 OWiG).

2.3 Der objektive Tatbestand des § 26a UStG

2.3.1 Verstoß gegen die Rechnungsausstellungspflichten aus § 14 Abs. 2 UStG

Differenzierend nach der Leistungsart, unabhängig von der Unternehmereigenschaft des Leistungsempfängers, ist der leistende Unternehmer nach **§ 14 Abs. 2 S. 1 Nr. 1 UStG** zur Rechnungsausstellung verpflichtet, soweit er steuerpflichtige Werklieferungen nach § 3 Abs. 4 S. 1 UStG oder sonstige **Leistungen im Zusammenhang mit einem Grundstück** ausführt (vgl. zum Leistungsbegriff im Zusammenhang mit einem Grundstück im Einzelnen Abschn. 14.2 UStAE und BMF vom 24.11.2004, BStBl I 2004, 1122, Rn. 10–17; wegen weiterer Einzelheiten vgl. § 14 Rn. 37ff.). Dies umfasst die Bauleistungen des § 13b Abs. 1 S. 1 Nr. 4 UStG und darüber hinaus die sonstigen Leistungen i. Z. m. einem Grundstück i. S. d. § 3a Abs. 3 Nr. 1 UStG. **Keine Rechnungsausstellungspflicht** soll nach Verwaltungsauffassung hingegen für steuerpflichtige **sonstige Leistungen** der in **§ 4 Nr. 12 S. 1 und 2 UStG** bezeichneten Art bestehen, die weder an einen anderen Unternehmer für dessen Unternehmen noch an eine juristische Person erbracht werden (vgl. Abschn. 14.1 Abs. 3 S. 5 UStAE). 10

Nach **§ 14 Abs. 2 Nr. 2 S. 2 UStG** ist der Unternehmer zur Rechnungsausstellung verpflichtet, soweit er **andere als die vorgenannten Leistungen** an einen anderen Unternehmer für dessen Unternehmen oder an eine juristische Person ausführt (wegen weiterer Einzelheiten vgl. § 14 Rn. 33ff.). 11

Ordnungswidrig handelt der Unternehmer dann, wenn er den vorgenannten **Rechnungsausstellungspflichten** vorsätzlich oder leichtfertig nicht rechtzeitig, d. h. nicht **innerhalb von sechs Monaten nach Leistungsausführung** bzw. überhaupt nicht nachkommt. Um seinen Rechnungsausstellungspflichten nachzukommen, muss die **Rechnung »ausgestellt«**, d. h. in den Herrschaftsbereich des Leistungsempfängers gelangt sein (vgl. Nieskens in R/D, § 26a Rn. 26). Die vorgenannten Rechnungsausstellungspflichten treffen »den Unternehmer«, d. h. auch Kleinunternehmer und solche, deren Steuerschuldnerschaft auf den Leistungsempfänger übergeht. 12

Nach Verwaltungsauffassung soll allerdings eine Rechnung, die nicht alle in § 14 Abs. 4 S. 1 UStG aufgeführten Pflichtangaben enthält, nicht als Ordnungswidrigkeit gelten (vgl. BMF vom 24.11.2004, BStBl I 2004, 1122, Rn. 8). Dies gelte auch dann, wenn der nach § 14 Abs. 4 S. 1 Nr. 9 UStG erforderliche Hinweis nicht in der Rechnung angebracht sei. Zu Recht verweist hier Nieskens in R/D, § 26a, Rn. 23 darauf, dass die aus dieser Verwaltungsanweisung resultierenden Gestaltungshinweise der Praxis zum Unterlaufen des Anwendungsbereichs des § 26a UStG führen. Unterlässt der Unternehmer den Hinweis nach § 14 Abs. 4 S. 1 Nr. 9 UStG, unterläuft er nicht der Gefahr ordnungswidrigen Verhaltens; dem nichtunternehmerischen Leistungsempfänger hingegen wird kein subjektiver Tatbestand nachzuweisen sein (vgl. Rn. 19). 13

Problematisch erscheint zudem die Frage des ordnungswidrigen Verhaltens im Falle der **Vereinbarung einer Gutschrift** nach § 14 Abs. 2 S. 2 und 3 UStG, da § 26a Abs. 1 Nr. 1 UStG ausdrücklich nur auf die Pflicht zur Rechnungsausstellung verweist. **Unbeschadet der Verpflichtung zur Rechnungsausstellung** kann der Unternehmer unter den dort genannten Voraussetzungen die Ausstellung einer Gutschrift vereinbaren. Wird eine Gutschrift innerhalb der Sechsmonatsfrist tatsächlich ordnungsgemäß ausgestellt, entfaltet diese die Wirkungen einer Rechnung, soweit der leistende Unternehmer ihr nicht widerspricht. In diesem Falle erfüllt der leistende Unternehmer seine Rechnungsausstellungspflichten; eine Ordnungswidrigkeit kommt nicht in Betracht. Anderes gilt jedoch für den Fall, dass der Leistungsempfänger der (zivilrechtlichen) Vereinbarung zur Gutschriftenerstellung nicht, nicht rechtzeitig (innerhalb von sechs Monaten) oder nicht in ordnungsgemäßer Weise nachkommt. In diesem Falle muss der leistende Unternehmer, um eine Ordnungswidrigkeit 14 zu vermeiden, selbst eine Rechnung ausstellen. Dies ergibt sich aus dem Gesetzeswortlaut des § 14 Abs. 2 S. 2 UStG: »unbeschadet der Verpflichtungen zur Rechnungsausstellung«.

2.3.2 Verstoß gegen die Aufbewahrungspflicht aus § 14b Abs. 1 S. 1 UStG

15 Nach § 26a Abs. 1 Nr. 2 UStG ist bußgeldbewehrt die **Nichtaufbewahrung** des Doppels einer Rechnung bzw. einer Rechnung entgegen der Aufbewahrungspflichten aus **§ 14b Abs. 1 S. 1 und S. 4 Nr. 1–3 UStG** für die Dauer von zehn Jahren (vgl. § 14b Rn. 12–20).

16 Zunächst trifft den Unternehmer aus § 14b Abs. 1 S. 1 UStG die **Verpflichtung**, ein **Doppel der Rechnung**, die er selbst oder ein Dritter in seinem Namen und für seine Rechnung ausgestellt hat, sowie alle Rechnungen, die er erhalten oder die ein Leistungsempfänger oder in dessen Namen und für dessen Rechnung ein Dritter ausgestellt hat, **zehn Jahre lang aufzubewahren**. Geahndet wird aufgrund ausdrücklicher Bezugnahme auch ein Verstoß gegen die Aufbewahrungspflichten aus § 14b Abs. 1 S. 1 i. V. m. S. 4 Nr. 1–3 UStG.

17 Darüber hinaus ist allerdings fraglich, ob auch die Nichtbeachtung der **erweiterten Voraussetzungen** des § 14b Abs. 1 S. 2 **(Lesbarkeit)**, Abs. 2 **(Ort der Aufbewahrung)** und Abs. 4 **(Online-Zugriff)** Gegenstand eines ordnungswidrigen Verhaltens sein können, ohne dass § 26a Abs. 1 Nr. 2 UStG ausdrücklich in seinem Wortlaut darauf Bezug nimmt. Sinn und Zweck der Bußgeldbewehrung kann aber nur sein, dass auch die vorgenannten erweiterten Aufbewahrungsvoraussetzungen einzuhalten sind. Ein Unterschied zwischen z. B. einer nicht aufbewahrten und einer nicht lesbaren Rechnung besteht nicht. In beiden Fällen kann die Kontrollfunktion nicht wahrgenommen werden; § 26a Abs. 1 Nr. 2 UStG muss also beide Fälle ahnden, um nicht völlig ins Leere zu laufen (so auch Nieskens in R/D, § 26a Rn. 38).

2.3.3 Verstoß gegen die Aufbewahrungspflichten aus § 14b Abs. 1 S. 5 UStG

18 § 26a Abs. 1 Nr. 3 UStG sanktioniert einen Verstoß gegen die **zweijährige Aufbewahrungspflicht** gem. § 14b Abs. 1 S. 5 UStG, d. h. in den Fällen, in denen der **Leistungsempfänger Nichtunternehmer** ist oder ein Unternehmer Leistungen für den **nichtunternehmerischen Bereich** bezieht (vgl. § 14b Rn. 21 ff.). Es sind die Rechnung, Zahlungsbelege oder andere beweiskräftige Unterlagen aufzubewahren. Zahlungsbelege sind z. B. Kontoauszüge und Quittungen, andere beweiskräftige Unterlagen können Bauverträge, Bestellungen, Abnahmeprotokolle nach VOB, Unterlagen zu Rechtsstreitigkeiten im Zusammenhang mit der Leistung u. Ä. sein, mittels derer sich der Leistende, Art und Umfang der ausgeführten Leistung sowie das Entgelt bestimmen lassen (vgl. Abschn. 14b.1 Abs. 4 S. 2 UStAE).

19 Fehlt auf der Rechnung an einen Nichtunternehmer entgegen § 14 Abs. 4 Nr. 9 UStG der Hinweis auf die Aufbewahrungspflicht, so ist dies auf Seiten des Unternehmers nach § 26a Abs. 1 Nr. 1 UStG zu sanktionieren; auf Seiten der Privatperson wird dann im Falle der Nichtaufbewahrung zwar der objektive Tatbestand erfüllt sein, der subjektive Tatbestand (Vorsatz oder Leichtfertigkeit) wird sich jedoch in aller Regel nicht nachweisen lassen (vgl. Rn. 13).

2.3.4 Verstoß gegen die Vorlagepflichten aus § 18 Abs. 12 S. 3 UStG

20 Nach § 18 Abs. 12 S. 1 UStG haben im Ausland ansässige Unternehmer, die **grenzüberschreitende Personenbeförderungen mit nicht im Inland zugelassenen Kraftomnibussen durchführen**, und

wenn diese Umsätze nicht der Beförderungseinzelbesteuerung nach § 16 Abs. 5 UStG unterliegen oder kein Fall der umgekehrten Steuerschuldnerschaft nach § 13b Abs. 2 S. 1 oder S. 3 UStG vorliegt, dies vor der erstmaligen Ausführung derartiger Umsätze dem **zuständigen Finanzamt anzuzeigen**, welches hierüber eine **Bescheinigung** nach § 18 Abs. 12 S. 2 UStG erteilt. Diese Bescheinigung ist nach § 18 Abs. 12 S. 3 UStG **während jeder Fahrt mitzuführen und auf Verlangen** den für die Steueraufsicht zuständigen Zolldienststellen **vorzulegen**. Kommt der Unternehmer dieser Verpflichtung nicht nach, handelt er ordnungswidrig nach § 26a Abs. 1 Nr. 4 UStG.

2.3.5 Pflichtenverletzung betreffend Zusammenfassende Meldungen nach § 18a UStG

Nach § 26a Abs. 1 Nr. 5 UStG handelt ordnungswidrig, wer vorsätzlich oder leichtfertig entgegen **§ 18a Abs. 1 bis 3 i.V.m. Abs. 7 S. 1, Abs. 8 oder Abs. 9 UStG Zusammenfassende Meldungen** (ZM) 21

- **nicht,**
- **nicht richtig,**
- **nicht vollständig** oder
- **nicht rechtzeitig** abgibt.

Ordnungswidrig handelt auch, wer entgegen seiner Verpflichtung aus **§ 18a Abs. 10 UStG** Zusammenfassende Meldungen 22

- nicht oder
- nicht rechtzeitig **berichtigt**.

Für die Erfüllung des Bußgeldtatbestands des § 26a Abs. 1 Nr. 5 UStG sind folgende Gesichtspunkte relevant: 23

- Die **Abgabefrist** für Zusammenfassende Meldungen ist in § 18a Abs. 1 bis 3 und Abs. 9 UStG geregelt.
- Welche **Angaben im** jeweiligen **Meldezeitraum** zu erklären sind regelt § 18a Abs. 7 i.V.m. Abs. 8 UStG.
- Eine dem Unternehmer für die Abgabe der Umsatzsteuer-Voranmeldung gewährte **Dauerfristverlängerung** gilt nicht für die Abgabe der Zusammenfassenden Meldung (Abschn. 18a.2 Abs. 1 S. 2 UStAE).
- Erkennt der Unternehmer später, dass eine bereits abgegebene Zusammenfassende Meldung unrichtig oder unvollständig ist, muss er sie gem. § 18a Abs. 10 UStG **berichtigen.**
- **Adressat** dieser Vorschrift sind neben dem Unternehmer auch die nichtselbständigen juristischen Personen eines Organkreises (§ 18a Abs. 5 S. 4 UStG). Kleinunternehmer hingegen müssen keine Zusammenfassende Meldung abgeben (§ 18a Abs. 4 UStG).

2.3.6 Verstoß gegen eine Rechtsverordnung nach § 18c UStG

§ 26a Abs. 1 Nr. 6 UStG trägt nach der Gesetzesbegründung (RegE EURLUmsG, BT-Drucks. 15/3677, zu Art. 5 Nr. 17) dem Umstand Rechnung, dass die in § 18c S. 2 Nr. 5 UStG a.F. enthaltene Ermächtigung zur Regelung der **Ahndung von Zuwiderhandlungen gegen die** in der Rechtsverordnung festzulegende **Meldepflicht über i. g. Lieferungen neuer Fahrzeuge an** 24

Abnehmer ohne UStIdNr. keine ausreichende Grundlage für eine Bußgeldvorschrift darstellte. § 26a Abs. 1 Nr. 6 UStG stellt nun die entsprechende rechtliche Grundlage dar.

2.3.7 Mangelnde Mitwirkung bei der Vorlage von Urkunden nach § 18d S. 3 UStG

25 Nach § 26a Abs. 1 Nr. 7 UStG wird derjenige sanktioniert, der entgegen § 18d S. 3 UStG der Finanzbehörde auf deren Verlangen hin nicht die

- Bücher,
- Aufzeichnungen,
- Geschäftspapiere oder
- anderen Urkunden vorlegt.

Die Einsicht dieser Unterlagen ist für den Fiskus erforderlich, damit die Bundesrepublik Deutschland ihren Auskunftspflichten auf dem Gebiet der Umsatzsteuer gegenüber anderen EU-Mitgliedstaaten gem. Art. 5 VO EWG (ABl. EG 1992, L 24) nachkommen kann.

2.4 Der subjektive Tatbestand des § 26a Abs. 1 UStG

26 **Der subjektive Tatbestand** der in § 26a UStG genannten Ordnungswidrigkeiten setzt Vorsatz oder Leichtfertigkeit des Täters voraus.

27 **Vorsatz** bedeutet wissentliches und willentliches Handeln bzw. Unterlassen bzgl. des rechtswidrigen Taterfolgs.

28 **Leichtfertigkeit** beinhaltet einen **gesteigerten Grad der Fahrlässigkeit** (BGHSt 43, 158, 168, NJW 1997, 3323). Sie entspricht etwa der groben Fahrlässigkeit im Zivilrecht. Diesbezüglich gelten dieselben Grundsätze wie bei der leichtfertigen Steuerverkürzung i. S. d. § 378 AO. Sie ist gegenüber anderen Ausformungen der subjektiven Vorwerfbarkeit **abzugrenzen:**

- Sie stellt einen gegenüber der **Fahrlässigkeit** (= Außerachtlassen der notwendigen, üblichen und zumutbaren Sorgfalt) **gesteigerten Grad der Schuld** dar. Der Täter muss gegenüber der Fahrlässigkeit aus **besonderer Gleichgültigkeit oder grober Unachtsamkeit**, d. h. leichtsinnig außer Acht lassen, dass bei seinem Handeln die Tatbestandsverwirklichung besonders nahe liegt (Rengier in Senge, Karlsruher Kommentar zum Gesetz über Ordnungswidrigkeiten, 3. Aufl. 2006, § 10 Rn. 49).
- Die Leichtfertigkeit unterscheidet sich von der **bewussten Fahrlässigkeit**; es kommt nicht auf die Einsichtsfähigkeit eines Durchschnittsbürgers (wie bei Letzterer), sondern auf diejenige des Täters an (Koch, AO, 4. Aufl. 2006, 378 Rn. 11). Bei der bewussten Fahrlässigkeit hält der Täter die Tatbestandsverwirklichung für möglich, vertraut aber darauf, dass diese nicht eintritt.
- Die Leichtfertigkeit ist nicht identisch mit dem **bedingten Vorsatz**, bei dem der Täter die Verwirklichung des Tatbestands für möglich hält und sie billigend im Kauf nimmt.
- Sie ist auch nicht zu verwechseln mit der **bewussten Fahrlässigkeit** des Zivilrechts; denn die Leichtfertigkeit stellt auf die individuellen Eigenschaften des Täters ab.

2.5 Sanktionsrahmen

29 Nach § 26a Abs. 2 UStG kann die Ordnungswidrigkeit in den Fällen des **§ 26a Abs. 1 Nr. 3 UStG** mit einer Geldbuße **bis zu 500 €** und in den **übrigen Fällen** mit einer Geldbuße **bis zu 5000 €** geahndet werden. Da § 26a Abs. 2 UStG in der Androhung des Höchstmaßes des Sanktionsrahmens nicht zwischen vorsätzlicher und fahrlässiger Begehung unterscheidet, kann nach § 377 Abs. 2 AO i. V. m. § 17 Abs. 2 OWiG **fahrlässiges Handeln im Höchstmaß nur mit der Hälfte des angedrohten Höchstbetrages** der Geldbuße geahndet werden. Die in § 26a UStG geregelte Ahndung leichtfertigen Handelns unterliegt als Unterform der Fahrlässigkeit insoweit keiner Sonderregelung und löst nur den halbierten Bußgeldhöchstsatz aus (Mitsch in Senge, Karlsruher Kommentar zum Gesetz über Ordnungswidrigkeiten, 3. Aufl. 2006, § 17 Rn. 26). Entsprechend dem Opportunitätsprinzip kann ggf. auch auf eine Ahndung verzichtet werden (vgl. Rn. 9).

2.6 Zuständigkeiten

30 Für die Verfolgung der Ordnungswidrigkeit ist die **Finanzbehörde** zuständig, **welche die betroffene Steuer verwaltet** (§ 36 Abs. 1 Nr. 1 OWiG i. V. m. §§ 409, 387 Abs. 1 AO). Im Falle eventueller **Mehrfachzuständigkeiten** ist nach § 410 Abs. 1 Nr. 1, § 390 Abs. 1 AO die Behörde zuständig, die zuerst ein Bußgeldverfahren wegen des Verstoßes gegen § 26a eingeleitet hat. Die sachliche Zuständigkeit des Bundeszentralamts für Steuern für die Verfolgung der Steuerordnungswidrigkeiten nach § 26a Abs. 1 Nr. 5 und 6 UStG ergab sich bislang aus der sinngemäßen Anwendung des § 36 Abs. 1 Nr. 1 OWiG i. V. m. den §§ 409 S. 1 und 387 Abs. 1 AO. Mit Art. 7 Nr. 8 des Gesetzes zur Anpassung des nationalen Steuerrechts an den Beitritt Kroatiens zur EU und zur Änderung weiterer steuerlicher Vorschriften vom 25.07.2014 (BGBl I, 1266), wurde § 26a UStG um einen Absatz 3 ergänzt. Mit Einführung des neuen Absatz 3 wird nunmehr ausdrücklich festgestellt, dass das Bundeszentralamt für Steuern für diese Aufgaben zuständig ist.

§ 26b UStG
Schädigung des Umsatzsteueraufkommens

(1) Ordnungswidrig handelt, wer die in einer Rechnung im Sinne von § 14 ausgewiesene Umsatzsteuer zu einem in § 18 Abs. 1 Satz 4 oder Abs. 4 Satz 1 oder 2 genannten Fälligkeitszeitpunkt nicht oder nicht vollständig entrichtet.
(2) Die Ordnungswidrigkeit kann mit einer Geldbuße bis zu fünfzigtausend Euro geahndet werden.

Literatur

Gaede, Leerlauf der gewerbs- oder bandenmäßigen Schädigung des Umsatzsteueraufkommens?, PStR 2011, 233. **Nieskoven**, Umsatzsteuerbetrug im Unternehmen: Haftung und Vorsteuerfolgen, PStR 2007, 15. **Nieskoven**, Die »Karussellbetrugsentscheidung« des EuGH, PStR 2006, 184. **Vellen**, Neue bzw. geplante Richtlinien und Verordnungen, EU-UStB 2007, 12, 28, 44. **Webel**, Schädigung des Umsatzsteueraufkommens, PStR 2013, 20.

1 Allgemeines

1.1 Überblick über die Vorschrift/Gesetzeszweck

1 Nach dem durch das Steuerverkürzungsbekämpfungsgesetz vom 19.12.2001 (BGBl I 2001, 3922) m. W. z. 01.01.2002 erstmals eingeführten **§ 26b UStG** verwirklicht eine **Ordnungswidrigkeit**, wer vorsätzlich die in einer Rechnung i. S. v. § 14 UStG ausgewiesene Umsatzsteuer zum Fälligkeitszeitpunkt nicht oder nicht vollständig entrichtet.

Die Vorschrift des § 26b UStG stellt eine Bußgeldvorschrift dar, mit der die organisierte Kriminalität – insbesondere Umsatzsteuerbetrug durch sog. **Karussellgeschäfte** – eingedämmt werden soll, um auch Haushaltsausfälle und Wettbewerbsverzerrungen zu vermeiden. Insbesondere sollte die Möglichkeit geschaffen werden, den sog. »missing trader« zu bestrafen (Finanzausschuss, Bericht zum Steuerverkürzungsbekämpfungsgesetz, BT-Drucks. 14/7471, 7 f.). 2

1.2 Geltungsbereich

1.2.1 Persönlicher Geltungsbereich

Sanktioniert wird jeder, der den Tatbestand vorsätzlich begeht. Dies betrifft nicht nur Täter/Mittäter, sondern auch Teilnehmer (Anstifter/Gehilfen); zwischen diesen Typen wird im Ordnungswidrigkeitenrecht abweichend vom Strafrecht (§§ 25 ff. StGB) nicht unterschieden, sondern es gilt nach § 377 Abs. 2 AO i. V. m. § 14 Abs. 1 S. 1 OWiG der sog. **Einheitstäterbegriff** (Gürtler in Göhler, Gesetz über Ordnungswidrigkeiten, 15. Aufl. 2009, § 14 Rn. 1). In diesem Sinne ordnungswidrig handeln kann nach **§ 26b UStG** zunächst **jeder Unternehmer**, aber über § 377 Abs. 2 AO i. V. m. **§ 9 OWiG auch** andere vom Unternehmer eingesetzte Personen oder gesetzliche **Vertreter und Beauftragte**. 3

1.2.2 Sachlicher Anwendungsbereich

Erfasst werden die Fälle der Schädigung des Umsatzsteueraufkommens i. S. d. 4
- Nichtzahlung,
- nicht vollständigen oder
- nicht rechtzeitigen Zahlung

der in einer Rechnung i. S. v. § 14 UStG ausgewiesenen Umsatzsteuer.

1.2.3 Zeitlicher Anwendungsbereich

§ 26b UStG wurde durch das Steuerverkürzungsbekämpfungsgesetz vom 19.12.2001 (BGBl I 2001, 3922) mit Wirkung ab dem 01.01.2002 (Art. 1 Nr. 7) in das Gesetz aufgenommen, d. h. § 26b UStG ist für nach dem 31.12.2001 verwirklichte Ordnungswidrigkeiten anwendbar, wobei die Verwirklichung nur an nach dem 31.12.2001 fällige Steuerbeträge anknüpfen kann. 5

Zuletzt geändert wurde § 26b UStG durch Art. 10 Nr. 14 des **Amtshilferichtlinie-Umsetzungsgesetz** (AmtshilfeRLUmsG) vom 26.06.2013, BGBl I 2013, 1809. Die Änderung trat am 30.06.2013 in Kraft (Art. 31 Abs. 1 AmtshilfeRLUmsG). Der bisherige Verweis in § 26b Abs. 1 UStG auf § 18 Abs. 1 **S. 3** UStG wurde in **S. 4** geändert (vgl. Rn. 13).

1.3 Verhältnis zu anderen Vorschriften

Bei den in **§ 26b UStG** genannten Pflichtverletzungen handelt es sich um **Steuerordnungswidrigkeiten** (§ 377 Abs. 1 AO). **Für diese gelten** gem. § 377 Abs. 2 AO die Vorschriften des ersten Teils 6 des Gesetzes über Ordnungswidrigkeiten (OWiG), d.h. **die §§ 1 bis 34 OWiG**, soweit die Steuergesetze nichts anderes bestimmen. Darüber hinaus finden nach § 410 Abs. 1 AO die Verfahrensvorschriften der **§§ 35–110 OWiG** Anwendung.

7 Gegenüber dem Straftatbestand des § 26c UStG (gewerbs- oder bandenmäßige Schädigung des Umsatzsteueraufkommens) tritt § 26b UStG als die allgemeinere Norm zurück. Erfüllt die Tat gleichzeitig eine Steuerhinterziehung, kommt nur die strafrechtliche Bestimmung des § 370 AO zur Anwendung **(§ 377 Abs. 2 AO i.V.m. § 21 Abs. 1 OWiG)**. Gegenüber § 380 AO geht § 26b UStG als das speziellere Gesetz vor.

2 Kommentierung

2.1 Tatbestandsmerkmale (Überblick)

8 **Ordnungswidrig** nach **§ 26b Abs. 1 UStG** handelt, **wer objektiv** die in einer Rechnung i.S.v. § 14 UStG ausgewiesene Umsatzsteuer zu einem im Fälligkeitszeitpunkt nach

- § 18 Abs. 1 S. 3 UStG (Vorauszahlung),
- § 18 Abs. 4 S. 1 UStG (Unterschiedsbetrag zugunsten des Finanzamtes – Jahressaldo) oder nach
- § 18 Abs. 4 S. 2 UStG (abweichende Festsetzung durch das Finanzamt),

nicht oder nicht vollständig entrichtet und dabei **subjektiv vorsätzlich** handelt.

2.2 Bußgeldtatbestand

9 Vgl. § 26a Rn. 7ff.

2.3 Der objektive Tatbestand des § 26b Abs. 1 UStG

2.3.1 Rechnung i.S.d. § 14 UStG

10 Der Rechnungsbegriff in § 26b Abs. 1 UStG knüpft an den **allgemeinen Rechnungsbegriff** des § 14 Abs. 1 UStG an (vgl. § 14 Rn. 16ff.), wonach jedes Dokument, mit dem über eine Lieferung oder eine sonstige Leistung abgerechnet wird, eine Rechnung darstellt, gleichgültig, wie dieses Dokument im Geschäftsverkehr bezeichnet wird. Formal muss die Rechnung geeignet sein, den Vorsteuerabzug zu ermöglichen, d.h. mindestens der **Nettorechnungsbetrag muss angegeben sein** (ausführlich m.w.N. Traub in Wannemacher, Steuerstrafrecht, 5. Aufl., Rn. 1354, 1355).

11 In Fällen der **Abrechnung über Scheinlieferungen** und der anschließenden Nichtzahlung läuft § 26b UStG leer, da § 26b Abs. 1 UStG keinen Verweis auf die seit dem 01.01.2004 in § 14c Abs. 2 S. 2 UStG geregelten Scheinrechnungen enthält. Auch der allgemeine Rechnungsbegriff, der § 26b

Abs. 1 UStG zugrunde liegt, umfasst die vorgenannten Abrechnungspapiere nicht, da eine Rechnung in dem Sinne nur dann vorliegt, wenn die Leistung tatsächlich erbracht worden ist.

2.3.2 Nicht (rechtzeitige) Entrichtung der Umsatzsteuer

Jede Nichtentrichtung oder nicht vollständige Entrichtung der **in der Rechnung ausgewiesenen Umsatzsteuer zu einem** in § 18 Abs. 1 S. 4 oder Abs. 4 S. 1 oder 2 UStG genannten **Fälligkeitszeitpunkt** wird durch § 26b UStG sanktioniert. Die **Schonfrist** des **§ 240 Abs. 3 AO** ist hier **irrelevant**, kann aber ggf. zur Verfahrenseinstellung gem. § 47 OWiG i. V. m. § 410 AO führen. 12

Durch eine Stundung gem. § 222 AO kann jedoch der Fälligkeitszeitpunkt hinausgeschoben werden und mithin die Anwendung des § 26b UStG entfallen.

Durch das Steuerbürokratieabbaugesetz vom 20.12.2008 (BGBl I 2008, 2850) wurde § 18 Abs. 1 UStG mit Wirkung ab dem 01.01.2009 (redaktionell) dahingehend geändert, dass sich die Bestimmung der Fälligkeit nunmehr nicht aus § 18 Abs. 1 S. 3 UStG, sondern aus S. 4 ergibt. Eine entsprechende Anpassung des § 26b Abs. 1 UStG, der bislang auf § 18 Abs. 1 S. 3 UStG verwies, wurde jedoch bis zur Änderung durch das AmtshilfeRLUmsG mit Wirkung vom 30.06.2013 versäumt (vgl. Rn. 5). § 26b UStG (und zugleich § 26c UStG) lief damit insgesamt wegen des **Verstoßes gegen den in Art. 103 Abs. 2 GG geregelten Grundsatzes »nullum crimen, nulla poena sine lege« ins Leere** (vgl. ausführlich m. w. N. Webel, PStR 2013, 20). 13

Bei **Zahlungsunfähigkeit** des Unternehmers beinhaltet die Unmöglichkeit zur Vornahme der in § 26b UStG vorgeschriebenen Handlung, dass der Tatbestand nicht erfüllt ist (BGH vom 15.10.1996, Az: VI ZR 327/95, wistra 1997, 64; BGH vom 22.08.2001, Az: 1 StR 328/01, wistra 2001, 465) – es sei denn, der Täter hat die Zahlungsunfähigkeit mindestens mit bedingtem Vorsatz herbeigeführt (Burger, wistra 2001, 1, 3). Um dem vorzubeugen, kann dem Unternehmer nur empfohlen werden, sich möglichst frühzeitig mit dem Finanzamt in Verbindung zu setzen, um nach **Lösungen** angesichts der **(drohenden) Zahlungsunfähigkeit** zu suchen. 14

Wie eine solche Lösung aussehen mag, beschreibt die amtliche Begründung im Bericht des Finanzausschusses zum Entwurf des StVBG vom 14.11.2001, BT-Drucks. 14/7471, zu Nr. 6: »Ist die unterlassene Entrichtung der Umsatzsteuer entschuldbar, kann die Finanzbehörde nach dem im Ordnungswidrigkeitenrecht geltenden **Opportunitätsprinzip** auf eine Ahndung verzichten, wobei auch die in § 266a V StGB genannten Umstände als Maßstab für die diesbezügliche Ermessensentscheidung in Betracht kommen können. Wenn der Betroffene dem Finanzamt **unverzüglich und plausibel** darlegt, weshalb ihm eine fristgerechte Entrichtung trotz **ernsthaften Bemühens** nicht möglich ist oder war und er anschließend in der gesetzten Frist die Umsatzsteuer entrichtet und dadurch die Gefährdung des Umsatzsteueraufkommens beseitigt, wird dies i. d. R. zu einem **Absehen von der Verfolgung** führen«. 15

2.4 Der subjektive Tatbestand des § 26b Abs. 1 UStG

Die Begehung der Ordnungswidrigkeit des § 26b UStG erfordert vorsätzliches Handeln (§ 10 OWiG i. V. m. § 377 Abs. 2 AO). 16

Der Täter muss daher wissen oder zumindest für möglich halten,

- dass in seinem Namen USt in einer Rechnung ausgewiesen worden ist,
- dass er sie schuldet und
- dass die Steuerforderung fällig ist,

und die Nichtzahlung bzw. nicht vollständige Entrichtung der USt wollen oder zumindest billigend in Kauf nehmen.

2.5 Sanktionsrahmen

17 Die Ordnungswidrigkeit sanktioniert § 26b Abs. 2 UStG mit einer Geldbuße von 5 € (vgl. § 377 Abs. 1 AO i. V. m. § 17 Abs. 1 OWiG) bis zu 50.000 €. Entsprechend dem Opportunitätsprinzip kann ggf. auch auf eine Ahndung verzichtet werden (vgl. § 26a Rn. 9).

§ 26c UStG
Gewerbsmäßige oder bandenmäßige Schädigung des Umsatzsteueraufkommens

Mit Freiheitsstrafe bis zu fünf Jahren oder mit Geldstrafe wird bestraft, wer in den Fällen des § 26b gewerbsmäßig oder als Mitglied einer Bande, die sich zur fortgesetzten Begehung solcher Handlungen verbunden hat, handelt.

Literatur

Gaede, Leerlauf der gewerbs- oder bandenmäßigen Schädigung des Umsatzsteueraufkommens?, PStR 2011, 233. **Webel**, Schädigung des Umsatzsteueraufkommens, PStR 2013, 20. **Dr. Gehm**, Folgen für das deutsche Umsatzsteuerrecht bei Verstößen gegen das GG und Normen der EU – BFH, Beschluss vom 25.05.2016 – V B 107/15, USt direkt digital Nr. 17 vom 08.09.2016, 4.

1 Allgemeines

1.1 Überblick über die Vorschrift/Gesetzeszweck

Die Vorschrift des § 26c UStG stellt eine Strafvorschrift dar, mit der die organisierte Kriminalität – 1
insbesondere Umsatzsteuerbetrug durch sog. Karussellgeschäfte – eingedämmt werden soll. So sollen auch Haushaltsausfälle und Wettbewerbsverzerrungen vermieden werden. Insofern decken sich die gesetzgeberischen Intentionen mit denen des § 26b UStG – nur dass die gewerbs- oder bandenmäßige Schädigung des Umsatzsteueraufkommens mit einer Freiheits- oder Geldstrafe

bedroht ist. Mit dieser Vorschrift wird eine Regelungslücke für die Fälle geschlossen, in denen eine Bestrafung gem. § 370 AO mangels Erfüllung der objektiven Tatbestandsmerkmale nicht möglich ist. Zum **Verstoß des § 26c UStG gegen** den in **Art. 103 Abs. 2 GG** geregelten Grundsatz **»nullum crimen, nulla poena sine lege«**, vgl. § 26b Rn. 13.

§ 26c UStG wurde durch das Steuerverkürzungsbekämpfungsgesetz vom 19.12.2001 (BGBl I 2001, 3922) **erstmals** mit Wirkung ab dem 01.01.2002 in das Gesetz aufgenommen. Da es sich um sogenanntes **nachkonstitutionelles Recht** handelt, ist das **Zitiergebot aus Art. 19 Abs. 1 S. 2 GG** zu beachten. Wird dem Zitiergebot nicht genügt, verletzt das Gesetz das entsprechende Grundrecht und ist nichtig (BVerfG vom 25.05.1956 – 1 BvR 190/55, NJW 1956, 986; BVerfG vom 27.02.2008 – 1 BvR 370/07, NJW 2012, 833). Ob § 26c UStG gegen das Zitiergebot des Art. 19 Abs. 1 S. 2 GG verstößt, oder ob ein Grundrechtseingriff bei einer Strafrechtsnorm evident ist, und das Zitiergebot gar nicht greift, ist umstritten, vgl. Dr. Gehm, USt direkt digital Nr. 17 vom 08.09.2016, 4. Zuletzt mit Beschluss vom 25.05.2016 – V B 107/15, BFH/NV 2016, 1310, hat der BFH offen gelassen, ob § 26c UStG gegen das Zitiergebot verstößt. Jedenfalls folge aus einem möglichen Verstoß gegen das Zitiergebot keine Nichtigkeit des gesamten Umsatzsteuergesetzes.

1.2 Geltungsbereich

1.2.1 Persönlicher Geltungsbereich

2 Es gelten nach § 369 Abs. 2 AO die allgemeinen Gesetze über das Strafrecht, d. h. die Verwirklichung des Straftatbestandes des § 26c i. V. m. § 26b UStG ist als **Täter** (vgl. § 25 StGB) **oder Teilnehmer** (Anstiftung, § 26 StGB bzw. Beihilfe § 27 StGB) möglich.

Da die **bandenmäßige Begehung** allerdings ein sog. **besonderes persönliches Tatbestandsmerkmal** gem. § 28 StGB darstellt, kann der Gehilfe, der nicht selbst den Vorsatz zur bandenmäßigen Begehung der Tat hat, nur nach § 26b UStG sanktioniert werden. Gleiches gilt für den Anstifter i. S. d. § 26 StGB.

1.2.2 Sachlicher Anwendungsbereich

3 Erfasst werden die Fälle der gewerbsmäßigen oder bandenmäßigen Gefährdung des Umsatzsteueraufkommens durch nicht (rechtzeitige) Entrichtung der in Rechnungen ausgewiesenen Umsatzsteuer. Auch hier ist Anlass der gesetzgeberischen Bemühungen die Bekämpfung des Umsatzsteuerbetrugs, insbesondere diejenige der Karussellgeschäfte (vgl. die Kommentierung zu § 26b).

1.2.3 Zeitlicher Anwendungsbereich

4 § 26c UStG wurde durch das Steuerverkürzungsbekämpfungsgesetz vom 19.12.2001 (BGBl I 2001, 3922) mit Wirkung ab dem 01.01.2002 in das Gesetz aufgenommen.

1.3 Verhältnis zu anderen Vorschriften

Bei § 26c UStG handelt es sich um **Steuerstraftaten i.S.d. § 369 Abs. 1 Nr. 1 AO**, d.h. um Taten, die nach den Steuergesetzen strafbar sind. **Es gelten** damit nach § 369 Abs. 2 AO die **allgemeinen Gesetze über das Strafrecht**, soweit die Strafvorschriften der Steuergesetze nichts anderes bestimmen. 5

Die Begehungsformen der gewerbs- bzw. bandenmäßigen Gefährdung des Umsatzsteueraufkommens können nebeneinander verwirklicht werden. Im Regelfall wird eine Bande auch gewerbsmäßig handeln. 6

Gegenüber § 26b UStG geht § 26c UStG als die Strafvorschrift der Bußgeldvorschrift vor; diese tritt zurück (§ 21 OWiG i.V.m. § 377 Abs. 2 AO). 7

Wird die Straftat gem. § 153a StPO eingestellt, wirkt diese Einstellung auch bezüglich der Ordnungswidrigkeit. 8

Die §§ 370 (Steuerhinterziehung) und 370a AO (gewerbs- oder bandenmäßige Steuerhinterziehung) einerseits und § 26c UStG (gewerbs- oder bandenmäßige Gefährdung des Umsatzsteueraufkommens) andererseits schließen sich aus, da der Täter der Tat nach § 26c UStG keine unrichtigen Angaben gegenüber der Finanzbehörde macht und sie auch nicht über steuerlich erhebliche Tatsachen in Unkenntnis lässt. 9

2 Kommentierung

2.1 Tatbestandsmerkmale (Überblick)

Wer die Schädigung des Umsatzsteueraufkommens gem. § 26b UStG 10

- gewerbs- oder
- bandenmäßig begeht,

wird mit Freiheitsstrafe bis zu fünf Jahren oder mit Geldstrafe bestraft.

2.2 Schädigung des Umsatzsteueraufkommens nach § 26b UStG

Dazu vgl. die Kommentierung zu § 26b. 11

2.3 Gewerbsmäßige Schädigung des Umsatzsteueraufkommens

Gewerbsmäßige (d.h. nicht unbedingt berufsmäßige!) Begehung setzt voraus, dass es dem Täter oder Teilnehmer darauf ankommt, 12

- sich durch eine wiederholte (d.h. nicht unbedingt ständige!), also nachhaltige Schädigung des Umsatzsteueraufkommens

- eine fortlaufende Einnahmequelle
- mit einigem Umfang zu verschaffen

(BGH vom 11.09.2003, wistra 2003, 460, 461).

13 Als **Taterfolg** reicht jeder Vermögensvorteil, also nicht nur das Erlangen von Barmitteln, sondern z. B. auch die Ersparnis von Ausgaben. Der Vermögensvorteil wird durch eigennütziges Verhalten erlangt, da der Teilnehmer sonst wegen Beihilfe (§ 27 StGB) zu bestrafen wäre.

14 Die Gewerbsmäßigkeit setzt eine **Wiederholungsabsicht** zur Begehung der Schädigung des Umsatzsteueraufkommens voraus.

15 **Jede einzelne Tat ist gesondert zu prüfen**, da es die Rechtsfigur des Fortsetzungszusammenhangs im Steuerstrafrecht nicht mehr gibt (BFH vom 22.06.1995, Az: IV R 26/94, DB 1995, 1695 m. w. N.).

2.4 Begehung als »Mitglied einer Bande«

16 Eine bandenmäßige Begehung der Tat setzt

- den Zusammenschluss von mindestens drei Personen voraus (BGH vom 22.03.2001, Az: GSSt 1/00, wistra 2001, 298),
- die sich mit dem Willen verbunden haben,
- künftig
- für eine gewisse Dauer
- mehrere Straftaten gem. § 26 b UStG zu begehen.

17 Von der kriminellen Vereinigung (§ 129 StGB) ist die bandenmäßige Begehung dadurch abzugrenzen, dass die Bande keine Organisationsstruktur aufweisen muss und auch kein Gesamtwille der Bandenmitglieder zur Tatbegehung erforderlich ist (BGH vom 22.03.2001, GSSt 1/00, wistra 2001, 298). Für die Annahme einer Bande reicht bereits eine lose Übereinkunft; es kann sogar ein stillschweigendes Übereinkommen genügen. Ein Zusammenwirken ist dagegen nicht erforderlich.

2.5 Subjektiver Tatbestand

18 Die Tat muss vorsätzlich (mindestens mit bedingtem Vorsatz) begangen werden (vgl. § 15 StGB). Zu diesen Begriffen vgl. § 26 a Rn. 26–28. Der Vorsatz muss sich auf die gewerbs- oder bandenmäßige Begehung (d. h. u. a. mit Wiederholungsabsicht) richten. Kennt der Täter z. B. die Fälligkeit der USt-Entrichtung nicht, unterliegt er einem sog. Tatbestandsirrtum (§ 16 Abs. 1 S. 1 StGB i. V. m. § 369 Abs. 1 AO), der den Vorsatz ausschließt.

2.6 Sanktionen

19 Als Strafrahmen sieht § 26 c UStG eine Freiheitsstrafe bis zu fünf Jahren oder ein Geldstrafe vor. Die Geldstrafe kann i. H. v. 5 bis 360 Tagessätzen verhängt werden (§ 40 Abs. 1 StGB). Für Teilnehmer (Anstifter/Gehilfen) besteht die Möglichkeit der Strafmilderung (§ 27 Abs. 2 i. V. m. § 49 Abs. 1

StGB). Es handelt sich somit nach § 12 Abs. 2 StGB um ein **Vergehen**. Der **Versuch** bleibt damit nach § 23 Abs. 1 StGB **straffrei**, da eine ausdrückliche Versuchsstrafbarkeit fehlt.

2.7 Keine Selbstanzeige

Anders als i.R. d. § 371 AO sieht § 26c UStG keine Möglichkeit einer strafbefreienden Selbstanzeige vor. 20

§ 27 UStG
Allgemeine Übergangsvorschriften

(1) [1]Änderungen dieses Gesetzes sind, soweit nichts anderes bestimmt ist, auf Umsätze im Sinne des § 1 Abs. 1 Nr. 1 und 5 anzuwenden, die ab dem Inkrafttreten der maßgeblichen Änderungsvorschrift ausgeführt werden. [2]Das gilt für Lieferungen und sonstige Leistungen auch insoweit, als die Steuer dafür nach § 13 Abs. 1 Nr. 1 Buchstabe a Satz 4, Buchstabe b oder § 13b Abs. 1 Satz 3 [*ab 01.07.2010:* Absatz 4 Satz 2] vor dem Inkrafttreten der Änderungsvorschrift entstanden ist. [3]Die Berechnung dieser Steuer ist für den Voranmeldungszeitraum zu berichtigen, in dem die Lieferung oder sonstige Leistung ausgeführt wird.

(1a) [1]§ 4 Nr. 14 ist auf Antrag auf vor dem 1. Januar 2000 erbrachte Umsätze aus der Tätigkeit als Sprachheilpädagoge entsprechend anzuwenden, soweit der Sprachheilpädagoge gemäß § 124 Abs. 2 des Fünften Buches Sozialgesetzbuch von den zuständigen Stellen der gesetzlichen Krankenkassen umfassend oder für bestimmte Teilgebiete der Sprachtherapie zur Abgabe von sprachtherapeutischen Heilmitteln zugelassen ist und die Voraussetzungen des § 4 Nr. 14 spätestens zum 1. Januar 2000 erfüllt. [2]Bestandskräftige Steuerfestsetzungen können insoweit aufgehoben oder geändert werden.

(2) § 9 Abs. 2 ist nicht anzuwenden, wenn das auf dem Grundstück errichtete Gebäude

1. Wohnzwecken dient oder zu dienen bestimmt ist und vor dem 1. April 1985 fertig gestellt worden ist,
2. anderen nichtunternehmerischen Zwecken dient oder zu dienen bestimmt ist und vor dem 1. Januar 1986 fertig gestellt worden ist,
3. anderen als in den Nummern 1 und 2 bezeichneten Zwecken dient oder zu dienen bestimmt ist und vor dem 1. Januar 1998 fertig gestellt worden ist,

und wenn mit der Errichtung des Gebäudes in den Fällen der Nummern 1 und 2 vor dem 1. Juni 1984 und in den Fällen der Nummer 3 vor dem 11. November 1993 begonnen worden ist.

(3) § 14 Abs. 1a in der bis zum 31. Dezember 2003 geltenden Fassung ist auf Rechnungen anzuwenden, die nach dem 30. Juni 2002 ausgestellt werden, sofern die zugrunde liegenden Umsätze bis zum 31. Dezember 2003 ausgeführt wurden.

(4) [1]Die §§ 13b, 14 Abs. 1, § 14a Abs. 4 und 5 Satz 3 Nr. 3, § 15 Abs. 1 Satz 1 Nr. 4 und Abs. 4b, § 17 Abs. 1 Satz 1, § 18 Abs. 4a Satz 1, § 19 Abs. 1 Satz 3, § 22 Abs. 1 Satz 2 und Abs. 2 Nr. 8, § 25a Abs. 5 Satz 3 in der jeweils bis zum 31. Dezember 2003 geltenden Fassung sind auch auf Umsätze anzuwenden, die vor dem 1. Januar 2002 ausgeführt worden sind, soweit das Entgelt für diese Umsätze erst nach dem 31. Dezember 2001 gezahlt worden ist. [2]Soweit auf das Entgelt oder Teile des Entgelts für nach dem 31. Dezember 2001 ausgeführte Umsätze vor dem 1. Januar 2002 das Abzugsverfahren nach § 18 Abs. 8 in der bis zum 31. Dezember 2001 geltenden Fassung angewandt worden ist, mindert sich die vom Leistungsempfänger nach § 13b geschuldete Steuer um die bisher im Abzugsverfahren vom leistenden Unternehmer geschuldete Steuer.

(5) [1]§ 3 Abs. 9a Satz 2, § 15 Abs. 1b, § 15a Abs. 3 Nr. 2 und § 15a Abs. 4 Satz 2 in der jeweils bis 31. Dezember 2003 geltenden Fassung sind auf Fahrzeuge anzuwenden, die nach dem 31. März 1999 und vor dem 1. Januar 2004 angeschafft oder hergestellt, eingeführt, innergemeinschaftlich erworben oder gemietet worden sind und für die der Vorsteuerabzug nach § 15 Abs. 1b vorgenommen worden ist. [2]Dies gilt nicht für nach dem 1. Januar 2004 anfallende Vorsteuerbeträge, die auf die Miete oder den Betrieb dieser Fahrzeuge entfallen.

(6) Umsätze aus der Nutzungsüberlassung von Sportanlagen können bis zum 31. Dezember 2004 in eine steuerfreie Grundstücksüberlassung und in eine steuerpflichtige Überlassung von Betriebsvorrichtungen aufgeteilt werden.

(7) § 13c ist anzuwenden auf Forderungen, die nach dem 7. November 2003 abgetreten, verpfändet oder gepfändet worden sind.

(8) § 15a Abs. 1 Satz 1 und Abs. 4 Satz 1 in der Fassung des Gesetzes vom 20. Dezember 2001 (BGBl. I S. 3794) ist auch für Zeiträume vor dem 1. Januar 2002 anzuwenden, wenn der Unternehmer den Vorsteuerabzug im Zeitpunkt des Leistungsbezuges auf Grund der von ihm erklärten Verwendungsabsicht in Anspruch genommen hat und die Nutzung ab dem Zeitpunkt der erstmaligen Verwendung mit den für den Vorsteuerabzug maßgebenden Verhältnissen nicht übereinstimmt.

(9) § 18 Abs. 1 Satz 1 ist erstmals auf Voranmeldungszeiträume anzuwenden, die nach dem 31. Dezember 2004 enden.

(10) § 4 Nr. 21a in der bis 31. Dezember 2003 geltenden Fassung ist auf Antrag auf vor dem 1. Januar 2005 erbrachte Umsätze der staatlichen Hochschulen aus Forschungstätigkeit anzuwenden, wenn die Leistungen auf einem Vertrag beruhen, der vor dem 3. September 2003 abgeschlossen worden ist.

(11) § 15a in der Fassung des Artikels 5 des Gesetzes vom 9. Dezember 2004 (BGBl. I S. 3310) ist auf Vorsteuerbeträge anzuwenden, deren zugrunde liegende Umsätze im Sinne des § 1 Abs. 1 nach dem 31. Dezember 2004 ausgeführt werden.

(12) Auf Vorsteuerbeträge, deren zugrunde liegende Umsätze im Sinne des § 1 Abs. 1 nach dem 31. Dezember 2006 ausgeführt werden, ist § 15a Abs. 3 und 4 in der am 1. Januar 2007 geltenden Fassung anzuwenden.

(13) § 18a Abs. 1 Satz 1, 4 und 5 in der Fassung des Artikels 7 des Gesetzes vom 13. Dezember 2006 (BGBl. I S. 2878) ist erstmals auf Meldezeiträume anzuwenden, die nach dem 31. Dezember 2006 enden.

(14) § 18 Abs. 9 in der Fassung des Artikels 7 des Gesetzes vom 19. Dezember 2008 (BGBl. I S. 2794) und § 18g sind auf Anträge auf Vergütung von Vorsteuerbeträgen anzuwenden, die nach dem 31. Dezember 2009 gestellt werden.

(15) § 14 Abs. 2 Satz 1 Nr. 2 und § 14 Abs. 3 Nr. 2 in der jeweils ab 1. Januar 2009 geltenden Fassung sind auf alle Rechnungen über Umsätze anzuwenden, die nach dem 31. Dezember 2008 ausgeführt werden.

(16) [1]§ 3 Absatz 9a Nummer 1, § 15 Absatz 1b, § 15a Absatz 6a und 8 Satz 2 in der Fassung des Artikels 4 des Gesetzes vom 8. Dezember 2010 (BGBl. I S. 1768) sind nicht anzuwenden auf Wirtschaftsgüter im Sinne des § 15 Absatz 1b, die auf Grund eines vor dem 1. Januar 2011 rechtswirksam abgeschlossenen obligatorischen Vertrags oder gleichstehenden Rechtsakts angeschafft worden sind oder mit deren Herstellung vor dem 1. Januar 2011 begonnen worden ist. [2]Als Beginn der Herstellung gilt bei Gebäuden, für die eine Baugenehmigung erforderlich ist, der Zeitpunkt, in dem der Bauantrag gestellt wird; bei baugenehmigungsfreien Gebäuden, für die Bauunterlagen einzureichen sind, der Zeitpunkt, in dem die Bauunterlagen eingereicht werden.

(17) § 18 Absatz 3 in der Fassung des Artikels 4 des Gesetzes vom 8. Dezember 2010 (BGBl. I S. 1768) ist erstmals auf Besteuerungszeiträume anzuwenden, die nach dem 31. Dezember 2010 enden.

(18) § 14 Absatz 1 und 3 ist in der ab 1. Juli 2011 geltenden Fassung auf alle Rechnungen über Umsätze anzuwenden, die nach dem 30. Juni 2011 ausgeführt werden.

(19) [1]Sind Unternehmer und Leistungsempfänger davon ausgegangen, dass der Leistungsempfänger die Steuer nach § 13b auf eine vor dem 15. Februar 2014 erbrachte steuerpflichtige Leistung schuldet, und stellt sich diese Annahme als unrichtig heraus, ist die gegen den leistenden Unternehmer wirkende Steuerfestsetzung zu ändern, soweit der Leistungsempfänger die Erstattung der Steuer fordert, die er in der Annahme entrichtet hatte, Steuerschuldner zu sein. [2]§ 176 der Abgabenordnung steht der Änderung nach Satz 1 nicht entgegen. [3]Das für den leistenden Unternehmer zuständige Finanzamt kann auf Antrag zulassen, dass der leistende Unternehmer dem Finanzamt den ihm gegen den Leistungsempfänger zustehenden Anspruch auf Zahlung der gesetzlich entstandenen Umsatzsteuer abtritt, wenn die Annahme der Steuerschuld des Leistungsempfängers im Vertrauen auf eine Verwaltungsanweisung beruhte und der leistende Unternehmer bei der Durchsetzung des abgetretenen Anspruchs mitwirkt. [4]Die Abtretung wirkt an Zahlungs statt, wenn

1. **der leistende Unternehmer dem Leistungsempfänger eine erstmalige oder geänderte Rechnung mit offen ausgewiesener Umsatzsteuer ausstellt,**
2. **die Abtretung an das Finanzamt wirksam bleibt,**
3. **dem Leistungsempfänger diese Abtretung unverzüglich mit dem Hinweis angezeigt wird, dass eine Zahlung an den leistenden Unternehmer keine schuldbefreiende Wirkung mehr hat, und**
4. **der leistende Unternehmer seiner Mitwirkungspflicht nachkommt.**

(20) § 18h Absatz 3 und 4 in der Fassung des Artikels 8 des Gesetzes vom 25. Juli 2014 (BGBl. I S. 1266) ist erstmals auf Besteuerungszeiträume anzuwenden, die nach dem 31. Dezember 2014 enden.

(21) § 18 Absatz 2 in der am 1. Januar 2015 geltenden Fassung ist erstmals auf Voranmeldungszeiträume anzuwenden, die nach dem 31. Dezember 2014 enden.

(22) [1]§ 2 Absatz 3 in der am 31. Dezember 2015 geltenden Fassung ist auf Umsätze, die nach dem 31. Dezember 2015 und vor dem 1. Januar 2017 ausgeführt werden, weiterhin anzuwenden. [2]§ 2b in der am 1. Januar 2016 geltenden Fassung ist auf Umsätze anzuwenden, die nach dem 31. Dezember 2016 ausgeführt werden. [3]Die juristische Person des öffentlichen Rechts kann dem Finanzamt gegenüber einmalig erklären, dass sie § 2 Absatz 3 in der am 31. Dezember 2015 geltenden Fassung für sämtliche nach dem 31. Dezember 2016 und vor dem 1. Januar 2021 ausgeführte Leistungen weiterhin anwendet. [4]Eine Beschränkung der Erklärung auf einzelne Tätigkeitsbereiche oder Leistungen ist nicht zulässig. [5]Die Erklärung ist bis zum 31. Dezember 2016 abzugeben. [6]Sie kann nur mit Wirkung vom Beginn eines auf die Abgabe folgenden Kalenderjahres an widerrufen werden.

Literatur

Gieseler/Dürr, Behandlung der Bauträgerfälle nach § 27 Abs. 19 UStG, BB 2017, 2075. **Grebe,** Korrektur der Umsatzsteuerfestsetzung in Bauträgerfällen nach §§ 27 Abs. 19, 13b Abs. 2 Nr. 4 UStG, AO-StB 2017, 370. **Raudszus,** Praxishinweise vor der geplanten Steuersatzerhöhung, UStB 2006, 139. **Sterzinger,** Einzelfragen zur Optionserklärung nach § 27 Abs. 22 UStG, DStR 2016, 2941. **Sterzinger,** Umsatzsteuerschuldnerschaft bei an einen Bauträger erbrachten Bauleistungen, UStB 2017, 355. **Werth,** Korrektur der USt in Bauträgerfällen, DB 2017, 938. **Widmann,** Die durch das Steueränderungsgesetz 2015 angeordneten umsatzsteuerlichen Änderungen, MwStR 2015, 889.

1 Allgemeines

1.1 Überblick über die Vorschrift

§ 27 UStG beinhaltet Übergangsvorschriften und Begrenzungen hinsichtlich der Anwendung bestimmter Paragraphen des UStG. Dabei beinhaltet nur § 27 Abs. 1 UStG die in der Überschrift postulierte »allgemeine Übergangsvorschrift«. § 27 Abs. 2 UStG enthält spezielle Anwendungsregelungen für die Optionsregelung des § 9 Abs. 2 UStG bei Grundstücken (vgl. Kap. 2.2). Die anderen Absätze regeln zeitliche Eingrenzungen einzelner Vorschriften des UStG. 1

Auf diverse in § 27 UStG genannte Regelungen wird zudem an geeigneter Stelle in den Einzelkommentierungen der in § 27 UStG bezeichneten Vorschriften eingegangen. 2

1.2 Rechtsentwicklung

3 Die Vorschrift des § 27 UStG unterliegt naturgemäß einem steten Wandel. Daher wird an dieser Stelle immer nur auf die letzten Neuerungen hingewiesen:

4 Wegen des Wegfalls des § 13d UStG zum 31.12.2007 war § 27 Abs. 7 S. 2 UStG zu streichen. Wegen der Änderung in § 15a Abs. 3 und 4 UStG war § 27 Abs. 12 UStG m.W.v. 01.01.2007 anzufügen (vgl. § 15a Kap. 1.2). Ab 2010 (Änderung durch JStG 2009) wird das bisherige Vergütungsverfahren (vgl. § 18 Abs. 9 UStG sowie dazugehörige Vorschriften der UStDV) EU-weit neu geregelt und als elektronisches Vergütungsverfahren ausgestaltet. Auf diesen zeitlichen Aspekt weist § 27 Abs. 14 UStG hin. Das JStG 2009 brachte auch Änderungen bei der Rechnungserstellung, nämlich den Wegfall der Pflicht, für Leistungen nach § 4 Nr. 8–27 UStG zwingend eine Rechnung erteilen zu müssen und den Wegfall der Verpflichtung bei Rechnungen i. R. d. elektronischen Datenaustauschs (EDI) eine papierene Sammelrechnung erteilen zu müssen – hier Geltung ab 01.01.2009. Das StEUVUmsG (gültig ab 15.04.2010, Inkrafttreten insoweit zum 01.07.2010) ergänzt § 27 Abs. 1 S. 2 UStG um den Zusatz »§ 13b Absatz 4 Satz 2«. Die Änderungen in § 27 Abs. 15 UStG betreffen zum 01.01.2009 in Kraft getretene Vereinfachungen bei der Rechnungserstellung. Die in § 27 Abs. 16 UStG bezeichneten Paragraphen sind durch die Einschränkung ab dem 01.01.2011 der in § 15 Abs. 1b UStG postulierten Vorsteuerabzugsmöglichkeiten bei teilunternehmerisch genutzten Grundstücken betroffen. § 27 Abs. 17 UStG regelt die Anwendung der ab dem VZ 2010 abzugebenden Umsatzsteuer-Jahreserklärung auf elektronischem Wege. § 27 Abs. 18 UStG regelt mit Wirkung ab dem 01.07.2012 die Anforderungen, die an die sog. »elektronische Rechnung« gestellt werden, ausführl. Kommentierung zu § 14 UStG.

2 Kommentierung

2.1 Allgemeine Übergangsvorschrift nach § 27 Abs. 1 UStG

5 In der allgemeinen Übergangsvorschrift, die nur § 27 Abs. 1 UStG umfasst, ist geregelt, dass Änderungen des UStG grundsätzlich nur auf Lieferungen, sonstige Leistungen und innergemeinschaftliche Erwerbe anzuwenden sind, die ab dem Inkrafttreten der maßgeblichen Änderungsvorschrift ausgeführt werden. Die Regelung gilt nicht für Einfuhren nach § 1 Abs. 1 Nr. 4 UStG. Hingegen bezieht § 27 Abs. 1 UStG nach allgemeiner Auffassung auch Regelungen zu Eingangsleistungen bzw. dem aus ihnen resultierenden **Vorsteuerabzug** mit ein (vgl. Stadie, UStG, § 27 Rz. 5 und 28; Kemper in Vogel/Schwarz, Rz. 10).

6 Insbesondere mit Blick auf die letzte **Steuersatzerhöhung** zum 01.01.2007 ist § 27 Abs. 1 UStG von besonderer Bedeutung. Hier wird klargestellt, dass vor dem 01.01.2007 vereinnahmte Beträge aus Anzahlungen sowie für Leistungen und Teilleistungen, die nach dem 01.01.2007 erbracht worden ist, nachträglich mit 19 % zu versteuern sind. Dabei ist die Berichtigung für den Voranmeldungszeitraum durchzuführen, in dem die betreffende Leistung erbracht worden ist. Das Gleiche gilt für nach § 13b Abs. 4 Satz 2 UStG zu versteuernde Beträge aus vereinnahmten Beträgen für Leistungen oder Teilleistungen. Vereinfachungsregelungen zur Steuersatzerhöhung vom 01.01.2007 beinhaltet das BMF-Schreiben vom 11.08.2006 (Az: IV A 5 – S 7210 – 23/06, BStBl I 2006, 477).

Ein Kunde bestellte am 01.12.2006 einen Neuwagen im Autohaus A für 20.000 € und entrichtete vereinbarungsgemäß eine Anzahlung über 10.000 €. Die Lieferung des Fahrzeugs erfolgte am 01.02.2007. An diesem Tag überwies der Kunde die restlichen 10.000 €. A versteuert nach vereinbarten Entgelten, sein Voranmeldungszeitraum ist der Kalendermonat.

Lösung:
Nach § 13 Abs. 1 Nr. 1 Buchst. a S. 4 UStG ist für die Anzahlung im Dezember 2006 mit Ablauf des Voranmeldungszeitraums 12/2006 eine Steuer entstanden, auf die der Steuersatz i. H. v. 16 % angefallen ist (10.000 € × 16 : 116 = 1379,31 €). Mit Ablauf des Voranmeldungszeitraums 02/2007 sind für die restlichen 10.000 € Umsatzsteuern nach § 13 Abs. 1 Nr. 1 Buchst. a S. 1 UStG auf Basis des seit 01.01.2007 geltenden Steuersatzes von 19 % entstanden (10.000 € × 19 : 119 = 1596,64 €). Im gleichen Voranmeldungszeitraum (vgl. § 27 Abs. 1 S. 3 UStG) hatte A wegen § 27 Abs. 1 S. 1 und 2 UStG weitere 3 % (Differenz zwischen neuem und alten Steuersatz) für die Anzahlung zu entrichten, mithin 217,32 €.
Ist hingegen nach § 17 Abs. 1 oder 2 UStG eine **Änderung der Bemessungsgrundlage** für Lieferungen, sonstige Leistungen oder innergemeinschaftliche Erwerbe bzw. daraus resultierende Vorsteuerbeträge (§ 17 Abs. 1 S. 2 UStG) vorzunehmen, ist der geänderten Bemessungsgrundlage der für die Leistung entsprechende ursprüngliche Steuersatz zu Grunde zu legen.

Beispiel:
Ein Kunde bestellte am 01.10.2006 einen Neuwagen im Autohaus A für 20.000 € Die Lieferung des Fahrzeugs erfolgte am 01.12.2006. Am 01.02.2007 gewährte das Autohaus wegen kleinerer Mängel einen nachträglichen Preisnachlass i. H. v. 1.000 €.

Lösung:
Nach § 13 Abs. 1 Nr. 1 Buchst. a S. 1 UStG ist mit Ablauf des Voranmeldungszeitraums 12/2006 eine Steuer entstanden, auf die der Steuersatz i. H. v. 16 % angefallen ist (20.000 € × 16 : 116 = 2758,62 €). Mit Ablauf des Voranmeldungszeitraums 02/2007 ist bei A nach § 17 Abs. 1 S. 1 und 7 UStG trotz des seit dem 01.01.2007 geltenden Steuersatzes i. H. v. 19 % eine Änderung der Bemessungsrundlage mit 16 % vorzunehmen, weil dieser im Zeitpunkt der ursprünglichen Lieferung maßgeblich war (1000 € × 16 : 116 = 137,93 €).

2.2 Zur Übergangsregelung bei § 9 Abs. 2 UStG (§ 27 Abs. 2 UStG)

Die sog. Übergangsregelung in § 9 Abs. 2 UStG wirkt aktuell bis heute nach, weil sie nicht auf Besteuerungszeiträume abstellt, die irgendwann einmal verjähren, sondern konkret jeweils z. B. auf ein Fertigstellungsdatum oder den Beginn der Errichtung eines Gebäudes abstellt. Damit kommt ihr eine zentrale Bedeutung zu (vgl. § 9 Kap. 1.2 zur Rechtsentwicklung, vgl. § 9 Kap. 1.3.3 zum zeitlichen Geltungsbereich und vgl. § 9 Kap. 2.8.2 zur Anwendung). 7

Für sog. Altbauten ist die Beschränkung des § 9 Abs. 2 UStG gem. § 27 Abs. 2 UStG nicht anzuwenden. Die Option für Altbauten erfolgt alleine nach den Voraussetzungen des § 9 Abs. 1 UStG. Allerdings ist die Definition, welche tatbestandlichen Voraussetzungen für einen Altbau zu beachten sind, mehrfach geändert worden. 8

Dient das auf dem Grundstück errichtete Gebäude **Wohnzwecken** oder ist es dafür zu dienen bestimmt und vor dem 01.04.1985 fertig gestellt worden, findet § 9 Abs. 2 keine Anwendung (§ 27 Abs. 2 Nr. 1 UStG). Die Regelung ist anwendbar, unabhängig davon, ob das Gebäude unternehmerisch (Vermietung) oder nicht unternehmerisch genutzt wird. 9

Dient das auf dem Grundstück errichtete Gebäude **anderen nichtunternehmerischen Zwecken** oder ist es dafür zu dienen bestimmt und vor dem 01.01.1986 fertig gestellt worden, findet § 9 Abs. 2 keine Anwendung (§ 27 Abs. 2 Nr. 2 UStG). Hier ist die Nutzung des Gebäudes außerhalb des Rahmens des Unternehmens gemeint. 10

11 Dient das auf dem Grundstück errichtete Gebäude **anderen als in den Nr. 1 und 2** bezeichneten Zwecken oder ist es dafür zu dienen bestimmt und vor dem 01.01.1998 fertig gestellt worden, und ist mit der Errichtung des Gebäudes in den Fällen des § 27 Abs. 2 Nr. 1 und 2 UStG vor dem 01.06.1984 und in den Fällen des § 27 Abs. 2 Nr. 3 UStG vor dem 11.11.1993 begonnen worden, findet § 9 Abs. 2 UStG keine Anwendung (§ 27 Abs. 2 Nr. 3 UStG). Dies ist der Fall, wenn das Grundstück zwar unternehmerisch genutzt wird und keinen Wohnzwecken dient, z. B. aber der Mieter dieses für nicht zum Vorsteuerabzug berechtigende Umsätze nutzt, wie etwa eine Praxisvermietung an einen Arzt mit nach § 4 Nr. 14 UStG steuerfreien Umsätzen.

12 Mit den Urteilen vom 05.06.2003 (Az: V R 32/02, BStBl II 2004, 28) vom 30.06.2005 (Az: V R 46/02, BFH/NV 2005, 1882) und vom 26.01.2006 (Az: V R 74/03, BFH/NV 2006, 1164) hat sich der BFH mit Fragen zum Umbau eines Altbaus beschäftigt. Nach diesen Urteilen sind beim Umbau eines vermieteten (oder zur Vermietung bestimmten) Altbaus folgende Fälle zu unterscheiden (vgl. BFH, Urteil vom 30.06.2005, BFH/NV 2005, 1882, unter 4.):

»[. . .]

- Für vermietete Altbauten, die vor dem 11.11.1993 errichtet worden sind, ist der Verzicht auf die Steuerbefreiung der Vermietungsumsätze nach § 9 Abs. 2 UStG a. F. ohne jede zeitliche Beschränkung möglich. Dies gilt auch, wenn der Vermieter den Altbau nach dem 11.11.1993 erworben hat.
- Hat der Vermieter nach dem 10.11.1993 Erhaltungsaufwendungen für den Altbau getätigt, ändert dies nichts daran, dass mit der Errichtung des Gebäudes vor dem 11.11.1993 begonnen worden ist.
- Hat der Vermieter nach dem 10.11.1993 Aufwendungen für den Altbau getätigt, die zu Herstellungskosten des Gebäudes führen, ist zu unterscheiden, ob es sich um nachträgliche Herstellungskosten handelt, weil sie zu einer über den ursprünglichen Zustand hinausgehenden wesentlichen Verbesserung des Gebäudes führen, oder ob sie zur Herstellung eines neuen Gebäudes (Neubaus) führen. Nur im zuletzt genannten Fall ist mit der Errichtung des Gebäudes nach dem 10.11.1993 begonnen worden. Dies soll nach dem BFH vom 05.06.2003 (a. a. O.) der Fall sein, wenn die neu eingefügten Gebäudeteile dem Gesamtgebäude das bautechnische Gepräge eines neuen Gebäudes geben. Das sei insbesondere dann der Fall, wenn verbrauchte Teile, die für die Nutzungsdauer bestimmend sind, ersetzt werden. Demgegenüber könne von einem Neubau nicht gesprochen werden, wenn wesentliche Elemente wie z. B. Fundamente, tragende Außen- und Innenwände, Geschossdecken und die Dachkonstruktion erhalten bleiben (mit Verweis auf BFH vom 31.03.1992, Az. IX R 175/87, BStBl II 1992, 808 und vom 25.03.1993, Az. IV R 68/92, BFH/NV 1994, 705). Darüber hinaus komme die Errichtung eines Neubaus durch den grundlegenden Umbau eines Altbaus auch dann in Betracht, wenn der Altbau durch den Umbau eine wesentliche Funktions- und Zweckveränderung erfährt. Dies könne z. B. der Fall sein beim Umbau einer einfachen Scheune in eine Pferdeklinik (vgl. BFH vom 26.07.1978, Az. V R 137/75, BStBl II 1978, 280) oder beim Umbau einer Mühle zu einem Wohnhaus (vgl. Ellrott/Schmidt-Wendt in Beck'scher Bilanzkommentar, § 255 HGB Anm. 378).«

13 Zur Anwendbarkeit der Übergangsvorschrift des § 27 Abs. 2 UStG bei Abriss eines Altbaus und Errichtung eines Neubaus vgl. BFH, Beschluss vom 29.05.2008 (Az: V B 160/07, BFH/NV 2008, 1544).

2.3 Berichtigung des Vorsteuerabzugs (§ 27 Abs. 8, 11 und 12 UStG)

Gem. § 27 Abs. 8 UStG ist § 15a Abs. 1 S. 1 und Abs. 4 S. 1 UStG in der Fassung des Gesetzes vom 20.12.2001 (BGBl I 2001, 3794) auch für Zeiträume vor dem 01.01.2002 anzuwenden, wenn der Unternehmer den Vorsteuerabzug im Zeitpunkt des Leistungsbezuges auf Grund der von ihm erklärten Verwendungsabsicht in Anspruch genommen hat und die Nutzung ab dem Zeitpunkt der erstmaligen Verwendung mit den für den Vorsteuerabzug maßgebenden Verhältnissen nicht übereinstimmt. Nach mehrmaliger Äußerung des BFH wurde diese Regelung bestätigt; insbesondere stellte der BFH keine verfassungsrechtlich bedenkliche Rückwirkung durch § 27 Abs. 8 UStG fest (vgl. BFH vom 24.09.2009, Az: V R 6/08, BStBl II 2010, 315). 14

Gem. § 27 Abs. 11 UStG ist § 15a UStG i.d.F. des Art. 5 des Gesetzes vom 09.12.2004 (BGBl I 2004, 3310) auf Vorsteuerbeträge anzuwenden, deren zugrunde liegende Umsätze i.S.d. § 1 Abs. 1 UStG nach dem 31.12.2004 ausgeführt werden. 15

§ 15a UStG wurde zum 01.01.2005 grundlegend neu gefasst, insbesondere wurde § 15a UStG auch auf Erhaltungsaufwand, sog. Umlaufvermögen und sonstige Leistungen erstmals angewandt. Die Übergangsregelung stellt klar, dass dies nicht für vor dem 01.01.2005 angeschaffte Grundstücke gilt. Mithin gilt bei einem zehnjährigen Berichtigungszeitraum für noch in 2004 erstmalig genutzte Grundstücke die Altreglung noch bis 2013. 16

Gem. § 27 Abs. 12 UStG ist auf Vorsteuerbeträge, deren zugrunde liegende Umsätze i.S.d. § 1 Abs. 1 UStG nach dem 31.12.2006 ausgeführt werden, § 15a Abs. 3 und 4 UStG in der am 01.01.2007 geltenden Fassung anzuwenden. Seither regelt § 15a Abs. 3 UStG die Zusammenfassung mehrerer Maßnahmen bei nachträglichen Maßnahmen zu einem Berichtigungsobjekt und § 15a Abs. 4 UStG beschränkt die Regelung für sonstige Leistungen grundsätzlich auf solche sonstigen Leistungen, für die in der Steuerbilanz ein Aktivierungsgebot bestünde. 17

Zu Ausführungen in § 27 Abs. 16 UStG bezüglich der Regelungen zu § 15a Abs. 6a und 8 S. 2 UStG ab dem 01.01.2011 vgl. Kap. 2.7. 18

2.4 Anmeldungen auf elektronischem Weg (§ 27 Abs. 9, 13 und 17 UStG)

§ 27 Abs. 9 UStG regelt, dass erstmals für nach dem 31.12.2004 endende Voranmeldungszeiträume USt-Voranmeldungen grundsätzlich auf elektronischem Weg abzugeben sind. Gleiche Regelungen enthält § 27 Abs. 13 UStG für die Abgabe Zusammenfassender Meldungen für Zeiträume nach dem 31.12.2006 und § 27 Abs. 17 UStG für die Abgabe von Umsatzsteuer-Jahreserklärungen für Zeiträume nach dem 31.12.2010. Lediglich in begründeten Ausnahmefällen ist die Abgabe auf papierenen Vordrucken noch zulässig. 19

2.5 Umsatzsteuer-Vergütungsverfahren (§ 27 Abs. 14 UStG)

§ 18 Abs. 9 UStG beinhaltet die Reglungen zum Umsatzsteuer-Vergütungsverfahren, das ausländische Unternehmer betrifft, die ihre Ansprüche auf Zurückerhalt entstandener deutscher Vorsteuerbeträge nicht im »normalen« Voranmeldungsverfahren befriedigen können, weil sie für Zwecke von steuerbaren Ausgangsumsätzen im Inland nicht umsatzsteuerlich registriert sind. 20

Ein in Frankreich ansässiger Buchhändler besucht die Leipziger Buchmesse. Im Inland entstehen ihm dafür mit Umsatzsteuer belastete Kosten. Umsätze erzielt er in Deutschland keine.

Lösung:

Über das Vergütungsverfahren erhält der französische Unternehmer die deutsche Vorsteuer erstattet. Den Vergütungsantrag kann er in Frankreich auf elektronischem Wege stellen.

21 Dieses Verfahren wurde ab dem 01.01.2010 grundsätzlich neu geregelt, innerhalb der EU auf Basis der MwStSystRL vereinheitlicht und auf ein vollelektronisches Verfahren umgestellt. § 27 Abs. 14 UStG bestimmt, dass § 18 Abs. 9 UStG i. d. F. des Art. 7 des Gesetzes vom 19.12.2008 (BGBl I 2008, 2794) auf Anträge auf Vergütung von Vorsteuerbeträgen anzuwenden ist, die nach dem 31.12.2009 gestellt werden.

22 Auch deutsche Unternehmer, denen im EU-Ausland und in Drittstaaten, mit denen ein Abkommen auf Gegenseitigkeit vorliegt, Vorsteuern entstehen, können diese i. R. d. oben beschriebenen Vergütungsverfahrens erstattet bekommen. Die Regelungen dazu enthält mit Wirkung vom 01.01.2010 der neu eingefügte § 18g UStG. § 27 Abs. 14 UStG bestimmt dessen Anwendung ebenfalls für nach dem 31.12.2009 gestellte Vergütungsanträge.

23 Es ist zu beachten, dass sich die zeitliche Beschränkung des § 27 Abs. 14 UStG nicht auf den »Zeitpunkt des Vorsteuerabzugs«, sondern auf den Zeitpunkt der Antragsstellung bezieht.

2.6 Ausstellung von Rechnungen (§ 27 Abs. 15 UStG)

24 § 14 Abs. 2 S. 1 Nr. 2 UStG bestimmt seit dem 01.01.2009 insbesondere neu, dass eine Verpflichtung zur Ausstellung einer Rechnung dann nicht besteht, wenn der Umsatz nach § 4 Nr. 8 bis 28 UStG steuerfrei ist.

25 § 14 Abs. 3 Nr. 2 UStG in der ab 01.01.2009 geltenden Fassung bestimmt, dass Rechnungen im elektronischen Datenaustausch (EDI) unter den dort genannten Bedingungen nicht mehr einer auf Papier erstellten Sammelrechnung bedürfen.

26 § 27 Abs. 15 UStG beschränkt die Anwendung dieser Neuregelungen auf Umsätze, die ab dem 01.01.2009 ausgeführt worden sind.

2.7 Vorsteuerabzug für teilunternehmerisch genutzte Gebäude (§ 27 Abs. 16 UStG)

27 Die in § 27 Abs. 16 UStG angesprochenen Gesetzesänderungen ab dem 01.01.2011 betreffen das sog. »Seeling-Modell«, das nach dem Willen des Gesetzgebers damit der Vergangenheit angehören soll (vgl. § 4 Nr. 12 Kap. 3.11 f. mit Beispielen auch zur Regelung des § 27 Abs. 16 UStG; vgl. auch BMF, Schreiben vom 22.06.2011, a. a. O.

2.8 Elektronische Übermittlung der USt-Jahreserklärung

28 Die in § 27b Abs. 17 UStG angesprochene Gesetzesänderung bestimmt, dass erst ab dem Besteuerungszeitraum 2011 die USt-Jahreserklärung auf elektronischem Weg zu übermitteln ist.

2.9 Vereinfachung der elektronischen Rechnungsstellung ab dem 01.07.2011

Die in § 27b Abs. 18 UStG angesprochene Gesetzesänderung ab dem 01.07.2011 betrifft die neu eingeführten Vereinfachungen bei der elektronischen Rechnung, wonach nach § 14 Abs. 1 UStG nunmehr Rechnungen, die den Formvorschriften nach §§ 14, 14a UStG entsprechen, relativ problemlos auf elektronischem Weg z. B. als E-Mail-Anhang an den Rechnungsempfänger übermittelt werden können. Im BMF-Schreiben vom 02.07.2012, a. a. O. wird weiter ausgeführt, dass in dem Fall, in dem eine elektronische Rechnung über einen Umsatz, der vor dem 01.07.2011 ausgeführt und abgerechnet worden ist, nach dem 30.06.2011 berichtigt wird, werde es nicht beanstandet, wenn für die Berichtigung der Rechnung die ab dem 01.07.2011 geltende gesetzliche Regelung des § 14 UStG zugrunde gelegt wird. 29

2.10 Wechsel der Steuerschuldnerschaft bei Bauleistungen (§ 13b Abs. 2 Nr. 4 UStG)

Der BFH hat mit Urteil vom 22.08.2013, Az: V R 37/10, BStBl II 2014, 128, die Regelungen zur Steuerschuldnerschaft des Leistungsempfängers bei Bauleistungen nach § 13b Abs. 5 S. 2 i. V. m. Abs. 2 Nr. 4 UStG ausgelegt. Nach seiner Entscheidung sind die Regelungen einschränkend dahingehend auszulegen, dass es für die Entstehung der Steuerschuld darauf ankommt, ob der Leistungsempfänger die an ihn erbrachte Werklieferung oder sonstige Leistung, die der Herstellung, Instandsetzung, Instandhaltung, Änderung oder Beseitigung von Bauwerken dient, seinerseits zur Erbringung einer derartigen Leistung verwendet. Auf den Anteil der vom Leistungsempfänger ausgeführten bauwerksbezogenen Werklieferungen oder sonstigen Leistungen im Sinne des § 13b Abs. 5 S. 2 UStG an den insgesamt von ihm erbrachten steuerbaren Umsätzen komme es entgegen Abschnitt 13b.3 Abs. 2 des Umsatzsteuer-Anwendungserlasses (UStAE) nicht an. 30

Im Gefolge dieser Rechtsprechung hat die Verwaltung ihre im UStAE niedergelegte Auffassung über mehrere Schreiben (vgl. z. B. BMF vom 08.05.2014, Az: IV D 3-S 7279/11/10002-03, BStBl I 2014, 823, BMF vom 26.07.2017, Az. III C 3-S 7279/11/10002-09, BStBl I 2017, 1001) geändert (vgl. ausführlich Kommentierung zu § 13b UStG). § 27 Abs. 19 UStG beinhaltet diesbezüglich eine Übergangsregelung. 31

Grundsätzlich können die Beteiligten für Bauleistungen, die vor dem 15.02.2014 erbracht wurden (weitere Einzelheiten dazu vgl. BMF vom 08.05.2014, Az: IV D 3 – S 7279/11/1000 BStBl I 2014, 823, und vom 31.07.2014, Az: V A 3 – S 0354/14/10001, IV D 3 – S 7279/11/10002, 2014/0652740, BStBl I 2014, 1073), an der ursprünglichen Verwaltungspraxis festhalten (Nichtbeanstandungsregelung). Machen die Parteien von dieser Möglichkeit keinen Gebrauch, ist § 27 Abs. 19 UStG zu beachten. Dieser Fall wird ausgelöst, wenn der Leistungsempfänger der Bauleistung (der Bauträger) von seinem Finanzamt die nach der o. a. BFH-Entscheidung zu Unrecht gem. § 13b Abs. 5 UStG geschuldete (und abgeführte) USt zurückfordert. Für diesen Fall regelt der Gesetzgeber in § 27 Abs. 19 UStG rückwirkend, dass die Steuer bei den leistenden Unternehmern nachzufordern ist. Ein Vertrauensschutz i. S. d. § 176 AO steht dem nicht entgegen. Der leistende Unternehmer kann in diesem Fall seinen zivilrechtlichen Anspruch auf Zahlung der Umsatzsteuer gegenüber dem Leistungsempfänger an das FA abtreten, welcher im Anschluss mit der Forderung des Leistungsempfängers aufzurechnen wäre. Demzufolge wird die Umsatzsteuer auch nicht dem Leistungsempfänger (Bauträger) erstattet (im Ergebnis: Nullsummenspiel). 32

33 Mit Urteil vom 23.02.2017, Az. V R 16, 24/16, V R 16/16, V R 24/16, BStBl II 2017, 760 hat der BFH in seinen Leitsätzen entschieden, dass eine Umsatzsteuerfestsetzung nach § 27 Abs. 19 S. 1 UStG gegenüber dem leistenden Unternehmer nur dann geändert werden könne, wenn ihm ein abtretbarer Anspruch auf Zahlung der gesetzlich entstandenen Umsatzsteuer gegen den Leistungsempfänger zusteht.

Das FA habe eine Abtretung nach § 27 Abs. 19 S. 3 UStG auch dann anzunehmen, wenn der Steueranspruch bereits durch Zahlung getilgt war. Auf das Vorliegen einer Rechnung mit gesondertem Steuerausweis komme es nicht an.

34 Weiter hat der BFH festgestellt, dass der durch § 27 Abs. 19 Satz 2 UStG angeordnete Ausschluss des abgabenrechtlichen Vertrauensschutzes unionsrechtlich nur zu rechtfertigen sei, wenn das Bestehen und die Abtretbarkeit einer Forderung nicht erst im Anschluss an die Änderung des Umsatzsteuerbescheids, sondern bereits im Festsetzungsverfahren geklärt werden. Daher müsse das FA nicht erst im Erhebungsverfahren bei einer Entscheidung über die Abtretung, sondern bereits im Festsetzungsverfahren bei der Prüfung der Änderungsbefugnis nach § 27 Abs. 19 Satz 1 UStG feststellen, ob ein abtretbarer Anspruch des Leistenden gegen den Leistungsempfänger besteht. Aufgrund der Auslegung des § 27 Abs. 19 S. 1 UStG habe sich der Senat nicht mit der Frage zu befassen, ob dieser Vorschrift eine verfassungsrechtlich unzulässige Rückwirkung zukommt. Selbst wenn dieser Verfahrensvorschrift Rückwirkung zukommen würde, wäre diese im Hinblick auf die vom Senat angenommene Änderungsvoraussetzung, dass dem Unternehmer ein korrespondierender Zahlungsanspruch zusteht, verfassungsrechtlich unbedenklich.

35 Mit Blick auf diese Rechtsprechung ist zu hoffen, dass nunmehr die Bauträgerfälle gelöst werden können. In diesem Sinne ist auch das o. a. BMF-Schreiben vom 26.07.2017, III C 3-S 7279/11/10002-09, BStBl I 2017, 1001 zu lesen.

36 Noch vor dem BFH (Az. V R 49/17) anhängig ist die vom FG München mit Urteil vom 10.10.2017, Az. K 344/16 aufgeworfene Frage, ob ein Bauträger, der die bebauten Grundstücke weiterveräußert oder vermietet hat, in den Jahren 2011 bis 2013 nach § 13b UStG die Umsatzsteuer für Bauleistungen, die inländische Unternehmer (Bauhandwerker) an ihn erbracht haben, schuldet und ob die Vorschrift des § 17 UStG vorliegend unmittelbar oder entsprechend anzuwenden ist. Weiter wird gefragt, ob der Erstattungsanspruch des Bauträgers davon abhängt, ob er die Umsatzsteuer nachträglich an seinen Vertragspartner (Bauhandwerker) bezahlt hat oder ob das Finanzamt nach § 27 Abs. 19 UStG n. F. vom leistenden Unternehmer an die Finanzbehörde abgetretene (zivilrechtliche) Forderungen aufrechnen kann (entgegen Rz. 15a des BMF-Schreibens vom 26.07.2017 in BStBl I 2017, 1001).

2.11 Verfahren der Abgabe der Umsatzsteuererklärung für einen anderen Mitgliedstaat (§ 18h Abs. 3 u. 4 UStG)

38 Gem. § 18h Abs. 1 UStG hat ein im Inland ansässiger Unternehmer, der in einem anderen Mitgliedstaat der Europäischen Union Umsätze nach § 3a Abs. 5 UStG (u. a. auf elektronischem Weg erbrachte Leistungen) erbringt, für die er dort die Steuer schuldet und Umsatzsteuererklärungen abzugeben hat, gegenüber dem Bundeszentralamt für Steuern nach amtlich vorgeschriebenem Datensatz durch Datenfernübertragung nach Maßgabe der Steuerdaten-Übermittlungsverordnung anzuzeigen, wenn er an dem besonderen Besteuerungsverfahren entsprechend Titel XII Kapitel 6 Abschn. 3 der Richtlinie 2006/112/EG des Rates in der Fassung des Artikels 5 Nummer 15 der Richtlinie 2008/8/EG des Rates vom 12.02.2008 zur Änderung der Richtlinie 2006/112/EG bezüglich des Ortes der Dienstleistung (ABl. L 44 vom 20.02.2008, S. 11) teilnimmt (vgl. Ausführungen zu § 18h UStG). § 18h Abs. 3 und 4 UStG enthält Anweisungen zum Verfahren und zu

Sanktionen. § 27 Abs. 20 UStG regelt, dass diese Besteuerungsverfahren für nach dem 31.12.2014 endende Besteuerungszeiträume (also ab 2015) anzuwenden ist.

2.12 Voranmeldungszeitraum für Vorratsgesellschaften und Firmenmäntel (§ 18 Abs. 2 UStG)

Nach § 18 Abs. 2 S. 5 Nr. 1 und 2 UStG sind für Firmenmäntel und Vorratsgesellschaften monatlich Voranmeldungen abzugeben. Nach § 27 Abs. 21 UStG gilt dies erstmals für Voranmeldungszeiträume, die nach dem 31.12.2014 enden. 39

2.13 Unternehmereigenschaft bei juristischen Personen des öffentlichen Rechts (§ 2b UStG)

§ 27 Abs. 22 UStG beinhaltet eine fünfjährige Übergangsfrist für juristische Personen des öffentlichen Rechts. Mit § 2b UStG wird die Frage nach der Unternehmereigenschaft von juristischen Personen des öffentlichen Rechts an die Vorgaben des EU-Rechts angepasst und der inhaltlich schon lange nicht richtlinienkonforme § 2 Abs. 3 UStG beerdigt. Insb. kann die juristische Person des öffentlichen Rechts dem Finanzamt gegenüber einmalig erklären, dass sie § 2 Abs. 3 UStG in der am 31.12.2015 geltenden Fassung für sämtliche nach dem 31.12.2016 und vor dem 01.01.2021 ausgeführte Leistungen weiterhin anwendet (§ 27 Abs. 22 S. 3 UStG). 40

§ 27a UStG
Umsatzsteuer-Identifikationsnummer

(1) [1]Das Bundeszentralamt für Steuern erteilt Unternehmern im Sinne des § 2 auf Antrag eine Umsatzsteuer-Identifikationsnummer. [2]Das Bundeszentralamt für Steuern erteilt auch juristischen Personen, die nicht Unternehmer sind oder die Gegenstände nicht für ihr Unternehmen erwerben, eine Umsatzsteuer-Identifikationsnummer, wenn sie diese für innergemeinschaftliche Erwerbe benötigen. [3]Im Fall der Organschaft wird auf Antrag für jede juristische Person eine eigene Umsatzsteuer-Identifikationsnummer erteilt. [4]Der Antrag auf Erteilung einer Umsatzsteuer-Identifikationsnummer nach den Sätzen 1 bis 3 ist schriftlich zu stellen. [5]In dem Antrag sind Name, Anschrift und Steuernummer, unter der der Antragsteller umsatzsteuerlich geführt wird, anzugeben.

(2) [1]Die Landesfinanzbehörden übermitteln dem Bundeszentralamt für Steuern die für die Erteilung der Umsatzsteuer-Identifikationsnummer nach Absatz 1 erforderlichen Angaben über die bei ihnen umsatzsteuerlich geführten natürlichen und juristischen Personen und Personenvereinigungen. [2]Diese Angaben dürfen nur für die Erteilung einer Umsatzsteuer-Identifikationsnummer, für Zwecke der Verordnung (EU) Nr. 904/2010 des Rates vom 7. Oktober 2010 über die Zusammenarbeit der Verwaltungsbehörden und die Betrugsbekämpfung auf dem Gebiet der Mehrwertsteuer (ABl. L 268 vom 12.10.2010, S. 1), für die Umsatzsteuerkontrolle, für Zwecke der Amtshilfe zwischen den zuständigen Behörden anderer Staaten in Umsatzsteuersachen sowie für Übermittlungen an das Statistische Bundesamt nach § 2a des Statistikregistergesetzes verarbeitet oder genutzt werden. [3]Das Bundeszentralamt für Steuern übermittelt den Landesfinanzbehörden die erteilten Umsatzsteuer-Identifikationsnummern und die Daten, die sie für die Umsatzsteuerkontrolle benötigen.

Literatur

Alvermann/Wollweber, Der Anspruch auf Erteilung einer USt-Identifikationsnummer, UStB 2009, 261. **Becker/Kurzenberger**, Die Bedeutung der Umsatzsteuer-Identifikationsnummer im Wandel der Zeit, UStB 2010, 211. **Herpoldsheimer**, So fragen Sie die USt-IdNr. praxisgerecht und sicher ab, ASR 2/2016, 6. **Meyerhuber**, EU-Mitgliedstaaten müssen Richtigkeit der Umsatzsteuer-Identifikationsnummer garantieren, ASR 1/2014, 5. **Tausch**, Anmerkungen zu BFH, Urteil vom 23.9.2009, II R 66/07, Recht auf Erteilung einer Steuernummer, UVR 2010, 129. **Weber**, Gesetz zur Umsetzung steuerlicher EU-Vorgaben sowie zur Änderung steuerlicher Vorschriften, UVR 2010, 139. **Weimann**, Gelangensbestätigung, 1. Aufl. Planegg bei München 2014. **Weimann**, Zwischenzeitlich ungültig gewordene USt-IdNr. – Steuerbefreiung bleibt erhalten, AStW 2016, 771. **Weimann/Eichmann**, Umsatzsteuer-(Sonder-)prüfungen/Prüfungen der Finanzverwaltung souverän bestehen, 1. Aufl. 2003.

Verwaltungsanweisungen

BMF vom 11.01.1993, Az: IV A 1 – S 7427c – 39/92, Bestätigung von USt-Identifikationsnummern, die in der Bundesrepublik Deutschland erteilt wurden, durch die zuständigen Behörden anderer Mitgliedstaaten; hier: Gesonderte Speicherung von Name und Anschrift des Inhabers einer USt-Identifikationsnummer, die er im innergemeinschaftlichen Handel verwendet, beim Bundesamt für Finanzen für Zwecke des Bestätigungsverfahrens in anderen Mitgliedstaaten (sog. Euro-Adresse), BStBl I 1993, 167.

BMF vom 27.10.1995, Az: IV C 9 – S 7420 – 186/95, Verfahrensbeschreibung USt-Kontrollverfahren, SIS 960128

BMF vom 01.07.2010, Az: IV D 3 – S 7420/07/10061 :002 (2010/0511294), BFH vom 23.09.2009 – II R 66/07 – (BStBl II 2010, 712); Anspruch natürlicher Personen auf die Erteilung einer Steuernummer für Umsatzsteuerzwecke, BStBl I 2010, 625.

OFD Düsseldorf, Kurzinformation Umsatzsteuer Nr. 24/2005 vom 04.11.2005, DB 2005, 2663.

Hinweis: Zur Problematik der zeitlichen Geltungsdauer von BMF-Schreiben vgl. Einführung UStG, Rz. 100 ff.

Richtlinien/Hinweise/Verordnungen

UStAE: Abschn. 27a.1.
MwStSystRL: Grund 15 vor Art. 1, Art. 213 ff.

1 Allgemeines

1.1 Überblick über die Vorschrift

1 Die USt-IdNr. ist »das« zentrale Kontrollinstrument für die Umsatzbesteuerung des i. g. Waren- und Dienstleistungsverkehrs.

1.1.1 Bedeutung für Warenlieferungen

2 Ohne die USt-IdNr. wäre eine vereinbarungsgemäße Besteuerung des i. g. Handels nicht möglich. Derzeit gilt für die Umsatzbesteuerung grundsätzlich noch das **Bestimmungslandprinzip**. Die i. g. gelieferten Waren verbleiben im Ursprungsland umsatzsteuerfrei, sofern der Unternehmer nachweisen kann, dass diese Waren an einen Unternehmer in einem anderen EU-Mitgliedsstaat gelangten (§§ 4 Nr. 1a, 6a UStG – i. g. Lieferung). Der Lieferant muss die USt-IdNr. des Kunden neben dem Abnehmer- bzw. Verbringensnachweis in seinen Unterlagen aufbewahren. Der Kunde hat in seinem Ansässigkeitsstaat die an ihn getätigte i. g. Lieferung als i. g. Erwerb der USt (Erwerbsteuer) zu unterwerfen (§ 1 a UStG – i. g. Erwerb). Sofern der Unternehmer vorsteuerabzugsberechtigt ist, kann er die geschuldete Erwerbsteuer als Vorsteuer geltend machen. Dieses System beinhaltet einen erheblichen Kontrollbedarf, um eine missbräuchliche Verwendung zu erschweren.

3 Um im Zusammenhang mit der Besteuerung des i. g. Erwerbs Steuerausfälle zu vermeiden, besteht ein besonderes i. g. **Kontrollverfahren** (BMF vom 27.10.1995, Az: IV C 9 – S 7420 – 186/95, UR 1995, 495 – MIAS; vgl. dazu Weimann/Eichmann, Umsatzsteuer-(Sonder-)prüfungen, Kap. 34).

4 Dieses Verfahren ermöglicht innerhalb der EU einen Informationsaustausch über i. g. Warenbewegungen sowohl auf elektronischer als auch auf klassischer Ebene. Innerhalb dieses Kontrollsystems kommt der USt-IdNr. eine besondere Bedeutung zu. In Deutschland unterscheidet sich die USt-IdNr. von der Steuernummer; in anderen EG-Staaten sind Steuernummer und USt-IdNr. identisch.

1.1.2 Bedeutung für innergemeinschaftliche sonstige Leistungen ab dem 01.01.2010

5 Durch die Neuregelung der Dienstleistungen zum 01.01.2010 (»Mehrwertsteuer-Paket 2010«) erlangt die USt-IdNr. Bedeutung für die neuen i. g. Dienstleistungen (vgl. § 3 a Rn. 8).

1.2 Rechtsentwicklung

6 § 27 a UStG wurde als zentrale Vorschrift für die Kontrolle der Umsatzbesteuerung im Binnenmarkt (vgl. Rn. 1 ff.) zum 01.01.1993 in das UStG eingefügt.

7 In der Folgezeit wurde die Befugnis des BfF/BZSt zur Be- und Verarbeitung bzw. Weitergabe der Daten ausgeweitet. Insbesondere ist seit dem 01.08.2002 die Übermittlung von Daten an das Statistische Bundesamt zulässig (Art. 3 Abs. 2 des Gesetzes zur Neuregelung der Energiestatistik und zur Änderung des Statistikregistergesetzes und des Umsatzsteuergesetzes vom 26.07.2002, BGBl I 2002, 2867). Nach der Neuregelung dürfen die von den Landesfinanzbehörden dem BfF/BZSt übermittelten, für die Erteilung der USt-IdNr. erforderlichen Angaben auch für Übermitt-

lungen an das Statistische Bundesamt nach § 2a Statistikregistergesetz verarbeitet oder genutzt werden. Diese Ergänzung der Vorschrift hat **außersteuerliche Gründe**; durch sie sollen die Erkenntnisse über die Verhältnisse bei Organschaften vertieft werden (vgl. BT-Drucks. 14/9080, vgl. Bülow in V/S = Vorgängerkommentar zu S/W/R, 124. EL 2/2005, § 27a Rz. 3).

In der Folgezeit wurde die Vorschrift noch **mehrfach redaktionell geändert** (vgl. im Einzelnen Kemper in S/W/R, § 27a Rz. 1ff.). Erst die **beiden jüngsten Änderungen** der Vorschrift waren wieder materiell bedeutsam: Zum 01.01.2010 wurde § 27a Abs. 1 UStG rückwirkend neu gefasst durch das Gesetz zur Umsetzung steuerlicher EU-Vorgaben sowie zur Änderung steuerlicher Vorschriften vom 08.04.2010 (BGBl I 2010, 386). Die Änderungen waren erforderlich, da die Vorschriften des Mehrwertsteuerpakets (vgl. § 3a Rn. 8) für alle unternehmerischen Leistungseinkäufer gelten und damit die bisherigen Einschränkungen für bestimmte Unternehmergruppen durch § 27a Abs. 1 S. 2 UStG a.F. (vgl. Rn. 30ff. und 34f.) aufzuheben waren. 8

TIPP

Kleinunternehmer (§ 19 UStG), pauschalierende Land- und Forstwirte (§ 24 UStG) sowie Unternehmer, die ausschließlich Vorsteuerausschlussumsätze (§ 15 Abs. 2 UStG) ausführen, erhielten bis zum 31.12.2009 nur dann eine USt-IdNr., wenn sie diese für i. g. Lieferungen oder i. g. Erwerbe benötigten. Seit dem 01.01.2010 benötigt auch diese Gruppe wegen der Erweiterung des MIAS (vgl. die Kommentierung zu § 18a) eine USt-IdNr. auch dann, wenn sie steuerpflichtige sonstige Leistungen i.S.v. § 3a Abs. 2 UStG, für die der in einem anderen Mitgliedstaat ansässige Leistungsempfänger die Steuer dort schuldet, ausführt oder bezieht. Der Gesetzgeber hat die Ausnahmeregelung in § 27a Abs. 1 S. 2 UStG a.F. (vgl. Rn. 34) erfreulicherweise nicht verkompliziert, sondern abgeschafft; nunmehr erhalten alle Unternehmer auf Antrag eine USt-IdNr. (§ 27a Abs. 1 S. 1 UStG; vgl. Weber, UVR 2010, 139).

Zum 30.06.2013 brachte das Gesetz zur Umsetzung der Amtshilferichtlinie sowie zur Änderung steuerlicher Vorschriften (Amtshilferichtlinie-Umsetzungsgesetz – AmtshilfeRLUmsG – vom 26.06.2013, BGBl I 2013, 1809, BStBl I 2013, 802) die bislang letzte Änderung des § 27a UStG. Durch die Neufassung der sog. Zusammenarbeitsverordnung (Verordnung [EU] Nr. 904/2010 des Rates vom 07.10.2010 über die Zusammenarbeit der Verwaltungsbehörden und die Betrugsbekämpfung auf dem Gebiet der Mehrwertsteuer, ABl.EU 2010, Nr. L 268, 1) musste der Verweis in § 27a Abs. 2 S. 2 UStG entsprechend angepasst werden. Die Gesetzesänderung war überfällig, da die neue EU-Verordnung bereits seit dem 01.01.2012 gilt. Bei oberflächlicher Betrachtung handelt es sich um eine rein redaktionelle Änderung. Dieser Eindruck trügt aber, denn die neue EU-Verordnung enthält eine Fülle Neuregelungen, für deren Anwendung die Kenntnis der USt-IdNr. notwendig ist – allesamt mit dem Ziel der Bekämpfung des Umsatzsteuerbetrugs. Aus diesem Grund wird die VO häufig auch »Betrugsbekämpfungsverordnung« genannt. Richtig ist aber wohl eher die zuerst genannte Bezeichnung, weil es inhaltlich um die Zusammenarbeit der Verwaltungsbehörden der Mitgliedstaaten geht, welche zwangsläufig der Betrugsbekämpfung dient (Kemper in S/W/R, § 27a Rz. 7 und 81). 9

1.3 Geltungsbereich

1.3.1 Sachlicher Geltungsbereich

§ 27a UStG regelt als rein **verfahrensrechtliche Vorschrift** in 10

- Abs. 1 die Vergabe der USt-IdNr. an Unternehmer durch das BZSt;
- Abs. 2 S. 1 die Übermittlung von Daten durch die Landesfinanzbehörden an das BZSt;
- Abs. 2 S. 2 und 3 die Verarbeitung und Nutzung der Daten durch das BZSt sowie deren und Weiterleitung an die zuständigen in- und ausländischen Behörden.

Zur Bestätigung der Gültigkeit ausländischer USt-IdNr. vgl. § 18e UStG, Abschn. 18e.1 und 18e.2 UStAE.

1.3.2 Persönlicher Geltungsbereich

11 Anspruch auf die Erteilung einer USt-IdNr. haben alle **Unternehmer**. Dies gilt insbesondere für **inländische** Unternehmer, aber auch für Unternehmer, die im übrigen Gemeinschaftsgebiet oder im Drittlandsgebiet ansässig sind und im Inland Betriebsstätten oder Zweigniederlassungen unterhalten (vgl. Rn. 28f.).

1.3.3 Zeitlicher Geltungsbereich

12 Als Kontrollinstrument des Binnenmarktes wurde § 27a UStG m. W. v. 01.01.1993 in das UStG eingefügt (vgl. Rn. 6ff.).

1.4 Gemeinschaftsrechtliche Grundlagen und Verhältnis zu anderen Vorschriften

13 § 27a UStG hat seine gemeinschaftsrechtliche Grundlage in Grund 15 vor Art. 1 und Art. 213ff. MwStSystRL.

2 Kommentierung

2.1 Bedeutung der Umsatzsteuer-Identifikationsnummer

2.1.1 Umsatzsteuer-Identifikationsnummer als Hauptbestandteil des innergemeinschaftlichen Kontrollsystems

14 Ein Unternehmer, der

- i. g. Warenlieferungen i. S. d. § 18a Abs. 2 UStG
- oder im übrigen Gemeinschaftsgebiet steuerpflichtige sonstige Leistungen, für die der in einem anderen Mitgliedstaat ansässige Leistungsempfänger die Steuer dort schuldet,

(nachfolgend kurz für beide Tatbestände: »**i. g. Leistungen**«) ausführt, muss zusätzlich zu seiner beim Finanzamt einzureichenden USt-Voranmeldung eine Zusammenfassende Meldung (ZM) abgeben. Diese hat er vierteljährlich (u. U. auch monatlich) beim BZSt mit vorgeschriebenem Datensatz/Vordruck abzugeben (§ 18a Abs. 1 UStG). In der ZM sind die i. g. Leistungen aufzulisten. Der Leistungssumme eines jeden Leistungsempfängers (Kunden) muss seine USt-IdNr., die diesem in einem **anderen** Mitgliedstaat erteilt worden ist und unter der die i. g. Leistungen an ihn ausgeführt worden sind, vorangestellt werden. Eine ZM ist auch im Falle des i. g. Verbringens (§ 3 Abs. 1a UStG) auszufertigen. In ihr sind die USt-IdNr. des verbringenden Unternehmers, die ihm die Mitgliedstaaten erteilt haben, in die er Gegenstände verbracht hat, und die darauf entfallende Summe der Bemessungsgrundlagen anzumelden. Diese Angaben werden zentral erfasst und stehen den Finanzverwaltungen der anderen Mitgliedstaaten zu Kontrollzwecken zur Verfügung. Die Mitgliedstaaten sind aus diesem Grunde verpflichtet, alle Personen und sonstige Beteiligten am i. g. Leistungsaustausch, denen sie eine USt-IdNr. erteilt haben, mit Namen und Anschrift in einer elektronischen Datenbank zu speichern (Art. 6 Abs. 1 der EG-Amtshilfe-Verordnung).

Auf diese Datenbanken haben alle Mitgliedstaaten Zugriff. Dadurch wird es ihnen ermöglicht, den Inhaber jeder USt-IdNr. zu identifizieren. 15

Die Kontrollfunktion soll sicherstellen, dass das für unternehmerische Leistungsbezüge geltende Bestimmungslandprinzip nahezu lückenlos überwacht werden kann. Um diesen Zweck zu erreichen, arbeiten die Finanzverwaltungen in der gesamten EU zusammen. Die Bestimmungslandbesteuerung tritt nur beim Leistungsaustausch zwischen Unternehmern ein (Ausnahme: Erwerb eines neuen Fahrzeugs). Erhält der leistende Unternehmer von seinem Kunden eine USt-IdNr., kann er grundsätzlich davon ausgehen, dass sein Geschäftspartner Unternehmer ist. Somit können die Leistungen an den Kunden vom Leistungsgeber als steuerfrei (Lieferungen) bzw. nicht steuerbar (sonstige Leistungen) behandelt werden, sofern die übrigen Voraussetzungen auch erfüllt sind. Der Leistungsempfänger hat den Leistungsbezug in seinem Ansässigkeitsstaat der Erwerbsteuer (Lieferungen) bzw. dem Reverse-Charge-Verfahren (sonstige Leistungen) zu unterwerfen. 16

2.1.2 Bestätigungsverfahren

2.1.2.1 Überblick

Die Angabe der eigenen USt-IdNr. sowie die des Abnehmers in der Rechnung über eine i. g. Leistung sind Mitvoraussetzungen für die Steuerbefreiung bzw. Nicht-Steuerbarkeit. Die USt-IdNr. kann jedoch von den Beteiligten nur dann vorbehaltlos verwendet werden, wenn sich der Unternehmer von deren Richtigkeit und Gültigkeit überzeugt hat. Die Überprüfung der USt-IdNr. erfolgt durch das sog. Bestätigungsverfahren (§ 18e UStG). Im Rahmen dieses Bestätigungsverfahren kann der Unternehmer die zeitliche Gültigkeit der USt-IdNr. überprüfen. 17

Anfrageberechtigt sind alle Unternehmer i. S. d. § 2 UStG mit berechtigtem Interesse. Deshalb hat der anfragende Unternehmer neben der USt-IdNr. seines Kunden auch seine eigene USt-IdNr. anzugeben. Nur **wer am i. g. Waren- und Dienstleistungsverkehr teilnimmt**, ist berechtigt, sich die Gültigkeit von USt-IdNr., die andere Mitgliedstaaten erteilt haben, bestätigen zu lassen. 18

Dabei muss die Anfrage **folgende Angaben** enthalten (vgl. Abschn. 18e.1 Abs. 2 UStAE): 19

- die USt-IdNr. des anfragenden Unternehmers oder ggf. eine Steuernummer, unter der er umsatzsteuerlich geführt wird,
- die USt-IdNr. des Empfängers der i. g. Lieferung, die von einem anderen EG-Mitgliedstaat erteilt wurde.

TIPP

Die Einzelanfrage i. R. d. Bestätigungsverfahrens nach § 18e UStG muss an das BZSt gerichtet werden. Die Anfrage selbst ist an keine Form gebunden. Sie kann daher **telefonisch**, **schriftlich**, per **Telefax** oder per **E-Mail** erfolgen. Soll nur die Gültigkeit der USt-IdNr. überprüft werden, kann dies auch via Internet (www.bzst.de) erfolgen.

2.1.2.2 Einfache Bestätigung

20 Bei der einfachen Bestätigung erhält der Unternehmer Auskunft darüber, ob eine ausländische USt-IdNr. zum Zeitpunkt der Anfrage in dem Mitgliedstaat, der sie erteilt hat, gültig ist. Das BZSt bestätigt also zunächst **nur die Gültigkeit bzw. Ungültigkeit** der nachgefragten USt-IdNr. (vgl. Abschn. 18e.1 Abs. 3 UStAE).

HINWEIS
Eine einfache Bestätigung muss zwingend vor einer qualifizierten Bestätigung durchgeführt werden!

21 Die Bestätigung schafft rechtliche Gewissheit, dass der bzw. dem in der Anfrage bezeichneten Person bzw. Unternehmen in dem anderen Mitgliedstaat die bestätigte USt-IdNr. erteilt worden ist. Das hat Bedeutung für den **guten Glauben** des Unternehmers, der eine i. g. Lieferung steuerfrei (§ 6a Abs. 4 S. 1 UStG) oder eine i. g. sonstige Leistung als nicht steuerbar ausführt. Gibt es aufgrund der Bestätigung **Zweifel** an den Angaben des Abnehmers, muss der leistende Unternehmer sich durch weitere Nachfragen und Nachforschungen evtl. im anderen Mitgliedstaat darüber Sicherheit verschaffen, dass er es mit einem Unternehmer zu tun hat.

TIPP
Beim Streit um die Angabe der Steuernummer in der Rechnung und das Erfordernis der Angabe der »richtigen Steuernummer« des leistenden Unternehmers als Voraussetzung des Vorsteuerabzugs wurde immer wieder vorgeschlagen, alternativ auf die USt-IdNr. zurückzugreifen, da diese für den Leistungsempfänger überprüfbar sei (vgl. Stellungnahme des Bundesrates zum Steueränderungsgesetz 2003, BT-Drucks. 15/1798 vom 22.10.2003, Nr. 26). In ihrer Gegenäußerung (ebenfalls BT-Drucks. 15/1798 vom 22.10.2003, Nr. 26) weist die Bundesregierung darauf hin, dass die Regelung des § 18e UStG eine Bestätigung deutscher USt-IdNr. durch deutsche Unternehmer nicht vorsieht. Hinsichtlich des Risikos für den Rechnungsempfänger wäre – wie die Bundesregierung zutreffend feststellt – deshalb keine Änderung eingetreten, wenn die Angabe des USt-IdNr. auf der Rechnung vorgesehen worden wäre.

2.1.2.3 Qualifizierte Bestätigung

22 Darüber hinaus kann der anfragende Unternehmer auch im Rahmen einer **»qualifizierten Bestätigungsanfrage«** die mit der USt-IdNr. **verbundenen weiteren Grunddaten (Name** und **Anschrift** des Inhabers der nachgefragten ausländischen USt-IdNr.) überprüfen lassen (vgl. Abschn. 18e.1 Abs. 4 UStAE). Bei dieser sog. »qualifizierten Anfrage« verwendet das BZSt hinter den einzelnen Adressdaten die Bezeichnung »gültig« oder »ungültig«. Die **tatsächlich richtigen Daten** werden wegen des Steuergeheimnisses nicht mitgeteilt.

TIPP

1. **Immer zunächst einfache Anfrage**
   Vor einer qualifizierten Anfrage muss zunächst eine einfache Anfrage durchgeführt werden (vgl. Rn. 20)!
2. **Qualifizierte Anfragen bevorzugen**
   Die Anfragen beim BZSt sollten sich nicht nur auf die Gültigkeit einer USt-IdNr. beziehen, sondern sollten immer auf die damit verbundenen weiteren Grunddaten (Name, Anschrift) ausgerichtet sein. Wird der leistende Unternehmer von der Finanzverwaltung geprüft, hat er im Zweifel die Unternehmereigenschaft seines Kunden nachzuweisen. Mit einer qualifizierten Anfrage beim BZSt kann der Unternehmer dies tun. Insbesondere bei sog. **Exporten über den Ladentisch** muss der liefernde Unternehmer sich vergewissern, dass sein Vertragspartner ein Unternehmer ist und die genannte USt-IdNr. tatsächlich mit den vom Abnehmer genannten Angaben übereinstimmt (Angaben aus Personalausweis, Reisepass usw.).
3. **Online-Prüfung der USt-IdNr. ist keine wirkliche Alternative!**
   Die EU-Kommission bietet – wie auch das BZSt – im Internet einen Online-Dienst an. Auf der Website http://ec.europa.eu (Politik im Dienste des Bürgers > Online Dienste > Zoll und Steuern > VIES) können

USt-IdNr. auf ihre Gültigkeit hin überprüft und das Prüfergebnis ausgedruckt werden. Der Ausdruck mit Angabe einer Abfragenummer soll Unternehmern den Nachweis ermöglichen, dass sie sich zu einem bestimmten Zeitpunkt von der Gültigkeit einer vorgelegten USt-IdNr. vergewissert haben. Ob hiermit, wie eine Pressemitteilung der Europäischen Kommission verheißt, der Gutglaubensschutz steuerehrlicher Unternehmer z. B. i. R. d. § 6a Abs. 4 UStG wirklich rechtssicher gestärkt wird, bleibt abzuwarten. Nach der Vorschrift muss im Falle der Vorlage gefälschter Geschäftspapiere der ins übrige Gemeinschaftsgebiet liefernde (redliche) Unternehmer darlegen, dass er sich von der Seriosität seines Abnehmers überzeugt hat. Nur dann kann die Lieferung vom heimischen Fiskus als steuerfrei behandelt werden. Allerdings besteht in vielen Fällen nicht die Möglichkeit, im Rahmen einer Gültigkeitsprüfung auf der EU-Plattform gleichzeitig die Identitätsmerkmale (wie Name und Adresse) des jeweiligen Verwenders mit abzurufen. Nach Angabe der Europäischen Kommission lassen nicht alle Mitgliedstaaten diese nützliche Funktion im Rahmen des Online-Portals zu. **Besseren Gutglaubensschutz verspricht daher auch weiterhin das (qualifizierte) Bestätigungsverfahren des BZSt (§ 18e UStG)!** Letzteres gilt jedenfalls so lange, bis sich nicht zumindest aus der Rechtsprechung ergibt, dass der Unternehmer auch mit den alternativen Überprüfungsmethoden alles zum Gutglaubensschutz Erforderliche getan hat. Derzeit sind aber – soweit ersichtlich – hierzu keine Musterverfahren anhängig oder gar Entscheidungen getroffen. M. E. ließen sich in einem solchen Verfahren gute Argumente aus der EuGH-Entscheidung Mecsek-Gabona (Urteil vom 06.09.2012, Rs. C-273/11, BFH/NV 2012, 1919) gewinnen (vgl. Weimann, Gelangensbestätigung, Kap. 4.5.4.)

4. **Im Zweifel auch schriftliche Bestätigungsmittteilung des BZSt anfordern.**
   Auch der Ausdruck einer qualifizierten Bestätigung von der Website des BMF soll nicht ausreichen; im Zweifel sollte daher eine postalische Bestätigung angefordert werden.
5. **So fragen Ihre Mandanten die USt-IdNr. praxisgerecht und sicher ab**
   Der Steuerberater weiß: Bei der Abfrage der USt-IdNr. zur Vorbereitung eines innergemeinschaftlichen Kfz-Geschäfts passieren viele Fehler – teils aus Unkenntnis, teils weil schlampig gearbeitet wird. Der Beitrag von *Herpoldsheimer* (ASR 2/2016)) zeigt, wie Ihre Mandanten die USt-IdNr. praxisgerecht und sicher abfragen können und gibt dabei so manchen Hinweis, der das Procedere vereinfacht.

2.1.3 Materiell-rechtliche Funktion

Die USt-IdNr. ist in bestimmten gesetzlichen Regelungen **Tatbestandsmerkmal**. Diese Funktion kommt ihr in den Fällen des § 3d UStG (Ort des i. g. Erwerbs) zu. In diesen Fällen wird der Ort des i. g. Erwerbs abweichend von der grundsätzlichen Regelung in das Mitgliedsland der EU verlagert, das dem Auftraggeber des leistenden Unternehmers die bei der Auftragserteilung verwendete USt-IdNr. zugeteilt hat. 23

2.1.4 Indizfunktion

In anderen Fällen des i. g. Handelns entfaltet die USt-IdNr. für den leistenden Unternehmer eine gewisse **Indizwirkung**. 24

Dies trifft z. B. zu, wenn der **Abnehmer einer Lieferung** den Liefergegenstand unter Verwendung einer ihm von einem anderen Mitgliedstaat erteilten USt-IdNr. erwirbt. In diesem Fall kann der liefernde Unternehmer grundsätzlich davon ausgehen, dass der Abnehmer der Lieferung den **Erwerb des Liefergegenstands** in seinem Mitgliedstaat **der Besteuerung zu unterwerfen** hat (vgl. BMF vom 29.03.1996, BStBl I 1996, 458). 25

Gleiches gilt seit dem 01.01.2010 **(Umsetzung des Mehrwertsteuerpakets)** für den **Einkauf einer sonstigen Leistung**. Auch hier erlaubt die Verwendung der USt-IdNr. durch den Leistungsempfänger dem leistenden Unternehmer den Rückschluss auf den unternehmerischen Leistungseinkauf und damit auf die Anwendung der B2B-Vorschriften (vgl. § 3a Rn. 29ff.; BMF vom 04.09.2009, Az: IV B 9 – S 7117/08/10001 (2009/0580334), Rz. 15, BStBl I 2009, 1005). 26

27 Obwohl der USt-IdNr. des Abnehmers für die Frage der Steuerbefreiung einer i. g. Lieferung/der Steuerbarkeit einer sonstigen (B2B-)Leistung nicht die Wirkung eines gesetzlichen Tatbestandsmerkmals zukommt, sie in diesem Zusammenhang jedoch in der Rechnung (§ 14 a UStG), i. R. d. Buchnachweises (§ 17 c UStDV) und für die Zusammenfassende Meldung (§ 18 a UStG) unentbehrlich ist, ist ihre Verwendung durch den Leistungsempfänger eine praktisch **unerlässliche Voraussetzung** für die Steuerbefreiung einer i. g. Lieferung bzw. die Nichtsteuerbarkeit einer sonstigen (B2B-)Leistung.

2.2 Erteilung der Umsatzsteuer-Identifikationsnummer im Inland

2.2.1 Anspruchsberechtigte Unternehmer (§ 27 a Abs. 1 S. 1 UStG)

28 Anspruch auf die Erteilung einer USt-IdNr. haben alle **Unternehmer**. Dies gilt insbesondere für **inländische** Unternehmer, aber auch für Unternehmer, die im übrigen Gemeinschaftsgebiet oder im Drittlandsgebiet ansässig sind und im Inland Betriebsstätten oder Zweigniederlassungen unterhalten.

29 Diese Unternehmer **benötigen die USt-IdNr. aber nur, wenn** sie

- vom Inland aus i. g. Lieferungen ausführen (§ 6 a Abs. 1 UStG),
- aus dem übrigen Gemeinschaftsgebiet Gegenstände für ihr Unternehmen erwerben (§ 1 a Abs. 1 UStG),
- Gegenstände aus ihrem inländischen Unternehmensbereich in das übrige Gemeinschaftsgebiet verbringen und dieser Vorgang einer i. g. Lieferung gleichgestellt ist (§ 6 a Abs. 2 UStG),
- Gegenstände aus ihrem im übrigen Gemeinschaftsgebiet gelegenen Unternehmensbereich in das Inland verbringen und der Vorgang im Inland der Erwerbsbesteuerung unterliegt (§ 1 a Abs. 2 UStG),
- sonstige Leistungen i. S. d. § 3 a Abs. 2 UStG (B2B-Leistungen) einkaufen.

2.2.2 Juristische Personen

30 Auf Antrag erhalten juristische Personen, die nicht Unternehmer sind oder die Gegenstände nicht für ihr Unternehmen erwerben, eine USt-IdNr., wenn sie diese **für i. g. Erwerbe** benötigen.

> **HINWEIS**
> Eine juristische Person erhält damit die USt-IdNr. **primär zur Besteuerung der i. g. Erwerbe!**
> Nur dann, wenn dazu eine USt-IdNr. erteilt wurde, wird diese – **quasi als »Abfallprodukt«** auch zur Besteuerung der neuen i. g. Dienstleistungen verwandt (§ 3 a Abs. 2 S. 3 UStG; vgl. § 3 a Rn. 29 ff.).
> Eine juristische Person erhält m. a. W. **keine** USt-IdNr., weil sie (ausschließlich) i. g. Dienstleistungen zu besteuern hat.

31 **Juristische Personen** (des öffentlichen und des privaten Rechts z. B. Gebietskörperschaften, Vereine, öffentlich-rechtliche Religionsgemeinschaften), die nicht Unternehmer sind bzw. Gegenstände für ihren nichtunternehmerischen Bereich erwerben, unterliegen der Erwerbsbesteuerung, wenn ihre Wareneinkäufe die **Erwerbsschwelle** (12.500 €, § 1 a Abs. 3 Nr. 2 UStG) überschreiten. Die großen Gebietskörperschaften des öffentlichen Rechts (Bund, Länder) können **für einzelne Organisationseinheiten**, z. B. Ressorts, Behörden, Ämter, eine eigene USt-IdNr. erhalten.

Die USt-IdNr. wird von juristischen Personen benötigt, wenn sie die sog. Erwerbsschwelle von 12.500 € (§ 1a Abs. 3 Nr. 2 UStG) überschreiten. Daneben können die juristischen Personen unbeschadet von einer Erwerbsschwelle (freiwillig) **zur Erwerbsbesteuerung optieren** (§ 1a Abs. 4 UStG). Sie sind dann allerdings für zwei Jahre an diese Option gebunden. 32

Außerdem können die juristischen Personen eine USt-IdNr. erhalten, wenn sie unabhängig von einer Erwerbsschwelle entweder **verbrauchssteuerpflichtige Waren** (§ 1a Abs. 5 S. 2 UStG) oder **neue Fahrzeuge** i. S. d. § 1b Abs. 2 UStG in einem anderen Mitgliedstaat erwerben wollen (§ 1a Abs. 5 S. 1 UStG). 33

2.2.3 Organgesellschaften (§ 27a Abs. 1 S. 3 UStG; bis 31.12.2009: § 27a Abs. 1 S. 4 UStG)

Gem. § 2 Abs. 2 Nr. 2 S. 2 UStG sind die Wirkungen der umsatzsteuerlichen Organschaft auf die Innenleistungen zwischen den im Inland gelegenen Unternehmensteilen beschränkt. Deshalb treten Organgesellschaften im Binnenmarkt gegenüber einem Partner in einem anderen Mitgliedstaat als selbständige Unternehmer auf und erhalten hierzu gem. § 27a Abs. 1 S. 3 (bis 31.12.2009: S. 4) UStG eine eigene USt-IdNr. (vgl. Abschn. 27a.1 Abs. 3 UStAE). 34

Gem. § 18a Abs. 1 S. 8 UStG müssen die Organgesellschaften eine **eigene Zusammenfassende Meldung** abgeben. Ihre steuerbaren i. g. Erwerbe sowie i. g. Lieferungen werden jedoch dem jeweiligen **Organträger** im Inland (§ 2 Abs. 2 Nr. 2 S. 2 UStG) oder dem wirtschaftlich bedeutendsten Unternehmensteil im Inland (bei einer grenzüberschreitenden Organschaft, § 2 Abs. 2 Nr. 2 S. 3 UStG) **zugerechnet** und **von diesem in der USt-Voranmeldung erklärt**. 35

2.2.4 Ausschluss von der Umsatzsteuer-Identifikationsnummer

Keine USt-IdNr. erhalten 36

- Fahrzeuglieferer i. S. v. § 2a UStG,
- ständige diplomatische Missionen und berufskonsularische Vertretungen anderer Staaten (§ 1c Abs. 1 Nr. 1 UStG),
- im Inland ansässige zwischenstaatliche Einrichtungen (z. B. Internationaler Seegerichtshof in Hamburg, Europäisches Patentamt in München, § 1c Abs. 1 Nr. 2 UStG),
- im Inland stationierte Streitkräfte anderer Vertragsparteien des Nordatlantikvertrages – NATO – (§ 1c Abs. 1 Nr. 3 UStG).

Zu Letztgenanntem vgl. Abschn. 27a.1 Abs. 1 S. 8 UStAE. Bei den in § 1c UStG genannten Einrichtungen liegt ein i. g. Erwerb nicht vor, wenn ein Gegenstand von einem Mitgliedstaat in das Inland zu deren Verfügung befördert oder versendet wird. Lediglich der Erwerb neuer Fahrzeuge nach § 1b UStG wird versteuert. Im Übrigen gelten für diese Einrichtungen aufgrund von internationalen Abmachungen und Verträgen besondere Begünstigungen, die sich auch auf die USt auswirken. 37

2.2.5 Erteilungsverfahren

38 Die Erteilung einer USt-IdNr. ist **schriftlich** zu beantragen (§ 27 a Abs. 1 S. 5 UStG). In dem Antrag sind der Name, die Anschrift und die Steuernummer, unter der der Antragsteller umsatzsteuerlich geführt wird, anzugeben (§ 27 a Abs. 1 S. 6 UStG). Der Antrag ist grundsätzlich an das

- Bundeszentralamt für Steuern (BZSt)
- Dienstsitz Saarlouis
- 66740 Saarlouis
- Tel.: 06831 456 0
- Fax: 06831 456 120
- poststelle-saarlouis@bzst.bund.de
- www.bzst.de

zu richten. Das BZSt ist eine nachgeordnete Dienststelle des Bundesministeriums der Finanzen. Die Vergabe von Steuernummern wird jedoch von den der jeweiligen Landesfinanzverwaltung unterstehenden Finanzämtern durchgeführt.

39 Die Ausgabe der USt-IdNr. ist **kostenlos**. Die Erteilung bzw. die Ablehnung der Erteilung einer USt-IdNr. sind Verwaltungsakte, die mit dem Einspruch gem. § 347 AO anfechtbar sind. Es handelt sich um sonstige Verwaltungsakte, die nach den Vorschriften der §§ 130, 131 AO geändert werden können.

40 Antragsteller, die ihre unternehmerische Tätigkeit **beginnen** und daher umsatzsteuerlich noch nicht erfasst sind, haben sich zunächst an das für sie zuständige **Finanzamt** zu wenden. Die Landesfinanzbehörden übermitteln dann nach der umsatzsteuerlichen Erfassung im Rahmen der monatlichen Datenübertragungen die Daten des Antragstellers an das BZSt. Eines besonderen Antrags beim BZSt bedarf es in diesem Fall nicht.

41 Die mitgeteilten Daten werden mit den von der Landesfinanzbehörde gespeicherten Grunddaten verglichen. Bei Übereinstimmung kann die USt-IdNr. sofort erteilt werden.

42 Aus **Sicherheitsgründen** wird die USt-IdNr. grundsätzlich **schriftlich** erteilt (Abschn. 27a.1 Abs. 1 S. 3 UStAE).

43 **Organkreise** erhalten ebenfalls aufgrund eines schriftlichen Antrags beim BZSt für jede inländische Organgesellschaft sowie ggf. für den Organträger eine gesonderte USt-IdNr. Der Antrag ist vom Organträger zu stellen und sollte folgende Angaben enthalten (Abschn. 27a.1 Abs. 3 UStAE):

- die Steuernummer, unter der der gesamte Organkreis im Inland umsatzsteuerlich geführt wird (auch hier empfiehlt es sich, zur Beschleunigung des Antrags das zuständige Finanzamt nebst Anschrift im Antrag aufzuführen),
- Name und Anschrift des Organträgers oder der im Inland umsatzsteuerlich geführten Organgesellschaft evtl. nebst einer schon erteilten USt-IdNr.,
- Name und Anschrift der einzelnen Organgesellschaften, für die eine USt-IdNr. beantragt wird, nebst Steuernummern, unter denen die einzelnen Organgesellschaften ertragsteuerlich geführt werden, sowie der dazugehörigen Finanzämter nebst Anschrift.

Zur Erteilung der USt-IdNr. im **Online-Verfahren** (Abschn. 27a.1 Abs. 1 S. 2 UStAE) vgl. Rn. 50ff.

2.3 Erteilung einer Umsatzsteuer-Identifikationsnummer im übrigen Gemeinschaftsgebiet

Deutsche Unternehmer, die im **übrigen Gemeinschaftsgebiet** Betriebsstätten oder Zweigniederlassungen unterhalten und dort i. g. Umsätze ausführen oder i. g. Erwerbe zu versteuern haben, können in dem Mitgliedstaat, in dem sie tätig sind, **zusätzlich zu ihrer deutschen USt-IdNr. auch eine solche dieses Mitgliedstaats** erhalten (vgl. dazu BMF vom 08.12.1992, Az: IV A 1 – S 7055–52/92, UR 1993, 31; Dokumentation der Europäischen Kommission, UR 1995, 409). 44

2.4 Datenaustausch zwischen Bundeszentralamt für Steuern und Landesfinanzverwaltung

Die Landesfinanzbehörden übermitteln dem BZSt die für die Erteilung der USt-IdNr. erforderlichen Angaben über die bei ihnen umsatzsteuerlich geführten Steuerpflichtigen (§ 27a Abs. 2 S. 1 UStG). Hierbei handelt es sich um die Daten aus dem **Grundinformationsdienst für umsatzsteuerliche Zwecke**; dies sind insbesondere: 45

- Name und Anschrift des Unternehmers,
- Steuernummer des Unternehmers,
- Mitteilung, ob die USt beim Finanzamt erfasst ist.

Diese Daten müssen mit den Daten des Antrags auf Erteilung einer USt-IdNr. übereinstimmen und werden ebenfalls vom BZSt gespeichert. Sie werden für **Auskünfte i. R. d. i. g. Kontrollverfahrens** benötigt. Die vom BZSt erteilte USt-IdNr. wird auch dem zuständigen Finanzamt übermittelt (§ 27 Abs. 2 S. 3 UStG). 46

Das BZSt darf die Daten speichern, verarbeiten und an die zuständigen in- und ausländischen Kontrollbehörden weiterleiten; Letzteres jedoch **nur zu den gesetzlich vorgesehenen Zwecken**. Eine Verwendung oder Weitergabe für andere Zwecke wie z. B. die Prüfung ertrag-steuerlicher Sachverhalte ist dagegen unzulässig. Das BZSt muss sicherstellen, dass die Daten nicht unzulässigerweise anderweitig verwandt werden. Bei Verstößen kommt die Anwendung der Regelungen über die **Staats- und Amtshaftung** in Betracht (Robisch in Bunjes, 12. Aufl. 2013, § 27a Rz. 5). 47

2.5 Überprüfung der Umsatzsteuer-Identifikationsnummer im Internet

2.5.1 Allgemeines

Zur Überprüfung der Gültigkeit einer vom Kunden angegebenen USt-IdNr. hat die EU-Kommission einen Online-Dienst eingerichtet (**europa.eu.int/vies**), über den der Unternehmer Zugang zu bestimmten Teilen des MwSt-Informationsaustauschsystems zwischen den Steuerverwaltungen hat (MIAS, vgl. Rn. 3). Erforderlich ist lediglich die Eingabe des Mitgliedstaates und der angegebenen USt-IdNr. des Kunden. Das Ergebnis der Überprüfung der USt-IdNr. wird dann sofort angezeigt (vgl. Rn. 17ff.). 48

2.5.2 Steuerbefreiung auch bei zwischenzeitlich ungültig gewordener USt-IdNr.

49 Nach Auffassung des FG Berlin-Brandenburg reicht es aus, dass ein Lieferant bei einem EU-Geschäft die USt-IdNr. des Geschäftspartners bei Vertragsschluss überprüft. Wird die USt-IdNr. während der Geschäftsabwicklung ungültig, muss der Händler sich dieses nicht zurechnen lassen (FG Berlin-Brandenburg vom 04.11.2015, 7 K 7283/13).

Beispiel:
Sachverhalt
Ein deutscher Kfz-Händler (D) verkaufte ein Fahrzeug an ein spanisches Unternehmen (ES). D behandelte den Umsatz als innergemeinschaftliche Lieferung umsatzsteuerfrei (§§ 4 Nr. 1 Buchst. b, 6a UStG). Im Abschluss an eine Umsatzsteuer-Nachschau (§ 27b UStG) versagte das Finanzamt die Steuerbefreiung. Die von ES angegebene USt-IdNr. sei zwar bei Vertragsschluss, nicht aber im (späteren) Lieferzeitpunkt gültig gewesen.

50 D hat nach Auffassung des FG die nach § 6a Abs. 3 UStG, §§ 17a ff. UStDV **Beleg- und Buchnachweise vollständig** erbracht. Dem steht nicht entgegen, dass die aufgezeichnete USt-IdNr. zur Zeit der Lieferung nicht mehr galt. Denn zum Zeitpunkt des Vertragsschlusses hatte die D alle für den Beleg- und Buchnachweis erforderlichen Angaben erfasst (Besprechungsurteil, Rz. 35).

51 Der Vertragsschluss erfolgte mit der Bestätigung des Geldeinganges durch die Pro-Forma-Rechnung und der Bereitstellung des Fahrzeugs zur Abholung. Denn **bereits zu diesem Zeitpunkt hatte sich D vertraglich gebunden,** das Fahrzeug an ES zum vereinbarten und schon erhaltenen Preis zu liefern. Mit der Abfrage der USt-IdNr. beim BZSt hat D zu diesem Zeitpunkt alles getan, um die erforderlichen Angaben zu ermitteln. Zudem galt die USt-IdNr. auch an diesem Tag noch. Es war zum Zeitpunkt des Vertragsschlusses für D nicht möglich zu erkennen, dass sich dies zukünftig ändern werde.

52 Allein das Auseinanderfallen von Vertragsschluss und Lieferzeitpunkt verpflichtet den Lieferer nicht, die beim Vertragsschluss korrekten Angaben insbesondere zur Umsatzsteueridentifikationsnummer erneut und gegebenenfalls laufend in ganz kurzen Abständen zu überprüfen (Besprechungsurteil, Rz. 37).

53 Dies wäre dann anders, wenn

- der Lieferer **Anhaltspunkte für eine Änderung der Angaben** hat; diesen müsste er dann nachgehen oder
- zwischen Vertragsschluss und Lieferung eine **größere Zeitspanne** liegt. Eine Zeitspanne von – wie im Streitfall – elf Tagen (davon neun Tage zwischen Vertragsschluss und Liefertag) reicht dafür aber nach Ansicht des Senats nicht aus. Welche Zeitspanne ausreichen würde, lässt das Gericht offen (Besprechungsurteil, Rz. 38).

54 Das FG hat Revision gemäß § 115 Abs. 2 FGO zugelassen, weil die Einzelheiten zur Aufzeichnungspflicht der USt-IdNr. nebst der Vertrauensschutzregelung des § 6a Abs. 4 UStG bei Wegfall der USt-IdNr. während der Abwicklung des Geschäfts noch nicht im Einzelnen geklärt sind (Besprechungsurteil, Rz. 45). Die Finanzverwaltung hat darauf – soweit ersichtlich – verzichtet. **In diesem Verzicht steckt eine große Aussagekraft.** Rechnet die Finanzverwaltung nämlich mit einer für sie negativen Entscheidung des BFH, vermeidet sie es gerne, dass ein Streitfall daraus entsteht, verzichtet auf Rechtsmittel und wendet die – wahrscheinlich falsche, aber profiskalische – Rechtsauffassung weiter an.

Beispiel: 55
Das Besprechungsurteil ist das erste zu diesem Problembereich; die Rechtsauffassung ist damit alles andere als gesichert. Das Urteil sollte daher nur als **Rettungsanker** gesehen werden – und keinesfalls als »Freibrief« zur Einsparung von Prüfungshandlungen des Lieferanten:
- Ein vorsichtiger Unternehmer sollte damit auch weiterhin die USt-IdNr. bei der Lieferung – und damit in der Regel ein zweites Mal – prüfen.
- Nur dann, wenn diese zweite Prüfung im Ausnahmefall einmal nicht erfolgt ist oder sich sonstige Unregelmäßigkeiten ergeben, sollte man sich des Urteils erinnern.

Es bleibt abzuwarten, ob auch andere Gerichte diesen Gedanken aufnehmen.

Das FG weist **hilfsweise** darauf hin, dass 56
- nach der EuGH- und BFH-Rechtsprechung die Steuerbefreiung nicht allein wegen des Fehlens der Aufzeichnung einer USt-IdNr. ohne weiteres hätte versagt werden dürfen (Besprechungsurteil, Rz. 39f.) und ggf. auch Vertrauensschutz zu gewähren wäre (Besprechungsurteil, Rz. 41f.).

2.6 Übersicht: Bezeichnung und Aufbau der Umsatzsteuer-Identifikationsnummern der EG-Mitgliedstaaten

57

Land	Ländercode	Anzahl der Stellen	Bezeichnung in der Landessprache/Abkürzung
Belgien	BE	10 Stellen	No. TVA bzw. BTW-Nr.
Bulgarien	BG	9 oder 10 Stellen	DDS
Dänemark	DK	8 Stellen	SE-Nr.
Deutschland	DE	9 Stellen	USt-IdNr.
Estland	EE	9 Stellen	KMKR-number
Finnland	FI	8 Stellen	ALV-NRO
Frankreich	FR	11 Stellen	ID. TVA
Griechenland	EL	9 Stellen	Α. Φ. Μ.
Großbritannien	GB	9 oder 12 Stellen	VAT Reg. No.
Irland	IE	8 Stellen	VAT No
Italien	IT	11 Stellen	P.IVA
Kroatien	HR	11 Stellen	HR PDV ID broj
Lettland	LV	11 Stellen	PVN reģistrācijas numurs
Litauen	LT	9 oder 12 Stellen	PVM moketojo kodas
Luxemburg	LU	8 Stellen	ID. TVA
Malta	MT	8 Stellen	VAT No
Niederlande	NL	12 Stellen	OB-Nummer
Österreich	AT	9 Stellen	UID-Nr.
Polen	PL	10 Stellen	NIP
Portugal	PT	9 Stellen	NIPC
Rumänien	RO	bis zu 10 Stellen	TVA
Schweden	SE	12 Stellen	MomsNr.
Slowakei	SK	10 Stellen	IČ DPH
Slowenien	SI	8 Stellen	DDV

Land	Ländercode	Anzahl der Stellen	Bezeichnung in der Landessprache/Abkürzung
Spanien	ES	9 Stellen	N. IVA
Tschechien	CZ	8, 9 oder 10 Stellen	DIC
Ungarn	HU	8 Stellen	Közösségi adószám
Zypern	CY	9 Stellen	FPA

Detail-Informationen zu den USt-IdNrn. der anderen EU-Mitgliedstaaten finden sich unter **www.bzst.de** (vgl. Abschn. 18e.2 UStAE).

2.7 Online-Verfahren zur Erteilung der Umsatzsteuer-Identifikationsnummer

58 Beim BZSt wurde ein **Web-Service** eingerichtet, durch den es Unternehmen, die bei einem Finanzamt umsatzsteuerlich erfasst sind, ermöglicht wird, online einen Antrag auf Erteilung einer USt-IdNr. zu stellen.

59 Hierfür steht auf der Internetseite des BZSt (www.bzst.de) ein **Online-Formular** zur Verfügung, in das der Antragsteller – je nach Rechtsform des Unternehmens – unterschiedliche Identifikationsmerkmale eingeben muss.

60 Die Angaben des Antragstellers werden nach der elektronischen Übermittlung **sofort** mit dem beim BZSt vorhandenen Datenbestand **abgeglichen**. Soweit der die USt-IdNr. beantragende Unternehmer im Datenbestand des BZSt enthalten ist, erhält er unmittelbar einen **Online-Bescheid** über die **Bearbeitung seines Antrags**.

61 Die **Bekanntgabe der neu zugeteilten oder der bereits bestehenden gültigen USt-IdNr.** erfolgt

- ausschließlich auf dem Postweg und
- an die Anschrift, unter der der Antragsteller – und nicht etwa dessen Steuerberater (!), s. u. – im Datenbestand des BZSt gespeichert ist.

TIPP

Von einer unmittelbaren Bekanntgabe der USt-IdNr. im Online-Verfahren wurde abgesehen, um Fälle von missbräuchlicher Beantragung und anschließender missbräuchlicher Verwendung von USt-IdNrn. ausschließen zu können.

62 Auch bei diesem neuen Verfahren besteht die Möglichkeit, dass **steuerliche Vertreter** für ihre Mandanten einen Antrag auf Erteilung einer USt-IdNr. stellen. Die schriftliche Bekanntgabe der neu zugeteilten oder der bereits bestehenden gültigen USt-IdNr. erfolgt jedoch in diesen Fällen unmittelbar an die im Datenbestand des BZSt gespeicherte Anschrift des Unternehmers.

63 Der Web-Service des BZSt steht täglich in der Zeit von 4.30 Uhr bis 23.00 Uhr zur Verfügung, so dass Unternehmer die Möglichkeit haben, auch außerhalb der üblichen Dienstzeit beim BZSt einen Antrag auf Erteilung einer USt-IdNr. zu stellen (OFD Düsseldorf, DB 2005, 2663).

2.8 Anspruch auf die Erteilung einer Steuernummer für Umsatzsteuerzwecke

Nach dem BFH-Urteil vom 23.09.2009 (Az: II R 66/07, BStBl II 2010, 712) ist einer natürlichen Person, die durch die Anmeldung eines Gewerbes ernsthaft die Absicht bekundet, unternehmerisch i. S. d. § 2 UStG tätig zu werden, außer in Fällen eines offensichtlichen, auf die Umsatzsteuer bezogenen Missbrauchs, auf Antrag eine Steuernummer für Umsatzsteuerzwecke zu erteilen. 64

Der BFH führt aus, dass der Anspruch auf Erteilung einer Steuernummer für Umsatzsteuerzwecke bereits dann besteht, wenn der **Antragsteller ernsthaft erklärt**, ein selbständiges gewerbliches oder berufliches Tätigwerden zu beabsichtigen. Da die Steuernummer für Umsatzsteuerzwecke regelmäßig Voraussetzung für ein solches Tätigwerden ist, kann deren Erteilung nicht davon abhängig gemacht werden, dass eine entsprechende Tätigkeit bereits aufgenommen wurde. **Lediglich in offensichtlichen Missbrauchsfällen** kann die Erteilung einer Steuernummer für Umsatzsteuerzwecke abgelehnt werden. 65

Außerdem führt der BFH aus, dass sich ein **öffentlich-rechtlicher Anspruch** auf die Erteilung einer Steuernummer für Umsatzsteuerzwecke mittelbar aus § 14 Abs. 4 S. 1 Nr. 2 UStG ergibt. Hiernach ist der Leistende zur Ausstellung einer Rechnung unter Angabe der ihm vom FA erteilten Steuernummer oder der vom Bundeszentralamt für Steuern erteilten USt-IdNr. innerhalb von sechs Monaten verpflichtet. Der Leistungsempfänger kann seinerseits sein Recht auf Vorsteuerabzug nur ausüben, wenn er eine nach §§ 14 und 14a UStG ausgestellte Rechnung besitzt. 66

Die obersten Finanzbehörden von Bund und Ländern haben im Interesse der **Sicherung des Umsatzsteueraufkommens** bereits vor geraumer Zeit bundeseinheitlich Maßnahmen vereinbart, durch die eine umsatzsteuerliche Registrierung von nicht existenten Unternehmen verhindert werden soll. Diese gelten für **natürliche Personen und Gesellschaften** gleichermaßen. Anträge auf umsatzsteuerliche Erfassung werden auf **Schlüssigkeit und Ernsthaftigkeit** überprüft. Bestehen Zweifel an der Existenz des Unternehmens, sind weitere Maßnahmen wie z. B. die Vorlage weiterer Unterlagen, die Durchführung einer unangekündigten Umsatzsteuer-Nachschau nach § 27b UStG erforderlich. Nach dem BMF-Schreiben vom 01.07.2010 (BStBl I 2010, 625) gilt diese Verwaltungspraxis weiter fort. Allein eine Erklärung des Antragstellers, ein selbständiges, gewerbliches oder berufliches Tätigwerden zu beabsichtigen, ist nicht ausreichend. Das FA hat auch unter Beachtung des BFH-Urteils Anträge auf umsatzsteuerliche Erfassung **zeitnah und umfassend zu prüfen**. Zu den Missbrauchsfällen, in denen die Erteilung einer Steuernummer für umsatzsteuerliche Zwecke abzulehnen ist, zählt der BFH insbesondere die Fälle mit dem offenkundig verfolgten Ziel, den Vorsteuerabzug für zu privaten Zwecken bezogene Leistungen zu Unrecht in Anspruch zu nehmen. Allerdings ist der Missbrauch nicht auf diese Fälle beschränkt. 67

2.9 EU-Mitgliedstaaten müssen Richtigkeit der Umsatzsteuer-Identifikationsnummer garantieren

Ein deutscher Unternehmer, der vor einer i. g. Lieferung die USt-IdNr. abfragt und dabei die Antwort »gültig« erhält, darf auf die Seriosität seines ausländischen Geschäftspartners vertrauen (EuGH vom 14.03.2013, Rs. C-527/11, Ablessio SIA, BFA/NV 2013, 889). 68

Nach Auffassung des EuGH haben die Mitgliedstaaten ein legitimes Interesse daran, geeignete Maßnahmen zum Schutz ihrer finanziellen Interessen zu ergreifen, um Steuerhinterziehungen, Steuerumgehungen und etwaige Missbräuche zielgerecht verhindern zu können. Sie sind jedoch auch verpflichtet, die Richtigkeit der Eintragungen in das Register der Steuerpflichtigen zu garan- 69 tieren, um ein ordnungsgemäß funktionierendes Mehrwertsteuersystem sicherzustellen. Die zuständige nationale Behörde hat daher die Steuerpflichtigeneigenschaft eines Antragsstellers zu prüfen, bevor sie ihm eine USt-IdNr. zuteilt (EuGH vom 14.03.2013, Rs. C-527/11; Abruf-Nr. 131792).

HINWEIS

Damit postuliert der EuGH eine rechtliche Garantiepflicht, die die EU-Mitgliedstaaten trifft: Jeder Mitgliedstaat muss den Steuerpflichtigen objektiv prüfen, bevor er ihm die USt-IdNr. erteilt.

70 Im Umkehrschluss ergibt sich daraus zwingend, dass der inländische Steuerpflichtige Vertrauensschutz genießen muss, wenn er die so erteilte USt-IdNr. gewissenhaft, zeitnah und präzise im Rahmen seiner innergemeinschaftlichen Lieferung abfragt. Diesem Steuerpflichtigen können dann nicht sog. »objektive Anhaltspunkte« vorgehalten werden, die für den deutschen Steuerpflichtigen einen Rückschluss auf die Mehrwertsteuerhinterziehung im Ausland erzwingen würden. Denn diese Negativkriterien, die die Steuerfahndungen und Staatsanwaltschaften derzeit meinen als belastendes Material vorlegen zu können, mussten wiederum zwingend, nach der Rechtsprechung des EuGH, bereits von den nationalen Steuerverwaltungen geprüft worden sein, bevor die USt-IdNr. erteilt wurde (Meyerhuber, ASR 1/2014, 5).

HINWEIS

Das bedeutet, dass zugunsten des deutschen Steuerpflichtigen eine positive Rückversicherung von der erteilten USt-IdNr. ausgeht und ausgehen muss. Jede andere Rechtsauffassung würde dieses EuGH-Urteil unterlaufen (Meyerhuber, ASR 1/2014, 5). Auch dies liegt auf der »Schiene« der EuGH-Entscheidung Mecsek-Gabona (Urteil vom 06.09.2012, Rs. C-273/11, BFH/NV 2012, 1919).

§ 27b UStG
Umsatzsteuer-Nachschau

(1) [1]Zur Sicherstellung einer gleichmäßigen Festsetzung und Erhebung der Umsatzsteuer können die damit betrauten Amtsträger der Finanzbehörde ohne vorherige Ankündigung und außerhalb einer Außenprüfung Grundstücke und Räume von Personen, die eine gewerbliche oder berufliche Tätigkeit selbständig ausüben, während der Geschäfts- und Arbeitszeiten betreten, um Sachverhalte festzustellen, die für die Besteuerung erheblich sein können (Umsatzsteuer-Nachschau). [2]Wohnräume dürfen gegen den Willen des Inhabers nur zur Verhütung dringender Gefahren für die öffentliche Sicherheit und Ordnung betreten werden.

(2) [1]Soweit dies zur Feststellung einer steuerlichen Erheblichkeit zweckdienlich ist, haben die von der Umsatzsteuer-Nachschau betroffenen Personen den damit betrauten Amtsträgern auf Verlangen Aufzeichnungen, Bücher, Geschäftspapiere und andere Urkunden über die der Umsatzsteuer-Nachschau unterliegenden Sachverhalte vorzulegen und Auskünfte zu erteilen. [2]Wurden die in Satz 1 genannten Unterlagen mit Hilfe eines Datenverarbeitungssystems erstellt, können die mit der Umsatzsteuer-Nachschau betrauten Amtsträger auf Verlangen die gespeicherten Daten über die der Umsatzsteuer-Nachschau unterliegenden Sachverhalte einsehen und soweit erforderlich hierfür das Datenverarbeitungssystem nutzen. [3]Dies gilt auch für elektronische Rechnungen nach § 14 Abs. 1 Satz 8.

(3) [1]Wenn die bei der Umsatzsteuer-Nachschau getroffenen Feststellungen hierzu Anlass geben, kann ohne vorherige Prüfungsanordnung (§ 196 der Abgabenordnung) zu einer Außenprüfung nach § 193 der Abgabenordnung übergegangen werden. [2]Auf den Übergang zur Außenprüfung wird schriftlich hingewiesen.

(4) Werden anlässlich der Umsatzsteuer-Nachschau Verhältnisse festgestellt, die für die Festsetzung und Erhebung anderer Steuern als der Umsatzsteuer erheblich sein können, so ist die Auswertung der Feststellungen insoweit zulässig, als ihre Kenntnis für die Besteuerung der in Absatz 1 genannten Personen oder anderer Personen von Bedeutung sein kann.

Literatur

Bilsdorfer, Die Umsatzsteuer-Nachschau nach dem Steuerverkürzungsbekämpfungsgesetz, StBP 2002, 82. **Buse**, Aufgaben und Befugnisse der Steuerfahndung bei einer Umsatzsteuer-Nachschau, UR 2008, 605. **Dißars**, Im Blickpunkt: Umsatzsteuer-Nachschau gemäß § 27b UStG nach dem Steuerverkürzungsbekämpfungsgesetz, BB 2002, 759. **Dißars**, Umsatzsteuer-Nachschau nach § 27b UStG – Schreiben des BMF vom 23.12.2002, BB 2003, 556. **Gast-de Haan**, Umsatzsteuer-Nachschau: Ist § 27b UStG verfassungswidrig?, PStR 2002, 264. **Gotzens/Wegner**, Das Steuerverkürzungsbekämpfungsgesetz: Eine erste Einschätzung, PStR 2002, 32. **Grune**, Die Umsatzsteuer-Nachschau gemäß § 27b UStG, 1. Aufl. 2012. **Haep**, Umsatzsteuer-Nachschau und Unverletzlichkeit der Wohnung, UR 2008, 445. **Heerspink**, Änderungen durch das Steuerverkürzungsbekämpfungsgesetz/Verlust der Selbstanzeige kontraproduktiv?, AO-StB 2002, 88. **Heil**, Das Steuerverkürzungsbekämpfungsgesetz, StuB 2002, 221. **Helmschrott**, Umsatzsteuer-Nachschau: formelle Verfassungswidrigkeit des § 27b UStG, SteuerConsultant 11/2007, 28. **Hillmann-Stadtfeld**, Umsatzsteuer-Nachschau und Verschärfung der Strafrechtslage durch das Steuerverkürzungsbekämpfungsgesetz, DStR 2002, 434. **Kemper**, Unangekündigte Maßnahmen nach § 208 Abs. 1 S. 1 Nr. 3 AO und § 27b UStG, DStZ 2008, 527. **Mende/Huschens**, Überblick über die Änderungen im Bereich der Umsatzsteuer durch das Steuerverkürzungsbekämpfungsgesetz, INF 2002, 65. **Nieskens**, Steueränderungsgesetz 2001 und Steuerverkürzungsbekämpfungsgesetz, UR 2002, 53. Rüping, Heike, Die Umsatzsteuer-Nachschau nach § 27 b, Bochumer Schriften zum Steuerrecht 2016 **Rüsken**, in Klein, Abgabenordnung, 10. Auflage 2009. **Stahl**, Steuerverkürzungsbekämpfungsgesetz: Umsatzsteuerhaftung, Nachschau, Steuerhinterziehung als Verbrechenstatbestand, KÖSDI 2002, 13.204. **Sterzinger**, Fotografieren im Rahmen einer Außenprüfung bzw. USt-Nachschau, DStR 2012, 887. **von Wallis**, Umsatzsteuerliche Nachschau/Gesetzlicher Regelungszweck contra Verfassungsmäßigkeit?, UStB 2002, 123. **Weimann** in Christoffel/Seifert/Weimann, Steueränderungen 2001/2002, 1. Auflage Freiburg 2002. **Weimann**, Die neue Umsatzsteuer-Nachschau, LSW Gruppe 7, 461, Heft 7/2002. **Weimann**, Bekämpfung des Mehrwertsteuerbetrugs: EU-Vorgaben und konkrete Maßnahmen der deutschen Finanzverwaltung, UStB 2008, 56. **Weimann**, Neue Details zur Bekämpfung des Umsatzsteuerbetrugs im Internet mit XPIDER, UStB 2008, 94. **Weimann**, Quantifizierung des Umsatzsteuerbetrugs und BMF-Schreiben zur Steuerbefreiung des EU-Geschäfts, UStB 2009, 52. **Weimann**, Aktuell: Ab 2010 größtenteils monatliche ZM ohne Dauerfristverlängerung, UStB 2009, 111. **Weimann**, Umsatzsteuer-Voranmeldung 2010 und Zusammenfassende Meldung/Es besteht Handlungsbedarf, erstmalige Umsetzung bereits zum 25.8.2010!, UStB 2010, 222. **Weimann**, E-Rechnungen/Rechtssicher übermitteln, berichtigen, kontieren und archivieren, 1. Aufl. 2013. **Weimann/Eichmann**, Umsatzsteuer-Sonderprüfungen: Was wird wann wie geprüft?, LSW Gruppe 7, 73, Heft 9/2002. **Weimann/Eichmann**, Umsatzsteuer(-Sonder)prüfungen/Prüfungen der Finanzverwaltung souverän bestehen, 1. Aufl. 2003, Kap. 39. **Wenzel**, Verfassungsrechtliche Prüfung der Umsatzsteuer – Nachschau nach § 27 b UStG Stgb 2011/534.

Verwaltungsanweisungen

BMF vom 23.12.2002, Az: IV B 2 – S 7420 – 415/02, BStBl I 2002, 1447.

BMF vom 02.07.2012, Az.: IV D 2 – S 7287-a/09/10004 :003, Umsatzsteuer; Vereinfachung der elektronischen Rechnungsstellung zum 1. Juli 2011 durch das Steuervereinfachungsgesetz 2011, BStBl I 2012, 726 (weiter gültig lt. BMF vom 09.04.2013, Nr. 1451).
OFD Magdeburg vom 20.02.2012, Az. S 7420b-7-St 24, Umsatzsteuer-Nachschau und Fotographieren
Hinweis: Zur Problematik der zeitlichen Geltungsdauer von BMF-Schreiben vgl. Einführung UStG, Rz. 100 ff.

Richtlinien/Hinweise/Verordnungen
UStAE: Abschn. 27b.1.

1 Allgemeines

1.1 Überblick über die Vorschrift

Die USt ist neben der Lohnsteuer die derzeit bedeutendste Einnahmequelle des Bundes und der Länder. Vermehrt deckt die deutsche Finanzverwaltung nunmehr Fälle massiven Umsatzsteuerbetruges auf. 1

Das **Ausmaß der durch Umsatzsteuerbetrug verursachten Steuerschäden** lässt sich nur schwer bestimmen. Dies nicht nur deshalb, weil die Steuerbetrüger ihren »Erfolg« in keine Statistik einfließen lassen, sondern auch, weil viele Mitgliedstaaten die Zahlen entweder nicht erheben oder nicht veröffentlichen. Weitgehend seriöse Schätzungen liegen dem Europäischen Rechnungshof ausweislich eines Sonderberichts offensichtlich nur zu **Deutschland (Steuerschaden 2005 etwa 17 Mrd. EUR)** und dem Vereinigten Königreich (Steuerschaden 2005/2006 etwa 18 Mrd. EUR) vor. Weitere Zahlen: 2

- Die USt-Ausfälle – so mutmaßt das Europäische Parlament – könnten das **Volumen des Jahresgesamthaushaltes der Gemeinschaft übersteigen** (BR-Drucks. 1004/08 vom 19.12.2008; hierzu Weimann, UStB 2009, 52)!
- In 2006 beliefen sich in **Großbritannien** die betrugsbedingten USt-Ausfälle auf 13,5 % des gesamten Mehrwertsteuer-Aufkommens.
- **Europaweit werden die USt-Ausfälle auf rund 10 % geschätzt.**

Dabei nutzen die Täter insbesondere das betrugsanfällige System des Vorsteuerabzugs und der Umsatzbesteuerung von grenzüberschreitenden Waren- und Dienstleistungsbewegungen innerhalb der EU. Der Umsatzsteuerbetrug wird damit zu einem europäischen Problem, dem die Finanzverwaltungen aller Mitgliedstaaten durch intensivere Zusammenarbeit, neue Prüfungsmethoden und insbesondere vermehrte Umsatzsteuerprüfungen begegnen werden. 3

HINWEIS
Aus diesem Grund wurden zum 01.07.2010 in Umsetzung der Vorgaben des Art. 263 MwStSystRL die Abgabemodi für die Zusammenfassende Meldung verschärft (vgl. die Kommentierung zu § 18a sowie Weimann, UStB 2009, 111 und 2010, 222).

Vor diesem Hintergrund ist auch die USt-Nachschau nach § 27b UStG zu sehen. Das BMF hat mit Schreiben vom 23.12.2002 (BStBl I 2002, 1447) zu der damals noch recht neuen Vorschrift Stellung genommen. Das Einführungsschreiben ist über Abschn. 282b in die UStR 2005 und die UStR 2008 eingegangen und wurde durch den UStAE als Abschn. 27b.1 weitestgehend unverändert fortgeführt. Dennoch werden für den Bereich der EU immer noch jährlich Summen von 151–160 Milliarden an Umsatzsteuerhinterziehung genannt (Burghardt PSP vom 12.10.17). 4

1.2 Rechtsentwicklung

5 § 27b UStG wurde m. W. v. **01.01.2002** durch das Steuerverkürzungsbekämpfungsgesetz (StVBG vom 19.12.2001, BGBl I 2001, 3922 = BStBl I 2002, 32) neu in das UStG eingefügt.

6 Das Steuervereinfachungsgesetz 2011 vom 01.11.2011 (BGBl I 2011, 2131) hat die umsatzsteuerlichen Anforderungen an eine elektronische Rechnung rückwirkend zum 01.07.2011 deutlich reduziert (vgl. § 14 sowie Weimann, E-Rechnungen, 2013). Die behördlichen Prüfungsbefugnisse wurden durch die neuen § 27b Abs. 2 S. 2 und 3 UStG entsprechend erweitert (vgl. Rn. 40ff.).

1.3 Geltungsbereich

1.3.1 Sachlicher Geltungsbereich

7 § 27b UStG regelt die Befugnis der deutschen Finanzverwaltung zu unangemeldeten Prüfungsmaßnahmen.

1.3.2 Persönlicher Geltungsbereich

8 § 27b UStG sieht hinsichtlich des persönlichen Geltungsbereichs keine Beschränkungen vor und gilt daher für **alle Unternehmer** i. S. d. § 2 UStG.

1.3.3 Zeitlicher Geltungsbereich

9 § 27b UStG gilt m. W. v. 01.01.2002 (Art. 9 Abs. 2 StVBG). Die Vorschrift gilt für Prüfungsmaßnahmen, die nach dem 31.12.2001 erfolgen; diese können sich auch auf bereits vor dem 01.01.2002 abgeschlossene Besteuerungszeiträume beziehen. Auf den Zeitpunkt des zu prüfenden Umsatzes oder der Rechnungsstellung bzw. der Entstehung eines Vorsteueranspruchs kommt es für die Anwendung des § 27b UStG nicht an (Mende/Huschens in V/S, § 27b Rz. 69).

10 Die erweiterten behördlichen Prüfungsbefugnisse für E-Rechnungen u. Ä. (vgl. Rn. 40ff.) gelten – wie die Lockerungen zur E-Rechnung selbst – rückwirkend seit dem 01.07.2011 (Art. 18 Abs. 3 Steuervereinfachungsgesetz 2011 vom 01.11.2011).

1.4 Gemeinschaftsrechtliche Grundlagen und Verhältnis zu anderen Vorschriften

11 § 27b UStG wird vielfach EG-rechtlich für unbedenklich gehalten. Als rein verfahrensrechtliche Regelung findet die Vorschrift in der MwStSystRL keine mit ihr unmittelbar korrespondierende Vorschrift. Gem. Art. 395 Abs. 1 MwStSystRL dürften die Mitgliedstaaten überdies besondere Maßnahmen zur Bekämpfung von Steuermissbrauch ergreifen, sofern zwischen den Mitgliedstaaten keine Förmlichkeiten beim Grenzübertritt verletzt werden (Grune, a. a. O., G III.2). Da diese Voraussetzungen erfüllt seien, sei EG-rechtlich gegen § 27b UStG nichts einzuwenden (Mende/Huschens, INF 2002, 65).

Kritische Stimmen in der Literatur stellen allerdings – zu Recht – die Verfassungsmäßigkeit der Nachschau in Zweifel. Zunächst bestehen Bedenken im Hinblick auf das Grundrecht der **Unverletzlichkeit der Wohnung** (Art. 13 GG), das auch für Geschäftsräume gilt und dessen Beschränkung auch bei diesen nur zulässig ist, wenn sie der Verhütung dringender Gefahren für die öffentliche Sicherheit und Ordnung dient (Stellungnahme des Bundes Deutscher Finanzrichter vom 03.10.2001, Anhörung zum Entwurf des StVBG, BT-Drucks. vom 03.10.2001 – 14/6883, Anlage zum Wortprotokoll der öffentlichen Anhörung vom 10.10.2001, Protokoll-Nr. 106; Heil, StuB 2002, 221, Abschn. IV.1; Nieskens, UR 2002, 53, Abschn. III.6.a; von Wallis, UStB 2002, 123, Abschn. IV; für insoweit unbedenklich halten die Vorschrift Mende/Huschens, INF 2002, 65, Abschn. 3.7). Weiter eröffnet die Möglichkeit der Nachschau ohne konkrete Verdachtsmomente und ohne richterliche Anordnung der Finanzbehörde in allen Fällen ein nicht mehr kontrollierbares Maß an Handlungsmöglichkeiten. Damit fehlt es am Erfordernis der **rechtsstaatlichen Überprüfbarkeit des Verwaltungshandelns** (Art. 20, 28 GG, vgl. Nieskens, UR 2002, 53, Abschn. III.6.b; von Wallis, UStB 2002, 123, Abschn. IV). Auch besteht die Gefahr, dass die **Aufgabenverteilung zwischen Steuerfahndung und Steuerverwaltung** in rechtsstaatlich bedenklicher Weise verwischt wird (Bund Deutscher Finanzrichter). Allein der Hinweis auf das derzeit fehlende Personal (Stellungnahme der DStG, Anhörung zum Entwurf des StVBG (BT-Drucks. vom 03.10.2001 – 14/6883), Anlage zum Wortprotokoll der öffentlichen Anhörung vom 10.10.2001, Protokoll-Nr. 106) für eine Umsetzung des § 27b UStG in der Praxis hilft nicht, die rechtsstaatlichen Bedenken zu beseitigen. Vielmehr hätte die Finanzverwaltung durch Ausschöpfung der bereits vor Einführung der Nachschau bestehenden gesetzlichen Möglichkeiten, wie Schätzung und verstärkter Einsatz der Steuerfahndung, dem Umsatzsteuermissbrauch Rechnung tragen können und müssen (Nieskens, UR 2002, 53, Abschn. III.6.b). Der BFH musste sich zur Frage der Verfassungsmäßigkeit, insbesondere der Frage des Zitiergebots, bislang nicht äußern (BFH vom 16.12.2009; Az: V B 23/08). Das Bundesverfassungsgericht hat die Frage der Verfassungsmäßigkeit des § 27b UStG gar nicht erst zur Entscheidung angenommen (Beschluss vom 20.02.2008, Az: 2 BvR 148/08). Der BFH teilt auch in seiner neueren Rechtsprechung die Bedenken der Literatur (BFH vom 25.05.2016, V B 107/15). 12

2 Kommentierung

2.1 Allgemeines

Die USt-Nachschau ist keine Außenprüfung i. S. v. § 193 AO. Sie ist ein besonderes Verfahren zur zeitnahen Aufklärung möglicher steuererheblicher Sachverhalte. Deshalb gelten die Vorschriften für eine Außenprüfung (§§ 193 ff. AO) nicht. Die USt-Nachschau wird nicht angekündigt (Abschn. 27b.1 Abs. 1 UStAE). Die USt-Nachschau unterliegt damit eigenen Regeln; insbesondere gelten die Vorschriften zur Prüfungsanordnung (§§ 196 f. AO) sowie die § 146 Abs. 6, §§ 147, 201, 202 AO nicht und es besteht nach Abschluss der USt-Nachschau kein Anspruch auf Aufhebung des Vorbehalts der Nachprüfung nach § 164 AO. 13

2.2 Sinn und Zweck der Regelung

14 Die Nachschau ist Bestandteil eines Maßnahmenkataloges, mit dem der Gesetzgeber im StVBG der missbräuchlichen Inanspruchnahme des Rechts zum Vorsteuerabzug begegnet und der allein im Jahr 2002 zu steuerlichen Mehreinnahmen i. H. v. 2,3 Mrd. EUR führen sollte (von Wallis, UStB 2002, 123, Abschn. I).

15 Wie die Erfahrungen der Finanzverwaltung zeigen, ist dem Umsatzsteuerbetrug mit den bisherigen Regelungen der Außenprüfung (USt-Sonderprüfung oder Betriebsprüfung) nicht zu begegnen. Die Außenprüfung muss angekündigt werden. Dadurch erhalten steuerunehrliche Unternehmer die Zeit, Vorkehrungen zu treffen, um gegenüber den Steuerbehörden einen normalen Geschäftsbetrieb vorzutäuschen oder den Geschäftsbetrieb einzustellen. Die Steuerbehörden waren daher bislang nicht in dem notwendigen Maße dazu in der Lage, sich ein zuverlässiges Bild über ein Unternehmen zu machen. Eine wirksame Bekämpfung des Umsatzsteuerbetrugs macht die Kenntnis der tatsächlichen Verhältnisse eines Unternehmens erforderlich.

16 Das Finanzamt muss in die Lage versetzt werden, sich insbesondere einen Eindruck über

- die räumlichen Verhältnisse,
- das tatsächlich eingesetzte Personal und
- den üblichen Geschäftsbetrieb

zu verschaffen; nur dann ist es möglich, ordentliche Unternehmen von solchen zu unterscheiden, die in erster Linie dazu eingesetzt werden, den Fiskus zu schädigen.

17 Zur Sicherstellung einer gleichmäßigen Festsetzung und Erhebung der USt wurde daher das Rechtsinstitut der Nachschau für die Umsatzsteuerprüfung eingeführt.

18 Weitgehend unbekannt ist, dass die Möglichkeit der Nachschau für die Finanzverwaltung keine gänzlich neue Prüfungsmethode ist. In der Vergangenheit wurde die Nachschau bereits im i. g. Kontrollverfahren bei den sog. **SCAC III-Anfragen** (= Amtshilfeersuchen einer ausländischen europäischen Finanzverwaltung an die deutsche Finanzverwaltung, betreffend konkrete umsatzsteuerliche Sachverhalte wie z. B. Rechnungskopien oder Zahlungsbelege) durch die ausführenden Zollstellen angewendet. Diese Überprüfungen werden seit Mitte des Jahres 2002 von den Landesfinanzbehörden ausgeführt. Schon aus diesem Grunde war es notwendig, eine Nachschau auch für die mit der USt befassten Amtsträger der Landesfinanzverwaltung einzuführen, da keine Umsatzsteuerprüfung nur aufgrund einer i. g. Anfrage vorgenommen werden kann.

TIPP

Die USt-Nachschau ist damit **keine Prüfung i. S. d. §§ 193 ff. AO**. Sie dient der zeitnahen kursorischen Kontrolle, die die Außenprüfung nicht verdrängen kann. Vertiefte Ermittlungen sind weiterhin der Außenprüfung vorbehalten (vgl. BR-Drucks. 637/01).

2.3 Anwendungsbereich (§ 27b UStG Überschrift)

19 Ursprüngliche Absicht des Gesetzgebers war es, die Prüfungsdienste der Finanzverwaltung durch einen neuen § 88b AO für alle Steuerarten zur »Allgemeinen Nachschau« zu berechtigen (vgl. BR-Drucks. 637/01). Auch auf Druck der deutschen Wirtschaft wurde der Anwendungsbereich – bei vordergründiger Betrachtung – auf die USt begrenzt; die dafür vorgesehene Regelung wurde aus rechtssystematischen Gründen in das UStG übernommen. Zur Verdeutlichung der Begrenzung des Anwendungsbereichs bezeichnet das UStG das neues Rechtsinstrument in der Überschrift des § 27b UStG ausdrücklich als »**Umsatzsteuer**-Nachschau« (vgl. BT-Drucks. 14/7471). **Rechtstat-**

sächlich hat der Gesetzgeber der Finanzverwaltung jedoch über § 27b UStG alle Möglichkeiten offen gehalten, umfassend zu ermitteln und zu verwerten, so konnte auch schon vor der vom Gesetzgeber über § 146 AO m.W.v. 01.01.18 eingeführten Kassen-Nachschau diese über den Umweg der USt-Nachschau bewirkt werden. Die Rechtsprechung hat dies abgesegnet mit der Begründung, dass nur eine ordnungsgemäße Kassenführung mit einem ordnungsgemäßen Kassensystem Grundlage für eine gleichmäßige Festsetzung und Erhebung der Umsatzsteuer sein kann (FG Hamburg vom 11.04.2018 Az. 6 K 44/17).

2.4 Berechtigte Amtsträger

Gem. § 27b Abs. 1 S. 1 UStG sind alle mit der Festsetzung und Erhebung der USt betrauten Amtsträger befugt, USt-Nachschauen durchzuführen (Abschn. 27b.1 Abs. 3 UStAE). Die Möglichkeit zur Nachschau haben nicht nur die »etatmäßigen« Außenprüfer, sondern **alle zuständigen Veranlagungs- und Erhebungsmitarbeiter** der Finanzverwaltung. 20

2.5 Betretungsrecht, Prüfungsanlass, -umfang und -durchführung, Vorlagepflichten (§ 27b Abs. 1, 2 UStG)

2.5.1 Allgemeines

Sobald der Amtsträger 21

- der Öffentlichkeit nicht zugängliche Geschäftsräume betreten will,
- den Steuerpflichtigen auffordert, Aufzeichnungen, Bücher oder Geschäftspapiere und andere umsatzsteuerrelevante Urkunden vorzulegen oder wenn die Unterlagen mit Hilfe eines Datenverarbeitungssystem erstellt wurden, die gespeicherten Daten einzusehen (zur elektr. Rechnung siehe Rz. 40), oder
- den Steuerpflichtigen auffordert, Auskünfte zu erteilen,

hat er sich **auszuweisen** (Abschn. 27b.1 Abs. 4 UStAE).

I. R. d. USt-Nachschau dürfen grundsätzlich nur **Grundstücke und Räume betreten** werden, die gewerblich oder beruflich selbständig genutzt werden; unschädlich ist, wenn sie auch zu Wohnzwecken genutzt werden. Das Betreten muss dazu dienen, Sachverhalte festzustellen, die für die Umsatzbesteuerung erheblich sein können. Ein Durchsuchungsrecht gewährt die USt-Nachschau nicht. Das bloße Betreten oder Besichtigen von Räumen ist keine Durchsuchung. Ein Betreten der Grundstücke oder Räume ist **während der Geschäfts- und Arbeitszeiten** zulässig. Die Nachschau kann **auch außerhalb der Geschäftszeiten** vorgenommen werden, wenn im Unternehmen schon oder noch gearbeitet wird. Der Unternehmer hat auf Verlangen dem Amtsträger **Aufzeichnungen, Bücher, Geschäftspapiere und andere Urkunden** vorzulegen und Auskünfte zu erteilen, Einsicht in elektronisch gespeicherte Daten zu gewähren. Kommt der Unternehmer seinen Mitwirkungspflichten im Rahmen der USt-Nachschau nicht nach, liegt es im Ermessen des Amtsträgers, zu einer **Außenprüfung** nach § 193 AO überzugehen (Abschn. 27b.1 Abs. 5 UStAE). 22

Da die USt-Nachschau keine Außenprüfung i. S. d. §§ 193 ff. AO darstellt, finden insbesondere § 146 Abs. 6, §§ 147, 201, 202 AO keine Anwendung. Ein **Prüfungsbericht** ist **nicht** zu fertigen. 23

Sollen auf Grund der USt-Nachschau Besteuerungsgrundlagen geändert werden, ist dem Steuerpflichtigen rechtliches Gehör zu gewähren (§ 91 AO; Abschn. 27b.1 Abs. 6 UStAE).

2.5.2 Betretungsrecht

24 Aufgrund des neuen § 27b Abs. 1 UStG können nunmehr damit betraute Amtsträger (in der Regel der USt-Sonderprüfer, aber vgl. Rn. 20)

- ohne vorherige Ankündigung und
- außerhalb einer Außenprüfung
- während der Geschäfts- und Arbeitszeit
- Grundstücke und Räume betreten
- von Personen, die eine gewerbliche oder berufliche Tätigkeit selbständig ausüben.

2.5.2.1 Büro- und Geschäftsräume

25 Grundsätzlich dürfen bei einer Nachschau **nur Geschäftsräume** betreten werden. Durch das Betreten müssen für die Besteuerung erhebliche Sachverhalte festgestellt werden. Die Nachschau gewährt jedoch **kein Durchsuchungsrecht**, wobei das bloße Betreten der Geschäftsräumlichkeiten noch nicht als Durchsuchung zu werten ist. Fotographieren ist zulässig, sofern damit nicht Betriebs- oder Geschäftsgeheimnisse abgelichtet werden (OFD Magdeburg vom 20.02.2012 – S 7420-S-7- St 24).

26 Die unternehmerischen Räumlichkeiten dürfen nach dem Wortlaut des § 27b Abs. 1 UStG nur während der **branchenüblichen Geschäfts- und Arbeitszeiten** betreten werden.

TIPP

Der Prüfer bewegt sich nach Ansicht des BMF immer innerhalb der Geschäfts- bzw. Arbeitszeit, wenn der betroffene Unternehmer schon oder noch arbeitet.

27 Letzteres wird man akzeptieren können, da gerade die Tätigkeit, der soziale Kontakt nach außen den geringeren Schutz von Büro und Geschäftsräumen gegenüber Wohnräumen rechtfertigt. Indes wird man **außerhalb der Büro- und Geschäftszeiten** und wenn nicht mehr gearbeitet wird, Büro- und Geschäftsräumen den gleichen Schutz wie Wohnräumen zuzubilligen haben. Nach der Rechtsprechung des Bundesverfassungsgerichts zu Art. 13 GG unterliegen Wohn- und Geschäftsräume hinsichtlich des Betretens durch einen Amtsträger einem unterschiedlichen Schutz. Bei Wohnräumen greift bereits das reine Betreten, also das körperliche Eindringen, in den Schutzbereich des Art. 13 GG ein, so dass bei Wohnräumen grundsätzlich bereits das Betreten durch einen Amtsträger nur mit richterlicher Anordnung zulässig ist. Eine Ausnahme gibt es nur bei Gefahr im Verzuge. Bei Geschäftsräumen ist hingegen nach der Rechtsprechung der Schutz geringer ausgestaltet, da diese Räume nach außen offen und zum sozialen Kontakt bestimmt sind. Daher ist das reine Betreten von Büro- und Geschäftsräumen auch ohne richterliche Anordnung zulässig (vgl. Dißars, BB 2003, 556).

2.5.2.2 Gemischt genutzte Räume

28 Sind **Räumlichkeiten gemischt genutzt**, d.h. dienen sie sowohl privaten als auch unternehmerischen Zwecken, hängt die Betretungsbefugnis davon ab, ob der Raum durch schlüssiges Verhalten nach außen als Geschäftsraum angesehen werden kann.

TIPP
Ein solches schlüssiges Verhalten ist z. B. dann gegeben, wenn die Räumlichkeiten in der Gewerbeanmeldung als betrieblich deklariert wurden.

Abzustellen ist auf die Gegebenheiten im jeweiligen Einzelfall. Jedenfalls kann nicht blind der Ansicht des BMF gefolgt werden, dass im Zweifel Geschäftsräume vorliegen. Vielmehr wird man wohl die Ansicht zu vertreten haben, dass auf Grund der Bedeutung des Art. 13 GG **im Zweifel Wohnräume** gegeben sind, die nicht ohne eine richterliche Anordnung gegen den Willen des Betroffenen betreten werden können, es sei denn, es liegt eine Gefahr für die öffentliche Sicherheit und Ordnung vor (Dißars, BB 2003, 556). 29

2.5.2.3 Wohnräume

Wohnräume dürfen grundsätzlich nicht gegen den Willen des Unternehmers betreten werden. Eine Ausnahme besteht dann, wenn es um die Verhütung dringender Gefahren für die öffentliche Sicherheit und Ordnung geht (§ 27b Abs. 1 S. 2 UStG). Zu prüfen ist, ob hierin nicht eine Missachtung des Grundrechts auf Unverletzlichkeit der Wohnung liegt. Denn die Besichtigung von Räumen, in denen private Unterlagen offen ausgebreitet sind, ist ein schwerer Eingriff in die vom Grundgesetz geschützte Privatsphäre. Zwar kann der Steuerpflichtige den Beamten das Betreten jederzeit verweigern, muss dann aber damit rechnen, dass wenig später die Steuerfahndung eingeschaltet ist und bei ihm erscheint (Eversloh, AO-StB 2003, 67). 30

Im Rahmen der zunehmenden Digitalisierung und Weiterentwicklung von Industrie 4.0 wird die Abgrenzung zwischen Wohn- und Geschäftsräumen zu Abgrenzungsschwierigkeiten führen, da ein Onlinehändler für sein Geschäftsmodell nicht mehr als ein Handy und einen Laptop benötigt, womit klassische Geschäftsräume obsolet werden (FG Köln vom 28.04.2015, Az: 10 K 3803/13, EFG 2015,1655 Rz. 15; BFH vom 06.04.2016; Az. XI R 20/14, Rz. 54).

2.5.3 Prüfungsanlass und -umfang

Durch die Nachschau will sich das Finanzamt ein Bild von den **tatsächlichen betrieblichen Verhältnissen** eines Unternehmens verschaffen. Die Nachschau muss sowohl zeitlich als auch sachlich beschränkt werden; Ermittlungen »ins Blaue hinein« sind nicht zulässig (Hillmann/Stadtfeld, DStR 2002, 434, Abschn. 5). Eine USt-Nachschau kann insbesondere in folgenden Fällen angezeigt sein: 31

- Existenzprüfungen bei Unternehmensgründungen,
- Entscheidungen in Zustimmungsverfahren nach § 168 Abs. 2 AO,
- Erledigung von Auskunftsersuchen zum Vorsteuerabzug anderer Finanzämter (USt 1 KM),
- Erledigung von Amtshilfeersuchen anderer EU-Mitgliedstaaten (Abschn. 27b.1 Abs. 2 S. 1 UStAE).

Mit dem Instrument der USt-Nachschau sollen umsatzsteuerlich erhebliche Sacherhalte festgestellt werden. Solche Sacherhalte sind z. B. 32

- Unternehmensexistenz,
- Vorhandensein von Anlage- und Umlaufvermögen,
- einzelne Eingangs- und Ausgangsrechnungen,
- einzelne Buchungsvorgänge,
- Verwendungsverhältnisse (Abschn. 27b.1 Abs. 2 S. 3 UStAE).

Beispiel:
Ein Produktionsunternehmen macht in einer USt-Voranmeldung einen Vorsteuerüberhang aus der Anschaffung einer Maschine geltend.
Anlass für eine Nachschau könnte sein, dass die Finanzverwaltung sich diese Maschine zeigen lässt.

33 Intern wird die Finanzverwaltung sowohl den Anlass der Nachschau als auch den Umfang schriftlich festhalten.

34 Bei vordergründiger Betrachtung lässt § 27b Abs. 2 UStG den **Zeitraum der Nachschau** unbeschränkt. M. E. kann sich die Nachschau jedoch nur auf noch nicht abgeschlossene Vorgänge beziehen. Wesensmerkmal der Nachschau ist ihre **Gegenwartsbezogenheit**; sie kann mithin allenfalls noch nicht beschiedene Voranmeldungszeiträume betreffen (von Wallis, UStB 2002, 123, Abschn. II.2.c, FG Hamburg vom 11.04.2018 Az 6 U 44/17).

TIPP
Der Zweck der Nachschau besteht – ähnlich wie in den Fällen des § 210 AO – darin, gegenwärtige und zukünftige Umsatzgeschäfte zu überwachen, nicht jedoch – wie die Außenprüfung – abgeschlossene Sachverhalte zu untersuchen und diesbezügliche Besteuerungsgrundlagen zu ermitteln (vgl. von Wallis, UStB 2002, 123; Rüsken, AO, § 210).

2.5.4 Durchführung

35 Die Nachschau wird vom USt-Sonderprüfer durchgeführt.

36 Die Nachschau ist **keine Außenprüfung** i. S. v. §§ 193 ff. AO (Abschn. 27b.1 Abs. 1 UStAE). Die Nachschau darf eine solche auch nicht ersetzen. Für die Nachschau ergeht **keine förmliche Prüfungsanordnung**. Im Gegensatz zur Umsatzsteuerprüfung muss die Nachschau auch **nicht angekündigt** werden.

37 Beim **Beginn der Nachschau** muss sich der Prüfer gegenüber dem betroffenen Unternehmer ausweisen. Dabei ist auch das Merkblatt über die Nachschau auszuhändigen. Ebenfalls zum Beginn der Nachschau muss der Prüfer den Anlass und den Umfang der Nachschau mündlich bekannt geben.

TIPP
Umfang und der Anlass der Nachschau sind gem. § 119 Abs. 2 S. 2 AO schriftlich mitzuteilen, wenn der betroffene Unternehmer dies unverzüglich verlangt und an der Schriftlichkeit ein berechtigtes Interesse hat. Letzteres ist z. B. der Fall, wenn der Unternehmer
- gegenüber Dritten oder einer anderen Behörde den Erlass des Verwaltungsakts nachweisen,
- den Verwaltungsakt anfechten oder
- sich rechtlich beraten lassen

will.

2.5.5 Vorlagepflichten, Aussageverweigerung, Steuerstrafverfahren

2.5.5.1 Vorlage- und Auskunftspflichten

2.5.5.1.1 Allgemeine Pflichten

38 Gem. § 27b Abs. 2 S. 1 UStG (vgl. auch Abschn. 27b.1 Abs. 5 S. 7 UStAE) haben die von der Nachschau betroffenen Unternehmen auf Verlangen
- zweckdienliche Aufzeichnungen, Bücher, Geschäftspapiere und andere Urkunden vorzulegen, Einsicht in die gespeicherten Daten zu gewähren und
- Auskünfte zu erteilen.

Insoweit entspricht die Nachschau dem aus dem Zoll- und Verbrauchsteuerrecht bekannten Verfahren (vgl. Amtliche Gesetzesbegründung, BR-Drucks. 637/01). 39

TIPP
Dabei ist zu beachten, dass die Vorlagepflichten durch den Prüfungsumfang begrenzt werden und damit ausschließlich gegenwärtige und zukünftige Umsatzgeschäfte, nicht jedoch – wie die Außenprüfung – abgeschlossene Sachverhalte betreffen dürfen.

2.5.5.1.2 Besondere Pflichten im Hinblick auf die EDV

Das Steuervereinfachungsgesetz 2011 vom 01.11.2011 (BGBl I 2011, 2131) hat die umsatzsteuerlichen **Anforderungen an eine elektronische Rechnung deutlich reduziert**. Die behördlichen **Prüfungsbefugnisse** wurden durch die neuen § 27b Abs. 2 S. 2 und 3 UStG **entsprechend erweitert** (vgl. Rn. 6); Letzteres – wie die Lockerungen zur E-Rechnung selbst – rückwirkend zum 01.07.2011 (vgl. Rn. 10). 40

Wurden die der Umsatzsteuer-Nachschau unterliegenden Sachverhalte betreffenden Unterlagen mit Hilfe eines Datenverarbeitungssystems erstellt, hat der Unternehmer dem Amtsträger **auf Verlangen Einsicht in die gespeicherten Daten** zu gewähren (§ 27b Abs. 2 S. 2 UStG). Es reicht nicht aus, wenn der Unternehmer nur entsprechende Papierausdrucke aus dem Datenverarbeitungssystem bereitstellt (Abschn. 27b.1 Abs. 5 S. 8 UStAE). 41

Soweit erforderlich, ist der **Amtsträger befugt, das Datenverarbeitungssystem des Unternehmers zu nutzen** (§ 27b Abs. 2 S. 3 UStG). Hierbei ist es dem Unternehmer freigestellt, ob er dem Amtsträger einen entsprechenden Lesezugriff einräumt oder ob er selbst bzw. eine von ihm beauftragte Person dafür sorgt, dass der Amtsträger unverzüglich Einsicht in die entsprechenden Daten erhält (Abschn. 27b.1 Abs. 5 S. 9 und 10 UStAE). 42

Zur **Kostentragung durch den Unternehmer** gilt § 147 Abs. 6 S. 3 AO sinngemäß (Abschn. 27b.1 Abs. 5 S. 11 UStAE). 43

Kommt der Unternehmer seinen Mitwirkungspflichten im Rahmen der Umsatzsteuer-Nachschau nicht nach, liegt es im Ermessen des Amtsträgers, **zu einer Außenprüfung nach § 193 AO überzugehen** (Abschn. 27b.1 Abs. 5 S. 12 UStAE; vgl. Rn. 46ff.). 44

2.5.5.2 Aussageverweigerung und Steuerstrafverfahren

Im Gesetz findet sich weder für den Dritten eine dem § 103 AO (Aussageverweigerung bei Gefahr der Verfolgung wegen einer Straftat oder einer Ordnungswidrigkeit) oder für den Steuerpflichtigen eine dem § 393 Abs. 1 S. 2 AO (Mitwirkungspflicht bei Gefahr der Selbstbelastung) entsprechende Regelung. Offen ist daher, wie ein Dritter oder der Betroffene selbst die Gefahr einschätzen sollen, wenn ihnen der Gegenstand der Prüfung nicht mitgeteilt worden ist. Ebenfalls offen ist das Verhältnis zum Steuerstrafverfahren (Gotzens/Wegner, PStR 2002, 32, Abschn. 2.1). 45

2.6 Übergang zur Außenprüfung (§ 27b Abs. 3 UStG)

Nach § 27b Abs. 3 UStG kann **ohne vorherige Prüfungsanordnung** (§ 196 AO) zu einer Außenprüfung nach § 193 AO übergegangen werden, wenn die bei der USt-Nachschau getroffenen Feststellungen hierzu Anlass geben. Da die USt-Nachschau auf die USt begrenzt ist, kann nach einem Übergang zu einer Außenprüfung nur die USt geprüft werden. **Somit kommt nur die Durchführung einer USt-Sonderprüfung in Betracht**. Die Anordnung einer darüber hinausgehenden Außenprüfung ohne Ankündigung bleibt nach § 197 Abs. 1 S. 1 AO zulässig, wenn der Prüfungszweck durch eine 46 vorherige Ankündigung gefährdet wird. Die Entscheidung zum Übergang zu einer USt-Sonderprüfung ist eine Ermessensentscheidung (vgl. Abschn. 27b.1 Abs. 9 S. 1–5 UStAE).

47 Der **Übergang zu einer USt-Sonderprüfung** ist **regelmäßig geboten**, wenn die sofortige Sachverhaltsaufklärung (z.B. Feststellung von Besteuerungsgrundlagen, vollständige Erfassung von Umsätzen, rechtliche Beurteilung von steuerfreien Umsätzen) zweckmäßig erscheint und wenn anschließend auch die gesetzlichen Folgen einer Außenprüfung für die Steuerfestsetzung eintreten sollen. Der Übergang zu einer USt-Sonderprüfung ist **dem Unternehmer bekanntzugeben**. Dies ist ein Verwaltungsakt, der an keine bestimmte Form gebunden ist. Nach § 27b Abs. 3 S. 2 UStG ist der Unternehmer auf diesen Übergang jedoch **schriftlich hinzuweisen**. Die allgemeinen Grundsätze über den notwendigen Inhalt von Prüfungsanordnungen gelten entsprechend. Insbesondere sind der Prüfungszeitraum und der Prüfungsumfang festzulegen. Der Beginn einer Außenprüfung nach erfolgter USt-Nachschau ist unter Angabe von Datum und Uhrzeit aktenkundig zu machen. Für die Durchführung der USt-Sonderprüfung gelten die **§§ 199ff. AO** (vgl. Abschn. 27b.1 Abs. 9 S. 6–13 UStAE; vgl. auch Bundeseinheitliches Handbuch für die USt-Sonderprüfung).

TIPP

Die Nachschau ist selbst **keine Prüfung i.S.d. §§ 193ff. AO**. Sie dient vielmehr der zeitnahen kursorischen Kontrolle, die die Außenprüfung nicht verdrängen kann. Vertiefte Ermittlungen sind weiterhin der Außenprüfung vorbehalten (BR-Drucks. 637/01; vgl. Rn. 4ff.). Insbesondere um die Erkenntnisse der Nachschau nicht zu gefährden, ermöglicht § 27b S. 3 UStG den nahtlosen Übergang zur Außenprüfung (USt-Sonderprüfung). Auch dieses Verfahren ist aus dem Zoll- und Verbrauchsteuerrecht bekannt.

48 Bedingung ist, dass durch bei der Nachschau getroffene Feststellungen auch ein Anlass hierzu besteht. Die Entscheidung, in eine Außenprüfung überzuleiten, ist eine **Ermessenentscheidung**; die Finanzbehörde hat damit ihr Ermessen entsprechend dem Zweck des § 27b Abs. 3 UStG auszuüben und die gesetzlichen Grenzen des Ermessens einzuhalten (§ 5 AO). Der Übergang ist danach dann vorzunehmen, wenn die sofortige und abschließende Sachverhaltsaufklärung zweckmäßig erscheint und wenn daran anschließend auch die rechtlichen Folgen einer Außenprüfung für die Steuerfestsetzung eintreten sollen.

TIPP

Insbesondere dann, wenn der Unternehmer seine Mitwirkungspflichten i.R.d. USt-Nachschau nicht nachkommt, liegt es im Ermessen des Amtsträgers, zu einer Außenprüfung nach § 193 AO überzugehen (Abschn. 27b.1 Abs. 5 S. 8 UStAE).

49 Der Unternehmer wird an Ort und Stelle auf den Übergang hingewiesen. Der Hinweis erfolgt gem. § 27b Abs. 3 S. 2 UStG schriftlich, wobei der Prüfer selbst – und nicht etwa sein Sachgebietsleiter – zeichnungsberechtigt ist und auch den Prüfungsumfang festzulegen hat (vgl. Amtliche Gesetzesbegründung, BR-Drucks. 637/01).

50 Für die Anfechtung der Mitteilung des Übergangs zur Außenprüfung (§ 27b Abs. 3 UStG) gelten die Grundsätze für die Anfechtung einer Außenprüfungsanordnung entsprechend.

TIPP

Ein Übergang zu einer Außenprüfung ist dann nicht zweckmäßig, wenn sich während der Nachschau steuerstraf- oder bußgeldrechtliche Anhaltspunkte ergeben. Die weiteren Feststellungen könnten dann einem Verwertungsverbot unterliegen.

51 Die Vorschrift führt in der Praxis zu erheblichen Problemen, da der geprüfte Unternehmer **keinerlei Möglichkeiten** hat, sich auf die ansonsten anzukündigende Außenprüfung **vorzubereiten!** Hier wird offenbar, dass die Nachschau ein Einfalltor zur Umgehung der Vorschriften zur

Außenprüfung (§ 193 AO) bieten könnte (Hillmann-Stadtfeld, DStR 2002, 434, Abschn. 5; für insoweit unbedenklich halten die Vorschrift Mende/Huschens, INF 2002, 65, Abschn. 3.7).

2.7 Auswertung der Prüfungsfeststellungen (§ 27b Abs. 4 UStG)

Ursprüngliche Absicht des Gesetzgebers war es, die Prüfungsdienste der Finanzverwaltung durch einen neuen § 88b AO für alle Steuerarten zur »Allgemeinen Nachschau« zu berechtigen (vgl. BR-Drucks. 637/01). Auch auf Druck der deutschen Wirtschaft wurde der Anwendungsbereich **formell** auf die USt begrenzt. Die dafür vorgesehene Regelung wurde aus rechtssystematischen Gründen in das UStG übernommen. Zur Verdeutlichung der Begrenzung des Anwendungsbereichs bezeichnet das UStG das neue Rechtsinstrument in der Überschrift des § 27b ausdrücklich als »**Umsatzsteuer**-Nachschau« (vgl. BT-Drucks. 14/7471). 52

Rechtstatsächlich hat der Gesetzgeber der Finanzverwaltung jedoch über § 27b UStG alle Möglichkeiten offen gehalten, umfassend zu ermitteln und zu verwerten. Nach § 27b Abs. 4 UStG dürfen Feststellungen, die bei der durchgeführten Nachschau getroffen werden und die für **andere Steuerarten** erheblich sein können, insoweit auch ausgewertet werden. Die Vorschrift bietet damit insbesondere die Rechtsgrundlage für **Kontrollmitteilungen** an andere Dienststellen der Finanzverwaltung (Bilsdorfer, StBP 2002, 82, Abschn. II.2). Dem Gesetzgeber ist es so gelungen, nach außen hin auf die Kritik an der »Allgemeinen Nachschau« durch Verzicht zu reagieren und diese »durch die Hintertür« dennoch einzuführen (Gotzens/Wegner, PStR 2002, 32, Abschn. 2.3; Heil, StuB 2002, 221, Abschn. IV.1). 53

TIPP

Da der Anwendungsbereich der steuerlichen Nachschau auf die USt begrenzt ist, kommt nach einer inoffiziellen Verlautbarung der Landesfinanzbehörden ohne vorherige Prüfungsanordnung im Rahmen einer USt-Nachschau auch nur der Übergang zu einer Prüfung der USt in Betracht. Eine Prüfung anderer Steuerarten ohne vorherigen Erlass einer Prüfungsanordnung ist insoweit ausgeschlossen. Im Übrigen gelten ab Übergang zur Außenprüfung die §§ 199 bis 207 AO.

Beispiel:

Aufgrund einer SCAC-III-Anfrage stellt der Umsatzsteuerprüfer der Finanzverwaltung i. R. d. Nachschau fest, dass der Steuerpflichtige bislang i. g. Lieferungen verschwiegen hat. Während die umsatzsteuerlichen Auswirkungen aufgrund der Steuerbefreiung der Lieferungen nach §§ 4 Nr. 1b, 6a UStG formeller Natur sind, ist einkommensteuerlich mit erheblichen Nachzahlungen zu rechnen. Gleichzeitig fällt dem Prüfer auf, dass dem bislang gewinnmindernd berücksichtigten häuslichen Arbeitszimmer des Steuerpflichtigen wohl die steuerliche Anerkennung zu versagen ist.

Lösung:

Hinsichtlich der Lieferungen ist gem. § 27b Abs. 3 UStG der nahtlose Übergang zur Außenprüfung möglich; hier können auch die ertragsteuerlichen Auswirkungen mitgeprüft werden.
In diesem Zusammenhang muss das Arbeitszimmer aber ungeprüft bleiben. Vertiefte Ermittlungen sind weiterhin der »normalen« Außenprüfung vorbehalten.

Insbesondere die Verwendbarkeit für die Besteuerung anderer als der geprüften Personen führt zu der Problematik einer möglichen Rasterfahndung und der Frage, inwieweit hier die Möglichkeit bestehen kann, Ermittlungen »ins Blaue hinein« vorzunehmen (Hillmann-Stadtfeld, DStR 2002, 434, Abschn. 5). 54

Über die Nachschau wird **kein Prüfungsbericht** gefertigt. Nach einer Nachschau treten auch die Rechtsfolgen wie nach einer regulären Prüfung nicht ein. So hemmt der Beginn einer Nachschau den Ablauf der **Festsetzungsfrist** nicht. Ebenso sind nach einer durchgeführten Nachschau auch die 55

Nachprüfungsvorbehalte nicht aufzuheben. Aufgrund einer Nachschau kann kein Antrag auf eine **verbindliche Zusage** gestellt werden. Die **Änderungssperre** des § 173 Abs. 2 AO tritt nicht ein.

2.8 Verlust der Möglichkeit zur Selbstanzeige nach § 371 AO

56 Strittig wart, ob der betroffene Unternehmer mit Beginn der Nachschau die Möglichkeit zur strafbefreienden Selbstanzeige nach § 371 AO verliert. Nach § 371 Abs. 2 Nr. 1 Buchst. a AO tritt Straffreiheit nicht ein, wenn vor der Selbstanzeige ein Amtsträger der Finanzbehörde zur steuerlichen Prüfung oder zur Ermittlung einer Steuerstraftat oder einer Steuerordnungswidrigkeit erschienen ist. Der Begriff der steuerlichen Prüfung beinhaltet nicht nur Außenprüfungen nach §§ 193ff. AO oder Fahndungsprüfungen; als steuerliche Prüfung gilt vielmehr **jede Ermittlungsmaßnahme** an Ort und Stelle. Da sämtliche Ermittlungsmaßnahmen der Nachschau vor Ort durchgeführt werden und dem Ziel einer zutreffenden Feststellung der gesetzlichen Besteuerungsgrundlagen dienen, besteht nach wohl zutreffender h. M. vom Beginn der Nachschau an keine Möglichkeit mehr zur strafbefreienden Selbstanzeige (Bilsdorfer, StBP 2002, 82, Abschn. 2.2; von Wallis, UStB 2002, 123, Abschn. III.3., m. w. N.; a. A. Nieskens, UR 2002, 53, Abschn. III.6.a; Stahl, KÖSDI 2002, 13.204, Rz. 21; ausführlich zur Problematik Heerspink, AO-StB 2002, 88). Mit dem durch Gesetz vom 22.12.2014 ab dem 01.01.2015 geltenden § 371 Abs. 2 Nr. 1 e AO hat der Gesetzgeber klargestellt, dass auch bei der USt-Nachschau mit dem Erscheinen und sich ausweisen des Prüfers, die Sperrwirkung eingetreten ist.

TIPP

Die strafrechtliche Sperrwirkung wird durch den im internen Auftrag vorgegebenen Umfang bestimmt.

2.9 Zwangsweise Durchsetzung der Nachschau

57 Bei einer Nachschau muss der betroffene Unternehmer die damit verbundenen Maßnahmen dulden. Die Aufforderung zur Duldung stellt einen Verwaltungsakt dar. Dieser kann mit sämtlichen Zwangsmitteln (§§ 328ff. AO) durchgesetzt werden (vgl. BMF vom 23.12.2002, BStBl I 2002, 1447, Abschn. 6). In Betracht kommen **Zwangsgeld** und **unmittelbarer Zwang** (§ 328 Abs. 1 S. 1 AO; Mende/Huschens, INF 2002, 65, Abschn. 3.7; Rüsken, Abgabenordnung, § 210 Rz. 7; Stahl, KÖSDI 2002, 13.204, Rz. 25; von Wallis, UStB 2002, 123, Abschn. III.1).

58 Soll die Duldung durch unmittelbaren Zwang durchgesetzt werden, kann sich die Finanzverwaltung auch **anderer Behörden** bedienen. Als andere Behörde wird hierbei in der Regel die Landespolizei in Frage kommen.

TIPP

Durch unmittelbaren Zwang kann nur die Einsichtnahme von Unterlagen durchgesetzt werden kann, nicht jedoch deren Wegnahme.

Sollen z. B. Geschäftsbücher weggenommen werden, ist eine Beschlagnahme mit allen Folgen notwendig. Sollen Unterlagen im Rahmen einer Durchsuchung ermittelt werden, ist für die Durchsuchung eine richterliche Durchsuchungsanordnung erforderlich.

59 Dabei ist zu beachten, dass durch die mit Zwangsmaßnahmen häufig einhergehenden zeitlichen Verzögerungen zwar nicht der Vollzug der Nachschau gefährdet ist, aber deren Erfolg (Stahl, KÖSDI 2002, 13204, Rz. 21). Aus diesem Grunde wird die Finanzverwaltung eine Verweigerungshaltung auch bei Beurteilungsspielräumen zum Nachteil des Steuerpflichtigen werten.

2.10 Rechtsfolgen

Der Beginn der USt-Nachschau hemmt den Ablauf der Festsetzungsfrist gem. § 171 Abs. 4 AO nicht. Die Änderungssperre des § 173 Abs. 2 AO findet keine Anwendung. Soweit eine Steuer gem. § 164 AO unter dem Vorbehalt der Nachprüfung festgesetzt worden ist, muss dieser nach Durchführung der USt-Nachschau nicht aufgehoben werden. Im Anschluss an eine USt-Nachschau ist ein Antrag auf verbindliche Zusage (§ 204 AO) nicht zulässig (Abschn. 27b.1 Abs. 6 UStAE). 60

2.11 Rechtsbehelfsverfahren

I. R. d. USt-Nachschau ergangene Verwaltungsakte können gem. § 347 AO mit dem **Einspruch** angefochten werden (Abschn. 27b.1 Abs. 10 S. 1 ff. UStAE). Der Amtsträger ist berechtigt und verpflichtet, den schriftlichen Einspruch entgegenzunehmen. Der Einspruch hat **keine aufschiebende Wirkung** und hindert daher nicht die Durchführung der USt-Nachschau, es sei denn, die Vollziehung des angefochtenen Verwaltungsakts wurde ausgesetzt (§ 361 AO, § 69 FGO). 61

Mit **Beendigung der USt-Nachschau** sind oder werden Einspruch und Anfechtungsklage gegen die Anordnung der Nachschau unzulässig; insoweit kommt lediglich eine Fortsetzungs-Feststellungsklage (§ 100 Abs. 1 S. 4 FGO) in Betracht (Abschn. 27b.1 Abs. 10 S. 4 UStAE). 62

Wurden die Ergebnisse der USt-Nachschau **in einem Steuerbescheid berücksichtigt**, muss auch dieser Bescheid angefochten werden, um ein steuerliches **Verwertungsverbot** zu erlangen (Abschn. 27b.1 Abs. 10 S. 5 UStAE). 63

Für die Anfechtung der Mitteilung des **Übergangs zur Außenprüfung** (§ 27b Abs. 3 UStG) gelten die Grundsätze für die Anfechtung einer Außenprüfungsanordnung entsprechend (vgl. AEAO zu § 196). 64

TIPP

Gegen die **Anordnung der Nachschau** ist als Rechtsbehelf der Einspruch statthaft (§ 347 AO; Bilsdorfer, StBP 2002, 82, Abschn. 2.2; Mende/Huschens, INF 2002, 65, Abschn. 3.7; Rüsken, Abgabenordnung, § 210 Rz. 7; Stahl, KÖSDI 2002, 13.204, Rz. 22; von Wallis, UStB 2002, 123, Abschn. III.2; an der Statthaftigkeit des Einspruchs wohl eher zweifelnd Gotzens/Wegner, PStR 2002, 32, Abschn. 2.4).

Gleiches gilt für die Entscheidung der Finanzbehörde, nach § 27b Abs. 3 UStG in eine **Außenprüfung überzuleiten**. Diese ist eine **Ermessensentscheidung**; die Finanzbehörde hat damit ihr Ermessen entsprechend dem Zweck des § 27b Abs. 3 UStG auszuüben und die gesetzlichen Grenzen des Ermessens einzuhalten (§ 5 AO).

2.12 Resümee und Checkliste »Verhalten bei der Nachschau«

Steuerberater und Mandant werden sich auf **vermehrte und intensivere Prüfungen der USt** durch die Finanzverwaltung einstellen müssen (so auch Hillmann-Stadtfeld, DStR 2002, 434, Abschn. 5). Wichtig ist es zu erkennen, dass die Prüfungen **auch den steuerehrlichen Unternehmer** treffen können (Heil, StuB 2002, 221). So ist etwa sein Vorsteuerabzug in Gefahr, wenn er im Rahmen eines Karussellgeschäfts von einem Scheinunternehmer beliefert wurde. 65

Führt das Finanzamt eine Nachschau durch, ist dem Unternehmer folgendes Verhalten zu empfehlen: 66

- Soweit der Unternehmer einen Steuerberater hat, sollte er diesen sofort kontaktieren!

- Nur eingeschränkt ist zu empfehlen, dem Amtsprüfer den Zutritt zu den Geschäftsräumen zu verweigern. Die Finanzverwaltung wird dies zum Anlass nehmen, gravierendere Maßnahmen einzuleiten. So bietet sich die Vornahme von steuerstrafrechtlichen Ermittlungen und speziell die Vornahme einer Durchsuchung an (Bilsdorfer, StBP 2002, 82, Abschn. II.2; Mende/Huschens, Abschn. 3.7).
- Der Unternehmer sollte sich von den Finanzbeamten genau dokumentieren lassen, in wessen Auftrag und auf welchen tatsächlichen und rechtlichen Grundlagen die Nachschau erfolgt (Gotzens/Wegner, PStR 2002, 32, Abschn. 2.4).
- Der Unternehmer muss darauf achten, dass die Nachschau keinesfalls entgegen dem Gesetzeszweck über die USt hinausgeht.
- Der Unternehmer muss ferner darauf achten, dass keine Beschlagnahme oder sonstige Wegnahme erfolgt.
- Der Unternehmer muss nach § 119 Abs. 2 S. 2 AO in jedem Fall eine schriftliche Bestätigung des i. d. R. nur mündlich geäußerten »Nachschau-Willens« verlangen, bei dem zuständigen Finanzamt vorsorglich Einspruch einlegen und ggf. einen Antrag auf einstweilige Anordnung (§ 114 FGO) stellen.

TIPP

Steuerberater sollten im Hinblick auf ihre Informationspflicht gegenüber den Mandanten diese entsprechend auf die Nachschau vorbereiten – und zwar schriftlich, etwa im Rahmen eines Mandantenrundschreibens.

§ 28 UStG
Zeitlich begrenzte Fassungen einzelner Gesetzesvorschriften

weggefallen

§ 29 UStG
Umstellung langfristiger Verträge

(1) [1]Beruht die Leistung auf einem Vertrag, der nicht später als vier Kalendermonate vor dem Inkrafttreten dieses Gesetzes abgeschlossen worden ist, so kann, falls nach diesem Gesetz ein anderer Steuersatz anzuwenden ist, der Umsatz steuerpflichtig, steuerfrei oder nicht steuerbar wird, der eine Vertragsteil von dem anderen einen angemessenen Ausgleich der umsatzsteuerlichen Mehr- oder Minderbelastung verlangen. [2]Satz 1 gilt nicht, soweit die Parteien etwas anderes vereinbart haben. [3]Ist die Höhe der Mehr- oder Minderbelastung streitig, so ist § 287 Abs. 1 der Zivilprozessordnung entsprechend anzuwenden.
(2) Absatz 1 gilt sinngemäß bei einer Änderung dieses Gesetzes.

Literatur
Küffner, Mehrwertsteuererhöhung auf 19 Prozent zum 01.01.2007, jurisPR-SteuerR 2/2007 Anm. 5. **Raudszus**, Praxishinweise vor der geplanten Steuersatzerhöhung, UStB 2006, 139. **Weimann**, Erhöhung des Steuersatzes rechtzeitig vorbereiten!, UStB 2006, 149. **Weimann**, Steuersatzerhöhung: Überwälzung trotz entgegenstehenden Zivilrechts?, UStB 2006, 233. **Weimann**, Umsatzsteuererhöhung 2007, 1. Aufl. 2006.

Verwaltungsanweisungen
BMF vom 11.08.2006, Az: IV A 5 – S – 23/06, BStBl I 2006, 477.
Hinweis: Zur Problematik der zeitlichen Geltungsdauer von BMF-Schreiben vgl. Einführung UStG, Rz. 100 ff.

Richtlinien/Hinweise/Verordnungen
UStAE: Abschn. 29. 1.
MwStSystRL: Art. 95.

1 Überblick über die Vorschrift

1 Der aktuelle Sinn und Zweck der Vorschrift besteht darin, dem Leistenden bzw. dem Leistungsempfänger einen Ausgleich zu ermöglichen, wenn ihm durch eine Gesetzesänderung Nachteile im Verhältnis zu einer vertraglichen Vereinbarung entstehen.

2 § 29 Abs. 1 S. 1 UStG sieht dies in folgenden Fällen vor:
- Ein bislang steuerfreier Umsatz wird steuerpflichtig.
- Ein bislang steuerpflichtiger Umsatz wird steuerfrei.
- Ein bislang nicht steuerbarer Umsatz wird steuerbar.

- Ein bislang steuerbarer Umsatz wird nicht steuerbar.
- Es liegt eine Änderung des Steuersatzes für den Umsatz vor.

Als weitere Voraussetzung muss die vertragliche Vereinbarung mindestens vier Kalendermonate vor der Gesetzesänderung getroffen worden sein. 3

Die Vertragsparteien können nach § 29 Abs. 1 S. 2 UStG auch die Nichtanwendung dieser Vorschrift vereinbaren. Bei Streitigkeiten über die Mehr- oder Minderbelastung ist die Zivilgerichtsbarkeit und nicht die steuerliche Gerichtsbarkeit zuständig (§ 29 Abs. 1 S. 3 UStG). 4

Im Falle der Änderung der Bemessungsgrundlage durch die Anwendung des § 29 UStG ist die Vorschrift des § 17 UStG zu beachten. 5

Weitere Einzelheiten zu den zivilrechtlichen Ausgleichsansprüchen für umsatzsteuerliche Mehr- oder Minderbelastungen enthält Abschn. 29.1 UStAE. 6

2 Rechtsentwicklung

Die Vorschrift wurde 1968 anlässlich der ersten Steuersatzerhöhung in das UStG aufgenommen und erhielt 1993 ihre derzeitige Form. 7

Einführung in die Arbeit mit den Länderanhängen

Literatur

Germany Trade and Invest, Informationsbroschüre März 2009 sowie http://www.gtai.de/web_de/ueberuns. **Strunk**, Einfluss der EuGH-Rechtsprechung auf die Arbeit der Steuerberater, Stbg 8/2004, Editorial (= S. M 1). **Weimann**, Ausländische EuGH-Verfahren: Kenntnis für Steuerberater unerlässlich!, UStB 2004, 335. **Weimann**, Vorsteueranspruch aus ersteigerten UMTS-Lizenzen?/Deutsche Lizenznehmer verfolgen Klagen der Netzbetreiber in Österreich mit großem Eigeninteresse, UVR 2004, 88. **Weimann**, UmsatzsteuerPraxisSpiegel »international« (UVR-UPS »i«) 1/2005, Österreich: Streit um UMTS-Lizenzen nunmehr vor dem EuGH/Deutsche Mobilfunkanbieter ziehen nach!, UVR 2005, 9. **Weimann**, MwStSystRL: Kenntnis der europäischen Rahmenbedingungen für Steuerberater unerlässlich, UStB 2007, 301. **Weimann**, Reverse-Charge-Verfahren – Verstöße gegen Formalien lassen Vorsteuerabzug unberührt, PIStB 2008, 257. **Weimann**, Reverse-Charge-Verfahren – Verstöße gegen Formalien lassen Vorsteuerabzug unberührt/Anmerkungen zu EuGH, Urteil vom 8.5.2008, Rs. C-95/07 und 96/07, Ecotrade SpA, PIStB 2008, 257. **Weimann**, Neu ab 1.1.2009: Auskunftsportal der »Germany Trade and Invest« für Auslandsaktivitäten der Mandanten, UStB 2009, 112. **Weimann**, Beratung des Mandanten im Drittlandsgeschäft, AStW 2015, 562. **Weimann**, Erläuterung neuer Rechtsvorschriften durch die EU-Kommission/BMF vom 17.12.2014, PIStB 2015, 58. **Weimann/Fuisting**, MwSt-Vorabauskünfte in grenzüberschreitenden Fällen, PIStB 2015, 180. **Weimann/Fuisting**, Vertragliche Absicherung des Drittlandsgeschäfts: Musterklausel schützt vor unkalkulierbaren Risiken, PIStB 2016, 294. **Weimann/Kraatz**, Umsatzsteuer in Kroatien – Die Folgen des EU-Beitritts, PIStB 2013, 232. **Weimann**, Umsatzsteuer in der Praxis (UidP), 16. Auflage 2018.

Verwaltungsanweisungen

BMF vom 28.06.2013, Az: IV D 1 – S 7058/07/10002, Umsatzsteuer; Auswirkungen durch den Beitritt der Republik Kroatien zur Europäischen Union zum 1. Juli 2013 BStBl I 2013, 852 (weiter gültig lt. BMF vom 23.03.2015, Nr. 1202).

BMF vom 17.12.2014, Az: IV D 1 – S 7058/14/10004, Umgang mit Veröffentlichungen der europäischen Kommission zur praktischen Anwendung des EU-Rechts auf dem Gebiet der Mehrwertsteuer, BStBl I 2015, 43.

Hinweis: Zur Problematik der zeitlichen Geltungsdauer von BMF-Schreiben vgl. Einführung UStG, Rz. 100 ff.

1 Umsatzsteuerrecht der anderen EU-Mitgliedstaaten

1 Das Umsatzsteuerrecht der EU-Mitgliedstaaten ist weitgehend harmonisiert (vgl. Einführung UStG Rn. 5 ff.). Kompetente und haftungsfreie Umsatzsteuerberatung setzt neben der umfassenden Kenntnis des jeweiligen nationalen Umsatzsteuerrechts daher immer auch die Kenntnis der europarechtlichen Rahmenbedingungen voraus (Strunk, Stbg 8/2004, Editorial = Seite M 1; Weimann, UStB 2004, 335).

1.1 Kenntnis der EU-ausländischen Gesetzesfassungen

2 Wer die MwStSystRL anwendet, muss sich – wie allgemein bei der Anwendung von Gemeinschaftsrecht – bewusst sein, dass ihr Inhalt **nicht allein durch die deutsche Sprachfassung** bestimmt werden kann. Nach ständiger EuGH-Rechtsprechung verbietet es die Notwendigkeit einer einheitlichen Auslegung des Gemeinschaftsrechts, eine Bestimmung für sich allein zu betrachten. Der Rechtsanwender ist vielmehr dazu **gezwungen, die Bestimmung unter Berücksichtigung ihrer Fassungen in den anderen Amtssprachen auszulegen** (vgl. Einführung UStG Rn. 31).

1.2 Kenntnis der aus dem EU-Ausland anhängigen EuGH-Verfahren

Unabdingbar ist auch die Kenntnis der EuGH-Verfahren. Dabei ist zu beachten, dass nicht nur Verfahren betrachtet werden dürfen, die das deutsche Umsatzsteuerrecht unmittelbar betreffen, sondern auch solche zum ausländischen Umsatzsteuerrecht, bei denen Gegenstand der Prüfung Regelungen sind, die in identischer oder sehr ähnlicher Form auch in Deutschland zur Anwendung gelangen (vgl. Einführung UStG Rn. 33 ff.). 3

1.3 Besonderheiten des Verfahrensrechts innerhalb der EU

Hinzuweisen ist noch einmal auf die besonderen Gefahren, die sich aus dem auch weiterhin **unterschiedlichen Verfahrensrecht der einzelnen EU-Mitgliedstaaten** ergeben. So hält es der EuGH für grundsätzlich zulässig, dass das italienische Steuerrecht für die Umsatzsteuerschuld eine längere Verjährung als für den dazugehörenden Vorsteueranspruch vorsieht (vgl. EuGH vom 08.05.2008, Rs. C-95/07 und 96/07, Ecotrade SpA, UR 2008, 512; dazu Anmerkungen von Weimann, PIStB 2008, 257). 4

HINWEIS
Das Urteil zeigt, wie vorsichtig Steuerberater mit Empfehlungen zum angeblich »überall gleichen Umsatzsteuerrecht« sein müssen; Abweichungen können sich – noch einmal – insbesondere auch aus dem nationalen Verfahrensrecht ergeben.

1.4 Erläuterung neuer Rechtsvorschriften durch die EU-Kommission/das BMF vom 17.12.2014

Die Europäische Kommission ist in der letzten Zeit dazu übergegangen, die Anwendung von Vorschriften aus neuen Legislativakten des Rates durch umfangreiche Veröffentlichungen auf ihrer Homepage (http.//ec.europa.eu) zu begleiten. In den Veröffentlichungen erläutert die Europäische Kommission, wie die neuen Vorschriften aus ihrer Sicht anzuwenden sind. Diese Erläuterungen werden mit unterschiedlichen Bezeichnungen veröffentlicht. Zur rechtlichen Einordnung der Veröffentlichungen nimmt das BMF mit Schreiben vom 17.12.2014 (a. a. O.) Stellung. 5

1.4.1 Derzeitiger Veröffentlichungsstand

Derzeit liegen u. a. folgende Veröffentlichungen vor: 6

- Erläuterungen zu den Mehrwertsteuervorschriften für die Rechnungsstellung (Richtlinie 2010/45/EU des Rates),
- Leitfaden zur kleinen einzigen Anlaufstelle für die Mehrwertsteuer vom 23.10. 2013,
- Erläuterungen zu den Änderungen der EU-Mehrwertsteuervorschriften bezüglich des Ortes von Telekommunikations-, Rundfunk- und elektronischen Dienstleistungen, die 2015 in Kraft treten, vom 3.4. 2014 (Durchführungsverordnung (EU) Nr. 1042/2013 des Rates),
- Informationen für Unternehmen, die sich für die Miniregelung für eine einzige Anlaufstelle (MOSS) anmelden (Zusätzliche Leitlinien – Prüfung der MOSS-Daten).

1.4.2 Rechtliche Einordnung

7 Die **Europäische Kommission** weist in den Veröffentlichungen jeweils selbst ausdrücklich darauf hin, dass diese nicht rechtsverbindlich sind.

Die Kommission betrachtet diese vielmehr als praktische und informelle Information dazu, wie die **Rechtsvorschriften der EU nach Ansicht der Generaldirektion Steuern und Zollunion** anzuwenden sind.

8 Folglich seien weder die Europäische Kommission selbst noch die Mitgliedstaaten an den Inhalt der Veröffentlichungen gebunden.

Dem schließt sich das **BMF** natürlich gerne wie folgt an: »*Veröffentlichungen der Europäischen Kommission zur praktischen Anwendung des EU-Rechts auf dem Gebiet der Mehrwertsteuer haben keine rechtliche Bindungswirkung. Dies gilt sowohl für bereits vorliegende Veröffentlichungen als auch für künftige Veröffentlichungen der Europäischen Kommission. Maßgeblich für die Rechtsanwendung sind das Umsatzsteuergesetz, die Umsatzsteuer-Durchführungsverordnung sowie die Regelungen im Umsatzsteuer-Anwendungserlass und anderen Verwaltungsanweisungen*«.

9 Auch wenn zu erwarten steht, dass die Gerichte die Rechtsauffassung der Finanzverwaltung nicht teilen werden, so geben doch die Veröffentlichungen eine wichtige Rechtsauffassung wieder und sind bei der **Interpretation der nämlichen Vorschriften** zweifelsohne mit heranzuziehen.

10 Rechtsauffassungen der deutschen Finanzverwaltung oder Finanzgerichte bekannt sind – ein gewisser **Vertrauensschutz** ableiten lassen.

2 Vorsicht bei Drittlandsfragen

11 Das Umsatzsteuerrecht kennt keine DBA; **jedes Land der Welt regelt seine Umsatzsteuerfragen damit grundsätzlich autark.**

12 Viele Drittstaaten haben sich aber – ob der Vorteile des Vorsteuerabzugs (Arbeitsteilung bleibt unbesteuert!) – bei der Gestaltung ihres eigenen Umsatzsteuerrechts an den Grundsätzen und Leitlinien des europäischen Umsatzsteuerrechts orientiert und dieses weitestgehend transformiert; so spricht z. B. die Schweiz von einem »EU-harmonierten« Umsatzsteuerrecht.

13 Dadurch entsteht für deutsche Unternehmer und deren Berater der oft **trügerische Schein, auch im Drittlandsumsatzsteuerrecht »zu Hause zu sein«**. Hier ist Vorsicht geboten; der Teufel steckt im Detail (vgl. Rn. 19 ff.).

2.1 Das Grundproblem

14 Ein alltäglicher Fall soll an die Problematik heranführen:

Beispiel:
Ein deutscher Anlagenbauer (Mandant M) soll im Auftrag von Kunde K eine Produktionsstraße in Kiew (Ukraine) errichten.

In der Praxis wird in der Regel noch zutreffend erkannt, dass es sich bei der Produktionsstraße um ein ortsgebundenes Werk handelt und der Leistungsort gem. § 3 Abs. 7 Satz 1 UStG mithin in Kiew liegt. Ebenfalls noch zutreffend wird geschlussfolgert, dass damit keine deutsche Umsatzsteuer und auch keine Umsatzsteuer eines anderen EU-Mitgliedstaats anfällt. 15

Danach wird es regelmäßig falsch (Weimann, GStB 2012, 269): Einige kommen zum Ergebnis, der Umsatz sei »frei von Umsatzsteuer« und damit steuerfrei. Andere erkennen schon, dass der Umsatz nicht steuerbar ist, und unterstellen deshalb ausdrücklich oder konkludent, dass keine Umsatzsteuer anfällt. 16

2.2 Keine Doppelbesteuerungsabkommen zur Umsatzsteuer

Die Besonderheiten der Umsatzsteuer verdeutlicht am ehesten ein Vergleich der Umsatzsteuer mit der in der Regel wesentlich geläufigeren Einkommensteuer/Lohnsteuer (Weimann, GStB 2012, 269): 17

Beispiel:
In Dortmund arbeitet ein Türke (T), dessen Familie in Ankara wohnt. Monat für Monat schickt der Mann einen Großteil seines Geldes in die Türkei; dort ist auch weiterhin sein Lebensmittelpunkt.
Die deutsche Finanzverwaltung will, unabhängig von der Nationalität des T, die Einkünfte besteuern, da sie in Deutschland erzielt wurden. Die türkische Finanzverwaltung will, unabhängig vom Ort der Einkunftserzielung, die Einkünfte ebenfalls besteuern, da die Türkei für ihre Bürger, wie die Bundesrepublik Deutschland auch, das Welteinkommensprinzip kennt.
Die Einkünfte des T würden damit eigentlich doppelt besteuert. Damit es dazu nicht kommt oder aber zumindest die Folgen einer doppelten Besteuerung gemildert werden, schließen die Staaten DBA.

Deutschland hat DBA mit sehr vielen Staaten – insbesondere zu den Ertragsteuern und den Besitzsteuern. Weltweit gibt es aber keine DBA zur Umsatzsteuer. 18

Daraus ergeben sich folgende Probleme: 19

- Bei der Umsatzsteuer kann bei Umsätzen mit Drittlandsbezug – zur Abgrenzung Inland/Ausland/Gemeinschaftsgebiet/Drittlandsgebiet vgl. Abschn. 1.9 und 1.10 UStAE – eine doppelte Besteuerung niemals ausgeschlossen werden.
- Tätigt der Unternehmer grenzüberschreitende Umsätze in Drittländer, muss er sich damit immer auch die Frage stellen, wie das Ausland den Fall umsatzsteuerlich beurteilt.

2.3 Die europäische Lösung

2.3.1 Das Bedürfnis nach einem gemeinsamen Umsatzsteuersystem

Die Länder Europas wollten für ihr Hoheitsgebiet den grenzüberschreitenden Waren- und Dienstleistungsaustausch fördern; zumindest ein DBA wäre dafür unabdingbar gewesen. 20

Die Mitgliedstaaten sind aber noch einen Schritt weiter gegangen. Sie vermeiden nicht nur die **gemeinsame Festlegung von Leistungsorten** zur Vermeidung von Doppelbesteuerungen, sondern haben sich auch **weitere gemeinsame Spielregeln** gegeben, die grenzüberschreitende Geschäfte erleichtern. Zur Bedeutung des EU-Umsatzsteuerrechts für das deutsche Umsatzsteuerrecht vgl. Einführung UStG Rn. 5 ff. 21

22 Mit geringfügigen Abweichungen wurde das **materielle Umsatzsteuerrecht** innerhalb der EU damit einheitlich gestaltet. Unterschiedlich sind aber insbesondere noch die **Steuersätze** und die **Verfahrensregeln**. Auch die durch europäische Vorgaben eingeräumten **Gestaltungsspielräume** führen zu diversen Unterschieden zwischen den Umsatzsteuergesetzen der einzelnen Mitgliedstaaten, was die im Binnenmarkt tätigen Unternehmen in der Praxis auch weiterhin vor nicht unerhebliche Probleme stellt.

2.3.2 Das europäische »Doppelbesteuerungsabkommen«

23 Der umsatzsteuerliche Grundtatbestand ergibt sich aus **§ 1 Abs. 1 Nr. 1 Satz 1 UStG**. Danach unterliegen der Umsatzsteuer die Lieferungen und sonstigen Leistungen, die ein Unternehmer im Inland gegen Entgelt im Rahmen seines Unternehmens ausführt (vgl. Einführung UStG Rn. 74).

24 Die Zuweisung eines (einzigen) Leistungsorts zu jedem Umsatz wirkt de facto wie ein DBA. Die Bedeutung der Prüfung des Leistungsorts wird in der Praxis aber häufig unterschätzt. Der Leistungsort liegt dort, wo das Gesetz ihn bestimmt, und nicht dort, wo man meint, dass er sein müsste.

2.4 Absicherung in Drittlandsfällen

2.4.1 Schritt 1: Steuerliche Auswirkung prüfen

25 Drittlandsberatung ist im Zweifel teuer. Eine Drittlandsberatung sollte daher mit der Prüfung der möglichen steuerlichen Auswirkung des zu beurteilenden Sachverhalts beginnen. Ist das Entgelt, das der Mandant für die Leistung erhält, nicht sonderlich hoch, wird man ohne besonderes Risiko auf die Klärung möglicher Umsatzsteuerfolgen im Drittland verzichten können.

TIPP

1. Auch hier sollte ein Berater aber den Entschluss des Mandanten, auf eine weitere Klärung der Frage zu verzichten, auf jeden Fall dokumentieren (vgl. Rn. 24).
2. Zu beachten ist, dass sich eine erhebliche steuerliche Auswirkung auch bei niedrigen Einzelumsätzen daraus ergeben kann, dass diese auf Wiederholung angelegt sind.

2.4.2 Schritt 2: Einkauf einer externen Beratung empfehlen

26 Das Umsatzsteuerrecht kennt keine DBA. Jedes Land der Welt regelt seine Umsatzsteuerfragen damit grundsätzlich autark (vgl. Rn. 11). Viele Drittstaaten haben sich aber – ob der Vorteile des Vorsteuerabzugs (Arbeitsteilung bleibt unbesteuert!) – bei der Gestaltung ihres eigenen Umsatzsteuerrechts an den Grundsätzen und Leitlinien des europäischen Umsatzsteuerrechts orientiert und dieses weitestgehend transformiert. So spricht z. B. die Schweiz von einem »EU-harmonierten« Umsatzsteuerrecht.

27 Dadurch entsteht für deutsche Unternehmer der oft trügerische Schein, auch im Drittlandsumsatzsteuerrecht »zu Hause zu sein«. Hier ist Vorsicht geboten. Der Teufel steckt im Detail.

TIPP

1. Ein Steuerberater wird dabei aber immer die Grenzen seines Beratungsauftrags zu beachten haben. Diese ergeben sich natürlich rein faktisch auch aus dem Umfang des durch seine Berufshaftpflichtversicherung abgedeckten Risikos (Weimann, GStB 2012, 269).
2. Bei der Klärung von Drittlandsumsatzsteuerfragen sollte der Berater daher im Zweifel vorschlagen, im Drittland externe Beratung einzukaufen. Dabei sollte der Berater den Mandanten natürlich nicht »im Regen stehen lassen«, sondern diesen bei der Beschaffung und der Auswertung der eingekauften Informationen unterstützen. Dafür sollte jedoch seitens des deutschen Beraters keine (eigene) Haftung übernommen werden. Gleichzeitig ist jedoch zu prüfen, ob der ausländische Berater im schlimmsten Fall haftbar wäre (Weimann, GStB 2012, 269). Unternehmern wiederum ist zu empfehlen, wirklich wichtige Fragen von ihrem Steuerberater/Wirtschaftsprüfer ausschließlich schriftlich klären zu lassen. Der Schriftlichkeit kommt im Hinblick auf sich im Fall einer Fehlberatung stellende Haftungsfragen besondere Bedeutung zu.

2.4.3 Schritt 3: Zumindest zivilrechtliche Absicherung des Mandanten

Zur Veranschaulichung dient hier noch einmal das Beispiel aus Rn. 8. 28

Beispiel:
Kunde K hat nun dem Mandanten versichert, dass M auf jeden Fall netto abrechnen kann, da in der Ukraine keine Umsatzsteuer anfiele. Eine Drittlandsberatung hält der Mandant daher für überflüssig.

Ist eine Drittlandsberatung unerwünscht – weil etwa die dadurch zu erwartenden Kosten zu hoch wären oder aber, was gerade im Bereich des Anlagenbaus immer wieder vorkommt, der (größere) Kunde dem (kleineren) Anlagenbauer den Vertrag weitgehend »diktiert« –, sollte der leistende Unternehmer zivilrechtlich zumindest über eine »**salvatorische Klausel**« abgesichert werden (Stichwort »vergessene Umsatzsteuer«, vgl. Weimann, UidP, Kap. 83): 29

Musterklausel
»Die Vertragsparteien gehen **einvernehmlich** davon aus, dass das Geschäft in keinem Land der Welt einer Umsatzsteuer/Mehrwertsteuer oder einer ähnlichen Steuer unterliegt. Für den Fall, dass diese Annahme falsch sein sollte und die Zahlung einer solchen Steuer vom Vertragspartner zu § ... (Verkäufer, Anlagenbauer) verlangt wird, **schuldet der Vertragspartner zu § ... (Käufer, Kunde) diese Steuer zusätzlich** zu dem in § ... verlangten Kaufpreis.«

TIPP

1. Der Mandant ist darauf hinzuweisen, dass alle vorgeschlagenen Vereinbarungen ausschließlich zivilrechtliche Wirkung entfalten und die (ausländische) Finanzverwaltung nicht binden.
2. Gegenüber der – ja ausländischen – Finanzverwaltung bleibt vielmehr ausschließlich derjenige zahlungsverpflichtet, den sich das dortige UStG »ausgesucht« hat. Dieser hat auf Grund der Steuerklauseln allenfalls ein Rückgriffsrecht auf den Zahlungsverpflichteten. Letzteres aber gilt es, im Streitfall zivilrechtlich erst einmal durchzusetzen (Weimann, AStW 2015, 562; Weimann/Fuisting, PIStB 2016, 294).

2.5 Absicherung des Steuerberaters durch Dokumentation der Empfehlungen

30 Das Beispiel aus Rn. 8 wird fortgeführt:

Beispiel:
Kunde K ist ein großes US-amerikanisches Unternehmen. Der Vertrag, den M unterschreiben soll, wurde von der Rechts- und Steuerabteilung des K in New York ausgearbeitet und kann von M nur unverändert – also ohne Aufnahme der vorgeschlagenen Klausel – unterzeichnet werden.

31 Im Hinblick auf die Berufshaftpflicht des Steuerberaters sind die – letztlich ja nicht umgesetzten – Empfehlungen an den Mandanten **beweiskräftig zu dokumentieren**.

3 Informationsbeschaffung

3.1 Mehrwertsteuer-Vorabauskünfte in grenzüberschreitenden Fällen

32 Ein Modellversuch erlaubt Steuerpflichtigen, vorab eine amtliche Auskunft (»crossborder ruling«) über die mehrwertsteuerliche Behandlung von komplexen grenzüberschreitenden Transaktionen zu erhalten (Vorbescheid). Der Modellversuch ist im Juni 2013 angelaufen und soll bis 30.09.2018 dauern. Im Rahmen des EU-MwSt-Forums erklärten sich mehrere Mitgliedstaaten bereit, an diesem Projekt teilzunehmen. Steuerpflichtige, die grenzüberschreitende Transaktionen in zwei oder mehreren dieser teilnehmenden Mitgliedstaaten beabsichtigen, können diesbezüglich einen solchen Vorbescheid beantragen.

3.1.1 Rechtsunsicherheit durch unterschiedliche Auffassungen der EU-Mitgliedstaaten

33 Das EU-Umsatzsteuerrecht ist weitgehend harmonisiert. Weitgehend – das heißt gleichzeitig aber auch nicht vollständig! Für grenzüberschreitend tätige Unternehmen ist es daher häufig unabdingbar, auch die Rechtsauffassung anderer EU-Mitgliedstaaten zu berücksichtigen:

Beispiel:
Grieche G bestellt beim Deutschen D eine Werkzeugmaschine. Für G ist es wichtig, dass die Maschine möglichst ohne Unterbrechungszeiten im Einsatz ist. G macht daher seine Bestellung von einem gleichzeitig von D in Griechenland einzurichtenden Lager abhängig, dem er bei Bedarf alle Verschleißteile entnehmen kann. Die Lagerhaltung soll auf die voraussichtliche Funktionsdauer der Maschine begrenzt sein. Die Ersatzteile sollen dem G erst bei tatsächlicher Entnahme aus dem Lager in Griechenland berechnet werden. Aus deutscher Sicht beurteilt sich der Fall wie folgt:

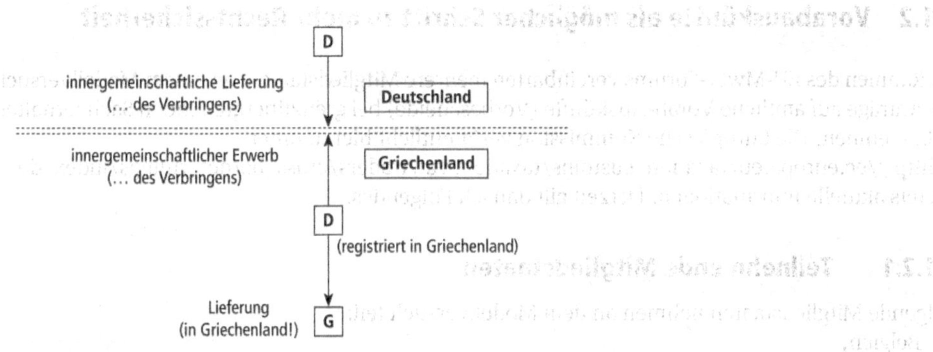

- Die Lagerbeschickung führt bei D in Deutschland zu einem (steuerfreien) Verbringen, § 3 Abs. 1 a UStG.
- Die Lagerbeschickung führt bei D in Griechenland zu einem innergemeinschaftlichen Erwerb, vgl. § 1 a Abs. 2 UStG.
- D muss sich in Griechenland steuerlich registrieren lassen.
- D muss eventuelle Lagerentnahmen durch B in Griechenland versteuern und **der griechischen Umsatzsteuer unterwerfen!** Rechnungen des Lagerhalters müssen m. a. W. die Umsatzsteuer des Landes (hier: Griechenland) ausweisen, in dem sich das Lager befindet.

Deutschland hält sich mit seiner Rechtsauffassung an die insoweit eindeutigen Vorgaben der MwStSystRL – und zwar an die allgemeinen Regeln, da es im europäischen Umsatzsteuerrecht eigentlich keine Sonderregeln für Lagergeschäfte gibt (vgl. § 3 Rn. 153; ausführlich *Weimann,* Umsatzsteuer in der Praxis, 15. Auflage 2017, Kap. 33.6). 34

Das besondere Problem derartiger Fallgestaltungen liegt darin, dass entgegen der MwStSystRL einige EU-Mitgliedstaaten die Besteuerung der Lagergeschäfte »vereinfachen«. Die abweichenden Regelungen bestehen darin, dass diese Mitgliedstaaten bei der Aufstockung eines Lagers nicht von einem innergemeinschaftlichen Verbringen in das Lager ausgehen, sondern von einer innergemeinschaftlichen Lieferung im Zeitpunkt der Entnahme aus dem Lager an den dortigen Abnehmer. 35

Hat nicht der in Deutschland ansässige Unternehmer, sondern sein Abnehmer in den eine Vereinfachung der Lagerumsätze vorsehenden Mitgliedstaaten einen innergemeinschaftlichen Erwerb zu versteuern, erhält der deutsche Unternehmer keine USt-IdNr. für seinen in dem anderen Mitgliedstaat belegenen Unternehmensteil. Er kann daher den nach § 13c UStDV erforderlichen buchmäßigen Nachweis nicht erbringen. Da der Buchnachweis materiellrechtliche Voraussetzung für die Inanspruchnahme der Steuerbefreiung ist, wäre das innergemeinschaftliche Verbringen daher steuerpflichtig. 36

Solange die EU-Kommission das Problem noch nicht aufgegriffen und gelöst hat, ist es nach Auffassung der deutschen Finanzverwaltung im Einzelfall zugelassen, dass der Unternehmer den Tatbestand der Warenentnahme aus dem ausländischen Konsignationslager parallel zur Erwerbsbesteuerung des Leistungsempfängers im anderen Mitgliedstaat als innergemeinschaftliche Lieferung behandelt. Damit entfällt die umsatzsteuerliche Erfassung als innergemeinschaftliches Verbringen beim Transport der Ware in das Konsignationslager. Die »innergemeinschaftlichen Lieferungen« an den Abnehmer sind dementsprechend in der Zusammenfassenden Meldung nach § 18a UStG anzugeben (*Weimann,* Umsatzsteuer in der Praxis, 15. Auflage 2017, Kap. 33.7). 37

TIPP

Der Bedarf nach einer Einzelfallregel lässt sich vom Unternehmer gegenüber der deutschen Finanzverwaltung durch eine entsprechende Vorabauskunft leicht nachweisen.

3.1.2 Vorabauskünfte als möglicher Schritt zu mehr Rechtssicherheit

38 Im Rahmen des EU-MwSt-Forums vereinbarten mehrere Mitgliedstaaten, an einem Modellversuch für Anträge auf amtliche Vorab-Auskünfte (Vorbescheide) bei grenzübergreifenden Sachverhalten teilzunehmen. Die Europäische Kommission veröffentlicht hierzu unter

http://ec.europa.eu/taxation_customs/taxation/vat/traders/cross_border_rulings/index_de stets aktuelle Informationen. Derzeit gilt danach Folgendes:

3.1.2.1 Teilnehmende Mitgliedstaaten

39 Folgende Mitgliedstaaten nehmen an dem Modellversuch teil:

- Belgien,
- Estland,
- Spanien,
- Frankreich,
- Zypern,
- Lettland,
- Litauen,
- Ungarn,
- Malta,
- Niederlande,
- Portugal,
- Slowenien,
- Finnland,
- Schweden,
- Vereinigtes Königreich.

3.1.2.2 Antragsberechtigte

40 Unternehmer, die grenzübergreifende Transaktionen in einem oder mehreren dieser teilnehmenden Mitgliedstaaten planen, können diesbezüglich einen solchen Vorbescheid beantragen.

3.1.2.3 Antragsformalitäten

41 Die Unternehmer müssen den Antrag **in dem teilnehmenden Mitgliedstaat** stellen, in dem sie für mehrwertsteuerliche Zwecke registriert sind.

Der Antrag muss grundsätzlich den Bedingungen entsprechen, die für **nationale verbindliche MwSt-Auskünfte in dem betreffenden Mitgliedstaat** gelten.

Sind zwei oder mehr Unternehmen beteiligt, sollte der Antrag **nur von einem** eingereicht werden, das auch im Namen des/der anderen handelt.

Der Antrag ist zusammen mit einer **Übersetzung in die Amtssprache** des anderen betroffenen Mitgliedstaats oder einer anderen Übersetzung, wie in der folgenden Tabelle aufgeführt, einzureichen:

Übersetzungen, die von den anderen Mitgliedstaaten als dem Mitgliedstaat, in dem der Antrag eingereicht wird, akzeptiert werden	
Belgien	EN, FR, NL
Estland	EN, EE
Spanien	EN, ES (sowohl EN als auch ES sind erforderlich)
Frankreich	EN, ES (sowohl EN als auch FR sind erforderlich)
Zypern	EN, EL
Litauen	EN, LT
Lettland	LV, EN
Ungarn	EN, HU (HU wird stets verlangt)
Malta	EN, MT
Niederlande	EN, NL
Portugal	EN, PT
Slowenien	EN, SL
Finnland	EN, FI, SE
Schweden	EN, SE
Vereinigtes Königreich	EN

Ein solcher grenzübergreifender Vorbescheid kann **nur bei komplexen Transaktionen** beantragt werden, die einen grenzübergreifenden Aspekt (in zwei oder mehr an dem Modellversuch teilnehmenden Mitgliedstaaten) haben.

Der Steuerpflichtige, der einen Antrag auf einen grenzübergreifenden Vorbescheid einreicht, muss damit einverstanden sein, dass seine Angaben an die Steuerbehörden der betroffenen Mitgliedstaaten **weitergeleitet werden** können.

Konsultationen zwischen den zuständigen Behörden der betroffenen Mitgliedstaaten erfolgen **nur auf ausdrückliches Verlangen** des Steuerpflichtigen.

Durch eine Konsultation wird nicht gewährleistet, dass ein von den betroffenen Mitgliedstaaten vereinbarter Vorbescheid erteilt wird.

Die Stellungnahmen der Steuerbehörden zu solchen grenzübergreifenden Transaktionen werden **nur im Rahmen der Garantien** abgegeben, die für nationale Bescheide und Entscheidungen in den betreffenden Mitgliedstaaten gelten.

3.1.2.4 Konkrete Zuständigkeiten

Anträge auf grenzübergreifende Vorbescheide sind an folgende Stellen zu richten: **42**

BE	Herrn François Coutureau Conseiller francois.coutureau@minfin.fed.be CBR@minfin.fed.be
EE	Evelyn Liivamägi Evelyn.Liivamagi@emta.ee
ES	DIRECCIÓN GENERAL DE TRIBUTOS C/. Alcalá, 5 Tel.: 91.595 80 00 Fax: 91.595 84 54 registro@tributos.minhap.es www.minhap.es/es-ES/Areas%20Tematicas/Impuestos/Direccion%20General%20de%20Tributos (klicken auf: »*Consultas*« Consultas tributarias de la Dirección General de Tributos)

FR	Chef du bureau D1 en charge de la TVA DGFIP – Direction de la législation fiscale Tel.:0033 153189150 Martin.Klam@dgfip.finances.gouv.fr bureau.d1-dlf@dgfip.finances.gouv.fr
CY	Nayia Symeonidou Senior VAT Officer nsymeonidou@vat.mof.gov.cy
LT	Herrn K. Kadonas k.kadonas@vmi.lt Frau Jurate Maksimaviciene J.Maksimaviciene@vmi.lt
LV	NP.lietvediba@vid.gov.lv und nachrichtlich an: Herrn Edgars Bisenieks edgars.bisenieks@vid.gov.lv Frau Marina Kuzenko marina.kuzenko@vid.gov.lv

Die Mitgliedstaaten konsultieren einander auf der Grundlage eines solchen Antrags. Dieses grenzübergreifende Verfahren gewährleistet jedoch nicht, dass sich die betreffenden Mitgliedstaaten auf die mehrwertsteuerliche Behandlung der beabsichtigten Transaktionen einigen.

Entscheidungen erfolgen so bald wie möglich. Es ist zu beachten, dass nationale Antwortfristen bei grenzübergreifenden Anträgen möglicherweise nicht anwendbar sind.

Die Antragsteller werden gebeten, eine **ausführliche und klare Beschreibung**

- des Sachverhalts und
- ihres Standpunkts und/oder
- Zweifel im Hinblick auf die anzuwendende Mehrwertsteuerregelung

mitzuteilen, um die Bearbeitung des Antrags und die Entscheidung nicht zu verzögern.

3.1.2.5 Dauer des Modellversuchs

43 Der Modellversuch ist am 01.06.2013 angelaufen und soll **bis zum 30.09.2018** dauern.

3.1.2.6 Erfahrungsberichte

44 Die Steuerpflichtigen werden gebeten, ihre Erfahrungen und Anregungen in Bezug auf solche grenzübergreifenden Anträge auf Steuervorbescheide mitzuteilen – und zwar via E-Mail an

Taxud-CBR@ec.europa.eu
Bezug: »CBR«

3.2 Auslandshandelskammern

45 Zumindest erste verlässliche Informationen können in der Regel über die Auslandshandelskammern (AHK) bezogen werden. Das deutsche Auslandshandelskammernetz umfasst derzeit 117 Büros (Auslandshandelskammern, Delegiertenbüros und Repräsentanten der deutschen Wirtschaft) in 80 Ländern weltweit. Kernaufgabe des Auslandshandelskammernetzes ist die Förderung der bilateralen Wirtschaftsbeziehungen. Eine der Aufgaben ist der direkte Auskunfts-, Beratungs-

und Organisationsdienst für die am bilateralen Wirtschaftsverkehr beteiligten Unternehmen und Organisationen. Damit steht das Netz der deutschen Wirtschaft auch für Umsatzsteuerfragen der jeweiligen Länder zur Verfügung (www.ihk.de bzw. www.ahk.de).

3.3 Seit dem 01.01.2009: Germany Trade and Invest

»Germany Trade and Invest« – nachfolgend kurz »GTaI« – ist die neue **Wirtschaftsförderungsgesellschaft der Bundesrepublik Deutschland**. Die GTaI ist am 01.01.2009 durch die Zusammenführung der **Bundesagentur für Außenwirtschaft (bfai)** mit der **Invest in Germany GmbH** entstanden. Sie bündelt damit die Kompetenzen beider Vorgängerorganisationen mit dem Ziel, durch eine breit angelegte Wissensbasis die deutsche Außenwirtschaft zu fördern und zu stärken. Durch die Gründungsgeschichte der Gesellschaft erklären sich deren beide Geschäftsbereiche: 46

- **Der Geschäftsbereich Außenwirtschaft (Trade)** fokussiert die Beschaffung und Verbreitung von Informationen über ausländische Märkte. Hier sieht die GTaI den Schwerpunkt ihrer Tätigkeit. Weltweit eingesetzte Auslandsmitarbeiter recherchieren vor Ort. Darüber hinaus wird die **enge Zusammenarbeit mit den deutschen AHK** ausgebaut, um Unternehmern und deren Beratern künftig im Ausland unter dem Dach der AHK eine zentrale Anlaufstelle mit Informationen und gezielter Beratung zu bieten.
- **Der Geschäftsbereich Investieren (Invest)** unterstützt durch Standortmarketing für den Wirtschafts- und Investitionsstandort Deutschland die Ansiedlung ausländischer Unternehmen in Deutschland.

Von vorrangigem Interesse für deutsche Unternehmen und Steuerberater wird der Geschäftsbereich Außenwirtschaft sein. Gilt es, einen ersten Einstieg in **internationale Umsatzsteuerfälle** zu finden, dürfte zukünftig auch ein Blick auf die neue Homepage der GTaI **(www.gtai.de)** weiterhelfen. Darstellungen zu länderspezifischen Umsatzsteuerproblemen finden Sie dort unter Außenwirtschaft/Recht/Steuerrecht/Umsatzsteuer. 47

> **HINWEIS**
> Der Geschäftsbereich Außenwirtschaft hat die vorrangige Aufgabe, deutsche Unternehmen, die ausländische Märkte für sich erschließen wollen, zu beraten und zu unterstützen. Als deutscher Unternehmer/Steuerberater wird man also auch bei der **Lösung individueller internationaler Umsatzsteuerprobleme** zukünftig die GTaI mit »auf der Agenda« haben müssen (Kontaktdaten: Germany Trade an Invest, Gesellschaft für Außenwirtschaft und Standortmarketing mbH, Agrippastr. 87–93, 50676 Köln, Tel.: 0221/2057-316).

4 Umsatzsteuer in Kroatien – Die Folgen des EU-Beitritts

Zum 01.07.2013 ist Kroatien der EU beigetreten. Diese zählt nunmehr 28 Mitgliedstaaten (vgl. Abschn. 1.10 Abs. 1 UStAE). Der Beitritt führte in Kroatien zu erheblichen Änderungen der nationalen Rechts- und Steuersysteme, die nunmehr den europäischen Vorgaben anzupassen sind. So musste Kroatien zum Beitrittstag das gemeinsame Mehrwertsteuersystem einführen. 48

Grundsätzlich ist dazu keine Übergangsfrist eingeräumt worden (Weimann/Kraatz, PIStB 2013, 232).

49 Der EU-Beitritt beruht auf dem Vertrag der (damaligen) EU-Mitgliedstaaten mit der Republik Kroatien vom 07.11.2011. Die (wenigen) Regelungen zur Umsatzsteuer finden sich hier in Anhang III.6.

50 Das europäische Mehrwertsteuersystem wurde ohne Übergangsfrist eingeführt. Wie aber schon in den vorangegangenen Fällen (EU-Osterweiterung zum 01.05.2004, EU-Beitritt von Bulgarien und Rumänien zum 01.01.2007), gestattet die EU-Kommission auch dieses Mal **Übergangsregeln** zur endgültigen Anpassung an das EU-Mehrwertsteuersystem. Diese betreffen z.B. ermäßigte Steuersätze oder Nullsätze für bestimmte Wirtschaftsgüter und Dienstleistungen. Die EU-Kommission informiert zu allem auf ihrer Homepage umfassend in englischer Sprache.

51 Die deutsche Finanzverwaltung stellt die aus ihrer Sicht wesentlichen Umsatzsteuerfolgen in einem Einführungsschreiben vor (BMF vom 28.06.2013, Az: IV D 1 – S 7058/07/10002, BStBl I 2013, 852).

52 Kroatien ist nunmehr ein »ganz normales« EU-Mitglied. Damit sind die allgemeinen Binnenmarktregeln zu beachten (Auflistung in Abschn. I. des BMF-Schreibens).

53 Zu den weiteren Details vgl. Vorauflage, Einführung Länderanhänge, Rz. 34 ff.

Länderanhang Belgien

Literatur

Govers/Wille, Belgium Value Added Tax, IBFD 2017. **Ernst & Young**, Worldwide VAT, GST and Sales Tax Guide 2017. **Amand**, IBFD 2017, Inoffizielle Übersetzung des Mehrwertsteuergesetzes.

1 Einführung

1 Belgien gehört zu den Gründungsmitgliedern der Europäischen Union. Das belgische Mehrwertsteuergesetz basiert daher auf der Mehrwertsteuersystemrichtlinie. Dabei wurde eine Mehrwertsteuer nach dem EU-System zum 01.01.1971 eingeführt. Wesentliche Elemente zur Anwendung finden sich in Königlichen Erlassen und in Behördenrundschreiben.

2 Bezeichnung der Steuer

2 Die belgische Bezeichnung der Umsatzsteuer lautet in französischer Sprache »Taxe sur la valeur ajoutée« (TVA) und in flämischer Sprache »Belasting over de toegevoegde waarde« (BTW). Wörtlich ins Deutsche übersetzt entspricht dies dem Begriff »Mehrwertsteuer«.

3 Steuerbarkeit und Erhebungsgebiet

3.1 Erhebungsgebiet

3 Das umsatzsteuerliche Erhebungsgebiet entspricht dem Staatsgebiet des Königreichs Belgien.

3.2 Steuerbare Umsätze

Sämtliche in Belgien von einem Steuerpflichtigen ausgeführten **Lieferungen** und **Dienstleistungen** sind umsatzsteuerbar. 4

Als **Lieferungen** gelten neben der Übertragung körperlicher Gegenstände und unbeweglichen Vermögens auch die Lieferung von Gas, Elektrizität, Wärme und Kälte (vgl. Art. 9 und Art. 10 Mehrwertsteuergesetz). Mietkauf ist ebenfalls eine Lieferung. 5

Der **Ort der Lieferung** bestimmt sich nach der Verschaffung der Verfügungsmacht bzw. bei Warentransport nach dessen Beginn (vgl. Art. 14 Mehrwertsteuergesetz). Abweichend hiervon wird bei der **Versandhandelsregelung** das Ende der Versendung betrachtet (vgl. Art. 15 Mehrwertsteuergesetz). Es gilt hierbei eine Lieferschwelle von 35.000 €. Wird auf diese verzichtet, bindet die Entscheidung den Lieferer für mindestens 2 Jahre. Die Regelung gilt nicht für die Lieferung neuer Beförderungsmittel. Bei Lieferungen mit Montage ist der Lieferort der Ort der Montage. 6

Ebenfalls in Belgien steuerbar sind Lieferungen aus dem Drittland, bei denen der Lieferer die Einfuhrumsatzsteuer schuldet. 7

Explizite gesetzliche Regelungen zu **Reihengeschäften** gibt es in Belgien nicht. 8

Unentgeltlich erbrachte Lieferungen oder Dienstleistungen können steuerbare **unentgeltliche Wertabgaben** sein. Regelmäßig ist Voraussetzung, dass aus dem Gegenstand ein Vorsteuerabzug geltend gemacht wurde. **Geschenke** mit einem Wert von maximal 50 € netto sind keine unentgeltlichen Wertabgaben. Die Grenze gilt, anders als in Deutschland, pro Geschenk, nicht pro Empfänger. 9

Dienstleistungen werden ähnlich wie in Deutschland als Leistungen definiert, die keine Lieferungen von Gegenständen darstellen. Das Gesetz enthält weiterhin zahlreiche Beispiele für Dienstleistungen (vgl. Art. 18 Mehrwertsteuergesetz). 10

Der **Ort der meisten Dienstleistungen** zwischen Unternehmen bestimmt sich nach dem Empfängerortsprinzip (vgl. Art. 21 Mehrwertsteuergesetz) bzw. für Dienstleistungen an Nichtunternehmer nach dem Sitz des leistenden Unternehmers oder von dessen fester Niederlassung (vgl. Art. 21 bis Mehrwertsteuergesetz). Ausnahmen gelten vor allem für grundstücksbezogene Umsätze (Ort des Grundstücks), für Personenbeförderungen (Ort der Beförderung), kurzfristige Vermietung von Beförderungsmitteln (Ort der Übergabe), Restaurantumsätze (Tätigkeitsort) und den Zugang zu Veranstaltungen (Ort derselben). Gütertransporte und damit verbundene Dienstleistungen, die komplett im Drittland erbracht werden, gelten als nicht steuerbar (vgl. Königlicher Erlass 57 vom 17.03.2010). 11

Geschäftsveräußerungen im Ganzen an einen anderen Unternehmer, d.h. die Übertragung des ganzen Betriebs oder einer Division der Betätigung, sind nicht umsatzsteuerbar. Sie bewirken eine Rechtsnachfolge (vgl. Art. 11 Mehrwertsteuergesetz und Circular AOIF 46/2009 vom 30.09.2009). Voraussetzung ist aber anders als in Deutschland, dass der übernehmende Unternehmer voll vorsteuerabzugsberechtigt ist. 12

Steuerbar ist auch der **innergemeinschaftliche Erwerb** von Gegenständen in Belgien. Es gibt jedoch Ausnahmen für land- und forstwirtschaftliche Betriebe, Steuerpflichtige, die ausschließlich vorsteuerschädliche Ausgangsumsätze tätigen, sowie für nicht unternehmerisch tätige juristische Personen. Die Erwerbschwelle für diesen Personenkreis, die weder im vorangegangenen Kalenderjahr noch im laufenden Kalenderjahr überschritten werden darf, beträgt 11.200 €. Auch wenn die Erwerbschwelle nicht überschritten wird, kann zur Steuerpflicht optiert werden. 13

Dienstleistungen, die von einem belgischen Steuerpflichtigen grenzüberschreitend empfangen werden und unter die Steuerschuldnerschaft des Leistungsempfängers fallen, sind ebenfalls steuerbare Umsätze im Sinne des belgischen Rechts. Schließlich sind Einfuhren von Waren von außerhalb der Europäischen Union in Belgien umsatzsteuerbar. 14

Unternehmen aus der EU, die Telekommunikations-, Rundfunk-, Fernseh- oder elektronische Leistungen an Nichtsteuerpflichtige erbringen, sind damit zwar in Belgien seit dem 01.01.2015 15 umsatzsteuerpflichtig. Sie können jedoch das MOSS-Verfahren nutzen und sind damit nicht registrierungspflichtig. Bei Unternehmen aus Nicht-EU-Staaten besteht die Möglichkeit, für entsprechende Umsätze die Sonderregelung zu nutzen, sich in einem einzigen EU-Mitgliedstaat zu registrieren und dort sämtliche Umsätze zu melden.

16 In Belgien ansässige Unternehmer, die eine Umsatzgrenze von 25.000 € (bis zum 31.12.2015: 15.000 €) nicht übertreffen, können als Kleinunternehmer besteuert werden (vgl. Art. 56 bis Mehrwertsteuergesetz und Behördenrundschreiben AAFisc 34/2014 vom 25.08.2014). Falls sie diese Möglichkeit nutzen, schulden sie keine Umsatzsteuer, haben jedoch auch kein Vorsteuerabzugsrecht. Anders als z. B. in der deutschen Regelung müssen sich Kleinunternehmer jedoch mehrwertsteuerlich registrieren und Aufzeichnungspflichten erfüllen. Es entfallen lediglich die Umsatzsteuermeldungen und -zahlungen. Per Juni 2018 werden Änderungen der Kleinunternehmerregelung in einem Gesetzgebungsverfahren erwogen. Sie sollen ggf. zum 01.01.2019 in Kraft treten.

4 Unternehmer bzw. Steuerpflichtiger

17 Als Steuerpflichtiger nach belgischem Recht gilt jede natürliche oder juristische Person, die im Zuge einer geschäftlichen Betätigung in Belgien selbständig Waren liefert oder Dienstleistungen erbringt. Eine Gewinnerzielungsabsicht ist nicht erforderlich (vgl. Art. 4 des Mehrwertsteuergesetzes).

18 Ein ausländischer Unternehmer hat in Belgien eine umsatzsteuerliche Betriebsstätte (feste Niederlassung), wenn er dort eine Geschäftseinrichtung unterhält (z. B. Büro, Lager), von dort Lieferungen oder Dienstleistungen erbringt und Personal unterhält, das Verträge mit Kunden oder Lieferanten abschließen kann.

5 Organschaft bzw. Mehrwertsteuergruppe

19 Das belgische Recht sieht seit dem 01.01.2007 eine Regelung für eine umsatzsteuerliche Organschaft (Mehrwertsteuergruppe) als Wahlrecht vor (vgl. Art. 4 Mehrwertsteuergesetz, Königlicher Erlass Nr. 55 und Behördenrundschreiben AOIF 42/2007 vom 09.11 2007).

Finanziell, wirtschaftlich und organisatorisch verbundene Unternehmen können eine solche Gruppe bilden. Finanzielle Verbindungen bedeuten, dass mehr als 10 % der Anteile von derselben Person mindestens mittelbar gehalten werden. Organisatorische Verbindungen sind als gemeinsame Geschäftsleitung oder von einem der Mitglieder dominierte Geschäftsleitung zu verstehen, und wirtschaftliche Verbindungen bedeuten auf ein gemeinsames Ziel orientierte Aktivitäten, oder solche für ein anderes Mitglied.

Mitglieder müssen für mindestens drei Jahre in der Gruppe bleiben. Tochtergesellschaften, an denen mehr als 50 % der Anteile gehalten werden, müssen normalerweise Teil einer Mehrwertsteuergruppe werden, der die Mutter angehört. Mitglied in einer Mehrwertsteuergruppe können auch belgische feste Niederlassungen ausländischer Unternehmen sein.

Mitglieder der Mehrwertsteuergruppe behalten ihre Umsatzsteueridentifikationsnummer, doch erhält die Gruppe zusätzlich eine eigene Nummer. 20

Die Mehrwertsteuergruppe gibt eine gemeinsame Steuererklärung ab, und die Mitglieder haften gesamtschuldnerisch für die Umsatzsteuer (vgl. Art. 51 Mehrwertsteuergesetz). Zusammenfassende Meldungen werden getrennt abgegeben.

6 Bemessungsgrundlage

Grundsätzlich ist der vereinbarte Nettopreis (Entgelt) die steuerliche Bemessungsgrundlage (vgl. Art. 26 Mehrwertsteuergesetz). 21

Bei unentgeltlichen Vorgängen sind der Einkaufspreis bzw. die Selbstkosten im Umsatzzeitpunkt anzusetzen (vgl. Art. 33 Mehrwertsteuergesetz). 22

Bei entgeltlichen Transaktionen zwischen nahestehenden Personen (Arbeitnehmer und Arbeitgeber, Gesellschaft und Gesellschafter, jeweils mit Verwandtschaft bis zum vierten Grad) ist der Marktpreis anzusetzen, wenn das tatsächliche Entgelt darunterliegt und der Leistungsempfänger nicht voll zum Vorsteuerabzug berechtigt ist. 23

7 Steuersätze und Steuerbefreiungen

7.1 Regelsteuersatz

Der Regelsteuersatz in Belgien beträgt 21 %. 24

7.2 Ermäßigte Steuersätze

Das belgische Umsatzsteuergesetz sieht zwei ermäßigte Steuersätze vor, und zwar Sätze von 6 % und 12 % (vgl. königlicher Erlass Nr. 20). 25

Der ermäßigte Steuersatz von 12 % gilt unter anderem für 26
- Restaurantumsätze (nicht für Getränke),
- Sozialer Wohnungsbau,
- Margarine,
- Reifen für landwirtschaftliche Zwecke,
- Kohle und verwandte Brennstoffe.

Der **ermäßigte Steuersatz von 6 %** gilt unter anderem für 27

- die Lieferung der meisten Lebensmittel (u.a. Milch, Fisch, Fleisch, Fette und Öle, Eier, Milchprodukte, Honig, Obst und Gemüse, Mehl, ausgenommen u.a. Kaviar, Langusten, Hummer, Austern),
- Lieferungen von Tierfutter (ausgenommen Tierfutter für typische private Haustiere),
- Lieferungen gedruckter Werke, d.h. Bücher, Zeitungen, Zeitschriften u.ä.,
- Die Lieferung verschiedener lebender Tiere, u.a. Rinder, Schafe, Schweine, Ziegen und Tauben sowie landwirtschaftlich genutzte Pferde,
- Gewährung von Unterkunft,
- Lieferung von Medikamenten, auch von Kondomen und Verbandsstoffen, sowie zahlreichen medizinischen und orthopädischen Hilfsmitteln sowie von Särgen,
- Lieferung von Leitungswasser,
- Einfuhr originaler Kunstwerke, sowie deren Verkauf durch Künstler oder Rechteinhaber,
- Bestimmte soziale Dienstleistungen,
- Automobile für bestimmte Kriegsinvaliden und andere Schwerbehinderte,
- Die Renovierung oder Verbesserung von über 10 Jahre alten Gebäuden,
- Hotelübernachtungen und sonstige touristische Unterkünfte,
- Verschiedene landwirtschaftliche Umsätze,
- Verschiedene sportliche, kulturelle und unterhaltende Dienstleistungen,
- Personenbeförderung,
- Urheberrechte und künstlerische Darbietungen,
- Produkte der Monatshygiene (Tampons, Binden usw.) – gilt erst ab 01.01.2018,
- Defibrillatoren – gilt erst ab 01.01.2018.

28 Für Zeitungen und Zeitschriften kann zusätzlich ein sog. Nullsatz zur Anwendung kommen. Ein solcher Nullsatz galt bis zum 31.03.2017 weiterhin für pro-bono-Leistungen von Anwälten.

Digitale Zeitungen und Bücher werden regelbesteuert.

7.3 Steuerbefreiungen

29 Das belgische Umsatzsteuerrecht enthält sowohl Steuerbefreiungen mit Vorsteuerabzugsrecht (echte Steuerbefreiungen) als auch Steuerbefreiungen ohne Vorsteuerabzugsrecht (unechte Steuerbefreiungen).

30 Zu den Steuerbefreiungen mit Vorsteuerabzugsrecht (vgl. Art. 42 Mehrwertsteuergesetz) gehören insbesondere

- innergemeinschaftliche Lieferungen und Ausfuhrlieferungen,
- Umsätze für die Seeschifffahrt und die Luftfahrt,
- Umsätze an Einrichtungen der Europäischen Union,
- Lieferungen von Perlen und Edelsteinen an Wiederverkäufer, die nur mit solchen Gütern handeln.

31 Steuerbefreiungen ohne Vorsteuerabzugsrecht (vgl. Art. 44 Mehrwertsteuergesetz) bestehen unter anderem für

- Bank- und Finanzumsätze,
- Versicherungsumsätze,
- Glücksspielumsätze außer Online-Glücksspiel (vgl. Behördenrundschreiben 32/2016 vom 30.11.2016; allerdings hat das belgische Verfassungsgericht diese Ausnahme am 22.03.2018 als verfassungswidrig verworfen),

- ärztliche und zahnärztliche Leistungen,
- Lieferungen menschlicher Organe oder von menschlichem Blut,
- zahlreiche Umsätze mit Immobilien (Vermietung und Verkauf),
- zahlreiche Umsätze des sozialen Sektors, z. B. Altenpflege,
- diverse unterrichtende Leistungen.

Eine **Option zur Steuerpflicht** ist bislang nur für bestimmte Finanzumsätze (insbesondere im Einlagen- und Kontogeschäft sowie im Zahlungsverkehr), für Lieferungen von Anlagegold und für die Lieferung neuer Gebäude möglich. Allerdings befindet sich eine Optionsregelung für die Vermietung von Immobilien im Gesetzgebungsverfahren, die ggf. zum 01.10.2018 in Kraft treten wird. Die entsprechende Option setzt voraus, dass Mieter und Vermieter sie einvernehmlich ausüben, die Immobilie an einen Unternehmer für dessen Unternehmen vermietet wird, und es sich entweder um einen Neubau oder um einen umfassend renovierten Bestandsbau handelt. 32

Die viele Jahre bestehende Umsatzsteuerbefreiung für Leistungen von Rechtsanwälten (Art. 44 Abs. 1 (1) des Mehrwertsteuergesetzes, vgl. EuGH vom 28.07.2016, C-543/14, Ordre des barreaux francophones et germanophones) wurde zum 01.01.2014 abgeschafft. Allerdings wurde für pro-bono-Leistungen eine Übergangsfrist beschlossen und bis zum 01.09.2018 verlängert. 33

Bei **Ausfuhrlieferungen** und innergemeinschaftlichen Lieferungen ist ein **Belegnachweis** zu führen. Bei Ausfuhrlieferungen ist dies üblicherweise das zollrechtliche Ausfuhrdokument, das entweder den Lieferer als Ausführer zeigt oder eindeutig auf die Rechnung referenziert. 34

Bei **innergemeinschaftlichen Lieferungen** soll der Nachweis durch eine Gesamtheit geeigneter Unterlagen (Frachtpapiere, Zahlungsnachweise, Bestellungen, usw.) erbracht werden. Alternativ kann durch den Abnehmer ein Empfangsdokument ausgestellt werden (vgl. offizielle Erläuterungen unter ET 129.460 dd. 01/07/2016). Es ist zulässig, in dieser Bestätigung die Lieferungen von bis zu drei aufeinander folgenden Monaten aufzuführen. Zwingende Bestandteile sind die Umsatzsteueridentifikationsnummern beider Parteien, deren vollständige Namen und Anschriften, eine Erklärung des innergemeinschaftlichen Erwerbs, eine Beschreibung der Waren, Bezugnahme auf die Lieferantenrechnungen, Monat und Jahr des Erhalts der Waren, Ort des Erhalts der Waren und der Preis. Das Dokument ist zu unterschreiben, darf aber auch digital übermittelt werden.

Ausfuhrlieferungen im Reisegepäck sind steuerfrei, wenn die Ausfuhr innerhalb von drei Monaten nachgewiesen wird und der Einkauf einen Bruttopreis über 50 € hatte. 35

Bei der Einfuhr gilt eine Steuerbefreiung für **Kleinsendungen** mit einer Wertgrenze von 45 €. 36

Belgien hat seit dem 01.10.1996 eine Regelung für **Umsatzsteuerlager**. Umsätze im Umsatzsteuerlager sind steuerbefreit. 37

Unter anderem können folgende Waren in einem Umsatzsteuerlager gehalten werden:

- Zinn, Kupfer, Zink, Nickel, Aluminium, Blei, Indium, Gold, Silber, Platin, weitere Metalle,
- bestimmte Getreide, Nüsse und Saaten, Kartoffeln und pflanzliche Öle,
- Tee, Kakaobohnen, Rohzucker, ungerösteter Kaffee,
- Kautschuk,
- Wolle,
- Bestimmte Chemikalien und Mineralöle.

8 Steuerschuldnerschaft des Leistungsempfängers

38 Nach dem belgischen Umsatzsteuerrecht ist die Steuerschuldnerschaft des Leistungsempfängers unter anderem für folgende Umsätze anzuwenden:

- In Belgien steuerbare Lieferungen oder Dienstleistungen, die ein nichtansässiger Unternehmer an einen in Belgien ansässigen Steuerpflichtigen erbringt.
- Dies gilt auch, wenn der Leistungsempfänger zwar nicht in Belgien ansässig ist, aber einen Fiskalvertreter bestellt hat.

39 Belgien hat weiterhin eine Steuerschuldnerschaft des Leistungsempfängers für Umsätze zwischen im Land ansässigen Unternehmen eingeführt, die für folgende Vorgänge anzuwenden ist:

- Bauleistungen, Einbau, Reinigung oder Unterhalt im Zusammenhang mit Immobilien,
- Lieferungen von Feingold (ab 325/1.000) und Anlagegold (bei Option),
- Umsätze mit CO2-Zertifikaten.

9 Besondere Umsatzsteuerregelungen für bestimmte Unternehmen

9.1 Besteuerung von Reiseleistungen

40 Belgien hat die Margenbesteuerung für Reiseveranstalter (Art. 306 bis Art. 310 Mehrwertsteuersystemrichtlinie) umgesetzt. Die Regelung bewirkt, dass Reiseveranstalter, die ihr unterliegen, nur Umsatzsteuer auf die Marge zwischen den Eingangsleistungen und den Ausgangsumsätzen schulden, wobei die Umsatzsteuer aus der Marge herauszurechnen ist. Zugleich besteht kein Vorsteuerabzugsrecht. Insoweit ähnelt die Regelung der in Deutschland bestehenden Regelung des § 25 UStG. Allerdings wird in Belgien in der Regel eine geschätzte Marge besteuert, die 6 %, 8 %, 13 % oder 18 % beträgt (vgl. Königlicher Erlass 35 vom 28.12.1999).

9.2 Differenzbesteuerung

41 In Belgien besteht eine Differenzbesteuerung für den Handel mit Gebrauchtwaren, Kunstgegenständen, Antiquitäten und Sammlungsobjekten. Die Regelung hat zur Folge, dass Umsatzsteuer nur auf die Marge zwischen Eingangsleistungen und Ausgangsleistungen erhoben wird. Zugleich ist der Vorsteuerabzug aus Eingangsleistungen ausgeschlossen.

9.3 Sonderregelung für Landwirte

Landwirte, die verschiedene Voraussetzungen erfüllen, sind von den normalen umsatzsteuerlichen Vorschriften mit Ausnahme derjenigen für den innergemeinschaftlichen Warenverkehr befreit. Unter anderem darf der Umsatz 750.000 € nicht übertreffen, und der Landwirt muss eine natürliche Person, eine Personengesellschaft (vennootschap onder firma/société en nom collectif) oder eine belgische GmbH (besloten vennootschap met beperkte aansprakelijkheid/société à responsabilité limitée) sein. 42

Die Sonderregelung (vgl. Art. 57 Mehrwertsteuergesetz) bewirkt eine Umsatzsteuerpauschalierung.

10 Entstehung der Steuer

10.1 Besteuerung nach vereinbarten Entgelten

Grundsätzlich gilt in Belgien das Prinzip der Besteuerung nach vereinbarten Entgelten. 43

Bei der **Lieferung von Gegenständen** entsteht die Umsatzsteuer grundsätzlich mit Verschaffung der Verfügungsmacht bzw. bei Warenbewegung mit deren Ende (vgl. Art. 16 Mehrwertsteuergesetz). Wird eine Anzahlung geleistet, entsteht die Umsatzsteuer entsprechend mit deren Erhalt. 44

Wird bis spätestens zum 15. Kalendertag nach Ablauf des Monats der Leistungserbringung eine Umsatzsteuerrechnung ausgestellt, gilt der Tag der Rechnungsstellung als Besteuerungszeitpunkt, und andernfalls der 15. Kalendertag Ende (vgl. Art. 17 Mehrwertsteuergesetz). 45

Bei **Dienstleistungen** entsteht die Umsatzsteuer mit Erhalt einer Zahlung für die Dienstleistung oder mit Erbringung der Dienstleistung (vgl. Art. 22 Mehrwertsteuergesetz). Auch hier die o.g. Regelung bezüglich Rechnungstellung. 46

Bei **innergemeinschaftlichen Dauerleistungen** (Art. 44 MwStSystRL), die für mehr als ein Jahr ausgeführt werden und die nicht zu Zahlungen oder Abrechnungen während dieser Zeit führen, wird jeweils mit Ablauf des Kalenderjahres eine anteilige Steuerentstehung angenommen. 47

Die Steuer auf **innergemeinschaftliche Erwerbe** entsteht im Zeitpunkt der Lieferung, oder, wenn keine Rechnung ausgestellt wurde, zum 15. Kalendertag des auf den Erwerb folgenden Monats. 48

10.2 Berichtigung der Umsatzsteuer bei Uneinbringlichkeit oder aus anderen Gründen

Ist eine **Forderung uneinbringlich**, sieht das Recht in Belgien grundsätzlich die Möglichkeit einer Umsatzsteuerberichtigung vor. Es sind Nachweise zu führen, wobei regelmäßig ein Konkursverfahren o.ä. vorliegen muss (vgl. Art. 77 Mehrwertsteuergesetz). 49

Andere Entgeltanpassungen (Preisänderung, Rückzahlung, Rückgängigmachung) führen stets zu einer Umsatzsteueranpassung. 50

Jede Form der Umsatzsteuerberichtigung muss spätestens nach drei Jahren erfolgen.

10.3 Besteuerung nach vereinnahmten Entgelten

51 Nach dem belgischen Recht ist es zulässig, dass die Umsatzsteuerschuld von Unternehmen, die überwiegend Umsätze an Nichtunternehmer ausführen, bei denen keine Rechnungsstellungspflicht besteht, nach vereinnahmten Entgelten ermittelt wird.

Weiterhin ist es möglich, für Umsätze an die öffentliche Hand nach vereinnahmten Entgelten zu besteuern (vgl. Art. 17 und Art. 22 Mehrwertsteuergesetz). Ein gesonderter Antrag ist hierbei nicht erforderlich.

10.4 Sonderregelung für Einfuhrumsatzsteuer

52 Es ist möglich, die Zahlung der Einfuhrumsatzsteuerschuld in einem besonderen Verfahren (sog. E.T. 14.000-Lizenz) zeitlich zu verlagern. In diesem Fall wird die Einfuhrumsatzsteuer nicht direkt durch die Zollbehörde erhoben, sondern der Steuerpflichtige meldet sie in der belgischen Umsatzsteuermeldung für den Zeitraum der Einfuhr. Das Verfahren muss gesondert beantragt werden, erfordert aber anders als in der Vergangenheit keine Sondervorauszahlungen mehr.

11 Vorsteuerabzug und Rechnungen

11.1 Allgemeines

53 Grundsätzlich sind umsatzsteuerliche Unternehmer aus den für ihr Unternehmen bezogenen Lieferungen und sonstigen Leistungen zum Vorsteuerabzug berechtigt. Regelmäßig ist der Vorsteuerabzug durch eine ordnungsgemäße Rechnung bzw. im Fall der Einfuhrumsatzsteuer durch ein ordnungsgemäßes Zolldokument nachzuweisen.

11.2 Beschränkungen des Vorsteuerabzugs

54 Nach dem Umsatzsteuerrecht von Belgien berechtigen verschiedene Aufwendungen nicht zum Vorsteuerabzug (vgl. Art. 45 Mehrwertsteuergesetz). Entsprechende Beschränkungen gelten unter anderem für die folgenden Aufwendungen:

- Repräsentationsaufwand,
- 50 % aus Leasing, Anmietung oder Kauf sowie aus Unterhaltskosten, Schmierstoffen und Kraftstoffen von Automobilen (100 % Abzugsrecht bei Bussen und ähnlichen Fahrzeugen, bei Wiederverkäufern, Autovermietern, Taxis, usw.),
- Tabak oder Alkohol (außer bei Wiederverkäufern oder Restaurants u.ä.),
- Hotelübernachtungen, Bewirtung oder Getränke,
- Geschenke mit einem Wert von mindestens 50 € (netto).

Der Vorsteuerausschluss gilt nicht, wenn die Aufwendungen bezogen werden, um sie im Zuge einer geschäftlichen Aktivität in Ausgangsumsätze einfließen zu lassen, also insbesondere für Wiederverkäufer entsprechender Leistungen. 55

Weiterhin sind Vorsteuerbeträge vom Abzug ausgeschlossen, wenn sie im Zusammenhang mit unecht steuerfreien Umsätzen stehen.

Führt ein Unternehmen sowohl zum Vorsteuerabzug berechtigende als auch nicht zum Vorsteuerabzug berechtigende Umsätze aus, so ist eine Aufteilung der Vorsteuerbeträge vorzunehmen (vgl. Art. 46 bis 49 Mehrwertsteuergesetz). Die Vorsteueraufteilung geschieht nach der einfachen Methode nach einem globalen Umsatzschlüssel, der auf den nächsten vollen ganzzahligen Prozentsatz aufzurunden ist. 56

Alternativ ist es zulässig, in einem zweistufigen Verfahren zunächst Vorsteuerbeträge direkt zu Abzugs- und Ausschlussumsätzen zuzuordnen und die verbleibenden Vorsteuern entweder nach einem Umsatzschlüssel oder nach einer mit den Steuerbehörden abgestimmten besonderen Methode aufzuteilen. Die Steuerbehörden haben ebenfalls das Recht, die zweistufige Vorgehensweise anzuordnen.

11.3 Berichtigung des Vorsteuerabzugs

Nach dem belgischen Umsatzsteuergesetz gilt für Gegenstände, die nicht nur einmalig genutzt werden, grundsätzlich ein Vorsteuerberichtigungszeitraum von fünf Jahren bzw. für Grundstücke, Gebäude und verwandte Wirtschaftsgüter ein Zeitraum von fünfzehn Jahren. Bestimmte Rechte werden ebenfalls erfasst. 57

Gegenstände mit einem Preis unter 1.000 € fallen nicht unter die Vorsteuerberichtigungspflicht.

11.4 Rechnungen

In Belgien steuerpflichtige Unternehmer sind grundsätzlich verpflichtet, für alle steuerpflichtigen und steuerfreien Umsätze einschließlich Ausfuhrlieferungen und innergemeinschaftlichen Lieferungen eine ordnungsgemäße umsatzsteuerliche Rechnung auszustellen (vgl. Art. 53 Mehrwertsteuergesetz). Bei Umsätzen an Nichtunternehmer gilt keine allgemeine Rechnungsstellungspflicht, aber bestimmte Umsätze (z. B. Lieferung von PKW) sind rechnungstellungspflichtig. 58

Korrekturbelege, z. B. bei Entgeltminderung, müssen sich eindeutig auf die Ursprungsrechnungen beziehen. Außerdem muss dem Kunden, der vorsteuerabzugsberechtigt war, im Korrekturbeleg mitgeteilt werden, dass er den Vorsteuerabzug berichtigen muss. Der entsprechende Text lautet wie folgt: Btw terug te storten aan de Staat in de mate waarin ze oorspronkelijk in aftrek werd gebracht – TVA à reverser à l'Etat dans la mesure où elle a été initialement déduite (Art. 4 Abs. 1 Königlicher Erlass 4 vom 29.12.1969). 59

Abrechnungen im **Gutschriftsverfahren** sind zulässig, sollten jedoch mit einer schriftlichen Vereinbarung verbunden werden. 60

Kleinunternehmer müssen Rechnungen ohne Umsatzsteuerausweis erstellen und auf die Kleinunternehmereigenschaft hinweisen. 61

Umsatzsteuerrechnungen müssen folgende Angaben enthalten (vgl. Art. 5 des Königlichen Erlasses vom 29.12.1992): 62

- Name und Anschrift des Leistenden und dessen Umsatzsteueridentifikationsnummer,

- Name und Anschrift des Leistungsempfängers sowie dessen Umsatzsteueridentifikationsnummer, falls er eine besitzt,
- Datum der Ausstellung,
- Eindeutige, fortlaufende Rechnungsnummer,
- Datum der Lieferung oder Leistung bzw. der erhaltenen Anzahlung, falls feststellbar und abweichend vom Datum der Ausstellung,
- Leistungsbeschreibung,
- Nettoentgelt, getrennt nach Steuersätzen und Steuerbefreiungen,
- Umsatzsteuerbetrag und Umsatzsteuersatz,
- im Gutschriftsverfahren den Hinweis »factuur uitgereikt door afnemer«/»autofacturation«,
- Hinweis auf eventuelle Steuerbefreiungen.

63 **Kleinbetragsrechnungen** (Grenze: 100 € netto) müssen nur folgende Elemente enthalten:
- Name und Anschrift des Leistenden und dessen Umsatzsteueridentifikationsnummer;
- Name und Anschrift des Leistungsempfängers, **oder** dessen Umsatzsteueridentifikationsnummer;
- Leistungsbeschreibung;
- Umsatzsteuerbetrag.

11.5 Elektronische Rechnungsstellung

64 Mit Wirkung zum 01.01.2013 wurde das Umsatzsteuergesetz geändert, um nach den Vorgaben der Europäischen Union die digitale Rechnungstellung zu erleichtern. Grundsätzlich gilt seit diesem Zeitpunkt eine Gleichstellung digitaler Rechnungen mit Papierrechnungen (vgl. Behördenrundschreiben AAFisc 14/2014 vom 04.04.2014).

11.6 Rechnungen in fremder Währung

65 Rechnungen dürfen in Fremdwährungen oder in Euro ausgestellt werden. Der Umsatzsteuerbetrag muss aber immer in Euro angegeben werden.

Fremdwährungen sind nach dem EZB-Kurs oder, falls ein solcher nicht vorliegt, dem Kurs der belgischen Nationalbank umzurechnen. Alternativ ist es zulässig, einen zwischen den Parteien vereinbarten abweichenden Kurs zu verwenden, falls dieser im Vertrag und in der Rechnung angegeben wird.

12 Steuererklärungen und weitere Steueranmeldungen

12.1 Umsatzsteuermeldungen

66 In der Regel sind monatliche Umsatzsteuermeldungen abzugeben. Dabei ist Abgabetermin jeweils der 20.Tag des folgenden Monats. Zum gleichen Termin ist die Steuerzahlung fällig.

Bei einem Jahresumsatz von weniger als 2,5 Millionen € besteht ein Wahlrecht für quartalsweise Umsatzsteuermeldungen. Dieses gilt jedoch nicht, wenn ein Unternehmen in einem Quartal innergemeinschaftliche Lieferungen von mehr als 50.000 € ausgeführt hat. Bei manchen Umsätzen reduziert sich die Grenze für das Wahlrecht von 2,5 Millionen € auf 250.000 €. 67

Unternehmen, die quartalsweise Umsatzsteuermeldungen abgeben, mussten bis zum Jahr 2017 monatliche Vorauszahlungen jeweils am 20. Tag des zweiten und dritten Monats entrichten. Diese betragen jeweils 1/3 der Umsatzsteuerschuld des vorangegangenen Quartals. Diese Regelung wurde zum 01.04.2017 abgeschafft.

Sämtliche Unternehmen müssen zum 24.12. eines Jahres eine Sondervorauszahlung für die Periode vom 01.12. bis 20.12. leisten. Die Zahlung kann entweder nach tatsächlichen Werten (Umsatzsteuer abzüglich Vorsteuer) oder auf Basis der Umsatzsteuerschuld des Monats November ermittelt werden. 68

Die elektronische Abgabe der Meldungen ist verpflichtend. Nur in Härtefällen kann die Abgabe in Papierform gestattet werden. 69

12.2 Umsatzsteuerjahreserklärungen

In Belgien gibt es keine Umsatzsteuerjahreserklärung. Jedoch ist zum 31.03. eine besondere Jahresmeldung (Form 725) abzugeben, in der alle Umsätze an in Belgien umsatzsteuerlich erfasste Kunden, die einen Nettobetrag von 250 € übersteigen, gemeldet werden müssen. Die Meldung ist ebenfalls digital abzugeben. 70

12.3 Umsatzsteuer-Identifikationsnummer

Die belgische Umsatzsteuer-Identifikationsnummer besteht aus zehn Zeichen, mit dem vorangestellten Ländercode BE. 71

12.4 Zusammenfassende Meldung im innergemeinschaftlichen Waren- und Dienstleistungsverkehr

Unternehmen, die innergemeinschaftliche Lieferungen oder Dienstleistungen nach Art. 44 Mehrwertsteuersystemrichtlinie ausführen, müssen grundsätzlich eine Zusammenfassende Meldung abgeben. Der Meldezeitraum richtet sich nach dem Meldezeitraum der Umsatzsteuer. 72

Die Zusammenfassende Meldung ist bis spätestens zum 20. Kalendertag des Folgemonats einreichen und zwingend digital abzugeben.

13 Straf- und Bußgeldvorschriften

73 Es gelten die folgenden Vorschriften:

- **Verspätete Umsatzsteuermeldung**
  Wird eine Umsatzsteuermeldung verspätet abgegeben, kann ein Strafzuschlag von 100 € pro Monat der Verspätung, begrenzt auf maximal 1.000 €, festgesetzt werden.
- **Verspätete Jahresmeldung oder Nichtabgabe**
  Nichtabgabe oder verspätete Abgabe der Jahresmeldung der Umsätze führt zu Strafen zwischen 200 € und 1.250 € (Verspätung) bzw. bis zu 2.500 € (Nichtabgabe).
- **Verspätete Registrierung**
  Es kann eine Strafe von 100 € bis 500 € erhoben werden. Wurde Umsatzsteuer im Zusammenhang mit der verspäteten Registrierung zu spät bezahlt, können ein Strafzuschlag von 15 % und Zinsen von 0,8 % pro Monat festgesetzt werden.

74 Wer Umsatzsteuer in einer Rechnung zu Unrecht ausweist, schuldet diese Umsatzsteuer bis zu einer wirksamen Korrektur (vgl. Art. 51 Mehrwertsteuergesetz).

Der Leistungsempfänger kann für nicht abgeführte Umsatzsteuer haften, wenn er an einer Steuerhinterziehung mitgewirkt hat oder diese hätte kennen müssen (vgl. Art. 51 bis Mehrwertsteuergesetz).

14 Behandlung nicht ansässiger Unternehmen

75 Ein nicht ansässiges Unternehmen ist nach belgischem Verständnis ein Unternehmen, das weder den Sitz noch die Geschäftsleitung noch eine feste Niederlassung in Belgien unterhält. Nicht ansässige Unternehmen müssen sich in Belgien umsatzsteuerlich registrieren, wenn sie mindestens eine der folgenden Aktivitäten ausführen:

- in Belgien steuerbare Lieferungen von Gegenständen, die nicht unter die Steuerschuldnerschaft des Leistungsempfängers fallen,
- in Belgien steuerbare Versandhandelslieferungen,
- in Belgien steuerbare sonstige Leistungen, die nicht unter die Steuerschuldnerschaft des Leistungsempfängers oder das MOSS-Verfahren fallen;
- Bewirken eines innergemeinschaftlichen Erwerbs in Belgien.

Die Lieferschwelle für Versandhandelslieferungen beträgt 35.000 €.

76 Nichtansässige Unternehmen, die in einem anderen EU-Mitgliedstaat niedergelassen sind, sind berechtigt, sich direkt, d.h. ohne Einschaltung eines Fiskalvertreters, in Belgien umsatzsteuerlich zu registrieren.

77 Unternehmen aus Nicht-EU-Staaten sind dagegen verpflichtet, einen in Belgien ansässigen **Fiskalvertreter** zu bestellen. Dieser haftet gesamtschuldnerisch für die Umsatzsteuerverbindlichkeiten.

78 Es gibt eine Vereinfachungsregelung, die für sog. **Konsignationslager** bewirken kann, dass keine belgische Registrierung erforderlich ist (vgl. Behördenrundschreiben Nr. 16 vom

14.07.1994, und Nr. 4 vom 04.03.2003, erwähnt in OFD Frankfurt am Main, Verfügung vom 23.02.2017, S 7100a A-004-St 110). Dabei gilt keine zeitliche Obergrenze bezüglich des Verbleibens im Lager. Die Vereinfachungsregelung unterstellt bei der Überführung von Waren aus dem EU-Ausland in ein belgisches Konsignationslager, dass die Waren erst in dem Zeitpunkt nach Belgien transportiert werden, zu dem der belgische Kunde die Waren aus dem Lager entnimmt. Das hat zur Folge, dass es im Zeitpunkt der Entnahme zu einer innergemeinschaftlichen Lieferung kommt, und damit der Erwerber in Belgien die Erwerbsbesteuerung vorzunehmen hat.

15 Vorsteuervergütungsverfahren

15.1 EU-Unternehmen

Für Unternehmen mit Sitz in einem anderen Mitgliedstaat der Europäischen Union ist in Belgien die Vergütung von Vorsteuerbeträgen nach der Richtlinie 2008/9/EG möglich (vgl. Art. 76 Mehrwertsteuergesetz). Wie in anderen Mitgliedstaaten üblich, hat der Antragsteller einen digitalen Vorsteuervergütungsantrag im Portal der für ihn im Heimatstaat zuständigen Finanzbehörde einzureichen (in Deutschland: Bundeszentralamt für Steuern). Die Antragsfrist ist grundsätzlich der 30.09. des Folgejahres (Ausschlussfrist). 79

Dem Antrag sind gescannte Rechnungskopien beizufügen, soweit das Nettoentgelt einen Betrag von 1.000 € bzw. 250 € bei Kraftstoffen übertrifft.

Anträge können für ganze Kalenderjahre oder für Zeiträume von mindestens drei Monaten gestellt werden. Der Mindestvergütungsbetrag in einem Jahresantrag muss 50 € betragen, oder 400 € bei Anträgen für kürzere Perioden.

15.2 Nicht-EU-Unternehmen

Unternehmen mit Sitz in Drittstaaten können einen Vorsteuervergütungsantrag nach der 13. Richtlinie einreichen. Die Vorsteuervergütung setzt nach belgischem Recht keine Gegenseitigkeit mit dem Sitzstaat des Antragstellers voraus. Dies bedeutet, dass Belgien grundsätzlich an Antragsteller aus allen Staaten Vorsteuern vergütet. 80

Anträge können für ganze Kalenderjahre oder für Zeiträume von mindestens drei Monaten gestellt werden.

Der Mindestvergütungsbetrag in einem Jahresantrag muss 25 € betragen, oder 200 € bei Anträgen für kürzere Perioden.

Ein Antrag muss grundsätzlich spätestens bis zum 30.06. des Folgejahres gestellt werden. Es handelt sich um eine nicht verlängerbare Ausschlussfrist. Der Antrag ist in Papierform zu übermitteln.

Der Antragsteller muss seine Unternehmereigenschaft mit einer durch seine Heimatsteuerbehörde ausgestellten Unternehmerbescheinigung nachweisen, die maximal ein Jahr alt sein darf. Außerdem muss er die Originalrechnungen dem Antrag beifügen.

Länderanhang Bulgarien

Literatur

Vargoulev/Dlagnekov, Bulgaria Value Added Tax, IBFD 2017. **Ernst & Young**, Worldwide VAT, GST and Sales Tax Guide 2017. **Krastanov**, Inoffizielle Übersetzung des Mehrwertsteuergesetzes, IBFD 2017.

1 Einführung

Bulgarien gehört seit dem 01.01.2007 zur Europäischen Union. Das bulgarische Mehrwertsteuergesetz basiert daher auf der Mehrwertsteuersystemrichtlinie. Ein erstes Mehrwertsteuergesetz wurde mit Wirkung zum 01.01.1994 eingeführt und im zeitlichen Kontext des EU-Beitritts angepasst. 1

2 Bezeichnung der Steuer

Die bulgarische Bezeichnung der Umsatzsteuer lautet »Danak varhu dobavenata stoinost« (DDS). 2

3 Steuerbarkeit und Erhebungsgebiet

3.1 Erhebungsgebiet

Das umsatzsteuerliche Erhebungsgebiet entspricht dem Staatsgebiet der Republik Bulgarien. 3

3.2 Steuerbare Umsätze

4 Sämtliche in Bulgarien von einem Steuerpflichtigen ausgeführten **Lieferungen** und **Dienstleistungen** sind umsatzsteuerbar.

5 Als **Lieferungen** gelten neben der Übertragung körperlicher Gegenstände und unbeweglichen Vermögens auch die Lieferung von Gas, Elektrizität, Wasser, Wärme und Kälte (vgl. Art. 6 Mehrwertsteuergesetz). Ein Mietkaufvertrag oder ein Leasingvertrag mit Kaufoption des Leasingnehmers, bei dem die Summe der Leasingraten ohne den Zinsanteil den Marktwert des Leasingobjekts erreicht, ist ebenfalls eine Lieferung.

6 Der **Ort der Lieferung** bestimmt sich nach der Verschaffung der Verfügungsmacht bzw. bei Warentransport nach dessen Beginn (vgl. Art. 17 Mehrwertsteuergesetz). Abweichend hiervon wird bei der **Versandhandelsregelung** das Ende der Versendung betrachtet (vgl. Art. 20 Mehrwertsteuergesetz). Es gilt hierbei eine Lieferschwelle von 70.000 BGN, auf deren Anwendung verzichtet werden kann. Die Regelung gilt nicht für die Lieferung neuer Beförderungsmittel. Bei Lieferungen mit Montage ist der Lieferort der Ort der Montage.

7 Ebenfalls in Bulgarien steuerbar sind Lieferungen aus dem Drittland, bei denen der Lieferer die Einfuhrumsatzsteuer schuldet.

8 Explizite gesetzliche Regelungen zu **Reihengeschäften** gibt es in Bulgarien nicht.

9 Unentgeltlich erbrachte Lieferungen oder Dienstleistungen können steuerbare **unentgeltliche Wertabgaben** sein. Regelmäßig ist Voraussetzung, dass aus dem Gegenstand ein Vorsteuerabzug geltend gemacht wurde.

Geschenke mit einem Wert von maximal 30 BGN sind keine unentgeltlichen Wertabgaben. Die Grenze gilt, wie in Deutschland, pro Empfänger und Jahr.

Ab dem 01.01.2017 gilt vorrangig ein Vorsteuerausschluss bzw. eine Vorsteuerberichtigungspflicht für unentgeltliche Wertabgaben. Zusätzlich gilt eine Regelung für die Nichtbesteuerung der Abgabe von Lebensmitteln an registrierte Tafeln, wenn bestimmte Bedingungen eingehalten werden.

10 **Dienstleistungen** werden ähnlich wie in Deutschland als Leistungen definiert, die keine Lieferungen von Gegenständen darstellen (vgl. Art. 9 Mehrwertsteuergesetz).

11 Der **Ort der meisten Dienstleistungen** zwischen Unternehmen bestimmt sich nach dem Empfängerortsprinzip (vgl. Art. 21 Mehrwertsteuergesetz) bzw. für Dienstleistungen an Nichtunternehmer nach dem Sitz des leistenden Unternehmers oder von dessen fester Niederlassung. Ausnahmen gelten vor allem für grundstücksbezogene Umsätze (Ort des Grundstücks), für Personenbeförderungen (Ort der Beförderung), kurzfristige Vermietung von Beförderungsmitteln (Ort der Übergabe), Restaurantumsätze (Tätigkeitsort) und den Zugang zu Veranstaltungen (Ort derselben).

12 **Geschäftsveräußerungen im Ganzen** an einen anderen Unternehmer, d. h. die Übertragung des ganzen Betriebs oder einer Division der Betätigung, sind nicht umsatzsteuerbar. Sie bewirken eine Rechtsnachfolge (vgl. Art. 10 Mehrwertsteuergesetz).

13 Steuerbar ist auch der **innergemeinschaftliche Erwerb** von Gegenständen in Bulgarien. Es gibt jedoch Ausnahmen für land- und forstwirtschaftliche Betriebe, Steuerpflichtige, die ausschließlich vorsteuerschädliche Ausgangsumsätze tätigen, sowie für nicht unternehmerisch tätige juristische Personen. Die Erwerbschwelle für nicht steuerpflichtige Personen beträgt 20.000 BGN. Auch wenn die Erwerbschwelle nicht überschritten wird, kann zur Steuerpflicht optiert werden.

14 Dienstleistungen, die von einem bulgarischen Steuerpflichtigen grenzüberschreitend empfangen werden und unter die Steuerschuldnerschaft des Leistungsempfängers fallen, sind ebenfalls steuerbare Umsätze im Sinne des bulgarischen Rechts. Ebenso sind Einfuhren von Waren von außerhalb der Europäischen Union in Bulgarien umsatzsteuerbar.

15 Unternehmen aus der EU, die Telekommunikations-, Rundfunk-, Fernseh- oder elektronische Leistungen an Nichtsteuerpflichtige erbringen, sind damit zwar in Bulgarien seit dem 01.01.2015

umsatzsteuerpflichtig. Sie können jedoch das MOSS-Verfahren nutzen und sind damit nicht registrierungspflichtig.

Bei Unternehmen aus Nicht-EU-Staaten besteht die Möglichkeit, für entsprechende Umsätze die Sonderregelung zu nutzen, sich in einem einzigen EU-Mitgliedstaat zu registrieren und dort sämtliche Umsätze zu melden.

In Bulgarien ansässige Unternehmer, die eine Umsatzgrenze von 50.000 BGN nicht übertreffen, 16
können als **Kleinunternehmer** besteuert werden (vgl. Art. 96 und Art. 100 Mehrwertsteuergesetz). Falls sie diese Möglichkeit nutzen, schulden sie keine Umsatzsteuer, haben jedoch auch kein Vorsteuerabzugsrecht. Die Umsatzgrenze ist jeweils für zwölf aufeinander folgende Monate zu betrachten.

4 Unternehmer bzw. Steuerpflichtiger

17 Als Steuerpflichtiger nach bulgarischem Recht gilt jede natürliche oder juristische Person, die im Zuge einer geschäftlichen Betätigung in Bulgarien Waren liefert oder Dienstleistungen erbringt.

18 Ein ausländischer Unternehmer hat in Bulgarien eine umsatzsteuerliche **Betriebsstätte** (feste Niederlassung), wenn er dort eine Geschäftseinrichtung unterhält (z. B. Büro, Lager) und von dort Lieferungen oder Dienstleistungen erbringt.

5 Organschaft bzw. Mehrwertsteuergruppe

19 Bulgarien hat bisher keine umsatzsteuerliche Organschaft oder Mehrwertsteuergruppe eingeführt.

20 Allerdings gelten seit dem Jahr 2016 Regelungen zur Anwendung der sog. »Skandia America«-Rechtsprechung des EuGH (vgl. EuGH vom 17.09.2014, C-7/13). Grenzüberschreitende Leistungen zwischen Stammhaus und Niederlassung werden seitdem als steuerbare Umsätze angesehen, wenn die ausländische Einheit Teil einer Mehrwertsteuergruppe ist.

6 Bemessungsgrundlage

21 Grundsätzlich ist der vereinbarte Nettopreis (Entgelt) die steuerliche Bemessungsgrundlage (vgl. Art. 26 Mehrwertsteuergesetz).

22 Bei unentgeltlichen Vorgängen ist der Einkaufspreis bzw. die Selbstkosten im Umsatzzeitpunkt anzusetzen (vgl. Art. 27 Mehrwertsteuergesetz).

23 Bei entgeltlichen Transaktionen zwischen nahestehenden Personen (diese sind nicht gesetzlich definiert) ist der Marktpreis anzusetzen, wenn das tatsächliche Entgelt darunter liegt und der Leistungsempfänger nicht voll zum Vorsteuerabzug berechtigt ist.

7 Steuersätze und Steuerbefreiungen

7.1 Regelsteuersatz

24 Der Regelsteuersatz in Bulgarien beträgt 20 %.

7.2 Ermäßigte Steuersätze

25 Das bulgarische Umsatzsteuergesetz sieht einen ermäßigten Steuersatz vor, und zwar von 9 % (vgl. Art. 66 Mehrwertsteuergesetz).

26 Dieser ermäßigte Steuersatz gilt nur für Hotelübernachtungen einschließlich ähnlicher Vorgänge wie z. B. Campingplätze.

7.3 Steuerbefreiungen

27 Das bulgarische Umsatzsteuerrecht enthält sowohl Steuerbefreiungen mit Vorsteuerabzugsrecht (echte Steuerbefreiungen) als auch Steuerbefreiungen ohne Vorsteuerabzugsrecht (unechte Steuerbefreiungen).

28 Zu den Steuerbefreiungen mit Vorsteuerabzugsrecht gehören insbesondere (vgl. Art. 28 bis 36 Mehrwertsteuergesetz)
- innergemeinschaftliche Lieferungen und Ausfuhrlieferungen,
- Umsätze für die Seeschifffahrt und die Luftfahrt,
- bestimmte Goldlieferungen an Zentralbanken,
- Umsätze in Zolllagerverfahren oder Verbrauchsteuerlagerverfahren.

29 Steuerbefreiungen ohne Vorsteuerabzugsrecht (vgl. Art. 38 bis 50 Mehrwertsteuergesetz) bestehen unter anderem für
- Bank- und Finanzumsätze,
- Versicherungsumsätze,
- ärztliche Leistungen,
- bestimmte Leistungen der Sozialfürsorge,
- bestimmte Umsätze mit Immobilien, insbesondere Eigentumsübertragungen, ausgenommen Baugrundstücke und neue Gebäude,
- Vermietung von Wohnraum an natürliche Personen als Nichtunternehmer,
- Vermietung von Grundstücken,

- bestimmte Unterrichtsleistungen, sportliche Leistungen und kulturelle Leistungen,
- Glücksspiele, die von lizensierten Betreibern angeboten werden.

Eine **Option zur Steuerpflicht** ist nur für verschiedene Immobilienumsätze (insbesondere die Lieferung alter Gebäude und für Vermietungen, vgl. Art. 45 Mehrwertsteuergesetz), Umsätze mit Anlagegold und für die Zinskomponenten bei Finanzierungsleasing möglich (vgl. Art. 46 Mehrwertsteuergesetz). 30

Bei Ausfuhrlieferungen und innergemeinschaftlichen Lieferungen ist ein **Belegnachweis** zu führen. Bei **Ausfuhrlieferungen** ist dies üblicherweise das zollrechtliche Ausfuhrdokument, das den Lieferer als Ausführer zeigt. Im Abholfall wird auch eine schriftliche Empfangsbestätigung des Abnehmers akzeptiert. 31

Bei **innergemeinschaftlichen Lieferungen** soll der Nachweis durch Frachtpapiere oder im Abholfall durch eine schriftliche Empfangsbestätigung des Abnehmers geführt werden.

Ausfuhrlieferungen im Reisegepäck sind nur steuerfrei, wenn die Ware in einem zugelassenen Duty-Free-Geschäft erworben wurde (vgl. Art. 35 Mehrwertsteuergesetz). 32

Bei der Einfuhr gilt eine Steuerbefreiung für **Kleinsendungen** mit einer Wertgrenze von 45 € (vgl. Art. 58 Mehrwertsteuergesetz). 33

Bulgarien hat keine Steuerbefreiungsregelung für **Umsatzsteuerlager**. 34

8 Steuerschuldnerschaft des Leistungsempfängers

Nach dem bulgarischen Umsatzsteuerrecht ist die Steuerschuldnerschaft des Leistungsempfängers unter anderem für folgende Umsätze anzuwenden (vgl. Art. 82 Mehrwertsteuergesetz): 35

- In Bulgarien steuerbare Dienstleistungen, die ein nichtansässiger Unternehmer an einen in Bulgarien mehrwertsteuerlich registrierten Steuerpflichtigen erbringt.
- In Bulgarien steuerbare Lieferungen von Elektrizität oder Erdgas, die ein nichtansässiger Unternehmer an einen in Bulgarien mehrwertsteuerlich registrierten Steuerpflichtigen erbringt.
- In Bulgarien steuerbare Werk- oder Montagelieferungen, die ein nichtansässiger Unternehmer aus einem anderen EU-Mitgliedstaat an einen in Bulgarien mehrwertsteuerlich registrierten Steuerpflichtigen erbringt.

Bulgarien hat eine Steuerschuldnerschaft des Leistungsempfängers für Umsätze zwischen im Land ansässigen Unternehmen eingeführt (vgl. Art. 82 Mehrwertsteuergesetz), die zu den folgenden Fallgruppen gehören: 36

- Umsätze mit Anlagegold (bei ausgeübter Option),
- Lieferungen und verbundene Dienstleistungen bei der Entsorgung, insbesondere von Metallabfällen,
- Lieferungen von Getreiden und Saaten (befristet bis Ende 2018).

Der Leistungsempfänger ist verpflichtet, die Umsatzsteuer auf einem besonderen Formular anzugeben. Andernfalls hat er kein Vorsteuerabzugsrecht.

9 Besondere Umsatzsteuerregelungen für bestimmte Unternehmen

9.1 Besteuerung von Reiseleistungen

37 Bulgarien hat die Margenbesteuerung für Reiseveranstalter (Art. 306 bis Art. 310 Mehrwertsteuersystemrichtlinie) umgesetzt (vgl. Art. 136 bis 142 Mehrwertsteuergesetz). Die Regelung bewirkt, dass Reiseveranstalter, die ihr unterliegen, nur Umsatzsteuer auf die Marge zwischen den Eingangsleistungen und den Ausgangsumsätzen schulden, wobei die Umsatzsteuer aus der Marge herauszurechnen ist. Zugleich besteht kein Vorsteuerabzugsrecht. Insoweit ähnelt die Regelung der in Deutschland bestehenden Regelung des § 25 UStG.

9.2 Differenzbesteuerung

38 In Bulgarien besteht eine Differenzbesteuerung für den Handel mit Gebrauchtwaren, Kunstgegenständen, Antiquitäten und Sammlungsobjekten (vgl. Art. 143 bis 147 Mehrwertsteuergesetz). Die Regelung hat zur Folge, dass Umsatzsteuer nur auf die Marge zwischen Eingangsleistungen und Ausgangsleistungen erhoben wird. Zugleich ist der Vorsteuerabzug aus Eingangsleistungen ausgeschlossen.

9.3 Sonderregelung für Landwirte

39 Bulgarien hat keine Sonderregelung für die Landwirtschaft eingeführt.

10 Entstehung der Steuer

10.1 Besteuerung nach vereinbarten Entgelten

40 Grundsätzlich gilt in Bulgarien das Prinzip der Besteuerung nach vereinbarten Entgelten.

41 Bei der **Lieferung von Gegenständen** entsteht die Umsatzsteuer mit Verschaffung der Verfügungsmacht bzw. bei Warenbewegung mit deren Beginn (vgl. Art. 25 Mehrwertsteuergesetz). Wird eine Anzahlung geleistet, entsteht die Umsatzsteuer entsprechend mit deren Erhalt.

42 Bei **Dienstleistungen** entsteht die Umsatzsteuer mit Erhalt einer Zahlung für die Dienstleistung oder mit Erbringung der Dienstleistung.

Bei **Dauerleistungen**, die für mehr als ein Jahr ausgeführt werden und die nicht zu Zahlungen oder Abrechnungen während dieser Zeit führen, wird jeweils mit Ablauf des Kalenderjahres eine anteilige Steuerentstehung angenommen. 43

Die Steuer auf **innergemeinschaftliche Erwerbe** entsteht im Zeitpunkt der Lieferung, oder wenn keine Rechnung ausgestellt wurde, zum 15. Kalendertag des auf den Erwerb folgenden Monats. 44

10.2 Berichtigung der Umsatzsteuer bei Uneinbringlichkeit oder aus anderen Gründen

Bulgarien sieht keine Möglichkeit vor, die Umsatzsteuer wegen Uneinbringlichkeit zu mindern. Dies basiert auf Art. 90 Abs. 2 MwStSystRL. 45

Andere Entgeltanpassungen (Preisänderung, Rückzahlung, Rückgängigmachung) führen stets zu einer Umsatzsteueranpassung. 46

10.3 Besteuerung nach vereinnahmten Entgelten

Unternehmen, deren Umsatz in zwölf aufeinander folgenden Monaten einen Betrag von 500.000 € (umzurechnen in bulgarische Währung) nicht überschreitet, und die weitere Bedingungen erfüllen (v.a. dürfen sie keine offenen Steuerschulden haben), können die Besteuerung nach vereinnahmten Entgelten wählen (vgl. Art. 151aff. Mehrwertsteuergesetz). Sie schulden dann die Umsatzsteuer erst bei Erhalt einer Zahlung. 47

10.4 Sonderregelung für Einfuhrumsatzsteuer

Es ist möglich, die Zahlung der Einfuhrumsatzsteuerschuld in einem besonderen Verfahren zeitlich zu verlagern. In diesem Fall wird die Einfuhrumsatzsteuer nicht direkt durch die Zollbehörde erhoben, sondern der Steuerpflichtige meldet sie in der Umsatzsteuermeldung für den Zeitraum der Einfuhr. Bei vollem Vorsteuerabzugsrecht ergibt sich dann kein Cashflow-Effekt. 48

Das Verfahren gilt allerdings nicht allgemein, sondern für nur für sog. anerkannte Investitionsprojekte (vgl. Art. 164 und 166 Mehrwertsteuergesetz).

11 Vorsteuerabzug und Rechnungen

11.1 Allgemeines

Grundsätzlich sind umsatzsteuerliche Unternehmer aus den für ihr Unternehmen bezogenen Lieferungen und sonstigen Leistungen zum Vorsteuerabzug berechtigt (vgl. Art. 68 Mehrwert- 49 steuergesetz). Regelmäßig ist der Vorsteuerabzug durch eine ordnungsgemäße Rechnung bzw. im Fall der Einfuhrumsatzsteuer durch ein ordnungsgemäßes Zolldokument nachzuweisen (vgl. Art. 71 Mehrwertsteuergesetz). Bei Umsatzsteuer aus der Steuerschuldnerschaft des Leistungsempfängers muss das entsprechende Anmeldeprotokoll vorliegen.

11.2 Beschränkungen des Vorsteuerabzugs

50 Nach dem Umsatzsteuerrecht von Bulgarien berechtigen verschiedene Aufwendungen nicht zum Vorsteuerabzug (vgl. Art. 71 Mehrwertsteuergesetz). Entsprechende Beschränkungen gelten unter anderem für die folgenden Aufwendungen:
- Repräsentationsaufwand,
- Geschenke,
- Anschaffung, Parken und Unterhalt eines PKW oder Motorrads (Ausnahme: Nutzung für Kerntätigkeit, wie z. B. bei Personenbeförderung).

51 Weiterhin sind Vorsteuerbeträge vom Abzug ausgeschlossen, wenn sie im Zusammenhang mit unecht steuerfreien Umsätzen stehen.

52 Führt ein Unternehmen sowohl zum Vorsteuerabzug berechtigende als auch nicht zum Vorsteuerabzug berechtigende Umsätze aus, so ist eine Aufteilung der Vorsteuerbeträge vorzunehmen, soweit nicht eine direkte Zuordnung möglich ist (vgl. Art. 73 Mehrwertsteuergesetz).

Die Vorsteueraufteilung geschieht nach einem globalen Umsatzschlüssel, der auf den nächsten vollen Prozentsatz mit zwei Dezimalen aufzurunden ist.

11.3 Vorsteuerüberhänge

53 Bei einem Vorsteuerüberhang aus einer Umsatzsteuermeldung, wird dieser nicht direkt ausgezahlt. Vielmehr wird er vorrangig mit anderen offenen Steuerschulden oder Sozialversicherungsbeiträgen verrechnet. Ein verbleibender Überhang wird grundsätzlich vorgetragen und kann dann mit den Zahllasten der folgenden zwei Meldemonate verrechnet werden (vgl. Art. 92 Mehrwertsteuergesetz).

54 Sollte danach immer noch ein Erstattungssaldo verbleiben, wird dieser binnen 30 Tagen nach Abgabe der zweiten Umsatzsteuermeldung in den Folgezeiträumen ausgezahlt.

Es besteht eine gesonderte Möglichkeit, eine Erstattung bereits innerhalb von 30 Tagen nach Abgabe der Umsatzsteuermeldung mit dem Überhang zu erhalten (ohne das Verrechnungsverfahren), wenn der Steuerpflichtige zu einer der folgenden Gruppen gehört:
- Vom Finanzministerium anerkannte »Investoren«;
- von der Nationalen Steuerverwaltung als »niedriges Risiko« gruppierte Unternehmen, die keine unbezahlten Verbindlichkeiten gegen die öffentliche Hand haben;
- Steuerpflichtige, deren steuerfreie Umsätze mit Vorsteuerabzugsrecht in einer 12-Monats-Periode über 30 % des Gesamtumsatzes ausmachen;
- bestimmte Landwirte.

11.4 Berichtigung des Vorsteuerabzugs

Nach dem bulgarischen Umsatzsteuergesetz gilt für Gegenstände, die nicht nur einmalig genutzt werden, grundsätzlich ein Vorsteuerberichtigungszeitraum von fünf Jahren bzw. für Grundstücke, Gebäude und verwandte Wirtschaftsgüter ein Zeitraum von zwanzig Jahren (vgl. Art. 79a und 79b Mehrwertsteuergesetz). 55

Gegenstände mit einem Preis unter 5.000 BGN fallen nicht unter die Vorsteuerberichtigungspflicht.

11.5 Rechnungen

In Bulgarien steuerpflichtige Unternehmer sind grundsätzlich verpflichtet, für alle steuerpflichtigen und steuerfreien Umsätze einschließlich Ausfuhrlieferungen und innergemeinschaftlichen Lieferungen eine ordnungsgemäße umsatzsteuerliche Rechnung auszustellen (vgl. Art. 113 Mehrwertsteuergesetz). Bei Umsätzen an Nichtunternehmer gilt keine allgemeine Rechnungsstellungspflicht. 56

Rechnungen sind grundsätzlich innerhalb von 5 Tagen nach der Lieferung oder Dienstleistung oder dem Erhalt einer Anzahlung zu stellen (vgl. Art. 113 Mehrwertsteuergesetz).

Korrekturbelege, z. B. bei Entgeltminderung oder Entgelterhöhung, müssen sich eindeutig auf die Ursprungsrechnungen beziehen und den Berichtigungsgrund bezeichnen (vgl. Art. 115 Mehrwertsteuergesetz). Sie sind innerhalb von 5 Tagen auszustellen. 57

Rechnungen an andere bulgarische Unternehmen müssen deren Umsatzsteueridentifikationsnummer oder BULSTAT-Nummer enthalten.

Abrechnungen im **Gutschriftsverfahren** sind zulässig, sollten jedoch mit einer schriftlichen Vereinbarung verbunden werden. 58

Umsatzsteuerrechnungen müssen folgende Angaben enthalten (vgl. Art. 114 Mehrwertsteuergesetz): 59

- eine Bezeichnung als Rechnung,
- einen Hinweis, dass es sich um das Original handelt,
- Name und Anschrift des Leistenden und dessen Umsatzsteueridentifikationsnummer und BULSTAT-Nummer,
- Name und Anschrift des Leistungsempfängers sowie dessen Umsatzsteueridentifikationsnummer, falls er eine besitzt,
- Datum der Ausstellung,
- Eindeutige, fortlaufende Rechnungsnummer,
- Datum der Lieferung oder Leistung bzw. der erhaltenen Anzahlung, falls feststellbar und abweichend vom Datum der Ausstellung,
- der zu zahlende Betrag, falls er von der Summe aus Entgelt und Umsatzsteuer abweicht,
- Leistungsbeschreibung,
- Nettoentgelt, getrennt nach Steuersätzen und Steuerbefreiungen, pro Einheit,
- Umsatzsteuerbetrag und Umsatzsteuersatz,
- Hinweis auf eventuelle Steuerbefreiungen oder Entgeltminderungen.

Kleinbetragsrechnungen (Grenze: 100 € Brutto) müssen immer noch folgende Elemente enthalten: 60

- eine Bezeichnung als Rechnung,
- einen Hinweis, dass es sich um das Original handelt,

- Name und Anschrift des Leistenden und dessen Umsatzsteueridentifikationsnummer und BULSTAT-Nummer,
- Name und Anschrift des Leistungsempfängers sowie dessen Umsatzsteueridentifikationsnummer, falls er eine besitzt,
- Datum der Ausstellung,
- Eindeutige, fortlaufende Rechnungsnummer,
- Datum der Lieferung oder Leistung bzw. der erhaltenen Anzahlung, falls feststellbar und abweichend vom Datum der Ausstellung,
- Leistungsbeschreibung,
- Nettoentgelt, getrennt nach Steuersätzen und Steuerbefreiungen, pro Einheit,
- Umsatzsteuerbetrag,
- Hinweis auf eventuelle Steuerbefreiungen oder Entgeltminderungen.

61 Bei innergemeinschaftlichen Erwerben, Steuerschuldnerschaft des Leistungsempfängers, als letzter Abnehmer im Dreiecksgeschäft und in diversen weiteren Fällen ist der Leistungsempfänger verpflichtet, einen umsatzsteuerlichen Eigenbeleg auszustellen (vgl. Art. 117 Mehrwertsteuergesetz). Dabei muss auch der Umsatzsteuerbetrag und Steuersatz angegeben werden.

11.6 Elektronische Rechnungsstellung

62 Es ist zulässig, digitale Rechnungen zu verwenden, wenn der Kunde zugestimmt hat, was auch konkludent möglich ist (vgl. Art. 114 Mehrwertsteuergesetz).

11.7 Rechnungen in fremder Währung

63 Rechnungen dürfen in Fremdwährungen oder in BGN ausgestellt werden. Der Umsatzsteuerbetrag und das Entgelt müssen aber immer in BGN angegeben werden (vgl. Art. 114 Mehrwertsteuergesetz).

Fremdwährungen sind nach dem EZB-Kurs oder dem Kurs der bulgarischen Zentralbank umzurechnen (vgl. Art. 26 Mehrwertsteuergesetz).

12 Steuererklärungen und weitere Steueranmeldungen

12.1 Monatliche Umsatzsteuermeldungen

64 In Bulgarien sind monatliche Umsatzsteuermeldungen abzugeben (vgl. Art. 125 Mehrwertsteuergesetz). Dabei ist Abgabetermin jeweils der 14. Tag des folgenden Monats. Zum gleichen Termin ist die Steuerzahlung fällig. Die Steuer ist in bulgarischer Währung zu entrichten.

Umsatzsteuermeldungen müssen digital übermittelt werden. Eine Ausnahme galt bis zum 31.12.2017, wenn im Meldezeitraum maximal fünf Eingangs- oder Ausgangsrechnungen anzumelden waren. Seit dem 01.01.2018 sind alle Meldungen digital abzugeben.

12.2 Keine Umsatzsteuerjahreserklärungen

In Bulgarien gibt es keine Umsatzsteuerjahreserklärung. 65

12.3 Umsatzsteuer-Identifikationsnummer

Die bulgarische Umsatzsteuer-Identifikationsnummer besteht aus neun oder zehn Zahlen, mit 66
dem vorangestellten Ländercode BG.

12.4 Zusammenfassende Meldung im innergemeinschaftlichen Waren- und Dienstleistungsverkehr

Unternehmen, die innergemeinschaftliche Lieferungen oder Dienstleistungen nach Art. 44 Mehr- 67
wertsteuersystemrichtlinie ausführen, müssen grundsätzlich eine monatliche Zusammenfassende Meldung abgeben.

Die Zusammenfassende Meldung ist bis spätestens zum 14. Kalendertag des Folgemonats einzureichen und zwingend digital abzugeben.

13 Straf- und Bußgeldvorschriften

Es gelten die folgenden Vorschriften: 68

- **Verspätete oder fehlerhafte Umsatzsteuermeldung**
  In diesen Fällen kann eine Strafe von 500 BGN bis 10.000 BGN festgesetzt werden.
- **Keine Umsatzsteueraufzeichnungen**
  In diesen Fällen kann ebenfalls eine Strafe von 500 BGN bis 10.000 BGN festgesetzt werden.
- **Unterlassene Umsatzsteuerberechnung**
  Wird auf einen steuerpflichtigen Vorgang keine Umsatzsteuer angemeldet und abgeführt, galt in der Vergangenheit ein allgemeiner Strafzuschlag in Höhe des Steuerbetrages, mindestens aber 500 BGN.
  Seit dem 01.01.2016 gilt bei Verspätung bis zu 6 Monaten ein Strafzuschlag von 5 % der Umsatzsteuer, mindestens aber von 200 BGN, und bei Verspätung bis zu 18 Monaten ein Strafzuschlag von 10 % der Umsatzsteuer, mindestens aber von 400 BGN.

- **Fehlerhafte oder unterlassene Anmeldung von Umsatzsteuer durch den Leistungsempfänger als Steuerschuldner**
  Es greift ein Strafzuschlag von 5 % der Umsatzsteuer, mindestens aber von 50 BGN.

69 Wer Umsatzsteuer in einer Rechnung zu Unrecht ausweist, schuldet diese Umsatzsteuer bis zu einer wirksamen Korrektur.

14 Behandlung nicht ansässiger Unternehmen

70 Ein nicht ansässiges Unternehmen ist nach bulgarischem Verständnis ein Unternehmen, das weder den Sitz noch die Geschäftsleitung noch eine feste Niederlassung in Bulgarien unterhält. Nicht ansässige Unternehmen müssen sich in Bulgarien umsatzsteuerlich registrieren, wenn sie mindestens eine der folgenden Aktivitäten ausführen:

- in Bulgarien steuerbare Lieferungen von Gegenständen,
- in Bulgarien steuerbare Versandhandelslieferungen,
- in Bulgarien steuerbare sonstige Leistungen, die nicht unter die Steuerschuldnerschaft des Leistungsempfängers oder das MOSS-Verfahren fallen,
- Bewirken eines innergemeinschaftlichen Erwerbs in Bulgarien.

Die Lieferschwelle für Versandhandelslieferungen beträgt 70.000 BGN.

71 Nichtansässige Unternehmen, die in einem anderen EU-Mitgliedstaat niedergelassen sind, sind berechtigt, sich direkt, d. h. ohne Einschaltung eines Fiskalvertreters, in Bulgarien umsatzsteuerlich zu registrieren.

72 Unternehmen aus Nicht-EU-Staaten sind dagegen verpflichtet, einen in Bulgarien ansässigen Fiskalvertreter zu bestellen, es sei denn, es besteht ein Amtshilfeabkommen mit dem Sitzstaat. Dieser Fiskalvertreter haftet gesamtschuldnerisch für die Umsatzsteuerverbindlichkeiten.

73 In Bulgarien besteht keine allgemeine Vereinfachungsregel für Konsignationslager (vgl. entsprechend OFD Frankfurt am Main, Verfügung vom 23.02.2017, S 7100a A-004-St 110).

15 Vorsteuervergütungsverfahren

15.1 EU-Unternehmen

74 Für Unternehmen mit Sitz in einem anderen Mitgliedstaat der Europäischen Union ist in Bulgarien die Vergütung von Vorsteuerbeträgen nach der Richtlinie 2008/9/EG möglich. Wie in anderen Mitgliedstaaten üblich, hat der Antragsteller einen digitalen Vorsteuervergütungsantrag im Portal der für ihn im Heimatstaat zuständigen Finanzbehörde einzureichen (in Deutschland: Bundeszentralamt für Steuern). Die Antragsfrist ist grundsätzlich der 30.09. des Folgejahres (Ausschlussfrist).

Es ist zurzeit nicht erforderlich, dem Antrag gescannte Rechnungskopien beizufügen, doch können diese nachträglich angefordert werden.

Anträge können für ganze Kalenderjahre oder für Zeiträume von mindestens drei Monaten gestellt werden. Der Mindestvergütungsbetrag in einem Jahresantrag muss 100 BGN betragen, oder 800 BGN bei Anträgen für kürzere Perioden.

15.2 Nicht-EU-Unternehmen

Unternehmen mit Sitz in Drittstaaten können einen Vorsteuervergütungsantrag nach der 13. Richtlinie einreichen. Die Vorsteuervergütung setzt nach bulgarischem Recht eine Gegenseitigkeit mit dem Sitzstaat des Antragstellers voraus. Aktuell besteht u. a. mit folgenden Staaten Gegenseitigkeit: Island, Israel, Japan, Kanada, Mazedonien, Moldawien, Norwegen, Schweiz, Serbien, Südkorea, Ukraine. 75

Zusätzlich muss ein bulgarischer Fiskalvertreter bestellt werden.

Anträge können für ganze Kalenderjahre oder mindestens drei Monate umfassende Teilperioden gestellt werden.

Der Mindestvergütungsbetrag in einem Jahresantrag muss 50 BGN betragen, oder 400 BGN bei Anträgen für kürzere Perioden.

Ein Antrag muss grundsätzlich spätestens bis zum 30.06. des Folgejahres gestellt werden. Es handelt sich um eine nicht verlängerbare Ausschlussfrist.

Der Antragsteller muss seine Unternehmereigenschaft mit einer durch seine Heimatsteuerbehörde ausgestellten Unternehmerbescheinigung nachweisen, die maximal 1 Jahr alt sein darf. Außerdem muss er die Originalrechnungen dem Antrag beifügen.

Länderanhang Dänemark

Literatur

Rasmussen, Denmark Value Added Tax, IBFD 2017. **Ernst & Young**, Worldwide VAT, GST and Sales Tax Guide 2017. **Jensen**, Inoffizielle Übersetzung des Mehrwertsteuergesetzes, IBFD 2017.

1 Einführung

Dänemark ist seit dem 01.01.1973 Mitglied der Europäischen Union. Das dänische Mehrwertsteuergesetz basiert daher auf der Mehrwertsteuersystemrichtlinie. In Dänemark wurde eine Mehrwertsteuer zum 03.07.1967 eingeführt. Mit Einführung der 6. EG-Richtlinie wurde das Gesetz an diese angepasst und hat sich seitdem mit dem EU-Recht fortentwickelt. 1

2 Bezeichnung der Steuer

Die dänische Bezeichnung der Umsatzsteuer lautet »Mervaerdiafgiftsloven« (MOMS). Wörtlich ins Deutsche übersetzt entspricht dies dem Begriff »Mehrwertsteuer«. 2

3 Steuerbarkeit und Erhebungsgebiet

3.1 Erhebungsgebiet

Das umsatzsteuerliche Erhebungsgebiet entspricht dem Staatsgebiet des Königreichs Dänemark. 3
Grönland und die Färöer-Inseln sind nicht Teil des Erhebungsgebiets der dänischen Umsatzsteuer (vgl. Art. 2 Mehrwertsteuergesetz).

3.2 Steuerbare Umsätze

4 Sämtliche in Dänemark von einem Steuerpflichtigen ausgeführten **Lieferungen** und **Dienstleistungen** sind umsatzsteuerbar.

5 Als **Lieferungen** gelten neben der Übertragung körperlicher Gegenstände und unbeweglichen Vermögens auch die Lieferung von Gas, Elektrizität, Wärme und Kälte (vgl. Art. 4 Mehrwertsteuergesetz). Mietkauf ist ebenfalls eine Lieferung.

6 Der **Ort der Lieferung** bestimmt sich nach der Verschaffung der Verfügungsmacht bzw. bei Warentransport nach dessen Beginn (vgl. Art. 14 Mehrwertsteuergesetz). Abweichend hiervon wird bei der **Versandhandelsregelung** das Ende der Versendung betrachtet. Es gilt hierbei eine Lieferschwelle von 280.000 DKK (vgl. Art. 48 Mehrwertsteuergesetz). Wird auf diese verzichtet, bindet die Entscheidung den Lieferer für mindestens zwei Jahre (vgl. Art. 49 Mehrwertsteuergesetz). Die Regelung gilt nicht für die Lieferung neuer Beförderungsmittel. Bei Lieferungen mit Montage ist der Lieferort der Ort der Montage.

7 Ebenfalls in Dänemark steuerbar sind Lieferungen aus dem Drittland, bei denen der Lieferer die Einfuhrumsatzsteuer schuldet.

8 Explizite gesetzliche Regelungen zu **Reihengeschäften** gibt es in Dänemark nicht.

9 Unentgeltlich erbrachte Lieferungen oder Dienstleistungen können steuerbare **unentgeltliche Wertabgaben** sein. Regelmäßig ist Voraussetzung, dass aus dem Gegenstand ein Vorsteuerabzug geltend gemacht wurde (vgl. Art .5 Mehrwertsteuergesetz).

Geschenke mit einem Wert von maximal 100 DKK netto sind keine unentgeltlichen Wertabgaben.

10 **Dienstleistungen** werden ähnlich wie in Deutschland als Leistungen definiert, die keine Lieferungen von Gegenständen darstellen (vgl. Art. 4 Mehrwertsteuergesetz).

11 Der **Ort der meisten Dienstleistungen** zwischen Unternehmen bestimmt sich nach dem Empfängerortsprinzip (vgl. Art. 16 Mehrwertsteuergesetz) bzw. für Dienstleistungen an Nichtunternehmer nach dem Sitz des leistenden Unternehmers oder von dessen fester Niederlassung (vgl. Art. 16 Mehrwertsteuergesetz). Ausnahmen gelten vor allem für grundstücksbezogene Umsätze (Ort des Grundstücks, Art. 18 Mehrwertsteuergesetz), für Personenbeförderungen (Ort der Beförderung, Art. 19 Mehrwertsteuergesetz), kurzfristige Vermietung von Beförderungsmitteln (Ort der Übergabe, Art. 21b Mehrwertsteuergesetz), Restaurantumsätze (Tätigkeitsort, Art. 21a Mehrwertsteuergesetz) und den Zugang zu Veranstaltungen (Ort derselben, Art. 21 Mehrwertsteuergesetz).

12 **Geschäftsveräußerungen im Ganzen** an einen anderen Unternehmer, d. h. die Übertragung des ganzen Betriebs oder einer Division der Betätigung, sind nicht umsatzsteuerbar. Sie bewirken eine Rechtsnachfolge (vgl. Art. 8 Mehrwertsteuergesetz). Voraussetzung ist aber anders als in Deutschland, dass der übernehmende Unternehmer zumindest teilweise vorsteuerabzugsberechtigt ist.

13 Steuerbar ist auch der **innergemeinschaftliche Erwerb** von Gegenständen in Dänemark. Es gibt jedoch Ausnahmen für land- und forstwirtschaftliche Betriebe, Steuerpflichtige, die ausschließlich vorsteuerschädliche Ausgangsumsätze tätigen, sowie für nicht unternehmerisch tätige juristische Personen. Die Erwerbschwelle für diesen Personenkreis, die weder im vorangegangenen Kalenderjahr noch im laufenden Kalenderjahr überschritten werden darf, beträgt 80.000 DKK (vgl. Art. 50 Mehrwertsteuergesetz). Auch wenn die Erwerbschwelle nicht überschritten wird, kann zur Steuerpflicht optiert werden.

14 Dienstleistungen, die von einem dänischen Steuerpflichtigen grenzüberschreitend empfangen werden und unter die Steuerschuldnerschaft des Leistungsempfängers fallen, sind ebenfalls steuerbare Umsätze im Sinne des dänischen Rechts. Schließlich sind Einfuhren von Waren von außerhalb der Europäischen Union in Dänemark umsatzsteuerbar.

15 Unternehmen aus der EU, die Telekommunikations-, Rundfunk-, Fernseh- oder elektronische Leistungen an Nichtsteuerpflichtige erbringen, sind damit zwar in Dänemark seit dem 01.01.2015

umsatzsteuerpflichtig. Sie können jedoch das MOSS-Verfahren nutzen und sind damit nicht registrierungspflichtig.

Bei Unternehmen aus Nicht-EU-Staaten besteht die Möglichkeit, für entsprechende Umsätze die Sonderregelung zu nutzen, sich in einem einzigen EU-Mitgliedstaat zu registrieren und dort sämtliche Umsätze zu melden.

In Dänemark ansässige Unternehmer, die eine Umsatzgrenze von 50.000 DKK nicht übertreffen, 16
können als **Kleinunternehmer** besteuert werden (vgl. Art. 48 Mehrwertsteuergesetz). Falls sie diese Möglichkeit nutzen, schulden sie keine Umsatzsteuer, haben jedoch auch kein Vorsteuerabzugsrecht.

4 Unternehmer bzw. Steuerpflichtiger

Als Steuerpflichtiger nach dänischem Recht gilt jede natürliche oder juristische Person, die im 17
Zuge einer geschäftlichen Betätigung in Dänemark Waren liefert oder Dienstleistungen erbringt (vgl. Art. 3 Mehrwertsteuergesetz).

Ein ausländischer Unternehmer hat in Dänemark eine umsatzsteuerliche **Betriebsstätte** (feste 18
Niederlassung), wenn er dort eine Geschäftseinrichtung unterhält (z.B. Büro, Lager), von dort Lieferungen oder Dienstleistungen erbringt und Personal unterhält, das Verträge mit Kunden oder Lieferanten abschließen kann.

5 Organschaft bzw. Mehrwertsteuergruppe

Dänemark hat Regelungen zur Mehrwertsteuergruppe (umsatzsteuerliche Organschaft) erlassen 19
(vgl. Art. 3 und Art. 47 Mehrwertsteuergesetz). Eine Mehrwertsteuergruppe kann auf Antrag gebildet werden, wenn die beteiligten Gesellschaften sämtlich zu 100 % von einer Obergesellschaft gehalten werden und sie in Dänemark niedergelassen sind. Es ist zulässig, dass auch Unternehmen, die umsatzsteuerfreie Umsätze ohne Vorsteuerabzugsrecht ausführen oder die Nichtunternehmer sind, Teil einer Mehrwertsteuergruppe werden. Die Wirkung der Organschaft tritt erst einen Monat nach Antragstellung ein.

Umsätze zwischen Mitgliedern einer Mehrwertsteuergruppe gelten als nicht steuerbare Innen- 20
umsätze. Allerdings führt die Aufnahme nicht zum Vorsteuerabzug berechtigter Mitglieder dazu, dass die Mehrwertsteuergruppe insgesamt nur anteilig zum Vorsteuerabzug berechtigt ist. Die Gruppenmitglieder haften gesamtschuldnerisch für alle Umsatzsteuerschulden auf Geschäfte mit Dritten.

6 Bemessungsgrundlage

21 Grundsätzlich ist der vereinbarte Nettopreis (Entgelt) die steuerliche Bemessungsgrundlage (vgl. Art. 27 Mehrwertsteuergesetz).

22 Bei unentgeltlichen Vorgängen ist der Einkaufspreis bzw. die Selbstkosten im Umsatzzeitpunkt anzusetzen (vgl. Art. 28 Mehrwertsteuergesetz). Bei abschreibungsfähigen Gegenständen ist der Wert pro Jahr pauschal um 20 % zu vermindern, so dass er nach fünf Jahren null beträgt. Abweichend hiervon ist bei Bauleistungen der Marktpreis (Fremdvergleichspreis) anzusetzen.

23 Bei entgeltlichen Transaktionen zwischen nahestehenden Personen (z.B. Verwandte, verbundene Unternehmen, Arbeitnehmer) ist der Marktpreis anzusetzen, wenn das tatsächliche Entgelt darunter liegt und der Empfänger kein volles Vorsteuerabzugsrecht hat (vgl. Art. 29 Mehrwertsteuergesetz).

7 Steuersätze und Steuerbefreiungen

7.1 Regelsteuersatz

24 Der Regelsteuersatz in Dänemark beträgt 25 % (vgl. Art. 33 Mehrwertsteuergesetz).

7.2 Ermäßigte Steuersätze

25 Es gibt keine ermäßigten Steuersätze.

7.3 Steuerbefreiungen

26 Das dänische Umsatzsteuerrecht enthält sowohl Steuerbefreiungen mit Vorsteuerabzugsrecht (echte Steuerbefreiungen) als auch Steuerbefreiungen ohne Vorsteuerabzugsrecht (unechte Steuerbefreiungen).

27 Zu den Steuerbefreiungen mit Vorsteuerabzugsrecht (vgl. Art. 34 Mehrwertsteuergesetz) gehören insbesondere

- innergemeinschaftliche Lieferungen und Ausfuhrlieferungen,
- Umsätze für die Seeschifffahrt und die Luftfahrt,
- Lieferungen von Zeitungen und Zeitschriften, die mindestens monatlich erscheinen,
- Lieferungen von Gold an die dänische Zentralbank,
- Umsätze für den Freihafen Kopenhagen,
- Umsätze in offiziellen Zolllagern (Offentlige Toldoplag).

Steuerbefreiungen ohne Vorsteuerabzugsrecht (vgl. Art. 13 Mehrwertsteuergesetz) bestehen unter anderem für 28
- Bank- und Finanzumsätze,
- Versicherungsumsätze,
- Glücksspielumsätze,
- ärztliche Leistungen,
- diverse Leistungen der Sozialfürsorge,
- Vermietung und Verkauf von Immobilien, mit Ausnahme neuer Bauwerke und Baugrundstücke,
- diverse kulturelle Leistungen,
- Personenbeförderung (nicht Busse außerhalb des Linienverkehrs),
- Postdienstleistungen,
- Leistungen von Schriftstellern, Komponisten und darstellenden Künstlern,
- verschiedene unterrichtende Leistungen.

Eine **Option zur Steuerpflicht** ist für den Verkauf von Immobilien auf Antrag möglich, wenn an einen Unternehmer für unternehmerische Zwecke verkauft wird (vgl. Art. 51 Mehrwertsteuergesetz). Ebenso ist die Option bei der Vermietung für unternehmerische Zwecke zulässig, wenn sie über einen Zeitraum von mindestens zwei Jahren ab der ersten Vermietung erklärt wird oder wenn der Mieter ausdrücklich zustimmt. 29

Bei **Ausfuhrlieferungen** und innergemeinschaftlichen Lieferungen ist ein **Belegnachweis** zu führen. Bei Ausfuhrlieferungen ist dies üblicherweise das zollrechtliche Ausfuhrdokument. 30

Bei **innergemeinschaftlichen Lieferungen** soll der Nachweis durch eine Gesamtheit geeigneter Unterlagen (Frachtpapiere, Zahlungsnachweise, Bestellungen, usw.) erbracht werden.

Ausfuhrlieferungen im Reisegepäck sind steuerfrei, wenn die Ausfuhr innerhalb von drei Monaten nachgewiesen wird und der Einkauf einen Bruttopreis über 300 DKK hatte. Bei Reisenden aus Norwegen und den Aland-Inseln gilt eine erhöhte Schwelle von 1.200 DKK (vgl. Art. 34 Mehrwertsteuergesetz). 31

Bei der Einfuhr gilt eine Steuerbefreiung für **Kleinsendungen** mit einer Wertgrenze von 80 DKK. 32

Dänemark hat eine Regelung für **Umsatzsteuerlager**. Umsätze im Umsatzsteuerlager sind steuerbefreit (vgl. Anhang I zum Mehrwertsteuergesetz). 33

Unter anderem können folgende Waren in einem Umsatzsteuerlager gehalten werden:
- Zinn, Kupfer, Zink, Nickel, Aluminium, Blei, Indium, Silber, Platin, weitere Metalle,
- bestimmte Getreide, Nüsse und Saaten, Kartoffeln und pflanzliche Öle,
- Tee, Kakaobohnen, Rohzucker, ungerösteter Kaffee,
- Kautschuk,
- bestimmte Chemikalien und Mineralöle.

8 Steuerschuldnerschaft des Leistungsempfängers

Nach dem dänischen Umsatzsteuerrecht ist die Steuerschuldnerschaft des Leistungsempfängers unter anderem für folgende Umsätze anzuwenden (vgl. Art. 46 Mehrwertsteuergesetz): 34
- In Dänemark steuerbare Dienstleistungen, die ein nichtansässiger Unternehmer an einen in Dänemark erfassten Steuerpflichtigen erbringt.

- In Dänemark steuerbare Werk- oder Montagelieferungen, die ein nichtansässiger Unternehmer an einen in Dänemark erfassten Steuerpflichtigen erbringt.
- In Dänemark steuerbare Lieferungen von Gas, Wärme, Elektrizität oder Kälte, die ein nichtansässiger Unternehmer an einen in Dänemark erfassten Wiederverkäufer erbringt.

35 Dänemark hat weiterhin eine Steuerschuldnerschaft des Leistungsempfängers für Umsätze zwischen im Land ansässigen Unternehmen eingeführt, die für folgende Umsätze anzuwenden ist:
- Umsätze mit CO2-Zertifikaten,
- bestimmte Goldumsätze ab einem Goldgehalt von 325/1.000,
- Lieferungen von Metallschrott,
- Lieferungen von Mobiltelefonen, Tablet-Computern, integrierten Schaltkreisen, Computerchips, Spielekonsolen und Laptops,
- bestimmte Umsätze von Gas oder Elektrizität.

9 Besondere Umsatzsteuerregelungen für bestimmte Unternehmen

9.1 Besteuerung von Reiseleistungen

36 Dänemark hat die Margenbesteuerung für Reiseveranstalter (Art. 306 bis Art. 310 Mehrwertsteuersystemrichtlinie) umgesetzt (vgl. Art. 67ff. Mehrwertsteuergesetz). Die Regelung bewirkt, dass Reiseveranstalter, die ihr unterliegen, nur Umsatzsteuer auf die Marge zwischen den Eingangsleistungen und den Ausgangsumsätzen schulden, wobei die Umsatzsteuer aus der Marge herauszurechnen ist. Zugleich besteht kein Vorsteuerabzugsrecht. Insoweit ähnelt die Regelung der in Deutschland bestehenden Regelung des § 25 UStG.

9.2 Differenzbesteuerung

37 In Dänemark besteht eine Differenzbesteuerung für den Handel mit Gebrauchtwaren, Kunstgegenständen, Antiquitäten und Sammlungsobjekten (vgl. Art. 69 ff. Mehrwertsteuergesetz). Die Regelung hat zur Folge, dass Umsatzsteuer nur auf die Marge zwischen Eingangsleistungen und Ausgangsleistungen erhoben wird. Zugleich ist der Vorsteuerabzug aus Eingangsleistungen ausgeschlossen.

9.3 Sonderregelung für Landwirte

38 Dänemark hat keine Sonderregelung für Landwirte erlassen.

10 Entstehung der Steuer

10.1 Besteuerung nach vereinbarten Entgelten

Grundsätzlich gilt in Dänemark das Prinzip der Besteuerung nach vereinbarten Entgelten. 39

Bei der **Lieferung von Gegenständen** entsteht die Umsatzsteuer mit Übergabe (vgl. Art. 23 Mehrwertsteuergesetz). Wird eine Anzahlung geleistet, entsteht die Umsatzsteuer entsprechend mit deren Erhalt. 40

Bei **Dienstleistungen** entsteht die Umsatzsteuer mit Erhalt einer Zahlung für die Dienstleistung oder mit Erbringung der Dienstleistung. Es wird allerdings regelmäßig auch der Tag der Rechnungsstellung als Besteuerungszeitpunkt akzeptiert. 41

Bei **Dauerleistungen**, die für mehr als ein Jahr ausgeführt werden und die nicht zu Zahlungen oder Abrechnungen während dieser Zeit führen, wird jeweils mit Ablauf des Kalenderjahres eine anteilige Steuerentstehung angenommen. 42

Die Steuer auf **innergemeinschaftliche Erwerbe** entsteht im Zeitpunkt der Lieferung, oder, wenn keine Rechnung ausgestellt wurde, zum 15. Kalendertag des auf den Erwerb folgenden Monats (vgl. Art. 25 Mehrwertsteuergesetz). 43

10.2 Berichtigung der Umsatzsteuer bei Uneinbringlichkeit oder aus anderen Gründen

Ist eine **Forderung uneinbringlich**, sieht das Recht in Dänemark grundsätzlich die Möglichkeit einer Umsatzsteuerberichtigung vor (vgl. Art. 27 Mehrwertsteuergesetz). Allerdings muss regelmäßig nachgewiesen werden, dass der Schuldner wegen Bankrott, Liquidation, Tod oder aus ähnlichen Gründen zahlungsunfähig ist. 44

Alternativ akzeptieren die Behörden den Nachweis vergeblicher Vollstreckungsmaßnahmen (z.B. Einschaltung eines Inkassobüros oder Rechtsanwalts), wobei nach der Bedeutung der Forderung zu differenzieren ist.

Andere Entgeltanpassungen (Preisänderung, Rückzahlung, Rückgängigmachung) führen stets zu einer Umsatzsteueranpassung. Handelt es sich nicht um eine Rückgängigmachung, so muss zusätzlich ein Entgeltminderungsbeleg ausgestellt werden. 45

10.3 Besteuerung nach vereinnahmten Entgelten

In Dänemark ist keine Besteuerung nach vereinnahmten Entgelten gestattet. 46

10.4 Sonderregelung für Einfuhrumsatzsteuer

Es ist möglich, die Zahlung der Einfuhrumsatzsteuerschuld nicht direkt bei der Zollbehörde vorzunehmen, sondern stattdessen den Betrag in der Umsatzsteuermeldung anzugeben und – soweit berechtigt – zeitgleich als Vorsteuer geltend zu machen. 46a

11 Vorsteuerabzug und Rechnungen

11.1 Allgemeines

47 Grundsätzlich sind umsatzsteuerliche Unternehmer aus den für Ihr Unternehmen bezogenen Lieferungen und sonstigen Leistungen zum Vorsteuerabzug berechtigt. Regelmäßig ist der Vorsteuerabzug durch eine ordnungsgemäße Rechnung bzw. im Fall der Einfuhrumsatzsteuer durch ein ordnungsgemäßes Zolldokument nachzuweisen.

11.2 Beschränkungen des Vorsteuerabzugs

48 Nach dem Umsatzsteuerrecht von Dänemark berechtigen verschiedene Aufwendungen nicht zum Vorsteuerabzug (vgl. Art. 42 Mehrwertsteuergesetz). Entsprechende Beschränkungen gelten unter anderem für die folgenden Aufwendungen:

- Unterhaltung und Bewirtung von Arbeitnehmern oder den Gesellschaftern/Inhabern des Unternehmens, ebenso Kinderbetreuung für diese,
- Leasing, Anmietung oder Kauf sowie Unterhaltskosten von PKW (definiert als Fahrzeuge für bis zu 9 Personen), dies gilt nicht für Autohandel, Autovermieter oder Fahrschulen,
- Geschenke mit einem Wert von mehr als 100 DKK,
- 75 % der Bewirtungsaufwendungen aus geschäftlichem Anlass.

49 Weiterhin sind Vorsteuerbeträge vom Abzug ausgeschlossen, wenn sie im Zusammenhang mit unecht steuerfreien Umsätzen stehen.

50 Führt ein Unternehmen sowohl zum Vorsteuerabzug berechtigende als auch nicht zum Vorsteuerabzug berechtigende Umsätze aus, so ist eine Aufteilung der Vorsteuerbeträge vorzunehmen (vgl. Art. 38 Mehrwertsteuergesetz).

Dabei sind zunächst Vorsteuerbeträge direkt zu Abzugs- und Ausschlussumsätzen zuzuordnen. Die verbleibenden Vorsteuern werden nach einem Umsatzschlüssel aufgeteilt, der auf den nächsten vollen ganzzahligen Prozentsatz aufzurunden ist.

11.3 Berichtigung des Vorsteuerabzugs

51 Nach dem dänischen Umsatzsteuergesetz gilt für Gegenstände, die nicht nur einmalig genutzt werden, grundsätzlich ein Vorsteuerberichtigungszeitraum von fünf Jahren bzw. für Grundstücke, Gebäude und verwandte Wirtschaftsgüter ein Zeitraum von zehn Jahren (vgl. Art. 43 Mehrwertsteuergesetz).

Wirtschaftsgüter mit einem Nettopreis unter 100.000 DKK, die abnutzbar sind, unterliegen nicht der Vorsteuerberichtigungspflicht. Gleiches gilt bei einer Verwendungsänderung von maximal 10 %.

11.4 Rechnungen

In Dänemark steuerpflichtige Unternehmer sind grundsätzlich verpflichtet, für alle steuerpflichtigen und steuerfreien Umsätze einschließlich Ausfuhrlieferungen und innergemeinschaftlichen Lieferungen eine ordnungsgemäße umsatzsteuerliche Rechnung auszustellen (vgl. Art. 52a Mehrwertsteuergesetz). 52

Korrekturbelege, z. B. bei Entgeltminderung, müssen sich eindeutig auf die Ursprungsrechnungen beziehen. 53

Abrechnungen im **Gutschriftsverfahren** sind zulässig, sollten jedoch mit einer vorherigen Vereinbarung verbunden werden. 54

Umsatzsteuerrechnungen müssen folgende Angaben enthalten (vgl. Art. 61 des Erlasses zur Mehrwertsteuer): 55

- Name und Anschrift des Leistenden und dessen Umsatzsteueridentifikationsnummer,
- Name und Anschrift des Leistungsempfängers,
- Datum der Ausstellung,
- Eindeutige, fortlaufende Rechnungsnummer,
- Datum der Lieferung oder Leistung bzw. der erhaltenen Anzahlung, falls feststellbar und abweichend vom Datum der Ausstellung,
- Leistungsbeschreibung,
- Nettoentgelt, getrennt nach Steuersätzen und Steuerbefreiungen,
- Umsatzsteuerbetrag und Umsatzsteuersatz,
- Hinweis auf eventuelle Steuerbefreiungen.

Im **Einzelhandel** ist es zulässig, für Verkäufe bis zu 5.000 DKK nur Kassenbelege auszustellen, wenn eine automatische Kasse verwendet wird. 56

Kleinbetragsrechnungen (Grenze: 3.000 DKK brutto) müssen nur folgende Elemente enthalten (vgl. Art. 66 des Erlasses zur Mehrwertsteuer): 57

- Name und Anschrift des Leistenden und dessen Umsatzsteueridentifikationsnummer,
- Eindeutige, fortlaufende Rechnungsnummer,
- Leistungsbeschreibung,
- Gesamtentgelt,
- Umsatzsteuerbetrag oder Angabe des entsprechenden prozentualen Anteils.

11.5 Elektronische Rechnungsstellung

Grundsätzlich gilt eine Gleichstellung digitaler Rechnungen mit Papierrechnungen (vgl. Art. 61 des Erlasses zur Mehrwertsteuer). 58

11.6 Rechnungen in fremder Währung

Rechnungen dürfen in Fremdwährungen oder in dänischen Kronen ausgestellt werden. 59

Fremdwährungen sind nach dem Tageskurs oder dem Kurs, den die dänischen Steuerbehörden veröffentlicht haben, umzurechnen.

12 Steuererklärungen und weitere Steueranmeldungen

12.1 Laufende Umsatzsteuermeldungen

60 Ein Steuerpflichtiger, dessen Umsatz 50 Millionen DKK übersteigt, muss monatliche Umsatzsteuermeldungen einreichen (vgl. Art. 57 Mehrwertsteuergesetz). Die Meldungen sind zum 25. Tag des Folgemonats abzugeben. Zum gleichen Termin wird die Umsatzsteuer fällig.

Steuerpflichtige mit Umsätzen zwischen 5 Millionen DKK und 50 Millionen DKK geben grundsätzlich quartalsweise Umsatzsteuermeldungen ab. Sie haben allerdings ein Wahlrecht, sich für monatliche Meldungen zu entscheiden. Bei quartalsweiser Anmeldung sind sowohl die Meldungen als auch die Umsatzsteuer zum ersten Tag des dritten Folgemonats fällig, also z.B. zum 01.06. für das erste Kalendervierteljahr.

Liegt der Umsatz unter 5 Mio. DKK, sind Halbjahresmeldungen einzureichen. Diese sind jeweils zum ersten Tag des dritten Folgemonats fällig.

61 Eine besondere Regelung (»Sommererleichterung«) verschiebt die Steuertermine für den Meldemonat Juni auf den 17.08.

Grundsätzlich sind alle Meldungen in digitaler Form abzugeben.

12.2 Keine Umsatzsteuerjahreserklärungen

62 In Dänemark gibt es keine Umsatzsteuerjahreserklärung.

12.3 Umsatzsteuer-Identifikationsnummer

63 Die dänische Umsatzsteuer-Identifikationsnummer besteht aus acht Zeichen, mit dem vorangestellten Ländercode DK.

12.4 Zusammenfassende Meldung im innergemeinschaftlichen Waren- und Dienstleistungsverkehr

64 Unternehmen, die innergemeinschaftliche Lieferungen oder Dienstleistungen nach Art. 44 MwStSystRL ausführen, müssen grundsätzlich eine monatliche Zusammenfassende Meldung abgeben. Unternehmen, die nur sehr wenige meldepflichtige Vorgänge haben, können die Erlaubnis zur vierteljährlichen Abgabe erhalten.

Die Zusammenfassende Meldung ist bis spätestens zum 25. Kalendertag des Folgemonats einzureichen und zwingend digital abzugeben.

13 Straf- und Bußgeldvorschriften

Es gelten die folgenden Vorschriften: 65

- **Verspätete Umsatzsteuermeldung bzw. Umsatzsteuerzahlung**
  Wird eine Umsatzsteuermeldung verspätet abgegeben, entsteht ein Strafzuschlag von 65 DKK pro Abgabeerinnerung. Zusätzlich sind verspätete Zahlungen tagesgenau mit 0,8 % Monatszins zu verzinsen. Diese Zinsen sind ertragsteuerlich nicht abzugsfähig.

Wer Umsatzsteuer in einer Rechnung zu Unrecht ausweist, schuldet diese Umsatzsteuer bis zu einer wirksamen Korrektur. 66

14 Behandlung nicht ansässiger Unternehmen

Ein nicht ansässiges Unternehmen ist nach dänischem Verständnis ein Unternehmen, das weder den Sitz noch die Geschäftsleitung noch eine feste Niederlassung in Dänemark unterhält. Nicht ansässige Unternehmen müssen sich in Dänemark umsatzsteuerlich registrieren, wenn sie mindestens eine der folgenden Aktivitäten ausführen: 67

- in Dänemark steuerbare Lieferungen von Gegenständen
- in Dänemark steuerbare Versandhandelslieferungen
- in Dänemark steuerbare sonstige Leistungen, die nicht unter die Steuerschuldnerschaft des Leistungsempfängers oder das MOSS-Verfahren fallen
- Bewirken eines innergemeinschaftlichen Erwerbs in Dänemark

Die Lieferschwelle für Versandhandelslieferungen beträgt 80.000 DKK.

Nichtansässige Unternehmen, die in einem anderen EU-Mitgliedstaat niedergelassen sind, sind berechtigt, sich direkt, d.h. ohne Einschaltung eines Fiskalvertreters, in Dänemark umsatzsteuerlich zu registrieren. Dies gilt ebenfalls für Unternehmen, die ihre Niederlassung in Grönland, Island, Norwegen, auf den Färöer-Inseln oder auf den Aland-Inseln haben. Ein Fiskalvertreter kann allerdings freiwillig bestellt werden. 68

Unternehmen aus Nicht-EU-Staaten sind dagegen verpflichtet, einen in Dänemark ansässigen Fiskalvertreter zu bestellen. Dieser haftet gesamtschuldnerisch für die Umsatzsteuerverbindlichkeiten. Zusätzlich kann eine Bankbürgschaft gefordert werden. 69

Es gibt keine Vereinfachungsregelung für Konsignationslager (vgl. entsprechend OFD Frankfurt am Main, Verfügung vom 23.02.2017, S 7100a A-004-St 110). 70

15 Vorsteuervergütungsverfahren

15.1 EU-Unternehmen

71 Für Unternehmen mit Sitz in einem anderen Mitgliedstaat der Europäischen Union ist in Dänemark die Vergütung von Vorsteuerbeträgen nach der Richtlinie 2008/9/EG möglich. Wie in anderen Mitgliedstaaten üblich, hat der Antragsteller einen digitalen Vorsteuervergütungsantrag im Portal, der für ihn bei der im Heimatstaat zuständigen Finanzbehörde einzureichen ist (in Deutschland: Bundeszentralamt für Steuern). Die Antragsfrist ist grundsätzlich der 30.09. des Folgejahres (Ausschlussfrist).

Dem Antrag sind zunächst keine gescannten Rechnungskopien beizufügen, doch können diese später angefordert werden.

Anträge können für ganze Kalenderjahre oder für Zeiträume von mindestens drei Monaten gestellt werden. Der Mindestvergütungsbetrag in einem Jahresantrag muss 50 € betragen, oder 400 € bei Anträgen für kürzere Perioden.

15.2 Nicht-EU-Unternehmen

72 Unternehmen mit Sitz in Drittstaaten können einen Vorsteuervergütungsantrag nach der 13. Richtlinie einreichen. Die Vorsteuervergütung setzt nach dänischem Recht keine Gegenseitigkeit mit dem Sitzstaat des Antragstellers voraus. Dies bedeutet, dass Dänemark grundsätzlich an Antragsteller aus allen Staaten Vorsteuern vergütet.

Anträge können für ganze Kalenderjahre oder Zeiträume von mindestens drei Monaten gestellt werden.

Der Mindestvergütungsbetrag in einem Jahresantrag muss 400 DKK betragen, oder 3.000 DKK bei Anträgen für kürzere Perioden.

Ein Antrag muss grundsätzlich spätestens bis zum 30.09. des Folgejahres gestellt werden. Es handelt sich um eine nicht verlängerbare Ausschlussfrist.

Der Antragsteller muss seine Unternehmereigenschaft mit einer durch seine Heimatsteuerbehörde ausgestellten Unternehmerbescheinigung nachweisen, die maximal ein Jahr alt sein darf. Außerdem muss er die Originalrechnungen dem Antrag beifügen.

Länderanhang Estland

Literatur

Kaarma, Estonia Value Added Tax, IBFD 2017. **Ernst & Young**, Worldwide VAT, GST and Sales Tax Guide 2017. **Tirmaste**, Inoffizielle Übersetzung des Mehrwertsteuergesetzes, IBFD 2017.

1 Vorbemerkung

1 Estland ist seit dem 01.05.2004 Mitglied der Europäischen Union. Das estnische Mehrwertsteuergesetz basiert daher auf der Mehrwertsteuersystemrichtlinie. Das erste Mehrwertsteuergesetz wurde allerdings bereits zum 01.01.1991 eingeführt und im Zuge des EU-Beitritts an die notwendigen Rahmenbedingungen angepasst.

2 Bezeichnung der Steuer

2 Die estnische Bezeichnung der Umsatzsteuer lautet »Käibemaks«.

3 Steuerbarkeit und Erhebungsgebiet

3.1 Erhebungsgebiet

3 Das umsatzsteuerliche Erhebungsgebiet entspricht dem Staatsgebiet der Republik Estland.

3.2 Steuerbare Umsätze

Sämtliche in Estland von einem Steuerpflichtigen ausgeführten **Lieferungen** und **Dienstleistungen** sind umsatzsteuerbar. 4

Als **Lieferungen** gelten neben der Übertragung körperlicher Gegenstände und unbeweglichen Vermögens auch die Lieferung von Gas, Elektrizität, Wärme und Kälte (vgl. Art. 2 und Art. 4 Mehrwertsteuergesetz). Mietkauf ist ebenfalls eine Lieferung. 5

Der **Ort der Lieferung** bestimmt sich nach der Verschaffung der Verfügungsmacht bzw. bei Warentransport nach dessen Beginn (vgl. Art. 9 Mehrwertsteuergesetz). Abweichend hiervon gilt bei der **Versandhandelsregelung** das Ende der Versendung als Ort der Lieferung. Es gilt hierbei eine Lieferschwelle von 35.000 € (vgl. Art. 19 Mehrwertsteuergesetz). Die Regelung gilt nicht für die Lieferung neuer Beförderungsmittel. Bei Lieferungen mit Montage (definiert als Wertanteil der Montage von über 5 % des Gesamtpreises, Art. 2 Mehrwertsteuergesetz) ist der Lieferort der Ort der Montage. 6

Ebenfalls in Estland steuerbar sind Lieferungen aus dem Drittland, bei denen der Lieferer die Einfuhrumsatzsteuer schuldet. 7

Explizite gesetzliche Regelungen zu **Reihengeschäften** gibt es in Estland nicht. 8

Unentgeltlich erbrachte Lieferungen oder Dienstleistungen können steuerbare **unentgeltliche Wertabgaben** sein. Regelmäßig ist Voraussetzung, dass aus dem Gegenstand ein Vorsteuerabzug geltend gemacht wurde. 9

Geschenke mit einem Wert von maximal 10 € sind keine unentgeltlichen Wertabgaben. Die Grenze gilt, anders als in Deutschland, pro Geschenk, nicht pro Empfänger.

Dienstleistungen werden ähnlich wie in Deutschland als Leistungen definiert, die keine Lieferungen von Gegenständen darstellen. Das Gesetz enthält weiterhin Beispiele für Dienstleistungen (vgl. Art. 2 Mehrwertsteuergesetz). 10

Der **Ort der meisten Dienstleistungen** zwischen Unternehmen bestimmt sich nach dem Empfängerortsprinzip (vgl. Art. 10 Mehrwertsteuergesetz) bzw. für Dienstleistungen an Nichtunternehmer nach dem Sitz des leistenden Unternehmers oder von dessen fester Niederlassung (vgl. Art. 10 Mehrwertsteuergesetz). Ausnahmen gelten vor allem für grundstücksbezogene Umsätze (Ort des Grundstücks), für Personenbeförderungen (Ort der Beförderung), kurzfristige Vermietung von Beförderungsmitteln (Ort der Übergabe), Restaurantumsätze (Tätigkeitsort) und den Zugang zu Veranstaltungen (Ort derselben). 11

Geschäftsveräußerungen im Ganzen an einen anderen Unternehmer, d. h. die Übertragung des ganzen Betriebs oder einer Division der Betätigung, sind nicht umsatzsteuerbar (vgl. Art. 4 Mehrwertsteuergesetz). Die Definition verweist dabei auf das Handelsrecht. 12

Steuerbar ist auch der **innergemeinschaftliche Erwerb** von Gegenständen in Estland. Es gibt jedoch Ausnahmen für land- und forstwirtschaftliche Betriebe, Steuerpflichtige, die ausschließlich vorsteuerschädliche Ausgangsumsätze tätigen, sowie für nicht unternehmerisch tätige juristische Personen. Die Erwerbschwelle für diesen Personenkreis, die weder im vorangegangenen Kalenderjahr noch im laufenden Kalenderjahr überschritten werden darf, beträgt 10.000 €. Auch wenn die Erwerbschwelle nicht überschritten wird, kann zur Steuerpflicht optiert werden. 13

Dienstleistungen, die von einem estnischen Steuerpflichtigen grenzüberschreitend empfangen werden und unter die Steuerschuldnerschaft des Leistungsempfängers fallen, sind ebenfalls steuerbare Umsätze im Sinne des estnischen Rechts. Schließlich sind Einfuhren von Waren von außerhalb der Europäischen Union in Estland umsatzsteuerbar. 14

Unternehmen aus der EU, die Telekommunikations-, Rundfunk-, Fernseh- oder elektronische Leistungen an Nichtsteuerpflichtige erbringen, sind damit zwar in Estland seit dem 01.01.2015 umsatzsteuerpflichtig. Sie können jedoch das MOSS-Verfahren nutzen und sind damit nicht registrierungspflichtig. 15

Bei Unternehmen aus Nicht-EU-Staaten besteht die Möglichkeit, für entsprechende Umsätze die Sonderregelung zu nutzen, sich in einem einzigen EU-Mitgliedstaat zu registrieren und dort sämtliche Umsätze zu melden.

16 In Estland ansässige Unternehmer, die eine Umsatzgrenze von 40.000 € (bis 31.12.2017: 16.000 €) nicht übertreffen, können als **Kleinunternehmer** besteuert werden (vgl. Art. 22 und Art. 19 Mehrwertsteuergesetz). Falls sie diese Möglichkeit nutzen, schulden sie keine Umsatzsteuer, haben jedoch auch kein Vorsteuerabzugsrecht. Es handelt sich genaugenommen nicht um eine Kleinunternehmerregelung wie nach deutschem Recht, sondern die Möglichkeit, auf Antrag nicht besteuert zu werden (Löschung aus dem Register).

4 Unternehmer bzw. Steuerpflichtiger

17 Als Steuerpflichtiger nach estnischem Recht gilt jede natürliche oder juristische Person, die im Zuge einer geschäftlichen Betätigung in Estland Waren liefert oder Dienstleistungen erbringt.

18 Ein ausländischer Unternehmer hat in Estland eine umsatzsteuerliche **Betriebsstätte** (feste Niederlassung), wenn er dort eine Geschäftseinrichtung unterhält (z. B. Büro, Lager), von dort Lieferungen oder Dienstleistungen erbringt und Personal unterhält (vgl. Art. 3 Mehrwertsteuergesetz).

5 Organschaft bzw. Mehrwertsteuergruppe

19 Estland hat Regelungen zur Mehrwertsteuergruppe (umsatzsteuerliche Organschaft) erlassen (vgl. Art. 26 Mehrwertsteuergesetz). Die Mitglieder müssen in Estland steuerpflichtige Personen sein, die finanziell, organisatorisch und wirtschaftlich verbunden sind. Dabei ist es sowohl möglich, eine Muttergesellschaft und Tochtergesellschaft zu einer Mehrwertsteuergruppe zusammenzufassen, als auch Gesellschaften, bei denen jeweils mehr als 50 % der Stimmrechte von der gleichen Person gehalten werden. Eine Mehrwertsteuergruppe ist weiterhin zulässig, wenn Gesellschaften durch einen Franchise-Vertrag verbunden sind.

Es wird nur eine Steuererklärung für alle Gruppenmitglieder eingereicht. Dabei kann die Gruppe festlegen, wer ihr Steuervertreter sein soll. Auch wird nur eine Mehrwertsteuernummer vergeben.

20 Umsätze zwischen Mitgliedern einer Mehrwertsteuergruppe gelten als nicht steuerbare Innenumsätze. Die Gruppenmitglieder haften gesamtschuldnerisch für alle Umsatzsteuerschulden.

Die Organschaft erfordert eine Antragstellung. Liegen die Voraussetzungen nicht mehr vor, endet die Organschaft am ersten Tag des folgenden Monats. Dabei besteht eine Informationspflicht. Ebenso kann die Organschaft auf Antrag beendet oder einzelne Gesellschaften ausgeschlossen werden.

6 Bemessungsgrundlage

Grundsätzlich ist der vereinbarte Nettopreis (Entgelt) die steuerliche Bemessungsgrundlage (vgl. Art. 12 Mehrwertsteuergesetz). 21

Bei unentgeltlichen Vorgängen ist der Einkaufspreis bzw. die Selbstkosten im Umsatzzeitpunkt anzusetzen (vgl. Art. 12 Mehrwertsteuergesetz). 22

Bei entgeltlichen Transaktionen zwischen nahestehenden Personen (Definition nach dem Ertragsteuerrecht) ist der Marktpreis anzusetzen, wenn das tatsächliche Entgelt darunter liegt und der Leistungsempfänger nicht voll zum Vorsteuerabzug berechtigt ist. Gleiches gilt bei Steuerhinterziehung. 23

7 Steuersätze und Steuerbefreiungen

7.1 Regelsteuersatz

Der Regelsteuersatz in Estland beträgt 20 % (vgl. Art. 15 Mehrwertsteuergesetz). 24

7.2 Ermäßigte Steuersätze

Das estnische Umsatzsteuergesetz sieht einen ermäßigten Steuersatz von 9 % vor (vgl. Art. 15 Mehrwertsteuergesetz). 25

Der ermäßigte Steuersatz von 9 % gilt unter anderem für 26
- Bücher,
- Zeitschriften,
- Medizinische Geräte, Medikamente und Empfängnisverhütungsmittel,
- bestimmte Produkte für Behinderte,
- Hotelübernachtungen einschließlich Frühstück, aber ohne weitere Leistungen.

7.3 Steuerbefreiungen

Das estnische Umsatzsteuerrecht enthält sowohl Steuerbefreiungen mit Vorsteuerabzugsrecht (echte Steuerbefreiungen) als auch Steuerbefreiungen ohne Vorsteuerabzugsrecht (unechte Steuerbefreiungen). 27

Zu den Steuerbefreiungen mit Vorsteuerabzugsrecht (vgl. Art. 15 Mehrwertsteuergesetz) gehören insbesondere 28
- innergemeinschaftliche Lieferungen und Ausfuhrlieferungen,
- Umsätze für die Seeschifffahrt und die Luftfahrt,
- Umsätze in Freizonen oder Zolllagern
- Goldlieferungen an die estnische Zentralbank.

29 Steuerbefreiungen ohne Vorsteuerabzugsrecht (vgl. Art. 16 Mehrwertsteuergesetz) bestehen unter anderem für
- Bank- und Finanzumsätze,
- Versicherungsumsätze,
- Glücksspiele und Lotterien,
- Postdienstleistungen,
- ärztliche Leistungen,
- bestimmte Leistungen der Sozialfürsorge,
- Vermietung und Verkauf von Immobilien, mit Ausnahme des Verkaufs neuer oder renovierter Immobilien (Wertgrenze von 10 % bezogen auf Anschaffungskosten vor der Maßnahme),
- verschiedene unterrichtende Leistungen.

30 Eine **Option zur Steuerpflicht** ist unter anderem bei der Vermietung von Immobilien (nicht für Wohnzwecke) und bei verschiedenen Umsätzen mit Anlagegold zulässig. Sie ist der Steuerbehörde schriftlich anzuzeigen und muss im Fall der Vermietung für mindestens zwei Jahre erklärt werden (vgl. Art. 16 Mehrwertsteuergesetz).

31 Bei Ausfuhrlieferungen und innergemeinschaftlichen Lieferungen ist ein **Belegnachweis** zu führen. Bei **Ausfuhrlieferungen** ist dies üblicherweise das zollrechtliche Ausfuhrdokument, das entweder den Lieferer als Ausführer zeigt oder eindeutig auf die Rechnung referenziert.

Bei **innergemeinschaftlichen Lieferungen** soll der Nachweis durch eine Gesamtheit geeigneter Unterlagen (Frachtpapiere, Zahlungsnachweise, Bestellungen, usw.) erbracht werden.

32 **Ausfuhrlieferungen im Reisegepäck** sind steuerfrei, wenn die Ausfuhr innerhalb von drei Monaten nachgewiesen wird und der Einkauf einen Bruttopreis über 38 € hatte.

33 Bei der Einfuhr gilt eine Steuerbefreiung für **Kleinsendungen** mit einer Wertgrenze von 22 €.

34 Estland hat eine Regelung für **Umsatzsteuerlager** eingeführt. Umsätze im Umsatzsteuerlager sind steuerbefreit.

Unter anderem können folgende Waren in einem Umsatzsteuerlager gehalten werden:
- Zinn, Kupfer, Zink, Nickel, Aluminium, Blei, Indium, Silber, Platin,
- Bestimmte Getreide, Nüsse und Saaten, Kartoffeln, Oliven und pflanzliche Öle,
- Tee, Kakaobohnen, Rohzucker, ungerösteter Kaffee,
- Kautschuk,
- Wolle,
- Bestimmte Chemikalien und Mineralöle.

8 Steuerschuldnerschaft des Leistungsempfängers

35 Nach dem estnischen Umsatzsteuerrecht ist die Steuerschuldnerschaft des Leistungsempfängers unter anderem für folgende Umsätze anzuwenden:
- In Estland steuerbare Lieferungen oder Dienstleistungen, die ein nichtansässiger Unternehmer an einen in Estland ansässigen Steuerpflichtigen erbringt.

36 Estland hat eine Steuerschuldnerschaft des Leistungsempfängers für Umsätze zwischen im Land ansässigen Unternehmen eingeführt, die für folgende Umsätze gilt (vgl. Art. 41.1 Mehrwertsteuergesetz):

- Lieferungen von Immobilien bei Option zur Steuerpflicht,
- Lieferungen von Metallschrott nach Art. 104 des Abfallgesetzes,
- Lieferungen von Anlagegold bei Option zur Steuerpflicht,
- Lieferungen diverser Metalle einschließlich Feingold (ab 325/1.000).

9 Besondere Umsatzsteuerregelungen für bestimmte Unternehmen

9.1 Besteuerung von Reiseleistungen

Estland hat die Margenbesteuerung für Reiseveranstalter (Art. 306 bis Art. 310 Mehrwertsteuersystemrichtlinie) umgesetzt (vgl. Art. 40 Mehrwertsteuergesetz). Die Regelung bewirkt, dass Reiseveranstalter, die ihr unterliegen, nur Umsatzsteuer auf die Marge zwischen den Eingangsleistungen und den Ausgangsumsätzen schulden, wobei die Umsatzsteuer aus der Marge herauszurechnen ist. Zugleich besteht kein Vorsteuerabzugsrecht. Insoweit ähnelt die Regelung der in Deutschland bestehenden Regelung des § 25 UStG. 37

Es gibt eine Wahlmöglichkeit, die Umsätze nach der Gesamtmarge zu besteuern.

9.2 Differenzbesteuerung

In Estland besteht eine Differenzbesteuerung für den Handel mit Gebrauchtwaren, Kunstgegenständen, Antiquitäten und Sammlungsobjekten (vgl. Art. 41 Mehrwertsteuergesetz). Die Regelung hat zur Folge, dass Umsatzsteuer nur auf die Marge zwischen Eingangsleistungen und Ausgangsleistungen erhoben wird. Zugleich ist der Vorsteuerabzug aus Eingangsleistungen ausgeschlossen. 38

9.3 Sonderregelung für Landwirte

Estland hat keine Sonderregelung für Landwirte. 39

10 Entstehung der Steuer

10.1 Besteuerung nach vereinbarten Entgelten

Grundsätzlich gilt in Estland das Prinzip der Besteuerung nach vereinbarten Entgelten. 40

41 Bei der **Lieferung von Gegenständen** entsteht die Umsatzsteuer mit Übergabe oder Beginn der Beförderung oder Versendung. Wird eine Anzahlung geleistet, entsteht die Umsatzsteuer entsprechend mit deren Erhalt (vgl. Art. 11 Mehrwertsteuergesetz).

42 Bei **Dienstleistungen** entsteht die Umsatzsteuer mit Erhalt einer Zahlung für die Dienstleistung oder mit Erbringung der Dienstleistung (vgl. Art. 11 Mehrwertsteuergesetz).

43 Bei **Dauerleistungen**, die für mehr als ein Jahr ausgeführt werden und die nicht zu Zahlungen oder Abrechnungen während dieser Zeit führen, wird jeweils mit Ablauf des Kalenderjahres eine anteilige Steuerentstehung angenommen.

44 Die Steuer auf **innergemeinschaftliche Erwerbe** entsteht im Zeitpunkt der Lieferung, oder, wenn keine Rechnung ausgestellt wurde, zum 15. Kalendertag des auf den Erwerb folgenden Monats.

10.2 Berichtigung der Umsatzsteuer bei Uneinbringlichkeit oder aus anderen Gründen

45 Estland sieht keine Möglichkeit vor, die Umsatzsteuer wegen Uneinbringlichkeit zu mindern. Dies basiert auf Art. 90 Abs. 2 MwStSystRL.

46 Andere Entgeltanpassungen (Preisänderung, Rückzahlung, Rückgängigmachung) führen stets zu einer Umsatzsteueranpassung (vgl. Art. 29 Mehrwertsteuergesetz). Dabei ist stets ein Belegaustausch erforderlich.

10.3 Besteuerung nach vereinnahmten Entgelten

47 Nach dem estnischen Recht ist es zulässig, dass sich Unternehmer mit einem Jahresumsatz von maximal 200.000 € für die Besteuerung nach vereinnahmten Entgelten entscheiden (vgl. Art. 44 Mehrwertsteuergesetz). Dazu ist eine Antragstellung erforderlich. Der Vorsteuerabzug entsteht in diesem Fall ebenfalls erst bei Zahlung der entsprechenden Eingangsrechnungen.

10.4 Sonderregelung für Einfuhrumsatzsteuer

47a Es ist möglich, die Zahlung der Einfuhrumsatzsteuerschuld in einem besonderen Verfahren in der Umsatzsteuermeldung vorzunehmen, anstatt sie bei der Zollbehörde zu entrichten. Daraus können sich Cashflow-Vorteile ergeben. Das Verfahren setzt einen Antrag bei der Steuerbehörde voraus. Weiterhin muss der Unternehmer seit mindestens einem Jahr registriert sein, seit mindestens einem Jahr seine Umsatzsteuermeldungen digital und rechtzeitig abgegeben haben, in dieser Zeit keine verspäteten oder offenen Steuerzahlungen gehabt haben, und innerhalb der letzten zwölf Monate mindestens 50 % seiner Umsätze in Form steuerfreier Ausfuhren oder innergemeinschaftlicher Lieferungen erzielt haben (vgl. Art. 38 Mehrwertsteuergesetz). Abweichend kann die Steuerbehörde das Verfahren auch gestatten, wenn nicht alle Voraussetzungen erfüllt werden, verlangt dann jedoch, dass eine finanzielle Sicherheit gestellt wird. Werden nach erteilter Genehmigung Verstöße festgestellt, darf die Behörde diese zukunftsbezogen widerrufen.

11 Vorsteuerabzug und Rechnungen

11.1 Allgemeines

Grundsätzlich sind umsatzsteuerliche Unternehmer aus den für ihr Unternehmen bezogenen Lieferungen und sonstigen Leistungen zum Vorsteuerabzug berechtigt. Regelmäßig ist der Vorsteuerabzug durch eine ordnungsgemäße Rechnung bzw. im Fall der Einfuhrumsatzsteuer durch ein ordnungsgemäßes Zolldokument nachzuweisen (vgl. Art. 31 Mehrwertsteuergesetz). 48

11.2 Beschränkungen des Vorsteuerabzugs

Nach dem Umsatzsteuerrecht von Estland berechtigen verschiedene Aufwendungen nicht zum Vorsteuerabzug (vgl. Art. 29 und Art. 30 Mehrwertsteuergesetz). Entsprechende Beschränkungen gelten unter anderem für die folgenden Aufwendungen: 49

- Repräsentationsaufwand für Kunden oder für Arbeitnehmer, auch Unterkunft für Arbeitnehmer,
- Geschenke mit einem Wert von mindestens 10 €,
- 50 % der Kosten für Anschaffung, Miete, Leasing oder Unterhalt von Personenkraftwagen (Ausnahmen gelten u. a. für Taxis und für Wiederverkäufer sowie bei nachgewiesener reiner geschäftlicher Nutzung).

Weiterhin sind Vorsteuerbeträge vom Abzug ausgeschlossen, wenn sie im Zusammenhang mit unecht steuerfreien Umsätzen stehen. 50

Führt ein Unternehmen sowohl zum Vorsteuerabzug berechtigende als auch nicht zum Vorsteuerabzug berechtigende Umsätze aus, so ist eine Aufteilung der Vorsteuerbeträge vorzunehmen. Die Vorsteueraufteilung geschieht nach der einfachen Methode nach einem globalen Umsatzschlüssel, der auf volle Prozent aufgerundet wird (vgl. Art. 32 Mehrwertsteuergesetz). 51

Alternativ ist es zulässig, zunächst Vorsteuerbeträge direkt zu Abzugs- und Ausschlussumsätzen zuzuordnen und die verbleibenden Vorsteuern nach einem Umsatzschlüssel aufzuteilen (vgl. Art. 33 Mehrwertsteuergesetz).

11.3 Vorsteuerüberhänge

Wenn sich aus einer Umsatzsteuermeldung ein Erstattungsanspruch ergibt, wird dieser nach Wahl des Steuerpflichtigen entweder zur Verrechnung vorgetragen oder auf Antrag erstattet. Die Erstattung erfolgt in der Regel nach 60 Tagen, oder in Ausnahmefällen, d.h. wenn eine weitere Prüfung angeordnet wird, nach 120 Tagen (vgl. Art. 34 Mehrwertsteuergesetz). 52

11.4 Berichtigung des Vorsteuerabzugs

Nach dem estnischen Umsatzsteuergesetz gilt für Gegenstände, die nicht nur einmalig genutzt werden, grundsätzlich ein Vorsteuerberichtigungszeitraum von fünf Jahren bzw. für Grundstücke, 53

Gebäude und verwandte Wirtschaftsgüter ein Zeitraum von zehn Jahren (vgl. Art. 32 Mehrwertsteuergesetz). Die erfassten Wirtschaftsgüter sind nicht im Mehrwertsteuergesetz definiert.

In der Regel unterliegen alle Wirtschaftsgüter, die bilanziell aktiviert und über mehr als ein Jahr abgeschrieben werden, einer Vorsteuerberichtigungspflicht.

11.5 Rechnungen

54 In Estland steuerpflichtige Unternehmer sind grundsätzlich verpflichtet, für alle steuerpflichtigen Umsätze und für Ausfuhrlieferungen und innergemeinschaftliche Lieferungen eine ordnungsgemäße umsatzsteuerliche Rechnung auszustellen (vgl. Art. 37 Mehrwertsteuergesetz). Bei Einzelhandelsumsätzen und allen Umsätzen an Nichtunternehmer mit Ausnahme des innergemeinschaftlichen Versandhandels gilt keine allgemeine Rechnungsstellungspflicht. Die Rechnungen sind innerhalb von sieben Tagen bzw. bis zum Ende des Besteuerungszeitraums auszustellen.

55 Korrekturbelege, z. B. bei Entgeltminderung, müssen sich eindeutig auf die Ursprungsrechnungen beziehen.

Abrechnungen im **Gutschriftsverfahren** sind zulässig.

56 **Umsatzsteuerrechnungen** müssen folgende Angaben enthalten (vgl. Art. 37 Mehrwertsteuergesetz):

- Name und Anschrift des Leistenden und dessen Umsatzsteueridentifikationsnummer,
- Name und Anschrift des Leistungsempfängers,
- dessen Umsatzsteueridentifikationsnummer, falls Steuerschuldnerschaft des Leistungsempfängers anzuwenden ist,
- Datum der Ausstellung,
- Eindeutige, fortlaufende Rechnungsnummer,
- Datum der Lieferung oder Leistung bzw. der erhaltenen Anzahlung, falls feststellbar und abweichend vom Datum der Ausstellung,
- Leistungsbeschreibung,
- Nettoentgelt, getrennt nach Steuersätzen und Steuerbefreiungen,
- Umsatzsteuerbetrag und Umsatzsteuersatz,
- Hinweis auf eventuelle Steuerbefreiungen oder Entgeltminderungen.

57 **Kleinbetragsrechnungen** (Grenze: 160 € netto, nur anwendbar für Personenbeförderung, automatisierte Parkbelege oder Tankbelege und ähnliche automatisierte Belege) müssen nur folgende Elemente enthalten:

- Name des Leistenden und dessen Umsatzsteueridentifikationsnummer,
- Leistungsbeschreibung,
- Entgelt,
- Umsatzsteuerbetrag,
- Ausstellungsdatum.

11.6 Elektronische Rechnungsstellung

58 Grundsätzlich gilt eine Gleichstellung digitaler Rechnungen mit Papierrechnungen.

11.7 Rechnungen in fremder Währung

Rechnungen dürfen in Fremdwährungen oder in Euro ausgestellt werden. Der Umsatzsteuerbetrag ist jedoch stets in Euro anzugeben. 59

12 Steuererklärungen und weitere Steueranmeldungen

12.1 Umsatzsteuermeldungen

In der Regel sind monatliche Umsatzsteuermeldungen abzugeben. Dabei ist Abgabetermin jeweils der 20. Tag des folgenden Monats. Zum gleichen Termin ist die Steuerzahlung fällig (vgl. Art. 38 Mehrwertsteuergesetz). 60

Die digitale Abgabe der Meldungen ist verpflichtend, wenn ein Unternehmer seit mindestens zwölf Monaten tätig ist. Auf Antrag kann die weitere Papierabgabe bewilligt werden.

12.2 Keine Umsatzsteuerjahreserklärungen

In Estland gibt es keine Umsatzsteuerjahreserklärung. 61

12.3 Umsatzsteuer-Identifikationsnummer

Die estnische Umsatzsteuer-Identifikationsnummer besteht aus neun Zeichen, mit dem vorangestellten Ländercode EE. 62

12.4 Zusammenfassende Meldung im innergemeinschaftlichen Waren- und Dienstleistungsverkehr

Unternehmen, die innergemeinschaftliche Lieferungen oder Dienstleistungen nach Art. 44 Mehrwertsteuersystemrichtlinie ausführen, müssen grundsätzlich eine Zusammenfassende Meldung abgeben. Der Meldezeitraum ist der Kalendermonat. 63

Die Zusammenfassende Meldung ist bis spätestens zum 20. Kalendertag des Folgemonats einzureichen.

13 Straf- und Bußgeldvorschriften

64 Es gelten die folgenden Vorschriften:

Verspätete Umsatzsteuerzahlung: Wird die Umsatzsteuer zu spät entrichtet, fallen Zinsen mit einem täglichen Satz von 0,06 % an. Zusätzlich kann ein Strafzuschlag von bis zu 3.200 € festgesetzt werden.

65 Wer Umsatzsteuer in einer Rechnung zu Unrecht ausweist, schuldet diese Umsatzsteuer bis zu einer wirksamen Korrektur.

14 Behandlung nicht ansässiger Unternehmen

66 Ein nicht ansässiges Unternehmen ist nach estnischem Verständnis ein Unternehmen, das keine feste Niederlassung in Estland unterhält. Nicht ansässige Unternehmen müssen sich in Estland umsatzsteuerlich registrieren, wenn sie mindestens eine der folgenden Aktivitäten ausführen:

- in Estland steuerbare Lieferungen von Gegenständen, die nicht unter die Steuerschuldnerschaft des Leistungsempfängers fallen,
- in Estland steuerbare Versandhandelslieferungen,
- in Estland steuerbare sonstige Leistungen, die nicht unter die Steuerschuldnerschaft des Leistungsempfängers oder das MOSS-Verfahren fallen,
- Bewirken eines innergemeinschaftlichen Erwerbs in Estland.

Die Lieferschwelle für Versandhandelslieferungen beträgt 35.000 €.

67 Nichtansässige Unternehmen, die in einem anderen EU Mitgliedstaat niedergelassen sind, sind berechtigt, sich direkt, d. h. ohne Einschaltung eines Fiskalvertreters, in Estland umsatzsteuerlich zu registrieren. Allerdings erfordert die Registrierung entweder persönliches Erscheinen oder die Entsendung eines Bevollmächtigten.

68 Unternehmen aus Nicht-EU-Staaten sind dagegen verpflichtet, einen in Estland ansässigen Fiskalvertreter zu bestellen. Dieser haftet gesamtschuldnerisch für die Umsatzsteuerverbindlichkeiten.

69 Es gibt keine Vereinfachungsregelung für Konsignationslager (vgl. entsprechend OFD Frankfurt am Main, Verfügung vom 23.02.2017, S 7100a A-004-St 110).

15 Vorsteuervergütungsverfahren

15.1 EU-Unternehmen

70 Für Unternehmen mit Sitz in einem anderen Mitgliedstaat der Europäischen Union ist in Estland die Vergütung von Vorsteuerbeträgen nach der Richtlinie 2008/9/EG möglich. Wie in anderen

Mitgliedstaaten üblich, hat der Antragsteller einen digitalen Vorsteuervergütungsantrag im Portal der für ihn im Heimatstaat zuständigen Finanzbehörde einzureichen (in Deutschland: Bundeszentralamt für Steuern). Die Antragsfrist ist grundsätzlich der 30.09. des Folgejahres (Ausschlussfrist).

Dem Antrag sind gescannte Rechnungskopien beizufügen, soweit das Nettoentgelt einen Betrag von 1.000 € bzw. 250 € bei Kraftstoffen übertrifft.

Anträge können für ganze Kalenderjahre oder für Zeiträume von mindestens drei Monaten gestellt werden. Der Mindestvergütungsbetrag in einem Jahresantrag muss 50 € betragen, oder 400 € bei Anträgen für kürzere Perioden.

15.2 Nicht-EU-Unternehmen

Unternehmen mit Sitz in Drittstaaten können einen Vorsteuervergütungsantrag nach der 13. Richtlinie einreichen. Die Vorsteuervergütung setzt nach estnischem Recht eine Gegenseitigkeit mit dem Sitzstaat des Antragstellers voraus. Es gibt hierzu keine offiziellen Veröffentlichungen, doch wird in der Regel an Unternehmen aus Island, Israel, Norwegen und der Schweiz die Vorsteuer vergütet. 71

Anträge können nur für ganze Kalenderjahre gestellt werden.

Der Mindestvergütungsbetrag in einem Antrag muss 320 € betragen.

Ein Antrag muss grundsätzlich spätestens bis zum 30. 09. des Folgejahres gestellt werden. Es handelt sich um eine nicht verlängerbare Ausschlussfrist.

Der Antragsteller muss seine Unternehmereigenschaft mit einer durch seine Heimatsteuerbehörde ausgestellten Unternehmerbescheinigung nachweisen, die maximal 1 Jahr alt sein darf. Außerdem muss er die Originalrechnungen dem Antrag beifügen.

Länderanhang Finnland

Literatur
Taipalus, Finland Value Added Tax, IBFD 2017. **Ernst & Young**, Worldwide VAT, GST and Sales Tax Guide 2017. Inoffizielle Übersetzung des Mehrwertsteuergesetzes, IBFD 2017.

1 Einführung

Finnland ist seit dem 01.01.1995 Mitglied der Europäischen Union. Das finnische Mehrwertsteuergesetz basiert daher auf der Mehrwertsteuersystemrichtlinie. Ein erstes Umsatzsteuergesetz wurde bereits 1941 eingeführt. Mit Wirkung zum 01.06.1994 fand der Wechsel zu einem Mehrwertsteuersystem statt, das dann im Zuge des EU-Beitritts angepasst wurde. 1

2 Bezeichnung der Steuer

Die finnische Bezeichnung der Umsatzsteuer lautet »Arvonlisävero«. 2

3 Steuerbarkeit und Erhebungsgebiet

3.1 Erhebungsgebiet

Das umsatzsteuerliche Erhebungsgebiet entspricht dem Staatsgebiet der Republik Finnland ohne die Provinz der Aland-Inseln (Ahvenanmaa). Diese Provinz gehört allerdings zum Zollgebiet Finnlands und der Europäischen Union. 3

3.2 Steuerbare Umsätze

4 Sämtliche in Finnland von einem Steuerpflichtigen ausgeführten **Lieferungen** und **Dienstleistungen** sind umsatzsteuerbar.

5 Als **Lieferungen** gelten neben der Übertragung körperlicher Gegenstände und unbeweglichen Vermögens auch die Lieferung von Gas, Elektrizität, Wärme und Kälte (vgl. Art. 17 Mehrwertsteuergesetz). Mietkauf ist ebenfalls eine Lieferung.

6 Der **Ort der Lieferung** bestimmt sich nach der Verschaffung der Verfügungsmacht bzw. bei Warentransport nach dessen Beginn (vgl. Art. 63 Mehrwertsteuergesetz). Abweichend hiervon wird bei der **Versandhandelsregelung** das Ende der Versendung betrachtet. Es gilt hierbei eine Lieferschwelle von 35.000 € (vgl. Art. 63a Mehrwertsteuergesetz). Die Regelung gilt nicht für die Lieferung neuer Beförderungsmittel. Bei Lieferungen mit Montage ist der Lieferort der Ort der Montage.

7 Ebenfalls in Finnland steuerbar sind Lieferungen aus dem Drittland, bei denen der Lieferer die Einfuhrumsatzsteuer schuldet.

8 Explizite gesetzliche Regelungen zu **Reihengeschäften** gibt es in Finnland nicht.

9 Unentgeltlich erbrachte Lieferungen oder Dienstleistungen können steuerbare **unentgeltliche Wertabgaben** sein. Regelmäßig ist Voraussetzung, dass aus dem Gegenstand ein Vorsteuerabzug geltend gemacht wurde.

Geschenke mit einem Wert von maximal 35 € sind keine unentgeltlichen Wertabgaben (nicht gesetzlich definiert, aber nach einem Schreiben der Finanzbehörden aus dem Jahr 2009).

10 **Dienstleistungen** werden ähnlich wie in Deutschland als Leistungen definiert, die keine Lieferungen von Gegenständen darstellen (vgl. Art. 17 Mehrwertsteuergesetz).

11 Der **Ort der meisten Dienstleistungen** zwischen Unternehmen bestimmt sich nach dem Empfängerortsprinzip (vgl. Art. 65 Mehrwertsteuergesetz) bzw. für Dienstleistungen an Nichtunternehmer nach dem Sitz des leistenden Unternehmers oder von dessen fester Niederlassung. Ausnahmen gelten vor allem für grundstücksbezogene Umsätze (Ort des Grundstücks, Art. 67 Mehrwertsteuergesetz), für Personenbeförderungen (Ort der Beförderung, Art. 68 Mehrwertsteuergesetz), kurzfristige Vermietung von Beförderungsmitteln (Ort der Übergabe, Art. 69c Mehrwertsteuergesetz), Restaurantumsätze (Tätigkeitsort, Art. 69e Mehrwertsteuergesetz) und den Zugang zu Veranstaltungen (Ort derselben, Art. 69d Mehrwertsteuergesetz).

12 **Geschäftsveräußerungen im Ganzen** an einen anderen Unternehmer, d. h. die Übertragung des ganzen Betriebs oder einer Division der Betätigung, sind nicht umsatzsteuerbar (vgl. Art. 19a Mehrwertsteuergesetz). Voraussetzung ist ein Vorsteuerabzugsrecht des Übernehmers. Besteht dieses nur anteilig, ist nur ein Anteil der Übertragung nicht umsatzsteuerbar.

13 Steuerbar ist auch der **innergemeinschaftliche Erwerb** von Gegenständen in Finnland. Es gibt jedoch Ausnahmen für land- und forstwirtschaftliche Betriebe, Steuerpflichtige, die ausschließlich vorsteuerschädliche Ausgangsumsätze tätigen, sowie für nicht unternehmerisch tätige juristische Personen. Die Erwerbschwelle für diesen Personenkreis, die weder im vorangegangenen Kalenderjahr noch im laufenden Kalenderjahr überschritten werden darf, beträgt 10.000 €. Auch wenn die Erwerbschwelle nicht überschritten wird, kann zur Steuerpflicht optiert werden.

14 Dienstleistungen, die von einem finnischen Steuerpflichtigen grenzüberschreitend empfangen werden und unter die Steuerschuldnerschaft des Leistungsempfängers fallen, sind ebenfalls steuerbare Umsätze im Sinne des finnischen Rechts. Schließlich sind Einfuhren von Waren von außerhalb der Europäischen Union in Finnland umsatzsteuerbar.

15 Unternehmen aus der EU, die Telekommunikations-, Rundfunk-, Fernseh- oder elektronische Leistungen an Nichtsteuerpflichtige erbringen, sind damit zwar in Finnland seit dem 01.01.2015 umsatzsteuerpflichtig. Sie können jedoch das MOSS-Verfahren nutzen und sind damit nicht registrierungspflichtig.

Bei Unternehmen aus Nicht-EU-Staaten besteht die Möglichkeit, für entsprechende Umsätze die Sonderregelung zu nutzen, sich in einem einzigen EU-Mitgliedstaat zu registrieren und dort sämtliche Umsätze zu melden.

In Finnland ansässige Unternehmer, die eine Umsatzgrenze von 10.000 € nicht übertreffen, können als **Kleinunternehmer** besteuert werden (vgl. Art. 3 Mehrwertsteuergesetz). Falls sie diese Möglichkeit nutzen, schulden sie keine Umsatzsteuer, haben jedoch auch kein Vorsteuerabzugsrecht. 16

4 Unternehmer bzw. Steuerpflichtiger

Als Steuerpflichtiger nach finnischem Recht gilt jede natürliche oder juristische Person, die im Zuge einer geschäftlichen Betätigung in Finnland Waren liefert oder Dienstleistungen erbringt. 17

Ein ausländischer Unternehmer hat in Finnland eine umsatzsteuerliche **Betriebsstätte** (feste Niederlassung), wenn er dort eine Geschäftseinrichtung unterhält (z. B. Büro, Lager), von dort Lieferungen oder Dienstleistungen erbringt und Personal unterhält. 18

5 Organschaft bzw. Mehrwertsteuergruppe

Finnland hat Regelungen zur Mehrwertsteuergruppe (umsatzsteuerliche Organschaft) erlassen. Nur Unternehmen, die steuerfreie Versicherungs- oder Finanzumsätze erbringen, sowie andere Unternehmen, die von derartigen Unternehmen beherrscht werden, können Teil einer Mehrwertsteuergruppe sein (vgl. Art. 13a Mehrwertsteuergesetz und EuGH-Urteil »Kommission gegen Finnland vom 25.04.2013, C-74/11; eine entsprechende Vertragsverletzungsklage wurde zurückgewiesen). Die Mitglieder müssen finanzielle, wirtschaftliche und administrative Beziehungen zueinander haben. Finnische Niederlassungen ausländischer Unternehmen können Teil einer Mehrwertsteuergruppe werden. 19

Umsätze zwischen Mitgliedern einer Mehrwertsteuergruppe gelten als nicht steuerbare Innenumsätze und die Gruppe gilt als ein einheitlicher Steuerpflichtiger. Es ist ein Antrag auf Mehrwertsteuergruppe zu stellen und festzulegen, welches der Mitglieder die Steuererklärungen abzugeben hat. 20

Eine ähnliche Regelung besteht für die Rentierzucht. Ein Rentierweideverband und ein Rentierhalter, der Mitglied dieses Verbandes ist, gelten mehrwertsteuerlich als das gleiche Unternehmen (vgl. Art. 13c Mehrwertsteuergesetz). 21

6 Bemessungsgrundlage

22 Grundsätzlich ist der vereinbarte Nettopreis (Entgelt) die steuerliche Bemessungsgrundlage (vgl. Art. 73 Mehrwertsteuergesetz).

23 Bei unentgeltlichen Vorgängen ist der Einkaufspreis bzw. die Selbstkosten im Umsatzzeitpunkt anzusetzen, alternativ ein niedrigerer Marktpreis (vgl. Art. 74 ff. Mehrwertsteuergesetz).

24 Bei entgeltlichen Transaktionen zwischen nahestehenden Personen (Verwandtschaft, Gesellschafterstellung, Arbeitsverhältnis oder andere enge Beziehung) ist der Marktpreis anzusetzen, wenn das tatsächliche Entgelt darunterliegt und der Leistungsempfänger nicht voll zum Vorsteuerabzug berechtigt ist (vgl. Art. 73c bis 73e Mehrwertsteuergesetz).

7 Steuersätze und Steuerbefreiungen

7.1 Regelsteuersatz

25 Der Regelsteuersatz in Finnland beträgt 24 % (vgl. Art. 84 Mehrwertsteuergesetz).

7.2 Ermäßigte Steuersätze

26 Das finnische Umsatzsteuergesetz sieht zwei ermäßigte Steuersätze vor, und zwar Sätze von 10 % (vgl. Art. 85a Mehrwertsteuergesetz) und 14 % (vgl. Art. 85 Mehrwertsteuergesetz).

27 Der ermäßigte Steuersatz von 14 % gilt unter anderem für
- die meisten Lebensmittel,
- Restaurant- und Cateringumsätze,
- Tierfutter.

28 Der ermäßigte Steuersatz von 10 % gilt unter anderem für
- Bücher, Zeitungen und Zeitschriften,
- bestimmte Urheberrechte,
- Kinos und bestimmte kulturelle Leistungen, z. B. Theater,
- Sportliche Dienstleistungen,
- Personenbeförderung,
- medizinische Produkte.

7.3 Steuerbefreiungen

29 Das finnische Umsatzsteuerrecht enthält sowohl Steuerbefreiungen mit Vorsteuerabzugsrecht (echte Steuerbefreiungen) als auch Steuerbefreiungen ohne Vorsteuerabzugsrecht (unechte Steuerbefreiungen).

30 Zu den Steuerbefreiungen mit Vorsteuerabzugsrecht gehören insbesondere
- innergemeinschaftliche Lieferungen und Ausfuhrlieferungen,
- Umsätze für die Seeschifffahrt und die Luftfahrt,
- Umsätze in Zoll- oder Verbrauchsteuerlagern.

31 Steuerbefreiungen ohne Vorsteuerabzugsrecht bestehen unter anderem für
- Bank- und Finanzumsätze (vgl. Art. 41 bis 43 Mehrwertsteuergesetz),
- Versicherungsumsätze (vgl. Art. 44 Mehrwertsteuergesetz),
- bestimmte Glücksspielumsätze (vgl. Art. 59 Mehrwertsteuergesetz),
- Goldlieferungen an die Zentralbank (vgl. Art. 59 Mehrwertsteuergesetz),
- Verkauf selbst gesammelter Beeren und Pilze, unbearbeitet (vgl. Art. 59 Mehrwertsteuergesetz),
- bestimmte Umsätze von Blinden (vgl. Art. 60 Mehrwertsteuergesetz),
- ärztliche Leistungen und ähnliche Tätigkeiten (vgl. Art. 34 bis 36 Mehrwertsteuergesetz),
- bestimmte Leistungen der Sozialfürsorge (vgl. Art. 37 bis 38 Mehrwertsteuergesetz),
- Immobilienumsätze (Vermietung und Verkauf, vgl. Art. 26 Mehrwertsteuergesetz),
- Universalpostdienstleistungen (vgl. Art. 33a Mehrwertsteuergesetz),
- Übertragung bestimmter Urheberrechte (vgl. Art. 45 Mehrwertsteuergesetz),
- verschiedene unterrichtende Leistungen (vgl. Art. 39 und 40 Mehrwertsteuergesetz).

32 Eine **Option zur Steuerpflicht** ist auf Antrag bei der Vermietung von Immobilien (nur an Unternehmer mit Vorsteuerabzugsrecht, oder bestimmte staatliche Einrichtungen) zulässig (vgl. Art. 30 Mehrwertsteuergesetz).

33 Bei Ausfuhrlieferungen und innergemeinschaftlichen Lieferungen ist ein **Belegnachweis** zu führen. Bei **Ausfuhrlieferungen** ist dies üblicherweise das zollrechtliche Ausfuhrdokument, das entweder den Lieferer als Ausführer zeigt oder eindeutig auf die Rechnung referenziert.

Bei **innergemeinschaftlichen Lieferungen** soll der Nachweis durch Transportunterlagen und die Umsatzsteueridentifikationsnummer erbracht werden.

34 **Ausfuhrlieferungen im Reisegepäck** sind steuerfrei, wenn die Ausfuhr innerhalb von drei Monaten nachgewiesen wird und der Einkauf einen Bruttopreis von mindestens 40 € hatte (vgl. Art. 70b Mehrwertsteuergesetz). Allerdings gilt eine Sonderregelung für Personen mit Wohnsitz in Norwegen. Für diese beträgt der Mindestwert 170 € netto, es muss ein Nachweis der Einfuhrbesteuerung in Norwegen geführt werden, und die Ausfuhr muss unmittelbar nach dem Kauf erfolgt sein.

35 Bei der Einfuhr gilt eine Steuerbefreiung für **Kleinsendungen** mit einer Wertgrenze von 45 €.

36 Finnland hat eine Regelung für **Umsatzsteuerlager** eingeführt (vgl. Art. 72h ff. Mehrwertsteuergesetz). Umsätze im Umsatzsteuerlager sind steuerbefreit.

Unter anderem können folgende Waren in einem Umsatzsteuerlager gehalten werden:
- Zinn, Kupfer, Zink, Nickel, Aluminium, Blei, Indium, Silber, Platin,
- bestimmte Getreide, Nüsse und Saaten, Kartoffeln, Oliven und pflanzliche Öle,
- Tee, Kakaobohnen, Rohzucker, ungerösteter Kaffee,
- Kautschuk,
- Wolle,
- bestimmte Chemikalien und Mineralöle.

8 Steuerschuldnerschaft des Leistungsempfängers

37 Nach dem finnischen Umsatzsteuerrecht ist die Steuerschuldnerschaft des Leistungsempfängers unter anderem für folgende Umsätze anzuwenden:

- In Finnland steuerbare Lieferungen oder Dienstleistungen, die ein nichtansässiger Unternehmer an einen in Finnland ansässigen Steuerpflichtigen erbringt (vgl. Art. 9 Mehrwertsteuergesetz).

Die Regelung greift nicht bei kulturellen oder Veranstaltungsleistungen oder bei Personenbeförderungsleistungen.

38 Finnland hat eine Steuerschuldnerschaft des Leistungsempfängers für Umsätze zwischen im Land ansässigen Unternehmen eingeführt (vgl. Art. 8a bis 8d Mehrwertsteuergesetz), die unter anderem folgende Umsatzarten erfasst:

- Handel von Emissionsrechten,
- Bauleistungen, falls der Empfänger selbst Bauleistungen oder Immobilienlieferungen erbringt,
- Umsätze mit Anlagegold oder Feingold (ab 325/1.000),
- Umsätze mit Metallschrott.

9 Besondere Umsatzsteuerregelungen für bestimmte Unternehmen

9.1 Besteuerung von Reiseleistungen

39 Finnland hat die Margenbesteuerung für Reiseveranstalter (Art. 306 bis Art. 310 Mehrwertsteuersystemrichtlinie) umgesetzt (vgl. Art. 80 Mehrwertsteuergesetz). Die Regelung bewirkt, dass Reiseveranstalter, die ihr unterliegen, nur Umsatzsteuer auf die Marge zwischen den Eingangsleistungen und den Ausgangsumsätzen schulden, wobei die Umsatzsteuer aus der Marge herauszurechnen ist. Zugleich besteht kein Vorsteuerabzugsrecht. Insoweit ähnelt die Regelung der in Deutschland bestehenden Regelung des § 25 UStG.

9.2 Differenzbesteuerung

40 In Finnland besteht eine Differenzbesteuerung für den Handel mit Gebrauchtwaren, Kunstgegenständen, Antiquitäten und Sammlungsobjekten (vgl. Art. 79a bis 79k Mehrwertsteuergesetz). Die Regelung hat zur Folge, dass Umsatzsteuer nur auf die Marge zwischen Eingangsleistungen und Ausgangsleistungen erhoben wird. Zugleich ist der Vorsteuerabzug aus Eingangsleistungen ausgeschlossen.

9.3 Sonderregelung für Landwirte

Finnland hat keine Sonderregelung für Landwirte. 41

10 Entstehung der Steuer

10.1 Besteuerung nach vereinbarten Entgelten

Grundsätzlich gilt in Finnland das Prinzip der Besteuerung nach vereinbarten Entgelten. 42

Bei der **Lieferung von Gegenständen** entsteht die Umsatzsteuer mit Übergabe (vgl. Art. 153 ff. Mehrwertsteuergesetz). Wird eine Anzahlung geleistet, entsteht die Umsatzsteuer entsprechend mit deren Erhalt. 43

Bei **Dienstleistungen** entsteht die Umsatzsteuer mit Erhalt einer Zahlung für die Dienstleistung oder mit Erbringung der Dienstleistung. 44

Grundsätzlich besteht unterjährig die Möglichkeit, die Umsatzsteuer und Vorsteuer anhand **erhaltener und gestellter Rechnungen** anzumelden, doch muss dies dann zum Ende des Steuerjahres auf die o.g. Regelung angepasst werden. 45

Die Steuer auf **innergemeinschaftliche Erwerbe** entsteht im auf den Zeitpunkt der Lieferung folgenden Monat, oder, wenn eine Rechnung ausgestellt wird, mit Ablauf dieses Monats (vgl. Art. 138b Mehrwertsteuergesetz). 46

10.2 Berichtigung der Umsatzsteuer bei Uneinbringlichkeit oder aus anderen Gründen

Finnland gestattet es, die Umsatzsteuer bei Uneinbringlichkeit zu vermindern. Es sind entsprechende Nachweise zu führen, doch ist es nicht Voraussetzung, dass Bankrott des Kunden oder vergebliche Vollstreckungsmaßnahmen vorliegen (vgl. Art. 78 Mehrwertsteuergesetz). 47

Andere Entgeltanpassungen (Preisänderung, Rückzahlung, Rückgängigmachung) führen ebenfalls zu einer Umsatzsteueranpassung. 48

10.3 Besteuerung nach vereinnahmten Entgelten

Finnland hat erst zum 01.01.2017 eine Möglichkeit der Besteuerung nach vereinnahmten Entgelten eingeführt. Diese setzt voraus, dass eine Umsatzgrenze von 500.000 € nicht überschritten wird, und gilt nur für Inlandsumsätze (vgl. Art. 137 Mehrwertsteuergesetz). 49

In der Vergangenheit bestand bereits die Möglichkeit, unterjährig die Umsatzsteuer auf Basis vereinnahmter Entgelte anzumelden, jedoch mit einer Verpflichtung, dies in der letzten Umsatzsteuermeldung des Jahres auf vereinbarte Entgelte anzupassen.

10.4 Sonderregelung für Einfuhrumsatzsteuer

49a Seit dem 01.01.2018 ist die Einfuhrumsatzsteuerschuld in einem besonderen Verfahren geregelt. Die Einfuhrumsatzsteuer wird nicht mehr direkt durch die Zollbehörde erhoben, sondern der Steuerpflichtige meldet sie in seiner finnischen Umsatzsteuermeldung für den Zeitraum der Einfuhr und zieht sie zeitgleich als Vorsteuer ab, soweit er dazu berechtigt ist (Steuerschuldnerschaft des Leistungsempfängers). Hieraus können sich Liquiditätsvorteile verglichen mit dem bisherigen Verfahren der Erhebung durch die Zollbehörden ergeben.

Einführer, die nicht im Finnland mehrwertsteuerlich registriert sind, müssen die Einfuhrumsatzsteuer weiterhin an die Zollbehörden zahlen und dann entsprechend den Vorsteuerabzug geltend machen.

11 Vorsteuerabzug und Rechnungen

11.1 Allgemeines

50 Grundsätzlich sind umsatzsteuerliche Unternehmer aus den für ihr Unternehmen bezogenen Lieferungen und sonstigen Leistungen zum Vorsteuerabzug berechtigt. Regelmäßig ist der Vorsteuerabzug durch eine ordnungsgemäße Rechnung bzw. im Fall der Einfuhrumsatzsteuer durch ein ordnungsgemäßes Zolldokument nachzuweisen (vgl. Art. 102a Mehrwertsteuergesetz).

11.2 Beschränkungen des Vorsteuerabzugs

51 Nach dem Umsatzsteuerrecht von Finnland berechtigen verschiedene Aufwendungen nicht zum Vorsteuerabzug (vgl. Art. 114 ff. Mehrwertsteuergesetz). Entsprechende Beschränkungen gelten unter anderem für die folgenden Aufwendungen:

- Repräsentationsaufwand und Geschenke, ausgenommen solche von ganz geringem Wert,
- Kosten für Anschaffung, Miete, Leasing oder Unterhalt von Personenkraftwagen, Motorrädern, Booten und kleinen Luftfahrzeugen (Ausnahmen gelten u.a. für Taxis und für Wiederverkäufer sowie bei nachgewiesener reiner geschäftlicher Nutzung).

52 Weiterhin sind Vorsteuerbeträge vom Abzug ausgeschlossen, wenn sie im Zusammenhang mit unecht steuerfreien Umsätzen stehen.

53 Führt ein Unternehmen sowohl zum Vorsteuerabzug berechtigende als auch nicht zum Vorsteuerabzug berechtigende Umsätze aus, so ist eine Aufteilung der Vorsteuerbeträge vorzunehmen (vgl. Art. 117 Mehrwertsteuergesetz). Dabei sind zunächst Vorsteuerbeträge direkt zu Abzugs- und Ausschlussumsätzen zuzuordnen. Die verbleibenden Vorsteuern werden regelmäßig nach einem Umsatzschlüssel aufgeteilt, doch sind andere sachgerechte Methoden ebenfalls gestattet.

11.3 Berichtigung des Vorsteuerabzugs

Nach dem finnischen Umsatzsteuergesetz gilt für Grundstücke, Gebäude und verwandte Wirtschaftsgüter ein Vorsteuerberichtigungszeitraum von zehn Jahren (vgl. Art. 119 ff. Mehrwertsteuergesetz). Es gibt keine Vorsteuerberichtigungsvorschriften für andere Wirtschaftsgüter. **54**

11.4 Rechnungen

In Finnland steuerpflichtige Unternehmer sind grundsätzlich verpflichtet, für alle steuerpflichtigen Umsätze an Unternehmer oder juristische Personen und für Ausfuhrlieferungen und innergemeinschaftliche Lieferungen eine ordnungsgemäße umsatzsteuerliche Rechnung auszustellen (vgl. Art. 209b und 209c Mehrwertsteuergesetz). Bei Umsätzen an Nichtunternehmer gilt keine allgemeine Rechnungsstellungspflicht. **55**

Korrekturbelege, z. B. bei Entgeltminderung, müssen sich eindeutig auf die Ursprungsrechnungen beziehen. **56**

Abrechnungen im Gutschriftsverfahren sind zulässig. **57**

Umsatzsteuerrechnungen müssen folgende Angaben enthalten (vgl. Art. 209e Mehrwertsteuergesetz): **58**
- Name und Anschrift des Leistenden und dessen Umsatzsteueridentifikationsnummer,
- Name und Anschrift des Leistungsempfängers,
- dessen Umsatzsteueridentifikationsnummer, falls Steuerschuldnerschaft des Leistungsempfängers anzuwenden ist,
- Datum der Ausstellung,
- eindeutige, fortlaufende Rechnungsnummer,
- Datum der Lieferung oder Leistung bzw. der erhaltenen Anzahlung, falls feststellbar und abweichend vom Datum der Ausstellung,
- Leistungsbeschreibung,
- Nettoentgelt, getrennt nach Steuersätzen und Steuerbefreiungen,
- Umsatzsteuerbetrag und Umsatzsteuersatz,
- Hinweis auf eventuelle Steuerbefreiungen oder Entgeltminderungen.

Kleinbetragsrechnungen (vgl. Art. 209f Mehrwertsteuergesetz, Grenze: 400 € Brutto, oder im Einzelhandel oder anderen Branchen, die überwiegend an Verbraucher leisten, einschließlich Catering- und Restaurantleistungen, Parkscheinautomaten und vergleichbare maschinell generierte Belege) müssen nur folgende Elemente enthalten: **59**
- Name des Leistenden und dessen Umsatzsteueridentifikationsnummer,
- Leistungsbeschreibung,
- Gesamtpreis,
- entweder den Umsatzsteuerbetrag oder den Steuersatz,
- Ausstellungsdatum.

11.5 Elektronische Rechnungsstellung

60 Grundsätzlich gilt eine Gleichstellung digitaler Rechnungen mit Papierrechnungen (vgl. Art. 209d Mehrwertsteuergesetz).

11.6 Rechnungen in fremder Währung

61 Rechnungen dürfen in Fremdwährungen oder in Euro ausgestellt werden. Es ist stets der Umsatzsteuerbetrag in der Währung des Landes, in dem der Umsatz steuerbar ist, anzugeben.

Fremdwährungen sind nach dem EZB-Kurs oder dem Kurs der finnischen Nationalbank umzurechnen.

12 Steuererklärungen und weitere Steueranmeldungen

12.1 Umsatzsteuermeldungen

62 Im Regelfall sind monatliche Umsatzsteuermeldungen abzugeben. Unternehmen, deren Jahresumsatz nicht mehr als 30.000 € beträgt, können jährliche Meldungen einreichen. Bei einem Jahresumsatz von nicht mehr als 100.000 € sind vierteljährliche Meldungen gestattet.

Der Abgabetag ist jeweils der 12. Tag des zweiten Monats nach Ende des Meldezeitraums, also z. B. der 12.03. für den Monat Januar. Dies ist auch der Fälligkeitstag der Umsatzsteuerzahlung.

63 Bei Jahresmeldungen ist stattdessen der 28.02. des Folgejahres der maßgebliche Termin.

Seit dem 01.01.2017 ist die digitale Erklärungsabgabe verpflichtend. Ausnahmen kann die Steuerbehörde auf Antrag zulassen.

12.2 Umsatzsteuerjahreserklärungen

64 Es gibt keine zusätzlichen Jahreserklärungen.

12.3 Umsatzsteuer-Identifikationsnummer

65 Die finnische Umsatzsteuer-Identifikationsnummer besteht aus acht Zeichen, mit dem vorangestellten Ländercode FI.

12.4 Zusammenfassende Meldung im innergemeinschaftlichen Waren- und Dienstleistungsverkehr

Unternehmen, die innergemeinschaftliche Lieferungen oder Dienstleistungen nach Art. 44 Mehrwertsteuersystemrichtlinie ausführen, müssen grundsätzlich eine Zusammenfassende Meldung abgeben. Der Meldezeitraum ist der Kalendermonat. **66**

Die Zusammenfassende Meldung ist bis spätestens zum 20. Kalendertag des Folgemonats in digitaler Form einzureichen. In Ausnahmefällen kann die Papierabgabe gestattet werden.

13 Straf- und Bußgeldvorschriften

Es gelten die folgenden Vorschriften: **67**

- **Verspätete Umsatzsteuermeldung**
  Verspätete Umsatzsteuermeldungen führen pro Verspätungstag zu einem Strafzuschlag von 3 €, maximal aber 135 €. Eine Verspätung von mehr als 45 Tagen bewirkt weiterhin einen Zuschlag von 2 % der Steuerschuld, begrenzt auf 15.000 €.
- **Verspätete Umsatzsteuerzahlung**
  Wird die Umsatzsteuer zu spät entrichtet, fallen Zinsen mit einem jährlichen Satz von 7,5 % an.

Wer Umsatzsteuer in einer Rechnung zu Unrecht ausweist, schuldet diese Umsatzsteuer bis zu einer wirksamen Korrektur. **68**

14 Behandlung nicht ansässiger Unternehmen

Ein nicht ansässiges Unternehmen ist nach finnischem Verständnis ein Unternehmen, das keine feste Niederlassung in Finnland unterhält. Nicht ansässige Unternehmen müssen sich in Finnland umsatzsteuerlich registrieren, wenn sie mindestens eine der folgenden Aktivitäten ausführen: **69**

- in Finnland steuerbare Lieferungen von Gegenständen, die nicht unter die Steuerschuldnerschaft des Leistungsempfängers fallen, z. B. an Nichtunternehmer,
- in Finnland steuerbare Versandhandelslieferungen,
- in Finnland steuerbare sonstige Leistungen, die nicht unter die Steuerschuldnerschaft des Leistungsempfängers oder das MOSS-Verfahren fallen,
- Bewirken eines innergemeinschaftlichen Erwerbs in Finnland.

Es ist möglich, dass ein Unternehmen, das eigentlich unter die Steuerschuldnerschaft des Leistungsempfängers fallende Umsätze bewirkt, sich freiwillig für eine Registrierung entscheidet. **70**

Die Lieferschwelle für Versandhandelslieferungen beträgt 35.000 €.

71 Nichtansässige Unternehmen, die in einem anderen EU Mitgliedstaat niedergelassen sind, sind berechtigt, sich direkt, d.h. ohne Einschaltung eines Fiskalvertreters, in Finnland umsatzsteuerlich zu registrieren.

72 Unternehmen aus Nicht-EU-Staaten sind ebenfalls nicht verpflichtet, einen in Finnland ansässigen Fiskalvertreter zu bestellen.

Bei freiwilliger Registrierung muss jedoch ein ansässiger Vertreter bestellt werden. Dieser Vertreter haftet nicht für die Umsatzsteuerschulden.

73 Es gibt eine Vereinfachungsregelung, die für sog. **Konsignationslager** bewirken kann, dass keine finnische Registrierung erforderlich ist (erwähnt in OFD Frankfurt am Main, Verfügung vom 23.02.2017, S 7100a A-004-St 110). Dabei gilt keine zeitliche Obergrenze bezüglich des Verbleibens im Lager. Die Regelung ist nicht im Gesetz geregelt, sondern in Verwaltungsschreiben. Sie greift nicht, wenn der Lieferant eine feste Niederlassung in Finnland unterhält. Die Vereinfachungsregelung unterstellt bei der Überführung von Waren aus dem EU-Ausland in ein finnisches Konsignationslager, dass die Waren erst in dem Zeitpunkt nach Finnland transportiert werden, zu dem der finnische Kunde die Waren aus dem Lager entnimmt. Das hat zur Folge, dass es im Zeitpunkt der Entnahme zu einer innergemeinschaftlichen Lieferung kommt, und damit der Erwerber in Finnland die Erwerbsbesteuerung vorzunehmen hat.

15 Vorsteuervergütungsverfahren

15.1 EU-Unternehmen

74 Für Unternehmen mit Sitz in einem anderen Mitgliedstaat der Europäischen Union ist in Finnland die Vergütung von Vorsteuerbeträgen nach der Richtlinie 2008/9/EG möglich. Wie in anderen Mitgliedstaaten üblich, hat der Antragsteller einen digitalen Vorsteuervergütungsantrag im Portal der für ihn im Heimatstaat zuständigen Finanzbehörde einzureichen (in Deutschland: Bundeszentralamt für Steuern). Die Antragsfrist ist grundsätzlich der 30.09. des Folgejahres (Ausschlussfrist).

Seit dem 01.01.2017 verlangen die Behörden nicht mehr, dass dem Antrag gescannte Rechnungskopien beigefügt werden. Sie haben aber das Recht, diese anzufordern.

Anträge können für ganze Kalenderjahre oder für Zeiträume von mindestens drei Monaten gestellt werden. Der Mindestvergütungsbetrag in einem Jahresantrag muss 50 € betragen, oder 400 € bei Anträgen für kürzere Perioden.

15.2 Nicht-EU-Unternehmen

75 Unternehmen mit Sitz in Drittstaaten können einen Vorsteuervergütungsantrag nach der 13. Richtlinie einreichen. Die Vorsteuervergütung setzt nach finnischem Recht keine Gegenseitigkeit mit dem Sitzstaat des Antragstellers voraus. Finnland vergütet grundsätzlich an Antragsteller aus allen Drittstaaten.

Anträge können für ganze Kalenderjahre oder für Perioden von mindestens drei Kalendermonaten gestellt werden. Der Mindestvergütungsbetrag in einem jährlichen Antrag muss 50 € betragen, bzw. 400 € für andere Antragszeiträume.

Ein Antrag muss grundsätzlich spätestens bis zum 30.06. des Folgejahres gestellt werden. Es handelt sich um eine nicht verlängerbare Ausschlussfrist.

Der Antragsteller muss seine Unternehmereigenschaft mit einer durch seine Heimatsteuerbehörde ausgestellten Unternehmerbescheinigung nachweisen, die maximal ein Jahr alt sein darf. Seit dem 01.01.2017 ist es nicht mehr erforderlich, die Originalrechnungen dem Antrag beizufügen.

Länderanhang Frankreich

Literatur

Kauffmann, France Value Added Tax, IBFD 2017. **Ernst & Young**, Worldwide VAT, GST and Sales Tax Guide 2017. **Alvarez**, Inoffizielle Übersetzung des Mehrwertsteuergesetzes, IBFD 2017.

1 Einführung

Frankreich ist Gründungsmitglied der Europäischen Union. Das französische Mehrwertsteuergesetz basiert daher auf der Mehrwertsteuersystemrichtlinie. Es ist Teil des Allgemeinen Steuergesetzes von Frankreich (Code Général des Impôts, CGI), d.h. es gibt kein separates Mehrwertsteuergesetz. Bereits im Jahr 1954 führte Frankreich ein Mehrwertsteuersystem ein und wird damit als eines der ersten Länder weltweit angesehen, das sich für diese Form der Steuererhebung entschied. Das Gesetz wurde später an die Bedingungen des EU-Mehrwertsteuersystems angepasst. 1

2 Bezeichnung der Steuer

Die französische Bezeichnung der Umsatzsteuer lautet »Taxe sur la valeur ajoutée«. Dies bedeutet wörtlich »Mehrwertsteuer«. 2

3 Steuerbarkeit und Erhebungsgebiet

3.1 Erhebungsgebiet

3 Das umsatzsteuerliche Erhebungsgebiet entspricht dem Staatsgebiet der Republik Frankreich. Korsika und Monaco sind Teil des Erhebungsgebiets. Die Inseln Guadeloupe, Martinique und Réunion sind zwar Drittlandsgebiete aus Sicht der EU, aber dort gilt dennoch das französische Umsatzsteuerrecht. In Französisch Guyana und Mayotte wird hingegen keine Umsatzsteuer erhoben.

3.2 Steuerbare Umsätze

4 Sämtliche in Frankreich von einem Steuerpflichtigen ausgeführten **Lieferungen** und **Dienstleistungen** sind umsatzsteuerbar.

5 Als **Lieferungen** gelten neben der Übertragung körperlicher Gegenstände und unbeweglichen Vermögens auch die Übertragungen von Strom, Kälte und Wärme (vgl. Art. 256 Steuergesetz). Mietkauf gilt als Lieferung.

6 Der **Ort der Lieferung** bestimmt sich nach der Verschaffung der Verfügungsmacht bzw. bei Warentransport nach dessen Beginn (vgl. Art. 258 Steuergesetz). Abweichend hiervon wird bei der **Versandhandelsregelung** das Ende der Versendung betrachtet. Es gilt hierbei eine Lieferschwelle von 35.000 € (vgl. Art. 258B Steuergesetz). Die Regelung gilt nicht für die Lieferung neuer Beförderungsmittel. Bei Lieferungen mit Montage ist der Lieferort der Ort der Montage.

7 Ebenfalls in Frankreich steuerbar sind Lieferungen aus dem Drittland, bei denen der Lieferer die Einfuhrumsatzsteuer schuldet.

8 Für **Reihengeschäfte** gibt es keine speziellen Regelungen.

9 Unentgeltlich erbrachte Lieferungen oder Dienstleistungen können steuerbare **unentgeltliche Wertabgaben** sein. Regelmäßig ist Voraussetzung, dass aus dem Gegenstand ein Vorsteuerabzug geltend gemacht wurde.

Geschenke mit einem geringen Wert sind keine unentgeltlichen Wertabgaben. Die Grenze beträgt 65 € pro Empfänger und Jahr.

10 **Dienstleistungen** werden ähnlich wie in Deutschland als Leistungen definiert, die keine Lieferungen von Gegenständen darstellen. Das Gesetz enthält weiterhin Beispiele für Dienstleistungen (vgl. Art. 256 Steuergesetz).

11 Der **Ort der meisten Dienstleistungen** zwischen Unternehmen bestimmt sich nach dem Empfängerortsprinzip (vgl. Art. 259 Steuergesetz) bzw. für Dienstleistungen an Nichtunternehmer nach dem Sitz des leistenden Unternehmers oder von dessen fester Niederlassung (vgl. Art. 259 Steuergesetz). Ausnahmen gelten vor allem für grundstücksbezogene Umsätze (Ort des Grundstücks, Art. 259A Steuergesetz), für Personenbeförderungen (Ort der Beförderung, Art. 259A Steuergesetz), kurzfristige Vermietung von Beförderungsmitteln (Ort der Übergabe, Art. 259A Steuergesetz), Restaurantumsätze (Tätigkeitsort, Art. 259A Steuergesetz) und den Zugang zu Veranstaltungen (Ort derselben, Art. 259A Steuergesetz).

12 **Geschäftsveräußerungen im Ganzen** an einen anderen Unternehmer, d. h. die Übertragung des ganzen Betriebs oder einer Division der Betätigung (sog. »fonds de commerce«), sind nicht umsatzsteuerbar. In der Regel unterfallen sie stattdessen einer sog. Registersteuer.

13 Steuerbar ist auch der **innergemeinschaftliche Erwerb** von Gegenständen in Frankreich. Es gibt jedoch Ausnahmen für land- und forstwirtschaftliche Betriebe, Steuerpflichtige, die ausschließlich vorsteuerschädliche Ausgangsumsätze tätigen, sowie für nicht unternehmerisch tätige juristische Per-

sonen. Die Erwerbschwelle für diesen Personenkreis, die weder im vorangegangenen Kalenderjahr noch im laufenden Kalenderjahr überschritten werden darf, beträgt 10.000 € (vgl. Art. 256 bis Steuergesetz). Auch wenn die Erwerbschwelle nicht überschritten wird, kann zur Steuerpflicht optiert werden.

Dienstleistungen, die von einem französischen Steuerpflichtigen grenzüberschreitend empfangen werden und unter die Steuerschuldnerschaft des Leistungsempfängers fallen, sind ebenfalls steuerbare Umsätze im Sinne des französischen Rechts. **14**

Unternehmen aus der EU, die Telekommunikations-, Rundfunk-, Fernseh- oder elektronische Leistungen an Nichtsteuerpflichtige erbringen, sind damit zwar in Frankreich seit dem 01.01.2015 umsatzsteuerpflichtig. Sie können jedoch das MOSS-Verfahren nutzen und sind damit nicht registrierungspflichtig. Schließlich sind Einfuhren von Waren von außerhalb der Europäischen Union in Frankreich umsatzsteuerbar. **15**

Bei Unternehmen aus Nicht-EU-Staaten besteht die Möglichkeit, für entsprechende Umsätze die Sonderregelung zu nutzen, sich in einem einzigen EU-Mitgliedstaat zu registrieren und dort sämtliche Umsätze zu melden.

In Frankreich ansässige Unternehmer, die eine Umsatzgrenze von 82.800 € (Lieferungen oder Hotelumsätze) bzw. von 42.900 € (Rechtsanwälte, Künstler oder Schriftsteller) bzw. von 33.200 € (alle anderen Dienstleistungen) nicht übertreffen, können als **Kleinunternehmer** besteuert werden (vgl. Art. 293B Steuergesetz). Falls sie diese Möglichkeit nutzen, schulden sie keine Umsatzsteuer, haben jedoch auch kein Vorsteuerabzugsrecht. Die Umsatzgrenze bezieht sich auf das vorangehende Kalenderjahr. Es kommt unterjährig zum Wechsel zur Regelbesteuerung, wenn der Umsatz eine Schwelle von 91.000 € bzw. 52.800 € bzw. 35.200 € überschreitet, und zwar mit Wirkung ab dem ersten Tag des folgenden Monats. Die Schwellen unterliegen einer regelmäßigen Indexanpassung. **16**

Grundsätzlich kann ein Antrag auf freiwillige Registrierung gestellt werden.

4 Unternehmer bzw. Steuerpflichtiger

Als Steuerpflichtiger nach französischem Recht gilt jede natürliche oder juristische Person, die im Zuge einer geschäftlichen Betätigung in Frankreich Waren liefert oder Dienstleistungen erbringt (vgl. Art. 256A Steuergesetz). **17**

Ein ausländischer Unternehmer hat in Frankreich eine umsatzsteuerliche **Betriebsstätte** (feste Niederlassung), wenn er dort eine Geschäftseinrichtung unterhält (z.B. Büro, Lager), von dort Lieferungen oder Dienstleistungen erbringt und Personal unterhält. Es wird auf die Präsenz hinreichender Personen- und Sachmittel abgestellt. **18**

5 Organschaft bzw. Mehrwertsteuergruppe

Frankreich hat zwar Regelungen zu einer Form der Mehrwertsteuergruppe erlassen, aber diese sind nicht der umsatzsteuerlichen Organschaft gleich. Vielmehr bewirken sie lediglich die Kon- **19** solidierung der Umsatzsteuerzahllasten. Insbesondere bleiben Umsätze zwischen Gruppenmitgliedern voll umsatzsteuerbar. Auch müssen weiterhin getrennte Umsatzsteuermeldungen eingereicht werden, womit als einziger Vorteil eine denkbare direkte Verrechnung von Zahllasten einzelner Mitglieder mit Vorsteuerüberschüssen anderer Mitglieder verbleibt.

Die Bildung der Mehrwertsteuergruppe setzt mindestens zwei in Frankreich ansässige Personen voraus, die finanziell, wirtschaftlich und organisatorisch verbunden sind. In der Regel wird dies als gegeben angenommen, wenn über 50 % der Anteile dem gleichen Gesellschafter zuzurechnen sind. Weiterhin müssen der Umsatzsteuermeldezeitraum der Beteiligten und deren Fiskaljahr identisch sein.

Es muss ein Antrag gestellt werden. Die Organschaft beginnt dann mit dem ersten Tag des folgenden Steuerjahrs.

20 Aktuell bestehen Überlegungen, eine vollwertige Mehrwertsteuergruppenregelung einzuführen.

6 Bemessungsgrundlage

21 Grundsätzlich ist der vereinbarte Nettopreis (Entgelt) die steuerliche Bemessungsgrundlage (vgl. Art. 266 Steuergesetz).

22 Bei unentgeltlichen Vorgängen ist der Einkaufspreis bzw. die Selbstkosten im Umsatzzeitpunkt anzusetzen (vgl. Art. 266 Steuergesetz).

23 Es gibt keine speziellen Regelungen für Transaktionen zwischen nahestehenden Personen.

7 Steuersätze und Steuerbefreiungen

7.1 Regelsteuersatz

24 Der Regelsteuersatz in Frankreich beträgt 20 % (vgl. Art. 278 Steuergesetz).

7.2 Ermäßigte Steuersätze

25 Das französische Umsatzsteuergesetz sieht drei ermäßigte Steuersätze vor, und zwar 2,1 %, 5,5 % und 10 % (vgl. Art. 278-bis, Art. 278-quater, Art. 278-sexies, Art. 281-quater, Art. 281-sexies, Art. 281-octies Art. 281-nonies und Steuergesetz).

26 Der ermäßigte Steuersatz von 10 % gilt unter anderem für

- bestimmte Medikamente,
- bestimmte landwirtschaftliche Produkte,
- Hotelübernachtungen und vergleichbare Leistungen,

- Messen und Ausstellungen, Museen,
- Speisen in Restaurants, nicht aber alkoholische Getränke.

Der ermäßigte Steuersatz von 5,5 % gilt unter anderem für 27
- die meisten Lebensmittel und Getränke, nicht aber Alkoholika,
- Damenhygieneprodukte,
- bestimmte Medikamente, die von der Sozialversicherung übernommen werden,
- Hilfsmittel für Behinderte,
- die meisten Bücher, auch in digitaler Form,
- Theater, Musicals, Konzerte u.ä.
- Kunstwerke vom Urheber oder dessen Rechtsnachfolger.

Der ermäßigte Steuersatz von 2,1 % gilt unter anderem für 28
- Uraufführungen in Theatern, Konzerten u.ä.,
- bestimmte Medikamente, die von der Sozialversicherung übernommen werden,
- öffentlicher Rundfunk,
- qualifizierende Presseerzeugnisse, einschließlich solchen in digitaler Form.

Nach Art. 298 septies des CGI gilt seit dem 01.01.2018 eine Missbrauchsbekämpfungsvorschrift: Bei als Paketleistung erbrachten Online-Zugängen darf der ermäßigte Steuersatz nur auf den Anteil angewendet werden, der den Anschaffungskosten der qualifizierten Presseleistungen entspricht.

7.3 Steuerbefreiungen

Das französische Umsatzsteuerrecht enthält sowohl Steuerbefreiungen mit Vorsteuerabzugsrecht (echte Steuerbefreiungen) als auch Steuerbefreiungen ohne Vorsteuerabzugsrecht (unechte Steuerbefreiungen). 29

Zu den Steuerbefreiungen mit Vorsteuerabzugsrecht (vgl. Art. 262 bis 263 Steuergesetz) gehören insbesondere 30
- Ausfuhrlieferungen,
- innergemeinschaftliche Lieferungen,
- Umsätze für die Seeschifffahrt und die Luftfahrt,
- Umsätze in Freizonen oder Zolllagern.

Steuerbefreiungen ohne Vorsteuerabzugsrecht (vgl. Art. 261 bis 261G Steuergesetz) bestehen unter anderem für 31
- Bank- und Finanzumsätze,
- Versicherungsumsätze,
- Glücksspiele und Lotterien,
- ärztliche Leistungen,
- bestimmte Leistungen der Sozialfürsorge,
- verschiedene unterrichtende Leistungen,
- Postdienstleistungen (vgl. Art. 256B Steuergesetz),
- Vermietung von nicht möblierten Immobilien,
- Verkauf von Immobilien, ausgenommen neue Immobilien oder Baugrundstücke.

32 Eine **Option zur Steuerpflicht** ist bei der Vermietung oder Lieferung von Immobilien an Unternehmer oder an Landwirte möglich (vgl. Art. 260 und 261 Steuergesetz).

Weiterhin kann eine Option bei verschiedenen Finanzumsätzen durch besonderen Antrag und für fünf Jahre bindend ausgeübt werden (vgl. Art. 260B und 260C Steuergesetz). Anders als in Deutschland ist die Option bei Finanzumsätzen nicht transaktionsbezogen, sondern global für das Unternehmen vorzunehmen, und sie gilt dann auch für Leistungen an Nichtunternehmer.

33 Bei Ausfuhrlieferungen und innergemeinschaftlichen Lieferungen ist ein **Belegnachweis** zu führen. Bei **Ausfuhrlieferungen** ist dies üblicherweise das zollrechtliche Ausfuhrdokument, das entweder den Lieferer als Ausführer zeigt oder eindeutig auf die Rechnung referenziert.

Bei **innergemeinschaftlichen Lieferungen** soll der Nachweis durch eine Gesamtheit geeigneter Unterlagen (Frachtpapiere, Zahlungsnachweise, Bestellungen, usw.) erbracht werden.

34 **Ausfuhrlieferungen im Reisegepäck** sind steuerfrei, wenn die Ausfuhr innerhalb von drei Monaten nachgewiesen wird und der Bruttoeinkaufwert mindestens 175 € beträgt (vgl. Art. 262 Steuergesetz).

35 Bei der Einfuhr gilt eine Steuerbefreiung für **Kleinsendungen** mit einer Wertgrenze von 45 €.

36 Frankreich hat eine Regelung für **Umsatzsteuerlager** eingeführt (vgl. Art. 277A Steuergesetz). Umsätze im Umsatzsteuerlager sind steuerbefreit.

Unter anderem können folgende Waren in einem Umsatzsteuerlager gehalten werden:

- Zinn, Kupfer, Zink, Nickel, Aluminium, Blei, Indium, Silber, Platin, weitere Metalle,
- bestimmte Getreide, Nüsse und Saaten, Kartoffeln und pflanzliche Öle,
- Tee, Kakaobohnen, Rohzucker, ungerösteter Kaffee,
- Kautschuk,
- bestimmte Chemikalien und Mineralöle.

8 Steuerschuldnerschaft des Leistungsempfängers

37 Nach dem französischen Umsatzsteuerrecht ist die Steuerschuldnerschaft des Leistungsempfängers unter anderem für folgende Umsätze anzuwenden:

- In Frankreich steuerbare Lieferungen oder Dienstleistungen, die ein nichtansässiger Unternehmer an einen in Frankreich ansässigen Steuerpflichtigen erbringt (vgl. Art. 283 Steuergesetz)

38 Frankreich hat weiterhin eine Steuerschuldnerschaft des Leistungsempfängers für Umsätze zwischen im Land ansässigen Unternehmen eingeführt, die für folgende Umsätze gilt (vgl. Art. 283 Steuergesetz):

- Emissionszertifikate,
- Abfälle und Metallabfälle,
- bestimmte Bauleistungen,
- Feingold (ab 325/1.000),
- bestimmte Lieferungen von Gas und Elektrizität,
- elektronische Kommunikationsdienstleistungen.

9 Besondere Umsatzsteuerregelungen für bestimmte Unternehmen

9.1 Besteuerung von Reiseleistungen

Frankreich hat die Margenbesteuerung für Reiseveranstalter (Art. 306 bis Art. 310 Mehrwertsteuersystemrichtlinie) umgesetzt (vgl. Art. 262 bis und Art. 266 Steuergesetz). Die Regelung bewirkt, dass Reiseveranstalter, die ihr unterliegen, nur Umsatzsteuer auf die Marge zwischen den Eingangsleistungen und den Ausgangsumsätzen schulden, wobei die Umsatzsteuer aus der Marge herauszurechnen ist. Zugleich besteht kein Vorsteuerabzugsrecht. Insoweit ähnelt die Regelung der in Deutschland bestehenden Regelung des § 25 UStG. 39

9.2 Differenzbesteuerung

In Frankreich besteht eine Differenzbesteuerung für den Handel mit Gebrauchtwaren, Kunstgegenständen, Antiquitäten und Sammlungsobjekten (vgl. Art. 297A bis 297G Steuergesetz). Die Regelung hat zur Folge, dass Umsatzsteuer nur auf die Marge zwischen Eingangsleistungen und Ausgangsleistungen erhoben wird. Zugleich ist der Vorsteuerabzug aus Eingangsleistungen ausgeschlossen. 40

9.3 Sonderregelung für Landwirte

Frankreich hat eine Sonderregelung für Landwirte eingeführt (vgl. Art. 298 bis Steuergesetz). Begünstigt sind nur Landwirte, was unter anderem auch Fischzucht, Viehzucht und Fischerei einschließt. Es gilt eine Umsatzgrenze von 46.000 €. Wenn diese in zwei aufeinander folgenden Kalenderjahren überschritten wird, kann der Landwirt nur die Regelbesteuerung anwenden. Ebenfalls nicht begünstigt sind Landwirte, die Produkte weiterverarbeiten oder anderweitig in Wettbewerb zu Händlern u. ä. stehen bzw. einem Industrieunternehmen ähnlich sind. 41

Die Regelung bewirkt, dass der Landwirt keine Umsatzsteuer schuldet, aber auch keinen Vorsteuerabzug geltend machen kann. Auf die Ausgangsumsätze erfolgt eine pauschale Steuererstattung, die je nach Produkt 4,43 % oder 5,59 % beträgt.

Auf Antrag kann der Landwirt zur Regelbesteuerung optieren. Auch dann, oder wenn er nach Umsatz oder Tätigkeitsbild nicht qualifiziert ist, greift allerdings grundsätzlich ein besonderes System (»régime simplifié de l'agriculture«), das unter anderem zu einer Besteuerung nach vereinnahmten Entgelten führt und weitere Erleichterungen bezüglich Umsatzsteuermeldungen und -zahlungen vorsieht.

10 Entstehung der Steuer

10.1 Besteuerung nach vereinbarten Entgelten

42 Die meisten Unternehmen in Frankreich wenden das Prinzip der Besteuerung nach vereinbarten Entgelten an.

43 Bei der **Lieferung von Gegenständen** entsteht die Umsatzsteuer mit Übergabe oder Beginn der Beförderung oder Versendung. Wird eine Anzahlung geleistet, entsteht die Umsatzsteuer entsprechend mit deren Erhalt (vgl. Art. 256 und Art. 269 Steuergesetz).

44 Bei **Dienstleistungen** entsteht die Umsatzsteuer mit Erhalt einer Zahlung für die Dienstleistung oder mit Erbringung der Dienstleistung (vgl. Art. 269 Steuergesetz).

45 Bei **Dauerleistungen**, die für mehr als ein Jahr ausgeführt werden und die nicht zu Zahlungen oder Abrechnungen während dieser Zeit führen, wird jeweils mit Ablauf des Kalenderjahres eine anteilige Steuerentstehung angenommen.

46 Die Steuer auf **innergemeinschaftliche Erwerbe** entsteht im Zeitpunkt der Lieferung oder, wenn keine Rechnung ausgestellt wurde, zum 15. Kalendertag des auf den Erwerb folgenden Monats (vgl. Art. 269 Steuergesetz).

10.2 Berichtigung der Umsatzsteuer bei Uneinbringlichkeit oder aus anderen Gründen

47 Frankreich sieht die Möglichkeit vor, die Umsatzsteuer wegen Uneinbringlichkeit zu mindern, wenn der Kunde insolvent ist, oder aus anderen Gründen zahlungsunfähig (vgl. Art. 272 Steuergesetz). In Einzelfällen kann der Nachweis schwierig zu führen sein.

48 Andere Entgeltanpassungen (Preisänderung, Rückzahlung, Rückgängigmachung) führen stets zu einer Umsatzsteueranpassung. Dabei ist stets ein Belegaustausch erforderlich (vgl. Art. 267 Steuergesetz).

10.3 Besteuerung nach vereinnahmten Entgelten

49 Nach dem französischen Recht gibt es ein allgemeines System der Besteuerung nach vereinnahmten Entgelten, das nur dann nicht greift, wenn ein Unternehmer innergemeinschaftliche Umsätze von mehr als 300.000 € ausführt, oder wenn er sich für die Besteuerung nach vereinbarten Entgelten entscheidet (vgl. Art. 269 Mehrwertsteuergesetz).

Bei Besteuerung nach vereinnahmten Entgelten wird, anders als in Deutschland, auch der Vorsteuerabzug erst bei Zahlung gewährt (vgl. Art. 271 Steuergesetz).

10.4 Sonderregelung für Einfuhrumsatzsteuer

49a Es ist möglich, die Zahlung der Einfuhrumsatzsteuerschuld in einem besonderen Verfahren in der Umsatzsteuermeldung vorzunehmen, anstatt sie bei der Zollbehörde zu entrichten. Daraus können sich Cashflow-Vorteile ergeben (vgl. Art. 287b quarter Steuergesetz). Allerdings setzt das Verfahren voraus, dass der Unternehmer von den Zollbehörden geprüft worden ist und eine Bewilligung für die »procédure de dédouanement unique« (PDU) erhalten hat.

11 Vorsteuerabzug und Rechnungen

11.1 Allgemeines

Grundsätzlich sind umsatzsteuerliche Unternehmer aus den für ihr Unternehmen bezogenen Lieferungen und sonstigen Leistungen zum Vorsteuerabzug berechtigt. Regelmäßig ist der Vorsteuerabzug durch eine ordnungsgemäße Rechnung bzw. im Fall der Einfuhrumsatzsteuer durch ein ordnungsgemäßes Zolldokument nachzuweisen (vgl. Art. 271 und 289 Steuergesetz). 50

11.2 Beschränkungen des Vorsteuerabzugs

Nach dem Umsatzsteuerrecht von Frankreich berechtigen verschiedene Aufwendungen nicht zum Vorsteuerabzug. Entsprechende Beschränkungen gelten unter anderem für die folgenden Aufwendungen: 51

- Unterbringung von Angestellten (incl. Hotelkosten),
- Geschenke, ausgenommen von geringem Wert,
- Kosten für Anschaffung, Miete, Leasing oder Unterhalt von PKW und Motorrädern (Ausnahmen u. a. für Transportunternehmer oder Vermieter),
- Personenbeförderungskosten,
- verbotene Werbung für Alkohol,
- 90 % der Kosten für Kraftstoffe (hier wird gleitend in den kommenden Jahren der anteilige Vorsteuerabzug erhöht).

Weiterhin sind Vorsteuerbeträge vom Abzug ausgeschlossen, wenn sie im Zusammenhang mit unecht steuerfreien Umsätzen stehen. 52

Führt ein Unternehmen sowohl zum Vorsteuerabzug berechtigende als auch nicht zum Vorsteuerabzug berechtigende Umsätze aus, so ist eine Aufteilung der Vorsteuerbeträge vorzunehmen. Die Vorsteueraufteilung geschieht entweder nach einem globalen Umsatzschlüssel, der auf volle Prozent aufgerundet wird, oder zweistufig. 53

Im zweistufigen Verfahren sind Leistungen, die nur für Abzugsumsätze oder nur für Ausschlussumsätze verwendet werden, zunächst im Weg der direkten Zuordnung zu verarbeiten und nur der verbleibende Vorsteuerbetrag aufzuteilen.

11.3 Vorsteuerüberhänge

54 Wenn sich aus einer Umsatzsteuermeldung ein Erstattungsanspruch ergibt, wird dieser in der Regel nicht sofort ausgezahlt, sondern auf die Folgeperiode vorgetragen.

Zum Jahresende kann ein Auszahlungsantrag gestellt werden, falls der Betrag mindestens 150 € beträgt.

Unternehmen, die vierteljährliche Umsatzsteuermeldungen einreichen, können alternativ zum Ende jedes Quartals einen Auszahlungsantrag stellen, wenn der Saldo mindestens 760 € beträgt.

11.4 Berichtigung des Vorsteuerabzugs

55 Nach dem französischen Umsatzsteuergesetz gilt für Gegenstände, die nicht nur einmalig genutzt werden, grundsätzlich ein Vorsteuerberichtigungszeitraum von fünf Jahren bzw. für Grundstücke, Gebäude und verwandte Wirtschaftsgüter ein Zeitraum von zwanzig Jahren.

11.5 Rechnungen

56 In Frankreich steuerpflichtige Unternehmer sind grundsätzlich verpflichtet, für alle Umsätze an Unternehmer oder juristische Personen eine ordnungsgemäße umsatzsteuerliche Rechnung auszustellen (vgl. Art. 289 Steuergesetz). Ausnahmen gelten im Einzelhandel.

57 Korrekturbelege, z. B. bei Entgeltminderung, müssen sich eindeutig auf die Ursprungsrechnungen beziehen (vgl. Art. 319 Steuergesetz).

58 Abrechnungen im **Gutschriftsverfahren** sind zulässig (vgl. Art. 289 Steuergesetz).

59 **Umsatzsteuerrechnungen** müssen folgende Angaben enthalten (vgl. Art. 289 Steuergesetz):

- Name und Anschrift des Leistenden und dessen Umsatzsteueridentifikationsnummer,
- Name und Anschrift des Leistungsempfängers,
- Datum der Ausstellung,
- Eindeutige, fortlaufende Rechnungsnummer,
- Datum der Lieferung oder Leistung bzw. der erhaltenen Anzahlung, falls feststellbar und abweichend vom Datum der Ausstellung,
- Leistungsbeschreibung,
- Nettoentgelt, getrennt nach Steuersätzen und Steuerbefreiungen, getrennt pro Einheit,
- Umsatzsteuerbetrag und Umsatzsteuersatz,
- Hinweis auf eventuelle Steuerbefreiungen oder Entgeltminderungen.

60 **Kleinbetragsrechnungen** (Grenze: 100 € Brutto) müssen alle genannten Elemente mit Ausnahme der Umsatzsteueridentifikationsnummer des Leistenden enthalten.

11.6 Elektronische Rechnungsstellung

61 Grundsätzlich gilt eine Gleichstellung digitaler Rechnungen mit Papierrechnungen (vgl. Art. 289 Steuergesetz).

11.7 Rechnungen in fremder Währung

Rechnungen dürfen in Fremdwährungen oder in Euro ausgestellt werden. Bei Fremdwährung müssen aber Angaben zur Umrechnung enthalten sein, d. h. entweder zusätzliche Beträge in Euro oder ein Wechselkurs. 62

Die Umrechnung hat nach dem EZB-Kurs zu erfolgen (vgl. Art. 266 Steuergesetz).

12 Steuererklärungen und weitere Steueranmeldungen

12.1 Umsatzsteuermeldungen

Von Unternehmern, deren Umsatz mit Lieferungen über 788.000 € liegt, oder mit Dienstleistungen über 238.000 €, und deren Umsatzsteuerschuld im Vorjahr mehr als 4.000 € betrug, oder solche Unternehmen, deren Umsatzsteuerschuld im Vorjahr mehr als 15.000 € betrug, müssen monatliche Umsatzsteuermeldungen abgeben (»régime réel normal). Dabei liegt der Abgabetermin jeweils zwischen dem 15. Tag und dem 24. Tag des folgenden Monats. Zum gleichen Termin ist die Steuerzahlung fällig (vgl. Art. 287 Steuergesetz und Erlasse dazu). Die Steuerbehörde informiert bei Registrierung über den Abgabetermin, der u. a. von der Rechtsform und dem Firmensitz abhängt. 63

Unternehmen, deren Umsatz mit Lieferungen zwischen 82.800 € und 788.000 € liegt, oder mit Dienstleistungen zwischen 33.100 € und 238.000 €, und deren Umsatzsteuerschuld im maximal 15.000 € betrug, dürfen vierteljährliche Umsatzsteuermeldungen abgeben (»régime réel simplifié«). Gleiches gilt bei Überschreiten der Umsatzgrenzen aber einer Umsatzsteuerschuld von maximal 4.000 €. 64

Noch kleinere Unternehmen müssen keine unterjährigen Umsatzsteuermeldungen abgeben. Sie geben stattdessen eine Jahresmeldung ab.

Die Umsatzgrenzen unterliegen regelmäßigen Anpassungen.

Es kann ein Antrag auf einmonatige Verschiebung der Termine gestellt werden (vgl. Art. 287 Steuergesetz). In diesem Fall sind Vorauszahlungen von 80 % auf geschätzter Basis zum Regelfälligkeitstag zu leisten. 65

Grundsätzlich waren die Meldungen bis zum 31.12.2017 nur ab einem Umsatz von 230.000 € in digitaler Form einzureichen. Bei ausländischen Unternehmen war dagegen stets die digitale Abgabe vorgesehen. Seit dem 01.01.2018 müssen alle Steuerpflichtigen ihre Meldungen in digitaler Form abgeben.

12.2 Umsatzsteuerjahreserklärungen

In Frankreich gibt es keine Umsatzsteuerjahreserklärung. 66

12.3 Umsatzsteuer-Identifikationsnummer

67 Die französische Umsatzsteuer-Identifikationsnummer besteht aus elf Zahlen mit dem vorangestellten Ländercode FR.

12.4 Zusammenfassende Meldung im innergemeinschaftlichen Waren- und Dienstleistungsverkehr

68 Unternehmen, die innergemeinschaftliche Lieferungen oder Dienstleistungen nach Art. 44 Mehrwertsteuersystemrichtlinie ausführen, müssen grundsätzlich eine Zusammenfassende Meldung abgeben (vgl. Art. 289B und Art. 289C Steuergesetz). Der Meldezeitraum ist der Kalendermonat.

Die Zusammenfassende Meldung ist bis spätestens zum 10. Kalendertag des Folgemonats einzureichen.

13 Straf- und Bußgeldvorschriften

69 Es gelten die folgenden Vorschriften:

- **Umsatzsteuermeldung nicht digital abgegeben, obwohl verpflichtet.**
  Es entsteht ein Strafzuschlag von 0,2 % der Steuer.
- **Verspätete Umsatzsteuerzahlung**
  Es entsteht ein Strafzuschlag von 5 % der Steuer. Weiterhin werden Zinsen mit einem monatlichen Satz von 0,4 % festgesetzt.
- **Verspätete Umsatzsteuermeldung**
  Es entsteht ein Strafzuschlag von 10 % der Steuer, oder von 40 % nach Verstreichen von über 30 Tagen nach einer förmlichen Abgabeerinnerung.
- **Unterlassene Anmeldung von Reverse-Charge-Umsatzsteuer**
  Es entsteht ein Strafzuschlag von 5 % der Steuer, außer bei freiwilliger Berichtigung.
- **Nichtabgabe oder verspätete Abgabe der Zusammenfassenden Meldung**
  Die Strafe beträgt 750 bis 1.500 €.
- **Fehlerhafte Zusammenfassende Meldung**
  Die Strafe beträgt 15 € pro fehlerhafter Position, maximal aber 1.500 € pro Meldung.

70 Wer Umsatzsteuer in einer Rechnung zu Unrecht ausweist, schuldet diese Umsatzsteuer bis zu einer wirksamen Korrektur.

14 Behandlung nicht ansässiger Unternehmen

Ein nicht ansässiges Unternehmen ist nach französischem Verständnis ein Unternehmen, das keine feste Niederlassung in Frankreich unterhält. Nicht ansässige Unternehmen müssen sich in Frankreich umsatzsteuerlich registrieren, wenn sie mindestens eine der folgenden Aktivitäten ausführen: 71

- in Frankreich steuerbare Lieferungen von Gegenständen, die nicht unter die Steuerschuldnerschaft des Leistungsempfängers fallen,
- in Frankreich steuerbare Versandhandelslieferungen,
- in Frankreich steuerbare sonstige Leistungen, die nicht unter die Steuerschuldnerschaft des Leistungsempfängers oder das MOSS-Verfahren fallen,
- Bewirken eines innergemeinschaftlichen Erwerbs in Frankreich.

Die Lieferschwelle für Versandhandelslieferungen beträgt 35.000 €.

Nichtansässige Unternehmen, die in einem anderen EU Mitgliedstaat niedergelassen sind, sind berechtigt, sich direkt, d. h. ohne Einschaltung eines Fiskalvertreters, in Frankreich umsatzsteuerlich zu registrieren. Sie können aber freiwillig einen Fiskalvertreter ernennen. 72

Unternehmen aus Nicht-EU-Staaten sind dagegen verpflichtet, einen in Frankreich ansässigen Fiskalvertreter zu bestellen. Ein Fiskalvertreter ist nicht notwendig, wenn mit dem Sitzland des Unternehmers ein Amtshilfeabkommen für Steuersachen besteht. 73

Es gibt eine Vereinfachungsregelung, die für sog. **Konsignationslager** bewirken kann, dass keine französische Registrierung erforderlich ist (erwähnt in OFD Frankfurt am Main, Verfügung vom 23.02.2017, S 7100a A-004-St 110). Dabei gilt eine zeitliche Obergrenze bezüglich des Verbleibens im Lager von drei Monaten. Die Vereinfachungsregelung unterstellt bei der Überführung von Waren aus dem EU-Ausland in ein französisches Konsignationslager, dass die Waren erst in dem Zeitpunkt nach Frankreich transportiert werden, zu dem der französische Kunde die Waren aus dem Lager entnimmt. Das hat zur Folge, dass es im Zeitpunkt der Entnahme zu einer innergemeinschaftlichen Lieferung kommt, und damit der Erwerber in Frankreich die Erwerbsbesteuerung vorzunehmen hat. 74

15 Vorsteuervergütungsverfahren

15.1 EU-Unternehmen

Für Unternehmen mit Sitz in einem anderen Mitgliedstaat der Europäischen Union ist in Frankreich die Vergütung von Vorsteuerbeträgen nach der Richtlinie 2008/9/EG möglich. Wie in anderen Mitgliedstaaten üblich, hat der Antragsteller einen digitalen Vorsteuervergütungsantrag im Portal der für ihn im Heimatstaat zuständigen Finanzbehörde einzureichen (in Deutschland: Bundeszentralamt für Steuern). Die Antragsfrist ist grundsätzlich der 30. September des Folgejahres (Ausschlussfrist). Allerdings hat der Conseil d'Etat am 04.12.2017 entschieden (vgl. Rechtssache 392575, Costa Crociere SpA) dass Frankreich die entsprechende Frist des Art. 15 der Richtlinie 2008/9/EG nicht in den CGI aufgenommen hat. Damit musste und muss die Steuerbehörde 75 auch nach Fristablauf eingereichte Anträge akzeptieren, weil das Unionsrecht insoweit nicht unmittelbar zulasten der Steuerpflichtigen angewendet werden darf.

Dem Antrag sind gescannte Rechnungskopien beizufügen, soweit das Nettoentgelt einen Betrag von 1.000 € bzw. 250 € bei Kraftstoffen übertrifft.

Der Mindestvergütungsbetrag in einem Antrag für weniger als ein Jahr muss 400 € betragen, und andernfalls gilt ein Mindestbetrag von 50 €.

15.2 Nicht-EU-Unternehmen

76 Unternehmen mit Sitz in Drittstaaten können einen Vorsteuervergütungsantrag nach der 13. Richtlinie einreichen. Die Vorsteuervergütung setzt nach französischem Recht keine Gegenseitigkeit mit dem Sitzstaat des Antragstellers voraus.

Der Mindestvergütungsbetrag in einem Antrag für weniger als ein Jahr muss 400 € betragen, und andernfalls gilt ein Mindestbetrag von 50 €.

Ein Antrag muss grundsätzlich spätestens bis zum 30. Juni des Folgejahres gestellt werden. Es handelt sich um eine nicht verlängerbare Ausschlussfrist. Der Antragsteller muss die Originalrechnungen dem Antrag beifügen.

Zusätzlich muss ein französischer Fiskalvertreter bestellt werden.

Länderanhang Griechenland

Literatur

Tountas, Greece Value Added Tax, IBFD 2017. **Ernst & Young**, Worldwide VAT, GST and Sales Tax Guide 2017. **Karopoulos/Strati**, Inoffizielle Übersetzung des Mehrwertsteuergesetzes, IBFD 2017.

1 Einführung

1 Griechenland ist seit dem 01.01.1981 Mitglied der Europäischen Union. Das griechische Mehrwertsteuergesetz basiert daher auf der Mehrwertsteuersystemrichtlinie. Es wurde zum 01.01.1987 eingeführt, da Griechenland beim Beitritt verschiedene Sonderbestimmungen zugestanden wurden.

2 Bezeichnung der Steuer

2 Die griechische Bezeichnung der Umsatzsteuer lautet »Foros prostithemenis aksias (FPA)«.

3 Steuerbarkeit und Erhebungsgebiet

3.1 Erhebungsgebiet

3 Das umsatzsteuerliche Erhebungsgebiet entspricht dem Staatsgebiet der Republik Griechenland ohne den Berg Athos.

3.2 Steuerbare Umsätze

Sämtliche in Griechenland von einem Steuerpflichtigen ausgeführten **Lieferungen** und **Dienstleistungen** sind umsatzsteuerbar. 4

Als **Lieferungen** gelten neben der Übertragung körperlicher Gegenstände und unbeweglichen Vermögens auch die Lieferung von Gas, Elektrizität, Wärme und Kälte (vgl. Art. 5 Mehrwertsteuergesetz). Mietkauf ist ebenfalls eine Lieferung. 5

Der **Ort der Lieferung** bestimmt sich nach der Verschaffung der Verfügungsmacht bzw. bei Warentransport nach dessen Beginn (vgl. Art. 13 Mehrwertsteuergesetz). Abweichend hiervon wird bei der **Versandhandelsregelung** das Ende der Versendung betrachtet. Es gilt hierbei eine Lieferschwelle von 35.000 € (vgl. Art. 13 Mehrwertsteuergesetz). Die Regelung gilt nicht für die Lieferung neuer Beförderungsmittel. Bei Lieferungen mit Montage ist der Lieferort der Ort der Montage. 6

Ebenfalls in Griechenland steuerbar sind Lieferungen aus dem Drittland, bei denen der Lieferer die Einfuhrumsatzsteuer schuldet. 7

Explizite gesetzliche Regelungen zu **Reihengeschäften** gibt es in Griechenland nicht. 8

Unentgeltlich erbrachte Lieferungen oder Dienstleistungen können steuerbare **unentgeltliche Wertabgaben** sein. Regelmäßig ist Voraussetzung, dass aus dem Gegenstand ein Vorsteuerabzug geltend gemacht wurde. 9

Geschenke mit einem Wert von maximal 10 € sind keine unentgeltlichen Wertabgaben (vgl. Art. 7 Mehrwertsteuergesetz).

Dienstleistungen werden ähnlich wie in Deutschland als Leistungen definiert, die keine Lieferungen von Gegenständen darstellen (vgl. Art. 8 Mehrwertsteuergesetz). Dabei enthält das Gesetz zahlreiche Beispiele. 10

Der **Ort der meisten Dienstleistungen** zwischen Unternehmen bestimmt sich nach dem Empfängerortsprinzip (vgl. Art. 14 Mehrwertsteuergesetz) bzw. für Dienstleistungen an Nichtunternehmer nach dem Sitz des leistenden Unternehmers oder von dessen fester Niederlassung. Ausnahmen gelten vor allem für grundstücksbezogene Umsätze (Ort des Grundstücks), für Personenbeförderungen (Ort der Beförderung), kurzfristige Vermietung von Beförderungsmitteln (Ort der Übergabe), Restaurantumsätze (Tätigkeitsort) und den Zugang zu Veranstaltungen (Ort derselben). 11

Geschäftsveräußerungen im Ganzen an einen anderen Unternehmer, d. h. die Übertragung des ganzen Betriebs oder einer Division der Betätigung, sind nicht umsatzsteuerbar (vgl. Art. 5 Mehrwertsteuergesetz). Voraussetzung ist ein Vorsteuerabzugsrecht des Übernehmers. 12

Steuerbar ist auch der **innergemeinschaftliche Erwerb** von Gegenständen in Griechenland. Es gibt jedoch Ausnahmen für land- und forstwirtschaftliche Betriebe, Steuerpflichtige, die ausschließlich vorsteuerschädliche Ausgangsumsätze tätigen, sowie für nicht unternehmerisch tätige juristische Personen. Die Erwerbschwelle für diesen Personenkreis, die weder im vorangegangenen Kalenderjahr noch im laufenden Kalenderjahr überschritten werden darf, beträgt 10.000 € (vgl. Art. 11 Mehrwertsteuergesetz). Auch wenn die Erwerbschwelle nicht überschritten wird, kann zur Steuerpflicht optiert werden. 13

Dienstleistungen, die von einem griechischen Steuerpflichtigen grenzüberschreitend empfangen werden und unter die Steuerschuldnerschaft des Leistungsempfängers fallen, sind ebenfalls steuerbare Umsätze im Sinne des griechischen Rechts. Schließlich sind Einfuhren von Waren von außerhalb der Europäischen Union in Griechenland umsatzsteuerbar. 14

Unternehmen aus der EU, die Telekommunikations-, Rundfunk-, Fernseh- oder elektronische Leistungen an Nichtsteuerpflichtige erbringen, sind damit zwar in Griechenland seit dem 01.01.2015 umsatzsteuerpflichtig. Sie können jedoch das MOSS-Verfahren nutzen und sind damit nicht registrierungspflichtig. 15

Bei Unternehmen aus Nicht-EU-Staaten besteht die Möglichkeit, für entsprechende Umsätze die Sonderregelung zu nutzen, sich in einem einzigen EU-Mitgliedstaat zu registrieren und dort sämtliche Umsätze zu melden.

16 In Griechenland ansässige Unternehmer, die eine Umsatzgrenze von 10.000 € nicht übertreffen, können als **Kleinunternehmer** besteuert werden (vgl. Art. 39 Mehrwertsteuergesetz). Falls sie diese Möglichkeit nutzen, schulden sie keine Umsatzsteuer, haben jedoch auch kein Vorsteuerabzugsrecht. Landwirte, welche die Sonderregelung nutzen, sind ausdrücklich ausgenommen. Es muss ein Antrag bei der Finanzbehörde gestellt werden, und dieser bindet dann für mindestens zwei Jahre den Antragsteller. Zum 01.01.2019 wird die Zwei-Jahres-Bindung abgeschafft, und die Kleinunternehmerregelung grundsätzlich für alle Unternehmer im ersten Tätigkeitsjahr gestattet.

4 Unternehmer bzw. Steuerpflichtiger

17 Als Steuerpflichtiger nach griechischem Recht gilt jede natürliche oder juristische Person, die im Zuge einer geschäftlichen Betätigung in Griechenland Waren liefert oder Dienstleistungen erbringt (vgl. Art. 3 Mehrwertsteuergesetz).

18 Ein ausländischer Unternehmer hat in Griechenland eine umsatzsteuerliche **Betriebsstätte** (feste Niederlassung), wenn er dort eine Geschäftseinrichtung unterhält (z. B. Büro, Lager), von dort Lieferungen oder Dienstleistungen erbringt und Personal unterhält.

5 Organschaft bzw. Mehrwertsteuergruppe

19 Griechenland hat keine Regelungen zur Mehrwertsteuergruppe (umsatzsteuerliche Organschaft) erlassen.

6 Bemessungsgrundlage

20 Grundsätzlich ist der vereinbarte Nettopreis (Entgelt) die steuerliche Bemessungsgrundlage (vgl. Art. 19 Mehrwertsteuergesetz).

21 Bei unentgeltlichen Vorgängen ist der Einkaufspreis bzw. die Selbstkosten im Umsatzzeitpunkt anzusetzen (vgl. Art. 19 Mehrwertsteuergesetz).

22 Bei entgeltlichen Transaktionen zwischen verbundenen Unternehmen ist der Fremdvergleichspreis anzusetzen, wenn das tatsächliche Entgelt darunterliegt (vgl. Art. 19 Mehrwertsteuergesetz).

7 Steuersätze und Steuerbefreiungen

7.1 Regelsteuersatz

Der Regelsteuersatz in Griechenland beträgt seit dem 01.06.2016 nunmehr 24 % (vgl. Art. 21 Mehrwertsteuergesetz). Vorher galt ein Regelsteuersatz von 23 %. 23

7.2 Ermäßigte Steuersätze

Das griechische Umsatzsteuergesetz sieht zwei ermäßigte Steuersätze vor, und zwar Sätze von 13 % (vgl. Art. 21 Mehrwertsteuergesetz) und 6 % (vgl. Art. 21 Mehrwertsteuergesetz). Hierzu enthält das Gesetz eine ausführliche Anlage III. 24

Der ermäßigte Steuersatz von 13 % gilt unter anderem für 25

- viele Lebensmittel,
- Strom, Gas und Wärme,
- medizinische Produkte und bestimmte Medikamente,
- Übernachtungen in Hotels.

Der ermäßigte Steuersatz von 6 % gilt unter anderem für 26

- Bücher, Zeitungen und Zeitschriften,
- Theater,
- viele Medikamente,
- Leistungen der häuslichen Kinderbetreuung oder Altenpflege, soweit nicht steuerfrei.

Bis zum 31.12.2018 gilt weiterhin ein Abschlag von 30 % auf den Steuerbetrag für Lieferungen oder vor Ort physisch ausgeführte Dienstleistungen in den Gebieten Lesbos, Chios, Samos ,Kos und Leros. Tabakprodukte und Beförderungsmittel sind von der Ermäßigung ausgenommen. Es ist denkbar, dass die Ermäßigung verlängert wird. Dies ist in der Vergangenheit mehrfach beschlossen worden. 27

7.3 Steuerbefreiungen

Das griechische Umsatzsteuerrecht enthält sowohl Steuerbefreiungen mit Vorsteuerabzugsrecht (echte Steuerbefreiungen) als auch Steuerbefreiungen ohne Vorsteuerabzugsrecht (unechte Steuerbefreiungen). 28

Zu den Steuerbefreiungen mit Vorsteuerabzugsrecht gehören insbesondere 29

- innergemeinschaftliche Lieferungen (vgl. Art. 28 Mehrwertsteuergesetz) und Ausfuhrlieferungen (vgl. Art. 24 Mehrwertsteuergesetz),
- Umsätze für die Seeschifffahrt und die Luftfahrt (vgl. Art. 27 Mehrwertsteuergesetz),
- Umsätze in Zoll- oder Verbrauchsteuerlagern (vgl. Art. 25 und 26 Mehrwertsteuergesetz),
- Goldlieferungen an die Zentralbank (vgl. Art. 27 Mehrwertsteuergesetz).

Es bestehen Freizonen in Piraeus und in Salonika.

30 Steuerbefreiungen ohne Vorsteuerabzugsrecht (vgl. Art. 22 Mehrwertsteuergesetz) gibt es unter anderem für

- Bank- und Finanzumsätze,
- Versicherungsumsätze,
- bestimmte Glücksspielumsätze einschließlich Online-Glücksspiel,
- ärztliche Leistungen und ähnliche Tätigkeiten,
- bestimmte Leistungen der Sozialfürsorge,
- Universalpostdienstleistungen,
- nichtkommerzielles Radio und Fernsehen,
- verschiedene unterrichtende Leistungen,
- Immobilienverkauf, außer Lieferung vor dem ersten Gebrauch, vgl. Art. 6 Mehrwertsteuergesetz),
- Vermietung von Immobilien (außer Gewerbeimmobilien, aber einschließlich Hotels).

31 Eine **Option zur Steuerpflicht** ist nur bei der Vermietung von bestimmten gewerblichen Immobilien (i. d. R. Hotels) auf Antrag zulässig (vgl. Art. 8 Mehrwertsteuergesetz).

32 Bei Ausfuhrlieferungen und innergemeinschaftlichen Lieferungen ist ein **Belegnachweis** zu führen. Bei **Ausfuhrlieferungen** ist dies üblicherweise das zollrechtliche Ausfuhrdokument, das entweder den Lieferer als Ausführer zeigt oder eindeutig auf die Rechnung referenziert.

Bei **innergemeinschaftlichen Lieferungen** soll der Nachweis durch Transportunterlagen und die Umsatzsteueridentifikationsnummer erbracht werden. Der Kunde soll den Erhalt der Ware ausdrücklich bestätigen.

33 **Ausfuhrlieferungen im Reisegepäck** sind steuerfrei, wenn die Ausfuhr innerhalb von drei Monaten nachgewiesen wird und der Einkauf einen Bruttopreis von mindestens 50 € hatte (vgl. Art. 24 Mehrwertsteuergesetz).

34 Bei der Einfuhr gilt eine Steuerbefreiung für **Kleinsendungen** mit einer Wertgrenze von 45 €.

35 Griechenland hat eine Regelung für **Umsatzsteuerlager** eingeführt (vgl. Art. 26 und Annex VI Mehrwertsteuergesetz). Umsätze im Umsatzsteuerlager sind steuerbefreit.

Unter anderem können folgende Waren in einem Umsatzsteuerlager gehalten werden:

- Zinn, Kupfer, Zink, Nickel, Aluminium, Blei, Indium, Silber, Platin,
- bestimmte Getreide, Nüsse und Saaten, Kartoffeln, Oliven und pflanzliche Öle,
- Tee, Kakaobohnen, Rohzucker, ungerösteter Kaffee,
- Kautschuk,
- bestimmte Chemikalien und Mineralöle.

8 Steuerschuldnerschaft des Leistungsempfängers

36 Nach dem griechischen Umsatzsteuerrecht ist die Steuerschuldnerschaft des Leistungsempfängers unter anderem für folgende Umsätze anzuwenden:

- In Griechenland steuerbare Dienstleistungen, die ein nichtansässiger Unternehmer an einen in Griechenland ansässigen Steuerpflichtigen erbringt (vgl. Art. 35 Mehrwertsteuergesetz), außer wenn ein Fiskalvertreter bestellt wurde

Griechenland hat eine Steuerschuldnerschaft des Leistungsempfängers für Umsätze zwischen im Land ansässigen Unternehmen eingeführt (vgl. Art. 39a Mehrwertsteuergesetz), die unter anderem folgende Umsatzarten erfasst: 37

- Umsätze mit Abfällen und Metallschrott,
- die Errichtung öffentlicher Gebäude im Auftrag der öffentlichen Hand,
- Emissionszertifikate,
- Umsätze mit Laptops, Mobiltelefonen, Tablet-Computern und Spielekonsolen an andere, mindestens teilweise zum Vorsteuerabzug berechtigter Unternehmer; anzuwenden ab dem 01.08.2017, gilt auch für gebrauchte Güter dieser Art.

9 Besondere Umsatzsteuerregelungen für bestimmte Unternehmen

9.1 Besteuerung von Reiseleistungen

Griechenland hat die Margenbesteuerung für Reiseveranstalter (Art. 306 bis Art. 310 Mehrwertsteuersystemrichtlinie) umgesetzt (vgl. Art. 43 Mehrwertsteuergesetz). Die Regelung bewirkt, dass Reiseveranstalter, die ihr unterliegen, nur Umsatzsteuer auf die Marge zwischen den Eingangsleistungen und den Ausgangsumsätzen schulden, wobei die Umsatzsteuer aus der Marge herauszurechnen ist. Zugleich besteht kein Vorsteuerabzugsrecht. Insoweit ähnelt die Regelung der in Deutschland bestehenden Regelung des § 25 UStG. 38

9.2 Differenzbesteuerung

In Griechenland besteht eine Differenzbesteuerung für den Handel mit Gebrauchtwaren, Kunstgegenständen, Antiquitäten und Sammlungsobjekten (vgl. Art. 45 Mehrwertsteuergesetz). Die Regelung hat zur Folge, dass Umsatzsteuer nur auf die Marge zwischen Eingangsleistungen und Ausgangsleistungen erhoben wird. Zugleich ist der Vorsteuerabzug aus Eingangsleistungen ausgeschlossen. 39

9.3 Sonderregelung für Landwirte

Griechenland hat eine Sonderregelung für Landwirte eingeführt (vgl. Art. 41 Mehrwertsteuergesetz). Die Regelung kann angewendet werden, wenn ein Landwirt mit Produkten aus eigenem Betrieb (was gepachtete Flächen einschließt) im Vorjahr einen Umsatz von weniger als 15.000 € erzielt und er Subventionen von weniger als 5.000 € erhalten hat. 40

Diese Landwirte unterliegen einer Pauschalbesteuerung. Sie schulden keine Ausgangsumsatzsteuer und erhalten einen pauschalen Vorsteuerabzug, grundsätzlich in Höhe von 6 % der Umsätze. Art. 42

Mehrwertsteuergesetz definiert, welche Unternehmer als Landwirte im Sinne der Norm gelten. Dabei sind Tierzucht und Fischzucht einschließlich Fischfang ebenfalls begünstigte Tätigkeiten.

Allerdings ist die Pauschalbesteuerung von weiteren Bedingungen abhängig. Ausgeschlossen sind Landwirte, die ihren Betrieb in einer Gesellschaft oder Kooperative führen, solche, die ihre Produkte weiterverarbeiten, solche, die aus anderen Gründen zur doppelten Buchführung verpflichtet sind, und solche, die Ausfuhrlieferungen oder innergemeinschaftliche Lieferungen bewirken. Anlage IV zum Mehrwertsteuergesetz führt Produkte und Leistungen auf, die von der Pauschalbesteuerung erfasst werden.

10 Entstehung der Steuer

10.1 Besteuerung nach vereinbarten Entgelten

41 Grundsätzlich gilt in Griechenland das Prinzip der Besteuerung nach vereinbarten Entgelten.

42 Bei der **Lieferung von Gegenständen** entsteht die Umsatzsteuer mit Übergabe bzw. bei Transport mit dessen Beginn (vgl. Art. 16 Mehrwertsteuergesetz). Es gibt keine klare Regelung für die Besteuerung von Anzahlungen mit Ausnahme der innergemeinschaftlichen Transaktionen.

43 Bei **Dienstleistungen** entsteht die Umsatzsteuer mit Erbringung der Dienstleistung (vgl. Art. 16 Mehrwertsteuergesetz).

44 Bei **Rechnungsstellung** gilt der Rechnungsstellungszeitpunkt grundsätzlich als der Steuerentstehungstermin.

45 Die **Steuer auf innergemeinschaftliche Erwerbe** entsteht spätestens am 15. Tag des auf den Zeitpunkt der Lieferung folgenden Monats, oder, wenn eine Rechnung ausgestellt wird, mit Ablauf dieses Monats (vgl. Art. 18 Mehrwertsteuergesetz).

10.2 Berichtigung der Umsatzsteuer bei Uneinbringlichkeit oder aus anderen Gründen

46 Griechenland gestattet es grundsätzlich nicht, die Umsatzsteuer bei Uneinbringlichkeit zu vermindern (vgl. Rundschreiben 1080/2017 vom 09.06.2017 mit Bekräftigung dieser Rechtslage trotz zahlreicher Anträge angesichts der Finanzkrise). Dies entspricht Art. 90 Abs. 2 Mehrwertsteuersystemrichtlinie. In Ausnahmefällen (Liquidation des Kunden nach Art. 46 und 46a des Gesetzes 1892/1990 und Art. 14 des Gesetzes 2000/1991) ist es theoretisch denkbar, einen Erstattungsantrag zu stellen, aber in der Praxis kaum erfolgreich möglich, weil die Bedingungen sehr streng und sehr formalistisch sind (vgl. Art. 19 Mehrwertsteuergesetz).

47 Andere Entgeltanpassungen (Preisänderung, Rückzahlung, Rückgängigmachung) führen zu einer Umsatzsteueranpassung, setzen aber stets einen Belegaustausch voraus (vgl. Art. 19 Mehrwertsteuergesetz).

10.3 Besteuerung nach vereinnahmten Entgelten

Griechenland hat eine Möglichkeit der Besteuerung nach vereinnahmten Entgelten eingeführt. Diese setzt voraus, dass eine Umsatzgrenze von 2 Mio. € nicht überschritten wird, und erfordert einen schriftlichen Antrag (vgl. Art. 39b Mehrwertsteuergesetz). Die Regelung bewirkt, dass auch der Vorsteuerabzug erst bei Bezahlung der Eingangsrechnung möglich ist. **48**

10.4 Sonderregelung für Einfuhrumsatzsteuer

Es ist möglich, die Zahlung der Einfuhrumsatzsteuerschuld in einem besonderen Verfahren in der Umsatzsteuermeldung vorzunehmen, anstatt sie bei der Zollbehörde zu entrichten (vgl. Gesetz 4132/2013). Daraus können sich Cashflow-Vorteile ergeben. Das Verfahren setzt einen Antrag bei der Steuerbehörde voraus. Es kann nur von ausländischen Unternehmen genutzt werden, die in Griechenland mehrwertsteuerlich registriert sind, aber keine ertragsteuerliche oder mehrwertsteuerliche Betriebsstätte besitzen dürfen. Weiterhin erfordert das Verfahren Einfuhren mit einem statistischen Wert von über 250 Mio. € pro Jahr bzw. mehr als 100 Mio. € in den ersten fünf Jahren. Dabei ist es möglich, Einfuhren verbundener Unternehmen zu addieren. Schließlich muss der Antragsteller die eingeführten Waren zu mindestens 90 % für Umsätze in Form steuerfreier Ausfuhren oder innergemeinschaftlicher Lieferungen verwenden. **48a**

11 Vorsteuerabzug und Rechnungen

11.1 Allgemeines

Grundsätzlich sind umsatzsteuerliche Unternehmer aus den für ihr Unternehmen bezogenen Lieferungen und sonstigen Leistungen zum Vorsteuerabzug berechtigt (vgl. Art. 30 Mehrwertsteuergesetz). **49**

Regelmäßig ist der Vorsteuerabzug durch eine ordnungsgemäße Rechnung bzw. im Fall der Einfuhrumsatzsteuer durch ein ordnungsgemäßes Zolldokument nachzuweisen (vgl. Art. 32 Mehrwertsteuergesetz).

11.2 Beschränkungen des Vorsteuerabzugs

Nach dem Umsatzsteuerrecht von Griechenland berechtigen verschiedene Aufwendungen nicht zum Vorsteuerabzug (vgl. Art. 30 Mehrwertsteuergesetz). Entsprechende Beschränkungen gelten unter anderem für die folgenden Aufwendungen: **50**

- Tabak und Alkohol, außer für entsprechende Wiederverkäufer,
- Bewirtung und sonstige Unterhaltung von Personen, alle Restaurantumsätze,

- Kosten für Anschaffung, Miete, Leasing oder Unterhalt von Personenkraftwagen (bis 9 Sitze), Motorrädern, Booten und Luftfahrzeugen für Freizeitzwecke (Ausnahmen gelten u. a. für Taxis und für Wiederverkäufer sowie bei nachgewiesener reiner geschäftlicher Nutzung).

51 Weiterhin sind Vorsteuerbeträge vom Abzug ausgeschlossen, wenn sie im Zusammenhang mit unecht steuerfreien Umsätzen stehen.

52 Führt ein Unternehmen sowohl zum Vorsteuerabzug berechtigende als auch nicht zum Vorsteuerabzug berechtigende Umsätze aus, so ist eine Aufteilung der Vorsteuerbeträge vorzunehmen (vgl. Art. 31 Mehrwertsteuergesetz). Dabei sind zunächst Vorsteuerbeträge direkt zu Abzugs- und Ausschlussumsätzen zuzuordnen. Die verbleibenden Vorsteuern werden regelmäßig nach einem Umsatzschlüssel aufgeteilt, der auf volle Prozent aufzurunden ist.

11.3 Berichtigung des Vorsteuerabzugs

53 Nach dem griechischen Umsatzsteuergesetz gilt für Grundstücke, Gebäude und verwandte Wirtschaftsgüter ein Vorsteuerberichtigungszeitraum von zehn Jahren (vgl. Art. 33 Mehrwertsteuergesetz) und für andere Wirtschaftsgüter ein Zeitraum von fünf Jahren. Patente und Rechte, die über mehr als ein Jahr genutzt werden, sind ausdrücklich mit erfasst.

11.4 Rechnungen

54 In Griechenland steuerpflichtige Unternehmer sind grundsätzlich verpflichtet, für alle Umsätze eine ordnungsgemäße umsatzsteuerliche Rechnung auszustellen. Dies gilt auch bei Umsätzen an Nichtunternehmer.

55 Korrekturbelege, z. B. bei Entgeltminderung, müssen sich eindeutig auf die Ursprungsrechnungen beziehen.

56 Abrechnungen im Gutschriftsverfahren sind zulässig.

57 Umsatzsteuerrechnungen müssen folgende Angaben enthalten:

- Name und Anschrift des Leistenden und dessen Umsatzsteueridentifikationsnummer und Gewerbezweig,
- Name, Anschrift, Gewerbezweig und Umsatzsteueridentifikationsnummer des Leistungsempfängers,
- Datum der Ausstellung,
- eindeutige, fortlaufende Rechnungsnummer,
- Datum der Lieferung oder Leistung bzw. der erhaltenen Anzahlung, falls feststellbar und abweichend vom Datum der Ausstellung,
- Leistungsbeschreibung,
- Nettoentgelt, getrennt nach Steuersätzen und Steuerbefreiungen,
- Umsatzsteuerbetrag und Umsatzsteuersatz,
- Hinweis auf eventuelle Steuerbefreiungen oder Entgeltminderungen.

58 Es gibt keine allgemeine Regelung für **Kleinbetragsrechnungen**.

11.5 Elektronische Rechnungsstellung

Griechenland hat die vereinfachten Regelungen der Europäischen Union für digitale Rechnungstellung bisher nicht umgesetzt. Digitale Rechnungen werden umsatzsteuerlich nur anerkannt, wenn sie im EDI-Verfahren oder mit qualifizierter digitaler Signatur (Präsidentenerlass 150/2001) oder von einer zugelassenen maschinellen Einrichtung generiert werden. 59

11.6 Rechnungen in fremder Währung

Rechnungen sind in Euro auszustellen. Es ist eine andere Währung zulässig, wenn der Umsatz im 60
entsprechenden Staat steuerbar ist.

Fremdwährungen sind nach den zollrechtlichen Vorschriften umzurechnen.

12 Steuererklärungen und weitere Steueranmeldungen

12.1 Umsatzsteuermeldungen

Im Regelfall sind monatliche Umsatzsteuermeldungen abzugeben. Unternehmen, die keine dop- 61
pelte Buchführung haben müssen, geben dagegen vierteljährliche Umsatzsteuermeldungen ab.

Der Abgabetag ist grundsätzlich der letzte Werktag des Monats nach Ende des Meldezeitraums, also z. B. der 31.03. für den Monat Februar. Dies ist auch der Fälligkeitstag der Umsatzsteuerzahlung.

Allerdings besteht ein Wahlrecht, Umsatzsteuerzahllasten über 100 € in zwei Raten zu begleichen. In diesem Fall sind nur 50 % sofort fällig, und die verbleibende 50 % zum letzten Werktag des Folgemonats.

Grundsätzlich ist die digitale Erklärungsabgabe verpflichtend.

Nach einem Rundschreiben (1103/2017 vom 21.07.2017) werden seit dem 01.07.2017 Vorsteuerüberhänge ohne weitere Prüfung erstattet, wenn der Steuerpflichtige ein zugelassener Wirtschaftsbeteiligter nach dem Zollrecht ist oder mindestens 50 % seiner Umsätze aus nicht in Griechenland steuerbaren Tätigkeiten erzielt. Weitere Bedingung ist, dass eine Steuerprüfung der letzten drei Jahre maximal eine Umsatzsteuernachzahlung von 5 % ergeben haben darf und der Steuerpflichtige im gleichen Zeitraum keine Verstöße gegen Steuervorschriften (z.B. falsche Rechnungen) begangen haben darf. Weiterhin führen die Steuerbehörden interne Risikobewertungen durch.

Die Steuerbehörden erstellen jeweils im Februar und August eines Jahres Listen der entsprechend begünstigten Steuerpflichtigen.

12.2 Umsatzsteuerjahreserklärungen

Es gibt keine zusätzlichen Jahreserklärungen. 62

12.3 Umsatzsteuer-Identifikationsnummer

63 Die griechische Umsatzsteuer-Identifikationsnummer besteht aus neun Zeichen, mit dem vorangestellten Ländercode EL.

12.4 Zusammenfassende Meldung im innergemeinschaftlichen Waren- und Dienstleistungsverkehr

64 Unternehmen, die innergemeinschaftliche Lieferungen oder Dienstleistungen nach Art. 44 Mehrwertsteuersystemrichtlinie ausführen, müssen grundsätzlich eine Zusammenfassende Meldung abgeben. Der Meldezeitraum ist der Kalendermonat.

Die Zusammenfassende Meldung ist bis spätestens zum 26. Kalendertag des Folgemonats in digitaler Form einzureichen.

13 Straf- und Bußgeldvorschriften

65 Es gelten die folgenden Vorschriften:

- **Verspätete oder unvollständige Umsatzsteuermeldung**
  Verspätete oder unvollständige Umsatzsteuermeldungen führen zu einem Strafzuschlag von 100 € bis 500 €.
- **Strafen bei Rechnungsverstößen**
  Werden Rechnungen nicht oder falsch ausgestellt, oder falsche Rechnungen akzeptiert, wird ein Strafzuschlag von 50 % auf den Umsatzsteuerbetrag erhoben.
- **Fehlerhafte oder nicht abgegebene Umsatzsteuermeldung mit Steuerwirkung**
  Verspätete oder unvollständige Umsatzsteuermeldungen, die eine Nichtzahlung der Steuer oder zu hohen Vorsteuerabzug bewirkt haben, führen zu einem Strafzuschlag von 50 % auf den Umsatzsteuerbetrag. Der gleiche Zuschlag wird erhoben, wenn der Beginn einer Tätigkeit nicht angezeigt wurde.
- **Verspätete Umsatzsteuerzahlung**

Wird die Umsatzsteuer zu spät entrichtet, fallen Zinsen mit einem variablen monatlichen Satz an. Dieser beträgt zurzeit 0,73 %.

66 Wer Umsatzsteuer in einer Rechnung zu Unrecht ausweist, schuldet diese Umsatzsteuer bis zu einer wirksamen Korrektur

14 Behandlung nicht ansässiger Unternehmen

Ein nicht ansässiges Unternehmen ist nach griechischem Verständnis ein Unternehmen, das keine feste Niederlassung in Griechenland unterhält. Nicht ansässige Unternehmen müssen sich in Griechenland umsatzsteuerlich registrieren, wenn sie mindestens eine der folgenden Aktivitäten ausführen: 67

- in Griechenland steuerbare Lieferungen von Gegenständen, die nicht unter die Steuerschuldnerschaft des Leistungsempfängers fallen,
- in Griechenland steuerbare Versandhandelslieferungen,
- in Griechenland steuerbare sonstige Leistungen, die nicht unter die Steuerschuldnerschaft des Leistungsempfängers oder das MOSS-Verfahren fallen,
- Bewirken eines innergemeinschaftlichen Erwerbs in Griechenland.

Die Lieferschwelle für Versandhandelslieferungen beträgt 35.000 €.

Es ist möglich, dass ein Unternehmen, das eigentlich unter die Steuerschuldnerschaft des Leistungsempfängers fallende Umsätze bewirkt, sich freiwillig für eine Registrierung entscheidet. 68

Nichtansässige Unternehmen, die in einem anderen EU Mitgliedstaat niedergelassen sind, sind berechtigt, sich direkt, d.h. ohne Einschaltung eines Fiskalvertreters, in Griechenland umsatzsteuerlich zu registrieren. Sie haben aber die Möglichkeit, einen Vertreter zu bestellen. 69

Unternehmen aus Nicht-EU-Staaten sind dagegen verpflichtet, einen in Griechenland ansässigen Fiskalvertreter zu bestellen. Fiskalvertreter haften gesamtschuldnerisch mit dem Unternehmen. 70

Es gibt keine Vereinfachungsregelung für **Konsignationslager** (vgl. entsprechend OFD Frankfurt am Main, Verfügung vom 23.02.2017, S 7100a A-004-St 110). 71

15 Vorsteuervergütungsverfahren

15.1 EU-Unternehmen

Für Unternehmen mit Sitz in einem anderen Mitgliedstaat der Europäischen Union ist in Griechenland die Vergütung von Vorsteuerbeträgen nach der Richtlinie 2008/9/EG möglich. Wie in anderen Mitgliedstaaten üblich, hat der Antragsteller einen digitalen Vorsteuervergütungsantrag im Portal der für ihn im Heimatstaat zuständigen Finanzbehörde einzureichen (in Deutschland: Bundeszentralamt für Steuern). Die Antragsfrist ist grundsätzlich der 30.09. des Folgejahres (Ausschlussfrist). 72

Anträge können für Kalenderjahre oder für Zeiträume von 3 Monaten bis unter einem Jahr gestellt werden. Elektronische Rechnungskopien sind ab 250 Euro (Kraftstoffe) bzw. 1.000 Euro (alle anderen Rechnungen) beizufügen.

Der Mindestvergütungsbetrag in einem jährlichen Antrag muss 50 € betragen, bzw. 400 € für kürzere Antragszeiträume.

15.2 Nicht-EU-Unternehmen

73 Unternehmen mit Sitz in Drittstaaten können einen Vorsteuervergütungsantrag nach der 13. Richtlinie einreichen. Die Vorsteuervergütung setzt nach griechischem Recht eine Gegenseitigkeit mit dem Sitzstaat des Antragstellers voraus. Griechenland vergütet aktuell daher nur an Antragsteller aus der Schweiz oder aus Norwegen.

Anträge können für ganze Kalenderjahre oder für Perioden von mindestens drei Kalendermonaten gestellt werden.

Der Mindestvergütungsbetrag in einem jährlichen Antrag muss 50 € betragen, bzw. 400 € für andere Antragszeiträume.

Ein Antrag muss grundsätzlich spätestens bis zum 30.09. des Folgejahres gestellt werden. Es handelt sich um eine nicht verlängerbare Ausschlussfrist.

Der Antragsteller muss seine Unternehmereigenschaft mit einer durch seine Heimatsteuerbehörde ausgestellten Unternehmerbescheinigung nachweisen, die maximal ein Jahr alt sein darf. Außerdem ist es erforderlich, die Originalrechnungen dem Antrag beizufügen.

Länderanhang Irland

Literatur

Buckley, Ireland Value Added Tax, IBFD 2017. **Ernst & Young**, Worldwide VAT, GST and Sales Tax Guide 2017. Mehrwertsteuergesetz, IBFD 2017.

1 Einführung

1 Irland ist seit dem 01.01.1973 Mitglied der Europäischen Union. Das irische Mehrwertsteuergesetz basiert daher auf der Mehrwertsteuersystemrichtlinie. Weiterhin relevant sind die »Regulations«, Anwendungsbestimmungen zur Mehrwertsteuer. Das erste Mehrwertsteuergesetz wurde zum 01.11.1972 eingeführt.

2 Bezeichnung der Steuer

2 Die irische Bezeichnung der Umsatzsteuer lautet »Value Added Tax (VAT)«. Dies entspricht wörtlich dem deutschen Begriff der Mehrwertsteuer.

3 Steuerbarkeit und Erhebungsgebiet

3.1 Erhebungsgebiet

3 Das umsatzsteuerliche Erhebungsgebiet entspricht dem Staatsgebiet der Republik Irland.

3.2 Steuerbare Umsätze

Sämtliche in Irland von einem Steuerpflichtigen ausgeführten **Lieferungen** und **Dienstleistungen** sind umsatzsteuerbar. 4

Als **Lieferungen** gelten neben der Übertragung körperlicher Gegenstände und unbeweglichen Vermögens auch die Lieferung von Gas, Elektrizität, Wärme und Kälte (vgl. Art. 19 Mehrwertsteuergesetz). Mietkauf ist ebenfalls eine Lieferung. 5

Der **Ort der Lieferung** bestimmt sich nach der Verschaffung der Verfügungsmacht bzw. bei Warentransport nach dessen Beginn (vgl. Art. 29 Mehrwertsteuergesetz). Abweichend hiervon wird bei der **Versandhandelsregelung** das Ende der Versendung betrachtet. Es gilt hierbei eine Lieferschwelle von 35.000 € (vgl. Art. 30 Mehrwertsteuergesetz). Die Regelung gilt nicht für die Lieferung neuer Beförderungsmittel. Bei Lieferungen mit Montage ist der Lieferort der Ort der Montage. 6

Ebenfalls in Irland steuerbar sind Lieferungen aus dem Drittland, bei denen der Lieferer die Einfuhrumsatzsteuer schuldet. 7

Zu **Reihengeschäften** besteht eine Definition in Art. 19 Mehrwertsteuergesetz, die aber lediglich regelt, dass sie als mehrere gleichzeitige Lieferungen zu behandeln sind. 8

Unentgeltlich erbrachte Lieferungen oder Dienstleistungen können steuerbare **unentgeltliche Wertabgaben** sein (vgl. Art. 20 Mehrwertsteuergesetz). Regelmäßig ist Voraussetzung, dass aus dem Gegenstand ein Vorsteuerabzug geltend gemacht wurde. 9

Geschenke mit einem Wert von maximal 20 € sind keine unentgeltlichen Wertabgaben.

Dienstleistungen werden ähnlich wie in Deutschland als Leistungen definiert, die keine Lieferungen von Gegenständen darstellen (vgl. Art. 20 Mehrwertsteuergesetz). Das Gesetz enthält dabei eine ausdrückliche Regelung, dass Restaurantumsätze, aber auch die Abgabe von Getränken und Lebensmitteln aus Verkaufsautomaten, falls Verzehreinrichtungen vorgehalten werden, Dienstleistungen sind. 10

Der **Ort der meisten Dienstleistungen** zwischen Unternehmen bestimmt sich nach dem Empfängerortsprinzip (vgl. Art. 34 Mehrwertsteuergesetz) bzw. für Dienstleistungen an Nichtunternehmer nach dem Sitz des leistenden Unternehmers oder von dessen fester Niederlassung. Ausnahmen gelten vor allem für grundstücksbezogene Umsätze (Ort des Grundstücks), für Personenbeförderungen (Ort der Beförderung), kurzfristige Vermietung von Beförderungsmitteln (Ort der Übergabe), Restaurantumsätze (Tätigkeitsort) und den Zugang zu Veranstaltungen (Ort derselben). 11

Geschäftsveräußerungen im Ganzen an einen anderen Unternehmer, d. h. die Übertragung des ganzen Betriebs oder einer Division der Betätigung, sind nicht umsatzsteuerbar (vgl. Art. 20 und Art. 26 Mehrwertsteuergesetz). 12

Steuerbar ist auch der **innergemeinschaftliche Erwerb** von Gegenständen in Irland. Es gibt jedoch Ausnahmen für land- und forstwirtschaftliche Betriebe, Steuerpflichtige, die ausschließlich vorsteuerschädliche Ausgangsumsätze tätigen, sowie für nicht unternehmerisch tätige juristische Personen. Die Erwerbschwelle für diesen Personenkreis, die weder im vorangegangenen Kalenderjahr noch im laufenden Kalenderjahr überschritten werden darf, beträgt 41.000 € (vgl. Art. 9 Mehrwertsteuergesetz). Auch wenn die Erwerbschwelle nicht überschritten wird, kann zur Steuerpflicht optiert werden. 13

Dienstleistungen, die von einem irischen Steuerpflichtigen grenzüberschreitend empfangen werden und unter die Steuerschuldnerschaft des Leistungsempfängers fallen, sind ebenfalls steuerbare Umsätze im Sinne des irischen Rechts. Schließlich sind Einfuhren von Waren von außerhalb der Europäischen Union in Irland umsatzsteuerbar. 14

Unternehmen aus der EU, die Telekommunikations-, Rundfunk-, Fernseh- oder elektronische Leistungen an Nichtsteuerpflichtige erbringen, sind damit zwar in Irland seit dem 01.01.2015 15

umsatzsteuerpflichtig. Sie können jedoch das MOSS-Verfahren nutzen und sind damit nicht registrierungspflichtig.

Bei Unternehmen aus Nicht-EU-Staaten besteht die Möglichkeit, für entsprechende Umsätze die Sonderregelung zu nutzen, sich in einem einzigen EU-Mitgliedstaat zu registrieren und dort sämtliche Umsätze zu melden.

16 In Irland ansässige Unternehmer, die eine Umsatzgrenze von 75.000 € (bei Warenlieferungen) bzw. 37.500 € (bei Dienstleistungen) nicht übertreffen, können auf Antrag als **Kleinunternehmer** besteuert werden (vgl. Art. 6 Mehrwertsteuergesetz). Falls sie diese Möglichkeit nutzen, schulden sie keine Umsatzsteuer, haben jedoch auch kein Vorsteuerabzugsrecht.

4 Unternehmer bzw. Steuerpflichtiger

17 Als Steuerpflichtiger nach irischem Recht gilt jede natürliche oder juristische Person, die im Zuge einer geschäftlichen Betätigung in Irland Waren liefert oder Dienstleistungen erbringt (vgl. Art. 5 Mehrwertsteuergesetz).

18 Ein ausländischer Unternehmer hat in Irland eine umsatzsteuerliche **Betriebsstätte** (feste Niederlassung), wenn er dort eine Geschäftseinrichtung unterhält (z. B. Büro, Lager), von dort Lieferungen oder Dienstleistungen erbringt und Personal unterhält. Das Mehrwertsteuergesetz enthält allerdings keine Definition.

5 Organschaft bzw. Mehrwertsteuergruppe

19 Irland hat Regelungen zur Mehrwertsteuergruppe (umsatzsteuerliche Organschaft) erlassen (vgl. Art. 15 Mehrwertsteuergesetz). Zwei oder mehr Personen, von denen mindestens eine ein Steuerpflichtiger sein muss, können bei engen finanziellen, wirtschaftlichen und organisatorischen Beziehungen beantragen, als Gruppe besteuert zu werden. Der Antrag kann abgelehnt werden, wenn die Gefahr von Steuerausfällen besteht. Der EuGH hat entschieden, dass Irland berechtigt war, auch Nichtunternehmer in einer Mehrwertsteuergruppe zuzulassen (vgl. EuGH, Urteil vom 09.04.2013, C-85/11, »Kommission gegen Irland«).

20 Es wird ein Mitglied bestimmt, das die Steuererklärungen für die Mehrwertsteuergruppe einreicht. Zusammenfassende Meldungen sind pro Mitglied abzugeben. Außerdem haften die Gruppenmitglieder gesamtschuldnerisch für die Umsatzsteuer der Gruppe.

Umsätze zwischen den Gruppenmitgliedern mit Ausnahme von Immobilienübertragungen gelten als nicht steuerbare Innenumsätze.

6 Bemessungsgrundlage

Grundsätzlich ist der vereinbarte Nettopreis (Entgelt) die steuerliche Bemessungsgrundlage (vgl. Art. 37 Mehrwertsteuergesetz). 21

Bei unentgeltlichen Vorgängen ist der Einkaufspreis bzw. die Selbstkosten im Umsatzzeitpunkt anzusetzen (vgl. Art. 42 Mehrwertsteuergesetz). 22

Bei entgeltlichen Transaktionen zwischen verbundenen Personen ist der Marktpreis anzusetzen, wenn das tatsächliche Entgelt darunterliegt und der Empfänger nicht voll zum Vorsteuerabzug berechtigt ist oder ein pauschalierender Landwirt ist (vgl. Art. 38 Mehrwertsteuergesetz). 23

7 Steuersätze und Steuerbefreiungen

7.1 Regelsteuersatz

Der Regelsteuersatz in Irland beträgt 23 % (vgl. Art. 46 Mehrwertsteuergesetz). 24

7.2 Ermäßigte Steuersätze

Das irische Umsatzsteuergesetz sieht zwei allgemeine ermäßigte Steuersätze vor, und zwar Sätze von 13,5 % und 9 % (vgl. Art. 46 Mehrwertsteuergesetz). Hierzu enthält das Gesetz u.a. eine ausführliche Schedule 3. 25

Der ermäßigte Steuersatz von 13,5 % gilt unter anderem für 26
- Strom,
- diverse Reparatur- und Handwerkerleistungen.

Der ermäßigte Steuersatz von 9 % gilt unter anderem für 27
- Cateringumsätze, ausgenommen Alkohol, Softgetränke und Wasser in Flaschen,
- heiße Speisen und Getränke zum Mitnehmen,
- Hotelübernachtungen, ebenso Campingplätze und ähnliche Umsätze,
- Kinos, Theater, Museen, Kunstausstellungen und ähnliche Umsätze,
- Freizeitparkeintritte u.ä.,
- Sportanlagen,
- Zeitschriften, Zeitungen usw. (nicht Bücher),
- Friseurleistungen,
- Lieferungen lebender Pferde (nicht für die Landwirtschaft) und Windhunde.

Ein besonderer Ermäßigungssatz von 4,8 % gilt für Lieferungen lebenden Viehs. 28

7.3 Steuerbefreiungen

29 Das irische Umsatzsteuerrecht enthält sowohl Steuerbefreiungen mit Vorsteuerabzugsrecht (echte Steuerbefreiungen) als auch Steuerbefreiungen ohne Vorsteuerabzugsrecht (unechte Steuerbefreiungen).

30 Zu den Steuerbefreiungen mit Vorsteuerabzugsrecht (vgl. Schedule 3) gehören insbesondere

- innergemeinschaftliche Lieferungen und Ausfuhrlieferungen,
- Umsätze für die Seeschifffahrt und die Luftfahrt,
- Umsätze in Zoll- oder Verbrauchsteuerlagern,
- Goldlieferungen an die Zentralbank,
- Bücher,
- die meisten Lebensmittel,
- Kinderbekleidung einschließlich Schuhen.

Es bestehen Freizonen am Flughafen Shannon und im Hafen Ringaskiddy.

31 Steuerbefreiungen ohne Vorsteuerabzugsrecht gibt es unter anderem für

- Bank- und Finanzumsätze,
- Versicherungsumsätze,
- diverse Glücksspielumsätze,
- ärztliche Leistungen und ähnliche Tätigkeiten.
- bestimmte Leistungen der Sozialfürsorge,
- Universalpostdienstleistungen,
- verschiedene unterrichtende Leistungen,
- Catering für Krankenhäuser, Pflegeheime und Schulen,
- Eintritt zu bestimmten Theater- oder Konzertveranstaltungen,
- Personenbeförderungen,
- Begräbnisleistungen,
- Wasserlieferungen durch Gemeinden oder durch Irish Water,
- Vermietung von Immobilien,
- Lieferung von Immobilien, mit Ausnahme neuer Immobilien.

32 Eine **Option zur Steuerpflicht** ist bei Immobilienlieferungen an Unternehmer und bei der Vermietung von Immobilien auf Antrag zulässig. Sind Mieter und Vermieter verbundene Unternehmen, so erfordert die Option ein Vorsteuerabzugsrecht des Mieters von mindestens 90 %.

33 Bei Ausfuhrlieferungen und innergemeinschaftlichen Lieferungen ist ein **Belegnachweis** zu führen. Bei **Ausfuhrlieferungen** ist dies üblicherweise das zollrechtliche Ausfuhrdokument, das entweder den Lieferer als Ausführer zeigt oder eindeutig auf die Rechnung referenziert.

Bei **innergemeinschaftlichen Lieferungen** soll der Nachweis durch Transportunterlagen und die Umsatzsteueridentifikationsnummer erbracht werden.

34 **Ausfuhrlieferungen im Reisegepäck** sind steuerfrei, wenn die Ausfuhr innerhalb von drei Monaten nachgewiesen wird (vgl. Art. 58 Mehrwertsteuergesetz).

35 Bei der Einfuhr gilt eine Steuerbefreiung für **Kleinsendungen** mit einer Wertgrenze von 22 € bzw. unter besonderen Bedingungen von 45 €.

36 Irland hat eine Regelung für **Umsatzsteuerlager** eingeführt (vgl. Art. 92 u Mehrwertsteuergesetz). Umsätze im Umsatzsteuerlager sind steuerbefreit. Die Regelung ist auf Alkoholprodukte beschränkt.

7.4 Sonderregelung für häufige Ausführer

Unternehmen, die mindestens 75 % ihrer Umsätze als Ausfuhrlieferungen oder innergemeinschaftliche Lieferungen erzielen, können einen Antrag auf Behandlung als »häufiger Ausführer« stellen (vgl. Art. 56 Mehrwertsteuergesetz). Diese Regelung gestattet ihnen dann den umsatzsteuerfreien Warenbezug, wenn sie ihre Berechtigung belegen können. Aufwendungen, für die ein Vorsteuerausschluss gilt (siehe 11.2), werden nicht von der Begünstigung erfasst. 37

8 Steuerschuldnerschaft des Leistungsempfängers

Nach dem irischen Umsatzsteuerrecht ist die Steuerschuldnerschaft des Leistungsempfängers unter anderem für folgende Umsätze anzuwenden: 38

- In Irland steuerbare Dienstleistungen oder Lieferungen mit Montage, die ein nichtansässiger Unternehmer an einen in Irland ansässigen Steuerpflichtigen erbringt (vgl. Art. 10 und 12 Mehrwertsteuergesetz),
- In Irland steuerbare Lieferungen von Gas oder Strom, die ein nichtansässiger Unternehmer an einen in Irland ansässigen Steuerpflichtigen erbringt (vgl. Art. 10 Mehrwertsteuergesetz),

Irland hat eine Steuerschuldnerschaft des Leistungsempfängers für Umsätze zwischen im Land ansässigen Unternehmen eingeführt (vgl. Art. 16 Mehrwertsteuergesetz), die unter anderem folgende Umsatzarten erfasst: 39

- Emissionszertifikate,
- Bauleistungen zwischen verbundenen Unternehmen,
- Umsätze mit Metallschrott,
- Lieferung von Strom oder Gas an Wiederverkäufer,
- Umsätze mit Gas- oder Stromzertifikaten.

9 Besondere Umsatzsteuerregelungen für bestimmte Unternehmen

9.1 Besteuerung von Reiseleistungen

Irland hat die Margenbesteuerung für Reiseveranstalter (Art. 306 bis Art. 310 Mehrwertsteuersystemrichtlinie) umgesetzt (vgl. Art. 88 Mehrwertsteuergesetz). Die Regelung bewirkt, dass Reiseveranstalter, die ihr unterliegen, nur Umsatzsteuer auf die Marge zwischen den Eingangsleistungen und den Ausgangsumsätzen schulden, wobei die Umsatzsteuer aus der Marge herauszurechnen ist. Zugleich besteht kein Vorsteuerabzugsrecht. Insoweit ähnelt die Regelung der in Deutschland bestehenden Regelung des § 25 UStG. 40

9.2 Differenzbesteuerung

41 In Irland besteht eine Differenzbesteuerung für den Handel mit Gebrauchtwaren, Kunstgegenständen, Antiquitäten und Sammlungsobjekten (vgl. Art. 87 Mehrwertsteuergesetz). Die Regelung hat zur Folge, dass Umsatzsteuer nur auf die Marge zwischen Eingangsleistungen und Ausgangsleistungen erhoben wird. Zugleich ist der Vorsteuerabzug aus Eingangsleistungen ausgeschlossen.

9.3 Sonderregelung für Landwirte

42 Irland hat eine Sonderregelung für Landwirte eingeführt. Begünstigte Landwirte unterliegen einer Pauschalbesteuerung. Auf ihre Ausgangsumsätze gilt ein Sondersteuersatz von 5,4 % ohne Zahlungspflicht (vgl. Art. 86 Mehrwertsteuergesetz), d.h. dieser Betrag steht ihnen als fiktiver Vorsteuerabzug zu. Zugleich entfällt der Vorsteuerabzug aus Rechnungen.

Art. 2 und Art. 4 Mehrwertsteuergesetz definieren in Verbindung mit Anhang VII und Anhang VIII, welche Unternehmer als Landwirte im Sinne der Norm gelten und was steuerbegünstigte Tätigkeiten sind. Dabei sind Tierzucht und Fischzucht einschließlich Fischfang ebenfalls begünstigte Tätigkeiten. Wenn Landwirte im Betrieb genutzte Maschinen verkaufen, ist dies unschädlich. Für andere Lieferungen oder Dienstleistungen sind die Umsatzschwellen von 37.500 € bzw. 75.000 € (vgl. Kleinunternehmer, siehe Art. 4 Mehrwertsteuergesetz) in einem fortlaufenden 12-Monats-Zeitraum zu betrachten. Überschreitet der Landwirt diese, verliert er die Begünstigung. In Bezug auf Einkünfte aus Zucht und Ausbildung von Rennpferden gilt die Grenze von 37.500 €.

10 Entstehung der Steuer

10.1 Besteuerung nach vereinbarten Entgelten

43 Grundsätzlich gilt in Irland das Prinzip der Besteuerung nach vereinbarten Entgelten.

44 Bei der **Lieferung von Gegenständen** entsteht die Umsatzsteuer grundsätzlich mit Rechnungsstellung, falls eine Rechnung gestellt werden muss (vgl. Art. 74 Mehrwertsteuergesetz). Andernfalls entsteht die Umsatzsteuer mit Übergabe.

Erhaltene Anzahlungen führen ebenfalls zu einer Steuerentstehung.

45 Bei **Dienstleistungen** entsteht die Umsatzsteuer ebenfalls grundsätzlich mit Rechnungsstellung, falls eine Rechnung gestellt werden muss, und sonst mit Erbringung der Dienstleistung. Erhaltene Anzahlungen führen ebenfalls zu einer Steuerentstehung.

46 Die Steuer auf **innergemeinschaftliche Erwerbe** entsteht spätestens am 15. Tag des auf den Zeitpunkt der Lieferung folgenden Monats, oder, wenn eine Rechnung ausgestellt wird, mit Ablauf dieses Monats.

10.2 Berichtigung der Umsatzsteuer bei Uneinbringlichkeit oder aus anderen Gründen

Irland gestattet es grundsätzlich, die Umsatzsteuer bei Uneinbringlichkeit zu vermindern. Es ist nachzuweisen, dass alle zumutbaren Maßnahmen getroffen wurden, die Forderung muss ertragsteuerlich und handelsrechtlich abgeschrieben worden sein, und der Gläubiger und der Schuldner dürfen nicht verbunden sein. 47

Andere Entgeltanpassungen (Preisänderung, Rückzahlung, Rückgängigmachung) führen zu einer Umsatzsteueranpassung, setzen aber stets einen Belegaustausch voraus (vgl. Art. 39 Mehrwertsteuergesetz). 48

10.3 Besteuerung nach vereinnahmten Entgelten

Irland hat eine Möglichkeit der Besteuerung nach vereinnahmten Entgelten eingeführt. Diese setzt voraus, dass eine Umsatzgrenze von zwei Mio. € innerhalb eines 12-Monats-Betrachtungszeitraums (fortlaufend) nicht überschritten wird, oder dass der Unternehmer mindestens 90 % seiner Umsätze an Nichtsteuerpflichtige ausführt (vgl. Art. 80 Mehrwertsteuergesetz). Es ist ein Antrag bei der Steuerbehörde zu stellen. 49

Das Verfahren ist nicht anwendbar, wenn der Kunde ein verbundenes Unternehmen ist, oder wenn es sich um Bauleistungen eines Subunternehmers an den Hauptunternehmer handelt.

11 Vorsteuerabzug und Rechnungen

11.1 Allgemeines

Grundsätzlich sind umsatzsteuerliche Unternehmer aus den für ihr Unternehmen bezogenen Lieferungen und sonstigen Leistungen zum Vorsteuerabzug berechtigt (vgl. Art. 59 ff. Mehrwertsteuergesetz). 50

Regelmäßig ist der Vorsteuerabzug durch eine ordnungsgemäße Rechnung bzw. im Fall der Einfuhrumsatzsteuer durch ein ordnungsgemäßes Zolldokument nachzuweisen (vgl. Art. 59 Mehrwertsteuergesetz).

11.2 Beschränkungen des Vorsteuerabzugs

Nach dem Umsatzsteuerrecht von Irland berechtigen verschiedene Aufwendungen nicht zum Vorsteuerabzug (vgl. Art. 60 Mehrwertsteuergesetz). Entsprechende Beschränkungen gelten unter anderem für die folgenden Aufwendungen: 51

- Speisen, Getränke und Unterkunftskosten, außer bei besonders definierten Konferenzveranstaltungen, eingeschlossen sind Kosten für entsprechend genutzte Gebäude,

- Bewirtung und sonstige Unterhaltung von Personen, Restaurantumsätze,
- Kosten für Anschaffung, Miete, Leasing oder Unterhalt von Personenkraftwagen (bis 16 Sitze, Ausnahmen gelten u. a. für Wiederverkäufer. Bei mindestens 60 % geschäftlicher Nutzung und Erfüllung bestimmter Emissionsstandards sind 20 % der Vorsteuer abziehbar),
- Benzin, außer für Wiederverkäufer (Diesel ist nicht betroffen).

52 Weiterhin sind Vorsteuerbeträge vom Abzug ausgeschlossen, wenn sie im Zusammenhang mit unecht steuerfreien Umsätzen stehen.

53 Es gilt eine Sonderregelung für Rechnungen, die binnen sechs Monaten nicht bezahlt wurden (vgl. Art. 62A Mehrwertsteuergesetz). Soweit dies der Fall ist, muss der Vorsteuerabzug rückgängig gemacht werden.

54 Führt ein Unternehmen sowohl zum Vorsteuerabzug berechtigende als auch nicht zum Vorsteuerabzug berechtigende Umsätze aus, so ist eine Aufteilung der Vorsteuerbeträge vorzunehmen (vgl. Art. 61 Mehrwertsteuergesetz). Dabei sind zunächst Vorsteuerbeträge direkt zu Abzugs- und Ausschlussumsätzen zuzuordnen. Die verbleibenden Vorsteuern werden regelmäßig nach einem Umsatzschlüssel aufgeteilt, wobei auf volle Prozentpunkte aufgerundet wird. Führt diese Methode nicht zu einer sachgerechten Aufteilung, sind andere Methoden (z. B. Kostenschlüssel, Mitarbeiterschlüssel) anzuwenden. Dies kann auch durch die Steuerbehörde verlangt werden.

11.3 Berichtigung des Vorsteuerabzugs

55 Nach dem irischen Umsatzsteuergesetz gilt für Grundstücke, Gebäude und verwandte Wirtschaftsgüter ein Vorsteuerberichtigungszeitraum von 20 Jahren und für Renovierungen usw. derselben ein Zeitraum von 10 Jahren (vgl. Art. 63 und 64 Mehrwertsteuergesetz). Für andere Wirtschaftsgüter gibt es nur eine Vorsteuerberichtigungsregelung für Änderungen im ersten Nutzungsjahr.

11.4 Rechnungen

56 In Irland steuerpflichtige Unternehmer sind grundsätzlich verpflichtet, für alle Umsätze an Unternehmer, alle innergemeinschaftlichen Umsätze, alle Umsätze an steuerbefreite Unternehmer und alle Umsätze an die öffentliche Hand eine ordnungsgemäße umsatzsteuerliche Rechnung auszustellen (vgl. Art. 66 Mehrwertsteuergesetz). Dies gilt nicht bei Umsätzen an sonstige Nichtunternehmer. Rechnungen sind spätestens 15 Tage nach Ablauf des Leistungsmonats auszustellen.

57 Korrekturbelege, z. B. bei Entgeltminderung, müssen sich eindeutig auf die Ursprungsrechnungen beziehen.

58 Abrechnungen im Gutschriftsverfahren sind zulässig.

59 **Umsatzsteuerrechnungen** müssen folgende Angaben enthalten (vgl. Art. 20 der Mehrwertsteuer-Anwendungsvorschrift – »Regulations«):
- Name und Anschrift des Leistenden und dessen Umsatzsteueridentifikationsnummer,
- Name und Anschrift des Leistungsempfängers,
- bei Steuerschuldnerschaft des Leistungsempfängers dessen Umsatzsteueridentifikationsnummer,
- Datum der Ausstellung,
- eindeutige, fortlaufende Rechnungsnummer,

- Datum der Lieferung oder Leistung bzw. der erhaltenen Anzahlung, falls feststellbar und abweichend vom Datum der Ausstellung,
- Leistungsbeschreibung,
- Nettoentgelt, getrennt nach Steuersätzen und Steuerbefreiungen, sowie Nettoeinzelentgelt,
- Umsatzsteuerbetrag und Umsatzsteuersatz,
- Hinweis auf eventuelle Steuerbefreiungen oder Entgeltminderungen.

Es gibt keine allgemeine Regelung für **Kleinbetragsrechnungen**. 60

11.5 Elektronische Rechnungsstellung

Irland hat die vereinfachten Regelungen für digitale Rechnungstellung umgesetzt (vgl. Art. 21 der Mehrwertsteuer-Anwendungsvorschrift – »Regulations«). 61

11.6 Rechnungen in fremder Währung

Rechnungen können in anderen Währungen als € ausgestellt werden, aber der Umsatzsteuerbetrag ist stets in € anzugeben (vgl. Art. 20 der Mehrwertsteuer-Anwendungsvorschrift – »Regulations«). 62

Fremdwährungen sind nach den Zentralbankkursen oder einer anderen mit den Finanzbehörden abgestimmten Methode umzurechnen.

12 Steuererklärungen und weitere Steueranmeldungen

12.1 Umsatzsteuermeldungen

Im Regelfall sind zweimonatliche Umsatzsteuermeldungen abzugeben (vgl. Art. 74 ff. Mehrwertsteuergesetz). Liegt die Jahresumsatzsteuerschuld unter 3.000 €, können Umsatzsteuermeldungen für 6-Monats-Perioden eingereicht werden. Bei einer Jahresumsatzsteuerschuld unter 15.000 € ist der Meldezeitraum eine 4-Monats-Periode. 63

Der Abgabetag ist grundsätzlich der 23. Tag des Monats nach Ende des Meldezeitraums, also z.B. der 23.03. für den Meldezeitraum Januar/Februar. Dies ist auch der Fälligkeitstag der Umsatzsteuerzahlung.

Es besteht für Unternehmen, die regelmäßig Vorsteuerüberhänge haben, die Möglichkeit, einen Antrag auf monatliche Umsatzsteuermeldungen zu stellen. Die Behörde entscheidet hierüber in eigenem Ermessen. 64

Weiterhin kann in Einzelfällen die jährliche Umsatzsteuermeldung gestattet werden, in der Regel für kleine Unternehmen. Allerdings müssen diese Unternehmen dann monatliche Vorauszahlungen per Lastschriftverfahren leisten, und es entstehen Zinsen, falls die Summe der Zahlungen im Jahr unter 80 % der tatsächlichen Umsatzsteuerzahllast liegt.

Grundsätzlich ist die digitale Erklärungsabgabe verpflichtend. In Ausnahmefällen kann die Papierabgabe zugelassen werden. Dann ist der Abgabetag bereits der 19. Tag des Folgemonats.

12.2 Umsatzsteuerjahreserklärungen

65 Es ist eine zusätzliche Jahreserklärung für statistische Zwecke abzugeben (»Annual Return of Trading Details«), die aber nicht zu Steuerzahlungen oder Steuererstattungen führen kann.

12.3 Umsatzsteuer-Identifikationsnummer

66 Die irische Umsatzsteuer-Identifikationsnummer besteht aus acht oder neun Zeichen, davon bis zu zwei Buchstaben, mit dem vorangestellten Ländercode IE.

12.4 Zusammenfassende Meldung im innergemeinschaftlichen Waren- und Dienstleistungsverkehr

67 Unternehmen, die innergemeinschaftliche Lieferungen oder Dienstleistungen nach Art. 44 Mehrwertsteuersystemrichtlinie ausführen, müssen grundsätzlich eine Zusammenfassende Meldung abgeben (vgl. Art. 82 und 83 Mehrwertsteuergesetz). Der Meldezeitraum ist der Kalendermonat bzw. das Kalendervierteljahr, falls die melderelevanten Umsätze nicht eine Schwelle von 50.000 € übertreffen.

Die Zusammenfassende Meldung ist bis spätestens zum 23. Kalendertag des Folgemonats in digitaler Form einzureichen.

13 Straf- und Bußgeldvorschriften

68 Es gelten die folgenden Vorschriften:

- **Verspätete Umsatzsteuermeldung**
  Verspätete Umsatzsteuermeldungen führen zu einem Strafzuschlag von bis zu 4.000 €. Bei Vorsatz oder grober Fahrlässigkeit kann stattdessen ein Zuschlag von 3 % bis 100 % der Umsatzsteuer erhoben werden.
- **Strafen bei Rechnungsverstößen**
  Werden Rechnungen nicht oder falsch ausgestellt, wird ein Strafzuschlag von bis zu 4.000 € erhoben.
- **Verspätete Umsatzsteuerzahlung**

Wird die Umsatzsteuer zu spät entrichtet, fallen tagesgenau Zinsen mit einem variablen Satz an. Dieser beträgt zurzeit 0,0274 %. Außerdem kann ein Zuschlag von bis zu 4.000 € erhoben werden.

Wer Umsatzsteuer in einer Rechnung zu Unrecht ausweist, schuldet diese Umsatzsteuer bis zu einer wirksamen Korrektur. 69

14 Behandlung nicht ansässiger Unternehmen

Ein nicht ansässiges Unternehmen ist nach irischem Verständnis ein Unternehmen, das keine feste Niederlassung in Irland unterhält. Nicht ansässige Unternehmen müssen sich in Irland umsatzsteuerlich registrieren, wenn sie mindestens eine der folgenden Aktivitäten ausführen: 70

- in Irland steuerbare Lieferungen von Gegenständen, die nicht unter die Steuerschuldnerschaft des Leistungsempfängers fallen,
- in Irland steuerbare Versandhandelslieferungen,
- in Irland steuerbare sonstige Leistungen, die nicht unter die Steuerschuldnerschaft des Leistungsempfängers oder das MOSS-Verfahren fallen,
- Bewirken eines innergemeinschaftlichen Erwerbs in Irland.

Die Lieferschwelle für Versandhandelslieferungen beträgt 35.000 €.

Nichtansässige Unternehmen, die in einem anderen EU Mitgliedstaat niedergelassen sind, sind berechtigt, sich direkt, d. h. ohne Einschaltung eines Fiskalvertreters, in Irland umsatzsteuerlich zu registrieren. 71

Unternehmen aus Nicht-EU-Staaten sind ebenfalls nicht verpflichtet, einen in Irland ansässigen Fiskalvertreter zu bestellen. 72

Es gibt eine Sonderregel für **Konsignationslager**. Wenn die Waren nur für einen feststehenden Kunden bestimmt sind, muss der Nichtansässige sich unabhängig von der Lagerdauer nicht in Irland registrieren (vgl. Art. 23 Mehrwertsteuergesetz, entsprechend OFD Frankfurt am Main, Verfügung vom 23.02.2017, S 7100a A-004-St 110). Die Vereinfachungsregelung unterstellt bei der Überführung von Waren aus dem EU-Ausland in ein irisches Konsignationslager, dass die Waren erst in dem Zeitpunkt nach Irland transportiert werden, zu dem der irische Kunde die Waren aus dem Lager entnimmt. Das hat zur Folge, dass es im Zeitpunkt der Entnahme zu einer innergemeinschaftlichen Lieferung kommt, und damit der Erwerber in Irland die Erwerbsbesteuerung vorzunehmen hat. 73

15 Vorsteuervergütungsverfahren

15.1 EU-Unternehmen

74 Für Unternehmen mit Sitz in einem anderen Mitgliedstaat der Europäischen Union ist in Irland die Vergütung von Vorsteuerbeträgen nach der Richtlinie 2008/9/EG möglich. Wie in anderen Mitgliedstaaten üblich, hat der Antragsteller einen digitalen Vorsteuervergütungsantrag im Portal der für ihn im Heimatstaat zuständigen Finanzbehörde einzureichen (in Deutschland: Bundeszentralamt für Steuern). Die Antragsfrist ist grundsätzlich der 30. 09. des Folgejahres (Ausschlussfrist).

Anträge können für Kalenderjahre oder für Zeiträume von drei Monaten bis unter einem Jahr gestellt werden. Elektronische Rechnungskopien sind ab 250 € (Kraftstoffe) bzw. 1.000 € (alle anderen Rechnungen) beizufügen.

Der Mindestvergütungsbetrag in einem jährlichen Antrag muss 50 € betragen, bzw. 400 € für kürzere Antragszeiträume.

15.2 Nicht-EU-Unternehmen

75 Unternehmen mit Sitz in Drittstaaten können einen Vorsteuervergütungsantrag nach der 13. Richtlinie einreichen. Die Vorsteuervergütung setzt nach irischem Recht keine Gegenseitigkeit mit dem Sitzstaat des Antragstellers voraus.

Anträge können für ganze Kalenderjahre oder für Perioden von mindestens drei Kalendermonaten gestellt werden.

Der Mindestvergütungsbetrag in einem jährlichen Antrag muss 25 € betragen, bzw. 200 € für andere Antragszeiträume.

Ein Antrag muss grundsätzlich spätestens bis zum 30.06. des Folgejahres gestellt werden. Es handelt sich um eine nicht verlängerbare Ausschlussfrist.

Der Antragsteller muss seine Unternehmereigenschaft mit einer durch seine Heimatsteuerbehörde ausgestellten Unternehmerbescheinigung nachweisen, die maximal ein Jahr alt sein darf. Außerdem ist es erforderlich, die Originalrechnungen dem Antrag beizufügen.

Länderanhang Italien

Literatur

Iadevaia, Italy Value Added Tax, IBFD 2017. **Ernst & Young**, Worldwide VAT, GST and Sales Tax Guide 2017. Inoffizielle Übersetzung Mehrwertsteuergesetz, IBFD 2017.

1 Einführung

1 Italien gehört zu den Gründungsmitgliedern der Europäischen Union. Das Mehrwertsteuergesetz basiert daher auf der Mehrwertsteuersystemrichtlinie. Es besteht im Wesentlichen aus dem Präsidentenerlass 633 vom 26.10.1972 (im Folgenden: Erlass 633/1972) und dem Erlass 331 vom 30.08.1993 (im Folgenden: Erlass 331/1993). Dabei wurde das Mehrwertsteuersystem zum 01.01.1973 eingeführt und ersetzte vorher geltende Umsatzsteuern.

2 Bezeichnung der Steuer

Die italienische Bezeichnung der Umsatzsteuer lautet »Imposto sul Valore Aggiunto« (IVA). Wörtlich ins Deutsche übersetzt entspricht dies dem Begriff »Mehrwertsteuer«. 2

3 Steuerbarkeit und Erhebungsgebiet

3.1 Erhebungsgebiet

Das umsatzsteuerliche Erhebungsgebiet entspricht dem Staatsgebiet der Republik Italien ohne die Gemeinden von Livigno und Campione d'Italia sowie die italienischen Gewässer des Luganer Sees (vgl. Art. 7 Erlass 633/1972). Für Wareneinfuhren aus den Gebieten Vatikanstadt und San Marino gelten besondere Regelungen. Nach einem Vorschlag der Europäischen Kommission vom 08.05.2018 sollen ab dem 01.01.2019 Campione d'Italia und die italienischen Gewässer des Luganer Sees zwar zum Zollgebiet der Union und dem Verbrauchsteuergebiet zählen, aber weiterhin nicht zum umsatzsteuerlichen Erhebungsgebiet. 3

3.2 Steuerbare Umsätze

Sämtliche in Italien von einem Steuerpflichtigen ausgeführte **Lieferungen** und **Dienstleistungen** sind umsatzsteuerbar. 4

Als **Lieferungen** gelten die Übertragung körperlicher Gegenstände und unbeweglichen Vermögens (vgl. Art. 2 Erlass 633/1972). Mietkauf ist ebenfalls eine Lieferung. 5

Der **Ort der Lieferung** bestimmt sich nach der Verschaffung der Verfügungsmacht bzw. bei Warentransport nach dessen Beginn (vgl. Art. 7-bis Erlass 633/1972). Abweichend hiervon wird bei der **Versandhandelsregelung** das Ende der Versendung betrachtet. Es gilt hierbei eine Lieferschwelle von 100.000 € (vgl. Art. 41 Erlass 331/1993). Die Regelung gilt nicht für die Lieferung neuer Beförderungsmittel. Bei Lieferungen mit Montage ist der Lieferort der Ort der Montage. 6

Ebenfalls in Italien steuerbar sind Lieferungen aus dem Drittland, bei denen der Lieferer die Einfuhrumsatzsteuer schuldet. 7

Zu **Reihengeschäften** besteht keine besondere Regelung. 8

Unentgeltlich erbrachte Lieferungen oder Dienstleistungen können steuerbare **unentgeltliche Wertabgaben** sein (vgl. Art. 2 und Art. 3 Erlass 633/1972). Regelmäßig ist Voraussetzung, dass aus dem Gegenstand ein Vorsteuerabzug geltend gemacht wurde. 9

Transaktionen mit einem Wert von maximal 50 € sind keine **unentgeltlichen Wertabgaben** (vgl. Art. 2 und Art. 3 Erlass 633/1972).

Dienstleistungen werden im Gesetz definiert und mit vielen Beispielen beschrieben (vgl. Art. 3 Erlass 633/1972). 10

Der **Ort der meisten Dienstleistungen** zwischen Unternehmen bestimmt sich nach dem Empfängerortsprinzip (vgl. Art. 7-ter Erlass 633/1972) bzw. für Dienstleistungen an Nichtunternehmer nach dem Sitz des leistenden Unternehmers oder von dessen fester Niederlassung. Ausnahmen 11 gelten vor allem für grundstücksbezogene Umsätze (Ort des Grundstücks, vgl. Art. 7-quater Erlass 633/1972), für Personenbeförderungen (Ort der Beförderung, vgl. Art. 7-quater Erlass 633/1972), kurzfristige Vermietung von Beförderungsmitteln (Ort der Übergabe, vgl. Art. 7-quater Erlass 633/1972), Restaurantumsätze (Tätigkeitsort, vgl. Art. 7-quater Erlass 633/1972) und den Zugang zu Veranstaltungen (Ort derselben, vgl. Art. 7-quinquies Erlass 633/1972).

12 **Geschäftsveräußerungen im Ganzen** an einen anderen Unternehmer, d. h. die Übertragung des ganzen Betriebs oder einer Division der Betätigung, sind nicht umsatzsteuerbar (vgl. Art. 2 Erlass 633/1972). In der Regel fällt aber Transfersteuer an.

13 Steuerbar ist auch der **innergemeinschaftliche Erwerb** von Gegenständen in Italien. Es gibt jedoch Ausnahmen für land- und forstwirtschaftliche Betriebe, Steuerpflichtige, die ausschließlich vorsteuerschädliche Ausgangsumsätze tätigen, sowie für nicht unternehmerisch tätige juristische Personen. Die Erwerbschwelle für diesen Personenkreis, die weder im vorangegangenen Kalenderjahr noch im laufenden Kalenderjahr überschritten werden darf, beträgt 10.000 € (vgl. Art. 38 Erlass 331/1993). Auch wenn die Erwerbschwelle nicht überschritten wird, kann zur Steuerpflicht optiert werden.

14 Dienstleistungen, die von einem italienischen Steuerpflichtigen grenzüberschreitend empfangen werden und unter die Steuerschuldnerschaft des Leistungsempfängers fallen, sind ebenfalls steuerbare Umsätze im Sinne des italienischen Rechts. Schließlich sind Einfuhren von Waren von außerhalb der Europäischen Union in Italien umsatzsteuerbar.

15 Unternehmen aus der EU, die Telekommunikations-, Rundfunk-, Fernseh- oder elektronische Leistungen an Nichtsteuerpflichtige erbringen, sind damit zwar in Italien seit dem 01.01.2015 umsatzsteuerpflichtig. Sie können jedoch das MOSS-Verfahren nutzen und sind damit nicht registrierungspflichtig.

Bei Unternehmen aus Nicht-EU-Staaten besteht die Möglichkeit, für entsprechende Umsätze die Sonderregelung zu nutzen, sich in einem einzigen EU-Mitgliedstaat zu registrieren und dort sämtliche Umsätze zu melden.

16 Italien hat keine allgemeine Regelung für **Kleinunternehmer**. Allerdings gibt es die Sonderregelung nuovi contribuenti minimi, die nur für Neugründungen mit einem Jahresumsatz von maximal 30.000 € anzuwenden ist. Weiterhin darf sie maximal für vier Jahre genutzt werden, bzw. länger, falls der Unternehmer jünger ist als 35 Jahre. Dann endet sie mit Vollendung des 35. Lebensjahrs.

Faktisch handelt es sich um eine Kleinunternehmerregel, d.h. die Teilnehmer müssen keine Umsatzsteuer zahlen, haben aber auch kein Vorsteuerabzugsrecht.

17 Eine **weitere Sonderregelung** gilt für Einzelhändler, bestimmte weitere Unternehmen, die im Haustürgeschäft oder durch Automaten verkaufen, Personenbeförderer und auch Hotels (vgl. Art. 22 Erlass 633/1972). Sie haben die Wahlmöglichkeit, die Umsatzsteuer nach Pauschalsätzen (mit pauschalem Vorsteuerabzug) anzumelden (vgl. Art. 27 Erlass 633/1972).

4 Unternehmer bzw. Steuerpflichtiger

18 Als Steuerpflichtiger nach italienischem Recht gilt jede natürliche oder juristische Person, die im Zuge einer geschäftlichen Betätigung in Italien Waren liefert oder Dienstleistungen erbringt oder die in Italien eine künstlerische oder selbständige Tätigkeit ausübt (vgl. Art. 1 Erlass 633/1972).

Gelegentliche Warenlieferungen oder Dienstleistungen unterliegen nicht allgemein der Umsatzsteuer. Jedoch gilt die Vermutung, dass Lieferungen oder sonstige Leistungen, die eine Körperschaft ausführt, als unternehmerisch anzusehen sind, es sei denn es gilt eine ausdrückliche gesetzliche Ausnahme.

Ein ausländischer Unternehmer hat in Italien eine umsatzsteuerliche **Betriebsstätte** (feste 19 Niederlassung), wenn er dort eine Geschäftseinrichtung unterhält (z.B. Büro, Lager), von dort Lieferungen oder Dienstleistungen erbringt und Personal unterhält. Das Mehrwertsteuergesetz enthält allerdings keine Definition.

5 Organschaft bzw. Mehrwertsteuergruppe

Nach dem bisher geltenden italienischen Recht besteht in Italien nur eine Sonderform der umsatz- 20 steuerlichen Organschaft (Mehrwertsteuergruppe). Diese Sonderform bewirkt lediglich das Recht, Umsatzsteuerzahlungen und Umsatzsteuererstattungsansprüche zwischen den Mitgliedern zu verrechnen (vgl. Art. 73 Erlass 633/1972). Die Mitglieder bleiben jedoch umsatzsteuerlich selbständig, erhalten eigene Umsatzsteuernummern und müssen für Leistungen untereinander, wenn diese steuerbar und steuerpflichtig sind, Umsatzsteuer abführen. Zu den Voraussetzungen für diese Form der Mehrwertsteuergruppe gehört die Beherrschung eines oder mehrerer Unternehmen (d.h. mehr als 50 % der Stimmrechte) durch ein anderes Unternehmen.

Ab dem 01.01.2019 gibt es zusätzlich eine andere Form der umsatzsteuerlichen Organschaft 21 (vgl. Art. 70 Erlass 633/1972 u.a. und Ministerialer Erlass vom 06.04.2018). Diese Form der Organschaft bewirkt, dass die Mitglieder des Organkreises ihre umsatzsteuerliche Selbständigkeit verlieren und es nur noch einen Steuerpflichtigen für Umsatzsteuerzwecke gibt. Dies hat weiterhin zur Folge, dass Innenumsätze wie in Deutschland bereits praktiziert nicht mehr umsatzsteuerbar sind. Die Gruppe erhält eine gemeinsame Umsatzsteuernummer und sie muss einen Steuervertreter bestellen, der regelmäßig die Obergesellschaft ist, und der die Steuermeldungen abgibt. Alle Gruppenmitglieder haften für die Steuerschulden.

In Anwendung des EuGH-Urteils »Skandia« (C-7/13 vom 17.09.2014) gelten grenzüberschreitende Leistungen zwischen Stammhaus und Niederlassung nicht mehr als nicht steuerbare Innenumsätze, wenn eine der beiden Einheiten Teil einer Mehrwertsteuergruppe in einem der beiden Staaten ist.

Die Organschaft erfordert eine Antragstellung bis zum 30.09. des Vorjahres und enge finanzielle, wirtschaftliche und organisatorische Verbindungen zwischen in Italien niedergelassenen Unternehmen. Finanzielle Verbindungen bedeuten mehr als 50 % der Stimmrechte. Dabei gilt eine widerlegbare Vermutung, dass bei finanziellen Verbindungen auch die anderen Bedingungen erfüllt sind.

Diese Verbindungen müssen stets am 01.07. des Vorjahres, und im Zeitpunkt der Ausübung der Option bestehen. Für das Jahr 2019 gilt eine Sonderregelung, nach der Anträge für eine Gruppenbesteuerung ab dem 01.01.2019 bis spätestens 15.11.2018 zu stellen sind. Wenn einzelne Unternehmen eine Organschaft beantragen, müssen alle qualifizierenden Unternehmen dem folgen. Wird dies nicht eingehalten, können die Steuerbehörden eine Organschaft für das Folgejahr für beendet erklären, es sei denn, das entsprechende Unternehmen tritt der Organschaft ausdrücklich bei.

Die Organschaft muss jeweils für mindestens drei Jahre erklärt werden. Sie erneuert sich danach automatisch für jeweils ein weiteres Jahr, wenn nicht ausdrücklich ein Verzicht erklärt wird. Sind hingegen die Voraussetzungen der Organschaft nicht mehr gegeben, endet die Organschaft bezogen auf die nicht mehr qualifizierenden Unternehmen in diesem Zeitpunkt.

6 Bemessungsgrundlage

22 Grundsätzlich ist der vereinbarte Nettopreis (Entgelt) die steuerliche Bemessungsgrundlage (vgl. Art. 13 ff. Erlass 633/1972).

23 Bei unentgeltlichen Vorgängen ist der Marktpreis anzusetzen (vgl. Art. 13 ff. Erlass 633/1972).

24 Bei entgeltlichen Transaktionen zwischen verbundenen Personen ist der Fremdvergleichspreis anzusetzen, wenn das tatsächliche Entgelt darunterliegt und der Empfänger nicht voll zum Vorsteuerabzug berechtigt ist oder wenn der Leistende kein volles Vorsteuerabzugsrecht hat, der Leistungsempfänger jedoch sehr wohl, und der Preis zu hoch ist (vgl. Art. 13 ff. Erlass 633/1972).

7 Steuersätze und Steuerbefreiungen

7.1 Regelsteuersatz

25 Seit dem 01.10.2013 beträgt der Regelsteuersatz in Italien 22 % (vgl. Art. 16 Erlass 633/1972). Gesetzlich sind allerdings Erhöhungen sowohl des Regelsteuersatzes als auch der ermäßigten Steuersätze beschlossen, die in mehreren jährlichen Etappen bis zu einem Regelsteuersatz von 25 % vorgesehen sind. Die Erhöhungen treten nicht ein, falls der Haushalt Italiens bestimmte Bedingungen erfüllt.

7.2 Ermäßigte Steuersätze

26 Das italienische Umsatzsteuergesetz sieht drei ermäßigte Steuersätze vor, und zwar Sätze von 4 %, 5 % und 10 % (vgl. Art. 16 Erlass 633/1972).

27 Der ermäßigte Steuersatz von 10 % gilt unter anderem für
- die Lieferung von Medizinprodukten,
- Umsätze mit Speisen und Getränken in Restaurants, Bars und Hotels,
- die Lieferungen von Strom und Wasser,
- Eintrittskarten zu bestimmten Sportveranstaltungen und kulturellen Veranstaltungen,
- Abfallentsorgung für Haushalte,
- Schnittblumen,
- seit dem 01.01.2016 zusätzlich für Unterkunftsleistungen durch Marinas,
- seit dem 01.01.2018 weiterhin für zahlreiche Renovierungsmaßnahmen Immobilien.

Der ermäßigte Steuersatz von 5 % wurde im Jahr 2016 neu eingeführt. Er betrifft Leistungen der Cooperative Sociali auf dem Bereich unter anderem der medizinischen Diagnostik und der Krankenhaus- und Pflegeleistungen, unter der Bedingung, dass es sich bei den Empfängern um bestimmte Personenkategorien wie unter anderem Senioren, Behinderte, Drogensüchtige oder an Aids Erkrankte handelt. Für die entsprechenden Umsätze galt in der Vergangenheit der ermäßigte Steuersatz von 4 %. 28

Der ermäßigte Steuersatz von 4 % betrifft unter anderem 29
- Lieferungen von Büchern, Zeitungen und Zeitschriften,
- verschiedene Lebensmittel,
- verschiedene Formen von e-Books und anderen digitalen Publikationen,
- medizinische Geräte,
- Umsätze mit Speisen und Getränken in Kantinen.

7.3 Steuerbefreiungen

Das italienische Umsatzsteuerrecht kennt sowohl Steuerbefreiungen mit Vorsteuerabzugsrecht (echte Steuerbefreiungen) als auch Steuerbefreiungen ohne Vorsteuerabzugsrecht (unechte Steuerbefreiungen). 30

Zu den Steuerbefreiungen mit Vorsteuerabzugsrecht gehören insbesondere: 31
- Ausfuhrlieferungen (Frist 90 Tage, vgl. Art. 8 Erlass 633/1972),
- innergemeinschaftliche Lieferungen (Frist 90 Tage, vgl. Art. 8 Erlass 633/1972 und Art. 41 Erlass 331/1993),
- Umsätze für die Seefahrt und Luftfahrt (vgl. Art. 8-bis Erlass 633/1972),
- Umsätze in Zolllagern oder Freizonen,
- Lieferung von Gold an die Zentralbank (vgl. vgl. Art. 4 Erlass 633/1972).

Zu beachten ist weiterhin die spezielle Möglichkeit, an sog. »häufige Ausführer« umsatzsteuerfrei zu liefern (vgl. Art. 8 Erlass 633/1972, siehe Abschnitt 7.4). 32

Zu den Steuerbefreiungen ohne Vorsteuerabzugsrecht (vgl. Art. 10 Erlass 633/1972) gehören insbesondere: 33
- Bank-, Finanz- und Versicherungsumsätze,
- bestimmte Glücksspiele,
- ärztliche Leistungen,
- bestimmte Umsätze der Sozialfürsorge,
- bestimmte unterrichtende Leistungen,
- Postdienstleistungen,
- Lieferung von Wohnimmobilien, ausgenommen vor der Fertigstellung, und ausgenommen bestimmte Sozialwohnungen (edilizia Convenzionata) (vgl. Art. 10 Erlass 633/1972),
- Lieferung sonstiger Immobilien, abhängig von komplexen Bedingungen,
- Vermietung von Immobilien.

Eine **Option zur Steuerpflicht** ist unter anderem für den Verkauf von Sozialwohnungen, den Verkauf bestimmter Geschäftsgebäude, den Verkauf bestimmter Wohngebäude, die Vermietung bestimmter Wohngebäude und die Vermietung von Geschäftsgebäuden möglich. Außerdem besteht die Möglichkeit für Anlagegold. 34

35 Bei Ausfuhrlieferungen und innergemeinschaftlichen Lieferungen ist ein **Belegnachweis** zu führen. Bei **Ausfuhrlieferungen** ist dies üblicherweise das zollrechtliche Ausfuhrdokument, das entweder den Lieferer als Ausführer zeigt oder eindeutig auf die Rechnung referenziert.

Bei **innergemeinschaftlichen Lieferungen** soll der Nachweis durch Transportunterlagen und die Umsatzsteueridentifikationsnummer erbracht werden.

36 **Ausfuhrlieferungen im Reisegepäck** sind steuerfrei, wenn die Ausfuhr innerhalb von drei Monaten nachgewiesen wird und der Einkaufspreis mindestens 154,94 € betrug (vgl. Art. 38-quater Erlass 633/1972). Ab dem 01.09.2018 müssen Rechnungen für entsprechende Ausfuhren zwingend in digitaler Form ausgestellt werden, damit die Steuerfreiheit möglich ist. Die Rechnung wird digital mit dem »OTELLO«-System als Ausfuhrnachweis verknüpft.

37 Bei der Einfuhr gilt eine Steuerbefreiung für **Kleinsendungen** mit einer Wertgrenze von 22 € bzw. unter besonderen Bedingungen von 45 €.

38 Italien hat eine Regelung für **Umsatzsteuerlager** eingeführt (vgl. Art. 50 bis Erlass 331/1993). Umsätze im Umsatzsteuerlager sind steuerbefreit.

Unter anderem können folgende Waren in einem Umsatzsteuerlager gehalten werden:
- Zinn, Kupfer, Zink, Nickel, Aluminium, Blei, Indium, Silber, Platin, weitere Metalle,
- bestimmte Getreide, Nüsse und Saaten, Kartoffeln und pflanzliche Öle,
- Tee, Kakaobohnen, Rohzucker, ungerösteter Kaffee,
- Kautschuk,
- bestimmte Chemikalien und Mineralöle.

7.4 Sonderregelung für Umsätze an sogenannte häufige Ausführer

39 Unternehmen, deren Umsatz zu mehr als 10 % aus Ausfuhrlieferungen, innergemeinschaftlichen Lieferungen oder nicht steuerbaren Dienstleistungen besteht, haben die Möglichkeit, einen Antrag auf die Einordnung als häufige Ausführer zu stellen (vgl. Art. 8 Erlass 633/1972).

Ein häufiger Ausführer hat die Möglichkeit, Warenlieferungen und Dienstleistungen umsatzsteuerfrei zu beziehen. Dabei gilt eine Beschränkung der Höhe nach entweder auf den Betrag der steuerfreien berechtigten Umsätze im vorangegangenen Kalenderjahr oder in den vorangegangenen zwölf Monaten (Wahlrecht).

8 Steuerschuldnerschaft des Leistungsempfängers

40 Nach dem italienischen Umsatzsteuerrecht ist die Steuerschuldnerschaft des Leistungsempfängers für folgende Umsätze anzuwenden (vgl. Art. 17 Erlass 633/1972):
- Lieferungen und sonstige Leistungen, die eine nicht ansässige Person an eine in Italien ansässige steuerpflichtige Person ausführt.

41 Italien hat eine Steuerschuldnerschaft des Leistungsempfängers für Umsätze zwischen im Land ansässigen Unternehmen eingeführt (vgl. Art. 17 Erlass 633/1972), die unter anderem folgende Umsatzarten erfasst:
- Lieferung von Gas oder Elektrizität an Wiederverkäufer,

- Lieferungen von Anlagegold, falls der Verkäufer zur Steuerpflicht optiert hat,
- Leistungen eines Subunternehmers im Baugewerbe,
- Lieferung von Wohn- und Geschäftsgebäuden, falls der Lieferer zur Steuerpflicht optiert hat,
- Lieferung von Mobiltelefonen und Mikroprozessoren, durch die Europäische Kommission nur bis 31.12.2018 genehmigt,
- Lieferung von Personalcomputern, Laptops, Tablet-PCs und Spiele-Konsolen, durch die Europäische Kommission nur bis 31.12.2018 genehmigt,
- Lieferungen von verschiedenen Abfällen, insbesondere aus eisenhaltigen Metallen, Papier, Knochen, Haut, Glas, Gummi und Plastik, unter weiteren Bedingungen,
- die Erbringung von Reinigungsleistungen, Abrissleistungen im Baugewerbe, Einbau von Gegenständen und sonstige Leistungen im Zusammenhang mit der Fertigstellung von Gebäuden.

Entsprechende Umsätze werden, wie in Deutschland nach § 13b UStG, netto abgerechnet und bezahlt und der Leistungsempfänger meldet die Umsatzsteuer selbst an.

Italien hatte bereits zum 01.01.2015 ein besonderes »Split Payment«-System (gespaltene Um- **41a**
satzsteuerzahlungen) eingeführt (»scissione dei pagamenti«). Dieses System galt zunächst nur für Lieferungen oder Dienstleistungen an bestimmte Einrichtungen der öffentlichen Hand. Es wurde durch die Europäische Kommission grundsätzlich als Sondermaßnahme genehmigt.

Bei Anwendung des Systems wurde dem leistenden Unternehmer nur der Nettobetrag bezahlt. Die Umsatzsteuer wurde auf ein spezielles Umsatzsteuer-Bankkonto überwiesen, auf das der Fiskus direkt zugreifen kann.

Zum 01.01.2017 wurde der Anwendungsbereich u. a. auf von der öffentlichen Hand beherrschte Gesellschaften als Leistungsempfänger erweitert, und ebenfalls auf an der FTSE MIB börsennotierte Unternehmen. Es ist dabei möglich, über spezielle Internetseiten der Behörden zu überprüfen, ob ein bestimmter Kunde unter die »Split Payment«-Regelung fällt. Die Europäische Kommission hat das erweiterte Verfahren bis 30.06.2020 genehmigt (Beschluss 2017/784).

9 Besondere Umsatzsteuerregelungen für bestimmte Unternehmen

9.1 Besteuerung von Reiseleistungen

Italien hat die Margenbesteuerung für Reiseveranstalter (Art. 306 bis Art. 310 Mehrwertsteuer- **42**
systemrichtlinie) umgesetzt (Art. 74-ter Erlass 633/1972). Die Regelung bewirkt, dass Reiseveranstalter, die ihr unterliegen, nur Umsatzsteuer auf die Marge zwischen den Eingangsleistungen und den Ausgangsumsätzen schulden, wobei die Umsatzsteuer aus der Marge herauszurechnen ist. Zugleich besteht kein Vorsteuerabzugsrecht. Insoweit ähnelt die Regelung der in Deutschland bestehenden Regelung des § 25 UStG.

9.2 Differenzbesteuerung

43 In Italien besteht eine Differenzbesteuerung für den Handel mit Gebrauchtwaren, Kunstgegenständen, Antiquitäten und Sammlungsobjekten. Die Regelung hat zur Folge, dass Umsatzsteuer nur auf die Marge zwischen Eingangsleistungen und Ausgangsleistungen erhoben wird. Zugleich ist der Vorsteuerabzug aus Eingangsleistungen ausgeschlossen.

9.3 Sonderregelung für Landwirte

44 Italien hat eine Sonderregelung für Landwirte eingeführt (vgl. Art. 34 Erlass 633/1972). Begünstigte Landwirte unterliegen einer Pauschalbesteuerung. Hierzu können auch Fischer, Fischzüchter, Froschzüchter, Muschelzüchter und Forstwirte gehören.

Bei einem Umsatz von maximal 7.000 € ist das Umsatzsteuersystem auf die Landwirte nicht anwendbar (ähnlich einer Kleinunternehmerregelung).

Andernfalls unterliegen die Ausgangsumsätze einem Sondersteuersatz ohne Zahlungspflicht, d.h. dieser Betrag steht ihnen als fiktiver Vorsteuerabzug zu. Zugleich entfällt der Vorsteuerabzug aus Rechnungen.

Ein Antrag zur Regelbesteuerung ist möglich.

9.4 Sonderregelung für Verlage

45 Nach Art. 74 Erlass 633/1972 gilt eine besondere Regelung für den Verkauf von Tageszeitungen, Magazinen, Büchern und ähnlichen Gütern. Die Sonderregelung gestattet es, die Umsatzsteuer nach einem geschätzten Betrag zu erheben. Dieser wird ausgehend vom Endverkaufspreis und der Anzahl der ausgelieferten Exemplare ermittelt, unter Anwendung eines Abschlags von 70 % für Bücher und 80 % für Tageszeitungen und Magazine. Die Regelung gilt nicht für pornographische Materialien und gilt nicht, wenn die Druckerzeugnisse in Verbindung mit anderen Gegenständen geliefert werden.

9.5 Sonderregelung für Telekommunikationsunternehmen

46 Es gilt eine besondere Steuerregelung für öffentliche Telefondienstleistungen einschließlich der Überlassung von Zugangscodes zur Nutzung von Festnetz oder Mobiltelefonen oder entsprechenden elektronischen Dienstleistungen. Die Umsatzsteuer wird in diesem Fall auf Basis des Durchschnittspreises für den Verkauf und im Zusammenhang mit der Telefonaktivität erhoben.

10 Entstehung der Steuer

10.1 Besteuerung nach vereinbarten Entgelten

Grundsätzlich gilt in Italien das Prinzip der Besteuerung nach vereinbarten Entgelten. 47

Bei der **Lieferung unbeweglichen Vermögens** entsteht die Umsatzsteuer mit Abschluss des Übertragungsvertrags (vgl. Art. 6 Erlass 633/1972). Bei der **Lieferung von Gegenständen** entsteht die Umsatzsteuer mit Übergabe oder mit Beginn der Beförderung oder Versendung (vgl. Art. 6 Erlass 633/1972). Wird eine Anzahlungsrechnung gestellt oder eine Anzahlung geleistet, entsteht die Umsatzsteuer entsprechend mit dieser. 48

In Fällen von **Kauf auf Probe bzw. Lieferung zur Ansicht** entsteht die Steuer entweder mit endgültiger Annahme der Lieferung oder spätestens nachdem zwölf Monate verstrichen sind.

Bei **Dienstleistungen** entsteht die Umsatzsteuer mit Erhalt einer Zahlung für die Dienstleistung oder früher, falls eine Rechnung ausgestellt wird. Das italienische Recht kennt keine Steuerpflicht auf Basis der Erbringung der Dienstleistung selbst. 49

Einzige Ausnahme hiervon ist eine Regelung für **Dauerleistungen**, die für mehr als ein Jahr ausgeführt werden und die nicht zu Zahlungen während dieser Zeit führen. In diesem Fall wird jeweils mit Ablauf des Kalenderjahres eine anteilige Steuerentstehung angenommen. 50

Die Steuer auf **innergemeinschaftliche Erwerbe** entsteht mit der Lieferung, oder, wenn eine Rechnung ausgestellt wird, mit Ablauf dieses Monats (vgl. Art. 39 Erlass 331/1993). 51

10.2 Berichtigung der Umsatzsteuer bei Uneinbringlichkeit oder sonstiger Entgeltminderung

Ist eine **Forderung uneinbringlich** oder **mindert sich das Entgelt** aus anderen Gründen, sieht das italienische Recht grundsätzlich die Möglichkeit einer Umsatzsteuerberichtigung vor. Dies setzt, anders als im deutschen § 17 UStG geregelt, voraus, dass der leistende Unternehmer einen Entgeltminderungsbeleg an den Leistungsempfänger übermittelt. 52

Bei zwischen den Parteien **vereinbarter Entgeltminderung** gilt eine Frist von einem Jahr nach Ausführung des Geschäfts. Bei Uneinbringlichkeit, die im Wesentlichen nur bei Insolvenz oder sonstiger Zahlungsunfähigkeit anzunehmen ist, muss der Entgeltminderungsbeleg spätestens zu dem Zeitpunkt generiert werden, in dem die Umsatzsteuererklärung für das zweite Jahr nach Abschluss der Zwangsvollstreckungsmaßnahme oder des Insolvenzverfahrens abzugeben gewesen wäre. Teilweise gelten weitere Sonderregeln. 53

10.3 Besteuerung nach vereinnahmten Entgelten

Seit dem 01.12.2012 besteht in Italien eine Wahlmöglichkeit für Unternehmen, deren Umsatz im Vorjahr einen Betrag von 2 Mio. € nicht überschritten hat, die Besteuerung nach vereinnahmten Entgelten zu wählen. In diesem Fall entsteht die Umsatzsteuer jeweils mit Erhalt einer Zahlung für eine Lieferung oder Dienstleistung. Allerdings entsteht die Umsatzsteuer in jedem Fall spätestens mit Ablauf eines Jahres nach dem Zeitpunkt der Lieferung oder der Dienstleistung. Der Vorsteuer- 54 abzug wird in diesem Regime, anders als beispielsweise in Deutschland, ebenfalls erst im Veranlagungszeitraum der Zahlung der Eingangsrechnung gewährt (vgl. 11.2).

Ein Unternehmer, der nach vereinnahmten Entgelten versteuert, ist verpflichtet, dies gesondert in seiner Rechnung anzugeben und auf die entsprechende gesetzliche Regelung zu verweisen. Wenn ein regelbesteuerter Unternehmer eine Lieferung oder sonstige Leistung von einem Unternehmer empfängt, der nach vereinnahmten Entgelten besteuert, kann er die Vorsteuer nach Vorliegen der gesetzlichen Voraussetzungen und unabhängig vom Zahlungszeitpunkt geltend machen.

11 Vorsteuerabzug und Rechnungen

11.1 Allgemeines

55 Grundsätzlich sind umsatzsteuerliche Unternehmer aus den für ihr Unternehmen bezogenen Lieferungen und sonstigen Leistungen zum Vorsteuerabzug berechtigt. Regelmäßig ist der Vorsteuerabzug durch eine ordnungsgemäße Rechnung bzw. im Fall der Einfuhrumsatzsteuer durch ein ordnungsgemäßes Zolldokument nachzuweisen (vgl. Art. 19 Erlass 633/1972). Seit dem 01.01.2017 müssen Vorsteuern spätestens zum Abgabetermin der Jahresmeldung für das Steuerjahr abgezogen werden, in dem die Leistung bezogen bzw. eine Anzahlung geleistet wurde, und ein ordnungsmäßiger Beleg vorgelegen hat (vgl. Erlass 50/2017).

11.2 Besondere Regelung bei Besteuerung nach vereinnahmten Entgelten

56 Unternehmen, die nach vereinnahmten Entgelten besteuern, können die Vorsteuern erst nach Zahlung geltend machen. Dieser Ansatz weicht z. B. vom deutschem Modell (vgl. § 20 UStG) ab, basiert jedoch zutreffend auf der optionalen Regelung des Art. 167a MwStSystRL.

11.3 Beschränkungen des Vorsteuerabzugs

57 Nach dem italienischen Umsatzsteuerrecht berechtigen verschiedene Aufwendungen nicht zum Vorsteuerabzug (vgl. Art. 19-bis und 19-bis1 Erlass 633/1972). Entsprechende Beschränkungen gelten unter anderem für die folgenden Aufwendungen:
- Passagiertransport,
- 60 % der Vorsteuer für Leasing, Anmietung oder Kauf sowie aus Unterhaltskosten, Schmierstoffe und Kraftstoffe von Kraftfahrzeugen,
- Aufwendungen im Zusammenhang mit Luftfahrzeugen oder Freizeityachten,
- Aufwendungen für Wohnungen,
- Aufwendungen für Speisen und Getränke,

- Repräsentationsaufwand,
- geschäftliche Geschenke mit Kosten über 50 €,
- seit dem 01.07.2018: Bezug von Kraftstoffen, Öl oder anderen Leistungen für Beförderungsmittel, wenn nicht mit Zahlungskarte, Kreditkarte oder ähnlichem Zahlungsmittel bezahlt.

Der Vorsteuerausschluss gilt nicht, wenn die Aufwendungen bezogen werden, um sie im Zuge einer geschäftlichen Aktivität in Ausgangsumsätze einfließen zu lassen, also insbesondere für Wiederverkäufer entsprechender Leistungen.

Weiterhin sind Vorsteuerbeträge vom Abzug ausgeschlossen, wenn sie im Zusammenhang mit unecht steuerfreien Umsätzen stehen. 58

Führt ein Unternehmen sowohl zum Vorsteuerabzug berechtigende als auch nicht zum Vorsteuerabzug berechtigende Umsätze aus, so ist eine Aufteilung der Vorsteuerbeträge vorzunehmen (vgl. Art. 19 Erlass 633/1972). 59

Dabei ist zu beachten, dass in Italien grundsätzlich die sogenannte globale pro-rata-Methode implementiert wurde (vergleiche EuGH Urteil vom 14.12.2016, C-378/15, »Mercedes Benz Italia SpA«). Demzufolge sind sämtliche Vorsteuerbeträge nach einem Umsatzschlüssel aufzuteilen. Der Umsatzschlüssel ist dabei zu runden, d.h. ein kalkulatorischer Vorsteuerabzugssatz von 77,5 % wird auf 77 % abgerundet, ein Betrag von 77,6 % wird auf 78 % aufgerundet. Eine direkte Zuordnung von Vorsteuerbeträgen zu Abzugs- oder Ausschlussumsätzen ist in Italien nicht vorgesehen.

11.4 Berichtigung des Vorsteuerabzugs

Nach dem italienischen Umsatzsteuergesetz gilt für Gegenstände, die nicht nur einmalig genutzt werden, grundsätzlich ein Vorsteuerberichtigungszeitraum von fünf Jahren bzw. für Grundstücke, Gebäude und verwandte Wirtschaftsgüter ein Zeitraum von zehn Jahren (vgl. Art. 19-bis 2 Erlass 633/1972). 60

Voraussetzung für die Vorsteuerberichtigung ist in der Regel eine Nutzungsänderung um mehr als zehn Prozentpunkte. Es gilt eine Bagatellgrenze für die Anschaffung in Höhe von 516,46 € und ebenso bleiben Güter mit handelsrechtlichen Abschreibungssätzen über 25 % außer Ansatz.

11.5 Rechnungen

In Italien steuerpflichtige Unternehmer sind grundsätzlich verpflichtet, für alle steuerpflichtigen und steuerfreien Umsätze einschließlich Ausfuhrlieferungen und innergemeinschaftlichen Lieferungen eine ordnungsgemäße umsatzsteuerliche Rechnung auszustellen (vgl. Art. 21 Erlass 633/1972). Bei Einzelhandelsumsätzen besteht eine Rechnungsstellungspflicht nur dann, wenn der Kunde eine Umsatzsteuerrechnung verlangt. 61

Falls ein italienischer Unternehmer Lieferungen oder sonstige Leistungen von einem anderen italienischen Unternehmer empfängt und nicht bis spätestens zum Ende des vierten Monats, der auf den Monat des Umsatzes folgt, eine ordnungsgemäße Rechnung erhalten hat, ist er verpflichtet, den Leistungsbezug gegenüber der Steuerbehörde offenzulegen und bis spätestens zum Ende des fünften Monats nach dem Umsatz die Umsatzsteuer an die Steuerbehörden zu entrichten. 62

Grundsätzlich schuldet ein italienischer Unternehmer die von ihm in den Rechnungen ausgewiesene Umsatzsteuer. Um die Umsatzsteuer zu vermindern, ist es notwendig, einen Entgelt- 63 minderungsbeleg auszustellen. Dieser Entgeltminderungsbeleg ist als solcher zu kennzeichnen, mit einer Nummer zu versehen und mit einem eindeutigen Bezug auf die ursprüngliche Umsatzsteuerrechnung. Die Verpflichtung, Entgeltminderungsbelege auszustellen, gilt sowohl bei Fehlern in Rechnungen als auch bei einer nachträglichen Verständigung über eine Herabsetzung der Bemessungsgrundlage.

64 Abrechnungen im Gutschriftsverfahren sind zulässig.

65 **Umsatzsteuerrechnungen** müssen folgende Angaben enthalten (vgl. Art. 21 Erlass 633/1972):

- Name und Anschrift des Leistenden und dessen Umsatzsteueridentifikationsnummer,
- Name und Anschrift des Leistungsempfängers und dessen Umsatzsteueridentifikationsnummer,
- Datum der Ausstellung,
- eindeutige, fortlaufende Rechnungsnummer,
- Datum der Lieferung oder Leistung bzw. der erhaltenen Anzahlung, falls feststellbar und abweichend vom Datum der Ausstellung,
- Leistungsbeschreibung,
- Nettoentgelt, getrennt nach Steuersätzen und Steuerbefreiungen, sowie Nettoeinzelentgelt,
- Umsatzsteuerbetrag und Umsatzsteuersatz,
- Hinweis auf eventuelle Steuerbefreiungen oder Entgeltminderungen.

66 **Kleinbetragsrechnungen** (Grenze 100 € Brutto) müssen nur folgende Angaben enthalten):

- Name und Anschrift des Leistenden und dessen Umsatzsteueridentifikationsnummer,
- Identifikationsmerkmal des Leistungsempfängers, ggf. nur dessen Umsatzsteueridentifikationsnummer,
- Datum der Ausstellung,
- eindeutige, fortlaufende Rechnungsnummer,
- Datum der Lieferung oder Leistung bzw. der erhaltenen Anzahlung, falls feststellbar und abweichend vom Datum der Ausstellung,
- Leistungsbeschreibung,
- Gesamtpreis, und Angaben zur Ermittlung des Umsatzsteuerbetrages,
- Hinweis auf eventuelle Steuerbefreiungen oder Entgeltminderungen.

11.6 Elektronische Rechnungsstellung

67 Mit Wirkung zum 01.01.2013 wurde das italienische Umsatzsteuergesetz geändert, um nach den Vorgaben der Europäischen Union die digitale Rechnungstellung zu erleichtern. Grundsätzlich gilt seit diesem Zeitpunkt eine Gleichstellung digitaler Rechnungen mit Papierrechnungen. Allerdings ist es erforderlich, die Echtheit des Ursprungs, die Authentizität und Integrität der Rechnung bis zum Ablauf der Aufbewahrungsfrist nachzuweisen.

68 Seit dem 06.06.2014 gilt eine Verpflichtung zur digitalen Rechnungsstellung für Leistungen an bestimmte Verwaltungsbehörden wie insbesondere Ministerien und Steuerbehörden sowie die nationalen Sozialversicherungsträger.

Seit dem 31.03.2015 wurde diese Rechnungsstellungspflicht auf alle Umsätze an die öffentliche Hand, einschließlich der Gebietskörperschaften, ausgedehnt.

Mit Wirkung zum 01.07.2018 sollten alle Lieferungen von Kraftstoffen für Fahrzeuge an Unternehmer zwingend digital abgerechnet werden. Der Einführungstermin wurde allerdings zwischenzeitlich auf den 01.01.2019 verschoben.

Zum 01.01.2019 ist eine zwingende digitale Rechnungstellung für alle Lieferungen und Dienstleistungen zwischen in Italien mehrwertsteuerlich erfassten und dort niedergelassenen Unternehmen oder von solchen an in Italien ansässige Nichtunternehmer vorgesehen. Dabei muss das von den Behörden zur Verfügung gestellte digitale System »Sistema di Interscambio«, kurz »SDI«, genutzt werden. Es ist allerdings noch nicht sicher, ob sich Verschiebungen ergeben werden. So wurde die Neuregelung für Kraftstofflieferungen quasi »in letzter Minute« verschoben.

Eine Genehmigung der Kommission für die Sondermaßnahme der digitalen Rechnungstellung wurde am 16.04.2018 erteilt mit Wirkung bis 31.12.2021 (Beschluss 2018/593).

Werden Rechnungen entgegen der Vorgaben in Papierform übermittelt, berechtigen sie nicht zum Vorsteuerabzug. Außerdem drohen Strafen von 90 % bis 180 % des Umsatzsteuerbetrages gegen den leistenden Unternehmer.

11.7 Rechnungen in fremder Währung

Grundsätzlich sind italienische Unternehmer verpflichtet, ihre Rechnungen in Euro auszustellen. 69
Nicht ansässige Unternehmer, die eine Rechnung in einer Fremdwährung ausstellen, bewirken, dass der italienische Leistungsempfänger verpflichtet ist, eine Umrechnung in Euro nach dem Wechselkurs im Zeitpunkt des Umsatzes vorzunehmen. Alternativ wird eine Umrechnung nach den veröffentlichten Wechselkursen der Europäischen Zentralbank (EZB) gestattet.

11.8 Erstellung von Eigenbelegen für innergemeinschaftliche Erwerbe

Im Zusammenhang mit der Aufzeichnung der italienischen Umsatzsteuer auf einen innergemein- 70
schaftlichen Erwerb ist der italienische Unternehmer verpflichtet, die Berechnung über den innergemeinschaftlichen Warenbezug mit einer Aufzeichnung in Form des geltenden italienischen Umsatzsteuersatzes und des entsprechenden italienischen Erwerbssteuerbetrags auf der Rechnung zu dokumentieren (vgl. Art. 46 und 47 Erlass 331/1993). Die Rechnung ist dann entsprechend sowohl in den Aufzeichnungen über Warenbezüge als auch den Aufzeichnungen über Umsätze aufzunehmen.

Falls der Lieferant keine Rechnung erstellt, ist der italienische Unternehmer verpflichtet, bis spätestens zum 15. Tag des dritten Monats nach dem Erwerbsmonat einen Eigenbeleg auszustellen.

11.9 Erstellung von Eigenbelegen für Umsätze mit Steuerschuldnerschaft des Leistungsempfängers

Wenn ein in Italien ansässiger umsatzsteuerlicher Unternehmer eine Lieferung oder sonstige 71
Leistung von einer nicht ansässigen Person empfängt, die unter die Steuerschuldnerschaft des Leistungsempfängers fällt, muss der italienische Unternehmer einen umsatzsteuerlichen Eigenbeleg generieren. Dieser Eigenbeleg muss alle Pflichtangaben nach dem italienischen Umsatzsteuerrecht einschließlich des Umsatzsteuerbetrags enthalten und er muss als solcher gekennzeichnet

werden. Der italienische Unternehmer ist verpflichtet, den Eigenbeleg sowohl in der Buchführung seiner Umsätze als auch in der Aufzeichnung seiner Leistungsbezüge aufzuzeichnen.

Die Eigenbelegregelung gilt nicht, falls es sich um einen grenzüberschreitenden Umsatz eines EU Unternehmers handelt, der unter Art. 44 Mehrwertsteuersystemrichtlinie fällt. In entsprechenden Konstellationen soll stattdessen die Rechnung des ausländischen Unternehmers entsprechend aufgezeichnet werden.

In der Praxis wird stattdessen regelmäßig das Verfahren angewendet, das auch für innergemeinschaftliche Erwerbe gilt (vgl. 11.8).

12 Steuererklärungen und weitere Steueranmeldungen

12.1 Keine Umsatzsteuervoranmeldungen, aber periodische Umsatzsteuerberechnungen und –zahlungen

a) Verfahren bis zum 31.12.2016

72 Das italienische Recht kannte bis Ende 2016 keine Verpflichtung zur Abgabe monatlicher oder vierteljährlicher Umsatzsteuervoranmeldungen. Jedoch waren die Steuerpflichtigen angehalten, ihre Umsatzsteuerschuld auf monatlicher oder vierteljährlicher Basis zu berechnen und entsprechende Zahlungen an die Finanzbehörden zu leisten. Die Regelmethode war die monatliche Umsatzsteuerberechnung und Umsatzsteuerzahlung.

Das vierteljährliche Verfahren war anzuwenden, falls der Vorjahresumsatz für Dienstleistungen einen Betrag von 400.000 € oder für Warenlieferungen einen Betrag von 700.000 € nicht überschritten hatte. Bei Aufnahme der Geschäftstätigkeit war stattdessen auf den erwarteten Umsatz des ersten Geschäftsjahres abzustellen. Vierteljährliche Umsatzsteuerzahler waren verpflichtet, zusätzlich einen Zins von 1 % zu entrichten.

Die monatlichen Umsatzsteuerzahlungen waren jeweils zum 16. Tag des Folgemonats fällig.

Vierteljährliche Umsatzsteuerzahlungen waren zum 16. Tag des zweiten Monats nach Ablauf des Quartals fällig. Eine Ausnahme von dieser Regelung galt für das letzte Quartal, da in diesem Fall der Fälligkeitstermin grundsätzlich der 16.03. des folgenden Jahres war.

Weiterhin war am 27.12. des laufenden Jahres eine Umsatzsteuervorauszahlung zu leisten. Diese Umsatzsteuervorauszahlung konnte nach unterschiedlichen Methoden (Prognosemethode, historische Methode oder auf Basis der tatsächlich ausgeführten Geschäfte) ermittelt werden.

b) Seit dem 01.01.2017: Umsatzsteuermeldungen

73 Seit dem 01.01.2017 sind in der Regel vierteljährliche Umsatzsteuermeldungen in digitaler Form abzugeben. Der Abgabetermin ist der letzte Tag des zweiten folgenden Monats. Die Zahlungstermine nach dem alten Verfahren gelten allerdings weiter.

Es ist vorgesehen, die laufenden Umsatzsteuermeldungen ab dem 01.01.2019 abzuschaffen. Hintergrund ist die dann zwingende digitale Rechnungstellung über ein von den Behörden zur Verfügung gestelltes System, wodurch sämtliche Besteuerungsgrundlagen bereits bekannt sein sollen.

12.2 Umsatzsteuerjahreserklärungen

Alle Steuerpflichtigen sind verpflichtet, eine Umsatzsteuerjahreserklärung für das Kalenderjahr in digitaler Form einzureichen. Der Abgabetermin für die Jahreserklärung 2016 war der 28. 02.2017. 74

Für Erklärungen ab dem Veranlagungszeitraum 2017 gilt ein Abgabezeitraum zwischen dem 01.02. und dem 30.04. des Folgejahres.

12.3 Weitere Meldepflicht: Vierteljährliche Meldung von Eingangs- und Ausgangsrechnungen

Seit dem Veranlagungszeitraum 2017 müssen Steuerpflichtige in elektronischer Form eine viertel- 75
jährliche Meldung sämtlicher umsatzsteuerrelevanter Ausgangsrechnungen, sämtlicher umsatzsteuerrelevanter Eingangsrechnungen, sämtlicher Gutschriften und sämtlicher Belastungsanzeigen übermitteln (**Spesometro**). In den Vorjahren handelte es sich jeweils um eine Jahresmeldung.

Für die Meldungen des Jahres 2017 wurde eine abweichende Meldefrist eingeführt, damit die Steuerpflichtigen sich auf das neue System einstellen konnten, nämlich ein abweichender Halbjahreszeitraum als Meldeperiode. In den Meldungen sind Informationen über die leistenden Unternehmen bzw. die Leistungsempfänger, das Rechnungsdatum, die Rechnungsnummer, das Entgelt, der Steuersatz, der Umsatzsteuerbetrag und die Art der Transaktion anzugeben.

Im Zusammenhang mit der zum 01.01.2019 beschlossenen verpflichtenden digitalen Rechnung- 76
stellung wird diese Meldepflicht von Daten über Lieferanten und Kunden **abgeschafft**. Stattdessen wird eine neue Meldung bestimmter grenzüberschreitender Transaktionen eingeführt.

12.4 Besondere Meldepflicht für häufige Ausführer

Häufige Ausführer müssen eine zusätzliche Absichtserklärung bei der Finanzbehörde einreichen. 77
Voraussetzung für die Anwendung der Sonderregelung (vergleiche 7.4) ist, dass dem Lieferanten sowohl die entsprechende Absichtserklärung als auch die Bestätigung von deren Abgabe bei der Steuerbehörde vorliegt.

Stellt ein leistender Unternehmer Rechnungen ohne Umsatzsteuer aus, ohne dass die Absichts- 78
erklärung vorgelegen hat, können Strafen zwischen 100 % und 200 % des Umsatzsteuerbetrages erhoben werden.

12.5 Sonderproblem Vorsteuererstattung

79 In Italien werden Vorsteuerüberschüsse nicht unmittelbar an den Steuerpflichtigen erstattet. Vielmehr gilt der Grundsatz der Verrechnung mit Steuerverbindlichkeiten. Der Steuerpflichtige hat allerdings die Möglichkeit, einen gesonderten Erstattungsantrag entweder auf Vierteljahres- oder auf Jahresbasis zu stellen.

Ein jährlicher Erstattungsantrag kann gestellt werden, wenn eine der folgenden Bedingungen erfüllt ist:

- der durchschnittliche Steuersatz auf die Leistungsbezüge des Steuerpflichtigen übersteigt den durchschnittlichen Steuersatz auf die Ausgangsumsätze um mindestens zehn Prozentpunkte,
- mehr als 25 % der Gesamtumsätze des Steuerpflichtigen sind Ausfuhrlieferungen, innergemeinschaftliche Lieferungen oder internationale Dienstleistungen,
- der Vorsteuerüberhang hängt mit dem Erwerb von Waren oder Dienstleistungen für die Forschung und Entwicklung zusammen. In dieser Variante ist das Erstattungsrecht allerdings auf die entsprechende Vorsteuer beschränkt,
- der Steuerpflichtige führt überwiegend Umsätze aus, deren Leistungsort außerhalb Italiens liegt,
- der Steuerpflichtige ist ein nicht in Italien ansässiges Unternehmen,
- der Steuerpflichtige hat in den Jahressteuererklärungen der folgenden drei Jahre jeweils einen Vorsteuerüberhang. In diesem Fall ist das Erstattungsrecht begrenzt auf den niedrigsten Vorsteuerüberhang dieser drei Jahre.

Ein vierteljährlicher Erstattungsantrag kann gestellt werden, wenn eine der folgenden Bedingungen erfüllt ist:

- der durchschnittliche Steuersatz auf die Leistungsbezüge des Steuerpflichtigen übersteigt den durchschnittlichen Steuersatz auf die Ausgangsumsätze um mindestens zehn Prozentpunkte,
- mehr als 25 % der Gesamtumsätze des Steuerpflichtigen sind Ausfuhrlieferungen, innergemeinschaftliche Lieferungen oder internationale Dienstleistungen,
- der Vorsteuerüberhang stammt aus dem Erwerb oder der Einfuhr abschreibungsfähiger Wirtschaftsgüter, welche mehr als zwei Drittel der gesamten steuerpflichtigen Leistungsbezüge ausmachen. In diesem Fall ist der Erstattungsanspruch begrenzt auf den auf die entsprechenden Anschaffungen entfallenden Betrag,
- der Steuerpflichtige ist ein nicht in Italien ansässiges Unternehmen,
- der Steuerpflichtige führt an nichtansässige Steuerpflichtige zu mehr als 50 % seines Gesamtumsatzes Leistungen aus, die im Zusammenhang mit beweglichen körperlichen Gegenständen, Gütertransporten, deren Vermittlung, Nebenleistungen und deren Vermittlung in Bezug auf Gütertransport stehen, Bank-, Finanz- oder Versicherungsdienstleistungen an Nicht-EU-Empfänger sind oder die im Zusammenhang mit Exportgütern stehen.

Die Steuerbehörden sind berechtigt, bei Vorsteuererstattungsanträgen eine Bankbürgschaft zu verlangen. Seit 2015 wird keine Bankbürgschaft mehr verlangt, wenn der Erstattungsanspruch niedriger ist als 30.000 €. Zusätzlich besteht unter bestimmten Bedingungen für höhere Erstattungsbeträge die Möglichkeit, anstelle einer Bankbürgschaft eine Überprüfung des Vorsteuerüberhangs durch einen Wirtschaftsprüfer oder andere geeignete Personen vornehmen zu lassen.

Unternehmen, die ihre geschäftliche Tätigkeit vor nicht mehr als zwei Jahren begonnen haben oder die sich im letzten Jahr ihrer geschäftlichen Aktivität befinden, müssen, neben einigen weiteren Fällen, eine Bankbürgschaft leisten.

Häufig können Umsatzsteuererstattungsanträge in Italien eine längere Bearbeitungszeit erfordern. Berechtigte Unternehmen setzen daher gerne das Modell des häufigen Ausführers (s.7.4) ein. Alternativ kann es sinnvoll sein, Transaktionen abweichend zu strukturieren, um die Entstehung von Vorsteuerüberhängen zu vermeiden. Dies gilt insbesondere dann, wenn die Ausgangsumsätze eines Unternehmens aufgrund der Steuerschuldnerschaft des Leistungsempfängers beim Kunden der Umsatzbesteuerung unterliegen, zugleich jedoch höhere Vorsteuerbeträge aus Eingangsleistungen anfallen.

12.6 Umsatzsteuer-Identifikationsnummer

Die italienische Umsatzsteuer-Identifikationsnummer besteht aus zwölf Zeichen, mit dem Länder- 80
code IT.

12.7 Zusammenfassende Meldung im innergemeinschaftlichen Waren- und Dienstleistungsverkehr

Unternehmen, die innergemeinschaftliche Lieferungen oder Dienstleistungen nach Art. 44 Mehr- 81
wertsteuersystemrichtlinie ausführen, müssen grundsätzlich eine monatliche Zusammenfassende Meldung bis spätestens zum 25. Kalendertag des Folgemonats einreichen.

Unternehmen, deren EU-Umsätze in den letzten vier Kalendervierteljahren einen Betrag von 50.000 € nicht überschritten haben, können stattdessen vierteljährliche Zusammenfassende Meldungen abgeben. In der Zusammenfassenden Meldung nach italienischem Recht sind zusätzlich die Informationen anzugeben, die in Deutschland Teil der Intrastat-Meldung wären. Insoweit sieht Italien eine kombinierte Meldung vor.

12.8 Besondere Registrierung für den innergemeinschaftlichen Verkehr

Seit dem 01.01.2011 ist es in Italien erforderlich, dass die Steuerpflichtigen sich gesondert in ein 82
Verzeichnis eintragen lassen, in dem alle zur Teilnahme an innergemeinschaftlichen Transaktionen Berechtigten geführt werden. Ohne entsprechende Eintragung wird die italienische Umsatzsteuer-Identifikationsnummer des Steuerpflichtigen nicht in die VIES-/MIAS-Datenbank der EU eingestellt, so dass sie als ungültig zurückgemeldet würde. Weiterhin ist der Steuerpflichtige nach italienischem Recht nicht berechtigt, steuerfreie innergemeinschaftliche Lieferungen oder innergemeinschaftliche Dienstleistungen auszuführen. Der Antrag auf Aufnahme in das Verzeichnis ist schriftlich bei der Steuerbehörde einzureichen.

Die italienischen Steuerbehörden betrachten eine Umsatzsteuer-Identifikationsnummer weiterhin als inaktiv und melden dies entsprechend an die VIES-/MIAS-Datenbank, wenn der Steuerpflichtige in vier aufeinanderfolgenden Quartalen keine Zusammenfassenden Meldungen eingereicht hat.

13 Straf- und Bußgeldvorschriften

83 Die Straf- und Bußgeldvorschriften in Italien wurden mit Wirkung zum 01.01.2016 umfassend neu gestaltet. Seitdem gelten die folgenden Vorschriften:

- **Verspätete Umsatzsteuerjahreserklärung**
  Wird die Umsatzsteuerjahreserklärung verspätet abgegeben, kann ein Strafzuschlag zwischen 60 % und 120 % der Umsatzsteuerschuld festgesetzt werden, mindestens jedoch 200 €.
- **Verspätete Umsatzsteuerzahlungen**
  Für verspätete Umsatzsteuerzahlungen gilt grundsätzlich ein Strafzuschlag von 30 % des zu spät entrichteten Umsatzsteuerbetrags.
  Zusätzlich werden Zinsen mit einem jährlichen Satz von 0,2 % bei freiwilliger Berichtigung und 3,5 % bei nachträglicher Feststellung durch eine steuerliche Betriebsprüfung erhoben.
- **Fehlerhafte Umsatzsteuerjahreserklärung**
  Bei einer fehlerhaften Umsatzsteuerjahreserklärung können Strafen zwischen 90 % und 180 % des zu niedrig angemeldeten Ausgangsumsatzsteuerbetrags bzw. des zu Unrecht geltend gemachten Vorsteuerbetrags erhoben werden.
- **Steuerschuldnerschaft des Leistungsempfängers**
  Gegen einen Steuerpflichtigen, der die Steuerschuldnerschaft des Leistungsempfängers nicht angewendet hat, aber voll zum Vorsteuerabzug berechtigt ist, kann ein Strafzuschlag zwischen 500 € und 20.000 € festgesetzt werden.
  Bei besonders schweren Verstößen kann zusätzlich eine Strafe festgesetzt werden, die zwischen 5 % und 10 % der Bemessungsgrundlage liegt, mindestens aber 1.000 € beträgt.
  Gegen Steuerpflichtige, die nicht voll zum Vorsteuerabzug berechtigt sind, sind zusätzlich die Strafen für unberechtigte Umsatzsteuer (90 %) bzw. für fehlerhafte Jahreserklärungen (90 % bis 180 %) möglich.
  Weiterhin können bei entsprechenden Verstößen gegen den Lieferanten und den Abnehmern Strafen zwischen 250 € und 10.000 € erhoben werden.
- **Verjährungsvorschriften**
  Nach einer Reform im Jahr 2016 gilt grundsätzlich für die Umsatzsteuer in Italien eine Festsetzungsfrist von fünf Jahren. Die Frist beginnt mit der Abgabe der Umsatzsteuererklärung zu laufen. Bei Nichtabgabe der Umsatzsteuererklärung beträgt die Frist bis zu sieben Jahre. Bei Verdacht auf Steuerhinterziehung können die Fristen verdoppelt werden.

84 Wer Umsatzsteuer in einer Rechnung zu Unrecht ausweist, schuldet diese Umsatzsteuer bis zu einer wirksamen Korrektur.

14 Behandlung nicht ansässiger Unternehmen

Ein nicht ansässiges Unternehmen ist nach italienischem Verständnis ein Unternehmen, das weder den Sitz noch die Geschäftsleitung noch eine feste Niederlassung in Italien unterhält. Nicht ansässige Unternehmen müssen sich in Italien umsatzsteuerlich registrieren, wenn sie mindestens eine der folgenden Aktivitäten ausführen: 85

- in Italien steuerbare Lieferungen von Gegenständen an Nichtsteuerpflichtige oder an andere nicht ansässige Unternehmen,
- in Italien steuerbare Versandhandelslieferungen,
- in Italien steuerbare sonstige Leistungen an Nichtsteuerpflichtige oder an andere nicht ansässige Unternehmen,
- Bewirken eines innergemeinschaftlichen Erwerbs in Italien.

Die Lieferschwelle für Versandhandelslieferungen beträgt 100.000 €.

Anders als z. B. aus Deutschland bekannt, betrifft die Steuerschuldnerschaft des Leistungsempfängers in Italien auch Warenlieferungen an andere Steuerpflichtige, so dass eine Registrierung Nichtansässiger in Italien grundsätzlich eher selten ist.

Nichtansässige Unternehmen, die in einem anderen EU Mitgliedstaat niedergelassen sind, sind berechtigt, sich direkt, d. h. ohne Einschaltung eines Fiskalvertreters, in Italien umsatzsteuerlich zu registrieren. Gleiches gilt für Unternehmen aus Nicht-EU-Staaten, mit denen aus italienischer Sicht ausreichende Verträge über die gegenseitige Amtshilfe bestehen. Nach aktuellem Rechtsstand erfüllt jedoch kein Drittland diese Bedingungen. 86

Alle nicht ansässigen Unternehmen aus Drittstaaten müssen somit bei der Registrierung einen umsatzsteuerlichen Fiskalvertreter bestellen. 87

Nicht ansässige Unternehmen, die in Italien ein **Konsignationslager** beschicken, sind unter bestimmten Umständen nicht zu einer umsatzsteuerlichen Registrierung verpflichtet (vgl. entsprechend OFD Frankfurt am Main, Verfügung vom 23.02.2017, S 7100a A-004-St 110). Die Anwendung der entsprechenden Vereinfachungsregelung setzt voraus, dass die Waren spätestens nach zwölf Monaten aus dem Lager entnommen oder wieder in den Herkunftsstaat zurückgesendet werden. Die Vereinfachungsregelung unterstellt bei der Überführung von Waren aus dem EU-Ausland in ein italienisches Konsignationslager, dass die Waren erst in dem Zeitpunkt nach Italien transportiert werden, zu dem der italienische Kunde die Waren aus dem Lager entnimmt. Das hat zur Folge, dass es im Zeitpunkt der Entnahme zu einer innergemeinschaftlichen Lieferung kommt, und damit der Erwerber in Italien die Erwerbsbesteuerung vorzunehmen hat. 88

15 Vorsteuervergütungsverfahren

15.1 EU-Unternehmen

Für Unternehmen mit Sitz in einem anderen Mitgliedstaat der Europäischen Union ist in Italien die Vergütung von Vorsteuerbeträgen nach der Richtlinie 2008/9/EG möglich. Wie in anderen Mitgliedstaaten üblich, hat der Antragsteller einen digitalen Vorsteuervergütungsantrag im Portal der für ihn im Heimatstaat zuständigen Finanzbehörde einzureichen (in Deutschland: Bundeszentral- 89 amt für Steuern). Die Antragsfrist ist grundsätzlich der 30.09. des Folgejahres (Ausschlussfrist).

Anträge können für Kalenderjahre oder für Zeiträume von drei Monaten bis unter einem Jahr gestellt werden. Elektronische Rechnungskopien sind ab 250 Euro (Kraftstoffe) bzw. 1.000 Euro (alle anderen Rechnungen) beizufügen.

Der Mindestvergütungsbetrag in einem jährlichen Antrag muss 50 € betragen, bzw. 400 € für kürzere Antragszeiträume.

15.2 Nicht-EU-Unternehmen

90 Unternehmen mit Sitz in Drittstaaten können einen Vorsteuervergütungsantrag nach der 13. Richtlinie einreichen. Die Vorsteuervergütung setzt nach italienischem Recht eine Gegenseitigkeit mit dem Sitzstaat des Antragstellers voraus. Dies bedeutet, dass Italien Vorsteuerbeträge nur vergütet, wenn das andere Land dies ebenfalls an italienische Unternehmen umgesetzt hat. Nach dem aktuellen Rechtsstand besteht nach italienischer Auffassung nur mit sehr wenigen Drittstaaten Gegenseitigkeit. Insbesondere sind Unternehmen aus Israel, Norwegen und der Schweiz zur Vorsteuervergütung berechtigt.

Anträge können für Kalendervierteljahre oder für ganze Kalenderjahre gestellt werden.

Der Mindestvergütungsbetrag in einem Jahresantrag muss 50 € betragen, oder 400 € bei Anträgen für kürzere Perioden.

Ein Antrag muss grundsätzlich spätestens bis zum 30.06. des Folgejahres gestellt werden. Es handelt sich um eine nicht verlängerbare Ausschlussfrist.

Der Antragsteller muss seine Unternehmereigenschaft mit einer durch seine Heimatsteuerbehörde ausgestellten Unternehmerbescheinigung, die nicht älter sein darf als ein Jahr, nachweisen. Außerdem muss er die Originalrechnungen und Zahlungsnachweise zu diesen dem Antrag beifügen.

Länderanhang Kroatien

1 Einführung

1.1 Rechtsgrundlagen

1 Die kroatische USt ist seit 1998 eine Mehrwertsteuer nach dem System der Allphasen-USt mit Vorsteuerabzug. Eine systematische Annäherung an das europäische Mehrwertsteuersystem erfolgte seit der Einführung der USt.

2 Mit 01.01.2010 wurde das UStG novelliert und zudem eine neue Verordnung zum UStG in Kraft gesetzt. In den darauf folgenden Jahren wurde das UStG noch einige Male novelliert, um sich an die Vorgaben des europäischen Mehrwertsteuersystems anzunähern. Die vollständige Anpassung des kroatischen USt-Rechts an die RL 2006/112/EG über das gemeinsame Mehrwertsteuersystem bzw. an die RL 2008/9 ist zum Beitritt Kroatiens zur EU am 01.07.2013 erfolgt. Mit dem Beitritt Kroatiens zur EU wurden ein neues UStG sowie eine neue Durchführungsverordnung zum UStG erlassen, die die Rechtsgrundlagen für die USt in Kroatien darstellen. Seitdem wurden diese bereits dreimal ergänzt. Das kroatische Finanzamt veröffentlicht regelmäßig Erläuterungen zu Zweifels-

fragen und Auslegungsproblemen, welche im Internet unter www.porezna-uprava.hr/Stranice/Naslovnica.aspx abrufbar sind. Ab 2012 ist die Anwendung der offiziell veröffentlichten Erläuterungen für alle Strukturen der Steuerverwaltung verbindlich.

1.2 Geltungsbereich (§ 3 kroUStG)

Der territoriale Geltungsbereich des UStG erstreckt sich auf das Inland. Inland ist das Gebiet der Republik Kroatien. 3

2 Steuerpflichtige Person (§ 6 kroUStG)

Nach § 6 kroUStG gilt als steuerpflichtige Person jede Person, die eine wirtschaftliche Tätigkeit unabhängig ihres Zwecks oder Resultats selbständig ausübt. Unter der wirtschaftlichen Tätigkeit versteht man Tätigkeiten eines Herstellers, Händlers, Dienstleistenden, einschließlich der Tätigkeiten der Bergleute, der Landwirte sowie der freien Berufe. Ebenso ist die Nutzung von körperlichen oder nicht körperlichen Gegenständen zur nachhaltigen Erzielung von Einnahmen als wirtschaftliche Tätigkeit zu betrachten. Der Unternehmer übt eine Tätigkeit selbständig aus, wenn er diese Tätigkeit auf eigene Rechnung und auf eigene Verantwortung erbringt. 4

Bei der i. g. Lieferung bzw. beim i. g. Erwerb neuer Fahrzeuge wird auch der Nichtunternehmer als Unternehmer bzw. steuerpflichtige Person behandelt. 5

Als steuerpflichtige Person i. S. d. USt wird grundsätzlich ebenso ein Unternehmer betrachtet, der keinen Sitz, feste Niederlassung, Wohnsitz oder gewöhnlichen Aufenthalt in Kroatien hat, jedoch im Inland steuerpflichtige Lieferungen und bestimmte sonstige Leistungen erbringt. 6

Behörden und staatliche Organisationen sowie Gebietskörperschaften gelten im Rahmen ihrer Tätigkeit nicht als Steuerpflichtige, selbst wenn sie diese Aufgaben gegen Einhebung einer Gebühr bzw. Abgabe ausüben. Wenn diese Körperschaften jedoch eine unternehmerische Tätigkeit ausüben und eine andere Behandlung zu einer Wettbewerbsverzerrung führen würde (z. B. Vermietung von Immobilien), dann gelten diese Körperschaften ebenso als steuerpflichtige Personen. 7

3 Steuerbare Umsätze (§ 4 kroUStG)

Umsätze, die der kroatischen USt unterliegen (steuerbare Umsätze), sind 8

- Lieferungen und sonstige Leistungen,
- innergemeinschaftlicher Erwerb und
- Einfuhr von Gegenständen.

3.1 Lieferungen und sonstige Leistungen

3.1.1 Lieferungen von Gegenständen (§ 7 kroUStG)

9 Unter einer Lieferung versteht das UStG die Verschaffung der wirtschaftlichen Verfügungsmacht über einen Gegenstand durch den Unternehmer. Als Lieferung (Warenumsatz) gelten auch:

- die entgeltliche Übertragung des Eigentumsrechts aufgrund gesetzlicher oder behördlicher Anordnung;
- die Übergabe von Gütern aufgrund eines Mietvertrags auf bestimmte Zeit bzw. aufgrund eines Kaufvertrags mit aufgeschobener Zahlungsfrist, gemäß welchem das Eigentumsrecht spätestens mit der Bezahlung der letzten Rate auf den Mieter übergeht (financial leasing);
- die Übertragung der Ware gemäß Vertrag, aufgrund welchem Provision bezahlt wird (Kommissionsgeschäft).

10 Der Lieferung gleichgestellt ist die Entnahme eines Gegenstandes durch den Unternehmer aus seinem Unternehmen (Entnahmeeigenverbrauch):

- für Zwecke, die außerhalb des Unternehmens liegen,
- für den Bedarf seines Personals oder
- für jede andere unentgeltliche Zuwendung, ausgenommen Geschenke von geringem Wert (bis zu 160 HRK; rund 21 €) und Warenmuster.

11 Voraussetzung für die Steuerbarkeit des Entnahme- und des Verwendungseigenverbrauchs ist, dass der Gegenstand oder seine Bestandteile zu einem vollen oder teilweisen Vorsteuerabzug berechtigt haben.

3.1.2 Erbringung von sonstigen Leistungen (§ 8 kroUStG)

12 Sonstige Leistungen sind alle Leistungen, die keine Lieferung (Warenumsatz) darstellen. Eine Leistung kann u. a. in der Überlassung von Rechten, im Unterlassen oder Dulden eines Zustandes oder in der Ausführung einer Leistung auf Grund einer behördlichen Anordnung oder kraft Gesetzes bestehen.

13 Als Leistung gilt auch die Verwendung eines dem Unternehmen gehörenden Gegenstandes für Privatzwecke des Unternehmers oder Privatzwecke seines Personals oder allgemein für unternehmensfremde Zwecke, wenn der verwendete Gegenstand zum vollen oder teilweisen Vorsteuerabzug berechtigt hat. Ebenso ist die unentgeltliche Erbringung von Leistungen durch den Unternehmer für seinen privaten Bedarf, für den Bedarf seines Personals oder allgemein für unternehmensfremde Zwecke der Erbringung einer Dienstleistung gleichgestellt.

14 Insofern der Unternehmer eine Tätigkeit im eigenen Namen, aber für Rechnung Dritter ausführt, wird er so behandelt, als ob er die Leistung selbst erhalten und erbracht hätte (Besorgungsleistung).

15 Besteht eine Leistung aus Lieferungs- und Leistungselementen, erfolgt nach dem Grundsatz der Einheitlichkeit der Leistung eine Qualifikation entweder als Lieferung oder als Leistung. Überwiegen die Lieferungselemente, so liegt ausschließlich eine Lieferung vor, überwiegt die sonstige Leistung, gehen die Lieferungselemente in der sonstigen Leistung auf.

3.2 Innergemeinschaftliche Erwerbe und innergemeinschaftliche Lieferungen

3.2.1 Innergemeinschaftlicher Erwerb (§ 9 kroUStG)

Als innergemeinschaftlicher Erwerb von Gegenständen gilt die Erlangung der Befähigung, wie ein Eigentümer über einen beweglichen körperlichen Gegenstand zu verfügen. Der Gegenstand wurde dabei durch den Verkäufer oder durch den Erwerber oder für seine Rechnung in einen anderen Mitgliedstaat als den, in dem sich der Gegenstand zum Zeitpunkt des Beginns der Versendung oder Beförderung befand, an den Erwerber versandt oder befördert. Eine weitere Voraussetzung für das Vorliegen eines i. g. Erwerbs ist, dass der Erwerber ein Unternehmer oder eine juristische Person ohne Unternehmereigenschaft ist und die Lieferung durch einen Unternehmer gegen Entgelt im Rahmen seines Unternehmens erfolgt. Der i. g. Erwerb gegen Entgelt unterliegt der USt im Inland. Die USt kann unter den allgemeinen Voraussetzungen als Vorsteuer abgezogen werden. 16

Erfolgt der Erwerb jedoch von einem sog. Schwellenerwerber (d.h. von einem Erwerber, der ausschließlich unecht steuerfreie Umsätze ausführt, einem pauschalierten Land- und Forstwirt oder einer juristischen Person ohne Unternehmereigenschaft), ist zu prüfen, ob der Schwellenerwerber mit seinen Erwerben die Erwerbsschwelle i. H. v. 77.000 HRK (rund 10.100 €) pro Kj. (Nettobetrag) überschreitet. Hat er sie im vorangegangenen Kj. nicht und im laufenden Kj. noch nicht überschritten, liegt kein steuerpflichtiger i. g. Erwerb vor. In diesem Fall ist der Lieferant grundsätzlich verpflichtet, dem Erwerber USt des Abgangsstaates in Rechnung zu stellen. Der Umsatz wird dabei nach jenen Regeln versteuert, die für Umsätze an natürliche Personen gelten. Der Erwerber kann aber in diesen Fällen auf die Anwendung der Erwerbsschwelle verzichten und damit für eine Erwerbsbesteuerung optieren (Bindungswirkung für zwei Jahre). Wird hingegen die Erwerbsschwelle überschritten, liegt ab dem Erwerb, mit dem die Erwerbsschwelle überschritten wird, ein steuerpflichtiger i. g. Erwerb vor. Dem steuerpflichtigen i. g. Erwerb gleichgestellt ist die Verbringung eines Gegenstandes des Unternehmens aus einem anderen Mitgliedstaat in das Inland durch einen Unternehmer zu seiner Verfügung, ausgenommen die bloß vorübergehende Verwendung. 17

Gemäß den gesetzlichen Bestimmungen entsteht in Kroatien die Steuerschuld für den i. g. Erwerb im Zeitpunkt der Rechnungsausstellung bzw., wenn keine Rechnung ausgestellt wurde, am 15. Tag des Folgemonats nach dem Warenerwerb. Die USt auf den i. g. Erwerb kann unter den allgemeinen Voraussetzungen als Vorsteuer abgezogen werden. Darüber hinaus muss der Unternehmer eine Meldung der i. g. Erwerbe an das Finanzamt übermitteln. 18

Der Erwerb von neuen Fahrzeugen aus der EU gilt stets als i. g. Erwerb. Auch natürliche Personen, die in der Regel nicht steuerpflichtig sind, gelten in Bezug auf den Erwerb eines neuen Fahrzeugs aus der EU als Steuerpflichtige. 19

3.2.2 Innergemeinschaftliche Lieferungen (§ 41 kroUStG)

Im Binnenmarkt tritt an Stelle der steuerfreien Ausfuhrlieferung die steuerfreie i. g. Lieferung. Eine steuerfreie i. g. Lieferung liegt vor, wenn der Unternehmer oder der Abnehmer den Gegenstand aus Kroatien in einen anderen Mitgliedstaat befördert oder versendet. Eine weitere Voraussetzung ist, dass der Abnehmer ein Unternehmer oder eine juristische Person ohne Unternehmereigenschaft ist und folglich dazu der Erwerb beim Abnehmer im anderen Mitgliedstaat steuerbar ist (i. g. Erwerb). Für diese Zwecke ist der Unternehmer verpflichtet, vor der Ausübung der i. g. Lieferung von dem Abnehmer seine USt-IdNr. zu verlangen sowie ihre Richtigkeit mit der Sorgfalt eines 20 ordentlichen Kaufmanns zu prüfen. Die Prüfung erfolgt grundsätzlich mittels elektronischer Abfrage über das VIES-System.

21 Der i. g. Lieferung gleichgestellt ist die Verbringung eines Gegenstandes des Unternehmens aus dem Inland in das übrige Gemeinschaftsgebiet durch einen Unternehmer zu seiner Verfügung, ausgenommen die bloße vorübergehende Verwendung.

22 Zur Erlangung der Steuerfreiheit muss der liefernde Unternehmer den Nachweis erbringen, dass der Gegenstand in das übrige Gemeinschaftsgebiet befördert oder versendet worden ist (Rechnung, Beförderungs- und Versendungsnachweis), sowie weitere Aufzeichnungen in der Buchhaltung führen. Darüber hinaus muss der Unternehmer bei Bewirkung einer i. g. Lieferung eine Zusammenfassende Meldung an das Finanzamt übermitteln.

3.3 Import und Export von Gütern

3.3.1 Import (§ 11 kroUStG)

23 Die Einfuhr von Gegenständen aus einem Drittlandsgebiet in das Inland stellt einen steuerbaren Umsatz dar und unterliegt der Einfuhrumsatzsteuer. Dies gilt sowohl für Unternehmer als auch für Privatpersonen. Die EUSt wird von den Zollbehörden erhoben und verwaltet. Das kroUStG sieht für die Unternehmer, welche die Einfuhrumsatzsteuer gemäß Gesetzbestimmungen in vollem Betrag abziehen können, die Möglichkeit vor, die Einfuhrumsatzsteuer durch die Umsatzsteuervoranmeldung abzurechnen, ohne tatsächliche Abfuhr der Steuer (bzw. ohne Zahlung) und zwar bei Einfuhr bestimmter spezialisierter Maschinen und Anlagen mit einem Wert von mehr als 1.000.000 Kn (rund 130.000 €). Eine Auflistung der Maschinen für welche diese Möglichkeit vorgesehen ist, ist im Anhang IV zum UStG gegeben. Für eine solche Aufzeichnung von Umsatzsteuer und Vorsteuer benötigt ein Unternehmer einen schriftlichen Bescheid des Zollamtes.

3.3.2 Export (§ 45 kroUStG)

24 Der Export von Waren vom Inland in ein Drittland stellt eine steuerbare, aber (echte) steuerbefreite Ausfuhrlieferung dar.

25 Zu beachten ist, dass über die erfolgte Ausfuhr ein Ausfuhrnachweis zu erbringen ist (Zolldeklaration) mit dem bestätigt wird, dass die Ausfuhrverzollung vorgenommen wurde und der Gegenstand das Gebiet der Europäischen Union verlassen hat.

26 Bei Ausfuhr im persönlichen Reisegepäck des Abnehmers (sog. Touristenexport) ist außerdem erforderlich, dass der Abnehmer weder einen Wohnsitz noch einen gewöhnlichen Aufenthalt in Kroatien hat, den Gegenstand innerhalb von drei Kalendermonaten ab dem Monat der Lieferung aus Kroatien ausführt und der Gesamtbetrag der Rechnung der gelieferten Gegenstände einen Betrag i. H. v. 740 HRK (rund 100 €) übersteigt und die Warenausfuhr von der Grenzzollbehörde auf dem Formular PDV-P bestätigt wird. Die Rückerstattung der Steuer ist bei der Ausfuhr von Treibstoffen nicht zulässig.

4 Leistungsort

Hinsichtlich der Bestimmung des Leistungsortes wird im UStG zwischen Lieferungen und sonstigen Leistungen unterschieden. Aufgrund der Gleichstellung des Eigenverbrauches mit der Lieferung bzw. sonstigen Leistung ist auch der Ort für den Eigenverbrauch in analoger Anwendung der für Lieferungen und sonstige Leistungen geltenden Regeln zu bestimmen. 27

4.1 Lieferungen (§ 12–15, § 27 und § 28 kroUStG)

Grundsätzlich liegt der Ort einer Lieferung dort, wo sich der Gegenstand zum Zeitpunkt der Verschaffung der Verfügungsmacht befindet. Wird der Gegenstand der Lieferung hingegen befördert oder versendet, so wird die Lieferung dort ausgeführt, wo die Beförderung oder Versendung beginnt. Das kroUStG bietet einige Sonderregelungen für die Bestimmung des Lieferorts. Somit gilt bei Warenlieferungen mit Installation oder Montage, durch den Lieferanten oder für dessen Rechnung, als Lieferort der Ort, an dem die Ware installiert oder montiert wird. Erfolgt eine Lieferung von Gegenständen an Bord eines Schiffes, eines Flugzeugs oder einer Eisenbahn innerhalb der Gemeinschaft, gilt der Abgangsort der Personenbeförderung als Ort der Lieferung. Bei der Lieferung von Gas, Elektrizität, Wärme und Kälte über entsprechende Verteilungsnetze an einen Wiederverkäufer befindet sich der Ort der Lieferung am Ort des Sitzes des Wiederverkäufers bzw. seiner festen Niederlassung. 28

Ein i. g. Erwerb wird in dem Mitgliedstaat bewirkt, in dem sich der Gegenstand am Ende der Beförderung oder Versendung befindet. Sofern der Erwerber aber unter der UStIdNr. eines anderen Mitgliedstaates als dem, in dem die Beförderung oder Versendung endet, auftritt, wird zusätzlich auch in diesem Mitgliedstaat ein i. g. Erwerb verwirklicht, bis der Erwerber nachweist, dass der Erwerb in dem Mitgliedstaat, in dem die Beförderung oder Versendung endet, besteuert worden ist. Für diesen i. g. Erwerb besteht kein Recht auf Vorsteuerabzug. 29

Die Einfuhr von Gegenständen erfolgt in dem Mitgliedstaat, in dessen Gebiet sich der Gegenstand zu dem Zeitpunkt befindet, in dem er in die Gemeinschaft verbracht wird. Bei einem Gegenstand, der seit dem Zeitpunkt seiner Verbringung in die Gemeinschaft bestimmten zollrechtlichen Sonderverfahren unterliegt, erfolgt die Einfuhr in dem Mitgliedstaat, in dem der Gegenstand nicht mehr diesem Verfahren unterliegt. 30

4.2 Sonstige Leistungen (§ 16–26 kroUStG)

Zur Bestimmung des Leistungsorts bei sonstigen Leistungen ist zu unterscheiden, ob die Leistung an einen Unternehmer (B2B) oder an einen Nichtunternehmer (B2C) ausgeführt wird. Als Unternehmer für Zwecke der Bestimmung des Leistungsorts der Dienstleistung gilt neben dem Unternehmer i. S. d. § 6 kroUStG (vgl. Rn. 4 ff.) auch 31

- ein Unternehmer, der nicht steuerbare Umsätze ausführt, in Bezug auf alle an ihn erbrachten sonstigen Leistungen, und
- eine nicht unternehmerisch tätige juristische Person mit UStIdNr.

32 Eine sonstige Leistung, die von einem Unternehmer an einen anderen Unternehmer erbracht wird, wird grundsätzlich gem. § 17 Abs. 1 kroUStG an dem Ort ausgeführt, von dem aus der Empfänger sein Unternehmen betreibt (B2B-Grundregel). Wird die Leistung an die Betriebsstätte des Empfängers ausgeführt, gilt die Betriebsstätte als der Ort der sonstigen Leistung.

33 Wird eine sonstige Leistung von einem Unternehmer an einen Nichtunternehmer ausgeführt, liegt der Leistungsort – vorbehaltlich etwaiger Sonderregelungen – gem. § 17 Abs. 2 kroUStG an dem Ort, von dem aus der leistende Unternehmer sein Unternehmen betreibt (B2C-Grundregel). Sofern die Leistung durch die Betriebsstätte des Unternehmers erbracht wird, ist der Ort der Betriebsstätte maßgebend.

34 Davon abweichend bestehen folgende Sonderregeln, die sowohl für Leistungen zwischen zwei Unternehmern (B2B) als auch zwischen Unternehmer und Nichtunternehmer (B2C) zwingend anzuwenden sind und an die Stelle der Grundregeln treten:

- sonstige Leistungen i. Z. m. Grundstücken (einschließlich Leistungen der Grundstücksmakler und Sachverständigen; Beherbergung in der Hotelbranche und Branchen mit ähnlicher Funktion, z. B. Ferienlager, Campingplätze; Einräumung von Rechten zur Nutzung von Grundstücken; Leistungen zur Vorbereitung und Koordinierung von Bauleistungen): Leistungsort ist der Belegenheitsort des Grundstücks (§ 19 kroUStG);
- Personenbeförderungsleistungen: Leistungsort ist der Ort, an dem die Beförderung bewirkt wird (anteilige Wegstrecke); erstreckt sich die Beförderung sowohl auf das In- als auch auf das Ausland, hat eine entsprechende Aufteilung nach Maßgabe der zurückgelegten Strecke zu erfolgen (§ 20 kroUStG);
- Restaurant- und Verpflegungsleistungen: Tätigkeitsort (§ 22 Abs. 1 kroUStG);
- i. g. Restaurant- und Verpflegungsdienstleistungen an Bord von Schiffen, Luftfahrzeugen oder Eisenbahnen: Leistungsort liegt am Abgangsort der Beförderung (§ 22 Abs. 2 kroUStG);
- kurzfristige Vermietung von Beförderungsmitteln (bis 30 Tage bzw. 90 Tage bei Wasserfahrzeugen): Ort, an dem das Beförderungsmittel tatsächlich zur Verfügung gestellt wird (§ 23 Abs. 1 kroUStG).

35 Im Verhältnis B2B (Leistungserbringung eines Unternehmers an einen anderen Unternehmer) besteht daneben noch folgende Sonderregelung: Der Leistungsort bei Eintrittsberechtigungen zu kulturellen, künstlerischen, wissenschaftlichen, unterrichtenden, sportlichen, unterhaltenden oder ähnlichen Veranstaltungen (z. B. Messe, Ausstellung) bestimmt sich nach dem Veranstaltungsort (§ 21 Abs. 1 kroUStG).

36 Darüber hinaus gelten folgende Sonderregeln nur für Leistungen, die von Unternehmer an Nichtunternehmer (B2C) ausgeführt werden:

- Vermittlungsleistungen: Leistungsort liegt dort, wo der Leistungsort des vermittelten Umsatzes liegt (§ 18 kroUStG);
- kulturelle, künstlerische, wissenschaftliche, unterrichtende, sportliche, unterhaltende oder ähnliche Leistungen wie Leistungen im Zusammenhang mit Messen und Ausstellungen, einschließlich der Leistungen der jeweiligen Veranstalter: Leistungsort ist der Ort, an dem der Unternehmer ausschließlich oder zum wesentlichen Teil tätig wird (§ 21 Abs. 2 kroUStG);
- Güterbeförderungsleistungen außerhalb der EU: Leistungsort ist dort, wo die Beförderung bewirkt wird (anteilige Wegstrecke); erstreckt sich die Beförderung sowohl auf das In- als auch auf das Ausland, hat eine entsprechende Aufteilung nach Maßgabe der zurückgelegten Strecke zu erfolgen (§ 20 Abs. 2 kroUStG);
- i. g. Güterbeförderungsleistungen (Beförderung von Gegenständen, die in einem Mitgliedstaat beginnt und im Gebiet eines anderen Mitgliedstaates endet): Leistungsort am Abgangsort (Ort, wo Beförderung beginnt) (§ 20 Abs. 3 kroUStG);
- Beförderungsnebenleistungen: Tätigkeitsort (§ 21 Abs. 3a kroUStG);

- Arbeiten an beweglichen körperlichen Gegenständen: Tätigkeitsort (§ 21 Abs. 3b kroUStG);
- langfristige Vermietung von Beförderungsmitteln (mehr als 30 Tage bzw. 90 Tage bei Wasserfahrzeugen): Ort, an dem der Leistungsempfänger seinen Wohnsitz, Sitz oder gewöhnlichen Aufenthalt hat (§ 23 Abs. 2 kroUStG). Ausgenommen davon ist die langfristige Vermietung von Booten, die zum Vergnügen vermietet werden. Diese gilt an dem Ort ausgeführt, an dem das Boot dem Leistungsempfänger zur Verfügung gestellt wird (§ 23 Abs. 3 kroUStG);
- Katalogleistungen (§ 24 kroUStG), z. B. Einräumung, Übertragung, Wahrnehmung von Urheberrechten; Werbung; Leistungen der Berater, Ingenieure, Rechtsanwälte, Buchhalter, Dolmetscher und andere ähnliche Beratungsleistungen; Datenverarbeitung; Überlassung von Informationen einschließlich gewerblicher Verfahren und Erfahrungen; Umsätze im Bank- und Versicherungsbereich; Personalgestellung; Personalentsendung; Vermietung beweglicher körperlicher Gegenstände, ausgenommen Beförderungsmittel, Gewährung des Zugangs zu Erdgas- und Elektrizitätsverteilungsnetzen und die Fernleitung oder die Übertragung anderer unmittelbar damit verbundener Dienstleistungen
  - bei Leistungen an Nichtunternehmer mit Ansässigkeit in der EU: Ort des leistenden Unternehmers (B2C-Grundregel);
  - bei Leistungen an Nichtunternehmer mit Ansässigkeit im Drittland: Ort des Leistungsempfängers;
  - bei auf elektronischem Weg erbrachten sonstigen Leistungen liegt der Leistungsort am Ansässigkeitsort des Empfängers, sofern dieser kein Unternehmer ist.

Um Doppelbesteuerung, Nichtbesteuerung oder Wettbewerbsverzerrungen zu vermeiden, kann der Finanzminister bestimmen, dass sich der Leistungsort von unter die Grundregel fallenden Leistungen, von Leistungen der kurzfristigen Vermietung von Beförderungsmitteln, von Katalogleistungen sowie von Leistungen auf dem Gebiet der Telekommunikation, Rundfunk- und Fernsehdienstleistungen und der auf elektronischem Weg erbrachten Dienstleistungen, danach richtet, wo die Leistung genutzt oder ausgewertet wird. Bislang hat der Finanzminister von dieser Ermächtigung noch keinen Gebrauch gemacht. 37

5 Bemessungsgrundlage (§ 33 kroUStG)

Als Steuerbemessungsgrundlage wird bei Lieferungen und sonstigen Leistungen das Entgelt angesehen, welches sich aus all dem zusammensetzt, was der Lieferant von dem Käufer oder einer anderen Person für die erbrachte Lieferung und Leistung erhalten hat oder erhalten wird. In die Steuerbemessungsgrundlage werden die Beträge der Steuern, Zölle, Gebühren und sonstigen Abgaben (z. B. Provisions-, Verpackungs-, Beförderungs- und Versicherungskosten), außer der USt, miteinbezogen. Preisnachlässe und Skonti, die zum Zeitpunkt der Lieferung eingeräumt werden, sowie die Posten, welche der Lieferant im Namen und für die Rechnung der Kunden zahlt (sog. Durchgangsposten), werden nicht in die Steuerbemessungsgrundlage eingerechnet. 38

Bei einer Lieferung bzw. sonstiger Leistung gleichgestelltem Eigenverbrauch treten an die Stelle des Entgelts die Wiederbeschaffungskosten der entnommenen Gegenstände bzw. die Kosten. 39

Bei späterer Änderung des Entgelts, z. B. aufgrund der Inanspruchnahme einer Rückerstattung, verschiedener Arten von Nachlässen oder aufgrund von Zahlungsunfähigkeit, erfolgt sowohl eine Anpassung der USt-Schuld beim Leistenden als auch des Vorsteuerabzugs beim Leistungsemp- 40 fänger. Eine Anpassung der USt-Schuld beim Leistenden ist erst dann möglich, wenn der Leistungsempfänger den Vorsteuerabzug korrigiert und dies schriftlich dem Leistenden bekanntgibt.

41 Erfolgt eine Lieferung bzw. sonstige Leistung zwischen verbundenen Personen (z.B. Gesellschafter – Gesellschaft, familiäre Nahebeziehung) aus außerbetrieblichen Motiven bzw. für den Bedarf von Personal, richtet sich die Bemessungsgrundlage nach dem Marktwert, falls

a) das Entgelt niedriger als der Marktwert ist und der Leistungsempfänger nicht zum vollen Vorsteuerabzug berechtigt ist;
b) das Entgelt niedriger als der Marktwert ist und der leistende Unternehmer nicht zum vollen Vorsteuerabzug berechtigt ist und die Leistung unecht befreit ist;
c) das Entgelt höher als der Marktwert ist und der leistende Unternehmer nicht zum vollen Vorsteuerabzug berechtigt ist.

42 Unter Marktwert ist dabei jener Betrag zu verstehen, der an einen unabhängigen Lieferer oder Leistungserbringer gezahlt werden müsste, um die betreffenden Waren oder Dienstleistungen zu erhalten.

43 Die Steuerbemessungsgrundlage beim i. g. Erwerb von Gütern wird aufgrund des gleichen Prinzips wie bei der Lieferung der gleichen Gegenstände im Inland bestimmt.

44 Die Steuerbemessungsgrundlage bei der Wareneinfuhr ist der Zollwert, der in Einklang mit den Zollvorschriften der Gemeinschaft festgelegt wird.

6 Steuerbefreiungen (§ 39–56 kroUStG)

6.1 Echte Steuerbefreiungen

45 Wenn der Steuerpflichtige einen echt steuerbefreiten Umsatz ausführt, beeinflusst das sein Recht auf Vorsteuerabzug nicht. Unter die echte Steuerbefreiung fallen:

- Ausfuhrlieferung in Drittländern,
- i. g. Lieferungen,
- Leistungen i. Z. m. internationaler Seeschifffahrt und Luftfahrt,
- internationale Transportleistungen,
- Lieferung von Gold an die Zentralbank,
- Leistungen i. Z. m. diplomatischen Vertretungen und
- Wareneinfuhr und -ausfuhr i. Z. m. Zolllager.

46 Von der Besteuerung sind in Kroatien gem. § 43 kroUStG ebenfalls die Leistungen der **internationalen Personenbeförderung** befreit. Die Steuerbefreiung bezieht sich jedoch nicht auf die internationale Personenbeförderung im Straßen- und Eisenbahnverkehr.

6.2 Unechte Steuerbefreiungen

47 Bei unechten Steuerbefreiungen ist der leistende Unternehmer nicht verpflichtet, die USt in Rechnung zu stellen, jedoch ist er gleichzeitig nicht berechtigt, die Vorsteuer aufgrund der

Eingangsrechnungen geltend zu machen. Für folgende Tätigkeiten, die im öffentlichen Interesse liegen, ist keine USt zu zahlen:

a) Umsätze des Postwesens;
b) Gesundheitsversorgung und damit verbundene Tätigkeiten;
c) Heilbehandlungen im Bereich der Humanmedizin im Rahmen der Ausübung der ärztlichen und arztähnlichen Berufe;
d) Lieferung von menschlichen Organen, menschlichem Blut und Muttermilch;
e) Leistungen von Dentisten;
f) Leistungen von Personenvereinigungen, die eine UStG-freie Tätigkeit oder eine Tätigkeit, für welche diese nicht steuerpflichtig sind, für ihre Mitglieder ausüben;
g) Wohlfahrtspflegeleistungen;
h) eng mit der Kinder- und Jugendbetreuung verbundene Dienstleistungen und Lieferungen von Gegenständen durch Einrichtungen des öffentlichen Rechts oder andere Einrichtungen mit sozialem Charakter;
i) Kindererziehung, Schulausbildung und Universitätsausbildung, Fortbildung und Berufsumschulung;
j) die Umsätze von Privatlehrern (davon erfasst Grund-, Gesamt- und Universitätsausbildung);
k) Gestellung von Personal an religiöse und weltanschauliche Institutionen;
l) Leistungen und damit verbundene Warenlieferungen von gemeinnützigen Organisationen;
m) Leistungen verbunden mit Sport und Sportkultur;
n) Dienstleistungen im Bereich der Kultur;
o) Lieferung von Waren und Dienstleistungen, die seitens juristischer Personen erbracht werden und deren Umsätze von USt gemäß den Punkten b), g), h), i), l), m) und n) befreit sind;
p) die Beförderung von kranken und verletzten Personen mit Fahrzeugen, die hierfür besonders eingerichtet sind;
q) Tätigkeiten des öffentlichen Rundfunks und Fernsehen; außer für kommerzielle Zwecke.

Ferner sind folgende sonstige Leistungen von der USt befreit (§ 40 kroUStG): **48**

a) Versicherungs- und Rückversicherungsleistungen, einschließlich jener Leistungen, die von Versicherungsvermittlern und -agenten erbracht werden;
b) das Gewähren von Krediten und Geldausleihungen sowie die Verwaltung derselben durch die Kreditgeber;
c) das Gewähren von Kreditgarantien und anderen Formen der Geldbesicherung und die Verwaltung derselben durch den Kreditgeber;
d) Umsätze im Geschäft mit Zahlungen, Überweisungsverkehr, Forderungen, Schecks und anderen Handelspapieren sowie die Vermittlung dieser Umsätze, ausgenommen die Einziehung von Forderungen;
e) Umsätze und die Vermittlung verbunden mit Währungen, Banknoten und Münzen;
f) Umsätze und die Vermittlung, ausgenommen die Verwahrung und die Verwaltung; von Aktien, Anteilen an Gesellschaften und Vereinigungen und anderen Wertpapieren;
g) Verwaltung von Investitionsfonds;
h) Postmarken, Gerichts- und ähnliche Marken;
i) Glückspiele;
j) Umsätze mit Gebäuden oder Gebäudeteilen und Grundstücken, auf denen sie aufgestellt sind; davon ausgenommen Lieferungen von Gebäuden vor dem Ersteinzug bzw. innerhalb von 2 Jahren nach dem Ersteinzug;
k) Grundstücksumsätze außer Baugrundstücken; und
l) Vermietung von Wohnräumen.

6.2.1 Umsatzsteuerliche Behandlung von Gebäuden und Grundstücken

49 Lieferungen von Gebäuden oder Gebäudeteilen sowie dazugehörigen Grundstücken unterliegen der USt von 25 %, soweit es sich um die Lieferung von Gebäuden vor dem Erstbezug bzw. innerhalb von zwei Jahren nach dem Ersteinzug handelt. Alle weiteren Lieferungen von Gebäuden oder Gebäudeteilen sowie dazugehörigen Grundstücken sind von der Besteuerung befreit. Der Unternehmer kann allerdings diesen befreiten Umsatz als steuerpflichtig behandeln, sofern es sich um einen Umsatz im Rahmen des Unternehmens handelt und der Käufer ebenfalls ein Unternehmer ist, welcher das Recht auf vollen Vorsteuerabzug aufgrund dieser Transaktion hat.

Lieferungen der Grundstücke sind von der Umsatzsteuer befreit, ausgenommen der Lieferungen von Baugrundstücken, die stets der Umsatzsteuer von 25 % unterliegen. Als Baugrundstück gilt jedes Grundstück, für welches eine Baugenehmigung oder ein ähnlicher Akt für den Bau erteilt wurde.

50 Die Vermietung von Gebäuden für Wohnzwecke ist als unecht steuerbefreite Leistung zu beurteilen. Demgegenüber ist die Verpachtung von Geschäftsräumen eine umsatzsteuerpflichtige Leistung.

6.2.2 Kleinunternehmerregelung (§ 90 kroUStG)

51 Für inländische Unternehmer mit Umsätzen von nicht mehr als 300.000 HRK (rund 40.000 €) im Veranlagungszeitraum (sog. Kleinunternehmer) gilt eine unechte Steuerbefreiung, wodurch die eigenen Umsätze steuerfrei sind, ein Vorsteuerabzug aber nicht zusteht. Die genannte Umsatzschwelle ist seit Januar 2018 anwendbar. Auf die Anwendung der Steuerbefreiung kann bis zur Rechtskraft des USt-Bescheides mit einer Bindungswirkung von drei Jahren verzichtet werden.

52 Die Kleinunternehmerregelung gilt nicht für ausländische Unternehmer.

7 Steuersätze (§ 38 kroUStG)

7.1 Allgemeines

53 In Kroatien gibt es drei Steuersätze. Grundsätzlich gilt der Normalsteuersatz von 25 %. Die ermäßigten Steuersätze betragen 5 % bzw. 13 %.

7.2 Ermäßigter Steuersatz

54 Der ermäßigte Steuersatz von 5 % kommt u.a. bei der Lieferung von bestimmten Waren zur Anwendung:

- der Lieferung von Brot und Milch;
- Bücher mit fachlichem, wissenschaftlichem, künstlerischem, kulturellem und Bildungsinhalt, Bücher für die pädagogische Erziehung und Ausbildung sowie Bücher für Grund-, Sekundär- und Hochschulausbildung;
- rezeptpflichtige Arzneimittel, die eine Genehmigung der zuständigen Behörde haben;

- medizinische Geräte, Hilfsmittel und sonstige Vorrichtungen, die üblicherweise für die Linderung und Behandlung von Behinderungen, für den exklusiven persönlichen Gebrauch von Behinderten, dienen;
- Eintrittskarten für Kinos;
- Zeitungen des Zeitungverlags, der Medienstatus hält, mit täglicher Auflage (Papierformat), mit Ausnahme von jenen, die überwiegend oder wesentlich Anzeigen enthalten oder Werbezwecken dienen und
- Fachzeitschriften.

Der ermäßigte Steuersatz von 13 % kommt u. a. bei folgenden Umsätzen zur Anwendung:
- Beherbergungsleistungen inkl. oder exkl. Frühstück, Halb- oder Vollpension in Hotels oder ähnlichen Objekten einschließlich Beherbergungsleistungen, Vermietung von Campingplätzen und Beherbergungsleistungen auf Schiffen;
- Zeitungen und Zeitschriften des Zeitungverlags, der Medienstatus hält, sowie des Zeitungverlags, der keinen Medienstatus hält, mit periodischer Auflage (Papierformat), außer Zeitungen und Zeitschriften, die überwiegend oder wesentlich Anzeigen enthalten oder Werbezwecken dienen;
- Speiseöle und -fette pflanzlicher und tierischer Herkunft;
- Kindersitze sowie Kindernahrung und Getreidebeikost für Säuglinge und Kleinkinder;
- Urnen und Särge,
- Steckpflanzen und Samen,
- Düngemittel und Pestizide sowie weitere agrochemische Produkte,
- Elektrische Energie an andere Anbieter oder Endverbraucher, einschließlich der Zahlungen im Zusammenhang mit dieser Lieferung,
- öffentliche Dienstleistung zur Sammlung von gemischtem und biologisch abbaubarem Abfall sowie die Sammlung von getrennten Müll,
- Tierfutter,
- Wasserlieferungen, mit Ausnahme von Wasser in Flaschen oder anderen Behältern, sowie
- Eintrittskarten für Konzerte.

Sowohl die Dienstleistungen im Rahmen der Nahrungsvorbereitung und Verpflegung in Gaststätten sowie für die Zubereitung von alkoholfreien Getränken, Wein und Bier in diesen Einrichtungen als auch die Lieferungen von weißem Zucker aus Zuckerrohr und Zuckerrüben in Kristallform unterliegen seit Januar 2017 dem regulären Steuersatz von 25 %.

8 Steuerschuldner

8.1 Allgemeines

Die UStG schuldet gemäß kroUStG grundsätzlich der Steuerpflichtige, der Gegenstände steuer- 55
pflichtig liefert oder eine Leistung steuerpflichtig erbringt, beim Eigenverbrauch entsprechend der Steuerpflichtige, der ihn tätigt. Beim i. g. Erwerb ist der Erwerber Steuerschuldner. Beim Waren-

import ist der Steuerschuldner die Person, die als Importeur der Ware auftritt. Ferner ist Steuerschuldner jede Person, die Steuern auf einem Beleg anführt, selbst wenn es sich um keine steuerbare Leistung handelt.

8.2 Übergang der Steuerschuld auf den Leistungsempfänger (reverse charge, § 75 kroUStG)

56 Das kroUStG sieht für bestimmte Fälle den Übergang der Steuerschuld vom leistenden Unternehmer auf den Leistungsempfänger vor, unter der Voraussetzung, dass der Leistungsempfänger ebenfalls ein Unternehmer, ein Unternehmer i.S.d. Definition für Zwecke der Bestimmung des Leistungsorts bei sonstigen Leistungen (vgl. Rn. 31 ff.) oder eine juristische Person des öffentlichen Rechts ist. Ein solcher Übergang der Steuerschuld dient der Steuersicherung.

57 Dies gilt generell bei Dienstleistungen, erbracht von einem in Kroatien nicht ansässigen Unternehmer, bei denen der Leistungsort aufgrund der B2B-Grundregel in Kroatien liegt, bei Dreiecksgeschäften und bei Lieferungen von Strom und Gas an Händler.

58 Zum Übergang der Steuerschuld kommt es ebenfalls, wenn ein ausländischer Unternehmer, welcher keinen Sitz, Wohnsitz oder gewöhnlichen Aufenthalt in Kroatien hat, im Inland steuerpflichtige Lieferungen und sonstige Leistungen an einen Unternehmer (Steuerpflichtigen) oder an eine juristische Person, die kein Unternehmer ist, jedoch für die Zwecke der Umsatzsteuer registriert ist, erbringt. In diesem Falle zahlt die USt der Empfänger. Der ausländische Unternehmer darf über eine gültige kroatische UID Nummer verfügen bzw. die umsatzsteuerliche Registrierung im Inland ist für die Anwendung des Übergangs der Steuerschuld nicht schädlich.

59 Weiterhin regelt das kroUStG den Übergang der Steuerschuld bei inländischen Transaktionen zwischen zwei Unternehmern, die im Register der Steuerpflichtigen beim kroatischen Finanzamt eingetragen sind (sog. inländisches reverse charge), und zwar für:

- Bauleistungen,
- die Lieferung von Gebrauchtmaterialien, Schrott, industriellen und nicht industriellen Abfällen, Restmüll und damit verbundene Leistungen,
- die Lieferung von Grundstücken, für die der Lieferant die Besteuerungsmöglichkeit anwendet (vgl. Rn. 49 ff.) und
- die Übertragung von Treibhausgasemissionszertifikaten.

60 Eine konkrete Auflistung der Leistungen, welche als Bauleistungen zu betrachten sind, ist in der Verordnung zum kroUStG enthalten.

9 Entstehen der Steuerschuld (§ 29–32 kroUStG)

61 Die Steuerschuld entsteht in dem Zeitpunkt, in dem eine steuerpflichtige Lieferung ausgeführt wird und eine steuerpflichtige sonstige Leistung erbracht wird, und zwar unabhängig davon, ob eine Rechnung für erbrachte Lieferungen oder Leistungen ausgestellt ist oder nicht. Eine Lieferung

wird dann ausgeführt, wenn es zur Verschaffung der Verfügungsmacht über den Gegenstand kommt. Bei den Leistungen ist der Zeitpunkt der Ausführung maßgeblich.

Davon ausgenommen sind jedoch die Leistungen, welche kontinuierlich über mehrere Monate erbracht werden. Bei solchen Leistungen entsteht die Steuerschuld mit Ablauf jedes Monats. 62

Bei Vereinnahmung von Entgelten vor Ausführung der Leistung (Anzahlung) entsteht die Steuerschuld (zwingend) mit Zeitpunkt der Vereinnahmung der Anzahlung. 63

Beim Eigenverbrauch entsteht die Steuerschuld mit Ablauf des Kalendermonats, in dem der Eigenverbrauch getätigt wurde. 64

Beim i. g. Erwerb entsteht die Steuerschuld mit Ausstellung der Rechnung, spätestens jedoch am 15. Tag des dem Erwerb folgenden Kalendermonats. 65

Die Steuerschuld für die EUSt entsteht im Monat der Einfuhr. 66

10 Rechnungsausstellung (§ 79 kroUStG)

10.1 Allgemeines

Jeder Unternehmer ist verpflichtet, eine Rechnung über die erbrachte Lieferung oder Leistung auszustellen. Die Rechnung dient unter anderem auch für die Anerkennung der Vorsteuer auf der Seite des Rechnungsempfängers. Eine ordnungsgemäße Rechnung muss mindestens folgende Angaben enthalten: 67

- Rechnungsnummer und Ausstellungsdatum;
- Name und Anschrift, Steuernummer (OIB) oder UStIdNr. des liefernden oder leistenden Unternehmers;
- Name und Anschrift, Steuernummer (OIB) oder UStIdNr. des Leistungsempfängers;
- Angaben über die Art und Menge der gelieferten Gegenstände bzw. den Umfang und die Art der erbrachten sonstigen Leistungen;
- Datum der Lieferung bzw. Leistungserbringung bzw. Datum der erhaltenen Vorauszahlung wenn es bestimmt werden kann und vom Ausstellungsdatum abweicht;
- Einzelpreis ohne USt bzw. Entgelt für die gelieferten Gegenstände oder erbrachten Leistungen; aufgeteilt auf die verschiedenen Steuersätze;
- Preisnachlässe;
- USt-Satz;
- USt-Betrag, aufgeteilt auf die verschiedenen Steuersätze, und
- Bruttobetrag.

Wird in der Rechnung keine USt verrechnet (beispielsweise in Falle von steuerfreien Lieferungen oder der Übergang der Steuerschuld auf dem Leistungsempfänger) ist zwingend in der Rechnung die entsprechende Befreiungsbestimmung des kroUStG oder der USt-Richtlinie anzuführen. Im Fall von Reverse Charge ist zwingend der Hinweis auf den Übergang der Steuerschuld bzw. »reverse charge« anzuführen. 68

Hat der Steuerpflichtige einen Fiskalvertreter bestellt, muss auf der Rechnung Name und Anschrift, die OIB-Nr. oder USt-IdNr. des Fiskalvertreters angegeben werden. 69

70 Eine Rechnung kann ebenfalls im Namen des Verkäufers durch den Käufer ausgestellt werden (sog. »self-billing«), dies bedarf allerdings einer vorherigen schriftlichen Vereinbarung zwischen den Parteien.

71 Bei der Ausführung einer i. g. Lieferung muss die Rechnung spätestens bis zum 15. des Folgemonats nach Ausführung der Lieferung ausgestellt werden. Eine weitere Frist für die Rechnungsausstellung besteht in dem USt-Gesetz nicht.

72 Alle Beträge auf der Rechnung müssen in kroatischen kuna (HRK) ausgewiesen werden. Daneben können sie auch in einer Fremdwährung ausgewiesen werden. Der Betrag der zu zahlenden USt muss zwingend in HRK angeführt werden.

73 Bei in einer Fremdsprache ausgestellten oder empfangenen Rechnungen ist der Steuerzahler auf Verlangen der Steuerbehörde verpflichtet, die Übersetzung in die kroatische Sprache vorzunehmen.

10.2 Anzahlungen

74 Für die erhaltenen Anzahlungen muss eine ordnungsgemäße Rechnung ausgestellt werden. D. h., eine Rechnung über die Anzahlung hat genauso die allgemeinen Anforderungen zu erfüllen, ausgenommen die Angabe über die voraussichtliche Menge der gelieferten Gegenstände oder erbrachten Leistungen. Der Unternehmer, welcher die Anzahlung geleistet hat, hat das Vorsteuerabzugsrecht erst dann, wenn ihm eine ordnungsgemäße Rechnung über die Anzahlung vorliegt.

75 In der Endrechnung sind die Anzahlung und die darauf entfallende Steuer offen abzuziehen. Zudem müssen in der Endrechnung die Nummer(n) der Anzahlungsrechnung(en) angegeben werden.

10.3 Elektronische Rechnungen

76 Als Rechnung gilt auch eine auf elektronischem Weg ausgestellte und übermittelte Rechnung, wobei eine schriftliche Zustimmung des Rechnungsempfängers über eine solche Übermittlungsart bestehen muss.

77 Der Rechnungsaussteller muss die Echtheit der Herkunft, die Lesbarkeit und Vollständigkeit des Inhalts gewährleisten. Dies kann aufgrund einer fortgeschrittenen elektronischen Signatur, durch das EDI-Verfahren oder durch jede andere Methode eines Kontrollverfahrens, welche die Verbindung der Rechnungen mit den Lieferungen ermöglicht, erzielt werden. Die Lesbarkeit der Rechnung muss bis zum Ende der gesetzlichen Aufbewahrungsfrist sichergestellt werden.

78 Elektronische Rechnungen können in jedem Dateiformat (z.B. pdf, doc, xls, xml) ausgestellt werden. Die elektronisch erhaltenen Rechnungen können nach dem Empfang in eine andere Form konvertiert werden.

10.4 Kleinbetragsrechnungen

79 Ein Unternehmer kann ebenfalls eine vereinfachte Rechnung – sog. Kleinbetragsrechnung – ausstellen, soweit der Betrag der erbrachten Lieferung oder Leistung den Betrag von 700 HRK inkl. USt (rund 92 €) nicht überschreitet. Eine solche Rechnung muss mindestens folgende Angaben enthalten:

- Rechnungsnummer und Ausstellungsdatum;
- Name und Anschrift, Steuernummer (OIB) oder USt-IdNr. des liefernden oder leistenden Unternehmers und Angabe des Ortes, wo die Lieferung der Waren oder Leistung erbracht wurde;
- Name und Anschrift, Steuernummer (OIB) oder USt-IdNr. des Leistungsempfängers;
- Angaben über die Art und Menge der gelieferten Ware bzw. den Umfang und die Art der erbrachten Dienstleistungen;
- Rechnungsbetrag (inkl. USt), aufgeteilt auf die verschiedenen Steuersätze;
- USt-Betrag, aufgeteilt auf die verschiedenen Steuersätze, und
- einen Hinweis auf die ursprünglich ausgestellte Rechnung, wenn nachträglich ein Dokument oder die Benachrichtigung, welche ebenfalls als Rechnung erachtet wird, ausgestellt wird.

10.5 Konsequenzen bei falscher Rechnungsausstellung

Weist ein Unternehmer in einer Rechnung einen Steuerbetrag aus, den er für diesen Umsatz nicht schuldet, kommt es zur Steuerschuld kraft Rechnungslegung. Der Unternehmer kann jedoch die Rechnung berichtigen. Der Leistungsempfänger kann nur die gesetzlich geschuldete, nicht aber die in Rechnung gestellte USt als Vorsteuer abziehen. **80**

Kommt es zu einer Rechnungsausstellung, obwohl keine Leistung erbracht wurde, oder stellt ein Nichtunternehmer eine Rechnung, schuldet der Rechnungsaussteller die Steuer aufgrund der Rechnung, außer wenn der Rechnungsaussteller eine solche Rechnung storniert. **81**

11 Vorsteuerabzug (§ 57 kroUStG)

Durch den Vorsteuerabzug wird der Grundsatz der Neutralität der USt in der Unternehmerkette sichergestellt. Die USt ist demnach kein Kostenfaktor in der Unternehmerkette, da der Unternehmer USt-Beträge, die ihm für Leistungen an sein Unternehmen im Inland in Rechnung gestellt werden, von der eigenen Steuerschuld abziehen bzw. ihre Erstattung begehren kann. Dadurch kommt es zu einer Saldierung von USt und Vorsteuer. Übersteigt die USt-Schuld innerhalb eines Voranmeldungszeitraumes die abziehbare Vorsteuer, entsteht eine USt-Zahllast, im umgekehrten Fall ein Guthaben gegenüber dem Finanzamt. **82**

11.1 Voraussetzungen für den Vorsteuerabzug

Bei Lieferungen oder sonstigen Leistungen im Inland hängt der Vorsteuerabzug an folgenden Voraussetzungen: **83**

- Ein Unternehmer erbringt eine der USt unterliegende Leistung.

- Der Leistungsempfänger muss Unternehmer sein und die Leistung wird für das Unternehmen des Leistungsempfängers – grundsätzlich zur Erbringung von steuerpflichtigen Umsätzen – ausgeführt.
- Eine den Vorschriften des § 79 Abs. 1 UStG entsprechende (Original-)Rechnung liegt vor.

84 Abweichend davon gelten für den Vorsteuerabzug nachfolgende Spezialregelungen:

- Für die Abzugsfähigkeit der Einfuhrumsatzsteuer ist Voraussetzung, dass der Unternehmer über die Zollunterlagen verfügt, in denen er als Empfänger oder Einführer der Gegenstände angeführt ist sowie, dass der Betrag der zu entrichtenden Einfuhrumsatzsteuer in den Zollunterlagen ausgewiesen ist bzw. ihre Berechnung ermöglicht wird.
- Die Abzugsfähigkeit der Steuer auf den i. g. Erwerb ist davon abhängig, dass die erworbenen Gegenstände für Zwecke des Unternehmens des Leistungsempfängers bestimmt sind und dass der Unternehmer über die (Original-)Rechnung verfügt.
- Die Steuer, die aufgrund des Übergangs der Steuerschuld (reverse charge) vom Leistungsempfänger geschuldet wird, kann von diesem als Vorsteuer abgezogen werden, wenn die Lieferung oder sonstige Leistung im Inland für Zwecke seines Unternehmens ausgeführt worden ist. Eine ordnungsgemäße Rechnung ist hierzu nicht erforderlich.

11.2 Zeitpunkt des Vorsteuerabzugs

85 Der Vorsteuerabzug ist erst ab dem Zeitpunkt möglich, in dem sämtliche Voraussetzungen vorliegen. Es kommt somit bei Lieferungen oder sonstigen Leistungen im Inland darauf an, dass die Leistung tatsächlich ausgeführt wurde und der Unternehmer über die Leistung eine ordnungsgemäße Rechnung erhalten hat. Die Bezahlung der Rechnung ist grundsätzlich nicht erforderlich; lediglich für Unternehmer, die die Ist-Besteuerung vornehmen (diese ist für Unternehmer möglich deren Wert der Lieferungen und Leistungen im vorigen Kalenderjahr den Wert i. H. v. 3.000.000,00 Kuna ohne MwSt nicht überstiegen hat).

86 Wird vor der Leistungserbringung eine Anzahlung geleistet, kann der Vorsteuerabzug bereits dann vorgenommen werden, wenn eine ordnungsgemäße Rechnung über die Anzahlung vorliegt. In diesem Fall ist der Zeitpunkt der tatsächlichen Leistungserbringung ohne Bedeutung.

87 Die Einfuhrumsatzsteuer kann in dem Kalendermonat abgezogen werden, in dem der Unternehmer über entsprechende Zollunterlagen verfügt.

88 Beim i. g. Erwerb entsteht das Recht auf Vorsteuerabzug in der Periode, in der der Unternehmer die Rechnung für den betreffenden i. g. Erwerb erhalten hat. Die tatsächliche Bezahlung der Steuer auf den i. g. Erwerb ist ohne Bedeutung.

89 Der Vorsteuerabzug ist bei Übergang der Steuerschuld auf den Leistungsempfänger (reverse charge) in dem Zeitpunkt möglich, in dem die Lieferung oder sonstige Leistung ausgeführt wurde und die Steuerschuld entstanden ist. Eine ordnungsgemäße Rechnung bzw. die Bezahlung dieser ist nicht erforderlich.

11.3 Ausschluss vom Vorsteuerabzug (§ 61 kroUStG)

90 Der Unternehmer ist zum Abzug der Vorsteuer bei Bewirtungsausgaben nicht berechtigt.

Der Unternehmer ist zum Abzug von 50 % der Vorsteuer bei Anschaffung und Miete von Pkw, Schiffen, Flugzeugen und sonstigen Beförderungsmitteln sowie 50 % der Vorsteuer bei Anschaffung von weiteren Gütern und Dienstleistungen, die i. Z. m. der Nutzung der genannten Fahrzeuge stehen (z. B. Treibstoffkosten) nicht berechtigt. Deckelung des Vorsteuerabzugsrechts bei Anschaffungskosten von 400.000,00 HRK (ca. 52.800 €).

Ausgenommen von dieser Regelung sind Schiffe, Flugzeuge und Pkws, die für die Ausübung der Geschäftstätigkeit der Personen- und Warenbeförderung, Vermietung, dem Weiterverkauf u.Ä. dienen, sowie bestimmte Pkw (Pkw der Kategorie N1, welche in den Zolltarif 8703 eingestuft sind). **91**

Weiterhin ist das Vorsteuerabzugsrecht ausgeschlossen, wenn ein Unternehmer die unecht steuerbefreiten Lieferungen und Leistungen erbringt (vgl. Rn. 45 ff.) oder die Lieferungen und Leistungen für nicht unternehmerische Zwecke anschafft (z. B. für Eigenverbrauch). **92**

Bewirkt der Unternehmer neben Umsätzen, die zum Ausschluss des Vorsteuerabzugs führen, auch Umsätze, bei denen ein solcher Ausschluss nicht eintritt, so hat eine Aufteilung der Vorsteuerbeträge in abziehbare und nicht abziehbare Beträge zu erfolgen. Dies hat grundsätzlich nach der wirtschaftlichen Zuordnung der einzelnen Leistungen zu steuerfreien und steuerpflichtigen Umsätzen zu erfolgen. Vereinfachend kann der Unternehmer die Aufteilung auch nach dem Verhältnis der steuerfreien zu den steuerpflichtigen Umsätzen vornehmen. **93**

11.4 Berichtigung des Vorsteuerabzuges (§ 63 kroUStG)

Maßgeblich für den Vorsteuerabzug sind die Verhältnisse im Zeitpunkt der Leistung, d.h. die zu diesem Zeitpunkt voraussichtliche Verwendung der in Anspruch genommenen Leistung. Ändern sich zu einem späteren Zeitpunkt die für den ursprünglichen Vorsteuerabzug maßgeblichen Verhältnisse (tritt z. B. an die Stelle der Steuerpflicht eine unechte Steuerbefreiung oder umgekehrt), ist eine Berichtigung des Vorsteuerabzuges vorzunehmen. **94**

Der Berichtigungszeitraum beträgt bei Sachanlagen fünf Kj. und bei Immobilien zehn Kj. Ändern sich in den auf das Jahr der erstmaligen Verwendung folgenden vier bzw. neun Jahren die für den erstmaligen Vorsteuerabzug maßgeblichen Verhältnisse, ist für jedes Jahr der Änderung eine Berichtigung vorzunehmen. Die Berichtigung ist in jedem Jahr der Änderung in voller Höhe des ursprünglichen Vorsteuerabzugs vorzunehmen. **95**

Die Berichtigung des Vorsteuerabzugs erfolgt nicht, wenn der Differenzbetrag pro Sachanlage kleiner als 1 000 HRK (rd. 130 €) ist. Die Berichtigung umfasst auch den Lagerbestand des Steuerpflichtigen. **96**

12 Registrierungspflichten für Unternehmer (§ 77 kroUStG)

Jeder in Kroatien ansässige Unternehmer ist zur Registrierung zur Umsatzsteuer verpflichtet, soweit er im Vorjahr die Umsätze von mehr als 300.000 HRK (rd. 40.000 €) erwirtschaftet hat. Bei der Antragstellung zur Registrierung ist das Finanzamt verpflichtet, dem Unternehmer einen Bescheid über die Registrierung zur Umsatzsteuer auszustellen. Eine rückwirkende Registrierung ist nicht möglich. Den Antrag auf Registrierung kann auch eine steuerpflichtige Person freiwillig stellen, die den o. a. Umsatz nicht erzielt hat, jedoch zum Vorsteuerabzug berechtigt ist. **97**

98 Eine Registrierungspflicht besteht grundsätzlich auch für ausländische Unternehmer, die im Inland steuerpflichtige Umsätze ausführen, sofern es nicht zum Übergang der Steuerschuld auf den Leistungsempfänger kommt (reverse charge). Die Schwelle von 300.000 HRK gilt für ausländische Unternehmer nicht.

13 Erklärungs- und Aufzeichnungspflichten (§ 85–89 kroUStG)

13.1 Erklärungspflichten

99 Der Unternehmer ist verpflichtet, für jeden Kalendermonat (Voranmeldungszeitraum) eine USt-Voranmeldung an das Finanzamt auf elektronischem Weg zu übermitteln. Lag der Umsatz eines Steuerpflichtigen im letzten Kj. unter 800.000 HRK (rd. 105.000 €), ist der Voranmeldungszeitraum das Kalenderquartal. In der USt-Voranmeldung ist die geschuldete USt selbst zu berechnen und an das Finanzamt abzuführen. Dabei werden die Umsätze eines Voranmeldungszeitraums zusammengefasst, die Vorsteuer aus diesem Zeitraum abgezogen und die sich daraus ergebende Differenz ermittelt. Eine positive Differenz (Zahllast) ist bis Ende des folgenden Monats als Vorauszahlung zu entrichten (Fälligkeit). Eine negative Differenz (Guthaben) kann ab dem ersten Tag des Folgemonats rückgefordert oder mit anderen Steuern verrechnet werden. Die USt-Voranmeldung ist spätestens bis zum 20. Tag des Folgemonats bzw. spätestens 20 Tage nach dem Ablauf des Quartals beim Finanzamt einzureichen.

100 Kleinunternehmer sind jedoch zur Abgabe einer Voranmeldung verpflichtet, insofern sie Leistungen an Steuerpflichtige mit Sitz in einem anderen EU-Staat oder im Drittland erbringen und für welche die Grundregel für B2B-Leistungen zur Anwendung kommt (§ 17 Abs. 1 kroUStG).

101 Wird eine Abgabenerklärung (d.h. eine USt-Voranmeldung) nicht eingereicht oder hat der Unternehmer seine Aufzeichnungspflichten verletzt, so kann das Finanzamt oder die Finanzpolizei die Steuerbemessungsgrundlage selbst bestimmen und darüber hinaus kann eine Strafe von 2 000 bis 500.000 HRK (rd. 265 bis 65.800 €) verhängt werden. Wird die USt nicht spätestens am Fälligkeitstag entrichtet, werden Säumniszinsen i.H.v. 6,82 % p.a. (Zinssatz gültig seit 01.07.2018) der nicht zeitgerecht entrichteten Abgabe festgesetzt.

102 Darüber hinaus haben ausländische Unternehmer, die für die Zwecke der Umsatzsteuer in Kroatien registriert sind, ebenfalls die Pflicht, die monatliche USt-Voranmeldung fristgerecht an das Finanzamt zu übermitteln, auch wenn sie im betreffenden Monat keine Lieferungen oder Leistungen erbracht haben. Die Einreichung von Quartalsvoranmeldungen ist für ausländische Unternehmer nicht vorgesehen.

103 Von der Verpflichtung zur Abgabe einer Voranmeldung sind Unternehmer befreit, deren Umsätze im vorangegangenen Kj. 300.000 HRK (rund 40.000 €) nicht überstiegen haben und die nicht für die Zwecke der USt registriert sind (sog. Kleinunternehmer).

13.2 Aufzeichnungspflichten

Zur Feststellung der Steuer und der Grundlagen ihrer Besteuerung ist der Unternehmer verpflichtet, im Inland umfangreiche Aufzeichnungen zu führen. Diese Verpflichtung gilt auch für Kleinunternehmer und Unternehmer, die ausschließlich steuerbefreite Umsätze ausführen. Eine besondere Form der Aufzeichnungspflichten ist grundsätzlich vorgesehen. Die Aufzeichnungspflicht des Unternehmers erstreckt sich insbesondere auf: **104**

- die Entgelte für die ausgeführten eigenen Lieferungen und sonstigen Leistungen, aufgeteilt nach Steuersätzen, und den Ausweis der nicht steuerbaren und steuerfreien Umsätze sowie den Umsätzen, die dem ermäßigten Steuersatz unterliegen;
- die vereinnahmten Entgelte für noch nicht ausgeführte Lieferungen und sonstige Leistungen mit Aufteilung nach Steuersätzen und Ausweis der nicht steuerbaren und steuerfreien Umsätze;
- die Bemessungsgrundlage für den Eigenverbrauch;
- die Bemessungsgrundlage für Lieferungen und sonstige Leistungen, für die der Leistungsempfänger die Steuer schuldet;
- die Entgelte für erhaltene Leistungen und die darauf entfallende USt;
- die vor Ausführung der Leistung geleisteten Anzahlungen;
- die Bemessungsgrundlage von eingeführten Gegenständen und die darauf entfallende Steuer;
- die Bemessungsgrundlage für den i. g. Erwerb;
- Gegenstände, die vom Inland in einen anderen Mitgliedstaat i. g. verbracht werden;
- Gegenstände, die der Unternehmer aus einem anderen Mitgliedstaat erhalten hat, um Arbeiten an diesen Gegenständen oder die Begutachtung von diesen durchzuführen.

Für diese Zwecke hat der Unternehmer ein Ein- und Ausgangsrechnungsbuch sowie weitere Aufzeichnungen wie z. B. Aufzeichnungen über den Erwerb von Waren aus anderen Mitgliedstaaten, Aufzeichnungen über erhaltene und erbrachte Dienstleistungen in anderen Mitgliedstaaten, Aufzeichnungen über erhaltene und erbrachte Dienstleistungen in Drittländern usw. zu führen. Der Inhalt des Ein- und Ausgangsrechnungsbuchs ist durch die Verordnung zum UStG vorgeschrieben. Weist jedoch ein Steuerpflichtiger in seiner Buchhaltung alle zur Bestimmung der Steuerbemessungsgrundlage bzw. der USt und Vorsteuer notwendigen Angaben aus, ist er zur Führung der durch die Verordnung vorgeschriebenen Bücher und Aufzeichnungen nicht verpflichtet. **105**

Besondere Aufzeichnungspflichten gelten für steuerfreie Lieferungen und Leistungen, insbesondere für Ausfuhrlieferungen bzw. i. g. Lieferungen. Die Voraussetzungen der Steuerfreiheit müssen durch den sog. Buchnachweis erbracht werden. Für den Buchnachweis ist es erforderlich, dass die nachzuweisenden Voraussetzungen aus im Inland zu führenden Büchern oder Aufzeichnungen leicht nachprüfbar ersehen werden können. Konkrete Anforderungen an den Buchnachweis wurden für i. g. Lieferungen in Art. 170 der Verordnung zum UStG normiert. **106**

Besondere Aufzeichnungspflichten sind darüber hinaus beim Dreiecksgeschäft zu erfüllen. **107**

14 Besonderheiten

14.1 Sondervorschriften für Bauleistungen

108 Werden Bauleistungen von einem Unternehmer an einen anderen Unternehmer erbracht, der seinerseits mit der Erbringung der Bauleistung beauftragt ist (Subunternehmer – Generalunternehmer), geht in diesem Fall die Steuerschuld ebenfalls auf den Leistungsempfänger über. Dies gilt jedoch nur bei Transaktionen im Inland zwischen zwei Unternehmern, die im Register der Steuerpflichtigen beim kroatischen Finanzamt eingetragen sind. Bauleistungen sind sehr breit definiert; eine konkretere Auflistung der Leistungen, welche als Bauleistungen zu betrachten sind, ist in der Verordnung zum kroUStG zu finden.

14.2 Vereinfachungsregelung für Konsignationslager (§ 12 Verordnung zum UStG)

109 Die Versendung oder Beförderung von Gütern von einem Mitgliedstaat in ein Konsignationslager in einem anderen Mitgliedstaat stellt nach den allgemeinen Bestimmungen eine i. g. Verbringung dar. Mit der Entnahme der Waren durch den Abnehmer aus dem Lager kommt es zu einer Lieferung an diesen. Die Verordnung zum kroUStG sieht eine Ausnahme von dieser Regelung vor, nach der eine steuerpflichtige Transaktion erst im Zeitpunkt der Abnahme von Gütern seitens des Käufers aus dem Konsignationslager entsteht. Der Käufer erwirbt in diesem Zeitpunkt die Güter und ist dann verpflichtet, einen i. g. Erwerb in Kroatien zu melden. Gleichzeitig führt der Verkäufer eine i. g. Lieferung nach Kroatien aus. Die Voraussetzung ist, dass sowohl der Verkäufer als auch der Käufer ein Unternehmer ist (welcher für die USt registriert ist), sowie, dass sich die Güter in dem Konsignationslager des Käufers befinden. Solche Güter bleiben im wirtschaftlichen Eigentum des Verkäufers bis zum Zeitpunkt ihrer Entnahme aus dem Konsignationslager und dürfen bis zur Entnahme nicht genutzt werden. Der inländische Käufer ist verpflichtet, eine besondere Aufzeichnung über die Fremdware im Konsignationslager zu führen.

14.3 Leasing

110 In der Praxis haben sich, wie auch in anderen Ländern, zwei Arten von Leasing entwickelt, nämlich das sog. Operative Leasing und das Finanzierungsleasing. Diese zwei Grundarten wurden auch im Leasinggesetz übernommen.

111 Ein Finanzierungsleasingvertrag liegt in Anlehnung an die im Bereich der IFRS/IAS entwickelten Grundsätze dann vor, wenn die Risiken und Chancen aus dem Leasingobjekt im Wesentlichen auf den Leasingnehmer übertragen werden. Für das Finanzierungsleasing spricht vor allem, dass der Leasingnehmer berechtigt ist, das Leasingobjekt bei ordentlicher Beendigung des Leasingvertrags zu einem Kaufpreis, der weit unter dem Marktwert liegt, anzukaufen. Der Barwert der Leasingraten entspricht im Wesentlichen dem Buchwert des Leasingobjekts zu Beginn des Leasingvertrags. Die Laufzeit des Leasingvertrags umfasst den überwiegenden Teil der Nutzungsdauer des Leasingobjekts. Liegt ein Finanzierungsleasingvertrag vor, so wird das wirtschaftliche

Eigentum nicht dem Leasinggeber, sondern dem Leasingnehmer zugeordnet. Diese Kriterien verfolgt im Wesentlichen auch das Leasinggesetz.

Ein Operatives Leasing ist gemäß IFRS negativ definiert und liegt vor, wenn keines der Kriterien für Finanzierungsleasing erfüllt ist, insbesondere dann, wenn die Vertragsdauer weniger als 75 % der wirtschaftlichen Nutzungsdauer beträgt und das Leasingobjekt am Ende der Vertragsdauer nur zum Marktwert an den Leasingnehmer verkauft werden darf. 112

Umsatzsteuerlich ist Operatives Leasing als sonstige Leistung (Vermietung) zu beurteilen. 113

Das Finanzierungsleasing wird nach dem kroatischen UStG sowohl als eine Lieferung von Gegenständen als auch als eine Finanzierungsleistung beurteilt. Die Lieferung sowie die Finanzierungsleistung sind nach der allgemeinen Regelung zu besteuern. Die Lieferung des Gegenstands (die Übergabe des Leasingobjekts) wird grundsätzlich an dem Ort, wo sich der Gegenstand zur Zeit der Verschaffung der Verfügungsmacht befindet, ausgeführt und die Finanzierungsleistung an dem Ort, wo der leistende Unternehmer seinen Sitz hat. Gemäß § 40 UStG ist die Finanzierungsleistung eine unecht steuerbefreite sonstige Leistung. 114

15 Besonderheiten für ausländische Unternehmer

15.1 Definition

Ausländische Unternehmer sind Unternehmer, die keinen Sitz, keine feste Niederlassung, keinen Wohnsitz oder gewöhnlichen Aufenthalt in Kroatien innehaben, jedoch Lieferungen und bestimmte sonstige Leistungen im Inland erbringen. 115

15.2 Registrierung

Ausländische Unternehmer, die in Kroatien steuerbare Umsätze tätigen, sind grundsätzlich verpflichtet, sich beim zuständigen Finanzamt Zagreb registrieren zu lassen und monatliche Umsatzsteuervoranmeldungen abzugeben. Die Registrierungspflicht entfällt jedoch, soweit die Steuerschuld für erbrachte Lieferungen und Leistungen an den Leistungsempfänger übergeht (Reverse-Charge-Fälle). 116

15.3 Fiskalvertreter

Erbringen Drittlandsunternehmer aus Ländern, mit denen keine Vereinbarung über gegenseitige Amtshilfe abgeschlossen wurde, Lieferungen und sonstige Leistungen an Nichtunternehmer (z. B. natürliche Personen) im Inland, ist ein Fiskalvertreter zu bestellen. Der zugelassene Fiskalvertreter kann jeder Unternehmer sein, der seinen Sitz in Kroatien hat und für die Zwecke der Umsatzsteuer registriert ist. Der Fiskalvertreter muss dem Finanzamt Zagreb bekanntgegeben werden, wobei er für die Steuerschuld des ausländischen Unternehmers solidarisch haftet. 117

118 Ausländische Unternehmer aus anderen EU-Mitgliedstaaten sowie aus Drittländern, mit welchen Amtshilfeabkommen bestehen, können einen Fiskalvertreter bestellen.

15.4 Vorsteuererstattungsverfahren (§ 66 a kroUStG)

119 Ausländische Unternehmer, die

- keine Umsätze im Inland erzielen oder
- nur steuerfreie Beförderungsleistungen und mit der Beförderungsleistungen verbundene Nebenleistungen ausführen oder
- nur Umsätze ausführen, für die die Steuerschuld auf den Leistungsempfänger übergeht,

können ihre Vorsteuer im Erstattungsverfahren geltend machen.

120 Erstattungsfähige Vorsteuern sind nur solche Vorsteuern, die zum Vorsteuerabzug berechtigen. Vorsteuerbeträge, die in Kroatien vom Vorsteuerabzug ausgeschlossen sind, werden somit nicht erstattet. Der Erstattungszeitraum ist grundsätzlich frei wählbar, allerdings muss er mindestens drei aufeinanderfolgende Monate und höchstens ein Kj. betragen. Zum Ende des Kj. kann der Erstattungszeitraum auch kürzer sein (November bis Dezember bzw. nur Dezember).

121 Der Mindesterstattungsbetrag beträgt 3 100 HRK (rund 400 €). Dies gilt nicht, wenn der Erstattungszeitraum das Kj. oder der letzte Zeitraum des Kj. (November bis Dezember bzw. nur Dezember) ist. Der Mindesterstattungsbetrag beträgt in diesem Fall 400 HRK (rund 50 €).

15.4.1 Vorsteuererstattungsverfahren für Drittlandsunternehmer

122 Der Erstattungsantrag ist mittels vorgedrucktem Formular binnen sechs Monaten nach Ablauf des Kj., in dem der Erstattungsanspruch entstanden ist (d.h. bis 30. 06. des Folgejahres), beim Finanzamt Zagreb zu stellen. Dem Antrag (Formular ZP PDV) sind sämtliche Originalbelege beizulegen und eine Originalbescheinigung, die nachweist, dass der ausländische Unternehmer im Zeitraum, für welchen die Rückerstattung verlangt wird, unter einer Steuernummer im Ausland geführt wird. Die Unternehmerbescheinigung darf nicht älter als sechs Monate sein und muss den Zeitraum, für welchen die Rückerstattung verlangt wird, umfassen.

15.4.2 Vorsteuererstattungsverfahren für EU-Unternehmer

123 Der Erstattungsantrag ist auf elektronischem Weg bis spätestens 30. 09. des Folgejahres beim Sitzfinanzamt einzureichen, wobei eine Übermittlung von weiteren Unterlagen (z.B. Unternehmerbescheinigung) nicht erforderlich ist. Die elektronische Übermittlung von Rechnungen wird grundsätzlich nicht verlangt, jedoch hat das Finanzamt die Möglichkeit, diese bei Bedarf nachzufordern.

124 Für den Fall, dass nach Ablauf von vier Monaten (bzw. acht Monaten bei Anforderung zusätzlicher Informationen durch die kroatische Finanzbehörde) und zehn Werktagen nach Eingang des Erstattungsantrags keine Zahlung des zu erstattenden Betrags erfolgt, stehen dem Antragsteller Säumniszinsen zu. Diese betragen je nach Verspätungsdauer 6,82 % des nicht zeitgerecht erstatteten Betrags.

15.5 Veranlagungsverfahren

Ausländische Unternehmer, die im Inland Umsätze tätigen und die Voraussetzungen für das Vorsteuererstattungsverfahren nicht erfüllen, müssen Vorsteuern i. d. R. im Rahmen der Veranlagung geltend machen. 125

Bezüglich des Vorsteuerabzugsrechts gelten für sie die allgemeinen Voraussetzungen (vgl. Rn. 82 ff.). Hinsichtlich der Registrierungs-, Aufzeichnungs- und Erklärungspflichten vgl. Rn. 97 f., Rn. 99 ff. und Rn. 116. 126

Länderanhang Lettland

Literatur

Butāne, Latvia Value Added Tax, IBFD 2017. **Ernst & Young,** Worldwide VAT, GST and Sales Tax Guide 2017. Inoffizielle Übersetzung Mehrwertsteuergesetz, IBFD 2017.

1 Einführung

Lettland ist seit dem 01.05.2004 Mitglied der Europäischen Union. Das lettische Mehrwertsteuergesetz basiert daher auf der Mehrwertsteuersystemrichtlinie. Im Jahr 1995 wurde ein erstes Mehrwertsteuergesetz eingeführt, das die vorher erhobene Umsatzsteuer ersetzte. Es wurde im Zuge des EU-Beitritts an die Vorgaben des gemeinsamen Mehrwertsteuersystems angepasst. **1**

2 Bezeichnung der Steuer

Die lettische Bezeichnung der Umsatzsteuer lautet »Pievienotās vērtības nodoklis«. **2**

3 Steuerbarkeit und Erhebungsgebiet

3.1 Erhebungsgebiet

Das umsatzsteuerliche Erhebungsgebiet entspricht dem Staatsgebiet der Republik Lettland. **3**

3.2 Steuerbare Umsätze

4 Sämtliche in Lettland von einem Steuerpflichtigen ausgeführten **Lieferungen** und **Dienstleistungen** sind umsatzsteuerbar.

5 Als **Lieferungen** gelten neben der Übertragung körperlicher Gegenstände und unbeweglichen Vermögens auch die Lieferung von Gas, Elektrizität, Wärme und Kälte (vgl. Art. 1 i.V.m. Art. 5 Mehrwertsteuergesetz). Mietkauf ist ebenfalls eine Lieferung.

6 Der **Ort der Lieferung** bestimmt sich nach der Verschaffung der Verfügungsmacht bzw. bei Warentransport nach dessen Beginn (vgl. Art. 12 Mehrwertsteuergesetz). Abweichend hiervon wird bei der **Versandhandelsregelung** das Ende der Versendung betrachtet. Es gilt hierbei eine Lieferschwelle von 35.000 € (vgl. Art. 13 Mehrwertsteuergesetz). Die Regelung gilt nicht für die Lieferung neuer Beförderungsmittel. Bei Lieferungen mit Montage ist der Lieferort der Ort der Montage.

7 Ebenfalls in Lettland steuerbar sind Lieferungen aus dem Drittland, bei denen der Lieferer die Einfuhrumsatzsteuer schuldet.

8 Explizite gesetzliche Regelungen zu **Reihengeschäften** gibt es in Lettland nicht.

9 Unentgeltlich erbrachte Lieferungen oder Dienstleistungen können steuerbare **unentgeltliche Wertabgaben** sein. Regelmäßig ist Voraussetzung, dass aus dem Gegenstand ein Vorsteuerabzug geltend gemacht wurde.

Geschenke mit einem Wert von maximal 15 € netto sind keine unentgeltlichen Wertabgaben. Die Grenze gilt wie in Deutschland pro Empfänger und Jahr (vgl. Art. 1 und Art. 7 Mehrwertsteuergesetz).

10 **Dienstleistungen** werden ähnlich wie in Deutschland als Leistungen definiert, die keine Lieferungen von Gegenständen darstellen. Das Gesetz enthält weiterhin Beispiele für Dienstleistungen (vgl. Art. 1 Mehrwertsteuergesetz).

11 Der **Ort der meisten Dienstleistungen** zwischen Unternehmen bestimmt sich nach dem Empfängerortsprinzip (vgl. Art. 19 Mehrwertsteuergesetz) bzw. für Dienstleistungen an Nichtunternehmer nach dem Sitz des leistenden Unternehmers oder von dessen fester Niederlassung (vgl. Art. 19 Mehrwertsteuergesetz). Ausnahmen gelten vor allem für grundstücksbezogene Umsätze (Ort des Grundstücks, Art. 25 Mehrwertsteuergesetz), für Personenbeförderungen (Ort der Beförderung, Art. 21 Mehrwertsteuergesetz), kurzfristige Vermietung von Beförderungsmitteln (Ort der Übergabe, Art. 28 Mehrwertsteuergesetz), Restaurantumsätze (Tätigkeitsort, Art. 29 Mehrwertsteuergesetz) und den Zugang zu Veranstaltungen (Ort derselben, Art. 20 Mehrwertsteuergesetz).

12 **Geschäftsveräußerungen im Ganzen** an einen anderen Unternehmer, d.h. die Übertragung des ganzen Betriebs oder einer Division der Betätigung, sind nicht umsatzsteuerbar (vgl. Art. 7 Mehrwertsteuergesetz).

13 Steuerbar ist auch der **innergemeinschaftliche Erwerb** von Gegenständen in Lettland. Es gibt jedoch Ausnahmen für land- und forstwirtschaftliche Betriebe, Steuerpflichtige, die ausschließlich vorsteuerschädliche Ausgangsumsätze tätigen, sowie für nicht unternehmerisch tätige juristische Personen. Die Erwerbschwelle für diesen Personenkreis, die weder im vorangegangenen Kalenderjahr noch im laufenden Kalenderjahr überschritten werden darf, beträgt 10.000 €. Auch wenn die Erwerbschwelle nicht überschritten wird, kann zur Steuerpflicht optiert werden.

14 Dienstleistungen, die von einem lettischen Steuerpflichtigen grenzüberschreitend empfangen werden und unter die Steuerschuldnerschaft des Leistungsempfängers fallen, sind ebenfalls steuerbare Umsätze im Sinne des lettischen Rechts. Schließlich sind Einfuhren von Waren von außerhalb der Europäischen Union in Lettland umsatzsteuerbar.

15 Unternehmen aus der EU, die Telekommunikations-, Rundfunk-, Fernseh- oder elektronische Leistungen an Nichtsteuerpflichtige erbringen, sind damit zwar in Lettland seit dem 01.01.2015

umsatzsteuerpflichtig. Sie können jedoch das MOSS-Verfahren nutzen und sind damit nicht registrierungspflichtig.

Bei Unternehmen aus Nicht-EU-Staaten besteht die Möglichkeit, für entsprechende Umsätze die Sonderregelung zu nutzen, sich in einem einzigen EU-Mitgliedstaat zu registrieren und dort sämtliche Umsätze zu melden.

In Lettland ansässige Unternehmer, die eine Umsatzgrenze von 40.000 € nicht übertreffen, **16** können als **Kleinunternehmer** besteuert werden (vgl. Art. 59 Mehrwertsteuergesetz). Falls sie diese Möglichkeit nutzen, schulden sie keine Umsatzsteuer, haben jedoch auch kein Vorsteuerabzugsrecht. Die Umsatzgrenze bezieht sich auf die vorangehenden zwölf Monate. Ein gesonderter Antrag auf die Kleinunternehmerbesteuerung ist nicht erforderlich. Die Grenze ist unionsrechtlich bis zum 31.12.2020 oder dem vorherigen Inkrafttreten einer abweichenden Richtlinienregelung genehmigt.

4 Unternehmer bzw. Steuerpflichtiger

Als Steuerpflichtiger nach lettischem Recht gilt jede natürliche oder juristische Person, die im Zuge **17** einer geschäftlichen Betätigung in Lettland Waren liefert oder Dienstleistungen erbringt (vgl. Art. 3 und Art. 4 Mehrwertsteuergesetz).

Ein ausländischer Unternehmer hat in Lettland eine umsatzsteuerliche **Betriebsstätte** (feste **18** Niederlassung), wenn er dort eine Geschäftseinrichtung unterhält (z.B. Büro, Lager), von dort Lieferungen oder Dienstleistungen erbringt und Personal unterhält, und ein hinreichender Grad der Unabhängigkeit vorliegt (vgl. Art. 1 Mehrwertsteuergesetz).

5 Organschaft bzw. Mehrwertsteuergruppe

Lettland hat Regelungen zur Mehrwertsteuergruppe (umsatzsteuerliche Organschaft) erlassen **19** (vgl. Art. 1 und 11 sowie 64 Mehrwertsteuergesetz). Die Mitglieder müssen in Lettland steuerpflichtige Personen sein, einschließlich fester Niederlassungen. Für die Kriterien wird auf das allgemeine Gesellschaftsrecht abgestellt, d.h. Gesellschaften und Niederlassungen müssen zunächst gesellschaftsrechtlich als Teil einer Unternehmensgruppe gelten, damit eine Organschaft möglich ist. Weiterhin muss mindestens eines der Mitglieder in einem 12-Monats-Zeitraum vor der Antragstellung einen Umsatz von 350.000 € bewirkt haben.

Es wird nur eine Steuererklärung für alle Gruppenmitglieder eingereicht. Dabei kann die Gruppe festlegen, wer ihr Steuervertreter sein soll (vgl. Art. 56 Mehrwertsteuergesetz).

Umsätze zwischen Mitgliedern einer Mehrwertsteuergruppe gelten als nicht steuerbare Innen- **20** umsätze. Jedoch behalten die Mitglieder eigene Mehrwertsteuernummern, die sie bei Transaktionen mit Dritten zu verwenden haben.

Die Organschaft erfordert eine Antragstellung. Ihre Wirkungen treten mit Beginn des auf die Genehmigung durch die Steuerbehörde folgenden Steuermeldezeitraums ein (vgl. Art. 67 Mehrwertsteuergesetz).

Grundsätzlich muss eine Organgesellschaft mindestens zwölf Monate in der Organschaft verbleiben, es sei denn, sie erfüllt die gesetzlichen Anforderungen an diese nicht mehr (vgl. Art. 68 Mehrwertsteuergesetz). Das Ausscheiden aus der Organschaft erfordert ansonsten Zustimmung des Steuervertreters und ebenfalls eine Antragstellung.

6 Bemessungsgrundlage

21 Grundsätzlich ist der vereinbarte Nettopreis (Entgelt) die steuerliche Bemessungsgrundlage (vgl. Art. 34 Mehrwertsteuergesetz).

22 Bei unentgeltlichen Vorgängen ist der Einkaufspreis bzw. die Selbstkosten im Umsatzzeitpunkt anzusetzen (vgl. Art. 34 Mehrwertsteuergesetz).

23 Bei entgeltlichen Transaktionen zwischen nahestehenden Personen (Definition nach dem Ertragsteuerrecht) ist der Marktpreis anzusetzen, wenn das tatsächliche Entgelt darunterliegt und der Leistungsempfänger nicht voll zum Vorsteuerabzug berechtigt ist. Gleiches gilt, wenn das Entgelt höher ist als der Marktpreis, und der Leistende nicht voll zum Vorsteuerabzug berechtigt ist.

7 Steuersätze und Steuerbefreiungen

7.1 Regelsteuersatz

24 Der Regelsteuersatz in Lettland beträgt 21 % (vgl. Art. 41 Mehrwertsteuergesetz).

7.2 Ermäßigte Steuersätze

25 Das lettische Umsatzsteuergesetz sieht einen ermäßigten Steuersatz von 12 % vor (vgl. Art. 41 Mehrwertsteuergesetz). Im Zeitraum 01.01.2018 bis 31.12.2020 gilt zusätzlich ein superermäßigter Mehrwertsteuersatz von 5 %, der nur für Lettland typische frische Früchte, Beeren und Gemüse betrifft.

26 Der ermäßigte Steuersatz gilt unter anderem für

- bestimmte medizinische Produkte,
- verschiedene Lebensmittel für kleine Kinder,
- Inländische Personen- und Güterbeförderung im Linienverkehr,
- Bücher, Zeitungen und Zeitschriften (mit weiteren Anforderungen),
- Unterkunft für Urlauber,

- Lieferung von Wärme an Letztverbraucher,
- Verschiedene Lieferungen von Feuerholz an Letztverbraucher.

7.3 Steuerbefreiungen

Das lettische Umsatzsteuerrecht enthält sowohl Steuerbefreiungen mit Vorsteuerabzugsrecht (echte Steuerbefreiungen) als auch Steuerbefreiungen ohne Vorsteuerabzugsrecht (unechte Steuerbefreiungen). 27

Zu den Steuerbefreiungen mit Vorsteuerabzugsrecht (vgl. Art. 41 Mehrwertsteuergesetz) gehören insbesondere 28

- innergemeinschaftliche Lieferungen und Ausfuhrlieferungen (vgl. Art. 43 Mehrwertsteuergesetz),
- Umsätze für die Seeschifffahrt und die Luftfahrt (vgl. Art. 46 bis 48 Mehrwertsteuergesetz)
- Umsätze in Freizonen oder Zolllagern (vgl. Art. 43 Mehrwertsteuergesetz),

Steuerbefreiungen ohne Vorsteuerabzugsrecht (vgl. Art. 52 Mehrwertsteuergesetz) bestehen unter anderem für 29

- Bank- und Finanzumsätze,
- Versicherungsumsätze,
- Glücksspiele und Lotterien,
- Postdienstleistungen,
- ärztliche Leistungen,
- bestimmte Leistungen der Sozialfürsorge,
- Lieferungen von Gold an die Zentralbank,
- verschiedene kulturelle Leistungen,
- Verkauf von Immobilien, ausgenommen neue Immobilien oder Baugrundstücke,
- Vermietung von Immobilien für private Wohnzwecke,
- verschiedene unterrichtende Leistungen.

Eine **Option zur Steuerpflicht** ist bei der Lieferung von Immobilien an steuerpflichtige Personen möglich (vgl. Art. 144 Mehrwertsteuergesetz). Außerdem ist sie bei Anlagegold zulässig. 30

Bei Ausfuhrlieferungen und innergemeinschaftlichen Lieferungen ist ein **Belegnachweis** zu führen. Bei **Ausfuhrlieferungen** ist dies üblicherweise das zollrechtliche Ausfuhrdokument, das entweder den Lieferer als Ausführer zeigt oder eindeutig auf die Rechnung referenziert. 31

Bei **innergemeinschaftlichen Lieferungen** soll der Nachweis durch eine Gesamtheit geeigneter Unterlagen (Frachtpapiere, Zahlungsnachweise, Bestellungen, usw.) erbracht werden.

Ausfuhrlieferungen im Reisegepäck sind steuerfrei, wenn die Ausfuhr innerhalb von drei Monaten nachgewiesen wird (vgl. Art. 49 Mehrwertsteuergesetz) und der Einkauf einen Nettopreis über 35 € hatte. 32

Bei der Einfuhr gilt eine Steuerbefreiung für **Kleinsendungen** mit einer Wertgrenze von 22 €. 33

Lettland hat keine Regelung für **Umsatzsteuerlager** eingeführt. 34

8 Steuerschuldnerschaft des Leistungsempfängers

35 Nach dem lettischen Umsatzsteuerrecht ist die Steuerschuldnerschaft des Leistungsempfängers unter anderem für folgende Umsätze anzuwenden:

- In Lettland steuerbare Lieferungen oder Dienstleistungen, die ein nichtansässiger Unternehmer an einen in Lettland ansässigen Steuerpflichtigen erbringt.

36 Lettland hat eine Steuerschuldnerschaft des Leistungsempfängers für Umsätze zwischen im Land ansässigen Unternehmen eingeführt, die für folgende Umsätze gilt:

- bestimmte Lieferungen von Holz und damit verbundene Dienstleistungen (vgl. Art. 141 Mehrwertsteuergesetz),
- bestimmte Bauleistungen (vgl. Art. 142 Mehrwertsteuergesetz), gilt ab dem 01.01.2018 zusätzlich für Lieferungen von Baumaterialien, insoweit von der Europäischen Kommission am 07.06.2018 als unionsrechtswidrig angesehen,
- bestimmte Umsätze mit Metallschrott (vgl. Art. 143 Mehrwertsteuergesetz),
- Lieferungen von Mobiltelefonen, Tablet-Computern, Laptops und integrierten Schaltkreisen (vgl. Art. 143.1 Mehrwertsteuergesetz), ab dem 01.01.2018 zusätzlich für Spielekonsolen,
- bestimmte Umsätze mit Saaten, Getreiden usw. (vgl. Art. 143.2 Mehrwertsteuergesetz),
- bestimmte Umsätze mit Metallen (vgl. Art. 143.3 Mehrwertsteuergesetz),
- Umsätze mit Metallen, ab dem 01.01.2018, nur bis zum 31.12.2018 durch die Europäische Kommission bewilligt,
- Lieferungen von elektrischen und elektronischen Haushaltsgeräten ab dem 01.01.2018, von der Europäischen Kommission am 07.06.2018 als unionsrechtswidrig angesehen

9 Besondere Umsatzsteuerregelungen für bestimmte Unternehmen

9.1 Besteuerung von Reiseleistungen

37 Lettland hat die Margenbesteuerung für Reiseveranstalter (Art. 306 bis Art. 310 Mehrwertsteuersystemrichtlinie) umgesetzt (vgl. Art. 136 Mehrwertsteuergesetz). Die Regelung bewirkt, dass Reiseveranstalter, die ihr unterliegen, nur Umsatzsteuer auf die Marge zwischen den Eingangsleistungen und den Ausgangsumsätzen schulden, wobei die Umsatzsteuer aus der Marge herauszurechnen ist. Zugleich besteht kein Vorsteuerabzugsrecht. Insoweit ähnelt die Regelung der in Deutschland bestehenden Regelung des § 25 UStG.

9.2 Differenzbesteuerung

38 In Lettland besteht eine Differenzbesteuerung für den Handel mit Gebrauchtwaren, Kunstgegenständen, Antiquitäten und Sammlungsobjekten (vgl. Art. 138 Mehrwertsteuergesetz). Die Rege-

lung hat zur Folge, dass Umsatzsteuer nur auf die Marge zwischen Eingangsleistungen und Ausgangsleistungen erhoben wird. Zugleich ist der Vorsteuerabzug aus Eingangsleistungen ausgeschlossen.

9.3 Sonderregelung für Landwirte

Lettland hat eine Sonderregelung für Landwirte eingeführt (vgl. Art. 135 Mehrwertsteuergesetz). Sie gilt sowohl für natürliche als auch für juristische Personen, die landwirtschaftliche Umsätze erbringen. Letztere umfassen die eigene Viehzucht, eigene Fischerei und eigenen Anbau von Feldfrüchten. 39

Die Regelung bewirkt, dass der Landwirt keine Umsatzsteuer schuldet, aber auch keinen Vorsteuerabzug geltend machen kann. Auf die Ausgangsumsätze wird eine Sondersteuer von 14 % berechnet, die beim unternehmerischen Abnehmer als Vorsteuer abziehbar ist, aber vom Landwirt nicht geschuldet wird. Die Sondersteuer wird nur berechnet, wenn der Abnehmer ein Weiterverarbeiter landwirtschaftlicher Produkte oder eine bestimmte landwirtschaftliche Kooperative oder Genossenschaft ist.

Wenn Landwirte weitere Umsätze ausführen, die nicht unter die Sonderregelung fallen, müssen diese dem Regelbesteuerungssystem unterworfen werden. Es bleibt aber bei der Sonderregelung für die landwirtschaftlichen Tätigkeiten.

Auf Antrag kann der Landwirt zur Regelbesteuerung optieren.

10 Entstehung der Steuer

10.1 Besteuerung nach vereinbarten Entgelten

Grundsätzlich gilt in Lettland das Prinzip der Besteuerung nach vereinbarten Entgelten. 40

Bei der **Lieferung von Gegenständen** entsteht die Umsatzsteuer mit Übergabe oder Beginn der Beförderung oder Versendung. Wird eine Anzahlung geleistet, entsteht die Umsatzsteuer entsprechend mit deren Erhalt (vgl. Art. 31 i. V. m. Art. 120 Mehrwertsteuergesetz). 41

Bei **Dienstleistungen** entsteht die Umsatzsteuer mit Erhalt einer Zahlung für die Dienstleistung oder mit Erbringung der Dienstleistung (vgl. Art. 32 i. V. m. Art. 120 Mehrwertsteuergesetz). 42

Bei **Dauerleistungen**, die für mehr als ein Jahr ausgeführt werden und die nicht zu Zahlungen oder Abrechnungen während dieser Zeit führen, wird jeweils mit Ablauf des Kalenderjahres eine anteilige Steuerentstehung angenommen. 43

Die Steuer auf **innergemeinschaftliche Erwerbe** entsteht im Zeitpunkt der Lieferung, oder, wenn keine Rechnung ausgestellt wurde, zum 15. Kalendertag des auf den Erwerb folgenden Monats. 44

10.2 Berichtigung der Umsatzsteuer bei Uneinbringlichkeit oder aus anderen Gründen

45 Lettland sieht die Möglichkeit vor, die Umsatzsteuer wegen Uneinbringlichkeit zu mindern (vgl. Art. 105 Mehrwertsteuergesetz). Das Verfahren hängt von der Höhe der Forderung ab.

Bei Nettoforderungen von weniger als 430 € ist nachzuweisen, dass Schritte zur Geltendmachung der Forderung ohne Erfolg blieben. Es darf keine Forderung an eine nahestehende Person sein, die Forderung muss ertragsteuerlich abgeschrieben worden sein, sie muss in den letzten drei Jahren entstanden sein, der Schuldner muss bis spätestens vor dem 01.03. des Folgejahres über die Umsatzsteuerkorrektur informiert worden sein und die Geschäftsbeziehungen mit dem säumigen Schuldner müssen vor mindestens sechs Monaten beendet worden sein.

Forderungen ab 430 € erfordern zusätzlich den Nachweis eines erfolglosen gerichtlichen Mahnverfahrens.

Falls gegen einen Schuldner ein Insolvenzverfahren eröffnet wurde, kann unter den genannten allgemeinen Bedingungen die Steuerschuld um 50 % vermindert werden. Weitere 50 % Berichtigung sind bei Verfahrensende möglich.

46 Andere Entgeltanpassungen (Preisänderung, Rückzahlung, Rückgängigmachung) führen stets zu einer Umsatzsteueranpassung. Dabei ist stets ein Belegaustausch erforderlich.

10.3 Besteuerung nach vereinnahmten Entgelten

47 Nach dem lettischen Recht ist es zulässig, dass sich Unternehmer mit einem Vorjahresumsatz von maximal 100.000 € und einem erwarteten Jahresumsatz von ebenfalls maximal 100.000 € für die Besteuerung nach vereinnahmten Entgelten entscheiden (vgl. Art. 137 Mehrwertsteuergesetz). Dazu ist eine Antragstellung erforderlich.

Die Umsatzgrenze erhöht sich auf 500.000 € für Steuerpflichtige, die bestimmte landwirtschaftliche Produkte liefern. Allerdings gilt in diesem Fall eine maximale Verschiebung der Steuerentstehung um einen Zeitraum von sechs Monaten.

Der Vorsteuerabzug wird bei Besteuerung nach vereinnahmten Entgelten erst bei Bezahlung der Lieferantenrechnungen gewährt.

10.4 Sonderregelung für Einfuhrumsatzsteuer

47a Es ist möglich, die Zahlung der Einfuhrumsatzsteuerschuld nicht direkt bei der Zollbehörde vorzunehmen, sondern stattdessen den Betrag in der Umsatzsteuermeldung anzugeben und – soweit berechtigt – zeitgleich als Vorsteuer geltend zu machen (vgl. Art. 85 Mehrwertsteuergesetz). Grundsätzlich ist hierfür eine von den Behörden erteilte besondere Genehmigung (Lizenz) erforderlich. Diese setzt voraus, dass der Unternehmer in Lettland mehrwertsteuerlich registriert ist, digitale Umsatzsteuermeldungen jeweils zum Abgabetermin eingereicht und die Steuer fristgerecht gezahlt hat, keine offenen Steuerschulden hat, zeitnah auf Anfragen der Behörden reagiert und keine Vertreter hat, die wegen Wirtschaftsvergehen verurteilt worden sind.

Das Verfahren kann ohne besondere Genehmigung für die Einfuhr von Anlagegütern verwendet werden, wenn der Unternehmer keine offenen Steuerschulden hat, das Anlagegut für mindestens zwölf Monate mindestens teilweise im Unternehmen nutzen wird und der Nettowert mindestens

700 € beträgt. Bei Personenkraftwagen kann dieses vereinfachte Verfahren nur angewendet werden, wenn der Einführer ein PKW-Leasinggeber, ein Personenbeförderungsunternehmen oder eine Fahrschule ist.

11 Vorsteuerabzug und Rechnungen

11.1 Allgemeines

Grundsätzlich sind umsatzsteuerliche Unternehmer aus den für ihr Unternehmen bezogenen Lieferungen und sonstigen Leistungen zum Vorsteuerabzug berechtigt. Regelmäßig ist der Vorsteuerabzug durch eine ordnungsgemäße Rechnung bzw. im Fall der Einfuhrumsatzsteuer durch ein ordnungsgemäßes Zolldokument nachzuweisen (vgl. Art. 92 Mehrwertsteuergesetz). 48

11.2 Beschränkungen des Vorsteuerabzugs

Nach dem Umsatzsteuerrecht von Lettland berechtigen verschiedene Aufwendungen nicht zum Vorsteuerabzug (vgl. Art. 100 Mehrwertsteuergesetz). Entsprechende Beschränkungen gelten unter anderem für die folgenden Aufwendungen: 49

- Repräsentationsaufwand für Arbeitnehmer, auch Unterkunft für Arbeitnehmer,
- 60 % der Kosten für Bewirtung und Entertainment,
- Geschenke,
- Kosten für Anschaffung, Miete, Leasing oder Unterhalt von Personenkraftwagen, deren Preis eine »Luxusschwelle« übertrifft (definiert idR als Fahrzeuge mit maximal acht Sitzen, Wertgrenze aktuell 50.000 €, Ausnahmen gelten u. a. für Taxis und für Wiederverkäufer sowie bei nachgewiesener reiner geschäftlicher Nutzung),
- 50 % der Kosten im Zusammenhang mit allen anderen Personenkraftwagen.

Weiterhin sind Vorsteuerbeträge vom Abzug ausgeschlossen, wenn sie im Zusammenhang mit unecht steuerfreien Umsätzen stehen. 50

Führt ein Unternehmen sowohl zum Vorsteuerabzug berechtigende als auch nicht zum Vorsteuerabzug berechtigende Umsätze aus, so ist eine Aufteilung der Vorsteuerbeträge vorzunehmen. Die Vorsteueraufteilung geschieht nach einem globalen Umsatzschlüssel, der auf volle Prozent aufgerundet wird (vgl. Art. 98 Mehrwertsteuergesetz). Leistungen, die nur für Abzugsumsätze oder nur für Ausschlussumsätze verwendet werden, sind im Weg der direkten Zuordnung zu verarbeiten. 51

11.3 Vorsteuerüberhänge

52 Wenn sich aus einer Umsatzsteuermeldung ein Erstattungsanspruch ergibt, wird dieser in der Regel nicht sofort ausgezahlt. Vielmehr erfolgt vorrangig eine Verrechnung mit anderen Steuerschulden. Liegen solche nicht vor, wird der Übergang auf die nächste Meldeperiode vorgetragen.

Wenn am Jahresende ein Erstattungsüberhang verbleibt, erfolgt die Auszahlung innerhalb von 30 Tagen nach Abgabe der letzten Umsatzsteuermeldung des Jahres.

Es ist möglich, unterjährige Auszahlungsanträge zu stellen, wenn mindestens eine der folgenden Bedingungen erfüllt ist:

- mindestens 90 % des Umsatzes stammen aus nicht steuerbaren oder echt steuerbefreiten Tätigkeiten,
- der Überhang beträgt mindestens 1.500 € und die echt steuerbefreiten, nicht steuerbaren oder ermäßigt besteuerten Umsätze belaufen sich auf mindestens 20 % der Umsätze,
- der Übergang stammt aus einer Investition und beträgt mindestens 150 €,
- der Überhang beträgt mindestens 5.000 €,
- der Übergang beträgt mindestens 1.500 € und hängt mit Umsätzen zusammen, die unter die inländische Steuerschuldnerschaft des Leistungsempfängers fallen.

Die Steuerbehörden können jeweils Unterlagen anfordern oder Prüfungen anordnen.

11.4 Berichtigung des Vorsteuerabzugs

53 Nach dem lettischen Umsatzsteuergesetz gilt für Gegenstände, die nicht nur einmalig genutzt werden, grundsätzlich ein Vorsteuerberichtigungszeitraum von fünf Jahren bzw. für Grundstücke, Gebäude und verwandte Wirtschaftsgüter ein Zeitraum von zehn Jahren (vgl. Art. 101 und 102 Mehrwertsteuergesetz). Dabei bleiben bewegliche Wirtschaftsgüter mit Anschaffungskosten oder Herstellungskosten von maximal 70.000 € netto außer Ansatz.

11.5 Rechnungen

54 In Lettland steuerpflichtige Unternehmer sind grundsätzlich verpflichtet, für alle steuerbaren Umsätze und für Ausfuhrlieferungen und innergemeinschaftliche Lieferungen eine ordnungsgemäße umsatzsteuerliche Rechnung auszustellen (vgl. Art. 127ff. Mehrwertsteuergesetz). Die Rechnungen sind innerhalb von 15 Tagen auszustellen (vgl. Art. 131 Mehrwertsteuergesetz).

55 Korrekturbelege, z. B. bei Entgeltminderung, müssen sich eindeutig auf die Ursprungsrechnungen beziehen.

56 Abrechnungen im **Gutschriftsverfahren** sind zulässig (vgl. Art. 130 Mehrwertsteuergesetz).

57 **Umsatzsteuerrechnungen** müssen folgende Angaben enthalten (vgl. Art. 125 Mehrwertsteuergesetz):

- Name und Anschrift des Leistenden und dessen Umsatzsteueridentifikationsnummer,
- Name und Anschrift des Leistungsempfängers und dessen Umsatzsteueridentifikationsnummer,
- Datum der Ausstellung,

- Eindeutige, fortlaufende Rechnungsnummer,
- Datum der Lieferung oder Leistung bzw. der erhaltenen Anzahlung, falls feststellbar und abweichend vom Datum der Ausstellung,
- Leistungsbeschreibung,
- Nettoentgelt, getrennt nach Steuersätzen und Steuerbefreiungen,
- Umsatzsteuerbetrag und Umsatzsteuersatz,
- Hinweis auf eventuelle Steuerbefreiungen oder Entgeltminderungen.

Kleinbetragsrechnungen (vgl. Art. 126 Mehrwertsteuergesetz, Grenze: 150 € netto, müssen nur 58
folgende Elemente enthalten:
- Name und Anschrift des Leistenden und dessen Umsatzsteueridentifikationsnummer,
- Name und Anschrift des Leistungsempfängers und dessen Umsatzsteueridentifikationsnummer,
- Datum der Ausstellung,
- Leistungsbeschreibung,
- Brutto- oder Nettoentgelt,
- Umsatzsteuerbetrag und Umsatzsteuersatz.

Bei Rechnungen über maximal 30 € netto ist der Vorsteuerabzug auch ohne die Empfängerangaben zulässig. Dies betrifft vor allem, aber nicht ausschließlich, Kassenquittungen im Einzelhandel.

11.6 Elektronische Rechnungsstellung

Grundsätzlich gilt eine Gleichstellung digitaler Rechnungen mit Papierrechnungen (vgl. Art. 132 59
Mehrwertsteuergesetz).

11.7 Rechnungen in fremder Währung

Rechnungen dürfen in Fremdwährungen oder in Euro ausgestellt werden. Der Umsatzsteuerbetrag 60
ist jedoch stets in Euro anzugeben und die Umrechnung hat nach dem EZB-Kurs zu erfolgen.

12 Steuererklärungen und weitere Steueranmeldungen

12.1 Umsatzsteuermeldungen

In der Regel sind monatliche Umsatzsteuermeldungen abzugeben. Dabei ist Abgabetermin jeweils 61
der 20.Tag des folgenden Monats. Zum gleichen Termin ist die Steuerzahlung fällig (vgl. Art. 115 Mehrwertsteuergesetz).

Unternehmen, deren Umsatz im Vorjahr und im laufenden Jahr 50.000 € nicht überschreitet und die nicht am innergemeinschaftlichen Verkehr teilnehmen, dürfen vierteljährliche Umsatzsteuermeldungen einreichen.

Mehrwertsteuergruppen müssen stets monatliche Meldungen abgeben.

12.2 Umsatzsteuerjahreserklärungen

62 In Lettland gibt es nur in besonderen Fällen eine Umsatzsteuerjahreserklärung. Diese sind wie folgt:

- Unternehmer muss Vorsteuerberichtigungen vornehmen,
- Unternehmer führt Finanzumsätze aus,
- Unternehmer wendet die Sonderregelung für Rückgaben von Verpackungen und Pfand an.

12.3 Umsatzsteuer-Identifikationsnummer

63 Die lettische Umsatzsteuer-Identifikationsnummer besteht aus elf Zeichen, mit dem vorangestellten Ländercode LV.

12.4 Zusammenfassende Meldung im innergemeinschaftlichen Waren- und Dienstleistungsverkehr

64 Unternehmen, die innergemeinschaftliche Lieferungen oder Dienstleistungen nach Art. 44 Mehrwertsteuersystemrichtlinie ausführen, müssen grundsätzlich eine Zusammenfassende Meldung abgeben. Der Meldezeitraum ist der Kalendermonat.

Ebenso müssen Unternehmen, die innergemeinschaftliche Erwerbe ausführen, oder innergemeinschaftliche Dienstleistungen beziehen, eine Zusammenfassende Meldung abgeben. Der Meldezeitraum ist der Kalendermonat.

Die Zusammenfassende Meldung ist bis spätestens zum 20. Kalendertag des Folgemonats in digitaler Form einzureichen.

13 Straf- und Bußgeldvorschriften

65 Es gelten die folgenden Vorschriften:

- **Unterlassene Umsatzsteuererklärung**

Wird die Umsatzsteuermeldung nicht eingereicht, kann eine Strafe von 70 bis 700 € erhoben werden. Zusätzlich kann ein Strafzuschlag von bis zu 30 % und Strafzinsen mit einem täglichen Satz von 0,05 % festgesetzt werden.

- **Verspätete Umsatzsteuerzahlung**

Wird die Umsatzsteuer zu spät entrichtet, fallen Zinsen mit einem täglichen Satz von 0,05 % an.

Unternehmen, die Umsatzsteuer in einer Rechnung falsch ausweisen, schulden diese grundsätzlich bis zu einer Korrektur. 66

14 Behandlung nicht ansässiger Unternehmen

Ein nicht ansässiges Unternehmen ist nach lettischem Verständnis ein Unternehmen, das keine 67
feste Niederlassung in Lettland unterhält. Nicht ansässige Unternehmen müssen sich in Lettland umsatzsteuerlich registrieren, wenn sie mindestens eine der folgenden Aktivitäten ausführen:

- in Lettland steuerbare Lieferungen von Gegenständen, die nicht unter die Steuerschuldnerschaft des Leistungsempfängers fallen,
- in Lettland steuerbare Versandhandelslieferungen,
- in Lettland steuerbare sonstige Leistungen, die nicht unter die Steuerschuldnerschaft des Leistungsempfängers oder das MOSS-Verfahren fallen,
- Bewirken eines innergemeinschaftlichen Erwerbs in Lettland.

Die Lieferschwelle für Versandhandelslieferungen beträgt 35.000 €.

Nichtansässige Unternehmen, die in einem anderen EU Mitgliedstaat niedergelassen sind, sind 68
berechtigt, sich direkt, d. h. ohne Einschaltung eines Fiskalvertreters, in Lettland umsatzsteuerlich zu registrieren. Sie können aber freiwillig einen Fiskalvertreter ernennen.

Unternehmen aus Nicht-EU-Staaten sind dagegen verpflichtet, einen in Lettland ansässigen 69
Fiskalvertreter zu bestellen. Dieser haftet gesamtschuldnerisch für die Umsatzsteuerverbindlichkeiten.

Nicht ansässige Unternehmen, die in Lettland ein **Konsignationslager** beschicken, sind grund- 70
sätzlich nicht zu einer umsatzsteuerlichen Registrierung verpflichtet. Dabei gilt keine zeitliche Begrenzung bezüglich der Lagerdauer (vgl. entsprechend OFD Frankfurt am Main, Verfügung vom 23.02.2017, S 7100a A-004-St 110). Die Vereinfachungsregelung unterstellt bei der Überführung von Waren aus dem EU-Ausland in ein lettisches Konsignationslager, dass die Waren erst in dem Zeitpunkt nach Lettland transportiert werden, zu dem der lettische Kunde die Waren aus dem Lager entnimmt. Das hat zur Folge, dass es im Zeitpunkt der Entnahme zu einer innergemeinschaftlichen Lieferung kommt, und damit der Erwerber in Lettland die Erwerbsbesteuerung vorzunehmen hat.

15 Vorsteuervergütungsverfahren

15.1 EU-Unternehmen

71 Für Unternehmen mit Sitz in einem anderen Mitgliedstaat der Europäischen Union ist in Lettland die Vergütung von Vorsteuerbeträgen nach der Richtlinie 2008/9/EG möglich. Wie in anderen Mitgliedstaaten üblich, hat der Antragsteller einen digitalen Vorsteuervergütungsantrag im Portal der für ihn im Heimatstaat zuständigen Finanzbehörde einzureichen (in Deutschland: Bundeszentralamt für Steuern). Die Antragsfrist ist grundsätzlich der 30.09. des Folgejahres (Ausschlussfrist).

Dem Antrag sind gescannte Rechnungskopien beizufügen, soweit das Nettoentgelt einen Betrag von 1.000 € bzw. 250 € bei Kraftstoffen übertrifft.

Der Mindestvergütungsbetrag in einem Antrag für weniger als ein Jahr muss 400 € betragen, und andernfalls gilt ein Mindestbetrag von 50 €.

15.2 Nicht-EU-Unternehmen

72 Unternehmen mit Sitz in Drittstaaten können einen Vorsteuervergütungsantrag nach der 13. Richtlinie einreichen. Die Vorsteuervergütung setzt nach lettischem Recht eine Gegenseitigkeit mit dem Sitzstaat des Antragstellers voraus. Aktuell wird nur an Unternehmen aus Island, Monaco, Norwegen und der Schweiz die Vorsteuer vergütet.

Der Mindestvergütungsbetrag in einem Antrag für weniger als ein Jahr muss 400 € betragen, und andernfalls gilt ein Mindestbetrag von 50 €.

Ein Antrag muss grundsätzlich spätestens bis zum 30.09. des Folgejahres gestellt werden. Es handelt sich um eine nicht verlängerbare Ausschlussfrist.

Der Antragsteller muss seine Unternehmereigenschaft mit einer durch seine Heimatsteuerbehörde ausgestellten Unternehmerbescheinigung nachweisen, die maximal ein Jahr alt sein darf. Außerdem muss er die Originalrechnungen und Zahlungsnachweise zu diesen dem Antrag beifügen.

Länderanhang Litauen

Literatur

Vitk, Lithuania Value Added Tax, IBFD 2017. **Ernst & Young**, Worldwide VAT, GST and Sales Tax Guide 2017. Inoffizielle Übersetzung Mehrwertsteuergesetz, IBFD 2017.

1 Einführung

1 Litauen ist seit dem 01.05.2004 Mitglied der Europäischen Union. Das litauische Mehrwertsteuergesetz basiert daher auf der Mehrwertsteuersystemrichtlinie. Das erste Mehrwertsteuergesetz wurde mit Wirkung zum 01.05.1994 eingeführt und später an die Bedingungen des gemeinsamen Mehrwertsteuersystems angepasst.

2 Bezeichnung der Steuer

2 Die litauische Bezeichnung der Umsatzsteuer lautet » Pridetines vertes mokestis«.

3 Steuerbarkeit und Erhebungsgebiet

3.1 Erhebungsgebiet

3 Das umsatzsteuerliche Erhebungsgebiet entspricht dem Staatsgebiet der Republik Litauen.

3.2 Steuerbare Umsätze

Sämtliche in Litauen von einem Steuerpflichtigen ausgeführten **Lieferungen** und **Dienstleistungen** sind umsatzsteuerbar. 4

Als **Lieferungen** gelten neben der Übertragung körperlicher Gegenstände und unbeweglichen Vermögens auch die Übertragung vergleichbarer Rechte an unbeweglichem Vermögen sowie die Übertragung von Gas, Wärme, Kälte oder Strom (vgl. Art. 4 i. V. m. Art. 1 Mehrwertsteuergesetz). Ebenfalls als Lieferung behandelt werden ein Ratenkauf oder Mietkauf bzw. vergleichbare Finanzierungsleasingformen, bei denen Risiken, Chancen und Eigentum übergehen. 5

Der **Ort der Lieferung** bestimmt sich nach der Verschaffung der Verfügungsmacht bzw. bei Warentransport nach dessen Beginn (vgl. Art. 12 Mehrwertsteuergesetz). Abweichend hiervon wird bei der **Versandhandelsregelung** der Lieferort am Ende der Versendung angenommen. Es gilt hierbei eine Lieferschwelle von 35.000 € (vgl. Art. 13 Mehrwertsteuergesetz). Die Regelung gilt nicht für die Lieferung neuer Beförderungsmittel. Bei Lieferungen mit Montage ist der Lieferort der Ort der Montage. 6

Ebenfalls in Litauen steuerbar sind Lieferungen aus dem Drittland, bei denen der Lieferer die Einfuhrumsatzsteuer schuldet. 7

Explizite gesetzliche Regelungen zu **Reihengeschäften** gibt es in Litauen nicht. 8

Unentgeltlich erbrachte Lieferungen oder Dienstleistungen können steuerbare **unentgeltliche Wertabgaben** sein (vgl. Art. 5 Mehrwertsteuergesetz). Regelmäßig ist Voraussetzung, dass aus dem Gegenstand ein Vorsteuerabzug geltend gemacht wurde. 9

Geschenke mit einem geringen Wert sind keine unentgeltlichen Wertabgaben.

Dienstleistungen werden ähnlich wie in Deutschland als Leistungen definiert, die keine Lieferungen von Gegenständen darstellen. Das Gesetz enthält weiterhin Beispiele für Dienstleistungen (vgl. Art. 7 Mehrwertsteuergesetz). 10

Der **Ort der meisten Dienstleistungen** zwischen Unternehmen bestimmt sich nach dem Empfängerortsprinzip (vgl. Art. 13 Mehrwertsteuergesetz) bzw. für Dienstleistungen an Nichtunternehmer nach dem Sitz des leistenden Unternehmers oder von dessen fester Niederlassung (vgl. Art. 13 Mehrwertsteuergesetz). Ausnahmen gelten vor allem für grundstücksbezogene Umsätze (Ort des Grundstücks, Art. 13 Mehrwertsteuergesetz), für Personenbeförderungen (Ort der Beförderung, Art. 13 Mehrwertsteuergesetz), kurzfristige Vermietung von Beförderungsmitteln (Ort der Übergabe, Art. 13 Mehrwertsteuergesetz), Restaurantumsätze (Tätigkeitsort, Art. 13 Mehrwertsteuergesetz) und den Zugang zu Veranstaltungen (Ort derselben, Art. 13 Mehrwertsteuergesetz). 11

Geschäftsveräußerungen im Ganzen an einen anderen Unternehmer, d. h. die Übertragung des ganzen Betriebs oder einer Division der Betätigung, sind nicht umsatzsteuerbar (vgl. Art. 9 Mehrwertsteuergesetz). 12

Steuerbar ist auch der **innergemeinschaftliche Erwerb** von Gegenständen in Litauen. Es gibt jedoch Ausnahmen für land- und forstwirtschaftliche Betriebe, Steuerpflichtige, die ausschließlich vorsteuerschädliche Ausgangsumsätze tätigen, sowie für nicht unternehmerisch tätige juristische Personen. Die Erwerbschwelle für diesen Personenkreis, die weder im vorangegangenen Kalenderjahr noch im laufenden Kalenderjahr überschritten werden darf, beträgt 14.000 € (vgl. Art. 71.1 Mehrwertsteuergesetz). Auch wenn die Erwerbschwelle nicht überschritten wird, kann zur Steuerpflicht optiert werden 13

Dienstleistungen, die von einem litauischen Steuerpflichtigen grenzüberschreitend empfangen werden und unter die Steuerschuldnerschaft des Leistungsempfängers fallen, sind ebenfalls steuerbare Umsätze im Sinne des litauischen Rechts. Ebenso unterliegen Einfuhren von Waren aus Drittstaaten nach Litauen der Umsatzsteuer. 14

15 Unternehmen aus der EU, die Telekommunikations-, Rundfunk-, Fernseh- oder elektronische Leistungen an Nichtsteuerpflichtige erbringen, sind damit zwar in Litauen seit dem 01.01.2015 umsatzsteuerpflichtig. Sie können jedoch das MOSS-Verfahren nutzen und sind damit nicht registrierungspflichtig.

Bei Unternehmen aus Nicht-EU-Staaten besteht die Möglichkeit, für entsprechende Umsätze die Sonderregelung zu nutzen, sich in einem einzigen EU-Mitgliedstaat zu registrieren und dort sämtliche Umsätze zu melden.

16 In Litauen ansässige Unternehmer, die eine Umsatzgrenze von 45.000 € nicht übertreffen, können als **Kleinunternehmer** besteuert werden (vgl. Art. 71 Mehrwertsteuergesetz). Falls sie diese Möglichkeit nutzen, schulden sie keine Umsatzsteuer, haben jedoch auch kein Vorsteuerabzugsrecht. Die Umsatzgrenze bezieht sich auf die vorangehenden zwölf Monate. Ein gesonderter Antrag auf die Kleinunternehmerbesteuerung ist nicht erforderlich, doch kann ein Antrag auf freiwillige Registrierung gestellt werden.

4 Unternehmer bzw. Steuerpflichtiger

17 Als Steuerpflichtiger nach litauischem Recht gilt jede natürliche oder juristische Person, die im Zuge einer geschäftlichen Betätigung in Litauen Waren liefert oder Dienstleistungen erbringt (vgl. Art. 2 Mehrwertsteuergesetz).

18 Ein ausländischer Unternehmer hat in Litauen eine umsatzsteuerliche **Betriebsstätte** (feste Niederlassung), wenn er dort eine Geschäftseinrichtung unterhält (z. B. Büro, Lager), von dort Lieferungen oder Dienstleistungen erbringt und Personal unterhält.

5 Organschaft bzw. Mehrwertsteuergruppe

19 Litauen hat keine Regelungen zur Mehrwertsteuergruppe (umsatzsteuerliche Organschaft) erlassen.

6 Bemessungsgrundlage

20 Grundsätzlich ist der vereinbarte Nettopreis (Entgelt) die steuerliche Bemessungsgrundlage (vgl. Art. 15 Mehrwertsteuergesetz).

21 Bei unentgeltlichen Vorgängen ist der Einkaufspreis bzw. die Selbstkosten im Umsatzzeitpunkt anzusetzen (vgl. Art. 15 Mehrwertsteuergesetz).

Bei entgeltlichen Transaktionen zwischen nahestehenden Personen (Definition nach dem Ertragsteuerrecht) ist auf Verlangen der Finanzbehörden der Marktpreis anzusetzen, wenn das tatsächliche Entgelt darunterliegt 22

7 Steuersätze und Steuerbefreiungen

7.1 Regelsteuersatz

Der Regelsteuersatz in Litauen beträgt 21 % (vgl. Art. 18 i. V. m. Art. 2 Mehrwertsteuergesetz). 23

7.2 Ermäßigte Steuersätze

Das litauische Umsatzsteuergesetz sieht zwei ermäßigte Steuersätze vor, und zwar 5 % und 9 % (vgl. Art. 19 Mehrwertsteuergesetz). 24

Der ermäßigte Steuersatz von 9 % gilt unter anderem für 25
- Bücher, Zeitungen und Zeitschriften (mit weiteren Anforderungen),
- Lieferung von Wärme für Wohnzwecke (gilt nur bis 31.05.2017),
- Lieferung von Warmwasser für Wohnzwecke, oder von Kaltwasser zur Erwärmung für diese Zwecke,
- Touristische Unterkünfte (befristet bis 31.12.2022),
- Personenbeförderung auf definierten Routen des Linienverkehrs.

Zur Zeit im Parlament diskutiert wird, den ermäßigten Steuersatz ab dem 01.01.2019 auch auf alle Lebensmittel für den menschlichen Verbrauch, ausgenommen Alkoholprodukte, sowie Saaten, Pflanzen und andere Zutaten für die entsprechende Lebensmittelherstellung anzuwenden. Ebenfalls in Diskussion ist ein ermäßigter Steuersatz für Hybridfahrzeuge sowie Dienstleistungen im Zusammenhang mit solchen Fahrzeugen.

Der ermäßigte Steuersatz von 5 % gilt unter anderem für 26
- bestimmte medizinische Produkte,
- technische Hilfsmittel für Behinderte.

In Reaktion auf eine vergleichbare Gesetzesänderung in Lettland wird erwogen, den ermäßigten Steuersatz ab dem 01.01.2019 auch auf Verkäufe von im Land angebautem Obst und Gemüse anzuwenden. Ebenfalls in Diskussion ist ein entsprechender ermäßigter Steuersatz ab 01.01.2019 für Lieferungen neuer Gebäude, wenn der Käufer unter 30 Jahren alt ist und erstmals eine Wohnimmobilie erwirbt. Schließlich wird ein ermäßigter Steuersatz von 5 % für Elektrofahrzeuge und andere mit erneuerbaren Energien betriebene Fahrzeuge sowie Dienstleistungen im Zusammenhang mit solchen Fahrzeugen diskutiert.

7.3 Steuerbefreiungen

27 Das litauische Umsatzsteuerrecht enthält sowohl Steuerbefreiungen mit Vorsteuerabzugsrecht (echte Steuerbefreiungen) als auch Steuerbefreiungen ohne Vorsteuerabzugsrecht (unechte Steuerbefreiungen).

28 Zu den Steuerbefreiungen mit Vorsteuerabzugsrecht gehören insbesondere
- Ausfuhrlieferungen (vgl. Art. 41 Mehrwertsteuergesetz),
- innergemeinschaftliche Lieferungen (vgl. Art. 49 Mehrwertsteuergesetz),
- Umsätze für die Seeschifffahrt und die Luftfahrt (vgl. Art. 43 Mehrwertsteuergesetz),
- Lieferungen von Gold an Zentralbanken (vgl. Art. 48 Mehrwertsteuergesetz),
- Umsätze in Freizonen oder Zolllagern (vgl. Art. 53 Mehrwertsteuergesetz).

29 Steuerbefreiungen ohne Vorsteuerabzugsrecht bestehen unter anderem für
- Bank- und Finanzumsätze (vgl. Art. 28 Mehrwertsteuergesetz),
- Versicherungsumsätze (vgl. Art. 27 Mehrwertsteuergesetz),
- Glücksspiele und Lotterien (vgl. Art. 30 Mehrwertsteuergesetz),
- Postdienstleistungen (vgl. Art. 25 Mehrwertsteuergesetz),
- Rundfunk- und Fernsehdienstleistungen von Personen ohne Gewinnerzielungsabsicht (vgl. Art. 26 Mehrwertsteuergesetz),
- ärztliche Leistungen (vgl. Art. 20 Mehrwertsteuergesetz),
- bestimmte Leistungen der Sozialfürsorge (vgl. Art. 21 Mehrwertsteuergesetz),
- verschiedene kulturelle und sportliche Leistungen (vgl. Art. 23 Mehrwertsteuergesetz)
- Vermietung von Immobilien (vgl. Art. 31 Mehrwertsteuergesetz),
- verschiedene unterrichtende Leistungen (vgl. Art. 22 Mehrwertsteuergesetz),
- Verkauf von Immobilien, ausgenommen neue Immobilien oder Baugrundstücke (vgl. Art. 32 Mehrwertsteuergesetz).

30 Eine **Option zur Steuerpflicht** ist bei der Lieferung oder der Vermietung von Immobilien an steuerpflichtige Personen oder an diplomatische Einrichtungen möglich. Gleiches gilt für diverse Finanzumsätze (v.a. Kreditgeschäft, Kontoführung, Zahlungsverkehr, Gewährung von Sicherheiten oder Bürgschaften). Die Optionserklärung bindet den Unternehmer für 24 Monate für alle gleichartigen Transaktionen. Es ist ein schriftlicher Antrag zu stellen.

31 Bei Ausfuhrlieferungen und innergemeinschaftlichen Lieferungen ist ein **Belegnachweis** zu führen. Bei **Ausfuhrlieferungen** ist dies üblicherweise das zollrechtliche Ausfuhrdokument, das entweder den Lieferer als Ausführer zeigt oder eindeutig auf die Rechnung referenziert.

Bei **innergemeinschaftlichen Lieferungen** soll der Nachweis durch eine Gesamtheit geeigneter Unterlagen (Frachtpapiere, Zahlungsnachweise, Bestellungen, usw.) erbracht werden.

32 **Ausfuhrlieferungen im Reisegepäck** sind steuerfrei, wenn die Ausfuhr innerhalb von drei Monaten nachgewiesen wird (vgl. Art. 42 Mehrwertsteuergesetz) und der Einkauf einen Nettopreis über 55 € hatte.

33 Bei der Einfuhr gilt eine Steuerbefreiung für **Kleinsendungen** mit einer Wertgrenze von 22 €.

34 Litauen hat eine sehr eingeschränkte Regelung für **Umsatzsteuerlager** eingeführt. Diese betrifft im Prinzip nur Waren, die im Duty-Free-Handel verwendet werden sollen.

8 Steuerschuldnerschaft des Leistungsempfängers

Nach dem litauischen Umsatzsteuerrecht ist die Steuerschuldnerschaft des Leistungsempfängers unter anderem für folgende Umsätze anzuwenden: 35
- In Litauen steuerbare Dienstleistungen, die ein nichtansässiger Unternehmer an einen in Litauen ansässigen Steuerpflichtigen erbringt (vgl. Art. 95 Mehrwertsteuergesetz)
- In Litauen steuerbare Lieferungen von Strom, Gas, Wärme oder Kälte, oder Montagelieferungen, die ein nichtansässiger Unternehmer an einen in Litauen ansässigen Steuerpflichtigen erbringt (vgl. Art. 95 Mehrwertsteuergesetz).

Zusätzlich gilt eine Auffangregel, wenn der ausländische Unternehmer sich eigentlich hätte umsatzsteuerlich erfassen lassen müssen, dies jedoch nicht getan hat. Auch dann greift die Steuerschuldnerschaft des Leistungsempfängers.

Litauen hat weiterhin eine Steuerschuldnerschaft des Leistungsempfängers für Umsätze zwi- 36
schen im Land ansässigen Unternehmen eingeführt, die für folgende Umsätze gilt (vgl. Art. 96 Mehrwertsteuergesetz):
- Einlagen in ein Unternehmen,
- zahlreiche Bauleistungen
- Leistungen, die ein Unternehmer aus einem Insolvenz- oder Restrukturierungsverfahren erbringt,
- bestimmte Metallabfälle und Umsätze mit Holz.

9 Besondere Umsatzsteuerregelungen für bestimmte Unternehmen

9.1 Besteuerung von Reiseleistungen

Litauen hat die Margenbesteuerung für Reiseveranstalter (Art. 306 bis Art. 310 Mehrwertsteuer- 37
systemrichtlinie) umgesetzt (vgl. Art. 101 ff. Mehrwertsteuergesetz). Die Regelung bewirkt, dass Reiseveranstalter, die ihr unterliegen, nur Umsatzsteuer auf die Marge zwischen den Eingangsleistungen und den Ausgangsumsätzen schulden, wobei die Umsatzsteuer aus der Marge herauszurechnen ist. Zugleich besteht kein Vorsteuerabzugsrecht. Insoweit ähnelt die Regelung der in Deutschland bestehenden Regelung des § 25 UStG.

9.2 Differenzbesteuerung

In Litauen besteht eine Differenzbesteuerung für den Handel mit Gebrauchtwaren, Kunstgegenstän- 38
den, Antiquitäten und Sammlungsobjekten (vgl. Art .106 ff. Mehrwertsteuergesetz). Die Regelung hat zur Folge, dass Umsatzsteuer nur auf die Marge zwischen Eingangsleistungen und Ausgangsleistungen erhoben wird. Zugleich ist der Vorsteuerabzug aus Eingangsleistungen ausgeschlossen.

9.3 Sonderregelung für Landwirte

39 Litauen hat eine Sonderregelung für Landwirte eingeführt (vgl. Art. 97 ff. Mehrwertsteuergesetz). Sie erfasst Landwirte, die folgende Bedingungen erfüllen: Registrierte Farm, die nicht die gesetzlich vorgesehene Maximalgröße (aktuell: sieben Hektar) überschreitet, Umsatz maximal 45.000 € in einem 12-Monats-Zeitraum der Vergangenheit, bestimmte landwirtschaftliche Tätigkeiten (vgl. Anlage 1 zum Mehrwertsteuergesetz, einschließlich diverser verarbeitender Tätigkeiten oder Dienstleistungen wie Unkrautbekämpfung, Vermietung von Landmaschinen).

Die Regelung bewirkt, dass der Landwirt keine Umsatzsteuer schuldet, aber auch keinen Vorsteuerabzug geltend machen kann. Auf die Ausgangsumsätze wird eine Sondersteuer von 6 % berechnet, die beim unternehmerischen Abnehmer als Vorsteuer abziehbar ist, aber vom Landwirt nicht geschuldet wird.

Auf Antrag kann der Landwirt zur Regelbesteuerung optieren.

10 Entstehung der Steuer

10.1 Besteuerung nach vereinbarten Entgelten

40 Grundsätzlich gilt in Litauen das Prinzip der Besteuerung nach vereinbarten Entgelten.

41 Bei der **Lieferung von Gegenständen** entsteht die Umsatzsteuer mit Übergabe oder Beginn der Beförderung oder Versendung. Wird eine Anzahlung geleistet, entsteht die Umsatzsteuer entsprechend mit deren Erhalt (vgl. Art. 14 Mehrwertsteuergesetz).

42 Bei **Dienstleistungen** entsteht die Umsatzsteuer mit Erhalt einer Zahlung für die Dienstleistung oder mit Erbringung der Dienstleistung (vgl. Art. 14 Mehrwertsteuergesetz.

43 Bei **Dauerleistungen**, die für mehr als ein Jahr ausgeführt werden und die nicht zu Zahlungen oder Abrechnungen während dieser Zeit führen, wird jeweils mit Ablauf des Kalenderjahres eine anteilige Steuerentstehung angenommen.

44 Die Steuer auf **innergemeinschaftliche Erwerbe** entsteht im Zeitpunkt der Lieferung, oder, wenn keine Rechnung ausgestellt wurde, zum 15. Kalendertag des auf den Erwerb folgenden Monats.

10.2 Berichtigung der Umsatzsteuer bei Uneinbringlichkeit oder aus anderen Gründen

45 Litauen sieht die Möglichkeit vor, die Umsatzsteuer wegen Uneinbringlichkeit zu mindern (vgl. Art. 89.1 Mehrwertsteuergesetz). Erste Bedingung ist, dass mehr als zwölf Monate seit der Fälligkeit verstrichen sind. Weiterhin muss der Unternehmer nachweisen, dass er vergeblich versucht hat, Zahlungen zu erhalten, doch sieht das Gesetz keine speziellen Kriterien vor. Es verweist zusätzlich auf das Ertragsteuerrecht und führt aus, die Kriterien der Forderungsabwertung seien identisch.

Bei nahestehenden Personen ist die Berichtigung wegen Uneinbringlichkeit unzulässig.

Andere Entgeltanpassungen (Preisänderung, Rückzahlung, Rückgängigmachung) führen stets zu einer Umsatzsteueranpassung. Dabei ist stets ein Belegaustausch erforderlich (vgl. Art. 83 Mehrwertsteuergesetz). 46

10.3 Besteuerung nach vereinnahmten Entgelten

Nach dem litauischen Recht gibt es keine allgemeine Besteuerung nach vereinnahmten Entgelten. 47
Eine entsprechende Regelung gilt nur für Umsätze mit landwirtschaftlichen Produkten nach Antragstellung.

10.4 Sonderregelung für Einfuhrumsatzsteuer

Es ist möglich, die Zahlung der Einfuhrumsatzsteuerschuld nicht direkt bei der Zollbehörde 47a
vorzunehmen, sondern stattdessen den Betrag in der Umsatzsteuermeldung anzugeben und – soweit berechtigt – zeitgleich als Vorsteuer geltend zu machen (vgl. Art. 94 Mehrwertsteuergesetz). Grundsätzlich können alle Unternehmen, die in Litauen mehrwertsteuerlich registriert sind, das Verfahren nutzen.

11 Vorsteuerabzug und Rechnungen

11.1 Allgemeines

Grundsätzlich sind umsatzsteuerliche Unternehmer aus den für ihr Unternehmen bezogenen 48
Lieferungen und sonstigen Leistungen zum Vorsteuerabzug berechtigt. Regelmäßig ist der Vorsteuerabzug durch eine ordnungsgemäße Rechnung bzw. im Fall der Einfuhrumsatzsteuer durch ein ordnungsgemäßes Zolldokument nachzuweisen (vgl. Art. 64 Mehrwertsteuergesetz).

11.2 Beschränkungen des Vorsteuerabzugs

Nach dem Umsatzsteuerrecht von Litauen berechtigen verschiedene Aufwendungen nicht zum 49
Vorsteuerabzug (vgl. Art. 62 Mehrwertsteuergesetz). Entsprechende Beschränkungen gelten unter anderem für die folgenden Aufwendungen:

- 25 % der Kosten für Bewirtung und Entertainment,
- Geschenke außer solchen von geringem Wert,
- Kosten für Anschaffung, Miete, Leasing oder Unterhalt von Personenkraftwagen, (definiert i.d.R. als Fahrzeuge mit maximal acht Sitzen, Ausnahmen gelten u.a. für Taxis und für Wiederverkäufer sowie bei nachgewiesener reiner geschäftlicher Nutzung).

50 Weiterhin sind Vorsteuerbeträge vom Abzug ausgeschlossen, wenn sie im Zusammenhang mit unecht steuerfreien Umsätzen stehen.

51 Führt ein Unternehmen sowohl zum Vorsteuerabzug berechtigende als auch nicht zum Vorsteuerabzug berechtigende Umsätze aus, so ist eine Aufteilung der Vorsteuerbeträge vorzunehmen. Die Vorsteueraufteilung geschieht nach einem globalen Umsatzschlüssel, der auf volle Prozent aufgerundet wird (vgl. Art. 60 Mehrwertsteuergesetz). Leistungen, die nur für Abzugsumsätze oder nur für Ausschlussumsätze verwendet werden, sind im Weg der direkten Zuordnung zu verarbeiten.

11.3 Vorsteuerüberhänge

52 Wenn sich aus einer Umsatzsteuermeldung ein Erstattungsanspruch ergibt, wird dieser in der Regel nicht sofort ausgezahlt (vgl. Art. 91 Mehrwertsteuergesetz). Vielmehr erfolgt vorrangig eine Verrechnung mit anderen Steuerschulden. Liegen solche nicht vor, erfolgt die Auszahlung innerhalb von 30 Tagen nach einem Antrag.

Die Auszahlung ist dabei zunächst wie folgt begrenzt:

- Nicht mehr als 21 % Umsatzsteuer bezogen auf die Bemessungsgrundlagen der steuerfreien Umsätze mit Vorsteuerabzug bzw. der nicht steuerbaren Umsätze,
- nicht mehr als die Umsatzsteuer auf Investitionsgüteranschaffung oder -herstellung,
- nicht mehr als die Umsatzsteuer auf den Erwerb von Waren und Vorräten.

53 Eine weitere Sonderregel gilt für bestimmte landwirtschaftliche Umsätze.

Bestehen nach einem 6-Monats-Zeitraum noch Überhänge, werden diese auf Antrag ausgezahlt, wenn seit mindestens drei Monaten eine Registrierung als Steuerpflichtiger bestanden hat.

Die Steuerbehörden können jeweils Unterlagen anfordern oder Prüfungen anordnen.

11.4 Berichtigung des Vorsteuerabzugs

54 Nach dem litauischen Umsatzsteuergesetz gilt für Gegenstände, die nicht nur einmalig genutzt werden, grundsätzlich ein Vorsteuerberichtigungszeitraum von fünf Jahren bzw. für Grundstücke, Gebäude und verwandte Wirtschaftsgüter ein Zeitraum von zehn Jahren (vgl. Art. 67 Mehrwertsteuergesetz).

11.5 Rechnungen

55 In Litauen steuerpflichtige Unternehmer sind grundsätzlich verpflichtet, für alle steuerbaren Umsätze und für Ausfuhrlieferungen und innergemeinschaftliche Lieferungen eine ordnungsgemäße umsatzsteuerliche Rechnung auszustellen (vgl. Art. 78 ff. Mehrwertsteuergesetz).

56 Korrekturbelege, z. B. bei Entgeltminderung, müssen sich eindeutig auf die Ursprungsrechnungen beziehen.

57 Abrechnungen im **Gutschriftsverfahren** sind zulässig (vgl. Art. 78 ff. Mehrwertsteuergesetz).

Umsatzsteuerrechnungen müssen folgende Angaben enthalten (vgl. Art. 80 Mehrwertsteuergesetz): 58
- Name und Anschrift des Leistenden und dessen Umsatzsteueridentifikationsnummer,
- Name und Anschrift des Leistungsempfängers und dessen Umsatzsteueridentifikationsnummer,
- Datum der Ausstellung,
- eindeutige, fortlaufende Rechnungsnummer,
- Datum der Lieferung oder Leistung bzw. der erhaltenen Anzahlung, falls feststellbar und abweichend vom Datum der Ausstellung,
- Leistungsbeschreibung,
- Nettoentgelt, getrennt nach Steuersätzen und Steuerbefreiungen,
- Umsatzsteuerbetrag und Umsatzsteuersatz,
- Hinweis auf eventuelle Steuerbefreiungen oder Entgeltminderungen.

Kleinbetragsrechnungen (Grenze: 100 € Brutto) müssen nur folgende Elemente enthalten: 59
- Name und Anschrift des Leistenden und dessen Umsatzsteueridentifikationsnummer,
- Umsatzsteueridentifikationsnummer des Leistungsempfängers,
- Datum der Ausstellung,
- Rechnungsnummer,
- Leistungsbeschreibung,
- Entgelt,
- Umsatzsteuerbetrag.
- Umsatzsteuersatz

Bei **automatisch generierten Belegen** für Kraftstoffe bis zu einem Betrag von 150 € Brutto gelten vereinfachte Regeln. Wenn der Beleg die gesetzlichen Regelungen für solche Quittungen einhält (nicht im Mehrwertsteuergesetz enthalten) und der Abnehmer über Name und Umsatzsteueridentifikationsnummer identifizierbar bezeichnet wird, kann der Vorsteuerabzug gewährt werden. 60

11.6 Elektronische Rechnungsstellung

Grundsätzlich gilt eine Gleichstellung digitaler Rechnungen mit Papierrechnungen (vgl. Art. 78 Mehrwertsteuergesetz). 61

11.7 Rechnungen in fremder Währung

Rechnungen dürfen in Fremdwährungen oder in Euro ausgestellt werden. Der Umsatzsteuerbetrag ist jedoch stets in Euro anzugeben und die Umrechnung hat nach dem EZB-Kurs zu erfolgen. 62

12 Steuererklärungen und weitere Steueranmeldungen

12.1 Umsatzsteuermeldungen

63 In der Regel sind monatliche Umsatzsteuermeldungen abzugeben. Dabei ist Abgabetermin jeweils der 25. Tag des folgenden Monats. Zum gleichen Termin ist die Steuerzahlung fällig (vgl. Art. 84 und 85 Mehrwertsteuergesetz).

Unternehmen, deren Umsatz im Vorjahr eine Schwelle von 60.000 € nicht überschritten hat, dürfen auf Antrag halbjährliche Umsatzsteuermeldungen einreichen. Diese Vereinfachung gilt auch bei Neugründung eines Unternehmens. Dann wird die Grenze auf den erwarteten Umsatz des laufenden Kalenderjahrs bezogen.

12.2 Umsatzsteuerjahreserklärungen

64 In Litauen gibt es nur in besonderen Fällen eine Umsatzsteuerjahreserklärung. Diese sind wie folgt:
- Unternehmer muss Vorsteuerberichtigungen vornehmen,
- Pro-rata-Abzugssatz ändert sich.

12.3 Weitere Meldepflichten in der Umsatzsteuer

65 Seit dem 01.10.2016 müssen alle Unternehmer zusätzlich einen sog. SAF-Report digital übermitteln. Dabei sind detaillierte Angaben zu allen Eingangs- und Ausgangsleistungen zu machen. Die Meldung muss bis zum 20. Tag nach Ende des Meldezeitraums erfolgen.

12.4 Umsatzsteuer-Identifikationsnummer

66 Die litauische Umsatzsteuer-Identifikationsnummer besteht entweder aus neun oder aus zwölf Zeichen, jeweils mit dem vorangestellten Ländercode LT.

12.5 Zusammenfassende Meldung im innergemeinschaftlichen Waren- und Dienstleistungsverkehr

67 Unternehmen, die innergemeinschaftliche Lieferungen oder Dienstleistungen nach Art. 44 Mehrwertsteuersystemrichtlinie ausführen, müssen grundsätzlich eine Zusammenfassende Meldung abgeben. Der Meldezeitraum ist der Kalendermonat.

Die Zusammenfassende Meldung ist bis spätestens zum 25. Kalendertag des Folgemonats in digitaler Form einzureichen.

13 Straf- und Bußgeldvorschriften

Es gelten die folgenden Vorschriften: 68

- **Verspätete Umsatzsteuerzahlung**

Wird die Umsatzsteuer zu spät entrichtet, fallen Zinsen mit einem täglichen Satz von 0,03 % an. Zusätzlich können Strafzuschläge von 10 % bis 50 % der Umsatzsteuer festgesetzt werden.

Unternehmen, die Umsatzsteuer in einer Rechnung falsch ausweisen, schulden diese grundsätz- 69
lich bis zu einer Korrektur.

14 Behandlung nicht ansässiger Unternehmen

Ein nicht ansässiges Unternehmen ist nach litauischem Verständnis ein Unternehmen, das keine 70
feste Niederlassung in Litauen unterhält. Nicht ansässige Unternehmen müssen sich in Litauen umsatzsteuerlich registrieren, wenn sie mindestens eine der folgenden Aktivitäten ausführen:

- in Litauen steuerbare Lieferungen von Gegenständen, die nicht unter die Steuerschuldnerschaft des Leistungsempfängers fallen,
- in Litauen steuerbare Versandhandelslieferungen,
- in Litauen steuerbare sonstige Leistungen, die nicht unter die Steuerschuldnerschaft des Leistungsempfängers oder das MOSS-Verfahren fallen,
- Bewirken eines innergemeinschaftlichen Erwerbs in Litauen.

Die Lieferschwelle für Versandhandelslieferungen beträgt 35.000 €.

Nichtansässige Unternehmen, die in einem anderen EU Mitgliedstaat niedergelassen sind, sind 71
berechtigt, sich direkt, d. h. ohne Einschaltung eines Fiskalvertreters, in Litauen umsatzsteuerlich zu registrieren. Sie können aber freiwillig einen Fiskalvertreter ernennen.

Unternehmen aus Nicht-EU-Staaten sind dagegen verpflichtet, einen in Litauen ansässigen 72
Fiskalvertreter zu bestellen. Dieser haftet gesamtschuldnerisch für die Umsatzsteuerverbindlichkeiten. Eine Ausnahme von der Fiskalvertreterpflicht gilt für Staaten, mit denen ein Amtshilfeabkommen besteht.

Nicht ansässige Unternehmen, die in Litauen ein **Konsignationslager** beschicken, sind grund- 73
sätzlich nicht zu einer umsatzsteuerlichen Registrierung verpflichtet (vgl. Art. 41 Satz 6 Mehrwertsteuergesetz). Dabei gilt eine zeitliche Begrenzung der Lagerdauer von zwölf Monaten, das Lager muss dem Kunden gehören oder von diesem genutzt werden und es darf nur ein Kunde aus dem Bestand Ware abrufen (vgl. entsprechend OFD Frankfurt am Main, Verfügung vom 23.02.2017, S 7100a A-004-St). Die Vereinfachungsregelung unterstellt bei der Überführung von Waren aus dem EU-Ausland in ein litauisches Konsignationslager, dass die Waren erst in dem Zeitpunkt nach Litauen transportiert werden, zu dem der litauische Kunde die Waren aus dem Lager entnimmt. Das hat zur Folge, dass es im Zeitpunkt der Entnahme zu einer innergemeinschaftlichen Lieferung kommt, und damit der Erwerber in Litauen die Erwerbsbesteuerung vorzunehmen hat.

15 Vorsteuervergütungsverfahren

15.1 EU-Unternehmen

74 Für Unternehmen mit Sitz in einem anderen Mitgliedstaat der Europäischen Union ist in Litauen die Vergütung von Vorsteuerbeträgen nach der Richtlinie 2008/9/EG möglich. Wie in anderen Mitgliedstaaten üblich, hat der Antragsteller einen digitalen Vorsteuervergütungsantrag im Portal der für ihn im Heimatstaat zuständigen Finanzbehörde einzureichen (in Deutschland: Bundeszentralamt für Steuern). Die Antragsfrist ist grundsätzlich der 30.09. des Folgejahres (Ausschlussfrist).

Dem Antrag sind gescannte Rechnungskopien beizufügen, soweit das Nettoentgelt einen Betrag von 1.000 € bzw. 250 € bei Kraftstoffen übertrifft.

Der Mindestvergütungsbetrag in einem Antrag für weniger als ein Jahr muss 400 € betragen, und andernfalls gilt ein Mindestbetrag von 50 €.

15.2 Nicht-EU-Unternehmen

75 Unternehmen mit Sitz in Drittstaaten können einen Vorsteuervergütungsantrag nach der 13. Richtlinie einreichen. Die Vorsteuervergütung setzt nach litauischem Recht eine Gegenseitigkeit mit dem Sitzstaat des Antragstellers voraus. Aktuell wird nur an Unternehmen aus Armenien, Island, Kanada, Norwegen, der Schweiz und der Türkei die Vorsteuer vergütet.

Der Mindestvergütungsbetrag in einem Antrag für weniger als ein Jahr muss 400 € betragen, und andernfalls gilt ein Mindestbetrag von 50 €.

Ein Antrag muss grundsätzlich spätestens bis zum 30.06. des Folgejahres gestellt werden. Es handelt sich um eine nicht verlängerbare Ausschlussfrist.

Der Antragsteller muss seine Unternehmereigenschaft mit einer durch seine Heimatsteuerbehörde ausgestellten Unternehmerbescheinigung nachweisen, die maximal ein Jahr alt sein darf. Außerdem muss er die Originalrechnungen dem Antrag beifügen.

Länderanhang Luxemburg

Literatur

Wersand/Braquet, Luxembourg Value Added Tax, IBFD 2017. **Ernst & Young**, Worldwide VAT, GST and Sales Tax Guide 2017. Inoffizielle Übersetzung Mehrwertsteuergesetz, IBFD 2017.

1 Einführung

1 Luxemburg gehört zu den Gründungsmitgliedern der Europäischen Union. Das luxemburgische Mehrwertsteuergesetz basiert daher auf der Mehrwertsteuersystemrichtlinie. Dabei wurde das erste Mehrwertsteuergesetz mit Wirkung zum 01.01.1970 eingeführt und ersetzte die bestehende Umsatzsteuer.

2 Bezeichnung der Steuer

2 Die luxemburgische Bezeichnung der Umsatzsteuer lautet »Taxe sur la valeur ajoutée« (TVA). Wörtlich ins Deutsche übersetzt entspricht dies dem Begriff »Mehrwertsteuer«.

3 Steuerbarkeit und Erhebungsgebiet

3.1 Erhebungsgebiet

3 Das umsatzsteuerliche Erhebungsgebiet entspricht dem Staatsgebiet des Großherzogtums Luxemburg.

3.2 Steuerbare Umsätze

Sämtliche in Luxemburg von einem Steuerpflichtigen ausgeführten **Lieferungen** und **Dienstleistungen** sind umsatzsteuerbar. 4

Als **Lieferungen** gelten neben der Übertragung körperlicher Gegenstände und unbeweglichen Vermögens auch die Übertragungen von Strom, Kälte und Wärme (vgl. Art. 9 und Art. 11 Mehrwertsteuergesetz). Mietkauf gilt als Lieferung. 5

Der **Ort der Lieferung** bestimmt sich nach der Verschaffung der Verfügungsmacht bzw. bei Warentransport nach dessen Beginn (vgl. Art. 14 Mehrwertsteuergesetz). Abweichend hiervon wird bei der **Versandhandelsregelung** das Ende der Versendung betrachtet. Es gilt hierbei eine Lieferschwelle von 100.000 €. Die Regelung gilt nicht für die Lieferung neuer Beförderungsmittel. Bei Lieferungen mit Montage ist der Lieferort der Ort der Montage. 6

Ebenfalls in Luxemburg steuerbar sind Lieferungen aus dem Drittland, bei denen der Lieferer die Einfuhrumsatzsteuer schuldet. 7

Für **Reihengeschäfte** regelt Art. 10 Mehrwertsteuergesetz, dass es sich umsatzsteuerlich um mehrere Lieferungen handelt. 8

Unentgeltlich erbrachte Lieferungen oder Dienstleistungen können steuerbare **unentgeltliche Wertabgaben** sein (vgl. Art. 13 Mehrwertsteuergesetz). Regelmäßig ist Voraussetzung, dass aus dem Gegenstand ein Vorsteuerabzug geltend gemacht wurde. 9

Geschenke mit einem geringen Wert sind keine unentgeltlichen Wertabgaben. Die Grenze ist gesetzlich nicht festgelegt.

Dienstleistungen werden ähnlich wie in Deutschland als Leistungen definiert, die keine Lieferungen von Gegenständen darstellen. Das Gesetz enthält weiterhin Beispiele für Dienstleistungen (vgl. Art. 15 Mehrwertsteuergesetz). 10

Der **Ort der meisten Dienstleistungen** zwischen Unternehmen bestimmt sich nach dem Empfängerortsprinzip (vgl. Art. 17 Mehrwertsteuergesetz) bzw. für Dienstleistungen an Nichtunternehmer nach dem Sitz des leistenden Unternehmers oder von dessen fester Niederlassung. Ausnahmen gelten vor allem für grundstücksbezogene Umsätze (Ort des Grundstücks), für Personenbeförderungen (Ort der Beförderung), kurzfristige Vermietung von Beförderungsmitteln (Ort der Übergabe), Restaurantumsätze (Tätigkeitsort) und den Zugang zu Veranstaltungen (Ort derselben). 11

Geschäftsveräußerungen im Ganzen an einen anderen Unternehmer, d. h. die Übertragung des ganzen Betriebs oder einer Division der Betätigung, sind nicht umsatzsteuerbar (vgl. Art. 9 Mehrwertsteuergesetz). 12

Steuerbar ist auch der **innergemeinschaftliche Erwerb** von Gegenständen in Luxemburg. Es gibt jedoch Ausnahmen für land- und forstwirtschaftliche Betriebe, Steuerpflichtige, die ausschließlich vorsteuerschädliche Ausgangsumsätze tätigen, sowie für nicht unternehmerisch tätige juristische Personen. Die Erwerbschwelle für diesen Personenkreis, die weder im vorangegangenen Kalenderjahr noch im laufenden Kalenderjahr überschritten werden darf, beträgt 10.000 €. Auch wenn die Erwerbschwelle nicht überschritten wird, kann zur Steuerpflicht optiert werden. 13

Dienstleistungen, die von einem luxemburgischen Steuerpflichtigen grenzüberschreitend empfangen werden und unter die Steuerschuldnerschaft des Leistungsempfängers fallen, sind ebenfalls steuerbare Umsätze im Sinne des luxemburgischen Rechts. Ebenso unterliegen Einfuhren von Waren aus Drittstaaten nach Luxemburg der Umsatzsteuer. 14

Unternehmen aus der EU, die Telekommunikations-, Rundfunk-, Fernseh- oder elektronische Leistungen an Nichtsteuerpflichtige erbringen, sind damit zwar in Luxemburg seit dem 01.01.2015 umsatzsteuerpflichtig. Sie können jedoch das MOSS-Verfahren nutzen und sind damit nicht registrierungspflichtig. 15

Bei Unternehmen aus Nicht-EU-Staaten besteht die Möglichkeit, für entsprechende Umsätze die Sonderregelung zu nutzen, sich in einem einzigen EU-Mitgliedstaat zu registrieren und dort sämtliche Umsätze zu melden.

16 In Luxemburg ansässige Unternehmer, die eine Umsatzgrenze von 30.000 € nicht übertreffen, können als **Kleinunternehmer** besteuert werden (vgl. Art. 57 Mehrwertsteuergesetz). Falls sie diese Möglichkeit nutzen, schulden sie keine Umsatzsteuer, haben jedoch auch kein Vorsteuerabzugsrecht. Die Umsatzgrenze bezieht sich auf das Kalenderjahr. Ein gesonderter Antrag auf die Kleinunternehmerbesteuerung ist nicht erforderlich, doch kann ein Antrag auf freiwillige Registrierung gestellt werden.

4 Unternehmer bzw. Steuerpflichtiger

17 Als Steuerpflichtiger nach dem luxemburgischen Recht gilt jede natürliche oder juristische Person, die im Zuge einer geschäftlichen Betätigung in Luxemburg Waren liefert oder Dienstleistungen erbringt (vgl. Art. 2 und 4 Mehrwertsteuergesetz).

18 Ein ausländischer Unternehmer hat in Luxemburg eine umsatzsteuerliche **Betriebsstätte** (feste Niederlassung), wenn er dort eine Geschäftseinrichtung unterhält (z.B. Büro, Lager), von dort Lieferungen oder Dienstleistungen erbringt und Personal unterhält. Es wird auf die Präsenz hinreichender Personen- und Sachmittel abgestellt (vgl. Art. 17 Mehrwertsteuergesetz).

5 Organschaft bzw. Mehrwertsteuergruppe

19 Luxemburg hatte bisher keine Regelung über eine Organschaft oder Mehrwertsteuergruppe. In der Regel wurden vergleichbare Vorteile für nicht voll zum Vorsteuerabzug berechtigte Unternehmen durch eine nationale Umsetzung des Art. 132 Abs. 1 f) MwStSystRL (steuerfreier Zusammenschluss) erreicht. Allerdings hat der EuGH im Jahr 2017 (vgl. EuGH-Urteil vom 04.05.2017, C-274/15, »Kommission gegen Luxemburg«) die luxemburgischen Regeln teilweise für unionsrechtswidrig erklärt.

Der Gesetzgeber plant daher per 31.12.2018 die Einführung einer Mehrwertsteuergruppe. Ein entsprechender Gesetzentwurf wurde im April 2018 in das Parlament eingebracht (Gesetz Nr. 7278).

Diese Regelung sieht vor, dass mehrere in Luxemburg niedergelassene Personen, die durch finanzielle, wirtschaftliche und organisatorische Beziehungen eng verbunden sind, gemeinsam als ein Steuerpflichtiger behandelt werden. Finanzielle Verbindungen bedeuten, dass entweder die Mehrheit der Stimmrechte gehalten wird, oder aber durch Vertrag vorgesehen ist, dass einer der Gesellschafter das Recht hat, die Mehrheit der Geschäftsleitung oder des Aufsichtsrates zu ernennen und zu entlassen. Die Voraussetzungen sind einmal jährlich durch einen Wirtschaftsprüfer zu bestätigen.

Organisatorische Verbindungen bedeuten ein mindestens teilweise gemeinsames Management, und wirtschaftliche Verbindungen sind definiert als eine ausreichend ähnliche Betätigung der Personen, oder dass diese sich gegenseitig ergänzen oder ihre Leistungen zu einem wesentlichen Teil für eine der anderen Personen der Gruppe bestimmt sind. Jede Person kann jeweils nur zu einer Mehrwertsteuergruppe gehören.

Es ist ein Antrag bei der Steuerbehörde zu stellen. Besteht eine Mehrwertsteuergruppe, so sind alle verbundenen Unternehmen, welche die Voraussetzungen erfüllen, grundsätzlich zur Mitgliedschaft verpflichtet. Eine Ausnahme gilt auf Antrag unter der Bedingung, dass hierdurch keine Mehrwertsteuervorteile erzielt werden. Zugleich sind Personen von der Mitgliedschaft auszunehmen, wenn ihre Tätigkeiten nicht spezifisch für die Mehrwertsteuergruppe sind und ihre Einbeziehung zu Wettbewerbsverzerrungen führen würde.

Eine Mehrwertsteuergruppe erhält eine gemeinsame Mehrwertsteuernummer. Die Mitgliedsperson mit dem höchsten Umsatz gilt als Steuervertreter der Gruppe. Dieser gibt die Mehrwertsteuermeldungen ab und entrichtet die Steuer an die Steuerbehörden. Die anderen Mitglieder haften gesamtschuldnerisch. Leistungen innerhalb der Mehrwertsteuergruppe sind nicht steuerbare Innenumsätze. Allerdings implementiert Luxemburg zusätzlich die Grundsätze der EuGH-Entscheidung Skandia vom 17.09.2014 (C-7/13), so dass grenzüberschreitende Leistungen zwischen Stammhaus und Niederlassung keine Innenumsätze mehr sind, wenn einer der beiden zu einer Luxemburger Mehrwertsteuergruppe gehört.

Die Mehrwertsteuergruppe muss grundsätzlich für mindestens zwei Jahre bestehen, bevor ein Antrag auf ihre Auflösung gestellt werden darf. Personen müssen allerdings eine Mehrwertsteuergruppe verlassen, wenn sie die Voraussetzungen nicht mehr erfüllen. Dabei muss der Steuervertreter sowohl diese Tatsache als auch die Aufnahme neuer Mitglieder binnen 15 Tagen den Behörden anzeigen.

6 Bemessungsgrundlage

Grundsätzlich ist der vereinbarte Nettopreis (Entgelt) die steuerliche Bemessungsgrundlage (vgl. Art. 28 und 29 Mehrwertsteuergesetz). 20

Bei unentgeltlichen Vorgängen ist der Einkaufspreis bzw. die Selbstkosten im Umsatzzeitpunkt anzusetzen (vgl. Art. 31 und 32 Mehrwertsteuergesetz). 21

Es gibt keine ausdrücklichen Regelungen für Korrekturen bei Geschäften zwischen nahestehenden Personen. 22

7 Steuersätze und Steuerbefreiungen

7.1 Regelsteuersatz

23 Seit dem 01.01.2015 beträgt der Regelsteuersatz in Luxemburg 17 % (vgl. Art. 39 Mehrwertsteuergesetz). Vorher entsprach er mit 15 % dem EU-Mindestsatz.

7.2 Ermäßigte Steuersätze

24 Das luxemburgische Umsatzsteuergesetz sieht drei ermäßigte Steuersätze vor, und zwar Sätze von 3 %, 8 % und 14 % (vgl. Art. 39 Mehrwertsteuergesetz).

25 Der ermäßigte Steuersatz von 14 % gilt unter anderem für (vgl. Annex C zum Mehrwertsteuergesetz):

- Wein aus Trauben mit maximal 13 % Alkohol,
- Verwahrung und Verwaltung von Wertpapieren,
- Verwaltung von Krediten oder Kreditsicherheiten durch eine andere Person als den Kreditgeber,
- Lieferungen von Dampf, Wärme und Kälte,
- Werbebroschüren und ähnliche gedruckte Materialien,
- Feste mineralische Brennstoffe, Mineralöle und Feuerholz.

26 Der ermäßigte Steuersatz von 8 % gilt unter anderem für (vgl. Annex A zum Mehrwertsteuergesetz):

- Gaslieferungen zur Nutzung bei der Wärmeerzeugung, Beleuchtung oder als Treibstoff,
- Lieferungen von Elektrizität,
- Lieferungen von Pflanzen,
- Reinigung privater Haushalte,
- Leistungen der Friseure,
- Reparaturen von Fahrrädern, Schuhen oder Lederwaren.

27 Der ermäßigte Steuersatz von 3 % gilt unter anderem für (vgl. Annex B zum Mehrwertsteuergesetz):

- Lebensmittel für menschlichen Bedarf, ausgenommen Alkohol,
- Landwirtschaftliche Produkte,
- Bücher, Zeitungen und Zeitschriften (einschließlich e-books),
- Schuhe und Kleidung für Kinder unter 14 Jahren,
- Lieferungen von Wasser,
- Restaurantumsätze, ausgenommen Alkohol,
- Verkauf von Wohnungen und Wohnhäusern,
- Personenbeförderung,
- Bestimmte kulturelle Leistungen,
- Medikamente.

Der EuGH hat im Jahr 2015 (vgl. EuGH-Urteil vom 05.03.2015, C-502/13, »Kommission gegen Luxemburg«) den luxemburgischen ermäßigten Steuersatz für digital im Wege des Downloads überlassene Bücher für unionsrechtswidrig erklärt.

7.3 Steuerbefreiungen

Das luxemburgische Umsatzsteuerrecht enthält sowohl Steuerbefreiungen mit Vorsteuerabzugsrecht (echte Steuerbefreiungen) als auch Steuerbefreiungen ohne Vorsteuerabzugsrecht (unechte Steuerbefreiungen). 28

Zu den Steuerbefreiungen mit Vorsteuerabzugsrecht gehören insbesondere 29
- innergemeinschaftliche Lieferungen und Ausfuhrlieferungen (vgl. Art. 43 Mehrwertsteuergesetz),
- Umsätze für die Luftfahrt und die Seefahrt (vgl. Art. 43 Mehrwertsteuergesetz),
- Goldlieferungen an Zentralbanken (vgl. Art. 43 Mehrwertsteuergesetz),
- Umsätze in Zolllagern, Freizonen oder Verbrauchsteuerlagern (vgl. Art. 60 bis Mehrwertsteuergesetz),

Steuerbefreiungen ohne Vorsteuerabzugsrecht (vgl. Art. 44 Mehrwertsteuergesetz) bestehen unter anderem für 30
- Bank- und Finanzumsätze,
- Versicherungsumsätze,
- Ärztliche Leistungen,
- Leistungen der Sozialfürsorge,
- bestimmte Glücksspielumsätze,
- verschiedene Immobilienlieferungen, ausgenommen Baugrundstücke, Immobilien zum Abriss,
- Vermietung von Immobilien,
- verschiedene unterrichtende Leistungen,
- verschiedene kulturelle oder sportliche Leistungen.

Eine **Option zur Steuerpflicht** gibt es in Luxemburg nur für die Vermietung von Immobilien oder für deren Verkauf. Es ist jeweils ein Antrag bei der Finanzbehörde zu stellen (vgl. Art. 45 Mehrwertsteuergesetz). Der Leistungsempfänger muss Unternehmer sein und die Immobilie zu mehr als 50 % für zum Vorsteuerabzug berechtigende Umsätze nutzen. 31

Bei Ausfuhrlieferungen und innergemeinschaftlichen Lieferungen ist ein **Belegnachweis** zu führen. Bei **Ausfuhrlieferungen** ist dies üblicherweise das zollrechtliche Ausfuhrdokument, das entweder den Lieferer als Ausführer zeigt oder eindeutig auf die Rechnung referenziert. 32

Bei **innergemeinschaftlichen Lieferungen** soll der Nachweis durch eine Gesamtheit geeigneter Unterlagen (Frachtpapiere, Zahlungsnachweise, Bestellungen, usw.) erbracht werden.

Ausfuhrlieferungen im Reisegepäck sind steuerfrei, wenn die Ausfuhr innerhalb von drei Monaten nachgewiesen wird und der Bruttoeinkaufwert mindestens 74 € beträgt. 33

Bei der Einfuhr gilt eine Steuerbefreiung für **Kleinsendungen** mit einer Wertgrenze von 22 € bzw. 45 €. 34

Luxemburg hat eine Regelung für **Umsatzsteuerlager** eingeführt. 35

Unter anderem können folgende Waren in einem Umsatzsteuerlager gehalten werden:
- Zinn, Kupfer, Zink, Nickel, Aluminium, Blei, Indium, Silber, Platin, weitere Metalle,
- bestimmte Getreide, Nüsse und Saaten, Kartoffeln und pflanzliche Öle,
- Tee, Kakaobohnen, Rohzucker, ungerösteter Kaffee,
- Kautschuk,
- bestimmte Chemikalien und Mineralöle.

8 Steuerschuldnerschaft des Leistungsempfängers

36 Nach dem luxemburgischen Umsatzsteuerrecht ist die Steuerschuldnerschaft des Leistungsempfängers unter anderem für folgende Umsätze anzuwenden (vgl. Art. 61 Mehrwertsteuergesetz):

- In Luxemburg steuerbare Dienstleistungen, die ein nichtansässiger Unternehmer an einen in Luxemburg ansässigen Steuerpflichtigen erbringt, allerdings nur bezogen auf die Grundfälle des Art. 44 MwStSystRL

37 Luxemburg hat weiterhin eine Steuerschuldnerschaft des Leistungsempfängers für Umsätze zwischen im Land ansässigen Unternehmen eingeführt, die für folgende Umsätze gilt (vgl. Art. 61 Steuergesetz):

- Emissionszertifikate.

9 Besondere Umsatzsteuerregelungen für bestimmte Unternehmen

9.1 Besteuerung von Reiseleistungen

38 Luxemburg hat die Margenbesteuerung für Reiseveranstalter (Art. 306 bis Art. 310 Mehrwertsteuersystemrichtlinie) umgesetzt (vgl. Art. 56 bis Mehrwertsteuergesetz). Die Regelung bewirkt, dass Reiseveranstalter, die ihr unterliegen, nur Umsatzsteuer auf die Marge zwischen den Eingangsleistungen und den Ausgangsumsätzen schulden, wobei die Umsatzsteuer aus der Marge herauszurechnen ist. Zugleich besteht kein Vorsteuerabzugsrecht. Insoweit ähnelt die Regelung der in Deutschland bestehenden Regelung des § 25 UStG.

9.2 Differenzbesteuerung

39 In Luxemburg besteht eine Differenzbesteuerung für den Handel mit Gebrauchtwaren, Kunstgegenständen, Antiquitäten und Sammlungsobjekten (vgl. Art. 56ter Mehrwertsteuergesetz). Die Regelung hat zur Folge, dass Umsatzsteuer nur auf die Marge zwischen Eingangsleistungen und Ausgangsleistungen erhoben wird. Zugleich ist der Vorsteuerabzug aus Eingangsleistungen ausgeschlossen.

9.3 Sonderregelung für Landwirte

40 Luxemburg hat eine Sonderregelung für Landwirte eingeführt (vgl. Art. 58 Mehrwertsteuergesetz). Begünstigte Land- und Forstwirte unterliegen einer Pauschalbesteuerung. Sägewerke sind nicht begünstigt.

Die Regelung bewirkt, dass der Landwirt keine Umsatzsteuer schuldet, aber auch keinen Vorsteuerabzug geltend machen kann. Auf die Ausgangsumsätze wird eine Sondersteuer berechnet, die beim unternehmerischen Abnehmer als Vorsteuer abziehbar ist, aber vom Landwirt nicht geschuldet wird. Der Steuersatz beträgt 4 % für die Forstwirtschaft und 12 % für die Landwirtschaft.

Auf Antrag kann der Landwirt zur Regelbesteuerung optieren.

10 Entstehung der Steuer

10.1 Besteuerung nach vereinbarten Entgelten

Grundsätzlich gilt in Luxemburg das Prinzip der Besteuerung nach vereinbarten Entgelten. 41

Bei der **Lieferung von Gegenständen** entsteht die Umsatzsteuer mit Übergabe. Wird eine Anzahlung geleistet, entsteht die Umsatzsteuer entsprechend mit deren Erhalt (vgl. Art. 21 Mehrwertsteuergesetz). 42

Bei **Dienstleistungen** entsteht die Umsatzsteuer mit Erhalt einer Zahlung für die Dienstleistung oder mit Erbringung der Dienstleistung. 43

Bei **Dauerleistungen** über mehr als ein Jahr, die unter die Steuerschuldnerschaft des Leistungsempfängers fallen, und für die weder Zahlungen noch Abrechnungen erfolgt sind, entsteht die Steuerschuld mindestens einmal mit Ablauf des Kalenderjahrs. 44

Wenn **Rechnungen ausgestellt** werden, kann als Zeitpunkt der Steuerentstehung auf den Tag der Rechnungsstellung abgestellt werden. Dies muss aber spätestens bis zum 15.Tag des Folgemonats geschehen sein. 45

Die Steuer auf **innergemeinschaftliche Erwerbe** entsteht am 15. Tag des auf den Zeitpunkt der Lieferung folgenden Monats, oder, wenn eine Rechnung ausgestellt wurde, mit Ablauf dieses Monats. 46

10.2 Berichtigung der Umsatzsteuer bei Uneinbringlichkeit oder aus anderen Gründen

Luxemburg gestattet es, die Umsatzsteuer bei Uneinbringlichkeit zu vermindern. Es sind entsprechende Nachweise zu führen, und es reicht aus, wenn objektiv nicht mehr mit einer Zahlung zu rechnen ist (vgl. Art. 33 Mehrwertsteuergesetz). 47

Andere Entgeltanpassungen (Preisänderung, Rückzahlung, Rückgängigmachung) führen stets zu einer Umsatzsteueranpassung. 48

10.3 Besteuerung nach vereinnahmten Entgelten

49 Luxemburg gestattet auf Antrag eine Besteuerung nach vereinnahmten Entgelten. Diese setzt voraus, dass eine Umsatzgrenze von 500.000 € nicht überschritten wird (vgl. Art. 25 Mehrwertsteuergesetz). Es wird der Vorjahresumsatz betrachtet bzw. bei Beginn der Tätigkeit der erwartete Umsatz.

Der Antrag bindet grundsätzlich für 5 Jahre, doch kann ein Wechsel zur Regelbesteuerung durch die Behörde gestattet werden.

10.4 Sonderregelung für Einfuhrumsatzsteuer

49a In Luxemburg wird die Einfuhrumsatzsteuer von mehrwertsteuerlich registrierten Personen (einschließlich in Luxemburg registrierten Ausländern) nicht durch die Zollbehörde erhoben, sondern der Steuerpflichtige meldet sie in seiner luxemburgischen Umsatzsteuermeldung für den Zeitraum der Einfuhr und zieht sie zeitgleich als Vorsteuer ab (Steuerschuldnerschaft des Leistungsempfängers, vgl. Art. 61bis Mehrwertsteuergesetz).

11 Vorsteuerabzug und Rechnungen

11.1 Allgemeines

50 Grundsätzlich sind umsatzsteuerliche Unternehmer aus den für ihr Unternehmen bezogenen Lieferungen und sonstigen Leistungen zum Vorsteuerabzug berechtigt. Regelmäßig ist der Vorsteuerabzug durch eine ordnungsgemäße Rechnung bzw. im Fall der Einfuhrumsatzsteuer durch ein ordnungsgemäßes Zolldokument nachzuweisen (vgl. Art. 48 Mehrwertsteuergesetz).

11.2 Beschränkungen des Vorsteuerabzugs

51 Nach dem Umsatzsteuerrecht von Luxemburg gibt es keine besonderen Vorsteuerausschlüsse. Auch geschäftliche Bewirtung berechtigt zum Vorsteuerabzug.

52 Allerdings sind Vorsteuerbeträge vom Abzug ausgeschlossen, wenn sie im Zusammenhang mit unecht steuerfreien Umsätzen stehen (vgl. Art. 49 Mehrwertsteuergesetz).

53 Führt ein Unternehmen sowohl zum Vorsteuerabzug berechtigende als auch nicht zum Vorsteuerabzug berechtigende Umsätze aus, so ist eine Aufteilung der Vorsteuerbeträge vorzunehmen (vgl. Art. 50 Mehrwertsteuergesetz).

Es sind zwei Methoden zulässig. Zum einen kann eine globale pro-rata-Methode angewendet werden. Dabei wird nach einem Umsatzschlüssel vorgegangen und der Prozentsatz auf die nächste volle Zahl aufgerundet.

Alternativ kann die Steuerbehörde ein zweistufiges Verfahren zulassen oder auch anordnen. Dabei sind zunächst Vorsteuerbeträge direkt zu Abzugs- und Ausschlussumsätzen zuzuordnen. Die verbleibenden Vorsteuern werden regelmäßig nach einem Umsatzschlüssel aufgeteilt, doch sind andere sachgerechte Methoden ebenfalls gestattet.

11.3 Berichtigung des Vorsteuerabzugs

Nach dem luxemburgischen Umsatzsteuergesetz gilt für Gegenstände, die nicht nur einmalig genutzt werden, grundsätzlich ein Vorsteuerberichtigungszeitraum von fünf Jahren bzw. für Grundstücke, Gebäude und verwandte Wirtschaftsgüter ein Zeitraum von zehn Jahren (vgl. Art. 53 Mehrwertsteuergesetz). 54

11.4 Rechnungen

In Luxemburg steuerpflichtige Unternehmer sind grundsätzlich verpflichtet, für alle steuerpflichtigen Umsätze an Unternehmer oder juristische Personen und für Ausfuhrlieferungen und innergemeinschaftliche Lieferungen eine ordnungsgemäße umsatzsteuerliche Rechnung auszustellen (vgl. Art. 63 Mehrwertsteuergesetz). Bei Umsätzen an Nichtunternehmer gilt keine allgemeine Rechnungsstellungspflicht. 55

Korrekturbelege, z. B. bei Entgeltminderung, müssen sich eindeutig auf die Ursprungsrechnungen beziehen. 56

Abrechnungen im Gutschriftsverfahren sind zulässig. 57

Umsatzsteuerrechnungen müssen folgende Angaben enthalten (vgl. Art. 319 Mehrwertsteuergesetz): 58

- Name und Anschrift des Leistenden und dessen Umsatzsteueridentifikationsnummer,
- Name und Anschrift des Leistungsempfängers,
- dessen Umsatzsteueridentifikationsnummer, wenn er Steuerschuldner ist,
- Datum der Ausstellung,
- Eindeutige, fortlaufende Rechnungsnummer,
- Datum der Lieferung oder Leistung bzw. der erhaltenen Anzahlung, falls feststellbar und abweichend vom Datum der Ausstellung,
- Leistungsbeschreibung,
- Nettoentgelt, getrennt nach Steuersätzen und Steuerbefreiungen,
- Umsatzsteuerbetrag und Umsatzsteuersatz,
- Hinweis auf eventuelle Steuerbefreiungen oder Entgeltminderungen,
- Ggf. Hinweis auf Besteuerung nach vereinnahmten Entgelten.

Kleinbetragsrechnungen (Grenze: 100 € Brutto) müssen nur folgende Elemente enthalten: 59

- Name und Anschrift des Leistenden,
- Datum der Ausstellung,
- Leistungsbeschreibung,
- Gesamtentgelt und ausreichende Angaben, um den Umsatzsteuerbetrag zu ermitteln.

11.5 Elektronische Rechnungsstellung

60 Mit Wirkung zum 01.01.2013 wurde das Umsatzsteuergesetz geändert, um nach den Vorgaben der Europäischen Union die digitale Rechnungstellung zu erleichtern. Grundsätzlich gilt seit diesem Zeitpunkt eine Gleichstellung digitaler Rechnungen mit Papierrechnungen.

11.6 Rechnungen in fremder Währung

61 Rechnungen dürfen in Fremdwährungen oder in Euro ausgestellt werden. Der Umsatzsteuerbetrag muss aber immer (zusätzlich) in Euro angegeben werden.

Fremdwährungen sind nach dem Tageskurs einer autorisierten Bank umzurechnen.

12 Steuererklärungen und weitere Steueranmeldungen

12.1 Umsatzsteuermeldungen

62 Im Regelfall sind monatliche Umsatzsteuermeldungen abzugeben (vgl. Art. 64 Mehrwertsteuergesetz). Die Steuerbehörde kann jedoch Unternehmen, deren Jahresumsatz nicht mehr als 112.000 € beträgt, gestatten, jährliche Meldungen einzureichen. Unternehmen mit einem Umsatz zwischen 112.000 € und 620.000 € können vierteljährliche Meldungen abgeben.

Der Abgabetag ist jeweils der 15. Tag des Monats nach Ende des Meldezeitraums. Dies ist auch der Fälligkeitstag der Umsatzsteuerzahlung.

Bei Jahresmeldungen ist stattdessen der 1. März des Folgejahres der maßgebliche Termin.

Die Meldungen sind digital abzugeben. Eine Ausnahme gilt für die Jahresmelder, die ihre Meldung auch in Papierform einreichen dürfen.

12.2 Umsatzsteuerjahreserklärungen

63 Es ist zusätzlich zum 01.05. des Folgejahres eine zusammenfassende Jahreserklärung abzugeben (vgl. Art. 64 Mehrwertsteuergesetz). Diese Pflicht gilt nicht für die Jahresmelder.

12.3 Umsatzsteuer-Identifikationsnummer

64 Die luxemburgische Umsatzsteuer-Identifikationsnummer besteht aus acht Zeichen, mit dem vorangestellten Ländercode LU.

12.4 Zusammenfassende Meldung im innergemeinschaftlichen Waren- und Dienstleistungsverkehr

Unternehmen, die innergemeinschaftliche Lieferungen oder Dienstleistungen nach Art. 44 Mehrwertsteuersystemrichtlinie ausführen, müssen grundsätzlich eine Zusammenfassende Meldung abgeben (vgl. Art. 64 bis Mehrwertsteuergesetz). Der Meldezeitraum ist der Kalendermonat. Vierteljährliche Meldungen sind möglich, wenn nur Lieferungen ausgeführt werden und die Bemessungsgrundlage in den letzten fünf Quartalen jeweils nicht über 50.000 € lag. **65**

Die Zusammenfassende Meldung ist bis spätestens zum 25. Kalendertag des Folgemonats in digitaler Form einzureichen. In Ausnahmefällen ist die Abgabe in Papierform zulässig. Dann ist Abgabetermin bereits der 15. Kalendertag.

13 Straf- und Bußgeldvorschriften

Es gelten die folgenden Vorschriften: **66**
- **Verspätete Umsatzsteuermeldung.**

Verspätete Umsatzsteuermeldungen führen zu einem Strafzuschlag von 50 € bis 5.000 €.

Unternehmen, die Umsatzsteuer in einer Rechnung falsch ausweisen, schulden diese grundsätzlich bis zu einer Korrektur. **67**

14 Behandlung nicht ansässiger Unternehmen

Ein nicht ansässiges Unternehmen ist nach luxemburgischem Verständnis ein Unternehmen, das keine feste Niederlassung in Luxemburg unterhält. Nicht ansässige Unternehmen müssen sich in Luxemburg umsatzsteuerlich registrieren, wenn sie mindestens eine der folgenden Aktivitäten ausführen: **68**
- in Luxemburg steuerbare Lieferungen von Gegenständen,
- in Luxemburg steuerbare Versandhandelslieferungen,
- in Luxemburg steuerbare sonstige Leistungen, die nicht unter die Steuerschuldnerschaft des Leistungsempfängers oder das MOSS-Verfahren fallen,
- Bewirken eines innergemeinschaftlichen Erwerbs in Luxemburg.

Die Lieferschwelle für Versandhandelslieferungen beträgt 100.000 €.

Nichtansässige Unternehmen, die in einem anderen EU Mitgliedstaat niedergelassen sind, sind berechtigt, sich direkt, d.h. ohne Einschaltung eines Fiskalvertreters, in Luxemburg umsatzsteuerlich zu registrieren. **69**

70 Unternehmen aus Nicht-EU-Staaten sind ebenfalls nicht allgemein verpflichtet, einen in Luxemburg ansässigen Fiskalvertreter zu bestellen. Jedoch kann die Steuerbehörde zur Sicherung der Steueransprüche eine Bankbürgschaft oder ähnliche Sicherheit fordern.

71 Eine Vereinfachungsregelung für **Konsignationslager** besteht in Luxemburg nicht (vgl. entsprechend OFD Frankfurt am Main, Verfügung vom 23.02.2017, S 7100a A-004-St 110).

15 Vorsteuervergütungsverfahren

15.1 EU-Unternehmen

72 Für Unternehmen mit Sitz in einem anderen Mitgliedstaat der Europäischen Union ist in Luxemburg die Vergütung von Vorsteuerbeträgen nach der Richtlinie 2008/9/EG möglich. Wie in anderen Mitgliedstaaten üblich, hat der Antragsteller einen digitalen Vorsteuervergütungsantrag im Portal der für ihn im Heimatstaat zuständigen Finanzbehörde einzureichen (in Deutschland: Bundeszentralamt für Steuern). Die Antragsfrist ist grundsätzlich der 30. September des Folgejahres (Ausschlussfrist).

Die Behörden verlangen nicht, dass dem Antrag gescannte Rechnungskopien beigefügt werden. Sie haben aber das Recht, diese anzufordern.

Der Mindestvergütungsbetrag in einem Antrag für weniger als ein Jahr muss 400 € betragen, und andernfalls gilt ein Mindestbetrag von 50 €.

15.2 Nicht-EU-Unternehmen

73 Unternehmen mit Sitz in Drittstaaten können einen Vorsteuervergütungsantrag nach der 13. Richtlinie einreichen. Die Vorsteuervergütung setzt nach luxemburgischem Recht keine Gegenseitigkeit mit dem Sitzstaat des Antragstellers voraus. Luxemburg vergütet grundsätzlich an Antragsteller aus allen Drittstaaten.

Anträge können für ganze Kalenderjahre gestellt werden.

Der Mindestvergütungsbetrag in einem Antrag muss 250 € betragen.

Ein Antrag muss grundsätzlich spätestens bis zum 30.06. des Folgejahres gestellt werden. Es handelt sich um eine nicht verlängerbare Ausschlussfrist.

Der Antragsteller muss seine Unternehmereigenschaft mit einer durch seine Heimatsteuerbehörde ausgestellten Unternehmerbescheinigung nachweisen, die maximal ein Jahr alt sein darf. Außerdem sind die Originalrechnungen dem Antrag beizufügen.

Länderanhang Malta

Literatur

Cassar Torregiani, Malta Value Added Tax, IBFD 2017. **Ernst & Young**, Worldwide VAT, GST and Sales Tax Guide 2017. Inoffizielle Übersetzung Mehrwertsteuergesetz, IBFD 2017.

1 Einführung

1 Malta ist seit dem 1. 05.2004 Mitglied der Europäischen Union. Das Mehrwertsteuergesetz basiert daher auf der Mehrwertsteuersystemrichtlinie. Ein erstes Mehrwertsteuergesetz trat im Jahr 1995 in Kraft. Es wurde im Zuge des EU-Beitritts an die Rahmenbedingungen des Gemeinsamen Mehrwertsteuersystems angepasst.

2 Bezeichnung der Steuer

2 Die maltesische Bezeichnung der Umsatzsteuer lautet »It-taxxa fuq il-valur mizjud«. Wörtlich ins Deutsche übersetzt entspricht dies dem Begriff »Mehrwertsteuer«.

3 Steuerbarkeit und Erhebungsgebiet

3.1 Erhebungsgebiet

3 Das umsatzsteuerliche Erhebungsgebiet entspricht dem Staatsgebiet der Republik Malta.

3.2 Steuerbare Umsätze

Sämtliche in Malta von einem Steuerpflichtigen ausgeführten **Lieferungen** und **Dienstleistungen** sind umsatzsteuerbar. 4

Als **Lieferungen** gelten neben der Übertragung körperlicher Gegenstände und unbeweglichen Vermögens auch die Übertragungen von Strom, Kälte und Wärme (vgl. Schedule 2, Art. 1 bis Art. 4 Mehrwertsteuergesetz). Mietkauf gilt als Lieferung. 5

Der **Ort der Lieferung** bestimmt sich nach der Verschaffung der Verfügungsmacht bzw. bei Warentransport nach dessen Beginn. Abweichend hiervon wird bei der **Versandhandelsregelung** das Ende der Versendung betrachtet. Es gilt hierbei eine Lieferschwelle von 35.000 €. Die Regelung gilt nicht für die Lieferung neuer Beförderungsmittel. Bei Lieferungen mit Montage ist der Lieferort der Ort der Montage (vgl. Schedule 3, Art. 1 bis 5 Mehrwertsteuergesetz). 6

Ebenfalls in Malta steuerbar sind Lieferungen aus dem Drittland, bei denen der Lieferer die Einfuhrumsatzsteuer schuldet. 7

Für **Reihengeschäfte** gibt es keine gesonderte Regelung. 8

Unentgeltlich erbrachte Lieferungen oder Dienstleistungen können steuerbare **unentgeltliche Wertabgaben** sein (vgl. Art. 10 Mehrwertsteuergesetz). Regelmäßig ist Voraussetzung, dass aus dem Gegenstand ein Vorsteuerabzug geltend gemacht wurde. 9

Geschenke mit einem geringen Wert sind keine unentgeltlichen Wertabgaben. Die Grenze beträgt 50 € (vgl. Schedule 2, Art. 10 und Art. 14 Mehrwertsteuergesetz).

Dienstleistungen werden ähnlich wie in Deutschland als Leistungen definiert, die keine Lieferungen von Gegenständen darstellen (vgl. Schedule 2 Mehrwertsteuergesetz). 10

Der **Ort der meisten Dienstleistungen** zwischen Unternehmen bestimmt sich nach dem Empfängerortsprinzip (vgl. Schedule 3, Teil 2, Art. 2 Mehrwertsteuergesetz). bzw. für Dienstleistungen an Nichtunternehmer nach dem Sitz des leistenden Unternehmers oder von dessen fester Niederlassung. Ausnahmen gelten vor allem für grundstücksbezogene Umsätze (Ort des Grundstücks, vgl. Schedule 3, Teil 2, Art. 4 Mehrwertsteuergesetz), für Personenbeförderungen (Ort der Beförderung, vgl. Schedule 3, Teil 2, Art. 5 Mehrwertsteuergesetz), kurzfristige Vermietung von Beförderungsmitteln (Ort der Übergabe, vgl. Schedule 3, Teil 2, Art. 8 Mehrwertsteuergesetz), Restaurantumsätze (Tätigkeitsort, vgl. Schedule 3, Teil 2, Art. 7 Mehrwertsteuergesetz) und den Zugang zu Veranstaltungen (Ort derselben, vgl. Schedule 3, Teil 2, Art. 6 Mehrwertsteuergesetz). 11

Geschäftsveräußerungen im Ganzen an einen anderen Unternehmer, d. h. die Übertragung des ganzen Betriebs oder einer Division der Betätigung, sind nicht umsatzsteuerbar (vgl. Schedule 2, Art. 15 Mehrwertsteuergesetz). 12

Steuerbar ist auch der **innergemeinschaftliche Erwerb** von Gegenständen in Malta (vgl. Schedule 2, Art. 18 Mehrwertsteuergesetz). Es gibt jedoch Ausnahmen für land- und forstwirtschaftliche Betriebe, Steuerpflichtige, die ausschließlich vorsteuerschädliche Ausgangsumsätze tätigen, sowie für nicht unternehmerisch tätige juristische Personen. Die Erwerbschwelle für diesen Personenkreis, die weder im vorangegangenen Kalenderjahr noch im laufenden Kalenderjahr überschritten werden darf, beträgt 10.000 €. Auch wenn die Erwerbschwelle nicht überschritten wird, kann zur Steuerpflicht optiert werden. 13

Dienstleistungen, die von einem maltesischen Steuerpflichtigen grenzüberschreitend empfangen werden und unter die Steuerschuldnerschaft des Leistungsempfängers fallen, sind ebenfalls steuerbare Umsätze im Sinne des maltesischen Rechts. Ebenso unterliegen Einfuhren von Waren aus Drittstaaten nach Malta der Umsatzsteuer. 14

Unternehmen aus der EU, die Telekommunikations-, Rundfunk-, Fernseh- oder elektronische Leistungen an Nichtsteuerpflichtige erbringen, sind damit zwar in Malta seit dem 01.01.2015 15

umsatzsteuerpflichtig. Sie können jedoch das MOSS-Verfahren nutzen und sind damit nicht registrierungspflichtig.

Bei Unternehmen aus Nicht-EU-Staaten besteht die Möglichkeit, für entsprechende Umsätze die Sonderregelung zu nutzen, sich in einem einzigen EU-Mitgliedstaat zu registrieren und dort sämtliche Umsätze zu melden.

16 In Malta ansässige Unternehmer, die eine Umsatzgrenze von 35.000 € für Lieferungen, von 24.000 € für Dienstleistungen mit geringer Wertschöpfung oder von 20.000 € für andere Dienstleistungen nicht übertreffen, können als **Kleinunternehmer** besteuert werden (vgl. Schedule 6, Teil 1, Art. 1 bis Art. 8 Mehrwertsteuergesetz). Falls sie diese Möglichkeit nutzen, schulden sie keine Umsatzsteuer, haben jedoch auch kein Vorsteuerabzugsrecht. Eine steuerliche Registrierung ist aber vorzunehmen.

17 Malta hat schließlich eine besondere Umsatzsteuerregelung für das **Leasing von Yachten** erlassen, die an verschiedene Bedingungen geknüpft ist. Dabei wird ein Anteil der Leasingrate, die eine in Malta ansässige Leasinggeberin einem Nichtunternehmer berechnet, als in internationalen Gewässern erbracht und damit als nicht steuerbar behandelt. Der Anteil hängt vom Antrieb der Yacht (Motor oder Segel) und von deren Rumpflänge ab. In der größten Kategorie (über 24 Meter) beträgt dieser nicht steuerbare Anteil 70 %, d.h. effektiv beträgt die Umsatzsteuerlast für einen Nichtunternehmer nur 5,4 %.

Die Europäische Kommission hat Malta mit Schreiben vom 08.03.2018 aufgefordert, seine Rechtsvorschriften zu ändern, weil sie diese für unionsrechtswidrig erachtet. Es handelt sich um die erste Stufe eines möglichen Vertragsverletzungsverfahrens.

4 Unternehmer bzw. Steuerpflichtiger

18 Als Steuerpflichtiger nach maltesischem Recht gilt jede natürliche oder juristische Person, die im Zuge einer geschäftlichen Betätigung in Malta Waren liefert oder Dienstleistungen erbringt (vgl. Art. 5 Mehrwertsteuergesetz).

19 Ein ausländischer Unternehmer hat in Malta eine umsatzsteuerliche **Betriebsstätte** (feste Niederlassung), wenn er dort eine Geschäftseinrichtung unterhält (z.B. Büro, Lager), von dort Lieferungen oder Dienstleistungen erbringt und Personal unterhält. Es wird auf die Präsenz hinreichender Personen- und Sachmittel abgestellt. Im Gesetz findet sich keine Definition.

5 Organschaft bzw. Mehrwertsteuergruppe

20 Das maltesische Recht kannte in der Vergangenheit keine Regelung für eine umsatzsteuerliche Organschaft oder Mehrwertsteuergruppe. Allerdings enthält Art. 5 Mehrwertsteuergesetz bereits hierfür eine Ermächtigungsgrundlage.

Mit Wirkung zum 01.06.2018 hat Malta eine Mehrwertsteuergruppenregelung geschaffen. Diese bewirkt, dass mehrere in Malta niedergelassene Personen, die durch finanzielle, wirtschaftliche und organisatorische Beziehungen eng verbunden sind, gemeinsam als ein Steuerpflichtiger behandelt werden. Mindestens eine der Personen muss dabei eine regulierte Einheit (denkbare Felder: Banken, Finanzdienstleister, Glücksspiel, Versicherungen, Investmentservices, Pensionen oder Verbriefung) sein. Finanzielle Verbindungen bedeuten, dass eine Person jeweils mittelbar oder unmittelbar über 90 % der Stimmrechte oder der Gewinnansprüche oder der Liquidationsansprüche innehaben muss. Organisatorische Verbindungen bedeuten ein mindestens teilweise gemeinsames Management, und wirtschaftliche Verbindungen sind definiert als eine ausreichend ähnliche Betätigung der Personen, oder dass diese sich gegenseitig ergänzen oder die Leistung zu einem wesentlichen Teil für eine der anderen Personen der Gruppe bestimmt sind. Außerdem darf keine der Personen offene Steuerschulden haben, oder ausstehende Steuererklärungen. Jede Person kann jeweils nur zu einer Mehrwertsteuergruppe gehören.

Es ist ein elektronischer Antrag bei der Steuerbehörde zu stellen. Bei Bewilligung erhält die Mehrwertsteuergruppe eine gemeinsame Mehrwertsteuernummer. Es ist eine der Mitgliedspersonen als Steuervertreter zu benennen. Dieser gibt die Mehrwertsteuermeldungen ab und entrichtet die Steuer an die Steuerbehörden. Die anderen Mitglieder haften gesamtschuldnerisch. Leistungen innerhalb der Mehrwertsteuergruppe sind nicht steuerbare Innenumsätze. Allerdings sind die Steuerbehörden berechtigt, bei Missbrauchsfällen Mehrwertsteuer festzusetzen.

Die Mehrwertsteuergruppe muss grundsätzlich für mindestens 24 Monate bestehen, bevor ein Antrag auf ihre Auflösung gestellt werden darf. Ebenso gilt nach Beendigung einer Sperrfrist von 24 Monaten für eine Wiedererrichtung. Bestehen im Übrigen die Voraussetzungen der Mehrwertsteuergruppe nicht mehr, hat der Gruppenvertreter dies innerhalb von 15 Tagen den Behörden anzuzeigen.

6 Bemessungsgrundlage

Grundsätzlich ist der vereinbarte Nettopreis (Entgelt) die steuerliche Bemessungsgrundlage (vgl. Art. 18 i. V. m. Schedule 7, Art. 1 und 2 Mehrwertsteuergesetz). 21

Bei unentgeltlichen Vorgängen ist der Einkaufspreis bzw. die Selbstkosten im Umsatzzeitpunkt anzusetzen (vgl. Art. 18 i. V. m. Schedule 7, Art. 6 Mehrwertsteuergesetz). 22

Es gibt keine ausdrücklichen Regelungen für Korrekturen bei Geschäften zwischen nahestehenden Personen. 23

7 Steuersätze und Steuerbefreiungen

7.1 Regelsteuersatz

Der Regelsteuersatz in Malta beträgt 18 % (vgl. Teil IV, Art. 19 Mehrwertsteuergesetz). 24

7.2 Ermäßigte Steuersätze

25 Das maltesische Umsatzsteuergesetz sieht zwei ermäßigte Steuersätze vor, und zwar Sätze von 5 % und 7 % (vgl. Schedule 8 Mehrwertsteuergesetz).

26 Der ermäßigte Steuersatz von 7 % gilt unter anderem für
- touristische Unterkünfte,
- Entgelte für die Nutzung von Sportanlagen.

27 Der ermäßigte Steuersatz von 5 % gilt unter anderem für
- die Lieferung von elektrischem Strom,
- die Lieferung von Süßigkeiten,
- die Lieferung medizinischer Geräte,
- die Lieferung von Produkten, die nur für behinderte Menschen bestimmt sind,
- die Einfuhr von Kunstwerken, Sammlerstücken und Antiquitäten,
- Lieferungen gedruckter Werke (seit dem 01.01.2015 auch Hörbücher und e-books).

7.3 Steuerbefreiungen

28 Das maltesische Umsatzsteuerrecht enthält sowohl Steuerbefreiungen mit Vorsteuerabzugsrecht (echte Steuerbefreiungen) als auch Steuerbefreiungen ohne Vorsteuerabzugsrecht (unechte Steuerbefreiungen).

29 Zu den Steuerbefreiungen mit Vorsteuerabzugsrecht (vgl. Art. 9 i. V. m. Schedule 5, Teil 1, Art. 1 bis 12 Mehrwertsteuergesetz) gehören insbesondere
- innergemeinschaftliche Lieferungen und Ausfuhrlieferungen,
- Speisenlieferungen (gilt nicht für Catering),
- Lieferungen von Medikamenten,
- Lieferungen für die Seeschifffahrt und die Luftfahrt,
- Lieferungen von Gold an die Zentralbank,
- Umsätze in Freizonen und Zolllagern,
- Grenzüberschreitende Personenbeförderung,
- Busse im ordentlichen Linienverkehr.

30 Steuerbefreiungen ohne Vorsteuerabzugsrecht (vgl. Art. 9 i. V. m. Schedule 5, Teil 2, Art. 1 bis 15 Mehrwertsteuergesetz) bestehen unter anderem für
- bestimmte Unterrichtsleistungen,
- bestimmte Leistungen der Sozialfürsorge,
- Bank- und Finanzumsätze,
- Versicherungsumsätze,
- bestimmte Glücksspielumsätze,
- Postdienstleistungen,
- ärztliche Leistungen,
- Lieferungen von Wasser durch öffentliche Einrichtungen,
- zahlreiche Umsätze mit Immobilien (Vermietung und Verkauf),
- öffentliche Radio- und Fernsehleistungen ohne Gewinnerzielungsabsicht.

31 Eine Option zur Steuerpflicht ist nicht möglich.

Bei Ausfuhrlieferungen und innergemeinschaftlichen Lieferungen ist ein **Belegnachweis** zu führen. Bei **Ausfuhrlieferungen** ist dies üblicherweise das zollrechtliche Ausfuhrdokument, das entweder den Lieferer als Ausführer zeigt oder eindeutig auf die Rechnung referenziert. 32

Bei **innergemeinschaftlichen Lieferungen** soll der Nachweis durch eine Gesamtheit geeigneter Unterlagen (Frachtpapiere, Zahlungsnachweise, Bestellungen, usw.) erbracht werden.

Ausfuhrlieferungen im Reisegepäck sind steuerfrei, wenn die Ausfuhr innerhalb von drei Monaten nachgewiesen wird. 33

Bei der Einfuhr gilt eine Steuerbefreiung für **Kleinsendungen** mit einer Wertgrenze von 22 €. 34

Malta hat keine Regelung für **Umsatzsteuerlager** eingeführt. 35

8 Steuerschuldnerschaft des Leistungsempfängers

Nach dem maltesischen Umsatzsteuerrecht ist die Steuerschuldnerschaft des Leistungsempfängers unter anderem für folgende Umsätze anzuwenden (vgl. Teil IV Art. 20 Mehrwertsteuergesetz): 36

- In Malta steuerbare Dienstleistungen oder Lieferungen, die ein nichtansässiger Unternehmer an einen maltesischen Steuerpflichtigen erbringt.

Malta hat bisher keine Steuerschuldnerschaft des Leistungsempfängers für Umsätze zwischen im Land ansässigen Unternehmen eingeführt. 37

9 Besondere Umsatzsteuerregelungen für bestimmte Unternehmen

9.1 Besteuerung von Reiseleistungen

Malta hat die Margenbesteuerung für Reiseveranstalter (Art. 306 bis Art. 310 Mehrwertsteuersystemrichtlinie) umgesetzt (vgl. Schedule 14, Teil IV, Art. 1 bis 9 Mehrwertsteuergesetz). Die Regelung bewirkt, dass Reiseveranstalter, die ihr unterliegen, nur Umsatzsteuer auf die Marge zwischen den Eingangsleistungen und den Ausgangsumsätzen schulden, wobei die Umsatzsteuer aus der Marge herauszurechnen ist. Zugleich besteht kein Vorsteuerabzugsrecht. Insoweit ähnelt die Regelung der in Deutschland bestehenden Regelung des § 25 UStG. 38

9.2 Differenzbesteuerung

39 In Malta besteht eine Differenzbesteuerung für den Handel mit Gebrauchtwaren, Kunstgegenständen, Antiquitäten und Sammlungsobjekten (vgl. Schedule 14, Teil II, Art. 1 bis 12 Mehrwertsteuergesetz). Die Regelung hat zur Folge, dass Umsatzsteuer nur auf die Marge zwischen Eingangsleistungen und Ausgangsleistungen erhoben wird. Zugleich ist der Vorsteuerabzug aus Eingangsleistungen ausgeschlossen.

9.3 Sonderregelung für Landwirte

40 Malta hat keine Sonderregelung für Landwirte eingeführt.

10 Entstehung der Steuer

10.1 Besteuerung nach vereinbarten Entgelten

41 Grundsätzlich gilt in Malta das Prinzip der Besteuerung nach vereinbarten Entgelten.

42 Bei der **Lieferung von Gegenständen** entsteht die Umsatzsteuer mit Übergabe (vgl. Art. 8 und Schedule 4, Art. 1 Mehrwertsteuergesetz). Wird eine Anzahlung geleistet, entsteht die Umsatzsteuer entsprechend mit deren Erhalt.

43 Bei **Dienstleistungen** entsteht die Umsatzsteuer mit Erhalt einer Zahlung für die Dienstleistung oder mit Erbringung der Dienstleistung Übergabe (vgl. Art. 8 und Schedule 4, Art. 2 Mehrwertsteuergesetz).

44 Wird bis spätestens zum 15. Kalendertag nach Ablauf des Monats der Leistungserbringung eine **Umsatzsteuerrechnung** ausgestellt, gilt der Tag der Rechnungsstellung als Besteuerungszeitpunkt.

45 Bei **Dauerleistungen**, die für mehr als ein Jahr ausgeführt werden und die nicht zu Zahlungen oder Abrechnungen während dieser Zeit führen, wird jeweils mit Ablauf des Kalenderjahres eine anteilige Steuerentstehung angenommen.

46 Die Steuer auf **innergemeinschaftliche Erwerbe** entsteht entweder zum 15. Kalendertag des auf den Erwerb folgenden Monats, oder mit Ausstellung einer Umsatzsteuerrechnung seitens des Lieferanten. Es gilt der jeweils frühere Zeitpunkt.

10.2 Berichtigung der Umsatzsteuer bei Uneinbringlichkeit oder aus anderen Gründen

47 Ist eine **Forderung uneinbringlich** aus anderen Gründen, sieht das Recht in Malta grundsätzlich die Möglichkeit einer Umsatzsteuerberichtigung vor. Bei Uneinbringlichkeit ist ein Antrag zu

stellen und Nachweise vorzulegen (vgl. Schedule 7 Mehrwertsteuergesetz sowie Schedule 10 Art. 10 Mehrwertsteuergesetz).

Andere Entgeltanpassungen (Preisänderung, Rückzahlung, Rückgängigmachung) führen stets zu einer Umsatzsteueranpassung. Diese erfordert, anders als im deutschen § 17 UStG geregelt, dass der leistende Unternehmer einen Entgeltminderungsbeleg an den Leistungsempfänger übermittelt. 48

10.3 Besteuerung nach vereinnahmten Entgelten

Freiberufler, Einzelhandelsunternehmen sowie u. a. Mechaniker oder Elektriker, die eine Umsatzschwelle von 2 Millionen € nicht überschreiten, können die Besteuerung nach vereinnahmten Entgelten wählen (vgl. Art. 57 i. V. m. Schedule 14, Teil I und Teil III Mehrwertsteuergesetz). Dann schulden sie die Umsatzsteuer nur, soweit eine Rechnung bezahlt wird. 49

Der Vorsteuerabzug wird in diesem Regime, anders als beispielsweise in Deutschland, ebenfalls erst im Veranlagungszeitraum der Zahlung der Eingangsrechnung gewährt.

10.4 Sonderregelung für Einfuhrumsatzsteuer

Es ist möglich, die Zahlung der Einfuhrumsatzsteuerschuld nicht direkt bei der Zollbehörde vorzunehmen, sondern stattdessen den Betrag in der Umsatzsteuermeldung anzugeben und – soweit berechtigt – zeitgleich als Vorsteuer geltend zu machen. Dieses Verfahren setzt einen besonderen Antrag bei der Behörde voraus. Diese kann eine Sicherheitsleistung verlangen. 49a

11 Vorsteuerabzug und Rechnungen

11.1 Allgemeines

Grundsätzlich sind umsatzsteuerliche Unternehmer aus den für ihr Unternehmen bezogenen Lieferungen und sonstigen Leistungen zum Vorsteuerabzug berechtigt. Regelmäßig ist der Vorsteuerabzug durch eine ordnungsgemäße Rechnung bzw. im Fall der Einfuhrumsatzsteuer durch ein ordnungsgemäßes Zolldokument nachzuweisen (vgl. Art. 22 und 23 i. V. m. Schedule 10 Art. 2 Mehrwertsteuergesetz). 50

11.2 Besondere Regelung bei Besteuerung nach vereinnahmten Entgelten

51 Unternehmen, die nach vereinnahmten Entgelten besteuern, können die Vorsteuern erst nach Zahlung geltend machen. Dieser Ansatz weicht z. B. vom deutschem Modell (vgl. § 20 UStG) ab, basiert jedoch zutreffend auf der optionalen Regelung des Art. 167a MwStSystRL.

11.3 Beschränkungen des Vorsteuerabzugs

52 Nach dem Umsatzsteuerrecht von Malta berechtigen verschiedene Aufwendungen nicht zum Vorsteuerabzug (vgl. Art. 22 und 23 i. V. m. Schedule 10 Art. 3 Mehrwertsteuergesetz). Entsprechende Beschränkungen gelten unter anderem für die folgenden Aufwendungen:

- Bewirtungs- oder Repräsentationsaufwand, einschließlich solchem für Arbeitnehmer,
- Leasing, Anmietung oder Kauf sowie aus Unterhaltskosten, Schmierstoffen und Kraftstoffen von nichtkommerziellen Land-, Wasser- oder Luftfahrzeugen,
- Tabak oder Alkohol,
- Kunstwerke oder Antiquitäten.

Der Vorsteuerausschluss gilt nicht, wenn die Aufwendungen bezogen werden, um sie im Zuge einer geschäftlichen Aktivität in Ausgangsumsätze einfließen zu lassen, also insbesondere für Wiederverkäufer entsprechender Leistungen.

53 Weiterhin sind Vorsteuerbeträge vom Abzug ausgeschlossen, wenn sie im Zusammenhang mit unecht steuerfreien Umsätzen stehen.

54 Führt ein Unternehmen sowohl zum Vorsteuerabzug berechtigende als auch nicht zum Vorsteuerabzug berechtigende Umsätze aus, so ist eine Aufteilung der Vorsteuerbeträge vorzunehmen. Die Vorsteueraufteilung geschieht nach einem Umsatzschlüssel (vgl. Art. 22 und 23 i. V. m. Shedule 10 Art. 4 bis 9 Mehrwertsteuergesetz).

11.4 Berichtigung des Vorsteuerabzugs

55 Nach dem maltesischen Umsatzsteuergesetz gilt für Gegenstände, die nicht nur einmalig genutzt werden, grundsätzlich ein Vorsteuerberichtigungszeitraum von fünf Jahren bzw. für Grundstücke, Gebäude und verwandte Wirtschaftsgüter ein Zeitraum von zwanzig Jahren. Wirtschaftsgüter mit Kosten bis 1.160 € unterfallen nicht den Berichtigungsregelungen.

11.5 Rechnungen

56 In Malta steuerpflichtige Unternehmer sind grundsätzlich verpflichtet, für alle steuerpflichtigen und steuerfreien Umsätze einschließlich Ausfuhrlieferungen und innergemeinschaftlichen Lieferungen eine ordnungsgemäße umsatzsteuerliche Rechnung auszustellen (vgl. Art. 50 Mehrwertsteuergesetz). Bei Einzelhandelsumsätzen sind Steuerquittungen auszustellen, die der Kunde

mindestens 24 Stunden aufbewahren muss. Diese Regelung gilt nicht für grenzüberschreitende Telekommunikations-, Rundfunk-, Fernseh- oder elektronisch erbrachte Dienstleistungen an Nichtunternehmer.

Korrekturbelege, z. B. bei Entgeltminderung, müssen sich eindeutig auf die Ursprungsrechnungen beziehen. 57

Abrechnungen im **Gutschriftsverfahren** sind zulässig. 58

Umsatzsteuerrechnungen müssen folgende Angaben enthalten (vgl. Art. 50 i. V. m. Schedule 12 Art. 3 Mehrwertsteuergesetz): 59

- Name und Anschrift des Leistenden und dessen Umsatzsteueridentifikationsnummer,
- Name und Anschrift des Leistungsempfängers und dessen Umsatzsteueridentifikationsnummer,
- Datum der Ausstellung,
- Eindeutige, fortlaufende Rechnungsnummer,
- Datum der Lieferung oder Leistung bzw. der erhaltenen Anzahlung, falls feststellbar und abweichend vom Datum der Ausstellung,
- Leistungsbeschreibung,
- Nettoentgelt, getrennt nach Steuersätzen und Steuerbefreiungen,
- Umsatzsteuerbetrag und Umsatzsteuersatz,
- Hinweis auf eventuelle Steuerbefreiungen oder Entgeltminderungen,
- Ggf. Hinweis auf Besteuerung nach vereinnahmten Entgelten.

Kleinbetragsrechnungen (Grenze: 100 € Brutto) müssen nur folgende Elemente enthalten (vgl. Art. 50 i. V. m. Schedule 12 Art. 5 Mehrwertsteuergesetz): 60

- Name und Anschrift des Leistenden und dessen Umsatzsteueridentifikationsnummer,
- Umsatzsteueridentifikationsnummer des Leistungsempfängers,
- Datum der Ausstellung,
- Eindeutige, fortlaufende Rechnungsnummer,
- Leistungsbeschreibung,
- Gesamtentgelt und ausreichende Angaben, um den Umsatzsteuerbetrag zu ermitteln.

11.6 Elektronische Rechnungsstellung

Mit Wirkung zum 01.01.2013 wurde das Umsatzsteuergesetz geändert, um nach den Vorgaben der Europäischen Union die digitale Rechnungstellung zu erleichtern. Grundsätzlich gilt seit diesem Zeitpunkt eine Gleichstellung digitaler Rechnungen mit Papierrechnungen (vgl. Art. 50 i. V. m. Schedule 12 Art. 6 Mehrwertsteuergesetz). 61

11.7 Rechnungen in fremder Währung

Rechnungen dürfen auch in Fremdwährungen ausgestellt werden. Der Umsatzsteuerbetrag ist aber stets in Euro anzugeben, wobei der amtliche EZB-Kurs für die Umrechnung zu verwenden ist (vgl. Art. 50 i. V. m. Schedule 12 Art. 7 Mehrwertsteuergesetz). 62

12 Steuererklärungen und weitere Steueranmeldungen

12.1 Umsatzsteuermeldungen

63 In der Regel sind quartalsweise Umsatzsteuermeldungen abzugeben. Dabei ist Abgabetermin jeweils der 15. Tag des zweiten auf den Meldezeitraum folgenden Monats. Zum gleichen Termin ist die Steuerzahlung fällig (vgl. Art. 27 Mehrwertsteuergesetz).

Seit einiger Zeit gilt eine Schonfrist von sieben Tagen für verspätete Anmeldungen oder Steuerzahlungen, wenn die Meldungen digital eingereicht wurden. Die digitale Abgabe ist bisher nicht verpflichtend.

12.2 Keine Umsatzsteuerjahreserklärungen

64 In Malta gibt es keine zusätzliche Umsatzsteuerjahreserklärung.

12.3 Umsatzsteuer-Identifikationsnummer

65 Die maltesische Umsatzsteuer-Identifikationsnummer besteht aus acht Zeichen, mit dem Ländercode MT.

12.4 Zusammenfassende Meldung im innergemeinschaftlichen Waren- und Dienstleistungsverkehr

66 Unternehmen, die innergemeinschaftliche Lieferungen oder Dienstleistungen nach Art. 44 Mehrwertsteuersystemrichtlinie ausführen, müssen grundsätzlich eine monatliche Zusammenfassende Meldung bis spätestens zum 15. Kalendertag des Folgemonats einreichen. Diese Meldungen sind zwingend digital abzugeben.

Unternehmen, deren innergemeinschaftliche Lieferungen in den letzten vier Kalendervierteljahren einen Betrag von 50.000 € nicht überschritten haben, oder die nur innergemeinschaftliche Dienstleistungen erbringen, können stattdessen vierteljährliche Zusammenfassende Meldungen abgeben.

13 Straf- und Bußgeldvorschriften

67 Es gelten die folgenden Vorschriften:

- **Verspätete Umsatzsteuerzahlungen**

Für verspätete Umsatzsteuerzahlungen werden Zinsen mit einem monatlichen Satz von 0,54 % erhoben. Der Satz ist nicht fest, sondern er wird von Zeit zu Zeit an die Zinsentwicklung angepasst. Zinsen werden auch auf angefangene Monate berechnet.

- **Verspätete Umsatzsteuermeldung**
  Wird eine Umsatzsteuermeldung verspätet abgegeben, kann ein Strafzuschlag von 1 % des Saldos aus Ausgangsumsatzsteuer und Vorsteuer festgesetzt werden, mindestens aber 20 € pro angefangenem Verspätungsmonat. Der Strafzuschlag kann aber maximal 250 € betragen.
- **Fehlerhafte Angaben in Umsatzsteuermeldung**
  Falls die angemeldete Steuerschuld zu niedrig war, wird ein Strafzuschlag von 20 % der Berichtigung festgesetzt. Bei freiwilliger Berichtigung beträgt der Zuschlag nur 10 %. Dies gilt ebenfalls, wenn der Steuerpflichtige aktiv mit der Steuerbehörde zusammengearbeitet hat und die nacherhobene Steuer innerhalb eines Monats entrichtet wird.
- **Verspätete Registrierung**
  Der o. g. Zuschlag für verspätete Umsatzsteuermeldungen gilt entsprechend.

Unternehmen, die Umsatzsteuer in einer Rechnung falsch ausweisen, schulden diese grundsätzlich bis zu einer Korrektur. 68

14 Behandlung nicht ansässiger Unternehmen

Ein nicht ansässiges Unternehmen ist nach maltesischem Verständnis ein Unternehmen, das weder den Sitz noch die Geschäftsleitung noch eine feste Niederlassung in Malta unterhält. Nicht ansässige Unternehmen müssen sich in Malta umsatzsteuerlich registrieren, wenn sie mindestens eine der folgenden Aktivitäten ausführen: 69

- in Malta steuerbare Lieferungen von Gegenständen, die nicht unter die Steuerschuldnerschaft des Leistungsempfängers fallen,
- in Malta steuerbare Versandhandelslieferungen,
- in Malta steuerbare sonstige Leistungen, die nicht unter die Steuerschuldnerschaft des Leistungsempfängers oder das MOSS-Verfahren fallen,
- Bewirken eines innergemeinschaftlichen Erwerbs in Malta.

Die Lieferschwelle für Versandhandelslieferungen beträgt 35.000 €.

Nichtansässige Unternehmen, die in einem anderen EU-Mitgliedstaat niedergelassen sind, sind berechtigt, sich direkt, d. h. ohne Einschaltung eines Fiskalvertreters, in Malta umsatzsteuerlich zu registrieren. 70

Gleiches gilt für Unternehmen aus Nicht-EU-Staaten. Bei diesen kann allerdings die Steuerbehörde die Bestellung eines Fiskalvertreters anordnen. 71

Eine Vereinfachungsregelung für **Konsignationslager** besteht in Malta nicht (vgl. entsprechend OFD Frankfurt am Main, Verfügung vom 23.02.2017, S 7100a A-004-St 110). 72

15 Vorsteuervergütungsverfahren

15.1 EU-Unternehmen

73 Für Unternehmen mit Sitz in einem anderen Mitgliedstaat der Europäischen Union ist in Malta die Vergütung von Vorsteuerbeträgen nach der Richtlinie 2008/9/EG möglich. Wie in anderen Mitgliedstaaten üblich, hat der Antragsteller einen digitalen Vorsteuervergütungsantrag im Portal der für ihn im Heimatstaat zuständigen Finanzbehörde einzureichen (in Deutschland: Bundeszentralamt für Steuern). Die Antragsfrist ist grundsätzlich der 30.09. des Folgejahres (Ausschlussfrist).

Dem Antrag sind gescannte Rechnungskopien beizufügen, soweit das Nettoentgelt einen Betrag von 1.000 € bzw. 250 € bei Kraftstoffen übertrifft.

Der Mindestvergütungsbetrag in einem Antrag für weniger als ein Jahr muss 400 € betragen, und andernfalls gilt ein Mindestbetrag von 50 €.

15.2 Nicht-EU-Unternehmen

74 Unternehmen mit Sitz in Drittstaaten können einen Vorsteuervergütungsantrag nach der 13. Richtlinie einreichen. Die Vorsteuervergütung setzt nach maltesischem Recht keine Gegenseitigkeit mit dem Sitzstaat des Antragstellers voraus. Dies bedeutet, dass Malta grundsätzlich an Antragsteller aus allen Staaten Vorsteuern vergütet.

Anträge können für Kalendervierteljahre oder für ganze Kalenderjahre gestellt werden.

Der Mindestvergütungsbetrag in einem Jahresantrag muss 23 € betragen, oder 186 € bei Anträgen für kürzere Perioden.

Ein Antrag muss grundsätzlich spätestens bis zum 30.06. des Folgejahres gestellt werden. Es handelt sich um eine nicht verlängerbare Ausschlussfrist.

Der Antragsteller muss seine Unternehmereigenschaft mit einer durch seine Heimatsteuerbehörde ausgestellten Unternehmerbescheinigung nachweisen. Außerdem muss er die Originalrechnungen dem Antrag beifügen.

Die Behörden können die Bestellung eines Fiskalvertreters verlangen.

Länderanhang Niederlande

Literatur

De Boer, Netherlands Value Added Tax, IBFD 2017. **Ernst & Young**, Worldwide VAT, GST and Sales Tax Guide 2017. Inoffizielle Übersetzung Mehrwertsteuergesetz, IBFD 2017.

1 Einführung

1 Die Niederlande gehören zu den Gründungsmitgliedern der Europäischen Union. Das niederländische Mehrwertsteuergesetz ist zum 01.01.1969 in Kraft getreten. Mit Einführung der 6. EG-Richtlinie wurde es an diese angepasst und hat sich seitdem mit dem EU-Recht fortentwickelt.

Die gesetzlichen Vorschriften für die Umsatzsteuer finden sich in den Niederlanden

- im Mehrwertsteuergesetz (Wet op de omzetbelasting)
- im Durchführungserlass (Uitvoeringsbesluit omzetbelasting)
- im Beschluss über den Ausschluss des Vorsteuerabzugs (Besluit uitsluiting aftrek omzetbelasting)

  sowie
- in der Durchführungsverordnung Umsatzsteuer (Uitvoeringsbeschikking omzetbelasting).

Weiter basiert das niederländische Umsatzsteuersystem unmittelbar auf den verbindlichen Vorschriften der Durchführungsverordnung der EU vom 15.03.2011 (Nr. 282/2011), da diese bis dato nicht in ein nationales Gesetz überführt wurden.

2 Bezeichnung der Steuer

2 Die niederländische Bezeichnung der Umsatzsteuer lautet in niederländischer Sprache »omzetbelasting«. Wörtlich ins Deutsche übersetzt entspricht dies dem Begriff »Umsatzsteuer«. Gebräuchlich ist weiterhin der Begriff »belasting over de toegevoegde waarde« (BTW), was übersetzt »Mehrwertsteuer« bedeutet.

3 Steuerbarkeit und Erhebungsgebiet

3.1 Erhebungsgebiet

Das umsatzsteuerliche Erhebungsgebiet entspricht dem Staatsgebiet des Vereinigten Königreichs der Niederlande. 3

3.2 Steuerbare Umsätze

Sämtliche in den Niederlanden von einem Unternehmer im Rahmen seines Unternehmens gegen Entgelt ausgeführten **Lieferungen** und **Dienstleistungen** sind umsatzsteuerbar. 4

Lieferungen sind definiert als die Übertragung des Rechts, über körperliche Gegenstände oder unbewegliches Vermögen als Eigentümer zu verfügen (vgl. Art. 3 Mehrwertsteuergesetz). Dabei gelten Gas, Elektrizität, Wärme und Kälte als körperliche Gegenstände. Mietkauf stellt ebenfalls eine Lieferung dar (vgl. Art. 3 Mehrwertsteuergesetz). 5

Der **Ort der Lieferung** bestimmt sich nach der Verschaffung der Verfügungsmacht. Bei unbewegten Lieferungen ist das der Ort, an dem sich die Ware im Zeitpunkt der Übergabe befindet, bei bewegten Lieferungen der Ort an dem die Beförderung oder Versendung der Ware beginnt (vgl. Art. 5 Mehrwertsteuergesetz). Abweichend hiervon wird bei der **Versandhandelsregelung** das Ende der Versendung betrachtet. Es gilt hierbei eine Lieferschwelle von 100.000 €. Wird auf diese verzichtet, bindet die Entscheidung den Lieferer für mindestens 2 Jahre. Die Regelung gilt nicht für die Lieferung neuer Beförderungsmittel (vgl. Art. 5a Mehrwertsteuergesetz). 6

Ebenfalls in den Niederlanden steuerbar sind Lieferungen aus dem Drittland, bei denen der Lieferer die Einfuhrumsatzsteuer schuldet. 7

Explizite gesetzliche Regelungen zu **Reihengeschäften** gibt es in den Niederlanden nicht. 8

Unentgeltlich erbrachte Lieferungen oder Dienstleistungen können steuerbare **unentgeltliche Wertabgaben** sein. Regelmäßig ist Voraussetzung, dass aus dem Gegenstand ein Vorsteuerabzug geltend gemacht wurde. Darüber hinaus gelten unentgeltlich für unternehmensfremde Zwecke erbrachte Leistungen als steuerpflichtige Leistungen. Dies gilt weder für **Geschenke** mit einem geringen Wert noch für Warenmuster (vgl. Art. 3 und 4 Mehrwertsteuergesetz). 9

Dienstleistungen werden ähnlich wie in Deutschland als Leistungen definiert, die keine Lieferungen von Gegenständen darstellen (vgl. Art. 4 Mehrwertsteuergesetz). 10

Der **Ort der meisten Dienstleistungen** zwischen Unternehmern bestimmt sich nach dem Empfängerortsprinzip bzw. für Dienstleistungen an Nichtunternehmer nach dem Sitz des leistenden Unternehmers oder dessen fester Niederlassung (vgl. Art. 6 Mehrwertsteuergesetz). Ausnahmen gelten vor allem für grundstücksbezogene Umsätze (Ort des Grundstücks, vgl. Art. 6b Mehrwertsteuergesetz), für Personenbeförderungen (Ort der Beförderung, vgl. Art. 6c Mehrwertsteuergesetz), kurzfristige Vermietung von Beförderungsmitteln (Ort der Übergabe, vgl. Art. 6g Mehrwertsteuergesetz), Restaurantumsätze (Tätigkeitsort, vgl. Art. 6f Mehrwertsteuergesetz) und den Zugang zu Veranstaltungen (Ort derselben, vgl. Art. 6d Mehrwertsteuergesetz). 11

Geschäftsveräußerungen im Ganzen an einen anderen Unternehmer, d.h. die Übertragung eines ganzen Betriebs oder einer selbständigen wirtschaftlichen Einheit, unabhängig davon ob die Übertragung entgeltlich oder unentgeltlich erfolgt, sind grundsätzlich nicht umsatzsteuerbar (vgl. Art. 37d Mehrwertsteuergesetz). Eine Geschäftsveräußerung im Ganzen kann auch in der Übertragung sämtlicher Anteile an einer Gesellschaft oder in der Übertragung mehrerer vermieteter 12

Immobilien bestehen. Ob die Übertragung einer einzelnen vermieteten Immobilie eine Geschäftsveräußerung im Ganzen darstellt, ist aus niederländischer Sicht dagegen zweifelhaft.

Der Erwerber muss die Tätigkeit des Veräußerers fortsetzen. Nach niederländischem Recht ist es jedoch nicht erforderlich, dass er die Tätigkeit unverändert fortsetzt.

13 Steuerbar ist auch der **innergemeinschaftliche Erwerb** von Gegenständen in den Niederlanden (vgl. Art. 17a Mehrwertsteuergesetz). Es gibt jedoch Ausnahmen für land- und forstwirtschaftliche Betriebe, Steuerpflichtige, die ausschließlich vorsteuerschädliche Ausgangsumsätze tätigen, sowie für nicht unternehmerisch tätige juristische Personen. Die Erwerbschwelle für diesen Personenkreis, die weder im vorangegangenen Kalenderjahr noch im laufenden Kalenderjahr überschritten werden darf, beträgt 10.000 €. Auch wenn die Erwerbschwelle nicht überschritten wird, kann zur Steuerpflicht optiert werden. Die Option ist für mindestens zwei Jahre bindend (vgl. Art. 1a Mehrwertsteuergesetz).

14 Dienstleistungen, die von einem niederländischen Steuerpflichtigen grenzüberschreitend empfangen werden und unter die Steuerschuldnerschaft des Leistungsempfängers fallen, sind ebenfalls steuerbare Umsätze im Sinne des niederländischen Rechts. Ferner sind Einfuhren aus dem Drittland in den Niederlanden steuerbar (vgl. Art. 18 Mehrwertsteuergesetz).

15 Unternehmen aus der EU, die Telekommunikations-, Rundfunk-, Fernseh- oder elektronische Leistungen an in den Niederlanden ansässige Nichtsteuerpflichtige erbringen, sind in den Niederlanden seit dem 01.01.2015 umsatzsteuerpflichtig. Sie können jedoch das MOSS-Verfahren nutzen und sind damit nicht registrierungspflichtig.

Unternehmen aus Nicht-EU-Staaten können ebenfalls das MOSS-Verfahren nutzen, indem sie sich in einem einzigen EU-Mitgliedstaat für dieses Verfahren registrieren und dort sämtliche Umsätze melden.

16 In den Niederlanden ansässige **Kleinunternehmer** können von einer Sonderregelung Gebrauch machen. Voraussetzung für die Anwendung ist, dass der Unternehmer eine natürliche Person oder eine Personengesellschaft ist, deren Umsatzsteuerverbindlichkeit (Ausgangsumsatzsteuer abzüglich Vorsteuer) für das Kalenderjahr 1.883 € nicht übersteigt. Ist die Voraussetzung erfüllt, ermäßigt sich die Steuer um das 2,5-fache der Differenz zwischen 1.883 € und dem ursprünglichen Steuerbetrag. Dabei ist die Höhe des Abzugsbetrags auf die Höhe des ursprünglichen Steuerbetrags begrenzt (vgl. Art. 25 Mehrwertsteuergesetz). Umsatzsteuer, die auf Basis des reverse charge Verfahrens vom Unternehmer erhoben wird, ist nicht zu berücksichtigen.

Die Sonderregelung kann weder von pauschal besteuerten Landwirten in Anspruch genommen werden noch von Personen, die gelegentlich innergemeinschaftliche Lieferungen neuer Beförderungsmittel durchführen.

Nach Zustimmung durch die zuständige Finanzbehörde darf der Kleinunternehmer Rechnungen ohne Umsatzsteuer ausstellen. Er ist dann nicht zum Vorsteuerabzug berechtigt.

4 Unternehmer bzw. Steuerpflichtiger

17 Unternehmer sind nach niederländischem Recht alle Personen, die selbständig ein Unternehmen führen. Dabei schließt der Begriff Unternehmen auch freie Berufe ein sowie die Nutzung von Vermögensgegenständen zur langfristigen Einnahmenerzielung (vgl. Art. 7 Mehrwertsteuergesetz).

Auch juristische Personen des öffentlichen Rechts können Unternehmer sein, in dem Umfang, in dem sie wirtschaftlichen Aktivitäten nachgehen (vgl. Art. 7 Mehrwertsteuergesetz).

Ein ausländischer Unternehmer hat in den Niederlanden eine umsatzsteuerliche **Betriebsstätte** (feste Niederlassung), wenn er dort eine Geschäftseinrichtung unterhält (z. B. Büro, Lager), von dort Lieferungen oder Dienstleistungen erbringt und Personal unterhält, das Verträge mit Kunden oder Lieferanten abschließen kann. 18

5 Organschaft bzw. Mehrwertsteuergruppe

Nach niederländischem Recht werden zwei oder mehrere natürliche oder juristische Personen (inklusive feste Geschäftseinrichtungen), die Unternehmer im umsatzsteuerrechtlichen Sinne und finanziell, wirtschaftlich und organisatorisch eng miteinander verflochten sind, als ein umsatzsteuerlicher Unternehmer (Organschaft bzw. Mehrwertsteuergruppe) behandelt. Es handelt sich dabei nicht um ein Wahlrecht. 19

Offiziell liegt eine Mehrwertsteuergruppe erst am ersten Tag des Monats vor, der auf den Monat folgt, in dem die Finanzbehörde ihre Entscheidung über das Vorliegen einer Mehrwertsteuergruppe getroffen hat (vgl. Art. 7 Mehrwertsteuergesetz). Allerdings können Unternehmer, basierend auf dem case law des Hoge Raad der Nederlanden, auch ohne die formelle Entscheidung der Finanzbehörde eine Mehrwertsteuergruppe von dem Tag an begründen, an dem alle Voraussetzungen hierfür erfüllt sind.

Der Hoge Raad der Nederlanden hat in 2005 die Voraussetzungen wie folgt definiert:

(1) Finanzielle Eingliederung liegt vor, wenn mehr als 50 % der Anteile, inklusive der Stimmrechte, direkt oder indirekt von derselben Person gehalten werden.

(2) Organisatorische Eingliederung setzt voraus, dass die Einheiten unter einem gemeinsamen Management stehen oder das Management dem einer anderen Einheit untergeordnet ist.

(3) Von einer wirtschaftlichen Eingliederung ist auszugehen, wenn die Aktivitäten der Einheiten einem gemeinsamen Zweck dienen oder Aktivitäten überwiegend zum Nutzen der anderen Einheiten durchgeführt werden.

Auch reine Holdinggesellschaften, die jedoch in die Geschäftsführung ihrer Tochtergesellschaften involviert sind, können nach Ansicht des niederländischen Finanzministeriums Teil einer Mehrwertsteuergruppe sein. Dies wurde vom EuGH in der Rechtssache »Kommission gegen Niederlande« vom 25.04.2013 - C-65/11 bestätigt.

Transaktionen zwischen den einzelnen Gruppenmitgliedern sind umsatzsteuerlich unbeachtlich nicht steuerbare (Innenumsätze). Für die Mehrwertsteuergruppe kann entweder eine Steuererklärung abgegeben werden, oder jedes Mitglied gibt eine eigene Steuererklärung ab. Alle Mitglieder haften einzeln und gemeinsam für Steuern der Gruppe. 20

6 Bemessungsgrundlage

21 Die Bemessungsgrundlage der zu entrichtenden Umsatzsteuer ergibt sich auf Basis der Gegenleistung. Dabei gilt als Gegenleistung der Gesamtbetrag, der für die gelieferten Waren oder erbrachten Dienstleistungen in Rechnung gestellt wird, oder, in dem Umfang, in dem die Gegenleistung nicht in Form von Geld erbracht wird, der Nettogesamtwert der Gegenleistung.

22 Bei unentgeltlichen Vorgängen sind der Einkaufspreis bzw. die Selbstkosten im Umsatzzeitpunkt anzusetzen.

23 Bei entgeltlichen Transaktionen zwischen nahestehenden Personen (Arbeitnehmer und Arbeitgeber, Gesellschaft und Gesellschafter, jeweils mit Verwandtschaft) ist der Marktpreis anzusetzen, wenn das tatsächliche Entgelt darunterliegt und der Leistungsempfänger nicht voll zum Vorsteuerabzug berechtigt ist (vgl. Art. 8 Mehrwertsteuergesetz).

7 Steuersätze und Steuerbefreiungen

7.1 Regelsteuersatz

24 Der Regelsteuersatz beträgt in den Niederlanden 21 % (vgl. Art. 9 Mehrwertsteuergesetz).

7.2 Ermäßigte Steuersätze

25 Das niederländische Umsatzsteuergesetz sieht einen ermäßigten Steuersatz von 6 % vor (vgl. Art. 9 Mehrwertsteuergesetz). Es wird diskutiert, diesen (ab 2019) auf 9 % anzuheben.

26 Der ermäßigte Steuersatz von 6 % gilt unter anderem für

- Lebensmittel und Getränke,
- bestimmte Waren und Leistungen für die Landwirtschaft,
- Bücher, Zeitungen und Magazine,
- Gemälde und andere Kulturgüter,
- bestimmte Medikamente sowie Medizinprodukte,
- Personenbeförderung,
- Übernachtungsumsätze in Hotels,
- bestimmte kulturelle Leistungen (unter anderem für Eintritte in öffentliche Museen, Konzerte, Theater, Zirkus, Sportveranstaltungen),
- Müllabfuhr,
- bestimmte Bauleistungen,
- Haushaltshilfen für ältere Menschen, Kinder und Behinderte.

Digitale Zeitungen und Bücher werden regelbesteuert.

7.3 Steuerbefreiungen

Das niederländische Umsatzsteuerrecht enthält sowohl Steuerbefreiungen mit Vorsteuerabzugsrecht (echte Steuerbefreiungen) als auch Steuerbefreiungen ohne Vorsteuerabzugsrecht (unechte Steuerbefreiungen). 27

Zu den Steuerbefreiungen mit Vorsteuerabzugsrecht gehören unter anderem (vgl. Anlage II zum Mehrwertsteuergesetz) 28

- innergemeinschaftliche Lieferungen,
- Ausfuhrlieferungen,
- Umsätze für die internationale Seeschifffahrt und die Luftfahrt (ausschließlich für Fluggesellschaften, die überwiegend internationale Routen bedienen),
- bestimmte Lieferungen an NATO-Kräfte anderer Staaten in den Niederlanden,
- bestimmte Leistungen an internationale Organisationen sowie Leistungen an das Außenministerium für Projekte in Entwicklungsländern,
- Umsätze mit Gold für Zentralbanken,
- unter bestimmten Voraussetzungen Lieferungen verbrauchsteuerpflichtiger Güter, die einem besonderen Lagerregime unterliegen.

Steuerbefreiungen ohne Vorsteuerabzugsrecht (vgl. Art. 11 Mehrwertsteuergesetz) bestehen unter anderem für 29

- Bank- und Finanzumsätze,
- Versicherungsumsätze,
- Dienstleistungen selbständiger Zusammenschlüsse für ihre Mitglieder (Kostenteilungsgemeinschaften),
- bestimmte Glücksspielumsätze,
- Gesundheitspflege (ärztliche und zahnärztliche Leistungen sowie Leistungen von Krankenhäusern, Hebammen, Krankenpflegern, Lieferungen von Organen, Blut und Milch),
- Ausbildungsleistungen,
- bestimmte Sozialleistungen sowie zahlreiche dem Gemeinwohl dienende Umsätze,
- Post- und Telekommunikationsdienstleistungen,
- Umsätze aus der Übertragung von Immobilien,
- Umsätze aus der Vermietung von Immobilien.

Bestimmte Steuerbefreiungen gelten nur für Non-Profit-Organisationen und setzen voraus, dass die Leistungserbringung keine Wettbewerbsverzerrungen zur Folge hat.

Eine **Option zur Steuerpflicht** ist unter anderem für Umsätze aus der Übertragung sowie aus der Vermietung von Immobilien möglich. In beiden Fällen kann nur dann optiert werden, wenn der Erwerber die Immobilie zu Zwecken nutzt, die ihn zu einem mindestens 90 %-igen Vorsteuerabzug berechtigen. Die Option ist im Zeitpunkt der Veräußerung vom Veräußerer und vom Erwerber gemeinsam auszuüben. Sie kann auch im Rahmen der notariellen Urkunde erklärt werden. Die Umsatzsteuer muss der Erwerber im Wege der Steuerschuldnerschaft des Leistungsempfängers entrichten. Bei Vermietung muss die Option ebenfalls von Vermieter und Mieter unterzeichnet und anschließend innerhalb von 3 Monaten an die für den Vermieter zuständige Finanzbehörde übermittelt werden. 30

Bei Ausfuhrlieferungen und innergemeinschaftlichen Lieferungen ist ein **Belegnachweis** zu führen. 31

Bei **Ausfuhrlieferungen** dient üblicherweise das zollrechtliche Ausfuhrdokument, das entweder den Lieferer als Ausführer zeigt oder eindeutig auf die Rechnung referenziert, als Nachweis. Als weitere Belege kommen Frachtpapiere sowie der Zahlungsnachweis einer ausländischen Bank in Frage.

Bei **innergemeinschaftlichen Lieferungen** soll der Nachweis durch eine Rechnungskopie erfolgen, auf der die gültige USt-ID Nr. des Kunden eines anderen EU-Mitgliedstaats vermerkt ist, zusammen mit anderen geeigneten Unterlagen wie Bestellung, Frachtpapieren, Transportbelegen und einer Zahlungsbestätigung.

32 **Ausfuhrlieferungen im Reisegepäck** sind steuerfrei, wenn die Ausfuhr innerhalb von neunzig Tagen nachgewiesen wird und der Einkauf einen Bruttowert von mindestens 50 € umfasst (vgl. Art. 23a Durchführungsverordnung).

33 Die Niederlande verfügen über eine Regelung für **Umsatzsteuerlager.** Umsätze im Umsatzsteuerlager sind steuerbefreit.

Soweit es sich um ein spezielles Lager für verbrauchssteuerpflichtige Waren handelt, sind die Umsätze im Lager auch von den Verbrauchsteuern befreit.

Umsatzsteuer fällt nur dann an, wenn die Waren aus dem Lager entnommen und in die Niederlande eingeführt bzw. in andere EU-Staaten transportiert werden. Werden die Waren hingegen in ein anderes Zollverfahren überführt oder in das Drittland transportiert, gelten die Waren nicht als in die Niederlande eingeführt, so dass kein umsatzsteuerbarer Umsatz ausgeführt wird (vgl. Anlage II zum Mehrwertsteuergesetz).

8 Steuerschuldnerschaft des Leistungsempfängers

34 Nach dem niederländischen Umsatzsteuerrecht findet die Steuerschuldnerschaft des Leistungsempfängers unter anderem auf folgende Umsätze Anwendung:

- In den Niederlanden steuerbare Lieferungen oder Dienstleistungen, die ein nichtansässiger Unternehmer an einen in den Niederlanden ansässigen Steuerpflichtigen erbringt (vgl. Art. 12 Mehrwertsteuergesetz).

35 Die Niederlande haben weiterhin für folgende zwischen im Land ansässigen Unternehmern ausgeführte Transaktionen eine Steuerschuldnerschaft des Leistungsempfängers eingeführt (vgl. Art. 24b, 24ba, 24bb Durchführungserlass):

- Bauleistungen (inklusive Schiffsbau, Reparaturen und Instandhaltung, Umbau und Abbruch sowie Reinigungsleistungen),
- Personalgestellung im Bauleistungsbereich,
- Lieferung von Immobilien, sofern auf die Steuerbefreiung verzichtet wurde,
- Lieferung von Immobilien im Rahmen einer Zwangsversteigerung,
- Lieferung von Schrott und Abfällen sowie die Erbringung bestimmter Leistungen in diesem Zusammenhang,
- Umsätze mit CO2-Zertifikaten,
- Lieferung von Mobilfunkgeräten, integrierten Schaltkreisen, Spielekonsolen, Laptop- und Tablet-Computern sowie Gold an Wiederverkäufer, wenn der Betrag pro Kunde und Warengruppe mindestens 10.000 € beträgt,
- Lieferungen von Anlagegold, soweit steuerpflichtig, und bestimmten Goldprodukten ab einem Goldgehalt von 325/1.000,
- Telekommunikationsdienstleistungen, wenn diese an Wiederverkäufer erbracht werden; gilt ab dem 29.08.2017, durch Europäische Union bewilligt bis 31.12.2018.

9 Besondere Umsatzsteuerregelungen für bestimmte Unternehmen

9.1 Besteuerung von Reiseleistungen

Die Niederlande haben die Margenbesteuerung für Reiseveranstalter (Art. 306 bis Art. 310 Mehrwertsteuersystemrichtlinie) umgesetzt. Die Regelung bewirkt, dass Reiseveranstalter, die ihr unterliegen, nur Umsatzsteuer auf die Marge zwischen den Eingangsleistungen und den Ausgangsumsätzen schulden, wobei die Umsatzsteuer aus der Marge herauszurechnen ist. Der Besteuerung kann entweder die Marge pro Anmeldungszeitraum oder die Marge pro Reise zugrunde gelegt werden (vgl. Art. 28zb Mehrwertsteuergesetz). Zugleich besteht kein Vorsteuerabzugsrecht (vgl. Art. 28ze Mehrwertsteuergesetz). Insoweit ähnelt die Regelung der in Deutschland bestehenden Regelung des § 25 UStG. 36

9.2 Differenzbesteuerung

In den Niederlanden besteht eine Differenzbesteuerung für den Handel mit Gebrauchtwaren, Kunstgegenständen, Antiquitäten und Sammlungsobjekten. Die Regelung hat zur Folge, dass Umsatzsteuer nur auf die Marge zwischen Eingangsleistungen und Ausgangsleistungen erhoben wird. Zugleich ist der Vorsteuerabzug aus Eingangsleistungen ausgeschlossen. 37

9.3 Sonderregelung für Landwirte

In den Niederlanden bestand bis zum 31.12.2017 eine Pauschalbesteuerung für bestimmte Landwirte. Landwirte, die der Pauschalbesteuerung unterlagen, durften weder Umsatzsteuer in Rechnung stellen noch Vorsteuer in Abzug bringen. Da die Eingangsumsatzsteuer somit einen Kostenfaktor darstellte und faktisch über den Verkaufspreis vom Kunden getragen wurde, durfte der Kunde, sofern er Unternehmer war, zur Vermeidung einer Mehrfachbelastung die durchschnittliche Vorsteuerbelastung auf Waren, die er von einem pauschal besteuerten Landwirt erwarb selbst als Vorsteuer in Abzug bringen. Die durchschnittliche Vorsteuerbelastung betrug letztlich 5,4 % des Veräußerungspreises (vgl. Art. 27 Mehrwertsteuergesetz). 38

Zum 01.01.2018 wurde die Sonderregelung für Landwirte ersatzlos gestrichen. Für die Übergangszeit gelten besondere Regelungen bezüglich der Vorsteuerberichtigung aus Investitionsgütern (vgl. grundsätzlich Abschnitt 11.3).

10 Entstehung der Steuer

10.1 Besteuerung nach vereinbarten Entgelten

39 Grundsätzlich gilt in den Niederlanden das Prinzip der Besteuerung nach vereinbarten Entgelten.

40 Bei der **Lieferung von Gegenständen** entsteht die Umsatzsteuer grundsätzlich mit Verschaffung der Verfügungsmacht bzw. bei Warenbewegung mit deren Ende.

41 Bei **Dienstleistungen** entsteht die Umsatzsteuer mit Erbringung der Dienstleistung.

42 Wird eine Anzahlung geleistet, entsteht die Umsatzsteuer entsprechend mit deren Erhalt. In diesem Fall ist am Tag des Zahlungseingangs eine Umsatzsteuerrechnung auszustellen (vgl. Art. 13 Mehrwertsteuergesetz).

43 Bei **Dauerleistungen** gilt die Leistung in dem Zeitpunkt als erbracht, in dem die Zahlung fällig ist. Wurde keine Fälligkeit vereinbart, oder beträgt die Zeit zwischen den Fälligkeitsterminen mehr als ein Kalenderjahr, entsteht die anteilige Steuer am Ende eines jeden Kalenderjahres (vgl. Art. 13 Mehrwertsteuergesetz).

44 Die Steuer auf **innergemeinschaftliche Erwerbe** entsteht im Zeitpunkt der Rechnungserstellung. Ist am 15. Kalendertag des auf den Wareneingang folgenden Monats noch keine Rechnung ausgestellt, so entsteht die Steuer zu diesem Zeitpunkt (vgl. Art. 17g Mehrwertsteuergesetz).

10.2 Berichtigung der Umsatzsteuer bei Uneinbringlichkeit oder aus anderen Gründen

45 In den Niederlanden ist eine Anpassung und Erstattung der Umsatzsteuer immer dann möglich, wenn nachträglich der Preis reduziert wird, es zur Stornierung einer Lieferung kommt oder der vereinbarte Preis nur zum Teil oder gar nicht gezahlt wird – Uneinbringlichkeit (vgl. Art. 29 Mehrwertsteuergesetz).

46 Im Falle eines Forderungsausfalls entsteht der Anspruch auf Rückerstattung der Umsatzsteuer in dem Zeitpunkt, zu dem sicher ist, dass der Kunde nicht oder nur einen Teilbetrag zahlen wird. Seit dem 01.01.2017 gilt eine Forderung immer dann als nicht realisierbar, wenn der Kunde seine Verbindlichkeit innerhalb eines Jahres nach Fälligkeit nicht oder nur teilweise beglichen hat (vgl. Art. 29 Mehrwertsteuergesetz).

10.3 Besteuerung nach vereinnahmten Entgelten

47 Nach niederländischem Recht ist es zulässig, dass die Umsatzsteuerschuld von Unternehmen, die mindestens 80 % ihrer Umsätze an Nichtunternehmer ausführen, nach vereinnahmten Entgelten ermittelt wird (vgl. Art. 26 Mehrwertsteuergesetz und Art. 26 Durchführungsverordnung).

10.4 Sonderregelung für Einfuhrumsatzsteuer

Es ist möglich, die Zahlung der Einfuhrumsatzsteuerschuld nicht direkt bei der Zollbehörde vorzunehmen, sondern stattdessen den Betrag in der Umsatzsteuermeldung anzugeben und – soweit berechtigt – zeitgleich als Vorsteuer geltend zu machen (vgl. Art. 23 Mehrwertsteuergesetz). **47a**

Das Verfahren gilt zunächst für alle Einfuhren jener Güter, die in Anhang A zur Durchführungsverordnung Umsatzsteuer aufgeführt werden (vgl. Art. 17 Durchführungsverordnung Umsatzsteuer). Weiterhin anzuwenden ist das Verfahren für die Einfuhr von Gütern zur Versorgung von Beförderungsmitteln, die nicht zum freien Verkehr abgefertigt wurden (vgl. Art. 17a Durchführungsverordnung Umsatzsteuer).

In den Niederlanden niedergelassene Unternehmer oder solche, die einen Fiskalvertreter bestellt haben, dürfen allgemein einen Antrag auf Anwendung des Verfahrens stellen (vgl. Art. 18 Durchführungsverordnung Umsatzsteuer). Der Antrag setzt regelmäßige Einfuhren in den Niederlanden und ordnungsmäßige Aufzeichnungen voraus. Wird der Antrag bewilligt, müssen alle Einfuhren im besonderen Verfahren abgewickelt werden.

Schließlich kann ein Antrag für das Verfahren bezogen auf die Einfuhr von Personenkraftwagen und Lieferwagen gestellt werden (vgl. Art. 18a Durchführungsverordnung Umsatzsteuer). Dieser Antrag setzt ebenfalls eine Niederlassung oder einen Fiskalvertreter voraus, weiterhin entsprechende, ordnungsgemäß erfolgte Einfuhren während mindestens sechs Monaten, die Führung von ordnungsmäßigen Aufzeichnungen und die Implementierung angemessener Maßnahmen zur Sicherung der Zahlung der Mehrwertsteuer.

11 Vorsteuerabzug und Rechnungen

11.1 Allgemeines

Grundsätzlich sind umsatzsteuerliche Unternehmer aus den für ihr Unternehmen bezogenen Lieferungen und sonstigen Leistungen, innergemeinschaftlichen Erwerben sowie der Einfuhr von Waren zum Vorsteuerabzug berechtigt. Regelmäßig ist der Vorsteuerabzug durch eine ordnungsgemäße Rechnung bzw. im Fall der Einfuhrumsatzsteuer durch ein ordnungsgemäßes Zolldokument nachzuweisen (vgl. Art. 15 Mehrwertsteuergesetz). Vorsteuerüberhänge werden auf Antrag von den niederländischen Steuerbehörden erstattet (vgl. Art. 17 Mehrwertsteuergesetz). **48**

11.2 Beschränkungen des Vorsteuerabzugs

Nach dem Umsatzsteuerrecht der Niederlande berechtigen verschiedene Aufwendungen nicht zum Vorsteuerabzug (vgl. Art. 15 Mehrwertsteuergesetz). Entsprechende Beschränkungen gelten unter anderem für die folgenden Aufwendungen: **49**
- Mahlzeiten und Getränke in Restaurants, Hotels, Bars, Pubs etc.,
- Repräsentationsaufwand (Ausgaben für Unterhaltung und Luxusgüter),
- Alkohol und Tabak (außer bei Wiederverkäufern oder Restaurants u.ä.),

- Werbegeschenke (sofern der Wert 227 € übersteigt, wenn der Empfänger selbst nicht zum Vorsteuerabzug berechtigt ist),
- Sachbezüge (wie Essen und Getränke in unternehmenseigener Kantine oder bei Unternehmensveranstaltungen, Nutzung von Telefonen und Computern für private Zwecke) für Arbeitnehmer, sofern diese im Jahr einen Nettobetrag von 227 € übersteigen. Wird die Wertgrenze im Unternehmen insgesamt überschritten, ist die unterjährig geltend gemachte Vorsteuer auf sämtliche Sachbezüge am Jahresende zurückzuzahlen.

50 Weiterhin sind Vorsteuerbeträge vom Abzug ausgeschlossen, wenn sie im Zusammenhang mit unecht steuerfreien Umsätzen stehen.

51 Führt ein Unternehmen sowohl zum Vorsteuerabzug berechtigende als auch nicht zum Vorsteuerabzug berechtigende Umsätze aus, ist es nur zum teilweisen Vorsteuerabzug berechtigt und es ist eine Aufteilung der Vorsteuerbeträge vorzunehmen. Grundsätzlich sind in einem zweistufigen Verfahren zunächst Vorsteuerbeträge direkt zu Abzugs- und Ausschlussumsätzen zuzuordnen. Danach verbleibende Vorsteuerbeträge sind nach einem Umsatzschlüssel aufzuteilen (vgl. Art. 11 Durchführungsverordnung).

11.3 Berichtigung des Vorsteuerabzugs

52 Nach dem niederländischen Umsatzsteuergesetz ist für Wirtschaftsgüter, die im Unternehmen mindestens fünf Jahre genutzt werden, eine Vorsteuerberichtigung vorzunehmen, sofern sich innerhalb des Vorsteuerberichtigungszeitraums der Vorsteuerschlüssel um mehr als 10 % ändert oder diese veräußert oder entnommen werden. Der Vorsteuerberichtigungszeitraum beträgt für bewegliche Gegenstände fünf Jahre und für Grundstücke, Gebäude und verwandte Wirtschaftsgüter zehn Jahre (vgl. Art. 13 und 13 a Durchführungsverordnung). Bei Immobilien ist zu beachten, dass eine Änderung des Vorsteuerschlüssels um mehr als 10 % unter bestimmten Umständen dazu führen kann, dass die Option zur Umsatzsteuer rückwirkend ihre Gültigkeit verliert.

11.4 Rechnungen

53 In den Niederlanden sind steuerpflichtige Unternehmer grundsätzlich verpflichtet, für alle steuerpflichtigen und steuerfreien Umsätze eine ordnungsgemäße umsatzsteuerliche Rechnung auszustellen (vgl. Art. 34c Mehrwertsteuergesetz). Ausnahmen bestehen für Unternehmer, die ausschließlich steuerfreie Transaktionen ausführen, Unternehmer, die bestimmte Personenbeförderungsleistungen erbringen sowie für Unternehmer, die in Hotels, Restaurants und ähnlichen Einrichtungen Speisen und Getränke ausgeben.

Rechnungen sind bis zum 15. Kalendertag des auf die Lieferung oder Leistung folgenden Monats auszustellen. Bei Vorauszahlungen ist für jede Zahlung vor Fälligkeit des Vorauszahlungsbetrags eine Vorauszahlungsrechnung zu stellen.

54 Die Abrechnung kann auch im **Gutschriftsverfahren** erfolgen, wenn dies in der Branche gängige Praxis ist. In diesem Fall muss zwischen dem Lieferanten und dem Aussteller der Gutschriften Einigkeit über die Anwendung des Gutschriftsverfahrens bestehen.

55 **Umsatzsteuerrechnungen** müssen folgende Angaben enthalten (vgl. Art. 35a Mehrwertsteuergesetz):

- Datum der Ausstellung,
- Fortlaufende Rechnungsnummer basierend auf einem oder mehreren Nummernkreisen, die eine eindeutige Identifikation der Rechnung ermöglichen,
- Name und Anschrift des Leistenden sowie dessen Umsatzsteueridentifikationsnummer,
- Name und Anschrift sowie Umsatzsteueridentifikationsnummer des Leistungsempfängers,
- Menge und Art der gelieferten Gegenstände oder Umfang und Art der Leistung, inklusive aller Details, die erforderlich sind, um den korrekten anwendbaren Umsatzsteuersatz zu bestimmen,
- Datum der Lieferung oder Leistung sowie bei Vorausrechnungen das Fälligkeitsdatum der Vorauszahlung,
- Nettoentgelt, getrennt nach Steuersätzen und Steuerbefreiungen sowie Angabe des Nettopreises pro Einheit, eventueller Vorauszahlungen, vereinbarter Rabatte oder anderer Preisnachlässe,
- anwendbarer Umsatzsteuersatz,
- Nettogesamtvergütung,
- falls eine Steuerbefreiung zur Anwendung kommt, Hinweis auf die Befreiungsvorschrift,
- sofern im Gutschriftsverfahren abgerechnet wird, Hinweis auf die Abrechnung im Gutschriftsverfahren,
- sofern der Leistungsempfänger Steuerschuldner ist, Hinweis auf die Steuerschuldnerschaft des Leistungsempfängers,
- sofern einschlägig, Daten zur Überprüfung der Neuwertigkeit des Beförderungsmittels,
- sofern einschlägig, Hinweis auf Anwendung der Differenzbesteuerung,
- Name, Anschrift und Umsatzsteuernummer des Fiskalvertreters, sofern einer bestellt wurde.

Kleinbetragsrechnungen: Für Lieferungen und Leistungen können bei einem Rechnungsbetrag von unter 100 € grundsätzlich vereinfachte Rechnungen ausgestellt werden. Eine vereinfachte Rechnung kann auch als Korrekturbeleg zu einer zu korrigierenden Rechnung erstellt werden (vgl. Art. 34d Mehrwertsteuergesetz). 56

Kleinbetragsrechnungen müssen nur folgende Elemente enthalten (vgl. Art. 35a Mehrwertsteuergesetz):

- Datum der Ausstellung,
- Angaben zur Identifikation des Lieferanten,
- Angaben zur Identifikation der Lieferung oder Leistung,
- Umsatzsteuerbetrag oder Daten, um diesen zu berechnen,
- soweit die Rechnung eine andere korrigieren soll, ist ein eindeutiger Bezug zu der zu korrigierenden Rechnung herzustellen und genau anzugeben, welche Details korrigiert werden sollen.

11.5 Elektronische Rechnungsstellung

In den Niederlanden ist die Ausstellung elektronischer Rechnungen möglich. Sie bedarf der Zustimmung des Rechnungsempfängers, die jedoch stillschweigend erfolgen kann. Echtheit und Integrität der Rechnung sind sicherzustellen. Der Steuerpflichtige kann selbst entscheiden, in welcher Form er dies bewirkt (vgl. Art. 35b Mehrwertsteuergesetz). 57

11.6 Rechnungen in fremder Währung

58 Rechnungen dürfen in Fremdwährungen oder in Euro ausgestellt werden.

Fremdwährungen sind mit dem letzten im Zeitpunkt der Fälligkeit der Steuer gelisteten Umrechnungskurs, alternativ mit dem aktuellsten Verkaufskurs für die Fremdwährung der niederländischen Nationalbank oder der EZB umzurechnen. Die Finanzverwaltung kann die Übersetzung von in ausländischer Sprache ausgestellten Rechnungen verlangen (vgl. Art. 35a Mehrwertsteuergesetz).

12 Steuererklärungen und weitere Steueranmeldungen

12.1 Umsatzsteuermeldungen

59 In den Niederlanden sind die Umsatzsteueranmeldungen, abhängig von der Höhe der zu zahlenden Umsatzsteuer, monatlich, vierteljährlich oder jährlich abzugeben. Die Abgabe hat elektronisch zu erfolgen und ist spätestens am letzten Werktag des Monats vorzunehmen, der auf die Berichtsperiode folgt (vgl. Art. 37a Mehrwertsteuergesetz). Bei jährlicher Abgabe verlängert sich die Abgabefrist bis Ende März. Zum gleichen Zeitpunkt muss auch die zu zahlende Umsatzsteuer entrichtet werden (vgl. Art. 14 Mehrwertsteuergesetz).

Standardmäßig ist die Umsatzsteueranmeldung vierteljährlich einzureichen. Bei regelmäßigen Vorsteuerüberhängen, wie sie beispielsweise bei Exporteuren auftreten können, kann der Steuerpflichtige die monatliche Abgabe beantragen. Sofern die vierteljährlich zu zahlende Umsatzsteuer mehr als 7.000 € beträgt oder der Steuerpflichtige regelmäßig die Umsatzsteuer zu spät entrichtet, kann die Finanzverwaltung die monatliche Abgabe verlangen. Steuerpflichtigen, die im Jahr weniger als 1.883 € Umsatzsteuer zahlen, kann die jährliche Abgabe erlaubt werden.

Seit dem 01.01.2018 sind Berichtigungen der Angaben in Umsatzsteuermeldungen ebenfalls in elektronischer Form vorzunehmen.

12.2 Umsatzsteuerjahreserklärungen

60 In den Niederlanden gibt es keine Umsatzsteuerjahreserklärung.

12.3 Umsatzsteuer-Identifikationsnummer

61 Die niederländische Umsatzsteuer-Identifikationsnummer besteht aus zwölf Stellen, von denen die drittletzte der Buchstabe »B« sein muss. Der vorangestellte Ländercode lautet NL.

12.4 Zusammenfassende Meldung im innergemeinschaftlichen Waren- und Dienstleistungsverkehr

Unternehmen, die innergemeinschaftliche Lieferungen oder Dienstleistungen nach Art. 44 Mehrwertsteuersystemrichtlinie ausführen, müssen auf elektronischem Wege eine Zusammenfassende Meldung abgeben. **62**

Sofern der Betrag der innergemeinschaftlichen Lieferungen 50.000 € übersteigt, ist die Zusammenfassende Meldung auf monatlicher Basis abzugeben. Übersteigt der Betrag der innergemeinschaftlichen Lieferungen nicht 50.000 €, kann die Abgabe vierteljährlich erfolgen.

Für innergemeinschaftliche Dienstleistungen hat die Abgabe der Zusammenfassenden Meldung monatlich zu erfolgen, allerdings kann der Steuerpflichtige auch zur Abgabe auf vierteljährlicher Basis optieren.

Die Zusammenfassende Meldung ist zusammen mit der Umsatzsteueranmeldung elektronisch einzureichen (vgl. Art. 37a Mehrwertsteuergesetz).

Reichen zu einer Umsatzsteuergruppe gehörende Unternehmen individuelle Umsatzsteueranmeldungen ein, sind von jedem einzelnen Unternehmen eigenständige Zusammenfassende Meldungen abzugeben. Wird hingegen von einer Umsatzsteuergruppe nur eine konsolidierte Umsatzsteueranmeldung abgegeben, ist grundsätzlich auch nur eine konsolidierte Zusammenfassende Meldung zu erstellen. Es besteht trotzdem die Möglichkeit, für jedes einzelne Unternehmen eine eigenständige Zusammenfassende Meldung abzugeben.

13 Straf- und Bußgeldvorschriften

In den Niederlanden gelten die folgenden Vorschriften: **63**

- **Verspätete Abgabe von Erklärungen**
  Wird eine Umsatzsteueranmeldung verspätet abgegeben, beläuft sich die maximale Strafe auf 131 €.
- **Verspätete Zahlung**
  Bei verspäteter Zahlung der Umsatzsteuer beträgt die Strafe mindestens 50 € und höchstens 10 % der fälligen Umsatzsteuer, jedoch begrenzt auf einen Höchstbetrag von 5.278 €.
  Ist die verspätete Zahlung auf grobe Fahrlässigkeit oder unredliches Verhalten zurückzuführen, können Strafen zwischen 25 % und 100 % der zu zahlenden Umsatzsteuer festgesetzt werden.
  Stellt ein Steuerpflichtiger nach Abgabe der Umsatzsteueranmeldung fest, dass diese fehlerhaft oder unvollständig war, ist er verpflichtet, eine korrigierte Umsatzsteueranmeldung abzugeben. Kommt er dieser Verpflichtung nicht nach, kann eine Strafe von bis zu 100 % der nicht erhobenen Steuer festgesetzt werden.
- **Verspätete Abgabe der Zusammenfassenden Meldungen**
  Gibt ein Unternehmer die Zusammenfassende Meldung nicht rechtzeitig ab, erhält er zunächst nur eine Mahnung. Wenn er die Zusammenfassende Meldung danach immer noch nicht abgibt, können die Steuerbehörden eine Strafe von bis zu 5.278 € festsetzen (vgl. Art. 40 Mehrwertsteuergesetz), wobei der Maximalbetrag nur in Sonderfällen zur Anwendung gelangt.

- **Verspätete Registrierung**
  Für die verspätete Registrierung gibt es in den Niederlanden keine eigenständige Strafe. Allerdings können, wenn es aufgrund der verspäteten Registrierung zur verspäteten Abgabe von Umsatzsteueranmeldungen bzw. zu verspäteten Zahlungen von Umsatzsteuer kommt, Strafen für die verspätete Anmeldung bzw. Zahlung festgesetzt werden.

64 Wer Umsatzsteuer in einer Rechnung zu Unrecht ausweist, schuldet diese Umsatzsteuer bis zu einer wirksamen Korrektur (vgl. Art. 37 Mehrwertsteuergesetz).

14 Behandlung nicht ansässiger Unternehmen

65 Ein nicht ansässiges Unternehmen ist nach niederländischem Verständnis ein Unternehmen, das weder den Sitz noch die Geschäftsleitung noch eine feste Niederlassung in den Niederlanden unterhält. Nicht ansässige Unternehmen müssen sich in den Niederlanden umsatzsteuerlich registrieren, wenn sie mindestens eine der folgenden Aktivitäten ausführen:

- in den Niederlanden steuerbare Lieferungen von Gegenständen, die nicht der Steuerschuldnerschaft des Leistungsempfängers unterliegen (das reverse charge Verfahren kommt grundsätzlich für alle Lieferungen und Leistungen durch nicht in den Niederlanden ansässige Unternehmen zur Anwendung, die an Steuerpflichtige oder nichtsteuerpflichtige juristische Personen in den Niederlanden erbracht werden, sofern auf diese Transaktionen niederländische Umsatzsteuer anfällt),
- in den Niederlanden steuerbare Versandhandelslieferungen,
- in den Niederlanden steuerbare sonstige Leistungen, die nicht unter die Steuerschuldnerschaft des Leistungsempfängers oder das MOSS-Verfahren fallen,
- Bewirken eines innergemeinschaftlichen Erwerbs in den Niederlanden.

Die Lieferschwelle für Versandhandelslieferungen beträgt 100.000 €.

66 Nichtansässige Unternehmen sind grundsätzlich berechtigt, sich direkt, d. h. ohne Einschaltung eines Fiskalvertreters, in den Niederlanden umsatzsteuerlich zu registrieren.

67 Nur in Ausnahmefällen ist für Unternehmen aus Nicht-EU-Staaten die Bestellung eines in den Niederlanden ansässigen **Fiskalvertreters** für die umsatzsteuerliche Registrierung erforderlich. Unter bestimmten Voraussetzungen kann die Bestellung eines Fiskalvertreters von Vorteil sein.

68 Es gibt eine Vereinfachungsregelung, die für sogenannte **Konsignationslager** bewirken kann, dass keine Registrierung in den Niederlanden erforderlich ist (vgl. Erwähnung in OFD Frankfurt am Main, Verfügung vom 23.02.2017, S 7100a A-004-St 110). Die Vereinfachungsregelung unterstellt bei der Überführung von Waren aus dem EU-Ausland in ein niederländisches Konsignationslager, dass die Waren erst in dem Zeitpunkt in die Niederlande transportiert werden, zu dem der niederländische Kunde die Waren aus dem Lager entnimmt. Das hat zur Folge, dass es im Zeitpunkt der Entnahme zu einer innergemeinschaftlichen Lieferung kommt, und damit der Erwerber in den Niederlanden die Erwerbsbesteuerung vorzunehmen hat. Es gibt keine zeitliche Beschränkung hinsichtlich der Verweildauer der Waren im Lager. Für sogenannte Call-Off Lager existiert in den Niederlanden eine vergleichbare Vereinfachungsregelung.

15 Vorsteuervergütungsverfahren

15.1 EU-Unternehmen

Für Unternehmen mit Sitz in einem anderen Mitgliedstaat der Europäischen Union ist in den Niederlanden die Vergütung von Vorsteuerbeträgen nach der Richtlinie 2008/9/EG möglich (vgl. Art. 5 DL 186/2009 vom 12. August 2009). Wie in anderen Mitgliedstaaten üblich, hat der Antragsteller einen digitalen Vorsteuervergütungsantrag im Portal der für ihn im Heimatstaat zuständigen Finanzbehörde einzureichen (in Deutschland: Bundeszentralamt für Steuern). 69

Ein Antrag ist grundsätzlich bis zum 30.09. des Folgejahres zu stellen. In den Niederlanden kann der Antrag jedoch auch noch innerhalb von fünf Jahren nachdem der Vorsteueranspruch entstanden ist, gestellt werden. Es gilt also, anders als in den meisten EU-Staaten, nicht die harte Ausschlussfrist. Wird der Antrag nach dem 30.09. des Folgejahres gestellt, ist ein negativer Bescheid allerdings nicht mehr anfechtbar.

Dem Antrag sind keine gescannten Rechnungskopien beizufügen. Allerdings können diese durch die Behörde angefordert werden.

Anträge können für ganze Kalenderjahre oder für Zeiträume von mindestens drei Monaten gestellt werden. Der Mindestvergütungsbetrag in einem Jahresantrag muss 50 € betragen, oder 400 € bei Anträgen für kürzere Perioden.

15.2 Nicht-EU-Unternehmen

Unternehmen mit Sitz in Drittstaaten können einen Vorsteuervergütungsantrag nach der 13. Richtlinie einreichen. Die Anträge können in niederländischer, englischer oder deutscher Sprache gestellt werden. 70

Ein Antrag ist grundsätzlich bis zum 30.06. des Folgejahres einzureichen. In den Niederlanden kann der Antrag jedoch auch noch innerhalb von fünf Jahren nachdem der Vorsteueranspruch entstanden ist, gestellt werden. Es gilt also, anders als in den meisten EU-Staaten, nicht die harte Ausschlussfrist. Wird der Antrag nach dem 30.06. des Folgejahres gestellt, ist ein negativer Bescheid allerdings nicht mehr anfechtbar.

Der Antrag ist in Papierform oder elektronisch zu übermitteln. Der Antragsteller muss seine Unternehmereigenschaft mit einer durch seine Heimatsteuerbehörde ausgestellten Unternehmerbescheinigung nachweisen, die maximal ein Jahr alt sein darf. Weiter muss er die Originalrechnungen beifügen.

Anträge können für ganze Kalenderjahre oder für Zeiträume von mindestens drei Monaten gestellt werden. Der Mindestvergütungsbetrag in einem Jahresantrag muss 50 € betragen, oder 400 € bei Anträgen für kürzere Perioden. Der Antragsteller kann einen Fiskalvertreter bestellen.

Länderanhang Norwegen

Literatur

Bryne, Norway Value Added Tax, IBFD 2017. **Ernst & Young**, Worldwide VAT, GST and Sales Tax Guide 2017. Inoffizielle Übersetzung Mehrwertsteuergesetz (digital veröffentlicht durch die norwegischen Finanzbehörden).

1 Einführung

Norwegen ist kein Mitglied der Europäischen Union. Das norwegische Mehrwertsteuergesetz basiert daher nicht auf der Mehrwertsteuersystemrichtlinie, sondern es handelt sich um einen eigenständigen Rechtsakt. Dabei wird in Norwegen seit dem 01.01.1970 eine Mehrwertsteuer erhoben. 1

Da Norwegen somit nicht Teil des Unionsgebiets ist, gibt es keine Regelungen zum innergemeinschaftlichen Waren- und Dienstleistungsverkehr wie z.B. für innergemeinschaftliche Lieferungen oder innergemeinschaftliche Erwerbe.

2 Bezeichnung der Steuer

Die norwegische Bezeichnung der Umsatzsteuer lautet »Merverdiavgift« (MVA). Wörtlich ins Deutsche übersetzt entspricht dies dem Begriff »Mehrwertsteuer«. 2

3 Steuerbarkeit und Erhebungsgebiet

3.1 Erhebungsgebiet

Das umsatzsteuerliche Erhebungsgebiet entspricht dem Staatsgebiet des Königreichs Norwegen (vgl. Art. 1-2 Mehrwertsteuergesetz). In Spitzbergen (Svalbard) und Jan Mayen wird die Mehrwertsteuer nicht erhoben. 3

3.2 Steuerbare Umsätze

4 Sämtliche in Norwegen von einem Steuerpflichtigen ausgeführten **Lieferungen** und **Dienstleistungen** sind umsatzsteuerbar.

5 Als **Lieferungen** gelten neben der Übertragung körperlicher Gegenstände und unbeweglichen Vermögens auch die Lieferung von Gas, Elektrizität, Wärme und Kälte (vgl. Art. 1-3 Mehrwertsteuergesetz). Mietkauf ist ebenfalls eine Lieferung.

6 Der **Ort der Lieferung** bestimmt sich nach der Verschaffung der Verfügungsmacht bzw. bei Warentransport nach dessen Beginn. Bei Lieferungen mit Montage ist der Lieferort der Ort der Montage. Eine spezielle Versandhandelsregelung gibt es nicht. Allerdings hat vor einigen Jahren ein norwegisches Gericht entschieden, dass ein Unternehmen, das über eine speziell auf den norwegischen Markt zugeschnittene Internetseite Waren an Verbraucher anbot, die aus dem Ausland direkt geliefert wurden, damit in Norwegen steuerbar wurde, obwohl die Einfuhrgrenze für geringen Wert nicht überschritten war.

7 Ebenfalls in Norwegen steuerbar sind Lieferungen aus dem Ausland, bei denen der Lieferer die Einfuhrumsatzsteuer schuldet.

8 Unentgeltlich erbrachte Lieferungen oder Dienstleistungen können steuerbare **unentgeltliche Wertabgaben** sein (vgl. Art. 3-23 Mehrwertsteuergesetz).

Geschenke mit einem geringen Wert (maximal 50 NOK) sind keine unentgeltlichen Wertabgaben.

9 **Dienstleistungen** werden ähnlich wie in Deutschland als Leistungen definiert, die keine Lieferungen von Gegenständen darstellen (vgl. Art. 1-2 Mehrwertsteuergesetz).

10 Der **Ort der meisten Dienstleistungen** bestimmt sich nach dem Ort der Leistungserbringung. Insbesondere sind alle Leistungen an norwegischen Grundstücken oder an in Norwegen befindlichen Gegenständen in Norwegen umsatzsteuerbar. Werden Leistungen außerhalb Norwegens erbracht, sind sie nicht steuerbar, auch wenn norwegische Unternehmen sie ausführen. Ein allgemeines Empfängerortsprinzip wie in der Europäischen Union kennt das norwegische Mehrwertsteuergesetz nicht.

Allerdings gilt für diverse Dienstleistungen, sogenannte »remote services«, ein Empfängerortsprinzip (vgl. Art. 1-3 i) Mehrwertsteuergesetz). Dieses erfasst beispielsweise die rechtliche, wirtschaftliche oder technische Beratung, Übertragung von Lizenzen, Rechten oder Patenten, Telekommunikation und elektronische Dienstleistungen.

Für diese Leistungen greift das Empfängerortsprinzip auch umgekehrt, d.h. sie sind nicht steuerbar, wenn sie an einen Empfänger außerhalb Norwegens erbracht werden.

11 **Geschäftsveräußerungen im Ganzen** an einen anderen Unternehmer, d.h. die Übertragung des ganzen Betriebs, sind umsatzsteuerfrei. Sie bewirken eine Rechtsnachfolge (vgl. Art. 6-14 Mehrwertsteuergesetz).

12 Dienstleistungen, die von einem norwegischen Steuerpflichtigen grenzüberschreitend empfangen werden und unter die Steuerschuldnerschaft des Leistungsempfängers fallen, sind ebenfalls steuerbare Umsätze im Sinne des norwegischen Rechts. Schließlich sind Einfuhren von Waren in Norwegen umsatzsteuerbar (vgl. Art. 3-29 Mehrwertsteuergesetz). Dies schließt Waren aus Spitzbergen oder Jan Mayen ein.

13 Nichtansässige Unternehmen, die elektronische Kommunikationsleistungen (einschließlich Download von Software, Musik, Filmen und vergleichbaren Inhalten) an Nichtsteuerpflichtige erbringen, sind damit zwar in Norwegen seit dem 01.07.2011 umsatzsteuerpflichtig (vgl. Art. 1-3 j) Mehrwertsteuergesetz). Sie können jedoch ein vereinfachtes Registrierungsverfahren nutzen. In diesem Fall ist der Vorsteuerabzug nur über das Vergütungsverfahren möglich (vgl. Art. 14-4 ff. Mehrwertsteuergesetz).

In Norwegen ansässige Unternehmer, die eine Umsatzgrenze von 50.000 NOK in einem Kalenderjahr nicht übertreffen, werden als **Kleinunternehmer** besteuert (vgl. Art. 2-1 Mehrwertsteuergesetz). Sie schulden keine Umsatzsteuer, haben jedoch auch kein Vorsteuerabzugsrecht. Es ist nicht möglich, die Regelbesteuerung zu beantragen. 14

4 Unternehmer bzw. Steuerpflichtiger

Als Steuerpflichtiger nach norwegischem Recht gilt jede natürliche oder juristische Person, die im Zuge einer geschäftlichen Betätigung in Norwegen Waren liefert oder Dienstleistungen erbringt (vgl. Art. 1-3 Mehrwertsteuergesetz). 15

Organisationen ohne Gewinnerzielungsabsicht können der Mehrwertsteuer unterliegen, wobei in der Regel eine Umsatzschwelle von 140.000 NOK überschritten sein muss. Die öffentliche Hand unterliegt nur der Mehrwertsteuer, wenn sie wie ein Unternehmer handelt (vgl. Art. 2-1 Mehrwertsteuergesetz). 16

Norwegen kennt auch in der Mehrwertsteuer ein Betriebstättenkonzept. Eine Betriebsstätte liegt regelmäßig vor, wenn ertragsteuerlich nach Art. 5 OECD-MA eine solche anzunehmen ist. Zusätzlich verlangt Norwegen, ähnlich der EU-Definition, die Präsenz von Personen- und Sachmitteln. 17

5 Organschaft bzw. Mehrwertsteuergruppe

Norwegen hat Regelungen zur Mehrwertsteuergruppe (umsatzsteuerliche Organschaft) erlassen (vgl. Art. 2 Mehrwertsteuergesetz). Bedingung ist, dass die Gesellschaften zu mindestens 85 % beherrscht werden und ein Antrag gestellt wird. 18

Umsätze zwischen Mitgliedern einer Mehrwertsteuergruppe gelten als nicht steuerbare Innenumsätze. Die Gruppenmitglieder haften gesamtschuldnerisch für alle Mehrwertsteuerschulden und geben gemeinsame Umsatzsteuermeldungen ab. 19

6 Bemessungsgrundlage

Grundsätzlich ist der vereinbarte Nettopreis (Entgelt) die steuerliche Bemessungsgrundlage (vgl. Art. 4-1 Mehrwertsteuergesetz). 20

Bei unentgeltlichen Vorgängen ist der Marktpreis im Umsatzzeitpunkt anzusetzen (vgl. Art. 4-9 Mehrwertsteuergesetz). 21

22 Bei entgeltlichen Transaktionen zwischen nahestehenden Personen ist der Marktpreis anzusetzen, wenn das tatsächliche Entgelt darunter liegt (vgl. Art. 4–9 Mehrwertsteuergesetz).

7 Steuersätze und Steuerbefreiungen

7.1 Regelsteuersatz

23 Der Regelsteuersatz in Norwegen beträgt 25 %.

7.2 Ermäßigte Steuersätze

24 Es gibt zwei ermäßigte Steuersätze, nämlich einen von 15 % und einen von 12 % (vgl. Art. 5 Mehrwertsteuergesetz).

25 Der ermäßigte Steuersatz von 15 % gilt unter anderem für:

- Zahlreiche Lebensmittel, ausgenommen u. a. Alkoholika und Wasser über die Wasserleitung.

26 Der ermäßigte Steuersatz von 12 % (bis zum 31.12.2017: 10 %) gilt unter anderem für:

- Personenbeförderungen,
- Öffentliche Rundfunkgesellschaften,
- Eintritt zu Kinos, Museen, Freizeitparks, Sportveranstaltungen,
- Hotelübernachtungen.

7.3 Steuerbefreiungen

27 Das norwegische Umsatzsteuerrecht enthält sowohl Steuerbefreiungen mit Vorsteuerabzugsrecht (echte Steuerbefreiungen) als auch Steuerbefreiungen ohne Vorsteuerabzugsrecht (unechte Steuerbefreiungen).

28 Zu den Steuerbefreiungen mit Vorsteuerabzugsrecht gehören insbesondere

- Ausfuhrlieferungen (einschließlich solcher nach Spitzbergen oder Jan Mayen, vgl. Art. 6–21 Mehrwertsteuergesetz),
- Exportierte Dienstleistungen,
- Umsätze für die Seeschifffahrt und die Luftfahrt (vgl. Art. 6–9 und 6–10 Mehrwertsteuergesetz),
- Lieferungen oder Leasing von Bohrplattformen (vgl. Art. 6–11 Mehrwertsteuergesetz),
- Bücher und Zeitungen (incl. digitaler Publikationen) (vgl. Art. 6–1 bis 6–4 Mehrwertsteuergesetz),
- Internationale Transportleistungen (vgl. Art. 6–28 Mehrwertsteuergesetz),
- Stromlieferungen an Haushalte in Nord-Norwegen (vgl. Art. 6–5 Mehrwertsteuergesetz),

- Lieferungen oder Leasing von Elektrofahrzeugen und Akkus für solche (vgl. Art. 6-6 Mehrwertsteuergesetz),
- Leistungen für öffentliche Straßen und Eisenbahnen (vgl. Art. 6-7 und 6-8 Mehrwertsteuergesetz),
- Lebensmittelspenden,
- Umsätze in Zolllagern (vgl. Art. 6-23 Mehrwertsteuergesetz).

Steuerbefreiungen ohne Vorsteuerabzugsrecht bestehen unter anderem für 29
- Bank- und Finanzumsätze (vgl. Art. 3-6 Mehrwertsteuergesetz),
- Versicherungsumsätze (vgl. Art. 3-6 Mehrwertsteuergesetz),
- ärztliche Leistungen (vgl. Art. 3-2 Mehrwertsteuergesetz),
- diverse Leistungen der Sozialfürsorge (vgl. Art. 3-4 Mehrwertsteuergesetz),
- verschiedene sportliche Leistungen (vgl. Art. 3-8 Mehrwertsteuergesetz),
- Lotterien (vgl. Art. 3-14 Mehrwertsteuergesetz),
- diverse kulturelle Leistungen (vgl. Art. 3-7 Mehrwertsteuergesetz),
- verschiedene unterrichtende Leistungen (vgl. Art. 3-5 Mehrwertsteuergesetz),
- Vermietung und Verkauf von Immobilien (vgl. Art. 3-11 Mehrwertsteuergesetz).

Eine **Option zur Steuerpflicht** ist für die Vermietung von Immobilien an Unternehmen oder an die öffentliche Hand zulässig (vgl. Art. 2-3 Mehrwertsteuergesetz). 30

Bei **Ausfuhrlieferungen** ist ein **Belegnachweis** zu führen. Das ist üblicherweise das zollrechtliche Ausfuhrdokument. 31

Bei **Kleinsendungen** gilt eine Befreiung von der Einfuhrumsatzsteuer mit einer Wertgrenze von 350 NOK. 32

Ausfuhrlieferungen im Reisegepäck sind steuerfrei, wenn die Ausfuhr nachgewiesen wird (vgl. Art. 6-25 Mehrwertsteuergesetz). Es gilt eine Ausfuhrfrist von einem Monat für Personen, die nicht aus Dänemark, Finnland oder Schweden kommen. Andernfalls muss die Ausfuhr sofort nach Kauf erfolgen und zusätzlich die Einfuhrbesteuerung im Zielstaat nachgewiesen werden. 33

Norwegen hat keine Regelung für **Umsatzsteuerlager**. 34

8 Steuerschuldnerschaft des Leistungsempfängers

Nach dem norwegischen Umsatzsteuerrecht ist die Steuerschuldnerschaft des Leistungsempfängers unter anderem für folgende Umsätze anzuwenden: 35
- Bestimmte in Norwegen steuerbare Dienstleistungen (»remote services«), die ein nichtansässiger Unternehmer an einen in Norwegen erfassten Steuerpflichtigen erbringt.

Norwegen hat weiterhin eine Steuerschuldnerschaft des Leistungsempfängers für Umsätze zwischen im Land ansässigen Unternehmen eingeführt, die für folgende Umsätze anzuwenden ist: 36
- Umsätze mit Gold (ab 325/1.000).

9 Besondere Umsatzsteuerregelungen für bestimmte Unternehmen

9.1 Besteuerung von Reiseleistungen

37 Norwegen kennt keine Margenbesteuerung für Reiseveranstalter nach dem EU-Vorbild.

9.2 Differenzbesteuerung

38 Norwegen hat eine Differenzbesteuerung für den Handel mit Gebrauchtwaren, Kunstgegenständen, Antiquitäten und Sammlungsobjekten eingeführt (vgl. Art. 4–5, 4–6 und 4–11 Mehrwertsteuergesetz). Die Funktionsweise ähnelt der aus der EU bekannten Regelung.

9.3 Sonderregelung für Landwirte

39 Norwegen hat eine Sonderregelung für Landwirte, Forstwirte und Fischer erlassen. Unter anderem gelten andere Fristen und Meldezeiträume bei der Umsatzsteuer (vgl. Art. 15–4 Mehrwertsteuergesetz). Dabei dürfen auch Umsätze aus anderen Tätigkeiten, die maximal 50.000 NOK betragen, mit gemeldet werden. Weitere Steuererleichterungen abgesehen von einer reduzierten Steuer für rohen Fisch (vgl. Art. 5–8 Mehrwertsteuergesetz) gibt es allerdings nicht.

10 Entstehung der Steuer

10.1 Besteuerung nach vereinbarten Entgelten

40 Grundsätzlich gilt in Norwegen das Prinzip der Besteuerung nach vereinbarten Entgelten.

41 Bei der **Lieferung von Gegenständen** entsteht die Umsatzsteuer mit Übergabe oder bei Rechnungstellung innerhalb von 30 Tagen nach Lieferung bzw. bis zum 15. Tag des Folgemonats mit Rechnungsstellung. Es gibt keine Regelung für die Besteuerung von Anzahlungen.

42 Bei **Dienstleistungen** gelten die gleichen Regeln bezogen auf die Ausführung der Leistung.

43 Es gibt keine besondere Regelung für **Dauerleistungen**.

10.2 Berichtigung der Umsatzsteuer bei Uneinbringlichkeit oder aus anderen Gründen

Ist eine **Forderung uneinbringlich**, sieht das Recht in Norwegen grundsätzlich die Möglichkeit einer Umsatzsteuerberichtigung vor (vgl. Art. 4-7 Mehrwertsteuergesetz). Allerdings muss regelmäßig nachgewiesen werden, dass der Schuldner wegen Bankrott zahlungsunfähig ist. Der Vorgang ist der Steuerbehörde gesondert zu melden. 44

Andere Entgeltanpassungen (Preisänderung, Rückzahlung, Rückgängigmachung) führen stets zu einer Umsatzsteueranpassung (vgl. Art. 4-7 Mehrwertsteuergesetz). Es muss jeweils ein Entgeltminderungsbeleg ausgestellt werden. 45

10.3 Besteuerung nach vereinnahmten Entgelten

In Norwegen gibt es keine Besteuerung nach vereinnahmten Entgelten. 45a

11 Vorsteuerabzug und Rechnungen

11.1 Allgemeines

Grundsätzlich sind umsatzsteuerliche Unternehmer aus den für ihr Unternehmen bezogenen Lieferungen und sonstigen Leistungen zum Vorsteuerabzug berechtigt. Regelmäßig ist der Vorsteuerabzug durch eine ordnungsgemäße Rechnung bzw. im Fall der Einfuhrumsatzsteuer durch ein ordnungsgemäßes Zolldokument nachzuweisen (vgl. Art. 8 Mehrwertsteuergesetz). 46

11.2 Beschränkungen des Vorsteuerabzugs

Nach dem Umsatzsteuerrecht von Norwegen berechtigen verschiedene Aufwendungen nicht zum Vorsteuerabzug (vgl. Art. 8-2 bis 8-5 Mehrwertsteuergesetz). Entsprechende Beschränkungen gelten unter anderem für die folgenden Aufwendungen: 47

- Kauf oder Leasing sowie Unterhalt von PKW, dies gilt u.a. nicht für Autohandel, Taxis, Autovermieter oder Fahrschulen,
- Geschenke, außer von geringem Wert,
- Bewirtungsaufwendungen oder Repräsentationsaufwand,
- Unterkunft für Personal und den Unternehmer selbst,
- Kunstwerke und Antiquitäten, ausgenommen für Wiederverkäufer.

Weiterhin sind Vorsteuerbeträge vom Abzug ausgeschlossen, wenn sie im Zusammenhang mit unecht steuerfreien Umsätzen stehen. 48

49 Führt ein Unternehmen sowohl zum Vorsteuerabzug berechtigende als auch nicht zum Vorsteuerabzug berechtigende Umsätze aus, so ist eine Aufteilung der Vorsteuerbeträge vorzunehmen. Dies kann nach einem Umsatzschlüssel geschehen.

11.3 Berichtigung des Vorsteuerabzugs

50 Nach dem norwegischen Umsatzsteuergesetz gilt für bestimmte Gegenstände eine Vorsteuerberichtigungspflicht. Zum einen ist der Vorsteuerabzug bei PKW nach einem pro-rata-Satz zu berichtigen, wenn das Fahrzeug innerhalb von vier Jahren verkauft oder zu einem nichtsteuerbaren Bereich zugeordnet wird (vgl. Art. 9-6 Mehrwertsteuergesetz). Gleiches gilt für noch nicht fertiggestellte Immobilien bei entsprechenden Veränderungen vor der Fertigstellung.

51 Weiterhin besteht eine allgemeine Vorsteuerberichtigungspflicht, wenn bei anderen Anlagegütern (Vorsteuerabzug mindestens 50.000 NOK) oder unbeweglichem Vermögen (Vorsteuerabzug mindestens 100.000 NOK) eine Nutzungsänderung eintritt (vgl. Art. 9-2 bis 9-5 Mehrwertsteuergesetz). Der Berichtigungszeitraum beträgt fünf Jahre für allgemeine Anlagegüter und zehn Jahre für unbewegliches Vermögen.

11.4 Rechnungen

52 In Norwegen steuerpflichtige Unternehmer sind grundsätzlich verpflichtet, für alle steuerpflichtigen Umsätze an Unternehmer eine ordnungsgemäße umsatzsteuerliche Rechnung auszustellen (vgl. Art. 15-10 Mehrwertsteuergesetz). Für Geschäfte mit Nichtunternehmern gilt keine allgemeine Rechnungsstellungspflicht.

53 Korrekturbelege, z. B. bei Entgeltminderung, müssen sich eindeutig auf die Ursprungsrechnungen beziehen.

54 Abrechnungen im **Gutschriftsverfahren** sind nach entsprechender Vereinbarung möglich.

55 **Umsatzsteuerrechnungen** müssen folgende Angaben enthalten (vgl. Art. 61 des Erlasses zur Mehrwertsteuer):

- Name und Anschrift des Leistenden und dessen Mehrwertsteuernummer,
- Name und Anschrift des Leistungsempfängers,
- Datum der Ausstellung,
- Eindeutige, fortlaufende Rechnungsnummer,
- Datum der Lieferung oder Leistung bzw. der erhaltenen Anzahlung, falls feststellbar und abweichend vom Datum der Ausstellung,
- Leistungsbeschreibung,
- Nettoentgelt,
- Umsatzsteuerbetrag.

56 **Kleinbetragsrechnungen** (Grenze: 50.000 NOK) müssen nur folgende Elemente enthalten:

- Name und Anschrift des Leistenden und dessen Mehrwertsteuernummer,
- Ausstellungsdatum,
- Rechnungsnummer,
- Leistungsbeschreibung,
- Gesamtentgelt,
- Umsatzsteuerbetrag.

11.5 Elektronische Rechnungsstellung

Grundsätzlich gilt eine Gleichstellung digitaler Rechnungen mit Papierrechnungen, und es gibt keine besonderen Anforderungen wie z. B. Signaturen oder Formatvorgaben. 57

11.6 Rechnungen in fremder Währung

Rechnungen dürfen in Fremdwährungen oder in norwegischen Kronen ausgestellt werden. 58
Fremdwährungen sind zum Tageskurs der Rechnung umzurechnen.

12 Steuererklärungen und weitere Steueranmeldungen

12.1 Laufende Umsatzsteuermeldungen

In der Regel sind Umsatzsteuermeldungen für Zeiträume von zwei Monaten abzugeben (vgl. 59
Art. 15-2 Mehrwertsteuergesetz). Die Meldungen sind zum 10. Tag des zweiten Folgemonats abzugeben. Zum gleichen Termin wird die Umsatzsteuer fällig.

Auf Antrag kann Unternehmen, deren Jahresumsatz unter 1 Mio. NOK liegt, gestattet werden, eine Jahresumsatzsteuermeldung einzureichen (vgl. Art. 15-3 Mehrwertsteuergesetz).

Für begünstigte Landwirte (siehe 9.3) gilt ebenfalls ein Jahresmeldeverfahren (vgl. Art. 15-4 Mehrwertsteuergesetz).

Wenn ein Unternehmer regelmäßig Vorsteuerüberhänge von mindestens 25 % hat, kann er auf 60
Antrag monatliche Meldungen einreichen. Bei Überhängen von mindestens 50 % sind noch kürzere Perioden, bis hin zu Wochenmeldungen, denkbar (vgl. Art. 15-5 Mehrwertsteuergesetz).

Grundsätzlich sind alle Meldungen in digitaler Form abzugeben.

12.2 Umsatzsteuerjahreserklärungen

In Norwegen gibt es keine Umsatzsteuerjahreserklärung. 61

12.3 Umsatzsteuer-Identifikationsnummer

Norwegen gehört nicht zur EU, so dass es keine Umsatzsteuer-Identifikationsnummer im eigent- 62
lichen Sinn gibt. Die Mehrwertsteuernummer hat in der Regel neun Ziffern, gefolgt vom Kürzel »MVA«.

12.4 Zusammenfassende Meldung im innergemeinschaftlichen Waren- und Dienstleistungsverkehr

63 Da Norwegen nicht zur EU gehört, gibt es keine entsprechenden Meldepflichten.

13 Straf- und Bußgeldvorschriften

64 Es gelten die folgenden Vorschriften:

- **Verspätete Umsatzsteuermeldung**
  Wird eine Umsatzsteuermeldung verspätet abgegeben, kann ein Strafzuschlag von bis zu 3 % der Mehrwertsteuer, mindestens 250 NOK, maximal aber 5.000 NOK festgesetzt werden.
- **Verspätete Umsatzsteuerzahlung**
  Wird die Umsatzsteuer verspätet gezahlt, entstehen variable Zinsen mit einem Satz, der zweimal jährlich angepasst wird. Es gilt ein Mindestzuschlag von 100 NOK.

14 Behandlung nicht ansässiger Unternehmen

65 Ein nicht ansässiges Unternehmen ist nach norwegischem Verständnis ein Unternehmen, das weder den Sitz noch die Geschäftsleitung noch eine feste Niederlassung in Norwegen unterhält. Nicht ansässige Unternehmen müssen sich in Norwegen umsatzsteuerlich registrieren, wenn sie mindestens eine der folgenden Aktivitäten ausführen:

- in Norwegen steuerbare Lieferungen von Gegenständen,
- in Norwegen steuerbare sonstige Leistungen, die nicht unter die Steuerschuldnerschaft des Leistungsempfängers fallen.

Dabei gilt die Kleinunternehmergrenze von 50.000 NOK.

66 Ausländische Unternehmen sind verpflichtet, einen in Norwegen ansässigen Fiskalvertreter zu bestellen. Dies gilt nicht, wenn sie das vereinfachte Verfahren für elektronische Dienstleistungen anwenden.

15 Vorsteuervergütungsverfahren

Ausländische Unternehmen können einen Vorsteuervergütungsantrag in Norwegen einreichen (vgl. Art. 10 Mehrwertsteuergesetz). Die Vorsteuervergütung setzt nach norwegischem Recht keine Gegenseitigkeit mit dem Sitzstaat des Antragstellers voraus. Dies bedeutet, dass Norwegen grundsätzlich an Antragsteller aus allen Staaten Vorsteuern vergütet. Grundsätzlich gelten für den Vorsteuerabzug die gleichen Bedingungen wie für norwegische Unternehmen. 67

Anträge können für ganze Kalenderjahre oder Zeiträume von mindestens drei Monaten gestellt werden.

Der Mindestvergütungsbetrag in einem Jahresantrag muss 200 NOK betragen, oder 2.000 NOK bei Anträgen für kürzere Perioden.

Ein Antrag muss grundsätzlich spätestens bis zum 30.06. des Folgejahres gestellt werden. Es handelt sich um eine nicht verlängerbare Ausschlussfrist.

Der Antragsteller muss seine Unternehmereigenschaft mit einer durch seine Heimatsteuerbehörde ausgestellten Unternehmerbescheinigung nachweisen. Außerdem muss er die Originalrechnungen dem Antrag beifügen.

Es ist nicht notwendig, einen norwegischen Fiskalvertreter zu bestellen.

Länderanhang Österreich

1 Einführung

1.1 Rechtsgrundlagen

1 Die österreichische USt ist seit dem UStG 1972 eine Mehrwertsteuer nach dem System der Allphasenumsatzsteuer mit Vorsteuerabzug. Eine systematische Anpassung an die 6. EG-RL (seit 01.01.2007 RL 2006/112 über das gemeinsame Mehrwertsteuersystem) erfolgte im Zusammenhang mit dem Beitritt Österreichs zur EU durch das UStG 1994. Gleichzeitig mit dem UStG 1994 wurde die 6. EG-RL umgesetzt und die sog. Binnenmarktregelung eingeführt. Die Binnenmarktregelung ist in insgesamt 28 Artikeln im Anhang zum UStG 1994 verankert. Das österreichische UStG wird darüber hinaus jedes Jahr durch zahlreiche Gesetze und Verordnungen abgeändert bzw. ergänzt. Die aktuell geltende Fassung des UStG 1994 beruht auf dem Bundesgesetz, mit dem das Umsatzsteuergesetz 1994 geändert wird (BGBl I 12/2018). Zweifelsfragen und Auslegungsprobleme von allgemeiner Gültigkeit werden in den Umsatzsteuerrichtlinien 2000 des Bundesministeriums für Finanzen behandelt, welche im Internet unter www.findok.bmf.gv.at abrufbar sind.

1.2 Geltungsbereich

2 Der territoriale Geltungsbereich des UStG 1994 erstreckt sich auf das Inland. Inland ist gem. § 1 Abs. 2 UStG das Bundesgebiet. Zum Bundesgebiet zählen neben den Gebieten der neun Bundesländer auch die Zollausschlussgebiete Mittelberg (Vorarlberg) und Jungholz (Tirol) sowie Zollfreizonen und Zolllager. Ungeklärt ist hingegen der Grenzverlauf auf dem Bodensee. Nach österreichischer Auffassung umfasst dabei das Inland nur die ufernahen Seengebiete.

2 Steuerpflichtige Person (§ 2 öUStG; § 2 dUStG)

3 Das UStG 1994 knüpft an den Begriff des Unternehmers an, d. h. nur Leistungen eines Unternehmers i. S. d. UStG unterliegen der USt. Unternehmer ist, wer eine gewerbliche oder berufliche Tätigkeit selbständig ausübt. Gewerblich oder beruflich ist jede nachhaltige Tätigkeit zur Erzielung von Einnahmen, auch wenn die Absicht, Gewinn zu erzielen, fehlt oder eine Personenvereinigung nur gegenüber ihren Mitgliedern tätig wird. Der Begriff Selbständigkeit wird im UStG nicht definiert, sondern negativ abgegrenzt. Er betrifft das Innenverhältnis zwischen einer Person und ihrem Auftraggeber.

4 Natürliche Personen sind nicht selbständig, wenn sie einem Unternehmen derart eingegliedert sind, dass sie den Weisungen des Unternehmers zu folgen verpflichtet sind. Juristische Personen sind nicht selbständig, wenn sie dem Willen eines Unternehmers derart untergeordnet sind, dass sie keinen eigenen Willen haben. Das ist dann der Fall, wenn die juristische Person finanziell, wirtschaftlich und organisatorisch eingegliedert ist (Organschaft).

5 Körperschaften öffentlichen Rechts sind grundsätzlich nur im Rahmen ihrer Betriebe gewerblicher Art und ihrer land- und forstwirtschaftlichen Betriebe gewerblich oder beruflich und somit unternehmerisch tätig. Das UStG erweitert den Unternehmensbereich von Körperschaften öffentlichen

Rechts um bestimmte Versorgungs- und Entsorgungseinrichtungen (Wasserwerke, Schlachthöfe, Müll- und Abwasserbeseitigung) sowie um die Vermietung und Verpachtung von Grundstücken.

Bei der i. g. Lieferung bzw. beim i. g. Erwerb neuer Fahrzeuge wird auch der Nichtunternehmer als Unternehmer behandelt. 6

3 Steuerbare Umsätze (§ 1 öUStG; § 1 dUStG)

Umsätze, die der österreichischen USt unterliegen (steuerbare Umsätze), sind 7

- Lieferungen und sonstige Leistungen,
- der Eigenverbrauch,
- die Einfuhr und
- der i. g. Erwerb.

3.1 Lieferungen und sonstige Leistungen (§§ 3 und 3a öUStG; § 3 dUStG)

Unter einer Lieferung versteht das UStG 1994 die Verschaffung der Verfügungsmacht über einen Gegenstand durch den Unternehmer. Der Lieferung gleichgestellt ist die Entnahme eines Gegenstandes durch den Unternehmer aus seinem Unternehmen (Entnahmeeigenverbrauch) 8

- für Zwecke, die außerhalb des Unternehmens liegen,
- für den Bedarf seines Personals oder
- für jede andere unentgeltliche Zuwendung, ausgenommen Geschenke von geringem Wert und Warenmuster.

Sonstige Leistungen sind alle Leistungen, die nicht in einer Lieferung bestehen. Einer sonstigen Leistung gleichgestellt ist einerseits die Verwendung eines dem Unternehmen zugeordneten Gegenstandes durch den Unternehmer (Verwendungseigenverbrauch) 9

- für Zwecke, die außerhalb des Unternehmens liegen, oder
- für den Bedarf seines Personals,

und andererseits die unentgeltliche Erbringung von anderen sonstigen Leistungen durch den Unternehmer für derartige Zwecke (Leistungseigenverbrauch). Davon ausgenommen sind bloße Aufmerksamkeiten.

Voraussetzung für die Steuerbarkeit des Entnahme- und des Verwendungseigenverbrauchs ist, dass der Gegenstand oder seine Bestandteile zu einem vollen oder teilweisen Vorsteuerabzug berechtigt haben. 10

Besteht eine Leistung aus Lieferungs- und Leistungselementen, erfolgt nach dem Grundsatz der Einheitlichkeit der Leistung eine Qualifikation entweder als Lieferung oder als Leistung. Überwiegen die Lieferungselemente, so liegt ausschließlich eine Lieferung vor (Werklieferung), überwiegt die sonstige Leistung, gehen die Lieferungselemente in der sonstigen Leistung auf (Werkleistung). Eine 11

Werklieferung liegt insbesondere dann vor, wenn der be- oder verarbeitende Unternehmer nicht bloß Zutaten oder Nebensachen, sondern einen Hauptstoff beigibt. Die Differenzierung ist v. a. im Hinblick auf den Ort der Besteuerung erforderlich. Liegt eine Werkleistung vor, richtet sich der Leistungsort nach den für sonstige Leistungen geltenden Bestimmungen (§ 3 a UStG), liegt eine Werklieferung vor, gelten für die Bestimmung des Leistungsortes die Regelungen für Lieferungen (§ 3 UStG).

3.2 Spezieller Eigenverbrauchstatbestand für ertragsteuerlich nichtabzugsfähige Aufwendungen (§ 1 Abs. 1 Z 2 öUStG)

12 Neben den einer Lieferung bzw. sonstigen Leistung gleichgestellten Vorgängen (Eigenverbrauch) liegt ein steuerbarer Eigenverbrauch auch dann vor, wenn ein Unternehmer Ausgaben tätigt, die Leistungen betreffen, die Zwecken des Unternehmens dienen, aber nach ertragsteuerlichen Vorschriften nicht abzugsfähig sind. Zu den ertragsteuerlich nicht abzugsfähigen Ausgaben gehören vor allem Repräsentationsaufwendungen und unangemessen hohe Betriebsausgaben. Die Finanzverwaltung sieht von der Eigenverbrauchsbesteuerung ab, wenn von vornherein nur der anteilige Vorsteuerabzug (im Ausmaß der ertragsteuerlich abzugsfähigen Höhe) vorgenommen wurde.

3.3 Import und Export von Gütern

3.3.1 Import (§ 1 Abs. 1 Z 3 öUStG; § 1 Abs. 1 Z 4 dUStG)

13 Die Einfuhr von Gegenständen aus einem Drittlandsgebiet in das Inland stellt einen steuerbaren Umsatz dar und unterliegt der EUSt. Dies gilt sowohl für Unternehmer als auch für Privatpersonen. Die EUSt wird von den Zollbehörden eingehoben und verwaltet. Daneben besteht alternativ die Möglichkeit, die Einhebung der EUSt auf das für den Unternehmer zuständige Finanzamt zu übertragen. Voraussetzung dafür ist, dass die EUSt-Schuld nach Art. 77 Zollkodex entstanden ist (d. h. Überführung in den freien Verkehr), der Schuldner der EUSt Unternehmer ist, welcher im Inland zur Umsatzsteuer erfasst ist und die Gegenstände für sein Unternehmen eingeführt werden. Liegen die Voraussetzungen vor und optiert der Unternehmer für dieses alternative System, wird die weiterhin vom Zollamt festgesetzte EUSt-Schuld monatlich auf das Finanzamtskonto des Unternehmers gebucht. Der Unternehmer kann durch dieses System, sofern er zum Vorsteuerabzug berechtigt ist, die EUSt mit der Vorsteuer in derselben Umsatzsteuervoranmeldung verrechnen und dadurch eine tatsächliche Entrichtung der EUSt vermeiden.

3.3.2 Export (§ 7 öUStG; § 6 dUStG)

14 Der Export von Waren vom Inland in ein Drittland stellt eine steuerbare, aber (echt) steuerbefreite Ausfuhrlieferung dar. Voraussetzung ist, dass der Unternehmer den Gegenstand der Lieferung in das Drittlandsgebiet befördert oder versendet (ein ausländischer Abnehmer ist nicht erforderlich) oder, dass der Unternehmer das Umsatzgeschäft mit einem ausländischen Abnehmer (Abnehmer ohne Wohnsitz oder Sitz im Inland) abgeschlossen hat und dieser den Gegenstand der Lieferung in das Drittlandsgebiet befördert oder versendet. Bei Ausfuhr im persönlichen Reisegepäck des Abnehmers (sog. Touristenexport) ist weitere Voraussetzung, dass der Abnehmer keinen Wohn-

sitz im Gemeinschaftsgebiet hat, den Gegenstand innerhalb von drei Kalendermonaten ab dem Monat der Lieferung ausführt und der Gesamtbetrag der Rechnung der gelieferten Gegenstände einen Betrag i. H. v. 75 € übersteigt.

Die Be- oder Verarbeitung des gelieferten Gegenstandes vor der Ausfuhr durch einen Dritten ist unschädlich (i. d. R. ist auch die Be- oder Verarbeitungsleistung des Dritten steuerfrei). 15

Zu beachten ist, dass über die erfolgte Ausfuhr ein Ausfuhrnachweis zu erbringen ist und die Voraussetzungen der steuerfreien Ausfuhrlieferung buchmäßig nachgewiesen werden müssen. 16

3.4 Innergemeinschaftliche Erwerbe und innergemeinschaftliche Lieferungen

3.4.1 Innergemeinschaftliche Erwerbe (Art. 1 öUStG; § 1 a dUStG)

Der USt unterliegt auch der i. g. Erwerb im Inland gegen Entgelt. Voraussetzung für das Vorliegen eines i. g. Erwerbes ist, dass der Gegenstand bei der Lieferung aus einem Mitgliedstaat der EU in das Inland gelangt, der Erwerber ein Unternehmer oder eine juristische Person ohne Unternehmereigenschaft ist und die Lieferung durch einen Unternehmer gegen Entgelt im Rahmen seines Unternehmens erfolgt. Die USt auf den i. g. Erwerb kann unter den allgemeinen Voraussetzungen als Vorsteuer abgezogen werden. 17

Erfolgt der Erwerb jedoch von einem sog. Schwellenerwerber (d. h. von einem Erwerber, der ausschließlich unecht steuerfreie Umsätze ausführt, einem pauschalierten Land- und Forstwirt oder einer juristischen Person ohne Unternehmereigenschaft), ist zu prüfen, ob der Schwellenerwerber mit seinen Erwerben die Erwerbsschwelle i. H. v. 11.000 € pro Kj. (Nettobetrag) überschreitet. Hat er sie im vorangegangenen Kj. nicht und im laufenden Kj. noch nicht überschritten, liegt kein steuerpflichtiger i. g. Erwerb vor. In diesem Fall ist der Lieferant grundsätzlich verpflichtet, dem Erwerber die Umsatzsteuer des Abgangsstaates in Rechnung zu stellen. Der Umsatz wird dabei nach jenen Regeln versteuert, die für Umsätze an natürliche Personen gelten. Der Erwerber kann aber in diesen Fällen auf die Anwendung der Erwerbsschwelle verzichten und damit für eine Erwerbsbesteuerung optieren (Bindungswirkung für zwei Jahre). Wird hingegen die Erwerbsschwelle überschritten, liegt ab dem Erwerb, mit dem die Erwerbsschwelle überschritten wird, ein steuerpflichtiger i. g. Erwerb vor. 18

Die Erwerbe von natürlichen Personen für nichtunternehmerische Zwecke fallen nicht unter den Tatbestand des i. g. Erwerbes. In diesem Fall tätigt der ausländische Lieferer in seinem Mitgliedstaat eine steuerpflichtige Lieferung. Überschreitet er die Lieferschwelle i. H. v. 35.000 € pro Kj., verlagert sich der Lieferort vom Ursprungsland nach Österreich und begründet hier eine steuerpflichtige Lieferung. 19

Dem steuerpflichtigen i. g. Erwerb gleichgestellt ist die Verbringung eines Gegenstandes des Unternehmens aus einem anderen Mitgliedstaat in das Inland durch einen Unternehmer zu seiner Verfügung, ausgenommen die bloß vorübergehende Verwendung. Eine vorübergehende Verwendung liegt z. B. dann vor, wenn der Gegenstand in das Inland gelangt, damit daran durch einen anderen Unternehmer eine sonstige Leistung (z. B. Reparatur) erbracht wird und der Gegenstand nach Erbringung der sonstigen Leistung wieder in den Mitgliedstaat gelangt, von dem aus der Gegenstand transportiert worden ist. 20

Der Unternehmer ist verpflichtet, die Bemessungsgrundlagen für die i. g. Erwerbe jeweils getrennt nach Steuersätzen sowie die hierauf entfallenden Steuerbeträge aufzuzeichnen. 21

3.4.2 Innergemeinschaftliche Lieferungen (Art. 7 öUStG; § 6a dUStG)

22 Im Binnenmarkt tritt an Stelle der steuerfreien Ausfuhrlieferung die steuerfreie i. g. Lieferung. Eine steuerfreie i. g. Lieferung liegt vor, wenn der Unternehmer oder der Abnehmer den Gegenstand in das übrige Gemeinschaftsgebiet befördert oder versendet, der Abnehmer ein Unternehmer oder eine juristische Person ohne Unternehmereigenschaft ist und der Erwerb beim Abnehmer im anderen Mitgliedstaat steuerbar ist (i. g. Erwerb). Dass der Erwerb im anderen Mitgliedstaat steuerbar ist, kann dann angenommen werden, wenn der Abnehmer seine USt-IdNr. bekannt gibt. Dabei trifft den österreichischen Lieferanten die Pflicht, die Angaben mit der Sorgfalt eines ordentlichen Kaufmanns auf ihre Richtigkeit zu überprüfen. Dies erfolgt grundsätzlich mittels elektronischer Abfrage über das Onlineportal der Finanzverwaltung (sog. FinanzOnline) bzw. im Rahmen einer MIAS-Selbstabfrage bei der EU.

23 Eine andere Beurteilung ergibt sich wiederum, wenn der Abnehmer der Lieferung eine natürliche Person ohne Unternehmereigenschaft oder ein Schwellenerwerber unter der Erwerbsschwelle ist. Bei der Lieferung an derartige Abnehmer ist zu unterscheiden, ob der liefernde Unternehmer die Lieferschwelle des betreffenden Mitgliedstaates überschreitet oder nicht. Überschreitet der liefernde Unternehmer die Lieferschwelle des betreffenden Mitgliedstaates, verlagert sich der Ort der Lieferung in das Bestimmungsland, ansonsten bleibt seine Lieferung in Österreich steuerbar. Ist der Abnehmer hingegen ein Schwellenerwerber über der Erwerbsschwelle oder hat er auf ihre Anwendung verzichtet, ist er wie ein Unternehmer zu behandeln, d. h. es liegt eine steuerfreie i. g. Lieferung vor.

24 Der i. g. Lieferung gleichgestellt ist die Verbringung eines Gegenstandes des Unternehmens aus dem Inland in das übrige Gemeinschaftsgebiet durch einen Unternehmer zu seiner Verfügung, ausgenommen die bloß vorübergehende Verwendung.

25 Zur Erlangung der Steuerfreiheit muss der liefernde Unternehmer einerseits den Nachweis erbringen, dass der Gegenstand in das übrige Gemeinschaftsgebiet befördert oder versendet worden ist (i. g. Beförderungs- und Versendungsnachweis), andererseits müssen die Tatbestandsvoraussetzungen der Befreiung aus den geführten Büchern/Aufzeichnungen bzw. den dazugehörenden Belegen ersichtlich sein (Buchnachweis). Darüber hinaus muss der Unternehmer monatlich (bzw vierteljährlich, wenn das Kalendervierteljahr der Voranmeldungszeitraum ist) eine Zusammenfassende Meldung an das Finanzamt übermitteln. Darin sind sämtliche i. g. Lieferungen an andere Unternehmer bzw. Schwellenerwerber (unter Angabe der USt-IdNr. des Abnehmers und der Summe der Bemessungsgrundlagen) sowie das einer i. g. Lieferung gleichgestellte Verbringen von Gegenständen anzugeben.

4 Leistungsort

26 Hinsichtlich der Bestimmung des Leistungsortes wird im UStG zwischen Lieferungen und sonstigen Leistungen unterschieden. Aufgrund der Gleichstellung des Eigenverbrauches mit der Lieferung bzw. sonstigen Leistung, ist auch der Ort für den Eigenverbrauch in analoger Anwendung der für Lieferungen und sonstige Leistungen geltenden Regeln zu bestimmen.

4.1 Lieferungen (§ 3 Abs. 7 ff. öUStG; § 3 Abs. 5a ff. dUStG)

Grundsätzlich ist der Ort einer Lieferung dort, wo sich der Gegenstand zum Zeitpunkt der Verschaffung der Verfügungsmacht befindet. 27

Allerdings gilt bei Beförderungs- oder Versendungslieferungen die Lieferung dort als ausgeführt, wo die Beförderung oder Versendung beginnt. Befördern liegt vor, wenn der Lieferant oder Abnehmer die Waren selbst oder durch einen nichtselbständigen Erfüllungsgehilfen transportiert. Beim Versenden wird ein Dritter (Spediteur, Frächter) beauftragt. Voraussetzung ist, dass zu Beginn der Beförderung oder Versendung der Abnehmer bereits feststeht. 28

Eine Sonderregel besteht für Fälle, in denen der gelieferte oder beförderte Gegenstand aus dem Drittlandsgebiet nach Österreich gelangt. Die Lieferung gilt dann in Österreich als erbracht, wenn der Lieferer oder sein Beauftragter Schuldner der EUSt ist. 29

Erfolgt eine Lieferung an Bord eines Schiffes, in einem Luftfahrzeug oder in einer Eisenbahn im Zuge einer Beförderung innerhalb des Gemeinschaftsgebietes, liegt der Leistungsort am Abgangsort der Beförderung. 30

Der i. g. Erwerb wird in dem Mitgliedstaat bewirkt, in dem sich der Gegenstand am Ende der Beförderung oder Versendung befindet. Sofern der Erwerber aber unter der USt-IdNr. eines anderen Mitgliedstaates als dem, in dem die Beförderung oder Versendung endet, auftritt, wird zusätzlich auch in diesem Mitgliedstaat ein i. g. Erwerb verwirklicht, bis der Erwerber nachweist, dass der Erwerb in dem Mitgliedstaat, in dem die Beförderung oder Versendung endet, besteuert worden ist. Für diesen i. g. Erwerb besteht kein Recht auf Vorsteuerabzug. 31

4.2 Sonstige Leistungen (§ 3a Abs. 5 ff. öUStG; § 3a dUStG)

Zur Bestimmung des Leistungsortes bei sonstigen Leistungen ist zu unterscheiden, ob die Leistung an einen Unternehmer (B2B) oder an einen Nichtunternehmer (B2C) ausgeführt wird. Als Unternehmer für Zwecke der Bestimmung des Leistungsortes der Dienstleistung gilt neben dem Unternehmer i. S. d. § 2 UStG (vgl. Rn. 3) auch 32

- ein Unternehmer, der nicht steuerbare Umsätze ausführt, in Bezug auf alle an ihn erbrachten sonstigen Leistungen, und
- eine nicht unternehmerisch tätige juristische Person mit USt-IdNr.

Andernfalls liegt ein Nichtunternehmer vor. 33

Eine sonstige Leistung, die von einem Unternehmer an einen anderen Unternehmer erbracht wird, wird grundsätzlich gem. § 3a Abs. 6 öUStG an dem Ort ausgeführt, von dem aus der Empfänger sein Unternehmen betreibt (B2B-Grundregel). Wird die Leistung an die Betriebsstätte des Empfängers ausgeführt, gilt die Betriebsstätte als der Ort der sonstigen Leistung. 34

Wird eine sonstige Leistung von einem Unternehmer an einen Nichtunternehmer ausgeführt, liegt der Leistungsort – vorbehaltlich etwaiger Sonderregelungen – gem § 3a Abs. 7 öUStG an dem Ort, von dem aus der leistende Unternehmer sein Unternehmen betreibt (B2C-Grundregel). Sofern die Leistung durch die Betriebsstätte des Unternehmers erbracht wird, ist der Ort der Betriebsstätte maßgebend. 35

Davon abweichend bestehen folgende Sonderregeln, die sowohl für Leistungen zwischen zwei Unternehmern (B2B) als auch zwischen Unternehmer und Nichtunternehmer (B2C) zwingend anzuwenden sind und an die Stelle der Grundregeln treten: 36

- Dienstleistungen i. Z. m. Grundstücken: Leistungen werden am Belegenheitsort des Grundstücks ausgeführt;

- Personenbeförderungsleistungen: Leistungsort ist dort, wo die Beförderung bewirkt wird (anteilige Wegstrecke); erstreckt sich die Beförderung sowohl auf das In- als auch auf das Ausland, hat eine entsprechende Aufteilung nach Maßgabe der zurückgelegten Strecke zu erfolgen;
- Restaurant- und Verpflegungsleistungen: Tätigkeitsort;
- i. g. Restaurant- und Verpflegungsdienstleistung an Bord von Schiffen, Luftfahrzeugen oder Eisenbahn: Leistungsort liegt am Abgangsort der Beförderung;
- kurzfristige Vermietung von Beförderungsmitteln (bis 30 Tage bzw. 90 Tage bei Wasserfahrzeugen): Ort, an dem das Beförderungsmittel tatsächlich zur Verfügung gestellt wird;
- weiterhin gilt für Besorgungsleistungen der Grundsatz, dass zur Leistungsortbestimmung für die Besorgungsleistung die für die besorgte Leistung geltenden Rechtsvorschriften anzuwenden sind.

37 Im Verhältnis B2B (Leistungserbringung eines Unternehmers an einen anderen Unternehmer) besteht daneben noch folgende Sonderregelung: Der Leistungsort bei Eintrittsberechtigungen zu kulturellen, künstlerischen, wissenschaftlichen, unterrichtenden, sportlichen, unterhaltenden oder ähnlichen Veranstaltungen (z. B. Messe, Ausstellung) bestimmt sich nach dem Veranstaltungsort.

38 Darüber hinaus gelten folgende Sonderregeln nur für Leistungen, die von Unternehmer an Nichtunternehmer (B2C) ausgeführt werden:

- Vermittlungsleistung: Leistungsort liegt dort, wo der Leistungsort des vermittelten Umsatzes liegt;
- kulturelle, künstlerische, wissenschaftliche, unterrichtende, sportliche, unterhaltende oder ähnliche Leistungen, wie Leistungen im Zusammenhang mit Messen und Ausstellungen einschließlich der Leistungen der jeweiligen Veranstalter: Leistungsort liegt dort, wo der Unternehmer ausschließlich oder zum wesentlichen Teil tätig wird (sog. Tätigkeitsort).
- Güterbeförderungsleistungen: Leistungsort ist dort, wo die Beförderung bewirkt wird (anteilige Wegstrecke); erstreckt sich die Beförderung sowohl auf das In- als auch auf das Ausland, hat eine entsprechende Aufteilung nach Maßgabe der zurückgelegten Strecke zu erfolgen;
- Beförderungsnebenleistungen: Tätigkeitsort;
- Arbeiten an beweglichen körperlichen Gegenständen: Tätigkeitsort;
- langfristige Vermietung von Beförderungsmitteln (mehr als 30 Tage bzw. 90 Tage bei Wasserfahrzeugen): Ort, an dem der Leistungsempfänger seinen Wohnsitz, Sitz oder gewöhnlichen Aufenthalt hat (Empfängerort);
- Elektronisch erbrachte sonstige Leistungen, Telekommunikationsdienstleistungen und Rundfunk- und Fernsehdienstleistungen; Ort, an dem der Leistungsempfänger seinen Wohnsitz, Sitz oder gewöhnlichen Aufenthalt hat (Empfängerort);
- Katalogleistungen gem. § 3 a Abs. 14 UStG (Einräumung, Übertragung, Wahrnehmung von Urheberrechten; Werbung, Öffentlichkeitsarbeit; Leistungen der Rechtsanwälte, Patentanwälte, Steuerberater, Wirtschaftsprüfer, Sachverständigen, Ingenieure, Aufsichtsratsmitglieder, Dolmetscher; technische, rechtliche, wirtschaftliche Beratung; Datenverarbeitung; Überlassung von Informationen einschließlich gewerblicher Verfahren und Erfahrungen; Umsätze im Bank- und Versicherungsbereich; Personalgestellung; Vermietung beweglicher körperlicher Gegenstände, ausgenommen Beförderungsmittel; Gewährung des Zugangs zu Erdgas- und Elektrizitätsverteilungsnetzen und die Fernleitung oder die Übertragung anderer unmittelbar damit verbundener Dienstleistungen):
  - bei Leistungen an Nichtunternehmer mit Ansässigkeit in der EU: Ort des leistenden Unternehmers (B2C-Grundregel);
  - bei Leistungen an Nichtunternehmer mit Ansässigkeit im Drittland: Ort des Leistungsempfängers.

39 Abweichend von den dargestellten Leistungsortregeln wird der Leistungsort abhängig vom Ort der tatsächlichen Nutzung und Auswertung wie folgt verlagert: Erbringt ein Unternehmer, der sein

Unternehmen vom Drittlandsgebiet aus betreibt, die Vermietung von Beförderungsmittel oder eine Katalogleistung (ausgenommen auf elektronischem Weg erbrachte sonstige Leistungen und Leistungen i. Z. m. Zugang zu bzw. Fernleitung in Erdgas- und Elektrizitätsverteilungsnetzen) an eine juristische Person öffentlichen Rechts, die kein Unternehmer ist, liegt der Leistungsort im Inland, wenn sie dort genutzt oder ausgewertet wird.

Um Doppelbesteuerung, Nichtbesteuerung oder Wettbewerbsverzerrungen zu vermeiden, kann der Bundesminister für Finanzen durch Verordnung bestimmen, dass sich der Leistungsort bei Leistungen, die unter die allgemeine B2B- oder B2C-Grundregel fallen, bei der kurzfristigen Vermietung von Beförderungsmitteln und bei Katalogleistungen an Nichtunternehmer außerhalb der EU danach richtet, wo die Leistung genutzt oder ausgewertet wird. Derzeit bestehen derartige VO für die Vermietung von Beförderungsmitteln (vgl. VO BGBl 5/1996), für Gestellung von Personal (vgl. VO BGBl II 218/1998), für Telekommunikationsdienste sowie Rundfunk- und Fernsehdienstleistungen (vgl. VO BGBl II 383/2003 i. d. F. 221/2009) und schließlich für bestimmte sonstige Umsätze, nämlich für die Vermietung von beweglichen körperlichen Gegenständen, ausgenommen Beförderungsmitteln und für Sportwetten (vgl. VO BGBl II 173/2010). 40

5 Bemessungsgrundlage (§ 4 öUStG; § 10 dUStG)

Bei Lieferungen und sonstigen Leistungen ist die Bemessungsgrundlage das Entgelt, also die Gegenleistung des Abnehmers, wobei neben der vereinbarten Gegenleistung auch freiwillige Leistungen zu berücksichtigen sind. Besteht das Entgelt nicht in Geld, dann ist der (gemeine) Wert der erhaltenen Leistung maßgebend. Nicht zum Entgelt gehören Zuwendungen, die ohne Zusammenhang mit einem Leistungsaustausch gegeben werden und daher kein Leistungsentgelt darstellen. Grundsätzlich wird die USt vom vereinbarten Entgelt berechnet und abgeführt. Bei späterer Änderung des Entgelts, z. B. aufgrund der Inanspruchnahme eines Skontos, erfolgt sowohl eine Anpassung der USt-Schuld beim Leistenden als auch des Vorsteuerabzuges beim Leistungsempfänger. 41

Erfolgt eine Lieferung bzw. sonstige Leistung zwischen verbundenen Personen (z. B. Gesellschafter – Gesellschaft, familiäre Nahebeziehung) aus außerbetrieblichen Motiven bzw. für den Bedarf von Personal richtet sich die Bemessungsgrundlage seit 01.01.2013 nicht nach dem vereinbarten Entgelt sondern dem Normalwert, wenn 42

- das Entgelt niedriger ist als der Normalwert und der Leistungsempfänger nicht oder nicht zum vollen Vorsteuerabzug berechtigt ist;
- das Entgelt niedriger ist als der Normalwert, der leistende Unternehmer nicht oder nicht zum vollen Vorsteuerabzug berechtigt ist und die Leistung unecht befreit ist;
- das Entgelt höher als der Normalwert ist und der leistende Unternehmer nicht oder nicht zum vollen Vorsteuerabzug berechtigt ist.

Unter Normalwert ist dabei jener Betrag zu verstehen, der an einen unabhängigen Lieferer oder Leistungserbringer gezahlt werden müsste, um die betreffenden Waren oder Dienstleistungen zu erhalten. Bei Sachzuwendungen des Arbeitgebers an den Arbeitnehmer können hingegen vereinfachend die Sachbezugswerte aus der Lohnsteuer herangezogen werden.. 43

Für den i. g. Erwerb gilt grundsätzlich die gleiche Bemessungsgrundlage wie bei Lieferungen und sonstigen Leistungen. Zusätzlich sind Verbrauchsteuern, die vom Erwerber geschuldet oder entrichtet werden, mit einzubeziehen. 44

45 Bei dem einer Lieferung bzw. sonstigen Leistung gleichgestellten Eigenverbrauch treten an die Stelle des Entgelts die Wiederbeschaffungskosten der entnommenen Gegenstände bzw. die Kosten.

46 Die EUSt wird nach dem Zollwert des eingeführten Gegenstandes bemessen, wozu auch der auf die Ware entfallende Zoll und sonstige Eingangsabgaben gehören.

6 Steuerbefreiungen (§§ 6 ff. öUStG; §§ 4 ff. dUStG)

6.1 Echte Steuerbefreiungen

47 Bei den echten Steuerbefreiungen bleibt der Vorsteuerabzug unberührt, wodurch sie zu einer gänzlichen Entlastung des Umsatzes von der USt führen. Derzeit bestehen echte Steuerbefreiungen u.a. für Ausfuhrlieferungen in Drittländern und Lohnveredelungen an Gegenständen der Ausfuhr, für i. g. Lieferungen, für die Seeschifffahrt und Luftfahrt, für grenzüberschreitende Güterbeförderungen und damit zusammenhängende Leistungen mit Drittlandsbezug, für grenzüberschreitende Personenbeförderungen mit Schiffen und Luftfahrzeugen, für die Lieferung von Gold an Zentralbanken und für die Vermittlung der oben angeführten Umsätze.

6.2 Unechte Steuerbefreiungen

48 Unter Ausschluss des Vorsteuerabzuges sind die folgenden Lieferungen und sonstigen Leistungen steuerbefreit:

49 Umsätze der Träger der Sozialversicherungen; Geld- und Bankgeschäfte; bestimmte Umsätze, die auch anderen Steuern unterliegen (Grundstücksumsätze, Umsätze von Aufsichtsratsmitglieder, Versicherungsleistungen, Glückspiele); Umsätze von Blinden; Umsätze des Postwesens; Umsätze der privaten Schulen; Kurse und Vorträge von öffentlich-rechtlichen Körperschaften bzw. Volksbildungsvereinen; Bausparkassen- und Versicherungsvertreter; gemeinnützige Sportvereinigungen; Pflege- und Tagesmütter; Vermietung und Verpachtung von Grundstücken (vor allem von Geschäftsräumen); Leistungen von Wohnungseigentumsgemeinschaften; Kranken- und Pflegeanstalten; Ärzte, Dentisten, Psychotherapeuten, Hebammen; Zahntechniker; Lieferung von menschlichen Organen; Krankenbeförderung; Jugend-, Erziehungsheime, Kindergärten von öffentlich-rechtlichen oder gemeinnützigen Körperschaften; Theater, Konzerte und Museen von Gebietskörperschaften oder gemeinnützigen Körperschaften; Lieferung von Gegenständen, deren Vorsteuer beim Erwerb nicht abzugsfähig war.

50 Zum Teil kann auf Steuerbefreiungen verzichtet werden (Option zur Regelbesteuerung), damit der Vorsteuerabzug gewahrt bleibt. Dies gilt insbesondere für die Vermietung und Verpachtung von Grundstücken.

6.2.1 Grundstücksumsätze (§ 6 Abs. 1 Z 9 lit. a öUStG; § 4 Z 9 lit. a dUStG)

51 Grundsätzlich sind Umsätze von Grundstücken (im Sinne von Art 13b der Durchführungsverordnung Nr. 282/2011 idF der VO 1042/2013) von der Umsatzsteuer befreit. Der Unternehmer

kann allerdings diesen befreiten Umsatz als steuerpflichtig behandeln, sofern es sich um einen Umsatz im Rahmen des Unternehmens handelt.

Übt der liefernde Unternehmer die Option zur Steuerpflicht (Steuersatz 20 %) aus, ist USt auf den Umsatz abzuführen, allerdings steht auch der Vorsteuerabzug zu. 52

Optionsberechtigt ist jener Unternehmer, der den Grundstücksumsatz ausführt. Der Erwerber hat umsatzsteuerlich weder einen Anspruch auf eine bestimmte Vorgehensweise, noch muss er der Ausübung der Option zustimmen. Zudem hängt die Optionsberechtigung nicht davon ab, ob der Erwerber das Grundstück als Unternehmer oder Nichtunternehmer erwirbt. 53

6.2.2 Vermietung und Verpachtung von Grundstücken (§ 6 Abs. 1 Z 16 öUStG; § 4 Z 12 dUStG)

Die Vermietung und Verpachtung von Grundstücken (im Sinne von Art 13b der Durchführungsverordnung Nr. 282/2011 idF der VO 1042/2013) zu Geschäftszwecken (z.B. Geschäftsräume) unterliegt grundsätzlich einer unechten Steuerbefreiung. Allerdings steht auch bei dieser Befreiung dem vermietenden Unternehmer eine Option zur Steuerpflicht zu, wodurch der Umsatz dem Normalsteuersatz unterliegt. Die Ausübung steht jeweils für die einzelnen Vermietungsleistungen zu. Für seit dem 01.09.2012 neu abgeschlossene Mietverträge ist eine Option zur Steuerpflicht allerdings nur zulässig, soweit der Leistungsempfänger hinsichtlich des angemieteten Grundstücks oder des baulich abgeschlossenen, selbständigen Teils des Grundstücks zu mindestens 95 % zum Vorsteuerabzug berechtigt ist. Eine Ausnahme besteht für vor dem 01.09.2012 selbst errichtete Gebäude, bei welchen weiterhin uneingeschränkt zur Steuerpflicht optiert werden kann. 54

Die Vermietung und Verpachtung von Grundstücken für Wohnzwecke ist im Gegensatz dazu nicht befreit, unterliegt aber dem ermäßigten Steuersatz von 10 %. 55

6.2.3 Nutzung von Gebäuden für private Wohnzwecke (§ 3a Abs. 1a Z 2 letzter Satz öUStG)

Die private Verwendung eines zur Gänze dem Unternehmen zugeordneten Gebäudes wird nach österreichischer Rechtslage als ein nicht steuerbarer Vorgang angesehen. Daraus folgt, dass nur für den unternehmerisch genutzten Teil ein Vorsteuerabzug zulässig ist, nicht jedoch für den privat genutzten Teil. 56

6.2.4 Kleinunternehmerregelung (§ 6 Abs. 1 Z 27 öUStG; § 19 dUStG)

Für inländische Unternehmer mit Umsätzen von nicht mehr als 30.000 € im Veranlagungszeitraum (sog. Kleinunternehmer) gilt eine unechte Steuerbefreiung, wodurch die eigenen Umsätze steuerfrei sind, ein Vorsteuerabzug aber nicht zusteht. Ein einmaliges Überschreiten dieser Umsatzgrenze um nicht mehr als 15 % innerhalb von fünf Kj. ist unschädlich. Von der Steuerbefreiung unberührt bleiben die Aufzeichnungs- und Erklärungspflichten. Auf die Steuerbefreiung kann ebenfalls bis zur Rechtskraft des USt-Bescheides mit einer Bindungswirkung von fünf Jahren verzichtet werden. 57

7 Steuersätze (§ 10 öUStG; § 12 dUStG)

7.1 Allgemeines

58 In Österreich gibt es vier Steuersätze. Grundsätzlich gilt der Normalsteuersatz von 20 %. Dieser reduziert sich für die Zollausschlussgebiete Jungholz und Mittelberg auf 19 %. Die ermäßigten Steuersätze betragen 10 % bzw. 13 %.

7.2 Ermäßigter Steuersatz

59 Der ermäßigte Steuersatz von 10 % kommt u. a. für folgende Umsätze zur Anwendung: Lieferung der in der Anlage 1 zum UStG aufgezählten Gegenstände (insbesondere Nahrungsmittel, Druckerzeugnisse, Arzneimittel), Vermietung von Grundstücken für Wohnzwecke, gemeinnützige, mildtätige und kirchliche Einrichtungen, Umsätze im Rahmen von nicht buchführungspflichtigen land- und forstwirtschaftlichen Betrieben an Privatpersonen und sonstigen Leistungen i. Z. m. Müll- und Abwasserbeseitigung.

60 Dem ermäßigten Steuersatz von 13 % unterliegt vor allem die Lieferung der in der Anlage 2 zum UStG aufgezählten Gegenständen (insbesondere Tiere, Pflanzen, Holz), sowie von Wein durch den Erzeugerbetrieb. Überdies kommt der ermäßigte Satz für Umsätze im Rahmen von nicht buchführungspflichtigen land- und forstwirtschaftlichen Betrieben an Unternehmer, Umsätzen von Künstlern, Schwimmbädern, Kulturbereich, Personenbeförderung und Jugend-, Erziehungs-, Ausbildungsheimen und Kindergärten, sofern nicht die Steuerbefreiung greift, zur Anwendung.

8 Steuerschuldner (§ 19 öUStG; §§ 13 a ff. dUStG)

8.1 Allgemeines

61 Steuerschuldner ist grundsätzlich der Unternehmer, der die Lieferung oder sonstige Leistung erbringt, beim Eigenverbrauch jener Unternehmer, der ihn tätigt. Beim Tatbestand des i. g. Erwerbs ist Steuerschuldner der Abnehmer der Lieferung. Die Steuerschuldnerschaft bei der Einfuhr richtet sich nach den zollrechtlichen Vorschriften, wonach grundsätzlich der Anmelder Schuldner der EUSt ist.

8.2 Übergang der Steuerschuld auf den Leistungsempfänger (reverse charge) (§ 19 Abs. 1 ff. öUStG; § 13 b dUStG)

62 Abweichend von obigen Grundsätzen sieht das UStG in bestimmten Fällen einen Übergang der Steuerschuld vom Leistenden auf den Leistungsempfänger vor, wenn dieser Unternehmer gem. § 2 öUStG (vgl. Rn. 3) bzw. Unternehmer i.S.d. Definition für Zwecke der Bestimmung des

Leistungsorts bei sonstigen Leistungen (vgl. Rn. 32) oder eine juristische Person des öffentlichen Rechts ist (reverse charge). Ein solcher Übergang der Steuerschuld dient der Steuersicherung und kommt in folgenden Fällen zur Anwendung:

- bei sonstigen Leistungen oder Werklieferungen ausländischer Unternehmer, die im Inland weder ihr Unternehmen betreiben noch über eine an der Leistungserbringung beteiligte Betriebsstätte verfügen,
- bei der Erbringung von Bauleistungen (vgl. Rn. 120),
- bei der Lieferung
  - sicherungsübereigneter Gegenstände durch den Sicherungsgeber an den Sicherungsnehmer,
  - des Vorbehaltskäufers an den Vorbehaltseigentümer im Falle der vorangegangenen Übertragung des vorbehaltenen Eigentums und
  - von Grundstücken im Zwangsversteigerungsverfahren durch den Verpflichteten an den Ersteher,
- bei der Lieferung von Gas, Wärme/Kälte oder Elektrizität durch einen ausländischen Unternehmer, der im Inland weder sein Unternehmen betreibt noch über eine an der Leistungserbringung beteiligte Betriebsstätte verfügt, und der Empfänger im Inland für Zwecke der Umsatzsteuer erfasst ist,
- bei der Lieferung von bestimmten Gebrauchtmaterialien, Abfällen und Schrott bzw damit verbundenen sonstigen Leistungen nach Maßgabe der Schrott-Umsatzsteuerverordnung (BGBl II Nr. 129/2007).
- bei der Übertragung von Treibhausgasemissionszertifikaten,
- bei der Lieferung von bestimmten Mobilfunkgeräten und integrierten Schaltkreisen, wenn das in der Rechnung ausgewiesene Entgelt mindestens 5000 € beträgt,
- nach Maßgabe der Umsatzsteuerbetrugsbekämpfungsverordnung (UStBBKV, BGBl II 369, 2013)
  - bei der Lieferung von Videospielkonsolen, Laptops und Tablet-Computern, wenn das in der Rechnung ausgewiesene Entgelt 5000 € übersteigt,
  - bei der Lieferung von Gas und Elektrizität an Wiederverkäufer,
  - bei der Übertragung von Gas- und Elektrizitätszertifikaten,
  - bei der Lieferung von bestimmten Metallen, soweit diese nicht ohnehin unter die Schrott-Umsatzsteuerverordnung fallen oder die Differenzbesteuerung angewendet wird (beträgt das in der Rechnung ausgewiesene Entgelt weniger als 5000 €, kann auf Anwendung des Reverse-Charge-Systems verzichtet werden),
  - bei der Lieferung von Anlagegold, soweit die Option zur Steuerpflicht ausgeübt wurde.

I. Z. m. der Anwendung des Reverse-Charge-Systems ist zu beachten, dass der leistende Unternehmer für die auf den Leistungsempfänger übergegangene Steuer haftet, sofern dieser die Steuer nicht entrichtet. **63**

8.3 Abfuhrverpflichtung und Haftung des Leistungsempfängers (§ 27 Abs. 4 öUStG)

Führt ein ausländischer Unternehmer (weder Wohnsitz/Sitz noch gewöhnlichen Aufenthalt oder Betriebsstätte in Österreich) im Inland eine steuerpflichtige Leistung (ausgenommen die in § 3a Abs. 11a genannten sonstigen Leistungen hinsichtlich Eintrittsberechtigungen zu kulturellen, künstlerischen, wissenschaftlichen etc. Veranstaltungen) aus, hat der Leistungsempfänger, sofern er Unternehmer oder eine juristische Person des öffentlichen Rechts ist, die auf diese Leistung entfallende Steuer einzubehalten und im Namen und für Rechnung des leistenden Unternehmers **64** an das für den ausländischen Unternehmer zuständige Finanzamt abzuführen (Schuldner der USt ist nach wie vor der leistende bzw. ausländische Unternehmer; dieser ist es auch, der den betreffenden Umsatz in der UVA zu erklären hat). Die Steuerabfuhr muss spätestens für den Voranmeldungszeitraum erfolgen, in dem das Entgelt entrichtet wird. Sofern der Leistungsempfänger seiner Abfuhrverpflichtung nicht nachkommt, haftet er für den dadurch entstehenden Steuerausfall.

65 Ist im Einzelfall für den Leistungsempfänger unklar, ob der leistende Unternehmer im Inland eine Betriebsstätte hat, kann deren Vorliegen mittels einer amtlichen Bescheinigung nachgewiesen werden. Diese ist durch das für ihn für die Erhebung der USt zuständige Finanzamt nach einem vorgegebenen Muster (Formular U71) zu erstellen. Während des in der Bescheinigung genannten Zeitraumes sind die Voraussetzungen für die Einbehaltung und Abfuhr der USt nicht gegeben. Die Bescheinigung verliert ein Jahr nach der Ausstellung ihre Gültigkeit.

9 Entstehen der Steuerschuld (§ 19 Abs. 2 öUStG; § 13 dUStG)

66 Die Steuerschuld entsteht mit Ablauf des Kalendermonats, in dem die Lieferung oder sonstige Leistung ausgeführt worden ist, wobei der Besteuerung das vereinbarte Entgelt zugrunde zu legen ist (Sollbesteuerung). Lieferungen gelten in dem Zeitpunkt als ausgeführt, in dem die Verfügungsmacht über den Gegenstand verschafft wird. Bei sonstigen Leistungen ist der Zeitpunkt der Ausführung (= Vollendung) maßgeblich.

67 Durch verspätete Rechnungsausstellung kann die Steuerschuld um maximal einen Monat verschoben werden. Davon ausgenommen sind jedoch die sonstigen Leistungen und Werklieferungen, bei denen die Steuer vom Empfänger geschuldet wird (reverse charge). Bei diesen Umsätzen entsteht die Steuerschuld stets zum Zeitpunkt der Ausführung.

68 Abweichend davon kann es auch zur Besteuerung nach vereinnahmten Entgelten (Istbesteuerung) kommen, d.h. die Steuerschuld entsteht mit Ablauf des Monats, in dem die Entgelte vereinnahmt worden sind. Die Istbesteuerung ist vorgesehen für

- Umsätze aus freiberuflicher Tätigkeit,
- Ver- und Entsorgungsunternehmen,
- nicht buchführungspflichtige Land- und Forstwirte und Gewerbetreibende und
- Unternehmer, deren Gesamtumsatz 110.000 € im Jahr nicht übersteigt (ausgenommen Land- und Forstwirte und Gewerbetreibende).

69 In den angeführten Fällen kann der Unternehmer durch einen Antrag an das Finanzamt auch zur Sollbesteuerung optieren (eine Ausnahme gilt nur für Ver- und Entsorgungsunternehmen).

70 Bei Vereinnahmung von Entgelten vor Ausführung der Leistung (Anzahlung), entsteht die Steuerschuld (zwingend) mit Ablauf des Voranmeldungszeitraumes, in dem die Anzahlung vereinnahmt wurde (sog. Mindestistbesteuerung).

71 Beim Eigenverbrauch entsteht die Steuerschuld mit Ablauf des Kalendermonats in dem der Eigenverbrauch getätigt wurde.

72 Beim i. g. Erwerb entsteht die Steuerschuld mit Ausstellung der Rechnung, spätestens jedoch am 15. Tag des dem Erwerb folgenden Kalendermonats.

73 Die Steuerschuld für die EUSt entsteht im Monat der Einfuhr.

10 Rechnungsausstellung (§ 11 öUStG; § 14 dUStG)

10.1 Allgemeines

Eine ordnungsgemäße Rechnung dient dazu, dem Leistungsempfänger den Vorsteuerabzug zu ermöglichen. Eine Rechnung, die zum Vorsteuerabzug berechtigt, muss im Normalfall die folgenden Angaben enthalten: 74

- Name und Anschrift des liefernden oder leistenden Unternehmers,
- Name und Anschrift des Leistungsempfängers,
- USt-IdNr. des Leistungsempfängers, soweit der Gesamtbetrag der Rechnung 10.000 € übersteigt und es sich beim Leistenden um einen inländischen Unternehmer handelt,
- Menge und handelsübliche Bezeichnung der gelieferten Gegenstände oder die Art und den Umfang der sonstigen Leistung,
- Tag der Lieferung oder der sonstigen Leistung oder den Zeitraum, über den sich die sonstige Leistung erstreckt,
- Entgelt, und den darauf anzuwendenden Steuersatz bzw. ein Hinweis auf die Steuerbefreiung,
- den auf das Entgelt entfallenden Steuerbetrag,
- Ausstellungsdatum,
- fortlaufende Nummer zur Identifizierung der Rechnung,
- die dem Unternehmer erteilte USt-IdNr sowie
- bei Fremdwährungsrechnungen ist der Steuerbetrag zusätzlich in EUR anzugeben. Als Umrechnungskurs kommt der Tageskurs lt. Bankmitteilung, Tageskurs lt. EZB oder Durchschnittskurs lt. BMF in Frage.

Hinsichtlich der für die Rechnungsausstellung anwendbaren Rechtsvorschriften ist in Übereinstimmung mit der RL 2010/45 zu beachten, dass österreichische Unternehmer stets eine Rechnung oder Gutschrift nach den Bestimmungen des österreichischen UStG auszustellen haben. Dies gilt auch dann, wenn sich der Leistungsort gemäß der B2B-Grundregel im übrigen Gemeinschaftsgebiet befindet und es dort zum Übergang der Steuerschuld auf den Leistungsempfänger kommt sowie für im Drittland ausgeführte Umsätze. 75

10.2 Frist zur Rechnungsausstellung

Jeder Unternehmer ist grundsätzlich berechtigt, für die erbrachten Leistungen Rechnungen auszustellen. Bei Umsätzen an Unternehmer für deren Unternehmen und an juristische Personen besteht seit dem Abgabensicherungsgesetz 2007 eine Verpflichtung zur Rechnungsausstellung innerhalb von sechs Monaten. Gleichzeitig wurde auch eine Pflicht zur Ausstellung einer Rechnung an Nichtunternehmer innerhalb von sechs Monaten eingeführt, wenn an diese eine im Zusammenhang mit einem Grundstück stehende Werklieferung oder Werkleistung ausgeführt wird. 76

Dabei ist zu beachten, dass bei grenzüberschreitenden B2B-Dienstleistungen sowie bei i. g. Lieferungen die Rechnungsausstellung spätestens am 15. Tag des der Ausführung der Leistung folgenden Kalendermonats zu erfolgen hat. 77

10.3 Rechnungsausstellung bei Übergang der Steuerschuld

78 In den Rechnungen sind folgende zusätzliche Merkmale aufzunehmen:

- USt-IdNr. des Leistungsempfängers (unabhängig von der Höhe des Rechnungsbetrages),
- Hinweis auf den Übergang der Steuerschuld bzw. auf die Steuerschuldnereigenschaft des Leistungsempfängers.

79 Die Vorschrift über den gesonderten Steuerausweis findet keine Anwendung.

10.4 Kleinbetragsrechnungen

80 Rechnungen, die den Gesamtbetrag von 400 € inkl. USt nicht übersteigen, werden als Kleinbetragsrechnungen bezeichnet. Bei deren Ausstellung genügt neben dem Ausstellungsdatum die Angabe von Namen und Anschrift des leistenden Unternehmers, Menge und handelsübliche Bezeichnung der gelieferten Gegenstände oder die Art und der Umfang der sonstigen Leistung, Tag der Lieferung oder sonstigen Leistung oder der Zeitraum über den sich die sonstige Leistung erstreckt, des Bruttopreises und des Steuersatzes. Weitere Vereinfachungen bestehen, wenn der Steuerbetrag durch Maschinen ermittelt wird bzw. für Fahrausweise für die Beförderung im Personenverkehr.

10.5 Anzahlungen

81 Anzahlungen unterliegen in Österreich ebenfalls der USt, berechtigen aber gleichzeitig zum Vorsteuerabzug. Eine Rechnung über eine Anzahlung hat genauso die allgemeinen Anforderungen zu erfüllen, wobei als Zeitpunkt der Leistung der (vereinbarte) voraussichtliche Zeitpunkt anzugeben ist. In der Endrechnung sind die Anzahlung und die darauf entfallende Steuer offen abzuziehen.

10.6 Gutschriften

82 An die Stelle von Rechnungen können Gutschriften treten, die vom Leistungsempfänger ausgestellt werden und auch als solche zu bezeichnen sind. Gutschriften gelten als Rechnungen, wenn

- der Empfänger der Gutschrift (= leistender Unternehmer) zum Ausweis der USt berechtigt ist,
- Einverständnis zwischen Leistendem und Leistungsempfänger über die Abrechnung mittels Gutschrift besteht,
- die allgemeinen Formvorschriften für Rechnungen erfüllt sind und
- die Gutschrift dem leistenden Unternehmer zugeleitet wird.

83 Die Gutschrift verliert die Wirkung einer Rechnung, sobald der Gutschriftempfänger (= leistender Unternehmer) ihr widerspricht.

10.7 Elektronische Rechnungen

Elektronische Rechnungen sind seit 01.01.2013 Papierrechnungen gleichgestellt. Es ist zulässig, dass Rechnungen vom Leistenden in beliebigem Dateiformat (z. B. pdf, doc, xls, xml) ausgestellt und in beliebiger elektronischer Form (z. B. per E-Mail oder als Anhang hierzu, Web-Download) an den Leistungsempfänger übermittelt werden. 84

Der Rechnungsempfänger muss dieser Übermittlungsart schriftlich oder konkludent (z. B. durch Zahlung der Rechnung) zustimmen. Des Weiteren müssen die Echtheit der Herkunft, Unversehrtheit des Inhalts sowie die Lesbarkeit der Rechnung gewährleistet sein. Soweit nicht eine fortgeschrittene elektronische Signatur oder das EDI-Verfahren verwendet wird, ist der Nachweis dieser Voraussetzungen grundsätzlich im Rahmen eines sogenannten »innerbetrieblichen Kontrollverfahrens« zu führen. 85

10.8 Konsequenzen bei falscher Rechnungsausstellung

Weist ein Unternehmer in einer Rechnung einen Steuerbetrag aus, den er für diesen Umsatz nicht schuldet, kommt es zur Steuerschuld kraft Rechnungslegung. Der Unternehmer kann jedoch die Rechnung berichtigen. Der Leistungsempfänger kann nur die gesetzlich geschuldete, nicht aber die in Rechnung gestellte USt als Vorsteuer abziehen. 86

Kommt es zu einer Rechnungsausstellung, obwohl keine Leistung erbracht wurde oder legt ein Nichtunternehmer eine Rechnung, schuldet der Rechnungsaussteller die Steuer ebenso aufgrund der Rechnung. Aufgrund der EuGH-Judikatur ist auch die Berichtigung einer zu Unrecht in Rechnung gestellten USt möglich, wenn der Aussteller der Rechnung die Gefährdung des Steueraufkommens rechtzeitig und vollständig beseitigt hat. Gutgläubigkeit ist in diesem Fall nicht erforderlich. 87

11 Vorsteuerabzug (§ 12 öUStG; § 15 dUStG)

Durch den Vorsteuerabzug wird der Grundsatz der Neutralität der USt in der Unternehmerkette sichergestellt. Die USt ist demnach kein Kostenfaktor in der Unternehmerkette, da der Unternehmer Umsatzsteuerbeträge, die ihm für Leistungen an sein Unternehmen im Inland in Rechnung gestellt werden, von der eigenen Steuerschuld abziehen bzw. ihre Erstattung begehren kann. Dadurch kommt es zu einer Saldierung von USt und Vorsteuer. Übersteigt die Umsatzsteuerschuld innerhalb eines Voranmeldungszeitraumes die abziehbare Vorsteuer, entsteht eine Umsatzsteuerzahllast, im umgekehrten Fall ein Guthaben gegenüber dem Finanzamt. 88

11.1 Voraussetzungen für den Vorsteuerabzug

Bei Lieferungen oder sonstigen Leistungen im Inland hängt der Vorsteuerabzug an folgenden Voraussetzungen: 89

- Ein Unternehmer erbringt eine der USt unterliegende Leistung.
- Der Leistungsempfänger muss Unternehmer sein (Inländereigenschaft ist nicht erforderlich) und die Leistung wird für das Unternehmen des Leistungsempfängers ausgeführt.
- Eine den Vorschriften des § 11 UStG entsprechende Rechnung liegt vor.

90 Abweichend davon gelten für den Vorsteuerabzug nachfolgender Fälle Spezialregelungen:

- Für die Abzugsfähigkeit der Einfuhrumsatzsteuer ist vorausgesetzt, dass sie vom Unternehmer für Gegenstände, die für sein Unternehmen eingeführt worden sind, entrichtet wurde. Bei Anwendung der alternativen Regelung zur EUSt (vgl. Rn. 13), ist die Entstehung der EUSt-Schuld Voraussetzung für ihre Abzugsfähigkeit.
- Die Abzugsfähigkeit der Steuer auf den i. g. Erwerb ist ausschließlich davon abhängig, dass die erworbenen Gegenstände für Zwecke des Unternehmens des Leistungsempfängers bestimmt sind.
- Die Steuer, die aufgrund des Übergangs der Steuerschuld (reverse charge) vom Leistungsempfänger geschuldet wird, kann von diesem als Vorsteuer abgezogen werden, wenn die Lieferung oder sonstige Leistung im Inland für Zwecke seines Unternehmens ausgeführt worden ist. Eine ordnungsgemäße Rechnung ist hierzu nicht erforderlich.

11.2 Zeitpunkt des Vorsteuerabzugs

91 Der Vorsteuerabzug ist erst in dem Zeitpunkt möglich, in dem sämtliche Voraussetzungen vorliegen. Es kommt somit bei Lieferungen oder sonstigen Leistungen im Inland darauf an, dass die Leistung tatsächlich ausgeführt wurde und der Unternehmer über die Leistung eine ordnungsgemäße Rechnung erhalten hat. Die Bezahlung der Rechnung ist grundsätzlich nicht erforderlich; lediglich für Unternehmer, die die Ist-Besteuerung vornehmen, ist seit 01.01.2013 der Vorsteuerabzug erst im Zeitpunkt der Bezahlung möglich (gilt nicht für Versorgungsunternehmen und Unternehmen, deren Umsätze 2 Mio. EUR übersteigen).

92 Wird vor der Leistungserbringung eine Anzahlung geleistet, kann der Vorsteuerabzug bereits dann vorgenommen werden, wenn eine ordnungsgemäße Rechnung über die Anzahlung vorliegt. In diesem Fall ist der Zeitpunkt der tatsächlichen Leistungserbringung ohne Bedeutung.

93 Die Einfuhrumsatzsteuer kann in dem Kalendermonat abgezogen werden, in dem sie entrichtet wurde. Wenn der Unternehmer von der alternativen Regelung zur EUSt Gebrauch macht (vgl. Rn. 13), fällt die abziehbare Einfuhrumsatzsteuer in jenen Kalendermonat, in dem die EUSt-Schuld entstanden ist.

94 Beim i. g. Erwerb entsteht das Recht auf Vorsteuerabzug gleichzeitig mit der Entstehung der Erwerbsteuerpflicht. Die tatsächliche Bezahlung der Steuer auf den i. g. Erwerb ist ohne Bedeutung.

95 Der Vorsteuerabzug in jenen Fällen, in denen die Steuerschuld auf den Leistungsempfänger übergeht (reverse charge) ist in dem Zeitpunkt möglich, in dem die Lieferung oder sonstige Leistung ausgeführt wurde und die Steuerschuld entstanden ist. Eine ordnungsgemäße Rechnung bzw. die Bezahlung dieser ist nicht erforderlich.

11.3 Vorsteuerabzug und Betrug

96 In Übereinstimmung mit der Rechtsprechung des EuGH besteht für den Leistungsempfänger kein Recht auf Vorsteuerabzug, wenn er wusste oder wissen musste, dass der betreffende Umsatz in

Zusammenhang mit Umsatzsteuerhinterziehungen bzw. sonstigen Finanzvergehen steht. Dies gilt auch, wenn das Finanzvergehen einen vor- oder nachgelagerten Umsatz in der Lieferkette betrifft.

11.4 Ausschluss vom Vorsteuerabzug

Lieferungen und sonstige Leistungen, die nicht als für das Unternehmen ausgeführt gelten, berechtigen nicht zum Vorsteuerabzug. Davon betroffen sind: 97

- Ausgaben, die ertragsteuerlich überwiegend nicht abzugsfähig sind,
- Leistungen, die i. Z. m. der Anschaffung, Miete oder dem Betrieb von Pkw, Kombis, Krafträdern stehen,
- Lieferungen, sonstige Leistungen und Einfuhren, die nicht zumindest 10 % unternehmerischen Zwecken dienen, wobei auf die Verhältnisse im Zeitpunkt des Leistungsbezugs abzustellen ist.

Beträgt die unternehmerische Nutzung eines gemischt genutzten Gegenstandes zumindest 10 %, 98
hat der Unternehmer mehrere Möglichkeiten. Er kann den Gegenstand dem Unternehmensbereich zu 100 % zuordnen. In diesem Fall steht ihm der Vorsteuerabzug zur Gänze zu, die teilweise Privatnutzung führt zu einem Nutzungseigenverbrauch. Der Unternehmer kann den gemischt genutzten Gegenstand auch nur im Ausmaß der tatsächlichen unternehmerischen Nutzung dem Unternehmensbereich zuordnen. Der Vorsteuerabzug steht dann nur im Ausmaß der unternehmerischen Nutzung zu und die Privatnutzung führt nicht zu einer Eigenverbrauchsbesteuerung. Bei dieser Vorgehensweise ergibt sich allerdings der Nachteil, dass eine spätere allfällige Ausweitung der unternehmerischen Nutzung keinen nachträglichen Vorsteuerabzug erlaubt, da Zuordnungswahlrechte nicht nachgeholt werden können. Liegt die unternehmerische Nutzung unter 10 %, steht kein Vorsteuerabzug zu, auch nicht im Ausmaß der unternehmerischen (z.B. 5 %igen) Nutzung. Eine Ausnahme hiervon gilt für gemischt genutzte Gebäude, bei welchen nach Ansicht des VwGH die 10 % Grenze nicht anwendbar ist (d.h. Vorsteuerabzug auch dann, wenn z.B. nur 7 % unternehmerische Nutzung).

Der Vorsteuerabzug ist weiterhin für jene Leistungen ausgeschlossen, die in einem unmittel- 99
baren oder mittelbaren Zusammenhang mit unecht steuerbefreiten Lieferungen oder sonstigen Leistungen stehen.

Vom Vorsteuerabzug grundsätzlich nicht ausgeschlossen sind Aufwendungen für Leistungen, 100
die zur Ausführung von nicht steuerbaren Auslandsumsätzen getätigt werden. Handelt es sich jedoch um Umsätze, die – wären sie in Österreich steuerbar – steuerfrei sein würden, dann besteht auch insoweit ein Ausschluss vom Vorsteuerabzug. Damit soll die Verlagerung von unecht steuerbefreiten Umsätzen vom Inland ins Ausland vermieden werden.

Bewirkt der Unternehmer neben Umsätzen, die zum Ausschluss des Vorsteuerabzugs führen, 101
auch Umsätze, bei denen ein solcher Ausschluss nicht eintritt, so hat eine Aufteilung der Vorsteuerbeträge in abziehbare und nicht abziehbare Beträge zu erfolgen. Dies hat grundsätzlich nach der wirtschaftlichen Zuordnung der einzelnen Leistungen zu steuerfreien und steuerpflichtigen Umsätzen zu erfolgen. Vereinfachend kann der Unternehmer die Aufteilung auch nach dem Verhältnis der steuerfreien zu den steuerpflichtigen Umsätzen vornehmen.

11.5 Berichtigung des Vorsteuerabzuges

102 Maßgeblich für den Vorsteuerabzug sind die Verhältnisse im Zeitpunkt der Leistung, d.h. die zu diesem Zeitpunkt voraussichtliche Verwendung der in Anspruch genommenen Leistung. Ändern sich zu einem späteren Zeitpunkt die für den ursprünglichen Vorsteuerabzug maßgeblichen Verhältnisse (tritt z.B. an die Stelle der Steuerpflicht eine unechte Steuerbefreiung oder umgekehrt), ist eine Berichtigung des Vorsteuerabzuges vorzunehmen. Von einer Berichtigung ist abzusehen, wenn der Betrag, um den der Vorsteuerabzug für einen Gegenstand für das Kalenderjahr zu berichtigen ist, 60 € nicht übersteigt.

103 Der Berichtigungszeitraum beträgt beim beweglichen Anlagevermögen fünf Jahre, bei Grundstücken zwanzig Jahre. Der zwanzigjährige Berichtigungszeitraum bei Grundstücken wurde mit Wirkung ab 01.04.2012 eingeführt und gilt für Immobilien bzw. Immobilieninvestitionen (z.B. Großreparaturen), die ab dem 01.04.2012 erstmals unternehmerisch genutzt werden. Ausnahmsweise gilt der bisherige zehnjährige Berichtigungszeitraum weiterhin für Wohnimmobilien, bei denen die Mietverträge noch vor 01.04.2012 abgeschlossen wurden.

104 Ändern sich in den auf das Jahr der erstmaligen Verwendung folgenden vier (bewegliches Anlagevermögen) bzw. neunzehn Jahren (Grundstücke) die für den erstmaligen Vorsteuerabzug maßgeblichen Verhältnisse, ist für jedes Jahr der Änderung eine Berichtigung vorzunehmen. Die Berichtigung ist in jedem Jahr der Änderung in Höhe eines Fünftels beim beweglichen Anlagevermögen bzw. eines Zwanzigstels bei Grundstücken (einschließlich der aktivierungspflichtigen Aufwendungen und der Kosten von Großreparaturen) des ursprünglichen Vorsteuerabzugs vorzunehmen.

105 Beim Umlaufvermögen ist die Berichtigung unmittelbar in voller Höhe vorzunehmen. Dasselbe gilt für sonstige Leistungen, soweit die sonstigen Leistungen im Zeitpunkt der Änderung der Verhältnisse überhaupt noch fortwirken.

106 Bei einer dauernden Entnahme von Gegenständen aus dem Unternehmen, ist die gesamte offene Vorsteuer unmittelbar zu berichtigen.

12 Registrierungspflichten für Unternehmer

107 Das österreichische UStG kennt keine ausdrücklichen Bestimmungen zur Registrierungspflicht von Unternehmern. Die erforderliche Registrierung beim Betriebsstättenfinanzamt leitet sich aus den umsatzsteuerlichen Aufzeichnungs- und Erklärungspflichten ab (vgl. Rn. 111 ff.), die jeder Unternehmer unabhängig von der Höhe seiner Umsätze zu erfüllen hat. Damit unterliegt grundsätzlich jeder Unternehmer, der im Inland steuerbare Umsätze ausführt, den umsatzsteuerrechtlichen Aufzeichnungs- und Erklärungspflichten und somit auch der umsatzsteuerlichen Registrierung.

108 Sonderbestimmungen sind unter bestimmten Voraussetzungen für ausländische Unternehmer (vgl. Rn. 127) sowie für Kleinunternehmer mit Umsätzen unter 30.000 € (vgl. Rn. 112) vorgesehen.

109 Das zuständige Finanzamt (Betriebsstättenfinanzamt) hat jedem Unternehmer, der im Inland Lieferungen oder sonstige Leistungen erbringt, für die das Recht auf Vorsteuerabzug besteht, eine USt-IdNr. zu erteilen. Pauschalierten Land- und Forstwirten sowie Unternehmern, die ausschließlich unecht steuerbefreite Umsätze ausführen, wird vom Finanzamt nur auf Antrag eine USt-IdNr. erteilt.

Der Unternehmer ist verpflichtet, jede Änderung der tatsächlichen oder rechtlichen Verhältnisse, die für die Erteilung der USt-IdNr. maßgebend gewesen sind (insbesondere die Aufgabe seiner unternehmerischen Tätigkeit), dem Finanzamt binnen eines Kalendermonats anzuzeigen. 110

13 Erklärungs- und Aufzeichnungspflichten (§ 21 öUStG; §§ 16 ff. dUStG)

13.1 Erklärungspflichten

Der Unternehmer ist verpflichtet, für jeden Kalendermonat (Voranmeldungszeitraum) eine Umsatzsteuervoranmeldung an das Finanzamt auf elektronischem Weg zu übermitteln. Bei Unternehmern, deren Umsätze im vorangegangenen Kj. aus Lieferungen und sonstigen Leistungen und aus dem Eigenverbrauch auf ertragsteuerlich nicht abzugsfähige Aufwendungen (vgl. Rn. 12) 100.000 € (vgl. § 21 Abs. 2 öUStG) nicht überstiegen haben, ist das Kalendervierteljahr der Voranmeldungszeitraum. In der Umsatzsteuervoranmeldung ist die geschuldete USt selbst zu berechnen und an das Finanzamt abzuführen. Dabei werden die Umsätze eines Voranmeldungszeitraumes zusammengefasst, die Vorsteuer aus diesem Zeitraum abgezogen und die sich daraus ergebende Differenz ermittelt. Eine positive Differenz (Zahllast) ist bis zum 15. des zweitfolgenden Monats als Vorauszahlung zu entrichten (Fälligkeit). Eine negative Differenz (Guthaben) kann ab dem ersten Tag des Folgemonats rückgefordert oder mit anderen Steuern verrechnet werden. 111

Von der Verpflichtung zur Abgabe einer Voranmeldung sind Unternehmer befreit, deren Umsätze im vorangegangenen Kj. 30.000 € (vgl. VO zu § 21 Abs. 1 UStG § 1) nicht überstiegen haben und wenn die errechnete Vorauszahlung zur Gänze spätestens am Fälligkeitstag entrichtet wurde bzw. sich für einen Voranmeldungszeitraum keine Vorauszahlung ergibt. 112

Nach Ablauf des Kj. erfolgt eine Veranlagung zur Umsatzsteuer, d. h. der Unternehmer hat bis Ende Juni des Folgejahres eine USt-Jahreserklärung an das Finanzamt auf elektronischem Weg zu übermitteln. Kleinunternehmer, deren Umsätze im Veranlagungszeitraum 30.000 € (vgl. § 21 Abs. 6 UStG) nicht übersteigen und die im Veranlagungszeitraum keine Steuer zu entrichten haben, sind von der Verpflichtung zur Abgabe einer Jahreserklärung befreit. 113

Darüber hinaus haben Unternehmer, die am i. g. Handel teilnehmen, monatlich Zusammenfassende Meldungen elektronisch an das Finanzamt zu übermitteln. Die Zusammenfassenden Meldungen sind bis zum Ende des auf jeden Kalendermonat (Meldezeitraum) folgenden Kalendermonats (bzw. für Unternehmer, für die das Kalendervierteljahr der Voranmeldungszeitraum ist, bis zum Ende des auf das Kalendervierteljahr folgenden Monats) zu übermitteln und müssen sämtliche i. g. Lieferungen an Unternehmer bzw. Schwellenerwerber sowie die einer i. g. Lieferung gleichgestellten i. g. Verbringungen von Gegenständen enthalten. Seit 01.01.2010 sind in der Zusammenfassenden Meldung auch sonstige Leistungen anzugeben, die unter die allgemeine B2B-Grundregel fallen und für die es zum Übergang der Steuerschuld auf den Leistungsempfänger kommt. 114

Wird eine Abgabenerklärung (d. h. eine Umsatzsteuervoranmeldung oder eine Umsatzsteuerjahreserklärung) nicht oder verspätet eingereicht, kann die Abgabenbehörde einen Verspätungszuschlag von bis zu 10 % der festgesetzten Abgabe verhängen. Wird die Umsatzsteuer nicht spätestens am Fälligkeitstag (15. des auf den Voranmeldungszeitraum zweitfolgenden Kalendermonats) entrichtet, werden Säumniszuschläge von bis zu 4 % der nicht zeitgerecht entrichteten Abgabe festgesetzt. 115

13.2 Aufzeichnungspflichten

116 Zur Feststellung der Steuer und der Grundlagen ihrer Besteuerung ist der Unternehmer verpflichtet, im Inland umfangreiche Aufzeichnungen zu führen. Diese Verpflichtung gilt auch für Kleinunternehmer und Unternehmer, die ausschließlich steuerbefreite Umsätze ausführen. Eine besondere Form der Aufzeichnungspflichten ist nicht vorgesehen. Die Aufzeichnungspflicht des Unternehmers erstreckt sich insbesondere auf:

- die Entgelte für die ausgeführten eigenen Lieferungen und sonstigen Leistungen mit Aufteilung nach Steuersätzen und Ausweis der steuerfreien Umsätze;
- die vereinnahmten Entgelte für noch nicht ausgeführte Lieferungen und sonstige Leistungen mit Aufteilung nach Steuersätzen und Ausweis der steuerfreien Umsätze;
- die Bemessungsgrundlage für den Eigenverbrauch;
- die kraft Rechnung sowie aufgrund der Bestimmung für Zentralregulierer geschuldete USt;
- die Bemessungsgrundlage für Lieferungen und sonstige Leistungen, für die der Leistungsempfänger die Steuer schuldet;
- die Entgelte für erhaltene Leistungen und die darauf entfallende USt;
- die vor Ausführung der Leistung geleisteten Anzahlungen;
- die Bemessungsgrundlage von eingeführten Gegenständen und die darauf entfallende Steuer;
- die Bemessungsgrundlage für den i. g. Erwerb;
- Gegenstände, die vom Inland in einen anderen Mitgliedstaat i. g. verbracht werden;
- Gegenstände, die der Unternehmer aus einem anderen Mitgliedstaat erhalten hat, um Arbeiten an diesen Gegenständen oder die Begutachtung dieser durchzuführen.

117 Besondere Aufzeichnungspflichten gelten für steuerfreie Leistungen, insbesondere für Ausfuhrlieferungen bzw. i. g. Lieferungen. Die Voraussetzungen der Steuerfreiheit müssen durch den so genannten Buchnachweis erbracht werden. Für den Buchnachweis ist es erforderlich, dass die nachzuweisenden Voraussetzungen aus im Inland zu führenden Büchern oder Aufzeichnungen leicht nachprüfbar ersehen werden können. Konkrete inhaltliche Anforderungen an den Buchnachweis wurden für i. g. Lieferungen im Verordnungsweg normiert (BGBl Nr. 401/1996).

118 Besondere Aufzeichnungspflichten sind darüber hinaus beim Dreiecksgeschäft zu erfüllen.

14 Besonderheiten

119 Das österreichische UStG und die UStR 2000 enthalten zahlreiche Sondervorschriften für die Besteuerung bestimmter Sachverhalte. Einige wesentliche werden nachfolgend dargestellt.

14.1 Sondervorschriften für Bauleistungen (§ 19 Abs. 1a öUStG; § 13b Abs. 1 Z 4 dUStG)

120 Werden Bauleistungen von einem Unternehmer an einen Unternehmer erbracht, der seinerseits mit der Erbringung der Bauleistung beauftragt ist (Subunternehmer – Generalunternehmer), oder der

selbst üblicherweise Bauleistungen erbringt, geht die Steuerschuld auf den Leistungsempfänger über. Dies gilt auch dann, wenn der leistende Unternehmer ein inländischer Unternehmer ist. Der Leistungsempfänger ist nach den allgemeinen Grundsätzen zum Vorsteuerabzug berechtigt.

Bauleistungen sind alle Leistungen, die der Herstellung, Instandsetzung, Instandhaltung, Reinigung, Änderung oder Beseitigung von Bauwerken dienen. Der Begriff des Bauwerks ist dabei weit auszulegen, d. h., er umfasst nicht nur Gebäude, sondern sämtliche mit dem Erdboden verbundene oder auf ihm ruhende, aus Baustoffen oder Bauteilen mit baulichem Gerät hergestellte Anlagen. **121**

14.2 Vereinfachungsregelung für Konsignationslager

Die Versendung oder Beförderung von Waren von einem Mitgliedstaat in ein Konsignationslager **122**
in einem anderen Mitgliedstaat stellt nach den allgemeinen Bestimmungen eine i. g. Verbringung dar. Mit der Entnahme der Waren durch den Abnehmer aus dem Lager kommt es zu einer Lieferung an diesen. Gegenüber bestimmten Mitgliedstaaten (derzeit Belgien, Finnland, Irland, die Niederlande, das Vereinigte Königreich, Frankreich und Italien) ist unter bestimmten Voraussetzungen folgende Vereinfachungsregelung vorgesehen:

- Die Versendung oder Beförderung von Waren von Österreich in ein Konsignationslager in einen dieser Mitgliedstaaten stellt keine i. g. Verbringung dar, sondern ist umsatzsteuerlich unbeachtlich; erst die tatsächliche Entnahme der Waren aus dem Lager durch den Abnehmer führt zu einer i. g. Lieferung in Österreich und beim Abnehmer zu einem i. g. Erwerb. Dementsprechend ist nicht die Verbringung, sondern die i. g. Lieferung in die Zusammenfassenden Meldungen aufzunehmen. Voraussetzung ist, dass die Anwendung der Vereinfachungsregelung dem in Österreich zuständigen Finanzamt des liefernden Unternehmers schriftlich mitgeteilt wird und Aufzeichnungen über die ein- und ausgelagerten Gegenstände und den Lagerbestand geführt werden.
- Gleiches gilt für das Verbringen von Waren eines ausländischen Unternehmers in ein inländisches Konsignationslager. In diesem Fall kann der Abnehmer die Warenentnahme als i. g. Erwerb behandeln. Voraussetzung ist, dass das Lager nur einem einzigen Abnehmer zur Verfügung steht und die Waren innerhalb von sechs Monaten ab der Einlagerung entnommen werden. Ansonsten kommt es im Zeitpunkt des Überschreitens der Frist zu einem i. g. Erwerb des ausländischen Unternehmers im Inland. Die tatsächliche Entnahme stellt dann eine in Österreich steuerbare Lieferung dar. Der ausländische Unternehmer muss dem Finanzamt des Abnehmers schriftlich die Anwendung der Vereinfachungsregelung mitteilen und entsprechende Aufzeichnungen über die ein- und ausgelagerten Gegenstände und den Lagerbestand führen. Außerdem muss der Ausgangsmitgliedstaat bei Entnahme der Gegenstände innerhalb der genannten Frist von einer i. g. Lieferung ausgehen. Nach Ansicht der österreichischen Finanzverwaltung (USt-Protokoll 2006) kann die Vereinfachungsregelung nicht nur im Verhältnis zu den oben angeführten Mitgliedstaaten, sondern auch dann zur Anwendung gelangen, wenn im jeweiligen EU-Land eine vergleichbare Regelung (i. g. Lieferung bei Entnahme) besteht.

14.3 Vereinfachungsregelung bei einer größeren Abnehmerzahl

Grundsätzlich liegt eine i. g. Lieferung und keine i. g. Verbringung vor, wenn Ware von Österreich **123**
in einen anderen Mitgliedstaat gelangt und der abnehmende Unternehmer der Lieferung im Bestimmungsmitgliedstaat bei Beginn des Transportes im Ausgangsmitgliedstaat bereits feststeht.

Unter den folgenden Voraussetzungen können aus Vereinfachungsgründen derartige i. g. Lieferungen dennoch als i. g. Verbringungen qualifiziert werden:

- Die Lieferungen werden regelmäßig an eine größere Anzahl von Abnehmern im Bestimmungsland ausgeführt.
- Bei entsprechenden Lieferungen aus dem Drittland wären die Voraussetzungen für eine Verlagerung des Ortes der Lieferung in das Gemeinschaftsgebiet erfüllt.
- Der liefernde Unternehmer behandelt die Lieferung im Bestimmungsmitgliedstaat als steuerbar. Er wird bei einem Finanzamt des Bestimmungsmitgliedstaates für Umsatzsteuerzwecke erfasst und er gibt in den Rechnungen seine USt-IdNr. des Bestimmungslandes an.
- Die beteiligten Steuerbehörden im Ausgangs- und im Bestimmungsmitgliedstaat sind mit dieser Behandlung einverstanden.

124 Diese Vereinfachungsregelung gilt sowohl für Lieferungen aus dem übrigen Gemeinschaftsgebiet in das Inland als auch umgekehrt.

14.4 Leasing

125 Bei Leasing ist zu unterscheiden, ob der Inhalt der Vereinbarung auf bloß befristete Gebrauchsüberlassung (dann sonstige Leistung) oder Zuwendung der wirtschaftlichen Substanz (dann Lieferung) gerichtet ist. Die Abgrenzung erfolgt nach den im Bereich der Einkommensteuer entwickelten Grundsätzen.

15 Besonderheiten für ausländische Unternehmer

15.1 Definition

126 Ausländische Unternehmer sind Unternehmer, die ihr Unternehmen aus dem EU-Ausland oder Drittland betreiben und in Österreich weder Sitz noch Betriebsstätte haben.

15.2 Registrierung

127 Ausländische Unternehmer, die in Österreich steuerbare Umsätze tätigen, sind verpflichtet, sich beim zuständigen Finanzamt Graz-Stadt (Referat für ausländische Unternehmer, Conrad von Hötzendorf Str. 14–18, 8018 Graz) registrieren zu lassen und Erklärungen abzugeben. Davon ausgenommen sind ausländische Unternehmer, die elektronische Dienstleistungen an österreichische Nichtunternehmer erbringen und diese Umsätze jedoch über ausländischen Mini-One-Stop-Shop (MOSS) erklären. Unterhalten sie in Österreich eine Betriebsstätte, gelten sie nicht als ausländische Unternehmer und haben sich beim zuständigen Betriebsstätten-Finanzamt registrieren zu lassen.

Die Registrierungspflicht und damit die Führung von Aufzeichnungen, die Abgabe von Voranmeldungen und Jahreserklärungen entfällt auch dann nicht, wenn es zur Haftung des inländischen Leistungsempfängers (vgl. Rn. 64) kommt oder Steuerbefreiungen (vgl. Rn. 47 ff.) greifen. 128

Unternehmer, die im Inland keine Umsätze ausgeführt haben oder nur Umsätze, bei denen der Leistungsempfänger die Steuer schuldet, und die ausschließlich aufgrund der Anwendung des Reverse-Charge-Systems im Inland eine Steuer schulden (z. B. Leistung eines anderen ausländischen Unternehmers, die im Inland ausgeführt wird), hinsichtlich derer sie zum vollen Vorsteuerabzug berechtigt sind, werden nur dann zur Steuer veranlagt, wenn sie dies ausdrücklich schriftlich beantragen. Durch diese Regelung soll vermieden werden, dass bei ausländischen Unternehmern eine Veranlagung stattfinden muss, die zu keiner Steuervorschreibung führen würde. 129

Eine Registrierung ist ebenfalls nicht erforderlich für Umsätze, die nach der Verordnung BGBl II Nr. 584/2003 steuerfrei sind (vgl. Rn. 135). 130

Zusätzlich können sich Drittlandsunternehmer, die ausschließlich elektronische Dienstleistungen an Nichtunternehmer erbringen, für Zwecke der gesamten in der EU anfallenden USt in Österreich erfassen lassen. 131

15.3 Besteuerung ausländischer Unternehmer

Erbringen ausländische Unternehmer Lieferungen und sonstige Leistungen im Inland, kann es zu folgenden Konstellationen kommen: 132

15.3.1 Lieferung

Sofern der Empfänger einer Lieferung ein Unternehmer oder eine Körperschaft öffentlichen Rechts ist, kommt es zur Abfuhrverpflichtung und Haftung des Leistungsempfängers (vgl. Rn. 64). Bei Lieferungen an Nichtunternehmer (natürliche Personen) greift keine Sonderbestimmung und der leistende ausländische Unternehmer hat die auf den Umsatz entfallende USt selbst an das zuständige Finanzamt Graz-Stadt abzuführen. 133

15.3.2 Sonstige Leistung, Bauleistung, Werklieferung

Erbringt ein ausländischer Unternehmer sonstige Leistungen, Bauleistungen oder Werklieferungen an einen Unternehmer oder an eine Körperschaft öffentlichen Rechts, kommt es zum Übergang der Steuerschuld und die USt wird vom Leistungsempfänger geschuldet (vgl. Rn. 62). Dies gilt nicht, wenn der ausländische Unternehmer eine elektronische Dienstleistung gemäß § 3a Abs. 13 UStG an eine juristische Person des öffentlichen Rechts, die Nichtunternehmer ist, erbringt und die Steuern im Rahmen des MOSS-Verfahrens gemäß § 25a oder Art. 25a UStG abführt. 134

Erbringt ein ausländischer Unternehmer sonstige Leistungen, Bauleistungen oder Werklieferungen an Nichtunternehmer (natürliche Personen), hat der leistende Unternehmer die auf den Umsatz entfallende USt abzuführen.

15.3.3 Reihengeschäft mit Drittlandsbezug

135 Gelangt im Zuge eines Reihengeschäftes mit drei Beteiligten ein Gegenstand aus dem Drittlandsgebiet in das Inland und ist der letzte Abnehmer Schuldner der EUSt, so ist dieser zum Abzug der EUSt berechtigt. Voraussetzung ist, dass die Lieferung an den letzten Abnehmer nach der Verordnung BGBl II Nr. 584/2003 steuerfrei ist. Steuerfreiheit ist gegeben, wenn

- der erste Abnehmer (mittlerer Unternehmer) ausländischer Unternehmer und im Inland nicht registriert ist,
- der letzte Abnehmer zum vollen Vorsteuerabzug berechtigt ist und
- über die Lieferung keine Rechnung mit gesondertem Steuerausweis ausgestellt wird.

136 Die Steuerbefreiung für die letzte Lieferung im Reihengeschäft ist eine unechte, d. h. der Vorsteuerabzug ist ausgeschlossen. Weiterhin entfallen die Aufzeichnungspflichten und sofern ein ausländischer Unternehmer im Kj. nur derartige steuerfreie Umsätze tätigt, hat er auch keine Voranmeldungen bzw. Steuererklärungen abzugeben.

15.3.4 Werklieferung mit Drittlandsbezug

137 Erbringt ein ausländischer Unternehmer im Inland eine Werklieferung und wurden Bestandteile dafür aus dem Drittland eingeführt, so gelten diese gem. Verordnung BGBl II Nr. 584/2003 als für das Unternehmen des Leistungsempfängers eingeführt, wenn der Werklieferer über diese Bestandteile eine gesonderte Rechnung legt und die EUSt vom Leistungsempfänger oder für dessen Rechnung entrichtet wurde.

15.4 Fiskalvertreter (§ 27 Abs. 7 öUStG; § 22a dUStG)

138 Erbringen Drittlandsunternehmer aus Ländern, mit denen keine Vereinbarung über gegenseitige Amtshilfe abgeschlossen wurde, Lieferungen und sonstige Leistungen an Nichtunternehmer (natürliche Personen) im Inland, ist ein Fiskalvertreter zu bestellen. Zugelassene Fiskalvertreter sind in Österreich ansässige Wirtschaftstreuhänder, Rechtsanwälte und Notare. Daneben sind auch Spediteure und Unternehmer mit Wohnsitz im Inland unter bestimmten Voraussetzungen zulässig. Der Fiskalvertreter muss dem Finanzamt Graz-Stadt bekannt gegeben werden. Er hat alle abgabenrechtlichen Pflichten des Vertretenen zu erfüllen, ist aber auch befugt, dessen Rechte wahrzunehmen.

139 Ausländische Unternehmer aus anderen EU-Mitgliedstaaten sowie aus Drittländern, mit welchen Amtshilfeabkommen bestehen, können einen Fiskalvertreter bestellen.

15.5 Vorsteuererstattungsverfahren (VO BGBl 279/1995 i. d. F. BGBl II 389/2010; §§ 59 ff. dUStDV)

140 Ausländische Unternehmer, die

- keine Umsätze im Inland erzielen oder

- nur steuerfreie Güterbeförderungen oder nur steuerfreie Personenbeförderungen mit Schiffen oder Luftfahrzeugen ausführen oder
- nur Umsätze ausführen, für die die Steuerschuld auf den Leistungsempfänger übergeht, oder
- von der Sonderregelung (§ 25a UStG) für Drittlandsunternehmer, die elektronische Dienstleistungen an Nichtunternehmer erbringen, Gebrauch gemacht haben,

können ihre Vorsteuer im Erstattungsverfahren geltend machen.

Erstattungsfähige Vorsteuern sind nur solche Vorsteuern, die zum Vorsteuerabzug berechtigen. **141**
Vorsteuerbeträge, die in Österreich vom Vorsteuerabzug ausgeschlossen sind, werden somit nicht erstattet. Der Erstattungszeitraum ist grundsätzlich frei wählbar, allerdings muss er mindestens drei aufeinander folgende Monate und höchstens ein Kj. betragen. Zum Ende des Kj. kann der Erstattungszeitraum auch kürzer sein (November bis Dezember bzw. nur Dezember).

Der Mindesterstattungsbetrag beträgt 400 €. Dies gilt nicht, wenn der Erstattungszeitraum das Kj. **142**
oder der letzte Zeitraum des Kj. (November bis Dezember bzw. nur Dezember) ist. Der Mindesterstattungsbetrag beträgt in diesem Fall 50 €.

15.5.1 Vorsteuererstattungsverfahren für Drittlandsunternehmer

Der Erstattungsantrag ist mittels vorgedrucktem Formular binnen sechs Monaten nach Ablauf des **143**
Kj., in dem der Erstattungsanspruch entstanden ist (d.h. bis 30. 06. des Folgejahres), beim Finanzamt Graz-Stadt zu stellen. Dem Antrag (Formular U 5) beizulegen sind sämtliche Originalbelege und eine Originalbescheinigung, die nachweist, dass der ausländische Unternehmer unter einer Steuernummer im Ausland geführt wird (Formular U 70). Die Unternehmerbescheinigung darf nicht älter als ein Jahr sein. Weiterhin ist bei erstmaliger Beantragung der ausgefüllte Fragebogen für das Vorsteuererstattungsverfahren (Formular Verf 18) beizulegen.

15.5.2 Vorsteuererstattungsverfahren für EU-Unternehmer

Seit 01.01.2010 ist das Vorsteuervergütungsverfahren für EU-Unternehmer europaweit verein- **144**
heitlicht. Erstattungsanträge sind dann bis spätestens 30. 09. des Folgejahres elektronisch beim Sitzfinanzamt einzureichen, wobei eine Übermittlung von weiteren Unterlagen (z.B. Unternehmerbescheinigung) nicht erforderlich ist. Die elektronische Übermittlung von Rechnungen wird in Österreich grundsätzlich nicht verlangt. Das Finanzamt hat jedoch die Möglichkeit, diese bei Bedarf nachzufordern.

Für den Fall, dass nach Ablauf von vier Monaten (bzw. acht Monaten bei Anforderung zusätz- **145**
licher Informationen durch die österreichische Finanzbehörde) und zehn Werktagen nach Eingang des Erstattungsantrages keine Zahlung des zu erstattenden Betrages erfolgt, stehen dem Antragsteller Säumniszinsen zu. Diese betragen je nach Verspätungsdauer 2 % bis 4 % des nicht zeitgerecht erstatteten Betrages.

15.6 Veranlagungsverfahren

146 Ausländische Unternehmer, die im Inland Umsätze tätigen und die Voraussetzungen für das Vorsteuererstattungsverfahren nicht erfüllen, müssen Vorsteuern i. d. R. durch Veranlagung geltend machen.

147 Diesbezüglich gelten für sie die allgemeinen Grundsätze zum Vorsteuerabzug (vgl. Rn. 88 ff.). Hinsichtlich der Registrierungs-, Aufzeichnungs- und Erklärungspflichten vgl. Rn. 111 ff. und vgl. Rn. 127 ff.

Länderanhang Polen

Literatur

Buziewski, Poland Value Added Tax, IBFD 2017. **Ernst & Young**, Worldwide VAT, GST and Sales Tax Guide 2017. Inoffizielle Übersetzung Mehrwertsteuergesetz, IBFD.

1 Einführung

1 Polen ist seit dem 01.05.2004 Mitglied der Europäischen Union. Das polnische Mehrwertsteuergesetz basiert daher auf der Mehrwertsteuersystemrichtlinie. Ein erstes Mehrwertsteuergesetz wurde 1993 eingeführt. Es wurde im Rahmen des Beitritts zur EU an die Rahmenbedingungen des gemeinsamen Mehrwertsystems angepasst.

2 Bezeichnung der Steuer

2 Die polnische Bezeichnung der Umsatzsteuer lautet »Podatek od towarow i uslug«.

3 Steuerbarkeit und Erhebungsgebiet

3.1 Erhebungsgebiet

3 Das umsatzsteuerliche Erhebungsgebiet entspricht dem Staatsgebiet der Republik Polen.

3.2 Steuerbare Umsätze

Sämtliche in Polen von einem Steuerpflichtigen ausgeführten **Lieferungen** und **Dienstleistungen** sind umsatzsteuerbar. 4

Als **Lieferungen** gelten neben der Übertragung körperlicher Gegenstände und unbeweglichen Vermögens auch die Übertragungen aller Formen von Energie (vgl. Art. 2 sowie Art. 5 und Art. 7 Mehrwertsteuergesetz). Mietkauf gilt als Lieferung. 5

Der **Ort der Lieferung** bestimmt sich nach der Verschaffung der Verfügungsmacht bzw. bei Warentransport nach dessen Beginn (vgl. Art. 22 Mehrwertsteuergesetz). Abweichend hiervon wird bei der **Versandhandelsregelung** das Ende der Versendung betrachtet. Es gilt hierbei eine Lieferschwelle von 160.000 PLN (vgl. Art. 24 Mehrwertsteuergesetz). Die Regelung gilt nicht für die Lieferung neuer Beförderungsmittel. Bei Lieferungen mit Montage ist der Lieferort der Ort der Montage. 6

Ebenfalls in Polen steuerbar sind Lieferungen aus dem Drittland, bei denen der Lieferer die Einfuhrumsatzsteuer schuldet. 7

Explizite gesetzliche Regelungen zu **Reihengeschäften** gibt es in Polen nicht. 8

Unentgeltlich erbrachte Lieferungen oder Dienstleistungen können steuerbare **unentgeltliche Wertabgaben** sein (vgl. Art. 7 Mehrwertsteuergesetz). Regelmäßig ist Voraussetzung, dass aus dem Gegenstand ein Vorsteuerabzug geltend gemacht wurde. 9

Geschenke mit einem geringen Wert sind keine unentgeltlichen Wertabgaben. Die Grenze beträgt 100 PLN pro Empfänger und Jahr (vgl. Art. 7 Mehrwertsteuergesetz).

Dienstleistungen werden ähnlich wie in Deutschland als Leistungen definiert, die keine Lieferungen von Gegenständen darstellen. Das Gesetz enthält weiterhin Beispiele für Dienstleistungen (vgl. Art. 8 Mehrwertsteuergesetz). 10

Der **Ort der meisten Dienstleistungen** zwischen Unternehmen bestimmt sich nach dem Empfängerortsprinzip (vgl. Art. 28b Mehrwertsteuergesetz) bzw. für Dienstleistungen an Nichtunternehmer nach dem Sitz des leistenden Unternehmers oder von dessen fester Niederlassung (vgl. Art. 28c Mehrwertsteuergesetz). Ausnahmen gelten vor allem für grundstücksbezogene Umsätze (Ort des Grundstücks, Art. 28e Mehrwertsteuergesetz), für Personenbeförderungen (Ort der Beförderung, Art. 28f Mehrwertsteuergesetz), kurzfristige Vermietung von Beförderungsmitteln (Ort der Übergabe, Art. 28j Mehrwertsteuergesetz), Restaurantumsätze (Tätigkeitsort, Art. 28i Mehrwertsteuergesetz) und den Zugang zu Veranstaltungen (Ort derselben, Art. 28g Mehrwertsteuergesetz). 11

Geschäftsveräußerungen im Ganzen an einen anderen Unternehmer, d. h. die Übertragung des ganzen Betriebs oder einer Division der Betätigung, sind nicht umsatzsteuerbar (vgl. Art. 6 Mehrwertsteuergesetz). 12

Steuerbar ist auch der **innergemeinschaftliche Erwerb** von Gegenständen in Polen. Es gibt jedoch Ausnahmen für land- und forstwirtschaftliche Betriebe, Steuerpflichtige, die ausschließlich vorsteuerschädliche Ausgangsumsätze tätigen, sowie für nicht unternehmerisch tätige juristische Personen. Die Erwerbschwelle für diesen Personenkreis, die weder im vorangegangenen Kalenderjahr noch im laufenden Kalenderjahr überschritten werden darf, beträgt 50.000 PLN (vgl. Art. 10 Mehrwertsteuergesetz). Auch wenn die Erwerbschwelle nicht überschritten wird, kann zur Steuerpflicht optiert werden. 13

Dienstleistungen, die von einem polnischen Steuerpflichtigen grenzüberschreitend empfangen werden und unter die Steuerschuldnerschaft des Leistungsempfängers fallen, sind ebenfalls steuerbare Umsätze im Sinne des polnischen Rechts. Ebenso unterliegen Einfuhren von Waren aus Drittstaaten nach Polen der Umsatzsteuer. 14

Unternehmen aus der EU, die Telekommunikations-, Rundfunk-, Fernseh- oder elektronische Leistungen an Nichtsteuerpflichtige erbringen, sind damit zwar in Polen seit dem 01.01.2015 15

umsatzsteuerpflichtig. Sie können jedoch das MOSS-Verfahren nutzen und sind damit nicht registrierungspflichtig.

Bei Unternehmen aus Nicht-EU-Staaten besteht die Möglichkeit, für entsprechende Umsätze die Sonderregelung zu nutzen, sich in einem einzigen EU-Mitgliedstaat zu registrieren und dort sämtliche Umsätze zu melden.

16 In Polen ansässige Unternehmer, die eine Umsatzgrenze von 200.000 PLN nicht übertreffen, können als **Kleinunternehmer** besteuert werden (vgl. Art. 113 Mehrwertsteuergesetz). Falls sie diese Möglichkeit nutzen, schulden sie keine Umsatzsteuer, haben jedoch auch kein Vorsteuerabzugsrecht. Die Umsatzgrenze bezieht sich auf die vorangehenden zwölf Monate. Ein gesonderter Antrag auf die Kleinunternehmerbesteuerung ist nicht erforderlich, doch kann ein Antrag auf freiwillige Registrierung gestellt werden. Dieser bindet den Unternehmer für ein Jahr.

Verschiedene Umsatzformen sind ausdrücklich von der Kleinunternehmerregelung ausgeschlossen. Dazu gehören Lieferungen neuer Fahrzeuge, bestimmte Edelmetallumsätze, verbrauchsteuerpflichtige Waren außer Strom, Baugrundstücke und die rechtliche oder wirtschaftliche Beratung.

4 Unternehmer bzw. Steuerpflichtiger

17 Als Steuerpflichtiger nach polnischem Recht gilt jede natürliche oder juristische Person, die im Zuge einer geschäftlichen Betätigung in Polen Waren liefert oder Dienstleistungen erbringt (vgl. Art. 15 bis 17 Mehrwertsteuergesetz).

18 Ein ausländischer Unternehmer hat in Polen eine umsatzsteuerliche **Betriebsstätte** (feste Niederlassung), wenn er dort eine Geschäftseinrichtung unterhält (z. B. Büro, Lager), von dort Lieferungen oder Dienstleistungen erbringt und Personal unterhält.

5 Organschaft bzw. Mehrwertsteuergruppe

19 Polen hat keine Regelungen zur Mehrwertsteuergruppe (umsatzsteuerliche Organschaft) erlassen.

6 Bemessungsgrundlage

20 Grundsätzlich ist der vereinbarte Nettopreis (Entgelt) die steuerliche Bemessungsgrundlage (vgl. Art. 29a Mehrwertsteuergesetz).

Bei unentgeltlichen Vorgängen ist der Einkaufspreis bzw. die Selbstkosten im Umsatzzeitpunkt anzusetzen (vgl. Art. 29a Mehrwertsteuergesetz). 21

Bei entgeltlichen Transaktionen zwischen nahestehenden Personen ist der Finanzbehörden der Marktpreis anzusetzen, wenn das tatsächliche Entgelt darunterliegt und der Empfänger kein volles Vorsteuerabzugsrecht hat, oder wenn das Entgelt über dem Marktpreis liegt und der Leistende kein volles Vorsteuerabzugsrecht hat (vgl. Art. 32 Mehrwertsteuergesetz). Das Gesetz definiert Nahestehen u. a. als Verwandtschaft, gesellschaftsrechtliche Verflechtungen, Anstellungsverträge oder Verflechtungen der Geschäftsleitung. 22

7 Steuersätze und Steuerbefreiungen

7.1 Regelsteuersatz

Der Regelsteuersatz in Polen beträgt 23 % (vgl. Art. 41 Mehrwertsteuergesetz). 23

7.2 Ermäßigte Steuersätze

Das polnische Umsatzsteuergesetz sieht zwei ermäßigte Steuersätze vor, und zwar 5 % und 8 % (vgl. Art. 41 Mehrwertsteuergesetz). 24

Der ermäßigte Steuersatz von 8 % gilt unter anderem für 25

- verschiedene landwirtschaftliche Produkte,
- Restaurantleistungen mit Ausnahme von alkoholischen Getränken,
- verschiedene Lebensmittel,
- Hotelübernachtungen,
- andere Bücher und Zeitschriften,
- Personenbeförderung,
- medizinische Produkte,
- Lieferung von Wasser,
- verschiedene landwirtschaftliche Dienstleistungen,
- Bau, Lieferung und Reparatur von Sozialwohnungen.

Der ermäßigte Steuersatz von 5 % gilt unter anderem für 26

- bestimmte Bücher und bestimmte Zeitschriften,
- verschiedene landwirtschaftliche Produkte.

7.3 Steuerbefreiungen

Das polnische Umsatzsteuerrecht enthält sowohl Steuerbefreiungen mit Vorsteuerabzugsrecht (echte Steuerbefreiungen) als auch Steuerbefreiungen ohne Vorsteuerabzugsrecht (unechte Steuerbefreiungen). 27

28 Zu den Steuerbefreiungen mit Vorsteuerabzugsrecht (vgl. Art. 83 Mehrwertsteuergesetz) gehören insbesondere

- Ausfuhrlieferungen,
- innergemeinschaftliche Lieferungen,
- Umsätze für die Seeschifffahrt und die Luftfahrt,
- Umsätze in Freizonen oder Zolllagern.

29 Steuerbefreiungen ohne Vorsteuerabzugsrecht (vgl. Art. 43 bis 82 Mehrwertsteuergesetz) bestehen unter anderem für

- Bank- und Finanzumsätze,
- Versicherungsumsätze,
- Glücksspiele und Lotterien,
- ärztliche Leistungen,
- bestimmte Leistungen der Sozialfürsorge,
- verschiedene unterrichtende Leistungen,
- Postdienstleistungen,
- Goldlieferungen an die Zentralbank,
- Vermietung von Immobilien für eigene Wohnzwecke,
- Verkauf von Immobilien, ausgenommen neue Immobilien oder Baugrundstücke.

30 Eine **Option zur Steuerpflicht** ist bei der Lieferung von Immobilien an steuerpflichtige Personen möglich. Es ist vor der Transaktion ein schriftlicher Antrag zu stellen.

31 Bei Ausfuhrlieferungen und innergemeinschaftlichen Lieferungen ist ein **Belegnachweis** zu führen. Bei **Ausfuhrlieferungen** ist dies üblicherweise das zollrechtliche Ausfuhrdokument, das entweder den Lieferer als Ausführer zeigt oder eindeutig auf die Rechnung referenziert.

Bei **innergemeinschaftlichen Lieferungen** soll der Nachweis durch eine Gesamtheit geeigneter Unterlagen (Frachtpapiere, Zahlungsnachweise, Bestellungen, usw.) erbracht werden.

32 **Ausfuhrlieferungen im Reisegepäck** sind steuerfrei, wenn die Ausfuhr innerhalb von zehn Monaten nachgewiesen wird (vgl. Art. 126 bis 130 Mehrwertsteuergesetz).

33 Bei der Einfuhr gilt eine Steuerbefreiung für **Kleinsendungen** mit einer Wertgrenze von 22 €.

34 Polen hat keine Regelung für **Umsatzsteuerlager** eingeführt.

8 Steuerschuldnerschaft des Leistungsempfängers

35 Nach dem polnischen Umsatzsteuerrecht ist die Steuerschuldnerschaft des Leistungsempfängers unter anderem für folgende Umsätze anzuwenden:

- In Polen steuerbare Lieferungen oder Dienstleistungen, die ein nichtansässiger Unternehmer an einen in Polen ansässigen Steuerpflichtigen erbringt (vgl. Art. 17 Mehrwertsteuergesetz)
- In Polen steuerbare Lieferungen von Strom, Gas, Wärme oder Kälte, die ein nichtansässiger Unternehmer an einen in Polen ansässigen Wiederverkäufer erbringt (vgl. Art. 17 Mehrwertsteuergesetz)

36 Polen hat weiterhin eine Steuerschuldnerschaft des Leistungsempfängers für Umsätze zwischen im Land ansässigen Unternehmen eingeführt, die für folgende Umsätze gilt (vgl. Art. 17 Mehrwertsteuergesetz):

- Lieferungen bestimmter Güter (vgl. Schedule 11 zum Mehrwertsteuergesetz, betrifft u. a. diverse Metalle, Abfälle, Juwelen)
- Lieferungen bestimmter Güter in einem einheitlichen wirtschaftlichen Vorgang mit einem Nettowert über 20.000 PLN (vgl. Schedule 11 zum Mehrwertsteuergesetz, betrifft u. a. Mobiltelefone, Tablet-PCs, Spielekonsolen, Notebooks)
- Umsätze mit Emissionszertifikaten und diverse Bauleistungen (vgl. Schedule 14 zum Mehrwertsteuergesetz),
- Umsätze mit Einbaulaufwerken (SSDs und Festplatten), gilt ab dem 01.01.2018

Polen hat zum 01.07.2018 ein besonderes »Split Payment«-System (gespaltene Umsatzsteuerzahlungen) auf freiwilliger Basis eingeführt. Nach dem Gesetz gelten die folgenden besonderen Regelungen: 36a

Alle polnischen Banken eröffnen für alle polnischen Umsatzsteuerpflichtigen besondere Umsatzsteuer-Bankkonten. Jeder Umsatzsteuerpflichtige hat dann ein Wahlrecht, die ihm von einem anderen Unternehmer berechnete polnische Umsatzsteuer auf dessen Umsatzsteuer-Bankkonto zu zahlen und nur den Nettobetrag auf das gewöhnliche Konto. Das Umsatzsteuer-Bankkonto darf grundsätzlich nur benutzt werden, um Umsatzsteuerschulden an den Fiskus zu entrichten, oder um Umsatzsteuer für erbrachte Leistungen an den leistenden Unternehmer auf dessen Umsatzsteuer-Bankkonto zu bezahlen. Allerdings kann ein gesonderter Antrag bei der Steuerbehörde gestellt werden, ein Guthaben vom Umsatzsteuer-Bankkonto auf das normale Konto übertragen zu lassen. Die Behörde entscheidet hierüber binnen 60 Tagen.

Die Nutzung des Verfahrens bietet dem Leistungsempfänger Vorteile. So kann er einer gesamtschuldnerischen Haftung für nicht abgeführte Umsatzsteuer nach Art. 105a Mehrwertsteuergesetz (betrifft diverse als betrugsanfällig angesehene Umsatzarten) entgehen. Weiterhin drohen regelmäßig keine Strafen, wenn sich die berechnete Umsatzsteuer als fehlerhaft erweist (vgl. Abschnitt 13). Dies gilt allerdings nicht, wenn der Leistungsempfänger Kenntnis von den Verstößen des Leistenden hatte.

Ein weiterer Vorteil besteht in einer kürzeren Erstattungszeitpunkt für Vorsteuerüberhänge von nur 25 statt regelmäßig 60 Tagen. Allerdings erfolgen die Erstattungen dann auf das besondere Umsatzsteuer-Bankkonto.

Schließlich erhalten Unternehmen einen kleineren Nachlass auf ihre Umsatzsteuerschuld, wenn sie diese vom Umsatzsteuer-Bankkonto vor Fälligkeit zahlen (aktuell 6 % p. a., taggenau berechnet).

Da das »Split Payment«-Verfahren in Polen freiwillig ist, hat Polen keinen Antrag auf Genehmigung einer Sondermaßnahme bei der Europäischen Kommission gestellt.

9 Besondere Umsatzsteuerregelungen für bestimmte Unternehmen

9.1 Besteuerung von Reiseleistungen

Polen hat die Margenbesteuerung für Reiseveranstalter (Art. 306 bis Art. 310 Mehrwertsteuersystemrichtlinie) umgesetzt (vgl. Art. 119 Mehrwertsteuergesetz). Die Regelung bewirkt, dass Reiseveranstalter, die ihr unterliegen, nur Umsatzsteuer auf die Marge zwischen den Eingangs- 37 leistungen und den Ausgangsumsätzen schulden, wobei die Umsatzsteuer aus der Marge herauszurechnen ist. Zugleich besteht kein Vorsteuerabzugsrecht. Insoweit ähnelt die Regelung der in Deutschland bestehenden Regelung des § 25 UStG.

9.2 Differenzbesteuerung

38 In Polen besteht eine Differenzbesteuerung für den Handel mit Gebrauchtwaren, Kunstgegenständen, Antiquitäten und Sammlungsobjekten (vgl. Art. 120 Mehrwertsteuergesetz). Die Regelung hat zur Folge, dass Umsatzsteuer nur auf die Marge zwischen Eingangsleistungen und Ausgangsleistungen erhoben wird. Zugleich ist der Vorsteuerabzug aus Eingangsleistungen ausgeschlossen.

9.3 Sonderregelung für Landwirte

39 Polen hat eine Sonderregelung für Landwirte eingeführt (vgl. Art. 115 Mehrwertsteuergesetz). Dabei definiert das Mehrwertsteuergesetz nicht den Begriff des Landwirts. Allerdings ist die Regelung nicht nur auf landwirtschaftliche und forstwirtschaftliche Produkte aus dem Feld- und Waldbau, sondern auch auf Viehzucht und Fischerei anwendbar. Schedule 2 zum Mehrwertsteuergesetz zählt begünstigte Produkte auf.

Die Regelung bewirkt, dass der Landwirt keine Umsatzsteuer schuldet, aber auch keinen Vorsteuerabzug geltend machen kann. Auf die Ausgangsumsätze wird eine Sondersteuer von 7 % berechnet, die beim unternehmerischen Abnehmer als Vorsteuer abziehbar ist, aber vom Landwirt nicht geschuldet wird.

Auf Antrag kann der Landwirt zur Regelbesteuerung optieren.

10 Entstehung der Steuer

10.1 Besteuerung nach vereinbarten Entgelten

40 Grundsätzlich gilt in Polen das Prinzip der Besteuerung nach vereinbarten Entgelten.

41 Bei der **Lieferung von Gegenständen** entsteht die Umsatzsteuer mit Übergabe oder Beginn der Beförderung oder Versendung. Wird eine Anzahlung geleistet, entsteht die Umsatzsteuer entsprechend mit deren Erhalt (vgl. Art. 19a Mehrwertsteuergesetz).

42 Bei **Dienstleistungen** entsteht die Umsatzsteuer mit Erhalt einer Zahlung für die Dienstleistung oder mit Erbringung der Dienstleistung (vgl. Art. 19a Mehrwertsteuergesetz.

43 Bei **Dauerleistungen**, die für mehr als ein Jahr ausgeführt werden und die nicht zu Zahlungen oder Abrechnungen während dieser Zeit führen, wird jeweils mit Ablauf des Kalenderjahres eine anteilige Steuerentstehung angenommen.

44 Die Steuer auf **innergemeinschaftliche Erwerbe** entsteht im Zeitpunkt der Lieferung, oder, wenn keine Rechnung ausgestellt wurde, zum 15. Kalendertag des auf den Erwerb folgenden Monats.

10.2 Berichtigung der Umsatzsteuer bei Uneinbringlichkeit oder aus anderen Gründen

Polen sieht die Möglichkeit vor, die Umsatzsteuer wegen Uneinbringlichkeit zu mindern (vgl. Art. 89a und 89b Mehrwertsteuergesetz). Erste Bedingung ist, dass mehr als 150 Tage seit der Fälligkeit verstrichen sind und die Forderung nicht älter ist als zwei Jahre. Weiterhin muss der Unternehmer nachweisen, dass er vergeblich versucht hat, Zahlungen zu erhalten. Weitere Kriterien sind detailliert im Gesetz beschrieben. Es wird in einem Gesetzesvorhaben aktuell erwogen, die 150-Tage-Frist auf 120 Tage zu vermindern. 45

Andere Entgeltanpassungen (Preisänderung, Rückzahlung, Rückgängigmachung) führen stets zu einer Umsatzsteueranpassung. Dabei ist stets ein Belegaustausch erforderlich (vgl. Art. 29a Mehrwertsteuergesetz. 46

10.3 Besteuerung nach vereinnahmten Entgelten

Nach dem polnischen Recht gibt es für kleine Unternehmen die Möglichkeit der Besteuerung nach vereinnahmten Entgelten (vgl. Art. 21 und Art. 2 Mehrwertsteuergesetz). Es gilt eine Umsatzgrenze von 1,2 Mio. € bezogen auf das Vorjahr. Die Grenze vermindert sich auf 45.000 € für Kommissionäre, Agenten, Investmentfondsverwalter oder Broker. Die Grenzen sind in Euro definiert und werden jeweils nach dem Nationalbankkurs in polnische Währung jahresbezogen umgerechnet und entsprechend amtlich veröffentlicht. Die Umsatzsteuer ist allerdings auch in diesen Fällen spätestens 180 Tage nach dem Umsatz anzumelden. 47

Es kann zur Regelbesteuerung optiert werden. In diesem Fall bindet die Entscheidung den Unternehmer für zwölf Monate.

Es wird eine Gesetzesänderung diskutiert, derzufolge ab dem 01.07.2018 ggf. Versandhandel mit Computern, elektronischen oder optischen Geräten und Haushaltsgeräten sowie alle Inkassounternehmen ausgeschlossen werden könnten.

10.4 Sonderregelung für Einfuhrumsatzsteuer

Es ist möglich, die Zahlung der Einfuhrumsatzsteuerschuld nicht direkt bei der Zollbehörde vorzunehmen, sondern stattdessen den Betrag in der Umsatzsteuermeldung anzugeben und – soweit berechtigt – zeitgleich als Vorsteuer geltend zu machen (vgl. Art. 33a Mehrwertsteuergesetz). Grundsätzlich ist hierfür eine von den Behörden erteilte besondere Genehmigung erforderlich. Diese kann beantragt werden, wenn der Einführer den zollrechtlichen ZWB-Status besitzt, oder wenn er in Polen als aktiver Mehrwertsteuerpflichtiger registriert ist, ihm vereinfachte Einfuhrvorschriften nach Art. 166 und 182 UZK bewilligt wurden und er keine materiellen Rückstände an Steuern oder Sozialabgaben hat. Der Antrag ist mit sechs Monaten Vorlauf zu stellen. Vorteil des Verfahrens ist eine Liquiditätsverbesserung. 47a

11 Vorsteuerabzug und Rechnungen

11.1 Allgemeines

48 Grundsätzlich sind umsatzsteuerliche Unternehmer aus den für ihr Unternehmen bezogenen Lieferungen und sonstigen Leistungen zum Vorsteuerabzug berechtigt. Regelmäßig ist der Vorsteuerabzug durch eine ordnungsgemäße Rechnung bzw. im Fall der Einfuhrumsatzsteuer durch ein ordnungsgemäßes Zolldokument nachzuweisen (vgl. Art. 86 Mehrwertsteuergesetz).

11.2 Beschränkungen des Vorsteuerabzugs

49 Nach dem Umsatzsteuerrecht von Polen berechtigen verschiedene Aufwendungen nicht zum Vorsteuerabzug (vgl. Art. 86a und Art. 88 Mehrwertsteuergesetz). Entsprechende Beschränkungen gelten unter anderem für die folgenden Aufwendungen:

- Kosten für Bewirtung,
- Hotelübernachtungen,
- 50 % der Kosten für Anschaffung, Miete, Leasing oder Unterhalt von Kraftwagen (definiert idR als Fahrzeuge mit maximal 10 Sitzen, Ausnahmen gelten u. a. für Taxis und für Wiederverkäufer sowie bei nachgewiesener reiner geschäftlicher Nutzung).

50 Weiterhin sind Vorsteuerbeträge vom Abzug ausgeschlossen, wenn sie im Zusammenhang mit unecht steuerfreien Umsätzen stehen.

51 Führt ein Unternehmen sowohl zum Vorsteuerabzug berechtigende als auch nicht zum Vorsteuerabzug berechtigende Umsätze aus, so ist eine Aufteilung der Vorsteuerbeträge vorzunehmen. Die Vorsteueraufteilung geschieht nach einem globalen Umsatzschlüssel, der auf volle Prozent aufgerundet wird (vgl. Art. 90 Mehrwertsteuergesetz). Leistungen, die nur für Abzugsumsätze oder nur für Ausschlussumsätze verwendet werden, sind im Weg der direkten Zuordnung zu verarbeiten.

11.3 Vorsteuerüberhänge

52 Wenn sich aus einer Umsatzsteuermeldung ein Erstattungsanspruch ergibt, wird dieser in der Regel nicht sofort ausgezahlt, sondern auf die Folgeperiode vorgetragen (vgl. Art. 87 Mehrwertsteuergesetz). Wird ein Auszahlungsantrag gestellt, erfolgt die Auszahlung innerhalb von 60 Tagen nach der Umsatzsteuermeldung, bzw. 180 Tagen, wenn in der Meldeperiode keine steuerbaren Umsätze ausgeführt wurden. Bei Nutzung des »Split Payment«-Systems ab 01.07.2018 (vgl. Abschnitt 8) kann die Zeit auf 25 Tage reduziert werden. Allerdings erfolgen die Erstattungen dann auf das besondere Umsatzsteuer-Bankkonto.

Die Steuerbehörden können jeweils Unterlagen anfordern oder Prüfungen anordnen.

53 Es ist möglich, Anträge auf schnelle Auszahlung (dann 25 bzw. 60 Tage) zu stellen. In diesem Fall müssen umfangreiche Nachweise vorgelegt oder eine Bankgarantie oder vergleichbare Sicherheit gestellt werden. Die entsprechenden Regelungen wurden zum 01.01.2017 verschärft. Unter anderem sind seitdem Vorsteuern aus Barzahlungen oder Zahlungen, die nicht über polnische Bankkonten ausgeführt wurden, nur noch bis zu 15.000 PLN auszahlungsfähig, und der Unternehmer muss seit mindestens zwölf Monaten registriert gewesen sein und Umsätze ausgeführt haben.

11.4 Berichtigung des Vorsteuerabzugs

Nach dem polnischen Umsatzsteuergesetz gilt für Gegenstände, die nicht nur einmalig genutzt werden, grundsätzlich ein Vorsteuerberichtigungszeitraum von fünf Jahren bzw. für Grundstücke, Gebäude und verwandte Wirtschaftsgüter ein Zeitraum von zehn Jahren (vgl. Art. 91 Mehrwertsteuergesetz). 54

Wirtschaftsgüter mit Anschaffungs- oder Herstellungskosten von weniger als 15.000 PLN werden nicht erfasst.

11.5 Rechnungen

In Polen steuerpflichtige Unternehmer sind grundsätzlich verpflichtet, für alle Umsätze einschließlich echt steuerbefreiter Umsätze eine ordnungsgemäße umsatzsteuerliche Rechnung auszustellen (vgl. Art. 106a ff. Mehrwertsteuergesetz). Es gilt keine allgemeine Rechnungsstellungspflicht für Umsätze an Nichtunternehmer. 55

Korrekturbelege, z. B. bei Entgeltminderung, müssen sich eindeutig auf die Ursprungsrechnungen beziehen (vgl. Art. 106j und 106k Mehrwertsteuergesetz). 56

Abrechnungen im **Gutschriftsverfahren** sind zulässig (vgl. Art. 106d Mehrwertsteuergesetz). 57

Umsatzsteuerrechnungen müssen folgende Angaben enthalten (vgl. Art. 106e Mehrwertsteuergesetz): 58

- Name und Anschrift des Leistenden und dessen Umsatzsteueridentifikationsnummer,
- Name und Anschrift des Leistungsempfängers und dessen Umsatzsteueridentifikationsnummer,
- Datum der Ausstellung,
- Eindeutige, fortlaufende Rechnungsnummer,
- Datum der Lieferung oder Leistung bzw. der erhaltenen Anzahlung, falls feststellbar und abweichend vom Datum der Ausstellung,
- Leistungsbeschreibung,
- Nettoentgelt, getrennt nach Steuersätzen und Steuerbefreiungen,
- Umsatzsteuerbetrag und Umsatzsteuersatz,
- Hinweis auf eventuelle Steuerbefreiungen oder Entgeltminderungen.

Kleinbetragsrechnungen (Grenze: 100 € bzw. 450 PLN Brutto) müssen nur folgende Elemente enthalten: 59

- Name und Anschrift des Leistenden und dessen Umsatzsteueridentifikationsnummer,
- Umsatzsteueridentifikationsnummer des Leistungsempfängers,
- Datum der Ausstellung,
- Datum der Lieferung oder Leistung bzw. der erhaltenen Anzahlung, falls feststellbar und abweichend vom Datum der Ausstellung,
- Rechnungsnummer,
- Leistungsbeschreibung,
- Hinweis auf eventuelle Steuerbefreiungen oder Entgeltminderungen,
- Gesamtentgelt und ausreichende Angaben, um den Umsatzsteuerbetrag zu ermitteln.

Bei Besteuerung nach vereinnahmten Entgelten muss die Rechnung den Hinweis »metoda kasowa« enthalten.

11.6 Elektronische Rechnungsstellung

60 Grundsätzlich gilt eine Gleichstellung digitaler Rechnungen mit Papierrechnungen (vgl. Art. 106n Mehrwertsteuergesetz).

11.7 Rechnungen in fremder Währung

61 Rechnungen dürfen in Fremdwährungen oder in PLN ausgestellt werden. Der Umsatzsteuerbetrag ist jedoch stets in PLN anzugeben und die Umrechnung hat nach dem EZB-Kurs oder dem Nationalbankkurs zu erfolgen.

12 Steuererklärungen und weitere Steueranmeldungen

12.1 Umsatzsteuermeldungen

62 In der Regel sind monatliche Umsatzsteuermeldungen abzugeben. Dabei ist Abgabetermin jeweils der 25. Tag des folgenden Monats. Zum gleichen Termin ist die Steuerzahlung fällig (vgl. Art. 99 Mehrwertsteuergesetz).

Kleine Unternehmer, die nach vereinnahmten Entgelten versteuern, geben stattdessen vierteljährliche Umsatzsteuermeldungen ab. Dies gilt auch für Unternehmen, die unter der Umsatzgrenze geblieben sind, aber nach vereinbarten Entgelten besteuern.

Eine Rückausnahme (d. h. monatliche Meldepflicht) gilt in den ersten zwölf Monaten nach der Umsatzsteuerregistrierung oder für Unternehmen, die in einem Monat Umsätze der in Anhang 13 zum Mehrwertsteuergesetz aufgeführten Art (u. a. bestimmte Metalle, Druckertinte, Digitalkameras, diverse Öle und Fette) für mehr als 50.000 PLN ausführen.

Die Abgabe der Meldungen in digitaler Form ist seit dem 01.01.2018 vorgeschrieben. Vorher galten diverse Ausnahmeregelungen.

12.2 Umsatzsteuerjahreserklärungen

63 In Polen gibt es keine Umsatzsteuerjahreserklärung.

12.3 Weitere Meldepflichten in der Umsatzsteuer

64 Seit dem 01.07.2015 müssen Unternehmer, die unter die Steuerschuldnerschaft des Leistungsempfängers für Inlandsumsätze fallende Transaktionen bewirken, eine Zusatzmeldung (VAT-27) abgeben. Der Meldezeitraum ist monatlich, ebenfalls mit Abgabe zum 25. Tag des Folgemonats.

Seit dem 01.07.2016 hat Polen weiterhin sog. SAF-T-Meldungen (»standard audit file tax«, d.h. digitale Übermittlung von Daten an die Steuerbehörden für Prüfungszwecke) eingeführt. Diese gelten nicht nur umsatzsteuerlich, sondern betreffen auch allgemeine Buchführungsdaten und Bankdaten. Die Einführung erfolgte in mehreren Schritten, bezogen auf den Umfang der Meldepflicht und die betroffenen Unternehmen. Seit dem 01.01.2018 sind alle Umsatzsteuerpflichtigen unabhängig von der Unternehmensgröße voll meldepflichtig. Die Meldungen sind monatlich abzugeben.

Ab dem 01.01.2019 plant Polen die laufenden Umsatzsteuermeldungen abzuschaffen und stattdessen die über die SAF-T-Meldungen übermittelten Daten zu nutzen.

12.4 Umsatzsteuer-Identifikationsnummer

Die polnische Umsatzsteuer-Identifikationsnummer besteht aus zehn Zeichen mit dem voran- 65
gestellten Ländercode PL.

12.5 Zusammenfassende Meldung im innergemeinschaftlichen Waren- und Dienstleistungsverkehr

Unternehmen, die innergemeinschaftliche Lieferungen oder Dienstleistungen nach Art. 44 Mehr- 66
wertsteuersystemrichtlinie ausführen, müssen grundsätzlich eine Zusammenfassende Meldung abgeben. Der Meldezeitraum ist der Kalendermonat.

Es besteht ebenfalls eine Meldepflicht für den Bezug innergemeinschaftlicher Erwerbe oder Dienstleistungen.

Die Zusammenfassende Meldung ist bis spätestens zum 25. Kalendertag des Folgemonats in digitaler Form einzureichen.

13 Straf- und Bußgeldvorschriften

Es gelten die folgenden Vorschriften: 67

- **Zu niedrige Umsatzsteuermeldung**
  Es können Strafzuschläge von 30 % der Umsatzsteuer festgesetzt werden. Der Zuschlag sinkt auf 20 %, wenn eine Prüfung stattgefunden hat und deren Ergebnis akzeptiert wird. Bei freiwilliger Offenlegung und Korrektur fällt kein Zuschlag an, wenn die verantwortliche Person die Strafe nach dem polnischen Ordnungswidrigkeitenrecht akzeptiert.
- **Ausstellung von Scheinrechnungen**
  Es können Strafzuschläge von 100 % der Umsatzsteuer festgesetzt werden.
- **Verspätete Umsatzsteuerzahlung**

Allgemein entstehen Zinsen in Höhe von 200 % des Lombardsatzes der polnischen Nationalbank.

68 Unternehmen, die Umsatzsteuer in einer Rechnung falsch ausweisen, schulden diese grundsätzlich bis zu einer Korrektur.

14 Behandlung nicht ansässiger Unternehmen

69 Ein nicht ansässiges Unternehmen ist nach polnischem Verständnis ein Unternehmen, das keine feste Niederlassung in Polen unterhält. Nicht ansässige Unternehmen müssen sich in Polen umsatzsteuerlich registrieren, wenn sie mindestens eine der folgenden Aktivitäten ausführen:

- in Polen steuerbare Lieferungen von Gegenständen, die nicht unter die Steuerschuldnerschaft des Leistungsempfängers fallen,
- in Polen steuerbare Versandhandelslieferungen,
- in Polen steuerbare sonstige Leistungen, die nicht unter die Steuerschuldnerschaft des Leistungsempfängers oder das MOSS-Verfahren fallen,
- Bewirken eines innergemeinschaftlichen Erwerbs in Polen.

Die Lieferschwelle für Versandhandelslieferungen beträgt 160.000 PLN.

70 Nichtansässige Unternehmen, die in einem anderen EU-Mitgliedstaat niedergelassen sind, sind berechtigt, sich direkt, d. h. ohne Einschaltung eines Fiskalvertreters, in Polen umsatzsteuerlich zu registrieren. Sie können aber freiwillig einen Fiskalvertreter ernennen.

71 Unternehmen aus Nicht-EU-Staaten sind dagegen verpflichtet, einen in Polen ansässigen Fiskalvertreter zu bestellen. Dieser haftet gesamtschuldnerisch für die Umsatzsteuerverbindlichkeiten.

72 Unternehmen, die sogenannte **Konsignationslager** in Polen beliefern, sind grundsätzlich nicht registrierungspflichtig, und zwar unabhängig von der Lagerdauer. Dies ist aber keine ausdrückliche gesetzliche Regelung (vgl. entsprechend OFD Frankfurt am Main, Verfügung vom 23.02.2017, S 7100a A-004-St 110). Die Vereinfachungsregelung unterstellt bei der Überführung von Waren aus dem EU-Ausland in ein polnisches Konsignationslager, dass die Waren erst in dem Zeitpunkt nach Polen transportiert werden, zu dem der polnische Kunde die Waren aus dem Lager entnimmt. Das hat zur Folge, dass es im Zeitpunkt der Entnahme zu einer innergemeinschaftlichen Lieferung kommt, und damit der Erwerber in Polen die Erwerbsbesteuerung vorzunehmen hat.

15 Vorsteuervergütungsverfahren

15.1 EU-Unternehmen

73 Für Unternehmen mit Sitz in einem anderen Mitgliedstaat der Europäischen Union ist in Polen die Vergütung von Vorsteuerbeträgen nach der Richtlinie 2008/9/EG möglich. Wie in anderen Mitgliedstaaten üblich, hat der Antragsteller einen digitalen Vorsteuervergütungsantrag im Portal der für ihn im Heimatstaat zuständigen Finanzbehörde einzureichen (in Deutschland: Bundeszentralamt für Steuern). Die Antragsfrist ist grundsätzlich der 30.09. des Folgejahres (Ausschlussfrist).

Dem Antrag sind gescannte Rechnungskopien beizufügen, soweit das Nettoentgelt einen Betrag von 1.000 € bzw. 250 € bei Kraftstoffen übertrifft.

Der Mindestvergütungsbetrag in einem Antrag für weniger als ein Jahr muss 400 € betragen, und andernfalls gilt ein Mindestbetrag von 50 €.

15.2 Nicht-EU-Unternehmen

Unternehmen mit Sitz in Drittstaaten können einen Vorsteuervergütungsantrag nach der 13. Richtlinie einreichen. Die Vorsteuervergütung setzt nach polnischem Recht eine Gegenseitigkeit mit dem Sitzstaat des Antragstellers voraus. Aktuell wird in der Regel nur an Unternehmen aus Island, Mazedonien, Norwegen und der Schweiz die Vorsteuer vergütet. 74

Der Mindestvergütungsbetrag in einem Antrag für weniger als ein Jahr muss 400 € betragen, und andernfalls gilt ein Mindestbetrag von 50 €.

Ein Antrag muss grundsätzlich spätestens bis zum 30.09. des Folgejahres gestellt werden. Es handelt sich um eine nicht verlängerbare Ausschlussfrist.

Der Antragsteller muss seine Unternehmereigenschaft mit einer durch seine Heimatsteuerbehörde ausgestellten Unternehmerbescheinigung nachweisen, die maximal ein Jahr alt sein darf. Außerdem muss er die Originalrechnungen dem Antrag beifügen.

Länderanhang Portugal

Literatur

Gamito/Antas/Pires, Portugal Value Added Tax, IBFD 2017. **Ernst & Young**, Worldwide VAT, GST and Sales Tax Guide 2017. Inoffizielle Übersetzung Mehrwertsteuergesetz, IBFD.

1 Einführung

Portugal ist der Europäischen Union zum 01.01.1986 beigetreten. Die Einführung der Umsatzsteuer war eine Voraussetzung für den EU-Beitritt und wurde durch das Gesetz DL 394-B/84 vom 26.12.1984 umgesetzt. Die Vorschriften der 6. EG-Richtlinie wurden mit dem Gesetz DL 195/89 vom 12.06.1989 übernommen. 1

Durch die Abschaffung der Grenzen und Kontrollen zwischen den EU-Mitgliedstaaten im Rahmen der Einführung des Europäischen Binnenmarktes zum 01.01.1993 wurde eine umfangreiche Überarbeitung des Umsatzsteuergesetzes in Bezug auf innergemeinschaftliche Warenlieferungen erforderlich. Der Gesetzgeber hat den Änderungen durch Einführung des Gesetztes DL 290/92 vom 28.12.1992 Rechnung getragen. Dieses Gesetz über die Mehrwertsteuer bei innergemeinschaftlichem Erwerb *(Regime do IVA nas Transacções intracomunitárias – RITI)* trat neben das allgemeine Mehrwertsteuergesetz *(Código do Imposto sobre o Valor Acrescentado – CIVA)* und bildet seitdem zusammen mit dem Allgemeinen Mehrwertsteuergesetz den rechtlichen Rahmen für die portugiesische Umsatzsteuer.

Die sich aufgrund der Richtlinien 2008/8/EG (Bestimmungslandprinzip für Dienstleistungen an Unternehmer) und 2008/9/EG (Vorsteuervergütung an EU-Unternehmer) ergebenden Änderungen hat Portugal durch das Gesetz DL 186/2009 vom 12.08.2009 umgesetzt.

Weitere wesentliche Bestandteile des portugiesischen Umsatzsteuerrechts sind die Behördenrundschreiben *(Ofício-Circulado)*.

2 Bezeichnung der Steuer

2 Die portugiesische Bezeichnung der Umsatzsteuer lautet in portugiesischer Sprache »Imposto sobre o Valor Acrescentado « (IVA). Wörtlich ins Deutsche übersetzt entspricht dies dem Begriff »Mehrwertsteuer«.

3 Steuerbarkeit und Erhebungsgebiet

3.1 Erhebungsgebiet

3 Das umsatzsteuerliche Erhebungsgebiet umfasst neben dem portugiesischen Festland auch die autonomen Gebiete der Insel Madeira sowie der Azoren. Allerdings nehmen Madeira und die Azoren dahingehend einen Sonderstatus ein, als für sie insbesondere abweichende Umsatzsteuersätze gelten.

3.2 Steuerbare Umsätze

4 Sämtliche in Portugal von einem Steuerpflichtigen im Rahmen seines Unternehmens gegen Entgelt ausgeführten **Lieferungen** und **Dienstleistungen** sind umsatzsteuerbar (vgl. Art. 1 CIVA, Art. 1 RITI).

5 **Lieferungen** sind definiert als Übertragung körperlicher Gegenstände oder unbeweglichen Vermögens. Dabei gelten Gas, Elektrizität, Wärme und Kälte als körperliche Gegenstände. Mietkauf stellt ebenfalls eine Lieferung dar (vgl. Art. 3 CIVA).

6 Der **Ort der Lieferung** bestimmt sich nach der Verschaffung der Verfügungsmacht. Bei unbewegten Lieferungen ist das der Ort, an dem sich die Ware im Zeitpunkt der Übergabe befindet, bei bewegten Lieferungen der Ort an dem die Beförderung oder Versendung der Ware beginnt (vgl. Art. 6 CIVA). Abweichend hiervon wird bei der **Versandhandelsregelung** das Ende der Versendung betrachtet (vgl. Art. 10 und 11 RITI). Es gilt hierbei eine Lieferschwelle von 35.000 €. Wird auf diese verzichtet, bindet die Entscheidung den Lieferer für mindestens zwei Jahre. Die Regelung gilt nicht für die Lieferung neuer Beförderungsmittel.

7 Ebenfalls in Portugal steuerbar sind Lieferungen aus dem Drittland, bei denen der Lieferer die Einfuhrumsatzsteuer schuldet.

8 Explizite gesetzliche Regelungen zu **Reihengeschäften** gibt es in Portugal nicht.

9 Unentgeltlich erbrachte Lieferungen oder Dienstleistungen können steuerbare **unentgeltliche Wertabgaben** sein. Regelmäßig ist Voraussetzung, dass aus dem Gegenstand ein Vorsteuerabzug geltend gemacht wurde. Darüber hinaus gelten unentgeltlich für unternehmensfremde Zwecke erbrachte Leistungen als steuerpflichtige Leistungen (vgl. Art. 3 und 4 CIVA).

10 **Dienstleistungen** werden ähnlich wie in Deutschland als Leistungen definiert, die keine Lieferungen von Gegenständen darstellen (vgl. Art. 4 CIVA).

11 Der **Ort der meisten Dienstleistungen** zwischen Unternehmern bestimmt sich nach dem Empfängerortsprinzip bzw. für Dienstleistungen an Nichtunternehmer nach dem Sitz des leistenden

Unternehmers oder dessen fester Niederlassung (vgl. Art. 6 CIVA). Ausnahmen gelten vor allem für grundstücksbezogene Umsätze (Ort des Grundstücks), für Personenbeförderungen (Ort der Beförderung), kurzfristige Vermietung von Beförderungsmitteln (Ort der Übergabe), Restaurantumsätze (Tätigkeitsort) und den Zugang zu Veranstaltungen (Ort derselben) – (vgl. Art. 6 CIVA).

Geschäftsveräußerungen im Ganzen an einen anderen Unternehmer, d. h. die Übertragung des ganzen Betriebs oder einer selbständigen wirtschaftlichen Einheit, sind grundsätzlich nicht umsatzsteuerbar. Dabei ist es erforderlich, dass der Erwerber die Tätigkeit des Veräußerers fortsetzt. Allerdings hat der portugiesische Gesetzgeber zur Verhinderung von Missbrauchsfällen der Finanzverwaltung die Möglichkeit eingeräumt, Einschränkungen vorzunehmen, sofern der veräußernde oder der erwerbende Unternehmer nicht vollumfänglich zum Vorsteuerabzug berechtigte Unternehmer sind. Infolgedessen hat die Finanzverwaltung mit dem Behördenrundschreiben No. 134850 vom 21.11.1989 folgende Regelungen getroffen: 12

(1) Sind der veräußernde oder der erwerbende Unternehmer vollumfänglich zum Vorsteuerabzug berechtigt, fällt keine Umsatzsteuer auf die Transaktion an.
(2) Sind der veräußernde oder der erwerbende Unternehmer beide nicht zum Vorsteuerabzug berechtigt, fällt auf die Transaktion Umsatzsteuer an.
(3) Sind der veräußernde oder der erwerbende Unternehmer nur zum teilweisen Vorsteuerabzug berechtigt und wenden sie die Pro-rata Methode an, fällt auf die Transaktion selbst zwar keine Umsatzsteuer an, doch hat der Erwerber auf Basis seines Pro-rata-Satzes Umsatzsteuer zu entrichten.
(4) Sind der veräußernde oder der erwerbende Unternehmer nur zum teilweisen Vorsteuerabzug berechtigt und wenden sie die Methode der direkten Zuordnung an, kommt es darauf an, zu welchem Bereich das übertragene Geschäft beim veräußernden Unternehmer gehört. Gehört es zum Bereich, der den Vorsteuerabzug erlaubt, fällt keine Umsatzsteuer auf die Transaktion an. Gehört es hingegen zum Bereich, der nicht zum Vorsteuerabzug berechtigt, fällt auf die Transaktion Umsatzsteuer an.

Steuerbar ist auch der **innergemeinschaftliche Erwerb** von Gegenständen in Portugal (vgl. Art. 3 und 8 RITI). Es gibt jedoch Ausnahmen für land- und forstwirtschaftliche Betriebe, Steuerpflichtige, die ausschließlich vorsteuerschädliche Ausgangsumsätze tätigen, sowie für nicht unternehmerisch tätige juristische Personen. Die Erwerbschwelle für diesen Personenkreis, die weder im vorangegangenen Kalenderjahr noch im laufenden Kalenderjahr überschritten werden darf, beträgt 10.000 €. Auch wenn die Erwerbschwelle nicht überschritten wird, kann zur Steuerpflicht optiert werden (vgl. Art. 5 RITI). Die Option ist für mindestens zwei Jahre bindend. 13

Dienstleistungen, die von einem portugiesischen Steuerpflichtigen grenzüberschreitend empfangen werden und unter die Steuerschuldnerschaft des Leistungsempfängers fallen, sind ebenfalls steuerbare Umsätze im Sinne des portugiesischen Rechts. Ferner sind Einfuhren aus dem Drittland in Portugal steuerbar. 14

Unternehmen aus der EU, die Telekommunikations-, Rundfunk-, Fernseh- oder elektronische Leistungen an in Portugal ansässige Nichtsteuerpflichtige erbringen, sind in Portugal seit dem 01.01.2015 umsatzsteuerpflichtig. Sie können jedoch das MOSS-Verfahren nutzen und sind damit nicht registrierungspflichtig. 15

Unternehmen aus Nicht-EU-Staaten können ebenfalls eine Sonderregelung nutzen, indem sie sich in einem einzigen EU-Mitgliedstaat für dieses Verfahren registrieren und dort sämtliche Umsätze melden.

Das portugiesische Steuerrecht kennt für **Kleinunternehmer** zwei Sonderregelungen, eine für Kleinstunternehmer, die eine komplette Steuerbefreiung beinhaltet, und eine für kleine Einzelhändler. 16

17 Die Regelung für **Kleinstunternehmer** ist anwendbar, wenn der Unternehmer nicht für Ertragsteuerzwecke verpflichtet ist, Bücher zu führen, er keine Waren importiert oder exportiert, es sich bei seiner Tätigkeit nicht um Geschäftsaktivitäten im Zusammenhang mit wiederverwertbarem Schrott oder Abfall handelt und sein Umsatz mit Waren und Dienstleistungen im vergangenen Jahr nicht die Wertgrenze von 10.000 € (Einzelhändler 12.500 €) überschritten hat (vgl. Art. 53 CIVA). Unternehmer, die von dieser Regelung Gebrauch machen, unterliegen nicht der Umsatzsteuer, d.h. sind nicht berechtigt Ausgangsumsatzsteuer auszuweisen sowie Vorsteuer in Abzug zu bringen. Allerdings müssen sie Beginn und Ende ihrer geschäftlichen Aktivitäten melden und Zusammenfassende Meldungen abgeben.

Der Unternehmer kann auf die Anwendung der Steuerbefreiungsregelung verzichten (vgl. Art. 55 CIVA). Der Verzicht ist für mindestens fünf Jahre bindend.

18 Die Sonderregelung für **kleine Einzelhändler** kommt zur Anwendung, wenn der Unternehmer buchhalterische Aufzeichnungen über seine Einkäufe, Verkäufe und die von ihm erbrachten Leistungen führt (vgl. Art. 65 CIVA), der Umfang seiner Wareneinkäufe im vergangenen Jahr die Grenze von 50.000 € nicht überschritten hat, er mindestens 90 % der von ihm erworbenen Waren unverändert weiterverkauft, er weder Waren importiert noch exportiert, er keine innergemeinschaftlichen Warenlieferungen ausführt, vom ihm erbrachte steuerpflichtige Leistungen im Jahr jeweils 250 € nicht überschreiten und es sich bei seiner Tätigkeit nicht um Geschäftsaktivitäten im Zusammenhang mit wiederverwertbarem Schrott oder Abfall handelt (vgl. Art. 60 CIVA).

Sind die Voraussetzungen erfüllt, zahlt der Unternehmer Umsatzsteuer in Höhe von 25 % der auf die zur Weiterveräußerung bzw. Weiterverarbeitung erworbenen Waren entrichteten Umsatzsteuer. Umsatzsteuer, die auf den Erwerb oder die Anmietung von Investitionsgütern oder den Erwerb anderer für den eigenen Bedarf benötigter Güter anfällt, kann als Vorsteuer in Abzug gebracht werden.

Der Unternehmer kann auf die Anwendung der Steuerbefreiungsregelung verzichten (vgl. Art. 63 CIVA). Der Verzicht ist für mindestens fünf Jahre bindend.

4 Unternehmer bzw. Steuerpflichtiger

19 Steuerpflichtige nach portugiesischem Recht sind für Zwecke der Umsatzsteuer alle, die entweder mit ihren unternehmerischen Aktivitäten dem Körperschaftsteuergesetz oder dem Einkommensteuergesetz unterliegen. Das portugiesische Mehrwertsteuergesetz selbst enthält zwar keine generelle Definition, listet aber in Art. 2 CIVA all jene auf, die es als Steuerpflichtige erachtet.

Von der Steuerpflicht ausgenommen sind juristische Personen des öffentlichen Rechts, in dem Umfang, in dem sie hoheitliche Aufgaben erfüllen (vgl. Art. 2 CIVA).

20 Ein ausländischer Unternehmer hat in Portugal eine umsatzsteuerliche **Betriebsstätte** (feste Niederlassung), wenn er dort eine Geschäftseinrichtung unterhält (z.B. Büro, Lager), von dort Lieferungen oder Dienstleistungen erbringt und Personal unterhält, das Verträge mit Kunden oder Lieferanten abschließen kann.

5 Organschaft bzw. Mehrwertsteuergruppe

Das portugiesische Recht kennt keine Gruppenbesteuerung in Form einer Organschaft oder Mehrwertsteuergruppe. 21

6 Bemessungsgrundlage

Grundsätzlich bestimmt sich die Bemessungsgrundlage nach dem Nettoentgelt, das der Empfänger oder Dritte für die Lieferung oder Leistung zu zahlen hat (vgl. Art. 16 CIVA). Dabei gehören Stundungszinsen sowie Preisnachlässe nicht zur Bemessungsgrundlage. 22

Bei unentgeltlichen Vorgängen entspricht die Bemessungsgrundlage den Selbstkosten oder dem Einkaufspreis (vgl. Art. 16 CIVA). 23

Bei entgeltlichen Transaktionen zwischen nahestehenden Personen (Arbeitnehmer und Arbeitgeber, Gesellschaft und Gesellschafter, jeweils mit Verwandtschaft) ist der Marktpreis anzusetzen, wenn das tatsächliche Entgelt darunterliegt und der Leistungsempfänger nicht voll zum Vorsteuerabzug berechtigt ist, oder das tatsächliche Entgelt den Marktpreis übersteigt und der Leistende nicht voll zum Vorsteuerabzug berechtigt ist (vgl. Art. 16 CIVA). 24

7 Steuersätze und Steuerbefreiungen

7.1 Regelsteuersatz

Der Regelsteuersatz in Portugal beträgt 23 % für das Festland, 18 % für die Azoren und 22 % für Madeira (vgl. Art. 18 CIVA). 25

7.2 Ermäßigte Steuersätze

Das portugiesische Umsatzsteuergesetz sieht zwei ermäßigte Steuersätze vor, und zwar 6 % und 13 % (vgl. Art. 18 CIVA). 26

Der **ermäßigte Steuersatz von 6 %** (bzw. 4 % für die Azoren und 5 % für Madeira) gilt unter anderem für 27

- die Lieferung von Grundnahrungsmitteln (Brot, Mehl, Fleisch, Fisch, Milch und andere Molkereiprodukte, Eier, Käse, Früchte, Gemüse, Speisefett, Leitungswasser, Honig, Salz, Säfte, diätische Produkte),
- die Lieferung von Büchern, Zeitungen und Magazinen,

- die Lieferung von Medikamenten und pharmazeutischen Produkten,
- Personenbeförderung,
- Übernachtungsumsätze in Hotels,
- Müllabfuhr,
- bestimmte Bauleistungen,
- Haushaltshilfen für ältere Menschen, Kinder und Behinderte,
- die Lieferung von bestimmten Produkten sowie die Erbringung von bestimmten Leistungen für die landwirtschaftliche Produktion und die Fischerei.

Digitale Zeitungen und Bücher werden regelbesteuert.

28 Der **ermäßigte Steuersatz von 13 %** (bzw. 9 % für die Azoren und 12 % für Madeira) gilt unter anderem für

- die Lieferung von bestimmten Nahrungsmitteln (u.a. Fisch- und Fleischkonserven), Tafelwein, Mineralwasser,
- die Lieferung von Mineralölen und Diesel sowie Schweröl,
- Restaurantumsätze,
- bestimmte kulturelle Leistungen (Eintritte u.a. Konzerte, Theater, Zirkus, Stierkämpfe),
- Lieferungen von Musikinstrumenten, ausgenommen Teile von solchen, ebenfalls ausgenommen Reparaturen oder Wartung.

7.3 Steuerbefreiungen

29 Das portugiesische Umsatzsteuerrecht enthält sowohl Steuerbefreiungen mit Vorsteuerabzugsrecht (echte Steuerbefreiungen) als auch Steuerbefreiungen ohne Vorsteuerabzugsrecht (unechte Steuerbefreiungen).

30 Zu den Steuerbefreiungen mit Vorsteuerabzugsrecht gehören (vgl. Art. 14 RITI und Art. 14 CIVA)

- innergemeinschaftliche Lieferungen und Ausfuhrlieferungen,
- Umsätze für die internationale Seeschifffahrt und die Luftfahrt (ausschließlich für internationale Fluggesellschaften),
- Lieferungen und Leistungen an ausländische Botschaften und Konsulate, sowie an anerkannte internationale Organisationen und deren Mitglieder entsprechend internationalen Abkommen,
- Lieferungen und Leistungen an die Armee anderer NATO-Staaten,
- Warenlieferungen an Organisationen für den Export aus humanitären, gemeinnützigen oder erzieherischen Gründen, vorausgesetzt es liegt eine vorherige Anerkennung der Steuerfreiheit derselben vor,
- Leistungen im Zusammenhang mit der grenzüberschreitenden Personenbeförderung sowie mit der Beförderung von Personen zu und von den autonomen Regionen Azoren und Madeira sowie innerhalb dieser Gebiete.

31 Steuerbefreiungen ohne Vorsteuerabzugsrecht (vgl. Art. 9 CIVA) bestehen unter anderem für

- Bank- und Finanzumsätze,
- Versicherungsumsätze,
- Umsätze aus der Übertragung von bestimmten Urheberrechten,
- Glücksspielumsätze,

- Gesundheitspflege (ärztliche und zahnärztliche Leistungen sowie Leistungen von Krankenhäusern, Hebammen, Krankenpflegern, Krankentransporte, Lieferungen von Organen, Blut und Milch),
- bestimmte gemeinnützige und ausbildungsbezogene Umsätze,
- Dienstleistungen selbständiger Zusammenschlüsse für ihre Mitglieder (Kostenteilungsgemeinschaften),
- Umsätze der Sozialversicherung sowie zahlreiche dem Gemeinwohl dienende Umsätze,
- diverse unterrichtende Leistungen,
- Sport und Sportunterricht,
- bestimmte Umsätze von Non-Profit-Organisationen,
- bestimmte Umsätze der öffentlichen Post, ausgenommenen Telekommunikationsleistungen,
- Bestattungsleistungen,
- Leistungen der öffentlichen Müllabfuhr,
- Umsätze, die der kommunalen Grunderwerbsteuer unterliegen,
- Umsätze aus der Vermietung von Immobilien.

Eine **Option zur Steuerpflicht** ist u. a. für Umsätze aus der Übertragung von Immobilien möglich, 32 sofern u. a. der Erwerber umsatzsteuerlicher Unternehmer ist, der die Immobilie hauptsächlich oder ausschließlich für Zwecke erwirbt, die den Vorsteuerabzug nicht ausschließen. Der Verzicht auf die Steuerbefreiung von Vermietungsumsätzen setzt u. a. voraus, dass der Mieter umsatzsteuerlicher Unternehmer ist und die Immobilie hauptsächlich oder ausschließlich für Zwecke nutzt, die den Vorsteuerabzug nicht ausschließen (vgl. Art. 12 CIVA).

Bei Ausfuhrlieferungen und innergemeinschaftlichen Lieferungen ist ein **Belegnachweis** zu 33 führen.

Bei **Ausfuhrlieferungen** ist dies üblicherweise das zollrechtliche Ausfuhrdokument mit Nachweis, dass es bei der Zollbehörde abgegeben und anerkannt wurde (gestempelter Abfertigungsbeleg) sowie die Rechnung, auf der die einschlägige portugiesische Steuerbefreiungsvorschrift für die Ausfuhrlieferung genannt ist.

Bei **innergemeinschaftlichen Lieferungen** soll der Nachweis durch eine Rechnungskopie erfolgen, auf der die gültige USt-ID Nr. des Kunden eines anderen EU-Mitgliedstaats vermerkt ist, zusammen mit anderen geeigneten Unterlagen wie Frachtpapieren, Transportbelegen und einer Zahlungsbestätigung.

Ausfuhrlieferungen im Reisegepäck sind steuerfrei, wenn die Ausfuhr innerhalb von drei 34 Monaten nachgewiesen wird und der Einkauf einen Nettowert von mindestens 50 € umfasst (vgl. DL 19/2017vom 14.02.2017).

Der Verkäufer ist seit 2017 verpflichtet, den Vorgang in Echtzeit digital an die Finanzbehörde zu melden. Diese verifiziert die tatsächliche Ausfuhr und verknüpft die Informationen systemseitig. Bei positiver Rückmeldung ist der Verkauf mehrwertsteuerfrei. Es besteht die Möglichkeit, dass der Verkäufer zu seiner Absicherung zunächst Mehrwertsteuer vom Kunden einfordert. Diese Mehrwertsteuer muss er erst abführen, wenn ein Zeitraum von 150 Tagen verstrichen ist, ohne dass der genannte Ausfuhrnachweis vorliegt.

Portugal verfügt über eine Regelung für **Umsatzsteuerlager.** Umsätze im Umsatzsteuerlager 35 sind steuerbefreit.

Unter anderem können folgende Waren in einem Umsatzsteuerlager gehalten werden:

- verbrauchssteuerpflichtige Waren,
- zahlreiche andere Güter (u. a. bestimmte Metalle, Mineralöle, Chemikalien, Früchte, Tee und Kaffee),
- Waren, die in Duty-Free-Shops an Häfen, in Flughäfen oder an Bord von Flugzeugen oder Schiffen verkauft werden.

8 Steuerschuldnerschaft des Leistungsempfängers

36 Nach dem portugiesischen Umsatzsteuerrecht ist die Steuerschuldnerschaft des Leistungsempfängers unter anderem für folgende Umsätze anzuwenden:
- In Portugal steuerbare Lieferungen oder Dienstleistungen, die ein nichtansässiger Unternehmer an einen in Portugal ansässigen Steuerpflichtigen erbringt.

37 Portugal hat weiterhin eine Steuerschuldnerschaft des Leistungsempfängers für Umsätze zwischen im Land ansässigen Unternehmen eingeführt, die für folgende Vorgänge anzuwenden ist:
- Lieferung von Schrott und Abfällen,
- Umsätze mit CO2-Zertifikaten,
- Lieferung von Immobilien, sofern auf die Steuerbefreiung verzichtet wurde,
- Bauleistungen, inkl. Reparaturen und Instandhaltung, Umbau und Abbruch,
- Reinigungsleistungen im Zusammenhang mit Immobilien.

9 Besondere Umsatzsteuerregelungen für bestimmte Unternehmen

9.1 Besteuerung von Reiseleistungen

38 Portugal hat die Margenbesteuerung für Reiseveranstalter (Art. 306 bis Art. 310 Mehrwertsteuersystemrichtlinie) umgesetzt. Die Regelung bewirkt, dass Reiseveranstalter, die ihr unterliegen, nur Umsatzsteuer auf die Marge zwischen den Eingangsleistungen und den Ausgangsumsätzen schulden, wobei die Umsatzsteuer aus der Marge herauszurechnen ist (vgl. DL 221/85 vom 03.07.1985). Zugleich besteht kein Vorsteuerabzugsrecht. Insoweit ähnelt die Regelung der in Deutschland bestehenden Regelung des § 25 UStG.

9.2 Differenzbesteuerung

39 In Portugal besteht eine Differenzbesteuerung für den Handel mit Gebrauchtwaren, Kunstgegenständen, Antiquitäten und Sammlungsobjekten. Die Regelung hat zur Folge, dass Umsatzsteuer nur auf die Marge zwischen Eingangsleistungen und Ausgangsleistungen erhoben wird. Zugleich ist der Vorsteuerabzug aus Eingangsleistungen ausgeschlossen.

9.3 Sonderregelung für Landwirte

40 Nachdem der Europäische Gerichtshof die bis 2013 gültige portugiesische Sonderregelung für unionsrechtswidrig erklärt hat (vgl. EuGH Urteil vom 08.03. 2012 – C-524/10, »Kommission gegen

Portugal«), trat zum 01.01.2015 die Steuerbefreiungsregelung für Kleinstunternehmer auch für Landwirte in Kraft.

Landwirte, die für diese Sonderregelung optieren, erhalten auf Antrag von den portugiesischen Steuerbehörden eine Ausgleichszahlung in Höhe von 6 % des Gesamtbetrages der von ihnen gelieferten landwirtschaftlichen Produkte sowie der erbrachten landwirtschaftlichen Leistungen (vgl. Art. 59-A und 59-B CIVA).

Auf die Sonderregelung kann verzichtet werden. Der Verzicht gilt dann für mindestens fünf Kalenderjahre (vgl. Art. 59-C CIVA).

10 Entstehung der Steuer

10.1 Besteuerung nach vereinbarten Entgelten

Grundsätzlich gilt in Portugal das Prinzip der Besteuerung nach vereinbarten Entgelten. 41

Bei der **Lieferung von Gegenständen** entsteht die Umsatzsteuer grundsätzlich mit Verschaffung der Verfügungsmacht bzw. bei Warenbewegung mit deren Ende (vgl. Art. 7 CIVA).

Bei **Dienstleistungen** entsteht die Umsatzsteuer mit Erbringung der Dienstleistung (vgl. Art. 7 42
CIVA). Eine Umsatzsteuerrechnung ist innerhalb von fünf Werktagen nach Leistungserbringung auszustellen (vgl. Art. 36 CIVA).

Wird eine Anzahlung geleistet, entsteht die Umsatzsteuer entsprechend mit deren Erhalt. In 43
diesem Fall ist am Tag des Zahlungseingangs eine Umsatzsteuerrechnung auszustellen (vgl. Art. 36 CIVA).

Bei **Dauerleistungen** gilt die Leistung in dem Zeitpunkt als erbracht, in dem die Zahlung fällig 44
ist. Wurde keine Fälligkeit vereinbart, oder beträgt die Zeit zwischen den Fälligkeitsterminen mehr als ein Kalenderjahr, so entsteht die anteilige Steuer am Ende eines jeden Zwölfmonatszeitraums (vgl. Art. 7 CIVA).

Die Steuer auf **innergemeinschaftliche Erwerbe** entsteht am 15. Kalendertag des auf den 45
Wareneingang folgenden Monats. Erstellt der Lieferant zu einem früheren Zeitpunkt eine Rechnung, so entsteht die Steuer im Zeitpunkt der Rechnungserstellung. Dies gilt nicht für Anzahlungsrechnungen (vgl. Art. 13 RITI).

10.2 Berichtigung der Umsatzsteuer bei Uneinbringlichkeit oder aus anderen Gründen

Mit Wirkung zum 01.01.2013 wurden neue Regelungen für die Berichtigung der Umsatzsteuer bei 46
Uneinbringlichkeit geschaffen. Diese neuen Regelungen kommen für Forderungen zur Anwendung, die nach dem 01.01.2013 uneinbringlich werden. Für Forderungen, die zuvor uneinbringlich geworden sind, gilt noch das alte Recht. Daher kommt es während eines Übergangszeitraumes zur parallelen Anwendung alten und neuen Rechts.

Ist eine **Forderung uneinbringlich**, sieht das alte wie auch das neue Recht in Portugal grundsätzlich die Möglichkeit einer Umsatzsteuerberichtigung vor, wenn der Steuerpflichtige erfolglos versucht hat, die ausstehende Forderung einzuklagen, notariell anzufordern oder ein Insolvenzverfahren vorliegt. Dabei sind diverse Nachweise zu führen und Fristen einzuhalten (vgl. Art. 78ff. CIVA).

Nach dem neuen Recht ist eine uneinbringliche Forderung anzunehmen, wenn

- die Forderung mehr als 24 Monate überfällig ist, eindeutige Beweise über ihre Wertminderung vorliegen und der Gläubiger nachweislich versucht hat, die Forderung einzutreiben, oder wenn
- die Forderung mehr als sechs Monate überfällig ist, ihr Bruttowert 750 € nicht übersteigt und der Schuldner eine natürliche Person oder ein Unternehmer ist, der nicht zum Vorsteuerabzug berechtigt ist.

47 Andere Entgeltanpassungen (Preisänderung, Rückzahlung, Rückgängigmachung) führen stets zu einer Umsatzsteueranpassung.

10.3 Besteuerung nach vereinnahmten Entgelten

48 Zum 01.10.2013 wurde in Portugal Unternehmern, deren Umsatz im vorangegangenen Jahr 500.000 € nicht überschritten hat, die Möglichkeit eingeräumt, zur Besteuerung nach vereinnahmten Entgelten zu optieren. Das Regime ist optional und an das Vorliegen diverser Voraussetzungen geknüpft. Es ist nicht anwendbar auf Importe, Exporte, innergemeinschaftliche Warenlieferungen und Erwerbe, innergemeinschaftliche Leistungen sowie auf Transaktionen, die dem reserve-charge Verfahren unterliegen (vgl. DL 71/2013 vom 30.05.2013).

10.4 Sonderregelung für Einfuhrumsatzsteuer

48a Seit dem 01.03.2018 ist die Einfuhrumsatzsteuerschuld teilweise in einem besonderen Verfahren geregelt (vgl. Gesetz 42/2016 vom 28.12.2016 und Ministerieller Erlass 215/2017 vom 20.07.2017). Die Einfuhrumsatzsteuer wird nicht mehr direkt durch die Zollbehörde erhoben, sondern der Steuerpflichtige meldet sie in seiner portugiesischen Umsatzsteuermeldung für den Zeitraum der Einfuhr und zieht sie zeitgleich als Vorsteuer ab (Steuerschuldnerschaft des Leistungsempfängers). Hieraus können sich Liquiditätsvorteile verglichen mit dem bisherigen Verfahren der Erhebung durch die Zollbehörden ergeben.

Das Verfahren setzt einen Antrag bei der Steuerbehörde voraus, der bis zum 15. Tag des vorangehenden Monats gestellt werden muss. Die Steuerbehörde entscheidet innerhalb von fünf Tagen über den Antrag, der voraussetzt, dass der Steuerpflichtige monatliche Umsatzsteuermeldungen abgibt, voll zum Vorsteuerabzug berechtigt ist und keine offenen Steuerverbindlichkeiten hat – ausgenommen solche, die gerichtlich oder außergerichtlich angefochten wurden.

Im Zeitraum ab dem 01.09.2017 konnte das Verfahren bereits für einzelne, speziell in einem Anhang C zum Mehrwertsteuergesetz enthaltene Produkte, ausgenommen Mineralöle, angewendet werden.

11 Vorsteuerabzug und Rechnungen

11.1 Allgemeines

Grundsätzlich sind umsatzsteuerliche Unternehmer aus den für ihr Unternehmen bezogenen Lieferungen und sonstigen Leistungen, innergemeinschaftlichen Erwerben sowie der Einfuhr von Waren zum Vorsteuerabzug berechtigt. Regelmäßig ist der Vorsteuerabzug durch eine ordnungsgemäße Rechnung bzw. im Fall der Einfuhrumsatzsteuer durch ein ordnungsgemäßes Zolldokument nachzuweisen (vgl. Art. 19 CIVA). 49

11.2 Vorsteuerüberschuss

Das portugiesische Umsatzsteuerrecht sieht grundsätzlich die Verrechnung von Vorsteuerüberschüssen mit der Ausgangsumsatzsteuer der Folgeperioden vor (vgl. Art. 22 CIVA). 50

Sofern der Vorsteuerüberschuss 3.000 € oder nach zwölf Monaten 250 € übersteigt, kann der Steuerpflichtige eine Erstattung fordern. Beläuft sich der zu erstattende Vorsteuerüberschuss auf mehr als 30.000 €, können die Finanzbehörden eine Bürgschaft, eine Bankgarantie oder eine andere geeignete Sicherheit für einen Zeitraum von sechs Monaten verlangen (vgl. Art. 22 CIVA).

Weiter besteht die Möglichkeit, sich für die monatliche Erstattung von Vorsteuerüberschüssen elektronisch zu registrieren.

11.3 Beschränkungen des Vorsteuerabzugs

Nach dem Umsatzsteuerrecht von Portugal berechtigen verschiedene Aufwendungen nicht zum Vorsteuerabzug (vgl. Art. 21 CIVA). Entsprechende Beschränkungen gelten unter anderem für die folgenden Aufwendungen: 51

- Kauf, Miete, Instandhaltung, Reparatur, Unterhalt und Kraftstoff für PKW, Motorräder, Sportboote, Flugzeuge und Helikopter (außer sie gehören zum Vorratsvermögen oder es handelt sich um Elektro- oder Hybridfahrzeuge),
- Geschenke (ausgenommen solche mit einem Wert unter 50 €),
- Repräsentationsaufwand (Restaurantausgaben, Ausgaben für Unterhaltung und Luxusgüter),
- Tabak oder Alkohol (außer bei Wiederverkäufern oder Restaurants u.ä.),
- Transport- und Reisekosten, inkl. Maut, soweit sie nicht in Zusammenhang mit der Organisation oder Teilnahme an Kongressen, Messen oder Ausstellungen anfallen,
- Übernachtung und Mahlzeiten, soweit sie nicht in Zusammenhang mit der Organisation oder Teilnahme an Kongressen, Messen oder Ausstellungen anfallen.

Für nachfolgende Aufwendungen gelten teilweise Beschränkungen:

- Diesel oder Flüssiggas für Lieferwagen und LKW (50 %) – gilt nicht für Busse, für den öffentlichen Transport zugelassene Fahrzeuge, Traktoren oder LKW mit einem Gewicht von mehr als 3.500 kg,
- Reisekosten, Verpflegungsaufwendungen, Unterbringung und Miete von Immobilien im Zusammenhang mit der Organisation von Kongressen, Messen oder Ausstellungen (50 %),

- Reisekosten, Verpflegungsaufwendungen, Unterbringung und Miete von Immobilien im Zusammenhang mit der Teilnahme an Kongressen, Messen oder Ausstellungen (25 %).

52 Weiterhin sind Vorsteuerbeträge vom Abzug ausgeschlossen, wenn sie im Zusammenhang mit unecht steuerfreien Umsätzen stehen.

53 Führt ein Unternehmen sowohl zum Vorsteuerabzug berechtigende als auch nicht zum Vorsteuerabzug berechtigende Umsätze aus, ist es nur zum teilweisen Vorsteuerabzug berechtigt und es ist eine Aufteilung der Vorsteuerbeträge vorzunehmen (vgl. Art. 23 CIVA).

Die Vorsteueraufteilung erfolgt nach einem Umsatzschlüssel, der sich als Quotient zwischen steuerpflichtigem zzgl. steuerbefreitem, aber zum Vorsteuerabzug berechtigendem Umsatz, und Gesamtumsatz ermittelt. Dabei sind bestimmte Umsätze, die nicht Teil der eigentlichen Geschäftsaktivitäten sind, außer Acht zu lassen. Der ermittelte Umsatzschlüssel ist auf die zweite Dezimalstelle aufzurunden (vgl. Art. 23 CIVA).

Alternativ kann der Steuerpflichtige den Vorsteuerabzug auf Basis der Methode der direkten Kostenzuordnung vornehmen, vorausgesetzt, er definiert geeignete Kriterien für die Zuordnung zu den Transaktionen, für die der Vorsteuerabzug gewährt wird und jenen, die einen Vorsteuerabzug ausschließen (vgl. Art. 23 CIVA). Ggf. verbleibende Vorsteuern sind dann nach einem Umsatzschlüssel aufzuteilen.

11.4 Berichtigung des Vorsteuerabzugs

54 Nach dem portugiesischen Umsatzsteuergesetz ist für Wirtschaftsgüter, die im Unternehmen mindestens fünf Jahre genutzt werden und deren Anschaffungskosten mindestens 2.500 € betragen, eine Vorsteuerberichtigung vorzunehmen, sofern sich innerhalb des Vorsteuerberichtigungszeitraumes der Vorsteuerschlüssel um 5 % ändert oder diese veräußert oder entnommen werden. Der Vorsteuerberichtigungszeitraum beträgt für bewegliche Gegenstände fünf Jahre und für Grundstücke, Gebäude und verwandte Wirtschaftsgüter zwanzig Jahre (vgl. Art. 24 CIVA).

11.5 Rechnungen

55 In Portugal sind steuerpflichtige Unternehmer grundsätzlich verpflichtet, für alle steuerpflichtigen und steuerfreien Umsätze eine ordnungsgemäße umsatzsteuerliche Rechnung auszustellen (vgl. Art. 29 CIVA). Ausnahmen bestehen nur in äußerst geringem Umfang, beispielsweise für bestimmte steuerfreie Finanz- und Versicherungsumsätze.

56 Bei Warenrückgabe oder Entgeltminderung oder im Falle anderweitiger Änderungen des Rechnungsbetrags sowie bei inhaltlich unvollständigen Rechnungen kann ein Korrekturbeleg erstellt werden. Eine Rechnungskorrektur ist zwingend erforderlich, wenn die Umsatzsteuer zu niedrig ausgewiesen wurde. Wurde zu viel Umsatzsteuer ausgewiesen, kann eine Rechnungskorrektur vorgenommen werden. In diesem Fall dürfen Steuerpflichtige die Ausgangsumsatzsteuer nur dann berichtigen, wenn sie belegen können, dass sie den Kunden über die Korrektur informiert haben oder der Kunde bereits seinen Vorsteuerabzug angepasst hat (vgl. Art. 78 CIVA).

57 Abrechnungen im **Gutschriftsverfahren** sind grundsätzlich zulässig. Innerhalb der EU ist es ausreichend, wenn zwischen den Parteien eine schriftliche Vereinbarung diesbezüglich besteht, die Abrechnung als Gutschrift mit der Bezeichnung »autofaturaçao« versehen ist und der Leistungsempfänger, beispielsweise durch die Unterschrift des Steuerpflichtigen, nachweist, dass

dieser mit der Abrechnung einverstanden ist. Abrechnungen im **Gutschriftsverfahren** mit Steuerpflichtigen außerhalb der EU bedürfen der vorherigen Zustimmung der portugiesischen Finanzverwaltung.

Umsatzsteuerrechnungen müssen folgende Angaben enthalten (vgl. Art. 36 CIVA): 58

- Datum der Ausstellung,
- fortlaufende Rechnungsnummer,
- Name und Anschrift des Leistenden und dessen Umsatzsteueridentifikationsnummer,
- Name und Anschrift des Leistungsempfängers sowie dessen Umsatzsteuernummer, bei innergemeinschaftlichen Lieferungen Angabe der Umsatzsteueridentifikationsnummer,
- Name, Anschrift und Umsatzsteuernummer des Fiskalvertreters (so vorhanden),
- Menge und Art der gelieferten Gegenstände oder Umfang und Art der Leistung, inkl. aller Details, die erforderlich sind, um den korrekten anwendbaren Umsatzsteuersatz zu bestimmen (ausgenommen der Verpackung; wird diese zurückgegeben, ist darauf ausdrücklich in der Rechnung hinzuweisen),
- Datum der Lieferung oder Leistung bzw. der erhaltenen Anzahlung, falls feststellbar und abweichend vom Datum der Ausstellung,
- Nettoentgelt,
- Umsatzsteuersätze und zugehörige Umsatzsteuerbeträge,
- falls eine Steuerbefreiung zur Anwendung kommt, Grund für die Befreiung,
- falls der Leistungsempfänger die Rechnung ausstellt (Abrechnung im Gutschriftsverfahren), Hinweis »autofacturação«,
- falls der Leistungsempfänger die Umsatzsteuer schuldet, der Hinweis auf den reverse-charge »IVA – autoliquidação«.

Für Lieferungen von Einzelhändlern an Privatpersonen können, sofern der Rechnungsbetrag unter 1.000 € liegt, **vereinfachte Rechnungen** ausgestellt werden. Für Lieferungen und Leistungen an steuerpflichtige Personen können vereinfachte Rechnungen nur bei einem Rechnungsbetrag von unter 100 € erteilt werden (vgl. Art. 40 CIVA). 59

Vereinfachte Rechnungen müssen nur folgende Elemente enthalten:

- Datum,
- fortlaufende Rechnungsnummer,
- Name des Leistenden und dessen Umsatzsteueridentifikationsnummer,
- Menge und Art der gelieferten Gegenstände oder Umfang und Art der Leistung,
- Nettopreis, anwendbare Steuersätze und Umsatzsteuerbetrag oder Bruttopreis und anwendbare Steuersätze,
- Steuernummer des Leistungsempfängers, wenn er ein Steuerpflichtiger ist,
- falls eine Steuerbefreiung zur Anwendung kommt, Grund für die Befreiung.

11.6 Elektronische Rechnungsstellung

Mit Wirkung zum 01.01.2013 wurde das Umsatzsteuergesetz geändert, um nach den Vorgaben der Europäischen Union die digitale Rechnungstellung zu erleichtern. 60

11.7 Rechnungen in fremder Währung

61 Rechnungen dürfen in Fremdwährungen oder in Euro ausgestellt werden. Der Umsatzsteuerbetrag muss aber immer in Euro angegeben werden.

Fremdwährungen sind nach dem Verkaufskurs der portugiesischen Nationalbank oder der EZB des Tages, an dem die Umsatzsteuer fällig ist, oder des ersten Bankarbeitstages dieses Monats umzurechnen. Auf der Rechnung muss der Umrechnungskurs angegeben werden (vgl. Art. 16 CIVA).

Die Regelung gilt nur für in Portugal ausgestellte Rechnungen. Bei Rechnungen ausländischer Lieferanten kann der Erwerber auf der Rechnung den Umrechnungskurs angeben, zu dem er die Umrechnung vorgenommen hat.

12 Steuererklärungen und weitere Steueranmeldungen

12.1 Umsatzsteuermeldungen

62 Steuerpflichtige, deren Umsatz im vorangegangenen Jahr mindestens 650.000 € betragen hat, sind verpflichtet, monatlich Umsatzsteueranmeldungen abzugeben. Bei geringeren Umsätzen hat die Abgabe quartalsweise zu erfolgen (vgl. Art. 41 CIVA). Die Abgabe ist elektronisch über das Portal der portugiesischen Finanzverwaltung vorzunehmen. Für den Erhalt eines Zugangscodes ist eine Registrierung erforderlich.

Dabei ist Abgabetermin bei monatlicher Abgabe jeweils der 10. Tag des übernächsten Monats und bei vierteljährlicher Abgabe jeweils der 15. Tag des zweiten auf das Quartalsende folgenden Monats. Die Zahlung hat zeitgleich zu erfolgen (vgl. Art. 27 i. V. m. Art. 41 CIVA).

12.2 Umsatzsteuerjahreserklärungen

63 Bis zum 15. Juli des Folgejahres (bei abweichendem Wirtschaftsjahr bis zum 15. des siebten auf das Ende des Wirtschaftsjahres folgenden Monats) ist eine zusammengefasste Umsatzsteuerjahreserklärung als Bestandteil der Jahressteuererklärungen abzugeben. Der Steuerpflichtige hat in diesem Rahmen auf einem elektronisch von der portugiesischen Finanzverwaltung zur Verfügung gestellten Formular eine Übersicht über die im vergangenen Jahr ausgeführten Transaktionen mit einzureichen. In einer Lieferanten- und Kundenübersicht sind alle Lieferanten und Kunden sowie die mit ihnen im vergangenen Jahr getätigten Umsätze aufzuführen, vorausgesetzt die Umsätze waren höher als 25.000 €. Die Abgabe sämtlicher Erklärungen und Formulare hat elektronisch zu erfolgen (vgl. Art. 29 CIVA).

12.3 Umsatzsteuer-Identifikationsnummer

Die portugiesische Umsatzsteuer-Identifikationsnummer besteht aus neun Ziffern, mit dem vorangestellten Ländercode PT. 64

12.4 Zusammenfassende Meldung im innergemeinschaftlichen Waren- und Dienstleistungsverkehr

Unternehmen, die innergemeinschaftliche Lieferungen oder Dienstleistungen nach Art. 44 Mehrwertsteuersystemrichtlinie ausführen, müssen eine Zusammenfassende Meldung abgeben. Der Meldezeitraum ist grundsätzlich identisch mit dem für die Abgabe Umsatzsteueranmeldungen relevanten Meldezeitraum. Übersteigt jedoch bei quartalsweiser Abgabe der Betrag der innergemeinschaftlichen Lieferungen im aktuellen oder in einem der letzten vier Quartale 50.000 €, so hat die Abgabe monatlich zu erfolgen (vgl. Art. 23 und 30 RITI). 65

Die Zusammenfassende Meldung ist bis spätestens zum 20. Kalendertag des Folgemonats elektronisch einreichen.

13 Straf- und Bußgeldvorschriften

In Portugal kommen die weitreichenden Straf- und Bußgeldvorschriften der Allgemeinen Vorschriften für Steuerrechtsverstöße (Regime Geral das Infracções Tributárias – RGIT) zur Anwendung. 66

- **Verspätete Abgabe von Erklärungen oder verspätete Zahlung**
  Es gelten u. a. folgende Strafen (vgl. Art. 26, 116, 118, 119 RGIT):
  - Nichtabgabe oder verspätete Abgabe von Steueranmeldungen oder Zusammenfassenden Meldungen: 300 € bis 3.750 €, wenn der Fehler versehentlich unterlaufen ist,
  - Nichtabgabe oder verspätete Abgabe von Steueranmeldungen oder Zusammenfassenden Meldungen: 300 € bis 7.500 €, bei absichtlicher Tat,
  - fehlerhafte Daten in einer Steueranmeldung oder Zusammenfassenden Meldung: 750 € bis 22.500 €, wenn der Fehler versehentlich unterlaufen ist (der Betrag verringert sich auf ein Viertel, sofern sich daraus keine zusätzliche Steuerzahlung ergibt),
  - fehlerhafte Daten in einer Steueranmeldung oder Zusammenfassenden Meldung: 750 € bis 37.500 €, bei absichtlicher Tat (der Betrag verringert sich auf die Hälfte, sofern sich daraus keine zusätzliche Steuerzahlung ergibt),
  - verspätete Zahlung: 30 % bis 100 % der fälligen Steuer bis zu einem Maximalbetrag von 45.000 €, wenn der Fehler versehentlich unterlaufen ist,
  - verspätete Zahlung: 200 % bis 400 % der fälligen Steuer bis zu einem Maximalbetrag von 165.000 €, bei absichtlicher Tat.

  Die zuvor aufgeführten Beträge beziehen sich auf Gesellschaften. Für natürliche Personen finden geringere Beträge Anwendung.

Legt ein Steuerpflichtiger freiwillig seinen Fehler offen, so kann die Strafe um 12,5 % bis 75 % des gesetzlichen Minimalbetrages verringert werden.

- **Verspätete Registrierung**
  In Portugal kann bei verspäteter Registrierung eine Strafe erhoben werden, deren Höhe zwischen 6.000 € und 7.500 € beträgt, sofern eine Registrierung versehentlich unterlieben ist. Ist eine Registrierung jedoch absichtlich nicht vorgenommen worden, beträgt die Strafe zwischen 6.000 € und 15.000 €.
- **Nicht-Erklärung von reverse charge Umsätzen**
  Erklärt der Leistungsempfänger, der die Umsatzsteuer im Wege des reverse charge Verfahrens schuldet, diese Umsätze nicht, kann eine Strafe von bis zu 200 % des nicht erklärten Steuerbetrages verhängt werden, selbst wenn dem Staat hierdurch kein Nachteil erwächst. Im Falle einer Nachlässigkeit kann sich die Strafe auf einen Betrag zwischen 30 % und 100 % des nicht erklärten Steuerbetrages belaufen.

67 Unternehmen, die Umsatzsteuer in einer Rechnung falsch ausweisen, schulden diese grundsätzlich bis zu einer Korrektur.

14 Behandlung nicht ansässiger Unternehmen

68 Ein nicht ansässiges Unternehmen ist nach portugiesischem Verständnis ein Unternehmen, das weder den Sitz noch die Geschäftsleitung noch eine feste Niederlassung in Portugal unterhält. Nicht ansässige Unternehmen müssen sich in Portugal umsatzsteuerlich registrieren, wenn sie mindestens eine der folgenden Aktivitäten ausführen:

- in Portugal steuerbare Lieferungen von Gegenständen, die nicht unter die Steuerschuldnerschaft des Leistungsempfängers fallen (das reverse charge Verfahren kommt nur dann nicht zur Anwendung, wenn die Lieferung an Privatpersonen oder an nicht der Umsatzsteuer unterliegende juristische Personen ausgeführt wird),
- in Portugal steuerbare Versandhandelslieferungen,
- in Portugal steuerbare sonstige Leistungen, die nicht unter die Steuerschuldnerschaft des Leistungsempfängers oder das MOSS-Verfahren fallen,
- Bewirken eines innergemeinschaftlichen Erwerbs in Portugal.

Die Lieferschwelle für Versandhandelslieferungen beträgt 35.000 €.

69 Nichtansässige Unternehmen, die in einem anderen EU-Mitgliedstaat niedergelassen sind, sind berechtigt, sich direkt, d. h. ohne Einschaltung eines Fiskalvertreters, in Portugal umsatzsteuerlich zu registrieren. Bei Beendigung der Aktivitäten in Portugal ist die Bestellung eines Fiskalvertreters jedoch erforderlich, um die Zahlung eventuell zu diesem Zeitpunkt bestehender Steuerschulden sicherzustellen.

70 Unternehmen aus Nicht-EU-Staaten müssen dagegen immer einen in Portugal ansässigen **Fiskalvertreter** bestellen. Dieser haftet gesamtschuldnerisch für die Umsatzsteuerverbindlichkeiten.

71 Im portugiesischen Recht existiert keine Vereinfachungsregelung für **Konsignationslagerfälle** (vgl. entsprechend OFD Frankfurt am Main, Verfügung vom 23.02.2017, S 7100a A-004-St 110).

15 Vorsteuervergütungsverfahren

15.1 EU-Unternehmen

Für Unternehmen mit Sitz in einem anderen Mitgliedstaat der Europäischen Union ist in Portugal die Vergütung von Vorsteuerbeträgen nach der Richtlinie 2008/9/EG möglich (vgl. Art. 5 DL 186/2009 vom 12.08.2009). Wie in anderen Mitgliedstaaten üblich, hat der Antragsteller einen digitalen Vorsteuervergütungsantrag im Portal der für ihn im Heimatstaat zuständigen Finanzbehörde einzureichen (in Deutschland: Bundeszentralamt für Steuern). Die Antragsfrist ist grundsätzlich der 30.09. des Folgejahres (Ausschlussfrist). 72

Dem Antrag sind keine gescannten Rechnungskopien beizufügen. Allerdings kann die Behörde Rechnungen zur Prüfung anfordern.

Anträge können für ganze Kalenderjahre oder für Zeiträume von mindestens drei Monaten gestellt werden. Der Mindestvergütungsbetrag in einem Jahresantrag muss 50 € betragen, oder 400 € bei Anträgen für kürzere Perioden.

15.2 Nicht-EU-Unternehmen

Unternehmen mit Sitz in Drittstaaten können einen Vorsteuervergütungsantrag nach der 13. Richtlinie einreichen. Die Vorsteuervergütung setzt nach portugiesischem Recht Gegenseitigkeit mit dem Sitzstaat des Antragstellers voraus. Allerdings gibt es keine verbindliche Regelung, und es sind Fälle bekannt, in denen Antragstellern aus dem gleichen Staat teilweise die Vergütung gewährt und teilweise versagt wurde. 73

Anträge können für ganze Kalenderjahre oder für Zeiträume von mindestens drei Monaten gestellt werden. Der Mindestvergütungsbetrag in einem Jahresantrag muss 50 € betragen, oder 400 € bei Anträgen für kürzere Perioden. Der Antragsteller muss einen Fiskalvertreter bestellen.

Ein Antrag muss grundsätzlich spätestens bis zum 30.09. des Folgejahres gestellt werden. Es handelt sich um eine nicht verlängerbare Ausschlussfrist. Der Antrag ist in Papierform oder elektronisch zu übermitteln.

Der Antragsteller muss seine Unternehmereigenschaft mit einer durch seine Heimatsteuerbehörde ausgestellten Unternehmerbescheinigung nachweisen, die maximal ein Jahr alt sein darf.

Länderanhang Rumänien

Literatur
Jurubita/Negrescu, Romania Value Added Tax, IBFD 2017. **Ernst & Young**, Worldwide VAT, GST and Sales Tax Guide 2017. Inoffizielle Übersetzung Mehrwertsteuergesetz (IBFD).

1 Einführung

Rumänien ist seit dem 01.01.2007 Mitglied der Europäischen Union. Das rumänische Mehrwertsteuergesetz basiert daher auf der Mehrwertsteuersystemrichtlinie. Es ist Teil des Allgemeinen Steuergesetzes von Rumänien, d. h. es gibt kein separates Mehrwertsteuergesetz. Dabei wurde die Mehrwertsteuer im Jahr 1993 eingeführt. Die Regelungen wurden später an die Rahmenbedingungen des Gemeinsamen Mehrwertsteuersystems angepasst. 1

2 Bezeichnung der Steuer

Die rumänische Bezeichnung der Umsatzsteuer lautet »Taxa pe valoarea aduagata«. Dies bedeutet wörtlich »Mehrwertsteuer«. 2

3 Steuerbarkeit und Erhebungsgebiet

3.1 Erhebungsgebiet

Das umsatzsteuerliche Erhebungsgebiet entspricht dem Staatsgebiet der Republik Rumänien. 3

3.2 Steuerbare Umsätze

4 Sämtliche in Rumänien von einem Steuerpflichtigen ausgeführten **Lieferungen** und **Dienstleistungen** sind umsatzsteuerbar.

5 Als **Lieferungen** gelten neben der Übertragung körperlicher Gegenstände und unbeweglichen Vermögens auch die Übertragungen von Strom, Kälte und Wärme (vgl. Art. 266 und Art. 270 Steuergesetz). Mietkauf gilt als Lieferung.

6 Der **Ort der Lieferung** bestimmt sich nach der Verschaffung der Verfügungsmacht bzw. bei Warentransport nach dessen Beginn (vgl. Art. 275 Steuergesetz). Abweichend hiervon wird bei der **Versandhandelsregelung** das Ende der Versendung betrachtet. Es gilt hierbei eine Lieferschwelle von 35.000 € (vgl. Art. 275 Steuergesetz). Die Regelung gilt nicht für die Lieferung neuer Beförderungsmittel. Bei Lieferungen mit Montage ist der Lieferort der Ort der Montage.

7 Ebenfalls in Rumänien steuerbar sind Lieferungen aus dem Drittland, bei denen der Lieferer die Einfuhrumsatzsteuer schuldet.

8 Für **Reihengeschäfte** regelt Art. 270 Steuergesetz, dass es sich umsatzsteuerlich um mehrere Lieferungen handelt.

9 Unentgeltlich erbrachte Lieferungen oder Dienstleistungen können steuerbare **unentgeltliche Wertabgaben** sein (vgl. Art. 270 Steuergesetz). Regelmäßig ist Voraussetzung, dass aus dem Gegenstand ein Vorsteuerabzug geltend gemacht wurde.

Geschenke mit einem geringen Wert sind keine unentgeltlichen Wertabgaben. Die Grenze beträgt 100 RON pro Empfänger und Jahr (vgl. Art. 270 Steuergesetz).

10 **Dienstleistungen** werden ähnlich wie in Deutschland als Leistungen definiert, die keine Lieferungen von Gegenständen darstellen. Das Gesetz enthält weiterhin Beispiele für Dienstleistungen (vgl. Art. 271 Steuergesetz).

11 Der **Ort der meisten Dienstleistungen** zwischen Unternehmen bestimmt sich nach dem Empfängerortsprinzip (vgl. Art. 278 Steuergesetz) bzw. für Dienstleistungen an Nichtunternehmer nach dem Sitz des leistenden Unternehmers oder von dessen fester Niederlassung (vgl. Art. 278 Steuergesetz). Ausnahmen gelten vor allem für grundstücksbezogene Umsätze (Ort des Grundstücks, Art. 278 Steuergesetz), für Personenbeförderungen (Ort der Beförderung, Art. 278 Steuergesetz), kurzfristige Vermietung von Beförderungsmitteln (Ort der Übergabe, Art. 278 Steuergesetz), Restaurantumsätze (Tätigkeitsort, Art. 278 Steuergesetz) und den Zugang zu Veranstaltungen (Ort derselben, Art. 278 Steuergesetz).

12 **Geschäftsveräußerungen im Ganzen** an einen anderen Unternehmer, d. h. die Übertragung des ganzen Betriebs oder einer Division der Betätigung, sind nicht umsatzsteuerbar (vgl. Art. 270 Steuergesetz).

13 Steuerbar ist auch der **innergemeinschaftliche Erwerb** von Gegenständen in Rumänien. Es gibt jedoch Ausnahmen für land- und forstwirtschaftliche Betriebe, Steuerpflichtige, die ausschließlich vorsteuerschädliche Ausgangsumsätze tätigen, sowie für nicht unternehmerisch tätige juristische Personen. Die Erwerbschwelle für diesen Personenkreis, die weder im vorangegangenen Kalenderjahr noch im laufenden Kalenderjahr überschritten werden darf, beträgt 10.000 € (vgl. Art. 268 Steuergesetz). Auch wenn die Erwerbschwelle nicht überschritten wird, kann zur Steuerpflicht optiert werden.

14 Dienstleistungen, die von einem rumänischen Steuerpflichtigen grenzüberschreitend empfangen werden und unter die Steuerschuldnerschaft des Leistungsempfängers fallen, sind ebenfalls steuerbare Umsätze im Sinne des rumänischen Rechts. Ebenso unterliegen Einfuhren von Waren aus Drittstaaten nach Rumänien der Umsatzsteuer.

15 Unternehmen aus der EU, die Telekommunikations-, Rundfunk-, Fernseh- oder elektronische Leistungen an Nichtsteuerpflichtige erbringen, sind damit zwar in Rumänien seit dem 01.01.2015

umsatzsteuerpflichtig. Sie können jedoch das MOSS-Verfahren nutzen und sind damit nicht registrierungspflichtig.

Bei Unternehmen aus Nicht-EU-Staaten besteht die Möglichkeit, für entsprechende Umsätze die Sonderregelung zu nutzen, sich in einem einzigen EU-Mitgliedstaat zu registrieren und dort sämtliche Umsätze zu melden.

In Rumänien ansässige Unternehmer, die eine Umsatzgrenze von 88.500 € (gilt seit 01.01.2018, davor 65.000 €) nicht übertreffen, können als **Kleinunternehmer** besteuert werden (vgl. Art. 310 Steuergesetz). Falls sie diese Möglichkeit nutzen, schulden sie keine Umsatzsteuer, haben jedoch auch kein Vorsteuerabzugsrecht. Die Umsatzgrenze bezieht sich auf das Kalenderjahr. Ein gesonderter Antrag auf die Kleinunternehmerbesteuerung ist nicht erforderlich, doch kann ein Antrag auf freiwillige Registrierung gestellt werden. 16

4 Unternehmer bzw. Steuerpflichtiger

Als Steuerpflichtiger nach rumänischem Recht gilt jede natürliche oder juristische Person, die im Zuge einer geschäftlichen Betätigung in Rumänien Waren liefert oder Dienstleistungen erbringt (vgl. Art. 269 Steuergesetz). 17

Ein ausländischer Unternehmer hat in Rumänien eine umsatzsteuerliche **Betriebsstätte** (feste Niederlassung), wenn er dort eine Geschäftseinrichtung unterhält (z. B. Büro, Lager), von dort Lieferungen oder Dienstleistungen erbringt und Personal unterhält. Es wird auf die Präsenz hinreichender Personen- und Sachmittel abgestellt (vgl. Art. 266 Steuergesetz). 18

5 Organschaft bzw. Mehrwertsteuergruppe

Rumänien hat zwar Regelungen zu einer Form der Mehrwertsteuergruppe erlassen, aber diese sind nicht der deutschen umsatzsteuerlichen Organschaft gleich. Vielmehr bewirken sie lediglich die Konsolidierung der Umsatzsteuerzahllasten. Insbesondere bleiben Umsätze zwischen Gruppenmitgliedern voll umsatzsteuerbar. Auch müssen weiterhin getrennte Umsatzsteuermeldungen eingereicht werden, womit als einziger Vorteil eine direkte Verrechnung von Zahllasten einzelner Mitglieder mit Vorsteuerüberschüssen anderer Mitglieder verbleibt. 19

Die Bildung der Mehrwertsteuergruppe setzt mindestens zwei in Rumänien ansässige Personen voraus, die finanziell, wirtschaftlich und organisatorisch verbunden sind. In der Regel wird dies als gegeben angenommen, wenn über 50 % der Anteile dem gleichen Gesellschafter zuzurechnen sind. Weiterhin muss der Umsatzsteuermeldezeitraum der Beteiligten identisch sein.

Es muss ein Antrag gestellt werden, der dann den Antragsteller für zwei Jahre bindet. Aus der Mehrwertsteuergruppe ergibt sich eine gesamtschuldnerische Haftung der Mitglieder für alle Umsatzsteuerschulden.

6 Bemessungsgrundlage

20 Grundsätzlich ist der vereinbarte Nettopreis (Entgelt) die steuerliche Bemessungsgrundlage (vgl. Art. 286 Steuergesetz).

21 Bei unentgeltlichen Vorgängen ist der Einkaufspreis bzw. die Selbstkosten im Umsatzzeitpunkt anzusetzen (vgl. Art. 286 Steuergesetz).

22 Bei entgeltlichen Transaktionen zwischen nahestehenden Personen ist der Finanzbehörden der Marktpreis anzusetzen, wenn das tatsächliche Entgelt darunterliegt und der Empfänger kein volles Vorsteuerabzugsrecht hat, oder wenn das Entgelt über dem Marktpreis liegt und der Leistende kein volles Vorsteuerabzugsrecht hat (vgl. Art. 286 Steuergesetz). Das Gesetz definiert Nahestehen u. a. als Verwandtschaft, gesellschaftsrechtliche Verflechtungen, oder Beherrschung der Geschäftsleitung.

7 Steuersätze und Steuerbefreiungen

7.1 Regelsteuersatz

23 Der Regelsteuersatz in Rumänien beträgt seit dem 01.01.2017 nunmehr 19 % (vgl. Art. 291 Steuergesetz). Vom 01.01. bis 31.12.2016 galt ein Regelsteuersatz von 20 % und davor sogar ein Regelsteuersatz von 24 %.

7.2 Ermäßigte Steuersätze

24 Das rumänische Umsatzsteuergesetz sieht zwei ermäßigte Steuersätze vor, und zwar 5 % und 9 % (vgl. Art. 291 Steuergesetz).

25 Der ermäßigte Steuersatz von 9 % gilt unter anderem für
- bestimmte Prothesen außer Zahnprothesen,
- orthopädische Hilfsmittel,
- die meisten Medikamente,
- Hotelübernachtungen und vergleichbare Leistungen, einschließlich Campingplatzgebühren,
- die meisten Lebensmittel und Tierfuttermittel, außer alkoholischen Getränken,
- Restaurantleistungen mit Ausnahme von alkoholischen Getränken, aber eingeschlossen bestimmte Formen von Bier,
- Wasser,
- Pestizide und Düngemittel sowie Saaten für die Landwirtschaft.

26 Der ermäßigte Steuersatz von 5 % gilt unter anderem für
- Bücher, Zeitungen bestimmte Zeitschriften,
- Eintritte zu Museen, Zoos, botanischen Gärten, Monumenten, Kinos u.ä.,
- Lieferung von Sozialwohnungen (detaillierte Hinweise im Gesetz).

7.3 Steuerbefreiungen

Das rumänische Umsatzsteuerrecht enthält sowohl Steuerbefreiungen mit Vorsteuerabzugsrecht (echte Steuerbefreiungen) als auch Steuerbefreiungen ohne Vorsteuerabzugsrecht (unechte Steuerbefreiungen). 27

Zu den Steuerbefreiungen mit Vorsteuerabzugsrecht (vgl. Art. 294 bis 296 Steuergesetz) gehören insbesondere 28
- Ausfuhrlieferungen,
- innergemeinschaftliche Lieferungen,
- Umsätze für die Seeschifffahrt und die Luftfahrt,
- Umsätze in Freizonen oder Zolllagern.

Steuerbefreiungen ohne Vorsteuerabzugsrecht (vgl. Art. 292 Steuergesetz) bestehen unter anderem für 29
- Bank- und Finanzumsätze,
- Versicherungsumsätze,
- Glücksspiele und Lotterien,
- ärztliche Leistungen,
- bestimmte Leistungen der Sozialfürsorge,
- verschiedene unterrichtende Leistungen,
- Postdienstleistungen,
- Rundfunk- und Fernsehsendungen ohne Gewinnerzielungsabsicht,
- Goldlieferungen an die Zentralbank,
- Vermietung von Immobilien,
- Verkauf von Immobilien, ausgenommen neue Immobilien oder Baugrundstücke.

Eine **Option zur Steuerpflicht** ist bei der Vermietung oder Lieferung von Immobilien möglich. Es sind die Behörden zu informieren (vgl. Art. 292 Steuergesetz). 30

Bei Ausfuhrlieferungen und innergemeinschaftlichen Lieferungen ist ein **Belegnachweis** zu führen. Bei **Ausfuhrlieferungen** ist dies üblicherweise das zollrechtliche Ausfuhrdokument, das entweder den Lieferer als Ausführer zeigt oder eindeutig auf die Rechnung referenziert. 31

Bei **innergemeinschaftlichen Lieferungen** soll der Nachweis durch eine Gesamtheit geeigneter Unterlagen (Frachtpapiere, Zahlungsnachweise, Bestellungen, usw.) erbracht werden.

Ausfuhrlieferungen im Reisegepäck sind steuerfrei, wenn die Ausfuhr innerhalb von drei Monaten nachgewiesen wird und der Bruttoeinkaufwert mindestens 175 € beträgt (vgl. Art. 294 Steuergesetz). 32

Bei der Einfuhr gilt eine Steuerbefreiung für **Kleinsendungen** mit einer Wertgrenze von 22 €. 33

Rumänien hat eine Regelung für **Umsatzsteuerlager** eingeführt. Sie betrifft nur EU-Waren und befreit u. a. die folgenden Warengruppen: Kakaobohnen, bestimmte Chemikalien, Mineralöle, Rohzucker, Gummi, Aluminium, Silber, Platin und Oliven. 34

8 Steuerschuldnerschaft des Leistungsempfängers

Nach dem rumänischen Umsatzsteuerrecht ist die Steuerschuldnerschaft des Leistungsempfängers unter anderem für folgende Umsätze anzuwenden: 35

- In Rumänien steuerbare Lieferungen oder Dienstleistungen, die ein nichtansässiger Unternehmer an einen in Rumänien ansässigen Steuerpflichtigen erbringt (vgl. Art. 326 Steuergesetz).

36 Rumänien hat weiterhin eine Steuerschuldnerschaft des Leistungsempfängers für Umsätze zwischen im Land ansässigen Unternehmen eingeführt, die für folgende Umsätze gilt (vgl. Art. 331 Steuergesetz):
- Abfälle und Metallabfälle,
- verschiedene Lieferungen von Holz,
- Saatgut und Pflanzen, die nicht an Endverbraucher geliefert werden (bis 31.12.2018 befristet),
- Emissionszertifikate (bis 31.12.2018 befristet),
- Elektrizitätslieferungen zwischen Wiederverkäufern (bis 31.12.2018 befristet),
- Immobilienlieferungen bei Option zur Steuerpflicht (bis 31.12.2018 befristet),
- Anlagegold und Feingold (ab 325/1.000, bis 31.12.2018 befristet),
- Spielekonsolen, Laptops, Tablet-PCs und Mobiltelefone (wenn über 22.500 RON, bis 31.12.2018 befristet).

36a Rumänien hat ein besonderes »Split Payment«-System (gespaltene Umsatzsteuerzahlungen) eingeführt, das ursprünglich zum 01.01.2018 in Kraft treten sollte (vgl. Gesetz 275/27). Nach dem Gesetz gelten die folgenden besonderen Regelungen:
- Alle Steuerpflichtigen, die per 31.12.2017 offene Umsatzsteuer-Zahllasten von mehr als 15.000 RON (bei großen Steuerpflichtigen), mehr als 10.000 RON (bei mittelgroßen Steuerpflichtigen) oder mehr als 5.000 RON (bei anderen Steuerpflichtigen) hatten, und bei denen diese Beträge per 31.01.2018 noch offen waren, müssen die Neuregelung ab dem 01.03.2018 anwenden,
- Alle Steuerpflichtigen, die ab dem 01.01.2018 für mehr als 60 Tage offene Umsatzsteuer-Zahllasten mit den gleichen Schwellenwerten haben, müssen das Verfahren ab dem ersten Tag des zweiten folgenden Monats nach Eintritt des Ereignisses anwenden,
- Alle Steuerpflichtigen, die per 31.12.2017 Gegenstand eines Insolvenzverfahrens waren, müssen die Neuregelung ab dem 01.03.2018 anwenden. Wenn nach dem 31.12.2017 ein Insolvenzverfahren beginnt, ist dies bis zum ersten Tag des Folgemonats den Behörden anzuzeigen, und die Neuregelung gilt spätestens drei Arbeitstage nach dieser Meldung. Unterbleibt die Meldung, so ordnet die Behörde zum ersten Tag des Monats nach Kenntnis das Verfahren an,
- Andere Steuerpflichtige einschließlich umsatzsteuerlich erfasster Einrichtungen der öffentlichen Hand können das Verfahren freiwillig anwenden, indem sie einen Antrag stellen. Wer diesen Antrag zum 01.01.2018 gestellt hatte, erhält bis auf weiteres einen 5 %-Nachlass auf die Körperschaftsteuer.

Das Verfahren kann wieder beendet werden, wenn
- einer der Steuerpflichtigen, die wegen offener Steuerschulden erfasst wurden, keine solchen offenen Schulden mehr hat, und weitere sechs Monate verstrichen sind,
- ein Insolvenzverfahren beendet worden ist,
- oder bei freiwilliger Teilnahme, zum Ende eines Steuerjahrs, aber nicht vor Ablauf eines Kalenderjahres nach der Bewilligung der Teilnahme.

»Split Payment« bewirkt, dass Kunden eines betroffenen Unternehmens nur den Nettobetrag einer Rechnung direkt an den leistenden Unternehmer zahlen. Dies muss der leistende Unternehmer den Kunden anzeigen.

Um »Split Payment« anwenden zu können, müssen betroffene Steuerpflichtige besondere Umsatzsteuer-Bankkonten bei hierfür autorisierten Instituten eröffnen. Diese Konten können nur für die Zahlung von Umsatzsteuern an die Finanzbehörde oder die Zahlung des Umsatzsteueranteils einer Rechnung auf das Umsatzsteuer-Bankkonto eines anderen Steuerpflichtigen genutzt werden.

Der Kunde des betroffenen Unternehmens muss den Umsatzsteueranteil jeder Rechnung auf das Umsatzsteuer-Bankkonto zahlen. Dies gilt nicht bei Zahlungen, die nicht direkt vom Kunden an den Leistenden erfolgen (d.h. v.a. Entgelt von dritter Seite, Zuschüssen usw.), nicht bei Tausch oder tauschähnlichem Umsatz und nicht bei direktem wechselseitigem Austausch von Leistungsströmen zwischen zwei Parteien. Kunden, die nicht in Rumänien umsatzsteuerlich registriert sind, müssen das »Split Payment«-Verfahren nicht anwenden.

Zahlt ein Kunde irrtümlich nicht auf das besondere Umsatzsteuer-Bankkonto, so muss der leistende Unternehmer dies unverzüglich berichtigen. Jeder Tag Verzug bewirkt einen Strafzuschlag von 0,06 %.

Rumänien hat bei der Europäischen Kommission einen Antrag auf Genehmigung als Sondermaßnahme gestellt. Eine Entscheidung liegt noch nicht vor. Sollte diese Genehmigung nicht, oder nicht für alle Zeiträume, erteilt werden, wäre die Maßnahme, soweit sie nicht freiwillig ist, als unionsrechtswidrig anzusehen.

9 Besondere Umsatzsteuerregelungen für bestimmte Unternehmen

9.1 Besteuerung von Reiseleistungen

Rumänien hat die Margenbesteuerung für Reiseveranstalter (Art. 306 bis Art. 310 Mehrwertsteuersystemrichtlinie) umgesetzt (vgl. Art. 311 Steuergesetz). Die Regelung bewirkt, dass Reiseveranstalter, die ihr unterliegen, nur Umsatzsteuer auf die Marge zwischen den Eingangsleistungen und den Ausgangsumsätzen schulden, wobei die Umsatzsteuer aus der Marge herauszurechnen ist. Zugleich besteht kein Vorsteuerabzugsrecht. Insoweit ähnelt die Regelung der in Deutschland bestehenden Regelung des § 25 UStG. 37

Allerdings besteht das Wahlrecht, zur Regelbesteuerung zu optieren. Dies gilt nicht für Umsätze außerhalb Rumäniens oder solche an Verbraucher.

9.2 Differenzbesteuerung

In Rumänien besteht eine Differenzbesteuerung für den Handel mit Gebrauchtwaren, Kunstgegenständen, Antiquitäten und Sammlungsobjekten (vgl. Art. 312 Steuergesetz). Die Regelung hat zur Folge, dass Umsatzsteuer nur auf die Marge zwischen Eingangsleistungen und Ausgangsleistungen erhoben wird. Zugleich ist der Vorsteuerabzug aus Eingangsleistungen ausgeschlossen. 38

9.3 Sonderregelung für Landwirte

39 Rumänien hat im Januar 2017 eine Sonderregelung für Landwirte eingeführt (vgl. Art. 315–1 Steuergesetz). Begünstigt sind nur Landwirte, die als natürliche Personen oder als Familienunternehmen tätig sind. Sie dürfen keine anderen Umsätze haben bzw. diese dürfen eine Umsatzgrenze von 65.000 € nicht übertreffen.

Die Regelung bewirkt, dass der Landwirt keine Umsatzsteuer schuldet, aber auch keinen Vorsteuerabzug geltend machen kann. Auf die Ausgangsumsätze wird eine Sondersteuer berechnet, die beim unternehmerischen Abnehmer als Vorsteuer abziehbar ist, aber vom Landwirt nicht geschuldet wird. Der Steuersatz beträgt 1 % im Jahr 2017, 4 % im Jahr 2018 und 8 % ab dem Jahr 2019.

Auf Antrag kann der Landwirt zur Regelbesteuerung optieren.

10 Entstehung der Steuer

10.1 Besteuerung nach vereinbarten Entgelten

40 Grundsätzlich gilt in Rumänien das Prinzip der Besteuerung nach vereinbarten Entgelten.

41 Bei der **Lieferung von Gegenständen** entsteht die Umsatzsteuer mit Übergabe oder Beginn der Beförderung oder Versendung. Wird eine Anzahlung geleistet, entsteht die Umsatzsteuer entsprechend mit deren Erhalt (vgl. Art. 281ff. Steuergesetz).

42 Bei **Dienstleistungen** entsteht die Umsatzsteuer mit Erhalt einer Zahlung für die Dienstleistung oder mit Erbringung der Dienstleistung (vgl. Art. 281ff. Steuergesetz).

43 Bei **Dauerleistungen**, die für mehr als ein Jahr ausgeführt werden und die nicht zu Zahlungen oder Abrechnungen während dieser Zeit führen, wird jeweils mit Ablauf des Kalenderjahres eine anteilige Steuerentstehung angenommen.

44 Die Steuer auf **innergemeinschaftliche Erwerbe** entsteht im Zeitpunkt der Lieferung, oder, wenn keine Rechnung ausgestellt wurde, zum 15. Kalendertag des auf den Erwerb folgenden Monats (vgl. Art. 284 Steuergesetz).

10.2 Berichtigung der Umsatzsteuer bei Uneinbringlichkeit oder aus anderen Gründen

45 Rumänien sieht nur dann die Möglichkeit vor, die Umsatzsteuer wegen Uneinbringlichkeit zu mindern, wenn der Kunde insolvent ist, oder Gegenstand eines anerkannten Sanierungsverfahrens (vgl. Art. 287 Steuergesetz).

46 Andere Entgeltanpassungen (Preisänderung, Rückzahlung, Rückgängigmachung) führen stets zu einer Umsatzsteueranpassung. Dabei ist stets ein Belegaustausch erforderlich (vgl. Art. 287 Steuergesetz).

10.3 Besteuerung nach vereinnahmten Entgelten

Nach dem rumänischen Recht gibt es für kleine Unternehmen die Möglichkeit, auf Antrag nach vereinnahmten Entgelten zu besteuern (vgl. Art. 282 Steuergesetz). Es gilt eine Umsatzgrenze von 2,25 Mio. RON bezogen auf das Vorjahr. Wird die Grenze im laufenden Jahr überschritten, ist die Steuerbehörde zu informieren. Die Besteuerung nach vereinnahmten Entgelten endet dann nach Ablauf eines weiteren Steuermeldezeitraums. **47**

Der Vorsteuerabzug wird in diesem System ebenfalls erst auf Zahlungsbasis gewährt.

10.4 Sonderregelung für Einfuhrumsatzsteuer

Es ist möglich, die Zahlung der Einfuhrumsatzsteuerschuld nicht direkt bei der Zollbehörde vorzunehmen, sondern stattdessen den Betrag in der Umsatzsteuermeldung anzugeben und – soweit berechtigt – zeitgleich als Vorsteuer geltend zu machen (vgl. Art. 326 Steuergesetz). Grundsätzlich ist hierfür eine von den Behörden erteilte besondere Genehmigung (Lizenz) erforderlich. Diese setzt voraus, dass der Unternehmer in Rumänien seit mehr als einem Jahr mehrwertsteuerlich registriert ist, keine offenen Zoll- oder Umsatzsteuerschulden hat, und in den letzten zwölf Monaten Einfuhren mit einem Wert von mindestens 100 Mio. RON angemeldet hat. Alternativ kann die Lizenz auch Personen erteilt werden, die den zollrechtlichen ZWB-Status besitzen, oder denen eine andere besondere zollrechtliche Erleichterung bewilligt wurde. **47a**

11 Vorsteuerabzug und Rechnungen

11.1 Allgemeines

Grundsätzlich sind umsatzsteuerliche Unternehmer aus den für ihr Unternehmen bezogenen Lieferungen und sonstigen Leistungen zum Vorsteuerabzug berechtigt. Regelmäßig ist der Vorsteuerabzug durch eine ordnungsgemäße Rechnung bzw. im Fall der Einfuhrumsatzsteuer durch ein ordnungsgemäßes Zolldokument nachzuweisen (vgl. Art. 297 und 299 Steuergesetz). **48**

11.2 Beschränkungen des Vorsteuerabzugs

Nach dem Umsatzsteuerrecht von Rumänien berechtigen verschiedene Aufwendungen nicht zum Vorsteuerabzug (vgl. 297 und 298 Steuergesetz). Entsprechende Beschränkungen gelten unter anderem für die folgenden Aufwendungen: **49**

- 50 % der Kosten für Anschaffung, Miete, Leasing oder Unterhalt von Kraftwagen (definiert idR als Fahrzeuge mit weniger als zehn Sitzen, Ausnahmen gelten u. a. für Taxis und für Wiederverkäufer sowie bei nachgewiesener reiner geschäftlicher Nutzung),

- Kosten für alkoholische Getränke oder Tabak, ausgenommen für unternehmerische Verwendung.

50 Weiterhin sind Vorsteuerbeträge vom Abzug ausgeschlossen, wenn sie im Zusammenhang mit unecht steuerfreien Umsätzen stehen.

51 Führt ein Unternehmen sowohl zum Vorsteuerabzug berechtigende als auch nicht zum Vorsteuerabzug berechtigende Umsätze aus, so ist eine Aufteilung der Vorsteuerbeträge vorzunehmen. Die Vorsteueraufteilung geschieht nach einem globalen Umsatzschlüssel, der auf volle Prozent aufgerundet wird (vgl. Art. 300 Steuergesetz). Leistungen, die nur für Abzugsumsätze oder nur für Ausschlussumsätze verwendet werden, sind im Weg der direkten Zuordnung zu verarbeiten.

11.3 Vorsteuerüberhänge

52 Wenn sich aus einer Umsatzsteuermeldung ein Erstattungsanspruch ergibt, wird dieser in der Regel nicht sofort ausgezahlt, sondern auf die Folgeperiode vorgetragen (vgl. Art. 303 Steuergesetz). Alternativ kann in der Umsatzsteuermeldung ein Auszahlungsantrag gestellt werden, falls der Betrag mehr als 5.000 RON beträgt.

Die Steuerbehörde entscheidet, ob sie direkt auszahlt, oder zunächst eine Steuerprüfung anordnet. Bei Beträgen unter 45.000 RON wird normalerweise nicht weiter geprüft. Grundsätzlich sollte die Auszahlung binnen 45 Tagen erfolgen, doch verlängert sich dies regelmäßig, insbesondere, wenn die Behörde Prüfungsfragen stellt.

11.4 Berichtigung des Vorsteuerabzugs

53 Nach dem rumänischen Umsatzsteuergesetz gilt für Gegenstände, die nicht nur einmalig genutzt werden, grundsätzlich ein Vorsteuerberichtigungszeitraum von fünf Jahren bzw. für Grundstücke, Gebäude und verwandte Wirtschaftsgüter ein Zeitraum von zwanzig Jahren (vgl. Art. 305 Steuergesetz).

11.5 Rechnungen

54 In Rumänien steuerpflichtige Unternehmer sind grundsätzlich verpflichtet, für alle Umsätze mit Ausnahme echt steuerbefreiter Umsätze eine ordnungsgemäße umsatzsteuerliche Rechnung auszustellen (vgl. Art. 319 Steuergesetz).

55 Korrekturbelege, z. B. bei Entgeltminderung, müssen sich eindeutig auf die Ursprungsrechnungen beziehen (vgl. Art. 319 Steuergesetz).

56 Abrechnungen im **Gutschriftsverfahren** sind zulässig (vgl. Art. 319 Steuergesetz).

57 **Umsatzsteuerrechnungen** müssen folgende Angaben enthalten (vgl. Art. 319 Steuergesetz):

- Name und Anschrift des Leistenden und dessen Umsatzsteueridentifikationsnummer,
- Name und Anschrift des Leistungsempfängers und dessen Umsatzsteueridentifikationsnummer,

- Datum der Ausstellung,
- eindeutige, fortlaufende Rechnungsnummer,
- Datum der Lieferung oder Leistung bzw. der erhaltenen Anzahlung, falls feststellbar und abweichend vom Datum der Ausstellung,
- Leistungsbeschreibung,
- Nettoentgelt, getrennt nach Steuersätzen und Steuerbefreiungen,
- Umsatzsteuerbetrag und Umsatzsteuersatz,
- Hinweis auf eventuelle Steuerbefreiungen oder Entgeltminderungen.

Kleinbetragsrechnungen (Grenze: 100 € Brutto) müssen nur folgende Elemente enthalten: 58
- Identifikationsmerkmale des Leistenden,
- Umsatzsteueridentifikationsnummer des Leistungsempfängers,
- Datum der Ausstellung,
- Leistungsbeschreibung,
- Gesamtentgelt und ausreichende Angaben, um den Umsatzsteuerbetrag zu ermitteln.

Auf Antrag kann in besonderen Fällen gestattet werden, die Grenze auf 400 € anzuheben.

11.6 Elektronische Rechnungsstellung

Grundsätzlich gilt eine Gleichstellung digitaler Rechnungen mit Papierrechnungen (vgl. Art. 319 Steuergesetz). 59

11.7 Rechnungen in fremder Währung

Rechnungen dürfen in Fremdwährungen oder in RON ausgestellt werden. Der Umsatzsteuerbetrag 60
ist jedoch stets in RON anzugeben und die Umrechnung hat nach dem EZB-Kurs, dem Nationalbankkurs oder dem Umrechnungskurs der Bank, über welche die Zahlung abgewickelt wird, zu erfolgen.

12 Steuererklärungen und weitere Steueranmeldungen

12.1 Umsatzsteuermeldungen

In der Regel sind monatliche Umsatzsteuermeldungen abzugeben. Dabei ist Abgabetermin jeweils 61
der 25. Tag des folgenden Monats. Zum gleichen Termin ist die Steuerzahlung fällig (vgl. Art. 322 und 323 sowie 326 Steuergesetz).

Unternehmen, deren Umsatz unter 100.000 € liegt und die keine innergemeinschaftlichen Erwerbe ausführen, dürfen vierteljährliche Umsatzsteuermeldungen abgeben.

Grundsätzlich sind die Meldungen in digitaler Form einzureichen. Ausnahmen gelten für kleine Unternehmen.

12.2 Umsatzsteuerjahreserklärungen

62 In Rumänien gibt es keine Umsatzsteuerjahreserklärung.

12.3 Weitere Meldepflichten in der Umsatzsteuer

63 Bereits in der Vergangenheit bestand eine Verpflichtung, ein Zusatzformular (Nr. 394) mit Details zu allen lokalen Eingangs- und Ausgangstransaktionen abzugeben.

Seit dem 01.07.2016 wurde die Meldepflicht erweitert. Sie erfasst seitdem auch grenzüberschreitende Eingangsleistungen.

Abgabetermin ist jeweils der 30. Tag des auf die Meldeperiode folgenden Monats.

12.4 Umsatzsteuer-Identifikationsnummer

64 Die rumänische Umsatzsteuer-Identifikationsnummer besteht aus einer nicht eindeutig festgelegten Zahl von Zeichen mit dem vorangestellten Ländercode RO.

12.5 Zusammenfassende Meldung im innergemeinschaftlichen Waren- und Dienstleistungsverkehr

65 Unternehmen, die innergemeinschaftliche Lieferungen oder Dienstleistungen nach Art. 44 Mehrwertsteuersystemrichtlinie ausführen, müssen grundsätzlich eine Zusammenfassende Meldung abgeben. Der Meldezeitraum ist der Kalendermonat.

Es besteht ebenfalls eine Meldepflicht für den Bezug innergemeinschaftlicher Erwerbe oder Dienstleistungen.

Die Zusammenfassende Meldung ist bis spätestens zum 25. Kalendertag des Folgemonats in digitaler Form einzureichen.

13 Straf- und Bußgeldvorschriften

66 Es gelten die folgenden Vorschriften:

- **Verspätete Umsatzsteuermeldung**
  Die Strafe beträgt 1.000 bis 5.000 RON.
- **Verspätete Umsatzsteuerzahlung**
  Allgemein entstehen Zinsen in Höhe von 0,02 % pro Tag. Weiterhin werden Säumniszuschläge (0,01 % pro Tag) erhoben. Bis zum 31.12.2015 betrugen die Sätze 0,03 % (Zinsen) und 0,02 % (Säumniszuschlag). Zusätzlich kann ein Strafzuschlag von 0,08 % pro Tag festgesetzt werden.
- **Nichtabgabe der Zusammenfassenden Meldung**
  Die Strafe beträgt 1.000 bis 5.000 RON.
- **Fehlerhafte Zusammenfassende Meldung**
  Die Strafe beträgt 500 bis 1.500 RON. Sie entfällt bei freiwilliger Berichtigung bis zum Abgabetermin der nächsten fälligen Meldung.

Wer Umsatzsteuer in einer Rechnung zu Unrecht ausweist, schuldet diese Umsatzsteuer bis zu **67**
einer wirksamen Korrektur (vgl. Art. 37 Mehrwertsteuergesetz).

14 Behandlung nicht ansässiger Unternehmen

Ein nicht ansässiges Unternehmen ist nach rumänischem Verständnis ein Unternehmen, das keine **68**
feste Niederlassung in Rumänien unterhält. Nicht ansässige Unternehmen müssen sich in Rumänien umsatzsteuerlich registrieren, wenn sie mindestens eine der folgenden Aktivitäten ausführen:

- in Rumänien steuerbare Lieferungen von Gegenständen, die nicht unter die Steuerschuldnerschaft des Leistungsempfängers fallen,
- in Rumänien steuerbare Versandhandelslieferungen,
- in Rumänien steuerbare sonstige Leistungen, die nicht unter die Steuerschuldnerschaft des Leistungsempfängers oder das MOSS-Verfahren fallen,
- Bewirken eines innergemeinschaftlichen Erwerbs in Rumänien.

Die Lieferschwelle für Versandhandelslieferungen beträgt 35.000 €.

Nichtansässige Unternehmen, die in einem anderen EU-Mitgliedstaat niedergelassen sind, sind **69**
berechtigt, sich direkt, d. h. ohne Einschaltung eines Fiskalvertreters, in Rumänien umsatzsteuerlich zu registrieren. Sie können aber freiwillig einen Fiskalvertreter ernennen.

Unternehmen aus Nicht-EU-Staaten sind dagegen verpflichtet, einen in Rumänien ansässigen **70**
Fiskalvertreter zu bestellen. Dieser haftet gesamtschuldnerisch für die Umsatzsteuerverbindlichkeiten.

Unternehmen, die sogenannte **Konsignationslager** in Rumänien beliefern, sind grundsätzlich **71**
nicht registrierungspflichtig, und zwar unabhängig von der Lagerdauer. Dies setzt aber in der Regel eine analoge Behandlung durch den Abgangsstaat voraus. Weiterhin darf der Lieferant nicht in Rumänien niedergelassen sein und die Ware muss für einen bestimmten, in Rumänien registrierten Kunden bestimmt sein (vgl. OFD Frankfurt, Verfügung vom 23.2.2017, S 7100a A-004-St 110). In der Regel akzeptiert Rumänien die Vereinfachung bei deutschen Lieferanten, obwohl Deutschland selbst keine allgemeine Vereinfachungsregelung erlassen hat. Die Vereinfachungsregelung unterstellt bei der Überführung von Waren aus dem EU-Ausland in ein rumänisches Konsignationslager, dass die Waren erst in dem Zeitpunkt nach Rumänien transportiert werden,

zu dem der rumänische Kunde die Waren aus dem Lager entnimmt. Das hat zur Folge, dass es im Zeitpunkt der Entnahme zu einer innergemeinschaftlichen Lieferung kommt, und damit der Erwerber in Rumänien die Erwerbsbesteuerung vorzunehmen hat.

15 Vorsteuervergütungsverfahren

15.1 EU-Unternehmen

72 Für Unternehmen mit Sitz in einem anderen Mitgliedstaat der Europäischen Union ist in Rumänien die Vergütung von Vorsteuerbeträgen nach der Richtlinie 2008/9/EG möglich. Wie in anderen Mitgliedstaaten üblich, hat der Antragsteller einen digitalen Vorsteuervergütungsantrag im Portal der für ihn im Heimatstaat zuständigen Finanzbehörde einzureichen (in Deutschland: Bundeszentralamt für Steuern). Die Antragsfrist ist grundsätzlich der 30.09. des Folgejahres (Ausschlussfrist).

Dem Antrag sind gescannte Rechnungskopien beizufügen, soweit das Nettoentgelt einen Betrag von 1.000 € bzw. 250 € bei Kraftstoffen übertrifft.

Der Mindestvergütungsbetrag in einem Antrag für weniger als ein Jahr muss 400 € betragen, und andernfalls gilt ein Mindestbetrag von 50 €, jeweils umzurechnen in rumänische RON.

15.2 Nicht-EU-Unternehmen

73 Unternehmen mit Sitz in Drittstaaten können einen Vorsteuervergütungsantrag nach der 13. Richtlinie einreichen. Die Vorsteuervergütung setzt nach rumänischem Recht eine Gegenseitigkeit mit dem Sitzstaat des Antragstellers voraus. Aktuell wird in der Regel nur an Unternehmen aus Norwegen und der Schweiz sowie eingeschränkt aus der Türkei die Vorsteuer vergütet.

Der Mindestvergütungsbetrag in einem Antrag für weniger als ein Jahr muss 400 € betragen, und andernfalls gilt ein Mindestbetrag von 50 €, jeweils umzurechnen in rumänische RON.

Ein Antrag muss grundsätzlich spätestens bis zum 30.09. des Folgejahres gestellt werden. Es handelt sich um eine nicht verlängerbare Ausschlussfrist.

Der Antragsteller muss seine Unternehmereigenschaft mit einer durch seine Heimatsteuerbehörde ausgestellten Unternehmerbescheinigung nachweisen, die maximal ein Jahr alt sein darf. Außerdem muss er die Originalrechnungen dem Antrag beifügen. Zusätzlich muss ein rumänischer Fiskalvertreter bestellt werden. Fremdsprachige Unterlagen müssen beglaubigt in die rumänische Sprache übersetzt werden.

Länderanhang Schweden

Literatur

Enander/Schiess, Sweden Value Added Tax, IBFD 2017. **Ernst & Young** Worldwide VAT, GST and Sales Tax Guide 2017. Inoffizielle Übersetzung Mehrwertsteuergesetz (IBFD).

1 Einführung

1 Schweden ist seit dem 01.01.1995 Mitglied der Europäischen Union. Das schwedische Mehrwertsteuergesetz basiert daher auf der Mehrwertsteuersystemrichtlinie. Dabei wurde das erste Mehrwertsteuergesetz im Jahr 1968 eingeführt und später an die Rahmenbedingungen des gemeinsamen Mehrwertsteuersystems angepasst.

2 Bezeichnung der Steuer

2 Die schwedische Bezeichnung der Umsatzsteuer lautet »Mervärdesskatt« (MOMS). Wörtlich ins Deutsche übersetzt entspricht dies dem Begriff »Mehrwertsteuer«.

3 Steuerbarkeit und Erhebungsgebiet

3.1 Erhebungsgebiet

3 Das umsatzsteuerliche Erhebungsgebiet entspricht dem Staatsgebiet des Königreichs Schweden.

3.2 Steuerbare Umsätze

Sämtliche in Schweden von einem Steuerpflichtigen ausgeführten **Lieferungen** und **Dienstleistungen** sind umsatzsteuerbar. 4

Als **Lieferungen** gelten neben der Übertragung körperlicher Gegenstände und unbeweglichen Vermögens auch die Lieferung von Gas, Elektrizität, Wärme und Kälte (vgl. Kapitel 1 Mehrwertsteuergesetz). Mietkauf ist ebenfalls eine Lieferung. 5

Der **Ort der Lieferung** bestimmt sich nach der Verschaffung der Verfügungsmacht bzw. bei Warentransport nach dessen Beginn (vgl. Kapitel 5 Mehrwertsteuergesetz). Abweichend hiervon wird bei der **Versandhandelsregelung** das Ende der Versendung betrachtet. Es gilt hierbei eine Lieferschwelle von 320.000 SEK (vgl. Kapitel 5 Mehrwertsteuergesetz). Wird auf diese verzichtet, bindet die Entscheidung den Lieferer für mindestens zwei Jahre. Die Regelung gilt nicht für die Lieferung neuer Beförderungsmittel. Bei Lieferungen mit Montage ist der Lieferort der Ort der Montage. 6

Ebenfalls in Schweden steuerbar sind Lieferungen aus dem Drittland, bei denen der Lieferer die Einfuhrumsatzsteuer schuldet. 7

Explizite gesetzliche Regelungen zu **Reihengeschäften** gibt es in Schweden nicht. 8

Unentgeltlich erbrachte Lieferungen oder Dienstleistungen können steuerbare **unentgeltliche Wertabgaben** sein. Regelmäßig ist Voraussetzung, dass aus dem Gegenstand ein Vorsteuerabzug geltend gemacht wurde (vgl. Kapitel 5 Mehrwertsteuergesetz) 9

Geschenke mit einem geringen Wert (idR 100 bis 300 SEK) sind keine unentgeltlichen Wertabgaben (vgl. Kapitel 2 Mehrwertsteuergesetz).

Dienstleistungen werden ähnlich wie in Deutschland als Leistungen definiert, die keine Lieferungen von Gegenständen darstellen (vgl. Kapitel 1 Mehrwertsteuergesetz). 10

Der **Ort der meisten Dienstleistungen** zwischen Unternehmen bestimmt sich nach dem Empfängerortsprinzip (vgl. Kapitel 5 Mehrwertsteuergesetz).) bzw. für Dienstleistungen an Nichtunternehmer nach dem Sitz des leistenden Unternehmers oder von dessen fester Niederlassung (vgl. Kapitel 5 Mehrwertsteuergesetz). Ausnahmen gelten vor allem für grundstücksbezogene Umsätze (Ort des Grundstücks), für Personenbeförderungen (Ort der Beförderung), kurzfristige Vermietung von Beförderungsmitteln (Ort der Übergabe), Restaurantumsätze (Tätigkeitsort) und den Zugang zu Veranstaltungen (Ort derselben). 11

Geschäftsveräußerungen im Ganzen an einen anderen Unternehmer, d. h. die Übertragung des ganzen Betriebs oder einer Division der Betätigung, sind nicht umsatzsteuerbar. Sie bewirken eine Rechtsnachfolge (vgl. Kapitel 2 Mehrwertsteuergesetz). Voraussetzung ist aber anders als in Deutschland, dass der übernehmende Unternehmer vorsteuerabzugsberechtigt ist. 12

Steuerbar ist auch der **innergemeinschaftliche Erwerb** von Gegenständen in Schweden. Es gibt jedoch Ausnahmen für land- und forstwirtschaftliche Betriebe, Steuerpflichtige, die ausschließlich vorsteuerschädliche Ausgangsumsätze tätigen, sowie für nicht unternehmerisch tätige juristische Personen. Die Erwerbschwelle für diesen Personenkreis, die weder im vorangegangenen Kalenderjahr noch im laufenden Kalenderjahr überschritten werden darf, beträgt 90.000 SEK (vgl. Kapitel 2(a) Mehrwertsteuergesetz). Auch wenn die Erwerbschwelle nicht überschritten wird, kann zur Steuerpflicht optiert werden. 13

Dienstleistungen, die von einem schwedischen Steuerpflichtigen grenzüberschreitend empfangen werden und unter die Steuerschuldnerschaft des Leistungsempfängers fallen, sind ebenfalls steuerbare Umsätze im Sinne des schwedischen Rechts. Schließlich sind Einfuhren von Waren von außerhalb der Europäischen Union in Schweden umsatzsteuerbar. 14

Unternehmen aus der EU, die Telekommunikations-, Rundfunk-, Fernseh- oder elektronische Leistungen an Nichtsteuerpflichtige erbringen, sind damit zwar in Schweden seit dem 01.01.2015 15

umsatzsteuerpflichtig. Sie können jedoch das MOSS-Verfahren nutzen und sind damit nicht registrierungspflichtig.

Bei Unternehmen aus Nicht-EU-Staaten besteht die Möglichkeit, für entsprechende Umsätze die Sonderregelung zu nutzen, sich in einem einzigen EU-Mitgliedstaat zu registrieren und dort sämtliche Umsätze zu melden.

16 In Schweden ansässige Unternehmer, die eine Umsatzgrenze von 30.000 SEK nicht übertreffen, können als **Kleinunternehmer** besteuert werden (vgl. Kapitel 5 Mehrwertsteuergesetz). Falls sie diese Möglichkeit nutzen, schulden sie keine Umsatzsteuer, haben jedoch auch kein Vorsteuerabzugsrecht. Alternativ können sie die Regelbesteuerung beantragen.

4 Unternehmer bzw. Steuerpflichtiger

17 Als Steuerpflichtiger nach schwedischem Recht gilt jede natürliche oder juristische Person, die im Zuge einer geschäftlichen Betätigung in Schweden Waren liefert oder Dienstleistungen erbringt (vgl. Kapitel 4 Mehrwertsteuergesetz).

18 Ein ausländischer Unternehmer hat in Schweden eine umsatzsteuerliche **Betriebsstätte** (feste Niederlassung), wenn er dort eine Geschäftseinrichtung unterhält (z. B. Büro, Lager), von dort Lieferungen oder Dienstleistungen erbringt und Personal unterhält, das Verträge mit Kunden oder Lieferanten abschließen kann.

5 Organschaft bzw. Mehrwertsteuergruppe

19 Schweden hat Regelungen zur Mehrwertsteuergruppe (umsatzsteuerliche Organschaft) erlassen (vgl. Kapitel 6(a) Mehrwertsteuergesetz). Diese sind aber begrenzt auf regulierte Unternehmen des Finanzsektors, die von der schwedischen Finanzaufsicht überwacht werden, sowie Unternehmen, die in erste Linie an entsprechende regulierte Unternehmen ihre Leistungen erbringen. Außerdem können Mitglieder einer Kommissionärsstruktur eine Mehrwertsteuergruppe bilden. Der EuGH hat ein Vertragsverletzungsverfahren gegen Schweden wegen der eingeschränkten Organschaft als unbegründet zurückgewiesen (vgl. Urteil vom 25.04.2013, C-480/10, »Kommission gegen Schweden«).

Die Mehrwertsteuergruppe kann nur auf Antrag bei der Steuerbehörde gebildet werden. Sie setzt finanzielle, wirtschaftliche und organisatorische Beziehungen voraus. Dies bedeutet regelmäßig eine Beherrschung (mehr als 50 % der Stimmrechte), gegenseitige Leistungsbeziehungen und verflochtene Geschäftsleitungen oder andere Verbindungen wie z. B. gemeinsamen Vertrieb.

20 Umsätze zwischen Mitgliedern einer Mehrwertsteuergruppe gelten als nicht steuerbare Innenumsätze. Die Gruppenmitglieder haften gesamtschuldnerisch für alle und geben gemeinsame Umsatzsteuermeldungen ab.

6 Bemessungsgrundlage

Grundsätzlich ist der vereinbarte Nettopreis (Entgelt) die steuerliche Bemessungsgrundlage (vgl. Kapitel 7 Mehrwertsteuergesetz). 21

Bei unentgeltlichen Vorgängen ist der Einkaufspreis bzw. die Selbstkosten im Umsatzzeitpunkt anzusetzen (vgl. Kapitel 7 Mehrwertsteuergesetz). 22

Bei entgeltlichen Transaktionen zwischen nahestehenden Personen (z. B. Verwandte, verbundene Unternehmen, Arbeitnehmer) ist der Marktpreis anzusetzen, wenn das tatsächliche Entgelt darunterliegt und der Empfänger kein volles Vorsteuerabzugsrecht hat, oder höher ist und der Leistende kein Vorsteuerabzugsrecht hat (vgl. Kapitel 7 Mehrwertsteuergesetz). 23

7 Steuersätze und Steuerbefreiungen

7.1 Regelsteuersatz

Der Regelsteuersatz in Schweden beträgt 25 % (vgl. Kapitel 7 Mehrwertsteuergesetz). 24

7.2 Ermäßigte Steuersätze

Es gibt zwei ermäßigte Steuersätze, nämlich einen von 6 % und einen von 12 % (vgl. Kapitel 7 Mehrwertsteuergesetz). 25

Der ermäßigte Steuersatz von 12 % gilt unter anderem für: 26
- Hotelübernachtungen einschließlich Campingplätzen,
- verschiedene Umsätze mit Kunstgegenständen,
- zahlreiche Lebensmittel, ausgenommen u. a. Alkoholika ab 2,25 % Alkoholgehalt und Wasser in Flaschen,
- Reparaturen von Lederwaren, Schuhen, Fahrrädern, Kleidung und Haushaltstextilien.

Der ermäßigte Steuersatz von 6 % gilt unter anderem für: 27
- Bücher und Zeitungen,
- Eintritt zu Theatern, Museen, Zoos, Konzerten, Zirkus, Oper u.ä.,
- verschiedene Urheberrechte,
- Personenbeförderungen.

7.3 Steuerbefreiungen

28 Das schwedische Umsatzsteuerrecht enthält sowohl Steuerbefreiungen mit Vorsteuerabzugsrecht (echte Steuerbefreiungen) als auch Steuerbefreiungen ohne Vorsteuerabzugsrecht (unechte Steuerbefreiungen).

29 Zu den Steuerbefreiungen mit Vorsteuerabzugsrecht (vgl. Kapitel 3 Mehrwertsteuergesetz) gehören insbesondere

- innergemeinschaftliche Lieferungen und Ausfuhrlieferungen,
- Umsätze für die Seeschifffahrt und die Luftfahrt,
- Lieferungen von Gold an die schwedische Zentralbank,
- Umsätze in Zolllagern oder Freizonen,
- verschreibungspflichtige Medikamente.

30 Steuerbefreiungen ohne Vorsteuerabzugsrecht (vgl. Kapitel 3 Mehrwertsteuergesetz) bestehen unter anderem für

- Bank- und Finanzumsätze,
- Versicherungsumsätze,
- ärztliche Leistungen,
- diverse Leistungen der Sozialfürsorge,
- Postdienstleistungen,
- verschiedene sportliche Leistungen,
- bestimmte Museen,
- Mitgliedszeitschriften,
- Glücksspielumsätze,
- diverse kulturelle Leistungen,
- verschiedene unterrichtende Leistungen,
- Vermietung und Verkauf von Immobilien.

31 Eine **Option zur Steuerpflicht** ist für die Vermietung für unternehmerische Zwecke oder die Vermietung an die öffentliche Hand zulässig, wenn sie spätestens nach sechs Monaten durch Rechnungstellung ausgeübt wird.

32 Bei **Ausfuhrlieferungen** und innergemeinschaftlichen Lieferungen ist ein **Belegnachweis** zu führen. Bei Ausfuhrlieferungen ist dies üblicherweise das zollrechtliche Ausfuhrdokument.

Bei **innergemeinschaftlichen Lieferungen** soll der Nachweis durch eine Gesamtheit geeigneter Unterlagen (Frachtpapiere, Zahlungsnachweise, Bestellungen, usw.) erbracht werden.

33 **Ausfuhrlieferungen im Reisegepäck** sind steuerfrei, wenn die Ausfuhr innerhalb von drei Monaten nachgewiesen wird und der Einkauf einen Bruttopreis von mindestens 200 SEK hatte. Bei Reisenden aus Norwegen und den Aland-Inseln gilt eine erhöhte Schwelle von 1.000 SEK und die dortige Einfuhr muss belegt werden (vgl. Kapitel 5 Mehrwertsteuergesetz).

34 Schweden hat eine Regelung für **Umsatzsteuerlager**. Umsätze im Umsatzsteuerlager sind steuerbefreit.

Unter anderem können folgende Waren in einem Umsatzsteuerlager gehalten werden:

- Zinn, Kupfer, Zink, Nickel, Aluminium, Blei, Indium, Silber, Platin, weitere Metalle,
- bestimmte Getreide, Nüsse und Saaten, Kartoffeln und pflanzliche Öle,
- Tee, Kakaobohnen, Rohzucker, ungerösteter Kaffee,
- Kautschuk,
- bestimmte Chemikalien und Mineralöle.

8 Steuerschuldnerschaft des Leistungsempfängers

Nach dem schwedischen Umsatzsteuerrecht ist die Steuerschuldnerschaft des Leistungsempfängers unter anderem für folgende Umsätze anzuwenden (vgl. Kapitel 1 Mehrwertsteuergesetz): 35

- In Schweden steuerbare Lieferungen oder Dienstleistungen, die ein nichtansässiger Unternehmer an einen in Schweden erfassten Steuerpflichtigen erbringt.

Schweden hat weiterhin eine Steuerschuldnerschaft des Leistungsempfängers für Umsätze zwischen im Land ansässigen Unternehmen eingeführt, die für folgende Umsätze anzuwenden ist (vgl. Kapitel 1 Mehrwertsteuergesetz): 36

- Umsätze mit CO2-Zertifikaten,
- die meisten Bauleistungen.

9 Besondere Umsatzsteuerregelungen für bestimmte Unternehmen

9.1 Besteuerung von Reiseleistungen

Schweden hat die Margenbesteuerung für Reiseveranstalter (Art. 306 bis Art. 310 Mehrwertsteuersystemrichtlinie) umgesetzt (vgl. Kapitel 9(b) Mehrwertsteuergesetz). Die Regelung bewirkt, dass Reiseveranstalter, die ihr unterliegen, nur Umsatzsteuer auf die Marge zwischen den Eingangsleistungen und den Ausgangsumsätzen schulden, wobei die Umsatzsteuer aus der Marge herauszurechnen ist. Zugleich besteht kein Vorsteuerabzugsrecht. Insoweit ähnelt die Regelung der in Deutschland bestehenden Regelung des § 25 UStG. 37

Es besteht die Möglichkeit, eine Pauschalmarge von 13 % des vom Kunden gezahlten Preises anzusetzen.

9.2 Differenzbesteuerung

In Schweden besteht eine Differenzbesteuerung für den Handel mit Gebrauchtwaren, Kunstgegenständen, Antiquitäten und Sammlungsobjekten (vgl. Kapitel 9(a) Mehrwertsteuergesetz). Die Regelung hat zur Folge, dass Umsatzsteuer nur auf die Marge zwischen Eingangsleistungen und Ausgangsleistungen erhoben wird. Zugleich ist der Vorsteuerabzug aus Eingangsleistungen ausgeschlossen. Es ist zulässig, mit einer Gesamtmarge zu arbeiten. 38

9.3 Sonderregelung für Landwirte

39 Schweden hat keine Sonderregelung für Landwirte erlassen.

10 Entstehung der Steuer

10.1 Besteuerung nach vereinbarten Entgelten

40 Grundsätzlich gilt in Schweden das Prinzip der Besteuerung nach vereinbarten Entgelten.

41 Bei der **Lieferung von Gegenständen** entsteht die Umsatzsteuer mit Übergabe. Wird eine Anzahlung geleistet, entsteht die Umsatzsteuer entsprechend mit deren Erhalt.

42 Bei **Dienstleistungen** entsteht die Umsatzsteuer mit Erhalt einer Zahlung für die Dienstleistung oder mit Erbringung der Dienstleistung.

43 Bei **Dauerleistungen**, die für mehr als ein Jahr ausgeführt werden und die nicht zu Zahlungen oder Abrechnungen während dieser Zeit führen, wird jeweils mit Ablauf des Kalenderjahres eine anteilige Steuerentstehung angenommen.

44 Die Steuer auf **innergemeinschaftliche Erwerbe** entsteht im Zeitpunkt der Lieferung, oder, wenn keine Rechnung ausgestellt wurde, zum 15. Kalendertag des auf den Erwerb folgenden Monats.

10.2 Berichtigung der Umsatzsteuer bei Uneinbringlichkeit oder aus anderen Gründen

45 Ist eine **Forderung uneinbringlich**, sieht das Recht in Schweden grundsätzlich die Möglichkeit einer Umsatzsteuerberichtigung vor. Allerdings muss regelmäßig nachgewiesen werden, dass der Schuldner wegen Bankrott, Liquidation oder aus ähnlichen Gründen zahlungsunfähig ist.

46 Andere Entgeltanpassungen (Preisänderung, Rückzahlung, Rückgängigmachung) führen stets zu einer Umsatzsteueranpassung. Es muss jeweils ein Entgeltminderungsbeleg ausgestellt werden.

10.3 Besteuerung nach vereinnahmten Entgelten

47 In Schweden ist eine Besteuerung nach vereinnahmten Entgelten gestattet, wenn der Umsatz eine Grenze von 3 Mio. SEK nicht übertrifft (vgl. Kapitel 13 Mehrwertsteuergesetz). Allerdings entsteht die Steuerpflicht stets spätestens zum Ende des Steuerjahrs.

11 Vorsteuerabzug und Rechnungen

11.1 Allgemeines

Grundsätzlich sind umsatzsteuerliche Unternehmer aus den für ihr Unternehmen bezogenen Lieferungen und sonstigen Leistungen zum Vorsteuerabzug berechtigt. Regelmäßig ist der Vorsteuerabzug durch eine ordnungsgemäße Rechnung bzw. im Fall der Einfuhrumsatzsteuer durch ein ordnungsgemäßes Zolldokument nachzuweisen (vgl. Kapitel 8 Mehrwertsteuergesetz). 48

11.2 Beschränkungen des Vorsteuerabzugs

Nach dem Umsatzsteuerrecht von Schweden berechtigen verschiedene Aufwendungen nicht zum Vorsteuerabzug (vgl. Kapitel 8 Mehrwertsteuergesetz). Entsprechende Beschränkungen gelten unter anderem für die folgenden Aufwendungen: 49

- Kauf von PKW oder Motorrädern, dies gilt u. a. nicht für Autohandel, Autovermieter oder Fahrschulen,
- 50 % der Vorsteuern aus entsprechenden Miet- oder Leasingaufwendungen, Ausnahme wie oben,
- Bewirtungsaufwendungen aus geschäftlichem Anlass, soweit nicht ertragsteuerlich abziehbar (allgemeine Grenze 300 SEK pro Person und Anlass).

Weiterhin sind Vorsteuerbeträge vom Abzug ausgeschlossen, wenn sie im Zusammenhang mit unecht steuerfreien Umsätzen stehen. 50

Führt ein Unternehmen sowohl zum Vorsteuerabzug berechtigende als auch nicht zum Vorsteuerabzug berechtigende Umsätze aus, so ist eine Aufteilung der Vorsteuerbeträge vorzunehmen (vgl. Art. 38 Mehrwertsteuergesetz). 51

Dabei sind zunächst Vorsteuerbeträge direkt zu Abzugs- und Ausschlussumsätzen zuzuordnen. Die verbleibenden Vorsteuern werden nach einem Umsatzschlüssel aufgeteilt, der auf den nächsten vollen ganzzahligen Prozentsatz aufzurunden ist.

11.3 Berichtigung des Vorsteuerabzugs

Nach dem schwedischen Umsatzsteuergesetz gilt für Gegenstände, die nicht nur einmalig genutzt werden, grundsätzlich ein Vorsteuerberichtigungszeitraum von fünf Jahren bzw. für Grundstücke, Gebäude und verwandte Wirtschaftsgüter ein Zeitraum von zehn Jahren (vgl. Kapitel 8(a) Mehrwertsteuergesetz). 52

Wirtschaftsgüter mit einem Nettopreis unter 200.000 SEK, die abnutzbar sind, unterliegen nicht der Berichtigungspflicht. Gleiches gilt für unbewegliches Vermögen unterhalb einer Grenze von 400.000 SEK.

11.4 Rechnungen

53 In Schweden steuerpflichtige Unternehmer sind grundsätzlich verpflichtet, für alle steuerpflichtigen und steuerfreien Umsätze einschließlich Ausfuhrlieferungen und innergemeinschaftlichen Lieferungen an Unternehmer eine ordnungsgemäße umsatzsteuerliche Rechnung auszustellen (vgl. Kapitel 11 Mehrwertsteuergesetz). Für Geschäfte mit Nichtunternehmern gilt keine allgemeine Rechnungsstellungspflicht.

54 Korrekturbelege, z.B. bei Entgeltminderung, müssen sich eindeutig auf die Ursprungsrechnungen beziehen.

55 Abrechnungen im **Gutschriftsverfahren** sind nach entsprechender Vereinbarung möglich.

56 **Umsatzsteuerrechnungen** müssen folgende Angaben enthalten (vgl. Art. 61 des Erlasses zur Mehrwertsteuer):
- Name und Anschrift des Leistenden und dessen Umsatzsteueridentifikationsnummer,
- Name und Anschrift des Leistungsempfängers,
- dessen Umsatzsteueridentifikationsnummer, falls er Steuerschuldner ist,
- Datum der Ausstellung,
- eindeutige, fortlaufende Rechnungsnummer,
- Datum der Lieferung oder Leistung bzw. der erhaltenen Anzahlung, falls feststellbar und abweichend vom Datum der Ausstellung,
- Leistungsbeschreibung,
- Nettoentgelt, getrennt nach Steuersätzen und Steuerbefreiungen,
- Einheitspreis (netto),
- Umsatzsteuerbetrag und Umsatzsteuersatz,
- Hinweis auf eventuelle Steuerbefreiungen.

57 **Kleinbetragsrechnungen** (Grenze: 4.000 SEK brutto) müssen nur folgende Elemente enthalten:
- Identifikationsmerkmale des Leistenden,
- Ausstellungsdatum,
- Leistungsbeschreibung,
- Gesamtentgelt,
- Umsatzsteuerbetrag oder Angaben, mit denen dieser eindeutig ermittelt werden kann.

11.5 Elektronische Rechnungsstellung

58 Grundsätzlich gilt eine Gleichstellung digitaler Rechnungen mit Papierrechnungen.

11.6 Rechnungen in fremder Währung

59 Rechnungen dürfen in Fremdwährungen oder in schwedischen Kronen ausgestellt werden. Der Umsatzsteuerbetrag muss stets entweder in SEK oder in EUR angegeben werden.

Fremdwährungen sind nach dem durchschnittlichen Marktkurs oder dem EZB-Kurs umzurechnen (vgl. Kapitel 7 Mehrwertsteuergesetz).

12 Steuererklärungen und weitere Steueranmeldungen

12.1 Laufende Umsatzsteuermeldungen

Ein Steuerpflichtiger, dessen Umsatz 40 Millionen SEK übersteigt, muss monatliche Umsatzsteuermeldungen einreichen. Die Meldungen sind zum 26. Tag des Folgemonats abzugeben. Zum gleichen Termin wird die Umsatzsteuer fällig. 60

Andernfalls sind vierteljährliche Umsatzsteuermeldungen abzugeben. Diese sind jeweils zum 12. Tag des zweiten Folgemonats fällig.

Es kann alternativ die monatliche Abgabe beantragt werden. In diesem Fall ist der Abgabetag aber weiterhin der 12. Tag des zweiten Folgemonats.

Liegt der Umsatz unter 1 Million SEK, sind Jahresmeldungen einzureichen. Diese sind jeweils zum 1. Tag des dritten Folgemonats fällig.

Grundsätzlich sind alle Meldungen in digitaler Form abzugeben.

12.2 Umsatzsteuerjahreserklärungen

In Schweden gibt es keine Umsatzsteuerjahreserklärung. 61

12.3 Umsatzsteuer-Identifikationsnummer

Die schwedische Umsatzsteuer-Identifikationsnummer besteht aus zwölf Zahlen, mit dem vorangestellten Ländercode SE. 62

12.4 Zusammenfassende Meldung im innergemeinschaftlichen Waren- und Dienstleistungsverkehr

Unternehmen, die innergemeinschaftliche Lieferungen oder Dienstleistungen nach Art. 44 Mehrwertsteuersystemrichtlinie ausführen, müssen grundsätzlich eine Zusammenfassende Meldung abgeben. Der Meldezeitraum ist bei Lieferungen der Kalendermonat, es sei denn, der meldepflichtige Betrag in diesem und den vorangehenden vier Quartalen war weniger als 1 Million SEK. Werden nur Dienstleistungen erbracht, ist Meldezeitraum das Kalendervierteljahr. 63

Die Zusammenfassende Meldung ist bis spätestens zum 25. Kalendertag des Folgemonats einzureichen, wenn sie digital abgegeben wird. Bei Abgabe in Papierform ist Abgabestichtag der 20.Tag.

13 Straf- und Bußgeldvorschriften

64 Es gelten die folgenden Vorschriften:

- **Verspätete Umsatzsteuermeldung**
  Wird eine Umsatzsteuermeldung verspätet abgegeben, entsteht ein Strafzuschlag von 625 SEK, der verdoppelt wird, wenn die Behörde zur Abgabe aufgefordert hatte.
- **Verspätete Umsatzsteuerzahlung**
  Wird die Umsatzsteuer verspätet gezahlt, entstehen Zinsen mit einem Satz in Höhe des Basiszinses plus 15 %.

65 Unternehmen, die Umsatzsteuer in einer Rechnung falsch ausweisen, schulden diese grundsätzlich bis zu einer Korrektur.

14 Behandlung nicht ansässiger Unternehmen

66 Ein nicht ansässiges Unternehmen ist nach schwedischem Verständnis ein Unternehmen, das weder den Sitz noch die Geschäftsleitung noch eine feste Niederlassung in Schweden unterhält. Nicht ansässige Unternehmen müssen sich in Schweden umsatzsteuerlich registrieren, wenn sie mindestens eine der folgenden Aktivitäten ausführen:

- in Schweden steuerbare Lieferungen von Gegenständen, die nicht unter die Steuerschuldnerschaft des Leistungsempfängers fallen,
- in Schweden steuerbare Versandhandelslieferungen,
- in Schweden steuerbare sonstige Leistungen, die nicht unter die Steuerschuldnerschaft des Leistungsempfängers oder das MOSS-Verfahren fallen,
- Bewirken eines innergemeinschaftlichen Erwerbs in Schweden.

Die Lieferschwelle für Versandhandelslieferungen beträgt 320.000 SEK.

67 Nichtansässige Unternehmen, die in einem anderen EU-Mitgliedstaat niedergelassen sind, sind berechtigt, sich direkt, d. h. ohne Einschaltung eines Fiskalvertreters, in Schweden umsatzsteuerlich zu registrieren. Ein Fiskalvertreter kann allerdings freiwillig bestellt werden.

68 Unternehmen aus Nicht-EU-Staaten sind dagegen verpflichtet, einen in Schweden ansässigen Fiskalvertreter zu bestellen, es sei denn, mit dem Staat besteht ein ausreichendes Amtshilfeabkommen für Steuern. Der Fiskalvertreter haftet nicht gesamtschuldnerisch für die Umsatzsteuerverbindlichkeiten.

69 Eine Vereinfachungsregelung für **Konsignationslager** gibt es in Schweden nicht (vgl. entsprechend OFD Frankfurt am Main, Verfügung vom 23.02.2017, S 7100a A-004-St 110).

15 Vorsteuervergütungsverfahren

15.1 EU-Unternehmen

Für Unternehmen mit Sitz in einem anderen Mitgliedstaat der Europäischen Union ist in Schweden die Vergütung von Vorsteuerbeträgen nach der Richtlinie 2008/9/EG möglich. Wie in anderen Mitgliedstaaten üblich, hat der Antragsteller einen digitalen Vorsteuervergütungsantrag im Portal der für ihn im Heimatstaat zuständigen Finanzbehörde einzureichen (in Deutschland: Bundeszentralamt für Steuern). Die Antragsfrist ist grundsätzlich der 30.09. des Folgejahres (Ausschlussfrist). 70

Der Mindestvergütungsbetrag in einem Jahresantrag muss 500 SEK betragen, oder 4.000 SEK bei Anträgen für kürzere Perioden.

Dem Antrag sind zunächst keine gescannten Rechnungskopien beizufügen, doch können diese später angefordert werden.

15.2 Nicht-EU-Unternehmen

Unternehmen mit Sitz in Drittstaaten können einen Vorsteuervergütungsantrag nach der 13. Richtlinie einreichen. Die Vorsteuervergütung setzt nach schwedischem Recht keine Gegenseitigkeit mit dem Sitzstaat des Antragstellers voraus. Dies bedeutet, dass Schweden grundsätzlich an Antragsteller aus allen Staaten Vorsteuern vergütet. 71

Anträge können für ganze Kalenderjahre oder Zeiträume von mindestens drei Monaten gestellt werden.

Der Mindestvergütungsbetrag in einem Jahresantrag muss 500 SEK betragen, oder 4.000 SEK bei Anträgen für kürzere Perioden.

Ein Antrag muss grundsätzlich spätestens bis zum 30.06. des Folgejahres gestellt werden. Es handelt sich um eine nicht verlängerbare Ausschlussfrist.

Der Antragsteller muss seine Unternehmereigenschaft mit einer durch seine Heimatsteuerbehörde ausgestellten Unternehmerbescheinigung nachweisen, die maximal ein Jahr alt sein darf. Außerdem muss er die Originalrechnungen dem Antrag beifügen.

Länderanhang Schweiz

1 Geschichtliche Entwicklung

1.1 Warenumsatzsteuer

In der Zeit vom 01.10.1941 bis 31.12.1994 wurde in der Schweiz die sog. Warenumsatzsteuer (WUST) erhoben. Dabei handelte es sich um eine Einphasensteuer, die ausschließlich auf Warenumsätzen (einschließlich Anfertigung oder Bearbeitung von Waren sowie Arbeiten an Grundstücken und Dauerbauten), nicht aber auf Dienstleistungen erhoben wurde. Gegenstand der WUST waren die Inlandumsätze der Grossisten (Lieferungen und Eigenverbrauch), die Wareneinfuhr sowie gewisse Bezüge inländischer Urprodukte. Die fehlende Möglichkeit der steuerlichen Entlastung von Anlagegütern und Betriebsmitteln führte zu einer sog. »taxe occulte« und damit einhergehend zu Wettbewerbsverzerrungen. 1

1.2 Verordnung über die Mehrwertsteuer

Anlässlich der Volksabstimmung vom 28.11.1993 haben Volk und Stände der Ablösung der WUST durch eine moderne, weitgehend eurokompatible Mehrwertsteuer zugestimmt. In der Folge verabschiedete der Bundesrat am 22.06.1994 die Verordnung über die Mehrwertsteuer (MWSTV) und setzte diese per 01.01.1995 in Kraft. Bei der MWSTV handelte es sich um eine selbständige, d.h. direkt auf der Verfassung beruhende Verordnung. 2

1.3 Bundesgesetz über die Mehrwertsteuer

3 In seiner parlamentarischen Initiative vom 17.12.1993 verlangte Nationalrat Dettling, dass der ordentliche Gesetzgeber baldmöglichst seinen verfassungsmäßigen Auftrag erfülle und ein Bundesgesetz über die Mehrwertsteuer erlasse. Am 15.12.1994 hat der Nationalrat der parlamentarischen Initiative Folge gegeben. Am 02.09.1999 haben die beiden Räte das Bundesgesetz über die Mehrwertsteuer (alt-MWSTG) verabschiedet. In der Folge hat der Bundesrat das alt-MWSTG sowie die bundesrätliche Verordnung vom 29.03.2000 zum Bundesgesetz über die Mehrwertsteuer (MWSTGV) per 01.01.2001 in Kraft gesetzt. Auf denselben Zeitpunkt wurde die bundesrätliche MWSTV außer Kraft gesetzt.

1.4 Totalrevision des Bundesgesetzes über die Mehrwertsteuer

4 In seinem Bericht »10 Jahre Mehrwertsteuer« stellte der Bundesrat 2005 grundsätzlichen Reformbedarf bei der Mehrwertsteuer fest. In der Folge hat er das Eidgenössische Finanzdepartement mit der Ausarbeitung einer Vorlage zur Reform der Mehrwertsteuer beauftragt. Mit der Reform wurden insbesondere folgende Ziele verfolgt:

- Vereinfachung des Systems,
- Gewährung von Rechtssicherheit für die Steuerpflichtigen,
- Erhöhung der Transparenz sowie
- verstärkte Kundenorientierung der Verwaltung.

5 Am 12.06.2009 haben die beiden Räte das totalrevidierte Bundesgesetz über die Mehrwertsteuer (MWSTG) verabschiedet; es ist am 01.01.2010 in Kraft getreten (Art. 116 Abs. 2 MWSTG). Auf denselben Zeitpunkt hat der Bundesrat die am 27.11.2009 verabschiedete Mehrwertsteuerverordnung (MWSTV) in Kraft gesetzt. Auf denselben Zeitpunkt wurden das alte MWSTG und die MWSTGV außer Kraft gesetzt.

1.5 Teilrevision des Bundesgesetzes über die Mehrwertsteuer

5a Am 30.01.2013 verabschiedete der Bundesrat seine Zusatzbotschaft zur Vereinfachung der Mehrwertsteuer. Diese sah u. a. die Einführung des sog. Zwei-Satz-Modells vor, d. h. an Stelle von drei MWST-Sätzen sollten neu nur noch zwei MWST-Sätze zur Anwendung gelangen und so den administrativen Aufwand der Steuerpflichtigen reduzieren. Daneben enthielt die Zusatzbotschaft noch diverse punktuelle Gesetzesänderungen.

Am 23.04.2013 verabschiedete die Kommission für Wirtschaft und Abgaben des Nationalrats (WAK-N) eine Motion mit dem Titel »Anpassungen des Mehrwertsteuergesetzes«.

Am 23.09.2013 entschied das Parlament, auf die Vorlage Zwei-Satz-Modell nicht einzugehen. Gleichzeitig erteilte es dem Bundesrat jedoch den Auftrag, dem Parlament – wie in der Motion der WAK-N verlangt – eine kleine Revision des Bundesgesetzes über die Mehrwertsteuer zu unterbreiten, die insbesondere die punktuellen Änderungsvorschläge, die in der Zusatzbotschaft über das verworfene Zwei-Satz-Modell enthalten waren, nochmals aufgreift.

In der Folge hat der Bundesrat dem Parlament am 25.02.2015 seine Botschaft zur Teilrevision des Mehrwertsteuergesetzes unterbreitet. In der Schlussabstimmung vom 30.09.2016 haben die

Eidgenössischen Räte das teilrevidierte Bundesgesetz über die Mehrwertsteuer (BBl 2016 7631; im Folgenden nMWSTG genannt) angenommen. Die Referendumsfrist ist am 19.01.2017 unbenutzt abgelaufen.

Anlässlich der Sitzung vom 02.06.2017 hat der Bundesrat beschlossen, die neuen Gesetzesbestimmungen – mit Ausnahme der Versandhandelsregelung – zum 01.01.2018 in Kraft zu setzen.

2 Steuerobjekt

2.1 Grundsatz

Gem. Art. 1 MWSTG unterliegen folgende Sachverhalte der Mehrwertsteuer: 6

- im Inland von steuerpflichtigen Personen gegen Entgelt erbrachte Leistungen (Lieferungen von Gegenständen und Dienstleistungen),
- Bezug von Leistungen von Unternehmen mit Sitz im Ausland durch Empfänger im Inland (Bezugsteuer),
- Einfuhr von Gegenständen (Einfuhrsteuer).

Somit unterliegt grundsätzlich jede Lieferung von Gegenständen sowie jede Dienstleistung der MWST, es sei denn, es handelt sich um eine in der Ausnahmeliste (Art. 21 MWSTG) genannte Leistung. Nicht der Steuer unterliegen ferner Gebühren, Beiträge oder sonstige Zahlungen, die für hoheitliche Tätigkeiten empfangen werden (Art. 18 Abs. 2 Buchst. l MWSTG). 7

In Ergänzung zur Steuer auf den Umsatz im Inland wird die Steuer auf die Einfuhren (Art. 50–64 MWSTG) erhoben. Damit ist sichergestellt, dass Gegenstände, die ins Zollinland eingeführt werden, zu demselben Satz besteuert werden wie die im Inland zugekauften Waren. 8

2.2 Begriff der Lieferung

Der Begriff der Lieferung ist im Vergleich zur MwStSystRL sehr weit gefasst. Er umfasst u. a. auch die Bearbeitung eines Gegenstandes für fremde Rechnung (Art. 3 Buchst. d Ziff. 2 MWSTG) sowie das Überlassen eines Gegenstandes zum Gebrauch oder zur Nutzung (Art. 3 Buchst. d Ziff. 3 MWSTG). Jede Lieferung i. S. v. Art. 3 Buchst. d MWSTG setzt einen Gegenstand voraus. Gegenstände i. S. d. MWSTG sind bewegliche und unbewegliche Sachen sowie Elektrizität, Gas, Wärme, Kälte und Ähnliches (Art. 3 Buchst. b MWSTG). Als bewegliche Sache gilt, was Gegenstand eines Fahrniskaufes (Art. 187 OR) oder eines Energielieferungsvertrages sein kann. Liegenschaften, Gebäude und Teile davon gehören zu den unbeweglichen Sachen. 9

2.2.1 Verschaffung der Verfügungsmacht

In Art. 3 Buchst. d Ziff. 1 MWSTG ist der typische Anwendungsfall einer Lieferung geregelt. Danach liegt eine Lieferung vor, wenn die Befähigung verschafft wird, in eigenem Namen über einen Gegenstand wirtschaftlich zu verfügen. Die Verfügungsmacht kommt dem Abnehmer dann 10 zu, wenn er wie ein Eigentümer über den Gegenstand verfügen kann, diesen also selber verbrauchen oder gebrauchen oder aber in eigenem Namen auf eine weitere Wirtschaftsstufe übertragen, sie in eigenem Namen veräußern kann (BGer, Urteil vom 31.03.2003 [2A.399/2002], E. 3.2). Ob im konkreten Fall das Eigentum oder der Besitz an dem Gegenstand übertragen worden ist oder nicht, spielt keine Rolle. So etwa gilt auch die im Rahmen eines Kommissionsgeschäfts erfolgte Übergabe von Gegenständen als Lieferung (Felix Geiger, OFK-MWSTG, Art. 3 N 21).

2.2.2 Bearbeitung eines Gegenstandes

11 Als Lieferung gilt auch die entgeltliche Ablieferung von Waren, Bauwerken und Grundstücken, an denen – gestützt auf einen Werkvertrag oder Auftrag – für fremde Rechnung Arbeiten besorgt worden sind (Art. 3 Buchst. d Ziff. 2 MWSTG). Im Unterschied zum EU-Recht macht es jedoch keinen Unterschied, ob der Unternehmer bei der Be- bzw. Verarbeitung von beweglichen oder unbeweglichen Gegenständen Material verwendet hat oder nicht. Unter den Begriff der Lieferung fallen deshalb neben der Herstellung von Gegenständen auch für fremde Rechnung vorgenommene Arbeiten an beweglichen oder unbeweglichen Gegenständen wie Änderungs-, Reparatur-, Reinigungsarbeiten, Einstell- und Inbetriebsetzungsarbeiten, Unterhalts- und Kontrollarbeiten an Anlagen oder Software-Installationen beim Kunden vor Ort (MWST-Info 06, Teil II Ziff. 1).

2.2.3 Gebrauchsüberlassung

12 Im Unterschied zum EU-Recht gilt in der Schweiz auch das Überlassen von Gegenständen zum Gebrauch oder zur Nutzung (z. B. gestützt auf einen Miet-, Leasing- oder Pachtvertrag [Art. 253 ff. und Art. 275 ff. OR]) als Lieferung (Art. 3 Buchst. d Ziff. 3 MWSTG). Dass dem Mieter, Leasingnehmer oder Pächter bei dieser Art von Rechtsgeschäften – anders als bei der Lieferung i. S. v. Art. 3 Buchst. d Ziff. 1 MWSTG – keine Verfügungsmacht verschafft wird, ist ohne Bedeutung. Mit dieser Lösung wollte der Gesetzgeber insbesondere die Probleme, welche sich bei der Qualifikation von Leasingverträgen ergeben können, entschärfen.

2.3 Begriff der Dienstleistung

13 Der Begriff der Dienstleistung (gemäß deutscher Terminologie »sonstige Leistung«) wird im MWSTG negativ umschrieben. Als solche gilt jede Leistung, die keine Lieferung ist (Art. 3 Buchst. e MWSTG). Das Überlassen von immateriellen Werten und Rechten wie Patenten und Lizenzen (Ziff. 1) sowie das Unterlassen oder Dulden einer Handlung bzw. eines Zustandes gelten – entgegen dem allgemeinen Sprachgebrauch – ebenfalls als Dienstleistungen (Ziff. 2).

2.4 Einheit der Leistung

14 Grundsätzlich gelten mehrere zivilrechtlich selbständige Leistungen auch umsatzsteuerrechtlich als Mehrheit von selbständigen Leistungen, d.h. sie haben ein eigenes steuerliches Schicksal. Nach dem Grundsatz der Einheitlichkeit der Leistung werden jedoch mehrere Leistungen zu einer

Gesamtleistung zusammengefasst, wenn sie wirtschaftlich eng zusammengehören und so ineinandergreifen, dass sie als unteilbares Ganzes anzusehen sind (Art. 19 Abs. 3 MWSTG). Die Besteuerung eines solchen einheitlichen wirtschaftlichen Vorgangs richtet sich nach dem Charakter der Gesamtleistung. Gemäß Verwaltungspraxis liegt eine Gesamtleistung vor, wenn das Gesamtgefüge oder der Gesamtcharakter der miteinander verbundenen Leistungen zerstört oder verändert würde, wenn einzelne Leistungen ausgetauscht und durch andere ersetzt würden (MWST-Info 04, Ziff. 4.2.2).

Stehen sich hingegen mehrere Leistungen in einem Über- bzw. Unterordnungsverhältnis gegen- 15
über, so teilen die Nebenleistungen nach dem Grundsatz von Haupt- und Nebenleistung das Schicksal der Hauptleistung (Art. 19 Abs. 4 MWSTG). Der Grundsatz von Haupt- und Nebenleistung setzt voraus, dass die Nebenleistungen im Vergleich zur Hauptleistung nebensächlich sind, eng mit der Hauptleistung zusammenhängen, diese wirtschaftlich ergänzen, verbessern oder abrunden und üblicherweise mit der Hauptleistung vorkommen (BGer, Urteil vom 07.12.2001 [2A.135/2001], E. 2; MWST-Info 04, Ziff. 4.2.3).

Bei gemischten Lieferungen, die sowohl zum Normalsatz als auch zum reduzierten Satz steuer- 16
bare Gegenstände umfassen und die nicht als unteilbares Ganzes zu betrachten sind, hat der Steuerpflichtige in der Rechnung eine Aufteilung des Entgelts vorzunehmen. Erfolgt keine Aufteilung nach Steuersätzen, so ist grundsätzlich das Gesamtentgelt zum höheren Satz zu versteuern.

Mehrere voneinander unabhängige Leistungen, die zu einer Sachgesamtheit vereinigt sind oder 17
als Leistungskombination angeboten werden, können einheitlich nach der überwiegenden Leistung behandelt werden, wenn sie zu einem Gesamtentgelt erbracht werden und die überwiegende Leistung wertmäßig mindestens 70 % des Gesamtentgelts ausmacht (Art. 19 Abs. 2 MWSTG). Eine Sachgesamtheit liegt vor, wenn mehrere Gegenstände miteinander kombiniert und als Einheit zum Verkauf angeboten werden. M. a.W. müssen die Gegenstände in einer Art und Weise zum Verkauf angeboten werden, dass der Käufer die kombinierten Gegenstände nur als Ganzes erwerben kann. Eine Leistungskombination liegt vor, wenn Gegenstände und Dienstleistungen oder verschiedene Dienstleistungen miteinander kombiniert und als Einheit zum Verkauf angeboten werden (Felix Geiger, OFK-MWSTG, Art. 19 N 9 f.).

2.5 Von der Steuer ausgenommene Umsätze

In Art. 21 MWSTG sind sämtliche Umsätze aufgelistet, die von der Steuer ausgenommen sind. 18
Dabei handelt es sich um eine unechte Steuerbefreiung, d.h. der leistende Unternehmer darf die Steuer auf den Eingangsumsätzen sowie auf den Einfuhren von Gegenständen, die zwecks Erzielung eines solchen Umsatzes verwendet werden, nicht als Vorsteuer in Abzug bringen (Art. 29 Abs. 1 MWSTG). Vorbehalten bleiben jene Fälle, in denen für die Versteuerung der von der Steuer ausgenommenen Umsätze optiert wurde (vgl. Rn. 20 f.).

2.5.1 Ausnahmeliste

Die Liste mit den von der Steuer ausgenommenen Umsätzen ist abschließender Natur (Art. 21 Abs. 2 19
Ziff. 1–30 MWSTG). Sie entspricht in weiten Teilen der MwStSystRL. Der Gesetzgeber hat sich dabei insbesondere von sozial-, wirtschafts- und kulturpolitischen Überlegungen leiten lassen. Mitunter erfolgte die unechte Steuerbefreiung auch aus Gründen der Zweckmäßigkeit (insbesondere bei den Umsätzen im Bereiche des Geld- und Kapitalverkehrs) oder um Doppelbesteuerungen zu vermeiden (z.B. bei den Versicherungsumsätzen und den Umsätzen bei Glücksspielen).

2.5.2 Option für die Versteuerung ausgenommener Umsätze

20 Gem. Art. 22 MWSTG kann für die Versteuerung der meisten unecht befreiten Umsätze optiert werden. Die Option erlaubt es dem leistenden Unternehmer, die auf seinen Vorleistungen lastende Steuer (sog. Vorsteuer) in Abzug zu bringen. Keine Optionsmöglichkeit besteht für Umsätze im Versicherungswesen und im Bereich des Geld- und Kapitalverkehrs sowie für Umsätze bei Wetten, Lotterien und sonstigen Glücksspielen mit Geldeinsatz, soweit sie einer Sondersteuer oder sonstigen Abgaben unterliegen. Bei den in Art. 21 Abs. 2 Ziff. 20 und 21 MWSTG genannten Umsätzen im Zusammenhang mit Immobilien (insbesondere Verkauf und Vermietung einer Liegenschaft) ist die Option ausgeschlossen, wenn der Gegenstand vom Empfänger ausschließlich für Wohnzwecke genutzt wird oder genutzt werden soll.

21 Die Option erfolgt durch offenen Ausweis der MWST auf der Rechnung. Eine Bewilligung seitens der ESTV ist – im Unterschied zu dem bis Ende 2009 geltenden Recht – nicht erforderlich. Zudem kann der Steuerpflichtige für jede einzelne Leistung wählen, ob er diese freiwillig versteuern will (mit Anspruch auf Vorsteuerabzug) oder nicht. Kann der Steuerpflichtige nicht durch offenen Ausweis der Steuer (auf der Rechnung an den Leistungsempfänger) optieren, da er beispielsweise noch keine Leistungen erbracht hat, so kann er der ESTV die Ausübung der Option auf andere Weise bekannt geben (Art. 39 MWSTV).

2.6 Von der Steuer befreite Umsätze

22 Im Unterschied zu den von der Steuer ausgenommenen Umsätzen kann der leistende Unternehmer, der von der Steuer befreite Umsätze tätigt, die Steuer auf den Eingangsumsätzen sowie auf den Einfuhren von Gegenständen, die zwecks Erzielung eines solchen Umsatzes verwendet werden, als Vorsteuer in Abzug bringen. Es handelt sich somit um eine echte Steuerbefreiung (»echter Nullsatz«).

23 Im MWSTG gilt der Grundsatz der freien Beweiswürdigung. Dementsprechend ist es unzulässig, den Nachweis, dass eine Steuerbefreiung greift, ausschließlich vom Vorliegen bestimmter Beweismittel abhängig zu machen (Art. 81 Abs. 3 MWSTG). So etwa darf die Steuerbefreiung im Zusammenhang mit der Ausfuhr von Gegenständen nicht vom Vorliegen eines zollamtlichen Ausfuhrdokuments abhängig gemacht werden. Es gilt jedoch zu beachten, dass steuermindernde Tatsachen vom Steuerpflichtigen nachzuweisen sind.

24 Gem. Art. 23 Abs. 2 MWSTG sind namentlich von der Steuer befreit:

- Direktlieferungen ins Ausland (Ziff. 1),
- Vermietung und Vercharterung von Gegenständen, die überwiegend im Ausland genutzt werden (Ziff. 2),
- Verbringung von Gegenständen ins Ausland (Ziff. 4),
- grenzüberschreitende Beförderungsleistungen im Zusammenhang mit Im- und Exporten (Ziff. 5),
- bestimmte Leistungen an Luftverkehrsunternehmen (Ziff. 8),
- bestimmte Dienstleistungen von Vermittlern (Ziff. 9),
- bestimmte Dienstleistungen von Reisebüros und Organisatoren von Veranstaltungen (Ziff. 10).

3 Ort der Leistung

In den Art. 7–9 MWSTG ist der Ort des steuerbaren Umsatzes (Lieferung und Dienstleistung) geregelt. Zur Vermeidung von Wettbewerbsverzerrungen durch Doppelbesteuerungen oder Nichtbesteuerungen ist der Bundesrat ermächtigt, den Ort der Leistungserbringung abweichend von den genannten Artikeln zu regeln (Art. 9 MWSTG). 25

3.1 Inland/Ausland

Das MWSTG findet ausschließlich Anwendung auf Leistungen, die im Inland erbracht werden. Gemäß Art. 3 Buchst. a MWSTG gilt als Inland das schweizerische Staatsgebiet mit den Zollanschlussgebieten. Somit gehören auch das Fürstentum Liechtenstein sowie die deutsche Gemeinde Büsingen, mit denen die Schweiz eine staatsvertragliche Vereinbarung hat, zum Inland. Schweizerische Hochseeschiffe gelten nicht als schweizerisches Staatsgebiet (Art. 1 MWSTV). 26

In den Talschaften Samnaun und Sampuoir findet das MWSTG nur auf Dienstleistungen (z. B. Beherbergungsleistungen und gastgewerbliche Leistungen), nicht aber auf Lieferungen Anwendung (Art. 4 Abs. 1 MWSTG). 27

Die Enklave Campione d'Italia gehört zum italienischen Hoheitsgebiet; eine staatsvertragliche Vereinbarung mit der Schweiz steht noch aus. Aufgrund dieser speziellen Situation sieht die Verwaltungspraxis vor, dass Lieferungen beweglicher Gegenstände durch inländische Steuerpflichtige von der Schweiz nach Campione d'Italia oder in Campione d'Italia als Inlandlieferungen der MWST unterliegen; eine Steuerbefreiung nach Art. 23 Abs. 2 Ziff. 1 MWSTG ist ausgeschlossen. Hingegen unterliegen Dienstleistungen, die gem. Art. 8 MWSTG in Campione d'Italia erbracht gelten, nicht der Schweizer MWST (MWST-Info 06, Teil I Ziff. 2). 28

Beim Flughafen EuroAirport Basel-Mülhausen-Freiburg wird der schweizerische Sektor aufgrund eines Staatsvertrages und eines Notenaustausches mit Frankreich als Inland behandelt. Davon ausgenommen sind baugewerbliche Lieferungen; diese gelten als in Frankreich erbracht.

3.2 Ort der Lieferung

Analog zum EU-Recht unterscheidet das MWSTG zwischen sog. Beförderungs- bzw. Versendungslieferungen einerseits und sog. Abhollieferungen andererseits. Bei den Beförderungs- bzw. Versendungslieferungen transportiert der Lieferant den Gegenstand selber oder erteilt einem Dritten (Spediteur oder Transporteur) einen Transportauftrag. Beförderungs- bzw. Versendungslieferungen gelten dort als erbracht, wo die Beförderung oder Versendung des Gegenstandes zum Abnehmer oder in dessen Auftrag zu einem Dritten beginnt (Art. 7 Abs. 1 Buchst. b MWSTG). Wird der Gegenstand weder befördert noch versendet, so gilt die Lieferung an dem Ort als erbracht, an dem sich der Gegenstand zum Zeitpunkt der Verschaffung der wirtschaftlichen Verfügungsmacht, der Ablieferung oder der Überlassung zum Gebrauch oder zur Nutzung befindet (Art. 7 Abs. 1 Buchst. a MWSTG). 29

Das MWSTG enthält zudem eine Bestimmung, die den Ort der Lieferung von Elektrizität in Leitungen, Gas über das Erdgasverteilnetz und Fernwärme abweichend von den Lieferungen von körperlichen Gegenständen regelt. Grundsätzlich gilt die Lieferung an dem Ort als erbracht, an dem der Empfänger den Sitz der wirtschaftlichen Tätigkeit oder eine Betriebsstätte hat, für welche 30 die Lieferung erbracht wird. Hat der Empfänger weder einen solchen Sitz noch eine solche Betriebsstätte, so gilt die Lieferung an dem Ort als erbracht, an dem die Elektrizität, das Gas oder die Fernwärme tatsächlich genutzt oder verbraucht wird (Art. 7 Abs. 2 nMWSTG).

3.3 Ort der Dienstleistung

31 Die Besteuerung von Dienstleistungen setzt – wie bei den Lieferungen – grundsätzlich voraus, dass diese im Inland erbracht werden (Art. 1 Abs. 2 Buchst. a MWSTG). Um den Ort der Dienstleistung zu bestimmen, gilt es fünf Prinzipien zu unterscheiden.

3.3.1 Empfängerortsprinzip (Domizilprinzip)

32 Das Empfängerortsprinzip (Art. 8 Abs. 1 MWSTG) findet immer dann Anwendung, wenn eine Dienstleistung im Abs. 2 des Art. 8 MWSTG nicht explizit erwähnt wird. Mit dieser Bestimmung ist sichergestellt, dass der Ort der Dienstleistung in jedem Fall bestimmt werden kann (sog. Auffangtatbestand). Dienstleistungen nach Art. 8 Abs. 1 MWSTG (z.B. Beratungsleistungen, Werbeleistungen, Telekommunikationsdienstleistungen, Personalverleih) gelten dort als erbracht, wo der Leistungsempfänger den Sitz der wirtschaftlichen Tätigkeit oder eine Betriebsstätte hat, für welche die Dienstleistungen erbracht werden. Bei Fehlen eines solchen Sitzes oder einer solchen Betriebsstätte ist der Wohnort oder der Ort des üblichen Aufenthaltes des Leistungsempfängers maßgeblich. Eine Unterscheidung zwischen B2B-Leistungen und B2C-Leistungen ist im MWSTG – im Unterschied zur MwStSystRL – nicht vorgesehen. Als Empfänger der Dienstleistung gilt grundsätzlich der Vertragspartner des leistenden Unternehmers. Es ist unbeachtlich, für wen die Dienstleistung bestimmt ist bzw. wer die Dienstleistung verbraucht (Felix Geiger, OFK-MWSTG, Art. 8 N 8).

3.3.2 Unternehmerortsprinzip (Erbringerortsprinzip)

33 In Art. 8 Abs. 2 Buchst. a und b MWSTG sind jene Dienstleistungen aufgelistet, die dem Unternehmerortsprinzip unterliegen. Besagte Leistungen werden dort besteuert, wo der leistende Unternehmer den Sitz seiner wirtschaftlichen Tätigkeit oder eine Betriebsstätte hat, von wo aus die Dienstleistungen erbracht werden. Bei Fehlen eines solchen Sitzes oder einer solchen Betriebsstätte ist der Wohnort oder der Ort, von dem aus der Leistungserbringer tätig wird, maßgeblich.

34 Der Umfang von Dienstleistungen, die unter das Unternehmerortsprinzip fallen, wurde im Vergleich zum bisherigen Recht stark eingeschränkt. In concreto handelt es sich dabei um Dienstleistungen, die typischerweise unmittelbar gegenüber physisch anwesenden natürlichen Personen erbracht werden (namentlich Heilbehandlungen, Therapien, Pflegeleistungen, Körperpflege, Ehe-, Familien- und Lebensberatung, Sozialleistungen und Sozialhilfeleistungen sowie Kinder- und Jugendbetreuung), sowie Dienstleistungen von Reisebüros und Organisatoren von Veranstaltungen.

3.3.3 Ort der Tätigkeit

35 Die in Art. 8 Abs. 2 Buchst. c, d und e MWSTG genannten Dienstleistungen gelten grundsätzlich am Ort der Tätigkeit als erbracht.

Gem. Buchst. c gelten Dienstleistungen auf dem Gebiet der Kultur, der Künste, des Sportes, der Wissenschaft, des Unterrichts, der Unterhaltung oder ähnliche Dienstleistungen, einschließlich der Leistungen der jeweiligen Veranstalter, an dem Ort als erbracht, an dem diese Tätigkeiten tatsächlich ausgeübt werden. 36

Gastgewerbliche Leistungen gelten dort als erbracht, wo die Dienstleistung tatsächlich erbracht wird (Buchst. d). Als gastgewerbliche Leistung gilt die Abgabe von Nahrungsmitteln, wenn die steuerpflichtige Person sie beim Kunden zubereitet bzw. serviert oder wenn sie für deren Konsum an Ort und Stelle besondere Vorrichtungen bereithält (Art. 25 Abs. 3 MWSTG). 37

Personenbeförderungsleistungen gelten dort als erbracht, wo die Beförderung gemessen an der zurückgelegten Strecke tatsächlich stattfindet. Bei grenzüberschreitenden Beförderungen kann der Bundesrat bestimmen, dass kurze inländische Strecken als ausländische und kurze ausländische Strecken als inländische gelten (Buchst. e). 38

3.3.4 Ort der gelegenen Sache

Art. 8 Abs. 2 Buchst. f MWSTG bezieht sich auf Dienstleistungen, die im Zusammenhang mit Immobilien stehen. Die Besteuerung am Belegenheitsort setzt voraus, dass die Dienstleistung in einem (engen) Zusammenhang mit einem individuellen konkreten Grundstück steht (Felix Geiger, OFK-MWSTG, Art. 8 N 61). Ein solcher Zusammenhang ist namentlich gegeben bei der Vermittlung, Verwaltung, Begutachtung und Schätzung eines Grundstücks sowie bei Dienstleistungen im Zusammenhang mit dem Erwerb und der Bestellung von dinglichen Rechten an einem Grundstück, Dienstleistungen im Zusammenhang mit der Vorbereitung oder Koordinierung von Bauleistungen (insbesondere Architektur-, Ingenieur- und Bauaufsichtsleistungen) sowie bei der Überwachung von Grundstücken und Gebäuden sowie Beherbergungsleistungen. Besagte Leistungen gelten an jenem Ort als erbracht, an dem das Grundstück gelegen ist. 39

3.3.5 Bestimmungsortsprinzip

Nach dem sog. Bestimmungsortsprinzip gelten Dienstleistungen im Bereich der internationalen Entwicklungszusammenarbeit und der humanitären Hilfe an dem Ort als erbracht, für den die Dienstleistung bestimmt ist (Art. 8 Abs. 2 Buchst. g MWSTG). Eine entsprechende Bestimmung kennt die MwStSystRL nicht. 40

4 Subjektive Steuerpflicht

4.1 Grundsatz

Gemäss dem neu formulierten Grundsatz ist steuerpflichtig, wer unabhängig von Rechtsform, Zweck und Gewinnabsicht ein Unternehmen betreibt und i. mit diesem Unternehmen Leistungen im Inland erbringt oder ii. Sitz, Wohnsitz oder Betriebsstätte im Inland hat (Art. 10 Abs. 1 nMWSTG). M.a.W. wird grundsätzlich jedes Unternehmen steuerpflichtig, das im Inland steuerbare Leistungen erbringt oder im Inland ansässig ist, es sei denn, es weist nach, dass es von der Steuerpflicht befreit ist. 41

4.2 Befreiung von der Steuerpflicht

42 Von der Steuerpflicht befreit ist u.a., wer innerhalb eines Jahres im In- und Ausland weniger als 100'000 CHF Umsatz aus Leistungen erzielt, die nicht nach Art. 21 Abs. 2 von der Steuer ausgenommen sind (Art. 10 Abs. 2 Bst. a nMWSTG). Für die obligatorische Steuerpflicht eines Unternehmens ist demnach nicht mehr nur der Umsatz im Inland maßgebend, sondern auch der im Ausland erzielte Umsatz. Unternehmen mit einem weltweiten Umsatz von mindestens 100'000 CHF werden folglich bereits ab dem ersten Franken Umsatz in der Schweiz mehrwertsteuerpflichtig.

Bei der Berechnung des maßgeblichen Umsatzes sind Leistungen, die gemäß Art. 21 Abs. 2 nMWSTG von der Steuer ausgenommen sind, nicht zu berücksichtigen. Ausländische Unternehmen, die sowohl von der Steuer ausgenommene Umsätze als auch steuerbare Umsätze in der Größenordnung von 100'000 CHF erzielen, müssen folglich prüfen, in welchem Umfang ihre weltweit erzielten Umsätze nach Schweizer Mehrwertsteuerrecht steuerbar bzw. von der Steuer ausgenommen sind.

Von der Steuerpflicht befreit ist ferner, wer ein Unternehmen mit Sitz im Ausland betreibt, das im Inland, unabhängig vom Umsatz, ausschließlich eine oder mehrere der folgenden Leistungsarten erbringt (Art. 10 Abs. 2 Buchst. b nMWSTG):

1. von der Steuer befreite Leistungen,
2. Dienstleistungen, deren Ort sich nach Art. 8 Abs. 1 im Inland befindet; nicht von der Steuerpflicht befreit ist jedoch, wer Telekommunikations- oder elektronische Dienstleistungen an nicht steuerpflichtige Empfänger erbringt,
3. Lieferung von Elektrizität in Leitungen, Gas über das Erdgasverteilungsnetz und Fernwärme an steuerpflichtige Personen im Inland.

4.3 Gruppenbesteuerung (Organschaft)

43 Gem. Art. 13 MWSTG können Rechtsträger mit Sitz oder Betriebsstätte in der Schweiz (namentlich juristische Personen, Personengesellschaften sowie natürliche Personen) sich auf Antrag zu einem einzigen Steuersubjekt zusammenschließen, vorausgesetzt, sie sind unter einheitlicher Leitung eines Rechtsträgers miteinander verbunden. Vom Vorliegen einer einheitlichen Leitung ist bei all jenen Rechtsträgern auszugehen, für welche gemäss Artikel 963 OR eine konsolidierte Jahresrechnung zu erstellen ist. Unabhängig von der Konsolidierungspflicht liegt eine einheitliche Leitung zudem vor, wenn durch Stimmenmehrheit, Vertrag oder auf andere Weise das Verhalten eines Rechtsträgers kontrolliert wird (Art. 15 MWSTV). Auch Rechtsträger, die kein Unternehmen betreiben, können in die MWST-Gruppe einbezogen werden.

44 In der Folge werden sämtliche Umsätze, welche die einzelnen Gruppengesellschaften im Verkehr mit Dritten erzielen, der Gruppe als einem einzigen Steuerpflichtigen zugerechnet. Hingegen gelten Leistungen, die unter den einzelnen Gruppengesellschaften, also innerhalb der Gruppe erbracht werden, nicht als steuerbare Umsätze. Mit dieser Regelung wird vom allgemeinen Grundsatz abgewichen, wonach an sich jedes zivilrechtlich selbständige Unternehmen als eigenständiges Steuersubjekt zu betrachten ist. Die Durchbrechung dieses Grundsatzes lässt sich damit begründen, dass bei wirtschaftlich eng miteinander verbundenen Unternehmen zwar die zivilrechtliche, nicht aber die wirtschaftliche Selbständigkeit gegeben ist.

4.4 Verzicht auf die Befreiung von der Steuerpflicht

Wer ein Unternehmen betreibt (vgl. Rn. 41) und gemäß Gesetz von der Steuerpflicht befreit ist, weil er weniger als 100.000 CHF Einnahmen aus nicht von der Steuer ausgenommenen Leistungen erzielt (vgl. Rn. 42), hat das Recht, auf die Befreiung von der Steuerpflicht zu verzichten. 45

Der Verzicht auf die Befreiung kann frühestens auf den Beginn der laufenden Steuerperiode erklärt werden (Art. 14 Abs. 4 MWSTG) und gilt für mindestens eine Steuerperiode (Art. 11 Abs. 2 MWSTG). Auch Unternehmen, die noch keinen Umsatz erzielt haben (sog. Start-up-Unternehmen), können auf die Befreiung von der Steuerpflicht verzichten. 46

4.5 Hoheitliche Tätigkeit

Die Steuerpflicht von Gemeinwesen ist in Art. 12 MWSTG geregelt. Steuersubjekte der Gemeinwesen sind die autonomen Dienststellen von Bund, Kantonen und Gemeinden sowie die übrigen Einrichtungen des öffentlichen Rechts, soweit sie unternehmerisch tätig sind. Eine unternehmerische und somit grundsätzlich steuerbare Tätigkeit ist gegeben, wenn die vom Gemeinwesen angebotenen Leistungen auch von Nichtgemeinwesen erbracht werden können, namentlich Energielieferungen, Beförderungsleistungen, Betrieb von Sportanlagen, Entsorgungsleistungen etc. (Art. 12 Abs. 4 MWSTG i.V.m. Art. 14 MWSTV). Hoheitlich erbrachte Tätigkeiten begründen die Steuerpflicht nicht. Darunter fallen Tätigkeiten, die nicht unternehmerischer Natur sind, namentlich nicht marktfähig sind und nicht im Wettbewerb mit Tätigkeiten privater Anbieter stehen, selbst wenn dafür Gebühren, Beiträge oder sonstige Abgaben erhoben werden (Art. 3 Buchst. g MWSTG). Gem. Verwaltungspraxis gilt eine Leistung insbesondere dann als nicht unternehmerisch und damit hoheitlich, wenn sie gegenüber Dritten – selbst gegen deren Willen – mit einer Verfügung, die den Anforderungen von Art. 5 VwVG entspricht, durchgesetzt werden kann (Felix Geiger, OFK-MWSTG, Art. 3 N 42). 47

Die Steuerpflicht ist gegeben, wenn ein Steuersubjekt des Gemeinwesens einen Jahresumsatz von 100.000 CHF aus steuerbaren Leistungen an Nichtgemeinwesen erzielt (Art. 12 Abs. 3 MWSTG). Hingegen sind von der Steuer ausgenommen Leistungen i. zwischen den Organisationseinheiten des gleichen Gemeinwesens, ii. zwischen privat- oder öffentlich-rechtlichen Gesellschaften, an denen ausschließlich Gemeinwesen beteiligt sind, und den an der Gesellschaft beteiligten Gemeinwesen und deren Organisationseinheiten, und iii. zwischen Anstalten oder Stiftungen, die ausschließlich von Gemeinwesen gegründet wurden, und den an der Gründung beteiligten Gemeinwesen und deren Organisationseinheiten (Art. 21 Abs. 2 Ziff. 28 MWSTG). 48

4.6 Bezugsteuerpflicht

Der Bezug von Dienstleistungen, deren Ort sich nach Art. 8 Abs. 1 MWSTG (vgl. Rn. 32) im Inland befindet und die erbracht werden durch Unternehmen mit Sitz im Ausland, die nicht im Register der Steuerpflichtigen eingetragen sind, begründet grundsätzlich die Bezugsteuerpflicht des inländischen Empfängers. Ebenfalls der Bezugsteuer unterliegen die Einfuhr von Datenträgern ohne Marktwert mit den darin enthaltenen Dienstleistungen und Rechten sowie die Lieferung von unbeweglichen Gegenständen im Inland, die nicht der Einfuhrsteuer unterliegt und die erbracht wird durch Unternehmen mit Sitz im Ausland, die nicht im Register der steuerpflichtigen Personen 49 eingetragen sind. Ist der leistende Unternehmer im Register der Steuerpflichtigen eingetragen, ist er Steuerschuldner, d.h. die Bezugsteuerpflicht kommt nicht zum Tragen.

50 Im Unterschied zum EU-Recht kann der Bezug von Leistungen der genannten Art die Steuerpflicht des inländischen Empfängers auch dann begründen, wenn es sich bei diesem um eine Privatperson handelt. Bei Letzterem setzt die Steuerpflicht jedoch voraus, dass Bezüge für mehr als 10.000 CHF im Kj. getätigt werden.

51 Falls der Bezüger solcher Leistungen nicht bereits aufgrund eigener Umsätze steuerpflichtig ist (Art. 10 Abs. 1 MWSTG), beschränkt sich seine Steuerpflicht auf diese Bezüge. In der Folge kann er die von ihm entrichtete Steuer auf den Bezug nicht in Abzug bringen. Ist der Bezüger hingegen im Register der Steuerpflichtigen eingetragen und dienen die bezogenen Leistungen der Erzielung steuerbarer Umsätze, so hat er einen Anspruch auf Vorsteuerabzug (Art. 28 Abs. 1 Buchst. b MWSTG).

5 Berechnung der Steuer

5.1 Bemessungsgrundlage

52 Bei Lieferungen und Dienstleistungen bemisst sich die Steuer grundsätzlich nach dem tatsächlich empfangenen Entgelt (Art. 24 Abs. 1 MWSTG). Zum Entgelt gehören namentlich auch der Ersatz aller Kosten, selbst wenn diese gesondert in Rechnung gestellt werden, sowie die von der steuerpflichtigen Person geschuldeten öffentlich-rechtlichen Abgaben.

53 Handelt es sich beim Leistungsempfänger um eine eng verbundene Person, so gilt als Entgelt der Wert, der unter unabhängigen Dritten vereinbart würde (»dealing at arm's length«); dieser entspricht i.d.R. dem Marktwert (Felix Geiger, OFK-MWSTG, Art. 24 N 9). Gem. Art. 3 Buchst. h MWSTG gelten als eng verbundene Personen die Inhaber von mindestens 20 % des Stamm- oder Grundkapitals eines Unternehmens oder von einer entsprechenden Beteiligung an einer Personengesellschaft oder ihnen nahe stehende Personen.

54 Bei Leistungen an das Personal, das nicht maßgeblich an der Unternehmung beteiligt ist, findet der Grundsatz des Drittvergleichs keine Anwendung. Stattdessen ist die Steuer bei entgeltlichen Leistungen vom tatsächlich empfangenen Entgelt zu berechnen (Art. 47 Abs. 1 MWSTV). Leistungen des Arbeitgebers an das Personal, die im Lohnausweis zu deklarieren sind, gelten als entgeltlich erbracht. Die Steuer ist von dem Betrag zu berechnen, der auch für die direkten Steuern maßgebend ist. Leistungen, die im Lohnausweis nicht zu deklarieren sind, gelten als nicht entgeltlich erbracht und es wird vermutet, dass ein unternehmerischer Grund besteht (Art. 47 Abs. 2 und 3 MWSTV).

55 Bei Tauschverhältnissen stehen sich zwei selbständige Leistungen (Lieferung und/oder Dienstleistung) gegenüber. Ggf. gilt der Marktwert jeder Leistung als Entgelt für die andere Leistung (Art. 24 Abs. 3 MWSTG). Maßgeblich ist jeweils der Preis, der bei Barzahlung gefordert würde. Aus den Belegen müssen die Werte der getauschten Gegenstände ersichtlich sein; diese sind ordnungsgemäß zu verbuchen.

5.2 Steuersätze

Das Schweizer Mehrwertsteuerrecht kennt insgesamt drei Steuersätze. In der Zeit vom 01.01.2011 - 31.12.2017 betrug der Normalsatz 8,0 %, der Sondersatz für Beherbergungsleistungen 3,8 % und der reduzierte Satz 2,5 %. Seit dem 01.01.2018 beträgt der Normalsteuersatz 7.7 % und der Sondersatz 3.7 %. Der reduzierte Steuersatz hat keine Änderung erfahren. 56

Der reduzierte Steuersatz von derzeit 2,5 % findet u. a. Anwendung auf Lieferungen folgender Gegenstände: 57

- Wasser in Leitungen,
- Lebensmittel nach dem Lebensmittelgesetz,
- Vieh, Geflügel und Fische,
- Getreide,
- Medikamente sowie
- Druckerzeugnisse ohne Reklamecharakter (Art. 25 Abs. 2 MWSTG).

Neu findet der reduzierte Steuersatz von 2,5 % auch auf elektronische Zeitungen, Zeitschriften und Bücher ohne Reklamecharakter Anwendung (Art. 25 Abs. 2 Buchst. a^{bis} nMWSTG).

Zum Sondersatz von neu 3,7 % steuerbar sind Beherbergungsleistungen. Als Beherbergungsleistung gilt die Gewährung von Unterkunft einschließlich der Abgabe eines Frühstücks, auch wenn dieses separat berechnet wird (Art. 25 Abs. 4 MWSTG). 58

Auf alle übrigen steuerbaren Umsätze findet der Normalsatz von neu 7,7 % Anwendung (Art. 25 Abs. 1 MWSTG). Eine zum Normalsatz steuerbare gastgewerbliche Leistung liegt vor, wenn die steuerpflichtige Person die abgegebenen Nahrungsmittel beim Kunden zubereitet bzw. serviert oder wenn sie für deren Konsum an Ort und Stelle besondere Vorrichtungen bereithält. Der Verkauf über die Gasse sowie Hauslieferungen werden jedoch zum reduzierten Satz besteuert, sofern hierfür geeignete organisatorische Maßnahmen zur Abgrenzung dieser Leistungen von den gastgewerblichen Leistungen getroffen worden sind (Art. 25 Abs. 3 MWSTG). 59

6 Vorsteuerabzug

6.1 Voraussetzungen

Der Anspruch auf Vorsteuerabzug setzt u. a. voraus, dass die steuerpflichtige Person die Vorleistungen im Rahmen ihrer unternehmerischen Tätigkeit bezogen hat. D. h. die bezogenen Leistungen müssen auf die nachhaltige Erzielung von Einnahmen ausgerichtet sein. Nicht unternehmerisch tätig und somit auch nicht zum Vorsteuerabzug berechtigt ist, wer sich ausschließlich mit Nicht-Entgelten (Spenden, Subventionen etc.) finanziert. Wer ideelle Zwecke verfolgt und dazu ein Unternehmen betreibt, kann neben dem unternehmerischen auch einen nicht-unternehmerischen Bereich haben. Ein nicht-unternehmerischer Bereich liegt vor, wenn nicht auf die nachhaltige Erzielung von Einnahmen aus Leistungen ausgerichtete Tätigkeiten nach außen ausgeübt werden. Dies kann vor allem bei Hilfsorganisationen, sozialtätigen und karitativen Einrichtungen der Fall sein (MWST-Info 09, Ziff. 1.4.2.4). Bei Vorliegen einer unternehmerischen Tätigkeit kann die steuerpflichtige Person folgende Vorsteuern in Abzug bringen (Art. 28 Abs. 1 MWSTG): 60

- die ihr in Rechnung gestellte Inlandsteuer (Buchst. a),
- die von ihr deklarierte Bezugsteuer (Buchst. b),
- die von ihr entrichtete oder zu entrichtende Einfuhrsteuer sowie die von ihr für die Einfuhr von Gegenständen deklarierte Steuer (Buchst. c).

61 Des Weiteren muss die steuerpflichtige Person nachweisen können, dass sie die Vorsteuer bezahlt hat (Art. 28 Abs. 4 MWSTG). Das Vorliegen eines mehrwertsteuerkonformen Belegs (vgl. Rn. 64) ist hingegen nicht zwingend erforderlich.

6.2 Rechnungsstellung

62 Auf Verlangen des Leistungsempfängers hat die steuerpflichtige Person eine Rechnung auszustellen, die sämtliche nachstehend aufgeführten Angaben enthält (Art. 26 Abs. 2 MWSTG):

- Name und Ort des Leistungserbringers, wie er im Geschäftsverkehr auftritt, sowie die Nummer, unter der er im Register der steuerpflichtigen Personen eingetragen ist (Buchst. a),
- Name und Ort des Leistungsempfängers, wie er im Geschäftsverkehr auftritt (Buchst. b),
- Datum oder Zeitraum der Leistungserbringung, soweit diese nicht mit dem Rechnungsdatum übereinstimmen (Buchst. c),
- Art, Gegenstand und Umfang der Leistung (Buchst. d),
- das Entgelt für die Leistung (Buchst. e),
- den anwendbaren Steuersatz und den vom Entgelt geschuldeten Steuerbetrag; schließt das Entgelt die Steuer ein, so genügt die Angabe des anwendbaren Steuersatzes (Buchst. f).

63 Kassenzettel für Beträge bis 400 CHF müssen keine Angaben über den Leistungsempfänger enthalten (Art. 26 Abs. 3 MWSTG i. V. m. Art. 57 MWSTV).

6.3 Ausschluss

64 Kein Anspruch auf Vorsteuerabzug besteht bei Leistungen (Lieferungen und Dienstleistungen) und bei der Einfuhr von Gegenständen, die für die Erbringung von Leistungen verwendet werden, die gem. Art. 21 MWSTG von der Steuer ausgenommen sind und für deren Versteuerung nicht optiert wurde (Art. 29 Abs. 1 MWSTG).

65 Vom Vorsteuerabzug ausgeschlossen sind zudem die Steuerbeträge auf Aufwendungen, die nicht der unternehmerischen Tätigkeit zugeordnet werden können (z. B. aus Spenden finanzierte gemeinnützige Organisation [vgl. Rn. 60], Auslagen für Vergnügen).

6.4 Gemischte Verwendung

66 Verwendet die steuerpflichtige Person Gegenstände, Teile davon oder Dienstleistungen auch außerhalb ihrer unternehmerischen Tätigkeit oder sowohl für Leistungen, die zum Vorsteuerabzug berechtigen, als auch für Leistungen, die vom Vorsteuerabzug ausgeschlossen sind (sog. gemischte Verwendung), so hat sie den Vorsteuerabzug nach dem Verhältnis der Verwendung zu

korrigieren (Art. 30 Abs. 1 MWSTG). Wird eine solche Vorleistung zu einem überwiegenden Teil i. R. d. unternehmerischen Tätigkeit für Leistungen verwendet, die zum Vorsteuerabzug berechtigen, so kann die Vorsteuer ungekürzt abgezogen und am Ende der Steuerperiode korrigiert werden (Art. 30 Abs. 2 MWSTG).

6.5 Eigenverbrauch

6.5.1 Entnahmeeigenverbrauch

Eine Korrektur des Vorsteuerabzuges hat zu erfolgen, wenn die Voraussetzungen dafür nachträglich wegfallen. Eigenverbrauch liegt u. a. vor, wenn die steuerpflichtige Person aus ihrem Unternehmen Gegenstände oder Dienstleistungen dauernd oder vorübergehend entnimmt, sofern sie beim Bezug oder der Einlage des Ganzen oder seiner Bestandteile einen Vorsteuerabzug vorgenommen hat oder die Gegenstände oder Dienstleistungen i. R. d. Meldeverfahrens bezogen hat (vgl. Rn. 69). Eine Entnahme im genannten Sinne liegt vor, wenn die steuerpflichtige Person (Art. 31 Abs. 2 MWSTG): 67

- die Gegenstände oder Dienstleistungen außerhalb ihrer unternehmerischen Tätigkeit, insbesondere für private Zwecke, verwendet (Buchst. a);
- sie für eine unternehmerische Tätigkeit verwendet, die gem. Art. 29 Abs. 1 MWSTG nicht zum Vorsteuerabzug berechtigt (Buchst. b);
- sie unentgeltlich abgibt, ohne dass ein unternehmerischer Grund besteht. Nicht im Eigenverbrauch zu versteuern sind jedoch Geschenke bis 500 CHF pro Empfänger und Jahr sowie Werbegeschenke und Warenmuster, die für steuerbare Unternehmenszwecke abgegeben werden. Bei Letzteren wird ohne weiteres vermutet, dass ein unternehmerischer Grund für die unentgeltliche Abgabe gegeben ist (Buchst. c).

Ein Entnahmeeigenverbrauch liegt zudem vor, wenn die Steuerpflicht entfällt, weil beispielsweise die Geschäftstätigkeit aufgegeben oder die maßgeblichen Umsatzgrenzen nicht mehr erreicht werden. In einem solchen Fall wird die Eigenverbrauchsteuer auf jene Gegenstände geschuldet, die sich noch in der Verfügungsmacht des Steuerpflichtigen befinden (Art. 31 Abs. 2 Buchst. d MWSTG). 68

6.5.2 Eigenverbrauch bei Vermögensübertragungen

Wird im Zuge einer Gründung, Liquidation, Umstrukturierung oder eines anderen im Fusionsgesetz vorgesehenen Rechtsgeschäfts ein Gesamt- oder Teilvermögen im Meldeverfahren übertragen (vgl. Art. 38 MWSTG), so schuldet der steuerpflichtige Lieferungs- oder Dienstleistungsempfänger die Eigenverbrauchsteuer, sofern einer der oben (vgl. Rn. 67) genannten Umnutzungstatbestände vorliegt (Art. 31 Abs. 2 MWSTG). Kein Eigenverbrauchstatbestand liegt hingegen vor, wenn der Leistungsempfänger die übernommenen Gegenstände und Dienstleistungen im gleichen Umfang für steuerbare Zwecke verwendet wie sein Vorgänger. 69

6.5.3 Bemessungsgrundlage beim Eigenverbrauch

70 Für die Berechnung der Eigenverbrauchsteuer gilt es jeweils zu unterscheiden, ob der Gegenstand oder die Dienstleistung in der Zeit zwischen dem Empfang der Leistung und dem Wegfall der Voraussetzungen für den Vorsteuerabzug in Gebrauch genommen wurde oder nicht.

71 Bei neuen Gegenständen und noch nicht genutzten Dienstleistungen, die vom Steuerbereich in den Nichtsteuerbereich überführt werden, ist die früher in Abzug gebrachte Vorsteuer, einschließlich ihrer als Einlageentsteuerung korrigierten Anteile (vgl. Rn. 74), zurückzuerstatten (Art. 31 Abs. 1 MWSTG).

72 Bei Gegenständen und Dienstleistungen, die in der Zeit zwischen dem Empfang der Leistung und dem Wegfall der Voraussetzungen für den Vorsteuerabzug in Gebrauch genommen wurden, berechnet sich die Eigenverbrauchsteuer nach dem Zeitwert im Zeitpunkt der Entnahme. Zur Ermittlung des Zeitwertes ist bei in Gebrauch genommenen, beweglichen Gegenständen und Dienstleistungen für jedes abgelaufene Jahr linear ein Fünftel, bei in Gebrauch genommenen, unbeweglichen Gegenständen für jedes abgelaufene Jahr linear 1/20 abzuschreiben. Die buchmäßige Behandlung ist nicht von Bedeutung (Art. 31 Abs. 3 MWSTG).

73 Wird ein Gegenstand nur vorübergehend für nicht zum Vorsteuerabzug berechtigende Zwecke verwendet, so ist der Vorsteuerabzug im Umfang der Steuer zu korrigieren, die einem unabhängigen Dritten auf der Miete in Rechnung gestellt würde (Art. 31 Abs. 4 MWSTG).

6.6 Einlageentsteuerung

74 Die Einlageentsteuerung ist das Gegenstück zum Eigenverbrauch. Sie findet Anwendung, wenn die Voraussetzungen des Vorsteuerabzugs im Zeitpunkt des Empfangs der Lieferung, der Dienstleistung oder bei der Einfuhr nicht gegeben waren, jedoch später eintreten. In diesen Fällen kann die früher nicht in Abzug gebrachte Vorsteuer, einschließlich ihrer als Eigenverbrauch korrigierten Anteile (vgl. Rn. 71), abgezogen werden (Art. 32 Abs. 1 MWSTG).

75 Wurde der Gegenstand oder die Dienstleistung in der Zeit zwischen dem Empfang der Leistung oder der Einfuhr und dem Eintritt der Voraussetzungen für den Vorsteuerabzug in Gebrauch genommen, so beschränkt sich die abziehbare Vorsteuer auf den Zeitwert des Gegenstandes oder der Dienstleistung. Zur Ermittlung des Zeitwertes wird der Vorsteuerbetrag linear bei beweglichen Gegenständen und Dienstleistungen für jedes abgelaufene Jahr um 1/5, bei unbeweglichen Gegenständen um 1/20 reduziert. Die buchmäßige Behandlung ist nicht von Bedeutung (Art. 32 Abs. 2 MWSTG).

76 Aus welchen Gründen bei Empfang der Leistung bzw. bei der Einfuhr der Vorsteuerabzug nicht vorgenommen werden konnte, ist an sich ohne Belang (z. B. wegen fehlender Steuerpflicht oder wegen der Verwendung für einen von der Steuer ausgenommenen Zweck). Ebenso wenig spielt es eine Rolle, aus welchem Grund der Anspruch auf Vorsteuerabzug nachträglich entstanden ist.

77 Wird ein Gegenstand nur vorübergehend für zum Vorsteuerabzug berechtigende Zwecke verwendet, so kann der Vorsteuerabzug im Umfang der Steuer geltend gemacht werden, die einem unabhängigen Dritten auf der Miete in Rechnung gestellt würde (Art. 32 Abs. 3 MWSTG).

7 Steuer auf Einfuhren

Um zu vermeiden, dass Waren unbesteuert im Inland zirkulieren, wird die Einfuhr von Gegenständen, auch solche, die zollfrei ins Inland importiert werden können, der schweizerischen Mehrwertsteuer unterstellt (Art. 52 MWSTG). Der Einfuhrtatbestand ist erfüllt, wenn ein Gegenstand über die Zollgrenze bewegt wird; ob die Einfuhr in Erfüllung eines Umsatzgeschäfts erfolgt oder nicht, ist ohne Bedeutung. Für die Erhebung der Einfuhrsteuer ist die Eidgenössische Zollverwaltung zuständig (Art. 62 Abs. 1 MWSTG). Nicht Gegenstand der Einfuhrsteuer ist der Bezug von Leistungen i. S. d. Art. 45 Abs. 1 MWSTG von Unternehmen mit Sitz im Ausland (vgl. Rn. 49). Die darauf geschuldete Steuer wird von der Eidgenössischen Steuerverwaltung erhoben (Art. 65 Abs. 1 MWSTG). Steuerpflichtig ist, wer nach dem Zollgesetz (ZG) Zollschuldner ist (Art. 51 Abs. 1 MWSTG). Dementsprechend erstreckt sich der Kreis der Steuerpflichtigen nicht nur auf Personen, die Waren über die Zollgrenze bringen oder bringen lassen, sondern auch auf jene Personen, die zur Zollanmeldung verpflichtet oder damit beauftragt sind oder auf deren Rechnung die Waren eingeführt wurden. Die Zollschuldner haften in der Regel solidarisch für die geschuldeten Abgaben, unabhängig davon, ob sie im Inland als Steuerpflichtige registriert sind oder nicht (Art. 70 Abs. 2 und 3 ZG). Die Solidarhaftung für Personen, die gewerbsmäßig Zollanmeldungen ausstellen, ist unter bestimmten Voraussetzungen aufgehoben (Art. 51 Abs. 2 MWSTG). 78

Steuerbemessungsgrundlage ist grundsätzlich das vom Importeur oder an seiner Stelle von einer Drittperson entrichtete Entgelt i. S. v. Art. 24 MWSTG oder aber der Marktwert. In die Bemessungsgrundlage mit einzubeziehen sind Steuern, Zölle und sonstige Abgaben, mit Ausnahme der zu erhebenden Mehrwertsteuer, sowie die Nebenkosten (insbesondere Provisions-, Verpackungs-, Beförderungs- und Versicherungskosten) bis zum Bestimmungsort im Inland. 79

Wie bei der Inlandumsatzsteuer unterliegt die Einfuhr von Gegenständen, die in Art. 25 Abs. 2 Buchst. a MWSTG aufgelistet sind, dem reduzierten Satz von derzeit 2,5 %, die Einfuhr anderer Gegenstände dem Normalsatz von 7,7 % (bis 31.12.2017: 8,0 %). 80

8 Erstattungsverfahren

Ausländische Unternehmen, die Gegenstände einführen oder sich im Inland Leistungen gegen Entgelt erbringen lassen, haben Anspruch auf Vergütung der schweizerischen Steuer, sofern kumulativ folgende Bedingungen erfüllt sind: 81

- Der Antragsteller muss seinen Wohn-, seinen Geschäftssitz oder seine Betriebsstätte im Ausland haben.
- Er darf im Inland nicht steuerpflichtig sein.
- Er darf im Inland keine Leistungen erbringen. Der Anspruch auf Vergütung der MWST bleibt gewahrt, wenn das Unternehmen mit Sitz im Ausland im Inland ausschließlich von der Steuer befreite Leistungen erbringt oder Dienstleistungen, die der Bezugsteuer unterliegen.
- Er muss seine Unternehmereigenschaft im Land des Wohnsitzes, des Geschäftssitzes oder der Betriebsstätte nachweisen (sog. Unternehmerbescheinigung).

82 Die Steuervergütung setzt überdies voraus, dass der Staat des Wohn- oder Geschäftssitzes bzw. der Betriebsstätte des Antragstellers Unternehmen mit Sitz in der Schweiz ein entsprechendes Gegenrecht gewährt.

83 Vergütungsanträge sind innerhalb von sechs Monaten nach Ablauf des Kj., in dem für die erbrachte Leistung eine den Anspruch auf Vergütung begründende Rechnung gestellt wurde, einzureichen. Zu diesem Zweck hat der ausländische Antragsteller einen Vertreter mit Wohn- oder Geschäftssitz in der Schweiz zu bestellen (Art. 151 ff. MWSTV).

Länderanhang Slowakei

1 Einführung

1.1 Rechtsgrundlagen

1 Die slowakische MwSt ist eine Mehrwertsteuer nach dem System der Allphasenumsatzsteuer mit Vorsteuerabzug. Eine systematische Anpassung des slowakischen MwStG an die 6. EG-RL (jetzt: MwStSystRL) erfolgte im Zusammenhang mit dem Beitritt der Slowakei zur EU mit 01.05.2004. Das slowakische MwStG wird darüber hinaus jedes Jahr durch zahlreiche Gesetze und Verordnungen abgeändert bzw. ergänzt. Im Jahr 2012 wurde eine umfangreiche Novelle des MwStG verabschiedet, deren Hauptziel die Bekämpfung der Steuerhinterziehung im MwSt-Bereich ist. Es handelt sich dabei hauptsächlich um die Einführung der Sicherheit bei einer MwSt-Registrierung, Aufhebung der MwSt-Registrierung infolge Nichterfüllung von Pflichten, Haftung für Steuer aus der Vorstufe und Verschärfung der Bedingungen für die Geltendmachung der Befreiung bei grenzüberschreitenden Lieferungen.

Die aktuell geltende Fassung des MwStG Nr. 222/2004 Slg. ist im Internet unter www.finance.gov.sk bzw. www.financnasprava.sk in slowakischer und in englischer Sprache veröffentlicht. Zweifelsfragen und Auslegungsprobleme von allgemeiner Gültigkeit werden in den Erlässen des Ministeriums für Finanzen und der Obersten Finanzbehörde behandelt, welche im Internet unter www.financnasprava.sk bzw. www.drsr.sk abrufbar sind. Für individuelle Sachverhalte können die Steuerpflichtigen eine unverbindliche Anfrage an das Ministerium für Finanzen und an die Oberste Finanzbehörde stellen. Mit dem 01.09.2014 können in bestimmten Fällen (bestimmte Sachverhalte) auch verbindliche Anfragen gestellt werden. Die Antwort ist gebührenpflichtig und ausschließlich für die Finanzverwaltung bei einer Betriebsprüfung rechtlich verbindlich. Der Steuerpflichtige kann bei Zweifeln die Antwort beim Gericht in Frage stellen. Seit dem 01.01.2018 sind alle im Handelsregister bzw. Gewerberegister registrierten Personen oder deren Vertreter verpflichtet, mit der Finanzverwaltung ausschließlich auf elektronischem Wege zu kommunizieren. Das Finanzamt kommuniziert mit den Steuerzahlern weiterhin in Papierform. 2

1.2 Geltungsbereich

Der territoriale Geltungsbereich des MwStG erstreckt sich auf das Inland. Inland ist gem. § 2 Abs. 2 MwStG das Gebiet der Slowakischen Republik. 3

2 Steuerpflichtige Person (§§ 2 ff. dUStG)

Als steuerpflichtige Person wird jede Person, die selbstständig eine wirtschaftliche Tätigkeit ohne Rücksicht auf den Zweck oder die Ergebnisse dieser Tätigkeit ausübt, behandelt. 4

Der Begriff »wirtschaftliche Tätigkeit« (weiterhin nur »unternehmerische Tätigkeit«) wird als jede Tätigkeit definiert, aus der Einkünfte erzielt werden und die die Tätigkeit von Erzeugern, Händlern und Dienstleistungslieferanten, einschließlich der Förder-, Bau- und Landwirtschaftstätigkeit, einer freiberuflichen Tätigkeit, kreative geistige Tätigkeit und Sporttätigkeit einschließt. Als unternehmerische Tätigkeit gilt auch die Nutzung des materiellen und immateriellen Vermögens zum Zweck der Erzielung der Einkünfte aus diesem Vermögen. 5

Der Begriff »Selbständigkeit« ist negativ abgegrenzt. Er betrifft das Innenverhältnis zwischen einer natürlichen Person und ihrem Auftraggeber auf Grund eines arbeitsrechtlichen Verhältnisses, Staatsbedienstetenverhältnisses, Dienstverhältnisses oder eines ähnlichen Verhältnisses, wenn die natürliche Person verpflichtet ist, den Weisungen oder Aufträgen zu folgen. 6

Körperschaften des öffentlichen Rechts gelten nicht als steuerpflichtige Personen, wenn sie im Rahmen ihrer Haupttätigkeit handeln, und zwar auch dann nicht, wenn sie im Zusammenhang mit dieser Tätigkeit Zahlungen entgegennehmen, es sei denn, dass durch diese Tätigkeit der wirtschaftliche Wettbewerb verzerrt wird oder verzerrt werden kann. 7

Bei der i. g. Lieferung bzw. beim i. g. Erwerb neuer Fahrzeuge gilt jede Person als steuerpflichtige Person. 8

Nach der Registrierung zur MwSt wird die steuerpflichtige Person zum Steuerzahler (registrierter Steuerpflichtiger). 9

3 Steuerbare Umsätze (§§ 1 ff. dUStG)

10 Umsätze, die der slowakischen MwSt unterliegen (steuerbare Umsätze), sind
- Lieferungen von Waren,
- Lieferungen von sonstigen Leistungen bzw. Dienstleistungen,
- die Einfuhr und
- der i. g. Erwerb.

3.1 Lieferungen von Waren (§§ 3 ff. dUStG)

11 Unter einer Lieferung versteht das MwStG die Lieferung eines körperlichen Vermögensgegenstandes, bei dem es zur Änderung des Eigentumsrechts kommt, sowie die Lieferung eines Bauwerkes oder seines Teiles auf Grund eines Werkvertrages oder eines ähnlichen Vertrages.

12 Der Lieferung gleichgestellt ist die Entnahme eines Gegenstandes durch den Steuerzahler (Entnahmeeigenverbrauch)
- für Zwecke, die außerhalb des Unternehmens liegen,
- für den Bedarf seines Personals oder
- für jede andere unentgeltliche Zuwendung, ausgenommen Geschenke von geringem Wert (17,00 €/St.) und Warenmuster.

3.2 Lieferungen von sonstigen Leistungen (§§ 3 ff. dUStG)

13 Sonstige Leistungen sind alle Leistungen, die nicht in einer Lieferung von Waren bestehen. Einer sonstigen Leistung gleichgestellt ist einerseits die Verwendung eines dem Steuerzahler zugeordneten Gegenstandes (Verwendungseigenverbrauch)
- für Zwecke, die außerhalb des Unternehmens liegen, oder
- für den Bedarf seines Personals,

und andererseits die unentgeltliche Erbringung von anderen sonstigen Leistungen durch den Steuerzahler für derartige Zwecke (Leistungseigenverbrauch).

14 Voraussetzung für die Steuerbarkeit des Entnahme- und des Verwendungseigenverbrauchs ist, dass der Gegenstand oder seine Bestandteile zu einem vollen oder teilweisen Vorsteuerabzug berechtigt haben.

3.3 Import und Export von Gütern

3.3.1 Import (§§ 21 ff. dUStG)

Die Einfuhr von Gegenständen aus einem Drittlandsgebiet in das Inland stellt einen steuerbaren Umsatz dar und unterliegt der EUSt. Dies gilt sowohl für steuerpflichtige Personen als auch für Privatpersonen. Die EUSt wird von den Zollbehörden eingehoben und verwaltet. Der Steuerzahler kann die bezahlte EUSt als Vorsteuer in der Erklärung geltend machen, sofern er zum Vorsteuerabzug berechtigt ist. Eine endgültige Entrichtung der EUSt kann daher nicht vermieden werden. Es ist geplant, das Reverse-Charge bei der Einfuhr einzuführen, allerdings die Wirkung der betreffenden Bestimmungen ist auf die Kennzahl der Schuld der öffentlichen Verwaltung verknüpft, die von der Europäischen Kommission (Eurostat) veröffentlicht ist. 15

Bei der Wareneinfuhr in die Slowakei wird eine Bestätigung über den Warenempfang seitens des Abnehmers benötigt, wenn nach der Wareneinfuhr eine steuerbefreite Warenlieferung in einen anderen Mitgliedstaat erfolgt und die Steuer nicht im Einfuhrstaat sondern in einem anderen Mitgliedstaat abzuführen ist. Das Zollamt kann in diesen Fällen eine Steuersicherung bei der Einfuhr verlangen. 16

Das Zollamt kann eine sog. Steuersicherung bei der Einfuhr von Waren erheben, falls Ungewissheiten über die Wahrhaftigkeit oder Richtigkeit der vorgelegten Einfuhrbestätigungen entstehen. 17

3.3.2 Export (§§ 6 ff. dUStG)

Der Export von Waren aus dem Inland in ein Drittland stellt eine steuerbare, aber (echt) steuerbefreite Ausfuhrlieferung dar. Voraussetzung ist, dass der Gegenstand der Lieferung vom Verkäufer oder für seine Rechnung in einen Bestimmungsort im Drittlandsgebiet versendet oder befördert wird, oder dass die Warenlieferung vom Käufer (Abnehmer ohne Sitz/Wohnsitz, Ort der Unternehmenstätigkeit, Betriebsstätte im Inland) oder für seine Rechnung zu einem Bestimmungsort im Drittlandsgebiet versendet oder befördert wird. 18

Der Versand oder die Beförderung von Waren zu einem Bestimmungsort in Drittlandsgebiet sind durch eine Zollerklärung, in der der Abgang von Waren aus dem Gebiet der Europäischen Gemeinschaft durch die Zollbehörde bestätigt wurde, und durch einen Beleg über den Versand oder die Beförderung von Waren nachzuweisen. Die Zollerklärung über das Ausfuhrzollverfahren muss dem Steuerzahler spätestens bis Ende des sechsten Kalendermonats nach der Ausfuhr zur Verfügung stehen, ansonsten ist eine Korrektur und Nachbesteuerung im Wege der Abgabe einer nachträglichen MwSt-Erklärung erforderlich. 19

Bei Ausfuhr im persönlichen Reisegepäck des Abnehmers (sog. Touristenexport) kann die Steuer an Reisende rückerstattet werden. Voraussetzung ist, dass die natürliche Person keinen ständigen oder vorübergehenden Aufenthalt in der Europäischen Gemeinschaft hat, den Gegenstand innerhalb von drei Kalendermonaten ausführt, der Gesamtbetrag der Rechnung der gelieferten Gegenstände einen Betrag i.H.v. 175 € übersteigt und die Warenausfuhr von der Grenzzollbehörde des Mitgliedstaates, in dem die Waren das Gebiet der Europäischen Gemeinschaften verlassen, auf einem vorgedruckten Formular bestätigt wird. Die Rückerstattung der Steuer ist bei der Ausfuhr von Treibstoffen nicht zulässig. 20

3.4 Innergemeinschaftliche Erwerbe und innergemeinschaftliche Lieferungen

3.4.1 Innergemeinschaftliche Erwerbe (§§ 1 a–1c ff. dUStG)

21 Der MwSt unterliegt auch der i. g. Erwerb im Inland gegen Entgelt. Voraussetzung für das Vorliegen eines i. g. Erwerbes ist, dass der Gegenstand bei der Lieferung aus einem Mitgliedstaat der EU in das Inland gelangt, der Erwerber eine steuerpflichtige Person (die als solche handelt) oder eine juristische Person (die keine steuerpflichtige Person ist) oder eine ausländische Person (die für MwSt-Zwecke im Ausland identifiziert ist) ist und die Lieferung durch einen in einem anderen Mitgliedstaat zur MwSt registrierten Lieferanten gegen Entgelt erfolgt. Die MwSt auf den i. g. Erwerb kann unter den allgemeinen Voraussetzungen als Vorsteuer abgezogen werden, wenn dem Erwerber eine Rechnung vom ausländischen Lieferanten für den Erwerb zur Verfügung steht.

22 Dem i. g. Erwerb gleichgestellt ist der Erwerb eines neuen Beförderungsmittels aus einem anderen Mitgliedstaat im Inland durch jede Person.

23 Erfolgt der i. g. Erwerb jedoch von einem sog. Schwellenerwerber (d. h. von einer steuerpflichtigen Person, die kein registrierter Steuerpflichtiger ist oder einer juristischen Person, die keine registrierte steuerpflichtige Person ist), liegt ein steuerpflichtiger i. g. Erwerb erst ab dem Erwerb vor, mit dem die Erwerbsschwelle i. H. v. 14 TEUR überschritten wird. Es besteht die Möglichkeit, für eine Erwerbsbesteuerung vor dem Erreichen der Erwerbsschwelle zu optieren.

24 Dem steuerpflichtigen i. g. Erwerb gleichgestellt ist die Verbringung eines Gegenstandes aus einem anderen Mitgliedstaat in das Inland durch eine steuerpflichtige Person oder für ihre Rechnung, ausgenommen zur bloß vorübergehenden Verwendung. Eine vorübergehende Verwendung liegt z. B. dann vor, wenn der Gegenstand in das Inland gelangt, damit daran eine sonstige Leistung (z. B. Reparatur, Bearbeitung, Bewertung) erbracht wird und der Gegenstand nach Erbringung der sonstigen Leistung wieder in den Mitgliedstaat gelangt, von dem aus der Gegenstand transportiert worden ist.

25 Werden im Rahmen eines Dreiecksgeschäftes die Bedingungen gem. § 45 MwStG erfüllt, gilt der i. g. Erwerb für den mittleren Steuerpflichtigen als besteuert. Werden die Bedingungen des Dreiecksgeschäftes nicht erfüllt, müsste der erste Abnehmer einen i. g. Erwerb in der Slowakei versteuern (mit sofortigem Vorsteuerabzug, falls die sonstigen gesetzlichen Bedingungen erfüllt werden) und anschließend eine Rechnung an den Abnehmer mit slowakischer Umsatzsteuer i. H. v. 20 % legen.

3.4.2 Innergemeinschaftliche Lieferungen (§§ 6 a ff. dUStG)

26 Eine steuerfreie i. g. Lieferung liegt vor, wenn der Gegenstand in das übrige Gemeinschaftsgebiet durch den Verkäufer oder Erwerber oder für deren Rechnung befördert oder versendet wird und der Erwerber eine in einem anderen Mitgliedstaat zur MwSt registrierte Person ist.

27 Als eine steuerfreie i. g. Warenlieferung gilt die Lieferung eines neuen Beförderungsmittels, das aus dem Inland in einen anderen Mitgliedstaat durch den Verkäufer oder Käufer oder für deren Rechnung versendet oder befördert wurde.

28 Der i. g. Lieferung gleichgestellt ist die Verbringung eines Gegenstandes des Unternehmens aus dem Inland in das übrige Gemeinschaftsgebiet durch eine steuerpflichtige Person zu ihrer Verfügung, ausgenommen die bloß vorübergehende Verwendung.

29 Von der Steuer befreit ist die i. g. Lieferung von verbrauchsteuerpflichtigen Waren, die durch Verkäufer oder Käufer oder für deren Rechnung an den Käufer versendet oder befördert werden

und für die die Pflicht zur Entrichtung der Verbrauchsteuer für den Käufer in dem Mitgliedstaat entsteht, in dem der Versand oder die Beförderung von Waren endet.

Die Voraussetzungen zur Steuerfreiheit müssen durch den Steuerzahler vor allem durch eine Kopie der Rechnung und durch relevante Transportdokumente nachgewiesen werden. Es gilt die Pflicht, den Empfang der Ware seitens des Abnehmers zu bestätigen und nachzuweisen, wenn der Lieferant oder der Abnehmer einen Dritten (Transportunternehmen, nicht Postdienstleister) mit dem Warentransport in der EU beauftragt. Wenn der Warentransport in der EU direkt seitens des Lieferanten oder Abnehmers erfolgt, muss die Bestätigung über den Warenempfang seitens des Abnehmers gesetzlich spezifizierte Pflichtangaben (konkret: Name und Sitz des Abnehmers, Menge und Art der Ware, Adresse des Zieles und Datum der Übernahme der Ware, Name und Unterschrift des Lkw-Fahrers, Kfz-Kennzeichen des Lkw) enthalten. 30

Die gesetzlich vorgeschriebenen Dokumente für die Bestätigung einer steuerfreien i. g. Lieferung, wenn der Transport seitens des Käufers oder seitens eines Spediteurs durchgeführt wird, müssen dem Verkäufer spätestens bis Ende des sechsten Kalendermonats nach der Lieferung zur Verfügung stehen, ansonsten ist eine Nachbesteuerung in der laufenden MwSt-Erklärung (nach Ablauf der sechsmonatigen Frist) erforderlich. 31

Außerdem muss der Steuerzahler monatlich bzw. vierteljährlich eine Zusammenfassende Meldung an das Finanzamt übermitteln. Darin sind sämtliche i. g. Lieferungen an andere in einem anderen Mitgliedstaat zur MwSt registrierte Personen (unter Angabe der USt-IdNr. des Abnehmers und der Summe der Bemessungsgrundlagen) sowie das einer i. g. Lieferung gleichgestelltes Verbringen von Gegenständen anzugeben. 32

4 Leistungsort (§§ 3 a–3g ff. dUStG)

Hinsichtlich der Bestimmung des Leistungsortes wird im MwStG zwischen Lieferungen von Waren und sonstigen Leistungen bzw. Dienstleistungen unterschieden. 33

4.1 Lieferungen von Waren

Grundsätzlich ist der Ort einer Lieferung dort, wo sich der Gegenstand zum Zeitpunkt der Verschaffung der Verfügungsmacht befindet. 34

Allerdings gilt bei Beförderungs- oder Versendungslieferungen die Lieferung dort als ausgeführt, wo die Beförderung oder Versendung beginnt. 35

Wenn die Warenlieferung mit der Installation oder Montage durch den Lieferanten oder für dessen Rechnung verbunden ist, gilt als Leistungsort der Ort, an dem die Waren installiert oder montiert werden. 36

Erfolgt eine Lieferung an Bord eines Schiffes, in einem Luftfahrzeug oder in einer Eisenbahn im Zuge einer Beförderung innerhalb des Gemeinschaftsgebietes, liegt der Leistungsort am Abgangsort der Beförderung. 37

Wenn der Versand oder die Beförderung von Waren im Drittlandsgebiet beginnt, gelten die Warenlieferung und die etwaigen nachfolgenden Lieferungen dieser Waren als in der Slowakei 38 erbracht, wenn der Lieferer oder sein Beauftragter als Importeur anzusehen ist (§ 69 Abs. 8 des MwStG), der verpflichtet ist, die EUSt zu zahlen.

39 Der i. g. Erwerb wird in dem Mitgliedstaat bewirkt, in dem sich der Gegenstand am Ende der Beförderung oder Versendung befindet. Sofern der Erwerber aber unter der USt-IdNr. eines anderen Mitgliedstaates als dessen, in dem die Beförderung oder Versendung endet, auftritt, gilt der i. g. Erwerb auch in dem Gebiet dieses Mitgliedstaates als bewirkt.

4.2 Lieferungen von sonstigen Leistungen

40 Hinsichtlich des Leistungsortes bei sonstigen Leistungen ist zwischen den sog. B2B-Leistungen (»Business to Business«-Leistungen an eine steuerpflichtige Person) und sog. B2C-Leistungen (»Business to Consumer«-Leistungen an eine nichtsteuerpflichtige Person) zu unterscheiden. Für Zwecke der Beurteilung des Leistungsortes gilt auch

- ein steuerpflichtiger Unternehmer, der auch nicht steuerbare Umsätze bewirkt, in Bezug auf alle an ihn erbrachten sonstigen Leistungen,
- eine nicht unternehmerisch tätige juristische Person mit USt-IdNr.

als steuerpflichtige Person.

41 Daher gelten zwei Generalklauseln (Grundregeln) wie folgt:

1. B2B-Leistungen: Leistungsort liegt dort, wo der Leistungsempfänger seinen Sitz oder Ort der Unternehmenstätigkeit hat. Wird die Leistung an eine Betriebsstätte ausgeführt, so gilt die Betriebsstätte als Ort der sonstigen Leistung.
2. B2C-Leistungen: Leistungsort liegt dort, wo der Lieferant seinen Sitz oder Ort der Unternehmenstätigkeit hat. Wird die Leistung von einer Betriebsstätte ausgeführt, so gilt die Betriebsstätte als Ort der sonstigen Leistung.

42 Diese Grundregeln kommen jedoch nur zur Anwendung, sofern keine der nachfolgenden Sonderregeln greift. Im Einzelnen gelten folgende Sonderregelungen für B2B- sowie B2C-Leistungen:

- sonstige Leistungen i. Z. m. Immobilien: Leistungsort ist der Belegenheitsort der Immobilie;
- Personenbeförderungsleistungen: Leistungsort ist der Ort, an dem die Beförderung bewirkt wird;
- Dienstleistungen i. Z. m. dem Eintritt zu Veranstaltungen im Bereich Ausbildung, Kultur, Sport oder ähnliche Leistungen: Leistungsort ist der Ort, wo die Leistungen tatsächlich erbracht werden;
- Restaurant- und Verpflegungsdienstleistungen (Catering-Dienstleistungen): Leistungsort ist der Ort, wo die Leistungen tatsächlich erbracht werden;
- kurzfristige Vermietung von Beförderungsmitteln (bei Wasserfahrzeugen höchstens 90 Tage; bei allen anderen Beförderungsmitteln höchstens 30 Tage): Leistungsort ist der Ort, wo die tatsächliche Übergabe des Beförderungsmittels stattfindet.

43 Sonderregelungen für B2C-Leistungen:

- langfristige Vermietung von Beförderungsmitteln außer Ausflugsschiffen: Leistungsort ist der Ort, wo der Mieter seinen Sitz oder Wohnsitz hat;
- langfristige Vermietung von Ausflugsschiffen: Leistungsort ist der Ort, wo die tatsächliche Übergabe des Beförderungsmittels stattfindet unter der Bedingung, dass der Lieferant dort seinen Sitz oder eine Betriebstätte hat;

- Dienstleistungen in den Bereichen Ausbildung, Kultur, Sport oder ähnliche Leistungen: Leistungsort ist der Ort, wo die Leistungen tatsächlich erbracht werden;
- Warenbeförderungsleistungen: Ort, an dem die Beförderung bewirkt wird;
- i. g. Warenbeförderung: Abgangsort der Warenbeförderung;
- Nebenleistungen bei der Beförderung, Begutachten von beweglichen körperlichen Gegenständen und Arbeiten an solchen Gegenständen: Leistungsort ist der Ort, an dem die Leistungen tatsächlich erbracht werden;
- Restaurant- und Verpflegungsdienstleistungen (Catering-Dienstleistungen), die an Bord eines Schiffes oder eines Flugzeugs oder in der Eisenbahn während des innerhalb der Gemeinschaft stattfindenden Teils einer Personenbeförderung erbracht werden: Leistungsort ist der Abgangsort der Personenbeförderung;
- Vermittlungsleistungen: Leistungsort ist der Ort, an dem der vermittelte Umsatz ausgeführt wird;
- Katalogleistungen an einen Leistungsempfänger im Drittland (Werbedienstleistungen, Leistungen von Beratern, Ingenieuren, Technikern, Anwälten, Buchhaltern, Buchprüfern, Übersetzern, Dolmetschern und andere ähnliche Leistungen einschließlich der Datenverarbeitung und Überlassung von Informationen, Bank-, Finanz-, Versicherungs- und Rückversicherungsleistungen, Übertragung oder Abtretung von Urheberrechten und ähnlichen Rechten, Einräumung von Rechten auf Gegenstände des industriellen Eigentums und Einräumung von ähnlichen vermögensrechtlich nutzbaren Rechten, Personalgestellung, Vermietung von beweglichen materiellen Vermögensgegenständen mit Ausnahme der Vermietung der Beförderungsmittel, Eisenbahnwagen, Anhänger und Auflieger, Telekommunikationsleistungen, Rundfunk- und Fernsehdienstleistungen, elektronisch erbrachte Dienstleistungen (»MOSS« seit 2015), Gewährung des Zugangs zu den Verteilungssystemen für Erdgas auf dem Gemeinschaftsgebiet, Gewährung des Zugangs zu dem Netzwerk, das an ein solches Verteilungssystem angeschlossen ist und zu den Verteilungssystemen für Strom, Wärme und Kälte, Beförderung oder Übertragung über diese Verteilungssysteme oder Netzwerke sowie die Lieferung von sonstigen direkt damit zusammenhängenden Dienstleistungen): Leistungsort ist der Ort, wo der Leistungsempfänger seinen Sitz, Wohnsitz oder gewöhnlichen Aufenthalt hat.

5 Bemessungsgrundlage (§§ 10–11 ff. dUStG)

Bei Lieferungen von Waren und sonstigen Leistungen gilt als Bemessungsgrundlage das Entgelt, also die Gegenleistung des Abnehmers, wobei neben der vereinbarten Gegenleistung auch freiwillige Leistungen zu berücksichtigen sind. In die Bemessungsgrundlage sind auch andere Steuern, Zölle und Gebühren, die sich auf die Ware oder Dienstleistung beziehen sowie damit zusammenhängende Kosten (Ausgaben), wie z. B. Provisions-, Verpackungs-, Beförderungs- und Versicherungskosten, die der Lieferant vom Käufer oder Kunden fordert, einzubeziehen. Preisnachlässe und Skonti, die zum Zeitpunkt der Lieferung eingeräumt werden, verringern die Steuerbemessungsgrundlage um den Nachlassbetrag. Bei späterer Änderung des Entgelts, z. B. aufgrund der Inanspruchnahme eines Skontos, erfolgt sowohl eine Anpassung der Steuerpflicht beim Leistenden als auch des Vorsteuerabzuges beim Leistungsempfänger. 44

Für den i. g. Erwerb gilt grundsätzlich die gleiche Bemessungsgrundlage wie bei Lieferungen von Waren und sonstigen Leistungen. 45

46 Bei den einer Lieferung von Waren bzw. sonstigen Leistung gleichgestellten Vorgängen treten an die Stelle des Entgelts die Anschaffungskosten der Gegenstände bzw. die steuerlichen Restbuchwerte bei Anlagen bzw. die Kosten.

47 Die EUSt wird grundsätzlich nach dem Zollwert des eingeführten Gegenstandes bemessen, wozu auch der auf die Ware entfallende Zoll und sonstige Eingangsabgaben gehören. In die Steuerbemessungsgrundlage bei der Wareneinfuhr sind auch zusammenhängende Kosten (Ausgaben), wie z. B. Provisions-, Verpackungs-, Beförderungs- und Versicherungskosten, die bis zum ersten Bestimmungsort im Inland entstehen, einzubeziehen, soweit sie nicht in den für Zollzwecke bestimmten Wert einbezogen wurden. Preisnachlässe und Skonti sind in die Steuerbemessungsgrundlage nicht einzubeziehen.

48 Im MwStG sind **Personen mit einer Sonderbeziehung zum Lieferanten** definiert. Sollte der registrierte Steuerpflichtige an diese Personen künftig zu einem niedrigeren Preis als dem marktüblichen Preis Waren liefern oder Dienstleistungen erbringen, wird er, ungeachtet der Höhe des Entgeltes, MwSt von dem gesetzlich definierten marktüblichen Preis abführen müssen. Personen mit einer Sonderbeziehung zum Lieferanten sind z. B. Mitarbeiter, Mitglieder der Gesellschaftsorgane oder andere Personen, die mit ihm durch Familien-, Management- oder Finanzbindungen verbunden sind.

6 Steuerbefreiungen (§§ 4 ff. dUStG)

6.1 Echte Steuerbefreiungen

49 Bei den echten Steuerbefreiungen bleibt der Vorsteuerabzug unberührt, wodurch sie zu einer gänzlichen Entlastung des Umsatzes von der MwSt führen. Derzeit bestehen echte Steuerbefreiungen u. a. für Ausfuhrlieferungen in Drittländer und Lohnveredelungen an Gegenständen der Ausfuhr, für i. g. Lieferungen, für die Seeschifffahrt und Luftfahrt, für grenzüberschreitende Güterbeförderungen und damit zusammenhängende Leistungen mit Drittlandsbezug, für grenzüberschreitende Personenbeförderungen mit Schiffen und Luftfahrzeugen, für die Lieferung von Gold an Zentralbanken und für die Vermittlung der oben angeführten Umsätze.

6.2 Unechte Steuerbefreiungen

50 Unter Ausschluss des Vorsteuerabzuges sind die folgenden Lieferungen von Waren und sonstigen Leistungen steuerbefreit (§§ 28–41 MwStG):

51 Postdienstleistungen, Rundfunk- und Fernsehdienstleistungen, Finanz- und Versicherungstätigkeiten, Erziehungs- und Ausbildungsdienstleistungen, Gesundheitswesen und Dienstleistungen der Sozialhilfe, Umsätze i. Z. m. Lotterien und ähnlichen Spielen, an Mitglieder der politischen Parteien, Kirchen und Religionsgemeinschaften, Bürgerverbände einschließlich der Gewerkschaften und Berufskammern erbrachte Dienstleistungen, Dienstleistungen im Zusammenhang mit Sport oder Körpererziehung, kulturelle Dienstleistungen, Lieferung und Vermietung von Immobilien und Verkauf von Postwertzeichen und Wertmarken.

Zum Teil kann auf die Steuerbefreiungen verzichtet werden (Option zur Regelbesteuerung), damit der Vorsteuerabzug gewahrt bleibt. Dies gilt insbesondere für die Lieferung und Vermietung von Immobilien. 52

6.2.1 Lieferung von Immobilien

Bei Lieferung einer Immobilie ist die umsatzsteuerliche Behandlung von dem Zeitpunkt der ersten Bauübernahme abhängig. Lieferungen von Neubauten (Immobilien bis fünf Jahre ab der ersten Bauübernahme) unterliegen der MwSt (20 %). Die Lieferung eines Bauwerkes oder eines Teiles einschließlich der Lieferung des Baugrunds, auf dem das Bauwerk steht, ist von der Steuer befreit, falls die Lieferung nach Ablauf von fünf Jahren ab der ersten Bauübernahme erfolgt. Der Steuerzahler kann allerdings diesen befreiten Umsatz als steuerpflichtig behandeln. Übt der liefernde Steuerzahler die Option zur Steuerpflicht (Steuersatz 20 %) aus, ist MwSt auf den Umsatz abzuführen, allerdings steht auch der Vorsteuerabzug zu. In einem solchen Fall ist der Lieferant verpflichtet, die Entscheidung über die Besteuerung der Lieferung dem Abnehmer mitzuteilen. 53

Die Lieferung von unbebauten Grundstücken ist – mit Ausnahme von Baugrundstücken – zwingend von der MwSt befreit. Die Lieferung eines Baugrundstückes ist stets steuerpflichtig (Steuersatz 20 % MwSt). 54

6.2.2 Vermietung von Immobilien

Die Vermietung von Immobilien unterliegt grundsätzlich einer unechten Steuerbefreiung mit Ausnahme folgender Umsätze: 55

- Vermietung in den Unterkunftseinrichtungen (Beherbergungsdienstleistungen),
- Vermietung von Räumlichkeiten und Plätzen für das Abstellen von Fahrzeugen,
- Vermietung von auf Dauer eingebauten Anlagen und Maschinen,
- Vermietung von Tresoren.

Der vermietende Steuerzahler kann allerdings zur Steuerpflicht (20 % MwSt) optieren, wenn der Mieter eine steuerpflichtige Person ist. Ob die Option ausgeübt wird, liegt in der alleinigen Entscheidung des Vermieters. Eine Zustimmung der Finanzverwaltung ist nicht notwendig und es bestehen keine weiteren Beschränkungen. Obig angeführte Bedingungen gelten auch für die Untervermietung von Immobilien bzw. von Teilen davon. 56

7 Steuersätze (§§ 12 ff. dUStG)

7.1 Allgemeines

In der Slowakei gibt es zwei Steuersätze. Grundsätzlich gilt der Normalsteuersatz von 20 %; der ermäßigte Steuersatz beträgt 10 %. 57

7.2 Ermäßigter Steuersatz

58 Der ermäßigte Steuersatz von 10 % wird bei Büchern, Zeitschriften, Arzneimitteln und Sanitätsartikeln angewandt. Dem ermäßigten Steuersatz unterliegen lediglich solche Waren, die in der Anlage Nr. 7 des MwStG angeführt sind.

8 Steuerschuldner (§§ 13 a ff. dUStG)

8.1 Allgemeines

59 Steuerschuldner ist grundsätzlich der Steuerzahler, der die Lieferung oder sonstige Leistung erbringt. Beim Tatbestand des i. g. Erwerbs ist Steuerschuldner der Abnehmer der Lieferung. Die Steuerschuldnerschaft bei der Einfuhr richtet sich nach den zollrechtlichen Vorschriften. Steuerschuldner ist auch eine Person, die ihre Registrierungspflicht nicht erfüllt hat (verspätete Registrierung), und zwar für den Zeitraum, in dem diese Person für MwSt-Zwecke registriert sein sollte.

8.2 Übergang der Steuerschuld auf den Leistungsempfänger (reverse charge) (§§ 13 b ff. dUStG)

60 Abweichend von obigen Grundsätzen sieht das MwStG in bestimmten Fällen einen Übergang der Steuerschuld vom Leistenden auf den Leistungsempfänger vor, wenn dieser eine steuerpflichtige Person ist (reverse charge). Ein solcher Übergang der Steuerschuld dient der Steuersicherung und kommt in folgenden Fällen zur Anwendung:

- wenn der Lieferant eine ausländische steuerpflichtige Person ist:
  - bei sonstigen Leistungen und Warenlieferungen durch ausländische Personen, die im Inland weder Wohnsitz (Sitz) noch gewöhnlichen Aufenthalt oder Betriebsstätte haben, wenn der Abnehmer eine steuerpflichtige Person mit dem Sitz, Ort der Unternehmenstätigkeit, Betriebsstätte oder Wohnsitz im Inland ist;
  - bei sonstigen Leistungen, die unter die B2B-Grundregel fallen, wenn diese von einer ausländischen steuerpflichtigen Person, die im Inland weder Sitz (Wohnsitz) noch Betriebsstätte hat, erbracht wurden.
- wenn sowohl der Lieferant als auch der Abnehmer in der Slowakei zur MwSt registrierten steuerpflichtigen Personen sind:
  - bei der Lieferung von Gold als Rohmaterial oder bei der Lieferung von Anlagegold (einschließlich ihrer Vermittlung);
  - bei der inländischen Lieferung von Metallabfall oder Metallschrott;
  - bei der Lieferung von Immobilien bzw. Immobilienteilen im Inland, wenn der Verkäufer die Option zur Steuerpflicht ausübt und der Abnehmer ein Steuerzahler ist;
  - Übertragung der Emissionsrechte für Treibhausgase im Inland;

- Lieferung von Immobilien oder Immobilienteilen im Inland, die von dem durch Gericht oder durch eine Staatsbehörde in einem Zwangsverkaufsverfahren bestätigten Schuldner verkauft wurden;
- bei Ausübung des Pfandrechts und der Sicherungsübertragung des Rechts, wenn die Übertragung des Wareneigentums erfolgt;
- bei der Lieferung eines Baues oder seines Teiles, Erbringung der Bauarbeiten und Warenlieferung mit Montage falls die Lieferung des Baues, Bauarbeiten oder die ausgeführte Montage in der Sektion F der CPA Klassifikation (EU-Verordnung Nr. 1209/2014) eingeordnet ist;
- bei Lieferungen von folgenden Waren:
  - Waren wie Getreide und ölhaltige Saat und Früchte (Kapitel 10 und 12 des gemeinsamen Zolltarifs), wenn diese in unverändertem Zustand gewöhnlich nicht für den Endverbrauch bestimmt sind,
  - Waren wie Eisen und Stahl und Metallprodukte (Kapitel 72 des Gemeinsamen Zolltarifs und die Positionen 7301, 7308 und 7314 des Gemeinsamen Zolltarifs) außer Metallabfall oder Metallschrott,
  - Handys, die zur Verwendung in Verbindung mit einem lizenzierten Netz hergestellt oder angepasst sind und auf festgelegten Frequenzen funktionieren, ohne Rücksicht darauf, ob sie eine andere Verwendung haben oder nicht, sofern die Steuerbemessungsgrundlage in der Rechnung für die Lieferung dieser Waren 5 T€ und mehr beträgt,
  - Integrierschaltkreisen, wie Mikroprozessoren und Zentralbearbeitungseinheiten, im Zustand vor dem Einbau in die Erzeugnisse für einen Endverbraucher:, sofern die Steuerbemessungsgrundlage in der Rechnung für die Lieferung dieser Waren 5 TEUR und mehr beträgt.

Die Verlagerung der Steuerschuld ist auch dann möglich, wenn die ausländische Person über eine umsatzsteuerliche Betriebsstätte in der Slowakei verfügt, diese aber nicht an der Leistungserbringung beteiligt ist (rein verwaltungstechnische, unterstützende Aufgaben sind nicht schädlich). 61

Bei der Inlandslieferung im Rahmen eines Dreieckgeschäftes ist der zweite Abnehmer verpflichtet, die Steuer zu entrichten. 62

Das Reverse-Charge-Verfahren bei Wareneinfuhr ist derzeit nicht anwendbar. 63

8.3 Abfuhrverpflichtung und Haftung des Leistungsempfängers

In den Fällen, in denen die Steuerschuld vom ausländischen leistenden Steuerpflichtigen auf den Leistungsempfänger übergeht, sieht das slowakische MwStG keine Haftung des Leistenden vor, soweit der Leistungsempfänger die Steuer nicht abführt. 64

Eine Haftungsverpflichtung für den Leistungsempfänger besteht bei Leistungen, bei denen der Leistende verpflichtet ist, die slowakische MwSt in Rechnung zu stellen und diese zu entrichten. Der Steuerzahler, dem die Waren oder Dienstleistungen im Inland geliefert wurden, haftet als Gesamtschuldner für die in einer vorangegangenen Lieferstufe ausgestellte Rechnung angegebene Steuer, wenn der Aussteller der Rechnung die ausgewiesene Steuer nicht entrichtet hat. 65

In 2012 wurden die Bedingungen für die Haftung wesentlich verschärft. Ausschlaggebend für die Haftung des Abnehmers für die unbezahlte Steuer aus der Vorstufe ist, ob er zum Zeitpunkt der Entstehung der Steuerpflicht die Kenntnis, dass die Steuer teilweise oder vollständig nicht bezahlt wird, hatte oder aufgrund ausreichender Indizien hätte haben sollen oder können. 66

67 Ausreichendes Indiz dafür ist, wenn eine der Bedingungen erfüllt wird:

- das Entgelt in der Rechnung ist aus wirtschaftlicher Sicht unangemessen, oder
- der Lieferant und der Abnehmer sind zum Zeitpunkt der Entstehung der Steuerpflicht personell verbunden.

68 Aufgrund der Entscheidung des Steuerverwalters ist der Abnehmer verpflichtet, die Steuer, für die er haftet, zu zahlen. Gegen eine solche Entscheidung ist ein Einspruch zulässig, der aber keine aufschiebende Wirkung hat.

9 Entstehen der Steuerschuld (§§ 13 ff. dUStG)

69 Die Steuerschuld entsteht grundsätzlich am Tag der Lieferung der Waren oder der Erbringung der sonstigen Leistung (Dienstleistung).

70 Lieferungen von Waren gelten in dem Zeitpunkt als ausgeführt, in dem die Verfügungsmacht über den Gegenstand verschafft wird. Bei der Übertragung oder dem Übergang einer Immobilie gilt als Liefertag der Tag der Übergabe der Immobilie zur Nutzung, wenn dieser Tag früher als der Tag der Grundbucheintragung des Eigentumsrechtes zur Immobilie eintritt. Bei der Lieferung eines Bauwerkes auf Grund eines Werkvertrages oder eines ähnlichen Vertrages gilt als Liefertag der Tag der Übergabe des Bauwerkes.

71 Bei der Lieferung von sonstigen Leistungen ist der Zeitpunkt der Ausführung (= Vollendung) maßgeblich.

72 Wurde die Anzahlung vor der Lieferung der Ware oder sonstigen Leistung entgegengenommen, entsteht die Steuerschuld aus der entgegengenommenen Zahlung am Tage der Entgegennahme der Zahlung.

73 Eine Sonderregelung gilt bei den sog. Teillieferungen und wiederholten Lieferungen, bei denen der Leistungserbringungstag von den vereinbarten Zahlungszielen abhängig ist. Als Teillieferung einer Ware oder sonstigen Leistung gilt eine solche Leistung, die einen Teil der Gesamtleistung, für die ein Vertrag abgeschlossen wurde, darstellt. Als wiederholte Lieferung einer Ware oder sonstiger Leistung gilt die Lieferung gleicher Waren oder sonstiger Leistungen in wiederkehrend vereinbarten Fristen. Lieferungen dieser Art gelten am letzten Tag des Zeitraums als geliefert, auf den sich die Zahlung bezieht. Wurde die Zahlung für einen längeren Zeitraum als zwölf Kalendermonate vereinbart, gilt die Ware oder Dienstleistung am letzten Tag des 12. Monats als geliefert. Bei Zahlungen für Dienstleistungen gem. der Grundregel B2B, wenn die Steuerschuld auf den Leistungsempfänger übergeht, für einen längeren Zeitraum als zwölf Kalendermonate, gilt die Dienstleistung am letzten Tag jedes Kalenderjahres als geliefert.

74 Bei i. g. Lieferungen entsteht die Steuerschuld am 15. Tag des auf den Kalendermonat des Warenerwerbs folgenden Kalendermonats oder am Tag der Ausstellung der Rechnung, und zwar an dem Tag, der früher eintritt. Bei wiederholten i. g. Lieferungen während eines einen Kalendermonat überschreitenden Zeitraums entsteht die Steuerschuld am letzten Tag jedes Kalendermonats, bis die Warenlieferung vollendet ist.

75 Beim i. g. Erwerb entsteht die Steuerschuld am 15. Tag des auf den Kalendermonat des Warenerwerbs folgenden Kalendermonats, oder am Tag der Ausstellung der Rechnung, und zwar an dem Tag, der früher eintritt.

Bei der Wareneinfuhr entsteht die Steuerschuld grundsätzlich am Tag der Übernahme der schriftlichen Zollerklärung zur Abfertigung der Waren in das entsprechende Zollverfahren. Bei der Ausfuhrlieferung entsteht die Steuerpflicht am Tag des Warenabgangs aus dem EU-Gebiet, der von der Zollbehörde in der Zollerklärung bestätigt ist. 76

Bei der Lieferung von Pfandverpackungen entsteht die Steuerschuld am letzten Tag des betreffenden Kj. für jenen Steuerpflichtigen, der als erster Waren zusammen mit Pfandverpackungen am Markt einführt. Die Steuerpflicht entsteht für die Differenz zwischen den am Markt eingeführten und den aus dem Markt zurückgekehrten Pfandverpackungen. 77

10 Rechnungsausstellung (§§ 14 ff. dUStG)

10.1 Allgemeines

Jeder Steuerzahler ist bei Umsätzen an steuerpflichtige Personen und juristische Personen, die keine steuerpflichtigen Personen sind, verpflichtet, ordnungsgemäße Rechnungen auszustellen. Dem Steuerzahler wurde eine Pflicht zur Erstellung von Rechnungen in den folgenden Fällen auferlegt: 78

- bei Warenlieferung und Leistungserbringung mit dem Ort der Leistung in einem anderen Mitgliedstaat, falls die Steuer von dem Empfänger geschuldet wird,
- bei Warenlieferung und Leistungserbringung für eine steuerbare Person mit dem Ort der Leistung im Drittland,
- bei Lieferungen im Wege des Versandverkaufs mit dem Leistungsort im Inland.
- bei Entgegennahme der Zahlung vor der Lieferung der oben genannten Waren oder Dienstleistungen

Eine steuerbare Person, die nicht für MwSt registriert ist, muss eine ordnungsgemäße Rechnung auch bei Dienstleistungserbringung gem. der B2B-Grundregel mit dem Leistungsort in der Gemeinschaft oder im Drittland oder beim Empfang einer Zahlung für eine solche Dienstleistung erstellen. 79

Jede Person, die ein neues Verkehrsmittel aus dem Inland in die Gemeinschaft liefert, muss eine Rechnung gem. dem Gesetz erstellen. 80

Bei bestimmten Lieferungen wird der Inhalt der Rechnung spezifiziert – statt der Hinweise auf konkrete Paragraphen des Gesetzes oder Artikel der MwSt-Richtlinie werden schriftliche Beschreibungen benötigt, z. B. »die Lieferung ist von der Steuer befreit«, »Ausstellung der Rechnung durch den Abnehmer«, »Übergang der Steuerschuldnerschaft«, »Regelung der Zuschlagsbesteuerung – Reisebüros/Gebrauchtware«. 81

Als eine vereinfachte Rechnung wird auch ein Beleg für Ware/Leistung (anders als Beleg aus elektronischer Registrierungshandelskasse) gelten, deren Preis einschließlich MwSt 100 € nicht übersteigt. 82

Es besteht keine Verpflichtung zur Ausstellung einer Rechnung, wenn vom leistenden Steuerzahler unecht befreite Umsätze erbracht werden. 83

Eine ordnungsgemäße Rechnung dient dazu, dem Leistungsempfänger den Vorsteuerabzug zu ermöglichen. Eine Rechnung, die zum Vorsteuerabzug berechtigt, muss im Normalfall die folgenden Angaben enthalten: 84

- Name und Adresse des Sitzes, des Orts der Unternehmenstätigkeit bzw. der Betriebsstätte des Steuerzahlers, der die Ware oder Dienstleistung liefert, und seine Identifikationsnummer für die Steuer,

- Name und Adresse des Sitzes, des Orts der Unternehmenstätigkeit bzw. der Betriebsstätte oder des Wohnsitzes des Empfängers der Ware oder Dienstleistung und seine Identifikationsnummer für die Steuer, wenn sie ihm zugewiesen wurde,
- Datum, an dem die Ware oder Dienstleistung geliefert wurde, oder das Datum, an dem die Anzahlung empfangen wurde, wenn dieses Datum bestimmt werden kann und wenn dieses vom Datum der Ausstellung der Rechnung abweicht,
- Datum der Ausstellung der Rechnung,
- Menge und die Art der gelieferten Waren oder den Umfang und die Art der gelieferten Dienstleistung,
- Steuerbemessungsgrundlage, den Einzelpreis ohne Steuer sowie Ermäßigungen und Rabatte, falls sie nicht im Einzelpreis enthalten sind,
- den Steuersatz oder die Angabe über die Steuerbefreiung,
- Gesamtbetrag der Steuer in Euro, die zu bezahlen ist,
- fortlaufende Rechnungsnummer.

85 Bei der Umrechnung der MwSt auf Euro ist grundsätzlich der Umrechnungskurs der Europäischen Zentralbank oder der slowakischen Nationalbank anzuwenden, der an dem Tag, der der Entstehung der Steuerpflicht vorangeht, festgelegt und veröffentlich wird. Unter bestimmten Voraussetzungen kann bei der Umrechnung auch der den Zollvorschriften entsprechende Kurs angewandt werden.

86 Die Rechnung ist spätestens innerhalb von 15 Tagen ab der Lieferung von Waren oder Dienstleistungen oder der Entgegennahme der Anzahlung auszustellen. Zusätzlich ist eine Rechnung innerhalb von 15 Tagen nach dem Ablauf des jeweiligen Kalendermonats, in dem eine innergemeinschaftliche Lieferung getätigt wurde, auszustellen. Die Sammelrechnungen und Korrekturrechnungen (Gutschrift und Lastschrift) sind innerhalb von 15 Tagen nach dem Ablauf des jeweiligen Kalendermonats auszustellen. Die Sammelrechnungen können lediglich höchstens für den Zeitraum von einem Kalendermonat ausgestellt werden.

10.2 Rechnungsausstellung bei Übergang der Steuerschuld

87 Bei Leistungen, bei denen es zum Übergang der Steuerschuld auf den Empfänger kommt, hat der Lieferant grundsätzlich dem Leistungsempfänger, der verpflichtet ist, die MwSt zu entrichten, eine Rechnung auszustellen. Erhält der Lieferant eine Anzahlung für eine sonstige Leistung, die unter die allgemeine B2B-Grundregel fällt und für die es zum Übergang der Steuerschuld auf den Leistungsempfänger kommt, hat der Lieferant eine Rechnung auszustellen. Die Rechnung ist innerhalb von 15 Tagen nach dem Ablauf des jeweiligen Kalendermonats, in dem die Dienstleistung erbracht wurde bzw. eine Zahlung empfangen wurde, auszustellen. Zudem hat der Lieferant in seiner Rechnung statt der Hinweise auf konkrete Paragraphen des Gesetzes oder Artikel der MwSt-Richtlinie eine schriftliche Beschreibung »Übergang der Steuerschuldnerschaft« MwSt anzuführen. Das Recht des Leistungsempfängers auf Vorsteuerabzug wird bei nicht ordnungsgemäßer Rechnungsausstellung jedoch nicht berührt (vgl. Rz. 102).

10.3 Durch elektronische Registrierungshandelskassen ausgestellte Rechnungen

Ein Beleg aus elektronischer Registrierungshandelskasse gilt als vereinfachte Rechnung, wenn: 88
- diese Rechnung bar bezahlt wird und der Betrag der Rechnung die Summe von 1000 € nicht überschreitet oder,
- diese Rechnung auf elektronischem Wege (z. B. Kreditkarte) bezahlt wird und der Betrag der Rechnung die Summe von 1600 € nicht überschreitet.

Bei deren Ausstellung muss eine solche Rechnung keine Angaben über den Leistungsempfänger 89
und den Einzelpreis beinhalten.

10.4 Anzahlungen

Anzahlungen unterliegen in der Slowakei ebenfalls der MwSt, berechtigen aber gleichzeitig zum 90
Vorsteuerabzug. Eine Rechnung über eine Anzahlung hat genauso die allgemeinen Anforderungen zu erfüllen, wobei als Zeitpunkt der Leistungserbringung der Tag der Entgegennahme der Anzahlung gilt.

10.5 Möglichkeit der Rechnungsausstellung

Eine Rechnung ist grundsätzlich durch den leistenden Steuerzahler auszustellen. Das slowakische 91
MwStG ermöglicht, dass eine Rechnung auch durch den Kunden oder andere Personen ausgestellt wird. Wird die Rechnung durch den Kunden ausgestellt, muss diesbezüglich ein schriftlicher Vertrag über die Form der Rechnungsausstellung abgeschlossen werden.

Wenn die Ausstellung der Rechnung durch eine dritte Person erfolgt, ist dies im Namen und für 92
Rechnung des leistenden Steuerzahlers durchzuführen. Für die Richtigkeit der Angaben in der Rechnung und für die Rechtzeitigkeit ihrer Ausstellung ist immer der leistende Steuerzahler verantwortlich. Dies gilt auch dann, wenn die Rechnung von einer dritten Person oder vom Kunden ausgestellt wurde.

Bei den in einer Fremdsprache ausgestellten oder empfangenen Rechnungen ist der Steuerzahler auf 93
Verlangen der Steuerbehörde verpflichtet, ihre Übersetzung in die slowakische Sprache sicherzustellen.

10.6 Elektronische Rechnungen

Als Rechnung gilt auch eine auf elektronischem Weg übermittelte Rechnung, sofern der Emp- 94
fänger zustimmt. Voraussetzung ist, dass die Echtheit der Herkunft, die Unversehrtheit des Inhalts und die Lesbarkeit der Rechnung folgenderweise gewährleistet sind:
- durch ein innerbetriebliches Kontrollverfahren;
- mit qualifizierter elektronischer Signatur;
- mit elektronischem Datenaustausch (EDI – Electronic Data Interchange);
- auf eine andere Art und Weise.

95 Diese Vereinfachungsregelungen wurden seit dem 01.01.2013 in das Gesetz mit der Transponierung der Richtlinie der Europäischen Gemeinschaft Nr. 2010/45/EG eingeführt.

96 Die elektronischen Rechnungen sind in der Regel zehn Jahre lang in einer beliebigen Form aufzubewahren. Die Echtheit der Herkunft, die Unversehrtheit des Inhalts und die Lesbarkeit der Rechnung müssen während der ganzen Zeit gewährleistet sein, wobei auch eine ordnungsgemäße Software zur Verfügung stehen muss.

97 Das Gesetz räumt dem Finanzamt das Recht ein, bei einer Betriebsprüfung von der steuerbaren Person Zugang zu den elektronisch aufbewahrten Rechnungen zu verlangen, um diese herunterladen und benutzen zu können.

10.7 Möglichkeiten der Rechnungskorrekturen

98 Im Allgemeinen besteht die Möglichkeit, Rechnungen zu ändern und zu ergänzen. Jeder Beleg, der die ursprüngliche Rechnung ändert oder ergänzt und sich ausdrücklich und eindeutig auf diese bezieht, gilt als eine Rechnung. Die korrigierte Rechnung muss neben den Pflichtangaben auch die fortlaufende Nummer der ursprünglichen Rechnung enthalten. Es bestehen keine Fristen für Rechnungskorrekturen.

99 Das slowakische MwStG beinhaltet keine ausdrückliche Bestimmung bezüglich Rechnungskorrekturen aufgrund der zu Unrecht in Rechnung gestellten Steuer.

11 Vorsteuerabzug (§§ 15 ff. dUStG)

11.1 Voraussetzungen für den Vorsteuerabzug

100 Soweit der Steuerzahler die angeschafften Gegenstände und Dienstleistungen für Zwecke seiner Unternehmenstätigkeit verwendet, ist er berechtigt, von der von ihm geschuldeten Steuer die Vorsteuer abzuziehen.

101 Bei Lieferungen von Waren oder sonstigen Leistungen im Inland hängt der Vorsteuerabzug von folgenden Voraussetzungen ab:

- Ein anderer Steuerzahler erbringt eine der MwSt unterliegende Leistung.
- Der Leistungsempfänger muss ein Steuerzahler sein. Die Leistung wird für das Unternehmen des Leistungsempfängers ausgeführt und grundsätzlich zur Erbringung von steuerpflichtigen Umsätzen verwendet.
- Das Vorliegen einer ordnungsgemäßen Rechnung ist erforderlich.

102 Abweichend davon gelten für den Vorsteuerabzug nachfolgender Fälle Spezialregelungen:

- Für die Abzugsfähigkeit der Einfuhrumsatzsteuer wird vorausgesetzt, dass sie dem zuständigen Zollamt im Inland entrichtet wurde. Ein durch die Zollbehörde bestätigter Einfuhrbeleg, in dem der Steuerzahler als Empfänger oder Importeur angeführt wird, muss zur Verfügung stehen.

- Die Abzugsfähigkeit der Steuer auf den i. g. Erwerb ist davon abhängig, dass die erworbenen Gegenstände für Zwecke des Unternehmens des Leistungsempfängers bestimmt sind. Eine von dem ausländischen Lieferanten ausgestellte Rechnung muss vorliegen.
- Die Steuer, die aufgrund des Übergangs der Steuerschuld (reverse charge) vom Leistungsempfänger geschuldet wird, kann von diesem als Vorsteuer abgezogen werden, wenn die Lieferung der Waren oder die Erbringung sonstiger Leistungen im Inland für Zwecke seines Unternehmens ausgeführt worden ist. Eine Rechnung ist hierzu nicht erforderlich. Die Vorsteuer muss in den gesetzlich vorgeschriebenen Aufzeichnungen angeführt werden.
- Die Person, die ihre Registrierungspflicht nicht erfüllt hat (verspätete Registrierung), hat auch für den Zeitraum, für den sie für umsatzsteuerliche Zwecke registriert sein sollte, ein Recht auf Vorsteuerabzug.
- Die Vorsteuer aus den Investitionsgütern, die sowie für die unternehmerische Tätigkeit als auch für andere als unternehmerische Zwecke genutzt werden, kann nur in dem Ausmaß der unternehmerischen Tätigkeit abgezogen werden.
- Eine ausländische steuerbare Person, die in der Slowakei für die MwSt erfasst ist, hier aber lediglich solche Waren liefert und Leistungen erbringt, bei denen die Steuerschuldnerschaft beim Empfänger liegt (reverse charge), hat kein Vorsteuerabzugsrecht im Wege der MwSt-Erklärung, sondern nur im Wege des Erstattungsverfahrens.

11.2 Zeitpunkt des Vorsteuerabzugs

Der Vorsteuerabzug ist erst in dem Zeitpunkt möglich, in dem sämtliche Voraussetzungen vorliegen. Es kommt somit bei Lieferungen von Waren oder sonstigen Leistungen im Inland darauf an, dass die Leistung tatsächlich ausgeführt wurde und der Steuerzahler über die Leistung eine ordnungsgemäße Rechnung erhalten hat. Die Bezahlung der Rechnung ist in diesem Fall grundsätzlich nicht erforderlich. Eine Ausnahme gibt es in dem Fall wenn der Lieferant zum sog. »Cash-Accounting« Prinzip optiert – d. h. der Lieferant kommt der Steuerpflicht an das Finanzamt erst nach der Bezahlung der Rechnung nach. Allerdings ist er verpflichtet, diese Vorgehensweise dem Finanzamt mitzuteilen. Der Abnehmer kann in einem solchen Fall erst nach Bezahlung die Vorsteuer abziehen. **103**

Wird vor der Leistungserbringung eine Anzahlung geleistet, kann der Vorsteuerabzug bereits dann vorgenommen werden, wenn eine ordnungsgemäße Rechnung über die Anzahlung vorliegt. In diesem Fall ist der Zeitpunkt der tatsächlichen Leistungserbringung ohne Bedeutung. **104**

Die entrichtete Einfuhrumsatzsteuer kann abgezogen werden, wenn ein durch die Zollbehörde bestätigter Einfuhrbeleg, in dem der Steuerzahler als Empfänger oder Importeur angeführt wird, zur Verfügung steht und zugleich die Einfuhrumsatzsteuer der Zollbehörde bezahlt wurde. **105**

Beim i. g. Erwerb entsteht das Recht auf Vorsteuerabzug, wenn eine Rechnung vom Lieferanten aus einem anderen Mitgliedstaat bzw. ein Beleg über die Warenverbringung vorliegt. Die tatsächliche Bezahlung der Steuer auf den i. g. Erwerb ist ohne Bedeutung. **106**

Der Vorsteuerabzug, der von der Vorlage eines Beleges (Rechnung) abhängig ist, ist in dem Besteuerungszeitraum, in dem das Recht auf Vorsteuerabzug entstanden ist, spätestens jedoch in dem letzten Besteuerungszeitraum des Kj., in dem das Recht auf Vorsteuerabzug entstanden ist, vorzunehmen, wenn bis zum Ablauf der Frist zur Abgabe der Steuererklärung ein Beleg (Rechnung) zur Verfügung steht. Ansonsten ist der Vorsteuerabzug in dem Besteuerungszeitraum vorzunehmen, in dem der Beleg (Rechnung) erhalten wird. **107**

Der Vorsteuerabzug ist in jenen Fällen, in denen die Steuerschuld auf den Leistungsempfänger übergeht (reverse charge), in dem Zeitpunkt möglich, in dem die Lieferung der Waren oder sonstiger **108**

Leistung ausgeführt wurde und die Steuerschuld entstanden ist. Der Vorsteuerabzug ist spätestens im letzten Besteuerungszeitraum des Kj., in dem das Recht auf Vorsteuerabzug entstanden ist, vorzunehmen. Eine ordnungsgemäße Rechnung bzw. ihre Bezahlung ist nicht erforderlich. Der Vorsteuerabzug ist in jenem Besteuerungszeitraum vorzunehmen, in dem er in den Aufzeichnungen angeführt wurde.

11.3 Ausschluss vom Vorsteuerabzug

109 Der Steuerzahler kann die Vorsteuer nicht abziehen bei

- dem Kauf von Waren und Dienstleistungen zum Zweck der Bewirtung und Vergnügung,
- den sog. durchlaufenden Posten.

110 Der Vorsteuerabzug ist weiterhin für jene Leistungen ausgeschlossen, die in einem unmittelbaren oder mittelbaren Zusammenhang mit unecht steuerbefreiten Leistungen stehen.

111 Bewirkt der Steuerzahler neben steuerbefreiten Umsätzen, die zum Ausschluss des Vorsteuerabzugs führen, auch Umsätze, bei denen ein solcher Ausschluss nicht eintritt, so hat eine Aufteilung der Vorsteuerbeträge in abziehbare und nicht abziehbare Beträge zu erfolgen. Falls der Steuerzahler die steuerpflichtige Leistung zur Erbringung seiner steuerbaren Leistungen, bei denen er die Vorsteuer abziehen kann, und gleichzeitig zur Erbringung von Leistungen, die von der MwSt unecht befreit sind, empfängt, hat er einen Vorsteuerabzug nur im Ausmaß des Pro-Rata-Satzes (§ 50 MwStG).

11.4 Berichtigung des Vorsteuerabzuges (§§ 15a ff. dUStG)

112 Maßgeblich für den Vorsteuerabzug sind die Verhältnisse im Zeitpunkt der Leistung, d.h. die zu diesem Zeitpunkt voraussichtliche Verwendung der in Anspruch genommenen Leistung. Ändern sich zu einem späteren Zeitpunkt die für den ursprünglichen Vorsteuerabzug maßgeblichen Verhältnisse (tritt z.B. an die Stelle der Steuerpflicht eine unechte Steuerbefreiung oder umgekehrt), ist eine Berichtigung des Vorsteuerabzuges vorzunehmen.

113 Der Berichtigungszeitraum beträgt bei Sachanlagen fünf Kj. und bei Immobilien 20 Kj. Als Sachanlagen für Zwecke des MwStG gelten bewegliche Gegenstände, deren Anschaffungspreis ohne MwSt oder die Selbstkosten höher als 3,3 T€ und deren Nutzungsdauer länger als ein Jahr ist. Bei dem Begriff »Immobilien« verweist der Gesetzgeber auf das Baugesetz, wobei dieser Begriff nicht nur Baugrundstücke, Gebäude, Wohnungen, nicht für Wohnungszwecke bestimmte Räumlichkeiten sondern auch andere z.B. Ingenieur-Bauten umfasst.

114 Eine Berichtigung des Vorsteuerabzuges ist auch bei Änderung des Umfangs der Verwendung dieser Immobilien zu Unternehmenszwecken sowie zu unternehmensfremden Zwecken durchzuführen. Bei den Umgründungen ist es erforderlich, die Berichtigung seitens des Rechtsnachfolgers vorzunehmen.

115 Die Anpassung des Vorsteuerabzuges ist im letzten Besteuerungszeitraum des Kj., in dem die Änderung des Verwendungszweckes erfolgt, vorzunehmen. Bei der Anpassung ist nach der gesetzlich vorgeschriebenen Formel vorzugehen. Die Anpassung des Vorsteuerabzuges ist nicht vorzunehmen, wenn der absolute Wert der Veränderung 10 % oder weniger beträgt.

116 Bei der Anpassung i.S.d. § 54 des MwStG hat der Steuerzahler gem. folgender Formel vorzugehen:

$$DD = \frac{DV \times (A - B)}{5 \text{ oder } 20} \times R$$

DD ist das Ergebnis der Anpassung des Vorsteuerabzugs. DV ist die Vorsteuer, die sich auf den Anschaffungspreis oder auf die Selbstkosten (Herstellungskosten) der Sachanlagen bezieht. 117

A ist eine Ziffer zwischen 0 und 1. Diese wird ermittelt als verhältnismäßiger Anteil der Steuer, die der Steuerzahler zuletzt befugt war beim Investitionsvermögen abzuziehen, zu der Höhe der Steuer, die sich auf die Anschaffungskosten oder die Selbstkosten des Investitionsvermögens bezieht. 118

B ist eine Ziffer zwischen 0 und 1. Diese wird ermittelt als verhältnismäßiger Anteil der Steuer, die der Steuerzahler befugt ist beim Investitionsvermögen abzuziehen, zu der Höhe der Steuer, die sich auf die Anschaffungskosten oder die Selbstkosten des Investitionsvermögens in demjenigen Kalenderjahr bezieht, in welchem die Gründe für eine Berichtigung der abgezogenen Steuer auftreten. 119

R ist die Anzahl der Kj., die bis zur Beendigung des Zeitraums zur Anpassung des Vorsteuerabzugs, einschließlich des Jahres, in dem es zur Änderung des Verwendungszwecks der Sachanlagen gekommen ist, bleiben. 120

12 Registrierungspflichten für steuerpflichtige Personen (§ 19, §§ 27a ff. dUStG)

Für in der Slowakei ansässige steuerpflichtige Personen (inkl. Betriebsstätten) ist eine verpflichtende Registrierung zur MwSt ab einem Umsatz von 50 TEUR in den vorangegangenen zwölf Monaten erforderlich. 121

Seit April 2009 besteht die Möglichkeit, in der Slowakei eine Gruppenregistrierung zur MwSt von mehreren (finanziell, wirtschaftlich und organisatorisch verbundenen) steuerpflichtigen Personen (ähnlich wie Organschaft in Deutschland) zu beantragen. Die MwSt-Gruppe beschränkt sich auf die inländischen Unternehmensteile. Umsätze innerhalb der Gruppe unterliegen nicht der MwSt und Dritten gegenüber tritt die Gruppe als eine steuerpflichtige Person auf. Infolgedessen erhält die Gruppe eine eigene USt-IdNr. Eine ausgewählte steuerpflichtige Person (Gruppenträger) tritt als Vertreter der Gruppe auf. 122

Bei Antragstellung zur Registrierung ist das Finanzamt verpflichtet, der steuerpflichtigen Person einen Bescheid über die Registrierung zur MwSt auszustellen und eine USt-IdNr. zuzuweisen. An dem im Bescheid über die Registrierung genannten Tag wird die steuerpflichtige Person zum Steuerzahler. Eine rückwirkende Registrierung ist nicht möglich. Den Antrag auf Registrierung kann auch eine steuerpflichtige Person freiwillig stellen, die den Umsatz nicht erzielt hat. 123

Bei der MwSt-Registrierung seit dem 01.10.2012 ist zwingend eine unverzinsliche Sicherheit (von 1000 bis zu 500.000 €) eingeführt, wenn: 124

- der Antragsteller – natürliche Person oder Geschäftsführer oder Gesellschafter des Antragstellers (juristische Person) – als Geschäftsführer oder Gesellschafter an Gesellschaften beteiligt ist oder beteiligt war, die zum Zeitpunkt der Registrierung MwSt-Rückstände haben oder deren Registrierung infolge Nichterfüllung von Pflichten ex officio aufgehoben wurde;
- der Antragsteller zum Zeitpunkt der Antragstellung lediglich vorbereitende Tätigkeit ausübt.

125 Die unverzinsliche Sicherheit ist entweder im Wege der Überweisung von Finanzmitteln auf das Konto des Steuerverwalters oder im Wege der Bankgarantie zu leisten. Der Antragsteller hat die Sicherheit innerhalb von 20 Tagen ab Erhalt des Antrags auf Zahlung der Sicherheit zu leisten. Verwendet der Steuerverwalter die Sicherheit nicht zur Begleichung der Steuerrückstände des registrierten Subjektes, hat er sie in einer 30-Tage-Frist nach Ablauf von 12 Monaten seit Leistung der Sicherheit zu erstatten.

126 Die ausländischen Personen, die beginnen, in der Slowakei eine steuerbare wirtschaftliche Tätigkeit auszuüben, sind zur Registrierung verpflichtet, soweit eine der Ausnahmen nicht zur Anwendung kommt. Der Antrag zur Registrierung ist vor Beginn der Ausübung der steuerbaren Tätigkeit an das Finanzamt Bratislava zu stellen. Das Finanzamt ist verpflichtet, unverzüglich, spätestens innerhalb von sieben Tagen ab dem Tag der Zustellung des Antrags auf Registrierung, die Auslandsperson zu registrieren, ihr einen Bescheid über die Registrierung auszustellen und eine USt-IdNr. zuzuweisen.

127 Bei Lieferungen im Versandhandel mit einem Gesamtwert von mehr als 35 TEUR im Kj. ist eine ausländische Person zur Registrierung beim Finanzamt Bratislava verpflichtet. Der Antrag auf Registrierung ist vor der Lieferung der Waren, mit der die Schwelle von 35 TEUR erreicht wird, zu stellen. Eine freiwillige Registrierung ist auch vor dem Erreichen der Schwelle möglich.

128 Kleinunternehmer sowie juristische Personen, die keine steuerpflichtigen Personen sind, müssen sich bei Überschreiten der Erwerbsschwelle von 14 TEUR registrieren lassen; ein Vorsteuerabzug kann durch diese Personen (Schwellenerwerber) nicht geltend gemacht werden.

129 Eine nicht registrierte steuerpflichtige Person, die sonstige unter die B2B-Grundregel fallende Leistungen erbringt, bei welchen es zu einer Verlagerung der Steuerschuld auf den Empfänger kommt, ist vor der Leistungserbringung registrierungspflichtig. Ebenfalls ist eine nicht registrierte steuerpflichtige Person vor dem Empfang einer unter die B2B-Grundregel fallenden Leistung aus einem anderen Mitgliedstaat (mit der Verlagerung der Steuerschuld) zur Registrierung verpflichtet.

130 Wird eine Registrierungspflicht nicht fristgemäß erfüllt, kann vom Finanzamt eine Strafe von bis zu 20 TEUR, mindestens jedoch von 60 €, auferlegt werden.

131 Der Steuerverwalter hat die Möglichkeit, die MwSt-Registrierung eines Steuerpflichtigen aufzuheben, wenn dieser aufhört, steuerbare Tätigkeit auszuüben oder seine Pflichten wiederholend in einem Kalenderjahr nicht erfüllt (dazu gehört die Abgabe von MwSt-Erklärungen, die MwSt-Abfuhr, Pflichten i. Z. m. einer Betriebsprüfung, die Erreichbarkeit für die Finanzbehörde). Die Oberste Finanzbehörde wird einen solchen Steuerpflichtigen zudem auf eine auf dem Portal der Finanzverwaltung öffentlich zugängliche Liste setzen.

13 Erklärungs- und Aufzeichnungspflichten

13.1 Erklärungspflichten (§§ 16 ff. dUStG)

132 Die im Inland ansässigen registrierten Steuerpflichtigen sind verpflichtet, für jeden Veranlagungszeitraum eine Erklärung bis zum 25. des folgenden Kalendermonats an das Finanzamt abzugeben. Als Veranlagungszeitraum gilt grundsätzlich ein Kalendermonat. Der registrierte Steuerpflichtige kann für einen Besteuerungszeitraum von einem Kalenderquartal optieren, wenn er den Umsatz von 100 TEUR in den letzten 12 Kalendermonaten nicht erreicht hat und seit dem Ablauf des Monats seiner MwSt-Registrierung mehr als 12 Monate vergangen sind. In der Erklärung ist die geschuldete MwSt selbst zu berechnen und an das Finanzamt abzuführen. Eine positive Differenz

(Zahllast) ist bis zum 25. des Folgemonats zu entrichten (Fälligkeit). Eine negative Differenz (Guthaben) ist von der Zahllast im nächsten Besteuerungszeitraum abzuziehen. Wenn das Guthaben von der Zahllast im nächsten Besteuerungszeitraum nicht abgezogen werden kann, wird das Finanzamt das nicht abgezogene Guthaben innerhalb von 30 Tagen ab der Abgabe der Steuererklärung für den auf den Besteuerungszeitraum der Entstehung des Vorsteuerguthabens nachfolgenden Besteuerungszeitraum rückerstatten, falls eine Betriebsprüfung nicht eröffnet wird. Seit April 2009 gibt es die Möglichkeit, dass das Guthaben unter den allgemeinen gesetzlichen Voraussetzungen vom Finanzamt innerhalb von 30 Tagen ab der Abgabe der Steuererklärung rückerstattet wird. Falls das Finanzamt eine Betriebsprüfung eröffnen wird und das Guthaben mehr als sechs Monate einbehalten wird, ist das Finanzamt verpflichtet, dem registrierten Steuerpflichtigen Verzugszins i. H. d. zweifachen Basiszinssatzes der Europäischen Zentralbank pro Jahr (mindestens aber 1,5 % p. a.) für den Zeitraum nach Ablauf der 6-monatigen Frist bis zu der Erstattung des Guthabens zu bezahlen.

Die Abgabe einer Jahreserklärung sieht das slowakische MwStG nicht vor. 133

Von der Verpflichtung zur Abgabe von Erklärungen sind ausländische Personen befreit, wenn 134 diese im Besteuerungszeitraum keine Pflicht zur Steuerabfuhr hatten, keine steuerfreie i. g. Lieferung oder Ausfuhr getätigt haben, an keinen Dreiecksgeschäften teilgenommen haben und wenn ihnen kein Recht auf Vorsteuerabzug entstanden ist.

Die Leistungsempfänger, die als zur Entrichtung der MwSt verpflichtete Personen (§ 69 MwSt) 135 gelten, sind verpflichtet, innerhalb von 25 Tagen ab dem Ende des Kalendermonats, in dem die Steuerpflicht entstand, die Steuererklärung abzugeben und innerhalb derselben Frist die Steuer zu entrichten. Die Person, die ihre Registrierungspflicht nicht erfüllt hat (verspätete Registrierung), ist verpflichtet, eine MwSt-Erklärung an das Finanzamt abzugeben und zwar für den Zeitraum, in dem diese Person für MwSt-Zwecke registriert sein sollte.

Darüber hinaus haben Steuerzahler, die am i. g. Handel teilnehmen oder eine sonstige Leistung 136 erbringen, die unter die B2B-Grundregel fällt und bei der das Reverse-Charge-Verfahren zur Anwendung kommt, vierteljährlich bzw. monatlich (falls die Schwelle von 50 TEUR bei der i. g. Lieferungen und Dreiecksgeschäften überschritten wird) Zusammenfassende Meldungen an das Finanzamt abzugeben. Eine quartalsmäßige Zusammenfassende Meldung müssen auch solche steuerbaren Personen abgeben, die keine Steuerzahler sind, aber die sonstige Leistungen erbringen, die unter die B2B-Grundregel fallen und bei denen das Reverse-Charge-Verfahren zur Anwendung kommt. Die Zusammenfassenden Meldungen sind nur elektronisch bis zum 25. Tag des auf jedes Vierteljahr/jeden Monat (Meldezeitraum) folgenden Kalendermonats zu übermitteln und müssen sämtliche betreffende i. g. Lieferungen sowie die einer i. g. Lieferung gleichgestellten i. g. Verbringungen von Gegenständen, Dreiecksgeschäfte als erster Abnehmer und sonstige Leistungen enthalten. Auf elektronischem Weg abgegebene Meldungen müssen eine qualifizierte elektronische Signatur enthalten. Eine qualifizierte elektronische Signatur für die Kommunikation der juristischen Personen mit dem Finanzamt ist ab 01.01.2018 erforderlich – die schriftliche Vereinbarung war lediglich bis zum 31.12.2017 möglich.

Wird eine Erklärung nicht oder verspätet eingereicht, kann vom Finanzamt eine Strafe von bis 137 zu 16 TEUR, mindestens jedoch 30 €, verhängt werden. Wird die MwSt nicht spätestens am Fälligkeitstag (25. des folgenden Kalendermonats) entrichtet, werden Säumniszuschläge i. H. d. vierfachen Basiszinssatzes der Europäischen Zentralbank pro Jahr (mindestens aber 15 % p. a.) seitens des Finanzamts auferlegt.

Bei der Erhöhung der Abgabenschuld bzw. Verringerung des Vorsteuerüberschusses durch eine 138 nachträgliche MwSt-Erklärung wird das Finanzamt eine Strafe i. H. d. einfachen Basiszinssatzes der Europäischen Zentralbank pro Jahr (mindestens aber 3 % p. a.) von der betreffenden Differenz verhängen. Falls diese Tatsache durch das Finanzamt festgestellt wird (z. B. anhand der Betriebsprüfung), erhöht sich die Strafe auf die Höhe des dreifachen Basiszinssatzes der Europäischen

Zentralbank pro Jahr (mindestens aber 10 % p.a.). Falls die nachträgliche MwSt-Erklärung innerhalb von 15 Tagen nach Eröffnung der Betriebsprüfung abgegeben wird, wird die Strafe i.H.d. zweifachen Basiszinssatzes der Europäischen Zentralbank pro Jahr (mindestens aber 7 % p.a.) auferlegt.

139 Seit dem 01.01.2014 besteht in der Slowakei für die Steuerzahler die Pflicht, detaillierte Angaben über Warenlieferung und Leistungserbringung in einer neuen Meldung, der sog. Kontrollmeldung, vorzulegen. Die Kontrollmeldung ist zusammen mit der Steuererklärung in elektronischer Form einzureichen. Die Steuerzahler sind verpflichtet, in der Kontrollmeldung Angaben über Transaktionen aus den Ausgangs- sowie Eingangsrechnungen oder aus anderweitigen Unterlagen (z.B. Verträgen) anzuführen, bei denen sie zur Zahlung der Steuer in der SR verpflichtet sind, sowie über Transaktionen, bei denen sie das Recht auf Vorsteuerabzug geltend machen. Bei Verletzung dieser Pflichten (rechtzeitige und vollständige Abgabe) ist eine Strafe bis zu 10 TEUR aufzuerlegen. Bei wiederholten Verletzungen der Pflichten kann die Strafe bis zu 100 TEUR betragen. Eine rechtzeitige Erstattung des Guthabens ist auch an die Abgabe der Kontrollmeldung gebunden.

13.2 Aufzeichnungspflichten (§§ 22 ff. dUStG)

140 Zur Feststellung der Steuer und der Grundlagen ihrer Besteuerung ist der registrierte Steuerpflichtige verpflichtet, im Inland umfangreiche Aufzeichnungen zu führen. Die Aufzeichnungspflicht des Steuerzahlers erstreckt sich insbesondere auf:

- ausführliche Aufzeichnungen nach einzelnen Besteuerungszeiträumen über gelieferte Waren und Dienstleistungen und über empfangene Waren und Dienstleistungen,
- die Aufzeichnungen über die Lieferung von Waren und Dienstleistungen in einen anderen Mitgliedstaat, über den Erwerb von Waren aus einem anderen Mitgliedstaat sowie über i. g. Warenverbringungen, die einer i. g. Lieferung bzw. einem i. g. Erwerb gleichgestellt sind, über die Entgegennahme der Dienstleistungen aus einem anderen Mitgliedstaat und über die Einfuhr von Waren, die getrennt zu führen sind,
- die Aufzeichnungen für Zwecke des Vorsteuerabzugs, in welchen eine Gliederung in Waren und Dienstleistungen mit der Möglichkeit des Vorsteuerabzugs, ohne die Möglichkeit des Vorsteuerabzugs und mit der Möglichkeit des verhältnismäßigen Vorsteuerabzugs zu erfolgen hat (aufgegliedert nach den betreffenden Besteuerungszeiträumen),
- die Aufzeichnungen über die vor der Lieferung von Waren und Dienstleistungen empfangenen Anzahlungen und über die vor der Lieferung von Waren und Dienstleistungen geleisteten Anzahlungen,
- die Aufzeichnungen über die Waren und Dienstleistungen für den privaten Bedarf des Steuerzahlers oder für den privaten Bedarf seines Personals, über die unentgeltliche Warenlieferung, unentgeltliche Nutzung der Ware und unentgeltliche Dienstleistungen oder über die Nutzung für unternehmensfremde Zwecke, wenn beim Kauf oder der Selbsterstellung dieser Waren die Steuer vollständig oder teilweise abzugsfähig war,
- die Aufzeichnungen über die Warenverbringung vom Inland in einen anderen Mitgliedstaat
  - zum Zweck der Bearbeitung, Verarbeitung, Reparatur oder anderen ähnlichen Tätigkeiten, die physisch an diesen Waren für diese steuerpflichtige Person in dem Mitgliedstaat, in dem der Versand oder die Beförderung von Waren endet, ausgeführt werden; unter der Voraussetzung, dass diese Waren nach der Beendigung der Operationen an diese Person ins Inland zurückversandt werden,

  - zur vorübergehenden Verwendung dieser Waren in dem Mitgliedstaat, in dem der Versand oder die Beförderung von Waren endet, zum Zweck der Lieferung der Dienstleistungen durch diese steuerpflichtige Person,
  - zur vorübergehenden Verwendung für einen Zeitraum von höchstens 24 Monaten auf dem Gebiet eines anderen Mitgliedstaates, in dem die Einfuhr derselben Waren aus einem Drittlandgebiet als zum Verfahren der vorübergehenden Verwendung mit voller Einfuhrzollbefreiung gestellt gelten würde,
- die Aufzeichnungen, die zur Identifikation beweglicher materieller Vermögensgegenstände aus einem anderen Mitgliedstaat erforderlich sind, an denen die Arbeiten geleistet werden oder diese bewertet werden, wenn diese Arbeiten für eine Person ausgeführt werden, die in einem anderen Mitgliedstaat zur MwSt erfasst ist.

Schwellenerwerber haben die Aufzeichnungen über die aus einem anderen Mitgliedstaat erworbenen Waren zu führen. Bei B2B-Leistungen sind Leistungserbringer und Leistungsempfänger verpflichtet, die Aufzeichnungen über die erbrachten Dienstleistungen zu führen. **141**

Die Aufbewahrungsfrist von Aufzeichnungen beträgt zehn Jahre. **142**

Neue Aufzeichnungspflichten haben die Steuerzahler, die in einem anderen Mitgliedstaat von einer in dem anderen Mitgliedstaat für die MwSt erfassten Person Kraftfahrzeuge zwecks Weiterverkaufs einkaufen, die bereits in einem anderen Mitgliedstaat registriert waren – diese Aufzeichnungen sind dem Steuerverwalter zusammen mit der Steuererklärung vorzulegen. Nichtvorlage, verspätete Vorlage oder Vorlage unkorrekter Angaben bei diesen Aufzeichnungen unterliegt einer Strafe bis i. H. v. 10.000 €. **143**

14 Besonderheiten

14.1 Vereinfachungsregelung für Konsignationslager

Die Versendung oder Beförderung von Waren von einem Mitgliedstaat in ein Konsignationslager in einem anderen Mitgliedstaat durch eine steuerpflichtige Person stellt nach den allgemeinen Bestimmungen eine i. g. Verbringung dar. Mit der Entnahme der Waren durch den Abnehmer aus dem Lager kommt es zu einer Lieferung an diesen. **144**

Das slowakische MwStG sieht unter bestimmten Voraussetzungen folgende Vereinfachungsregelung vor: Das Verbringen von Waren einer ausländischen Person, die zur MwSt in einem anderen Mitgliedstaat erfasst ist, in ein inländisches Konsignationslager kann als eine direkte i. g. Lieferung des ausländischen Lieferanten betrachtet werden. In diesem Fall kann der Abnehmer die Warenentnahme als i. g. Erwerb behandeln. Voraussetzung ist, dass im Lager die Waren nur für einen einzigen Abnehmer (in der Slowakei registrierter Steuerpflichtiger) eingelagert werden. Im Zeitpunkt des Versands oder der Beförderung muss der Empfänger der Waren bekannt sein. Der Abnehmer (in der Slowakei registrierter Steuerzahler) muss dem Finanzamt im Voraus schriftlich mitteilen, dass er die zur Entrichtung der MwSt aus dem i. g. Erwerb im Inland verpflichtete Person ist. Der ausländische Lieferant darf in der Slowakei nicht als Steuerzahler registriert sein. Die Ware des Lieferanten ist aus einem anderen Mitgliedstaat in die Slowakei durch den Lieferanten oder auf dessen Rechnung befördert oder versendet worden. **145**

14.2 Leasing

146 Das Leasing wird mit Ausnahme der unten angeführten Fälle ungeachtet dessen, ob es sich um eine operative Vermietung oder um Finanzierungsleasing (mit vereinbartem Recht, den vermieteten Gegenstand ohne unnötigen Verzug nach Ablauf des Mietvertrages zu kaufen) handelt, als eine sonstige Leistung behandelt. Die Steuerpflicht entsteht im Ausmaß der vereinbarten laufenden Mietzahlungen und ist grundsätzlich vom Zahlungsziel abhängig. Das Finanzierungsleasing (mit der Verpflichtung, den vermieteten Gegenstand nach der Bezahlung der letzten Leasingrate zu kaufen) wird wie eine Warenlieferung behandelt.

147 Demgegenüber wird die Übergabe eines beweglichen Leasinggegenstandes aufgrund eines grenzüberschreitenden Finanzierungsleasingvertrages als eine steuerfreie i. g. Warenlieferung betrachtet. Formelle Voraussetzung ist, dass im Mietvertrag ein Recht auf den Kauf der gemieteten Sache vereinbart wurde und die Übernahme des Leasinggegenstandes im Mitgliedstaat des Mieters als ein steuerbarer i. g. Erwerb gilt.

148 Als ein steuerbarer i. g. Erwerb im Inland gilt auch der Erwerb eines Leasinggegenstandes aufgrund eines Finanzierungsleasingvertrages (Mietvertrag mit dem vereinbarten Recht auf den Kauf der gemieteten Sache), wenn die Übergabe des Mietgegenstandes im Mitgliedstaat des Vermieters als eine steuerfreie i. g. Warenlieferung gilt. Die Erwerbsteuer wird sofort auf die gesamte Bemessungsgrundlage fällig.

149 Als eine Warenlieferung, bei der die sog. Differenzbesteuerung zur Anwendung kommt, gilt auch die Übergabe der Gebrauchtwaren an den Mieter aufgrund eines Finanzierungsleasingvertrages, bei dem das Eigentumsrecht auf die Gebrauchtware ohne unnötigen Verzug nach der Beendigung der Mietdauer von dem Vermieter auf den Mieter übergehen soll.

15 Besonderheiten für ausländische Personen

15.1 Definition

150 Als ausländische Person gilt eine juristische oder natürliche Person, die im Inland keinen Sitz (Wohnsitz), keinen Ort der Unternehmenstätigkeit, keine Betriebstätte hat und die im Ausland unternehmerisch tätig ist.

15.2 Registrierung

151 Ausländische Personen, die in der Slowakei steuerbare Umsätze tätigen, sind verpflichtet, sich beim zuständigen Finanzamt Bratislava (Radlinského 37; P. O.Box 89; 817 89 Bratislava 15; Tel.: 00421 2 5737811 oder 00421 2 68272353; E-Mail: duba-ba.kontakt@financnasprava.sk) vor dem Beginn der Ausübung der Tätigkeit, die der MwSt unterliegt, registrieren zu lassen und Erklärungen abzugeben. Unterhalten sie in der Slowakei eine umsatzsteuerliche Betriebsstätte, gelten sie nicht als ausländische Person und haben sich beim zuständigen Betriebsstätten-Finanzamt erst ab einem Umsatz von 50 TEUR in den vorangegangenen zwölf Monaten registrieren zu lassen.

Eine Registrierung ist nicht erforderlich, wenn ausländische Personen nur folgende Leistungen erbringen: 152

- Beförderungsleistungen und mit diesen Leistungen zusammenhängende zusätzliche Dienstleistungen, die direkt mit der Warenausfuhr (§ 47 Abs. 6, 8, 10 und 12 MwStG) und Wareneinfuhr (§ 48 Abs. 8 MwStG) von der Steuer befreit sind,
- Dienstleistungen und Warenlieferungen, bei denen es zum Übergang der Steuerschuld auf den Empfänger kommt (§ 69 Abs. 2 bis 4 MwStG),
- Erdgas- Strom-, Wärme- und Kältelieferungen an einen Händler oder an eine andere Person als Händler, bei denen es zum Übergang der Steuerschuld auf den Empfänger kommt (§ 69 Abs. 9 MwStG),
- i. g. Warenlieferungen vom Inland in einen anderen Mitgliedstaat, die aus Drittland eingeführt wurden, wenn die ausländische Person durch einen steuerlichen Vertreter i. S. d. § 69 a MwStG vertreten wurde,
- und wenn die ausländische Person als erster Abnehmer am Dreieckgeschäft beteiligt ist.

Nach der Registrierung sind ausländische Personen im Allgemeinen zur Abgabe der Erklärungen sowie der Zusammenfassenden Meldungen verpflichtet. Weitere Pflichten betreffen insbesondere die Rechnungsausstellung, Führung von Aufzeichnungen und Aufbewahrung von Belegen und Aufzeichnungen. Nach der Registrierung finden mehrere Vereinfachungsregelungen wie z. B. Vereinfachungen beim Konsignationslager keine Anwendung mehr. 153

Im Laufe der ersten 12 Monate wird der neu registrierte Steuerpflichtige den Besteuerungszeitraum Kalendermonat haben. Danach kann er für ein Quartal optieren, wenn er den Umsatz von 100 TEUR in den letzten 12 Kalendermonaten nicht erreicht. 154

Ausländische Personen, die in der Slowakei für MwSt-Zwecke registriert sind, die aber aufhören, die steuerbaren Transaktionen auszuführen, sind verpflichtet, einen Antrag auf De-Registrierung zu stellen. 155

Falls eine ausländische Person nicht länger den Status einer ausländischen Person erfüllt (z. B. durch Entstehung einer festen Niederlassung), ist die Änderung der Art der Registrierung nicht durch die Erzielung eines bestimmten Umsatzes bedingt. Die Registrierungsbescheinigung wird vom Finanzamt entsprechend kennzeichnet. Dies gilt entsprechend für die inländischen Personen, wenn diese den Status der in der Slowakei ansässigen Person nicht mehr erfüllen. 156

15.2.1 Fiskalvertreter bei der Einfuhr (§§ 22 a ff. dUStG)

Ein Importeur, der im Inland kein registrierter Steuerpflichtiger (Steuerzahler) ist, kann sich für Zwecke der Geltendmachung der Steuerbefreiung bei der Einfuhr von Waren, die aus einem Drittland versendet oder befördert wurden und deren Versand oder Beförderung in einem anderen Mitgliedstaat endet, von einem Fiskalvertreter vertreten lassen. Voraussetzung ist, dass die Lieferung dieser Waren bei dem Importeur als eine steuerfreie i. g. Lieferung anzusehen ist. 157

Der Fiskalvertreter kann nur ein im Inland ansässiger Steuerzahler sein. Er muss zur Vertretung des Importeurs eine schriftliche beglaubigte Vollmacht sowie die vom Finanzamt Bratislava zugewiesene besondere USt-IdNr. besitzen. Unter dieser besonderen USt-IdNr. kann der Fiskalvertreter im Namen von mehreren vertretenen Importeuren handeln. 158

Der Fiskalvertreter ist verpflichtet, für die vertretenen Importeure Aufzeichnungen zu führen, Steuererklärungen und Zusammenfassende Meldungen bei dem Finanzamt Bratislava abzugeben und der Steuererklärung ein Verzeichnis der vertretenen Importeure beizulegen. 159

160 Das Zollamt hat die Möglichkeit, bei der Einfuhr von Waren aus Drittlandsgebieten, die nachher in einen anderen Mitgliedstaat geliefert werden, von dem Importeur oder Fiskalvertreter die Bezahlung einer unverzinslichen Sicherheit zu verlangen. Die Sicherheit wird von der Person verlangt, die die Steuer zahlen sollte, wenn keine Steuerbefreiung anwendbar wäre. Die Höhe der Sicherheit ist die Höhe der eventuellen Steuer, die zu zahlen wäre, wenn keine Steuerbefreiung anwendbar wäre.

161 Diese Person hat die Sicherheit gem. der Entscheidung des Zollamtes (in Bezug auf Höhe und Frist zur Bezahlung) zu leisten. Wird dem Zollamt ein Nachweis über die Auslieferung der Ware in einen anderen Mitgliedstaat vorgelegt, ist die Sicherheit seitens des Zollamtes in einer 10-Tage-Frist nach Vorlage der Nachweise zu erstatten.

15.2.2 Fiskalvertreter bei dem i. g. Erwerb (§§ 22a ff. dUStG)

162a Die ausländische Person, die kein registrierter Steuerpflichtiger (Steuerzahler) ist und die im Inland die Waren aus einem anderen Mitgliedstaat erwirbt, kann sich für Zwecke der Deklarierung des i. g. Erwerbs von einem Fiskalvertreter vertreten lassen, falls die erworbenen Waren anschließend unmittelbar als steuerbefreite i. g. Lieferung bzw. Ausfuhrlieferung geliefert sind. Voraussetzung ist, dass diese Lieferungen ausschließlich auf elektronischem Weg ausgeführt sind (durch z. B. elektronisches Portal, elektronischen Markt) und die ausländische Person, keine anderen Lieferungen/ Leistungen in der Slowakei ausführt, bei denen sie verpflichtet wird, die Steuer zu zahlen.

162b Der Fiskalvertreter kann nur ein im Inland ansässiger Steuerzahler sein. Er muss zur Vertretung der ausländischen Person eine schriftliche Vollmacht sowie die vom Finanzamt Bratislava zugewiesene besondere USt-IdNr. besitzen. Unter dieser besonderen USt-IdNr. kann der Fiskalvertreter im Namen von mehreren vertretenen ausländischen Personen handeln.

162c Der Fiskalvertreter ist verpflichtet, für die vertretenen ausländischen Personen Aufzeichnungen zu führen, Steuererklärungen und Zusammenfassende Meldungen bei dem Finanzamt Bratislava abzugeben.

162d Falls die ausländische Person die Voraussetzungen für diese Vereinfachung nicht erfüllen wird, ist sie verpflichtet, sich für MwSt-Zwecke zu registrieren und die Vollmacht dem Fiskalvertreter zu entziehen. Die Nichterfüllung dieser Pflicht führt zu eine Strafe bis zu einer Höhe von 10 T€. Der Fiskalvertreter haftet gemeinsam und unteilbar für die Steuer aus solchen Lieferungen der ausländischen Person.

15.3 Vorsteuererstattungsverfahren

163 Ausländische Personen (aus anderen EU-Staaten sowie aus den Drittländern), die

- in der Slowakei nicht ansässig sind,
- im Ansässigkeitsstaat für Zwecke der oder eine ähnliche allgemeine Steuer erfasst sind,
- keine Umsätze im Inland ausgeübt haben (mit Ausnahme der steuerfreien Güterbeförderung inkl. Nebenleistungen, Reverse-Charge-Umsätze, Erdgas-, Strom-, Wärme- und Kältelieferungen, Einfuhr aus Drittland, wenn Vertretung durch einen Fiskalvertreter erfolgt und wenn sie erster Abnehmer im Dreiecksgeschäft sind),

können ihre Vorsteuer im Erstattungsverfahren geltend machen.

Die Regelung für ausländische Personen aus anderen EU-Staaten: 164
Der Erstattungsantrag muss an die Finanzverwaltung in dem Mitgliedstaat, in dem der Steuerpflichtige ansässig ist, gerichtet werden. Nach einer formellen Prüfung wird die Finanzverwaltung den Antrag an die Finanzverwaltung im Mitgliedstaat der Erstattung weiterleiten. Im Rahmen des neuen Systems werden die Antragstellung sowie die damit zusammenhängende Kommunikation ausschließlich auf elektronischem Wege erfolgen und die Vorlage der Originalrechnungen in Papierform ist nur nach Aufforderung des Finanzamtes vorgesehen. Die Kommunikation zwischen der slowakischen Finanzverwaltung und dem betreffenden Antragssteller wird nur in slowakischer Sprache durchgeführt. Es ist möglich, die Erstattungsanträge spätestens am 30. 09. des auf den Erstattungszeitraum folgenden Kj. vorzulegen. Die allgemeine Frist für die MwSt-Rückerstattung endet vier Monate nach Übermittlung des Antrages, sie kann jedoch verlängert werden (maximal bis zu acht Monaten nach Antragsübermittlung), und zwar wenn das Finanzamt weitere nachträgliche Informationen benötigt (Aufforderung). Mit der verspäteten Vorsteuererstattung seitens des Finanzamtes sind Säumniszinsen verbunden.

Die Regelung für die Personen aus den Drittländern bleibt unverändert: 165
Der Erstattungsantrag ist mittels vorgedruckten Formulars binnen sechs Monaten nach Ablauf des Kj., in dem der Erstattungsanspruch entstanden ist, beim Finanzamt Bratislava zu stellen (d. h. bis 30.06. des Folgejahres). Dem Antrag beizulegen sind sämtliche Originalbelege und eine Bescheinigung, die nachweist, dass die ausländische Person unter einer Steuernummer im Ausland geführt wird.

15.4 Veranlagungsverfahren (§§ 18 ff. dUStG)

Ausländische steuerpflichtige Personen, die im Inland Umsätze tätigen und die Voraussetzungen für das Vorsteuererstattungsverfahren nicht erfüllen, müssen Vorsteuern i. d. R. durch Veranlagung geltend machen. 166

Diesbezüglich gelten für sie die allgemeinen Grundsätze zum Vorsteuerabzug (vgl. Rn. 101 ff.). 167
Hinsichtlich der Registrierungs-, Aufzeichnungs- und Erklärungspflichten vgl. Rn. 133 sowie Rn. 152 ff.

15.5 Mini-One-Stop-Shop für elektronisch erbrachte Dienstleistungen

Seit dem 01.01.2015 hat die Slowakei die neue Regelungen zum »Mini-One-Stop-Shop« – »MOSS« 167a
eingeführt. Dieser betrifft Dienstleister, die e-Dienstleistungen, Kommunikations-, Rundfunk- und Fernsehdienstleistungen an Kunden (Privatpersonen) in mehreren EU-Mitgliedstaaten erbringen bzw. zu erbringen planen.

Demnach sollte die vereinfachte Besteuerung darin bestehen, dass der Dienstleister seine 167b
steuerlichen Pflichten »von einem Ort aus« erfüllt – ohne administrative Pflichten in allen Staaten, in denen seine Kunden angesiedelt sind:

- Seine Pflicht, die Steuer auszuweisen und zu zahlen, erfüllt der Dienstleister durch Abgabe einer speziellen MwSt-Erklärung in seinem Sitzstaat.

- Wenn der Sitzstaat des Dienstleisters die Slowakei ist, wird der slowakische Steuerverwalter die MwSt-Erklärung und den entsprechenden Steuerbetrag elektronisch in alle Staaten senden, in denen die Kunden des Dienstleisters angesiedelt sind.
- Die spezielle MwSt-Erklärung wird vierteljährlich elektronisch abgegeben und die Steuer ist innerhalb der Erklärungsfrist fällig.

167c Wird der Dienstleister die Slowakei als das Land seiner MwSt-Registrierung wählen, sollte er seine Wahl zur Erfüllung seiner MwSt-Pflichten in der Slowakei dem slowakischen FA mitteilen. Nachdem das FA seine Mitteilung akzeptiert hat, teilt es ihm eine UID-Nummer zu. Während der Zeit der Registrierung in der Slowakei und der Verwendung der slowakischen UID-Nummer wird eine Sonder-MwSt-Erklärung quartalsmäßig bis zum 20. Tag des Folgemonats elektronisch abgegeben. Die Steuer ist auch an demselben Tag fällig. Die Frist für die Aufbewahrung der Rechnungen, der Aufzeichnungen und sonstigen mit der MwSt zusammenhängenden Unterlagen beträgt zehn Jahre.

16 Nützliche Adressen

168 Weitere Informationen zum slowakischen Umsatzsteuerrecht können bei den folgenden Stellen eingeholt werden:

Ministerium für Finanzen
\:Stefanovičova 5
P. O. BOX 82
SK–81782 Bratislava
www.finance.gov.sk (dort ist auch das Gesetz Nr. 222/2004 zur Mehrwertsteuer abrufbar)
Oberste Finanzbehörde der Slowakischen Republik
Lazovná ulica 63
SK–97401 Banská Bystrica
Finanzamt Bratislava
Radlinského 37
P. O. BOX 89
SK–81789 Bratislava 15
www.financnasprava.sk (Registrierung für Nicht-EU-Steuerpflichtige bei Erbringung elektronischer Dienstleistungen, Versandverkauf und MwSt, Erstattung der MwSt für nicht im Inland ansässige Steuerpflichtige, Bedingungen für die Erstattung der MwSt an Reisende bei Warenausfuhr, Fiskalvertreter bei der Wareneinfuhr, diverse Formulare zur MwSt).
Online-Validierung der USt-IdNr.:
http://ec.europa.eu/taxation_customs/vies/

Länderanhang Slowenien

1 Einführung

1 Die Einführung der Mehrwertsteuer im Jahr 1999 war einer der wichtigsten Schritte zur Anpassung der slowenischen Gesetzgebung an die europäischen Regelungen. Das erste Mehrwertsteuergesetz wurde schon in den Grundzügen mit EU-Richtlinien in Einklang gebracht, eine endgültige Harmonisierung mit dem EU-Recht erfolgte schließlich mit dem Beitritt Sloweniens zur EU am 01.05.2004.

2 Die Rechtsgrundlagen für die Mehrwertsteuer in Slowenien sind das Mehrwertsteuergesetz und die Durchführungsverordnung zum Mehrwertsteuergesetz, deren aktuelle Versionen Mitte 2016 bzw. Ende 2017 in Kraft getreten sind, sowie alle EU-Verordnungen, die den Bereich der MwSt regeln. Das slowenische Finanzamt gibt regelmäßig Erläuterungen zu Zweifelsfragen und Auslegungsproblemen, manche davon sind im Internet unter www.fu.gov.si abrufbar. Seit 01.01.2007 existiert für den Steuerpflichtigen in diesem Zusammenhang auch die Möglichkeit, sich über die umsatzsteuerlichen Konsequenzen seiner Tätigkeiten beim Finanzamt zu informieren. Der Steuerpflichtige kann vom Finanzamt auch eine verbindliche Auskunft verlangen.

2 Steuerpflichtige Person (§§ 2 ff. dUStG)

3 Nach Art. 5 sloMwStG ist jede Person, die unabhängig (selbständig) eine Tätigkeit ungeachtet ihres Zwecks oder Resultats ausübt, eine steuerpflichtige Person.

4 Als Tätigkeit definiert das Gesetz jede Produktions-, Verarbeitungs-, Handels- und Dienstleistungstätigkeit, einschließlich des Kohlebergbaus, der Landwirtschaft und der freiberuflichen Tätigkeit. Sie umfasst auch die Nutzung von Vermögen und Vermögensrechten, wenn sie einer längerfristigen Einkommenserzielung dienen.

5 Behörden und staatliche Organisationen sowie Gebietskörperschaften gelten im Rahmen ihrer Zuständigkeiten nicht als Steuerpflichtige. Andere juristische Personen des öffentlichen Rechtes gelten im Rahmen ihrer hoheitlichen Tätigkeit nicht als Steuerpflichtige, obwohl sie ihre Aufgaben gegen Entgelt ausüben (Gebühren, Abgaben). Wenn diese Organe allerdings eine der oben

genannten Tätigkeiten ausüben, gelten sie als steuerpflichtige Personen. Dies gilt ebenso, wenn sie Umsätze tätigen, bei welchen ihre Behandlung als nicht steuerpflichtig zur Wettbewerbsverzerrung führen würde.

Steuerpflichtig sind auch die Veranstalter von kulturellen, künstlerischen, wissenschaftlichen, 6
unterrichtenden, sportlichen und unterhaltenden Veranstaltungen.

3 Steuergegenstand (§§ 1 ff. dUStG)

Umsätze, die der slowenischen MwSt unterliegen, sind 7

- Lieferungen,
- Dienstleistungen,
- die Einfuhr und
- der i. g. Erwerb.

3.1 Lieferungen

Als Warenlieferung gilt gem. Art. 6 die Übertragung der Befähigung, wie ein Eigentümer über einen 8
körperlichen Gegenstand zu verfügen.

Als Lieferung gelten auch: 9

- die entgeltliche Übertragung des Eigentumsrechts aufgrund gesetzlicher oder behördlicher Anordnung;
- die Übergabe von Waren aufgrund eines Mietvertrages auf bestimmte Zeit bzw. aufgrund eines Kaufvertrages mit aufgeschobener Zahlungsfrist, gemäß welchem das Eigentumsrecht spätestens bei Bezahlung der letzten Rate auf den Mieter übergeht;
- die Übertragung der Ware gemäß Vertrag, aufgrund welchem Provision bezahlt wird.

Bei **Werklieferungen** handelt es sich um Leistungen, die sowohl Elemente einer Lieferung als 10
auch einer Leistung enthalten. Das slowenische Gesetz kennt den Begriff »Werklieferung« nicht. In der Praxis werden Werklieferungen in Hinsicht auf alle Umstände des Einzelfalls behandelt, meistens allerdings als Lieferungen (siehe Rz 18).

3.2 Dienstleistungen

Dienstleistungen sind alle Leistungen, die keine Lieferung darstellen (Art. 14 sloMwStG). 11

Als Dienstleistung gilt u. a. auch die Verwendung eines dem Unternehmen gehörenden Gegen- 12
standes für Privatzwecke (Bedarf des Personals, anderer privater Personen), die unentgeltliche Erbringung von Leistungen durch das Unternehmen und der Umsatz mit Sachrechten.

3.3 Einfuhr

13 Die Einfuhr von Waren aus Drittländern nach Slowenien stellt gem. Art. 18 sloMwStG einen steuerbaren Warenumsatz dar und unterliegt der MwSt. Wareneinfuhr ist jedes Verbringen von Waren in die EU, die gem. Zollrecht keinen Status von EU-Ware haben, oder von Waren, die aus dem Drittland importiert wurden und innerhalb der EU gem. Zollvorschriften nicht in den freien Verkehr verbracht werden, sowie von allen restlichen Waren, die in die EU aus Drittländern importiert werden.

3.4 Innergemeinschaftlicher Erwerb

14 Ein i. g. Erwerb (im sloMwStG als »Erwerb der Ware in der EU« bezeichnet) liegt gem. Art. 11 sloMwStG vor, wenn der Gegenstand der Lieferung aus einem Mitgliedstaat der EU nach Slowenien gelangt und die Beförderung bzw. Versendung durch den Verkäufer, den Empfänger oder eine dritte Person erfolgt. Die MwSt auf den i. g. Erwerb kann unter den allgemeinen Voraussetzungen als Vorsteuer abgezogen werden.

15 Gemäß den gesetzlichen Bestimmungen entsteht in Slowenien die Verpflichtung zur MwSt-Entrichtung für den i. g. Erwerb im Zeitpunkt der Rechnungsausstellung, bzw., wenn keine Rechnung ausgestellt wurde, am 15. Tag des Folgemonats nach dem Warenerwerb.

16 Der Erwerb von neuen Fahrzeugen aus der EU gilt stets als i. g. Erwerb. Auch natürliche Personen, die in der Regel nicht steuerpflichtig sind, gelten in Bezug auf den Erwerb eines neuen Fahrzeuges als Steuerpflichtige.

4 Leistungsort (§§ 3 ff. dUStG)

17 Grundsätzlich ist der Ort einer Lieferung dort, wo sich der Gegenstand zum Zeitpunkt der Verschaffung der Verfügungsmacht befindet. Allerdings gilt bei Beförderungs- oder Versendungslieferungen die Lieferung dort als ausgeführt, wo die Beförderung oder Versendung beginnt.

18 Wenn der Lieferant die Ware auch montiert bzw. installiert (Werklieferung), ist der Besteuerungsort dort, wo die Montage stattfindet.

19 Der i. g. Erwerb wird in dem Mitgliedstaat bewirkt, in dem sich der Gegenstand am Ende der Beförderung oder Versendung befindet. Sofern der Erwerber aber unter der USt-IdNr. eines anderen Mitgliedstaates als dem, in dem die Beförderung oder Versendung endet, auftritt, gilt der i. g. Erwerb in dem Gebiet dieses Mitgliedstaates als bewirkt.

20 Die Grundregel für die Bestimmung des Leistungsortes bei der Erbringung von sonstigen Leistungen an Unternehmer ist das Empfängerortprinzip (B2B-Grundregel gem. Art. 25 Abs. 1 sloMwStG), d. h. Ort der Dienstleistung ist dort, wo der Empfänger den Sitz seiner wirtschaftlichen Tätigkeit hat. Werden die sonstigen Leistungen an die Betriebsstätte des Unternehmers erbracht, dann gilt dieser Ort als Ort der Dienstleistung.

21 Die Grundregel bei Erbringung von sonstigen Leistungen an Nichtunternehmer (B2C-Grundregel gem. Art. 25 Abs. 2 sloMwStG) legt fest, dass der Ort der Dienstleistung dort ist, wo der

Dienstleistende den Sitz seiner wirtschaftlichen Tätigkeit hat. Werden die Dienstleistungen von einer Betriebsstätte aus erbracht, dann gilt dieser Ort als Ort der Dienstleistung.

Es gibt zahlreiche Ausnahmen von den B2B- und B2C-Grundregeln. Nachfolgende Ausnahme- **22**
regelungen gelten sowohl für die B2B als auch für die B2C-Umsätze:

- Leistungen i. Z. m. Grundstücken und Immobilien: Belegenheitsort des Grundstückes (Art. 27 sloMwStG);
- Dienstleistungen betreffend die Eintrittsberechtigung sowie die damit zusammenhängenden Dienstleistungen für Veranstaltungen auf dem Gebiet der Kultur, der Künste, des Sports, der Wissenschaft, des Unterrichts, der Unterhaltung oder für ähnliche Veranstaltungen wie Messen und Ausstellungen: Tätigkeitsort (Art. 29 Abs. 1 sloMwStG);
- Restaurant- und Verpflegungsdienstleistungen: Tätigkeitsort (Art. 30 sloMwStG);
- Personenbeförderungsleistungen: Leistungsort ist dort, wo die Beförderung bewirkt wird (Art. 28 sloMwStG);
- kurzfristige Vermietung von Beförderungsmitteln: Leistungsort ist dort, wo das Beförderungsmittel tatsächlich dem Empfänger zur Verfügung gestellt wird (Art. 30b sloMwStG); als Zeitraum für eine kurzfristige Vermietung werden folgende ununterbrochene Zeiträume festgelegt (Art. 30b sloMwStG):
  - max. 90 Tage bei Wasserfahrzeugen,
  - max. 30 Tage bei allen anderen Beförderungsmitteln (z. B. Pkw).

Nachfolgende Ausnahmen sind ausschließlich für Leistungen an Nichtunternehmer (B2C) anzu- **23**
wenden:

- alle künstlerischen, wissenschaftlichen, unterrichtenden, sportlichen, unterhaltenden oder ähnlichen Leistungen: Tätigkeitsort (Art. 29 Abs. 1 sloMwStG);
- Güterbeförderung: Leistungsort ist dort, wo die Güterbeförderung aufgrund der Wegstrecke bewirkt wird (Art. 28 sloMwStG);
- Vermittlungsleistungen: Leistungsort ist dort, wo der vermittelte Umsatz erbracht wird (Art. 26 sloMwStG);
- Güterbeförderung: Leistungsort ist dort, wo die Güterbeförderung aufgrund der Wegstrecke bewirkt wird (Art. 28 sloMwStG);
- i. g. Güterbeförderung: Leistungsort ist dort, wo die Beförderung des Gegenstandes beginnt (Art. 28 Abs. 3 sloMwStG);
- Leistungen an beweglichen körperlichen Gegenständen: Tätigkeitsort (Art. 29 Abs. 3 sloMwStG);
- Vermietung eines Beförderungsmittels über einen längeren Zeitraum: Ort, an dem der Dienstleistungsempfänger ansässig ist bzw. seinen Wohnsitz oder seinen gewöhnlichen Aufenthaltsort hat; die Vermietung eines Sportboots über einen längeren Zeitraum ist dort besteuert, wo das Boot dem Dienstleistungsempfänger tatsächlich zur Verfügung gestellt wird (Art 30.b sloMwStG);
- erbringt ein Unternehmer eine Telekommunikations-, Rundfunk-, Fernsehleistung oder eine elektronische Dienstleistung an einen Nichtunternehmer mit Wohnsitz, Sitz oder gewöhnlichem Aufenthalt in Slowenien, ist der Leistungsort dort, wo der Empfänger seinen Wohnsitz, Sitz oder gewöhnlichen Aufenthalt hat, also in Slowenien (Art. 30c sloMwStG).

5 Vorsteuerabzug (§§ 15 ff. dUStG)

24 Der Steuerpflichtige darf bei der Berechnung seiner Steuerpflicht die MwSt abziehen, die er bei Anschaffung der Ware bzw. Dienstleistung von einem anderen Steuerpflichtigen, bei Einfuhr der Ware sowie als Empfänger der Ware bzw. Dienstleistung zu bezahlen hat oder bezahlt hat (nachstehend Vorsteuer), unter der Voraussetzung, dass er die Ware bzw. Dienstleistung zum Zwecke der Ausübung seiner Geschäftstätigkeit, für welche die MwSt zu zahlen ist, verwendet hat bzw. verwenden wird.

25 Das Recht auf Vorsteuerabzug entsteht gem. Art. 62 sloMwStG in dem Moment, in dem die MwSt-Schuld beim liefernden bzw. leistenden Unternehmer entsteht. Der Steuerpflichtige kann die Vorsteuer allerdings nicht früher abziehen als im Steuerzeitraum, in welchem er eine ordentlich ausgestellte Rechnung bzw. die Zolldeklarationen erhalten hat. In Fällen, in denen die MwSt vom Empfänger einer sonstigen Leistung nach dem Reverse-Charge-Prinzip für B2B-Leistungen zu zahlen ist und im Falle von Lieferungen und Leistungen, für welche das inländische Reverse Charge vorgesehen ist (Art. 76a), genügt für den Vorsteuerabzug, dass der Steuerpflichtige über eine Rechnung oder ein anderes Dokument verfügt, in dem die Daten für die richtige Abrechnung der Steuer enthalten sind. Im Falle eines Warenerwerbs aus der EU muss für den Vorsteuerabzug eine Rechnung vorliegen.

26 In allen Fällen, wo der Empfänger die MwSt abführen muss, kann die Vorsteuer schon für dem Zeitraum geltend gemacht werden, in welchem die MwSt-Pflicht angemeldet wurde, wenn die Rechnung bis zur Abgabe der MwSt-Erklärung für jenen Zeitraum eingetroffen ist.

27 Der Steuerpflichtige, der eine steuerpflichtige und steuerbefreite Tätigkeit ausübt, darf nur jene ausgewiesene MwSt abziehen, die auf die steuerpflichtige Tätigkeit entfällt. Weiterhin darf der Steuerpflichtige die Vorsteuer auch von jenen Waren bzw. jenen Dienstleistungen abziehen, die er zur Ausübung seiner Geschäftstätigkeit außerhalb Sloweniens verwendet hat, unter der Voraussetzung, dass er zum Abzug der Vorsteuer berechtigt wäre, wenn er die Leistung in Slowenien erbracht hätte.

28 Folgende Gegenstände bzw. Umsätze berechtigen nicht zum Vorsteuerabzug:

- Jachten und Boote, die zum Sport und zur Vergnügung bestimmt sind, Privatflugzeuge, Pkw und Motorfahrzeuge sowie Treibstoffe, Schmiermittel, Ersatzteile und Dienstleistungen, die damit in einem engen Zusammengang stehen, mit Ausnahme von Wasserfahrzeugen bzw. Fahrzeugen, die zur Ausübung der Vermietungs- und Verpachtungstätigkeiten und der Personen- und Warenbeförderungstätigkeiten sowie zum Weiterverkauf verwendet werden; eine Ausnahme gilt auch im Falle von Fahrschulfahrzeugen, Fahrzeugen zur gewerblichen Personenbeförderung und Bestattungsfahrzeugen;
- Repräsentationskosten (als Repräsentationskosten gelten Kosten für Bewirtung und Unterhaltung bei geschäftlichen oder freundschaftlichen Anlässen) und Verpflegungs- und Unterbringungskosten (außer wenn diese im Rahmen der Tätigkeitsausübung entstanden sind).

29 Wenn der Steuerpflichtige die Vorsteuer nicht in dem Steuerzeitraum abzieht, in dem er die Rechnung bzw. Zolldeklaration erhalten hat, kann er dies jederzeit in einem späteren Steuerzeitraum nachholen, aber spätestens bis zum letzten Steuerzeitraum des folgenden Kj. (d.h. bis zum Dezember des folgenden Kj.). Hier ist im Einklang mit der slowenischen Gerichtspraxis allerdings zu beachten, dass die Frist ab dem Moment läuft, ab dem die MwSt-Schuld beim liefernden bzw. leistenden Unternehmer entsteht (d.h. ab dem Moment der Lieferung bzw. Leistung), und nicht erst ab Erhalt der ordnungsgemäßen Rechnung. Die slowenische Finanzverwaltung erläuterte allerdings in einer veröffentlichten Stellungnahme, dass diese Präklusivfrist nicht im Falle von innergemeinschaftlichen Erwerben und Reverse Charge Verfahren anwendbar ist – in jenen Fällen ist also der Vorsteuerabzug auch nach Dezember des Folgejahres nach der Lieferung möglich, wenn zugleich auch die Steuerpflicht verspätet gemeldet wird.

Erhält der Steuerpflichtige eine Rechnung, in der die MwSt von einer Person ausgewiesen ist, welche die MwSt laut dem Gesetz nicht ausweisen darf, ist er nicht berechtigt, diese MwSt als Vorsteuer abzuziehen, ungeachtet dessen, ob diese von der ausstellenden Person bezahlt wurde oder nicht. **30**

Erhält der Steuerpflichtige eine Rechnung, auf der eine höhere MwSt ausgewiesen ist als sie laut Gesetz vorgesehen ist, so ist er nicht berechtigt, diesen höheren Betrag der MwSt als Vorsteuer abzuziehen, ungeachtet dessen, ob die MwSt bezahlt wurde. **31**

Der Abzug der Vorsteuer ist gem. Art. 68 sloMwStG in folgenden Fällen entsprechend zu berichtigen: **32**

- wenn nachträglich festgestellt wird, dass der Abzug der Vorsteuer zu hoch oder zu niedrig im Vergleich zum Betrag, zu dem der Steuerpflichtige berechtigt ist, berechnet wurde;
- wenn sich nach der Steuerberechnung herausstellt, dass sich die Faktoren für die Berechnung des abzugsfähigen Anteiles der Vorsteuer, wie z. B. Rückgängigmachung und Preisnachlässe, geändert haben.

Die Berichtigung hat nicht zu erfolgen, wenn der Differenzbetrag kleiner als 10 € ist. **33**

Ändern sich innerhalb eines Zeitraumes von fünf Jahren ab dem Kj., das den Beginn der Verwendung der Geschäftsausstattung darstellt, die Bedingungen, die im betreffenden Jahr für den Abzug der Vorsteuer maßgebend waren, so hat für den Zeitraum nach der Änderung, die Berichtigung der Vorsteuer zu erfolgen. Bei Immobilien wird anstatt des Zeitraumes von fünf Jahren ein Zeitraum von 20 Jahren berücksichtigt. Die Korrektur des Vorsteuerabzugs wird so auf fünf bzw. 20 Jahre verteilt. Als Beginn der Verwendung der Geschäftsausstattung bzw. Immobilien gilt der Steuerzeitraum, in dem der Abzug der Vorsteuer erfolgt ist (bzw. nicht erfolgt ist). **34**

6 Steuerbemessungsgrundlage und Steuersätze (§§ 10, 12f f. dUStG)

Grundlage für die Abrechnung der MwSt (nachfolgend: »Steuerbemessungsgrundlage«) ist alles, was Entgelt darstellt (in Form von Geld, Sachbezügen oder Dienstleistungen), welches der Steuerpflichtige vom Kunden, Auftraggeber oder Dritten für den erfolgten Umsatz von Waren bzw. Dienstleistungen erhält oder erhalten hat, einschließlich der Zuschüsse, die in unmittelbarer Verbindung mit dem Preis eines solchen Umsatzes stehen, mit Ausnahme der MwSt. **35**

In die Steuerbemessungsgrundlage sind einzubeziehen: **36**

- Verbrauchsteuern und andere Steuern, Gebühren, Einfuhr- und andere Abgaben, außer der MwSt,
- Nebenkosten wie Provisionen, Verpackungs-, Transport- und Versicherungskosten, die der Lieferant dem Käufer bzw. dem Auftraggeber der Dienstleistung in Rechnung stellt.

Erfolgt die Zahlung für den getätigten Umsatz von Waren bzw. Dienstleistungen nicht in Form von Geld oder nicht zur Gänze in Form von Geld, entspricht die Steuerbemessungsgrundlage dem Marktwert der Ware bzw. der Dienstleistung zum Zeitpunkt und am Ort des erfolgten Umsatzes. **37**

Beim Umsatz von Waren bzw. Dienstleistungen, die vom Steuerpflichtigen, der keinen Sitz in Slowenien hat, durchgeführt wird, umfasst die Steuerbemessungsgrundlage alles, was als Entgelt, das der Empfänger der Ware bzw. der Dienstleistung an den Lieferanten zu leisten hat, gilt. **38**

Als Warenlieferung zählt auch die Verwendung der Ware für nicht unternehmerische Zwecke. In diesem Fall ist die Steuerbemessungsgrundlage der Anschaffungswert bzw. der Gestehungspreis. **39**

40 In die Steuerbemessungsgrundlage werden nicht eingerechnet:
- Preissenkungen wie Preisnachlässe, die zum Zeitpunkt des durchgeführten Umsatzes gewährt werden und auf der Rechnung angeführt sind;
- Beträge, die der Steuerpflichtige im Namen seines Kunden als Vergütung für Ausgaben erhält, die er in seinem Namen und für seine Rechnung gezahlt hat und die er in seiner Buchhaltung als durchlaufenden Posten führt.

41 Wird die Steuerbemessungsgrundlage durch Stornierung des Auftrags, Rückgabe der Ware oder Preisnachlass im Nachhinein geändert, kann der Steuerpflichtige, der den Umsatz von Waren bzw. Dienstleistungen durchgeführt hat, den Betrag der MwSt berichtigen (vermindern). Der Steuerpflichtige darf den Betrag vermindern bzw. berichtigen, wenn er den Käufer schriftlich informiert, dass er für diesen Betrag keinen Vorsteuerabzug hat.

42 Wenn der Empfänger die Rechnung nicht bezahlt, kann der Steuerpflichtige (Rechnungsaussteller) nachträglich unten Einhaltung gewisser gesetzlichen Voraussetzungen seine MwSt-Verbindlichkeit vermindern..

43 Die Steuerbemessungsgrundlage bei der Wareneinfuhr ist der Warenwert, der in Einklang mit den Zollvorschriften der Gemeinschaft festgelegt wird.

44 Ab 01.01.2010 sind für Transaktionen zwischen verbundenen Unternehmern und Personen unter bestimmten Umständen Marktpreise als Bemessungsgrundlage anzuwenden. Dies gilt nur, wenn der Preis
- niedriger als der Marktpreis ist und der Auftraggeber kein Recht auf vollen Vorsteuerabzug hat;
- niedriger als der Marktpreis ist und der Lieferant kein Recht auf vollen Vorsteuerabzug hat und eine Befreiung für die Lieferung oder sonstige Leistung greift;
- höher als der Marktpreis ist und der Lieferant kein Recht auf vollen Vorsteuerabzug hat.

45 Der Normalsteuersatz beträgt 22 %. Zusätzlich gibt es einen verminderten Steuersatz i.H.v. 9,5 %. Der verminderte Steuersatz gilt für folgende Waren:
1. Lebensmittel und Getränke, außer Alkoholgetränke;
2. Lieferung von Wasser;
3. Arzneimittel und medizinische Hilfsmittel;
4. öffentliche Beförderung von Reisenden und Reisegepäck;
5. Bücher (auch digital), Magazine und periodische Publikationen;
6. Eintrittskarten für Ausstellungen, Theater, Museen, für Besichtigung von Naturdenkmälern, Kino- und Musikveranstaltungen, Zirkus, Messen, Vergnügungsparks, Tiergärten und ähnliche Veranstaltungen sowie Eintrittskarten für Sportveranstaltungen
7. Urheberrechte von Literatur- und Musikautoren und Aufführungen von Darstellern;
8. Einfuhr von Kunstgegenständen, Sammlungen und Antiquitäten, wenn diese verkauft werden vom
   - Urheber oder seinen gesetzlichen oder rechtlichen Erben oder
   - MwSt-Pflichtigen, der nicht Wiederverkäufer ist, wenn er den Verkauf gelegentlich tätigt und wenn er die Gegenstände selbst eingeführt hat, oder diese an ihn vom Urheber oder seinem gesetzlichen oder rechtlichen Nachfolger verkauft wurden, oder wenn er beim Kauf einen Anspruch auf Vorsteuerabzug hatte;
9. Wohnungen, Wohn- und andere Objekte, die der dauerhaften Ansässigkeit dienen, und Teile dieser Objekte, wenn diese Teil der Sozialpolitik sind, einschließlich dem Aufbau, Wiederaufbau und Instandhaltung dieser; Renovierung und Reparaturen von Wohnungen; Reinigung von Fenstern und Reinigung von privaten Haushalten;
10. Masttiere, Samen, Setzlinge, Düngemittel und phytopharmazeutische Mittel und Dienstleistungen, die ausschließlich zum Gebrauch in der Land-, Forst- und Fischwirtschaft bestimmt sind; biologische Pflanzenschutzmittel;

11. Unterbringung in Hotels und ähnlichen Beherbergungsbetrieben, einschließlich der Unterbringung in Heimen und Campingplätzen sowie die Vermietung von Campingplätzen für Zelte, Anhänger und ähnliche bewegliche Objekte;
12. Verwendung von Sportobjekten;
13. Bestattungs- und Kremierungsdienstleistungen und der Warenumsatz, der damit unmittelbar verbundenen ist und vom Bestattungsunternehmer durchgeführt wird;
14. Dienstleistungen im Bereich der öffentlichen Hygiene;
15. kleinere Reparaturen von Fahrrädern, Schuhen und Lederwaren, Kleidungsstücken und Haushaltswäsche;
16. Heimpflege von Alten, Kranken oder Behinderten, Kinderbetreuung zu Hause;
17. Friseurleistungen;
18. Lieferung von Topfpflanzen, Jungpflanzen, Schnittblumen.

7 Steuerbefreiungen (§§ 4 ff. dUStG)

7.1 Unechte Steuerbefreiungen

Keine Mehrwertsteuer ist gem. Art. 42 sloMwStG zu zahlen für Tätigkeiten, die im öffentlichen Interesse liegen, wie z. B.: 46

- Gesundheitsversorgung und die damit verbundenen Tätigkeiten,
- Sozialversicherungsdienstleistungen,
- Kindergartenerziehung, Schul- und Universitätsaus- und -fortbildung,
- Verpflegungskosten,
- Leistungen von gemeinnützigen Organisationen,
- Leistungen verbunden mit Sport oder Sportkultur,
- Dienstleistungen im Bereich der Kultur.

Ferner ist keine MwSt zu zahlen (Art. 44 sloMwStG): 47

1. auf Versicherungs- und Rückversicherungsleistungen, einschließlich jener Leistungen, die von Versicherungsvermittlern und -agenten erbracht werden;
2. auf die Miete und Vermietung von Immobilien (einschließlich Leasing), außer:
   - die Unterbringung in Hotels, und ähnlichen Beherbergungsbetrieben, einschließlich der Unterbringung in Heimen und Campingplätzen sowie der Vermietung von Campingplätzen;
   - die Vermietung von Garagen und Parkplätzen;
   - die Vermietung von fest installierten Anlagen und Maschinen;
   - die Vermietung von Tresoren.
3. auf Umsätze von Waren, die ausschließlich für Zwecke von befreiten Leistungen genutzt wurden, wenn der Steuerpflichtige keinen Anspruch auf Vorsteuerabzug für diese Ware hatte;
4. auf Finanzdienstleistungen (Gewähren von Krediten oder Geldausleihungen, von Kreditgarantien und anderen Formen der Geldbesicherung und die Verwaltung derselben durch den Kreditgeber; Umsatz mit Aktien, Anteilen an Firmen oder Vereinen, Schuldverschreibungen (einschließlich der Vermittlung, allerdings ausgenommen die Verwaltung, Aufbewahrung, Investitionsberatung und Leistungen verbunden mit Übernahmen); Verwaltung von Investitionsfonds; Zinsen von Finanzleasing, wenn sie getrennt vom Warenpreis ausgewiesen sind;

5. auf Verwaltungs- und Gerichtsmarken und ähnliche Marken;
6. auf Glücksspiele;
7. auf Umsätze mit Gebäuden oder Gebäudeteilen und Grundstücken, auf denen sie aufgestellt sind;
8. auf Grundstücksverkauf, außer Baugrundstücke;
9. auf die Lieferung von Gold an die Banka Slovenije.

48 Ungeachtet dieser Bestimmungen kann der Steuerpflichtige mit dem Leistungsempfänger, der ebenfalls Steuerpflichtiger ist und einen Anspruch auf Vorsteuerabzug hat, vereinbaren, dass auf den Umsatz, der nach den Punkten 2, 7 und 8 des vorigen Absatzes von der MwSt befreit wäre, die MwSt abgerechnet (in Rechnung gestellt) wird. Dies setzt voraus, dass der Steuerpflichtige zusammen mit dem Leistungsempfänger vor der Umsatzabwicklung der zuständigen Steuerbehörde eine gemeinsame Erklärung eingereicht hat.

7.2 Echte Steuerbefreiungen

49 Wenn der Steuerpflichtige einen echt steuerbefreiten Umsatz ausführt, beeinflusst das sein Recht auf Vorsteuerabzug nicht. Unter die echte Steuerbefreiung fallen:

- Ausfuhrlieferung in Drittländern,
- i. g. Lieferungen,
- Leistungen i. Z. m. internationaler Seeschifffahrt und Luftfahrt,
- internationale Transportleistungen,
- Lieferung von Gold an die Zentralbank,
- Leistungen i. Z. m. diplomatischen Vertretungen,
- Wareneinfuhr und -ausfuhr i. Z. m. Zolllager.

8 Steuerschuldner (§§ 13 a ff. UStG)

8.1 Allgemeines

50 Die MwSt schuldet gem. Art. 76 sloMwStG grundsätzlich der Steuerpflichtige, der Gegenstände steuerpflichtig liefert oder eine Dienstleistung steuerpflichtig erbringt, beim Eigenverbrauch entsprechend der Steuerpflichtige, der ihn tätigt. Beim i. g. Erwerb ist der Erwerber Steuerschuldner. Beim Warenimport ist die Person Steuerschuldner, die als Importeur der Ware auftritt. Überdies ist jede Person Steuerschuldner, die Steuern auf einem Beleg anführt, selbst wenn es sich um keine steuerbare Leistung handelt.

8.2 Übergang der Steuerschuld auf den Leistungsempfänger (§§ 13b ff. UStG)

In bestimmten Fällen geht die Steuerschuld auf den Empfänger der Leistung oder Lieferung über (reverse charge), sofern dieser eine zur Mehrwertsteuer identifizierte Person in Slowenien ist. Dies gilt generell bei Dienstleistungen, erbracht von einem nicht in Slowenien ansässigen Unternehmer, bei denen der Leistungsort aufgrund der B2B-Grundregel in Slowenien liegt, bei Dreiecksgeschäften und bei Lieferungen von Strom und Gas an Händler. Die Registrierung des Leistungserbringers als ausländischer Unternehmer in Slowenien zur Mehrwertsteuer ist hierbei unschädlich. 51

Weiterhin bestimmt Art. 76 a sloMwStG, dass bei folgenden Transaktionen zwischen slowenischen Unternehmern der Leistungsempfänger der Steuerschuldner ist: 52

- Leistungen im Bauwesen,
- Personalanheuerung für Leistungserbringung im Bauwesen,
- Lieferung von Gebäuden und Grundstücken, für die der Lieferant die Besteuerungsmöglichkeit gem. Art. 45 sloMwStG angewendet hat (vgl. Punkt 7 und 8 der Rn. 47),
- Lieferung von Abfällen, Rest- und Gebrauchtmaterialien und damit verbundene Leistungen aufgelistet in Anlage IIIa zum MwStG,
- Übertragung von Treibhausgasemissionszertifikaten (bis 31.12.2018).

Es ist auch auf das sog. Haftungs-reverse-charge hinzuweisen (vgl. Rn. 90). 53

9 Rechnungsausstellung (§§ 14 ff. dUStG)

Der Steuerpflichtige ist verpflichtet, über jeden Umsatz von Waren bzw. Dienstleistungen an natürliche und juristische Personen eine Rechnung auszustellen. 54

Die Rechnung, die ein Steuerpflichtiger einem anderen Steuerpflichtigen oder einer nicht-steuerpflichtigen juristischen Person ausstellt, muss folgende Angaben enthalten: 55

- Datum der Rechnungsausstellung;
- lfd. Rechnungsnummer;
- USt-IdNr., unter welcher der Steuerpflichtige die Warenlieferung bzw. Leistung ausübt;
- USt-IdNr. des Auftraggebers bzw. Käufers, wenn der Auftraggeber bzw. Käufer für die Ware bzw. Leistungen der MwSt-Zahler ist, oder wenn Ware im Rahmen einer i. g. Lieferung übertragen wird;
- Namen und Anschrift des Steuerpflichtigen und seines Auftraggebers;
- Angaben über die Art und Menge der gelieferten Ware bzw. den Umfang und die Art der erbrachten Dienstleistungen;
- Datum der Warenlieferung bzw. Dienstleistungserbringung, bzw. Datum der erhaltenen Vorauszahlung, wenn es bestimmt werden kann und es anders als das Ausstellungsdatum ist;
- Steuerbemessungsgrundlage, von der die MwSt berechnet wird oder auf die sich die Befreiung bezieht, den Preis per Einheit bzw. Dienstleistung ohne MwSt, und eventuelle Preisnachlässe, die nicht in den Preis per Einheit einbezogen sind;
- MwSt-Satz;
- MwSt-Betrag.

56 Diese Pflichtbestandteile decken auch die Pflichtbestandteile von Rechnungen, die an sonstige Personen ausgestellt sind.

57 Erbringt der Steuerpflichtige einen Umsatz von Waren bzw. Dienstleistungen, für den die Befreiung von der MwSt vorgesehen ist, so muss er auf der Rechnung die jeweiligen Bestimmungen des sloUStG oder die Bestimmung der RL 2006/112/EG anführen. Bei Steuerschuldnerschaft des Erwerbers bzw. Dienstleistungsempfängers soll auf der Rechnung die Angabe »Obrnjena davčna obveznost« stehen. Im Falle von Sonderregelungen muss die jeweils angewandte Sonderregelung angeführt werden: »Posebna ureditev – Potovalne agencije/ Rabljeno blago/Umetni\:sti predmeti/ Zbirke in starine«. Bei Ausstellung der Rechnung durch den Erwerber oder Dienstleistungsempfänger und nicht durch den Lieferer oder Dienstleistungserbringer soll die Angabe »Samofakturiranje« stehen. In allen Fällen kann die entsprechende Angabe auch in einer Fremdsprache stehen.

58 Hat der Steuerpflichtige einen Fiskalvertreter bestellt, muss auf der Rechnung die USt-IdNr., der Name und die Anschrift des Fiskalvertreters angeführt werden.

59 Eine Rechnung kann in jeder Währung ausgestellt sein, die MwSt muss jedoch immer auch in Euro angeführt sein. Ein slowenischer Unternehmer muss Rechnungen immer auf Slowenisch ausstellen (oder zweisprachig). Ausländische Unternehmer können Rechnungen in fremder Sprache ausstellen. Das Finanzamt kann jedoch eine Übersetzung der Rechnung anfordern, auch wenn es sich um in Slowenien besteuerte Transaktionen zwischen ausländischen Unternehmern handelt.

60 Werden Gutschriften ausgestellt, muss neben den allgemein vorgeschriebenen Bestandteilen auch angeführt werden, auf welche Rechnung sie sich bezieht und dass der Käufer die Vorsteuer korrigieren muss.

61 Eine Rechnung kann im Namen des Verkäufers auch vom Käufer ausgestellt werden, wenn dies zwischen den Parteien vereinbart ist.

62 Bei Warenlieferungen in die EU, für welche die Befreiung gem. Art. 46 MwStG angewandt wird, und bei B2B-Leistungen muss die Rechnung spätestens bis zum 15. des Folgemonats nach der Lieferung ausgestellt werden.

9.1 Elektronische Rechnungen

63 Als Rechnung gilt auch eine auf elektronischem Weg übermittelte Rechnung. Der Empfänger muss dem Empfang dieser Rechnung zustimmen. Um derartige Rechnungen ausstellen zu können, muss die Integrität und Authentizität der elektronischen Nachricht sichergestellt werden, und aus den Nachrichten müssen der Ort und Zeit der Versendung bzw. des Empfangs ersichtlich sein. Es muss auch die Lesbarkeit der Rechnung bis Ende der pflichtigen Aufbewahrungsfrist sichergestellt werden.

9.2 Anzahlungsrechnung

64 Im Falle einer Entgeltsvereinnahmung vor Leistungsausführung muss eine Anzahlungsrechnung am Tag des Zahlungseinganges ausgestellt werden bzw. spätestens bis zur Frist für die Abgabe der MwSt-Erklärung für den jeweiligen Monat, falls bis dann keine ordentliche Rechnung ausgestellt worden ist. Die Anzahlungsrechnung muss alle Bestandteile wie eine Rechnung beinhalten, der einzige Unterschied besteht darin, dass auch das Datum der erhaltenen Zahlung anzugeben ist.

Wenn nach Ausführung der Leistung eine Schlussrechnung ausgestellt wird, ist darin auf den in den Anzahlungsrechnungen ausgewiesenen Umfang der bereits erbrachten Leistung und MwSt hinzuweisen. 65

Im Fall des i. g. Erwerbs und der i. g. Lieferung brauchen keine Anzahlungsrechnungen ausgestellt werden (doch aber für Leistungen). 66

10 Besteuerungsverfahren (§§ 16 ff. dUStG)

10.1 Registrierung und Vergabe der Identifikationsnummer (§§ 22d ff. dUStG)

Jeder ausländische Steuerpflichtige, der im Inland steuerpflichtige Umsätze ausführt, unterliegt der mehrwertsteuerlichen Registrierung. Dazu ist ein elektronischer Antrag beim Finanzamt Nova Gorica erforderlich. In der Folge erhält der Steuerpflichtige eine Steuernummer mit Präfix SI. Nach der Registrierung wird die Zuständigkeit des Finanzamtes nach dem Ort bestimmt, an dem der Steuerpflichtige den Großteil seiner Tätigkeiten ausführen wird. 67

Für eine ausländische Person tätigt die feste Niederlassung in Slowenien die MwSt-Abrechnung. Ausländische Unternehmer, die in Slowenien steuerpflichtige Umsätze tätigen und keine feste Niederlassung haben, sind auch dazu verpflichtet, sich beim slowenischen Finanzamt registrieren zu lassen und monatliche Erklärungen abzugeben. 68

Folgende Unterlagen sind für die Registrierung erforderlich: Persönliche Angaben über den gesetzlichen Vertreter, Firmenbuchauszug, soweit vorhanden, Bestätigung des ausländischen Finanzamtes über die Erfassung als Unternehmer, Bankkonto der ausländischen Gesellschaft, Nachweis über die beabsichtigte Erbringung einer steuerpflichtigen Tätigkeit in Slowenien (z. B. Vertrag). Es erfolgt eine Eintragung des Vertreters und des Unternehmers in das Steuerregister und Eintragung des Unternehmers in das Mehrwertsteuerregister. 69

Es gibt keine rückwirkende Registrierung in Slowenien. Zur Vermeidung des Verlustes des Vorsteuerabzugs ist eine Registrierung vor Beginn der Ausführung der Umsätze in Slowenien erforderlich. Im Falle von allgemeinen B2B-Leistungen, bei denen die Steuerschuld auf den slowenischen Empfänger übergeht, brauchen sich ausländische Steuerpflichtige nicht in Slowenien registrieren zu lassen. 70

Wenn der EU-Unternehmer das sog. Zollverfahren 42 anwendet, bei dem einer Einfuhr in Slowenien eine befreite i. g. Lieferung folgt, besteht keine Registrierungspflicht, es muss nur ein Vertreter für die Einreichung der Zusammenfassenden Meldung ernannt werden. Ein Unternehmer mit Sitz außerhalb der EU muss sich in diesem Falle registrieren und daneben noch einen Fiskalvertreter ernennen. 71

10.2 Fiskalvertretung (§§ 22a ff. dUStG)

Ein ausländischer Steuerpflichtiger, der steuerbare Tätigkeiten ausübt, kann in Slowenien einen Fiskalvertreter benennen, der für ihn alle gesetzlichen Pflichten erfüllt. Auch wenn der Steuer- 72 pflichtige einen Fiskalvertreter bestellt, muss der Steuerpflichtige vorher die Registrierung und Erteilung einer USt-IdNr. in Slowenien beantragen.

73 Im Falle der Registrierung eines EU-Unternehmers ist die Bestellung eines Fiskalvertreters möglich, im Falle eines Drittlandunternehmers jedoch obligatorisch.

74 Die Ernennung eines Fiskalvertreters bedeutet für einen ausländischen Steuerpflichtigen keine Vereinfachung, denn er muss sich in jedem Fall für MwSt-Zwecke registrieren lassen. Ein Fiskalvertreter kann jede slowenische mehrwertsteuerpflichtige Person sein.

10.3 Steuererklärungen (§§ 16 ff. dUStG)

75 Die MwSt-Erklärung ist bis zum letzten Arbeitstag des Folgemonats für den laufenden Monat elektronisch einzureichen. Zu diesem Zeitpunkt ist auch eine eventuell angefallene MwSt-Schuld (Saldo aus MwSt-Pflicht und MwSt-Anspruch) an das Finanzamt zu überweisen. Erbringt der Steuerpflichtige allerdings i. g. Lieferungen von Waren und/oder Leistungen, für welche die Steuerschuld auf einen EU-Empfänger übergeht, ist die MwSt-Erklärung bereits bis zum 20. Tag im Monat für den Vormonat einzureichen. Einen MwSt-Überhang überweist das Finanzamt in 21 Tagen nach Abgabe der Erklärung auf das Konto des Steuerpflichtigen. Eventuelle Korrekturen (später erhaltene Rechnungen, Gutschriften etc.) werden in der laufenden Monatserklärung rückwirkend geltend gemacht. Es besteht keine Jahreserklärung. Rechnungen, die nicht in der vorgesehenen MwSt-Erklärung (als die MwSt-Pflicht entstand) berücksichtigt wurden, können in der laufenden Erklärung mitberücksichtigt werden. Zu beachten ist dabei jedoch, dass in einem solchen Falle Zinsen i. H. v. Euribor + entsprechendem im Gesetz festgelegtem Zuschlag zu berechnen und mit der Erklärung zu entrichten sind. Vorsteuern können spätestens bis Dezember des Folgejahres geltend gemacht werden (siehe Rn. 29). Der Steuerpflichtige hat bis zum 20. Tag des Monats (z. B. bis zum 20. 03. für Februar), wenn er im Vormonat i. g. Warenlieferungen und/oder Leistungen mit Übergang der Steuerschuld auf einen EU-Unternehmer ausgeführt hat, beim Finanzamt die Zusammenfassende Meldung nach amtlich vorgeschriebenem Vordruck elektronisch abzugeben.

76 Im Falle der Ausübung von Lieferungen und Leistungen, die dem nationalen Reverse Charge gem. Art. 76a MwStG unterliegen (z. B. Bauleistungen), muss der Lieferer bzw. Leistende neben der MwSt-Erklärung noch einen Sonderbericht (Formular »PD-O«) abgeben.

10.4 Mehrwertsteuervergütungen

77 Ein Steuerpflichtiger, der keinen Sitz, gewöhnlichen Aufenthalt oder keine feste Niederlassung in Slowenien hat, ist gem. Art. 74 und Art. 74.i sloMwStG zur MwSt-Vergütung berechtigt, die ihm aufgrund von ausgeführten Umsätzen von Waren bzw. Dienstleistungen seitens steuerpflichtiger Personen in Slowenien oder bei der Wareneinfuhr in die Republik Slowenien berechnet wurde. Die Möglichkeit zur Vergütung besteht nur, wenn er im vorgeschriebenen Zeitraum in Slowenien keinen Waren- bzw. Leistungsumsatz getätigt hat, außer bei:

- Transport- oder transportverbundenen Leistungen, für welche die MwSt-Befreiung gilt;
- Leistungen, bei denen die Steuerschuld vom Empfänger entrichtet werden muss.

Der Antrag auf MwSt-Rückerstattung ist von einem Steuerpflichtigen aus der EU elektronisch beim Finanzamt im eigenen Mitgliedstaat einzubringen. Die Beilage von Originalrechnungen ist obligatorisch bei Rechnungen über 1000 € bzw. Kraftstoffrechnungen über 250 €. Der Antrag ist bis spätestens 30. 09. des auf den Erstattungszeitraum folgenden Kj. zu stellen. Der maßgebliche Erstattungszeitraum muss mindestens drei Monate betragen und höchstens ein Jahr. Der Erstattungsbetrag muss mindestens 400 € betragen, wenn der Erstattungszeitraum weniger als ein Jahr, aber länger als ein Vierteljahr ist. Bezieht sich der Erstattungsbetrag hingegen auf das gesamte Kj. oder den Rest eines Kj. (z. B. November bis Dezember), dann muss dieser mindestens 50 € betragen. Vorsteuern sind nur dann erstattungsfähig, wenn die Umsätze in Slowenien ein Recht auf Vorsteuerabzug begründen. Das Finanzamt muss über den Antrag in vier Monaten ab Einreichung entscheiden. Die Kommunikation zwischen dem Antragsteller und dem Finanzamt erfolgt elektronisch. 78

Ist der Antragsteller ein Steuerpflichtiger aus einem Drittland, ist der Antrag vom Steuerpflichtigen (oder einer von ihm bevollmächtigten Person) beim Finanzamt Ljubljana auf dem Internetportal des slowenischen Finanzamtes (www.edavki.durs.si) einzureichen.Es müssen 79

- gescannte Originalrechnungen und
- ein Bescheid der zuständigen Behörde des Landes, in dem der Steuerpflichtige seinen Sitz hat, dass er in diesem Land mehrwertsteuerpflichtig ist,

beigelegt werden. Die Kommunikation zwischen dem Antragsteller und dem Finanzamt kann auch elektronisch erfolgen.

Um einen elektronischen Antrag stellen zu können, braucht derzeitig der ausländische Unternehmer zunächst eine slowenische Steuernummer und ein digitales Zertifikat. Der ausländische Unternehmer kann auch ein anderes Geschäftssubjekt oder natürliche Person für die Einreichung des Antrags bevollmächtigen. 80

Die Vergütung ist binnen sechs Monaten nach Ablauf des Kj., in dem der Vergütungsanspruch entstanden ist, zu beantragen. Dabei ist noch zu erwähnen, dass eine Vergütung für Drittlandsunternehmer nur im Falle von Gegenseitigkeit möglich ist. Der Vergütungszeitraum obliegt der Wahl des Unternehmers aus dem Drittland, muss jedoch mindestens sechs Kalendermonate umfassen und darf höchstens ein Kj. betragen. Der Vergütungszeitraum kann weniger als sechs Monate umfassen, wenn es sich um den restlichen Zeitraum des Kj. handelt; in diesem restlichen Vergütungszeitraum kann der Unternehmer auch Mehrwertsteuerbeträge geltend machen, die nicht im vorigem Vergütungszeitraum beantragt wurden und Transaktionen betreffen, die im laufenden Kj. abgeschlossen wurden. Ein Antrag des Drittlandunternehmers, der mindestens sechs Monate und höchstens ein Jahr umfasst, kann nur bei einem Vergütungsbetrag von mindestens 400 € gestellt werden. Von dieser Betragsgrenze ausgenommen sind Anträge, die den letzten Zeitraum des Kj. betreffen. In diesem Fall muss der zu vergütende Betrag mindestens 50 € betragen. Das Finanzamt entscheidet über den Antrag innerhalb von sechs Monaten ab Einreichung. 81

11 Besondere Besteuerungsformen

11.1 Kleinunternehmer (§ 19 dUStG)

Steuerpflichtige, deren Umsätze im Zeitraum der letzten zwölf Monate den Wert von 50.000 € nicht überstiegen haben bzw. wahrscheinlich nicht übersteigen werden, gelten als Kleinunternehmer. 82

83 Gem. Art. 94 sloMwStG dürfen Kleinunternehmer keine MwSt berechnen und sie auf ausgestellten Rechnungen ausweisen. Sie haben keinen Anspruch auf Vorsteuerabzug. Diese Bestimmungen gelten nur für Steuerpflichtige, die einen Sitz bzw. feste Niederlassung in Slowenien haben. Kleinunternehmer können jedoch bei der Steuerbehörde einen Antrag zur Besteuerung nach den allgemeinen Bestimmungen stellen.

11.2 Land- und forstwirtschaftliche Betriebe (§ 24 dUStG)

84 Für Land- und forstwirtschaftliche Leistungen sind Sonderregelungen in Bezug auf Steuersätze und pauschale Besteuerung vorgesehen.

11.3 KEA bei Telekommunikations-, Rundfunk-, Fernsehleistungen und elektronisch erbrachten Dienstleistungen

85 Die Folge der Leistungsortregelung im B2C-Bereich wäre eine Registrierungspflicht in jedem einzelnen Land, in dem der betroffene Unternehmer eine derartige Leistung erbringt. Die Registrierung können Unternehmer vermeiden, wenn sie die sog. kleine einzige Anlaufstelle (KEA) bzw. Mini-One-Stop-Shop (MOSS) anwenden. Diese ermöglicht Unternehmern mit Sitz in Slowenien (oder außerhalb der EU und einer festen Niederlassung in Slowenien), dass sie die auf ihre Dienstleistungen in verschiedenen Mitgliedstaaten anfallende MwSt über die KEA in Slowenien im eSteuern-System abrechnen können.

11.4 Besteuerung von Reiseleistungen (§ 25 dUStG)

86 Die MwSt wird von Reiseveranstaltern vom Differenzbetrag zwischen dem Gesamtbetrag, der vom Reisenden bezahlt wird, und den tatsächlichen Aufwendungen des Reiseveranstalters berechnet, wenn der unmittelbare Verbraucher dieser Dienstleistungen der Reisende ist.

11.5 Differenzbesteuerung (§ 25a dUStG)

87 Differenzbesteuerung ist anwendbar, wenn der Steuerpflichtige mit gebrauchten Waren, Kunstgegenständen, Sammlungen und Antiquitäten handelt.

11.6 Vereinfachung für ausländische Beförderer von Reisenden im internationalen Straßenverkehr

Mit dem Ziel Administrationspflichten zu vereinfachen, gilt mit Anwendung ab 01.04.2015 eine spezielle fakultative Regelung für ausländische Beförderer von Reisenden im internationalen Straßenverkehr, die in Slowenien gelegentlich fahren und keine slowenischen Vorsteuern geltend machen. Solche Unternehmer können ein vereinfachtes MwSt-Registrierungsverfahren anwenden und im Anschluss eine jährliche MwSt-Erklärung vorlegen. 88

12 Landesspezifische Besonderheiten

12.1 Zahlungen der Mehrwertsteuer nach Vereinnahmung (§§ 20 ff. dUStG)

Für die Steuerabrechnung nach Vereinnahmung können sich Steuerpflichtige entscheiden, die jährlich weniger als 400.000 € Umsatz machen. Die Fälligkeit der MwSt für den Steuerpflichtigen entsteht am Tag des Zahlungseingangs bzw. der Vorsteuerabzug erst mit tatsächlicher Zahlung. Die obige Regelung ist in folgenden Fällen nicht anwendbar: Einfuhr bzw. Ausfuhr, Lieferungen und Warenerwerb aus der EU, bei spezifischen Transaktionen im Inlandsmarkt (Finanzleasing, Transaktionen gemäß Kredit- oder Darlehensverträgen, Warenlieferungen bzw. Leistungen, für welche eine Rechnung ausgestellt wurde, bevor die Lieferung oder Leistung erbracht wurde). 89

12.2 Haftungsbestimmung

Wenn ein ausländischer Steuerpflichtiger in Slowenien steuerpflichtige Umsätze tätigt, sich aber nicht für mehrwertsteuerliche Zwecke in Slowenien registriert und daher keine slowenische MwSt verrechnet, geht die Pflicht der MwSt-Abrechnung auf den Empfänger über. Der ausländische Unternehmer hat jedoch in diesem Falle keine Möglichkeit auf die Rückerstattung eventueller slowenischer Vorsteuern. 90

12.3 Solidarhaftung

Das sloMwStG sieht in bestimmten Fällen die solidarische Haftung für MwSt-Schulden vor (vgl. Art. 76 b i.V.m. Art. 205 MwSt-RL). Die Haftung tritt ein, wenn ein in Slowenien umsatzsteuerlich registrierter Unternehmer wusste oder hätte wissen müssen, dass er an einer Transaktion, die der Steuerhinterziehung diente, beteiligt war. In diesem Fall ist für die Zahlung der MwSt neben dem Lieferanten auch der Empfänger, an den die Ware geliefert bzw. die Leistungen erbracht wurden, haftbar. 91

92 Betroffene Unternehmer werden in solchen Fällen nachweisen müssen, dass sie auf dem Markt sorgfältig gehandelt haben und den Lieferanten entsprechend geprüft haben. Eine Überprüfungsmöglichkeit besteht seit 01.01.2010 dadurch, dass jeder Unternehmer vom Finanzamt die Information anfordern kann, ob sein Lieferant die MwSt-Erklärung abgegeben hat.

13 Informationsbeschaffung

93 Weitere Informationen zum slowenischen Umsatzsteuerrecht können bei den folgenden Stellen eingeholt werden:

Botschaft der Bundesrepublik Deutschland
Prešernova 27
SI-1000 Ljubljana
Tel.: 00386 1 479 03 00
Fax: 00386 1 425 08 99
www.laibach.diplo.de

Slowenische Wirtschaftskammer – GZS
Dimičeva 13
SI-1504 Ljubljana
Tel.: 00386 1 5898 0 00
Fax: 00386 1 5898 1 00
info@gzs.si
www.gzs.si

Leitner + Leitner d. o. o., Steuerberatung
Dunajska 159
SI-1000 Ljubljana
Tel.: 00386 1 563 67 50
Fax: 00386 1 563 67 89
ljubljana.office@leitnerleitner.com
www.leitnerleitner.com

94 Die Internetseite der slowenischen Steuerbehörde (in slowenischer und englischer Sprache) ist abrufbar unter www.fu.gov.si. Dort sind sämtliche Formulare, Erklärungen und gesetzliche Bestimmungen zu finden.

Länderanhang Spanien

Literatur

Barrero/Francés, Spain Value Added Tax, IBFD 2017. **Ernst & Young**, Worldwide VAT, GST and Sales Tax Guide 2017. Inoffizielle Übersetzung Mehrwertsteuergesetz, IBFD.

1 Einführung

1 Spanien ist der Europäischen Union zum 01.01.1986 beigetreten. Die Einführung der Umsatzsteuer war eine Voraussetzung für den EU-Beitritt und wurde durch das Gesetz 30/1985 vom 02.08.1985 umgesetzt.

Durch die Abschaffung der Grenzen und Kontrollen zwischen den EU-Mitgliedstaaten im Rahmen der Einführung des Europäischen Binnenmarktes zum 01.01.1993 wurde ein neues Umsatzsteuergesetz erforderlich. Mit dem Gesetz 37/1992 (Ley del Impuesto sobre el Valor Añadido, LIVA) wurden Regelungen zur Behandlung innengemeinschaftlicher Transaktionen sowie zur Zusammenarbeit mit den Finanzverwaltungen der anderen Mitgliedstaaten geschaffen. Ferner erfolgte im Zuge der Harmonisierung eine Anpassung der Steuersätze.

Weitere wesentliche Bestandteile des spanischen Umsatzsteuerrechts sind die Königlichen Erlasse und Behördenrundschreiben.

2 Bezeichnung der Steuer

2 Die spanische Bezeichnung der Umsatzsteuer lautet in spanischer Sprache »Impuesto sobre el Valor Añadido« (IVA). Wörtlich ins Deutsche übersetzt entspricht dies dem Begriff »Mehrwertsteuer«.

3 Steuerbarkeit und Erhebungsgebiet

3.1 Erhebungsgebiet

Das umsatzsteuerliche Erhebungsgebiet umfasst neben dem spanischen Festland auch die Balearischen Inseln. Die Kanarischen Inseln sowie die spanischen Exklaven Ceuta und Melilla sind hingegen nicht Teil des spanischen Erhebungsgebietes (vgl. Art. 3 Mehrwertsteuergesetz). 3

Die Kanarischen Inseln verfügen über ein eigenständiges Umsatzsteuersystem, das im Wesentlichen den lokalen Endverbrauch besteuert. Gleiches gilt für Ceuta und Melilla. Diese Gebiete gehören aus Sicht der EU umsatzsteuerlich zum Drittlandsgebiet.

3.2 Steuerbare Umsätze

Sämtliche in Spanien von einem Steuerpflichtigen im Rahmen seines Unternehmens gegen Entgelt ausgeführten **Lieferungen** und **Dienstleistungen** sind umsatzsteuerbar (vgl. Art. 4 Mehrwertsteuergesetz). 4

Lieferungen sind definiert als Übertragung körperlicher Gegenstände oder unbeweglichen Vermögens. Dabei gelten Gas, Elektrizität, Wärme und Kälte als körperliche Gegenstände. Mietkauf stellt ebenfalls eine Lieferung dar (vgl. Art. 8 Mehrwertsteuergesetz). 5

Der **Ort der Lieferung** bestimmt sich nach der Verschaffung der Verfügungsmacht. Bei unbewegten Lieferungen ist das der Ort, an dem sich die Ware im Zeitpunkt der Übergabe befindet, bei bewegten Lieferungen der Ort an dem die Beförderung oder Versendung der Ware beginnt (vgl. Art. 68 Mehrwertsteuergesetz). Abweichend hiervon wird bei der **Versandhandelsregelung** das Ende der Versendung betrachtet (vgl. Art. 15 Mehrwertsteuergesetz). Es gilt hierbei eine Lieferschwelle von 35.000 €. Wird auf diese verzichtet, bindet die Entscheidung den Lieferer für mindestens zwei Jahre. Die Regelung gilt nicht für die Lieferung neuer Beförderungsmittel. Bei Lieferungen mit Montage ist der Lieferort der Ort der Montage. 6

Ebenfalls in Spanien steuerbar sind Lieferungen aus dem Drittland, bei denen der Lieferer die Einfuhrumsatzsteuer schuldet. 7

Explizite gesetzliche Regelungen zu **Reihengeschäften** gibt es in Spanien nicht. 8

Unentgeltlich erbrachte Lieferungen oder Dienstleistungen können steuerbare **unentgeltliche Wertabgaben** sein. Regelmäßig ist Voraussetzung, dass aus dem Gegenstand ein Vorsteuerabzug geltend gemacht wurde. Darüber hinaus gelten unentgeltlich für unternehmensfremde Zwecke erbrachte Leistungen als steuerpflichtige Leistungen (vgl. Art. 9 und 12 Mehrwertsteuergesetz). 9

Dienstleistungen werden ähnlich wie in Deutschland als Leistungen definiert, die keine Lieferungen von Gegenständen darstellen. Das Gesetz enthält weiterhin zahlreiche Beispiele für Dienstleistungen (vgl. Art. 11 Mehrwertsteuergesetz). 10

Der **Ort der meisten Dienstleistungen** zwischen Unternehmern bestimmt sich nach dem Empfängerortsprinzip bzw. für Dienstleistungen an Nichtunternehmer nach dem Sitz des leistenden Unternehmers oder dessen fester Niederlassung (vgl. Art. 69 Mehrwertsteuergesetz). Ausnahmen gelten vor allem für grundstücksbezogene Umsätze (Ort des Grundstücks), für Personenbeförderungen (Ort der Beförderung), kurzfristige Vermietung von Beförderungsmitteln (Ort der Übergabe), Restaurantumsätze (Tätigkeitsort) und den Zugang zu Veranstaltungen (Ort derselben) (vgl. Art. 70 Mehrwertsteuergesetz). 11

Geschäftsveräußerungen im Ganzen an einen anderen Unternehmer, d.h. die Übertragung des ganzen Betriebs oder einer selbständigen wirtschaftlichen Einheit, sind nicht umsatzsteuerbar. 12

Dabei ist es nicht erforderlich, dass der Erwerber die Tätigkeit des Veräußerers unverändert fortsetzt. Vielmehr ist es ausreichend, wenn der Erwerber nachweist, dass er die erworbenen Gegenstände ausschließlich für unternehmerische Zwecke nutzt (vgl. Art. 7 Mehrwertsteuergesetz).

13 Steuerbar ist auch der **innergemeinschaftliche Erwerb** von Gegenständen in Spanien (vgl. Art. 15 Mehrwertsteuergesetz). Es gibt jedoch Ausnahmen für land- und forstwirtschaftliche Betriebe, Steuerpflichtige, die ausschließlich vorsteuerschädliche Ausgangsumsätze tätigen, sowie für nicht unternehmerisch tätige juristische Personen. Die Erwerbschwelle für diesen Personenkreis, die weder im vorangegangenen Kalenderjahr noch im laufenden Kalenderjahr überschritten werden darf, beträgt 10.000 €. Auch wenn die Erwerbschwelle nicht überschritten wird, kann zur Steuerpflicht optiert werden (vgl. Art. 14 Mehrwertsteuergesetz).

14 Dienstleistungen, die von einem spanischen Steuerpflichtigen grenzüberschreitend empfangen werden und unter die Steuerschuldnerschaft des Leistungsempfängers fallen, sind ebenfalls steuerbare Umsätze im Sinne des spanischen Rechts.

15 Unternehmen aus der EU, die Telekommunikations-, Rundfunk-, Fernseh- oder elektronische Leistungen an in Spanien ansässige Nichtsteuerpflichtige erbringen, sind in Spanien seit dem 01.01.2015 umsatzsteuerpflichtig. Sie können jedoch das MOSS-Verfahren nutzen und sind damit nicht registrierungspflichtig.

Unternehmen aus Nicht-EU-Staaten können ebenfalls eine Sonderregelung nutzen, indem sie sich in einem einzigen EU-Mitgliedstaat für dieses Verfahren registrieren und dort sämtliche Umsätze melden.

16 Eine **Kleinunternehmerregelung**, wie sie in vielen anderen EU-Mitgliedstaaten existiert, kennt Spanien nur in stark abgewandelter Form. So erlaubt es das spanische Recht natürlichen Personen und Personengesellschaften ohne eigene Rechtspersönlichkeit, die im Einzelhandel tätig sind und mehr als 80 % ihrer Umsätze an Endkunden tätigen, ohne Umsatzsteuer zu liefern, vorausgesetzt ihre Lieferanten haben ihnen zusätzlich zur gesetzlichen Umsatzsteuer einen Aufschlag in Rechnung gestellt. Dieser Aufschlag beträgt grundsätzlich 5,2 %. Für Waren, die dem ermäßigten Umsatzsteuersatz von 10 % unterliegen, gelten 1,4 %. Waren, die dem ermäßigten Umsatzsteuersatz von 4 % unterliegen, sind mit 0,5 % zu belasten und Waren, die der Tabaksteuer unterliegen, mit 1,75 %.

4 Unternehmer bzw. Steuerpflichtiger

17 Steuerpflichtige nach spanischem Recht sind natürliche und juristische Personen sowie Unternehmen ohne eigene Rechtspersönlichkeit, die im Zuge einer selbständigen geschäftlichen Betätigung gegen Entgelt Waren liefern oder Dienstleistungen erbringen. Eine Gewinnerzielungsabsicht ist nicht erforderlich.

Von der Steuerpflicht ausgenommen sind juristische Personen des öffentlichen Rechts, in dem Umfang, in dem sie hoheitliche Aufgaben erfüllen.

18 Ein ausländischer Unternehmer hat in Spanien eine umsatzsteuerliche **Betriebsstätte** (feste Niederlassung), wenn er dort eine Geschäftseinrichtung unterhält (z. B. Büro, Lager), von dort Lieferungen oder Dienstleistungen erbringt und Personal unterhält, das Verträge mit Kunden oder Lieferanten abschließen kann (vgl. Art. 69 Mehrwertsteuergesetz).

5 Organschaft bzw. Mehrwertsteuergruppe

Das spanische Recht sieht seit dem 01.01.2008 eine Regelung für eine umsatzsteuerliche Organschaft (Mehrwertsteuergruppe) als Wahlrecht vor (vgl. Art. 163 Mehrwertsteuergesetz, Königlicher Erlass Nr. 1466/2007). 19

Organträger muss die spanische Obergesellschaft sein. Nachgeordnete Gesellschaften, die der Mehrwertsteuergruppe angehören wollen, müssen finanziell, wirtschaftlich und organisatorisch mit der Obergesellschaft verbunden sein.

Finanzielle Verbindungen liegen vor, wenn die Obergesellschaft unmittelbar oder mittelbar mehr als 50 % der Anteile oder Stimmrechte an einer nachgeordneten Gesellschaft hält. Organisatorische Verbindungen sind gegeben, sofern die zur Gruppe gehörenden Gesellschaften einer gemeinsamen Geschäftsleitung unterliegen. Eine wirtschaftliche Verbindung besteht, wenn die Gesellschaften denselben oder sich ergänzenden Aktivitäten nachgehen. Das Vorliegen der letzten zwei Verbindungen wird allerdings als gegeben angesehen, sofern das Kriterium der finanziellen Verbindung erfüllt ist.

Die spanische Betriebsstätte einer ausländischen Gesellschaft kann auch Organträger, nicht jedoch Organgesellschaft sein. Ferner kann unter Berücksichtigung der EuGH-Rechtsprechung (Urteil vom 09.04.2013 in der Rechtssache C-85/11) auch eine nicht unternehmerisch tätige Obergesellschaft (Holding) Organträger sein.

Das spanische Recht unterscheidet zwei unterschiedliche Stufen der Gruppenbesteuerung. Bei der Grundstufe ist lediglich zusätzlich zu den individuellen Erklärungen aller zur Gruppe gehörenden Gesellschaften vom Organträger eine zusammengefasste Umsatzsteuererklärung abzugeben, aus der sich für die Gruppe der Nachzahlungs- bzw. Erstattungsbetrag ergibt. Wird das Wahlrecht von einer Gesellschaft ausgeübt, so gehört sie für mindestens drei Jahre der Mehrwertsteuergruppe an. 20

Die Anwendung der höheren Stufe erfordert die Einhaltung besonderer Regelungen für Transaktionen innerhalb der Gruppe, die sich u. a. auf die Ermittlung des steuerpflichtigen Betrages sowie des Vorsteuerabzugs beziehen. Wird diese Stufe der Gruppenbesteuerung gewählt, so ist die Wahl für ein Jahr bindend. Beide Formen der Gruppenbesteuerung führen allerdings nicht dazu, dass Transaktionen zwischen Gruppenmitgliedern zu nicht steuerbaren Innenumsätzen werden. Die zweite Stufe bewirkt jedoch eine Verminderung der Bemessungsgrundlagen.

Die Mitglieder der Mehrwertsteuergruppe haften einzeln wie auch gesamtschuldnerisch für die Umsatzsteuer, unabhängig welche Stufe gewählt wurde.

6 Bemessungsgrundlage

Grundsätzlich bestimmt sich die Bemessungsgrundlage nach dem Nettoentgelt, das der Empfänger oder Dritte für die Lieferung oder Leistung zu zahlen hat (vgl. Art. 78 Mehrwertsteuergesetz). 21

Bei unentgeltlichen Vorgängen ist der Nettoeinkaufspreis bzw. sind die Selbstkosten im Umsatzzeitpunkt anzusetzen (vgl. Art. 79 Mehrwertsteuergesetz). 22

Bei entgeltlichen Transaktionen zwischen nahestehenden Personen (Arbeitnehmer und Arbeitgeber, Gesellschaft und Gesellschafter, jeweils mit Verwandtschaft) ist der Marktpreis anzusetzen, 23 wenn das tatsächliche Entgelt darunterliegt und der Leistungsempfänger oder der Leistende nicht voll zum Vorsteuerabzug berechtigt ist.

7 Steuersätze und Steuerbefreiungen

7.1 Regelsteuersatz

24 Der Regelsteuersatz in Spanien beträgt 21 % (vgl. Art. 90 Mehrwertsteuergesetz).

7.2 Ermäßigte Steuersätze

25 Das spanische Umsatzsteuergesetz sieht zwei ermäßigte Steuersätze vor, und zwar Sätze von 4 % und 10 % (vgl. Art. 91 Mehrwertsteuergesetz).

26 Der **ermäßigte Steuersatz von 4 %** gilt unter anderem für die Lieferung von

- Grundnahrungsmitteln (Brot, Mehl, Milch von Tieren, Käse, Eier, Früchte, Gemüse, Knollen und Getreide),
- Büchern, Zeitungen und Magazinen, die nicht überwiegend Werbung enthalten,
- pharmazeutischen Produkten für den menschlichen Gebrauch,
- bestimmten Gütern für und Erbringung von Leistungen an behinderte Personen.

Digitale Zeitungen und Bücher werden regelbesteuert.

27 Der ermäßigte Steuersatz von 10 % gilt unter anderem für

- die Lieferung von allen übrigen Lebensmitteln sowie von Getränken für Personen und Tiere (alkoholische Getränke sind ausgenommen),
- die Lieferung von pharmazeutischen Produkten für Tiere,
- die Lieferung von bestimmten medizinischen Geräten und Hilfsmitteln (z.T. kommt der Regelsteuersatz zur Anwendung),
- Wohnungen,
- die Lieferung von Blumen, Pflanzen, Samen, Zwiebeln,
- Personenbeförderungen,
- Hotel- und Restaurantumsätze (auch für Getränke),
- bestimmte kulturelle Leistungen (Eintritte u. a. für Bibliotheken, Archive, Kunstausstellungen, Gemäldesammlungen, Theater, Zirkus, Stierkämpfe, Konzerte),
- Müllabfuhr,
- Messen und Ausstellungen,
- Kinokarten (seit dem 05.07.2018)
- Einfuhr und Lieferung von Kunstgegenständen durch die Künstler, die diese geschaffen haben, sowie Händler, die nicht die Differenzbesteuerung anwenden.

7.3 Steuerbefreiungen

Das spanische Umsatzsteuerrecht enthält sowohl Steuerbefreiungen mit Vorsteuerabzugsrecht (echte Steuerbefreiungen) als auch Steuerbefreiungen ohne Vorsteuerabzugsrecht (unechte Steuerbefreiungen). 28

Zu den Steuerbefreiungen mit Vorsteuerabzugsrecht gehören 29

- innergemeinschaftliche Lieferungen und Ausfuhrlieferungen (vgl. Art. 21 Mehrwertsteuergesetz),
- Lieferung von Gold an die Bank von Spanien,
- Umsätze für die internationale Seeschifffahrt und die Luftfahrt (ausschließlich für internationale Fluggesellschaften),
- Lieferungen und Leistungen an ausländische Botschaften und Konsulate, soweit deren Staaten vergleichbaren spanischen Einrichtungen ebenfalls Steuerfreiheit gewähren, sowie an anerkannte internationale Organisationen und deren Mitglieder entsprechend internationalen Abkommen.

Steuerbefreiungen ohne Vorsteuerabzugsrecht (vgl. Art. 20 Mehrwertsteuergesetz) bestehen unter anderem für 30

- Bank- und Finanzumsätze,
- Versicherungsumsätze,
- Glücksspielumsätze,
- ärztliche und zahnärztliche Leistungen,
- Dienstleistungen selbständiger Zusammenschlüsse für ihre Mitglieder (Kostenteilungsgemeinschaften – in Reaktion auf das EuGH-Urteil vom 21.09.2017, C-326/15, DNB Banka, wurden zum 01.01.2019 u.a. Versicherungen, Finanzdienstleister, Urheberrechtsverwalter und verschiedene Immobilienunternehmen aus dem Anwendungsbereich ausgeschlossen),
- Umsätze der Sozialversicherung sowie zahlreiche dem Gemeinwohl dienende Umsätze,
- diverse unterrichtende Leistungen,
- Umsätze von Non-Profit-Organisationen,
- Umsätze aus der Übertragung von Immobilien, sofern es sich nicht um neue Immobilien oder um Bauland handelt,
- bestimmte Umsätze aus der Vermietung von Immobilien.

Eine **Option zur Steuerpflicht** ist nur für Umsätze aus der Übertragung von Immobilien möglich. Voraussetzung für die Option ist, dass der Erwerber berechtigt ist, die Umsatzsteuer vollständig oder zumindest teilweise als Vorsteuer geltend zu machen. In diesem Fall schuldet der Erwerber die Umsatzsteuer (Steuerschuldnerschaft des Leistungsempfängers). 31

Bei Ausfuhrlieferungen und innergemeinschaftlichen Lieferungen ist ein **Belegnachweis** zu führen. 32

Bei **Ausfuhrlieferungen** ist dies üblicherweise das zollrechtliche Ausfuhrdokument mit Nachweis, dass es bei der Zollbehörde abgegeben und anerkannt wurde (Abfertigungsbeleg ist ebenfalls als Nachweis möglich), zusammen mit den Transportbelegen und einem Hinweis auf der Rechnung, dass es sich um eine steuerfreie Ausfuhrlieferung handelt.

Bei **innergemeinschaftlichen Lieferungen** soll der Nachweis durch eine Rechnungskopie erfolgen, auf der die gültige USt-ID Nr. des Kunden eines anderen EU-Mitgliedstaats vermerkt ist, zusammen mit anderen geeigneten Unterlagen wie Frachtpapieren, Transportbelegen und einer Bestätigung des Kunden über den Erhalt der Ware.

33 **Ausfuhrlieferungen im Reisegepäck** sind steuerfrei, wenn die Ausfuhr innerhalb von drei Monaten nachgewiesen wird. Bis zum 05.07.2018 war weitere Bedingung, dass der Einkauf einen Bruttopreis über 90,15 € (15.000 Peseten) hatte (vgl. Art. 21 Mehrwertsteuergesetz).

34 Bei der Einfuhr gilt eine **Steuerbefreiung für Kleinsendungen** mit einer Wertgrenze von 22 € (vgl. Art. 34 Mehrwertsteuergesetz).

35 Spanien hat eine Regelung für **Umsatzsteuerlager** eingeführt. Umsätze im Umsatzsteuerlager sind steuerbefreit.

Unter anderem können folgende Waren in einem Umsatzsteuerlager gehalten werden:

- verbrauchssteuerpflichtige Waren,
- Güter die auf nicht regulierten Terminmärkten (Futures oder Optionen) gehandelt werden,
- Erdgas,
- zahlreiche andere Güter.

8 Steuerschuldnerschaft des Leistungsempfängers

36 Nach dem spanischen Umsatzsteuerrecht ist die Steuerschuldnerschaft des Leistungsempfängers unter anderem für folgende Umsätze anzuwenden (vgl. Art. 84 Mehrwertsteuergesetz):

- In Spanien steuerbare Lieferungen oder Dienstleistungen, die ein nichtansässiger Unternehmer an einen in Spanien ansässigen Steuerpflichtigen erbringt.

37 Spanien hat weiterhin eine Steuerschuldnerschaft des Leistungsempfängers für Umsätze zwischen im Land ansässigen Unternehmen eingeführt, die für folgende Vorgänge anzuwenden ist:

- Lieferungen von Feingold (ab 325/1.000) und Anlagegold,
- Lieferung von Schrott und Abfällen,
- Umsätze mit CO2-Zertifikaten,
- Lieferung von Immobilien im Rahmen von Konkursverfahren und Zwangsversteigerungen,
- Lieferung von Immobilien, sofern auf die Steuerbefreiung verzichtet wurde,
- Bauleistungen, mit und ohne Materialbeistellung sowie Zurverfügungstellung von Personal für Bauleistungen,
- Lieferung von Silber, Platin und Palladium,
- Lieferung von Mobilfunkgeräten, Spielekonsolen, Laptop- und Tablet-Computern an Wiederverkäufer bzw. generell, wenn die Summe der für sie in Rechnung zu stellenden Entgelte im Rahmen eines wirtschaftlichen Vorgangs 10.000 € überschreitet.

9 Besondere Umsatzsteuerregelungen für bestimmte Unternehmen

9.1 Besteuerung von Reiseleistungen

Spanien hat die Margenbesteuerung für Reiseveranstalter (Art. 306 bis Art. 310 Mehrwertsteuersystemrichtlinie) umgesetzt. Die Regelung bewirkt, dass Reiseveranstalter, die ihr unterliegen, nur Umsatzsteuer auf die Marge zwischen den Eingangsleistungen und den Ausgangsumsätzen schulden, wobei die Umsatzsteuer aus der Marge herauszurechnen ist (vgl. Art. 145 Mehrwertsteuergesetz). Zugleich besteht kein Vorsteuerabzugsrecht. Insoweit ähnelt die Regelung der in Deutschland bestehenden Regelung des § 25 UStG. **38**

Das spanische Recht sieht jedoch die Möglichkeit vor, auf die Anwendung der Margenbesteuerung zu verzichten, vorausgesetzt der Kunde ist ein umsatzsteuerlicher Unternehmer.

9.2 Differenzbesteuerung

In Spanien besteht eine Differenzbesteuerung für den Handel mit Gebrauchtwaren, Kunstgegenständen, Antiquitäten und Sammlungsobjekten. Die Regelung hat zur Folge, dass Umsatzsteuer nur auf die Marge zwischen Eingangsleistungen und Ausgangsleistungen erhoben wird. Zugleich ist der Vorsteuerabzug aus Eingangsleistungen ausgeschlossen. **39**

9.3 Sonderregelung für Landwirte

Landwirte, die verschiedene Voraussetzungen erfüllen, sind von den normalen umsatzsteuerlichen Vorschriften mit Ausnahme derjenigen für den innergemeinschaftlichen Warenverkehr sowie der Anwendung des reverse charge Verfahrens bei Steuerschuldnerschaft des Leistungsempfängers befreit. **40**

Unter anderem darf der Umsatz 250.000 € nicht überschreiten. Weiter darf der Landwirt seine Aktivitäten weder in Form einer Handelsgesellschaft noch in Form einer Genossenschaft betreiben.

Nach der spanischen Sonderregelung kann der Landwirt keine Vorsteuer in Abzug bringen. Als Ausgleich dafür erhält er jedoch von seinem Kunden, sofern dieser ein zum Vorsteuerabzug berechtigter Unternehmer ist, zusätzlich zum Verkaufspreis einen Aufschlag von 12 % (land- und forstwirtschaftliche Produkte) bzw. 10,5 % (Fisch und Tierzucht). Dieser Ausgleich kann vom Kunden als Vorsteuer in Abzug gebracht werden. Verkauft der Landwirt seine Ware in das EU-Ausland oder in das Drittland, so erhält er den Ausgleich von der spanischen Steuerverwaltung.

Auf die Sonderregelung kann verzichtet werden. Der Verzicht gilt dann für mindestens drei Kalenderjahre.

10 Entstehung der Steuer

10.1 Besteuerung nach vereinbarten Entgelten

41 Grundsätzlich gilt in Spanien das Prinzip der Besteuerung nach vereinbarten Entgelten (vgl. Art. 75 Mehrwertsteuergesetz).

42 Bei der **Lieferung von Gegenständen** entsteht die Umsatzsteuer grundsätzlich mit Verschaffung der Verfügungsmacht bzw. bei Warenbewegung mit deren Ende.

43 Bei **Dienstleistungen** entsteht die Umsatzsteuer mit Erbringung der Dienstleistung (vgl. Art. 75 Mehrwertsteuergesetz). Wird eine Anzahlung geleistet, entsteht die Umsatzsteuer entsprechend mit deren Erhalt. Eine Umsatzsteuerrechnung ist grundsätzlich im Zeitpunkt der Lieferung oder Leistung auszustellen.

44 Bei **Dauerleistungen** gilt die Leistung in dem Zeitpunkt als erbracht, in dem die Zahlung fällig ist. Wurde kein Preis oder keine Fälligkeit vereinbart, oder beträgt die Zeit zwischen den Fälligkeitsterminen mehr als ein Kalenderjahr, so entsteht die anteilige Steuer für den Zeitraum ab Leistungsbeginn bzw. Ende des vorhergehenden Kalenderjahres zum 31.12. eines jeden Jahres. Bei **innergemeinschaftlichen Dauerleistungen** (Art. 44 MwStSystRL) entsteht die anteilige Steuer bereits zum Ende eines jeden Kalendermonats (vgl. Art. 75 Mehrwertsteuergesetz).

45 Die Steuer auf **innergemeinschaftliche Erwerbe** entsteht mit Eingang der Ware beim Empfänger (vgl. Art. 76 Mehrwertsteuergesetz). Weder für innergemeinschaftliche Lieferungen noch für innergemeinschaftliche Erwerbe gelten die Sonderregelungen für Vorauszahlungen.

10.2 Berichtigung der Umsatzsteuer bei Uneinbringlichkeit oder aus anderen Gründen

46 Ist eine **Forderung uneinbringlich**, sieht das Recht in Spanien grundsätzlich die Möglichkeit einer Umsatzsteuerberichtigung vor, wenn der Steuerpflichtige erfolglos versucht hat, die ausstehende Forderung einzuklagen, notariell anzufordern oder ein Insolvenzverfahren vorliegt. Dabei sind diverse Nachweise zu führen und Fristen einzuhalten (vgl. Art. 80 Mehrwertsteuergesetz).

Handelt es sich nicht um Insolvenz, setzt die Korrektur u.a. voraus, dass mindestens ein Jahr seit Fälligkeit vergangen ist (sechs Monate bei Steuerpflichtigen mit Umsatz unter 6.010.121,04 €), und der Kunde entweder Unternehmer ist, oder das Nettoentgelt über 300 € beträgt. Weiterhin muss nachgewiesen werden, dass erfolglose gerichtliche Vollstreckung versucht wurde.

47 Andere Entgeltanpassungen (Preisänderung, Rückzahlung, Rückgängigmachung) führen stets zu einer Umsatzsteueranpassung.

10.3 Besteuerung nach vereinnahmten Entgelten

48 Zum 01.01.2014 wurde in Spanien für Kaufleute oder Freiberufler, deren Umsatz im vorangegangenen Jahr 2 Mio. € nicht überschritten hat und die während des Kalenderjahres von keinem ihrer Kunden mehr als 100.000 € erhalten haben, die Möglichkeit eingeführt, zur Besteuerung nach vereinnahmten Entgelten zu optieren. Hierzu muss ein Antrag bei der Finanzbehörde gestellt werden. Die Behörde kann den Antrag ablehnen, falls sie das Steueraufkommen als gefährdet ansieht.

10.4 Sonderregelung für Einfuhrumsatzsteuer

Es ist möglich, die Zahlung der Einfuhrumsatzsteuerschuld nicht direkt bei der Zollbehörde vorzunehmen, sondern stattdessen den Betrag in der Umsatzsteuermeldung anzugeben und – soweit berechtigt – zeitgleich als Vorsteuer geltend zu machen (vgl. Art. 167 Mehrwertsteuergesetz). Hierzu muss der Steuerpflichtige bis spätestens November des Vorjahres einen gesonderten Antrag (Formular 036) bei der Behörde stellen. Das Verfahren ist nur Steuerpflichtigen zugänglich, die monatliche Umsatzsteuermeldungen einreichen. Es wirkt ähnlich einer Steuerschuldnerschaft des Leistungsempfängers und kann somit Liquiditätsvorteile herbeiführen. 48a

11 Vorsteuerabzug und Rechnungen

11.1 Allgemeines

Grundsätzlich sind umsatzsteuerliche Unternehmer aus den für Ihr Unternehmen bezogenen Lieferungen und sonstigen Leistungen, innergemeinschaftlichen Erwerben sowie der Einfuhr von Waren zum Vorsteuerabzug berechtigt (vgl. Art. 92 ff. Mehrwertsteuergesetz). Regelmäßig ist der Vorsteuerabzug durch eine ordnungsgemäße Rechnung bzw. im Fall der Einfuhrumsatzsteuer durch ein ordnungsgemäßes Zolldokument nachzuweisen. 49

11.2 Vorsteuerüberschuss

Sofern die Vorsteuer die Ausgangsumsatzsteuer übersteigt, kann der Steuerpflichtige wählen, ob er die Erstattung von Vorsteuerüberhängen wünscht oder die Überhänge vorträgt, um sie in den folgenden vier Jahren mit der Ausgangsumsatzsteuer zu verrechnen. 50

Die Erstattung von Vorsteuerüberhängen kann entweder in der letzten Voranmeldung eines Jahres beantragt werden oder monatlich. Die Finanzverwaltung hat in jedem Fall bis zu sechs Monate Zeit, die Rechtmäßigkeit der Erstattung zu überprüfen. Das Guthaben wird dann zuzüglich Erstattungszinsen ausbezahlt. Steuerpflichtige, die eine monatliche Erstattung wünschen, müssen monatlich zusätzliche Informationen einreichen (Formular 340).

11.3 Beschränkungen des Vorsteuerabzugs

Nach dem Umsatzsteuerrecht von Spanien berechtigen verschiedene Aufwendungen nicht zum Vorsteuerabzug (vgl. Art. 95f. Mehrwertsteuergesetz). Entsprechende Beschränkungen gelten unter anderem für die folgenden Aufwendungen: 51

- Repräsentationsaufwand,
- Geschenke (ausgenommen solche mit einem sehr geringen Wert),
- Tabak oder Alkohol (außer bei Wiederverkäufern oder Restaurants u.ä.),

- Schmuck, Edelsteine etc.,
- 50 % aus Kauf, Leasing oder Anmietung sowie aus Wartungs- und Unterhaltskosten von Automobilen, außer der Steuerpflichtige kann nachweisen, dass das Automobil in größerem Umfang für unternehmerische Zwecke genutzt wird. Ferner besteht ein volles Abzugsrecht für Lieferwagen, Fahrzeuge zur Personenbeförderung, Fahrschulwagen, Testfahrzeuge, Fahrzeuge von Wachdiensten etc.

Der Vorsteuerausschluss gilt nicht, wenn die Aufwendungen bezogen werden, um sie im Zuge einer geschäftlichen Aktivität in Ausgangsumsätze einfließen zu lassen, also insbesondere für Wiederverkäufer entsprechender Leistungen.

52 Weiterhin sind Vorsteuerbeträge vom Abzug ausgeschlossen, wenn sie im Zusammenhang mit unecht steuerfreien Umsätzen stehen.

53 Führt ein Unternehmen sowohl zum Vorsteuerabzug berechtigende als auch nicht zum Vorsteuerabzug berechtigende Umsätze aus, ist es nur zum teilweisen Vorsteuerabzug berechtigt und es ist eine Aufteilung der Vorsteuerbeträge vorzunehmen (vgl. Art. 102 bis 106 Mehrwertsteuergesetz).

Die Vorsteueraufteilung erfolgt nach einem globalen Umsatzschlüssel, der auf den nächsten vollen ganzzahligen Prozentsatz aufzurunden ist. Alternativ ist es zulässig, in einem zweistufigen Verfahren zunächst Vorsteuerbeträge direkt zu Abzugs- und Ausschlussumsätzen zuzuordnen und die verbleibenden Vorsteuern dann nach einem Umsatzschlüssel aufzuteilen. Grundsätzlich kann der Steuerpflichtige für die Anwendung der Methode der direkten Kostenzuordnung optieren. Die Option ist dann für drei Jahre bindend. Allerdings ist die Anwendung der Methode der direkten Kostenzuordnung dann verpflichtend, wenn die Anwendung des globalen Umsatzschlüssels zu einem mehr als 10 % höheren Erstattungsbetrag führen würde.

Ist ein Unternehmen in verschiedenen wirtschaftlichen Sektoren tätig, so ist die Vorsteueraufteilung für jeden Sektor separat vorzunehmen.

11.4 Berichtigung des Vorsteuerabzugs

54 Nach dem spanischen Umsatzsteuergesetz ist für Wirtschaftsgüter, die im Unternehmen länger als ein Jahr genutzt werden und deren Anschaffungskosten 3.005,06 € (500.000 Peseten, vgl. Art. 108 Mehrwertsteuergesetz) übersteigen, eine Vorsteuerberichtigung vorzunehmen, sofern sich innerhalb des Vorsteuerberichtigungszeitraumes der Vorsteuerschlüssel um 10 % ändert oder diese veräußert oder entnommen werden. Der Vorsteuerberichtigungszeitraum beträgt für bewegliche Gegenstände, die nicht nur einmalig genutzt werden, fünf Jahre und für Grundstücke, Gebäude und verwandte Wirtschaftsgüter zehn Jahre (vgl. Art. 107 Mehrwertsteuergesetz).

11.5 Rechnungen

55 In Spanien sind steuerpflichtige Unternehmer grundsätzlich verpflichtet, für alle steuerpflichtigen und steuerfreien Umsätze einschließlich Ausfuhrlieferungen und innergemeinschaftlichen Lieferungen eine ordnungsgemäße umsatzsteuerliche Rechnung auszustellen, und zwar bis spätestens zum 16. Tag des Monats nach Entstehung der Steuerschuld. Ausnahmen bestehen nur für bestimmte steuerfreie Finanz- und Versicherungsumsätze.

Bei Warenrückgabe oder Entgeltminderung oder im Falle anderweitiger Änderungen des Rechnungsbetrags sowie bei inhaltlich unvollständigen Rechnungen kann ein Korrekturbeleg erstellt werden. Der Steuerpflichtige darf die Ausgangsumsatzsteuer dann berichtigen, wenn der Kunde seinen Vorsteuerabzug angepasst und dies dem Lieferanten schriftlich bestätigt hat. Der Korrekturbeleg ist auf die Rechnung zu referenzieren. 56

Abrechnungen im **Gutschriftsverfahren** sind zulässig, sollten jedoch mit einer schriftlichen Vereinbarung verbunden werden. 57

Umsatzsteuerrechnungen müssen folgende Angaben enthalten: 58

- Name und Anschrift des Leistenden und dessen Umsatzsteueridentifikationsnummer,
- Name und Anschrift des Leistungsempfängers sowie dessen Umsatzsteueridentifikationsnummer, wenn es sich um eine steuerfreie innergemeinschaftliche Lieferung handelt, der Leistungsempfänger Steuerschuldner ist oder er in Spanien ansässig ist und im Gutschriftsverfahren abrechnet,
- eindeutige Rechnungsnummer, ggf. zusätzlich eine Seriennummer,
- Datum der Ausstellung,
- Datum der Lieferung oder Leistung bzw. der erhaltenen Anzahlung, falls feststellbar und abweichend vom Datum der Ausstellung,
- Menge und Art der gelieferten Gegenstände oder Umfang und Art der Leistung,
- Nettoentgelt, getrennt nach Steuersätzen und Steuerbefreiungen,
- Umsatzsteuerbetrag und Umsatzsteuersatz,
- Hinweis auf eventuelle Steuerbefreiungen sowie die einschlägige Vorschrift der Mehrwertsteuersystemrichtlinie oder des spanischen Mehrwertsteuergesetzes,
- im Gutschriftsverfahren einen Hinweis auf dessen Anwendung,
- im Falle der Steuerschuldnerschaft des Leistungsempfängers ist auf diese hinzuweisen,
- besondere Hinweise sind bei Rechnungen über die Lieferung neuer Fahrzeuge sowie bei Anwendung der Differenzbesteuerung erforderlich.

Vereinfachte Rechnungen können ausgestellt werden, wenn der Bruttobetrag 400 € nicht übersteigt (**Kleinbetragsrechnung**), eine Korrekturrechnung erstellt werden muss oder die Rechnung sich auf bestimmte Einzelhandelsumsätze bezieht und der Bruttobetrag 3.000 € nicht übersteigt. 59

Vereinfachte Rechnungen müssen nur folgende Elemente enthalten:

- Eindeutige Rechnungsnummer, ggf. zusätzlich eine Seriennummer,
- Datum der Ausstellung,
- Datum der Lieferung oder Leistung bzw. der erhaltenen Anzahlung, falls feststellbar und abweichend vom Datum der Ausstellung,
- Name und Umsatzsteueridentifikationsnummer des Leistenden,
- Leistungsbeschreibung,
- Umsatzsteuersatz und optional den Hinweis »USt enthalten«,
- Nettoentgelt, getrennt nach Steuersätzen und Steuerbefreiungen, wenn solche zur Anwendung gelangen,
- Gesamtvergütung,
- bei Korrekturrechnungen, Hinweis auf die korrigierte Rechnung sowie auf Berichtigungsgrund.
- Um zum Vorsteuerabzug zu berechtigen, sind folgende weitere Angaben zwingend:
- Name und Anschrift des Leistungsempfängers sowie dessen Umsatzsteueridentifikationsnummer,
- Anschrift des Leistenden,
- Umsatzsteuerbetrag.

11.6 Elektronische Rechnungsstellung

60 Mit Wirkung zum 01.01.2013 wurde das Umsatzsteuergesetz geändert, um nach den Vorgaben der Europäischen Union die digitale Rechnungstellung zu erleichtern.

11.7 Rechnungen in fremder Währung

61 Rechnungen dürfen in Fremdwährungen oder in Euro ausgestellt werden. Der Umsatzsteuerbetrag muss aber immer in Euro angegeben werden.

Fremdwährungen sind nach dem Verkaufskurs der spanischen Nationalbank für den Tag, an dem die Umsatzsteuer fällig ist, umzurechnen.

12 Steuererklärungen und weitere Steueranmeldungen

12.1 Umsatzsteuermeldungen

62 In Spanien sind Umsatzsteuermeldungen monatlich (Vorjahresumsatz > 6.010.121 € bzw. Option zur Erstattung von Vorsteuer wurde ausgeübt) oder vierteljährlich abzugeben (Formular 303).

Dabei ist Abgabetermin jeweils der 20.Tag des folgenden Monats. Bei vierteljährlicher Abgabe ist die Meldung für das letzte Quartal bis zum 30.01. des Folgejahres einzureichen. Zu den gleichen Terminen ist die Steuerzahlung fällig.

Zusätzlich ist von jenen Steuerpflichtigen, die das besondere monatliche Erstattungsverfahren anwenden, eine besondere monatliche Zusatzmeldung (Formular 340) mit Details zu den Unternehmenstransaktionen einzureichen.

12.2 Umsatzsteuerjahreserklärungen

63 Bis zum 30.01. des Folgejahres ist eine zusammenfassende Umsatzsteuerjahreserklärung (Formular 390) abzugeben. Die Abgabe hat elektronisch zu erfolgen. Weiterhin ist eine Zusatzmeldung (Formular 347) über Geschäfte mit Dritten, die eine Schwelle von 3.000 € überschritten haben, abzugeben.

12.3 Sofortige elektronische Daten- und Informationsübermittlung (»Suministro Inmediato de Información« = »SII«)

64 Mit Wirkung zum 01.07.2017 hat die spanische Finanzverwaltung ein neues Reportingsystem eingeführt. Danach müssen Steuerpflichtige, die monatlich Umsatzsteuererklärungen abgeben,

die zu einer Mehrwertsteuergruppe gehören oder die für das monatliche Vorsteuerauszahlungsverfahren (vgl. 11.2) registriert sind, ihre Umsatzsteuerbücher elektronisch führen und auf die Webseite der AEAT übermitteln. Im Rahmen dieses Systems sind alle ausgestellten und erhaltenen Rechnungen nahezu umgehend elektronisch an die spanische Finanzverwaltung zu übermitteln, so dass diese zeitnah über alle relevanten Informationen verfügt. Für andere Steuerpflichtige ist das Verfahren optional.

Für Eingangsrechnungen sind u. a. folgende Angaben zu melden:
- Umsatzsteuermeldezeitraum, in dem die Rechnung enthalten ist,
- Rechnungsnummer,
- Informationen zum Lieferanten,
- Beschreibung der Transaktion,
- bei Einfuhren: Einfuhrdatum und SAD-Nummer,
- Hinweis auf besondere Verfahren wie Steuerschuldnerschaft des Leistungsempfängers, innergemeinschaftlichen Erwerb, Einfuhr, usw.,
- Vorsteuerbetrag, der geltend gemacht wird,
- Hinweis auf Innenumsätze in einer Mehrwertsteuergruppe,
- ggf. Hinweis, dass es sich um eine Berichtigung handelt

Die Datenübermittlung muss innerhalb von vier Tagen nach Verbuchung einer Eingangsrechnung erfolgen. Bei innergemeinschaftlichen Lieferungen oder Dienstleistungen beginnt die Frist i. d. R. mit dem Warenerhalt oder dem Leistungsbezug.

Für Ausgangsrechnungen sind u. a. folgende Angaben zu melden:
- Umsatzsteuermeldezeitraum, in dem die Rechnung enthalten ist,
- Rechnungsnummer,
- Nettobetrag,
- Umsatzsteuerbetrag,
- Informationen zum Kunden,
- Hinweis, ob vereinfachte oder gewöhnliche Rechnung,
- Hinweis auf nicht steuerbare oder steuerfreie Rechnung, mit Schlüsselung,
- Beschreibung der gelieferten Waren oder erbrachten Dienstleistungen,
- Hinweis auf besondere Verfahren wie Steuerschuldnerschaft des Leistungsempfängers, innergemeinschaftliche Lieferung, Ausfuhr, usw.,
- ggf. Hinweis, dass es sich um eine Berichtigung handelt, sowie bei Korrekturrechnungen die Nummer der berichtigten Rechnung.

Die Datenübermittlung muss innerhalb von vier Tagen nach Ausstellung einer Rechnung erfolgen. Die Frist verlängert sich auf acht Tage bei Rechnungsstellung durch Dritte. Spätestens ist die Meldung bis zum 16. Tag des Kalendermonats nach der Steuerentstehung zu übermitteln.

Samstage, Sonntage und gesetzliche Feiertage werden bei der Fristberechnung nicht mitgezählt.

Für den Zeitraum 01.01.2017 bis 30.06.2017 galt die Meldepflicht ebenfalls, jedoch mit einer Fristverlängerung der Übermittlung der Daten bis spätestens 31.12.2017. Im Zeitraum 01.07.2017 bis 31.12.2017 wurde die Meldefrist von vier Tagen übergangsweise auf acht Tage verlängert.

Steuerpflichtige, die unter die neue Meldepflicht fallen, sind von der Umsatzsteuerjahreserklärung befreit. Außerdem verschiebt sich der Abgabetag der Umsatzsteuermeldungen auf den 30. Tag des Folgemonats bzw. den letzten Tag des Monats Februar. Schließlich entfällt die Abgabe der Formulare 340 und 347 für sie.

Zusätzliche Meldepflichten bestehen für Vorsteuerberichtigungsbeträge aus Investitionsgütern, jeweils zu erfüllen zum Ende des Kalenderjahrs, und für den innergemeinschaftlichen Verkehr.

12.4 Umsatzsteuer-Identifikationsnummer

65 Die spanische Umsatzsteuer-Identifikationsnummer besteht aus neun Zeichen, mit dem vorangestellten Ländercode ES. Dabei kann die erste **und** die letzte Stelle bzw. die erste **oder** die letzte Stelle ein Buchstabe sein.

Ausländische Unternehmen sollten beachten, dass auch Unternehmen mit Sitz auf den Kanaren eine ähnlich aussehende Identifikationsnummer erhalten. Dabei handelt es sich jedoch nicht um eine Umsatzsteuer-Identifikationsnummer im Sinne des EU-Mehrwertsteuersystems.

12.5 Zusammenfassende Meldung im innergemeinschaftlichen Waren- und Dienstleistungsverkehr

66 Unternehmen, die innergemeinschaftliche Lieferungen oder Dienstleistungen nach Art. 44 Mehrwertsteuersystemrichtlinie ausführen, müssen grundsätzlich eine Zusammenfassende Meldung abgeben. Der Meldezeitraum ist grundsätzlich der Kalendermonat, mit Erleichterungen bei geringen Umsätzen.

Die Meldepflicht besteht auch beim Bezug von innergemeinschaftlichen Lieferungen oder Dienstleistungen.

Die Zusammenfassende Meldung ist bis spätestens zum 20. Kalendertag des Folgemonats einzureichen und von allen Aktiengesellschaften, GmbHs oder Steuerpflichtigen mit Umsatz über 6.010.012,04 € zwingend digital abzugeben. Andere Steuerpflichtige dürfen noch in Papierform melden.

13 Straf- und Bußgeldvorschriften

67 Es gelten die folgenden Vorschriften:

- **Verspätete Abgabe von Erklärungen oder verspätete Zahlung**
  In Spanien wird unterschieden, ob die Behörden bereits die Erklärung bzw. Zahlung eingefordert haben.
  Haben die Behörden sich noch nicht gemeldet, beträgt die Strafe zwischen 5 % und 20 % der fälligen Steuer, je nachdem mit welcher Verspätung die Abgabe oder Zahlung erfolgt. Wird die Zahlung ohne Widerstand geleistet, kann der Strafzuschlag um 25 % verringert werden.
  Wurde eine Erklärung bzw. Zahlung bereits angemahnt, so kann die Strafe bis zu 50 % betragen.
- **Verspätete Registrierung**
  In Spanien kann bei verspäteter Registrierung eine Strafe von 400 € erhoben werden. Sofern der Steuerpflichtige sich unaufgefordert registriert, kann die Strafe auf 200 € reduziert werden.

68 Wer Umsatzsteuer in einer Rechnung zu Unrecht ausweist, schuldet diese Umsatzsteuer bis zu einer wirksamen Korrektur (vgl. Art. 51 Mehrwertsteuergesetz).

Der Leistungsempfänger kann für nicht abgeführte Umsatzsteuer haften, wenn er an einer Steuerhinterziehung mitgewirkt hat oder diese hätte kennen müssen (vgl. Art. 51 bis Mehrwertsteuergesetz).

14 Behandlung nicht ansässiger Unternehmen

Ein nicht ansässiges Unternehmen ist nach spanischem Verständnis ein Unternehmen, das weder den Sitz noch die Geschäftsleitung noch eine feste Niederlassung in Spanien unterhält. Nicht ansässige Unternehmen müssen sich in Spanien umsatzsteuerlich registrieren, wenn sie mindestens eine der folgenden Aktivitäten ausführen: 69

- in Spanien steuerbare Lieferungen von Gegenständen, die nicht unter die Steuerschuldnerschaft des Leistungsempfängers fallen,
- in Spanien steuerbare Versandhandelslieferungen,
- in Spanien steuerbare sonstige Leistungen, die nicht unter die Steuerschuldnerschaft des Leistungsempfängers oder das MOSS-Verfahren fallen,
- Bewirken eines innergemeinschaftlichen Erwerbs in Spanien.

Die Lieferschwelle für Versandhandelslieferungen beträgt 35.000 €.

Nichtansässige Unternehmen, die in einem anderen EU Mitgliedstaat, auf den Kanarischen Inseln oder in einer der Exklaven Ceuta oder Melilla niedergelassen sind, sind grundsätzlich berechtigt, sich direkt, d. h. ohne Einschaltung eines Fiskalvertreters, in Spanien umsatzsteuerlich zu registrieren. Allerdings wird in der Praxis doch regelmäßig ein Fiskalvertreter benötigt, da bei der Registrierung zur Sicherstellung einer vereinfachten Kommunikation eine spanische Adresse angegeben werden muss. 70

Unternehmen aus Nicht-EU-Staaten müssen dagegen in der Regel einen in Spanien ansässigen **Fiskalvertreter** bestellen. Dieser haftet gesamtschuldnerisch für die Umsatzsteuerverbindlichkeiten. 71

Im spanischen Recht existiert keine gesetzlich verankerte Vereinfachungsregelung für **Konsignationslagerfälle**. Allerdings hat die oberste spanische Finanzbehörde (Dirección General de Tributos) verbindlich geäußert, dass eine Registrierung ausländischer Unternehmer, die Waren in ein in Spanien gelegenes Konsignationslager verbringen, nicht erforderlich ist (vgl. entsprechend OFD Frankfurt am Main, Verfügung vom 23.02.2017, S 7100a A-004-St 110). 72

15 Vorsteuervergütungsverfahren

15.1 EU-Unternehmen

Für Unternehmen mit Sitz in einem anderen Mitgliedstaat der Europäischen Union ist in Spanien die Vergütung von Vorsteuerbeträgen nach der Richtlinie 2008/9/EG möglich (vgl. Art. 76 Mehr- 73 wertsteuergesetz). Wie in anderen Mitgliedstaaten üblich, hat der Antragsteller einen digitalen Vorsteuervergütungsantrag im Portal der für ihn im Heimatstaat zuständigen Finanzbehörde einzureichen (in Deutschland: Bundeszentralamt für Steuern). Die Antragsfrist ist grundsätzlich der 30.09. des Folgejahres (Ausschlussfrist).

Dem Antrag sind gescannte Rechnungskopien beizufügen, soweit das Nettoentgelt einen Betrag von 1.000 € bzw. 250 € bei Kraftstoffen übertrifft.

Anträge können für ganze Kalenderjahre oder für Zeiträume von mindestens drei Monaten gestellt werden. Der Mindestvergütungsbetrag in einem Jahresantrag muss 50 € betragen oder 400 € bei Anträgen für kürzere Perioden.

15.2 Nicht-EU-Unternehmen

74 Unternehmen mit Sitz in Drittstaaten können einen Vorsteuervergütungsantrag nach der 13. Richtlinie einreichen. Die Vorsteuervergütung setzt nach spanischem Recht Gegenseitigkeit mit dem Sitzstaat des Antragstellers voraus. Spanien vergütet derzeit lediglich Antragstellern aus Kanada (nur teilweise), Israel, Japan Monaco, Norwegen und der Schweiz Vorsteuern. Auf das Kriterium der Gegenseitigkeit wird jedoch verzichtet, soweit es sich um Vorsteuern aus Übernachtungsaufwendungen, Reisekosten und Restaurantaufwendungen handelt, die in Zusammenhang mit dem Besuch einer Messe oder Ausstellung in Spanien angefallen sind.

Anträge können für ganze Kalenderjahre oder für Zeiträume von mindestens drei Monaten gestellt werden. Der Antragsteller muss einen Fiskalvertreter bestellen.

Ein Antrag muss grundsätzlich spätestens bis zum 30.06. des Folgejahres gestellt werden. Es handelt sich um eine nicht verlängerbare Ausschlussfrist. Der Antrag ist in Papierform zu übermitteln.

Der Antragsteller muss seine Unternehmereigenschaft mit einer durch seine Heimatsteuerbehörde ausgestellten Unternehmerbescheinigung nachweisen, die maximal ein Jahr alt sein darf. Außerdem muss er die Originalrechnungen dem Antrag beifügen.

Länderanhang Tschechien

1 Einführung

1.1 Rechtsgrundlagen

1 Die tschechische Mehrwertsteuer ist seit dem Jahr 1993 eine Mehrwertsteuer nach dem System der Netto-Allphasenumsatzsteuer mit sofortigem Vorsteuerabzug. Der Beitritt Tschechiens zur Europäischen Union (»EU«) am 01.05.2004 brachte der tschechischen Rechtsordnung viele Änderungen. Als Anpassung an die 6. Mehrwertsteuer-RL Nr. 77/388/EWG (»6. Richtlinie«) wurde im Bereich des Umsatzsteuerrechts das neue Mehrwertsteuergesetz Nr. 235/2004 Sb. (»MWStG«) beschlossen, welches mit 01.05.2004 in Kraft getreten ist. Das neue Gesetz wurde seit Inkrafttreten bereits mehrfach novelliert, das letzte Mal zum 01.07.2017.

In Tschechien gibt es bis jetzt keine offiziellen Anweisungen hinsichtlich der Anwendung der Mehrwertsteuer. Verbindliche Auskünfte (»rulings«) werden außer im Zusammenhang mit der Feststellung des anzuwendenden Steuersatzes (vgl. Rn. 59) und der Feststellung der Anwendbarkeit des inländischen reverse charge bei Lieferung von bestimmten Gebrauchtmaterialien, Schrott etc. (vgl. Rn. 67) nicht erteilt. Die Generalfinanzdirektion veröffentlicht seine Erläuterungen und weitere Informationen zur praktischen Anwendung des MWStG auf seinen Webseiten (www.financnisprava.cz). Viele Unklarheiten werden im Rahmen der Gespräche zwischen der tschechischen Steuerberaterkammer und der Generalfinanzdirektion erörtert. Die Ergebnisse sowie die auf den Webseiten veröffentlichten Informationen sind rechtlich nicht bindend; sie sollten jedoch im Allgemeinen von der Finanzverwaltung eingehalten werden. 2

1.2 Geltungsbereich (§ 3 MWStG)

Der territoriale Geltungsbereich des MWStG erstreckt sich auf das Inland, in demselben Sinne, wie dieser im Handelsgesetzbuch bestimmt wurde. Gem. § 3 MWStG werden für Zwecke dieses Gesetzes verstanden: 3

- unter dem »Inland« das Gebiet der Tschechischen Republik,
- unter einem »Drittland« ein Gebiet außerhalb des Gebiets der Europäischen Gemeinschaft und
- unter dem »Gebiet der Europäischen Gemeinschaft« das durch Art. 5 der MWSt-RL (RL 2006/112/EG) festgelegte Gebiet.

2 Steuerpflichtige Person (§§ 5, 5a–5c, 6, 6b–e MWStG)

Steuerpflichtige Personen sind natürliche und juristische sowohl in- als auch ausländische Personen, die selbständig wirtschaftliche Tätigkeiten ausüben (Unternehmer). Körperschaften des öffentlichen Rechts sind nur steuerpflichtige Personen hinsichtlich bestimmter, im Gesetz aufgezählter wirtschaftlicher Tätigkeiten. 4

Unter dem Begriff »wirtschaftliche Tätigkeit« versteht man jede gewerbliche, freiberufliche oder jede andere Tätigkeit, die selbständig und nachhaltig ausgeübt wird. Die Absicht, Gewinn zu erzielen, ist dabei nicht maßgeblich. Auch eine nachhaltige Nutzung von immateriellem und materiellem Vermögen zwecks Erwerbs von Einnahmen, d.h. auch die Übertragung und Vermietung von Immobilien, die durch Gesetz von der Steuer befreit sind, ist als eine wirtschaftliche Tätigkeit anzusehen und wird in den Umsatz eingerechnet. 5

Arbeitnehmer oder Personen, die ihre Einkünfte als Einnahmen aus unselbständiger Arbeit versteuern, sind keine steuerpflichtigen Personen. Dies betrifft z.B. auch Geschäftsführer, die aufgrund eines sog. »Vertrages über die Ausübung einer Funktion« tätig sind, falls sie keine anderen wirtschaftlichen Tätigkeiten ausüben (obwohl dies vom Höchstgericht zuletzt als im Widerspruch zu den europarechtlichen Vorgaben beurteilt wurde). 6

Seit 01.01.2008 ist es möglich, dass mehrere verbundene Personen mit Sitz oder fester Niederlassung in Tschechien als sog. Gruppe zur Steuer registriert werden und dadurch gemeinsam eine steuerpflichtige Person bilden. Weitere Voraussetzungen für die Bildung einer Gruppe ist die Verbundenheit aller Gruppenmitglieder über Kapital (mindestens 40 % des Kapitals oder der 7

Stimmrechte einzelner Gruppenmitglieder liegen direkt oder indirekt bei derselben Person) oder über die Geschäftsleitung (Personenidentität in der Geschäftsleitung durch mindestens eine Person). Dabei wird ein Gruppenmitglied als vertretendes Mitglied registriert, das dann für die Gruppe handelt. Alle Gruppenmitglieder sind für die Verpflichtungen gesamtschuldnerisch haftbar (vgl. Rn. 110 ff.).

8 Steuerpflichtige Personen mit Sitz im Inland sind, sofern sie die gesetzlich vorgesehene Höhe des Umsatzes (1.000.000 CZK, d.h. ca. 40.000 €) innerhalb von zwölf unmittelbar aufeinander folgenden Monaten nicht überschreiten, von der Mehrwertsteuer befreit (»Kleinunternehmer«). Nicht registrierte Steuerpflichtige sind nicht Steuerzahler i.S.d. MWStG, dürfen keine Mehrwertsteuer in Rechnung stellen und haben daher auch keinen Anspruch auf Vorsteuerabzug. Sie können jedoch für eine freiwillige MWSt-Registrierung optieren, wodurch sie dann zum Steuerzahler werden.

9 Eine zur Steuer registrierte Person wird im MWStG und im folgenden Text als »Steuerzahler« bezeichnet. Hiervon zu unterscheiden sind die sog. »identifizierten Personen«, denen ebenso wie den Steuerzahlern eine USt-IdNr. erteilt wird. Hierunter werden verstanden nicht zur Steuer registrierte steuerpflichtige Personen oder juristische Personen ohne Unternehmereigenschaft, die durch Überschreiten der Erwerbsschwelle beim i. g. Erwerb oder nicht zur Steuer registrierte steuerpflichtige Personen mit Sitz oder fester Niederlassung im Inland, die durch Empfang von dem reverse charge unterliegenden Leistungen (vgl. Rn. 64) oder durch Erbringung einer der B2B-Grundregel unterliegenden Dienstleistung an einen Unternehmer in einem anderen Mitgliedstaat (vgl. Rn. 43) zu »identifizierten Personen« werden.

10 Ein Nichtunternehmer, der ein neues Fahrzeug aus einem anderen Mitgliedstaat anschafft, ist hierfür steuerpflichtig, jedoch ohne Steuerregistrierungspflicht.

3 Steuerbare Umsätze (§ 2 MWStG)

11 Der tschechischen Mehrwertsteuer unterliegen Warenlieferungen, Dienstleistungen, i. g. Warenerwerbe, und Warenimporte, wenn sich der Leistungsort in Tschechien befindet und sie im Rahmen der Verwirklichung einer wirtschaftlichen Tätigkeit gegen Entgelt erbracht werden.

3.1 Warenlieferungen und Dienstleistungen (§ 13 und § 14 MWStG)

12 Unter einer Warenlieferung versteht das MWStG die Verschaffung des Rechtes, über die Ware wie ein Eigentümer zu verfügen, d.h. die Übertragung des Eigentums im ökonomischen und nicht im rechtlichen Sinne.

13 Die Übertragung des Rechts, eine gemietete Ware oder Immobilie zu nutzen, gilt als Warenlieferung, sofern der Vermieter vertraglich verpflichtet ist, auch Eigentum an der Ware bzw. Immobilie bis zum Ablauf des Nutzungsverhältnisses zu übertragen.

14 Ein bis zum 31.12.2008 vertraglich begründetes und tatsächlich begonnenes Nutzungsverhältnis gilt nach altem Recht allerdings fortdauernd als Warenlieferung auch dann, wenn der Mieter spätestens mit der Entrichtung der letzten Vertragsverbindlichkeit zum Kauf nur berechtigt, aber nicht verpflichtet ist.

Das MWStG definiert die Gewährung einer Dienstleistung negativ als jede Tätigkeit, die nicht unter Warenlieferung einzuordnen ist. Also werden z. B. auch das Entstehen oder Erlöschen von Dienstbarkeiten oder das Eingehen einer Verpflichtung zu einer Unterlassung als Dienstleitungen qualifiziert und entsprechend mehrwertsteuerlich behandelt. 15

Nicht Gegenstand der Steuer sind hingegen u. a. folgende Leistungen: 16

- Unternehmensverkauf oder Einlage eines Unternehmens oder Unternehmensteils;
- unentgeltliche Zurverfügungstellung eines Werbegegenstandes, wenn dessen Anschaffungswert ohne Mehrwertsteuer 500 CZK (ca. 20 €) nicht überschreitet;
- unentgeltliche Abgabe von Mustern i. R. d. Geschäftstätigkeit;
- Abtretung einer eigenen, dem Steuerzahler entstandenen Forderung.

3.2 Eigenverbrauchstatbestände (§ 13 und § 14 MWStG)

Einer Warenlieferung bzw. einer Dienstleistung sind gleichgestellt und gelten deshalb ebenfalls als Gegenstand der MWSt: 17

- die dauerhafte Nutzung des Geschäftsvermögens durch den Steuerzahler für seinen privaten Verbrauch oder für den Bedarf seines Personals, sofern ein Vorsteuerabzug geltend gemacht wurde;
- die temporäre Nutzung von Geschäftsvermögen oder die Erbringung einer Dienstleistung für die Zwecke, die nicht mit der wirtschaftlichen Tätigkeit des Steuerzahlers zusammenhängen, für den privaten Verbrauch des Steuerzahlers oder für den Bedarf seines Personals, sofern ein Vorsteuerabzug geltend gemacht wurde;
- die Nutzung des Geschäftsvermögens ohne Entgelt (z. B. Spenden), sofern ein Vorsteuerabzug geltend gemacht wurde;
- die Einbringung einer Vermögenseinlage in nicht finanzieller Form, wenn der Einleger beim Erwerb des entsprechenden Vermögens einen Vorsteuerabzug geltend gemacht hat.

3.3 Import und Export von Gütern

3.3.1 Import (§ 12, § 20 und § 23 MWStG)

Unter einem Import (Wareneinfuhr) wird der Eintritt von Waren aus einem Drittland auf das Gebiet der Europäischen Union verstanden, wobei die Steuer erst in dem Land abgeführt wird, in dem die Ware in das Zollregime des freien Warenumlaufs, der aktiven Lohnveredelung im Rückgabesystem oder der vorübergehenden Nutzung mit Teilbefreiung vom Einfuhrzoll entlassen wird. 18

Die Pflicht, die MWSt zu erklären, entsteht jedoch auch unter anderem bei einer gesetzwidrigen Einfuhr. 19

Die Wareneinfuhr unterliegt der Einfuhrumsatzsteuer. 20

Seit dem 01.01.2005 führen alle Steuerzahler die Einfuhrumsatzsteuer im Rahmen ihrer monatlichen/quartalsmäßigen Steuererklärung ab, anstatt die Steuerschuld an das Zollamt zu überweisen. 21

3.3.2 Export (§ 66 MWStG)

22 Unter Export (Warenausfuhr) versteht man die Ausfuhr von Waren vom Inland in ein Drittland. Eine Warenausfuhrlieferung ist echt – also mit Anspruch auf Vorsteuerabzug – von der Steuer befreit, wenn die Beförderung oder Versendung durch den Exporteur oder eine durch ihn beauftragte Person verwirklicht wird. Die Warenausfuhrlieferung ist ebenfalls echt von der Steuer befreit, wenn die Beförderung oder Versendung durch den Käufer oder eine durch ihn beauftragte Person verwirklicht wird, sofern der Käufer im Inland weder Sitz noch feste Niederlassung hat..

23 Die Ausfuhr gilt als an dem Tage verwirklicht, den die Zollbehörde als den Tag bestätigt, an dem die Waren ausgeführt oder ins Regime der passiven Lohnveredelung, des Außentransits oder der Rückausfuhr freigegeben wurde. Der Steuerzahler hat die Warenausfuhr durch einen entsprechenden Steuerbeleg (Zollausgangsbescheinigung) nachzuweisen.

3.4 Innergemeinschaftliche Warenerwerbe und innergemeinschaftliche Warenlieferungen

3.4.1 Innergemeinschaftliche Warenerwerbe (§ 16 MWStG)

24 Steuerbar ist der innergemeinschaftliche Erwerb von Waren, der gegen Entgelt im Inland durch einen Steuerpflichtigen bewirkt wird, der als solcher handelt, sofern der Verkäufer eine in einem anderen Mitgliedstaat zur Steuer registrierte Person ist und die Ware aus einem anderen Mitgliedstaat ins Inland oder in einen anderen Mitgliedstaat (vgl. Rn. 35 ff.) gelangt. Die MWSt auf den i. g. Erwerb kann nach den allgemeinen Grundsätzen als Vorsteuer abgezogen werden.

25 I. g. Erwerbe durch nicht zur Steuer registrierte steuerpflichtige Personen mit Sitz im Inland oder juristische Personen ohne Unternehmereigenschaft unterliegen der Besteuerung als identifizierte Personen nur, wenn diese die Erwerbsschwelle von 326.000 CZK (ca. 13.000 €) im laufenden oder vorangegangenen Kj. überschreiten oder überschritten haben. Für steuerpflichtige Personen mit Sitz im Ausland gilt die Erwerbsschwelle nicht. All diese Personen können allerdings zur Registrierung als Steuerzahler und damit zur normalen Besteuerung optieren, sofern sie steuerbare Leistungen im Inland erbringen oder erbringen werden. Die Registrierung als identifizierte Person darf frühestens nach sechs aufeinander folgenden Kalendermonaten aufgehoben werden, in denen die Erwerbe jeweils unterhalb der Erwerbsschwelle lagen. Erwerbe von der Verbrauchsteuer unterliegenden Waren neuer Fahrzeuge sind immer steuerpflichtig.

26 Der i. g. Erwerb neuer Fahrzeuge ist für jede Person steuerpflichtig. Steuerlich nicht registrierte Käufer sind verpflichtet, innerhalb von zehn Tagen nach Erwerb des Fahrzeuges eine Steuererklärung einzureichen, woraufhin die Finanzverwaltung dann die Steuer festsetzen wird.

27 Warenlieferungen mit Installation oder Montage sowie Gas- Strom-, Wärme- oder Kältelieferung mittels Leitungsnetz an Händler stellen für den Abnehmer keinen i. g. Warenerwerb dar; die Besteuerung dieser Tatbestände ist separat geregelt. Auch der Erwerb im Rahmen des sog. Versandhandels für nichtunternehmerische Zwecke durch Personen, die keine Steuerzahler sind, ist kein i. g. Erwerb – in diesem Fall tätigt der Lieferant eine in seinem Mitgliedstaat steuerpflichtige Lieferung. Überschreitet dieser dann die Lieferschwelle (derzeit 1.140.000 CZK, d.h. ca. 45.600 €), verlagert sich der Lieferort vom Ursprungsland ins Inland und begründet eine hier steuerpflichtige Lieferung. Hierdurch entsteht die Pflicht zur Registrierung für den Lieferanten.

Dem steuerpflichtigen i. g. Erwerb gleichgestellt ist die Verbringung eigener Waren aus einem anderen Mitgliedstaat in das Inland durch einen Steuerpflichtigen zu seiner Verfügung, sofern diese nicht nur vorübergehender Natur ist. 28

3.4.2 Innergemeinschaftliche Warenlieferungen (§ 64 MWStG)

Unter einer i. g. Warenlieferung versteht man eine Lieferung von Waren, die in einen anderen Mitgliedsstaat tatsächlich versendet oder befördert wurden. 29

Als eine entgeltliche Warenlieferung gilt auch eine Verbringung von eigenem Geschäftsvermögen durch einen Steuerzahler in einen anderen Mitgliedstaat. Unter einer Verbringung des Geschäftsvermögens wird verstanden die Beförderung oder Versendung des Vermögens durch den Steuerzahler oder durch einen von ihm beauftragten Dritten aus dem Inland in einen anderen Mitgliedsstaat zwecks Ausübung von Wirtschaftstätigkeiten in einem anderen Mitgliedsstaat, sofern die Verbringung nicht nur vorübergehender Natur ist. 30

I. g. Warenlieferungen sind steuerbefreit mit Anspruch auf Vorsteuerabzug, wenn der Steuerpflichtige oder der Erwerber die Waren in einen anderen Mitgliedstaat befördert oder versendet und der Erwerber eine im anderen Mitgliedsstaat zur Steuer registrierte Person ist, für die dieser Warenerwerb steuerpflichtig ist. Dies gilt analog für i. g. Warenverbringungen. 31

Neben dem Steuerbeleg muss der Lieferant über einen Nachweis über die Beförderung/Versendung der Waren aus Tschechien heraus verfügen. Als Nachweis gilt z. B. eine schriftliche Erklärung des Erwerbers oder des zur Beförderung bevollmächtigten Dritten über die tatsächliche Verbringung in einen anderen Mitgliedstaat. Überdies hat der liefernde Steuerzahler i. g. Lieferungen in seine zusammenfassende Meldung pro registriertem Warenerwerber aufzunehmen (vgl. Rn. 117). 32

Die Lieferung eines neuen Fahrzeuges durch einen Steuerzahler an eine Person in einem anderen Mitgliedsstaat ist generell echt von der MWSt befreit, wenn das Fahrzeug durch den Steuerzahler oder den Anschaffenden oder einen bevollmächtigten Dritten in den anderen Mitgliedsstaat befördert bzw. versendet wird. 33

4 Leistungsort

Hinsichtlich der Bestimmung des Leistungsortes wird im MWStG zwischen Warenlieferungen und der Gewährung von Dienstleistungen unterschieden. Der Leistungsort für den Eigenverbrauch ist analog zu bestimmen. 34

4.1 Warenlieferungen (§§ 7 ff. MWStG)

Der Leistungsort bei der Warenlieferung, sofern diese ohne Beförderung bzw. Versendung stattfindet, ist der Ort, an dem sich die Waren zu dem Zeitpunkt befinden, an dem die Lieferung verwirklicht wird, also die Verfügungsmacht übergeht. 35

36 Bei Beförderungs- oder Versendungslieferungen gilt die Lieferung dort als ausgeführt, wo die Beförderung oder Versendung beginnt. Beginnt jedoch die Beförderung bzw. die Versendung der Waren in einem Drittland, gilt als Leistungsort bei der Wareneinfuhr und der nachfolgenden Warenlieferung durch eine Person, welche die Wareneinfuhr verwirklicht hat, der Mitgliedsstaat, in dem die Steuerschuld bei der Wareneinfuhr angefallen ist.

37 Ist die Lieferung verbunden mit Installation bzw. Montage der Ware durch die Person, die die Waren liefert oder durch einen durch diese beauftragten Dritten, gilt als Leistungsort der Ort, an dem die Waren installiert bzw. montiert werden.

38 Der Leistungsort bei einer Gas- Strom-, Wärme- oder Kältelieferung mittels Leitungsnetz an einen Händler ist der Ort, an dem der Händler seinen Sitz hat oder eine feste Niederlassung, sofern an diese geliefert wird. Ein Händler ist in diesem Zusammenhang eine Person, die Gas oder Strom größtenteils zum Zweck des Weiterverkaufs erwirbt. Im Falle einer Gas- Strom-, Wärme- oder Kältelieferung mittels Leitungsnetz an eine andere Person als einen Händler gilt als Leistungsort der Ort, an dem die Ware durch diese Person verbraucht wird.

39 Der i. g. Erwerb wird in dem Mitgliedstaat bewirkt, in dem sich die Ware am Ende der Beförderung oder Versendung befindet.

40 Sofern der Erwerber aber unter der USt-IdNr. eines anderen Mitgliedstaates auftritt, gilt der i. g. Erwerb als auch in diesem Mitgliedstaat bewirkt, sofern der Erwerber nicht nachweist, dass der Erwerb in dem Mitgliedstaat der Beendigung von Beförderung oder Versendung der Besteuerung unterliegt.

4.2 Dienstleistungen (§ 9, 9a und §§ 10–10i MWStG)

41 Durch die Novellierung zum 01.01.2010 wurden auch die Änderungen hinsichtlich des Ortes der Dienstleistung (RL 2008/8/EG) umgesetzt.

42 Dementsprechend ist grundsätzlich zu unterscheiden zwischen Dienstleistungen, die an steuerpflichtige Personen (sog. B2B-Leistungen) und solchen, die an nicht-steuerpflichtige Personen erbracht werden (sog. B2C-Leistungen).

43 Dabei liegen B2B-Leistungen auch dann vor, wenn eine steuerpflichtige Person eine Dienstleistung bezieht für eine Tätigkeit ihrer nicht steuerpflichtigen Sphäre. B2B-Leistungen liegen auch vor, wenn der Leistungsempfänger eine juristische Person ohne Unternehmereigenschaft ist, welche entweder eine sog. »identifizierte Person« oder eine in einem anderen Mitgliedstaat zur MWSt registrierte steuerpflichtige Person ist.

44 Hinsichtlich des Leistungsortes existieren nun je eine Grundregel für B2B-Leistungen und eine Grundregel für B2C-Leistungen sowie Ausnahmebestimmungen zu diesen Grundregeln. Bei Vorliegen einer B2B-Leistung ist Leistungsort der Ort des Leistungsempfängers bzw. der Ort seiner festen Niederlassung, sofern die Leistung für den Bedarf dieser Niederlassung gewährt wird und diese die Leistung aufgrund ihrer Ausstattung auch verwenden kann.

45 Bei Vorliegen einer B2C-Leistung hingegen ist Leistungsort der Ort des Leistungserbringers bzw. der Ort seiner festen Niederlassung, sofern die Leistung mittels dieser Niederlassung gewährt wird.

46 Von diesen Grundregeln (sowohl B2B- als auch B2C-Grundregel) sind nun folgende Ausnahmen zu beachten:

- Dienstleistungen im Zusammenhang mit Immobilien: Belegenheitsort der Immobilie;
- Personenbeförderung: Ort, an dem die Beförderung bewirkt wird;
- Eintrittsberechtigung zu kulturellen, künstlerischen, sportlichen, wissenschaftlichen, erzieherischen, unterhaltenden oder ähnlichen Veranstaltungen: Veranstaltungsort;
- Restaurant/Verpflegung: Ort, an dem die Dienstleistung erbracht wird;

- kurzfristige Vermietung von Beförderungsmitteln: Ort der tatsächlichen Zurverfügungstellung – dabei bedeutet kurzfristig max. 90 Tage bei Wasserfahrzeugen und max. 30 Tage bei allen anderen Beförderungsmitteln.

Bei B2C-Leistungen gelten darüber hinaus noch folgende Ausnahmen: 47
- Dienstleistungen im Zusammenhang mit kulturellen, künstlerischen, sportlichen, wissenschaftlichen, erzieherischen, unterhaltenden oder ähnlichen Veranstaltungen: Veranstaltungsort;
- nicht kurzfristige Vermietung von Beförderungsmitteln: Ort, an dem der Leistungsempfänger seinen Sitz oder Aufenthaltsort hat;
- Vermittlungsleistungen: Leistungsort der vermittelten Lieferung oder Dienstleistung;
- Warenbeförderung (allgemein): Ort, an dem die Beförderung bewirkt wird;
- i. g. Warenbeförderung: Ort, an dem die Beförderungsleistung beginnt;
- mit einer Beförderungsleistung verbundene Dienstleistungen: Ort, an dem die Dienstleistung erbracht wird;
- Arbeiten an beweglichen Gegenständen: Ort, an dem die Dienstleistung erbracht wird;
- Bewertung von beweglichen Sachen: Ort, an dem die Dienstleistung erbracht wird;
- elektronische Dienstleistungen durch einen in einem Drittland ansässigen Unternehmer oder durch eine in einem Drittland gelegene feste Niederlassung an einen inländischen Nicht-Steuerpflichtigen: Inland;
- Telekommunikationsleistungen sowie Rundfunk- und Fernsehsendungen, durch einen in einem Drittland ansässigen Unternehmer oder durch eine in einem Drittland belegene feste Niederlassung an einen inländischen Nicht-Steuerpflichtigen, sofern die tatsächliche Nutzung im Inland erfolgt: Inland;
- »Katalogleistungen« (d.h. Übertragung und Abtretung von Urheberrechten, Patenten, Lizenzen, Schutzmarken und ähnlichen Rechten; Werbung; Beratungs-, Rechts-, Ingenieurs-, Buchführungs- und ähnliche Leistungen; Datenverarbeitung; Überlassung von Informationen; Übersetzer- und Dolmetscherleistungen; Bank-, Finanz- und Versicherungsleistungen (mit Ausnahme der Vermietung von Safes); Gestellung von Arbeitskräften; Vermietung beweglicher Sachen mit Ausnahme von Beförderungsmitteln aller Art; Telekommunikationsleistungen; Rundfunk- und Fernsehsendungen; elektronische Dienstleistungen; Verpflichtung, auf das Fortsetzen oder Ausüben einer unternehmerischen Tätigkeit völlig oder zum Teil zu verzichten; Gewährung des Zugangs zu einem Beförderungs- und Verteilungssystem für Gas, Strom, Wärme oder Kälte oder damit zusammenhängende Dienstleistungen) an eine im Drittland ansässige nicht steuerpflichtige Person: Drittland;
- Telekommunikationsleistungen sowie Rundfunk- und Fernsehsendungen und auf elektronischem Weg erbrachte Dienstleistungen: Ort an dem Empfänger seinen Wohnsitz, Sitz oder gewöhnlichen Aufenthalt hat (sog »MOSS« Regime).

Überdies gelten folgende Sonderregelungen hinsichtlich der tatsächlichen Nutzung (»use and enjoyment rules«): 48
- Für kurzfristige B2C und B2B als auch für langfristige B2C Vermietung von Beförderungsmitteln, bei denen nach der Grundregel der Leistungsort im Inland liegt, die tatsächliche Nutzung aber im Drittland erfolgt: Drittland.
- Für kurzfristige B2C und B2B als auch für langfristige B2C Vermietung von Beförderungsmitteln, bei denen nach der Grundregel der Leistungsort im Drittland liegt, die tatsächliche Nutzung aber im Inland erfolgt: Inland.
- Dienstleistungen gem. B2B-Grundregel, bei denen nach der Grundregel der Leistungsort im Drittland liegt, die tatsächliche Nutzung aber im Inland stattfindet und der Leistungsempfänger auch im Inland zur MWSt registriert, also Steuerzahler ist: Inland.

5 Bemessungsgrundlage (§§ 36, 42 MWStG)

49 Bemessungsgrundlage der Mehrwertsteuer ist das vereinbarte Nettoentgelt (Sollbesteuerung). Die Bemessungsgrundlage wird erhöht um Zölle, Abgaben und Gebühren, Verbrauchsteuern, Energiesteuern und Nebenaufwendungen (Anschaffungsnebenkosten) und vermindert um Rabatte, Skonti und Nachlässe, die zum Zeitpunkt der Erbringung der steuerbaren Leistung bereits bekannt sind (Preisreduzierung). Bei der Wareneinfuhr entspricht die Steuerbemessungsgrundlage dem Zollwert, welcher die relevanten Gebühren, Zölle und Verbrauchsteuern beinhaltet.

50 Bei Leistungen zwischen verbundenen Personen gilt abweichend davon als Bemessungsgrundlage der sog. fremdvergleichskonforme Preis, wenn der tatsächlich fakturierte Preis unter diesem fremdvergleichskonformen Preis liegt und der Leistungsempfänger keinen oder nur eingeschränkten Anspruch auf Vorsteuererstattung hat oder wenn der tatsächlich fakturierte Preis über diesem fremdvergleichskonformen Preis liegt und der Leistungserbringer keinen oder nur eingeschränkten Anspruch auf Vorsteuererstattung hat.

51 Im Falle einer Aufhebung oder Rückgabe der steuerbaren Leistung sowie Änderung des Entgelts führt die Korrektur des Entgelts auch zu einer Mehrwertsteuerkorrektur. Eine Berichtigung der Bemessungsgrundlage kann längstens innerhalb von drei Jahren nach Erbringung der steuerbaren Leistung erfolgen. Lediglich bei Verträgen über die Nutzung von gemieteten Waren oder Immobilien, die die Verpflichtung für den Vermieter enthalten, die Mietsache bis zum Ende der Vertragslaufzeit zu liefern, ist eine Berichtigung der Bemessungsgrundlage in den Fällen möglich, in denen es abweichend vom ursprünglichen Vertrag nicht zum Erwerb der Mietsache kommt. In diesen Fällen kann eine Korrektur innerhalb von drei Jahren ab Eintritt der Tatsache erfolgen, wegen der der Erwerb nicht stattfindet.

52 Erteilte Gutschriften können in der Steuererklärung jedoch nur für den Veranlagungszeitraum geltend gemacht werden, in dem die Gutschrift dem Empfänger der Lieferung oder Leistung auch tatsächlich zugegangen ist. Diese Regelung hat zur Folge, dass Gutschriften praktisch per Einschreiben mit Rückschein an die jeweiligen Adressaten versendet werden sollten.

53 Für uneinbringliche oder abgeschriebene Forderungen erfolgt allgemein keine Mehrwertsteuerrückerstattung. Lediglich bei Forderungen gegen Schuldner im Konkursverfahren ist eine Korrektur unter sehr eng einschränkenden Bedingungen möglich.

6 Steuerbefreiungen

6.1 Echte Steuerbefreiungen (§ 63 MWStG)

54 Echt steuerbefreit, d.h. mit Anrecht auf Vorsteuerabzug, sind Ausfuhrumsätze, i. g. Warenlieferungen sowie unter anderem Beförderungs- und sonstige Dienstleistungen, die mit der Wareneinund -ausfuhr direkt verbunden sind, i. g. Personenbeförderung und Personenbeförderung zwischen Mitgliedsstaaten und Drittländern, , Lieferung von Treibstoffen und Lebensmitteln an Hochsee-, Rettungs- und Kriegsschiffe sowie an Flugzeuge im internationalen Beförderungsverkehr, Lieferung, Reparatur, Instandhaltung oder Vermietung von Flugzeugen im internationalen Beförderungsverkehr. Befreit sind auch die damit im Zusammenhang stehenden Dienstleistungen.

6.2 Unechte Steuerbefreiungen (§ 51 MWStG)

Unecht steuerbefreit, d.h. ohne Anspruch auf Vorsteuerabzug sind folgende Leistungen: Postdienstleistungen, Rundfunk- und Fernsehsendungen, Finanztätigkeiten, Leistungen des Versicherungswesens, Erziehung und Bildung, Lieferung von Waren und Dienstleistungen des Gesundheitswesens, Sozialhilfe, Betreiben von Lotterien und anderen ähnlichen Spielen, Lieferung von Waren, die für von der Steuer befreite Leistungen ohne Anspruch auf Vorsteuerabzug verwendet wurden und von Waren, bei denen der Steuerzahler keinen Anspruch auf Vorsteuerabzug hatte. 55

Befreit sind ferner die Lieferung von Gebäuden, Wohnungen und nicht zu Wohnzwecken dienenden Räumen nach Ablauf von fünf Jahren ab Bauabnahme oder erster Nutzung, die Lieferung von Grundstücken mit Ausnahme von Baugrundstücken sowie die Vermietung von Grundstücken, Bauwerken, Wohnungen und nicht zu Wohnzwecken dienenden Räumen. Allerdings kann bei Lieferung auch nach Ablauf der Fünfjahresfrist zur Besteuerung optiert werden (wofür in der Folge jedoch das Reverse Charge System zur Anwendung kommt) Die Befreiung bei Vermietung bezieht sich nicht auf die Vermietung von Parkplätzen, Safes und sonstigen dauerhaft installierten Einrichtungen und auf kurzfristige Vermietungen (bis 48 Stunden) von Bauwerken, Wohnungen und nicht zu Wohnzwecken dienenden Räumen ggf. einschließlich der Inneneinrichtungen, Wärme, Kälte, Strom, Gas und Wasser. 56

Bei Vermietung von Bauten und Grundstücken an registrierte Steuerzahler für dessen Wirtschaftstätigkeiten kann der Vermieter zur steuerpflichtigen Miete optieren; dann erlangt er auch entsprechend den Anspruch auf Vorsteuerabzug. 57

6.3 Kleinunternehmerregelung (§ 6 Abs. 1 MWStG)

Im EU-Beitrittsvertrag Tschechiens ist eine dauerhafte Ausnahme dahingehend festgelegt, dass eine gesetzliche Registrierungspflicht nur für solche in Tschechien ansässige Steuerpflichtige besteht, deren Umsatzerlöse in den vorangegangenen zwölf Kalendermonaten 1 Mio. CZK (ca. 40.000 €) überschritten haben. 58

7 Steuersätze (§§ 47–48a MWStG)

7.1 Allgemeines

In Tschechien gibt es drei Steuersätze. Grundsätzlich gilt der Regelsteuersatz von derzeit 21 %; der erste ermäßigte Steuersatz beträgt derzeit 15 % und der seit 01.01.2015 gültige zweite ermäßigte Steuersatz 10 %. Den ermäßigten Steuersätzen unterliegen lediglich solche Waren und Dienstleistungen, die in den jeweiligen Anlagen zum MWStG angeführt sind. Die restlichen Leistungen unterliegen dem Regelsteuersatz. Es ist jeweils der zum Tag des Entstehens der Steuerschuld gültige Steuersatz anzuwenden. 59

7.2 Ermäßigter Steuersatz

60 Der erste ermäßigte Steuersatz (15 %) greift z. B. bei Lebensmitteln mit Ausnahme alkoholischer Getränke, Wärme und Kälte, Büchern und Presseerzeugnissen mit weniger als 50 % Werbeinhalt sofern sie nicht in die Liste für den zweiten ermäßigten Steuersatz fallen, bei pharmazeutischen und bestimmten Sanitätserzeugnissen oder bei Brennholz. Der ermäßigte Mehrwertsteuersatz ist auch auf bestimmte Bau- und Montagearbeiten (vgl. Rn. 123 ff.) anwendbar. Bei Dienstleistungen wird der ermäßigte Steuersatz im Wesentlichen nur mehr auf regelmäßige Beförderungsleistungen mit Massenverkehrsmitteln, Leistungen der medizinischen Versorgung und Sozialfürsorge sowie kulturelle Leistungen angewendet.

Der zweite ermäßigte Steuersatz (10 %) greift z. B. bei Lieferung von Magazinen und Zeitungen Kinderbücher, Druckwerken, mit weniger als 50 % Werbeinhalt, Lieferung von Babynahrung, Arzneimitteln, Impfstoffen, glutenfreie Produkte.

61 Es ist möglich, eine verbindliche Auskunft von der Generalfinanzdirektion darüber zu erlangen, welcher Mehrwertsteuersatz anzuwenden ist, wofür pro angefragte Lieferung oder Dienstleistung ein Gebühr von 10.000 CZK zu entrichten ist.

8 Steuerschuldner (§§ 92 – 92i, § 108, § 109 MWStG)

8.1 Allgemeines

62 Steuerschuldner ist grundsätzlich der Steuerpflichtige, der die Lieferung oder Dienstleistung erbringt, beim Eigenverbrauch entsprechend der Steuerpflichtige, der diesen tätigt. Bei i. g. Erwerb ist der Erwerber Steuerschuldner. Beim Warenimport ist die Person Steuerschuldner, die als Importeur der Ware auftritt. Überdies ist jede Person Steuerschuldner, die Steuern auf einem Beleg anführt, selbst wenn es sich nicht um eine steuerbare Leistung handelt.

63 Ein Steuerzahler haftet neben dem Leistungserbringer als originärem Steuerschuldner für die ausstehende Steuer auf eine ihm erbrachte Leistung,

- wenn er wusste oder hätte wissen sollen oder können, dass der Leistungserbringer die Steuer nicht zahlen wird oder nicht zahlen kann oder es zu einer Steuerkürzung kommt,
- wenn das Leistungsentgelt ohne wirtschaftlichen Grund offensichtlich vom üblichen Preis abweicht,
- wenn die Zahlung auf ein Bankkonto im Ausland erfolgt,
- wenn die Zahlung auf ein anderes Bankkonto erfolgt als das für den Leistenden bei der Finanzverwaltung als für den Zahlungsempfang registrierte und durch diese auf ihrer Webseite veröffentlichte Bankkonto,
- wenn die Zahlung über virtuelle Währungen erfolgt,
- wenn der Leistungserbringer durch die Finanzverwaltung als sog. unzuverlässiger Steuerzahler eingestuft und entsprechend durch diese auf ihrer Webseite veröffentlicht wurde,
- und als Empfänger einer Kraftstofflieferung durch einen sog. Kraftstoffverteiler gem. Kraftstoffgesetz, sofern der Lieferant nicht als Kraftstoffverteiler gem. Gesetz registriert ist.

8.2 Übergang der Steuerschuld auf den Leistungsempfänger (reverse charge) bei grenzüberschreitenden Leistungen (§ 108 MWStG)

Abweichend von den oben beschriebenen Grundsätzen geht unter bestimmten Bedingungen bei allen B2B-Dienstleistungen (vgl. Rn. 43), bei Lieferungen mit Installation oder Montage sowie bei Lieferungen von Gas- Strom-, Wärme- oder Kälte mittels Leitungsnetz an Händler die Steuerschuld auf den Leistungsempfänger über (reverse charge). Zum Übergang der Steuerschuld (reverse charge) kommt es des Weiteren bei Warenlieferungen mit Lieferort im Inland von ausländischen Leistenden, die in Tschechien nicht zur MWSt identifiziert sind und Leistungsempfänger ein in Tschechien registrierter Steuerzahler ist. **64**

Voraussetzung für die Anwendung des reverse charge ist für alle oben bezeichneten Leistungen, dass der Ort der Leistung in Tschechien liegt, die Leistung nicht steuerbefreit, der Leistungserbringer entweder Unternehmer mit Sitz in einem Drittland oder ein in einem anderen Mitgliedstaat registrierter Steuerzahler ist, welcher weder Sitz noch feste Niederlassung im Inland hat oder, sofern eine solche feste Niederlassung vorliegt, diese aber nicht an der Erbringung der steuerbaren Leistung beteiligt ist. Eine bestehende Registrierung des Leistungserbringers als ausländischer Unternehmer in Tschechien zur Steuer steht dabei der Anwendung des reverse charge nicht entgegen. **65**

Empfängt ein im Inland ansässiger, jedoch nicht zur MWSt registrierter Unternehmer eine solche Leistung unter den hier geschilderten Umständen, so wird er zur identifizierten Person und hat entsprechend die Steuer zu erklären und abzuführen, es gilt also reverse charge. Empfängt hingegen ein im Inland nicht ansässiger Unternehmer eine dieser Leistungen unter den hier geschilderten Umständen, so kommt reverse charge nicht zur Anwendung, sondern der leistende Unternehmer wird zum Steuerzahler und hat sich zu registrieren sowie die Steuer zu erklären und abzuführen. **66**

8.3 Übergang der Steuerschuld auf den Leistungsempfänger (reverse charge) bei inländischen Leistungen (§§ 92a – 92i MWStG)

Folgende Leistungen unterliegen einem besonderen, »Regime der Verlagerung der Steuerschuld«genannten reverse charge, sofern sowohl Leistungsempfänger als auch Leistender im Inland registrierte Steuerzahler sind: Lieferungen von unverarbeitetem Gold mit einem Feingoldgehalt von mehr als 333 Tausendstel, Lieferung von bestimmten Gebrauchtmaterialien, Schrott und Abfallstoffen, die Erbringung von Bau- oder Montageleistungen sowie, die Übertragung von Treibhausemissionszertifikaten, die Lieferung von Immobilien sofern der Leistende zur Umsatzsteuer optiert, die Lieferung von speziellen elektronischen Kommunikationsdienstleistungen, die Lieferung von Elektrizitätszertifikaten sowie die Lieferung von Gas und Elektrizität an Wiederverkäufer. **67**

Mit Wirkung vom 01.07.2017 unterliegen des Weiteren folgende Lieferungen und Dienstleistungen dem Übergang der Steuerschuld: Die Vermittlung von Umsätzen mit Investmentgold, die Lieferung von Immobilien im Zwangsversteigerungsverfahren, die Überlassung von Personal, das Bauleistungen erbringt, die Lieferung sicherungsübereigneter Gegenstände, die Lieferung des Vorbehaltskäufers an den Vorbehaltseigentümer im Falle der vorangegangenen Übertragung des vorbehaltenen Eigentums,die Lieferung bestimmter per Verordnung festgelegter Gegenstände und Dienstleistungen deren Entgelt höher als 100.000 CZK (ca 4.000 €) ist. Die Verordnung betrifft z. B.

Laptops, Mobiltelefone, Spielkonsolen, Mikroprozessoren, bestimmte Metalle, bestimmte Getreide und Handelsgewächse.

Des Weiteren können bestimmte Gegenstände mittels Verordnung in Abstimmung mit der Europäischen Kommission im Rahmen des sog. Schnellreaktionsmechanismus kurzfristig dem reverse charge unterworfen werden.

68 Andernfalls kommt dieses spezielle »egime« des reverse charge nicht zur Anwendung.

9 Entstehen der Steuerschuld (§§ 21 ff. MWStG)

69 Der Steuerzahler ist verpflichtet, die Mehrwertsteuer zum Tag der Erbringung der steuerbaren Leistung oder zum Tag des Zahlungseingangs zu erklären, je nachdem, was früher eintritt.

70 Der Steuerzahler erklärt die Steuer in der Steuererklärung für den Besteuerungszeitraum, in dem die Verpflichtung entstanden ist, die Steuer zu erklären, sofern das Gesetz nichts anderes festlegt.

71 Lieferungen gelten grundsätzlich in dem Zeitpunkt als ausgeführt, in dem die Verfügungsmacht über den Gegenstand verschafft wird. Bei einer Immobilienlieferung gilt die steuerbare Leistung als erbracht am Tag der Übertragung des Nutzungsrechtes, spätestens jedoch am Tag der Zustellung der Urkunde, in der das Datum der Rechtswirkungen der Eintragung ins Grundbuch angeführt ist. Ein innergemeinschaftlicher Erwerb gilt, je nachdem was früher erfolgt, entweder als am 15. des Folgemonats in dem der Erwerb stattfindet oder am Tag an dem der Steuerbeleg ausgestellt wurde, als ausgeführt

72 Die Steuerschuld bei der Wareneinfuhr entsteht an dem Tag, an dem gemäß den die Entstehung der Zollschuld regelnden Vorschriften die Pflicht zur Entrichtung des Zolls entsteht bzw. entstehen würde.

73 Bei Dienstleistungen ist grundsätzlich der Tag der Vollendung der Leistung maßgeblich. Als Ausnahme gelten jedoch z.B. Gas-, Strom- u.ä. Lieferungen (Tag der Messgeräteablesung oder Verbrauchsfeststellung), Leistungen gemäß eines Werkvertrages (Tag der Übernahme des Werks oder dessen Teils) und Dauerleistungen (letzter Tag des Besteuerungszeitraums).

10 Rechnungsausstellung

10.1 Allgemeines (§§ 26 ff. MWStG)

74 Ein Steuerzahler, der eine steuerpflichtige Leistung oder eine echt steuerbefreite Leistung erbringt, ist verpflichtet, an einen Steuerpflichtigen oder an eine juristische Person ohne Unternehmereigenschaft einen Steuerbeleg auf Papier oder als elektronischen Beleg auszustellen. Der Steuerbeleg ist spätestens binnen 15 Tagen nach Erbringung der Leistung bzw. nach Zahlungseingang, sofern dieser zuerst erfolgte, auszustellen. Bei Erfüllung bestimmter Voraussetzungen können auch Sammelbelege über mehrere Leistungen erstellt werden.

Ein ordnungsgemäßer Steuerbeleg dient auch dazu, dem Leistungsempfänger einen einwandfreien Zugang zum Vorsteuerabzug zu ermöglichen. Der gewöhnliche Steuerbeleg, der zum Vorsteuerabzug berechtigt, muss im Normalfall folgende Angaben enthalten: 75

- Handelsfirma oder Vor- und Nachname, Sitz und die USt-IdNr. des Leistungserbringers,
- Handelsfirma oder Vor- und Nachname, Sitz und die USt-IdNr. des Leistungsempfängers,
- Registriernummer des Beleges,
- Umfang und Gegenstand der Leistung,
- Ausstellungsdatum des Beleges,
- Datum der Erbringung der Leistung oder Datum des Zahlungseingangs, je nachdem was früher eintritt, falls sich dieses Datum vom Datum der Belegerstellung unterscheidet,
- Einheitspreis ohne Steuer und etwaige Preisnachlässe, sofern diese nicht im Einheitspreis enthalten sind,
- Steuerbemessungsgrundlage (getrennt nach Regel- und ermäßigtem Steuersatz),
- Steuersatz (Regelsteuersatz oder ermäßigter Steuersatz) oder die Mitteilung, dass es sich um eine von der Steuer befreite Leistung handelt mit dem Hinweis auf die einschlägige Bestimmung des MWStG, der Europäischen Gemeinschaft oder eine ähnliche Angabe,
- Steuerbetrag in tschechischen Kronen.

Der Beleg kann auch in einer anderen Sprache als Tschechisch verfasst werden. Auf Aufforderung der Finanzverwaltung ist dann allerdings eine tschechische Übersetzung vorzulegen. Die Fakturierungswährung kann eine andere Währung als die tschechische Krone sein; der Steuerbetrag ist aber in tschechischen Kronen auszuweisen. Der bei der Umrechnung zu verwendende Wechselkurs ist der von der Tschechischen Nationalbank oder der Europäischen Zentralbank für den Tag der steuerbaren Leistung veröffentlichte Kurs. Diese Kurse werden veröffentlicht auf der Webseite der Nationalbank: www.cnb.cz. 76

Bei einem Steuerbeleg sind Echtheit, Unversehrtheit und Lesbarkeit vom Zeitpunkt der Erstellung bis zum Ende der gesetzlichen Aufbewahrungsfrist etwa durch geeignete Kontrollmechanismen, die den Steuerbeleg zuverlässig mit der steuerbaren Leistung verknüpfen, sicherzustellen. 77

10.2 Rechnungsausstellung beim Übergang der Steuerschuld (§ 24 und § 25 MWStG)

Beim Übergang der tschechischen Steuerschuld an den Leistungsempfänger ist der leistende Unternehmer zur Ausstellung einer Rechnung verpflichtet und hat außer den erwähnten Angaben (vgl. Rn. 75) noch einen Hinweis auf den Übergang der Steuerschuld anzuführen (»die Steuer wird vom Kunden abgeführt«). 78

Bei Anwendung des nationalen reverse charge, darf der Mehrwertsteuerbeleg auch auf eine andere Währung als auf tschechische Kronen lauten und die Angaben über Steuersatz und Steuerbetrag können fehlen. 79

10.3 Kleinbetragsrechnungen (§§ 30 und 30a MWStG)

Für steuerbare Leistungen bis zu einem Wert von 10.000 CZK (ca. 400 €) einschließlich Steuer kann ein vereinfachter Steuerbeleg ausgestellt werden, sofern es sich nicht um i. g. Lieferungen, 80

Versandhandel, dem reverse charge unterliegende Leistungen oder der Verbrauchsteuer unterliegende Lieferungen von Tabakerzeugnissen zu anderen als Festpreisen für den Endverbraucher handelt. Von den oben (vgl. Rn. 75) angeführten Angaben braucht der vereinfachte Steuerbeleg die folgenden Angaben nicht zu enthalten: Angaben zum Leistungsempfänger, USt-IdNr. des Leistungsempfängers den Einheitspreis, die Steuerbemessungsgrundlage und den Steuerbetrag. Vorgeschrieben ist aber die Angabe des Betrages, den der Steuerzahler für die erbrachte steuerbare Leistung insgesamt erhielt oder erhalten soll.

10.4 Anzahlungen

81 Anzahlungen unterliegen ebenfalls der MWSt und berechtigen gleichzeitig zum Vorsteuerabzug. Eine Rechnung über eine erhaltene Anzahlung hat die allgemeinen Anforderungen zu erfüllen, wobei statt dem Tag der steuerbaren Leistung das Datum des Zahlungseingangs anzugeben ist und der Umfang der Leistung sowie der Einheitspreis nicht ausgewiesen werden muss. In der Endrechnung ist die Gesamtsumme der bereits versteuerten Anzahlungen von der Bemessungsgrundlage offen abzuziehen und die Steuer vom Restbetrag zu ermitteln.

10.5 Steuerberichtigung (§§ 42 MWStG)

82 Bei Aufhebung oder Rückgabe der Leistung, Senkung oder Erhöhung der Steuerbemessungsgrundlage oder Rückerstattung des Entgelts (vgl. Rn. 51), hat der Steuerzahler, der die ursprüngliche steuerbare Leistung erbracht hat, Steuerbemessungsgrundlage und Steuerbetrag zu berichtigen und innerhalb von 15 Tagen ab Feststellung dieser Umstände einen sog. Berichtigungssteuerbeleg (Steuergut- bzw. Steuerlastschrift) auszustellen. Diese Steuerberichtigung gilt als eigenständige steuerbare Leistung und ist insofern in der laufenden Steuererklärung zu berücksichtigen, wobei eine Steuerminderung erst dann berücksichtigt werden darf, wenn der Empfänger den Berichtigungsbeleg empfangen hat. Der Leistungsempfänger ist verpflichtet, den geltend gemachten Vorsteuerabzug zu berichtigen, falls durch die Berichtigung der Steuerbetrag sich verringert. Er kann berichtigen, wenn sich der Steuerbetrag erhöht.

83 Die Gut- bzw. Lastschrift muss u. a. einen Hinweis auf den ursprünglichen Steuerbeleg enthalten.

84 Nach Ablauf von drei Jahren ab Ende des Besteuerungszeitraums, in dem die ursprüngliche steuerbare Leistung erbracht wurde, kann keine Berichtigung der Steuerbemessungsgrundlage und der Höhe der Steuer mehr vorgenommen werden. Lediglich bei Verträgen über die Nutzung von gemieteten Waren, die die Verpflichtung des Mieters enthalten, die Mietsache bis zum Ende der Vertragslaufzeit zu erwerben, ist eine Berichtigung der Bemessungsgrundlage in den Fällen möglich, in denen es abweichend vom ursprünglichen Vertrag nicht zum Erwerb der Mietsache kommt. In diesen Fällen ist eine Korrektur innerhalb von drei Jahren ab Eintritt der Tatsache, wegen der der Erwerb nicht erfolgt, möglich.

10.6 Gutschriftausstellung/self invoicing (§ 28 Abs. 5 MWStG)

Der leistungserbringende Steuerzahler kann schriftlich zur Ausstellung des Steuerbelegs in seinem Namen den Leistungsempfänger oder einen Dritten (z. B. seine Buchhaltungsfirma) bevollmächtigen. 85

Vom Leistungsempfänger ausgestellte Steuerbelege sind mit dem Hinweis »vom Kunden ausgestellt« zu versehen. 86

10.7 Elektronische Rechnungen (§ 26 Abs. 3 MWStG)

Der Steuerbeleg kann mit der Zustimmung der Person, für die die Leistung erbracht wird, auch in elektronischer Form ausgestellt werden. Dabei gilt als ein Beleg in elektronischer Form jeder Beleg, der elektronisch erstellt und empfangen wird und nicht mehr nur solche, die mit einer garantierten, auf qualifiziertem Zertifikat basierenden elektronischen Unterschrift oder mit einer garantierten, auf qualifiziertem Zertifikat basierenden elektronischen Signatur nach dem Gesetz über elektronische Signatur versehen werden. Die allgemeinen Anforderungen an die Sicherstellung von Echtheit, Unversehrtheit und Lesbarkeit gelten dabei uneingeschränkt auch für elektronische Belege. 87

10.8 Konsequenzen bei falscher Rechnungsausstellung

Eine Rechnung mit falschen Angaben kann den Verlust der Geltendmachung des Vorsteuerabzugs beim Leistungsempfänger zur Folge haben. 88

Das MWStG regelt lediglich die Vorgehensweise für eine Korrektur der Bemessungsgrundlage und des Steuersatzes. Wie die restlichen Fehler (z. B. Angabe einer falschen USt-IdNr.) zu korrigieren sind, ist im MWStG nicht geregelt. In der Praxis erfolgt dies z. B. durch Stornierung der ursprünglichen Steuerbelege und Ausstellung neuer Belege. 89

11 Vorsteuerabzug (§§ 72 ff. MWStG)

11.1 Voraussetzungen für den Vorsteuerabzug

Die für Leistungen an einen Steuerzahler in Tschechien in Rechnung gestellten Mehrwertsteuerbeträge und die Mehrwertsteuer, die mit i. g. Warenerwerben, Warenimporten oder dem Reverse-Charge-Verfahren unterliegenden Leistungen zusammenhängt, werden im Rahmen der Mehrwertsteuererklärung von der eigenen Steuerschuld des Steuerzahlers abgezogen bzw. ihre Erstattung wird beantragt. Übersteigt die Mehrwertsteuerschuld für die von dem Steuerzahler geleisteten Leistungen innerhalb eines Besteuerungszeitraumes die abziehbare Vorsteuer, entsteht eine Mehrwertsteuerzahllast, im umgekehrten Fall ein Vorsteuerguthaben gegenüber der Finanzverwaltung. 90

91 Die Vorsteuern sind nur und in dem Maße abzugsfähig, in dem sie im Rahmen der wirtschaftlichen Tätigkeiten des Steuerzahlers für die Erbringung folgender Leistungen verwendet werden:

- steuerbare Warenlieferungen oder Dienstleistungen mit Leistungsort in Tschechien,
- echt steuerbefreite Leistungen mit Leistungsort Tschechien,
- Leistungen mit Leistungsort außerhalb Tschechiens, sofern der Anspruch auf Vorsteuerabzug bestünde, wenn diese Leistungen im Inland erbracht werden würden,
- unecht steuerbefreite Finanz- und Versicherungsleistungen mit Leistungsort außerhalb der EU,
- mit einer Warenausfuhr direkt verbundene Leistungen mit Leistungsort außerhalb der EU oder
- bestimmte Leistungen, die nicht Gegenstand der Steuer (»out-of-scope«) sind (z.B. Unternehmensverkauf, Lieferung oder Rückgabe von Mehrwegverpackungen unter bestimmten Bedingungen, Abtretung einer eigenen Forderung),
- Fernseh- und Rundfunkleistungen durch zugelassene Anbieter.

92 Bedingung für die Geltendmachung des Vorsteuerabzuges ist das tatsächliche Vorliegen des Steuerbeleges zum Zeitpunkt der Geltendmachung. Bei Eingangsleistungen, die dem reverse charge unterliegen oder bei i. g. Erwerben darf der Anspruch auf Vorsteuerabzug auch ohne Vorliegen der entsprechenden Belege geltend gemacht werden, sofern er auf andere geeignete Weise nachgewiesen werden kann.

93 Nutzt der Steuerzahler die steuerbaren Eingangsleistungen zur Erbringung sowohl der oben genannten Leistungen als auch von unecht befreiten Leistungen, bei denen also kein Vorsteuerabzug besteht, ist er verpflichtet, den Vorsteuerabzug entsprechend dem Verhältnis seines Umsatzes mit unecht befreiten Leistungen zu seinem Gesamtumsatz zu kürzen.

94 Nutzt er die Eingangsleistungen sowohl zur Ausübung seiner Wirtschaftstätigkeit als auch für hiermit nicht zusammenhängende Zwecke, so kann er entweder den Vorsteuerabzug entsprechend dem Anteil der Nutzung für die nicht mit seiner Wirtschaftstätigkeit zusammenhängenden Zwecke kürzen oder die auf diese Leistungen entfallende Steuer als Eigenverbrauch nachträglich abführen. Diese Wahlmöglichkeit besteht allerdings nicht für das Anlagevermögen, bei dem in diesem Fall von Beginn an der Vorsteuerabzug nur anteilig vorgenommen werden darf. Am Ende jedes Kj. ist ein sog. Abrechnungskoeffizient aufgrund der Angaben über die steuerpflichtigen und steuerfreien Ausgangsleistungen für das ganze Jahr zu ermitteln, der zur Berichtigung der im Laufe des Jahres vorschussweise gekürzten Vorsteuerabzüge dient.

95 Neu registrierte Steuerzahler haben Anspruch auf Vorsteuerabzug für Geschäftsvermögen, das vor ihrer Registrierung zur Steuer erworben wurde. Der Vorsteuerabzug kann dabei nur bei dem in den letzten zwölf Monaten vor der Registrierung angeschafften Geschäftsvermögen (d.h. Anlagevermögen, Vorräte, unfertige Investitionen) geltend gemacht werden, sofern dieses zum Zeitpunkt der Registrierung noch vorhanden ist; Vorsteuerabzug für vor dem Registrierungsdatum erhaltene Dienstleistungen ist grundsätzlich nicht möglich, es sei denn, dass diese Dienstleistungen als Teil des Geschäftsvermögens aktiviert wurden.

96 Bedingung für die Geltendmachung des Vorsteuerabzugs sind Steuerbelege oder von einem Steuerzahler ausgestellte Belege, die die Vergütung für die steuerpflichtige Leistung enthalten. Der Anspruch auf Vorsteuerabzug wird in der Steuererklärung für den ersten Besteuerungszeitraum nach dem an der Registrierungsurkunde angeführten Tag des Inkrafttretens geltend gemacht.

97 Der Vorsteuerabzug von ungerechtfertigt auf einem Steuerbeleg ausgewiesener Steuer ist nicht möglich. Allerdings ist der Leistungserbringer in diesem Fall berechtigt, entsprechend korrigierte Steuerbelege auszustellen.

11.2 Zeitpunkt des Vorsteuerabzugs

Ein Anspruch auf Vorsteuerabzug kann frühestens in der Steuererklärung für den Besteuerungszeitraum geltend gemacht werden, in dem die steuerpflichtige Eingangsleistung erbracht wurde und der Steuerbeleg vorliegt oder in dem die Zahlung bei dem Leistungserbringer eingegangen ist, sofern der Zahlungseingang vor dem Tag der Erbringung der steuerbaren Leistung erfolgt und dem Leistungserbringer die Pflicht entstanden ist, die Steuer zu erklären. Die Einfuhrumsatzsteuer kann in dem Kalendermonat abgezogen werden, in dem sie seitens des Zollamtes bemessen oder in der Steuererklärung des Steuerzahlers erklärt wurde. Beim i. g. Warenerwerb hat ein Steuerzahler Anspruch auf Vorsteuerabzug, wenn ihm eine Pflicht entstanden ist, die Steuer zu erklären. 98

In jenen Fällen, in denen die Steuerschuld auf den Leistungsempfänger übergeht (reverse charge), ist der Vorsteuerabzug in dem Zeitpunkt möglich, in dem die Eingangsleistung ausgeführt wurde und die Steuerschuld entstanden ist. 99

Für Steuerzahler, die den Vorsteuerabzug kürzen müssen, gilt einschränkend, dass der Anspruch auf Vorsteuerabzug in einer ordentlichen Steuererklärung spätestens für den letzten Besteuerungszeitraum des Kj. geltend gemacht werden kann, in dem der Anspruch auf Vorsteuerabzug entstanden ist. Nach Ablauf dieser Frist kann der Anspruch auf Vorsteuerabzug nur in einer berichtigten Steuererklärung geltend gemacht werden 100

Ein Anspruch auf Vorsteuerabzug kann nach Ablauf von drei Jahren ab dem Ende des Besteuerungszeitraums, in dem der Anspruch auf Vorsteuerabzug frühestens geltend gemacht werden konnte, nicht mehr geltend gemacht werden. Lediglich bei reverse charge, wenn also der Leistungsempfänger die Steuer erklären und abführen musste, gilt diese Befristung des Vorsteuerabzuges nicht. 101

11.3 Vorsteuerabzugsverbote

Kein Anspruch auf Vorsteuerabzug besteht bei Eingangsleistungen, die vom Steuerpflichtigen für unecht befreite Leistungen verwendet werden sowie für Repräsentationsausgaben (ausgenommen Werbegeschenke bis 500 CZK; ca. 20 €). 102

11.4 Berichtigung des Vorsteuerabzuges

Maßgeblich für den Vorsteuerabzug sind die Verhältnisse zum Zeitpunkt der Leistung, d. h. die zu diesem Zeitpunkt voraussichtliche Verwendung der in Anspruch genommenen Leistung. Ändern sich zu einem späteren Zeitpunkt die für den ursprünglichen Vorsteuerabzug maßgeblichen Verhältnisse, ist eine Berichtigung des Vorsteuerabzuges vorzunehmen. 103

Sofern eine Berichtigung der Steuerbemessungsgrundlage vorgenommen wurde, die eine Senkung des geltend gemachten Vorsteuerabzugs zur Folge hat, ist der Leistungsempfänger zur Durchführung einer Berichtigung des Vorsteuerabzugs verpflichtet, sobald er dessen Umstände erfahren hat. Im Falle einer Erhöhung des geltend gemachten Vorsteuerabzugs kann eine Berichtigung freiwillig durchgeführt werden. Der Steuerzahler führt die Berichtigung des Vorsteuerabzugs in der Steuererklärung für den Besteuerungszeitraum durch, in dem die Bemessungsgrundlage berichtigt wurde. 104

105 Der Vorsteuerabzug bei angeschafftem materiellem oder immateriellem Anlagevermögen ist anzupassen, sofern in einem Zeitraum von fünf aufeinander folgenden Kj., beginnend mit dem Jahr, in dem das Vermögen angeschafft wurde (»Anpassungszeitraum«), eine Änderung des Anspruchs auf Vorsteuerabzug infolge einer Änderung des Verwendungszwecks dieses Vermögens eingetreten ist. Bei Gebäuden, Wohnungen, nicht zu Wohnzwecken bestimmten Räumen sowie Grundstücken beträgt der Anpassungszeitraum zehn Jahre. Wenn die Differenz zwischen dem Abrechnungskoeffizienten des Jahres, in dem die Änderung des Nutzungszweckes geschehen ist, und dem Abrechnungskoeffizient des Jahres der Anschaffung des Vermögensgegenstandes bzw. des Jahres der letzten Berichtigung weniger als 10 Prozentpunkte beträgt, ist keine Berichtigung des ursprünglich geltend gemachten Vorsteuerabzugs vorzunehmen.

106 Bei der Aufhebung der Steuerregistrierung hat der Steuerzahler den Anspruch auf geltend gemachten Vorsteuerabzug aus dem Geschäftsvermögen zum Tage der Aufhebung der Registrierung zu korrigieren.

12 Registrierungspflichten

12.1 Registrierungspflichten für Unternehmer (§§ 6 ff., §§ 94 – 97a § 97 MWStG)

107 Ein Steuerpflichtiger (Unternehmer), der seinen Sitz in Tschechien hat und dessen Umsatz innerhalb von zwölf aufeinanderfolgenden Kalendermonaten 1 Mio. CZK (ca. 40.000 €) überschreitet, wird zum Steuerzahler am ersten Tag des zweiten auf den Monat folgenden Monats nach dem Monat, in dem er den festgelegten Umsatz überschritten hat. Er muss binnen 15 Tagen nach Ende des Monats der Überschreitung eine Anmeldung zur Registrierung abgeben. Die Registrierung erfolgt dann zu dem Tag, an dem der Steuerpflichtige zum Steuerzahler wurde, also ggf. auch rückwirkend. Unternehmer, die die Umsatzgrenze nicht überschreiten oder nur unecht steuerbefreite Leistungen mit Ausnahme von Finanz- und Versicherungsleistungen oder Immobilienlieferungen erbringen, sind von der MWSt befreit und es entfällt die Verpflichtung zur steuerlichen Registrierung (Kleinunternehmerregelung). Ein Anspruch auf Vorsteuererstattung besteht ebenfalls nicht. Eine freiwillige Registrierung ist jedoch jederzeit möglich.

108 Ein Steuerpflichtiger (Unternehmer), der seinen Sitz oder Unternehmensort in Tschechien hat, aber kein Steuerzahler ist, wird zur sog. identifizierten Person, sobald er die Erwerbsschwelle von 326.000 CZK (ca. 13.000 €) im laufenden oder unmittelbar vorangegangenen Kj. überschreitet, den i. g. Erwerb eines neuen Fahrzeugs tätigt, eine dem reverse charge unterliegende grenzüberschreitende Lieferung oder Dienstleistung mit Leistungsort im Inland empfängt oder aktiv eine dem reverse charge unterliegende B2B-Grundregel-Dienstleistung an einen Steuerpflichtigen mit Sitz in einem anderen EU-Mitgliedstaat erbringt. Er hat seine Anmeldung zur Registrierung als identifizierte Person innerhalb von 15 Tagen einzureichen.

Zur Registrierungspflicht ausländischer Unternehmer vgl. Rn. 133 ff.

12.2 Gruppenregistrierung (§§ 5a ff. und § 95a MWStG)

Seit dem 01.01.2008 können kapital- oder anders verbundene Personen mit Sitz oder fester Niederlassung in Tschechien eine Gruppe bilden, die dann für MWSt-Zwecke als ein Steuerpflichtiger behandelt wird. Die auf diese Weise registrierten Unternehmer stellen für die im Rahmen der Gruppe untereinander erbrachten Leistungen keine Mehrwertsteuer in Rechnung; diese Leistungen müssen jedoch separat erfasst werden. Bei Leistungen außerhalb der Gruppe treten die Gruppenmitglieder unter ihren eigenen Namen auf, sie nutzen jedoch die USt-IdNr. der Gruppe. Die USt-Idnr der Gruppe beginnt immer mit dem Zusatz »CZ69.....«. 109

Der Besteuerungszeitraum der Gruppe ist zwingend ein Kalendermonat (vgl. Rn. 112). Steuererklärungen, MWSt-Kontrollmeldungund zusammenfassende Meldungen werden gemeinsam für die ganze Gruppe durch das dazu berechtigte Gruppenmitglied eingereicht, die Steuerschuld der Gruppe ist von diesem Mitglied zu überweisen. Die Mitglieder der Gruppe haften gesamtschuldnerisch für die steuerlichen Verpflichtungen der Gruppe. 110

Die Gruppen, die sich bis zum 31. 10. des laufenden Kj. anmelden, werden als Steuerzahler zum 01. 01. des nachfolgenden Kj. registriert. Bei einer nach dem 31. 10. eingereichten Anmeldung wird die Gruppe erst am 01. 01. des zweiten Folgejahres als Steuerzahler registriert. Ein ähnliches Prozedere gilt für den Austritt eines Unternehmens aus der Gruppe sowie für die Aufhebung der ganzen Gruppe. 111

13 Erklärungs- und Aufzeichnungspflichten (§§ 99 ff. MWStG)

13.1 Erklärungspflichten (§§ 99, 99a, §§ 101a – 101k sowie § 102 MWStG)

Der Besteuerungszeitraum ist generell der Kalendermonat. Steuerzahler, deren Umsatz im vorangegangenen Kj. 10 Mio. CZK (ca. 400.000 €) nicht überschritten hat, können das Kalenderquartal als Besteuerungszeitraum durch Anzeige bei der Finanzverwaltung bis jeweils Ende Januar wählen, sofern sie durch diese nicht als sog. »unzuverlässige Steuerzahler« eingestuft worden sind. Für das Kj. der Registrierung sowie das erste darauffolgende Kj. ist der Besteuerungszeitraum allerdings immer zwingend der Kalendermonat. Diese Regeln gelten auch für nichtansässige oder ausländische Steuerzahler mit fester Niederlassung im Inland. 112

Die Steuererklärung ist innerhalb von 25 Tagen nach Ablauf des jeweiligen Besteuerungszeitraums beim zuständigen Finanzamt (ab 2014 grundsätzlich nur auf elektronischem Wege) einzureichen. Dies gilt auch, wenn keine Steuerpflicht entstanden ist. Am gleichen Tag ist die Steuer zu zahlen, wobei der Tag des Zahlungseingangs relevant ist. Bei Wareneinfuhr durch Nicht-Steuerzahler ist die Einfuhrumsatzsteuer nach Maßgabe des relevanten Zollbescheides fällig. 113

In der Steuererklärung ist die geschuldete Steuer selbst zu berechnen und an das Finanzamt innerhalb der Frist für die Abgabe der Steuererklärung abführen. Eine sich aus der Steuererklärung ergebende Steuererstattung wird grundsätzlich innerhalb von 30 Tagen nach Abgabetermin zurückgezahlt, es sei denn die Finanzverwaltung eröffnet eine offizielle Steuerprüfung in Bezug auf konkrete Steuerperioden. 114

115 Eine identifizierte Person hat jeweils innerhalb von 25 Tagen nach Ablauf des Kalendermonats, in dem ihr eine Steuerschuld entstanden ist, eine Steuererklärung für diesen Kalendermonat als Besteuerungszeitraum abzugeben und die Steuer abzuführen.

116 Ein Steuerzahler hat überdies für den Kalendermonat sog. zusammenfassende Meldungen abzugeben, sofern i. g. Lieferungen oder i. g. Verbringungen in einen anderen EU-Mitgliedstaat, Lieferungen an den Letzterwerber in Rahmen eines i. g. Dreiecksgeschäftes oder Dienstleistungen gem. der B2B-Grundregel (vgl. Rn. 41) an eine in einem anderen Mitgliedstaat zur Steuer registrierte Person durchgeführt wurden. Nur wenn lediglich Dienstleistungen gem. B2B-Grundregel erbracht wurden und der Besteuerungszeitraum für die MWSt-Erklärung das Kalenderquartal ist, ist der Meldezeitraum auch für die zusammenfassende Meldung ebenfalls das Kalenderquartal mit einer Abgabefrist von 25 Tagen nach Quartalsende. Allerdings wechselt für den verbleibenden Rest des Kj. der Erklärungszeitraum vom Kalenderquartal zum Kalendermonat, sobald neben B2B-Grundregelleistungen auch i. g. Lieferungen oder Verbringungen oder Lieferungen an den Letzterwerber in Rahmen eines i. g. Dreiecksgeschäftes erbracht werden. Wird im Meldezeitraum keine relevante Leistung erbracht, so hat der Steuerzahler – im Unterschied zur Steuererklärung – keine zusammenfassende Meldung abzugeben.

117 Seit 01.01.2016 ist jeder in Tschechien registrierte Steuerzahler verpflichtet MWSt-Kontrollmeldungen einzureichen. Diese Verpflichtung trifft nicht bloß zur Mehrwertsteuer identifizierte Personen

Die MWSt-Kontrollmeldung ist abzugeben, wenn ein registrierter Steuerzahler entweder in Tschechien steuerpflichtige Umsätze ausführt oder einen Vorsteuerabzug beansprucht.

Die MWSt-Kontrollmeldung umfasst ein detaillierte Zusammenstellung jeder einzelnen zu meldenden Transaktion und ist elektronisch bis zum 25. des Folgemonats des jeweiligen Besteuerungszeitraumes einzureichen.

118 INTRASTAT-Meldungen sind ab Überschreiten einer Wertgrenze von 8 Mio. CZK (ca. 320.000 €) bei Warenerwerben aus anderen EU-Mitgliedstaaten und/oder 8 Mio. CZK (ca. 320.000 €) bei Warenlieferungen in andere EU-Mitgliedstaaten monatlich beim zuständigen Zollamt abzugeben. Die Abgabefrist läuft bis zum 10. Werktag (bei Abgabe per Post oder persönlich) bzw. zum 12. Werktag (bei elektronischer Übermittlung) des Folgemonats.

13.2 Aufzeichnungspflichten (§§ 100 und 100a MWStG)

119 Steuerzahler und identifizierte Personen sind verpflichtet, Aufzeichnungen zu steuerlichen Zwecken sämtlicher sich auf ihre Steuerschuld beziehender Angaben zu führen, insbesondere jener Angaben, die zu einer richtigen Ermittlung der Steuerschuld erforderlich sind. Die Aufzeichnungen sind in einer solchen Gliederung zu führen, dass die Steuererklärung, MWSt-Kontrollmeldung und die zusammenfassende Meldung erstellt werden und nachvollzogen werden kann.

120 Steuerzahler sind auch verpflichtet, Aufzeichnungen über erbrachte Leistungen zu führen, die von der Steuer befreit oder kein Steuergegenstand sind.

121 Bei einer Gruppenregistrierung sind die Mitglieder der Gruppe verpflichtet, gegenseitige Leistungen getrennt zu erfassen.

14 Besonderheiten

Das tschechische Mehrwertsteuergesetz enthält verschiedene Sondervorschriften für die Besteuerung bestimmter Sachverhalte. Einige wesentliche werden nachfolgend dargestellt. 122

14.1 Sondervorschriften für Bauleistungen (§ 48, § 48a, § 92a MWStG)

Für Bau- und Montagearbeiten, die sich auf Bauänderungen von bereits fertigen Wohnungen, Wohnungshäusern und Familienhäusern beziehen, sowie für Reparaturen solcher Bauten ist der erste ermäßigte Mehrwertsteuersatz (von 15 %) anzuwenden. 123

Dem ermäßigten Steuersatz unterliegt weiterhin die Ausführung von Bau- und Montagearbeiten im Zusammenhang mit Aufbau oder Reparatur von Gebäuden für das sog. Sozialwohnen sowie die Lieferung solcher Bauten (soweit diese Lieferung nicht steuerfrei ist; vgl. Rn. 56). Unter einem »Bau für Sozialwohnen« werden u. a. Wohnungen mit einer Bodenfläche von bis zu 120 m^2 und Einfamilienhäuser mit einer Bodenfläche von bis zu 350 m^2 verstanden. 124

Die Erbringung von Bau- oder Montageleistungen durch einen ansässigen oder nicht ansässigen registrierten Steuerzahler an einen ansässigen oder nicht ansässigen registrierten Steuerzahler unterliegt dem (inländischen) reverse charge. Erbringt ein nicht ansässiger und nicht registrierter Unternehmer eine Lieferung mit Installation oder Montage oder eine Dienstleistung im Zusammenhang mit einer Immobilie an eine steuerpflichtige Person mit Sitz im Inland, so ist das (grenzüberschreitende) Reverse-Charge-Verfahren anzuwenden, sofern sich der Leistungsort in Tschechien befindet. 125

14.2 Vereinfachungsregelung für Konsignationslager (§ 16 Abs. 4 MWStG)

Die Versendung oder Beförderung von Waren aus einem anderen Mitgliedstaat in ein Konsignationslager im Inland stellt nach allgemeinen Bestimmungen eine i. g. Verbringung dar. Mit Entnahme der Ware durch den Abnehmer kommt es zu einer innertschechischen Lieferung an diesen. 126

Für Lieferanten, die in einem anderen Mitgliedstaat zur Steuer registriert sind und in Tschechien nicht als ausländische Unternehmer zur Steuer registriert sind, besteht die Möglichkeit einer Vereinfachung im Zusammenhang mit Konsignationslagerlieferungen. Sofern schon bei Verbringung der Waren in das Lager bekannt ist, welcher Steuerzahler sie abnehmen wird, kann dieser Steuerzahler als Endabnehmer einen i. g. Erwerb erklären und versteuern. Der Lieferant aus dem anderen Mitgliedstaat bewirkt dann zumindest aus tschechischer Sicht nur eine i. g. Lieferung und weder einen i. g. Erwerb noch eine innertschechische Lieferung und muss sich dementsprechend nicht zur Steuer registrieren. Es ist allerdings zu beachten, dass der i. g. Erwerb durch den Endabnehmer zum Zeitpunkt der Verbringung und nicht erst zum Zeitpunkt der Lagerentnahme zu erklären ist. Die Entnahmen aus dem Konsignationslager stellen dann keine steuerbaren Leistungen mehr dar. 127

128 Ein solches Lager muss sich zur Anwendung der Vereinfachung nicht notwendigerweise auf dem Gelände des Endabnehmers befinden. Die Bedienung mehrerer Endabnehmer aus einem Lager ist möglich, sofern von Anfang an durch entsprechende Kennzeichnung und Dokumentation hinreichend transparent ist, welche Ware für welchen Endabnehmer bestimmt ist. Die Lagerungsdauer der Waren im Lager ist zeitlich nicht befristet.

14.3 Sonstige Sonderregime (§§ 88 ff. MWStG)

129 Das MWStG enthält zahlreiche Sonderregime, in denen die Geltendmachung der Mehrwertsteuer für bestimmte Leistungen unterschiedlich von den allgemeinen Prinzipien geregelt wird. Es handelt sich um Sonderregime für Reisedienstleistungen, für Händler von Gebrauchtwaren, Kunstwerken, Sammlergegenständen und Antiquitäten, für Steuerzahler, die Waren zwecks ihrer Weiterveräußerung in unverändertem Zustand kaufen sowie für Anlagegold. Außerdem ist hier das bereits in Rn. 67 f. erläuterte »Regime der Verlagerung der Steuerschuld« bei inländischen Leistungen zu nennen.

14.4 Steuerstrafen (§§ 250–252 AO)

130 Bei Nichteinhaltung der aufgestellten Vorschriften sieht das Gesetz die Bemessung folgender Steuerstrafen (sog. Pönalen) durch die Finanzverwaltung vor:

- verspätete Abgabe der Steuererklärung: 0,05 % der Steuerverbindlichkeit bzw. des Steuerguthabens pro Kalendertag der über fünf Kalendertage hinausgehenden Verspätung, maximal 5 % der Steuerverbindlichkeit bzw. des Steuerguthabens. Der Höchstbetrag darf 300.000 CZK nicht übersteigen;
- verspätete/zu geringe Steuerzahlung: ein Strafzins i. H. d. Reposatzes der Tschechischen Nationalbank (derzeit rd 0,25 %) plus 14 % p. a., maximal für einen Zeitraum von fünf Jahren. Ein Höchstbetrag ist nicht vorgesehen;
- Nachbemessung der Steuerschuld/Kürzung des Vorsteuerabzugs durch die Finanzverwaltung, z. B. in einer Steuerprüfung: zuzüglich zum o. g. Strafzins eine Pönale i. H. v. 20 % des Korrekturbetrages. Ein Höchstbetrag ist nicht vorgesehen.

14.5 Unzuverlässiger Steuerzahler (§ 106 a MWStG)

131 Die Finanzverwaltung kennzeichnet Steuerzahler, die schwerwiegend gegen ihre Pflichten verstoßen, als sog. unzuverlässige Steuerzahler und veröffentlicht dies auch auf einer Webseite im Internet. Als unzuverlässig gekennzeichnete Steuerzahler können in keinem Fall zum Kalenderquartal als Besteuerungszeitraum optieren. Außerdem haftet der Empfänger einer durch einen unzuverlässigen Steuerzahler erbrachten steuerbaren Leistung neben diesem für die ausstehende Steuer auf diese Leistung.

15 Besonderheiten für ausländische Unternehmer

Für ausländische Unternehmer (Steuerpflichtige), also solche, die ihren Sitz in einem anderen Mitgliedstaat oder einem Drittland haben, gelten, mit oder ohne feste Niederlassung im Inland, folgende Besonderheiten: 132

15.1 Registrierung (§§ 6c, 6f und 6g sowie § 94 Abs. 2 MWStG)

Die Regelungen des MWStG haben durch die Novelle zum 01.01.2013 wiederum Änderungen erfahren. So führt nunmehr der innergemeinschaftliche Erwerb im Inland durch einen ausländischen Unternehmer, der im Inland nicht registrierter Steuerzahler ist dazu, dass er zur sog. identifizierten Person (vgl. Rn. 9) wird, sich als solche sofort, also ohne Überschreiten einer Erwerbsschwelle, registrieren lassen und den i. g. Erwerb entsprechend besteuern muss. 133

Ausländische Unternehmer werden sofort, also ohne dass etwa eine Umsatzschwelle zu überschreiten wäre, zu Steuerzahlern in Tschechien und sind zur mehrwertsteuerlichen Registrierung verpflichtet, wenn sie steuerpflichtige Warenlieferungen oder Dienstleistungen mit Leistungsort im Inland erbringen, die nicht dem reverse charge unterliegen oder wenn sie i. g. Lieferungen aus dem Inland in einen anderen Mitgliedstaat der EU erbringen. Diese Pflicht besteht innerhalb von 15 Tagen nach dem Tag der ersten Leistung. Eine verspätete Registrierung sowie ggf. daraus resultierende verspätete Steuererklärungen oder -zahlungen können zur Bemessung von Pönalen durch die Finanzverwaltung führen (vgl. Rn. 130).

Der Empfang einer der oben (vgl. Rn. 64 ff.) beschriebenen, normalerweise dem reverse charge unterliegenden Leistung mit Leistungsort im Inland durch einen im Inland nicht ansässigen und auch nicht als Steuerzahler registrierten Unternehmer führt für diesen nicht dazu, dass er Steuerzahler wird oder sich zur Steuer registrieren muss; auch das reverse charge kommt dann nicht zur Anwendung. Ist nun in einer solchen Situation auch der leistende Unternehmer ein im Inland nicht registrierter Steuerzahler, so bedeutet dies, dass dieser, also der leistende Unternehmer, dadurch zum Steuerzahler wird und sich dementsprechend zur Steuer registrieren lassen muss. 134

Der Zeitpunkt der Registrierung ist auch entscheidend für den Vorsteuerabzug und sollte deshalb besonders beachtet werden. Denn die Rückerstattung von eingekaufter Vorsteuer über das Erstattungsverfahren (vgl. Rn. 139 ff.) ist nur bis zum Zeitpunkt der ersten steuerbaren Leistung bzw. der Registrierung möglich, während die Geltendmachung von Vorsteuerabzug in der MWSt-Erklärung erst durch die Registrierung möglich wird. In diesem Zusammenhang sollte beachtet werden, dass auch für einen nicht ansässigen Unternehmer die Möglichkeit einer freiwilligen Registrierung noch vor Erbringung der ersten in Tschechien steuerbaren Leistung besteht, sofern steuerbare Leistungen zukünftig erbracht werden. Zuständig für die Registrierung nicht ansässiger Unternehmer ist das Finanzamt in Ostrava. Auf dem Registrierungsformular sind u. a. alle dem Steuerpflichtigen in anderen Mitgliedstaaten zugeteilten USt-IdNr. mitzuteilen. Ferner sind ein Handelsregisterauszug, eine Bescheinigung über MWSt-Registrierung im Ansässigkeitsstaat sowie ein Nachweis über Bankkontonummer, jeweils mit beglaubigter Übersetzung in die tschechische Sprache, beizulegen. 135

Nach einmal erfolgter Registrierung ist es auch nach Einstellen der steuerpflichtigen Tätigkeit für einen bestimmten Zeitraum notwendig, die Registrierung beizubehalten. Registrierte ausländische Unternehmer können den Antrag auf Aufhebung der Registrierung dann stellen, wenn der Wert der steuerbaren Leistungen in den unmittelbar vorangegangenen zwölf Monaten unter 136

1 Mio. CZK (ca. 40.000 €) gelegen hat oder die unternehmerische Tätigkeit beendet ist. Somit sind zwölf Monate nach der letzten steuerbaren Leistung abzuwarten, bevor der Antrag auf Aufhebung der Registrierung gestellt werden kann. In der Praxis hebt das Finanzamt die Registrierung dann jeweils zum 31. 01. nach Ablauf eines ganzen Kj. ohne steuerbare Leistungen auf.

15.2 Veranlagungsverfahren für registrierte ausländische Unternehmer (§ 99a MWStG)

137 Hinsichtlich des Besteuerungszeitraums für registrierte ausländische Unternehmer gelten mittlerweile genau die gleichen Regeln wie für Unternehmer mit Sitz im Inland (vgl. Rn. 112). Er ist also im Normalfall der Kalendermonat, sofern nicht aufgrund eines unter 10 Mio. CZK (ca. 400.000 €) liegenden Umsatzes im Vorjahr das Kalenderquartal gewählt wurde. Nach Ende des Besteuerungszeitraumes ist die Erklärung innerhalb von 25 Tagen einzureichen und die Steuerschuld in derselben Frist zu begleichen. Relevant ist hierbei der Tag des wertmäßigen Zahlungseingangs auf dem Konto der Finanzverwaltung. Verspätete Steuererklärungen oder Steuerzahlungen unterliegen Pönalen (vgl. Rn. 130). Auch für ausländische Unternehmer gelten die allgemeinen Grundsätze zum Vorsteuerabzug (vgl. Rn. 90 ff.), die verschiedenen Erklärungspflichten (vgl. Rn. 112 ff.) und die allgemeinen Aufzeichnungspflichten (vgl. Rn. 119 ff.).

15.3 Fiskalvertreter

138 Seit dem 01.01.2005 existiert das Institut des Fiskalvertreters nicht mehr. Es besteht die Möglichkeit, nicht jedoch die Verpflichtung, einen Steuerberater zur Wahrnehmung steuerlicher Belange zu bevollmächtigen. Den Finanzbehörden gegenüber verantwortlich bleibt jedoch immer der Steuerzahler.

15.4 Vorsteuererstattungsverfahren (§§ 82a–82b und § 83 MWStG)

139 Ein in einem anderen EU-Mitgliedstaat zur Steuer registrierter Steuerpflichtiger, der während des Zeitraums der angestrebten Steuererstattung keine im Inland steuerbaren Leistungen erbringt, kann, sofern er in Tschechien keine feste Niederlassung hat, die Vorsteuer im Erstattungsverfahren geltend machen. Der Anspruch auf Vorsteuererstattung kann auch geltend gemacht werden, wenn nur unecht befreite Leistungen, Leistungen der Warenausfuhr, internationaler Personentransport, sonstige mit der Warenein- und -ausfuhr zusammenhängende Dienstleistungen, die steuerbefreit sind, i. g. Erwerb und Warenlieferung als Mittelperson in einem Dreiecksgeschäft, oder dem reverse charge unterliegende Dienstleistungen oder Warenlieferungen mit Leistungsort in Tschechien erbracht wurden. Ein in einem Drittland ansässiger Steuerpflichtiger kann die Vorsteuer unter den gleichen Bedingungen geltend machen, sofern er seinen Sitz in einem Land hat, für das diesbezüglich durch die tschechischen Behörden Reziprozität festgestellt wurde. Dies gilt derzeit nur für die Schweiz, Norwegen und Mazedonien.

140 Für die Erstattung gelten die allgemeinen Prinzipien wie für den Vorsteuerabzug bei registrierten Steuerzahlern (vgl. Rn. 90 ff.) analog. Bei Unternehmern aus einem Drittland, die in der EU

keine feste Niederlassung haben, besteht jedoch zusätzlich noch Vorsteuererstattungsverbot bei Waren und Dienstleistungen des persönlichen Bedarfs oder der Repräsentation, bei Reisekosten, Unterkunfts- und Verpflegungskosten, Telefongebühren, Taxikosten und Treibstoffen.

In einem anderen EU-Mitgliedstaat ansässige Steuerpflichtige stellen ihren Antrag über das elektronische Portal der Finanzverwaltung des Landes, in dem sie zur Steuer registriert sind spätestens bis 30. 09. des Folgejahres in tschechischer Sprache unter Beifügung elektronischer Kopien der Steuerbelege, sofern die Steuerbemessungsgrundlage jeweils über dem Gegenwert von 250 € bei Treibstoffbelegen bzw. von 1000 € bei allen anderen Leistungen liegt. Die beantragte Vorsteuererstattung muss mindestens den Gegenwert von 50 € betragen. Über den Antrag ist innerhalb von längstens acht Monaten zu entscheiden und die Steuer dann innerhalb von zehn Tagen zu erstatten. 141

Ein in einem Drittland ansässiger Unternehmer hat den Antrag auf Vorsteuererstattung unter Beifügung der entsprechenden Steuerbelege im Original, einer Bestätigung des Finanzamtes des Ansässigkeitsstaates über die MWSt-Registrierung und einer ehrenwörtlichen Erklärung über die Art der Aktivitäten in Tschechien beim Finanzamt Prag 1 spätestens bis zum 30. 06. des Folgejahres zu stellen. Die beantragte Vorsteuererstattung muss mindestens 1000 CZK (ca. 40 €) betragen. Die Steuer ist innerhalb von sechs Monaten nach der Antragstellung zu erstatten. 142

Länderanhang Ungarn

1 Einführung

1.1 Rechtsgrundlagen

Die ungarische USt wurde im Jahre 1987 als eine Mehrwertsteuer nach dem System der Allphasenumsatzsteuer mit Vorsteuerabzug eingeführt. Mit dem UStG 1992 erfolgte eine fortlaufende Anpassung an die 6. EG-RL, so dass mit dem EU-Beitritt Ungarns im Wesentlichen die 6. EG-RL bereits umgesetzt war. Nachdem einige Regelungen nicht eindeutig im Einklang mit der 6. EG-RL standen bzw. unvollständig formuliert waren, erfolgten jedes Jahr Anpassungen sowie weitere Ergänzungen des ungarischen UStG. Im Jahre 2007 hat das ungarische Parlament ein neues Mehrwertsteuergesetz verabschiedet. Das Gesetz Nr. CXXVII vom 2007 ist mit 01.01.2008 in Kraft getreten. Die Verabschiedung des neuen Gesetzes ist durch den neuen strukturellen und logischen Aufbau sowie durch die weitere Harmonisierung mit der MwStSystRL 2006/112/EG begründet. Bei Auslegungsproblemen können daher die bis zum Jahr 2007 veröffentlichten Stellungnahmen des ungarischen Finanzministeriums und der Finanzverwaltung nicht mehr oder nur mehr teilweise herangezogen werden. Mit der Umsetzung der RL 2008/8/EG und 2008/9/EG wurde ab 01.01.2010 das Bestimmungslandprinzip bei Dienstleistungen in das uUStG eingebaut. Die ab 01.01.2013 anwendbaren Regelungen 1 der RL des Rates 2010/45/EU im Bereich der Rechnungsausstellung wurden ins Nationalgesetz umgesetzt. Umsatzsteuerrichtlinien sind in Ungarn nicht vorhanden.

1.2 Geltungsbereich (§ 1 Abs. 2 dUStG)

2 Der räumliche Geltungsbereich des ungarischen Umsatzsteuerrechts ist gem. § 2 und 4 uUStG grundsätzlich das Gebiet von Ungarn, also das Inland, wozu auch die Zollfrei- und Transitgebiete zählen.

2 Steuersubjekte (§ 2 dUStG)

3 Steuersubjekte sind nach dem uUStG rechtsfähige Personen und Organisationen, die gem. § 5 uUStG im eigenen Namen Rechte und Pflichten eingehen können und im eigenen Namen eine Wirtschaftstätigkeit unabhängig von deren Ort, Ziel und Ergebnis ausüben. Bezüglich der Rechtsfähigkeit der betreffenden Person oder Organisation ist das persönliche Recht des Betreffenden maßgeblich.

4 Die Wirtschaftstätigkeit wird unter § 6 uUStG definiert. Sie kann mit der selbständigen Tätigkeitsausübung gleichgestellt werden, da es hier darauf ankommt, ob die Person in einem unselbstständigen oder selbstständigen Rechtsverhältnis handelt. Hierzu zählt jede regelmäßige, unternehmerische oder andauernde Tätigkeit, die zur Erzielung von Einnahmen ausgeführt wird, insbesondere die auf Produktion bzw. Vertrieb gerichteten Tätigkeiten in Industrie, Landwirtschaft und Handel sowie sonstige Dienstleistungstätigkeiten, einschließlich der als geistig freiberuflich durchgeführten Tätigkeiten (d. h. Tätigkeiten von Erfindern, Autoren, Künstlern u. Ä.). Eine wirtschaftliche Tätigkeit stellt es auch dar, wenn das Steuersubjekt im Eigentum seines Unternehmens befindliches Vermögen, den Teil des Vermögens oder verkehrsfähige Rechte gegen Entgelt verwendet. Bei der Regelmäßigkeit kommt es nicht darauf an, wie oft in einem Steuerjahr Einnahmen erzielt wurden, sondern inwiefern die Tätigkeit andauernd oder nachhaltig ist bzw. inwiefern die Einnahmen zum Unterhalt der Person beitragen oder zu ihrer Lebensführung gehören. Bei einer Tätigkeit zur Erzielung von Einnahmen ist die Nachhaltigkeit nicht von Bedeutung, da bereits dann eine unternehmerische Tätigkeit angenommen werden kann, wenn Gewinnerzielungsabsichten erkennbar sind.

5 Durch die gesetzliche Abgrenzung zählt seit dem Jahr 2008 die Überlassung von Vermögen, Vermögensrechten und Tätigkeiten aufgrund von gesetzlich festgelegten Konzessionsrechten zur Wirtschaftstätigkeit im umsatzsteuerlichen Sinne.

6 Personen, die keine Steuersubjekte sind, werden durch die Regelungen im uUStG zu Steuersubjekten umqualifiziert, sofern die Ausübung ihrer Tätigkeit kraft Gesetzes zur Wirtschaftstätigkeit erklärt wird. So werden bei der i. g. Lieferung bzw. beim i. g. Erwerb neuer Fahrzeuge bzw. bei dem wiederkehrenden Verkauf von Baugrundstücken oder von neuen Immobilien (Gebäude und dazugehörender Grund und Boden) auch diese Personen wie Steuersubjekte behandelt

7 Natürliche Personen üben nach dem uUStG generell keine Wirtschaftstätigkeit aus und sind daher keine Steuersubjekte, wenn sie die Tätigkeit in einem Dienstverhältnis oder in einem einem Dienstverhältnis ähnlichen Rechtsverhältnis verrichten und dabei derart eingegliedert sind, dass sie unter Anleitung und Verantwortung des Auftraggebers in einem über- und untergeordneten Verhältnis stehen.

Bis 31.12.2007 haben lediglich Kreditinstitute, Investitionsunternehmen sowie Versicherungen das Wahlrecht gehabt, unter bestimmten Voraussetzungen mit anderen Gesellschaften (Steuersubjekten), die finanziell, wirtschaftlich und organisatorisch eingegliedert sind, die Gruppenbesteuerung auf die innerhalb der Gruppe verrichteten Tätigkeiten zu wählen. Seit 01.01.2008 besteht für jene Gesellschaften, die im Inland ansässig sind und die als verbundene Unternehmen bewertet werden können, die Möglichkeit zur gruppenweisen Besteuerung zu optieren. Jene Unternehmen, die zwar über eine Steuernummer, jedoch über keine feste Niederlassung in Ungarn verfügen (d. h. Ausländer, die in Ungarn für Mehrwertsteuer-Zwecke registriert sind), können nicht Mitglied der Gruppe werden. Lieferungen und sonstige Leistungen innerhalb der Gruppe werden aus dem Gesichtspunkt der USt nicht als Wirtschaftstätigkeit angesehen. Nach Außen treten die Mitglieder einheitlich unter einer gemeinsamen Steuernummer auf und haben gemeinsam eine Steuererklärung einzureichen. Eine wesentliche Änderung besteht darin, dass durch die Gründung der Gruppe der selbständige Mehrwertsteuerzahlerstatus der einzelnen Mitglieder erlischt; die Gruppe selbst wird zum Steuerpflichtigen. Die gemeinsame Steuernummer können die Gruppenmitglieder nur für Zwecke der Mehrwertsteuer verwenden. Durch die Bildung einer Mehrwertsteuergruppe werden die sonstigen Steuern nicht berührt, sodass die eigenen Steuernummern der Mitglieder erhalten bleiben. Nach außen treten die Teilnehmer der Gruppe weiterhin als selbständige Steuersubjekte auf. 8

Körperschaften des öffentlichen Rechts sind grundsätzlich keine Steuersubjekte in Bezug auf die Ausübung ihrer hoheitlichen Tätigkeiten. Im Gesetz sind jene Tätigkeiten aufgelistet, die als solche der öffentlichen Gewalt eingestuft werden: Gesetzgebung, Rechtspflege, Strafverfolgung, Außenpolitik und Justizwesen, Öffentlichkeits- und Finanzkontrolle, gesetzliche Aufsicht und Kontrolle, Staatshaushalt sowie Beschlussfassungen im Zusammenhang mit Förderungen der EU und sonstiger internationaler Fördermittel. Als hoheitliche Tätigkeiten gelten weiter die Tätigkeiten der in § 7 uUStG bestimmten Organisationen, wenn diese in Bezug auf die Koordinierung von Fördergeldern aus EU-Quellen und aus weiteren internationalen Quellen tätig sind 9

Ein ausländisches Steuersubjekt, das in Ungarn nicht ansässig ist, wird wegen Ausübung einer wirtschaftlichen Tätigkeit zum inländischen Steuersubjekt, sofern nach Maßgabe der Vorschriften des § 259 Z 2 uUStG eine umsatzsteuerliche Betriebsstätte in Ungarn begründet wird. 10

Dabei stellt nach der gesetzlichen Definition die ständige Betriebsstätte einen geographisch definierbaren Ort dar, welcher der ortsgebundenen Wirtschaftstätigkeit längerfristig dient und an dem die zur selbständigen Wahrnehmung der Wirtschaftstätigkeit notwendigen sonstigen Voraussetzungen gegeben sind. Hierzu zählt auch die Handelsvertretung i. Z. m. den in Anspruch genommenen Dienstleistungen. Nach der Definition ist beim Verkauf von Produkten, die zur Installation und Montage verwendet werden, nicht automatisch vom Vorliegen einer Betriebsstätte auszugehen. 11

3 Steuergegenstand (§§ 1 ff. dUStG)

Der ungarischen USt unterliegen die Umsätze aus 12

- Lieferungen,
- sonstigen Leistungen,
- der Einfuhr und
- dem i. g. Erwerb.

3.1 Lieferungen (§ 3 dUStG)

13 Das uUStG unterscheidet steuerbare Lieferungen danach, ob sie gegen Entgelt oder ohne Entgelt ausgeführt werden. In beiden Fällen unterliegen sie der Umsatzsteuer.

3.1.1 Entgeltliche Lieferungen

14 Nach der Grundregel liegt eine Lieferung vor, wenn ein in Besitz nehmbarer Gegenstand gegen Entgelt übertragen und dabei dem Übernehmer als Eigentümer die Verfügungsmacht verschafft wird. Darunter fallen also in der Regel die Kaufgeschäfte. Der entgeltlichen Lieferung gleichgestellt sind:

- das Leasinggeschäft, falls nach Ablauf der Leasingnehmer das Eigentumsrecht über den Leasinggegenstand erwirbt,
- die Rechtsgeschäfte mit Ratenzahlungsvereinbarung,
- die Einbringung von Gegenständen in Gesellschaften als Sacheinlage, sofern die im uUStG normierten Bedingungen nicht erfüllt sind,
- die Einräumung von Pfandrechten an Gegenständen,
- die Übertragung des Verfügungsrechtes im Kommissionsgeschäft,
- die Übertragung einer mit Bau- und Montagearbeit errichteten Immobilie, welche in das Grundbuch einzutragen ist, auch dann wenn dazu sämtliche oder nur teilweise Gegenstände vom Auftraggeber zur Verfügung gestellt werden,
- die eigene Herstellung von Gegenständen des Sachanlagevermögens (eigene Investition),
- die Verwendung des im Unternehmen des Steuerpflichtigen gewonnenen, hergestellten, zusammengesetzten, umgewandelten, be- oder verarbeiteten bzw. für die Unternehmung des Steuerpflichtigen gekauften oder eingeführten Gegenstandes zur Ausübung seiner wirtschaftlichen Tätigkeit, vorausgesetzt, dass ihm, wenn er den Gegenstand in einem solchen Zustand von einem anderen Steuerpflichtigen erworben hätte, kein Vorsteuerabzugsrecht zustehen würde;
- die Verwendung des nicht unter die Sachanlagen fallenden Gegenstandes zur Ausübung einer nicht zum Steuerabzug berechtigenden Tätigkeit, vorausgesetzt, dass dem Steuerpflichtigen in Verbindung mit dem Erwerb des Gegenstandes oder dessen Verwendung teilweise oder vollständig ein Vorsteuerabzugsrecht zustand;
- ab 01.01.2013 die Übertragung von Geschäftszweigen, sofern die Tätigkeit nicht fortgeführt (going concern) wird und die im uUStG normierten Bedingungen nicht erfüllt sind.

3.1.2 Unentgeltliche Lieferungen

15 Unter den unentgeltlichen Lieferungen werden die Tatbestände erfasst, bei denen die vorherige Beschaffung von Gegenständen mit einem Vorsteuerabzugsrecht verbunden war. Hierunter fallen

- die Entnahmen von Gegenständen aus dem Unternehmen für Zwecke, die außerhalb des Unternehmensbereiches liegen (Eigenverbrauch) bzw. für jede unentgeltliche Zuwendung,
- die Nutzung/Verwendung des Gegenstandes für unecht steuerbefreite Tätigkeiten, falls zuvor bei der Beschaffung des Gegenstandes die Vorsteuer geltend gemacht wurde,

- die Nutzung von umgewandelten (umgebauten) Gegenständen, die bei ihrer ursprünglichen Beschaffung zum Vorsteuerabzug geführt haben, bei einer Beschaffung in der umgewandelten Form jedoch keinen Vorsteuerabzug ermöglichen würden,
- die Auflösung des Unternehmens ohne Rechtsnachfolger, wenn zum Zeitpunkt der Auflösung noch Anlagegüter vorhanden sind, sofern die im uUStG normierten Bedingungen nicht erfüllt sind,
- das i. g. Verbringen, sofern im anderen Mitgliedstaat keine Besteuerung als i. g. Erwerb erfolgt.

Eine Ausnahme bilden Geschenke von geringem Wert (bis zu 5.000 HUF brutto/rund 16 €), Warenmuster des Handelsverkehrs und Spenden für gemeinnützige Organisationen. 16

3.2 Sonstige Leistungen (§ 3 dUStG)

Sonstige Leistungen haben im uUStG keine explizite Definition, sondern werden zu den Lieferungen negativ abgegrenzt, sodass jede Tätigkeit eine Leistung darstellt, die keine Lieferung ist. Den entgeltlichen sonstigen Leistungen gleichgestellt sind ebenfalls die unentgeltlich erbrachten Leistungen mit Ausnahme der Spenden für gemeinnützige Organisationen. Wie bei den unentgeltlichen Lieferungen sind die unentgeltlichen Leistungen dann steuerbar, wenn dazu vorher die Berechtigung des Vorsteuerabzugs bestanden hat (dies umfasst auch die unentgeltliche Erbringung von sonstigen Leistungen durch das Steuersubjekt für außerunternehmerische Zwecke) und die unentgeltliche Gewährung nicht durch ein anderes Gesetz angeordnet wird. Davon ausgenommen sind geringwertige Leistungen (bis zu 5.000 HUF/16 € brutto). 17

3.3 Werklieferungen/Werkleistungen

Werklieferungen und Werkleistungen sind in dem uUStG nicht definiert und nicht vorgesehen, so dass dies in der Praxis erhebliche Schwierigkeiten bereiten kann. 18

Überwiegen bei gemischten Leistungen nicht die Lieferelemente, werden sie nach Praxis der Finanzverwaltung durch die indirekte Bestimmung ihres Leistungsortes als sonstige Leistung qualifiziert. Nachdem eine gesetzliche Konkretisierung für die Lohnveredelung ebenfalls fehlt, gilt dies auch hier. Bei der Lohnveredelung ist so lange von einer sonstigen Leistung auszugehen, wie die Leistung an sich die Hauptleistung darstellt und die Lieferelemente nicht dominieren. 19

3.4 Import und Export von Gütern

3.4.1 Import

Es gilt als Einfuhr von Gütern, wenn diese aus dem Drittland nach Ungarn eingeführt oder in einer sonstigen Weise ins Inland verbracht werden. Die Einfuhr von Gütern aus einem Drittlandsgebiet stellt einen steuerbaren Umsatz dar und unterliegt der EUSt in Ungarn. Dies gilt sowohl für Steuersubjekte als auch für Privatverbraucher. Solange sich jedoch die Güter in der vorübergehenden Verwahrung, im Zollgebiet, Zollfreilager, Zolllager, unter dem aktiven Lohnveredelungsverfahren oder dem vorübergehenden zollfreien Einfuhrverfahren befinden, werden die Güter als 20

Zollware qualifiziert und nicht mit EUSt belastet. Die EUSt-Schuld wird von den ungarischen Zollbehörden in einem Bescheid festgestellt und verwaltet. Die EUSt ist nach Zugang des Bescheides an die Zollbehörde zu entrichten. Sofern der Erwerber zum Vorsteuerabzug berechtigt ist, kann die EUSt als Vorsteuer in der USt-Erklärung abgezogen werden. Abweichend davon können bestimmte Steuerpflichtige auf Antrag die EUSt auch selbst berechnen. Voraussetzung dafür ist, dass der Steuerpflichtige aus zollrechtlicher Sicht ein zugelassener Wirtschaftsbeteiligter ist oder eine Genehmigung für das vereinfachte Anmeldeverfahren hat, oder besonders zuverlässig ist und bestimmte Umsatzgrenzen, welche im Gesetz festgelegt sind, überschreitet. Nachdem das Vorsteuerabzugsrecht zum selben Zeitpunkt wie die Steuerzahlungspflicht entsteht, kann die Vorsteuer in derselben Umsatzsteuererklärung verrechnet und dadurch eine tatsächliche Entrichtung der EUSt vermieden werden. Die Regelungen ab 2010 ermöglichen unter Bezugnahme auf die EU-Zollvorschriften, dass der Zollschuldner selbst als Importeur agieren kann, aber er hat auch die Möglichkeit, einen indirekten Zollrechtsvertreter zu beauftragen.

3.4.2 Export

21 Der Warenexport vom Inland in ein Drittland stellt eine steuerbare, aber (echt) steuerbefreite Lieferung dar. Voraussetzung ist, dass der Gegenstand der Lieferung innerhalb von 90 Tagen nach Leistungserfüllung von der Zollbehörde für die Verbringung ins Drittland endgültig verzollt wird. Während dieses Zeitraumes darf der Gegenstand mit Ausnahme für Probezwecke und Probeherstellung nicht genutzt und verwertet werden. Als Voraussetzung für die Steuerbefreiung gilt nach dem uUStG, dass beim Export der Waren auch die zollbehördliche Bestätigung erfolgt. Bei Lieferungen nach den allgemeinen Regelungen wird die Aufgabe oder der Transport vom Verkäufer selbst oder vom ausländischen Käufer beauftragt. Der Verkauf der von einem ungarischen Käufer ins Drittland transportierten Ware gilt nicht mehr als steuerfreier Export. Nicht zum steuerbefreiten Güterexport zählen die Lieferungen von Ersatzteilen und Einrichtungen für Beförderungsmittel insbesondere für Sportflugzeuge und Sportmotorboote, wenn sie nicht dem unternehmerischen Zweck dienen.

22 Dem steuerbefreiten Güterexport gleichgestellte Lieferungen und Leistungen sind die Be- und Verarbeitung (Lohnveredelung) an Gegenständen des Auftraggebers, wenn die Gegenstände in unmittelbarer Folge nach Herstellung für das Drittland verzollt werden. Die Reparatur, Instandhaltung, Vermietung, Erneuerung oder der Umbau von Luftfahrzeugen und die dazu unmittelbar erforderlichen Waren (Treibstoff) und Leistungen, welche überwiegend im internationalen Flugverkehr eingesetzt werden, sind dem steuerbefreiten Güterexport ebenfalls gleichgestellt. Dies gilt auch für die Vermietung, Reparatur, Wartung der notwendigen Ersatzteile und Einrichtungen von Seeschiffen sowie die dazugehörenden Dienstleistungen, für den Transitgüterverkehr, sofern dadurch ein in einem anderen Mitgliedsstaat ausgeführter Güterexport verwirklicht wird sowie auch für die Vermittlung der dem Güterexport gleichgestellten Lieferungen und Leistungen.

3.5 Innergemeinschaftliche Erwerbe und innergemeinschaftliche Lieferungen

3.5.1 Innergemeinschaftliche Erwerbe (§ 1 a dUStG)

23 Seit dem EU-Beitritt Ungarns gehören Lieferungen aus den EU-Mitgliedstaaten ins Inland nicht mehr zum Warenimport, sondern werden als steuerpflichtiger i. g. Erwerb qualifiziert und

unterliegen beim Erwerber der ungarischen USt. Die Voraussetzungen für das Vorliegen eines i. g. Erwerbes, dass die Geschäftstransaktion eine Lieferung darstellt und die Ware in einen anderen Mitgliedstaat als dem der Versendung befördert wird. Der Erwerber ist ein Steuersubjekt oder eine juristische Person, die kein Steuersubjekt ist. Der Lieferant muss in seinem Mitgliedstaat zur Umsatzsteuer registriert sein und ist nicht persönlich (unecht) steuerbefreit. Die Geschäftstransaktion stellt keine Lieferung mit anschließender Montageleistung nach § 32 uUStG dar, die Lieferung unterliegt nicht der Verbrauchssteuer, es handelt sich nicht um eine Versandhandelslieferung aus dem Ausland ins Inland über der Lieferschwelle.

Die Umsatzsteuer auf den i. g. Erwerb kann unter den allgemeinen Voraussetzungen als Vorsteuer 24
abgezogen werden. Erfolgt der Erwerb jedoch von einem sog. Schwellenerwerber (Schwellenerwerber sind Steuersubjekte, die ausschließlich unecht steuerbefreite Tätigkeiten ausüben oder persönlich steuerbefreit sind, Landwirte mit besonderem Status sowie juristischen Person, die keine Steuersubjekte sind), ist zu prüfen, ob er mit seinen Erwerben die Erwerbsschwelle i. H. v. 10.000 € (rund 3,1 Mio.HUF) im vorangegangenen Kj. und im laufenden Kj. überschreitet. Hat er sie noch nicht überschritten, liegt bei ihm kein steuerpflichtiger i. g. Erwerb vor. In diesem Fall ist der Lieferant grundsätzlich verpflichtet, dem Erwerber Umsatzsteuer in Rechnung zu stellen. Der Umsatz wird dabei nach den Regeln seines Mitgliedsstaates, wie bei natürlichen Personen versteuert. Der Erwerber kann aber in diesen Fällen auch für eine Erwerbsbesteuerung optieren. Verzichtet er auf die Anwendung der Erwerbsschwelle, unterliegt er in den darauf folgenden zwei Jahren der Erwerbsbesteuerung. Überschreitet der Erwerber hingegen die Erwerbsschwelle, liegt ab dem Erwerb, mit dem die Erwerbsschwelle überschritten wird, ein steuerpflichtiger i. g. Erwerb vor.

Erfolgen die Erwerbe von natürlichen Personen für nichtunternehmerische Zwecke, fallen sie 25
nicht unter den Tatbestand des i. g. Erwerbes. In diesem Fall tätigt der ausländische Lieferer in seinem Mitgliedstaat eine steuerpflichtige Lieferung. Überschreitet er die **Lieferschwelle** i. H. v. 35.000 € (rund 10,85 Mio. HUF), verlagert sich der Lieferort vom Ursprungsland nach Ungarn und begründet hier eine steuerpflichtige Lieferung. Verzichtet der Lieferant auf die Lieferschwelle, kann er für die Umsatzbesteuerung in Ungarn optieren. Die Ausübung des Optionsrechtes für die Umsatzbesteuerung bindet ihn allerdings für die darauf folgenden zwei Jahre.

Es liegt ebenfalls ein steuerpflichtiger i. g. Erwerb in Ungarn vor, wenn das ausländische 26
Steuersubjekt eigene Waren zur eigenen Verfügung aus dem Ausland ins Inland verbringt. Kein i. g. Verbringen liegt vor, wenn die Lieferungen mit einer Montage im Inland verbunden sind oder die Lieferung zum Zwecke der inländischen Verarbeitung bzw. fachmännischer Begutachtung vorgenommen wird (wenn der Gegenstand danach wieder ins Mitgliedsland des ausländischen Lieferanten zurücktransportiert wird). Die Lieferung von Produkten aus dem Ausland in ein Konsignationslager des inländischen Erwerbers (vgl. Rn. 120 ff.) sowie der Zwischenerwerb von Erdgas, Wärme- bzw. Kühlungsenergie sowie Strom stellen ebenfalls keinen i. g. Erwerb dar, sofern weitere im uUStG normierte Bedingungen erfüllt sind. Über den i. g. Erwerb ist monatlich oder vierteljährlich in Abhängigkeit vom Veranlagungszeitraum eine Zusammenfassende Meldung an das Finanzamt abzugeben.

3.5.2 Innergemeinschaftliche Lieferungen (§ 6 a dUStG)

Seit dem EU-Beitritt Ungarns (01.05.2004) werden umsatzsteuerlich die steuerfreien Ausfuhr- 27
lieferungen aus Ungarn in die anderen Mitgliedstaaten als steuerfreie i. g. Lieferung eingestuft. Die i. g. Lieferung ist steuerbar, wird jedoch steuerbefreit, wenn nach § 89 uUStG die Lieferung in unmittelbarer Folge nachweislich an ein Steuersubjekt oder an eine juristische Person, die kein Steuersubjekt ist, in einen anderen Mitgliedstaat befördert oder auf sonstige Weise geliefert wird und der Erwerber diese als steuerpflichtigen i. g. Erwerb anmeldet. Der Steuerbefreiung unterlie-

gen nicht die Lieferungen der persönlich steuerbefreiten Steuersubjekte. Die Beförderung oder Versendung in einen anderen Mitgliedstaat ist insbesondere mit einem Lieferschein oder auf andere glaubhafte Weise zu dokumentieren. Auf der Rechnung des Lieferanten ist die USt-IdNr. des Erwerbers sowie der Hinweis »steuerbefreite i. g. Lieferung« anzubringen.

28 Eine Steuerbefreiung von i. g. Lieferungen ist gem. § 89 Abs. 4 uUStG auch dann gegeben, wenn die Verbringung der eigenen Gegenstände des Steuersubjektes in den anderen Mitgliedstaat zu einem steuerpflichtigen i. g. Erwerb führt. Weiterhin werden Lieferungen ebenfalls als steuerbefreite i. g. Lieferungen qualifiziert, wenn der inländische Lieferant seine eigenen Erzeugnisse als Kundenvorrat in ein in einem anderen Mitgliedstaat liegendes Konsignationslager ausführt und von dort an die im anderen Mitgliedstaat registrierten Steuersubjekte oder juristischen Personen, die keine Steuersubjekte, jedoch zur Steuerzahlung verpflichtet sind, eine Lieferung ausführt.

29 Dabei hat der ungarische Lieferant die Gültigkeit der USt-IdNr. des Erwerbers zum Zeitpunkt der Lieferung zu prüfen und schriftlich zu dokumentieren. Diese Prüfpflicht ist zwar gesetzlich nicht verankert, nach Mitteilung und Prüfpraxis des Finanzamtes wird dies jedoch als eine Voraussetzung für die Steuerbefreiung verstanden. Dazu kann der inländische Lieferant eine elektronische Abfrage bei der EU vornehmen und den Ausdruck als Nachweis aufbewahren oder die Bestätigung von dem ungarischen Finanzamt auf einem Formular schriftlich per Post (Postanschrift: H-1373 Budapest, POB 561), per E-Mail (clo@nav.gov.hu) per Fax (0036 1 428 5424) oder telefonisch (0036 80 202122) beantragen. Die i. g. Lieferungen sind ebenfalls in einer Zusammenfassenden Meldung dem Finanzamt zu melden.

30 Ist der Abnehmer im anderen Mitgliedstaat eine natürliche Person, die kein Steuersubjekt oder ein Schwellenerwerber unter der Erwerbsschwelle des anderen Mitgliedstaates ist, muss zuerst geprüft werden, ob das liefernde Steuersubjekt die Lieferschwelle im betreffenden Staat überschreitet. Ist dies der Fall, so verlagert sich der Lieferort in das Bestimmungsland, anderenfalls bleibt die Lieferung in Ungarn steuerbar.

3.5.3 Fahrzeuglieferungen (§ 1 b dUStG)

31 Der Umsatz von neuen Verkehrsmitteln wird im uUStG, der EU-RL entsprechend nach dem Bestimmungsortprinzip besteuert. Unter die Definition »Verkehrsmittel« fallen auch Neufahrzeuge. Nach der Begriffsdefinition des uUStG handelt es sich um ein Neufahrzeug, wenn es höchstens 6.000 km gefahren oder nicht früher als sechs Monate im Verkehr zugelassen worden ist. Der Erwerb eines Neufahrzeuges aus einem anderen Mitgliedstaat stellt demzufolge immer einen steuerpflichtigen i. g. Erwerb im Inland dar. Erfolgt der Erwerb von Nichtsteuersubjekten oder unecht steuerbefreiten Steuersubjekten, legt das ungarische Zollamt die Umsatzsteuer neben der Registrationssteuer des Neufahrzeuges bei der Einfuhr gem. § 154 uUStG in einem Bescheid fest. In den anderen Fällen ist die Umsatzsteuer vom steuerpflichtigen Erwerber in der Umsatzsteuererklärung anzugeben.

3.6 Reihengeschäfte (§ 3 Abs. 6 ff., 25b dUStG)

32 Als Reihengeschäft wird eine Kette von Umsatzgeschäften bezeichnet, bei der mehrere Steuersubjekte über denselben Gegenstand Umsatzgeschäfte abschließen und die Warenbeförderung oder -versendung zwischen dem ersten Lieferanten und dem letzten Abnehmer stattfindet. Eine gesetzliche Definition liegt dazu im uUStG nicht vor. Die Regelung zur Bestimmung des Leistungsortes von Reihengeschäften ist allerdings in § 27 uUStG verankert. Für die Beurteilung des

umsatzsteuerpflichtigen Umsatzes ist die Bestimmung des Leistungsortes wesentlich. Nach § 26 uUStG liegt der Lieferort grundsätzlich dort, wo sich der Gegenstand zu Beginn der Beförderung oder Versendung befindet, wenn eine Beförderung oder Versendung vorgenommen wird. Dies gilt allerdings nur für **eine** Lieferung (bewegte Lieferung) im Reihengeschäft. Für alle anderen Lieferungen im Reihengeschäft gilt die Regelung unter § 27 uUStG. Demzufolge befindet sich der Lieferort bei Lieferungen vor der Warenbewegung (ruhende Lieferung) im Abgangsland und bei Lieferungen nach der Warenbewegung (ruhende Lieferung) im Bestimmungsland. Erfolgt die Beförderung/Versendung durch den Zwischenlieferanten, wird er kraft Gesetzes (§ 27 Abs. 2 uUStG) als Abnehmer behandelt mit der Konsequenz, dass die Lieferung an ihn als bewegte Lieferung gilt, solange er nicht nachweist, dass er die Beförderung/Versendung als Lieferant durchführt oder diese als Lieferant bestellt hat. Die Steuerbehörde hat kein Recht, die Wahl des Steuersubjekts zu widersprechen. Ist also die Lieferung des Zwischenlieferanten in Ungarn steuerbar, weil der Leistungsort im Inland liegt, hat dies zur Folge, dass das ungarische Umsatzsteuerrecht auf diese Lieferung anzuwenden ist. Der ausländische Zwischenlieferant müsste sich in Ungarn registrieren lassen. Liegt dagegen der Lieferort nicht in Ungarn, so sind die Umsatzsteuervorschriften des anderen Landes, wo der Ort der Lieferung liegt, zu berücksichtigen.

Nach dem uUStG haften bei Reihengeschäften von Unternehmern die beteiligten Steuerpflich- 33
tigen gesamtschuldnerisch für die Steuer, auch dann, wenn sie sonst nicht zur Bezahlung der Steuer verpflichtet wären.

3.7 Innergemeinschaftliche Dreiecksgeschäfte (§ 25 b dUStG)

Ein Sonderfall der Reihengeschäfte stellt das Dreiecksgeschäft dar. Die Voraussetzungen des 34
Dreiecksgeschäfts bestimmen sich nach § 91 Abs. 2 uUStG, wobei hierzu ebenfalls keine eigenständige Definition vorgegeben ist. Ein Dreiecksgeschäft liegt aufgrund der gesetzlichen Bestimmung dann vor, wenn drei Steuersubjekte (Lieferant, Zwischenerwerber, Endabnehmer), in drei verschiedenen Mitgliedstaaten registriert sind und über dieselbe Ware Umsatzgeschäfte abschließen, wobei die Ware zuerst vom Zwischenerwerber gekauft und an den Endabnehmer im Inland weiterveräußert wird. Die unmittelbare Lieferung der Ware erfolgt vom Erstlieferanten direkt an den Endabnehmer. Der Endabnehmer hat im Inland gem. § 141 uUStG anstelle des Zwischenerwerbers die steuerpflichtige Lieferung zu erklären und die Umsatzsteuer abzuführen. Daneben hat der Zwischenerwerber den Erwerb als solchen in seiner Zusammenfassenden Meldung zu erklären und eine ordnungsgemäße Rechnung mit Hinweis auf die Steuerschuldnerschaft des Endabnehmers auszustellen.

Bei Vorliegen obiger Voraussetzungen ist keine umsatzsteuerliche Registrierung des ausländi- 35
schen Zwischenerwerbers/-lieferanten in Ungarn erforderlich. Daneben ist zu berücksichtigen, dass, sofern der ausländische Lieferant oder der Zwischenerwerber bereits über eine ungarische Steuernummer verfügt, die gesetzlichen Voraussetzungen für das Dreiecksgeschäft nicht mehr erfüllt sind und der Zwischenlieferant sich in Ungarn zur Umsatzsteuer registrieren muss.

4 Besondere Besteuerungsformen

4.1 Kleinunternehmer (§ 19 dUStG)

36 Ein Steuersubjekt mit Sitz oder mit ständigem Wohnsitz in Ungarn ist berechtigt, zu Beginn eines Steuerjahres die persönliche (unechte) Steuerbefreiung zu wählen, wenn seine aus der wirtschaftlichen Tätigkeit stammenden Umsätze im Vorjahr und seine im Antragsjahr realistisch zu erwartenden steuerpflichtigen Umsätze ab 01.01.2017 die Obergrenze von 8 Mio. HUF (rund 20.800 €) nicht erreichen. Die Obergrenze der Steuerbefreiung soll ab 2019 auf 12 Mio HUF (38.710 €) angehoben werden, sofern die EU-Kommission diesen zustimmt.

37 Die persönliche Steuerbefreiung endet, wenn innerhalb des gegebenen Jahres die steuerpflichtigen Umsätze des Steuersubjekts die oben erwähnte Grenze überschreiten. Für die Zeit der Steuerbefreiung kann ein Vorsteuerabzug nicht geltend gemacht werden.

4.2 Landwirtschaftliche Betriebe (§ 24 dUStG)

38 Im Einklang mit der MwStSystRL haben landwirtschaftliche Erzeuger grundsätzlich eine Sonderstellung im uUStG, wenn sie selbst hergestellte Landwirtschaftsprodukte veräußern und landwirtschaftliche Dienstleistungen (landwirtschaftliche Tätigkeit) erbringen und aufgrund des Gesetzes über die Klein- und Mittelunternehmen als Mikrounternehmen gelten sowie über einen Sitz oder einen ständigen Wohnsitz in Ungarn verfügen. Nach der Grundregelung unterliegen landwirtschaftliche Erzeuger nicht der Umsatzbesteuerung und haben kein Vorsteuerabzugsrecht. Gleichzeitig bestehen für sie keine Erklärungspflichten. Neben der Sonderregelung besteht für landwirtschaftliche Erzeuger auch die Möglichkeit zur Normalbesteuerung. Sofern für die Normalbesteuerung optiert wurde, ist der Erzeuger daran in den darauf folgenden zwei Jahren gebunden.

39 Die Sonderregelungen können auch von den Steuersubjekten angewandt werden, die auch aus anderen (nicht landwirtschaftlichen) Tätigkeiten Einkünfte in Höhe von maximal 8 Mio. HUF (rund 20.800 €) erreichen oder deren Einkünfte aus der landwirtschaftlichen Tätigkeit (inkl. Kompensationsaufschlag) die Einkünfte aus den anderen Tätigkeiten überschreiten. Die Einkunftshöhe ist dabei mit der MwSt zu berücksichtigen.

40 Dem landwirtschaftlichen Erzeuger ist neben dem Entgelt auch ein sog. Kompensationsaufschlag vom Abnehmer zu entrichten, sofern dieser ein Steuersubjekt ist. Der Kompensationsaufschlag liegt bei Tieren und Tierprodukten bei 7 % und bei Getreideprodukten bei 12 %. Der Kompensationsaufschlag stellt dabei eine sog. Vorsteuerkompensierung für den Erzeuger auf seine steuerpflichtigen Einkäufe dar, nachdem er keine Vorsteuer geltend machen kann. Der Kompensationsaufschlag ist vom Abnehmer als abzuführende Umsatzsteuer in der USt-Erklärung zu deklarieren. Erst bei vollständiger Begleichung der landwirtschaftlichen Produkte sowie bei Vorliegen einer schriftlichen Erklärung des Erzeugers kann der Abnehmer den Kompensationsaufschlag als Vorsteuer geltend machen.

4.3 Besteuerung von Reiseleistungen (§ 25 dUStG)

41 Die Tätigkeiten des Reiseunternehmers als Steuersubjekt werden als eine einheitliche, im Inland ausgeführte Dienstleistung angesehen, wenn sich der Sitz der Wirtschaftstätigkeit oder der

ständige Wohnsitz des Steuersubjektes im Inland befindet. Die Besteuerung von Reiseleistungen (Margenbesteuerung) gilt i.S.d. MwStSystRL nur für Leistungen an Endabnehmer/Privatpersonen, nicht aber für Leistungen an Steuersubjekte. Die Sonderbesteuerungsform auf Reiseleistungen ist vielmehr verpflichtend anzuwenden. Die Grundlage der Umsatzbesteuerung bildet die Gewinnmarge des Steuersubjektes, die auf sog. Reiseangebote (Annahme von mindestens zwei Leistungen) mit Weiterveräußerungsabsicht anzuwenden ist. Der Unterschiedsbetrag entsteht dabei zwischen dem vom Leistungsempfänger aufgewendeten Preis und den Aufwendungen des Reiseunternehmers für empfangene Reiseleistungen. Von dem Unterschiedsbetrag ist die Umsatzsteuer zu berechnen und abzuführen. In der Rechnung an die Reisenden darf keine Vorsteuer aus Reisevorleistungen ausgewiesen werden und das Steuersubjekt ist nicht berechtigt, die Vorsteuer aus Reisevorleistungen geltend zu machen.

4.4 Differenzbesteuerung (§ 25 a dUStG)

Die Differenzbesteuerung ist ebenfalls eine Form der Margenbesteuerung in der Umsatzsteuer. Sie kann von Steuersubjekten als Besteuerungsform dann gewählt werden, wenn sie diese Erzeugnisse zur Weiterveräußerung von nicht steuerpflichtigen Personen oder von Personen, die ebenfalls die Differenzbesteuerung gewählt haben, erwerben. Die Erzeugnisse können nach der Anlage Nr. 8. des uUStG bestimmte Gegenstände sein, insbesondere Kunstwerke, Sammlungen, Antiquitäten sowie Gebrauchtgegenstände. Die Grundlage der Umsatzsteuer besteht aus dem Differenzbetrag zwischen Einkaufs- und Verkaufspreis. Das Vorsteuerabzugsrecht aus den erworbenen Gegenständen ist versagt. Darüber hinaus sind gesonderte Aufzeichnungen über den Erwerb zu führen, wie z.B. Ankaufspreis, Name und Adresse des Verkäufers. 42

4.5 Besteuerung nach dem Geldflussprinzip

Kleinunternehmen mit Sitz in Ungarn können ab 01.01.2013 für die Besteuerung nach dem Geldflussprinzip optieren, wenn sie nicht unter Insolvenz- bzw. Liquidationsverfahren stehen bzw. nicht der persönlichen unechten Steuerbefreiung unterliegen. Eine weitere Bedingung ist, dass der kumulierte Gegenwert der erbrachten Lieferungen und sonstigen Leistungen im vorherigen und (gemäß einer realistischen Schätzung) im aktuellen Kj. 125 Mio. HUF (rund 403.000 €) nicht überschreiten darf, wobei u. a. die Veräußerung von Sachanlagen, von verkehrsfähigen Rechten sowie die i. g. Lieferungen und weitere gesetzlich festgelegte Transaktionen (z.B. vgl. Rn. 64 ff.) nicht bei der Bestimmung dieses Betrags berücksichtigt werden dürfen. 43

Bei dieser Besteuerungsform ist die MwSt nach den inländischen Lieferungen bzw. sonstigen Leistungen grundsätzlich erst mit dem Erhalt (Gutschrift) des Gegenwertes (unter bestimmten Ausnahmen, z.B. vgl. Rn. 126 ff.) zu melden. Das Vorsteuerabzugsrecht (vgl. Rn. 105 ff.) kann frühestens in dem Veranlagungszeitraum geltend gemacht werden, wenn das Kleinunternehmen die Rechnung inkl. MwSt beglichen hat. 44

Die Ausübung dieses Optionsrechts ist beim Finanzamt anzumelden und gilt bis zum Ende des Kj. oder bis zur Erfüllung der gesetzlichen Bedingungen. Die Ausgangsrechnungen müssen den entsprechenden Hinweis auf die Besteuerung nach dem Geldflussprinzip enthalten. Für die Rechnungskorrekturen (vgl. Rn. 104) gelten spezifische Regelungen. Rechnungsempfänger haben diesbezüglich eine gesonderte Meldepflicht in der USt-Erklärung. 45

5 Leistungsort

46 Die Bestimmung des Leistungsortes für Lieferungen und sonstige Leistungen wird im uUStG unterschiedlich geregelt.

5.1 Lieferungen (§ 3 Abs. 5 ff. dUStG)

47 Nach den Umsatzsteuervorschriften ist der Ort der Lieferung dort, wo sich der Gegenstand zu Beginn der Beförderung oder Versendung befindet. Dies gilt auch für das i. g. Verbringen von eigenen Gegenständen des Steuersubjektes. Ansonsten liegt der Lieferort nach dem Belegenheitsprinzip dort, wo sich der Gegenstand zum Zeitpunkt der Entstehung der Umsatzsteuerpflicht befindet. So ist z.B. bei Immobiliengeschäften die Lage der Immobilie für die Bestimmung des Lieferortes maßgeblich. Aus diesem Grund entsteht auch für ausländische Unternehmer ein steuerpflichtiger Umsatz und somit die Registrierungspflicht im Inland, wenn sie Immobilien in Ungarn vermieten und zum Ende des Mietvertrages das Eigentum auf den Mieter übergeht.

48 Falls aus dem Ausland gelieferte Erzeugnisse als Gegenstand eines Aufbaus oder einer Montage im Inland dienen, ist gem. § 32 uUStG als Erfüllungsort der Ort zu betrachten, an dem der Aufbau oder die Montage tatsächlich erfolgt. Somit wird diese Leistungserbringung wie eine Lieferung (Werklieferung) betrachtet. Es ist allerdings stets zu prüfen, ob diese Lieferung bei ausländischen Steuersubjekten nicht eine umsatzsteuerliche Betriebsstätte im Inland aufgrund der gesetzlichen Definition (vgl. Rn. 3) entstehen lässt.

49 Erfolgt eine Lieferung im Zusammenhang mit der Personenbeförderung in der Luft, auf dem Wasser oder mit der Eisenbahn innerhalb des Gemeinschaftsgebietes ohne Zwischenaufenthalt im Drittland, so liegt der Ort der Lieferung am Abgangsort der Personenbeförderung (§ 33 uUStG).

50 Der i. g. Erwerb wird im Bestimmungsmitgliedstaat bewirkt.

51 Der Lieferort für Warenimporte befindet sich in dem Mitgliedstaat, in dem der Gegenstand zuerst in das Gemeinschaftsgebiet gelangt und zum freien Verkehr abgefertigt wird.

5.2 Sonstige Leistungen (§ 3 a dUStG)

52 Aufgrund der Umsetzung der RL 2008/8/EG ist ab 01.01.2010 auch beim Leistungsort der sonstigen Leistungen zu unterschieden, ob der Dienstleistungsempfänger ein Steuersubjekt (Unternehmer) ist oder nicht.

5.2.1 Leistungsort der an ein Steuersubjekt erbrachten Dienstleistungen (B2B)

53 Laut den neuen Regelungen bestimmt sich der Leistungsort bei Dienstleistungen zwischen Steuersubjekten (abgekürzt B2B nach der englischen Formulierung business to business) gem. § 37 Abs. 1 uUStG nach der Niederlassung des Leistungsempfängers (Sitz, feste Niederlassung, ständiger Wohnsitz oder üblicher Aufenthaltsort). Falls das Steuersubjekt über mehrere feste Niederlassungen verfügt, wird der Leistungsort dort sein, wo sich die mit der Leistungsinanspruchnahme

am unmittelbarsten betroffene Niederlassung oder der Sitz befindet. Das Hauptziel der Änderungen der Bestimmung des Leistungsortes ist, die Leistungserbringung einheitlich am Ort des Verbrauchs zu besteuern.

Sonderregeln für B2B-Umsätze sind auch weiterhin zu finden: 54

- Die mit Immobilien verbundenen Dienstleistungen werden am Ort der Immobilien besteuert.
- Bei Personenbeförderungsleistungen bestimmt sich der Leistungsort nach der zurückgelegten Wegstrecke.
- Sonstige Leistungen, die den Eintritt für Veranstaltungen, Ausstellungen und Messen im Bereich der Kultur, Wissenschaft, Kunst, Erziehung, Unterhaltung und Sport gewährleisten, sind an dem Ort steuerpflichtig, wo die Veranstaltungen tatsächlich stattfinden.
- Restaurant- und Verpflegungsdienstleistungen werden am Tätigkeitsort ausgeführt (bei i. g. Restaurant- und Verpflegungsdienstleistungen an Bord von Eisenbahnen, Wasser- oder Flugverkehrsmitteln ist hingegen der Ort der Abfahrt des Beförderungsmittels bestimmend).
- Kurzfristige Vermietungen von Verkehrsmitteln (90 Tage bei Wasserfahrzeugen und 30 Tage bei allen anderen Verkehrsmitteln) werden an dem Ort ausgeführt, an dem das vermietete Verkehrsmittel tatsächlich zur Verfügung gestellt wird.

Bezüglich der unten angeführten Dienstleistungen wird die frühere spezielle Regelung aufgehoben und bei der Bestimmung des Leistungsortes soll nunmehr die Hauptregel (Empfängerortprinzip) zur Anwendung kommen: 55

- Vermittlungsleistungen,
- Gütertransport,
- Begutachtung beweglicher Produkte durch Sachverständige,
- Arbeiten an beweglichen Produkten (Lohnarbeit inbegriffen).

5.2.2 Leistungsort der Dienstleistungen, die für ein »Nicht-Steuersubjekt« erbracht werden (B2C)

Im Falle von Dienstleistungen, die für »Nicht-Steuersubjekte« erbracht werden, folgt die Hauptregel gem. MwStSystRL; d.h. im Falle von für »Nicht-Steuersubjekte« erbrachten Dienstleistungen (business to consumer, also B2C) bestimmt sich gem. § 37 Abs. 2 uUStG der Leistungsort primär nach dem Niederlassungsort des Leistungserbringers (Sitz, feste Niederlassung, Wohnsitz oder üblicher Aufenthaltsort). 56

Ausnahmen von der B2C-Grundregel sind zum Teil mit den Ausnahmen von der B2B-Grundregel identisch, zum Teil werden im uUStG auch weitere Ausnahmen hinsichtlich der Leistungen für »Nicht-Steuersubjekte« formuliert. Die vollständige Liste besteht aus folgenden Ausnahmebestimmungen: 57

- Leistungen von Vermittlern werden nach dem Leistungsort des übermittelten Geschäftes besteuert.
- Dienstleistungen i. Z. m. Immobilien werden am Ort der Immobilien besteuert.
- Der Leistungsort der Personenbeförderung und des außergemeinschaftlichen Produkttransports bestimmt sich nach der tatsächlich zurückgelegten Wegstrecke; die sich daran zusätzlich angeschlossenen Dienstleistungen werden am Ort der tatsächlichen Erfüllung besteuert.
- Der Leistungsort des i. g. Gütertransports ist der Ort der Abfahrt.
- Kulturelle, Kunst-, Erziehungs-, wissenschaftliche, Vergnügungs- und Sportdienstleistungen, Veranstaltungen, ihre Organisation bzw. anschließende Dienstleistungen sind am Ort der tatsächlichen Leistungserfüllung steuerpflichtig.

- Begutachtungen beweglicher Produkte durch Sachverständige und Arbeitsleistungen an beweglichen Produkten (Lohnarbeit inbegriffen) sind am Ort der tatsächlichen Erfüllung steuerpflichtig.
- Kurzfristige Vermietungen von Verkehrsmitteln (90 Tage bei Wasserfahrzeugen und 30 Tage bei allen anderen Verkehrsmitteln) werden an dem Ort ausgeführt, an dem das vermietete Verkehrsmittel tatsächlich zur Verfügung gestellt wird.
- Die Vermietung von Verkehrsmitteln ist, mit Ausnahme der kurzfristigen Vermietung, grundsätzlich an dem Ort zu besteuern, wo der Leistungsempfänger niedergelassen ist. Die Vermietung von Vergnügungsschiffen ist jedoch dort steuerpflichtig, wo das vermietete Vergnügungsschiff zur Verfügung gestellt wird, falls die Leistungserbringung von dem Sitz bzw. von der ständigen Betriebsstätte des Leistungserbringers an diesem Ort erfolgt.
- Restaurant- und Verpflegungsdienstleistungen werden am Ort der tatsächlichen Erfüllung besteuert.
- Bei den Katalogleistungen (wie z.B. Beratungs-, Rechtsanwalts-, Steuerwesen-, IT-, Übersetzungs-, Reklameleistungen, Vermietung von beweglichen Sachen, usw.) bestimmt sich der Leistungsort nach dem Niederlassungsort des Leistungsempfängers (Sitz, feste Niederlassung, Wohnsitz oder üblicher Aufenthaltsort), wenn es sich bei dem Leistungsempfänger um ein »Nicht-Steuersubjekt« im Drittland handelt.
- Ab dem 01.01.2015 werdenTelekommunikationsdienstleistungen, Rundfunk- und Fernsehdienstleistungen sowie elektronisch erbrachte Dienstleistungen am Niederlassungsort des Leistungsempfängers (Sitz, feste Niederlassung, Wohnsitz oder üblicher Aufenthaltsort) besteuert, falls die Erbringung bzw. Inanspruchnahme der Leistungen durch ein globales Informationsnetzwerk (z.B. Internet) erfolgt. Für Leistungserbringer mit einer Niederlassung in der EU wurde auch in Ungarn die zentrale Einreichung der USt-Erklärungen sämtlicher betroffener Mitgliedstaaten durch das MOSS-System (Mini-One-Stop-Shop-System) ermöglicht. Die Anlaufstelle für die Unternehmen zur Erledigung ihrer umsatzsteuerlichen Verpflichtungen in Ungarn ist das ungarische Finanzamt, erreichbar unter https://moss.nav.gov.hu (in Englisch abrufbar: https://moss.nav.gov.hu/index.xhtml)

6 Bemessungsgrundlage (§ 10, § 11 dUStG)

58 Als Steuerbemessungsgrundlage gilt, sowohl bei Warenlieferungen als auch bei sonstigen Leistungen, das Entgelt der erbrachten Leistung. Zu dem Entgelt gehören auch die Steuern (ausgenommen USt) sowie Preisergänzungen und öffentliche Zuschüsse, welche den Preis direkt beeinflussen. Die nachträglichen Preisermäßigungen oder sonstigen nachträglichen Nachlässe sind bei der Berechnung der Bemessungsgrundlage nicht einzubeziehen, da sie erst nach Entstehung der Umsatzsteuerschuld bekannt werden. Bemessungsgrundlage kann dann durch die Ausstellung einer Korrekturrechnung gesenkt werden. Preisnachlässe, die bereits bei der Entstehung der Umsatzsteuerschuld bekannt sind, gehören gem. § 71 Abs. 1 Buchst. b uUStG nicht zur Bemessungsgrundlage. Nebenkosten, wie z.B. Verpackungs- und Versicherungskosten und andere Aufwendungen, die im Zusammenhang mit der Leistung entstehen, sind hingegen in der Bemessungsgrundlage zu berücksichtigen. Bei selbsterstellten Anlagen werden die gesamten Herstellungskosten als Besteuerungsgrundlage herangezogen.

Bei Leistungen an nahe stehende Personen oder wirtschaftlich nicht unabhängige Parteien ist bei einem gegenüber dem Verkehrswert unverhältnismäßig verbilligten Entgelt der Verkehrswert als Bemessungsgrundlage anzusetzen. Der Verkehrswert oder die Herstellungskosten des Steuersubjektes sind auch für die Bestimmung der Bemessungsgrundlage des Eigenverbrauchs sowie der unentgeltlichen Lieferungen und Leistungen heranzuziehen. 59

Bei Importgeschäften wird als Besteuerungsgrundlage der Einfuhrumsatzsteuer des Zollwerts der importierten Erzeugnisse zuzüglich eventuell anfallender Steuern, Zölle und Kosten bis zum ersten ungarischen Abnehmer herangezogen. 60

Liegen Tauschgeschäfte vor, dann ist der Verkehrswert der erhaltenen Leistung maßgebend. 61

Wird das Entgelt in einer Fremdwährung vereinbart und in Rechnung gestellt, so ist die Bemessungsgrundlage der Umsatzsteuer in HUF mit dem zum Zeitpunkt der Leistungserfüllung gültigen Fremdwährungskurs der Europäischen Zentralbank, der ungarischen Nationalbank oder einer im Voraus beim Finanzamt angemeldeten inländischen Kreditinstitution umzurechnen. 62

Wenn das Entgelt des Geschäftes in Teilzahlungen geleistet wird, ist der am Tag der Rechnungsausstellung gültige Fremdwährungskurs zu benutzen. In allen anderen Fällen ist die Bemessungsgrundlage der Umsatzsteuer in HUF mit einem zum Zeitpunkt der Leistung gültigen Fremdwährungskurs umzurechnen. 63

7 Steuerbefreiungen (§§ 4 ff. dUStG)

Das ungarische Umsatzsteuerrecht kennt die echte sowie unechte Steuerbefreiung. Derzeit besteht eine echte Steuerbefreiung (unter Beibehaltung des Vorsteuerabzugsrechts) für Ausfuhrlieferungen ins Drittlandgebiet, für Lieferungen und Leistungen im Zusammenhang mit dem internationalen Transport und Güterverkehr und für Lieferungen und Leistungen, die dem Güterexport gleichgestellt sind (z.B. Lohnveredelungen der Ausfuhr, vgl. Rn. 22), für i. g. Lieferungen, für internationale Güterbeförderungen und damit zusammenhängende Leistungen. 64

Zu den Lieferungen und Leistungen im Zusammenhang mit dem internationalen Transport und Güterverkehr gehört insbesondere der Personen(transit)verkehr, wenn der Anfangs- oder Bestimmungsort in einem EU-Mitgliedstaat oder Drittland liegt. Des Weiteren gehören hierzu die Lieferungen, bei denen in unmittelbarer Folge Gegenstände in einem Zolllager, Zollfreilager ausgelagert oder einem Zolllagerverfahren, aktivem Lohnveredelungsverfahren unterzogen werden. Im Falle der Veräußerung von Waren an Passagiere an Bord eines Flugzeuges, eines Schiffes oder einer Eisenbahn bei i. g. Reiselinien bzw. bei Reisen ins Drittland zählen diese Lieferungen ebenfalls zu den Lieferungen des internationalen Transports. 65

Unter Ausschluss des Vorsteuerabzugs unterliegen insbesondere die folgenden Lieferungen und sonstigen Leistungen der unechten Steuerbefreiung: 66

Veräußerung, Vermietung von Grundstücken und Nutzungseinräumung an Grundstücken (ausgenommen Baugrundstücke), Veräußerung und Vermietung von Wohnimmobilien (ausgenommen ist die erste Veräußerung vor und nach der Fertigstellung); Vermietung von sonstigen Immobilien; Umsätze aus Warenbörsengeschäften der Börsenteilnehmer; Umsätze von Finanzdienstleistungen; Umsätze aus der Überlassung von Gläubiger- und Gesellschaftsrechten, Forderungsabtretung; Umsätze aus Glückspielen; Umsätze der Träger der Sozialversicherungen; Umsätze von Blinden; Umsätze des Postwesens; Umsätze aus Jugend-, Erziehungsheimen; Kurse und Vorträge von öffentlich-rechtlichen Körperschaften bzw. Volksbildungsvereinen; Umsätze von 67 gemeinnützigen Sportvereinigungen, Umsätze des öffentlichen Rundfunks und Fernsehsendungen; die Lieferung von menschlichen Organen; Umsätze der Zahntechniker sowie den Mitgliedern einer europäischen wirtschaftlichen Interessenvereinigung (EWIV) gewährte Leistungen.

68 Für die Veräußerung bzw. Vermietung und Verpachtung von Immobilien (i. S. d. uUStG gibt es in der Beurteilung zwischen Wohnimmobilien, sonstigen Immobilien und mit diesen verbundenen Tätigkeiten keinen Unterschied) besteht die Option zur Regelbesteuerung. Die Option muss bei der Steuerbehörde zu Beginn der Vermietungstätigkeit und somit bei der Registrierung angemeldet werden. Sofern bereits eine steuerfreie Vermietung im Geschäftsjahr vorliegt, ist die Anmeldung der Option zur Steuerpflicht zum letzten Tag des jeweils vorangehenden Steuerjahres erforderlich. Eine Anmeldung zur Steuerpflicht ist während des Geschäftsjahres nicht zulässig.

69 Der Steuerbefreiung unterliegen auch die Importlieferungen, bei denen innerhalb von 30 Tagen unmittelbar eine i. g. Weiterlieferung in einen anderen Mitgliedstaat erfolgt und die weiteren gesetzlichen Voraussetzungen hierzu erfüllt werden (vgl. Rn. 132). Als steuerfreie Importlieferung gilt z. B. der Import von Erdgas, Strom und Wärme- bzw. Kühlungsenergie.

8 Steuersätze (§ 12 dUStG)

70 In Ungarn gibt es drei Steuersätze. Der grundsätzlich geltende Regelsteuersatz für sämtliche Lieferungen und Leistungen beträgt seit dem 01.01.2012 **27 %**.

Der ermäßigte Steuersatz ist **5 %**, der auf die in der Anlage 3 des uUStG aufgezählten Gegenstände wie Arzneimittel, einige medizinische Geräte, Bücher (gedruckt oder digital gespeichert), Tageszeitungen und Zeitschriften, Fernwärme für Haushalte, Rindfleisch, Schweinefleisch, Schaf- und Ziegenfleisch, frische Milch (ausgenommen UHT- und ESL-Haltbarmilchsorten sowie Muttermilch), Eier, Geflügelfleisch sowie bestimmte instrumentelle Musikaufführungen anzuwenden ist.

Seit 01.01.2016 wird der Verkauf der neuen Wohnimmobilien (deren erste bestimmungsgemäße Inbetriebnahme noch nicht erfolgt ist oder weniger als zwei Jahre zwischen der ersten Inbetriebnahme und dem Verkauf vergangen sind) für eine vorübergehende Zeit mit dem ermäßigten Steuersatz in Höhe von 5 % USt besteuert. Der ermäßigte Steuersatz ist nur für solche Bauleistungen i.Z.m neuen Wohnimmobilien verwendbar, die nach uUStG als Lieferung von Gegenständen anzusehen sind. Dieser Steuersatz bleibt nur bis 2019 in Anwendung.

Ab 01.01.2018 gilt der Steuersatz in Höhe von 5 % auch für frischen Fisch, Speisen und vor Ort hergestellten, alkoholfreien Getränken im Gastronomiegewerbe sowie bei Internetzugangsleistungen.

Der zweite ermäßigte Steuersatz beträgt **18 %**. Er ist auf Milchprodukte, bestimmte Backwaren sowie auf die Erbringung von Beherbergungsleistungen, auf Leistungen, die den Eintritt zu Musik- bzw. Tanzveranstaltungen betreffen, anzuwenden. Es ist immer jener Steuersatz anzuwenden, der zum Zeitpunkt der Entstehung der Steuerpflicht gültig gewesen ist.

9 Steuerschuldner (§ 13 a und b dUStG)

Grundsätzlich ist Steuerschuldner bei Lieferungen und sonstigen Leistungen das leistende Steuersubjekt. Bei unentgeltlichen Lieferungen und Leistungen wird die Umsatzsteuer ebenfalls vom tatsächlichen Leistungserbringer geschuldet. Die Steuerschuldnerschaft bei Einfuhrlieferungen liegt gemäß den umsatzsteuerlichen Bestimmungen grundsätzlich beim Importeur, also beim Anmelder des Zollverfahrens. Sofern im Zollverfahren anstelle des Importeurs sein Zollvertreter die zollrechtliche Abwicklung vornimmt, schuldet der Letztere die EUSt. Beim Vorliegen eines i. g. Erwerbs ist Steuerschuldner der Abnehmer der Lieferung, sofern er Steuersubjekt oder eine juristische Person ist, die kein Steuersubjekt ist, aber über der Erwerbsschwelle liegt. 71

Das uUStG schreibt in einigen Fällen den Übergang der Steuerschuld vom Leistungserbringer auf den Auftraggeber vor, wenn beide Steuersubjekte sind und der Leistungserbringer in Ungarn nicht ansässig ist. Dies ist dann der Fall, wenn der Leistungserbringer seinen Sitz/Wohnsitz oder die mit der Leistungserfüllung am unmittelbarsten betroffene ständige Betriebsstätte in einem anderen Mitgliedstaat oder im Drittland hat (Reverse-Charge-System). 72

Wegen der EU-Regelung des Leistungsortes ab 01.01.2010 wurde der Anwendungsbereich des Reverse-Charge-Systems erweitert. Wenn sich der Leistungsort nach dem Sitz/Niederlassung des Leistungsempfängers bestimmt (B2B-Grundregel nach § 37 uUStG) und der Leistungserbringer in diesem Mitgliedstaat nicht niedergelassen ist (d.h. er verfügt weder über einen Sitz noch über eine feste Niederlassung, welche am Leistungsaustausch beteiligt ist), dann schuldet der Leistungsempfänger die Umsatzsteuer. Der Leistungsempfänger kann aber unter den allgemeinen Voraussetzungen die geschuldete Umsatzsteuer als Vorsteuer geltend machen, so dass in diesem Fall zumeist keine tatsächliche Finanzierung erforderlich ist. Klarstellend sei darauf hingewiesen, dass der Leistungserbringer nicht als in Ungarn ansässig gilt, wenn er in Ungarn nur für umsatzsteuerliche Zwecke registriert ist oder über eine feste Niederlassung verfügt, welche am Leistungsaustausch nicht beteiligt ist. In diesem Fall kann das Reverse-Charge-Verfahren angewendet werden. 73

Das Reverse-Charge-System kommt bei folgenden Leistungen zur Anwendung: 74

- bei Leistungen, die unter die B2B-Grundregel fallen,
- bei Montage-, Reparatur-, Wartungsleistungen von Gegenständen und der Begutachtung (hierzu gehört auch die Lohnveredelung),
- bei Lieferung gem. § 32 uUStG von Gegenständen aus dem Ausland und anschließender Montage in Ungarn (Werklieferungen). Nach § 139 uUStG ist die Umsatzsteuer bei solchen Lieferungen vom Auftraggeber zu entrichten. Allerdings ist hier zu beachten, dass aufgrund der im Inland verrichteten wirtschaftlichen Tätigkeit eine Betriebsstätte entstehen kann, sodass eine Anwendung des Reverse-Charge-Verfahrens nicht möglich ist und eine Registrierungspflicht besteht. Ab dem 01.01.2015 ist die Anwendung des Reverse-Charge-Verfahrens im Hinblick auf die Errichtung von Immobilien im Inland durch ausländische Unternehmen ebenfalls zulässig.

Die bloße Erfassung zur Umsatzsteuer (ohne Ansässigkeit) sollte grundsätzlich nicht schädlich sein. Die derzeitige Praxis der Finanzverwaltung hierzu ist jedoch sehr unterschiedlich. 75

Das leistende Steuersubjekt trifft keine Haftung – sofern der Leistungsempfänger die Steuer nicht abführt. 76

Der Anwendungsbereich des Reverse-Charge-Verfahrens wurde seit 2008 auch auf Inlandsumsätze ausgedehnt, sodass hierunter auch Immobilienumsätze aufgrund von Bauleistungen, sonstige Leistungen im Zusammenhang mit Immobilien (inklusive Errichtung, Montage, Erhaltung, Reinigung, Instandhaltung, Reparatur, Umbau, Abriss) erfasst sind. 77

78 Hierzu gehören außerdem der Handel mit Abfall, der Verkauf von Pfandgegenständen, um so in der Vergangenheit fällige Forderungen auszugleichen, der Verkauf von Emissionsrechten und der Verkauf von Sachanlagen von anderen Produkten bzw. die Erbringung von Dienstleistungen mit einem Wert von mehr als 100.000 HUF (rund 323 €) durch einen Steuerpflichtigen im Liquidationsverfahren. Des Weiteren ist das Reverse-Charge-Verfahren ab 01.07.2012 beim Verkauf von bestimmten, gesetzlich festgelegten landwirtschaftlichen Produkten (insbes. Getreidesorten) anwendbar, wobei diese Regelungen für landwirtschaftliche Betriebe (vgl. Rn. 38 ff.) nicht gelten. Ab 01.04.2013 wird das Reverse-Charge-Verfahren auch auf Inlandslieferungen von Schweinefleisch bzw. lebendigen Schweinen ausgedehnt. Ab 01.01.2015 ist das Reverse-Charge-Verfahren für die Überlassung von Arbeitskräften betreffend sämtlicher Produktlieferungen sowie sonstige Leistungen bzw. für die Leistung bestimmter Metallwaren anzuwenden.

79 Unter das Reverse-Charge-Verfahren fallen auch Immobilienumsätze, die grundsätzlich steuerbefreit wären, bei denen der Verkäufer jedoch zur Steuerpflicht optiert hat (z. B. Vermietung, oder Verkauf von »alten« Immobilien).

80 Anwendungsvoraussetzung für das Reverse-Charge-Verfahren i. Z. m. Inlandsumsätzen ist, dass sowohl der Lieferant/Dienstleister als auch der Käufer/Leistungsempfänger in Ungarn als Steuersubjekte registriert sind.

10 Besteuerungsverfahren (§§ 16 ff. dUStG)

10.1 Vergabe der Identifikationsnummer

81 Grundsätzlich dürfen im Inland gegründete Unternehmen ihre steuerpflichtige wirtschaftliche Tätigkeit nur mit einer inländischen Steuernummer ausüben. Die Vergabe der Steuernummer erfolgt vom zuständigen Finanzamt durch Anmeldung vom Firmengericht.

82 Aufgrund des weit gefassten Begriffs der Steuersubjekte gilt dies auch für ausländische Steuersubjekte, falls sie in Ungarn eine regelmäßige oder unternehmerische Tätigkeit ausüben. Dies gilt jedenfalls dann, wenn ihnen eine ständige Betriebsstätte (§ 259 Ziff. 2 uUStG) im Inland zuzuordnen ist. Das uUStG führte eine neue Definition zur Bestimmung der Betriebsstätte ein. Demnach ist die Betriebsstätte, falls durch die bindenden Rechtsakte der EU nicht anders vorgeschrieben, ein außerhalb des Sitzes zur ortsgebundenen Ausübung einer wirtschaftlichen Tätigkeit für einen längeren Zeitraum errichteter oder dafür gedachter, geographisch abgegrenzter Ort, an dem auch die zu einer – gegenüber dem Sitz – selbständigen Ausübung der wirtschaftlichen Tätigkeit notwendigen sonstigen Bedingungen tatsächlich zur Verfügung stehen, einschließlich der Handelsrepräsentanz (Zweigniederlassung), wenn die Handelsrepräsentanz am unmittelbarsten betroffen ist.

83 Die Vermietung von Immobilien begründet ebenfalls eine umsatzsteuerliche Betriebsstätte ausländischer Steuersubjekte, deren Tätigkeit ortsgebunden auf die Erzielung von regelmäßigen Einnahmen gerichtet ist. Seit dem EU-Beitritt besteht ein Wahlrecht zur USt-Registrierung, wenn keine ständige Betriebsstätte in Ungarn vorliegt. Für ausländische Steuersubjekte ist die Direktion der Finanzverwaltung **NAV Kiemelt Adó- és Vámigazgatósága** zuständig.

84 Die Anmeldung der wirtschaftlichen Tätigkeit in Ungarn sowie die Beantragung der Steuernummer und einer i. g. Steuernummer (ungarische USt-IdNr.) kann auch nachträglich erfolgen. Im Einklang mit den EU-Vorgaben kann einer Gesetzesänderung zufolge seit 01.01.2008 bei einer verspäteten Anmeldung des Tätigkeitsbeginns die Steuernummern rückwirkend erteilt werden. Aufgrund der Verfahrensordnung wird die rückwirkende Geltendmachung der Vorsteuer bei einer

Registrierung nach dem tatsächlichen Tätigkeitsbeginn im Besitz von korrekten Rechnungen zugelassen. Die Umsatzsteuerbeträge aus der Zeit vor der Registrierung sind vom Steuersubjekt abzuführen und die auf diese Zeit anfallenden Vorsteuerbeträge können somit nachträglich geltend gemacht werden. Die Gültigkeit der inländischen Steuernummer sowie der ungarischen USt-IdNr. kann laufend auf der Webseite der ungarischen Finanzbehörde: www.nav.gov.hu (nur in ungarischer Sprache abrufbar) geprüft werden. Auf dieser Seite werden von der Finanzbehörde nämlich jene Steuernummern von Steuersubjekten bekanntgegeben, deren Gültigkeit bedingt aufgehoben wurde (vgl. Rn. 108).

10.2 Steuererklärungen

Der zur Umsatzsteuer registrierte Steuerpflichtige hat in den ersten zwei Jahren monatlich Steuererklärungen in Ungarn einzureichen, in welchen die im Voranmeldungszeitraum erbrachten Umsätze bzw. die bezogenen Eingangsleistungen zu erklären sind. Ob nach den ersten zwei Jahren ein monatlicher oder vierteljährlicher Voranmeldungszeitraum zur Anwendung kommt, bestimmt sich grundsätzlich für jedes Kj. nach den Verhältnissen des zweitvorangegangenen Jahres (d. h. um z. B. feststellen zu können, ob 2018 die Umsatzsteuervoranmeldungen monatlich oder vierteljährlich abzugeben sind, wird das Jahr 2016 herangezogen). Steuersubjekte, deren Umsatzsteuerzahllast (Differenz zwischen USt und VSt) im zweitvorangegangenen Jahr weniger als 1.000.000 HUF (rund 3.226 €) betrug, müssen nur vierteljährliche Umsatzsteuervoranmeldungen abgeben. Wurde dieser Grenzwert hingegen im zweitvorangegangenen Kj. überschritten, ist eine monatliche Abgabe der Umsatzsteuervoranmeldung erforderlich. Gleichfalls ist eine monatliche Abgabe der Umsatzsteuervoranmeldung erforderlich, wenn zwar der Grenzwert im zweitvorangegangenen Kj. nicht, jedoch im laufenden Jahr überschritten wurde. Über einen derartigen unterjährigen Wechsel des Besteuerungszeitraums wird das Steuersubjekt vom Finanzamt informiert. Die Umsatzsteuererklärung ist bis zum 20. Tag des Folgequartals oder Folgemonats abzugeben. Die Möglichkeit des freiwilligen Übergangs auf die monatliche USt-Veranlagung besteht nach Genehmigung durch die Finanzbehörde. Der Genehmigungsantrag ist stets zu begründen. So wird die monatliche Veranlagung bei hohen Exportquoten bzw. Investitionen regelmäßig genehmigt. Die freiwillige Veranlagung auf Monatsbasis wird für jeweils ein Jahr erteilt. 85

Steuerpflichtige, die im vorvorherigen Kj. weniger als 250.000 HUF (rund 806 €) Umsatzsteuerzahllast erzielt haben, und der kumulierte Nettowert der Produktlieferungen und der erbrachten sonstigen Leistungen HUF 50. Mio. (rund 161.290 €) nicht überstiegen hat, müssen nur jährlich eine USt-Erklärung abgeben, jedoch können sie die o. a. häufigere Veranlagung beantragen. Sobald jedoch die kumulierte Umsatzsteuerlast im betreffenden Kj. 250.000 HUF (rund 806 €) oder der kumulierte Nettowert der Produktlieferungen und der erbrachten sonstigen Leistungen HUF 50 Mio. (rund 161.290 €) übersteigt, müssen Steuererklärungen vierteljährlich abgegeben werden. Falls vom Steuersubjekt eine USt-IdNr. beantragt wurde, ist nur die monatliche oder die vierteljährliche Veranlagung gestattet. Ab 01.01.2015 sind die in Ungarn neu (ohne Rechtsvorgänger) registrierten Steuerpflichtigen im Jahr der Registrierung und im Folgejahr zur monatlichen Veranlagung verpflichtet. 86

In der Zusammenfassenden Meldung sind nicht nur die i. g. Lieferungen und i. g. Erwerbe anzugeben, sondern auch die Dienstleistungen, die an ein in einem anderen Mitgliedstaat registriertes Steuersubjekt erbracht oder von einem solchen in Anspruch genommen werden. Ob die Zusammenfassende Meldung monatlich oder vierteljährlich abzugeben ist, bestimmt sich nach dem Voranmeldungszeitraum. Falls jedoch der Nettowert der i. g. Lieferungen im jeweiligen 87

Quartal 50.000 € übersteigt, sind im Weiteren die Zusammenfassenden Meldungen monatlich einzureichen. Seit 01.01.2015 gilt diese Obergrenze auch für die i. g. Erwerbe.

88 Ab 01.01.2013 ist für inländische Transaktionen eine inländische Zusammenfassende Meldung zu erstellen. Demgemäß haben Steuerpflichtige gesetzlich festgelegte Angaben des Geschäftspartners und der Rechnungen zu melden, wenn die MwSt der jeweiligen Rechnung 1 Mio. HUF (rund 3.226 €) erreicht oder übersteigt. Stornorechnungen bzw. korrigierte Rechnungen, die den o.a. Bedingungen entsprechen, müssen ebenso gemeldet werden. Sofern der Vorsteuerbetrag der einzelnen Eingangsrechnungen unter der 1 Mio.-HUF-Grenze liegt, ist je Geschäftspartner der kumulierte Vorsteuerbetrag zu melden, wenn diese im selben Veranlagungszeitraum 1 Mio. HUF erreicht oder übersteigt. Die Pflicht zur Erstellung von inländischen Zusammenfassenden Meldungen wurde vom 01.07.2018 mit der Einführung der online an das Finanzamt zu übertragenden Rechnungsangaben ab einem Steuerbetrag von 100.000 HUF (rund 330 €) nur noch auf die Meldepflicht von Eingangsrechnungen mit Vorsteuer von mindestens 100.000 HUF (rund 330 €) eingeschränkt.

89 Die Übermittlung der USt-Erklärung an das Finanzamt ist von jedem Steuersubjekt mit monatlicher oder vierteljährlicher Veranlagung auf elektronischem Wege vorzunehmen.

90 Die Abführung der Umsatzsteuer beim Finanzamt hat bis zum 20. Tag (bzw. darauf folgender Werktag) des Folgemonats oder Folgequartals zu erfolgen.

91 USt-Rückzahlungen erfolgen im Grundfall innerhalb von 75 Tagen. Sofern jedoch alle Eingangsrechnungen beglichen sind, besteht die Möglichkeit für eine beschleunigte Rückerstattung. In diesem Fall wird die Umsatzsteuer innerhalb von 30 Tagen bzw. – soweit der zu erstattende Betrag höher ist als 1.000.000 HUF (rund 3.226 €) – innerhalb von 45 Tagen nach der Fälligkeit des Erstattungsanspruchs rückerstattet. Bei einer Betriebsprüfung wird der Rückzahlungszeitraum nicht unterbrochen. Die Überweisung auf ein ausländisches Bankkonto ist möglich, die Bankgebühren fallen jedoch zu Lasten des Steuersubjektes an. Ab 01.01.2018 sind Steuerpflichtige verpflichtet, ihre im Ausland (außerhalb Ungarns) geführten Bankkonten beim Finanzamt anzumelden

10.3 Bußgeldvorschriften (§§ 26a–26c dUStG)

92 Die Bußgeldvorschriften regelt die ungarische Abgabenordnung. Werden demnach Umsatzsteuererklärungen nicht oder nur verspätet eingereicht, kann die Finanzbehörde einen Säumniszuschlag von max. 500.000 HUF (rund 1.610 €) verhängen. Falls die Umsatzsteuer nicht spätestens am Fälligkeitstag entrichtet ist, wird ein Verspätungszuschlag i. H. d. Zweifachen jeweils gültigen Leitzinssatzes (derzeit 0,9 %) der ungarischen Nationalbank berechnet. Sofern eine Betriebsprüfung einen fehlenden Umsatzsteuerbetrag feststellt, kann sie i. R. d. Außenprüfung eine Steuerstrafe bis zu 50 % (oder bei Steuerumgehungsfällen sogar bis zu 200 %) des Steuerfehlbetrages neben den o. a. Verspätungszuschlag verhängen.

Sind die Rechnungsangaben von elektronisch oder manuell erstellten Rechnungen ab dem 01. 01.2018 dem Finanzamt nicht in der gesetzlich vorgeschriebenen Form online überzutragen (siehe weiter unter Punkt 10.4.2), kann für Unternehmen eine Säumnisstrafe i. H. v. maximal 500.000 HUF (rund 1.610 €) pro Rechnung vom Finanzamt auferlegt werden.

10.4 Rechnungsausstellung (§ 13d dUStG)

93 Als weitere Konsequenz der Registrierung entsteht für jedes Steuersubjekt die Pflicht zur Rechnungsausstellung) nach den ungarischen Vorschriften. Werden Lieferungen oder Leistungen von

einem in Ungarn nicht registrierten EU-Unternehmen an inländische Leistungsempfänger erbracht und wird dabei die MwSt vom Leistungsempfänger geschuldet, sind ab 01.01.2013 für die Rechnungsausstellung die Vorschriften desjenigen Mitgliedstaates anzuwenden, wo das leistende Unternehmen seinen Sitz hat, vorausgesetzt, dass es in Ungarn nicht niedergelassen ist oder keine in der Leistung direkt involvierte Betriebsstätte in Ungarn hat (§ 158/A uUStG).

Die Richtlinie 2011/115/ EG betreffend die Rechnungsstellung wurde ins innerstaatliche Recht gem. **94** § 168/A. uUStG umgesetzt. Demzufolge ist ab 01.01.2013 die Echtheit der Herkunft, die Unversehrtheit und Lesbarkeit des Inhalts der gedruckten bzw. elektronischen Rechnungen bis zur Aufbewahrungsfrist zu gewährleisten. Somit sind die Rahmenbedingungen für die elektronische Übermittlung von Rechnungen bei Zustimmung des Empfängers geschaffen worden. Die Anforderung für die Gewährleistung der Echtheit der Herkunft und der Unversehrtheit der Rechnung wurde im Gesetz jedoch weit formuliert und wird derzeit in der Praxis noch diskutiert.

Die inhaltlichen Anforderungen von Rechnungen sind im § 169 uUStG enthalten. Nach der **95** Definition des Gesetzes sind als Rechnungen jegliche auf Papier gedruckten oder auf Grund der einschlägigen Vereinbarung mit dem Käufer auf elektronischem Wege ausgestellten Belege, die zur Steueridentifikation geeignet sind, mit folgendem Mindestinhalt zugelassen:

- laufende Nummer der Rechnung,
- Datum der Rechnungsausstellung,
- Name, Anschrift und Steuernummer des Lieferanten, bzw. Leistungserbringers,
- Name, Anschrift, USt-IdNr. (mangels dieser die Steuernummer) des Käufers, sofern der Käufer zur Steuerzahlung verpflichtet ist,
- die USt-IdNr. des Käufers (ohne HU), falls die Vorsteuer 100.000 HUF (rund 323 €) erreicht oder übersteigt, und der Käufer in Ungarn registriert wurde, bzw. das leistende Unternehmen für wirtschaftliche Zwecke in Ungarn niedergelassen ist,
- bei steuerfreien i. g. Lieferungen die USt-IdNr. des Käufers,
- Leistungsdatum, sofern es vom Zeitpunkt der Rechnungsausstellung abweicht,
- Bezeichnung sowie statistisches Kennzeichen des Produktes bzw. der Leistung, soweit dies zur Identifikation nach uUStG erforderlich ist,
- Mengeneinheit und Menge des Produktes bzw. der Leistung, falls Letztere sich in natürlichen Maßeinheiten bestimmen lässt,
- berechneter Einheitspreis des Produktes bzw. der Leistung, falls Letztere sich auf Einheiten bestimmen lässt,
- Nettoentgelt des Produktes bzw. der Leistung insgesamt,
- Steuersatz,
- Umsatzsteuerbetrag insgesamt, auch in HUF für eine in Fremdwährung ausgestellte Rechnung,
- Name, Anschrift und Steuernummer des Fiskalvertreters, wenn ein Fiskalvertreter in Anspruch genommen wurde,
- gesetzlich festgelegter Hinweis im Falle der Besteuerung von Reiseleistungen (vgl. Rn. 41) bzw. von Differenzbesteuerung (vgl. Rn. 42)
- bestimmte gesetzliche Angaben hinsichtlich Neufahrzeuglieferungen (vgl. Rn. 31).

Bei Anwendung des Reverse-Charge-Systems ist vom inländischen Rechnungsaussteller ein **96** gesetzlich festgelegter Hinweis auf den Übergang der Steuerschuld in der Rechnung zu vermerken. In der Rechnung ist unter anderem auf die steuerbefreite i. g. Lieferung und auf das Vorliegen eines Dreiecksgeschäftes hinzuweisen.

Hat der Rechnungsaussteller für die Besteuerung nach dem Geldflussprinzip (vgl. Rn. 43 ff.) **97** optiert, ist in der Rechnung der diesbezügliche Hinweis aufzunehmen.

Auf Anzahlungen entsteht eine Umsatzsteuerschuld bei der Bezahlung (oder Gutschrift auf dem **98** Bankkonto), sofern sie mit einem steuerpflichtigen Umsatz verbunden ist. Die Vorsteuer kann vom

Empfänger gleichzeitig in Abzug gebracht werden. Eine Rechnung über eine Anzahlung ist gesondert zu kennzeichnen, ansonsten gelten die allgemeinen Inhaltsanforderungen. In der Endrechnung ist es zweckmäßig, die Anzahlung und die darauf entfallende Steuer auszuweisen und vom Endbetrag offen abzuziehen. Auf Anzahlungsrechnungen betreffend Dienstleistungen unter Anwendung des inländischen reverse charge gelten abweichende Regelungen.

99 Die Ausstellung von Rechnungen (Gutschriften i. S. d. MwStSystRL) können von ungarischen Kunden oder von Dritten, die Steuersubjekte sind, vom Leistungserbringer übernommen werden, wenn dies vorher schriftlich vereinbart wird. Diesbezüglich muss die Rechnung einen gesetzlich festgelegten Hinweis enthalten. In diesem Falle haften der Rechnungsaussteller und das zur Rechnungsausstellung verpflichtete Steuersubjekt gemeinsam für die Steuerverpflichtungen.

100 Elektronische Rechnungen sind gem. uUStG in Ungarn zugelassen. Demnach kann eine elektronische Rechnung mit qualifizierter elektronischer Unterschrift versehen oder mit elektronischem Datentausch im sogenannten EDI-System erstellt werden. Die Verwendung von elektronischen Rechnungen muss zunächst von dem Rechnungsempfänger akzeptiert werden, wobei im Fall des Datenaustausches im EDI-System auch eine schriftliche Vereinbarung benötigt wird. Die weiteren gesetzlichen Anforderungen sind in der Verordnung Nr. 23/2014 des Ministeriums für Nationalwirtschaft und im Gesetz Nr. .CCXXII von 2015 über die elektronische Unterschrift enthalten.

101 Bei Rechnungsausstellung in ausländischer Währung kann anstelle des Verkaufskurses des kontoführenden ungarischen Kreditinstituts auch der Tageskurs der Ungarischen Nationalbank oder ab 01.01.2013 der Tageskurs der Europäischen Zentralbank angewendet werden. Sollte die Entscheidung auf die Anwendung des Kurses der Nationalbank oder der Europäischen Zentralbank fallen, so ist diese Entscheidung dem Finanzamt im Voraus zu melden. Von dieser Entscheidung kann man bis Ende des auf die Entscheidung folgenden Kj. nicht mehr abweichen. Es ist zu beachten, dass bei Fremdwährungsrechnungen der Umsatzsteuerbetrag in HUF stets obligatorisch auszuweisen ist.

102 Sammelrechnungen können ausgestellt werden, wenn es eine vorherige schriftliche Vereinbarung gibt. Der Vorteil von Sammelrechnungen liegt darin, dass der Steuerzahler – sofern er im aktuellen Kalendermonat für denselben Käufer mehrere Leistungen erbringt – seiner Rechnungsausstellungspflicht auch durch eine Sammelrechnung nachkommen kann.

103 I. S. d. § 163 uUStG ist der Steuerzahler grundsätzlich verpflichtet, die Rechnung bis zur Leistung, jedoch spätestens innerhalb von 15 Tagen nach Leistungserbringung auszustellen. Das Original der Eingangsrechnungen bzw. die Kopie der Ausgangsrechnungen müssen mindestens bis zur Verjährung (i. d. R. 6 Jahre) aufbewahrt werden. Die Aufbewahrung kann auch in eingescannter Form erfolgen, wobei elektronische Rechnungen ausschließlich in elektronischer Form archiviert werden dürfen.

Gemäß der Rechnungsausstellungsverordnung Nr. 23/2014 des Ministeriums für Nationalwirtschaft sind Rechnungsstellungsprogramme innerhalb von 30 Tagen nach dem Erwerb/Beginn der Nutzung beim ungarischen Finanzamt anzumelden.

10.4.1 Online Registrierkassen

103a Seit dem 01.09.2013 ist für den Kleinhandel die Anwendung von online-Registrierkassen vorgeschrieben. Des weiteren wurden seit dem 01.01.2017 neben dem Kleinhandel auch bestimmte Dienstleistungstätigkeiten, wie z. B. plastische Chirurgen, Massage- und Fitnesssalons, Diskotheken, Taxifahrer, Kraftfahrzeugschlosser zur Nutzung der online-Registrierkassen gesetzlich verpflichtet. Die vom ungarischen Finanzamt zugelassenen Registrierkassen und weitere Voraussetzungen sind auf der Internetseite (www.nav.gov.hu/nav/online_penztargepek) des Finanzamts veröffentlicht.

10.4.2 Online Rechnungsübertragung

Ab 01.07.2018 wurde eine online Datenübertragungspflicht an das Finanzamt für elektronisch erstellte Rechnungen eingeführt, deren Umsatzsteuerbetrag 100.000 HUF (rund 330 €) überschreitet. Die gesetzlich vorgeschriebenen Rechnungsangaben von Ausgangsrechnungen müssen demzufolge sofort, jedoch spätestens innerhalb von 72 Stunden nach der Rechnungserstellung, online an das Finanzamt im gesetzlich bestimmten XSD-Schema übertragen werden. Die elektronischen Rechnungen können bereits auf der vom Finanzamt eingerichteten Testseite im Internet (auch in Englisch abrufbar auf der Webseite: https://onlineszamla-test.nav.gov.hu/) getestet werden. Im Laufe des Jahres 2018 wurde auch das Übermittlungssoftwaresystem des Finanzamtes getestet werden können. Zufolge der online gemeldeten Rechnungen, erübrigt sich die Erstellungspflicht der inländischen Zusammenfassenden Meldungen über steuerpflichtige Inlandsumsätze. Des Weiteren soll für die Rechnungsempfänger eine Webseite zur Prüfung der an sie erstellten Rechnungen vom Finanzamt ebenfalls eingerichtet werden, allerdings müssen steuerpflichtige Inlandserwerbe in den inländischen Zusammenfassenden Meldungen bereits ab dem Vorsteuerbetrag 100.000 HUF (rund 330 €) gemeldet werden. 103b

Für Angaben von Rechnungen, die noch in Rechnungsblöcken manuell ausgestellt werden, wurde ab dem 01.07.2018 abhängig von der Höhe des Vorsteuerbetrages ebenfalls eine tägliche (Vorsteuer ab 500.000 HUF, rund 1.610 €) bzw. wöchentliche Meldepflicht (zwischen 100.000 HUF und 499.999 HUF, zwischen rund 330 € und 1.610 €) vorgeschrieben und auf der vom Finanzamt gesondert eingerichtete Webseite ebenfalls zu melden sein.Die angemeldeten Daten können auf der Webseite des Finanzamtes auch geprüft werden (https://onlineszamla.nav.gov.hu/). Durch die Webseite ist es möglich, die eingereichten Berichte zu prüfen. IdS ist es zu beachten, dass die Datenübertragung direkt vom Rechnungsprogramm zu erfolgen ist.

10.5 Rechnungskorrekturen

Zur Änderung einer Rechnung ist eine Urkunde auszustellen, welche u. a. die Nummer der ursprünglichen Rechnung sowie den Hinweis auf die Tatsache der Berichtigung dieser Rechnung enthalten muss. Ebenso sind der ursprüngliche Rechnungsbetrag, der modifizierte Rechnungsbetrag sowie der Differenzbetrag gesondert auszuweisen. 104

Ab dem 01.07.2018 sind auch die Angaben der elektronisch erstellten Storno- oder Korrekturrechnungen, wie unter Punkt 10.4.2 dargestellt, dem Finanzamt online überzutragen.

10.6 Elektronische Meldepflicht der Warentransporte im Straßenverkehr (EKAER)

Ab 01.01.2015 unterliegen Warentransporte im Straßenverkehr einer neuen, speziellen Anmeldepflicht beim ungarischen Finanzamt. Im Rahmen der Anmeldung ist die sog. EKAER-Nr. elektronisch auf der Webseite www.ekaer.nav.gov.hu zu beantragen. 105

Mit der Meldepflicht sind die i. g. Erwerbe, i. g. Lieferungen bzw. sonstige Transporte i. Z. m. i. g. Verbringungen und Lohnveredelungsarbeiten sowie die ersten USt-pflichtigen Produktlieferungen im Inland betroffen. Die EKAER-Nr. ist im Falle der Warenbeförderungen mit mautpflichtigen Transportfahrzeugen über 3,5 t (oder mit Transportfahrzeugen, die beladen über 3,5 t wiegen) sowie 105a betreffend den Transport als risikoreich qualifizierter Lebensmittel und Waren unabhängig von der Fahrzeuggröße vor Beginn der Beförderung einzuholen und dem Frachtführer, Spediteur zu übermitteln. Wird dieser Meldepflicht nicht oder unvollständig nachgekommen, kann vom Finanzamt ein Bußgeld bis zu 40 % des Warenwerts verhängt werden. Unternehmen, welche bereits nach dem neuen UZK erteilte AEO-Genehmigung haben, können die EKAER-Meldungen vereinfacht ausfüllen.

11 Vorsteuerabzug und Vorsteuervergütung

11.1 Voraussetzungen für den Vorsteuerabzug (§ 15 dUStG)

106 Dem Steuersubjekt steht das Recht nach § 120 uUStG zu, von der seinerseits zu zahlenden Umsatzsteuer jenen Steueranteil in Abzug zu bringen, den ein anderes Steuersubjekt im Zuge eines Warengeschäftes oder einer Dienstleistung auf das Steuersubjekt abgewälzt hat bzw. ihm von der Zollbehörde nach einer Wareneinfuhr im Bescheid auferlegt und seinerseits auch bezahlt wurde.

107 Darüber hinaus sind bei Lieferungen oder sonstigen Leistungen im Inland noch folgende Voraussetzungen für den Vorsteuerabzug zu erfüllen:

- Eine den umsatzsteuerlichen Vorschriften entsprechende Rechnung auf den Namen des Empfängers muss vorliegen.
- Der Steuerpflichtige hat seine Aufzeichnungen gemäß der handelsrechtlichen Vorschriften in der einfachen oder doppelten Buchführung zu führen. Eine pauschalierte Kostenabrechnung darf das Steuersubjekt nicht anwenden.

108 Die Gültigkeit der inländischen Steuernummer des Rechnungsausstellers kann von der Finanzverwaltung bedingt aufgehoben werden. In diesem Fall besteht kein Vorsteuerabzugsrecht beim Rechnungsempfänger, so dass daher die Veröffentlichung auf der Internet-Seite www.nav.gov.hu.hu der Finanzverwaltung laufend zu prüfen ist.

109 In bestimmten Fällen gelten für den Vorsteuerabzug besondere Regelungen:

- Die Abzugsfähigkeit der Einfuhrumsatzsteuer setzt das Vorliegen des Bescheides der Zollbehörde sowie die Entrichtung der Steuer voraus.
- Beim i. g. Erwerb ist die Abzugsfähigkeit der Vorsteuer ausschließlich dann gegeben, wenn eine der MwStSystRL entsprechende Rechnung vorliegt und die Umsatzsteuer im Rahmen der Selbstveranlagung gemeldet und abgeführt wurde. Dies gilt auch für die Vorsteuer, bei der der inländische Empfänger zur Anmeldung und Abführung der Umsatzsteuer anstelle des ausländischen Lieferanten oder Leistungserbringers verpflichtet ist, also auch beim Übergang der Steuerschuld auf den Leistungsempfänger (§§ 139–141 uUStG).
- Die Abzugsfähigkeit der Vorsteuer auf eigene Investitionen (selbst erstellte Anlagen) liegt dann vor, wenn dazu vorhergehend die Umsatzsteuer ebenfalls abgeführt wurde.

110 Die Vorsteuer können registrierte in- und ausländische Steuersubjekte im Rahmen des Veranlagungsverfahrens in Ungarn geltend machen. Liegt keine Registrierung oder keine Registrierungspflicht des ausländischen Steuersubjektes in Ungarn vor, so kann die Vorsteuer im Rahmen des Vorsteuervergütungsverfahrens (vgl. Rn. 115 ff.) zurückgeholt werden. Liegt der Entstehungszeitpunkt der Vorsteuerabzugsberechtigung vor der Registrierung in Ungarn, wird der Vorsteuerabzug kraft Gesetzes versagt.

11.2 Vorsteuerabzugsverbot (§ 15 Abs. 2 dUStG)

Steuersubjekte können die ihnen in Rechnung gestellte Vorsteuer von der Umsatzsteuerverbindlichkeit abziehen. Der Differenzbetrag ist an das zuständige ungarische Finanzamt abzuführen bzw. wird von diesem erstattet. Der Vorsteuerabzug ist insbesondere nicht möglich (§ 124 uUStG) 111

- bei verbleitem und unverbleitem Benzin bzw. bei sonstigen Kraftstoffen, wenn sie für Pkws verwendet werden,
- beim Erwerb von Pkw, die nicht zum Weiterverkauf oder zur Weitervermietung bestimmt sind,
- bei Aufwendungen im Zusammenhang mit Wartung und Reparatur von Pkws (ab dem 01.01.2013 besteht das Abzugsverbot nur noch bis zur Höhe von 50 % des Nettobetrages),
- die Vorsteuer von Wohnimmobilien,
- bei Gegenständen, die zur Errichtung und Erneuerung von Wohnimmobilien benötigt werden,
- für Lebensmittel und Getränke sowie Bewirtungsrechnungen,
- bei Taxirechnungen sowie Park- und Straßennutzungsgebühren,
- bei Aufwendungen zum Erwerb, der Errichtung und Sanierung von Wohnhäusern,
- bei Gaststättengewerbeleistungen und Unterhaltungsindustrieleistungen,
- bei Jachten und anderen Wasserverkehrsmitteln, die der Vergnügung dienen,
- für 30 % der Umsatzsteuer aus Telefondienstleistungen, Mobiltelefondienstleistungen, Internetdatenübertragungsleistungen, sofern dieser Anteil nicht weiterverrechnet wird.

Übt das Steuersubjekt Aktivitäten aus, die nur zum Teil zum Vorsteuerabzug berechtigen, sind über die abzugsfähigen und nicht abzugsfähigen Vorsteuerbeträge getrennte Aufzeichnungen zu führen. Ist eine getrennte Aufzeichnung nicht möglich, so findet die Verhältnismäßigkeitsregel Anwendung, um den Anteil des abzugsfähigen Vorsteuerbetrages zu ermitteln. 112

Darüber hinaus besteht lediglich ein anteiliges Vorsteuerabzugsrecht bei Sachanlagevermögen, falls Steuersubjekte dieses gleichzeitig zur steuerpflichtigen und steuerbefreiten Tätigkeit anschaffen oder nutzen und die direkte Zuordnung der Vorsteuer nicht möglich ist. Gleiches gilt, wenn neben der Geschäftstätigkeit auch Privatverwendung vorliegt. Falls der Anteil der steuerbefreiten und steuerpflichtigen Tätigkeit sich um mehr als 10.000 HUF (rund 32 €) zum Jahr des Erwerbs der Sachanlage bzw. im Fall von eigenen Investitionen (selbst erstellten Sachanlagen) zum Zeitpunkt des ordnungsgemäßen Gebrauchs ändert, ist eine Vorsteuerkorrektur im letzten Veranlagungszeitraum des Kj. vorzunehmen. Die Änderung der anteiligen Verwendung hat bei Immobilien bis 20 Jahre nach Inbetriebnahme zu erfolgen. Bei anderen Sachanlagegütern dauert der Berichtigungszeitraum fünf Jahre nach der Inbetriebnahme. 113

Der Vorsteuerabzug ist vom Tag an, der als Leistungserfüllung angegeben wurde, zulässig oder vom Zeitpunkt der Entrichtung der Einfuhrumsatzsteuer aufgrund eines erhaltenen Zollbescheides bzw. an jenem Tag, an dem dieser Bescheid in Empfang genommen wurde. 114

11.3 Vorsteuern im Veranlagungsverfahren (§ 18 dUStG)

Die Rückzahlung der Vorsteuer im Veranlagungsverfahren erfolgt auch für Rechnungen über Waren und Dienstleistungen, die vor dem Vergabedatum der Steuernummer bezogen werden (vgl. Rn. 84). Entsteht ein Vorsteuerüberhang, hat das Steuersubjekt die Wahl zwischen dem Vortrag auf künftige Zeiträume oder der Rückzahlung durch das Finanzamt. Der im aktuellen Steuererklärungszeitraum zu verrechnende Vorsteuerüberhang kann allerdings nur dann zurückgefordert werden, wenn dessen Saldo bei monatlich einzureichenden Erklärungen den Betrag von 1.000.000 HUF (rund 115

3.225 €), bei quartalsmäßig einzureichenden Erklärungen den Saldo von 250.000 HUF (rund 805 €), bei jährlich einzureichenden Erklärungen den Betrag von 50.000 HUF (rund 160 €) übersteigt.

11.4 Vorsteuervergütungsverfahren

116 Ausländischen Steuersubjekten wird die ungarische Vorsteuer im Wege des Erstattungsverfahrens rückvergütet, sofern das ausländische Steuersubjekt

- keinen Sitz oder ständige Betriebsstätte (mit Ausnahme von Handelsrepräsentanzen sowie Zweigniederlassungen, sofern diese nicht in die Leistungsbeziehungen eingebunden sind), in Ungarn hat und
- keine steuerbaren Umsätze (ausgenommen Umsätze, bei denen die Steuerschuld auf den Leistungsempfänger übergeht) im Erstattungszeitraum erzielt.

117 Laut der RL 2008/9/EG gelten seit dem 01.01.2010 Neuregelungen für die Erstattung von MwSt für EU-Unternehmer. Die diesbezüglichen Vorschriften sind sowohl im uUStG (Hauptregel) als auch in Verordnungen (Sonderregelungen) geregelt. Der Antrag ist im Ansässigkeitsstaat des Unternehmers bei dem zuständigen Finanzamt elektronisch einzureichen. Danach leitet das Finanzamt des Ansässigkeitsstaats den Antrag an das ungarische Finanzamt weiter. Die Übermittlung von Papierrechnungen ist grundsätzlich nicht mehr erforderlich, allerdings ist bei Übersteigen der Steuerbemessungsgrundlage von 1000 € (250 € bei Kraftstoffen) die Kopie der Rechnung oder des Einfuhrdokuments anzufügen. Der nicht in Ungarn ansässige Steuerpflichtige kann das Recht der Rückerstattung auf einer jährlichen Basis geltend machen, wenn die rückzuerstattende Vorsteuer 50 € übersteigt. Für eine Antragsperiode von 3-12 Kalendermonaten muss der rückzuerstattende Vorsteuerbetrag 400 € erreichen. Die Verlängerung der Antragsfrist bis zum 30. 09. des Folgejahres (der Antrag muss bis zu diesem Zeitpunkt beim Finanzamt eingelangt sein) ist ebenfalls in das uUStG umgesetzt worden. Bezüglich der Aufzeichnungspflichten ist festzuhalten, dass der Mitgliedstaat, somit also Ungarn, über die Erstattung des Antrags entscheidet (höchstens 4 bzw. 8 Monate Bearbeitungszeit ab Eingang des Antrags). Die Rückzahlung der MwSt soll innerhalb von zehn Arbeitstagen nach der Zustimmung durchgeführt werden. Das ungarische Finanzamt akzeptiert Ungarisch und Englisch als Verfahrenssprache.

118 Stiftungen und weitere gemeinnützige Organisationen können unter bestimmten Voraussetzungen die MwSt auf den von ihnen erworbenen Produkten bzw. empfangenen sonstigen Leistungen in einem gesonderten Antrag rückerstatten lassen, falls diese der Erfüllung des gemeinnützigen Zwecks dienen und von ausländischen Spendern finanziert wurden.

119 Im Hinblick auf das Vorsteuervergütungsverfahren für ausländische Unternehmer sind Hinweise in englischer Sprache auf der nachfolgenden Internetseite des ungarischen Finanzamtes erreichbar: http://en.nav.gov.hu/e_services.

12 Landesspezifische Besonderheiten

Einige wesentliche Sondervorschriften des uUStG für die Besteuerung bestimmter Sachverhalte werden nachfolgend dargestellt. 120

12.1 Konsignationslager

Nach der Vereinfachungsregelung für Konsignationslager liegt in Ungarn gem. § 182 bzw. 259 Abs. 26 uUStG kein i. g. Erwerb eines ausländischen Lieferanten bei der Verbringung seiner Waren aus einem anderen Mitgliedsstaat ins inländische Konsignationslager vor, wenn die nachfolgenden Voraussetzungen erfüllt sind. Die Anwendung dieser Regelung ist rückwirkend auf alle Fälle ab dem 01.01.2005 anwendbar. 121

Die Vereinfachungsregel kann nur dann zur Anwendung kommen, wenn folgende Voraussetzungen erfüllt sind: Die Waren befinden sich im Eigentum eines im anderen Mitgliedsstaat registrierten Steuersubjektes und sind für Kundenvorräte (call off stocks) im Inland vorgesehen. Die Warenlieferung erfolgt direkt ins Lager des Kunden oder in ein vom Kunden angemietetes Lager und wird als i. g. Erwerb vom inländischen Kunden gemeldet. Der Übergang des Eigentumsrechtes ist allein durch die Entscheidung des Kunden bestimmt. Die Verwendung oder Benutzung (mit Ausnahme der Probeentnahmen) der Waren zwischen der Einlagerung und der Entnahme ist nicht gestattet. Gleichzeitig mit dem Produktverkauf ist auch die physische Auslagerung der Produkte durchzuführen. Der Aufzeichnungspflicht hat man je nach Kunden bzw. Mitgliedstaat voneinander getrennt nachzukommen. 122

Bei Anwendbarkeit der Vereinfachungsregel entsteht kein i. g. Erwerb und damit keine Registrierungspflicht des EU-Lieferanten in Ungarn. Der Zeitpunkt der i. g. Lieferung/des i. g. Erwerbs ist der Zeitpunkt des Eigentumserwerbs (die Entnahme) durch den Kunden. Gesetzliche Entnahmefristen sowie Buch- oder Belegnachweispflichten für EU-Lieferanten sind nicht vorhanden. 123

Führt das inländische Steuersubjekt dagegen eigene Waren in ein in einem anderen Mitgliedstaat gelegenes Konsignationslager seines Abnehmers aus und wird die Warenentnahme von diesem ausländischen Abnehmer bestimmt, liegt dann eine steuerbefreite i. g. Lieferung des inländischen Steuersubjektes vor, wenn es im Mitgliedstaat des Abnehmers keinen i. g. Erwerb zu melden hat. Anderenfalls ist es verpflichtet, eine i. g. Verbringung unter der ungarischen USt-IdNr. zu melden. Bei den im anderen Mitgliedstaat gelegenen Konsignationslagern verbrachten Waren sind die gesetzlich vorgegebenen Aufzeichnungspflichten nach § 182 Abs. 3 uUStG zu beachten. 124

12.2 Steuerlager (§ 4 Z 4a dUStG)

Lieferungen und i. g. Erwerbe von Gegenständen, welche für das Gemeinschaftsgebiet bestimmt sind, sind steuerbefreit, wenn diese Gegenstände in ein Steuerlager (ehemals Umsatzsteuerlager) eingelagert werden (vgl. § 113 bzw. Anlage 4 uUStG). Seit 2015 ist der Einlagerer, der in einem Mitgliedstaat ansässig ist, von der USt-Meldepflicht in Ungarn befreit, sofern er mit der Geltendmachung der Steuerbefreiung den Betreiber des Steuerlagers bevollmächtigt. Eine USt-Registrierung ist für den Einlagerer in dem Fall also nicht mehr erforderlich. Nicht nur EU- 125

Waren, sondern auch Waren, welche den Verbrauchsteuern unterliegen (wie z.B. Alkohol, Tabak, Benzin) können dabei in ein Steuerlager, welches unter der Überwachung des Zollamtes steht, gebracht werden. Die Einlagerungszeit der Waren ist an keine Frist gebunden.

126 Mit der Auslagerung aus dem Steuerlager entfällt die Steuerbefreiung, wenn zugleich mit der Auslagerung eine Inlandslieferung verwirklicht wird. Steuerschuldner ist der Eigentümer der Waren. Findet die Auslagerung wegen einer anschließenden i. g. Lieferung oder Ausfuhrlieferung ins Drittlandgebiet statt, so ist die Lieferung steuerbefreit, wenn die sonstigen gesetzlichen Voraussetzungen erfüllt sind.

12.3 Leasinggeschäfte

127 Bei Leasinggeschäften ist zu unterscheiden, ob der Gegenstand der Vereinbarung auf die bloße Vermietung oder auf die Übertragung von Gütern gerichtet ist. Die Abgrenzung ist im uUStG nicht geregelt. Nach einer Veröffentlichung der Finanzverwaltung sowie der Prüfungspraxis hat sich allerdings die folgende umsatzsteuerliche Behandlung durchgesetzt:

128 Demzufolge wird eine Vereinbarung über eine befristete Nutzungsüberlassung als operatives Leasinggeschäft eingestuft und umsatzsteuerlich wie ein Mietvertrag und somit wie eine sonstige Leistung behandelt. Nach Ablauf der Leasinglaufzeit geht die Sache an den Leasinggeber zurück. Während der Leasinglaufzeit wird der geleaste Gegenstand beim Leasinggeber bilanziert. Die Steuerzahlungspflicht entsteht wie bei Mietzinsen nicht in einem Betrag, sondern jeweils zum Fälligkeitsdatum der Leasingrate. Die Vorsteuer kann gleichzeitig mit der jeweils fälligen Leasingrate abgezogen werden, sofern die weiteren gesetzlichen Voraussetzungen (vgl. Rn. 107) dazu erfüllt sind.

129 Wird dagegen eine Vereinbarung über die Nutzung des Gegenstandes getroffen, bei der das Eigentumsrecht an den Leasingnehmer übergeht, liegt ein Finanzleasinggeschäft vor. Aufgrund der Definition im Handelsrecht wird bei Finanzleasingverträgen zwischen dem sog. Finanzleasing ohne Kaufoption (geschlossenes Finanzleasing) und dem Finanzleasing mit Kaufoption (offenes Finanzleasing) unterschieden.

130 Bei einem Finanzleasing ohne Kaufoption wird vereinbart, dass der Eigentumserwerb des Leasinggegenstandes am Ende der Laufzeit spätestens mit der Entrichtung der letzten Leasingrate an den Leasingnehmer übergeht. Da der Übergang des Eigentumsrechtes vertraglich gesichert ist, wird ein geschlossenes Finanzleasing umsatzsteuerlich als eine Lieferung betrachtet. Die Umsatzsteuer auf die gesamten Leasingraten entsteht daher bei der ersten Ratenzahlung. Im Vertrag kann jedoch zum Ablauf der Leasinglaufzeit auch eine Kaufoption vereinbart werden, nach der der Leasingnehmer oder einer von ihm bestimmten Person nach Bezahlung eines Restwertes, oder aber ohne Restwertzahlung den Leasinggegenstand erwirbt bzw. dem Leasingnehmer das Vorkaufsrecht eingeräumt wird. Der Leasingnehmer ist berechtigt, auf diese Rechte noch vor Ablauf des Vertrages zu verzichten. Das offene Finanzleasing stellt umsatzsteuerlich eine sonstige Leistung dar, nachdem der Eigentumsübergang zum Ende des Leasingvertrages ungewiss ist. Die Umsatzsteuerschuld entsteht, wie bei dem operativen Leasing, jeweils zum Fälligkeitsdatum der Leasingraten. Das Vorsteuerabzugsrecht kann ebenfalls zu diesem Zeitpunkt geltend gemacht werden.

13 Fiskalvertreter (§§ 22 a ff. dUStG)

Ausländische Steuersubjekte aus anderen EU-Mitgliedstaaten bzw. aus Drittländern können in Ungarn einen Fiskalvertreter nach § 9 uAO bzw. § 148 uUStG bestellen, wenn sie im Inland steuerpflichtige Umsätze tätigen und die umsatzsteuerliche Registrierung unterlassen wollen. Im Drittland ansässige Steuersubjekte sind jedoch zur Bestellung eines Fiskalvertreters verpflichtet, wenn sie in Ungarn die Umsatzsteuer zu entrichten haben. Als Fiskalvertreter sind nur in Ungarn firmengerichtlich eingetragene juristische Personen zugelassen, die über ein Stamm- oder Grundkapital i. H. v. 50 Mio. HUF (rund 161.290 €) oder über eine Bankgarantie in derselben Höhe verfügen. Die Bestellung des Fiskalvertreters muss innerhalb von 15 Tagen dem Finanzamt NAV Kiemelt Adó- és Vámigatgatósága gemeldet werden. Nach der Anmeldung wir dem ausländischen Steuersubjekt eine Steuernummer erteilt. Sämtliche abgabenrechtlichen Pflichten des Vertretenen hat der Fiskalvertreter zu erfüllen. Der Fiskalvertreter erfüllt im Namen des ausländischen Unternehmers dessen inländische Steuerpflichten und übt auch die dem Steuerzahler zustehenden Rechte aus. Während des Bestehens der Fiskalvertretung darf der ausländische Unternehmer vor der Steuerbehörde weder selbst noch über einen anderen Vertreter vorgehen. Das ausländische Steuersubjekt und sein Fiskalvertreter haften jedoch für die Steuerverpflichtungen gesamtschuldnerisch. Die allgemeine Vertretungsvollmacht kann nur mehr mittels eines eigens dafür vorgesehenen Formulars beim Finanzamt vorgelegt werden. 131

14 Steuervertreter

Neben dem Fiskalvertreter können Steuersubjekte (auch ausländische Steuersubjekte) einen Steuervertreter mit der Erledigung ihrer abgabenrechtlichen Verpflichtungen beauftragen. Als Steuervertreter sind neben den gesetzlichen Vertretern, Gesellschaftern sowie Angestellten der Gesellschaft zugelassen: Rechtsanwalt, Rechtsanwaltskanzlei, Fachanwalt für Europarecht, Steuerberater, Buchhalter, Gesellschafter oder Angestellter einer Buchhaltungs- oder Steuerberatungsgesellschaft. Die Beantragung einer Steuernummer für den Vertretenen ist durch Bestellung eines Steuervertreters nicht vermeidbar. 132

15 Informationsbeschaffung

133 Weitere Informationen zum ungarischen Umsatzsteuerrecht können bei den folgenden Stellen eingeholt werden:

Leitner + Leitner Tax Kft.
H-1027 Budapest Kapás u. 6-12.
Tel.: 0036 1 279 29 30
Fax: 0036 1 209 48 74
office@leitnerleitner.hu
www.leitnerleitner.hu

Nemzetgazdasági Minisztérium – Ministerium für Nationalwirtschaft
Fogyasztási és Forgalmi Adók Fo|:osztály
Általános Forgalmi Adó és Fogyasztási Adók Osztály
H-1051 Budapest József Nádor tér 2-4
Tel.: 0036 1 795 14 00
www.ngm.gov.hu

Die Internetseite des ungarischen Ministeriums für Nationalwirtschaft ist in ungarischer bzw. englischer Sprache abrufbar.

Länderanhang USA

1 Einführung

In den Vereinigten Staaten von Amerika (USA) gibt es kein Mehrwertsteuersystem. Auf Bundesebene wird auch keine vergleichbare allgemeine Verkehrssteuer erhoben. 1

2 Sales Tax und Use Tax

2 Die einzelnen Bundesstaaten der USA erheben in der Regel eine sogenannte Sales Tax. Dabei handelt es sich um eine umsatzorientierte Verkehrssteuer, die regelmäßig nur bei Umsätzen mit Letztverbrauchern im entsprechenden Bundesstaat erhoben wird, d.h. dies ist keine Allphasen-Mehrwertsteuer nach dem EU-System.

Da jeder Bundesstaat autonom entscheidet, ob und in welchem Umfang er eine Besteuerung vornehmen will, ist für die Prüfung der Rechtslage auf die Steuergesetze des jeweiligen Bundesstaats zu verweisen.

3 Aktuell erheben 45 der 50 US Bundesstaaten sowie der District of Columbia und Puerto Rico eine Sales Tax. In Puerto Rico wurde der Versuch unternommen, ein Mehrwertsteuersystem einzuführen, doch ist dieser zunächst gescheitert. Einzelne Überseegebiete der USA haben ebenfalls Sales-Tax-Gesetze erlassen.

Alaska, Delaware, Montana, New Hampshire und Oregon sind die einzigen Bundesstaaten, in denen keine Sales Tax existiert.

4 Zusätzlich werden in 37 Bundesstaaten lokale Steuern erhoben. Die Erhebung der lokalen Steuern geschieht normalerweise als Zuschlag zur Sales Tax. Dabei ist es denkbar, dass verschiedene lokale Gebietskörperschaften (»county«, »district« und »city«) jeweils besteuern, woraus sich im Extremfall vier Steuern auf einen Vorgang ergeben können.

5 Der Begriff Use Tax (»Verbrauchssteuer«) beschreibt eine Steuer, die in der Regel auf die Nutzung oder den Verbrauch von Waren oder Dienstleistungen erhoben wird, wenn hierauf keine Sales Tax angefallen ist. Dies schließt Fälle ein, in denen ein Unternehmer eine Ware steuerfrei erworben hat, sie später aber z.B. für private Zwecke verwendet, aber auch zahlreiche Fälle des grenzüberschreitenden Handels zwischen Bundesstaaten (»interstate commerce«).

3 Steuerbarkeit

3.1 Nexus

6 Zentraler Begriff ist der sogenannte Nexus. Ein Steuerpflichtiger hat nach den Steuergesetzen der meisten Bundesstaaten einen Nexus im entsprechenden Bundesstaat, wenn er dort über eine gewisse Mindestpräsenz verfügt. Nexus besteht in der Regel, wenn ein Unternehmer in einem Bundesstaat über Eigentum an Immobilien oder beweglichen Wirtschaftsgütern verfügt, sich dort Angestellte befinden oder Waren gelagert werden. Verkaufsfahrzeuge können ebenfalls einen Nexus begründen.

7 Diese Präsenz kann sich allerdings auch durch einen Vertreter des Verkäufers im entsprechenden Bundesstaat ergeben. Ebenso kann ein Nexus angenommen werden, wenn im Namen und im Auftrag eines Unternehmens im entsprechenden Bundesstaat Reparaturen, Installationsleistungen oder Schulungsleistungen erbracht werden. Schließlich erlassen mehr und mehr Bundesstaaten (aktuell über 25) Gesetze, nach denen eine im Bundesstaat betriebene Internetseite einen Nexus begründen kann.

3.2 Hinweise zum Onlinehandel und Versandhandel zwischen Bundesstaaten

Nach dem bisher in den USA gängigen System unterliegt der Onlinehandel und Versandhandel über eine Bundesstaatsgrenze zwar grundsätzlich der Besteuerung im Bestimmungsbundesstaat. Falls der Verkäufer dort nicht über Nexus verfügt, geht jedoch die Steuerschuld auf den Käufer über (Use Tax). Dieser muss sogar dann, wenn er kein Unternehmer ist, die entsprechende Steuer anmelden und abführen. Allerdings ist die entsprechende Compliance-Quote sehr gering und wird nach Studien aus den USA mit ca. 4 % der Fälle geschätzt. 8

Die Notwendigkeit eines Nexus, d.h. einer physischen Präsenz, als Anknüpfungspunkt der Sales-Tax-Pflicht des Verkäufers wurde auf ältere Rechtsprechung des Supreme Court, konkret die Entscheidungen National Bellas Hess, Inc. gegen Department of Revenue of Ill., 386 U.S. 753 (1967), und Quill Corp. gegen North Dakota, 504 U.S. 298 (1992), gestützt. Dabei war mit relevant, dass nach Bundesrecht die Bundesstaaten den Handel zwischen den Staaten nicht durch Vorschriften behindern dürfen. Eine solche Behinderung wurde insbesondere in der Notwendigkeit, ohne Präsenz im Zielstaat Steueranmeldungen abgeben zu müssen, gesehen.

Der Supreme Court hat allerdings in seiner Grundsatzentscheidung South Dakota gegen Wayfair, Inc. et al. vom 21.06.2018, No. 17-494, abweichend entschieden und angesichts der stark gewachsenen Bedeutung des e-commerce sowie der erheblichen Steuerausfälle seine ältere Rechtsprechung teilweise aufgegeben bzw. modifiziert. Das Urteil erging im konkreten Fall eines in South Dakota erlassenen Gesetzes, das bei Online-Verkäufern, die in einem Kalenderjahr mindestens 200 Transaktionen mit Kunden in South Dakota erzielten, oder die eine Umsatzschwelle von 100.000 $ überschritten, eine Sales-Tax-Pflicht begründete. Dieses Gesetz erklärte der Supreme Court für verfassungskonform.

Bereits während der Anhängigkeit des Verfahrens erließen diverse weitere Bundesstaaten vergleichbare Sales-Tax-Gesetze. Andere beschlossen diese nunmehr. Es ist davon auszugehen, dass zumindest Gesetze mit ähnlichen Mindestschwellen verfassungskonform sind, und immer mehr Bundesstaaten den grenzüberschreitenden Waren- und Dienstleistungsverkehr entsprechend besteuern werden.

Manche Staaten sehen bezüglich der Use Tax bei Versandhandel oder grenzüberschreitenden Dienstleistungen zusätzliche Melde- oder Hinweispflichten des leistenden Unternehmers gegenüber den Kunden und/oder Steuerbehörden vor. Allerdings sind die entsprechenden Gesetze nicht harmonisiert. 9

3.3 Einfuhr von Waren

Die Zollbehörden erheben bei der Einfuhr keine Sales Tax. Stattdessen muss der Warenbezieher prüfen, ob er verpflichtet ist, die Steuer selbst anzumelden und abzuführen (vgl. Use Tax). 10

3.4 Warenbewegung durch Verbraucher zwischen Bundesstaaten

Es gibt kein allgemeines System der Verbringensbesteuerung. Daher ist es grundsätzlich denkbar, Einkäufe in einem Bundesstaat mit niedriger Sales Tax durchzuführen und die Waren in den Heimatbundesstaat mitzunehmen, ohne dass dies eine Besteuerung auslöst. Allerdings unterlie- 11 gen einzelne oder alle derartige Vorgänge in vielen Bundesstaaten der Use Tax, d.h. der Verbraucher kann verpflichtet sein, eine entsprechende Steuer selbst anzumelden und abzuführen, und zwar auch als Nichtunternehmer. Staaten mit entsprechenden Steuerregeln rechnen in der Regel die im Kaufstaat gezahlte Sales Tax an und verlangen nur den überschießenden Betrag.

3.5 Anwendungsgebiet der Sales Tax

12 In den meisten Bundesstaaten unterliegen der Besteuerung nur Vorgänge, die entweder körperliche Objekte betreffen oder Leistungen, die mit den Sinnen wahrgenommen werden können.

Lieferungen von Gas oder elektrischem Strom werden in der Regel als körperliche Gegenstände angesehen und der Besteuerung unterworfen.

Insbesondere der Verkauf oder die Vermietung von Immobilien unterliegt hingegen regelmäßig nicht der Besteuerung (Ausnahmen insbesondere in New York City, Arizona und Florida). Ebenso werden immaterielle Gegenstände wie beispielsweise Wertpapiere, Lizenzen oder Know-how üblicherweise nicht besteuert.

13 In einzelnen Bundesstaaten kann es allerdings vorkommen, dass bestimmte Leistungen als digitales Äquivalent körperlicher Gegenstände behandelt und dann besteuert werden. Dies kann beispielsweise für Downloads von Musik über das Internet oder für Downloads von Software gelten. Ebenso kommt es zunehmend zur Besteuerung von Cloud-Software.

4 Steuersätze

14 Die Steuersätze werden von jedem Bundesstaat eigenständig festgelegt. Teilweise erheben auch lokale Gebietskörperschaften entsprechende Verkehrssteuern, für welche sie die Steuersätze festlegen.

Im Jahr 2017 bewegen sich die allgemeinen Steuersätze zwischen 2,9 % (Colorado) und 7,5 % (Kalifornien).

15 Ebenso wie bei der Mehrwertsteuer sind ermäßigte Steuersätze für bestimmte Warengruppen weit verbreitet. Dies betrifft vor allem Nahrungsmittel, Bekleidung und Medikamente.

In den USA ist es, abweichend von der aus der Europäischen Union bekannten Praxis, üblich, dass die Preisauszeichnung sowohl im Einzelhandel als auch im Dienstleistungsgewerbe auf Basis von Nettopreisen geschieht. Die Sales Tax wird erst beim Bezahlvorgang ermittelt und auf den Preis aufgeschlagen.

Beispiel:
Ein Kunde sieht in einem Einkaufszentrum einen Fernseher mit einem Preisschild von 500 $. An der Kasse verlangt der Händler von ihm zusätzlich 5 % Sales Tax, sodass der Endpreis 525 $ beträgt.

5 Kein Vorsteuerabzugsrecht

Da es sich nicht um ein Mehrwertsteuersystem handelt, ist das Konzept des Vorsteuerabzugs unbekannt. Demzufolge ist es gesetzlich auch nicht erforderlich, formelle oder materielle Voraussetzungen des Vorsteuerabzugs, Ausschlusstatbestände oder Berichtigungsregelungen zu definieren. 16

6 Rechnungen

Da es keinen Vorsteuerabzug gibt, bestehen regelmäßig keine besonderen Rechnungsstellungsvorschriften in den Sales-Tax-Gesetzen. 17

7 Steuerbefreiungen

7.1 Steuerbefreiung für Geschäfte zwischen Unternehmern

Wenn ein steuerpflichtiger Unternehmer (Wiederverkäufer oder Bezug für sonstige unternehmerische Zwecke) eine grundsätzlich steuerbare Transaktion an einen anderen steuerpflichtigen Unternehmer ausführt, kann diese von der Sales Tax befreit werden (»sale for resale«). Die meisten Bundesstaaten verlangen für diese Befreiung einen Nachweis in Form einer Bescheinigung. Entsprechende Bescheinigungen, die der Abnehmer ausstellt, muss der leistende Unternehmer für eine eventuelle Steuerprüfung aufbewahren. Je nach Bundesstaat gelten unterschiedliche Prüfpflichten oder Vertrauensschutztatbestände. 18

7.2 Besondere Steuerbefreiungen nach Empfängerart

Je nach Ausgestaltung der lokalen Steuergesetze kommt es häufig zu einer Steuerbefreiung von Umsätzen, die an Regierungseinrichtungen, religiöse oder mildtätige Organisationen ausgeführt werden. 19

7.3 Steuerbefreiungen für bestimmte Waren

20 In vielen Staaten werden Güter des Grundbedarfs wie insbesondere Lebensmittel, Kleidung oder Medizinprodukte von der Steuer befreit. Je nach Bundesstaat ist es auch denkbar, dass Preisobergrenzen bei diesen Steuerbefreiungen gelten.

7.4 Steuerbefreiungen für besondere Geschäftsvorfälle

21 In der Regel werden außergewöhnliche Geschäftsvorfälle von der Sales Tax befreit. Hierzu gehört der Verkauf eines gesamten Betriebs, oder wenn eine Person nur gelegentlich Waren verkauft.

8 Steuerentstehung und Bemessungsgrundlage

22 Die Steuer entsteht in der Regel, wenn ein steuerpflichtiges Geschäft ausgeführt wird. Die Bemessungsgrundlage ist der Preis ohne die Steuer.

23 Bei uneinbringlichen Forderungen sehen manche, aber nicht alle Bundesstaaten die Möglichkeit vor, die Steuerschuld zu berichtigen.

9 Steueranmeldung und Steuerzahlung

24 In den meisten Bundesstaaten müssen die Steuerpflichtigen monatliche Steueranmeldungen einreichen und die Steuer monatlich abführen. Teilweise gelten vierteljährliche Meldepflichten.

10 Strafen

25 Aufgrund der nicht einheitlichen Gesetzgebung gibt es eine große Bandbreite denkbarer Strafen. In der Regel bewegen sich Strafen bei falscher Steuerabführung mit Ausnahme von Fällen der Hinterziehung und des Betruges in einem Bereich zwischen 5 % und 25 % der Steuer. Bei Steuerbetrug oder Steuerhinterziehung sind sehr hohe Geldstrafen und Haftstrafen möglich.

Zusätzlich werden in der Regel bei verspäteter Steuerzahlung Zinsen erhoben. Die Zinsen schwanken je nach Bundesstaat. In der Regel liegen sie in einer Bandbreite zwischen 1 % und 14 %, wobei einige Bundesstaaten den Zinssatz an dem Basiszinssatz (»Prime Rate«) orientieren, während andere den Zinssatz gesetzlich festlegen. 26

11 Behandlung nichtansässiger Unternehmer

Grundsätzlich kommt es nicht auf die Ansässigkeit an, sondern auf den Nexus. Wenn ein Unternehmer in einem Bundesstaat Nexus begründet, und er steuerpflichtige Transaktionen bewirkt, wird er registrierungspflichtig. Die Einzelheiten regeln die Einzelsteuergesetze. Teilweise ergeben sich dann aus der Registrierung weitere Meldepflichten für lokale Abgaben oder die Notwendigkeit, eine Geschäftslizenz zu beantragen. 27

12 Vorsteuervergütung

Da es kein Vorsteuerabzugsrecht gibt, besteht auch kein allgemeines Vergütungsverfahren. Gezahlte Sales Tax ist damit grundsätzlich final. Der Unternehmer muss vielmehr darauf achten, steuerfrei zu beziehen, und dazu die Bedingungen (s.7.1) einhalten. 28

Länderanhang Vereinigtes Königreich

1 Einführung

1.1 Rechtsgrundlagen

1 Das System der Umsatzsteuer (**Value Added Tax, VAT**) wurde im Vereinigten Königreich am 01.04.1973 eingeführt. Mit dem Value Added Tax Act 1994 vom 01.09.1994 wurde die 6. EG-RL (jetzt: MwStSystRL) umgesetzt, es ist sozusagen das Basisgesetz. Weiterhin wird dieses durch laufende Finance Acts der britischen Regierung ergänzt. Zusätzlich werden noch sog. Orders vom britischen Schatzamt und Regulations fortlaufend erlassen.

1.2 Geltungsbereich

2 Zum Gebiet des Vereinigten Königreichs zählen Großbritannien (England, Schottland, Wales), Nordirland sowie die Gewässer innerhalb der Zwölf-Seemeilen-Zone. Nicht hinzuzurechnen sind die Kanalinseln Jersey, Guernsey, Alderney und Sark sowie die Isle of Man. Jedoch wird in der Praxis – für umsatzsteuerliche Zwecke – die Isle of Man dem Vereinigten Königreich als zugehörig angesehen.

2 Steuerbare Umsätze

3 Der Umsatzsteuer unterliegen die im Vereinigten Königreich oder der Isle of Man durch eine steuerpflichtige Person (taxable person) gewerbsmäßig durchgeführten Warenlieferungen und sonstigen Leistungen. Das Vorhandensein einer Betriebsstätte, Niederlassung, eines Geschäfts- oder Firmensitzes im Vereinigten Königreich ist dabei unmaßgeblich.

2.1 Steuerpflichtige Person

4 Eine steuerpflichtige Person ist im umsatzsteuerlichen Sinne jeder (es kann sich dabei um jegliche Unternehmensform handeln), der im Geltungsbereich des Vereinigten Königreichs einen steuerpflichtigen Umsatz tätigt und dabei eine bestimmte, jedes Jahr neu festgelegte, Umsatzgrenze erreicht. Diese liegt zurzeit bei 85.000 £. Eine gewisse Selbständigkeit der steuerpflichtigen Person wird dabei vorausgesetzt. Bei nicht im Vereinigten Königreich niedergelassenen Unternehmen (non-established taxable persons; NEPTs) entfällt die Mindestumsatzgrenze und eine Registrierung ist erforderlich, sobald im Vereinigten Königreich steuerpflichtige Umsätze getätigt werden.

2.2 Gewerbsmäßige Tätigkeit

Diese Definition ist durch die britische Rechtsprechung geprägt. Hierunter fällt jegliche berufliche oder gewerbliche Tätigkeit, die dauerhaft, ernsthaft und für eine Gegenleistung ausgeübt wird. 5

2.3 Lieferungen (supply of goods) und sonstige Leistungen (supply of services)

Die Eigentumsübertragung bzw. Verschaffung der Verfügungsmacht bezüglich Gütern wird als Lieferung bezeichnet. Alles andere, was nicht als Lieferung anzusehen ist, kann eine sonstige Leistung sein, soweit diese gegen Entgelt erbracht wird und nichts Anderweitiges vorgeschrieben ist. Diese Definition entspricht weitgehend der des deutschen Umsatzsteuerrechts. Die dauerhafte Gegenstands- bzw. Leistungsentnahme für Zwecke, die außerhalb des Unternehmens liegen wird ebenfalls erfasst. 6

3 Innergemeinschaftliche Lieferungen und Erwerbe

3.1 Innergemeinschaftliche Lieferungen (despatches, Intra-EC supplies)

Liefert ein im Vereinigten Königreich zur Umsatzsteuer registriertes Unternehmen Waren an einen Unternehmer in einem anderen EU-Mitgliedsstaat, so sind diese Lieferungen im Vereinigten Königreich steuerfrei und mit dem sog. Nullsteuersatz (0 %, zero-rated) behaftet. Es besteht somit eine Berechtigung zum Vorsteuerabzug bezüglich Aufwendungen, die mit diesen Lieferungen im Zusammenhang stehen. Zusätzlich zu den allgemeinen Anforderungen an Rechnungen ist bei der Rechnungsausstellung zu beachten, dass die Länderkennzeichnung »GB« der gewöhnlichen britischen Umsatzsteuernummer des Rechnungsausstellers hinzuzufügen und die USt-IdNr. des Empfängers auf der Rechnung zu vermerken ist. Die i. g. Lieferungen sind im britischen Äquivalent der Zusammenfassenden Meldung zu erfassen (EC sales list). Die erforderlichen Ausfuhrnachweise, wie z. B. Frachtdokumente, sind zu erbringen. Sie müssen innerhalb von drei Monaten seit Lieferung der Güter verfügbar sein. 7

3.2 Innergemeinschaftliche Erwerbe (EC aquisitions)

Auch im Vereinigten Königreich gilt das Prinzip des i. g. Erwerbs als Gegenstück zur i. g. Lieferung. Ebenfalls ist der Tatbestand des i. g. Verbringens von Gütern (deemed supply of goods) bekannt. Bei Lieferungen aus einem anderen EU-Mitgliedsstaat ins Vereinigte Königreich, die im Rahmen eines Werklieferungsvertrages von einem zur britischen Umsatzsteuer registrierten Unternehmen durchgeführt werden, ist die Erwerbsbesteuerung nicht durchzuführen. Jedoch sind vom leis- 8 tenden Unternehmen Intrastatmeldungen abzugeben soweit die Grenze von 1.500.000 £ bezüglich des Warenwertes der Werklieferung pro Jahr überschritten wird.

Beispiel:
Das bereits im Vereinigten Königreich zur Umsatzsteuer registrierte Unternehmen Maschinenfabrik Turbinen AG aus Deutschland liefert und installiert eine Großturbine bei einem Unternehmen in London. Der Auftragswert der Werklieferung beläuft sich auf 1.800.000 £, der Warenwert der Turbine hierbei auf 1.550.000 £.

Lösung:
Bei der britischen Umsatzsteuererklärung des deutschen Unternehmens ist die Erwerbsbesteuerung bzgl. des Warenwertes des zur Montage verbrachten Aggregates nicht durchzuführen. Eine Eingangs-Intrastatmeldung ist jedoch zu erstellen.

4 Export und Import von Gütern

4.1 Export

9 Bei der steuerfreien Ausfuhr von Gütern aus dem Vereinigten Königreich in Drittländer ist zu beachten, dass die nötigen Ausfuhrnachweise zu erbringen sind. Die Ausfuhrnachweise müssen innerhalb von drei Monaten seit Lieferung der Güter verfügbar sein, wenn es sich um einen direkten Export des Liefernden an ein nicht im Vereinigten Königreich ansässiges Unternehmen, Person oder Behörde handelt. Handelt es sich um einen indirekten Export, muss der Nachweis erbracht werden, dass die Güter innerhalb eines Monats seit Lieferung das Vereinigte Königreich verlassen haben bzw. die Ausfuhrnachweise müssen innerhalb eines Monats seit Ausfuhr der Güter vorliegen. Werden diese Vorschriften nicht erfüllt, sind die Umsätze nachträglich der Umsatzsteuer zu unterwerfen.

4.2 Import

10 Werden Güter aus einem Drittland ins Vereinigte Königreich importiert, wird die Einfuhrumsatzsteuer (Import VAT) i. d. R. sofort fällig. Es besteht aber auch die Möglichkeit ein sog. Aufschubkonto (deferment account) einzurichten. Damit wird die jeweils fällige Steuer zum 15. des der Einfuhr folgenden Monats im Lastschriftverfahren automatisch von der britischen Steuerbehörde eingezogen. Allerdings ist Voraussetzung, dass eine Bankbürgschaft das Konto absichert. Als Nachweis der entrichteten Einfuhrumsatzsteuer ist insbesondere das **Formular C 79** erforderlich, welches von der Zollbehörde an den Importierenden ausgestellt wird und die Importe eines Monats umfasst.

11 Unternehmen, die nicht im Vereinigten Königreich ansässig und nicht verpflichtet sind sich für umsatzsteuerliche Zwecke registrieren zu lassen, haben unter gewissen Voraussetzungen die Möglichkeit die entrichtete Einfuhrumsatzsteuer im Vorsteuer-Vergütungsverfahren wieder zu erlangen.

5 Besonderheiten

5.1 Verlagerung der Steuerpflicht

5.1.1 Verlagerung der Steuerpflicht bei Werklieferungen

Der Ort einer Werklieferung ist grundsätzlich dort, wo nach entsprechender »Behandlung« (z.B. Montage) die Verfügungsmacht verschafft wird. Im Vereinigten Königreich gibt es bezüglich i. g. Werklieferungen bestimmte Erleichterungen, um nicht im Vereinigten Königreich ansässigen und dort nicht bereits zur Umsatzsteuer registrierten EU-Unternehmen eine Registrierung zur britischen Umsatzsteuer zu ersparen. Werden z.B. Montagelieferungen durch ein in Deutschland zur Umsatzsteuer veranlagtes Unternehmen durchgeführt, gibt es im Vereinigten Königreich unter gewissen Voraussetzungen die Möglichkeit, ein Vereinfachungsverfahren anzuwenden. Dies wird in diesem Zusammenhang als **simplified procedure** bezeichnet. Dabei müssen folgende Voraussetzungen erfüllt sein: 12

- Der Leistungsempfänger muss im Vereinigten Königreich zur Umsatzsteuer registriert sein.
- Der Leistende muss in einem anderen EU-Mitgliedsstaat zur Umsatzsteuer veranlagt werden.
- Es darf keine sonstige Registrierungspflicht zur Umsatzsteuer des Leistenden im Vereinigten Königreich vorliegen.
- Im Vereinigten Königreich dürfen bzgl. der durchgeführten Werklieferung nur Hilfsmittel in einem geringen Umfang hinzu gekauft werden, z.B. Kleinmaterialien (Schrauben etc.).
- Die Anwendung des simplified procedure muss bei der zuständigen Behörde im Vereinigten Königreich beantragt werden.

Der Antrag ist an folgende Stelle zu richten und muss für jeden Auftraggeber und Auftrag separat erfolgen: Non Established Taxable Persons Unit, HM Revenue & Customs, Ruby House, 8 Ruby Place, Aberdeen AB10 1ZP, United Kingdom. 13

In dem Antrag muss Name, Adresse, USt-IdNr. des Leistenden sowie Name, Adresse, Umsatzsteuernummer des Leistungsempfängers genannt werden und das Datum – oder das voraussichtliche Datum – der Werklieferung enthalten sein. Weiterhin muss dem Leistungsempfänger eine Benachrichtigung von der Anwendung des simplified procedure zugesandt werden (inkl. einer Kopie des Antrags an die Steuerbehörde) und eine Nettorechnung innerhalb von 15 Tagen nach Ausführung der Werklieferung oder Erhalt einer Zahlung (z.B. einer Abschlagszahlung) gestellt werden. Diese muss den Vermerk **Section 14(2) VAT invoice** enthalten. 14

Nach Antragstellung erteilt die britische Steuerbehörde eine schriftliche Bestätigung, ob das simplified procedure angewendet werden kann. Es empfiehlt sich diese Genehmigung vor Leistungsausführung einzuholen um, bei einer eventuellen Ablehnung und dadurch ggf. entstehenden Registrierungspflicht zur britischen Umsatzsteuer, Strafzuschläge bezüglich einer verspäteten Registrierung zu vermeiden. Sollten sich Änderungen bezüglich der Anwendbarkeit des simplified procedure ergeben, muss die zuständige britische Behörde innerhalb von 30 Tagen in Kenntnis gesetzt werden. Bei Durchführung des Verfahrens muss der Leistungsempfänger die Umsatzsteuer in seiner Umsatzsteuererklärung deklarieren. Ähnlich wie bei der Erwerbsbesteuerung kann er diese wiederum gleichzeitig als Vorsteuer geltend machen, soweit er voll Vorsteuerabzugs berechtigt ist. Entstandene britische Vorsteuer des leistenden ausländischen Unternehmens kann ggf. im Vorsteuer-Vergütungsverfahren geltend gemacht werden. 15

Beispiel:
Die Maschinenfabrik Turbinen AG aus Deutschland liefert und installiert eine Großturbine bei einem im Vereinigten Königreich zur Umsatzsteuer veranlagten Unternehmen in Birmingham. Für die Zwecke der

Installation vor Ort werden nur Hilfsmittel im geringen Umfang hinzugekauft. Der Auftragswert der Werklieferung beläuft sich auf 1.800.000 £. Darauf entfallen 1.550.000 £ auf die Turbine an sich. Um eine Registrierung zu vermeiden, wird das »simplified procedure« beantragt und später von der britischen Finanzbehörde auch genehmigt. Die übrigen Voraussetzungen dieses »Vereinfachungsverfahrens« wurden erfüllt.

Lösung:
Somit sind reine Nettorechnungen an das britische Unternehmen zu stellen. Der Leistungsempfänger hat die Umsatzsteuer bzgl. der Werklieferung in seiner Umsatzsteuererklärung zu deklarieren. Bzgl. des montierten Aggregates muss er eine Intrastatmeldung abgeben (vgl. Rn. 87).

Fortsetzung des Beispiels:
Weiterhin entstanden der Turbinen AG Kosten, in denen britische Umsatzsteuer enthalten ist, wie z. B. für die Übernachtung und Verpflegung der Monteure, Leihwagen, Hilfsmittel etc.

Lösung:
Die britische Umsatzsteuer kann dann im Rahmen des Vorsteuer-Vergütungsverfahrens, aufgrund der 8. EG-RL, geltend gemacht werden. Hierbei ist zu beachten, dass ein entsprechender Antrag spätestens neun Monate nach Ende des Kj., in dem die britische Vorsteuer entstanden ist, gestellt werden muss (für Anträge das Kj. 2018 betreffend wäre der 30.09.2019 die späteste Abgabefrist).

16 Bei Werklieferungen eines Unternehmers aus einem Drittland gelten für die Anwendung des simplified procedure u. a. folgende zusätzliche Voraussetzungen:

- einmaliges Tätigwerden,
- UK-Abnehmer muss Einfuhrumsatzsteuer bezahlen,
- Bemessungsgrundlage für die Besteuerung durch den Auftraggeber ist der volle Vertragswert.

5.1.2 Verlagerung der Steuerpflicht bei Werkleistungen und bestimmten sonstigen Leistungen

17 Aufgrund der Ortsbestimmung der sonstigen Leistung ist eine Verlagerung der Steuerpflicht auf den Leistungsempfänger auch bei bestimmten grenzüberschreitenden sonstigen Leistungen und Werkleistungen gegeben, soweit diese durch nicht im Vereinigten Königreich ansässige und dort nicht bereits zur Umsatzsteuer registrierte Unternehmen erbracht werden. Besondere Beachtung verdienen die sog. **Schedule 5 Services**. Hierbei befindet sich der Ort der Leistung dort, wo der Empfänger der Leistung sein Unternehmen betreibt (z. B. Einräumung von Rechten, Werbung, Personalgestellung, Beratungsleistungen, Vermietung beweglicher körperlicher Gegenstände [ausgenommen Beförderungsmittel] etc.). Werden z. B. Beratungsleistungen durch ein in Deutschland zur Umsatzsteuer veranlagtes Unternehmen für ein Unternehmen im Vereinigten Königreich durchgeführt, gibt es unter gewissen Voraussetzungen die Möglichkeit, das **reverse charge procedure** durchzuführen. Dabei müssen folgende Voraussetzungen erfüllt sein:

- Der Leistungsempfänger muss im Vereinigten Königreich zur Umsatzsteuer registriert sein.
- Der Leistende muss in einem anderen EU-Mitgliedstaat zur Umsatzsteuer veranlagt werden.
- Es darf keine sonstige Registrierungspflicht des Leistenden im Vereinigten Königreich vorliegen.
- Die Leistung muss für unternehmerische Zwecke bezogen werden.

18 Der Ort von grenzüberschreitenden Leistungen, welche an im Gemeinschaftsgebiet ansässige und zur Umsatzsteuer registrierte Unternehmer erbracht werden, bestimmt sich grundsätzlich danach, wo der Leistungsempfänger sein Unternehmen betreibt (entsprechend der gesetzlichen Regelung des § 3a Abs. 2 UStG). Bei Durchführung des reverse charge procedure muss der Leistungsemp-

fänger die Umsatzsteuer in seiner Umsatzsteuererklärung deklarieren. Ähnlich wie bei der Erwerbsbesteuerung kann er diese wiederum gleichzeitig als Vorsteuer geltend machen, soweit er voll zum Vorsteuerabzug berechtigt ist. Entstandene britische Vorsteuer des leistenden ausländischen Unternehmens kann ggf. im Vorsteuer-Vergütungsverfahren geltend gemacht werden.

Das reverse charge procedure ist auch bei anderen sonstigen Leistungen im Vereinigten 19
Königreich unter oben genannten Voraussetzungen anwendbar. Darunter fallen u. a. Werkleistungen an beweglichen körperlichen Gegenständen und deren Begutachtung, Beförderungsleistungen im UK, Leistungen im Zusammenhang mit Grundstücken im UK. Um den Umsatzsteuerbetrug zu unterbinden, ist das revese charge procedure ebenfalls bei Lieferungen von Computerchips und Mobiltelefonen innerhalb des UK unter bestimmten Voraussetzungen durchzuführen.

5.2 Dreiecksgeschäfte (triangulation)

Bei i. g. Dreiecksgeschäften kann es möglich sein, dass das mittlere Unternehmen der Lieferkette 20
verpflichtet ist, sich im Bestimmungsmitgliedstaat der Lieferung zur Umsatzsteuer zu registrieren. In der EU gibt es daher ein Vereinfachungsverfahren, womit eine Veranlagung zur Umsatzsteuer in diesen Fällen vermieden werden kann. Im Vereinigten Königreich sind hierbei bestimmte Besonderheiten zu beachten.

Beispiel:
Das britische Unternehmen B bestellt bei dem deutschen Unternehmen D Wälzstahl. Aufgrund eines Kapazitätsengpasses bestellt das deutsche Unternehmen seinerseits den Wälzstahl bei S in Schweden. S transportiert den Stahl direkt zu B ins Vereinigte Königreich. Jeder verwendet die USt-IdNr. seines Landes.

Um eine Veranlagung des deutschen Unternehmens zur Umsatzsteuer im Vereinigten Königreich 21
zu vermeiden, müssen folgende Voraussetzungen erfüllt sein:

- der Empfänger der Lieferung muss im Vereinigten Königreich zur Umsatzsteuer registriert sein,
- das mittlere Unternehmen der Lieferkette (hier D) muss in einem anderen EU-Mitgliedstaat zur Umsatzsteuer veranlagt werden,
- es darf keine sonstige Registrierungspflicht des mittleren Unternehmens im Vereinigten Königreich vorliegen,
- die Anwendung des »simplified procedure« muss der zuständigen Behörde im Vereinigten Königreich mitgeteilt werden.

Die Benachrichtigung ist an folgende Stelle zu richten und muss für jeden Kunden separat erfolgen: 22
Non Established Taxable Persons Unit, HM Revenue & Customs, Ruby House, 8 Ruby Place, Aberdeen AB10 1ZP, United Kingdom.

In der Benachrichtigung müssen genannt werden: 23

- Name, Adresse, USt-IdNr. des mittleren Unternehmens sowie Name, Adresse, Umsatzsteuernummer des Empfängers der Lieferung,
- das Datum, an dem die Waren zum erstenmal an den Kunden geliefert wurden oder das Datum, wann beabsichtigt ist, die Waren unter Anwendung der Vereinfachungsregelung zukünftig zu liefern.

24 Weiterhin muss dem Empfänger der Lieferung

- eine Benachrichtigung von der Anwendung des Vereinfachungsverfahrens zugesandt werden mit dem Hinweis, dass er bezüglich der Lieferung die Erwerbsbesteuerung durchzuführen hat. Außerdem ist eine Kopie des Schreibens an die Steuerbehörde beizufügen. Der Kunde darf diese Informationen nicht später als die erste Rechnung erhalten,
- eine Nettorechnung innerhalb von 15 Tagen nach Ausführung der Lieferung oder Erhalt einer Zahlung (z. B. Abschlagszahlung) gestellt werden.

25 Es muss für jeden Kunden, für den die Vereinfachungsregelung angewendet werden soll, eine gesonderte Benachrichtigung an die oben genannte Behörde erfolgen. Wurde einmal eine Benachrichtigung bzgl. eines britischen Kunden versendet, sind für nachfolgende Lieferungen an denselben Kunden keine weiteren Benachrichtigungen notwendig. Der britische Empfänger der Lieferung muss die Erwerbsbesteuerung durchführen und ggf. Eingangs-Intrastatmeldungen erstellen.

5.3 Konsignationslager (consignment stocks/call-off stocks)

26 Im Vereinigten Königreich wird bezüglich Konsignationslagern zwischen sog. consignment stocks und call-off stocks unterschieden. Bei consignment stocks haben die Kunden keinen selbständigen Zugriff auf die Waren. Wird bei Verkauf und Lieferung aus dem Lager die umsatzsteuerliche Registrierungsgrenze von 85.000 £ überschritten (vgl. Rn. 27), ist eine Veranlagung zur Umsatzsteuer im Vereinigten Königreich notwendig. Bei call-off stocks wird lediglich **ein Kunde** aus einem eigens für ihn eingerichteten Lager »beliefert«. Er hat einen direkten Zugriff auf die Güter und kann sie nach Bedarf selbständig abrufen. Eine Registrierung des Liefernden ist hierbei nicht angezeigt.

Beispiel:
Die Autoteile AG aus Heidelberg liefert Autositze ins Vereinigte Königreich, die in ein eigens für den Abnehmer Car PLC auf dessen Werksgelände eingerichtetes Lager verbracht werden. Das britische Unternehmen hat einen direkten Zugriff auf das Lager, um die Waren je nach Bedarf abzurufen.

Lösung:
Die Lieferung von Deutschland ins Vereinigte Königreich ist aus Sicht der Autoteile AG als i. g. Lieferung zu behandeln und somit steuerfrei. Der Leistungsempfänger Car PLC muss im Gegenzug die Erwerbsbesteuerung durchführen und zwar zu dem Zeitpunkt, in dem die Waren in das Lager verbracht und nicht erst wenn sie abgerufen werden. Eine Veranlagungspflicht der Autoteile AG zur britischen Umsatzsteuer besteht somit nicht. Hätten mehrere Kunden Zugriff auf das Lager, würde es sich wiederum um einen »consignment stock« handeln.

Abwandlung:
Die Autoteile AG verbringt die Waren in ein Lager im Vereinigten Königreich, auf das der Kunde keinen Zugriff hat.

Lösung:
Hier würde es sich dann um einen »consignment stock« handeln und das Verbringen in das Lager im Vereinigten Königreich wäre als ein i. g. Verbringen seitens der Autoteile AG anzusehen und der Erwerbsbesteuerung zu unterwerfen. Der anschließende Verkauf wäre dann im Vereinigten Königreich steuerpflichtig.

6 Registrierung zur Umsatzsteuer

6.1 Registrierungspflicht

6.1.1 Allgemein

Für im Vereinigten Königreich ansässige Unternehmen besteht eine Registrierungspflicht zur Umsatzsteuer grundsätzlich erst, wenn die steuerpflichtigen Umsätze innerhalb der letzten zwölf Monate **85.000 £** überschritten haben (diese rückwirkende Betrachtungsweise hat jeweils zum Ende eines jeden Monats zu erfolgen) oder eine Überschreitung innerhalb der nächsten 30 Tage zu erwarten ist. Im ersten Fall muss die zuständige Behörde innerhalb von 30 Tagen nach Ende des Monats, in dem die Umsatzgrenze überschritten wurde benachrichtigt werden. Die Registrierung erfolgt dann zum 1. Tag des zweiten auf den die Umsatzgrenze überschreitenden Monats. Im zweiten Fall muss eine Benachrichtigung innerhalb von 30 Tagen ab erstmaligem Erwarten der Überschreitung der Umsatzgrenze erfolgen. Die Registrierung für umsatzsteuerliche Zwecke erfolgt dann zum Tag des erwarteten Überschreitens der Umsatzgrenze. 27

Beispiel 1:
Unternehmen A tätigt seine ersten steuerpflichtigen Umsätze wie folgt:

2018	Monatlicher Umsatz in £	kumulierter Umsatz in £
Juli	12.000	12.000
August	8.000	20.000
September	18.100	38.100
Oktober	15.350	53.450
November	31.780	85.230

Lösung:
Die Registrierungsgrenze ist somit zum Ende des Monats November überschritten worden. Daraus ergibt sich folgendes Szenario:

Überschreiten der Umsatzgrenze von 85.000 £ innerhalb der letzten zwölf Monate	Benachrichtigung an die zuständige Behörde bzgl. der Registrierungspflicht (spätestens)	Registrierungszeitpunkt
30.11.2018	30.12.2018	01.01.2019

Beispiel 2:
Unternehmen B stellt am 01.05.2018 fest, dass es aufgrund eines zu erwartenden Umsatzes innerhalb der nächsten 30 Tage die Grenze von 85.000 £ überschreiten wird.

Lösung:

Zeitpunkt, zu dem eine Überschreitung der Umsatzgrenze von 85.000 £ innerhalb der nächsten 30 Tage vermutet wird	Benachrichtigung an die zuständige Behörde bzgl. der Registrierungspflicht (spätestens)	Registrierungszeitpunkt
01.05.2018	31.05.2018	01.05.2018

28 Kann der zuständigen Finanzbehörde glaubhaft nachgewiesen werden, dass vom Zeitpunkt der eigentlich notwendigen Registrierung an gerechnet, innerhalb der nächsten zwölf Monate der Umsatz 83.000 £ nicht übersteigen wird, kann von einer Registrierung abgesehen werden. Die Steuerbehörde ist hierüber dennoch zu informieren. Für die Registrierung muss ein Registrierungsformular ausgefüllt werden, in der Regel das Formular VAT 1, »Application for Registration«. Der Registrierungsantrag ist an folgende Stelle zu richten: **HM Revenue & Customs, VAT Registration Service, Crown House, Birch Street, Wolverhampton, West Midlands, WV1 4JX, United Kingdom, Tel.: 0845 0390129**. Die Registrierung kann auch mittels des Online Services von HMRC vorgenommen werden.

29 Für nicht im Vereinigten Königreich ansässige Unternehmen besteht eine Registrierungspflicht zur Umsatzsteuer, sobald steuerpflichtige Umsätze getätigt werden, es besteht hierbei **keine** Mindest-Umsatzgrenze. Das Registrierungsdatum ist der Tag, ab dem steuerpflichtige Umsätze getätigt werden, oder der Tag, an dem erwartet wird innerhalb der nächsten 30 Tage steuerpflichtige Umsätze zu tätigen, je nachdem, welches Ereignis früher stattfindet. Für nicht im Vereinigten Königreich ansässige Unternehmen muss das Registrierungsformular an folgende Adresse gesandt werden: **Non Established Taxable Persons Unit, HM Revenue & Customs, Ruby House, 8 Ruby Place, Aberdeen AB10 1ZP, United Kingdom**.

30 Nach der erfolgreichen Registrierung für umsatzsteuerliche Zwecke wird ein Registrierungszertifikat erteilt, VAT 4, »Certificate of Registration for Value Added Tax«, das die Umsatzsteuernummer, allgemeine Angaben wie Bankverbindung des Unternehmens, die zukünftigen Abgabezeiträume der Umsatzsteuererklärungen und den Registrierungszeitpunkt ausweist. Ab diesem muss dementsprechend britische Umsatzsteuer auf den Ausgangsrechnungen des Unternehmens ausgewiesen werden. Vor Erhalt einer britischen Umsatzsteuernummer darf keine britische Umsatzsteuer in Rechnung gestellt werden. Zwischen dem Zeitpunkt einer notwendigen Registrierung und dem Erhalt der britischen Umsatzsteuernummer müssen zunächst reine Netto-Rechnungen ausgestellt und die Umsatzsteuer ggf. später nachberechnet werden. Der Vorsteuerabzug ist rückwirkend bezüglich des Registrierungszeitpunkts möglich. Bei bezogenen sonstigen Leistungen bis zu sechs Monaten, bei erhaltenen Lieferungen bis zu drei Jahren (soweit die bezogenen Güter zum Zeitpunkt der Registrierung noch im Unternehmen vorhanden waren).

31 Besteht eine Pflicht zur Registrierung für umsatzsteuerliche Zwecke im Vereinigten Königreich und wird die Registrierung zu spät vorgenommen, drohen empfindliche Strafzuschläge (late registration penalty) seitens der britischen Steuerbehörde. Der Strafzuschlag wird als Prozentsatz der Umsatzsteuerschuld berechnet, bezogen auf den Zeitraum zwischen entstandener Registrierungspflicht und verspäteter Einreichung der Registrierungsunterlagen. Der prozentuale Strafzuschlag bezogen auf die entstandene Umsatzsteuerschuld in diesem Zeitraum kann bis zu 15 % betragen.

6.1.2 Registrierungspflicht bei innergemeinschaftlichen Erwerben

32 Ist ein Unternehmen nicht nach bereits oben erwähnten Gegebenheiten verpflichtet sich registrieren zu lassen, besteht weiterhin die Möglichkeit der Registrierungspflicht aufgrund der Übersteigung der Registrierungsgrenze bezüglich getätigter i. g. Erwerbe. Diese entspricht ebenfalls **85.000 £**. Der maßgebende Zeitraum umfasst jedoch in diesem Fall jeweils ein Kj., in welchem die Registrierungsgrenze überschritten werden muss. Die 30-Tage-Regel besitzt weiterhin Gültigkeit. Der Registrierungsantrag ist in diesem Fall mittels Formular VAT 1B »Application for Registration – Acquisitions« an folgende Stelle zu richten: **HM Revenue & Customs, VAT Registration Service, Crown House, Birch Street, Wolverhampton, West Midlands, WV1 4JX, United Kingdom**.

6.1.3 Registrierungspflicht beim »Versandhandel«

Für den Versandhandel von nicht verbrauchsteuerpflichtigen Waren an Privatpersonen (distance selling) im Vereinigten Königreich muss die landesspezifische Lieferschwelle beachtet werden. Diese liegt im Vereinigten Königreich bei **70.000 £** pro Kj. Liegt der Wert der Lieferungen unterhalb dieser Lieferschwelle, werden die Umsätze im Versendestaat versteuert und auf den Ausgangsrechnungen der entsprechende Steuersatz ausgewiesen. Wird die Lieferschwelle überschritten, verlagert sich die Umsatzsteuerpflicht ins Vereinigte Königreich. Somit entsteht die Pflicht sich im Vereinigten Königreich zur Umsatzsteuer registrieren zu lassen. Dies muss innerhalb von 30 Tagen ab Übersteigen der Lieferschwelle erfolgen. Das Registrierungsdatum entspricht dem der Überschreitung der Lieferschwelle, ab diesem muss britische Umsatzsteuer in den Ausgangsrechnungen ausgewiesen werden. Ggf. müssen die Rechnungen nachträglich korrigiert werden, soweit noch keine britische Umsatzsteuernummer vorlag. 33

Beispiel:
Die in Deutschland ansässige S-GmbH liefert an Privatpersonen im Vereinigten Königreich Herrenhemden, die per Postversand zugestellt werden. Am 10.10.2018 übersteigen die seit dem 01.01.2018 getätigten Umsätze bzgl. des Vereinigten Königreichs 70.000 £.

Lösung:

Überschreiten der Umsatzgrenze von 70.000 £ innerhalb eines Kj.	Benachrichtigung an die zuständige Behörde bzgl. der Registrierungspflicht (spätestens)	Registrierungszeitpunkt
10.10.2018	09.11.2018	10.10.2018

Der Registrierungsantrag ist mittels Formular VAT 1A »Application for Registration – Distance Selling« an folgende Stelle zu richten: **HM Revenue & Customs, VAT Registration Service, Crown Street, Birch House, Wolverhampton, West Midlands, WV1 4JX, United Kingdom.** 34

6.2 Freiwillige Registrierung

Es besteht auch die Möglichkeit sich freiwillig registrieren zu lassen, falls die Umsätze **weniger** als 85.000 £ betragen (von der Versandhandelsregelung abgesehen). Die freiwillige Registrierung ist sich von der britischen Finanzbehörde HM Revenue & Customs genehmigen zu lassen und ggf. sind Nachweise, wie z. B. Auftragsbestätigungen über zukünftige Umsätze im Vereinigten Königreich beizubringen. 35

Beispiel:
Das in London ansässige Unternehmen Z Limited tätigt Warenverkäufe an Kunden im Vereinigten Königreich. Der Umsatz beläuft sich jedoch nur auf 30.000 £ in den vergangenen zwölf Monaten und wird diesen auch nicht in den nächsten 30 Tagen maßgeblich überschreiten.

Lösung:
Eine Registrierungspflicht besteht nicht, da die 85.000 £-Grenze nicht in der rückblickenden Zwölf-Monats-Betrachtung oder bzgl. der vorausschauenden 30-Tage-Regelung überschritten wurde. Eine Registrierung aufgrund i. g. Erwerbe im Vereinigten Königreich ist ebenfalls auszuschließen. Die 85.000 £-Regelung befreit zwar von einer Registrierungspflicht und demzufolge eines Ausweises britischer Umsatzsteuer in den Ausgangsrechnungen, im Gegenzug ist jedoch kein Vorsteuerabzug möglich. Durch eine freiwillige Regis-

trierung kann die Vorsteuer i. R. d. abzugebenden britischen Umsatzsteuererklärung geltend gemacht werden. Bei eventuellen Vorsteuerüberhängen kann dies von Vorteil sein.

6.3 Deregistrierung

36 Werden dauerhaft keine Umsätze mehr bzw. i. g. Erwerbe im Vereinigten Königreich getätigt, besteht eine Pflicht sich deregistrieren zu lassen. Auch eine freiwillige Deregistrierung ist möglich, soweit bestimmte Voraussetzungen erfüllt sind. Werden z. B. die voraussichtlichen steuerpflichtigen Umsätze den Grenzwert von **83.000 £** in den kommenden zwölf Monaten nicht übersteigen oder haben die relevanten Umsätze bzgl. der »Versandhandelsregelung« im vorherigen Kj. die 70.000 £-Grenze nicht überstiegen und werden sie dies auch im laufenden Kj. nicht tun (nicht anwendbar bei einer getroffenen Option), ist eine freiwillige Deregistrierung möglich.

Beispiel:
Das Unternehmen Y Limited lässt sich zum 31.12.2018 freiwillig deregistrieren, da es in den kommenden zwölf Monaten nachweislich nur noch einen Umsatz von unter 83.000 £ tätigen wird. Im April 2019 erhält es eine Anwaltsrechnung, die dieser vergessen hatte dem Unternehmen zuzustellen.

Lösung:
Mittels Formular VAT 427 kann die enthaltene Umsatzsteuer bei der zuständigen Finanzbehörde nachträglich als Vorsteuer geltend gemacht werden.

7 Fiskalvertretung/steuerlicher Vertreter

37 Es ist grundsätzlich keine Fiskalvertretung vorgeschrieben. Bei nicht im Vereinigten Königreich ansässigen Firmen muss allerdings gewährleistet sein, dass alle steuerlichen Vorschriften genauestens eingehalten werden, z. B. zeitgenaue Registrierung, rechtzeitige Entrichtung einer eventuellen Umsatzsteuerschuld bzw. Einreichung der Umsatzsteuererklärungen, Einhaltung der Aufbewahrungspflichten, etc. Bei Nichteinhaltung der relevanten Vorschriften kann die britische Finanzverwaltung verlangen, dass ein sog. **tax representative** bestimmt wird. Dieser haftet gesamtschuldnerisch für Umsatzsteuerverbindlichkeiten. Daneben gibt es noch den **fiscal agent**, der lediglich die umsatzsteuerlichen Pflichten im Auftrag des Unternehmens erfüllt und keinerlei Haftung bezüglich Umsatzsteuerverbindlichkeiten unterliegt.

8 Steuerbefreiungen

38 Unter Ausschluss des Vorsteuerabzugs sind Lieferungen und sonstige Leistungen bezüglich folgender Bereiche im Vereinigten Königreich steuerbefreit:

Land, Versicherungen, Zustellungsservice der britischen Post, Wetten, Spiele und Lotterien, Finanzbereich (z.B. Kreditgewährung, Bankgebühren), Berufs-, Aus- und Weiterbildung durch bestimmte Institutionen, Gesundheit und Fürsorge, Beerdigung und Kremation, Lieferungen und Leistungen der Gewerkschaften und Berufsvereinigungen an ihre Mitglieder (soweit dies durch ihren Mitgliedsbeitrag gedeckt ist), Teilnahmegelder zu bestimmten Sportwettkämpfen, Lieferung von bestimmten Gegenständen von nationalem, wissenschaftlichem, historischem oder sonstigem künstlerischen Wert, Spendenaktionen von Wohltätigkeitsverbänden, Eintrittsgelder zu kulturellen und ähnlichen Veranstaltungen der öffentlichen Hand und von gemeinnützigen Organisationen, Lieferungen von Gegenständen, deren Vorsteuer beim Erwerb nicht abzugsfähig war, sowie Anlagegold. 39

9 Steuersätze

9.1 Allgemein

Im Vereinigten Königreich gibt es drei verschiedene Steuersätze: 40

1. Regelsteuersatz (standard rate) 20 %,
2. ermäßigter Steuersatz (reduced rate) 5 %,
3. Null-Steuersatz (zero rated) 0 %.

9.2 Ermäßigter Steuersatz von 5 %

Hierunter fallen z.B. Lieferung von Energie zum häuslichen Gebrauch, die Installation Energie einsparender Materialien für zu Wohnzwecken genutzte Wohnungen, Wärmepumpen, bestimmte Sanitärprodukte für Frauen, Verhütungsmittel, Mittel zur Raucherentwöhnung, Kindersicherheitssitze für Straßenfahrzeuge, bestimmte Lieferungen und Leistungen im Zusammenhang mit der Umwandlung von Gebäuden oder Gebäudeteilen in z.B. mehrere Wohnungen, Lieferungen und Leistungen im Zusammenhang mit der Renovierung bzw. Erweiterung von Wohnungen, die eine gewisse Zeit unbewohnt waren. 41

9.3 Null-Steuersatz

Folgende Lieferungen und Leistungen, die in 15 Gruppen im britischen Umsatzsteuergesetz untergliedert sind, unterliegen dem Null-Steuersatz. Dabei ist zu beachten, dass bzgl. deren Erbringung der Vorsteuerabzug gewährt wird: 42

- bestimmte Nahrungsmittel,
- Abwasser, Wasser. Dabei ist oftmals maßgebend, ob der Bezug für den industriellen oder den privaten Gebrauch bestimmt ist,
- Bücher, Zeitungen, Magazine, Broschüren, Karten. Nicht jedoch Autogrammalben, Adressbücher, Poster,

- Aufzeichnungen auf Tonträgern (»sprechende Bücher«) für Blinde und behinderte Personen sowie die entsprechenden Aufzeichnungs- und Wiedergabegeräte,
- bestimmte Lieferungen und Leistungen bezüglich der Herstellung bzw. Veräußerung von Wohnungen oder diesbezüglich verrichteter Baumaßnahmen unter gewissen Voraussetzungen,
- bestimmte Lieferungen und Leistungen bezüglich der Veräußerung von denkmalgeschützten Gebäuden,
- Arbeiten an Gegenständen, die für diese Zwecke in der EU oder aus dem Drittland bezogen wurden und anschließend in ein Drittland gelangen bzw. die Vermittlung dieser Arbeiten sowie Vermittlungsleistungen im Zusammenhang mit Lieferungen in Drittländer oder Vermittlungsleistungen bezüglich sonstiger Leistungen, deren Ort der Leistung außerhalb der EU liegt,
- Lieferungen und sonstige Leistungen im Zusammenhang mit bestimmten Schiffen und Flugzeugen (z.B. Reparaturarbeiten an Flugzeugen, deren Gewicht mindestens 8000 kg beträgt und die nicht dem Freizeitvergnügen dienen), bestimmte Personen- oder Gütertransportleistungen,
- Lieferungen und sonstige Leistungen bezüglich bestimmter Wohnwagen und Hausboote für Wohnzwecke,
- Goldlieferungen, z.B. einer Zentralbank an eine andere Zentralbank, soweit das betreffende Gold im Vereinigten Königreich gehalten wird,
- die Ausgabe von Banknoten durch Banken,
- Arzneimittel, die von einem zugelassenen Arzt verschrieben wurden und von einem zugelassenen Apotheker bezogen wurden, bestimmte Hilfsmittel und Leistungen in Bezug auf Behinderte,
- Import und Export von Gütern,
- Lieferungen und Leistungen von gemeinnützigen Organisationen,
- Kleidung und Schuhe für Kinder.

43 Weiterhin unterliegen unter anderem i. g. Lieferungen und Warenlieferungen in das Drittland, soweit die entsprechenden Ausfuhrnachweise erbracht werden sowie bestimmte sonstige Leistungen dem Null-Steuersatz.

10 Rechnungsausstellung

10.1 Allgemeine Anforderungen an Rechnungen

44 An Rechnungen, die zum Vorsteuerabzug berechtigten (tax invoice), werden gewisse Anforderungen gestellt. Es müssen die folgenden Angaben enthalten sein:

- Rechnungsnummer,
- Name, Anschrift und die britische VAT-Registrierungsnummer des Rechnungsausstellers,
- der Zeitpunkt der Lieferung oder der sonstigen Leistung,
- Rechnungsdatum,
- der Name und die Adresse des Leistungsempfängers,
- eine genaue Beschreibung des Gegenstandes der Lieferung oder der Art und des Umfangs der sonstigen Leistung,
- der Preis je Einheit,

- das Entgelt für die Lieferung oder die sonstige Leistung,
- die jeweiligen Umsatzsteuersätze,
- die insgesamt zu entrichtende britische Umsatzsteuer,
- der Prozentsatz bei Entgeltminderungen (z. B. Skonto, Rabatt),
- der Gesamtnettobetrag.

Spezielle Vereinbarungen, z. B. bezüglich Lieferungen oder Versand gegen eine zusätzliche Gebühr, sind i. H. v. 20 % umsatzsteuerpflichtig. **45**

Normalerweise müssen Rechnungen, die zum Vorsteuerabzug berechtigen, innerhalb von 30 Tagen seit Lieferung oder Erbringung der Leistung bzw. Bezahlung gestellt werden. Ausnahmen bestehen im Rahmen von grenzüberschreitenden Lieferungen und Leistungen, wobei Rechnungen spätestens am 15. des auf den Monat folgenden Tages, in dem die Leistung oder Lieferung erbracht wurde, gestellt werden müssen. **46**

10.2 Kleinbetragsrechnungen

Nach dem britischen Umsatzsteuerrecht spricht man von einer Kleinbetragsrechnung (less detailed invoice), wenn der Bruttorechnungsbetrag kleiner oder gleich **250 £** ist. Bei den Kleinbetragsrechnungen bestehen Erleichterungen bezüglich der Angaben, die auf der Rechnung enthalten sein müssen. **47**

10.3 Anzahlungen

Anzahlungs- oder Teillieferungsrechnungen werden im Vereinigten Königreich wie gewöhnliche Rechnungen behandelt. Anzahlungen, die ohne Rechnungserteilung bezogen wurden, müssen jedoch bereits im Zeitpunkt der Vereinnahmung versteuert werden. Eine reine Zahlungsaufforderung (request for payment) ist nicht als ordnungsgemäße Rechnung anzusehen. Hierbei ist auf der Rechnung der Hinweis »**This is not a VAT invoice**« zu vermerken. **48**

10.4 Rechnungsausstellung in Fremdwährungen

Wenn eine Rechnung in einer fremden Währung, z. B. in Euro, ausgestellt wird, muss zumindest der Gesamtumsatzsteuerbetrag der Rechnung in britische Pfund umgerechnet und der Wechselkurs auf der Rechnung angegeben werden. Als Wechselkurs ist der Kurs der britischen Finanzbehörde HM Revenue & Customs, der Kurs der Europäischen Zentralbank oder der offizielle Markt-Verkaufskurs, der in einer britischen Zeitung veröffentlicht wird, z. B. der Financial Times, zu verwenden. Es besteht auch die Möglichkeit einen anderen Wechselkurs zu verwenden, dies sollte man sich jedoch vorab von dem zuständigen britischen Finanzamt schriftlich genehmigen lassen. Maßgeblich ist der jeweilige Wechselkurs im Zeitpunkt der Lieferung oder sonstigen Leistung. **49**

11 Bemessungsgrundlage

11.1 Allgemein

50 Im Vereinigten Königreich ist Bemessungsgrundlage grundsätzlich die erbrachte Gegenleistung, die aufgewendet wird um eine Leistung oder Lieferung zu erlangen und entspricht somit dem Begriff des Entgelts im deutschen Umsatzsteuerrecht. Werden Preisnachlässe für Rechnungsbegleichung innerhalb eines bestimmten Zeitraums gewährt (z. B. Skonti), ist die britische Umsatzsteuer nicht auf den ursprünglichen Nettobetrag zu berechnen, sondern auf den Nettobetrag abzüglich des Preisnachlasses, selbst falls der Rechnungsempfänger den Preisnachlass nicht in Anspruch nimmt. Beim sog. i. g. Verbringen ist Bemessungsgrundlage der Marktpreis der Güter.

11.2 Änderung der Bemessungsgrundlage: Uneinbringliche Forderungen (bad debt relief)

51 Sind Forderungen bzgl. einer erbrachten steuerpflichtigen Lieferung oder sonstigen Leistung im Vereinigten Königreich uneinbringlich geworden, so kann mittels des sog. »bad debt relief« die bereits entrichtete Umsatzsteuer wieder zurückerlangt werden. Dabei müssen folgende Voraussetzungen erfüllt sein:

- Die betreffende Umsatzsteuer wurde bereits erklärt und an HM Revenue & Customs abgeführt.
- Die uneinbringliche Forderung wurde auf ein spezielles Konto umgebucht.
- Die Forderung besteht seit mindestens sechs Monaten seit Fälligkeit.

52 Weiterhin muss eine Kopie der betreffenden Ausgangsrechnung vorhanden sein und das Konto »uneinbringliche Forderung« folgende Informationen enthalten:

- Gesamtbetrag der uneinbringlichen Forderung,
- Umsatzsteuerbetrag, der mittels des »bad debt reliefs« berichtigt werden soll,
- Erklärungszeitraum, in dem die Umsatzsteuer berichtigt wurde (nach Durchführung zu ergänzen),
- Umsatzsteuerbetrag je Lieferung oder sonstiger Leistung,
- Erklärungszeitraum, in dem die Umsatzsteuer ehemals abgeführt wurde,
- erhaltene Teilzahlung je Lieferung oder sonstiger Leistung,
- Name des Kunden,
- Datum und Rechnungsnummer der betroffenen Rechnungen.

53 In dem, dem Sechsmonatszeitraum folgenden Erklärungszeitraum kann mittels der abzugebenden Umsatzsteuererklärung, die Umsatzsteuer korrigiert werden, indem der Betrag der abzuziehenden Vorsteuer dementsprechend erhöht wird.

12 Entstehung der Steuer, Steuerzeitpunkt (tax point)

12.1 Lieferungen

Die Steuer entsteht im Vereinigten Königreich grundsätzlich mit dem Eintritt des so genannten Steuerzeitpunkts. Dieser ist grundsätzlich dann, wenn die Lieferung ausgeführt wurde bzw. die Güter verfügbar gemacht werden. Er wird als Basis-Steuerzeitpunkt (basis tax point) bezeichnet. Gemäß dem Steuerzeitpunkt ist der Umsatz in der entsprechenden Umsatzsteuerperiode zu erfassen und zu erklären. Der Basis-Steuerzeitpunkt wird jedoch vom aktuellen Steuerzeitpunkt (actual tax point) überschrieben. Dieser ist gegeben, wenn 54

- eine Rechnung ausgestellt oder eine Zahlung erhalten wird vor dem eigentlichen Basis-Steuerzeitpunkt, also vor Ausführung der Lieferung bzw. Verfügbarmachung der Güter,
- eine Rechnung bis zu 14 Tage nach dem Basis-Steuerzeitpunkt ausgestellt wird. Der Ausstellungstag wird dann zum neuen Steuerzeitpunkt.

Wird eine Rechnung später als 14 Tage ausgestellt, wird Steuerzeitpunkt wiederum der Basis-Steuerzeitpunkt. Grundsätzlich dürfen jedoch Rechnungen nicht später als 30 Tage nach Ausführung der Lieferung bzw. Verfügbarmachung der Güter ausgestellt werden, dies würde eine Ordnungswidrigkeit darstellen. 55

Beispiel:
Das im Vereinigten Königreich zur Umsatzsteuer registrierte Unternehmen ABC-GmbH veräußert an die Z-Ltd. in London Waren und liefert diese aus seinem britischen Lager am 29. 09. eines Jahres aus. Die Rechnung wird am 10. 10. ausgestellt. Die Umsatzsteuerperioden der ABC-GmbH sind Januar bis März, April bis Juni, Juli bis September, Oktober bis Dezember.

Lösung:
Der Basis-Steuerzeitpunkt ist der 29. 09., welcher vom aktuellen Steuerzeitpunkt, mit Ausstellung der Rechnung innerhalb von 14 Tagen nach Lieferung der Waren, überschrieben wird. Der Umsatz ist in der entsprechenden Umsatzsteuerperiode, in welcher der aktuelle Steuerzeitpunkt (10. 10.) liegt, zu erfassen, hier Umsatzsteuerperiode Oktober bis Dezember, und entsprechend in der Umsatzsteuererklärung zu berücksichtigen.

Im Rahmen der Istversteuerung (cash accounting scheme) ist der Steuerzeitpunkt dann, wann die Zahlung erhalten wird. 56

Für im Vereinigten Königreich zur Umsatzsteuer registrierte Unternehmen gilt bzgl. des Zeitpunkts der Erklärung des i. g. Erwerbs, bei Bezug von Waren aus anderen EU-Mitgliedstaaten, als Steuerzeitpunkt der 15. Tag des Monats, der dem Monat der Lieferung folgt oder der Tag der Rechnungsausstellung. Je nachdem, was früher stattfindet. 57

12.2 Sonstige Leistungen

Bei sonstigen Leistungen ist der Basissteuerzeitpunkt dann, wenn die Leistung vollständig erbracht wurde, die Leistung ausgeführt wurde. Der Basissteuerzeitpunkt wird wiederum vom aktuellen Steuerzeitpunkt (actual tax point) überschrieben. Dieser ist gegeben, wenn 58

- eine Rechnung ausgestellt oder Zahlung erhalten wird vor dem eigentlichen Basissteuerzeitpunkt, also vor dem vollständigen Erbringen der Leistung,
- eine Rechnung bis zu 14 Tage nach dem Basissteuerzeitpunkt ausgestellt wird. Der Ausstellungstag wird dann zum neuen Steuerzeitpunkt.

59 Wird eine Rechnung später als 14 Tage ausgestellt, wird Steuerzeitpunkt, wie bei den Lieferungen, wiederum der Basissteuerzeitpunkt. Ebenso dürfen Rechnungen nicht später als 30 Tage nach Ausführung der sonstigen Leistung ausgestellt werden.

60 Im Rahmen der Istversteuerung (cash accounting scheme) ist Steuerzeitpunkt dann, wann die Zahlung erhalten wird.

61 Bei fortlaufenden sonstigen Leistungen, z. B. dauernder steuerpflichtiger Vermietung eines Büros, ist Steuerzeitpunkt immer der aktuelle Steuerzeitpunkt, da die sonstige Vermietungsleistung nie abschließend ausgeführt wird. Der Steuerzeitpunkt ist somit dann, wnn eine Rechnung ausgestellt wird bzw. die Zahlung zuvor erhalten wird (außer bei speziellen Besteuerungsverfahren, wie z. B. dem »cash accounting scheme«). Weiterhin bestehen Ausnahmen bei bestimmten fortlaufenden sonstigen Leistungen zwischen verbundenen Unternehmen.

62 Anstatt einer normalen Rechnung kann zunächst auch eine Zahlungsaufforderung mit der Anmerkung »this is not a VAT invoice« ausgestellt werden. Nach erfolgter Zahlung kann daraufhin eine normale Rechnung ausgestellt werden. Der Steuerzeitpunkt entspricht durch diese Vorgehensweise jedoch dem vorgelagerten Zahlungseingang. Dies gewährt einen gewissen »cashflow«-Vorteil.

63 Die zuständige Finanzbehörde kann auf Antrag andere Steuerzeitpunkte genehmigen, falls dies aufgrund der Besonderheit des jeweiligen Betriebes oder Gewerbes nötig ist.

13 Vorsteuerabzug

13.1 Allgemein

64 Zusätzlich zu den allgemeinen Regelungen des Vorsteuerabzugs in der EU sind im Vereinigten Königreich bestimmte Besonderheiten zu erwähnen. So kann z. B. im Vereinigten Königreich Vorsteuer rückwirkend bis zu vier Jahre nach dem Entstehungszeitpunkt i. R. d. Umsatzsteuerveranlagung geltend gemacht werden.

13.2 Bewirtungs- und Reisekosten

65 Vom Vorsteuerabzug ausgeschlossen ist grundsätzlich die Bewirtung von Geschäftsfreunden (business entertainment). Unter die Geschäftsfreunde-Bewirtung fällt jegliche Art der Bewirtung von Personen, die nicht Arbeitnehmer des bewirtenden Unternehmens sind, sowie der als Gastgeber fungierende Arbeitnehmer dieses Unternehmens. Unter Bewirtung versteht man dabei die unentgeltliche Gewährung von

- Speisen und Getränken,
- Übernachtung,
- sonstigen Privatvergnügen wie z. B. Theaterbesuche, Nachtclubs etc.

66 Davon abzugrenzen sind dagegen Aufwendungen i. R. v. Reisekosten (subsistence expenses), wie z. B. Hotelübernachtung und Verpflegungsaufwendungen. Bzgl. des Vorsteuerabzugs ist es ausreichend, wenn die entsprechende Rechnung auf den jeweiligen Arbeitnehmer und nicht direkt

auf das Unternehmen ausgestellt ist und die entstandenen Kosten dem Arbeitnehmer später durch den Arbeitgeber erstattet werden. Als Faustregel gilt, dass hierunter besagte Aufwendungen fallen, die entstehen, wenn eine Tätigkeit im Rahmen des Unternehmens an einem Ort verrichtet wird, der mindestens fünf Meilen von der regelmäßigen Arbeitsstätte entfernt ist. Ein Vorsteuerabzug aus dem Arbeitnehmer gewährten Verpflegungspauschalen ist dagegen nicht zulässig. Werden im Rahmen eines auswärtigen Tätigwerdens Geschäftsfreunde bewirtet, ist jedoch die auf den Arbeitnehmer entfallende Vorsteuer abzugsfähig.

Die Vorsteuer aus der Bewirtung von Arbeitnehmern (entertaining staff) ist voll abzugsfähig, 67
soweit sie aus rein geschäftlichem Anlass gewährt wird, wie z. B. bei reinen internen Arbeitsessen, Kantinenverpflegung, Veranstaltungen, um die Beziehungen der Mitarbeiter zueinander zu verbessern, etc. Nehmen daran wiederum Geschäftsfreunde teil, ist der auf diese entfallende Vorsteuerbetrag nicht abzugsfähig. Eine weitere Ausnahme gilt, wenn diese Vergünstigungen ausschließlich Direktoren oder Partnern (Geschäftsleitung) gewährt werden, dann ist der Vorsteuerabzug wiederum verwehrt.

13.3 Vorsteuer bei Kfz-Kosten

Bei der Abzugsfähigkeit von Vorsteuer bzgl. Kfz-Kosten ist u. a. Folgendes zu beachten. 68

Anschaffung:
Der Vorsteuerabzug aus der Anschaffung eines Kraftfahrzeugs ist grundsätzlich nicht zulässig. Ausnahmen bestehen, wenn das Fahrzeug zu 100 % betrieblich genutzt wird und keine Möglichkeit einer Privatnutzung durch z. B. Arbeitnehmer besteht (diese liegt bereits vor, wenn das Kfz vom Arbeitnehmer mit zum Wohnort genommen werden kann). Der Nachweis einer ausschließlichen betrieblichen Nutzung ist somit in der Praxis äußerst schwer zu erbringen, wodurch der Vorsteuerabzug bei den meisten Unternehmen diesbezüglich nicht möglich ist. Der Vorsteuerabzug ist allerdings zulässig, falls es sich um Kraftfahrzeuge für z. B. Fahrschulen, Taxiunternehmen, Kfz-Händler, Leasingunternehmen handelt.

Leasing, Leihwagen: 69
Wird ein Kraftfahrzeug für betriebliche Zwecke geleast, ist in der Regel nur ein Vorsteuerabzug von 50 % zulässig. Der nicht abzugsfähige Anteil spiegelt die mögliche Privatnutzung wider (außer, der Nachweis einer ausschließlichen betrieblichen Nutzung ist möglich). Beim Vorsteuerabzug ist zu beachten, dass das geleaste Fahrzeug zuvor beim Leasinggeber, bei dessen Erwerb, zum Vorsteuerabzug berechtigt haben muss. Dies ist in der Regel auf der Leasingrechnung angegeben. Werden Kraftfahrzeuge für bis zu zehn Tage aus betrieblichen Zwecken angemietet, kann die Vorsteuer zu 100 % geltend gemacht werden. Bei einer Mietdauer von mehr als zehn Tagen besteht wiederum eine Vorsteuerabzugsbeschränkung auf 50 %, falls nicht der Nachweis einer ausschließlichen betrieblichen Nutzung erbracht wird.

Instandhaltung: 70
Bei betrieblich genutzten Kraftfahrzeugen kann die Vorsteuer bzgl. Reparaturen und sonstiger Instandhaltungskosten voll geltend gemacht werden, auch wenn eine private Nutzung durch z. B. Arbeitnehmer gegeben ist.

71 **Kraftstoffkosten:**
Werden die Benzinkosten vom Unternehmen direkt getragen, ist die Vorsteuer voll abzugsfähig. Der Privatanteil bzgl. einer eventuellen privaten Nutzung ist allerdings umsatzsteuerpflichtig.

72 Werden die Benzinkosten nicht vom Unternehmen direkt getragen, sondern durch den Arbeitnehmer und erstattet das Unternehmen anschließend die Kosten an diesen, gibt es folgende Möglichkeiten bzgl. des Vorsteuerabzugs:

- Es ist möglich, ein Fahrtenbuch zu führen, um die geschäftlichen von den privaten Fahrten zu trennen und die Vorsteuer dementsprechend aufzuteilen.
- Wird kein Fahrtenbuch geführt, kann die Vorsteuer zu 100 % geltend gemacht werden, falls im Gegenzug die Privatentnahme anhand der sog. »fuel scale charge« ermittelt wird oder es besteht die Möglichkeit, keine Vorsteuer bzgl. der Kraftstoffkosten geltend zu machen. Im Gegenzug ist auch nicht die »fuel scale charge« anzuwenden. Dies kann sinnvoll sein, wenn die tatsächliche Vorsteuer der Kraftstoffkosten die Umsatzsteuer bezüglich der »fuel scale charge« unterschreiten würde.

73 Wird das Kraftfahrzeug zu 100 % betrieblich genutzt, ist die Vorsteuer bzgl. der Kraftstoffkosten natürlich voll abzugsfähig.

74 Wird dem Arbeitnehmer eine Kilometerpauschale gewährt, kann bzgl. des Anteils der Pauschale, die den Kraftstoff betrifft, Vorsteuer durch das Unternehmen geltend gemacht werden. Selbst dann, wenn die Kilometerpauschale für Privatfahrten gewährt wird. Im Gegenzug ist wiederum die »fuel scale charge« anzuwenden.

14 Erklärungs- und Meldepflichten

14.1 Umsatzsteuererklärungen

14.1.1 Allgemein

75 Ein im Vereinigten Königreich zur Umsatzsteuer registriertes Unternehmen muss in der Regel vierteljährliche, d. h. für einen Zeitraum von drei Monaten, Umsatzsteuererklärungen einreichen. Die genauen Abgabezeiträume werden im Rahmen der Registrierung mitgeteilt. Grundsätzlich müssen Umsatzsteuererklärungen auf elektronischem Wege abgegeben werden, hierbei ist der VAT-Online-Service der britischen Steuerbehörde zu nutzen. Weiterhin besteht die Möglichkeit auf Antrag, anstatt dreimonatlicher Umsatzsteuererklärungen, monatliche Erklärungen abzugeben, z. B. wenn regelmäßig Vorsteuerüberhänge entstehen.

Beispiel:
Die XYZ-GmbH wird im Vereinigten Königreich ab dem 01.03.2018 zur Umsatzsteuer registriert.

Lösung:
Die erste Umsatzsteuererklärung ist für den Zeitraum März bis Mai 2018 abzugeben. Spätester Zeitpunkt für die Abgabe ist das Ende des auf diesen Abrechnungszeitraum folgenden Monats. Im vorliegenden Beispiel wäre das der 30.06.2018. Daraus ergeben sich die folgenden Abgabefristen:

Quartal	Einreichungsfrist/Eingang der Zahllast bei der britischen Steuerbehörde
März bis Mai 2018	30.06.2018
Juni bis August 2018	30.09.2018
September bis November 2018	31.12.2018
Dezember 2018 bis Februar 2019	31.03.2019

Eine eventuell zu leistende Zahlung muss ebenfalls auf elektronischem Wege erbracht werden und bei der britischen Steuerbehörde spätestens sieben Tage nach Ablauf der Abgabefrist der Umsatzsteuererklärung eingegangen sein. Werden die Zahlungen von einem britischen Bankkonto erbracht, ist folgende Bankverbindung der britischen Steuerbehörde zu verwenden: Kontonummer: 11963155, BLZ: 083200, Kontoname: HMRC VAT. 76

Die Zahlung kann auch direkt von einem deutschen Bankkonto erbracht werden, hierbei ist folgende Bankverbindung der britischen Steuerbehörde zu verwenden: Kontoname: HMRC VAT, IBAN: GB36BARC20051773152391, BIC: BARC GB22. 77

In beiden Fällen sind Umsatzsteuerregistrierungsnummer und Unternehmensname bei der Überweisung als Verwendungszweck anzuführen. 78

14.1.2 Umsatzsteuerberichtigungen

Wird in einer Umsatzsteuerperiode festgestellt, dass Umsatzsteuer- bzw. Vorsteuerbeträge in vorangegangenen Zeiträumen noch nicht berücksichtigt wurden bzw. Fehler aufgetreten sind, müssen diese im laufenden Erklärungszeitraum berichtigt werden. Es ist zu beachten, dass Berichtigungen bzgl. Umsatzsteuer- und Vorsteuerbeträgen nur vier Jahre rückwirkend geltend gemacht werden können, ausgehend von der aktuellen Umsatzsteuerperiode. 79

Ist die Umsatzsteuerabweichung, die Summe der Fehler bzgl. vergangener Erklärungszeiträume nicht größer als **10.000 £** oder liegt sie zwischen 10.000 £ und 50.000 £, beträgt dabei aber nicht mehr als 1 % des Nettoumsatzes des laufenden Erklärungszeitraums, kann eine Berichtigung ohne Weiteres in der Umsatzsteuererklärung des laufenden Erklärungszeitraums vorgenommen werden. 80

Werden oben genannte Grenzen überschritten, beträgt der Nettobetrag der fehlerhaften Abweichung über 50.000 £ oder lag Vorsatz vor, müssen Berichtigungen der Steuerbehörde mittels Formular VAT 652 »Notifications of Errors in VAT Returns« bekannt gegeben bzw. erklärt werden. Dieses Formular muss an folgende Stelle gesendet werden: **HM Revenue & Customs, VAT Error Correction Team – SO864, Newcastle, NE98 1ZZ, Tel.: 03002003700.** 81

14.1.3 Umsatzsteuer-Jahreserklärungs-Verfahren (annual accounting scheme)

Hat ein zur Umsatzsteuer registriertes Unternehmen einen innerhalb der nächsten zwölf Monate zu erwartenden Netto-Jahresumsatz von bis zu 1.350.000 £, kann beantragt werden, anstatt von dreimonatlichen Umsatzsteuererklärungen eine Jahreserklärung abzugeben. Unternehmen, die bereits das »annual accounting scheme« anwenden, können dies beibehalten, solange der Umsatz 1.600.000 £ nicht übersteigt. 82

14.1.4 Besteuerung nach Einheitssteuersatz (flat rate scheme) bei kleinen Unternehmen

83 Unternehmen mit innerhalb der nächsten zwölf Monate zu erwartenden steuerpflichtigen Umsätzen von bis zu 150.000 £ netto und einem Gesamt-Bruttoumsatz bis 191.500 £ jährlich können optional die an die Finanzbehörde abzuführende Umsatzsteuer nach festgelegten prozentualen Einheitssätzen vom Gesamtumsatz ermitteln. Die Prozentsätze betragen je nach Art des betriebenen Gewerbes zwischen 5 % und 16,5 %. Ein gesonderter Vorsteuerabzug ist hierbei nicht mehr zu gewähren. Befinden sich Unternehmen bereits in diesem Verfahren, kann dieses bis zum Erreichen eines Gesamt-Bruttoumsatzes von 230.000 £ beibehalten werden.

14.1.5 Sonstige Besteuerungsverfahren

84 Im Vereinigten Königreich gibt es weitere besondere Besteuerungsverfahren, wie z. B.

- Besteuerung von Reiseleistungen (tour operator margin scheme, TOMS),
- Differenzbesteuerungsverfahren bei der Veräußerung von gebrauchten Gütern (margin schemes for second-hand goods),
- Einheitssatzbesteuerung in der Landwirtschaft (flat rate scheme for farmers).

14.1.6 Istversteuerung (cash accounting)

85 Unternehmen mit steuerpflichtigen Nettoumsätzen bis 1.350.000 £ innerhalb der letzten zwölf Monate können die sog. Istversteuerung durchführen und somit die Steuer nicht nach den vereinbarten, sondern nach den vereinnahmten Entgelten berechnen. Das Unternehmen ist in der Regel mindestens zwei Jahre an die Option gebunden. Stieg der relevante Umsatz eines Unternehmens, welches bereits die Istversteuerung durchführt, innerhalb der letzten zwölf Monate über 1.600.000 £, muss es wieder zur Besteuerung nach vereinbartem Entgelt wechseln. Weiterhin müssen besondere Aufzeichnungspflichten, z. B. über Geldeingänge und -ausgänge, erfüllt werden.

14.2 Zusammenfassende Meldung (EC sales list)

86 Das Pendant zur Zusammenfassenden Meldung in Deutschland ist im Vereinigten Königreich die EC sales list (Formular VAT 101, »EC Sales List«), welche gewöhnlicher Weise den Zeitraum eines Kalendervierteljahres umfasst. Es ist darauf zu achten, dass es zu zeitlichen Überschneidungen mit dem Umsatzsteuererklärungszeitraum kommen kann. Übersteigt der Nettowert der Waren, die ins Gemeinschaftsgebiet geliefert werden, 35.000 £ im Quartal, muss die EC Sales List monatlich abgegeben werden. Eine EC Sales List muss, im Rahmen von Dienstleistungen vierteljährlich erstellt werden, wenn diese Leistungen an Unternehmen erbracht werden, welche außerhalb des Vereinigten Königreichs im Gemeinschaftsgebiet zur Umsatzsteuer registriert sind und sich dabei der Ort der Leistung am Sitzort des Leistungsempfängers befindet, sog. Reverse-Charge-Leistungen. Die Abgabefrist beträgt 14 Tage nach Ablauf des Erklärungszeitraums oder 21 Tage, wenn die EC Sales List online übermittelt wird.

14.3 Intrahandelsstatistik (Intra EC Trade Statistics, »Intrastat«)

Zweck der Intrahandelsstatistik ist die Erfassung des gegenseitigen tatsächlichen Warenverkehrs zwischen EU-Mitgliedstaaten. Sie ist in dem Land abzugeben, wo Waren körperlich eingehen, bzw. in dem Mitgliedstaat, von dem aus sie versandt werden, soweit bestimmte Wertgrenzen überschritten werden. Diese Erklärungspflichten sind auch im Vereinigten Königreich einzuhalten, soweit dort zur Umsatzsteuer registrierte Unternehmen bestimmte Grenzen während eines Kj. bzgl. des bewegten Warenwertes überschreiten (jeweils getrennt für erhaltene und versandte Waren zu betrachten). Die Erklärungspflicht bzgl. erhaltener Waren ist ab einem 1.500.000 £ übersteigenden Warenwert zu erfüllen. Erklärungen bzgl. versandter Waren sind ab einem 250.000 £ übersteigenden Warenwert einzureichen. Es sind ggf. Erklärungen über vom Vereinigten Königreich in andere Mitgliedstaaten versandte Gegenstände zu erstellen. Die Erklärungspflicht entsteht in dem Monat eines Kj., in dem die Grenzwerte überschritten werden. Sog. Nullmeldungen sind nicht zwingend abzugeben. Um Nachfragen seitens der britischen Steuerbehörde zu vermeiden, sollte darauf jedoch nicht verzichtet werden. Sind Intrastat-Meldungen abzugeben, so muss dies innerhalb von 21 Tagen nach dem jeweiligen Monatsende erfolgen. Seit dem 01.04.2012 sind Intrastat-Meldungen online oder in anderen elektronischen Formaten abzugeben, Papierformulare werden nicht mehr akzeptiert. 87

Beispiel:
Das in Großbritannien zur Umsatzsteuer registrierte Unternehmen Auto-GmbH liefert Kfz-Zubehörteile aus seinem Stammsitz in Deutschland in sein Zwischenlager im Vereinigten Königreich, aus welchem mehrere britische Kfz-Werkstätten beliefert werden. Die Lieferung in das Lager ist als i. g. Verbringen zu behandeln. Der Verkauf aus dem Lager an die Abnehmer im Vereinigten Königreich unterliegt der britischen Umsatzsteuer von 20 %.

Lösung:
In der abzugebenden britischen Umsatzsteuererklärung des deutschen Unternehmens sind die Lieferungen aus Deutschland in das eigene Lager der Erwerbsbesteuerung im Vereinigten Königreich zu unterwerfen und Intrastatmeldungen abzugeben (hier als Empfänger, »arrivals«) und zwar ab dem Monat, in dem die Grenze von 1.500.000 £ während eines Kj. überschritten wird. Werden aus dem Lager Unternehmen in anderen EU-Mitgliedsstaaten beliefert (unter Ausweis deren USt-IdNr.), muss dies als i. g. Lieferung ebenfalls in der britischen Umsatzsteuererklärung erfasst (entsprechend in der »EC sales list«) und es müssen Intrastatmeldungen abgegeben werden (hier als Versender, »despatches«), ab dem Monat, in dem die Grenze von 250.000 £ während eines Kj. überschritten wird.

Zuständig für Auskünfte bzgl. Intrastat ist: HM Revenue & Customs, Statistics and Analysis of Trade Unit (SATU), Alexander House, 21 Victoria Avenue, Southend on Sea, Essex, SS99 1AA, intrastatenquiries@hmrc.gsi.gov.uk sowie unter www.uktradeinfo.com/Intrastat. 88

15 Umsatzsteuer-Identifikationsnummer

Im Vereinigten Königreich wird keine Unterscheidung getroffen zwischen einer allgemeinen Umsatzsteuernummer und einer USt-IdNr. Die bei der Registrierung für umsatzsteuerliche Zwecke erteilte Nummer ist immer zugleich die USt-IdNr., soweit der Ländercode **GB** vorangestellt wird. 89

16 Vorsteuer-Vergütungsverfahren

90 Im Vereinigten Königreich können im Gemeinschaftsgebiet ansässige Unternehmer entrichtete britische Umsatzsteuer unter bestimmten Voraussetzungen aufgrund der 8. EG-RL, dem sog. Vorsteuer-Vergütungsverfahren, zurückfordern.

91 Voraussetzung ist, dass das Unternehmen im Vereinigten Königreich keinen Sitz, keine Geschäftsleitung, Zweigniederlassung oder Betriebsstätte hat und keine der britischen Umsatzsteuer unterliegenden Umsätze getätigt wurden.

92 Sind diese Voraussetzungen erfüllt, so kann die Rückvergütung der entrichteten britischen Umsatzsteuer im besonderen Vorsteuer-Vergütungsverfahren beantragt werden. Anträge bzgl. des Vorsteuer-Vergütungsverfahrens sind an die zuständige Finanzbehörde des Heimatlandes des Antrag stellenden Unternehmens zu richten (Anträge in Deutschland ansässiger Unternehmen bzgl. der Vergütung britischer Umsatzsteuer sind z. B. an die zuständige deutsche Finanzbehörde zu stellen).

93 Der Vergütungszeitraum muss mindestens drei aufeinanderfolgende Monate in einem Kj. umfassen (ein kürzerer Zeitraum zum Ende des Kj. ist möglich) und darf höchstens ein Kj. betragen.

94 Die Mindestantragssumme beträgt 130 £ für Vierteljahresanträge und 16 £ für Jahresanträge.

95 Der Antrag auf Vergütung der britischen Umsatzsteuer muss spätestens neun Monate nach Ende des Kj., in dem die britische Vorsteuer entstanden ist, gestellt werden. So müssen Anträge für das Kj. 2017 spätestens bis zum 30.09.2018 gestellt werden (für Anträge das Kj. 2018 betreffend ist der 30.09.2019 die späteste Abgabefrist). Erstattungsfähig ist in diesem Zusammenhang die britische Mehrwertsteuer aus Rechnungen für Aufwendungen im Rahmen des Unternehmens, wie z. B. Messekosten, Hotelunterkunft, Verpflegung, Telefon, Benzin, Mietwagen, Taxi, Fortbildungskosten. Die Erstattungsfähigkeit richtet sich hierbei grundsätzlich nach der Abzugsfähigkeit der Vorsteuer gemäß den Regelungen des Vereinigten Königreichs. Nicht abzugsfähig ist z. B. die Vorsteuer bzgl. Waren, die für private Zwecke verwendet werden sollen, oder die im Zusammenhang mit der Bewirtung oder Unterbringung von Kunden, Antiquitäten, Geschenken oder Alkohol angefallen ist. Weiterhin werden an die Rechnungen die bereits erwähnten besonderen britischen Rechnungsanforderungen gestellt.

Beispiel:
Das in der Bundesrepublik Deutschland ansässige Unternehmen Exhibition GmbH nimmt an einer Messe in London teil. Es werden keine direkten Messeverkäufe getätigt. Weiterhin entstanden Kosten, die mit britischer Umsatzsteuer behaftet sind, wie z. B. Messestandgebühr, Unterkunft, Verpflegung etc.

Lösung:
Da das Unternehmen keinen Sitz, keine Geschäftsleitung, Zweigniederlassung oder Betriebsstätte im Vereinigten Königreich hat und keine der britischen Umsatzsteuer unterliegenden Umsätze getätigt wurden, kann die in diesen Kosten enthaltene britische Umsatzsteuer im Vorsteuer-Vergütungsverfahren zurückerlangt werden.

96 Auch für außerhalb der EU ansässige Unternehmen besteht die Möglichkeit, das Vorsteuer-Vergütungsverfahren im Vereinigten Königreich anzuwenden (gemäß der 13. EG-RL), soweit dies auch im Ansässigkeitsstaat für britische Unternehmer möglich ist.

97 Die bereits erwähnten Voraussetzungen finden auch hier Anwendung, wobei sich der maximale Vergütungszeitraum jeweils vom 01.07. bis 30.06. des Folgejahres erstreckt und Anträge (in diesem Fall das Formular VAT 65A, »Application for VAT refund by a business person not established in the community«) bzgl. der in diesem Zeitraum entstandenen britischen Umsatzsteuer bis spätestens sechs Monate nach dessen Ende (31.12.) gestellt werden müssen. Diese sind direkt an die unten

stehende Adresse der britischen Steuerbehörde zu richten: HM Revenue & Customs, VAT Overseas Repayments Unit, S1250, Benton Park View, Newcastle upon Tyne, NE98 1YX.

Ist das Vorsteuer-Vergütungsverfahren nicht anwendbar, kann die britische Umsatzsteuer nur im Rahmen einer Registrierung (ggf. freiwillige Registrierung) zur Umsatzsteuer im Vereinigten Königreich und der damit verbundenen Abgabe regelmäßiger Umsatzsteuererklärungen zurückerlangt werden. **98**

17 Umsatzsteuerprüfungen, Einspruchs- und Klageverfahren

17.1 Umsatzsteuerprüfungen

Die Durchführung von Umsatzsteuerprüfungen durch die britische Steuerbehörde findet bei im Vereinigten Königreich ansässigen Unternehmen in der Regel am Sitzort des Unternehmens, Betriebsstätte etc. statt bzw. dort, wo das Unternehmen seine relevanten Geschäftsunterlagen aufbewahrt. Nicht im Vereinigten Königreich ansässige Unternehmen, die verpflichtet sind, Umsatzsteuererklärungen zu erstellen, müssen gewährleisten, dass der britischen Finanzbehörde die relevanten Unterlagen zugänglich gemacht werden. Sind keine Steuervertreter im Vereinigten Königreich bestellt, muss das ausländische Unternehmen die Unterlagen der »non-established taxable persons unit (NETP)« des VAT office Aberdeen zukommen lassen. Bei Einschaltung eines steuerlichen Vertreters (tax representative, fiscal agent) finden die Prüfungen der Unterlagen generell am Geschäftssitz dieses Vertreters statt. **99**

Eine Prüfung wird zunächst telefonisch angekündigt und eventuelle Terminierungsschwierigkeiten werden im Vorfeld abgeklärt. Dies wird nochmals, unter Nennung des Zeitpunkts der Prüfung, Ort der Prüfung, des zu prüfenden Zeitraums, der erforderlichen Unterlagen und des voraussichtlichen Prüfers schriftlich bestätigt. Bei den erforderlichen Unterlagen handelt es sich in der Regel um **100**

- Registrierungszertifikat,
- Inkooperationsurkunde, soweit vorhanden (bei deutschen Unternehmen der Handelsregisterauszug),
- Originale der Eingangsrechnungen, Kopien der Ausgangsrechnungen,
- evtl. Kontoauszüge, Inventur-, Produktionslisten, Lieferscheine, Kassenrollen, sonstige relevanten Geschäftsunterlagen etc.,
- Jahresabschlüsse der zu prüfenden Jahre,
- Import- und Exportdokumente sowie Informationen zu eventuellen i. g. Geschäften im Zusammenhang mit dem Vereinigten Königreich,
- Grund für die Registrierung im Vereinigten Königreich,
- Umsatzsteueraufstellungen, -dokumentationen, -konten.

Die britische Steuerbehörde ist diesbezüglich auch berechtigt, Zugang zu den entsprechenden Computersystemen zu erlangen, um relevante Daten einzusehen. **101**

Wird ein Fehlverhalten bzgl. der Einhaltung der umsatzsteuerlichen Pflichten seitens des Steuerpflichtigen festgestellt und ist dies auf eine falsche, schriftlich erteilte Auskunft eines **102**

Bediensteten der britischen Steuerbehörde zurückzuführen, kann sich der Steuerpflichtige auf diese berufen.

103 Wurden Fehler bzgl. der Umsatzsteuer festgestellt oder sind Sachverhaltserläuterungen nötig, die im Rahmen der Umsatzsteuerprüfung vor Ort nicht zu klären sind, kann der Prüfer zunächst einen sog. »letter of request« zusenden, der schnellstmöglich zu beantworten ist. Ggf. kann auch sofort ein Bescheid (assessment) bzgl. der nachgeforderten Umsatzsteuer erlassen werden.

17.2 Einspruchs- und Rechtsbehelfsverfahren

104 Bzgl. eines solchen Bescheids kann beim zuständigen Finanzamt eine Nachprüfung der Entscheidung (reconsideration) verlangt werden. Dies muss innerhalb von 30 Tagen nach Erlass des Bescheids erfolgen. Die Nachprüfung wird von einem anderen Bediensteten der Steuerbehörde als dem Durchführenden der Prüfung vorgenommen, um eine gewisse Entscheidungsneutralität der Behörde zu gewährleisten. Bei abschlägiger Nachprüfungsentscheidung kann innerhalb von 21 Tagen bei einem unabhängigen Gericht für Umsatzsteuerangelegenheiten (VAT Tribunal) Klage eingereicht werden. Diese Fristen können auf Antrag auch verlängert werden. Weiterhin besteht auch die Möglichkeit, sich innerhalb von 30 Tagen nach Erlass des Bescheids direkt an ein solches Gericht zu wenden ohne das zuständige Finanzamt um eine vorherige Nachprüfung der Entscheidung zu ersuchen. Die Bitte um Nachprüfung einer Entscheidung bzgl. des Bescheids und die Klageeinreichung bei Gericht kann auch parallel vorgenommen werden. Zur Klageeinreichung muss zunächst ein bestimmtes Formblatt an das Gericht gesandt werden (Formular Trib 1, »Notice of appeal«), in dem Einzelheiten zum relevanten Sachverhalt, erlassenen abschlägigen Bescheiden etc. genannt werden müssen. Das Gericht erhebt in der Regel keine Gerichtsgebühren.

105 Weitere mögliche Instanzen bei einer abschlägigen Entscheidung des »VAT Tribunal« sind der »High Court«, »Court of Appeal«, »House of Lords« und ggf. der Europäische Gerichtshof.

18 Straf- und Säumniszuschläge

18.1 Strafzuschläge aufgrund einer verspäteten Registrierung zur Umsatzsteuer

106 Besteht eine Pflicht zur Registrierung für umsatzsteuerliche Zwecke im Vereinigten Königreich und wird die Registrierung zu spät vorgenommen, drohen empfindliche Stafzuschläge (late registration penalty) seitens der britischen Steuerbehörde.

107 Der Strafzuschlag wird als Prozentsatz der Umsatzsteuerschuld berechnet, bezogen auf den Zeitraum zwischen entstandener Registrierungspflicht und verspäteter Einreichung der Registrierungsunterlagen und kann bis zu 100 % der Umsatzsteuerschuld betragen.

18.2 Strafe aufgrund von Fehlangaben in der Umsatzsteuererklärung

Wird im Rahmen der Umsatzsteuererklärung zu wenig Umsatzsteuer bzw. zu viel Vorsteuer deklariert oder wird die Umsatzsteuer vom Finanzamt geschätzt, die Schätzung hierbei offensichtlich zu niedrig ist und dem Finanzamt dies nicht innerhalb von 30 Tagen angezeigt wird, so kann eine Strafe (»inaccuracy penalty«) bis zu 100 % des potentiell entgangenen Steuerbetrags zur Anwendung kommen. Voraussetzung ist, dass diese Fehler aufgrund von Nachlässigkeit oder Vorsatz entstanden sind. 108

Bei wichtigen Gründen seitens des Steuerpflichtigen kann die Strafe reduziert werden. 109

18.3 Säumniszuschlag (default surcharge)

Am Ende des der jeweiligen Umsatzsteuerperiode folgenden Monats muss eine entsprechende Umsatzsteuererklärung und spätestens 7 Tage später eine eventuell zu leistende Zahlung bei der britischen Steuerbehörde eingegangen sein. Bei Nichteinhaltung dieser Frist kann ein Säumniszuschlag erhoben werden. 110

Bei erstmaligem Nicht-Einhalten der Frist wird zunächst eine Mahnung bzw. Erinnerung zugesandt (Formular VAT 160B, »Surcharge Liability Notice«), dass mit wiederholter Fristversäumnis innerhalb eines bestimmten zukünftigen Zeitraums, in der Regel die nächsten zwölf Monate, mit einem Säumniszuschlag zu rechnen ist. Mit jeder Fristüberschreitung beginnt der Zwölfmonatszeitraum erneut zu laufen. Der Säumniszuschlag beginnt mit 2 % der zu spät entrichteten Umsatzsteuer und steigt auf 5 %, 10 % und 15 % bei wiederholtem Vorkommen innerhalb des benannten Zeitraums an. Es wird jedoch kein Säumniszuschlag bei der 2 % oder 5 % Kategorie erhoben soweit der Säumniszuschlag unter 400 £ liegen würde. Der Mindestsäumniszuschlag bei der 10 % bzw. 15 % Strafkategorie liegt bei 30 £. Wird keine Umsatzsteuererklärung abgegeben, wird die Umsatzsteuer geschätzt und auf dieser Grundlage der Säumniszuschlag berechnet. Werden Umsatzsteuererklärungen zu spät eingereicht, die Umsatzsteuerschuld jedoch rechtzeitig entrichtet bzw. handelt es sich im Zusammenhang mit zu spät eingereichten Erklärungen um Vorsteuerüberhänge bzw. »Nullerklärungen«, wird kein Säumniszuschlag erhoben. Der anzuwendende Prozentsatz erhöht sich dabei zunächst nicht bzgl. zukünftiger Fristüberschreitungen. Der Anwendungszeitraum verlängert sich allerdings erneut (Formular VAT 161B, »Surcharge Liability Notice Extension«). Für Unternehmen mit einem Umsatz bis zu 150.000 £ gibt es gewisse Erleichterungen. 111

18.4 Sonstige Strafen

Außerdem gibt es weitere Strafen für z. B.: 112

- strafbare Handlungen (criminal offence), z. B. Weigerung zur Abgabe von Intrastat-Meldungen,
- unerlaubten Ausweis von Umsatzsteuer in Rechnungen,
- Betrug,
- sonstige Verletzungen der Umsatzsteuergesetzgebung und Rechnungslegungsvorschriften.

19 Informationsbeschaffung

113 Weitere Informationen zum britischen Umsatzsteuerrecht können bei den folgenden Stellen eingeholt werden.
- Deutsch-Britische Industrie- und Handelskammer
- Mecklenburg House
- 16 Buckingham Gate
- London SW1E 6LB
- Tel.: 0044 20 7976 4100
- Fax: 0044 20 7976 4101
- www.ahk-london.co.uk

114 Behörde, die für Umsatzsteuer im Vereinigten Königreich zuständig ist: HM Revenue & Customs, Telefonischer Auskunftsdienst (Montag bis Freitag 8–18 Uhr), bei Anrufen aus dem Vereinigten Königreich Tel.: 0300 200.3700, bei Anrufen von außerhalb des Vereinigten Königreichs Tel.: 0044 2920501261, E-Mail: Enquiries.estn@hmrc.gsi.gov.uk, www.hmrc.gov.uk, Postadresse bei schriftlichen Anfragen:
- HM Revenue & Customs
- VAT Written Enquiries Team
- Alexander House
- 21 Victoria Avenue
- Southend-On-Sea
- Essex
- SS99 1BD

115 Zuständige Behörde bzgl. der Vergütung von Vorsteuer im Vorsteuer-Vergütungsverfahren im Vereinigten Königreich aufgrund der **13. EG-RL**:
- HM Revenue & Customs
- VAT Overseas Repayments Unit
- S1250
- Benton Park View
- Newcastle upon Tyne
- NE98 1YX
- Tel.: 0044 (0) 3000 545 316
- Fax: 0044 (0) 3000 556 302
- newcastle.oru@hmrc.gsi.gov.uk

Länderanhang Zypern

Literatur

Yiannis, Cyprus, Value Added Tax, IBFD 2017. **Ernst & Young**: Worldwide VAT, GST and Sales Tax Guide 2017. Inoffizielle Übersetzung Mehrwertsteuergesetz, IBFD.

1 Einführung

1 Zypern gehört seit dem 01.05.2004 zur Europäischen Union. Das zyprische Mehrwertsteuergesetz basiert daher auf der Mehrwertsteuersystemrichtlinie. Ein erstes Mehrwertsteuergesetz wurde zum 01.07.1992 eingeführt. Das Gesetz wurde später an die Rahmenbedingungen des gemeinsamen Mehrwertsteuersystems angepasst.

2 Bezeichnung der Steuer

2 Die zyprische Bezeichnung der Umsatzsteuer lautet »Foros Prostithemenis Axias« (FPA).

3 Steuerbarkeit und Erhebungsgebiet

3.1 Erhebungsgebiet

3 Das umsatzsteuerliche Erhebungsgebiet entspricht dem Staatsgebiet der Republik Zypern.

3.2 Steuerbare Umsätze

Sämtliche in Zypern von einem Steuerpflichtigen ausgeführten **Lieferungen** und **Dienstleistungen** sind umsatzsteuerbar. 4

Als **Lieferungen** gelten neben der Übertragung körperlicher Gegenstände und unbeweglichen Vermögens auch die Übertragungen von Strom, Kälte und Wärme (vgl. Art. 7 ff. Mehrwertsteuergesetz). Mietkauf gilt als Lieferung. 5

Der **Ort der Lieferung** bestimmt sich nach der Verschaffung der Verfügungsmacht bzw. bei Warentransport nach dessen Beginn. Abweichend hiervon wird bei der **Versandhandelsregelung** das Ende der Versendung betrachtet. Es gilt hierbei eine Lieferschwelle von 35.000 €. Die Regelung gilt nicht für die Lieferung neuer Beförderungsmittel. Bei Lieferungen mit Montage ist der Lieferort der Ort der Montage (vgl. Art. 10 Mehrwertsteuergesetz). 6

Ebenfalls in Zypern steuerbar sind Lieferungen aus dem Drittland, bei denen der Lieferer die Einfuhrumsatzsteuer schuldet. 7

Für **Reihengeschäfte** gibt es keine gesonderte Regelung. 8

Unentgeltlich erbrachte Lieferungen oder Dienstleistungen können steuerbare **unentgeltliche Wertabgaben** sein. Regelmäßig ist Voraussetzung, dass aus dem Gegenstand ein Vorsteuerabzug geltend gemacht wurde. 9

Geschenke mit einem geringen Wert sind keine unentgeltlichen Wertabgaben. Die Grenze beträgt 17,09 €.

Dienstleistungen werden ähnlich wie in Deutschland als Leistungen definiert, die keine Lieferungen von Gegenständen darstellen (vgl. Art. 8 Mehrwertsteuergesetz). 10

Der **Ort der meisten Dienstleistungen** zwischen Unternehmen bestimmt sich nach dem Empfängerortsprinzip (vgl. Art. 10A und 11 Mehrwertsteuergesetz). bzw. für Dienstleistungen an Nichtunternehmer nach dem Sitz des leistenden Unternehmers oder von dessen fester Niederlassung. Ausnahmen gelten vor allem für grundstücksbezogene Umsätze (Ort des Grundstücks), für Personenbeförderungen (Ort der Beförderung), kurzfristige Vermietung von Beförderungsmitteln (Ort der Übergabe), Restaurantumsätze (Tätigkeitsort) und den Zugang zu Veranstaltungen (Ort derselben). 11

Geschäftsveräußerungen im Ganzen an einen anderen Unternehmer, d. h. die Übertragung des ganzen Betriebs oder einer Division der Betätigung, sind nicht umsatzsteuerbar. 12

Steuerbar ist auch der **innergemeinschaftliche Erwerb** von Gegenständen in Zypern (vgl. Art. 12A ff. Mehrwertsteuergesetz). Es gibt jedoch Ausnahmen für land- und forstwirtschaftliche Betriebe, Steuerpflichtige, die ausschließlich vorsteuerschädliche Ausgangsumsätze tätigen, sowie für nicht unternehmerisch tätige juristische Personen. Die Erwerbschwelle für diesen Personenkreis, die weder im vorangegangenen Kalenderjahr noch im laufenden Kalenderjahr überschritten werden darf, beträgt 10.251 €. Auch wenn die Erwerbschwelle nicht überschritten wird, kann zur Steuerpflicht optiert werden. 13

Dienstleistungen, die von einem zyprischen Steuerpflichtigen grenzüberschreitend empfangen werden und unter die Steuerschuldnerschaft des Leistungsempfängers fallen, sind ebenfalls steuerbare Umsätze im Sinne des zyprischen Rechts. Schließlich sind Einfuhren von Waren von außerhalb der Europäischen Union in Zypern umsatzsteuerbar. 14

Unternehmen aus der EU, die Telekommunikations-, Rundfunk-, Fernseh- oder elektronische Leistungen an Nichtsteuerpflichtige erbringen, sind damit zwar in Zypern seit dem 01.01.2015 umsatzsteuerpflichtig. Sie können jedoch das MOSS-Verfahren nutzen und sind damit nicht registrierungspflichtig. 15

Bei Unternehmen aus Nicht-EU-Staaten besteht die Möglichkeit, für entsprechende Umsätze die Sonderregelung zu nutzen, sich in einem einzigen EU-Mitgliedstaat zu registrieren und dort sämtliche Umsätze zu melden.

16 In Zypern ansässige Unternehmer, die eine Umsatzgrenze von 15.600 € nicht übertreffen, können als **Kleinunternehmer** besteuert werden (vgl. Schedule 1 Art. 1 Mehrwertsteuergesetz). Falls sie diese Möglichkeit nutzen, schulden sie keine Umsatzsteuer, haben jedoch auch kein Vorsteuerabzugsrecht.

17 Zypern hat eine besondere Umsatzsteuerregelung für das **Leasing von Yachten** erlassen, die an verschiedene Bedingungen geknüpft ist. Dabei wird ein Anteil der Leasingrate, die eine in Zypern ansässige Leasinggeberin einem Nichtunternehmer berechnet, als in internationalen Gewässern erbracht und damit als nicht steuerbar behandelt. Der Anteil hängt vom Antrieb der Yacht (Motor oder Segel) und von deren Rumpflänge ab. In der größten Kategorie (über 65 Meter) beträgt dieser nicht steuerbare Anteil 90 %. Die Europäische Kommission hat Zypern mit Schreiben vom 08.03.2018 aufgefordert, die Regelung anzupassen, da sie diese als nicht unionsrechtskonform ansieht. Andernfalls drohe ein Vertragsverletzungsverfahren.

4 Unternehmer bzw. Steuerpflichtiger

18 Als Steuerpflichtiger nach zyprischem Recht gilt jede natürliche oder juristische Person, die im Zuge einer geschäftlichen Betätigung in Zypern Waren liefert oder Dienstleistungen erbringt (vgl. Art. 3 Mehrwertsteuergesetz).

19 Ein ausländischer Unternehmer hat in Zypern eine umsatzsteuerliche **Betriebsstätte** (feste Niederlassung), wenn er dort eine Geschäftseinrichtung unterhält (z. B. Büro, Lager), von dort Lieferungen oder Dienstleistungen erbringt und Personal unterhält. Es wird auf die Präsenz hinreichender Personen- und Sachmittel abgestellt. Im Gesetz findet sich keine Definition.

5 Organschaft bzw. Mehrwertsteuergruppe

20 Zypern sieht die Möglichkeit einer Mehrwertsteuergruppe (umsatzsteuerliche Organschaft) zwischen in Zypern mehrwertsteuerlich erfassten Unternehmern vor (vgl. Art. 32 des Mehrwertsteuergesetzes). Bedingung ist, dass zwischen den Gruppenunternehmen enge finanzielle, wirtschaftliche und organisatorische Verbindungen bestehen. Allerdings kann eine Mehrwertsteuergruppe auch dann errichtet werden, wenn die Mitglieder von einer dritten Person gemeinsam finanziell beherrscht werden. Holdinggesellschaften oder andere Nichtunternehmer können nicht Teil einer Mehrwertsteuergruppe sein. Nur Gesellschaften können zur Mehrwertsteuergruppe gehören.

Die Organschaft erfordert eine Antragstellung. Dabei muss ein Gruppenmitglied als der Hauptvertreter benannt werden. Der Hauptvertreter ist für die Abgabe aller Umsatzsteuermeldungen und alle Umsatzsteuerzahlungen der Gruppenmitglieder gegenüber den Steuerbehörden verantwortlich. Die geschäftlichen Aktivitäten der anderen Gruppenmitglieder gelten umsatzsteuerlich als durch den Hauptvertreter ausgeführt. Lieferungen oder Dienstleistungen innerhalb der Gruppe gelten als Innenumsätze und sind damit nicht steuerbar. Jedes Gruppenmitglied kann für seine eigenen Umsatzsteuerschulden durch die Steuerbehörden in Anspruch genommen werden.

6 Bemessungsgrundlage

Grundsätzlich ist der vereinbarte Nettopreis (Entgelt) die steuerliche Bemessungsgrundlage (vgl. Art. 14 ff. Mehrwertsteuergesetz). 21

Bei unentgeltlichen Vorgängen ist der Einkaufspreis bzw. die Selbstkosten im Umsatzzeitpunkt anzusetzen (vgl. Art. 14 ff. Mehrwertsteuergesetz). 22

Bei Geschäften zwischen nahestehenden Personen kann die Steuerbehörde verlangen, dass der Marktpreis angesetzt wird, wenn eine der Parteien kein volles Vorsteuerabzugsrecht hat. 23

7 Steuersätze und Steuerbefreiungen

7.1 Regelsteuersatz

Seit dem 13.01.2014 beträgt der Regelsteuersatz in Zypern 19 % (vgl. Art. 17 Mehrwertsteuergesetz). 24

7.2 Ermäßigte Steuersätze

Das zyprische Umsatzsteuergesetz sieht zwei ermäßigte Steuersätze vor, und zwar von 9 % und von 5 % (vgl. Art. 18 und 18A Mehrwertsteuergesetz). 25

Der ermäßigte Steuersatz von 5 % gilt unter anderem für die folgenden Umsätze (vgl. Schedule 5 Mehrwertsteuergesetz): 26

- Leistungen von Bestattungsunternehmen,
- Leistungen von Schriftstellern und Komponisten,
- Kunstgegenstände vom Urheber,
- Abfallsammlung und Entsorgung,
- Umsätze mit Düngemitteln,
- Umsätze mit Tierfutter,
- Umsätze mit Flüssiggas,
- Lieferungen von Wasser,
- verschiedene Waren für behinderte Personen,
- Bustransport,
- Bücher, Zeitschriften, Zeitungen und ähnliche Gegenstände,
- Friseurleistungen,

- Lieferung von Medikamenten, Verhütungsmitteln und Damenhygieneprodukten,
- die meisten Lebensmittel, ausgenommen Catering, Alkoholika und Softgetränke mit Kohlensäure,
- Eintritte zu Theatern, Zoos, Museen usw. sowie zu Sportveranstaltungen,
- Kauf, Herstellung oder Renovierung eines Hauses oder einer Wohnung, wenn als privater Hauptwohnsitz vorgesehen, mit weiteren Bedingungen,
- Unterkünfte in Hotels oder ähnlichen Einrichtungen einschließlich Ferienwohnungen, einschließlich eventueller Unterkünfte mit Halbpension unter Vollpension, auch unter Einschluss alkoholischer Getränke.

27 Der ermäßigte Steuersatz von 9 % gilt unter anderem für die folgenden Umsätze (vgl. Schedule 12 Mehrwertsteuergesetz):
- Leistungen von Restaurants (ausgenommen alkoholische Getränke),
- Transport von Personen und Gepäck durch Taxis,
- Inlandstransport von Personen auf dem Wasserweg.

7.3 Steuerbefreiungen

28 Das zyprische Umsatzsteuerrecht enthält sowohl Steuerbefreiungen mit Vorsteuerabzugsrecht (echte Steuerbefreiungen) als auch Steuerbefreiungen ohne Vorsteuerabzugsrecht (unechte Steuerbefreiungen).

29 Zu den Steuerbefreiungen mit Vorsteuerabzugsrecht gehören insbesondere (vgl. Art. 25 und Schedule 6 Mehrwertsteuergesetz):
- innergemeinschaftliche Lieferungen und Ausfuhrlieferungen,
- Umsätze für die Seeschifffahrt und die Luftfahrt,
- Goldlieferungen an die Zentralbank,
- Internationale Personenbeförderung,
- Umsätze in Freizonen oder Zolllagern.

30 Steuerbefreiungen ohne Vorsteuerabzugsrecht bestehen unter anderem für (vgl. Art. 26 und Schedule 7 Mehrwertsteuergesetz):
- Bank- und Finanzumsätze,
- Versicherungsumsätze,
- ärztliche Leistungen,
- Universalpostdienstleistungen,
- bestimmte Unterrichtsleistungen,
- bestimmte Leistungen der Sozialfürsorge,
- bestimmte kulturelle Leistungen,
- Glücksspielumsätze,
- Lieferungen von Immobilien (ausgenommen neue Gebäude; ab dem 02.01.2018 sind Lieferungen von Baugrundstücken ebenfalls ausgenommen),
- Vermietung von Immobilien. (nur bis November 2017, danach steuerpflichtig mit Ausnahme der Vermietung für private Wohnzwecke)

31 Eine Option zur Steuerpflicht gibt es in Zypern nicht.

32 Bei Ausfuhrlieferungen und innergemeinschaftlichen Lieferungen ist ein **Belegnachweis** zu führen. Bei **Ausfuhrlieferungen** ist dies üblicherweise das zollrechtliche Ausfuhrdokument, das entweder den Lieferer als Ausführer zeigt oder eindeutig auf die Rechnung referenziert.

Bei **innergemeinschaftlichen Lieferungen** soll der Nachweis durch eine Gesamtheit geeigneter Unterlagen (Frachtpapiere, Zahlungsnachweise, Bestellungen, usw.) erbracht werden.

Ausfuhrlieferungen im Reisegepäck sind steuerfrei, wenn die Ausfuhr innerhalb von drei Monaten nachgewiesen wird und der Einkaufswert mindestens 50 € Brutto beträgt. 33

Zypern hat eine Regelung für **Umsatzsteuerlager** eingeführt (vgl. Art. 13C und Schedule 11 Mehrwertsteuergesetz). Umsätze im Umsatzsteuerlager sind steuerbefreit. 34

Unter anderem können folgende Waren in einem Umsatzsteuerlager gehalten werden:
- Zinn, Kupfer, Zink, Nickel, Aluminium, Blei, Indium, Silber, Platin, weitere Metalle,
- bestimmte Getreide, Nüsse und Saaten, Kartoffeln und pflanzliche Öle,
- Tee, Kakaobohnen, Rohzucker, ungerösteter Kaffee, Oliven,
- Kautschuk, Wolle,
- bestimmte Chemikalien und Mineralöle.

8 Steuerschuldnerschaft des Leistungsempfängers

Nach dem zyprischen Umsatzsteuerrecht ist die Steuerschuldnerschaft des Leistungsempfängers unter anderem für folgende Umsätze anzuwenden: 35
- In Zypern steuerbare Dienstleistungen, die ein nichtansässiger Unternehmer an einen in Zypern ansässigen Steuerpflichtigen erbringt (vgl. Art. 11 Mehrwertsteuergesetz)
- In Zypern steuerbare Lieferungen von Gas oder Elektrizität, die ein nichtansässiger Unternehmer an einen in Zypern registrierten Unternehmer erbringt (vgl. Art. 11A Mehrwertsteuergesetz)

Zypern hat eine Steuerschuldnerschaft des Leistungsempfängers für folgende Umsätze zwischen im Land ansässigen Unternehmen eingeführt: 36
- Lieferungen und Leistungen bezüglich der Veränderung, des Abrisses, der Renovierung oder der Unterhaltung von Gebäuden oder Bauwerken, einschließlich Leistungen von Projektentwicklern, Architekten, Bauingenieuren usw. (vgl. Art. 11B Mehrwertsteuergesetz),
- Lieferungen von Schrott (vgl. Art. 11C Mehrwertsteuergesetz).

9 Besondere Umsatzsteuerregelungen für bestimmte Unternehmen

9.1 Besteuerung von Reiseleistungen

Zypern hat die Margenbesteuerung für Reiseveranstalter (Art. 306 bis Art. 310 Mehrwertsteuersystemrichtlinie) umgesetzt (vgl. Art. 41 Mehrwertsteuergesetz). Die Regelung bewirkt, dass Reiseveranstalter, die ihr unterliegen, nur Umsatzsteuer auf die Marge zwischen den Eingangsleistungen und den Ausgangsumsätzen schulden, wobei die Umsatzsteuer aus der Marge heraus- 37 zurechnen ist. Zugleich besteht kein Vorsteuerabzugsrecht. Insoweit ähnelt die Regelung der in Deutschland bestehenden Regelung des § 25 UStG.

9.2 Differenzbesteuerung

38 In Zypern besteht eine Differenzbesteuerung für den Handel mit Gebrauchtwaren, Kunstgegenständen, Antiquitäten und Sammlungsobjekten (vgl. Art. 40 Mehrwertsteuergesetz). Die Regelung hat zur Folge, dass Umsatzsteuer nur auf die Marge zwischen Eingangsleistungen und Ausgangsleistungen erhoben wird. Zugleich ist der Vorsteuerabzug aus Eingangsleistungen ausgeschlossen.

9.3 Sonderregelung für Landwirte

39 Zypern hat eine Sonderregelung für Landwirte eingeführt (vgl. Art. 42 Mehrwertsteuergesetz). Sie begünstigt auch Fischer und Viehzüchter. Eine Reihe von Aktivitäten, insbesondere im Bereich der Verarbeitung von Produkten, sind nicht begünstigt.

Die Regelung führt dazu, dass die Landwirte weder Umsatzsteuer schulden noch ein Vorsteuerabzugsrecht haben. Stattdessen erhalten sie eine pauschale Steuerkompensation von 5 % der begünstigten Umsätze.

Auf Antrag kann die Regelbesteuerung durchgeführt werden.

10 Entstehung der Steuer

10.1 Besteuerung nach vereinbarten Entgelten

40 Grundsätzlich gilt in Zypern das Prinzip der Besteuerung nach vereinbarten Entgelten.

41 Bei der **Lieferung von Gegenständen** entsteht die Umsatzsteuer im frühesten der folgenden drei Zeitpunkte: Verschaffung der Verfügungsmacht, Erhalt der Bezahlung, Datum der Rechnungstellung (vgl. Art. 9 Mehrwertsteuergesetz).

42 Bei **Dienstleistungen** entsteht die Umsatzsteuer im frühesten der folgenden drei Zeitpunkte: Erbringung der Dienstleistung, Erhalt der Bezahlung, Datum der Rechnungstellung.

43 In beiden Fällen gilt, dass bei **Rechnungsstellung** innerhalb von 14 Tagen nach der Lieferung oder der Dienstleistung das Rechnungsdatum maßgeblich ist, es sei denn, es ging vorher schon eine Zahlung ein. Die Steuerbehörde kann einen längeren Zeitraum als 14 Tage für diese Regelung gestatten.

44 Bei **Dauerleistungen**, die für mehr als ein Jahr ausgeführt werden und die nicht zu Zahlungen oder Abrechnungen während dieser Zeit führen, wird jeweils mit Ablauf des Kalenderjahres eine anteilige Steuerentstehung angenommen.

45 Die Steuer auf **innergemeinschaftliche Erwerbe** entsteht mit Rechnungsstellung, spätestens jedoch zum 15. Kalendertag des auf den Erwerb folgenden Monats.

10.2 Berichtigung der Umsatzsteuer bei Uneinbringlichkeit oder aus anderen Gründen

Eine Berichtigung der Umsatzsteuer wegen Uneinbringlichkeit setzt einen gesonderten Antrag bei der Finanzbehörde voraus. Es ist nachzuweisen, dass die Forderung wertberichtigt wurde und alle notwendigen Maßnahmen (Mahnungen usw.) unternommen wurden (vgl. Art. 27 Mehrwertsteuergesetz). Außerdem ist ein Zeitraum von zwölf Monaten abzuwarten und der Antrag muss innerhalb von vier Jahren nach der Steuerentstehung gestellt werden (vgl. zu näheren Informationen Schreiben der Finanzbehörde Nr. 14 aus Januar 2002). 46

Ist der Kunde ein Unternehmer, so muss er über den Antrag auf Umsatzsteuerberichtigung informiert werden.

Andere Entgeltanpassungen (Preisänderung, Rückzahlung, Rückgängigmachung) führen stets zu einer Umsatzsteueranpassung. Dies erfordert, anders als im deutschen § 17 UStG geregelt, dass der leistende Unternehmer einen Entgeltminderungsbeleg an den Leistungsempfänger übermittelt. 47

10.3 Besteuerung nach vereinnahmten Entgelten

Unternehmen, die in den letzten zwölf Monaten nicht mehr als 25.000 € Umsatz hatten, können die Besteuerung nach vereinnahmten Entgelten wählen (vgl. Art. 42E Mehrwertsteuergesetz). Dann schulden sie die Umsatzsteuer erst bei Zahlung des Kunden. Es sind weitere Bedingungen zu erfüllen, u. a. keine offenen Steuerschulden aus der Vergangenheit. 48

11 Vorsteuerabzug und Rechnungen

11.1 Allgemeines

Grundsätzlich sind umsatzsteuerliche Unternehmer aus den für ihr Unternehmen bezogenen Lieferungen und sonstigen Leistungen zum Vorsteuerabzug berechtigt. Regelmäßig ist der Vorsteuerabzug durch eine ordnungsgemäße Rechnung bzw. im Fall der Einfuhrumsatzsteuer durch ein ordnungsgemäßes Zolldokument nachzuweisen (vgl. Art. 21 ff. Mehrwertsteuergesetz). 49

11.2 Beschränkungen des Vorsteuerabzugs

Nach dem Umsatzsteuerrecht von Zypern berechtigen verschiedene Aufwendungen nicht zum Vorsteuerabzug. Entsprechende Beschränkungen gelten unter anderem für die folgenden Aufwendungen: 50

- Unterkunft, Speisen und Getränke (außer für Angestellte),
- Anschaffung, Miete oder Leasing von PKW.

51 Weiterhin sind Vorsteuerbeträge vom Abzug ausgeschlossen, wenn sie im Zusammenhang mit unecht steuerfreien Umsätzen stehen.

52 Führt ein Unternehmen sowohl zum Vorsteuerabzug berechtigende als auch nicht zum Vorsteuerabzug berechtigende Umsätze aus, so sind Vorsteuerbeträge zunächst direkt zu Abzugs- bzw. Ausgangsumsätzen zuzuordnen, wenn dies möglich ist. Für alle anderen Posten ist eine Aufteilung der Vorsteuerbeträge vorzunehmen. Die Vorsteueraufteilung geschieht als Regelmethode nach einem globalen Umsatzschlüssel. Abweichende Methoden können mit der Steuerbehörde vereinbart werden, wenn sie sachgerecht sind. Auch kann die Steuerbehörde eine abweichende Methode anordnen, wenn die das Ergebnis der Umsatzmethode als verzerrend bewertet.

11.3 Vorsteuerüberhänge

53 Bei einem Vorsteuerüberhang aus einer Umsatzsteuermeldung wird dieser nicht direkt ausgezahlt, sondern grundsätzlich vorgetragen und kann dann mit den Zahllasten der folgenden Meldezeiträume verrechnet werden.

Es besteht eine gesonderte Möglichkeit, eine Erstattung zu beantragen, indem ein spezielles Formular eingereicht wird. Allerdings kann die Erstattung nur erfolgen, wenn der Vorsteuerüberhang auf einem der folgenden Gründe basiert:

- Ausführung steuerfreier Umsätze mit Vorsteuerabzugsrecht,
- Ausführung außerhalb Zyperns steuerbarer Umsätze,
- Erwerb von Anlagegütern,
- Überhang besteht seit mindestens drei Jahren.

11.4 Berichtigung des Vorsteuerabzugs

54 Nach dem zyprischen Umsatzsteuergesetz gilt für Gegenstände, die nicht nur einmalig genutzt werden, grundsätzlich ein Vorsteuerberichtigungszeitraum von fünf Jahren bzw. für Grundstücke, Gebäude und verwandte Wirtschaftsgüter ein Zeitraum von zehn Jahren.

Die Vorsteuerberichtigung erfasst auch Patente, Lizenzen u.ä. ab einem Preis von 17.000 € bei mehrjähriger Nutzung (vgl. Art. 19 Mehrwertsteuergesetz).

11.5 Rechnungen

55 In Zypern steuerpflichtige Unternehmer sind grundsätzlich verpflichtet, für alle steuerpflichtigen und steuerfreien Umsätze einschließlich Ausfuhrlieferungen und innergemeinschaftlichen Lieferungen an Unternehmer eine ordnungsgemäße umsatzsteuerliche Rechnung auszustellen.

56 Korrekturbelege, z. B. bei Entgeltminderung, müssen sich eindeutig auf die Ursprungsrechnungen beziehen und den Berichtigungsgrund bezeichnen. Außerdem müssen sie innerhalb eines Monats nach Entdeckung des Fehlers oder nach Abschluss einer Vereinbarung über eine Preisanpassung ausgestellt werden, damit sie umsatzsteuerlich wirksam sind.

Abrechnungen im **Gutschriftsverfahren** sind zulässig, wenn die Steuerbehörde zugestimmt hat (vgl. Schedule 10 Art. 1B Mehrwertsteuergesetz). 57

Umsatzsteuerrechnungen müssen folgende Angaben enthalten (vgl. Schedule 10 Art. 1A Mehrwertsteuergesetz): 58

- Name und Anschrift des Leistenden und dessen Umsatzsteueridentifikationsnummer,
- Name und Anschrift des Leistungsempfängers,
- Datum der Ausstellung,
- eindeutige, fortlaufende Rechnungsnummer,
- Datum der Lieferung oder Leistung bzw. der erhaltenen Anzahlung, falls feststellbar und abweichend vom Datum der Ausstellung,
- Leistungsbeschreibung,
- Nettoentgelt, getrennt nach Steuersätzen und Steuerbefreiungen,
- Umsatzsteuerbetrag und Umsatzsteuersatz,
- Hinweis auf eventuelle Steuerbefreiungen oder Entgeltminderungen,
- Ggf. Hinweis auf Besteuerung nach vereinnahmten Entgelten.

Es gibt keine allgemeine Vereinfachung für Kleinbetragsrechnungen. 59

Bei **Einzelhandelsumsätzen** mit einem Wert von weniger als 85 € gilt allerdings eine vereinfachte Rechnungsstellungspflicht. Diese müssen nur folgende Elemente enthalten: 60

- Name und Anschrift des Leistenden und dessen Umsatzsteueridentifikationsnummer,
- Datum der Ausstellung,
- Leistungsbeschreibung,
- Gesamtentgelt und Umsatzsteuersatz.

11.6 Elektronische Rechnungsstellung

Seit dem 01.01.2013 sind Papierrechnungen und digitale Rechnung gleichgestellt (vgl. Schedule 10 Art. 2 Mehrwertsteuergesetz). 61

11.7 Rechnungen in fremder Währung

Rechnungen dürfen in Fremdwährungen oder in Euro ausgestellt werden. Rechnungen mit Umsatzsteuerausweis müssen zwingend auf Euro lauten. 62

Fremdwährungen sind nach dem Marktwechselkurs oder dem Kurs der zyprischen Zollbehörde umzurechnen.

12 Steuererklärungen und weitere Steueranmeldungen

12.1 quartalsweise Umsatzsteuermeldungen

63 Es sind Umsatzsteuermeldungen pro Kalendervierteljahr abzugeben. Abgabetag ist jeweils der 10. Tag des zweiten Folgemonats, also z. B. der 10. Mai für das erste Kalendervierteljahr. Die Steuer ist am gleichen Tag fällig.

Aktuell ist sowohl die digitale Abgabe als auch die Papierabgabe zulässig. Jedoch wird erwartet, dass in naher Zukunft auf verpflichtende digitale Einreichung umgestellt wird.

12.2 Umsatzsteuerjahreserklärungen

64 In Zypern gibt es keine Umsatzsteuerjahreserklärung.

12.3 Umsatzsteuer-Identifikationsnummer

65 Die zyprische Umsatzsteuer-Identifikationsnummer besteht aus neun Zeichen (acht Zahlen und ein Buchstabe), mit dem vorangestellten Ländercode CY.

12.4 Zusammenfassende Meldung im innergemeinschaftlichen Waren- und Dienstleistungsverkehr

66 Unternehmen, die innergemeinschaftliche Lieferungen oder Dienstleistungen nach Art. 44 Mehrwertsteuersystemrichtlinie ausführen, müssen grundsätzlich eine monatliche Zusammenfassende Meldung abgeben.

Die Zusammenfassende Meldung ist bis spätestens zum 15. Kalendertag des Folgemonats einzureichen und zwingend digital abzugeben.

13 Straf- und Bußgeldvorschriften

67 Es gelten die folgenden Vorschriften:

- **Verspätete Umsatzsteuermeldung**
  In diesen Fällen wird automatisch eine Strafe von 51 € erhoben.
- **Verspätete Umsatzsteuerregistrierung**
  In diesen Fällen wird automatisch eine Strafe von 85 € pro Monat der Verspätung erhoben.
- **Verspätete Umsatzsteuerzahlung**

Es wird ein Strafzuschlag von 10 % erhoben. Außerdem fallen Zinsen mit einem Jahreszins von 4 % an.

- **Unterlassene Meldung von Umsatzsteuer als Leistungsempfänger und Steuerschuldner**
  In diesen Fällen wird automatisch eine Strafe von 85 € erhoben.
- **Falsch ausgestellte Umsatzsteuerrechnung**
  In diesen Fällen wird automatisch eine Strafe von 85 € erhoben.
- **Nichtzahlung einer durch den VAT Commissioner festgesetzten Umsatzsteuer**
  Bis zu zwölf Monate Haftstrafe sowie Geldstrafe von 8.543 €.

Unternehmen, die Umsatzsteuer in einer Rechnung falsch ausweisen, schulden diese grundsätzlich bis zu einer Korrektur. 68

14 Behandlung nicht ansässiger Unternehmen

Ein nicht ansässiges Unternehmen ist nach zyprischem Verständnis ein Unternehmen, das keine feste Niederlassung in Zypern unterhält. Nicht ansässige Unternehmen müssen sich in Zypern umsatzsteuerlich registrieren, wenn sie mindestens eine der folgenden Aktivitäten ausführen: 69

- in Zypern steuerbare Lieferungen von Gegenständen (z. B. Lieferungen an Privatpersonen),
- in Zypern steuerbare Versandhandelslieferungen,
- in Zypern steuerbare sonstige Leistungen, die nicht unter die Steuerschuldnerschaft des Leistungsempfängers oder das MOSS-Verfahren fallen,
- Bewirken eines innergemeinschaftlichen Erwerbs in Zypern.

Die Lieferschwelle für Versandhandelslieferungen beträgt 35.000 €.

Nichtansässige Unternehmen, die in einem anderen EU Mitgliedstaat niedergelassen sind, sind berechtigt, sich direkt, d. h. ohne Einschaltung eines Fiskalvertreters, in Zypern umsatzsteuerlich zu registrieren. 70

Unternehmen aus Nicht-EU-Staaten sind nicht allgemein verpflichtet, einen in Zypern ansässigen Fiskalvertreter zu bestellen. Jedoch kann die Steuerbehörde dies anordnen. Ein Fiskalvertreter haftet gesamtschuldnerisch für die Umsatzsteuerverbindlichkeiten. Alternativ kann eine Bürgschaft als Sicherheit für die erwartete Steuerschuld dienen. 71

Eine Vereinfachungsregelung für **Konsignationslager** gibt es in Zypern nicht (vgl. entsprechend OFD Frankfurt am Main, Verfügung vom 23.02.2017, S 7100a A-004-St 110). 72

15 Vorsteuervergütungsverfahren

15.1 EU-Unternehmen

73 Für Unternehmen mit Sitz in einem anderen Mitgliedstaat der Europäischen Union ist in Zypern die Vergütung von Vorsteuerbeträgen nach der Richtlinie 2008/9/EG möglich. Wie in anderen Mitgliedstaaten üblich, hat der Antragsteller einen digitalen Vorsteuervergütungsantrag im Portal der für ihn im Heimatstaat zuständigen Finanzbehörde einzureichen (in Deutschland: Bundeszentralamt für Steuern). Die Antragsfrist ist grundsätzlich der 30.09. des Folgejahres (Ausschlussfrist).

Dem Antrag sind gescannte Rechnungskopien beizufügen, soweit das Nettoentgelt einen Betrag von 1.000 € bzw. 250 € bei Kraftstoffen übertrifft.

Der Mindestvergütungsbetrag in einem Antrag für weniger als ein Jahr muss 400 € betragen, und andernfalls gilt ein Mindestbetrag von 50 €.

15.2 Nicht-EU-Unternehmen

74 Unternehmen mit Sitz in Drittstaaten können einen Vorsteuervergütungsantrag nach der 13. Richtlinie einreichen. Die Vorsteuervergütung setzt nach zyprischem Recht eine Gegenseitigkeit mit dem Sitzstaat des Antragstellers voraus. Aktuell besteht nur Gegenseitigkeit mit Israel und der Schweiz.

Anträge können für ganze Kalenderjahre oder mindestens drei Monate umfassende Teilperioden gestellt werden.

Der Mindestvergütungsbetrag in einem Jahresantrag muss 25 € betragen, oder 205 € bei Anträgen für kürzere Perioden.

Ein Antrag muss grundsätzlich spätestens bis zum 30.06. des Folgejahres gestellt werden. Es handelt sich um eine nicht verlängerbare Ausschlussfrist.

Der Antragsteller muss seine Unternehmereigenschaft mit einer durch seine Heimatsteuerbehörde ausgestellten Unternehmerbescheinigung nachweisen, die maximal ein Jahr alt sein darf. Außerdem muss er die Originalrechnungen dem Antrag beifügen.

Die Behörden können die Bestellung eines Fiskalvertreters verlangen.

Stichwortregister

Western world, which has been so marked a feature of the last century and a half, resulted in ethno-centric attitudes on the part of the West which were reflected in its historiography. Although the decolonization process ushered in by the Second World War is now almost complete, and although there has been a revolution in the writing of the history of the non-Western world during recent decades, much of the former bias still persists, particularly in works of reference. In the present volume, therefore, the attempt has been consciously made to set the record straight, to provide a balanced presentation shorn of the prejudices which accorded to the activities of non-Westerners a very minor role during the era of imperialism and colonialism. This is true not only of the politically-oriented Basic Chronology, but also of the Topical, where non-Western economic, social, and cultural achievements are given their just due.

Throughout the volume events and sequences of events are arranged chronologically. For convenience, however, an entire story has sometimes been told under one key year or group of years. For this reason, among others, an exceptionally full Index has been provided. Reference to it will enable the reader to locate the page or pages on which the major description of an event appears, as well as the pages containing additional or subsidiary entries. In other cases it has been found appropriate to divide a subject into several entries by country and chronological segment. The Congress of Vienna, for example, which is described in the "Nationalism, Liberalism, and Reaction in Europe, 1800–71" section of the Basic Chronology, appears under "The Hapsburg Lands, 1800–15," but also under "The Italian States and the Risorgimento, 1800–15," under "Russia, 1809–14," and "Russia, 1815–25," under "The Unification of Germany, 1807–15," and under "Great Britain and Ireland, 1815–15." Here again, reference to the Index, and also to the Contents, which is comprehensive, will enable the reader to make sure that he has not missed any vital entries.

Because the feature which distinguishes the modern age most sharply from its predecessors is the technological revolution, a major portion of the Topical Chronology is devoted to the section entitled "Economic Development and Technology." Within this section, the subject matter is handled by major time segments for major world areas, the latter arranged according to their relative status on the economic development scale. Headings within subsections follow the same order throughout: agriculture (and animal husbandry), raw materials, labor, energy, manufacturing and industry, transportation, communications, finance, foreign trade, foreign investment, business organization, government policy, and "other factors." This style of arrangement means that the reader may skip, tracing a particular theme for one country, group of countries, or the whole world from 1760 to the present, or, if he wishes, read straight through to gain a perspective of world-wide economic development and technological change (or lack of it) during a series of particular time spans.

All dates are by reference to the modern Western (Gregorian) calendar. For the Western world itself, this has been simple to achieve, since all the countries of Europe and the Americas, except Russia, had adopted the Gregorian system by 1760, the starting date of the encyclopedia. Russian Old Style dates (to 1917) and dates taken from sources which employed non-Western calendars, eras, and annual reckoning systems have been converted to their Gregorian equivalents.

The work is designed to be read as well as referred to. To this end some repetition has been permitted, in the belief that the reader will not wish to be burdened with a multiplicity of cross-references. In a few cases, where large topics fell naturally under more than one heading, and where duplication would have been unreasonably wasteful of space, cross-references have been supplied.

Foreign personal and place names appear in the text in the forms most likely to be familiar to the general reader. Where these forms, because of the development of modern scientific systems of transliteration, have become obsolete, the more correct versions have been added, where the name first occurs in each case, in parentheses: thus, "Muscat (Masqaṭ)." Both forms, cross-referenced where necessary, appear in the Index.

The editors wish to express their gratitude to Cass Canfield, of Harper & Row, who initiated the project, to the late James Fergus McRee, copyeditor, who detected many errors and inconsistencies, and to Beulah Hagen, who saw the work through the press. Lilli Tanzer drew the maps from the designs of Susan McNamara. John C. Caldwell supplied the information upon which the world demography maps are based. Our thanks are also due to the editorial consultants and to more than fifty contributors and research and editorial assistants. A world encyclopedia of this scope and complexity could not have been produced in four years without their sustained and dedicated labor.

R.B.M.

Columbia University G.W.I.

I

BASIC CHRONOLOGY

THE DEMOCRATIC REVOLUTION IN THE WESTERN WORLD, 1760–1825

The United States and Europe, 1760–99

THE AMERICAN REVOLUTION

THE COLONIAL POWERS IN COLLISION. By the middle of the 18th cent. 3 major European powers appeared solidly entrenched in the Western Hemisphere. The vast Spanish Empire embraced all of South America (save for Portugal's Brazil and the British and Dutch Guianas), all of Central America (save for British Honduras), major islands in the Caribbean, and on the North American continent the Floridas, California, and the Southwest. France held Canada and certain islands in the Caribbean, while the world-wide British Empire numbered some 31 colonies, extending from Hudson Bay to Borneo, from the Honduran logwood coast to the Bay of Bengal, and embracing almost 15 m. people. Some of these colonies, those involving control over non-English peoples (United East India and Royal African Companies) or over vast largely unpopulated domains (Hudson's Bay Co.), were administered by private business companies chartered by the crown. Others were owned and governed by private proprietors (Maryland, Pennsylvania, and Delaware). Two colonies, Connecticut and Rhode Island, managed to hold on to their original self-governing status. However, a clear trend toward the setting up of royal provinces had emerged. The royal colonies, numbering 8 of the original North American 13 (including Georgia after 1732) along with the British West Indian islands, were ruled by governors named by the king. Other instruments of British colonial control were the Board of Trade (1696), which after 1748 emerged as a central agency of colonial supervision, such crown officials as the Secretary of State for the Southern Department (special Colonial Secretary created 1768), the Admiralty, the War Office, and the Privy Council, which reviewed colonial laws and acted as the highest court of appeal from the colonies.

The original 13 colonies had long enjoyed a considerable measure of self-government. Their assemblies, like the House of Commons, played an indispensable role in raising colonial revenue, and by 1750 had wrested control over expenditures from the governors, as well as much of the appointing power.

2ND 100 YEARS' WAR. 1689–1763. During the period, Great Britain and France (along with other European powers) fought 4 wars to maintain that delicate balance of power both in continental Europe and in the colonial world deemed necessary to survival as 1st-rate powers. Allies of the major antagonists switched sides as their own interests dictated. These wars resulted in France being stripped of her empire in America. By the Treaty of Utrecht, 1713, Britain won Newfoundland, Acadia, and Hudson Bay from France, and from Spain the cession of Gibraltar and the island of Minorca. By the Treaty of Paris, 1763, ending the Seven Years' War, 1756–63, which began in America in 1754 as the French and Indian War, Britain acquired Canada and all of France's territorial claims east of the Mississippi except New Orleans. In exchange for East and West Florida, captured in the war, Britain returned Cuba to Spain; France, to compensate Spain for her substantial losses, gave her New Orleans and the Louisiana Territory, retaining only the two fishing islands of St. Pierre and Miquelon and privileges of fishing off the Grand Banks.

The financial burdens imposed upon Britain both by the war and by the new responsibilities of the peace gave rise to a new issue of taxation in the colonies, while at the same time the expulsion of the French from North America freed the colonists from fear of foreign aggression and the need for protection by the British Empire.

1763

PROCLAMATION OF 7 OCT. In process of formulating a policy for the newly acquired territory in North America, the crown issued a proclamation forbidding settlement west of the Alleghenies, ordering colonists already there to leave, and placing the area under the control of the British military commander in America. The proclamation also established English law and royal governments for the new provinces of Quebec, East Florida, West Florida, and Grenada.

PONTIAC'S REBELLION. 7 May–28 Nov. The British acquisition of the old Northwest posed problems of relations between Indians and white settlers. Numerous grievances, including a British refusal to supply the Indians with ammunition, incited the Ottawa chief Pontiac and his followers to revolt. Beginning in May 1763, the Indians destroyed every British post west of Niagara until Col. Henry Bouquet defeated them at Bushy Run, thereby saving Ft. Pitt. Many tribes signed treaties at Presque Isle, 12 Aug., with Col. John Bradstreet, and in Nov. Pontiac lifted a 5-month siege of Detroit; he finally made peace at Oswego, 24 July, 1766, with the Indian Commissioner Sir William Johnson (1715–74).

1764

AMERICAN REVENUE ACT (SUGAR ACT). 5 Apr. This measure, the first aimed specifically at raising a crown revenue in the colonies, was proposed by the Chancellor of the Exchequer, Lord Grenville, to assure that the Americans would shoulder the heavy fiscal burden of colonial defense. It increased duties on non-British products imported into the colonies, added to the list of "enumerated" goods (sent only to England), and levied a 3d. per gal. tax on foreign molasses. Grenville ensured enforcement by overhauling the inefficient customs service and establishing a vice-admiralty court (no jury) at Halifax.

CURRENCY ACT. This act extended to all the colonies the ban on legal-tender paper money in effect in New England since 1751. Virginia, which had emitted £250,000 in paper, was the main target. Colonial opposition to this deflationary measure and to the Sugar Act forecast trouble for the coming years.

STAMP ACT. 22 Mar. The Stamp Act was the first direct tax imposed by Parliament on America. It sought to raise £60,000 annually for colonial defense by a levy on newspapers, legal documents, ships' papers, licenses, etc. The tax evoked united opposition throughout the colonies.

TAXATION AND REPRESENTATION. Lawyer Daniel Dulany of Maryland argued (*Considerations*) that Parliament could not levy internal revenue taxes like the Stamp Act on colonies which could not feasibly be represented in it. In Virginia the House of Burgesses asserted that only the provincial legislature could tax Virginia.

STAMP ACT CONGRESS. 7–25 Oct. Delegates from 9 colonies met in New York and adopted John Dickinson's (1732–1808) moderate "Declaration of Rights and Grievances," 19 Oct., which asserted that the Stamp Act violated the colonists' right as British subjects to be taxed only by bodies in which they had representation.

PRESSURES FOR REPEAL. To hasten redress of their grievances, merchants in New York, Philadelphia, and Boston banned the purchase of European goods (nonimportation), and the other colonists ceased transactions requiring stamps or openly violated the law when it became inoperative, 1 Nov. British merchants, whose exports to America plummeted from £2,249,710 worth in 1764 to £1,944,108 worth in 1765, also sought repeal from the Rockingham ministry, which had replaced the Grenville government, 10 July.

1766

REPEAL. 18 Mar. Parliament responded by repealing the offensive legislation, but passed the Declaratory Act, 18 Mar., which asserted its jurisdiction over the colonies "in all cases whatsoever."

TRADE LAWS MODIFIED. 1 Nov. Parliament set a ld. per gal. duty on all molasses and removed export duties on British West Indian sugar.

NEW YORK AND THE QUARTERING ACT. In Jan. the assembly refused to comply fully with Parliament's Quartering Act, Mar. 1765, which required the colonies to provide barracks and provisions for British troops. A clash, 11 Aug., between redcoats and citizens exacerbated the situation, and Governor Sir Henry Moore prorogued the recalcitrant legislature, 19 Dec. Under threat of parliamentary suspension, the assembly appropriated £3,000, 6 June, 1767.

1767

TOWNSHEND ACTS. 29 June. A number of acts proposed by Charles Townshend, Chancellor of the Exchequer in the Chatham government, levied supposedly acceptable external taxes (import duties on glass, lead, paints, paper, and tea) on America to defray the costs of the military, judiciary, and civil government there. Another measure established new vice-admiralty courts and an American Board of Customs Commissioners in Boston to assure true compliance.

1768

MASSACHUSETTS CIRCULAR LETTER. 11 Feb. This letter, drawn up by Samuel Adams (1722–1803) and circulated by the assembly, attacked the Townshend Acts as violating the principle of no taxation without representation, and denounced any attempt to make colonial governors and judges independent of the people. Governor Francis Bernard dissolved the legislature, and he also dissolved the next one when it voted 92–17 not to rescind the letter, 30 June. Seven "rescinders" lost their seats in the 1769 election.

BRITISH TROOPS IN BOSTON. 1 Oct. The presence of the frigate *Romney* in Boston Harbor emboldened the harassed customs commissioners to seize, 10 June, the sloop *Liberty* in which John Hancock (1737–93) allegedly was smuggling Madeira wine. Fearing the angry townsmen, the customs officials took refuge next day in Castle William and called for troops. Two infantry regiments landed unopposed, 1 Oct., despite threats of violence by the Sons of Liberty.

PROGRESS OF NONIMPORTATION. Boston merchants, 1 Aug., banned the importation of Townshend-taxed items until repeal, and of most other British goods from 1 Jan., 1769, to 1 Jan., 1770. New York, 28 Aug.; Philadelphia, 10 Mar., 1769; and Baltimore, 30 Mar., merchants also reached nonimportation agreements of varying stringency. By the end of 1769 only New Hampshire remained aloof from nonimportation.

1769

VIRGINIA RESOLVES AND ASSOCIATION. On 16 May the House of Burgesses resolved that only the governor and provincial legislature could tax Virginians, and, 17 May, established the Virginia Association, forbidding the import of dutied British goods (except paper), slaves, and many European luxury items. The spread of the association was rapid, with Maryland, South Carolina, and Georgia endorsing similar programs. Delaware, Connecticut, and Rhode Island residents pledged nonimportation, and the New Jersey assembly voiced support. British exports to America declined from £2,157,218 in 1768 to £1,336,122 in 1769.

1770

TAX TEA ONLY. 12 Apr. Lord North came to power, 31 Jan., and, pledging that he would levy no new taxes on America, withdrew all the Townshend duties except that on tea. The collapse of nonimportation quickly followed. New York's defection, July, from the various associations prompted Philadelphia, Sept.; Boston, Oct.; South Carolina, Dec.; and Virginia, July 1771, also to withdraw.

UNREST IN NEW YORK. Several people were seriously injured in a clash, 16 Jan., between Sons of Liberty and redcoats in New York ("Battle of Golden Hill"). Alexander McDougall, a leader of the Sons, was imprisoned by the assembly for contempt, 13 Dec., 1770–27 Apr., 1771, after he attacked it in a broadside for appropriating £2,000, 15 Dec., 1769, in compliance with the Quartering Act.

BOSTON MASSACRE. 5 Mar. The incident known as the Boston Massacre was the culmination of several clashes between townsmen and redcoats. About 9 P.M. on 5 Mar., at the command of a person never identified, a detachment of soldiers fired into a mob of taunting civilians, killing 5. Charged with murder and defended by patriot lawyers John Adams (1735–1826) and Josiah Quincy (1744–75), 5 redcoats were acquitted and 2, pleading clergy, were burned in the hand for manslaughter.

1772

THREATS TO HOME RULE. After nightfall on 9 June the merchant John Brown led some men in burning the customs schooner *Gaspee,* which was aground near Providence. A commission of inquiry learned nothing from the uncooperative Rhode Islanders. Announcements that the crown would henceforth pay the Massachusetts governor, 13 June, and judges, Sept., thus rendering them independent of the General Court, aroused concern.

NEW COMMITTEES OF CORRESPONDENCE. Samuel Adams, through the Boston town meeting, set up a standing committee of correspondence, and other towns in the province followed Boston's example, as did every colony except North Carolina and Pennsylvania by Feb. 1774.

1773

TEA ACT. 10 May. Parliament rescued the nearly bankrupt East India Company by allowing it to sell tea directly to consignees in the colonies, and by remitting fully all British duties on the product when exported there. Thus, despite a 3d. per lb. import duty in America, the company could undersell both honest colonial merchants and smugglers. The colonists, who especially feared the monopolistic aspects of the Tea Act, managed by threats and persuasion to procure the resignations of the tea consignees in Philadelphia, Oct., and New York, 1 Dec., but not in Boston.

BOSTON TEA PARTY. 16 Dec. Trouble resulted when Governor Hutchinson refused, 16 Dec., to allow the ship *Dartmouth,* which lay in Boston Harbor, to return to England without paying duty. Bostonians disguised as Mohawk Indians boarded the ship and dumped all the tea (342 chests) overboard. Charleston's consignment was landed without opposition, 22 Dec., and stored until the patriots seized and sold it in July 1776. On 22 Apr., 1773, some New York "Indians" (Sons of Liberty) held a tea party, and Annapolis men burned the *Peggy Stewart* and her tea cargo on 19 Oct.

1774

COERCIVE ACTS. 31 Mar., 20 May. George III and Parliament sought to punish Boston for her tea party. The

Boston Port Bill virtually closed the port until the town compensated the East India Company and the customs. The Administration of Justice Act, 20 May, allowed crown officers indicted in Massachusetts for capital offenses committed in quelling riots or collecting revenue to stand trial in England. The Massachusetts Government Act empowered the king to appoint the Council (previously elected by the Assembly), gave him and the governor control of judicial selections, and required the governor's approval for town-meeting agendas.

QUEBEC ACT. 20 May. This act established a permanent Canadian civil government, with a crown-appointed legislative council, the taxing power reserved to Parliament, and the rights of Catholics guaranteed. The colonists, who inaccurately counted it among the "Intolerable" (Coercive) Acts, disliked these alien features and the extension of the Canadian boundary to encompass lands claimed by Virginia, Connecticut, and Massachusetts.

COLONIAL PROTEST. The Boston town meeting demanded immediate economic sanctions against Britain, but moderates in Philadelphia, 21 May, and New York City, 23 May, suggested instead an intercolonial gathering. The General Court agreed, and during the summer all the colonies except Georgia nominated delegates to a congress to be held in Philadelphia in Sept.

1ST CONTINENTAL CONGRESS. 5 Sept.–26 Oct. Radicals like the Adamses (Mass.) quickly convinced the 56 delegates meeting in Carpenters Hall to endorse the Suffolk Resolves, adopted earlier in Massachusetts. These resolutions advised the populace to disobey the unconstitutional Coercive Acts, form a government to collect and withhold taxes from the crown, raise a militia, and enforce economic sanctions against Britain.

GALLOWAY'S PLAN OF UNION. 28 Sept. The delegates defeated the plan of the Pennsylvania conservative Joseph Galloway (1731–1803) to establish a subordinate American branch of Parliament, composed of a president-general appointed by the king and a council periodically elected by the assemblies, whose consent as well as Parliament's would be necessary for any law dealing with America.

DECLARATION AND RESOLVES. 14 Oct. The Congress denounced numerous parliamentary acts for violating colonial rights, including the assemblies' exclusive control, subject to royal veto, of taxation and internal policy.

CONTINENTAL ASSOCIATION. 18 Oct. The delegates pledged their colonies to start nonimportation of British goods and of slaves, 1 Dec.; nonconsumption, 1 Mar., 1775; and nonexportation to British areas, 1 Sept., 1775. Extralegal local committees were to enforce the association, a modified version of which even Georgia adopted. After sending an address to Americans, Britons, and the king, the Congress adjourned, 26 Oct., 1775.

WAR PREPARATIONS IN NEW ENGLAND. The Massachusetts House constituted itself a provincial legislature, 7 Oct., and empowered a Committee of Safety under John Hancock to call out the militia. In Portsmouth, N.H., patriots confiscated arms and ammunition, without bloodshed, from Ft. William and Mary.

1775

CONCILIATION PLANS. Feb. The Lords rejected Chatham's suggestion, 1 Feb., that Parliament, in return for a voluntary revenue and acceptance of her supreme legislative authority, should recognize the Continental Congress and pledge not to raise a revenue in America. However, the Commons endorsed, 27 Feb., North's proposal that Parliament "forbear" from levying revenue taxes on colonies whose assemblies voluntarily contributed money.

CRISIS IN NEW ENGLAND. Massachusetts' 2nd Provincial Congress met, 1 Feb., to prepare the colony for hostilities which Patrick Henry (1736–99) prophesied as imminent in his famous "Liberty or Death" speech, 23 Mar. Parliament declared Massachusetts to be in rebellion, 9 Feb., and Lord Dartmouth, Secretary of State for the Colonies, authorized General Thomas Gage (governor since May 1774) to use force, if necessary, against the inhabitants.

LEXINGTON AND CONCORD. 19 Apr. Gen. Gage, 18 Apr., detailed Lt. Col. Francis Smith's 700 men to destroy patriot supplies at Concord. Paul Revere, dispatched along with William Dawes by Boston's Committee of Safety to give the alarm, warned Sam Adams and John Hancock at Lexington, where the next morning 70 "Minute Men" confronted the advancing British. The patriots were obeying Maj. John Pitcairn's order to disperse when his men, hearing the report of an unidentified firearm, opened fire without orders; 8 Americans died in the ensuing skirmish. Smith went on to accomplish his mission at Concord, but paid a heavy price to colonial snipers, who killed 73 and wounded 174 of his men on the road back to Charlestown. The Americans, who had lost 93 killed, wounded, and missing, then began a siege of Boston which lasted until Mar. 1776.

CAPTURE OF FORT TICONDEROGA. 10 May. Ethan Allen's "Green Mountain Boys" captured Ft. Ticonderoga on Lake Champlain by surprise, 10 May. Benedict Arnold (1741–1801), instructed by the Boston Committee of Safety to take Ticonderoga, accompanied Allen. Americans also seized Crown

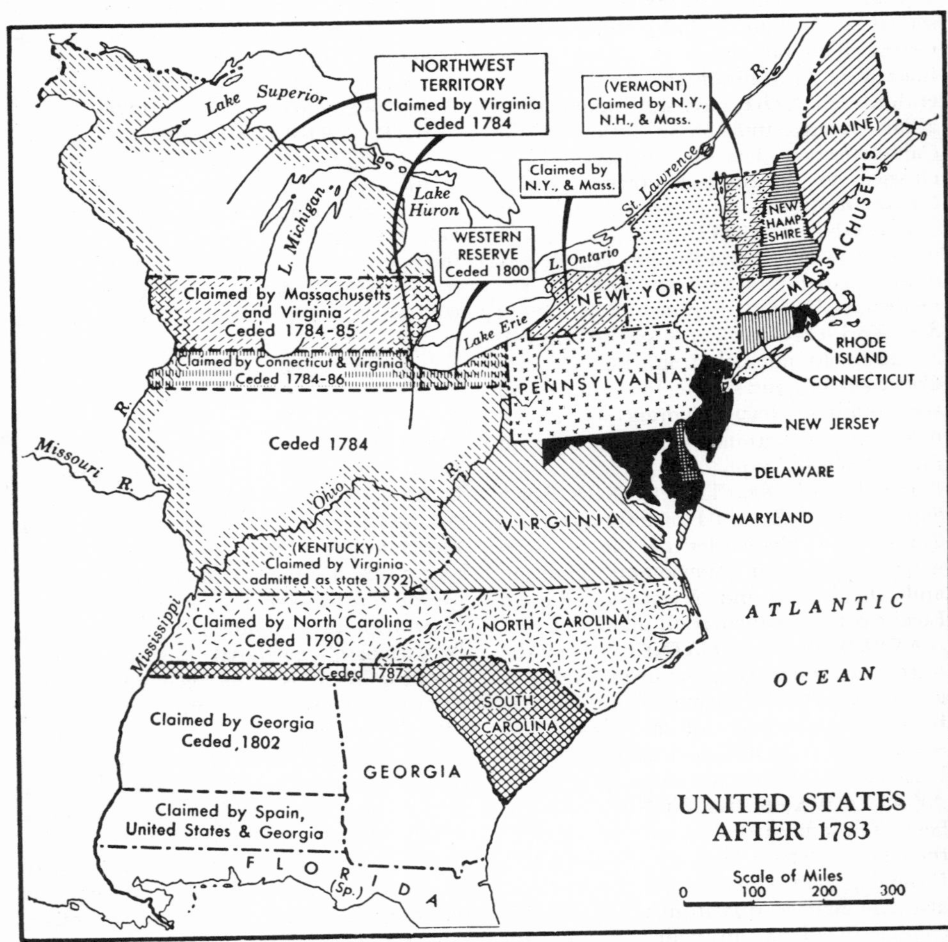

UNITED STATES AFTER 1783

Point, N.Y., 12 May, and St. John's, Canada, 16 May.

WASHINGTON NAMED COMMANDER. 15 June. Congress accepted the troops besieging Boston as a Continental Army, and arranged to raise money and more men, 10–22 June. On Thomas Johnson's (Md.) motion, which John Adams seconded, Congress unanimously named George Washington (1732–99) commander in chief, 15 June, and appointed Artemas Ward, Charles Lee, Philip Schuyler, and Israel Putnam major generals, 17 June.

BUNKER HILL. 17 June. The Americans, discovering Gen. Gage's plans to occupy Dorchester Heights overlooking Boston on 18 June, countered by fortifying Breed's Hill on the Charlestown peninsula on the night of 16–17 June. Gage decided to send Maj. Gen. William Howe with 2,400 men to dislodge the 1,600 colonists under Col. William Prescott. After 2 unsuccessful frontal assaults, Howe's men, reinforced by troops of Maj. Gen. Henry Clinton, dropped their heavy packs and routed the powderless patriots from Breed's Hill and Bunker Hill with a bayonet charge. British casualties of 1,054 (many of them officers) as opposed to 397 American losses made it a Pyrrhic victory.

OLIVE BRANCH PETITION. 5 July. This petition, written by John Dickinson and adopted by Congress, expressed Americans' devotion to George III and their desire for a peaceful reconciliation. Before adjourning, 2 Aug., Congress also endorsed, 6 July, a "Declaration of the Causes and Necessities of Taking Up Arms" by Thomas Jefferson (1743–1826) and Dickinson, and rejected, 31 July, Lord North's reconciliation plan.

EXPEDITIONS AGAINST QUEBEC. Aug.–Dec. When Gen. Schuyler fell ill at St. John's, Gen. Richard Montgomery became commander of an expedition from New York designed to prevent an attack from Canada. Montgomery drove the British commander, Sir Guy Carleton, back to Quebec, Nov., and there joined Benedict Arnold, 3 Dec., who had arrived, 13 Nov., with troops from Cambridge. They launched a disastrous attack against Quebec, 31 Dec., in which nearly 100 Americans were killed or wounded, including Montgomery (killed) and Arnold (wounded), and over 300 were captured.

CONGRESS RECONVENES. 12 Sept. Learning, 9 Nov., that George III had rejected the Olive Branch Petition and declared the colonies to be in rebellion, 23 Aug., Congress, with Georgia present, disavowed allegiance to Parliament, 6 Dec.

NAVY ESTABLISHED. 13 Oct. Congress authorized a navy of 2 (later 4) ships of 10 guns each; adopted regulations for it, 28 Nov.; and commissioned officers, 22 Dec., naming Esek Hopkins (R.I.) commodore. It also encouraged privateering, issuing letters of marque and reprisal, 23 Mar., 1776.

COMMITTEE OF CORRESPONDENCE. 29 Nov. A Committee of Correspondence was established by Congress to contact friends of America in Europe.

HOSTILITIES IN THE SOUTH. 11 Dec. At Great Bridge angered colonists defeated and drove from Virginia the Loyalist forces of Governor Dunmore, who had offered, 17 Nov., freedom to slaves deserting rebel masters.

1776

MILITARY BALANCE SHEET. When hostilities commenced, each side had certain advantages and certain weaknesses. The patriots, armed with the superior American rifle and fighting on their own soil under George Washington's excellent leadership, lacked training, supplies, and naval support. The professional British army, well-equipped and financed, was tactically inflexible, far from home, and failed adequately to mobilize Loyalist assistance.

"COMMON SENSE." 9 Jan. The appearance of Thomas Paine's (1737–1809) pamphlet, *Common Sense,* which denounced George III and the institution of monarchy, brought many Americans to favor independence.

BRITISH EVACUATION OF BOSTON. 17 Mar. In early Mar., the colonists set up Gen. Henry Knox's artillery on Dorchester Heights, thus making Boston untenable. Gen. Howe, commanding the

British since 10 Oct., 1775, embarked his soldiers and 1,000 Loyalists on troopships, 17 Mar., and sailed to Halifax.

FRENCH AID. Apr.–May. The French foreign minister, Comte de Vergennes, seeking to weaken Britain, persuaded Louis XVI to give the Americans 1 m. livres in munitions, 2 May, through a fictitious company headed by French agent Pierre Caron de Beaumarchais. Meanwhile, the Americans, 6 Apr., opened their ports to all nations except Britain.

RETREAT FROM CANADA. May–July. After unsuccessfully besieging Quebec, Arnold's troops, under Gen. John Thomas, began to retreat, May. Harassed by Carleton's men, they joined Arnold at St. John's and reached Ticonderoga in July. Both sides began to build fleets to control Lake Champlain.

HOSTILITIES IN THE SOUTH. June. Gen. Henry Clinton's British expeditionary force arrived off the coast of Charleston, S.C., 1 June, where Gen. Charles Lee assumed command, 4 June. Clinton failed to capture the city as Col. William Moultrie's men, inflicting over 200 casualties, smashed an assault by Sir Peter Parker's warships on nearby Sullivan's Island, 28 June.

MOVEMENT TOWARD INDEPENDENCE. June. On 7 June, Richard Henry Lee (Va.) offered a resolution that the United Colonies "are, and of right ought to be, free and independent States," and Congress, postponing a decision, named, 11 June, Jefferson, Benjamin Franklin (1706–90), John Adams, Robert Livingston (1746–1813), and Roger Sherman to draft a Declaration of Independence. Jefferson, drawing upon the "natural rights" political philosophy, drafted the document.

DECLARATION OF INDEPENDENCE. Independence was voted by Congress as 12 colonies approved Lee's resolution of 7 June. The New York delegation, under instructions, 11 June, from the Provincial Congress, abstained. The same colonies voted, 4 July, to endorse an amended version of Jefferson's Declaration. New York's Provincial Congress approved the Declaration, 9 July, and Congress ordered the document engrossed and signed by the delegates, 19 July. Hancock (president) and Thomson (secretary) had signed it on 4 July, and most affixed their signatures on 2 Aug., but some, like Matthew Thornton (N.H.), did so later.

BATTLE OF LONG ISLAND. 27 Aug. Anticipating Gen. Howe's selection of New York City as his base, Washington brought his army there from Boston, 21 Mar.–13 Apr. From July to Aug., Howe landed 32,000 troops on Staten Island and brought 20,000 of them to Long Island, 22–25 Aug. On 27 Aug., Howe captured Gen. Sullivan and inflicted 1,500 casualties on the Americans, who fled to Brooklyn Heights, from where Washington stealthily shipped them by night, 29–30 Aug., to Manhattan.

STATEN ISLAND PEACE CONFERENCE. 11 Sept. This conference, requested by the king's commissioners, Gen. William and Adm. Richard Howe (brothers), was fruitless as Franklin, John Adams, and Edmund Rutledge rejected the British *sine qua non,* withdrawal of the Declaration of Independence.

BRITISH OCCUPATION OF NEW YORK CITY. 15 Sept. Howe landed troops at Kips Bay, and occupied New York City. Washington, fearing that he and his men would be trapped, retreated to Harlem Heights, where he repelled a British assault, 16 Sept.

BATTLE OF VALCOUR BAY. This battle, 11 Oct., and that of Split Rock, 13 Oct., resulted in defeats for Arnold's outgunned Lake Champlain fleet at the hands of Carleton's sailors. Winter's approach forced Carleton to return to Canada, 3 Nov., without attacking Ticonderoga.

RETREAT ACROSS NEW JERSEY. 18 Nov.–20 Dec. Washington withdrew to White Plains, 23 Oct., and, after the British had captured the high ground there, 28 Oct., retreated to North Castle, 1 Nov. In Manhattan, Howe's troops captured 2,818 patriots in Ft. Washington, 16 Nov., and two days later Gen. Cornwallis' approach forced Gen. Greene to abandon Ft. Lee, N.J. Meeting at Hackensack, Greene and Washington retreated across New Jersey into Pennsylvania, 11 Dec. After giving Washington almost dictatorial powers, Congress prudently removed itself to Baltimore.

COUP AT TRENTON. 26 Dec. Returning to New York, Howe left only a few small garrisons in New Jersey. Washington crossed the Delaware River by night, 25 Dec., and surprised the Trenton detachment, capturing 918 Hessians, while suffering only 5 casualties. He returned to Pennsylvania and then reoccupied Trenton, 30–31 Dec.

1777

COUP AT PRINCETON. 3 Jan. Howe quickly sent troops to Trenton, 1 Jan., and they made light contact with the Americans, 2 Jan. Cornwallis planned to attack the next day, but Washington slipped away by night to Princeton, where he routed, 3 Jan., a British column which had attacked his vanguard, and then led his men to winter quarters in Morristown.

FOREIGN AFFAIRS. Congress reconvened in Philadelphia on 12 Mar., and reconstituted the Committee for Secret Correspondence as the Committee for Foreign Affairs. Also it appointed several commissioners to represent America abroad, sending Arthur Lee, 1 May, to Spain; Ralph Izard, 7 May, to Tuscany; and William Lee, 9 May, to Vienna and Berlin. Foreign officers contributing their talents to the American cause included (date of commission in parentheses) Maj. Gens. the Marquis de Lafayette (31 July) and "Baron" Johann de Kalb (15 Sept.), Col. of Engineers Thaddeus Kosciusko (18 Oct., 1776), and Inspector Gen. Baron Friedrich Wilhelm von Steuben (5 May, 1778).

FALL OF PHILADELPHIA. 23 July–26 Sept. Leaving New York, 23 July, Howe landed 15,000 men at Head of Elk, 25 Aug. He defeated Washington at Brandywine Creek, 11 Sept., and Gen. Anthony Wayne at Paoli, 21 Sept., and occupied Philadelphia, 26 Sept. Congress fled to Lancaster, 19 Sept., and then to York, 30 Sept.

BATTLE OF GERMANTOWN. 4 Oct. Washington's army suffered 700 casualties in a futile attack on the main British encampment at Germantown. He withdrew and took up winter quarters at Valley Forge, mid-Dec. Cornwallis forced the evacuation, 20 Nov., of Ft. Mercer, thus clearing the Delaware as far north as Philadelphia for British vessels.

NORTHERN CAMPAIGN. Gen. John Burgoyne put his plan of 28 Feb. into operation. This plan envisaged a 3-pronged attack on New England. Burgoyne himself drove south from Canada, 17 June, and seized Mt. Defiance overlooking Ft. Ticonderoga, 2 July, which Gen. Arthur St. Clair evacuated, 5 July.

Col. Barry St. Leger, leading the 2nd prong east from Oswego, besieged Col. Peter Gansevoort's men in Ft. Stanwix, 3 Aug. Mohawk chief Joseph Brant inflicted heavy casualties on Gen. Nicholas Herkimer's men coming to relieve Stanwix, 6 Aug., but St. Leger retreated to Oswego, 22 Aug., as Arnold approached with 1,000 men.

Burgoyne sent Lt. Col. Baum to capture badly needed supplies stored at Bennington, Vt., but Gen. John Stark's patriots mauled the attackers, 16 Aug. Nevertheless, Burgoyne pressed on to attack Bemis Heights, where the American commander, Gen. Horatio Gates, with 6,000 men repulsed him at Freeman's Farm, 19 Sept. Gens. Daniel Morgan and Ebenezer Learned checked Burgoyne's assault on the American left, 7 Oct., and a daring charge by Benedict Arnold drove the British back on Bemis Heights, from where they retired to Saratoga, 8 Oct.

The attack's 3rd prong, a drive up the Hudson, never materialized, as Howe was in Pennsylvania and Gen. Henry Clinton ventured north only to Esopus. His situation hopeless, Burgoyne asked for terms, 13 Oct., and by the Convention of Saratoga, 17 Oct., his 5,700 men laid down their arms.

ARTICLES OF CONFEDERATION. 15 Nov. A committee led by Dickinson had proposed Articles of Confederation on 12

July, 1776. On 15 Nov., 1777, they were adopted by Congress and submitted for ratification. Each state was to have one vote in the Confederation Congress and was to share proportionately the expenses of government.

1778

FRANCO-AMERICAN ALLIANCE. 6 Feb. The French, who feared the possible effect of new British peace proposals offered after the defeat of Burgoyne, finally recognized American independence in two treaties (1) of amity and commerce and (2) of alliance, 6 Feb., the latter setting forth war objectives and a formal agreement not to make a separate peace. Conrad Gérard became French minister to the U.S., Mar., and Congress ratified the treaties, 4 May, naming Franklin minister to France, 14 Sept.

CARLISLE PEACE COMMISSION. 12 Apr. Lord North, hoping to prevent congressional ratification of the Franco-American alliance, pledged, 16 Mar., to repeal the Tea and Coercive Acts and levy no revenue taxes in America. Furthermore, Parliament commissioned, 12 Apr., the Earl of Carlisle, William Eden, George Johnstone, and the Howe brothers as peace emissaries, empowered, if necessary, to promise suspension of all acts passed since 1763. When the negotiators arrived, 6 June, Congress informed them, 17 June, that it would discuss only the withdrawal of British troops and the recognition of American independence. When the commissioners' Manifesto and Proclamation, 3 Oct., appealing directly to the people, also came to nothing, they returned to England, 27 Nov.

JOHN PAUL JONES'S RAIDS. Apr. Privateers were the mainstay of the American naval effort, taking 733 prizes by 1778. The exploits of Capt. John Paul Jones's *Ranger* were especially daring. Roaming the Irish Sea, Jones captured 2 ships, 14–17 Apr., burned another, spiked the guns of the fort at Whitehaven, England, 23 Apr., and defeated the British sloop *Drake* off northern Ireland, 24 Apr.

BATTLE OF MONMOUTH. 28 June. Distressed by rumors of an approaching French fleet, Clinton, who had replaced Howe on 8 May, abandoned Philadelphia, 18 June, and withdrew across New Jersey with Washington pursuing from Valley Forge. The American vanguard caught Clinton at Monmouth Court House, 28 June, but fled in confusion as Gen. Charles Lee's leadership proved inadequate. Washington regrouped the patriots, and they managed to hold off repeated British assaults. That night Clinton slipped his men away to New York.

CAPTURE OF KASKASKIA. 4 July. Encouraged by Governor Patrick Henry (Va.), the Kentucky militia leader George Rogers Clark drove into the Northwest against enemy forces terrorizing the frontier. Clark took numerous posts, including Kaskaskia, 4 July; he also captured Lt. Gov. Henry Hamilton at Vincennes, 25 Feb., 1779.

FRANCO-AMERICAN ATTACK ON NEWPORT. 29 July–29 Aug. Comte d'Estaing's French fleet arrived near Newport, R.I., 29 July, but the appearance of Admiral Howe's ships, 10 Aug., prevented an attack, and a storm scattered both fleets, 11 Aug. Without naval support, Gen. Sullivan's assault on Newport, 29 Aug., was unsuccessful.

1779

WAR IN THE SOUTH. Jan.–June. The British moved their operation south with much success. After taking Savannah, 29 Dec., 1778, Lt. Col. Campbell captured Augusta, 29 Jan. Moultrie's patriots successfully defended Port Royal, S.C., 3 Feb., and Col. Andrew Pickens defeated Loyalists at Kettle Creek, Ga., 14 Feb., but Gen. John Ashe's attempt to recover Augusta ended in disaster at Briar Creek, 3 Mar., and Gen. Augustine Prevost decisively beat Gen. Benjamin Lincoln's Continentals at Stono Ferry, 19 June.

WAR IN THE NORTH. June–Sept. American success continued in the north as Gen. "Mad Anthony" Wayne recaptured, 15 July, and dismantled the fort at

Stony Point, N.Y., taking almost 700 prisoners. Maj. "Light Horse Harry" Lee drove the British from New Jersey by capturing Paulus Hook, 19 Aug. Avenging frontier massacres, especially those at Wyoming, 3 July, 1778, and Cherry, 11 Nov., 1778, Valleys in Pennsylvania, Gens. John Sullivan and James Clinton defeated, 29 Aug., Indians and Loyalists under Sir John Johnson and Joseph Brant at Newtown (Elmira) and ravaged 40 Iroquois villages.

SPANISH DECLARATION OF WAR. 21 June. In accordance with the Convention of Aranjuez, 12 Apr., with France, Spain entered the war, 21 June, after Britain had rejected her demand for Gibraltar and an ultimatum, 3 Apr. However, fearing for her colonies, Spain refused to recognize American independence.

"BONHOMME RICHARD" AND "SERAPIS." Capt. Jones sailed from France, 14 Aug., in a rehabilitated vessel he renamed *Bonhomme Richard* to honor Franklin. Near England, 23 Sept., he defeated Capt. Pierson's *Serapis,* transferred his crew to it from his own sinking ship, and brought it to port, 6 Oct.

FAILURE AT SAVANNAH. 9 Oct. Admiral d'Estaing and Gen. Lincoln joined forces, 23 Sept., but their attack on Savannah, 9 Oct., failed. The British again took the offensive as Clinton withdrew his troops from Rhode Island, 11 Oct., and left New York, 26 Dec., to attack Charleston.

1780

LEAGUE OF ARMED NEUTRALITY. Catherine II of Russia proposed a League of Armed Neutrality, 28 Feb., declaring that her navy would protect neutral Russian trade. Vergennes encouraged the League, and Denmark, Sweden, the Netherlands, Austria, Portugal, the Kingdom of the Two Sicilies, and Prussia became members.

FALL OF CHARLESTON. 12 May. Clinton besieged Charleston from early Feb. until Lincoln surrendered the city and its 5,400-man garrison, 12 May. Cornwallis took command there when Clinton returned to New York, 5 June.

BATTLE OF CAMDEN. 16 Aug. Gen. Gates, who was commissioned by Congress, 13 June, to oust the British from South Carolina and Georgia, decided to strike with his Southern Army at Cornwallis' supply depot at Camden, S.C. Gates made contact, 16 Sept., but fled 160 miles back to Hillsboro, N.C., when Col. Banastre Tarleton's cavalry smashed his rear. Gen. Nathanael Greene replaced Gates, 14 Oct., and assumed command of the army in the south, Dec. Cornwallis invaded North Carolina, 8 Sept., but turned back when guerrillas under Cols. Isaac Shelby and William Campbell defeated and captured Maj. Patrick Ferguson's 1,100 Loyalists at King's Mountain, 7 Oct.

TREASON OF ARNOLD. 21 Sept. Benedict Arnold, convicted, 26 Jan., for abusing his powers as commander of Philadelphia, resumed, May, a subversive correspondence which he had carried on with Clinton in 1779. Arnold took command of West Point, 5 Aug., and gave Clinton's adjutant, Maj. John André, plans showing the weaknesses of the post, 21 Sept. André, imprudently wearing civilian clothes, was captured, 23 Sept., and executed as a spy, 30 Sept. Arnold, who fled to the warship *Vulture* in the Hudson River, 25 Sept., became a brig. gen. in the British army and took part in several actions against the patriots.

1781

PENNSYLVANIA MUTINY. 2,400 disgruntled veterans decided to march on Philadelphia, 1 Jan. Joseph Reed, president of the Pennsylvania Executive Council, negotiated with them, 7 Jan., and managed to get almost half to return to service. Executions of several malcontents crushed insurrections by New Jersey, late Jan., and Pennsylvanian, May, troops.

ROBERT MORRIS, SUPERINTENDENT OF FINANCE. During a period of acute financial distress Congress appointed Robert Morris (1734–1806) superintendent of finance, 20 Feb. By 1780, Congress had issued $191,500,000 in paper money, which had depreciated drastically. Congress virtually repudiated these "Continentals" by allowing, 18 Mar., 1780, states to use them at one-fortieth of their face value to pay their debts to the central government. Morris improved the situation by (1) having Congress approve, 26 May, a national bank, the Bank of North America; (2) supplying the army by contract rather than requisition, June; and (3) obtaining money from France, May, and the Netherlands, 5 Nov.

RATIFICATION OF ARTICLES OF CONFEDERATION. Maryland signed, 27 Feb., after all the states, including Virginia, 2 Jan., had renounced their claims to western lands, thus completing the ratification of the Articles of Confederation.

WAR IN THE CAROLINAS. Gen. Greene's army re-entered South Carolina, where, with few losses, Gen. Morgan and Col. William Washington's cavalry crushed Tarleton at Cowpens, 17 Jan. Retiring to Virginia, Feb., the patriots returned to North Carolina with 4,400 men. Cornwallis won a Pyrrhic victory at Guilford Courthouse, 15 Mar., and retreated to Wilmington for reinforcements. Despite setbacks at Hobkirk's Hill, 19 Apr.; Ninety-Six, 22 May–19 June; and Eutaw Springs, 8 Sept., by autumn Greene had isolated the British in Charleston.

U.S. PEACE NEGOTIATIONS. Congress appointed John Jay (1745–1829), 13 June, Franklin, Henry Laurens, and Jefferson, 14 June, to assist John Adams to negotiate peace. Advised by the French minister, Chevalier de la Luzerne, Congress, 15 June, reduced its essential demands to independence and sovereignty, and instructed the commissioners not to act without French consent.

INVASION OF VIRGINIA. Cornwallis attacked American bases in Virginia, which were undermining British control of the Carolinas. 7,500 redcoats raided extensively until the junction of the forces of Lafayette, reinforced by Wayne, 10 June, and von Steuben, 19 June, led Cornwallis to retire to Yorktown, 1 Aug., where he could establish sea communications with New York. Washington and Rochambeau, who had reached Newport, 11 July, 1780, with 5,000 French troops, met at Wethersfield, Conn., and decided to attack New York. When Washington learned, 14 Aug., that de Grasse intended to operate in the Chesapeake area instead of supporting the attack, he switched his target to the British positions in Virginia. Feinting toward Staten Island, Washington put the Franco-American army in motion, 21 Aug., south through New Jersey.

YORKTOWN CAMPAIGN. 30 Aug.–19 Oct. Arriving 30 Aug., de Grasse landed his 3,000 troops to join Lafayette near Yorktown. He engaged Adm. Thomas Graves's fleet, 5 Aug., which retired to New York, 10 Aug., after Count Barras's squadron reinforced de Grasse, 9 Aug. French ships fetched Washington's and Rochambeau's soldiers, 14–24 Sept., to Williamsburg, from where they approached Yorktown, 28 Sept. The allies pounded British interior positions with artillery, 9 Oct., and took 2 key redoubts, 14 Oct. Cornwallis asked for terms, 17 Oct.; capitulated, 18 Oct.; and had his 8,000 men lay down their arms, 19 Oct. Washington renewed the siege of New York, to which Clinton, after arriving belatedly off Chesapeake Bay, 24 Oct., with 7,000 reinforcements, had returned.

1782

FALL OF LORD NORTH'S MINISTRY. 20 Mar. Frustrated by British defeats, the Commons rejected further prosecution of the American war, 27 Feb., and authorized negotiations with the rebels, 5 Mar. Rockingham replaced North, 22 Mar., and Sir Guy Carleton became British commander in New York, 4 Apr., to which all British forces were withdrawn.

EARLY PEACE NEGOTIATIONS. 12 Apr.–27 Sept. Richard Oswald met Franklin in Paris, where negotiations began, 27 Sept., after Shelburne, who had replaced the deceased Rockingham on 1 July, virtually authorized recognition of American independence, 19 Sept. Jay arrived from Spain, 23 June, and Adams from the Netherlands, 26 Oct., having obtained Dutch recognition of the U.S., 19 Apr. Laurens, released from prison in England, took little part in the discussions, and Jefferson declined serving.

PRELIMINARY ARTICLES OF PEACE. Deciding not to keep the French, whom they distrusted, fully informed, Jay, Adams, and Franklin presented, 5 Nov., to Henry Strachey and Oswald suggestions which became the basis of the preliminary articles, 30 Nov., and of the definitive peace treaty, 3 Sept., 1783. The stipulations included (1) recognition of U.S. independence; (2) generous American boundaries, including the Mississippi in the west; (3) a guarantee of the right of Americans to fish off Newfoundland and Nova Scotia and of their privilege to dry fish in certain areas; (4) validity of debts owed among nationals of the two countries; (5) exhortation of the states to restore Loyalist property and rights; and (6) withdrawal of British troops from America.

1783

PEACE. Britain signed preliminary treaties with France and Spain, 20 Jan., and declared an armistice, 4 Feb.

TREATY OF PARIS. The Preliminary Articles of Peace were ratified by Congress on 15 Apr., and the definitive Treaty of Paris, 3 Sept., on 14 Jan., 1784.

DEPARTURE OF LOYALISTS. Nearly 100,000 harassed Tories fled the American Revolution. Numerous states disfranchised, removed from office, and even exiled those who would not repudiate George III. By 1782 all the states, complying with a congressional recommendation, 27 Nov., 1777, had confiscated Loyalist property, prompting the British to grant £3,292,452 in compensation by 1790.

RESULTS OF THE REVOLUTION. A vast, independent republic was established. Democracy and liberty were promoted directly or indirectly by the overthrow of the royal and proprietary ruling classes, by property confiscation, by the abolition of primogeniture and entail, and by the disestablishment of the Anglican Church where tax-supported. Massachusetts, New Hampshire, Pennsylvania, Connecticut, and Rhode Island ended slavery, 1780–84, and 11 states prohibited or heavily taxed the slave trade. (*Cont. p. 202.*)

THE FRENCH REVOLUTION

In theory, mid-18th-cent. France was an absolute monarchy. All laws emanated from the king, and the powerful royal intendants administered the provinces. France was the richest and most populous country in Europe. Her population (80% rural) increased from 20 to 25 m. during the 18th cent., which also saw an unprecedented increase in French commerce and industry.

In spite of France's riches, her government was unable to mobilize sufficient resources either to carry out a successful foreign policy or to solve problems of finance. Governmental action was impeded by competition between overlapping ecclesiastical, administrative, and fiscal agencies. Except for a free-trade area in the French heartland, trade was hampered by innumerable tolls. Government revenues were inadequate, due to an inefficient tax-farming system and to exemptions from taxation won in earlier times by the nobility, the church, and various regions and municipalities. The burden of taxation fell mainly on those least able to pay. Moreover, the government's efforts to abolish privilege were usually thwarted by the 13 *parlements* (royal law courts). The judges of the *parlements* bought their offices, and considered themselves guardians of privilege and of the French "constitution." They claimed the right to veto royal legislation, and with popular support successfully nullified attempts to tax privileged groups.

The second half of the 18th cent. was also marked by the emergence of the *philosophes,* of whom the most important were Voltaire (1694–1778), Jean-Jacques Rousseau (1712–78), and Denis Diderot (1713–84). These and other *philosophes* believed in the primacy of reason, and demanded that the state be just, humane, and rationally organized. They advocated the abolition of privilege and the elimination of clerical influence in government. Their influence was widespread and helped to undermine the position of the privileged orders.

1763

TREATY OF PARIS. The weakness of the French government was demonstrated by the Seven Years' War, 1756–63. In Germany, French armies were stalemated by those of petty princelings, while England (a third the size of France in population) seized practically all the French colonies. By the Treaty of Paris, 10 Feb., 1763, France lost to Great Britain Canada, most of her Indian possessions, and 4 West Indian islands. She earlier had had to cede Louisiana to Spain, 3 Nov., 1762.

1764–70

MINISTRY OF CHOISEUL. The Duc de Choiseul (1719–85) had become secretary of state for foreign affairs in Dec. 1758, and later took over the War and Navy ministries as well. He built France up again after the disasters of the Seven Years' War, and reinvigorated the French army and navy. He failed, however, to effect any financial reforms. He fell, Dec. 1770, when Louis XV (ruled 1715–74) vetoed his policy of defending Spanish claims to the Falkland Islands against those of Britain.

1771–74

MAUPEOU'S REFORMS. René Nicolas de Maupeou (1714–92), who became keeper of the seals in 1763 and chancellor in 1768, and Abbé Joseph Marie Terray (1715–78), *contrôleur-général* from 1769 to 1774, believed that the French state could be rejuvenated only by eliminating the *parlements,* which had previously obstructed all reforms. On their advice, Jan. 1771, Louis XV abolished the *parlements* and established new courts, whose justices he himself nominated and could dismiss. The new system functioned successfully up to the death of Louis, 10 May, 1774. Freed from the obstructionism of the *parlements,* Terray was able to invalidate many tax exemptions and privileges.

1774–77

MINISTRY OF TURGOT. Louis XVI (ruled 1774–92) recalled the *parlements* and replaced Terray with Anne Robert Jacques Turgot (1727–81). Turgot cut back pensions and government expenditure, improved the postal services, and allowed limited freedom in the grain trade. In Jan. 1776 he promulgated the Six Edicts, which abolished the guilds and substituted a general tax on land (to finance road building) for the *corvée* (which drafted peasants for work on the roads). Court intrigue and the opposition of the *parlements* caused his fall, May 1776.

1778–83

AMERICAN WAR OF INDEPENDENCE. France joined the American colonists in their struggle for independence from Britain early in 1778. After the British were defeated in North America, peace was made at Versailles, 3 Sept., 1783, France receiving St. Lucia and Tobago in the West Indies and Sénégal and Gorée Island in West Africa.

1783–88

MINISTRY OF CALONNE. The expenses of the American war further weakened French state finances. Charles Alexandre de Calonne (1734–1802), *contrôleur-général* from 1783 to 1787, tried to save the government from bankruptcy by borrowing. When this failed, he proposed a general land tax. In an attempt to bypass the *parlements,* he convoked an Assembly of Notables, Feb. 1787, hoping that this body would approve his proposal. The Assembly, however, came out against a land tax, and Calonne was dismissed, 8 Apr.

MINISTRY OF BRIENNE. Under pressure from the queen, Marie Antoinette (1755–93), Louis XVI then appointed Loménie de Brienne *contrôleur-général* and *premier ministre,* May 1787. Brienne submitted new tax proposals to the Parlement of Paris, which rejected them. Soon the provincial *parlements* joined in harassing the government, and the tax-collecting system began to break down. The keeper of the seals, Lamoignon, decided to solve the crisis with Maupeou's methods. On 8 May, 1788, he suspended the *parlements* and established new law courts.

The church, whose senior offices were staffed wholly by nobles, and the nobility protested. The provincial *parlements* organized popular uprisings against royal authority. On 8 Aug., Louis capitulated to what had become a nation-wide revolt of the privileged orders by recalling the *parlements* and granting their chief demand: the convocation of the Estates-General by 1 May, 1789. On 25 Aug., 1788, Jacques Necker (1732–1804), a Genevan banker who had directed the finances of the French government from 1776 to 1781, was reappointed minister of state.

BALANCE OF POWER IN THE ESTATES-GENERAL. The Estates-General had not met since 1614–15. On that occasion the three estates (clergy, nobility, and commons) had met separately, and no bill could become law unless all three ratified it. The Parlement of Paris declared, 25 Sept., 1788, that the Estates-General should function as they had in the 17th cent. It soon became clear to the urban middle classes, who had previously supported the *parlements* as champions of the rights of the people (or of their own rights), that the *parlements* were willing to act only in defense of aristocratic privilege. The middle classes therefore demanded double representation and voting by head, not by order. If granted, this would have allowed the commons (98% of the population) to hold half the seats in a unicameral legislature. After several provincial riots and a deluge of pamphlets, Necker and the royal council granted, 27 Dec., double representation for the Third Estate, but not voting by head.

POPULAR UNREST. Political crisis coincided with economic crisis. A bad harvest in 1788 sent bread prices up, and widespread suffering was caused. Moreover, from 1787 onward, industry had slumped, due in part to the import of cheap British goods following a lowering of French tariffs in accordance with the Anglo-French Treaty of 1786. In Apr. and May 1789, popular uprisings, provoked by countless grievances both immediate and long-standing, broke out all over France.

1789

MEETING OF THE ESTATES-GENERAL. The Estates-General met at Versailles, 5 May. The clergy and nobility had c. 300 representatives and the commons 600, 65% of whom were lawyers and minor officials. Throughout May, debate centered on whether the Estates-General should vote by head (as advocated by the Third Estate) or by order (as demanded by clergy, nobility, and court). On 10 June, the Third Estate declared that all estates should meet together, and invited the other 2 orders to join it. By 15 June, 12 priests had done so.

NATIONAL ASSEMBLY. On 17 June, the Third Estate renamed itself the National Assembly as an expression of its national rather than class representation. It immediately claimed control over taxation and the right to recast the constitution. Louis XVI retaliated on 20 June by locking the representatives out of the assembly hall. They met in a nearby tennis court, where they swore not to dissolve before writing a constitution (the "Tennis Court Oath"). By 25 June a majority of the clergy (two-thirds of the clerical representatives were priests of humble origin who sympathized with the Third Estate) and 47 nobles had joined the Third Estate. Finally, 27 June, the threat of an uprising in Paris forced the king to order the remaining nobles and churchmen to join the Third Estate.

PARIS COMMUNE AND NATIONAL GUARD. Paris "electors" joined the existing government of that city to form the Commune, 13 July, with Jean Sylvain Bailly (1736–93) as mayor. Marie Joseph, Marquis de Lafayette (1757–1834) became commander of a newly organized militia, later, 10 Aug., sanctioned on a national scale as the National Guard. This "municipal revolution" occurred in similar fashion in all French cities.

STORMING OF THE BASTILLE. The presence of troops around Paris and the dismissal of the popular minister, Necker, 11 July, led to a general insurrection. The Bastille, an arms depot as well as a prison, was attacked in the search for arms, 14 July, and the prisoners inside were freed. Louis withdrew his troops, recalled Necker, and acknowledged the revolutionary tricolor. Some nobles began to emigrate.

THE GREAT FEAR. The rural insurrection of Apr. and May continued sporadically throughout June and July and was intensified by a nation-wide panic in late July and early Aug., the "Great Fear" of imaginary brigands in the service of an aristocratic conspiracy. By this time most peasants were refusing to pay taxes, dues, or tithes. In some regions they attacked châteaux and burned manorial records.

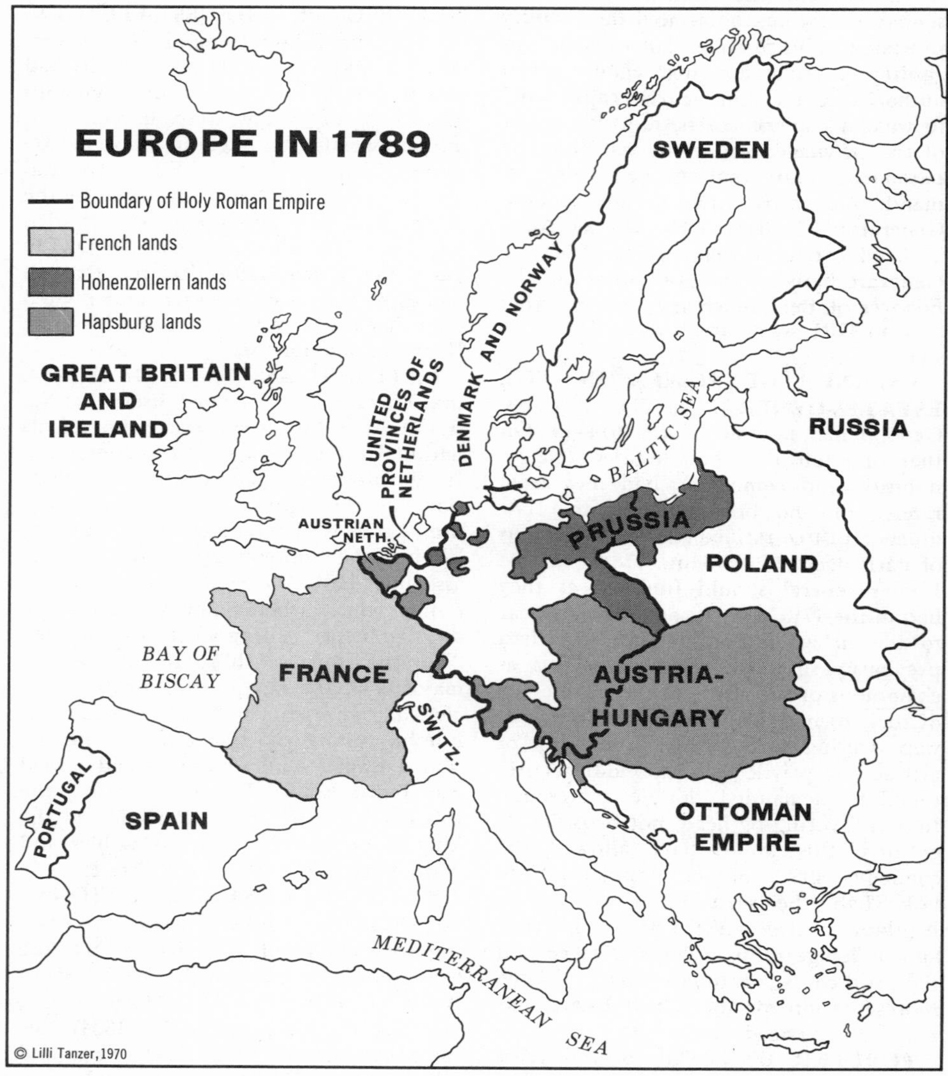

NIGHT OF 4 AUG. On a single dramatic evening, 4 Aug., the Assembly abolished most feudal privileges, although this legislation was modified later, 5–11 Aug. In sum, the Assembly decreed legal and fiscal equality, redemption of seigneurial dues for an indemnity, abolition of labor services and personal dues without compensation, and abolition of tithes and corporate, municipal, and provincial privileges.

DECLARATION OF THE RIGHTS OF MAN. Prior to drafting a constitution, the National Assembly drew up a statement of principle, 26 Aug. It declared as "natural rights" the right to liberty, property, and security, freedom of opinion and the press, and religious toleration, and declared that sovereignty resided in the nation. On 10 Sept. the Assembly decided on a unicameral legislature with a suspensive veto for the king, by which he could delay a measure for 2 successive legislatures. He could not declare war or make treaties without the Assembly's consent.

MARCH ON VERSAILLES. The refusal of the king to sanction the Assembly's decrees, the high price of bread, and the news that royal troops had arrived in Versailles provoked a mass march led by women on Versailles, 5–6 Oct. They broke into the palace and forced the king to sanction the Assembly's legislation, provide grain, and move to Paris. 200 members of the National Assembly resigned; the rest followed the king to Paris.

CONFISCATION OF CHURCH LANDS. To meet the financial crisis the Assembly nationalized all church property, 2 Nov., and used it as security for *assignats,* bonds bearing interest at 5% and redeemable for land.

REORGANIZATION OF LOCAL GOVERNMENT. A decree of 14 Dec. granted communes the right to elect municipal officials. The former provinces were replaced by 83 departments (named on 26 Feb. of the following year) and divided into districts. Each district and department was to have an elective assembly and an elective "directory." A distinction, based on tax payments, between "active" and "passive" citizens restricted the franchise for local elections to about 4 m. out of 6 m. male French adults. There were higher property qualifications for electors to the Legislative Assembly.

1790

CIVIL CONSTITUTION OF THE CLERGY. All monastic institutions except those dedicated to education and charity were dissolved, 13 Feb. The state assumed the debts of the church, and undertook to maintain its function and pay clerical salaries. Many church, as well as royal, lands were confiscated and nationalized. On 14 May the Assembly decreed the auction of nationalized lands in large blocks, which benefited the wealthy bourgeois and peasants, thus securing their loyalty to the revolution. Agrarian unrest continued among large numbers of small peasants and day laborers. On 12 July, dioceses were made coterminous with departments and subordinate to 10 metropolitan areas, headed by archbishops who were to assume the functions of the Holy See in the matter of confirming bishops. All clerics having official functions were to be elected. The bishops and many of the lower clergy opposed these decrees and announced that their approval of them would be contingent on that of the pope. On 27 Nov. the Assembly imposed an oath to uphold the Civil Constitution of the Clergy with the object of bringing recalcitrant clerics into line. All except 7 bishops and half the lower clergy refused to swear this oath.

1791

PAPAL BULL "CARITAS." Confirming an earlier pronouncement, 10 Mar., Pope Pius VI condemned the principles of the revolution and the Constitution of the Clergy by the bull *Caritas,* 13 Apr. To reduce religious discord, however, the Assembly permitted, 7 May, nonjuring priests to conduct services. On 24 May the papal nuncio left France.

THE FLIGHT TO VARENNES. Louis XVI decided on counterrevolution to restore his power and halt the Assembly's attack on the church. He planned to flee France, hoping to enlist the aid of his brother-in-law, the Emperor Leopold II of Austria. He reached Varennes (about 40 miles from the border of the Austrian Netherlands) before being arrested and brought back to Paris, 25 June. There he was suspended, rather than deposed, to prevent foreign intervention; the royal family became virtual prisoners in the Tuileries.

DECLARATION OF PILLNITZ. Leopold II and Frederick William II of Prussia declared their willingness to protect Louis, provided all other European sovereigns agreed, 27 Aug. It was known that Britain would not join in any guarantee of this kind, so the agreement was a dead letter. Both monarchs were hoping to satisfy the demands for intervention being made on them by French *émigrés* in their lands. The Declaration of Pillnitz aroused public opinion in France against both Austria and Prussia.

CONSTITUTION OF 1791. The Assembly incorporated the legislative decrees of 1789–91 as a constitution, 3 Sept., which the king accepted, 14 Sept. The Civil Constitution of the Clergy was detached from this constitution so that it could be amended (as the constitution could not) and so that nonjuring priests could swear allegiance to the new state. On 30 Sept., after disqualifying themselves in respect of the coming elections to the Legislative Assembly, the members of the National Constituent Assembly voted to dissolve.

CONVENING OF THE LEGISLATIVE ASSEMBLY. The seating arrangements in the Legislative Assembly, convened 1 Oct., gave rise to the custom of relating political opinions to location (Right, Left, Center). Of the 745 deputies elected, 264 belonged to the Feuillants, a moderate political club; they joined the Royalists on the Right side of the Chamber. Led by Bailly and Lafayette, they hoped to establish a 2nd chamber, abolish the Civil Constitution of the Clergy, reconcile the *émigrés* to the regime, and avoid war with Austria; they kept close contact with the court. The highest seats on the Left (later known as the "Mountain") were occupied by members of the radical Jacobin Club. These were divided into the supporters of Jacques Pierre Brissot (1754–93) and Pierre Victurnien Vergniaud (1753–93), who advocated war with Austria, and those of Maximilien Robespierre (1758–94), who recommended consolidating the Revolution before engaging foreign powers. The unorganized Center or "Plain" tended to follow the Feuillants on domestic issues and the Brissotins or Girondists on foreign policy.

1792

OUTBREAK OF WAR. Most *émigrés* had fled to the Rhineland, where they vociferously demanded Austrian and Prussian intervention designed to restore the old order and Louis's powers. French relations with Austria deteriorated throughout Jan., and by 7 Feb. Leopold II had decided that war was probable and made a defensive alliance with Prussia. On 1 Mar., Leopold died, and his more bellicose son, Francis II, ascended the throne. In France a Brissotin ministry was formed, headed by Jean Marie Roland (1734–93) and Charles François Dumouriez (1739–1823). On 20 Apr. the Assembly declared war on Austria, but poor preparation and discipline and a lack of leadership (half the officers had emigrated) turned the first encounter, 29 Apr., into a French defeat. At home the reaction was to tighten security. Two decrees, 27 and 29 May, ordered the deportation of refractory priests denounced by at least 20 "active" citizens and the dismissal of the King's Guard. On 13 June, Louis dismissed the Roland ministry. This angered the Girondins, who, 20 June, incited a crowd to invade the Tuileries.

With the 1st allied entry into France, 11 July, the Assembly proclaimed "the fatherland in danger" and called up all able-bodied Frenchmen for military service. Defeat in war and high bread prices had increased radical feeling in Paris. "Passive" citizens were admitted to the sectional assemblies of the 48 electoral and administrative districts of the capital, and the Assembly, 25 July, permitted them to meet daily. On 30 July, "passive" citizens were allowed into the National Guard.

BRUNSWICK MANIFESTO. On 27 July the Duke of Brunswick, commander in chief of the Austro-Prussian forces, threatened Paris with destruction should harm come to the royal family. This action inflamed French public opinion still further. Delegates from the Parisian sections overthrew the municipal government, 9 Aug., and established a more powerful Commune as a rival authority to the Legislative Assembly.

STORMING OF THE TUILERIES. On 10 Aug. a radical crowd invaded the royal palace and killed the Swiss Guards. This marked the beginning of the "2nd French Revolution." The Assembly suspended the king and established a provisional executive council of 6 ministers, headed by Georges Jacques Danton (1759–94). It also summoned a National Convention, to be elected by universal manhood suffrage.

SEPTEMBER MASSACRES. In Paris hysteria mounted as Lafayette defected to the Austrians, 19 Aug.; the frontier fortress of Longwy fell, 23 Aug.; and Verdun capitulated, 2 Sept. The Paris crowd got wind of an imaginary prison plot, attacked the prisons, and slaughtered 1,200 inmates, only 25% of whom were political prisoners. A French victory at Valmy, 20 Sept., halted the allied invasion, and the panic in Paris abated.

CONVENING OF THE NATIONAL CONVENTION. The National Convention met, 20 Sept. The Girondins, led by Roland, had a majority and controlled the ministry. The more radical Mountain, led by Danton and Robespierre, represented the Jacobin Club and drew support from the Parisian sans-culottes (artisans and small tradesmen), so called because they wore long trousers instead of the knee breeches of an aristocrat.

PROCLAMATION OF THE REPUBLIC. On 21 Sept. the Convention abolished the monarchy, and proclaimed a French republic on the 22nd.

FRENCH VICTORIES. In Sept. and Nov. the war began to go better for France. French armies overran Savoy, 22 Sept., and Nice, 29 Sept. General Custine invaded the Rhineland, taking Speyer, 30 Sept., Mainz, 21 Oct., and Frankfurt. Kellermann recaptured Verdun, 8 Oct., and Longwy, 22 Oct., while the Austrians gave up their siege of Lille, 8 Oct. Dumouriez defeated the Austrians at Jemappes, 6 Nov., and occupied all of the Austrian Netherlands. On 27 Nov., at its own request, Savoy was annexed to France.

1793

EXECUTION OF THE KING. The Convention tried Louis XVI, from 11 Dec., 1792, to 14 Jan., 1793, for treason for summoning the aid of France's enemies. It unanimously adjudged him guilty and by a vote of 361–321 sentenced him to death. He was executed, 21 Jan.

WAR DECLARED ON BRITAIN AND THE NETHERLANDS. Britain and the Netherlands had been affronted by France's opening of the Scheldt Estuary to international trade, 16 Nov., 1792, in violation of the Treaty of Westphalia. Britain mobilized, and the Convention declared war on her and on her Dutch ally, thus beginning the War of the 1st Coalition, 1 Feb., 1793–17 Oct., 1797.

FRENCH ANNEXATIONS. In Jan. France annexed Nice, and in Mar. Belgium, the Rhineland, and the Bishopric of Basel.

FRENCH REVERSES. The allies defeated Dumouriez at Maastricht, 1 Mar.; Neerwinden, 18 Mar.; and Louvain, 21 Mar. After failing to persuade his troops to march on Paris and install a constitutional monarchy there, he defected to the Austrians, 5 Apr. The allies also defeated Custine near Mainz, 14 Apr. On 7 Mar. France declared war on Spain, which had been mobilizing. Also in Mar. a counter-revolutionary rebellion began in the Vendée in western France, provoked by the government's decision to call up 300,000 men for the army.

IMPOSITION OF STRICTER GOVERNMENT CONTROLS. On 9 Mar., 80 members of the Convention were endowed with full powers and sent to the provinces to check laxities in administration. On 9 Apr., others were dispatched to the armies to enforce discipline. A Revolutionary Tribunal, a special court which had operated during the first crisis between 17 Aug. and 19 Nov., 1792, was reinstituted, 10 Mar. On 28 Mar., the Convention declared *émigrés* "civilly dead," and confiscated their property. The Convention also imposed the death penalty on anyone advocating in print the dissolution of the Convention or the restoration of the monarchy. On 6 Apr., the executive functions of the ineffectual Committee of General Defense, created 1 Jan., 1793, were transferred to a new Committee of Public Safety, which consisted of 9 (later 12) members, elected monthly. The Committee of Public Safety deliberated in secret and at first had limited powers. On 4 May, because of pressure from the Paris sections and from the Commune, the Convention established price controls for grain, based on average market values. On 21 May, the Convention set up a Commission of 12, composed mostly of Girondins, to investigate sectional disorders and sans-culotte agitation, and on 24 May this commission arrested Jacques René Hébert (1755–94), a popular radical journalist, and 3 other sans-culottes. A large crowd of sans-culottes forced the Convention, 31 May, to abolish the Commission of 12, and 2 days later secured the arrest of 31 Girondin deputies, thus leaving the "Montagnards" in control of the Convention.

FEDERALIST REVOLTS. A number of Girondin deputies fled to the provinces, where they encouraged uprisings against the dominance of Paris. By mid-June, 60 departments, especially those in the south and west, were in revolt. The Convention tried to win over the poorer peasants by decreeing, 3–10 July, the sale and rental of *émigré* lands in small lots and the optional division of common fields. By the end of the year, government forces were in control of the provinces.

CONSTITUTION OF 1793. To ease radical pressure the Jacobins wrote a more democratic constitution, providing for popular referenda of legislation, direct election of the national assembly, and an executive council of 24. Although ratified by 2 m. voters, 24 June, and promulgated, 10 Aug., it was never put into effect.

REORGANIZATION OF THE COMMITTEE OF PUBLIC SAFETY. Absorbing the functions of both the Convention and the Commune, the Committee of Public Safety evolved into a centralized dictatorship, although deputies on mission and local revolutionary committees remained relatively independent. The committee was the first efficient executive of revolutionary France. It suppressed domestic opposition and secured military victory. Danton ceased to be a member, 10 July, and Robespierre became one, 28 July.

ASSASSINATION OF MARAT. 13 July. The murder of Jean Paul Marat (1743–93), a radical publicist, aroused fears of a Girondin resurgence among the Hébertistes and Enragés, who demanded adoption of Marat's programs. To placate them, the government imposed the death penalty on hoarders of food, 26 July, established public granaries, and allocated 100 m. livres for grain purchase, 9 Aug.

LEVÉE EN MASSE. Condé, Mainz, and Valenciennes fell to the allies, 10, 23, 28 July. Troops had to be diverted to the Vendée, 1 Aug., and to Lyons, 4 Aug., to subdue internal revolt, while Toulon fell to the British, 29 Aug.

To meet a growing foreign and internal threat, the government decreed the conscription of single men between 18 and 25, and organized married men, women, and children for the production and transportation of matériel. The victories of the following year were due to the strength and high morale of a new mass army of nearly 1 m. men.

THE TERROR. On 5 Sept. the sans-culottes invaded the Convention and demanded further measures to ward off famine and tighter security to prevent counterrevolution. The Revolutionary Tribunal, in consequence, was enlarged and reorganized to expedite trials. Thus began the Terror, which lasted until July 1794 and claimed 40,000 victims, mostly royalist and federalist rebels. On 17 Sept. the Convention passed a law defining suspects very broadly and making them liable to arrest by local Watch Committees.

REPUBLICAN CALENDAR. The Gregorian Calendar was replaced, 6 Oct., by a secular calendar which divided the months into 3 *décades* of 10 days each. The first year of the republic was dated from 22 Sept., 1792. The months were renamed after the seasons, 24 Oct., and the days according to their order in the *décade*.

THE REVOLUTIONARY GOVERNMENT. The Convention suspended the Constitution of 1793, and declared, 10 Oct., that the provisional government headed by the Committee of Public Safety would be "revolutionary until peace."

EXECUTION OF THE GIRONDINS. Girondin opposition was broken by the execution of 21 deputies and the arrest of 73, 31 Oct.

CAPITULATION OF LYONS. After a 2-month siege Lyons surrendered to the Republican army, 9 Oct. By Mar. 1794, 1,667 of the Lyons rebels had been executed.

DECHRISTIANIZATION. The religious Terror was sponsored by the Hébertistes rather than by the government. The archbishop of Paris was forced to resign, 7 Nov., and the Cathedral of Notre Dame was converted into a Temple of Reason. A "Festival of Reason" was held there on 10 Nov. On 23 Nov. the Commune closed the churches of Paris.

LAW OF 14 FRIMAIRE, YEAR II. On 4 Dec. the Committee of Public Safety assumed power to appoint and dismiss all local officials, and set up administrative machinery to put France under a revolutionary dictatorship.

FRENCH VICTORIES. With victories at Hondschoote, 8 Sept., and Wattignies, 16 Oct., the French halted the allied invasion. They recaptured Toulon from the British, 19 Dec., and at the end of that month re-entered Germany.

1794

ELIMINATION OF GOVERNMENT OPPOSITION. Concerned about the effect of dechristianization on the loyalty of devout Catholics, Robespierre had Hébert and 17 others arrested, 14 Mar., and executed, 25 Mar., on charges of complicity in a foreign plot. Robespierre then turned on Danton, who had supported him against Hébert. Charged with subversion and financial fraud, Danton and his followers were arrested, 30 Mar., and guillotined, 5 Apr.

CIVIC RELIGION. On 7 May the Convention proclaimed a kind of state deism, recognizing a Supreme Being and the immortality of the soul. Previously, 26 Mar., the Convention had suspended payment of clerical salaries. The new religion was inaugurated, 8 June, by a Festival of the Supreme Being with Robespierre conducting the services, but the new cult never won a mass following.

LAW OF 22 PRAIRIAL. This law destroyed judicial guarantees for accused persons by refusing the appointment of counsel for defendants, and allowing only two judgments, acquittal or death, 10 June. In Paris during June and July there were more executions than during the earlier Terror (Sept. 1793–July 1794). By the new law, deputies could be tried without prior impeachment by the legislature. This frightened some members of the Convention, who began to plot against Robespierre.

9 THERMIDOR. Robespierre's speech of 26 July to the Convention, threatening proscription of unnamed suspects, galvanized the deputies into self-defense. On the next day, 9 Thermidor, they impeached him and his 2 main supporters on the Committee of Public Safety, Saint-Just and Couthon. An abortive insurrection of the Commune to save Robespierre failed. On 28 July he was guillotined with 21 of his supporters, and 86 other adherents met the same fate during the next 3 days.

THERMIDORIAN REACTION. Between the fall of Robespierre and the dissolution of the Convention (26 Oct., 1795) occurred the "Thermidorian Reaction." The Convention persecuted the Jacobins and dismantled the machinery of the Terror. It relaxed economic controls; permitted the revival of Catholic worship; repealed the law of 22 Prairial, 28 July; released many prisoners; and abolished the Paris Commune, 27 July. On 24 Aug. it resumed control over internal affairs from the Committee of Public Safety, but left the committee with power over war and foreign affairs. On 12 Nov. the Jacobin Club in Paris was closed.

PROGRESS OF THE WAR. French victories during the year (the invasion of Catalonia in May and the reconquest of Belgium in July) had helped to make the dictatorship of Robespierre and the Committee of Public Safety seem unnecessary. Successes continued on all fronts. The French captured Fuenterrabia and San Sebastián in Spain, Aug.; took Mannheim, Dec.; and invaded the Netherlands.

1795

TREATY OF LA JAUNAIE. By agreeing to the Treaty of La Jaunaie, 17 Feb., the Convention tried to pacify the Vendée, where bloody guerrilla warfare had succeeded the defeat of a royalist army. The Convention conceded an amnesty for rebels, religious freedom for nonjuring clergy, and indemnities for war damage. These concessions, however, gained only a short truce for the Convention.

FREEDOM OF WORSHIP. Following the unofficial opening of some Catholic churches in Jan., the Convention reaffirmed the separation of church and state (as proclaimed on 18 Sept., 1793) and religious liberty. Ceremonies were to remain private, and the clergy had to swear allegiance to the republic.

UPRISINGS OF GERMINAL. High food prices caused by the severe winter and near famine of 1794–95 and the Convention's trial of former terrorists angered the sans-culottes. On 21 Mar. they demonstrated, demanding "Bread and the Constitution of '93" and "Liberty for the Patriots." On 1 Apr. they invaded the Convention, but were quickly dispersed by the National Guard. The government deported 4 members of the Committee of Public Safety, executed 16 former officials of the Revolutionary Tribunal, and arrested the deputies who had supported the demonstration.

UPRISING OF PRAIRIAL. On 20 May, a crowd invaded the Convention and killed 1 deputy, but were dispersed by the National Guard. The next day an insurrection broke out in the working-class sections of Paris. It was quelled by troops in 2 days, but furnished a pretext for the "White Terror," conducted against the supporters of the "Red Terror" of 1793–94. A military commission condemned 30 insurgents, including 6 Montagnard deputies. Hundreds more were arrested. In the south and west, vigilante groups like the "Companies of Jehu," in collusion with government agents, massacred suspected Jacobins.

REOPENING OF CHURCHES. The Convention permitted unsold confiscated church buildings to be reopened for worship on citizens' petitions, 30 May.

ABOLITION OF THE REVOLUTIONARY TRIBUNAL. After having ordered 326 post-Thermidorian executions, the Revolutionary Tribunal came to an end, 31 May. Henceforth treason was to be tried in ordinary courts.

DEATH OF "LOUIS XVII." After the death of the Dauphin (1785–95) ("Louis XVII") on 8 June, the Comte de Provence (1755–1824), brother of Louis XVI, took the title of Louis XVIII to maintain continuity of the monarchy. On 24 June he issued a manifesto from Verona declaring his intention to restore the old order and punish the revolutionaries. On 12 June the government had dropped the designation "revolutionary," which it had held since 10 Oct., 1793.

CONSTITUTION OF 1795. A new constitution was ratified, 22 Aug. Resembling the constitution of 1791, it restored indirect elections and property qualifications for voting and officeholding. The legislative branch consisted of a Council of 500 to propose legislation and a Council of 250 Elders (who had to be over 40 years of age) to adopt or reject it. The executive consisted of 5 directors, nominated by the 500 and selected by the elders. The Directory appointed ministers, officials, and army officers, and could declare war or conclude peace with the legislature's consent. Annual elections were to be held to renew the councils by one-third and to replace one director. The lack, however, of a mechanism to settle disputes between the two branches of government resulted in frequent coups and ultimate dictatorship.

TWO-THIRDS DECREE. Fearing a royalist or Jacobin electoral victory, the Convention decreed the re-election of its own members to two-thirds of the seats in the new legislature, 30 Aug. This action was ratified by the voters by only a small margin.

VENDÉMIARE UPRISING. Angered by the Two-Thirds Decree and by the rearming of the sans-culottes, a crowd of about 25,000, consisting of monarchists, bourgeois, and members of the National Guard, attacked the Convention, 5 Oct. Government troops, led by Barras and Napoleon Bonaparte (1769–1821), crushed the revolt. Bonaparte was then appointed commander in chief of the "Armée de l'Intérieur." The Convention disarmed the National Guard, halted the White Terror, and adjourned, 26 Oct.

THERMIDORIAN DIPLOMACY. By the Treaty of Basel, 5 Apr., France withdrew from the right bank of the Rhine in exchange for Prussian recognition of French claims to the left bank at a general peace, at which time dispossessed German princes would be compensated elsewhere in the empire. By the Treaty of The Hague, 16 May, France withdrew from the Netherlands and the 2 states concluded an offensive and defensive alliance. Spain withdrew from the war, 22 July, ceding her half of Santo Domingo (in the West Indies) to France.

War continued, however, with Britain. The British fleet landed an expedition of *émigrés* at Quiberon Bay in Brittany, 27 June, where they joined the Vendeans in a revolt which the government quickly suppressed. War also continued with Austria as the French reannexed Belgium, 1 Oct., and Austria retook the Rhineland, Oct. and Nov.

GOVERNMENT OF THE DIRECTORY. During its 4 years of power, 2 Nov., 1795–9 Nov., 1799, the Directory succeeded in creating a measure of order and prosperity out of political and economic chaos. Aiming at moderation, it forestalled coups from the Right and the Left, thus losing the support of both. Weakened, it increasingly had to rely on military support, and ultimately succumbed to Napoleon's dictatorship.

INAUGURATION OF THE FIRST DIRECTORY. The first directors, La Revellière-Lépeaux, Reubell, Letourneur, Barras, and Carnot, inaugurated, 2 Nov., expressed their conservative republicanism in a manifesto, 5 Nov. The elections of 12 Oct. had increased royalist strength in the councils to 158, as against 305 republicans and 228 moderates.

1796

SUPPRESSION OF UPRISINGS. In Mar. General Hoche checked federalist and royalist insurgents in the Vendée, Normandy, and Brittany.

CONSPIRACY OF "EQUALS." A union of former Jacobins and protosocialists, led by François Émile Babeuf (1760–97), engaged in a conspiracy which ended with Babeuf's arrest, 10 May. His followers tried to free him by attacking the military camp at Grenelle, 9–10 Sept., but failed when the soldiers refused to fraternize as expected. Babeuf and Darthé were executed, 17 May, 1797; Buonarroti and others were deported.

FINANCIAL MEASURES. On 19 Feb. the Directory discontinued printing *assignats,* which had fallen to 1% of face value, stabilized them at 3%, and replaced, 18 Mar., about half of these at a rate of 30 to 1 with *mandats territoriaux,* notes redeemable for public land. Within the year this new paper currency had depreciated to 2% of value.

ITALIAN CAMPAIGN. The Directory planned to drive Austria out of the war by an offensive in Italy and in Germany.

French armies failed to advance in Germany, but Napoleon invaded Piedmont and forced its government to hand over 8 fortresses to France and recognize the annexation of Nice and Savoy. On 10 May, Napoleon defeated the Austrians at Lodi, and took Milan 5 days later. He besieged an Austrian army in the fortress of Mantua for 8 months, beating off all Austrian attempts to relieve it. The rest of the Italian states withdrew from the war against France.

WAR WITH BRITAIN. France wrested Corsica from Britain, Oct., but the British continued to maintain a blockade of French ports. As Anglo-French peace talks held at Lille, Nov. and Dec., foundered, Hoche led an expedition, Dec., to aid an Irish uprising, but was kept from landing by a storm.

1797

FINANCIAL MEASURES. The depreciation of the *mandats territoriaux* to the level of *assignats* led to the repudiation of all paper money, 4 Feb. On 30 Sept. the Directory passed the Law of the Consolidated Third, a virtual repudiation of two-thirds of the internal debt.

The March elections for one-third of the legislature resulted in an overwhelming victory for the Right, but the royalists were too disunited to overthrow the Directory. In the Directory, Barthélemy, a constitutional monarchist, replaced Letourneur, 20 May, and the Prince de Talleyrand (1754–1838), a former bishop, became minister of foreign affairs.

PROGRESS OF THE WAR. On 2 Feb. Napoleon took Mantua and advanced on Vienna. Ignoring the Directory's treaty-making prerogatives, he made a preliminary peace with Austria at Leoben, 18 Apr.; the Austrians agreed to cede Belgium and Lombardy, for which Napoleon secretly promised compensation in Venice.

COUP OF 18 FRUCTIDOR. Fearing a monarchist coup, Barras, Reubell, and La Revellière appealed for help to Napoleon. On 4 Sept. Napoleon dispatched General Augereau, who, at the head of the National Guard, forestalled the imminent impeachment of the 3 republican directors by invading the Council of 500 and impeaching 177 of its members. Barthélemy, who was deported, and Carnot, who fled, were replaced by Merlin de Douai and François de Neufchâteau. The new Directory assumed dictatorial powers, suppressing 42 newspapers and imposing press censorship for 1 year. It ordered returned *émigrés* to leave France within 10 days or be executed. Both parliamentary government and the counterrevolutionary threat came to an end.

TREATY OF CAMPO FORMIO. By the terms of this treaty, 17 Oct., Austria ceded Belgium to France and received Istria, Dalmatia, and Venetia. Austria also recognized the French annexation of the left bank of the Rhine, less Cologne.

1798

DECISION TO OCCUPY EGYPT. France remained at war only with Britain. Instead of attempting a direct invasion of the British Isles, Napoleon and Talleyrand decided to wrest Egypt from Turkey, thus cutting Britain's most important route to India.

COUP OF 22 FLORÉAL. In the spring elections, 11 May, of 437 councilors (the normal one-third plus a further 177 to fill vacancies created by the coup of 18 Fructidor), a Jacobin victory gave promise of future conflict between the 2 branches of government. In order to obtain a pliable legislature, the Directory had the outgoing councils annul the election of 106 deputies and return government candidates instead. Teilhard succeeded François de Neufchâteau as director, 15 May. This 2nd violation of the constitution further reduced the popularity of the Directory.

PROGRESS OF THE WAR. On 19 May Napoleon sailed from Toulon with 38,000 men. He took Alexandria, 1 July, defeated the Mamelukes (Mamlūks) in the Battle of the Pyramids, 21 July, and entered Cairo next day. Admiral Horatio Nelson, however, surprised and destroyed the French fleet at Abukir (Aboukir) Bay, thus destroying Napoleon's communications with France.

In Aug. General Humbert led a small expedition to aid the Irish rebels, but Cornwallis captured the French invaders, 8 Sept.

On 9 Sept. Turkey declared war on France and allied herself to Britain and Russia. Czar Paul I feared a French-supported resurrection of Poland and opposed French expansion in the Middle East.

By a decree of 25 Nov. the Directory attempted to tighten its control over the military by re-establishing the office of Commissioners to the Army. This measure, opposed by the generals, was instrumental in turning them against the Directory.

1799

SYRIAN CAMPAIGN. In Feb. Napoleon attempted to prevent a Turkish invasion of Egypt by attacking Syria. After taking Gaza and Jaffa, he began a siege of Acre, 19 Mar. Plague and low supplies and the news that the British fleet was transporting Turkish troops to the Nile forced him to raise the siege, 20 May, and return to Egypt.

CONSCRIPTION LAWS. With the French armies everywhere outnumbered, the Directory passed 2 conscription laws in Apr. and June, designed to increase the number of men under arms by 175,000.

COUP OF 30 PRAIRIAL. In the mid-April elections for the renewal of one-third of the councilors, the Jacobins and democrats triumphed. Sieyès replaced Reubell as director. The new Councils unconstitutionally forced the resignations of Teilhard, La Revellière, and Merlin de Douai, 18 June–30 Prairial, and replaced them with Gohier, Ducos, and Moulin. Many former Jacobins joined the administration. The reconstituted Directory restored freedom of the press, and radical newspapers proliferated, re-establishing the mood of 1793, when military defeat and the threat of invasion had led to demands for tighter internal security against counterrevolution.

LAW OF HOSTAGES. A law of 12 July empowered the government to intern relatives of *émigrés* in certain restless departments, and to deport 4 such hostages if a "patriot" was murdered.

On 6 Aug. the Directory decreed a forced loan, but only a third of the expected sum could be collected.

On 5 Aug. a royalist insurrection broke out in southern France. Government troops subdued it within 2 weeks. In Oct. the Chouannerie again rebelled, but was soon quelled.

Still aiming at moderation, the Directory deported the staffs of 50 royalist and Jacobin newspapers. French victories in the autumn, however, removed the threat of foreign invasion, and Jacobin agitation subsided.

PROGRESS OF THE WAR. The transfer of Austrian troops from Switzerland to the Rhineland left the Russians to face the French by themselves. A Russian army under Korsakov was defeated by Masséna in the 2nd Battle of Zurich, 25–27 Sept. French arms were also successful in the Netherlands, where a British invasion force was defeated, and by the Convention of Alkmaar, 18 Oct., the allies agreed to evacuate the Netherlands. Disappointed by defeat and angered by Austria's desertion in Switzerland, Czar Paul I withdrew from the coalition, 22 Oct.

EGYPTIAN CAMPAIGN. Returning from Syria, Napoleon defeated at Abukir, 25 July, a Turkish army which had just landed in Egypt. Napoleon realized, however, that he was fast becoming a prisoner of his own conquests. He was without a fleet and received reports of rising domestic disorder in France. He left Egypt, 24 Aug., and landed at Fréjus, 9 Oct.

COUP OF 18 BRUMAIRE. Arriving in Paris, 16 Oct., Napoleon joined his brother Lucien, president of the Council of 500, Talleyrand, the Directors Sieyès and Ducos, and Minister of Police Fouché in a plot to overthrow the government. On 9 Nov. (18 Brumaire) the Council of Elders (sitting without many unco-operative deputies who had been invited too late for them to attend) voted to move the legislature to St.-Cloud outside Paris on the pretext of an imminent Jacobin uprising. The Directory resigned, though

Gohier and Moulin had to be detained before they agreed to abdicate their power. At St.-Cloud on the following day troops surrounded the councils and, after a stormy scene between Napoleon and the enraged republican deputies, disbanded them. A rump reassembled that evening to legitimize the end of the Directory and establish a provisional executive consulate consisting of Napoleon, Sieyès, and Ducos. (*Cont. p. 131.*)

THE SISTER REPUBLICS

The so-called sister republics owed their existence to French arms and represented the ideological and military expansion of the French Revolution. Their territories served as buffers protecting the frontiers of France, and their human and material resources were indispensable to the French war effort. Yet each of these republics had indigenous revolutionary origins, and foreign exiles in Paris played an important part in convincing the revolutionary government to overcome its initial reluctance to intervene in the domestic affairs of other countries. Unstable mixtures of native initiative and foreign domination, the sister republics were tied to the fortunes of revolutionary France.

The Netherlands

1760–76

SEVEN YEARS' WAR. During the Seven Years' War, 1756–63, the United Provinces of the Netherlands were torn between taking a neutral position, in exchange for commercial commitments from France, and actively siding with Britain in accordance with long-standing treaty obligations. Neutrality was in the end preferred, and when at the Paris peace conference, 1763, the Netherlands tried to act as mediator, it was treated as inconsequential and virtually ignored during the negotiations. Between 1763 and 1776 the Netherlands retained some prosperity as the financial capital of Europe, and Dutch funds underwrote many British and French commercial enterprises.

1776–84

WAR OF AMERICAN INDEPENDENCE. When the British North American colonies rebelled, Dutch sentiment was with them, for the Dutch saw in the colonists' revolt a similarity to their own in the 16th and 17th cents. against Spain. They also hoped that a colonial victory would open markets that had hitherto been closed to them by the British Navigation Acts. While the Stadholder Willem V (ruled 1751–1806) was deciding what policy to pursue, the Dutch Caribbean islands of Curaçao and St. Eustatius were already being used as centers of illicit trade with the American colonies. Dutch trade, however, was subject to constant British harassment, and in 1778 the States-General authorized war vessels to accompany Dutch merchantmen, thus beginning a policy of armed neutrality. Naval clashes and diplomatic blundering led Britain to declare war on the United Provinces, 20 Dec., 1780, thus ending a century-old friendship. Unable to match the British superiority in men-of-war, the Dutch shipping industry, chief source of the nation's wealth, declined precipitously. At the conclusion of peace, 15 May, 1784, the United Provinces lost several Caribbean and East Indian colonies, and had to cede trade advantages to the British in Asian waters.

1785–91

THE PATRIOT MOVEMENT. In the 1780's proposals for governmental reform stressed the need to expand political privilege within established forms rather than a resort to revolution. Anti-Orangist regents and Patriot burghers joined forces to oppose the stadholder's 2 chief prerogatives: the right to make appointments to town councils and provincial estates and command of the army. In Feb. 1785 the burghers of Utrecht demanded greater participation in the municipal government (conceded in Mar. 1786). The States-General established a "commission of defense" to rival the stadholder's Department of War, May 1785, and in Sept. of that year the Patriots of Holland deprived him of his command of the garrison at The Hague.

BRITISH AND PRUSSIAN INTERVENTION. Fearing that his prerogatives would be further whittled away, the stadholder sought the protection of Britain, and the British ambassador to the United Provinces assumed unofficial direction of a counterrevolution. Frederick William II of Prussia, brother to Princess Wilhelmina of Orange, also offered support. When the princess was detained against her will at Woerden by Patriot elements, both Britain and Prussia, 10 July, 1787, demanded redress. The following Sept., 20,000 troops commanded by the Duke of Brunswick crossed the frontier and occupied Utrecht, The Hague, and Amsterdam. Persecution of Dutch democrats followed, and 40,000 emigrated. Strengthened by a defensive alliance with Britain and Prussia, 15 Apr., 1788, and by an Anglo-Prussian alliance, 13 Aug., for the protection of the Dutch Republic, the Orange regime was able to stifle all opposition.

1792–95

FRENCH INVASIONS. The outbreak of war in 1792 encouraged Dutch exiles in France to seek French aid for a revolution in Holland. A Batavian Legion was formed, July 1792, and, led by Herman Willem Daendels, joined Dumouriez' army in the attack on Belgium. A Batavian Revolutionary Committee was established in Paris, 22 Oct., and made contact with the reactivated political clubs in the United Provinces, preserved since 1787 as reading societies.

On 2 Feb., 1793, the Committee of Public Safety declared war on the United Provinces, and French forces invaded the Netherlands, 16 Feb. After sustaining some reverses, they were able to enter Amsterdam, 19 Jan., 1795. As they did so, the Amsterdam Revolutionary Committee declared the establishment of a "Batavian Republic." The stadholder fled to Britain, where he virtually gave away the Dutch colonies by ordering, 7 Feb., their governors to admit British ships and troops as allies.

1796–99

THE BATAVIAN REPUBLIC. The next few years witnessed a protracted constitutional crisis. Dutch moderates preferred a federalist, decentralized form of government, while radical democrats, organized in political clubs, pressed for a unitary, centralized state. The issue was resolved by French intervention. With help from Delacroix, the Assembly was purged and a "rump" devised a new constitution which was ratified, 23 Apr., 1798, by a popular vote of 153,913 to 11,597. The constitution was highly democratic in tone. It provided for universal manhood suffrage and amendment by popular initiative. The former provinces were replaced by 8 departments of equal population, further subdivided into circles and communes. Feudal rights were abolished, as were guilds and other corporations. The Reformed Church was disestablished. Finance was nationalized, and debts and revenues consolidated.

Meanwhile, the war continued. When a British fleet landed in northern Holland, 27 Aug., 1799, a mutiny compelled its commander to surrender the bulk of the Dutch navy to the British. An Anglo-Russian invasion commanded by the Duke of York was thrown back at Bergen, 19 Sept., and Castricum, 6 Oct., and by the Convention of Alkmaar, 18 Oct., foreign troops agreed to evacuate the Netherlands. (*Cont. p. 180.*)

The Italian Peninsula

1760–91

THE PAPAL STATES. In 1760 the Papal States included Umbria, the Romagna, and the Patrimony of St. Peter, around Rome. They were ruled directly by the popes. During the pontificates of Clement XIII (ruled 1758–69) and Clement XIV (ruled 1769–74), a major concern of the papacy was the conflict over the Jesuits, who had in the opinion of the Catholic monarchs insinuated themselves too deeply into secular political affairs. The popes were also deeply troubled by the ecclesiastical reforms introduced by these monarchs to curtail the power of the church within their realms. Preoccupied with external affairs, the popes had little time to devote to the proper administration of their own domains. Poverty was widespread, there was little commerce and less industry, and agriculture was neglected. Pius VI (ruled 1775–99), however, sponsored the draining of the Pontine Marshes and improvements to the Vatican museums.

THE VENETIAN REPUBLIC. The ruling oligarchy of the Venetian Republic was hostile to the new ideas of the Enlightenment. Would-be constitutional reformers were imprisoned. The mainland provinces were poorly administered, and their residents had fewer political rights than did the inhabitants of the city. The structure of Venetian society became increasingly rigid and corrupt. The army and navy decayed, and the Republic's shipping became the helpless prey of Barbary pirates. Commerce and industry declined. Venice had become no more than a resort for wealthy vacationers from other parts of Europe.

GENOA. Although nominally a republic, Genoa was ruled by an aristocracy as defensive against and hostile to reform as the Venetian oligarchy. Political unrest in Genoa's largest province, Corsica, manifested itself in full-scale rebellion from 1735 until 15 May, 1768, when, no longer able to subdue the dissidents led by Pasquale di Paoli, Genoa ceded the island province to France by treaty.

SAVOY AND SARDINIA. Savoy and Sardinia had had reform-minded monarchs in the earlier decades of the century, Victor Amadeus II and Charles Emmanuel III (ruled 1730–73), who had reduced the privileges of the clergy and nobility, established a single legal code, and promoted agriculture, industry, and education. But their successor, Victor Amadeus III (ruled 1773–96), neither continued the reformation of society nor carried out the reforms instituted by his predecessors. Instead, he spent much of his time and money on the army, which he attempted to mold after the Prussian fashion.

MODENA, REGGIO, AND MILAN. Modena and Reggio were ruled by Francesco III d'Este (ruled 1737–80) and, in the last half of the century, by Ercole Rinaldo IV (ruled 1780–96). Both rulers were lethargic, avaricious, and oblivious of their duties, though Francesco III introduced a Code of Constitutional Laws for Milan, 1771. Milan was under the Hapsburgs.

TUSCANY. The Grand Duchy of Tuscany was ruled by the Hapsburgs, though not as part of the Holy Roman Empire. During the reigns of Francis of Lorraine, husband of Empress Maria Theresa, who ruled until 1765, and his son Peter Leopold (ruled 1765–90), Tuscany enjoyed many of the same reforms that had been introduced in Austria by Maria Theresa: its administration was reorganized, a census was taken periodically to distribute the burden of taxation more equitably, improvements were made in judicial procedure, the death penalty and the Inquisition were abolished, the universities were reformed, and corporations enjoying special or unjust privileges were suppressed. In 1790, on the death of his brother Joseph II, Peter Leopold became emperor and was succeeded in Tuscany by his son Ferdinand III (ruled 1790–1801), who continued his father's reform programs.

NAPLES. Many reforms were introduced in the Kingdom of Naples by its Bourbon rulers. The reforms of Ferdinand IV (1759–1825) were halted, however, when his wife, Maria Caroline (1752–1814), a daughter of Maria Theresa, insisted on a pro-Austrian policy, and had the king dismiss his progressive but pro-Spanish ministers. Programs of civil and ecclesiastical reform were then virtually abandoned.

1792–1800

THE FRENCH INVASIONS. In Sept. 1792, French armies occupied Savoy and Nice, which were subsequently annexed to France. Sardinia then entered into a military alliance with Austria, May 1794, against France, and continued to fight against France until 15 May, 1796

(Treaty of Paris). Genoa and Venice desired to remain neutral and maintain normal relations with both sides. Tuscany was coerced by Britain into joining the allied coalition, Oct. 1794, but chose to make peace with France, 9 Feb., 1795. Despite the seizure of ecclesiastical property in France and the promulgation of the Civil Constitution of the Clergy, Pius VI at first refused to join the anti-French coalition. He did not do so until 1797. Ferdinand IV of Naples hesitated to join the coalition out of fear of an imminent French naval invasion, but concluded a treaty with Britain, July 1793, and fought against France. In June 1797, Genoa, under French pressure, dissolved its ancient republic and established the Bonaparte-inspired Ligurian Republic. In Oct. of the same year Austria and France signed the Treaty of Campo Formio, which created the Cisalpine Republic out of Modena, Reggio, Bologna, Ferrara, Milan, and part of Venetia. The remainder of Venetia, including the city of Venice, was given to Austria. The French military occupation of Rome forced the creation of the Roman Republic, 15 Feb., 1798. Pius VI was deported to France. After the French fleet had been destroyed by the British Admiral Nelson off Egypt, Naples, which had earlier made peace with France, rejoined the coalition and marched on Rome. But the Neapolitan army was again defeated, and French forces subsequently occupied Naples and created the Parthenopean Republic, 24 Jan., 1799. Some part of the populations of all the new republics remained hostile to French-inspired and -controlled governments, and continued to offer armed resistance to them and to the occupation forces. With help from an irate citizenry, the allies were able to embark on the reconquest. In June 1799, Naples was restored by Admiral Nelson and, by 1800, only Genoa remained under French control. (*Cont. p. 147.*)

THE ENLIGHTENED DESPOTS AND REVOLUTION

The United States, France, and certain areas of Western Europe contiguous to France experienced the direct effects of the Democratic Revolution on their own soil. Other parts of Europe, while not experiencing a violent overturning of their political, legal, and social institutions, nevertheless felt the impact of the 18th-cent. Enlightenment, and bent to winds of change that blew strongest in America and France.

Germany

GERMANY IN 1760. In 1760 the Germanies totaled over 300 independent states and many independent territories. Formally these diverse polities were united in the Holy Roman Empire of the German Nation, whose Diet met at Regensburg in Bavaria and whose emperor, usually a Hapsburg, was elected by 9 electors. Actually, most of the German states pursued independent courses of action, the majority striving to reproduce the grandeur of the French court at Versailles. Some had direct foreign connections: Hanover was joined in personal union with Great Britain and Saxony with Poland. The 2 strongest powers were Brandenburg-Prussia, the chief Protestant state of Germany, and Austria, the chief Catholic state. Brandenburg-Prussia was ruled by the Hohenzollern line, and Austria by the Hapsburgs. The possessions of the Hohenzollerns included territory in the east (East Prussia), in the center (Brandenburg), and in the west (Cleves, etc.) of Germany. Given the title "King in Prussia" in 1701, the Hohenzollerns preferred it to that of Elector of Brandenburg.

1760–86

REIGN OF FREDERICK II (THE GREAT). In 1760 the king of Prussia was Frederick II (1712–86), who had been on the throne since 1740. Regarding himself as the first servant of the state, he strove to increase its strength, devoting his energies to building up the army, reconstructing areas of his dominions devastated by war, sending Germans to colonize Silesia (recognized as Prussian by the Treaty of Hubertusburg, 15 Feb., 1763, which ended the Seven Years' War), and encouraging industry and commerce.

"Enlightened Despot" par excellence, he had a strong propensity for French models, and regarded Voltaire and other *philosophes* as his mentors and colleagues. The bulk of his reforms were enacted during the period 1746–56, but in 1766 he introduced the French tax-farming system, importing French officials to bring it into operation, and continued to seek greater efficiency in government by the creation of specialized departments of administration.

1ST PARTITION OF POLAND. By agreement with Austria and Russia, Prussia absorbed, 1772, West Prussia (the connecting link between East Prussia and the central Hohenzollern lands), but was denied the cities of Danzig and Thorn.

WAR OF THE BAVARIAN SUCCESSION. With the death of the Elector Maximilian Joseph, 30 Dec., 1777, the Bavarian ruling house of Wittelsbach died out, and Bavaria was inherited by Karl-Theodor of Sulzbach, elector palatine (1724–99). Austria claimed a third of the Bavarian inheritance and, with the consent of Karl-Theodor, Jan. 1778, occupied the territories in dispute. The protests of the next heir, Duke Karl of Zweibrücken-Birkenfeld, supported by Prussia, resulted in the War of the Bavarian Succession between Austria and Prussia, 1778–79.

FÜRSTENBUND. The Hapsburg emperor, Joseph II, planned to exchange Belgium for Bavaria. Fearing an increase of Hapsburg power in western Germany, Prussia organized, July 1785, a League of German Princes (initially Prussia, Saxony, and Hanover but later including many smaller states) and frustrated Joseph's intentions.

1786–99

REIGN OF FREDERICK WILLIAM II. Frederick II of Prussia died on 17 Aug., 1786. His successor was Frederick William II (1744–97), who proceeded to spend for his personal benefit the funds Frederick II had left in the Prussian treasury, neglected the army, reduced French influence in the Berlin Academy, and called into question Prussian tolerance in religious matters by opposing freethinkers and seeking the re-establishment of the pure Protestant faith. He died on 16 Nov., 1797, and was succeeded by Frederick William III (1770–1840).

PRUSSIAN INTERVENTION IN THE NETHERLANDS. In 1787 the attempt of the Dutch Patriot Party to oust Stadholder Willem V of Holland provoked Prussian intervention, since the Stadholder's wife was a sister of the Prussian king. In Sept. a Prussian army entered the Netherlands and restored the Stadholder's authority. To secure it, an Anglo-Prussian convention was signed, Oct.; a Prusso-Dutch treaty of alliance, 15 Apr., 1788; and an Anglo-Prussian mutual-defense treaty, 13 Aug., 1788.

CONVENTION OF REICHENBACH. On 31 Jan., 1790, an agreement was signed between Prussia and Turkey by which Prussia promised to enter the Russo-Turkish War on Turkey's side by the spring of the following year. Faced with this threat, Austria (also engaged in war with Turkey) was obliged to make peace and renounce her territorial gains in the Balkans. In return Prussia recognized Austrian possession of Galicia and promised not to aid the rebellious Low Countries against the Hapsburgs.

2ND PARTITION OF POLAND. By the 2nd Partition of Poland, 23 Jan., 1793, Prussia gained the cities of Danzig and Thorn and the territory between Silesia and West Prussia including Poznań (Posen) and Kalisz.

TREATY OF BASEL. Because of the failure of Prussian arms against France, Prussia was obliged to conclude a separate peace at Basel, 5 Apr., 1795. By this treaty Prussia withdrew her opposition to a French annexation of the left bank of the Rhine.

3RD PARTITION OF POLAND. On 24 Oct., 1795, Prussia, Russia, and Austria agreed to liquidate the Polish state. Prussia's share included the territory around Warsaw.

REIGN OF FREDERICK WILLIAM III. On the death of Frederick William II, 16 Nov., 1797, Frederick William III succeeded to the Prussian throne. He had begun taking steps to end the financial abuses characteristic of his father's reign when Prussia, together with other German states, became involved in the wars of Napoleon. (*Cont. p. 185.*)

The Hapsburg Lands

THE HAPSBURG DOMINIONS IN 1760. The area around Vienna, Styria, Carinthia, Carniola, and the Tyrol formed the predominantly German core of an empire whose Hapsburg ruler was German and usually Holy Roman Emperor. At the end of the 17th cent., after a Turkish army had failed to capture Vienna, 1683, and the Austrians had driven the Turks back, the Hapsburgs by the Treaty of Karlowitz, 1699, took possession of Hungary and Transylvania. In 1718 the Hapsburgs extended their rule in the Balkans when Turkey acquiesced in their seizure of parts of Serbia and Wallachia by the Treaty of Passarowitz. In the west the War of the Spanish Succession placed a Bourbon on the Spanish throne, but the Hapsburgs won the Spanish Netherlands (Belgium) and Spanish possessions in Italy (Treaties of Utrecht, 1713, and Rastatt, 1714).

Eighteenth-cent. Hapsburgs were therefore faced with the difficult task of keeping these disparate lands together. For Charles VI (ruled 1711–40) the problem was complicated by the fact that his successor would be a daughter, Maria Theresa (1717–80). His answer, the Pragmatic Sanction (the pledge of most of Europe to acknowledge Maria Theresa's rule), failed to prevent Frederick II of Prussia from seizing Silesia in 1740. Maria Theresa's attempts to recover her lost territory led to the Seven Years' War, 1756–63.

1760–65

CREATION OF THE STAATSRAT. In 1760, a State Council of 6 members was created, and began to function in 1761. It was dominated by Wenzel Anton von Kaunitz (1711–94), who had been given special responsibility for foreign affairs in 1753 and emerged as the most influential of Maria Theresa's advisers.

CREATION OF THE HOFSKANZLEI. In 1761 the Vereinigte Böhmisch-Österreichische Hofskanzlei replaced the Direktorium as the administrative agency for the central German and Czech lands. Other centralizing decrees included (1) the reinstatement of the Hofkammer as the central financial agency, (2) the subjection of the Gubernium (representing the high provincial nobility) to the administration in Vienna, and (3) the appointment of district officials to supervise the execution of the central government's orders.

TREATY OF HUBERTUSBURG. On 15 Feb., 1763, the Treaty of Hubertusburg was signed, ending the Seven Years' War and confirming Frederick of Prussia's seizure of Silesia.

ACCESSION OF JOSEPH II. On 18 Aug., 1765, the Holy Roman Emperor Franz Stefan, husband of Maria Theresa, died. He was succeeded as emperor by his son, Joseph II (1741–90), whom Maria Theresa designated as coruler of her Hapsburg lands.

1766–79

REDUCTION OF PEASANT OBLIGATIONS. The decree *Urbarium,* 1769, gave peasants in Hungary leasehold tenure and freedom to leave the land. Their feudal obligations were reduced and enforcement of their remaining obligations was placed in the hands of officials of the central administration. Burdens on the peasantry were reduced in Austrian Silesia, 1771; Lower Austria, 1772; Bohemia and Moravia, 1775; and Styria, 1778. In 1776 torture as a tool of the law courts was abolished.

CONTROL OF THE CHURCH. In 1767 the church was forbidden to acquire property in the Duchy of Milan, and from 1768 onward clergy could be taxed by the state. In 1769 some monasteries were dissolved and the remainder regulated, 1771.

BAVARIAN SUCCESSION. On 3 Jan., 1778, Karl-Theodor, heir to the Bavarian throne, recognized the Hapsburg claim to a share of his inheritance. The next heir after him, Duke Karl of Zweibrücken-

Birkenfeld, protested, and Prussia readied her army to oppose this proposed increase of Hapsburg power in Germany. After a war without significant fighting, the Hapsburgs received by the Treaty of Teschen, 13 May, 1779, the Innviertel (that part of Bavaria bounded by the rivers Inn, Danube, and Salza).

1780–90

RULE OF JOSEPH II. Maria Theresa died, 29 Nov., 1780. Of strong Catholic faith, she had nevertheless acted against the church when necessary to protect her inheritance. Her son, Joseph, espoused the Enlightenment and bent his attention to the task of strengthening and unifying the diverse territories under his rule.

UNTERTANSPATENT. 1 Sept., 1781. Peasants in the German core lands, Bohemia, and Galicia were permitted to appeal to the Kreisamt, the local office of the central government, in the event of disputes with their lords.

TOLERANZPATENT. 13 Oct., 1781. Full rights of citizenship, including those of buying land and holding government posts, were extended to non-Catholics in the German, Bohemian, and Polish areas. Protestants were permitted to conduct private religious services.

MITIGATION OF SERFDOM. 1 Nov., 1781. Peasants in certain areas were granted the right to marry, learn a craft, and change domicile without the prior permission of their lords. Between 1781 and 1785 these privileges were extended to all Hapsburg lands.

FURTHER RESTRICTIONS ON THE CHURCH. 12 Jan., 1782. The emperor, in an action to be repeated in 1785 and 1786, ordered the closing of more monasteries. His religious program discouraged meditative monasteries but encouraged the pastorate. Monasteries allowed to continue in existence were forbidden to communicate with the headquarters or branches of their orders in other lands. Papal bulls and briefs could not be published in Hapsburg territories without government approval, and all appeals to Rome were forbidden.

PROMOTION OF THE GERMAN LANGUAGE. German was declared the official language of Hungary, 6 Mar., 1784, and all officials there were ordered to master it within 3 years.

PEASANT REVOLT IN TRANSYLVANIA. In Nov. 1784 a peasant revolt broke out in Transylvania. Rumanian peasants slaughtered their lords until halted by imperial troops.

UNIFICATION OF THE LAW. The publication of the *Allgemeines Gesetzbuch* in 1787 provided a unified body of criminal law for the German, Bohemian, and Polish territories of the empire.

REGULATION OF LABOR SERVICES. In 1787 the *Robotpatent* of 1775, which had set for Bohemia a limit on the amount of labor a lord could exact from his peasants, was extended to Hungary and Galicia.

NEW TAX STRUCTURE. 1 Nov., 1789. Peasants were ordered to surrender 30% of their earnings in the proportion of 12.2% to the state and 17.8% to their lords.

DEATH OF JOSEPH II. 20 Feb., 1790. Emperor Joseph II had striven to unify his territorial possessions under 1 central authority, and in so doing had inflamed religious and local opinion. At his death Belgium was in open rebellion, Hungary was restive, Austrian troops were fighting with no great success against the Turks in the Balkans (war declared Feb. 1788), and the French Revolution was threatening the old order in the Hapsburg Empire as elsewhere. He was succeeded by his brother, Leopold II (1747–92).

1790–99

RULE OF LEOPOLD II. Leopold II, ruler of Tuscany since 1765, had used gradualist methods to reform that duchy. He had restricted church ownership of land, forbidden payments to Rome, removed the right of church asylum, abolished the Inquisition, put the clergy under secular law for secular offenses, reduced the number of priests and the power of the nobility, and introduced peasant reforms. He employed similar gradualist methods in his relations with the territories of the empire, adding to the powers of the regional diets and encouraging them to promulgate reforms of their own.

CONVENTION OF REICHENBACH. 27 July, 1790. By this convention Leopold renounced territorial gains made by Austrian troops in the Balkans in exchange for Prussian promises not to aid rebellious Belgium. In Dec., imperial troops entered Belgium.

WAR WITH TURKEY. An Austro-Turkish armistice was concluded on 19 Sept., 1790, and the Treaty of Sistova, 4 Aug., 1791, finalized the war. The Turks received Belgrade in exchange for agreeing to an adjustment of the northern border of Bosnia in Austria's favor.

LEGAL REFORMS. In 1790–91, Leopold ameliorated the harsh criminal code decreed in 1787; secured passage of a habeas corpus law, Feb. 1791; and reduced the independence of the Ministry of Police.

RULE OF THE EMPEROR FRANCIS. On the death of Leopold II, 1 Mar., 1792, his son, Francis (1768–1835), succeeded him, and was elected Holy Roman Emperor, 5 July. In 1784 Francis had been brought to Vienna to study under the supervision of Joseph II, but few of his uncle's ideals or beliefs in "Enlightened Despotism" impressed him. During a period when Austria was involved almost continuously in war for more than 2 decades, he worked to preserve, not transform, the Hapsburg monarchy.

WAR WITH FRANCE. On 27 Aug., 1791, Leopold II and Frederick William II of Prussia had issued the Declaration of Pillnitz in which they stated that the situation of Louis XVI (virtual prisoner of the French Assembly) and the need to restore order and sound government in France were objects of concern for all European monarchs. France responded by declaring war, 20 Apr., 1792. A Hapsburg-Prussian alliance had been signed on 7 Feb. of that year, and the forces of the 2 powers jointly invaded France during the summer.

TREATY OF CAMPO FORMIO. 17 Oct., 1797. After an initial period of success, the Hapsburg armies were defeated by the French in France, Belgium, and northern Italy. By the Treaty of Campo Formio, Austria gained the Venetian Republic, Istria, and Dalmatia, but France assumed control over Belgium and the left bank of the Rhine (at Prussia's expense) and won recognition of her client Cisalpine and Ligurian republics in northern Italy. War between Austria and France (War of the 2nd Coalition) broke out again in 1799. (*Cont. p. 160.*)

Russia

RUSSIA IN 1760. From 1741 to 1762, Russia was ruled by Elizabeth (1709–62). The state she governed was largely the creation of her father, Peter the Great (1672–1725), who had built a new capital at St. Petersburg, symbol of the enforced westernization of the country. Peter, whose own son opposed his reforms, had made the crown nonhereditary, giving each successive ruler the right to choose his heir. In practice, the result had been that the Guards regiments in St. Petersburg became the controllers of the succession.

The leading positions in the administration and the army were filled by the gentry, who under Peter had formed a class open to talent and required to give a lifetime of service to the state. Under Peter's successors, the position of the gentry had been strengthened, nongentry being denied the right to own serfs, 1746, 1758, and the term of compulsory service being reduced to 25 years, 1737.

Beneath the gentry there was a small class of free peasants, but the mass of agricultural workers were serfs. A large number of these were state peasants, who paid a fixed rent to the government and could not be separated from the land they worked. The majority, however, were privately owned, owing their masters either rent or service and almost completely subject to their power. Russian serfs could be sold separately from the land they lived on and there were many household serfs.

In foreign affairs Peter had transformed Russia into a major European power. The policy of the country was determined by its relations with its 3 neighbors, Sweden, Poland, and Turkey. In the north Peter had seized the Baltic coast and part of Finland from Sweden, and it was generally assumed that Russian expansion in that direction would continue. In the center Poland, which held territories to which Russia had historical claims, was a weak country with an elective monarchy and an almost impotent central Diet. In the south the territory of the Ottoman Turks barred Russia from the access she desired to the Black Sea. In the normal state of affairs, these 3 powers were opposed to Austria, and Russia was therefore usually friendly to that state. During the Seven Years' War, 1756–63, Austria and France fought Prussia and Great Britain. Russia entered the war on the Austrian side and inflicted serious defeats on Prussia, occupying East Prussia and raiding Berlin.

1762

RULE OF PETER III. Elizabeth died, 5 Jan., 1762, and was succeeded by her nephew, Peter III (1728–62). Of German birth, Peter seemingly placed greater value on his German duchy of Holstein-Gottorp, which he had inherited from his father, than on his Russian domains. He never accepted Russian ways, and his attempts to alter Orthodox practices to bring the Russian Church closer to Lutheranism created great opposition. On 1 Mar., 1762, he ended compulsory service for gentry. Although welcomed by the gentry, this decree created unrest among the serfs, who expected a 2nd measure abolishing their service to the gentry.

The war with Prussia ended in May 1762. Frederick II of Prussia was saved from the full effects of his defeats by Peter's high regard for him. All territories captured by the Russians were unconditionally restored, and a Russo-Prussian alliance signed. In addition Peter, who as duke of Holstein-Gottorp had claims on the Danish duchy of Schleswig, prepared for war against Denmark.

ACCESSION OF CATHERINE II (THE GREAT). Peter III was killed by government officials and Guards officers who considered him incapable and hostile to Russia's true interests, and his German wife, Catherine (1729–96), was proclaimed empress, 9 July, 1762. Catherine took the throne in her own name and, since she had no claim to it, was dependent throughout her reign on the support of leading elements among the gentry. She ended the threat of war against Denmark, arranging instead for an alliance with that state, and withdrew completely from the Seven Years' War.

1763–74

THE POLISH SUCCESSION. Stanislas Poniatowski was elected king of Poland, 6 Sept., 1764. On the death of the previous king in 1763, Frederick II had agreed to support Poniatowski, who was Catherine's candidate for the throne and her former lover. Russian troops entered the country and forced Poniatowski's election on the Diet, Poland thereby falling under Russian domination.

REIGN OF CATHERINE II. Catherine had been influenced by the works of the French *philosophes* and as empress engaged in correspondence with Voltaire and welcomed Diderot to Russia. For a Legislative Commission she established in Dec. 1766, she prepared a lengthy "Instruction" which showed the influence of the Enlightenment on her, based as it was largely on the works of Montesquieu and Beccaria. She expressed her opposition to torture and capital punishment, favored a division of powers within the government, and stated that all citizens should be subject to the same laws. At the same time, she insisted that the government must be headed by an absolute ruler. In the original draft she had voiced strong feelings against serfdom, but these sections were deleted or much toned down by her advisers.

Serfdom was a problem for Catherine throughout her reign, for though she opposed it and tried to ameliorate its influence by a decree, 1762, the over-all effect of her period of rule was to strengthen and enlarge the institution. She extended serfdom to the Ukraine, made large gifts of crown lands (converting the state peasants on them into privately owned serfs), gave landlords the right to send serfs to Siberia without trial or right of appeal, 1765, and denied serfs the right of petition against wrongs committed by their masters.

LEGISLATIVE COMMISSION OF 1767–68. The Legislative Commission, intended by Catherine to revise and codify Russian law, met from Aug. 1767 to Dec. 1768. It consisted of 564 delegates, 28 appointed and the rest elected by the various classes of the population (gentry, townsmen, state peasants, Cossacks, nationalities), with the exception of the serfs and the clergy. The delegates brought petitions from their constituencies and there was much debate on them, but the large, unwieldy body could not arrive at any conclusions and was finally prorogued.

INTERVENTION IN POLAND. After making Poniatowski king of Poland, Frederick and Catherine had insisted on religious freedom for Protestants and Orthodox Christians in Poland. The Polish Diet resisted this demand until Mar. 1768, when it was forced to give in. The result was an anti-Russian revolt in the country, which forced the government to request Russian aid in suppressing it, May. Although the Russians had superior military force, the pacification of Poland required several years of campaigning.

RUSSO-TURKISH WAR. Fearing Russian expansion, and urged on by their French and Polish allies, the Turks took advantage of the Russian war with Poland to attack southern Russia from the Crimea, Oct. 1768. In 1769–70 the Russians regained the initiative, capturing the Danubian principalities, Moldavia and Wallachia, and pushing the Turks back in the Crimea. At the same time the Russian fleet sailed from the Baltic to the eastern Mediterranean, and destroyed the Turkish fleet in the Bay of Chesme, July 1770.

1ST PARTITION OF POLAND. By the 1st Partition of Poland, 1772, Russia acquired White Russia as far as the Dnieper and Dvina rivers. In Sept. 1773, at Russian insistence, the Polish Diet accepted the partition.

PUGACHEV'S REBELLION. A Don Cossack, Emilian Pugachev, declaring himself to be Peter III, began a revolt among the Ural Cossacks, May 1773. The revolt spread rapidly among the agricultural and industrial serfs of southeastern Russia, who lived in great hardship. At its height it threatened Moscow, and Pugachev established his own court and government and abolished serfdom within the area he controlled. In 1774, however, the government was able to bring greater military force to bear, and in the summer of that year Pugachev's army was scattered and the movement quickly collapsed. Pugachev himself was surrendered by his own forces and executed, Jan. 1775.

TREATY OF KUCHUK KAINARJI. The war with Turkey ended with the signing of the Treaty of Kuchuk Kainarji (Küçük Kaynarca), 16 July, 1774. Russia obtained part of the northern coast of the Black Sea and returned Moldavia and Wallachia to Turkey. The Crimea was made independent and the Russians were given the right to commercial navigation in Turkish waters and the position of protector of Orthodox Christians in Turkey.

1775–96

ADMINISTRATIVE REFORMS. By a decree of 18 Nov., 1775, the huge provinces into which Russia had formerly been divided were replaced by smaller units, numbering 50 by the end of Catherine's reign. They were drawn without reference to historical boundaries. An elaborate bureaucracy was created with a separation of administrative and judicial functions. Power was decentralized and the gentry were allowed a degree of self-government, including the right to elect some officials and deputies to local assemblies.

ANNEXATION OF THE CRIMEA. The formal annexation of the Crimea, Aug. 1783, followed the effective seizure of the area by troops under Grigori Potemkin (1736–91), another of Catherine's lovers. As governor general and viceroy of southern Russia, he created the port of Sevastopol, 1784, and developed Russian naval power in the Black Sea. Catherine, who had named her grandsons Alexander (1777–1825) and Constantine (1779–1831), dreamed of creating a new Christian empire based on Constantinople and subservient to Russia. To further this goal, an anti-Turkish alliance had been made with Austria, 1781.

CHARTER OF THE NOBILITY. May 1785. The gentry were given legal status as a class and the right, which no other group had, of presenting mass petitions to the monarch. Members of the gentry could not lose their estates, rank, or lives without trial by their peers, and they were declared exempt from personal taxes, compulsory service, and corporal punishment.

RUSSO-TURKISH WAR. Protesting Russian annexation of the Crimea, a protectorate established by Russia over Georgia, and interference in Moldavia and Wallachia, the Turks imprisoned the Russian envoy and attacked the Crimea, Aug. 1787. They were defeated by Gen. Alexander Suvorov (1729–1800), and the Russians, aided by the Austrians, then took the offensive in the Black Sea area and in the Balkans. The allies made some progress, but their advance was slow, and in 1790, after the death of the Austrian emperor, Joseph II, the Austrians withdrew their forces.

WAR WITH SWEDEN. June 1788–Aug. 1790. Taking advantage of Russian involvement with Turkey, Gustavus III of Sweden attacked Russia through Finland. For a time St. Petersburg was threatened, but the Swedish attack was stopped by a Russian naval victory and the entry of Denmark, a Russian ally, into the war. In 1790, peace was made with no territorial changes.

TREATY OF JASSY. 9 Jan., 1792. The Turkish war ended with Russia obtaining the Black Sea coast between the Bug and Dniester rivers and Turkey recognizing the annexation of the Crimea.

2ND PARTITION OF POLAND. 23 Jan., 1793. By the 2nd Partition of Poland, Russia obtained most of Lithuania and the western Ukraine. In addition the Polish Diet, which had to accept the terms of the partition, Sept. 1793, agreed to Russian control over Polish foreign policy and the Polish army.

3RD PARTITION OF POLAND. Oct. 1795. On 24 Mar., 1794, a revolt broke out in Poland led by Thaddeus Kosciusko (1746–1817). It achieved momentary success, the Russians being forced out of Warsaw and their subsequent siege of that city being broken. Russian forces under Suvorov, however, recaptured the city in Nov. 1794, and the final partition of the country followed. Austria, Prussia, and Russia participated, the latter obtaining the remainder of Lithuania and the Ukraine and the duchy of Courland.

1796–99

REIGN OF PAUL I. Catherine the Great died 17 Nov., 1796, and was succeeded by her son Paul I (1754–1801). She had felt him incapable of ruling and had kept him from positions of power all his life, even though he was her designated heir. Paul, in turn, had opposed all her policies and was determined to reverse them. On coming to power, he released the prisoners of the Polish revolt of 1794, ordered his father, Peter III, disinterred and buried beside Catherine, and imposed Prussian military regulations on the army. Paul was by nature arbitrary and erratic, and those who worked for him were in constant fear of his absolute power.

NEW SUCCESSION LAW. 16 Apr., 1797. At his coronation Paul proclaimed that the Russian throne would henceforth be inherited by promogeniture in the male line.

LIMITATION OF THE SERVICE OF SERFS. 16 Apr., 1797. The emperor also decreed that those serfs owing an obligation of service should not work more than 3 days a week for their masters. In the same year he restricted the rights granted the gentry in 1785, taking away their exemption from corporal punishment, Jan., and the corporate right of petition, May. Like Catherine, however, he continued the expansion of serfdom by large gifts of crown lands and peasants and by extending the institution of serfdom to the new lands in southern Russia.

WAR WITH FRANCE. At first Paul remained aloof from the wars of the French Revolution, but in 1798 he reversed this policy, making treaties with Turkey, Aug., and Britain, Dec., and promising Russian troops to Austria, Oct. A joint Russo-Turkish force captured the Ionian Islands, Sept. 1798–Mar. 1799, and an Austro-Russian army under Suvorov won major victories in northern Italy, Apr.–Aug. 1799. Suvorov's victories were accompanied by military and political disputes with the Austrians, who opposed the Russian policy of restoring the *status quo* in Italy. Suvorov was ordered to Switzerland, from which he was forced to retreat by the defeat of other allied armies, and by late 1799 it had been decided to bring him back to Russia. Relations with Britain also worsened with the failure of an Anglo-Russian attack on the Netherlands, Sept.–Oct. 1799, and British refusal to co-operate with Russian forces in the Mediterranean. (*Cont. p. 167.*)

Spain and Portugal

SPAIN

1760–77

REIGN OF CARLOS III. Carlos III (1716–88), formerly duke of Parma and king of Naples, became king of Spain in 1759. He strengthened the authority of the central government, reformed the bureaucracy and the army, and, adopting policies advocated by the economist Pedro Rodríguez de Campomanes, brought new economic prosperity to his country.

FAMILY PACT. When the Seven Years' War began, 1756, Spain remained neutral, but by the Family Pact, 15 Aug., 1761, Carlos renewed the alliance between the Spanish and French Bourbons. France agreed to support Spain against Britain in return for a Spanish promise to enter the war if peace had not been made by 1 May, 1762.

WAR WITH BRITAIN. On 2 Jan., 1762, Britain declared war on Spain. Portugal, allied to Britain, was invaded, but the Spaniards achieved only minor successes. A Spanish force captured the Portuguese colony of Sacramento (Itatupã), in present Brazil, but lost Havana (Cuba) and other West Indian possessions, together with Manila in the Philippines, to the British.

TREATY OF PARIS. 10 Feb., 1763. Spain ceded Florida to Britain in exchange for Havana and Manila, returned Sacramento to Portugal, allowed the British logwood-cutting rights in Honduras, and surrendered her claims to fishing rights in the Newfoundland fisheries. By a separate agreement she received New Orleans and Louisiana west of the Mississippi from France.

MADRID RIOTS. Mar. 1766. The immediate cause of serious rioting in Madrid was a government attempt to prohibit the wearing of the round *chambergo* hat and long cape associated with Hapsburg times. In addition the Bourbons were still considered a foreign dynasty, and Charles's reliance on 2 Italian ministers, the marquises of Grimaldi and Squillace, created resentment. Higher taxes and steadily rising food prices also caused dissatisfaction. The riots forced the dismissal of Squillace, and the count of Aranda (1718–99) became the king's chief adviser.

EXPULSION OF THE JESUITS. The Jesuits were accused of instigating the riots of 1766. In addition, they were charged with being a divisive force both at home and in the colonies. On 27 Feb., 1767, Carlos signed the order for their expulsion. The Spanish government also pursued an anti-Jesuit policy in Rome, and José Moñino (1728–1808) was made count of Floridablanca for his part in obtaining papal suppression of the Society of Jesus in 1773.

1778–83

DECREE OF FREE TRADE. 12 Oct., 1778. This decree was the last in a series, begun in 1765, that had progressively broken the monopoly of Seville and Cádiz over the colonial trade. Direct trade among almost all major Spanish and colonial ports was now permitted.

WAR WITH BRITAIN. A Spanish declaration of war against Britain, 23 June, 1779, followed a secret alliance between Spain and France made in Apr. 1779. Although Spain refused openly to recognize the independence of the British North American colonies, she gave them secret aid. Spanish forces occupied Florida, the Bahamas, and Minorca, but a planned Franco-Spanish invasion of Britain did not materialize and a siege of Gibraltar had to be raised.

TREATY OF VERSAILLES. 3 Sept., 1783. Spain retained Minorca and Florida, but returned the Bahamas to Britain and renewed British logwood-cutting rights in Honduras. The Spanish economy had suffered from the wartime disruption of colonial trade, but the postwar period was one of great prosperity and economic expansion.

1788–99

REIGN OF CARLOS IV. Carlos IV (1748–1819) became king of Spain in Dec. 1788. A weaker man than his father, he was strongly under the influence of his wife, María Luisa of Parma. The count of Floridablanca, who had been first secretary of state since 1776, was Carlos' chief minister.

RELATIONS WITH FRANCE. Floridablanca attempted to keep the French Revolution out of Spain. He took extreme measures, including the suppression of all newspapers except the official press, to prevent news of events in France from gaining circulation in Spain. So aggressively did he support the rights of Louis XVI against the French Assembly that it was feared his policies were endangering that monarch rather than helping him. In 1792 the count of Aranda became first secretary. Aranda adopted a more moderate stance toward the French Revolution, a policy that became more difficult to maintain as the Revolution became more extreme.

WAR WITH FRANCE. In Nov. 1792, Manuel Godoy (1767–1815) became first secretary. Godoy was a 25-year-old former Guards officer, and a personal favorite of both the king and queen. He tried to defend Louis XVI while avoiding war with France, but failed in both aims. On 7 Mar., 1793, France declared war on Spain. The war aroused considerable patriotic enthusiasm and Spanish armies invaded France, only to be obliged to retreat in 1794 in the face of a strong counterattack by the French.

TREATY OF BASEL. France evacuated Spain in return for the Spanish (eastern) half of the island of Santo Domingo. For his part in arranging this treaty, 1795, Godoy was given the title Prince of Peace.

TREATY OF SAN ILDEFONSO. 18 Aug., 1796. Spain allied herself to France and placed her fleet in the French service. On 14 Feb., 1797, the main Spanish naval force was defeated by the British off Cape St. Vincent. (*Cont. p. 141.*)

PORTUGAL

1760–76

RULE OF POMBAL. José I (1715–77), of the house of Braganza, became king of Portugal in 1750. His chief minister and the real ruler of the country was Sebastião José de Carvalho e Mello (1699–1782), who in 1770 was made marquis of Pombal. Pombal's power became almost absolute after an attempt on the king's life in 1758 resulted in the imprisonment or execution of many of the higher nobility and the expulsion of the Jesuits, 1759. Corrupt, merciless, and dictatorial, Pombal did much to promote industry, commerce, and education, and was the main force behind the rebuilding of Lisbon after the great earthquake of 1755.

WAR WITH SPAIN. When Spain entered the Seven Years' War on the side of France, she tried to make the Portuguese break their alliance with Britain.

The Portuguese refused, and Spanish troops crossed the frontier, 30 Apr., 1762. With timely British aid, the Portuguese were able to prevent more than minor penetrations of their country.

1777–99

REIGN OF MARIA I. Maria I (1734–1816) became queen of Portugal, 24 Feb., 1777. One of her first acts was the dismissal of Pombal. The nobles he had imprisoned were released and in 1781 he himself was found guilty on criminal charges. Maria was subject to periodic fits of insanity and in Jan. 1792 it became necessary for her son, João (1767–1826), to take control of the government. In 1799 he assumed the title of prince regent.

WAR AGAINST FRANCE. In July 1793, after allying herself with Britain and Spain, Portugal sent troops to support the Spanish invasion of France, Sept. The Spaniards were defeated and made peace with France, July 1795, but the Portuguese persisted in their friendship with the British and their enmity toward the French, thus setting the scene for the Peninsular War. (*Cont. p. 145.*)

Scandinavia

SWEDEN

1760–70

THE "CAPS" AND THE "HATS." In 1760 the king of Sweden was Adolphus Frederick (1710–71) of Holstein-Gottorp (acceded 1751). His realm included Finland, which had been an integral part of Sweden since the 13th cent. The king of Sweden was virtually a figurehead, the country being governed by the Riksdag, an assembly of 4 estates (nobles, clergy, burgesses, and peasants). Within the Riksdag there were 2 parties, the Caps and the Hats, the latter having been in power since 1739. During the Seven Years' War, the Hats followed a pro-French policy and engaged in futile attacks on Prussia, 1757–62, which brought no territorial gains and resulted in a large national debt and a ruinous inflation.

In consequence, the Caps came to power in 1765. They freed the press and favored economic retrenchment, a lessening of government interference in the economy, and closer ties with Russia and Britain. Their economic policies, however, created even greater hardship in the country than had those of their predecessors. By their failure to increase the power of the king, they lost the support of the court party and fell from power in 1769.

1771–79

RULE OF GUSTAVUS III. In 1771, Gustavus III (1746–92) came to the throne. He was influenced by the French *philosophes* and believed in an "enlightened," but strong, monarchy. On 19 Aug., 1772, he engineered a coup, as a result of which the members of the council were arrested and the Riksdag dismissed. A new constitution was adopted under which the powers of the Riksdag were reduced to control over taxation and the state bank, the sole right to declare war, and an equal voice with the king's over legislation. Gustavus III reformed the civil service, the law courts, and the army, abolished torture, and increased religious freedom, but his absolutist views were reflected in the press law of 1774 and in his reliance on informal, personal advisers in place of the council set up by the constitution to assist him.

1780–90

LEAGUE OF ARMED NEUTRALITY. In 1780 Sweden joined Denmark and Russia in the League of Armed Neutrality, designed to protect neutral commerce during the War of American Independence.

WAR WITH RUSSIA. In 1788 Gustavus III invaded Russia without securing the prior approval of the Riksdag. Not only did the assault fail but Sweden was in turn attacked by Russia's ally, Denmark. Following British and Prussian intercession, the Danes withdrew, and the Russian war was ended by the Treaty of Värälä, Aug. 1790, which restored the *status quo*.

ACT OF UNION AND SECURITY. Gustavus' unsuccessful and unconstitutional attack on Russia increased the already existing opposition to him within the nobility. Taking advantage of the Danish attack to arouse patriotic feeling, he allied with 3 lower houses of the Riksdag to force changes in the constitution at the nobility's expense. By the Act of Union and Security, Feb. 1789, he was granted virtually absolute powers, while many offices and privileges that had been reserved to nobles were thrown open to all classes.

1791–99

RULE OF GUSTAVUS IV. In Mar. 1792, Gustavus III was assassinated by Jakob Anckarström, a former army officer and a member of a conspiracy of nobles opposed to the new regime. He was succeeded by his son, Gustavus IV (1778–1837), whose uncle, Duke Charles, ruled until 1796.

In 1794 a treaty of neutrality was negotiated with Denmark. The 2 countries agreed to remain neutral in the wars of the French Revolution, and to adopt joint measures for the protection of their commerce. (*Cont. p. 176.*)

DENMARK AND NORWAY

1760–65

RULE OF FREDERICK V. Frederick V (1723–66), of the House of Oldenburg, had become king of Denmark in 1746. His realms included the Kingdom of Denmark itself, consisting of Jutland and the Danish islands; the Duchy of Schleswig, which had been Danish territory since 811 but was not part of the kingdom; the Duchy of Holstein, a part of the Holy Roman Empire, of which the king of Denmark had been duke since 1460; and the Kingdom of Norway, which had been joined in a personal union with Denmark since 1380. Frederick V was an absolute monarch. His principal ministers were Adam Gottlob Moltke, chief marshal, and John Hartvig Ernst Bernstorff (1712–72), foreign minister.

ALLIANCE WITH RUSSIA. In the 16th cent., the Duchy of Holstein-Gottorp had been created out of parts of Schleswig and Holstein. As a result of the Northern War, 1700–21, the ducal portion of Schleswig had been taken by the king of Denmark. In 1762 the then duke of Holstein-Gottorp became Czar Peter III of Russia, and he immediately began preparations to regain his lost territory. War between Russia and Denmark seemed certain when Peter was deposed by his wife, Catherine II. The czarina was more concerned with the Baltic than with Germany, and desired a Danish alliance against Sweden. Treaties were therefore arranged (the final ones were signed in 1773) providing for an alliance against Sweden and for the surrender of the Holstein-Gottorp claims in Schleswig and Holstein in exchange for Oldenburg and Delmenhorst.

1766–72

RULE OF STRUENSEE. In Jan. 1766, Christian VII (1749–1808) succeeded his father, Frederick V. The new king was subject to fits of insanity, and came under the influence of a German doctor, Johann Friedrich Struensee (1737–72). Between 1770 and 1772, Struensee controlled Denmark. A freethinker, strongly influenced by the French *philosophes,* he instituted a program of extreme reform. The privileges of the nobility were attacked, the administration completely reorganized and centralized, and freedom of the press established. On 17 Jan., 1772, however, Struensee was overthrown by a coup led by the queen dowager, Juliane Marie, on behalf of her son, Frederick (1768–1839).

1772–99

MODERATE REFORM AND NEUTRALITY. From 1772 to 1784 the queen dowager, Crown Prince Frederick, and Minister Ove Höegh-Guldberg imposed a regime of extreme conservatism on Denmark. But when on 14 Apr., 1784, Frederick came of age and took power with his father's consent, he ousted the conservatives and installed a new ministry led by Andreas Peter Bernstorff (1739–97). A period of reform followed, during which estate owners were deprived of their judicial authority, 1787; the peasants were given freedom to leave their land, 1788; and the slave trade was abolished, 1792.

In Sept. 1788, Denmark invaded Sweden. Sweden had attacked Russia, and the latter invoked the treaty of 1773 to obtain Danish aid. Britain and Prussia intervened and peace was restored. During the wars of the French Revolution, Denmark remained neutral. (*Cont. p. 177.*)

Poland

1760–73

POLAND IN 1760. In 1760 Poland was the largest country in Europe (282,000 sq. mi.) apart from Russia. Its population numbered some 12 m., some 40% of whom were White Russians, Ukrainians, and Lithuanians, while Germans and Jews formed sizable minorities.

The Polish government was practically powerless. The central Diet (*Sejm*), composed of delegates chosen by provincial diets, elected the king who, in order to become eligible for the throne, had to swear to respect the rights of the nobility (*pacta conventa*). Exercise in the central Diet of the *liberum veto,* a single negative vote, could bar the passage of any bill. Moreover, any group dissatisfied with the conduct of affairs by the central government could form its own organization, known as a "confederation," and conduct its own foreign policy. Poland's powerful neighbors, Russia, Austria, and Prussia, financed such factions for their own ends, and all sought to keep Poland weak.

Most of the inhabitants of the country were rural serfs. The towns were insignificant; total urban population was barely half a million, and the towns had no representation of their own in the central Diet. Landed magnates dominated public life.

SUCCESSION CRISIS OF 1763. The death of King Augustus III, 5 Oct., 1763, ended the Saxon line. During the interregnum that followed, the Czartoryski family (known as "The Family") persuaded the Diet to limit the exercise of the *liberum veto.* Russia and Prussia, however, agreed by the Treaty of St. Petersburg, 11 Apr., 1764, to press for an annulment of this limitation and for the election of Stanislas Poniatowski (1732–98), a former lover of Catherine II and a Czartoryski, to the Polish throne. The Czartoryskis had to abandon their reform plans, and Poniatowski became king of Poland.

CONFEDERATION OF RADOM. In 1766, Russian influence again secured the Diet's rejection of a proposal to abolish the *liberum veto* in relation to tax matters. To safeguard the privileges of the nobility, the elective monarchy, and the *liberum veto,* the Confederation of Radom was formed, 23 June, 1767. In 1768 the Diet yielded to the Confederation's demands, thus weakening the central government still further, and also lifted the disabilities on Dissidents. (Dissidents were non-Catholics: Orthodox Ukrainians and White Russians in the East, and Protestant Prussians in the north and west.)

CONFEDERATION OF BAR. 29 Feb., 1768. The Confederation of Bar was formed in Podolia in the Ukraine to defend Polish independence against Russian encroachment and to revoke the rights granted to Dissidents. The Confederation's troops fought spasmodically against the Russians, who were soon preoccupied with the war against Turkey, 1768–74.

1ST PARTITION OF POLAND. Meanwhile, in 1769, Austrian troops occupied the enclave of Zips (Spisz), which had once belonged to the Kingdom of Hungary. In 1770, on the pretext of protecting it from a cattle plague, Prussia cordoned off West Prussia. When Russia began making gains in her war with Turkey, Austria became nervous over Russian ambitions in the Balkans and demanded compensation. Frederick II of Prussia then suggested that all 3 powers should seek compensation in Poland; he had long coveted West Prussia, which lay between East Prussia and Pomerania.

Russia agreed to Frederick's proposal, 17 Feb., 1772, and Austria followed, 5 Aug. Austria received Galicia (32,000 sq. mi. and 2.7 m. inhabitants), Prussia annexed West Prussia (14,000 sq. mi. and 580,000 inhabitants), and Russia obtained 36,000 sq. mi. of White Russia with 1.3 m. inhabitants. Thus Poland lost 30% of her territory and 35% of her population. Threatened by a Russian army, the Polish Diet ratified the partition, 18 Sept., 1773.

1773–91

INFLUENCE OF THE ENLIGHTENMENT. An educational reform program was instituted, 1773, with the dissolution of the Jesuit order (which had dominated Polish education since the 16th century) and the establishment of an Education Commission (*Komisja Edukacji Narodowej*) which administered and expanded Polish education and was the first ministry of education in Europe. The king encouraged Polish and foreign *philosophes* to join his court and advise him on matters of national policy.

4 YEARS' DIET. A Diet strongly under the influence of reformers opened on 6 Oct., 1788. Russia was engaged in another war with Turkey, 1787–92, and with Sweden, 1788–90, and was unable to interfere decisively in Polish affairs, and Poland gained the benevolent support of Prussia by a defensive alliance signed on 29 Mar., 1790.

On 3 May, 1791, the Diet promulgated a new constitution which was in time approved by both Prussia and Austria. It provided for a hereditary monarchy and for a bicameral legislature chosen by direct elections. Towns were granted self-government and representation in the legislature. Urban dwellers received the right to buy land, hold most offices, and become noble. Catholicism was declared the state religion, but other religions were to be tolerated. Both the *liberum veto* and the confederations were abolished.

1792–99

2ND PARTITION OF POLAND. Catherine II of Russia, however, opposed the Polish reform movement and organized the Confederation of Targowica, 14 May, 1792. Russian troops invaded Poland. Frederick William II of Prussia, alarmed at the possibility of Russian control over the whole country, sent troops into Poznań. But, since he wished to avoid a confrontation with Russia while his forces were engaged in France, he renounced the treaty Prussia had made with Poland, 1790.

Russian and Prussian forces soon overwhelmed the small Polish army. On 23 July, 1792, the Polish government yielded to a Russian demand that all reforms should be annulled and the old constitution restored. On 23 Jan., 1793, Prussia and Russia agreed to a further dismemberment of Poland: Prussia annexed Poznań (1 m. inhabitants and 22,000 sq. mi.), while Russia took 97,000 sq. mi. of Lithuania, White Russia, and the Ukraine. Surrounded by Russian troops, the Diet ratified the partition on 23 Sept.

UPRISING OF 1794. In Mar. 1794 a rebellion against foreign occupation, led by Thaddeus Kosciusko (1746–1817), broke out. In Apr. the citizens of Warsaw ejected the Russian garrison, and soon all foreign troops had been cleared from Polish territory. By Nov., however, the allies had succeeded in crushing the uprising.

3RD PARTITION OF POLAND. In Oct. 1795, Prussia, Austria, and Russia agreed to a 3rd partition. Prussia received Warsaw, Austria Cracow and Lublin, and Russia Vilna, Grodno, Brest, the rest of Lithuania, White Russsia, and the Ukraine. The king of Poland abdicated on 27 Nov., 1795.

GREAT BRITAIN AND IRELAND

1760

ACCESSION OF GEORGE III. On assuming the throne, 25 Oct., George III (1738–1820) had 2 principal aims: to replace the Whig ministry with a nonpartisan one of his own choosing, and to conclude the French phase of the Seven Years' War, for he could not expel the Whigs while they successfully pursued it. He was willing to make sacrifices to end the German phase of the war, for its indecisiveness had made it unpopular. George III was advised by Lord Bute (1713–92), who, 25 Mar., 1761, became a secretary of state.

1761–62

DECLARATION OF WAR ON SPAIN. 4 Jan., 1762. Spain objected to British settlements in Yucatán, the condemnation by British courts of captured Spanish ships, and the denial to Spain of Newfoundland fishing rights. The Bourbon Family Compact and the Franco-Spanish Convention of 15 Aug., 1761, pledged Spain to declare war on Britain by 1 May, 1762. On 7 Oct., 1761, William Pitt (1708–78) resigned after the cabinet rejected his proposal for an immediate preventive war. On 2 Nov., Britain heard officially of the Franco-Spanish treaties; Spain refused to clarify them, and Britain declared war.

BUTE MINISTRY. Bute's growing influence drove the Duke of Newcastle (1693–1768), prime minister since July, 1757, to resign, 26 May, 1762. Bute succeeded him, 29 May.

1763–64

TREATY OF PARIS. 10 Feb., 1763. Signed by Britain, France, and Spain, the Treaty of Paris confirmed Britain's colonial supremacy in North America, in India, and on the seas. (The Treaty of Hubertusburg, 15 Feb., ended the German phase of the Seven Years' War.) France ceded Acadia, Canada, Cape Breton, and the islands of the St. Lawrence to Britain, gained St. Pierre and Miquelon, and retained fishing privileges off Newfoundland. She further yielded all territory east of the Mississippi except New Orleans. In the Caribbean, Britain regained St. Vincent, Dominica, Tobago, and the Grenadines; France regained St. Lucia, Guadeloupe, Marie Galante, Désirade, and Martinique. Spain granted Britain East and West Florida and logwood-cutting rights in Honduras. Cuba and the Philippines were restored to Spain. In East India, France and Britain mutually restored all post-1749 conquests. In Europe, France destroyed her fortifications at Dunkirk, reobtained Belle Isle, restored Minorca to Britain, and with Britain withdrew from Germany. In Africa, Britain returned Gorée to France, and France ceded her Sénégal.

THE GRENVILLE MINISTRY. Bute resigned, 8 Apr., 1763, and George Grenville (1712–70), whom George III disliked, succeeded him, 16 Apr.

THE WILKES CASE. On 30 Apr., 1763, John Wilkes (1729–97) was arrested for seditious libel by a general warrant for his attack in No. 45 of the *North Briton* on George III's defense of the Treaty of Paris. Wilkes questioned the legality of the general warrant and claimed parliamentary immunity as an M.P. Chief Justice Pratt declared the general warrant illegal in May and discharged Wilkes, who fled to France, 24 Dec., after the Commons took further action against him. On 20 Jan., 1764, the Commons expelled Wilkes; he was convicted of seditious libel, Feb., and outlawed, Nov. His challenge to the government won him a reputation as a libertarian.

1764–66

GRENVILLE'S ECONOMIC MEASURES. Grenville's Budget Speech of 9 Mar., 1764, proposed no new taxes in Britain, but stressed the need for additional revenues to maintain the empire. Such subsequent legislation as the American Revenue Act and the Stamp Act, the first revenue measures applied to the colonies, aroused American hostility. In 1766, Parliament repealed the Stamp Act, but passed a Declaratory Act that asserted Parliament's full authority to make laws binding the colonists "in all cases whatsoever."

ROCKINGHAM MINISTRY. George III, anxious to be rid of Grenville, experiencing a crisis over a regency bill, 10 July, disdaining Newcastle, and unable to obtain Pitt, on 13 July, 1765, appointed the Marquis of Rockingham (1730–82) to head a ministry.

CHATHAM MINISTRY. Rockingham's ministry collapsed when Pitt refused to enter it; on 30 July, 1766, Pitt, now Earl of Chatham, formed a ministry which, because of his ill health, was led by the Duke of Grafton (1735–1811) as first lord of the treasury and Charles Townshend (1725–67) as chancellor of the exchequer.

ROCKINGHAMITE OPPOSITION. Rockingham decided that he could not overthrow the Chatham ministry; his followers then went into opposition, which lasted until 1782. During this period, they formulated such governmental principles as the concept of "party," which Rockingham's private secretary Edmund Burke (1729–97) outlined in his *Thoughts on the Cause of the Present Discontents,* 1770.

1767

GRAFTON MINISTRY. On 13 Oct. Chatham resigned when Grafton considered the dismissal of Shelburne (1737–1805). Grafton became prime minister, with Lord Frederick North (1718–93) as chancellor of the exchequer and ministerial spokesman in the Commons. On 20 Jan., 1768, Lord Hillsborough assumed the new office of secretary of state for the colonies.

1768–69

MIDDLESEX ELECTION DISPUTES. Following John Wilkes's election to Parliament, Mar. 1768, riotous celebrations occurred. In May, troops quelling the Wilkesite demonstrations killed several people, an action Wilkes denounced in the *St. James Chronicle,* 8 Dec. The violence of his attack united his opponents, and the Commons expelled him, 3 Feb., 1769. Wilkes was re-elected on 16 Feb., 16 Mar., and 13 Apr., but on 15 Apr. the Commons declared his opponent elected. A pro-Wilkes petitioning movement ensued.

1770

NORTH MINISTRY. The cabinet was split by the Wilkes case and by the Townshend duties, passed, 1767, to maintain British officials in America. On 27 Jan., 1770, Grafton resigned; North replaced him, 31 Jan. North won passage of a bill for the withdrawal of all the Townshend duties except the tea duty, retained as a symbol of British authority; the repeal measure received royal assent, 12 Apr.

1771–72

FREEDOM OF THE PRESS. The post-1767 defiance of prohibitions concerning the publishing of parliamentary debates led Parliament, 15 Mar., 1771, to send a messenger to arrest an offending printer in hopes of ending this practice. The London aldermen arrested the messenger for infringement of privilege of the City. After this incident, with few exceptions, the press freely published parliamentary debates. Meanwhile, the publisher John Almon had led a press campaign against the government, and Lord Mansfield (1705–93) had ruled, 9 Dec., 1769, in connection with the anonymous and virulent *Letters of Junius,* that juries could not judge seditious libel. Chatham's and Rockingham's challenge of this decision on grounds that the administration had abused the libel laws for political purposes met parliamentary defeat, Jan. 1772. It was not until 1792 that a bill awarding libel cases to juries was passed.

1774–76

REACTION TO AMERICAN UNREST. Both Chathamites and Rockinghamites favored conciliating the disaffected colonies, but the 1774 elections returned a parliamentary majority that endorsed George III's wish to punish Massachusetts for the Boston Tea Party and for general intransigence, and that passed the Coercive Acts, 31 Mar., 20 May. The cabinet advocated both economic strangulation and a land war to restore order. Troops were ordered to America in 1775, and the Prohibitory Bill, 22 Nov., established a blockade of the colonies. Treaties of 9 Jan., 15 Jan., and 5 Feb., 1776, hired mercenaries from Brunswick and Hesse-Cassel to supplement the British forces. Rockingham, convinced of the futility of his opposition to the "Intolerable Acts," retired from parliamentary participation, and Charles James Fox (1749–1806) became opposition leader.

1777–79

CONSEQUENCES OF DEFEAT AT SARATOGA. Gen. John Burgoyne's surrender at Saratoga, Oct. 1777, convinced the cabinet of the difficulty of subduing the colonists. North considered resigning and began preparing a series of bills for effecting reconciliation with America; he introduced these in the Commons, 17 Feb., 1778, and they passed, 16 Mar. Also in Mar., Britain learned of the Franco-American alliance, formed 6 Feb., and broke relations with France. One of North's bills created the Carlisle peace commission, which reached Philadelphia on 6 June and requested, 9 June, a conference with the Congress. On 17 June, Congress demanded recognition of U.S. independence and withdrawal of British forces as the basis of negotiation. The peace mission ended in failure.

NAVAL AFFAIRS. Anglo-French naval hostilities began 17 June, 1778. Admiral Keppel blamed his defeat off Ushant, 27 July, on Sir Hugh Palliser, a subordinate officer. A court-martial acquitted both men, but Keppel resented having been tried. Many young officers sympathized with him against the Admiralty under the Earl of Sandwich (1718–92), whom the Rockinghamites, Keppel's backers, wanted removed. As a result of this affair, many officers refused to command the Channel Fleet under Sandwich when a Franco-Spanish fleet threatened to invade England in the summer of 1779. The crisis ended when France abandoned the invasion.

1780

REFORM MOVEMENTS. In Dec. 1779, Burke had initiated his Economical Reform Movement and a Yorkshire freeholders' meeting had resolved to establish a more representative Parliament and a national Petitioning Movement for reform. On 13 Mar., 1780, the Commons abolished the Board of Trade, but the economical reform movement collapsed, 21 Mar., when the Commons defeated Burke's attempt to decrease the King's Household. Scarce attendance at the petitioners' national congress in London, 11 Mar., dashed their hopes of creating a national assembly. On 6 Apr. the Commons approved their petitions to diminish royal power, but refused, 24 Apr., to remain sitting until reform was effected. Thereafter the movement declined.

GORDON RIOTS. On 2 June, Lord George Gordon (1751–93), leader of the London Protestant Association, petitioned Parliament to repeal the Roman Catholic Relief Bill of 1778; from then until 7 June, nominally anti-Catholic riots raged in London. Mob violence directed against Catholics and the rich caused many propertied people to support the *status quo,* thereby strengthening North's ministry.

DECLARATION OF WAR ON HOLLAND. Anglo-Dutch relations had become strained because of Holland's trade with Britain's enemies. On 17 Apr., Britain declared Dutch ships subject to search. Fearing that Holland would join Russia's League of Armed Neutrality to protect neutral shipping, the cabinet declared war, 20 Dec.

1782

ROCKINGHAM MINISTRY. The capture of Cornwallis' entire army at Yorktown, 19 Oct., 1781, and defeats by the French in the West Indies dashed British hopes for victory in America. The Commons unrelentingly attacked the North ministry, and on 20 Mar. North resigned. Rockingham succeeded him, 22 Mar., with Fox as foreign secretary and Shelburne as home secretary. Under Burke's influence, this ministry disenfranchised revenue officers, excluded government contractors from the Commons, and secured sinecure reform. Peace talks with the Americans began at Paris, 12 Apr. Rockingham's death, 1 July, led to Fox's resignation and the formation of a ministry under Shelburne in which the younger William Pitt (1759–1806) was chancellor of the exchequer.

IRISH REFORMS. The American Revolution had provided Irish Protestants with a pretext for the formation of the supposedly defensive Ulster Volunteer Corps, which had soon become a powerful political force for free trade and Irish legislative independence. With this group behind him, Henry Grattan (1746–1820) obtained trade concessions and secured the repeal of the Drogheda statutes of 1494 (Poynings' Law), which subjected the actions of the Irish Parliament to the English Privy Council and made all laws passed in England applicable to Ireland. The new Irish Parliament, though independent, was limited to Protestants.

1783

TREATY OF PARIS. The preliminary Anglo-American treaty signed 30 Nov., 1782, was not to become effective until settlement with France had been reached. On 20 Jan., 1783, Britain concluded preliminary treaties with France and Spain. The Anglo-French treaty was an avowal of Britain's loss of power and prestige since 1763, but the only substantive changes in territorial disposition were made in the West Indies and Africa. Spain reacquired Minorca and the Floridas. On 3 Sept., definitive treaties were signed at Paris. An Anglo-Dutch treaty giving Britain Negapatam and free navigation of the Moluccas, and providing for mutual restoration of other conquests, was ratified in 1784.

FOX-NORTH MINISTRY. Shelburne's unpopular peace settlement caused cabinet disaffection. On 17 Feb., Fox and North defeated the preliminary treaty in the Commons, and Shelburne resigned, 24 Feb. George III acquiesced in the Fox-North coalition, 2 Apr., and they became secretaries of state in a ministry nominally headed by the Duke of Portland (1738–1809). The ministry lost support after agreeing to the same peace terms it had condemned Shelburne for accepting; it fell over Fox's East India Bill, which was considered a patronage scheme and was defeated in the Lords, 17 Dec. On 19 Dec., Pitt became prime minister.

1784–85

PITT MINISTRY. Pitt's administration was strengthened by the long-postponed general election of 1784, in which Fox's supporters lost over 100 seats. An India Bill was passed, 13 Aug. Pitt attempted to apply the ideas of Adam Smith and restore Britain to financial soundness. His Commutation Bill of 1784 reduced the tea duty to end smuggling. The Board of Taxes, created in 1785, centralized the receipt of revenues. The sinking fund, introduced 11 Apr., 1785, utilized the annual surplus to pay the national debt; by 1792 it had restored national credit.

1786

EDEN TREATY. Article 18 of the Treaty of Paris provided for a new Anglo-French commercial treaty, which William Eden negotiated, 26 Sept. It contained provisions for equal navigation, trade, and travel rights between Britain and France, religious freedom for the subjects of each state in the other, and procedures for settling contraband disputes. The treaty, effective 10 May, 1787, was abrogated during the French Revolution.

1788

ANGLO-DUTCH TREATY. After an unsuccessful attempt by France and the Netherlands to rescind the stadholder's powers, Pitt, fearing French encroachments in the Netherlands that would jeopardize British safety and prosperity, guaranteed Dutch territorial integrity by treaty, 15 Apr.

ANGLO-PRUSSIAN TREATY. For protection in case of a war with France, Britain concluded a treaty with Prussia, 13 Aug. It guaranteed mutual aid in a

European defensive war and the territorial integrity of the Netherlands.

1789

REGENCY CRISIS. George III had become violently insane in Nov. 1788. On 5 Feb., 1789, Pitt submitted a Regency Bill to the Commons; it granted the Prince of Wales restricted royal power. The king's recovery stopped debate, 19 Feb., but the bill served as the basis of the Regency Act of 1810, when George III became permanently insane.

1790

NOOTKA INCIDENT. The controversy over Spain's seizure of the Nootka trading post in 1789 was ended by the Nootka Convention, 24 Oct., 1790, whereby Spain recognized Britain's right to settle and trade on the north Pacific coast of North America.

1791

BIRMINGHAM RIOTS. Riots broke out, 15 July, during the Birmingham Nonconformists' celebration of the fall of the Bastille. Three days of disorder testified to the widespread fear that Nonconformists were revolutionaries.

1793

THE FIRST COALITION. On 25 Mar., Lord William Grenville (1759–1834), foreign minister since Apr. 1791, concluded the Anglo-Russian treaty establishing the First Coalition. Russia agreed to supply troops, prevent neutrals from aiding France, and grant Britain a favorable commercial treaty. Prussia, 14 July, and Austria, 30 Aug., joined the coalition, promising troops in exchange for British subsidies. Similar treaties were concluded with Hesse-Cassel, 10 Apr.; Sardinia, 25 Apr.; Spain, 25 May; and Naples, 12 June.

WAR WITH FRANCE. Distrust of France had increased in 1792 when she opened the Scheldt, 16 Nov., and promised, 19 Nov., support to any revolutionary people. On 4 Jan., 1793, the Commons passed the Aliens Bill to restrict the activities of foreigners, and on 24 Jan. George III expelled the French ambassador. On 1 Feb., France declared war on Britain and the Netherlands. Pitt's intention was to protect the Low Countries; George III's to defend monarchy.

1794

ANTITREASON MEASURES. The Traitorous Correspondence Bill, Apr. 1793, which prohibited intercourse with France, reflected fear that the Revolution might spread. On 17 May, 1794, at Pitt's request, the Commons suspended the Habeas Corpus Act. The suspension passed with the support of the Old Whigs, who defected to Pitt to form a national party of opponents of Jacobinism. On 7 July the Whig Portland became home secretary and William Windham (1750–1810) secretary for war. The suspension supported Pitt's arrest of the leaders of the Society for Constitutional Information and the London Corresponding Society, whom he suspected of plotting a national convention to replace Parliament. Their acquittal in Oct. made Pitt's antitreason measures appear subversive of popular liberty, but on 6 Nov., 1795, the Lords passed his Treasonable Practices Bill, which defined treason to include criticism of the government; and the Commons approved a Seditious Meetings Bill, which restricted public gatherings.

1795

FITZWILLIAM AFFAIR. On 4 Jan., Lord Fitzwilliam (1748–1833) became viceroy of Ireland. His advocacy of seating Catholics in Parliament (they had obtained the vote in 1793) and his opposition to the powerful Irish Protestants led to his replacement, 19 Feb.

TRIPLE ALLIANCE. On 18 Feb., Britain concluded a defensive alliance with Russia; Austria joined on 20 May. With these pacts Britain hoped to defeat

France quickly, but the agreement collapsed with Catherine II's death, 16 Nov., 1796.

1796

ANGLO-SPANISH HOSTILITIES. Since the beginning of the slave revolts in the West Indies, Spain and Britain had contended for France's possessions there; on 5 Oct., Spain declared war.

FINANCIAL CRISIS. The war greatly strained Britain's financial resources. To stave off bankruptcy Pitt, 5 Dec., 1796, took the unusual step of floating a public loan to meet the government's £18 m. deficit, but in Feb. 1797 a run on the bank occurred and the specie in the Bank of England fell to £1,272,000. Thereafter the government curtailed its foreign loans and subsidies, but the crisis continued. Pitt's Financial Bill, Jan. 1798, established increased and graduated assessments, a progressive income tax, and a "patriotic contribution." In addition, he floated a £3 m. loan and converted the land tax into a parish tax.

1797

BATTLES OF CAPE ST. VINCENT AND CAMPERDOWN. On 14 Apr., Sir John Jervis (1735–1823) defeated the Spanish off Cape St. Vincent, revealing Spain's naval weakness and ending the Franco-Spanish invasion threat. The Franco-Dutch threat ended with the defeat of the Dutch fleet off Camperdown, 11 Oct.

SEAMEN'S MUTINY. Many of Britain's sailors were pressed into service; their food, pay, and leave time were inadequate. Discontent led to the mutinies of 15 Apr. and 7 May at Spithead and the 10 May mutiny at Sheerness. The Spithead mutinies ended by 17 May after the government promised reform, but the Sheerness mutiny had to be suppressed by force.

1798–99

THE IRISH REBELLION. The League of United Irishmen was organized in 1791 to gain Irish independence. After 1793, France aided the insurgents, most notably with the unsuccessful expedition of Lazare Hoche (1768–97) of Dec. 1796. On 23 May, 1798, a rebellion broke out in Ireland, but it was crushed at Vinegar Hill, 21 June. Smaller uprisings took place throughout the summer.

BATTLE OF ABUKIR BAY. On 1 Aug., 1798, Lord Nelson (1758–1805) defeated the French fleet at Abukir Bay, making Britain supreme in the Mediterranean.

ANGLO-RUSSIAN ALLIANCE. On 29 Dec., 1798, Britain concluded an anti-French agreement with Russia. After their joint expedition against the Dutch coast failed at Bergen, 19 Sept., 1799, Russia withdrew from the failing coalition. (*Cont. p. 193.*)

Latin America and the Caribbean, 1760–1825

THE SPANISH COLONIAL EMPIRE, 1760–1808

1761

SEVEN YEARS' WAR. Carlos III, king of Spain (ruled 1759–88), concluded a defensive alliance, the 2nd Family Compact, with France, 15 Aug., and the following year joined the struggle against Britain. The involvement of Spain and her colonies on the losing side in the Seven Years' War later stimulated important economic, fiscal, commercial, military, and administrative reforms in Spanish America.

1762

CAPTURE OF HAVANA. Having seized the Philippines and Cuba, Britain immediately opened Havana to all British vessels. Within a year 100 ships entered

Havana, as against only 5 or 6 per annum previously.

1763

TREATY OF PARIS. 10 Feb. Spain recovered Cuba and the Philippines, lost Florida and Minorca to Britain, and gained Louisiana from her ally, France. The acquisition of Louisiana, with its long land frontier, was no boon for Spain, since it merely increased the costs of empire. At the same time, the British capture of Havana had indicated that Spain would have to spend more on defense in the future if she were not to run the risk of losing her empire altogether.

1765

THE GÁLVEZ MISSION. On 4 Mar., Carlos III commissioned José de Gálvez (1729–87) to conduct a general investigation in New Spain and to institute such changes as would (1) increase the royal revenues derived from the mines, the tobacco industry (soon to become a government monopoly), the turnover tax, the customs dues, and other sources; (2) end the contraband trade in Spanish America; (3) strengthen the colonial defenses by establishing a standing army and a militia; and (4) improve the quality of government while reducing its costs. Gálvez reached Veracruz on 18 July. His mission was not completed, however, until 1771.

1767

EXPULSION OF THE JESUITS. The Society of Jesus was the only religious order operating in the colonies that had remained independent of the crown. In Apr. 1767 the king ordered all Jesuits out of Spanish America. The royal order was carried out secretly, swiftly, and without regard for public opinion. Some 10,000 Spanish and Spanish-American Jesuits were deported to Rome. Their removal seriously damaged the educational system, but both Carlos III and his successor, Carlos IV (ruled 1788–1808), promoted educational reform in the colonies by encouraging the study of the exact sciences; by contributing funds for the setting up of mining schools, schools of fine arts, botanical gardens, etc.; and by sending mining, botanical, and other scientific missions to America. Many of these missions were led by foreigners of such distinction as Alexander von Humboldt and Baron von Nordenflicht.

1768–78

FREEDOM OF TRADE. In 1765 the crown had opened the main West Indian islands to individual sailings, i.e., to ships on private registry. In 1768 this privilege was extended to Louisiana, in 1770 to Yucatán, and in 1776 to New Granada. By 1778 virtual free trade was permitted within the Spanish dominions. By that year 200 Spanish vessels were employed in the trade with Cuba alone.

During the next decade the value of the entire trade between Spain and her colonies increased by 700%. Whereas colonial industries such as textiles, hats, pottery, and glass could not compete with lower-priced European goods, the production of raw materials for overseas consumption was greatly stimulated by the new policy.

1780

THE REVOLT OF TUPAC AMARÚ. In Peru, under the leadership of José Gabriel Condorcanqui Noguera (1742–81), a lineal descendant of the last Inca emperor and known as Tupac Amarú II, thousands of Indians rebelled against the oppressive and rapacious rule of the local Spanish officials (corregidors). The revolt lasted 3 years. At least 80,000 Indians perished, and the leaders were brutally put to death. It was at first believed that English *provocateurs* had instigated the rebellion, but after the Treaty of Versailles was signed more rational counsels prevailed, and the need for instituting political reforms on the regional level in Peru and elsewhere was generally recognized. The revolt of Tupac Amarú helped to trigger the adoption of the

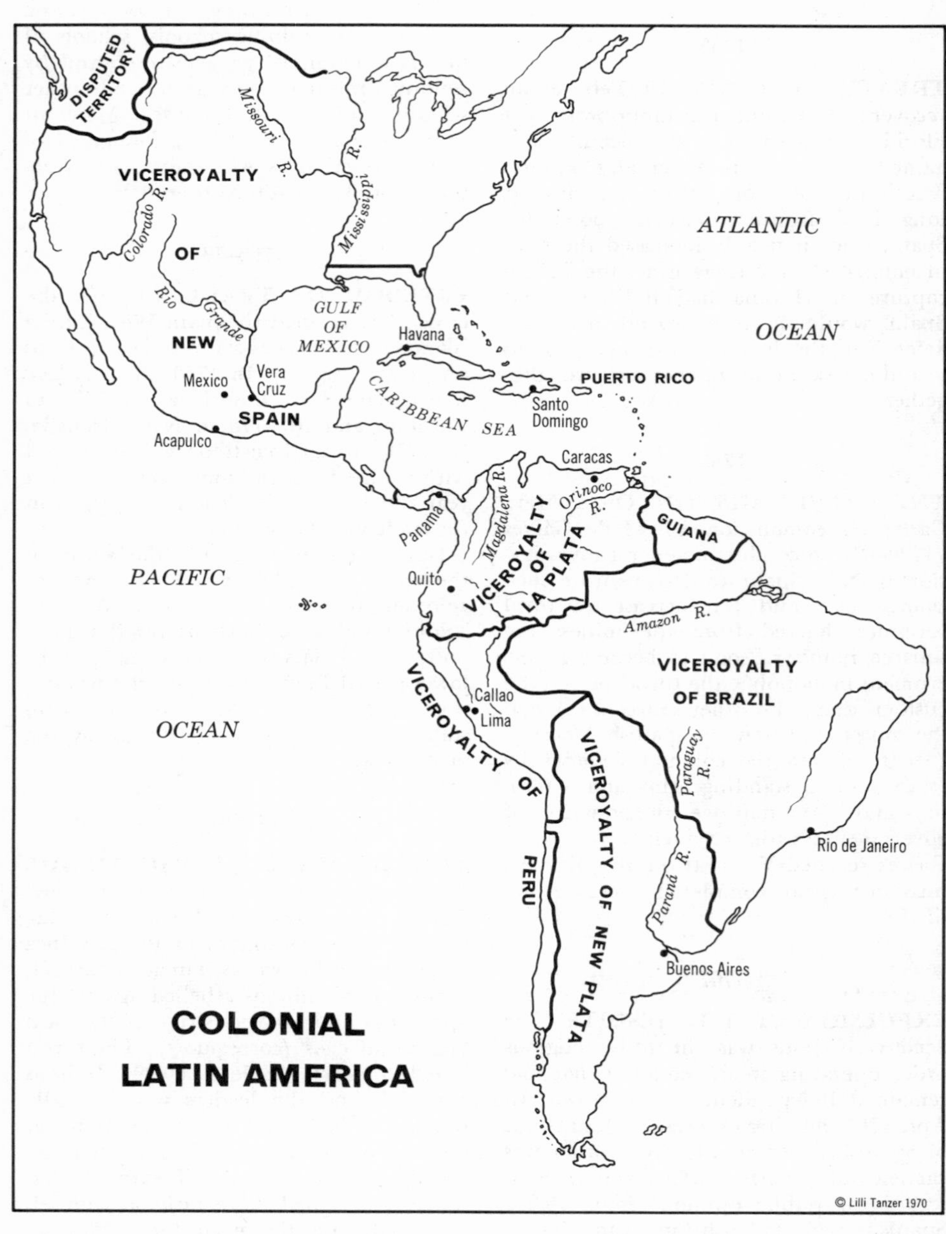
DISPUTED TERRITORY
VICEROYALTY
OF
NEW
SPAIN
Missouri R.
Mississippi R.
Colorado R.
Rio Grande
ATLANTIC
OCEAN
GULF OF MEXICO
Havana
Mexico
Vera Cruz
Acapulco
CARIBBEAN SEA
PUERTO RICO
Santo Domingo
Caracas
Orinoco R.
Magdalena R.
Panama
VICEROYALTY OF LA PLATA
GUIANA
PACIFIC
OCEAN
Quito
Amazon R.
VICEROYALTY OF BRAZIL
Callao
Lima
VICEROYALTY OF PERU
VICEROYALTY OF NEW PLATA
Paraguay R.
Paraná R.
Rio de Janeiro
Buenos Aires
COLONIAL LATIN AMERICA
© Lilli Tanzer 1970

intendancy system of local government in Spanish America.

1781

THE COMUNERO REVOLT. While the revolt in Peru was in progress, creoles supported by mestizos and Indians in many towns in the neighboring viceroyalty of New Granada rebelled against increased taxation (especially the anti-contraband tax), increased prices (of tobacco, sealed paper, etc.), corrupt and ruthless royal officials and churchmen, and a discriminatory policy that excluded most native-born Americans from all but minor posts in government. The demands of the commune delegates were accepted by the local authorities, but quickly repudiated once the chief leaders of the revolt had been captured and executed.

1783

THE TREATY OF VERSAILLES. 3 Sept. In June 1779, Spain had entered the War of American Independence on the side of France and against Britain. At the peace treaty Spain regained Minorca and Florida, which had been lost to Britain at the end of the Seven Years' War.

1786

THE INTENDANCY SYSTEM. The French intendant system had been experimentally introduced into Cuba in 1764, and extended to the La Plata region in 1782 and to Peru in 1784. In Dec. 1786 it was adopted throughout the viceroyalty of New Spain and in Chile, and by 1790 had become the rule throughout Spanish America. The chief aim of the new system was the centralizing of the administration for the sake of greater efficiency. Hundreds of provincial officials, the corregidors and *alcaldes mayores,* had previously cheated the crown and oppressed the Indians. These were now replaced by a few dozen intendants. The intendant's most important function was to collect and augment the royal revenues, but he was also the chief military, political, and judicial officer in his district. In addition, intendants were expected to foster the growth of agriculture, industry, and commerce, improve municipal services, and encourage the arts and sciences. While several intendants appointed after 1786 proved to be good administrators (e.g., Flon and Riaño in New Spain) and greatly increased the economic prosperity of their districts, others were less successful. A serious deficiency of the system, moreover, was that the officials subordinate to the intendants, known as subdelegates, received no fixed salary. As a result, they almost of necessity swindled the poor and trafficked in justice.

1789–1808

DECLINE OF SPANISH POWER. During the Revolutionary and Napoleonic wars, Spain's power to control Latin America was gradually whittled away. Santo Domingo was lost to France, 1795, and Trinidad to Britain, 1797. A large part of the Spanish fleet was destroyed at the battles of Cape St. Vincent, 1797, and Trafalgar, 1805. When the British invaded the viceroyalty of La Plata in 1806–7, it was not royal officialdom but the local residents who resisted and eventually expelled the intruders from Buenos Aires. These events revealed to all, and especially to disaffected Spanish Americans, the almost total impotence of Spain. However, while a legitimate monarch ruled, no scheme for severing the ties between colonies and mother country made any headway in the Americas.

THE MIRANDA EXPEDITION. Francisco Miranda (1750?–1816), a native of Caracas who had traveled widely in the U.S.A. and Europe between 1783 and 1805 seeking support for Spanish-American independence, sailed in Feb. 1806 from New York to Venezuela in command of a filibustering expedition of 200 men, mostly North Americans. Aided by British officials at Barbados, he landed at Coro, Venezuela, in the summer of the same year, but failed to obtain significant local assistance. He was forced to abandon his enterprise, and returned to England to await a more propitious time.

ANNEXATION OF SPAIN BY NAPOLEON. The accession of Napoleon's brother, Joseph, to the throne of Spain, 6 May, 1808, made it possible for Spanish-American patriots to rebel against royal authority with a clear conscience. From now on, they reasoned, the viceroys and other royal officials in the colonies would be taking orders from a French usurper. The annexation of Spain by France thus signaled the beginning of the effective Spanish-American independence movement.

THE SPANISH-AMERICAN WARS OF INDEPENDENCE AND THE CREATION OF NEW STATES, 1808–25

Mexico

1808–11

MIGUEL HIDALGO. On 15 Sept., 1808, loyalist Spaniards deposed José de Iturrigaray, viceroy of New Spain, because they feared he was plotting with local creole leaders to declare New Spain independent from French-occupied Spain. Two years later, 16 Sept., 1810, Miguel Hidalgo y Costilla (1753–1811), a creole parish priest, raised the banner of revolt in the name of the captive King Fernando VII (ruled 1808; 1814–33). Hidalgo was soon joined by thousands of mestizos and Indians. However, the disorders accompanying his rebellion alienated most creoles, and he found it impossible to organize a disciplined army or orderly government. After suffering several defeats at the hands of royalist forces, led mostly by Spanish officers but made up mainly of Mexican recruits, Hidalgo and his followers were captured, 21 Mar., 1811, as they tried to escape to the U.S.A. He and other leaders of the rebellion were executed on 26 July, but the revolt continued.

1812–15

JOSÉ MARÍA MORELOS. In Nov. 1812 a mestizo priest, José María Morelos y Pavón (1765–1815), captured the provincial capital of Oaxaca. By some he was hailed as Hidalgo's successor, but other followers of Hidalgo refused to recognize him. He accordingly planned to legalize his claims to leadership by convening a national congress, to meet in Chilpancingo. At Morelos' instigation the Chilpancingo Congress issued a declaration of complete independence from Spain, 2 Nov., 1813. In Dec., however, Morelos was decisively defeated at Valladolid (Morelia) by a creole officer, Agustín de Iturbide (1783–1824).

On 22 Oct., 1814, the Congress of Chilpancingo promulgated Mexico's first constitution, based largely on French and Spanish models, in an effort to rally support for the rebellion. But in Nov. 1815, Morelos was captured by the royalists and executed, 22 Dec. The revolution degenerated into petty quarrels among innumerable guerrilla leaders.

1817

XAVIER MINA. Revolutionary ardor had waned in Mexico after the restoration of Fernando VII in May 1814. This was conclusively demonstrated in 1817 by the outcome of the attempt of a Spanish liberal, Xavier Mina (1789–1817), to free Mexico from what he regarded as Fernando's reactionary rule. By most Mexican *guerrilloeros* Mina was regarded with suspicion. He was defeated, captured, and finally shot by the royalists on 11 Nov., 1817.

1821–23

AGUSTÍN DE ITURBIDE. The re-establishment of a constitutional monarchy in Spain following a barracks revolt of Jan. 1820 caused many conservative royalist sympathizers in Mexico to change sides and press for independence. Agustín de Iturbide, formerly a determined persecutor of independence leaders, assumed leadership of the new revolt and at the town of Iguala issued a plan for an independent Mexico. This was accepted by the other revolutionary leaders. By the Treaty of Córdoba, 24 Aug., 1821, the last viceroy of New Spain, Juan O'Donojú (1755–1821), aware that all classes of

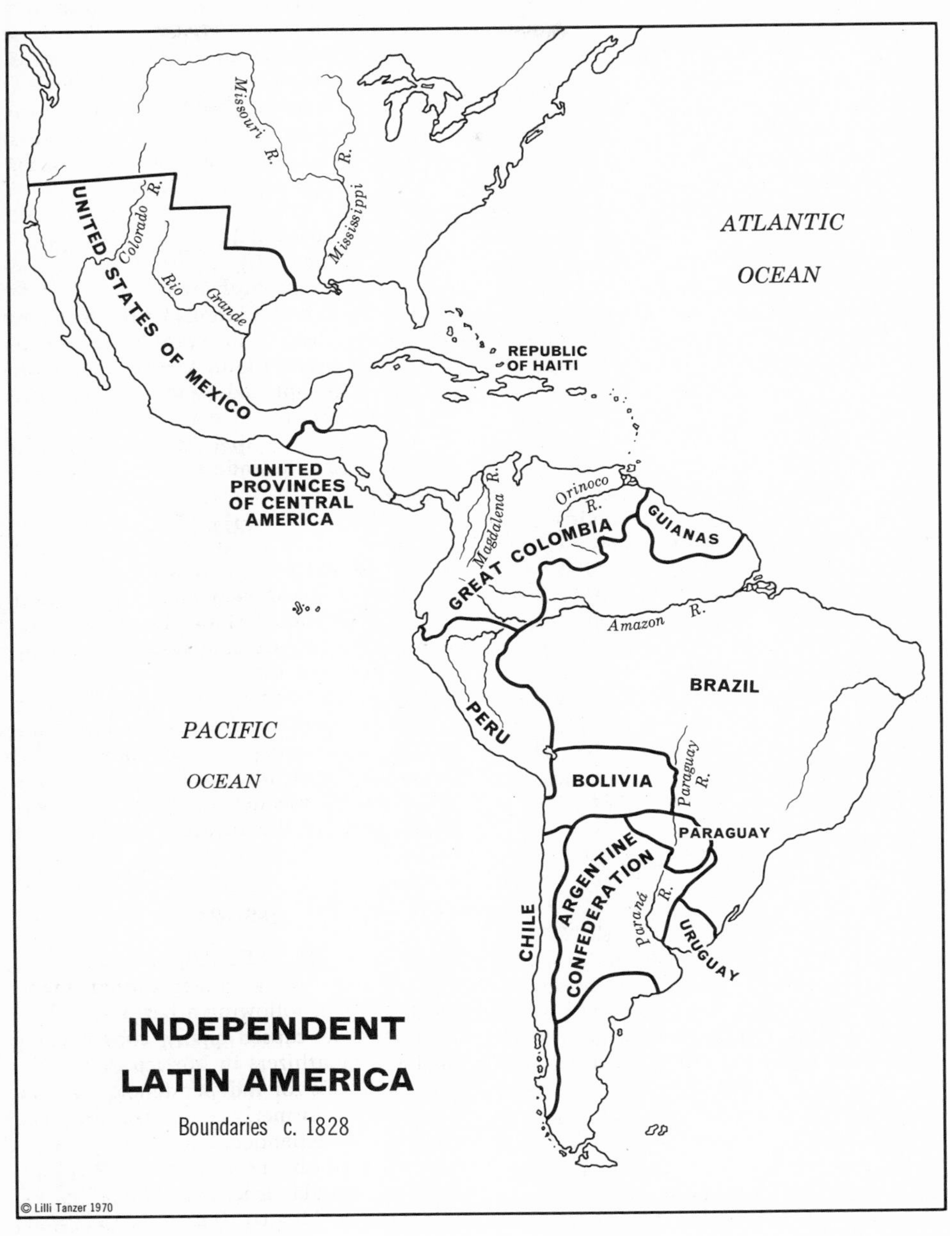

Missouri R.
Mississippi R.
Colorado R.
Rio Grande
UNITED STATES OF MEXICO
ATLANTIC
OCEAN
REPUBLIC OF HAITI
UNITED PROVINCES OF CENTRAL AMERICA
Magdalena R.
Orinoco R.
GREAT COLOMBIA
GUIANAS
Amazon R.
BRAZIL
PERU
PACIFIC
OCEAN
BOLIVIA
Paraguay R.
PARAGUAY
ARGENTINE CONFEDERATION
Paraná R.
CHILE
URUGUAY
INDEPENDENT
LATIN AMERICA
Boundaries c. 1828

Mexicans were now united in their desire for independence, accepted Iturbide's Plan of Iguala. The last link with Spain had now been cut.

Iturbide assembled a National Congress at Mexico City. This congress, giving in to the demands of Iturbide's troops, declared him Emperor Agustín I, 24 Feb., 1822, of an independent Mexican empire. As emperor, Iturbide was lavish in his expenditures, but failed to pay his army. On 19 Mar., 1823, he was forced to abdicate and left the country. While plans were being made for the establishment of a republic, he secretly returned to Mexico, but was captured and summarily shot on 19 July, 1824.

1824–25

THE REPUBLIC OF MEXICO. A federal republic, made up of 19 autonomous states, was established in Mexico on 4 Oct., 1824. Two military followers of Morelos, Guadalupe Victoria (1789–1843) and Nicolás Bravo (1787?–1854), were elected president and vice-president respectively. Although Victoria managed to serve out his full term (a feat not to be achieved again until after the Mexican War), the years following 1824 were marked by frequent military uprisings, economic dislocation, financial chaos, and political bickering. (*Cont. p. 234.*)

Central America

1823–25

UNITED PROVINCES OF CENTRAL AMERICA. Under the leadership of José Matías Delgado, a lawyer and priest of San Salvador and a proponent of Central American independence from both Spain and Mexico since 1811, a constitutional assembly met in Guatemala City in 1823. By this time Iturbide, who had sought to unite Central America with the Mexican Empire by force, had abdicated. Freed from Mexican domination, Central-American leaders declared their independence, 24 June, and created "The United Provinces of Central America," made up of Guatemala, San Salvador, Honduras, Nicaragua, and Costa Rica.

By Nov. 1824 a constitution had been drawn up, and the first Central American Congress convened and elected Manuel José Arce (1783?–1847), a follower of Delgado, as president of the new confederation, 25 Feb., 1825. The establishment of a new government did not bring peace, however, and military uprisings soon plunged Central America into chaos. (*Cont. p. 250.*)

Colombia, Venezuela, and Ecuador

1811–18

THE RISE OF BOLÍVAR. Led by Caracas patriots, Venezuelan insurgents convened a congress in Mar. 1811, and on 5 July declared Venezuela independent from Spain. On 21 Dec. a Venezuelan Congress promulgated a constitution, the first patriotic group in the Spanish colonies to do so.

A disastrous earthquake occurred in Venezuela on 28 Mar., 1812. It took 20,000 lives, but caused little damage in royalist-controlled areas. This demoralized the insurgent cause, since the masses viewed the disaster as divine chastisement of the rebels.

On 25 July, 1812, Francisco Miranda, leader of the Coro expedition of 1806 and by this time commander of the insurgent armies in Venezuela, was forced to capitulate to the Spanish commander at San Mateo. Miranda was suspected of treason; seized by a group of patriots led by a wealthy creole, Simón Bolívar (1783–1830); and handed over to the Spanish authorities, 31 July. Miranda was confined in dungeons in Puerto Rico and Cádiz, Spain, where he died on 14 July, 1816.

During the latter part of 1812 Bolívar assumed leadership of the faltering independence struggle and moved to the neighboring viceroyalty of New Granada (Colombia), where independence sentiment was strong. Having defeated several royalist armies in New Granada, he returned with his companions to Venezuela and occupied Caracas, 4 Aug., 1813.

In Jan. of the following year he founded the 2nd Venezuelan Republic, and assumed the title of Liberator.

Meanwhile Fernando VII had been restored to the throne of Spain. This led to a resurgence of counterrevolutionary forces in Venezuela. The royalists were led by the brutal but able José Tomás Boves, whose *llaneros* (plainsmen) defeated Bolívar in several engagements, and were able to take Caracas. Once again Bolívar had to flee to Colombia. Counterrevolutionary sentiment was strong everywhere except in Argentina, however, and he was obliged to leave even Colombia. In May 1815 he sought refuge in Jamaica.

It was not until early 1817 that Bolívar was able to return to the mainland. Once there, with the aid of the patriot *llanero* leader, José Antonio Páez (1790–1873), he gradually regained control of the interior of Venezuela. On 24 Nov., 1818, a new congress reaffirmed Venezuelan independence.

1819–25

REPUBLIC OF GRAN COLOMBIA. Aided by a large army of British soldiers of fortune, Bolívar defeated the royalists at the Battle of Boyacá, 7 Aug., 1819, paving the way for the occupation of Bogotá, Colombia. In the same month the Republic of Colombia was proclaimed. On 17 Dec. a constituent assembly promulgated a constitution for a "United States of Colombia," to include both Colombia and Venezuela, with Bolívar as president. After the Battle of Carabobo in Venezuela, 24 June, 1821, a decisive victory for the patriot forces, the struggle against Spain in the northern part of South America had been won.

Ecuadorian patriots had first risen in 1809, but not until they were helped by Bolívar and San Martín, the Argentinian liberator of Chile, was independence secured in Ecuador. Royalist resistance ended there after the Battle of Pichincha, 24 May, 1822, won by Bolívar's subordinate, Antonio José Sucre (1795–1830).

Bolívar went to Quito and convinced Ecuadorian patriots that they should join with Colombia and Venezuela in the creation of a "Republic of Gran Colombia," 16 June, 1822. From this time until his death on 17 Dec., 1830, Bolívar strove to keep in being the republic he had created. (*Cont. p. 237.*)

Argentina and Chile

1810

REVOLT IN BUENOS AIRES. In 1810, Argentine creoles, many of whom had taken part in repelling the British attacks on Buenos Aires of 1806–7, demanded that the viceroy of La Plata resign. Led by Manuel Belgrano (1770–1820), the creoles met so little opposition that the viceregal government was overthrown bloodlessly. It was replaced by a junta, or governing council, 25 May, 1810, which ruled in the name of the captive King Fernando. Independence, however, was the ultimate aim, as the junta's appeal for aid from Great Britain showed. From Buenos Aires armed forces were sent to Bolivia, Paraguay, and Uruguay (all parts of the viceroyalty of La Plata), but in each instance either strong royalist opposition (in Bolivia) or unwillingness to remain part of the La Plata viceroyalty (in Uruguay and Paraguay) frustrated the plans of the Buenos Aires patriots to incorporate the other provinces in a united front against Spain.

1816–21

ASCENDANCY OF SAN MARTÍN. While the creole leaders (*porteños*) in Buenos Aires argued whether they should adopt a monarchical form of government and retain some ties with the mother country or establish a completely independent republic, delegates from 13 interior Argentinian provinces met at Tucumán, organized themselves into the "United Provinces," and declared their independence from Spain, 9 July, 1816. Spain sent no army to reconquer the La Plata region and, in the absence of a common enemy, the port city of Buenos Aires and the provinces of the interior found it impossible to agree on anything except the desirability of independence. The *porteños* insisted on establishing a strong central government with its seat at

Buenos Aires, while the patriots of the interior were equally insistent on a loose confederation. Fighting soon broke out between the 2 factions. Whereas the aristocratic creoles of Buenos Aires sought to establish a prosperous and orderly government on the coast, the interior fell under the sway of regional military chieftains (*caudillos*).

In the midst of this bickering, a Spanish-trained creole officer, José de San Martín (1778–1850), concentrated on the military task of freeing the neighboring territory of Chile from royalist control. Having trained an army for 2 years in the Andean city of Cuyo, he crossed the high Andes into Chile and on 12 Feb., 1817, decisively defeated the royalists at the Battle of Chacabuco. He then unexpectedly refused to assume political leadership in Chile, making way for Bernardo O'Higgins (1778–1842), Chilean patriot whose father had served as viceroy of Peru. O'Higgins completed the liberation of the rest of Chile by winning the Battle of Maipú, 5 Apr., 1818. He ruled Chile as virtual dictator until 28 Jan., 1823, when, discouraged by constant uprisings, he resigned and retired to Peru.

With the assistance of the brilliant British Admiral Thomas Cochrane (1775–1860), San Martín sailed from Chile in Aug. 1820 with a large army. His object was to extend the revolution to Peru, which had remained the center of royalist strength in South America. A year of fruitless negotiations between San Martín and the viceroy of Peru went by. Ultimately San Martín forced his way into Lima, 9 July, 1821, and in Aug. assumed political power as "Protector" of Peru. (*Cont. p. 242.*)

Peru and Bolivia

1822

GUAYAQUIL CONFERENCE. Bolívar, coming from Quito, and San Martín, coming from Lima, met at the coastal city of Guayaquil, Ecuador, to make plans for the final conquest of Peru and Bolivia, which were still largely royalist in sympathy. What precisely transpired at the Guayaquil Conference, 26–27 July, 1822, is not known. It appears, however, from San Martín's subsequent departure (he returned to Buenos Aires and from there embarked for France) that he and Bolívar could not agree on fundamentals and that, to avoid future disputes, San Martín chose to withdraw altogether.

1824

INDEPENDENCE OF PERU AND BOLIVIA. With San Martín out of the way, Bolívar and his follower, Sucre, continued the campaign in Peru. They defeated the royalists at the Battle of Junín, 6 Aug. At Ayacucho, south of Lima, 9 Dec., was enacted the last major confrontation between royalists and patriots in Spanish America. The victory of the patriots ensured the independence of Peru and Bolivia. (*Cont. p. 240.*)

Paraguay and Uruguay

1811–13

PARAGUAYAN CONSTITUTION OF 1813. Paraguayan patriots, having established a governing junta after the overthrow of the royalists on 14 May, 1811, accepted a treaty of alliance with Buenos Aires, 12 Oct. A Congress succeeded the junta, and in 1813 adopted a constitution which gave considerable powers to 2 consuls, who were to alternate in authority every 4 months. This arrangement reflected the commanding positions of 2 junta members, Fulgencio Yegros and José Gaspar Rodríguez Francia (1761?–1840). At the same time, the Congress of Asunción, unwilling to send troops to Argentina, abrogated the military alliance of 1811, and declared Paraguay independent from all countries.

1814–25

DICTATORSHIP OF FRANCIA. In Oct. 1814, Francia prevailed on a newly elected congress to end the 2-man consulship and appoint him sole chief executive of Paraguay. Thus was initiated the dictatorship which lasted until his death in 1840.

URUGUAYAN INDEPENDENCE. Uruguay was not to achieve independence as easily or as quickly as Paraguay. Despite the vigorous leadership of a Spanish-trained creole officer, José Gervasio Artigas (1774–1850), both Argentina and Brazil sought to annex the strategically placed "Banda Oriental," as Uruguay was then called. In 1824 Brazil succeeded in doing so, which led to the outbreak of war between Brazil and Argentina with Uruguay as the prize. (*Cont. p. 246.*)

COLONIAL BRAZIL, 1760–1808

1760–77

ADMINISTRATION OF POMBAL. Sebastião José de Carvalho e Mello, Marquês de Pombal (1699–1782), minister to King José of Portugal from 1750 until the latter's death in 1777, introduced many changes in Brazil. One of his first acts was to expel the Jesuits as enemies of royal absolutism. This deprived the country of some of its best teachers, and led to a decline of the missions to the Indians. In order to centralize government, Pombal designated Brazil as a viceroyalty, and moved the capital from tropical Bahía to the more temperate Rio de Janeiro, 1763. Before his time there were still 11 private captaincies, but he purchased or confiscated all of them, creating in their place two new crown captaincies (Maranhão and Pará). These were ruled directly from Lisbon until 1774, when they became part of the viceroyalty. Pombal also established a new system of superior courts at Bahía and Rio, and curbed the powers of the military officers in charge of districts. He was equally zealous in promoting fiscal, commercial, and economic reforms. In 1765 the annual commercial fleets were abolished, and from that time onward individual sailings were permitted. Two monopolistic commercial companies were created to operate in the economically backward northern regions, one for Pará and Maranhão and another for Pernambuco and Paraíba. Until 1771 the rich diamond fields were worked by individuals granted contracts by the crown. In that year, however, Pombal brought all the Brazilian diamond fields under the direct control of royal agents. Crown revenues increased following the introduction of more efficient extractive processes in the gold-mining industry.

1778–1806

ADMINISTRATION IN THE REIGN OF MARIA I. Pombal lived until 1782, but was removed from office at the accession of Queen Maria I (ruled 1777–1816) because his dictatorial methods had alienated Portuguese and Brazilians alike. His basic policies, however, were continued by the queen's new ministers, as is evidenced by a decree, 1785, prohibiting factories in Brazil as a protection for Portuguese industry. Similarly, the crown continued to guard its financial interests in Brazil by imposing severe penalties on diamond poachers, tax dodgers, and smugglers.

MINAS GERAES CONSPIRACY. In 1789 resentment against crown policy came to a head in the economically depressed region of Minas Geraes. A small group of Brazilian intellectuals, imbued with the ideas of the French *philosophes* and the Constitution of the U.S.A., began to rally support for a rebellion against Portugal. The plot was soon uncovered by local authorities, the orders for collecting overdue taxes that had inspired the conspiracy were rescinded, and the leading conspirators arrested. One of them, Joaquim José da Silva Xavier, known as Tiradentes ("Tooth Puller") because of his informal practice of dentistry, assumed major responsibility for the revolt. Captured in Rio, 10 Apr., 1789, he was executed, 21 Apr., 1792, after a long trial. In time he came to symbolize the dream of an independent, republican Brazil.

1807–8

TRANSFER OF THE COURT. In 1807 Napoleon decided to conquer Portugal in retaliation for her continued alliance with Britain. When French forces approached Lisbon, Nov. 1807, British advisers prevailed on Prince Regent João, son of the insane Queen Maria, to embark for Brazil to escape capture. On 25 Jan., 1808, the regent, his mother the queen, his wife Carlota (daughter of Carlos IV of Spain), and some 15,000 Portuguese notables arrived at Bahía aboard British and Portuguese vessels. The Portuguese court established itself at Rio and remained there for the duration of the French occupation of Portugal.

BRAZILIAN INDEPENDENCE, 1808–25

1808–16

RULE OF JOÃO VI. Having established his court at Rio de Janeiro on 8 Mar., 1808, following his escape from the French in Portugal, the prince regent, João, won the hearts of both the literate creoles and the illiterate masses of Brazil by his enlightened rule and his obvious liking for the country. He opened the ports to unrestricted foreign trade; founded educational institutions; established the first printing press, a central bank, a mint, hospitals, and a national library; and encouraged foreign immigration. On 16 Dec., 1815, he elevated Brazil from the status of colony to that of realm and, on the death of his mother, Queen Maria, 20 Mar., 1816, he assumed the title of King João VI (ruled 1816–26), king of Portugal, Brazil, and Algarves. He resisted, however, all efforts to persuade him to return to Portugal.

1820–25

THE EMPIRE OF BRAZIL. In 1820 the royal, British-dominated government of Portugal was overthrown by a popular revolt. In order to ensure the survival of the Braganza dynasty, João had at last to return home. To act in his stead in Brazil he designated his 21-year-old son, Dom Pedro.

Through their new Parliament, the Portuguese people demanded that Pedro also return to Portugal, but he, with full support from Brazilian patriots, led by José Bonifacio de Andrada e Silva (1763?–1838), declared that he would remain in Brazil. On 9 Jan., 1822, he reiterated his determination to govern the country without interference from Portugal by assuming the title of Perpetual Defender and Protector of Brazil, and by calling a constituent congress in June. On 7 Sept. the third step toward Brazilian independence was taken when Pedro announced his intention to fight for independence if need be. His cry of "Independence or Death" in answer to yet another summons to return to Lisbon is known as the "cry of Ypiranga." Fortunately, the Portuguese government did not choose to fight, and Brazilian independence was achieved with little bloodshed. On 12 Oct., 1822, Dom Pedro was proclaimed constitutional emperor of Brazil and crowned on 1 Dec. A constitution for the new empire was adopted in 1824. (*Cont. p. 247.*)

THE COLONIES OF THE CARIBBEAN, 1760–1825

1760–83

IMPACT OF EUROPEAN WAR. The islands of the Caribbean, colonized by Spain, Britain, France, and other European powers in the 16th and 17th cents., subsisted in 1760 chiefly by exporting sugar, which was produced on plantations by imported African slave labor. War in Europe led to frequent changes of ownership in the West Indies. In Jan. 1762 Britain declared war on Spain and captured Martinique, St. Lucia, St. Vincent, and Grenada. In Aug. Havana fell to a British fleet, and in Oct. Carlos III of Spain sued for peace. By the Treaty of Paris, 10 Feb., 1763, Britain restored Martinique, Guadeloupe, and St. Lucia, but kept St. Vincent and Dominica. Peace brought greater prosperity to Spanish Cuba and the French islands, but the British islands declined.

The outbreak of the War of American Independence caused near starvation in the British West Indies, many portions of which were occupied by French and Spanish forces between 1778 and 1782. The Treaty of Versailles, 3 Sept., 1783, restored the *status quo,* except that Florida was ceded to Spain and Tobago to France. Since after 1783 the U.S.A. was a foreign power so far as the British were concerned, American ships could no longer trade in British West Indian ports as they had before the war. Recourse was had to smuggling, but the islands did not recover their prosperity.

1784–1806

DECLINE OF SPANISH POWER. In 1796 Spain was drawn into the European war on the side of France. For Spain's possessions in the West Indies the result was disastrous. Communications with Europe were cut and the Spanish islands laid open to enemy attack. In 1797 Trinidad was seized by the British.

REVOLT OF SAINT-DOMINGUE. The most valuable French possession in the Caribbean was Saint-Domingue (Santo Domingo), the western half of the island of Hispaniola. In 1789, French planters there sent delegates to the Estates-General, as did the planters of Martinique and Guadeloupe. These were the first colonial representatives to sit in a metropolitan legislative body. The delegates' concept of liberty, equality, and fraternity, however, did not extend to the slaves or mulattoes of their islands, and by 1791 the *colons* of the West Indies were being assailed by the French abolitionist society, the Amis des Noirs. On 15 May of that year the vote, previously held only by the planting class, was granted to mulattoes in the French West Indies by the French National Assembly.

Influenced by revolutionary fervor, the huge slave population of Saint-Domingue grew restive. In Aug. 1791 a large-scale slave revolt broke out in the northern part of the island. By the end of Sept. some 10,000 slaves and mulattoes and 2,000 whites had lost their lives. In Paris the Jacobins gained control, and on 4 Apr., 1792, granted the vote to free Negroes as well as mulattoes, sending an expeditionary force of 6,000 men to enforce their decrees, Sept.

TOUSSAINT L'OUVERTURE. By 1793 both Britain and Spain were at war with France, and both sent expeditionary forces to Saint-Domingue. Port-au-Prince fell to the British, May 1794. Meanwhile, Toussaint L'Ouverture (1743–1803), a former African slave, who had entered the Spanish service in 1793 and built up a force of 4,000 men, deserted the Spaniards and joined the forces of Republican France to prevent the possible restoration of slavery that he believed would result from a British take-over of Saint-Domingue. Beset by Toussaint's troops and suffering from yellow fever, the British were compelled to withdraw from the island. Toussaint also expelled the representatives of France, Aug. 1797. By 1801 he felt secure enough to declare himself governor general over the whole island (the eastern half of which had been ceded by Spain to France by the Treaty of Basel, July 1795). Next year, however, Napoleon dispatched a force of 20,000 men under Gen. Charles Victor Emmanuel Leclerc (1722–1802), who defeated Toussaint in the field, and then kidnapped and deported him to France, where he died, Apr. 1803. The French army began to suffer from yellow fever in its turn, and the resumption of hostilities in Europe following the expiration, 16 May, 1803, of the Truce of Amiens made it difficult for Napoleon to send it reinforcements. The evacuation of Hispaniola was accordingly ordered, and on 8 Oct., 1804, Jean Jacques Dessalines (1758–1806), Toussaint's successor, had himself proclaimed Emperor Jacques I of an independent state. Following the assassination of Jacques I, 17 Oct., 1806, Henri Christophe (1767–1820) assumed control of the northern part of the island and Alexandre Pétion (1770–1818) of the south.

1807–25

POSTWAR SETTLEMENT. At the end of the Napoleonic Wars, Britain retained St. Lucia, Tobago, and Trinidad, and purchased from the Netherlands the

South American territories of Demerara, Essequibo, and Berbice, which became British Guiana. Martinique and Guadeloupe reverted to France and the eastern half of Saint-Domingue to Spain.

REPUBLIC OF HAITI. The emperor of Saint-Domingue, Henri Christophe (Henri I) died on 8 Oct., 1820, and in 1822 the 2 parts of the island were united as the Republic of Haiti under President Jean Pierre Boyer (1776–1850). (*Cont. p. 251.*)

THE ASIAN AND AFRICAN WORLDS, 1760–1870

East Asia

CHINA

CHINA IN 1760. Chung-kuo (meaning "Central Country") is commonly known to the West as China, after the ancient kingdom of Chin which unified the several states into a great empire in 211 B.C. From that year to the end of the Ch'ing ("Clear") dynasty in 1912, China, except for a few lapses (the Three Kingdoms and Western Tsin, A.D. 220–317; the Five Dynasties and Ten States, A.D. 907–960), remained a unitary empire which claimed universality. The Ch'ing dynasty was founded in 1644 through military conquest by the Manchus, an alien people from Manchuria outside the Great Wall. Once in power, the Manchus, while striving to preserve their identity, saw the wisdom of taking over the Chinese form of government, as well as Confucian ideology, virtually intact.

IDEOLOGY. The Chinese political system was largely based upon control through ideas. For 2 millenniums the political and ethical ideas of the Confucian school dominated Chinese politics. Fundamental to the Confucian philosophy was the concept that heaven (e.g., seasons), earth (e.g., resources), and men (e.g., government) formed an eternal trinity; consequently the close affinity of universe, state, family, and man (the ruler as "Son of Heaven" and "king-father," the ministers as "parent-officials," the people as "children-people"). Another important Confucian concept was the idea of the perfectibility of human nature and the corresponding concept of the duty of government to bring it to fruition. Thus, the whole Confucian ideology was one of order and education (or indoctrination), and government by merit. The recruitment of officialdom was made mainly through civil-service examinations based on Confucian literature (the Four Books and the Five Classics), the cornerstone of scholarship and bureaucracy. Thus, equal opportunities were provided for all qualified persons who would rule by merit.

EMPEROR. Theoretically, the emperor was an absolute monarch vested with all legislative, executive, and judicial powers. He was the source of authority, the defender of orthodoxy, the fountainhead of honor and privilege, the head of armed forces, and the dispenser of tax revenues. In practice, however, imperial power was limited by Confucian ideology, tradition, and established rules of the dynasty, the complexity of state affairs, the dimension of the empire, the admonition of the censors, and, above all, the pressure of public opinion reinforced by the concept of *t'ien ming* ("mandate of heaven"), with its implied right of rebellion against the misuse of power.

CENTRAL GOVERNMENT. The important agencies in the central government were the Grand Secretariat (*Nei-ko*), composed of 6 Grand Secretaries; the Grand Council (*Chün-chi chu*), the most important agency, established in 1730 as a temporary military office with a varying number of councilors; the Censorate (*Tu-ch'a Yüan*), the "eyes and ears" of the emperor. All these agencies had important deliberative and advisory functions. Of the regular administrative agencies, the most important were the 6 ministries or boards: Civil Service, Rites, Revenue,

War, Justice, and Public Works. Each was headed by 2 ministers and 4 vice-ministers. The central government was a dyarchy, with roughly equal numbers of Chinese and Manchu high officials. The administration of dependencies (Mongolia, Chinese Turkestan (Sinkiang), Kokonor, Tibet) came under the jurisdiction of the Colonial Office; that of minority groups, under the Ministry of War.

LOCAL GOVERNMENT. China proper (c. 1.5 m. sq. mi.) consisted of 18 provinces: Chihli, Shantung, Shansi, Honan, Shensi, Kansu, Kiangsu, Anhwei, Kiangsi, Fukien, Chekiang, Hupeh, Hunan, Szechwan, Kwangtung, Kwangsi, Yunnan, Kweichow. (The number was increased to 22 with the additions of Sinkiang in 1884 and of Fengtien, Kirin, and Heilungkiang in 1907.) They were provided with 8 governors general, 18 governors, 19 finance commissioners, 18 judicial commissioners, 92 circuit intendants, 185 prefects, and 1,545 district magistrates. The chief functions of local government were the collection of revenues and the maintenance of peace. Other functions—settlement of legal disputes, public construction, relief work, maintenance of educational facilities—were rather limited in scope. Because of the vastness of the empire and the small number of officials, local governments enjoyed considerable autonomy within an over-all centralized political system. Many functions were assumed by the village, the family, and the trade association.

MILITARY FORCES. The banner forces of the Manchus were placed under command of Manchu generals in chief. Banner garrisons of c. 4,000 men were established at Peking, in capitals and other strategic spots in the northwestern and southern provinces, and in major Chinese centers of population. The remnants of the Ming system and new recruits were reorganized as a Chinese constabulary known as the Army of the Green Standard which was used to suppress banditry.

WORLD CONCEPT. Influenced by the Confucian philosophy of "one sun in the sky and one sovereign over humanity," the Chinese conducted their foreign relations on a principle of the inherent inequality of nations. All people beyond the pale of Chinese civilization were considered barbarians; all states other than China were regarded as Chinese tributary states. This claim of universality and cultural superiority remained unchallenged until the mid-19th century, when China began to decline under the impact of western expansion.

1760–92

CONSOLIDATION OF THE EMPIRE. Under Hung-li (1711–99), the Ch'ien-lung emperor (ruled 1736–95), the Chinese Empire attained its maximum territorial expansion. In 1750 he had re-established political control in Tibet by giving the Dalai Lama full temporal authority under the general supervision of 2 imperial residents at Lhasa. Ch'ien-lung's "10 Great Campaigns" included 2 against the Dzungars (a western Mongol tribe) in the Ili region, 1755, 1756–57; the conquest of Chinese Turkestan (Sinkiang) and its Moslem inhabitants, 1758–59; the subjugation of the Burmese, 1766–70; 2 campaigns against the Chin-ch'uan aborigines in western Szechwan, 1747–49, 1771–88; the subjugation of Annam, 1788–89; and 2 campaigns against the Gurkhas, 1792, to repel an invasion of Tibet and to extend Chinese suzerainty to Nepal. The most important victories were the conquests of Ili and Chinese Turkestan, which greatly increased the size of the empire and eliminated the possibility of invasion by Mongols and Turks. All these campaigns took place on the edges of the empire under the command of Manchu generals, and all required large expenditures which tended to weaken the central government.

1793–1824

RISE AND FALL OF HO-SHEN. In the last few years of his reign, the Ch'ien-lung emperor was preyed upon by Ho-shen (1750–99), who had become his chief minister in the 1780's. Corruption and nepotism spread throughout the government as Ho-shen placed his men in key positions and exacted large bribes from officials. The disintegration of civil and military administration permanently damaged the foundations of the Ch'ing dynasty. On 15 October, 1795, the Ch'ien-lung emperor abdicated. His son Yung-yen (1760–1820) became the Chia-ch'ing emperor, 9 Feb., 1796, but was not allowed to assume real power. After the Ch'ien-lung emperor died, 7 Feb., 1799, the Chia-ch'ing emperor arrested Ho-shen, 12 Feb., confiscated his property, and forced him to commit suicide.

REBELLION OF THE MIAO TRIBESMEN. 1795–97. Miao tribes living in the Kweichow-Hunan-Szechwan border area seized several cities, 1795. Ho-shen's brother Ho-lin and Fu-k'ang-an were ordered to suppress them. Their halfhearted campaign was a pretext for appropriation of military funds by themselves and Ho-shen. In 1796 both commanders died, probably of malaria, and E-le-teng-pao (1748–1805) succeeded them, pacifying most of the Miao tribes by 1797.

WHITE LOTUS REBELLION. 1796–1804. The White Lotus Society (*Pai-lien chiao*), a religious cult active in the late Yüan and Ming periods which had become a secret society, led peasant disorders in Hupeh, 1796. Under the slogan "the officials have forced the people to rebel," the insurrection, led by Liu Chih-hsieh (d. 1800) and Yao Chih-fu (d. 1798), spread to Honan and Szechwan, becoming violently anti-Manchu. Inefficient imperial forces recovered several cities, but failed to take Hsiang-yang, Hupeh, the rebel headquarters, 1797–98. Costs rose and military supplies became inadequate because of Ho-shen's exactions. After the Chia-ch'ing emperor came to power, the war entered a new phase. Imperial forces and local militia in the rebellious provinces of Szechwan, Shensi, Kansu, Hupeh, and Honan were placed under the command of Le-pao (1740–1819), whose policy of arming the peasants and fortifying the villages enabled him to suppress the rebels in northeast Szechwan. In Sept. 1799, E-le-teng-pao became commander in chief; and in Oct., Te-leng-t'ai (1745–1809) was made assistant commander. They successfully enforced Le-pao's policy in Shensi and Szechwan. Liu Chih-hsieh was captured and executed, 1800. The rebels gradually lost ground, and the rebellion ended in 1804. However, the Manchu military establishment had shown itself to be weak, which thus encouraged further rebellion.

CRUSHING OF COASTAL PIRATES. 1800–1809. Another symptom of decline was the increase of piracy on China's southeast coast in the late 1700's. The Manchus had no central naval force, and pirates took advantage of the inability of provincial flotillas to cross jurisdictional lines. Chinese pirates joined with Annamese in raids and received rewards from the Annamese government. The 2 leading Chinese bands of Ts'ai Ch'ien (d. 1809) and Chu Fen (d. 1809) continued to plunder after the Annamese pirate fleet was damaged by a typhoon, 11 Aug., 1800, and destroyed by the forces of Chekiang naval commander Li Ch'ang-keng (1750–1808). They finally were suppressed in 1809.

REBELLION OF THE HEAVENLY REASON SOCIETY. 1813. The leaders of the secret organization known as the Heavenly Reason Society (*T'ien-li chiao*), Lin Ch'ing (d. 1873) of Peking and Li Wen-ch'eng (d. 1813) of Hua-hsien, Honan, had acquired wealth through divination and a large following among officials, military officers, and court eunuchs. After their influence had spread to Honan, Shantung, and Chihli, they decided to incite an uprising in Peking. The magistrate of Hua-hsien learned of the plan and arrested Li. While 3,000 rebels attacked the Hua-hsien government office and freed him, partisans seized several cities in Chihli and Shantung. Li proclaimed his intention to restore the Ming dynasty. With the aid of officials and eunuchs, 200 rebels entered the Forbidden City, 8 Oct. The heir to the throne, Min-ning (1782–1850), staved off the rebels until imperial troops arrived. Lin Ch'ing was arrested and executed. The Manchu general Na-yen-ch'eng (1764–1833) received command of Chihli, Shantung, and Honan forces and quelled the rebellion by year's end.

A NEW EMPEROR. On 2 Sept., 1820, the Chia-ch'ing emperor died at Jehol, and on 3 Oct. Min-ning ascended the throne as the Tao-kuang emperor. He embarked on a policy of frugality, reducing palace expenses and admonishing officials to economize.

1825–32

MOSLEM REBELLION IN CHINESE TURKESTAN. Moslem (Muslim) dissatisfaction with the corrupt practices of Ch'ing frontier officials was exploited by Jehangir (d. 1828), a descendant of the ruling Hodjas of Turkestan. After an unsuccessful attempt to seize Kashgar, 1820, in alliance with Buriat Mongols, he continued to harass border patrols and incite dissension. The Tao-kuang emperor appointed Ch'ang-ling (1758–1838), a general of Mongolian origin, military governor at Ili in 1825. In March 1826, Ch'ang-ling assumed office. Jehangir led his men across the border, July 1826, and took Kashgar, Yarkand, and Khotan. Imperial troops recovered Kashgar, 28 Mar., 1827, but Jehangir escaped. After recovering the other cities, the Ch'ing commanders spread a false rumor of their departure from Kashgar. Jehangir soon crossed the border. He was pursued by Manchu troops, captured, Feb. 1828, and executed in Peking, June.

1833

END OF THE ENGLISH EAST INDIA COMPANY'S MONOPOLY. From the mid-17th cent. to 1834, China's relations with the West and with the British East India Company were essentially identical. Foreign trade had been limited to Canton in 1757, and a group of security merchants at Canton, the Co-hong, had become the sole Sino-foreign trade and communications link. Merchant dissatisfaction with the tariffs and restrictions on the trading system had led the British government to dispatch the Macartney, 1793, and Amherst, 1816, missions to Peking, but they had been regarded as unsatisfactory tribute bearers and their requests had been ignored. The development of the opium trade after 1773 (illegal after 1796) served only to aggravate the situation as addiction increased and China experienced a drain on silver. In 1833 the English East India Company's charter expired, and Parliament chose not to renew it. Thus, the China trade was thrown open to all. To replace the East India Company's chief factor at Canton, Lord Napier (1786–1834) was given a royal commission, 10 Dec., as first superintendent of trade at Canton.

1834–37

THE STRUGGLE FOR DIPLOMATIC EQUALITY. The British government made 2 major attempts to use the Canton superintendency to establish direct communications with Chinese officials on terms of diplomatic equality. In 1834 Lord Napier went to Canton, 25 July, without Chinese permission and attempted to communicate with the governor general by letter rather than by sending a petition through the Co-hong. His violations of Chinese regulations and precedents caused a temporary suspension of trade, threats of military action, and his withdrawal to Macao, 26 Sept. In 1837, Capt. Charles Elliot (1801–75) won the right to communicate by sealed document and to come to Canton whenever business required his presence, but made no progress in securing direct cummunication.

1838

ATTACK ON THE OPIUM TRADE. The shifting of opium traffic to the Kwangtung and Fukien coastal areas—an action necessitated by new anti-opium campaigns—caused a sharp decline in prices. The Tao-kuang emperor approved, Oct., legislation (15 June, 1839) to punish by death both opium smoking and selling. Foreign opium traders would be pardoned upon voluntary surrender before Jan. 1841; thereafter, they would be executed. In Dec. opium belonging to a British merchant was seized, and foreign trade at Canton was suspended. Some British ships bearing opium ignored

Elliot's orders, 18 Oct., to leave the Bogue (Hu-men-chai), forcing him to avoid conflict by petitioning Chinese officials to cooperate with him in suppressing opium smuggling. Trade was resumed on 30 Dec.

1839

LIN TSE-HSÜ AT CANTON. The imperial commissioner assigned to destroy the opium trade, Lin Tse-hsü (1785–1850), arrived at Canton on 10 Mar. He ordered, 18 Mar., foreign merchants to surrender all opium in their possession within 3 days and to file a bond declaring that they would refrain from importing opium on pain of death. Lin rejected the merchants' compromise proposals, suspended trade, 24 Mar., and blockaded the foreign settlement. On Elliot's orders c. 20,000 chests of opium were surrendered, Apr.–May, and all British subjects left the city. Elliot insisted that the merchants not sign bonds, but a few defied him in the hope of resuming trade.

OUTBREAK OF THE 1ST OPIUM WAR. On 7 July, a party of drunken British sailors killed a villager, Lin Wei-hsi, at Chien-sha-tsui, Kowloon. The Chinese authorities and Elliot soon clashed over the matter of who had criminal jurisdiction. When Elliot failed to surrender the culprits to him for trial, Lin Tse-hsü cut off provisions to the British at Macao, 15 Aug., causing them to withdraw, first to their ships and then to Hong Kong. In Sept. a brief skirmish between Chinese and British ships occurred after Elliot had led a fleet to Kowloon to demand supplies and the Chinese had refused to provide them. As a result of a more serious Sino-British engagement, 3 Nov., at Chuenpi (Ch'uan-pi), in which 15 Chinese were killed and 4 junks damaged, the Chinese authorities declared that trade with Britain would cease permanently.

1840

1ST BRITISH EXPEDITION. In a dispatch of 18 Oct., 1839, Lord Palmerston had informed Elliot of his decision to send an expeditionary force to blockade Canton with the aim of securing the establishment of satisfactory diplomatic and commercial relations with China. In Apr. 1840, Parliament authorized military expenditures, and an expeditionary force was sent to Canton. It blockaded Canton in June; sailed north along the coast; passed through Amoy, 2 July; reached Chusan Harbor, 4 July; and took Ting-hai, Chekiang, 5 July. By 28 July, it had blockaded Ningpo and the mouth of the Yangtze. The Manchu official Ch'i-shan (d. 1854) was ordered to negotiate with the British. On 11–12 Aug. the British fleet arrived at Taku, and Ch'i-shan met with Elliot. In mid-Sept., Ch'i-shan persuaded the British to return to Canton for negotiations. He was appointed to replace Lin Tse-hsü and to conduct the negotiations. Ch'i-shan reached Canton on 16 Dec.

1841

CHUENPI CONVENTION. The British became impatient with the Canton negotiations and seized the forts at Chuenpi on 7 Jan. On 20 Jan., Elliot and Ch'i-shan signed a convention which provided for the cession of Hong Kong, diplomatic equality, the payment of indemnity, and the reopening of Canton to trade before 1 Feb. However, both the British and the Chinese governments disavowed the settlement. Ch'i-shan was cashiered, and Elliot was soon recalled.

STRUGGLE FOR CANTON. On 26 Feb. the British seized the forts at the Bogue. Sino-British negotiations were reopened, 5 Mar. A large Chinese force reached Canton, 14 Apr., and hostilities resumed, 21 May. By 25 May, the British had seized all forts surrounding Canton. On 27 May, a truce was concluded which provided for the ransoming of Canton and the exchange of prisoners.

2ND BRITISH EXPEDITION. An expeditionary force led by the British plenipotentiary, Sir Henry Pottinger (1789–1856), reached Macao, 10 Aug. Elliot left for England, 24 Aug. The British force seized Amoy, 26 Aug.; Ting-hai, 1 Oct.; Chinhai, 10 Oct.; and Ningpo, 13 Oct.

1842

TREATY OF NANKING. After reinforcements had arrived from India, the British forces captured Chapu, 18 May; Woosung, 16 June; Shanghai, 19 June; and Chinkiang, 21 July. On 5 Aug. Pottinger arrived at Nanking to open negotiations with the Chinese representatives Ch'i-ying (d. 1858), I-li-pu (d. 1843), and Niu Chien (d. 1858). He required them to accept his draft treaty without modification. On 29 Aug. the Treaty of Nanking was signed aboard the British warship *Cornwallis.* Its 13 articles (none of which dealt with the opium trade) provided for the cession of Hong Kong, the opening to foreign trade of 5 ports (Canton, Amoy, Foochow, Ningpo, Shanghai), the payment of Mex. $21 m. as an indemnity, the establishment of diplomatic communication on the basis of equality, and the promise of a "fair and regular tariff." The signing of this treaty marked the end of the tribute system and the crumbling of China's traditional world concept.

1843

TREATY OF THE BOGUE. On 26 June, Ch'i-ying, now governor general of Liang-Kiang and imperial commissioner, and Sir Henry Pottinger exchanged ratifications of the Treaty of Nanking at Hong Kong, that day declared a British crown possession with Pottinger as its governor. In the Supplementary Treaty of the Bogue of 8 Oct., the British introduced the "most favored nation" principle, by which they secured automatically all privileges which might henceforth be granted to any other country. Thereafter, all Sino-western treaties contained this clause.

1844

TREATY OF WANGHIA. Signed by American commissioner Caleb Cushing (1800–79) and Ch'i-ying on 3 July, this treaty gave the U.S.A. all treaty rights enjoyed by Britain with 2 additional provisions: (1) a clear stipulation that the principle of "extraterritoriality" applied to both civil and criminal cases; (2) the right to revise the treaty after 12 years.

TREATY OF WHAMPOA. This treaty, signed 24 Oct. on board the French corvette *Archimède,* resembled the British and American treaties. These treaties created a new legal structure, a treaty system cemented by most-favored-nation clauses. Because the treaties were forced upon China and gave her no reciprocal concessions, they were termed "unequal" or "semicolonial."

TOLERATION OF CHRISTIANITY. French efforts resulted in an imperial decree, Dec., granting toleration to Roman Catholic missions, proscribed in 1724. Catholic missionary activity had continued on a reduced scale. Protestantism had been brought to Canton by the British missionary Robert Morrison (1782–1834) in 1807 and by such Americans as the educator Elijah Bridgman (1801–61) and the medical missionary Peter Parker (1804–88). Ch'i-ying on 22 Dec. extended the toleration edict to Protestantism. Missions were opened at the 5 treaty ports.

1846

RESTORATION OF CHUSAN. Kulangsu and Chusan, occupied by the British, were to be restored to China on completion of the indemnity payment stipulated by the Treaty of Nanking. Although China paid the last installment on schedule, 22 Jan., Chusan was not restored until 25 July and only after Ch'i-ying had signed, 4 Apr., a convention promising that Chusan would not be given to any other foreign country. This guarantee was known as a "nonalienation agreement."

1847

CANTON CITY QUESTION. Canton had lost its virtual monopoly of foreign trade with the opening of Amoy, 3 Nov., 1843; Shanghai, 17 Nov., 1843; Ningpo, 1 Jan., 1844; and Foochow, 1 July, 1844, as treaty ports. The Cantonese, already plagued by unemployment, refused to allow the British into their walled city. On 3 Apr. the British captured the principal forts at the Bogue, rendering them useless. The British governor of Hong Kong, Sir John Davis (1795–1890), forced Ch'i-ying to sign an agreement, 6 Apr., that promised entry at the end of 2 years.

1848–50

ADDITIONAL INCIDENTS AND FURTHER POSTPONEMENT. In June 1848, Davis' successor, Samuel G. Bonham (1803–63), wrote to arrange the 1849 entrance into Canton. After a meeting at the Bogue, Feb. 1849, Ch'i-ying's successor, Hsü Kuang-chin (d. 1858), informed him, 1 Apr., of an imperial rescript declaring the emperor's inability to overcome the unanimous opposition of the Cantonese. Formal protests in 1849 and 1850 had no effect. Bonham's successor, Sir John Bowring (1792–1872), made further requests of Hsü's successor, Yeh Ming-ch'en (1807–69), without success.

1850–56

ONSET OF THE TAIPING REBELLION. While Chinese officialdom was preoccupied with foreign affairs, uprisings occurred every year between 1841 and 1850 as a result of governmental corruption, natural catastrophes, rapid population growth, overtaxation, the formation of secret societies and local defense units, and ethnic rivalries. In this restive atmosphere there began in Kwangsi a protest movement which in the 1850's attempted to destroy the political and social foundations of Confucian China and replace them with a totalitarian theocracy. The Taiping Rebellion was a near revolution which brought the Ch'ing dynasty to the brink of destruction.

A PROPHET-IDEOLOGUE AND A PROPAGATOR-ORGANIZER. The Taiping Rebellion was generated by 2 village schoolmasters, Hung Hsiu-ch'üan (1814–64) and Feng Yün-shan (1822–52). Hung, who came from a Hakka family in Hua-hsien, Kwangtung, decided after a long illness, 1837, and a reading of Christian tracts, 1843, that he was a son of God, a new messiah called to destroy demons and to establish the Kingdom of God on earth. His early convert Feng Yün-shan founded the Hakka-dominated God Worshipers Society (*Pai-Shang-ti-hui*), with headquarters at Tzu-chin-shan in Kwangsi. The God Worshipers became known for their militancy as well as for their religious fervor.

PLOT FOR REVOLUTION. By 1850 there were over 10,000 God Worshipers. Their 6 leaders were Hung, Feng, Yang Hsiu-ch'ing (d. 1856), Hsiao Ch'ao-kuei (d. 1852), Wei Chang-hui (d. 1856), and Shih Ta-k'ai (d. 1863). These 6 self-styled Sworn Brothers of the Heavenly Family plotted the establishment of a new dynasty. The real basis of their authority was their home-made Christianity, which caught the imagination of their followers. The God Worshipers were summoned, July, to Chin-t'ien village in Kueip'ing for an organizational meeting. All their belongings were placed in the general treasury, in which they shared equally. Hung and Feng retired to Hua-chou village for safety reasons, but they were besieged by government troops, Dec. A company of God Worshipers rescued them, killing a junior officer, 2 militia leaders, and a number of soldiers.

GOVERNMENT RESPONSE TO UPRISINGS. The Tao-kuang emperor died on 25 Feb., leaving his son I-hsin (1831–61), the Hsien-feng emperor, a legacy of maladministration and discontent. When petitions regarding Kwangsi riots reached Peking that summer, he sent officials and troops to Kwangsi to quell the disturbances. However, neither he nor they understood the dynastic aspirations of the God Worshipers until too late.

OUTBREAK OF HOSTILITIES. On 11 Jan., 1851, Hung Hsiu-ch'üan's 37th birthday, the formal beginning of the Taiping Rebellion was marked by the declaration of the establishment of the *T'ai-p'ing T'ien-kuo* (Heavenly Kingdom of Great Peace), with Hung as *T'ien Wang* (Heavenly King). The rebels advanced to Ta-huang-chiang, 13 Jan., where they won a battle, 18 Feb., with imperial troops commanded by Hsiang Jung (d. 1856). With the arrival, Apr., of reinforcements commanded by Sai-shang-a (d. 1875), the new imperial commissioner, the rebels were forced to retreat to Tzu-chin-shan, but they escaped to Yung-an in Sept. While the imperial forces were regrouping, the Taipings at Yung-an organized their kingdom. On 17 Dec., Hung conferred the title of *wang* (king) on the 5 other leaders.

FROM YUNG-AN TO CH'ÜAN-CHOU. Early in 1852, imperial forces besieged Yung-an, but the Taipings escaped, 6 Apr., and moved north to attack Kweilin, 18 Apr.–19 May. Having failed to take Kweilin, they proceeded to Hsingan, 22 May, and Ch'üan-chou, 25 May, which they intended to by-pass on their way to Hunan. However, after Feng Yün-shan was wounded by artillery fire, they attacked Ch'üan-chou, captured it, 3 June, and slaughtered its inhabitants.

DEFEAT AT SO-I FERRY. When the Taipings took Ch'üan-chou, Chiang Chung-yüan (1812–54), leader of a local corps known as the Hunan Braves, hastened to So-i Ferry to ambush the rebels before they reached Changsha. The Taipings were taken by surprise, 8 June, 1852, and defeated in a 2-day battle. At least 1,000 well-disciplined officers and soldiers in the Taiping army were killed. Among the casualties was Feng Yün-shan, the only Taiping leader who might have held the leadership together and have checked the religious fanaticism that later proved distasteful to most Chinese. The battle demonstrated the ability of such highly trained local forces as the Hunan Braves to overcome the insurgents, and it gave Changsha much-needed time to prepare its defenses.

SIEGE OF CHANGSHA. The Taipings spent about 2 months at Taochow regrouping. Bandits, secret-society members, and peasants joined them by the thousands. After capturing Ch'enchow, 16 Aug., Hsiao Ch'ao-kuei led a small detachment against Changsha, 11 Sept. He was fatally wounded on 5 Oct. The main Taiping force besieged Changsha until 30 Nov. without success. The Taipings then crossed the Hsiang River and took Yiyang, 3 Dec., and Yochow, 13 Dec. With captured boats and munitions, they sailed down the Yangtze. After taking Hanyang, 19 Dec., and Hankow, 29 Dec., they crossed the river to attack Wuchang, the capital of Hupeh.

FROM WUCHANG TO NANKING. The Taipings blew up the city walls and took Wuchang, 13 Jan., 1853. Enriched by tributes and the provincial treasury, the rebels, now estimated at 1 m., decided to abandon Wuchang. Moving east along the Yangtze, they took Kiukiang, 18 Feb., and Anking, 24 Feb. They reached the outer defenses of Nanking on 8 Mar. and captured the city on 19 Mar. Having decided to make Nanking the seat of their kingdom, they renamed it T'ien-ching (Celestial Capital). Thus the movement was transformed into a stationary organization. In May, expeditions were dispatched north and east, but neither was a real success. The first conquering drive of the Taipings had come to an end, giving the Ch'ing government time for the reorganization of old forces and the gentry time for the creation of new ones.

TSENG KUO-FAN AND THE HUNAN ARMY. To meet the Taiping threat, the Ch'ing government had decided to establish reliable local forces, under gentry leadership. On 29 Jan., 1853, Tseng Kuo-fan (1811–72) assumed the responsibility of recruiting and drilling a Hunan militia. However, he decided to go beyond the government plan and create a provincial force, trained by him and responsible to him. The Hunan Army (*Hsiang-chün*) included such local units as the "Hunan Braves" of Chiang Chung-yüan. Tseng decided to train his men thoroughly in military tactics and Confucian teachings and to give them experience in battle with local bandits before sending them against the Taipings. His force was more highly paid than the imperial troops and was funded by the gentry. Tseng also began to organize a naval force, Aug., in hopes of driving the Taipings off the Yangtze. Despite reprimands from the emperor, he refused to send his men to the aid of Hupeh in 1853, saying that they were not ready.

1ST HUNAN ARMY BATTLES. Early in 1854, the Hunan Army clashed with the Taiping West Expedition forces and was defeated. However, on 1 May, Tseng's men forced the Taipings at Hsiang-t'an to flee the area. Another victory, at Yüeh-chou in July, cost the Taipings more than half their fleet and control of the central Yangtze. On 14 Oct., Tseng's forces entered Hupeh, where they recovered Wuchang (later recaptured by the Taipings) and Hanyang.

TAIPING REFORM PROGRAMS. The structure of the Taiping political system was set forth in the "Land System of the Celestial Dynasty," promulgated early in 1854. The population was to be organized into a system of military units similar to that set forth in the *Chou-li,* a classical Chinese text. However, the military leaders were also to be responsible for political, social, and religious life in a totalitarian extension of the system. Property, land use, and economic distribution all came within this communal framework. Although this extraordinary law was not put into practice in most Taiping areas, some of its provisions influenced later movements in China.

POWER STRUGGLE IN NANKING. In 1856, Yang Hsiu-ch'ing attempted to usurp the position of Hung Hsiu-ch'üan. On 2 Sept., Wei Ch'ang-hui, at Hung's instigation, assassinated Yang and slaughtered all of his family and followers at Nanking. Wei then plotted to destroy Shih Ta-k'ai, but Shih learned of the plan and escaped. When Wei assassinated Shih's family and supporters, Shih, who had rejoined his troops, decided to march on Nanking, Nov. Hung Hsiu-ch'üan then ordered the assassination of Wei Ch'ang-hui, his family, and his adherents. Shih returned to Nanking and served as chief of staff and administrative head of the government, but he later, May 1857, left the capital and the Taiping movement. Of the original leaders, only the increasingly mad Hung Hsiu-ch'üan was left at Nanking, and the Taiping movement soon lost all coherence and direction.

ATTEMPTS AT TREATY REVISION. Both the American and the French treaties of 1844 called for revision in 12 years. Applying the most-favored-nation principle, the British maintained that the Treaty of Nanking had been subject to revision since 1854 and that other treaties, therefore, should be revised. The Ch'ing government evaded negotiations.

THE "ARROW" AFFAIR. On 8 Oct. the lorcha *Arrow,* a Chinese-owned vessel registered at Hong Kong and captained by an Englishman, was boarded by Chinese police, who arrested 12 Chinese and lowered the British flag. British Consul Harry Parkes (1828–85) and Sir John Bowring demanded redress and apology. Dissatisfied with Yeh Ming-ch'en's response, they sent naval forces upriver to Canton, 23–27 Oct. The attack produced no results, and they withdrew, after which Cantonese destroyed the foreign business ghetto, 14 Dec. The British decided to launch a full-scale expedition, allegedly to protect the treaty system, and the French announced their willingness to co-operate after a French missionary had been killed in Kwangsi.

1857

ANGLO-FRENCH CAPTURE OF CANTON. Rebellion in India made it necessary to divert there troops intended for China. Lord Elgin (1811–63) reached Hong Kong in July. He and Jean Baptiste Louis Gros (1793–1870) were the high commissioners authorized to submit final demands to Yeh Ming-ch'en. Anglo-French forces at Hong Kong declared Canton under blockade, Nov., and final demands were made, Dec.: treaty revision, payment of an indemnity, and access to Canton city. Yeh replied with a promise to resume trade. On 29 Dec., Canton was seized. Yeh, captured on 5 Jan., 1858, was sent to Calcutta, where he died, 1859. Canton was placed under a Chinese governor and an Anglo-French commission.

1858

LOSS OF TAKU AND THE TREATIES OF TIENTSIN. Their request that the Ch'ing court commission a plenipotentiary to confer with them at Shanghai having been refused, Lord Elgin and Baron Gros sent their fleets north in Apr., accompanied by U.S. envoy William Bradford Reed (1806–76) and Russian envoy Adm. E. V. Putiatin (1803–83). These forces sacked the forts at Taku, 20 May, causing the Ch'ing court to send Kuei-liang (1785–1862) and Hua-sha-nai (1806–59) to arrange a truce at Tientsin. The 56-article Anglo-Chinese treaty, 26 June, gave the British the right to maintain a resident envoy at Peking and to travel in the interior of China. The Yangtze was to be opened to foreign trade; Newchwang, Tengchow, Taiwan, Swatow, and Kiungchow were to be opened as trade ports; and the tariff rates were to be revised. An indemnity was to be paid for losses and military expenses. A similar Sino-French treaty, 27 June, contained provisions for the opening of Nanking as a trade port and the right of missionaries to have access to all of China. Treaties also were signed with Russia, 13 June, and the U.S.A., 18 June.

1859

RESUMPTION OF HOSTILITIES. With the departure of the western forces, the Ch'ing government decided against permitting foreign envoys in Peking and opening the Yangtze. At Shanghai tariff conferences, Kuei-liang unsuccessfully offered the abolition of tariffs on all foreign goods in return for annulment of these treaty provisions. When British and French representatives arrived off Tientsin on their way to Peking for treaty ratifications, they were refused passage, June. On 25 June, they tried to force passage, but were repulsed.

1860

OCCUPATION OF PEKING. Anglo-French forces landed at Pei-t'ang, 1 Aug.; defeated imperial forces under Seng-ko-lin-ch'in (d. 1865); and entered Peking, 13 Oct., the emperor having fled to Jehol, 22 Sept. On 18 Oct., Elgin destroyed the Summer Palace (*Yüan Ming Yüan*) in retaliation for the execution of 21 members of a 39-man Anglo-French negotiation party seized 18 Sept. (The survivors had been released on 8 Oct.) On 24 Oct., Elgin and Gros exchanged ratifications of the 1858 treaties and signed new conventions with the emperor's brother I-hsin (1833–98), Prince Kung. The British secured the Kowloon Peninsula, and the French won the right for Catholic missions to hold property in the interior. These conventions opened all of China to the West.

RUSSIAN TERRITORIAL EXPANSION IN MANCHURIA. Beginning in 1854, Russians had founded posts along the northern bank of the Amur to Khabarovsk. The Treaty of Aigun, 16 May, 1858, had ceded to Russia the northern bank of the Amur and given her joint possession of the area between the Ussuri River and the sea, but Peking had rejected it, 1859. The Sino-Russian Treaty of Peking, 14 Nov., 1860, confirmed the Treaty of Aigun and gave Russia the area where Vladivostok had been founded in July 1860.

UNIFICATION OF ANTI-TAIPING COMMAND. In May 1860, after the Taipings destroyed the government forces known as the Great Camp of Kiangnan, Tseng Kuo-fan was made governor general and imperial commissioner for the suppression of the Taipings in south China. He was given full power to deal with all matters relating to the campaign, including the levy of funds.

1861

TSUNGLI YAMEN. On 20 Jan., 1861, Prince Kung received approval for creation of a foreign office, known as the Tsungli Yamen, through which the

Ch'ing government became versed in western diplomacy. It worked to uphold treaties; established the foreign-run Maritime Customs Service, 1861, and a school (the *T'ung-wen Kuan*) to train young men in foreign languages, 1862; and generally promoted knowledge of the West.

RECOVERY OF ANKING. Tseng Kuo-ch'üan (1824–90), a brother of Tseng Kuo-fan, had begun the siege of Anking on 17 May, 1860. In early 1861 the Taiping commanders Li Hsiu-ch'eng (d. 1864) and Ch'en Yü-ch'eng (d. 1862) harassed Tseng Kuo-fan at Ch'i-men in southern Anhwei in the hopes of drawing Tseng Kuo-ch'üan away from Anking. When this maneuver failed, Ch'en unsuccessfully attacked Tseng Kuo-ch'üan in Apr., May, and Aug. Tseng finally took Anking, 5 Sept. It became a base for the recovery of Nanking.

TSENG KUO-FAN'S CAMPAIGN STRATEGY. Soon after Anking was captured, Tseng Kuo-fan decided that he should attack the Taipings on 3 fronts in a campaign that would encompass all of central China. Tseng Kuo-ch'üan would move the Hunan Army downriver to Nanking; Tso Tsung-t'ang (1812–85) would retake the important supply areas in Chekiang; and Li Hung-chang (1823–1901) would campaign in the Shanghai-Soochow area.

DEATH OF THE HSIEN-FENG EMPEROR. On 22 Aug., the Hsien-feng emperor died at Jehol, having named his son Tsai-ch'un (1856–75) emperor and appointing an 8-man regency whose actions were subject to approval by Yehonala (1835–1908), known as the Empress Dowager Tz'u-hsi, and Niuhuru (1837–81), the Empress Hsiao-chen. Prince Kung was in charge of affairs at Peking. With Prince Kung's help and that of his brother I-huan (1840–91), Tz'u-hsi overthrew the 8 regents in Nov. and established the reign period known as *T'ung-chih,* meaning "joint rule."

1862

LI HUNG-CHANG AND THE HUAI ARMY. Li Hung-chang, who had left Tseng Kuo-fan's service early in 1861, was persuaded by Tseng to recruit a force in Anhwei and go to Shanghai as acting governor of Kiangsi. With his new Huai Army and a detachment of Tseng's veterans, he reached Shanghai in Apr., the trip having been paid for by the western powers. He found foreign forces commanded by British Adm. James Hope (1808–81) and French Adm. Léopold Auguste Protet (1808–62) defending the city against the Taiping Gen. Li Hsiu-ch'eng, and a foreign-officered Chinese brigade helping the imperial forces. After Charles George ("Chinese") Gordon (1833–85) reorganized the latter force, it became known as the Ever-Victorious Army. It spearheaded Li's later campaigns on T'ai-ts'ang, K'un-shan, Chiang-yin, and Soo-chow. The Ever-Victorious Army was disbanded after the capture of Ch'ang-chou, 11 May, 1864. Li Hung-chang's position at Shanghai was particularly important to Tseng's campaign because he could provide customs and tax revenues for the support of Tseng's armies.

1863–64

SIEGE OF NANKING AND COLLAPSE OF THE HEAVENLY KINGDOM. Tseng Kuo-ch'üan had encamped at Yü-hua-t'ai under the walls of Nanking on 31 May, 1862, and Li Hsiu-ch'eng had attacked him day and night from 12 Oct. to 26 Nov. before giving up the siege of his camp. From 31 May, 1863, to 19 June, 1864, Tseng worked to strengthen his camp and to encircle the city. Li advised Hung Hsiu-ch'üan to march out of Nanking, but Hung, counting on God's help, refused to leave. There was almost nothing to eat in Nanking, and the Taipings became desperate. Hung died in June, perhaps by suicide. His son Hung Fu (1849–64) succeeded him, with Hung Jen-kan (1822–64), a cousin of Hung Hsiu-ch'üan, as regent. On 19 July, Nanking fell. Mass suicide and slaughter ensued, leaving too few Taipings to carry on the movement. The Ch'ing government crushed the Taiping Rebellion, but it lost much power to such regional leaders as Tseng Kuo-fan in the process.

1865–68

THE NIEN REBELLION. Taiping remnant troops gave new impetus to the Nien disturbances on the borders of Kiangsu, Anhwei, Honan, and Shantung. The Nien were secret-society bandit gangs which had worked together after 1853 and had co-operated with the Taipings for a time. Their leader, Chang Lo-hsing (d. 1863) had shaped them into an effective army by mid-1856. In June 1865, Tseng Kuo-fan was ordered to Shantung, where Seng-ko-lin-ch'in had been killed, May 1865, while fighting Nien bandits. On 12 Dec., 1866, after an unsuccessful campaign, he recommended that Li Hung-chang succeed him. The Nien split into 2 bands. Under Li Hung-chang's direction, the Huai Army destroyed one band in Jan. 1868 and the other in Aug. 1868.

THE "SELF-STRENGTHENING" MOVEMENT. The western powers' obvious military superiority impelled such Chinese generals as Li Hung-chang and Tseng Kuo-fan to seek the introduction of western technology into China. The "self-strengthening" (*tzu-ch'iang*) movement began the westernization of China with the establishment of arsenals to make guns and ships.

1870

TIENTSIN MASSACRE. Believing rumors that the French Sisters of Charity extracted the eyes and hearts of orphans entrusted to their care, a mob gathered at the Catholic church in Tientsin, 21 June, 1870. The French consul intemperately shot at a Chinese official and wounded his servant. The infuriated mob killed the consul and 20 other foreigners, including 10 nuns. The incident revived Sino-foreign tensions after a decade of comparative calm, and caused a resurgence of hope in China that foreigners might be excluded. Tseng Kuo-fan investigated the case and temporized with the French until France's defeat in the Franco-Prussian War left her powerless to threaten China. (*Cont. p. 306.*)

JAPAN

JAPAN IN 1760. In 1760 the government of Japan had been stable for 160 years. Tokugawa Ieyasu (1542–1616) had won the battle of Sekigahara in 1600 and thereby established himself as the most powerful leader in Japan. He built his capital at Edo, now Tokyo. Like his warrior predecessors, he did not aspire to usurp the imperial throne. Instead, he obtained from the emperor the title of shogun, or generalissimo, which became *de facto* hereditary in the Tokugawa family. In theory the shogun was the emperor's deputy; in fact he ruled in his own name. The emperor was confined to his palace in Kyoto and performed only ceremonial functions.

The shogun's government was called the Bakufu, or Camp Government, alluding to its military origin. The Bakufu ruled directly about a quarter of Japan. The other three-quarters were parceled out among feudal lords called daimyo. Hence, the Tokugawa regime has been described as centralized feudalism. There were 3 types of Tokugawa vassals. The tozama (outside lords), whose domains were remote from Edo, had sworn loyalty to Ieyasu only after the Battle of Sekigahara. Satsuma in Kyushu and Choshu in western Japan were powerful tozama domains. The fudai (hereditary vassals) had sworn loyalty before Sekigahara. Most were quite small landholders, and many of them were enfeoffed around the Tokugawa lands in central Japan. The shimpan (related lords) were junior members of the Tokugawa family itself. Kii, Owari, and Mito were the greatest shimpan domains.

The domains of the daimyo were called han. There were about 250 han. They were to a large extent autonomous in their internal affairs, and the Bakufu had no power to levy taxes upon them. The shogun lived off revenue from his own lands, as the other daimyo did. However, the Bakufu had regulations to keep the han under control. The most important of these was the sankin-kotai (alternate attendance) system. Each daimyo was required to maintain a mansion in Edo and to spend time there every other year in nominal attendance on the shogun. He was also obliged to leave his wife and his heir in Edo whenever he returned to his han. Heavy sankin-kotai expenses kept many han budgets unbalanced.

The early shoguns ruled personally, but later power passed more and more into the hands of the Roju (elders), the highest administrative-legislative body in the Bakufu. The Roju were usually selected from the most powerful fudai families. The tozama lords had no voice in the Bakufu councils. Shimpan daimyo did not regularly participate in policy decisions, but could be called on for advice. In the 19th cent. rivalry arose between the entrenched fudai bureaucracy and those tozama and shimpan daimyo who desired to have more say in national affairs.

By shogunal edict, Japan was isolated from all contact with foreign countries. The only exception was a small and tightly controlled trade with Holland and China through Nagasaki. When western knowledge began to spread in the late 18th cent., those few who carried it were called "Dutch scholars." By the 19th cent., the seclusion policy, reinforced by Japan's natural insularity, had become almost sacred. Hence its breakdown under western pressure caused great internal stresses.

In the long peace of the Tokugawa period, history moved slowly. The ideal of Tokugawa statesmen, steeped in Confucian thought, was a simple agrarian economy. The whole political structure was based on a land tax calculated in units (koku) of rice. But money and commerce spread, and local industries gradually arose. Thus traditional economic ideas slowly became antiquated. Society was, according to official teaching, divided into 4 classes (excluding the remote emperor and his court): samurai (warriors), farmers, artisans, and merchants. The samurai lived off rice stipends from their lords. But with prices rising steadily, they fell deeper and deeper into debt to the merchants, while some merchants bought samurai status. Farmers suffered from oppressive conditions in the countryside and fled. And the despised merchants, at the bottom of the social hierarchy, became wealthy, although politically powerless.

By the late 18th cent., Japan was ready for overt social, economic, and institutional change. Not long after seclusion became a serious issue, direct and all-embracing loyalty to the emperor—rather than the traditional chain of loyalty through the daimyo to the shogun—became a burning issue as well. The latter was summed up in the slogan "sonno" ("Revere the emperor"); the former, in the slogan "joi" ("Expel the barbarians"). The two were often fused as the battle cry of the rebellious in the last years of Tokugawa rule.

1760–86

GOYOKIN. In 1761–62, the Bakufu extracted the first recorded goyokin (a forced loan in lieu of taxation) from the merchants of Japan's commercial center, Osaka. Commercial activity itself was not taxed.

OPPOSITION TO THE BAKUFU. In 1767, Yamagata Daini (b. 1725) was executed in Edo for having expressed opposition to the Bakufu and for having advocated exclusive loyalty to the emperor. Takenouchi Shikibu (1712–67), a man known to hold similar views, was exiled. These two were unique in an age when Tokugawa authority was unquestioned.

RISE OF TANUMA OKITSUGU. In 1769 Tanuma Okitsugu (1719–88) was appointed a provisional Roju and given the title of court chamberlain. Henceforth Tanuma, who had risen from low status in the samurai class, was the most powerful figure in the Bakufu. He became a full Roju in 1772.

TEMMEI FAMINES. The famines of 1783–87 (named for the Temmei year period, 1781–89) devastated much of Japan. Bad weather was compounded by the eruption of Mt. Asama in 1784, when large areas were covered with infertile ash.

"TANUMA PERIOD." The Shogun Ieharu, with whom Tanuma's fortunes were linked, died in 1786 and Tanuma was deposed shortly thereafter. Tanuma is known in Japanese history for greed and corruption. But in fact he was progressive in that he did not fight the trend toward increased commercial activity and was not prejudiced in favor of an agrarian economy. He had encouraged land reclamation and riparian works; promoted foreign trade through Nagasaki; developed a broad colonization plan for Hokkaido; consolidated existing Bakufu monopolies and created new ones; promoted the licensing by the Bakufu of large merchant associations; taxed trade and transportation, although irregularly; and tried to make the Bakufu and not the Osaka merchants the chief lending agency to the daimyo. There is even some evidence to suggest that he was considering modifying the seclusion policy.

1787–93

KANSEI REFORM. Shogun Ienari (1773–1841) succeeded Ieharu in 1787. Matsudaira Sadanobu (1758–1829), a conservative, replaced Tanuma as the chief Bakufu official. His program is known as the Kansei reform (from the Kansei year period, 1789–1801). Matsudaira Sadanobu re-established agriculture as the sole permissible base of Bakufu finances. He enforced reductions in government spending and consumption, set up a famine storehouse system, discouraged foreign trade, and tried to reverse the tide of emigration from the villages to the cities. He also canceled or reduced the debts of Tokugawa vassals below daimyo rank. These highly traditional measures helped for a while to stabilize the Bakufu, but in the end weakened it by preventing it from adapting to the times.

PROHIBITION AGAINST NON-ORTHODOX TEACHINGS. Matsudaira Sadanobu forbade, 1790, the pursuit of nonorthodox studies in Bakufu schools. The prohibition was later extended to the han. Only the official Confucianism taught by the Hayashi family was allowed. Matsudaira Sadanobu was dismissed in 1793.

RUSSIAN VISIT. The Russian Erik Laksman (1737–1796) visited Nemuro in Hokkaido in 1792 to open trade. He left when told he would have to visit Nagasaki in order to make contact with the Bakufu.

1794–1829

INCREASE IN WESTERN CONTACTS. In 1804, Nikolai Rezanov arrived in Nagasaki as ambassador from Russia. He wished to propose trade, and carried a letter from Alexander I. After lengthy delays he was sent away. The rebuff resulted in a number of Russian raids in Hokkaido and the Kuriles. In 1808, H.M.S. *Phaeton* entered Nagasaki and, with the menace of her guns, forced the authorities to grant her provisions. The governor of Nagasaki committed suicide. In 1811, Vasilii Golovnin (1776–1831) landed with peaceful intent on Kunashiri in the Kuriles, but was captured and held for 2 years.

Reacting to these foreign incursions, the Bakufu published the "No Second Thought" edict, 1825. It required that all foreign vessels approaching Japan's shores be destroyed and their crews killed if they tried to land.

REFORM IN SATSUMA. Zusho Hiromichi (1776–1848) was appointed, 1827, to carry out a reform program in Satsuma. Satsuma owed huge sums to the merchants of Osaka; Zusho simply canceled the debt. He also enforced very tight control over the han's sugar monopoly, thereby securing for Satsuma a lucrative income source.

REFORM IN MITO. Tokugawa Nariaki (1800–1860) became daimyo of Mito, north of Edo, 1829. He set about strengthening his domain's defenses and reviving the martial spirit of its samurai.

1830–45

TEMPO FAMINES. After a period of prosperity, the Tempo famines (from the Tempo year period, 1830–44) caused great suffering, 1832–36. Peasant revolts became commonplace.

REVOLT IN OSAKA. Oshio Heihachiro (1793–1837), a minor Bakufu official, led an abortive uprising in Osaka, Mar. 1837. While it lasted, it glaringly revealed the weakness of the Bakufu's troops.

"MORRISON" EXPEDITION. The U.S. ship *Morrison* entered Edo Bay ostensibly to return castaways, Aug. 1837. Actually, the mercantile interests behind the voyage hoped to obtain a coaling and provisioning agreement, to secure good treatment for shipwrecked U.S. seamen, and to open trade. But the *Morrison* was fired on both at Uraga, in Edo Bay, and at Kagoshima in Kyushu, the Satsuma capital, and was unable to approach the land.

REFORM IN CHOSHU. Murata Seifu (1783–1855) was appointed to carry out a reform program in Choshu, 1838. He brought the han budget under tight control; stressed promotion of men of ability rather than of birth; redeemed the debts of the han and of its samurai at rates close to cancellation; and abolished the han's commercial monopolies (except for a warehousing operation at Shimonoseki) on the grounds that they benefited the merchants and not the han.

IMPACT OF THE OPIUM WAR. When Great Britain defeated China in the Opium War of 1839–42, informed Japanese took the event as a very menacing demonstration of western intentions and of western military might. They feared Japan might have to defend herself against the same menace. In 1841, Takashima Shuhan (1798–1866), an expert in western gunnery, was invited to demonstrate his art in Edo.

THE TEMPO REFORM. Mizuno Tadakuni (1794–1851) became the principal Roju. To retrieve the Bakufu from grave financial trouble, Mizuno undertook the highly conservative Tempo reform, July 1841. He curbed consumption through the usual sumptuary edicts, cut Bakufu expenses, and reduced the debts of the lower-ranking Tokugawa vassals. He abolished merchant associations and tried to enforce price controls. He attempted to redistribute the shogun's lands more evenly around Osaka and Edo, and prohibited peasants from migrating to the cities. But his policies were unrealistic and had little effect. In 1842, Mizuno relaxed the "No Second Thought" edict out of fear of foreign reprisals. He ordered daimyo to supply foreign ships with requested provisions and to advise them to leave. In Nov. 1843 he was dismissed.

1846–52

WESTERN ARMS. In 1846 western gun-manufacturing techniques were introduced to Satsuma. The western han felt keenly the need for defense preparations.

In Oct. 1847, Komei became emperor.

THE BIDDLE EXPEDITION. Two American warships under Commo. James Biddle (1783–1848) entered Edo Bay, June 1846. Biddle's goals were the same as those of the *Morrison* expedition. The Bakufu refused to negotiate and Biddle was sent away.

ARMS PURCHASE BY SATSUMA. In 1848 Satsuma concluded an arms deal with a French ship that called at the Ryukyu Islands. The Bakufu had prohibited the purchase of foreign arms, but was powerless to stop Satsuma.

INCREASE IN DEFENSE MEASURES AGAINST THE WEST. In June 1849 the Bakufu sent a report to the daimyo on recent entries of foreign ships into Japanese waters. The Bakufu wished to have the daimyo increase their military preparedness against the foreign threat, in concert with the Bakufu's own stepped-up defense preparations.

Japan's first successful reverberatory furnace went into operation in Hizen, the han adjacent to Nagasaki, in 1850. It was used to manufacture cannon.

1853–54

PERRY'S 1ST VISIT. On 8 July, 1853, Commo. Matthew Calbraith Perry (1794–1858) anchored off Uraga in Edo Bay with 4 warships. His mission was to secure good treatment for U.S. sailors and to obtain facilities for navigation and trade. His instructions, which he had insisted on writing himself, allowed him to act in whatever manner he deemed most effective to achieve these goals. When the Japanese procrastinated, Perry sent surveying missions close to Edo. Within a week he obliged the Japanese to receive from him, in a formal ceremony at a place ashore of his own choosing, a letter from President Fillmore to the shogun. The letter contained the U.S. demands. Perry left on 17 July, after informing the Japanese that he would return for an answer the following spring.

THE SUCCESSION DISPUTE. Shortly after Perry's visit, Ieyoshi (12th shogun, ruled Oct. 1837–July 1853) died. The 13th shogun, Iesada (1824–58), had no heir and was unlikely to have one. Hence a crucial succession dispute arose. Most fudai daimyo and high-ranking Bakufu officials backed Tokugawa Yoshitomi (1846–66), Iesada's first cousin and, like Iesada, a nonentity. The other candidate was Hitotsubashi Yoshinobu (1837–1913), the 7th son of Tokugawa Nariaki. Yoshinobu was a vigorous and promising young man. He was supported by many non-fudai daimyo who believed that the Bakufu should consult all men of ability (especially themselves) and not rely solely on the entrenched bureaucracy. Tokugawa Nariaki was the leader of this faction.

REQUEST FOR OPINIONS ON PERRY'S DEMANDS. The chief Roju Abe Masahiro (1819–57) had a translation of President Fillmore's letter sent to all daimyo and solicited their opinions, Aug. 1853. The object of this unprecedented step was to obtain a national consensus on policy. It has since been interpreted as a sign of weakness and indecision on the part of the Bakufu. Of the most important daimyo, about a third favored trade in some form. One of the most prominent of these was Ii Naosuke (1815–60) of Hikone. Another third wished to avoid war only in order to gain time for further defense preparations. Tokugawa Nariaki was the most prominent member of this group. He saw the crisis as a great chance to rally the martial spirit of the Japanese people. A final third advocated rejecting the U.S. demands outright. The consensus favored rejecting a treaty but avoiding war—an untenable compromise. Shimazu Nariakira (1809–58) of Satsuma stood alone, advocating trade with China and India but not with the U.S. In Oct. the Bakufu lifted its long-standing prohibition on the building of ocean-going ships, and in Dec. a Bakufu edict admitted the inadequacy of Japan's defenses and called for peace through delaying tactics.

PERRY'S 2ND VISIT. Perry returned with 8 warships, Feb. 1854, and insisted on carrying on the negotiations at Kanagawa, closer to Edo than the Bakufu would have liked. On 8 Mar. he received the shogun's answer to President Fillmore's letter.

TREATY OF KANAGAWA. By the Treaty of Kanagawa, 31 Mar., 1854, (1) coal and provisions were to be made available after 1 year at Hakodate, on Hokkaido, and at Shimoda, on the tip of the Izu Peninsula on Honshu; (2) adequate treatment of distressed seamen was promised; and (3) a consul could be appointed to reside at Shimoda after 18 months. In Oct. Great Britain obtained a treaty allowing her ships to call for supplies at Nagasaki or Hakodate.

1855–58

TREATY OF SHIMODA. The Russian Adm. Evfimii Putiatin (1803–83) concluded the Treaty of Shimoda with the Bakufu, Feb. 1855. Russia obtained coaling and refreshment rights at Nagasaki as well as at Hakodate and Shimoda, the boundary between Japan and Russia was drawn through the Kurile Islands, and Russia obtained extraterritorial status for Russians in Japan. In Nov. the Bakufu signed a trade agreement with the Netherlands.

INTERNAL CHANGES. During 1855, a power struggle developed between Tokugawa Nariaki and Abe Masahiro. Nariaki succeeded in forcing the resignation of 2 Roju. For the sake of closer supervision, Hakodate was annexed to the Tokugawa domains from Matsumae han, Apr. In Sept., the Bakufu opened a naval training school in Nagasaki, with Dutch instructors. In Nov., Abe Masahiro was succeeded by Hotta Masayoshi (1810–64).

APPOINTMENT OF TOWNSEND HARRIS. Townsend Harris (1804–78) arrived as U.S. consul in Shimoda, Sept. 1856, with the mission of concluding a commercial treaty. He was not welcomed, for the Japanese text of the Treaty of

Kanagawa required the consent of both countries to the appointment of a consul; the U.S. had followed the English text, which allowed unilateral appointment. In Nov. the Bakufu appointed a commission to study the possibility of trade with the U.S.

HARRIS CONVENTION. A convention proposed by Harris was signed in June 1857. It provided for the opening of Nagasaki as an additional port of call for U.S. ships; extraterritorial status for U.S. residents in Japan; the right for Americans to reside, lease property, and construct buildings; and an equitable discount rate for currency exchange.

TREATIES WITH THE NETHERLANDS AND RUSSIA. A treaty with the Netherlands was signed in Nagasaki, Oct. 1857. The Bakufu approved it after the fact. It permitted unlimited trade at Nagasaki and Hakodate by private merchants under Bakufu supervision. Putiatin signed a similar treaty for Russia a few days later.

HARRIS' AUDIENCE IN EDO. After lengthy procrastination, Harris was received in audience by the shogun in Edo, Dec. 1857. He presented his credentials and a letter from the U.S. president, in accordance with diplomatic practice.

1858–60

U.S. TRADE TREATY. The trade treaty proposed by Harris was ready for signature by Feb. 1858. It provided that a U.S. minister would reside in Edo; that trade would be carried on free of official intervention; that Nagasaki and Kanagawa would be opened to the U.S. in 1859, Niigata in 1860, and Hyogo (the present Kobe) in 1863; and that traders would be permitted to live in Edo in 1862 and in Osaka in 1863. But there was strong opposition to the text, so that signature was postponed until the emperor could be persuaded officially to approve it.

JAPANESE REACTION TO THE TREATIES. Hotta Masayoshi went to Kyoto, Feb. 1858, to obtain the emperor's approval of the Harris treaty. But the emperor felt that Osaka and Hyogo were too close to Kyoto, and also gave considerable weight to the opinions of the daimyo opposed to trade. The emperor refused. A decree, Apr., forced through the imperial council as a compromise, recognized the Bakufu's responsibility for foreign affairs. But Emperor Komei then advertised the fact that he had been coerced, thus rallying antiforeign, anti-Bakufu sentiment.

THE REGENCY. Alarmed at the crisis over the treaty and at the strength of the faction behind Hitotsubashi Yoshinobu, Ii Naosuke had himself appointed tairo (regent). From this exalted office, which was seldom filled, Ii was able to run the Bakufu firmly. In July 1858, he had the U.S. treaty signed without imperial approval, thus incurring the wrath of the imperial loyalists.

ANSEI PURGE. In Aug. 1858, Ii announced his decision in favor of Tokugawa Yoshitomi, the future Iemochi, as the shogun's heir. Iesada died and Iemochi became shogun. Ii dismissed Hotta and one other Roju. He ordered retirement or house arrest for Tokugawa Nariaki, Tokugawa Yoshikatsu (1824–83) of Owari, Shimazu Nariakira (1809–58) of Satsuma, Yamanouchi Yodo (1827–72) of Tosa and Matsudaira Yoshinaga of Echizen (1828–90). This was the beginning of the Ansei purge. It left Yoshinobu's backers disorganized and made Ii a quasi dictator within the Bakufu.

TREATY RATIFICATION. The Dutch, the Russians, and the British obtained treaties similar to the U.S. treaty, Aug. 1858, and France obtained a similar treaty, Oct. A Bakufu representative again went to Kyoto to obtain approval of the treaties, but the emperor still refused. In Feb. 1859, in a compromise decree, the court promised forbearance and the Bakufu undertook to prevent the opening of Hyogo and Osaka. Both committed themselves to revoke the treaties at some time in the future. Finally, in July, the treaties became effective, and foreign diplomats took up residence in Edo.

EXECUTION OF YOSHIDA SHOIN. Yoshida Shoin (b. 1830) was executed by the Bakufu, Nov. 1859. In later years, Shoin became a national hero. He started out as a military expert, a fervent advocate of Japanese self-strengthening, but not an opponent of the Bakufu. But after 1858 he became violently anti-Tokugawa. He was an inspiring teacher and writer. Several of the greatest Meiji-period leaders studied at his school in Choshu.

MISSION TO THE U.S. In 1860 an official Bakufu mission was sent to Washington to exchange ratification of the Harris treaty. The members of the mission were much impressed by Japan's backwardness relative to the U.S.

In Mar. 1860, Ii Naosuke was assassinated by a group of Mito warriors.

1860–63

INTERNAL POWER STRUGGLES AND DETERIORATION OF JAPANESE-WESTERN RELATIONS. In May 1860, the Bakufu proposed that the shogun marry Princess Kazunomiya, the emperor's sister. The court agreed, on the condition that the Bakufu undertake to cancel the treaties or expel the foreigners forcibly within 10 years.

The Bakufu granted monopoly rights for export consignments of many products to certain Edo wholesalers. This attempt at official control of trade was widely evaded.

Harris' secretary, Heusken, was murdered by extremists in Edo, Jan. 1861. Harris offered to ease the Bakufu's difficulties with the court by postponing the opening of Edo, Hyogo, Osaka, and Niigata. These had been due to open at the beginning of 1863.

In Mar. 1861, the Bakufu announced that a mission would visit the countries with which Japan had treaties in order to obtain their agreement to postpone the opening of the ports. The British minister, Sir Rutherford Alcock (1809–97), was gradually won over to support this plan. In July, extremists attacked the British legation, wounding 2 men.

In Jan. 1862, the mission to Europe departed.

THE LONDON AGREEMENT. The Bakufu mission concluded the London Agreement, June 1862. Edo, Osaka, Hyogo, and Niigata were to be opened only on 1 Jan., 1868. Japan promised full compliance with the treaties at the ports already open. Russia, France, and Holland agreed later in 1862.

Urged by Satsuma and Choshu, the court demanded that Hitotsubashi Yoshinobu and Matsudaira Yoshinaga of Echizen be given high posts, and that the shogun visit Kyoto in order to discuss the expulsion issue.

Extremists attacked the British legation a 2nd time, killing 2 men.

In Aug. Yoshinobu was made the shogun's guardian.

THE RICHARDSON MURDER. Charles Richardson, a British visitor from China, was murdered by members of a Satsuma contingent at Namamugi, near Yokohama, Sept. 1862. Britain demanded an indemnity.

EXTREMIST CONTROL OF KYOTO. The Satsuma force which killed Richardson returned from Edo to Kyoto. On arrival, it found Kyoto under the control of extremists from Choshu, Satsuma, and Tosa. It therefore returned to Kagoshima, the Satsuma capital, leaving extremists in control of the court.

In Oct. 1862 the time required in Edo under the sankin-kotai system was cut down and the requirement that the wife and heir of each daimyo be left in Edo was abolished.

In Nov. the court appointed Sanjo Sanetomi (1837–91), an extremist court noble, as an envoy to the Bakufu to demand the expulsion of the foreigners.

1863–64

DEMANDS TO EXPEL WESTERN BARBARIANS. Great Britain served the Bakufu with an ultimatum to pay an indemnity of £100,000; to apologize for the Richardson murder; and to make Satsuma pay a £25,000 indemnity and execute the murderers, Mar. 1863.

The shogun went to Kyoto to discuss the right time and method for expelling the foreigners, Apr. Once he was back in Edo, however, the Bakufu announced that it was unable to carry out the emperor's expulsion order. The Bakufu and the han were to put into effect the court's expulsion order on 25 June, 1863, but the Bakufu did nothing. Only Choshu took action, firing on an American steamer in the Shimonoseki Straits. Subsequent Choshu action rendered the straits impassable to foreign ships by the end of July.

BOMBARDMENT OF KAGOSHIMA. A British squadron bombarded Kagoshima, Aug. 1863, in order to enforce Britain's demands for justice in the Richardson affair. Much of Kagoshima was destroyed. The demands were eventually settled and Satsuma established close relations with Great Britain.

SATSUMA-AIZU COUP. Satsuma and Aizu troops seized the imperial palace gates and took control of Kyoto away from the Choshu-backed extremists, Sept. Sanjo Sanetomi and other radical nobles took refuge in Choshu. The shogun agreed again to visit Kyoto, this time as an indication of strength. This was the height of the kobu-gattai (union of court and Bakufu) movement promoted by Shimazu Hisamitsu (1817–87) of Satsuma and his allies.

In Feb. 1864, Hitotsubashi Yoshinobu, Matsudaira Yoshinaga of Echizen, Matsudaira Katamori (1835–93) of Aizu, Yamanouchi Yodo of Tosa, and Date Munenari (1818–92) of Uwajima formed a council which consulted regularly with the emperor. This was a completely unprecedented phenomenon. The council was dominated by Satsuma.

BREAKUP OF THE COALITION. The shogun, Iemochi, arrived in Kyoto. Disagreement over the policy he should adopt broke up the daimyo coalition, Feb. 1864. Shimazu wanted him to convince the emperor of the impracticability of expelling the foreigners, while Hitotsubashi Yoshinobu advocated compromise and the closing of Yokohama as evidence of Bakufu sincerity. All the daimyo except Yoshinobu returned to their han by early Apr. Yoshinobu came increasingly to favor the Bakufu, Shimazu to oppose it.

In Aug. a Choshu force of 2,000 men tried to seize control of Kyoto, but was repulsed, and in Aug. Choshu was declared in rebellion by the court.

BOMBARDMENT OF SHIMONOSEKI. A joint naval force of the treaty powers bombarded Shimonoseki, Sept., landed troops, and dismantled the gun batteries. This was in reprisal for Choshu's attacks on foreign shipping. In Oct. a convention was signed, settling the Shimonoseki affair. Japan was given the choice of paying a $3 m. indemnity or of opening another port in the Inland Sea to trade.

1865–66

DECLINING POWER OF THE BAKUFU. In Mar. 1865 irregular military units under Kido Takayoshi (1833–77) and Takasugi Shinsaku (1839–67) overthrew the pro-Bakufu government of Choshu and defied the Bakufu. In Feb. the Bakufu had ordered the formation of a 2nd punitive expedition against Choshu, under the shogun's personal command. But most pro-Bakufu daimyo were by this time reluctant to participate.

Increased foreign pressure obliged the Bakufu to extract from the emperor formal approval of the 1858 treaties, Nov. 1865.

SATSUMA-CHOSHU ALLIANCE. Satsuma and Choshu concluded a formal, but secret, alliance, Mar. 1866. Satsuma agreed to strive to restore Choshu to favor at court and to support Choshu against the impending attack of the Bakufu.

The Bakufu sent an ultimatum to Choshu, demanding a drastic reduction of territory and the retirement of the daimyo. Choshu ignored the ultimatum, and in July a Bakufu force attacked it.

The death of Iemochi, Sept., gave the Bakufu a pretext to call a truce. In fact, the Bakufu force had been defeated. Choshu's troops were better equipped and trained than the Bakufu's. They included many peasants, a radical innovation.

Hitotsubashi Yoshinobu was named shogun.

1867–68

ACCESSION OF THE MEIJI EMPEROR. Komei died, Jan. 1867, and was succeeded by his 15-year-old son, the Emperor Meiji.

FURTHER DECLINE OF BAKUFU PRESTIGE. In Mar. the shogun and the French minister, Léon Roches (1809–

1901), met at Osaka. Roches proposed a complete reform program to modernize the Bakufu. Most of his measures were considered too radical, but those few that were implemented alarmed Satsuma and Choshu with the prospect of a Bakufu resurgence.

In June the shogun and the great daimyo met in Kyoto. They decided to open Hyogo to trade. The shogun pressed for punishment of Choshu, while most of the daimyo objected. A compromise declaration promised "lenient" treatment of Choshu. The ability of the Bakufu to force a compromise greatly disappointed the daimyo.

RESIGNATION OF THE SHOGUN. In Nov., Yoshinobu submitted to the court his resignation as shogun. Tosa, which stood aside from the Satsuma-Choshu alliance, had feared losing all influence if either the clans opposed to the Bakufu (the "Allies") or the Bakufu won decisively. Hence Goto Shojiro (1838–97) of Tosa had proposed that Yoshinobu should become simply the president of an imperial council of daimyo. Yoshinobu had agreed, but the Allies would not accept him as president of the imperial council, or consent to his retention of the Tokugawa estates. Satsuma and Choshu had already agreed secretly to use force against him. In Dec., Iwakura Tomomi (1825–83), a radical court noble, informed Owari, Tosa, Hiroshima, and Fukui han of the Allies' decision to act. Rather than be left out, the four han joined the Allies.

THE RESTORATION. Troops under Saigo Takamori (1827–77) of Satsuma seized the Imperial Palace gates. A council was convened. It removed Yoshinobu's lands and office and returned administrative responsibility to the emperor, 3 Jan., 1868.

Choshu moved troops to Kyoto while Yoshinobu withdrew to Osaka. Yoshinobu's main supporters, Aizu and Kuwana, were urging him to fight, but Owari and Fukui sought a compromise.

The emperor assumed power over the same social and political structure as before. He had at this time no treasury, no authority to levy taxes, and few experienced administrators in his service.

THE NEW GOVERNMENT. The imperial council appointed new court advisers. Their head was an imperial prince, with Iwakura and Sanjo as deputies. The other councilors were divided into gijo (senior councilors) and san'yo (junior councilors). The gijo consisted of 3 court nobles, 2 imperial princes, and the 5 daimyo whose troops were at the palace gates: Satsuma, Tosa, Hiroshima, Owari, and Fukui. The san'yo consisted of minor court nobles and 3 samurai each from the above 5 han plus Choshu.

CIVIL WAR. Aizu and Kuwana troops marched on Kyoto, 26 Jan. The next day, Satsuma and Choshu troops drove them back to Osaka. Yoshinobu fled to Edo and the court pronounced him a rebel.

SHINTO AS STATE RELIGION. In Feb., 7 administrative departments were created. One of these was the Department of Shinto. At the same time that Shinto was placed under state patronage, Buddhism was partially (and temporarily) disestablished. The department heads were gijo, with san'yo as assistants.

RELATIONS WITH THE OUTSIDE WORLD. In Feb., the new government issued a proclamation in which it declared its determination to hold fast to the decision to open Japan to the world.

SURRENDER OF YOSHINOBU. The imperial troops occupied Edo after an easy march from Kyoto. Saigo Takamori persuaded Yoshinobu to accept the emperor's terms of surrender, Apr.: Yoshinobu was to retire and his successor was to retain only 700,000 koku of estates. (Lands were measured in terms of revenue rather than of area.) In turn, pardon was promised to all Tokugawa adherents who swore allegiance to the new government.

THE "CHARTER OATH." The emperor's "Charter Oath," drafted by Iwakura Tomomi, Kido Takayoshi, and Fukuoka Takachika (1835–1919), was promulgated, 6 Apr. Its 5 articles called for the establishment of an "assembly widely convoked" and for stress on "public discussion," for the abandonment of all "absurd usages," and for a search for knowledge throughout the world in order to strengthen the "foundation of the Imperial Polity." The call for "public discussion" did not imply democracy, but broad participation for all daimyo and samurai in policy deliberations.

THE "1ST CONSTITUTION." In June the imperial government adopted the Seitaisho, generally known as Japan's first constitution. It recognized in principle the separation of the legislative, executive, and judicial powers. However, these powers were all loosely delegated to the Dajokan (Council of State). They were to be exercised by a bicameral assembly, the Dajokan, and the executive departments, all of which interlocked.

Official posts, especially at the san'yo level, were redistributed. Many court nobles were removed and samurai membership was restricted to fewer han. In Sept. Edo was renamed Tokyo (Eastern Capital) and later became the imperial capital.

1869

SURRENDER OF THE HAN REGISTERS. Satsuma, Choshu, Tosa, and Hizen, the most powerful han in the new government, submitted their han registers to the emperor, Mar. Thus they acknowledged the emperor's sovereignty over their territory and laid the basis for true centralized rule. Kido Takayoshi and Okubo Toshimichi (1830–78) of Satsuma were the main promoters of this move. In July all daimyo were ordered to surrender their han registers to the emperor. The daimyo were at the same time appointed governors in their own territories. The new administrative units thereby created were known as ken (prefectures).

GOVERNMENT REORGANIZATION. In Aug. the government was reorganized and given the form that it would retain until the adoption of a cabinet system in 1885. The Dajokan was headed by Sanjo. Its members supervised 6 executive departments: Civil Affairs, Finance, War, Justice, Imperial Household, and Foreign Affairs. All ministers were given samurai assistants and only samurai were appointed as sangi (councilors) to the Dajokan. Thus power gradually passed into the hands of a small number of samurai from Satsuma, Choshu, Tosa, and Hizen. (*Cont. p. 313.*)

KOREA

1760–1800

REIGN OF YONGJO. In 1760, Korea was under Chinese suzerainty, though not directly ruled by the Chinese government. The reigning periods of Kings Yongjo (1724–76) and Chongjo (1776–1800) of the Yi dynasty are known in Korean history as the Yongjong Era. The era was marked by efforts to eliminate the power struggle between the traditional factions in the country of which the Noron (Old Doctriners), Soron (Young Doctriners), Namin (Southerners), and Pugin (Northerners) were the most important.

King Yongjo led the Tangyongchaek reform movement. He opened government positions to the developing middle class and to illegitimate children of the upper class, who were now allowed to compete in the government examinations. The military tax was applied to all irrespective of class or status, and the land tax was increased. Restrictions on freedom of speech were imposed as a check on factionalism. A government agency, Cheonsa, was established to foster irrigation and reforestation.

REIGN OF CHONGJO. Under Chongjo (ruled 1776–1800), the Kyujanggak (Royal Academy) was established with the duty of ensuring better living conditions for the poor. The arts, particularly literature, showed marked development. There emerged for the first time a literature written in the vulgar script, and a commoner literature written by commoners. Although Chinese Confucianism continued to exert a strong influence, the influence of China herself declined. Trade, manufacturing, and mining increased, encouraged by the Silhak school of learning which advocated social reform and the Swiak (Western Learning) school which introduced European knowledge, particularly Catholic Christian doctrine and the natural sciences.

PERSECUTION OF CHRISTIANS. Catholicism came to Korea without benefit of missionaries. The first convert was Yi Sunghun. The new religion, however, soon conflicted with indigenous ancestor worship, and from 1785 the Korean government began to discourage the spread of Christianity. In 1791 active persecution began, with the execution of Yun Chijung, the 1st Christian martyr. Other executions followed, Catholic books were burned, and the government refused to allow the import of more books from Peking, the major source of Christian influence. Catholicism was driven underground. In 1792 the pope put the Korean Church under the bishop of Peking, and in 1795 a Chinese priest, Shou Wen-mou, was smuggled into Korea, followed by a number of French missionaries.

1801–59

REIGN OF SUNJO. On the death of Chongjo, King Sunjo (ruled 1801–34) succeeded to the throne. Religious persecutions continued. Severe restrictions were placed on Christian missionaries, and a number of Catholic Namin leaders were executed (Sinju Massacre). During this period a Naron (anti-Catholic) faction took power from the pro-Catholic Namin. A leading Namin, Hwang Sayong, sent a message to the foreign missionaries in Peking requesting that a fleet should be sent to force the government of Korea to grant freedom of religion. His plea was intercepted, and further repressions resulted. In 1831, however, Pope Gregory XVI made Korea a bishopric.

REIGN OF HONGJONG. Sunjo died in 1834 and was succeeded by King Hongjong (ruled 1834–49). In 1837, by which time there were 9,000 Christian converts, 3 French priests entered Korea in disguise. In 1839 the government learned of the presence of the missionaries and, partly to distract attention from the general suffering being caused by a drought, initiated once again a policy of severe repression of Christianity. On 21 Sept., 1839, the 3 French priests were executed (Kihae Massacre). Despite the persecutions, by the end of Hongjong's reign the number of converts had risen to 13,000 and there were 12 French priests in the country.

In 1849 Hongjong was succeeded by his nephew, King Choljong (ruled 1849–63).

1860–70

TONGHAK MOVEMENT. In 1860, Choe Cheu founded the nationalistic Tonghak school of learning (the eastern sect). This was a synchretist apocalyptic movement based in the south, and combining Taoist, Buddhist, Neo-Confucian, Catholic, and native Songyo shamanist elements. It seems to have been inspired partly by direct western influences and partly by news of the Taiping Rebellion and of foreign invasions of China. The movement obtained a large following, and in 1862–63 a Tonghak-inspired peasant-based revolt broke out. In 1864 the leader of the revolt was killed and the uprising suppressed.

CONSERVATIVE REFORM UNDER TAEWONGUN. In Jan. 1863, when King Choljong died without male issue, his great-great-grandson, Yongjo, succeeded as King Kojong (ruled 1864–1907). The boy's father, Prince Hungson, known as Taewongun, became regent. Taewongun instituted a conservative reform program, which included an attempt to restore the traditional Korean "three systems" (land tax, grain relief, military service). He tried to wipe out factionalism by closing all private academies (*sowon*), depriving the Censors of their power, and directly taxing the *yangban* (noble) class. Recruiting talent more widely than ever before, he reorganized the central administration and revised the law codes. He also tried to increase Korean military strength. His foreign policy was anti-Catholic and exclusionist.

MOUNTING FOREIGN PRESSURES. In Jan. 1866 a Russian gunboat entered Wonsan Harbor and tried to establish trade relations. Korea claimed to be a vassal of China, and referred the Russians to Peking. A Catholic delegation led by Nam Chongsam suggested to the regent that Korea enter into an alliance with Britain and France against Russia. Taewongun's response was to order a purge of Catholics. Nam Chongsam and 9 French priests, including Bishop Berneux, were beheaded (Pyongin Massacre).

In Sept. 1866 the U.S. merchantman *General Sherman* sailed up the Taedong River to Pyongyang seeking trade. A fight broke out, and the ship was burned and all its crew killed.

Reacting to the Pyongin Massacre, the French dispatched 7 warships under Adm. Roze. The expedition entered the Han River, attacked Chong-jok Fortress on Kangwha Island, Aug.–Oct. 1866, but was driven off.

Between 1866 and 1870 (with a peak in 1868 due to a tomb desecration) c. 8,000 Catholics were put to death in Korea; the total number of persons killed or injured during these years was 30,000. (*Cont. p. 319.*)

MONGOLIA

1760–1850

ISOLATION OF MONGOLIA. Mongolia was brought under the control of the Ch'ing (Manchu) Empire of China between 1736 and 1796. The Manchus followed a policy of nonintervention in Mongolian affairs. They ruled the region indirectly, encouraged Lamaism, forbade their Chinese subjects to colonize, prohibited intermarriage between Mongols and Chinese, and made an effort to protect the Mongols from Chinese traders.

1851–70

MONGOLIAN MILITARY LEVIES. Following the outbreak of the Taiping Rebellion, 1851, Mongol feudal levies were summoned to serve the Manchu emperor. Mongol soldiers also fought against the Nienfu peasant rebels in the northern Chinese provinces in the 1850's and 1860's, against the British and French in 1860, and against the Moslems of the southwest in the 1860's and 1870's.

GROWTH OF RUSSIAN INFLUENCE. By the Russo-Chinese Treaty of Peking, 14 Nov., 1860, Russia received the right to station consuls at Urga, Ili (Kuldja), Chugachak, and Kashgar, and Russian merchants began to enter Outer Mongolia. By another agreement concluded at Peking, 8 Feb., 1862, Russians were allowed to trade throughout the whole of Mongolia. On 7 Oct., 1864, the Protocol of Chuguchak (Boundary Treaty of Tarbagatai) was concluded, stipulating a Russian–Outer Mongolian boundary running through the Sayan Mts. Finally, by the Treaty of Uliassutai, 1870, the frontier between Russia and Outer Mongolia was more closely delineated. During the 1860's Manchu control over Outer Mongolia became generally weaker, and Russian influence increased.

TIBET

1760–73

TIBET IN 1760. In 1760 Tibet was under Chinese suzerainty, 2 high commissioners having been appointed by the Manchu emperor in 1725 to supervise the country's secular affairs. The religion of the people was Buddhism, and there were 2 principal religious leaders, the Dalai Lama and the Panch'en Lama. Regencies were frequent, since new spiritual heads of Tibetan lamaism were usually "discovered" when the candidates were infants.

The 7th Dalai Lama, Kasang Gyatso, had died on 22 Mar., 1757, and Demo Trulku Jampel Delek (High Lama of the Drepung Monastery) had been appointed regent. In 1762 the 8th Dalai Lama (Jampal Gyatso) was discovered in Tsang and the regent brought him to Lhasa, the Tibetan capital.

1774–86

RELATIONS WITH THE ENGLISH EAST INDIA COMPANY. Misunderstanding the intent of a communication sent to India by the Panch'en Lama, Warren Hastings, governor of Bengal, sent George Bogle to Tibet to obtain permission to initiate trade. Bogle arrived at Shigatse, Oct. 1774. He reached Tashilhunpo the following year and gained the friendship of the Panch'en Lama, Lobsang Palden Yeshe, but failed to establish a commercial connection between Tibet and India. The Panch'en Lama died on a visit to Peking, 27 Nov., 1780.

On 21 July, 1781, the 8th Dalai Lama assumed power from the regent, Ngawang Tsultrem, who had taken over from Demo Trulku in 1777. In 1782 the British in India learned of the change, and once again Warren Hastings tried to establish trade between Bengal and Tibet, sending Lieut. Samuel Turner to Tashi-Lhunjso in 1783. However, due to Chinese pressure and also to the opposition of the regent in Lhasa, Turner was denied access to the capital.

In 1783 the 4th Panch'en Lama was discovered in Tsang.

1787–93

GURKHA INVASIONS. In 1787 the Gurkhas invaded Tibet from Nepal, claiming trade frauds as justification. The Chinese sent military assistance to the Tibetans, 1788, but their aid was ineffective. The war ended after Chinese mediation had procured a treaty highly unfavorable to Tibet, which was obliged to pay a large indemnity to Nepal. In July 1791 the Gurkhas again invaded Tibet when the Dalai Lama, claiming that he had never approved the treaty, failed to pay the indemnity. Gurkha forces captured and looted Shigatse and the Tashilhunpo Monastery, and the Panch'en Lama fled. At the Battle of Debung, 4 Sept., 1792, the Tibetans, with the help of a Chinese army under Gen. Fu K'ang-an, defeated the Gurkhas and drove them back to Nepal. The ensuing treaty, 1793, was much more favorable to Tibet, and also to China. Chinese control over the country was strengthened, and the Manchus, acting through their officials (ambans) introduced a number of reforms: the selection of a new Dalai Lama, when there were a number of candidates, to be by lot; an agreement to exclude foreigners; the fixing of boundaries between Tibet and Nepal, Sikkim, and Bhutan; and the stationing of an imperial resident and a large Chinese standing army in Tibet.

1794–1854

CHANGES OF GOVERNMENT AND EROSION OF CHINESE INFLUENCE. The 8th Dalai Lama died on 19 Nov., 1804, and the regent, Tenpai Gonpo Kundeling, took control of the country. Growing external pressures on the Manchus obliged them to reduce their military garrison in Tibet.

Following a dispute, 1807, over the claims of 2 candidates for the position of Dalai Lama, the 9th Dalai Lama, Lungtok Gyatso, was finally enthroned in 1808.

In 1811 the first Englishman to penetrate to Lhasa, Thomas Manning, was granted an audience by the Dalai Lama.

On 6 Mar., 1815, the 9th Dalai Lama died. By 1817, 3 candidates for the office had appeared and it was not until 1822 that the 10th Dalai Lama, Tsultrem Gyatso, was chosen. He died in 1837, and the 11th Dalai Lama, Khedrup Gyatso, was enthroned in 1841.

During the 1840's Chinese influence in Tibet was reduced, due to incompetent and corrupt residents and to the distractions of the Opium War. In 1841 tribesmen from Ladakh invaded Tibet. They were eventually driven out, and a treaty signed at Leh, the capital of Ladakh, by which boundaries were clarified and promises of friendship exchanged. The Chinese were not party to these negotiations.

1855–70

RENEWED GURKHA INCURSIONS. In 1855 the Gurkhas again invaded Tibet, claiming ill treatment of their nationals and violations of trade agreements. By a treaty of 24 Mar., 1856, the Tibetans agreed to pay an annual tribute to Nepal and also to grant the privileges of extraterritoriality and freedom of trade to Nepalese merchants.

The 11th Dalai Lama was enthroned on 1 Mar., 1855, but died in 1856.

FURTHER DECLINE OF CHINESE INFLUENCE. During the 1850's and

1860's Chinese authority in Tibet continued to decline. In 1858 the regent, Rating, arranged a lottery, by which the 12th Dalai Lama, Trinley Gyatso, was chosen. But in 1862 Shatra proclaimed himself Desi (prime minister) and took power. The regent fled to China, where he died. On 25 Sept., 1864, the Desi, Shatra, also died. In 1868 Paldin Dandup assumed effective power in Tibet as lord chamberlain.

South Asia

INDIA

DISINTEGRATION OF THE MUGHAL EMPIRE. With the death of the Emperor Aurangzeb (Aurangzīb) (ruled 1658–1707), the power of the Mughal Empire, which had covered almost the entire subcontinent, began to decline. In 1759 the emperor, Alamgir (Ālamgīr) II (b. 1699), was put to death, and his son fled to Bihar, where he had himself proclaimed Shah Alam ('Ālam) II (ruled 1759–1806). Local Mughal officials, taking advantage of the collapse of the central government, established personal power over their principalities in Bengal, Oudh, Rohilkhand, and Hyderabad.

Among the indigenous non-Moslem factions competing for regional power at this time, the most important were the Sikhs, the Rajputs, the Jats, and the Marathas. South of Delhi was Bharatpur, a kingdom of Jats, a landowning, peasant caste, founded in the early 18th cent. and ruled in 1760 by Suraj Mal. In the Punjab to the northwest were the Sikhs, the descendants of disciples of a 15th-cent. religious leader, Nanak, and, since 1750, under Afghan control. Southwest of the Punjab were the lands of the Rajputs, a warrior caste, whose kingdoms had been allied with the Mughals since the 16th cent.; alienated by the aggressive religious policy of Aurangzeb, the Rajputs had since held aloof from Mughal affairs. To the south, in the area of the Western Ghats, the Maratha peoples had emerged in the 17th cent. as an independent power: in 1758, when for a brief period they held the Punjab, their power stretched from the Himalayas almost to the tip of the peninsula, those areas not under their direct control paying them tribute. In south India, on the Malabar Coast, was the Hindu kingdom of Mysore. Hyder Ali ('Alī) (1717–82), a Moslem soldier risen to prominence in the army of the raja, succeeded by 1761 in becoming chief minister and de facto ruler of Mysore.

EUROPEAN TRADING COMPANIES. By 1760 the settlements of the Portuguese, Dutch, and Danish trading companies in India were negligible. The 2 major trading companies were those of the British and the French. The English East India Company possessed the 3 independent presidencies of Bombay, Madras, and Bengal. The nawab of Bengal's attack on the British settlement at Calcutta in 1756 had resulted in a British victory at Plassey, 23 June 1757, under Robert Clive (1725–74), and supremacy for the English Company in Bengal.

The French East India Company held the islands of Mauritius and Réunion off Madagascar and in India had factories in Bengal, the Deccan, and on the Malabar Coast. A French army under Gen. Charles Joseph Bussy (1718–85) was maintained at Hyderabad; since 1749 the French had been deeply involved in the internal politics of the Carnatic and of the Hyderabad court.

1760

BATTLE OF WANDIWASH. When news of the Seven Years' War arrived in India in 1756, fighting had broken out between the British and the French, mainly in the Carnatic. Gen. Thomas de Lally (1700–66) was sent from France to defeat the British; Bussy was recalled from Hyderabad to join him. In 1759 the French siege of Madras failed, and Masulipatam in the Deccan was taken by the

British. On 22 Jan., 1760, at the Battle of Wandiwash, the last pitched battle of the war, the French were defeated and Bussy captured. When, after an 8 months' siege, Lally surrendered Pondicherry, 16 Jan., 1761, the war was over.

1761

BATTLE OF PANIPAT. The Maratha capture of Lahore in the Punjab brought renewed invasion by Ahmad Shah Abdali (1724–1773), the Afghan leader, who retook the city. Maratha forces, including the powerful chiefs Holkar and Sindhia, gathered to challenge the Abdali. The Rajputs sent irregular cavalry, and Jat troops from Bharatpur came under Suraj Mal, although both Rajputs and Jats left before the final battle because of quarrels. The peshwa, Balaji Baji Rao (Bālājī Rāo) (ruled 1740–61), appointed his young son Viswas Rao nominal head of the joint army, naming Sadashiv Rao Bhao his adviser and actual leader of the expedition. To oppose the Marathas the Abdali had his own forces, the Rohilla troops, and at least the nominal support of the ruler of Oudh.

The 2 armies were in contact from the late summer of 1760, but the decisive battle occurred on 14 Jan., 1761, at Panipat. The Marathas were besieged in this town, but starvation forced them to abandon it and attack the Afghans. In the fighting, possibly due to a confusion of orders between Sadashiv Bhao and Holkar, a large portion of the Marathas fled the field. Maratha casualties were extremely high. Holkar and Mahadji Sindhia escaped, but both Viswas Rao and Sadashiv Bhao were killed. Although Ahmad Shah Abdali was victorious, a mutiny among his troops forced him to leave India. He turned the rule of Delhi over to an Afghan, who was to rule in the name of Shah Alam ('Ālam) II. The shah was by this time living in Bengal, and now became the Abdali's vassal.

1762–64

DEFEAT OF MIR QASIM, NAWAB OF BENGAL. After Plassey, Mir Jafar (Mīr Ja'far) (1691–1765), installed by Clive as nawab (nawāb) of Bengal, had exempted the private trade of Company servants from transit duties if they had an official pass. But after the deposition of Mir Jafar, the new nawab, Mir Qasim (Mīr Qāsim) (ruled 1760–63), objected to this practice. His protests were overruled by the Calcutta Council, and in retaliation Mir Qasim abolished all duties. The result was war. Between 10 June and 5 Sept., 1763, Maj. Adams, the English commander, won 4 pitched battles over the nawab's forces. At Patna, Mir Qasim, after executing 2 Indian bankers, the former ruler of Bihar, and his English prisoners, fled to Oudh. In July 1763, having agreed to the council's demands regarding duties on private trade and having paid over substantial amounts in presents to the council, Mir Jafar was restored as nawab of Bengal. On Oudh, Mir Qasim obtained the support of Shuja-ud-daula (Shujā-ud-daula) (ruled 1754–75), the nawab wazir of Oudh, and of Shah Alam II. Their forces met the Company's at Buxar, 22 Oct., 1764. Mir Qasim was decisively defeated, and fled the battlefield. Shah Alam II submitted to the British. The nawab of Oudh, who retreated to Rohilkhand, submitted only in the following year when British forces overran Oudh.

1765

GRANT OF THE DIWANI OF BENGAL. Clive returned to Bengal in 1765 for his 2nd term as governor. On 16 Aug., 1765, by the Treaty of Allahabad, he came to terms with the losers of Buxar, Shuja-ud-daula and Shah Alam II. Oudh was restored to Shuja-ud-daula on certain conditions, but 2 of its districts were turned over to the shah for use as his personal residence. In exchange the emperor formally granted the diwani (dīwānī) of Bengal, Bihar, and Orissa to the English East India Company. The Company thus became the official revenue administrator of all 3 territories. In order to continue in this position, the Company had to pay the nawab of Bengal 53 lakhs of rupees per year and the emperor 26 lakhs. Mohammed (Muḥammad) Reza Khan was appointed to administer the

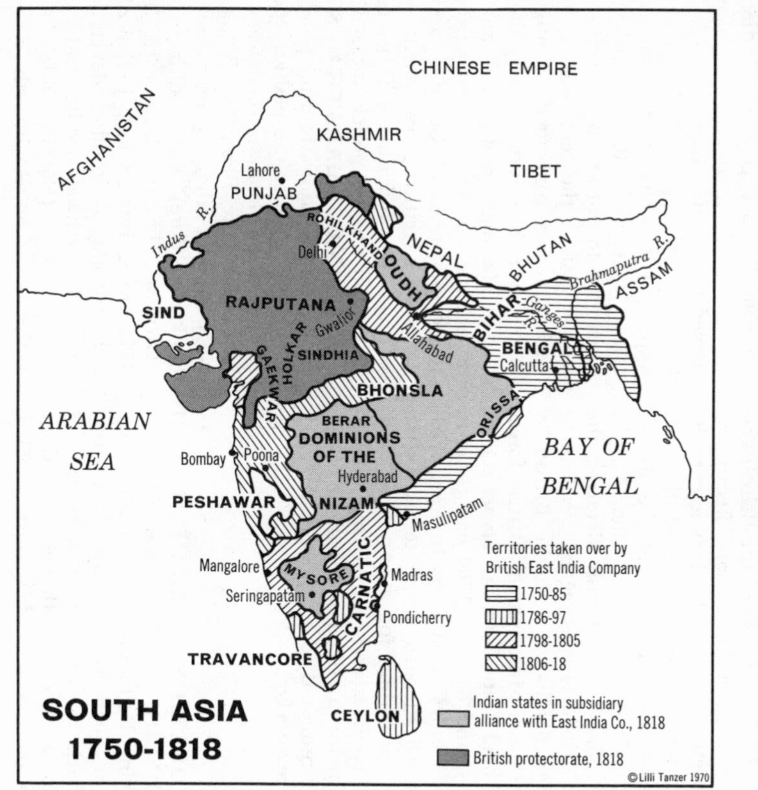
CHINESE EMPIRE
AFGHANISTAN
KASHMIR
TIBET
Lahore
PUNJAB
Indus R.
ROHILKHAND
Delhi
NEPAL
BHUTAN
Brahmaputra R.
ASSAM
SIND
RAJPUTANA
Gwalior
OUDH
BIHAR
Ganges R.
HOLKAR
SINDHIA
GAEKWAR
Allahabad
BENGAL
Calcutta
BHONSLA
BERAR
DOMINIONS OF THE NIZAM
Hyderabad
ORISSA
ARABIAN SEA
Bombay
Poona
BAY OF BENGAL
PESHAWAR
Masulipatam
Mangalore
MYSORE
Seringapatam
CARNATIC
Madras
Pondicherry
TRAVANCORE
CEYLON
Territories taken over by British East India Company
1750-85
1786-97
1798-1805
1806-18
Indian states in subsidiary alliance with East India Co., 1818
British protectorate, 1818
SOUTH ASIA 1750-1818
©Lilli Tanzer 1970

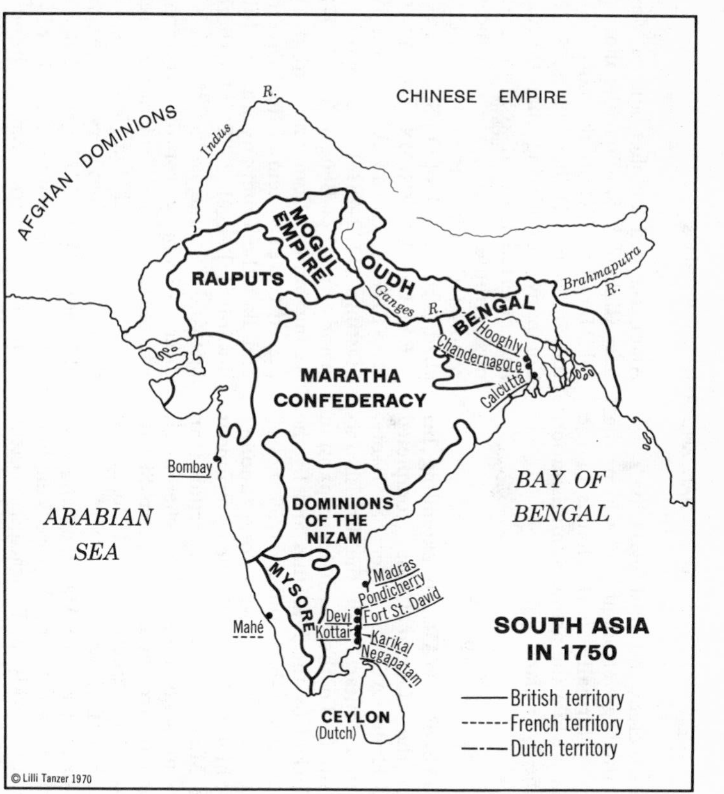
CHINESE EMPIRE
AFGHAN DOMINIONS
Indus R.
MOGUL EMPIRE
RAJPUTS
OUDH
Ganges R.
BENGAL
Brahmaputra R.
Hooghly
Chandernagore
Calcutta
MARATHA CONFEDERACY
Bombay
ARABIAN SEA
BAY OF BENGAL
DOMINIONS OF THE NIZAM
MYSORE
Madras
Pondicherry
Fort St. David
Devi Kottai
Karikal
Negapatam
Mahé
CEYLON (Dutch)
SOUTH ASIA IN 1750
British territory
French territory
Dutch territory
©Lilli Tanzer 1970

diwani, thereby establishing Clive's so-called dual government, in which the power lay formally in the hands of the Company while the actual administration was done by Indians.

1766–69

1ST MYSORE WAR. In extending his rule to the Malabar Coast (completed 1762), Hyder Ali, the ruler of Mysore, came into contact with the British factories there. To the north his expansion was blocked by the Marathas and by the nizam of Hyderabad, and by 1766 these 2 powers had allied with one another against him. In Nov. 1766 the government of the Madras Presidency concluded an agreement with the nizam whereby it obtained control of the northern Sirkars in return for agreeing to aid the nizam against Hyder Ali.

Although it was the Marathas who were the first to attack the Mysore kingdom, Hyder Ali quickly made peace with them. In Apr. 1767 the forces of the British and of the nizam invaded Mysore. Because of an intrigue involving Hyder's agent, the elder brother of the nawab of the Carnatic, the nizam abandoned the British and allied himself with Hyder Ali. In Feb. 1768, after 2 British victories, the nizam switched sides again, reaffirming his original alliance with the British by the Treaty of Masulipatam. British forces briefly held Mangalore, but Hyder retook the city, and by Mar. 1769 had come to within 5 miles of Madras. In Apr. 1769, Hyder Ali dictated peace terms to the British, providing for a mutual restoration of conquests and stipulating a defensive alliance in accordance with which the British promised to aid Mysore if Hyder Ali were attacked.

1770–73

RESTORATION OF SHAH ALAM II TO DELHI. In 1771 the Marathas occupying Delhi proposed to the exiled emperor, Shah Alam II, that they escort him back to his capital in return for certain payments. Although the Company's officials argued against it, Shah Alam accepted the offer, and in May 1771 left Allahabad. Sindhia, the most powerful Maratha chief in the north, escorted the Shah into Delhi, 6 Jan., 1772. The Company, considering that the emperor had deserted them, discontinued the annual tribute of 26 lakhs of rupees, and restored the districts of Kora and Allahabad to the nawab of Oudh.

EARLY REFORMS OF WARREN HASTINGS. On 13 Apr., 1772, Warren Hastings (1732–1818) was appointed governor general of Bengal (ruled 1772–85). Acting under Company orders, he replaced Clive's system of dual government, and had the Company assume fully the diwani of Bengal, 1772. Thus both civil law and revenue collection came under direct Company control. Hastings also effected a series of commercial reforms: he abolished all but 5 custom houses throughout the territory, freeing passage of trade, Mar. 1773; all tariffs except those on the monopolies of salt, betel nut, and tobacco were reduced to a uniform 2.5 per cent for Indians and Europeans alike; and the Treasury was moved from Murshidabad to Calcutta. In Calcutta, Hastings established 2 courts of appeal, 1 for civil and 1 for criminal cases, 11 Apr., 1780. But, although he attempted to put an end to private trade and to restrict the receiving of presents, both practices continued. A number of land revenue reforms were also tried during Hastings' tenure. The auctioning of revenue was first attempted, and later the employment of Company-appointed collectors. Neither experiment worked satisfactorily, and during Hastings' time no definite revenue policy emerged.

INTERNAL MARATHA STRUGGLES. Four major Maratha powers had been united under the peshwa (peshwā) at Poona: the Gaekwar (Gāikwār) family in Gujarat, the Bhonslas (Bhonslās) at Nagpur, and the northern houses of Holkar (Indore) and Sindhia (Sindhiā) (Gwalior). The peshwa's death, 18 Nov., 1772, inaugurated a long period of internal struggle. A conflict developed between the peshwa's brother and successor, Narayan Rao (Nārāyan Rāo), and the peshwa's uncle, Raghunath Rao (Raghoba) (Raghunāth Rāo, or Raghobā). As a result of the latter's machinations, Narayan Rao was murdered, 30 Aug., 1773. But on the birth of a posthumous son to the peshwa, a council headed by the Brahmin minister Nana Fadnavis recognized the son as peshwa and set up a regency with Nana himself as regent.

1774–83

1ST MARATHA WAR. Raghunath Rao appealed to the British at Bombay for assistance against Poona. The Bombay Presidency agreed to help in return for the concession of certain maritime territories. Raghunath Rao signed the Treaty of Surat, 7 Mar., 1775, agreeing to these provisions, and with the British army's aid defeated the Poona forces, 18 May, 1775.

The Bombay Presidency, however, had acted without the knowledge of the governor general at Calcutta. Hastings' Council condemned the Presidency's action, repudiated the Treaty of Surat, and ordered negotiations with the Poona government. Although the talks resulted in a treaty signed at Purandhar, 1 Mar., 1776, neither side was farther forward, for the court of directors of the East India Company in London upheld the actions of Bombay and approved the Treaty of Surat. The Bombay Council consequently realigned with Raghunath Rao and reopened the war. In this it was unwise, for it was soon defeated and had to sign the Convention of Wadgaon, 13 Jan., 1779, which restored to the Marathas all territory lost by them since 1773, obliged the British to pay an indemnity, and provided for the handing over of 2 British hostages and the yielding up of part of the Bombay revenues.

The Convention of Wadgaon, however, was repudiated by Hastings, and the war began once again. The British capture of Sindhia's fort at Gwalior, long thought impregnable, 3 Aug., 1780, together with other Company victories, led Sindhia to seek an alliance with the British. Through his aid as intermediary, the Treaty of Salbai was signed by the British and the Marathas, 17 May, 1782 (ratified 26 Feb., 1783). The British gained the island of Salsette, Madhava Rao Narayan (Mādhava Rāo Nārāyan) was recognized as the rightful peshwa, Raghunath Rao was pensioned off, and Sindhia recovered his territories west of the River Jumna.

2ND MYSORE WAR. Relations between Hyder Ali and the British, strained by the Madras Presidency's failure either to implement the provisions of the 1769 treaty or to negotiate a new treaty, deteriorated further in 1778 when war between France and Britain broke out in Europe. The British seized the French settlement at Mahe, 19 Mar., 1779, which was within Hyder Ali's jurisdiction. Full-scale war began in July 1780, when Hyder Ali invaded the Carnatic. The British there were overwhelmed, and in Oct. Hyder took Arcot and gained control of the whole territory. Hastings was able to detach the raja of Berar, Sindhia, and the nizam of Hyderabad from their alliances with Hyder Ali, but in 1782 the latter received the aid of both a French fleet and a French infantry force. The coming of peace, however, between Britain and France in Europe led to the withdrawal of the French to Mauritius.

After Hyder Ali's death, 7 Dec., 1782, the war was continued by his son and successor, Tipu (Tippoo) Sultan. A British attack on Tipu's capital at Seringapatam was about to be launched when the troops were abruptly recalled. The recall was prompted by the desire of Lord Macartney (1737–1806), governor of Madras, 1781–85, to negotiate peace with Tipu. The result was the Treaty of Mangalore, signed 11 Mar., 1784, which temporarily ended the Anglo-Mysore conflict by providing for a mutual restoration of conquered territory and the liberation of prisoners.

1783–99

THE BLINDING OF SHAH ALAM II. From 1772 onward, Shah Alam II had been dependent on Maratha forces to maintain himself at Delhi. In Oct. 1784 he gave control of Delhi to Sindhia in order to obtain help against a provincial revolt. Sindhia was then appointed regent of the Mughal Empire.

In 1787 a minister of the emperor, wishing to end Sindhia's control over Delhi, encouraged the ambitions of a local Rohilla noble, Ghulam Qadir. Financial difficulties and military defeats had temporarily weakened Sindhia's power. His unpaid garrison in Delhi rebelled, and his 2 ministers fled the city. On 5 Sept., 1787, Ghulam Qadir entered Delhi and was appointed regent by the emperor.

Ghulam Qadir, however, was not long content with a regency. On 18 July, 1788, after overcoming the weak resistance offered by the emperor's forces, he forced his way into Delhi. On 30 July he deposed Shah Alam II, and on 10 Aug. he had him blinded. But in 1789, with the aid of reinforcements supplied by Poona, Sindhia retook Delhi, disposed of Ghulam Qadir, and reseated the emperor on his throne. This was the beginning of Sindhia's reassertion of his power in the north. With his defeat of the Rajputs in 1790 and his conquest of his rival, Holkar, in 1792, he established his supremacy in northern India.

3RD MYSORE WAR. By 1785, Tipu Sultan, the most ambitious of the rulers of southern India, had become involved in a competition for power with the nizam of Hyderabad and with the Marathas. In 1787 he sent envoys to both France and Constantinople in search of new allies. In 1788 Lord Cornwallis (1738–1805), governor general, 1786–93, abrogated the 1784 treaty by omitting Tipu's name from a list of allies of the Company given to the nizam. Tipu's attack, 29 Dec., 1789, on a long-time British ally, the raja of Travancore, reopened the war. The Madras government at first refused to aid the raja, but Cornwallis reversed this decision. To assist in the prosecution of the war with Mysore, Cornwallis allied the Company with the nizam on 1 June, 1790, and with the Marathas on 4 July.

In the 1st campaign of the war, Tipu completely outmaneuvered the British forces. In Dec. 1790 Cornwallis himself took command, and came within 9 miles of Tipu's capital at Seringapatam before supply shortages and the onset of the rainy season compelled him to withdraw. In the summer of 1791 an army led by Cornwallis finally reached Seringapatam, and Tipu was obliged to negotiate. By the Treaty of Seringapatam, 19 Mar., 1792, Tipu paid an indemnity of £3 m., and surrendered 2 of his sons to the British as hostages. One half of his territory was annexed and subsequently divided between the British, the nizam, and the Marathas.

THE PERMANENT REVENUE SETTLEMENT. By 1786 the directors of the Company in London had become convinced that the solution to the problem of revenue collection in Bengal lay in a "permanent" revenue settlement designed to give security to landowners by fixing their rents in perpetuity. Under the Mughals the peasants had paid a share of their produce to hereditary tax collectors known as zamindars (zamīndārs), who in turn paid a fixed proportion of what they collected to the government. Cornwallis was now directed to fix the annual revenue rates for a 10-year period. He complied, but in his own view was establishing them in perpetuity. The zamindars were to be regarded as landowners and, through British collectors and subcollectors, were to pay nine-tenths of a fixed rent to government. The Permanent Settlement of Bengal became law on 22 Mar., 1793.

The Settlement did not work well, and was not extended to other parts of India. In Madras and later in Bombay, a system based on direct periodic assessment of the ryots (raiyat, peasant) was put into effect. Still later, in northern India, revenue was levied by assessments on village units.

THE CORNWALLIS CODE. During his first few months in India, Cornwallis suspended the entire Board of Trade in Calcutta. Most of its members were subsequently dismissed. Under Cornwallis the prohibition on private trade was rigidly enforced. Such strictness was now possible because the Company was at last providing adequate salaries for its employees. Cornwallis also initiated the policy of employing Indians in subordinate positions only, the more responsible posts being reserved for Englishmen.

Cornwallis' administrative reforms separated the Company's government into commercial and revenue branches. The administration was headed by a Governor General in Council, a Board of Trade, and a Board of Revenue, each board presided over by a member of council. The commercial branch, headed by the Board of Trade in Calcutta, arranged with commercial residents for the Company's exports. The new arrangements for the revenue branch built on the existing structure of local government, whose basic unit was the district. Officers in charge of districts had 3 duties: to keep the peace, collect the revenue, and administer justice. In Cornwallis' scheme these duties were now divided between a magistrate/collector and a judge. This reformed system of administration, including the Permanent Settlement, was embodied in a series of regulations passed on 1 May, 1793, and known to history as the Cornwallis Code.

4TH MYSORE WAR. Fear of French expansion into India precipated the 4th Mysore War. In Apr. 1798, as a result of a French-Mysore alliance, a small number of French troops from Mauritius landed at Mangalore.

Lord Wellesley (1760–1842), gov. gen., 1798–1805, at once sought an alliance with the nizam of Hyderabad and with the Marathas. Whereas the peshwa refused to commit himself and remained neutral, the nizam in Sept. 1798 agreed to a "subsidiary" alliance. Wellesley then demanded that Tipu repudiate the French treaty. Tipu's refusal signaled the outbreak of war. Under Wellesley's command, an attack against Mysore was launched, 22 Feb., 1799, from both Bombay and Madras. On 5 Mar. and 27 Mar., Tipu was defeated by British troops, and retreated to Seringapatam. The siege of the capital began, 17 Apr., 1799. After Tipu had refused British terms, the city was seized and plundered, 4 May, 1799. Tipu himself was killed during the fighting. The members of his family were sent to Vellore. In recognition of help granted, the nizam received territory lying on the northeastern border of his state. The Company annexed the lands encircling Mysore, concluded a subsidiary alliance with that state, and restored the 5-year-old heir of the former Hindu ruling dynasty as ruler.

1800–1805

BRITISH EXPANSION UNDER WELLESLEY. The governor generalship of Marquis Wellesley saw the expansion of the Company's power in India by means of "subsidiary" alliances or treaties. By this type of agreement the British undertook to provide a state with Company troops for its protection; in return the ruler agreed to pay for the maintenance of these troops. The state was thus protected against external enemies, but came under British control.

On 1 Sept., 1798, Wellesley concluded a subsidiary treaty with the nizam of Hyderabad. Similar treaties were negotiated with Tanjore, Surat, the Carnatic, and Oudh. By 1801 the rulers of all these states, except Oudh, had been pensioned off and their territories brought under direct Company administration.

On the death of Nana Fadnavis, 1800, the Peshwa Baji Rao (Bājī Rāo) accepted the protection of the Company by the Treaty of Basein, 31 Dec., 1802. British troops installed him at Poona. The peshwa's subsequent actions offended the Marathas, however, and Wellesley found it necessary to declare war on the houses of Sindhia and Bhonsla, defeating both and concluding subsidiary alliances with them: the Bhonslas on 17 Dec., 1803, and Sindhia on 27 Feb., 1804. A 3rd Maratha house, the Gaekwars, was already under British protection. The last Maratha chief, Holkar, refused to come to terms, and in Apr. 1804 Wellesley declared war on him also. In the ensuing struggle the British suffered a series of reverses, and the home government, deciding that Wellesley's policies had become both expensive and unsuccessful, ordered him recalled.

1806–14

TREATY OF AMRITSAR. The annexation by the Company of the Delhi territory had brought it into contact with the Sikh leader Ranjit (Ranjīt) Singh (1780–1839). From 1792, when he succeeded to the headship of a small Sikh tribe, Ranjit Singh's power had been steadily growing, until in 1805 he was the strongest Sikh leader in the Punjab. To Lahore in that year Holkar came seeking refuge, but Ranjit Singh refused to ally himself with Holkar against the Company. The Treaty of Lahore, 1 Jan., 1806, won the Sikhs the friendship of the British, and excluded the Marathas from the Punjab.

Between Ranjit Singh's lands and the Company's lay the so-called Cis-Sutlej States, ruled by Sikh chiefs. Quarrels among these chiefs became the occasion for intervention by Ranjit Singh in their affairs. In 1806 he took Ludhiana. Charles Metcalfe (1785–1846) was sent by Lord Minto (1751–1814), gov. gen., 1807–13, to negotiate an offensive and defensive alliance with Ranjit. The resulting Treaty of Amritsar, 25 Apr., 1809, guaranteed Ranjit Singh against interference in his activities north of the Sutlej, but he abandoned his claims to the Cis-Sutlej States, which came, unofficially, under British protection.

1815–18

THE PINDARI WAR. The Pindaris were marauding tribes made up of landless, casteless men, who frequently were used in war by Maratha chiefs such as Holkar and Sindhia. They roamed through central India in search of plunder. Their main leaders were Chithu, Wasil Khan, and Karim Khan. By 1812, when they raided 2 districts in Bihar, the Pindaris had become a danger to the British. In 1815–16 they raided the nizam of Hyderabad's lands twice and looted the northern Sirkars, netting £100,000 worth of booty. In 1817 Lord Hastings (1754–1826), gov. gen., 1813–23, decided on a large-scale campaign to destroy the Pindaris. An army of over 100,000, divided into a northern division under Hastings himself and a Deccan division under Thomas Hislop (1764–1843), was sent into the field. Hastings' plan to encircle the Pindaris was successful, and by Jan. 1818 they were almost all exterminated, their chiefs dead or in flight, and the remaining tribesmen scattered.

THE LAST MARATHA WAR. Although the Maratha Confederacy had been dissolved in 1802, the peshwa at Poona tried to organize them against the British. Pressure was accordingly brought to bear on him, and on 13 June, 1817, the British envoy, Mountstuart Elphinstone (1779–1859) induced him to sign the Treaty of Poona, by which he renounced the headship of the Maratha Confederacy. On 5 Nov., 1817, however, a party of the peshwa's men sacked the British Residency at Poona. In this last struggle of the Marathas against the British, Sindhia, Holkar, and the Bhonsla house were involved on the peshwa's side, but the Gaekwar house abided by its earlier agreements with the Company. After 3 defeats in battle, the peshwa surrendered, 3 June, 1818. The peshwaship was abolished, and Baji Rao II received a pension from the Company. The Bhonsla house and Holkar were both defeated in battle. Sindhia capitulated without fighting.

Except for the principality of Satara, which was given to the descendants of Shivaji, the peshwa's lands went to the Company and became part of the Presidency of Bombay. Treaties were signed with the chiefs of Rajputana who accepted British paramountcy. The result of these conflicts was the establishment of British power throughout India as far as the Sutlej River. The Company's frontiers were now Assam and the Himalayas to the north, and the border of Ranjit Singh's Sikh kingdom in the Punjab to the northwest.

1819–35

FOUNDATION OF THE BRAHMO SAMAJ. The founder of the Brahmo Samaj was Rammohan Roy (1772?–1833), a Bengali Brahman. Roy was an accomplished linguist, knowing Sanskrit, Persian, Arabic, English, Greek, and Hebrew. He had studied Islam and Christianity and was influenced in his religious beliefs by the English Unitarians. He re-examined the ancient Hindu texts, and found in them a theism which in his belief had been overlaid and corrupted by modern Hindu practice. In 1828 he founded the Brahmo Sabha, later Brahmo Samaj, as a Hindu society for those who wished to return to this earlier theism. Roy wanted to abolish certain Hindu practices such as idolatry, suttee (satī), and polygamy, and he favored the spread of English education. The Brahmo Samaj and Roy himself were factors in bringing about the reforms of Lord Bentinck. In the mid-19th cent. the reformist aims of the Brahmo Samaj were furthered by its later leaders, Devendranath Tagore and Keshub Chander Sen.

THE BENTINCK REFORMS. Lord William Cavendish-Bentinck (1774–1839) became governor general in July 1828. During his administration an attack was launched on 2 long-standing Indian customs, the practices of thuggee (thagi) and suttee. The thugs were groups of men bound together by vows to the goddess Kali. They engaged in ritual murder and robbery. In 1829 Bentinck had a special department organized to campaign against thuggee. During the first 6 years of operations over 1500 thugs were caught. In 1836 an act ordering life imprisonment for all thugs was passed and strictly enforced thereafter.

Suttee was the practice by which widows burned themselves on their husbands' funeral pyres. From 1820 legislation against it was urged by reform-minded Hindus like Rammohan Roy. Earlier the Bengal government had legalized voluntary burnings. But in 1828 the directors ordered Bentinck to deal firmly with the problem, and in 1829 suttee was made illegal in all 3 presidencies. Indian reaction was minimal. The only protest took the form of an appeal against the law to the Privy Council in Britain, which was considered and dismissed. This was the 1st instance of deliberate, legal interference on the part of the Company with the established customs of the country it was governing.

MACAULAY'S MINUTE ON EDUCATION. In 1813 a provision had been written into the East India Company's Charter Act authorizing 1 lakh of rupees to be set aside for educational purposes in India. No further action was taken until 1823, when a Committee of Public Instruction was formed. A division appeared within the committee between what came to be called the "Orientalists," who wanted classical subjects of the country, like Sanskrit, to be taught, and the "Anglicists," who favored an emphasis on the teaching of English subjects and the English language. In 1834, Thomas Babington Macaulay (1800–59) was appointed legal member of the governor general's Council and president of the Committee of Public Instruction. In 1835 he presented his "Minute on Education," 2 Feb., which argued for the teaching of western literature and science through the medium of the English language on the grounds that such education would be of greater use to students than a study of Indian subjects. Macaulay's minute carried the day. On 7 Mar., 1835, the Council decided that the available funds should be spent on English-type education.

1836–47

1ST AFGHAN WAR. Fearing an Afghan alliance with Russia, Lord Auckland (1784–1849), gov. gen., 1836–42, arranged a Tripartite Treaty, June 26, 1838, between the British, Ranjit Singh, and Shah Shuja (Shujā) (1780?–1842), a former ruler of Afghanistan. Under this treaty Shah Shuja was to be restored to his throne, replacing Dost Mohammed (Muḥammad) (1793–1863), who had seized the region in 1826.

Initially the resultant war went well for the British. In Aug. 1839, Shah Shuja entered the city of Kabul, and Dost Mohammed withdrew, surrendering in 1840. But Shah Shuja proved unpopular among the Afghans, and only stayed in power because of the presence of a British garrison in his city. In Nov. 1841 a revolt broke out in Kabul. Under pressure the British agreed to withdraw, and on 6 Jan., 1842, their 16,000 troops left the city. On their way south they were decimated by Afghan attacks and bitter weather. Only 1 man in the main column, Dr. Bryden, survived to reach the city of Jalalabad, 13 Jan., 1842.

Shah Shuja was murdered, Apr. 1842, and Lord Ellenborough (1790–1871), gov. gen., 1842–44, abandoned Auckland's plans to conquer Afghanistan. Ellenborough ordered the British in the area to withdraw. In an attempt to preserve their military reputation, the British retook Kabul, Sept., and withdrew from Afghanistan in Oct., leaving a son of Shah Shuja in power. But in 1843 Dost Mohammed regained the throne of Afghanistan. He maintained friendly relations with the British until his death in 1863.

ANNEXATION OF SIND. Although a treaty of 20 Apr., 1832, between the Company and the Amirs, the rulers of Sind, provided for the preservation of Sind's independence, this treaty was set aside when the British discovered a need for Sind to provide access to Afghanistan. The Amirs were ordered to pay arrears of tribute to Shah Shuja, despite their earlier release from these obligations by the shah himself in 1833. On 11 Mar., 1839, a new treaty was forced on the Amirs. It ordered them to pay 3 lakhs a year and to enter into a subsidiary alliance with the Company.

After the Afghan War, during which, in the British view, the Amirs had taken up an unfriendly attitude, Ellenborough decided to annex part of their territory. Sir Charles Napier (1782–1853) was given the task of effecting this policy, 1 Sept., 1842. Napier offered the Amirs treaty terms, but proceeded as though these had been rejected. He seized the lands that had been demanded, and in Jan. 1843 destroyed a fortress at Imamgarh. The final defeat of the Amirs took place at Miani, 17 Feb., 1843, and they were exiled. Sind was declared annexed, 12 Mar., and Napier was appointed governor.

1ST SIKH WAR. After the death of Ranjit Singh in 1839, succession disputes raged among the Sikh chiefs. Dalip (Dalīp) Singh (1837–93), a minor, was recognized as paramount ruler, but the real power lay with the Khalsa army. Fear of what this army might do led the supporters of Dalip Singh to urge a war against the British. On 11 Dec., 1845, the Khalsa army crossed the Sutlej into Company territory, and on 13 Dec. Sir Henry Hardinge (1785–1856), gov. gen., 1844–48, declared war. At the Battle of Sabraon, 10 Feb., 1846, the Sikh forces were defeated.

On 9 Mar., 1846, the Treaty of Lahore was signed. By this treaty the Sikh army was limited to a specified size; Kashmir, its dependencies, and the Jallandar Doab were ceded to the British (who promptly sold Kashmir to Gulab Singh, a neutral, for a million pounds); and the Sikhs had to pay an indemnity of £500,000. Dalip Singh was recognized as maharaja, with his mother as regent. A British resident, Sir Henry Lawrence (1806–57), was sent to Lahore, and it was agreed that a British army would be stationed there until the end of 1846 to provide protection for the young maharaja.

In Dec. 1846, at the request of the Sikhs, the treaty was revised. A Council of Regency, consisting of 8 sirdars (sardārs) with Lawrence as president, was to rule the Punjab, and the British forces were to remain at Lahore and be paid for by the Lahore government. The agreement was to remain in effect until the maharaja attained his majority in 1854.

1848–49

2ND SIKH WAR AND ANNEXATION OF THE PUNJAB. In 1848 several Sikh chiefs rebelled against the Lahore government. On 10 Dec. of that year Governor General Lord Dalhousie (1812–60), gov. gen., 1848–56, declared war against them. British forces crushed the Sikh army in the Battle of Gujarat, 21 Feb., 1849, and on 30 Mar. Dalhousie proclaimed the annexation of the Punjab. Dalip Singh and his mother received pensions, and were sent to England. For the next 4 years the Punjab was governed by a board consisting of Henry Lawrence as president; his brother, John Lawrence (1811–79); and Charles G. Mansel (1806–

86). In 1853 the board was abolished, and John Lawrence became chief commissioner for the Punjab.

1850–56

ADMINISTRATION OF LORD DALHOUSIE. By employing the doctrines of "paramountcy" and "lapse," Dalhousie greatly extended British administrative power in India. The doctrine of paramountcy stated that the paramount power (the Company) might interfere in the internal affairs of subordinate states if they were being misgoverned. On this pretext Mysore had been brought under direct Company administration in 1831. Now in 1856 Oudh was annexed.

The doctrine of lapse declared that, if the direct ruling line of a subordinate state failed, that state lapsed to the paramount power; the device of adopting a son so that the line might be continued could be regarded as valid only if the paramount power approved. Under this doctrine the Maratha states of Satara, Jhansi, and Nagpur and several smaller states fell to the Company. Dalhousie also abolished the "titular sovereignties" he considered obsolete; thus the titles of nawab of the Carnatic, raja of Tanjore, and peshwa were abolished on the death of their holders.

In 1854 Dalhousie had inaugurated a Public Works Department. During 1855 and 1856 there was a sharp rise in the construction of roads and irrigation channels. The postal system was reformed, and a beginning made in the construction of the Indian telegraph and railroad networks. A new general-education policy was adopted, promoting elementary education in the vernacular and higher education in English.

1857–58

THE SEPOY MUTINY. The Sepoy Mutiny, which began in 1857, mainly involved the army of the Bengal Presidency, the armies of Madras and Bombay being hardly affected. The Bengal army consisted of 151,000 men, of whom only 23,000 were Europeans. The Indian soldiers were mainly of high caste, Brahmans and Rajputs. Discipline was lax. There had been 4 mutinies within the previous 13 years. The sepoys, moreover, were nervous about possible assaults on the rules of their castes. In 1857 the army issued cartridges which had been greased with the fat of cows and pigs; such cartridges were offensive to both Hindus and Moslems, since the ends of the cartridges had to be bitten off before they could be used. At first it was denied that animal fats had been used. Later the cartridges were withdrawn.

Barrackpore, near Calcutta, was the first scene of unrest. At Meerut a group of sepoys refused to use the cartridges and were jailed. On 10 May, 1857, other sepoys at Meerut mutinied, shot their officers, released their imprisoned comrades, and set off for Delhi. At Delhi the Indian forces joined the mutineers. The city was seized, and the 82-year-old emperor, Bahadur Shah II, was restored to the dignity of sovereign ruler.

Troops in Rajputana, Gwalior, Lucknow, Cawnpore, and the United Provinces then mutinied. European officers and civilians were killed. Effective British authority ceased throughout an area from Rajputana to Bihar.

On the death of the peshwa in 1853, the Company had refused to transfer his pension to his adopted son, the Nana Sahib (1820?–1859?). In 1857, therefore, the Nana Sahib emerged as the natural leader of the mutinous troops at Cawnpore. In June the British in Cawnpore, commanded by Sir Hugh Wheeler (1789–1857), were besieged. On 26 June, Wheeler accepted the offer of a safe conduct from the Nana Sahib for his soldiers and for the British women and children in the town. The offer was then rescinded. The soldiers were murdered, and the women and children, after being held prisoner for a time, were killed.

At Lucknow, after the June mutiny, Henry Lawrence and the British forces under him had taken refuge in the Residency buildings. Early in July, Lawrence died of wounds. The remaining forces were relieved in Nov. by a column commanded by Sir Colin Campbell (1792–1863).

In the Punjab the neutrality of the Afghans and the loyalty of the Sikhs enabled John Lawrence and his staff to crush the mutiny by disarming the rebellious regiments. Lawrence organized a column and sent it to Delhi. In Sept. Delhi was recaptured. The emperor was taken prisoner, and some 30,000 mutineers fled the city, which was then sacked and its inhabitants massacred by the victorious British troops.

On 3 Apr., 1858, Jhansi was retaken, and on 20 June Gwalior fell. The mutiny was now almost at an end. Campbell drove the remaining rebels, including the Nana Sahib, into the Nepalese borderlands. Tantia Topi, leader of the Gwalior forces, was captured and subsequently hanged. The Mughals lost their royal status, Bahadur Shah II being exiled to Burma. On 8 July, 1858, Lord Canning (1812–62), gov. gen., 1856–62, proclaimed peace, and by refusing to allow uncontrolled vengeance earned the title, at first derogatory, of "Clemency" Canning.

GOVERNMENT OF INDIA ACT. On 2 Aug., 1858, the British Parliament passed an Act for the Better Government of India. As a result of the mutiny, public opinion in Britain came to view the East India Company's rule in India as an anachronism. By the Act of 1858, the authority of the directors and of the Board of Control was transferred to a secretary of state, a member of the cabinet, responsible to Parliament. The governor general received the additional title of viceroy. To advise the secretary, a Council of India was established, consisting of 15 members, 8 appointed by the crown and 7 at first by the directors and later by the Council itself.

1859–70

INDIAN COUNCILS ACT. The 1853 Charter Act had constituted a Legislative Council for the Government of India. Before this, all legislation had been promulgated by the governor general and his Executive Council. By the Indian Councils Act of 1 Aug., 1861, this Executive Council was reformed: a fifth member was added; the "portfolio" system, whereby members were given charge of specific departments, was introduced; and experts might be appointed to departments requiring their specialized knowledge.

Provision was made for the nomination by the governor general of from 6 to 12 additional members to the Legislative Council for 2-year terms, not less than half of them as "nonofficials." Provincial Legislative Councils were also created. Although no rule was established that the additional members of the Legislative Councils had to be Indians, the measure taken stemmed from an attempt to secure Indian representation in some form within the government. Indians were appointed to Legislative Councils at both the central and provincial levels. (*Cont. p. 329.*)

CEYLON

1760–95

THE ESTABLISHMENT OF DUTCH CONTROL. In the 16th cent. there were 3 indigenous centers of political power in Ceylon: Kotte, Kandy (Kandi), and Jaffna. Kotte in the south and southwest was the major seat of Sinhalese power. The Kotte kingdom claimed supremacy over Kandy, also a Sinhalese kingdom, but its claim was only nominal. Jaffna, the third kingdom, was a Tamil power independent of the other 2.

In 1505 the Portuguese landed at Colombo and negotiated a trade agreement with the king of Kotte. The internal struggles of Kotte brought about the political involvement of the Portuguese in the affairs of the island, and resulted in their ascendancy and the resultant disintegration of the Kotte kingdom. Portuguese power then expanded into the Jaffna kingdom, which was annexed in 1619. This left only Kandy in the central highlands and eastern coast independent of and coexisting with the Portuguese.

The ambition of the Kandyan king to expel the Portuguese led him to conclude a trade agreement with the Dutch, and resulted in the eventual ousting of the Portuguese from the island and the conclusion of a formal treaty between the Dutch and Kandy. By the middle of the 18th cent. the Portuguese had only a few trading stations on the coast, and the Dutch had established their control over both the island's trade and its political affairs. They continued to exercise this power until 1796.

1796–1801

THE ESTABLISHMENT OF BRITISH CONTROL. The need to protect British interests in India against the French led to British involvement in Ceylonese affairs. In 1782 the British had briefly occupied the port of Trincomali, but had been driven away by a French-Dutch coalition. On 16 Feb., 1796, however, British forces expelled the Dutch from the island for good. A treaty with the king of Kandy, 12 Feb., 1796, established the British as the protectors of the Ceylonese coast, and granted them the trading privileges formerly held by the Dutch, but was not ratified in the end by Kandy.

Initially Ceylon was made a part of the Madras Presidency, but when the policies pursued by a representative of Madras provoked a general rebellion, East India Company rule was abolished and the island became a crown colony. The first governor, Frederick North (1766–1827), landed in Oct. 1798. North abolished the taxes proclaimed by his predecessor, Robert Andrews, and temporarily re-established the Dutch system of revenue collection on instructions from the Company issued 5 May.

1802–18

THE CONSOLIDATION OF BRITISH RULE. In 1802, as a result of the machinations of a court minister, a breach in relations occurred between the British and the king of Kandy. British troops seized the capital of Kandy, 20 Feb., 1803, and then withdrew, leaving a small force to protect a newly appointed puppet king. The successful reassertion of the minister's power led to the death of the king and the massacre of the British troops, 23–24 June. In 1804 and again in 1812 the British were involved in unsuccessful attempts to overthrow the Kandyan kingdom.

In 1815 an attack by the king of Kandy, Vikrama, on a party of British merchants prompted the governor, Sir Robert Brownrigg (1759–1833), to send a retaliatory force into the interior. In the ensuing struggle Vikrama was obliged to abandon his capital, and on 14 Feb., 1815, the British took possession. The king was later captured and sent to Vellore in India, where he died in Jan. 1832.

On 2 Mar., 1815, the Kandyan Convention, by which all chiefs in the island made formal submission to the British, was signed. The governor of Ceylon now ruled Kandy through a resident at the royal court. The chiefs, however, were to retain their traditional offices and privileges. The preservation of the Buddhist religion was guaranteed, and the country was to continue to be governed according to tradition. In 1818 a final rebellion was put down by the British. Chiefly powers and privileges were curtailed, the provinces were brought more firmly under control, and British agents were appointed to the various provincial centers.

1819–70

THE COLEBROOKE REPORT. A commission headed by W. M. G. Colebrooke was appointed to report on conditions in Ceylon and make recommendation for their improvement. The Colebrooke Report of 1831–32 was the result.

The report recommended a redivision of the colony. The old racial and cultural divisions were to be abandoned, and a new and uniform political and judicial administration set up. Ceylon was to be divided into 5 provinces. The governor's advisory council was to be replaced by an Executive Council.

In Mar. 1833 a Legislative Council was established, consisting of the members of the Executive Council, plus 9 official and 6 nonofficial members; 3 of the nonofficials were Ceylonese, nominated by the governor on a communal basis from the Sinhalese, Sinhalese-Kandyan, and Tamil populations.

ECONOMIC CHANGE. As a result of the Colebrooke Report, the traditional Rajakariya system was finally destroyed. Under this system all tenants on crown lands had had to perform compulsory services for the state. More plantation land, too, was being opened up. In 1848, however, the sale of jungle land previously used by peasants and the imposition of new taxes led to rioting.

In the 1860's there was an increase in road construction and government-sponsored irrigation schemes, and the benefits of public works began to extend to the hitherto neglected northern and eastern parts of the island. (*Cont. p. 329.*)

Southeast Asia

BURMA

1760–94

WARS WITH SIAM AND CHINA. Under Alaungpaya (d. 1760), Naungdawgyi (ruled 1760–63), and Hsinbyushin (ruled 1763–76), the Burmese waged successful struggles against the Siamese, besieging Ayut'ia in 1760 and in 1767. Between 1766 and 1769, they also repulsed a series of Chinese expeditions in Kengtung and across the Yunnan frontier. The victories over the Chinese, resulting in the Kaungton Treaty of 1770, restored trade and cordial Sino-Burmese relations. The wars with Siam, however, brought only defeat. Hsinbyushin died in 1776 and was succeeded by his son Singu, who was deposed by one of his uncles, Bodawpaya (ruled 1782–1819). Wars against the Siamese continued under him, and, though retaining their independence during the invasions of the 1780's, the Siamese lost Arakan in 1784–85. The 1794 revolt in Arakan brought the Burmese in contact with the British, owing to the flight of refugees north from Arakan toward Bengal.

1795–1819

SYMES MISSION. In 1795 the British sent Capt. Michael Symes (1753?–1809) on a mission to Burma to discuss the problem of the Arakanese refugees, which led to a worsening of British relations with the Burmese. The raids of refugees against the Burmese were thought to be aided by the British, and the inactivity of the British in the Chittagong region gave the Burmese an exaggerated sense of their own strength.

1819–26

1ST BURMA WAR. Bodawpaya's successor, Bagyidaw (ruled 1819–37), sent an army to occupy Assam and Manipur, and made preparations for an attack on Chittagong and Bengal. This resulted in the 1st Burma War of 1824–26. The British attacked the weakest part of the kingdom by sea and were victorious. The Company acquired by the Treaty of Yandabo, 24 Feb., 1826, Arakan, Assam, Manipur, and the Tenasserim provinces, while the Burmese kept upper and central Burma, Pegu, and the mouths of the Irrawaddy River.

1826–39

BURMESE ISOLATIONISM. Defeat by the British dealt a tremendous blow to the pride of the dynasty and encouraged resentment of and isolation from the changing world around it. Placing a resident at the court, the British hoped, would give the Burmese a chance to restore good relations with the outside world, but the opposite resulted. Until Maj. Henry Burney (1792–1845) arrived in 1830, there were no firm negotiations. Burney achieved some success, but his health was bad, and he left Burma in 1834. In 1837, Bagyidaw was deposed by his brother, Tharrawaddy (ruled 1836–46), who repudiated the Treaty of Yandabo. Burney's last replacement, Capt. William McLeod, left the court at Ava in 1839.

1839–53

2ND BURMA WAR. Tharrawaddy died in 1846, and the atrocities of his successor, Pagan Min (ruled 1846–53), caused an almost complete breakdown in central authority. The attitude of the court was reflected in the actions of the local officials who dealt with British traders in Rangoon. In judging these activities, Governor General Dalhousie's concern was to maintain British prestige. This led to the 2nd Burma War in 1852, and the annexation of Pegu and a year later of Toungoo. The new Burmese king, Mindon Min (ruled 1853–78), refused to recognize these acquisitions, since they meant the loss to Burma of its entire coastline, of a province disputed for centuries, and of considerable face. The king of Burma would never willingly sign away territory to a foreign power.

1853–70

BURMESE-BRITISH RELATIONS. Pegu was administered by a commissioner appointed by the governor general. The other administrators came primarily from the Indian service, and so the Indian model tended to be followed. In 1862, Arakan, Tenasserim, and Pegu were consolidated into British Burma, with Rangoon as the capital. Mindon Min created a new capital at Mandalay, and sought better relations with the British even during the Sepoy Mutiny of 1857. He agreed to commercial treaties in 1862 and 1867 to implement British trade with China up the Irrawaddy River. Relations with the British deteriorated in the latter part of his reign because (1) royal monopolies hindered traders in Rangoon, and (2) the king tried to assert his independence by developing relations with other European powers. (*Cont. p. 347.*)

INDOCHINA

1760–73

RELATIONS WITH SIAM. With the death of King Alaungpaya of Burma, 1760, Vietnamese expansion reached a turning point. In 1767, Mac Thieu Tu unwisely supported a pretender to the Siamese throne. The wrath of P'ya Taksin of Siam destroyed Ha-tien, and Taksin was soon supporting his own claimant at Phnom Penh. The Vietnamese retaliated by invading Cambodia and reinstalling Ang Tong on the Cambodian throne. In 1773, however, Ang Tong abdicated in favor of the Siamese choice, Ang Mon. Mac Thieu Tu made peace with Taksin and both withdrew from Cambodia to prepare for another round.

1773–77

TAY-SON REVOLT. In 1773, however, a rebellion began in the Tay-son district led by Nguyen Van Nhac, Nguyen Van-Lu, and Nguyen Van-Hué, 3 brothers unrelated to the ruling dynasty, who were incensed at the greed of the regent, Truong-Phuc-Loan. In 1774, the Trinh invaded from Tongking, and the following year seized Hué. Trinh Sum's avowed intention was to help the Nguyen, but he did little beyond occupying Hué. Van-Nhac attempted to seize Hué, but failed. In 1776, Van-Lu had captured and then lost Saigon to Mac Thieu Tu who was aiding the Nguyen cause. By 1777, the Tay-son rebels had killed all but one of the Nguyen. The survivor, Nguyen Phuc-Anh (1762–1820), was aided in his escape by a French priest.

1777–87

RISE OF NGUYEN ANH. After the main part of the Tay-son army had left Saigon, Nguyen Anh returned to the city and with his supporters gained possession. In 1779, Do Thanh-Nhon, a supporter of Anh, successfully aided the Cambodians in replacing Ang Mon with

Ang Eng on the Cambodian throne. The next year Siam predictably invaded Phnom Penh, but the armies were withdrawn in 1781. By senselessly having Do Thanh-Nhon killed, Nguyen Anh lost many supporters, as well as Saigon once again to the Tay-son rebels. The brothers then divided Annam, Tongking, and Cochin China among themselves.

1787–1820

THE EMPIRE OF VIETNAM. In 1787, Nguyen Anh asked for French aid, which helped him retain Saigon the next year. Not until 1801 did the Nguyen forces finally capture the northern province of Annam. By July 1802, Anh had regained Tongking, assuming the title Gia-Long, emperor of Vietnam (ruled 1802–20). He then turned his attention to internal reconstruction.

1820–41

REIGN OF MINH-MANG. Minh-Mang (ruled 1820–40) succeeded Gia-Long. He refused in 1825, 1827, and 1831 to enter into commercial treaties with France, and in 1826 broke off diplomatic relations. He also began persecuting Christians, reversing his father's policy. In the late 1830's, he seems to have become aware that British and French activities in Southeast Asia made his isolationism very dangerous. However, he died in Jan. 1841, and Thieu-Tri (ruled 1841–47) followed Minh-Mang's earlier policies.

1841–48

FRENCH ATTACK ON TOURANE. In Feb. 1843, a French ship secured the release of 5 condemned missionaries in Hué. This happened again later in that year and in 1845. In 1847, the French sent 2 ships to Tourane to demand extraterritorial privileges for French nationals. Thieu-Tri attempted to trick the French captains, kill them, and burn their ships, but the plot failed and many Vietnamese vessels were burned in the fight before the French left.

1848–62

FRENCH ANNEXATION OF COCHIN CHINA. The Emperor Tu-Duc (ruled 1848–83) was more isolationist than his 2 predecessors. He ordered the violent destruction of all Christian settlements, and the banishment of all converts. Thousands of people died, victims of mistreatment. In 1851–52, 2 French missionaries were killed. The ignoring of a French protest led to a more violent assault on Tourane than before. Another French missionary was killed in 1856, as was the Spanish bishop of Tongking in the following year, providing pretexts for French and Spanish annexation attempts. After a British and French force took Canton early in 1858, a combined Spanish and French fleet reached Tourane, 31 Aug., 1858, and landed an occupation force. The fleeing Annamese had taken all food and supplies, however, and Tourane had to be abandoned. Saigon was captured in Feb. 1859, but nothing further was done until Peking was taken in Oct. 1860. By Nov. 1861, the French controlled the whole of lower Cochin China. The following May, Tu-Duc asked for terms. On 5 June, 1862, a treaty was signed by which (1) the 3 eastern provinces of Cochin China were ceded to France, (2) Tu-Duc was to pay an indemnity over 10 years, (3) the Catholic religion was to be tolerated, and (4) the ports of Tourane, Balat, and Kuang-An were to be opened to French trade. In Dec. 1862 a series of revolts erupted after Vietnamese mandarins had replaced French residents in the administration. Because of this, Tu-Duc refused ratification of the treaty, and had to be pressured by threats of aid to the Tongking rebels.

1863–70

STRUGGLE FOR CAMBODIA. The French governor, Adm. Pierre de Lagrandière (1807–76), decided to extend French influence in Cambodia, and King Norodom placed his kingdom under French protection, 17 Apr., 1864. Siamese influence was retained somewhat when Mongkut insisted that Norodom be crowned by both Siam and France. But in 1867 Siam gave up all claims to Cambodian suzerainty in exchange for the provinces of Battambang and Angkor. (*Cont. p. 349.*)

SIAM (THAILAND)

1760–82

REIGN OF P'YA TAKSIN. From 1768 to Sept. 1776, P'ya Taksin was the leader of the Siamese forces struggling against a series of invading Burmese armies, and had to deal with revolts within his kingdom. The strain of these campaigns obliged him to transfer much of his power to a subordinate, Gen. Chakri. In 1781, a rebellion in favor of Chakri deposed Taksin, and in 1782, Taksin was killed, Chakri becoming King Rama I (ruled 1782–1809).

1782–1809

REIGN OF RAMA I. Rama I succeeded in maintaining Siam's independence against the incursions of the new Burmese ruler, Bodawpaya. He did not reply in kind when the Burmese king invaded in 1785, but concentrated on internal affairs. He founded modern Bangkok, and so strengthened his hold on Menam, the central part of the kingdom, that he was not beset by the rebellions and civil wars that plagued his neighbors. In fact, domestic strife in Burma and Indochina gave him a chance to extend Siam's area of control. The Tay-son rebellion in Vietnam strengthened Siam in Cambodia because the young king Ang Eng was a refugee in Bangkok. Rama restored him to his throne with Siamese influence as the price. In 1802, however, with the creation by Gia-Long of a Vietnamese empire, Cambodia sent tribute to both Bangkok and Hué, and Rama I forbore to interfere.

1809–21

REIGN OF RAMA II. In 1812, Rama II (ruled 1809–24) unsuccessfully supported a brother of the Cambodian king Ang Chan, and Siamese influence waned. Two years later, however, a Siamese army occupied a large slice of territory in northern Cambodia, and in 1828 absorbed the kingdom of Vientiane.

The other major foreign problem of Rama II's reign concerned the sultan of Kedah, whom the Siamese had not forgiven for ceding Penang, 1786, and Province Wellesley, 1800, to the British. In 1821, a Siamese invasion forced the sultan to flee to Penang.

1821–50

THE BRITISH AND SIAM'S EXTERNAL TRADE. By the efforts of her leaders, Siam had remained independent, and British policies had supported these efforts. In the early 19th cent., Britain was unwilling to extend her commitments to the mainland of Southeast Asia, particularly since a number of the states involved were vassals of China, the source of the East India Company's tea. The British were hesitant about sending missions to Bangkok, fearing that Siamese suspicion of the Company's intentions might produce not the hoped-for commercial advantages but an incident leading to violence. The mission of John Crawfurd (1783–1868) in 1822 produced neither concessions nor incidents.

Rama III (ruled 1824–51) was also highly suspicious of British intentions. He refused to join Britain in the war with Burma, but did sign a commercial treaty, 20 June, 1826, with Capt. Henry Burney (1792–1845).

Altered conditions in the 1840's, especially Siam's re-establishment of state commercial monopolies and the end of the East India Company's monopoly of trade with China, resulted in a change in British policy. In 1849, Sir James Brooke (1803–68) was rebuffed in his attempt to negotiate a new commercial treaty. He recommended a decisive move to secure British influence by deposing Rama III and replacing him with Prince Mongkut. However, desiring peace with Siam, the British government decided against these moves.

1851–70

THE BOWRING TREATY. In 1851, Rama III died and Mongkut became Rama IV. On 18 Apr., 1855, Sir John Bowring (1792–1872) was able to negotiate for the British a Treaty of Friendship and Commerce which (1) established 3% customs duties, (2) permitted the import of opium, (3) allowed British subjects to purchase or rent land near the capital, (4) established a system of extraterritoriality, and (5) permitted a British consul to exercise civil and criminal jurisdiction over British subjects in Siam. Soon treaties were made with France, the U.S., Denmark, Portugal, Holland, and Prussia, inaugurating substantial commercial involvement in, and development of, Siam by Europeans. Siam's independence was, however, maintained. Mongkut died in 1868. His son, Chulalongkorn, became Rama V (ruled 1873–1910), but the country was ruled by a regency until he attained his majority in 1873. (*Cont. p. 354*.)

THE MALAY PENINSULA

1760–1819

EXPANSION OF JOHORE. In 1760 the power of the Sultanate of Johore began to revive. Its ruler demanded and received homage from the sultan of Perak, but the sultan of Kedah refused the same demand, and was deposed and exiled. In 1771, the English East India Company declined to guarantee the independence of Kedah, when it learned that this meant military aid. Raja Haji of Johore and his brother, the sultan of Selangor, thus gained control of Kedah and its trade. Johore at this time was strongly under the influence of Bugis seafarers from Celebes.

DUTCH-JOHORE RELATIONS. Johore maintained good relations with the Dutch until 1782, when Bugis pirates began to raid in the Malacca Straits. In 1783, Raja Haji besieged Malacca at a time of Dutch weakness, but the Dutch broke the siege in June 1784. In Aug. the Dutch expelled the Bugis from Selangor, and in Oct. from Riau, where a resident was established in June 1785. By 1787, however, the Bugis had recovered Selangor. When Dutch power in the East Indies declined following the outbreak of war in Europe, the Bugis were able to regain control of Riau, Raja Ali displacing the rightful ruler, Tengku Hussein.

PENANG AND SINGAPORE. In 1784, Capt. Francis Light (1740–94) suggested that the English East India Company acquire the island of Penang as a naval base. Penang was accordingly occupied, 11 Aug., 1786, by agreement with the sultan of Kedah, and on 7 July, 1800, a stretch of territory on the mainland (Province Wellesley) was also obtained. On 28 Jan., 1819, Thomas Stamford Raffles (1781–1826) and R. J. Farquhar landed on the island of Singapore. Raffles acquired the island for the East India Company by recognizing Tengku Hussein as sultan of Johore and having him sign a treaty, 6 Feb., 1819.

1820–70

TREATY OF 1824. Singapore grew at a rapid rate and by 1820 was paying its own way. On 2 Aug., 1824, Sultan Hussein allowed it to be alienated permanently in return for a large sum immediately and a pension for life. On 17 Mar. of that year, the British and the Dutch had signed an agreement (Treaty of London) which defined their separate spheres of influence in the Malay Archipelago. Commercial clauses bound the 2 countries to respect each other's trade in India, Ceylon, and the East Indies, and both countries agreed to work to suppress piracy. Malacca became British. In essence, the British now held the Peninsula, and the Dutch the Archipelago. Penang in the north and Singapore in the south grew rapidly in commercial importance, while the Malay mainland remained undeveloped. On 1 Aug., 1826, the administration of Malacca and Singapore was combined with that of Penang and Province Wellesley to form the Straits Settlements. In 1832 Singapore became their capital.

SIAM AND THE MALAY STATES. During this period Britain did not interfere in the internal affairs of the Malay states, but there was considerable commercial penetration, by both Chinese and European merchants, from the Straits Settlements. Siam also, having recovered from her 18th-cent. wars, began to assert her ancient claims to the Peninsula. In 1821, the sultan of Kedah was forced to flee to Penang when his refusal to go to Bangkok resulted in Siamese devastation of his land. John Crawfurd was sent by the British to Bangkok to negotiate about Kedah because food from that state was necessary to Penang's survival, but his mission failed, 1822. On 31 July, 1825, Capt. Henry Burney negotiated a treaty with the raja of Ligor to prevent him from attacking the sultans of Perak and Selangor. In return the British promised not to interfere in Kedah. Burney was then sent to Siam, where he negotiated a treaty, 20 June, 1826, preserving the *status quo,* except that Britain gained somewhat favorable trade conditions, and the sultan of Kedah was removed to Malacca. When Siam disregarded the treaty and threatened Perak, Capt. James Low made a treaty with the sultan of Perak, 18 Oct., 1826, guaranteeing British protection, and though the government of India never ratified it, its provisions were honored in 1844, 1853, and 1874. Siam then put pressure on Trengganu and Kelantan, but was finally rebuffed in her efforts to gain control.

On 1 Apr., 1867, the Straits Settlements were transferred from the India Office to the Colonial Office. This pleased many who favored a policy of direct intervention in the Malay states. (*Cont. p. 346.*)

NETHERLANDS EAST INDIES

1760–1811

DECLINE OF THE NETHERLANDS EAST INDIA COMPANY. In 1760 the Netherlands East India Company ruled Java and dominated the seaways and coastlines of the Indonesian Archipelago. The Company's monopoly policies were causing poverty and retarding economic progress, and it had ceased to make annual profits. Made bankrupt by the disruption of trade caused by the Anglo-Dutch War of 1780–84, it was allowed to expire on 31 Dec., 1799.

RULE OF H. W. DAENDELS. By this time the status of Dutch possessions in the East Indies had changed. On the establishment of the Batavian Republic in 1795, Stadholder Willem V, the nominal sovereign of Dutch possessions overseas, escaped from the Netherlands to England and ordered officials of the Company to surrender its possessions to his ally, the British, on demand. This led to the transfer of Malacca, Amboina, Banda, and forts on the west coast of Sumatra to the English East India Company. After the setting up of the Kingdom of Holland under Louis Bonaparte, 1806, Herman Willem Daendels (1762–1818) was sent out to Java to prevent that island too from falling to a British attack. Daendels' reorganization of the administration did much to improve efficiency and he was able to reduce corruption, but his authoritarian handling of the Javanese earned him their dislike. When the expected British assault came, 4 Aug., 1811, therefore, the Javanese did not rise to the defense of their Franco-Dutch masters. The island surrendered on 17 Sept., and Thomas Stamford Raffles became its lieut. gov.

1811–16

THE BRITISH INTERREGNUM. Raffles established British authority and then proceeded to effect administrative reforms. By making the government the owner of the soil and then imposing a general tax on land, he hoped to abolish forced labor. For lack of revenue, however, compulsory services continued to be exacted, particularly in coffee-producing areas, and Raffles' innovations did not bring the desired results. Some of his liberalizing measures nevertheless continued in force when Java was restored to the new Kingdom of the Netherlands on 19 Aug., 1816.

1817–70

THE CULTURE SYSTEM. For a decade the Dutch sought by a variety of means to make the Netherlands East Indies profitable again. They were hindered by their own indecision about which policy to pursue and by the ravages of the Java War, 1825–30. It was not until the appointment of Johannes van den Bosch (1780–1844) gov. gen., 1830–33, that the tide turned. Van den Bosch instituted the Culture (Cultivation) System, by which the peasants of Java were required to grow export crops (sugar, coffee, indigo, tea, cotton, pepper, cinnamon, and cochineal) as directed by, and for the benefit of, the government. The system was a huge financial success, but resulted in great hardship for the Javanese. During the 1850's and 1860's it was gradually abandoned in favor of export agriculture organized on the basis of free capitalist enterprise. (*Cont. p. 344.*)

PHILIPPINES

1760–1806

BRITISH OCCUPATION OF MANILA. The Philippine Islands had been ruled by Spain since the 16th cent., though the whole archipelago had not been brought under Spanish control. On 6 Oct., 1762, a British force captured and occupied Manila. At the same time, a serious Filipino rising occurred in the Ilokano section of Luzon, posing a considerable threat to the Spanish government. The British occupation lasted until June 1764, without extension of British influence far outside Manila. The Treaty of Paris, 10 Feb., 1763, provided for a British withdrawal.

CLERICAL REFORMS. On the accession of King Carlos III, a series of reforms were instituted for the Philippines. The first of these involved restrictions on the clergy, beginning with the expulsion of the Jesuits in 1768. In 1770, the privileged position of friars was attacked by Simón de Anda, (1709–76), gov., 1770–76, with the support of the archbishop of Manila. Their objects were (1) to secularize the properties of the religious orders and (2) to reassert the powers of visitation over parishes by the archbishop. Royal sanction was given for these reforms in 1774, but the attempt was abandoned when Anda died in 1776.

ECONOMIC REFORMS. To make the Philippines economically self-sufficient, José Basco y Vargas (gov., 1778–87) proposed in 1778 measures to improve agriculture, industry, and trade. In 1781 he set up the Economic Society of Friends of the Country, which later established an agricultural school in Manila. In 1785 the Royal Company of the Philippines was formed to direct trade away from overburdened Acapulco (Mexico) and toward Spain by encouraging the use of the route west around Africa. In 1789, Manila became an open port for Asian goods.

1807–50

EARLY 19TH-CENT. DECLINE. After the disintegration of Spain's empire in America, Manila had to direct its trade toward Europe. In 1811, the last Spanish galleon left Manila for Acapulco and 4 years later the last ship from Acapulco arrived in Manila. Soon British and American ships outnumbered Spanish and Chinese. Peninsular Spaniards arrived to engage in private trade, bringing with them new ideas. By 1840, a number of Spanish commercial companies had been formed in Manila. But in 1842, the Treaty of Nanking between Britain and China opened 5 new ports on the South China coast. By 1850 Manila was nearly bankrupt. Economic deterioration was accompanied by social and moral decline as well. The large numbers of regular clergy who entered the Philippines in the 1820's and 1830's had a profound impact on this decadent society. Some of these clergy were Jesuits returning to their former endeavors on the Mindanao frontier; others were refugees from the suppression of certain monasteries in Spain, 1835. The rivalries of Spanish and Filipino clergy flared up again.

COMPETITION FOR THE SOUTHERN ISLANDS. Spanish influence in the southern islands, which were mainly Moslem, had never been strong. The French became interested in the Sulu Archipelago in 1844. This obliged the Philippine government to conduct an expensive holding operation there until 1878, when the sultan of Sulu acknowledged Spanish overlordship, 22 July.

CLERGY-INSPIRED REBELLIONS. The 1st of a series of Filipino clergy-led rebellions occurred in 1843, resulting from resentment against over-all Spanish discriminatory practices and the lack of educational and professional opportunities for Filipinos. The clerical establishment was attacked on moral, racial, economic, and social grounds by the Filipino clergy; by 2 newspapers, *El Diario de Manila* and *El Commercio* (founded in 1848 and 1850, respectively); and by Father Peláez and Father Opolinario de la Cruz. The latter formed his own order in 1841, the Colorum, which denied membership to both Spaniards and mestizos. Though not originally or primarily political, the Colorum became so, and Father Opolinario was its first martyr. This led other rebels to use its name.

1851–70

RISE OF NATIONALISM. Nationalist sentiment and unrest built up during the period between 1850 and 1870, but gained real momentum after the opening of the Suez Canal, 1869, which brought the Philippines much closer to the rest of the world, and after the revolution of the same year, which exiled Queen Isabella II of Spain. (*Cont. p. 350.*)

Central Asia

AFGHANISTAN

1760–1808

AFGHANISTAN IN 1760. Following centuries of dominance by Persia and India, an independent Afghan state was established under Ahmad Shah (ruled 1747–73), founder of the Durrani (Durrānī) dynasty. Between 1748 and 1767 the Afghans invaded India 9 times, defeating Mughal, Maratha, and Sikh armies, and gaining temporary control over the Punjab and Kashmir. At the Battle of Panipat, 14 Jan., 1761, which marks the high point of Afghan power in India, they permanently checked Maratha ambitions to rule the subcontinent.

AFGHAN PRESSURE ON INDIA. On the death of Ahmad Shah, his son Timur (Timūr) Mirza (Timur Shah, ruled 1773–93) succeeded to the throne, and moved the capital from Kandahar to Kabul. In 1774, 1779, 1780, 1785, and 1788, Timur invaded India in reaction against military challenge from the Sikhs.

Zaman (Zamān) Shah (ruled 1793–99), son of Timur Shah, tried to centralize all power in his own hands. His efforts led to constant domestic discord.

Mahmud (Mahmūd) Shah (ruled 1799–1803, 1809–19) overthrew his half-brother, Zaman Shah; quelled a Ghilzai tribal uprising, 1801; and made successful war on the Uzbegs, 1802.

On 29 Dec., 1800, the British signed a treaty with Persia containing a clause requiring Persia to discourage Afghan incursions into India. In 1803 a revolt dethroned Mahmud Shah, and he was succeeded, amidst dynastic struggles, by Shah Shuja (Shujā) (ruled 1803–9).

1809–34

TREATY WITH BRITISH. The first official mission to Afghanistan sent by a European power was led by Mountstuart Elphinstone (English East India Company). A treaty was negotiated, 12 Mar., 1809, providing for Afghan aid to the British in case of an invasion of India by the French. In the same year Mahmud Shah returned to power after overthrowing Shah Shuja, who in turn made numerous efforts to regain his throne, only abandoning them in 1813.

AFGHAN CIVIL WAR. In 1813, Mahmud Shah turned over real power to Fath Khan, who in 1818 was blinded on Mahmud's orders. This act touched off a civil war between the ruling Durrani dynasty (Saddozais) and the supporters of Fath Khan (Mohammedzais). The war lasted from 1819 to 1835 and ended with the fall of the Durrani dynasty.

In 1819, the Sikhs conquered Kashmir, and in Mar. 1823 defeated the Afghans in the Battle of Nowshera. Between 1824 and 1826, Dost Mohammed (Muḥammad) Khan, the youngest of the Barakzai (Barakzāi) brothers (Mohammedzais), gained control of Kabul and Ghazni. In 1833 the Persians unsuccessfully attacked Herat, and Shah Shuja, with British aid, invaded Afghanistan from India. He laid siege to Kandahar in 1834, where on 29 Jan. Dost Mohammed, aided by a British assurance of noninterference, defeated Shah Shuja. Meanwhile the Sikhs occupied Peshawar, and extended their rule to the mouth of the Khyber Pass. By 1835, Dost Mohammed was strong enough to establish the Mohammedzai dynasty.

1835–55

DOST MOHAMMED AND THE BRITISH. Dost Mohammed Khan (ruled 1835–39, 1842–63) was crowned Commander of the Faithful (Amīr al-Mu'minīn) in 1837. He defeated the Sikhs at the Battle of Jamrud, but failed to regain Peshawar. With British approval, a Russian commercial agent, Capt. Vitkavich, settled at Kabul. Also at this time, the Persians demanded control of Herat.

On 26 June, 1838, the British, Sikhs, and Shah Shuja signed the "Tripartite Treaty." By this agreement Shah Shuja relinquished Afghan claims to Sikh-held territory, and, in return, the Sikhs and British promised to provide military support for Shah Shuja's efforts to regain the Afghan throne. On 1 Oct., Lord Auckland, viceroy of India, issued the Simla Manifesto, in which he justified the use of British military forces under the command of Sir Willoughby Cotton (1783–1860) in the struggle between Shah Shuja and Dost Mohammed Khan.

1ST ANGLO-AFGHAN WAR. On 24 Apr., 1839, Kandahar was captured by the British. On 6 Aug., Shah Shuja entered Kabul and mounted the throne as a British puppet. During his reign the British controlled foreign, military, and tribal affairs. Dost Mohammed Khan surrendered on 12 Nov., 1840, and went into exile in India. On 2 Nov., 1841, a British agent, Alexander Burns, was killed by the Afghans during an insurrection in Kabul. On 25 Nov. negotiations began for a British withdrawal, and on 11 Dec. a treaty between the British and the insurgent Afghan chiefs was signed, by which the British agreed to leave Afghanistan.

The British evacuated Kabul, 6 Jan., 1842, but during their march south were repeatedly attacked. This led Lord Ellenborough, viceroy of India, to decide to take retaliatory action, 15 May. On 5 Apr., Shah Shuja was killed. On 16 Sept., the British destroyed Kabul and massacred the refugees from there who had fled to Istalif. The British army finally departed from Afghanistan beginning 12 Oct., demolishing Jalalabad on its way out, but before it reached India it was decimated in the Khyber Pass. Only 1 Englishman of the main column survived. The Anglo-Afghan War caused long-term Afghan xenophobia and deep anti-Christian sentiment. In Jan. 1843, Dost Mohammed Khan returned to Afghanistan and regained his throne at Kabul.

IMPROVEMENT IN ANGLO-AFGHAN RELATIONS. In 1848, war having broken out between the British and the Sikhs, the Sikhs ceded Peshawar to the Afghans in return for Afghanistan's aid against the British. On 21 Feb., 1849, the British defeated both Afghans and Sikhs at the Battle of Gujarat, and took over Peshawar. Beginning in 1850, Dost Mohammed Khan reconquered Balkh, Khulm, Kunduz, Badakhstan, and in 1855 regained control of Kandahar. On 30 Mar., 1855, he signed a 3-point treaty with the British providing mutual guarantees of territorial integrity.

1856–70

REPULSE OF PERSIAN THREAT. In Oct. 1856, the Persians seized Herat, and on 26 Jan., 1857, Dost Mohammed signed a 2nd Anglo-Afghan treaty, confirming the treaty of 1855. The new treaty included a British promise of aid in case of attack on Afghanistan, and the Afghans in turn agreed to allow British officers into their territory for the duration of the Anglo-Persian War. For the rest of his reign Dost Mohammed maintained amicable relations with the British.

DYNASTIC STRUGGLES. Shortly before his death in May 1863, Dost Mohammed had entered Herat and re-established the boundaries of his kingdom. When he died, Shere Ali (Shēr 'Alī) Khan (ruled 1863–67, 1869–79) ascended the throne. Between 1864 and 1865, he had to deal with serious revolts by his brothers. In July 1865, Abd-ar-Rahman ('Abd-ar-Rahmān) Khan led a further revolt; by 24 Feb., 1866, he had occupied Kabul, and on 9 May he defeated the army of Shere Ali Khan at the Battle of Sheikhabad. This loss was followed by another defeat, Jan. 1867, at the Battle of Kalat-i-Ghilzai, and yet another one in Sept. Following these losses, Afzal Khan (ruled 1867–68) became amir, only to die soon afterward. He was succeeded by Azim Khan (ruled 1868–69). In 1869, however, Shere Ali Khan regained the throne, and Abd-ar-Rahman Khan fled from Afghanistan to seek refuge in Russia.

SINKIANG

1760–1824

ESTABLISHMENT OF CHINESE RULE. By 1760 the Ch'ing Empire of China had smashed the power of the western Mongols in the Ili Valley. From this conquest a new province called Sinkiang (New Dominion) was created by uniting Dzungaria and the Tarim Basin. Criminals and political dissenters were exiled to this area. In 1759–60 the Khaja rulers were driven out of the oases of Yarkand and Kashgar as the conquest of the region was consolidated. In 1776 an imperial edict promised a subsidy to Chinese peasants who would settle in Sinkiang.

1825–59

MOSLEM REVOLTS. The 2nd quarter of the 19th cent. was marked by a series of Moslem rebellions in Sinkiang. In 1826–27 Khokand aided one of the Khojas (Jehangir) to launch a holy war against the Ch'ing, who responded by invading Kashgaria. In 1830 another rebellion broke out, but was quickly suppressed. In 1851 the Chinese and Russians signed the Kuldja Convention, which gave the Russians greater freedom of trade at Kuldja, in the upper Ili Valley, and also at Tarbagatai, and awarded them the right to station a consul at Kuldja. Another abortive Moslem uprising took place in 1857. In the same year the Russians,Valikhanov and Semanov, explored Kashgar and the T'ien Shan area.

1860–70

TREATY OF PEKING. On 2 Nov., 1860, the Treaty of Peking was signed, the 1st of a series of agreements by which China and Russia delineated the frontier between Sinkiang and Russian Turkestan. The treaty also gave Russia the right to place a consul at Kashgar.

REVOLT OF YAKUB BEG. In 1864 the warrior-leader, Yakub Beg (1820–77), appeared in Sinkiang as chief of staff of an army recruited by a descendant of the former Khoja ruling house of Kashgar who wished to re-establish Khoja power. The following year this army captured Kashgar and Yarkand. Yakub Beg soon replaced the Khoja leader and reconquered eastern Turkestan by seizing Aksu, Khotan, and Urumchi. In 1866, Ili tribesmen set up an independent Moslem state. This was followed by a rising by Dzungari tribes who gained control of Sinkiang, overran Kansu province, and penetrated into Shensi and Hopei provinces in China proper. By the late 1860's Beg had gained political and military control of the whole of Sinkiang. His territory became the prize of Chinese, Russian, Turkish, and British rivalries, but he was eventually conquered by a Chinese army in 1877.

STEPPE AND DESERT LANDS

1760–1820

TURKESTAN IN 1760. By the mid-18th cent. the lands of the Central Asian nomads had been divided from those of Russia by a line of forts running from the mouth of the Or to the upper Irtysh, and controlled from Orenburg. The Russians felt the need to protect their territories against possible movements of population resulting from the Chinese advance into Sinkiang. The largest states of the area were Khiva, Bokhara, and Khokand.

EDUCATIONAL POLICY. The charter of religious toleration issued by Catherine II in 1785 led to the opening of schools for the Kirghiz peoples and to the publication of books in the vernacular. Islam advanced in the region at the expense of shamanism.

1820–70

RELATIONS WITH KHIVA. In 1824, attempts were made to protect trade caravans from the attacks of Khivan marauders, The policy failed, however, and in 1839 a military expedition, commanded by Gen. Count Perovski (1794–1857), gov. gen. of Orenburg, was sent against Khiva. By a treaty signed in 1842 the Khivans agreed to refrain from attacks on Russians and to stop selling prisoners of war into slavery.

CONTROL OF THE ARAL SEA. In 1847 a Russian force penetrated to the Syr Darya River close to where it empties into the Aral Sea. The fortress of Aralsk was built at this place, and Russian gunboats began patrolling the waters. Incursions by Khokandians led to a 2nd military expedition under Perovski and to the capture of the fort of Ak-Masjid (later, Petrovsk) in 1853. The occupation of the Lake Balkash basin followed, and the line of frontier forts was extended from the Irtysh to Semirechie.

CONQUEST OF TURKESTAN. Turkestan was valuable to Russia as a consumer of manufactured goods and as a producer of raw cotton for the Russian textile industry. It was of strategic importance, since the Ili Valley in the east provided access to and from the Gobi Desert and China. Trade in the region could not flourish until the nomads of the desert had been brought under control. For these reasons Czar Alexander II authorized the conquest of Turkestan.

Military operations began in 1860. Tashkent was taken on 26 June, 1865, and the amir of Bokhara declared holy war. He was defeated after heavy fighting and had to surrender his main stronghold of Khodjent. In 1866 the governor generalship of Turkestan was created. Failure by Bokhara to pay an agreed indemnity led to renewed hostilities and the capture of Samarkand. By treaty, 5 July, 1868, the amir recognized the czar as his suzerain and Bokhara and Khokand were added to the Russian Empire. The submission of Khiva followed, 24 Aug., 1873.

Middle East and North Africa

PERSIA

1760–1801

PERSIA IN 1760. Between A.D. 636 and 651, Arab invaders ended the Sassanian Empire of Persia (226–651), and Islam soon replaced Zoroastrianism as the dominant Persian religion. The country was subsequently ruled by the Arab caliphates of Medina, Damascus, and Baghdad, various regional dynasties, Turkish, Mongol, and Turcoman dynasties from the 11th to the 15th cents. In c. 1500 the Safavi dynasty was established, the first national dynasty to rule all Persia in nearly 8 centuries. Although only a minority of Persians adhered to the heterodox Shiite (Shīʻa) doctrines of Islam, the Safavis made Shiah Islam the official state religion. The foremost Safavi emperor, Shah Abbas (ʻAbbās) the Great (1587–1629), reunited the ancient domains of

Sassanian Persia, including Christian Georgia and Armenia. When the Safavi dynasty ended in 1722, its territories were largely dismembered. The Persia of Shah Abbas was reunited, however, under Nadir (Nādir) Shah, a former Safavi officer, who ruled the country from 1736 to 1747.

ESTABLISHMENT OF THE ZAND DYNASTY. From 1747, when Nadir Shah died, Persia underwent a period of anarchy. Princes and ex-officers fought for supreme authority from their various bases of power. Karim (Karīm) Khan (ruled 1751–79), of the Zand tribe, defeated all other contenders, and reunited almost all of Persia under one rule. His capital was Shiraz, where he had been governor.

ENGLISH EAST INDIA COMPANY AT BUSHIRE. The East India Company had been trading in Persia since 1616, but the privileges it had gained lapsed after the fall of the Safavi dynasty. On 2 July, 1763, however, Karim Khan, hoping to stimulate commerce in his domains, reawarded the Company its former privileges and extended them. He also authorized it to build and fortify a factory at Bushire. During the 19th cent. this port became the headquarters of Britain's political and commercial activity in the Persian Gulf area.

ESTABLISHMENT OF THE QAJAR DYNASTY. In 1779 Karim Khan died. Civil war again ensued, regional governors vying for supreme power. In 1785, Aga Mohammed (Āghā Muḥammad), head of a Turcoman tribe, the Qajars (Qājārs), which held sway in the Caspian area, emerged as the ruler of Persia. He made Teheran his capital.

TREATY WITH BRITAIN. In 1798, Napoleon revealed his intention of striking at Britain in India, and invaded Egypt as a first step. Persia thus became an area of strategic interest to Britain (1) because Napoleon might send an expedition into India via Persia, and (2) because Afghanistan was threatening to attack the Punjab. The dispatch of Capt. John Malcolm (1769–1833) to Teheran led to an Anglo-Persian treaty of alliance, 28 Jan., 1801 (never ratified), by which Persia promised to exclude any French military or diplomatic presence from her territory and to restrain Afghanistan from attacking India. Britain undertook to supply arms and military advisers in the event of Afghan or French attacks on Persia. This treaty marked the beginning of British political interest in Persia.

1802–20

WAR WITH RUSSIA. In 1801, Russia annexed the predominantly Christian Georgia under an agreement with its titular monarch and began occupying the independent khanates. Georgia, with short interruptions, had been a tributary of Persia since the 16th cent. In 1804, when a Russian force entered Georgia to take control, an 8-year Russo-Persian war broke out.

TREATY OF FINKENSTEIN. Persia requested aid in her war with Russia from Britain, but the British, unwilling to antagonize Russia, their natural ally against Napoleon, refused. Fath Ali ('Alī) Shah (ruled 1797–1834) therefore turned to France, which had been seeking an understanding with him since 1802. He sent an envoy to Finkenstein, Poland (Napoleon's temporary headquarters), and a treaty of alliance was signed there, 4 May, 1807. Napoleon recognized Georgia as Persia's possession, and undertook to supply arms and engineers, infantry, and artillery officers to the Persian army. Persia agreed to declare war on Britain and attack India. Although a French military mission was immediately dispatched, the Treaty of Finkenstein was short-lived, because France contracted an alliance with Russia, at Tilsit, 7 July, 1807.

TREATY OF GULISTAN. In 1812 the Russo-Persian war ended in Russia's favor. The Treaty of Gulistan, 30 Sept.–12 Oct., 1813, awarded Georgia, and 9 other provinces tributary to Persia, to Russia. Russia also received the exclusive right to maintain ships-of-war on the Caspian Sea. This treaty served as a lever for later Russian expansion at Persia's expense.

ALLIANCE WITH BRITAIN. When Persia's treaty with France became a dead letter, Britain attempted to re-establish her previous position in Persia by sending military training missions to replace the

French mission. A defensive alliance was concluded, 25 Nov., 1814, by which Persia could request either British military aid or a subsidy if she were attacked. In return she undertook to prevent armies hostile to Britain from marching through Persia to India.

BRITISH PREDOMINANCE IN THE PERSIAN GULF. After punitive actions, from 1806 onward, to end piracy in the Persian Gulf, Britain imposed the Treaty for Suppressing Piracy and the Slave Trade, 8 Jan., 1820, on the Arab tribes of the area. She thereby assumed exclusive responsibility for the security of the Gulf, and gained a position of great power in relation to Persia.

1821–70

TREATIES OF TURKMANCHAY. Mutual dissatisfaction with the Treaty of Gulistan caused another war between Persia and Russia, 1826–28. Persia hoped to regain Georgia, and Russia wanted to extend her territory to the Aras River, a natural boundary. By Oct. 1827, the Russians had reached Tabriz, and the war was halted. By the treaty of peace, signed at Turkmanchay village, 10–22 Feb., 1828, Russia received all of Persia's territory north of the Aras River, and reaffirmed her exclusive right to maintain a navy on the Caspian Sea. Simultaneously she was awarded commercial and extraterritorial privileges. Britain gained comparable privileges by agreements dated 5 May, 1836, 28 Oct., 1841, and 4 Mar., 1857 (Treaty of Paris).

ANGLO-PERSIAN WAR. During the period 1826–56 Persian relations with Russia were good. This intimacy was especially apparent when Persia twice besieged the Afghan city, Herat, 1837 and 1856, at Russian instigation. The Russians were themselves expanding in Central Asia. Britain, fearing Russian designs on India, forced the Persians out of Herat, 1837, with a warning. In 1856, however, the warning went unheeded, and a British force attacked Persia. The shah, Nasr-ed-Din (Nāsir al-Dīn) (ruled 1848–96), now sued for peace, and an envoy to Paris signed a treaty, 4 Mar., 1857, with the British ambassador. Persia relinquished her claims on Afghan territory, and accorded Britain most-favored-nation status. Britain thus gained in Persia an equal status with Russia in extraterritorial and consular matters.

TELEGRAPHIC CONVENTION. The Sepoy Mutiny of 1857–58 convinced Great Britain that telegraphic communication with India was imperative for effective control. On 17 Dec., 1862, and 23 Nov., 1865, the British reached agreements with Persia for the construction of telegraph wires from the Ottoman border down to Bushire, from where an underwater cable was laid to India. With the execution of this agreement, Britain acquired a "telegraphic interest" in Persia, in addition to her commercial, political, and strategic interests. Rapid communication with India, as well as with the Australasian colonies, depended on these wires as well as on those running through Constantinople, Baghdad, and Basra. (*Cont. p. 358.*)

CAUCASIAN LANDS

1760–1828

CAUCASIA IN 1760. Caucasia, inhabited by a great variety of tribes, both Christian and Moslem, had been under Persian political and cultural domination for nearly 2,000 years. During the 18th cent., however, the impact of Ottoman power was increasingly felt, especially in the northern and western regions. More significantly, the expanding Russian Empire became involved in Caucasian affairs, initially as the protector of the area's Christians against the 2 Moslem powers.

RUSSIA AND TURKEY. An active phase of the struggle between Turkey and Russia for influence in Caucasia began in 1769. In 1770 the Russians, for the first time, crossed over the Caucasian mountain ranges. The Turko-Russian Treaty of Kuchuk Kainarja, 21 July, 1774, assured Russian control over Kabarda. In 1783 the Georgian kingdoms of Kartli and Kakheti invited Russian protection against Turkey. The Ottomans' renewed challenge of 1787–91 to Russian predominance in the northern Caucasus proved abortive. In 1801, Kartli and Kakheti were absorbed as Russian provinces. Establishing their hold over Osseti in 1803, the Russians proceeded to dominate Imerti in 1810, and Mingrelia.

RUSSIA AND PERSIA. Aga Mohammed Khan, the founder of the Qajar Dynasty in Persia, wished to re-establish his country's hegemony in Caucasia. Thus, in 1795, he occupied Tiflis and most of Kakheti and Kartli. Within a year, however, troops dispatched by Catherine the Great succeeded in bringing the whole of eastern Transcaucasia under Russian control. After Catherine's death, 1797, Czar Paul withdrew these troops, but the Russians held Georgia for a time. In 1804, Aga Mohammed Khan's successor renewed the war with Russia, in order to regain control of Georgia. To that end he entered into alliance with Napoleon, 4 May, 1807, who promised Persia French military equipment and advisers. The war was terminated by the Treaty of Gulistan, 12 Oct., 1813, which was negotiated through the good offices of Britain. Persia formally acknowledged Russian sovereignty over Georgia and Karabagh, as well as other districts in eastern Caucasia between Lankuran and Derbent. The fighting was resumed 13 years later. According to the new peace treaty (signed in Turkmanchay, Feb. 1828), Persia ceded to Russia the additional territories of Erivan, Nakhichevan, and Talyche.

1829–70

RESISTANCE TO RUSSIAN RULE. By the Treaty of Adrianople, 14 Sept., 1829, which terminated a year-long war with Russia, Turkey abandoned all claims to sovereignty in Circassia. Russian efforts, 1832–39, to subjugate the independence-seeking Moslem Cherkess tribes of the area, however, were hampered by the intensification of a resistance movement initially centered in Daghestan. There, in 1829, Kazi Mullah, the murshid (leader) of the Murids, a military Moslem order with puritan and egalitarian beliefs, had declared a holy war against the Russians. After Kazi Mullah was killed, 1832, his son and the 3rd murshid, Shamyl, led the Murids. Recruiting his supporters from the tribes of the Daghestan and Chechnia regions, Shamyl distinguished himself as one of the greatest guerrilla commanders in the history of war. Only by capturing Shamyl, 6 Sept., 1859, could the Russians put an end to the Murids' resistance. During the next 5 years, under Russian pressure some 200,000 Circassians emigrated to Turkey, preferring Ottoman rule to Russian.

OTTOMAN EMPIRE

1760–1807

THE OTTOMAN EMPIRE IN 1760. In the 11th and 12th cents., Moslem Turkish tribes from Central Asia swept through the Middle East and into Asia Minor, settling and eventually establishing empires. The Seljuk (Seljūq) Sultanate of Rum (Rūm, c. 1077–1300) was limited to Anatolia. The successors of the Seljuks, the Ottomans ('Uthmānlis), extended their power into Europe, Asia, and Africa, and by 1600 governed the largest empire in the world. Nearly all the Arab lands from Iraq to Algiers, as well as the Christian lands of the Balkans and Danube Valley, owed allegiance to the Ottoman government in Istanbul. By 1700, however, Ottoman power had begun to decline, and during the 18th cent. both internal administrative inefficiency and the threat of external encroachment increased. Beginning with Peter the Great (1672–1725), the czars of Russia sought a warm-water port on the Ottoman-controlled Black Sea.

TREATY OF KUCHUK KAINARJA. A 6-year war between the Ottoman Empire and Russia ended in a Turkish defeat in July 1774. By the Treaty of Kuchuk Kainarja, 21 July, 1774, Russia gained a territorial outlet on to the Black Sea and the right to send ships through the Dardanelles Straits. From this time onward, Russian policy aimed at weakening the Ottoman Empire and at gaining outright control of the Dardanelles. Russian ambitions, on the one hand, and the efforts of other European powers to check them, on the other, produced the diplomatic problem known as "the Eastern Question."

1808–49

RULE OF MAHMUD II. The Ottoman Empire was in a turbulent state when the 20-year-old Mahmud (Maḥmūd) II became sultan, 1808, following the assassinations of his 2 immediate predecessors, Selim (Selīm) III (ruled 1789–1807) and Mustafa (Muṣṭafā) IV (ruled 1807–08). The young sultan was convinced that the conservatism of the military and religious establishments was weakening the empire relative to the increasing strength of Europe. Consequently, he abolished the powerful Janissary Corps, an elite military caste, 1826, and reorganized the army along European lines. In the religious domain he disbanded the influential Bektashi dervish order, and built Turkey's 1st medical school based on European rather than Moslem learning. Although Mahmud's modernization measures proved superficial and many Moslems considered him an infidel, he removed important institutional barriers to reform and opened the door to further westernization.

GREEK INDEPENDENCE. In Apr. 1821 a revolt broke out in the Morea (Peloponnese) against Turkish rule. The Powers, dedicated to maintaining the *status quo,* at first refrained from entering the conflict. However, the serious losses which an Egyptian army under Ibrahim (Ibrāhīm) Pasha (1789–1848) inflicted on the Greeks, 1825–27, aroused European public opinion and compelled the Powers to act. The Tripartite Treaty of London, 6 July, 1827, provided for the dispatch of British, Russian, and French warships to the eastern Mediterranean, and at the Battle of Navarino, 20 Oct., 1827, the Turko-Egyptian fleet was destroyed.

Russia then attacked Turkey, Apr. 1828, achieved rapid victory, and by the Treaty of Adrianople, 14 Sept., 1829, extracted from Turkey autonomy for Serbia though not for Greece. Western European opinion, however, favored Greek independence, and both Russia and the Ottomans concurred in the acceptance of the throne of Greece, May 1832, by the king of Bavaria on behalf of his son, Otho (1815–67).

EGYPTIAN INDEPENDENCE. Ottoman military disasters and political weakness in the 1820's encouraged rebellions in other parts of the empire. Mohammed Ali (Muḥammad 'Alī) (1769–1849), the governor of Egypt, who had long wished to acquire Syria, sent a force led by his son Ibrahim (Ibrāhīm) Pasha, 1831, against Acre. By July 1833, Ibrahim's army had penetrated Asia Minor as far as Kutahya, a town just west of present-day Ankara. Sultan Mahmud sought desperately for allies, but found Britain indifferent and France supporting Egypt. Russia then made an offer of aid which led to a Russo-Turkish treaty of defense, signed at Unkiar-Skelessi (Hunkiâr Iskelesi), 8 July, 1833.

Mohammed Ali's increasing disregard of the wishes of his nominal master, the Ottoman sultan, provoked an attack by Turkish forces on Syria, Apr. 1839, then being ruled by Ibrahim Pasha. The sultan's army was routed at the Battle of Nezib, June, and in July the Ottoman fleet deserted, preferring to side with Mohammed Ali. The Powers then presented a note, 27 July, 1839, to the Ottoman government at Istanbul, and by the Quadruple Agreement of 15 July, 1840, Mohammed Ali was constrained to withdraw from his Asian conquests, but obtained the promise that he and his descendants would be recognized as hereditary rulers of Egypt. This arrangement was accepted by the Ottoman government, 13 Feb., 1841.

TANZIMAT REFORMS. Sultan Abdul Mejid ('Abd al-Majīd) II (ruled 1839–61) was 16 years old at his succession, and the government passed into the hands of the reforming minister, Mustafa Rashid (Muṣṭafā Rashīd) (1802–58), formerly Ottoman ambassador in London. Mustafa Rashid knew that the Powers would only guarantee the Ottoman Empire's continued existence if it reformed itself. Accordingly, in 1839 he drew up a plan of reorganization (Tanzimat) which envisaged a more efficient administration and reformed the legal code. Like the reforms of Mahmud II, those of Mustafa Rashid did not result in basic changes, but showed the Ottoman government's willingness, at least, to modernize.

1850–70

CRIMEAN WAR. A quarrel between Catholic and Eastern Orthodox monks over the guardianship of the holy places in Palestine precipitated the Crimean War, fought by Britain, France, and the Ottoman Empire against Russia. Napoleon III and Czar Nicholas made representations to the sultan on behalf of the respective disputants, and the Ottoman government devised certain compromise concessions, Feb. 1852. But Russia remained dissatisfied, and raised her demand to a protectorate for herself over all of the empire's Orthodox Christians (about 40 % of the Ottoman population). The Russian case was based on an article in the Treaty of Kuchuk Kainarja of 1774 giving them a right of protection over one Orthodox church in Istanbul. When the Ottomans rejected the demand, Russia withdrew her diplomatic staff from Istanbul and sent an army into the Turkish Danubian provinces. The sultan demanded their removal, which was not forthcoming, and the war began, 23 Oct., 1853.

The British and French, fearing the collapse of the Ottoman Empire, declared war on Russia, 28 Mar., 1854. Hostilities lasted until the armistice of 25 Feb., 1856, and resulted in a Russian defeat. By the Treaty of Paris, 30 Mar., 1856, the Ottoman Empire was formally admitted into the Concert of Nations, the signatories pledged themselves to guarantee the empire's independence and integrity, warships were forbidden in the Black Sea, and the Ottomans recovered territory in southern Bessarabia and in the Danube estuary.

HATT-I-HUMAYUN REFORMS. During the Crimean War the Powers brought pressure to bear on the Ottoman Empire to modernize its legal and administrative systems. They also demanded complete equality for non-Moslem sections of the population. On 18 Feb., 1856, on the eve of the Paris Peace Conference, Sultan Abdul Mejid issued the Hatt-i-Humayun (Imperial Rescript) Reforms, which guaranteed security of life and property to his Christian subjects. As in the past, these changes were resented by the conservative Moslem element and tension increased throughout the empire, finally erupting in the slaughter of thousands of Christians in Syria and Lebanon, 1860. The Powers again intervened, and secured a large measure of autonomy for the Christian population of Lebanon, 1861. (*Cont. p. 355.*)

ARABIA

ARABIA IN 1760. After terminating the Mameluke Empire, 1517, and conquering Iraq, 1639, the Ottoman Turks had established their rule over nearly all of the Arabic-speaking world. Their control was, however, especially tenuous in Arabia. The rulers of the Hejaz (Ḥijāz) acknowledged Turkish suzerainty, but Yemen (Yaman) re-established its independence, 1635, and the Bedouins of the hinterland never really lost theirs. (*Cont. p. 360.*)

The Saudi Empires

1760–1823

RULE OF MOHAMMED IBN SAUD. Originally a petty chief, ruling Dariya (Dar'īya) in Wadi Hanifa, ibn Saud (Su'ūd) became the disciple and protector of Mohammed ibn Abdul-Wahab (Muḥammad ibn 'Abd al-Wahhāb) (1703–92). The latter, a well-traveled jurist from Najd, was the founder of a rigid, puritan religious revival movement, the Wahabis (Wahhābīs). Highly critical of contemporary beliefs and rituals of Islam, and inspired by the teachings of ibn Hanbal (Ḥanbal) (the founder of one of the 4 orthodox schools of Islamic law), ibn Abdul-Wahab was determined to restore Islam to its primitive strictness. Ibn Saud, crusading for the new movement, succeeded before his death in 1765 in bringing all of eastern and central Arabia under his rule.

WAHABI EXPANSION. While ibn Abdul-Wahab remained the guiding religious spirit of the realm, ibn Saud's son and successor Abdul-Aziz ('Abd al-Azīz) I expanded the empire, with notable assistance from his own son, the future Saud II.

The aggressiveness of the Wahabis, and especially their attacks on pilgrim caravans, alarmed the Ottoman sultan. Turkish troops invaded al Hasa (Ḥasā) in 1798. But in 1801 the Wahabis captured Karbala in Iraq and, in a demonstration of their zeal, sacked that Shiite holy city. In revenge a Shiite assassin took the life of Abdul-Aziz I in 1803.

EGYPTIAN INVASION. Saud II captured Mecca in 1803 and again in 1806, and Medina in 1804. The Ottoman sultan assigned the viceroy of Egypt, Mohammed Ali (Muḥammad 'Alī) Pasha, to the task of crushing the Wahabis. Thus in 1811 Saud, by now engaged in a military campaign aimed at Baghdad, had to alter his plans and face an Egyptian expeditionary force led by Mohammed Ali's son, Tusun (Ṭūsūn). In his first battle with Saud, Tusun was severely defeated, but after receiving reinforcements captured Mecca and Medina, 1812–13. In 1813 Mohammed Ali assumed personal command of the invasion. The following year Saud once more inflicted a serious defeat on the Egyptian troops led by Tusun in the vicinity of al Taif (Ṭāif). Soon thereafter Saud died in Dariya.

DESTRUCTION OF THE 1ST SAUDI EMPIRE. Abdullah ('Abdullāh) I (ruled 1814–18), Saud's son and successor, made a truce with Tusun, 1815, whereby he acknowledged Ottoman suzerainty and the Egyptians withdrew from Nejd (Najd). But Mohammed Ali denounced this truce, and in 1816 Ibrahim Pasha, another of Mohammed Ali's sons, led a new Egyptian invasion into Arabia. Ibrahim skillfully obtained the support of many local tribes. A 4-month siege of al Raas proved abortive, but he captured al Qasim's 2 major cities, Unaiza ('Unaiza) and Buraida, as well as al Shariga (Shāriqa). In Apr. 1818, supported by several major tribes, he began a siege of Dariya. Six months later, Abdullah was taken prisoner and sent to Istanbul, where he was executed. Many prominent Saudis were put to death. A few escaped, but the rest were sent to Egypt as prisoners. Having terminated the Wahabi empire, the Egyptians became the new rulers of Arabia.

1824–70

RESISTANCE TO EGYPTIAN RULE. In 1824, Turki (ruled 1820–34), a grandson of Mohammed ibn Saud, succeeded in driving the Egyptians out of Riyadh (Riyāḍ). By consenting to pay yearly tribute to Egypt, whose nominal suzerainty he acknowledged, Turki gained time to build a new Wahabi regime based at Riyadh. He was murdered in 1834 by his cousin, Mishari (Mishārī), who was in turn toppled and killed by Turki's son, Faisal (Faiṣal). When Faisal refused to continue the payment of tribute to Cairo, the Egyptians forcibly replaced him with his brother, Khalid (Khālid), 1838. Faisal was sent to Egypt as a prisoner. The increasing unpopularity of Khalid's subservience to Egypt enabled his cousin, Abdullah ibn Thunaiyan ('Abdullah ibn Thunaiyān), to stage a successful revolt and become the new ruler of Najd, 1841.

2ND SAUDI EMPIRE. Faisal escaped from Egyptian captivity and, deposing Abdullah, 1843, regained the throne and ruled until 1865. Posing as the protector of the Wahabi faith, he expanded his empire. His authority reached to Buraimi and the Omani ('Umāni) hinterland. His influence was felt as far as the frontiers of Yaman and Hadhramaut (Haḍramaut). Northern Arabia, ruled by the house of Rashid, although virtually independent, acknowledged Faisal's suzerainty. Even the British at the Persian Gulf felt the impact of Faisal's extended influence. Following a British naval action, provoked by the plunder of property at the port of Sur (Ṣūr) by tribes allied with the Wahabis, 21 Apr., 1866, Abdullah ('Abdullāh) (ruled 1865–71, 1874–84), Faisal's son and successor, promised that he would refrain from harming British interests. (*Cont. p. 360.*)

Muscat

On 12 Oct., 1798, the English East India Company concluded an agreement with the Imam of Muscat (Masqaṭ) by which the French were excluded from his territory. This agreement, designed to counter Napoleon's Egyptian campaign and threat against India, was the first of a series that eventually placed most of the principalities on the southern and eastern shores of Arabia under varying degrees of dependence on Britain. In 1798, Persia leased, to the sheik (shaykh) of Muscat, Bandar Abbas ('Abbas) and the islands of Hurmuz and Qishm—all previously important sites for European trade. The lease remained valid until 1868. A British base was established at Qishm and became the headquarters of the British forces assigned to suppress piracy and the slave trade and to oversee the maritime truce in the Persian Gulf. On 31 May, 1839, Muscat entered into a series of agreements with Britain. But through other such agreements with the U.S.A., 21 Sept., 1833, and France, 17 Nov., 1844, the ruler of Muscat demonstrated that he was not as dependent on the British as were his neighboring sheiks. (*Cont. p. 360.*)

The Omani Coast and Bahrain

SUPPRESSION OF PIRACY AND THE SLAVE TRADE. During the period 1806–20, forces under the command of the English East India Company took punitive measures against Arab pirates harassing British ships in the Persian Gulf. The rulers of the Omani coast and Bahrain (Bahrayn, Bahrein) signed agreements with Britain, 1820, pledging themselves against piracy and slave trading. For Britain this was the beginning of a formal responsibility for security in the Gulf. On 4 May, 1853, the sheiks of the Omani coast entered into an agreement with Britain never to engage in naval warfare in the Persian Gulf. Thus was made permanent a promise made in a series of temporary agreements, dating back to 1835, designed to halt armed disputes over rights to the Gulf pearl fisheries—war among the signatories not having been prohibited by the 1820 treaty for the suppression of piracy.

CLARENDON NOTE. In response to a Persian protest against increasing British association with the sheiks of Bahrain, which Persia considered as its domain, the British foreign secretary, Lord Clarendon, clarified the British position on the question, 29 Apr., 1869. The Clarendon Note, however, was later to be subject to differing interpretations by Britain and Persia. (*Cont. p. 360.*)

Aden

Britain established political relations with the rulers of the Aden area in 1799 as a precautionary measure against French moves in the Indian Ocean. On 6 Sept., 1802, a commercial treaty was signed between the East India Company and the ruler of the port of Aden, the sultan of Lahij. Britain forcibly occupied Aden, 19 Jan., 1839, after failing to persuade the sultan to sell it. Possession of the port was desired to facilitate a British steam service between India and Egypt, as well as for strategic reasons against the presence of Egyptian troops in Arabia. On 11 Feb., 1843, the sultan, having been unsuccessful in attempts to recapture the port, formally recognized British control in Aden. (*Cont. p. 360.*)

EGYPT AND THE SUDAN

1760–97

EGYPT IN 1760. The Ottoman Turks conquered Egypt in 1517 but retained the old ruling class, the Mameluke beys, as governors of districts under an Ottoman pasha. The beys' power steadily increased, however, and by the 18th cent. the pasha had become no more than a figurehead.

REVOLT OF ALI BEY. Ali ('Alī) Bey (1728–73), who had held the office of *Shaykh al-balad* (the highest Mameluke office under the Ottoman rule) since 1760, had by 1769 overcome all his rivals in Egypt, and deposed the pasha. Intervening, at the Ottoman sultan's request, in a dynastic quarrel in the Hejaz, he sent an expeditionary force under his retainer, Abu al-Dhahab (Abū al-Dhahab), which took Mecca in 1770. Abu al-Dhahab was then sent into Syria in 1771 to co-operate with the ruler of Acre, Dahir al-Umar (Ẓāhir al-'Umar) against the Ottoman governor at Damascus. Subsequently Abu al-Dhahab entered into an alliance with the Ottomans against Ali. When Ismail (Ismā'īl) Bey, who was dispatched by Ali to halt the advance of Abu al-Dhahab toward Cairo, also defected and joined Abu al-Dhahab, Ali took refuge in Acre, Apr. 1772. There he received arms and men from Russia and returned to fight Abu al-Dhahab. Defeated in battle on 1 May, 1773, he was captured and died soon afterward.

RULE OF IBRAHIM AND MURAD. Egypt was again a dependency of the Ottoman Empire, and Abu al-Dhahab launched a campaign against Dahir al-Umar during which he died, 1776. Ismail took over as *shaykh al-balad,* but he was opposed by Ibrahim (Ibrāhīm) Bey and Murad (Murād) Bey, former lieutenants of Abu al-Dhahab, who proceeded to rule conjointly. In 1786 the Ottoman government dispatched a force against these renegade Mamelukes, and succeeded in installing a new Ottoman pasha and reinstating Ismail Bey as *shaykh al-balad.* However, after the Ottoman withdrawal, 1787, and the death of Ismail, Jan. 1791, Ibrahim and Murad resumed their joint rule.

1798–1802

FRENCH OCCUPATION. In July 1798, Napoleon Bonaparte landed at Alexandria with an expeditionary force to conquer Egypt. This he regarded as the principal step toward undermining British influence in Asia. He tried to maintain cordial relations with the Ottomans, and appealed to the Egyptian people to help him replace the corrupt and exploitative rule of the beys with a truly Islamic and egalitarian regime. He defeated the forces of Murad and Ibrahim, and obtained Egyptian acquiescence in his rule. But on 1 Aug., 1798, Adm. Horatio Nelson destroyed the French fleet at the battle of Abukir Bay. The French also failed in a campaign to capture Murad Bey. On 22 Oct., 1798, dissatisfaction with the taxes and innovations imposed by Napoleon produced a popular revolt in Cairo which was led from the Mosque-University of al-Azhar. The revolt was promptly suppressed, but its causes persisted. In early 1799 Napoleon made an abortive expedition to Syria, and in July of that year the Ottomans, with British naval support, landed an army at Abukir, but suffered a serious defeat at Napoleon's hands. Appointing Gen. Jean Baptiste Kléber (1753–1800) governor of Egypt, Napoleon left for France Aug. 1799.

Ottoman military pressure forced Kléber to agree, 24 Jan., 1800, to evacuate Egypt. But when the British demanded that the French soldiers be treated as prisoners, Kléber resolved to fight on. In June he was assassinated by an al-Azhar student. The new French commander, Gen. Jacques François de Menou (1750–1810), had gained some popularity in Egypt for having professed Islam, but in Mar. 1801 the British landed at Abukir and began advancing toward Alexandria. The French were forced to agree to evacuate Cairo, 30 May, 1801, and Alexandria, 30 Aug., and their army embarked for France in Sept. Napoleon's Egyptian expedition awakened Europe to the area's strategic value in time of war.

1803–48

ACCESSION OF MOHAMMED ALI. After the French departed, the Ottomans took measures to eradicate the power of the Mamelukes. But the British, who did not leave Alexandria till Mar. 1803, provided protection for many of the beys. In May 1803, a revolt of the Albanian soldiers against the Turkish pasha, Mohammed (Muḥammad) Khosrev, forced the pasha to flee Cairo. In the ensuing struggle with the Turks, the commander of the Albanians, Mohammed Ali (Muḥammad 'Alī) (1769–1849), made an alliance with the Mameluke beys. The allies defeated Khosrev Pasha at Damietta and Ali ('Alī) Pasha Jazairli (the new Ottoman governor of Egypt) at Rosetta. In the struggle for power between Mohammed Bey al-Alfi and Osman ('Uthmān) Bey al-Bardisi, the Albanians sided with the latter, while yet a third Ottoman governor, Khurshid (Khūrshīd) Pasha, endeavored to enforce his authority. Although the Mamelukes now closed ranks, they were unable to overcome the forces of the pashas, and retreated to Upper Egypt. On 12 May, 1805, a delegation of ulema complained to the judge against the misconduct of Khurshid and his troops, and on 14 May another delegation invested Mohammed Ali with vice-regal powers, which he accepted.

DECLINE OF MAMELUKE POWER. Khurshid opposed Mohammed Ali's rule and asked the beys for support. Fighting in Cairo did not cease until the Ottoman government confirmed Mohammed Ali as governor of Egypt. Outside Cairo, Mohammed Ali's authority continued to be challenged by the beys, by the forces that had fought under Khorshid, and by many Albanians who deserted Mohammed Ali to join his rivals. On 17 Aug., 1805, Mohammed Ali caused the slaughter of many beys whom he had tricked into coming to Cairo by false promises of safety. The Ottoman government's support of the Mamelukes became less firm when Mohammed Ali sent large tribute payments to Istanbul.

BRITISH INVASION. On 17 Mar., 1807, the British landed 5,000 men in Alexandria, expecting to join forces with a leading Mameluke, al-Alfi, against Mohammed Ali. Learning that al-Alfi had died on 30 Jan., they sought the co-operation of the other beys. Most beys, however, chose to side with Mohammed Ali against the invaders. The British suffered a serious defeat at Rosetta, and after costly battles at Hamad and Alexandria evacuated Egypt on 14 Sept., 1807.

CAMPAIGN AGAINST THE MAMELUKES. Despite Mohammed Ali's concessions to the Mameluke beys, they continued to resist him. On 2 occasions in 1811 he caused the massacre of a number of prominent beys whom he had deceived into coming to Cairo as his guests. He then ordered the indiscriminate killing of Mamelukes throughout the country. Some fled south to Nubia, only to be attacked by forces sent after them, 1812. The survivors retreated farther south to Dongola.

INVASIONS OF ARABIA. In 1811 Mohammed Ali, following the order of his sovereign, the Ottoman sultan, sent an expeditionary force to subdue the Wahabis in Arabia. His troops occupied the Hejaz, and in 1813 he himself visited Mecca, and deposed the newly restored Sherif (sharīf). In 1815 a truce with the Wahabis suspended hostilities. In 1816 he sent a new expedition to Arabia led by his son Ibrahim (Ibrāhīm). In 1818 Ibrahim defeated and captured the Wahabi ruler, and suppressed opposition to Egypt's supremacy in Arabia.

INVASION OF THE SUDAN. In 1820 Mohammed Ali decided to conquer the Sudan to obtain control of the lucrative caravan trade passing through the area, and to exploit the reputed gold mines of the Funj Sultanate of Sennar (Sennār). He also saw in this campaign an opportunity to employ his dissatisfied troops and to obtain slaves to build a new army. He conquered Nubia, Sennar, and Kordofan, founded Khartoum, and temporarily gained control of the ports of Suakin and Massawa.

AGRARIAN REVOLT. Peasant reaction to Mohammed Ali's rule was demonstrated by risings in Upper Egypt, 1820–24, as well as by flight to other villages, to the towns, and even across the frontier to Syria.

CAMPAIGN IN GREECE. To suppress the Greek revolution for independence, the Ottoman government sought Mohammed Ali's assistance. In Mar. 1825, Egyptian troops led by Ibrahim landed in the Morea. The Egyptian navy wrested control of the sea from the Greeks, and on land the Greeks were overwhelmed by the Egyptian army. On 20 Oct., 1827, a combined British-French-Russian naval force destroyed the Turko-Egyptian fleet at Navarino. In Aug. 1828 Britain sent a fleet to Alexandria and induced Mohammed Ali to withdraw his army from Greece.

OCCUPATION OF SYRIA. In return for Mohammed Ali's support against the Greeks, the Ottoman government had promised him the government of Syria and the Morea. When this promise was not fulfilled, Mohammed Ali's forces invaded Syria, 1831. On 27 May, 1832, Acre was captured and on 21 Dec. the Ottoman forces under the grand vezir were defeated at Konya in Asia Minor. Active intervention by the Powers produced the Agreement of 14 May, 1833, between Mohammed Ali and the sultan. This agreement conferred on Mohammed Ali the governorship of Syria. An Ottoman attempt to regain control of Syria in the spring of 1839 was frustrated by the Egyptians. Egyptian successes were threatening the very survival of the Ottoman Empire, and the Powers again decided to intervene. On 13 Feb., 1841, the sultan appointed Mohammed Ali, who agreed to withdraw from Syria, governor of Egypt and the Sudan for life. Another royal decree, 1 June, 1841, made the government of Egypt hereditary in Mohammed Ali's family.

Old age incapacitated Mohammed Ali before his death on 2 Aug., 1849; his son, Ibrahim, assumed the government, Sept. 1848. Chief among the accomplishments of Mohammed Ali was the creation, by 1823, of a European-style military force, with the aid of French advisers. To sustain his army and navy, and to enrich himself, Mohammed Ali launched an impressive program of economic development and industrialization. He promoted, beginning in 1822, the cultivation of cotton in the Delta. He made major contributions to the introduction of a European system of education in Egypt.

1848–70

RULE OF ABBAS I. Ibrahim Pasha died in Nov. 1848, and was succeeded by Abbas ('Abbās) I (ruled 1848–54). Disliking European ways, the new ruler tried to halt, and even reverse, the process of modernization. Yet in 1851 Abbas was induced by Britain to grant George Stephenson a contract to build Egypt's first railway, between Cairo and Alexandria. In July 1854, Abbas was murdered by his guards.

RULE OF SAID. Abbas' successor was Mohammed Ali's son, Said (Sa'īd) Pasha (ruled 1854–63). In 1854 Said gave permission for the opening of the British Bank of Egypt, and in 1856 he granted a Frenchman, Ferdinand de Lesseps (1805–94), a concession to build a Suez canal. Said's borrowing from European financiers started Egypt's national debt. He died Jan. 1863.

RULE OF ISMAIL. Ibrahim Pasha's son, Ismail (Ismā'īl) (ruled 1863–79), succeeded Said. By increasing his tribute to the Ottoman government, in 1866 Ismail obtained the right of primogeniture for his family. In 1867, as a sign of further independence, he received from the Ottoman sultan the title of khedive of Egypt. Ismail had been educated in Europe and made strenuous efforts to modernize his country with the help of European and American advisers. Many construction projects were given to European contractors. On 17 Nov., 1869, the Suez Canal was opened. The modernization program, and the heavy costs of ruling and garrisoning the Sudan and of opposing Ethiopia to the south, rapidly exhausted the country's resources, forcing it into more and more borrowing from Europe. (*Cont. p. 360.*)

NORTH AFRICA

1760–1829

NORTH AFRICA IN 1760. In the 18th cent., North Africa (less Morocco) was nominally part of the Ottoman Empire, but in fact almost entirely independent of Turkish control. Tripoli was ruled by the Qaramanli family, Tunis by the beys of the Husainid dynasty, and Algiers by a dey. During the 18th cent. there was a decline in prosperity. Privateering became more difficult and less rewarding, and the rulers pressed more heavily on the population. Distress was increased by plague and famine.

From 1666 Morocco had an indigenous ruling dynasty, the Alawite. Of the Arab-

Berber indigenous population of the Maghrib (North Africa), the Moroccans were perhaps the most resistant to foreign rule. The Alawite dynasty, over the years, established commercial relations with Britain, France, and Spain, thus enhancing the international status of Morocco as a sovereign state.

FOREIGN RELATIONS. The Maghrib offered commercial attractions to the countries of Europe and, after 1786, to the U.S. The region, particularly Morocco, also increased in strategic importance. The rulers of the Maghrib similarly found relations with Europe beneficial. Sidi Mohammed ibn Abd Allah (Sīdī Muḥammad ibn 'Abd Allāh) (ruled 1757–89) of Morocco signed a treaty with Spain, 28 Mar., 1767, and Ali ('Alī) Pasha of Tripoli a treaty with France, 12 Dec., 1774. Morocco was the 1st country in the Maghrib to recognize the U.S. in a treaty of amity signed 28 June, 1786. By 1817, European diplomatic agents were established at Tangier, Morocco. Algiers also had diplomatic relations with Britain, Portugal, France, and the U.S. by the beginning of the 19th cent.

BARBARY CORSAIRS. European commercial relations with the Maghrib were complicated by the presence of the Barbary corsairs. From the days of the Barbarossa brothers in the 16th cent., the Mediterranean Sea had been infested by pirates. Many were European renegades. Their activities extended as far as the North Sea and even Iceland, and so serious was the menace they posed that the subjects of European states ventured into the Mediterranean only after meeting the demands made by the rulers of the Maghrib for substantial annual tributes. The 1st serious attempt to subdue the pirates was in Aug. 1775, when a Spanish fleet, under Count Alexander O'Reilly (1722–94), an Irish soldier of fortune, stormed Algiers. The U.S. began a policy that broke the tradition of paying tributes by going to war with Tripoli, 1801–5, and with Algiers, 1815. In Aug. 1816 British and Dutch ships, under Lord Exmouth (1757–1833) and Baron van der Capellen, bombarded Algiers, Tunis, and Tripoli, releasing over 3,000 European slaves.

1830–70

FRENCH CONQUEST OF ALGIERS. The French invasion of Algeria was undertaken by Charles X as a safety valve for political discontent in France. The immediate causes were a financial dispute with the dey of Algiers and an alleged insult to the French consul, Pierre Deval. After blockading Algiers for over 2 years, a French expedition under Gen. Louis Bourmont (1773–1846) landed at Sidi Ferruch, 14 June, 1830. The dey capitulated 5 July, 1830. On 22 July, 1834, King Louis Philippe declared Algiers a French possession.

ABD AL-QADIR. The indigenous Arab-Berber population of Algeria resisted the French invasion, particularly resenting the expropriation of the land by European settlers. Under Abd al-Qadir ('Abd al-Qādir) (b. 1808), a resistance movement developed. He was proclaimed sultan by his followers, 22 Nov., 1832, and was recognized by the French as an independent sovereign, 26 Feb., 1834. By this time more than two-thirds of Algeria was under his control. He established a kind of federal government, based on tribal equality, and divided the country into eight *khalifaliks* (provinces) with a hierarchy of administrative officers. From 1835 on, he launched a full-scale war against the French, formally proclaiming the jihad (jihād, holy war) in Nov. 1839. In Oct. 1847, however, he was obliged to surrender and was exiled to France. He failed because of the superiority of the French military forces led by Gen. Thomas Robert Bugeaud, and because his centralizing policies caused resentment and suspicion. Few Algerians shared his vision of a unified state. Resistance against the French continued after 1847, especially among the Kabyles.

ALGÉRIE FRANÇAISE. The French invasion of Algeria was followed by formal colonization, beginning in 1840 with the appointment of Thomas Robert

Bugeaud (1784–1849) as gov. gen. Bugeaud began the policy of "l'Algérie Française." Central to this policy was the granting of Algerian land to European settlers (*colons*). European immigration was encouraged, free grants of land were made, and the army helped in building roads and in planting settlements. By 1847 there were 110,000 *colons,* made up of French, Spanish, Italian, Maltese, German, and Swiss elements. A decree of 4 Mar., 1848, made Algeria an integral part of France, and colonization increased rapidly after that date. Although Algerian indigenous inhabitants were, in 1863, recognized as the rightful owners of the land, and some attempts were made to safeguard their communal and individual rights, their hostility to the encroachments of the Europeans steadily increased. A decree of Oct. 1870 put the administration of Algeria directly under 3 departments of the French Ministry of the Interior.

MAINTENANCE OF MOROCCAN INDEPENDENCE. The French occupation of Algeria had repercussions elsewhere in the Maghrib. Support given to Abd al-Qadir by Morocco led to war with France, 1844, and the Moroccans sustained defeat at the Battle of Isly, 14 Aug. Spain, concerned for the safety of her Moroccan fortresses, also declared war, inflicting a heavy defeat on the Moroccans, and exacted an indemnity of some £4 m. Britain's concern for Moroccan integrity and her commercial interests there made it possible for the Moroccan government to raise loans in London to pay off the Spaniards. The defeats suffered by Morocco led to some efforts at military and administrative reforms under Sultan Mohammed Abd al-Rahman (Muḥammad 'Abd al-Rahmān) (ruled 1859–73).

TUNIS PUBLIC DEBT. France supported internal liberal reforms in Tunis, 1857 and 1861, although these remained largely on paper. Increasing demands for taxes to meet the bey's deteriorating financial situation led to revolts, 1864–67. Loans were raised in Europe, and as the financial position of the Tunis government worsened, France, Britain, and Italy established an International Commission, 1869, to take charge of the bey's finances.

THE SANUSIYYA. In Mar. 1835, Turkey reasserted her control over Tripoli. The Qaramanli dynasty was removed and a new governor appointed, directly responsible to the Ottoman sultan at Istanbul. This 2nd Turkish regime did not succeed any better than the 1st in exercising control over the interior. The Sanusiyya (Sanūsiyya) brotherhood, established in 1843 in Cyrenaica by al-Sayyid Mohammed ibn Ali al-Sanusi (Muḥammad ibn 'Alī al-Sanūsi) (1791–1859), galvanized tribal life. The brotherhood established over 100 *zawiyas* (lodges) throughout Cyrenaica, Tripolitania, and the Fezzan, which served as centers of learning, culture, and commerce. (*Cont. p. 333.*)

Tropical Africa

WESTERN SUDAN

1760–1825

ASCENDANCY OF THE FULBE. The late 18th and early 19th cents. saw the creation of Moslem theocratic states throughout the western Sudan. Leadership for the jihads (jihāds, holy wars) that produced these states was drawn mostly from the clerical caste of the Fulbe (Fulani, Peul) people, who had been migrating eastward from their area of origin in the basin of the Sénégal to the Niger Bend, into Hausaland and Bornu, and as far as Adamawa (Adamāwa). By the 18th cent. the Fulbe consisted of 2 distinct groups: town dwellers (predominantly Moslem) who provided the political and economic leadership, and pastoral nomads (not yet Islamized) who supplied, when it was required, most of the Fulbe cavalry.

RISE OF GOBIR. In Hausaland there were many independent states, the strongest being Kano and Gobir. Wars among them were frequent and indecisive, but Gobir's conquest of Zamfara, 1764, increased its power and made it a threat to its neighbors.

JIHAD IN FUTA JALON. Toward the end of the 18th cent., the Fulbe of Futa Jalon (northern Guinea) attained dominance over the local peoples due to the efforts of the cleric, Ibrahim Musa (Ibrāhīm Mūsā), and the war leader, Ibrahim Sori (Ibrāhīm Sōri) (d. c. 1784). The followers of these men formed 2 competing parties which fought a series of civil wars in Futa Jalon to determine who should hold office as patriarch (almāmi). In 1837 a compromise was agreed on: patriarchs elected by each party were to exercise power turn and turn about. Continuing dissensions, however, weakened Futa Jalon later in the 19th cent.

JIHAD IN FUTA TORO. A theocratic state was founded in Futa Toro (Sénégal) by clerics led by Tyerno Sulaiman Bal (Tyērno Sulaimān Bal) (d. 1776). Bal's successor, Abd al-Qadir ('Abd al-Qādir) (c. 1728–1806), defeated the Trarza Moors of Mauritania, 1786–87, and established Futa Toro rule along the left bank of the River Sénégal.

JIHAD OF UTHMAN DAN FODIO. A Fulbe cleric in Gobir, Uthman ('Uthmān) dan Fodio (1754–1817), accused the kings of Hausaland of laxity in their Islamic observances. Attacked by the *sarki* (king) of Gobir, he escaped, 21 Feb., 1804, and proclaimed the jihad, issuing flags to all who were willing to strike down the infidels and bring about a Moslem reformation movement. Kebbi and Zaria fell to Uthman's flag bearers in 1805, Katsina in 1807, Daura and Gobir in 1808, and Kano in 1809. By 1810 the Fulbe and their allies controlled the whole of Hausaland.

RULE OF AL-KANEMI. When the Fulbe attempted to conquer Bornu and succeeded in taking the capital, N'gazargamu, 1808, and driving out the *mai* (king), Bornu's independence was maintained by the Kanembu cleric, Mohammed al Amin (Muḥammad al Amīn), known as al-Kanemi (al-Kānemī) (d. 1835), who became its de facto ruler. He built his own capital at Kukawa (Kūkawa), 1814, and defended Bornu against further attacks by the Fulbe and by Wadai, 1824.

THE EMPIRE OF SOKOTO. Uthman dan Fodio's conquests were ruled by his son, Sultan Mohammed (Muḥammad) Belo (d. 1837), from Sokoto (founded 1809) and by his brother, Abd Allah ('Abd Allāh) (1766–1829), from Gwandu. Together the 2 regions constituted the Sokoto Empire. Under Sokoto's control trade flourished and the influence of Islam spread widely.

KINGDOM OF MASINA. The Fulbe leader Seku Ahmadu (Shaikh Ḥamad, 1775–1844) declared jihad against both Gurari Dyalo (Dyālo), king of Masina, and Da Dyara (Dyāra), king of Segu, defeated them, and established the Fulbe theocratic state of Masina, with its capital at Hamdullahi (Ḥamdullāhi, founded 1815).

1826–70

TUKOLOR EMPIRE OF AL-HAJJ UMAR. Umar ibn Said Tal ('Umar ibn Sa'īd Tal) (c. 1797–1864), a Tukolor cleric born in Futa Toro, after a prolonged visit to the Holy Places of Islam, 1826–34, and residence in Sokoto, 1835, and Masina, 1838, established a military base at Dingiray in northern Guinea in 1845. He recruited followers and bought arms and ammunition with funds obtained from exploiting the gold mines of the area and from trading in religious objects. In 1853 he felt strong enough to declare the jihad. He captured Nyoro in Karta (Kārta) in 1854, Segu in 1861, and Masina in 1862. Much of his support came from the Tijaniyya (Tijāniyya) religious brotherhood, of which he was khalifa for the western Sudan. The struggle against Masina, however, overtaxed his resources. He was besieged in Hamdullahi and managed to escape south to

Bandjagara (Bandjāgara), but died there in 1864. His son, Amadu Seku, succeeded to the Tukolor Empire. (*Cont. p. 335.*)

ETHIOPIA

1760–1840

ETHIOPIA IN 1760. The 18th cent. saw the collapse of the Ethiopian monarchy and the division of the empire into a number of independent provinces. Of these the most important were Tigre (Tigrē) in the north; Wag-Lasta, Simen (Simēn), Begemdir (Bēgēmdir), Gojam, and some smaller provinces in the center; and Shewa in the south. In the past outside support had helped to bolster the dynasty (which claimed descent from King Solomon and the Queen of Sheba) against intrusions from the Moslem kingdoms of Somalia and from the Funj Sultanate of Sennar. But from the expulsion of the Jesuits in 1632 onward, the rulers of Ethiopia discouraged contact with outsiders.

ZEMENE MESAFINT. The "age of princes" (*Zemene Mesafint*) in Ethiopian history began in 1769 when Ras Michael (Mīka'ēl) Sihul of Tigre murdered 2 kings of the royal line within 6 months and became the most powerful man in the kingdom. He ruled from the capital, Gonder, and was visited there, 15 Feb., 1770, by the Scottish explorer, James Bruce. Ras Michael never succeeded in establishing a centrally organized state, and was continuously involved in political and military struggles with other provincial governors. The enthronement and deposition of rival puppets drawn from the Solomonic line continued for 100 years. One of these, Tekle Giyorgis (Gīyorgīs) Fiqr Segid, for example, was put on the throne and removed from it 6 times during the period 1779–1800.

1841–70

RISE OF KASA. A minor Kwara chief, *lij* Kasa (b. c. 1820), unified Ethiopia after many decades of confusion and civil war. In Oct. 1846 he invaded and pillaged Dembiya and in Jan. 1847 occupied Gonder, the capital. At the battle of Iloha, 18 June, 1847, he defeated the forces of Menen, queen mother of Gonder, and on 27 Nov., 1852, those of *dejazmach* Goshu of Gojam. On 12 Apr., 1853, he overcame the combined armies of Ras Ali of Gonder and *dejazmach* Wibe (Wibē) Hayle Maryam of Simen, burned Ali's capital in May, and on 29 June defeated Ali again at the Battle of Ayshal. When on 9 Feb., 1855, he once again beat Wibe at the Battle of Deresge (Deresgē), he became master of the whole country. Two days later, 11 Feb., he was crowned King of Kings of Ethiopia as Theodore (Tēwodros) II.

RULE OF THEODORE II. Theodore was a brave war leader and a fanatical supporter of the Ethiopian Church. He began the process of Ethiopian modernization, outlawing many antiquated practices and breaking up independent provinces into smaller units of administration ruled by his own nominees. But his government rested entirely on force. Toward the end of his reign (1855–68) he became increasingly authoritarian and arbitrary.

BRITISH INVASION. A series of diplomatic blunders led to the imprisonment of a number of Englishmen at Magdala (Meqdela), Theodore's capital. Sir Robert Napier (1810–90) commanded a British rescue expedition. After a march of great difficulty, Napier's army of 2,000 men met 4,000 Ethiopians on the plain of Aroge (Arogē) below Magdala fortress. The Ethiopians faced modern weapons with great bravery, but were defeated, 10 Apr., 1868. Theodore withdrew into the fortress and, when the British entered it, shot himself. Napier made no attempt to settle the succession, freed the prisoners, and withdrew from Ethiopia at the end of May.

STATES OF THE WESTERN FORESTS AND COASTS

1760–1870

WEST AFRICA IN 1760. In the 18th cent. the peoples of the West African coasts and forests were closely involved in the slave trade. Profits were so great that competition among them was intense. This was particularly true in the forest states, which were dependent on middlemen for export of slaves and import of European goods. European knowledge of the interior of West Africa was limited to the Senegambia region, where the French had been active since the 17th cent.

Senegambia to the Ivory Coast

COLONY OF SENEGAMBIA. Commercial rivalry in the Senegambia region between the French and the British was always strong and, in time of war, violent. At stake were the profits from the export of slaves, gum, and wax, and both contestants hoped eventually to control the gold mines of the interior. After the outbreak of the Seven Years' War (1756–63), the British navy conquered the most important French posts in the region, 1758, and on 19 Apr., 1764, the British Company of Merchants Trading to Africa was given permission to govern them. In 1765, mismanagement caused Parliament to institute a government based on that of the Crown Colonies of America. French traders undermined the colony, however, because those responsible on the British side failed to integrate the hinterlands with the coast. During the American Revolutionary War, the French navy recaptured the former French posts, and by the Treaty of Versailles, 20 Jan., 1783, Britain ceded them to France.

PROVINCE OF FREEDOM. When the Mansfield Decision, 1772, freed slaves in Britain, the proposal was made that, since the large numbers of unemployed former slaves were a threat to law and order, they should be transported. Under the auspices of a committee led by Granville Sharp (1735–1813), 400 settlers established the "Province of Freedom" at St. George's Bay, 15 May, 1787. Plagued by disease, crop failure, and the hostility of the local Temne, the experiment was terminated in 1790.

COLONY OF SIERRA LEONE. Granville Sharp, together with other abolitionists, such as Thornton, Wilberforce, and Clarkson, then formed the Sierra Leone Company. In Feb.–Mar. 1792, 1,100 former slaves and 100 whites were settled at Freetown. The company attempted to correct many of the mistakes of 1787, but friction continued between colonists and Temne. A French naval attack of 28 Sept.–13 Oct., 1794, destroyed much of Freetown. In 1800 the colonists were in open rebellion against the Company, and in 1801–2 a war was fought with the Temne. When Britain prohibited the slave trade for British subjects, 25 Mar., 1807, it became desirable for the British navy to have a harbor and refreshment station on which an antislave-trade naval squadron could be based. On 1 Jan., 1808, therefore, Sierra Leone, with its excellent harbor at Freetown, became a British crown colony. The population of Sierra Leone Colony was augmented by (1) the "Nova Scotians" (loyalist ex-slaves freed after the American Revolutionary War); (2) the "Maroons," former runaway slaves from Jamaica; and (3) slaves freed by the British navy from captured slave ships and taken to Freetown.

FOUNDATION OF LIBERIA. The example of Sierra Leone appealed to a number of American opponents of slavery. In Feb. 1816, Capt. Paul Cuffee landed 34 black settlers from the U.S. at Freetown. An American Colonization Society was formed, 28 Dec., 1816, and, in Mar. 1820, 80 colonists attempted to settle at Sherbro Island. The land, however, was found unsuitable for cultivation, many settlers died from disease, and the remainder were driven away by the indigenous inhabitants. A further 33 settlers arrived at Freetown, Apr. 1821. Through determination and the use of force, the American Colonization Society secured a treaty, 15 Dec., 1821, from local chiefs, and the 1st effective colonization of what was to become Liberia took place at Cape Mesurado early in 1822. The settler population of Liberia grew from 150 in 1824 to 2,000 in 1834.

REPUBLIC OF LIBERIA. During the 1830's, separate and competing settlements were being formed in Liberia. Despite British rejection of the American Colonization Society's claim to possess sovereign rights over a portion of the

West African coast, the U.S. government refused to annex Liberia as a colony, and the Society was finally forced to abandon its responsibility for the settlers, who proclaimed their independence, 26 July, 1847. American diplomatic recognition was withheld until 21 Oct., 1862. Meanwhile Liberia gradually enlarged itself by purchase and conquest of territory from surrounding tribes.

FRENCH ACTIVITIES. In 1817 the French regained the control of the trading posts in the Sénégal which they had lost during the Revolutionary and Napoleonic wars, and extended their commercial activities southward during the 1830's and 1840's. Édouard Bouët secured rights of occupation for France from chiefs on the Ivory Coast and in Gabon. In Dahomey, the Marseille firm of Régis reopened commercial ties at Whydah.

FAIDHERBE IN SÉNÉGAL. Louis Léon César Faidherbe (1818–89) was appointed governor of Sénégal in 1854. He saw the need to free the trade routes to the interior from imposts and tolls if French mercantile activity was to prosper. By 1861, through persuasion and force, he had come to terms with al-Hajj Umar (al-Ḥājj 'Umar), deposed some unco-operative rulers of coastal states, secured various trade routes, and constructed a number of forts in the interior. The French thrust into the western Sudan dates from his 2nd term of office, 1863–65.

Gold Coast to the Oil Rivers

ASHANTI AND THE BRITISH. In the mid-18th cent. the Ashanti of the Gold Coast, like other forest dwellers of West Africa, competed for the profits of the slave trade. The Fon kingdom of Dahomey, the Yoruba kingdom of Oyo, and the city-states of the Oil Rivers were all engaged in a continuing economic and political rivalry. Under the *asantehene* (king of Ashanti) Osei Kojo (ruled 1764–77), the Ashanti won a number of battles against states to their south, but failed to clear the routes to the coast of toll collectors. The Ashanti were able, however, to secure a steady supply of arms and ammunition. Between 1807 and 1816, under the *asantehene* Osei Bonsu (ruled c. 1801–24), they won decisive victories over the coastal Fanti and over the Akim, Akwapim, and Wasa. In 1817 a British mission to Kumasi, the Ashanti capital, secured a treaty of friendship, 7 Sept. A second treaty was negotiated, 23 Mar., 1820, but was not ratified.

On 3 July, 1821, the British crown assumed control over the Gold Coast forts from the Committee of Merchants. War broke out between the British and Ashanti in June 1823, due mainly to jurisdictional conflicts and to a misunderstanding of Gold Coast affairs by the new British governor, Sir Charles MacCarthy. In 1824, MacCarthy took the field in person against the Ashanti army and was defeated and killed at the Battle of Bonsaso, 21 Jan. On 7 Aug., 1826, the British avenged this loss by overwhelming the Ashanti at the Battle of Katamanso. In 1828, responsibility for the administration of Gold Coast forts was returned by the crown to the Committee of Merchants.

GEORGE MACLEAN AND THE BOND OF 1844. George Maclean (1801–47), appointed president of the Council of Merchants on the Gold Coast, 8 Jan., 1830, saw the need for a just treaty with the Ashanti, and on 27 Apr., 1831, arbitrated an agreement which ensured an extended period of peace. His forceful and persuasive personality aided him in creating an informal protectorate over the coastal areas, and some Fanti chiefs acknowledged the extension of British jurisdiction into the interior. By 1840, Maclean's influence had helped to treble the trade of the Gold Coast. Maclean had his detractors, however, in both Britain and the Gold Coast, and on 24 Aug., 1843, the crown resumed responsibility for the area. A bond signed, 6 Mar., 1844, between Britain and the Fanti chiefs provided legal justification for British sovereignty.

DECLINE OF OYO AND THE YORUBA WARS. The Empire of Oyo (western Nigeria) declined during the late 18th and early 19th cents. The revolt of Afonja, 1824, led to Fulbe (Fulani) control over Ilorin and the imperial capital, Old Oyo, was abandoned c. 1835. The Fulbe were, however, thrown back by the Yoruba at the Battle of Oshogbo, c. 1840. Meanwhile Oyo's former Yoruba vassal states had begun fighting among themselves. The Owu War, c. 1820–26, and the Ijaye War, 1860–62, were the main engagements, the latter being fought between the Ibadans and the Egba of Abeokuta.

DAHOMEY UNDER GEZO. At the death of King Abandozan (ruled 1797–1818), Gezo (ruled 1818–58) attained power in Dahomey, helped by the Portuguese mulatto slave dealer, Francisco de Souza. Gezo participated in the illegal slave trade and intervened in the Yoruba civil wars, attacking Abeokuta in 1851.

OIL RIVERS OF NIGERIA. Following the prohibition of the British slave trade in 1807, British commercial interests in the Oil Rivers (Niger Delta) encouraged the transition from the slave to the "legitimate" trade. Palm oil, the main product of the region, was in heavy demand in Britain. Attempts were made to restrain the illegal slave trade by inducing local rulers, such as King William Dappa Pepple (1817–66) of Bonny, to sign treaties, but with little effect. The appointment of John Beecroft as British consul for the Bights of Benin and Biafra, 30 June, 1849, however, signaled increasing official British concern, and in 1852 the British government agreed to subsidize steamers plying regularly between West Africa and Liverpool.

COLONY OF LAGOS. Beecroft and others were convinced that Dahomey could be prevented from trading in slaves if support were given to the Egba of Abeokuta in their struggle against King Gezo. The position of British missionaries and merchants, moreover, would be strengthened if a port on the coast of Yorubaland were under British control. Accordingly, a British force landed at Lagos, Dec. 1851, deposed the *oba* (king) Kosoko, and replaced him with the more pliable Akitoye, who signed a treaty accepting British protection, 1 Jan., 1852. Trade between the Lagos coast and Yorubaland, however, did not flourish. To enforce more favorable commercial conditions the British annexed Lagos, 6 Aug., 1861, and made it a crown colony.

PARLIAMENTARY SELECT COMMITTEE, 1865. Despite the many increases in British influence on the West African coast during the first half of the 19th cent., the British Parliament remained reluctant to add to these responsibilities. The Colonial Office refused to accept territories newly acquired by the government of Sierra Leone. On the Gold Coast, officials temporized with the Ashanti problem, violating the spirit of Maclean's treaty of 1831, and in 1863 their inept diplomacy provoked another war in which the Ashanti defeated the British government's allies. A parliamentary select committee recommended, 26 June, 1865, that Britain should gradually withdraw from her West African possessions, except Sierra Leone. No action was taken, however, and both Britain and West Africa were soon to become involved in the "Scramble for Africa." (*Cont. p. 335.*)

STATES OF THE EAST AND CENTER

East Coast

1760–1826

THE EAST COAST IN 1760. During the 18th cent. the Arabs of Oman in the Persian Gulf established control over the ancient commercial city-states of the East Coast of Africa. Toward the end of the century, however, many local governors were able to make themselves virtually independent, and the traditional authorities of the area found Omani rule to be oppressive. The sultan of Kilwa appealed to Goa and Mozambique for protection, but the Portuguese were not strong enough to dominate the northern East African Coast.

FRENCH TREATY WITH KILWA. The French needed additional labor for their sugar, coffee, and cotton plantations on Réunion and Île de France. By an agreement of 14 Oct., 1776, the sultan of Kilwa agreed to provide a French trader, Morice, with 1,000 slaves per year.

IMMIGRATION FROM INDIA. Indian traders, on the coast since c. 1500, began to settle in ever-increasing numbers, particularly at Zanzibar. By 1811 the Indians were such an important sector of the commercial community that Capt. Smee protested their taxation, as they were British citizens.

SAYYID SAID. In 1806 Sayyid Said (Sa'īd) ibn Sultan (ruled 1806–56) succeeded to the throne of Oman. His East African domain, over which his predecessors had exercised only indirect control, was secure only at Zanzibar, Pemba, Mafia, and Kilwa. In 1814, the Mazrui rulers of Mombasa, a dynasty which had first asserted its independence from Oman in 1741, defied Sayyid Said, and appealed for protection to the British at Bombay. By 1822 the sultan's forces had secured the coastal islands of Pate, Brava, and Lamu.

OWEN'S PROTECTORATE. On 22 Sept., 1822, Said agreed to a treaty making illegal the sale of slaves in his dominions to the subjects of Christian powers. The treaty also provided for a British agent to be posted at Zanzibar and implied British recognition of Said's East African domain. On 7 Feb., 1824, Capt. William Owen (1774–1857) arrived off Mombasa while Said's fleet was bombarding the Mazrui stronghold of Fort Jesus. Hoping to aid in halting the slave trade, Owen intervened and established a protectorate, 9 Feb., 1824. The Mazrui only wanted British protection of their slaving activities, however, and the British could not afford disruption of their relations with Said in the Persian Gulf. After prolonged negotiations, the British forces withdrew, Oct. 1826.

1827–70

DEFEAT OF THE MAZRUI. Soon after the British withdrawal, Sultan Said sent a fleet to Mombasa, but secured only the temporary submission of the Mazrui. Another attempt in 1829 also failed. The next visit of the sultan, in 1832–33, included a futile plea to Madagascar for troops. Finally, in 1837, he secured the downfall of the Mazrui at Mombasa by fraud rather than force and had the family deported to the Persian Gulf. Said was now master of the coast. In 1841 he settled permanently at Zanzibar.

RELATIONS WITH FOREIGN POWERS. On 21 Sept., 1833, Said signed a treaty of friendship and commerce with the U.S.A. and on 17 Nov., 1844, a similar agreement with France. In 1841 a British consul was stationed at Zanzibar.

TRADE WITH THE INTERIOR. Arab trading caravans had begun moving inland from the coast c. 1780. By the 1830's, Sultan Said was sending regular trading expeditions hundreds of miles into the interior. Independent traders joined the caravans for protection. In 1844 contact was made with the capital of Buganda, and by 1851 the caravans were moving west of the Great Lakes. The trade was largely financed by the Indian moneylenders at Zanzibar, who were encouraged by Said. Between 1840 and 1860, the Indian population of the island increased from 1,000 to 6,000.

CHRISTIAN MISSIONS. Johann Ludwig Krapf (1810–81) of the Church Missionary Society arrived in East Africa in 1844 and was welcomed by Sultan Said. His activities were restricted mainly to Mombasa, but he and his associate, Johann Rebmann (1820–76), became the first Europeans to sight Mts. Kenya and Kilimanjaro. In 1860 a French Catholic mission, which included 2 Holy Ghost fathers, arrived. This was followed by a party of the United Methodist Free Churches in 1862 and by the Universities' Mission to Central Africa in 1864.

RULE OF MAJID. In 1856 Sultan Said died and his son, Majid (1835–70), succeeded to a throne that was now separate from that of Muscat and Oman. Zanzibar's importance as a commercial center at this time is shown by the fact that total revenues exceeded £50,000 by 1859. They had steadily increased during Said's reign: 1828, £10,000; 1834, £20,000. The primary exports were ivory, cloves, gum copal, cowries, and sesame; imports included cottons, rice, beads, brass wire, gunpowder, muskets, and provisions. During Majid's reign, British influence in Zanzibar increased considerably.

The Interior

THE STATE OF BUGANDA. The most powerful state in the interior of East Africa was Buganda, lying to the north of Lake Victoria. *Kabaka* (King) Semakokiro (ruled 1797–1814), according to tradition, became extremely wealthy through the ivory trade. Buganda had expanded considerably by his time, and was moving from a feudal to a bureaucratic state system. Semakokiro's royal monopoly over the ivory trade produced greater centralization, as the monarch could reward loyal supporters with goods as well as land. Although the *kabaka's* rule was autocratic, Buganda's society was fluid, allowing commoners to advance in wealth, power, and prestige. The Baganda were thus receptive to Moslem and Christian influences in the 19th cent., and conditions were favorable for material and social change.

TRADE IN THE INTERIOR. The 1st direct contact between Buganda and the coastal Arabs took place in 1844 during the reign of *Kabaka* Suna (ruled 1836–56). The main exports were ivory and slaves, and the main imports were cloth and guns. Other tribes of the interior were involved in commercial ties to the coast in the early 19th cent. Primary among them were the Nyamwezi, who controlled the route east from Lake Tanganyika. Ivory and slaves were their main exports, but some copper found its way to the coast from Katanga. By the mid-19th cent., however, the Zanzibaris controlled most of the trade, for they had guns and access to credit.

MUTESA OF BUGANDA. Mutesa (ruled 1856–84) made the role of *kabaka* of Buganda almost completely secure through sophisticated political maneuvering. His kingdom's expansion was virtually complete at this date; he sought only internal prosperity and political influence over his neighbors.

KABAREGA OF BUNYORO. One of Buganda's rivals, situated to the north, was Bunyoro. By 1869, the date of the accession of Kabarega to the throne of Bunyoro, that kingdom had largely recovered from earlier economic and political impoverishment. Trade contacts with "Khartoumers" (merchants from the basin of the Upper Nile) began a period of intense rivalry with Buganda and involvement with foreign intruders of all kinds.

Bantu Migrations

MFECANE. About 1816, the Zulu chief, Çhaka (1773–1828), began a war of conquest against other Nguni peoples living in coastal southeast Africa. The resulting disturbances (*mfecane*) caused large-scale migrations of Bantu peoples.

SWAZI. The Ndwandwe, led by Sobhuza (d. c. 1840), moved north and established the Swazi kingdom, named for Sobhuza's successor, Mswati.

GAZA. Another Nguni migration, led by Soshangane, penetrated southern Mozambique and resulted in the Gaza state, founded c. 1830.

NGONI KINGDOMS. The Jere, under Chief Zwangendaba, passed through Mozambique, and destroyed the kingdom of the Mwane Mtapa, c. 1833. Picking up recruits on the way and now known as the Ngoni, Zwangendaba's following crossed the Zambezi River, 19 Mar., 1835, and moved north of Lake Malawi to the vicinity of Mapupo. After Zwangendaba's death, c. 1848, the Ngoni split up and established 5 separate kingdoms located in various parts of East and Central Africa between Lake Victoria and the Zambezi.

KOLOLO. A group of Sotho, driven out by invasions from Nguniland, migrated north under Chief Sebetwane into Barotseland. There they conquered the Lozi kingdom, but after Sebetwane's death, 1851, the state they formed lost coherence and, following a rebellion of the indigenous Lozi, 1860, and the death of Sebetwane's successor, 1864, a period of anarchy ensued. Order was restored by the great Lozi king, Lewanika.

NDEBELE. An Nguni group, led by Chief Mzilikazi, crossed the Drakensberg Mts.; devastated the central Transvaal, 1824–34; and were defeated by Boers at the Battle of Mosega, Jan. 1837. Determined to seek his fortune farther north, Mzilikazi established the Ndebele state in Matabeleland. At his death, 1868, he was succeeded by Lobengula. (*Cont. p. 335.*)

THE AGE OF WESTERN NATIONALISM, 1789–1914

Nationalism, Liberalism, and Reaction in Europe, 1800–1871

FRANCE FROM NAPOLEON I TO NAPOLEON III

1800–1802

INTERNAL CONSOLIDATION. After dissolving the legislative councils in the coup of 9–10 Nov., 1799, Napoleon became First Consul at the head of a provisional government, which drew up a constitution, known as the Constitution of the Year VIII. It was promulgated on 25 Dec. and ratified in a national plebiscite in Feb. 1800. The new constitution provided for 3 consuls appointed for 10-year terms (Napoleon remained First Consul), 7 ministries, and a Council of State (all appointed by Napoleon). The legislative branch consisted of a Senate, Tribunate, and Legislative Body; the Senate was ornamental, the Tribunate discussed proposed legislation without voting, and the Legislative Body could only accept or reject proposed measures without debate. All departmental and local administration was run by the Ministry of Interior through prefects.

Napoleon permitted most *émigrés* to return, pacified the Vendée, stabilized the currency, and made a concordat with Pope Pius VII, 15 July, 1801. The concordat stipulated that the French government would pay clerical salaries and nominate bishops, who would then be consecrated by the pope. The pope recognized the sale of church lands, and Catholicism was declared the religion of most Frenchmen. By a plebiscite, 2 Aug., 1802, Napoleon was elected Consul for life.

COLLAPSE OF THE 2ND COALITION. After the French reverses of 1799, Napoleon invaded Italy and defeated the Austrians at Marengo, 14 June, 1800. Following a short armistice, Moreau defeated the Austrians at Hohenlinden, 3 Dec., forcing Austria to sign the Treaty of Lunéville, 9 Feb., 1801, by which she agreed that France should have a free hand in Italy west of Venetia; Austria also had to recognize the French "Sister Republics."

Abandoned by all her allies, Britain signed the Treaty of Amiens, 27 Mar., 1802, which gave tacit recognition to France's conquests in Europe and permitted Britain to retain Ceylon and Trinidad, though obliging her to yield Malta, Elba, Minorca, and the Cape Colony.

1803–5

THE EMPIRE. Napoleon proclaimed the French Empire and crowned himself emperor, 2 Dec., 1804. The legislative bodies became ornamental, while the real power of administration remained in the hands of the Council of State, the ministries, and the prefects. Napoleon promulgated a series of codes, which unified the legal structure of the country and abolished the patchwork of laws left over from the Old Regime. The codes consisted of the Civil Code, 1804, known as the Code Napoléon; the Commercial Code, 1807; the Penal Code, 1810; and codes for civil and criminal procedure. Under these codes all citizens received legal equality and property rights were guaranteed. The Napoleonic codes were widely imitated in parts of Europe and in the rest of the world.

WAR OF THE 3RD COALITION. France and Britain renewed the war in May 1803, because of a British refusal to evacuate Malta. By 1805, Napoleon had assembled a large army at Boulogne to invade Britain. Britain, however, succeeded in gaining Russia, 11 Apr., 1805, and Austria, 9 Aug., as allies, forcing Napoleon to send his invasion force to the east in late Aug. to meet this new coalition. However, Adm. Horatio Nelson ended Napoleon's invasion plans by destroying two-thirds of a combined French-Spanish fleet at Trafalgar, 21 Oct.

The French armies, however, surrounded and captured a large Austrian force at Ulm, 15–20 Oct.; occupied Vienna, 13 Nov.; and smashed an Austro-Russian army at Austerlitz in Moravia, 2 Dec. Francis I, the Austrian emperor, by the Treaty of Pressburg, 26 Dec., yielded Venetia, Istria, and Dalmatia to France, and Tirol and Vorarlberg to Bavaria, while receiving the archbishopric of Salzburg.

1806–9

DEFEAT OF PRUSSIA. Napoleon induced most of the newly enlarged German states to withdraw from the Holy Roman Empire and form the Confederation of the Rhine, 1806, under his protection, thus eliminating Prussian influence from western and southern Germany. Franco-Prussian relations deteriorated. The Prussian army advanced into Thuringia, 13 Sept. (War of the 4th Coalition). The French mobilized, routed the Prussians at Jena and Auerstadt, 19 Oct., and rapidly captured all important Prussian fortresses west of the Oder and Neisse rivers.

Napoleon arrived in Berlin, 27 Oct., and issued a proclamation, 21 Nov., excluding all British trade and all British subjects from the Continent, thus inaugurating the Continental System. Meanwhile, Frederick William III and the remainder of the Prussian army fled to East Prussia. A combined Russian-Prussian force stalemated the French at Eylau, 7–8 Feb., 1807, but new French levies arrived in the spring, enabling Napoleon to defeat the Russians at Friedland, 14 June.

TREATY OF TILSIT. 7–9 July, 1807. Prussia ceded all her west-Elbean possessions to France's German satellites and yielded the Polish territories of the 2nd and 3rd Partitions to the newly constituted Grand Duchy of Warsaw. Prussia joined the Continental System, and French garrisons remained in Prussia until Napoleon's defeat in 1813. Czar Alexander recognized all French conquests and satellites and joined the Continental System.

FRENCH INVASION OF SPAIN. Napoleon was determined to control Spain to round out the Continental System. He forced King Carlos IV and his son, Fernando, to abdicate, May, and sent an army into Spain, while proclaiming his brother, Joseph (1768–1844), king of Spain. French troops occupied Madrid, 20 July, 1808, but Spanish forces rallied and drove the French from the city. Napoleon led a new army of 200,000 into Spain, Nov., and retook Madrid, Dec. French troops managed to occupy most of Spain and Portugal, but guerrilla resistance developed and a British expeditionary force tied down a considerable part of the French army. When Napoleon diverted men from Spain to Germany in 1813, the Spanish and British were able to take the offensive, cleared Spain of French troops, and invaded southern France.

1809–10

AUSTRIAN WAR OF LIBERATION. Encouraged by French difficulties in Spain, Francis I of Austria embarked on a war of liberation to free Germany from French domination, Apr. 1809 (War of the 5th Coalition). The Austrians invaded

Bavaria, a French ally, but Napoleon mobilized French troops rapidly and defeated the Austrians in East Bavaria, 19–23 Apr., entering Vienna on 13 May. Nevertheless, the Austrian army arrived on the opposite side of the Danube and drove back the French at Aspern and Essling, 21–22 May. After receiving reinforcements, Napoleon crossed the Danube and defeated the Austrians at Wagram, 5–6 July, forcing Francis to sue for peace. By the Treaty of Schönbrunn, 14 Oct., Austria ceded territory to Bavaria, the Duchy of Warsaw, and the French-administered Illyrian provinces. Austria also made an alliance with France, sealed by the marriage of Marie Louise (1791–1847), daughter of Francis I, to Napoleon, 11 Mar., 1810. Napoleon had divorced his 1st wife, Joséphine de Beauharnais, the previous year.

1811–12

RUSSIAN CAMPAIGN. The Franco-Russian alliance of Tilsit, reaffirmed at a meeting in Erfurt, Sept.–Oct. 1808, disintegrated when Alexander withdrew from the Continental System, 31 Dec., 1810, and when Napoleon dispossessed the czar's uncle by annexing Oldenburg. Napoleon assembled a Grand Army of approximately 500,000 men and invaded Russia, 24 June, 1812. The Russian army avoided his enveloping maneuvers, but offered battle at Borodino, 75 mi. west of Moscow, where it was decisively defeated, 7 Sept. The French entered Moscow 1 week later, and the city was soon destroyed by fire. Napoleon spent 5 weeks in Moscow waiting for peace overtures which never came, then ordered a retreat, 19 Oct. Lack of supplies, harassment by Cossacks, and the winter cold nearly destroyed the Grand Army.

1813–14

WAR OF LIBERATION. Encouraged by the destruction of the Grand Army, Frederick William of Prussia made an alliance with Russia and declared war on France, Mar. 1813. Napoleon, however, raised an army of 200,000 in France and marched into Germany in mid-Apr. He drove the Prusso-Russian army out of Saxony by victories at Lützen (Gross-Görschen), 2 May, and Bautzen, 20–21 May. Heavy losses, however, induced him to agree to an armistice, 4 June, during which both sides wooed Austria. Metternich, the Austrian foreign minister, agreed to join the allies, 27 June, if Napoleon would not accept his conditions for peace: the frontiers of France to be fixed at the Rhine, the Alps, and the Pyrenees. Napoleon refused, and Britain assured all 3 allies of subsidies. The armistice expired, 10 Aug., and Austria immediately declared war (War of the 6th Coalition). For the first time, Napoleon faced all the four Great Powers at once. After 2 months of indecisive campaigning, the allies succeeded in concentrating their numerically superior forces around the French at Leipzig, where they decisively defeated Napoleon in the *Völkerschlacht* (Battle of the Nations), 14–19 Oct. The remnants of Napoleon's army retreated across the Rhine 2 weeks later.

ALLIED INVASION OF FRANCE. The allies began an invasion of France in Dec. 1813. Napoleon's opposing strategy was masterly, but the allies, possessing numerical superiority, were able to occupy Paris, 31 Mar., 1814.

BOURBON RESTORATION. With allied troops on French soil, the French armies near defeat, and the French people anxious for peace, the Imperial Senate, 2 Apr., proclaimed the fall of Napoleon. Napoleon abdicated unconditionally, 6 Apr., and the same day the Imperial Senate called Louis XVIII (1755–1824), younger brother of Louis XVI, to govern France. The allies and the French fixed the terms of Napoleon's exile to Elba in the Treaty of Fontainebleau, 11 Apr., and on 23 Apr. signed an armistice.

On 24 Apr., King Louis XVIII entered France. Proceeding to Paris, he set forth in the Declaration of Saint-Ouen, 2 May, the bases of a constitution.

1ST TREATY OF PARIS. 30 May. Intent upon making France a force for international stability, the allies negotiated a moderate settlement that imposed no indemnity, gave France roughly the boundaries of 1792, and restored some former colonies.

CHARTER OF 1814. 4 June. Granted by Louis XVIII, the charter represented a compromise between divine-right monarchy and the Revolution. It promised freedom of religion and the press, guaranteed legal equality, secured the land settlement of the Revolution, and maintained in substance the Napoleonic Code Civil. Rejecting the principle of popular sovereignty, the charter established a system of shared powers subordinating the bicameral legislature (Chamber of Deputies, Chamber of Peers) to the crown.

1815

100 DAYS. Napoleon escaped from Elba, 27 Feb., landed in France, 1 Mar., and rapidly pushed northward. With the defection of Marshal Ney and his army, 13 Mar., any effective opposition dissolved.

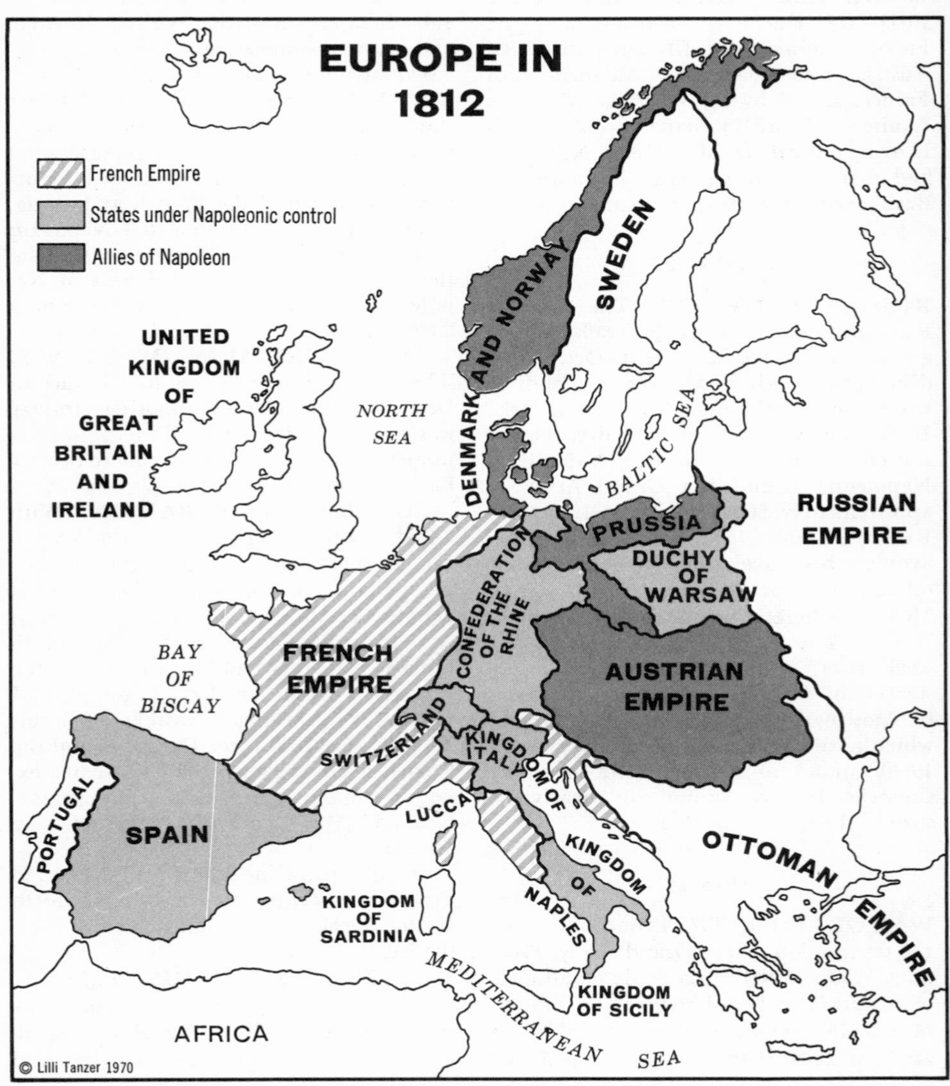

As Louis fled to Ghent, 20 Mar., Napoleon entered Paris, issued the *Acte Additionnel,* a constitution modeled on the charter, then marched into Belgium to fight the allies. Defeated at the Battle of Waterloo, 18 June, Napoleon abdicated, 22 June. Louis XVIII re-entered Paris, 8 July, and appointed, 9 July, Talleyrand and Joseph Fouché (1759–1820) heads of the newly unified cabinet, thus initiating the Second Restoration.

TALLEYRAND-FOUCHÉ MINISTRY. The 100 Days left France isolated diplomatically and deeply divided internally. The White Terror, a violent royalist repression of Bonapartists and former revolutionaries, erupted in the south. The election, 14–22 Aug., of an ultraroyalist-dominated Chamber of Deputies, dubbed the *Chambre introuvable,* climaxed the royalist reaction. The cabinet resigned, 21 Sept., before the Chamber met.

RICHELIEU MINISTRY. The duc de Richelieu (1766–1822) followed, 24 Sept., Talleyrand and Fouché, heading a moderate cabinet. The reactionary *Chambre introuvable,* intent on repression, suspended individual liberties, passed stiff sedition legislation, and established extraordinary courts.

2ND TREATY OF PARIS. 20 Nov. The allies, determined to punish France, imposed a harsh peace: the loss of some border territory, 3 years of occupation, payment of 700 m. francs indemnity.

1816

DISSOLUTION OF THE CHAMBRE INTROUVABLE. 5 Sept. The moderate cabinet battled the increasingly ungovernable ultraroyalist parliamentary majority until Louis, prodded by the allies, dissolved the Chamber, 5 Sept. New elections, Oct., returned a more manageable moderate royalist majority.

1817

ELECTORAL SYSTEM ESTABLISHED. 5 Feb. Tax qualifications reduced the electorate to some 90,000 out of a population of 26 m., giving wealthy landowners and the urban middle class political supremacy. Voters met annually to elect one-fifth of the deputies.

The ultraroyalists on the extreme right opposed compromise with the Revolution and favored a strong monarchy closely allied with the Catholic Church. At the center, the constitutional or moderate royalists supported the charter compromise. The doctrinaires, a clique of left-tending constitutionals, provided the philosophical justification of the charter system. The independents or liberals, anticlerical champions of limited popular sovereignty and individual liberties, constituted the extreme left. These political groupings lasted until 1830.

1818

END OF FOREIGN OCCUPATION. Through foreign and domestic loans, the government collected sufficient funds to pay the indemnity. At the Congress of Aix-la-Chapelle, the allies agreed, 9 Oct., to withdraw all troops and invited France to rejoin the Concert of Europe.

RESIGNATION OF RICHELIEU. 26 Dec. The gains of the left in the elections of Nov. 1818 divided the cabinet, some seeking alliance with the ultraroyalists, others with the left center. Unable to impose a solution, Richelieu resigned, 26 Dec.

1819

DESSOLLES-DECAZES MINISTRY. 20 Dec. With the government of Gen. Jean Dessolles (1767–1828) (Council President, Foreign Affairs) and the Duc Decazes (1780–1860) (Interior, Police), power shifted from the right center to the left center. Louis packed, 4 Mar., the ultraroyalist Chamber of Peers with moderate appointments and on 4 May the government lifted censorship. But liberal gains in the legislative elections prompted Decazes (Council President since Nov.) to renounce efforts to reconcile the left.

1820

2ND RICHELIEU MINISTRY. 21 Feb. The murder of Louis XVIII's nephew, the duc de Berry (1778–1820), 13 Feb., by a fanatic, Louvel (1783–1820), provoked an ultraroyalist reaction that forced the king to abandon his favorite, Decazes, and recall Richelieu, 21 Feb.

RESURGENCE OF THE ULTRA-ROYALISTS. In the heat of reaction, the moderates abandoned the center, reducing the Chamber to 2 warring factions. The right prevailed, suspending individual liberties, Mar.; imposing press censorship, 31 Mar.; and passing a reactionary electoral law, 19 June, the Law of the Double Vote, which gave the richest electors the right to vote twice. The legislative elections, 4 and 13 Nov., crushed the left, consummating ultraroyalist control.

VILLÈLE MINISTRY. Unable to maintain a moderate royalist right-center position against the ultraroyalists, Richelieu resigned, 12 Dec., 1820, to be replaced, 15 Dec., by the comte de Villèle (1773–1854), parliamentary leader of the ultras.

1822

THE LEFT SILENCED. After its electoral defeat in 1820, the left regrouped in secret societies, notably the Carbonari, and abandoned legality for insurrection, 1821, 1822. But repeatedly abortive coups, repressive legislation, and infighting gradually reduced the left to silence.

1823

MILITARY INTERVENTION IN SPAIN. At the Congress of Verona, Oct. 1822, the allies authorized France to suppress revolt in Spain. French forces invaded, Apr., quickly defeated the liberals, 31 July (Battle of Trocadero), and restored the legitimate monarch, Fernando VII. Intervention secured French status as a guarantor of the Vienna settlement.

1824

ULTRAROYALIST CABINET, CHAMBER, AND KING. Profiting from the success of the Spanish campaign, the government dissolved the Chamber, 24 Dec., 1823. New elections, 26 Feb., 6 Mar., produced an overwhelmingly rightist Chamber that promptly secured a 7-year mandate by substituting integral renewal every 7 years for partial annual renewal (Law of the Septennat, 8 June).

On 16 Sept. Louis XVIII died. The ultraroyalist comte d'Artois (1757–1836) succeeded his brother as Charles X.

1825

REGIME OF REACTION. The Chambers voted, 27 Mar., to indemnify the *émigrés,* thus finalizing the Revolutionary land settlement. As a protestation of faith, they voted the death penalty for theft of holy vessels (Law of Sacrilege, 20 Apr.), a measure that only stimulated mounting popular anticlericalism.

1826–27

CONSOLIDATION OF OPPOSITION. Freed from censorship, Sept. 1824, a virulent liberal press aroused public opinion. The moderate peers defeated government legislation (laws of succession, press censorship) judged dangerously reactionary. The government's dissolution of the National Guard after a display of antigovernment sentiment, 30 Apr., 1827, and the reimposition of censorship, 24 June, compounded public hostility. Hoping to solidify his majorities, Villèle announced, 6 Nov., the addition of 76 peers and dissolved the Chamber. But new elections, 17, 24 Nov., registered significant gains for the liberals and nascent counteropposition, forcing Villèle to withdraw, 3 Jan., 1828.

1828

MARTIGNAC MINISTRY. 4 Jan. The next cabinet, unofficially headed by the vicomte de Martignac (1778–1832), attempted unsuccessfully through concessions to the liberals (abolition of censorship, 18 July) to reforge a moderate royalist center majority.

INTERVENTION IN GREECE. To counterbalance the Russian invasion of the Balkans (spring), the French government abandoned Villèle's noninterventionism and invaded, Sept., the Greek peninsula, forcing the Egyptians and Turks to evacuate, Dec. Military victory and diplomatic success inaugurated a period of French activism in foreign affairs.

1829

POLIGNAC MINISTRY. 9 Aug. Unsupported by the king and repeatedly defeated by the combined extreme-right and liberal oppositions, the Martignac government was dissolved, 8 Aug. Determined to defy the left and to rally the divided right, Charles X formed, 9 Aug., an ultraroyalist-dominated government headed by the unpopular prince de Polignac (1780–1847).

1830

ADDRESS OF THE 221. 16 Mar. After months of inactivity, the government convoked the Chamber of Deputies, 2 Mar. The address to the throne (Address of the 221), claiming the nation's right to influence the choice of ministers, requested dismissal of the Polignac cabinet. Charles X riposted, dissolving the Chamber, 18 May.

CAPTURE OF ALGIERS. 5 July. Hoping for public support, Polignac, 25 May, dispatched an expedition to capture Algiers, 5 July. He did not save his regime, but secured a French foothold in North Africa.

REVOLUTION OF 1830. The elections (23 June; 3, 13, 19 July) returned a clearly antigovernment majority. Refusing to yield, Charles X, invoking emergency powers, published the July Ordinances, which imposed press censorship, dissolved the newly elected Chamber, and ordered new elections under a more restricted suffrage. Opposition exploded into popular insurrection, 28 July, as rioters, led by republicans, gained control of Paris, 29 July (the July Days).

A group of liberal deputies, overriding the republicans, extended the lieutenant generalship to the duc d'Orléans (1773–1850) on 31 July, and on 2 Aug. Charles X abdicated. The July Revolution, defeating republic and legitimate monarchy alike, secured a quasi-legitimate parliamentary monarchy controlled by the propertied middle class, the former liberal opposition.

LOUIS PHILIPPE, KING OF THE FRENCH. The deputies called, 7 Aug., the duc d'Orléans, head of the younger, Orleanist branch of the Bourbon line, to the throne as Louis Philippe I (ruled 1830–48). He swore, 9 Aug., to uphold the Charter of 1814, revised, 7 Aug., to increase parliamentary prerogatives and to prevent royal abuse of power.

1831–35

RESISTANCE VS. MOVEMENT. Although Orleanists shared bourgeois, antilegitimist, and anticlerical attitudes, they disagreed on the significance of the July Revolution. The forces of "resistance," viewing the Revolution as a dynastic change only, defended the domestic and international *status quo*. For the partisans of "movement," the Revolution inaugurated a regime dedicated to political democratization and hostile to the international settlement of 1815. These forces dominated parliamentary politics until 1848.

TRIUMPH OF RESISTANCE. Neither the appointment of a liberal banker, Jacques Laffitte (1767–1844) as council president, 2 Nov., 1830, nor the trial and condemnation of Charles X's ministers, 15–21 Dec., ended popular unrest. The forces of movement failed to translate reforming aspirations into a legislative program, and the initiative passed to the forces of order under Casimir Périer (1777–1832) on 13 Mar. The legislative elections, 5 July, gave the conservatives a power monopoly they held until 1848.

BOURGEOIS MONARCHY DEFINED. Under Périer, 13 Mar., 1831–16 May, 1832, minimum reforms guaranteed power to the propertied middle classes. In 1831 the deputies sanctioned election of town councils, 21 Mar.; authorized a bourgeois-dominated national guard to protect the regime, 22 Mar.; gave more propertied bourgeois the vote, 19 Apr.; and abolished the hereditary peerage, 29 Dec.

The subsequent ministry, under Marshal Nicolas Soult (1769–1851), organized colonial government, 24 Apr., 1833, and reformed education, requiring public authorities to maintain schools and establishing standards for teachers, 28 June.

INSURRECTION AND REPRESSION. The government checked serious industrial disturbances in Lyons, Nov. 1831, and political insurrection in Paris, June 1832. A royalist revolt in the South, May–June 1832, collapsed, weakening the legitimist cause.

With conservatives in power, the republicans intensified pressure for social and political reform (1832–34). Striking at the political clubs, centers of republican activity, the government restricted associations, 10 Apr., 1834. The army bloodily repressed ensuing insurrections in Lyons and Paris, 12 Apr.

A prolonged cabinet crisis, Apr. 1834–Mar. 1835, weakened the government and enabled Louis Philippe to gain domination. But the duc de Broglie (1785–1870) restored strong conservative leadership, 12 Mar., 1835.

After an attempt on Louis Philippe's life, 28 July, 1835, the government passed the "September Laws," repressive measures including juridical short cuts and press restrictions, which silenced the republican left.

The monarchy successfully defended, the conservative majority disintegrated. De Broglie withdrew, 5 Feb., 1836, and Adolphe Thiers (1797–1877) formed a government, 22 Feb., without a fixed majority or a specific program.

FOREIGN POLICY. With the exception of military action to secure Belgian independence, Aug. 1831, the French government followed pacific, noninterventionist policies. In this period France generally supported Britain against the legitimate monarchs.

1836

REGIME OF PERSONAL POWER. Breaking with Thiers, Louis Philippe called on the more pliable duc de Molé (1781–1855). The weak Molé cabinet, 6 Sept., and a fluid Chamber majority permitted Louis Philippe to govern. In an atmosphere of political apathy, an abortive coup by Louis Napoleon (1803–73), nephew of Napoleon I, at Strasbourg, 30 Oct., stirred little response.

1837–40

AGITATION FOR REFORM. Relative calm, domestically and internationally, fostered prosperity in France. Molé dissolved the deputies, 3 Oct., 1837, to strengthen the government majority. But an antiministerial coalition was formed to challenge Louis Philippe's regime of personal power. Popular demands for political democratization and electoral reform increased, 1838–40; and, as France became industrialized, Utopian Socialism spurred proletarian class consciousness.

Parliamentary elections, following dissolution, 2 Feb., 1839, forced Molé out of office, 8 Mar. Popular unrest in Paris (Société des Saisons revolt, 12 May) forced a solution to a prolonged cabinet crisis, 8 Mar.–12 May.

Thiers replaced Soult, 1 Mar., 1840. He granted minor concessions to the left, but rejected electoral reform. Louis Napoleon's second attempted coup, at Boulogne, 5–6 Aug., 1840, failed.

MIDDLE EAST CRISIS. The Treaty of London, 15 July, 1840, directed against France and its Egyptian ally, broke the Anglo-French entente and outraged public opinion. Thiers threatened war, but Louis Philippe, intent on peace, secured acceptance of the treaty, 8 Oct. Thiers' clash with the king precipitated his withdrawal, 29 Oct. The incoming cabinet headed by Soult but dominated by François Guizot (1787–1874) governed with minor changes until 1848.

1840–47

GOVERNMENT OF GUIZOT. With Guizot's co-operation, Louis Philippe again achieved a regime of personal power dedicated to the maintenance of the *status quo*. The left center under Thiers and the left under Odilon Barrot

(1791–1873) joined to attack government corruption and demand parliamentary and electoral reform, 1840–42. Elections, 9 July, 1842, following dissolution returned a favorable conservative majority which Guizot maintained by intrigue and favors. Guizot pledged, 1842, state subsidies for railroad construction, stimulating industrial expansion, 1842–46.

Divided since July 1842, Thiers and Barrot reunited to attack government immobility. Guizot dissolved the Chamber, 6 July, 1846, and, despite the solidarity of the left, the conservatives gained in the ensuing elections.

FOREIGN POLICY. To end France's diplomatic isolation, Guizot engineered an entente with England, 1841, confirmed by the exchange of royal state visits, 1843, 1844. Although shaken by the Pritchard affair (ejection of a British missionary from Tahiti), 1843, and by French military activity in Morocco, 1844, the alliance held. Anglo-French rivalry in Spain (the Affair of the Spanish Marriages) broke the alliance, 1846.

DESTABILIZING CONDITIONS. As bad harvests and an industrial depression, 1845–47, exacerbated popular discontent, the dynastic left organized political banquets to mobilize public opinion for reform.

1848

THE FEBRUARY REVOLUTION. Cancellation of a political banquet touched off mass demonstrations in Paris, 22 Feb. As barricades went up, Louis Philippe dismissed Guizot, 23 Feb.; summoned Thiers, 24 Feb.; and then, failing to rally even the bourgeois National Guard, abdicated, 24 Feb.

Moderate and social republicans joined forces in a provisional government, 24 Feb., which proclaimed the Republic, 25 Feb.; created National Workshops to reduce unemployment, 26 Feb.; adopted universal manhood suffrage, 2 Mar.; and opened the National Guard to workers. The moderate republicans, opponents of fundamental social change, won control of the newly elected Constituent Assembly, 23 Apr. An Executive Commission replaced the provisional government and managed to restore order.

THE JUNE DAYS. The National Workshops, conceived but not directed by Louis Blanc (1811–82), deteriorated into mere charity. But when the government, alarmed by renewed social unrest, 15 May, abolished them, 21 June, workers took to the barricades, 23–26 June. General Louis Eugène Cavaignac (1802–57) smashed the uprising, turning the working class against the bourgeoisie.

GOVERNMENT OF CAVAIGNAC. A grateful assembly made Cavaignac president of the Commission. Blaming the socialists for the June Days, the Assembly banned political meetings and tightened press laws.

PRESIDENT BONAPARTE. The Constituent Assembly promulgated, 20 Nov., a constitution that divided power between a unicameral legislature and a president elected by universal suffrage. Backed by the forces of order, Louis Napoleon Bonaparte became president, 10 Dec. Louis Napoleon sought to reconcile popular government and order. He embraced the Republic, 20 Dec., but appointed an Orleanist cabinet headed by Odilon Barrot.

1849–50

INTERVENTION IN ITALY. Courting Catholic support, Louis Napoleon sent an expeditionary force to destroy the Roman Republic and restore the pope to Rome, 25 Apr. This force remained in Rome until 1870.

REPUBLICAN DECLINE. Although the forces of order (mainly monarchists) won control of the new Legislative Assembly, 13 May, 1849, the radical left, the "Mountain," also gained. An abortive insurrection in Paris, 13 June, 1849, caused 33 leftist members to be expelled from the Assembly, 8 Feb., 1850, but the Mountain regained all but 10 seats, 10 May. Alarmed, the majority imposed new curbs on political freedom: a 3-year residence requirement for voters, 31 May, which affected mainly the workers, and a restrictive press law. As a further guarantee of order, the Assembly allowed church representation on school governing councils and permitted the establishment of private schools (Loi Falloux, 15 Mar., 1850).

1851

COUP D'ÉTAT OF LOUIS NAPOLEON. Unsuccessful in his attempt to extend his term of office legally, 15 July, Louis Napoleon planned a coup d'état. On 2 Dec., the anniversary of the Battle of Austerlitz, he imposed military control on Paris, dissolved the Assembly, restored universal suffrage, and called for a plebiscite on a new constitution.

Resistance was short-lived in Paris, 3–4 Dec. In the provinces, the government countered resistance with mass arrests (c. 27,000). Nevertheless, "yes" votes outnumbered "noes" in the plebiscite: 7½ m. to 600,000, 21 Dec.

1852–57

IMPERIAL CONSTITUTION. Louis's constitution, 15 Jan., 1852, divided limited legislative authority among an appointive Council of State and Senate and a popularly elected Legislative Body, but reserved virtually all power to the president, elected for 10 years. Government management assured "official" candidates' control of the Legislative Body. The people approved by plebiscite, 21 Nov., the transformation of republic to empire, and on 2 Dec. the president took the title Napoleon III.

ALLIANCE WITH BRITAIN. Seeking an alliance with the British, Napoleon III joined Britain (Entente of 24 May, 1853) in resisting Russian intervention in the Ottoman Empire. When hostilities broke out between the Russians and the Turks, 4 Oct., 1853, France and Britain declared war on Russia, 28 Mar., 1854, and concluded a formal alliance, 10 Apr.

CRIMEAN WAR. Popular opposition increased as French troops (80,000 strong) suffered heavy casualties (siege of Sevastopol, Sept. 1854–Sept. 1855). Following allied military success, the emperor presided over the peace conference. The war increased French prestige, but the Treaty of Paris, 30 Mar., 1856, brought France no concrete gains.

ECONOMIC EXPANSION. The political stability of the empire nurtured speculative financial ventures, which found backing in newly established joint-stock banks: the Crédit Foncier, Feb. 1852, for real estate, and the Crédit Mobilier, Nov. 1852, for commerce and industry.

For its part, the government encouraged corporate organization (limited-liability law, 1863), subsidized railroad and steamship companies, and accelerated public construction, especially in Paris. There the emperor, together with Baron Georges Haussmann (1809–91), prefect of the Seine, directed sweeping alterations. In addition, the government sponsored efforts to improve workers' conditions.

Although the Paris Exhibition of 1855 revealed French progress in industrialization, bad harvests, 1853–55; outbreaks of cholera, 1853, 1854, 1855; and the depression of 1857 postponed real prosperity. Political life stagnated as the government harassed newspapers, prevented political demonstrations, and intervened in elections.

1858–59

ORSINI ASSASSINATION ATTEMPT. An unsuccessful attempt to assassinate the emperor, 14 Jan., 1858, traced to an Italian patriot, Felice Orsini (1819–58), pushed Napoleon III toward intervention in Italy.

LIBERATION OF LOMBARDY. At a secret meeting with Cavour at Plombières, 20 July, 1858, Napoleon agreed to help Sardinia drive Austria from Lombardy. Cavour provoked Austria into aggression; France declared war, 3 May, 1859; and won Lombardy (Battle of Solferino, 24 June). Discouraged by heavy casualties and afraid that Prussia might invade France, the emperor signed an armistice at Villafranca, 11 July, later ratified as the Treaty of Zurich, 10 Nov. To compensate the French, Sardinia authorized, 24 Mar., 1860, plebiscites in Nice and Savoy; both approved annexation to France.

MOUNTING OPPOSITION. Already in trouble with conservatives over the Italian war, the emperor alienated Catholics by suggesting, 22 Dec., 1859, that the pope's temporal domain could be reduced without jeopardizing his spiritual position.

1860–70

COBDEN TREATY. An advocate of free trade, Napoleon concluded a tariff-lowering treaty with England, 23 Jan., 1860, which pleased liberals but antagonized French industrialists, threatened by British competition.

LIBERALIZATION MEASURES. To appease liberal opinion in the country at large, Napoleon conceded to the Legislative Body the rights to debate imperial addresses, 24 Nov., 1860, and pass on the budget, 31 Dec., 1861. The emperor also approved modification of the Combination Act, 1864, granting workers the right to strike.

INTERVENTION IN MEXICO. France with Britain and Spain intervened to force Mexico to honor its debts, 1861. Then, Napoleon, courting the favor of the church, launched a 2nd expedition, 1862, overthrew the Mexican Republic, June 1863, and installed Archduke Ferdinand Joseph Maximilian (1832–67) as emperor. However, the costs of occupation and diplomatic pressure from the U.S. forced Napoleon to withdraw support. Napoleon's prestige reached a low point when Maximilian was captured and executed, 19 June, 1867.

CONSTITUTION OF 1870. The failure of the Mexican venture and the Prussian defeat of Austria, July 1866, weakened the emperor's resistance to the demands of the moderate opposition, the Third Party, for further liberalization. He granted Parliament the right to interpellate the ministers, 19 Jan., 1867, and augmented the power of the Senate, 14 Mar., 1867. Liberalization of press and public-meeting laws, 1868, gave the opposition new forums.

In the elections of 1869, the opposition (Monarchists, Republicans, and the Third Party) won a potential majority. Succumbing to Third Party pressure, the emperor accorded additional powers to the Legislative Body, 6 Sept., 1869, and named Émile Ollivier (1825–1913), Third Party leader, to head a responsible ministry, 2 Jan., 1870.

A new constitution, 20 Apr., created a parliamentary empire. Appealing to the people by plebiscite, 8 May, Napoleon won overwhelming support for liberalization and the new constitution. (*Cont. p. 282.*)

SPAIN AND PORTUGAL

Spain

1800–1815

TREATY OF SAN ILDEFONSO. 1 Oct., 1800. Spain gave France Louisiana and the services of 6 warships on the condition that Napoleon enlarge the Duchy of Parma, ruled by Italian Bourbons. The condition was met in 1801 by the creation of the Kingdom of Etruria, and further agreements early the same year provided for Spain to bring pressure on Portugal to break its British alliance.

EFFECTS OF THE EUROPEAN WAR ON SPAIN. During the War of the Oranges, May–June 1801, France and Spain invaded Portugal and forced it to close its ports to the British. At the Truce of Amiens, Mar. 1802, Spain ceded Trinidad to Britain but regained Minorca. In Oct. 1803 Spain was forced to pay a monthly tribute to France; this was in response to Napoleon's demand for aid in his renewed war with Britain. The Spaniards were later forced to open their ports to French warships. In Dec. 1804 Spain declared war on Britain; considering Spain no longer neutral, the British had attacked Spanish treasure ships in Oct., prompting Spanish action. At the Battle of Trafalgar, 21 Oct., 1805, a French and Spanish fleet was virtually destroyed by a British force under Adm. Nelson.

TREATY OF FONTAINEBLEAU. 27 Oct., 1807. This treaty provided for the invasion of Portugal by France and

Spain; Portugal was to be divided into several smaller kingdoms.

"ESCORIAL AFFAIR." Oct.–Nov. 1807. The "Escorial Affair" was part of a struggle between the heir to the throne, Fernando (1784–1833), and the royal favorite, Manuel de Godoy (1767–1851). Fernando had been in communication with Napoleon, and an anonymous letter accused him of plotting against Godoy and the queen. The king ordered his son arrested for treason, but the charge was quickly dropped and Fernando's popularity with the people, who detested Godoy, increased.

FRENCH INVASION OF SPAIN. Oct. 1807–Mar. 1808. Supposedly part of the invasion force for Portugal, French troops in Spain totaled over 100,000 by Mar. 1808. In Feb. 1808 Joachim Murat (1767?–1815) was placed in command of them and in Mar. he entered Madrid. Napoleon then demanded the cession to him of Spain's northern provinces. Godoy advised the royal family to leave Madrid in order to escape the French, and the monarchs moved to Aranjuez in preparation for a longer move to the south of Spain.

ABDICATION OF CARLOS IV. 19 Mar., 1808. Believing that the move south was part of a plot by Godoy, and that the French were coming to put Fernando on the throne, the latter's supporters rioted, 17 Mar., in Aranjuez and forced the dismissal of Godoy. Rumors that Godoy would escape trial brought further riots, and Carlos was forced to abdicate in favor of his son.

THE BAYONNE ABDICATIONS. May 1808. Fernando, expecting Napoleon's support, was enticed to meet him at Bayonne. There he was forced to restore the throne to his father, who in

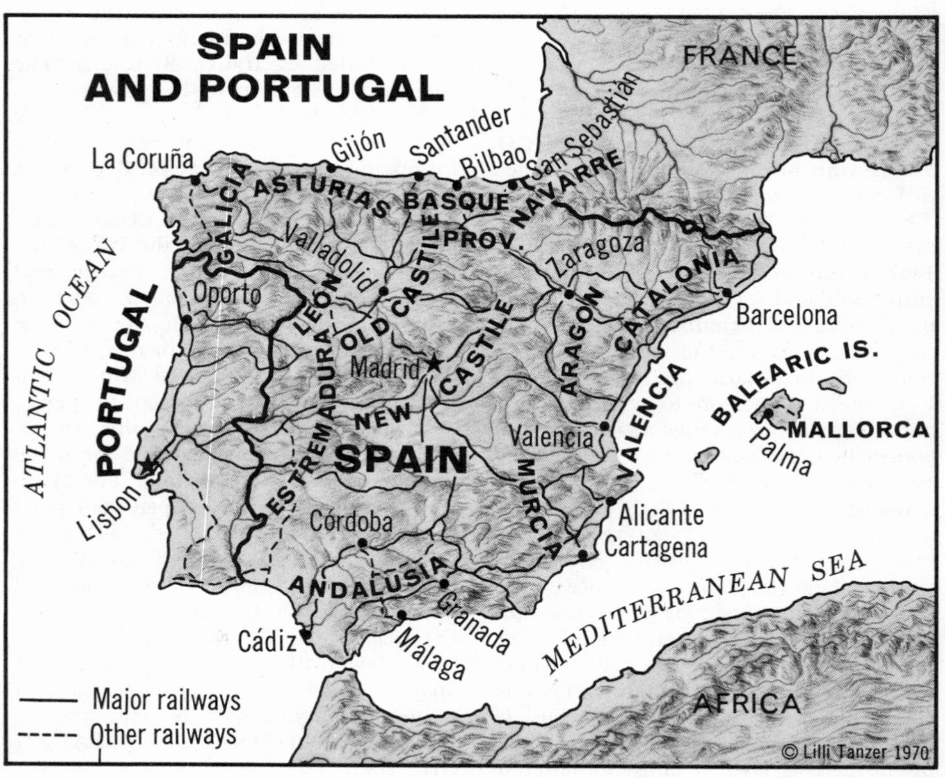

turn surrendered his rights to Napoleon. Joseph (1768–1844), Napoleon's brother and former king of Naples, was proclaimed the new king of Spain on 6 June, 1808. Fernando was held at Valençay in France.

UPRISING IN MADRID. 2 May, 1808. An anti-French uprising was caused by attempts by the French to remove Fernando's brother to Bayonne. It was put down easily and Murat took savage measures of reprisal, but *Los Dos de Mayo* (the 2nd of May) became the symbol of Spanish revolt against French dominion.

REVOLTS AGAINST THE FRENCH. As news of the Madrid uprising and the Bayonne abdications spread, revolts broke out in unoccupied Spain, May–June 1808, and provincial juntas were established which declared war on France and made alliances with Britain. Fernando was proclaimed king, and to the Spanish people he became known as *El Deseado* (the Desired One). In July 1808 the French were defeated at Bailén. A general French retreat resulted and Madrid was evacuated. On 25 Sept., 1808, a Central Junta was organized. Meeting at Aranjuez, it took control of the country in the name of Fernando, and on 14 Nov., 1808, declared war on France.

RESTORATION OF FRENCH CONTROL. Nov. 1808–Jan. 1809. Napoleon took command and, employing heavily reinforced armies, quickly reversed the trend of the war and reoccupied Madrid, Dec. 1808. In Jan. 1809 he defeated a British army under Sir John Moore (1761–1809) at La Coruña (Corunna) and forced it to evacuate Spain. The French then occupied the greater part of the country and the Spanish government retreated to the besieged port of Cadiz.

A fierce guerrilla war continued, however, and was a constant drain on French strength, 1809–11.

CONSTITUTION OF 1812. The Cortes of Cadiz, which had convened on 24 Sept., 1810, promulgated, 19 Mar., 1812, a constitution which provided for a liberal constitutional monarchy, with a unicameral annual assembly to which ministers of the government would be responsible.

WAR WITH FRANCE. Wellington won the Battle of Salamanca, 22 July, 1812. As a result, the entire French position in Spain was threatened and Madrid had to be temporarily evacuated. Later in the year the French managed to restore their position, but Wellington resumed the offensive in 1813. He defeated Joseph at Vittoria, 21 June, 1813, and in Oct. the allied armies invaded France.

RESTORATION OF FERNANDO VII. On 2 Feb., 1814, Fernando was informed that he would only be recognized as king if he accepted the constitution of 1812. On 7 Mar., 1814, Napoleon freed Fernando VII, and on 22 Mar. he entered Spain after 6 years' captivity in France. On 4 May Fernando repudiated the constitution. The Cortes was dissolved, its acts declared null and void, and the liberal members arrested. Absolute monarchy was thus re-established. In order to prevent any opposition, Fernando created a police state. There were sporadic revolts, but these were easily put down.

1816–43

REVOLUTION OF 1820. Units of an army that had been concentrated around Cadiz for transport to South America rebelled. Under the leadership of Colonel Rafael Riego (1785–1823), the troops demanded restoration of the constitution of 1812. Riego was defeated, but the revolt spread to other army units and to Madrid, and in Mar. Fernando agreed to the rebel demands. The constitution was re-established and a Cortes convened in July.

FRENCH INTERVENTION. Apr.–Sept. 1823. At the Congress of Verona, 20 Oct.–14 Dec., 1822, all the powers, except Britain, gave approval to action by France against the revolutionary government. An army commanded by the duc d'Angoulême (1775–1844) overthrew the Cortes and restored Fernando to full power. Ignoring French pleas for moderation, Fernando reinstituted the police state.

SUCCESSION CRISIS. A daughter, Isabella (1830–1904), was born to Fernando on 10 Oct., 1830. Fernando's brother, Don Carlos (1788–1855), disputed her right to the succession, claiming that the Salic Law applied in Spain and a female could not rule. Fernando supported his daughter's claim, and to cover just such a case had issued a pragmatic sanction the previous Mar., setting aside the Salic Law. Isabella was also supported by the moderates and liberals, who feared Don Carlos as an extreme absolutist. In Sept. 1832 the king was thought to be on his deathbed, and Don Carlos nearly succeeded in having the pragmatic sanction of 1830 set aside. Fernando recovered, however, but to safeguard Isabella's claim was forced to accept a more moderate ministry and to purge the army of its Carlist elements. On 29 Sept., 1833, Fernando VII died. By his will his wife, María Cristina de Borbón (1806–78), was appointed regent for their daughter.

CARLIST WARS. On the death of the king the supporters of Don Carlos rose in rebellion. The Carlist movement had its greatest strength in the Basque provinces, Navarre, Aragon, and Catalonia. It reached its high point in 1837, when Carlist armies threatened Madrid. From then on, however, it declined, and in Aug. 1839, by the Convention of Vergara, the chief Carlist army surrendered. Gen. Baldomero Espartero (1792–1879) was made Duke of Victory for his conduct of the final campaign.

ROYAL STATUTE OF 1834. In order to gain support, the government granted, Apr. 1834, a constitution patterned after the French Charter of 1814. The liberals split between the Moderados who accepted the constitution and the Progresistas who demanded the constitution of 1812.

QUADRUPLE ALLIANCE. Britain, France, Spain, and Portugal formed an alliance, Apr. 1834, to support the claims to the throne of Isabella in Spain and Maria da Glória in Portugal against the pretensions of their uncles, Don Carlos and Dom Miguel (1802–66), respectively.

SERGEANTS' MUTINY. Sergeants of the Royal Guard forced María Cristina, Aug. 1836, to restore the constitution of 1812, and to summon a constituent Cortes, Oct.

CONSTITUTION OF 1837. Although written by the Progresistas, the constitution of June 1837 was not as radical as the 1812 constitution. It provided for a bicameral legislature, but left much power in the hands of the monarch.

RULE OF ESPARTERO. A Moderado-controlled Cortes passed a municipal government bill which decreased democratic control of town and city government. Despite rioting against the bill, María Cristina signed it. Gen. Espartero, who was a Progresista, then forced her to resign as regent, 12 Oct., 1840, and assumed power himself. For the next 3 years Espartero ruled as virtual dictator of Spain, but in 1843 the army overthrew him. Isabella, then 13 years old, was declared to be of age and began to rule in her own right.

1844–70

RULE OF NARVÁEZ. From 1844 to 1851 Gen. Ramón Narváez (1800–1868), a Moderado, governed Spain with an iron hand, his power being interrupted only in 1846–47.

THE SPANISH MARRIAGES. In Oct. 1846 Queen Isabella II married Francisco de Asís, duke of Cadiz (1822–1902), and her sister, the Infanta Luisa (1832–97), married the duc de Montpensier (1824–90), a son of Louis Philippe of France. A diplomatic crisis was created because France and Britain had previously agreed that the Infanta would not marry a French prince until the queen had herself married and borne an heir to the throne.

RULE OF O'DONNELL. In June–July 1854, Gen. Leopoldo O'Donnell (1809–67) led a revolt. The ministry was forced to resign and O'Donnell, a Moderado, entered a coalition government with Gen. Espartero. A new, more liberal, constitution was adopted in 1856 but never promulgated, as the queen forced Espartero out of the government, July 1856. In Oct. 1856 O'Donnell was forced out, in turn, and Narváez instituted a more conservative and repressive government. But in June 1858 O'Donnell organized a government based on Moderado and Progresista support. This government enjoyed the longest continuous term of office of any during Isabella's reign. O'Donnell engaged in various foreign ventures, conducting a victorious war against Morocco, 1859–60; temporarily reannexing Santo Domingo, 1861–65; and joining France and Britain in their Mexican venture, 1861–62. Under the strain of domestic, economic, and religious issues, however, the coalition supporting him disintegrated and he was forced to resign, 27 Feb., 1863. Convinced that the queen would never give them political power, the Progresistas decided to boycott all political activities. O'Donnell attempted, 1865, to bring the Progresistas back into politics, but they refused. With this failure, followed by his death in 1867, the queen lost the one loyal supporter who might have created a government with popular appeal.

DICTATORSHIP OF NARVÁEZ. Narváez returned to power, 1866, and, supported by Luis González Bravo (1811–71), instituted a military dictatorship that attempted to save the faltering monarchy. Growing opposition to the queen was increased by her scandalous personal behavior. In Apr. 1868 Narváez died. Bravo, who replaced him, had no influence over the army.

REVOLUTION OF 1868. On 18 Sept., 1868, a revolution was organized by Adm. Juan Topete (1821–85) at Cadiz. The royal army was defeated by the rebels at Alcolea, 28 Sept., and Isabella fled Spain.

CONSTITUTION OF 1869. A constitution promulgated in June 1869 provided for a continued monarchy, but excluded Isabella. Gen. Francisco Serrano (1810–85) was made regent and Gen. Juan Prim (1814–70) prime minister. On 16 Nov., 1870, Amadeo (1845–90), son of King Victor Emmanuel of Italy, was elected king of Spain. The assassination of Gen. Prim, however, 27 Dec., 1870, foreshadowed the failure of Amadeo to establish himself on the throne. (*Cont. p. 297.*)

Portugal

1800–1815

WAR WITH FRANCE. Spain and France invaded Portugal, May–June 1801. They forced the Portuguese to close their ports to the British, grant commercial concessions to France, and pay an indemnity. By an ultimatum of 12 Aug., 1807, the 2 powers demanded that Portugal should declare war on Britain, arrest all Englishmen in Portugal and confiscate their goods, and close Portuguese ports to British ships. All demands were refused. By the Treaty of Fontainebleau, 27 Oct., 1807, France and Spain agreed on the invasion and partition of Portugal. The invasion began in Nov. and an army commanded by the French Gen. Andoche Junot (1771–1813) took Lisbon with little opposition. The Portuguese royal family established a Council of Regency and fled to Brazil. In June 1808, simultaneously with the revolts in Spain, there were uprisings in Portugal and a provisional junta was established in Oporto. Central Portugal threw off French rule.

CONVENTION OF SINTRA. 30 Aug., 1808. In early Aug. 1808, British troops under Sir Arthur Wellesley landed in Portugal and defeated the French. By the Convention of Sintra (Cintra), Junot's army was returned to France on British ships.

PENINSULAR WAR. In 1809 the French invaded Portugal a 2nd time and Marshal Nicolas Soult (1769–1851) captured Oporto. Wellesley again landed with British troops and forced the French to retreat to Spain. In July he defeated them at Talavera. French concentrations then forced him to withdraw to Portugal. In July 1810 a French force under Marshal André Masséna (1758–1817) invaded Portugal and forced Wellesley, now the Duke of Wellington, to retreat to prepared positions at Torres Vedras. From 9 Oct. to 14 Nov. the French attacked, but they failed to take the British positions and were forced to retreat because of lack of supplies. Wellington pursued and by May 1811 the French had been driven out of Portugal.

1816–34

ACCESSION OF JOÃO VI. In Mar. 1816, Maria I died, and the prince regent became king as João VI (ruled 1816–26). Despite the defeat of the French, the court remained in Brazil, where it was welcomed by the Brazilians, who gained many advantages from being at the center of the Portuguese Empire.

REVOLTS IN OPORTO AND LISBON. A revolt in Oporto, 24 Aug., 1820, led to a rebel demand for a Cortes and for the return of João VI. On 15 Sept. a revolt in Lisbon ousted the Council of Regency. On receiving the news of the uprisings, João sanctioned a Cortes and pardoned the rebels. The Cortes convened in Lisbon on 24 Jan., 1821.

RETURN OF THE COURT FROM BRAZIL. In July 1821, João VI returned to Portugal. He had to accept the work of the Cortes. He left his elder son, Pedro (1798–1834), as regent in Brazil, but his younger son, Miguel (1802–66), returned to Spain.

CONSTITUTION OF 1822. João VI accepted a new constitution in Sept. 1822. It provided for a unicameral Cortes which the crown could not dissolve. After the Spanish Cortes had been overthrown by French intervention, conservative uprisings broke out in Portugal, 1823, and João forced the Cortes to dissolve and held the constitution in abeyance. Miguel had played a major part in the uprisings and in Apr. 1824 attempted a coup, but was defeated and sent out of the country.

INDEPENDENCE OF BRAZIL. In Sept.–Oct. 1822, Brazil declared its independence, and Pedro was proclaimed its constitutional emperor. In 1825 João accepted the independence of Brazil, partly to safeguard Pedro's claim to the Portuguese throne.

João VI died, 10 Mar., 1826. Pedro IV was proclaimed king without dispute, his sister Maria Isabel (1797–1827) serving as regent.

CONSTITUTION OF 1826. On 29 Apr., 1826, Pedro IV granted a new constitution. Known as the "Charter," it provided for a Cortes with the upper house appointed by the king for life and the lower house indirectly elected. Pedro also declared that he would abdicate in favor of his daughter, Maria da Gloria (1819–53), if Miguel were betrothed to her and agreed to support the constitution.

THE MIGUELITE WARS. In Feb. 1826 Miguel returned to Portugal. Appointed lieut.-gen., he used his power to put his own supporters in office and call a new Cortes, which declared him the legitimate heir of João VI. In May an uprising in behalf of Pedro in Oporto was easily quelled, and on 11 July, 1828, Miguel was crowned king of Portugal. In Apr. 1831 Pedro returned to Europe from Brazil to safeguard his throne. He left Brazil to his son, Pedro II of Brazil, and declared his intention of securing the throne of Portugal for his daughter.

In July 1832 Pedro captured Oporto, but was besieged there by the Miguelites. The stalemate was broken in June–July 1833, when Pedro's fleet defeated Miguel's at Cape St. Vincent and he took Lisbon. Miguel still controlled the countryside, but his cause became hopeless when Spain withdrew its support from him and gave it to Pedro by the Quadruple Alliance, 22 Apr., 1834, between France, Britain, Spain, and Portugal. On 26 May, 1834, Miguel surrendered at Évora-Monte and accepted exile.

1835–70

SEPTEMBER REVOLUTION. Liberals, demanding a return to the constitution of 1822, won elections in Oporto and forced the dismissal of the ministry, Sept. 1836. Taking control of the government, they adopted the constitution of 1838, which democratized the governmental system to some degree, and made the upper house of the Cortes elective.

RULE OF DA COSTA CABRAL. Following elections in Jan. 1842, which revealed a conservative trend in Oporto, the minister of finance, Antônio Bernardo da Costa Cabral (1803–89), put himself at the head of a conservative movement which overthrew the government and the constitution of 1838. The Charter of 1826 was restored, 10 Feb. In 1846–47 the Septembrists attempted to regain power, but were defeated by the intervention of the Quadruple Alliance powers.

ADDITIONAL ACT. 5 July, 1852. By this act the charter was liberalized. The Additional Act and a new electoral law were part of the "regeneration" program of João Carlos, duke of Saldanha (1791–1876). Supporters of the amended charter became known as the Regenerators, while their more liberal political opponents were known as the Historicals.

RULE OF PEDRO V. 1853–61. Pedro V (1837–61) succeeded Maria II on the throne. Her eldest son, he was 16 at her death and his father, Ferdinand of Saxe-Coburg-Gotha (1816–85), acted as regent until 1855. During Pedro's reign, power alternated between the Regenerators (1851–56, 1859–60) and the Historicals (1856–59, 1860–65).

RULE OF LUIS I. When Pedro V died of typhoid fever, 11 Dec., 1861, Luis I (1838–89) came to the throne. From 1865–71 the country was ruled by a succession of coalition governments. (*Cont. p. 298.*)

THE ITALIAN STATES AND THE RISORGIMENTO

1800–1815

TREATY OF LUNÉVILLE. In early 1800, Austrian troops occupied all of Italy except Genoa. Napoleon, however, defeated the Austrians at Marengo, 14 June, 1800, and the Austrian forces abandoned Italy west of the Adige to the French armies. By the Treaty of Lunéville, 9 Feb., 1801, after protracted negotiations, Austria recognized the Ligurian and Cisalpine republics while retaining Venetia. Napoleon concurred in the restoration of Pope Pius VII (reigned 1800–23) to Rome and Ferdinand IV (1751–1825) to Naples. Lucca, Piedmont, and Parma remained under French military occupation. The Bourbon Prince of Parma, Louis, was granted Tuscany, renamed the Kingdom of Etruria.

EXTENSION OF NAPOLEON'S INFLUENCE. Napoleon continued to strengthen his hold on the Italian peninsula. By the Treaty of Florence, 28 Mar., 1801, he forced Ferdinand IV to allow French garrisons in the Kingdom of the Two Sicilies and to close his ports to British ships. On 26 Jan., 1802, delegates of the Cisalpine Republic chose Napoleon as president, and renamed their state the Italian Republic. In Sept. 1802 Napoleon annexed Piedmont to France.

In 1805 Napoleon changed the Italian Republic to a kingdom with himself as king. After his coronation on 26 May, he appointed his stepson, Eugène de Beauharnais (1781–1824), as viceroy. One month later Napoleon annexed the Ligurian Republic to the French Empire. By the Treaty of Pressburg, 26 Dec., 1805, which followed his victory over Austria, he gave Venetia to the Italian Kingdom. Because of Ferdinand's intrigues with Austria in 1805, Napoleon declared him deposed, and dispatched his brother Joseph (1768–1844) to Naples, where the latter was crowned king on 30 Mar., 1806. Ferdinand IV fled to Sicily, which he was able to retain with help from the British.

In 1808 Napoleon subdued the sole remaining independent power in Italy, the papacy. Even though the French emperor had cultivated good relations with Pius VII and had negotiated the important Concordat of 15 July, 1801, with him, he was angered by the pope's refusal to grant his brother Jérôme (1784–1860) a divorce, and wanted to perfect the Continental System by the acquisition of central Italy. In Feb. 1808, French troops occupied Rome and exiled Pius. The province of Latinum was incorporated into the French Empire. In Mar. 1808 Napoleon annexed Tuscany, which 1 year later was turned into a principality for his sister, Maria Anna Elisa Bonaparte (1777–1820). Parma was then annexed, while the Papal Marches on the Adriatic coast were incorporated into the Italian Kingdom. In 1808, when Joseph Bonaparte became king of Spain, he was succeeded in Naples by Joachim Murat (1767?–1815), husband of Napoleon's sister, Carolina. In 1810 the Italian Kingdom acquired South Tirol, after Napoleon's forces had subdued the Tirolean uprising of the preceding year.

NAPOLEON'S IMPACT ON ITALY. Napoleon governed the territory incorporated into the French Empire directly. No representative institutions were permitted, only Assemblies of Notables whose power was consultative. The emperor did apply to Italy some of the reforms associated with the French Revolution. The Civil and Criminal Codes were promulgated; all feudal dues, services, restrictions, and privileges were abolished; and some of the church lands and latifundia (large estates) were confiscated and sold. Napoleonic officials also engaged in road-building and other public-works projects in order to stimulate commerce. Generally speaking, the reforms were more lasting in the north of Italy than in the south.

In the long run, however, the French alienated even the most Francophile Italian liberals by treating Italy as a conquered province. To finance his wars Napoleon increased taxes and conscripted an estimated 120,000 Italians, half of whom were killed. Moreover, the French opened Italian markets to French goods, thus hurting local industries, while the Continental System ruined the considerable Italian sea trade.

Throughout the Napoleonic period the peasantry remained largely passive. Many urban liberals, who had originally supported the French Empire, turned against Napoleon when they realized that he was using Italy for his own and France's benefit. Especially after Napoleon's defeat in Russia in 1812, they formed anti-French secret societies such as the Adelfi, Guelfs, and *Carbonari* (charcoal burners).

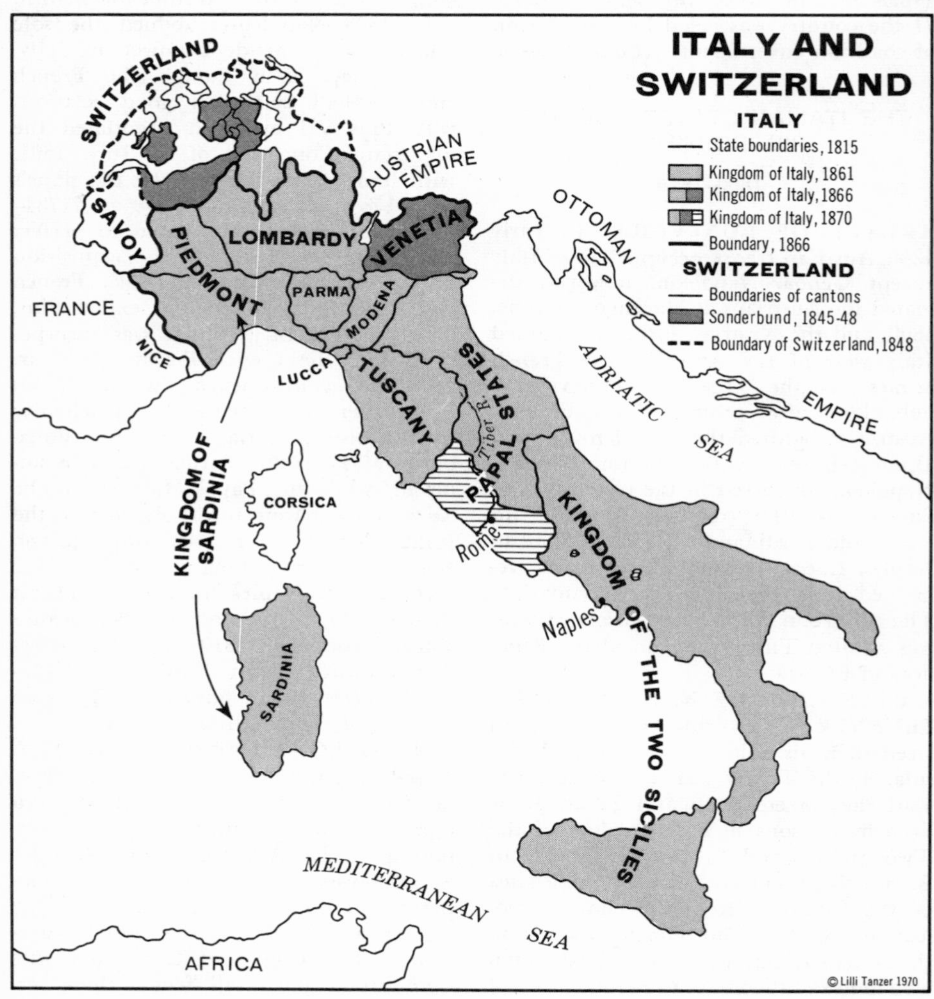

These societies demanded independence from France. They were not militarily dangerous, but they helped to undermine the French regime.

FALL OF THE FRENCH EMPIRE. After Austria joined the 6th Coalition against Napoleon, 12 Aug., 1813, an Austrian army of 70,000 immediately invaded the Italian Kingdom. Eugène de Beauharnais's small army slowly retreated as the Austrians advanced. Meanwhile, on 14 Nov. Joachim Murat defected to the allies, and agreed to supply 30,000 troops to be deployed against Eugène if his throne could be guaranteed. When Eugène received word of Napoleon's surrender, 6 Apr., 1814, he agreed to an armistice (the Convention of Schiarino-Rizzino, 16 Apr.). On 20 Apr. a revolt against the government of the Italian Kingdom broke out in Milan, and Austrian troops quickly occupied the city and the rest of Lombardy.

SETTLEMENT OF VIENNA. Before Austria joined the 6th Coalition, the allies had agreed to grant Austria Venetia (Treaty of Reichenbach, 27 June, 1813). In late Apr. 1814 the allies in Paris awarded Lombardy to Austria as well, thus disappointing the hopes of the Italian liberals for an independent constitutional northern Italian state. The settlement of Vienna, 1815, restored Victor Emmanuel I (1759–1824) to Piedmont-Sardinia and awarded him Genoa. Pius VII returned to the Papal States, and Ferdinand III (1769–1824) and Francis IV (1779–1846) (both Hapsburg archdukes) to Tuscany and Modena, respectively. Marie Louise (1791–1847), Napoleon's 2nd wife and a Hapsburg princess, received Parma and Piacenza, while María Luisa (1782–1824), a Spanish Bourbon princess, received Lucca.

THE DOWNFALL OF MURAT. When it became clear that Austria was becoming dominant in the peninsula, Murat, still king of Naples, plotted to expel the Austrians and become king of a united Italy himself. After Napoleon's return to France in Mar. 1815, he marched north and issued a manifesto proclaiming Italian independence and unity, 30 Mar. But Austrian troops defeated his army in May, and he was deposed, Oct. 1815, and eventually shot. Ferdinand IV, changing his title to Ferdinand I, returned to Naples.

THE RESTORATION GOVERNMENTS. Generally speaking, the restored rulers except Pius VII and Victor Emmanuel retained most of the administrative and judicial reforms of Napoleon. The pope did, however, restore the Jesuit order, 1814, which had been dissolved in 1773. All rulers imposed a political absolutism, and refused to allow any representative institutions in their dominions. All imposed strict censorship except Ferdinand III of Tuscany, which became a resort of Italian liberals.

1816–47

BEGINNING OF THE STRUGGLE AGAINST AUSTRIA. The *Risorgimento* (resurgence) was the name given to the 19th-cent. Italian movement toward national unification and constitutional government. The ideals of the movement were held by only a portion of the educated urban upper and middle classes. The peasantry remained bound to old traditions and customs and was hardly influenced by the new ideology. Since Austria under Metternich and Austria's satellite Italian states were all opposed to unification and constitutional government, the goals of the *Risorgimento* could be reached only by defeating Austria and overthrowing her conservative allies.

THE UPRISING OF 1817. The first attack on Hapsburg power in Italy came from the secret societies which had originally been organized to fight against Napoleon. In June 1817 the Guelfs rose at Macerata in the Papal States, but were easily suppressed.

CARBONARI UPRISING OF 1820. Inspired by the Spanish revolution of early 1820, the *Carbonari,* who had infiltrated the Neapolitan army, staged a successful coup in July against Ferdinand I. Under the leadership of General Guglielmo Pepe (1783–1855), they forced Ferdinand to swear loyalty to a democratic constitution. Ferdinand then left for the Congress of Laibach, 16 Jan.–12

May, 1821, where he pleaded for Austrian intervention against Pepe's liberal regime. Austrian troops marched south and annihilated Pepe's untrained militia at Rieti, 7 Mar., 1821, and for the 4th time Ferdinand returned to his throne.

PIEDMONT UPRISING OF 1821. Three days after the debacle at Rieti, a group of Piedmontese officers led by the *Carbonaro* General Santarosa (1783–1825) rebelled, demanding a constitution and war against Austria. Victor Emmanuel abdicated in favor of his younger brother, Charles Felix (1756–1831), who was in Tuscany at that time. Victor Emmanuel's son, Charles Albert (1798–1849), became regent, and agreed to Santarosa's demands. Charles Felix, however, annulled the regent's actions, and asked Austria to crush the revolt, which was done. Charles Felix took the throne and ruled for 10 more years.

CARBONARI REVOLT OF 1831. After the establishment of the ideologically liberal July Monarchy, the *Carbonari* attempted a revolt in the northern cities of the Papal States, 2 Feb., 1831, hoping that France would prevent Austria from intervening. By 26 Mar., however, the Hapsburg armies had crushed the rebels. This was the last of the *Carbonari* revolts.

ATTITUDE OF THE ITALIAN RULERS. Italian liberals were discouraged not only by the failure of the *Carbonari* but also by the refusal of the 4 major powers in Italy (Austria, Piedmont, Naples, and the papacy) to allow any constitutional reforms during the period 1815–46. Metternich (1809–48), the Piedmontese kings, including Charles Albert (1831–49), Naples under Ferdinand I (1788–1825, with interruptions), Francis I (1825–30), and Ferdinand II "Bomba" (1830–59) all opposed unification of the peninsula and all liberal reform. Ferdinand II from 1836 and Charles Albert, however, did pursue a foreign policy independent of Austria.

The popes, Pius VII (1800–1823), Leo XII (1823–1829), Pius VIII (1829–30), and Gregory XVI (1831–46), were likewise generally conservative. Gregory is remembered for his famous encyclical, *Mirari vos,* 1832, which condemned the liberal Catholic movement in France.

MAZZINI. Giuseppe Mazzini (1805–72), renowned as a political thinker, saw all Italian rulers as hopelessly reactionary, and advocated a unitary democratic and republican Italy. He sought to achieve this goal by direct popular revolution, and organized the conspiratorial Young Italy group, Oct. 1831, to begin a revolution. His attempt to overthrow Charles Albert in 1834, however, failed miserably, and a later uprising by Young Italy enthusiasts in Sicily in 1844 was likewise suppressed. Revolts in the Papal States in 1843 and 1845 and in Sicily in 1837 and 1841, unconnected with Young Italy, all similarly failed. They demonstrated that, although many were discontented with the established order, no revolution could succeed in Italy unless the Hapsburg armies were first expelled from the Peninsula.

NEO-GUELFISM. The failure of Young Italy and other popular revolts led some politically minded Italians to propose unification by a confederation of Italian states under the leadership of the papacy. Vincenzo Gioberti (1801–52) in *Il Primato* (On the Moral and Civil Primacy of the Italians) in 1843 and Cesare Balbo (1789–1853) in *Le Speranze d'Italia* (Italy's Hopes) in 1844 advocated this policy, which became known as "Neo-Guelfism." The authors of it did not explain how Austria could be persuaded or forced to accept their proposals. With the election of the liberal Giovanni Maria Mastai-Ferretti (1792–1878) to the papacy as Pius IX (reigned 1846–78) in June 1846, the Neo-Guelfs expected the fulfillment of their hopes.

THE REFORMS OF 1846–47. Pius IX immediately promulgated a series of reforms: a political amnesty, provincial and communal administrative reforms, relaxation of press restrictions, plans for railroad construction, the formation of a civil guard. These reforms reverberated throughout Italy. Florence obtained a free press, May 1847, as did Piedmont, Oct. Charles Albert also allowed communal elections and abolished the extraordinary courts.

1848–49

THE REVOLUTION. The agitation throughout Italy against the Old Regime and Austrian dominance culminated in violence at the beginning of 1848. On 12 Jan. Palermo rebelled. A Sicilian provisional government declared Sicily independent. On 29 Jan. Ferdinand II proclaimed a constitution in Naples to forestall a revolution. On 8 Feb. Charles Albert promised a constitution, and on 4 Mar. it was promulgated as *Il Statuto,* similar in content to that of the July Monarchy and providing for 2 chambers, 1 nominated by the king, the other elected by a restricted franchise. Tuscany proclaimed a constitution, 11 Feb., and the pope promised one 4 days later. When the Milanese heard of Metternich's flight from Vienna, they drove the Austrian garrison under Josef Wenzel Radetzky (1766–1858) out of the city in the 5 Days' Revolt, 18–22 Mar. Likewise, Daniele Manin (1804–57) in Venice began an insurrection on 17 Mar. which expelled the Austrian troops. Francis V (1819–75), who had succeeded his father Francis IV in 1846, and Prince Charles fled from Modena and Parma respectively.

WAR WITH AUSTRIA. Charles Albert immediately put himself at the head of the revolutionary movement by declaring war against Austria and by invading Lombardy. Radetzky retreated to the Quadrilateral, four fortresses in western Venetia, and awaited reinforcements from the Austrian government, which had also been rocked by revolution. The Piedmontese army, swelled by volunteers from all over Italy, advanced to the Quadrilateral and captured 1 fortress, Peschiera, in late May, but otherwise failed to dislodge Radetzky. Meanwhile, Pius IX had removed himself from the leadership of the liberation movement by declaring, 29 Apr., that he could not take sides in a war of Catholics against Catholics. This killed Neo-Guelfism, and papal units withdrew from the Piedmontese army. Ferdinand of Naples, moreover, soon discovered that the majority of his people, apart from the Liberals and Sicilians, was loyal to him. He used a riot on 15 May as an excuse to disregard the constitution, and withdrew his army from northern Italy.

In a series of plebiscites held between late May and July, all the northern Italian states except Tuscany voted for union with Piedmont. Radetzky, however, received reinforcements, and attacked the Piedmontese army, which had been weakened by the removal of the papal and Neapolitan troops. The Piedmontese, after a 5-day battle around Custoza, 23–27 July, were forced to disengage. Charles Albert agreed to an armistice, 9 Aug., which restored the *status quo.*

THE RADICALS IN ROME AND TUSCANY. Owing to the increasing republican agitation stimulated by the presence of Mazzini, Pius IX left Rome on 24 Nov. for Gaeta, a town in the Kingdom of Naples near the border of the Papal States. By 9 Feb., 1849, an elected Chamber in Rome had declared the pope dispossessed and established a republic. In Tuscany, too, Grand Duke Leopold II (1797–1870), who had succeeded his father, Ferdinand II, in 1824, departed for Gaeta, 30 Jan., 1849, leaving power in the hands of the Radical, Francesco Guerrazzi (1804–73), who soon proclaimed a republic.

2ND WAR AGAINST AUSTRIA. Public opinion pushed Charles Albert into another war against the Hapsburgs, which began on 20 Mar., shortly after the expiration of the 9 Aug., 1848, armistice. Radetzky invaded Piedmont, and won decisively at Novara on 23 Mar., 1849. The same night Charles Albert abdicated in favor of his son, Victor Emmanuel (1820–78), and left the kingdom. He died 4 months later in Lisbon. Peace was signed, 6 Aug., in Milan, and the *status quo* was once again restored. Victor Emmanuel paid an indemnity, and was allowed to retain *Il Statuto.*

REPUBLICAN DEFEAT AT FLORENCE. The Sardinian-Piedmontese defeat at Novara also sealed the fate of the republicans of central Italy. On 12 Apr., 1849, a moderate faction seized power in Florence, and asked Leopold to return. On 1 May Leopold appointed the moderate, Luigi Serristori (1793–1857), to restore order. Later in the same month, Austrian troops occupied Florence, and Leopold returned himself in July.

THE FALL OF ROME. Pius IX asked the Catholic powers to restore him to his throne. Louis Napoleon, president of the 2nd French Republic, dispatched a force under Gen. Nicolas Oudinot (1791–1863) to occupy Rome and, perhaps, reconcile the pope and the republicans. After much negotiation and bitter fighting, Oudinot took Rome, 2 July. Pius returned shortly thereafter, and re-established his old government.

By 15 May, Neapolitan forces had subdued all of Sicily, and the sole remaining republican outpost was Venice. This city surrendered on 22 Aug. Thus by Aug. 1849 the Hapsburgs had crushed the Italian independence movement.

1850–61

THE RISE OF CAVOUR. Camillo Benso di Cavour (1810–61), a scion of a Piedmontese noble family, had proved himself an excellent manager of his family's estates and a promoter of scientific farming, railroads, and steamboats. Elected to the Piedmontese parliament in 1849, he became minister of agriculture, commerce, and the marine in Oct. 1850 in the cabinet of the liberal Massimo d'Azeglio (1798–1866). He lowered tariffs by agreement with England and France, while also securing a large loan from London. In Nov. 1852 he replaced d'Azeglio as premier.

CAVOUR'S POLITICS. Cavour's goal was Italian unification under Victor Emmanuel. He realized that this could be achieved only through the expulsion of Austria from the Italian peninsula. Charles Albert had believed: *Italia farà da sè* ("Italy will do it herself"). Cavour, on the other hand, sought French and British support in the task of driving Austria from Italy. He hoped to establish sound and progressive government in Piedmont (thus providing a contrast with retrograde Austria), and during the first 2 years of his ministry concentrated on building railroads and improving transportation generally in order to establish a firm commercial base for a new war against Austria.

SICCARDI LAWS. In Mar. 1850 the Siccardi Laws (named after the then minister of justice) abolished ecclesiastical courts and mortmain, and prohibited the church from acquiring land by wills without state approval. In 1855, Cavour sponsored a law dissolving 55% of the monasteries in Piedmont, while making the state responsible for priests' salaries. These laws were designed to modernize Piedmont and remove traditionalist influences. Pius IX refused to recognize them. In 1854 he promulgated, without conciliar approval, the dogma of the Immaculate Conception of the Blessed Virgin. This action was interpreted by contemporaries as a step toward papal absolutism.

CRIMEAN EPISODE. In Jan. 1855 the French and British, engaged in the Crimean War against Russia, accepted Cavour's offer of 18,000 Piedmontese soldiers. By these means Cavour hoped to gain the good will of France and Britain, and perhaps receive Parma as compensation. At the Paris Peace Conference in the spring of 1856, Austria vetoed a Piedmontese acquisition of Parma, but Cavour nevertheless had the opportunity to state Piedmont's case, and received a sympathetic hearing from the French and British.

AGREEMENT OF PLOMBIÈRES. For 2 years Cavour negotiated with Louis Napoleon to secure French aid in a war against Austria. The French cabinet and French clerical opinion decidedly opposed any such undertaking. Nonetheless, Louis Napoleon wanted to continue the Napoleonic tradition by securing another victory for French arms. He also wanted to replace Austrian influence in Italy with French. Finally, Cavour and the emperor met secretly at Plombières in the Vosges Mountains in July 1858, and came to the following understanding: (1) Cavour would find a nonrevolutionary *casus belli* with Austria the next spring, and Austria would appear the aggressor; (2) France would supply 200,000 troops, and would receive Savoy and perhaps Nice; (3) Piedmont would receive Lombardy, Venetia, Parma, and Romagna, and Tuscany, Umbria, and the Papal Marches would be offered to the duchess of Parma, while the pope would retain Latinum and Ferdinand II Naples; (4) Napoleon's cousin would marry Victor Emmanuel's 15-year-old daughter, Clothilde. Piedmont and France signed a formal treaty of alliance on 19 Jan., 1859.

WAR OF 1859. All 3 powers began to mobilize early in 1859. Despite British pressure for a congress, tension mounted, and on 23 Apr. Austria sent an ultimatum to Piedmont, demanding her disarmament within 3 days. On 26 Apr. Cavour refused, and 3 days later Austrian troops crossed the Piedmont frontier. France dispatched troops to Piedmont on 3 May.

The combined Franco-Piedmont army defeated the Austrians at Magenta, 4 June, forcing the Hapsburgs out of Lombardy. The allies won a bloody victory at Solferino 20 days later, but the Austrian armies were still intact and still in possession of the fortresses of the Quadrilateral.

ARMISTICE OF VILLAFRANCA. On 24 June Prussia mobilized on the Rhine. Because of his exposed position Napoleon III could not risk continuing the war. Without Cavour's knowledge he negotiated an armistice agreement with the Austrian emperor, Francis Joseph, at Villafranca, 6–12 July. It was provided that Piedmont would annex Lombardy, but otherwise no change was envisaged.

PIEDMONTESE ANNEXATION OF CENTRAL ITALY. Cavour's reaction to Louis Napoleon's betrayal was to resign. Nevertheless, even though the terms of Villafranca were confirmed in the Treaty of Zurich, 10 Nov., 1859, the Old Regime in Italy was crumbling fast. By June all the princes of central Italy had fled. Bettino Ricasoli (1809–80), a supporter of Cavour, took over the provincial government of Tuscany, while Luigi Farini (1812–66), another Cavour agent, seized control of Modena, Romagna, and Parma, which he united into a province that was called Emilia.

On 16 Jan., 1860, Cavour returned to the premiership. He gained Louis Napoleon's approval for the annexation of Tuscany and Emilia, which annexation was ratified by a plebiscite, 13–15 Mar. In return, on 24 Mar., Cavour allowed Savoy and Nice, after a plebiscite, to be annexed by France.

GARIBALDI AND THE 1,000. Popular opinion insisted on the unification of the whole of Italy. Cavour, however, could not openly attack the Kingdom of Naples without provoking an Austrian reaction, nor could he attack Rome without clashing with the French troops there. He therefore acquiesced when Giuseppe Garibaldi (1807–82), the hero of the Roman Republic of 1848–49, set out on an unofficial expedition to Sicily. Garibaldi left with his 1,000 volunteers on 5 May. The British navy protected him, since the British believed that a united Italy would be less susceptible to French influence than a small kingdom of central and northern Italy under Victor Emmanuel. By the beginning of Aug. Garibaldi had secured Sicily. On 7 Sept. he was in Naples. Cavour now feared that Garibaldi might not turn his conquests over to Victor Emmanuel or that he would march on Rome, thus provoking a war with France. With Napoleon's consent Cavour sent an army through the Papal States to head off Garibaldi before he reached Rome. The remnants of the Neapolitan army delayed Garibaldi's advance, and Victor Emmanuel met him at Teano, 26 Oct. There he handed over all his conquests to his sovereign. Plebiscites in southern Italy, the Marches, and Umbria ratified the annexation of these areas by Victor Emmanuel's kingdom. Now all Italy save Latinum and Venetia had been unified.

1861–71

CONSOLIDATION OF THE ITALIAN KINGDOM. Elections for an all-Italian parliament took place during Jan. 1861. The suffrage was limited to 500,000 voters, who returned a majority favorable to Cavour. Subsequently the constitutional kingdom was proclaimed. Cavour died, 6 June.

The parliament of the new Italian

Kingdom decided on a prefectural administrative system with little local autonomy. By a series of measures the legal code, the railroads, the currency system, and weights and measures were unified.

ROME AND THE CONVENTION OF SEPT. 1864. Italian nationalists were unreconciled to the exclusion of Latinum and Venetia from the new Italian state, while Pope Pius IX refused to accept his territorial losses and bitterly opposed Italian unification. In order to retain Catholic support in France, Louis Napoleon could not abandon Rome to the Italian nationalists. The Italian government hoped to obtain Latinum and Venetia eventually, but did not wish to provoke either France or Austria. Consequently, when Garibaldi attempted another march on Rome, the Italian army captured his small force at Aspromonte, 29 Aug., 1862, in southern Italy. Public outcry against so "unpatriotic" a government forced Premier Rattazzi to resign.

At last, in Sept. 1864, the Italian government under Premier Marco Minghetti (1818–86) agreed with Louis Napoleon that it would guarantee Rome against attack if France would withdraw within 2 years.

CHURCH AND STATE. The intransigence of Pius IX was demonstrated by his famous encyclical of 1865, *Quanta Cura,* with its appended *Syllabus Errorum*. The pope condemned nationalism, parliamentary government, civil liberties, and other modern institutions. Moreover, the Vatican Council of 1870 declared the infallibility of the pope when speaking *ex cathedra*. The Italian government, on the other hand, continued its anticlerical policies by dissolving 2,400 monasteries in 1866 and by making civil marriage legal.

WAR OF 1866. As tension between Austria and Prussia increased, early 1866, the Italian government under Gen. Alfonso La Marmora (1804–78) agreed to declare war on Austria if hostilities should break out between Austria and Prussia. In return Italy would receive Venetia.

Prussia declared war on Austria, 16 June, and Italy followed 4 days later. On 24 June, Austrian forces defeated a larger Italian army at Custoza. After the Prussian triumph at Sadowa, 3 July, the Hapsburg forces in Venetia withdrew northward, and the Italians were able to occupy Venetia. On 20 July the Italian fleet suffered a disaster at Lissa. Prussia made peace 6 days later. In spite of her 2 serious defeats, Italy received Venetia in the final settlement.

ACQUISITION OF ROME. In Oct. 1867 an attempt by Garibaldi and a few volunteers to capture Rome was foiled when Napoleon III sent a French army there. Garibaldi was defeated by papal and French troops at the Battle of Mentana, 3 Nov. The Italian government, under the conservative Gen. Luigi Menabrea (1809–96), remained passive.

On 2 Aug., 1870, because of the war with Prussia, the French contingent was withdrawn from Rome, and Louis Napoleon and the Italian premier, Giovanni Lanza (1810?–1882), agreed to reinstate the Convention of September. But by 2 Sept., Louis Napoleon had surrendered, and 2 days later the 3rd French Republic was proclaimed; the Convention of September thus became a dead letter. Lanza then circulated a statement among the Powers promising to respect the spiritual independence of the pope. Italian troops entered the Holy City, 20 Sept., and no Catholic power protested.

FINAL SETTLEMENT. A plebiscite ratified the annexation of Rome and Latinum, but Pius IX still refused to recognize the loss of his temporal power. In May 1871 the Italian government granted him the tax-free ownership of certain buildings in Rome, a sum for expenses, and complete freedom in spiritual matters and in making ecclesiastical appointments. The papacy, however, remained unreconciled to the new conditions until the Concordat of 1929. (*Cont. p. 298.*)

THE BALKANS

1800–1815

CONCESSIONS BY TURKEY TO RUSSIA. With Turkey and Russia allied against France in the Mediterranean, the czar obtained an agreement, 23 Oct., 1802, from the Ottoman sultan that the Greek hospodars (princes) of the principalities would be appointed for 7-year terms and would not be removed without Russian approval.

REVOLT IN SERBIA. Feb. 1804. In 1801 the moderate governor of the Pashalik of Belgrade (northern Serbia) was killed by Janissaries, who then began a reign of terror against the native population. Led by George Petrovich (1766?–1817, known as Kara George), the Serbs revolted and quickly confined the Turks to control of a few fortresses. Negotiations with the sultan broke down on the question of guarantees and because of the insistence of the Serbians on retaining their arms. An appeal for Russian aid failed, but in 1805–6 the Serbs were able to repel Turkish invasions and establish virtual independence.

RUSSO-TURKISH WAR. 1806–12. The French, who were now allied with the Turks, persuaded the sultan to dismiss the hospodars of the principalities without Russian approval. The czar answered by occupying the principalities and in Dec. 1806 Turkey declared war. The sultan offered conciliatory terms to the Serbs, but they preferred an alliance with Russia, and by agreement, 10 July, 1807, a Russian protectorate over Serbia was established. The war was not pursued with great vigor by either side for many years, but in 1811 the Russians gained victories on the Danube and peace was made by the Treaty of Bucharest, 28 May, 1812. The Russians were preparing for a French invasion, and did not make great demands on Turkey, annexing only Bessarabia. The treaty also provided for an amnesty and autonomy in Serbia, with the Turks regarrisoning the fortresses, but the provisions were vague and the Russians had all but abandoned the Serbs. There were many disputes over the implementation of the treaty of Bucharest, and in 1813 the Turks again invaded Serbia, this time successfully. In Oct. Kara George fled the country and Turkish rule was re-established, accompanied by massacres and great destruction.

2ND SERBIAN REVOLT. 1815. A new leader emerged in Milosh Obrenovich (1780–1860, ruled 1817–39, 1858–60), who raised the standard of revolt on Palm Sunday, 1815. He won 4 quick victories over the Turks, and the sultan, fearing Russian intervention now that the Napoleonic wars were over, agreed to a settlement. By a decree of Dec. 1815 Milosh was recognized as the leader of Serbia and the Serbs were allowed to retain their arms and hold a national assembly. In Nov. 1817 the Serbs made Milosh's status as chief hereditary, and the sultan granted Serbia limited autonomy.

UNITED STATES OF THE IONIAN ISLANDS. By agreement of the Great Powers, 5 Nov., 1815, the Ionian Islands, which had been Venetian during the 18th cent., were made an independent state under a British protectorate.

1816–30

REVOLT IN THE PRINCIPALITIES. Mar.–June 1821. The secret *Philike Hetairia* (Society of Friends) had been organized in 1814 to promote a Greek revolt, and in 1820 Alexander Ypsilanti (1792–1828), a Greek who had become a general in the Russian army, became its head. On 6 Mar., 1821, he led a revolt in Moldavia, apparently having decided to begin operations there in order to be near Russian aid. His action, however, was repudiated by the Russian czar, and he aroused little support from the people of the principalities, who considered themselves oppressed by the Greek hospodars who ruled them. Ypsilanti's forces were defeated by the Turks in Wallachia and by June the revolt was over. The major result was a decision by the sultan, June 1822, to appoint native Rumanians as hospodars.

REVOLT IN GREECE. Mar. 1821. A war between the sultan and Ali Pasha ('Alī Pasha), his vassal in southern Albania and northern Greece, which began in 1820, offered the Greeks an opportunity for revolt. Sporadic uprisings in the Morea (Peloponnesus), in Mar. 1821, quickly spread and became a general revolution. While the Turks were able to suppress the revolt in Macedonia and Thessaly, the Greeks, by 1822, were able to win the Morea, many of the islands, and part of continental Greece south of Thessaly. In Jan. 1822 a constitution was promulgated and a national Greek government created. It was, however, plagued by factionalism and, on occasion, civil war, and was never able fully to assert its authority.

EGYPTIAN INVASION OF THE MOREA. Feb. 1825. Despite the disunity among the Greeks, the Turks were unable to recover the Morea and only partially recovered continental Greece. The sultan was obliged to make an agreement with Mohammed Ali (Muḥammad 'Alī), the pasha of Egypt, promising him Crete for himself and the Morea for his son, Ibrahim (Ibrāhīm), in return for aid. Ibrahim suppressed the revolt in Crete and then invaded the Morea, defeating the Greek army there. He combined with the Ottoman Gen. Reshid Pasha (1802–58) to capture Missolonghi, Apr. 1826, and then returned to the Morea while Reshid Pasha completed the conquest of continental Greece by taking the Acropolis in Athens, 5 June, 1827.

CONVENTION OF AKKERMAN. 7 Oct., 1826. A Russian ultimatum forced the Turks to agree to Russian demands in the principalities and Serbia. The hospodars were to be elected for 7 years by boyar (noble) assemblies, and their election could not be vetoed, nor could they abdicate or be deposed without Russian approval. In addition, a settlement of outstanding questions with Serbia, including a grant of autonomy, was to be made.

MEETING OF GREEK NATIONAL ASSEMBLY. Mar.–May 1827. Facing defeat, the various Greek factions united and elected Count John Capodistrias (1779–1831), formerly Russian foreign minister, president of Greece. Despite Ibrahim's victories, he could only control the area his army actually occupied, and the Greeks continued their struggle for independence.

TREATY OF LONDON. 6 July, 1827. At first the great powers had taken little interest in the Greek revolt, but they had been forced to change their policies by public support for the Greek cause and by the severe measures of reprisal taken by the Turks. On 4 April, 1826, Britain and Russia agreed on representations to the sultan favoring the creation of an autonomous Greek state. They then joined with France in the Treaty of London, 6 July, 1827, made an offer of mediation, and demanded an immediate armistice. If this was not accepted by Turkey, the 3 powers were to establish consular relations with Greece and prevent, as far as possible, further hostilities. The latter provision resulted, when the Turks refused the armistice, in the blockading of a Turko-Egyptian fleet in Navarino Bay by a combined allied fleet. On 20 Oct. the allied fleet entered the bay and the Turkish fleet was destroyed.

RUSSO-TURKISH WAR. 1828–29. As a result of the Battle of Navarino, the sultan voided the Convention of Akkerman, Dec. 1827, and Russia used this action as an occasion for war (declared 26 Apr., 1828). The principalities were occupied, but Turkish resistance on the Danube was greater than had been expected and the Russians made no major advance until 1829, when they crossed the Balkan mountains and captured Adrianople, Aug. By the Treaty of Adrianople, 14 Sept., 1829, Russia acquired the mouths of the Danube and was to occupy the principalities until an indemnity had been paid. In addition, the principalities were given internal autonomy, with the hospodars elected for life, and Serbia was again promised autonomy. The Turks were forced to accept the Treaty of London and the terms of a 3-power protocol, dated 22 Mar., 1829, establishing the frontiers of an autonomous Greek state.

GREEK INDEPENDENCE. By an agreement between Great Britain, France, and Russia, 19 July, 1828, the French were to occupy the Morea. The Egyptians agreed to a peaceful evacuation, which was completed by Oct., and on 16 Nov. the Morea and the Cyclades Islands were put under the protection of the 3 powers. The withdrawal of Turkish troops, caused by the war with Russia, permitted the Greeks to reoccupy part of the mainland, and on 22 Mar., 1829, the powers extended the frontiers of Greece to include the island of Euboea and continental Greece south of a line running from the Gulf of Arta to the Gulf of Volo. However, after the acceptance by the Turks of these terms, in the Treaty of Adrianople, the British began to fear that an autonomous Greece would become dependent on Russia for the protection of its rights. On 3 Feb., 1830, therefore, the 3 powers declared for the creation of an independent Greece, with its northern frontier reduced by the exclusion of Aetolia and Acarnania. Prince Leopold of Saxe-Coburg was selected as its ruler, but Capodistrias persuaded him to reject the crown on the grounds that the proposed frontiers were unacceptable to the Greeks.

SERBIAN AUTONOMY. Oct. 1830. In accordance with the Treaty of Adrianople, the sultan issued a firman (imperial rescript) to Serbia, granting internal autonomy and making Milosh the hereditary prince.

1831–43

ASSASSINATION OF CAPODISTRIAS. 9 Oct., 1831. A patriotic and energetic leader, Capodistrias had nevertheless aroused opposition by his autocratic manner, his arbitrariness, and his attempts to strengthen the central authority. He was killed by members of a family whose head he had imprisoned, and his death was followed by anarchy in Greece.

ORGANIC STATUTES FOR THE PRINCIPALITIES. 1831–32. Adopted in July 1831 in Wallachia and in Jan. 1832 in Moldavia, the Organic Statutes were written by the Russians and provided for a division of power between the hospodars and the boyar assemblies. In addition, the boyars were made, for the 1st time, the legal owners of the land and peasant landholdings were decreased by more than 50%, while the services they owed were increased.

THE "BAVARIAN PROTECTORATE." 1833–43. After Leopold's refusal of the Greek throne, the powers offered it to Prince Otho (1815–67, ruled 1832–62), 2nd son of the king of Bavaria. By treaty dated 7 May, 1832, Otho accepted the offer and the northern frontier of Greece was restored to the Arta-Volo line of the protocol of 22 Mar., 1829. From Feb. 1833 to June 1835, Greece was ruled by 3 Bavarian regents in Otho's name. A strongly centralized system was established, as opposed to the traditional municipal freedom of Greece. Both the regents and Otho, when he reached his majority, tended to ignore native Greek institutions and native Greek leaders, thereby creating much opposition.

ABDICATION OF OBRENOVICH. 13 June, 1839. Milosh Obrenovich's autocratic rule led to opposition and the demand for a constitution. In 1835 he granted Serbia a constitution, but abrogated it almost at once. In Dec. 1838 the sultan, with Russian support, created a 17-member senate, with extensive powers and appointed for life. Milosh attempted to fight this dilution of his power and, when he was defeated, abdicated. He was succeeded by his younger son, Michael (1825–68, ruled 1839–42), because of the death of his eldest son, Milan (1819?–39), shortly after his abdication.

ACCESSION OF ALEXANDER KARAGEORGEVICH. Sept. 1842. Michael was unable to create a stable government, and in Aug. 1842 was overthrown. A national assembly elected Alexander (1806–85, ruled 1842–58), the son of Kara George, to succeed him as Prince of Serbia.

REVOLUTION IN GREECE. Sept. 1843. An uprising by the Athens garrison on the night of 14–15 Sept., 1843, forced Otho to accept a constitution and dismiss most of the foreigners in his service. A national assembly was called, meeting 20 Nov., and a constitution adopted which provided for a bicameral legislature with the lower house elected by manhood suffrage and the upper house appointed for life by the king.

1844—52

REVOLTS IN THE PRINCIPALITIES. 1848. Responding to the revolutionary atmosphere of 1848, liberal revolts occurred in both principalities. The revolt in Moldavia in Apr. was quickly put down, but in Wallachia the hospodar was forced to accept a constitution on 23 June, after which he fled, leaving a provisional government in control. The revolutionaries were strongly anti-Russian, and the Russians, after occupying Moldavia in July, demanded that the Turks overthrow the provisional government in Wallachia. A joint Russo-Turkish occupation resulted in the Convention of Balta Liman, 1 May, 1849, between the 2 powers by which the hospodars were to be again appointed for a 7-year term by the sultan, with Russian approval, and the elected boyar assemblies were replaced by appointed councils.

REFORM CONSTITUTION IN THE IONIAN ISLANDS. 26 Apr., 1849. Granted by the British, the constitution provided for a biennial legislature with a directly elected lower house and an upper house chosen by the high commissioner from the lower house. It had limited powers, but became a vehicle for the expression of Ionian public opinion, in particular the desire for union with Greece.

ABOLITION OF MONTENEGRIN THEOCRACY. 1852. A new prince-bishop, Danilo II (1826–60, ruled 1859–60), converted Montenegro into a hereditary, temporal principality by transferring his religious functions to an archbishop. The Turks attempted to prevent the change, but were stopped by threats of Austrian intervention.

1853–56

CRIMEAN WAR. Disputes between Catholic and Orthodox Christians over control of the Holy Places in Jerusalem led to a Russian demand for a protectorate over all Orthodox Christians in the Ottoman Empire. Backed by Britain and France, the Turks refused to comply and, in July 1853, the Russians occupied the principalities. Efforts at mediation failed, and in Oct. war between Russia and Turkey broke out. The destruction of a Turkish fleet at Sinope, 30 Nov., aroused British public opinion, which already had a strong anti-Russian bias, and the British fleet was ordered to patrol the Black Sea and protect Ottoman territory. In Mar. 1854 Britain and France declared war when the Russians did not respond to their demand for evacuation of the principalities. However, a combination of Turkish victories and Austrian demands forced the Russians to withdraw from the principalities, Aug. 1854, after which they were occupied for the duration of the war by the Austrians, in accordance with an Austro-Turkish agreement of 14 June, 1854. The focus of the war then shifted to the Crimea, where the allies landed, Sept. 1854, taking Sevastopol, after a long and difficult siege, Sept. 1855. The threat of Austrian intervention then brought Russian agreement on the basic terms of peace and a peace conference opened in Paris, Feb. 1856.

TREATY OF PARIS. 30 Mar., 1856. All war gains were canceled, and Russia ceded southern Bessarabia and the mouth of the Danube to Moldavia. The Danubian principalities were placed under the control of an international commission and the Black Sea was neutralized, both fleets and fortifications on it being prohibited. Turkey was admitted to the Concert of Europe and the special relationship between Russia and the autonomous areas of the Balkans was eliminated, the independence and territorial integrity of the Ottoman Empire and the rights of Serbia and the principalities being placed under the joint guarantee of all the powers. In the principalities, elected assemblies were to meet to express their views on their future organization. A Turkish firman, 18 Feb., 1856, granting liberty of worship and civil equality to all, was noted and approved of, but the powers expressly rejected the right to interfere in the internal affairs of the Ottoman Empire.

1857–64

UNION OF THE PRINCIPALITIES. 1857–61. The assemblies provided for in the Treaty of Paris met in Oct. 1857, and both declared in favor of a 4-point program of union, autonomy, a foreign prince, and representative government.

By the Paris Convention, 19 Aug., 1858, the powers created the "United Principalities of Moldavia and Wallachia," but provided that they were to have different princes and separate assemblies, with a central commission to propose laws in areas of common concern. The principalities responded by electing the same man, Col. Alexander Cuza (1820–73, ruled 1859–66), as prince of both (17 Jan., 1859, in Moldavia; 5 Feb. in Wallachia). In Sept. the powers and the sultan accepted his election on condition that the other provisions of the Paris Convention would remain in force and that no precedent would be established. There was continued agitation for union, however, and in Dec. 1861 the sultan gave permission for the union of the ministries and assemblies of the principalities for the period of Cuza's reign only.

ABDICATION OF ALEXANDER KARAGEORGEVICH. 3 Jan., 1859. Alexander Karageorgevich had aroused opposition by his failure to support a revolt, 1848, of the Slavs in the Hapsburg lands and by his neutrality during the Crimean War. A struggle between Alexander and the senate resulted in the convening of a national assembly, elected by taxpayer suffrage, which demanded his abdication, and Milosh Obrenovich was recalled to the throne.

DEATH OF MILOSH OBRENOVICH. 26 Sept., 1860. Milosh was succeeded by his son Michael, who promised a rule of law and did much to modernize the country. He ended the last vestiges of Ottoman control by obtaining the evacuation of the Turkish quarter of Belgrade, Sept. 1862, and the removal of the remaining Turkish garrisons, 3 Mar., 1867.

REVOLUTION IN GREECE. 1862. Otho's popularity had increased during the Crimean War, when the western powers had to intervene to enforce neutrality on Greece. But it had again declined during the Austro-Italian War (1859), when he had favored Austria while the people sympathized with Italy. His hold on the throne was further weakened by the fact that he had no heir and other Bavarian princes were disinclined to convert to Orthodox Christianity, as required by the constitution. Military uprisings in Feb. 1862 were put down, but the king unwisely decided to make a tour of the provinces. In Oct. revolts erupted again, and before he could return to Athens that city was under the control of the revolutionaries and he was forced to abdicate. Prince William George (1845–1913), the 2nd son of the heir to the Danish throne, was offered the crown, and by a treaty, 13 July, 1863, between Denmark and the 3 protecting powers (Britain, France, and Russia) he became George I, king of the Greeks (ruled 1863–1913). In 1864 a new constitution was adopted providing for a constitutional monarchy, with a unicameral legislature elected for 4 years by universal suffrage.

TURKISH ATTACK ON MONTENEGRO. 1862. In 1861 an anti-Turkish revolt occurred in Herzegovina, and although Montenegro remained neutral the Turks invaded that country as soon as they had put down the rebellion. The Turkish army cut Montenegro in half and forced the Montenegrins to accept the terms of an ultimatum issued at Scutari, 31 Aug., 1862, by which they promised not to support further revolts in the Ottoman Empire and were prohibited from erecting frontier fortresses.

CESSION OF THE IONIAN ISLANDS TO GREECE. 29 Mar., 1864. The treaty of 29 Mar., 1864, carried out an agreement made by the British that they would cede the islands in return for a promise that Greece would not promote revolts in the Ottoman Empire. The formal transfer took place on 2 June.

COUP BY ALEXANDER CUZA. 14 May, 1864. The assembly of the United Principalities, controlled by the boyars, had refused to pass an agrarian reform law and Cuza dissolved it on 14 May, 1864, clearing the chamber with the use of troops. At the same time he called for a plebiscite on a new electoral law and constitution. Under the new system, which was approved by a large majority, the prince was to have the sole right of legislative initiative and the legislature was to consist of an upper chamber appointed by him and a lower chamber elected on a greatly increased suffrage. In Aug. 1864 Cuza promulgated, on his own authority, an agrarian reform law that abolished forced labor, the tithe, and all other feudal dues and gave land to the peasants, in return for an annual payment for 15 years. Other major accomplishments of Cuza's reign were the secularization of the property of the "dedicated monasteries," Dec. 1863, which had owned a large part of the arable land in the principalities, and the establishment, at least in theory, of free and compulsory public education, 1864.

1865–70

ABDICATION OF CUZA. 23 Feb., 1866. The desire of the principalities for a foreign prince, expressed in 1857, continued, and formed a basis for opposition to Cuza. In addition, his arbitrary measures and the increasing corruption and inefficiency of his government united liberals and conservatives against him. On the night of 22–23 Feb., 1866, army officers staged a palace revolt and forced his abdication. Prince Charles of Hohenzollern-Sigmaringen (1839–1914) was chosen to succeed him and on 10 May was proclaimed hereditary prince of Rumania. The sultan was brought to accept the change of ruler and his hereditary status, Oct. 1866, but still refused to accept the name Rumania (Romania). A new constitution, based on the Charter for Belgium of 1831, established civil liberties and an indirectly elected, bicameral legislature, with the prince retaining an absolute veto on legislation.

ASSASSINATION OF MICHAEL OBRENOVICH. 10 June, 1868. Despite the many accomplishments of his reign Michael Obrenovich was killed, and many believed that the Karageorgevich family was responsible. A provisional government was formed and acted quickly to prevent a coup, choosing Milan Obrenovich (1854–1901), Michael's 14-year-old cousin, as prince. A 3-man regency was established, which in July 1869 put a new constitution into effect. A single chamber legislature was created, with 3/4 of its members elected and 1/4 appointed by the prince. Its powers were extremely limited, since it was able only to accept or reject bills proposed to it, and the prince could convene or dissolve it at will.

EXARCHATE OF BULGARIA. 11 Mar., 1870. The creation of a national Bulgarian church (exarchate) by a Turkish decree, was the 1st great victory of Bulgarian nationalism. It came despite long opposition from the Greek Orthodox Church, mainly on the question of jurisdiction, especially in Macedonia. As constituted the Bulgarian church could expand to any area in which it was supported by a vote of 2/3 of the population. The Turks had probably created it in the hope of dividing the Balkan Christians, and they succeeded when the Greek patriarch declared the Bulgarian Church heretical, Feb. 1872. (*Cont. p. 299.*)

THE HAPSBURG LANDS

1800–15

FRENCH INVASION. In May 1801, continuing the expansion of the French Empire, Napoleon invaded the northern Italian provinces of the Hapsburg lands. French victories allowed Bonaparte to dictate severe terms in the Treaty of Lunéville, 9 Feb., 1801; the Hapsburg ruler, Francis (1768–1835), gave up sections of Italy and the left bank of the Rhine to French domination.

CREATION OF THE AUSTRIAN EMPIRE. In May 1804 Napoleon assumed the title "Emperor of the French"; in response, Francis declared himself Francis I, emperor of Austria (ruled 1804–35). This action strengthened his position by making the Hapsburgs hereditary Austrian emperors as well as elected Holy Roman emperors.

3RD COALITION. Austria joined Russia and Britain in a Third Coalition to oppose France. Napoleon responded by an invasion of Austria, which ended in French victory at Austerlitz, 2 Dec., 1805. By the Treaty of Pressburg, 26 Dec., Austria ceded Venetia and Dalmatia to France and Tirol to Bavaria, recognized

Napoleon as king of Italy, and granted sovereignty to Bavaria and Württemberg, which had aided France in the war.

END OF THE HOLY ROMAN EMPIRE. Napoleon organized Bavaria, Württemberg, and several other German states into a Confederation of the Rhine under French protection, thus bringing all the Germanies except Prussia and Austria into the French system. In recognition of his loss of influence, Francis dissolved the Holy Roman Empire, Aug. 1806.

WAR OF 1809. After the defeat of 1805, the Archduke Karl Ludwig (1771–1847) worked to refashion the Austrian army, while sentiment grew in Austria for a war of revenge against France. The minister of foreign affairs, Johann Philipp von Stadion (1763–1824), was one of the supporters of war. In June 1808, Austria began to train a citizen militia of all men between 18 and 45. On 12 Apr., 1809, the Austrians invaded Bavaria and followed this attack with offensives in northern Italy. But Napoleon moved quickly to break the center of the Austrian forces, and the French army entered Vienna, 13 May. The reunited Austrian divisions took a position opposite Vienna and repulsed the French attack at Aspern, 21–22 May, with heavy losses on both sides. On 5–6 July, Napoleon attacked again, with superior numbers, and gained victory at Wagram. Stadion resigned, to be replaced by Klemens Metternich (1773–1859); Archduke Charles retired and Francis agreed by the Peace of Schönbrunn, 14 Oct., 1809, to give up Salzburg, the Innviertel, and western Galicia, as well as the south Slav lands, from which Napoleon created Illyria. Five months later, on 11 Mar., 1810, the emperor of the French married Marie Louise (1791–1847), daughter of Francis I.

DEFEAT OF NAPOLEON. As France and Russia drifted toward war, Austria on 14 Mar., 1812, was obliged by her alliance with France to agree to supply troops for Napoleon's forthcoming Russian campaign. Metternich privately assured the Russians that at most only 30,000 Austrian soldiers would march with Napoleon, and they would avoid serious fighting. As the French retreated from Russia after their defeat, the Austrian government approved, Jan. 1813, a truce with Russia, in defiance of treaty obligations to France. In May, Austria attempted to arrange peace between France and Russia. When the Congress of Prague failed to produce a peace treaty, Austria joined Russia and Prussia in the war against France, 10 Aug. By the Treaty of Teplitz, 9 Sept., the allies declared their intention to restore a balance of power in Europe. The allies pressed forward against Napoleon, inflicting a crushing defeat on him at Leipzig, 16–19 Oct., and advanced into France. On 1 Mar., 1814, Austria, Prussia, and Britain by the Treaty of Chaumont pledged to agree to peace with France only when a balance of power had been established in Europe. On 31 Mar., allied troops entered Paris; Napoleon abdicated on 4 Apr. The 1st Treaty of Paris, 30 May, formally declared peace between France and the victorious powers, including Austria. The powers decided to hold a congress in Vienna to round out a general peace settlement.

CONGRESS OF VIENNA. The peace conference at Vienna opened formally on 2 Nov., 1814, and closed on 11 June, 1815. In the distribution of territory, Francis I gave up those Hapsburg possessions which were separated territorially from the principal domain; these included Belgium and the Swabian lands in southwest Germany. Austria received Galicia (except Cracow, which became an independent city-state), Dalmatia, and the Italian provinces of Lombardy and Venetia. In addition, Hapsburg monarchs ruled in Tuscany and Modena, giving Austria a predominant influence in Italy. The Vienna Congress also created, 8 June, 1815, the *Deutscher Bund,* a loose union of 39 German states constructed to replace the Holy Roman Empire; Austria was by statute the presiding power in its Diet. A final result of the Congress was the Holy Alliance, which took shape during the Vienna deliberations and was declared on 26 Sept., 1815, with the Russian, Prussian, and Austrian monarchs as its principal signatories.

QUADRUPLE ALLIANCE. The return and final defeat of Napoleon resulted in a harsher 2nd Treaty of Paris, 20 Nov., 1815. On the same day, Austria joined with Britain, Russia, and Prussia in a Quadruple Alliance to perpetuate by armed force for 20 years the terms established by the treaties of Chaumont, Vienna, and Paris. The alliance provided that representatives of the 4 powers would meet periodically to consider measures to maintain peace; these measures formed part of a conservative and repressive policy maintained by the rulers over the next several years.

1816–47

RISE OF NATIONALISM. The Napoleonic Wars stimulated nationalism in the

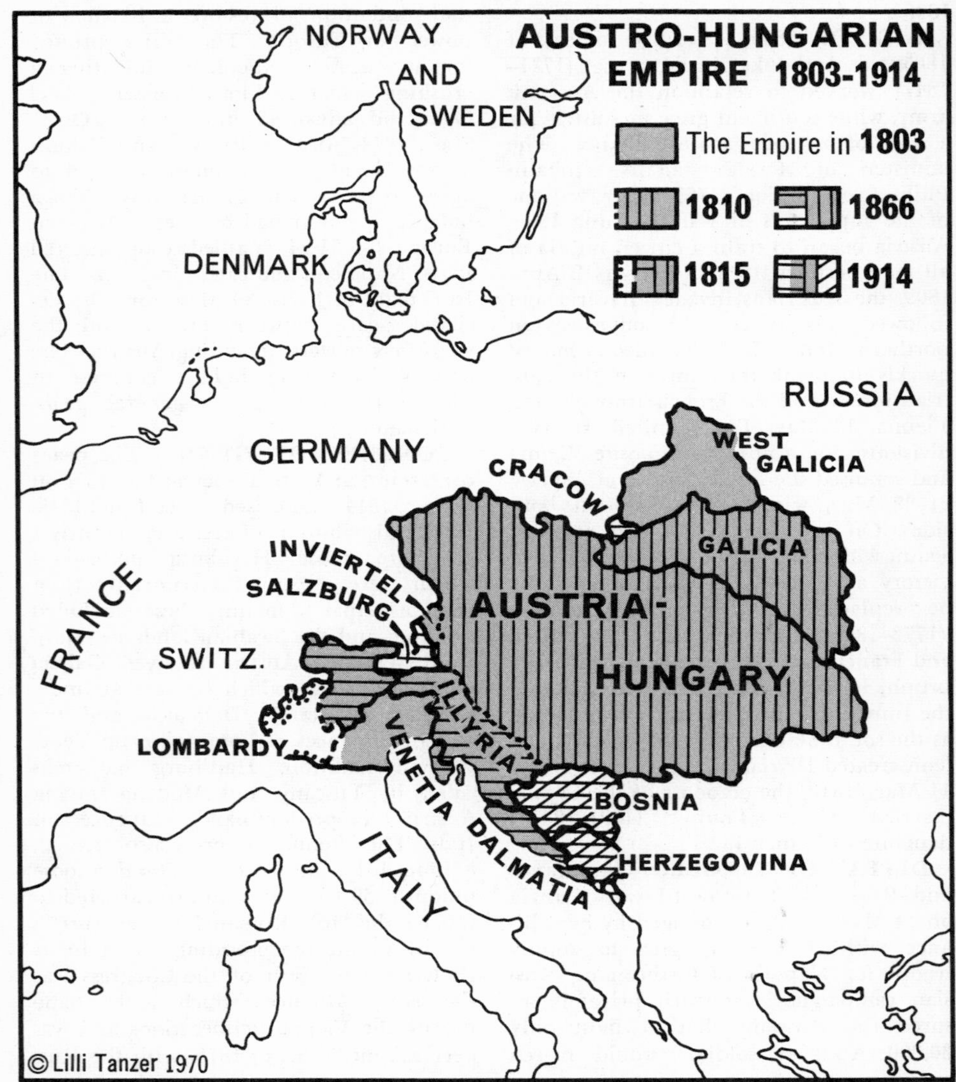

Hapsburg lands. Political ideas were reinforced by the influence of German romanticism with its emphasis on folk culture, and a corresponding interest in vernacular languages. In 1814 Stefanović Vuk Karadžić (1787–1864) began to lay the foundations of the modern Serbian literary language; over several years he published a Serbian grammar and dictionary and collections of Serbian folk tales, songs, and poetry. Between 1816 and 1819 Václav Hanka (1791–1861) publicized his "old" Czech texts in the hope of creating a Czech national epic. The Austrian dramatist Franz Grillparzer (1791–1872) wrote, 1822, his 1st historical drama, *König Ottokars Glück und Ende,* a realistic tragedy about the 1st Hapsburg emperor. In 1824 the Slovak poet and scholar, Ján Kollár (1793–1852), published *Slávy dcera,* a cycle of sonnets glorifying the Slavic past and future. Kollár became the leader of romantic Pan-Slavism, publishing collections of Slavic folk songs, works on Slavic archaeology, and, in 1837, a treatise on improving cultural relations among the Slavs. In 1825 a Rumanian dictionary appeared. In the same year Josef Jungmann (1773–1847) published his *Historie literatury české;* he later assembled a 5-vol. Czech dictionary, 1834–39, and translated many works into Czech. In Hungary, Count István Széchenyi (1791–1860) offered a year's income toward the founding of a Hungarian academy; in 1833 he published demands for reforms in the backward Hungarian part of the Hapsburg monarchy. He was also a leading influence in the establishment in 1837 of a National Theater in Pest.

The Slovak scholar Josef Pavel Šafařík (1795–1861) published his *Geschichte der slawischen Sprache und Literatur nach allen Mundarten,* 1826. In 1831 *Matice česká,* a Czech organization, was founded. The Czech historian František Palacký (1798–1876) began, 1836, his *Geschichte von Böhmen;* after 1848, he wrote a Czech version of this history of Bohemia. In Hungary, the Diet declared Magyar to be the language of the schools, law courts, and legislation, 1843. In 1845 L'udovít Štúr (1815–56) published an article in a new Slovak language which he had created using a middle Slovak dialect. Jozef Miloslav Hurban (1817–88) and Michal Miloslav Hodža (1811–70) supported Štúr in his campaign to create a Slovak literary language.

REPRESSION OF NATIONALISM. Metternich acted as far as it was in his power to suppress liberal movements wherever they occurred. In 1819, in reaction to student demonstrations, the *Deutscher Bund,* at Metternich's urging, approved the Karlsbad (Carlsbad) decrees which regulated the German press and universities. In July 1820, revolution in the Kingdom of the Two Sicilies forced King Fernando to grant a liberal constitution, but in Oct. the monarchs of Austria, Prussia, and Russia met at Troppau in a conference dominated by Metternich, and agreed on the right of the powers to intervene in states which had undergone a change of government due to revolution which threatened other states. In Jan. 1821 the conference, which now included the Italian princes as well, met at Laibach and decided that Austria should send an army to suppress the Italian rebels. The Austrians entered Naples in Mar. 1821, bringing the revolution to an abrupt end. The army then turned north to put down the rebellion which had meanwhile broken out in Piedmont; the revolutionaries there were defeated in Apr. and Austria emerged more powerful than ever.

During the Italian campaign, Metternich had called for recruits from Hungary and had attempted to reform the system of taxation there. The rising Magyar nationalism took the form of resistance to the Austrian demands, until finally the national Diet was convened, 1825, for the 1st time since 1812. Széchenyi addressed the assembly in Magyar instead of the conventional Latin. This Diet of 1825 forced the Hapsburg emperor to agree to observe Hungarian rights and to call the Diet at least once every 3 years. Revolutions again broke out in Italy, 1830–31. Metternich assured himself of the backing of Russia and Prussia in order to forestall French intervention on behalf of the rebels. Then, in 1831, Austrian troops restored order in Parma, Modena, and the Papal States.

ACCESSION OF FERDINAND I. Ferdinand I (1793–1875, ruled 1835–48) became emperor of Austria upon the death of his father Francis I. Ferdinand's ability to rule was questioned, since he suffered from periods of insanity. He therefore permitted a state conference of the ministers Metternich and Franz Kolowrat-Liebsteinsky (1778–1861) and the Archdukes Ludwig (1784–1864) and Franz Karl (1802–78), to act as the governing body of the empire. The members of the conference disagreed, however, and little was accomplished.

NATIONALIST RESURGENCE IN HUNGARY. József Eötvös (1813–71), journalist and member of the Diet, published articles, 1839–40, revealing the shortcomings of the traditional county administration and advocated a general demand for ministerial responsibility, equality before the law, and universal taxation (which would include the previously exempt nobility). Liberal members of the Diet, led by Ferencz Deák (1803–76), also called for the release of political prisoners, including Lajos Kossuth (1802–94). Kossuth, who had earned the wrath of the government by publishing accounts of parliamentary activities during the 1830's, was freed in 1840. Between 1841 and 1844, Kossuth edited the journal *Pesti Hirlap*. He demanded the abolition of entail and other feudal remnants and the taxation of the nobility. He stressed Magyar superiority over other nationalities in the Hungarian part of the empire, and in 1844 founded the National League to oppose the government in Vienna.

The Polish and Ukrainian peasants in Galicia rose in rebellion against the Polish nobility, 1846. In Nov. 1846 Austria put down the revolt and annexed Cracow.

1848

REVOLTS OF 1848. On 11 Mar. students in Vienna demonstrated for the freedom to speak, learn, teach, believe, and publish according to their own desires, and for the right of representation. In Prague, a mass petition demanded the abolition of the *Robot* (peasant labor due the lord under feudal law), liberal reforms, and the union of Bohemia, Moravia, and Silesia. On 13 Mar. a crowd formed in Vienna and forced Metternich to resign and flee from Vienna. Students armed, and a national guard was formed. On 15 Mar. the Hapsburg court promised the Austrian people a constitution. On 17 Mar. Daniele Manin (1804–57) led an uprising in Venice; he became president of the new Republic of Venice 5 days later. On 18 Mar. street fighting erupted in Milan, ending Austrian occupation there. On 25 Mar. a Croatian Diet convened at Agram under Josip Jelačić (1801–59), who was *Ban* (governor) of the Kingdom of Croatia, Slavonia, and Dalmatia. The representatives put forward national and liberal demands. On 29 Mar. a 2nd petition in Prague emphasized Czech national demands.

Apr. On 10 Apr. a new Hungarian constitution became law, abolishing feudal relationships and establishing a national guard. The Hapsburg emperor recognized the independent government and agreed that in his royal dignity he constituted the major link between the government of Austria and the new government of Hungary. The president of the first Hungarian ministry was Lajos Batthyány (1806–49), who favored maintaining ties with Austria. Other members included Deák as minister of justice, Eötvös as minister of education, Széchenyi as minister of ways and communication, and Kossuth as minister of finance. On 17 Apr. Governor Stadion of Galicia abolished the *Robot* in his province, with compensation by the state to the lords.

May. Transylvanian Rumanians held a meeting at Blaj and agreed on the need for an autonomous Rumanian territory. Serbs gathered at Karlowitz to demand Serbian autonomy. The Magyar reaction led to brutal struggles with both these nationalities. On 28 May, the Hungarian-dominated Transylvanian Diet voted to unite Transylvania with Hungary. In Prague, František Palacký presided over a Slavic Congress.

June. Czech radicals engaged in street fighting in Prague. The Austrian army, under General Alfred Windischgrätz

(1787–1862), restored order in the city, 16 June.

July. As a result of the new constitution, an Austrian parliament was elected by universal suffrage. This Reichstag met in Vienna, 22 July, with a Slavic majority. On 25 July, at Custoza, General Josef Radetzky (1766–1858) led the Austrians to victory over the Piedmontese army, which had come to the aid of other Italian insurrectionists.

Sept. On 7 Sept. the emperor gave his consent to parliamentary legislation abolishing feudal remnants with compensation to the lords for services due them under the old order. The leading parliamentary sponsor of this bill had been Hans Kudlich (1823–1917). At the end of the month, Austrian troops crossed into Hungary; they were supported against the Magyars by the national minorities, notably Croatian forces under Jelačić. The Hungarians formed a Committee of National Defense with Kossuth as president.

Oct. On 6 Oct. a city crowd rose in Vienna and murdered the minister of war, Latour. On 7 Oct. the emperor fled Vienna for Olomouc, and the Austrian parliament soon followed to the nearby town of Kremsier, 22 Oct. On 19 Oct., Felix zu Schwarzenberg (1800–1852) was empowered to form a government. On 28 Oct. Windischgrätz attacked Vienna, and captured the city, 31 Oct.

Nov. On 21 Nov. Schwarzenberg became prime minister. He formed a ministry, retaining for himself the direction of foreign affairs.

Dec. Emperor Ferdinand abdicated in favor of his nephew Francis (1830–1916), who ruled as Francis Joseph I.

Mar. 1849. On 4 Mar. Francis Joseph approved the Kremsier constitution, which established autonomy for the various parts of the empire and equality for its nationalities. On 7 Mar. he dissolved parliament.

1849

RESTORATION OF HAPSBURG POWER. On 23 Mar., 1849, Radetzky's victory over Piedmont at Novara ended Italian hopes of immediate unity. In January, the Austrian troops under Windischgrätz had occupied Budapest. The Hungarian Diet withdrew to Debrecen, where, 13 Apr., it declared Hungary an independent republic with Kossuth as president. General Arthur Görgey (1818–1916) led the Hungarian army, supported by the Polish general Józef Bem (1795–1850); together they achieved substantial success in resisting Austria. But they were forced to surrender at Világos, 13 Aug., to a Russian army which came to aid the Austrians. Görgey was captured but his life was spared at Russian insistence. Kossuth escaped to Turkey and from there to the West.

1850

NEW DEUTSCHER BUND. In Nov. 1850 at Olomouc, Prussia agreed to acknowledge the authority of a reconstituted *Deutscher Bund* under Austrian leadership. Schwarzenberg demanded the inclusion of the entire Austrian Empire, not just the German and Bohemian lands, in the *Bund* and in the German *Zollverein* (customs union). To facilitate this project he abolished the customs barriers between Hungary and the rest of the empire. Under Schwarzenberg's vigorous leadership, Austria now held a dominant position in Germany and in Italy, though she was not admitted to the Zollverein.

1851

ANNULMENT OF THE KREMSIER CONSTITUTION. On 31 Dec., 1851, encouraged by its own strength and by the return of absolutist regimes in other parts of Europe, the Austrian monarchy declared null and void the Kremsier constitution, which had never actually been put into force.

1852

THE BACH SYSTEM. Schwarzenberg died suddenly on 5 Apr., 1852. Francis Joseph appointed no one in his place, instead assuming a more personal control of government himself. But since the emperor was interested primarily in foreign policy, the direction of internal affairs fell to Alexander von Bach (1813–93), minister of the interior since 1849. Bach was faced with the necessity of instilling a sense of Hapsburg citizenship in all the residents of the empire, including the newly freed serfs. The system which he developed during the 1850's involved complete centralization of government through a bureaucracy which extended downward from Vienna to small primary administrative districts, in which the district officials combined administrative and judicial functions. The empire was ruled as one indivisible state, through an army of officials loyal to the bureaucracy rather than to the often hostile residents of the districts to which they were sent.

1853–60

CRIMEAN WAR. Austria attempted to maintain a policy of neutrality, but actually leaned toward the West. She demanded that Russia withdraw from the Rumanian principalities of Moldavia and Wallachia and occupied them, Dec. 1854. Austria further antagonized Russia by supporting, Dec. 1855, British and French demands for a peace treaty.

WAR IN ITALY. War broke out in Apr. 1859 between Austria and Piedmont. Under the terms of a secret treaty of 1858, France came to the aid of the Italians. Despite Austrian defeats at Magenta, 4 June, and Solferino, 24 June, the Armistice of Villafranca, 11 July, would have allowed Austria to retain membership and power in a new Italian Confederation. Italian nationalists therefore rebelled again. By the Peace of Zürich, 10 Nov., Austria ceded Lombardy to France, which gave it to Italy.

OKTOBER-DIPLOM. At the end of 1859 Agenor Goluchowski (1812–75) replaced Bach as minister of the interior. The Bach system had aroused discontent throughout the empire, and a meeting of the enlarged administrative Reichsrat from Mar. to Sept. 1860 attempted to reconstruct the system of government. The resulting *Oktober-Diplom* represented a compromise between centralists and federalists, providing for a division of power between the central Reichsrat and the various provincial diets, thus pleasing no one.

1861–62

FEBRUARPATENT. In Jan. 1861, Anton von Schmerling (1805–93) succeeded Goluchowski; in Feb., the *Februarpatent* superseded the *Oktober-Diplom.* The patent permitted each province to send delegates to the central Reichsrat, where real power resided. This satisfied the Germans, but the Hungarians refused to participate. Under Deák's leadership, they continued to insist on the individuality of Hungarian rights and interests.

1863

CONGRESS OF GERMAN PRINCES. In order to counteract Prussia's increasingly independent policies, Francis Joseph called for a congress of princes to discuss extension of the functions of the *Deutscher Bund.* On 17 Aug., 1863, all the German princes met at Frankfurt except the Prussian king, who refused to attend. Although the princes did agree on a federal constitution for a new Germany, they were reluctant to enforce it against Prussian opposition.

1864–65

SCHLESWIG-HOLSTEIN QUESTION. After the failure at Frankfurt, Austrian policy shifted to an attempt at co-operation with Prussia. Austria joined Prussia in a short war with Denmark over the duchies of Schleswig and Holstein. On 30 Oct., 1864, Denmark ceded the duchies to Austria and Prussia in common; on 14 July, 1865, after several disagreements, the 2 victors signed the Treaty of Gastein, which settled the administration of Schleswig and Holstein.

1866

WAR WITH PRUSSIA. On 8 Apr., 1866, Bismarck concluded a secret offensive alliance with Italy against Austria. As tension increased, the *Bund* on 14 June adopted an Austrian motion to mobilize the confederate army against Prussia. Prussia seceded, declared the *Bund* dissolved, and war began. Although Austria defeated the Italians at Custoza, 24 June, the Prussian victory at Sadowa, 3 July, decided the outcome of the war. By the Peace of Prague, 23 Aug., Austria was excluded from Germany; by the Peace of Vienna, 3 Oct., Austria ceded Venetia to France, which gave it to Italy.

1867–70

DUAL MONARCHY. More or less secret discussions had been going on between the Hapsburg court and the Hungarians since 1864. After the Austrian defeat in 1866, negotiations began in earnest between Count Gyula Andrássy (1823–90) of Hungary and Count Friedrich Ferdinand Beust (1809–86), the new foreign minister of Austria. Under the *Ausgleich* (Compromise) of 1867, Francis Joseph, Feb., bowed to the Hungarian demands as outlined by Deák. The 2 parts of Austria-Hungary were each to have their own parliament and ministry, which would govern all matters except military and foreign affairs and the financing of common expenses. Delegations from the legislative bodies of the 2 parts were to meet on matters of joint concern, and a customs union was arranged under a compromise which had to be renegotiated every 10 years. Francis Joseph was crowned king of Hungary on 8 June. Within Hungary, Andrássy headed a government which consolidated Magyar power. In Nov. 1868, Hungary reached a compromise with Croatia which permitted a Croatian Diet but required appointment of a governor by the Hungarian ministry. In Austria, the Slavic proposal for a federal state was overridden by German opposition and by the objections of the Magyars, who feared that federalism in Austria would undermine the integrity of Hungary. But the Austrian constitution which was finally adopted, 31 Dec., 1867, was more liberal than its Hungarian counterpart; it provided for equality of nationalities, preservation of national languages, and a bill of rights. (*Cont. p. 299.*)

RUSSIA

1800–1801

LEAGUE OF ARMED NEUTRALITY. This agreement between Russia, Sweden, Denmark, and Prussia, 1780, renewed in Dec. 1800, was intended to protect the rights of neutral commerce against the British navy. It was part of the growing anti-British policy of the Russian czar, Paul I (1754–1801, ruled 1796–1801). Relations between Russia and its former ally had almost reached the breaking point in the fall of 1800, when the Russians placed an embargo on British shipping, froze British funds, and imprisoned British sailors in response to British seizure of Danish ships and refusal to permit Russian participation in the occupation of Malta.

ASSASSINATION OF PAUL I. 23 Mar., 1801. The coup was the result of a plot between high court officials and guards officers who considered Paul mad and lived in terror of his use of the absolute power he possessed. Paul's son, who succeeded as Czar Alexander I (1777–1825, ruled 1801–25), was aware of the plot and consented on condition that his father not be killed. On taking the throne, however, he took no action to punish the small group of conspirators who had killed his father.

RULE OF ALEXANDER I. Alexander released from prison and recalled from exile large numbers of men, restored the rights of the gentry which had been taken away by his father, lifted restrictions on foreign travel, ended the use of torture, and relaxed the censorship. He had been educated by the Swiss liberal, Frédéric César de La Harpe (1754–1838), and with the advice of an "unofficial committee" of liberal friends hoped to institute a period of major reform in Russia. However, Alexander proved to be hesitant about putting his theories into practice and the committee existed for only a short time and produced little.

CONVENTION OF ST. PETERSBURG. 17 June, 1801. In response to the League of Armed Neutrality the British bombarded Copenhagen, 2 Apr., 1801, and forced Danish withdrawal from the League. Anglo-Russian talks resulted in the Convention of St. Petersburg by which friendly relations were restored and the issues involved in the rights of neutral commerce settled on a compromise basis.

PEACE WITH FRANCE. 8 Oct., 1801. Continuing the negotiations his father had begun, Alexander made peace with Napoleon and established Russian neutrality in the European conflict.

1802–9

MINISTERIAL SYSTEM. 20 Sept., 1802. Replacing the colleges established by Peter the Great, which had been headed by committees, 8 ministries were set up, headed by individual ministers who combined to form a committee of ministers on matters of interdepartmental concern.

VOLUNTARY EMANCIPATION OF SERFS. 4 Mar., 1803. Alexander I was opposed to serfdom and stopped the practice of his predecessors of making large gifts of state land and peasants to private landowners. He hesitated, however, to take direct action against serfdom and hoped that it would be gradually eliminated by a program of voluntary emancipation. This did not happen, as relatively few serfs were freed under the provisions of the decree.

WAR WITH PERSIA. The Persians declared war, 1804, as a result of the Russian annexation of Georgia, 1801. The Russians were victorious and by the Treaty of Gulistan, 12 Oct., 1813, Russian annexation of Georgia was recognized and Russia received territories in the Caucasus.

3RD COALITION AGAINST FRANCE. In 1804 diplomatic relations between France and Russia were broken as the result of incidents growing out of Napoleon's seizure of the duc d'Enghien and his assumption of the title of emperor. In 1805 Alexander made treaties of alliance with Britain, Apr.; Sweden, June; and Austria, Aug. In Sept. hostilities began between France and Austria, and Russian troops were sent to the aid of the latter. Napoleon invaded Austria and at Austerlitz, 2 Dec., 1805, defeated a combined Austro-Russian army and forced Austria to make peace. Prussia had joined the coalition in Nov., but had given no aid to its allies, and after the defeat of Austria allied with France. Napoleon's German policy, however, forced Prussia into opposition to him again, and in July 1806 a secret treaty of alliance was made between Russia and Prussia. In Oct. Prussia declared war on France and the Prussian army was defeated before the Russians could come to their aid. A series of inconclusive battles between the French and the Russians followed, the major one being a bloody draw fought at Preussisch-Eylau, 8 Feb., 1807. The 2 armies finally fought a decisive battle at Friedland, 14 June, 1807, where the Russians were defeated and agreed to an armistice.

TREATIES OF TILSIT. After the meeting of Napoleon and Alexander on a raft in the middle of the Niemen River, 25 June, 1807, the treaties of Tilsit were signed, ending the war between France and Russia, 7 July, and France and Prussia, 9 July. At the insistence of Alexander, Prussia was not destroyed, but was greatly reduced, the Grand Duchy of Warsaw, under French domination, being created out of Prussian Poland. Alexander recognized all the changes Napoleon had made in the map of Europe and agreed to support his Continental System against Britain in return for acceptance of Russian expansion at the expense of Sweden and the Ottoman Empire. The agreements were reaffirmed at Erfurt, Oct. 1808, at which time Alexander also agreed to aid Napoleon against Austria.

WAR WITH TURKEY. The French, taking advantage of a dispute between Russia and Turkey over the rights of the principalities of Moldavia and Wallachia, used their influence to induce the Ottoman sultan to declare war on Russia, Dec. 1806. The Russians occupied the principalities, but neither side pursued the war with vigor for many years. In 1811, however, General Michael Kutuzov (1745–1813) defeated the Turks on the Danube and captured Bucharest, Dec. The Russians, who were preparing for war with France, proposed moderate peace terms and by the Treaty of Bucharest, 28 May, 1812, Russia obtained Bessarabia, the autonomy of Serbia was recognized, and the rights and privileges of Moldavia and Wallachia were reaffirmed.

WAR WITH SWEDEN. In Feb. 1808 the Russians invaded Swedish Finland and by the end of the year had completely occupied it. In 1809 Sweden proper was invaded and, after a domestic revolution in which the Swedish king was overthrown, the war ended. By the Treaty of Fredrikshamn, 17 Sept., 1809, Russia received Finland, the Åland Islands, and a northeastern strip of Sweden. Even before the conclusion of the war, Finland had been established as an autonomous grand duchy, with the czar as grand duke; and a Diet elected by the estates of Finland, Mar. 1809, had pledged loyalty to the czar in return for his promise to respect the existing fundamental laws of the country.

1809–14

ADMINISTRATIVE REFORMS. Alexander's major adviser during this period was Michael Speransky (1772–1839), the son of a rural cleric. By a decree of 18 Aug., 1809, a university degree or the passing of an examination was required for the holding of the higher civil positions. By decrees of 6 Aug., 1810, and 7 July, 1811, the ministries were reorganized with a more careful delimitation of their functions, administrative functions were separated from judicial, and precise and comprehensive rules for administration formulated. These latter decrees remained the basis of the Russian bureaucracy until 1917.

ESTABLISHMENT OF THE COUNCIL OF STATE. 13 Jan., 1810. With its members appointed by the czar, the Council of State was established to examine all proposed laws and make recommendations to the czar before he took action on them. It did not have the right to initiate legislation, however, and its function was purely advisory.

FRENCH INVASION. 24 June, 1812. Relations between France and Russia were increasingly characterized by suspicion and fear. Russian aid to France during a war with Austria, 1809, had been purely nominal and trade decrees of 1810 virtually withdrew Russia from the Continental System while excluding luxury French imports. Russian fears of a Polish revival were increased by the transfer of West Galicia to the Duchy of Warsaw (Treaty of Schönbrunn, Oct. 1809), and Alexander was greatly offended by Napoleon's annexation of the Duchy of Oldenburg, whose royal house was closely related to the Romanovs. At the beginning of 1812 France made alliances with Prussia and Austria, while Russia allied with Sweden in order to protect its northern frontier. On 24 June Napoleon, who had assembled an international Grand Army drawn from almost every nation of Europe, crossed the Niemen River with approximately 420,000 men and forced the much smaller Russian forces to retreat.

BATTLE OF BORODINO. 7 Sept., 1812. Russian armies under Prince Michael Barclay de Tolly (1761–1818) and Prince Peter Bagration (1765–1812) had retreated before Napoleon without fighting a major battle. They united near Smolensk, where a series of rear-guard engagements were fought, 17–18 Aug., and the Russians again retreated. The combined army was now placed under the command of General Kutuzov and it was decided to make a stand at Borodino in order to protect Moscow. There, after a bloody battle in which the Russians suffered over 50% casualties, it was again decided to retreat, although the Russians were in control of the field at the end of the day.

FRENCH RETREAT FROM MOSCOW. After his victory at Borodino, Napoleon entered Moscow and made peace offers to Alexander. The latter, to Napoleon's surprise, refused all proposals for negotiations and declared he would continue the fight to the end. The destruction of Moscow by fire deprived the French of supplies and winter quarters, and Napoleon was forced to order a retreat, 19 Oct., 1812. At Maloyaroslavetz,

24 Oct., French forces suffered a defeat that forced them to retreat along the same routes they had used on the advance to Moscow. Crossing country that had already been stripped of all supplies, harassed by both the Russian army and guerrilla forces, with their supply system collapsing and winter setting in, the French retreat quickly turned into a rout. The Grand Army was almost totally destroyed, with only 30,000 to 50,000 men surviving the Russian campaign.

COALITION AGAINST FRANCE. Although some of his generals were satisfied with having driven the French from Russian soil, Alexander insisted that the retreating army be pursued beyond Russia's borders and Napoleon totally defeated. In 1813 treaties of alliance were made with Prussia, Feb.; Britain, June; and Austria, June. On 16–19 Oct. the allies won a major victory at Leipzig. After allied peace offerings were refused, France was invaded, Paris fell, 31 Mar., 1814, and Napoleon was forced to abdicate, 4 Apr.

CONGRESS OF VIENNA. Sept. 1814–June 1815. By the 1st Treaty of Paris, 30 May, 1814, France had been substantially limited to her borders of 1792. The Congress of Vienna was called by the powers to consider the disposition of the other European territories that Napoleon had controlled. Alexander desired the conversion of the Duchy of Warsaw into a Kingdom of Poland, united in personal union with Russia. He was supported by Prussia, which would receive Saxony in compensation, but opposed by Britain, Austria, and the restored French Bourbons. A serious conflict between the powers was imminent when Napoleon's escape from Elba, Mar. 1815, reunited them. The final treaty, signed 9 June, 1815, provided for a smaller Kingdom of Poland under the czar, with Posen returned to Prussia and West Galicia to Austria.

1815–25

HOLY ALLIANCE. In Sept. 1815 Alexander sponsored the Holy Alliance. This agreement, which was eventually acceded to by all of the rulers of Europe except the pope, the sultan, and the king of England, provided for the conduct of international relations on Christian principles and in peaceful ways.

THE CONGRESS SYSTEM. Alexander believed that alliances should form the basis for a system of international cooperation which would ensure peace. At the Congress of Aix-la-Chapelle, Sept. 1818, to which France was admitted on a basis of equality with the other powers, he proposed the creation of an international army, but this was not given serious consideration. At Troppau, 1820, the alliance was converted into a system for the internal control of the nations of Europe when Austria, Prussia, and Russia, with Britain opposed and France neutral, declared that they would take joint action against revolutions anywhere. At Laibach, 1821, and Verona, 1822, Russia supported action against revolutions in Italy and Spain; but with the division among the powers, the Congress system had become meaningless.

POLISH CONSTITUTION. 27 Nov., 1815. This constitution provided for a Diet with an upper house appointed for life by the czar and a lower house elected partly by the landed nobility and partly by the burghers. The constitution was considered a liberal document, providing for freedom of worship, of the press, and of the person, and granting Poland its own army, an independent administration run by Poles, and the use of the Polish language in the government. Alexander did not completely abide by it, however, the real power in the country being held by his brother, the Grand Duke Constantine (1779–1831), who was commander in chief of the Polish army, and Nicholas Novosiltsev (1761–1836), the imperial representative in Warsaw. In addition, censorship was imposed, 1819, and meetings of the Diet were delayed.

BALTIC SERF EMANCIPATION. The Baltic provinces were more subject to western influence than the rest of Russia, and in 1804–5 the status of the serfs in Estonia and Livonia had been regulated at the request of the landowners. These regulations proved unsatisfactory to all parties and, again at the request of the gentry, the serfs were freed, without receiving land, in Estonia, 1816; Courland, 1817; and Livonia, 1819. It was hoped that these provinces would provide the example for emancipation throughout Russia, but, both because of their isolation and the pitiful condition into which the landless peasants sank, this did not happen.

REVOLT IN THE SEMENOVSKY REGIMENT. Oct. 1820. Although directed solely against a dictatorial colonel, this revolt in Alexander's favorite regiment of the Guard, combined with liberal revolts in Italy and Spain in the same year, turned him against reform in the final years of his reign. Gen. Alexis Arakcheev (1769–1834), the minister of war, was Alexander's chief adviser and the dominant figure of the period, during which censorship was made harsher and greater government control over schools and universities was imposed.

SUCCESSION CRISIS OF 1825. On 1 Dec., 1825, Alexander I died. His brother Constantine, who was next in line to the throne, had renounced the succession in 1822. In Aug. 1823 Alexander prepared a manifesto declaring his next older brother, Nicholas (1796–1855), the heir, but kept its existence a secret. The result was great confusion on his death, with Nicholas taking the oath of loyalty to Constantine and refusing to assume the throne himself unless Constantine officially renounced it again. Constantine, who was in Warsaw, considered his action of 1822 sufficient and refused to repeat it. Nicholas finally decided that he had no choice but to assume the throne and ordered the St. Petersburg garrison and the government to take the oath of loyalty to him, 26 Dec.

DECEMBRIST UPRISING. 26 Dec., 1825. There were in the Russian army many officers who had been influenced by liberal thought while in western Europe during the campaigns against Napoleon. They had organized groups to promote liberal thought, and in 1825 2 secret army societies existed, one in the St. Petersburg garrison and the other in the army headquarters at Tulchin in southern Russia. The views of these officers varied greatly—there were both republicans and constitutional monarchists among them—but they agreed on the need for action by the military to bring about a liberalization of Russian institutions. When Nicholas ordered the taking of the oath to him, the northern group decided to refuse and demanded the appointment of a provisional government which would convene a constitutional assembly. The troops controlled by the rebel officers gathered on the Senate Square, where they were quickly surrounded by larger numbers of loyal troops and, after a day-long stalemate, dispersed by artillery fire. An uprising by the southern group was also defeated, Jan. 1826. The leaders of both groups were tried and in the summer of 1826 5 were executed, 102 sent to Siberia for varying terms, and 13 demoted to the rank of private.

1826–35

CODIFICATION OF THE LAWS. The last codification of Russian law had been done in 1649 and the system was, therefore, chaotic. Nicholas restored Michael Speransky to a position of authority, and Speransky was responsible for the compilation, beginning 1826, of a 45-vol. collection of all Russian laws issued between 1649 and 1825 and a 15-vol. code of active laws which was put into effect in Jan. 1835.

CREATION OF THE "3RD SECTION." Nicholas made great use of "His Imperial Majesty's Own Chancery," which he had expanded from the czar's private secretariat to a major organ for the development and implementation of policy. The 2nd Section of the chancery had been created to codify the laws and the famous 3rd Section was formed to control a corps of gendarmes (political police) established at the same time. Nicholas, who sought to regulate the smallest details of Russian life, gave this section, July 1826, power to inquire into "all happenings without exception," and it probed every aspect of the public and private lives of the people.

WAR WITH PERSIA. The Persians renounced the Treaty of Gulistan, declared war on Russia, June 1826, and were again defeated. By the Treaty of Turkmanchay, 22 Feb., 1828, the Russians received the Armenian provinces of Brivan and Nakhichevan and the exclusive right to maintain a navy on the Caspian Sea.

WAR WITH TURKEY. Russian ships participated with British and French in the naval defeat inflicted on Turkey at Navarino, 20 Oct., 1827, and on 26 Apr., 1828, Russia officially declared war. Moldavia and Wallachia were occupied, May 1828. The Russian campaign during the remainder of that year did not gain any major success, but in 1829 their forces crossed the Balkan mountains and captured Adrianople, Aug. By the Treaty of Adrianople, 14 Sept., 1829, the Russians received the mouth of the Danube and territories in the Caucasus, including the eastern Black Sea Coast. The autonomy of Moldavia, Wallachia, and Serbia was reaffirmed, under the sovereignty of the sultan and the protection of the Russians, and Greece was established as a virtually independent state. Russian merchant ships were also given the right of free navigation in Turkish waters.

REVOLT IN POLAND. The Poles were dissatisfied with the treaty arrangements of 1815, desiring the re-creation of an independent Poland with its 1772 boundaries. Reacting to the revolutionary atmosphere of 1830, a group of conspirators attempted to assassinate Constantine on the night of 29 Nov., forcing him to withdraw from Warsaw with the troops loyal to him. A provisional government, supported by the Polish army, was established and, 25 Jan., 1831, deposed Nicholas and declared Polish independence. Russian forces invaded Poland and, though at first unsuccessful, defeated the Poles at Ostroleka, May, and retook Warsaw, Sept., restoring Russian authority throughout the country by the end of Oct. The constitution of 1815 was revoked and replaced by the Organic Statute of Feb. 1832. The Polish Diet and army were abolished, but the Poles were to retain their special criminal codes, local self-government, and the use of the Polish language in their courts and administration. The statute, however, remained a dead letter. Nicholas imposed martial law and put into effect a program of extreme Russification.

TREATY OF UNKIAR-SKELESSI. 8 July, 1833. Mohammed Ali (Muhammad 'Alī), the governor of Egypt, had rebelled against the Ottoman sultan and had defeated the Turkish army, Dec. 1832. It was Russian policy at this time to maintain the Ottoman Empire in existence, and when the Turks requested aid, a naval squadron was sent to Constantinople, Feb. 1833, followed by troops. The other European powers were alarmed at the appearance of Russian forces at the Straits and intervened to settle the Turko-Egyptian war. The Russian forces were withdrawn, but not before an 8-year treaty of alliance had been made with Turkey which provided for Russian aid to Turkey in return for a Turkish promise to close the Straits to foreign warships when Russia was at war.

CONVENTION OF BERLIN. 15 Oct., 1833. Signed by Austria, Prussia, and Russia, the Convention was part of a conservative alliance of the 3 eastern courts designed to prevent further revolutions in Europe. It had been preceded by an Austro-Russian agreement at Münchengrätz, 18 Sept., 1833, by which Austria and Russia agreed on support for the continued existence of the Ottoman Empire and for mutual action against a Polish revolution. At Berlin the 3 powers declared that every sovereign had the right to call on other sovereigns for aid, and that the 3 courts would regard as an act hostile to all of them any attempt by another nation to prevent one of them from providing such aid.

1836–49

PEASANT REGULATIONS. New regulations dealing with the status of state peasants were promulgated, 12 May, 1838. In May 1836, Gen. Count Paul Kiselev (1788–1872), who was responsible for them, had been appointed to head the newly created 5th Section of His Imperial Majesty's Own Chancery, concerned with the status of state peasants, and had ordered a detailed survey of peasant conditions. In Dec. 1837 control of the peasants had been transferred to the Ministry of State Domains, also headed by Kiselev. Under the regulations of 1838, the peasants were given a degree of self-government on the village and town level, and government officials were appointed to aid them in establishing schools, providing medical care, procuring food in time of crop failure, improving local communications, and generally improving the state of the peasant economy. Nicholas was opposed to serfdom in theory, but hesitated to take any positive action because rumors of emancipation might lead to peasant unrest. He made minor efforts to ameliorate the effects of the institution, but in general they were not enforced.

STRAITS CONVENTION. 13 July, 1841. In 1839 the war between Egypt and Turkey had been renewed, again bringing the intervention of the powers. By the Treaty of London, 15 July, 1840, Austria, Prussia, Russia, and Britain had agreed with Turkey on terms to be offered Egypt. In return for their undertaking to force Egypt to accept these terms, the Turks agreed to close the Straits to all foreign warships as long as Turkey was at peace, in effect internationalizing the Treaty of Unkiar-Skelessi, which was about to expire. After the Turko-Egyptian War had been settled, France, which had supported Egypt, joined the other powers in a restatement of the principle of the closure of the Straits which became known as the Straits Convention.

INTERVENTION AGAINST THE REVOLUTIONS OF 1848–49. The revolutions of 1848 left Nicholas as one of the few rulers of Europe with undiminished power, and Russian troops were used, in co-operation with the Turks, to put down a revolt in Moldavia and Wallachia, 1848, and to suppress the Hungarian Revolution, 1849. Within Russia Nicholas adopted more repressive measures, tightened censorship, stepped up political arrests, virtually shut down the universities, and forbade travel abroad.

1850–62

WAR WITH TURKEY. There were continuous disputes between Catholic and Orthodox Christians in Jerusalem over control of the Holy Places. In 1850 France reasserted her position as the protector of Catholic interests, and in 1852 the sultan decided in favor of the French and Catholic claims. The czar responded with an ultimatum to Turkey; and whereas the issues of the Holy Places were settled by talks, Feb.–May 1853, the sultan, with the backing of France and Britain, refused to recognize the czar's claim to be the protector of all Orthodox Christians in the Ottoman Empire. As a result, the Russians broke off talks and occupied Moldavia and Wallachia, July. In Oct. the Turks declared war and permitted a Franco-British fleet to enter the Straits. The defeat of the Turkish fleet at Sinope, 30 Nov., aroused public indignation in Britain and an allied fleet entered the Black Sea, Jan. 1854.

WAR IN THE CRIMEA. In Mar. 1854 Britain and France declared war on Russia, Sardinia joining them in Jan. 1855. Austria remained neutral, but demanded the withdrawal of Russian troops from Moldavia and Wallachia, June 1854, and occupied them herself by agreement with Turkey. This action removed the one area where the land forces of the opposing sides were in contact and left it up to the western powers, with their naval superiority, to choose the field of action. In Sept. 1854 they landed at Eupatoria in the Crimea and, after defeating the Russians at the Alma River, laid siege to Sevastopol, Oct. The Russians attacked the allies at Balaclava, 25 Oct., and Inkerman, 5 Nov., but failed to dislodge them. In Sept. 1855 Sevastopol fell, after a siege, marked by great suffering, which revealed the inefficiencies of both armies. The Russian defeat was partially offset by their capture of the Turkish fortress of Kars in the Caucasus, 28 Nov., 1855.

ACCESSION OF ALEXANDER II. On the death of Nicholas I, 2 Mar., 1855, his son, Alexander II (1818–81), became czar. Alexander lifted the severer restrictions on the universities, the press, and travel that his father had imposed. Nicholas had agreed to negotiations on the basis of allied proposals which involved the surrendering of Russia's protectorate over Orthodox Christians in Turkey and over the principalities and Serbia, free navigation of the Danube, and the limitation of Russian strength in the Black Sea. Alexander carried out this agreement, but talks in Vienna, Mar.–June 1855, broke down on the question of the Black Sea.

TREATY OF PARIS. 30 Mar., 1856. In Dec. 1855 the Austrians threatened to declare war if the Russians did not agree to reopen negotiations on the original allied conditions plus the cession of part of Bessarabia. Talks were resumed, Feb. 1856, and the Treaty of Paris ended the war. The Crimea was returned to Russia in exchange for Kars, the mouth of the Danube and southern Bessarabia being given to Turkey. Navigation of the Danube was opened equally to all nations, and coastal fortifications and fleets were prohibited on the Black Sea. The special relationship between Russia and the Ottoman Empire was ended, the czar giving up his claim to a protectorate over Orthodox interests. The rights of Moldavia, Wallachia, and Serbia were placed under the joint guarantee of all the powers, and Turkey was admitted as an equal partner with the other powers, with her independence and integrity guaranteed by all of them.

1863–70

EMANCIPATION OF THE SERFS. In Apr. 1856 Alexander II announced to the gentry of Moscow that serfdom would have to be ended, and at the close of the year he appointed a committee to consider the question. No action resulted, and it seemed that the usual pattern would be repeated, until the gentry of Lithuania, in 1857, requested that serfdom be ended in their area without the serfs receiving land. By a decree dated 2 Dec., 1857, Alexander ordered the Lithuanian gentry to develop a plan for emancipation based on giving land to the serfs and organizing them into peasant communes. This decree was sent to the provincial governors with the suggestion that all provincial gentry assemblies take similar action. In 1859 the various proposals were sent to an editing commission for study and codification, and the commission produced, Oct. 1860, a draft that became the basis for the emancipation decrees. The decrees were signed on 3 Mar., 1861, and provided for the liberation of the serfs by 3 stages. The serfs were freed immediately from their personal dependence on the landowners. By 3 Mar., 1863, plans were to be completed, under the supervision of government-appointed arbitrators, for the allotment to the peasants of that portion of the land that they were working as their own, with maximum and minimum allotments established for the various regions of the country. Then would begin the period of "temporary obligation," during which the peasants would pay a fixed amount in rent or services for the use of the land. This would be followed by the redemption period, which would begin at no set time but depended on the acceptance by the landowner of a redemption agreement. The state would pay the landowners for the land in treasury bonds and in turn be recompensed by the peasants over a period of 49 years. The peasants could, on agreement with the landowner, take ¼ of the maximum land allotment and pay nothing for it. The landowners were not compensated for the freed serfs, but generally received inflated prices for the land. The land was not given to the peasants directly but to the communes, which were responsible for collecting the payments due and, depending on local practice, either divided it permanently or allocated its use among members of the commune. Although free from personal obligation to the landowner, the peasant was still not the equal of other citizens, since he was controlled by the commune, which he could not leave without permission. He was also subject to a special system of customary law. In addition, emancipation did not improve his economic condition, since he was left with a heavy burden of debt and inadequate resources.

REVOLT IN POLAND. In 1861–62 Alexander restored a certain degree of Polish autonomy, in effect putting the Organic Statute of 1832 into practice. However, unrest continued in Poland, stirred up by various patriotic and religious demonstrations. In the hope of removing an unruly element from the cities, a levy of conscripts was ordered, Jan. 1863, but it became instead the signal for revolt. As there was no standing Polish army, the revolt took the form of guerrilla warfare, which spread to Lithuania and White Russia. It took the Russians until May 1864 to suppress it. During this period the only power that supported Russia was Prussia, which by the Alvensleben Convention, 8 Feb., 1863, promised any aid needed. Britain, France, and Austria attempted, unsuccessfully, to force the Russians to bring the issue of the revolution to a European congress. After the revolt was put down, the Kingdom of Poland was liquidated, its provinces becoming the Vistula region within the Russian empire, with Russian administration and an intensive Russification program. The peasants, who had not joined the revolt, were rewarded by being given land on much more favorable terms than in Russia proper.

CONVENING OF THE FINNISH DIET. Alexander II had attempted to amend the laws of Finland in order to introduce reforms there. The Finns protested, however, that according to their constitution, which had been accepted by the czar in 1809, the laws could not be changed without the approval of the Diet. Alexander gave in, and the Finnish Diet met, Sept. 1863, for the 1st time since 1809. After this it was called regularly, and in 1869 Alexander accepted a law establishing its power over legislation and obliging him to convene it at least every 5 years.

ADOPTION OF ZEMSTVO SYSTEM. 13 Jan., 1864. The zemstvo system provided for local self-government on the provincial and district level. The zemstvo district assembly delegates were elected by the landowners, towns, and peasant communes, and in turn elected delegates to the provincial assemblies. The zemstvo assemblies also elected executive boards to carry out their policies. They were given control over health, education, insurance, roads, and emergency food reserves. The zemstvo system was handicapped by lack of funds and the fact that the assemblies had to rely on the ordinary police to enforce their measures. The system was put into effect slowly, being instituted in 19 of the provinces of European Russia in 1864, in 9 more in 1866, and in a further 6 in 1867–75.

REFORM OF THE JUDICIAL SYSTEM. 2 Dec., 1864. The legal structure of Russia was antiquated, chaotic, and corrupt, but in 1864 a group of decrees created an entirely new system. Trial by jury was introduced, with an open court and legal representation for both sides. The judiciary was separated from the rest of the administration and made independent of outside control. The new court system was to apply equally to all, the only exceptions being the retention of military, clerical, and township courts, the latter to handle petty cases involving the peasants. In practice, however, the system was limited by the continued use of extrajudicial administrative penalties, especially in political cases. The decrees were put into effect slowly, being introduced at first, 1866, only in the judicial districts that included Moscow and St. Petersburg and never being fully applied throughout the country.

ATTEMPT ON THE CZAR'S LIFE. 16 Apr., 1866. Despite the program of reform, unrest continued. The terms of the peasant emancipation were generally disappointing to intellectuals and there was some demand, notably from the St. Petersburg zemstvo, for national zemstvo institutions. The period 1861–62 was particularly noted for unrest, with student demonstrations, a series of unexplained fires in St. Petersburg, and a large circulation of illegal pamphlets. In 1866 this reaction reached its extreme point when a student, Dmitri Karakozov, attempted to assassinate Alexander. The result was a slowing down of reform and an increase in conservative influence in the government, most notably in the case of Count Dmitri Tolstoy (1823–89), who became minister of public education and imposed extremely repressive measures on the schools.

GRANT OF LAND TO STATE PEASANTS. 6 Dec., 1866. The state peasants were given permanent use of the land they were working, in return for a fixed rent. In general they received larger allotments at lower rates than the private serfs.

MUNICIPAL GOVERNMENT ACT. 28 June, 1870. Town councils and town boards were created with powers similar to the zemstvo institutions. The councils were elected on a 3-class voting system, with the ballot weighted in relation to taxes paid, and in turn elected the town mayors and boards. They were given control over local administration, public works, municipal services, and public health.

ABROGATION OF THE BLACK SEA CLAUSES. Taking advantage of the preoccupation of the other powers with the Franco-Prussian War, Russia unilaterally announced, 31 Oct., 1870, the abrogation of the clauses in the Treaty of Paris which forbade coastal fortifications or fleets in the Black Sea. Faced with a *fait accompli,* the other powers accepted the abrogation by the Treaty of London, 13 Mar., 1871. (*Cont. p. 291.*)

SCANDINAVIA

Sweden

1800–1815

WARS WITH FRANCE AND RUSSIA. The renewal of the League of Armed Neutrality, Dec. 1800, designed to protect the commerce of the northern states during the Napoleonic Wars, broke down because of British naval reprisals against Denmark and the death of Czar Paul I of Russia. In 1805 Sweden joined in an alliance with Britain and Russia, and entered the war against France because of her dislike of Napoleon, which was greatly heightened by the execution of the duc d'Enghien. Gustavus IV (ruled 1792–1809) persisted in the war despite French occupation of Swedish Pomerania, 1807, and Napoleon's alliances with Russia, July 1807, and Denmark, Oct. 1807. In Feb. 1808 Russia attacked Finland. In Mar. Denmark also declared war. By Nov. the Russians had captured Finland and in 1809 they attacked Sweden proper.

ACCESSION OF CHARLES XIII. On 13 Mar., 1809, Gustavus was overthrown by a coup. Duke Charles (1748–1818), his uncle, became regent and the Riksdag was convened. A new constitution, similar to the one of 1772, provided for a strong monarch with a Riksdag that had veto powers over legislation and the right to impeach the king's ministers. Duke Charles became king as Charles XIII (ruled 1809–18). As he had no heir, Christian August of Denmark (1768–1810) was chosen as crown prince.

TREATY OF FREDRIKSHAMN. Sept. 1809. Russia received Finland, the Åland Islands, and a northeastern strip of Sweden. Sweden joined the French alliance system, making peace with Denmark, Dec. 1809, and with France, Jan. 1810, on condition that she break off trade with Britain in return for the restoration of Swedish Pomerania.

RULE OF PRINCE BERNADOTTE. In Aug. 1810 Jean Baptiste Bernadotte (1763–1844) was chosen crown prince. Christian August of Denmark having died, it became necessary to choose a new heir to the throne. There were several candidates, but it was suggested that the choice of a French marshal would guarantee Napoleon's good will, and Bernadotte was selected. He arrived in Sweden, Oct. 1810, and, as Crown Prince Charles John, became the effective head of the government. From the first he was independent of French control, permitting secret trade with Britain which brought French reprisal in the form of the occupation of Swedish Pomerania.

RUSSIAN ALLIANCE. In Apr. 1812 Sweden allied itself with Russia. Giving up hope of recovering Finland, Charles John secured a promise, Aug. 1812, of Russian aid in an invasion of Norway. Britain and Prussia later approved of the Swedish claim on Norway, but refused to permit the diversion of forces against Denmark. Charles John was placed in command of the northern army attacking the French in Germany. After the battle of Leipzig, Oct. 1813, he detached his Swedish army and attacked Denmark through Holstein.

TREATY OF KIEL. Jan. 1814. Norway was ceded to Sweden, but without its dependencies, Iceland, Greenland, and the Faroe Islands; Denmark received Swedish Pomerania and joined the anti-French coalition.

NORWEGIAN CONSTITUTION. Objecting to the Swedish union, a Norwegian assembly met at Eidsvold, Apr.–May 1814, adopted a liberal constitution, and chose Christian Frederick of Denmark (1786–1848) as king. Charles John put down the revolt, but granted easy terms to the Norwegians; the new constitution provided for an indirectly elected Storting which would choose an upper house from among its own members. The Act of Union, Aug. 1815, provided for Norwegian independence in everything but foreign policy, with the king exercising only a suspensive veto on legislation.

1816–54

RULE OF CHARLES XIV. When Charles XIII died, 1818, Charles John became king as Charles XIV (ruled 1818–44). As time passed, he became more conservative and absolutist, and a liberal middle-class opposition developed which demanded a parliamentary form of government. In the 1840–41 Riksdag, the liberals had sufficient strength to force changes in the government.

RULE OF OSCAR I. Oscar I (ruled 1844–59) was not as conservative as his father, Charles XIV. He admitted liberals to the government; did away with restrictions on freedom of the press, 1844; passed new poor-relief laws, 1847 and 1853; and made humanitarian changes in the penal code. At the end of his reign, he became more conservative and dismissed the liberals from the government.

1855–70

ALLIANCE WITH BRITAIN AND FRANCE. Nov. 1855. Moving away from the Russian alliance, Oscar I made a treaty by which Britain and France guaranteed Sweden against Russian attack. The treaty was seen as a prelude to Swedish entry into the Crimean War, but peace was made before any action could be taken.

REFORMS OF DE GEER. When Charles XV (ruled 1859–72) became king, he appointed a new council with Louis de Geer (1818–96) as minister of justice. De Geer became the leader of the government and instituted a large number of reforms, including the abolition of corporal punishment of servants; freedom of religion; the democratization of local government, 1862; a new penal code, 1864; and internal free trade, 1864.

REFORM OF THE RIKSDAG. One of the principal liberal demands had been for a change in the basis of representation in the Riksdag. In 1823, 1828, 1844, and 1858, minor reforms had been made, but the 4-estate system remained. Now, under de Geer's leadership, this was changed and a 2-house legislature, the upper indirectly elected, the lower directly, was created, 1865. A property qualification existed for voting and under the new laws about $\frac{1}{4}$ of adult males could vote.

COMMERCIAL TREATY WITH FRANCE. 1865. Similar to the Anglo-French Cobden Treaty, this agreement embodied the principle of free trade and was part of the victory of liberal economic doctrines.

RISE OF THE AGRARIAN PARTY. The first Riksdag elected under the new constitution, 1866, was dominated by a newly formed Agrarian Party, led by Count Arvid Posse (1820–1901), which was supported by the peasants in the lower house and by the landowners in the upper. They demanded an end to the old system of land taxes and to the military system by which the army was quartered on the land. Opposing de Geer's policies, they prevented the enactment of further reforms. (*Cont. p. 297.*)

Denmark

1800–1820

WAR WITH BRITAIN. The British regarded the renewal of the League of Armed Neutrality, Dec. 1800, by Denmark, Sweden, Prussia, and Russia as a hostile act. On 2 Apr., 1801, a fleet commanded by Sir Hyde Parker bombarded Copenhagen. Denmark was forced out of the league, which collapsed after the assassination of Czar Paul I, 23 Mar., 1801. As the Napoleonic Wars continued, Danish neutrality became more difficult to maintain. After the Franco-Russian Treaty of Tilsit, July 1807, Britain, fearing that the Danes were about to join the French alliance, seized Danish ships, July 1809, and captured Copenhagen and the Danish fleet, 7 Sept. The Danes responded by signing the Treaty of Fontainebleau with France, 31 Oct., and declaring war on Britain.

TREATY OF KIEL. 14 Jan., 1814. On 12 July, 1813, by a treaty of mutual assistance with France, the Danes renewed their French alliance despite Napoleon's setbacks. Sweden, meanwhile, had joined the anti-French coalition, and after the Battle of Leipzig, Oct. 1813, the Swedish army detached itself from the allied army and invaded Holstein. Peace was eventually made with Sweden and Britain by the Treaty of Kiel. The British retained Heligoland; Sweden received Norway

without its dependencies, Iceland, Greenland, and the Faroe Islands; Denmark was given Swedish Pomerania, which it later, June 1815, exchanged with Prussia for the Duchy of Lauenburg. Denmark also joined the coalition against France.

1821–47

ESTABLISHMENT OF PROVINCIAL ASSEMBLIES. 15 May, 1834. Carrying out a policy announced in 1831, separate assemblies were established for the islands, Jutland, Schleswig, and Holstein. They were purely advisory and there was a landed-property qualification for voting.

RULE OF CHRISTIAN VIII. 1839–48. Christian resisted growing demands for a national constitution and assembly, but did reform the army, 1842, institute a regular budget, establish parish and county self-government, 1841, and re-establish the Icelandic assembly, 1843. At the end of his reign he had a constitution drafted, but died before he could take action.

1848–50

SCHLESWIG-HOLSTEIN REVOLT. In Jan. 1848 Frederick VII (ruled 1848–63) became king. One of his first acts was to proclaim a draft constitution that was to be submitted to a constituent assembly. It provided for a single assembly for Denmark proper (Jutland and the islands), Schleswig, and Holstein. A ministry with a liberal majority took office. In Mar., however, a revolt broke out in Schleswig and Holstein. The large German population in the duchies objected to incorporation into Denmark, and demanded instead a common constitution and the admission of Schleswig to the German Confederation, to which Holstein already belonged. A provisional government was established and an appeal made to the German Confederation for aid.

German troops responded to this appeal, and in the war that followed (broken by Truce of Malmö, Aug. 1848–Apr. 1849) they drove the Danish forces from Schleswig and Holstein. The Danes won the Battle of Fredericia in Jutland, 6 July, 1849, after which an armistice was concluded. By the Treaty of Berlin, 2 July, 1850, the war ended with all the parties retaining their prior rights. The German powers remained in possession of Holstein, but withdrew their support from the provisional government in Schleswig, which was then overthrown by the Danes.

CONSTITUTION OF 1849. The work of a constituent assembly which had been meeting since the prior Oct., the constitution adopted in June 1849 did not apply to the duchies. It was a liberal document that established freedom of the press, abolished the privileges of the nobility, and created an annual, bicameral assembly (the Rigsdag). All male heads of household were given the vote, the lower house (*Folketing*) being elected directly and the upper house (*Landsting*) indirectly.

1851–62

MANIFESTO OF 1852. Frederick VII announced, 28 Jan., 1852, his intention of proposing a new constitution providing for joint control over foreign affairs, finance, and defense by Denmark and the duchies while establishing separate ministries and assemblies for Schleswig and Holstein-Lauenburg to handle all other matters. This was accepted by the German powers and Holstein was evacuated.

LONDON PROTOCOL. 8 May, 1852. Signed by Britain, France, Russia, Sweden, Austria, Prussia, and Denmark, the protocol provided that Prince Christian of Glücksburg (1818–1906) should be the heir to all of the domains of the Danish monarchy, Frederick VII having no heir. The claims of Duke Christian of Augustenborg (1798–1869), who had been a leader in the revolt in the duchies, had been settled for a money payment.

JOINT CONSTITUTION. 2 Oct., 1855. The Constitution of 1855 applied to both Denmark and the duchies and provided for a royal council which was to be partly elected and partly appointed by the king. The constitution and the manifesto of 1852 represented the policy of conservative Danes favoring a tripartite state in which Holstein, Schleswig, and the kingdom would remain separate under a joint government. The duchies protested that the constitution had not been submitted to their assemblies for approval and, after a German ultimatum, Mar. 1857, the Holstein assembly was convened. That body rejected the constitution on the ground that it did not give the duchies equal powers with the kingdom in the government. In Nov. 1858 the constitution was rejected in Holstein. The situation was still not acceptable to the duchies, which feared that Denmark was adopting the policy of isolating Holstein while bringing Schleswig within the kingdom. The duchies insisted that they had been made inseparable by the act of 1460 by which the king of Denmark became duke of Holstein. In addition, language ordinances designed to strengthen Danish influence in Schleswig were protested and made the justification for German involvement in that duchy.

1863–70

MANIFESTO OF 1863. Relying on the diplomatic isolation of Prussia resulting from the Polish revolution, the Danish government announced, Mar. 1863, that a new constitution would be drafted and would apply to the kingdom and Schleswig but not to Holstein. Believing, incorrectly, that they would be supported by the other powers, the Danes persisted in their course despite vigorous German protests, and the new constitution was adopted by the Rigsdag 13 Nov., 1863.

ACCESSION OF CHRISTIAN IX. On 15 Nov., 1863, Frederick VII died, and, in accordance with the London Protocol, Prince Christian became king as Christian IX. On 18 Nov. he signed the new constitution. At the same time the son of the Duke of Augustenborg, Frederick of Nör (1829–80), claimed the title of duke of Schleswig-Holstein on the basis of rights given him by his father.

WAR WITH PRUSSIA AND AUSTRIA. In Dec. 1863 federal German troops occupied Holstein, and Prussia and Austria demanded, 16 Jan., 1864, the immediate withdrawal of the constitution of 1863. War followed in which the Danes were quickly forced back to Jutland. A conference in London arranged an armistice, 12 May, 1864, and agreement was reached on the division of Schleswig. A precise dividing line could not be agreed on, however, and the war was renewed, 26 June. Continued Austro-Prussian victories forced Denmark to accept the Treaty of Vienna, 30 Oct., 1864, by which all of Schleswig, Holstein, and Lauenburg were ceded to Austria and Prussia, the claims of Frederick of Augustenborg being brushed aside.

CONSTITUTION OF 1866. As a result of the war the National Liberal government fell, and was replaced by an Agrarian government, led by Count Christian Frijs (1817–96). The constitution of July 1866 was similar to that of 1849 except that part of the *Landsting* was to be appointed by the king. Danish politics now entered a period of instability, with shifting alliances between peasants, landowners, and liberals until the formation of a stable conservative government in 1875. (*Cont. p. 297.*)

THE LOW COUNTRIES AND SWITZERLAND

The Netherlands

1800–1812

THE NAPOLEONIC KINGDOM. On 27 Mar., 1802, peace with Britain was concluded at Amiens, by which the Netherlands East Indies, except for Ceylon, were returned to the Batavian Republic, and the former Stadholder, Willem V (1748–1806), was permitted to rule over secularized church lands on the southern border of the Netherlands. When in 1803 war against Britain was resumed, the republic had to furnish France with troops and a fleet. In 1805 Napoleon, now emperor of the French, had the executive power of the republic conferred on a single person, Rutger Jan Schimmelpenninck (1765–1825), with the title of council-pensionary. Soon after his appointment, Schimmelpenninck's physical health deteriorated, and Napoleon used this as a pretext to establish a Kingdom of Holland, June 1806, with his brother Louis (1778–1846), as 1st king (ruled 1806–10). The number of political subdivisions was expanded from 8 to 11, with the department of Vlissingen (Flushing) being ceded to France. Although he was endowed with almost absolute power in the Netherlands, Louis was in fact a vassal of the French emperor.

Louis determined to improve the condition of his adopted country. He introduced a variation of the Code Napoléon, uniting in 1 instrument numerous local laws and customs; he had many damaged dykes and waterways reconstructed; and he created, 4 May, 1808, the Royal Netherland Institute for Science, Letters, and Fine Arts. In 1810, after French accusations of Dutch violations of the trade embargo against Britain, Louis was forced, as a penalty, to cede Brabant and Zeeland to France. A few months later, 9 July, the Netherlands were deemed within the natural frontiers of France and, as such, were annexed. Police spies, press censorship, and military and naval conscription were introduced.

1813–47

RESTORATION OF THE HOUSE OF ORANGE. Local uprisings and Bonaparte's defeats in 1813 made possible the restoration, 2 Dec., 1813, of Willem V's son, Willem of Orange (1772–1843). He was proclaimed sovereign-prince of the Netherlands, 30 Mar., 1814. On 16 Mar., 1815, he assumed the title of king as Willem I (ruled 1815–40). The Congress of Vienna awarded the Austrian Netherlands to the new kingdom, to be united in a "perfect amalgamation." Luxembourg, which had been a province of the Austrian Netherlands, was now constituted as a separate grand duchy, with Willem as first grand duke.

REVOLUTION OF 1830. Friction soon developed between the Dutch-Flemish and French-speaking areas of the united kingdom, based primarily on the fear of religious persecution of Catholics by a Calvinist king and government. All ministries were located in The Hague, the promise to convene the legislature in Brussels in alternate years was not kept, and all military establishments were located in the north. Although the Walloon population was numerically superior, civil and military appointments were distributed on a 10-to-1 basis in favor of the Dutch. The imposition of Dutch as the single official language of the kingdom, and Willem's desire to control the education of Catholic priests, prepared the way for the Belgian revolution. The revolt began on 25 Aug., 1830. The king appealed to the powers to help to restore order in the southern provinces, but Dutch excesses in attempting to suppress the rebellion made peaceful reconciliation impossible. The powers, meeting in London, 20 Jan., 1831, authorized the independence of Belgium, placing on the throne Leopold of Saxe-Coburg-Saalfeld (1790–1865), a member of a minor branch of the Prussian royal house.

1848–70

CONSTITUTIONAL REVISION OF 1848. In 1840 Willem I replied to public pressure for liberalization of the constitution with several reforms, including acceptance of the principle of ministerial responsibility. Rather than reign under the new system, however, he abdicated in favor of his son, Willem II (ruled 1840–49). Willem II (1792–1849) prevented the spread of the revolutionary fervor of 1848 to the Netherlands by yielding some of his authority to the States-General by the Constitutional Revision of 1848.

REIGN OF WILLEM III. Willem III (1817–90, ruled 1849–90) reluctantly applied the principle of ministerial responsibility and allowed Jan Rudolf Thorbecke (1798–1872), leader of the Liberal majority in the States-General, to form a government. During Thorbecke's first ministry, 1849–53, the Netherlands reached an agreement with the Vatican, 1852, permitting a native hierarchy for Dutch Catholics; and government subsidies were provided for Catholic as well as Calvinist schools. Papal attempts to advance Catholic interests still further brought an outcry from Dutch Protestants, with whom Willem associated himself, April 1853. In the face of hostile public opinion, Thorbecke resigned, to be followed by conservative coalition

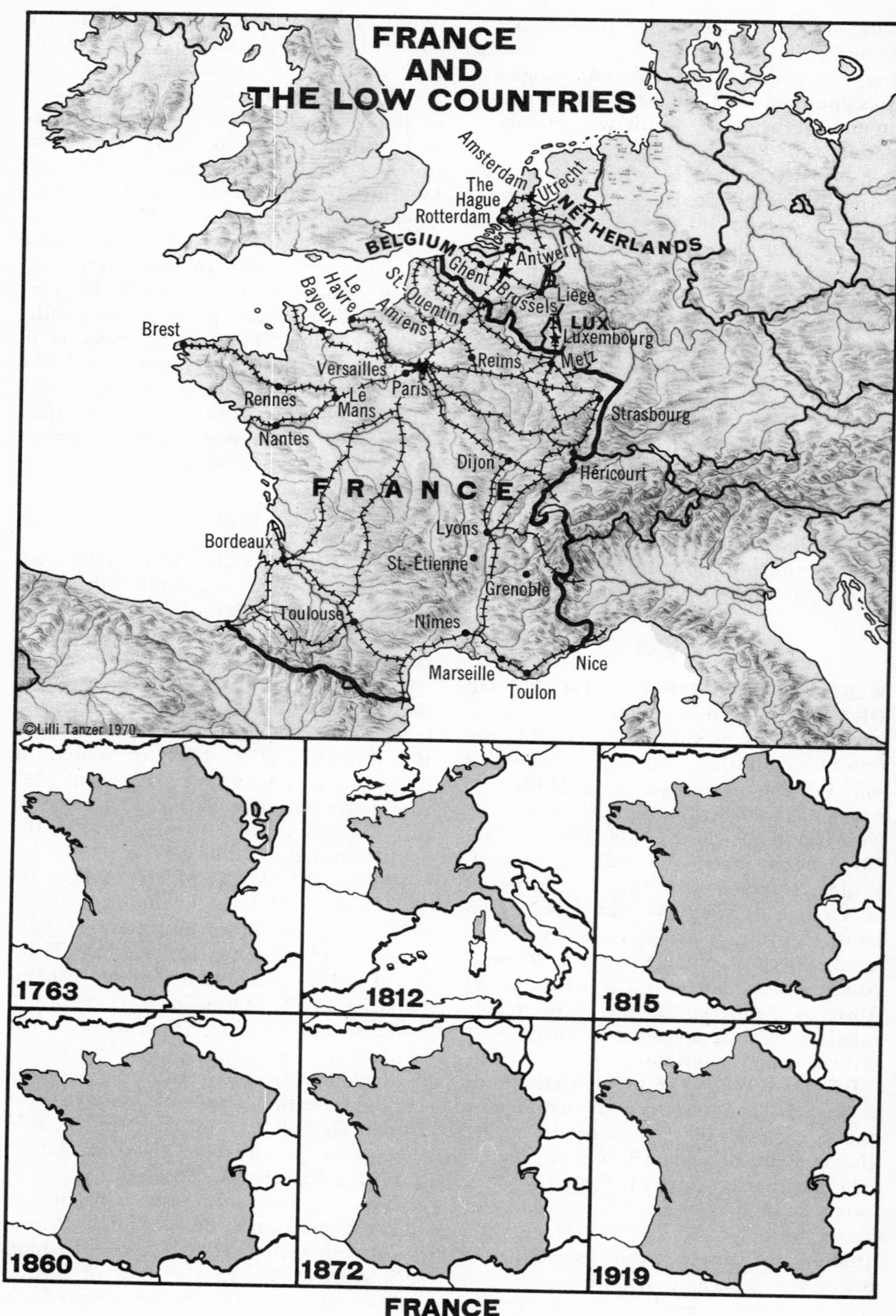
FRANCE
AND
THE LOW COUNTRIES
Amsterdam
Utrecht
The Hague
Rotterdam
NETHERLANDS
BELGIUM
Antwerp
Ghent
Brussels
Liège
St. Quentin
Le Havre
Bayeux
Amiens
Brest
LUX
Luxembourg
Reims
Metz
Versailles
Paris
Rennes
Le Mans
Strasbourg
Nantes
Dijon
Héricourt
FRANCE
Lyons
Bordeaux
St.-Étienne
Grenoble
Toulouse
Nîmes
Marseille
Nice
Toulon
©Lilli Tanzer 1970
1763
1812
1815
1860
1872
1919

FRANCE

ministries. In 1861, with a Liberal majority controlling the States-General, funds were voted for the construction of an extensive railway system. From 1862 to 1866 Thorbecke again served as premier; during 1863 free secondary and technical education was authorized, and slavery abolished in the West Indian colonies. Early in 1867 Willem, as personal sovereign of Luxembourg, negotiated with Napoleon III to sell the grand duchy to France; but Prussia, which maintained a garrison in Luxembourg, saw the need for a buffer fortress against France and opposed the sale. On 11 May, 1867, a conference of European powers produced the Treaty of London, by which Prussia withdrew her troops and the independent neutrality of Luxembourg was guaranteed by the powers. The conservative government of the Netherlands fell because of this diplomatic embarrassment; and after 2 years, 1868–70, of government by a group of younger Liberals, Thorbecke returned, Jan. 1871, as premier for the third time, to deal with the emergency created by the Franco-Prussian War. (*Cont. p. 297.*)

Belgium

1800–1813

NAPOLEONIC RULE. In 1800 Belgium (then known as the Austrian Netherlands) formed part of the French Empire. Belgian Catholics supported the Napoleonic regime after the Concordat of 1802 between France and the papacy, and Belgians of all classes appreciated the economic prosperity which derived from war profits and from access to the European market. Out of Belgium's already advanced agricultural and industrial sectors grew a new social class composed of wealthy burghers, large capitalists, nobles, and landed proprietors, who would later provide the leadership for an independent nation. Support for France began to dissipate in 1809. Napoleon's break with the pope in that year caused the disaffection of the Catholic hierarchy; continued military conscription and increasingly arbitrary police control deepened Belgian alienation. Allied troops entered Belgium without resistance in Dec. 1813.

1814–30

THE KINGDOM OF THE NETHERLANDS. In 1814 the Congress of Vienna agreed that Belgium should be joined in "perfect amalgamation" with Holland to form the Kingdom of the Netherlands. Belgian economic interests favored the union, which offered Dutch colonies as a replacement for the lost European market for Belgian metal and textile production; and King Willem I encouraged industrial development, notably by the establishment of the industrial bank, the Société Générale des Pays-Bas, 1822. Catholics, however, opposed the constitutional provisions for freedom of religion, and during the 1820's the Catholic clergy came under increasing persecution as they continued religious teaching in defiance of Willem's attempts to establish state schools. In addition, the Belgian provinces, whose population exceeded that of the Dutch, opposed the granting of equal representation for the 2 groups in the States-General and the disproportionately large number of Dutch civil servants. Willem's declaration in 1819 that after 1823 Dutch was to become the administrative language throughout the Netherlands was viewed as another attempt to exclude Belgians from political and cultural life.

REVOLUTION OF 1830. The direct impetus for the revolution came from political agitation of young people influenced by French radical thought, acting on a laboring class which was caught in a trap of fixed low wages, rising prices, and increasing unemployment resulting from mechanization. A proletarian uprising in Brussels, 25 Aug., 1830, grew to full-scale revolt against the hated Dutch and ended with a declaration of Belgian independence, 18 Nov., 1830.

1831–70

REIGN OF LEOPOLD I. On 31 July, 1831, with the approval of the European powers, the Belgian congress installed

Leopold of Saxe-Coburg-Saalfeld as King Leopold I (ruled 1831–65). The monarch's power was limited under the new constitution; all his actions required approval by a bicameral parliament elected by the people. But Leopold, as head of the army, was able to exercise authority against various political groups; and his close dynastic ties to major European royal houses enabled him to control Belgian foreign relations personally and effectively.

From 1830–35 the new nation faced an economic depression caused by the loss of Dutch markets and of water routeways to Germany. A public program of railway construction provided new access to European markets and increased industrial and commercial activity by 1840. The laboring class, however, failed to share in the prosperity. Between 1835–50 wages fell to 75% of the 1830 level, while the cost of living rose continuously. Dissatisfied workers, forbidden to strike, struck illegally in 1846 but were quickly suppressed and sentenced to prison.

The elections of 1847 returned the first all-Liberal government, whose effective leader was Hubert Joseph Walther Frère-Orban (1812–96). During the revolutionary uprisings of 1848, he maintained order in Belgium by extending the suffrage. He initiated a policy of free trade which reduced tariffs and the cost of living. His government fell, 1852, because of Catholic opposition to his attempt to establish public schools. Succeeding governments continued the free-trade policies, and in 1857 the Liberals returned to pass a series of laws limiting the power of the Catholic Church. Frère-Orban's government refused, however, to extend the franchise to the working class. The Catholic Center Party, representing workers' interests, achieved power in 1863 and began to reduce taxation and military expenditures.

ACCESSION OF LEOPOLD II. At the accession of Leopold II (1835–1909, ruled 1865–1909), the Belgian working classes were feeling the full effects of industrial expansion: prices fell and wages rose slowly; bread and wool were easily accessible. The new king was convinced that such good conditions could continue only if Belgian industry had easy access to raw materials. He therefore began planning for an overseas colonial empire. (*Cont. p. 296.*)

Switzerland

1800–1829

HELVETIC REPUBLIC. The massacre of the royal Swiss Guards in Paris, Aug. 1792, had angered the Swiss people, as also had the subsequent seizure, 1793, by the French Revolutionary government of episcopal lands in Basel. No war ensued between the Swiss Confederation and France, however, although the allies were permitted to recruit mercenaries within the Confederation's territories. In Oct. 1797 Napoleon annexed 3 cantons to the Cisalpine Republic. In Feb. 1798 a Helvetic Republic was proclaimed: the number of cantons was increased from 13 to 23; the government centralized; a bicameral legislature established, to be elected by manhood suffrage; and an executive body of 5 directors created. In Apr., Geneva, the only part of the Confederation which had accepted and practiced the doctrines of the French Revolution, was annexed to France.

PERIOD OF FRENCH DOMINATION. As a French satellite, Switzerland was invaded by an Austro-Prussian army which unsuccessfully confronted French forces at Zürich, June 1799. Stubborn resistance to French domination, and general dissatisfaction with the constitution, moved Napoleon to impose another, 30 Sept., 1802. The number of cantons was reduced to 19, and the ancient powers of the cantons over education, ecclesiastical property, the coinage of money, and the postal systems were restored to them. The Swiss, however, had to supply 16,000 troops to the French armies, and were subjected to the Continental System, which greatly reduced the volume of trade and of industrial production.

ASSERTION OF NEUTRAL STATUS. When the Napoleonic Empire began to crumble, 1813, Switzerland declared its neutrality for the remainder of the war. The Congress of Vienna affirmed and guaranteed Swiss neutrality, 1815. Using Napoleon's last revision as a basis, the Swiss modified their constitution to end the subordination of smaller cantons to large ones, and the army was accepted as the only federal institution and charged with the defense of federal borders. The inviolability of the Swiss frontier led many advocates of ideas that were unpopular in other European countries to seek asylum in Switzerland. Two notable examples were Giuseppe Mazzini (1805–72) and the future Napoleon III of France. Both used Switzerland as a base for their respective revolutionary activities.

1830–70

INFLUENCE OF FRENCH REVOLUTIONARY IDEAS. Revolutionary enthusiasm in France, July 1830, inspired Swiss intellectuals to demand greater democratization of their society. Agitation resulted in the passage of laws protecting female and child labor and creating teacher training schools and new universities in Berne and Zürich in order to provide easier access to educational opportunities. By Nov. 1830 the traditional patrician regimes in the cantons, which had been restored in 1815, were undermined by constant factional bickering and reformist agitation. Twelve Cantons adopted liberal constitutions, but 7 preserved the old order.

WAR OF THE SONDERBUND. In 1845 the 7 conservative cantons, which were predominantly Catholic in religion, seceded from the Confederation and formed the Sonderbund, 11 Dec. In Nov. 1847 the federal Diet declared the Sonderbund dissolved. The Jesuits, who were considered by liberals the instigators of the secession, were permanently expelled from Switzerland by decree of the Diet. The Sonderbund did not accept the dissolution, however, and resisted by force. Within a year the Federal army, led by Gen. Guillaume Dufour (1787–1875), suppressed the rebellion. After the war the Diet granted generous peace terms, and Protestant cantons helped to pay the war debts of the losers. The tragedy of war, and the influence of nationalist ideas in neighboring states, resulted in the erection of stronger central authority.

CONSTITUTION OF 1848. A new constitution, promulgated 12 Sept., 1848, provided the federal government with new or increased powers over the army, the budget, the judicial system, and popular welfare. A tradition of civic responsibility, cantonal autonomy, and a reluctance to apply all the revolutionary ideas of 1848 at once permitted the new Swiss Republic to remain exceptionally stable. As a result of this stability, Switzerland became the seat of numerous international banking and humanitarian organizations, and continued to serve as a refuge for advocates of revolutionary and unorthodox political behavior. (*Cont. p. 297.*)

THE UNIFICATION OF GERMANY

1800–1807

THE NAPOLEONIC REORGANIZATION. In 1800 the Holy Roman Empire contained over 300 separate sovereignties. The south German states supported Austria against France, but Prussia under Frederick William III (ruled 1797–1840) remained at peace. The Austrians and their allies suffered severe defeats at Marengo, 14 June, 1800, and Hohenlinden, 3 Dec., 1800, before accepting a peace at Lunéville, 9 Feb., 1801. France obtained the left bank of the Rhine, and Austria had to surrender her power in Italy beyond the River Adige. Moreover, Napoleon pressed for a congress to secularize ecclesiastical territory within Germany. As guardian of sovereign rights within the empire, Austria tried to avoid this, but met opposition from other German states, especially in the south, which stood to gain from a rearrangement of lands. The accession of Czar Alexander I brought peace between France and Russia, Oct. 1801, rendering further Austrian resistance impossible. Finally, a plan for secularization was accepted by Austria and by the Federal Diet (*Reichsdeputa-*

tionshauptschuss), Apr. 1803. As a result some 112 states were dissolved, and numerous cities and towns absorbed into neighboring areas, 1803.

During 1803–6 Germany attempted to work the new system, redistributing the Reichstag votes and revising defense quotas. West of the Rhine, French legal codes and administrative techniques were introduced. The European war, which reopened 16 May, 1803, underlined German impotence. The French made sallies into Hanover and kidnapped the duc d'Enghien from German soil. Prussia pledged neutrality while Bavaria and Baden accepted a French alliance.

CONFEDERATION OF THE RHINE. With the defeat of the Allied Coalition at Austerlitz, 2 Dec., 1805, Napoleon completed his reorganization of Germany. The lands of the Imperial Knights were granted to the rulers of Bavaria, Württemberg, Baden, and Hesse-Darmstadt, and these states were linked together in a Confederation of the Rhine, 12 July, 1806. This replaced the old Confederation, and was calculated to provide Napoleon with troops and money and act as a pro-French buffer against the Hapsburgs. Soon afterward, Emperor Francis I of Austria acknowledged the situation with a proclamation dissolving the Holy Roman Empire, 6 Aug., 1806.

DEFEAT OF PRUSSIA AND PEACE OF TILSIT. The Prussian king had avoided military engagements from 1795 to 1806. He had eventually sided with the Coalition, but never actively involved the Prussian army. Napoleon, for his part, was ready to use Hanover as a pawn for bargaining with Britain. An economic recession intensified the opposition felt by Prussians to their king's passivity over Hanover, and by Oct. 1806 war had broken out. Prussia, without allies, was rapidly and decisively defeated at Jena, 14 Oct., 1806. Frederick William continued the war, but Austria could offer no assistance, and after a short alliance Russia was forced to withdraw her forces beyond the Niemen. Prussia and Russia were then compelled to accept a peace at Tilsit, 7–9 July, 1807.

The peace maintained Prussia between the French and Russian empires as a concession to the czar. Prussia lost her possessions west of the Elbe, including Magdeburg and Altmark. Napoleon created in the west a Kingdom of Westphalia, to be ruled by his brother, Jérôme (1784–1860). In addition, Prussian Poland was incorporated into the Grand Duchy of Warsaw, and an indemnity levied on the remaining Prussian territory. French troops remained in occupation until the end of 1808.

1807–15

PRUSSIAN REFORM MOVEMENT. There had been signs of reform in Prussia before 1806. A financial commission and a statistical bureau had been set up. Internal tariffs and the salt monopoly were modified, while on crown lands peasants were granted greater freedom. But only after the disaster of Jena was there a widespread recognition of the need for far-reaching changes. The reforms of 1807–13 were largely associated with 2 men: Baron Heinrich von Stein (1757–1831) and Baron Karl August von Hardenburg (1750–1822), who controlled Prussian policy during these years.

LAND EMANCIPATION EDICT. 9 Oct., 1807. This edict ended most personal services connected with land, and granted peasants freedom to marry and to leave a domain without the prior consent of their lords. Land could henceforth be bought and sold like any other commodity, and prohibitions against peasant or middle-class acquisition of noble land ended. Initially, efforts were made to prevent the continued growth of large estates and the dispossession of peasants. But modifications of the edict, especially in 1816, resulted by the 1820's in the creation of a large landless proletariat. The nobility remained exempt from land tax until 1861 and retained their manorial police powers until 1872.

REFORM OF TRADE AND INDUSTRY. In Dec. 1808 provincial governments were directed to free food and textile industries from guild restrictions. By an edict, Nov. 1810, and an Industrial Law, Sept. 1811, Hardenburg extended this policy, trying to stimulate trade at a time of great economic difficulty and dislocation.

ARMY REFORMS. The Military Organization Commission was dominated by Gens. Gerhard von Scharnhorst (1775–1813) and August von Gneisenau (1760–1831). It urged the introduction of a national service system without any exemptions. Army commissions were to be awarded on merit and by examinations. Discipline was made less brutal and living conditions for soldiers improved. Officer schools were set up and tactics revised. To circumvent Napoleon's restriction of the Prussian forces to 42,000 men, a short-service system was instituted, eventually resulting in a trained reserve of 150,000 men. By 1814, with Hermann von Boyen (1771–1848) as war minister, the Prussian army had become one of the most efficient in Europe.

ADMINISTRATIVE REFORMS. In Dec. 1808 Stein established 5 ministries to

handle finance, foreign affairs, domestic affairs, war, and justice. The ministries were co-ordinated by a Council of State. A prior edict, Nov. 1808, had extended the rights of towns to self-government, and had made their administration more uniform. Later, 1812, Hardenburg set up elected councils for rural communities.

EDUCATIONAL REFORMS. Wilhelm von Humboldt (1767–1835) transformed the Prussian educational system, 1809–10. He was strongly influenced by Johann Pestalozzi (1746–1827) and the example of the newly created educational system in France.

Johann Gottlieb Fichte (1762–1814), in his *Addresses to the German Nation,* 1807–8, had emphasized the role of schools in creating national spirit, and von Humboldt brought all education under state authority. Elementary schooling was made compulsory, and secondary schools were founded both for the humanities (*Gymnasien*) and for a more practical training (*Realschulen*). In 1810 a university was established in Berlin, and by 1812 school-leaving examinations (necessary for university entrance) had been created. These measures helped to produce a marked revival of German universities after 1815.

REFORMS OUTSIDE PRUSSIA. French influence and the Prussian example encouraged reform in the south German states. A Bavarian constitution was published, May 1808, replacing the old Estates with a single-chamber legislature. Press laws were liberalized, and the independence of the courts safeguarded. Attempts were also made to modify serf obligations and decrease ecclesiastical powers over education. In Baden the Napoleonic legal code was adopted and, as in Württemberg and Hesse-Darmstadt, various financial and administrative reforms were undertaken. Whereas most of Germany suffered reaction after 1815, these south German states were to retain, for a time, constitutions modeled on the Bourbon Charter of 1814.

GERMANY AND THE VIENNA SETTLEMENT. The Continental System and repeated exactions of men and money fanned a growing nationalist movement in Germany and intensified resentment against French rule. In 1809 alone there were 5 attempts to overthrow the government of Westphalia. When Napoleon invaded Russia, June 1812, he received aid from many German states. In the War of German Liberation following the French retreat from Moscow, Prussia took the lead. In Oct. 1813 Napoleon was defeated at Leipzig, and on 30 May, 1814, the 1st Treaty of Paris was signed. By this treaty France retained some of her wartime conquests in Germany, but the problem of the future of Saxony was postponed. At the Congress of Vienna, Nov. 1814–June 1815, Austria and Britain successfully thwarted Prussia's attempt to retain the area. Prussia gained ⅖ of Saxony (instead of the whole) and received compensation in the Rhineland and Westphalia, also retaining Posen. After Napoleon's return from Elba, 1 Mar., 1815, and defeat at Waterloo, 18 June, 1815, the Prussians hoped for Alsace and Lorraine, but received only the Saar region (2nd Treaty of Paris, 20 Nov., 1815).

PREDOMINANCE OF PRUSSIA. In June 1815 the old Federal Diet was re-established under Austrian presidency, and the Confederation of the Rhine dissolved. Germany now contained less than 40 states and Prussian power had been considerably enhanced. Gains in the Rhineland made her the main buffer against further French encroachments, and these same lands were soon to be of great economic value.

1816–47

KARLSBAD DECREES. During 1814 and 1815 many monarchs in South Germany and the King of Prussia promised their subjects more representative institutions, and after the Vienna settlement new constitutions were enacted in south Germany. There was a considerable liberal-nationalist movement, especially in the universities, which manifested itself in societies (*Burschenschaften*), founded first at Jena and then elsewhere. These groups held a general meeting at Wartburg, 1817, and soon afterward a General German Students' Union was established as a nationwide body.

Dissent was increased by economic difficulties and bad harvests. To meet it a conservative reaction spread throughout Western Europe. In 1818 the Prussian king refused to implement previous promises of constitutional reform. In July 1819 the Karlsbad Decrees were pushed through the Federal Diet by Metternich after August von Kotzebue, a reactionary journalist, had been murdered by a student. The decrees provided for (1) more stringent press censorship, (2) officials to investigate the universities, and (3) a Central Investigation Committee at Mainz to co-ordinate the repression of liberal and ultranationalist sentiment. The Vienna Act, 1820, further deterred individual states from adopting constitutions. The Germanies thus became rigidly controlled police states.

6 ARTICLES. 28 June, 1832. In 1830 liberal-nationalist revolutionary movements erupted in France, Belgium, Poland, and Italy. Metternich, with Prussian cooperation, was successful in suppressing revolt within Germany. The 6 Articles gave the Federal Diet more control over the internal affairs of the states, and tightened restrictions on the press and public assembly. Württemberg and Baden alone retained a semblance of liberalism. On 18 Sept., 1833, Russia, Austria, and Prussia signed the Treaty of Münchengrätz, guaranteeing the *status quo* in Poland and cementing their general alliance against political change.

ZOLLVEREIN. Economic conditions varied in the different German states, but most people were engaged in agriculture. The first half of the 19th cent. saw modifications in the serf system in many areas and a shift to a more capitalistic utilization of the soil. Farms were smaller in the west, especially in those areas which had experienced direct French rule. A crucial economic problem was caused by rapid population growth: 23 to 35 m. between 1800 and 1850.

After the Vienna settlement Prussia, under Hardenburg's ministry, embarked on financial and tax reforms. In 1818 the Maassen Tariff was introduced to rationalize the multitudinous existing duties on imports and exports. It laid down uniform duties on the import of foreign manufactured goods and agricultural products, while raw materials entered free of charge. There were no export duties. Heavy tariffs on goods imported for consumption outside Prussia encouraged other German states to join a Prussian customs union. Other groups of states banded together in the late 1820's, but could not compete. By Jan. 1834 most of the German states (but not Austria) belonged to the *Zollverein,* a Prussian customs union which created an internal free-trade area of 163,000 sq. mi. The exchange of goods and development of industry were further facilitated by railway construction which began in the 1840's.

ACCESSION OF ERNST AUGUSTUS OF HANOVER. The accession of Victoria to the British throne, 1837, brought Ernst Augustus (1771–1851, ruled 1837–51) to the throne of Hanover, since Salic Law prevailed there. Ernst Augustus abolished the constitution and dismissed 7 University of Göttingen professors who protested this action.

GERMAN LIBERALISM. During the 1840's there were some signs of a revival of liberal and nationalist ideas. In their *Staatslexikon,* 1834–49, Karl von Rotteck (1775–1840) and Karl Welcker (1790–1869) tried to synthesize Kantian philosophy and the political ideals of the French Revolution. In 1841 Friedrich List (1789–1846) in his *National System of Political Economy* called for a national economy and a climate of freedom in which ideas and innovations could gain swift recognition. The accession of Frederick William IV of Prussia (ruled 1840–61) also revived nationalist hopes. In 1841 he planned a National Diet for Prussia, but was persuaded to shelve the scheme. It was only in 1847, when money was needed to construct a railway to East Prussia, that a United Diet was finally called. During the 1840's Prussian influence over German defense and trade increased. By 1847, when economic recession and bad harvests multiplied demands for reform of the Federal Diet, many looked to Prussia for leadership.

1848–49

OUTBREAK OF THE REVOLUTIONS OF 1848. When the United Diet was summoned in Prussia in 1847, German liberals and radicals held conferences questioning the existing structure of the German Confederation. The Prussian Diet was soon dissolved, but revolution in Paris, Feb. 1848, touched off unrest throughout Europe. Popular discontent and palace intrigue brought Metternich's downfall, 13 Mar., which was followed by revolution in Hungary and Italy. With Austria preoccupied elsewhere, the fate of Germany lay in the hands of Frederick William IV of Prussia. When rioting occurred in Berlin, he decided to withdraw his troops, appoint a liberal ministry, and pledge himself to constitutionalism and the cause of national Germany, 18 Mar. Elsewhere German princes hastened to appease their subjects by granting constitutions.

The economic causes of the revolution were a severe slump in trade and industrial production, together with disastrous harvests and a potato blight. Mass misery in the towns and countryside endowed the middle-class political movement with real strength. Widespread rural riots against manorial dues and rents occurred during the spring. Peasants were starving while landlords exported their excess produce at vastly inflated prices. Craftsmen in the towns—factory workers were small in number and played no real part in the unrest—centered their demands around the necessity of returning to a guild system with guaranteed prices, wages, and employment. But the middle class, which led the revolution, did not heed mass demands, and adhered firmly to its belief in property rights and economic liberalism.

NATIONAL ASSEMBLY AT FRANKFURT. On 31 Mar. the German governments allowed a preparliament (*Vorparlament*) to meet at Frankfurt to prepare for elections to a National Assembly. Eventually it was decided to elect delegates according to the franchises of their individual states instead of by universal manhood suffrage. This effectively excluded workers and peasants from the National Assembly, which convened at Frankfurt, 18 May. Its 330 delegates were of the middle class except for 4 master artisans and 1 peasant. The Assembly concentrated on constitutional and legal issues and made no real effort to come to grips with urban and rural distress. It found its power challenged by the separate state governments and was itself deeply divided. Having no machinery for raising taxes and no army, it was forced to rely on Prussian and Austrian troops to quell minority movements among the Czechs and Poles. When the Danes threatened to annex Schleswig, which, together with Holstein, was under Danish rule but mainly German-speaking, the Assembly encouraged Prussian intervention.

FAILURE OF THE REVOLUTION. By June 1848 the revolutionary impetus had begun to wane in France and in central Europe. Prince Alfred Windischgrätz (1787–1862) suppressed the Pan-Slav movement in Prague and then occupied Vienna with the imperial army. By Nov. Prince Felix zu Schwarzenberg (1800–52) controlled Austria, while in Prussia Frederick William IV brought his army back to Berlin and appointed a conservative ministry under Friedrich von Brandenburg (1792–1850) and Otto von Manteuffel (1805–82). In Dec. 1848 a very limited constitution was granted in Prussia as a sop to the middle classes (and in May 1849 the "3-Class System" of voting further increased the power of the Prussian nobility). By the end of 1848, therefore, power had returned to the regional centers and the Frankfurt Assembly was soon to be deserted by all but the extreme left. But first, 28 Mar., 1849, it was decided to offer the crown of a united Germany, excluding the Hapsburg lands, to the king of Prussia. Frederick William refused a crown proffered by the people, but for a time toyed with his own schemes for unity, inviting the German princes to meet at Erfurt. But Austria, having recovered her position in Italy and, with Russian aid, in Hungary, was now able to press for a return to the old Confederation. Further risings in May 1849, largely in the south, were repressed by Prussian forces. Tension and rivalry between Austria and Prussia mounted, but finally Prussia declined a confrontation and at Olmütz, 29 Nov., accepted a restoration of the 1815 Diet.

The handicraftsmen, unrepresented at Frankfurt, held their own congresses. In Prussia and Austria, governments enacted manorial reforms to appease rural dissatisfaction, and this was rapidly copied elsewhere. In the towns also, the new conservative governments established public works schemes and new guilds to win over working-class support.

By 1848 the liberal solution for German unity had failed. Individual governments and princes had shown no willingness to subordinate themselves to a central authority. The middle-class revolt stepped into a vacuum of power: Austria was distracted elsewhere and Frederick William IV had chosen to join the movement. But the forces of reaction were not defeated, and by Nov. 1848 had reasserted themselves without difficulty. The revolution had, however, re-emphasized the predominant role Prussia would have to play in future efforts toward German unification.

1850–60

ECLIPSE OF AUSTRIAN INFLUENCE. After 1850 Austria tried to recover her economic and political power in Germany. Olmütz was followed by the attempt of Schwarzenberg and Karl von Bruck (1798–1860), the Austrian finance minister, to push the whole Hapsburg Empire into the *Zollverein*. Prussian resistance and the death of Schwarzenberg in 1852 defeated these aims in 1853 and again in 1862.

ECONOMIC ADVANCE IN GERMANY. A marked revival of prosperity in the 1850's set the seal of success on economic liberalism, and most of the restored guilds were dissolved. Joint-stock companies proliferated and long-term industrial investment by banks, e.g., Schaaffhausen and Darmstadt, supplied capital for interstate railway lines and a rapid acceleration of industrial output. A severe economic crisis in 1857, however, temporarily checked this growth, and provided the social conditions for an enlargement of the liberal opposition in Prussia and other states.

ITALIAN WAR. In 1859 France, allied to Sardinia, declared war on Austria. The Hapsburgs were defeated, and in the subsequent peace were forced to give up Lombardy. The war divided German opinion and acted as a catalyst for liberalism and nationalism. The Italian success led to the foundation of a German National Association by Rudolf von Bennigsen (1824–1902) and other liberals. But while some saw Austria as the common enemy of Italian and German unification, others, desiring a large Germany, including Austria, called for a demonstration of unity against France. The Prussian leader, Otto von Bismarck (1815–98), wanted to use the occasion to extract gains for Prussia in north Germany, but Austria hastened to sign an armistice with the French to avoid the necessity of such concessions.

CONSTITUTIONAL CRISIS OF 1860. The insanity of Frederick William IV of Prussia led to the regency of his brother, William (1797–1888), who appointed, Nov. 1858, a liberal cabinet under Prince Karl Anton of Hohenzollern (1811–85). But the country was soon in crisis over the Army Bill of 1860. The inefficiency of the Prussian mobilization in 1859 led Albrecht von Roon (1803–79), the war minister, to propose drastic reorganization. The standing army was to be increased from 200,000 to 370,000 men, and the service period extended from 2 to 3 years. The strength and importance of the militia (of great sentimental importance to Prussians) were greatly decreased in favor of a larger and more professional army, which was to cost an extra 9.5 m. thalers annually. Prussian liberals, fearing an increase in the power of the king and the military class, tried to gain concessions. But William, who became king in

1861, was inflexible. A Progressive Party was formed to oppose the army budget, and the liberals were victorious in the elections of Dec. 1861. They demanded an itemized budget and restriction of military service to 2 years, but parliament was again dissolved. A further liberal electoral victory, May 1862, only strengthened the king's resolve. On Roon's advice he now appointed Bismarck minister-president, Sept. 1862. Bismarck ruled and raised necessary revenue in spite of parliament.

1861–71

FURTHER DIMINUTION OF AUSTRIAN INFLUENCE IN GERMANY. Austria, after the Italian War, began to work for a revision of the federal structure. In 1859 she failed to extract aid from the German states and now, under Anton von Schmerling (1805–93), an attempt was made to push the Hapsburgs back into German affairs politically and via the *Zollverein.* The Austrian emperor summoned a meeting of the German princes at Frankfurt, Aug. 1863. At Bismarck's insistence the Prussian king did not attend. Moreover, in 1862 Bismarck had used the signature of a trade agreement between Austria and France to block Austrian efforts to enter the *Zollverein.*

SCHLESWIG-HOLSTEIN. Christian IX of Denmark promulgated, Nov. 1863, a new constitution incorporating Schleswig into the Danish state. Ties with Holstein, the duchy belonging to the German confederation, were to remain purely personal. This action was a breach of the London Protocol of 8 May, 1852, which had patched up Danish-German relations by guaranteeing the *status quo.* The new constitution threatened to end all hope of bringing Schleswig into the German Confederation. To the latter end the Diet supported the Duke of Augustenborg's claims to rule the duchies.

Bismarck used this situation to acquire the duchies for Prussia. He persuaded Austria to accept an alliance and oppose the Danish constitution on the grounds of the London Protocol, thus circumventing the Federal Diet, which supported Augustenborg. The Danes resisted, and war broke out in which, without assistance, Denmark was quickly overrun. By Oct. 1864, after the failure of a London Conference of the Powers, the duchies were ceded to Austria and Prussia.

AUSTRO-PRUSSIAN WAR. Bismarck was determined to build up Prussian political power in central Europe to match her rapidly growing economic strength. Immediately after the peace with Denmark, he began to Prussianize the duchies. Austrian policy wavered, but after considerable tension it was agreed by the Treaty of Gastein, Aug. 1865, that Austria should rule Holstein and Prussia Schleswig. Soon, however, Bismarck accused Austria of furthering the claims of Augustenborg, and the threat of war grew. Bismarck made the necessary diplomatic preparations for such a conflict by talks with Napoleon III at Biarritz, Oct. 1865, and by making a political alliance with Italy, Apr. 1866. He even made contact with Hungarian separatists and was ready to foment revolution in the Hapsburg lands. Hatred of Austria among Prussian liberals eased his position within Prussia, where the military were prepared if the need for war arose. Within the Confederation, Bismarck tried to gain support by proposing a national parliament elected by universal manhood suffrage. In view of Bismarck's unconstitutional rule in Prussia, German liberals treated this with skepticism. Austria decided to place the fate of the duchies before the Frankfurt Diet. Prussia regarded this as a violation of the Treaty of Gastein, and invaded Holstein. Austria then called for federal action against Prussia, June 1866.

Most German states supported Austria, despite their membership in the *Zollverein,* while Prussia gained aid from Italy and from a few minor states in north Germany. The 7 Weeks' War displayed the military efficiency of Prussia, culminating in the victory of Sadowa, 3 July, 1866. The swiftness of the action prevented French interference, and the peace granted at Prague, 23 Aug., 1866, was moderate. Prussia gained both duchies but made no other territorial demands on Austria. There was a small indemnity, and Bismarck agreed to the continued existence of Saxony and the southern states. But north Germany was reorganized into a confederation under Prussia, which annexed Hanover, Hesse-Cassel, Nassau, and Frankfurt.

The victory greatly enhanced Bismarck's position in Prussia. Elections, held the day after Sadowa, increased conservative representation, and parliament accepted a bill of indemnity for the illegal collection of taxes since 1862. By Nov. 1866 the liberals were deeply divided. A National Liberal Party was formed to support Bismarck and his foreign policy.

NORTH GERMAN CONFEDERATION. The North German Confederation possessed both a Reichstag, elected by universal manhood suffrage, and a 2nd chamber representing the state governments. But real power lay with Prussia, and the Reichstag had little influence. After 1871 the Confederation constitution was extended to fit all Germany.

FRANCO-PRUSSIAN WAR. After Sadowa only France acted as a bulwark against further German unification. Napoleon III's failure to intervene in 1866 diminished his support at home, while fear of Prussia led to a series of army reforms and a conviction that further unification in Central Europe could not be tolerated. For the moment Napoleon made unsuccessful and politically damaging efforts to gain compensation in the Rhineland and Luxembourg. This merely facilitated Bismarck's negotiations with the south German states for military alliances.

In July 1870 Franco-Prussian relations were suddenly inflamed because of the offer of the vacant Spanish throne to Prince Leopold of Hohenzollern (1835–1905). Bismarck, hoping for political gain, pressed for acceptance. France, fearing encirclement, threatened war, and Leopold decided to decline the Spanish crown. But the French badly needed a diplomatic victory and demanded guarantees from the Prussian king that there would be no renewal of the candidature. King William, who was staying at Ems, telegraphed these demands to Bismarck, who proceeded to print his own version (the Ems Telegram). Prussia was ready for war, and the public version of the telegram was calculated to push an insulted French nation into conflict with Prussia. Militarily and diplomatically, the French were unprepared. Russia was unlikely to intervene, and the Austrian government was preoccupied with running a reconstructed empire, the Dual Monarchy having been set up in 1867. War was declared in July 1870. A Prussian victory at Sedan, 2 Sept., was followed by a long siege of Paris, 19 Sept., 1870–28 Jan., 1871, before the war ended, 10 May, 1871.

UNIFICATION OF GERMANY. On 18 Jan., 1871, at Versailles the ruling princes offered William of Prussia the crown of a united Germany. The North German Confederation, enlarged to include south Germany, became a Prussian-dominated federation with only a façade of representative government. Added to Germany were the regions of Alsace and most of Lorraine, taken from a defeated France. A united Germany had been created, without Austria, and as a result of the exercise of Prussian military superiority. (*Cont. p. 286.*)

GREAT BRITAIN AND IRELAND

1801

UNION OF GREAT BRITAIN AND IRELAND. On 21 April, 1800, the House of Commons approved the Act of Union (effective 1 Jan., 1801), which created the United Kingdom. At Westminster the Irish gained representation with 4 spiritual and 28 temporal lords and 100 members of the Commons. The established churches of the 2 countries were united into a single Protestant Episcopal Church. This union was the cause of considerable discontent among the Irish, who increasingly favored national independence.

PITT'S RESIGNATION. William Pitt (1759–1806) resigned on 3 Feb. over Catholic disabilities. On 5 Feb. Henry Addington (1757–1844) formed a weak ministry; the ensuing period of ministerial instability lasted until 1812.

BRITISH NAVAL VICTORIES. British naval supremacy was established by Aberdeen's capture of the French fleets at Cairo, 22 June, and Alexandria, 27 Aug., and by Nelson's destruction of the Danish fleet at Copenhagen, 2 Apr.

1802

HEALTH AND MORALS OF APPRENTICES ACT. The movement toward government supervision of labor conditions began with the Health and Morals of Apprentices Act, 22 June. It forbade the employment of pauper children in cotton mills until age 9, limited their workday to 12 hours, and prohibited their employment at night.

TREATY OF AMIENS. On 27 Mar. Britain and France signed the Treaty of Amiens, which was born of the 2 countries' mutual exhaustion. Except for Trinidad and Ceylon, Britain agreed to return all conquests to France and her allies.

1803

OUTBREAK OF WAR OF THE 3RD COALITION. The Treaty of Amiens did not guarantee the independence of the countries surrounding France. By an ultimatum of 4 Apr., Britain agreed to recognize France's reorganization of Italy if France withdrew from Holland and Switzerland and recognized Britain's retention of Malta, a strategic island in terms of naval power. France refused, and on 16 May war resumed.

1804

WAR WITH SPAIN. To hinder Spain from joining France, Britain captured Spain's South American treasure fleet, 5 Oct., leading Spain to declare war, 12 Dec.

PITT'S RETURN TO POWER. Pitt succeeded Addington on 10 May. Factionalism within the cabinet reached a crisis when Pitt's friend Viscount Melville (1771–1851), first lord of the Admiralty, was impeached. Addingtonians bitterly attacked Melville during his trial (9 Apr., 1804–12 June, 1806). Pitt's subsequent hostility toward the Addingtonians led to the resignations of Addington (now Lord Sidmouth) and the Earl of Buckinghamshire (1760–1816) on 7 July, 1807.

1805

FORMATION OF THE 3RD COALITION. Fear of France drove Russia to conclude a compact with Britain on 28 June. Britain promised Russia and Austria £1,250,000 as a subsidy for 1,000 troops per year.

BATTLE OF TRAFALGAR. On 21 Oct., Adm. Pierre de Villeneuve (1763–1806), blockaded at Cadiz since Mar., slipped out of the harbor, but met Nelson off Trafalgar, 21 Oct. The Franco-Spanish fleet lost 19 ships in the battle, and the British lost none, although Nelson was killed.

1806–9

MINISTRY OF ALL THE TALENTS. Pitt's death on 23 Jan., 1806, led to the formation of the Ministry of All the Talents under William Grenville (1759–1834). Its major accomplishment was the abolition of the slave trade, 25 Mar., 1807. On 24 Mar., 1807, the ministry resigned over a dispute with George III about Catholic disabilities.

ORDERS IN COUNCIL. Britain responded to the Continental System with the orders in council of 11 and 21 Nov., 1807, which blockaded the ports of France and her allies and restricted neutral trade.

THE PORTLAND AND PERCEVAL MINISTRIES. The Duke of Portland (1738–1809) replaced Grenville as prime minister in 1807, but the initial setbacks in the Peninsular campaign and the failure of the Walcheren campaign brought

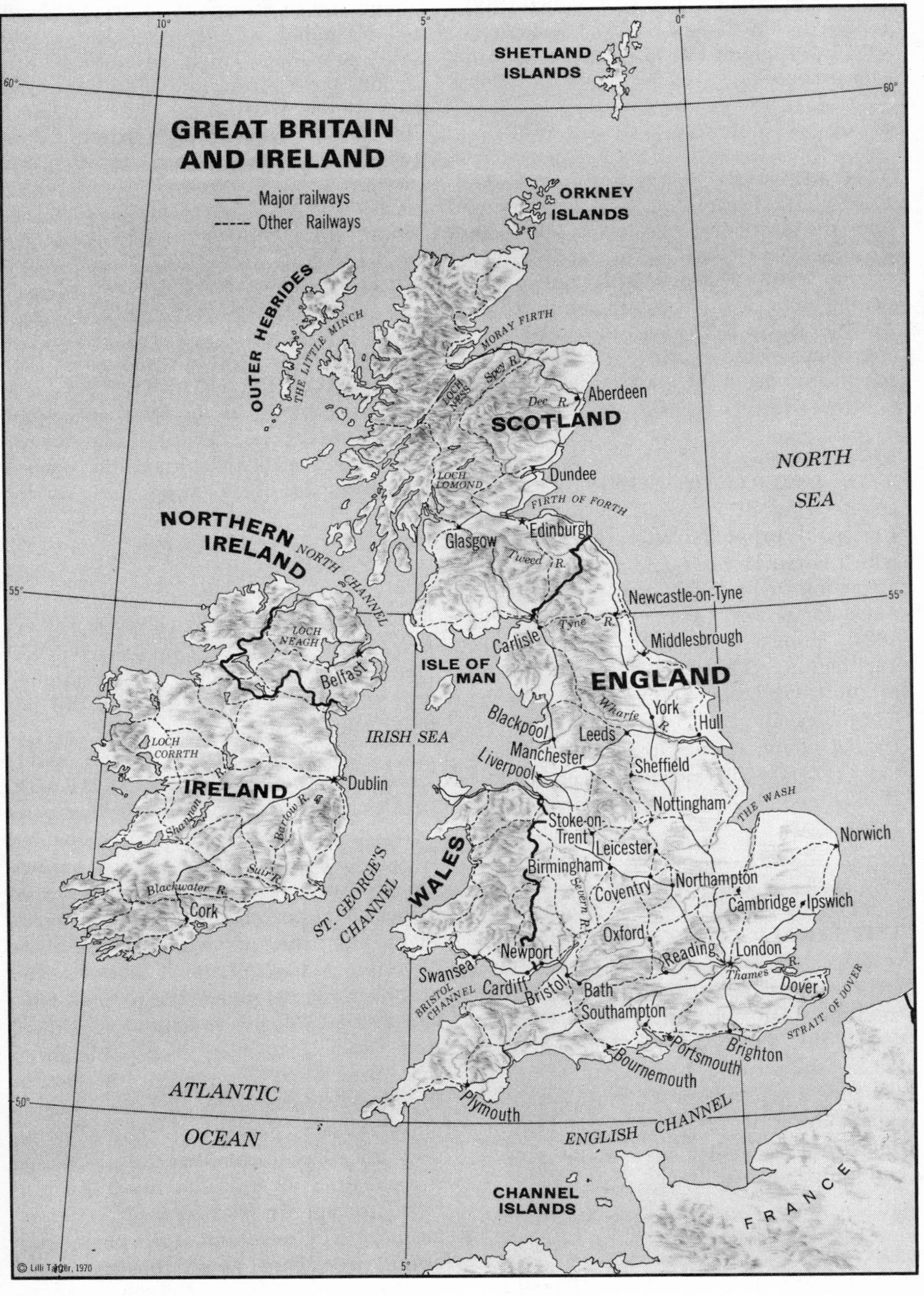
GREAT BRITAIN AND IRELAND
Major railways
Other Railways
SHETLAND ISLANDS
ORKNEY ISLANDS
OUTER HEBRIDES
THE LITTLE MINCH
MORAY FIRTH
Spey R.
LOCH NESS
Dee R.
Aberdeen
SCOTLAND
NORTH SEA
Dundee
LOCH LOMOND
FIRTH OF FORTH
Edinburgh
Glasgow
Tweed R.
NORTHERN IRELAND
NORTH CHANNEL
Newcastle-on-Tyne
LOCH NEAGH
Tyne R.
Carlisle
Middlesbrough
Belfast
ISLE OF MAN
ENGLAND
Wharfe R.
York
Hull
Blackpool
Leeds
IRISH SEA
LOCH CORRTH
Manchester
Sheffield
Liverpool
Dublin
IRELAND
Shannon R.
Barrow R.
Nottingham
THE WASH
Stoke-on-Trent
Norwich
Leicester
WALES
Birmingham
Suir R.
ST. GEORGE'S CHANNEL
Blackwater R.
Northampton
Coventry
Severn R.
Cork
Cambridge
Ipswich
Oxford
Newport
Reading
London
Swansea
Cardiff
Bristol
Bath
Thames R.
Dover
BRISTOL CHANNEL
Southampton
STRAIT OF DOVER
Portsmouth
Brighton
Bournemouth
ATLANTIC OCEAN
Plymouth
ENGLISH CHANNEL
CHANNEL ISLANDS
FRANCE
10°
5°
0°
60°
55°
50°
© Lilli Tanzer, 1970

about the fall of this ministry. In Oct. 1809 Lord Spencer Perceval (1762–1812) replaced Portland, with Hawkesbury (1770–1828, later Lord Liverpool) as minister for war.

1810

THE REGENCY. In the autumn of 1810 George III became permanently insane and the Prince of Wales (1762–1830) became regent according to the provisions of the 1787 Regency Bill, which prevented him from assuming full power until 18 Feb., 1812. Whig hopes of gaining office were thwarted because the regent supported the Perceval ministry.

1812

THE LIVERPOOL MINISTRY. The assassination of Perceval, 11 May, made Liverpool prime minister. His ministry, which lasted 15 years, ended instability by attracting to itself factions that had competed for power. George Canning (1770–1827) joined it in 1814, the Duke of Wellington (1769–1852) in 1818, and Marquis Wellesley (1760–1842) and the Grenvilles in 1821. Liverpool also attracted young talents like Lord Palmerston (1784–1865), Robert Peel (1788–1850), and William Huskisson (1770–1830).

1813

THE FINAL COALITION. Lord Castlereagh (1769–1822), the foreign secretary, was the principal architect of the 1812–14 coalition. On 15 June, 1813, Britain signed the Treaty of Reichenbach with Russia and Prussia, binding them not to conclude a separate peace. Austria's adhesion to the treaty, 24 June, marked the 1st time since 1789 that all 4 major powers had united against France.

1814–15

CONGRESS OF VIENNA. The First Treaty of Paris, 30 May, 1814, gave Britain Malta, the Ionian Islands, and Heligoland in Europe; St. Lucia, Tobago, and Trinidad in the West Indies; the Cape of Good Hope in Africa; and Ceylon, the Deccan, and the upper Ganges Valley in South Asia. The Congress of Vienna tacitly recognized Britain's mastery of the seas by not debating the question.

CORN LAW. To rescue British agriculture from depression, the Corn Law was passed, 11 Mar., 1815. It imposed a duty on foreign grain.

1816

ABOLITION OF INCOME TAX. The Commons abolished the wartime income tax, 18 Mar., exacerbating the government's financial difficulties and placing the burden of the national debt on the poor.

1819–20

FACTORY ACT. The ineffective Factory Act of 14 June, 1819, restricted child labor to 12 hours per day, but applied only to the cotton industry and did not provide for inspectors.

PETERLOO, THE 6 ACTS, AND THE CATO STREET CONSPIRACY. In Dec. 1818 economic conditions deteriorated and disturbances, accompanied by demands for political reform, ensued. On 16 Aug., 1819, the local magistrates dispersed a peaceful rally at St. Peter's Field, Manchester, with troops. The "Peterloo Massacre" ended with 11 dead and over 400 wounded. Between 23 Nov. and 29 Dec. the government carried the 6 Acts, which further curtailed public meetings, prohibited training in the use of firearms, empowered magistrates to search out and seize firearms, placed a stamp duty on all political literature, increased the penalties for seditious libel, and provided for speedy trial in cases of misdemeanor. The resultant government unpopularity abated with the improved economic conditions of 1820 and the abortive Cato Street Conspiracy, an attempt by 20 extremists to murder the cabinet and establish a republic, 23 Feb., 1820. The plot renewed fears of radicalism and revolution and hindered the cause of moderate reform.

ROYAL DIVORCE CRISIS. On 29 Jan., 1820, the prince regent succeeded his father, becoming George IV (ruled 1820–30). On 5 July he forced the cabinet to introduce a bill to obtain for him a divorce from his estranged wife, Caroline (1768–1821). On 10 Nov. the cabinet dropped the bill in the face of its certain defeat in the Commons, and Caroline accepted a settlement, Jan. 1821.

BRITISH RESPONSE TO CONGRESS OF TROPPAU. At the Congress of Troppau, Castlereagh in his state papers of 5 May and 16 Dec., 1820, illustrated the growing divergence between Britain and the eastern monarchies by asserting that the Alliance powers were not entitled to interfere in the internal affairs of other states solely to maintain the monarchical *status quo.*

1821–22

CABINET RECONSTRUCTION. Because of George IV's hostility toward him, Liverpool reorganized his cabinet between 5 and 9 Dec., 1821, replacing Sidmouth with Peel as home secretary. From this time until his suicide on 12 Aug., 1822, Castlereagh's influence was dominant in the cabinet. On 11 Sept., 1822, Canning became foreign secretary and leader of the Commons. He combined Castlereagh's policy of active interest in continental affairs with popular demagogy. He gained the support of the commercial class through such measures as the remission or reduction of many assessed taxes, tariff reduction, abolition of the tariff barrier between Great Britain and Ireland, 5 July, 1825, and the conclusion of numerous commercial reciprocity treaties, thereby giving the ministry a "liberal Tory" outlook.

CONGRESS OF VERONA. Canning was unsympathetic toward the alliance system, and on 20 Nov., 1822, at the Congress of Verona Wellington refused British support for the allies' plan to intervene in Spain. On 30 Nov. Wellington withdrew from the congress.

1824

COMBINATION ACTS. Repeal of the Combination Acts of 1800 on 21 June, 1824, resulted in the rapid growth of unionism. Strikes and violence led to the passage of a new Combination Act, 6 July, 1825, which specifically forbade such actions.

1827

CANNING MINISTRY. On 17 Feb. Liverpool was stricken with apoplexy; Canning replaced him on 12 Apr. Peel and Wellington resigned, and Canning effected an alliance between the liberal Tories and the Whigs, paving the way for Catholic emancipation and the reforms of the 1830's.

1828

WELLINGTON MINISTRY. Canning's death on 8 Aug., 1827, led to the creation of the short-lived Goderich ministry, which was dismissed on 8 Jan., 1828, and succeeded by Wellington's ministry. Though Wellington's political ineptitude and penchant for reaction caused the liberal Tories to resign, the beginnings of reform occurred under his ministry.

CORN LAW. The 1st reform measure was the new Corn Law, passed on 15 July; it provided for a sliding scale of grain duties.

EAST RETFORD DISPUTE. Wellington's 1st political dispute as prime minister occurred over the boroughs of Penryn and East Retford, which were found to be steeped in corruption. Huskisson and the Canningites wanted their franchises transferred to Leeds and Manchester. The Lords refused to enfranchise Manchester, and Huskisson and his allies resigned in May.

1829

CATHOLIC EMANCIPATION. On 9 May, 1828, the Test and Corporation

Acts, which denied Nonconformists public office, were repealed. The election of Daniel O'Connell (1775–1847) to Parliament in 1828 brought the issue of Catholic emancipation to a head; he could not take his seat in Parliament as a Catholic, but to deny it to him would court revolution in Ireland. In Mar. 1829 the government backed emancipation, which was passed, 13 Apr., enabling Catholics to vote, sit in Parliament, and hold any office except lord chancellor of England and lord lieutenant of Ireland.

1830

WILLIAM IV AND THE GREY CABINET. The elections of 1830, marking the accession of William IV (1765–1837) to the throne on 26 June, were fought over the reform issue. Wellington's opposition to it forced his resignation on 16 Nov., ending a half-century of almost uninterrupted Tory rule and bringing the Whigs to power under Lord Grey (1764–1845).

1832–33

THE GREAT REFORM ACT. In 1830 no more than ⅓ of the members of the Commons were freely chosen. Ancient provisions and population shifts due to the Industrial Revolution had resulted in gross electoral inequalities. The Grey ministry's 1st reform bill, though popular outside Parliament, was defeated in the Commons, 19 Apr., 1831; on 22 Apr. William IV prorogued Parliament. The ministry gained a sweeping victory in the May elections. In Oct. the Lords defeated the 2nd reform bill, and Parliament was prorogued, 20 Oct. Under threat of the creation of new peers, the 3rd reform bill finally passed the Lords, 4 June, 1832. The Reform Act revolutionized the British electoral system, disenfranchising 56 rotten boroughs and pocket boroughs. It reduced to 1 representative apiece 32 small boroughs and redistributed the 143 vacant seats among growing towns, underrepresented counties, and Scotland and Ireland. The franchise was confirmed for £10 householders in the boroughs and in the counties for 40s. freeholders, £10 copyholders, freeholders, and leaseholders for 60 years, and for £50 tenants at will and leaseholders for less than 60 years. Between July and Sept., 1832, similar legislation was extended to Scotland and Ireland. The Reform Act gave the industrial and commercial classes electoral dominance.

REBELLION AND REFORM IN IRELAND. Irish resentment of the Episcopal Church sparked the Tithe War of 1831. To restore order, the Commons passed the Coercion Bill on 1 Apr., 1833, giving the lord lieutenant unlimited power to suppress public meetings and impose martial law. Reforms also were granted; the Irish Church Temporalities Bill, enacted 2 Aug., 1833, abolished 10 of the 22 Protestant bishoprics in Ireland and taxed clerical incomes.

ABOLITION OF SLAVERY IN THE COLONIES. On 23 Aug., 1833, the campaign against slavery, begun in the 1790's, was completed with the abolition of slavery in the colonies. The bill provided for the immediate emancipation of children under 6 and for apprenticeship for those over 6.

FACTORY ACT. The inadequacies of earlier legislation led to the passage, 29 Aug., 1833, of a more stringent Factory Act. It prohibited the employment of children under 9, restricted the workweek of those between 9 and 13 to 48 hours, demanded 2 hours' daily schooling for children under 13, and provided for a system of paid inspectors.

1834

NEW POOR LAW. According to the New Poor Law of 14 Aug., relief was to be administered by a general Board of Commissioners; the dole was to be limited to the sick and the aged; able-bodied paupers were to be employed in workhouses.

1ST MELBOURNE MINISTRY. A divided cabinet forced Grey's resignation, 9 July. Lord Melbourne (1779–1848) replaced him, but William IV's disappointment in Melbourne resulted in the latter's resignation, 15 Nov. Whig strength, steadily declining since 1832, was dissipated under Melbourne. There followed a period of political instability, during which the old party designations of Whig and Tory were replaced by those of Liberal and Conservative.

1835–36

THE 1ST PEEL AND 2ND MELBOURNE MINISTRIES. Peel replaced Melbourne and set out his program in the Tamworth Manifesto, 17 Dec., 1834, proposing that the new Conservatives accept the Reform Act and follow it with a program of "judicious reform." Peel thus gained the support of both Whig and Tory moderates, but his ministry fell, 7 Apr., 1835, over the Irish question. Melbourne replaced him.

REFORMS OF THE MELBOURNE ADMINISTRATION. The Municipal Corporations Act, 9 Sept., 1835, reformed the corrupt municipal governments by establishing uniform administration for all boroughs and cities—except London and 67 small boroughs—creating town councils, consisting of a mayor (chosen annually), councilors (elected triennially), and aldermen (chosen sexennially). The Marriage Act, 28 June, 1836, legalized civil marriages; provided for local registration of births, marriages, and deaths; and permitted dissenters to marry in their own chapels. The Ecclesiastical Commission forbade plural benefices over 2 mi. apart, augmented stipends for parish priests, and reduced large episcopal incomes.

1837

ACCESSION OF QUEEN VICTORIA. William IV died, 20 June. He was succeeded by his 18-year-old niece, Victoria (1819–1901), whose reign marked the entrenchment of responsible parliamentary government in England.

1839

JAMAICA CRISIS AND THE 3RD MELBOURNE MINISTRY. Economic conditions in Jamaica worsened after emancipation, and the planters attempted to subvert the government's reforms. The Commons approved, 9 Apr., by only 5 votes the suspension of the Jamaican constitution. The closeness of the vote caused Melbourne to resign, 7 May. When Victoria asked Peel to form a new ministry, he insisted that she dismiss some of her Whig bedchamber attendants. The "Bedchamber Question" infuriated Victoria, who recalled Melbourne on 10 May.

CHARTIST MOVEMENT. Dissatisfied with the limited reforms of the Whigs and the failure of the union movement, the laboring classes had founded the London Working Men's Association in 1836. They composed a charter—hence their designation as Chartists—which demanded manhood suffrage, vote by ballot, abolition of property qualifications for membership in Parliament, salaries for members of Parliament, equal electoral districts, and annual Parliaments. They presented the charter to Parliament on 13 May, during their national convention in London. After its rejection, the convention retired to Birmingham, and activists under Feargus O'Connor (1794–1855) gained predominance, instigating riots in July. After the suppression of the 4 Nov. riot in Newport, Wales, the Chartists resumed a more moderate course. In July 1840 O'Connor founded the National Charter Association. It drafted the 2nd charter, which Parliament rejected, 3 May. Chartism, undermined by factionalism, the growth of trade unions, and the Anti-Corn Law League, languished until 1848.

1840

MARRIAGE OF VICTORIA AND ALBERT. On 10 Feb. Victoria married her cousin Albert of Saxe-Coburg-Gotha (1819–61). The marriage was unpopular, and not until 1857 was Albert named prince consort, though Victoria's devotion to him already had made him de facto coruler.

1841

2ND PEEL MINISTRY. Melbourne's resignation, 28 Aug., brought in the 2nd Peel ministry, which included William

Gladstone (1809–98). Peel's budget of 1842 began the era of liberal budgets in England, and his 2nd Free Trade Budget, 1845, eliminated export duties.

1842–44

LABOR LEGISLATION. The Coal Mines Act, 5 July, 1842, prohibited women and boys under 10 from working underground, and the Factory Act, 22 Mar., 1844, fixed 6½ hours as the maximum workday for children, and 12 hours the maximum for women.

1846

ABOLITION OF THE CORN LAW. The National Anti-Corn Law League, founded 20 Mar., 1839, gained nationwide importance in 1841, when it began contesting elections. The struggle over the Corn Law split the Conservatives, with Peel supporting free trade and Benjamin Disraeli (1804–81) opposing it. Wellington induced the Lords to accept repeal of the laws, and on 26 June repeal was enacted. The Customs Law, passed at the same time, abolished livestock duties and duties on many manufactured goods.

FALL OF THE PEEL MINISTRY. Peel resigned, 29 June, and Lord Russell (1792–1878) replaced him, with Palmerston as foreign secretary.

1847–48

THE TEN HOURS' BILL. Passed on 17 May, 1847, this bill limited the workday for women and young persons aged 13–18 to 10 hours.

YOUNG IRELAND INSURRECTIONS. The Young Ireland Party, founded in 1840 by William O'Brien (1803–64), had become the principal Irish nationalist organization by 1847. The potato famine of the 1840's increased Irish discontent and culminated in the agrarian crimes of the autumn of 1847 and the unsuccessful Tipperary Insurrection, 29 July, 1848.

"KENNINGTON COMMON FIASCO." This abortive demonstration accompanied the presentation of the 3rd charter to Parliament in 1848. The 10 Apr. outbreak marked the end of Chartism.

1850

DON PACIFICO AFFAIR. Dissatisfaction with Palmerston's bellicose foreign policy came to a head with the Don Pacifico affair. Don Pacifico, a Portuguese Jew with British citizenship, pressed claims he had against the Greek government until, Dec. 1849, a mob attacked his house in Athens. Palmerston supported him by seizing Greek vessels at Piraeus, Jan. 1850, thus compelling Greece to recognize Don Pacifico's claims. Palmerston defended his actions before Parliament, 29 June, but he promised Victoria, 14 Aug., that henceforth he would not act without informing her.

1851–52

GREAT EXHIBITION. Held in Hyde Park, 1 May–15 Oct., 1851, and organized by Prince Albert, the Great Exhibition demonstrated Britain's technological achievements and industrial strength.

FALL OF PALMERSTON AND RUSSELL. Palmerston's precipitate approval of Louis Napoleon's coup d'état of 2 Dec., 1851, led Russell, who had long disapproved of Palmerston's foreign policy, to instruct the ambassador in Paris, 5 Dec., to withhold recognition of the new regime, thereby preparing the way for Palmerston's dismissal, 9 Dec. On 20 Feb., 1852, however, Palmerston brought about Russell's fall. Lord Stanley (later Lord Derby, 1799–1869) replaced him with a short-lived Conservative ministry that included Disraeli.

ABERDEEN MINISTRY. On 28 Dec., 1852, Lord Aberdeen (1784–1860) formed a coalition ministry that included Palmerston, Russell, and Gladstone.

1854–57

CRIMEAN WAR AND 1ST PALMERSTON MINISTRY. Britain entered the Crimean War on 28 Mar., 1854. Public dissatisfaction forced Aberdeen's resignation and Palmerston's accession to the prime ministership, 5 Feb., 1855. He soon faced the Sepoy Mutiny in India, 1857, and the war in China, 1856–57.

1858

2ND DERBY MINISTRY. After the Orsini bomb plot, which was planned in England, Palmerston introduced a bill increasing the penalty for conspiracy to murder. Its defeat brought about his resignation, 22 Feb., and the return of the Derby-Disraeli ministry, 25 Feb.

PARLIAMENTARY QUALIFICATIONS. Parliament discontinued property qualifications for its members, 15 June, and removed Jewish disabilities, 23 July.

1859

2ND PALMERSTON MINISTRY. On 18 June Palmerston replaced Derby with a Liberal ministry which included Gladstone. Political factionalism now stabilized into 2 camps, the Conservatives under Derby and Disraeli and the Liberals in alliance with the Radicals.

1860

COBDEN-CHEVALIER TREATY. Signed between Britain and France on 23 Jan., the treaty provided for mutual tariff reductions to encourage commerce and appeared to herald an era of free trade.

1861

THE "TRENT" AFFAIR. On 8 Nov., 2 Confederate envoys on the British steamer *Trent* were abducted by a Union naval vessel. Prince Albert modified Palmerston's strident ultimatum to the Union, thereby averting a crisis.

DEATH OF PRINCE ALBERT. On 14 Dec. Prince Albert died, and the bereaved Victoria withdrew from public life.

1865–66

2ND RUSSELL MINISTRY. Palmerston died, 18 Oct., 1865, and Russell, his successor, was beset with urgent demands for electoral reform. The Reform Act of 1832 notwithstanding, only 1 man in 6 could vote and electoral anomalies remained. On 26 June, 1866, Russell resigned after the defeat of his reform bill.

1867

2ND REFORM ACT. The 3rd Derby-Disraeli ministry took office, 6 July, 1866. It passed the 2nd Reform Act, 15 Aug., 1867, which doubled the electorate to 2 m. by extending the franchise to all householders paying the poor rate, to £10 lodgers in the boroughs, and to £5 landowners and £12 occupying tenants in the counties. Boroughs of less than 10,000 received only 1 representative; Manchester, Birmingham, Leeds, and Liverpool were given 3; 9 new boroughs and 25 new county seats were created. The Scottish Reform Act, 13 July, 1868, extended similar reforms to Scotland, but the Irish Reform Act of that date merely reduced the borough franchise.

1868

1ST DISRAELI MINISTRY. On 29 Feb. Disraeli replaced Derby as prime minister, but on 9 Dec. Gladstone succeeded Disraeli after a Liberal victory in the Nov. elections.

1869–70

IRISH REFORMS. Gladstone attempted to pacify Ireland, where the Fenian Brotherhood, founded 1858, was fomenting revolution. The Disestablishment Act, 26 July, 1868, affected the Episcopal Church in Ireland as of 1 Jan., 1871. The Irish Land Act, 1 Aug., 1870, entitled tenants to compensation for unjust eviction and provided government loans to encourage peasant proprietorship, but failed to curb the landlords' rights to unimpeded disposal of their property, rent increases, and sudden eviction.

EDUCATION ACT. Passed on 9 Aug., 1870, this act attempted to end the chaos in English education. It continued the voluntary schools that were in good standing, but denied them funds from local rates. Board schools, controlled by locally elected school boards, were established. They obtained funds from government grants, parents' fees, and local rates. The most controversial feature of the act was the provision permitting religious education in voluntary schools only.

CIVIL SERVICE REFORM. An order in council, 4 June, 1870, directed the use of competitive examinations, at the discretion of department heads, to fill posts in the government bureaucracy. (*Cont. p. 277.*)

The Growth of the United States, 1784–1877

THE BUILDING OF THE AMERICAN NATION

1784–85

TREASURY BOARD. On 28 May, 1784, a Treasury Board was established. Samuel Osgood, Walter Livingston, and Arthur Lee became commissioners. A Dutch loan enabled Robert Morris to resign, 1 Nov., leaving a $21,000 surplus despite the inefficient requisition system that had operated through much of the war.

MT. VERNON CONFERENCE. Commissioners from Virginia and Maryland met at Washington's home, settled certain mutual navigation problems, and advised their legislatures to adopt uniform imposts, currency, and commercial regulations, and to join with Pennsylvania in establishing water communications between the Chesapeake and the Ohio. Delegate Madison had Virginia request, 21 Jan., 1786, an interstate commercial convention at Annapolis, Sept.

JAY-GARDOQUI NEGOTIATIONS. Congress authorized Jay, 20 July, 1785, to negotiate with Spanish Minister Don Diego de Gardoqui on his country's rejection, 1784, of America's right to free navigation of the Mississippi. Both nations were adamant until Congress, 29 Aug., 1786, voted to defer pressing navigation rights in return for a favorable commercial treaty. Lacking the 9 votes necessary for treaty ratification, however, the talks broke down.

1786

RELIGIOUS FREEDOM. The Virginia Statute for Religious Freedom, based on Jefferson's draft of 1779, was adopted on 16 Jan. It ended compulsory church support and attendance and discrimination based on religion.

TREATY WITH MOROCCO. Thomas Barclay gave $10,000 in gifts to the sultan of Morocco in exchange for a treaty, 28 June, protecting American shipping from the Barbary pirates. The U.S. made similar agreements with Algiers, 1795; Tripoli, 1796; and Tunis, 1797.

PROPOSALS TO REVISE THE ARTICLES. 7 Aug. Prodded by Charles Pinckney's (S.C.) motion, 3 May, Congress considered reorganizing the government. A committee advised, 7 Aug., congressional control of foreign and domestic commerce and improvement of the requisition system, but Congress never ventured to submit these recommendations for ratification.

ANNAPOLIS CONVENTION. 11–14 Sept. Called by Virginia, 21 Jan., this convention was attended by only 12 delegates from Delaware, New Jersey, New York, Pennsylvania, and Virginia. The other states failed to act or their representatives arrived too late. The delegates, led by John Dickinson (Del.), adopted, 14 Sept., Hamilton's call for another convention to render the Constitution adequate to the Union's needs. Congress cautiously approved, 21 Feb., 1787, a convention "for the sole and express purpose of revising the Articles."

SHAYS' REBELLION. Aug. 1786–Feb. 1787. Faced with foreclosures, debt-ridden Hampshire County (Mass.) farmers convened, 22–25 Aug., to denounce the government for their plight, and armed men closed the courts at Northampton, 31 Aug., and Worcester, 5 Sept. Daniel Shays' (1747–1825) band closed the Supreme Court at Springfield, 26 Sept., despite the presence of Gen. William Shepherd's militia sent there by Gov. James Bowdoin. After the capture of Job Shattuck, 30 Nov., ended the insurrection in the east, Shays still menaced the government in western Massachusetts. On 26 Dec. he marched to join Luke Day and attack Springfield's federal arsenal, but was routed by Shepherd's artillery, 25 Jan. Dispatched by the governor, Gen. Lincoln arrived in Springfield, 27 Jan., and pursued the insurgents. Day fled to New Hampshire, and Shays to Vermont after Lincoln had defeated him at Petersham, 4 Feb. The legislature eased taxes, made reforms, and pardoned all except Shays, Day, and 2 others. Shays was pardoned later, 13 June, 1788.

1787

OPENING OF CONSTITUTIONAL CONVENTION. The Constitutional Convention began 11 days late, with a quorum of 7 states. Only New Hampshire and Rhode Island had not appointed representatives; New Hampshire did so in June, but Rhode Island boycotted the convention. James Madison (1751–1836), who kept notes of the proceedings, and Mason (Va.), Gouverneur Morris and James Wilson (Pa.), Roger Sherman (Conn.), and Elbridge Gerry (Mass.) were the most active of the 55 delegates. Washington was president and William Jackson secretary of the convention, whose proceedings were secret.

VIRGINIA PLAN. 29 May. Edmund Randolph's (1753–1813) Virginia Plan envisioned a strong national government. Randolph desired that a popularly elected lower house select an upper house from nominees proposed by the state legislatures. Both houses would choose the executive, who, together with some judges, could veto legislation.

NEW JERSEY PLAN. William Paterson's New Jersey Plan, 15 June, reflected small states' opposition to Randolph's plan for apportioning both houses by population. He offered Congress the right to tax and regulate foreign and interstate commerce. The convention voted 7 to 3 basically to follow the nationalist Randolph, 19 June.

NORTHWEST ORDINANCE. 13 July. Based on a Jefferson plan, 23 Apr., 1784, and a committee report, 19 Sept., 1786, the Northwest Ordinance was adopted by Congress on 13 July. It affected the territory north of the Ohio. Congress would appoint a governor, secretary, and 3 judges; a legislature would be elected when there were 5,000 free adult male residents. Congress was eventually to create 3 to 5 states equal to the original 13. Slavery was outlawed and individual rights protected.

CONNECTICUT COMPROMISE. 16 July. Working from a proposal of 13 June by Roger Sherman (Conn.), the convention decided that each state would be represented in proportion to its population in the lower house, 12 July, and would have an equal vote in the Senate, 16 July.

FINAL STAGES. 6 Aug.–28 Sept. The convention debated a preliminary draft of the Constitution presented by a Committee of Detail, 6 Aug.–10 Sept., and appointed, 8 Sept., a Committee on Style and Arrangement (Hamilton, William Johnson, Rufus King, Madison, and Gouverneur Morris). Morris wrote the final draft presented on 12 Sept. It was approved by 12 states, 17 Sept., but Gerry (Mass.), Randolph (Va.), and Mason (Va.) refused to sign the document. Congress received the Constitution, 20 Sept., and submitted it for ratification by state conventions, 28 Sept.

"FEDERALIST PAPERS." 27 Oct. 1787–2 Apr. 1788. The "Federalist Papers," by Hamilton (1755–1804), Madison, and Jay, appeared in New York newspapers. These 77 essays, which supported ratification of the Constitution, appeared with 8 more in *The Federalist,* Mar.–May 1788.

1788

RATIFICATION OF THE CONSTITUTION. Delaware, 7 Dec.; Pennsylvania, 12 Dec.; and New Jersey, 18 Dec., had already ratified the Constitution the previous year. Georgia ratified on 2 Jan., and was followed by Connecticut, 9 Jan., and Massachusetts, 6 Feb. With Federalist (pro-Constitution) acquiescence, 30 Jan., Massachusetts proposed 9 amendments, including reserving to the states all powers not explicitly granted to the federal government.

Over Federalist objections, rural opponents of the Constitution submitted it to a popular referendum in Rhode Island, 24 Mar. Rhode Island decisively rejected it, but finally ratified on 29 May, 1790.

Maryland ratified on 28 Apr. and South Carolina on 23 May. New Hampshire, proposing 12 amendments, cast the 9th and deciding vote for ratification, 21 June.

Madison obtained Virginia's ratification on 25 June. Hamilton and Jay used New Hampshire's and Virginia's decisions to wrest control of the Poughkeepsie Convention from Governor Clinton's Antifederalists, and New York ratified on 26 July.

North Carolina withheld ratification until Congress' submission of a bill of rights, 25 Sept., 1789, prompted her to approve the Constitution on 21 Nov.

THE NEW GOVERNMENT. Congress made New York the capital on 13 Sept., and set dates for the appointment of presidential electors, 7 Jan., 1789; their balloting, 4 Feb.; and the 1st Congress, 4 Mar.

1789

GOVERNMENT IN OPERATION. Jan.–Apr. 69 Presidential electors, popularly chosen or appointed by the legislatures, 7 Jan., voted on 4 Feb. Lacking a quorum, Congress delayed opening; the House organized, 1 Apr., and the Senate counted the electoral ballots, 6 Apr. Washington was unanimously elected President, and John Adams (1735–1826) Vice-President. Adams having taken his seat, 21 Apr., New York Chancellor Robert R. Livingston (1746–1813) administered the oath of office to Washington at Federal Hall on 30 Apr.

BILL OF RIGHTS. 25 Sept. Federalist leaders and Washington were willing to add the constitutional amendments proposed by 5 state ratifying conventions. Prompted by Madison, 9 Sept., Congress submitted 12 of them for ratification, 25 Sept. The states ratified 10, which became the Bill of Rights of the Constitution, 15 Dec., 1791.

EXECUTIVE DEPARTMENTS. Congress appointed Henry Knox (1750–1806), 7 Aug.; Hamilton, 11 Sept.; and Jefferson, 26 Sept., as secretaries of war, the treasury, and state respectively. Samuel Osgood became postmaster general, 26 Sept., and Congress organized the Post Office, 8 May, 1795. Having established courts by the Federal Judiciary Act, 24 Sept., Congress, 26 Sept., made Jay chief justice and Randolph attorney general.

1790

HAMILTON'S FISCAL PROGRAM. A factor in the rise of parties, the financial proposals of Hamilton were announced in 3 messages to Congress. The Report on the Public Credit, 14 Jan., concerning the national and state debts, recommended funding the foreign ($11,710,378) and domestic ($44,414,085) debt at par, and assuming $21,500,000 of the states' $25,000,000 Revolutionary debt. These measures would revive the public credit and confidence in the government at home and abroad, and bind the creditor class to the federal government. Debtor and agrarian groups that had sold depreciated securities to speculators opposed funding the domestic debt. States, especially Virginia, which had paid their debts and feared an increase of federal power, had the House reject, 12 Apr., the assumption of state debts.

SECTIONAL COMPROMISE. Hamilton agreed with Jefferson and Madison, c. 20 June, to have Congress situate the national capital in the South in return for southern votes for assumption. Congress located the permanent capital along the Potomac, 10 July, and passed assumption, 26 July. Funding became law on 4 Aug. Southern fears were expressed by Patrick Henry when he attacked assumption, 16 Dec., as establishing a money interest, as inimical to agrarianism and republicanism, and beyond Congress' constitutional powers.

1791

BANK OF THE UNITED STATES. As requested by Hamilton in his report on banking, 13 Dec., 1790, the Bank of the U.S. was chartered on 25 Feb. Before signing the bill, Washington asked his cabinet's opinion on the constitutionality of a national bank. Jefferson argued against, 15 Feb.; Hamilton, 23 Feb., asserted the bank's constitutionality on the basis of the "implied powers" of the Constitution.

EMERGING POLITICAL ALIGNMENTS. Jefferson and Madison toured New York and New England, May–June, seeking aid, especially from the Clinton-Livingston-Burr faction, in establishing an Antifederalist coalition against Hamilton's fiscal program. Jefferson and his Democratic-Republicans believed in a democratic, agrarian society of broadly diffused wealth under popular, representative, decentralized government. Hamilton and his Federalists desired strong government by the elite which would produce a balanced, diversified economy by aiding manufacture and commerce. Jefferson's principles were expressed in Philip Freneau's antiadministration newspaper, the *National Gazette,* est. 31 Oct., and Hamilton's in John Fenno's *Gazette of the United States,* est. 15 Apr., 1789.

1792

RESISTANCE TO THE WHISKY TAX. 21 Aug.–29 Sept. As Hamilton requested, 13 Dec., 1790, Congress passed a revenue tax on distilled liquors, 3 Mar., 1791. At Pittsburgh, 21 Aug., Albert Gallatin (1761–1849) and incensed farmers who disposed of their surplus grain by distilling threatened legally to obstruct collection, but Washington pledged, 29 Sept., to enforce the excise.

JEFFERSON-HAMILTON FEUD. Attacked in the *National Gazette,* Hamilton anonymously asserted in Fenno's newspaper, July–Dec., that Jefferson was an Antifederalist intriguing against the administration's programs. Washington wrote to Jefferson, who was contemplating retirement, 23 Aug., and Hamilton, 26 Aug., but their replies, 9 Sept., revealed his failure to heal the rift.

1793

FRENCH REVOLUTION AND NEUTRALITY. 22 Apr. The French Revolution proved a divisive political issue. Jefferson and Hamilton, favoring France and Britain respectively, both desired neutrality, but the latter also wanted to repeal the 1778 treaties with France. Instead, Washington's Neutrality Proclamation, 22 Apr., declared Americans at peace with both Britain and France.

GENÊT AFFAIR. "Citizen" Edmond Charles Genêt (1763–1834), French Girondist minister to the U.S., arrived in Charleston, 8 Apr., and began commissioning privateers to prey on British vessels. Washington received him coolly, 18 May, and, through Jefferson, advised him, 5 June, that he had violated U.S. sovereignty, and ordered his ships to leave American waters. Instead, Genêt threatened to appeal directly to the people, and sent to sea the privateer *La Petite Démocrate.* Jefferson and Madison agreed that Genêt harmed the Antifederalists, and the cabinet decided, 2 Aug., to demand his recall. His Jacobin successor, Joseph Fauchet, sought to arrest Genêt, 1794, but Washington let him stay in the U.S.

JEFFERSON'S RESIGNATION. 31 Dec. Anglophobic Republicans sympathized with France, but Federalists feared her alleged atheism and anarchism. When Washington turned more toward Hamilton and his cohorts, Jefferson resigned, 31 July, effective 31 Dec. Edmund Randolph became secretary of state, 2 Jan., 1794.

1794

WHISKY INSURRECTION. The "Whisky Insurrection" resulted from enforcement of the excise. When western Pennsylvania farmers ignored his order, 7 Aug., to disperse, Washington dispatched, 24 Sept., Henry Lee, accompanied by Hamilton, with 15,000 militia. The rebellion was easily suppressed.

JAY'S TREATY. 19 Nov. Britain's retention of the Northwest posts, allowing her to control the fur trade and impede western settlement, and her orders in council, 8 June, 6 Nov., 1793, authorizing seizure of U.S. vessels and impressment of their crews, upset the Americans. Yet tariffs on British goods were vital to Hamilton's fiscal program, and so Washington, with Senate approval, 19 Apr., sent Jay to England to ameliorate the situation. By Jay's Treaty, 19 Nov., the British promised to leave the Northwest by 1 June, 1796, ended discrimination against American vessels in the British East Indies, and, provided Americans ceased carrying certain staples, opened the West Indies to American ships not exceeding 70 tons. The U.S. granted Britain most-favored-nation trade status, and the questions of illegal seizures and (to the distress of many, especially Virginians) pre-Revolutionary debts were referred to joint commissions. Articles written by "Camillus" (Hamilton) defended the treaty from attacks by Republicans, Southerners, and northern mercantile interests, and the Senate, dropping the West Indies provision (Art. XII), ratified it on 24 June, 1795.

1795

CABINET TAKE-OVER BY FEDERALISTS. Timothy Pickering became secretary of war, 2 Jan., and Oliver Wolcott, Jr., replaced Hamilton, who resigned, 31 Jan. Suspected of collaboration with the French against the Jay Treaty, Randolph resigned, 19 Aug., and Pickering succeeded him as secretary of state, James McHenry becoming secretary of war, 27 Jan., 1796.

TREATY OF SAN LORENZO (PINCKNEY TREATY) 27 Oct. After negotiating with Thomas Pinckney at Madrid, Spain recognized the U.S. boundaries established by the Treaty of Paris, 1783, and granted Americans free navigation of the Mississippi.

1796

WASHINGTON'S FAREWELL ADDRESS. 17 Sept. Written with the aid of Madison, 1792, and Hamilton, 1796, Washington's Farewell Address explained the President's refusal of a 3rd term; warned against parties, especially sectional ones; and advocated avoiding permanent foreign alliances.

PRESIDENTIAL ELECTION. 7 Dec. John Adams (Federalist) was elected President, and Thomas Jefferson (Democratic-Republican) Vice-President.

1797–99

XYZ AFFAIR. 18 Oct., 1797. Adams dispatched, 31 May, Charles Cotesworth Pinckney (1746–1825), John Marshall (1755–1835), and Elbridge Gerry (1744–1814) to improve deteriorating relations with France. In Paris, 3 agents (later called X, Y, and Z) of Talleyrand, the French foreign minister, demanded a loan to France and a $240,000 bribe, 18 Oct. Marshall rebuked them, 17 Jan., 1798, and Adams announced, 19 Mar., to outraged Americans the collapse of negotiations.

QUASI-WAR WITH FRANCE. 1798–1800. Opposing the prowar Federalist faction, Adams sought peace while having Congress act, 27 Mar.–17 July, 1798, to bolster American defenses. He appointed Benjamin Stoddert, 21 May, secretary of the new, 3 May, Navy Department and made Washington, 2 July, army commander. A 2-year undeclared naval war followed Congress' abrogation of the alliance treaties with France, 7 July, 1798.

ALIEN AND SEDITION ACTS. As relations with France worsened, the Alien and Sedition Acts were passed by the Federalists. The Naturalization Act, 18 June, 1798, raised the residency requirement to 14 years (repealed in 1802). The Alien Act, 25 June, authorized deportation of aliens suspected of treasonous activities (expired in 1802). The Alien Enemies Act, 6 July, authorized the banishment in wartime of subjects of enemy powers. The Sedition Act, 14 July, prohibited unlawful combinations to prevent execution of federal laws and false and malicious publications about the government (expired 3 Mar., 1801). All 10 persons convicted under the Sedition Act were Republican publicists, including James Thomas Callender and Matthew Lyon. Republican President Jefferson subsequently pardoned all, and Congress repaid their fines with interest.

KENTUCKY AND VIRGINIA RESOLUTIONS. These resolutions advocated the compact theory of government and denounced the Alien and Sedition Acts as unconstitutional. The Kentucky legislature's resolves, framed by Jefferson, claimed, 16 Nov., 1798, that each state could identify and redress federal usurpations of undelegated powers. Madison's Virginia declaration urged, 24 Dec., states to resist unconstitutional measures. When Northerners proclaimed the Supreme Court as arbiter of constitutionality, further Kentucky resolutions, 22 Nov., 1799, advocated state nullification of unconstitutional enactments.

FRIES' REBELLION. Feb. 1799. John Fries, opponent of the direct federal tax on property, raised a rebellion in Pennsylvania and was sentenced to death for treason, but pardoned by Adams.

On 14 Dec., 1799, George Washington died at Mt. Vernon.

1800–1801

CONVENTION OF 1800. When Talleyrand promised to receive respectfully a U.S. minister, Adams nominated, 18 Feb., 1799, William Vans Murray, who, with Oliver Ellsworth and William R. Davie, negotiated the Convention of 1800 (Treaty of Morfontaine, 30 Sept., 1800) releasing America from its French alliance. Discovering intrigue, Adams ousted prowar Hamiltonians from the cabinet. He requested McHenry's resignation, 6 May, 1800, and appointed John Marshall, 13 May, to replace the dismissed, 12 May, Pickering.

PRESIDENTIAL ELECTION. Federalists Adams and Charles C. Pinckney (S.C.) and Republicans Jefferson and Aaron Burr (1756–1836) (N.Y.) ran for President and Vice-President, 3 Dec., 1800. The Alien and Sedition Acts and British impressment tactics were key issues. Jefferson and Burr each obtained 73 electoral votes. The House, influenced by Hamilton, elected Jefferson President, 17 Feb., 1801. The 12th amendment (ratified 25 Sept., 1804) separated the balloting for President and Vice-President. Jefferson's conciliatory inaugural address, 4 Mar., 1801, stressed the need for limited government, states' rights, civil liberties, and peace. Innovating, he wrote his annual message (8 Dec.) instead of addressing Congress.

1802

JUDICIARY ACT. On 8 Mar. the Judiciary Act of 27 Feb., 1801, was repealed, and a Republican Judiciary Act, 29 Apr., 1802, again reorganized the courts.

FINANCIAL POLICY. Jefferson's policy of cutting taxes and spending reduced the national debt from $83 m. to $57 m. between 1802 and 1809.

1803

MARBURY v. MADISON. 24 Feb. Refusing William Marbury's request for a writ of mandamus against Madison, Chief Justice John Marshall (appointed 20 Jan., 1801), establishing a precedent, declared unconstitutional Congress's empowering, 1789, of the Supreme Court to issue such writs.

LOUISIANA PURCHASE. Napoleon's secret acquisition of Louisiana from Spain by the Treaty of San Ildefonso, 1 Oct., 1800, threatened American security and commerce. When Spain temporarily suspended, 16 Oct., 1802–19 Apr., 1803, the right of deposit at New Orleans, Jefferson sent James Monroe (1758–1831) 12 Jan., 1803, to Paris to help Robert R. Livingston negotiate an agreement on the use of the Mississippi. Napoleon, seeking funds for an impending war with Britain, had Talleyrand offer, 11 Apr., all Louisiana to the American negotiators, who, although authorized only to pay $10 m.

for New Orleans and West Florida, purchased the 820,000 sq. mi. between the Mississippi and the Rockies for $15 m., 2 May. For once Jefferson broadly interpreted the Constitution, which did not explicitly authorize acquiring foreign territory, and the Senate approved, 20 Oct.

LEWIS AND CLARK EXPEDITION. Meriwether Lewis (1774–1809) and William Clark (1770–1838) stimulated western settlement and commerce by their overland trek to the Pacific, 31 Aug., 1803–7 Nov., 1805, and return to St. Louis, 23 Sept., 1806.

1804

BURR-HAMILTON DUEL. Burr killed Hamilton in a duel, 11 July, after the latter's comments, 16 Feb., helped defeat him in the New York gubernatorial election, 25 Apr.

PRESIDENTIAL ELECTION. 5 Dec. Jefferson won re-election over Charles Cotesworth Pinckney, and Republican George Clinton defeated Rufus King for Vice-President.

1805–6

COMMERCE AND NEUTRAL RIGHTS. Britain's sea power enabled her to impress American seamen and seize neutral shipping trading with her enemy France. British Justice William Scott's "continuous voyage" decision in the *Essex* case, 23 July, 1805, reversed the "broken voyage" doctrine of the *Polly* case, 1800, which permitted American vessels to carry goods from the French West Indies to France provided they 1st passed through U.S. customs. Congress retaliated with the Nicholson Non-Importation Act, 18 Apr., 1806 (effective 15 Nov.), which Jefferson suspended from 19 Dec., 1806, to 22 Dec., 1808. Britain, 16 May, and France (Berlin Decree) 21 Nov., declared each other's European dominions blockaded.

MONROE-PINKNEY TREATY. 31 Dec., 1806. Monroe and William Pinkney, in London negotiations with Lord Holland, 27 Aug., obtained such an unfavorable agreement from the British on maritime policies that Jefferson dared not submit it for ratification.

ECONOMIC WARFARE. Britain forbade European coastal trade with France, 7 Jan., and required ships trading with the Continent to pass 1st through a British port, 11 Nov. Napoleon's Milan Decree, 17 Dec., ordered seizure of any ships complying with Britain's orders.

BURR'S "CONSPIRACY." 19 Feb.–1 Sept. Burr's "conspiracy" either to separate treasonously the western states from the U.S. or to conquer Spanish territory was betrayed by his associate Gen. James Wilkinson (1757–1825) to Jefferson, who forbade anti-Spanish actions, 27 Nov., 1806. Burr, leading an expedition southwest from his accomplice Harman Blennerhassett's island in the Ohio, then fled. Captured in Alabama, 19 Feb., 1807, and indicted for treason, 24 June, Burr was acquitted in Richmond's Circuit Court by Marshall, who clarified America's treason law.

1807–9

"CHESAPEAKE"-"LEOPARD" AFFAIR. 22 June, 1807. Relations with Britain deteriorated sharply when fire from the *Leopard* caused 21 American casualties on the *Chesapeake,* whose commander had refused to surrender 4 alleged British deserters.

EMBARGO. Hoping to influence the belligerents by economic measures, Jefferson obtained an imprudent Embargo Act, 22 Dec., 1807, forbidding American vessels to leave for foreign ports. Britain received necessary supplies from South America and profited from the decline of the American carrying trade, while France, under the Bayonne Decree, 17 Apr., 1808, seized $10 m. in U.S. goods and ships. The Enforcement Act, 9 Jan., 1809, intended to counter increased smuggling, intensified the opposition of New England Federalists, eastern Republicans, and John Randolph's (Va.) dissident "Quids." Men like Governor Jonathan Trumbull (Conn., 23 Feb., 1809) and Timothy Pickering advocated nullification, but Federalist Massachusetts District Judge Davis upheld the embargo. Jefferson's Non-Intercourse Act, 1 Mar., reopened trade with all nations except England and France. Madison rescinded, 9 Aug., an order of 19 Apr. resuming trade with Britain when Foreign Secretary Canning disavowed British Minister Erskine's promise of repeal of the orders in council of 1807 which applied to the U.S.

SLAVE-TRADE PROHIBITION. The African slave trade was prohibited by Congress, 2 Mar., 1807, effective 1 Jan., 1808.

ELECTION. 7 Dec., 1808. James Madison defeated Federalist Charles Cotesworth Pinckney and anti-embargo eastern Republican George Clinton for the Presidency. Clinton defeated Rufus King for the Vice-Presidency.

1810

MACON'S BILL NO. 2. 1 May. This bill authorized a resumption of trade with England and France, stipulating that if either belligerent ameliorated its maritime policy before 3 Mar., 1811, the President could institute nonintercourse against the recalcitrant nation.

FRENCH ATTACKS ON U.S. TRADE. Napoleon decided, 5 Aug., to offer revocation of the Berlin and Milan decrees provided the U.S. declare nonintercourse with Britain. Foreign Minister Duc de Cadore informed the American Minister John Armstrong that the decrees had been suspended. Madison reopened trade with France, 2 Nov., and Congress sanctioned nonintercourse against Britain, 2 Mar., 1811. America's next minister to France, Joel Barlow, discovered that Napoleon had in fact not ceased his attacks on American commerce.

ANNEXATION OF WEST FLORIDA. 27 Oct. The annexation was announced by Madison after southern expansionists established an independent state, 26 Sept. Congress incorporated the region into the Mississippi Territory, 14 May, 1812, and the Peace of Ghent confirmed U.S. possession, 1814.

FLETCHER v. PECK. Marshall voided as a contract violation the Georgia legislature's rescinding, 1796, of its predecessor's fraudulent $500,000 sale to legislators and others of 35 m. acres in the Yazoo River area of Mississippi and Alabama.

1811

END OF 1ST BANK OF U.S. 4 Mar. Despite Treasury Secretary Gallatin's pleas, conservative "Old Republicans," Anglophobes upset by heavy English investment in the bank, and supporters of state banks defeated the rechartering of the U.S. Bank. In the House, 24 Jan., Clinton cast the deciding Senate vote against recharter, 20 Feb.

TECUMSEH. 31 July–8 Nov. Shawnee Chief Tecumseh's (1768?–1813) attempts to organize the Indians against white encroachment prompted fearful frontiersmen to request protection, 31 July. Leaving Vincennes, 26 Sept., Indiana Territorial Governor Gen. William H. Harrison (1773–1841) earned a costly victory at the Battle of Tippecanoe, 7 Nov., and razed the Indian capital, 8 Nov. British assistance to Tecumseh heightened animosity toward Britain.

"WAR HAWKS." 4 Nov. Americans elected several bellicose Republicans to the 12th Congress. Mostly Southerners and Westerners, they included Speaker Henry Clay (1777–1852) (Ky.) and Foreign Relations Committeemen John C. Calhoun (1782–1850) (S.C.), Felix Grundy (Tenn.), and Peter Porter (N.Y.). Dubbed "war hawks" by John Randolph, they were extremely conscious of the national honor and desired expansion toward Canada and the West. No "war hawk" himself, President Madison eventually supported their program.

1812

OUTBREAK OF THE WAR OF 1812. A 90-day general embargo became law, 4 Apr., and Congress authorized the President, 10 Apr., to call up 100,000 militia. When Foreign Secretary Lord Castlereagh reasserted Britain's refusal to withdraw her orders in council, Madison, claiming France had canceled the Berlin and Milan Decrees, drafted a war message.

Too late, 16 June, Britain terminated the orders. On 18 June Congress declared war on Britain, with maritime New England, New York, New Jersey, and Delaware dissenting. Madison's message, 1 June, mentioned impressment and violations of neutral rights as causes.

A 3-pronged drive against Canada, the main U.S. objective, fared badly. Gen. William Hull entered Canada, 12 July, but returned to Detroit, 8 Aug., and, fearing an Indian massacre of noncombatants, surrendered it to Gen. Brock, 16 Aug. Gen. Stephen Van Rensselaer's men occupying Queenstown Heights, 13 Oct., were crushed when New York militia refused to enter Canada to reinforce them. Gen. Henry Dearborn's attack from Plattsburg also collapsed, 19 Nov., when militiamen refused co-operation. The victories at sea, however, of the *Constitution,* 19 Aug., and *United States,* 25 Oct., over the *Guerrière* and *Macedonian* bolstered American morale.

ELECTION. 2 Dec. Madison was reelected President over the Federalist candidate, antiwar Republican De Witt Clinton (N.Y.). Elbridge Gerry became Vice-President.

1813

BRITISH BLOCKADE. The British navy closed American ports by 1814 and harassed the seaboard. Although domestic manufacturing increased, the nation suffered severe economic hardships. The capture of 825 vessels by American privateers, 1814, had little retaliatory effect. On 1 June, Capt. P. V. B. Broke's *Shannon* captured Capt. James Lawrence's U.S. frigate *Chesapeake* near Boston.

LAKE ERIE. Gen. Harrison was commissioned, 17 Sept., 1812, to free Detroit, but British control of Lake Erie frustrated his efforts, 1813. In a bloody battle, 10 Sept., Capt. Oliver Perry's 10 vessels (55 guns) defeated Capt. Robert H. Barclay's 65-gun squadron, clearing the British from Lake Erie. His flagship *Lawrence* destroyed, Perry reported, "We have met the enemy and they are ours."

BATTLE OF THE THAMES. 5 Oct. Harrison defeated Gen. Henry A. Proctor's men, who had fled Detroit. Tecumseh's death in this engagement ended the Indian menace.

ATTACK ON CANADA. Dearborn's troops raided, 27 Apr., York (Toronto), burned public buildings, and returned to Niagara, 8 May. Col. Winfield Scott (1786–1866) forced the British to abandon Fort George, 27 May, but Gen. Vincent defeated him at Stony Creek, 6 June.

Although War Secretary John Armstrong ordered him to assist Gen. Wilkinson in an attack on Montreal, Gen. Wade Hampton returned to Plattsburg after nearing Canada, 19 Sept. Learning this, Wilkinson, defeated near Chrysler's Farm, 11 Nov., established winter quarters, 13 Nov. Capturing Fts. George and Niagara, 18 Dec., the British burned Buffalo and Black Rock, 29–30 Dec.

PEACE PROPOSALS. 4 Nov. Castlereagh, rejecting Russian mediation, suggested direct peace talks. The Senate authorized J. Q. Adams, J. A. Bayard, Jonathan Russell, Clay, 18 Jan., 1814, and Gallatin, 8 Feb., to negotiate with Lord Gambier, Goulburn, and W. Adams.

1814

WAR EMBARGO. Madison obtained a war embargo, 17 Dec., 1813, to interdict New York and New England trade with the enemy. Recognizing their small value, Madison, 14 Apr., ended commercial restrictions.

CREEK WAR. War against the Creek Indians began with the Fort Mims (Ala.) massacre, 30 Aug., 1813. At Horseshoe Bend, 27 Mar., 1814, Gen. Andrew Jackson (1767–1845) subdued the Creeks, who signed the Treaty of Fort Jackson, 9 Aug. Harrison's Treaty of Greenville, 22 July, pacified the northwestern Indians.

NORTHERN CAMPAIGN. Following a military reorganization, Jan.–Feb., Gens. Jacob Brown and Winfield Scott, responsible for the Niagara sector, seized Fort Erie, 3 July. Scott crushed Gen. Sir Phineas Riall at Chippewa Plain, 5 July, and Brown fought Riall and Gen. Gordon Drummond to a draw at Lundy's Lane, 25 July. Lacking naval support from Commodore Chauncey, U.S. troops returned to Fort Erie and drove off Drummond's besiegers, 21 Sept. Erie's evacuation, 5 Nov., ended the drive on Canada.

Sir George Prevost drove south from Canada and halted below Plattsburg, 6 Sept., to await Capt. George Downie's supporting vessels. Capt. Thomas Macdonough destroyed Downie's fleet, 11 Sept., in the Battle of Lake Champlain, forcing Prevost to withdraw to Canada.

WASHINGTON AND BALTIMORE. 19–22 Aug. Sir Alexander Cochrane landed, 19 Aug., Gen. Robert Ross's 4,000 British veterans at Benedict on the Patuxent River. Ross routed Gen. William Winder at Bladensburg, 24 Aug., and proceeded to Washington, where the White House, Capitol, and other buildings were burned, 24–25 Aug., to avenge York. Madison, replacing Secretary of War Armstrong with Monroe, re-entered Washington, 27 Aug., after the British had embarked for Baltimore. There stout defenses stood off British attacks, 12–14 Sept., and the British sailed for Jamaica, 14 Oct.

NEW ORLEANS. When the British fleet with Sir Edward Packenham's troops approached New Orleans from Jamaica, Jackson hastened, 15 Dec., there from Baton Rouge. Fighting, 8 Jan., 1815, 2 weeks after the peace treaty, Jackson's men, suffering 21 casualties, inflicted 2,036 on the enemy, who re-embarked, 27 Jan.

PEACE OF GHENT. 24 Dec. The treaty ending the War of 1812 provided for a return to the *status quo* except that the U.S. retained West Florida taken from Spain. The numerous maritime issues which generated the conflict were not mentioned. The Senate ratified the treaty on 15 Feb., 1815.

NATIONALISM, SECTIONALISM, AND EXPANSIONISM

1815

MILITARY ESTABLISHMENT. On 27 Feb. Congress ordered the navy's gunboats sold and Great Lakes vessels decommissioned. The House, 3 Mar., limited the army to 10,000 men.

NORTH AFRICA TREATIES. 3 Mar.–5 Aug. Stephen Decatur's (1779–1820) fleet, commissioned by Congress, 3 Mar., to stop the Barbary pirates' seizures of American ships and seamen, successfully exacted treaties from Algiers, 30 June; Tunis, 26 July; and Tripoli, 5 Aug.

1816

2ND BANK OF U.S. 10 Apr. Wartime monetary chaos prompted Treasury Secretary Alexander Dallas to request a national bank with a $50 m. capitalization under which the President could suspend specie payments. Madison, who approved such a bank in his annual message, 5 Dec., 1815, vetoed an unsatisfactory congressional version, 20 Jan. Calhoun, with the support of Clay, who saw the bank as a fiscal necessity, proposed, 8 Jan., an institution like that desired by Dallas. Although Daniel Webster (1782–1852) (Mass.) opposed it, the national bank was established, 10 Apr., and opened 1 Jan., 1817. The government subscribed 1/5 of its $35 m. capitalization and appointed 5 of its 25 directors. Langdon Cheves, 1819, and Nicholas Biddle (1786–1844), 1822, succeeded in turn the incompetent 1st president, William Jones.

PRESIDENTIAL ELECTION. 4 Dec. Republican James Monroe (Va., 183 votes) crushed Federalist Rufus King (N.Y., 34 votes). Republican Daniel D. Tompkins (N.Y.) became Vice-President.

1817

BONUS BILL VETO. 3 Mar. Arguing from the Constitution's "general welfare" clause, Calhoun proposed, 4 Feb., that the government devote the $1.5 m. bonus paid by the 2nd U.S. Bank for its charter privileges and any dividends from the institution's stock to internal improvements to promote unity and security. Madison advocated such measures in his annual message, 3 Dec., 1816, but felt they required a constitutional amendment and therefore vetoed the bill, 3 Mar.

"ERA OF GOOD FEELINGS." This phrase, coined by Boston's *Columbian*

Centinel, 12 July, has inaccurately described Monroe's presidency, which was really a period of sharp factional politics and social change.

RUSH-BAGOT AGREEMENT. 28–29 Apr. Acting Secretary of State Richard Rush and British Minister to America Charles Bagot completed an agreement conceived by Madison and Castlereagh to limit the naval force their nations could deploy on waterways between the U.S. and Canada.

1818

SEMINOLE WAR. When conflict ensued with Indians and runaway Negroes after Americans had destroyed their refuge at Fort Apalachicola, Spanish Florida, on 27 July, 1816, Andrew Jackson proposed seizing Florida to Monroe ("Rhea Letter," 6 Jan.). Without administration authorization, he captured St. Marks, 7 Apr., and Pensacola, 24 May, and executed Arbuthnot and Ambrister, Englishmen accused of aiding the enemy. The popular general escaped punishment despite denunciations by the House, 12 Jan., 1819; Senate, 24 Feb., 1819; and cabinet, except for Secretary of State John Quincy Adams (1767–1848). Asserting that the U.S. acted in self-defense, Adams advised Spain to control Florida or cede it to America.

CONVENTION OF 1818. 20 Oct. This agreement established the 49th parallel as the northern U.S. boundary from Lake of the Woods to the Rockies, leaving unsettled the demarcation line west of the mountains.

1819

PANIC OF 1819. Financial panic, caused by inflation, speculation, and credit contraction due to Congress' demand, 1817, for specie payment resumption, resulted in debtor relief legislation and aroused resentment against the mismanaged National Bank.

ADAMS-ONÍS TREATY. Adams concluded a treaty (ratified 24 Feb.) with Spanish Minister Luis de Onís by which the U.S. surrendered its Texas claims, and Spain East Florida and its claims to the Pacific Northwest. Final exchange of ratifications occurred 22 Feb., 1821.

DARTMOUTH COLLEGE CASE. 2 Feb. When the state court upheld the New Hampshire legislature's alteration, 1816, of Dartmouth College's 1769 charter, the trustees, with Webster as counsel, appealed to the Supreme Court. Marshall found for Dartmouth, stating that a private institution's charter was an inviolable contract under the Constitution.

M'CULLOCH v. MARYLAND. 6 Mar. Marshall upheld the constitutionality of the Bank of the U.S. and declared unconstitutional any state taxes on the bank.

1820

MISSOURI COMPROMISE. 3 Mar. The populous 11 free states controlled the House while the 11 southern slave states protected their interests with their equal Senate vote. The question of the admission of Missouri to the Union threatened this balance. The Senate rejected, 27 Feb., 1819, Representative James Tallmadge's (N.Y.) proposal, 13 Feb., prohibiting the introduction of more slaves into Missouri and providing that the children born of slaves in the state after its admission should become free at age 25. When Congress next met, the Senate accepted, 17 Feb., 1820, Jesse B. Thomas' (Ill.) amendment to admit Missouri with slavery while banning the institution in the Louisiana Purchase north of Arkansas's northern boundary (36° 30′), and agreed to admit Maine as a free state, 18 Feb. Although it balked at first, the House enacted, 3 Mar., the compromise's provisions. Maine achieved statehood 15 Mar.

Antislavery congressmen disliked the Missouri Constitution's banning of free Negroes and mulattoes, 19 July. Clay's "2nd Missouri Compromise," 2 Mar., 1821, forbade Missouri's admission until its legislature guaranteed individual rights. Missouri agreed, 26 June, and became a state, 10 Aug.

SLAVE TRADE. On 15 May engaging in the African slave trade was declared piracy, and Americans importing slaves became subject to the death penalty.

1821

NEW YORK'S CONSTITUTIONAL CONVENTION. 28 Aug.–10 Nov. Despite objections by conservatives like Chancellor James Kent, the New York Constitutional Convention abolished property requirements for voting.

1822

CUMBERLAND ROAD BILL. This bill, which authorized road repairs and tolls, was vetoed by Monroe, 4 May, who believed an internal-improvement program required constitutional reform.

LATIN AMERICA. The House readily supported, 28 Mar., Monroe's proposal, 8 Mar., to recognize newly independent Spanish American republics, as Clay had proposed, 1818 and 1821. Recognition was quickly granted to Colombia, 19 June; Mexico, 12 Dec.; and other nations.

1823

RUSSIAN TERRITORIAL CLAIMS. After Adams had stated, 17 July, that the continent was closed to further European colonization, Russia, which claimed, 4 Sept., 1821, American territory south to 51°, agreed, 17 Apr., 1824, to a 54° 40′ boundary.

MONROE DOCTRINE. 2 Dec. When France, a member of the Quadruple Alliance, which had promised to restore Fernando VII of Spain to full authority (Congress of Verona, Nov. 1822), refused to renounce territorial ambitions in Latin America, Britain felt concern for her commercial interests. Foreign Secretary Canning proposed joint Anglo-U.S. opposition to any allied intervention in Spanish America to the American Minister Richard Rush, who informed Washington. Jefferson and Madison advised Monroe to co-operate with Britain, but Adams, skeptical of British motives, preferred that the U.S. act alone. British interest waned when France renounced (Polignac Agreement, 9 Oct.) all intentions to conquer or annex Spanish-American colonies, and Monroe followed Adams' advice. In his annual message, 2 Dec., Monroe declared that while the U.S. would not interfere with existing European colonies in America, it would view any further colonization attempts as a threat. Lacking the force of international law, the Monroe Doctrine received little contemporary attention, but later played a central role in shaping U.S. policy.

1824

"THE AMERICAN SYSTEM." 30–31 Mar. Clay proposed protective tariffs and internal improvements (the "American System") to make the U.S. more self-sufficient. Congress passed the General Survey Bill, 30 Apr., making possible surveys and estimates of roads and canals necessary for the national interest.

PRESIDENTIAL CAMPAIGN. The Tennessee legislature, 20 July, 1822, nominated Andrew Jackson; Kentucky named Clay, 18 Nov., 1822; and a Boston meeting selected J. Q. Adams, 15 Feb. Crawford, nominated by a congressional caucus of only 66 of 216 Republicans, was eliminated by a heart attack. "King Caucus" and the "American System" were important issues.

ELECTION. 1 Dec. Calhoun became Vice-President, but the House had to elect the President as Jackson received only a plurality (99) of the electoral votes. Supported by Clay, Adams won, 25 Feb., 1825. Jacksonian charges of a "corrupt bargain" gained credence when Clay became secretary of state.

1825

CIVIL SERVICE. Adams' refusal to oust incumbents from patronage jobs decreased his political leverage. Furthermore, these appointees often opposed his policies.

OPPOSITION. Adams' annual message, 6 Dec., supporting an extensive American System outraged states'-righters. Calhoun filled important Senate posts with anti-administration men, but Adams' New

England–West coalition retained the initiative over the divided Southerners.

1826

PANAMA DEBATE. When Adams nominated 2 delegates, 26 Dec., 1825, to attend a Panama Congress of Latin American nations in 1826 as consultants, Calhoun and Sen. Martin Van Buren (1782–1862) of New York attacked him for accepting the invitation from Colombia and Mexico without Senate approval, and argued that attendance would compromise U.S. sovereignty. The Senate nevertheless sanctioned the mission, but delegate Richard C. Anderson died en route, 24 July, and John Sargeant failed to arrive in time.

1827

CHANGES IN THE FRANCHISE. Democracy expanded as property, taxpaying, and religious qualifications for voting disappeared. The number of elective offices increased, and by 1828 the people rather than the legislatures chose presidential electors in all states except South Carolina and Delaware.

TARIFF DISPUTE. Calhoun's vote in the Senate defeated a bill (introduced 10 Jan.) seeking prohibitive duties on woolen goods to protect northeastern textile interests. The agricultural South opposed tariffs which raised the cost of manufactured items.

1828–29

TARIFF OF ABOMINATIONS. 19 May, 1828. Jacksonians, confident of southern loyalty to their leader, proposed, 31 Jan., a tariff which levied high duties on iron, hemp, and raw materials while neglecting woolens. They hoped New England, Adams' power base, would defeat the measure and alienate the vital Middle States. However, the bill, which accepted the protective principle, passed with New England support. Jacksonians of the western and Middle States voted for the tariff, thus depriving Adams of a party issue. South Carolina protested the tariff, 19 Dec., and Calhoun, now a sectionalist, anonymously issued his *South Carolina Exposition and Protest* advocating nullification.

ELECTION OF JACKSON. Andrew Jackson, the frontier military hero, and Calhoun became the "democratic" candidates in a bitter personal contest against Adams and Richard Rush (Pa.), nominees of the "National Republicans." On 3 Dec. Jackson (178 votes) defeated Adams (83). Van Buren's "Albany Regency" won New York for Jackson. Calhoun remained Vice-President. Jackson's inaugural address, 4 Mar., 1829, pledged economy and states' rights. A group of his political friends (the "Kitchen Cabinet") advised Jackson until he organized a regular cabinet in 1831. Jackson increased significantly the use of patronage for party purposes (the "Spoils System"), but did not make wholesale political removals.

1830

WEBSTER-HAYNE DEBATE. 19–27 Jan. When Sen. Robert Y. Hayne (S.C.) attacked federal power, 19 Jan., Daniel Webster denounced southern indifference toward the Union. Hayne advocated nullification, 21, 25 Jan., but Webster defended the sovereignty of the national government and of the Constitution as interpreted by the courts, eloquently praising "Liberty *and* Union, now and forever, one and inseparable," 26, 27 Jan. Webster denied, 27 Jan., Hayne's contention that the Constitution was a compact between the states.

MAYSVILLE ROAD VETO. 27 May. Jackson, who doubted the constitutionality of federal internal improvements, vetoed a bill subscribing $150,000 to build the 60-mi. Maysville Road, lying entirely within the borders of Kentucky.

1831

JACKSONIAN DIPLOMACY. Jackson announced, 5 Oct., 1830, that the U.S. and Britain had agreed to reopen the West Indian trade (closed, 1826–1827). William C. Rives negotiated a treaty, 4 July, whereby France agreed to pay 25 m. francs in compensation for Napoleonic naval depredations, and the U.S. 1.5 m. francs for commercial violations of the Louisiana Treaty. After some difficulties, France began payments by May 1836.

ANTI-MASONIC PARTY. America's first 3rd party, the Anti-Masonic Party, emerged after revelations, 1827–31, that almost all New York officeholders and Jackson belonged to the secret Order of Freemasons.

ABOLITIONISM. William Lloyd Garrison (1805–79) began publishing *The Liberator,* 1 Jan., and founded the New England Antislavery Society, 1831, and the American Antislavery Society, 1833. He opposed political action and desired to end the union with the slaveholding states. Theodore Weld of Oberlin College (Ohio) and philanthropists Arthur and Lewis Tappan established the American and Foreign Antislavery Society, which broke with Garrison, 1840.

1832

INDIAN POLICY. Jackson refused to enforce Marshall's decision (*Worcester* v. *Georgia,* 3 Mar.) voiding a Georgia law requiring whites who settled land reserved by treaties for the Cherokee to swear allegiance to the state. He preferred to move Indians to areas west of the Mississippi. The Creeks, Choctaw, and Chickasaw moved, and the Cherokee submitted, 29 Dec., 1835. The Black Hawk, Apr.–Aug., and 2nd Seminole, Nov. 1835–Aug. 1843, wars resulted when some tribes balked.

NULLIFICATION. The protective nature of the lower 1832 tariff enabled a convention of South Carolina extremists, 24 Nov., to nullify the act. Jackson's "Proclamation to the People of South Carolina," 10 Dec., drafted by Secretary of State Livingston, asserted federal sovereignty and denounced the state's threatened secession as treason. Jackson requested, 16 Jan., 1833, authorization to use force to collect the revenue, and Calhoun, who resigned as Vice-President, 28 Dec., to enter the Senate, opposed it unsuccessfully. Jackson signed the Force Bill, 3 Mar., and a compromise tariff introduced by Clay, 13 Feb. South Carolina ended the controversy by rescinding its nullification order, 15 Mar., but nullified the Force Bill, 18 Mar., to save face.

BANK VETO. 10 July. The effective U.S. Bank was disliked by debtors, state bankers, and states'-righters. When Jacksonian Sen. Thomas Hart Benton (Mo.) attacked the Bank, Feb. 1831, Clay advised President Biddle immediately to request a renewal of the charter due to expire in 1836. Arguing that the Supreme Court's position on the Bank's constitutionality did not bind the President, Jackson acted to strike against monopoly by vetoing recharter, 10 July.

PRESIDENTIAL ELECTION. The Anti-Masons nominated, 26 Sept., 1831, William Wirt (Md.) and Amos Ellmaker (Pa.); the National Republicans, 12 Dec., 1831, Clay and John Sergeant (Pa.); and the Democrats, 21–22 May, Jackson and Van Buren. The Bank was the overriding issue. On 5 Dec., 1832, Jackson was reelected (219 votes) over Clay (149) and Wirt (7). Van Buren became Vice-President.

JACKSON'S ATTACK ON THE BANK. Removal of the Bank's deposits became Jackson's goal. He appointed Attorney General Roger B. Taney secretary of the treasury, 23 Sept., replacing William Duane, who opposed removal. Taney announced, 26 Sept., that the government would cease deposits 1 Oct., and began placing the public funds in "pet" state banks. Jackson defended himself, 3 Dec., claiming that the Bank engaged in politics. Biddle had actively supported Clay in 1832 and was tightening credit to bring the administration to terms. The Senate adopted, 28 Mar., 1834, Clay's resolution of 26 Dec., 1833, censuring Jackson, and Benton's efforts to expunge it were unavailing until 16 Jan., 1837.

The Deposit Act, 23 June, 1836, required that a deposit bank be designated in each state, and distributed the $5 m. surplus among the states.

1834

WHIG PARTY. Led by Clay and Webster, the Whigs were an anti-Jackson coalition of National Republicans, pro-Bank former Democrats, and Anti-Masons. Many of Calhoun's nullifiers also joined.

1835

ABOLITIONIST MOVEMENT. Abolitionist propaganda prompted southern states to expel antislavery editors. Postmaster General Kendall condoned southern interception of antislavery propaganda, and Jackson advocated, 2 Dec., banning it from the mails. The Senate rejected Calhoun's bill authorizing postmasters to seize publications illegal in their states.

LOCO-FOCOS. 29 Oct. Successors of the New York Workingman's Party, the Loco-Focos nominated a primary slate. These radical urban Jacksonians opposed monopoly and privilege, and favored hard money, popular elections, free trade, and strict construction.

1836

TEXAS. Stephen F. Austin (1793–1836), carrying out his father Moses' plan, began American settlement in Texas, Aug. 1821. The Federal Republic of Mexico, which incorporated Texas as a state, 7 May, 1824, encouraged colonization, 24 Mar., 1825, but later outlawed slavery and further American settlement, 8 Apr., 1830. Relations worsened with Santa Anna's Centralist Party, and conventions of Texans renounced Mexican sovereignty, Oct.–Nov. 1835, and declared independence, 2 Mar. Santa Anna slaughtered 187 Texans under William B. Travis at the Alamo in San Antonio, 23 Feb.–6 Mar. Sam Houston (1793–1863) defeated and captured Santa Anna at San Jacinto, 21 Apr., and became president of the Texas Republic, 22 Oct. Congress rejected, 25 Aug., 1837, Texas' annexation request, 4 Aug., 1837.

SPECIE CIRCULAR. 11 July. On Jackson's order the Specie Circular was issued to arrest the inflation and land speculation sparked by excessive use of paper money. Requiring that gold or silver be used for purchasing public lands, it strained the pet depositories and undermined confidence in the state banks. Jackson pocket-vetoed, Mar. 1837, a measure rescinding the Circular, but repeal came by joint resolution, 21 May, 1838.

PRESIDENTIAL ELECTION. The Democrats nominated, 20 May, 1835, Van Buren and Richard M. Johnson (Ky.). Hoping to throw the election into the House, the opposition ran sectional favorites Webster, Harrison (Ohio), and Hugh L. White (Tenn.). On 7 Dec. Van Buren was elected (170 votes). No vice-presidential candidate having a majority, the Senate elected Johnson, 8 Feb., 1837.

1837

PANIC OF 1837. Reckless speculation caused New York banks and others to cease specie payments, 10 May. Cotton prices and land sales fell precipitously. Van Buren advocated, 5 Sept., specie currency and Treasury depositories independent of state banks.

ABOLITIONIST CONTROVERSY. Abolitionist petitions, 1836, against slavery in the District of Columbia inflamed southern congressmen. The Senate received the petitions, but automatically rejected them. The right of petition was ardently defended by former President J. Q. Adams, now a representative from Massachusetts. Henry L. Pinckney's (S.C.) special House committee recommended a "gag rule" (adopted 26 May, 1836) ordering antislavery memorials tabled. The House resolved it lacked jurisdiction over slavery in the states and declared interference with it in the capital inexpedient. The next session adopted, 19 Dec., a stricter gag rule after Representative William Slade (Vt.) presented more abolitionist petitions. Calhoun responded to Sen. Benjamin Swift's (Vt.) arguments against slavery extension, 19 Dec., by proposing, 27 Dec., 6 resolutions, several of which were adopted, including a confirmation of the compact theory of the Union and an attack on abolitionist efforts in Washington. Clay, seeking to dissociate the Whigs from the extremists, denounced abolitionism, 7 Feb., 1839. When Sen. Preston (S.C.) advised Clay that he might have antagonized northern Whigs, the Kentuckian retorted: "I had rather be right than President."

1838

U.S.–CANADIAN RELATIONS. Already existing tension between the U.S. and Canadian governments was aggravated by neutrality and border disputes. Canadians burned, 29 Dec., 1837, the *Caroline,* which American Anglophobes used to supply rebel William Lyon Mackenzie's post on the Niagara River's Navy Island, and both sides called up their militias. Gen. Winfield Scott arranged a truce, Mar. 1839, and no blood was shed in this "Aroostook War."

1840

INDEPENDENT TREASURY. 4 July. Clay and Webster opposed Van Buren's independent treasury plan, 5 Sept., 1837. The Senate approved it, 4 Oct., 1837, but the House rejected it, 25 June, 1838. Calhoun's supporters, opposing the Whigs' nationalism, rejoined the Democrats, and the subtreasury bill, requiring the government to take care of its own funds, passed the 26th Congress, 1840.

PRESIDENTIAL ELECTION. Rejecting the controversial Clay, the Whigs' Harrisburg Convention, 4 Dec., 1839, nominated William H. Harrison (Ohio), a popular military hero without political qualifications or enemies, for President and states' rights adherent John Tyler (1790–1862) for Vice-President. The Democrats renominated Van Buren, 5 May. In its use of slogans, emblems, and rallies, the 1840 campaign set the style of later presidential campaigns. The Whigs exploited a derisive remark in the Democrats' Baltimore *Republican,* 23 Mar., associating Harrison with log cabins and hard cider, to portray their candidate as a man of the people. On 2 Dec. Harrison was elected (234 votes) over Van Buren (60). Tyler became Vice-President. On 4 Apr., 1841, Harrison died of pneumonia, and the "old Republican" Tyler became the first Vice-President to succeed to the presidency.

1841

INDEPENDENT TREASURY ACT. On 13 Aug. the Whigs repealed the Independent Treasury Act, as Clay requested, 7 June, preliminary to establishing another national bank.

BANK VETOES. 16 Aug., 9 Sept. Tyler vetoed, 16 Aug., a Whig bill to establish a "Fiscal Bank of the U.S.," and also rejected, 9 Sept., a modified version which omitted his stipulation that the bank obtain permission from a state before establishing a branch there.

CABINET RESIGNATIONS. 11 Sept. Every cabinet member except Webster resigned to protest Tyler's bank vetoes. Frequent cabinet changes characterized Tyler's presidency. Calhoun's appointment as secretary of state, 6 Mar., 1844, replacing the deceased Abel Upshur, marked the ascendancy of the South in the Democratic Party.

1842

WEBSTER-ASHBURTON TREATY. 9 Aug. Negotiated by Webster and Sir Robert Peel's envoy, Alexander Baring, Lord Ashburton, this treaty gave the U.S. 7,000 of the 12,000-sq.-mi. disputed region between Maine and New Brunswick, navigation of the St. John's River, other boundary concessions, and an informal apology for the *Caroline* incident. The Senate ratified on 20 Aug.

DORR'S REBELLION. Rhode Island severely restricted the suffrage. Dissidents framed, Oct. 1841, a People's Constitution providing white manhood suffrage, and elected, 18 Apr., Thomas W. Dorr (1805–54) their governor. Having unsuccessfully attacked the state arsenal, 18 May, Dorr was sentenced to life imprisonment by Samuel W. King's legal government, 25 June, 1844, but received a pardon in 1845. A new constitution, Apr. 1843, liberalized the suffrage.

1843

NATIVISM. Anti-Catholicism and heavy Irish immigration prompted formation of the American Republican Party in New York, June, and Philadelphia, Apr. 1845, and a national Native American Party, July 1845. Often supporting Whigs, they opposed voting and office-holding privileges for Catholics and foreigners.

1844

OREGON DISPUTE. The Convention of 1818, renewed 6 Aug., 1827, provided for joint occupation west of the Rockies between 42° and 54° 40′ N. The U.S. based its claims partially on Capt. Robert Gray's discovery of the Columbia River, 1792, and the presence of American settlers in the Willamette Valley; Britain on voyages by Cook, 1778, Vancouver, 1792, and Mackenzie, 1793. Desiring the Columbia River area, Britain rejected U.S. offers to fix the boundary at 49°. Tension mounted as American settlers adopted a provisional government, 5 July, 1843, and petitioned Congress for territorial status.

TEXAS. When abolitionist forces prevented U.S. annexation of slaveholding Texas, President Mirabeau B. Lamar (1798–1859) led the republic along an independent course. The U.S., upset by Texas' close relations with Britain and France, told Texan Minister Isaac Van Zandt, 16 Oct., 1843, that it desired to reopen annexation discussions despite Santa Anna's bellicose warnings, 23 Aug., 1843. Sam Houston, president since Dec. 1841, fearing the loss of British support, held off until Secretary of State Upshur gave assurances, 16 Jan., of Senate acceptance of annexation. Houston accepted annexation provided the U.S. defend Texas against Mexican attack, and Secretary of State Calhoun signed the agreement, 12 Apr. Calhoun's note, 18 Apr., defending slavery and Tyler's remark, 22 Apr., that annexation would protect the institution impelled northern senators to reject the treaty, 8 June.

PRESIDENTIAL CAMPAIGN. Denouncing any extension of slavery, the Liberty Party nominated, 30 Aug., 1843, James G. Birney and Thomas Morris (Ohio). Silent on Texas, the Whigs selected Clay and Theodore Freylinghuysen (N.J.) on 1 May. The Democrats chose, 29 May, James K. Polk (1795–1849) (Tenn.), whom Jackson supported over Van Buren for President. George M. Dallas (Pa.) received the vice-presidential designation after antislavery Van Burenite Silas Wright declined it. Robert J. Walker (Miss.) formulated the platform, which demanded reoccupation of Oregon and reannexation of Texas. On 4 Dec. Polk was elected. Birney's incursions cost Clay New York and the election.

1845

ANNEXATION OF TEXAS. 1 Mar. Tyler requested, 2 Dec., 1844, the annexation of Texas by a joint resolution, which, unlike a treaty, required only a majority in both houses and the President's signature. The Senate, 27 Feb., and House, 28 Feb., complied, extending the 36° 30′ compromise line to include Texas, and offering her admission. Texans ratified, 13 Oct., a convention's acceptance, 4 July, and entered the Union, 29 Dec.

ANTIRENT WAR. 1839–46. Agrarian uprisings in New York like the "Helderberg War," 1839–40, resulted from dissatisfaction with perpetual leases. The introduction of fee-simple tenure under the 1846 constitution ameliorated the situation.

POLK DOCTRINE. 2 Dec. Reinforcing the Monroe Doctrine, the Polk Doctrine forbade European interference in the American continent's affairs, including U.S. annexations.

"MANIFEST DESTINY." This rallying cry for U.S. continental domination 1st appeared in John L. O'Sullivan's *United States Magazine and Democratic Review,* July–Aug.

BREAK WITH MEXICO. Mexico suspended relations with the U.S., 28 Mar., and prepared to resist annexation. Gen.

Zachary Taylor (1784–1850) was ordered into Texas, 15 June, and established a defensive position at the Nueces, 31 July, which the Mexicans claimed was the Texas boundary. Ordered forward by Washington, 13 Jan., 1846, Taylor arrived at the Rio Grande, 24 Mar., claimed by Texans as their border. Taylor rejected Gen. Pedro de Ampudia's demand, 12 Apr., that he withdraw to the Nueces.

SLIDELL MISSION. When Foreign Minister Manuel de Peña y Peña said, 15 Oct., that Mexico would negotiate the Texas boundary, Polk dispatched John Slidell with instructions, 10 Nov., to offer $5 m. for New Mexico and $25 m. for California in return for a Rio Grande settlement. Unfavorable public opinion forced President José J. Herrera to decline to receive Slidell, 16 Dec. Learning this, Washington ordered Taylor to the Rio Grande, 13 Jan., 1846. Gen. Mariano Paredes, who overthrew Herrera, 31 Dec., pledged to defend Mexican territory and refused to receive Slidell, 12 Mar., who then returned home.

1846

OREGON SETTLEMENT. 15 June. On 21 May, Polk gave the British the 1-year notice of termination of joint occupation of Oregon required by the renewed Convention of 1818. The U.S. refused to repeat its 49th-parallel compromise offer, but promised to resume negotiations if Britain took the initiative. When Lord Aberdeen, foreign secretary in the conciliatory Lord Russell ministry, submitted a draft treaty locating the border at 49°, Polk presented it to the Senate, 10 June, which ratified it, 15 June.

INDEPENDENT TREASURY ACT. This act, repealed in 1841, was repassed by the Democratic Congress on 6 Aug.

OUTBREAK OF MEXICAN WAR. Gen. Mariano Arista informed Taylor, 24 Apr., that he considered hostilities as having begun. When Mexican cavalry crossed the Rio Grande and attacked an American reconnaissance unit, 25 Apr., Taylor reported, 26 Apr., the start of hostilities.

Polk requested, 11 May, a declaration of war against Mexico, which he charged had "shed American blood on the American soil," and Congress complied, 13 May. Whig opposition to a military appropriation bill foreshadowed their increasing hostility to the administration.

COURSE OF THE WAR. While suffering very light losses, Taylor's 2,300 troops inflicted some 350 casualties on Arista's 6,000-man force at Palo Alto, 8 May, and over 700 at Resaca de la Palma, 9 May. The 36,000-man Mexican army was poorly equipped and commanded. Inadequate communications and sanitation hindered the 100,000 American soldiers, whose generals could not work harmoniously together or with the administration. Many future Civil War commanders, however (e.g., Grant and Lee), saw action. Stephen W. Kearny was ordered to occupy New Mexico and California, and Winfield Scott to attack Veracruz and seize Mexico City.

Santa Anna became president of Mexico on 6 Dec.

CALIFORNIA. Polk ordered, 17 Oct., 1845, American Consul Thomas O. Larkin secretly to encourage Californians to enter the Union. When American settlers under William B. Ide declared their independence, 14 June, Capt. John C. Frémont (1813–90), who received still mysterious instructions, 9 May, supported this "Bear Flag Revolt" and became leader of the California Republic, 5 July. Commodore Robert F. Stockton, replacing the ill John D. Sloat, who raised the flag at Monterey, 7 July, seized Los Angeles, annexed California, 17 Aug., and declared himself governor. However, José María Flores recaptured California south of San Luis Obispo, 22–30 Sept.

Reaching Las Vegas, 15 Aug., Kearny annexed New Mexico. He took Sante Fe, 18 Aug., and defeated, 6 Dec., Mexicans at San Pascual, Calif. Stockton and Kearny took Los Angeles, 10 Jan., 1847, and the remaining Mexicans capitulated by the Treaty of Cahuenga, 13 Jan., 1847.

WILMOT PROVISO. 8 Aug. David Wilmot (Pa.) proposed banning slavery from territory acquired from Mexico. The

House added, 15 Feb., 1847, the proviso to the "$3 m. Bill" appropriating money for negotiations with Mexico, but the Senate rejected it, 1 Mar., 1847. Attacking the Proviso, Calhoun asserted, 19 Feb., 1847, that Congress, the agent of the states, could not interfere with slavery or prevent slave states from sharing in U.S. territorial acquisitions.

MONTERREY. 25 Sept. Taylor began ascending the Rio Grande, 6 July, and proceeded to Monterrey. While Gen. William North captured, 21–22 Sept., Federation and Independence Hills, the western approaches, Taylor entered the city, 21 Sept. The Mexicans, who suffered 367 casualties against the Americans' 488, surrendered, 25 Sept.

1847

DONIPHAN'S EXPEDITION. Col. Alexander W. Doniphan left Santa Fe, Oct. 1846, and entered Chihuahua, 1 Mar., having lost 1 man while killing 300 at the Battle of the Sacramento, 28 Feb.

BATTLE OF BUENA VISTA. 22–23 Feb. Violating Scott's order, 3 Jan., to remain on the defensive, Taylor advanced to a position near Buena Vista, 21 Feb. His defeat of Santa Anna's 15,000 troops, who suffered 1,500 casualties, ended hostilities in northern Mexico.

VERACRUZ. 22–27 Mar. Gen. Scott arrived at Tampico, 18 Feb., to prepare the U.S. expedition against Veracruz. His 10,000 troops and Commo. Conner's fleet bombarded the city, 22 Mar., forcing the Mexicans to surrender, 27 Mar. American losses totaled 82; Mexican, c. 180.

INLAND CAMPAIGN. 18 Apr.–6 Sept. Driving inland, Scott's 9,000 troops defeated Santa Anna's 13,000 at Cerro Gordo, 18 Apr., capturing 204 officers and 2,837 men. Reinforced by Gen. Franklin Pierce (1804–69) at Puebla, 6 Aug., Scott inflicted over 7,000 Mexican casualties at Contreras and Churubusco, 19–20 Aug., and then granted an armistice, 24 Aug., to allow peace discussions. Chief State Department Clerk Nicholas P. Trist, dispatched by Polk, 15 Apr., negotiated unsuccessfully with a Mexican peace commission headed by ex-President Herrera, 27 Aug.–6 Sept.

MEXICO CITY. 8–14 Sept. Gen. Worth killed or wounded c. 2,000 Mexicans at the Battle of Molina del Rey, 8 Sept., and Gens. John A. Quitman and Gideon J. Pillow routed 5,000 at Chapultepec, 13 Sept. Scott entered the capital by night, 13–14 Sept. President Pedro María Anaya requested negotiations, 22 Nov., with Trist despite the fact that Polk had recalled him, 16 Nov.

1848

DISCOVERY OF GOLD. 24 Jan. James W. Marshall's gold find on Johann Augustus Sutter's land in the lower Sacramento Valley started the California gold rush.

TREATY OF GUADALUPE HIDALGO. 2 Feb. The U.S. obtained Texas with the Rio Grande as boundary, New Mexico, and California, a total of 1,193,061 sq. mi. The Senate, over the objections of those who wanted to annex Mexico, ratified it, 10 Mar., after rejecting a motion to add the Wilmot Proviso. Mexico ratified 25 May. 1,721 Americans had died of wounds and 11,155 of disease.

OREGON TERRITORIAL ORGANIZATION. 14 Aug. When Sen. Jesse Bright (Ind.) proposed extending the 36° 30′ Compromise to the Pacific, Calhoun denied, 27 June, congressional jurisdiction over slavery in the territories. The House tabled, 28 July, Sen. John M. Clayton's (Md.) Compromise, which validated Oregon's provisional law against slavery and forbade New Mexico and California to legislate on the institution, and organized Oregon without slavery, 2 Aug. The Senate concurred, 13 Aug., and Polk signed, 14 Aug.

PRESIDENTIAL ELECTION. When Polk declined renomination, the Democrats selected, 22 May, Lewis Cass (Mich.), who supported local determination of the status of slavery ("squatter sovereignty"), and Gen. William O. Butler (Ky.), and expressed opposition to congressional interference with slavery in the states. The Whigs chose the Mexican War hero

Gen. Zachary Taylor and Millard Fillmore (1800–74), 7 June. New York's Barnburners bolted the Democratic convention and, joining with the Liberty Party and New England's "Conscience Whigs," nominated, 9 Aug., Martin Van Buren and Charles Francis Adams (1807–86) (Mass.) as candidates of the Free-Soil Party. Supporting the Wilmot Proviso, the party advocated "Free soil, free speech, free labor, and free men." On 7 Nov. Taylor was elected (163 votes) over Cass (123). Van Buren's large vote in New York contributed much to Cass's defeat.

1849

"ADDRESS OF THE SOUTHERN DELEGATES." 22 Jan. Issued by Calhoun on behalf of southern congressmen, the address denounced northern enactments against slavery expansion.

CALIFORNIA AND NEW MEXICO. The slavery issue prevented Polk from getting California and New Mexico organized. A California convention, 1 Sept.–13 Oct., adopted an antislavery constitution which the citizens ratified, 13 Nov. With Taylor's support California applied for admission, 12 Mar., 1850. Its petition threatened the existing balance of 15 free and 15 slave states.

1850

COMPROMISE OF 1850. 29 Jan.–20 Sept. To ease sectional animosities, Clay urged, 29 Jan., California's admission as a free state and New Mexico's organization without restrictions on slavery. He pleaded for mutual concessions by North and South, 5–6 Feb., but the dying Calhoun, speaking through James M. Mason (Va.), demanded, 4 Mar., an equal share of the territories for the South and an amendment restoring the equilibrium between the sections. Daniel Webster spoke eloquently, 7 Mar., for the Union, arguing that the geography of the territories made congressional legislation to preclude slavery unnecessary. William H. Seward (1801–72, N.Y.) condemned, 11 Mar., any compromise with slavery.

With the support of Fillmore, who succeeded to the presidency upon Taylor's death, 9 July, Clay and Stephen A. Douglas (1813–61, Ill.) pushed through Congress a bill ending the slave trade in the District of Columbia, 20 Sept., and an "Omnibus Bill" on the territories. California was admitted as a free state, 9 Sept., and New Mexico and Utah, carved from the rest of the acquired Mexican territory, were authorized, 9 Sept., to establish their own positions on slavery ("popular sovereignty"). A Fugitive Slave Act was passed, 18 Sept., authorizing special U.S. commissioners, after a summary hearing at which the claimant's affidavit was adequate proof of ownership, to issue certificates returning runaway slaves. A commissioner received $10 if he issued a warrant, but only $5 if he refused. Those who aided fugitive slaves were made liable to imprisonment and a $1,000 fine.

CLAYTON-BULWER TREATY. 19 Apr. British establishment of a protectorate over Central America's Mosquito Coast and seizure from Nicaragua, Jan. 1848, of the San Juan River area threatened U.S. plans for an isthmian canal. Tensions eased when Secretary of State John M. Clayton and British minister Henry Lytton Bulwer negotiated a treaty providing that any isthmian canal would be neutral, not exclusively controlled, and open equally to citizens of both nations.

NASHVILLE CONVENTION. 10 June. Rejecting extremist Robert Barnwell Rhett's (S.C.) secessionist views, 9 slave states convening at Nashville requested only the extension of the Missouri Compromise line to the Pacific.

GEORGIA PLATFORM. 13–14 Sept. Georgia's state convention expressed southern Unionists' acceptance of the 1850 Compromise but threatened secession if Congress interfered with the interstate slave trade or fugitive-slave legislation.

HÜLSEMANN LETTER. 21 Dec. When Austria protested the Taylor administration's sympathetic assurances to Hungarian rebels, Secretary Webster wrote to Austrian chargé Chevalier Hülsemann defending U.S. interest in European revolutions based on the principles of the American Revolution.

1851

LÓPEZ FILIBUSTERING EXPEDITIONS. Southern annexationists aided refugee Gen. Narciso López' attempts to overthrow Cuba's Spanish government. Cuban authorities executed, 13 Aug., López and 50 Southerners at Havana after his 3rd filibustering venture failed to spark a popular revolution.

1852

"UNCLE TOM'S CABIN." Harriet Beecher Stowe's novel, a devastating and emotional attack on slavery, was published, 20 Mar.

PRESIDENTIAL ELECTION. The Democrats nominated, 1 June, Franklin Pierce (N.H.) and William R. King (Ala.), and the Whigs, 16 June, Winfield Scott and William A. Graham (N.C.). Both parties praised the 1850 Compromise, but the Free-Soilers, who selected, 11 Aug., John P. Hale (N.H.) and George W. Julian (Ind.), condemned it. Pierce was elected, 2 Nov., by 254 votes over the candidates of the declining Whig (42) and Free-Soil parties.

1853

GADSDEN PURCHASE. 30 Dec. James Gadsden obtained Mexican cession of 29,640 sq. mi. in present-day southern New Mexico and Arizona.

1854

KANSAS-NEBRASKA ACT. 30 May. Proposed by Sen. Stephen A. Douglas (Ill.), the act organized these territories on the basis of popular sovereignty, thus voiding the 1820 Compromise. Several factors may have influenced Douglas: belief in self-government and that geography prohibited slavery's expansion, desire for southern support for his presidential ambitions, and the need to stimulate western settlement to promote the building of a transcontinental railroad west from Chicago.

MASSACHUSETTS' EMIGRANT AID SOCIETY. 26 Apr. Founded by Eli Thayer, the society brought 2,000 antislavery settlers to Kansas by 1857 to guarantee that it would become a free state. Its methods were imitated by proslavery groups from Missouri.

FOUNDING OF THE REPUBLICAN PARTY. The Republican Party was founded at a Ripon, Wis., convention, 28 Feb., of Whigs, Free-Soilers, and Democrats opposed to the Kansas-Nebraska Act. Throughout the North and West, men demanded the repeal of the Kansas-Nebraska and Fugitive Slave Acts.

KNOW-NOTHING PARTY. The Know-Nothing, or American, Party, feeding on anti-Catholic and anti-immigrant sentiment, achieved its peak in 1854–55. The members split over slavery and many became Republicans.

OSTEND MANIFESTO. 18 Oct. Advocating the acquisition of Cuba by purchase or force as necessary for the protection of slavery, the Ostend Manifesto resulted from a meeting of Pierre Soulé, John Y. Mason, and James Buchanan, U.S. ministers to Spain, France, and Britain respectively. Although Secretary of State Marcy disowned the manifesto, the Republicans used it to show that the administration supported slavery extension.

1855

"KANSAS QUESTION." Proslavery and antislavery groups battled to control Kansas' territorial government. Intimidation by armed Missouri "Border Ruffians" resulted in the election of a proslavery territorial delegate, John W. Whitfield, 29 Nov., 1854, and legislature, 30 Mar. Proslavery forces replaced Gov. Andrew H. Reeder, appointed June 1854, with Wilson Shannon, 31 July. Antislavery Kansans formed, Sept.–Oct., a Free State Party; elected Reeder territorial delegate, 9 Oct.; framed the Topeka Constitution excluding Negroes from the territory, 23

Oct.–2 Nov.; and elected a separate governor and legislature, 15 Jan., 1856.

NICARAGUA FILIBUSTERING EXPEDITION. American adventurer William Walker, supported by the Accessory Transit Co., which had interests in the isthmus, seized control of Nicaragua during a civil war, June–Oct. 1855. Walker opened the area to slavery, but neighboring republics, encouraged by Cornelius Vanderbilt, who took over Accessory Transit, ousted him, 1857.

1856

"BLEEDING KANSAS." President Pierce's denunciation, 24 Jan., of the Topeka government disclosed his support of the proslavery forces. Civil war flared in the spring as proslavery Kansans and Border Ruffians outraged northern opinion by pillaging the Free State town of Lawrence. The fanatical John Brown (1800–1859), in an act disowned by antislavery Kansans, retaliated by executing 5 proslavery Kansans in a midnight raid near Pottawatomie Creek, 24–25 May. Peace temporarily returned when Gov. John W. Geary (Pa.) prevented an attack on Lawrence by 2,500 Border Ruffians.

Congress failed to act before adjournment on Kansas' application for statehood, 4 Mar. The House never considered Sen. Robert Toombs's (Ga.) measure, 2 July, requesting free elections for a Kansas constitutional convention. The Senate rejected a House proposal, 3 July, to admit Kansas under the Topeka constitution. Southerners praised and Northerners decried Rep. Preston S. Brooks's (S.C.) assault, 22 May, on Sen. Charles Sumner (1811–74, Mass.) for remarks the latter made about his uncle, Sen. Andrew P. Butler (S.C.), in an antislavery speech on Kansas, 19–20 May. Sumner was disabled until Dec. 1859.

PRESIDENTIAL ELECTION. The nativist American (Know-Nothing) Party, 22 Feb., and the Whigs, 17 Sept., nominated Millard Fillmore (N.Y.) and Andrew J. Donelson (Tenn.). The Democrats selected, 2 June, James Buchanan (1791–1868) (Pa.) and John C. Breckinridge (Ky.), and the Republicans John C. Frémont (Calif.) and William L. Dayton (N.J.). "Bleeding Kansas" was the chief issue. On 4 Nov. Buchanan was elected (174 votes) over Frémont (114) and Fillmore (8).

1857

DRED SCOTT DECISION. 6 Mar. Negro slave Dred Scott began suit for his freedom in 1846, basing his claim on his residence between 1834 and 1838 in areas where the Missouri Compromise prohibited involuntary servitude. When the case reached the Supreme Court, Chief Justice Roger B. Taney (1777–1864) and the majority found (*Dred Scott* v. *Sandford*) that (1) slaves were not citizens and could not sue in federal courts; (2) Scott's status was his legal one in the state wherein he resided when he brought suit (Mo.); and (3) the Missouri Compromise unconstitutionally deprived people of their property. This was the first time since *Marbury* v. *Madison* (1803) that the Court declared a congressional act unconstitutional. Northern reaction was highly unfavorable.

LECOMPTON CONSTITUTION. 19 Oct.–21 Dec. The proslavery legislature meeting at Lecompton, Jan.–Feb., called a 15 June election for a constitutional convention. The Free State victory in the election for the legislature, 5 Oct., demonstrated that a proslavery constitution would not be ratified, so the convention, 19 Oct.–8 Nov., limited the people's choice either to vote for slavery or to forbid the further introduction of slaves into Kansas. The constitution was ratified, 21 Dec., because its opponents boycotted the voting. Northerners denounced the document, and the Democratic Party began to crumble as Douglas broke with Buchanan when the President supported it. The antislavery legislature held another election, 4 Jan., 1858, which almost unanimously rejected the entire Lecompton Constitution.

1858

DOUGLAS AND LECOMPTON. Douglas attacked the Lecompton Constitution as a violation of popular sovereignty. Over his objections Congress accepted, 30 Apr., administration Democrat William H. English's (Ind.) compromise proposal that the whole Lecompton Constitution be popularly ratified, with rejection delaying Kansas' admission until it had achieved a population of approximately 90,000.

"A HOUSE DIVIDED AGAINST ITSELF CANNOT STAND." 16 June. Senatorial nominee Abraham Lincoln (1809–65) predicted at the Illinois Republican Convention at Springfield that slavery would eventually exist in every state or in none. Republican presidential hopeful William H. Seward's (N.Y.) "Irrepressible Conflict" speech, 25 Oct., shared Lincoln's view.

LINCOLN-DOUGLAS DEBATES. 21 Aug.–15 Oct. Lincoln won national prominence during 7 campaign debates with Douglas. The latter alienated southern supporters with his "Freeport doctrine" that, despite the Dred Scott decision, slavery could not exist unless local legislatures enacted necessary police regulations. Lincoln, who declared slavery immoral, gained more popular votes than Douglas, who evaded the moral issue, but the legislature elected the Democrat.

Campaigning against the Lecompton Constitution, Republicans won every northern state election except in Illinois and Indiana, and took 18 additional congressional seats.

1859

JOHN BROWN. 16–18 Oct. Brown's raid against Harper's Ferry, Va., was intended to spark slave revolts throughout the South. Captured by Col. Robert E. Lee (1807–70), Brown was hanged, 2 Dec., for treason against Virginia. Conservative Northerners denounced the attack, which Southerners attributed to abolitionists and Republicans.

AFRICAN SLAVE TRADE. The Southern Commercial Convention at Vicksburg, Miss., 9–19 May, advocated reopening the African slave trade. President Buchanan opposed it, and promised, 19 Dec., to use all legal means to prevent slave importations.

1860

DAVIS RESOLUTIONS. 2 Feb. Sen. Jefferson Davis (1808–89, Miss.) successfully proposed several proslavery resolutions. One denounced states' attempts to thwart the Fugitive Slave Law and another stated that Congress had to protect slavery in the territories.

SECESSION THREATS. Several state legislatures in the Lower South advocated secession if a Republican became President. The Upper South had more faith in the benefits of the Union.

PRESIDENTIAL CAMPAIGN. The Democrats met at Baltimore, 18 June, and chose Douglas (Ill.) and Herschel V. Johnson (Ga.). When the party refused to advocate slavery in the territories, southern delegates seceded and nominated, 28 June, John C. Breckinridge (Ky.) and Joseph Lane (Ore.). Former Whig and American party members selected, 9 May, John Bell (Tenn.) and Edward Everett (Mass.) as candidates for their compromising Constitutional Union Party. The Republicans nominated, 16 May, Lincoln (Ill.) and Hannibal Hamlin (Me.), and supported internal improvements and homesteads, while opposing slavery in the territories.

ELECTION OF LINCOLN. 6 Nov. Lincoln received 180 votes (18 free states) over Breckinridge (72, 11 slave states), Bell (39), and Douglas (12). Douglas closely followed Lincoln's 1,866,352 popular votes with 1,375,157.

CIVIL WAR AND RECONSTRUCTION

1861–77

SECESSION CRISIS. 20 Dec., 1860–1 Feb., 1861. Denouncing the election of the sectional Republican Party's antislavery presidential candidate, South Carolina's state convention voted unanimously, 20 Dec., to secede from the Union. Mississippi, 9 Jan.; Florida, 10 Jan.; Alabama, 11 Jan.; Ga., 19 Jan.; Louisiana, 26 Jan.; and Texas, 1 Feb., quickly followed. In the Upper South, Arkansas, North Carolina, Tennessee, and Virginia remained loyal, but threatened secession if the federal government resorted to force. Buchanan accepted Attorney General Jeremiah S. Black's position that the government could not use force to prevent secession.

ESTABLISHMENT OF THE CONFEDERACY. 4 Feb. The Montgomery (Ala.) Convention of the seceding states established a provisional government. The Confederate Constitution resembled the U.S. one, but stressed states' sovereignty and outlawed slave importations. Jefferson Davis (Miss.) and Alexander H. Stephens (Ga.) were elected, 9 Feb., provisional President and Vice-President of the Confederacy.

Federal forts and arsenals were then seized throughout the South. Buchanan refused, 31 Dec., to surrender federal forts, but South Carolina seized, 30 Dec., the U.S. arsenal at Charleston. That city's batteries drove off, 9 Jan., an unarmed ship bringing provisions and reinforcements for Maj. Robert Anderson's men in Fort Sumter.

OUTBREAK OF CIVIL WAR. Lincoln's announcement, 6 Apr., that he would provision Fort Sumter prompted South Carolina to demand, 11 Apr., its immediate surrender. Maj. Anderson complied, 13 Apr., only after Gen. Pierre G. T. Beauregard's batteries bombarded, 12 Apr., the installation. Lincoln called for 75,000 volunteers to put down the "insurrection," 15 Apr.

BORDER STATE CRISIS. Claiming Lincoln's call for volunteers presaged an invasion of the South, Virginia seceded, 17 Apr., and Richmond became, 21 May, the Confederate capital. Arkansas, 6 May; Tennessee, 7 May; and North Carolina, 20 May, followed suit. Virginia's mountainous western sector balked and organized, 11 June, a Union government under Francis H. Pierpont. West Virginia became a state, 20 June, 1863. Slaveholding Delaware unanimously rejected secession, 3 Jan. In Maryland, Gov. Thomas Hicks and a majority of the populace were Unionists, but the legislature was willing to accept southern independence. The federal government secured Maryland in mid-1861 by suspending habeas corpus and imprisoning numerous officials. Kentucky's legislature proclaimed, 20 May, neutrality, and Lincoln promised not to send in troops. However, when Confederates occupied Hickman and Columbus, Gen. Ulysses S. Grant (1822–85) took, 6 Sept., Paducah, and the legislature, 11 Sept., called for the Confederates' ouster. Kentucky contributed 75,000 men to the Union army. Civil war raged in Missouri, where the defeat of secession-minded Gov. Claiborne F. Jackson at Pea Ridge, Ark., 6–8 Mar., 1862, guaranteed Union control of the state.

OPPOSING FORCES. The 23 Union states, with a population of 22 m. and a balanced economy supported by an extensive railroad system and merchant marine, had numerical and material superiority. The 11 Confederate states had a population of 9 m., including 3 m. slaves, and a staple agricultural economy which lacked industry, banking, and railroads. Despite these disadvantages the South chose secession believing that the North would not fight and that Britain, dependent on southern products, would give the Confederacy material aid. Southerners also viewed as advantages their control of the mouth of the Mississippi, defensive role, and excellent officer corps.

The Union and Confederate armies enlisted 1,556,678 and 1,082,119 men respectively. The North fought to restore the Union and, after 1862, to free the slaves; the South for the independence and sovereignty of the Confederacy.

STRATEGY. The North planned to use 1 army to capture Richmond and another to capture the Mississippi and Tennessee rivers. These forces would then join to crush the Confederacy. The South hoped to capture Washington and invade Pennsylvania to force a divided North to request peace.

1ST BULL RUN. 21 July. Popular demands for action prompted the dispatch of Gen. Irvin McDowell's unseasoned troops to attack Beauregard at Manassas Junction, Va. McDowell's attack, 21 July, seemed successful until reinforcements and Gen. Thomas J. "Stonewall" Jackson's stand enabled Beauregard to drive the Northerners back to Washington in disorder.

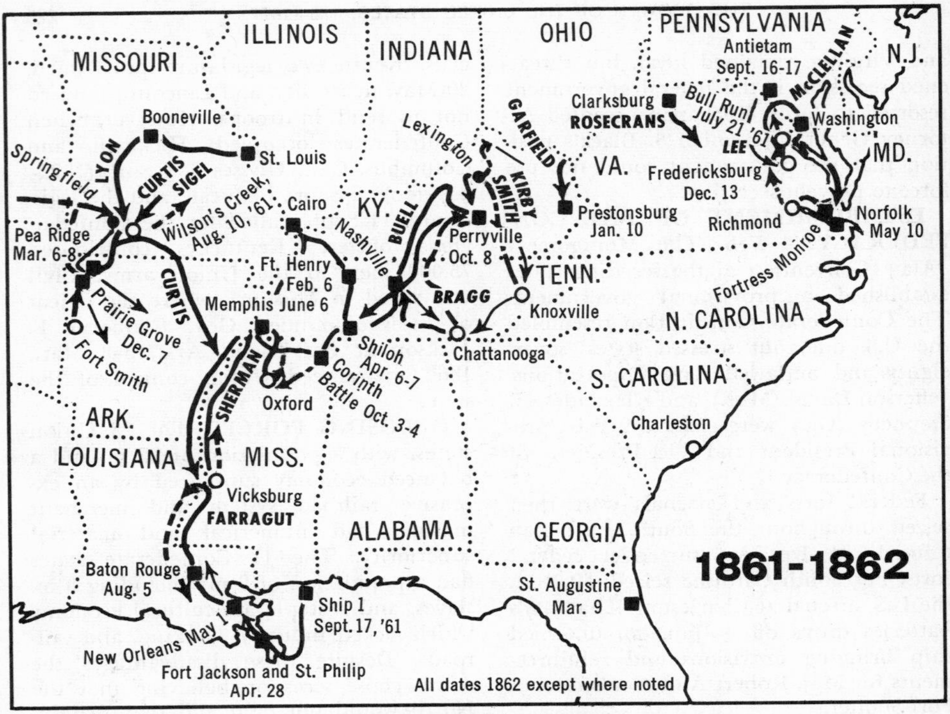

THE CIVIL WAR

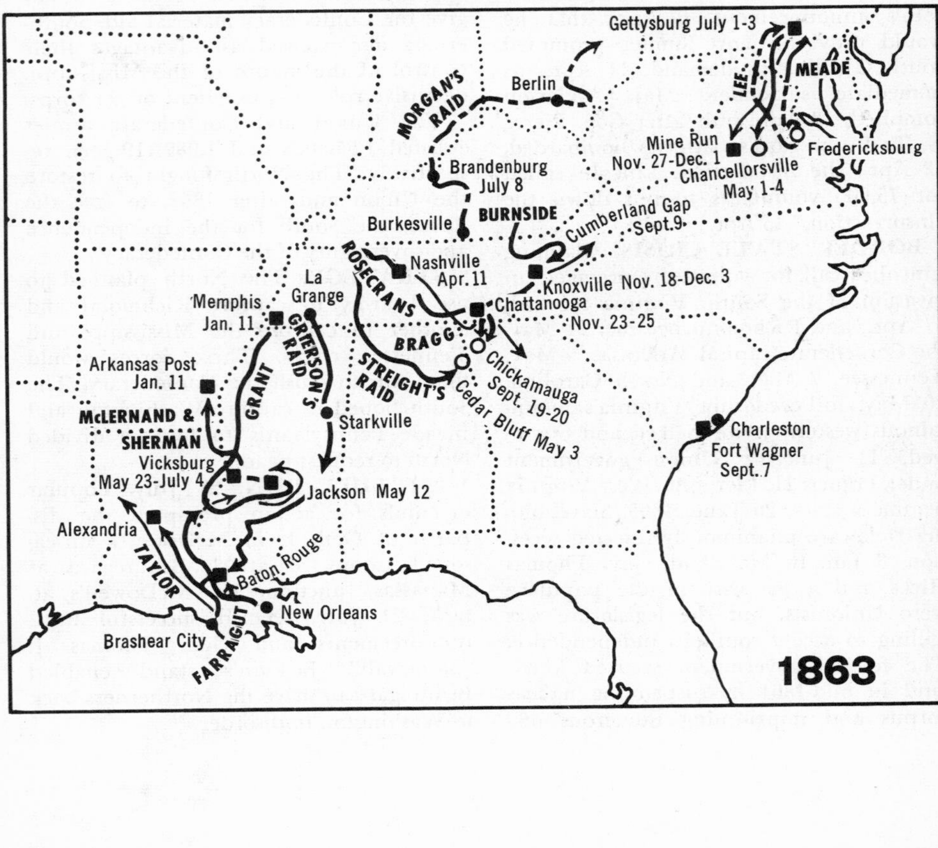

1861-1862

ILLINOIS
MISSOURI
INDIANA
OHIO
PENNSYLVANIA
N.J.
Antietam
Sept. 16-17
McCLELLAN
Clarksburg
ROSECRANS
Bull Run
July 21 '61
Washington
LEE
MD.
VA.
Fredericksburg
Dec. 13
GARFIELD
Booneville
St. Louis
Springfield
LYON
CURTIS
SIGEL
Wilson's Creek,
Aug. 10, '61
Lexington
KIRBY SMITH
Prestonsburg
Jan. 10
Richmond
Norfolk
May 10
Pea Ridge
Mar. 6-8
Cairo
KY.
Nashville
BUELL
Perryville
Oct. 8
TENN.
Fortress Monroe
Ft. Henry
Feb. 6
BRAGG
Knoxville
Prairie Grove
Dec. 7
CURTIS
Memphis June 6
Chattanooga
N. CAROLINA
Fort Smith
Shiloh
Apr. 6-7
Corinth
Battle Oct. 3-4
S. CAROLINA
SHERMAN
Oxford
ARK.
Charleston
LOUISIANA
MISS.
Vicksburg
FARRAGUT
ALABAMA
GEORGIA
Baton Rouge
Aug. 5
Ship 1
Sept. 17, '61
St. Augustine
Mar. 9
New Orleans May 1
Fort Jackson and St. Philip
Apr. 28
All dates 1862 except where noted

1863

Gettysburg July 1-3
LEE
MEADE
MORGAN'S RAID
Berlin
Mine Run
Nov. 27-Dec. 1
Chancellorsville
May 1-4
Fredericksburg
Brandenburg
July 8
BURNSIDE
Burkesville
Cumberland Gap
Sept. 9
ROSECRANS
Nashville
Apr. 11
Knoxville Nov. 18-Dec. 3
La Grange
Memphis
Jan. 11
Chattanooga
Nov. 23-25
GRIERSON'S RAID
BRAGG
Chickamauga
Sept. 19-20
Arkansas Post
Jan. 11
GRANT
STREIGHT'S RAID
Cedar Bluff May 3
McLERNAND &
SHERMAN
Starkville
Charleston
Fort Wagner
Sept. 7
Vicksburg
May 23-July 4
Jackson May 12
Alexandria
TAYLOR
Baton Rouge
New Orleans
FARRAGUT
Brashear City

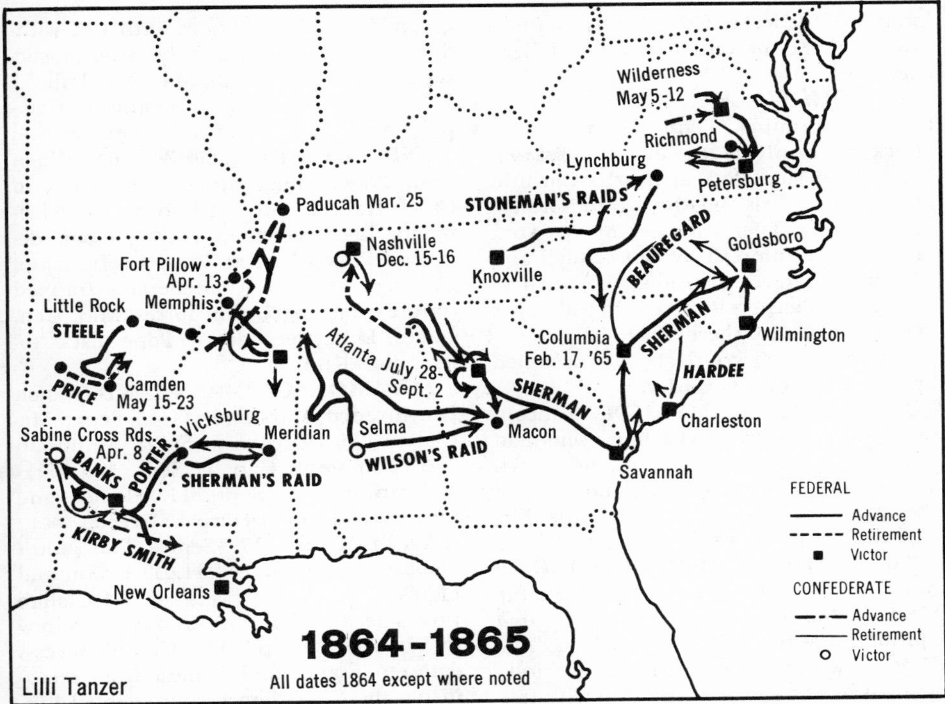

ASSUMPTION OF COMMAND BY McCLELLAN. 24 July. Maj. Gen. George B. McClellan, whose victory at Philippi, 3 June, cleared the Confederates from the Valley of the Kanawha in western Virginia, replaced McDowell. McClellan became general in chief, 1 Nov., when Gen. Winfield Scott retired.

NAVAL BLOCKADE. Lincoln ordered, 19 Apr., the 3,500-mi. southern coast blockaded to starve the Confederacy. Relying heavily on Nassau in the Bahamas for supplies, the rebels cleared approximately 600 ships during the first year of the blockade instead of the usual 6,000. Federal capture of Forts Clark and Hatteras, N.C., 28–29 Aug., Port Royal, S.C., 7 Nov.; Roanoke Island, 8 Feb., 1862; New Orleans, 29 Apr., 1862; and other coastal locations significantly increased the blockade's effectiveness.

ANGLO-U.S. RELATIONS. Britain's upper class and commercial interests supported the Confederacy, while the lower class favored the Union. Her declaration of neutrality, 13 May, angered the Union by mentioning the South's belligerent status, but Lord John Russell promised American Minister Charles Francis Adams that Britain would not deal with Confederate agents.

TRENT AFFAIR. Capt. Charles Wilkes of the *San Jacinto* removed, 8 Nov., Confederate commissioners James M. Mason and John Slidell from the British steamer *Trent,* but Secretary of State Seward eased the situation by releasing them.

JOINT COMMITTEE. 20 Dec. A joint committee on the conduct of the war was established by a Congress displeased with Lincoln's vast powers. Radical Republicans like Thaddeus Stevens (1792–1868, Pa.) dominated it.

1862

WAR IN THE WEST. Gen. U. S. Grant and Commodore A. H. Foote captured Fort Henry on the Tennessee, 6 Feb. Grant took 14,000 prisoners at Fort Donelson on the Cumberland, 16 Feb., forcing Confederate Gen. Albert S. Johnston to abandon Nashville, which fell 25 Feb.

SHILOH. 6–7 Apr. Grant moved to Pittsburg Landing, Tenn., to prepare an attack on Confederates under Johnston, Beauregard, and Polk at nearby Corinth, Miss. The rebels smashed into Grant's inadequately defended position, 6 Apr., but Grant, reinforced by Gens. Buell and Wallace, emerged victorious, 7 Apr. The 63,000 Northerners suffered 13,000 losses and the 40,000 Southerners 11,000.

On 26 Apr. New Orleans was occupied by Gen. Benjamin F. Butler.

PENINSULA CAMPAIGN. Lincoln removed, 11 Mar., McClellan, who had ignored his 22 Feb. command to launch an offensive, as gen. in chief, and ordered the Army of the Potomac, minus McDowell's corps, against Richmond.

"MONITOR" AND "MERRIMAC." 9 Mar. In the first battle of ironclads, the U.S.S. *Monitor* fought the *Virginia* (formerly *Merrimac*) to a draw. The *Virginia* withdrew for repairs to Norfolk, where she was scuttled when the city fell, 10 May.

McCLELLAN'S ADVANCE. 17 Mar.–31 May. Having occupied Yorktown, 4 May, McClellan, despite his overwhelming strength, stopped 20 mi. from Richmond at White House to await McDowell's corps.

JACKSON'S VALLEY CAMPAIGN. 23 Mar.–9 June. Stonewall Jackson's 18,000 troops kept 2½ times as many Union soldiers engaged in the Shenandoah Valley. He routed Gen. Banks at Winchester, 24 May, driving the Northerners across the Potomac.

SEVEN PINES (FAIR OAKS). 31 May–1 June. Gen. Joseph E. Johnston attacked 2 of McClellan's corps isolated on the south bank of the Chickahominy River, but another corps rescued them. Union losses totaled 6,000, Confederate 8,000.

7 DAYS' BATTLE. 26 June–2 July. Robert E. Lee, commander of the Army of Northern Virginia, engaged McClellan's forces for 7 successive days starting 26–27 June at Mechanicsville. McClellan battered the Confederates until Lee withdrew to Richmond, 2 July, after unsuccessfully attacking at Malvern Hill, 1 July. Union losses in the Peninsula Campaign reached 15,849, Confederate, 20,614.

2ND BULL RUN. 29–30 Aug. When Gen. Pope, under orders from Gen. in Chief Halleck, prepared to attack Richmond, Lee reacted quickly. Jackson destroyed Pope's base at Manassas Junction, 26 Aug., and the Confederates trapped counterattacking Union forces. Maj. Gen. James Longstreet drove Pope back toward Bull Run.

INVASION OF MARYLAND. When Lee invaded Maryland, 14–15 Sept., McClellan defeated him at South Mountain and Crampton's Gap, 14 Sept., but Jackson captured, 15 Sept., 11,000 men and the supply depot at Harper's Ferry.

ANTIETAM. 17 Sept. The war's bloodiest day produced 11,657 Union and 11,729 Confederate casualties. McClellan won a technical victory as Lee withdrew to Virginia, 18 Sept. The Union's success deterred France and Britain from recognizing the Confederacy, and enabled Lincoln to issue, 22 Sept., his Preliminary Emancipation Proclamation freeing as of 1 Jan., 1863, slaves in rebellious areas.

WESTERN THEATER. Gen Braxton Bragg advanced from the Confederate base at Chattanooga into central Tennessee, but withdrew after a bitter battle with Rosecrans at Murfreesboro, 31 Dec.–3 Jan., 1863, which produced 9,220 Union and 9,239 Confederate losses.

FREDERICKSBURG. 13 Dec. Lincoln replaced, 7 Nov., the frustratingly cautious McClellan with Ambrose E. Burnside. At Fredericksburg, Burnside's 113,000 troops lost 1,284 in attacking 75,-000 rebels who only lost 595. Joseph Hooker replaced Burnside, 25 Jan., 1863.

1863

EMANCIPATION PROCLAMATION. 1 Jan. Congress freed, 17 July, 1862, the slaves of traitors and of those supporting the rebellion, and abolished slavery in the Capital, 16 Apr., 1862, and the territories, 19 June, 1862. Lincoln, who had not requested abolition lest the border states revolt, saw that European and popular opinion was becoming more radical and issued his Emancipation Proclamation, 1 Jan. This statement, which declared slaves in rebellious areas free, went no farther than previous legislation and applied only to places where the federal government exercised no control.

MILITARY DRAFT. Under Congress' 1st Conscription Act, 3 Mar., males 18–35 were liable to the draft but could escape by paying $300 or finding a substitute. This inequitable system provoked the New York City Draft Riots, 13–16 July, in working-class districts. Four drafts raised only a small part of the Union army. The Confederacy drafted, 16 Apr., 1862, white men 18–35 for 3 years. Some Southerners questioned the constitutionality of this corruptly administered act, which exempted many occupations and allowed substitution. Desertions on both sides reached approximately 10%.

FINANCING THE WAR. Congress's National Banking System, 25 Feb., required national banks to invest ⅓ of their capital in U.S. securities and authorized them to issue notes based on these bonds. The Confederacy issued over $1 billion in paper, which depreciated to $1 = ¢1.6 by the end of the war.

HOME FRONT. Northern prices (117%), production, and profits rose significantly, while wages (43%) lagged. Immigration, c. 800,000, and increased mechanization of industry and farming replaced the man power lost to the military. In the South women filled supervisory positions and most slaves remained loyal.

FOREIGN AFFAIRS. Seward rejected, 6 Feb., Napoleon III's offer of mediation and Congress denounced, 3 Mar., such "foreign intervention."

CONFEDERATE RAIDERS. 4 Apr. British-built Confederate raiders like the *Alabama* dealt severely with Union shipping, destroying 257 vessels. Upon U.S. Minister Charles Francis Adams' protest, the British government seized, 5 Apr., the newly constructed *Alexandra,* but the courts released her.

CHANCELLORSVILLE. 2–4 May. Lee's 60,000 troops won a costly victory over Hooker's 130,000. Jackson, who lost his life, surprised and routed the Union right. Hooker retreated, 5 May, across the Rappahannock. Union deaths totaled 1,575, Confederate 1,665.

VICKSBURG CAMPAIGN. Leaving Memphis, 29 Mar., Grant crossed the Mississippi and proceeded down the Louisiana coast to a point south of the strategic citadel of Vicksburg. He ferried across, 30 Apr., and approached the city with 20,000 men. Grant besieged Vicksburg, 22 May–4 July, and Gen. John C. Pemberton surrendered its 40,000-man garrison, 4 July, giving the Union control of the Mississippi. Union casualties reached 9,000, Confederate 10,000.

GETTYSBURG CAMPAIGN. 27 June–4 July. Lee moved his army up the Shenandoah, and by 23 June Gen. Richard S. Ewell's cavalry had approached Chambersburg, Pa. Undetected, Hooker pursued Lee and established headquarters at Frederick, 27 June. Maj. Gen. George G. Meade replaced Hooker, who resigned, 28 June, after disputes with Halleck.

Confederate Gen. Ambrose P. Hill's fortuitous clash with John Bedford, 30 June, at Gettysburg prompted a showdown. The Southerners drove the Northerners, 1 July, back upon Cemetery and Culp's hills. Gens. Jubal A. Early, Longstreet, and Ewell failed, 2 July, to take Cemetery Ridge, Little Round Top, and Culp's Hill respectively. Lee had Longstreet send, 3 July, 15,000 men under Pickett, Pettigrew, and Trimble against the main federal positions, but the superior fire power of the more numerous Northerners mauled them. The flooded Potomac blocked Lee's retreat, 4 July, but bad weather prevented pursuit and he reached Virginia, 13 July. Union losses totaled 3,155 killed, c. 20,000 wounded or missing; Confederate 3,903 killed, c. 24,000 wounded or missing. Lincoln's most memorable speech helped dedicate, 19 Nov., a cemetery at Gettysburg.

Gettysburg ended southern hopes for European aid. When Adams threatened war, Britain seized Confederate ironclads ("Laird rams") under construction. Napoleon halted ship sales to the South.

CHICKAMAUGA. 19–20 Sept. Reinforced by Longstreet, Bragg, whom Rosecrans maneuvered out of Chattanooga, 9 Sept., smashed the Northerners at Chickamauga. The stand of Gen. Thomas, the "Rock of Chickamauga," saved the Union forces, which retired into Chattanooga. Union dead totaled 1,657, Confederate 2,312.

CHATTANOOGA. 23–25 Nov. Thomas replaced Rosecrans and, reinforced by Hooker, took the offensive. He drove Bragg off Lookout Mountain, 23 Nov., and routed his forces from Missionary Ridge, 25 Nov. Union dead totaled 753, Confederate 361. The Northerners could now march through Georgia to the sea.

PRESIDENTIAL RECONSTRUCTION. 8 Dec. Lincoln announced his plan to grant amnesty to Southerners who swore loyalty and to recognize state governments where 10% of the 1860 electorate took the oath and which agreed to emancipation.

1864

THE WILDERNESS. 5–6 May. Grant, now supreme military commander, utilized his 100,000-man Army of the Potomac to batter Lee. Crossing the Rapidan, 4 May, he entered the Wilderness. Attacking his flank, Lee's 60,000 troops, suffering 10,000 casualties, inflicted 18,000.

SPOTSYLVANIA. 8–12 May. Lee inflicted some 12,000 more Union casualties when Grant's maneuvers failed at Spotsylvania Court House.

COLD HARBOR. 1–3 June. Engagements on 3 June cost Grant 12,000 casualties. In the month ending 12 June, Confederate losses totaled c. 30,000, an unbearable blow despite the Union's almost 60,000 casualties.

PETERSBURG. 15–18 June. Grant moved to Petersburg, 20 mi. below Richmond, to isolate the Confederate capital. Losing 8,000 men, 15–18 June, he began siege operations.

EARLY'S RAIDS. 2–13 July. Confederate Gen. Early, raiding in Maryland, neared Washington, D.C., but was repulsed, 13 July. Gen. Philip H. Sheridan defeated him at Winchester, 19 Sept.; Fisher's Hill, 22 Sept.; and Cedar Creek, 19 Oct., and devastated the Shenandoah Valley.

INVASION OF GEORGIA. 7 May–2 Sept. Gen. William T. Sherman's 100,000 troops left Chattanooga, May. Joseph E. Johnston harassed him, inflicting 2,000 casualties at Kenesaw Mountain, 27 June, while suffering only 270. Unsatisfied with his defensive strategy, Davis replaced Johnston with John Bell Hood. Sherman entered Georgia, inflicting heavy losses on Hood, 20, 22 July, and took Atlanta, 1 Sept.

MARCH TO THE SEA. 14 Nov.–22 Dec. With 60,000 men, Sherman drove 300 mi. across Georgia, capturing Savannah, 22 Dec. Living off the land, the Northerners devastated an area 60 mi. wide along their route.

NASHVILLE. 15–16 Dec. Hood's strategy was to cut Sherman's long communication lines, but Gens. Thomas and John M. Schofield destroyed his army at Nashville.

PRESIDENTIAL ELECTION. The Republicans nominated, 7 June, Lincoln and War Democrat Andrew Johnson (1808–75, Tenn.). The Democrats selected, 29 Aug., Gen. McClellan and George H. Pendleton (Ohio). War frustrations and Radical denunciations for his veto of the stringent Wade-Davis Reconstruction Bill hurt Lincoln's chances, but Sherman's successes reunited the party and boosted the nation's morale. Lincoln was re-elected by 212 votes to 21, but with a narrow popular margin.

1865

WEAKENING OF THE CONFEDERACY. Transportation disruptions, devastation, federal occupation, and the blockade produced hunger in the South and lowered morale. Disunionist tendencies appeared, protest riots shook southern cities, and ⅔ of the soldiers left the ranks. Davis desperately authorized arming the slaves, 7 Nov., 1864, and the Congress belatedly agreed, 20 Mar., 1865.

SHERMAN IN THE CAROLINAS. 16 Jan.–21 Mar. Sherman's men ravaged South Carolina, taking the capital, Columbia, 17 Feb., and Charleston, 18 Feb. In North Carolina, Johnston, restored to command by Lee, who was now leader of all Confederate forces, slowed Sherman's progress.

PETERSBURG AND RICHMOND. 2 Apr. Battered by Grant's 115,000 troops, Lee attacked at Five Forks, 1 Apr., but Sheridan repulsed him. Lee evacuated Petersburg and Richmond to join Johnston in North Carolina.

APPOMATTOX COURTHOUSE. 9 Apr. Having surrounded Lee, Grant asked him to surrender, 7 Apr., and they reached terms, 9 Apr., at Appomattox Courthouse, Va. Lee's approximately 30,000 soldiers were paroled to return home with their private horses and mules.

LINCOLN'S ASSASSINATION. 14 Apr. John Wilkes Booth shot, 14 Apr., Lincoln at a performance of *Our American Cousin* at Ford's Theater, Washington. Lincoln died the next morning and Andrew Johnson became President. Booth died trapped in a barn near Bowling Green, Va.; 4 other conspirators were executed, 4 imprisoned, and 1 man, John H. Surratt, was acquitted.

FINAL CAPITULATION. 26 Apr.–26 May. Johnston surrendered, 18 Apr., to Sherman, and agreed to terms, 26 Apr. Gen. Kirby Smith surrendered to Gen. Canby at New Orleans, 26 May, ending Confederate resistance. Jefferson Davis was captured, 10 May, in Georgia.

CASUALTIES. Union losses totaled 359,528 dead and 275,175 wounded; Confederate, 258,000 dead and at least 100,000 wounded.

RECONSTRUCTION UNDER JOHNSON. Johnson recognized loyal governments in Arkansas, Louisiana, Tennessee, and Virginia. He established provisional governments for the other 7 states, and announced, 6 Dec., restoration of the Union when they abolished slavery and repudiated their state war debts.

RADICAL REACTION. The Radical Republicans refused to endorse Johnson's actions and claimed Congress alone could reconstruct the conquered provinces or seceding states. They established a Joint Committee of 15, dominated by Radical Thaddeus Stevens (Pa.), to study Reconstruction problems.

ABOLITION OF SLAVERY. 18 Dec. Slavery was abolished by the 13th Amendment to the Constitution.

1866

NEW FREEDMEN'S BUREAU BILL. 19 Feb. To counteract repressive Southern Black Codes, Congress, over Johnson's veto, authorized the Freedmen's Bureau (est. 3 Mar., 1865) to try by military commission persons accused of violating freedmen's civil rights.

CIVIL RIGHTS ACT. 9 Apr. Passed over Johnson's veto, the act granted Negroes citizenship and equal rights.

14TH AMENDMENT. 16 June. Proposed because of doubts about the constitutionality of the Civil Rights Act, the 14th Amendment established Negro citizenship and guaranteed constitutional rights against infringement by the states. Ratification, a congressional condition for restoration to the Union, came 28 July, 1868.

CONGRESSIONAL REPRESENTATION AND ELECTIONS. A joint committee denied, 20 June, that the South merited representation. Congress restored Tennessee, 24 July, when it ratified the 14th Amendment. The Republicans campaigned as the party of the Union, while identifying Johnson with ex-rebels and Copperheads (pro-southern Democrats). Radical Reconstruction became inevitable when the Republicans won ⅔ of each house.

1867–68

1ST RECONSTRUCTION ACT. 2 Mar., 1867. The South was divided into 5 military districts. Constitutional conventions were to ratify the 14th Amendment and grant Negro suffrage. Supplementary Reconstruction Acts, 23 Mar., 19 July, 1867; 11 Mar., 1868, expedited enforcement of the first.

MILITARY RECONSTRUCTION. Johnson unenthusiastically enforced these laws. 20,000 troops oversaw the establishment of Radical southern governments by southern "scalawag" whites, northern "carpetbaggers," and southern Negroes.

ALASKA. 9 Apr., 1867. The Senate ratified Secretary Seward's treaty acquiring Alaska from Russia for $7.2 m.

FOUNDATION OF GRANGER MOVEMENT. 4 Dec., 1867. The Patrons of Husbandry ("Grangers") and numerous independent farmers' parties opposed monopolies and sought regulation of certain public utilities. Illinois passed the 1st Granger legislation, 7 Apr., 1871, establishing a railroad and warehouse commission to fix maximum rates.

OMNIBUS ACT. 22–25 June, 1868. Arkansas, Alabama, Florida, Georgia, Louisiana, North Carolina, and South Carolina were restored to the Union after they had framed acceptable constitutions. Mississippi, Texas, and Virginia ratified the 15th Amendment (proposed 26 Feb., 1869) guaranteeing Negro voting rights, and gained readmission by 1870. Congress ousted Georgia for expelling, Sept., Negroes from the legislature, but readmitted her when she restored them and ratified the 15th Amendment, 15 July, 1870.

IMPEACHMENT OF JOHNSON. 24 Feb.–26 May, 1868. Congress, in special session, passed, 2 Mar., 1867, the Tenure of Office Act forbidding the President to remove, without Senate consent, appointees confirmed by that body. When Johnson removed, 21 Feb., 1868, Secretary of War Edwin M. Stanton, the House's Covode Resolution, 24 Feb., impeached him. Chief Justice Salmon P. Chase presided at the Senate trial, 30 Mar.–16 May, which acquitted Johnson. 35 Senators, 1 short of the necessary ⅔, voted, 16 May, finding Johnson guilty of high misdemeanor.

PRESIDENTIAL ELECTION. The Republicans nominated, 20–21 May, 1868, U. S. Grant and Schuyler Colfax (Ind.). The Democrats selected, 9 July, Horatio Seymour (N.Y.) and Francis P. Blair (Mo.). The Republican campaign centered on waving "the bloody shirt of the rebellion." On 3 Nov. Grant was elected, 214–80. 500,000 Negro votes decided the contest.

SUPREME COURT AND RECONSTRUCTION. Fearing that the justices would invalidate Reconstruction legislation, the Radicals denied, 27 Mar., 1868, the Court jurisdiction in *ex parte McCardle*. The Court, however, upheld Congress' right to reconstruct the South (*Texas* v. *White,* 1869).

1869

PUBLIC CREDIT ACT. 18 Mar. This act provided for the payment of government obligations in gold.

"BLACK FRIDAY." 24 Sept. The government's sale of $4 m. in gold stymied Jay Gould's and James Fisk's attempt to corner that metal.

1870–71

SANTO DOMINGO. The Senate defeated, 30 June, 1870, a Grant-supported treaty to annex Santo Domingo.

KU KLUX KLAN ACTS. 31 May, 1870, and 20 Apr., 1871. These acts, which were declared partially unconstitutional, 1876 and 1883, sought to enforce the 15th and 14th Amendments respectively against the terrorist activities of the white supremacist Ku Klux Klan organization.

TWEED RING. 8 July, 1871. George Jones's revelations in *The New York Times* of the Tammany machine's corrupt practices led to the conviction of William Marcy ("Boss") Tweed, 5 Nov., 1872.

1872

"ALABAMA" CLAIMS. An international arbitration tribunal established by the Treaty of Washington, 8 May, 1871, ordered Britain to pay, 25 Aug., 1872, the U.S. $15.5 m. for damages done by British-built Confederate raiders.

CRÉDIT MOBILER EXPOSÉ. Vice-President Schuyler Colfax and other important politicians were accused of corrupt practices in relation to the Union Pacific Railroad's construction.

PRESIDENTIAL ELECTION. The Liberal Republicans nominated, 1 May, Horace Greeley (1811–72) and B. Gratz Brown (Mo.) on a reform platform, and the Democrats followed suit, 9 July. The Republicans nominated, 5 June, Grant and Henry Wilson (Mass.). Grant was re-elected, 286–66.

1873

"THE CRIME OF 73." 12 Feb. Labeled by its detractors as a crime, the Coinage Act demonetized silver.

PANIC OF 1873. 18 Sept. When Jay Cooke's banking firm collapsed, a financial panic ensued. The government issued $26 m. in greenbacks to offset its effects.

1875

SPECIE RESUMPTION ACT. 14 Jan. The panic weathered, Congress ordered specie payments resumed by 1 Jan., 1879, and greenbacks in circulation reduced to $300 m.

CIVIL RIGHTS ACT. 1 Mar. The Act of 1875 forbade discrimination in public accommodations.

WHISKY RING. Formed by revenue officers and distillers to defraud the government, a whisky ring was uncovered, 1 May, and Grant's private secretary, O. E. Babcock, implicated.

1876

BELKNAP'S IMPEACHMENT. War Secretary William W. Belknap resigned when impeached for receiving bribes in the sale of Indian Territory trading posts.

PRESIDENTIAL ELECTION. The Republicans nominated, 16 June, Rutherford B. Hayes (1822–93, Ohio) and William A. Wheeler (N.Y.). James G. Blaine (1830–93), a leading contender, was eliminated when accused, 31 May, before the House of unethical dealings with the Union Pacific Railroad. The Democrats selected, 27–29 June, Samuel J. Tilden (1814–86, N.Y.) and Thomas A. Hendricks (Ind.). In the election, 7 Nov., Tilden won the popular and apparently the electoral vote. However, Florida, Louisiana, South Carolina, and Oregon, where Republicans disputed Tilden's victory, reported, 6 Dec., 2 sets of election returns.

1877

ELECTORAL COMMISSION. 29 Jan. An Electoral Commission of 5 Democratic and 5 Republican congressmen and 5 Supreme Court justices, including 2 Democrats and 2 Republicans, was established to resolve the dispute. Independent David Davis (Ill.) was supposed to be the fifth justice, but Republican Justice Bradley was chosen when Davis became U.S. senator. Voting straight party lines, the commission awarded, 9, 16, 23, 28 Feb., Hayes all the doubtful votes.

ELECTION OF HAYES. 2 Mar. Hayes was declared elected, 185–184. Southerners adopted the commission's decision, and in return Hayes withdrew, Apr., federal occupying forces; appointed, 5 Mar., David M. Key (Tenn.) postmaster general; and promised to support southern internal improvements.

END OF "BLACK RECONSTRUCTION." Extravagance and malfeasance plagued Radical governments in the South. However, the need to rebuild that devastated area and to provide hitherto neglected services like schools and hospitals justified many expenditures. Georgia, North Carolina, Tennessee, and Virginia, 1869–71; Alabama, Arkansas, Mississippi, and Texas, 1874–75; and Florida, Louisiana, and South Carolina, 1877, ousted the Radicals. (*Cont. p. 300.*)

Latin America and the Caribbean, 1825–1914

MEXICO

1825–34

ERA OF SANTA ANNA. President Guadalupe Victoria, 1824–28, who represented the Liberals and Federalists, was a soldier rather than an administrator. He suppressed an uprising led by his Conservative vice-president, Nicolás Bravo. Victoria should have been followed by Manuel Gómez Pedráza, a moderate backed by the Conservatives, who won a narrow victory in the elections of 1828. But the results were challenged by Antonio López de Santa Anna (1795?–1876), whose domination of the political scene for the next 2 decades nearly destroyed Mexico. Liberal Vicente Guerrero, the defeated candidate, became president, 1829, but his term was soon interrupted by an army revolt, led by Santa Anna, fresh from an easy victory over a Spanish force at Tampico. Guerrero was replaced by his Conservative vice-president, Anastasio Bustamante, 1829–32, who was in turn under the thumb of the foreign minister, Lucas Alamán. Although an economic reformer, Alamán was a fervent Conservative in politics and religion. Sensing a reaction against Alamán's dictatorial policies, Santa Anna overthrew Bustamante and permitted Gómez Pedráza to complete his term. Santa Anna then became president himself, 1833–35, but he left the government to the vice-president, Valentín Gómez Farías, the leader of Mexican liberalism during this period. Gómez Farías curtailed the privileges of the church and the army. When a cholera epidemic touched off widespread discontent with the oligarchy, however, Santa Anna returned to office and repealed Gómez Farías' progressive measures.

1835–45

CONSERVATISM AND REGIONAL REVOLTS. Unable to control his hand-picked Conservative congress, Santa Anna again retired from the government. The Congress then drew up a new centralist constitution, 1836, which established a 5-member council as a counterweight to the power of the Presidency. Meanwhile, the Texans, discouraged by Gómez Farías' refusal to give them self-government and antagonized by Santa Anna's plan to enforce centralization, declared themselves independent, 2 Mar., 1836. Santa Anna sought to revive his waning popularity by subduing Texas, but he was defeated at the battle of San Jacinto, 21 Apr. Bustamante again became president, 1837–39, but his power was threatened by regional revolts, directed against the political and economic hegemony of central Mexico. Santa Anna finally atoned for the Texas fiasco by defeating a small French invasion at Veracruz, the "Pastry War," and embarked on a new presidential term, 1839–40. The peace was soon disturbed, however, by an attempted Liberal uprising in Mexico City, led by Gómez Farías. As a compromise, Bustamante became president, 1840–41, but not for long. His government was overthrown by a trio of generals: Mariano Paredes, Gabriel Valencia, and Santa Anna. Under a new Conservative constitution, Santa Anna returned to power, 1841–44, but, lacking money to pay his followers, could not maintain order. Paredes revolted and Congress named the moderate José Joaquín Herrera, president (1844–45).

1846–54

WAR WITH THE U.S. President Polk's annexation of Texas and Slidell's offer to buy the Southwest were exploited by Paredes to overthrow Herrera. Following an attack on U.S. troops in disputed territory, war was declared, May 1846. U.S. victories in the north and Paredes' incapacity provoked a revolt, which restored Gómez Farías and the federalist Constitution of 1824. Lack of anyone better qualified forced Gómez Farías to give Santa Anna command of the army. When Gómez Farías made himself unpopular by taxing the church to finance the war, he was easily unseated by Santa Anna, returning from what he claimed was victory at Buena Vista, 22–23 Feb., 1847. Despite an 11th-hour co-operation between the political factions, U.S. forces occupied Mexico City. The Maya Caste War in Yucatán and new threats of secession from the north prompted the moderates to conclude a quick peace. The Treaty of Guadalupe Hidalgo, 2 Feb., 1848, gave the U.S. nearly half of Mexico: California, New Mexico, Nevada, Utah, Arizona, part of Colorado, and, of course, Texas. This huge loss of territory intensified the desire of the reformers to reorganize the country. The postwar moderate Conservative presidents, Herrera, 1848–50, and Mariano Arista, 1851–53, were conscientious but were confronted by overwhelming problems of finance and the maintenance of order. Alarmed by the growing liberal movement, the Conservatives under Alamán once more put Santa Anna in the presidency, 1853–54, hoping to re-establish a centralized, and ultimately monarchical, government. Alamán's death, however, gave Santa Anna a free hand. Mexican politics reached a

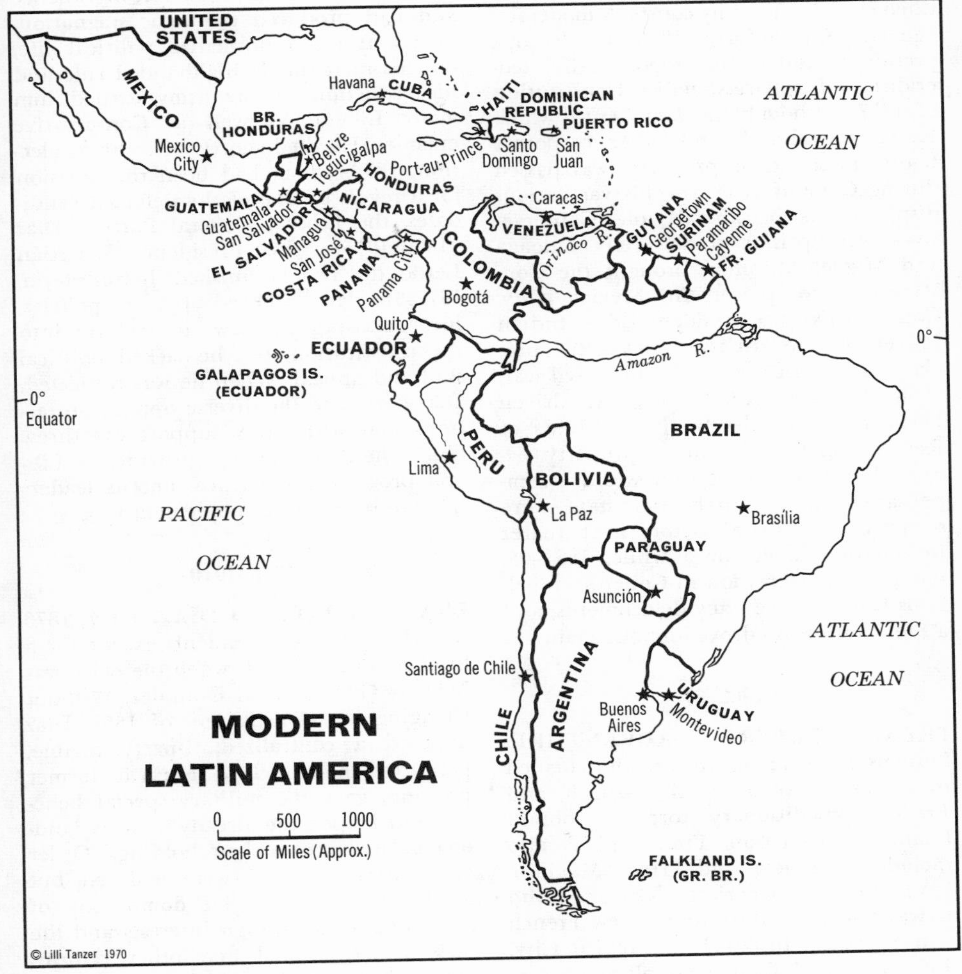

new low level with his sale of the Mesilla Valley to the U.S. (Gadsden Purchase, 30 Dec., 1853).

1854–61

THE REFORMA. The Indian leader Juan Álvarez and a group of distinguished Liberal intellectuals proclaimed the Plan of Ayutla, 1 Mar., 1854, calling for a constitutional convention, and led a revolt against Santa Anna. Santa Anna fled, leaving the government to the Liberals. Álvarez became provisional president, 1855, but, lacking political skill, he was unable to ride the tide of criticism provoked by the *Ley Juarez,* which abolished church and army courts. A moderate, Ignacio Comonfort, 1855–58, became president under the theoretically federalist and congressionalist Constitution of 1857. Although the *Ley Lerdo,* which forced the church and other corporate bodies to sell their property, was passed during Comonfort's term, his vacillations displeased both Liberals and Conservatives. An uprising under Felix Zuloaga and Miguel Miramón brought the Conservatives to power in Mexico City. Comonfort's vice-president, the Indian lawyer Benito Juárez (1806–72), proclaimed himself president and a civil war, 1858–61, ensued. A final wedge was driven between the 2 sides by Juárez' Laws of Reform, 1859. All church property became liable to confiscation without compensation, and church and state were separated. A Liberal victory kept Juárez in the presidency for a while, 1861–63, but Liberal opposition in Congress, rebellious Conservative army detachments, and a French invasion drove him out again.

1862–67

FRENCH IMPERIAL ADVENTURE. Suspension of service on foreign debts led to the arrival of a British, Spanish, and French expeditionary force to obtain financial satisfaction. French plans also included conquest, and Prince Maximilian and his wife Charlotte (Carlota), who it was hoped would found a new French dynasty, were installed in Mexico City, 1864–67. Maximilian re-established a centralized government and an imperial court, but his efforts to conciliate the Liberals and his taxation of the church angered the Conservatives, who had originally invited him. Napoleon III soon had to withdraw the French forces, leaving Maximilian to face the Liberals alone. Defeated, he was executed by Juárez, 19 June, 1867.

1867–76

LIBERAL RULE. Juárez returned to the presidency, 1867–71, now a popular symbol of nationalism and liberalism. He sought to unify the country, but years of fighting had brought the habit of violence and had produced economic stagnation. Juárez tried to normalize political life, but his increasingly highhanded rule and his reduction of the army earned him many Liberal as well as Conservative enemies. He died shortly after his re-election, 1872, which had been the occasion for a revolt by one of the defeated candidates, the Liberal General Porfírio Díaz (1830–1915). Vice-President Sebastián Lerdo de Tejada finished Juárez' term, 1872–76. He followed Juárez' policies, incorporating the Laws of Reform into the constitution, but he lacked political skill and appeal. When he was re-elected, Díaz harnessed the diverse opposition factions and with army support overthrew him. The *Reforma* had provided a Liberal program for Mexico, but its leaders had not been able to implement it.

1876–1910

ERA OF PORFÍRIO DÍAZ. From 1876 to 1910 Díaz was president, except for a brief period, 1880–84, when the office was held by Gen. Manuel González. Without changing the Constitution of 1857, Díaz imposed a centralized, 1-party regime, permitted the church to regain its former position, gave the military special benefits, and helped the already wealthy landowners to increase their holdings. Order and material progress were achieved, but at the price of complete domination of the economy by foreign interests and the lack of educational and other reforms benefitting the lower classes. Governmental oppression gradually provoked a violent reaction, ushering in the 1st of the 20th-cent. social revolutions.

1910–14

REVOLUTION. The elections of 1910 saw the appearance of an opposition candidate, the idealistic Liberal, Francisco Madero (1873–1913). Díaz' willingness to share power with a vice-president had stimulated hopes of political change, but these were dashed when Díaz was reelected. Issuing the Plan of San Luís Potosí, 5 Oct., 1910, Madero then called for Díaz' resignation and joined the popular revolts which broke out under Pancho Villa (1877–1923) and Emiliano Zapata (1879?–1919). The Díaz political machine, old and weakened by years of internal feuding, was incapable of meeting the challenge. Riots in Mexico City forced Díaz' resignation, 1911. Madero was elected 1st revolutionary president, Nov. 1911–Feb. 1913. Well-intentioned but too weak for such violent times, Madero could not control the opportunists and his program of political reform did not satisfy the popular leaders, who wanted, above all, land redistribution. Madero was murdered by Victoriano Huerta, who succeeded him, Feb. 1913–July 1914. Huerta was a corrupt counterrevolutionary dictator, with no program which could win him popular support. Thus, Zapata and Villa continued their campaigns, now joined by Venustiano Carranza and Álvaro Obregón, who called for constitutional government. Aided by the U.S. occupation of Veracruz, the insurgent forces seized power, Aug. 1914, and called a convention at Aguascalientes to organize a government. The revolutionaries were divided, however, Villa and Zapata remaining in Mexico City while Carranza and Obregón retired to Veracruz. The struggle among the victors had begun. (*Cont. p. 450.*)

COLOMBIA AND VENEZUELA

1825–30

DISSOLUTION OF GRAN COLOMBIA. President Simón Bolívar (1783–1830) of Gran Colombia was at odds with Francisco de Paula Santander (1792–1840), his vice-president and the leader of those who opposed Bolívar's centralist, authoritarian, somewhat anticlerical regime. The Santander group also disliked Bolívar's use of Colombian men and money in "foreign" wars. The Constitutional Convention of Ocaña, Mar. 1828, called to heal this rift, failed to do so; and Bolívar became dictator. Santander, accused of complicity in an attempt on Bolívar's life, was exiled. Meanwhile, Bolívar's plan for Pan-American co-operation, the Congress of Panama, 22 June–15 July, 1826, had also failed. Regional uprisings in Venezuela, Colombia, Ecuador, and Peru led to another unsuccessful convention, Jan. 1830, and to the resignation of Bolívar. Joaquín Mosquera (1787–1877) was elected president of Gran Colombia, May, but at that moment Venezuela and Ecuador seceded. Overwhelmed by these difficulties, Bolívar died, 17 Dec.

1831–49

SANTANDER AND THE CREATION OF COLOMBIA. Santander, the "Man of Laws," became president, 1832–37, under a new centralist, conservative constitution. Personally a moderate, Santander appeased the Liberals by curbing the power of the church to some degree and by emphasizing education. His successor, José Márquez, continued Santander's policies, 1837–41, but was more anticlerical, provoking a civil war, 1839–41, in which the Conservatives defeated the federalist Liberals.

PÁEZ AND THE BIRTH OF VENEZUELA. Conservative José Antonio Páez, president, 1830–34, under the 1st Venezuelan constitution, typified the backlands leaders whom the Wars of Independence had brought to power in many Latin American countries. He was, however, more successful than most. A moderate centralist, Páez maintained order and fostered economic progress; he continued state support of the church, but curtailed some of its privileges and made concessions to the Liberals in education and civil liberties. When his successor,

José Vargas, 1835, was overthrown by the army, Páez intervened and had a civilian, Carlos Soublette, finish Vargas' term. Páez was then re-elected, 1839–43. At this point his power was challenged by a new Liberal Party, but Soublette succeeded in returning to the presidency, 1843–46.

CONSERVATIVE RULE IN COLOMBIA. Pedro Alcántara Herrán and his minister, Mariano Ospina Rodríguez, presided, 1842–45, over a prosperous but repressive regime. By the Constitution of 1843 the church was restored to its former powerful position. The election of the opportunistic Tomás Cipriano de Mosquera meant the continuation of this program for a while, but growing Liberal opposition pushed Mosquera into a more tolerant, anticlerical position. During his administration, 1845–49, the Bidlack Treaty was signed with the U.S., 1846, guaranteeing Colombian sovereignty over the Panama Isthmus.

1849–80

THE RULE OF THE LIBERALS. In Colombia the Liberals were strong enough to elect José Hilario López to the presidency, 1849–53, and to promulgate the extremely anticlerical, democratic, and federalist Constitution of 1853. José María Obando, 1853–54, and Manuel María Mallarino, 1855–57, tried to give effect to these reforms, but constant disorder and a deteriorating economic situation enabled the Conservatives to come to power for a brief period. Ospina Rodríguez, 1857–60, seemed willing to compromise on federalism; the new Constitution of 1858 was even more decentralized, but the Conservatives maintained their determination to curb the states. This provoked another civil war in which Mosquera, now a declared Liberal, returned to power. In 1863, a truly radical constitution was passed which, repeating previous federal and anticlerical provisions, stressed civil liberties and provided for a 2-year presidential term. Mosquera, 1861–64, 1866–67, became increasingly repressive, however, and was finally overthrown. Between 1867 and 1880 the congress and the states ruled Colombia, a period punctuated, however, by continuous Conservative revolts.

In Venezuela, José Tadeo Monagas was elected president as a Conservative, but turned into a self-styled Liberal once in power, and defeated 2 revolts against him led by Páez. Little was done during his rule, 1846–51, 1855–58, and that of his brother José Gregorio, 1851–55, apart from the establishment of a dictatorship, whose severity finally led to its overthrow. A civil war broke out between Liberals and Conservatives and Páez returned to the presidency, 1861–63. This time he imposed an authoritarian, clerical regime, but could not crush the Liberals. Páez was unseated by Juan Falcón, 1863–68, who promulgated a democratic, federalist constitution, 1864. Disorder continued, however, allowing José Tadeo Monagas, and then his son, Ruperto, to return to office—this time as Conservatives, 1868–70.

1880–1914

"REGENERATION" AND DICTATORSHIP. Although elected as a Liberal, 1880–82, Rafael Núñez of Colombia turned into a dictatorial Conservative during his 2nd term, 1884–94. Exploiting the centralist constitution adopted in 1886, a concordat, 1887, and the power of his National Party, a coalition of moderate Liberals and Conservatives, Núñez restored both the church and the presidency to their former powerful positions, but with enough concessions to the Liberals to unify the country, at least during his lifetime. Under his successors, Miguel Caro, 1894–98, Manuel Sanclemente, 1898–1900, and José Manuel Marroquín, 1900–3, the Conservatives managed to stay in power. The party was badly shaken, however, by a protracted Liberal revolt, 1899–1903, which culminated in the humiliating loss of Panama. The Conservative Rafael Reyes ruled as a dictator, 1904–9, but by fostering economic development and by giving the Liberals some representation in the government, he reached a party settlement which lasted 20 years. Opposition finally led to his resignation. Carlos Restrepo continued his predecessor's compromise policy, 1910–14, though with greater emphasis on civil liberties and a weak presidency.

In Venezuela, "Regeneration" began earlier than in Colombia. Seizing power as a Liberal, Antonio Guzmán Blanco imposed on Venezuela a repressive, centralized regime, liberal only in its strong anticlericalism. Despite corruption at all levels, the economy prospered and a sense of national unity, based partly on official glorification of Guzmán Blanco, was created. Sometimes ruling in person, 1870–77, 1879–84, sometimes from Paris through puppet presidents, Guzmán Blanco finally lost popularity and was overthrown. Out of the ensuing civil war, one of Guzmán Blanco's puppets, Joaquín Crespo, emerged as victor. Also theoretically a Liberal, Crespo, 1892–98, was preoccupied with a boundary dispute with British Guiana, which was settled somewhat favorably for Venezuela. Crespo's successor was overthrown by a Conservative provincial cattleman, Cipriano Castro, who instituted a corrupt and oppressive dictatorship, 1899–1908. Having no domestic program, Castro concentrated on nationalism. When Britain, Germany, and Italy blockaded Venezuela to enforce the repayment of her debts, 1902–3, Castro gained popularity by resisting "the Powers." His actions were eventually sanctioned by the International Court. Juan Vicente Gómez, Castro's vice-president, seized power in 1908. Political skill and money, derived initially from coffee and cattle, and after 1918 from oil, enabled Gómez to impose a harsh and efficient dictatorship. With the support of a modernized army and foreign investors, Gómez repressed political opponents and successfully ignored demands for social reform. (*Cont. p. 454.*)

ECUADOR

1825–30

INDEPENDENCE. Ecuador formed part of Bolívar's Gran Colombia, but the continuing presence of Colombian soldiers, bureaucrats, and tax collectors, plus the example of opposition to Bolívar provided by Venezuela and Colombia, fed a nationalist reaction. A war between Gran Colombia and Peru, 1828–29, increased instability. Finally, Juan José Flores (1800–64), one of Bolívar's generals, threw his military support to the separatists, and Ecuador declared itself independent, 13 May, 1830.

1830–45

RULE OF FLORES. Flores, a Venezuelan, became president, and imposed his own dictatorial rule. Nationalist and civilist resentment against him led to a revolt under Vicente Recafuerte, but the outcome was merely an arrangement whereby the 2 leaders agreed to alternate in the presidency. Recafuerte promulgated an anticlerical, somewhat liberal constitution, but, due partly to the influence of Flores, few reforms were realized. Upon Flores' return to office, 1839–45, a new constitution was drafted, and Flores had himself re-elected for an 8-year term. He was finally overthrown by a group of nationalists and antimilitarists from Guayaquil.

1845–60

RULE OF THE LIBERAL GENERALS. Despite the civil aims of those who had ousted Flores, Ecuador continued to be ruled by a series of nationalistic, anticlerical generals, of whom Vicente Roca, 1845–49; José Urbina, 1851–56; and Francisco Robles, 1856–59, were the most important. The domestic confusion, aggravated by interference from other countries, was epitomized by the cession of Guayaquil to Peru by the provincial boss, Guillermo Franco. At this point Gabriel García Moreno (1821–75) seized power.

1860–75

DICTATORSHIP OF GARCÍA MORENO. García Moreno, 1860–65, believed that only Catholicism could unite Ecuador. By the constitutions of 1861 and 1869 and the Concordat of 1863 he imposed a Conservative, centralist government, which gave the church great power and even deprived non-Catholics of citizenship. Moreno was followed in the presidency by 2 puppets, Jerónimo Carrión, 1865–67, and Javier Espinosa, 1868–69, returning to power himself in 1869. Despite material progress, Liberal opposition grew, culminating in García Moreno's assassination, 5 Aug., 1875.

1875–1914

OLIGARCHS VS. REFORMERS. Ignacio Veintimilla overthrew the moderate but weak Antonio Borrero, and imposed a corrupt military dictatorship. Presidents José Caamaño, 1884–88; Antonio Flores Jijón, 1888–92; and Luís Cordero, 1892–95, attempted to return the country to a clerical, authoritarian, civilian regime, but with limited success. Eloy Álfaro seized the presidency, 1895–1901. He and especially Leonidas Plaza Gutiérrez, 1901–5, introduced educational and anticlerical reforms. The Liberal program was embodied in the Constitution of 1907, passed during Álfaro's 2nd term, 1906–12, but rule by the oligarchy continued. Álfaro's attempt to stay in power touched off a civil war in which he was killed. Plaza returned to office, 1912–16. Meanwhile, Ecuador had lost territory to Brazil, 1904. (*Cont. p. 454.*)

PERU

1825–35

RULE OF BOLÍVAR'S GENERALS. Bolívar's departure from Peru, 1826, was followed by a struggle for power among the "Marshals of Ayacucho." Andrés Santa Cruz, Bolívar's appointed successor, was a capable president, but soon suffered electoral defeat at the hands of the Liberal, José de Lamar, 1827–28, who launched attacks against Bolívar's troops in Ecuador and Bolivia. Defeat in Ecuador led to the ousting of Lamar by Agustín Gamarra, 1829–33, a Conservative. Luis Orbegosa, a more liberal figure, followed Gamarra in the presidency, 1833–35.

1835–45

IDEA OF CONFEDERATION. Threatened by revolts led by Gamarra and Felipe Salaverry, Orbegosa requested the aid of Santa Cruz, the president of Bolivia. Santa Cruz defeated the rebel generals and then established the Peruvian-Bolivian Confederation, 1836–39, a union between the states of North Peru, South Peru, and Bolivia with Santa Cruz as lifetime "Protector." Despite the advantages of and historical justification for the Confederation, it was opposed by those local leaders who resented Santa Cruz's assumption of power and by Peruvians who considered him a foreign invader. The Confederation's most determined enemies, however, were Argentina and, especially, Chile. Chile declared war, 1837–39, and defeated Santa Cruz's forces at Yungay, 20 Jan., 1839. The Confederation was dissolved, and Gamarra recaptured the presidency, 1839–41. Reversing the policy of Santa Cruz, he started a war to annex Bolivia, but was defeated at Ingaví, 18 Nov., 1840. This temporarily ended foreign wars, but the struggles among Peruvian generals continued.

1845–62

CREATIVE ORDER UNDER CASTILLA. Ramón Castilla (1797?–1867), a Conservative who made some concessions to the Liberals in education and religious matters, gave Peru a much-needed period of stability and progress, 1845–51. He allowed José Echenique to succeed him, 1851–55, but Echenique proved so corrupt that Castilla brought about his deposition, and took power again himself, 1855–60. The Constitution of 28 July, 1860, embodied Castilla's presidentialist but relatively enlightened program.

1863–72

WAR AND CORRUPTION. The Spanish seizure of Peru's guano-rich Chincha Islands, 14 Apr., 1864, theoretically to enforce payment of claims, provoked a diplomatic and political crisis in Peru. After concluding an unpopular treaty with Spain, Juan Pezet, 1863–65, was displaced by Mariano Prado, 1865–68. Meanwhile, as a result of a Latin American Congress held at Lima, a Quadruple Alliance was formed, consisting of Chile, Peru, Ecuador, and Bolivia. The Alliance declared war on Spain, 14 Jan., 1866. After a defeat at Callao, Spain withdrew. The Liberal, Prado, was replaced by a Conservative, Pedro Díaz Canseco, 1868. Canseco's successor, José Balta, 1868–72, symbolized the confusion of that decade. Persuaded by his finance minister, Nicolás de Piérola, Balta embarked on an extravagant program of public works, which further corrupted politics and dissipated Peruvian resources.

1872–83

CIVILIAN RULE AND THE WAR OF THE PACIFIC. The newly formed Civilist Party succeeded in electing Manuel Pardo president, 1872–76. Pardo favored economic nationalism, decentralization, and educational reform, but was hindered by an economic recession. His policies were not continued by his successor, Mariano Prado, 1876–79. Fighting between the Civilists and the Democrats, a radical party led by Nicolás Piérola, weakened Peru, and helped to contribute to her defeat by Chile in the War of the Pacific, 1879–83. During this international crisis, provoked by Chile's desire to exploit the nitrates on Peruvian and Bolivian soil, the presidency was occupied successively by Prado, Piérola, García Calderón, and Montero, 1879–82. Finally, Miguel Iglesias, representing northern Peru, signed the Treaty of Ancón, 20 Oct., 1883, by which Peru ceded the provinces of Tarapacá, Tacna, and Arica to Chile, the latter 2 for 10 years, after which a plebiscite was to be held.

1884–94

THE GENERALS RETURN. With the Civilists discredited by Peru's disastrous defeat, Andrés Cáceres, the leader of guerrilla resistance during the war, seized power, 1884–90. Cáceres and Remigio Morales, 1890–94, helped to reconstruct the country, but their dictatorships drove the political parties into opposition.

1895–1908

PARLIAMENTARY OLIGARCHY. In 1895 Piérola seized the presidency and ruled until 1899. A popular figure, supported by both Democrats and Civilists, he introduced reforms and stimulated the economy. Under Eduardo Romaña, 1899–1903, and José Pardo, 1904–8, there was further progress along these lines.

1908–14

THE SOCIAL QUESTION. Augusto Leguía, 1908–12, encouraged economic development and promised a pro-Indian social policy, but his autocratic methods antagonized both parties. His successor, Guillermo Billinghurst, 1912–14, relied on popular support. Billinghurst was overthrown, however, when he tried to weaken the powers of the oligarchic Congress. (*Cont. p. 453.*)

BOLIVIA

1825–29

INDEPENDENCE. After defeating the last royalist forces at Tumulsa, 2 Apr., 1825, Antonio José de Sucre (1795–1830) remained in charge as Bolívar's representative. Against Bolívar's wishes, independence was declared, 6 Aug., and Sucre became president, 1826–28, under a constitution especially designed for the new nation by Bolívar. This constitution, which specified a lifetime presidency and created a Chamber of Censors, indicated to what degree Bolívar had become a conservative thinker. Sucre ruled well, but fell victim to an anti-Colombian reaction, led by rival Bolivian leaders and assisted by a Peruvian invasion.

1829–41

ERA OF SANTA CRUZ. Andrés Santa Cruz (1792?–1865) , a Bolivian, was elected president, 1829–39. A constructive dictator, Santa Cruz established the foundations of the Bolivian state. His continuing interest in Peru, where he had been president, finally led to his creation of the Peruvian-Bolivian Confederation, 1836–39, but when the Confederation was defeated by Chile he fell with it.

1841–80

NATIONAL UNIFICATION AND POLITICAL UNREST. After rallying the country to defeat the Peruvian invasion, José Ballivián became president, 1841–47. Ballivián was autocratic but progressive, and Bolivia under his rule achieved some advances. In 1848 Manuel Belzú seized the presidency and instituted a kind of popular dictatorship, encouraging the urban workers to riot against the upper classes. Belzú's chosen successor, Jorge Córdoba, proved incompetent. He was overthrown by José Linares, the first civilian to be president, 1857–61, but Linares' attempt to impose administrative reforms soon led to his downfall. José María de Achá, a moderate but weak president, followed him, 1861–63.

Under the administration of the ignorant and brutal Mariano Melgarejo, 1864–71, Bolivian political life reached its nadir. Completely irresponsible, Melgarejo ceded rich rubber lands to Brazil, and gave Chile a nitrate concession. He was finally unseated by another violent soldier, Agustín Morales, 1871–72. A breathing space was obtained during the terms of Adolfo Ballivián and Tomás Frías, 1873–75, both civilians and reformers. But Hilarión Daza's seizure of power, 1876–80, meant a return to reckless military dictatorship. Daza's attempt to renege on previous nitrate agreements with Chile, 1866, 1872, 1874, provoked the disastrous War of the Pacific, 1879–83, as a result of which Bolivia lost control of her nitrate deposits and all coastal territory. Accused of treason after Bolivia's defeat, 1880, Daza was overthrown.

1880–1914

GOVERNMENT BY PARTY. The War of the Pacific, temporarily settled by a truce with Chile, 4 Apr., 1884, served as an issue around which Conservative, Liberal, and Democratic parties were formed. Narciso Campero, Daza's successor, was followed in the presidency by the Democrat Gregorio Pacheco, a wealthy mineowner, 1884–88. Political stability continued under the clerical and authoritarian, but economically progressive, regimes of the Conservatives Aniceto Arce, 1888–92; Mariano Baptista, 1892–96; and the less competent Severo Fernández Alonso, 1896–98.

In 1899 José Pando exploited the issue of the location of the capital to attain power, ruling until 1904. The federalist system he proposed was not implemented. Bolivia lost the rich Acre rubber territory to Brazil by the Treaty of Petropolis, 17 Nov., 1903. Under the Liberal Ismael Montes, 1904–8, however, anticlerical laws were passed. In a final treaty with Chile, Bolivia recognized the loss of her coast in exchange for 2 free ports, 20 Oct., 1904. After the term of Eliodoro Villazón, 1909–13, Montes returned to office. (*Cont. p. 453.*)

CHILE

1825–41

FOUNDATION OF THE CONSERVATIVE REPUBLIC. Supreme Director Ramón Freire was unable to control the warring Liberal and Conservative factions, and accomplished little, 1823–26. Resigning, he was replaced by Francisco Pinto, 1826–29, who first tried to govern through the federalist Constitution of 1826 and then through the centralist Constitution of 1828. Liberal disunity finally enabled the Conservatives under Joaquín Prieto to overthrow Pinto at Lircay, 17 Apr., 1830. Prieto became president, 1831–41, but the real ruler of Chile was Diego Portales Palazuelos. Using the Constitution of 1833, Portales Palazuelos imposed an authoritarian, centralist, clerical regime. This system, at least for a time, was well suited to the social structure of the country and, because of Portales' moderation, his control of the army, and his emphasis on economic development, formed the basis for the stability which distinguished Chilean politics. But Portales Palazuelos was assassinated, 6 June, 1837, during the war against the Peruvian-Bolivian Confederation, 1837–39.

1841–61

THE LIBERAL REACTION. Victory brought national self-confidence and the election of Manuel Bulnes, the hero of the war, 1841–51. A period of efficient government ensued, and there was a minor relaxation of Portales' authoritarianism. The growing Liberal Party, however, was not appeased. Manuel Montt, the 1st civilian president of Chile, 1851–61, had a farsighted educational and economic program. But his determined opposition to political reforms infuriated the Liberals, who rebelled twice during his term, 1851, 1859. Montt's insistence on the supremacy of the state over the church during the Affair of the Sacristan, 1856, lost him much Conservative support. Liberals and Conservatives, uniting in opposition to the ruling Nationalist Party, eventually formed the Fusion Party, 1858.

1861–76

PARTY POLITICS AND LIBERAL RULE. Impressed by the strength of the Fusion Party, Montt chose a moderate, José Joaquín Pérez, to succeed him, 1861–71. Pérez proceeded to introduce minor political and religious reforms, eventually turning from the Nationalist Party to the Fusion for support. Meanwhile, Liberals dissatisfied with the Fusion had broken away to form a Radical Party, 1863. The only violence which occurred during Pérez' "Era of Good Feeling" was the Spanish bombardment of Valparaíso, 1865. During the term of Pérez' successor, Federico Errázuriz Zañartu, 1871–76, the Fusion split over the issue of church control of education. Errázuriz then relied on a coalition of Liberals, Radicals, and Nationalists to put through a program which curbed the power of both the president and the church.

1876–86

WAR OF THE PACIFIC. The Liberal Aníbal Pinto, 1876–81, was chiefly concerned with an economic crisis and the war against Peru and Bolivia, 1879–83. Basing her attack on Bolivia's violation of previous treaties, Chile was technically right, but fought the war in fact to wrest from Peru and Bolivia their valuable nitrate deposits. Despite early naval victories won by Chile, 1880, Peruvian resistance postponed peace until 1883, when the Treaty of Ancón, 20 Oct., 1883, was signed. Victory greatly enriched Chile, increased self-confidence and prestige, and fortified the power of the Liberals. Thus, when Domingo Santa María was elected president, 1881–86, he approved all the anticlerical legislation desired by the Liberals, except for the separation of church and state. Progress was achieved in economic development. Political reforms limiting the power of the executive were also enacted, but these had little practical effect.

1886–91

REVOLUTION. General opposition to President José Manuel Balmaceda's progressive program of government planning, economic nationalism, and social reform, 1886–91, and the failure of the Liberal majority in Congress to support him, led Balmaceda to try authoritarian methods to realize his aims. His attempt to override Congress on the budget issue, however, led to his deposition, and the government's troops were defeated by a navy-Congress coalition, probably backed by British nitrate interests. Balmaceda's fall meant the end of the presidentialist, Santiago-based government created by Portales, and the beginning of a decentralized, parliamentary, but even more oligarchical, political system.

1891–1914

THE FUTILE YEARS. Under Jorge Montt, 1891–96, and Federico Errázuriz Echaurren, 1896–1901, both backed by Conservative-led coalitions, there was some economic growth, and constitutional liberties were maintained. The number and power of the parties, however, led to extreme ministerial instability and, consequently, the lack of any constitutional program. Political life became increasingly corrupt and opportunistic. Germán Riesco, 1901–6, a moderate Liberal, achieved diplomatic settlements with Argentina, 20 Nov., 1902, and Bolivia, 20 Oct., 1904, but accomplished little else. Neither Pedro Montt, 1906–10, nor Ramón Barros Luco, 1911–15, dealt with the pressing political issues of labor reform and sustained economic development. These matters became rallying cries for the Radicals and for the Socialist Labor Party, formed in 1912. (*Cont. p. 452.*)

ARGENTINA

1825–29

THE FAILURE OF LIBERALISM. The war with Brazil over the possession of what became Uruguay, 1825–28, brought home to the disunited provinces of Argentina the need for national government. Bernardino Rivadavia (1780–1845), a Liberal from Buenos Aires, was elected president, 1826–27. Though extremely capable, Rivadavia pleased neither the interior provinces, which opposed his centralist constitution, liberal political ideas, and mild anticlericalism, nor Buenos Aires, which disliked his financial policies and the federalization of the city. Failure to win the war finally led to Rivadavia's downfall. The central government was dissolved, each province governing itself as the struggle continued between the Federalists on one side and the Unitarians, supporters of a centralized government based on Buenos Aires, on the other. Neither of the next 2 governors of Buenos Aires, the Federalist Manuel Dorrego, 1827–28, nor the Unitarian Juan Lavalle, 1828–29, could impose order on the country.

1829–35

ROSAS' 1ST TERM. Juan Manuel de Rosas (1793–1877), a wealthy cattleman, seized the governorship of Buenos Aires in 1829. He defeated the Unitarians, and signed a loose pact of union with 3 other provinces. This pact officially recognized the right of Buenos Aires to conduct foreign affairs, 4 Jan., 1831. Still resisted by some Liberals, Rosas refused to serve again, and led a series of Indian campaigns in the south, increasing his popularity. Meanwhile, his Sociedad Popular Restauradora harassed the governors who succeeded him.

1835–52

DICTATORSHIP OF ROSAS. Rosas was finally granted full powers, which he used to establish a clerical, Conservative, and highly oppressive regime, 1835–52. Refusing to set up a national constitutional government, he styled himself a Federalist. In fact, his personal power together with his friendships with provincial leaders permitted him to control the country. His economic policies benefited mainly Buenos Aires. He relied on his popularity, and on an aggressive foreign policy, in his campaign to unify, and perhaps expand, Argentina. An attack on the Peruvian-Bolivian Confederation failed, 1837, but he had more success in his resistance to the French and British blockades of Buenos Aires, 1838–40, 1845–50, provoked by Argentina's interference in the affairs of Uruguay. In the end Rosas was defeated at Caseros, 3 Feb., 1852, by a coalition of provincial governors led by Justo José Urquiza (1800–1870), by Unitarians and Liberal intellectuals at home, and by Brazil and Uruguay abroad. Rosas had created a nation, but at the price of arbitrary dictatorship and rule by the cattle barons of Buenos Aires.

1852–62

THE 2 ARGENTINAS. Urquiza now ruled as a provisional president. His gaucho background and his federalism, however, antagonized Buenos Aires, which demanded special status for itself. The other provinces formed the Argentine Confederation under Urquiza, 1854–60, and adopted the Constitution of 1853, a pro-church, nominally federalist, document. At Cepeda, 23 Oct., 1859, the 1st clash between the 2 Argentinas, Urquiza triumphed, but Buenos Aires remained the richest and most populous province. At Pavón, 17 Sept., 1861, the Confederation, now under Santiago Derquí, withdrew from association with Buenos Aires, leaving Bartolomé Mitre (1821–1906) provisional president, 1860–62.

1862–68

WAR OF THE TRIPLE ALLIANCE. Bartolomé Mitre, 1862–68, the 1st of a group of progressive presidents, set up a Liberal National government, and reached a compromise on the issue of the status of Buenos Aires, but was soon diverted by the War of the Triple Alliance, 1865–70, in which Brazil, Argentina, and Uruguay fought Paraguay. Intervention by all three countries in the affairs of Uruguay caused this costly and unpopular war. Territorially, Argentina profited little from participation in it.

1868–80

THE SCHOOLMASTER PRESIDENTS. During the administration of the brilliant and energetic Domingo Faustino Sarmiento, 1868–74, a provincial sympathetic to Buenos Aires, education and immigration were emphasized. Sarmiento also used the power of the central government to repress provincial revolts. In 1874 dissension in Buenos Aires again enabled a provincial, Nicolás Avellaneda, to win the presidency, 1874–80. Avellaneda's term was one of increasing prosperity for the country. The status of Buenos Aires was finally settled in 1880, when Julio Roca, backed by Avellaneda and the provinces, defeated the Buenos Aires candidate, federalized the city, and created a new provincial capital.

1880–90

THE CORRUPT OLIGARCHY. During the term of Julio Roca, 1880–86, of the landowners' Partido Autonomista Nacional (PAN), Argentina experienced a booming prosperity, which stimulated much speculation in land and railroads. Anticlerical laws were passed at this time, 1884. Unfortunately Roca's successor, Miguel Juárez Célman, 1886–90, allowed corruption and reckless financing to produce a serious economic crisis. Economic difficulties and the iron rule of the PAN party machine provoked a revolt by the newly formed Radical Party under Leandro Alem, 1890. The Radicals were defeated, but Juárez Célman was forced to resign.

1890–1904

THE FLEXIBLE OLIGARCHY. Vice-President Carlos Pellegrini, 1890–92, who succeeded Célman, was no reformer, but by trying to stabilize the economy and reduce corruption he revealed the readiness of the oligarchy to adapt itself to change. This ability and the divisions among the Radicals made possible the election of another Conservative PAN candidate, Luis Sáenz Peña, 1892–95. A sick man and without party support, Sáenz Peña had to contend with both a reaction in Congress against the power of the president and with another Radical revolt, 1893. Resigning, he was replaced by Vice-President José Uriburu, 1895–98. It was not until the re-election of Roca, 1898–1904, that the oligarchy really recovered from the crisis of 1890. Despite the growing power of the Radicals, now under Hipólito Irigoyen, and the existence of a Socialist Party, another wave of prosperity permitted Roca to reimpose his centralized, corrupt, and rather autocratic style of rule. This time his term was enhanced by a favorable settlement with Chile, 1902, and the enunciation of the Drago Doctrine, 1904, the internationally agreed principle that foreign debts could not be collected by force.

1904–14

THE RADICAL MOVEMENT. Conservative Presidents Manuel Quintana, 1904–6, and José Figueroa Alcorta, 1906–10, continued to ignore the Radicals and their demands, despite another revolt, 1905. By 1910, however, lower- and middle-class pressure made PAN realize that some compromise was required.

Roque Sáenz Peña, a Conservative with a reform program, became president, 1910–16. His electoral law, signed in 1912, guaranteed universal male suffrage and the secret ballot, and eventually enabled the Radicals to come to power legally. (*Cont. p. 451.*)

PARAGUAY

1825–40

THE HERMIT DICTATOR. Dr. José Gaspar Rodríguez Francia (1761?–1840), in breaking the power of the church and upper classes, imposed an iron dictatorship on Paraguay, 1814–40. Fearing the threat to his position which immigration and foreign trade might bring, he completely isolated his country from the outside world. This policy fostered national unification, but kept Paraguay backward.

1841–62

RULE OF CARLOS LÓPEZ. Carlos Antonio López, 1844–62, more progressive but less honest than Francia, allowed external trade, conciliated the church, and sought to increase national prestige by creating a powerful army and by pressing claims against foreign powers.

1862–76

WAR OF THE TRIPLE ALLIANCE. Francisco Solano López, 1862–70, the son of Carlos López, thought of himself as the arbiter, and perhaps one day the conqueror, of the La Plata region. When his diplomatic attempts to curb Brazilian and Argentinian intervention in Uruguay were rebuffed, López attacked both countries, initiating the War of the Triple Alliance, 1865–70. That Paraguay survived a crushing defeat was due only to the rivalry between the victors, for she had lost nearly half her population and a great deal of territory. Under a new constitution, Cirilo Antonio Rivarola became president, 1870. Brazilian troops did not leave Paraguay until 1876.

1876–1914

THE PERIOD OF INSTABILITY. In reaction to 62 years of dictatorship, Paraguayan politics now entered a period of almost continuous disorder. The party of the Conservatives ruled, led by Bernardino Caballero and then by Patricio Escobar. A revolt, 1904, brought the Liberals to power, but the change meant little for the people of Paraguay. (*Cont. p. 453.*)

URUGUAY

1825–35

INDEPENDENCE. The war between Brazil and Argentina was ended by Great Britain, which proposed the creation of a new state out of the disputed territory, 27 Aug., 1828. Independence was guaranteed by the Constitution of 1830, and José Fructuoso Rivera (1790?–1854) became the first president of Uruguay, 1830–35. Unwilling to surrender power to a successor, Manuel Oribe, 1835–39, Rivera led a revolt. From this struggle emerged Uruguay's 2 traditional parties, the conservative, rural, clerical *blancos,* led by Oribe, and the liberal *colorados,* under Rivera.

1836–63

CIVIL WAR AND FOREIGN INTERVENTION. Despite Rosas' backing of Oribe, aid from many quarters (Brazil, certain Argentine provinces, the Unitarians, and France) put Rivera back into the presidency, 1839–46. When the French withdrew, Oribe renewed his offensive, which culminated in the siege of *colorado*-controlled Montevideo, 1843–51. The French and British blockade of Buenos Aires, 1845–49, helped Rivera somewhat, but it was the forces of Brazil and the Argentinian, Urquiza, that raised the siege and defeated Oribe. Despite a compromise between the parties, the *colorado* President Venancio Flores, 1851–55, was soon faced with a *blanco* revolt, which even Brazilian aid could not quell, and the *blancos* seized power, 1855–63. Stable government, however, was rendered impossible by continuing pressure from Buenos Aires and Brazil.

1863–71

WAR OF THE TRIPLE ALLIANCE. An invasion in support of Flores, backed toward the end by Brazilian troops, overthrew the *blanco* President Anastasio Aguirre, 1865, and provoked Paraguay's attack on Brazil. This was the 1st stage of the War of the Triple Alliance. Despite the assassination of President Flores, 1868, the *colorados* remained in control, defeating the *blancos* again in a new civil war, 1870–71.

1872–90

RULE OF THE COLORADO GENERALS. A postwar settlement gave the *blancos* a subsidy and control of 4 of Uruguay's 15 departments. This assured the peace needed for economic progress. The gaucho leaders gave way to a series of army generals: Lorenzo Latorre, 1876–80, autocratic but interested in education; Máximo Santos, 1882–86, unpopular and dictatorial; and Máximo Tajes, 1886–90, who tried to curb the army and conciliate both political parties.

1890–1903

RULE OF THE COLORADO CIVILIANS. Julio Herrera y Obes, 1890–94, worked to establish competent civilian government, but the highhanded methods of his successor, Juan Idiarte Borda, 1894–97, provoked another *blanco* revolt. The *colorados* promised concessions, but these were not implemented by Juan Cuestas, 1897–1903, who instituted a reasonably progressive though authoritarian regime.

1903–14

BATLLE AND THE BIRTH OF MODERN URUGUAY. During his 1st term José Batlle y Ordóñez, 1903–7, was preoccupied with another *blanco* revolt, which he settled by substituting proportional representation for the old system of *blanco* control of rural departments. With the country more unified, his successor Claudio Williman, 1907–11, and later Batlle himself, 1911–15, were able to introduce a program of social welfare reform, economic nationalism, state-owned corporations, and increased political democracy, including the establishment of a biparty plural executive. (*Cont. p. 451.*)

BRAZIL

1825–31

REIGN OF DOM PEDRO I. Due to the peaceful transition from colony to empire, 1822, the advice of capable ministers, and Pedro's own efforts, Brazil remained a unified, relatively stable state during the first difficult post-Independence years. But Pedro's failure to work within the framework of the Constitution of 1824 and his extravagance made him increasingly unpopular. Nativist feeling was aroused by his appointment of Portuguese to high office and by the way in which he involved Brazil in Portuguese dynastic struggles. A treaty with Great Britain, 23 Nov., 1826, promising to end the slave trade antagonized the planters. Finally, the unsuccessful war against Argentina to retain Uruguay as a Brazilian province, 1825–28, weakened Pedro's position. He was forced to abdicate in favor of his 5-year-old son, 7 Apr., 1831.

1831–41

THE REGENCY. During the first years of Pedro II's minority, a 3-man regency governed Brazil, 1831–35. It was seriously weakened by fighting among the newly emerging national political parties. The chief problem, however, lay in a rash of regional revolts, some military, some popular—both monarchical and republican. The regency responded with the Additional Act, 12 Aug., 1834, which appeased the federalists by giving more power to the provincial legislatures, suppressed the conservative Council of State, and created a single regent. The priest, Diogo Antonio Feijó, the first regent, 1835–37, was capable, but his autocratic measures antagonized Congress without repressing the 2 worst uprisings of the decade: a civil war in Pará, 1835–40, and the Revolução Farroupilha in Rio Grande do Sul, 1835–45, this latter state even declaring itself an independent republic. Under Feijó's successor, the Marquês de Olinda (1793–1870), national unity continued to be threatened by federalist revolts, 1837–40. Both parties agreed that the majority of Pedro II should be proclaimed early in order to strengthen the central government. The regency had avoided both partition and dictatorship, but had been too preoccupied with maintaining order to institute many lasting reforms.

1841–50

CONSOLIDATION. A man of wide intellectual interests and liberal ideas, Pedro II (ruled 1841–89) soon showed himself to be a capable, conscientious emperor. Aided at first by the Conservatives, he pursued a policy of centralization, reversing the Additional Act, 3 Dec., 1841, and successfully repressing a new group of revolts as well as the secession of Rio Grande do Sul, 1845. The political parties also felt Pedro's firm hand. Although he carefully maintained parliamentary forms, the power granted him by the constitution and his own political skill enabled him to control the government. He favored no particular party. Efficient administration gave his regime a progressive reputation.

1850–60

THE TRIUMPHANT DECADE. Due to Pedro's popularity and to the political stability which culminated in the biparty Ministry of Conciliation, 1853, Brazil was able to embark on a period of remarkable economic progress. National self-confidence inspired an aggressive foreign policy. True, Brazil was forced by British military pressure to abolish the slave trade, 4 Sept., 1850, but Brazilian influence continued strong in the La Plata region to the south. The threat posed by Argentina to the independence of Uruguay and the possibility of a denial of free access to the La Plata River system provoked Brazil to join the coalition which overthrew Rosas in 1852. In return Brazil received much disputed territory and a decisive influence in Uruguay, where in 1854 Brazilian troops put the *colorado* party in power.

1860–70

WAR OF THE TRIPLE ALLIANCE. The Christie Affair, 1861–65, a diplomatic clash between Britain and Brazil over a minor incident involving British sailors, showed that Brazil was still not strong enough to resist a great European power. The War of the Triple Alliance, 1864–70, however, proved that Brazil was dominant in Latin America. This war, in which Brazil, Argentina, and Uruguay imposed a crushing defeat on Paraguay, grew out of the rivalry among these countries for effective control of Uruguay, the key to dominion in the La Plata region. Pressured by Rio Grande do Sul interests with investments in Uruguay, Pedro ordered the invasion of that state in support of the *colorados,* who favored Brazil, 1865. This provoked the Paraguayan dictator López to attack Brazil and then Argentina, allegedly in defense of the balance of power. Paraguay's tenacious resistance prolonged the uneven struggle until the death of López, 1 Mar., 1870. The positive results for Brazil were an increase in prestige and territory and a sense of national unity.

1870–80

BREAKDOWN OF THE SYNTHESIS. The formation of a Republican Party, 1870, had its roots in traditional agitation for a more decentralized, democratic government, but it was also a specific protest against the length of the War of the Triple Alliance and Pedro's use of his moderating power to oust a Liberal ministry, 1868. Slavery was challenged, too, receiving its 1st defeat in the Rio Branco Law, 28 Sept., 1871, which freed all future slave offspring, though apprenticing them to their masters until the age of 21. Finally, a quarrel with the church over Freemasonry and the power of the state in religious matters, 1872–75, lost Pedro the support of the Brazilian Church and the religious population.

1880–89

THE COMING OF THE REPUBLIC. Despite the return of a Liberal ministry, 1878, and a more democratic electoral law, 1881, Pedro's power became increasingly resented as he grew out of touch with national problems. Meanwhile the abolitionist movement gained strength, leading 1st to the passage of a law freeing all slaves over 60, 28 Sept., 1885, and ultimately to complete abolition, 13 May, 1888. Since the "Golden Law" granted no compensation to slaveowners, it greatly alienated the planter class from the monarchy. The decisive blow to the empire, however, came from the army, which had emerged from the War of the Triple Alliance with a new sense of professional importance. From 1884 onward, various army officers made determined efforts to win a special political status for the army. When the emperor and the parties resisted these attempts, the officers became republicans. Tacitly supported by other groups which opposed the monarchy, Floriano Peixoto, Deodoro da Fonseca, and the civilian positivist intellectual, Benjamín Constant, forced Pedro to abdicate after an unexpected military coup, 15 Nov., 1889.

1889–98

BIRTH PANGS OF THE REPUBLIC. Deodoro da Fonseca (1827–92), the president of the provisional government, 1889–91, promulgated decrees establishing a federal republic, separating church and state, and widening the electorate, all of which were confirmed by the Constitution of 24 Feb., 1891. Despite these federalist provisions, Fonseca's government was so centralized and presidentialist that, coupled with an economic crisis, it provoked a revolt. Fonseca was forced to resign in favor of his vice-president, Floriano Peixoto, 1892–94. Peixoto proved to be even more authoritarian than Fonseca, but he was also far more capable. He met the growing dissatisfaction with the republic, which culminated in the monarchist uprising supported by the navy and Rio Grande do Sul, 1893–94, by repression. He was respected, however, as a founder of the republic and for permitting Prudente José de Moraes Barros, a civilian, to succeed him, 1894–98. A transitional president, Moraes Barros relaxed Peixoto's tightly centralized control, and made some progress in the fields of finance and foreign relations, reaching a boundary settlement with Argentina, 9 Aug., 1895. But his administration was discredited by its clumsy repression of the revolt of the backland religious community of Canudos.

1898–1914

THE STABLE REPUBLIC. During the administration of Manuel de Campos Salles, 1898–1902, civilian, constitutional government was the rule. Foreign loans helped to finance the bureaucracy, public works, and the army. The Treaty of Petropolis with Bolivia, 17 Nov., 1903, which gave Brazil most of the rubber-rich Acre territory, was one of several favorable boundary settlements with both Latin American states and European colonial powers. The presidencies of Francisco Rodrigues Alves, 1902–6, and Affonso Penna, 1906–9, continued this constructive record. Politics were still quite corrupt, however, and were controlled by the state machines of Rio de Janeiro, Minas Gerais, and São Paulo. The electoral victory of Marshal Hermes da Fonseca, 1910–14, indicated that the army had again replaced the party oligarchies as the arbiter of national politics. Fonseca's corrupt and dictatorial regime ushered in an era of severe economic and political problems for the republic. (*Cont. p. 453.*)

CENTRAL AMERICA

1825–40

UNITED PROVINCES OF CENTRAL AMERICA. This was a loose federation, comprising Guatemala, Nicaragua, Honduras, El Salvador, and Costa Rica. Manuel Arce (1783?–1847), its 1st President, 1825–29, failed to satisfy either the Liberal or Conservative factions, which soon, 1826, began fighting over the issues of anticlericalism, centralism, and the dominant position of Guatemala. Liberal Honduran Francisco Morazón (1799–1842) was victorious, and during his progressive administration, 1829–39, he sought to realize a program of federal government, economic growth, and, especially, anticlericalism. This last issue eventually provoked Conservative and Indian opposition, led by Rafael Carrera (1814–65). The Union was dissolved, 1838, and Morazón defeated, 1840. Attempts to revive the Confederation were made every decade thereafter, but, except for short-term agreements, they were uniformly unsuccessful.

1840–70

CENTRAL AMERICA IN CONFUSION. During the 30 years after 1840, unstable dictatorships of varying severity and civil wars within the various states between Liberal and Conservative factions were the general rule. The outstanding personalities of the time were the Guatemalan Indian Rafael Carrera, the North American William Walker (1824–60), and the Costa Rican Presidents Braulio Carrillo (1800–1845) and Juan Mora Porras (1814–60). Carrillo, 1835–42, and Mora Porras, 1849–59, in co-operation with a relatively enlightened oligarchy, helped lay the basis for Costa Rica's unusually progressive and democratic political tradition. In Guatemala, Carrera, 1838–65, supported by the Conservatives and his own Indian followers, instituted a clerical dictatorship, which permitted some material progress but gave little real help to the large Indian community. By intervening in neighboring El Salvador and Honduras, Carrera enabled the Conservatives to come to power in those countries. Nicaragua suffered from being the likely site for an interoceanic canal, thereby attracting the attention of foreign powers. The Clayton-Bulwer Treaty between the U.S. and Britain, 19 Apr., 1850, which followed British occupation of San Juan del Norte, 1848, and the establishment of Vanderbilt's Transit Co. to ferry California gold-rush prospectors, stipulated that neither country was to control a future canal or to occupy any part of Central America. Intervention reached a peak soon after, however, when the U.S. adventurer William Walker made himself president of Nicaragua, 1856–57, with the help of the Liberals. Opposition to him united Central America, but only until his defeat. The Liberals were discredited, and the Conservatives ruled Nicaragua, 1863–93.

1870–1914

RULE BY DICTATORS. Guatemala's next important president, 1871–85, was Justo Rufino Barrios (1835?–85), who came to power as a Liberal but soon instituted another dictatorial, anti-Indian regime. An able administrator, Barrios promoted modernization by means of anticlerical legislation and by encouraging foreign investment. He also tried to revive a Central American Union, but was killed when he invaded El Salvador to impose it. His most notorious successor was the corrupt "Liberal" dictator, Manuel Estrada Cabrera (1857–1924), 1898–1920. Unlike Guatemala, El Salvador was governed during this period by a fairly progressive group of families. Nicaragua, however, suffered Central America's 2 chronic evils: dictatorship and foreign intervention. Conservative disunity enabled the Liberal José Santos Zelaya (1853–1919) to seize the presidency, 1893–1909. His tyrannical and corrupt regime earned him many domestic enemies; his meddling in the politics of Honduras and El Salvador in the name of Central

American unity led to the Washington Conference, 1907, which set up a Central American Court to forestall such aggression.

FOREIGN INTERVENTION. The threat of British intervention in Nicaragua to collect unpaid debts provoked the U.S. to aid the Conservatives in overthrowing Zelaya. A period of U.S. financial and military control followed. Conservative President Adolfo Díaz (1874–1964) was kept in office by U.S. marines, 1912. Honduras was also under the shadow of the United Fruit Co. and the marines at this time. Former President Policarpo Bonilla (1858–1926) was restored to power, 1911–13, with the help of the U.S. The most striking example of U.S. domination, however, was the creation of Panama out of Colombian territory, 1903. The 2nd Hay-Pauncefote Treaty with Britain, 18 Nov., 1901, had granted the U.S. the sole right to construct an interoceanic canal through the isthmus. Colombia refused to ratify the Hay-Herrán Treaty, 22 Jan., 1903. Impatient, the U.S. encouraged Panamanians to revolt, 3 Nov., and by the Hay-Bunau Varilla Treaty, 18 Nov., obtained permanent rights to a 10-mi. zone and permission to intervene in the rest of Panama. Despite the apparatus of a constitutional democracy (Manuel Amador Guerrero [1833–1909] became the 1st president, 1904–8), Panama remained under the rule of a feuding oligarchy, the national police force, and, most important, the U.S.-owned Canal, which opened 15 Aug., 1914. The exception to this gloomy picture was again Costa Rica. Although at first under the dictatorial but economically progressive administration of Tomás Guardia (1832–82), 1870–82, by 1889 the political climate was democratic enough for an opposition candidate to win the presidential election. (*Cont. p. 454.*)

THE CARIBBEAN ISLANDS

1825–44

SPANISH ISLANDS. Cuba's isolated location, the influx of many royalist refugees from mainland Latin America, and the presence of a strong Spanish garrison meant that Cuba, and the similarly situated Puerto Rico, remained loyal to Spain even after her other colonies had declared their independence. Hispaniola, however, comprising present-day Haiti and the Dominican Republic, took the opposite course. Independent since 1804, Haiti was ruled, 1818–43, by the French-educated mulatto, Jean Pierre Boyer (1776–1850). Initially liberal, Boyer became more dictatorial as Haiti's economy and administration deteriorated, a result of the earlier destruction of her educated class and of financial burdens imposed by France in accordance with the 1825 treaty of recognition.

During this period the Dominican Republic was ruled, 1822–44, by Haiti, which occupied it, exploited it economically, and repressed it culturally. Boyer's overthrow gave Dominican revolutionaries the chance to declare independence.

BRITISH ISLANDS. By the Emancipation Act of 28 Aug., 1833, all slaves in the British West Indies under 6 years of age were declared free, the remainder being required to serve a period of apprenticeship: 6 years for field hands, 4 years for others. For field laborers the apprenticeship system was terminated in 1838.

FRENCH ISLANDS. In Martinique slave conspiracies were uncovered in 1822, 1824, and 1833. In 1832, however, the tax on slave manumissions was abolished throughout the French islands, and in 1833 registration of slaves was made compulsory, and mutilation and branding of captured fugitives declared illegal. In 1836 all slaves entering France itself became automatically free.

In 1831 free persons of color were granted full civil rights, and in 1834 Colonial Councils were established for Martinique and Guadeloupe.

1845–99

CUBAN INDEPENDENCE. Increasingly authoritarian rule from Spain, which hurt the sugar industry, finally drove Cuba to rebel. The 1st attempt, the destructive 10 Years' War, 1868–78, was unsuccessful. It did, however, intensify the desire for independence, which increased as administrative reforms and freer trade policy promised by Spain failed to materialize. In 1896 a Cuban government in exile in New York, headed by Tomás Estrada Palma (1835–1908) and the poet journalist José Martí (1853–95), was able to instigate a full-scale revolt. When setbacks threatened another defeat, the U.S. intervened and defeated Spain, 1898. Puerto Rico became U.S. territory and Cuba, as pledged by the Treaty of Paris, 10 Dec., gained its independence.

HAITI. Haiti meanwhile experienced a period of economic and social stagnation under a series of incompetent and tyrannical generals, culminating in the administration, 1847–59, of Faustin Soulouque. The more progressive presidents who followed him, Fabre Geffrard, 1859–67; Lysius Salomon, 1879–88; and Florvil Hyppolite, 1889–96, tried to restore constitutional government, foster the economy, and create foreign ties, but they made little headway.

DOMINICAN REPUBLIC. The Dominican Republic had similar problems plus the extra complication of the threat of another Haitian invasion. This provoked the 2 dictatorial generals who alternated between 1844 and 1878 in the presidency, Pedro Santana (1801–64) and Buenaventura Báez (1810–84), to seek protectorate status for the Dominican Republic. Santana restored it to Spain, 1861–65, but Spanish political, economic, and ecclesiastical control turned out to be distasteful to the Dominicans and also to U.S. investors. Báez looked to the U.S., offering the lease of Samaná Bay and then annexation, an offer declined by the U.S. Senate. The Dominican Republic did, however, become an economic dependency of the U.S. especially during the harsh, efficient dictatorship, 1882–99, of Ulises Heureaux (1846?–99).

BRITISH CROWN COLONIES. Following a revolt in Jamaica, Oct. 1865, the Jamaica Act was passed, 12 Dec., which, together with an Imperial Act of the following year, removed power from the island's representative Assembly and transferred it to the governor. Crown-colony government was also initiated in the other British islands, except Barbados. On 19 May, 1884, a Legislative Council was created in Jamaica, and on 1 Aug., 1891, a measure of representative government was attained by British Guiana.

1899–1914

U.S. INTERVENTION. During the short period of direct U.S. rule, 1899–1901, Cuba was administered by a military governor, Leonard Wood (1860–1927). A centralized, anticlerical constitution was then promulgated, and Tomás Estrada Palma became president, 1902–6. But the Platt Amendment, which the U.S. insisted be incorporated in the constitution, made Cuba effectively a protectorate, since it provided for U.S. intervention if required and limited Cuba's right to contract debts and to make treaties. When the re-election of Estrada was challenged by the Liberal opposition, he appealed to the U.S., and Charles Magoon, supported by U.S. marines, was sent in as governor, 1906–9. A new election brought José Miguel Gómez (1858–1921) to power, 1909–13. Despite Gómez' Liberal affiliations, this meant another round of venality, violence, sugar prosperity, swollen bureaucracy, and eventual U.S. intervention, 1912. Mario García Menocal continued this unimpressive record, 1913–21.

Puerto Rico remained under the U.S., but after the Foraker Act, 12 Apr., 1900, was governed by civil authorities. The Dominican Republic and Haiti were also occupied by U.S. forces. Continuing disorder hurt North American investments, and failure to satisfy European creditors encouraged foreign intervention. The U.S. first administered the Dominican customs revenues, 1905, and after a brief interval of political calm, 1908–11, under Ramón Cáceres, assumed complete control, 1916. (*Cont. p. 328.*)

The Areas of White Settlement, 1770–1870

CANADA

1760–83

CONQUEST OF FRENCH CANADA. By the Treaty of Paris, 10 Feb., 1763, Britain's conquest of French Canada was confirmed. France also ceded Cape Breton Island, and the Mississippi was recognized as the boundary between Louisiana and the British colonies. After 1763 Britain faced the problem of incorporating a French Roman Catholic colony into a British Protestant system of government; differences in religion, law, and nationality formed the background of subsequent political and social discord.

PROCLAMATION OF 1763. 7 Oct. The former French colony was renamed Quebec (the boundaries roughly those of the seignorial tenures), while, in the south, lands (New Brunswick and Prince Edward Island) still largely unsettled were added to Nova Scotia, and Labrador was placed under the Newfoundland administration. Territory west of a line drawn approximately at the Ottawa River became an Indian reserve, in which land purchases and settlement were prohibited, though trading licenses were freely granted. A governor, with a nominated advisory council of 4 official and 8 nonofficial members, received restricted powers to legislate and create courts of justice until an Assembly could be summoned.

ADMINISTRATION OF GOV. MURRAY. James Murray (gov., 1763–66) set up a judiciary, continuing as far as possible French laws of property and inheritance, and allowed Catholics to sit on juries. He used revenue from customs' dues to defray administrative expenses, which angered the British merchants of Montreal, as also did his refusal to call an assembly because anti-Catholic exclusion laws would have placed the French majority at the mercy of the British minority. The merchants refused to pay duties, petitioned the Board of Trade in London, and forced Murray's recall, 1766.

Gov. Sir Guy Carleton, Lord Dorchester, built a line of forts along the Lake Champlain route linking Quebec with New York, 1768. By an ordinance of 1770, he established 2 courts of common pleas to take over the jurisdiction of the justices of the peace. Confusion of laws and institutions, the doubtful legality of ordinances, and fiscal measures increased pressure for new legislation.

QUEBEC ACT. 7 Oct., 1774. The western boundaries were redrawn to include land set apart by the Proclamation of 1763, and the Ohio and Mississippi valleys. The territory remained an Indian reserve, but was placed under the colony's jurisdiction. A revised oath allowed Roman Catholics to take office. The governor, with an appointed council of 17–23 members, was granted legislative authority, but without power to tax except for local improvements. Ordinances dealing with religious matters had to have royal consent. The seignorial system was continued, and French law was maintained for civil cases, while British law was to be used in criminal cases. The Quebec Revenue Act, 1774, imposed customs duties, and crown revenues were to pay the costs of civil administration.

WAR OF THE AMERICAN REVOLUTION. 1775–83. Although the Quebec Act removed some French-Canadian grievances, the British minority considered it a punitive measure directed against the American colonies. The 1st Continental Congress appealed, 1774, to Canadians to rebel, and John Brown, a New England lawyer, attempted, Mar. 1775, to win the support of dissatisfied Montreal and Quebec merchants. In May 1775, the "Green Mountain Boys" under Ethan Allen, joined by Benedict Arnold, captured Fort Ticonderoga and Crown Point, Arnold later occupying St. John's.

Montreal was captured, 12 Nov., and Quebec was besieged throughout the winter. The arrival, May 1776, of British reinforcements forced the American troops to retreat, and by the end of the year Lake Champlain was again under British control. By the Treaty of Paris, 6 Sept., 1783, Britain surrendered the country between the Ohio and the Mississippi, and it was provided that the American government would recommend to the individual states appropriate compensation for the Loyalists.

1784–1814

LOYALIST IMMIGRATION. 1783–91. Disenfranchised and dispossessed by the Revolution, Loyalists from the former American colonies moved into Canada. About 35,000 went to Nova Scotia, from which, 1784, New Brunswick was separated under a gov., nominated council, and elected assembly; Prince Edward Island became a separate administrative area under a lieut. gov. Another 20,000 moved to Quebec with the largest settlements on the upper St. Lawrence, Lake Ontario, Lake Erie, and the Eastern Townships region bordering New York and Vermont. Land grants of 200 acres were given to noncommissioned officers, while privates and civilians received 100 acres, with 50 acres for each additional member of the family. The composition of the Canadian population was altered by the Loyalist immigrants, who increased the pressure for the use of English law and language, and for a representative assembly with powers to tax. Following the *Haldimand* v. *Cochrane* case, the English party forced, 1784, through the Legislative Council an ordinance introducing habeas corpus, and Lieut. Gov. Henry Hamilton, in the absence of Gov. Haldimand, instituted trial by jury, 1785. In 1785, Loyalists petitioned that the settlements above Montreal should be constituted as a separate province.

CANADA ACT. 10 June, 1791. This act divided Quebec at the Ottawa River into 2 provinces, Upper and Lower Canada, each with a Legislative Council nominated for life and an elected Assembly, the crown reserving the right to disallow colonial laws. In Upper Canada,

land was to be granted in freehold; in Lower Canada, seignorial tenure was retained unless conveyance by English law was requested. One-seventh of all lands granted was to be reserved for the maintenance of the Protestant clergy (Clergy Reserves), and the rights of Roman Catholics were guaranteed.

WESTERN EXPANSION AND TRADE. Before the British conquest of Canada, British and French fur traders in the western territories had competed for the support of the Indian tribes, on whose co-operation successful trading largely depended. As French competition increased, the Hudson's Bay Co., whose charter of 2 May, 1670, gave it a monopoly and jurisdictional control of the Rupert's Land region, pushed inland to set up trading posts. Subsequent rivalry arose between the Hudson's Bay Co. and Montreal fur traders, who, in 1783, formed the Northwest Co. (merged with Hudson's Bay Co., 1821), which established a network of posts from Lake Superior to the Rockies, while at the same time American traders were coming in from the Ohio area. Peter Pond, 1775–88, re-explored much of the area covered by Sieur de La Vérendrye, 1731–42, and crossed the watershed between rivers emptying into Hudson Bay and the Arctic. Alexander Mackenzie (1764–1820) discovered, 1789, the Mackenzie River, and in 1793, making the 1st overland journey from the east, reached the Pacific coast. At first for the Hudson's Bay Co., and later for the Northwest Co., David Thompson (1770–1857) explored, traded, and surveyed the future Manitoba, Saskatchewan, and Alberta, 1785–1807, and Simon Fraser (1776–1862) with John Stuart (1779–1847) explored the Fraser River.

On the Pacific coast the fur-trading post which had been set upon Nootka Sound was seized by Spain, which, by an agreement with the British, surrendered its claims to the area, 1790. Between 1792 and 1794 George Vancouver explored the coast and circumnavigated Vancouver Island. J. J. Astor's Pacific Fur Co. established, 1811, a trading post at Astoria, near the mouth of the Columbia River. At the same time, Lord Selkirk overcame the opposition of the Hudson's Bay Co., from which he bought 116,800 sq. mi. of land, and was given a grant, 1812, to settle Scottish immigrants in the Red River Valley. In 1815 and 1816, forcible attempts by the Northwest Co. to oust the colonists failed, and after an investigation, 1817, Selkirk's grant was confirmed and the colony resettled.

JAY'S TREATY. 17 Nov., 1794. Britain, having failed to evacuate the northwestern military posts ceded to the U.S. by the Treaty of Paris, agreed to withdraw by 1796, and a boundary commission was appointed to settle the disputed western and Maine frontiers. But western expansion by both countries, American immigration into Upper Canada, and intrigue for Indian support continued, the British being accused of supplying and inciting the Indians.

WAR OF 1812. U.S. attacks on Canada failed. The Treaty of Ghent, 24 Dec., 1814, restored the *status quo* and provided for a boundary commission to make recommendations regarding the Maine–New Brunswick frontier, but left western and lake problems unsettled.

1815–40

RUSH-BAGOT AGREEMENT. 28–29 Apr., 1817. Resolving the problem of disarmament left unregulated by the Treaty of Ghent, this agreement limited British and American naval vessels on the Great Lakes to 1 ship each on Lakes Champlain and Ontario, and 2 each on the upper lakes, no vessel to exceed 100 tons or to mount more than 1 18-pound cannon.

NORTHWEST BOUNDARY SETTLEMENT. 20 Oct., 1818. The northwest boundary between Canada and the U.S. was established at the 49th parallel from Lake of the Woods to the Rocky Mountains. The region west of the mountains (Oregon Territory) was to be jointly occupied for a 10-year period. The agreement also conceded the U.S. fishing rights off the Labrador and Newfoundland coasts.

FAMILY COMPACT AND CHATEAU CLIQUE. In both Upper and Lower Canada, resentment grew from the constitutional conflict between the elected Assemblies and the dominant administrative cliques (the Family Compact in Upper Canada, the Château Clique in Lower Canada). Under the provisions of the Canada Act, the governor, responsible only to the British government and supported by a nominated Legislative Council, could override the actions of the Assembly. Although between 1791 and 1814 relations with the United States and Britain overshadowed local provincial affairs, the colonists' opposition, which led to the eventual breakdown of government, was based on (1) long-standing disputes about control of patronage and the judiciary; (2) Clergy Reserves, questions of church establishment, and the control of education; (3) settlement, land development, and the provision of public works; and (4) revenue and supply. In Lower Canada, party lines were sharpened by national differences. The administration and Legislative Council were controlled by the British minority, including the merchants, and the Assembly by the French majority with largely agricultural interests.

EXECUTIVE-LEGISLATIVE CONFLICTS. Led by Louis Joseph Papineau (1786–1871; elected Speaker, 1815), the Assembly concentrated its efforts on controlling crown revenues and supply. In 1818 the British government accepted the Assembly's proposal to meet provincial expenses out of the permanent revenues, which, being usually insufficient, had to be supplemented by the legislature, thus opening the way for control of all expenditures. In 1819 the Assembly refused to vote the appropriation until it had examined and voted on each item in both the permanent and supplementary revenues. In 1820 the Assembly refused the request for a permanent civil list and, with its demands becoming more aggressive, Gov. Lord Dalhousie (1770–1838) dissolved the legislature, and after the election refused to recognize Papineau as Speaker. Under Gov. Sir James Kempt, Papineau was again made Speaker, and in 1829 a law was passed increasing the representation from the Eastern Townships. In 1831 the government transferred the crown revenues to the control of the Assembly, which refused the requested civil list. The Assembly of 1834 adopted Papineau's 92 Resolutions and his party won a huge majority in the election of that year. In 1836 the Assembly voted supplies for a 6-month period only, and in 1837 refused supplies altogether.

GRIEVANCES OF UPPER CANADA. In Upper Canada the postwar depression revived issues of reform, and in 1817 discontent was voiced by Robert Gourlay by means of his 31 Questions, which drew attention to the large undeveloped land holdings in Upper Canada, where there was much speculation, and to the position of the Anglican Church, which was identified with the ruling oligarchy by settlers and traders, most of whom were dissenters. In 1828 the Reform Party, led by Robert Baldwin (1804–58), Marshall Spring Bidwell (1799–1872), William Lyon Mackenzie (1795–1861), and Egerton Ryerson (1803–82), won a majority in the Assembly and passed 58 bills, all of which were rejected by the Legislative Council. Defeated in 1830, when the new Assembly granted his own funds to the governor, Sir John Colburne, the Reformers again won control in 1834 and Mackenzie, as chairman of a committee of the Assembly, issued, 1835, the 7th Report on grievances. In 1836 some moderate reformers, appointed to the Legislative Council by Gov. Sir Edward Bond Head (1793–1875), resigned. The Assembly passed a vote of no confidence and, refusing to vote supplies, was dissolved. Head's part in the ensuing election campaign assured the defeat of the Reformers and the "Bread and Butter" Assembly voted, Nov. 1836, the necessary appropriations.

REJECTION OF BRITISH PLANS FOR UNION. Common provincial concerns led to a British government proposal, 1822, for a Canadian union, designed to satisfy the demands of the British minority in Lower Canada, and to resolve disputes over the distribution of revenue from customs dues. For the proposed bill, rejected in Lower Canada as detrimental to French-Canadian interests, and in Upper Canada as undemocratic, was substituted the Canada Trade Act, 5 Aug., 1822, which apportioned the disputed revenue between the provinces. In 1828 and again in 1834, British parliamentary commissions failed to recommend viable solutions, the main obstacles being demands for an elective council and a permanent civil list. Lord John Russell's 10 Resolutions presented, 6 Mar., 1837, to Parliament rejected Canadian demands for responsible government and authorized the governor to use public funds to carry on the government. The Lower Canada Assembly refused to submit and was prorogued. In Upper Canada, the Resolutions were the occasion for mass meetings. Joint action was agreed on by the radicals in both provinces, while moderate reformers like Baldwin, Bidwell, and John Neilson of Lower Canada withdrew their support from Mackenzie and Papineau, who together signed, 31 July, 1837, the "Declaration of the Reformers of Toronto."

REBELLIONS IN UPPER AND LOWER CANADA. In Upper Canada armed resistance began when Mackenzie's rebels were scattered, 4 Dec., 1837, by Loyalist volunteers at Montgomery's Tavern in Toronto. Mackenzie escaped across the border, and occupied Navy Island in the Niagara River, where a Canadian force burned the American ship, *Caroline,* which was supplying the rebels. Mackenzie evacuated, 13 Jan., 1838, the island and was arrested by U.S. authorities. Throughout the rest of the year his followers, with the help of American supporters (Hunters' Lodges), staged border clashes. In Lower Canada, Papineau, learning that there was a warrant for his arrest, went into exile shortly before rebel forces were routed, Nov.–Dec. 1837, at St. Charles, St. Eustache, and St. Denis.

MISSION OF LORD DURHAM. As a result of the rebellions, the constitution of Lower Canada was suspended, 1837, and Lord Durham (1792–1840) was appointed governor in chief of all 5 British North American provinces, 29 May, 1838. In Lower Canada, Durham established a special governing council, and by ordinance granted a general amnesty except for rebel ringleaders in exile in America and 8 others who, pleading guilty, were banished to Bermuda. Destined to be the scapegoat of British political factions, Durham's policy was unsupported in Parliament and the ordinance was disallowed, and Durham, by his proclamation of 9 Oct., 1838, resigned.

DURHAM'S REPORT. 11 Feb., 1840. Lord Durham's "Report on the Affairs of British North America," published a year and a half after his resignation, recommended a union of Upper and Lower Canada, and responsible government for a united Canada, reserving for the British government control over foreign relations, regulation of trade, disposal of public lands, and the form of the constitution. Revenue bills were to be sponsored by the cabinet and to be presented to the legislature, while in return for a permanent civil list crown revenues were to be in the hands of the colonial government. In Oct. Lord Sydenham (1799–1841) arrived in Quebec as governor in chief to prepare for the union.

ACT OF UNION. 23 July, 1840. The act provided for the union of Upper and Lower Canada (renamed Canada West and Canada East) with a governor, a nominated legislative council of not less than 20 members to hold office for life, and an elected assembly of 84 members divided equally between each of the former provinces. Reports were to be in English, but French could be used in debates; crown revenues were surrendered for a civil list; supply bills were to originate with the governor and be submitted to the Assembly; provincial debts were to be consolidated and assumed by the new union; and existing laws were to continue unless and until amended.

1841–70

MAINE–NEW BRUNSWICK FRONTIER. Unresolved by the Treaty of Ghent and also when submitted, 1827, for arbitration by the king of the Netherlands, the dispute over the Maine–New Brunswick frontier flared up over land grants to British settlers along the Aroostook River. In 1839 Canadian lumberjacks, cutting timber in the disputed areas and refusing to leave, seized the U.S. land commissioner. This marked the beginning of the "Aroostook War." The fracas ended in a truce, with the frontier problem once more referred to a boundary commission. By the Webster-Ashburton Treaty, 9 Aug., 1842, the boundary was drawn at the present line. The U.S. received more than half the disputed territory, but Britain retained a region through which passed a proposed military route from New Brunswick to Quebec.

OREGON BOUNDARY TREATY. In 1845 President Polk claimed the whole Oregon Territory for the U.S. By a treaty of 15 June, 1846, the U.S.–Canadian frontier was fixed at the 49th parallel to the middle of the Vancouver Island Channel, and then through Juan de Fuca Strait. Both countries were guaranteed navigation rights in the Channel, the Strait, and on the Columbia River.

PUBLIC WORKS PROGRAM. Gov. Sydenham (term of office, 1839–41) initiated a program of public works for the completion of the Welland Canal (opened 1829) between Lakes Erie and Ontario, the improvement of navigation, and the construction of roads and bridges, for which the British government guaranteed a loan of £1.5 m. He also guided through the legislature bills dealing with municipal government, disposal and settlement of land, the reform of the criminal law, and the school system.

SYDENHAM-HARRISON RESOLUTIONS. The issue of responsible government, left unclarified in the Union Act, was raised by Baldwin in 1841. He introduced a series of resolutions (Sydenham-Harrison Resolutions) proposing that the governor, while responsible to the crown, should choose as his advisers those having the confidence of the Assembly.

BALDWIN-LAFONTAINE MINISTRY. Sydenham's successors, Sir Charles Bagot (1842–43) and Sir Charles Metcalfe (1843–46), tried to maintain the policy of maintaining a core of moderates in the Executive Council, but problems increasingly revolved around the relationship of the Council to the Assembly, in which political factions were forming. In 1842, moderate reformers under Baldwin combined with the French led by Louis Hippolyte Lafontaine (1807–64) to form a powerful coalition forcing Bagot to construct a ministry under their joint leadership. In 1843 the Baldwin-Lafontaine ministry resigned over the question of patronage, Metcalfe dissolved the Assembly, and after a stormy election, 1844, Metcalfe formed a Conservative ministry with a tiny majority.

GOVERNORSHIP OF LORD ELGIN. Under Lord Elgin (gov., 1847–54) relations between the Executive Council and the Assembly were further defined. After the victory of the reformers in both Canada West and East in the 1847 elections, the Conservatives resigned and Baldwin and Lafontaine again formed a ministry. In the session of 1849 the Assembly enacted legislation for judicial, municipal, and educational reforms, a general amnesty, and the promotion of railroad construction. The membership of the Assembly was increased from 84 to 130. Elgin's policy was tested when he gave his consent to Lafontaine's unpopular Rebellion Losses Bill. The bill provoked a storm of protest, and rioting broke out in Montreal among the anti-French factions, but Elgin was supported by the British Parliament, which refused to interfere in what was now considered a local matter.

ANNEXATION MANIFESTO. 10 Oct., 1849. Repeal of the British Corn Laws, 1846, and Navigation Acts, 1849, caused a sharp economic depression in Canada. Discontent with the British connection therefore increased among the Montreal and Eastern Townships commercial community, and was expressed in a short-lived movement for annexation to the U.S. (Annexation Manifesto, 10 Oct.). To help meet the economic situation, Elgin, with the co-operation of Francis Hincks, conducted a long-drawn-out negotiation with the U.S., and on 5 June, 1854, a Reciprocity Treaty was concluded.

MARITIME PROVINCES. In New Brunswick, Charles Fisher (1808–80) became prime minister of the 1st party government, 1854. In Prince Edward Island, torn by disputes over land tenure, the Assembly voted, 1847, a resolution asserting executive responsibility, and George Coles (1810–75) became prime minister in 1851. In Nova Scotia the hold of the Halifax oligarchy on the Executive

Council (nominated for life) and the governor was broken by the efforts of Joseph Howe (1804–73). By taking advantage of Russell's dispatch of 1839 to Sir John Harvey (gov. of New Brunswick) authorizing Harvey to make changes in his council for "reasons of public policy," Howe succeeded in persuading, 1840, the Assembly to pass a vote of no confidence in the Council. After a period of unsatisfactory coalitions, the Assembly again passed, Jan. 1848, a vote of no confidence, and James B. Uniacke was called on to form the 1st party government, Feb.

COALITION GOVERNMENT. By 1860 nearly half of the clauses of the Union Act had been changed by legislation or modified in practice, including a revision, 1856, making the Legislative Council elective and reducing the number of its members from 60 to 48, 12 chosen biennially for an 8-year term. Between 1854 and 1867, 10 ministries held office and government was brought to a virtual standstill. Sectional interests had given rise to the convention of the "double majority" (the support on important issues of a majority of representatives from each of the old provinces), and any ministry was in effect a coalition of the moderate center. As the population of Canada West outstripped that of Canada East, the radical "Clear Grits" led by George Brown (1818–80) demanded representation by population, a policy opposed by French Canadians, who also opposed nondenominational schools.

WESTERN EXPANSION. Expansion in the northwest, the ineffectual jurisdiction of the Hudson's Bay Co., and the discovery of gold, including the Fraser River deposits, revived the issue of Canadian control in that region. On 19 Nov., 1858, British Columbia was made a separate province. The need for an interprovincial railway system and railway expansion into the northwest, and the financial confusion surrounding railway construction underlined the necessity for comprehensive Canada-wide planning and control.

MOVEMENT TOWARD CONFEDERATION. In 1856 Antoine A. Dorian (1818–91), leader of the French *Rouges,* suggested federal union; 2 years later Alexander T. Galt (1817–93) presented resolutions also favoring federation; and in the election of 1859, Brown and William McDougall (1822–1905), campaigning on a platform of federation and annexation of the northwest, won a majority. In 1863 the John Sandfield–John S. Macdonald (1812–72)–L. V. Sicotte (1812–89) ministry, committed to the "double majority" principle, was defeated over the issue of the Separate School Bill and its refusal to accept a British government loan to guarantee the costs of the construction of the Intercolonial Railway. With the outbreak of the American Civil War and consequent strained relations with the U.S., problems of imperial defense and neutrality provided an impetus to the federal movement, as did the later repeal, 1866, of the Reciprocity Treaty of 1854 by the U.S., and Irish Fenian raids on the Niagara and Vermont border. After the collapse of the Macdonald-Dorian Ministry in 1864, Gov. Lord Monck was unable to put together another ministry until, under the titular leadership of Étienne Taché, a ministry was formed, committed by Brown, G. E. Cartier (1814–73), and John A. Macdonald (1815–91) to seek federation.

CHARLOTTETOWN AND QUEBEC CONVENTIONS. The question of legislative federation for the Maritime Provinces was raised by Charles Tupper (1821–1915) of Nova Scotia and S. L. Tilley (1818–96) of New Brunswick. They arranged for the Charlottetown Convention, 1 Sept., 1864, which a Canadian delegation asked to attend. Plans were then quickly drawn for the Quebec Convention, 10–28 Oct., which drew up 72 resolutions outlining an Act of Confederation. The resolutions were submitted to each provincial legislature, and in spite of opposition in New Brunswick and Nova Scotia, a delegation went to Britain, where the London Resolutions were published, Dec. 1866.

BRITISH NORTH AMERICA ACT. 28 Mar., 1867. This act of the British Parliament established the Dominion of Canada (Ontario, Quebec, New Brunswick, Nova Scotia) under a bicameral federal government, with an appointed Senate of 24 members each from Ontario and Quebec and 12 each from Nova Scotia and New Brunswick, and a House of Commons with representation by population. Provincial governmental powers were defined, the residual powers being with the federal government. On 1 July, John A. Macdonald became 1st Dominion prime minister, heading a Liberal-Conservative ministry.

RED RIVER REBELLION. By a British Act of 1869, Rupert's Land and the Northwest Territory were bought from the Hudson's Bay Co. for £300,000 and William McDougall was appointed lieut. gov. Subsequent unrest among the population (mostly hunters, trappers, and fur traders) was caused by land surveys, leading to a belief that the land was to be confiscated. Under the leadership of Louis Riel, rebels seized Fort Garry (Winnipeg) and, setting up a provisional government, issued a bill of rights demanding an elected legislature and representation in the Dominion parliament, 1869. A commission under Donald A. Smith pacified the rebels to some degree, but their execution of Thomas Scott, leader of a small English opposition, aroused indignation in Ontario, and the rebels were eventually dispersed by an expedition led by Col. Garnet Wolseley.

MANITOBA ACT. 5 July, 1870. This act constituted Manitoba as a province, and in 1871 British Columbia also joined the Dominion on the understanding that construction of a transcontinental railway would begin within 2, and be completed within 10, years. (*Cont. p. 321.*)

AUSTRALIA

1770–1808

DISCOVERY. From 1596 to the discovery of Van Diemen's Land (Tasmania) by Abel Tasman in 1644, the Dutch, sailing from the East Indies, landed at many points on the north and west coasts of Australia, calling the land New Holland. William Dampier, the English adventurer, anchored at Melville Island, 1688, and Shark's Bay, 1699. On 30 Apr., 1770, Capt. James Cook (1728–79) landed at Botany Bay, explored northward, and claimed, 23 Aug., for Great Britain the east coast, which he named New South Wales.

1ST CONVICT SETTLEMENT. Influenced by Cook's reports, the British government considered New South Wales as a possible place of settlement for American loyalists, subsequently deciding on a self-supporting penal colony to relieve overcrowding in British jails after the loss of the American colonies made it impossible to send criminals sentenced to transportation to America. On 18 Jan., 1788, Capt. Arthur Phillip arrived at Botany Bay with 11 ships, including 6 convict transports carrying 717 convicts of whom 520 were men, and moved, 26 Jan., to Port Jackson (Sydney). Problems of settlement were compounded by the disorderliness of the convicts and the failure of supply ships to arrive, causing strict rationing of food, 1789–92. A contingent of Marines initially provided protection, but in 1789 the New South Wales Corps was organized on a permanent footing, both officers and soldiers being promised grants of land. Phillip began the practice of giving convicts conditional pardons for good behavior and land grants of up to 30 acres. He also assigned convicts as laborers to private individuals. The 1st free settlers arrived in New South Wales in 1793.

NEW SOUTH WALES CORPS. Phillip's successors in command, Francis Grose and William Paterson, officers of the New South Wales Corps, relaxed controls, permitted land grants (many officers, e.g., John Macarthur [1767–1834], became powerful landowners), and allowed the officers of the Corps to establish a trade monopoly over arriving cargoes, including rum. The officers were also able to call on the unlimited services of convicts. Civil jurisdiction was replaced by military.

ADMINISTRATION OF GOV. HUNTER. Capt. John Hunter (gov., 1795–1800) re-established the civil magistracy, but was unable to break the economic monopoly of the Corps. He supported the efforts of Macarthur, who had

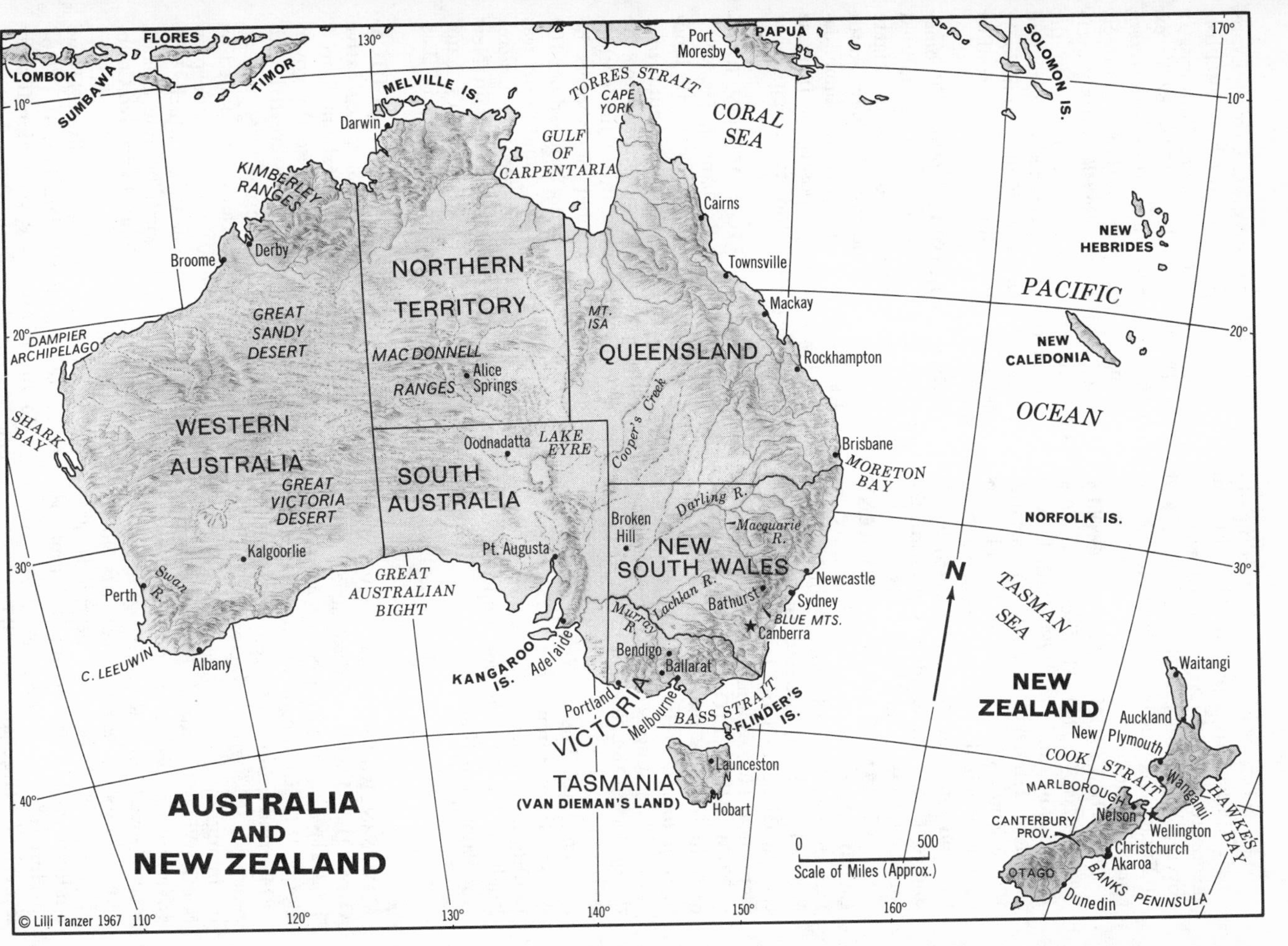

AUSTRALIA
AND
NEW ZEALAND
LOMBOK
SUMBAWA
FLORES
TIMOR
MELVILLE IS.
Darwin
TORRES STRAIT
CAPE YORK
Port Moresby
PAPUA
SOLOMON IS.
CORAL SEA
GULF OF CARPENTARIA
KIMBERLEY RANGES
Derby
Broome
NORTHERN TERRITORY
MT. ISA
QUEENSLAND
Cairns
Townsville
Mackay
Rockhampton
NEW HEBRIDES
PACIFIC
NEW CALEDONIA
OCEAN
DAMPIER ARCHIPELAGO
GREAT SANDY DESERT
MAC DONNELL RANGES
Alice Springs
Cooper's Creek
SHARK BAY
WESTERN AUSTRALIA
GREAT VICTORIA DESERT
Oodnadatta
LAKE EYRE
SOUTH AUSTRALIA
Brisbane
MORETON BAY
Darling R.
Broken Hill
Macquarie R.
NORFOLK IS.
Kalgoorlie
Pt. Augusta
NEW SOUTH WALES
Newcastle
Sydney
Swan R.
Perth
GREAT AUSTRALIAN BIGHT
Lachlan R.
Murray R.
Bathurst
BLUE MTS.
Canberra
N
TASMAN SEA
C. LEEUWIN
Albany
KANGAROO IS.
Adelaide
Bendigo
Ballarat
Portland
VICTORIA
Melbourne
BASS STRAIT
FLINDER'S IS.
NEW ZEALAND
Waitangi
Auckland
New Plymouth
COOK STRAIT
Wanganui
HAWKE'S BAY
MARLBOROUGH
Nelson
Wellington
CANTERBURY PROV.
Christchurch
Akaroa
OTAGO
Dunedin
BANKS PENINSULA
Launceston
Hobart
TASMANIA
(VAN DIEMAN'S LAND)
0
500
Scale of Miles (Approx.)
10°
20°
30°
40°
110°
120°
130°
140°
150°
160°
170°
© Lilli Tanzer 1967

started sheep raising and breeding in 1794. Macarthur imported, 1797, merino sheep from South Africa. Coal was discovered, 1797, on the Hunter River and at Botany Bay, whence, 1800, it was exported to India.

EXPLORATION OF COASTS. George Bass (1771–1803) discovered, 1798, Bass Strait, and in 1798 sailed with Matthew Flinders (1774–1814) around Van Diemen's Land. In 1802–3 Flinders circumnavigated Australia, proving New Holland and New South Wales to be all one continent. At Flinders' suggestion the continent was named Australia.

SETTLEMENT OF VAN DIEMEN'S LAND. Alarmed by the proximity of French naval expeditions, Philip King (gov., 1800–1806) ordered an expedition to Van Diemen's Land to establish settlements near Hobart and Launceston.

RUM REBELLION. Appointed as a disciplinarian to control the officers and to stop the traffic in rum, William Bligh (1754–1817) imposed strict penalties on the officers of the New South Wales Corps and ran foul of Macarthur, whom he arrested, 1807. The infuriated officers persuaded their commander, Maj. George Johnston, to release Macarthur, declare Bligh unfit to govern, and imprison him (the Rum Rebellion).

1809–30

ADMINISTRATION OF GOV. MACQUARIE. Lachlan Macquarie (gov., 1809–21) disbanded the New South Wales Corps, 1810. Civil courts were established, 1814; restrictions on free immigration removed, 1816, greatly increasing the flow of immigrants; and the Bank of New South Wales founded, 1817. Macquarie's governorship was marked by efforts to secure social and legal recognition for "emancipists" (pardoned convicts, many of whom had become merchants and landowners) against the opposition of the "exclusives" (officials, wealthy free settlers, and large landowners).

OPENING UP OF THE INTERIOR. Gregory Blaxland (1778–1853), William Charles Wentworth (1790–1872), and William Lawson (1774–1850) crossed the Blue Mountains, 1813. Their route was retraveled by the surveyor, George Evans, and a road built from Sydney to establish, 1815, the 1st interior town, Bathurst. In 1817–19 John Oxley (1783–1828) explored the Lachlan and Macquarie rivers, opening up grazing lands. Land was freely granted and the region was quickly occupied by settlers, who, together with the squatters (freed and escaped convicts and settlers using land without permission), came into increasingly violent conflict with the aborigines.

BIGGE REPORT. John Thomas Bigge, a London barrister, was appointed by the House of Commons to investigate and report on conditions in New South Wales, 1819. Among his recommendations, 1821, were proposals to increase large land grants and to assign more convict labor.

ADMINISTRATION OF GOV. BRISBANE. Sir Thomas Brisbane (gov., 1821–25) favored large as against small landholdings. Grants up to a maximum of 4 sq. mi. were made according to the amount a settler could invest in development or to the number of laborers he employed, 1 convict being assigned per 100 acres. The Australian Land Co. was formed, 1824, with a grant of 1 m. acres and a monopoly of coal mining in New South Wales. The Van Diemen's Land Co., 1825, received 400,000 acres in Tasmania.

NEW SOUTH WALES JUDICATURE ACT. 19 July, 1823. A Legislative Council was established of from 5 to 7 nominated members to advise the governor. A Supreme Court was created with military juries for criminal cases and an ordinary jury in civil cases if requested by both parties. The act increased the pressure for self-government, of which William Charles Wentworth became a leading advocate. In 1825 an Executive Council was established.

The explorations of Hamilton Hume (1797–1873) and William Hovell (1786–1875) in the Murray River region further encouraged inland settlement.

VAN DIEMEN'S LAND. Van Diemen's Land, under Lieut. Gov. Col. George Arthur (1784–1854), was separated from New South Wales in 1825. A large, unruly convict population and bushrangers (escaped convicts and outlaws) terrorized the countryside, leading to retaliation by the aborigines and causing the Black War. Arthur finally controlled the situation, but failed in his efforts to round up, 1830, the aborigines to ensure their survival. George Robinson, a Methodist minister, eventually took, 1835, the Van Diemen's Land aborigines to Flinders Island, where the last one died in 1860.

LAND POLICY UNDER DARLING. Sir Ralph Darling (gov., 1825–31) approved a land policy which permitted grants of up to 2,560 acres and the sale of crown lands up to 4,000 acres at not less than 5s. an acre. The power of the wealthy landowners increased and the demands of the emancipists, led by Wentworth, for recognition became more insistent. Darling tried to set a policy of limits of location, i.e., concentrated settlement, within the 19 Counties (bounded by a semicircular line around Sydney).

INCREASE IN LEGISLATIVE COUNCIL MEMBERSHIP. An Act of 25 July, 1828, increased the size of the Legislative Council to 18 members, of whom 8 were to be administrative officials and 7 "nonofficials." In practice the nonofficials were always leading exclusives.

DISCOVERIES OF STURT. In 1827 Allan Cunningham explored the Darling Downs region and in 1828 Charles Sturt (1795–1869) discovered the Darling River and traveled, 1829–30, down the River Murray to its mouth. Sturt's journeys opened up a huge new region for pastoral settlement.

FOUNDING OF WESTERN AUSTRALIA. Claimed in 1826 by the British when a military post was set up at King George's Sound, the Swan River was explored, 1827, by Capt. James Stirling (1791–1865), who urged colonization. Initial opposition to the scheme was overcome by Thomas Peel (1795–1864) and by Stirling, and a grant of 1 m. acres was made, Peel being given 250,000 acres for his own use. Immigrants were to receive 40 acres for every £3 they invested in development. On 18 June, 1829, a settlement was made on the Swan River. Inadequate preliminary surveys, insufficient capital and labor, poor terrain, and geographic isolation from other colonies made life in the new colony difficult, and Western Australia led a precarious existence for many years.

1831–36

LAND POLICY IN NEW SOUTH WALES. In 1831 regulations were issued fixing the price of land at a minimum of 5s. an acre to be sold at auction. Revenue obtained from land sales was to be applied to financing immigration and to public works. Pressure to obtain grazing lands mounted, making it impossible to contain settlement within the 19 Counties. The New South Wales Legislative Council passed, 1836, the Squatting Act, which allowed the occupation of crown lands for an annual fee of £10, with no limit set on the size of runs. This marked the beginning of pastoral expansion, the term "squatter" gradually losing its derogatory meaning as educated, wealthy settlers obtained land.

SYSTEMATIC COLONIZATION. Economic and social conditions in England stimulated interest in "systematic colonization," promoted by Edward Gibbon Wakefield (1796–1862) and his supporters. Wakefield, realizing that successful settlement required adequate land, capital, and labor, developed the theory that if land were sold at a "sufficient price" and the proceeds applied to assist further emigration, there would be a supply of laborers needing to work for several years before they had enough money to buy their own land, and the number of landowners would be restricted to those with capital. By these means a suitable balance would be achieved between land, capital, and labor. Wakefield's adherents formed, 1833, the South Australian Association, with George Fife Angas (1789–1879) a principal investor. The Association received, 1834, a charter to establish a colony with a governor and a Board of Commissioners in London to supervise land sales at not less than 12s. an acre.

FOUNDING OF SOUTH AUSTRALIA. The 1st South Australian settlers landed at Kangaroo Island, soon moving to a mainland site at Adelaide. Despite the work of surveyor William Light (1786–1839), more immigrants were sent out before proper surveys had been made. Land speculation consequently became rife. John Hindmarsh (1782–1860), the 1st governor, was succeeded in 1838 by George Gawler (1795–1869), who combined the offices of gov. and resident commissioner. By accelerating surveys, controlling land sales, and a road-building program, Gawler tried unsuccessfully to overcome the problems. The colony was near bankruptcy when George Grey (gov., 1841–45) was sent out. By an Act of 30 July, 1842, the Board of Commissioners was abolished and South Australia became a crown colony. Grey reduced expenditures and restored solvency. The discovery, 1841–45, of copper and lead-silver mines attracted both capital and immigrants.

SETTLEMENT OF VICTORIA. In 1834, Edward Henty (1810–78) and his brothers began farming at Portland Bay. In 1835 John Batman (1801–39) and his associates arrived from Van Diemen's Land and, having made a treaty with uncomprehending aborigines, settled at Melbourne. A group from Van Diemen's Land, led by John Fawkner (1792–1869), arrived in the same area, and other settlers came overland. The New South Wales Legislative Council passed an act, 1836, prohibiting the occupation of crown lands without permission, but this proved impossible to enforce. The Port Philip District was later administered by Superintendent C. J. Latrobe (1801–75).

1837–50

CESSATION OF TRANSPORTATION. The report of a Parliamentary Committee, 3 Aug., 1838, headed by Sir William Molesworth, led to criticism of the transportation system both in Britain and Australia. On 18 Nov., 1840, transportation to New South Wales ceased. Until 1853 convicts continued to be sent to Van Diemen's Land, and to Norfolk Island until 1855. Convicts were sent to Western Australia from 1850 to 1868.

EXPLORATION OF THE INTERIOR. Edward Eyre (1815–1901) reached the Lake Eyre region, turned south to Streaky Bay on the Great Australian Bight, and then crossed the deserts to reach Albany, 1841–45. Charles Sturt forced his way into the Stony Desert, and Ludwig Leichhardt (1813–48) explored the region from Darling Downs to the Gulf of Carpentaria.

CONSTITUTION ACT OF 1842. An Act of 30 July, 1842, created for New South Wales a 36-member Legislative Council, with 12 nominated and 24 elected members (6 to be from the Port Phillip District), to hold office for a 5-year period. The franchise was to be based on a property qualification. The act also made provision for systems of local government.

LAND POLICY. By an Act of 22 June, 1842, free grants of land were abolished. From then on land was sold by auction at a minimum upset price of £1 an acre throughout all the colonies. In 1844 Gov. George Gipps (1791–1847) of New South Wales levied a squatting fee on each run (a run was to be not more than 20 sq. mi. or carry more than 4,000 sheep) and granted leaseholders the right to purchase their land. A regulation of 9 Mar., 1847, further systematized leaseholding.

AUSTRALIAN COLONIES GOVERNMENT ACT. 5 Aug., 1850. Port Phillip District was separated from New South Wales to form the new colony of Victoria. Each colony could now constitute its own legislature, make its own franchise laws, alter its own constitution, and impose customs duties. The constitution drawn up for New South Wales provided for a Legislative Council appointed for life, an elected Legislative Assembly, and cabinet government. With the exception of Western Australia, the other colonies adopted similar constitutions, though their Councils were elective. Constitutions were adopted by New South Wales, Victoria, and Tasmania (the former Van Diemen's Land) in 1855, and by South Australia in 1856. Manhood suffrage was introduced in South Australia, 1855, Victoria, 1857, and New

South Wales, 1858, and vote by ballot in Victoria and South Australia in 1856, and in New South Wales in 1858.

1851–70

GOLD RUSH. Gold strikes were made at Bathurst (N.S.W.) in 1851 and at Ballarat and Bendigo (Victoria). The rapid inflow of miners and adventurers necessitated government regulation of the gold fields. In 1851 a license fee of 30s. (reduced in 1853 to £1) was imposed. Opposition to fees, problems of collection, and the severity of law enforcement measures caused discontent among the diggers, especially at Ballarat, where Peter Lalor led the easily crushed rebellion at Eureka Stockade, 3 Dec., 1854. In 1855 a Miner's Right, costing £1 a year and entitling the holder to vote, replaced the licensing system. The gold rushes acted as a spur to wheat growers and agriculturalists, who had to feed an increased population, but the influx of diggers and the diversion of labor from towns and farms disrupted the economy, especially in Victoria. As alluvial deposits were exhausted and deep mining became both profitable and necessary, the diggers drifted away from the gold fields, causing problems of unemployment.

CHINESE RESTRICTION ACT. June 1855. This act was passed by the Victoria legislature because of the large Chinese immigration to the gold fields. It imposed a poll tax of £10 on each Chinese and later a yearly residence tax of £4 was required. Despite the opposition of the British government, similar restrictive laws were passed by other colonies.

TORRENS TITLE. The Real Property Act (Torrens Land Transfer Act), 28 Jan., 1858, passed in South Australia, and copied by other colonies, provided for the systematic registration of land transactions.

COLONY OF QUEENSLAND. In 1859 Queensland, the former Moreton Bay penal settlement, became a separate colony. As exploration opened up the interior, immigration into Queensland increased, and it developed into a leading pastoral center.

LAND SELECTION. The Land Acts of 1861, promoted by John Robertson (1816–91) in New South Wales and Charles Gavan Duffy (1816–1903) in Victoria, attempted to help diggers and small farmers, and to break up large squatter-owned leaseholdings by allowing selection of land before survey of from 40 to 640 acres at £1 an acre with a down payment of 5s. on condition of occupancy and development. Abused by squatters turned selectors and also using hired "dummies," the selection laws settled fewer people than predicted. The unpredictable climate and the bringing into cultivation of marginal land militated against the success of small holdings. Revised Acts of 1865 and 1869 imposed stricter laws, but the squatters had already obtained large tracts of freehold land.

KANAKA LABOR. In 1868 Queensland regulated "blackbirding," the importing of Kanaka labor from the Pacific islands for work on the sugar plantations. Inaugurated in 1842 by Robert Towns for cotton plantations, the practice had degenerated into a system close to slavery.

COLONIAL DEFENSE. In 1863 the Duke of Newcastle (colonial secretary) circulated a dispatch laying down the principle of colonial responsibility for local defense. By the Colonial Naval Defence Act of 1865, Australian authorities obtained several ships for coastal and harbor defense. Finally, in 1870, local militia forces were established, and British garrison troops were withdrawn. (*Cont. p. 323.*)

NEW ZEALAND

1770–1839

1ST SETTLEMENTS. Discovered in 1642 by the Dutch Captain Abel Janszoon Tasman, New Zealand was not rediscovered until Capt. James Cook (1728–79) landed, 7 Oct., 1769, on the 1st of 3 voyages, circumnavigated both islands, and claimed them for Great Britain. From 1792 American, British, and French sealing and whaling ships arrived in New Zealand waters with increasing frequency, and eventually established settlements ashore, notably at the Bay of Islands and around Cook Strait. In 1794 the 1st traders from Sydney arrived, seeking timber and flax for the Australian penal colonies. They paid the Maoris with metal tools and firearms. The possession of muskets by the Maoris led to fierce tribal warfare, the campaigns, 1821, of Chiefs Hongi around Auckland and Te Rauparaha from Wanganui to Akaroa causing widespread destruction. Mainly populated by drifters and escaped convicts, the New Zealand settlements became notorious for outlawry.

ESTABLISHMENT OF CHRISTIAN MISSIONS. Samuel Marsden (1765–1838), chaplain of the penal colony at Sydney, decided to protect the Maoris from the evils of colonization. He opened a Church of England mission station at the Bay of Islands and, returning to Sydney, left behind lay missionaries who opened schools, cleared land for farms, and taught European methods of agriculture. In 1820 Thomas Kendall, a schoolteacher, took Chiefs Hongi and Waikato to England in order to have their language transcribed, and in 1827 a Maori translation of parts of the Bible was published by William Colenso. Missionary activity increased with the arrival, 1823, of the 1st ordained Anglican minister, Henry Williams, who worked closely with the Wesleyan mission, opened 1822, at Hokianga. In 1828 the 1st Roman Catholic mission was established at Hokianga. Imbued with the ideals of the humanitarian and evangelical movements, the missionaries opposed colonial expansion and directed their efforts toward keeping the country for the Maoris.

APPOINTMENT OF BRITISH RESIDENT. In 1827 James Busby was appointed as British resident. Since Britain had not claimed sovereignty and was reluctant to do so, Busby had no real powers of law enforcement.

THIERRY LAND CLAIM. In 1835 Baron Charles de Thierry, English-born son of French emigré parents, claimed sovereign rights to territory at Hokianga. Australian and British speculators and traders were already buying and claiming large tracts of land from the Maoris, while responsible settlers, missionaries, and officials in New South Wales were demanding that the British take steps to control the situation.

NEW ZEALAND COMPANY. In 1837 the New Zealand Land Association was formed by a committee of influential colonial reformers, including Lord Durham and Edward Gibbon Wakefield. The Association urged annexation and planned colonization, a policy opposed by both the Colonial office and the missionaries. In May 1839 the Association was dissolved. Its members reorganized as a joint-stock enterprise, the New Zealand Co., and bought land without waiting for a charter or governmental permission.

1840–55

1ST COLONIZATION. 22 Jan., 1840. The 1st British colonists landed from the ship *Tory* at Port Nicholson (the site of Wellington) in Cook Strait. Capt. William Hobson (1793–1842) arrived as consul, 29 Jan., with instructions to claim British sovereignty over North Island, and to annex the sparsely populated South Island by right of discovery, the country to be a dependency of New South Wales.

TREATY OF WAITANGI. 6 Feb., 1840. This treaty was negotiated between Britain and certain Maori chiefs, with missionaries acting as interpreters. The chiefs ceded sovereign rights to Great Britain and were guaranteed protection and possession of their lands, although the crown reserved rights of pre-emption. On 21 May Hobson proclaimed British sovereignty and placed the capital at Auckland.

LAND POLICY. In 1841 New Zealand was declared a separate colony with Hobson as governor. Hobson imposed customs duties and, by voiding all land claims until investigated by Land Commissioner William Spain, came into immediate conflict with the New Zealand Company, which, with settlers already arrived and waiting for land, claimed some 2 m. acres under its charter (granted Feb. 1841) and the right to sell land at 5s. an acre, as against the £1 an acre decided on by the government. About 1/6 of the company's claims were eventually recognized.

During 1841 settlements were established at New Plymouth, in Taranaki, and at Nelson under the auspices of the New Zealand Co. Capt. Robert Fitzroy (gov., 1843–45) attempted to solve the land question and acquire revenue by permitting the direct purchase of land from the Maoris on payment of 10s. an acre (early reduced to 1d.) to the government. The measure was disallowed and Fitzroy recalled.

MASSACRE OF WAIRU. At Nelson, colonists under Arthur Wakefield (1799–1843) tried to arrest the chiefs Te Rauparaha and Te Rangihaeata for resisting land surveys, and were murdered at the massacre of Wairu, 17 June, 1843. Gov. Fitzroy condemned the slaughter, but, feeling the settlers were at fault and without military strength, failed to take effective action against the Maori chiefs. At the Bay of Islands, Maori discontent with customs duties and falling profits from trade came to a head when Chief Hone Heke sacked Kororareka (Russell).

ADMINISTRATION OF GOV. GREY. Arriving in New Zealand with a reputation for firmness, Capt. George Grey (gov., 1845–54) quashed Maori unrest in the north; held, 1845, Te Rauparaha in custody; and put down, 1847, an uprising at Wanganui. Grey restored crown control over land transfers, instituting a policy of block purchases from the Maoris. By these means he acquired most of South Island. In 1853 he reduced the price of land to 10s. an acre. His vigorous governorship brought a period of stability.

CONSTITUTION ACT OF 1846. An Act of 23 July, 1846, divided New Zealand into 2 provinces, New Ulster in the north and New Munster (Wellington and South Island), each with a governor, appointed council, and elected assembly. Grey recommended that this elaborate system was premature, and the act was suspended, 1847, for 5 years. In consequence, the colonists' demands for self-government increased.

SOUTH ISLAND SETTLEMENTS. Dealing through the New Zealand Company, the Association of the Scottish Free Church settled Otago (capital Dunedin) in 1878. The Church of England Canterbury Association, led by John R. Godley (1814–61), settled, 1850, Canterbury (capital Christchurch). In these settlements sheep raising soon proved suitable and profitable, and with the grant, 1851, of 14-year grazing licenses the industry grew rapidly in importance.

CONSTITUTION ACT OF 1852. An Act of 30 June, 1852, established 6 provinces, each with an elected superintendent and provincial council. The franchise was to be based on a small property tax. A governor, nominated Legislative Council, and an elected House of Representatives (General Assembly) were to be responsible for general administration, while the Colonial Office, through the governor, retained control of Maori affairs. Grey's delay in summoning, 1854, the General Assembly allowed the provinces to assert their authority. The period of provincial government lasted from 1852 to 1875.

1856–70

RESPONSIBLE GOVERNMENT. Responsible government was granted to New Zealand on 17 Aug., 1857. At the same time the provinces gained control over land sales and revenues. The cost of land purchases was to be met out of central government loans ("Compact of 1856").

NEW PROVINCES. The New Provinces Act, 1858, established Hawke's Bay, 1859; Marlborough, 1859; Southland, 1861 (reunited with Otago in 1870); and Westland, 1873.

MAORI WARS. 1860–72. Expanding colonization with its accompanying demand for land, a growing reluctance to sell on the part of the Maoris, and their doubts about the efficacy of the protection promised them by the Treaty of Waitangi were the main causes of the wars of 1860–72. The situation was aggravated by the Maori "king" movement, a tribal union to achieve self-government, promoted by Wiremu Tamihana; Te Whero Whero was elected king in 1858. In 1862 arose the fanatical Hau-Haus, who combined in their belief system primitive Maori mythology and Judaeo-Christian doctrines. Guerrilla warfare broke out in Taranaki over the land claims long disputed by Te Rangitake. Ineffectual British suppressive campaigns encouraged the more hostile and warlike Waikato tribes, who were not pacified until the defeat, Apr. 1864, of Rewi at the Orakau *pa* (fort), and the capture, June 1864, of Te Ranga and, 1869, Titokowaru at Otauto. With the suppression of Te Kooti, who had escaped from imprisonment on Chatham Island and killed settlers and Maoris at Poverty Bay as he moved inland, the war came to an end. The gradual withdrawal of troops, sent from Australia under Gens. Pratt and Cameron, was completed by 1870.

INCREASES IN SELF-GOVERNMENT. From 1860 onward, relations between Britain and New Zealand and between the provincial and central governments became more clearly defined. During Grey's 2nd term as governor, 1861–67, the colony became, 1862, responsible for native affairs, the crown abandoned its rights of pre-emption, and by the New Zealand Settlement Act, 1863, the colony was able to assert a policy of "self-reliance" and assumed responsibility for the conduct of the Maori Wars.

ECONOMIC DEVELOPMENT. The discovery of gold in Otago, 1861, and Westland, 1865, tripled the population of South Island, greatly increasing its prosperity. Almost untouched by war, the southern provinces embarked on programs of public works. The 1st railroad, Christchurch to Ferrymead, opened in 1865. The northern provinces, disrupted by the fighting, were less prosperous.

SEPARATISM. In the 1860's a separatist movement developed, especially in South Island. Provincialist and centralist factions appeared, with problems of military and native affairs further confusing the issues by cutting across party lines. In 1865 Wellington replaced Auckland as the capital to meet South Island complaints that the government was not centrally located. The decline in gold discoveries, growing unemployment, and a diminishing revenue fanned discontent. (*Cont. p. 325.*)

BOER AND BRITON IN SOUTH AFRICA

1770–95

SOUTH AFRICA IN 1770. Founded in 1652 as a refreshment station for ships of the Netherlands East India Company, by 1770 Cape Colony extended north to the Orange River and east to the Great Fish River. Dutch-speaking Boers (cattle farmers) lived in the frontier regions in isolation from the Company's administration at Cape Town. They had driven the nomadic Bushmen from their hunting grounds, were already employing cattle-herding Nama (Hottentots) on interior farms, and the struggle with the Bantu (black African) peoples living east and north of the Great Fish River had begun.

GRAFF-REINET REBELLION. In 1785, on petition of the colonists, the area of Graff-Reinet was made a separate administrative district. Adriaan van Jaarsveld, who had routed, 1781, the Bantu Xhosas, became border commandant. Honoratus Maynier was then given orders to settle disputes, and successfully negotiated treaties with the Xhosas. Bantu infiltration and raids persisted, however, and, evicting Maynier, the colonists set up, June 1795, their own government under van Jaarsveld. The district of Swellendam also rebelled.

END OF COMPANY RULE. In Cape Town demands for reform increased, and petitions were sent to the Company's directors in the Netherlands seeking an equal number of civilians on the High Court of Justice, representation on the Council of Policy, and permission to trade freely and export produce to the Netherlands. Forestalling seizure by the British during the American War of Independence, the French stationed, 1781–83, a fleet at the Cape, inducing a temporary prosperity which, on their leaving, was quickly followed by a slump. In great financial distress owing to the wars in Europe, British naval supremacy, and outworn financial policies, the Company appointed 2 special commissioners to investigate the situation at the Cape, but in 1795 it went bankrupt. At this time the population of the colony was about 45,000, of whom some 20,000 were slaves.

1795–1806

1ST BRITISH OCCUPATION. In 1795 the British ordered a fleet under Adm. Sir George Elphinstone and a military force led by Maj. Gen. James Craig to occupy the Cape, and by the Capitulation of Rustenburg, 16 Sept., the Dutch garrison surrendered. As 1st British gov. of Cape Colony, Craig followed a conciliatory policy, replacing the Committee of the High Court with a nominated burgher Senate of 6 members. Earl Macartney, who succeeded Craig in 1797, introduced judicial reforms and abolished monopolies.

RESTORATION OF DUTCH RULE. Under the Treaty of Amiens the British returned the Cape to the Netherlands (Batavian Republic), 1803. A Dutch commissioner-general, Jacob de Mist, tried to establish a centralized administration, creating 2 new districts, codifying the functions of the landdrosts (sheriffs) and heemraaden (justices of the peace), and adding civil duties to the military ones already possessed by the field-cornets. Liberal in outlook, de Mist tried to protect Hottentots by registration and supervision of labor contracts, and allowed Johannes van der Kemp of the London Missionary Society to establish, 1803, a Hottentot reserve at Bethelsdorp. Other London Society missionaries helped to settle a mixed Hottentot-European people (Griquas) under Andries Waterboer along the Orange River with headquarters at Griquatown.

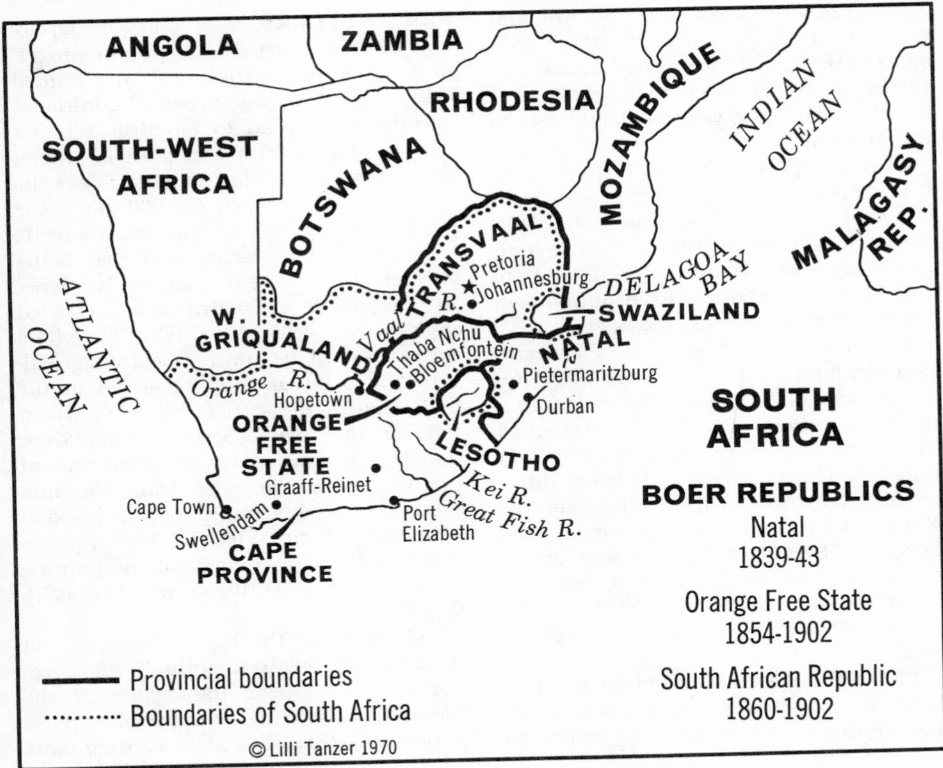

2ND BRITISH OCCUPATION. Following the expiration of the Truce of Amiens, the Dutch garrison, by the Capitulation of Papendorp, 10 Jan., 1806, again surrendered to the British, who acquired permanent possession of Cape Colony under the terms of the Convention of London, 13 Aug., 1814.

1807–19

HOTTENTOT ORDINANCES. The abolition of the slave trade throughout the British colonies threatened a labor shortage, a result of which in the Cape was a greater demand for Hottentot workers, whom the colonists accused the missionaries of protecting in the mission stations. By the Hottentot Code, proclaimed, 1809–11, by the Earl of Caledon (gov., 1807–11), Hottentots were required to have a fixed place of abode registered with the landdrost, and a pass if they moved beyond the district boundaries. Written contracts were to be required for terms of service longer than a month, and wages were to be paid. Further ordinances, 1812, 1819, permitted farmers to apprentice the children 8–18 years old of the Hottentot workers, and landdrosts to apprentice orphans.

BLACK CIRCUIT. An ordinance of 1811 appointed annual circuit courts to try civil and criminal cases. In 1812 circuit judges were instructed to investigate complaints of abuses against Hottentots. Most accusations proved unfounded, but the incident angered the Boers.

SLACHTER'S NEK. In 1815 Frederik Bezuidenhout, accused of ill-treating Hottentots and of failing to appear before a court to answer the charge, was killed while resisting arrest by a white officer leading a Hottentot corps. Having unsuccessfully tried to stir up revolt among the Xhosas under Gaika, and among the burghers, Bezuidenhout's brother and a group of insurgents were arrested at Slachter's Nek. At their trial 6 were condemned to death and others to banishment.

FRONTIER POLICY. On the frontier, believing that close permanent settlement was needed to secure law and order, Sir John Cradock (gov., 1811–14) cleared the Xhosas from the Zuurveld, where many farms had been abandoned. By a proclamation of 1813, Cradock tried to encourage voluntary change of loan farms from leasehold to perpetual, hereditable quitrent, accompanied by accurate land surveys. The policy proved ineffective and farmers again left their farms. Lord Charles Somerset (gov., 1814–26), revising Cradock's plan of separation of Boer and Bantu, tried, 1817, at the Kat River Conference with the Xhosas to promote co-operation, and recognized Gaika as paramount chief. During a feud with his uncle, Ndlambi, Gaika appealed for help. British and burgher forces repulsed, 1819, a Xhosa attack on Grahamstown, and Gaika was restored to the chieftaincy. The region between the Fish and Keiskamma rivers was declared a neutral zone, the Ceded Territories.

1820–36

1820 SETTLERS. The postwar depression in Britain acted as a spur to emigration, and the withdrawal of trained troops from the Cape provided additional backing for a plan to establish a buffer settlement of British immigrants between the Bantu and the discontented Boer colonists. Parliament voted £50,000 to pay the passages of groups of not less than 10, organized under a leader, each man being entitled to a quitrent grant of 100 acres. Approximately 4,000 British were settled in the Zuurveld (Albany). The land turned out to be unsuitable for agriculture and a 3-year drought added to the difficulties of the settlers, many of whom left for the towns. Settlers' complaints, the deteriorating economic condition of the Cape, and pressure from the missionary Dr. John Philip of the London Missionary Society led to the appointment, 1823, of a commission of inquiry, consisting of J. T. Bigge and Maj. William Colebrooke.

"ANGLICIZATION." Problems of government revolved around the economic and strategic importance of the Cape, the conflicting demands of a sparse population (British settlers wanting more effective government and Boers wanting less regulation), and relations between Africans and Europeans. English became the official language of government, 1824, and of the courts, 1828. The governor's autocratic powers were modified by the establishment, 1825, of an Advisory Council of 4 official members, and the colony was divided into 2 provinces, Andries van Stockenstroom becoming commissioner-general of the Eastern District. In 1833, letters patent and supplementary instructions issued to Sir Benjamin D'Urban (gov., 1834–38) ordered the setting up of an Executive Council of official members and a Legislative Council comprising 5 official and from 5 to 7 nominated unofficial members, all legislation to be initiated by the gov. only.

JUDICIAL REORGANIZATION. A Charter of Justice was issued (1828; revised, 1832; promulgated in final form, 1834), whereby the gov. ceased to be the final court of appeal, judges had to be barristers appointed by and responsible to the crown, and Roman-Dutch law was to continue as the basis of the law, but with English practices and rules of court. At the same time the landdrosts and heemraaden were replaced by civil commissioners and magistrates. Somerset's Ordinance of 1823 covering the treatment of slaves was followed, 1824, by the 19th Ordinance (issued by Acting Gov. Richard Bourke), which allowed slaves to give evidence in criminal cases. These regulations were consolidated by orders in council, 1830 and 1831.

50TH ORDINANCE. Desiring to ameliorate the condition of the Hottentots, Philip and other missionaries pressed for improvements. The 50th Ordinance canceled civil restrictions, abolished the pass system, and allowed Hottentots to buy land. In 1829 the Kat River Settlement was established for Hottentots under the guidance of the mission societies.

BANTU INVASIONS. It had been recognized that the colonists' northward movement and unrest among Africans living beyond or in any one section of the border produced repercussions along the whole frontier. During the 1820's impis (regiments) commanded by the Zulu king, Chaka, conquered much of Natal, driving many of the inhabitants of the area southward and also westward across the Drakensberg Mts. Northern expansion by white colonists was thus blocked. Frustrated in the east, the Boers tried to find pastures and permanent settlements in Griqualand, but the Cape government refused to allow any further extension of the frontier. Raiding and counterraiding by both Xhosa and Boers continued. In 1835 D'Urban ordered troops to push the Xhosa back across the Kei River, and named the region Queen Adelaide Province. The Colonial Office disallowed this action, however, and the attempt to control the province was abandoned, Dec. 1836.

The Cape of Good Hope Punishment Act, 1836, made British subjects liable to punishment on their return to the Colony for crimes committed south of Lat. 25° S., though to neither colonists nor Bantu did the Cape government provide adequate protection along the frontiers.

1836–53

GREAT TREK. Stirred by dislike of government policies, especially those influenced by the humanitarian movement and missionary support of African rights, and by the introduction during a period of drought of a new land policy of sale by auction, the Boers began to look for new lands and freedom from government interference. Acting on reports that most of the population had been cleared from the High Veld by Chaka's depredations, exploring parties went out, and in 1835 Louis Trigardt led a small group of trekkers as far as Zoutpansberg. The following year a large trek under Andries Hendrik Potgieter (1792–1852) established itself at Thaba Nchu, where it was joined by a trek from Graff-Reinet led by Gerrit Maritz. The trekkers elected a Volksraad (combined legislature and court), and appointed Maritz as landdrost with Potgieter as commandant. After the arrival of Piet Retief's trek in 1836, Retief (1780–1838) was chosen both gov. and commandant-general.

Dissension among the trekkers caused the parties to separate. Potgieter defeated the Ndebele at the Battle of Marico River, Nov. 1837, and, crossing the Vaal River, claimed the region (Transvaal). Retief led his party into Natal, where, during negotiations with Dingaan, the Zulu king, he and his men were murdered, Feb. 1838. Regrouping under Andries Pretorius (1798–1853), the Boers defeated Dingaan at Blood River, 16 Dec., settled in Natal, and formed, 1839, the first Boer republic, with its capital at Pietermaritzburg.

FOUNDING OF BRITISH NATAL. The British withdrew their troops from Port Natal, 1839, but, because of continuing Zulu incursions and unrest among other eastern tribes due to the trekker policy of segregation, British troops reoccupied, May 1842, the port after quelling trekker opposition. Many Boers left Natal to return to the High Veld. In 1843 Natal became a British possession, and was organized, 1845, as a district of Cape Colony with a separate administration.

BOER-AFRICAN RELATIONS. In the northeastern region, to keep order among the trekkers, Africans, and Griquas under Adam Kok at Philippolis, Sir George Napier (gov., 1838–44) made treaties with Kok and with Moshesh, the Sotho king. Both undertook to maintain order and to enforce the Punishment Act, which had the effect of putting trekkers under African governments. In June 1845 Napier's successor, Sir Peregrine Maitland (gov., 1844–47), summoned the Trans-Orangian chiefs to a conference at Touwfontein, where each agreed to divide his territory into an alienable area available for European settlement and an inalienable area reserved for Africans, with a British resident at Bloemfontein to handle European affairs.

ORANGE RIVER SOVEREIGNTY. A 2nd trek was set in motion by the Napier treaties and by the assertion of British authority over Natal. Potgieter negotiated the cession of Portuguese territory in the eastern Transvaal and, failing to secure Trans-Orangia, followed other trekkers north to set up, 1845, a capital at Andries-Ohrigstad. After the War of the Axe, 1846–47, Sir Harry Smith (appointed both gov. and high commissioner with powers to deal with affairs beyond the colonial frontier) (1847–52) annexed the Ceded Territory, naming it Victoria East and settling Fingos (refugees from Natal) in its northern half, and also annexed the former Queen Adelaide Province as a separate dependency and an African reserve (British Kaffraria). While still negotiating with the Natal Boers under Pretorius, Smith proclaimed, Feb. 1848, British sovereignty over the region between the Orange and Vaal rivers and the Drakensberg. In protest Pretorius marched south, but was defeated at Boomplaats, 29 Aug. Smith once again proclaimed the Orange River Sovereignty.

SAND RIVER CONVENTION. 17 Jan., 1852. Intermittent strife persisted between the Orange River Sovereignty, the Basutos, the Griquas, and the Transvaal. Despite an agreement, 1849, to elect a single Volksraad, religious separatism and an inadequate revenue and police force prevented unity among rival Boer groups. On the outbreak of the War of 1850–53 along the eastern frontier, the British sent special commissioners to investigate. At the Sand River Convention these commissioners met with delegates from the Transvaal, agreed to recognize the independence of that territory, and disclaimed alliances with tribes north of the Vaal River.

CONSTITUTION ORDINANCE. 11 Mar., 1853. Although an ordinance of 1836 had established municipal districts and although the synods of the Dutch Reformed Church had been freed, 1843, from state control, racial friction and prejudice, the expense of the military establishment, and increasing rivalry between the East and West Districts hindered the further development of representative government in the Cape. Confidence in the Legislative Council, in which the unofficial members could be outvoted, declined. Anticonvict demonstrations, 1848, caused the nominated members to resign. Proposals for reform deadlocked the Council until 1853, when the Constitution Ordinance finally passed. The ordinance provided for 2 elective houses, equal representation for East and West, voting by word of mouth, and a franchise based on so low a property qualification that 80% of the adult male population became entitled to vote regardless of race. The 1st parliament, 1854, divided Cape Colony into municipal and rural units of local government and extended trial by jury to civil cases.

1854–70

BLOEMFONTEIN CONVENTION. 13 Feb., 1854. Continued guerrilla warfare, the defeat of a British force under Lieut. Gen. George Cathcart (gov., 1852–54) by the Basutos at the Berea, Dec. 1852, the cost of maintaining troops, and reluctance to accept the responsibilities of expansion caused the British government to reconsider its frontier policies. A new special commissioner, Sir George Clerk, was sent with instructions to abandon, if necessary, the Orange River Sovereignty. In the face of some burgher opposition, the British government agreed by the Convention of Bloemfontein to withdraw from the Sovereignty and to refrain from interference beyond the Orange River. Relations with the Griquas and Basutos were left undefined. The Orange Free State was established with a president and Volksraad, 1854.

BRITISH EXPANSION IN THE EAST. Following a policy of interspersing white colonists and Africans in tribal areas, Sir George Grey (gov., 1854–61) settled German immigrants in regions depopulated by cattle killing and famine in British Kaffraria. In 1860 Grey decided to extend the frontier to link up with Natal, which had been made a crown colony, 1856, and started to import indentured Indian labor, 1860. He also persuaded Adam Kok to surrender the Philippolis lands to the Orange Free State and accept instead Nomansland (Griqualand East). In 1864 Sir Philip Wodehouse (gov., 1862–70) abandoned the Transkei lands and British Kaffraria was annexed to the Cape.

SOUTH AFRICAN REPUBLIC (TRANSVAAL). Marthinus Pretorius was elected president of the Transvaal, 1853. Hoping for a single Boer Republic, he also accepted, 1859, the presidency of the Orange Free State. Opposition in the Transvaal forced him to resign from the presidency of that region, to which, however, he was re-elected in 1864. Seeking an outlet to the coast, Pretorius bargained with the Zulu king, Cetewayo, who ceded, 1861, a strip of land along the Blood River. Natal protested the annexation and the British government immediately claimed a prior right to Delagoa Bay. Although wars and burgher disaffection had broken out in the Zoutpansberg region, following the discovery of gold, 1868, in the northwest, Pretorius issued a proclamation annexing territory in that area and also a corridor of land down the line of the Maputa River to Delagoa Bay.

ORANGE FREE STATE–BASUTO WAR. Land hunger and the undefined boundaries of both Basutoland and the Free State continued to cause border conflicts. In 1858 the Free State lost a war against the Basutos. Further encroachments by white colonists caused the outbreak of a 2nd war, which had repercussions in the Cape, the Transvaal, and Natal, and helped to deepen a general commercial depression. Moshesh petitioned unsuccessfully for annexation by the British and, threatened by famine, was forced to agree to cede, by the Treaty of Thaba Bosigo, Apr. 1866, most of his people's arable land. Recurring commando raids and growing dissatisfaction with the policy imposed by the Conventions pushed the British government into a decision to authorize the attachment of Basutoland to Natal. Wodehouse, however, distrusting Natal's native policy as carried out by Theophilus Shepstone, annexed, 1868, Basutoland to the crown. (It was transferred to Cape Colony in 1871.) The Orange Free State acquired only part of the arable lands. Land losses caused the Basutos to supplement their agricultural production by working as laborers for whites.

DISCOVERY OF DIAMONDS. When diamonds were discovered at Hopetown and on the lower Vaal, 1868, 3 problems arose: (1) who was to supervise the diggings; (2) where did the frontiers lie as between Boers, Griquas, and Tswanas; and (3) who should control the "Missionaries' Road" to the north? Negotiations concerning the Griqua Campbell lands were conducted by David Arnot, who, deserting Adam Kok, claimed them for Nicolaas Waterboer. They were thus denied to the Free State, which, however, seized them in 1871. First attempts at arbitration failed, and Sir Henry Barkly (gov., 1870–77) and Pretorius agreed to joint control of the diamond fields until the settlement of claims could be decided by a commission headed by Lieut. Gov. Robert Keate of Natal. Jan Brand, on the other hand, president of the Free State, insisted on foreign arbitration. In Oct. 1871 Keate awarded in favor of the African chiefs. Soon afterward Barkly annexed Griqualand West, which included the diamond fields, and proclaimed the boundary at the Keate Award line. (*Cont. p. 326.*)

THE FRENCH IN NORTH AFRICA

1770–1830

TURKISH RULE IN ALGERIA. Turkish military officers, acting autonomously but receiving the approval of the Ottoman sultan, governed northern Algeria until 1830 as a regency of Constantinople. The dey succeeded to office by the election of his fellow officers or the assassination of his predecessors, and ruled Algiers Province by means of Turkish civil subordinates, Turkish military garrisons, and indigenous chiefs. He received regular taxes and customs from the 3 other provinces or beyliks: Oran (west), Titteri (interior center), and Constantine (east). Each of these was controlled by a bey assisted by a similar structure of Turks together with Kulughis (descendants of Turkish men and indigenous women) and makhzan (proadministration) tribes. However, most of northern Algeria escaped effective Turkish administration, and serious revolts by non-makhzan tribes and religious leaders punctuated the early decades of the 19th century.

FRANCO-ALGERIAN DISPUTE. Members of the Bacri and Busnach families, Jews of Livornese origin, had acquired most of the carrying trade of Algiers by 1800. By 1819 the Bacri had obtained a monopoly and were collaborating closely with Marseille merchants, the French government, and the French consul in the regency capital. An argument between Dey Husayn and Consul Pierre Deval, 1829, led to French demands for an apology and a French blockade of the port. The Polignac cabinet of 1830, anxious to increase its prestige and win the national elections in France, invoked the "insult" of 1827 as the principal cause of its expedition against Algiers.

1830–48

CONQUEST OF THE COAST. In the summer of 1830, 37,000 men under Gen. Louis Bourmont (1773–1840) took control of Algiers and most of the surrounding province; they soon occupied Bône and Oran as well. Subsequent French rule was plagued by political controversies within the army over the 1830 Revolution in France, frequent changes in command, and the beginnings of resistance in Titteri Province and at Bône. Nonetheless, by 1834 the army had "pacified" Titteri; spread its control to Bougie, Arzew, and Mostaganem; and established the 1st "Arab Bureau," the primary instrument of information and administration in the interior.

"LIMITED OCCUPATION." The French government and army embarked in 1834 on their first Algerian policy, "limited occupation." This policy involved control of the coast, interior garrisons in selected positions, and the use of whatever existing indigenous structures (often the makhzan tribes) were available A gov. gen. commanded the operation from Algiers. Inconsistencies in application, the brutalities of some soldiers, and indigenous resistance to Christian European control made this policy fail and brought on the plan of total conquest in the 1840's.

DEFEAT OF BEY AHMAD. In the eastern province the French tried to dominate the interior and encountered the resistance of Bey Ahmad (Ahmad) at

Constantine. After defeating Gov. Gen. Bertrand Clauzel (1772–1842), 1836, Ahmad succumbed to Clauzel's successor, Sylvain Charles Valée (1773–1846) in the following year and withdrew to the Awras (Awrās) mountains to conduct a much more limited campaign until his surrender in 1848.

JIHAD OF ABD-EL-KADER. A more dangerous opposition arose in the western and central provinces in the form of a loose tribal confederation headed by Amir Abd-el-Kader ('Abd al-Qādir) (1807–83). From the time of his election as amir, 1832, until his declaration of the jihad against the French, 1839, Abd-el-Kader focused his attention against the land and privileges of the makhzan tribes and on consolidating his strength in the west and at the garrisons of Mascara, Saida, Boghari, and Takdempt, his capital in the Tell Atlas Mountains close to the Oran-Titteri provincial boundary. From 1839 until his surrender in 1847, the amir was the "Commander of the Faithful" combating the European.

Abd-el-Kader signed a treaty, 1834, with Gen. Desmichels, and a secret pact, 1837, with Gen. Bugeaud, both designed to preserve order and recognize the respective spheres of control in the interior and along the coast. The amir was able to consolidate and develop a thriving arms trade through Morocco and Tlemcen, but he encountered significant indigenous opposition in some quarters, such as that expressed by the Tijaniyya (Tijāniyya) Moslem center at Ain Mahdi on the Saharan border. The march of French troops through the central interior in 1839 in violation of the 1837 accord was the occasion of the amir's declaration of holy war. Subsequently, the rapid loss of European control and prestige made it imperative that the French either evacuate or subdue the interior.

DEFEAT OF ABD-EL-KADER. France and the new gov. gen., Thomas Robert Bugeaud (1784–1849), opted for conquest and increased their forces to over 72,000 men, including both indigenous and French contingents of cavalry and infantry. Through devastation, the deposition and replacement of chiefs, and the construction of forts, Bugeaud managed to end the control of the amir's coalition in the center and west and, by 1844, to drive Abd-el-Kader into Morocco.

The Moroccan sultan, Abd-er-Rahman ('Abd al-Rahmān), had tended to support the amir and now responded to a French advance into his "sphere" by attacking a reconnaissance unit. The French reacted quickly, defeated the Moroccan army decisively at Isly, 14 Aug., 1844, and signed the Tangiers Treaty and the Lalla Maghnia Convention of the same year. These agreements forbade Moroccan intervention in "Algerian" affairs and drew a boundary between the 2 areas. France's reluctance to continue the penetration of Moroccan territory was partly due to her desire to avoid conflict with the strong British interests in the Sultanate.

The 1845 revolt of Bu Maza, a religious leader in Oran Province, and other uprisings provided Abd el-Kader with an opportunity to reorganize in the west. His effort was short-lived and the French captured him, 1847, and exiled him to Damascus.

1848–70

ADMINISTRATION AND COLONIZATION. The army administered the 3 provinces (Oran, Algiers, and Constantine) from its headquarters at Algiers until the influx of civilian Europeans (beginning in 1835 and expanding in the 1840's) necessitated substantial changes. By 1847, 110,000 Europeans inhabited Algeria, 6/7 in urban centers. 50% were French. Spaniards predominated in and around Oran and Maltese at Bône, and there were many Italians, Germans, and Swiss. By this time Bugeaud's efforts at military colonization of the land had failed and civilians, both individual and corporate, had taken over many of the best farming areas of the coastal plains under spoliation laws passed in 1844 and 1846.

In this situation the administrative reforms of 1845, 1847, and 1848 were passed, dividing each Algerian province into civil territories under prefects and military ones under generals. The former included most of the coastal cities and some of the European plantations; in 1848 they became French departments. The latter included the indigenous and "mixed" areas, utilized old Turkish institutions and Arab bureaus, and fell under the jurisdiction of the gov. gen. The growing civilian population continued to feel, however, that the military dominated Algeria.

In 1858–60, Napoleon III removed the military areas temporarily from the control of the Army Ministry and put them under a Ministry for Algeria and the Colonies. Although he attempted to protect tribal or collectively owned lands through the *senatus consultum* of 1863, the over-all effect of his policies was to favor great concessions to large companies and consequently to continue the dismemberment and expropriation of indigenously held land. The *senatus consultum* of 1865 gave Algerians the option of French nationality, but few were willing to take the necessary step of abandoning their Moslem identity.

FRENCH ENTRY INTO THE SAHARA. Led by Jacques César Randon (1795–1871; gov. gen., 1851–58), the army took the northern Saharan centers of Laghouat, Wargla, and Touggourt in successive years, in response to the resistance of Mohammed ibn-Abdullah (Muhammad ibn 'Abd Allah), and in an effort to develop influence in the Sahara and attract its trade back to Algerian ports. Subsequently the French expressed their interest through explorations like those of Henri Duveyrier in 1860 in Tuareg country, but did not expand again militarily until the late 19th cent.

CONQUEST OF THE 2 KABYLIAS. Rivalries and disagreements among officers and strong Kabylian resistance extended the conquest of these areas and made the operation more brutal than it might otherwise have been. By 1854, the French controlled Little Kabylia around Bougie and Djidjelli, but only after the suppression of the revolt of the Rahmaniyya (Rahmāniyya) brotherhood and other Kabylians in 1857 was European influence firmly imposed in Greater Kabylia around Dellys.

RESISTANCE TO FRENCH RULE. In 1859 the Banu Snassen of Oran Province attempted to unite groups in Algeria and Morocco, but succumbed to the campaign of Gen. Martimprey. The same officer put down a revolt of the Awlad (Awlād) Sidi Shaykh in the southwest, 1864–65, in protest against abuses by the Arab bureaus. Epidemics of cholera, typhus, and famine reached serious proportions in Constantine Province in 1866–69, probably killing at least ⅕ of the population. (*Cont. p. 333.*)

THE AGE OF IMPERIAL RIVALRY, 1870–1914

The Preponderance of the West

GREAT BRITAIN AND IRELAND

1871

ARMY REGULATION BILL. 17 Aug. Introduced by the secretary for war, Edward Cardwell (1813–86), the bill initiated short-service enlistment, established the "linked-battalion" system, abolished the practice of purchasing commissions, and equipped the infantry with breech-loading rifles. Through these and other reforms, Cardwell transformed the British army into an efficient, modern force.

UNIVERSITIES TESTS ACT. 16 June. Men of all creeds could now hold teaching posts at Oxford and Cambridge Universities.

TRADE UNION ACT. 29 June. This act protected union funds and held that a trade union could not be declared illegal simply because it might be in restraint of trade. Strike enforcement, however, was denied unions by the Criminal Law Amendment Act, 21 Aug., which strengthened the Combination Act of 1825 by increasing the penalties for picketing and coercion.

1872

BALLOT ACT. 18 July. Voting by secret ballot was established.

1873

IRISH UNIVERSITY BILL. An attempt to create a religiously integrated university, Gladstone's Irish University Bill was defeated in the Commons, 12 Mar. Gladstone resigned, but Disraeli forced him to continue in office by refusing to accept the prime ministership.

JUDICATURE ACT. 5 Aug. This sweeping reform remodeled the court system and fused the common law and the rules of equity into a single system. One supreme court of judicature was established, under which were a High Court of Justice and a Court of Appeal. The High Court's 3 subdivisions were Chancery, Queen's Bench, and Probate, Divorce, and Admiralty.

1874

2ND DISRAELI MINISTRY. Disraeli came to power with an overwhelming Conservative majority in the Feb. general election. An independent Irish party, an unexpected result of the Ballot Act, appeared at Westminster; 59 Home Rulers were led by Isaac Butt (1813–79).

1875

PARNELL'S TACTICS. Charles Stewart Parnell (1846–91) was elected to Parliament as member for Meath. He perfected a technique of obstructionism to draw attention to the Irish question.

DOMESTIC LEGISLATION. Home Secretary Richard Cross (1823–1914) introduced a series of acts designed to better the conditions of life and labor.

The Conspiracy and Protection of Property Act, 13 Aug., legalized peaceful picketing and collective bargaining. The Public Health Act, 11 Aug., consolidated earlier sanitary laws and laid new responsibilities on local authorities for the provision and maintenance of sewers and drains. The Artisans' Dwelling Act, 19 July, gave local authorities the right to condemn holdings and whole areas as unfit.

SUEZ CANAL SHARES. In Nov. Disraeli acted to purchase 176,602 ordinary shares in the Suez Canal Co., representing a 44% interest, from the Khedive Ismail of Egypt. The British were thereby enabled to reduce merchant shipping rates, and Disraeli's action paved the way for the subsequent British occupation of Egypt.

1876

ROYAL TITLES BILL. Interest in the East was heightened by the conferring, Apr., upon Queen Victoria of the title of empress of India.

TRADE UNION AMENDMENT ACT. 27 June. This act provided a legal definition of a trade union.

MERCHANT SHIPPING ACT. 15 Aug. Passed as a result of the efforts of Samuel Plimsoll (1824–98), the Merchant Shipping Act prohibited the overloading of ships and the use of unseaworthy vessels.

1877–79

IRISH LAND WAR. The Fenian Michael Davitt (1846–1906) founded the Irish National Land League, 21 Oct., 1879, to prevent eviction, reduce rents, and gain Irish ownership of tenanted land. Parnell, now leader of the Irish party in Parliament, served as the League's president. The League was suppressed in 1881, and its leaders arrested. Simultaneously a Land Act was passed which instituted a system of dual ownership, created a special court to determine fair rent, and gave tenants the right to sell their interest in holdings to the highest bidder.

1880

2ND GLADSTONE MINISTRY. Gladstone's continued criticism of the "imperial idea" helped to unseat Disraeli. The Mar. general election brought the Liberals to power, and Gladstone took office on 28 Apr.

1881

BRADLAUGH INCIDENT. Charles Bradlaugh (1833–91), newly elected to the Commons, refused to take the oath of allegiance on the grounds that he was an atheist, and offered instead an affirmation of allegiance. An opposition group led by Lord Randolph Churchill (1849–95) raised the cry of "Bradlaugh and Blasphemy" and twice prevented passage of an Affirmation Bill, 1881, 1883. In 1886 the question was withdrawn as being outside the competence of the Commons, but in 1888 Bradlaugh succeeded in legalizing affirmation, thus removing the last trace of religious discrimination from Parliament.

1882

KILMAINHAM TREATY. Gladstone made peace with Parnell, who was released from Kilmainham Prison on 2 May. Lord Spencer (1835–1910) became viceroy of Ireland and Lord Frederick Cavendish became chief secretary.

PHOENIX PARK MURDERS. On 6 May, Cavendish and Thomas Burke, his undersecretary, were murdered in Phoenix Park, Dublin, by a group known as "the Invincibles."

1883

CORRUPT AND ILLEGAL PRACTICES ACT. 25 Aug. This act limited the total amount permitted to be spent by all parties in a general election to £800,000 and ruled out all forms of bribery and undue influence.

1884–85

FRANCHISE ACT. New Radical demands for social legislation resulted in the introduction of a Franchise Act, which passed the Commons early in 1884, but was held up in the Lords pending redistribution measures. As passed on 6 Dec., 1884, the Franchise Act fully extended the franchise to Ireland.

REDISTRIBUTION ACT. Passed in June 1885, the Redistribution Act introduced virtual manhood suffrage and created a system of single-member constituencies. Counties and boroughs ceased to be the basis of representation in the House of Commons.

1ST SALISBURY MINISTRY. Gladstone's failure to rescue General Gordon at Khartoum damaged his prestige, and an opposition amendment to his budget led to his defeat, 8 June, 1885. Lord Salisbury (1830–1903) formed a minority government on 24 June. His administration tried to gain Irish support in the Commons by passing the Ashbourne Act, Aug. 1885, which provided a £5-m. loan fund to assist Irish tenants to purchase land.

1886–87

3RD GLADSTONE MINISTRY. Gladstone returned to power, 13 Feb., with Liberal and Irish support. On 8 Apr. he introduced a Home Rule Bill. It was defeated, 8 June, and the "Liberal Unionists" bolted the Liberal Party. A general election called in July resulted in a severe defeat for Gladstone.

2ND SALISBURY MINISTRY. Salisbury assumed office on 26 July. His nephew Arthur Balfour (1848–1930) became chief secretary for Ireland, Mar. 1887, and supported a new Crimes Bill to suppress dissent in Ireland. Passage of this bill was aided by the Pigott forgeries. In Apr. 1887 *The Times* published a letter, allegedly written by Parnell, condoning the Phoenix Park murders. A special commission discovered the letter to be a forgery by Dublin journalist Richard Pigott, exonerated Parnell, and ordered *The Times* to pay the cost of the inquiry.

LABOR AGITATION. A huge Socialist meeting in Trafalgar Square, 13 Nov., became a battle between the police and the crowd in which 2 were killed and over 100 injured. The day became known as "Bloody Sunday."

1889

LONDON DOCK STRIKE. 15 Aug.–16 Sept. The movement to organize unskilled labor began with this strike, led by Ben Tillett, with the aid of Tom Mann and John Burns. The dockers demanded and won a standard wage of 6d. an hour.

1890

FALL OF PARNELL. Divorce-court proceedings revealed, 17 Nov., Parnell's adulterous liaison with the wife of Capt. W. H. O'Shea. As a result, Justin McCarthy (1830–1912) succeeded him as leader of the Irish party, 6 Dec. Parnell died, 6 Oct., 1891.

1892

4TH GLADSTONE MINISTRY. After assuming office, 18 Aug., Gladstone drafted a 2nd Home Rule Bill, which passed the Commons, 1 Sept., 1893, but failed to pass the Lords, 8 Sept., 1893. When Gladstone resigned, 3 Mar., 1894, Victoria chose Lord Rosebery (1847–1929) to succeed him.

1893

INDEPENDENT LABOUR PARTY. An avowedly socialist organization, the I.L.P. was established, Jan., by Keir Hardie (1856–1915), 1 of 2 socialists elected to Parliament in 1892. Its membership benefited from the industrial unrest and rioting that marked 1893, especially in the Midlands.

GAELIC LEAGUE. Douglas Hyde formed the Gaelic League to restore Irish as the spoken language of Ireland. Though nonpolitical, the League was revolutionary in its separatist implications.

1894

DEATH DUTIES. A new direct tax was created with the levying of death duties on all forms of property.

1895

3RD SALISBURY MINISTRY. After Secretary for War Henry Campbell-Bannerman (1836–1908) was censured by the Commons, 21 June, for failing to provide the army with sufficient cordite, the cabinet resigned. Salisbury formed a Conservative cabinet which included such Liberal Unionists as Joseph Chamberlain (1836–1914), who became colonial secretary.

1897

WORKMEN'S COMPENSATION ACT. 6 Aug. Employers were made directly responsible for injuries suffered by their workers.

1900

LABOUR REPRESENTATION COMMITTEE. Trade unionists and Independent Labour Party members formed the Labour Representation Committee in Feb. to increase their representation in Parliament. The leader in creating this precursor to the Labour Party was Keir Hardie. The committee's secretary, J. Ramsay MacDonald (1866–1937), later became the first Labour prime minister.

1901

TAFF VALE CASE. Legal action was brought by the Taff Vale Railway Co. of South Wales against the Amalgamated Society of Railway Servants for damage done to railway property during a strike. The union was found responsible for its members' actions and was ordered to pay damages and costs. Trade unionists regarded the decision as an attack on the right to strike.

DEATH OF VICTORIA. Queen Victoria died, 22 Jan., after a brief illness, and her son, Edward VII (1841–1910), became king.

1902

BALFOUR MINISTRY. On Salisbury's resignation, 11 July, Balfour became prime minister.

EDUCATION ACT. Framed by R. L. Morant (1863–1920), the Education Act of 1902 abolished the school boards established by the Education Act of 1870, and made county and borough councils responsible for primary and secondary education. Voluntary as well as board schools were brought under the authority of the councils' Statutory Education Committees. Despite Nonconformist objections to the financing of church schools by rate payers, the Education Act became law in Dec.

1903

TARIFF REFORM LEAGUE. Joseph Chamberlain resigned, 18 Sept., over Balfour's refusal to restore duties on imported foodstuffs. The Tariff Reform League was organized, and Chamberlain toured the country preaching protectionism.

1904

MILITARY REFORMS. Balfour reactivated the Committee of Imperial Defence, giving it a permanent secretariat. Sir John Fisher (1841–1920), 1st sea lord, and the Earl of Cawdor (1847–1911), 1st lord of the admiralty, worked to counter German naval strength by redistributing the fleet—the sea routes to the Far East were no longer considered to be endangered by France because of the Anglo-French Entente of 8 Apr.—and by laying down the battleship *Dreadnought* and the battle cruiser *Invincible,* the 1st all-big-gun ships.

1905

SINN FEIN. Founded by Arthur Griffith (1872–1922), the Sinn Fein ("We Ourselves") advocated the establishment of a separate Irish state, politically and economically self-sufficient.

CAMPBELL-BANNERMAN MINISTRY. Balfour resigned, 4 Dec., and Campbell-Bannerman succeeded him, 5 Dec. The Liberals won an overwhelming majority in the general elections of Jan. 1906.

1906

TRADE DISPUTES ACT. 21 Dec. Trade unions were made immune from actions of tort. The Taff Vale ruling was thereby reversed.

MILITARY REORGANIZATION. Secretary for War R. B. Haldane (1856–1928) undertook massive military changes, beginning with the creation of a general staff.

1907–8

LLOYD GEORGE'S REFORMS. David Lloyd George (1863–1945), president of the Board of Trade, was responsible for such reforms as the Merchant Shipping Act, 1906; the Act for Taking a Census of Production, 1906; and the Patents Act, 1907. Through his efforts, the Port of London Authority was established, 1908, to bring order to the docks.

ASQUITH MINISTRY. Campbell-Bannerman resigned, 6 Apr., 1908, and died on 22 Apr. Herbert Asquith (1852–1928) succeeded him. The new administration passed the Old-Age Pension Bill, effective 1 Jan., 1909, which provided 5s. per week to persons over 70 whose incomes did not exceed 10s. per week.

1909–10

PEOPLE'S BUDGET. Lloyd George, now chancellor of the exchequer, wished to reduce the national debt and provide for defense needs. His 1909 budget increased income tax and tobacco, liquor-license, and death duties. These measures were unpopular with the upper classes, especially because they included a land tax that required a national land survey. The budget passed the Commons, 4 Nov., but was rejected by the Lords, 30 Nov. Asquith denounced the Lords' action as unconstitutional, 2 Dec. A general election was fought on this issue and on the Home Rule question, and the Liberals won. The Commons passed the budget on 27 Apr., 1910, and the Lords immediately let it pass.

ACCESSION OF GEORGE V. Edward VII died, 6 May, and George V (1865–1936) ascended the throne.

1911–12

PARLIAMENT ACT. 18 Aug., 1911. The Parliament Bill deprived the House of Lords of veto power over money bills; provided that other bills would become law, even if rejected by the Lords, if they had passed the Commons 3 times and if 2 years had lapsed since introduction; and reduced the duration of Parliament from 7 to 5 years. The bill passed the Commons, 15 May, 1911, and, under the threat of the creation of 250 Liberal peers, was passed by the Lords on 10 Aug., 1911.

NATIONAL INSURANCE ACT. Passed in Dec. 1911, this act provided health insurance for all workers and unemployed insurance for some. Both schemes were to be financed by contributions from employers, employees, and the government.

INDUSTRIAL UNREST. A wave of strike and riot activity by dock workers and railwaymen began in the summer of 1911, and 850,000 coal miners struck in Mar. 1912. A Minimum Wage Law, Mar. 1912, brought temporary quiet.

ULSTER OBSTRUCTIONISM. The Ulster party, led by Sir Edward Carson (1854–1935) joined with Conservatives in opposition to Asquith's Home Rule Bill. The measure passed the Commons twice, but was rejected by the Lords. In July 1912 the Ulstermen pledged to oppose Home Rule by every means, including armed insurrection. The government, which needed Irish party support, was thus gravely embarrassed politically.

1913–14

SUFFRAGETTES. Militant action to secure the vote for women was led by Emmeline Pankhurst (1858–1928), who had joined with her daughters, Cristabel and Sylvia, in forming the Women's Social and Political Union in 1903. Her violent tactics led to her arrest and imprisonment on several occasions. In 1913 a follower, Emily Davidson, flung herself under the king's horse at Epsom, and died. Women over 30 were enfranchised in 1918, and women between 21 and 30 in 1928.

DUBLIN STRIKE. In Aug. a bitter strike began in Dublin, led by James Connolly (1870–1916) and James Larkin. By Sept., 24,000 people were unemployed. The 8-month strike, though inconclusive, led to the growth of the Irish Citizen Army.

HOME RULE. On 25 May, 1914, the Commons gave Asquith's Home Rule Bill a 3rd reading. The Lords demanded that Ulster be given permanent exclusion. With this disagreement still unresolved, George V signed the Home Rule Bill on 10 Sept., and it was ratified by Parliament the following day. Because of the deteriorating situation in Europe, however, it was put in abeyance for 1 year, and was then postponed until the end of World War I. (*Cont. p. 401.*)

FRANCE

1870

FRANCO-PRUSSIAN WAR. The announcement, 2 July, 1870, that Prince Leopold of Hohenzollern was a candidate for the Spanish throne awakened French fears of encirclement by Prussia. Protesting to Emperor William I, French diplomats obtained assurances that Leopold's name would be withdrawn. But when Napoleon III insisted on guarantees, William refused, 13 July, and Chancellor Bismarck published an inflammatory account of the French setback (Ems Telegram, 13 July). The message aroused French opinion. Over the objections of the extreme left and without firm commitments from allies, the Ollivier government, pushed by the bellicose foreign minister, the duc de Gramont, declared war, 19 July.

The French had superior infantry weapons but lacked the artillery, the imaginative leadership, and the organization of the Prussians. Disastrously chaotic mobilization left France ill-prepared to resist invasion.

Defeated in Alsace, 6 Aug., the emperor retired to Metz to regroup his forces, while Right and Center legislators brought down the Ollivier ministry, 9 Aug.

Napoleon relinquished command, but stayed in the field as French armies suffered decisive defeats near Metz, 14, 16, and 18 Aug. Taking refuge at Sedan, the emperor and his troops came under German artillery fire, 1 Sept. He ran up the white flag and capitulated, 2 Sept.

GOVERNMENT OF NATIONAL DEFENSE. When news of Sedan reached Paris, crowds overthrew the empire and established a republican "Government of National Defense" (Revolution of 4 Sept.). Failing to obtain acceptable armistice terms, the new government ordered war to the bitter end.

On 18 Sept. Prussian troops reached Paris and began a siege, 19 Sept., which lasted until 28 Jan., 1871. Léon Gambetta (1838–82), war minister, ordered, 5 Nov., an offensive to relieve Paris. The French recaptured Orléans (Battle of Coulmiers, 7 Nov.), but Prussian troops, strengthened after the fall of Metz, 27 Oct., forced the French into retreat. In 3 battles—St.-Quentin, Le Mans, Héricourt, Jan. 1871—the Prussians defeated the main French armies. With Paris close to starvation, the government capitulated, 28 Jan.

1871

BORDEAUX ASSEMBLY. Parliamentary elections, 8 Feb., returned a provincial, royalist majority determined to end the war. Adolphe Thiers, designated, 17 Feb., "Chief of the Executive Power," negotiated peace terms: Prussian annexation of Alsace and part of Lorraine and occupation of territory held in France until payment of a 5,000-m. franc indemnity (Treaty of Frankfurt, ratified 21 May).

PARIS COMMUNE. 18 Mar.–28 May. Assembly decisions to transfer the capital to Versailles, to end the wartime moratorium on debts and rents, and to suspend National Guard payments, Mar., stirred intense popular resentment in Paris. Violence broke out when government troops attempted to remove stockpiled cannons, 18 Mar. Thiers ordered withdrawal, 18 Mar., and began to mass troops for assault. Paris organized for civil war, electing, 26 Mar., a municipal council, self-christened the "Commune."

Although Karl Marx immortalized the Commune as a Socialist-directed class war, its leaders, Jacobin-inspired revolutionaries, fought to defend the republic and municipal rights. Intent on war and conscious of legality, the Commune produced no significant socialist legislation.

On 21 May government troops entered Paris through an unguarded gate. As they advanced, the Communards countered with a ferocious but futile defense (Bloody Week, 21–28 May). Summary executions and mass deportations left the working class without leaders.

1871–73

GOVERNMENT OF THIERS. The monarchist Bordeaux Assembly, divided between Orleanists and Legitimists, postponed establishment of permanent political institutions. Thiers continued without specific term as "President of the Republic" (Rivet-Vitet Law, 31 Aug., 1871).

Benefiting from rapid economic recovery, France paid the indemnity due to Prussia by 1873 and ended Prussian occupation.

Suspicious of Thiers's preference for the conservative republic, the monarchists united to force his resignation, 24 May, 1873. Marshal MacMahon (1808–93), a royalist, accepted the presidency, 24 May.

REPUBLIC BY DEFAULT. The monarchists appealed to the Legitimist pretender, the Comte de Chambord (1820–83), but his refusal, 14, 27 Oct., 1873, to accept the tricolor flag made his accession impossible. Prospects for restoration died as republican gains in by-elections, 1871–73, and royalist divisions threatened the monarchist majority. To guarantee a conservative executive, the royalists voted a 7-year term for MacMahon (Law of the Septennate, 20 Nov., 1873).

1874–79

CONSTITUTION OF 1875. After months of indecision, the Assembly established a republic, with a president elected by a 2-chamber legislature (Wallon amendment, 30 Jan., 1875). Additional constitutional laws created extensive presidential powers, a responsible cabinet, and an indirectly elected Senate to balance a Chamber of Deputies elected by universal suffrage.

THE "REPUBLICAN REPUBLIC." Although after the elections of 1875, Republicans controlled the Chamber, MacMahon forced out, 16 May, 1877, the Republican minister, Jules Simon (1814–96) and called on the royalist, de Broglie. Dissolution followed, 25 June, but the Republicans, organized under Gambetta, maintained their majority following the elections of 14 and 28 Oct. The "May 16 Crisis" established cabinet responsibility to parliament alone, opening the way to legislative predominance. Henceforth, no president dared dissolve the Chamber on his own responsibility.

On 30 Jan., 1879, MacMahon resigned and was replaced, 30 Jan., by the conservative republican Jules Grévy (1807–91). With victory at the senatorial elections, 5 Jan., 1879, Republicans controlled the republic.

1880–85

REPUBLICAN REFORMS. In order to end clerical domination of education, the Republicans established free, 16 June, 1881, secular, and compulsory, 28 Mar.,

1882, primary schools. Republican governments accomplished other long-promised reforms: amnesty for Communards, July 1880; freedom of public meeting, 30 June, 1881, and of the press, 29 July, 1881; legalization of trade unions, Mar. 1884; decentralization of local administration; and abandonment of life senatorships.

FROM BOOM TO SLUMP. Government spending (Freycinet plan, 1878) sparked a boom that ended with the crash of the Union Générale, a Catholic bank, Jan. 1882. Economic stagnation and a series of bad harvests hit France.

POLITICAL DEVELOPMENTS. "Opportunist" Republicans, advocates of gradual reform, held power, while "Radical" Republicans urged faster change. Dormant since 1881, the Conservatives gained strength in the elections of 1885. An expanding Socialist movement split, 1882, into the Marxist Parti Ouvrier Français, under Jules Guesde (1845–1922), and the more moderate Possibilist party.

Republican divisions necessitated coalition governments which were a prey to shifting majorities. Few governments lasted long enough to implement solid programs.

1886–89

BOULANGER CRISIS. A scandal involving Grévy's son-in-law Daniel Wilson, forced the president's resignation, 2 Dec., 1887. Government immobility, economic downswing, and a surge of nationalism focused on the recovery of Alsace-Lorraine fed the opposition.

The discontented rallied to Gen. Georges Boulanger (1837–91), minister of war, Jan. 1886–May 1887. But, despite an impressive electoral mandate, Boulanger refused to seize the government, 27 Jan., 1889, and fled France, 8 Apr.

The elections of 22 Sept., 1889, confirmed Republican control of the Chamber. Moving out of opposition, the Radicals co-operated in a government of "republican concentration," dominated by the Moderates.

1890–96

THE RALLIEMENT. Convinced of the futility of the monarchist cause, Pope Leo XIII urged French Catholics to accept the republic, Feb. 1892. The order split the Conservatives. Some obeyed and rallied to the republic, but others remained unreconciled.

PANAMA CANAL SCANDAL. The builder of the Suez Canal, Ferdinand de Lesseps, organized a company, 1880, heavily backed by the small French investor, to dig a canal in Panama. In serious financial difficulty, the company bought journalistic silence and parliamentary support for a new loan, which failed, forcing the company to admit ruin, Feb. 1889. Exposure of the scandal, 1892, by revealing the involvement of important Republican officials and deputies, undermined confidence in the republic.

PROTECTIONISM. Pressure from industrialists and the fall of agricultural prices converted a reluctant majority from free trade to protection (Méline Tariff, Jan. 1892). High tariff barriers contributed to a revival of industry, 1895, which in turn stimulated general prosperity.

FRANCO-RUSSIAN ALLIANCE. To escape the isolation imposed by the Triple Alliance, France made overtures to Russia, 1890–91. An entente, 1891, prefaced the secret adoption of a mutual-defense pact, Dec. 1893 and 4 Jan., 1894. Although conceived largely as the instrument of an anti-German policy, the alliance forced France to follow Russia into closer relations with Germany.

SOCIALIST GAINS. Criticizing the "*embourgeoisement*" of the Possibilist deputies, the Allemanists (under Jean Allemane), working-class militants, broke away, Oct. 1890, forming the Parti Ouvrier Socialiste Révolutionnaire. Trade union organization progressed, and the Socialists made gains in municipal elections. As parliamentary Socialist representation increased, a group of gifted

Socialist deputies emerged: René Viviani (1863–1925), Alexandre Millerand (1859–1943), and Jean Jaurès (1859–1914).

In 1896 most Socialist factions adopted a common minimum program, 30 May, advocating the destruction of capitalism by reform, not revolution.

ANARCHIST VIOLENCE. Following a new wave of terrorism in 1892, anarchists bombed the Chamber, 9 Dec., 1893. Repressive legislation did not prevent the assassination of President Sadi Carnot, Jules Grévy's successor, by an anarchist, 24 June, 1894. Measures to limit revolutionary activity passed after violent opposition from the left, July 1894. The Radicals broke with the Moderates and cemented ties with the Socialists.

POLITICAL INSTABILITY. Ministerial crises multiplied as the Left intensified pressure on shaky governments, 1893–95. Jean Casimir-Perier (1847–1907), Carnot's successor, resigned, 17 Jan., 1895, and was replaced by Félix Faure (1841–99). An all-Moderate ministry under Jules Méline (1838–1925) restored some stability, Apr. 1896–June 1898.

1897–99

DREYFUS AFFAIR. The army accused Capt. Alfred Dreyfus (1859–1935), a Jew, of passing military documents to the Germans and condemned him on flimsy evidence to life imprisonment on Devil's Island, Dec. 1894. Although re-examination of the evidence incriminated Maj. Esterhazy, a military court acquitted him, Jan. 1898. Émile Zola's *J'accuse,* 13 Jan., 1898, riveted public attention on the "Dreyfus Affair."

Conservatives, nationalists, and anti-Semites, the anti-Dreyfusards, insisted on the preservation of the army's authority and honor. The Dreyfusards, liberals and intellectuals, defended justice and demanded a revision of the Dreyfus judgment.

President Faure died, 16 Feb., 1899, and was replaced by Émile Loubet (1838–1929). As anti-Republican attacks increased, René Waldeck-Rousseau (1846–1904) formed a government of Republican Defense, 22 June, supported by Radicals and Socialists. Breaking a precedent, the Socialist, Millerand, entered the cabinet.

At the long-anticipated retrial, judges found Dreyfus guilty, 11 Sept., 1899, but reduced his sentence to 10 years. President Loubet pardoned Dreyfus, 19 Sept., and in 1906 he was fully exonerated. The Dreyfus Affair had divided France and had badly shaken the republic.

1900–1905

SEPARATION OF CHURCH AND STATE. Striking at clerical sources of anti-Republican activity, the Waldeck-Rousseau government, by the Associations Law, 1 July, 1901, required all religious orders to obtain state authorization.

The 1902 elections confirmed a shift of power from the Moderates to the Radicals and Radical Socialists, spokesmen of the lower middle classes. Socialists joined Radicals in a Bloc des Gauches. Backed by a solid anticlerical majority, the Émile Combes (1835–1921) government, June 1902–19 Jan., 1905, barred religious orders from public-school teaching, 1904. Formal separation of church and state followed, 9 Dec., 1905. The state relinquished control over the appointment and payment of church officials, provided that lay organizations take over church property, and guaranteed freedom of conscience.

MILITARY REFORMS. Gen. Louis André (1838–1913), war minister, directed the republicanization of the army, 1900–1904, until the opposition discovered his reliance on Masonic information and forced him to resign, 15 Nov., 1904 (*Affaire des Fiches*). In Mar. 1905 the Chamber established 2-year military service for all, without exception.

SOCIALIST UNITY. In 1902 French Socialists split on the issue of support for bourgeois governments. But under orders from the Socialist International, meeting in Amsterdam, Aug. 1904, the Socialists united in the Parti Socialiste Unifié (S.F.I.O.) and adopted the principle of nonco-operation with bourgeois governments, Apr. 1905.

TRADE UNION MOVEMENT. The major trade union organizations merged with the Conféderation Générale du Travail (C.G.T.) in 1902. Revolutionary syndicalist leadership committed the C.G.T. to political neutrality, the general strike, and social revolution.

ANGLO-FRENCH ENTENTE. France and Britain signed a convention, 8 Apr., 1904, regulating outstanding colonial differences. France accepted British occupation of Egypt and obtained recognition of its interests in Morocco.

1ST MOROCCAN CRISIS. William II, the German emperor, speaking in Tangier, challenged French claims to special interests in Morocco, 31 Mar., 1905. Théophile Delcassé (1852–1923), foreign minister since 1898, urged resistance to Germany, but the cabinet, afraid of war, accepted the international conference demanded by the Germans (Algeciras Conference, 16 Jan.–7 Apr., 1906). Delcassé resigned, 12 June.

1906–11

RETURN TO POLITICAL INSTABILITY. Armand Fallières (1841–1931), Bloc des Gauches candidate, succeeded the outgoing president, Loubet, 17 Jan., 1906. The 1906 elections crushed the Conservative opposition and strengthened the Bloc des Gauches. But, when Radical governments under Clemenceau and Briand used force to restore order during a prolonged period of strikes, 1907–10, the Socialists abandoned the Bloc. The emergence of 2 oppositions forced a reversion to Center governments and cabinet instability.

2ND MOROCCAN CRISIS. Germany pressed for compensation for French gains in Morocco. When negotiations lagged, Germany dispatched the gunboat *Panther* to Agadir, 1 July, 1911, ostensibly to protect German property. The French agreed to buy German acceptance of French special interests in Morocco with a slice of the Congo, 4 Nov.

1912–14

DOMESTIC DISINTEGRATION. To restore stability, the Chamber called on Raymond Poincaré (1860–1934) to form a government, 14 Jan., 1912. He resigned, 18 Jan., 1913, to become president of the republic. As the Radical majority disintegrated, cabinet instability intensified. Voted on the eve of war, a law increasing military service from 2 to 3 years aroused the violent opposition of the Left, pushing the Radicals and Socialists together. The elections of 26 Apr.–10 May, 1914, delivered the Chamber to the Radicals, Radical Socialists, and Socialists. (*Cont. p. 401.*)

THE GERMAN EMPIRE

1871

FOUNDING OF THE EMPIRE. On 18 Jan. in the Hall of Mirrors at Versailles (symbolizing the victory over France by the German princes united under the Hohenzollerns) King William I of Prussia was crowned emperor of Germany. The states which constituted this new empire were the North German Confederation, dominated by Prussia, and the southern kingdoms of Bavaria, Baden, Hesse-Darmstadt, and Württemberg. On 14 Apr. the Reichstag adopted an Imperial Constitution, framed by Otto von Bismarck, by which the king of Prussia received the hereditary right to the German throne. As emperor of Germany, the Prussian king represented the Reich in foreign affairs and commanded the armed forces. He presided over the Bundesrat (Upper House), in which the individual German states were represented, with Prussia dominant; and he convened and adjourned the Reichstag (Lower House), whose 397 members were elected by all German men over 25 years of age. The only all-German minister was the imperial chancellor. The chancellor appointed heads of department for Reich affairs, but the individual state governments retained responsibility for most domestic matters. The chancellor was responsible to the emperor, not to the Reichstag, and a vote of no confidence or a defeat in the Reichstag did not necessarily affect his position. In 1871 Bismarck held the chancellorship, as well as the influential post of minister-president of Prussia.

POLITICAL PARTIES. Bismarck's power was further enhanced by the division of the Reichstag into several conflicting parties. To the far right were the Conservatives, mostly Prussian landowning aristocrats, whose major interests were the preservation of Prussian traditions and protection of their own agricultural livelihoods. An offshoot of the Conservatives, under the leadership of Wilhelm von Kardorff (1828–1907), was the Free Conservative Party, or Reichspartei, which drew into its membership nobles from other parts of the empire as well as from Prussia. These nobles owned industrial as well as agricultural enterprises, and the Free Conservatives had therefore a wider, more liberal orientation. The National Liberal Party represented chiefly business and professional interests. Its leaders included Rudolf von Bennigsen (1824–1902) and Eduard Lasker (1829–84). Its members had the typical 19th-cent. liberal sympathy for national unity, free trade, material progress, and anticlericalism. The Progressive Party, which fluctuated greatly in strength from one election to the next, drew its main support from the commercial middle classes, lower officials, and intellectuals; its members, led by Eugen Richter (1838–1906), demanded a full-fledged parliamentary state. The Center Party, led by Ludwig Windthorst (1812–91), was unique in that its basis lay not in class or ideology but in religion. As the representative of German Catholic interests, it attracted members from all classes and geographic areas of the empire who supported federalism, autonomy for the church, and freedom of religious education. Finally, the Social Democrats represented the German working classes.

In addition to these parties, the Reichstag contained a few representatives of dissident minorities, including Poles, Guelph Party supporters of the former king of Hanover, and Danes from North Schleswig. On 10 May, 1871, another minority group reluctantly joined the empire when the Peace of Frankfurt, which officially ended the Franco-Prussian War, transferred Alsace-Lorraine from France to Germany.

1871–88

KULTURKAMPF. On 8 July, 1871, Bismarck abolished the special division for Catholic affairs in the Prussian Ministry for Public Worship and Education. This action marked the beginning of the *Kulturkampf* (cultural struggle) against the Catholic Church in Germany. During the previous decade the church, under the direction of Pope Pius IX, had taken a more aggressive attitude than in the past, culminating in a definition of papal infallibility in 1870. Bismarck, supported by the National Liberals, saw the Catholics as a menace to German unity. Not only were Catholic Germans sympathetic to Catholic Poles and Hanoverians within the empire, but on the international level there was a danger that German Catholics might unite under papal leadership with their Catholic neighbors in France and Austria. Bismarck attacked the Center Party in the Reichstag, and on 4 July, 1872, obtained a law dissolving the Jesuit order. Most of the other anti-Catholic laws were passed in Prussia under the direction of Adalbert Falk (1827–1900), Prussian minister for public worship and education. The "May Laws," passed in 1873, 1874, and 1875, provided for state supervision over education and the appointment of clergy, made civil marriage compulsory, and placed ecclesiastical discipline under state control. By 1876 many Prussian bishops and priests were in prison and opposition was increasing to Bismarck's policies, as Liberals became alarmed at restrictions on basic liberties and Conservatives began to worry that similar action might be taken against the Lutheran Church. Bismarck, searching for a way to retreat, was helped by the accession in 1878 of a new pope, Leo XIII. The 2 men held direct negotiations which led to the gradual repeal over the next decade of most of the anti-Catholic laws. Falk resigned in 1879.

LEAGUE OF THE 3 EMPERORS. Bismarck's foreign policy after the Franco-Prussian War attempted to maintain the *status quo* through a complex system of defensive alliances. Friendship with France was impossible so long as Germany held Alsace and Lorraine; Bismarck therefore aimed to isolate France, and particularly to prevent any kind of Russo-French alliance which might lead to Germany's having to fight a war on 2 fronts. In Sept. 1872, Emperor William I met in Berlin with Alexander II of Russia and the Hapsburg Emperor Francis Joseph. Their cordial discussion of European affairs led, Oct. 1873, to the formation of the 3 Emperors' League, by which they pledged themselves to co-operate in the preservation of the European peace. This peace was disturbed briefly in the spring of 1875 by the "war in sight" crisis. Alarmed at France's quick economic recovery and plans to increase her army, Bismarck made angry statements, while the German press published excited articles, climaxed by the headline "Is War in Sight?" At this point both Britain and Russia intervened, and Germany backed down.

CONGRESS OF BERLIN. 13 June–13 July, 1878. A more serious situation arose in the Balkans, where Austria and Britain opposed Russia's domination after her defeat of Turkey in 1877. Bismarck refused to support the Russian position, instead offering to serve as "honest broker" at an international congress. The congress met in Berlin, and the disgruntled Russians saw their gains reduced. Bismarck turned toward Austria, with whom he signed a secret defensive treaty against Russia, Oct. 1879. But Russia, facing a chaotic domestic situation at the time, preferred a peaceful course in her foreign relations. Her conciliatory attitude allowed a re-establishment of the 3 Emperors' League in June 1881.

RISE OF THE SOCIAL DEMOCRATS. In the 1874 elections to the Reichstag the Social Democrats won 9 seats, and in May 1875 Social Democrats of various persuasions came together at Gotha to form a united party. The Gotha program represented a compromise between the followers of Karl Marx and of Ferdinand Lassalle: it called for an economy of productive co-operatives financed by the state, in order to emancipate labor and construct a society in which exploitation would cease. In the 1877 elections, Social Democratic strength increased to 12 seats. Bismarck viewed this new, class-based, internationally oriented party with alarm. In 1878 there were 2 attempts, May and June, to assassinate the emperor. Bismarck accused the Social Democrats and dissolved the Reichstag; in the new elections the Conservatives gained strength while the Social Democrats lost 3 seats. The Reichstag passed an anti-socialist law, 19 Oct., 1878, which gave the government authority to suppress labor organizations and socialist activities of all kinds. During the next decade, Bismarck attempted to substitute his own kind of social reform, through sickness insurance, 1883; accident insurance, 1884; and old-age and incapacity insurance, 1889. Under these acts employers, employees, and the state contributed in various proportions to compulsory insurance schemes. In spite of this social legislation, the Social Democratic Party continued to grow, and after 1890 the anti-socialist laws were not renewed.

INDUSTRIALIZATION. The boom after the Franco-Prussian War was followed by depression in Germany in 1873, but by 1880 the economy had revived and continued to grow until World War I. Improvements in canals extended the already well-developed transport system; increasing coal and iron production formed the basis for new manufactures; and the textile, chemical, and electrical industries all expanded. Along with industrial growth came a growth in banking facilities. The Reichsbank, or central bank, was established in 1875. Banking institutions had a powerful role in financing German industry, and between banking and industry a system of interlocking directorates developed. German industry, moreover, tended to develop by means of cartels, or combinations controlling prices and production for a horizontal or vertical group of products.

During the 1870's German producers debated the question of free trade vs. protection. Responding to the demands of both farmers and industrialists, the Reichstag adopted a protective tariff, 12 July, 1879. That year also marked a change in the direction of German politics, since Bismarck turned away from the Liberals in order to get Conservative and Center support for passage of the tariff. This alliance persisted until the debate in 1887 over the Septennate, a bill to increase army strength by 10% for a period of 7 years. The Center opposed the bill, but Bismarck achieved its passage with support from an alliance of conservative parties and the now demoralized National Liberals.

RELATIONS WITH RUSSIA. In May 1882 Bismarck attempted to make Germany's international position even more secure by joining with Austria and Italy in a Triple Alliance directed against France. In the mid-1880's another Balkan crisis strained this new alliance system. Russia, at odds with Austria, withdrew from the 3 Emperors' League, 1887; but to replace the League, Czar Alexander agreed to a Reinsurance Treaty with Germany. This secret treaty committed each of the 2 states to benevolent neutrality if the other fought a war, except if Germany began a war against France or Russia began hostilities against Austria. Germany further pledged diplomatic support for Russian ambitions in the Balkans, a pledge which conflicted with the spirit of German agreements with Austria.

COLONIAL POLICY. Until the 1880's Bismarck refused to join in the European imperial scramble, although north-German merchants were eager for overseas expansion. The Deutsche Kolonialverein (German Colonial League) was founded, Dec. 1882. In the following year Bismarck reversed his policy and began to support German imperial ventures. In 1884 Adolf Lüderitz signed treaties resulting in the creation of a German protectorate in Southwest Africa. Also in that year Germany acquired Togoland and the Cameroons. In 1885 an official protectorate was declared in East Africa as a result of the efforts of Karl Peters (1856–1918), founder of the Gesellschaft für Deutsche Kolonisation (Society for German Colonization). During these same years Germany obtained possessions in the Southwest Pacific, including a part of New Guinea, the Bismarck Archipelago, and the Marshall and Solomon islands.

1889–1914

FALL OF BISMARCK. Emperor William I died on 9 Mar., 1888, to be succeeded by his son, Frederick III (1831–88). Through his wife, Victoria, eldest daughter of Queen Victoria of Great Britain, Frederick had been exposed to liberal British influences and had become the hope of German liberals. But by the time of his accession to the throne he was mortally ill with cancer of the throat. Unable to take any active part himself, he left the conduct of affairs to Bismarck. On his death, 15 June, 1888, the crown passed to his son, William II (1859–1941), a man of very different views. Within the next year an inevitable conflict arose between the 74-year-old chancellor and the 29-year-old emperor, who was determined to exercise his own rule. Moreover, the Reichstag elections of 1890 resulted in a defeat for Bismarck's supporters and an increase in strength for the left. Bismarck resigned as chancellor, 18 Mar., 1890, and was replaced by Gen. Leo von Caprivi (1831–99).

RULE OF WILLIAM II. After Bismarck's retirement there occurred some decentralization of the power which had formerly rested with the chancellor alone. The emperor now took a more active part in policy formation, as also did various secretaries of state. William leaned toward liberalism at the beginning of his reign, supporting progressive laws passed to improve factory conditions and soften the treatment of minority groups. But these measures failed to reduce socialist and minority opposition to the central government. The Social Democrats met at

Erfurt, Oct. 1891, and adopted a new program which emphasized class struggle. They dropped their former demands for state-financed producers' associations, which represented an ideological switch from Lassalle to Marx. In reaction to the liberal measures of the government, the conservatives started their own propaganda leagues and pressure groups. In Apr. 1891 the organization which later took the name Alldeutsche Verband (Pan-German League) was formed; its members advocated union of all German ethnic groups in one pan-German state which, in the end, would rule the world. In Feb. 1893 the Prussian landowners joined in the Bund der Landwirte (Agrarian League) to protect agrarian interests and oppose Caprivi's policy of lower tariffs. In the same year the Ostmarkenverein (Eastern Marches Association) was formed to protest against concessions to the Poles. By this time the emperor had become disenchanted with liberalism and was allowing his innate conservatism to come to the fore. He encouraged Caprivi to push through the Reichstag a bill to increase the size of the army, 1893, and declined to support his chancellor against attacks from the conservative agrarians. In Oct. 1894 he accepted Caprivi's resignation and appointed as his successor the 75-year-old Prince Chlodwig zu Hohenlohe-Schillingsfürst (1819–1901).

NAVAL EXPANSION. Hohenlohe remained chancellor until 1900, when he was replaced by Prince Bernhard von Bülow (1849–1929), who held the post until 1909. Both men pursued a generally conservative policy, which tried to contain the increasing agitation of Social Democrats and trade unions. William, an ardent yachtsman, was preoccupied with building a great German navy. In 1897 he appointed as state secretary for naval affairs Adm. Alfred von Tirpitz (1849–1930), who shared his enthusiasm for naval expansion. In 1898 the Reichstag passed a costly bill for ship construction, and further appropriations followed in 1900. In 1898 also the Flottenverein (Naval League) was founded to generate patriotic propaganda for the navy. Like the other propaganda leagues, it drew membership and financial support from the great industrialists, who in turn made large profits from the military expansion programs.

INCREASING STRENGTH OF THE LEFT. In 1909 Theobald von Bethmann-Hollweg (1856–1921) succeeded Bülow as chancellor, to serve until 1917. During his term industrialization and urbanization increased, and the strength of the trade unions and socialists grew. In 1910 Berlin had more than 2 m. residents, and over 50% of the German population lived in urban areas. Membership in the Free Trade Unions had passed the 2-m. mark, and in the election of 1912 the antigovernment Social Democrats became the largest single party in the Reichstag.

GERMAN WELTPOLITIK. Under the inconsistent and often irresponsible direction of William II and his advisers, Germany became increasingly isolated from all other European nations except Austria, her one remaining dependable ally by 1914. In June 1890, acting on advice from Baron Friedrich von Holstein (1837–1909), permanent counselor at the Foreign Office, William decided not to renew the German-Russian Reinsurance Treaty. In the same year Germany appeared to move closer to Britain, following an agreement which defined boundaries of German and British territories in East Africa and gave Zanzibar to Britain in exchange for German possession of Helgoland. But subsequent German policy served increasingly to alienate Britain as well as other states. William was determined to pursue a policy of *Weltpolitik* (world politics) which would make German influence felt everywhere. In 1895, after the Jameson raid against Johannesburg, William sent President Kruger of the Transvaal a telegram congratulating him on the defeat of the British invaders. This incident inflamed British public opinion. In addition, the continued build-up of the German navy presented a serious threat to Brtain.

In 1897 Germany used the murder of 2 German missionaries as a pretext for landing at Kiaochow and demanding from China a 99-year lease of the Shantung Peninsula, despite previous Russo-Chinese negotiations for Russian control in that area. In 1900 Germany took the lead in sending an international army to put down the Boxer Rebellion in China. Meanwhile, Germany was also active in the Middle East, where in 1903 the promoters of the Berlin-Baghdad railway obtained from the Turkish government wide concessions for their project, which antagonized the Russians. In 1905 William met Nicholas II of Russia at Björkö in the Baltic, and reached agreement on a mutual-aid treaty between their countries. Neither Foreign Office would ratify the treaty, however, and Russia's ally France rejected the idea of a Russo-German accord completely.

MOROCCAN CRISIS. In 1905 William II traveled to Tangier to challenge French influence in Morocco. At the ensuing international conference at Algeciras, 1906, Russia and Britain backed France. The event forced the resignation of Holstein. It also drew Russia and Britain closer, and by 1910 Europe had become divided into 2 opposed and increasingly armed camps: a Triple Entente of Britain, France, and Russia faced the Triple Alliance of Germany, Austria and Italy. The general staffs of the various powers busied themselves formulating strategies in case of war. In Germany the plan which had been worked out under Count Alfred von Schlieffen (1833–1913) anticipated simultaneous war against Russia and France. In this event Germany must first crush France by an attack through neutral Belgium and Luxembourg, and then turn east to meet the Russians, who would have taken longer to complete their mobilization. In 1911 another crisis occurred in Morocco when Germany sent the cruiser *Panther* to the port of Agadir in order to protest French military action in the sultanate. Negotiations resulted in German agreement to a French protectorate in Morocco in exchange for French cession to Germany of a part of the Congo.

OUTBREAK OF WORLD WAR I. During 1912 and 1913 local wars in the Balkan Peninsula increased tension between Russia and Austria, the 2 major powers with interests in the area. Germany took no part except to stand behind her ally Austria. In July 1914, as he departed for his summer cruise, William agreed to back Austria in any action she wished to take against Serbia in retaliation for the assassination of the Archduke Francis Ferdinand. Russia in turn declared her solidarity with Serbia. Within the next few weeks, the crisis widened as all the major European powers were drawn in to support their various allies. Bethmann-Hollweg, realizing finally the seriousness of the situation, tried to moderate Austrian policy, but without success. Austria declared war on Serbia, 28 July, 1914. Russia responded with an order for general mobilization, 29 July. By this time foreign policy had become subordinate to military strategy. Following the dictates of the Schlieffen Plan, Germany mobilized, and declared war on Russia, 1 Aug. On 3 Aug. she declared war on France, and German troops invaded Belgium next day. (*Cont. p. 401.*)

THE RUSSIAN EMPIRE

1871–78

3 EMPERORS' LEAGUE. After a meeting in Berlin of the Russian, Austrian, and German emperors, Sept. 1872, agreements were made between Germany and Russia, May 1873, and Austria and Russia, June 1873, providing for a loose alliance between the 3 powers. The league was never put to effective use and broke down because of Austro-Russian rivalry in the Balkans.

ARMY REFORM. 13 Jan., 1874. The old Russian army, composed of long-term peasant conscripts, was replaced by one based on a universal system of military obligation, with a lottery used to choose recruits who then served 6 years on active duty and 9 years in the reserve. The term of service was reduced in proportion to the conscript's level of education, university graduates serving only 6 months.

FOUNDING OF THE "LAND AND LIBERTY" SOCIETY. The main aim of the "Land and Liberty" Society, a populist, revolutionary organization, founded 1876, was the distribution of all land to the peasants. When its members, mainly urban intellectuals, found their propaganda efforts among the peasants ineffectual, a number of them turned to the use of terror as a political weapon. In 1879 the society split into those who still favored propaganda activities and those who were self-conscious terrorists, the latter forming the "People's Will," an organization committed to assassination with the czar as a major target.

RUSSO-TURKISH WAR. Revolts in Bosnia, Herzegovina, and Bulgaria, 1875–76, were put down with great ferocity by the Turks, causing Serbia and Montenegro to declare war on the Ottoman Empire, 1876, and arousing strong pan-Slavic feeling in Russia. When the Turks refused great-power intervention on behalf of the Christian population of the Balkans, Russia declared war, 24 Apr., 1877. After initial successes the Russians were stopped at Pleven, 20 July, and did not capture it until 10 Dec. They then crossed the Balkan highlands and, with their armies threatening Constantinople, were able to negotiate the Treaty of San Stefano, 3 Mar., 1878. The Turks recognized the independence of Rumania, Serbia, and Montenegro, with the latter 2 regions gaining territory; agreed to the creation of an autonomous principality of Bulgaria, including Macedonia; promised reforms in Bosnia and Herzegovina; and ceded to Russia part of the Dobruja (the area between the lower Danube and the Black Sea) and districts in the Caucasus.

TREATY OF BERLIN. 13 July, 1878. British and Austrian objections to the Treaty of San Stefano led to a great-power conference in Berlin to revise its terms. Macedonia and a new province of Eastern Rumelia were detached from Bulgaria, the former being returned to full Turkish rule while the latter was made administratively autonomous under the political and military control of the sultan of Turkey. The territorial gains of Serbia and Montenegro and of Russia in the Caucasus were reduced, and Russia ceded the Dobruja to Rumania in exchange for southern Bessarabia. Austria was given control of Bosnia and Herzegovina and authorized to maintain garrisons in the sanjak (district) of Novi Pazar.

1879–87

SPECIAL COMMISSION AGAINST TERRORISM. 25 Feb., 1880. The terrorist activities of the "People's Will" led to the appointment of a special commission, headed by Count Mikhail Loris-Melikov (1825?–88), with almost unlimited powers to deal with the problem. The police forces were reorganized and Loris-Melikov, who believed it necessary to resume the reform efforts of the 1860's, forced the more conservative ministers out of the government, notably the minister of education, Dmitri Tolstoy (1823–89). By Aug. 1880 the danger had seemingly been greatly reduced, and the commission was ended, Loris-Melikov becoming minister of internal affairs.

ASSASSINATION OF ALEXANDER II. 13 Mar., 1881. The "People's Will" was on the verge of extinction, but its remaining members made 1 last effort to kill the czar, and succeeded. The same day he had signed a proclamation announcing his acceptance of a proposal by Loris-Melikov for the creation of commissions, including zemstvo representatives, to propose reform measures. His son, Alexander III (1845–94), rejected the plan, and on 11 May, 1881, announced his commitment to unlimited autocracy, causing Loris-Melikov to resign.

RENEWAL OF THE 3 EMPERORS' LEAGUE. 18 June, 1881. A 3-year agreement between Germany, Austria, and Russia provided for the benevolent neutrality of the other 2 if 1 of them was at war, with the exception of a war with Turkey. It was renewed, 1884, but allowed to lapse, 1887, due once again to Austro-Russian disagreements in the Balkans.

ISSUE OF THE "TEMPORARY REGULATIONS." 26 Aug., 1881. These regulations, which actually remained in force until 1917, provided that when a state of emergency had been declared in any area, local officials should have greatly increased powers over all types of gatherings and administrative powers of search, arrest, and deportation. In Sept. 1882 the censorship was also greatly strengthened.

REDEMPTION OF PEASANT LAND. 9 Jan., 1882. By the emancipation decrees, the start of the period of redemption of peasant land had depended on voluntary agreements between the landowner and the peasants. By imperial decree redemption was now to begin in cases where such agreement had not been reached, and all redemption payments were to be reduced. In June 1886 payments by state peasants were changed from rent to a redemption payment, and the peasants were given ownership of the land they occupied.

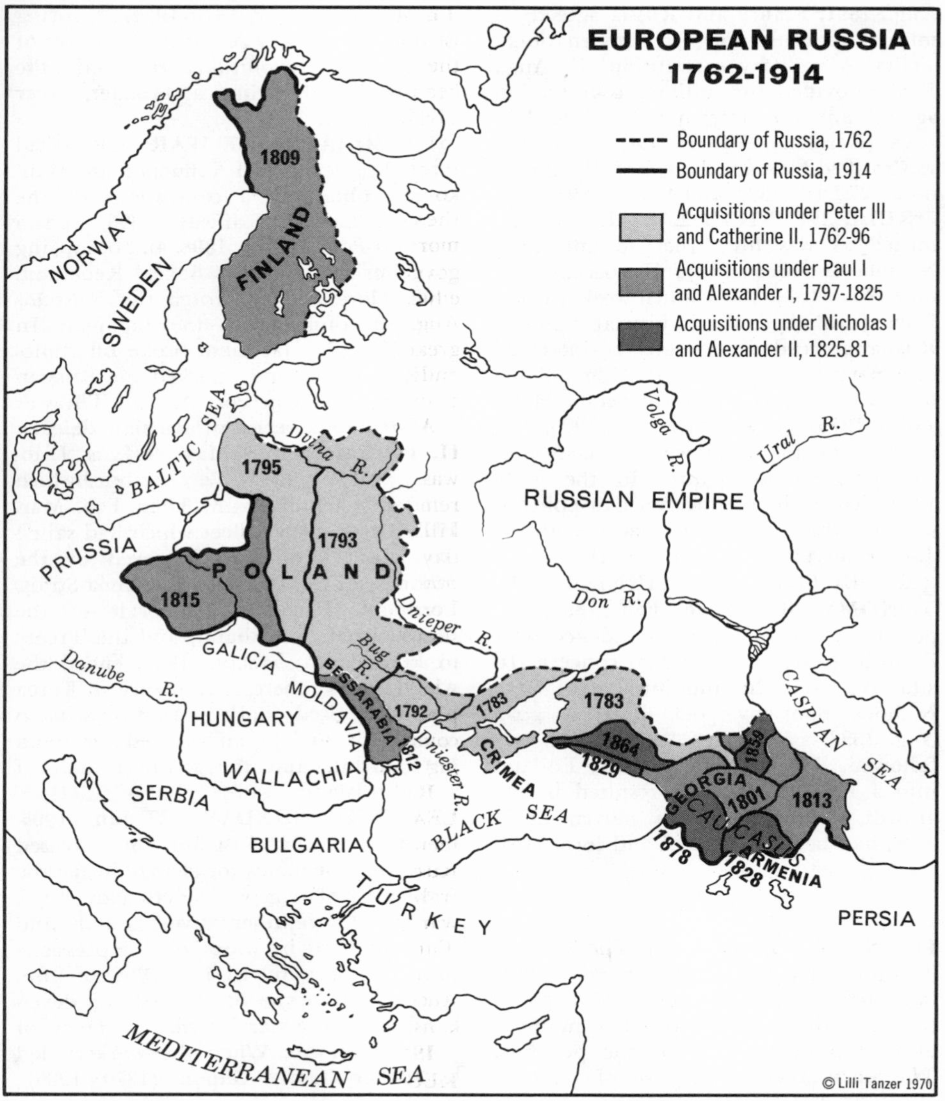

REINSURANCE TREATY WITH GERMANY. 18 June, 1887. Replacing the 3 Emperors' League, a new 3-year agreement was made, providing for neutrality on the part of Russia if Germany was involved in war, and vice versa, except in the case of an aggressive war against either France or Austria.

1888–99

FRANCO-RUSSIAN ALLIANCE. 27 Aug., 1891. France and Russia agreed on mutual consultation in international affairs. A military convention, 17 Aug., 1892, provided for military co-operation against any threat from the Triple Alliance (Germany, Austria, and Italy), and was ratified by an exchange of diplomatic notes, 27 Dec., 1893, and 4 Jan., 1894.

RULE OF NICHOLAS II. As committed as was his father to autocracy, Nicholas II (1868–1918), who became czar on 1 Nov., 1894, was a much weaker ruler. During his reign, the industrialization of Russia proceeded at a greatly increased rate, particularly as a result of the policies of the minister of finance, Sergei Witte (1849–1915), between 1892 and 1903. The creation of an urban working class plus widespread crop failures in the early 1890's led to the reappearance of political unrest, which had been largely absent during the reign of Alexander III.

REDUCTION OF FINNISH AUTONOMY. By decree, Feb. 1899, imperial laws were given precedence over Finnish in areas of imperial concern. In addition, after the appointment of Gen. Nicholas Bobrikov (1839–1904) as gov., Aug. 1898, a policy of Russification was followed. The attempt to turn Finland into a Russian province resulted in the growth of a revolutionary movement in what had been a peaceful and loyal area.

1900–1905

FOUNDING OF THE S.R. The Socialist Revolutionary Party (S.R.), founded 1901, inherited the traditions of Russian populist radicalism and favored communal ownership of all land by the peasants. The party revived the use of political assassination as a revolutionary technique and was the cause of numerous murders between 1902 and 1907.

2ND CONGRESS OF THE S.D. 30 July–23 Aug., 1903. Founded in 1898 by the union of various Marxist groups, the Russian Social Democratic Labor Party (S.D.) had no real existence until its 2nd congress, held in 1903 in Brussels and London. It was split into 2 factions, which formed 2 almost separate parties: the Bolsheviks, led by Lenin (born Vladimir Ilyich Ulyanov, 1870–1924), favoring a small, centrally controlled party of professional revolutionaries, and the Mensheviks, favoring a broader, freer party.

RUSSO-JAPANESE WAR. Russia had created a sphere of influence in Manchuria, obtaining a concession for the Chinese Eastern Railway, 1896, and a lease on Port Arthur, 1898, and occupying Manchuria after the Boxer Rebellion, 1900. Here and in Korea the Russians were in conflict with the Japanese. In Feb. 1904 the Japanese broke off diplomatic relations and attacked the Russian naval squadron in Port Arthur. The war consisted of a series of Russian defeats: on the Yalu River, May 1904; at Liaoyang, Aug.–Sept.; at Port Arthur, which fell Jan. 1905; and at Mukden, Feb.–Mar. 1905. On 27 May a fleet which had sailed from the Baltic was destroyed by the Japanese at the Battle of Tsushima Strait. President Theodore Roosevelt of the U.S.A. acted as mediator, and the Treaty of Portsmouth, 5 Sept., 1905, ended the war. Japan's sphere of influence in Korea was recognized, both powers evacuated Manchuria, and Japan received a lease on Port Arthur and the southern half of Sakhalin Island.

"BLOODY SUNDAY." 22 Jan., 1905. Defeat in the Far East brought increased unrest and demands for change in Russia. A meeting of zemstvo leaders, Nov. 1904, demanded a representative assembly and was supported by widespread expressions of public opinion. In Jan. 1905 an ironworkers' strike in St. Petersburg developed into a general strike in favor of political reform. When the workers, led by Father George Gapon (1870?–1906), joined in a mass demonstration, 22 Jan., to present a petition to the czar, they were fired on by troops and hundreds were killed and wounded.

REVOLUTION OF 1905. "Bloody Sunday" was followed by uprisings and strikes throughout the country. The government attempted to quiet unrest with vague promises of popular participation in the government, 3 Mar., but with little effect. A revolt on the battleship *Potemkin,* June, indicated that even the loyalty of the armed forces was uncertain. On 19 Aug. the czar created a state Duma, but gave it only consultative powers and excluded the urban working class and most professionals from the suffrage. This was unacceptable to the opposition and a railway strike in Moscow, Oct., resulted in a general strike movement throughout the country and the creation of the St. Petersburg Soviet (council) of Workers' Deputies. In the same month the liberal Constitutional Democratic Party (Cadets) was organized, with a program favoring parliamentary government and economic and social reform. On 30 Oct. the czar issued a manifesto, based on proposals made by Sergei Witte, granting civil liberties and a Duma, elected on a broadened franchise, with control over legislation and the ministries. Witte was made head of the newly created Council of Ministers, in effect becoming prime minister. In Nov. peasant redemption payments were abolished, effective 1907, and the autonomy of Finland fully restored. Radical opposition continued, but the government was now strong enough to regain the initiative. In Dec. the members of the St. Petersburg Soviet were arrested and an uprising in Moscow put down by force, after which the revolutionary ferment in the country subsided.

1906–14

CODE OF FUNDAMENTAL STATE LAWS. 6 May, 1906. The decrees establishing the Duma were codified and, in some degree, changed by a new Code of Fundamental Laws. Almost universal manhood suffrage was introduced, but with a complicated system of indirect elections. The Duma was chosen for 5 years, but the czar could dissolve it earlier provided he called for new elections at the same time. The Council of State was made an upper legislative house, half its members appointed by the czar and half elected by various public bodies. Laws could be initiated by either house and required the approval of both houses and of the czar. The Duma had the right to question ministers, but no power over them, and about ⅓ of the budget was excluded from its control. The czar retained full authority over the administration, the armed forces, and foreign policy, and the government could issue temporary emergency decrees which had the force of law. At the same time as the code was issued, Witte, whom the czar distrusted, was replaced by I. L. Goremykin (1839–1917). Peter A. Stolypin (1863–1911) became minister of internal affairs.

1ST DUMA. 10 May–21 July, 1906. The members of the 1st Duma were almost all in opposition to the government, the Cadets, the largest single party, dominating the proceedings, since the S.D. and S.R. had both boycotted the elections. An address was adopted calling for further constitutional changes and the division of large estates among the peasants. This was rejected by the government, and as cooperation between it and the Duma proved impossible, the czar, after considering the creation of a Cadet ministry, dissolved the Duma.

RULE OF STOLYPIN. Stolypin was appointed head of the government, 21 July, 1906. He retained the Ministry of the Interior, and attempted both reform and the repression of radical groups at the same time. An emergency decree, 1 Sept., permitted local officials to use field courts-martial for the summary trial and execution of revolutionaries. On the other hand, a decree removed most of the remaining legal disabilities of the peasants, 18 Oct. On 22 Nov. a decree was issued permitting peasants to leave their communes and retaining and consolidating their land holdings.

2ND DUMA. 5 Mar.–16 June, 1907. The S.D. and the S.R. took part in the election which led to the 2nd Duma, while the government gave active support to rightist groups, notably the Union of the Russian People. The result was a strengthening of both left and right at the expense of the center parties. Stolypin proposed a program of reform, but the opposition did not accept it and the Duma was again dissolved.

ELECTORAL LAW. 16 June, 1907. In order to secure a conservative Duma, the representation of the national minorities was decreased by a new franchise law, while greatly increased weight was given to landowners and wealthy city dwellers.

ANGLO-RUSSIAN ACCORD. Conflicts in Persia, Afghanistan, and Tibet were settled by an agreement between Russia and Britain, 31 Aug., 1907. This accord, combined with the Franco-British *entente cordiale* formed in 1904, resulted in the de facto creation of a Triple Entente in opposition to the Triple Alliance, although no formal alliance or military agreement was ever made between Russia and Great Britain.

3RD DUMA. The revised electoral law resulted in a greatly decreased leftist representation in the 3rd Duma, which lasted from 1907 to 1912. The largest party was now that of the Octobrists, a liberal group somewhat to the right of the Cadets and composed of landowners and commercial and industrial leaders. Stolypin was able to work with a coalition of Octobrists and some rightists, and his peasant reforms were confirmed and extended by laws of 27 June, 1910, and 11 June, 1911. Stolypin also supported Russification in the border areas, and by a law of 30 June, 1910, the Finnish Diet was subordinated to the Russian Duma and Finnish autonomy ended. Stolypin aroused the distrust of the rightists and the czar and was on the verge of being dismissed when he was assassinated, Sept. 1911.

AUSTRIAN ANNEXATIONS IN THE BALKANS. Although the annexation by Austria of Bosnia and Herzegovina, Oct. 1908, represented only a formal change in the status of the provinces, the Russians suffered a major diplomatic defeat when they were forced, by German threats, to accept it without the *quid pro quo* they desired, the opening of the Dardanelles to Russian warships.

LENIN AND THE S.D. Taking advantage of the dominance of his supporters at a congress of the S.D. held in Prague and convened by him, Lenin formally expelled, Jan. 1912, all those who differed from him ideologically. The opposition, divided into many factions, was unable to develop a united front against him.

BALKAN WARS. Montenegro, Bulgaria, Serbia, and Greece defeated Turkey, Oct. 1912–May 1913, and then, following a dispute over the spoils, Serbia, Greece, Rumania, and Turkey defeated Bulgaria, June–Aug. 1913. Russia, in concert with Austria, attempted to prevent these wars and then, after the 1st of them, acted to stop Bulgarian annexation of Constantinople. The wars caused a great increase in tension in the area, with Bulgaria becoming an Austrian ally, while Serbia and Rumania were allied to Russia.

4TH DUMA. In the 4th Duma, 1912–17, the right had greater representation than in the 3rd, and the Octobrists, who were reduced in strength, tended to move into opposition to the government. This reflected a general conservative reaction in the country which led Nicholas to give serious consideration to reducing the Duma to the status of a consultative body. The royal family at this time was strongly under the influence of Gregory Rasputin (1871–1916), a semiliterate "holy man," who apparently had the power to control the bleeding of the heir to the throne, Alexis, who suffered from hemophilia. (*Cont. p. 425.*)

THE SMALLER STATES OF EUROPE

1870–1914

BELGIUM. Leopold II (ruled 1865–1909) built a great and prosperous state on the foundations laid by his predecessor. He established companies all over the world, acquired a vast colonial empire in the

Belgian Congo, and made Brussels a magnificent capital. A principal domestic political issue in Belgium, the question of religious education, contributed to the establishment of the rival Liberal and Catholic parties. The Catholic Party gained control of Parliament in 1884, and during its 30-year rule restored religious education in most of the public schools and removed property qualification for voting. King Albert I succeeded Leopold II in 1909.

THE NETHERLANDS. When Willem III (ruled 1840–90) died without a male heir, his widow Emma served as regent until her daughter, Wilhelmina (ruled 1890–1948), came of age in 1898. Although the franchise was greatly extended in 1867 and 1896, universal suffrage was not enacted until 1918. A law establishing compulsory education at some schools, passed in 1900, partially resolved disputes between Catholics and Calvinists about the control of elementary education.

LUXEMBOURG. On the death, 1890, of King Willem III of the Netherlands, who was also the grand duke of Luxembourg, the grand duchy passed to Adolphus of Nassau (ruled 1890–1905). Luxembourg thus became independent, and its territorial integrity and neutrality were guaranteed by the European powers.

SWITZERLAND. Switzerland underwent a constitutional revision in 1874 which introduced the principle of the referendum and also enlarged the powers of the Confederation. In 1891 the initiative was adopted, resulting in a great deal of popular legislation for all of Switzerland. To provide for defense, compulsory military service was established in 1874 and subsequently strengthened, particularly in 1907. Switzerland developed economically as a result of industrialization and an ever-growing tourist trade.

SCANDINAVIA. The reign of King Christian IX of Denmark, 1863–1906, was marked by a constant struggle between the lower house of Parliament on the one side and the monarch and upper house on the other. The constitution was ignored between 1892 and 1901, when the king ruled without restraint. In 1901 the middle class, augmented by economically well-off peasants, succeeded in forcing the king to recognize a ministry representative of the Liberal majority in the lower house. Demands for the democratization of political institutions resulted in constitutional amendments, 1914–15, which lowered the voting age from 30 to 25, extended the vote to all men and most women, and abolished the appointive seats in the upper house.

The enforced union of Sweden and Norway in 1815 was dissolved by action of the Norwegian Parliament in 1905, which unanimously decreed the complete separation of Norway and Sweden, and deposed the king of Sweden in favor of the 2nd son of the king of Denmark, who became Haakon VII (ruled 1905–57). When a Norwegian plebiscite ratified the decree, it was reluctantly accepted by the Swedish government.

Universal male suffrage was introduced in Norway in 1898. Direct elections rather than indirect came in 1906. Women with property qualifications received the vote in 1907, and all such qualifications were removed, and the royal veto abolished, in 1913.

The Swedish King Oscar II (ruled 1872–1907) was succeeded by his son Gustavus V in 1907. Shortly thereafter, proportional representation in both houses of Parliament was adopted and universal manhood suffrage established for elections to the lower chamber.

SPAIN. Amadeo I, duke of Aosta (1845–90), the 2nd son of Victor Emmanuel II of Italy, became king of Spain in 1870. Having the support of only a fraction of the Spanish people and constantly frustrated in his attempts to govern, he abdicated in 1873. Parliament declared the throne vacant and established a republic. Anarchy ensued, and Alfonso XII (1857–85), son of Isabella II, was put on the throne to restore order. His strong government was ably directed by the prime minister, Cánovas del Castillo (1828–97).

The Spanish Constitution of 1876 established a bicameral Parliament and limited the king's power, but popular government was curbed by an agreement between the 2 parties that they would alternate control of the government. The nobility, the army, and the Catholic Church all opposed the rise of popular government. Much emigration to Latin America ensued, leaving illiterate masses behind. María Cristina (1858–1929) acted as regent for her son after the death of Alfonso XII in 1885 until the accession of Alfonso XIII (1886–1941) in 1902. María Cristina's reign was marred by the Spanish-American War of 1898 and the loss of Cuba, Puerto Rico, and the Philippines, Spain's last colonies of any importance.

PORTUGAL. The reign of Louis I, 1861–89, saw the decline of civil war and some progress toward constitutional government, but, as in Spain, the government was controlled by the wealthy, the church, and the bureaucrats. Chaos and corruption returned after the accession of Carlos I (ruled 1889–1908). Carlos was assassinated in 1908 and Manuel II ruled for only 2 years. A revolution, Oct. 1910, established the Portuguese Republic.

ITALY. The formal political unity of Italy was attained in 1870 when King Victor Emmanuel II (ruled 1861–78) used the Franco-Prussian War to enable him to overpower the pope and take Rome. In practice the king's powers were exercised by a ministry responsible to a 2-chamber Parliament. In view of the history of the Catholic Church in Italy, the royal government decided to keep Catholicism as a kind of national institution by paying the salaries of the clergy and permitting religious instruction in the schools, while concurrently reducing the number of monastic establishments, confiscating church property, and tolerating anti-Catholic propaganda. Pope Pius IX refused to accept Italy's proposed "law of papal guarantees" and insisted on viewing himself as a prisoner and calling on foreign governments to come to his aid. By forbidding Italian Catholics to vote or hold office under the royal government, the pope alienated a large number of patriotic Italians from the church and deprived Italy of the services of many Italians who were obedient to him.

Italy had 2 main political groups, the Right and the Left. The Right was in power, 1870–76, and various groups of the Left were in power, 1876–96, under the leadership of Agostino Depretis (1813–87) and Francesco Crispi (1819–1901). The Right assumed control again, 1896–1903, and then the Left regained power, 1903–13, generally under a coalition headed by Giovanni Giolitti (1842–1928). The major changes which occurred when a ministry moved from Right to Left were in patronage, not in policy.

Italy's nationalistic ambitions led to an increase in and reorganization of the Italian army after compulsory military service was enacted in 1875, and also to the building of fortifications and the creation of a navy. These military costs and the resulting colonial empire were paid for by increased taxation which ultimately led to bankruptcy and cuts in social and educational services. Popular unrest resulted, indicated by emigration from Italy, by movement from the southern to the northern part of the country, and by the spread of socialism. A Socialist Party in Milan, founded in 1891, elected 12 members to the Chamber of Deputies in 1895. Another reaction to unrest was anarchism, which resulted in the assassination, 1900, of King Humbert I (b. 1844), who had succeeded Victor Emmanuel II in 1878.

Soon after the Ethiopian setback and the retirement of Crispi, 1896, movements were made toward internal reform. These included old-age pensions, workmen's accident insurance, nationalization of private insurance companies, nationalization of railways, municipal ownership and operation of public utilities, and the legalization of trade unions.

The property qualification for voting was reduced somewhat in 1882, but a literacy test and some property qualifications remained until 1912. The general election of 1913 resulted in a large increase in Socialist representation. The bourgeois-Left coalition group under Giolitti resigned and was replaced by a nationalist ministry under Antonio Salandra (1853–1931).

AUSTRIA-HUNGARY. In the Austrian part of the Dual Monarchy rapid industrialization and commercialization occurred. During the 1870's the industrial and financial *bourgeoisie* exerted power through the Liberal Party, enacting laws favorable to their interests, establishing public schools, and countering church influence. The Christian Socialist Party, organized by Karl Lueger (1844–1910), gained influence in the 1880's by attracting the lower middle class of the cities and the peasantry. Emphasizing social legislation and political democracy, the Christian Socialists regulated factories and mines, forbade work on Sundays, limited the employment of women and children, legalized unions, instituted accident and sickness insurance for workers, enlarged the number of parliamentary electors, 1896, and enacted universal manhood suffrage, 1907. By the turn of the century the influence of the Christian Socialists was declining, primarily because of the adherence of young intellectuals and the urban proletariat to Marxist socialism and the Social Democratic Party, which increased its representation in Parliament from 11 to 87 in the 1907 general election. Increasing democratization provided opportunities for Austria's subject minorities—Rumanians, Italians, Czechs, Slovaks, Poles, Croats, Serbs—to press for greater cultural freedom and autonomy, which Emperor Francis Joseph would not consider. In Hungary, the Magyar aristocracy refused to share power even with the Magyar masses, much less with the subject nationalities. The large landed estates remained intact; Hungarian was used in the public schools throughout the kingdom; the Slovaks in the north and the Serbs in the south were subjected to repeated attempts at Magyarization; and local autonomy was abolished in largely Rumanian Transylvania, and also in Croatia in the west. There was no extension of the suffrage, and property qualifications were so high and voting laws so intricate that only 1 in 20 could vote in 1910. Although the Magyars represented only about half the population, Parliament consisted almost entirely of Magyar representatives. Hungary's agricultural development mainly benefited the large landowners and led to large-scale emigration, 1896–1910, and popular agitation for electoral reform.

GREECE. Under King George I (ruled 1863–1913) Greece made some progress in spite of political and financial difficulties. Since most ethnic Greeks still lived under the Ottoman Empire, efforts were made in 1897 to remove Crete from Turkish rule. The attempt was unsuccessful, but the leader of the insurgents, Eleutherios Venizelos (1864–1936), attained such popularity that George I had to invite him to form a government, 1910, on mainland Greece. By reforming the government and reorganizing the army and navy, Venizelos prepared Greece for national unification.

RUMANIA. In 1878, after the Russo-Turkish War, Rumania became 1st an independent state and then a kingdom, 1881, with a German prince of the family of Hohenzollern-Sigmaringen as King Carol I (ruled 1881–1914). Rumania was faced with a complex national unification problem since Rumanians were scattered through the Ottoman Empire, the Russian province of Bessarabia, the Hungarian province of Transylvania, and Austrian Bukovina. A Rumanian alliance with Austria-Hungary resulted in a preponderance of German influence and modeling of political institutions on those of Prussia. Under Carol I agricultural progress was made, foreign markets encouraged, and mineral resources exploited. The failure of the peasantry to share in the affluence touched off anti-Semitism, emigration, and rioting.

SERBIA. Serbian politics revolved around the rivalry between the family of Karageorge, the original peasant leader of the Serbian rebellion against the Ottoman Empire, and the family of Milo Obrenović, the soldier who secured autonomy for Serbia. The Obrenovićs were in power from 1859 to 1903, sustaining occasional pro-Karageorge insurrections and assassinations.

Prince Milan Obrenović (1854–1901)

transformed Serbia into a kingdom, 1882, and, after losing the Serbo-Bulgarian War of 1885, fell under the control of the Austrian Hapsburgs and had to impose heavy taxes to pay war debts. In an attempt to regain popularity, he instituted a democratic constitution, 1889, and then abdicated in favor of his son, Alexander I, who reigned until murdered in 1903. The grandson of Karageorge, Peter I (1844–1921), then became king. He restored the Constitution of 1889 and chose his ministers from the majority party in Parliament. (*Cont. p. 415.*)

THE UNITED STATES OF AMERICA

1878–79

SAMOA. 12 Jan., 1878. The U.S. acquired by treaty nonexclusive rights to a naval station at Pago Pago.

CURRENCY PROBLEMS. Sought by western silverites and inflation-minded farmers and laborers, the Bland-Allison Act, 28 Feb., 1878, ordered the monthly purchase and conversion into currency of $2 m. to $4 m. in silver. A Greenback Labor Party, a prolabor and proinflation organization led by James B. Weaver (Iowa), won 14 congressional seats. On 1 Jan., 1879, specie payments were resumed without difficulty, as greenbacks reached their gold face value, 17 Dec., 1878.

1880

PRESIDENTIAL ELECTION. 2 Nov. Republicans James A. Garfield (1831–81, Ohio) and Chester A. Arthur (1830–86, N.Y.) defeated (214–155) Democrats Winfield Scott Hancock (Pa.) and William H. English (Ind.) by less than 10,000 out of 9 m. votes.

CHINESE TREATY. 17 Nov. The U.S. decided to limit the immigration of Chinese laborers. The Exclusion Act, 1882, stopped this influx for 10 years.

1881

ASSASSINATION OF GARFIELD. Garfield, supported by the "Half-Breeds," wrested N.Y.'s patronage from Sen. Roscoe Conkling's "Stalwart" machine. On 19 Sept. he died of wounds inflicted, 2 July, by a disappointed "Stalwart" office seeker, and was succeeded in the presidency by Arthur.

1883

PENDLETON ACT. 16 Jan. Sen. George H. Pendleton (Ohio) sponsored a bill establishing the principle of competitive examinations for federal civil-service positions.

1884

PRESIDENTIAL ELECTION. 4 Nov. Republican James G. Blaine (Me.) faced Democratic Gov. Grover Cleveland (1837–1908) (N.Y.), who had independent Republican ("Mugwump") support. Rev. Samuel D. Burchard's remark, 29 Oct., associating Democrats with "Rum, Romanism, and Rebellion," cost Blaine New York and the election (219–182).

1886

PRESIDENTIAL SUCCESSION ACT. 19 Jan. This act arranged the heads of the executive departments in the line of succession behind the Vice-President.

"STEEL NAVY." Navy Secretary William C. Whitney launched the construction of a modern steel navy built in U.S. shipyards.

1887

ELECTORAL COUNT ACT. 3 Feb. Each state became the judge of its electoral returns.

INTERSTATE COMMERCE ACT. 4 Feb. Prompted by the Supreme Court's Wabash decision, 1886, which undermined states' authority to regulate railroads, the Interstate Commerce Act forbade numerous unjust practices and established the Interstate Commerce Commission (I.C.C.) to oversee the industry. Operators circumvented the ambiguous law and the Supreme Court (Alabama Midlands Case, 1897) emasculated the commission.

1888

CANADIAN FISHERIES. The Republican Senate rejected, 21 Aug., the Anglo-U.S. Bayard Chamberlain Treaty, but an accompanying *modus vivendi* granting Americans privileges in Canadian ports regulated use of the fisheries until 1923.

PRESIDENTIAL ELECTION. 6 Nov. The Democrats nominated Grover Cleveland and Allen G. Thurmond (Ohio), and the Republicans Benjamin Harrison (1833–1901) (Ind.) and Levi P. Morton (N.Y.). Campaigning for a high protective tariff and soldiers' pensions, Harrison won (233–168).

1889

SAMOA. A conference in Berlin, 14 June, established a tripartite (U.S., Britain and Germany) protectorate guaranteeing the independence and sovereignty of the islands.

LATIN AMERICAN CONFERENCE. 2 Oct., 1889–19 Apr., 1890. Attended at Washington by all the hemispheric nations except Santo Domingo, this conference paved the way for reciprocal tariff agreements. Secretary of State James G. Blaine had unsuccessfully called a similar meeting, 1881, when he held the same post under Garfield.

1890

DEPENDENT PENSION ACT. 27 June. Under Harrison annual pension expenditures leaped from $81 m. to $135 m.

SHERMAN ANTITRUST ACT. 2 July. When state antitrust laws proved inadequate to regulate the interstate industrial combinations developing in America, Congress passed the Sherman Antitrust Act outlawing consolidations in restraint of trade. This ambiguous act was ineffective.

SHERMAN SILVER PURCHASE ACT. 14 July. Requiring the monthly purchase and conversion into redeemable notes of 4.5 m. ounces of silver, this act increased the money supply and weakened the federal gold reserves.

1891

U.S.-CHILE RELATIONS. A Valparaiso mob killed, 16 Oct., 2 American sailors. Harrison virtually asked, 25 Jan., 1892, Congress for war. Chile finally apologized and paid a $75,000 indemnity.

1892

BERING SEA DISPUTE. 29 Feb. Britain and the U.S. agreed to submit the latter's claim to exclusive sealing rights in the Bering Sea to international arbitration. The U.S. lost the case, 15 Aug., 1893.

PEOPLE'S (POPULIST) PARTY. Disgruntled farm and labor groups established, 22 Feb., the People's Party of the U.S.A. and nominated, 2 July, James B. Weaver for President. The Populists demanded free silver coinage at 16 to 1 and government ownership of transportation and communication lines.

PRESIDENTIAL ELECTION. 8 Nov. Cleveland (277) was elected over Harrison (145) and Weaver (22). Opposition to the high McKinley Tariff, 1890, and Cleveland's support of the gold standard were important factors.

1893

HAWAII. American sugar planters under Sanford B. Dole, supported by the U.S. minister, John L. Stevens, overthrew Queen Liliuokalani's autocratic government and requested annexation, Feb. President Cleveland's investigator, Congressman James H. Blount (Ga.), found that most Hawaiians opposed annexation, but the President, declining to use force when the Dole government refused to step down, recognized the Republic of Hawaii, 7 Aug., 1894.

FINANCIAL PANIC. The Panic of 1893 forced Cleveland to have the Sherman Silver Purchase Act repealed, 1 Nov., thus splitting the Democratic Party.

1894

"COXEY'S ARMY." Led by Populist Jacob S. Coxey (Ohio), 400 jobless men demonstrated in Washington, 30 Apr., but dispersed when their leaders were arrested, 1 May, for trespassing.

1895

"APPEAL OF THE SILVER DEMOCRATS." 5 Mar. Framed by Representatives William Jennings Bryan (1860–1925, Neb.) and Bland, the appeal advocated free silver.

GOLD RESERVE. When the public failed to subscribe to government bond issues, Treasury Secretary Carlisle obtained loans from bankers, including J. Pierpont Morgan, Feb., to protect the gold reserve. Political opponents attacked this action, which gave the bankers a $1,500,000 profit on a $62-m. loan.

VENEZUELAN BOUNDARY DISPUTE. When Britain rejected a U.S. offer, Feb., to arbitrate her long-time quarrel with Venezuela over the British Guiana boundary, Secretary of State Richard Olney, invoked, 20 July, the Monroe Doctrine, and Cleveland proposed, 17 Dec., an independent commission whose decision the U.S. would enforce against Britain. Desirous of American friendship, Britain co-operated, and the commission supported, 3 Oct., 1899, most of her claims.

1896

PRESIDENTIAL ELECTION. 3 Nov. The Republicans nominated William McKinley (1843–1901, Ohio) and Garret A. Hobart (N.J.) on a gold-standard and high-tariff platform. The Democrats and dissident National Silver Republicans selected William Jennings Bryan and Arthur Sewall (Me.), and advocated free silver at 16 to 1. The Populists nominated Bryan and Thomas E. Watson (Ga.). McKinley won, 271–176.

1898

OUTBREAK OF SPANISH-AMERICAN WAR. Relations between the U.S. and Spain deteriorated after the Cubans revolted, 24 Feb., 1895. The American "yellow press" and expansionist Republicans demanded action even after Spain recalled brutal Gen. Valeriano "Butcher" Weyler. William R. Hearst's N.Y. *Journal* printed, 9 Feb., Spanish Minister Dupuy de Lôme's private letter stating that McKinley was vacillating.

When an explosion sank, 15 Feb., the *Maine* in Havana Harbor, killing 260 Americans, McKinley, under powerful pressures, reversed his pacific course and requested, 11 Apr., U.S. intervention. Congress agreed, 20 Apr., pledging (Teller Amendment) that the U.S. had no goal except Cuban independence. Spain declared war 24 Apr. and the U.S. 25 Apr.

MANILA BAY. 1 May. America's excellent navy gave her a decided advantage. Commodore George Dewey's Asiatic Squadron, suffering 8 wounded, destroyed the Spanish fleet at Manila Bay, killing 381. After a blockade of Manila, the Spanish surrendered, 14 Aug., the Philippines.

CUBAN EXPEDITION. Gen. William Shafter's 17,000 troops arrived off Santiago, 20 June. The Americans were victorious at San Juan Hill, 1 July, where dismounted "Rough Riders" under Lt. Col. Theodore Roosevelt fought. On 3 July the Spanish fleet was destroyed as it tried to escape Rear Admiral William T. Sampson's fleet blockading Santiago. Admiral Cervera suffered 474 casualties, the Americans 2. Santiago surrendered 17 July.

On 7 July, the war having shown its strategic value, Hawaii was annexed. By the Treaty of Paris, 10 Dec., Spain agreed to relinquish Cuba and to cede Puerto Rico, Guam, and the Philippines to the U.S.

1899

PHILIPPINE QUESTION. Their hopes for immediate independence dashed, Filipinos under Emilio Aguinaldo revolted, 4 Feb., against U.S. rule. The rebellion lasted until 1902.

1ST HAGUE CONFERENCE. 18 May–29 July. With U.S. support, the conference established the Permanent Court of International Arbitration.

PARTITION OF SAMOA. 2 Dec. Samoa was divided between Germany and the U.S. American Samoa became a strategic naval base.

1900

CURRENCY (GOLD STANDARD) ACT. 14 Mar. This act declared the gold dollar of 25.8 grains the standard U.S. unit of value.

OPEN DOOR POLICY. 20 Mar. Announced by Secretary of State John Hay, the policy provided for equal commercial access to China for all nations.

BOXER REBELLION. When traditionalist Chinese tried to oust foreigners, an international expedition, including U.S. troops, suppressed them. The Boxer Protocol, 7 Sept., 1901, demanded a $333-m. indemnity from China.

PRESIDENTIAL ELECTION. 6 Nov. Stressing prosperity, the Republicans nominated William McKinley and Theodore Roosevelt (1858–1919, N.Y.). The Democrats selected William Jennings Bryan and Adlai E. Stevenson (Ill.), and denounced imperialism. McKinley won 292–155.

1901

PLATT AMENDMENT. 2 Mar. Drawn up by War Secretary Elihu Root (1845–1937), the Platt Amendment authorized U.S. intervention to protect Cuban independence and maintain law and order. Cuba had to include this in her constitution, 12 June, before U.S. troops would leave.

ASSASSINATION OF McKINLEY. On 14 Sept. Roosevelt succeeded McKinley, who died of wounds inflicted, 6 Sept., by anarchist Leon Czolgosz.

HAY-PAUNCEFOTE TREATY. 18 Nov. British agreement was obtained for the construction by the U.S. of a neutral isthmian canal open to all nations on equal terms.

1902

ROOSEVELT TRUST POLICY. Roosevelt's policy was to regulate the monster corporations rather than destroy them, although he did successfully have the Northern Securities Co., a railroad holding company, dissolved, 1904.

REFORM. The Reform states, notably Wisconsin under Robert M. La Follette (1855–1925), instituted broad administrative and legislative reforms in this period.

1903

HAY-HERRAN CONVENTION. 22 Jan. Colombia was offered $10 m. and a $250,000 annual rental for a 6-mi.-wide strip for an isthmian canal through its province, Panama. Colombia's Senate delayed action to obtain more money.

MUCKRAKERS. Between 1903 and 1910 numerous writers exposed corruption in business and politics and attacked social evils. Ida M. Tarbell's *History of the Standard Oil Company,* 1903, exemplified the genre.

ELKINS ACT. 19 Feb. This Act defined unfair discrimination between shippers and provided punishments for giving or receiving rebates.

PANAMA REVOLT. 3 Nov. With tacit U.S. approval, Panama declared herself independent of Colombia.

HAY-BUNAU-VARILLA TREATY. 18 Nov. Panama received $10 m. and a $250,000 annual rental for a 10-mi.-wide canal strip.

ALASKAN BOUNDARY DISPUTE. An Anglo-U.S. commission, influenced by Roosevelt's threat of force, awarded the U.S. control of disputed ocean inlets in the Alaskan Panhandle.

1904

PRESIDENTIAL ELECTION. 8 Nov. Republicans nominated Theodore Roosevelt and Charles W. Fairbanks (Ind.), and the Democrats, whose platform denounced trusts, chose Alton B. Parker (N.Y.) and Henry G. Davis (W. Va.). Roosevelt won 336–140.

ROOSEVELT COROLLARY TO THE MONROE DOCTRINE. 6 Dec. The bombardment by Britain and Germany of Venezuelan ports, Dec. 1902, for nonpayment of debts made clear the possibility of European intervention in Latin America. Consequently, when Santo

Domingo became involved in similar difficulties, Roosevelt enunciated his doctrine that the U.S. would act as an international peace force in cases of flagrant wrongdoing or impotence in the Western Hemisphere. The U.S. took over, 1905, the management of Dominican debt payments.

1905

PORTSMOUTH (N.H.) PEACE CONFERENCE. 9 Aug. Suggested by Roosevelt, the conference ended the Russo-Japanese War. Roosevelt did not desire the complete defeat of either power lest it upset the Asian balance and endanger U.S. interests.

1906

HEPBURN ACT. 29 June. The I.C.C. was authorized to set maximum railroad rates and made its orders binding pending court action.

PURE FOOD AND DRUG ACT. 30 June. Adulterated products were banned from interstate commerce.

1907

GENTLEMAN'S AGREEMENT. 24 Feb. The influx of Japanese laborers stirred antagonism on the West Coast. Japan agreed, 24 Feb., to withhold passports from laborers emigrating to the U.S., and recognized America's right to prohibit Japanese from entering on passports originally issued for travel to any other country.

2ND HAGUE PEACE CONFERENCE. 15 June–15 Oct. The conference adopted the Drago Doctrine that European nations should not use force to collect debts owed by American nations.

PANAMA CANAL. Construction began under Lt. Col. George W. Goethals (1858–1928). The canal from Cristobal to Balboa was opened 15 Aug., 1914.

1908

WHITE HOUSE CONSERVATION CONFERENCE. 13 May. The conference expounded the necessity of preserving the nation's natural resources and led to the establishment, 8 June, of the National Conservation Commission under Gifford Pinchot.

ALDRICH-VREELAND ACT. 30 May. This act established a National Monetary Commission whose report, 1912, contained proposals that contributed to the Federal Reserve Act, 1913.

PRESIDENTIAL ELECTION. 3 Nov. The Republicans nominated Roosevelt's choice, William H. Taft (1857–1930, Ohio) and James S. Sherman (N.Y.), and pledged antitrust enforcement and conservation. The Democrats chose Bryan and John W. Kern (Ind.). Taft won 321–162.

ROOT-TAKAHIRA AGREEMENT. 30 Nov. The U.S. and Japan recognized the Pacific *status quo* and upheld the Open Door policy.

1909

"DOLLAR DIPLOMACY." The policy of President Taft and Secretary of State Philander C. Knox, which sought to increase U.S. trade by supporting American enterprises abroad, aggravated international relations in China. Wilson ended Taft's policy.

1910

TRUST POLICY. Taft's administration started 90 antitrust proceedings (compared to Roosevelt's 44) and obtained Standard Oil's dissolution, 1911.

MANN-ELKINS ACT. 18 June. The I.C.C. was granted jurisdiction over telephone, telegraph, cable, and wireless companies.

REPUBLICAN INSURGENCY. Progressive Republicans led by Sen. Robert M. La Follette (Wis.) opposed Taft's signature, 1909, of the Payne-Aldrich Tariff. House insurgents deprived Speaker Joseph G. Cannon (Ill.) of his power to appoint the Rules Committee.

1911

U.S.-CANADIAN RELATIONS. The Reciprocity Agreement was terminated, 26 Jan., when Canadians, upset by Taft's talk of annexation, elected the antireciprocity Conservatives to power.

NICARAGUAN INTERVENTION. The Knox-Castrillo Convention, 6 June, with Nicaragua authorized U.S. intervention and a customs receivership to refund the national debt. Although the U.S. rejected the agreement, dissatisfied Nicaraguans revolted, and U.S. marines landed, 14 Aug., 1912, to protect American interests.

1912

SOCIAL LEGISLATION. State action characterized the Progressive era. Maryland's workmen's compensation law, 1902, and Massachusetts' minimum-wage law, 1912, were notable firsts.

ROOSEVELT'S CANDIDACY. Alienated from Taft and supporting the New Nationalism, Roosevelt entered the race, 24 Feb., for the Republican presidential nomination.

LODGE COROLLARY. 2 Aug. Prompted by a Japanese syndicate's attempt to buy a site in Lower California, the Lodge Corollary extended the Monroe Doctrine to non-European nations and to foreign companies.

PRESIDENTIAL ELECTION. 5 Nov. When conservative Republicans renominated Taft and Sherman, a Progressive ("Bull Moose") Party chose Roosevelt and Hiram W. Johnson (Calif.). The Democrats selected Gov. Woodrow Wilson (1856–1924, N.J.) and Thomas R. Marshall (Ind.). Wilson's "New Freedom" sought the abolition of monopolies, while Roosevelt's "New Nationalism" demanded their regulation. Wilson (435) defeated Roosevelt (88) and Taft (8).

1913

MEXICAN REVOLUTION. Taft recognized the democratic reformer, Francisco I. Madero, who overthrew long-time dictator Porfirio Díaz, 25 May, 1911, but not the reactionary Gen. Victoriano Huerta, who had Madero assassinated, 22 Feb. Wilson asked Huerta to resign, 7 Nov., and allowed arms to go to rebels under Venustiano Carranza.

CONSTITUTIONAL AMENDMENTS. The 16th Amendment, authorizing a federal income tax, took effect, 25 Feb. The 17th, authorizing popular elections of U.S. senators, took effect 31 May.

PUJO REPORT. 28 Feb. Representative Arsène Pujo's (La.) committee's report on the increasing concentration of money and credit aided Wilson's banking and reform program.

FEDERAL RESERVE (OWEN-GLASS) ACT. 23 Dec. Designed to control credit and ensure a flexible currency, the act established a Federal Reserve Board and 12 Federal Reserve Banks which could issue notes based on cash deposits of member banks.

1914

VERACRUZ INCIDENT. 21 Apr. Huerta broke relations with the U.S. when troops bombarded and occupied Veracruz to prevent a German munitions delivery.

ABC CONFERENCE. 20 May–30 June. Although Mexico rejected the peace plan of Argentina, Brazil, and Chile, moral pressure forced Huerta to accept its provision that he resign, 15 July. The U.S. withdrew its troops, 23 Nov., and recognized, 19 Oct., 1915, Carranza as *de facto* President.

FEDERAL TRADE COMMISSION ACT. 26 Sept. The act established a bipartisan board to investigate and stop unfair competition in interstate commerce.

CLAYTON ANTITRUST ACT. 15 Oct. This act forbade price discriminations to create monopolies, some interlocking directorates, and stock acquisitions lessening competition. The law made corporation officers individually responsible, but exempted agricultural and labor organizations. (*Cont. p. 440.*)

The Reaction of the East

REFORM AND REVOLUTION IN CHINA

1870–95

WEAKENING OF MANCHU POWER. In the early years of imperialist pressure on China, the western powers sought economic and commercial privileges rather than territory. Moreover, they hoped to maintain the authority of the Manchus, with whom the "unequal treaties" had been concluded. After the collapse, 1864, of the Taiping Rebellion, however, which had threatened Manchu power, the western nations exploited China's weakness by nibbling at her dependencies and outer territories. The activities of the Russians in Turkestan, the British in Burma, and the French in Indochina seriously weakened Manchu control over the outer regions of the Chinese Empire. It was Japan, however, that posed the greatest threat to China.

LOSS OF RYUKYU ISLANDS. A Sino-Japanese Treaty, 13 Sept., 1871, provided for reciprocal extraterritorial rights, but did not satisfy Japan's desire for a privileged position, especially most-favored-nation treatment, similar to that enjoyed by the western powers in China. In 1872 the Japanese brought the king of Okinawa, who traditionally paid tribute to both China and Japan, to their country to pay homage to the Meiji emperor. This was a first step toward bringing the Ryukyu (Liuchiu) Islands, of which Okinawa was the most important, under Japanese control. A few years later, the murder of some shipwrecked Ryukyu islanders by Formosan natives brought a Japanese expedition to occupy part of Formosa. Although China did not administer the area occupied by the Formosans, Britain intervened to demand Japanese withdrawal from Formosa. An article in the ensuing Sino-Japanese agreement, however, tacitly reaffirmed Japanese claims to the Ryukyu Islands.

INDEPENDENCE OF KOREA. A much more serious Japanese provocation arose as a result of Japan's challenge to China over Korea. In 1875 the Japanese sent a survey party to Korea, and a naval clash occurred. When China disclaimed responsibility for such incidents, the Japanese sent a strong naval force to Korea, forcing that country, 1876, to sign a treaty of independence, thus denying Chinese suzerainty. The treaty also accorded Japan extraterritoriality in Korea, the opening of several Korean ports, and the establishment of diplomatic relations.

BRITISH INTERVENTION IN SINKIANG. In 1872 the Russians signed a trade agreement with Yakub Beg, commander of the Khojan army, which opened eastern Turkestan to Russian commerce. In 1873 Yakub's nephew, Saiyed Yakub Khan Tora, arrived in India, where he received a warm welcome from the British and a promise of arms. With the approval of the Indian government, a trading company was formed to carry on commerce with Sinkiang. From India, Tora went to Istanbul, where he was welcomed by the sultan of Turkey. In 1874 the sultan conferred on Yakub Beg the title of "Commander of the Faithful," signed a trade treaty with Sinkiang, and agreed to send arms. Tora returned to Sinkiang accompanied by the British agent, T. Douglas Forsyth, who concluded a commercial agreement with Yakub Beg. Yakub also received the right to exchange ambassadors with India. In 1876 the government of India ratified the treaty of 1874.

CHINESE RECONQUEST OF SINKIANG. Noting the increase in foreign influence in Sinkiang, the Manchu government appointed, 1876, Tso Tsung-t'ang as commander in chief of a military expedition designed to reconquer Sinkiang. During the same year a Russian mission under Gen. Aleksei Nikolaevich Kuropatkin demanded control of certain strategic posts in the mountain passes west of Kashgar. Yakub acceded to these demands. As clear indications of Manchu efforts to regain Sinkiang appeared, a conference of high czarist officers concerned with Siberia and Turkestan was held in St. Petersburg, Mar. 1876. The Russians decided that they would abide by the Kuldja agreement of 1851, that the Tekes River Valley should remain within the Russian Empire, and that the Manchus must grant commercial privileges to Russian traders and pay an indemnity to Russia for losses suffered during the recent upheavals. In 1877 a Manchu army under Tso captured Tien Shan, Khara Shahr, Toksun, and Turfan; Yakub Beg committed suicide or was assassinated. By the autumn of 1877, Kucha, Bai, Aksu, and Uch Turfan had also fallen before the Manchu advance. The power of Yakub Beg and the independence of Sinkiang had been destroyed.

GROWTH OF REGIONALISM. The Chinese central government never recovered its strength after suppressing the Taiping rebellion. Moreover, the Manchus crushed the Taipings at the cost of their own administrative disintegration: military officials dispatched to wrest certain regions from the rebels remained there and built up their own political and military machines. The central government was compelled to name these officials as governors general of the provinces they controlled. Possessing considerable military and financial resources, the regional officials had to be consulted by the throne on all major policy issues, and many even dealt directly with foreign powers. Significantly, most of these officials, being Chinese, contributed to the rise of a Chinese nationalist movement directed against the Manchus. The growth of regional power in China was a major characteristic of periods of dynastic decline.

INCREASE IN FOREIGN FINANCIAL CONTROL. The new commercial activity in the western-dominated treaty ports provided Chinese provincial officials with an important source of revenue and a field for patronage. The regional leaders worked closely with the new Chinese business class which had arisen in the treaty ports and thus remained outside the jurisdiction of the central government. China's problems were further complicated by financial difficulties; since the "unequal treaties" provided for fixed tariff levies on imports, China could not collect enough revenue from her trade to cover rising government expenditures. The Manchus were thus forced to rely increasingly on loans from western banks and governments, a situation which rendered China still more vulnerable to outside pressure.

Thus, by the closing decades of the 19th cent., China, while not strictly a colony, was no longer an independent state in control of her own fate. Far from being able to play one imperialist power off against another, she was compelled to grant to all any concessions she granted to one. In short, China suffered most of the disadvantages of the colonial system, especially the plunder of her resources by foreigners, without benefiting from its advantages, such as protection by a metropolitan country and assistance toward economic development.

SINO-JAPANESE WAR. The Chinese had long maintained Korea as a tributary state, but the vagueness of the tribute system in contrast to western concepts of international law meant that China could retain her position in Korea only so long as she was strong enough to exclude outside interference. When Japan opened Korea in 1876, China's protests were unavailing, and the western powers quickly signed their own treaties with Korea. In 1885, after several coups and countercoups in Seoul, Li Hung-chang for China and Ito Hirobumi for Japan concluded a treaty by which both countries obtained the right to send troops to Korea when necessary, provided they gave notification in advance. A lull followed this treaty, but in 1894 the outbreak of the Tonghak Revolt threatened the Korean government. The king of Korea requested Chinese military assistance, though the revolt had petered out before the troops arrived. Japan also sent troops, and the Japanese claimed that China's notification of her intention to send them was dispatched too late and contained an unwarranted reference to the suzerainty of the Manchus in Korea. The Japanese then sank a ship bringing Chinese reinforcements, and thus launched a full-scale Sino-Japanese war. Japan won a rapid series of victories and, when Japanese troops seemed ready to march on Peking, China sued for peace. By the Treaty of Shimonoseki, 17 Apr., 1895, China had to relinquish all claims to suzerainty over Korea, whose independence was thus reaffirmed, cede the islands of Formosa and the Pescadores to Japan, and pay a huge indemnity. In addition, Japan obtained extraterritorial rights for her subjects in China, as well as most-favored-nation treatment, thus acquiring a status and commercial privileges in China equal to those of the western powers.

1896–1901

THE "SLICING OF THE MELON." Defeat in the war against Japan placed in doubt China's continued existence as an independent state, and invited the imperialist powers to begin the "slicing of the melon," i.e., the carving up of her territory. Aware of western intentions, the Chinese approached Russia for support. A secret Sino-Soviet military alliance was signed, 1896; but, since Russia's role was prompted by her own expansionist designs in Manchuria, the alliance failed to benefit China. In fact, its terms gave Russia the right to build a railway through northern Manchuria. In 1898 Russia extended her railway rights, and also obtained the Kwangtung "leased territory," including the strategic port of Dairen and the naval base of Port Arthur. The British, too, added the Kowloon territories to the Crown Colony of Hong Kong, and received assurances that China would reserve for Britain the dominant position she held in Shanghai and in the Yangtze Valley provinces. France also joined the scramble for Chinese territory; she forced the Chinese, 1895, to agree not to alienate Hainan Island to anyone but the French, and in 1898 received special mining and railway privileges in southern China, preferential customs rates for goods from French Indochina, and a 99-year lease on Kwangchow Bay. In the same year Germany received the "leased territory" of Kiaochow, and secured mining and railway priorities in the Shantung Peninsula. The Japanese forced China to agree, 1898, not to alienate Fukien Province, opposite Japanese-occupied Formosa, to anyone but Japan. By the end of the century almost every Chinese province, harbor, and economic concession had become a "leased territory" or "sphere of influence," the former usually implying a larger degree of political as opposed to purely economic control.

THE 100 DAYS. Beset with administrative collapse and foreign encroachments, the young Manchu emperor, Kuang-hsü (1871–1908), turned in desperation to K'ang Yu-wei (1858–1927), the last important thinker in the Confucian tradition, to devise a program of reform that would preserve Chinese independence. K'ang aimed to transform China into a constitutional monarchy, eliminate the swollen and corrupt bureaucracy, and regain control over the provincial and district administrations. A series of imperial edicts laid the foundation for K'ang's reform program. He advocated abolition of the traditional examinations for government officials and a complete renovation of China's educational system in order to introduce liberal arts and sciences on the western model alongside the Chinese classics. He also proposed the creation of agricultural and technical schools throughout China. The new educational system had a dual purpose: to equip officials with the knowledge and techniques of the modernization process, and to instill information on public affairs as a first step toward representative government. Establishment of newspapers and the training of journalists were also to contribute to the public educational process. To encourage popular participation in government, district and provincial assemblies were to be elected which would, in turn, select delegates to a national parliament. In the economic sphere K'ang advocated state support of industry, the creation of a modern banking system, the establishment of bureaus to encourage mining and improve agriculture, the introduction of a modern national budget, and the construction of more railways to facilitate commercial transportation and thus stimulate trade. His major problem was the speed at which his reforms, if they were to be successful, had to be carried out. His measures did not have time to mature, and aroused the opposition of powerful vested interests, particularly among the scholar-gentry class.

Those opposing the reforms found their champion in the empress dowager, Tz'u-hsi (1835–1908), the former regent for her nephew and still a strong behind-the-scenes influence at court. K'ang advised the emperor to call in Yüan Shih-k'ai, China's strongest military leader at the time, to arrest the chief military supporters of the empress dowager. Yüan, however, revealed K'ang's plan, and the latter had to seek refuge in Hong Kong. The empress dowager then took the emperor prisoner, and resumed power herself under a new regency. K'ang's reform edicts were rescinded, and China relapsed into weakness and confusion. The failure of the "100 Days" deprived her of her last chance, under the monarchical system, to modernize her institutions.

THE "OPEN DOOR." China's increasing vulnerability to western encroachments and her inability to prevent them undermined the traditional U.S. policy of protecting Chinese independence and assuring equal economic opportunity for all foreign powers in China. The American secretary of state, John Hay, sought to bolster this policy by issuing the so-called Open Door Notes to Britain, France, Germany, Russia, Italy, and Japan. The notes demanded that no foreign power interfere with the rights and privileges of other powers in China by establishing economic and commercial monopolies or by discriminating in railway rates or harbor dues. American insistence that the Chinese government collect its own revenues emphasized the authority of that government and the territorial and administrative integrity of China. Only the Russians hesitated, announcing that they would respect the Open Door provided the other powers did the same, but, while promising to treat citizens of all countries equally, they omitted a pledge to accord them equal status with Russian subjects. Russia's negative attitude automatically released all other powers from adherence to the Open Door, but, since no nation was willing to deny its commitment publicly, Hay was able to pretend that his notes had been accepted. In fact, the Open Door policy had some success in stopping the trend toward foreign monopolies in China.

BOXER REBELLION. Foreign influence seeped into China not only in the form of economic and territorial concessions but also through missionary activity. Hatred of the missionaries provided the driving force behind the Boxer Rebellion, 1899–1901. The members of the "Society of Righteous Harmony," a peasant-based secret society in north China, were called Boxers because their stylized physical exercises resembled boxing. In many areas the Boxers were primarily an antigovernment organization; but in places where there was widespread missionary activity, they adopted a xenophobic attitude as well. Christian converts had been denouncing certain aspects of village life as "pagan," thus arousing the anger of other peasants. Local officials then attempted to divert blame for the villages' economic ills away from themselves and on to the missionaries and their disciples. Reactionary court officials saw in the Boxer movement an opportunity to focus responsibility for China's difficulties on foreigners. These officials, ignorant of the true strength of the foreign powers, even believed that the Boxers might free China from the imperialist grip. The empress dowager herself harbored a grudge against the powers for preventing her from formally deposing the emperor and for refusing to surrender K'ang Yu-wei and other escaped leaders of reform.

Thus encouraged from many sides, the Boxers launched their uprising in Shantung, 1899, by attacking isolated missionaries, foreigners employed on railroads and other enterprises, and Chinese converts to Christianity. The attacks spread

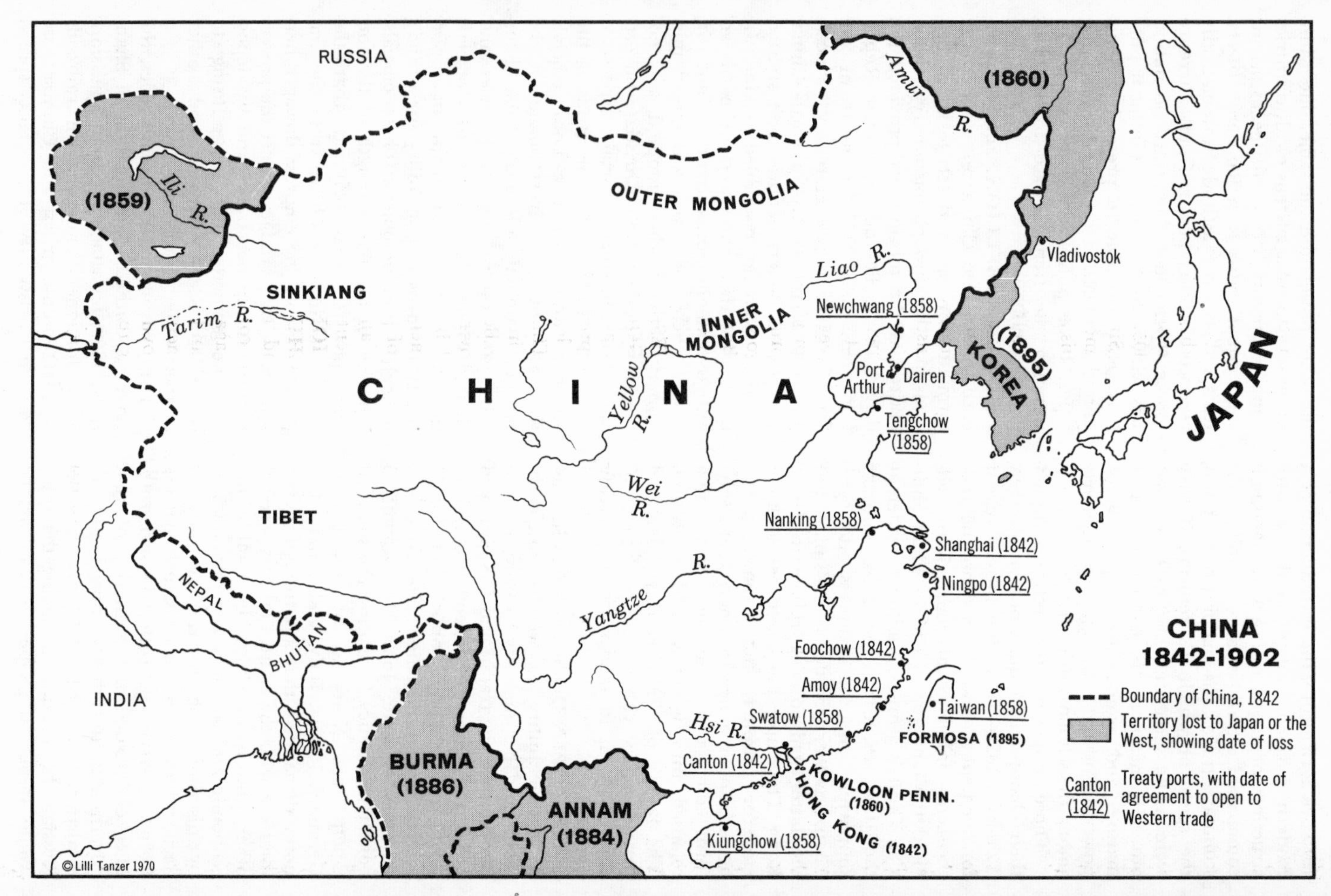
CHINA
1842-1902
Boundary of China, 1842
Territory lost to Japan or the West, showing date of loss
Canton (1842) Treaty ports, with date of agreement to open to Western trade
RUSSIA
(1859)
Ili R.
(1860)
Amur R.
OUTER MONGOLIA
SINKIANG
Tarim R.
INNER MONGOLIA
Liao R.
Newchwang (1858)
Vladivostok
KOREA
(1895)
JAPAN
Port Arthur
Dairen
C H I N A
Yellow R.
Wei R.
Tengchow (1858)
TIBET
Nanking (1858)
Shanghai (1842)
Ningpo (1842)
Yangtze R.
NEPAL
BHUTAN
Foochow (1842)
Amoy (1842)
Taiwan (1858)
FORMOSA (1895)
Swatow (1858)
Hsi R.
Canton (1842)
KOWLOON PENIN. (1860)
HONG KONG (1842)
Kiungchow (1858)
INDIA
BURMA (1886)
ANNAM (1884)
© Lilli Tanzer 1970

into other areas of China and culminated, May 1900, in the siege of the foreign legation quarter in Peking. The Boxers murdered the head of the Japanese legation, and the German minister to Peking was later killed by a Manchu sergeant. An international military expedition, composed of Japanese, British, French, Italian, Russian, and American troops, arrived at Peking, Aug., to relieve the legations, and a German unit joined the occupation forces later. Negotiations to end the fighting dragged on for nearly a year because of disputes among the occupying powers on the size and distribution of the indemnity. Finally, 7 Sept., 1901, the Boxer Protocol was signed. Its most important provisions were the imposition of a huge indemnity, to be paid out of China's maritime customs and salt gabelle (tax), and the granting to the powers of a right to station troops between Peking and Tientsin. This right the Japanese later exploited in their campaign for control of northern China. The Boxer Protocol also required that China apologize for the murder of the Japanese and German officials, cease the importation of arms and war matériel or their manufacture for at least 2 years, fix customs dues at 5% ad valorem, punish officials responsible for the Boxer insurrection, destroy certain forts, and establish a western-style ministry of foreign affairs. The powers would have liked to abolish the imperial government, but the Boxer rising indicated the difficulties such a course might encounter; they therefore allowed the empress dowager to remain in power.

1902–14

REFORM UNDER THE EMPRESS DOWAGER. The decade between the Boxer Protocol and Sun Yat-sen's revolution witnessed a mounting struggle between regional authorities and the Peking-based central government. Having finally realized that only basic reforms could preserve its position, the Manchu dynasty, headed by the empress dowager, instituted some of the programs first put forward by K'ang Yu-wei; any relationship between them, however, was firmly denied. Unlike K'ang's reform program, the measures now taken were piecemeal and designed to meet an immediate threat rather than to modernize China. By far the most significant reform was the abolition, 1905, of the traditional examination system. Since the examinations had determined membership in the scholar-gentry class, this class, the very backbone of the dynasty, soon disappeared. Thus the death knell of traditional Chinese society sounded, and the way was paved for an attack on Confucian philosophy itself. The introduction of western-type educational institutions led to a demand on the part of students—supported by provincial leaders wishing to limit the power of the throne—for a constitution and representative government. After much hesitation, the empress dowager announced, 1907, a 9-year program during which a representative governmental system would be created. Both she and her imprisoned nephew, the emperor, died the following year.

MOVES TOWARD REPRESENTATIVE GOVERNMENT. In 1909 the provincial assemblies, organs designed to advise provincial governors general but not to legislate, convened for the first time. The constitutional assembly convoked in 1910 witnessed an intense struggle between the delegates representing provincial assemblies and those appointed by the central government. The government was forced to shorten the period of preparation of a constitution to 5 years and to promise that a national parliament would be created by 1913.

REGIONAL CHALLENGES TO MANCHU AUTHORITY. Yüan Shih-k'ai and other regional leaders, meanwhile, continued to strengthen their power against both the central government and Japanese and western encroachments. Manchu attempts to play the provincial leaders off against one another reaped little success. The climax of the struggle between the regional authorities and Peking occurred in 1909–11 over railway policy. Having lost most of its authority over military and financial resources, the central government placed great importance on its control of railways. In 1911 the Manchus proposed a plan to finance a centrally controlled railway using provincial capital, which was to be paid back through interest-bearing government bonds. Large demonstrations and strikes greeted the announcement of this plan in Szechwan, and Peking was forced to dispatch troops to the rebellious province. The Szechwan uprising initiated the republican revolution.

RISE OF SUN YAT-SEN. Born of peasant stock, Sun Yat-sen (1866–1925) received a western education in a British missionary school in Hawaii, where he adopted Christianity, and later in Hong Kong. The shock of China's defeat in the Sino-Japanese War set him seriously working for the overthrow of the Manchu government. In 1894 he founded a secret revolutionary group, the "Revive China Society," which staged an abortive uprising in Canton, 1895. Forced to flee, he became a fugitive from the Chinese government with a price on his head. He traveled widely abroad, collecting funds and recruiting members for his group. At a meeting in Tokyo in 1905, several secret societies joined with Sun's group to become the T'ung-meng-hui (Combined League Society). Sun remained head of the new group. Its program was vague, the only definite goal being the overthrow of the Manchu dynasty and the creation of a Chinese republic. Support for the T'ung-meng-hui came from cadets of regional military schools sent overseas to study; among these cadets was Chiang Kai-shek (b. 1886), sent to Japan by Yüan Shih-k'ai's military academy. Men like Chiang created a link between the T'ung-meng-hui and regional groups within China struggling against the Manchus.

REVOLUTION OF 1911. On 10 Oct., 1911, the date regarded as the start of the Chinese Revolution, an explosion ripped apart a house in Wuhan where T'ung-meng-hui members manufactured bombs. Police seeking the cause of the explosion discovered a list of the society's members and local army officers. Fearing reprisals, these officers forced their commander to lead an uprising against Manchu troops. The insurrection quickly spread to other cities in central and southern China. The Manchus called on Yüan Shih-k'ai, who commanded the loyalty of the powerful northern army. In exchange for the post of governor general in the central Yangtze Valley and other concessions, Yüan agreed to lead a campaign against the revolutionaries. Faced by Yüan's superior military force and their own divided leadership, the revolutionary groups negotiated a settlement, Feb. 1912, by which Sun surrendered his leading role to Yüan in return for the latter's promise to end Manchu rule. Having yielded its effective power to Yüan, the Manchu dynasty had no choice but to abdicate the throne and transfer authority to him in exchange for a guarantee of personal protection and a financial settlement. Many leaders of the T'ung-meng-hui served in Yüan's first cabinet, but it collapsed, Aug. 1912, as a result of a struggle between Yüan and the society.

FOUNDATION OF THE KUOMINTANG. Sung Chiao-jen (1866–1918) amalgamated, Aug. 1912, the T'ung-meng-hui with 4 other political groups to form the Kuomintang (Nationalist Party). Unlike the T'ung-meng-hui, the Kuomintang was an open political party; Sun Yat-sen himself opposed its foundation, preferring a closed, secret-society type of organization loyal to himself. The parliamentary elections of 1913 made the Kuomintang the strongest single party in China, but the parliamentary cause suffered a severe blow when Yüan, jealous of Sung's growing power and popularity, engineered the latter's assassination. After Sung's death, parliament became the scene of a struggle between Yüan, who favored a strong presidential system of government, and a group advocating the election of a prime minister responsible to a parliamentary majority. When Yüan sought to enhance his power by replacing pro-Kuomintang military officials in the Yangtze Valley with his own supporters, the Kuomintang staged an open rebellion, Aug. 1913. Yüan quelled this uprising and, 3 months later, outlawed the Kuomintang. (*Cont. p. 479.*)

THE MODERNIZING OF JAPAN

1870–76

THE MEIJI ERA. 1870 can be taken as the year in which the basic trends of the Meiji period began to emerge. By 1869 the government had taken the form it was to retain until 1885, under a Dajokan (Council of State). In keeping with the restorationist mood, the titular heads of the major government bodies were court nobles. However, it was their samurai assistants who held the real power. The most prominent of these samurai were from the former feudal domains of Satsuma, Choshu, Tosa and Hizen in Kyushu, Shikoku, and southern Honshu. Among them were Okubo Toshimichi (1830–78), Kido Takayoshi (1833–77), Ito Hirobumi (1841–1909), Yamagata Aritomo (1833–1922), Okuma Shigenobu (1832–1922), Itagaki Taisuke (1836–1919), and Saigo Takamori (1827–77). Some became oligarchs, ruling in the name of Emperor Meiji, and some became opponents of the regime. But all made an indelible mark upon Japanese history.

ABOLITION OF THE FEUDAL DOMAINS. In Aug. 1871 the former feudal domains were completely abolished and their armies disbanded. The move had not been possible until Saigo and other conservative leaders were won over to the modernizing cause. Japan was divided into ken, or prefectures.

IWAKURA MISSION. A mission headed by Iwakura Tomomi (1825–83), the only court noble with real power, left for a long tour of the U.S.A. and Europe, Dec. 1871. The avowed purpose of the mission was to seek revision of the unequal treaties, but every government turned it down on this issue. Instead the mission members, including Okubo, Kido, Ito, and other leaders, were able to see with their own eyes the technological superiority of the modern West. This educational experience had a profound impact on their later policies.

NEW SOCIAL ORDER. In early 1872 the new Japanese social order was given its final 3-class form: aristocrats, gentry, and commoners. In practice, the gentry (former samurai) had no useful advantages over the commoners. Japan's small eta (pariah) class was also legally emancipated by this time, being placed on a level with the commoners. Social equality was further promoted in 1872 by the announcement of plans for a system of compulsory primary education. By 1906, 98% of all Japanese children attended primary schools.

CONSCRIPT ARMY. The establishment of a conscription system, Jan. 1873, for the army shattered Japan's aristocratic warrior tradition. All ranks were thrown open to men of every social origin. The great leader behind Japan's military modernization was Yamagata.

LAND-TAX REFORM. A radical land-tax reform, July 1873, provided the government with a uniform and dependable source of revenue. The tax was to be paid in cash, instead of in kind, at the yearly rate of 3% of the market value of the land. The new tax weighed heavily on the farmers, for it allowed no leniency in bad years; nor could the farmers always obtain cash advantageously.

STATUS OF SAMURAI. In Dec. 1873 the government allowed former daimyo and samurai to commute their feudal stipends for a lump sum. This was a step toward relieving the government of an unproductive financial burden. In 1876 all former samurai were forbidden to wear their swords in public and were forced once and for all to commute their stipends for government bonds. This settlement was generous to the daimyo, but far less so to the regular samurai.

KOREAN QUESTION. In 1872 Japan had sought, without success, to open Korea to trade. The Japanese had strategic designs on Korea, and the rebuff wounded their pride. Hence a faction led by Saigo came to press for war. Its members, mostly from Hizen and Tosa, were those who were losing out to men of Satsuma and Choshu in the contest for power, and therefore advocacy of war was also a move in a domestic power struggle.

Most of the top Stacho (Satsuma and Choshu) leaders had gone abroad with the Iwakura mission, leaving Saigo as the head of a caretaker government. Although of Satsuma himself, Saigo was a conservative and deeply worried about the fate of the samurai; he saw war as a chance to revive them. In the summer of 1873 he obtained approval for a campaign. The Iwakura mission then returned, and in Oct. the plan was canceled. Okubo argued that Japan was not strong enough for war; that she should concentrate on internal strengthening and reform; and that she should not give the western powers any excuse for action against her.

With the victory of the Satcho clique headed by Okubo, Saigo, Itagaki, Okuma, and their followers resigned. Some became involved in armed rebellion; others turned

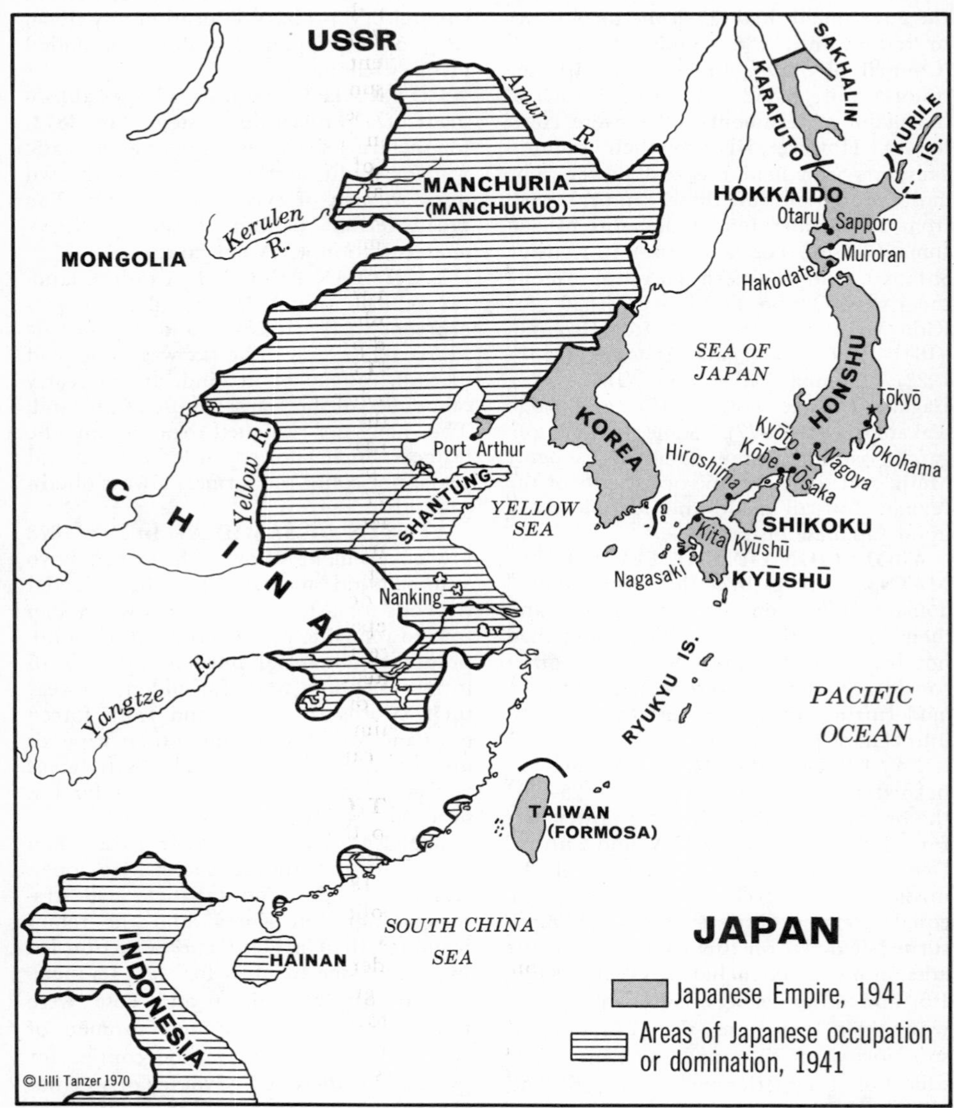

to political opposition. Okubo soon became Japan's first home minister, an extremely powerful position. Satcho domination of the government was now secure.

MOVEMENT FOR REPRESENTATIVE GOVERNMENT. In Jan. 1874 Itagaki and Goto Shojiro, in a memorial, denounced the oligarchs for ruling without regard to the emperor or to the people. They proposed a popularly elected assembly so as to unify public opinion and save the state from decay. The government rejected the proposal, but at least referred it to a committee for study. Thus began an enduring debate over representative government. The oligarchs felt, in view of the vehemence of the "popular rights movement," that the creation of an assembly might tame the opposition, but that such an assembly should be given no real power.

In Feb. 1875 the government called a conference with the political opposition at Osaka. It agreed to create a Genro-in (Senate) and a supreme court, and to call prefectural assemblies. However, these bodies were to represent only a very small part of the population, and were to be advisory only.

FORMOSA EXPEDITION. The murder of some Ryukyuans by Formosan natives provided the Japanese with the occasion for a punitive expedition. The expedition employed many former samurai and released some of the tension created by the Korean issue. In Oct. 1874 China's agreement to pay an indemnity amounted to tacit recognition of Japanese sovereignty over the Ryukyu Islands. In 1879 Japan incorporated them as Okinawa Prefecture.

FOREIGN RELATIONS. In May 1875 Russia recognized Japanese sovereignty over the Kuriles, while Japan recognized Russian sovereignty over Sakhalin. In Feb. 1876 the Treaty of Kanghwa opened 2 Korean ports besides Pusan to trade with Japan. China, however, refused to recognize Korea's competence to conclude a treaty, since Korea had always been a vassal state. Thus Japan did not obtain an implied recognition by China of Korean independence, as she had hoped to do.

1877–89

SATSUMA REBELLION. After his resignation Saigo had returned to Satsuma and established private schools for the samurai there. He was profoundly admired by many former samurai, who were deeply dissatisfied with the policies of the government, especially its failure to launch an expedition against Korea. A threatening situation thus developed in Satsuma. In Jan. 1877 the government tried to remove the contents of an arsenal in Kagoshima, the Satsuma capital. Saigo's followers promptly seized the arsenal and began a march on Tokyo. Saigo himself had no thought of armed rebellion, but placed himself at the head of the march out of loyalty to his men. The march was blocked at Kumamoto, immediately to the north, but it was not until Sept. 1877 that the rebellion was finally put down. Saigo died as Kagoshima fell. The new conscript army had proved its worth.

CONSTITUTIONAL PROPOSALS. In Tosa, his home province, Itagaki had formed the Risshisha (Society for Striving toward a Definite Aim) to aid the samurai and to promote his political views. In June 1877 the Risshisha submitted to the government a memorial bitterly attacking the oligarchs and demanding the creation of a diet. The government turned the proposal down. The Genro-in had in fact been preparing an English-style constitution since 1876. In May 1878, Okubo was assassinated because of his dictatorial methods of administration, and Ito replaced him as home minister. Ito favored extreme caution in granting a constitution.

POLITICAL REPRESSION. In response to the rapidly growing movement for representative government a law was enacted, 1880, placing political meetings under police supervision and forbidding members of the armed forces, teachers, and students to attend such meetings. Political groups were forbidden to advertise or to correspond with one another. This law was one of several enacted over the years to repress the political opposition.

FALL OF OKUMA. The future outline of the Meiji government emerged clearly from the crisis that brought about the expulsion of Okuma from the government. Being from Hizen, he was not of the Satcho clique, and was in fact Ito's rival for power. He had withheld his views on a constitution, although the other oligarchs had long since declared cautious approval. In Mar. 1881 he challenged Ito by demanding the introduction of a constitutional form of government in which the cabinet would be responsible to a parliament with real authority. Moreover, he demanded that the 1st elections be held in 1882. These proposals were rejected. After a time serious governmental corruption in Hokkaido was brought to light, and the government came under severe public criticism. The oligarchs assumed that Okuma was trying to exploit the scandal and stir up trouble in order to overthrow the Satcho clique. Accordingly, they ousted Okuma, Oct. At the same time it was announced that a diet would be created by 1890. By this action those in power hoped to reduce the strong anti-government feelings that had been aroused.

FOUNDING OF THE POLITICAL PARTIES. Itagaki founded the Jiyuto (Liberal Party) before the end of 1881, in anticipation of the opening of the diet. The Jiyuto was supported mainly by rural interests and imbued to some extent with the ideas of French radicalism. Okuma founded the Kaishinto (Progressive Party), based more on urban interests and influenced by English liberalism, in early 1882.

PREPARATION FOR THE CONSTITUTION. In 1882, Ito left for Europe to study suitable models for the constitution, and spent nearly all his time in Berlin and Vienna. The political parties became fragmented and weakened by repressive laws. Violence provoked by the drastic retrenchment of 1881 discredited them further. In late 1884 the Jiyuto was dissolved. It did not re-form until just after the first elections. In 1885 the first Japanese cabinet replaced the Dajokan.

In 1886 Ito began drafting the constitution, in complete secrecy. The draft was submitted to the Privy Council in May 1888. The Privy Council had been created to review the draft, and lived on as the highest advisory body in the government. It was totally removed from public scrutiny.

LI-ITO CONVENTION. By the Li-Ito Convention, 1885, Japan and China undertook to withdraw their troops from Korea and to notify each other of any intention to intervene there. Japan was biding her time before a showdown.

PROMULGATION OF THE CONSTITUTION. 11 Feb., 1889. The emperor of Japan bestowed the constitution on his subjects. The text reserved to him all sovereign powers such as the declaration of war and the conclusion of treaties. He exercised legislative power "with the consent of the Imperial Diet" (as the parliament was called). He alone could initiate amendments to the constitution, and he had extensive powers of ruling by ordinance. He was the direct commander of the military services, which placed the services on a level with the premier himself. The constitution did not mention a cabinet, for each minister was in theory responsible to the emperor alone. The Diet consisted of an appointed House of Peers and an elected House of Representatives. It could be dissolved at will by the premier and was powerless to enforce a vote of no confidence. Its budgetary powers were very limited. The constitution also provided for a supreme court.

As between executive, legislature, and judiciary, the executive branch was clearly dominant. The constitution provided for the basic rights of the people, but all were made subject to law. It laid clear and positive stress on the duties of the emperor's subjects.

1890–99

EDUCATIONAL POLICY. The Imperial Rescript on Education, Oct. 1890, set a lofty moral tone for all of Japanese education until 1945. It exalted the emperor as the father of the nation, and required of his subjects selfless devotion toward him and filial piety toward their parents.

FUNCTIONING OF THE IMPERIAL DIET. The 1st Diet opened in Nov. 1890. It proved hostile to the government even though only 1.24% of the population was qualified, on the basis of property, to vote. The Diet demanded drastic budget cuts, and the government was barely able to reach a compromise. But a lasting peace proved impossible. Yamagata resigned in May 1891; Matsukata, his successor, had to dissolve the Diet in Dec. In the election that followed, the government tried to influence the vote by violence. 25 people were killed, but the new Diet was still hostile. Characteristically, it was not the ensuing furor which felled Matsukata, but the resignation of the war and navy ministers. They were protesting the removal of a protégé, the home minister responsible for the violence. Ito himself then became premier and frustrated a Diet attempt to impeach him. More dissolutions and elections followed. A stalemate had been reached, but it could not be broken to the Diet's advantage.

EXTRATERRITORIALITY. In July 1894 Japan and Great Britain signed a treaty to abolish extraterritoriality, which was to become valid with the adoption of Japan's new civil code, 1899. The government had been trying for many years to have the unequal treaties abolished, and the parties had turned its lack of success into a powerful political weapon. Public indignation had wrecked a compromise settlement in 1889, and Okuma, the foreign minister, nearly lost his life to an assassin.

SINO-JAPANESE WAR. In June 1894 the Tonghak Rebellion broke out in Korea. When the king of Korea called in Chinese troops, Japan quickly sent her own, and demanded acceptance of a sweeping Japanese-oriented reform program. For once both Diet and oligarchs were of one mind in desiring a settlement. In Aug. Japan declared war and, to the surprise of the European powers, rapidly gained control of Korea, the Liaotung Peninsula, and the adjacent seas. With 7 divisions poised to march on Peking, China was obliged to come to terms.

TREATY OF SHIMONOSEKI. 17 Apr., 1895. China recognized the independence of Korea, opened certain commercial ports to Japan, and agreed to pay an indemnity of 200 m. taels. Japan received Formosa, the Pescadores Islands, and the Liaotung Peninsula.

THE TRIPLE INTERVENTION. Within a week, Russia, France, and Germany—all powers with important interests in China—advised Japan, Apr. 1895, to retrocede Liaotung, and Russia threatened force. Japan was obliged to comply. It was a bitter blow to the entire nation, and in the end served only to rally Japan's nationalistic feelings—especially since Russia herself moved into the Liaotung Peninsula in 1898. Partition of China seemed increasingly likely at this time, and Japan bitterly resented being prevented from taking no more than the other powers were taking for themselves. In the Rosen-Nishi Agreement of Apr. 1898, however, Russia recognized Japan's claim to economic preference in Korea.

PARTY ALLIANCES WITH THE OLIGARCHS. After the Sino-Japanese War, the Diet turned hostile again. However, in seeking for a way out of their dilemma, the parties began to ally themselves with key oligarchs. In 1895 Ito gained the support of the Jiyuto and persuaded Itagaki to accept the Home Ministry. Okuma's party soon gave its support to Matsukata. Yamagata remained aloof. The parties were soon disillusioned. In 1898 Itagaki and Okuma joined forces to achieve the main goals of the liberal movement: party cabinets and a cabinet responsible to the Diet. Ito, the premier, withdrew, and allowed Okuma and Itagaki to form a joint cabinet. They soon split hopelessly and, in Oct., resigned. Yamagata then took over and restored oligarchic rule.

1900–1905

YAMAGATA-ITO RIVALRY. By 1900, 2 broad factions existed within the oligarchs. Yamagata commanded the support of the military services, while Ito, more flexible, was aligned with the highest civilian members of the government. One important move in this power struggle was an imperial ordinance issued, May 1900, under the premiership of Yamagata. It required that the war and navy ministers be drawn only from among high-ranking generals and admirals on active duty. Thus a service could order its minister to resign and the whole cabinet would fall. Then a successor could be withheld until the new cabinet suited the service concerned.

FORMATION OF THE SEIYUKAI. In Sept. 1900 Ito moved to compromise with the party movement by forming a party of his own: the Seiyukai (Society of Political Friends). For his patronage Ito demanded obedience to his orders and conceded nothing to liberal ideals. Yamagata immediately resigned. Ito succeeded him, but was unable to establish control over the Yamagata faction. He resigned as premier in May 1901, and as party president in July 1903. He was the last of the original Meiji oligarchs to hold the office of premier. The Seiyukai was taken over by Saionji Kimmochi (1849–1940), his friend, and developed into a major political force. The Yamagata-Ito rivalry continued, but indirectly through Saionji and Katsura Taro (1847–1913), Yamagata's protégé. From 1901 to 1913, the 2 alternated as premier, evidencing the stalemate that existed between the factions.

A Social-Democratic Party was founded, 1901, and was instantly banned by the police. The socialist movement itself, however, was not suppressed.

POWER OF THE GENRO. The Genro (Elders) took on added importance. The Genro were a strictly unofficial group of the emperor's top advisers. No longer overtly active in politics (Ito was the last of them to retire), they continued to rule from behind the scenes and to decide the highest issues of state.

ANGLO-JAPANESE ALLIANCE. Russia did not withdraw her troops from China after the Boxer Rebellion, and pressured the Chinese for concessions in Manchuria. It took vigorous protests from the powers to check her. Japan and Great Britain both feared Russian expansion in Manchuria, and Katsura, unlike Ito, was strongly anti-Russian. Thus an Anglo-Japanese alliance was signed, Jan. 1902. It recognized Japan's special interest in Korea, and guaranteed the neutrality of either power if the other was at war with any single enemy in the Far East. The alliance was a triumph for Japan, since it placed her on an equal footing with Britain and strengthened her in her rivalry with Russia.

RUSSO-JAPANESE WAR. Russia had agreed to withdraw from Manchuria, but by 1903 she showed signs not only of staying but of advancing. When Japan protested, Russia gave a harsh reply. Katsura needed no further provocation. In Jan. 1904 Japan delivered an ultimatum to Russia and, when it was ignored, declared war, 10 Feb. By mid-1904 the Japanese had taken Port Arthur. They captured Mukden after a long siege, Mar. 1905, and, in May, destroyed the Russian fleet off Tsushima in the Korean Strait. However, Japan was approaching the limit of her strength. She asked President Theodore Roosevelt of the U.S.A. to mediate.

TREATY OF PORTSMOUTH. 5 Sept., 1905. The treaty ending the Russo-Japanese War, signed at Portsmouth, N.H., recognized Japan's paramount interest in Korea and ceded to her the leasehold of the Liaotung Peninsula, the southern portion of the Eastern Chinese Railway, and the southern half of Sakhalin. Japan pressed for an indemnity and for all of Sakhalin, but was not strong enough to prevail over Russia's flat refusal. The Japanese public, which saw only a total victory over a major European power, was outraged at this retreat, and there were riots in the streets. But the treaty stood, marking for Japan a great step toward major-power status.

1906–14

ANNEXATION OF KOREA. In Nov. 1905 Japan established a virtual protectorate over Korea. Ito became the first resident general. June 1906 saw the founding of the South Manchuria Railway Co., with both government and private capital. The company enjoyed very broad economic rights in southern Manchuria, and played an essential role in administration and policy formulation for the area. The first governor general of Kwantung (the Liaotung area) was appointed, Aug. 1906, and Korea became a full protectorate in July 1907. Russia recognized the protectorate in a secret convention. The Root-Takahira Agreement, Nov. 1908, between the U.S.A. and Japan, tacitly acquiesced in Japan's actions in Korea. There remained the final step: outright annexation. Ito steadfastly opposed it, and resigned as pressure for annexation became strong. In Oct. 1909 he was killed by a Korean assassin at Harbin. The Treaty of Annexation was signed, 22 Aug., 1910, under the next resident general, Gen. Terauchi Masatake (1852–1919).

THE "TAISHO CHANGE." During the habitual alternation between Katsura and Saionji the Diet resolutely opposed military pressure for greater armaments. The death of Emperor Meiji, 30 July, 1912, ended the most momentous reign in Japanese history. Katsura, leading his 3rd cabinet, met with strong opposition from the political parties. He sought to overcome Seiyukai opposition by having the new emperor Taisho order Saionji to support the government. But he failed, and antigovernment riots broke out in Tokyo and other big cities. Katsura resigned, Feb. 1913, but he had been obliged to recognize the power of the parties. Increasingly, the parties came to be seen as respectable wielders of political influence.

Katsura was followed briefly by Adm. Yamamoto Gombei (1852–1933). Okuma was appointed premier in Apr. 1914. The army's drive for expansion had resumed, and Okuma saw no reason to stop it. He dissolved the Diet when it once more opposed the plan to increase the size of the army. The next Diet, however, co-operated willingly, and the stage was set for Japan's entry into World War I. (*Cont. p. 487.*)

KOREA

1870–83

INCREASE IN JAPANESE INFLUENCE. In 1873 King Kojong of Korea reached maturity and the regent, Tai-won-kun, was forced to retire. Power now accrued to the faction of Queen Min, which was more amenable to the West than the regent's had been. In 1874 a Japanese mission under Moriyama Shigeru failed to negotiate a trade treaty. In Sept. 1875 a Japanese gunboat, supposedly engaged in marine surveys off the Korean coast, provoked an incident and was fired upon. The Japanese sent a mission to Peking to seek a definite Chinese avowal of Korean independence. They were told that in domestic and foreign affairs Korea was self-governing, and Li Hung-chang agreed to aid the Japanese to secure a friendly reception at Seoul. At the same time he advised the Koreans to negotiate and modernize.

KANGHWA TREATY. The Japanese then sent an expeditionary force to Korea and, despite opposition from Tai-won-kun, extracted the Kanghwa Treaty from the Korean government, 26 Feb., 1876. This treaty provided for Japanese diplomatic representation at Seoul, for the opening of 3 ports to trade, and for extraterritorial rights for Japanese residents. Between 1876 and 1883 Pusan, Inchon, and Wonsan were opened for trade. The treaty resulted in the rise of a pro-Japanese faction in Korea opposed to the factions of Tai-won-kun and the queen.

CHEMULPO TREATY. In July 1882 the Yi (Tai-won-kun's) faction, aided by military rioters, unsuccessfully attacked Queen Min and the Japanese legation. Chinese and Japanese troops arrived to settle the affair, Aug. On 30 Aug. the Japanese negotiated the Chemulpo Treaty, an agreement which provided for an indemnity and punishment of the guilty, as well as further trade privileges for Japan. The Japanese also obtained the right to station troops in Seoul and to travel in the interior. To assert their suzerainty the Chinese kidnapped Tai-won-kun and imprisoned him in Tientsin for 3 years. In 1882 they obtained a treaty which gave Chinese discriminatory advantages over other foreigners in matters of residence, travel, trade, and import duties. These Chinese actions left in power the Queen Min faction, which had become conservative, antireform, and pro-Chinese.

1884–93

LI-ITO CONVENTION. On 4 Dec., 1884, Korean progressives led by Kim Ok-kiun and Pak Yong-hio, with assistance from the Japanese, attempted a coup against the pro-Chinese conservatives, and seized the king. The insurgents called for Japanese military protection, but Chinese troops under Yüan Shih-k'ai drove the Japanese to the coast and restored the king to the throne. The leaders of the revolt fled to Japan.

Against this background on 18 Apr., 1885, the Japanese, represented by Ito Hirobumi, and the Chinese by Li Hung-chang signed the Li-Ito Convention, also known as the Treaty of Tientsin. By this agreement both powers decided to withdraw their troops from Korea and announced they would consult one another before sending troops there again. Japan thus gained equality with China in the matter of intervention in Korea.

1894–1904

SINO-JAPANESE WAR. In 1894 insurrections in protest against taxation occurred in Chonju, Iksan, and Kobu. These were soon followed by the Tonghak Rebellion, which called for the extirpation of all foreigners. Government forces sent to put down the rebels were defeated. On 6 June, 1894, by request of the Korean government, the Chinese sent in 1,500 troops, informing Japan of their action. Invoking the Li-Ito Convention, the Japanese dispatched 400 troops, 9 June. On 20 July the Japanese government sent an ultimatum to the Korean government, demanding reform, and on 23 July Japanese forces seized the king, threw out the Min faction, and recalled Tai-won-kun to power. The Japanese then fired on a Chinese warship, 25 July, and captured Seoul and the royal palace. On 26 July a Special High Commission was appointed to prepare government reforms, and the Japanese took control of government appointments. Under strong Japanese pressure, Korea declared war on China, 27 July. On 1 Aug. the Japanese declared war on China themselves, and during July and Aug. their forces defeated the Chinese at battles at Asan, Pyongyang, and Yalu. On 16 Aug. a provisional treaty was signed by which Japan guaranteed Korean independence but stipulated that Japanese advice and aid must be sought by the Korean government. On 17 Apr., 1895, the Treaty of Shimonoseki was negotiated by Ito Hirobumi and Li Hung-chang. China now finally renounced her suzerainty over Korea.

GROWTH OF RUSSIAN INFLUENCE. On 8 Oct., 1895, Queen Min was assassinated, and next day a pro-Japanese cabinet took office. The Japanese government, however, disclaimed responsibility for the queen's death. On 11 Feb., 1896, King Konjong took refuge in the Russian embassy, and yet another cabinet was formed, with Pak Chongyang as prime minister. During 1896–98 American-influenced reformers led by Dr. Philip Jaisohn (So Chae-p'il, 1868–1951) founded the Independence Society, and published the 1st modern newspaper in Korea, the *Independence News.* To counter the reformers the government organized the Hwangguk Society, and by the end of 1898 the reform movement had been suppressed and its leaders, including Jaisohn and Syngman Rhee (1875–1965). were in exile. The movement did, however, succeed in extracting some reforms from the government.

RUSSO-JAPANESE RIVALRY. On 9 June, 1896, the Yamagata-Lobanov Agreement was signed in Moscow, Japan and Russia agreeing to support the Korean king's efforts to restore and maintain order, and guaranteeing foreign loans so that an adequate police force could be maintained. A secret article provided that, in case it became necessary to send troops to Korea, the 2 powers would consult with a view to fixing a neutral zone between their spheres of action. Korea thus became virtually a joint protectorate.

In Feb. 1897 King Konjong returned to his palace, and on 12 Aug. he assumed the title of emperor, since that of king (wang) had become secondary. In the same month the name of the country was changed from Chosen to Taehan (Great Han Empire).

In Apr. 1898 the Nishi-Rosen Protocol was signed. It provided for Japanese and Russian recognition of Korean independence, a mutual agreement not to assist the Korean army or engage in financial reorganization, and Russian recognition of Japanese commercial and industrial interests in Korea.

RUSSO-JAPANESE WAR. Early in 1903 the Russians moved troops to the mouth of the Yalu River, and in July the Japanese opened direct negotiations with them on both Manchuria and Korea. These negotiations lasted from Aug. 1903 to Feb. 1904. The Japanese sought recognition of their interests in Korea; the Russians offered commercial and industrial supremacy for Japan in the southern part of the peninsula and neutralization of the northern. The Japanese would not accept the Russian proposals.

On 8 Feb., 1904, Japanese forces occupied Seoul, and 2 days later declared war on Russia. Japan and Korea signed a protocol, 23 Feb., guaranteeing Korean independence and territorial integrity in return for acceptance by the Koreans of Japanese advice. By the Treaty of Portsmouth, 5 Sept., 1905, which ended the war, Russia acknowledged Japan's "paramount interests" in Korea. The Japanese assumed police responsibility in Seoul, placed a resident general there, and stationed their own police inspectors in all provinces. In Nov. Korea officially became a Japanese protectorate.

1906–14

JAPANESE ANNEXATION. In June 1907 the Korean emperor sent a secret mission to the 2nd Hague Peace Conference seeking aid against Japanese exploitation. Although his request was virtually ignored, the Japanese in retaliation forced him to abdicate, 19 July, in favor of his son, Sunjong (ruled 1907–10), and tightened their control of Korea under the direction of Resident General Ito. On 1 Aug. they ordered the disbanding of the Korean army. Korean resistance continued, however; between 1908 and 1910, 12,000 rioters were killed by Japanese police and troops. On 26 Oct., 1909, Ito, who had resigned as resident general and who opposed complete annexation, was assassinated in Harbin by Korean nationalists. In response, Japan annexed Korea, 22 Aug., 1910. The royal family were given Japanese titles of nobility and a financial settlement, and lesser leaders were bribed or terrorized into accepting the *fait accompli*. On 30 Sept., effective 1 Oct., the new system of government was promulgated. (*Cont. p. 486.*)

The Imperial and Colonial Worlds

THE BRITISH DOMINIONS

Canada

1870–85

RED RIVER REBELLION. When government forces under Col. Garnet Wolseley (1833–1913) put an end to the Red River Rebellion of the métis (half-Indian, half-French), Manitoba became an equal, self-governing province of Canada, 15 July, 1870. The métis had united under Louis Riel (1844–85) to protect their land. The rebellion was rapidly suppressed, but not before Thomas Scott, a government agent, had been killed. Riel was bribed to leave the country in order to minimize the Anglo-French friction this incident created.

TREATY OF WASHINGTON. 8 May, 1871. Sir John Macdonald (1815–91), representing Canada on a team of British negotiators, signed the Treaty of Washington with the U.S.A. Although major Canadian questions were not discussed, e.g., Fenian Raid damages, it was the first time that Canada had been recognized at a diplomatic conference table.

DEVELOPMENT OF THE WEST. British Columbia joined the Confederation, 20 July, 1871, on the strength of a promise that the central government would begin a transcontinental railway within 2 years and finish it within 10. Although other provinces were to be added (Prince Edward Island and Nova Scotia, 1873) or organized out of existing territory (Alberta and Saskatchewan, 1905), with the addition of British Columbia, Canada stretched from ocean to ocean. On 7 Nov., 1873, Canada's 1st prime minister, the Conservative Macdonald, was forced to resign over a railway scandal that grew out of the feverish bidding for the Intercolonial Railway to the Pacific. The Northwest Mounted Police, forerunners of the Royal Canadian Mounted Police, were formed at this time to control the Indians and prepare the west for settlement. The Liberal ministry of Alexander Mackenzie (1822–92) organized the Northwest Territories in 1875.

"NATIONAL POLICY." Macdonald and the Conservatives triumphed in the elections of 1878 with an appeal to nationalism and protective tariffs, known as the "National Policy." In the next few years Macdonald consciously set out to lay the foundations of the Canadian nation and to stir up a sense of patriotism among Canadians. In 1879 the post of high commissioner was created to represent Canadian interests in London.

CANADIAN PACIFIC RAILWAY. By an imperial order in council, 31 July, 1880, all British possessions in North America, except Newfoundland and its dependencies, were annexed to Canada. The same year the Canadian Pacific Railway Co. was awarded a generous contract ($25 m., 25 m. acres of land, and monopoly of the trade) to build a line to the West Coast. As more and more money was poured into the C.P.R., the Canadian public began to doubt the wisdom of the scheme. Only the return of Louis Riel to lead the 2nd Métis Rebellion, 1885, saved the railway. The swift movement of troops to the troubled area justified present and future outlay on the grounds of national security. The capture and execution of Riel also had the effect of aggravating Anglo-French enmities.

1886-99

INTERPROVINCIAL CONFERENCE. In 1887 the Interprovincial Conference, under the leadership of Honoré Mercier (1840–94) and Oliver Mowat (1820–1903), met at Quebec. It was symbolic of the growing discontent with the power of the central government under Macdonald. It pondered a general revision of the constitution, especially the clauses that permitted the federal authorities to disallow provincial legislation. This meeting, like its successor of 1906, achieved no practical results, mainly because it was so predominantly a 1-party organization, "a Liberal Party gathering."

INCREASE IN IMMIGRATION. The McKinley Tariff of 1890, passed by the U.S.A., aggravated a Canadian economic depression which had begun in 1873 and caused a revival of the old Liberal demands for a reciprocity agreement, while strengthening Canadian ties with Britain. By 1896, however, general prosperity was beginning to revive, a prosperity which was both caused by and the cause of an influx of settlers into Canada, attracted by her new rail links with the Far West and her liberal land policy. Above all, the American West had now reached the saturation point, and potential immigrants were deflected to America's northern neighbor. Canada became a melting pot as millions of settlers flowed in from the continent of Europe, the United

Kingdom, and the United States—a total of 2.5 m. between 1896 and 1914. The Conservative Party, which had declined steadily under competent but unspectacular successors to Macdonald, lost the elections of 1896 to the Liberals under (Sir) Wilfred Laurier, one of the few men in Canada who combined in his person the attributes of the many warring factions of society, being a lawyer, a scholar, a Roman Catholic, and of French origin.

IMPERIAL PREFERENCE. At Laurier's suggestion the Colonial Conference of 1897 accepted a system of preferential tariffs within the British Empire. Preferring economic to political union of the empire, as proposed by the British colonial secretary, Joseph Chamberlain, Laurier saw this as a way to improve Canada's economic position in relation to both the U.S. and Europe.

SOUTH AFRICAN WAR. The sending of Canadian troops to the South African War in 1899 caused great controversy in Canada. The French-speaking inhabitants of Quebec, identifying with the Boers, demanded the return of the Canadian contingent. Laurier circumvented the problem by dispatching only volunteers and having them maintained by Britain, though the South African War still cost Canada some $2.5 m.

1900–1914

CANADIAN-U.S. BORDER PROBLEMS. One of the last great outbursts of anti-American feeling in Canada resulted from negotiations concerning the Alaskan boundary line. The court of arbitration that made the binding decision was composed of 3 Americans chosen for their outspoken pro-U.S. stance, 2 Canadians, and Lord Alverstone for the United Kingdom. Smooth Anglo-American relations were preserved, as had often happened before, at the expense of Canada, as Alverstone, under American and British pressure, voted for the U.S. Better American-Canadian relations followed in the wake of the International Waterway Commission, 1905, and, especially, the Boundary Waters Treaty, 1909, which set up a permanent board to decide all future border questions.

INDEPENDENCE OF CANADIAN FOREIGN POLICY. In an attempt to assert herself within the British Empire, Canada, which had won the right to withdraw from commercial treaties negotiated by London on her behalf in 1899, gained the more sweeping right, 1908, to decide whether any kind of treaty should be binding on her or not. Laurier's next step was to establish a Department of External Relations.

ROYAL CANADIAN NAVY. A law was passed, 1910, to provide for a small Canadian navy. But a later attempt, 1913, to contribute 3 dreadnoughts to the Royal Navy was rejected by the Liberal Senate on the grounds that Canada still had an inadequate voice in imperial policy making.

CANADIAN-U.S. RECIPROCITY. Due to internal political considerations in the U.S.A., the American Congress passed legislation enabling a reciprocity agreement to be negotiated between the U.S. and Canada. The Liberal Party seized on this long-desired panacea, but Canadians were no longer charmed by it, and in the elections of 1911 voted against the Liberals, thus ending the possibility of reciprocity. (*Cont. p. 476.*)

Australia

1870–89

THE AUSTRALIAN CONTINENT. By 1870 Australians were beginning to think continentally. In that year, as part of a steadily improving communications and transportation network, the 1st transcontinental telegraph was completed. By 1872 there was a regular cable service to both Europe and Asia. Expeditions under John Forrest, 1873–74, and Ernest Giles, 1875, continued the work of exploring and mapping the interior.

TRADE UNIONISM. Labor unions, which had been struggling for recognition, held the 1st Australian Trade Union Congress in 1878–79. The unions not only demanded regulated wages, an 8-hour day, and decent working conditions but also hoped to restrict the employment of Chinese immigrants as laborers. The 2nd Congress was held in 1884 and, except for the turbulent, strike-ridden period 1891–98, annually thereafter, thus giving the Australian workingman a sense and symbol of unity amid intercolonial rivalries.

BEGINNING OF THE FEDERATION MOVEMENT. Sectionalism and friction between the colonies increased during the prosperous 1870's, as each colony asserted itself at the expense of the others. The 1st conference called to discuss federation thus failed, 1880. But the pressures that would eventually bring about union were increasing. Gold was discovered at Kimberley and silver at Broken Hill, and the tide of immigrants continued to flow in. The resources of the colonial governments proved inadequate. Such events, moreover, as the completion of the railway joining Victoria and New South Wales, 1883, were concrete examples of the benefits to be derived from co-operation. To foster that co-operation the imperial government established a permanent body, the Federal Council, to meet every 2 years and decide intercolonial questions. A meeting of the Council in 1888 approved more stringent measures against Asian immigrants. These were subsequently adopted by the colonies, and boosted the growing prejudice in favor of a "White Australia."

ANNEXATION OF PAPUA. An early spur to federation was the realization that Australia was an isolated and militarily weak island in an age of German, French, and Japanese expansion in the Pacific. Australian public opinion therefore rallied behind the policy of preventative expansion espoused by Sir Thomas McIlwraith (1835–1900), premier of Queensland, who annexed Papua (southern New Guinea) in 1883. As had happened 10 years earlier, when the claims of Capt. John Moresby (1830–1922) to New Guinea were disavowed by the imperial government, London at first rejected McIlwraith's move, only agreeing to it, 1884, after the Germans had already occupied much of the northern coast.

1890–99

PRELIMINARIES TO FEDERATION. The failure of the great New Zealand–Australian maritime strike, 1890, convinced many trade union leaders that the road to reform lay along parliamentary channels. They tended, therefore, to support the federation of the Australian colonies. A severe financial crisis and depression, 1893, indicated the futility of tariff barriers between the colonies. This combined with a growing fear of Japanese imperialism (the "Yellow Peril") resulted in a Federal Convention held in Hobart, 1897–98. Delegates from all colonies attended and drew up a constitution, though they could agree on little other than the basic need for federation. There was to be a bicameral, directly elected parliament under the crown as represented by an appointed governor general. The 1st Federal Referendum to decide on the constitution showed that the necessary majorities in all colonies except New South Wales were willing to accept it, 1898. At a meeting of premiers, amendments to the constitution concerning surplus revenues and the powers of the Upper House were adopted, and the constitution was ratified by a 2nd Federal Referendum. Western Australia, 90% of whose revenues came from customs dues, was for this reason reluctant to turn power to levy customs over to a federal government as the constitution provided. However, a compromise was reached, and Western Australia joined in return for a federally financed railway and the right to levy her own customs dues for 5 years after the federation came into being.

1900–1914

COMMONWEALTH OF AUSTRALIA. 1 Jan., 1901. The Commonwealth of Australia began its existence under a government led by the protectionist, Sir Edmund Barton (1849–1920). Because voting strength in parliament was almost evenly divided among 3 rival factions, no party had a clear majority (until the 2nd Fisher government in 1910). This resulted in political instability, and there were 9 separate governments during 1901–14. The best organized of the parties, the Labour Party under J. C. Watson (1867–1941), was able to exert a pressure for reform greater than its size warranted.

SOCIAL LEGISLATION. Both the main programs of the Labour Party—social welfare and restriction of Chinese labor—had long traditions of acceptance in the individual colonies. In 1885 Victoria had set up a board to fix wages in "sweated" industries, extending its competence to other industries in 1896. South Australia enfranchised women, 1894, and other colonies followed suit (Western Australia, 1899; New South Wales, 1902). New South Wales set up conciliation and arbitration courts in 1901, copying those established in South Australia, 1894. From 1902 onward, women could vote in Commonwealth elections. A federal law of the same year limited Asian immigration, and from 1905 onward Anglo-Saxon immigration was actively encouraged. Old-age pensions, available in New South Wales from 1901, were established by federal law for all residents over 65 who had lived in Australia for at least 25 years.

In 1908 Canberra was chosen as the federal capital city. The selection of this site—within the territory of New South Wales—was part of the compromise that won that colony over to the idea of federation.

DEFENSE POLICY. The role of the new Australian Commonwealth in the British Empire was marked as much by cooperation as by self-assertion. Australia participated in the various Empire and Colonial Conferences—1887, 1899, 1902, 1907, 1909, 1911—accepted imperial preference, and supported the British naval squadron deployed in the Pacific. However, just as the danger to Australian security became greatest, British ships were withdrawn for service elsewhere. Thus in 1909 Australia set about constructing its own navy, and instituted compulsory military service along the lines laid down by Lord Kitchener's "Report on Australian Defences" of the same year. (*Cont. p. 477.*)

New Zealand

1870–89

ECONOMIC EXPANSION. The ambitious plans proposed by the colonial treasurer (Sir) Julius Vogel (1835–99), 1870, based on borrowing £10 m. in 10 years, helped New Zealand to lay the foundations for future economic expansion and prosperity. Extensive public-works projects, especially railway construction, were accompanied by new external trade arrangements, such as the establishment of a regular steamship service to and from San Francisco, 1870, and the founding of the New Zealand Shipping Co., 1873. In addition, new laws eased land sales, 1873, and attracted settlers. By 1875, however, it was evident that the scramble by individual provincial governments for large loans and for the profits to be derived from land speculation bred inefficiency and corruption, and was mainly responsible for the economy failing to respond satisfactorily to the influx of new capital.

UNIFICATION. The provincial governments were abolished, 1 Nov., 1876, and the central government began to replace divergent provincial schemes with others designed for the welfare of New Zealand as a whole. Railway routes were organized on a master plan to avoid duplication of services. Free, secular, and compulsory education was established, 1877. Trade unions received legal recognition, 1878. All male residents over 21 were enfranchised and, on the Australian model, Asian immigration was restricted in 1881 and again in 1899.

ECONOMIC DOWNTURN AND THE RISE OF LABOUR. The extended depression of the 1880's, due in part to overspeculation and the heavy borrowing of Vogel, was only somewhat relieved by the introduction of successful refrigeration vessels, 15 Feb., 1882, which in time enabled New Zealand's meat and dairy products to reach world markets. During the decade of the 1880's there was an almost "continuous ministry" of the Conservative Sir Harry Atkinson (1831–92), for no opposition offered coherent alternative policies. But the depression itself, with accompanying mass unemployment, encouraged the Labour Movement, which first asserted itself when it supported the passage of New Zealand's 1st protective tariff, 1888.

1890–1906

SOCIAL WELFARE. Labour, having turned from striking as a tool of reform after the failure of the maritime strike of 1890, joined the Liberal Party to bring in a coalition government under John Ballance (1839–93). The election of 1890 was the 1st held under a system of universal manhood suffrage. Combining Labour and Liberal social-welfare programs, Ballance placed graduated taxes on income and on the unearned increment from land, 1891, and had the 1st of 3 sets of Factory Acts, 1891, 1894, 1901, passed to protect the workers.

Richard John Seddon ("King Dick," 1845–1906), who became premier on the death of Ballance in 1893, continued his program by extending the vote to women, 1893. By 2 acts in 1894 the Bank of New Zealand, which had been on the point of collapse, was virtually taken over by the state. In the same session was passed the Industrial Conciliation and Arbitration Act, under which all future industrial disputes were to be settled without immediate recourse to striking. This was followed by a law enabling the central government to buy large estates at a reasonable price and to divide them for resale. The Shops and Shop Assistants Act, 1894, imposed a compulsory early closing time, while the Family Housing Protection Act of the same year set out to secure additional housing and to protect homeowners from forced sale for debt. Further acts included the abolition of a property qualification for voting in national elections, 1896; the establishment by law of an 8-hour day, 1898; and the introduction of old-age pensions, 1898. These various measures combined with the Government Accident Insurance Office, 1899, and State Fire Insurance, 1903, to form one of the world's most comprehensive social-welfare systems.

1907–14

DOMINION STATUS. New Zealand was granted the status of a dominion in the British Empire, 1907, partly because of her many manifestations of loyalty, including the dispatching of troops to the South African War, 1899; participation in imperial preference, 1903; and support for the British naval squadron in the Pacific. Universal military training was introduced in 1911.

REFORM PARTY. When the Liberal-Labour coalition disintegrated after the death of Seddon, 1906, the Conservative Party was revived as the "Reform Party." Labour set up its own separate representative organizations, the Federation of Labour, 1907, and the Labour Party, 1909.

William Ferguson Massey (1856–1925), who created the Reform Party from old-guard Conservatives and dissatisfied farmers, became prime minister, 1912, and implemented his principal program of turning all crown leases into freeholds. His 1st major problem was with the trade unions, which abandoned the Arbitration Act of 1894 in a series of strikes, 1912–13, in the gold mines and on the docks of Auckland and Wellington. This action culminated in an unsuccessful attempt at a general strike organized by the newly formed United Federation of Labour, 1913. (*Cont. p. 478.*)

The Union of South Africa

1870–94

GRIQUALAND WEST. When the Keate Award, 1871, gave the newly discovered diamond-rich area around Kimberley to the Griqua leader, Nikolaas Waterboer, the territory was taken over by Britain, under pressure from Cape Colony and

London business interests, as the province of Griqualand West. It was made a crown colony in 1873.

SEPARATISM VS. UNION. Basutoland was annexed to Cape Colony in 1871. The Colony, on being granted responsible government, chose (Sir) John Molteno (1814–86) as its first prime minister, 1872. Molteno put all telegraph lines and railways under government control, 1873–74; and adopted a policy opposed to the unification of British territories in South Africa. He and his colleagues rejected the plans for closer union put forward, 1875, by Lord Carnarvon, the British colonial secretary, and symbolized by the appointment of the pro-union Sir Henry Bartle Frere (1815–84) as governor and high commissioner at the Cape, 1876.

SOUTH AFRICAN REPUBLIC. As a further step toward unification, Sir Theophilus Shepstone (1817–93), with official approval, annexed the Transvaal, 1877. This and other early British moves toward union underestimated the extent of separatism and divisive racial policies in South African society. The discovery of many new gold and diamond deposits during the last quarter of the 19th cent. brought in a steady stream of European settlers and adventurers who, in a series of minor wars, clashed with Africans fearful of losing their land. Boer-British antagonisms grew. Taking advantage of British preoccupation with the Basuto "War of the Guns" and restlessness in Zululand, the Boers in the Transvaal rebelled against the British, won a brief war against them, and set up the South African Republic. By the Convention of Pretoria, 3 Aug., 1881, the Transvaal (South African Republic) was given complete self-government subject to the "suzerainty" of the British Crown.

GERMAN SOUTH-WEST AFRICA. German trading interests headed by F. A. E. Lüderitz (1834–86) acquired land at Angra Pequena, 1883, a territory on the southwest coast vaguely under British control. In 1884 the German imperial government announced that it would protect this area, and in 1892 took it over officially. The injection of a colonial Germany into South African affairs caused renewed imperial activity by Britain: Basutoland was separated from Cape Colony, 1884, and made subject to the British home government, as also was Bechuanaland, 1885. Zululand was annexed in 1887.

RULE OF KRUGER IN THE TRANSVAAL. Following a convention signed in London, 27 Feb., 1884, Paul Kruger (1825–1904), president of the Transvaal, was granted a freer hand in negotiating with the African tribes, and the powers of the British resident appointed to the Transvaal were greatly reduced while all mention of British "suzerainty" was dropped. In return, all European settlers were to have their civil rights protected, and there were to be no discriminatory tax levies at the expense of *uitlanders* (non-Boer residents). British goods, moreover, were no longer to be at a disadvantage in the Transvaal's markets because of extra tariffs or special taxes.

In 1889 a customs union was set up between Cape Colony and the Orange Free State, and the frontiers of German South-West Africa were defined, 1890.

BRITISH SOUTH AFRICA CO. Cecil John Rhodes (1853–1902), important in Cape affairs since helping to found the De Beers Diamond Co., 1880, an avowed imperialist, and head, from its foundation in 1889, of the British South Africa Co., became political leader of the Cape Colony, 1890. The function of the B.S.A. Co., as Rhodes saw it, was to explore and settle the area north of Cape Colony, thus containing the Transvaal and hindering its expansion.

1895–1902

JAMESON RAID. 29 Dec., 1895–2 Jan., 1896. President Kruger closed to British and Cape traders the overland routes through the Transvaal. Anti-Boer elements in Cape Colony, led by Dr. Leander Jameson (1853–1917), then staged a raid on Johannesburg which was quickly repulsed. The emperor of Germany, moreover, congratulated Kruger by telegram, 3 Jan., 1896, for repelling the invasion. Kruger continued a program of discrimination against the *uitlanders*. On 26 Sept., 1896, the Alien Expulsion Act was passed, and on 26 Nov. the Immigration Restriction Act. Restrictions on the freedom of the press and on the right of assembly were strengthened. On 17 Mar., 1897, Transvaal and the Orange Free State renewed their 1889 defensive alliance.

SOUTH AFRICAN WAR. The *uitlanders* addressed a petition of grievances to Queen Victoria, 24 Mar., 1899. Between 31 May and 5 June, Kruger and the governor of the Cape, Sir Alfred Milner (1854–1925) held a series of discussions at Bloemfontein. When these failed, the Boers presented an ultimatum to the British government. This ultimatum was rejected, and war began, 11 Oct., 1899, between Britain and the Transvaal and Orange Free State. Although some 448,000 troops from all over the empire were used against 87,000 Boers before the war was over, in 1899 there were only 25,000 British troops in South Africa. This initial numerical advantage, coupled with other factors like familiarity with the terrain and interior lines of supply and movement, gave the Boers an edge at the start. Thus the Boer Gen. Petrus Joubert (1834–1900) won easy victories at Laing's Nek, 12 Oct., and Nicholson's Nek, 30 Oct., and by 2 Nov. was besieging Ladysmith. The appointment early in 1900 of new British generals (Roberts and Kitchener) and the employment of larger forces enabled the British gradually to turn the tide.

TREATY OF VEREENIGING. 31 May, 1902. In return for Boer acceptance of British sovereignty, the Transvaal and the Orange Free State accepted the status of crown colonies, received a rehabilitation grant of £3 m., and were promised representative institutions as soon as practicable. Responsible government was granted to the Transvaal in 1906 and to the Orange River Colony in 1907.

1903–14

INTERCOLONIAL CUSTOMS CONFERENCE. All tariff barriers were abolished, 1903, between Cape Colony, Natal, the Orange Free State, the Transvaal, Southern Rhodesia, and the High Commission Territories. It was also decided that in future intercolonial conferences of this type should handle relationships with the indigenous Africans.

ESTABLISHMENT OF THE UNION. 31 May, 1910. A national convention met at Durban, 12 Oct.–15 Nov., 1908, Cape Town, 22 Nov.–18 Dec., 1908 and 11 Jan.–3 Feb., 1909, and Bloemfontein, 3–11 May, 1909, to draw up a constitution for a union of the South African territories. The constitution provided for 2 houses: the Lower, with 150 members popularly elected, and the Upper, chosen by provincial councils voting alongside their members in the Lower House. Enabling legislation, the South Africa Act, was passed by the imperial government and in May 1910 the Union of South Africa came into existence, with Louis Botha (1862–1919) as its 1st prime minister.

IMMIGRATION, LAND, AND LABOR. The Immigration Act, 1913, limited the influx of Asians, and by the Native Land Act, 1913, both Europeans and Bantu were forbidden to buy land in each other's areas. At this period the trade unions were beginning to organize and to assert themselves. In an effort to win recognition, benefits, and concessions, they declared a series of strikes, 1913, in the gold mines and on the railways. (*Cont. p. 474.*)

The British West Indies

1870–89

DECLINE OF SUGAR INDUSTRY. When the British Empire abolished slavery and adopted free trade, the traditional staple crop of the British West Indies, sugar, began to be uneconomic. Profits on sugar had been dependent on a fertile soil, cheap labor, and a protected market. Years of inefficient farming had exhausted the soil. Attempts were made to diversify the economy of the islands, and by 1870 bananas had become Jamaica's chief export.

CROWN COLONY GOVERNMENT. In 1871 the ruling oligarchy of British Honduras, rather than see former slaves enfranchised, requested crown colony status, thus surrendering a 100-year-old tradition of limited, but free, democracy. Most of the other colonies had made, or would make, the same request: Grenada, St. Vincent and Tobago, 1876, and Antigua, 1898, until by 1914 only Barbados, Bermuda, and the Bahamas retained democratic institutions.

In preparation for an eventual closer political union of the British West Indies, British Honduras was detached from Jamaica, 1884, and Barbados from the Windward Islands, 1885, while Tobago was united to Trinidad, 1889. Except in the latter case, where economic hardship dictated union, all attempts at federation were thwarted by vested interests in each colony.

In 1891 a measure of democracy was introduced in British Guiana. The franchise was very limited, but this was the 1st such experiment in the colony's history.

1890–1914

EDUCATION POLICY. The census of 1890 revealed that half the West Indian population was under 5 years of age. In Jamaica a Board of Education was established, 1893, and fees in the elementary school system were abolished. A "house tax" was imposed to finance the schools.

SOCIAL-WELFARE POLICIES. The social-welfare program, mainly associated with the Liberal colonial secretary, Joseph Chamberlain, was based on the recommendations of the Royal Commission of 1896–97. The commission had called for improved transportation facilities, better rural credit, the division of large estates into small farms, and systematic agricultural education. Accordingly, a scheme was adopted in Jamaica whereby crown lands were sold to settlers, 1896. An agricultural research center was established, and a system of tariff reductions under imperial preference applied to aid the sugar industry, 1897.

In 1902, £250 m. was granted by the imperial government to West Indian sugar interests in an effort to counter temporarily the effects of a new U.S. tariff wall and of competition from government-subsidized beet sugar industries being developed in Europe.

JAMAICAN EARTHQUAKE. In 1907 Jamaica was struck by an earthquake which damaged every building in Kingston and killed over 800 people. (*Cont. p. 473.*)

INDIA AND CEYLON

1870–84

ARYA SAMAJ. Dayananda Sarasvati (1824–83) founded the first Arya Samaj in Bombay, 10 Apr., 1875. Popular among Hindus in Oudh, the Punjab, and Northwest Frontier Provinces, where many Moslems (Muslims) and Sikhs lived, the Samaj taught that pure Hinduism was derived from the Vedas, that Hinduism was superior to all other religions, and that lapsed Hindus should be reconverted. Moslems felt threatened by the organization, the tone of whose doctrines enabled it to be used by Hindu extremist politicians in the early 20th cent. under the inspiration of Lajput Rai (1865–1928).

MOSLEM EDUCATIONAL FOUNDATIONS. Sir Syed Ahmed Khan, a Moslem modernizer convinced that Moslems could overcome their economic and political disabilities only by gaining a western education and abstaining from active politics, opened a school at Aligarh for Moslems, 24 May, 1875. To appease the ulema ('ulamā, Moslem scholars), who opposed western studies, the school included religious education in its curriculum. On 8 Jan., 1877, Lord Lytton (viceroy, 1876–80) laid the foundation stone of the Mohammedan Anglo-Oriental College, later to be raised to the status of a university.

BUDDHIST THEOSOPHICAL SOCIETY. Founded in Ceylon by H. S. Olcott, the Buddhist Theosophical Society ineffectively challenged during the 1870's the Christian missionaries who were taking over the educational functions of the bhikkus (Buddhist monks).

INDIAN ASSOCIATION. Influenced by Mazzini, Surrendranath Bannerjee, a former civil servant, founded the Indian Association at Calcutta, 26 July, 1876. The Association was an overtly political organization for western-educated Bengalis. It protested, among other matters, the 1876 regulation lowering the maximum entrance age into the I.C.S. (Indian Civil Service) from 21 to 19.

INDIAN EMPIRE. Queen Victoria assumed the title of empress of India, 1 Jan., 1877. This signified the paramountcy of British power in India, including the princely states.

VERNACULAR PRESS ACT. 14 Mar., 1878. The Viceroy's Executive Council passed a Vernacular Press Act subjecting vernacular newspapers to confiscation if they printed material considered seditious. The Indian Association protested against this act, and also against the Arms Act of Apr. 1878, which imposed a heavy import duty on arms and required universal licensing of guns, but exempted Englishmen from compliance. On 10 Jan., 1882, on the initiative of Lord Ripon (viceroy, 1880–84) the Legislative Council repealed the Vernacular Press Act. The act had never been invoked to close down a newspaper.

ILBERT BILL. Sir Courtney Ilbert introduced in the Legislative Council, 2 Feb., 1883, a bill to remove discrimination against certain Indian judges in the districts by enabling them to try Englishmen as well as Indians. The viceroy, Lord Ripon, strongly supported the bill, but agitation against it by British plantation owners and judges resulted in a compromise bill, which provided that a European on trial in any court could have a jury, half of whose members must be European. The new bill was enacted, 25 Jan., 1884. The Ilbert Bill controversy led to the worst racial antagonism since the Mutiny.

1885–98

NATIONAL CONFERENCE. The 1st session of the National Conference was held at Calcutta, 28–30 Dec., 1883. Called by the Indian Association, the conference was intended to be an India-wide political organization. Its 2nd, and final, session was held at Calcutta, 25–27 Dec., 1885. Delegates from northern India were attracted to the meeting.

INDIAN NATIONAL CONGRESS. The 1st session of the I.N.C. (Indian National Congress) was held at Bombay, 28 Dec., 1885. Largely inspired and organized by Alan Octavian Hume (1829–1912), a retired I.C.S. officer who feared revolution if responsible Indians did not have a forum in which to vent their grievances against the government, the I.N.C. began as a small group of western-educated persons of the middle class interested in administrative and constitutional adjustments. In 1886 the Congress demanded the expansion and strengthening of the legislative councils and the election of at least half their members. Its membership gradually increased, and it began to meet annually at different cities.

After the founding of the I.N.C., Moslem fears of Hindu domination, as well as Hindu revolutionary exasperation with the servility and gradualness of meliorists and reformers, led to an intensification of communalism and to severe strains within the Congress itself. Unable to satisfy any party, the Indian government's attitude approximated the reformist position.

UNITED INDIAN PATRIOTIC ASSOCIATION. Syed Ahmed Khan, who declared at Lucknow, 28 Dec., 1887, that Moslems and Hindus were 2 different nations and that representative institutions would only result in the subjugation of Moslems to Hindus, founded the United Indian Patriotic Association in Aug. 1888. The establishment of the U.I.P.A. emphasized that the I.N.C. did not represent the views of all Indians.

AGE OF CONSENT BILL. Influenced by Behranji Merwanji Malabai, a Gujarati Parsi, and some Hindu reformers, a bill was introduced in the Legislative Council, Jan. 1891, to raise the minimum age of marriage from 10 to 12 years. Bitter controversy ensued, especially in Maharashtra, where the Chitpavan Brahmin, Bal Gangadhar Tilak (1856–1920), newspaper editor and teacher, attacked the bill on the grounds that foreign rule should not interfere with the Hindu social structure and that the measure was unnecessary. Although the bill passed, 19 Mar., Tilak's revolutionary nationalism, couched in terms of adherence to traditional Hindu social norms, was to continue.

INDIA COUNCILS ACT. 26 May, 1892. Enacted by the imperial parliament, the India Councils Act enlarged the central and provincial legislative councils and enhanced their powers by allowing members to put questions and discuss financial matters. Although not recognizing the principle of election, the act did permit municipal corporations and certain associations to nominate members of council, thus granting the principle of representation of particular interests. The I.N.C. criticized the act for not granting elections.

TEMPERANCE CAMPAIGN IN CEYLON. During the 1880's and 1890's Buddhist nationalists reacted against a British policy of selling liquor licenses by conducting a fervent temperance campaign. Both the Buddhist Theosophical Society and the temperance movement evidenced the frustration felt by the bhikkhus because of their declining importance in political and social life.

GANAPATI FESTIVAL. Following communal riots in Maharashtra, Tilak and Annasabib, an orthodox Brahmin, organized in Poona, Sept. 1893, the 1st annual public Ganapati festival, an event which gave Hindus a popular deity to venerate at a time when otherwise they might have joined Moslems in the Mohurram festival. During a similar festival at Poona in 1894, a communal riot erupted when a mela (religious gathering), disobeying the law, played music outside a mosque.

NATIONAL SOCIAL CONFERENCE. A split in the I.N.C. between reformists and Maharashtrian revolutionaries was avoided, Dec. 1895, when Gopal Krishna Gokhale, a Chitpavan Brahmin, and M. G. Ranade gave in to Tilak's insistence that the National Social Conference (founded by Ranada, 1887), a social-reformist organization, be prohibited from using the I.N.C. tent after a meeting at Poona.

SHIVAJI FESTIVAL. Tilak's inauguration, 15 Mar., 1895, of the Shivaji festival in Raigarh and Poona, honoring the Maratha soldier who killed Aurangzeb's general, Afzul Khan, in 1659 and became the 1st Maratha king, heightened the mass revolutionary character of the Maharashtrian nationalist movement.

CONVICTION OF TILAK. The Bombay High Court tried and convicted Tilak, 8–14 Sept., 1897, for seditious editorial writing in his paper, *Kesari,* the previous 15 June. Tilak's sentence of 18 months, later reduced to 12, led even moderates to protest the injustice of the sentence.

1899–1914

VICEROYALTY OF LORD CURZON. Lord Curzon (viceroy, 1899–1905) took office on 6 Jan., 1899. He instituted a policy of administrative efficiency, creating, 1901, the Northwest Frontier Province and reducing the area of the Punjab. During Curzon's viceroyalty, the incongruity of British policy and Hindu nationalist expectations and demands contributed to the inability of I.N.C. moderates to mollify the extremists. Moslem separatist aspirations aggravated already strained communal relations.

PROPOSED PARTITION OF BENGAL. Curzon announced, 7 Dec., 1903, that, to improve administrative efficiency, Bengal would be divided: Chittagong, Dacca, Mymensingh, and the Tippera Hills would be transferred to Assam, and Chota Nagpur to the Central Provinces, with some parts of the Central Provinces and Madras going to Bengal. The proposed arrangements would have reduced the population of Bengal from 78.5 m. to 67.5 m., and the new province of East Bengal and Assam would have had a Moslem majority. On 19 July, 1905, Curzon, with the reluctant approval of the India Office, published the official decision to divide Bengal. Surrendranath Bannerjee led a mass meeting at Calcutta, 7 Aug., which resolved to boycott British goods. Antipartition activity also included the Swadeshi movement, designed to promote indigenous production of cloth and other goods and a national education program. On 16 Nov., 1905, Bengali nationalists established the National Council of Education, which sponsored the Bengal National College, 1 June,

1906. Nationalist agitation led to communal riots. Antipartition activity was not confined to Bengal; Tilak promoted the Swadeshi movement in Maharashtra.

MOSLEM POLITICAL DEMANDS. Led by the Aga Khan and Nawab Moshin-ul-Mulk, 35 Moslems presented, 1 Oct., 1906, to Lord Minto (viceroy, 1905–10) at Simla a set of political demands, including separate Moslem electorates for the municipalities and legislative councils. Minto gave a sympathetic reply.

ALL-INDIA MOSLEM LEAGUE. Responding to the proposal of Nawab Salimullah Khan of Dacca that Moslems form an overtly political organization, Moslem leaders met at Dacca and established the All-India Moslem League, 30 Dec., 1906. The League's constitution, drafted in 1907, proclaimed as its goals the promoting of constitutional and administrative changes favorable to the Moslem community and encouraging Moslem loyalty to British rule.

DEPORTATION OF NATIONALIST LEADERS. Peasant unrest in the Punjab due to dissatisfaction with the Punjab Colonization Bill, which permitted land inheritance by the soldier pensioners in Chenab Colony only by primogeniture, led to the arrest and deportation, 9 May, 1907, of Lajput Rai, who had spoken in opposition to the bill, on charges of sedition. On 3 June, Ajit Singh, another agitator, was similarly deported. The viceroy disallowed the bill, May, and released the deportees, 18 Nov.

I.N.C. SPLIT. When, in Dec. 1906, the extremists failed to elect their candidate president, and when, as president, Dadabhai Naoroji proclaimed India's birthright to be *swaraj* (self-rule), the I.N.C. was held together only by its capacity to live with the moderates' and extremists' divergent interpretations of its goals, and also by an ability to tolerate differing interpretations of the resolution upholding the legitimacy of the Swadeshi movement in Bengal. On 26 Dec., 1907, at Surat the extremists, frustrated by the moderates in an attempt to nominate Lajput Rai as president, fearful that the moderates would soften the 1906 resolution on the Swadeshi movement, and enraged by the refusal of the chairman of the Reception Committee, N. Malvi, to recognize Tilak for the floor, bolted the meeting. Not until 1916 was the I.N.C. reunited.

INDIA COUNCILS ACT. 25 May, 1909. The India Councils Act of 1909 (Morley-Minto Reforms) (1) increased the number of elected and nominated members of the central and provincial legislative councils (with a majority of nonofficials in the provincial councils); (2) enhanced the powers of these councils by permitting elected members to table resolutions and ask supplementary questions; and (3) extended the number of interest groups represented in the councils. Although the announcement, 1 Nov., 1908, of impending reforms was welcomed by I.N.C. moderates, the regulations, which included the retention by the viceroy of power to disqualify any person from membership in any council, were attacked at the 1909 I.N.C. meeting at Lahore.

McCALLUM-CREWE REFORMS. In Ceylon several small reform societies organized by western-educated Ceylonese pressed demands for constitutional reform, 1910, including power for Ceylonese in the Executive Council and elections to the Legislative Council. Sir Henry McCallum (gov., 1907–13) rejected most of these demands mainly on the ground that they came from atypical Ceylonese who, in contrast to himself who could rely on the reports of the government agents, had no contact with the masses. Nevertheless, the McCallum-Crewe Reforms introduced the principle of election to the Legislative Council by giving Ceylonese who had a yearly income of Rs. 1,500 and who could pass the Senior or Junior Cambridge Examination or a comparable examination the right to elect 1 member to the Legislative Council. The burgher member was to be elected by burghers, and one European urban member and one European rural member were to be elected by their constituencies. There were to be 10 nonofficial members (6 nominated to represent communal groups as well as the 4 elected members) and 11 official members.

DELHI DURBAR. Dec. 1911. At a durbar in Delhi, attended by the new King-Emperor George V and Queen Mary, the emperor announced (1) the repeal of the partition of Bengal, which had the effect of reuniting the 2 Bengals, reducing the status of Assam to a chief-commissionership, and creating a new province, Bihar and Orissa; (2) the raising of the status of Bengal to that of a governorship; and (3) the transfer of the capital of British India from Calcutta to Delhi. (*Cont. p. 455.*)

FRENCH NORTH AFRICA

1870–99

REVOLT IN THE KABYLIAS. As a result of a reduction in strength of French garrisons during the Franco-Prussian War and of a reaction against land expropriation and Jewish naturalization (by the Crémieux Decrees, 1870), the Moqrani family and the Rahmaniyya Order led a revolt in the Kabylias (Algeria) in 1871. Adm. Louis Henri de Gueydon (1809–86), the French commander, needed 80,000 soldiers to suppress the revolt. The Kabylians had to pay indemnities, abandon 500,000 more hectares of land, and, in some cases, suffer criminal penalties.

GROWTH OF CIVILIAN POWER IN ALGERIA. The civilian population of the Algiers area expelled the military in 1870 and temporarily established the revolutionary government of the "commune" of Algiers. Although a military regime returned the following year, the authority of the governor general was reduced, civilian territory steadily grew in extent, and "mixed communes" began to replace the Arab bureaus. The influence of Archbishop (later Cardinal) Lavigerie (1825–92), who had arrived in Algeria in 1867 and founded the White Fathers order soon afterward, was significant in these changes.

DEBT QUESTION IN TUNISIA. The Husaynid (Ḥusaynid) beys, nominally pashas of the Ottoman sultan, progressively lost their autonomy to Europeans during the later 19th cent. Under Mohammed as-Sadiq (Muḥammad as-Sadīq) (ruled 1859–82), haphazard efforts at modernization by the Turkish elite continued, and the tax burden on the peasants grew heavier. The expanding power of Prime Minister Mustafa Khaznadar (1837–73) meant increasing corruption and indebtedness to European interests, and helped bring about the creation, 1869, of a Financial Commission for the Tunisian Debt composed of French, Italians, Maltese, and Tunisians. Efforts to reform and to renew ties with Constantinople by Prime Minister Khayr ad-Din (ad-Dīn), 1873–77, failed, mainly because of sharpening rivalry between France and Italy in Tunisia as represented by their respective consuls, Roustan and Maccio. In 1878 the Financial Commission collapsed, and France obtained British and German acquiescence in the event she decided to declare a protectorate; Italian power was unable to check the ambitions of the dominant French.

RULE OF SULTAN HASSAN OF MOROCCO. In spite of his reputation in Europe as an admirable ruler, Sultan Mawlay Hassan (ruled 1873–94) was not able to arrest the decline of the Moroccan economy and independence. Plagued by inadequate finances and a weak army, he exerted little sustained control over the mountainous and southern portions of his kingdom, and could not protest the Madrid Convention, 1880, by which European states joined Britain and France in receiving rights to most-favored-nation treatment and a guarantee of protection for their nationals in Morocco.

ESTABLISHMENT OF THE TUNISIAN PROTECTORATE. An incursion into Algeria by mountain brigands provided the pretext for French occupation of Tunisia in 1881. There was no resistance, and the Treaty of Kassar Said (Le Bardo), signed in May, temporarily authorized the French resident minister to handle external affairs and assist the bey in financial matters. After an uprising in the center and south under Ali ben Khalifa ('Alī ibn Khalīfa), France signed the La Marsa Convention, 1883, which committed the bey to administrative, judicial, and financial reforms suggested by the French government; this declaration contained no time limit.

FRENCH RULE IN TUNISIA. As minister of foreign affairs, president of the bey's council, and commander of virtually all military forces in the country, the French resident general became the real ruler of Tunisia. The beylical family received a subsidy and continued to hold office until 1957. French civil controllers oversaw the existing Tunisian provincial administrations, while French technicians and teachers immigrated in increasing numbers to man the developing modern sectors of the economy and society. The traditional sectors declined in importance. In 1883–84 France guaranteed the Tunisian debt and abolished the Financial Commission, and the European powers renounced their consular jurisdictions. In 1891 France replaced the piaster with the franc, and instituted, 1892, compulsory military service in a Tunisian army, a tradition resulting in significant Tunisian participation (involving the death of 10,000 troops) in World War I. The customs privileges of the European powers were revoked, 1896–97, but Italy continued to possess some special rights and was able to exert great influence because of large-scale Italian immigration into Tunisia. The Italian press, banks, schools, and private organizations were powerful.

FRENCH EXPANSION IN THE SAHARA. French interest in a trans-Saharan railway linking her North and West African possessions rose sharply in the late 1870's, but declined again after the massacre of the Flatters exploratory mission, 1881, by Tuareg and Chamba Arab tribesmen. Also in 1881 a fraction of the Awlad (Awlād) Sidi Shaykh revolted in the northwestern Sahara under Bou Amama (Bu 'Amāma), but were suppressed by a large French force the following year. Later in the decade France successfully discouraged Moroccan claims to the Tawat (Tawāt) oases, but limited her own expansion to the capture of El-Goléa, 1891. In 1899 the French took In-Salah, a commercial center on the edge of Tawat. The military expedition led by Foureau and Lamy, 1898–1900, crossed the Sahara via the Hoggar (Ahaggar) to join in a convergence of French columns around Lake Chad. The Hoggar Tuareg officially submitted to French control, 1905. During 1906 the completion of the railway from Oran to Colomb Bechar in the northwestern Sahara provided 1 base for eventual French rule in Morocco.

1900–1914

ECONOMIC DEVELOPMENT OF ALGERIA. In 1900 the departmental structure in Algeria was abolished and the territory received full administrative and financial autonomy. The governor general's powers were increased and the *délégations financières,* a group representing various Euro-Algerian economic interests, obtained the authority to decide on budgets. Under the impetus of this autonomy and through the application of new techniques, the production of grapes and wine, citrus fruits, and other agricultural commodities increased markedly, and the European and especially the indigenous population grew at a rapid rate.

GROWTH OF FRENCH INFLUENCE IN MOROCCO. During the dictatorial regency of Vizir Ba Ahmad ben Musa, 1894–1900, and the efficient reign of Mawlay Abd al-Aziz ('Abd al-'Aziz), 1900–1909, customs revenues from European trade probably constituted more than half the government revenue of Morocco. The influence of France grew relative to that of the other European powers. At the turn of the century France was consolidating her position in the western Algerian Sahara and regulating her border disputes with Morocco. By 1905 Italy and Britain had acquiesced in French preponderance in the sultanate, and Spain had agreed to a parallel hegemony for herself in the northern zone. France increasingly determined the general conduct, customs policy, and budget of the Moroccan state.

By contrast the domain of the Sultan and his makhzan (administration) was shrinking, and revolts were increasing in frequency and seriousness. Bou Amama, Raisuli, Ma al-Ainin (Aīnin) and his son al-Hiba (Hība), and others were all active in attacking the sultanate or the Europeans from bases in the mountains or the south.

RISE OF TUNISIAN NATIONALISM. A demand for reform, 1906, by a group of "Young Tunisians" developed by 1908 into a movement for a constitution. In the tense atmosphere resulting from the Italian occupation of Tripolitania in 1911, anti-European sentiment increased, and erupted into protests and riots in and around Tunis, 1911–12. This protonationalist activity was confined to the capital and subsided during World War I.

GERMAN INTERVENTION IN MOROCCO. In order to embarrass France and win economic advantages, Germany challenged French preponderance in Morocco on 3 occasions between 1905 and 1912. In 1905–6 she disputed the 1904 agreements substantiating French hegemony, but obtained only an ineffectual statement (Algeciras, 1906) on the internationalization of Morocco. During 1906–8 French troops intervened to quell disturbances at Oujda and Casablanca. Reaction against this helped Mawlay Hafid, whose sympathies were pro-German, to emerge as the new sultan, 1908–9. The stage was now set for the 2nd crisis, 1909, when Germans encouraged French Legionnaires in Casablanca to desert. The resulting controversy was settled in favor of France by the International Court at The Hague. Soon, however, revolts spread throughout the country, and Mawlay Hafid had to request the assistance of French troops against the threat of a rival sultan. The last Franco-German controversy over Morocco followed the arrival, 1911, of the gunboat *Panther* in Agadir Harbor. After an argument, an accord cleared the air, and the 1912 convention establishing a French protectorate over Morocco became possible. Gen. Louis Lyautey (1854–1934) and the new sultan, Mawlay Yusuf (Yūsuf) (ruled 1912–27), then instituted a system of indirect rule and began a slow "repacification."

SPANISH MOROCCO. After the massacre of some Spanish miners near Melilla, 1910, Spain conquered Larache and Alcazarquivir (al-Ksar al-Kabīr). The following year she signed a convention with France creating Spanish Morocco, selecting a khalifa (khalīfa) (lieutenant) nominally responsible to the sultan, and projecting the construction of a jointly controlled railway from Tangiers to Fez. (*Cont. p. 469.*)

THE PARTITION AND COLONIZATION OF TROPICAL AFRICA

TROPICAL AFRICA IN 1870. Alien rule in tropical Africa in the 1870's was generally restricted to a very few coastal enclaves. The French were an exception in that they had penetrated into the interior behind Senegal, and Pierre Savorgnan de Brazza (1852–1905) was in the process of securing treaties on their behalf with chiefs in the River Ogooué region. Elsewhere, the French occupied coastal trading posts along the Ivory Coast and Dahomey, and had a settlement at Gabon. The Portuguese had tried unsuccessfully to extend their trading activities into the interior of Mozambique and Angola. They also controlled the islands of São Tomé and Fernando Po in the Bight of Biafra and had some influence in Portuguese Guinea, south of Senegambia. Britain had de facto control over the Sultanate of Zanzibar, but had no plans for any official assumption of sovereignty in East Africa. The British West African colonies of Lagos, Sierra Leone, and the Gambia were surrounded by viable African states. On the Gold Coast, however, British administration extended over large numbers of coastal peoples.

The Congo

1870–85

INTERNATIONAL AFRICAN ASSOCIATION. At a meeting in Brussels, Sept. 1876, King Leopold II of the Belgians (1835–1909) took the 1st step toward making himself the personal ruler of the Congo. The delegates he persuaded to come to the Brussels meeting were not government representatives but distinguished Europeans and Americans from many fields. They agreed to establish an International African Association. At its 1877 meeting the Association declared its goals to be the suppression of the slave trade and the gathering of scientific information.

STANLEY EXPEDITION. Henry Morton Stanley (1841–1904), who had traced the Congo from the Lualaba to the Atlantic, 1874–77, was recruited by a special committee of the Association to "open up" the region, Aug. 1879. He stayed and worked almost continuously in the Congo until 1884, building roads, establishing settlements, and making treaties with local chiefs.

DE BRAZZA EXPEDITION. From 1879 de Brazza, who had explored the Ogooué, 1875–78, became an official French agent. He reached the north bank of the Congo, 1880, and obtained numerous treaties, 1880–82. The French government endorsed his work and financially supported it. The result was French control of the north bank of the Congo, while Stanley's activities gave Leopold's Association control of the south bank.

ANGLO-PORTUGUESE TREATY. Becoming alarmed at the activities of Stanley and de Brazza, the Portuguese pressed their claims northward from Angola to the Congo mouth. Negotiations with Britain began, Nov. 1882, and the 2 countries signed a treaty, Feb. 1884. An Anglo-Portuguese Commission was to guarantee freedom of navigation on the Congo to all nations, and Britain was to recognize Portuguese claims as far as the Congo estuary and also a Portuguese right to the enclave of Cabinda to the north. The treaty was roundly condemned both in Britain and on the Continent, and was shelved when Portugal failed to convene an international conference on the issue.

BERLIN WEST AFRICA CONFERENCE. 15 nations attended a conference summoned by Bismarck to Berlin, Nov. 1884–Feb. 1885. The Congo basin was declared a free-trade area, all rivers in the region were to be open to all, and international action was to free the area from the slave trade. Throughout the continent, notice was to be given of new annexations, and occupation, to be valid, must be effective.

INDEPENDENT STATE OF THE CONGO. The Berlin Conference recognized the possessions of the International African Association as the Independent State of the Congo and guaranteed the new state's neutrality. King Leopold became its sovereign, Apr. 1885. Initially the activities of Leopold's agents were confined to the lower Congo, where a railway from the coast to Léopoldville was begun, while the eastern Congo was left in the hands of Arab-Swahili slavers from Zanzibar.

1886–1914

COMPETITION FOR KATANGA. The Katanga region of the interior, even then famed for its rich mineral deposits, was ruled by Msiri, who directed a commercial empire whose influence extended from the Indian to the Atlantic Ocean. The activities of missionaries at Msiri's capital inspired fears on Leopold's part that another European power might be about to secure the region. His apprehensions were justified, since representatives of the British South Africa Co. were making determined efforts to persuade Msiri to sign away his sovereignty. The company's diplomacy failed, however, 1890, and the Belgians were on the scene in 1891, offering protection to Msiri. The chief refused and, when civil war broke out in Katanga, suspected the Belgians of intending to join an alliance against him. He therefore attempted to open negotiations with Rhodes's agent once again, but his letter was intercepted by W. G. Stairs, an agent of Leopold. Stairs arranged to have Msiri killed, and Katanga became part of the Congo Independent State. By 1894 Belgian military operations had driven the slavers from the eastern Congo, though fighting and rebellions continued to c. 1900, after which Leopold's control over the region became firm.

CONGO ATROCITIES. King Leopold's commercial enterprises required African labor, and the conditions under which Africans were forced to live and work in the Congo were seen to be no better than the slavery against which the International African Association originally campaigned. European and American humanitarians became concerned over reports of atrocities in the 1890's, and a report by Roger Casement (1864–1916), the British consul, forced Leopold to take action in 1904. A commission investigated and reported, but outrages continued.

ESTABLISHMENT OF THE BELGIAN CONGO. International pressure overcame Belgian opposition to an assumption by the Belgian home government of responsibility for the Congo Independent State. Leopold surrendered control of the Congo to the Belgian parliament, 18 Oct., 1908, and died the following year.

RAILWAY TO KATANGA. Belgian administration in the Congo continued to concern itself more with the exploitation of the country's resources than with the improvement of the human condition. Foreign firms and concessionnaires benefited from improvements in transport, and the completion of the railway to Elisabethville, 1910, permitted an ever-increas-

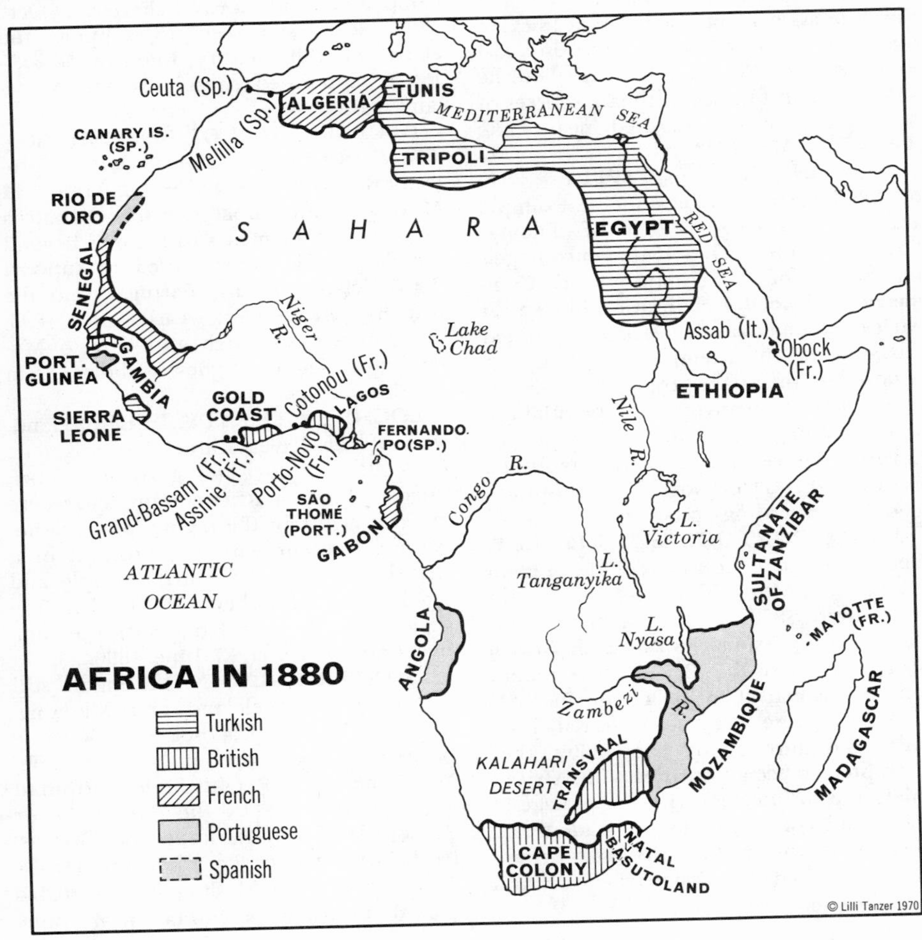

ing extraction of the mineral wealth of Katanga. (*Cont. p. 473.*)

Central Africa

1870–90

DEATH OF LIVINGSTONE. The last journey of David Livingstone (1813–73) began from Zanzibar in 1867. He traveled into the interior behind Lakes Nyasa and Tanganyika in the hope of finding the source of the Congo, which he believed might also be the true source of the Nile. By 1871 he had reached the Lualaba, out of which the Congo flows, and later in that year was "found" by H. M. Stanley. Together the 2 men disproved any connection between Lake Tanganyika and the Nile system, but Livingstone, sick in body and mind, continued alone on a last journey south toward Katanga, where he still hoped to find the ultimate sources of both great rivers. He died near Lake Bangweulu, May 1873.

MISSIONARY ACTIVITY IN NYASALAND. Livingstone's example and the lingering message of Thomas Fowell Buxton (1786–1845) encouraged the forces of "Christianity and Commerce" to labor for civilization in Central Africa. Commercial concerns soon joined missionaries in attempting to rid the region of the slave trade, exploit its resources, and convert the population. The missions acted independently of European governments, and established in the 1870's networks of hospitals, schools, and trading posts.

ANGLO-PORTUGUESE RIVALRY. The Portuguese considered the region inland from Mozambique to be their own and, after 1880, began pressing their claims. The missionaries asked for British protection, and the British government sent its 1st consul to the region in 1883. The Portuguese were not deterred, however, and throughout the 1880's they attempted to secure treaties with African chiefs and to interfere with the passage of goods and equipment to the traders and missionaries near Lake Nyasa. Britain refused to heed the missionaries' call for a protectorate.

RUDD CONCESSION. Lobengula (1833–94), ruler of the Ndebele state, the most powerful African polity in the area, made treaties of friendship with the Transvaal, 1887, and with Cape Colony, 1888. He also signed over to a representative of Cecil Rhodes, 30 Oct., 1888, exclusive mineral rights to Matabeleland. Rhodes's task was then to secure the concession against Portuguese and Afrikaner counterclaims, an aim shared by the British government.

B.S.A. CO. CHARTER. Rhodes proposed to the British government that the British South Africa Co. be allowed to colonize and administer Bechuanaland and Matabeleland, and to build rail and telegraph lines north to the Zambezi. The company received a royal charter, 29 Oct., 1889. Rhodes agreed to support the efforts of (Sir) Harry Johnston (1858–1927), appointed consul for the Nyasaland region.

DECLARATION OF BRITISH PROTECTORATE. Johnston declared a protectorate over the Shire highlands, 14 May, 1891, and proceeded to negotiate a number of agreements with chiefs beyond the Shire. These were used to support British claims against Portugal, and the British government, early in 1890, threatened to dispatch gunboats to Mozambique. The Portuguese withdrew from the Shire.

LOCHNER TREATY. In Barotseland, west of the River Kafue, Lewanika (c. 1843–1916), *litunga* (king) of the Lozi, ruled a large area. Rhodes wanted to secure mineral rights in the region, and Lewanika was content with the prospect of a British presence between his people and the Ndebele of Lobengula. He therefore signed a treaty with Rhodes's representative, Frank Lochner, 27 June, 1890.

PIONEER COLUMN. Lobengula still controlled Matabeleland and Mashonaland, but Rhodes proposed to settle white farmers in the region in order to safeguard the mineral rights he had acquired against any move by the Portuguese or Afrikaners. South Africans and Britons, led by Dr. Leander Starr Jameson (1853–1917), crossed into Mashonaland, 1890, bypassed Lobengula's capital near Bulawayo, and established Fort Salisbury. Other whites soon followed, and Rhodes's grip on Mashonaland was consolidated.

1891–1914

CONQUEST OF THE NDEBELE. Although the whites from the south attempted to avoid conflict with Lobengula in Matabeleland, the proximity of the 2 groups produced considerable tension. War finally broke out, 1893, and the Ndebele proved no match for the cannon and machine guns brought against Lobengula's capital. After the conquest, both the Ndebele and the Shona peoples were subjected to humiliations at the hands of the whites.

REVOLT OF NDEBELE AND SHONA. African resentments culminated in revolt, 1896, and the whites were forced to fight on 2 fronts. Rhodes personally convinced the Ndebele to lay down their arms and accept company rule, but various Shona chiefs were not subdued until 1897. Atrocities were committed on both sides before the settlers confirmed their military superiority.

BRITISH RULE IN CENTRAL AFRICA. Although Central Africa was the domain of both the B.S.A. Co. and the British government, the lot of the Africans differed little from one part of the region to another. Land was alienated, reserves created, taxes imposed, and labor conscripted. Railway extensions contributed to economic development, both of agriculture and mining, but the Africans, subjected to the humiliations of racial segregation, did not appreciate the improvements.

AFRICAN PROTEST. African dissatisfaction with white rule was demonstrated primarily through the agency of separatist Christian churches. These churches were evangelistic, and charismatic preachers bewailed African suffering and condemned European duplicity. John Chilembwe (1871?–1915), a Nyasa separatist leader who actively opposed British policy, was particularly outraged when Africans were forced to fight against the Germans in Tanganyika. In 1915 he organized an unsuccessful revolt against the British government of Nyasaland. British policy remained unchanged. (*Cont. p. 471.*)

East Africa

1870–95

SUPPRESSION OF THE SLAVE TRADE. Sultan Barghash (ruled 1870–88) was placed on the throne of Zanzibar by the British on the death of Sultan Majid, and Sir John Kirk (1832–1922), the British consul, pressed the new ruler to abolish the slave trade. Barghash resisted because of the dependence on the trade of Zanzibar's economy. In 1873, however, the threat of force by a special British envoy, Sir Bartle Frere, and the persuasive powers of Kirk convinced the sultan of the need to sign a treaty abolishing the slave trade, 5 June, 1873. The British aided Barghash in putting down the various revolts which followed the proclamation suppressing the trade. At this period the British government refused to assume territorial commitments, but dominated the sultanate so completely that it was able to prevent Sir William Mackinnon (1823–93) from accepting a private concession offered him by Sultan Barghash in 1877.

GERMAN COLONIZATION. Returning to Germany from Britain in 1883, Karl Peters (1856–1918) formed, together with other imperialists, a Society for German Colonization. Without the sanction of his government, Peters and his party traveled to Zanzibar, 1884, soon crossed to the mainland, and proceeded inland beyond Bagamoyo. By Dec. 1884 they had secured 124 treaties with African chiefs. Germany had thus unwittingly fallen heir to responsibility for some 2,500 sq. mi. of eastern Tanganyika. Bismarck recognized Peters's acquisitions at the end of the Berlin West Africa Conference, 1885.

ANGLO-GERMAN AGREEMENT OF 1886. German activities in East Africa extended to the Kilimanjaro area and to Witu, north of the Tana River, 1885. The British remained reluctant to act, but when German warships appeared in Zanzibar Harbor they changed their minds. Britain, France, and Germany, conferring together in the "spirit of Berlin," decided that the sultan of Zanzibar's authority extended for a depth of 10 mi. along the East African coast between the Ruvuma (Rovuma) and Tana Rivers. On 7 Dec., 1886, Germany and Britain determined their respective spheres of influence, which Sultan Barghash reluctantly accepted.

IMPERIAL BRITISH EAST AFRICA CO. The government of Lord Salisbury, realizing that the British occupation of Egypt was to be a long-term affair, decided that no other European nation must be allowed to control any part of the Nile valley. The Mahdi's forces held the middle reaches of the river in the Sudan, but religious and political strife still divided the state of Buganda at the headwaters of the Nile on Lake Victoria. Salisbury therefore granted a charter, but no financial support, to Mackinnon's Imperial British East Africa Co., 3 Sept., 1888, which received from the sultan of Zanzibar authority over his coastal possessions. Also in 1888, the German East Africa Co. prevailed on the sultan to lease to it his mainland strip in Tanganyika, and both companies looked toward the wealth and strategic position of Buganda in the interior.

RELIGIOUS RIVALRIES IN BUGANDA. In 1888 the Kabaka (king) Mwanga of Buganda attempted to deprive the contending religious factions at his court of their growing influence. The Moslems, Catholics, and Anglicans united against him, however, and he was temporarily deposed. The Moslems then turned the Christians out of Mengo, the capital. In 1889 Mwanga mobilized Christian support and ousted the Moslems. The latter were soon joined, however, by the forces of the Omukama (king) Kabarega of Bunyoro, Buganda's traditional enemy. Once again Mwanga and his Christian supporters were turned out, only to return, 1890, to occupy Mengo.

ANGLO-GERMAN TREATY OF 1890. The activities of Karl Peters forced the British to take seriously the German threat to the Nile. During the struggles in Buganda, Peters had secured Mwanga's signature to a treaty of friendship with the German emperor. The I.B.E.A. Co.'s representatives were not able to match its terms, and the British government grew alarmed. While the company sent Capt. Frederick Lugard (1858–1945) at the head of a small armed force to establish its authority in Buganda, Salisbury entered into negotiations with the Germans. By giving up the strategic North Sea island of Helgoland and all remnants of Johnston's and Rhodes's Cape-to-Cairo dream, Britain acquired the future Uganda, the German protectorate at Witu, and recognition of her protectorate in Zanzibar, 1 July, 1890. The Germans, though facing active resistance in all parts of the country during the 1890's, were soon in control of the future Tanganyika. Britain had successfully prevented the intrusion of other Europeans into the region of the headwaters of the Nile.

ACTIVITIES OF LUGARD. The I.B.E.A. Co., with headquarters in Mombasa, engaged in little commercial activity in Buganda. Lugard made a show of force there, 1890, and convinced Mwanga and his chiefs to grant "suzerainty" to the company for 2 years. In 1891, although he failed to reconcile the Anglican and Catholic factions, Lugard led a Christian force against the Moslems, defeated them, and temporarily united the Christians. While Lugard was securing further protectorates in the Ankole and Toro regions to the west, the company failed in its appeals for parliamentary support and decided to withdraw from East Africa. Before the withdrawal could be effected, however, Lugard seized the opportunity to overwhelm Mwanga and the Catholics, and prepared to leave behind an Anglican establishment. In the autumn of 1892 an intense public-opinion campaign in Britain was partially successful in turning the attention of the cabinet to Uganda. Lord Rosebery, the foreign secretary, sent the British consul in Zanzibar, Sir Gerald Portal (1858–94), to conduct an investigatory mission in Uganda.

UGANDA PROTECTORATE. Portal's mission succeeded so well that, on 1 Apr., 1893, the Union Jack was raised at Kampala. Portal made sure that the Catholic party regained some measure of equal status with the Anglicans, and proposed that Uganda be retained because of Britain's strategic interest in Egypt. The British parliament approved, 27 Aug., 1894.

EAST AFRICA PROTECTORATE. Convinced of the need for an East African Railway if Uganda's resources were to be exploited, Parliament declared a protectorate, 18 June, 1895, over the region where it would have to be built. The East Africa Protectorate later became Kenya.

1896–1914

EXTENSION OF BRITISH AUTHORITY IN UGANDA. In 1893 the remaining British forces in Uganda had helped the Christians put down a Moslem revolt which had spread westward into Toro. A prolonged war culminated in the flight of Kabarega of Bunyoro and the alienation of much of his land. Mwanga, meanwhile, had become little more than a figurehead under British control, and he fled from Mengo, 1897, to conduct yet another battle to regain power in his capital. His Christian chiefs supported the British, however, and Mwanga was soon forced into exile. His infant son was placed on the throne of Buganda, and the *katikiro* (prime minister), Apolo Kagwa (1869–1927), carried the most influence among the Council of Regents. As the British extended their authority beyond Buganda, they ruled either directly as administrators or through Ganda proconsuls.

BUGANDA AGREEMENT. In 1899 Harry Johnston was sent to Uganda to report on administrative developments and plans. His primary concern was financial, and his 1st proposals regarding land reform favored influential chiefs. The establishment of the *lukiko* (parliament) increased the political power of the appointees of the kabaka and gave Buganda a special position within the Uganda Protectorate, 10 Mar., 1900. Ganda bureaucrats controlled a secular oligarchy which ran the country.

EAST AFRICAN RAILWAY. The British used Indian army troops to disperse African peoples who were obstructing work on the railway inland from the coast. At a cost of almost £8 m., the route was finally completed as far as Lake Victoria, 1901. In 1902 Uganda's eastern province was transferred to the East Africa Protectorate, thus placing the railway under a single colonial administration.

ALIENATION OF KIKUYU LAND. Sir Charles Eliot (1862–1931), commissioner for the East Africa Protectorate (later Kenya), was responsible for making the new railway pay, and he decided on a scheme of white settlement. The highland region was considered to be relatively uninhabited and highly suitable for European farming. The Protectorate government ignored African land rights, and by 1904 had allotted nearly 1 m. acres to fewer than 400 white settlers. Many Africans, meanwhile, were assigned to "reserves." In 1908 taxation of Africans was proposed in order to make them sell their labor to white farmers.

MAJI-MAJI REBELLION. The Maji-Maji Rising, 1905, was the most serious of several faced by the German administration of Tanganyika. It reflected a deep resentment against the uprooting of African traditions, and spread quickly. Leaders distributed *maji* (water), or medicine, which was said to make believers immune to European bullets. The Germans moved systematically to prevent the larger tribes in the west from joining the revolt, and the troubles were over by Jan. 1907. African casualties were very high and a severe famine resulted from the dislocations of war.

INAUGURATION OF THE LEGISLATIVE COUNCIL. Control of the East Africa Protectorate passed from the Foreign to the Colonial Office in 1905, and the commissioner, Sir James Hayes Sadler (1851–1910), became governor. An 8-member Legislative Council 1st met in 1907. The views of the white settlers were well represented in the Council by their leader, Lord Delamere (1870–1931).

SYSTEMATIC ADMINISTRATION AND ECONOMIC DEVELOPMENT. In both the German and British areas efficient administrative procedures were instituted. Railway lines were rapidly extended and cash crops introduced. In Tanganyika the value of sisal exports increased from more than 1 m. marks in 1906 to more than 7 m. in 1912. Coffee, cotton, rubber, hides, and skins replaced ivory as East Africa's staple export, and livestock were introduced on the European farms in the highlands. In Uganda cotton was so successful that by 1915 the imperial grant-in-aid could be withdrawn. (*Cont. p. 471.*)

West Africa

1870–84

FANTI CONFEDERATION. After the announcement of the decision that Britain would withdraw gradually from the Gold Coast (recommended by a Parliamentary Select Committee in 1865), local British administrators decreased their activities. A number of Fanti chiefs reached an agreement to defend their own interests against their common enemy, Ashanti. On 24 Nov., 1871, 31 signatories to a Confederation Agreement envisaged the union of their states, a common assembly, and a constitutional monarchy. They planned a wide range of governmental services under the protection of the British crown. The British administration, however, took offense and charged the Fanti leaders with conspiracy, thus ending the proposed confederation.

WAR BETWEEN BRITAIN AND ASHANTI. Frequent disturbances caused the Gold Coast government to seek to subdue the Ashanti. A force under Sir Garnet Wolseley (1833–1913) looted and burned Kumasi, 6 Feb., 1874, but did not depose the *asantehene* (king of Ashanti).

FRENCH THRUSTS INTO THE INTERIOR. From Senegal, where Brière de l'Isle became governor in 1876, the French turned toward the Sudan to prevent the British from securing rights in the interior. In 1878 Capt. Joseph Galliéni (1849–1916) won victories, built a fort in Tokolor country, and concluded treaties naming France protector of the region. After 1880, at the urging of de l'Isle, the French began to construct a railway from Dakar to St.-Louis. By 1881–82 Col. G. Borgnis-Desbordes had led a force up the Senegal to forestall the British on the Niger, and French traders were competing energetically with the British all along the Gulf of Guinea.

COMPETITION ON THE COAST. The United African Co. of George Goldie Taubman (1846–1925), active on the Niger from the Delta to the Benue confluence, became the operational base for British interests. Meanwhile, French merchants were gaining influence in the interior of the Ivory Coast, beyond their posts at Assinie and Grand Bassam. The French navy occupied Porto Novo and Cotonou on the Dahomey coast, 1883, in order to challenge the British at Lagos. German missionaries and merchants had long been active in most of these places and, by 1883, controlled the trade of the Togo region. German firms had also prospered in Cameroon, and in both areas merchants were urging their government to annex their holdings. Annexation became possible after Bismarck had taken the 1st step toward the creation of a German overseas empire in South-West Africa in early 1884.

BRITISH EXPANSION IN THE NIGER REGION. Goldie's continued struggle with French competitors on the Niger and the appearance of Imperial Germany at Cameroon led the British government to order its consul, Edward Hewett, to secure treaties along the coast, 1884. Joseph Thompson, acting for Goldie's new National African Co., secured an agreement with the sultan of Sokoto, 1 June, 1885, in the north.

1885–1914

FRENCH CAMPAIGNS IN WEST AFRICA. After the Berlin Conference of 1884–85, the grand design of the French was to join their African possessions together at Lake Chad. Control of the upper and middle Niger was essential to this end, and campaigns were waged during the following years against resisting Africans. In 1887 French forces conquered the Futa Jallon and secured the headwaters of the Gambia, Senegal, and Niger rivers. French generals met stronger opposition, however, from Samori Touré, a Mande (Mandingo) chief who had been building an empire in the western Sudan for 20 years. After being defeated by the French in battles in 1886 and 1889, Samori avoided capture and retired to regroup his forces. From France's equatorial territory, de Brazza's followers were slowly moving north to the Ubangi, Chari, and Adamawa regions by continuing to make treaties with local chiefs. From her stations on the Slave Coast, France gradually took over the state of Dahomey. On the Niger, French forces occupied Segu in 1890, and forced Ahmadu, the son of al-hajj Omar (al-ḥājj 'Umar), to flee.

BRITISH CONSOLIDATION ON THE NIGER. As a result of the agreements at Berlin, the British declared a protectorate over the lower Niger in 1885. This protectorate extended along the coast from Lagos to Cameroon and included the Niger posts from the Delta to Ibi on the Benue. On 10 July, 1886, Goldie's company was given a royal charter to administer the protectorate. The British government was firmly behind the Royal Niger Co., and when the interests of British merchants were threatened London came to their aid. The most striking example of such British government action was in the case of Ja Ja, the ruler of the Opobo Kingdom of the Delta. His sin was success, for his control over the palm-oil trade was held an obstruction to freedom of commerce. Harry Johnston, then a vice-consul in the Cameroon, captured Ja Ja, who was tried and deported to the West Indies.

West of the Delta, Lagos was suffering both from the disruption of trade caused by warfare in Yorubaland and from the competition of the French in Dahomey. After 1891, when the British annexed several small states surrounding Lagos, their control was extended northward by force and persuasion. The conquest of Oyo completed the subjection of Yorubaland. In the Oil Rivers of the Delta, armed launches patrolled the creeks and removed unco-operative chiefs. When a British expedition to Benin was ambushed, 1897, British troops retaliated, 1898, by destroying Benin City and its surrounding villages and towns.

COMPLETION OF FRENCH CONQUEST. The French needed only an excuse to make total their control over the Fon Kingdom of Dahomey. They found it in 1892, when the king of Dahomey fired on a French exploratory mission, and later in the year France occupied Abomey, the Fon capital. On the Niger, progress was steady as the French conquered Jenne and Masina, 1893, and entered Timbuktu, 1894, where they were to battle sporadically with the Tuareg for a dozen years. French forces occupied Mossi strongholds to the south, 1896–97. By 1900 Gao had been reached, and the French were marching beyond Zinder toward Lake Chad. Samori continued to harass them in the western Sudan throughout the 1890's, but was finally captured, 1898. In the same year Capt. Marchand's attempt to cut across the Nile and link France's West African empire with her small post at Djibouti met its end in the confrontation with Kitchener at Fashoda. In 1900 a 3-pronged attack on the Sudanese adventurer, Rabah, of the Darfur-Wadai region at last allowed the French to link up their Sudanese and Equatorial empires.

CONQUEST OF ASHANTI. Britain's colony on the Gold Coast prospered only during times of peace with Ashanti, and these periods were few. The *asantehene's* domain had not been pacified by Wolseley's expedition of 1873–74, and civil war erupted there in 1886–87. For almost a decade British governors tried all means short of force to bring the Ashanti under their protection, but the *asantehene* either actively resisted or engaged in lengthy procrastination. In 1895 Sir William E. Maxwell (gov., 1895–97), needing a pretext to intervene, laid down an ultimatum to the Ashanti. When it was rejected, 3,000 troops marched to Kumasi and occupied the city, 1896. Once again the Ashanti question was thought to have been solved. The way to the north was no longer blocked, and British troops were able to man posts in what became the Northern Territories by 1898, thus preventing the feared encirclement of the colony by the French and Germans. In 1900 the British governor asked for the Golden Stool, the revered symbol of Ashanti unity, and the Ashanti rebelled. Ashantiland was annexed as a crown colony 26 Sept., 1901 (effective 1 Jan., 1902).

CONQUEST OF NORTHERN NIGERIA. France and Britain agreed, 26 June, 1891, to remain on the northern and southern sides, respectively, of a line drawn through Hausaland and Bornu (the Say-Barrua Line), but the middle Niger region remained to be won. Capt. Frederick Lugard reached Borgu in 1894, and Britain gained the upper hand. Various British-led forces then proceeded against the Fulani strongholds, and Bida and Ilorin were occupied, 1897. In 1898 another Anglo-French agreement determined spheres of interest in the middle Niger: France was to control northern Dahomey and Britain northern Nigeria. Lugard then completed the conquest of the city-states: Kontagora and Nupe fell in 1901, whereupon some emirs peacefully accepted British protection. Others resisted, and Kano and Sokoto refused to relinquish their independence. In 1903 these last 2 Moslem strongholds, together with Katsina, succumbed to Lugard's forces and the conquest of northern Nigeria was complete.

COLONIAL ADMINISTRATION. By 1906 the British West African colonies had been pacified, but the French continued to expand northward into the Sahara and conducted campaigns against rebellious Africans. Lugard, theorist and practitioner of "indirect rule," returned to the governor generalship of northern and southern Nigeria in 1912, and effected the unification of the 2 colonies on 1 Jan., 1914. Cocoa, in the Gold Coast, became the most successful of the new cash crops, and rail systems were rapidly built from coast to interior in the British, French, and German colonies. (*Cont. p. 471.*)

SOUTHEAST ASIA

Netherlands East Indies

1870–99

SUGAR AND AGRARIAN LAWS. The Sugar Law, 1870, decreed that the Netherlands Indian government would gradually end forced sugar cultivation and permit the free sale of sugar in Java. The Agrarian Law of the same year allowed capitalists to obtain heritable leases from the government for up to 75 years and to hire land from Javanese owners. The 2 measures marked a decisive stage in a process that had begun with the promulgation of the Regeeringsreglement (constitutional regulation) of 1854. The culture system was progressively abandoned in favor of free enterprise.

SUMATRA TREATY. As the competition among European powers for overseas colonies increased, the Dutch were compelled to strengthen their position in the Indonesian Archipelago to forestall rival claims. Outside Java, Dutch officials concentrated most attention on Sumatra, where piracy jeopardized normal trade. However, Dutch attempts to enforce control there harmed the operations of Malacca and Singapore merchants, who urged London to intervene. The resulting Anglo-Dutch negotiations led to the Sumatra Treaty, 1871, by which, in return for ceding their positions on the Gold Coast of Africa to Britain, the Dutch gained freedom of action in Sumatra. The treaty also stipulated that Britain was to enjoy equal trade opportunities with the Netherlands throughout the archipelago.

WAR WITH ACHIN. A new Dutch expansionist movement followed the Sumatra Treaty. One of its earliest manifestations was the long war against the sultanate of Achin (Atjeh). Achin, strategically located on the northern tip of Sumatra, had long resisted Dutch control, while its pirates wreaked havoc in the archipelago. When attempts at negotiations failed, the Dutch declared war in 1873. The Achinese, motivated largely by Moslem fanaticism against the "infidel," resorted to guerrilla warfare, which continued for more than a quarter of a century. Besides tightening their control over Sumatra, the Dutch in the late 19th cent. extended effective rule over several other outer possessions of the East Indies.

1900–1914

ETHICAL POLICY. Strong pressure developed within the Dutch Parliament and among the Dutch people after 1900 in favor of increased attention to the welfare of the Indonesians. The Ethical Policy, officially launched in 1901, advocated increased spending on welfare and education. At the same time, a process of administrative decentralization was inaugurated. In practice, however, the governor general remained under the complete control of the home government until communications were severed during World War I. Similarly, an elaborate scheme of village self-government led to such excessive interference from above that village opposition to Dutch rule grew. As for welfare programs, a rapid population increase offset much of the progress they achieved.

RISE OF NATIONALISM. Awakening nationalism in the Dutch East Indies was centered chiefly in Java, which contained about ⅔ of the colony's population. An important milestone in the nationalist movement occurred in 1900, when the Javanese princess, Raden Adjeng Kartini, championed education for women. Her efforts led to the founding of Kartini schools for girls in Java. In 1908 Dr. W. S. Usada, who shared Kartini's view of western education as the means by which Indonesians would enhance their status, founded the Dutch East Indies' first nationalist organization. Called Budi Utomo (High

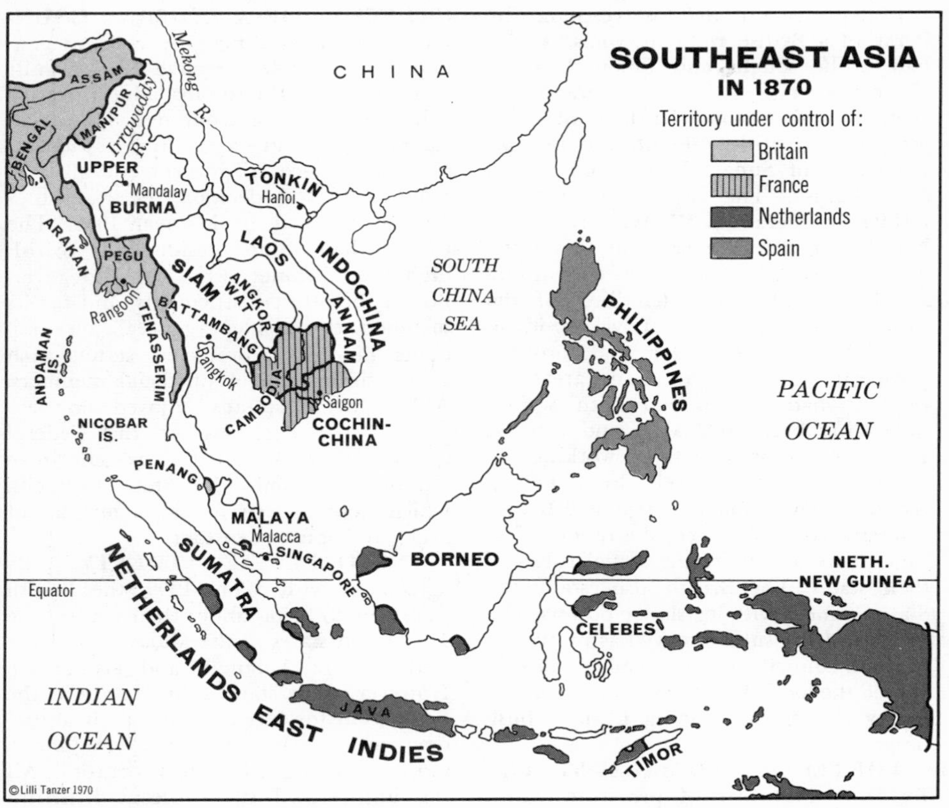

Endeavor), it aimed to establish schools on a national basis. Finally, in 1911, Sarekat Islam, which was to become the colony's chief vehicle of nationalism, was founded. Although it began as a group of Javanese batik traders seeking protection against Chinese exploitation, it had acquired a broad popular base by the eve of World War I. (*Cont. p. 461.*)

Malaya

1870–1905

PANGKOR ENGAGEMENT AND START OF THE RESIDENT SYSTEM. Following the Sumatra Treaty, the British as well as the Dutch undertook a forward movement in Southeast Asia. Britain abandoned its traditional policy of non-intervention in Malay affairs, most notably through the Pangkor Engagement, Jan. 1874, with the sultan of Perak. This agreement provided for a guarantee of British protection, and for acceptance by Perak of a British resident, whose advice had to be sought and followed in all matters other than those involving Malay religion and custom. In Feb. Selangor accepted a British resident, and in Apr. the chiefs of Sungei Ujong and Linggi did likewise. The murder of the 1st resident of Perak, J. W. W. Birch, on 2 Nov., 1875, led to a crisis in that state, but the dispatch of a British expeditionary force and tactful handling of the situation by Sir Hugh Low (resident, 1877–89) restored order and brought prosperity to Perak. In many areas the resident had to contend with serious quarreling between Malays and Chinese immigrants, especially those working the tin mines. Such quarrels, by impeding economic development, threatened British interests. As time passed, the residents became more and more the actual rulers of their states. The British also established State Councils with legislative powers. The various Malay sultans served as presidents of these councils, whose members also included the local British resident, the major Malay chiefs, and leading Chinese businessmen.

THE FEDERATED MALAY STATES. By 1896 there were 4 protected states: Perak, Selangor, Pahang, and the confederation of Negri Sembilan. Because the residents in the respective states pursued unco-ordinated policies, the 4 areas diverged increasingly in such important matters as taxation and land settlement. A plan of co-ordination was formulated in the Treaty of Federation, which united the 4 protected states under a resident general. The Malay sultans lost much of their power but retained their titles and received larger incomes. The position of the State Councils also declined. The British created a large, centralized administrative structure at Kuala Lumpur. The Federation was formally inaugurated 1 July, 1896. As government efficiency improved, prosperity grew and the output of tin and rubber, Malaya's 2 principal industries, expanded dramatically.

1906–14

CREATION OF A FEDERAL COUNCIL. British fears that the resident general was not under effective control, guilt about ignoring the sultans' administrative role, and pressure from new industrial, commercial, and agricultural interests seeking a voice in government all contributed to the decision to establish a Federal Council in Malaya, 1909. The Council had for its president the British high commissioner, who was also governor of the Straits Settlements, and for its members the resident general, the residents of the 4 protected states, each state's sultan, and 4 unofficial members. Although the sultans enjoyed no veto power over decisions of the Federal Council, they continued to exercise some authority through the State Councils, which kept a free hand in matters of Malay religion and custom.

ANGLO-SIAMESE TREATY. By agreement with Siam, 1909, the British were able to bring under their control the 4 northern states of the Malay Peninsula: Kedah, Perlis, Kelantan, and Trengganu. However, these states refused to join the Federation for fear of losing their autonomy, particularly in fiscal matters. Johore, too, remained outside the Federation. All the unfederated states accepted British advisers; but, in contrast to the residents, an adviser enjoyed only the right to be consulted by the local ruler and was forbidden to issue orders. (*Cont. p. 462.*)

Borneo

1870–1914

THE WHITE RAJAS. When the first White Raja of Sarawak, Sir James Brooke (1803–68), handed over his state to his nephew, Charles Brooke (1829–1917), he passed on a territory which had been greatly expanded and had received a British consul, but which was still without international recognition. Brooke asked the sultan of Brunei for more land, but was rebuffed.

BRITISH NORTH BORNEO COMPANY. After various trading companies had attempted to establish Bornean settlements, Baron von Overbeck and Alfred Dent obtained a lease of northern Borneo from the sultan of Brunei, 29 Dec., 1877. Since part of the region was under the sultan of Sulu's nominal control, Overbeck also concluded an agreement with Sulu, 22 Jan., 1878. Early in 1879, however, Overbeck withdrew from the enterprise, which was taken over by the firm of Dent Bros. On 1 Nov., 1881, the Dent firm, having by this time transferred its Bornean holdings to a "British North Borneo Provisional Association," received a royal charter as the British North Borneo Co. This was the 1st of a group of chartered companies created by Britain in the 1880's for the commercial exploitation of overseas territories. Two major factors motivated London to grant a charter to the Association: fear that other European colonial powers would annex parts of northern Borneo, and a desire to keep the company's activities under a modicum of British government control.

BRITISH PROTECTORATE POLICY. A series of agreements, 1888, with North Borneo (Sabah), Sarawak, and Brunei made all these areas British protectorates. Such an arrangement, London believed, would restrain French and German expansion in Southeast Asia and would also prevent Brunei from soliciting the aid of foreign powers against either Sarawak or the British North Borneo Co. The sultan, for his part, welcomed British protection against foreign pressure. (*Cont. p. 462.*)

Burma

1870–84

RULE OF KING MINDON. Burma's king, Mindon, took offense at a British decision, 1871, to conduct future relations with Burma through the viceroy of India. Although Britain had created the province of British Burma, comprising most of Lower Burma, in 1862, Mindon still controlled Upper Burma. He made his capital at Mandalay and sought to maintain good relations with the British authorities at Rangoon. However, he resented being treated like the ruler of a native Indian state. His resentment, coupled with a desire to counter British influence in his kingdom, led him to cultivate friendly ties with France and Italy and to invite French and Italian missionaries, engineers, and government experts to work in Burma. In 1872 Mindon sent his chief minister on a visit to London; en route, the minister stopped in Paris to seek a full-scale alliance. The treaty never materialized, but Britain reacted angrily to the negotiations.

FORSYTH MISSION AND THE "SHOE QUESTION." Anglo-Burmese relations further deteriorated as a result of friction between the king and the business community in Rangoon, which opposed Mindon's commercial methods, especially his retention of royal monopolies. In order to improve Anglo-Burmese relations, Sir Douglas Forsyth led a mission to Mandalay on behalf of the government of India, 1875. Upon his return to Calcutta, however, he complained about the Burmese custom of making foreign envoys remove their shoes and sit on the floor at royal audiences. Later in the year, the government of India ordered the British resident at Mandalay no longer to remove his shoes in the king's presence. Since Mindon could not yield to this demand, the resident lost the valuable personal contact he had maintained with the king.

RULE OF KING THIBAW. When Mindon died, 1878, Burmese officials plotted to make Prince Thibaw, a nonentity king, in order to create a constitutional monarchy. Thibaw, however, came under the influence of his strong-willed queen, who persuaded him to massacre many members of the royal family and place her minions in key government posts. Meanwhile, a Kachin revolt, forays by Chinese guerrillas, and a renunciation by the Shans of allegiance to the Burmese king plunged Upper Burma into chaos. Continuing slaughters at Mandalay prompted the British trading community in Rangoon to demand a change of government in Upper Burma or its annexation.

1885–1914

BRITISH ANNEXATION OF UPPER BURMA. Thibaw, meanwhile, sought to play Paris off against London, which was increasingly worried about French activities in Southeast Asia. In 1885 Britain learned that France had secretly promised arms and munitions to Burma. British diplomatic pressure led to a French disavowal; but no improvement in Anglo-Burmese relations ensued, for Thibaw framed a case against the Bombay Burma Trading Corp. He fined the corporation, which worked Burma's teak forests, for the alleged illegal export of teak logs. Believing that a French syndicate would take over the corporation's operations, Thibaw refused British pleas for arbitration. The government of India then delivered an ultimatum to Mandalay, demanding, among other things, that Burma submit all foreign-policy questions to India. When Thibaw refused, British troops invaded Upper Burma and occupied Mandalay. Britain planned to make the territory a protectorate and place an approved member of the royal family on the throne. However, when no acceptable candidate could be found, Thibaw's territories were annexed to the British dominions in Jan. 1886. A nationwide reaction developed against foreign rule and Burmese troops moved into the jungles to conduct guerrilla warfare against the British forces, who required many years to pacify the land.

REFORMS IN VILLAGE ADMINISTRATION. For the sake of administrative convenience, Burma was made a province of British India, Feb. 1886. This arrangement led to neglect of Burma's distinct history and culture. The Upper Burma Village Regulation of 1887 and the Burma Village Act of 1889 were prime examples of the unfortunate effect of Burma's artificial connection with India. By these decrees, the British broke up the circle (Burma's largest indigenous social and political unit) into villages. The plan aimed to strengthen the village as an administrative unit and use it to restore law and order in the country. However, the reform replaced the circle headman, a local resident, with a village headman serving as a British civil servant. British administrators also adopted a negative attitude toward Buddhism. London's reluctance to become embroiled in religious matters after the Sepoy Mutiny in India, 1857, led to refusal to sanction Burma's ecclesiastical code regulating discipline in Buddhist monasteries. Lacking authority to enforce discipline, Burmese Buddhist leaders stood helpless as unruly monks roamed the country preaching sedition.

LEGISLATIVE AUTONOMY. Promotion of the chief commissioner of Burma to the rank of lieut. gov. and appointment of an advisory Legislative Council to assist him, 1897, marked the prelude to a great expansion of government functions. As elsewhere in Southeast Asia, so in Burma, the colonial power abandoned laissez faire and sought actively to promote governmental efficiency and social welfare. Bureaucratic government flourished as a new secretariat arose in Rangoon. Attempts to institute local self-government had begun as early as 1874, when Municipal Committees were nominated for some Burmese towns. However, the ethnic diversity of the urban population made joint action difficult. In rural areas self-government was characterized by inefficiency and corruption and by a frequent transfer of officials. Only in Rangoon, where sizable communities of Europeans and educated Asians resided, was self-government meaningful.

YOUNG MEN'S BUDDHIST ASSOCIATION. Originally organized to revive Buddhist values in the context of western learning, the Y.M.B.A. (founded 1906) was composed primarily of students of religion. By the time of World War I, however, a General Council of Buddhist Associations was assembling regularly, and religious discussions gradually shaded off into political ones. The awakening of Burmese nationalism dates from this period. (*Cont. p. 462.*)

Indochina

1870–83

FRANCIS GARNIER AT HANOI. Interested in opening a trade route to western China via Tongking's Red River, French merchant Jean Dupuis sought to exchange products from Yunnan for salt from Hanoi. When Hanoi's mandarins refused to abandon their salt monopoly, Dupuis and his followers seized part of Hanoi and appealed to the French authorities at Saigon for help. Based at Saigon was Adm. Dupré, governor of French-controlled Cochin China, who saw in Dupuis's grievance a pretext for intervention in Tongking. Against Paris's orders, he sent a naval officer, Francis Garnier, to Hanoi with a small force to arbitrate between Dupuis and the mandarins. When Garnier arrived, 1873, Tongking was infested with so-called Black Flags, a force including local pirates and remnants of China's Taiping rebels. Garnier, finding the mandarins adamant, seized Hanoi's citadel; but the mandarins requested help from the Black Flags, who killed Garnier, Dec. 1873.

TREATY WITH TU-DUC. Having disavowed Garnier's seizure of the citadel at Hanoi, Paris sent an official, Philastre, to negotiate a settlement with the court of Hué. The resulting treaty, 15 Mar., 1874, pledged Emperor Tu-Duc to recognize French sovereignty over Cochin China; accept a French resident at Hué; open 3 ports, including Hanoi, to French trade; permit free navigation of the Red River as far as Yunnan; and guarantee freedom for Christians in his dominions. For her part, France canceled the unpaid balance of an indemnity owed by Tu-Duc and offered him arms to ward off the Black Flags. In Vietnam's eyes, however, the Philastre–Tu-Duc treaty appeared as a sign of French weakness; and as soon as French forces left Tongking, the emperor violated many of the pact's terms. Furthermore, Tu-Duc renewed his declaration of allegiance to the Chinese emperor and dispatched an embassy to Peking with tribute.

RENEWAL OF FRENCH EXPANSIONISM. On the twin pretexts that Tu-Duc had failed to abide by the treaty and that Black Flag activities threatened French citizens in Hanoi, the French government sent Capt. Henri Rivière at the head of an expeditionary force to Tongking. Ostensibly aiming to halt the Black Flag menace to French shipping on the Red River, Rivière's real goal was to pursue the conquest of Tongking where Garnier had left off. In Apr. 1882 Rivière's troops seized Hanoi, but he himself was killed by Black Flags. By this time Jules Ferry, a chief exponent of colonial expansionism, had become France's prime minister. He insisted not only on the seizure of Tongking but also on the submission of the court of Hué to French control. After he sent another strong force to the area, an armistice was finally signed on 25 Aug., 1883, in which, among other things, Vietnam accepted protectorate status.

1884–1914

SINO-FRENCH WAR OVER INDOCHINA. Since Peking had claimed Vietnam as a protectorate, it warned that the treaty was not valid without Chinese approval. When France ignored this warning, China sent troops to Vietnam, and an undeclared Sino-French war erupted. By the Treaty of Tientsin, 9 June, 1884, China conceded French protectorate claims to Vietnam and pledged withdrawal of Chinese troops from Tongking.

CONSOLIDATION OF FRENCH CONTROL IN ANNAM AND CAMBODIA. As a result of palace intrigues at Hué, the French placed their own candidate, Dong-Khanh, on the throne there, 1884. He permitted France to install residents in each of Annam's provinces. That same year, the governor of Cochin China used alleged abuses by Cambodian mandarins as an excuse for forcing the Cambodian king to accept administrative reforms. A *résident supérieur* assumed the real power in Cambodia, and every Cambodian province received a French resident with authority over native officials. The outcome was a popular revolt led by a Cambodian prince.

UNION INDOCHINOISE. As an attempt at administrative improvement, the French united Cochin China, Annam, Tongking, and Cambodia into an Indochinese Union supervised by a civilian governor general, Oct. 1887. However, each unit maintained an autonomous structure and a separate budget.

FRENCH COUP IN LAOS. Having strengthened her control over the rest of Indochina, France moved to challenge Siamese overlordship in Laos. The French response to the ouster of 2 agents from Siam in 1893 was to claim the entire left bank of the Mekong River and to send gunboats to Bangkok. Although the Laotian king at Luang Prabang continued to reign, the rest of Laos became in effect a group of French provinces.

PAUL DOUMER AND ADMINISTRATIVE REFORM. Paul Doumer (gov. gen., 1897–1902) fashioned the definitive French administrative system in Indochina. Technically, Cochin China was the only 1 of the 5 divisions of Indochina which ranked as a colony; Tongking, Annam, Cambodia, and Laos were all protectorates. Throughout the Indochinese Union, however, assimilation was the key to French policy, which spurned self-government. Although the Annamese, Cambodian, and Laotian kings and courts continued to function, real control in each case was vested in a *résident supérieur*. Day-to-day administration was carried out by native officials under the guidance of French representatives. In Cochin China a governor general was the top official. To preserve a façade of democracy in Indochina, the French created a Consultative Native Assembly, whose job it was to assist the *résident supérieur*. However, its members were elected by a small group of officials of trusted loyalty, and it was forbidden to debate political subjects.

EDUCATION AND NATIONALISM. In 1906 an educational system based on the village elementary school was inaugurated; but private education prevailed in Annam and Tongking, while monastic schools provided the sole elementary education in Cambodia and Laos. The University of Hanoi was founded in 1907, but soon closed as the French crushed political dissent among its students. This was the era of nascent nationalism, though the nationalist movement was confined to the Vietnamese, the most numerous people of Indochina. By the eve of World War I, France's contradictory policy of trying to make Frenchmen out of the Vietnamese while keeping them in a subservient position had stimulated nationalist sentiment. (*Cont. p. 463.*)

Philippines

1870–97

REVOLUTION IN SPAIN AND REPERCUSSIONS IN THE PHILIPPINES. The revolution in Spain which replaced the regime of Isabella II with a republic, 1868, had impact on the Filipino nationalist movement, which already possessed a common cultural heritage (thanks to Spain) and ethnic origin and common hatred of Spanish rule. Although the Spanish Republic lasted only 3 years, that period witnessed an influx into the Philippines of colonial officials with democratic ideas. They introduced a degree of administrative autonomy, permitted the circulation of publications containing liberal ideas, and fostered free political discussion. When the Spanish Republic collapsed in 1871, a reactionary governor general arrived in the Philippines to reverse these policies.

MUTINY AT CAVITE. A mutiny of Filipino soldiers, Jan. 1872, in which local clergy were also involved was magnified by Spanish authorities into an attempted revolution. Spanish repression took the form of the judicial murder of 3 Filipino priests, deportation of various Filipino leaders to penal colonies, and persecution of intellectuals, many of whom fled to Europe, including Madrid. From there they conducted a publicity campaign called the Propaganda Movement. Its adherents were loyalists who sought reform, not revolution. They advocated assimilation of the Philippines as a Spanish province and also voiced such moderate demands as Filipinization of the parishes and freedom of speech, press, and assembly.

JOSÉ RIZAL. Dr. José Rizal, who as a student in Spain had encountered liberal opinion, became the leader of the Propaganda Movement. In 1887 he published in Berlin *Noli Me Tangere* (Touch Me Not), a book describing Filipino suffering under Spanish rule. Four years later, Rizal's publication *El Filibusterismo* (trans. as The Reign of Greed) appeared in Ghent. These books circulated secretly in the Philippines and inflamed nationalist sentiment.

FOUNDING OF LIGA FILIPINO AND KATIPUNAN. Upon his return to Manila in 1892, Rizal established the Liga Filipino, an organization dedicated to the social and political advance of Filipinos, but he was soon deported to Mindanao. Both the Propaganda Movement and the Liga soon died out for want of support. The way was then paved for real revolutionaries like Andrés Bonifacio to move to the forefront. In July 1892, in Manila, Bonifacio founded a secret society, the Katipunan (Sons of the People), which aimed to win independence by force.

OUTBREAK OF REVOLUTION. In 1896, Katipunan leaders contacted Rizal at Mindanao, but he warned against a premature revolution. Meanwhile, however, the government had become aware of Katipunan. When Spanish officials began rounding up its leaders, sporadic fighting erupted and a nationwide rebellion ensued. The government responded with a reign of terror, including the shooting of Rizal on charges of sedition. Although Rizal's martyrdom helped the rebels' cause, they could not hold Manila. Bonifacio took refuge at Tejeros, where he set up a revolutionary government.

PACT OF BIACNABATO. Bonifacio's influence was quickly overshadowed by that of Emilio Aguinaldo, whom the revolutionary assembly named president of the newborn Philippine Republic, Mar. 1897. When Aguinaldo's forces failed to defeat the Spanish troops, he signed the Pact of Biacnabato, Dec., agreeing to end revolutionary activities and to the dispatch of the leaders to voluntary exile in Hong Kong. The Spaniards, for their part, offered to pay the rebels for the surrender of their weapons and to grant compensation to families who had suffered during the uprising. As a result of bad faith on both sides, however, the pact soon collapsed.

1898–1914

SPANISH-AMERICAN WAR AND ANNEXATION OF THE PHILIPPINES. The Spanish-American War revived Aguinaldo's career. Commo. Dewey, having destroyed the Spanish fleet in the Bay of Manila, 1 May, 1898, lacked enough troops to capture the city. He therefore contacted Aguinaldo in Hong Kong, allegedly promising Philippine independence in return for help against Spain. Aguinaldo led a new nationalist revolt and in June proclaimed the country's independence. However, the Americans, denying any commitment to the rebel leader, annexed the Philippines.

SCHURMAN COMMISSION. It took the Americans more than a year to capture Aguinaldo, 23 Mar., 1901, and some of his followers continued guerrilla operations until 1907. Meanwhile, Washington sent a fact-finding commission headed by President Jacob Schurman of Cornell University to the Philippines, 1899. Concluding that the Filipinos desired independence but could not yet govern themselves, the commission advocated local participation in municipal and provincial government, a vast educational campaign, and other steps to prepare Filipinos for self-government.

TRANSITION FROM MILITARY TO CIVILIAN RULE. The 1st American-sponsored civilian regime in the islands, inaugurated 4 July, 1901, was headed by Judge William H. Taft, who proclaimed equality of rights for all Filipinos, separation of church and state, and freedom of press and assembly. Taft's 5-man commission, which later added 3 Filipino members, began implementing the Schurman resolutions.

PHILIPPINE ORGANIC ACT. Congressional passage of the Philippine Organic Act, 1 July, 1902, assured increased self-government. The bill provided for a popular assembly, with the commission becoming the upper house of a bicameral legislature. Executive power was to be vested in a governor general. The Organic Act also declared that all lands owned by religious orders belonged henceforth to the Philippine government to sell or lease, preferably to the actual occupants. However, there was no serious attempt at agrarian reform. The U.S. maintained a virtual monopoly of Philippine trade. Culturally, the Philippines remained isolated from Southeast Asia, as they had under Spanish rule.

1ST PHILIPPINE GENERAL ELECTIONS. The Nacionalista Party, whose supreme goal was immediate independence for the Philippines, won a resounding victory in the 1st general elections, 1909. The newly elected Philippine Assembly received a large voice in domestic legislation. At the Assembly's inauguration, the U.S. promised independence as soon as the Filipinos were capable of ruling themselves. By the eve of World War I, both legislative houses enjoyed a Filipino majority. (*Cont. p. 463.*)

OCEANIA

1870–1914

THE PACIFIC BASIN IN 1870. Before the 1870's there were few outright European possessions in Oceania. Because of her naval power, Britain held almost undisputed sway in the Pacific, but the Colonial Office in London did not take the opportunity to acquire islands. Instead, Britain's possessions were usually annexed at the insistence of the Australasian colonies, or when there was clear evidence that another power, often Germany, was interested enough to take political action. There were British, Australian, New Zealand, German, French, and American traders and missionaries in all parts of the Pacific in increasing numbers at this time, and their activities were in large part responsible for the incorporation of the islands into the respective European empires and for the mosaiclike fashion in which this was done.

CHRONOLOGY OF THE ANNEXATIONS. A native government was set up in Fiji, 1870, and in the same year a Colonial Conference in Melbourne demanded its annexation, which was refused by the Colonial Office. A German consul was stationed in Samoa, 1871. The Pacific Islanders Protection Act was passed, 1872, giving the supreme courts of all the Australian colonies power to try British subjects accused of illegally enlisting natives as laborers. In 1873 Commo. Goodenough and E. L. Layard were appointed to report on the situation in Fiji, and Capt. John Moresby annexed a number of islands off the coast of New Guinea. Fiji was annexed by Britain, Oct. 1874. In 1875 a Reciprocity Treaty was signed by the U.S. and Hawaii, Spain claimed the Carolines, and Queensland demanded the annexation of New Guinea.

In 1877 the Germans surveyed parts of New Guinea, and concluded a treaty with Samoa giving them the right to establish a coaling station and naval depot there. The following year the U.S. concluded a treaty with Samoa entitling her to a naval station at Pago Pago, and the Germans began to consolidate their interests in the Marshall Islands. In Jan. 1879 Germany signed another treaty with Samoa, and Britain did likewise in Aug. France annexed Tahiti, 1880.

In 1881 Britain annexed Rotuma. Queensland unilaterally annexed New Guinea, Apr. 1883, but the action was subsequently disallowed in London. Also in 1883 the Anglo-French agreement of 1878 recognizing the independence of New Hebrides was renewed. The Germans stationed a consul in New Britain, 1884. Britain declared a protectorate over southern New Guinea, 6 Nov., 1884, and Germany claimed the remainder of the island and the Bismarck Archipelago, Dec. Boundaries in New Guinea were settled the following year.

In 1886 Britain and Germany concluded a treaty recognizing each other's Southwest Pacific spheres of influence. France took Wallis Island, 1887; the next year Britain annexed a number of small islands for cable stations. The Berlin Conference on Samoa, 1889, decided to recognize Samoa's independence.

In 1893 Queen Liliuokalani of Hawaii was deposed. In the same year Britain annexed the Solomon Islands. A republic was proclaimed in Hawaii, 1894.

A British protectorate was declared over the Gilbert and Ellice Islands in 1892 and they were annexed as Crown Colonies in 1915. Following the Spanish-American War, 1898, the U.S. took Hawaii, Guam, and the Philippines. In 1899 Germany purchased the Carolines and Marianas from Spain. Britain declared a protectorate over Tonga, 1900. In 1901 the Cook Islands and Niue were absorbed by New Zealand. The Pacific cable was completed, 1902.

On 20 Oct., 1906, Britain and France signed the New Hebrides Convention, which provided that neither power should exercise separate control but rather that each should be responsible for its own nationals. With the outbreak of war in 1914, New Zealand forces occupied Samoa and an Australian force took German New Guinea and parts of the Bismarck Archipelago.

The Areas of Economic Dependence

CENTRAL ASIA

1870–1914

ESTABLISHMENT OF RUSSIAN GOVERNMENT. After the conquest of Turkestan (Tashkent, 1865; Samarkand, 1868; Khiva, 1873; Kokand, 1875), further areas were absorbed into the Russian Empire. Turkmen resistance was broken at Geok-Tepe, Jan. 1881, and the region brought under control; Transcaspia was declared an *oblast,* 6 May, 1881; and additions of territory were made at the expense of Afghanistan, 1885 and 1895. The governor-generalship of Turkestan was created on 11 July, 1867, and that of The Steppes in 1882. By 1898 Turkestan consisted of the *oblasts* of Syr Darya, Fergana, Samarkand, Semirechye, and Transcaspia, while The Steppes comprised Akmolinsk and Semipalatinsk *oblasts.* The regions of Ural'sk and Turgai were separately administered under the Ministry of the Interior. Khiva and Bukhara also had a distinct status, being regarded as vassal states rather than as dependencies.

ADMINISTRATION. A commission headed by Count N. P. Ignatiev drafted, 1884, regulations for Central Asia (the Turkestan Statute went into effect, 1 Jan., 1887), providing for a regional council to assist the gov. gen. and for an independent judiciary. An investigation by Count K. K. Palen, 1908, disclosed much corruption in the Turkestan administration, ⅔ of the officials serving in Transcaspia being convicted of crimes against the state. No significant administrative reforms, however, were carried out before the Revolution of 1917 disrupted the governmental system.

Nevertheless, in both Turkestan and The Steppes there was religious toleration, light taxation, no poll tax or *corvée* (though unpaid labor was employed in railroad and canal construction), and no compulsory military service before 1916.

COLONIZATION. After a slow start Central Asia became an important Russian area of settlement. Peasants were encouraged to take up land, particularly in the The Steppes governor generalship. Resettlement Acts of 1889, 1896, and 1904 and the famine of 1890–91 helped to drive the peasants eastward. During 1893–1905 some 400,000 peasant immigrants took up land in The Steppes, and a further 1.5 m. during 1906–12.

In Turkestan a higher proportion of Russian immigrants were urban dwellers rather than peasants. By 1889 there were c. 20,000 Russians resident in Tashkent and 47,500 (out of a total population of 234,000) by 1904.

ECONOMIC DEVELOPMENT. A railroad running eastward from the Caspian Sea was begun in 1881, the 1st train arriving in Samarkand on 15 May, 1888. Samarkand, Tashkent, and Andizhan were connected by rail, 1895–99, and the link joining Tashkent and Orenburg was completed, 1900–1905. Canals and irrigation dams were constructed, the most important being the Romanov Canal (begun 1900, opened 20 Oct., 1913) and the Sultan-belt and Hindu Kush dams (completed 1890 and 1895 respectively). Many new crops were introduced into Central Asia following the Russian conquest, including silk, grapevines for wine, sugar beets, and various cereals and fruits. By far the most valuable crop, however, proved to be cotton. American cotton plants were imported in the early 1880's and prospered in the fertile Fergana Valley. Between 1886 and 1890 the total acreage under cotton in Turkestan increased sixfold. By the end of the 19th cent. Russia had become the 4th largest textile manufacturing country in the world (after Britain, the U.S., and Germany) with 6 m. spindles and 200,000 power looms, more than half of the latter located in the Moscow area.

INTERNATIONAL RELATIONS. The military conquest of Central Asia by Russia inevitably brought about friction with Persia and Afghanistan and strained relations with the British in India. A Russo-Persian treaty of 1869 confirmed the hold of Persia on the lands south of the Atrek River and prohibited Russia from constructing forts in that region, and another agreement, 1881, established the frontier between the 2 countries. A Russo-Afghanistan boundary agreement was reached, Jan. 1873. No less than 6 Anglo-Russian frontier protocols were negotiated between 1884 and 1895. Finally, a treaty between Britain and Russia, 1907, delineated the respective zones of influence of the 2 powers in Persia, Afghanistan, and Tibet.

SIAM (THAILAND)

1870–1914

RULE OF CHULALONGKORN. The accession to the Siamese throne of Chulalongkorn (Rama V) in 1873 marked the start of a determined attempt to maintain the country's independence through reforms designed to strengthen its resistance against European encroachments. The new king carried out reforms of 2 kinds: symbolic, such as the abolition of compulsory prostration in the royal presence, and substantive. Included in the latter category were steps toward the abolition of slavery, fiscal reforms, ending of forced labor by the lower classes for the army and crown, considerable freedom of the press, decrees on religious toleration, reorganization of the legal system, and public-works projects. Chulalongkorn considered educational improvements essential, and one of his earliest measures provided for the aristocracy to send its sons to special palace schools with a European curriculum or to Europe itself. To further speed Siam toward modernization, Chulalongkorn hired European advisers. Siam also benefited after 1870 by sharing in the vast expansion of European trade resulting from the opening of the Suez Canal. British and French commercial firms and banks dotted Bangkok.

FRENCH PRESSURE ON SIAM. The French conquest of Indochina impeded Siam's eastward expansion. After Vietnam became a French protectorate in 1883, Siam sought to tighten control over Laos. However, the court of Hué, inspired by France, claimed Luang Prabang, while the French worked to increase their influence at the expense of that of Siam among the Lao peoples.

SIAMESE ADMINISTRATIVE REFORMS. One of Chulalongkorn's major reforms, 1892, was the centralization of the administrative system and a reduction in the powers exercised by provincial governors. At the same time, local administrative changes designed to give the Siamese people some degree of autonomy were introduced.

PAKNAM INCIDENT. By 1893 France had made it clear that she regarded all territory on the left bank of the Mekong as belonging to Vietnam. When Siam expelled 2 French agents, the French sent troops to occupy land along the lower Mekong and later announced that 2 French gunboats would anchor at Paknam. Siamese pilots were ordered to bring them to Bangkok. Siam refused to provide pilots, but played into French hands by firing first in an engagement with the boats at the Paknam fort, July 1893. Paris then delivered an ultimatum demanding all territory on the Mekong's left bank, payment of an indemnity, and punishment of the Paknam officers who had fired at the French gunboats. London, though alarmed at French expansionism, was fearful of provoking war with Paris and therefore advised Chulalongkorn to accept the ultimatum.

ANGLO-FRENCH AGREEMENT ON SIAM. After much friction, the British and French finally regulated their conflicting claims in the area of Siam, Jan. 1896. In return for renouncing its claims to territory east of the Mekong, Britain won French approval for a joint guarantee of the independence of the Menam River Valley. This provision, by defining Siam's boundaries in terms of the valley, assured the country's independence while also giving it one of the richest areas of the Indochinese Peninsula. Furthermore, Britain and France pledged to seek no exclusive privileges in Siam.

SIAMESE ACCORD WITH FRANCE AND BRITAIN. The years 1904 and 1907 saw Franco-Siamese treaties dealing with territorial claims in Laos and Cambodia. In 1909 an Anglo-Siamese agreement ended British extraterritorial rights in return for Siamese abandonment of 4 Malay states—Kelantan, Trengganu, Kedah, and Perlis—where Siam's rights had been vague and costly to maintain. (*Cont. p. 464.*)

OTTOMAN EMPIRE

1870–99

BLACK SEA CONFERENCE. In 1870 Russia declared that she would no longer observe the provision of the Treaty of Paris of 1856 limiting the number and size of Russian warships in the Black Sea. This decision was accepted by an international conference held in London, 17 Jan.–13 Mar., 1871. The conference also lifted the restrictions on Turkish ships, but retained the prohibition on the passage of warships through the Straits.

RULE OF ABDUL-AZIZ. The global depression which began in 1873 deprived the Turkish sultan, Abdul-Aziz ('Abd al-'Azīz) (ruled 1861–76), of foreign credit. To meet the deficits caused by his extravagance, he had to increase taxes and this led to internal unrest. On 6 Oct., 1875, the Ottoman government defaulted on payments of interest and amortization of its foreign debts. Another factor which made the western powers hostile to Turkey was the Ottoman government's harsh suppression of rebellions in Bulgaria in the summer of 1876.

NEW OTTOMAN MOVEMENT. On 30 May, 1876, Abdul-Aziz was dethroned in accordance with a fatwa (*fetva*) ordering the establishment of a constitutional regime. This was a victory for Midhat Pasha and the Young Ottomans. The Young Ottomans were constitutionalists who had hitherto operated clandestinely or from exile. Among them were the great poets, Namik Kemal Bey and Ziya Pasha.

ACCESSION OF ABDUL-HAMID II. Murad (Murād) V, the direct successor to Abdul-Aziz, was deposed, 31 Aug. 1876, after suffering a nervous breakdown. He was replaced by his brother, Abdul-Hamid ('Abd al-Hamīd) II (ruled 1876–1909). On 12 Dec., 1876, an international conference was convened in Istanbul on the initiative of Britain to settle the Bosnian, Serbian, and Bulgarian questions which were threatening to cause a war between Turkey and Russia. On 23 Dec., 1876, the Turkish sultan proclaimed a constitution adapted in part from the Belgian model. This constitution included what was in effect a pledge to safeguard the rights of the Christian subjects of the Ottoman Empire, and had the effect of rendering futile the efforts of the Istanbul Conference.

Abdul-Hamid did not implement all the promised reforms, ignored the constitution, and concentrated on establishing an absolute monarchy. To retain the allegiance of non-Turkish elements within

his empire, he tried to revive the influence of the Caliphate.

RUSSO-TURKISH WAR. On 30 June, 1876, Serbia, at Russian instigation, declared war on Turkey. Montenegro followed. The collapse of Serbian arms led Russia to declare war on Turkey, 24 Apr., 1877. Failing to receive any support from the European powers, Turkey suffered defeat, and agreed to a truce, 31 Jan., 1878, and to the preliminary peace treaty of San Stefano, 3 Mar. Concessions exacted by Russia at San Stefano alarmed the British, who were concerned about the Russian threat to their imperial communications in the Middle East. On 4 June, 1878, Turkey, in return for granting a lease of Cyprus, concluded a defensive alliance with Britain.

CONGRESS OF BERLIN. Convened at Bismarck's instigation, the Congress of Berlin terminated Turkey's dispute with Russia by treaty of 13 July, 1878. This Berlin agreement was more favorable to Turkey than the San Stefano treaty had been. But Turkey had to pledge herself to introduce reforms in certain of her provinces which had Christian inhabitants.

OTTOMAN PUBLIC DEBT. Negotiations between the Ottoman government and representatives of the European bondholders led to the formation of a Council of Administration of the Ottoman Public Debt, with European directors, to ensure the payment of Turkey's debts. By a ferman of 20 Dec., 1881, several categories of Turkish government revenues were assigned to the Council.

REVOLTS AGAINST TURKISH RULE. Following a bloodless revolution in Eastern Rumelia, Sept. 1885, Turkey appointed a Bulgarian governor for that province, 1886, thus tacitly accepting its annexation by Bulgaria. In 1889 a rebellion against Turkish rule began in Crete. In 1894 Armenian mountaineers of the Sassun region also rose against the Turks. The violent suppression of this Armenian revolt prompted Britain and France to force Turkey to promise reforms, May 1895. The sultan did not carry out his promises, the powers failed to take any measures against Turkey, and Armenians in many areas continued to rebel. Some 80,000 of them were killed. On 17 Apr., 1897, Turkey declared war on Greece, whose government she held responsible for the renewed revolt in Crete. The powers came to the rescue of the Greeks against the advancing Turks. Concessions were made to Turkey, but Crete was placed under international control.

GROWTH OF GERMAN INFLUENCE. Germany opposed the anti-Turkish settlement of the Cretan question. The German government had become keenly interested in acquiring new markets in the Ottoman Empire. Abdul-Hamid also preferred the Germany of William II to liberal Britain and France. In 1899 he granted to the Deutsche Bank a concession to build a railway to Baghdad.

1900-1914

YOUNG TURK MOVEMENT. While Abdul-Hamid ruled despotically, the Young Turks, successors to the Young Ottomans, agitated (especially among students) by means of clandestine publications and through secret societies for the restoration of the Constitution of 1876. In 1907, in Salonika, Talaat Bey and Rahmi Bey formed the secret Society of Union and Progress. Liaison was maintained with the Turkish revolutionaries in Europe who were led by Ahmad Riza. In June 1908 many officers of the Macedonian army, aroused by reports (later proved false) that Britain and Russia were planning to partition Turkey, joined hands with the Society of Union and Progress. Among them were Niazi, Mustafa Kemal, Enver, and Jemal Pasha. A rising led by Niazi, June 1908, ignited several other revolts, and forced Abdul-Hamid to restore the constitution, 23 July. The rebellious Christian groups in the Turkish Balkans now joined the Union and Progress movement. Racial, religious and national differences, however, made cooperation difficult.

FALL OF ABDUL-HAMID II. Russia and Austria, both of whom considered a strong Turkey adverse to their interests, co-ordinated their plans against the Ottoman Empire in a meeting on 15 Sept., 1908. Turkey was forced to recognize the Austrian annexation of Bosnia and the independence of Bulgaria. Rebellions by Armenians, Kurds, and Nestorians followed. A revolt in Yemen was settled by agreement with its imam, 1911.

The "reactionary" opposition to the Young Turks culminated in a military coup, 14 Apr., 1909. Abdul-Hamid sided with the reactionaries. But a Young Turk army under Mahmud Shevket Pasha arrived from Salonika and captured the capital, 24 Apr. Abdul-Hamid was deposed, and Mohammed (Mehmed) V became sultan, 27 Apr.

INDEPENDENCE OF THE BALKANS. On 28 Sept., 1909, Italy demanded from Turkey the cession of Tripoli and Cyrenaica. In the war that ensued the Turks scored some victories, but their troubles in the Balkans compelled them to sue for peace. The Treaty of Lausanne signed 18 Oct., 1912, gave Italy control over Tripoli, Cyrenaica, and Rhodes.

In 1912 a 2-year-long negotiation between Turkey and the powers on the status of Christian subjects of the Ottoman Empire broke down. Thereupon, Oct. 1912, a Balkan alliance of Bulgaria, Greece, Serbia, and Montenegro, supported by Russia, attacked Turkey. Despite some naval successes, the Turks had to retreat. In Dec. 1912 a peace conference was convened in London. The resulting agreement displeased the Young Turks, who then staged a coup against the Liberal Unionist government of Kiamil (Kâmil) Pasha, Jan. 1913. Mahmud Shevket was installed as premier. But even this new government had to accept, 30 May, the Enos-Midia line as the western frontier of Turkey. In the summer of 1913 a war among the Balkan allies over the division of the spoils taken from Turkey permitted the latter to regain some of the territory lost. Peace treaties were signed with Bulgaria, 29 Sept., 1913; with Greece, 14 Nov., 1913; and with Serbia, 14 Mar., 1914. Greece received Crete and most of the Aegean Islands. But Edirne was given back to Turkey, whose frontiers were now moved to the Maritsa River.

PROBLEM OF TURKISH UNITY. The modernizing efforts of the Young Turks were in part successful, especially in the fields of finance and education. But they were disturbed to find that their liberalism and constitutionalism failed to forestall demands for self-determination on the part of non-Turkish elements of the empire. The Young Turks reacted by abandoning the ideals of the 1908 revolution and pursuing more exclusively nationalistic policies. For a time support for Pan-Islam gained ground in Turkey, but this soon gave way to the greater enthusiasm generated by the Pan-Turkish movement, which was led by Enver Pasha and had as its goal the union of all Turkish-speaking peoples under the Osmanli Turks. Another movement of the period, espoused by Ziya Gökalp, advocated the directing of all efforts toward building a Turkish national state. (*Cont. p. 465.*)

MIDDLE EAST

Persia

1870–1904

EXTERNAL RELATIONS. In 1872 the Sistan Arbitration Commission partially settled a Persian-Afghanistan dispute over Sistan by dividing that province between the 2 countries. Settlement of a boundary question betweeen Persia and British Baluchistan followed. In 1879 Persia agreed to accept Russian officers to train and command the Persian Cossack Brigade. Russia thus came to control Persia's only effective military force. Russia's conquest of Geok Tepe, 1881, and Merv, 1884, made her Persia's sole neighbor to the north and northeast.

RULE OF NASIR ED-DIN SHAH. Nasir ed-Din Shah (ruled 1848–96) visited Europe, 1873, 1878, and 1889. The nature and tempo of his Europeanization program was much influenced by these trips. The concessions he granted to foreigners, especially the tobacco *régie* (monopoly), 8 Mar., 1890, made him unpopular, and he was assassinated, 1 May, 1896.

RULE OF MUZAFFAR ED-DIN SHAH. Nasir ed-Din's successor was his son, Muzaffar ed-Din Shah (ruled 1896–1907). On 28 May, 1901, Muzaffar ed-Din granted an oil concession to a British citizen, William Knox D'Arcy (1849–1917), which became the model for later oil concessions in the Middle East.

1905–14

CONSTITUTIONAL REVOLUTION. In 1905 a group of merchants took sanctuary in a Teheran mosque to protest the shah's lavish spending and the corruption and mismanagement of his government. Some ulema ('ulamā) joined the protesting merchants, but all were soon forced to leave the mosque. They then took sanctuary in the shrine of Shah Abdul Azim ('Abd al-'Aẓīm), near Teheran. To disperse them, the shah promised to dismiss 'Ayn al-Dawla, his unpopular sadr-i azam (sadr-i a'zam) (prime minister), and to establish an Idalat Kahanah ('Adālat Khāna, House of Justice). When he failed to carry out these pledges, a large group of Teheran ulema, as a further gesture of protest, journeyed to the holy city of Qum. In Teheran a crowd of some 12,000 merchants and clergy took sanctuary in the British Legation grounds and demanded the removal of 'Ayn al-Dawla and the return of the ulema from Qum. The shah agreed to dismiss his sadr-i azam, 30 July, 1906, but the protesters were also demanding a written constitution. To this the shah reluctantly agreed, 5 Aug.

INAUGURATION OF THE MAJLIS. In Oct. 1906 the first Majlis (the lower house of parliament) was inaugurated. On 30 Dec. the shah signed a law which promulgated the draft of the Fundamental Law (constitution) prepared by a committee of Majlis deputies.

RULE OF MOHAMMED ALI SHAH. On 8 Jan., 1907, Muzaffar ed-Din Shah died. His son and successor, Mohammed Ali Shah (Muḥammad 'Alī Shāh) (ruled 1907–9), was determined to suppress the constitution. But in Aug. 1907, 'Ayn al-Dawla, who had been reappointed sadr-i azam by the new shah, was assassinated, and in Oct. Mohammed Ali yielded to the pressure of public opinion and signed a Supplement to the Fundamental Law.

GROWTH OF EUROPEAN INFLUENCE. On 31 Aug., 1907, Britain and Russia, prompted by a common fear of Germany, agreed to settle their differences in Western Asia. Their agreement divided Persia into a Russian (northern) and a British (southern) sphere of influence, with a neutral "independent" zone in between. The agreement outraged the Persians; the Constitutionalists especially felt betrayed by Britain.

COUNTERREVOLUTION OF 1908. In Nov. 1907 Mohammed Ali Shah reaffirmed his loyalty to the constitution. But in June 1908 he used the Cossack Brigade to attack the Majlis building. Some deputies were killed and others injured, a number were later captured and executed, and a few succeeded in taking refuge in the British Legation. On 27 June the shah declared the Assembly dissolved and the constitution abolished. In protest an uprising took place in Tabriz which was quelled only with the active support of Russian troops in Apr. 1909.

CONSTITUTIONAL REGIME. Anti-shah tribes from the areas of Rasht and Isfahan united in a march on Teheran, July 1909, which met only feeble resistance. The shah was granted asylum in the Russian Legation, and was deposed in favor of his son, Ahmed (Aḥmad), by the leaders of a new regime.

In 1911 the Majlis granted vast powers to an American, William Morgan Shuster (1877–1960), to administer Persia's finances. The need for foreign advisers stemmed from the Constitutionalists' desire for financial and administrative reform and from their own lack of expertise in these fields.

Mohammed Ali Shah returned from his Russian exile, 1911, and attempted to regain his throne. But his army was defeated by Constitutionalist troops, who also put down a related revolt in Kurdistan led by Mohammed Ali's brother.

In Nov. 1911, 2 Russian ultimata demanding the dismissal of Shuster were rejected by the Majlis, whereupon Russian troops invaded northern Persia. The regent, Nasir al-Mulk, used force to close a recalcitrant Majlis, 24 Dec., and then asked the Shuster Mission to leave. Britain, needing Russian co-operation against Germany, acquiesced in Russia's interference in Persia. (*Cont. p. 466.*)

Arabia

1870–1914

RULE OF SAUD III. In 1871 the Saudi chief, Abdallah ('Abd Allah) II (ruled 1865–71, 1874–84), was defeated by his brother, Saud (Su'ud) III (ruled 1871–74). The Ottoman Turks responded to Abdallah's call for assistance by entering Arabia and bringing the district of al-Hasa under their control. A struggle for leadership produced a period of instability in the Saudi domain. In 1874 Saud III died, and Abdallah returned to the throne.

RASHIDI DOMINATION. Soon after regaining control, however, Abdallah lost it to Mohammed ibn Abdallah (Muḥammad ibn 'Abd Allah) al-Rashid of the Shammar tribe. Abdallah was kept in the Rashidi capital until 1889, when, ailing, he was allowed to return to Riyadh. He was succeeded after his death in the same year by his son, Abd ('Abd) al-Rahman (ruled 1886). Rebelling against Rashidi domination, Abd al-Rahman was defeated and forced to flee to Kuwait. The Rashidis now incorporated the Wahabi realm into their own domain.

In 1900 Sheikh Mubarak of Kuwait and Abd al-Rahman staged an abortive military uprising against the Rashidis.

RULE OF ABD AL-AZIZ. In 1901, Abd al-Rahman's son, Abd al-Aziz ('Abd al-'Azīz) (ruled 1902–53), led a group of 40 young supporters in a march toward Riyadh. By the time this force reached the Saudi capital, Jan. 1902, it had grown to 200. Abd al-Aziz invaded the city, 15 Jan., and defeated and replaced the Rashidi governor of Riyadh. In 1904 Abd al-Aziz defeated an army of Rashidis and their Turkish allies, after which Turkey withdrew from central Arabia. In 1906 the chief of the al-Rashid tribe was killed in a battle with Abd al-Aziz. This ended the Rashidi bid for power at the expense of the Saudis.

In 1910 Abd al-Aziz organized the first Ikhwan (brethren) group in order to revive the ideals of the Wahabi movement. Groups of Bedouins were settled in agricultural colonies, and served Abd al-Aziz as a dedicated and effective military force in the years to come. In 1913 Abd al-Aziz defeated the Turks and annexed the district of al-Hasa to his kingdom.

BRITAIN AND THE PERSIAN GULF SHEIKDOMS. On 22 Dec., 1880, the sheik of Bahrain; on 20 Mar., 1891, the sheik of Muscat, and on 23 Jan., 1899, the sheik of Kuwait in separate agreements surrendered their external sovereignty to Britain. (*Cont. p. 469.*)

Egypt

1870–82

SOUTHWARD EXPANSION. Egyptian forces annexed the former sultanate of Darfur in the Sudan, 1874; occupied Zaila; and took Harar in Ethiopia, 1875. But the invasions of Ethiopia, 1875–76, proved abortive.

FINANCIAL CRISIS. On 8 June, 1873, an Ottoman firman confirmed special privileges, amounting to virtual autonomy, previously conferred on Ismail (Isma'il), the khedive of Egypt. By 1875 Ismail's lavish spending had so depleted Egypt's treasury that he could not even pay the interest on his country's foreign debt. He was therefore compelled to sell his shares in the Suez Canal Co. to the British government, Nov. 1875. On 2 May, 1876, Ismail issued a decree establishing a Public Debt Commission. British dissatisfaction with certain provisions of this decree led him to issue a new one, 18 Nov., 1876, which put the revenues and expenditures of the Egyptian government under the dual control of Britain and France.

On 7 Apr., 1879, Ismail dismissed his British minister of finance and his French minister of public works in an attempt to lessen international control over Egypt's finances. The Ottoman Porte, responding to pressure from Britain and France, deposed Ismail, 26 June, in favor of his son, Mohammed (Muḥammad) Tawfiq. Anglo-French control over Egypt's finances was reinstated, Sept.

RISE OF NATIONALISM. In 1879 Jamal al-Din Afghani, who had been making speeches urging the Egyptians to resist the West, if necessary by violence, was expelled from Egypt. In the same year a mutiny by Egyptian officers indicated the extent of their resentment against foreign domination in the army. In 1882 the khedive felt compelled to appoint a nationalist cabinet, in which the minister of war was Ahmad Urabi ('Urābī), a colonel who had become the leader of Egyptian opposition to foreign control. On 7 Feb., 1882, the khedive ordered the establishment of an assembly of deputies and declared Arabic the official language.

To strengthen the khedive against the nationalists, France and Britain dispatched fleets to Alexandria, May 1882. Alexandria was bombarded by the British, 11 July. The French and Italians having declined to join in, a British invading force defeated Urabi's army, Sept. The British then reinstated the khedive.

1882–1914

BRITISH OCCUPATION. On 20 Sept., 1882, the Egyptian army was dissolved. In Dec. the British began organizing a new army under British officers. On 3 Jan., 1883, the British foreign secretary outlined British policy for Egypt: Britain would hold supreme authority during the period of her occupation, which initially was expected to be short. On 11 Jan. the dual-control system came to an end, and a law of 1 May established consultative councils in Egypt's provinces and 2 assemblies in Cairo. In Sept. Sir Evelyn Baring, later Lord Cromer (1841–1917), arrived in Egypt as British agent and consul general to administer the country.

On 20 Nov., 1883, France acceded to a British demand that the number of British representatives on the Suez Canal control board should be increased from 3 to 10. By means of the London Convention, 18 Mar., 1885, the powers reduced Egypt's national debt and allowed additional borrowing. By a further convention on Egypt, 24 Oct., 1885, Britain and the Ottoman Empire agreed that each would appoint a high commissioner to study the Egyptian situation. The 2 states signed an agreement, 22 May, 1887, but this was never ratified by the Porte. On 29 Oct., 1888, a convention providing for free navigation of the Suez Canal was signed by the Ottoman Empire and the European powers.

On 7 Jan., 1892, on Tawfiq's death, his son, Abbas ('Abbās) II (ruled 1892–1914), succeeded him. On 15 Jan., 1893, the new khedive replaced an Anglophile prime minister with the pro-French Husayn Fakhri Pasha who was sympathetic to the nationalists. In 1894 Mustafa Kamal founded the Hizb al-Watani (National Party). On 12 Nov., 1895, Abbas reappointed the pro-British Mustafa Fahmi prime minister, thus indicating his acquiescence in British domination in Egypt.

INTERNATIONAL RELATIONS. In 1898 French forces occupied Fashoda. The British claimed that the area belonged to Egypt, and the French withdrew. On 19 Jan., 1899, Britain and Egypt signed an agreement that they would rule the Sudan as a condominium, and France formally abandoned her claims in the Nile Valley, 21 Mar. On 8 Apr., 1904, France and Britain agreed to recognize each other's spheres of influence in Morocco and Egypt respectively. In return for greater financial independence, the khedive acknowledged Britain's special position in Egypt, 1 Jan., 1905. On 1 Oct., 1906, the Porte and Egypt agreed that south Sinai should remain under the suzerainty of the Ottoman Empire, while continuing to be administered by Egypt.

EGYPTIAN NATIONALISM AND BRITISH REACTIONS. In 1899 Mohammed Abduh (Moḥammad 'Abduh), a disciple of Afghani, was appointed chief mufti, the highest religious office under the state. Despite strong opposition from conservative ulema, Abduh pressed for an extensive modernization of Islam. An incident in June 1906 between some British officers and the inhabitants of the village of Dinshaway became a key factor in uniting the peasants with the nationalists who opposed the British occupation.

In Apr. 1907 Lord Cromer resigned. The new British administration, under Sir Eldon Gorst (1835–1916), was intended to be more liberal, but failed to satisfy the nationalists. On 10 Feb., 1910, a Moslem nationalist assassinated the prime minister, Butros Ghali, who had angered the nationalists by asking the Legislative Assembly, unsuccessfully, to approve an extension of the Suez Canal Co.'s concession. In Sept. 1911 Lord Kitchener (1850–1916) was appointed head of the British administration in Egypt. (*Cont. p. 466.*)

THE ERA OF WORLD WAR, 1914–1945

The War of 1914–1918

OUTBREAK OF THE WAR

1914

ASSASSINATION OF FRANCIS FERDINAND. 28 June. In Sarajevo, capital of the recently annexed province of Bosnia, on Sunday morning, 28 June, after an abortive bombing attempt by his co-conspirators, Gavrilo Princip (1894–1918), a Serbian nationalist, fatally shot Archduke Francis Ferdinand, the heir to the Austrian and Hungarian thrones, and his wife. Six of the 7 assassins, members of a Serbian secret society, were caught. One was executed; the others, all under age, were sentenced to long terms in prison.

The Sarajevo murders brought to a head a long-standing antagonism between Austria-Hungary and Serbia. In the week following the assassinations, it seemed that no major crisis would result from the incident, but Count Leopold von Berchtold (1863–1942), the Austrian foreign minister, presupposing Serbian complicity (little evidence of which ever came to light beyond possible foreknowledge of the event), determined to make use of the murders to crush once and for all Serbian competition in the Balkans.

THE "BLANK CHECK." 5 July. Berchtold sent an envoy to Berlin and Emperor William II assured him, 5 July, that Germany would fully support any action the Dual Monarchy might undertake against Serbia because of the assassinations. Chancellor Theobald von Bethmann-Hollweg (1856–1921) officially reiterated this promise of unconditional support, 6 July. Historians differ greatly about the purposes motivating this "blank check." The proponents of German war guilt consider it a proof of Germany's desire for immediate hostilities; other historians consider it at worst diplomatic folly.

AUSTRIAN ULTIMATUM TO SERBIA. 23 July. Berchtold overcame internal opposition to his policy and by 19 July an ultimatum had been drawn up. Its presentation to Serbia was postponed until 6 P.M., 23 July, so that the French president, Raymond Poincaré (1860–1934), and premier, René Viviani (1863–1925), would have left St. Petersburg, where they were on a state visit to their Russian ally, to whom the Serbs looked for support. Berchtold thought it better to wait until the French leaders had departed so that no prompt concerted reaction could be forthcoming. The ultimatum, which called for an answer within 48 hours, included de-

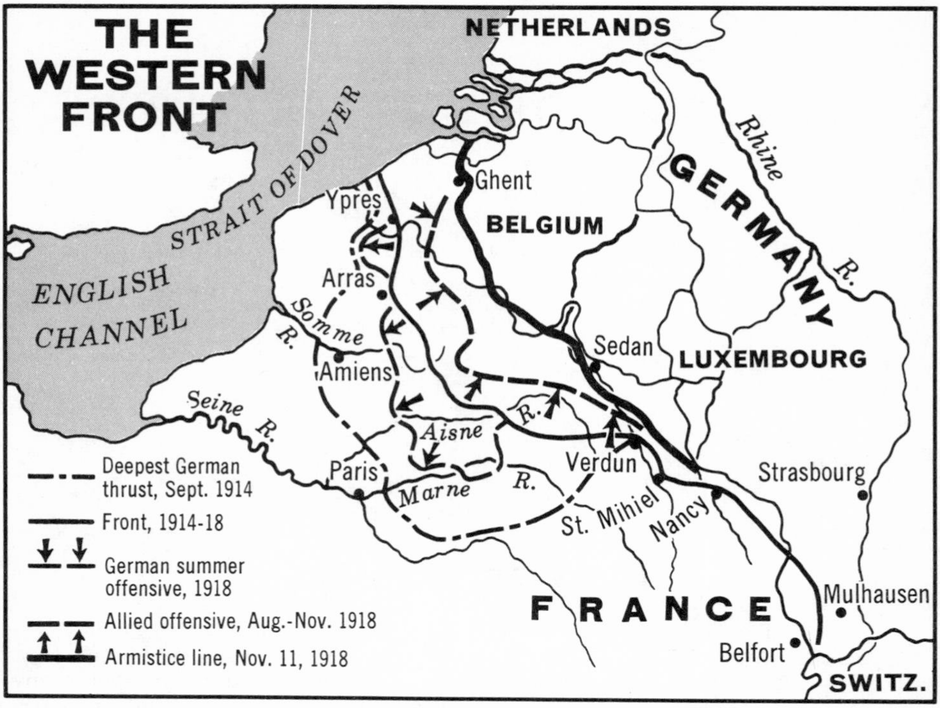

THE WESTERN FRONT

NETHERLANDS
STRAIT OF DOVER
ENGLISH CHANNEL
GERMANY
Rhine R.
Ghent
BELGIUM
Ypres
Arras
Somme R.
Amiens
Sedan
LUXEMBOURG
Seine R.
Aisne R.
Paris
Marne R.
Verdun
St. Mihiel
Nancy
Strasbourg
FRANCE
Mulhausen
Belfort
SWITZ.

Deepest German thrust, Sept. 1914
Front, 1914-18
German summer offensive, 1918
Allied offensive, Aug.-Nov. 1918
Armistice line, Nov. 11, 1918

THE ITALIAN THEATER OF WAR

Italian gains, 1915-1917
Austrian gains, June 1916

AUSTRIA-HUNGARY
Bolzena
Tolmezzo
Tolmino
Trento
Borgo
Vittorio Veneto
Tagliamento R.
Rovereto
LAKE GARDA
Piave R.
Livenza R.
Asiago
ITALY
Verona
Venice
Isonzo R.
Adige R.
ADRIATIC SEA

Line after Caporetto, 1917
Vittorio Veneto line, Oct. 30, 1918
Nov. 2, 1918

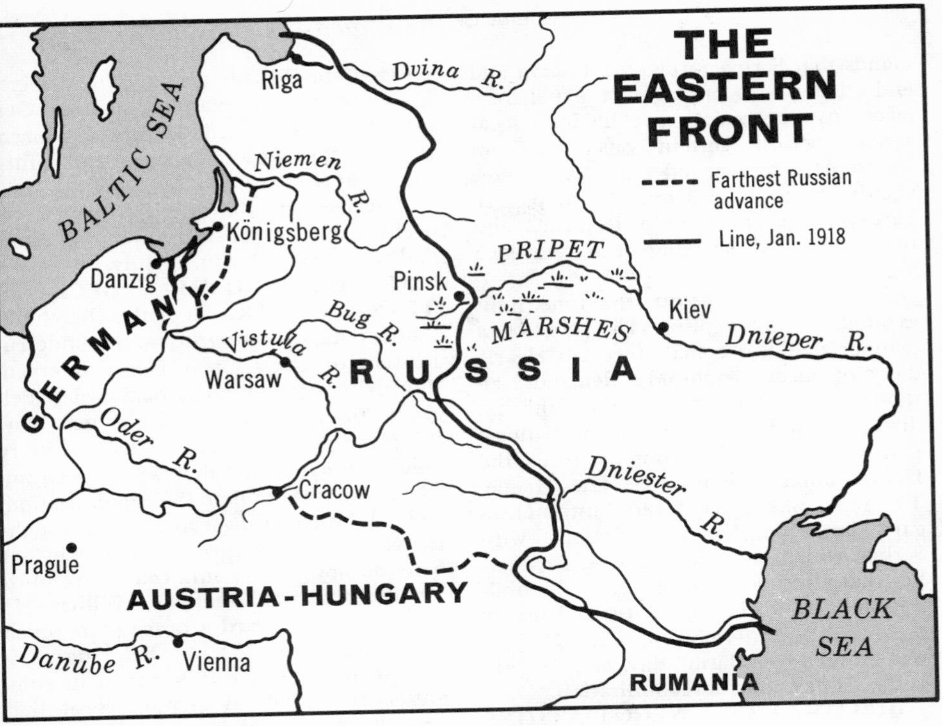

THE EASTERN FRONT

- - - - Farthest Russian advance
—— Line, Jan. 1918

BALTIC SEA
Riga
Dvina R.
Niemen R.
Königsberg
Danzig
GERMANY
PRIPET MARSHES
Pinsk
Kiev
Dnieper R.
Bug R.
Vistula R.
Warsaw
RUSSIA
Oder R.
Cracow
Dniester R.
Prague
AUSTRIA-HUNGARY
BLACK SEA
Danube R.
Vienna
RUMANIA

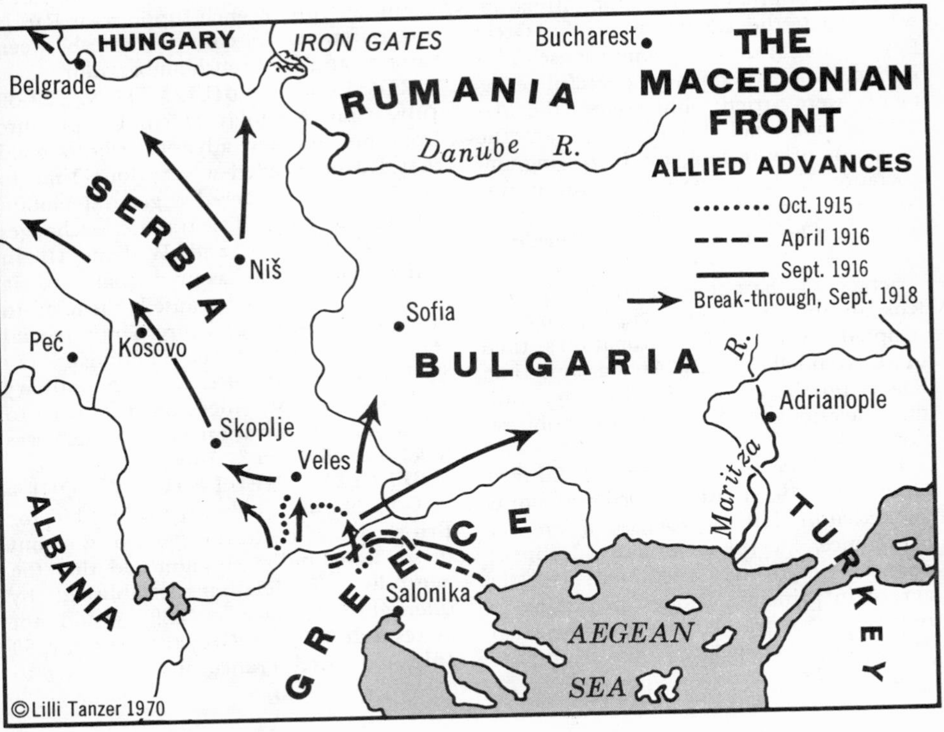

THE MACEDONIAN FRONT

ALLIED ADVANCES

········ Oct. 1915
- - - - April 1916
—— Sept. 1916
→ Break-through, Sept. 1918

HUNGARY
IRON GATES
Bucharest
Belgrade
RUMANIA
Danube R.
SERBIA
Niš
Sofia
Peć
Kosovo
BULGARIA
R.
Adrianople
Skoplje
Veles
Maritza
ALBANIA
GREECE
TURKEY
Salonika
AEGEAN SEA

mands that Serbia formally condemn and end all Pan-Serb propaganda, expel from office anyone fomenting it, instigate legal action against certain officials whom Austria-Hungary would name, and allow agents of the Dual Monarchy to participate on Serbian soil in inquiries and proceedings concerning the Sarajevo murders.

A few minutes before the time limit expired, Serbia replied, 25 July, in a manner that was conciliatory but clearly did not meet Berchtold's demands, although the Serbs had gone far in that direction and were willing to submit points remaining in contention to the International Tribunal at The Hague. The reply was rejected and Austria-Hungary broke diplomatic relations with Serbia, which, anticipating this, had earlier that afternoon decreed general mobilization. At 9:23 P.M. Austria-Hungary ordered a countermobilization; 27 July was ordered as "alarm" day, and 28 July as the 1st day of actual mobilization.

DIPLOMATIC NEGOTIATIONS AND MILITARY PREPARATIONS. 25 July–1 Aug. From the time the ultimatum was issued, the statesmen of the Great Powers sought delay or compromise. This failing, other attempts at peaceful settlement were tried; but once the 1st mobilization had begun, steps in the direction of war took on increasing importance. Each country's mobilization was tied to a strict timetable, and none wanted to be unprepared in the event of hostilities.

Sergei D. Sazonov (1861–1927), the Russian minister for foreign affairs, attempted to have the ultimatum's time limit extended, 25 July. At the same time Russia put into effect the necessary military measures preparatory to mobilization.

British Foreign Secretary Sir Edward Grey (1862–1933), whose earlier attempts at mediation failed, proposed a 4-power conference, 26 July. Germany declined; France hesitatingly accepted; Russia agreed in principle, though preferring to rely on direct negotiations with the Dual Monarchy. Meanwhile the Admiralty ordered the British fleet not to disperse for maneuvers, as planned, and the German fleet was ordered, 27 July, to concentrate off the Norwegian coast and return to base at Kiel.

Alarmed at the warlike course of events, William II interrupted a cruise and returned to Berlin, 27 July.

AUSTRO-HUNGARIAN DECLARATION OF WAR. 28 July. Berchtold thought a *fait accompli* would undercut Russian or other Great Power intervention. Although gunboats bombarded Belgrade, the Serbian capital, the next day, 29 July, the Dual Monarchy's military chiefs estimated that they would need until 12 Aug. to complete their mobilization.

The Austro-Hungarian action caught the Germans by surprise, as they had not believed hostilities would commence until mobilization was complete; William II had just put forward a peace plan which called for occupation of Belgrade as a Serbian pledge for fulfillment of its commitments as well as guarantees of that country's territorial integrity. The declaration of war ended Austro-Russian talks, begun 26 July. French support for Russia was reiterated in conversations between Sazonov and the French ambassador.

RUSSIAN MOBILIZATION. 29–30 July. Czar Nicholas II, under pressure from his military advisers, who argued that Russia needed a very long time to mobilize fully, ordered a general mobilization, 29 July. Telegraphic exchanges between the czar and William II, in which Russia was assured that Austria would be restrained, caused Nicholas to suspend the order and direct only partial mobilization against Austria-Hungary. On 30 July in the late afternoon, the military and Sazonov prevailed on the czar to renew the mobilization order, which was to go into effect on 31 July.

BELGIAN NEUTRALITY QUESTION. 29 July. Germany made a bid for British neutrality in the event of war, but in so doing indirectly admitted that the neutrality of Belgium (established by international treaty in 1839) would not be respected. Upset, Grey the next day, 30 July, requested France and Germany to respect Belgian neutrality. France answered that she would, and Germany refused, 31 July.

OTHER MOBILIZATIONS. Austria-Hungary ordered general mobilization, 31 July. At 1 P.M. on the same day, Germany proclaimed a state of "threatening danger of war" (*drohendes Kriegsgefahr*), the preliminary step to complete mobilization. By midnight a 12-hour ultimatum had been delivered to Sazonov, requiring that Russia suspend all war measures or face the consequences. The same afternoon Germany demanded to know the French position in case of a Russo-German conflict. If, contrary to Germany's expectations, France chose to remain neutral, she should turn over the fortresses at Toul and Verdun, which would be held as pledges and returned after the end of hostilities in the East.

About 4:45 P.M., 1 Aug., Central European Time, France ordered a general mobilization. About a quarter-hour later the Germans mobilized and that evening declared war on Russia, having received no reply to their ultimatum.

BEGINNING OF HOSTILITIES. Germany declared war on France, 3 Aug., using as a pretext alleged border violations. In reality, strategic considerations dictated this move; German military plans called for a quick victory in the West before turning to face an eastern foe.

Although the course of events on the Continent had become plain, the British cabinet, in a series of long and acrimonious meetings, 2 Aug., failed to resolve upon any clear-cut course. The decision to assure France that the Channel coast and North Sea shipping would be protected against German naval attack (according to Grey, a moral obligation arising out of joint naval and military staff arrangements) caused the resignation of 2 cabinet members.

On the night of 1–2 Aug. the Germans marched into Luxembourg and in the early evening of 2 Aug. they demanded transit across Belgium, guaranteeing that country's territorial integrity. On 3 Aug., at 7 A.M., Belgium rejected the demand and appealed for help. That afternoon the Germans invaded Belgium, although they did not declare war until 4 Aug.

Grey went before Parliament, 3 Aug., and received support for his policies. An ultimatum was sent to Berlin demanding German withdrawal from Belgium. It was at this time that the German chancellor made the unfortunate reference to the 1839 treaty as "a scrap of paper." By midnight, 4 Aug., Great Britain was at war with Germany, partly because honor demanded the action after Belgium's neutrality had been violated, partly because it was a firm principle of British policy that no Great Power should control the Low Countries.

The war spread rapidly. Only Italy among the important members of the original alliance blocs stood aside. She did so on the grounds that she was under no alliance obligation since Austria-Hungary's ultimatum to Serbia was an offensive act.

OPPOSING FORCES. (1) Armies. Germany, considered to have the best military machine in the world, mustered over 2 m. men. Headed by the redoubtable general staff, which had probably the best grasp of the effects of new weapons on battlefield movement, the German divisions were well equipped with artillery and machine guns. Austria-Hungary, which militarily lagged far behind its ally, mobilized over 2,700,000 men when it went on to a full war footing. The Dual Monarchy's heavy artillery was excellent, but training was insufficient, staff work incompetent, supply indifferent, and often a German-speaking officer could not make himself intelligible to his men because only 1 soldier in 4 spoke German. Bulgaria and Turkey, which joined the Central Powers after hostilities had begun, added little military strength beyond numbers since their armies were woefully deficient in equipment and training.

France had only 60% of the potential military man power of Germany and in 1914, to mobilize an army of 1,650,000, found it necessary to call up a larger number of reserves. Although lacking in artillery and machine guns, the French were imbued with a philosophy of attack (*attaque, attaque, toujours l'attaque*), a policy which was to cost their armies dearly. The Russians, who mobilized over 4 m. men in the 1st year of war, relied almost wholly on numbers, but behind the Russian "steamroller" lay technological backwardness, wholesale graft, and almost incredible deficiencies in supply, armament, and training. Great Britain, whose military planners had always emphasized sea power, possessed a small, highly trained, professional army, and initially could put into the field only 125,000 men with limited but good equipment. The Belgian and Serbian armed forces, each numbering about 185,000, although consisting of brave fighters, were equipped very primitively.

TOTAL MOBILIZED MAN POWER OF ALL BELLIGERENTS, 1914–18

Allies and Associated Powers:	
Russia	12,000,000
France (incl. colonial troops)	8,410,000
Great Britain (incl. colonial troops)	8,095,000
Italy	5,615,000
U.S.A.	4,355,000
Japan	800,000
Rumania	750,000
Serbia	707,000
Belgium	267,000
Greece	230,000
Portugal	100,000
Montenegro	50,000
Total	41,379,000
Central Powers:	
Germany	11,000,000
Austria-Hungary	7,800,000
Turkey	2,850,000
Bulgaria	1,100,000
Total	22,750,000

(2) Navies. The war at sea was to be primarily a contest between Great Britain and Germany, whose respective comparative strengths were: large warships, 156 and 87; destroyers, 218 and 142; submarines, 55 and 28. Although the Russian navy was confined to the Baltic and Black seas, the Central Powers were hopelessly outclassed on the high seas. Germany's first-rate navy was superior in many technical features of gunnery and damage control, but her allies had only meager sea forces, while Great Britain, the greatest naval power in the world, could count on the assistance of the French and Japanese navies.

The Central Powers were also greatly inferior in commercial shipping. The allies had over 4 times their gross tonnage.

(3) Air Forces. When hostilities began, military aviation was still in its infancy, and reconnaissance was considered the main function of the airplane. Such small bombs as might be carried were dropped over the side; armament, usually only for defensive purposes, meant a rifle or a revolver. Planes were quite crude, with "doped" fabric wings and 70-hp engines capable of producing speeds of 60–70 mph. The Germans had about 380 planes and 30 dirigibles, also called Zeppelins after their designer, Ferdinand von Zeppelin (1838–1917); the French had approximately 120 planes and 10 dirigibles; the British had about the same number of planes, of which some 60 were assigned to the British forces in France. Russia and Austria-Hungary each had a few planes.

(4) Economic Potential. With the exception of Russia, which was to require major economic assistance to meet her commitments, the highly industrialized economies of the major allied powers enabled them to meet all war requirements. Of the Central Powers, only Germany was heavily industrialized, and her economy had to bear the burden of supporting her allies; Turkey and Bulgaria rapidly became almost entirely dependent on Germany for war materials.

Germany lost her colonies during the 1st few months of the war, and the Central Powers were hemmed in by an effective allied naval blockade. But they, especially Germany, made up most of their deficiencies through territorial conquests which in the West placed them in control of the facilities of Belgium and industrialized northern France, and in the East gained them Balkan resources and man power as well as some of the Russian granaries. The Russian collapse in 1917 brought the Germans further economic advantages.

Despite intense allied economic warfare against them, the Central Powers held their own economically until the U.S.A., with its great resources and industrial capacity, actively entered the war.

STRATEGY. (1) The Western Front. Germany's Schlieffen plan, the essentials of which were formulated in 1905 by Alfred von Schlieffen (1833–1913), chief of the general staff, 1891–1906, called for an immediate offensive against France while remaining on the defensive against Russia. Believing victory possible within 6 weeks, he planned that an overwhelmingly strong right (northern) wing would crash through the Low Countries, capture the Channel ports, bear down on Paris from the west, and trap the French armies against the Swiss borders and their own fortifications in the Vosges Mts. area. A weak left wing would further unbalance the French by enticing them to liberate Alsace-Lorraine. Reportedly, Schlieffen's dying words were, "Keep the right wing strong." By 1914 Moltke had seriously modified this plan. Russia's rapid recovery from the travails of 1905 and the increased importance of the Rhineland industrial area to Germany led him to change the 7:1 troop ratio favoring the right wing to less than 4:1. He also decided not to violate Dutch neutrality, thus forcing the German armies to pass through the fortified Belgian area at Liège.

The allies had no precise plans. Belgium, which prized its neutrality, had not wished to endanger it by any joint war planning with any of its neighbors. If invaded and hard-pressed, the Belgians anticipated withdrawing into the fortress area of Antwerp—as was done. The British general staff had expected that if war came, a British Expeditionary Force (B.E.F.) would be called upon to fight the Germans on the Continent, but its ultimate destination was not clear. French War Plan XVII, drawn up in 1913 by Gen. Joseph Joffre (1857–1931), chief of the French general staff from 1911 to 1916, unwittingly played into the hands of the Germans in that it called for drives into German territory on both sides of Metz to liberate Lorraine. Joffre's plan recognized that Germany might invade Belgium, but mistakenly assumed that, owing to lack of troops, German operations would remain east of the Meuse, and that if necessary the French could extend their battle lines. The French also counted on a Russian offensive to divert German troops eastward.

(2) **Eastern Fronts.** Austria-Hungary's war plans assumed that the war with Serbia could be settled before Russia could fully mobilize and open another front. The Dual Monarchy, unaware of Germany's total commitment to an offensive against France, also planned for joint operations against the 250-mile-deep salient formed by Russian Poland, which threatened East Prussia on the north and Austrian Galicia on the south. The Russian offensive plans, which went into effect when the Germans' main drive was made against the French, called for pincer movements from Poland into these areas, where the Russians hoped to envelop their enemy.

The Serbs planned purely defensive campaigns. If hard-pressed, they intended to retire into the mountains and await help—which they did in 1915.

THE WESTERN FRONT AND ITALY

1914

GERMAN SWEEP THROUGH BELGIUM. 4–20 Aug. Crossing into Belgium had begun during the early morning of 4 Aug., and within 24 hours German troops had reached Liège, one of the strongest fortresses in Europe. The city was captured, 7 Aug., but the 12 forts surrounding it held out. Heavy 420-mm. siege howitzers were brought in, 12 Aug., and the forts, which had been built to withstand only 210-mm. fire, fell one by one, the last on 16 Aug. The timetable of the not yet completely mobilized Germans had not been greatly delayed. Namur, invested 19 Aug., fell 6 days later. Meanwhile the remaining Belgian forces, under command of King Albert (1875–1934), withdrew north to Antwerp, completing this move by 20 Aug. The same day the Germans entered Brussels.

BATTLE OF THE FRONTIERS. 14–25 Aug. The French, whose limited thrust into Alsace, 7–9 Aug., failed, went on the offensive into Lorraine, 14 Aug. The Germans gave ground according to plan until 20 Aug., when in heavy fighting they mauled the French, who by 24 Aug. had retreated to Nancy. A French attempt in the Ardennes also fared badly, 22–25 Aug., and, having suffered enormous losses, 2 French armies fell back to the western side of the River Meuse. Another French army supporting the Belgians along the River Sambre was also forced to withdraw, 22–24 Aug. The B.E.F., commanded by Sir John French (1852–1925), had moved, 22 Aug., into position at Mons in support of the Belgians. Heavy fighting, 23 Aug., was followed by a retreat, 24 Aug., precipitated by French withdrawal on the B.E.F.'s southern flank. In the battles the French suffered appallingly (over 300,000 casualties), and Moltke, who believed the war won, allowed the detachment of 2 corps from the right wing to East Prussia, then being invaded by Russia. With other corps detached to hold the Belgians at Antwerp, the strong right wing upon which Schlieffen's plan depended had been so emasculated that in some areas the French had achieved numerical superiority.

ALLIED RETREAT. 25 Aug.–4 Sept. The Germans continued their advance. In the Battle of Le Cateau, 26 Aug., part of the B.E.F. was badly defeated. A French counterattack, 29 Aug., resulting in the Battle of Guise, held up the German 2nd Army for 36 hours and also caused the tip of the right wing (the 1st Army) to turn south, 30 Aug., while still east of Paris.

1ST BATTLE OF THE MARNE. 5–9 Sept. The day, 5 Sept., before Joffre's planned counteroffensive was to begin, the Germans made contact with the built-up French forces by the River Ourcq. Heavy fighting ensued, 6–8 Sept. On 6 Sept. the French began their offensive; complicated German and allied maneuvering led to a widening gap between the German 1st and 2nd Armies, which the B.E.F. slowly exploited. Meanwhile, a little farther south, a battle in the Marshes of St.-Gond raged fiercely as the French, under command of Gen. Ferdinand Foch (1851–1929), wavered but held. The Germans, unsuccessful in their attacks and fearing the gap in their lines, began retreating, 10 Sept., 40 miles north to the River Aisne, where by 14 Sept. they had consolidated their positions. That day Gen. Erich von Falkenhayn (1861–1922) secretly replaced Moltke (no public announcement being made until Nov.).

1ST BATTLE OF THE AISNE. 14–18 Sept. This contest marked the transition from a war of maneuver to trench warfare. The allied offensive, with the B.E.F. making the main effort, failed against the entrenched Germans and the front in this area stabilized, with the B.E.F. transferring north to Flanders.

FALL OF ANTWERP. 9 Oct. Fearing a thrust on their flanks, the Germans had begun siege operations against Antwerp at the end of Sept. After the city's fall, the Belgian army retreated along the Channel coast to the River Yser.

BATTLE OF YSER AND 1ST BATTLE OF YPRES. 12 Oct.–22 Nov. A B.E.F. drive, begun on 12 Oct. against the Germans in Flanders, quickly stalled. On 20 Oct. the Germans launched an offensive against the Belgians along the Yser. By 24 Oct. they were across the river, but the battered Belgians hung on grimly, and on 27 Oct. opened the flood gates at Nieuport. Sea water slowly inundated an area 2 miles wide from Diksmuide (Dixmude) to the coast, halting the German advance. Meanwhile, farther south the Germans began a drive for Ypres, 20 Oct., held in the main by the B.E.F., and fighting continued until 31 Oct., when the heaviest German drive failed. On 11 Nov. another massive drive to take Ypres barely failed; indecisive fighting continued. The 1st Battle of Artois, a French offensive near Arras, 14–24 Dec., was inconclusive.

TRENCH WARFARE. The front line established at the end of 1914, which did not vary more than 10 miles in either direction until 1917, left the Germans in control of almost all Belgium and the richest part of France. On this immobile front the troops dug in and a line of trenches stretched from Switzerland to the sea with the enemies only a few hundred yards apart, in places as close as 30 yards. Casualties had been tremendous. The British had 50,000 casualties in the Ypres battle alone. During 1914, France suffered almost 1 m. casualties and Germany slightly fewer.

1915

OPPOSING STRATEGIES. During 1915, the Germans remained generally on the defensive in the West while attempting to defeat Russia in the East. The allies continued to concentrate on the 1 big push they believed could win the war, but the Western Front remained stable.

BATTLE OF NEUVE-CHAPELLE. 10–13 Mar. Sir John French believed that, since the French provided the bulk of the fighting forces on the Western Front, the B.E.F. should be as offensive-minded as possible. Joffre, for his planned offensive, needed to pull out the French troops at Ypres, and Sir John decided that once the B.E.F. had relieved these troops he would be unable to support the French offensive. He therefore ordered an attack. Surprise helped the B.E.F. to overrun the German position, 10 Mar., but bad staff work enabled a German counterattack, 11 Mar., to limit the B.E.F. to a gain of about 1,000 yds. on a 1¼-mile-wide front. The British and the Germans each suffered about 13,000 casualties.

ST.-MIHIEL SALIENT. 6–24 Apr. Also known as the Battle of the Woëvre, this operation was designed by Joffre, with the main drive to come from forces south of the salient. The French achieved negligible results at the cost of high casualties.

2ND BATTLE OF YPRES. 22 Apr.–25 May. The 1st gas attack of the war occurred here. About 5 P.M., 22 Apr., the Germans, making use of a favorable wind, released chlorine gas from cylinders in their own trenches. Directed at French colonial troops, it caused them to panic and leave a large gap in the allied lines which the Germans were unprepared to exploit fully. On 24 Apr. a 2nd gas attack gained a little more ground for the Germans, this time at the expense of the Canadians. On 27 Apr. the British field commander considered it best to withdraw the B.E.F. 2½ mi. to Ypres. The French, learning of this order, relieved him, but his successor issued the same order, and the withdrawal took place, 1–3 May. Heavy fighting continued until the Germans abandoned the attack, 25 May. Casualties: British, 60,000; French, 10,000; Germans, 35,000.

2ND BATTLE OF ARTOIS. 9 May–18 June. On 9 May the French at Souchez and the British at Festubert made simultaneous attacks. The British failed almost immediately; a shell shortage prevented them from conducting more than an insufficient 46-minute artillery bombardment, and without gaining a yard they suffered 10,000 casualties, 9 May. Intermittent heavy fighting took place, 15–27 May, as the British gained half a mile at very high cost. The French, especially in the center under Gen. Henri Phillippe Pétain (1856–1951), managed to gain about 2½ miles, but then the German line held fast despite murderous fighting. Casualties: French, over 100,000; Germans, 75,000.

ENTRY OF ITALY. 23 MAY. After the outbreak of hostilities, both sides courted Italy; but as she eyed mostly Austrian territory, the allies could more easily meet her demands. By 10 May the Germans had convinced Austria-Hungary to meet the Italian demands, but it was too late. On 26 Apr., Britain, France, Russia, and

Italy had concluded the secret Treaty of London which promised Italy the Trentino, the Tyrol to the Brenner Pass, Trieste, Gorizia, Gradisca, the Istrian Peninsula, Dalmatia, and such ports on the Adriatic not already assigned to Montenegro or Serbia. The treaty also recognized Italian sovereignty over the Dodecanese Islands (occupied in 1912), gave Italy the Turkish province of Antalya when and if Turkey was partitioned, and promised her a share in any colonial or financial spoils. In return Italy bound herself to enter the war 1 month from the date of signing. On 3 May the Italian government denounced the Triple Alliance. Although considerable antiwar sentiment existed in the country, the interventionists managed to win a majority in parliament, and war was declared on Austria, 23 May. Italy did not declare war on Germany until 28 Aug., 1916.

Italy entered the war with an army of 875,000, poorly led, deficient in heavy artillery and machine guns, and whose war material had been largely consumed in the Libyan war of 1911–12 against Turkey. The Italian navy was weak, and economically the country proved to be a heavy burden to the allies.

Ringed by mountains on their northern border, the Italians, having to fight their way up from the plains, were in a poor strategic position. They carried on their campaign in the least mountainous region near the River Isonzo. Under the command of Gen. Count Luigi Cadorna (1850–1928), they fought 4 battles there (23 June–7 July, 18 July–30 Sept., 18 Oct.–4 Nov., 10 Nov.–2 Dec.) in 1915, gaining little ground or strategic advantage in desperate fighting that cost them over 250,000 casualties. Austrian casualties totaled about 165,000.

2ND BATTLE OF CHAMPAGNE. 22 Sept.–8 Nov. The Western Front had been quiet during the summer as the allies prepared for a major autumn offensive. One of the war's heaviest bombardments, 22–25 Sept., preceded the French attack, but to little avail as the 1st wave penetrated about 5,000 yds., after which the attackers came to a standstill, 27 Sept. Joffre futilely kept up a war of attrition until 8 Nov., at a cost of 145,000 men as against 113,000 for the Germans.

3RD BATTLE OF ARTOIS. 25 Sept.–30 Oct. This battle was fought mainly as a diversion designed to draw off German forces from Champagne. The British, making use of gas for the 1st time, 25 Sept., attacked Loos over particularly difficult terrain. In a battle that dragged on until 14 Oct. the British, losing some 60,000 men to the Germans' 20,000, managed to capture Loos, but failed to reach Lens, their main objective. Dissatisfaction over the use of reserves in this battle led to the replacement, Dec., of Gen. French by Sir Douglas Haig (1861–1928) as B.E.F. commander. On 25 Sept. the French attacked Vimy Ridge, almost winning the crest during the first 3 days before being halted. Fighting continued until 30 Oct.

1916

VERDUN. 21 Feb.–18 Dec. Falkenhayn, who planned to bleed France white in a war of attrition, attacked Verdun, knowing that the French would fight to the last for this famous fortress. Located at the head of an awkward salient split by the Meuse, Verdun offered the French poor lines of communication. Joffre, convinced that fortresses were useless, had stripped the area's forts of their guns and, preoccupied with the Somme offensive, had disregarded warnings of a German attack.

An extremely heavy bombardment, 21 Feb., surprised the French and created havoc. A German attack along the east bank of the Meuse gained ground, and the Germans captured Ft. Douaumont, 25 Feb., a key fort whose skeleton garrison had not been reinforced. Pétain was placed (midnight, 25 Feb.) in command of reinforcements rushed to Verdun and he reorganized the French forces.

The Germans renewed the attack, 6 Mar., this time from both sides of the salient, and bloody fighting raged almost continuously into the summer. The Germans gained little ground, but did take at great cost the hill Le Morte Homme, 31 May, and Ft. Vaux, 7 June. Despite a heavy artillery and gas barrage, 22 June, utilizing the newly perfected and more deadly phosgene gas, a supreme German effort to capture Ft. Souville failed, as did a lesser attempt on 10 July. The Germans went on the defensive, 15 July.

Limited French attacks in Aug. and Sept. and major offensives launched on 24 Oct. and 15 Dec. won back a large portion of the lost ground, including Fts. Douaumont, 24 Oct., and Vaux, 2 Nov.

Fighting stopped on 18 Dec. after the French had suffered about 400,000 casualties and the Germans over 350,000 in the longest battle of the war.

THE SOMME OFFENSIVE. 1 July–18 Nov. The other major operation of 1916, the Somme offensive, was much affected by Verdun. French appeals for help caused the date of the attack to be moved forward a month to 1 July, and French participation was reduced to a small force on the British right flank as Joffre diverted troops to Verdun. This transformation of the offensive into a mostly British operation meant that the area chosen as the objective, heavily fortified by the Germans and of no real strategic value, no longer had any purpose as a field of battle, since it originally had been chosen because it facilitated a joint Anglo-French offensive.

A heavy but ineffectual artillery bombardment, 24 June–1 July, preceded the attack, 1 July, which, without gaining a yard, cost the British 60,000 casualties on the 1st day, the greatest loss ever sustained in a single day by a modern army. The British failure caused the French to halt their advance for fear of being outflanked.

In heavy fighting the British managed slowly to push forward, 2–10 July, and a surprise early morning attack, 14 July, gained them 5 mi. before it bogged down. Heavy fighting continued into the fall.

On 15 Sept. Haig used a new weapon, the tank (so called because during its secret development the vehicle traveling under canvas could be said to be a water carrier or tank). Some ground was gained, but Haig has been criticized for dissipating the surprise value of the tank by not waiting until he had more than the 36 used in the initial action.

The battle churned on in the mud as the autumn rains fell until, after a last British attack, 13 Nov., it petered out, having developed into an even greater struggle of attrition than Verdun. The allies had conquered about 125 sq. mi. of territory of little strategic value at huge cost in casualties: British, over 400,000; French, 200,000. The Germans lost about 450,000 men.

CHANGES IN COMMAND. The campaigns in 1916 on the Western Front had been costly, arduous, and inconclusive, and resulted in no real changes except in the German and French high commands. Dissatisfaction with Falkenhayn's policies led to his replacement, Aug., by the Hindenburg-Ludendorff partnership with Field Marshal Paul von Hindenburg (1847–1934) as chief of the general staff and Gen. Erich Ludendorff (1865–1937) as first quartermaster general. Joffre was replaced, Dec., by Gen. Robert Nivelle (1858–1924), who had distinguished himself at Verdun.

5TH BATTLE OF THE ISONZO. 9–17 Mar. Undertaken at the request of Joffre, who pleaded for diversions to relieve the pressure at Verdun, this Italian offensive bogged down in bad weather and cost many casualties.

AUSTRIAN ASIAGO OFFENSIVE. 15 May–17 June. To get behind the Italian forces on the Isonzo, Austria-Hungary attacked south from the Trentino toward the key rail center of Padua. Initially the Austrians did well, capturing Asiago and Arsiero, 30–31 May, but difficult terrain, lack of strength, and a rapid shifting of Italian troops all joined to stop them by mid-June.

ITALIAN COUNTERATTACK. 16 June–7 July. Helped by the moving of Austrian troops to the East to meet a Russian threat, the Italians forced a withdrawal which set the Austrian forces back almost to their original positions. Casualties: Italians, 147,000; Austro-Hungarians, 81,000.

ISONZO CAMPAIGN. 6 Aug.–14 Nov. In the 6th Battle of the Isonzo the Italians captured Gorizia, 8 Aug., but then failed to advance despite bloody fighting. The 7th (14–26 Sept.), 8th (10–12 Oct.), and 9th (1–14 Nov.) battles of the Isonzo were all marked by heavy fighting and small Italian gains at the cost of large casualty lists.

1917

ENTRY OF THE U.S.A. At the instigation of Ludendorff, a conference of German political and military leaders at Pless, 8–9 Jan., Hindenburg's field headquarters, determined that a policy of unrestricted submarine warfare should be followed. The German high command gambled that if as a result the U.S. entered the war, Germany could win it before American forces became a factor in the struggle. On 31 Jan. the U.S. was notified that, effective 1 Feb., a policy of unrestricted U-boat warfare would be in force. On 3 Feb. the U.S. broke diplomatic relations with Germany.

ZIMMERMANN NOTE. The Zimmermann Note, intercepted by British intelligence, 17 Jan., was a message from the German foreign minister, Arthur Zimmermann (1864–1940), to Mexico. It proposed, in the event of war between Germany and the U.S.A., that there should be an alliance between Germany and Mexico. It offered Mexico financial support and the promise of the restoration of Texas, Arizona, and New Mexico. It also asked Mexico to try to get Japan to change sides. Britain waited until 24 Feb. before transmitting the note to the U.S. and the State Department released it, 1 Mar. U.S.-German relations were further exacerbated by U-boat sinkings of American merchantmen, and on 2 Apr. President Woodrow Wilson (1856–1924) asked Congress for a declaration of war, saying that the "world must be made safe for democracy."

U.S. DECLARATION OF WAR. 6 Apr. The U.S. did not formally join the allies, but remained an "associated power." The U.S. brought fresh manpower and economic resources into the war, but it was to be some time before these could be brought to bear against Germany.

ALLIED PLANS. During 1917 a series of French disasters led to the burden of fighting being placed on the British as the allies continued to attempt the 1 big push on the Western Front believed necessary to win the war. Very attack-minded, Gen. Nivelle planned a great French offensive in Champagne with a joint French-British drive along the Somme as a preliminary diversion. At a series of conferences, Jan.–Mar., his plan was accepted, and it was agreed that Gen. Haig, subject to the right of appeal, would act under Nivelle's direction in the forthcoming offensive. Friction between the 2 generals delayed the attack after Ludendorff effected, 24 Feb.–5 Apr., a strategic withdrawal to strengthen the German lines. The Germans retrenched on a 65-mile front from Soissons to Arras with an average depth of 20 miles. They desolated the area they left and retired behind well-fortified positions known as the Hindenburg Line. This move invalidated Nivelle's strategic premises, but, despite objections by British and French officers and officials, he insisted that the attack take place.

BATTLE OF ARRAS. 9 Apr.–3 May. Designed to draw the German reserves, the British offensive had great initial success, though the 60 tanks used proved ineffectual. By 12 Apr. the Canadians had secured Vimy Ridge, but stiff resistance ended the advance and Haig continued the battle only to help Nivelle's attack along the Aisne.

2ND BATTLE OF THE AISNE. 16 Apr.–9 May. In most of this area the French troops, to reach their objectives, had to cross steep ridges, cut by ravines and heavily overgrown by shrubs and forest. Poor security, including the capture of a French soldier, 4 Apr., carrying the complete battle plans, led to the Germans' making the natural barriers even more formidable. Nivelle had promised easy victory, and pledged to cease the attack within 48 hours if it failed. When the French went forward, 16 Apr., they were massacred, but nonetheless Nivelle ordered successive futile, costly attacks which resulted in very limited gains.

MUTINY IN THE FRENCH ARMY. May. Nivelle's promises had carried the exhausted French troops beyond the breaking point. Widespread mutiny occurred. At one time 54 divisions were refusing to obey orders. Thousands deserted and great areas of the front went undefended, although the Germans did not learn of this. Pétain replaced Nivelle, 15 May, and by July had laboriously restored discipline. 100,000 French soldiers were court-martialed. Officially only 55 were shot, but many more were executed without sentence. Pétain personally visited most of the disaffected troops and improved conditions of service (e.g., leave, rations, etc.). To allow the French army time to convalesce, he appealed to the British to keep the Germans engaged.

MESSINES RIDGE. 7–8 June. From this ridge the Germans could perfectly observe behind the British lines and watch attacks being prepared. In a sharp, well-planned and executed operation (making use of tons of mines buried during 2 years under the German positions), the ridge was quickly captured.

3RD BATTLE OF YPRES. 31 July–15 Nov. Against considerable opposition Haig, partly in pursuit of his own strategic concepts and partly in response to Pétain's pleas, conducted an offensive in Flanders. A series of 9 bloody attacks (much of the time fought over muddy and waterlogged terrain) resulted in the advance of the British line about 9,000 yds. and caused 300,000 casualties. After the Canadians' capture of Passchendaele, 6 Nov., the battle petered out in the cold.

FRENCH VICTORIES. At Verdun, 20–26 Aug., and Malmaison, 23 Oct.–2 Nov., Pétain conducted 2 small, perfectly organized, and successful attacks.

BATTLE OF CAMBRAI. 20 Nov.–7 Dec. Over 300 massed tanks surprised the Germans and gained initial spectacular success. Failure to exploit this breakthrough properly stalled the British advance, and heavy fighting ensued. A German counterattack, 30 Nov., drove the British back in some places beyond their starting positions. This battle was the 1st convincing demonstration of what tanks could achieve if efficiently employed.

10TH AND 11TH BATTLES OF THE ISONZO. 12 May–8 June, 18 Aug.–15 Sept. Further fruitless attempts by the Italians to break into the mountain barrier cost many casualties and weakened the now exhausted Italian troops.

CAPORETTO CAMPAIGN. 24 Oct.–26 Dec. A tired Austria-Hungary needed help, and Ludendorff decided to send German troops to the Italian front to be the backbone of a joint offensive designed to knock Italy out of the war. The German troops shattered, 24–27 Oct., the Italian 2nd Army, whose commander, although warned of the impending offensive, failed to take adequate defense measures. The front broke and, in what at times was a rout, the Italians retreated 70 miles south until they succeeded, 10–12 Nov., in stabilizing their lines along the River Piave, as Austrian and German troops, outrunning their supply lines, had to slow down. The Italians repulsed a number of attempts to cross the river. Gen. Armando Diaz (1861–1920) replaced Cadorna. Fearing the worst, the allies sent 11 divisions from the Western Front to Italy.

SUPREME WAR COUNCIL. Established on 27 Nov., the Supreme War Council was an inadequate attempt to unify allied strategy. It grew out of a conference called to consider the Italian situation, 5 Nov. The important civil and military men on the Council failed to end the bickering, especially on the Western Front, among the allies.

1918

OPPOSING STRATEGIES. The Bolshevik Revolution having led to Russia's withdrawal from the war, Germany's military leaders decided to throw everything they had against the allies on the Western Front and defeat them before effective U.S. forces could arrive. The allied leaders planned to initiate no major action until they could make decisive use of U.S. manpower and economic resources.

STATEMENTS OF ALLIED WAR AIMS. Allied leaders believed that publication, Dec. 1917, by the Bolsheviks of the texts of secret treaties concluded earlier in the war (e.g., the Treaty of London) by the allies made necessary public declarations that would counter any unfavorable impressions. The first to speak out, 5 Jan., 1918, was the British prime minister, David Lloyd George (1863–1945), who produced a statement of war aims that sounded moderate and idealistic and included the restoration to their inhabitants of Belgium, Montenegro, Serbia, and the occupied parts of France, Italy, and Rumania, the establishment of an independent Polish state, and "a reconsideration" of the wrong done France by Germany in 1871. President Wilson issued a statement of his own views, 8 Jan., which set forth 14 points as "the only possible" peace program from the U.S. standpoint. The "14 Points" demanded an end to secret treaties and diplomacy, freedom of the seas in peace and war, removal of barriers and inequalities in international trade, reduction in armaments, colonial readjustments, evacuation of occupied territory, self-determination of nationalities and a redrawing of European boundaries along national lines, and the establishment of an international organization to prevent war. Indicative of Wilson's desire for a peace without victors or vanquished, the 14 Points were privately disliked by Allied leaders (the French premier remarked, "The Lord God had only ten"), but publicly they did not dispute them.

U.S. WAR EFFORT. At the time of her entry into the war, the U.S.A. had only a small army short of war material and armed with antiquated weapons. By the end of 1918, the American armed forces had expanded to over 4 m., and 2 m. military personnel had been sent to Europe, of whom about 1,100,000 were combat troops. Until U.S. war production could be sufficiently expanded, the allies had to provide the American Expeditionary Force (A.E.F.) with much of its equipment, and for some items like heavy artillery and tanks the allies continued until the end of the war to be the A.E.F.'s main source of supply. The commander of the A.E.F. was Gen. John J. Pershing (1860–1948). The first U.S. troops arrived in France 28 June, 1917, and the 1st to go into action did so the following Oct.

GERMAN OFFENSIVES. During the winter Ludendorff planned a series of hard blows whose ultimate object was to split the allies and drive the British into the sea. Troop transfers from the East gave the Germans a 10% advantage in combat personnel, but they lacked reserve strength. Ludendorff relied on surprise and new tactics (partially tested at Caporetto): a short artillery barrage which included a high proportion of gas shells designed to knock out enemy guns and observation posts, after which would come a rolling barrage (usually advancing at 1 kph) with the infantry following closely behind; field commanders in full control of units; strongpoints by-passed and left for follow-up units to deal with; and an emphasis on the light machine gun as an offensive weapon. Expecting stiff resistance, Ludendorff cannibalized front-line units to form special divisions and trained them for the new type of operation.

SOMME OFFENSIVE. 21 Mar.–8 Apr. Surprise and a dense fog made it easier for the Germans to pierce the British lines along a 41-mi. front on both sides of the Somme. The Germans broke into the open and gained ground rapidly. By 26 Mar. Amiens, a major link between the allied forces, was in peril, but near Abancourt a hastily improvised force stopped the advance, 28–30 Mar., and 2 other German attacks along the line proved futile. The German drive had been a major tactical success, achieving a penetration 40 mi. in depth. Altogether the Germans overran some 1,250 sq. mi. of territory, captured about 80,000 prisoners and 1,100 guns, and inflicted nearly 200,000 casualties. But their own losses had almost equaled those of the allies, and German manpower could not be replaced, so in a strategic sense the drive was ultimately a failure.

ALLIED UNITY OF COMMAND. During the crisis the British got some help from Pétain, but he insisted that, if the German advance continued, French forces would have to retreat southwest to cover Paris even though this meant leaving a gap between the allied armies. The allied leaders assembled at Doullens, 26 Mar., and Gen. Foch was entrusted with the "co-ordination of the Allied armies." On 3 Apr., after another conference at

Beauvais, he was charged with strategical direction of military operations, and on 14 Apr. he received the title "commander in chief of the allied armies in France." Pershing placed U.S. troops at the disposal of Foch, but he continued to insist on a separate U.S. army, and had a reference thereto included in an interallied agreement signed at the Beauvais conference.

LYS OFFENSIVE. 9–29 Apr. Still hopeful of smashing the British, Ludendorff attacked in Flanders toward the vital rail center of Hazebrouck. A Portuguese unit in the center of the British line gave way and the Germans rushed through. Foch sent some French troops, and this help plus the tenacity of the British in holding on combined to stop the Germans. Passchendaele and Armentières fell to the Germans, but their 15-mi. advance up the Lys River valley cost them irreplaceable casualties.

BATTLE OF CHEMIN DES DAMES. 27 May–6 June. Attempting to unbalance the allies, Ludendorff decided to attack along the River Aisne to draw off reserves from Flanders. A secret shifting of German troops caught the allied forces by surprise, and the Germans penetrated 13 mi. the 1st day. This success led Ludendorff to postpone his Flanders offensive and allow the attack to run its course. By 31 May the Germans were on the Marne about 40 mi. from Paris. U.S. troops were hurriedly rushed to Château-Thierry to aid in the defense and with the French held, 1–4 June, the south bank of the Marne against repeated German attacks. The offensive proved to be another tactical success of little strategic value; Ludendorff's drive had netted him a vulnerable salient at the cost of considerable casualties.

NOYON-MONTDIDIER OFFENSIVE. 9–13 June. Ludendorff planned a new drive to connect the 2 salients formed by the earlier offensives, but the attack failed.

2ND BATTLE OF THE MARNE. 15 July–6 Aug. Despite a severe worsening of German morale, Ludendorff started a fifth and last attack, 15 July, from both sides of Rheims. By 17 July it too had proved a failure, and the initiative now passed from the Germans, who had lost more than 800,000 men in their 5 drives. Meanwhile Foch, who had been planning his own offensive, used the opportunity that came with the slackening of the German effort. His 1st objective was the Marne salient and, on 18 July, 4 French armies, including some British and American divisions, attacked along this perimeter. The Germans conducted a fighting withdrawal as they attempted to save their supplies. By 3 Aug. they were in a strong position at the base of the salient along the rivers Aisne and Vesle, from which attacks to dislodge them failed.

REDUCTION OF THE AMIENS SALIENT. 8 Aug.–25 Sept. A surprise British attack spearheaded by over 450 tanks, 8 Aug., cracked the German lines, gaining 5 mi. before noon. Ludendorff called this "the black day" of the German army, not so much because of the defeat, but because for the 1st time the spirit of whole divisions gave way; men would not fight and many officers could not control their units. On 15 Aug. Foch broadened the attack to include the front from Arras to Soissons. In heavy fighting the Germans fell back step by step, finally retreating behind a strengthened Hindenburg Line from which their first drive had been made in Mar.

REDUCTION OF THE ST.-MIHIEL SALIENT. 12–16 Sept. Created during the German 1914 offensive, the St.-Mihiel Salient had been generally quiet ever since. The Germans had begun withdrawing, 8 Sept., before an attack, 12 Sept., launched by U.S. troops, the 1st major offensive conducted largely by the A.E.F. Within 36 hours the salient had been reduced, and by 16 Sept. the front line had been straightened and the attack stopped.

FINAL ALLIED OFFENSIVE. 26 Sept.–11 Nov. Foch's general plan was to capture the key railroad centers of Aulnoye and Mézières, whose loss would deprive the Germans of the principal capabilities for supply as well as withdrawal. The plan called for a giant pincers movement having 2 major converging offensives, with their starting times staggered so as to upset the employment of their limited reserves by the Germans. A Franco-British drive would advance on Aulnoye and Maubeuge from the west, and a Franco-U.S. drive would move on Mézières from the south.

The battle began, 26 Sept., in the U.S. sector of the front between the Argonne Forest and the Meuse. Over extremely rugged country, American troops attacked a well-entrenched and still determined enemy, and by 3 Oct., despite an 8–1 numerical superiority, had made only slight progress. By 31 Oct., at the cost of many casualties, the U.S. forces had cleared the Germans out of the Argonne Forest. Confusion as command lines broke down led Pershing to give up field leadership, 16 Oct., and limit himself to an over-all command role; a 2nd U.S. Army was created, 12 Oct. In its final drive, 1–11 Nov., the U.S. 1st Army advanced rapidly north, capturing the northern end of the Côtes-de-Meuse and reaching Sedan. The 2nd U.S. Army attacked in the general direction of the Briey iron basin east of the Meuse.

To the north the British launched a heavy assault, 27 Sept., in Picardy between Péronne and Lens; King Albert and the Belgians attacked in the coastal lowlands, 28 Sept.; and the British right wing joined with the French, 29 Sept., in massive attacks all along the front from Péronne to La Fère. Fighting was fierce, but by 5 Oct. the British had breached the last position of the Hindenburg Line, although unusually heavy rain bogged down the attack in the lowlands for almost a week thereafter. By 11 Nov. the Belgians had taken Bruges and Ghent, British forces held Aulnoye and Maubeuge, and the French had made gains in the center of the line.

GERMAN PEACE MOVES. Although dispirited and suffering heavy casualties, the Germans had withdrawn in fair order and kept Foch from closing the pincers. But their leadership cracked. On 29 Sept. Ludendorff's nerve gave way and he asked that an armistice be arranged on the Western Front without delay. This led to the resignation as chancellor, 30 Sept., of Count Georg von Hertling (1843–1919) and to his replacement, 3 Oct., by the liberal Prince Max of Baden (1867–1929). Prince Max asked Wilson, 4 Oct., for an armistice preliminary to a conference which would negotiate a peace on the basis of the 14 Points. Three exchanges of notes, 4–23 Oct., took place between Washington and Berlin as Wilson wanted to be sure that the character of the German government had changed and truly represented the people, and as the allies proved reluctant to accept the 14 Points as the basis of peace.

On 4 Nov. the allies, under the threat of a separate U.S. peace, formally accepted the 14 Points, with the 2 vital reservations that freedom of the seas be discussed at the peace conference and that Germany pay reparations. Wilson transmitted these conditions to the Germans, 5 Nov., and thereafter the actual negotiations were left to Foch.

Meanwhile Ludendorff had regained some of his composure and, while no longer predicting victory, talked of a defensive war. On 26 Oct. he was dismissed. Recognizing the hopelessness of their cause, the Germans realized the need for an armistice. On 3 Nov. mutiny broke out in the German fleet at Kiel and spread to much of northwest Germany. On 7 Nov. revolution broke out in Bavaria. Had the emperor not proved so stubborn, the monarchy might have been preserved, but, as it was, Prince Max's unauthorized announcement of abdication, 9 Nov., came too late. A republic was proclaimed, and the Kaiser fled to Holland, 10 Nov.

BATTLE OF THE PIAVE. 15–24 June. The Germans, in desperate need of manpower, urged the Austrians to attack and put Italy out of the war so that Austrian troops could serve on the Western Front. Crossings of the River Piave were effected at 3 points, but after fierce fighting the Austrians proved unable to maintain their offensive and ordered a retreat, 22–23 June, back across the river.

BATTLE OF VITTORIO VENETO. 24 Oct.–4 Nov. After extensive preparations and much urging by the allies, Gen. Diaz, with the aid of allied troops, launched an offensive which for 3 days, 24–26 Oct., seemed to be inconclusive as the Austrians fought back fiercely. By 27 Oct., however, 3 small bridgeheads had been established across the Piave. As the collapse of the Dual Monarchy became clear to the troops, the Austrians then fell back and resistance had virtually ceased by the night of 30–31 Oct. On 3 Nov. Trent (Trento) was occupied and the Italians landed at Trieste.

END OF THE HAPSBURG MONARCHY. Charles I (1887–1922) had come to the Austro-Hungarian throne in 1916 and, recognizing the war's deleterious effect on his lands, had unsuccessfully attempted peace negotiations. On 4 Oct. he sent a note to the U.S. requesting negotiations on the basis of the 14 Points, to which the U.S. replied, 18 Oct., that it could no longer agree to mere autonomy for the nationalities within the empire. Concurrently, the empire began to fragment. On 15 Oct. Poland declared itself an independent state. On 19 Oct. an assembly of Serbs, Croats, and Slovenes at Zagreb asserted its sovereignty over the South Slav portion of the Dual Monarchy. The Czechs in Prague carried out a bloodless revolution, 28 Oct., and on 30 Oct. in Vienna a German National Council was formed to speak for the German provinces. On 1 Nov. Charles acceded to a request made on 25 Oct. for an independent Hungary. Confronted with this breakup, the government of the empire abandoned all hope of a negotiated peace and offered, 27 Oct., an armistice on almost any terms. On 3 Nov. an armistice was signed between the allied powers and the high command of Austria-Hungary, to go into effect 4 Nov., calling for complete demobilization of the armies of the Dual Monarchy; surrender of half its artillery; evacuation of all occupied territory; the right of free movement for the allies over all roads, railways, and waterways; surrender of much of the fleet; and occupation by the allies of such strategic points as they deemed necessary. Austria-Hungary had ceased to exist.

ARMISTICE IN THE WEST. At Compiègne a commission headed by Matthias Erzberger (1875–1921) negotiated with Foch, 8–11 Nov. The allied terms, designed to make Germany helpless, included German evacuation of occupied territory; evacuation of the left bank of the Rhine and establishment of bridgeheads at Mainz, Cologne, and Coblenz, which would be occupied by allied troops; surrender of all submarines and internment of much of the German fleet; repatriation of all allied prisoners and deported civilians; surrender of considerable military equipment as well as 5,000 locomotives, 5,000 motor lorries, and 150,000 wagons.

The Germans signed at 5 A.M., 11 Nov. At 11 A.M. on that day, except for some isolated incidents, the war on the Western Front ended.

THE EASTERN FRONT

1914

OPPOSING STRATEGIES. Russia mobilized faster than expected, but the mobilization was only partially completed when, much to her later regret, she succumbed to French pleas for an early offensive to divert German forces from the West. The Russians suffered from lack of mobility (their different-gauge railroad equipment was useless on the German railways), inefficient command (their army commanders, jealous of each other, did not work well together), and poor communications (orders were habitually transmitted uncoded).

The Russian strategy called for a 2-pronged assault on East Prussia: the 1st Army to advance from the east and the 2nd to attack from the south. The Germans, operating with limited forces, planned to make use of their superior mobility to defeat the unco-ordinated Russian assaults one at a time.

BATTLE OF STALLUPÖNEN. 17 Aug. The Russian 1st Army, whose advance began 13 Aug., was defeated when it crossed the border by forces under Gen. Hermann von François (1856–1933), who independently had decided to stand and fight to prevent violation of Prussia's "sacred soil." Tactically sound, François's action upset the planned German strategy of timed counterattacks.

BATTLE OF GUMBINNEN. 20 Aug. François urged the German commander in chief, Gen. Maximilian von Prittwitz

(1848–1929), to launch a counteroffensive, but this attack from positions around Gumbinnen resulted in piecemeal assaults which the Russians repulsed. The ensuing stalemate unnerved Prittwitz, especially after he learned that on the same day the 2nd Russian Army had entered East Prussia from the southeast. Telephoning Moltke, he said he planned to withdraw to the River Vistula, but even there doubted if he could hold without reinforcements. On 23 Aug. Hindenburg and Ludendorff took command in East Prussia with the former as senior officer.

BATTLE OF TANNENBERG. 26–29 Aug. Prittwitz's brilliant operations officer, Gen. Max Hoffmann (1869–1927), had the opportunity between 20 and 23 Aug. to develop and put into effect a new strategic plan which was approved by Hindenburg and Ludendorff. German forces, making use of the excellent railroads, were shifted south to face the Russian 2nd Army, while only a cavalry division and a brigade were left to delay the slow-moving Russian 1st Army. On 24 Aug. the Russian 2nd Army met heavy resistance at Frankenau, but, believing the Germans in flight, the Russian commander announced that 25 Aug. would be a day of rest. On 26–27 Aug. the Russian 2nd Army's flanks were defeated and driven back and its center exposed. Finally, the Russian center was surrounded and crushed, 28–29 Aug.

At 11:30 A.M., 29 Aug., the Russians realized their predicament and ordered a general retreat, but it was too late; the Russian 2nd Army had fallen into a German trap and was almost wholly surrounded. The Russian commander committed suicide. Russian killed and wounded reached staggering numbers: the Germans captured 125,000 men and 500 guns and suffered only about 13,000 casualties themselves.

MASURIAN LAKES CAMPAIGN. 9–14 Sept. The Germans now turned on the Russian 1st Army and, augmented by reinforcements from the Western Front, attacked. During 9–10 Sept. they secured the Russian southern flank near Lyck, making the invaders' position untenable and forcing a withdrawal. To protect this retreat and avoid envelopment, the Russians launched, 10 Sept., a stiff counterattack between Nordenburg and Angerburg which surprised the Germans and caused them to move forward more cautiously. Although suffering heavy losses, the Russian commander managed to save most of his army by forced marches of as much as 55 mi. in 50 hours. After 13 Sept. the German pursuit slackened. Although not put out of the war, Russia had suffered a severe defeat, and her much-vaunted steamroller had proved a failure.

GALICIAN AND POLISH CAMPAIGNS. Initially, the vast forces of the Austrians and Russians were locked in confused conflict in the south as in the great empty spaces armies wandered in search of their opponents, encircled one another, and were encircled in turn themselves. The Austrian plans called for part of the Dual Monarchy's forces to invade Serbia, but for the bulk to be deployed, with German support, against the Russians. For their part, the Russians planned a drive against Galicia to protect their Polish salient. Reconnaissance was poor on both sides, and on 23 Aug. the Russians and the Austrians unexpectedly collided at Kraśnik. In the ensuing battle, 23–25 Aug., the Russians, whose forces were not yet ready for combat, retreated after desultory fighting. At the Battle of Komarov, 26 Aug.–1 Sept., the Austrians scored limited gains. Meanwhile, to the east a major Russian attack caught the Austrians unprepared and they were routed at the Battle of the Gnila Lipa, 26 Aug.–1 Sept. Trying to aid their retreating forces, the Austrians moved troops to the Gnila Lipa front, leaving a 40-mi. gap in the line in the Komarov area. The Russians exploited this situation and in a series of engagements, the Battle of the Rawa Ruska, 5–11 Sept., heavily defeated the Austrian forces.

AUSTRIAN RETREAT. 11–28 Sept. Realizing the precariousness of their situation, the Austrian high command ordered a general withdrawal, 11 Sept., first to the River San (reached 16 Sept.), and then to a line at the Carpathian Mts., 100 miles to the rear of the front. Over

100,000 men were left in the fortress of Przemysl, all of whom were lost together with many stores when, after a long siege, the fortress surrendered, 18 Mar., 1915. Of the 900,000 Austrians operating in Galicia, over 250,000 were killed or wounded.

GERMAN FORCES IN POLAND. 28 Sept.–24 Nov. In an attempt to aid the sagging Austrians, the Germans detached 4 corps from their forces in East Prussia and, constituting them the German 9th Army, invaded southern Poland, 28 Sept.–12 Oct. At its farthest point the German drive was only 12 mi. from Warsaw, but the overwhelming numerical superiority of the Russians forced a withdrawal, 17 Oct.–1 Nov., which was swift and smooth and accompanied by a thorough devastation of the country as the Germans returned to their starting line. On 3 Nov. the decision was made to have the 9th Army invade Poland from the north. By 10 Nov. the Germans had shifted the whole force (once again taking advantage of their superior lines of communication) and begun the offensive. In 4 days they advanced 50 miles and commenced encircling the Russian forces around Lodz. The Russians suffered heavy losses in the bitter fighting which took place in mud and snow as very cold weather hampered both sides. Finally, reinforced by divisions from the Western Front, the Germans took Lodz, 6 Dec., and the Russians fell back to rearrange their lines.

THE BALKANS. The 1st Austro-Hungarian invasion of Serbia failed. The Battle of the Jadar, 16–19 Aug., ended with the invaders defeated, and by 24 Aug. the last Austrian forces had been driven back across the border. A 2nd invasion, launched 8 Sept., was halted by a strong Serbian counterattack, 16 Sept., though the Austrians retained bridgeheads on the rivers Drina and Sava. To shorten their lines, the Serbs then withdrew to higher ground. On 5 Nov. the 3rd Austrian invasion began. Valjevo was captured, 15 Nov., and Belgrade evacuated, 29 Nov. On 3 Dec., inspired by a personal plea from their king, the Serbs counterattacked and after prolonged and savage fighting the Austrians had to yield. The last Austrian forces left Serbia on 15 Dec.

1915

OPPOSING STRATEGIES. The Russians planned a break-through in Silesia as well as an offensive north toward East Prussia from the Polish salient. The German high command lacked a central plan as Falkenhayn, who believed that the war must be won in the West, clashed with Hindenburg and Ludendorff, who believed Russia could be quickly knocked out of the war.

WINTER BATTLE OF MASURIA. 7–21 Feb. Part of a joint offensive with the Austrians, who attacked the Russian flank in the south, 23 Jan., the 1st German attack of 1915 took place in severe winter weather and began after the end of a 2-day blizzard. The Russians were taken unaware and beaten back, and the 20th Russian Corps was encircled in the Forest of Augostow. Although in the space of 2 weeks the Germans advanced over 70 miles, killing almost 100,000 of the enemy and capturing over 110,000 prisoners and more than 300 guns, the attack proved of negligible strategic value because the vast manpower of the Russians still gave them a numerical superiority. The Germans were not able to follow up their advance and had to shift troops south, where the Austrian offensive was faring badly.

GORLICE-TARNOW BREAK-THROUGH. 2–4 May. In response to strong pleas for an offensive from the south, Falkenhayn decided against another double offensive, and Hindenburg and Ludendorff's forces were relegated to a subsidiary operation. Drawing troops from France, the Germans formed a new army under Gen. August von Mackensen (1849–1948) to spearhead the drive. Meanwhile, 16 Apr., German forces in the north attacked as a diversion, but made an advance of 75 miles into Lithuania, entrenching themselves along the River Dubissa before later joining in the general advance. At 6 A.M. on 2 May, almost 1,000 guns began a 4-hour heavy-artillery bombardment along a 30-mi. front between Gorlice and Tarnow. Taken by surprise, the Russians panicked. By 4 May the Germans and Austrians were through the Russian defensive positions.

AUSTRO-GERMAN ADVANCE. 4 May–1 Oct. All through the spring, summer, and early fall, the Germans and Austrians, with but brief pauses, kept up the attack and forced the Russians back. Much of the Russian infantry was poorly trained; many soldiers were sent into combat without rifles and had to snatch them from the hands of dead and dying comrades. Poor communications, an ammunition shortage, and inept leadership further hampered the Russian defense. By 11 May the Russian line was on the River San, 80 miles to the rear. On 17 May the Russians were forced back from this line, and on 2 June the Germans captured Przemysl. On 22 June, Lemberg fell; 30 July, Lublin; 5 Aug., Warsaw; 20 Aug., Novogeorgievsk; 25 Aug., Brest-Litovsk; 16 Sept., Pinsk.

At the end of Sept., Gen. Falkenhayn ordered a halt to the advance. Both Germans and Austrians had outrun their lines of communication. Poor roads, which all along held up the advance, had made supply difficult, and the approach of winter necessitated consolidation. The Russians had retreated 300 miles, and suffered enormous casualties (400,000 Russian soldiers were taken prisoner), had given up more territory than the whole of France, and had lost stores and guns equivalent to what had been on hand at the outbreak of the war. Russia, however, was not yet out of the fight. The bulk of the Russian army had escaped the enemy's successive enveloping movements. On 8 Sept. the czar took over personal command of the army, and it held on. By the end of the year a stable line had been created running from the eastern end of the Carpathian Mts. in the south to Riga on the Baltic Sea.

THE BALKANS. Turkey's need for supplies made the Germans decide to reopen the rail line through Serbia and Bulgaria to Constantinople. A campaign to crush Serbia was therefore planned. From the outbreak of hostilities, both sides had wooed Bulgaria with offers of territory and money. Ferdinand (1861–1948), the pro-German Bulgarian king, hoping to avenge his country's humiliation in the 2nd Balkan War, accepted the Central Powers' overtures. Even before the signing of a convention, the Central Powers had forced Turkey, 22 July, 1915, by a treaty, ratified 22 Sept., to cede to Bulgaria the land west of the River Maritsa as well as both banks of that river except for Adrianople, and had extended, 8 Aug., a loan of 400 m. francs. On 6 Sept. Bulgaria signed a treaty with Germany and Austria which, in return for active participation in an invasion of Serbia during the following month, promised her Serbian Macedonia and the northeastern portion of Serbia as far as the River Morava as well as other territories in Rumania and Greece, should these countries join the Allies.

ALLIED FORCES IN SALONIKA. On 21 Sept. the Bulgarians began to mobilize. Serbia appealed to the allies for aid, and they decided to send troops, initially 1 division each from France and Britain. The pro-allied Greek prime minister, Eleutherios Venizelos (1864–1936), secretly consented to a landing at Salonika, 3–5 Oct., but his attempt to bring Greece into the war on the side of the allies resulted in the enforcement of his resignation, 5 Oct., by the pro-German King Constantine (1868–1923).

Moving up the Vardar Valley 40 miles beyond the frontier to near Veles, the French attempted to join up with the Serbians, but their efforts proved inadequate, and by the end of Dec. the allied army had retired on Salonika. The British wanted to re-embark, but the French, who insisted on staying, won their point. Over the next 15 months the allied force grew in numbers, reaching by 1918 500,000 men from 6 different nationalities, but otherwise stagnated, serving no useful function and initiating offensive action only twice before the autumn of 1918. The Germans wryly called Salonika their "largest internment camp."

CONQUEST OF SERBIA. About 375,000 Central Powers troops along a vast front faced a Serbian army of about 200,000, which had recently suffered severely from a typhus epidemic. On 6 Oct. German and Austrian forces crossed the River Sava. By 7 Oct. they were over the Danube, and on 9 Oct. Belgrade fell. The Bulgarians along Serbia's eastern frontier invaded, 11 Oct. Overwhelmed, the Serbs fell back, blowing up stores and depots, while all able-bodied men joined the colors to halt the invader. Realizing that they could expect little effective help, the Serbs decided, 24 Nov., to conduct a fighting retreat toward the Adriatic Sea. In the face of severe hardships, they withdrew along 3 principal routes through Montenegro and Albania to the coast, from which the allies evacuated about 130,000 of them to Corfu, 15 Jan., 1916. There they were re-equipped and took up positions on the Salonika front. Because of political considerations, Falkenhayn halted the Central Powers forces at the Greek frontier. The Austrians, who quickly crushed Montenegro (which surrendered, 17 Jan., 1916), spent the rest of the war skirmishing in the mountains of Albania with the Italians.

1916

OPPOSING STRATEGIES. The Russians, after conferences with the other allies, agreed to mount an offensive during 1916 no later than 15 June. The Germans planned to concentrate on the Western Front, while the Austrians contemplated an offensive against Italy.

RUSSIAN OFFENSIVE AT LAKE NAROCH. 18–28 Mar. This offensive was undertaken by the Russians, who had been slowly rebuilding and re-equipping their armies, in response to French pleas to create a diversion to draw off the Germans from Verdun. On 18 Mar., after 2 days of artillery bombardment, the Russians launched a hastily conceived and poorly executed attack along a 90-mi. front on both sides of Lake Naroch. Stiff German resistance as well as mud from the spring thaws caused the attack to bog down by 26 Mar. The Germans had regained all lost ground by 30 Mar. and fighting soon died away. This offensive did not help the French and cost the Russians over 100,000 casualties.

BRUSILOV OFFENSIVE. 4 June–20 Sept. During the spring the Russians resumed their preparations for a summer offensive. Austrian attacks on the Italian front led Italy to appeal to Russia for assistance. The Russian commanders north of the Pripet Marshes declared themselves unprepared to advance the date of the planned offensive, but Gen. Aleksei Brusilov (1853–1926), commander of the Russian forces along the southwestern front, said he could launch an attack, which began on 4 June. Brusilov achieved complete surprise and a tremendous initial success. On 6 June the Russians captured Lutsk. By 10 June the Austrian front had been breached to a depth of 50 mi., and on 17 June the Russians took Czernowitz. By 20 June over 200,000 of the enemy had become prisoners of the Russian armies.

Brusilov had counted on support from the Russian forces to the north of him, but only small operations were undertaken by them, 13 June and 2 July, against Baranovichi, and these failed completely. Meanwhile, his own offensive had lost momentum, and the Germans and Austrians were able to bring in reinforcements from the Western Front, from Italy, and from the northern part of the Russian front.

On 28 July Brusilov renewed the offensive, and when this drive failed after a few days because of ammunition shortages and poor communications, he started yet another one, 7 Aug. Stiff fighting went on through Aug. and into Sept., but the Russians made only small gains. The Russian railroads once again proved inferior to the German-Austrian lateral communications network, and more and more Central Powers troops were brought to bear against Brusilov's forces, which received supplies and reinforcements fitfully. By 20 Sept. the Russians could no longer maintain the momentum of attack and the Brusilov offensive ended. Quiet was generally maintained along the front for the rest of the year.

The Russians had inflicted heavy casualties, capturing upward of 400,000 prisoners and over 500 guns, and the front line had been rolled back to the Carpathians in the south and to a line running from Stanislav to Pinsk further north, but the drive had exacted a very heavy toll from the Russians. It cost them 1 m. men, and exhausted almost all their available supplies. Austrian losses were so great as to preclude any further offensive action in the East and the Austrian drive against Italy had to be halted; 15 German divisions had to be transferred from the West to the East, thus hampering the effort at Verdun; Russia's fighting spirit had been undermined and the demoralized remnants of her armed forces were ripe for revolution; and Rumania, believing the Central Powers defeated, entered the war on the side of the allies.

ENTRY OF RUMANIA. From the outbreak of the war, both the Central Powers and the allies had wooed Rumania, but she followed a policy of opportunistic caution until Aug. 1916. An allied offer to Rumania of Bukovina, Transylvania, the Banat of Temesvar, Maramures, and Crisana, as well as the apparent success of the Brusilov drive, combined to bring Rumania to sign, 17 Aug., the Treaty of Bucharest, which called for a prompt Rumanian attack on Austria-Hungary. On 27 Aug. the Rumanians entered the war, rich in natural resources, but with a poorly trained 560,000-man army short of rifles, machine guns, and artillery and with only a 6 weeks' supply of munitions.

DEFEAT OF RUMANIA. 28 Aug.–7 Jan., 1917. The Rumanians began a drive, 28 Aug., into Transylvania, which by mid-Sept., when it was halted, had over a 200-mi. front achieved a penetration of about 40 mi. in the center. Meanwhile in the south a mixed force (Bulgarians, Turks, Austrians, and Germans) under Mackensen's command had crossed the Rumanian frontier, 1 Sept., and made considerable gains up to mid-Sept., when it was halted by a Russo-Rumanian army. Resumed shortly afterward, the Central Powers' advance continued, and on 23 Oct. Constanza, the main seaport, fell. Falkenhayn had been placed in command of the Central Powers forces, and he began an offensive in the north, 26 Sept., which by 10 Oct. had cleared the Rumanians from Transylvania. After having failed to breach a number of other passes, Falkenhayn's forces began a successful attack, 10 Nov., through the Vulcan Pass into Rumania. This attack turned the defenses of the other passes. Mackensen co-ordinated his drive with that of Falkenhayn. On 23 Nov. Mackensen's forces crossed the Danube above Sistova and joined up with the other invading groups, 26 Nov. The Rumanians fought back stoutly, but gave ground as they retreated east. On 6 Dec. Bucharest fell. Heavy rains then slowed the pursuit. The Rumanians withdrew across the River Sereth (Siret), and were able, with the aid of heavy Russian reinforcements, to hold that line. On 7 Jan., 1917, the Germans suspended operations.

Rumania had been completely overrun except for Moldavia in the northeast; her armies had been reduced to about 150,000 men; and her granaries and oil fields had been damaged, though not destroyed, and were in the hands of the Central Powers. The country, for all practical purposes, had been eliminated from the war.

SALONIKA. Gen. Maurice Sarrail (1856–1929), the titular head of the allied forces at Salonika, because of the diverse instructions sent directly to the commanders of each national contingent by their superiors, had much difficulty in exercising command over his force, which was now called the "Armées Alliées en Orient."

The Greeks generally showed themselves indifferent to the allied cause. On 26 May they surrendered a key stronghold, Ft. Rupel, to the Bulgarians without a fight. In Aug., as the Bulgarians moved to forestall any relief offensive that might accompany Rumania's intervention, Greek forces holding forts on the coastal strip of Kavalla similarly surrendered, 24 Aug., without firing a shot. Meanwhile, the Serbs had been driven back from Florina.

The allies, fearful that the Greeks might join the Central Powers, interfered with that country's internal affairs. Gen. Sarrail supported Venizelos, who formed a provisional government, 29 Sept., in Crete. This government, which moved to Salonika, 9 Oct., created an army to fight the Central Powers. The French seized the Greek fleet, 11 Oct. Later, when as a token of good faith they asked King Constantine for the surrender of 6 mountain batteries and these were not forthcoming, British and French marines landed at Pireaus, 1 Dec., and fought with the Greeks before embarking again.

A limited allied offensive was launched from Salonika, 10 Sept., in support of the Rumanians. The left wing, mostly Serbs, gained about 25 miles by 19 Nov., and drove the Bulgarians from Monastir, but the right wing failed to advance and as winter set in the fighting petered out except for skirmishes. The Rumanians received no help. Casualties: allies, about 50,000; Central Powers, about 60,000.

1917

PROVISIONAL GOVERNMENT IN RUSSIA. On 12 Mar. the Russian Duma formed a provisional government. On 15 Mar. Nicholas II abdicated in favor of his brother, who refused the crown, 16 Mar. The provisional government then headed Russia, though because of the general disruption its authority was limited.

RUSSIAN JULY OFFENSIVE. The government decided, despite the war-weariness of its people, to uphold its military obligations, hoping also that a successful military effort would galvanize support for itself. Alexander Kerensky (b. 1881), minister of war after 19 May, attempted through rousing speeches and an inspection tour of the front, including the most forward lines, to inspire the soldiers to fight. Brusilov assembled a force of some 200,000 men in the Galicia sector, mostly Finns, Poles, and Siberians. He knew an offensive had only a limited chance of success and his plan was simple: to strike for the nearest place of importance, Lemberg. On 29 June a preliminary artillery bombardment began. Then came the attack, 1 July, and by 8 July the use of additional forces had broadened the front to 40 miles. The Russians scored initial gains against the Austrians, but on 19 July the Germans counterattacked, and the Russian offensive ground to a halt. The poorly equipped Russian troops, many of whom had shown little inclination to fight even when successful, now deserted. ("The army voted for peace with its feet," said Lenin.) By mid-Aug. the Russians, with most of their forces in a state of complete disorganization, had been pushed back behind the offensive's starting line. The Germans checked their drive because they felt confident that there was now little to fear from the crumbling Russian army.

GERMAN DRIVE AT RIGA. 1–21 Sept. The German high command believed that by attacking Riga and thus threatening Petrograd 300 miles away, the new Russian government could be unnerved and peace could be forced. In a surprise attack, 1 Sept., which came after only a few hours of artillery bombardment, the Germans breached the Russian lines. On 3 Sept. Riga was occupied. The Germans advanced, facing almost no opposition as the Russian troops melted away, until 21 Sept. when a halt was called to the operation.

The Germans also took the islands of Oesel (Saare), 16 Oct.; Moon (Muhu), 17 Oct.; and Dagö (Hiiumaa), 18 Oct., in the Gulf of Riga, thus gaining control of the eastern Baltic.

PEACE NEGOTIATIONS. The Bolsheviks seized power in Russia on 7 Nov. Under the new regime, ending the war seemed more a matter of course than ever before. As part of their peace drive, the Bolsheviks made public over the ensuing few weeks the secret diplomacy which had preceded the outbreak of hostilities. On 8 Nov. a radiogram was addressed to all nations calling for an immediate armistice based on the right to self-determination and on the repudiation of all secret and open claims to annexations and indemnities. On 20 Nov. all allied ambassadors received notes calling for an immediate armistice. Formal application was made to the German high command, 26 Nov., for an immediate armistice, and the next day Germany said she was ready to negotiate. The allies were asked by the new Russian regime, 30 Nov., if they were prepared to open negotiations in co-operation with Russia; if they were not, Russia would negotiate alone.

TRUCE TALKS. Talks with the Central Powers opened, 3 Dec., at the Polish fortress town of Brest-Litovsk. On 5 Dec. the discussions recessed for a week while the Soviet delegates sought instructions, and were renewed, 12 Dec. On 15 Dec. a truce was agreed on for 28 days as from 17 Dec., during which time the terms for a final settlement would be worked out. On 22 Dec. peace negotiations proper began at Brest-Litovsk.

At the 1st round of discussions, the Soviets and the Central Powers could not agree on any basis for a settlement. Adolf Joffe (1883–1927), the head of the Soviet delegation, thought he had won the Germans to accept the Russian demand for peace without annexations and indemnities, but he was mistaken. On 28 Dec. the negotiations were adjourned while delegates returned to their respective capitals for instructions.

RUMANIA. With the aid of a French military mission, the Rumanian forces in Moldavia were reorganized, and on 22 July they joined with the Russians in launching a diversionary attack between the fortress of Focsani on the River Sereth and the Carpathians, a front of some 60 miles. On 6 Aug. Mackensen's forces, mostly German, counterattacked, and the Russo-Rumanian armies fell back. The Central Powers could not spare the troops necessary for decisive success, but the collapse of Russia forced the Rumanians, 6 Dec., to sign a truce ceasing all hostilities.

GREECE. A probing operation, Mar., around Lake Prespa by allied forces soon bogged down, achieving nothing but casualties. Abortive night attacks, 24 Apr., 8 May, by the British gained no ground and cost over 5,000 men. On 9 May Sarrail began his long-heralded spring offensive, but stiff resistance forced its abandonment, 21 May.

OVERTHROW OF CONSTANTINE. Charles Jonnart (1857–1927), a Frenchman, was sent to Athens as allied high commissioner to demand that Constantine abdicate. He arrived, 9 June, and the next day French troops landed at Corinth and Thessaly, encountering resistance. Late on 11 June, Constantine abdicated in favor of his 2nd son, Alexander (1893–1920), and left the country, 14 June. On 22 June Venizelos was made prime minister, and Greece formally joined the allies, 2 July.

1918

PEACE NEGOTIATIONS. The Brest-Litovsk conference was reconvened, 9 Jan., with Leon Trotsky (1874–1940) heading the Soviet delegation. A stalemate ensued as Trotsky, hoping the revolution would spread and save Russia, stalled and would not accept any of the demands (including autonomy for Poland, the Ukraine, and the Baltic provinces, and continued occupation of Russian territory) put forward by the heads of the German delegation, Gen. Hoffmann and Baron Richard von Kühlmann (1873–1949), the German foreign minister. Divisions existed among the Central Powers. In contrast to German civilian officials, the high command wanted harsh terms imposed. The Austrians, in need of grain from the East to stave off famine, were desperate for peace.

There was a further recess, 18–30 Jan., as Trotsky returned to Petrograd for conferences. On 1 Feb. the Central Powers recognized the independence of the Ukraine for which a delegation from that area had been agitating at Brest-Litovsk. On 2–7 Feb. came another adjournment while Austro-German talks took place in Berlin. Negotiations resumed, 8 Feb., and next day the Central Powers signed a separate peace at Brest-Litovsk with the Ukraine, the "bread peace," the effect of which was theoretically to leave the Ukraine an independent and neutral state, while actually it became a granary and storehouse for the Central Powers. On 10 Feb. Trotsky, who refused to accept the Central Powers' conditions, announced that Russia would neither sign a peace treaty nor continue fighting ("no peace–no war"), and the Russian delegation went home.

The German government was at first

taken aback, but, 18 Feb., terminated the armistice and ordered an advance. The remnants of the Russian army offered almost no resistance. In the north the advance halted near Narva and at Pskov. In the south the Germans, continuing on even after peace had been signed, penetrated into the Crimea and beyond Rostov, almost 600 miles within the old frontier. The allies used this advance as an excuse to send troops which later supported the Bolsheviks' enemies.

On 19 Feb. the Germans received a telegram from Lenin accepting the earlier terms, but they delayed answering until the advance in the north was almost completed. A German ultimatum was then transmitted to the Soviets, 23 Feb., and next day the Russians gave in, as Lenin, who feared for the revolution, won out over those who wanted to carry on the war. The ultimatum allowed only 3 days for talks and these began on 1 Mar.

TREATY OF BREST-LITOVSK. 3 Mar. The Soviets agreed to recognize the independence of Georgia and the Ukraine; to leave Poland, Estonia, Latvia, and Lithuania to the disposition of Germany and Austria-Hungary; to reaffirm Finland's independence; to hand over Kars, Ardahan, and Batum to Turkey; to halt all propaganda activity in Central Europe; and to open immediately commercial relations with the Central Powers. The territory of Russia was reduced by over 1,200,000 sq. mi. and her population by 62 m. Lost were 32% of the country's arable land, 26% of the railroads, 33% of the factories, and 75% of the coal and iron mines. For the Russians it was a sad ending to a war in which 2 m. Russian soldiers had been killed, over 4 m. wounded, and nearly 3 m. made prisoner. On 15 Mar. the Soviets ratified the treaty. Supplementary treaties signed on 27 Aug. further defined the terms of the peace.

PEACE WITH RUMANIA. The Treaty of Bucharest, 6 May, imposed by the Central Powers on Rumania, included provisions for a long-term German lease on the Rumanian oil fields, cession of Dobruja to Bulgaria, and the payment of indemnities in goods by Rumania. On 9 Nov. Rumania re-entered the war on the allied side with the backing of a French military mission.

ALLIED BALKAN OFFENSIVE. Under Gen. Marie Louis Guillaumat (1863–1940), the Salonika front was reorganized: forces were reassigned, the Greek army was made battleworthy, and the Serbs received replacements from troops who had been moved from Russia. In June Guillaumat was recalled to France to serve as governor of Paris, and Gen. Franchet d'Esperey (1856–1942) replaced him.

D'Esperey's well-equipped army of 350,000 men faced a mostly Bulgarian force, low in morale, weak in equipment, and reduced to about 310,000 when the Germans moved most of their forces to the Western Front. D'Esperey's attack was planned in conjunction with the allies' main drive in France. On 1 Sept. the British feinted in the Vardar Valley, and on 15 Sept. the Serbs and French attacked along a 7-mi.-wide front at Dobropolye. By 17 Sept. the allies had penetrated 20 miles and the front had widened. On 19 Sept. the Serbs crossed the Vardar and the enemy retreated in disorder. The French entered Prilep, 23 Sept., and next day the Serbs captured Gradsko. Meanwhile, 22 Sept., the Bulgarian forces, under heavy pressure on the right, had begun to retreat, closely followed by the British and the Greeks.

COLLAPSE OF BULGARIA. The position of the Bulgarians was now hopeless. The front had been cut in 2 and the halves were being driven in different directions. On 26 Sept. they asked for an armistice, repeated the request, 28 Sept., and were granted one, 29 Sept., to go into effect at noon on 30 Sept. They agreed to surrender all arms and weapons of war, evacuate all Greek and Serbian territory, demobilize most of their army, order other Central Powers troops out of their country, and allow the allies full use of Bulgarian facilities to prosecute the war further against Germany, Austria-Hungary, and Turkey.

END OF THE WAR IN THE EAST. 30 Sept.–11 Nov. Allied forces continued their advance, encountering some fierce resistance from hastily mustered German and Austrian troops. On 12 Oct. the Serbs retook their ancient capital of Nish, reoccupied Belgrade, 1 Nov., and crossed the Danube. Mackensen's troops began a rapid retreat through Transylvania. Meanwhile the French had occupied Sofia, joined the Serbs on the Danube, and later occupied part of Hungary.

THE TURKISH FRONT

1914

TREATY OF BERLIN. 2 Aug. Within the government of Young Turks which ruled Turkey, a small clique headed by the pro-German minister of war, Enver Pasha (1881–1922), feared (not without reason) that the allies intended to partition the Ottoman Empire. They believed that the best chance for Turkey's survival lay in an alliance with Germany. In July Enver Pasha went to Berlin and there negotiated a secret treaty, known only to 4 or 5 Turkish government officials, obligating Turkey to enter the war on the side of the Central Powers in return for the promise of conquered Russian territory. However, with the consent of its allies, Turkey postponed entering the war for 3 months in order to complete needed military preparations.

"GOEBEN"-"BRESLAU" AFFAIR. Two German cruisers, *Goeben* and *Breslau,* which were caught in the Mediterranean when war broke out, bombarded Bône and Philippeville in French North Africa, 4 Aug., before steaming for Constantinople. Their determined commander, Vice-Adm. W. A. T. Souchon (1869–1940), escaped a trailing British squadron and other allied vessels sent in pursuit, reaching the Dardanelles, 10 Aug., and after receiving permission from the Turks to pass through anchored in the Bosporus.

International law held that a belligerent's vessel could find only 24 hours' sanctuary in a neutral port before either sailing out or being interned. Neither happened. The Turks announced that the German cruisers had been sold to Turkey, but this was a fictitious sale. The *Goeben* and *Breslau,* renamed *Selim Yavuz* and *Midilli,* respectively, continued to be officered by Germans and almost entirely manned by them (with German sailors wearing fezzes and playing at being Turks).

ENTRY OF TURKEY. Despite German pressure for Turkish fulfillment of treaty commitments, a desire for peace prevailed in Turkey except among the Enver Pasha group. Souchon, who had been made commander of the Turkish navy, was ordered by the German emperor to attack the Russians. On 29 Oct., with the connivance of Enver Pasha, Souchon took his 2 cruisers and some smaller Turkish vessels and shelled the Black Sea ports of Novorossisk, Feodosiya, Sevastopol, and Odessa. Russia accordingly declared war on Turkey, 1 Nov., and on 5 Nov. Great Britain and France followed suit. On 14 Nov. the sultan, as caliph, called all Moslems to a jihad (holy war) against those making war on Turkey or her allies.

Turkey had an army of some 500,000 men. Many of its technical and staff officers were Germans, who had arrived, Dec. 1913, with Gen. Otto Liman von Sanders (1855–1929), who had been hired to reorganize the remnants of the Turkish armed forces shattered in the Balkan Wars. Artillery and other equipment were fair; communications were execrable. The most immediate effect of Turkey's entry into the war was the closure of the Black Sea straits and the isolation of Russia, which could neither export her wheat nor import needed munitions via this route. The Turks began military operations in the Caucasus.

CAUCASIAN FRONT. Despite the difficulty of transporting troops to the front (they had to march at least 250 mi. from the nearest railhead), Enver Pasha chose to inaugurate a campaign against Russia with, as a 1st step, the envelopment of the fortress of Kars. During Nov. light encounters took place along the border. On 21 Dec. Enver himself arrived in the Caucasus and the Turks attacked in force. They were hampered by a rigorous terrain and by their commanders' inefficiency. During 29 Dec.–3 Jan., 1915, the Russians won a great victory at Sarikamis, 33 mi. southwest of Kars. Perhaps 50,000 Turkish troops froze to death, and the Turkish 3rd Army was almost annihilated. The most important result of the campaign was a Russian request delivered in London, 2 Jan., 1915 (before the Russian victory had become clear), asking for action against the Turks elsewhere to ease the Caucasus situation. From this resulted the allied attempt to force the Straits in 1915.

MESOPOTAMIAN FRONT. Initiated by the government of India and carried out by troops of the Indian army, allied action in Mesopotamia was designed to support friendly Arabs against the Turks and safeguard British oil interests. On 23 Oct. Indian army troops took up stations at the British-held island of Bahrain in the Persian Gulf. The Turkish forces in Mesopotamia, about 90% of whom were Arabs, and unreliable from the Turkish point of view, were poorly armed. Between 6 Nov. and 8 Dec., the British occupied the area at the head of the Persian Gulf, entering Basra, 23 Nov., after hard fighting and reaching Al Qurna, 8 Dec. Numerous small inconclusive actions were fought.

1915

CAUCASIAN FRONT. On 10 July the Russians launched an attack on the hills northwest of Lake Van. A Turkish counterattack, 16 July, pushed them back, and on 26 July the Turks occupied Malazgirt. A new Russian drive, 4–8 Aug., forced the Turks back, causing heavy casualties, not less than 10,000 being killed and wounded and over 6,000 being taken prisoner. The Russians, however, did not have the strength to follow up, and consolidated their position along a line from Vastan on the southeast corner of Lake Van to Tutak.

ARMENIAN MASSACRES. At the beginning of the war, the Christian Armenian minority in Turkey numbered about 1,500,000, located mostly in Aleppo and in the 8 Anatolian vilayets of Erzerum, Van, Bitlis, Kharput, Diyarbakir, Sivas, Adana, and Trebizond (Trabzon). Near Van the Armenians rose, 13 Apr., and seized the fortress, which they turned over to the Russians, 19 May, who later evacuated, 4 Aug., and then recovered it, 8 Aug. In June, claiming that the Armenians were aiding the Russians, the Turkish government decreed that all non-Moslems must be transported from points of military concentration and away from lines of communication. Put into effect with unreasonable cruelty, this order resulted in the death of tens of thousands of Armenians. Marched off into the desert, they died from exposure and starvation as well as from attacks by marauders encouraged by members of the government. Death was the fate of most Armenian men; rape, forced conversion to Islam, and slavery the plight of the women. Altogether, during 1915–16 an estimated 1 m. Armenians perished; by the end of the war only a remnant remained in Asia Minor, and these mostly in refugee camps.

EGYPTIAN FRONT. On 3 Feb. an attack was made by the Turks on the Suez Canal. A force of some 22,000 men under the command of Jemal Pasha (1872–1922), the minister of marine, whose chief of staff was a Bavarian, Friedrich Kress von Kressenstein (1870–1924), had been conveyed secretly and efficiently across the Sinai Peninsula. The force attacked near Tussum, halfway between Lake Timsah and the Great Bitter Lake, and although a few boats got across the Canal the attack failed, and the Turks, who lost about 2,000 men, retreated. Except for some raids back and forth the front was quiet in this area during the rest of 1915. The main result of the Turkish attack was that the British, fearing repetitions, kept large numbers of troops in Egypt which might have been employed elsewhere.

SANUSSI RISING. The Sanussi, a powerful Moslem brotherhood, rebelled, Nov. 1915, in the Western Desert near the Nile Delta. Several hard-fought actions, Wadi Majid, 25 Dec., and Halazin, 23 Jan., 1916, interspersed with long and trying desert pursuits, ended with Turkish victory at Agagiya, 26 Feb., 1916.

GALLIPOLI CAMPAIGN. 19 Feb.–9 Jan., 1916. The Dardanelles are a 40-mi.-long channel, in places only 2 to 3 mi. wide, connecting the Mediterranean with the entrances to the Black Sea. A plan was evolved to force them, and thus free the Russian fleet. On 13 Jan. the decision was taken that the British Admiralty should prepare a naval expedition to breach the Dardanelles and bombard Constantinople. A strong advocate of this project was the 1st lord of the Admiralty, Winston Churchill (1874–1965), who argued that the navy could force the Dardanelles. On further consideration it was decided, 16 Feb., that the shores of the Dardanelles would have to be held if the fleet passed through. On 19 Feb. Australian and New Zealand troops (Anzac), who had been sent to Egypt for training, were assigned to Gen. Ian Hamilton (1853–1948), who had been appointed to command.

NAVAL ACTIONS AT THE STRAITS. 19 Feb.–18 Mar. A powerful allied naval squadron bombarded the outer forts, beginning 19 Feb., and landed marines to blow up abandoned guns. The final attack was on 18 Mar., commanded by Vice-Adm. John de Robeck (1862–1928). The Narrows forts were successfully reduced, and Turkish munition supplies gave out. In all likelihood an allied fleet could have passed through the next day unopposed. But the attack had cost 6 out of 16 capital ships and, despite the urging of his staff officer, Commo. Roger Keyes (1872–1945), de Robeck decided against renewing the attack. Hamilton, who had just arrived and concurred in this decision, discovered that the transports carrying his troops had been loaded so capriciously that it would be wiser to retire to Alexandria and repack. The Turks used the respite granted them to strengthen their defenses.

1ST LANDINGS. 25 Apr. The 1st troops were disembarked at Cape Helles and at Ari Burnu, 25 Apr., while the French made a feinting attack at Kumkale. The Russians bombarded the Bosporus ports and Liman von Sanders rushed to Bolayir, thinking the allied assault would take place there. The surprise effect was wasted, however, because of the mistakes made in the landings, especially at Helles, where a sickening slaughter ensued. At Ari Burnu a navigation error put the Anzacs ashore a mile north of the intended beach among steep ridges, but the determined attackers fought their way ashore and almost carried the heights above. They were stopped by Mustafa Kemal (1880–1938), later known as Kemal Atatürk, who saved the situation for the Turks by committing his whole division, though lacking authority to do so. The troops on the rocky beachheads suffered terribly, being constantly exposed to Turkish fire. All their supplies, even water, had to be brought ashore. The threat of submarines dictated that the supporting fleet stay mainly in the protected harbor at Moudros Bay, Lemnos, which reduced the allies' already limited artillery support. Despite the harrowing conditions, fighting continued. Breakouts were attempted at Helles three times, 6 May, 4 June, and 12 July, with little success, the total gain being 3 mi.

SUVLA BAY LANDINGS. 6 Aug. By now the Gallipoli campaign was receiving heavy support in munitions, even being given priority over the Western Front. Fresh troops were sent in, and a plan evolved calling for a landing at Suvla Bay, a little to the north. A force landing here would join forces with the Anzacs and cut across the peninsula, while the troops at Helles attacked at the same time. The Suvla affair started perfectly, with the troops landing and achieving surprise, but the advantage was soon dissipated; one column got to within a quarter of a mile of the heights with only 20 Turks ahead of them when they sat down for breakfast. Elsewhere hard fighting failed to make gains, 8–10 Aug. Further attacks, 15 and 21 Aug., also failed, and at Suvla Bay the fighting degenerated into bitter trench warfare. The Gallipoli enterprise was seen to be a disaster.

EVACUATION FROM GALLIPOLI. 10 Dec.–9 Jan., 1916. By 20 Dec. all troops were evacuated from Suvla and the Anzac zone without a casualty. On 9 Jan., 1916, the British completed the evacuation of Helles. The costs of the Gallipoli campaign were enormous, both sides together suffering over 500,000 casualties. Its effect on the war as a whole was slight.

MESOPOTAMIAN CAMPAIGN. During early Apr. 1915 the British anticipated a Turkish advance in Mesopotamia, and constructed an entrenched camp at Shaiba, about 10 mi. southwest of Basra. On 12–14 April the Turks attacked, but were repulsed, losing some 6,000 men. The British occupied Ahwaz, 16 May. A Turkish force besieged them, but was driven off and by the end of May Turkish troops had been cleared from the area. The British continued a somewhat haphazard policy of advancing up the Tigris and Euphrates rivers. On 3 June they captured Amara on the Tigris and An Nasiriya on the Euphrates, 25 July. They met considerable opposition, but under Maj. Gen. Charles Townshend (1861–1924) pushed on. Kut was captured 28 Sept., and on 5 Oct. the British reached Al Aziziya. They assaulted Ctesiphon, 22–23 Nov., in the hope of taking Baghdad, but casualties proved too heavy, and they withdrew to Kut, 25 Nov., which was invested by the Turks, 7 Dec.

1916

CAUCASIAN FRONT. The Russians under the able and vigorous Gen. Nikolai Yudenich (1862–1933) began an advance on 17 Jan. By 26 Jan. the Turks had been driven back 50 mi. along a 7-mi. front. On 12 Feb. the Russians renewed their drive, capturing Erzerum, 16 Feb. During Mar. they moved slowly along the Anatolian coast and on 17 Apr., captured Trebizond, an important Turkish military center and the best roadstead in northern Anatolia. Turkish counterdrives at the end of May and in June, using troops released by the allied evacuation of Gallipoli, had limited initial success and eventually petered out. On 2 July Yudenich launched another offensive, capturing Erzincan, 25 July, and the Turks replied by taking Mus and Bitlis, 6 Aug. By the end of Sept. the Turks had been forced to retreat after suffering heavy losses: 30,000 casualties out of an effective strength of about 100,000. The winter of 1916–17 came early and was bitterly cold. By Oct. conditions were such that all fighting ceased except for patrol activity.

EGYPT AND PALESTINE. The British under Gen. Archibald Murray (1860–1945), by building a water pipeline and a railway, began, May, a step-by-step advance from Egypt through Sinai toward the Palestinian frontier. On 23 Apr. the Turks raided Qatia and Duedir, causing heavy casualties but delaying the construction work by only a few days. On 4–5 Aug. Kress von Kressenstein, leading 16,000 Turkish troops supported by German machine-gun companies, attacked at Rumana. He was defeated with losses of almost 50%. The British attacked the outpost camp of Magdhaba, 23 Dec., and after hard fighting captured most of its garrison. Meanwhile they had occupied El Arish, 20 Dec., 27 mi. from the Palestinian frontier.

HEJAZ REVOLT. The Hejaz revolt began, 5 June, with an unsuccessful attack by Arabs on the Turkish garrison at Medina. On 7 June Hussain ibn Ali ('Alī) (1856–1931), sherif of Mecca, proclaimed the independence of the Hejaz, and on 10 June the Turkish garrison at Mecca surrendered.

MESOPOTAMIAN FRONT. The siege of Kut lasted from 7 Dec., 1915, to 29 Apr., 1916. The British made 3 attempts to lift it (9–21 Jan., 7–16 Mar., and 5–23 Apr.), but all failed. Kut, which had supplies for only 2 months, managed to hold out for 5 before surrendering. The British suffered nearly 22,000 casualties in attempting relief, and the captured garrison, which had endured great hardship, numbered about 10,000. The rest of 1916 was spent by the British in defense, as they improved their communications. Meanwhile a Russian advance on Baghdad had failed, June, and the Russians retreated north. On 13 Dec. the British began a slow drive against Kut.

1917

CAUCASIAN FRONT. Only the outbreak of the Russian Revolution saved the Turks from complete disaster in Asia Minor. The winter had been very hard and the Turkish forces suffered more than the Russians from disease, lack of winter equipment, and desertion. When the czar's government fell, the Russian troops initially stood fast, but by the early summer of 1917, though the process of disintegration was more gradual and less dramatic than on the main Russian front, the Russian army in the Caucasus was falling apart. Gen. Yudenich resigned in June. The Bolshevik seizure of power accelerated the breakup, and by the end of the year self-demobilization had led to the complete disintegration of the front. The debilitated Turks, whose manpower by this time amounted to only some 20,000 riflemen, remained inactive except for the reoccupation of the Lake Van area, from which the Russians had withdrawn.

EGYPT AND PALESTINE. Continuing their advance across the desert, the British crossed the Palestinian frontier, 8 Jan., and captured Magruntein and Rafa, 9 Jan. They then continued north up the coast, and on 28 Feb. took the small village of Khan Yunis. The Turks retreated to a defense line running from Gaza to Beersheba.

Murray's assignment, the clearing of the Sinai Peninsula, had stemmed from the British need to defend the Suez Canal. Now the British high command decided to push on in order to keep the Turks occupied.

1ST BATTLE OF GAZA. 26–27 Mar. Gaza, gateway to Palestine, was a formidable objective, even though held by only some 4,000 men. The terrain made it a natural fortress. The British plan called for a cavalry screen to hold off the Turks on the east and southeast, while infantry attacked from the south. To be effective the plan had to be carried out quickly, since communications were stretched and the cavalry's horses could be watered only in Gaza. The starting point of the attack was Wadi al-Ghazze, 6 miles south of Gaza. Heavy fog on the morning of 26 Mar. hampered the attackers but the troops captured the ridges 3 miles south of the town and the cavalry found water there. Bad staff work, however, led to the withdrawal of the cavalry at a critical moment because it was believed the infantry attack had failed. The next day the Turks closed in and took the British troops in enfilade with artillery fire, forcing them to retreat back to their starting point. Casualties: British, about 4,000; Turkish, about 2,400.

2ND BATTLE OF GAZA. 17–19 Apr. Under Kress von Kressenstein the Turks had carefully fortified their positions, making them much stronger, and they had dug in along the Gaza-Beersheba road. The new British plan required an attack on this position along a 2-mi. front, beginning 2 mi. southwest of Gaza. The approach to the Turkish position was almost a glacis and made the advance very hazardous. Despite the courage with which the British attacks were pressed, they failed to pierce the Turkish lines. The British had 6,500 casualties as against 3,000 suffered by the Turks.

In June, Gen. Sir Edmund Allenby (1861–1936) was appointed to command the British forces. Allenby demanded and received reinforcements, and by Oct. the British ounumbered the Turks 2 to 1 in infantry, 8 to 1 in cavalry, and 3 to 1 in guns.

3RD BATTLE OF GAZA. 31 Oct.–7 Nov. Allenby planned a feint at Gaza while Beersheba and its vital water wells were attacked by troops who had circled to the east. The Turks, caught by surprise, put up a good fight; but although they could have destroyed the wells, failed to do so. By 1 Nov. Beersheba was in British hands and the British had begun to roll up the Turkish line. Meanwhile, 2 Nov., a British attack secured the outlying Turkish positions at Gaza, and on the night of 6–7 Nov. the Turks evacuated the town. The British gained a decision at Gaza but did not destroy the Turkish forces.

BATTLE OF JUNCTION STATION. 13–14 Nov. As the British fought their way up the coastal plain (the "Plain of the Philistines") the Turks took up positions in front of Junction Station. After 2 days of fighting it was captured with its steam water-pumping plant intact. This meant that for the first time water in large quantities was available. On 16 Nov. Jaffa was occupied.

OCCUPATION OF JERUSALEM. Part of Allenby's force had wheeled into the Judaean hills, where Falkenhayn, in command of the *yilderim* (lightning) divisions (units put together by Enver Pasha to fight in Mesopotamia but sent to Palestine because of the impossibility of transporting them to Mesopotamia), harassed it. Finally, on 8 Dec. Allenby was able to mount an attack on Jerusalem mainly from the west, with a secondary assault from the south. On 9 Dec. the municipal authorities to whom the Turks had handed over the city surrendered to Allenby. Under Falkenhayn's command the Turks attempted to recapture Jerusalem, 26–30 Dec., but they lacked the strength and a British counterattack drove them back. Over-all casualties for the whole campaign: British, about 18,000; Turkish, about 25,000.

HEJAZ REVOLT. Arab activity was not of major importance during 1917, but raids by Arabs along the Hejaz railway strained Turkish resources and caused troops to be diverted there from elsewhere. The Arab revolt was strongly influenced by T. E. Lawrence (1888–1935), an Englishman with a genius for organizing the Arabs and utilizing their strength.

MESOPOTAMIAN FRONT. Although the British drive on Kut bogged down because of the winter rains, the Turks were driven out of their Khudhaira Bend positions, 6–19 Jan., and by 16 Feb. the whole south bank of the Tigris had been cleared. On 17 Feb. an assault on Sannaiyat was thrown back in disorder, but the British heavily outnumbered the Turks and renewed the attack, 22 Feb. On 25 Feb. Kut was found deserted and in ruins. By 7 Mar. the British pursuit of the Turks had reached Diyala, on the Tigris 10 mi. below Baghdad. The Turkish positions were now outflanked, and on 11 Mar. the British entered Baghdad unopposed.

The British had taken 9,000 prisoners and an immense quantity of military material, and the Turks had lost their best base of operations in Mesopotamia. The British now drove in 3 directions to clear away the remaining Turkish opposition: east into Persia, north of the Adheim, and along the Tigris and Euphrates rivers. On 29 Sept. they occupied Ramadi, capturing most of its garrison, and on 9 Dec. drove the Turks from Khanaqin.

1918

CAUCASIAN FRONT. The Treaty of Brest-Litovsk, which gave the Turks some Russian territory, ended the war in the Caucasus, but hostilities continued as Enver Pasha, in pursuit of his trans-Caucasian ambitions, involved the Turks in the confusion of the civil war in Russia. For their efforts the Turks gained little, and transfers of troops weakened them on other fronts.

PALESTINE AND SYRIA. Bad winter weather which washed out communications stalled Allenby's offensive plans, and by the end of Mar. the German attacks on the Western Front had necessitated sending nearly 60,000 men from Palestine to France. Allenby received replacements, but these came slowly and were raw. He was able to strike twice, 22 Mar.–2 Apr. and 29 Apr.–3 May, in the Jordan Valley, but strong Turkish resistance was met. The only other important actions took place in the south, where the Arabs hacked away at the Hejaz railway, and finally completely destroyed a long stretch of it. To assist them Allenby provided regular British forces, including armored cars and machine-gun companies.

BATTLE OF MEGIDDO. Allenby planned to break through the Turkish right flank along the coastal plain using naval guns in support. A feint in force was made by the Arab Northern Army at Dera Junction on the other side of the River Jordan, 16–17 Sept. The Megiddo attack, 19 Sept., was a considerable success; before nightfall the Turkish lines had been pierced, and Nazareth, the general headquarters of Liman von Sanders, was captured next day. Haifa fell on 23 Sept. and Samakh on 25 Sept. The Turkish forces west of the Jordan were in a state of collapse.

Meanwhile, on the east side of the river, Anzac troops had captured Amman, 25 Sept., taking 10,000 prisoners, and Lawrence, leading the Northern Army, took Dera Junction, 27 Sept.

PURSUIT OF THE TURKS. The Turkish forces had now almost disintegrated. Damascus was taken, 1 Oct. Malaria and influenza broke out among the British cavalry, but the advance continued, Homs being entered on 15 Oct. Aleppo, over 300 mi. from the offensive's starting point, fell on 26 Oct. 75,000 prisoners were captured, while British casualties were about 5,700. An encounter at Haritan, 26 Oct., where troops under Mustafa Kemal checked the advance of 2 Indian regiments, was the last action before an armistice (signed 30 Oct., effective next day) ended the fighting on this front.

MESOPOTAMIAN FRONT. With the collapse of Russia the Germans and the Turks raced each other on either side of the Black Sea for the Baku oil fields and for Persia. On 18 Jan., Gen. L. C. Dunsterville (1865–1946) had been appointed chief of a British mission charged with reorganizing the scattered remnants of Russian, Caucasian, and Armenian troops into an effective force with which to halt the Turko-German advance. He failed to get through, established himself at Hamadan (about 400 mi. south of Baku), and gradually built up a British force known as "Dunster Force." At the end of July the local government in Baku, fearful of the Turkish advance, revised its earlier anti-British attitude and appealed for aid. Small forces began landing there, 4 Aug., until by the end of the month about 2,000 British troops were in Baku. Turkish attacks began, 20 Aug. The British, who received little assistance from the local government, held on against very superior forces until 15 Sept., when they re-embarked and sailed across the Caspian Sea to Enzeli (Pahlevi).

Meanwhile on the Euphrates Hit was taken, 9 Mar., by the British, and other local actions at this time harassed the Turks. Operations then virtually ceased until the autumn. On 23 Oct. the British began yet another offensive along the Tigris. The Turks withdrew to the Little Zab River, 50 miles to the north, but the British pursued them at great speed, at one point covering nearly 80 mi. in 39 hours. The ensuing Battle of Sharqat ended, 29 Oct., when the British broke through the Turkish defenses, and the Turkish commander, realizing the hopelessness of his position, surrendered the next morning. This ended hostilities on the Mesopotamian Front and an armistice came into effect the following day.

Anxious to occupy the oil fields of Mosul, the British moved on despite the armistice and entered the city, 3 Nov. After some delay British troops also reoccupied Baku, 17 Nov.

ARMISTICE. Bulgaria's surrender on 29 Sept. had isolated Turkey. The Turkish armies had collapsed and allied forces were pressing northward in Syria and Mesopotamia. On 13 Oct. the sultan dismissed Enver Pasha and the other Young Turk ministers, and a new cabinet appealed for an armistice, 14 Oct. Negotiators met, 26–30 Oct., on the British warship *Agamemnon* in Moudros Bay, Lemnos Island, with Adm. Arthur Calthorpe (1864–1937) representing the allies.

Signed on 30 Oct. to go into effect at noon the following day, the armistice called for the Turks to open the Dardanelles, demobilize their army, surrender all war vessels, facilitate the clearing of mines from the Straits, withdraw all forces from northern Persia and the Caucasus, permit allied occupation of strategic points in Turkey, and surrender all garrisons in Tripolitania, Cyrenaica, Arabia, Syria, and Mesopotamia.

THE WAR IN THE COLONIES

1914–18

GERMAN OVERSEAS EMPIRE. In 1914 Germany had a colonial empire over 1 m. sq. mi. in extent. In Africa, her colonies were Togo, Cameroons, South-West Africa, and German East Africa; in the Pacific, the Bismarck Archipelago, North-East New Guinea (Kaiser-Wilhelmsland), Western Samoa, the Caroline and Marshall Islands, and parts of the Solomon and Mariana Islands. In China the Germans held a 99-year lease, obtained in 1898, on Kiaochow. Germany's overseas territories had a total population of about 15 m., of whom only about 25,000 were Germans.

KIAOCHOW. German Kiaochow consisted of about 200 sq. miles on the south coast of the Shantung Peninsula. Tsingtao, its excellent port, was located at the end of a small subsidiary peninsula 3½ mi. wide at the isthmus. By 1914 Tsingtao had been turned into a strong, modern fortress protected by heavy guns covering the coast and by well-fortified defensive zones across the neck of the peninsula. The regular garrison of about 4,000 German marines had been augmented by some 2,500 reservists, Germans and Austrians who had gathered there at the outbreak of war.

On 15 Aug., 1914, Japan demanded that the Germans evacuate the area. Receiving no suitable reply, the Japanese declared war, 23 Aug. On 27 Aug. a Japanese fleet invested the port, but too late to prevent the escape of the German Far Eastern naval squadron. Japanese troops landed at Lungkow, 2 Sept., on the far side of Shantung, and came into contact with German outposts, 14 Sept. Another landing was made, 18 Sept., this time closer to the defensive zone. On 23 Sept. British forces from Hong Kong landed at Laoshan Bay. By 15 Oct. allied troops (about 30,000 Japanese and 1,500 British) were within 5 mi. of Tsingtao. On 31 Oct. bombardment by land and from the sea began as regular methods of siege warfare were adopted. On the night of 6–7 Nov. a general assault captured the infantry redoubts, and at 6:20 A.M. on 7 Nov. the German governor hoisted a white flag. German losses were 199 killed and about 500 wounded; Japanese casualties were 1,800 and British 70.

THE PACIFIC. The German islands in the Pacific fell an easy prey to the allied forces. On 30 Aug., 1914, a New Zealand force occupied Western Samoa, and on 11 Sept. the Australians landed on New Britain in the Bismarck Archipelago. German and indigenous forces in North-East New Guinea surrendered, 21 Sept. On 7 Oct. the Japanese occupied the Marshall and Caroline Islands, and on 9 Dec. an Australian force moved on the Solomon Islands. Little fighting accompanied these actions.

TOGO. German Togoland was a strip of territory in West Africa about 90 mi. wide and 300 mi. deep. Some 100 mi. inland, at Kamina, there was a powerful wireless station, which served as the chief German radio link between Europe and Africa. On 7 Aug., 1914, small Anglo-French forces, pushing in from both sides, captured Lomé, the port. The allied force then moved north, and on 27 Aug., after blowing up the Kamina wireless facilities, the German force there surrendered.

SOUTH-WEST AFRICA. The Germans had few troops in South-West Africa, since they anticipated receiving help from Boers rebelling against the British in South Africa. British South African forces took Lüderitz, 19 Sept., 1914, but further action had to await the suppression by Gen. Louis Botha (1862–1919) of a rebellion, Oct. 1914–Feb. 1915, which involved some of the commanders and troops intended for the South-West African campaign. Botha took command, and the South Africans renewed their assault in Jan. 1915. The campaign was mainly a struggle against nature and the climate rather than against a hard-fighting enemy. 60,000 South Africans moved against the Germans from 4 directions. 20,000 under Botha landed at Swakopmund, 25 Dec., 1914; proceeded against Windhoek, the capital; and captured it, 12 May, 1915. Another force of 24,000 advanced inland from Lüderitz. A third force of 8,000 moved north over the River Orange, and a fourth of about 2,000 crossed the border from the east. The Germans retreated inland to Otavi, at the end of the railway line. Surrounded, they asked for terms, 6 July, and capitulated, 9 July. German casualties, exclusive of indigenous troops, were 1,200; South African losses were 275 killed and 318 wounded.

CAMEROONS. Here German plans called for withdrawal of all forces to Yaoundé, some 200 mi. inland from the coast. On 20 Aug., 1914, a French force, including a Belgian contingent, invaded from the southeast. British troops crossed the frontier from Nigeria, 25–27 Aug., but were soon driven back. On 26 Sept. a joint Anglo-French amphibious expedition attacked Duala, 20 mi. up the River Wuri. Duala surrendered the next day, though most of its garrison escaped.

Allied pursuit resulted in the capture of Edia, 35 mi. to the southwest, on 26 Oct., but again the bulk of the German forces got away. After an unsuccessful counterattack the Germans retreated to Yaoundé. Beset by German guerrilla action and ambushed by hostile Africans, the allies took over a year to reach Yaoundé, and when, 1 Jan., 1916, the British entered it, they found it empty. The German forces had evacuated the town, and had begun a 125-mi. trek to neutral Spanish Guinea, which they ultimately reached successfully. By the end of Feb. all German garrisons had been cleared from Cameroons. Battle losses were small on both sides, disease being the main killer.

GERMAN EAST AFRICA. German East Africa (Tanganyika) was the largest and richest of the German colonies as well as the most difficult to conquer. A German force of about 3,500 whites and 12,000 Africans was skillfully led by Gen. Paul von Lettow-Vorbeck (1870–1964). On 8 Aug., 1914, British cruisers bombarded Dar-es-Salaam, the chief port. During Sept. Lettow-Vorbeck directed a series of raids across the borders of British East Africa and Uganda, at one time threatening Mombasa. On 2 Nov. Indian troops landed at Tanga, but German attacks as well as harassment from wild bees caused severe losses, and reembarkation took place, 4–5 Nov. The year 1915 was spent in sporadic and indecisive fighting along the lakes and frontiers. The Germans seized portions of the Uganda Railway. The conquest of German South-West Africa allowed many of the South African troops there to be transferred for operations against German East Africa. Gen. Jan Christiaan Smuts (1870–1950), who had under his command about 20,000 men, moved south against Lettow-Vorbeck, while other columns converged from Uganda in the east and Rhodesia to the south. The Germans rarely stood and fought; when confronted by superior numbers they scattered into the bush and proved very elusive. Meanwhile the South Africans, unused to the climate, suffered severely from disease and were slowly replaced by Nigerian troops. During 1916–18 British battle casualties were 10,717, but nonbattle casualties totaled 336,940. Despite his elusiveness Lettow-Vorbeck was gradually pushed into a corner. Smuts left, Jan. 1917, for an Imperial Cabinet post in London, but his successors continued the offensive. The main German force of 5,000 men was surrounded near Mahenge and surrendered, 28 Nov., 1917, while Lettow-Vorbeck, with about 1,300 troops and now commanding the only German force left in the field, withdrew south across the Portuguese frontier. For the remainder of the war Portuguese and British troops pursued him as he led them a hard chase through Mozambique, back into German East Africa, and then into Northern Rhodesia. He surrendered, 23 Nov., 1918, at Abercorn, only after having been informed of the armistice.

THE WAR AT SEA

1914–18

NAVAL STRATEGY. 1914. In late July 1914, as the Serbian crisis deepened, the British and German fleets were mobilized and concentrated in home waters. British naval strategy throughout the war aimed at forestalling a German invasion of Britain, preventing war materials from reaching the Central Powers by sea, and containing the German High Seas Fleet by stationing fleets in the North Sea and the English Channel. German strategy was to wear down British sea power through raids and submarine and mine warfare until the British fleet could be engaged with good prospects of a successful battle.

NORTH SEA AND ENGLISH CHANNEL OPERATIONS. 1914–15. When hostilities broke out, 4 Aug., the British Grand Fleet under Admiral Sir John Jellicoe (1859–1935) began the 1st of its sweeps through the North Sea. Between 5 and 23 Aug. the British Expeditionary Force was convoyed to France without loss. British units raided the German coast on the night of 28–29 Aug., trapping a German patrol in the Battle of the Helgoland Bight. The Germans lost 3 light cruisers and a destroyer. The Germans now intensified their mine and submarine operations around the British Isles. On 22 Sept. the *U-9* sank 3 British cruisers within an hour. Following this action, new orders were issued limiting the use of heavy ships on patrol in submarine waters. In late Sept. British naval units escorted troops to Antwerp, and through Oct. supported the withdrawal down the Belgian coast. The fear of submarine penetration of Scapa Flow led to the movement of the Grand Fleet to Lough Swilly, 20 Oct., where it remained until defenses at Scapa Flow were improved. The battleship *Audacious* was destroyed by a mine, 27 Oct. On 2 Nov. the North Sea was declared a military area, and all neutrals were warned that travel outside prescribed routes was at their own risk. German cruisers raided Gorleston, 3 Nov., while Scarborough and Hartlepool were bombarded, 16 Dec. British battle cruisers forestalled another raid when they defeated a German squadron, 24 Jan., 1915, in the Battle of the Dogger Bank. During the rest of 1915 the German fleet put to sea only to support minelaying operations.

CRUISER AND RAIDER CAMPAIGN. 1914–15. At the beginning of the war there were 13 German cruisers detached from the High Seas Fleet, along with 7 gunboats; 5 armed merchantmen also put to sea. Aside from the cruisers *Goeben* and *Breslau,* which were able to elude the British Mediterranean squadron and escape to the Dardanelles, 10 Aug., the rest of these German ships were neutralized by early 1915.

The German light cruiser *Emden* was able to slip away from Tsingtao in early Aug. and reach the Indian Ocean. Before the *Emden* was sunk, 9 Nov., she had destroyed 15 ships. The rest of the German Far East Squadron under Adm. Count Maximilian von Spee (1861–1914) was able to evade allied forces in the Pacific and make for South America. After bombarding Papeete, 22 Sept., and cutting the British cables at Fanning Island, Spee's cruisers rendezvoused with the *Dresden,* from the West Indies, and the *Leipzig,* from the California coast. The enlarged squadron sank 2 British cruisers in the Battle of Coronel, 1 Nov., off the Chile coast. British squadrons were quickly concentrated in the Southern Pacific and Atlantic. On 8 Dec. Spee's cruisers were sighted, and 4 of his 5 ships were lost in the Battle of the Falkland Islands. The remaining cruiser, the *Dresden,* was hunted down and destroyed, 14 Mar., 1915.

The cruisers *Karlsruhe* and *Königsberg* had successful careers as raiders until the *Karlsruhe* blew up at sea, 4 Nov., and the *Königsberg* was discovered and destroyed in the Rufiji River, 11 July, 1915.

Of the German commercial raiders, the *Kaiser Wilhelm der Grosse* was sunk off Rio de Oro, 26 Aug., 1914, while the *Cap Trafalgar* was sunk off Trinidad, 14 Sept. The *Kronprinz Wilhelm* was interned at Newport News, 8 Apr., 1915, as was the *Prinz Eitel Friedrich,* 12 Mar. During their short campaign the German cruisers and raiders were able to sink about ⅔ of 1% of British commercial shipping.

NAVAL SUPPORT OF LAND CAMPAIGNS. 1914–15. Action in the Pacific centered around the successful Anglo-Japanese amphibious attack on German Tsingtao, 2 Sept.–7 Nov., 1914. The Australian squadron assisted in the conquest of German Samoa, 30 Aug., and German New Guinea, 11–15 Sept. British naval units assisted in the capture of Douala, 27 Sept., and were employed in blockade duties and river warfare throughout the Cameroons campaign. British battleships and cruisers helped the South African army occupy Walvis Bay and Swakopmund, German South-West Africa, Jan. 1915. Units from the Indian squadron were involved in the abortive amphibious operations at Tanga, 2–5 Nov., 1914, and in the blockade of German East Africa begun in Mar. 1915.

SUBMARINE WAR ON COMMERCE. 1915–16. On 4 Feb., 1915, the German government declared a submarine blockade of Great Britain beginning 17 Feb. Strong U.S. protests against the sinking of the *Lusitania,* 7 May, and the *Arabic,* 19 Aug., led to a revision of German submarine policy. On 1 Sept. the German government announced that no more passengêr liners would be sunk without warning and without provision for the safety of noncombatants. Following the announcement, 21 Feb., 1916, that armed merchantmen would be treated as cruisers, the Germans began a period of unrestricted submarine warfare. When the *Sussex* was sunk, 24 Mar., 1916, with the loss of American lives, the U.S. government issued a virtual ultimatum which temporarily ended unrestricted submarine warfare, 10 May.

MEDITERRANEAN AND DARDANELLES CAMPAIGNS. 1914–16. Initially, operations in the Mediterranean were limited to transporting French North African forces to Europe, early Aug. 1914. A French blockade was established over the Austrian fleet in the Adriatic, 16 Aug., while the Dardanelles were blockaded by the British, 29 Oct., following a German-Turkish naval raid on the Russian Black Sea coast.

In early 1915, Russian appeals for relief of the pressure on the Caucasus front led to the attempt to penetrate the Dardanelles. Naval operations began, 19 Feb., but the Anglo-French fleet could not silence the Turkish shore batteries or sweep the mine fields. On 18 Mar. a concerted attack was launched, but it was beaten off with the loss of 1 French and 2 British battleships. The failure of the fleet to force a passage through the Straits led to the Gallipoli Campaign, 25 Apr., 1915–9 Jan., 1916. During this operation, 3 more British battleships were lost.

After the failure of the Dardanelles campaign, emphasis shifted back to blockading the Adriatic and the Dardanelles. After Italy entered the war, May 1915, a combined Anglo-Italian fleet was responsible for containing the Austrian fleet. Utilizing Austrian and Greek ports, German and Austrian submarines ranged all through the Mediterranean, preying upon commerce and supply vessels bound for Salonika and the Near East.

NORTH SEA OPERATIONS. 1916. In early 1916 Adm. Reinhard Scheer (1863–1928) was given command of the German High Seas Fleet and adopted a new activist policy. German destroyer groups put to sea more often. Yarmouth and Lowestoft were bombarded by German battle cruisers, 24 Apr., 1916. The High Seas Fleet sailed, 30 May, to trap part of the British Grand Fleet. The British under Adm. Jellicoe were alerted, and the 2 battle fleets engaged in the Battle of Jutland, 31 May. British losses were heavier—3 battle cruisers, 3 cruisers, and 8 torpedo boats against 1 battleship, 1 battle cruiser, 4 light cruisers, and 5 torpedo boats for the Germans—but the British Grand Fleet retained control over the North Sea. Another fleet encounter was narrowly averted by the Germans, 19 Aug. The British lost 2 cruisers, while 2 U-boats were sunk. German destroyer flotillas raided the Strait of Dover, 26–27 Oct., sinking 2 British destroyers.

UNRESTRICTED SUBMARINE WARFARE. 1917–18. By late 1916 German U-boats were sinking some 300,000 tons of shipping a month. In an attempt to cut Britain off from her overseas suppliers and thereby end the war, the Germans declared a policy of unrestricted submarine warfare after 1 Feb., 1917. The U.S. soon broke diplomatic relations, and on 6 Apr. declared war on Germany. Although the German campaign reached a peak of 875,000 tons destroyed in Apr. 1917, the introduction of convoys, 10 May, and the increased use of antisubmarine craft began to turn the tide. By early 1918 the allies were launching more new tonnage than was being destroyed.

THE MEDITERRANEAN. 1917–18. Allied shipping losses to German and Austrian submarines became serious by mid-1917. In Aug. protection of trade was placed under the control of a single British commander at Malta, while a convoy system was begun under British and Japanese destroyer protection. The German cruisers *Goeben* and *Breslau* raided into the Mediterranean, 20 Jan., 1918. After destroying 2 British monitors, the *Breslau* was blown up by a mine, and the severely damaged *Goeben* retired to the Dardanelles.

Austrian attempts to pierce the Adriatic blockade, Apr. and June, failed. On 31 Oct., 1918, Italian torpedo craft were able to enter the Austrian base at Pola, where they sank the battleship *Viribus Unitis*.

NORTH SEA OPERATIONS. 1917–18. British and German destroyer groups clashed in raids off the Dover and Dutch coasts, 23 Jan., 17 Mar., 20 and 26 Apr., 2 May, 1917; 17 Nov., 14 Jan., and 15 Feb., 1918. German light cruisers attacked the Scandinavian convoy, 27 Oct., 1917, sinking 2 British destroyers and 9 merchantmen. After the raid of 12 Dec., in which a destroyer and 4 armed trawlers were sunk, the British strengthened the escorts and reorganized the Scandinavian routes.

British attempts to blockade German submarines in their bases led to attacks on Zeebrugge and Ostend, 22–23 Apr., 1918. While the entrance to Zeebrugge was partially blocked, the attempt at Ostend failed. Another attack on Ostend, 9–10 May, also was unsuccessful. Both submarine bases were finally overrun in the British land offensive, 17–20 Oct., 1918.

DESTRUCTION OF THE HIGH SEAS FLEET. In late Oct. 1918 plans were laid by the Germans for a last raid into the English Channel. As the High Seas Fleet began to get under way, 29 Oct., mutiny broke out, and the fleet was immobilized. Under the terms of the 11 Nov. armistice, the Germans were to surrender 10 battleships, 6 battle cruisers, 8 light cruisers, 50 destroyers, and all their submarines. These terms were complied with, 20–21 Nov. Following the imposition of the naval clauses of the Versailles Treaty, an additional 8 battleships, 8 light cruisers, and 92 destroyers and torpedo boats were surrendered. On 21 June, 1919, most of the ships of this fleet were scuttled by their crews at Scapa Flow.

THE PEACE

1918–21

PARIS PEACE CONFERENCE. Following the armistice of 11 Nov., 1918, representatives of the major allied and associated powers held preliminary meetings, and on 12 Jan., 1919, the Council of 10, consisting of 2 delegates each from France, Britain, Italy, Japan, and the U.S., was organized to formulate the terms of the peace. Representatives of the other states which had fought against the Central Powers or had broken off diplomatic relations with them were each given a vote in the plenary sessions. Neutral states were permitted to attend those sessions to which they were summoned by the Council of 10.

At the 1st plenary session, 18 Jan., 1919, it became clear that the small powers would act only to approve the decisions reached by the Council of 10. Georges Clemenceau was elected president of the conference. The secretary general selected by the Council of 10 was appointed, and a drafting committee whose members represented the 5 major powers was approved.

The work of the conference was divided between a number of commissions. A Supreme Economic Council was established, 8 Feb., 1919, to advise the conference on economic measures needed until the peace negotiations were completed. Commissions were also created to investigate war guilt; reparations; the establishment of a League of Nations Covenant; international labor legislation; international control of certain ports and transportation networks; economic, financial, and territorial questions; inter-allied military affairs; and aeronautics. On all these commissions, representatives of the 5 major powers constituted a majority. The Supreme War Council, which sat at Versailles under the presidency of Marshal Foch, supervised the execution of the terms of the armistice.

During Feb. and Mar. 1919 the Council of 10 was gradually abandoned in favor of a Council of 4, consisting of Clemenceau, Lloyd George, Orlando, and Wilson. The Japanese plenipotentiary attended only those meetings which dealt with matters of concern to Japan. The ministers of foreign affairs of these states met as a Council of 5 to work out minor technical and executive matters.

ISSUES BEFORE THE CONFERENCE. The main issues confronting the Council of 4 were French attempts to separate the territory east of the Rhine and the Saar from Germany, French insistence that Germany be held responsible for reparations up to the limit of its capacity to pay, and Polish claims to Danzig. Following Wilson's threat to abandon negotiations and return to the U.S., 7 Apr., 1919, the deadlock on these matters was broken and compromises were reached. The Rhineland was demilitarized, while control of the Saar was vested in the League of Nations for 15 years, after which a plebiscite would decide whether the territory would remain under League control, join France, or rejoin Germany. French views prevailed in the matter of reparations. Danzig was made a free city under the League's protection, and Poland was guaranteed access to the Baltic Sea. The Covenant of the League was made an integral part of the treaty and was approved by the conference, 28 Apr., 1919.

Lesser crises developed over Italian, Yugoslavian, Belgian, and Japanese claims. Italy's demands for territories up to the Brenner Pass were met, but its claims on the eastern shore of the Adriatic, including Fiume, were left unresolved. While Yugoslavian indemnity claims were dismissed, Belgium was assured preferred treatment on reparations. Japanese resistance to Wilson's attempts to return German Shantung to China resulted in a compromise by which Japan pledged to restore Chinese sovereignty over Shantung as soon as possible.

On 7 May, 1919, the draft treaty was presented to the chief German delegate, Count Ulrich von Brockdorff-Rantzau (1869–1928). Although the German delegation vehemently protested the reparations clauses as too severe and the other terms of the treaty as inconsistent with the pre-armistice agreement, only minor revisions were conceded. The treaty was signed, 28 June, 1919.

THE TREATY. The Treaty of Versailles consisted of 15 parts, with 440 articles. Part I set forth the Covenant of the League of Nations. Germany's frontiers were redrawn in Parts II and III, the Rhineland was demilitarized, and schedules for plebiscites in the Saar, Schleswig, East Prussia, and Upper Silesia were outlined. In Part IV Germany ceded all its overseas territories, which were given over to the allies as mandated territories, and Germany's special rights in China, Siam, Egypt, Morocco, and Liberia were canceled. The military clauses of Part V reduced the German army to 100,000 men, disbanded the general staff, severely limited the size of the German navy, and prohibited any military air forces. Part VI provided for the return of prisoners of war and the maintenance of graves. Provisions to punish Kaiser Wilhelm II and other Germans accused of war crimes were outlined in Part VII. Germany's responsibility, along with that of its allies, for the war was set forth in Part VIII along with the reparations procedures. Parts IX and X dealt with financial questions and the restoration of commerce. By Part XI the allies were given full liberty to fly over Germany until 1 Jan., 1923. Part XII guaranteed Czechoslovakia access to the sea; recognized the Rhine, Elbe, Oder, Niemen, and Danube as international waterways; and established commissions to govern them. The International Labor Organization was created by Part XIII. Procedures to guarantee Germany's compliance with the treaty were set out in Part XIV, and a number of miscellaneous matters occupied Part XV.

RATIFICATION OF THE TREATY. Germany ratified the treaty, 9 July, 1919; Britain followed, 31 July; Italy, 7 Oct.; France, 13 Oct.; and Japan, 27 Oct. The U.S. Senate rejected the treaty, 19 Nov., 1919. Germany agreed to give compensation for the scuttling of its fleet in a separate protocol, 10 Jan., 1920. Ratifications were exchanged, 10 Jan., and the League of Nations was formally inaugurated, 16 Jan., 1920.

FORMATION OF THE LEAGUE OF NATIONS. The League grew out of efforts to provide for a postwar system of mutual security, and to create mechanisms for international social and economic co-operation. The Covenant of the League, as set forth in Part I of the Treaty of Versailles, established the constitutional basis of this new system. Membership was to consist of the allied signatories of the treaty, and of 13 neutral states. Other states could be admitted after approval by a ⅔ majority of the Assembly. The League Covenant provided for 3 major organs. The Assembly, comprising representatives of all the members, could deal with any matters within the League's competence. The Executive Council, composed of representatives of France, Britain, Italy, Japan, and the U.S. as permanent members, and 4 others elected by the Assembly, was to have primary responsibility for peacekeeping. Both the Council and the Assembly were to act by unanimous vote. A permanent secretariat was created, and its expenses were to be borne by the member states.

The Covenant provided for disarmament and established procedures for the peaceful settlement of disputes or the implementation of sanctions. It also provided for a permanent international court, the registration and publication of all treaties, and the operation of the mandate system.

Although the U.S. Senate rejected the Versailles Treaty containing the Covenant, both became effective for other signatories, 10 Jan., 1920, and the 1st meeting of the Executive Council followed on 16 Jan. The 1st Assembly convened in Geneva on 15 Nov. A number of subsidiary organs were established, including 2 commissions on military affairs, the Economic and Financial Committees, the Communications and Transit Organization, and the Health Organization. The Permanent Mandates Commission and the Refugee Organization followed in 1921. The International Labor Organization, created by Part XIII of the Versailles Treaty, began independent operation. Established on 21 Jan., 1920, a Conference of Ambassadors (representing the allies) paralleled the League in its early years.

Europe Between the Wars

WESTERN EUROPE AND THE RISE OF FASCISM

1918–24

POSTWAR ELECTIONS. In Great Britain, efforts to keep the tripartite wartime coalition together failed as the Labour Party and part of the Liberal Party refused to continue under Lloyd George's leadership. What remained of the coalition campaigned on a platform of: Germany "must pay to the uttermost farthing," and Britain must be made a land "fit for heroes to live in." The new Conservative-dominated coalition won, 14 Dec., 1918, an unexpectedly decisive victory (c. 500 out of 707 seats).

In Germany, National Constituent Assembly elections were held on 19 Jan., 1919, 4 days after the violent suppression of the "Spartacist Week" demonstrations, 6–15 Jan., had ended with the murder of the Spartacist (now Communist) leaders, Karl Liebknecht and Rosa Luxemburg. The German electorate, now consisting of the entire adult population (universal suffrage adopted 24 Oct., 1918), repudiated extremist agitation. The 3 parties supporting the republic without apology—the Majority Socialists (moderate Social Democrats), Catholic Centrists, and Democrats—won 326 of 421 seats.

In France, a large multimember district system with no second ballot was adopted, 12 July, 1919. The comparative unity of the conservative National Bloc enabled it to take advantage of this proportional representation system, and gain 376 or two-thirds of the Chamber of Deputies seats, 16 Nov.

Italy did not receive the Dalmatian coast as promised by the Treaty of London, 26 Apr., 1915, and Premier Vittorio Orlando (1860–1952) was forced to resign, 19 June, 1919, for alleged mismanagement of the peace negotiations. Francesco Nitti (1868–1953), who succeeded him, called a national election. On 16 Nov., under a new proportional representation system, adopted 2 Sept., the trend away from coalitions and toward parties adamant on principles became clear. Socialists with 156 and Christian Democrats with 100 seats constituted more than half the Chamber of Deputies.

WEIMAR CONSTITUTION. 31 July, 1919. Germany was declared a federated nation, political authority being executed in national affairs by the national government and in state affairs by state governments. The Legislature was to consist of the Reichsrat, representing the states, and the Reichstag, representing the people as a whole. The president was to be elected by popular vote for a 7-year term. Article 48 gave the president the power in case of emergency to take all necessary measures to restore public order, including the suspension of civil rights stipulated in the constitution.

BRITISH INDUSTRIAL UNREST. In Britain labor stoppages took place, the most serious being the coal miners' strike of 24–29 Mar., 1919. Many Britons considered too limited such government measures as the Housing and Town Planning Act (Addison Act), 31 July, 1919, and the 1920–22 Unemployment Insurance Acts.

IRISH INDEPENDENCE. On 7 Jan., 1919, 26 of the 73 Irish M.P.'s in the British House of Commons met in the Mansion House, Dublin, to establish an independent assembly, the Dail Eireann. An undeclared state of war followed between the I.R.A. (Irish Republican Army) and the R.I.C. (Royal Irish Constabulary). Fighting continued despite passage of the Better Government of Ireland Act, 23 Dec., 1920, by the British Parliament. The Irish Free State was officially established in Jan. 1923.

WEAKNESS OF THE WEIMAR REPUBLIC. In Germany, a large segment of the population continued to oppose the republic. On 13 Mar., 1920, Wolfgang Kapp (1858–1922) led a *Putsch* in Berlin in the name of the monarchy, forcing the government to flee first to Dresden and then to Stuttgart. Kapp capitulated, 17 Mar., after a paralyzing general strike by Berlin workers. That dissatisfaction with the republic was not confined to disgruntled soldiers was evidenced by the election of 6 June, 1920, in which the strength of the "Weimar Coalition" parties fell to only half the Reichstag seats. On 10 May, 1921, right-wing terrorists began a campaign against republican notables by assassinating Karl Gareis (1844–1921), leader of the Bavarian Independents and vocal opponent of the "free corps" associations. Other victims were Matthias Erzberger (1875–1921), 26 Aug., 1921, and Walther Rathenau (1867–1922), 24 June, 1922.

FRENCH ATTITUDE TO GERMANY. In France, although some became interested in the Soviet experiment and joined the Communist Party, most people were preoccupied with the problems of securing France against the German invasion of revenge which they were certain would come. France had suffered most from the war: 1,654,550 lives lost, and $10 billion in property damage. The legislature, dissatisfied with the provisions of the Treaty of Versailles regarding geographical security and fearing the ambitions of Premier Georges Clemenceau, denied him the presidency, 17 Jan., 1920. Political success accrued to those adopting a hard line on Germany. When Premier Aristide Briand (1862–1932) showed a willingness to grant a moratorium on German reparation payments during the Cannes Conference, 6–13 Jan., 1921, severe opposition from President Alexandre Millerand, the legislature, and the press forced him to give way to Raymond Poincaré (1860–1934).

RISE OF MUSSOLINI. In Italy, severe economic difficulties and wounded national pride were the basic causes of postwar unrest and extremism. Peasants seized areas promised them during the war. On 31 Aug., 1920, a breakdown of wage negotiations in the metallurgical industry led to a lockout. Workers responded by occupying some large northern factories, remaining there for 8 weeks. Premier Giovanni Giolitti (1842–1928) refused to use force, and the incident was cited by such right-wing groups as the Fascist Party of Benito Mussolini (1883–1945) as an example of the Socialist danger. Giolitti's nonintervention gave new confidence to labor, and 1920–21 saw a rash of work stoppages. Party leaders, unable to cope with the situation, further weakened themselves by continuing to express their dissatisfaction with the peace settlement, thus magnifying their own failures. On 12 Sept., 1919, Gabriele D'Annunzio (1863–1938) took over Fiume and established a petty dictatorship. Giolitti secretly supported him for a time, but on 27 Dec., 1920, the D'Annunzio regime was brought to an end by Italian troops. Giolitti signed the Treaty of Rapallo with Yugoslavia, 12 Nov., 1920, and alienated the upper classes and the church by his plan to make bondholders register and pay taxes. He was compelled to seek new support through a national election. On 15 May, 1921, with the Fascists included in the Giolitti bloc, the election brought Mussolini 35 seats in the Chamber and political respectability. The Socialists forced out Giolitti's successor, Ivanoe Bonomi (1873–1951), on 2 Feb., 1922, and Luigi Facta (1861–1930) became premier, 25 Feb. A vote of no confidence caused Facta's fall, 21 July, but because only Mussolini was willing to form a government, he resumed office, 31 July. Finally, with the government completely debilitated, a curiously hesitant Mussolini agreed to the Fascist "March on Rome," 27 Oct. King Victor Emmanuel III (ruled 1900–1946), fearing the royal aspirations of his cousin the Duke of Aosta, would not proclaim martial law, and Mussolini's "black shirts" took control of Rome. On 31 Oct. Mussolini was appointed premier, and on 25 Nov. he received dictatorial powers until 31 Dec., 1923, to restore order and enact reforms.

WAR REPARATIONS. Although a Reparation Commission was created by Art. 233 of the Treaty of Versailles to calculate the total war damage for which Germany was to be held responsible, allied statesmen decided that the issue was diplomatic as well as economic, and held 8 meetings before the final decision date stipulated by the treaty, 1 May, 1921. At a London meeting, 21 Feb.–14 Mar., 1921, a German counterproposal on reparations provoked the allies into drawing up a list of alleged German treaty defaults and an ultimatum of acceptance of allied reparation terms, drafted at a conference in Paris in Jan., or military sanctions. When the German delegation balked, the threatened military occupation of Düsseldorf, Duisberg, and Ruhrort on the rim of the Ruhr Basin was carried out, 8 Mar., 1921. On 27 Apr. the Reparation Commission announced the total bill: 132 billion gold marks. Failing to secure concessions, German Chancellor Konstantin Fehrenbach (1852–1926) resigned, 4 May. The allies issued, 5 May, an ultimatum giving Germany a week to accept the announced sum or face occupation of the Ruhr. Josef Wirth (1879–1956) of the Catholic Center Party, with the support of the Weimar coalition, formed a government, 10 May, and yielded, 11 May.

REPARATIONS DIPLOMACY. After paying the 15 July and 15 Oct., 1921, installments, concluding the Loucheur-Rathenau or Wiesbaden Agreement, 6 Oct., for the direct supply of reparation material, and delivering bond payments, 28 Oct., Germany requested a moratorium for the part of her debt due on 15 Jan. and 15 Feb., 1922, because of the Nov. 1921 collapse of the mark. A conference of allied leaders at Cannes, 6–13 Jan., 1922, reviewed the request. Simultaneously, Briand and Lloyd George attempted to heal the postwar breach in Anglo-French relations caused by British failure to ratify a treaty of guarantee against a German invasion of France, disputes over the meaning of the plebiscite in Upper Silesia, 20 Mar., 1921, and such other matters as the French insistence during the Washington Naval Conference, 12 Nov., 1921–6 Feb., 1922, on construction of a submarine fleet and the British refusal to become involved in the affairs of France's ally, Poland. A proposed Anglo-French defensive alliance failed because of French popular dissatisfaction with Briand's willingness to accept the reparations moratorium, although at the conclusion of the conference the moratorium was granted.

To examine the general economic situation in Europe the allies called the Genoa Conference, 10 Apr.–19 May, 1922, to which the Soviet Union was invited. To the surprise of the allies, on 16 Apr. at Rapallo German Foreign Minister Rathenau and Soviet Foreign Minister Chicherin signed a treaty restoring diplomatic relations and renouncing all past financial claims. This treaty led to a secret arrangement whereby Germany's tank and air forces were to be allowed to train in Russia (a violation of the Treaty of Versailles) in return for an annual payment and the use by the Soviet Union of German military experts. The Genoa Conference was paralyzed by Poincaré's adamant insistence on the payment by the Soviet Union of prewar debts.

GERMAN INFLATION. The continued fall of the mark resulted in a cessation of timber deliveries to the German government, which in turn caused it to default in reparations (sawn timber and telegraph poles). The French, Italian, and Belgian representatives on the Reparation Committee judged, 26 Dec., 1922, Germany in default, despite British opposition to the motion. The French, who considered Germany deliberately unco-operative, used this ruling as an excuse, and French and Belgian troops began to occupy the Ruhr, 11 Jan., 1923. German Chancellor Wilhelm Cuno (1876–1933) adopted a policy of passive resistance, and French and Belgian technicians had to be brought in to operate mines and railways. In an effort to subsidize those most directly involved in passive resistance, Germany printed additional paper money, precipitating an inflation so extreme (DM 2,520 billion to U.S. $1 on 15 Nov.) that barter replaced money as a system of exchange. Gustav Stresemann (1878–1929) of the People's Party replaced Cuno, 13 Aug., and ended the policy of passive resistance, 26 Sept.

The franc had also fallen and Frenchmen were tiring of Poincaré's futile display of strength. In the elections of 11 May, 1924, the Cartel of the Left won enough seats to displace Poincaré. The last of the occupation troops left the Ruhr, 31 July, 1925. Meanwhile the German monetary crisis had been ended by the issue of the *Rentenmark,* based theoretically on the country's total industrial and agricultural resources. The formulator of this scheme was Hjalmar Schacht (b. 1877), appointed president of the Reichsbank, 22 Dec., 1923.

BRITISH LABOUR GOVERNMENT. In Britain, 15 Nov., 1923, national elections called by the Conservative Stanley Baldwin (1867–1947), who had taken over as prime minister from his colleague Andrew Bonar Law (1858–1923), 22 May, were held. Baldwin had gone to the country on the issue of a protective tariff which he wanted as a means of combating unemployment. His party, which had a majority of 87 seats, lost 90, and Ramsay MacDonald (1866–1937) came in at the head of a Labour ministry. MacDonald extended Britain's postwar policy of international co-operation to such previously taboo areas as the establishment of diplomatic relations with the Soviet Union, 1 Feb., 1924. He was forced into calling new elections, however, by a vote of censure, 8 Oct., on the government's handling of the "Campbell Case," an affair involving a Communist editorial urging British workers not to participate in wars against other workers. On 25 Oct., 5 days before the election, a letter purporting to be from the Comintern chief, Grigori Zinoviev, suggesting means whereby the Labour Party might be taken over and a revolution precipitated, appeared in the Conservative *Daily Mail.* The result was a Conservative election victory and the return of Baldwin. Austen Chamberlain (1863–1937) became foreign secretary and continued the MacDonald policy of international co-operation.

HERRIOT MINISTRY. In France, Edouard Herriot (1872–1957), leader of the victorious left coalition, refused to take over from Poincaré unless President Alexandre Millerand, who had publicly favored the right, resigned. Millerand bowed, and Gaston Doumergue (1863–1937) replaced him, 13 June, 1924. With Herriot as premier, French foreign policy became more flexible, as exemplified by the 28 Oct. recognition of the Soviet Union; nevertheless, the question of security against Germany in the form of the active maintenance of France's defensive alliances with Belgium, 7 Sept., 1920, Poland, 19 Feb., 1921, and Czechoslovakia, 25 Jan., 1924, continued to be of the utmost concern.

RULE OF STRESEMANN. In Germany, Chancellor Stresemann, once a firm monarchist and opponent of the Treaty of Versailles, now believed that Germany must co-operate with France in order to end mutual suspicion and rebuild the Reich. However, he was faced with various problems resulting from the Ruhr crisis: a French-supported Rhineland separatist movement, serious Communist advances in Saxony and Thuringia, and extreme-right activity in Bavaria. One aspect of the Bavarian problem was the abortive revolution, 8–9 Nov., 1923, staged by the Nazi (Nationalsozialistische Deutsche Arbeiterpartei) Party leader, Adolf Hitler (1889–1945), who was given a lenient sentence of 18 months in Landsberg Prison by a sympathetic German judiciary. Rhineland separatism failed, and the army suppressed Communists in Saxony and Thuringia. Stresemann's delicate treatment of the rightist threats and his thorough subduing of leftist actions brought a no-confidence vote in the Reichstag, 23 Nov., compelling him to resign. Centrist Wilhelm Marx (1863–1946) succeeded him, 30 Nov., though Stresemann remained as foreign minister and immediately illustrated his policy of co-operation with the allies by supporting the suggestions of the Dawes Commission (plan announced 9 Apr., 1924, accepted by the Reichstag 28 Aug.) concerning rearrangement of the reparations schedule and acceptance of an allied loan of 800 m. gold marks.

FASCIST RULE IN ITALY. Unlike other major Western European nations, Italy did not experience changes of political personnel in the early 1920's, but she did undergo a change of attitude toward existing policies. The Fascist regime became entrenched. On 14 Nov., 1923, the Acerbo electoral law gave ⅔ of Chamber seats to a party obtaining a plurality, providing that the number of votes was at least a quarter of all votes cast. In the Fascist-directed elections of 6 Apr., 1924, Mussolini's coalition received 65% of the vote and 375 of the 403 seats. Fascist terror methods had become familiar to Italians, but the senseless murder of the outspoken opposition deputy, Giacomo Matteoti (1885–1924), 10 June, 1924, shocked them into a clearer realization of the nature of the Fascist regime. Opposition deputies withdrew in protest from the Chamber, 15 June, in the so-called "Aventine secession." On 3 Jan., 1925, Mussolini brazenly announced that he accepted full responsibility for the murder.

1925–29

GERMAN PRESIDENTIAL ELECTION. 26 Apr., 1925. To succeed President Ebert (d. 28 Feb.) the Social Democrats nominated the Prussian premier, Otto Braun; the Communists nominated the former Hamburg transport worker, Ernst Thälmann; a coalition of parties including Democrats and Nationalists nominated the mayor of Duisburg, Karl Jarres; and the Centrists nominated Wilhelm Marx. In the election, 29 Mar., Jarres received the most votes, followed in order by Braun, Marx, and Thälmann. But Jarres had not received an absolute majority, and a runoff election was called. The Social Democrats, Centrists, and Democrats (the old Weimar coalition) united to form the "People's Bloc," supporting Marx. To combat this union, the Nationalists, People's Party, Bavarian People's Party, and Nazis threw their support behind Hindenburg, who reluctantly accepted after an appeal by Admiral von Tirpitz. Thälmann was again the Communist candidate. In the 26 Apr. election Hindenburg received 14,655,766 votes to Marx's 13,751,615 and Thälmann's 1,931,151.

LOCARNO AGREEMENTS. 16 Oct., 1925. On 9 Feb. Stresemann revived the offer previously rejected by Poincaré of a treaty to preserve the *status quo* in the Rhineland. The major stumbling block in the negotiations that followed was Briand's stipulation that Germany enter the League of Nations without reservations, which meant acceptance of sanctions under Art. 16 and the possibility of Germany having to aid in the protection of Poland. This difficulty was overcome by making co-operation under Art. 16 dependent on geographical position and state of armaments. On 16 Oct. Germany, France, Belgium, Britain, and Italy initialed the Locarno Agreements: (1) mutual guarantee of the Franco-German and Belgo-German frontiers by Britain and Italy; (2) Franco-German and Belgo-German arbitration conventions; (3) Germano-Polish and Germano-Czech arbitration conventions; and (4) Franco-Polish and Franco-Czech treaties of assistance in the event of German aggression. Because of the threat of rejection in the Reichstag, the allies offered to evacuate Cologne. The vote was held on 27 Nov., and the pacts ratified, 271–174, opposition coming from Nationalists, Nazis, and Communists. Hindenburg, to the surprise of many, promptly approved, and the signing took place in London, 1 Dec.

DETENTE IN INTERNATIONAL AFFAIRS. The Locarno Agreements marked the beginning of 4 years of relaxation of international tensions. This turn of events was primarily the work of Stresemann of Germany, Briand of France, and Chamberlain of Britain.

The promised evacuation of the Cologne area was accomplished, 30 Jan., 1926, and Germany applied for admission to the League of Nations, 10 Feb. Unexpected delay was encountered when Poland, Czechoslovakia, Spain, Brazil, China, and Persia demanded permanent seats on the League Council if Germany was admitted to this directing body. A compromise solution raising the number of nonpermanent seats from 6 to 9 soothed most feelings, but Brazil protested and filed notification of withdrawal from the League. On 8 Sept., 1926, Germany was admitted to the League and the Council on a permanent basis. The Allied Military Control Commission was withdrawn from Germany, 31 Jan., 1927, and supervision of the Versailles armaments limitations was entrusted to the League Council. The League's Preparatory Disarmament Commission worked toward an international conference to limit armaments of all member nations. On 24 Sept., 1927, the League Assembly unanimously adopted a Polish resolution prohibiting wars of aggression and, 27 Aug., 1928, the Kellogg-Briand Pact outlawing war as an instrument for settling international disputes was signed by 9 nations, including the U.S.A., France, Britain, Germany, Italy, and Japan. In a short while it was accepted universally. On 16 Sept., 1928, agreement was reached for the complete evacuation of the Rhineland and the final settlement of reparations. The consequences of these agreements were the Young Plan (announced 7 June, 1929, accepted by the Reichstag 12 Mar., 1930), which set a 59-year period for reparations while reducing the total debt and giving Germany the responsibility for transfer; and the Hague Conference of 6–31 Aug., 1929, which arranged for the evacuation of the Koblenz, 30 Nov., 1929, and Mainz, 30 June, 1930, occupation zones.

Although this was a time of relative international good will, the problem of security remained. France signed a defensive alliance with Rumania, 10 June, 1926, and a similar pact with Yugoslavia, 11 Nov., 1927. The French legislature voted, 28 Dec., 1929, credits for the Maginot Line, a series of fortifications to protect the Alsace-Lorraine area and give France time to mobilize her reserves. Germany reaffirmed the 1922 Rapallo agreement with the Soviet Union by the Treaty of Berlin, 24 April, 1926, which contained a promise that each would remain neutral if the other signatory were attacked by a third power and that neither would support an economic boycott directed against the other.

ECONOMIC REVIVAL. Partly because of a lack of co-operation from the Bank of France, Herriot could not stem the fall of the franc. Consequently, Poincaré formed, 28 July, 1926, a National Union ministry with 6 former premiers as ministers. Taxes were increased, government expenditure reduced, and confidence restored so that capital returned from abroad and hiding and the franc checked at $.039, or 20% of its prewar value. By 1930 production and trade totals had reached record levels, to some degree because of the recovery of the textile mills of Alsace and the iron-ore and steel plants of Lorraine, and temporary coal deliveries from the Saar. Another contributory factor was industrial modernization.

U.S. and to a lesser extent British loans were chiefly responsible for Germany's prosperity in these years. Some of these loans were returned as reparations payments; others went to support government and industry. Germany's production rose so rapidly that she achieved a position second only to the U.S.A. By 1928 unemployment was only 650,000. However, criticism of the amount of nonproductive spending in the form of large national subsidies and high unemployment payments was made, 10 June, 1927, by the allied agent-general for reparations, S. Parker Gilbert.

Britain's recovery was less marked than that of France and Germany. The postwar building boom and new communications and transportation industries gave the economy a boost, but Britain's older industries failed to regain important prewar markets. Unemployment never fell below 1 m., and confused government labor policies brought on such difficulties as the general strike of 3–12 May, 1926.

Italy recovered from her immediate postwar depression, in 1926 reaching prewar levels of production and rates of consumption. On 6 May, 1926, the Bank of Italy was made sole bank of issue in the creation of a central banking system. In 1926–27 a deflation policy caused a sharp dip in the economy, with production and trade down and unemployment up. On 3 Apr., 1926, the Rocco Law on Corporations began centralizing the economy with the creation of 13 trade unions (6 for labor, 6 for employers, and 1 for intellectuals and professionals). Disputes were to be settled by the minister of corporations, and strikes and lockouts were not to be permitted. On 21 Dec., 1927, the lira was stabilized at 19 to U.S. $1. In 1928–29 production recovered and crops were good, but trade decreased substantially because of the too-favorable rate Mussolini had fixed for the lira. The establishment of the corporative state envisioned in the Rocco Law was finally completed, 20 Mar., 1930.

FASCIST ITALY. Mussolini continued his assertive foreign policy. On 27 Nov., 1927, he signed a Treaty of Mutual Assistance with Albania which amounted to formal establishment of an Italian protectorate. On 5 Apr., 1927, and 6 Feb., 1930, he signed treaties of friendship with Hungary and Austria respectively, hoping to become the leader of the revisionist states. At home, on 31 Jan., 1926, Mussolini gave himself the right to issue decrees having the force of law. The Fascist Grand Council received, 12 May, 1928, the power to choose the legislative candidates for public office from a list drawn up by the unions of workers and employers. The slate had to be accepted or rejected as a whole by an attenuated electorate of men over 21 who paid taxes or union dues of not less than 100 lira. An 8 Dec., 1928, law gave the task of choosing the head of government to the Fascist Grand Council, making it the chief organ not only of the Fascist Party but also of the Italian political system. Mussolini also ended the estrangement between the Italian state and the Catholic Church; the Lateran Accords, 11 Feb., 1929, provided for recognition by Pius XI (pope, 1922–39) of the state, recognition by Italy of Catholicism as the state religion, the establishment of Vatican City as an independent state, and an indemnity to the pope in money and state bonds of 1,750 m. lira for the papal territory taken by the Italian state in the 19th cent.

NAZI LEAN YEARS. In Landsberg Prison, Hitler wrote the first part of *Mein Kampf,* and on 20 Dec., 1924, he was amnestied. The Nazis, who had won 32 Reichstag seats in the 4 May, 1924, elections during the brief agitation over the Dawes Plan, could hold only 14 of them in the 7 Dec. elections. A struggle for control of the disintegrating party developed between Hitler and Gregor Strasser (1892–1934), who emphasized the socialist aspects of the Nazi doctrines. By Feb. 1926 Hitler had won over Joseph Goebbels (1897–1945), Strasser's most able supporter. Appointed by Hitler editor of the Berlin publication, *Der Angriff,* Goebbels made full use of his talent for propaganda. In 1925 Hitler began to expand the S.S. (defense corps) to rival the S.A. (storm troops), headed by the increasingly powerful Ernst Roehm (1887–1934). On 6 Jan., 1929, Heinrich Himmler (1900–1945) was made S.S. leader, and its numbers and importance in the Nazi movement grew rapidly. After the 19 May, 1928, elections the Nazi contingent in the Reichstag, headed by Hermann Göring (1893–1946), numbered only 12.

EFFECTS OF THE U.S. DEPRESSION. Hardest hit because of her financial dependence on the U.S.A. was Germany. By 1932 production was off by ½ and unemployment had reached 6 m. France, due to a relatively balanced economy, was not severely affected until 1931–32, when production dropped by ⅕; those seeking unemployment relief in 1935 numbered 503,502 (as against 1,000 in 1930). In Britain ¼ of the working force was on the dole. However, the British economy managed to level off in 1933, and by 1937 production was ⅕ higher than in 1929. Italy was able to weather some of the disaster by public works programs such as the reclamation of the Pontine Marshes.

1930–33

END OF MINISTERIAL RESPONSIBILITY IN GERMANY. The cabinet of the Social Democrat, Hermann Mueller (1876–1931), the last in which Stresemann (d. 3 Oct., 1929) served, resigned, 27 Mar., 1930, because of its inability to get a satisfactory increase in unemployment insurance from the Reichstag. The chairman of the Centrist Reichstag contingent, Heinrich Brüning (b. 1885), succeeded Mueller. After failing to obtain Reichstag support for financial reforms, Brüning was authorized by Hindenburg, invoking Art. 48 of the constitution, to institute his program by decree. On 16 July the financial decrees were issued, and ministerial responsibility was at an end. A motion, principally instigated by Social Democrats, for the recall of the decrees was passed, 18 July. Brüning's answer was to use the weapon of dissolution also given him by Hindenburg.

REICHSTAG ELECTION OF 1930. Nazis and Communists vied for the many German voters made ripe for extremist solutions to Germany's problems by the depression. However, the Communists, instructed by the Soviet Union to attack the Social Democrats, at times co-operated with the Nazis, who were able to mount an extremely effective campaign using donations from such industrial magnates as Fritz Thyssen (1873–1951) of the United Steel Works and Emil Kirdorf (1847–1938) of the Rhenish-Westphalian coal syndicate. The result was a great Nazi success in the election of 14 Sept., 1930: 6,409,600 votes and 107 deputies (an increase of 95). Only the Social Democrats had more seats (143). The Communists increased their 54 seats to 77; the Catholic Center won 68 seats, an increase of 7; and the Nationalists won only 41 seats, a loss of 37.

AUSTRO-GERMAN CUSTOMS UNION PROPOSAL. On 5 Sept., 1929, Briand had proposed a scheme for European federal union, the emphasis of which was economic. Using the Briand proposal as justification, Austrian Vice-Chancellor and Foreign Minister Johann Schober (1874–1932) and German Foreign Minister Julius Curtius (1877–1948) negotiated a customs union (announced 21 Mar., 1931), which seemed to be a step toward total merger (*Anschluss*) of the 2 countries, though such an act was forbidden by Art. 80 of the Treaty of Versailles and by Art. 88 of the Treaty of St.-Germain. France, Italy, and Czechoslovakia protested, and Britain asked the League Council to make a judgment on the matter. The Austrian government agreed, 17 Apr., to do nothing until the Council ruled. On 11 May Austria's Credit-Anstalt began to falter, and France, in retaliation for the proposed customs union, aggravated the situation by putting financial pressure on the bank. On 3 Sept. the abandonment of the customs-union idea was announced by Schober. The League Council's decision, 5 Sept., now meaningless, upheld the legality of the union by an 8–7 vote.

"NATIONAL GOVERNMENT" IN BRITAIN. The British general elections of 30 May, 1929, returned Ramsay MacDonald to the prime ministership. However, when it became clear that the Labour government did not have the confidence of important foreign financial institutions, MacDonald reorganized his cabinet, 25 Aug., 1931, to include Conservatives and Liberals. The new "National Government" was unacceptable to Labour Party executives, and on 28 Aug. Arthur Henderson was elected party leader in MacDonald's stead. MacDonald and his followers reorganized as the National Labour Party. In the 27 Oct. general election the government coalition won 556 seats (471 of them Conservative) to Labour's 52.

The National Government was responsible for the Statute of Westminster, 11 Dec., 1931, which put into effect the Imperial Conference (12 Oct.–18 Nov., 1926) decisions giving autonomy and equal status to the dominions and abandoning free trade, 4 Feb., 1932. To protest the latter decision Liberals led by Herbert Samuel (1870–1963) left the government coalition, 28 Sept., 1932. In 1933–34 the fiction of MacDonald directing a coalition government wore thin, and it was recognized that Baldwin and the Conservatives were in command.

FRENCH POLITICAL CHANGES. In France President Doumergue's 7-year term of office ended in 1931. The logical successor, Briand, was passed over in favor of Paul Doumer (1857–1932) because of Briand's conciliatory policy toward Germany. Doumer's tenure and life were ended, 6 May, 1932, by an assassin, and Albert Lebrun (1871–1950) was chosen to take over the presidency, 10 May. The legislative elections of 8 May (single-member districts had been readopted, 13 July, 1927) gave power to the Cartel of the Left: Socialists won 131 Chamber seats, Radicals took 160, and other leftists 43. Herriot formed a ministry, 3 June, but, following tradition, without Socialist participation. But Herriot, abused for his proposal to pay the war-debt installment owed to the U.S.A., soon resigned. He was succeeded, 18 Dec., 1932, by Joseph Paul-Boncour (b. 1879).

RE-ELECTION OF HINDENBURG IN GERMANY. In Germany President Hindenburg's 7-year term ended in 1932. Brüning, hoping to avoid the dangers of an election in extremist-ridden Germany, asked Hitler to consent to the extension of Hindenburg's term until the depression had been brought under control. Hitler refused, deciding to challenge Hindenburg for the office. The Communists again chose Thälmann, and the Nationalists nominated Theodor Duesterberg (1875–1950). In the 13 Mar., 1932, election Hindenburg received 18,661,736 votes to Hitler's 11,338,571, Thälmann's 4,982,079, and Duesterberg's 2,553,976, but failed to receive a majority of the votes by 4/10 of 1%. In the runoff, 10 Apr., the candidates remained the same except for Duesterberg, who was ousted by the Nationalists' resolve to support Hitler. Hindenburg received 19,360,000 to Hitler's 13,400,000 and Thälmann's 3,700,000. A decree was signed by Hindenburg, 13 Apr., dissolving the S.A. and S.S. as agents inimical to the public safety.

ACCESSION TO POWER OF ADOLF HITLER. Putting the finishing touches to the efforts of Kurt von Schleicher (1882–1934) and Ruhr industrialists who resented the government's attempts to keep prices down, Brüning advocated the partitioning of insolvent East Prussian estates. Hindenburg, who owned an East Prussian estate himself (Neudeck), was sensitive about such suggestions, and Brüning was asked to resign, 30 May, 1932. Schleicher advanced Franz von Papen (b. 1879) for the chancellorship, and Hindenburg concurred, 31 May. On 4 June the Reichstag was dissolved. Papen counted on Germany's gratitude for the role of his government's representative in the permanent fixing of the 6 July, 1931, Hoover Moratorium during the Lausanne Conference (16 June–9 July, 1932), and its insistence on armament equality at the Disarmament Conference. The election campaign was savage, as Communists and Nazis battled. One of these battles, at Altona, 13 July, served as justification for Papen to take over the governing of Prussia, 20 July. The election, 31 July, gave the Nazis 230 seats, the Social Democrats 133, the Communists 89, the Centrists 75, and the Nationalists 37.

Although the election was a repudiation of Papen's aristocratically composed "Cabinet of Barons," he refused to resign. However, he realized the need for some sort of popular support and asked Hitler to become vice-chancellor, 13 Aug. Hitler declined. Hitler's assertive behavior in an interview with Hindenburg that day endangered his chances of being offered the chancellorship. He also hurt his cause by a violent attack on Papen and an expression of eagerness at the prospect of Hindenburg's apparently imminent death in a manifesto protesting the death sentence given 5 Nazis accused of murdering a Communist worker. Papen hoped to force the Nazis into submission by a policy of draining the party economically through repeated elections. On 12 Sept., after a farcical parliamentary duel about rules with Reichstag speaker Göring, Papen had the legislature dissolved and funds from his industrialist friends cut off from Nazi election coffers. The election, 6 Nov., seemed to mark the beginning of Nazi decline: Nazis, 196 Reichstag seats (loss of 34); Social Democrats, 121 seats; Communists, 100 seats (gain of 11); Centrists, 70 seats; and Nationalists, 51 seats (gain of 14).

Schleicher, now minister of war, forced Papen into the tactical move of resigning, 17 Nov., believing that Papen would be recalled in a stronger position. But Hindenburg, displeased with this maneuvering, instead gave, 2 Dec., the burden of the chancellorship to Schleicher, depriving him of his former freedom from responsibility. The Nazis were divided between the Gregor Strasser position of co-operation with Schleicher and the Göring, Goebbels, and (after some hesitation) the Hitler position of continued opposition. On 8 Dec. Strasser resigned from the apparently sinking Nazi Party. Papen then made his bid to harness what remained of Nazi strength. On 4 Jan., 1933, he arranged a meeting with Hitler at the home of the Cologne banker, Baron Kurt von Schroeder (b. 1889). Hitler agreed to support a cabinet headed by someone else if the minister of war was to his liking. Papen's moneyed friends paid most of the Nazi debts. However, Nazi successes in the Lippe election, 15 Jan., 1933, gave Hitler enough confidence to renege on his promise and reassert his demand for the chancellorship. Failing to receive Hindenburg's approval for a dissolution of the Reichstag to prevent opponents of his program from holding it up, Schleicher resigned, 28 Jan. On 30 Jan., with the opportunistic Papen as vice-chancellor and supposedly the real director of the cabinet, Hitler, through legal appointment by Hindenburg, became chancellor of the German republic.

CONSOLIDATION OF NAZI POWER. On 27 Feb., 1933, the Reichstag burned. Whatever the extent of their guilt for the act, the Nazis took immediate advantage of it by accusing a half-witted Dutch Communist, Marinus van der Lubbe, of the crime, and by obtaining from Hindenburg an emergency decree, 28 Feb., for the suspension of constitutional liberties, control over the states, and the death sentence for "serious disturbances of the peace." Thus the Nazis were able to suppress campaigns for the 5 Mar. elections. Nevertheless, they obtained only 288 Reichstag seats to 52 for the Nationalists, 120 for the Social Democrats, 81 for the Communists, and 74 for the Centrists. The combined Nazi-Nationalist strength was not sufficient to implement Hitler's plan to have the Reichstag vote itself a vacation until 1 Apr., 1937, and turn its authority over to him. However, with the promise that the presidential veto would be respected, Centrist leader Monsignor Ludwig Kaas (1881–1952) threw his party's support behind this "Enabling Act," and it passed on 23 Mar.

1934–36

STAVISKY AFFAIR. Serge Stavisky had been held by the French police for various criminal financial dealings, but had never been brought to trial. In Dec. 1933 an enterprise he was involved in collapsed and he escaped to the Alps. When he was found dead, suicide was assumed; but when the body of a government lawyer involved in the case was found soon afterward, suspicions were aroused. The Radical Party, which had been in power since the May 1932 election and was headed by Premier Édouard Daladier (b. 1884), was the target of abuse by extreme right-wing organizations such as Action Française and the Croix de Feu, which held, 6 Feb., what developed into bloody demonstrations in the Place de la Concorde and around the Chamber of Deputies. Daladier resigned, 7 Feb., and Doumergue formed a ministry of "National Union," 8 Feb.

PURGE OF THE S.A. Honoring his part in a pact made, 11 Apr., 1934, on the cruiser *Deutschland* with the commander of the German army, Gen. Werner von Fritsch (1880–1939), and the commander of the navy, Adm. Erich Raeder (1876–1960), who gave him their support in the Hindenburg succession—Hindenburg died 2 Aug., and Hitler then styled himself Führer, or leader—Hitler launched a purge of the S.A., 30 June. Together with Roehm and Edmund Heines (1897–1934), such figures as Schleicher and the Catholic Action leader, Erich Klausener (1885–1934) and, indeed, anyone else the Nazis wished removed were liquidated. The S.S. was Hitler's instrument on this "Night of the Long Knives." Estimates of the number murdered range from 400 to over 1,000.

NAZI FOREIGN POLICY. Hitler had indicated the style of his foreign policy by announcing, 14 Oct., 1933, Germany's withdrawal from the League of Nations and the Disarmament Conference. In an effort to separate Germany's allied neighbors, France and Poland, and to ease suspicions concerning plans for the controversial Germano-Polish frontier, Hitler signed a 10-year nonaggression pact with Poland, 26 Jan., 1934. On 13 Jan., 1935, he scored his first territorial success when 90% of the inhabitants of the Saar in a plebiscite conducted by the League of Nations chose reunion with Germany rather than union with France. Hitler took his first calculated risk in defiance of the Treaty of Versailles on 16 Mar., 1935, when he issued a decree for universal military service, thus exceeding the treaty limit of a 100,000-man army. He concluded, however, a naval agreement with Britain, 18 June, by which the German fleet was to be maintained at no more than 35% of the British.

REACTIONS TO HITLER'S GERMANY. A British White Paper of 4 Mar., 1935, affirmed Britain's decision to rearm. The French foreign minister, Pierre Laval (1883–1945), signed an agreement with Mussolini, 7 Jan., to settle disputes over colonial matters and, by inference, to cooperate in European matters as well. That Germany was worrying Mussolini was evidenced by his sending troops to the Brenner Pass to stop a possible German-inspired take-over in Austria following the assassination of the Austrian chancellor, Engelbert Dollfuss (b. 1892) by Austrian Nazis on 25 July, 1934. On 15 Mar., 1935, French legislators agreed to a 2-year military service bill, reversing the trend set by the 18-month service act of 1 Apr., 1923, and the 1-year service act of 28 Mar., 1928. On 2 May, 1935, France signed a mutual-assistance pact with the Soviet Union, a member of the League of Nations since 19 Sept., 1934. At the Stresa Conference, 11–14 Apr., 1935, France, Britain, and Italy agreed to follow a common policy with regard to Germany.

ITALIAN INVASION OF ETHIOPIA. Trumping up a dispute over the Wal-Wal oasis on the Ethiopia-Somaliland border, Mussolini sent troops into Ethiopia. Emperor Haile Selassie (b. 1891) appealed to the League, and economic sanctions were declared, 11 Oct. 1935. On 7 Dec. the French premier and foreign minister, Laval, and the British foreign secretary, Sir Samuel Hoare (1880–1959), agreed on a plan to save some independence for Ethiopia by dividing it into spheres of influence. However, the French press learned of the plan prematurely, and the consequent indignant popular reaction wrecked it. Hoare was replaced, 22 Dec., by Anthony Eden (b. 1897), and Laval was followed by the Radical, Albert Sarraut (1872–1962), 24 Jan., 1936. On 5 May, 1936, Addis Ababa fell, and on 9 May Ethiopia was formally annexed by Italy. The League's ineffective economic sanctions were discontinued, 4 July.

GERMAN REOCCUPATION OF THE RHINELAND. The Franco-Russian alliance, after a delay of almost a year, was presented to and ratified by the French Chamber, 27 Feb., 1936. On 7 Mar. Hitler used this treaty as an excuse to denounce the Locarno Agreements and to order 3 battalions into the demilitarized Rhineland in violation of the Versailles Treaty. French Premier Sarraut consulted his cabinet, and the chief of the French general staff, Gen. Maurice Gamelin (1872–1958) presented the alternatives of total mobilization or total inaction; the latter policy was adopted. On 11 Mar.

the French foreign minister, Pierre Flandin (1889–1958), went to London to get assistance from Britain, a guarantor of the Locarno Agreements, but the British wanted to review German notes to the British, French, and Belgian ambassadors offering a 25-year nonaggression pact to France and Belgium, an agreement for the demilitarization of both sides of the Franco-German border, and a German promise to return to the League. Because demilitarization would constrain France to disassemble the Maginot Line, French resolve to take no action strengthened. On 14 Mar. the League Council declared Germany guilty of violating international agreements. Perturbed by these events, Belgium withdrew, 14 Oct., from its 1920 alliance with France and reasserted its neutrality, making the northeastern frontier of France extremely vulnerable.

FRENCH POPULAR FRONT. In the wake of the 6 Feb., 1934, rightist demonstrations in Paris, French Socialists, along with the C.G.T. (the Socialist trade-union confederation), called a strike for 12 Feb. When the Communists agreed to cooperate, the power of a united working-class movement was evidenced. On 27 July, Socialists and Communists signed a pact of united action against "fascist" organizations. However, further moves toward Socialist-Communist association came only after the Franco-Russian alliance of 2 May, 1935, gave Moscow-oriented Communists an ideological stake in French national defense. By the elections of 3 May, 1936, Socialists, Communists, Radicals, and other leftists had agreed to join in a "popular front," and the result was a victory: Socialists, 146 Chamber seats; Communists, 72; Radicals, 116; and other leftists, 36. The Socialist Léon Blum (1872–1950) formed a ministry of Socialists and Radicals, 4 June, the Communists refusing to accept governmental responsibility. Nevertheless, at the 2–8 Mar. congress at Toulouse, the C.G.T.U. (Communist trade-union confederation) reunited with the C.G.T. This leftist victory was met by a series of sit-down strikes, a development rightist governments had escaped. Blum conferred with employers and employees, 7–8 June, at the Hotel Matignon, and the "Matignon Accords" were reached, providing wage increases and the safeguarding of collective bargaining. Legislation for a 40-hour week, obligatory paid vacations, and compulsory arbitration followed. Other measures taken by the Blum government included nationalization of certain aircraft plants and extension of a measure of state control over the Bank of France.

SPANISH CIVIL WAR. His financial schemes having collapsed and his army support gone, the Spanish dictator, Gen. Primo de Rivera (1870–1930), who had taken over on 13 Sept., 1923, abjured his office on 28 Jan., 1930, and died, 16 Mar. On 14 Apr., 1931, King Alphonso XIII was forced to leave Spain. On 9 Dec. a republican constitution was adopted by a revivified Cortes. The republic, however, was hamstrung from the beginning by uncompromising leftists and rightists. On 10 Aug., 1932, military royalists under Gen. José Sanjurjo revolted and took Seville before they were suppressed; in 1933, anarcho-syndicalists organized a series of urban revolts. Separatist difficulties also plagued the republic as Catalans forced the government to accept their Charter of Autonomy, 25 Sept., 1932. Other separatist movements, encouraged by this success, increased their agitation. On 6 Oct., 1934, the Catalans proclaimed their independence, but government troops held Spain together, also putting down a serious Communist uprising in Asturias. The rightist-dominated Spanish parliament was dissolved, 6 Jan., 1936. In the ensuing elections, 16 Feb., the leftist "Popular Front" won 278 Cortes seats, the rightist "National Front" won 134, and the center won 55. On 13 July the rightist political spokesman José Calvo Sotelo was assassinated. Meanwhile, the rightist Gens. Emilio Mola (d. 3 June, 1937) and Francisco Franco (b. 1892) were planning a coup d'état. During the night of 17–18 July an assault on the republic began in Spanish Morocco. Burgos became the rebel headquarters on the mainland, and on 1 Oct. Franco was made rebel chief of state. He was aided by Italian and German "volunteers," while the Soviet Union sent supplies to the republican government, headed by the Socialist Largo

Caballero (1869–1946), which also received assistance from the "International Brigade" of men of various nationalities who sought, unsuccessfully, to restore the balance upset by the Fascist and Nazi forces. French Premier Blum called for nonintervention in the Spanish conflict, 1 Aug., 1937. Britain and the Soviet Union concurred, as did Germany and Italy. Britain and France kept their pledge, but Germany and Italy, which had formed an "axis" of co-operation, insisted that their nationals in Spain were volunteers. The Soviet Union also continued to intervene, but only with supplies and technical assistance. Franco's forces slowly pushed back those of the government, now headed by the Socialist premier, Juan Negrín (1894–1957). On 28 Mar., 1939, Madrid was overrun, and the National Defense Council, formed after the fall of Negrín, 6 Mar., by Gen. José Miaja, surrendered. On 7 Apr. the Franco regime signed the Anti-Comintern Pact previously agreed to by Germany and Japan on 17 Nov., 1936, and by Italy on 6 Nov., 1937.

BRITISH ABDICATION CRISIS. On 20 Jan., 1936, King George V, who had been on the throne since 6 May, 1910, died. The new king, Edward VIII, told Prime Minister Baldwin, 16 Nov., that he intended to marry Mrs. Wallis Warfield Simpson, an American recently divorced from her 2nd husband. Baldwin rejected Edward's suggestion that legislation be introduced to allow a morganatic marriage because, among other things, of the unanimous opposition of the Dominion governments. On 10 Dec. an abdication bill passed the Commons, 403 votes to 5, and the king signed it the following day. He was succeeded by his brother, George VI (reigned 11 Dec., 1936–6 Feb., 1952). Baldwin himself resigned and was succeeded by Neville Chamberlain (prime minister, 28 May, 1937–10 May, 1940).

1937–39

THE ANSCHLUSS. The first move toward union of Austria and Germany came on 11 July, 1936, when the Austrian chancellor, Kurt von Schuschnigg (b. 1897) agreed to conduct his country's foreign policy in general conformity to that of the German government in return for a promise by Hitler to respect Austrian independence. On 5 Nov., 1937, at a meeting at the Reich chancellery, German military leaders were informed (according to the notes of Hitler's military adjutant, Col. Friedrich Hossbach) that Hitler was considering invading Austria and Czechoslovakia. Nazi terror within Austria increased, and when Austrian police raided the "Brown House" Nazi headquarters, 25 Jan., 1938, documents were found outlining a plan to use the German army to compel Schuschnigg to relinquish power to Austrian Nazis. Minister Extraordinary Franz von Papen, abruptly recalled, convinced Hitler that Schuschnigg must be persuaded to speak with Hitler directly. Schuschnigg consented and met Hitler at Berchtesgaden, 12 Feb. After much intimidation Schuschnigg was given a list of demands: the Nazis Arthur von Seyss-Inquart (1892–1946), Edmund Glaise-Horstenau, and Hans Fischboek were to head the ministries of the interior, war, and finance; a system of officer exchanges was to be established for closer co-ordination of the armed forces of the 2 countries; and the ban on the Austrian Nazi Party was to be lifted and all Nazi prisoners amnestied. Under threat of invasion the terms were met by Schuschnigg and President Wilhelm Miklas (1872–1956). On 9 Mar. Schuschnigg announced a 13 Mar. plebiscite in which Austrians would decide on the continuance or otherwise of an independent Austria. As for the guarantors of Austrian independence, the British made it clear that they would not intervene; at the time there was no effective government in France (Premier Chautemps had resigned on 10 Mar.); and Mussolini told Hitler's messenger Philip of Hesse, 11 Mar., that the fate of Austria was immaterial to him. On 12 Mar. the German army marched into Austria. The new Austrian chancellor, Seyss-Inquart, signed a document, 13 Mar., declaring in effect the union of Austria and Germany.

CZECHOSLOVAKIAN CRISIS. On 4 separate occasions the British government learned from German sources that aggression against Czechoslovakia was being planned for the autumn of 1938. On 12

Sept. Hitler made a violent speech concerning the allegedly oppressed German minority in Czechoslovakia which sounded ominously like a pretext for imminent action. The German population of the Sudetenland, the region over which the dispute raged, staged a 2-day revolt. On 15 Sept. Chamberlain flew to Berchtesgaden, where Hitler demanded the cession to Germany of the Sudetenland. Chamberlain gave his personal assent, but added that the matter had to be discussed with his government and with the French, who were formally allied to Czechoslovakia. French Premier Édouard Daladier went to London, 18 Sept., and agreed that the cession had to be made. An Anglo-French note containing the cession proposal was sent to the Czech government, 19 Sept., but was rejected. However, after threats of no assistance in the event of a German invasion (upon which contingency the Russo-Czech alliance of 16 May, 1935, would not go into effect), President Eduard Beneš (1884–1948) acceded, 21 Sept. Chamberlain again met Hitler, 22–23 Sept., this time at Godesberg, and informed him of the Czech agreement. Hitler demanded that the cession be fully completed by 1 Oct. On 25 Sept. French and British leaders received a formal Czech rejection of the Godesberg terms. Hitler, however, accepted a British-inspired offer made by Mussolini to mediate the problem at a general conference to be held in Munich. Invitations were sent to Britain, France, and Italy, but not to Czechoslovakia or the Soviet Union. The Munich Conference, 29–30 Sept., accepted a solution to the Sudetenland problem drafted by Göring and other Nazi officials. German occupation was to begin on 1 Oct. and end by 10 Oct. The Czech government accepted the Munich agreement "under protest to the world," 30 Sept. Taking advantage of Czech impotence, Poland seized a 650-sq.-mi. area around Teschen, 1 Oct., and Hungary received, 2 Nov., a 7,500-sq.-mi. piece of southern Slovakia. The rest of Czechoslovakia was converted, 19 Nov., into a federal state, consisting of Bohemia and Moravia, autonomous Slovakia, and autonomous Ruthenia. Slovakia, headed by Mgr. Josef Tiso (1887–1947), demanded, 9 Mar., 1939, from the central Prague government permission for a separate army and diplomatic corps. On 10 Mar. President Emil Hácha (1872–1945) dismissed Tiso and ordered troops into Slovakia. Tiso rallied the Slovakian Diet into declaring independence, 14 Mar. Hácha then went to Berlin to appeal to Hitler; instead of receiving assistance, he was bullied into placing his country under the "protection" of Germany, 15 Mar. That day German troops occupied Prague. On 15 Nov. Ruthenia was annexed by Hungary, and on 16 Nov. Slovakia too became a German protectorate.

POLISH CRISIS. Hitler made clear the aggressive nature of his plans by coercing the Lithuanian government into ceding to Germany the port of Memel, 23 Mar., 1939. The next target was Poland, where the free city of Danzig and the Polish Corridor separating East and West Prussia were, in the German view, unsettled matters. On 31 Mar. Chamberlain formally abandoned the "appeasement policy" by announcing in the Commons that Britain and France would aid Poland if her independence were threatened. Nevertheless, it was not until 25 Aug. that an Anglo-Polish pact was signed, by which time Germany had strengthened herself by the offensive-defensive "Pact of Steel" with Italy, 22 May, which had conquered Albania on 7 Apr. More importantly, Germany had outbid the western powers and reached agreement with the Soviet Union. The "Hitler-Stalin Pact," 23 Aug., publicly consisted of a mutual pledge of nonaggression, the maintenance of neutrality in the event of the other signatory becoming involved in armed conflict, and nonparticipation in groupings of powers directed at the other signatory. A secret protocol, however, divided up the Baltic states and Poland "in the event of a territorial and political transformation." On 28 Aug. the British government proposed direct discussions of Germano-Polish disputes. Hitler consented, provided that a Polish representative arrive by the evening of 30 Aug. This ultimatum startled the Polish government into declaring a partial mobilization on 31 Aug. On 1 Sept., without a declaration of war, Germany invaded Poland. The British and French reacted cautiously, stating their willingness to discuss the situation provided German troops and planes were withdrawn. On 2 Sept. Mussolini tried to slow developments by proposing a 5-power conference. Hitler, however, refused to withdraw his forces, and on 3 Sept. Britain and France declared war on Germany. (*Cont. p. 516.*)

EAST CENTRAL EUROPE AND THE BALKANS

Austria

1918–19

END OF THE DUAL MONARCHY. After a series of military setbacks stemming from the deteriorating morale of the troops and the growing food shortage in several cities, Emperor Charles I, in a last desperate effort to save the empire from disintegration, issued a manifesto, 16 Oct., 1918, calling for reconstruction of the monarchy on a federalized basis. But the irreversible demands of the subject nationalities for complete independence forced Charles to abdicate, 11 Nov., 1918, only 8 days after the armistice with Italy had been signed. With this act, the Hapsburg dynasty, which had reigned in Europe since 1282, came to an end.

PROCLAMATION OF THE REPUBLIC. Prior to the abdication of Charles, the German deputies of the imperial Reichsrat, inspired by Bohemian and Hungarian deputies, constituted a Provisional National Assembly and declared the independence of "German-Austria" (Deutschösterreich), 21 Oct., 1918. On 12 Nov., 1918, the Assembly adopted a temporary constitution, proclaimed German Austria a republic, and declared its desire to form a union (*Anschluss*) with Germany.

During the next 4 months, a bloodless power struggle ensued between extremist and moderate elements. The struggle was finally resolved in the elections of Feb. 1919, when a moderate coalition government, composed of urban Social Democrats and agrarian Christian Socialists (Pink Coalition), replaced the provisional government. This coalition was also effective in preventing the establishment of a Soviet-type republic despite Russian and Hungarian efforts to that end.

CREATION OF THE FEDERAL REPUBLIC. A newly elected Constitutional Assembly adopted a permanent constitution, 1 Oct., 1920, and, at the instigation of the Christian Socialists, transformed the country into a federal republic of 9 provinces (*Länder*). The constitution also provided for a government consisting of a president, chancellor, and a bicameral legislature, the latter comprising the Federal Assembly with the power to elect the president. Two months later, in Dec. 1920, Austria was admitted to the League of Nations.

TREATY OF ST.-GERMAIN. 10 Sept., 1919. The boundaries and the political form of the new state were defined in the Treaty of St.-Germain. This treaty forbade any political or economic union with Germany without the consent of the League and compelled the Austrians to change the name "German Austria" to "Republic of Austria." In total, the Austrian half of the Dual Monarchy was reduced in area and population by 75%: to Italy, Austria had to cede the predominantly German-Austrian-inhabited South Tyrol, the Trentino, Trieste, Istria, and some Dalmatian islands; to the newly created Czechoslovakia, Bohemia, Moravia, part of Lower Austria, and most of Austrian Silesia; to Poland, Austrian Galicia and part of Teschen (Těšín); to Rumania, South Bukovina; to newly created Yugoslavia, Bosnia, Herzegovina, and Dalmatia. Austria also lost her entire naval force and her army was reduced to 30,000 volunteers. She received, however, Burgenland in western Hungary, the only territorial award granted by the allies to a defeated power.

1920–38

ECONOMIC PROBLEMS. As a result of the war and the terms of the peace treaty, Austria was reduced to a landlocked and homogeneous country with a German-speaking population. Her new boundaries left her without significant raw materials, food, industry, or foreign markets; her economy, virtually self-sufficient under the Dual Monarchy, became completely dislocated. As a result, she had to face the prospects of prolonged starvation and chaotic internal conditions.

After having failed to carry through a proposed currency and customs union with Italy, Chancellor Ignaz Seipel (1876–1932) appealed for help to the League of Nations, Sept. 1922. The League undertook the country's rehabilitation by granting a loan equivalent to (U.S.) $135 million, 4 Oct., 1922. By June 1926 Austria had achieved a balanced budget, but the coming of the world depression forced her to turn to the League again. Although the League granted a 20-year loan of $42 million in 1932 (Lausanne Protocol), a pledge not to enter into any union with Germany was extracted from her in return.

HEIMWEHR vs. SCHUTZBUND. Austria's economic problems were greatly compounded by a growing rivalry for political control between two militant organizations, each having its own well-armed militia: the *Schutzbund* and the *Heimwehr.* The Socialist *Schutzbund* drew its strength of about 90,000 men from among Social Democrat workers in and around the industrial districts of Vienna (Red Belt); the conservative *Heimwehr* had its power base largely among fascist, anti-Socialist, and reactionary monarchical groups in the rural areas. The *Heimwehr,* numbering some 60,000 men, was largely financed by Prince Ernst von Starhemberg (1899–1956).

The frequent clashes between the 2 militias during the 1920's and 1930's seriously sapped the strength and authority of several governments, headed 1st by the Social Democrat Karl Renner (1870–1950) and later by Social Christian and Pan-German coalitions under Johann Schober (1874–1932) and Seipel respectively. During a demonstration by Viennese workers on 15 July, 1927, 85 persons died in a clash with the police. The subsequent general strike, called by the Social Democrats, was broken by the army, aided by the *Heimwehr.* Strife between the rightists and moderates led to a civil war, 12 Feb., 1934. Finally, on Mussolini's advice, Chancellor Engelbert Dollfuss (1892–1934), who had come to power in 1932, decided to enlist *Heimwehr* aid again to crush what was believed to be a Socialist conspiracy.

ASSASSINATION OF DOLLFUSS. In attempting to fight on 2 fronts while confronting at the same time the rapid growth of Nazism, the country under Dollfuss slowly drifted toward the establishment of a corporate Fascist state. After the abolition of the Social Democratic Party, Apr. 1934, Dollfuss introduced an authoritarian constitution, 1 May. Once the Social Democrats had been crushed, the local Nazis, aided by those in Germany, staged a *Putsch,* 25 July, 1934. Although the Nazi take-over attempt was foiled, Dollfuss, who had opposed the Nazis as well, was killed in his office.

BANNING OF THE HEIMWEHR. In Apr. 1936 Chancellor Kurt von Schuschnigg (b. 1897), successor to Dollfuss, whose policies he followed, outlawed the *Heimwehr* and, repudiating a provision of the Treaty of St.-Germain, introduced compulsory military service.

ANSCHLUSS OF 1938. The *Schutzbund* and the *Heimwehr* eliminated, the country's position deteriorated fast as a result of Mussolini's shift toward Hitler and the ever-worsening economic conditions. Following an ultimatum given him during a visit to Hitler, Feb. 1938, Schuschnigg responded by calling for a plebiscite (for 13 Mar.) on the issue of *Anschluss.* Two days prior to the plebiscite, Hitler threatened to invade unless it was canceled. On 12 Mar., 1938, Interior Minister Dr. Arthur von Seyss-Inquart (1892–1946) assumed power from Schuschnigg (who had resigned the day before) and invited the German army to "maintain order." The *Anschluss* went into effect the same day. (*Cont. p. 526.*)

Hungary

1918–21

END OF THE DUAL MONARCHY. Amidst the great turmoil which befell the Austro-Hungarian Monarchy in the closing months of 1918, Hungary experienced a violent transformation. What emerged at the end was far different from what until then had been known as the kingdom of historic Hungary. Following the proclamation, 16 Oct., 1918, of the federalizing manifesto by Charles I (Charles IV as king of Hungary)—an act which Hungary considered as terminating the 1867 Compromise (*Ausgleich*)—events in quick succession led to an internal crisis which lasted until Nov. 1919.

ESTABLISHMENT OF A LIBERAL REGIME. Upon the outbreak of revolutionary ferment in Budapest, King Charles IV named the liberal Count Mihály Károlyi (1875–1955) to form a new government, 31 Oct., 1918. Trying desperately to preserve the country within its historic borders, Károlyi declared, 16 Nov., 1918, a republic and promulgated long-overdue social and political reforms, including federative status for the minorities. In the meantime, however, both internal and external pressures prevented him from implementing his ambitious program, and the nationalities, refusing to accept his federalizing scheme, attacked the country from 3 directions. Since the Hungarian army had earlier been demobilized, the allied ultimatum drawing the new border with Rumania at the Tisza River found Károlyi unprepared and, sensing the failure of his pro-allied policy, he went into exile, Mar. 1919.

THE SOVIET REPUBLIC. A Soviet-type republic, attended by widespread terror, was proclaimed, Mar. 1919, under the leadership of Béla Kun (1885–1937). An ex-officer in the Austro-Hungarian army, but one who had been captured, trained, and then returned by the Bolsheviks, Kun hoped, with promised Soviet-Russian aid, to repel the invading Rumanian armies. After initial success against the Czechs in Upper Hungary, the Hungarian Red Army without Russian help—which was not forthcoming—could not withstand the Rumanians. Before the Rumanians captured Budapest in Aug. 1919, Kun had fled the country.

TREATY OF TRIANON. 4 June, 1920. During the 3-month-long pillaging of the capital by the Rumanian army, the allies were searching for a government which could sign the peace treaty that had been delayed by the chaotic situation. In Nov. 1919, Miklós Horthy (1868–1957), a rear adm. of the former Hapsburg navy, entered the capital at the head of counterrevolutionary forces; on 1 Mar., 1920, the National Assembly, elected earlier in the year, chose Horthy to act in the absence of the king for the new Hungary. The "new" Hungary, as one of the successor states to the Hapsburg Monarchy, was defined by the Treaty of Trianon.

According to the treaty, Hungary had to cede Slovakia (in the north) and Ukrainian-inhabited Ruthenia (in the northeast) to form Czechoslovakia; Transylvania proper and some purely Magyar-inhabited areas extending into the Great Plain and part of the Banat of Temesvar in the south went to Rumania; and the other half of the Banat, Backa, Slovenia, and Croatia, went to form the new state of Yugoslavia. With a slice of western Hungary having been awarded to Austria proper, Hungary had ceded substantial territory to all her neighbors. Despite repeated pleas for plebiscites, the only case where one was granted was in the city of Sopron (Burgenland), which voted to remain within Hungary, 1921.

As a result, Hungary lost 71.4% of her territory and about 60% of her population, including about 3.5 m. Magyars, nearly 2 m. of whom had lived in areas adjacent to her new borders. Having lost her access to the Adriatic Sea, Hungary was reduced to a landlocked country without most of her natural resources and communication and cultural centers. Her army was also limited to 35,000 men.

HAPSBURG RESTORATION ATTEMPTS. Twice during 1921, King Charles IV attempted to reclaim the Hungarian crown. On 26 Mar., 1921, Charles returned to Hungary, but Horthy, fearing allied reaction, refused to yield without the consent of the Assembly. In Oct. 1921 Charles, with the aid of a small loyalist force, tried again to march on Budapest. The Little Entente mobilized, and pro-Horthy forces captured Charles before he could reach the city. Thereafter Charles was exiled by the British to Madeira, where he died in 1922. In response, the Little Entente forced Hungary to pass a dethronement act deposing the Hapsburgs.

1922–44

THE HORTHY REGIME. Among the 1st acts of the provisional Horthy government had been to hold elections for a Constituent Assembly in early 1920. Although no single party received a majority, the assembly agreed to restore the monarchy and to nullify all acts that had been passed under both the liberal Károlyi and the Communist Kun regimes.

The period between 1921 and 1931 was dominated by Horthy's appointee, Count István Bethlen (1874–1947), under whose premiership the country reverted to a generally conservative rule. The relative financial stability—achieved in part through the help of the League of Nations—which characterized these years was greatly offset by the absence of much-needed land and social reforms. During the premiership of Gyula von Gömbös, 1932–36, the country embarked upon a strongly revisionist policy for which the help of Fascist Italy was enlisted.

Progress toward parliamentary democracy was also made with the passage of the Electoral Reform Bill of 1938. The bill provided for secret balloting and introduced near-universal suffrage.

Although the successive governments of Kálmán de Darányi, 1936–38, Béla Imrédy, 1938–39, and Count Pál Teleki, 1939–41, were successful in checking the local Nazi movement, the country was drawn ever closer toward the Axis powers as the surest way to regain the territories lost in 1920.

FOREIGN POLICY. Hungary's foreign policy during the entire interwar period remained one of open irredentism toward her neighbors in the little Entente. In this goal, Hungary had no effective ally until Apr. 1927, when the conclusion of a friendship treaty with Italy paved the way for secret rearmament.

In Feb. 1934, Hungary both recognized the Soviet Union and concluded a trade agreement with Germany. On 17 Mar. Hungary, Italy, and Austria signed the Rome Protocol.

Following the Vienna Awards—the 1st returning Upper Hungary, Nov. 1938, and the 2nd returning northern Transylvania, Aug. 1940—Hungary became irrevocably indebted to the Axis powers.

In Apr. 1941, when in order to attack Yugoslavia Germany requested troop passage through Hungary, Teleki committed suicide, 3 Apr., rather than abrogate the treaty of "eternal friendship" which he had signed with Yugoslavia in Dec. 1940. (*Cont. p. 533.*)

Czechoslovakia

1918–39

CREATION OF CZECHOSLOVAKIA. As 1 of the successor states to the former Austro-Hungarian Empire, Czechoslovakia received Silesia, Bohemia, and Moravia from Austria and Slovakia and Ruthenia from Hungary under the Treaties of St.-Germain and Trianon respectively. In all, the population of the new state was made up of 5 nationalities: Czechs and Slovaks, comprising ⅔, and Germans, Magyars, and Ukrainians, comprising ⅓.

Considered as perhaps the most fortunate of the successor states, Czechoslovakia received most of the monarchy's industry, connected by an excellent railway system, as well as some agricultural areas growing hops, fruit, and sugar beets. Unlike any of the new or greatly enlarged states in predominantly agricultural Central Europe, Czechoslovakia as a result of her gains inherited a stable and balanced economy and experienced hardly any of the financial problems which beset Austria and Hungary.

PROCLAMATION OF THE REPUBLIC. Thomas G. Masaryk (1850–1937), a former professor in Prague, and Eduard Beneš (1884–1948), his student, are regarded as the founding fathers of Czechoslovakia. Their ambitious nationalistic campaign gained them early allied support and led to the declaration of an independent state of Czechs and Slovaks in Paris, 18 Oct., 1918, just 2 days after Emperor Charles I announced his manifesto envisaging a federalized empire.

On 14 Nov., 1918, the Provisional Assembly sitting in Prague declared the state a republic; it also designated Masaryk as president, 1918–35, Beneš as foreign minister, and Karel Kramář (1860–1937) as premier.

In Feb. 1920, the National Assembly adopted a democratic constitution which provided for a centralized bicameral legislature (whose joint session elected the president). The centralized constitution was adopted despite protest from the Slovaks, who demanded a federalized state which had been agreed upon in the Pittsburgh Pact, 30 June, 1918, stipulating the terms of the Czech-Slovak union.

LAND REFORM AND MINORITY PROBLEMS. To obtain broad support from the people, the new government embarked upon an extensive land reform, particularly in Slovakia, where large estates had been concentrated in the hands of the Slovak Catholic Church and the Magyar nobility. Another urgent task was to bring about reconciliation between the ethnic minorities. Despite guarantees of equality prescribed in a minorities treaty, signed in Paris in 1919, the minority issue contined to plague the government through the 1930's; exacerbated by foreign agitation, it became one of the major causes for the collapse of Mar. 1939.

NAZI AGITATION. Some 3.3 m. German-speaking people, living largely in compact groups along the mountainous border regions of Bohemia-Moravia as well as in inland Bohemia, constituted the largest minority in the new state and proved to be the most susceptible to Nazi propaganda. Beginning in 1932 and gradually gaining momentum, a pro-Nazi party, the Sudetendeutsch Party, became a growing threat to the country's internal stability under the extremist leadership of Konrad Henlein (1898–1945). In the elections of May 1935, the party gained a numerical majority despite attempts by the government to both suppress and appease its opponents.

To counter the new danger, the government tried to disarm the Sudetendeutsch Party by offering far-reaching concessions in cultural and economic matters. Henlein, however, emboldened by Hitler's 1933 victory, rejected the offer as inadequate and pressed for complete autonomy.

With the absorption of Austria by Germany in Mar. 1938, stepped-up Nazi propaganda succeeded in convincing most of the other, smaller German-speaking splinter groups to join the Sudetendeutsch Party. Having thus enlarged his following, Henlein demanded full political as well as ideological autonomy, Apr. 1938. When Prague refused to comply, the stage was set for Hitler to force the issue.

FORMATION OF THE LITTLE ENTENTE. The leaders of Czechoslovakia early realized that the country's continued existence depended on the maintenance of the Central–East European *status quo* as dictated at the Paris Peace Conference in 1919. Under Foreign Minister Eduard Beneš, a series of negotiations were initiated, 1920–21, which led to the formation of a regional bloc known as the Little Entente. Throughout its existence the Entente guarded against Hungary's openly revisionistic policies and hindered attempts to restore Hapsburg rule.

The Entente was based on 3 bilateral treaties: (1) Czechoslovakia-Yugoslavia, 14 Aug., 1920; (2) Czechoslovakia-Rumania, 23 Apr., 1921; and (3) Rumania-Yugoslavia, 7 June, 1921. On 21 May, 1929, the alliance was tightened by an agreement which made the renewal of the alliances automatic at the end of each 5-year period. The Entente drew its members even closer when Hitler came to power in 1933; in Feb. of that year, a permanent office in Geneva was set up which housed a council of the 3 foreign ministers; but in 1938 it proved too weak to withstand the subversive pressure of Germany.

THE MUNICH AGREEMENT. 29 Sept., 1938. Since the Little Entente was designed primarily against Hungary, Czechoslovakia looked elsewhere for support against possible aggression by Germany. A Czecho-Polish treaty of neutrality was signed, 1921. An accord of formal alliance with France was concluded, 25

Jan., 1924. Although the Czechs also entered into alliance with the Soviet Union, 16 May, 1935, neither Soviet nor French aid was forthcoming when it was most needed. In Sept. 1938, the leaders of France, Britain, Italy, and Germany signed an agreement in Munich which sanctioned the union of the Sudetenland with Germany; in Mar. 1939, Hitler occupied the remaining Czech lands and made northern Slovakia into an autonomous protectorate. (*Cont. p. 531.*)

Rumania

1918–40

TERRITORIAL GAINS. The territories awarded to Rumania by the Treaties of St.-Germain, Trianon, and Neuilly—the 3 together increasing the country by over half its original size—exceeded the expectations of her most rabid nationalists. From Hungary, Rumania gained Transylvania, Partium (part of east Hungary proper), and the eastern zone of the Banat of Temesvar (the other half going to Yugoslavia); from Austria, the province of Bukovina; possession of south Dobruja, which she had gained in the 2nd Balkan War, was confirmed and, in addition, she acquired Bessarabia by seizure from Russia.

MINORITIES PROBLEMS. With these territorial gains, Rumania was transformed from a country of homogeneous people into one with a population of which nearly ⅓ consisted of minorities. Among the complaints by the minorities, especially from Transylvanian Hungarians, were allegations of discriminatory applications of land reform, 1921. The ceiling for landholdings set by the reform was much higher in the old kingdom (1,250 acres) than in Transylvania (300 acres), where much of the land was in the hands of the Hungarian minority of 1.5 m. The Magyars also resented the suppression of their 1,000-year-old cultural institutions as well as the imposition of unsympathetic Rumanian officials from the old kingdom. Rumania also encountered resistance to her nationalistic policies from her Ukrainian (1 million), German (750,000), and Bulgarian (250,000) minorities.

ELECTORAL REFORM. Retaining the monarchical form of government under King Ferdinand (ruled 1914–27), Rumanian internal developments, 1918–27, were dominated by the prewar Liberal Party under the control of the Bratianu family. Despite the carrying out of far-reaching land reforms, 1921, and the granting of universal suffrage, 1923, the Liberal regime of Ion Bratianu (1864–1927) became associated with the pursuit of an extreme nationalistic policy and was accused of corruption at the expense of the peasantry and the minorities. Opposition to Bratianu was further increased when an electoral law granting parliamentary control to the party which obtained 40% of the electoral vote was passed, 1926.

THE MANIU REGIME. Following the death of Ferdinand, 1927, who was succeeded by his grandson Michael, Iuliu Maniu (1873–1951), leader of the National Peasant Party, was appointed premier in 1928. Despite his progressive legislation abolishing press censorship and martial law and curbing the oppressive police, Maniu was ousted by King Carol II in 1930. (Carol, after returning from exile, had deposed his son Michael the same year.)

THE IRON GUARD. During the next 7 years, personal intrigue, corruption, and mismanagement under a series of governments led to a tactical coalition between the opposition National Peasant Party and the Iron Guard, a terroristic, anti-Semitic, and Fascist group under the leadership of Corneliu Zelea-Codreanu (?1899–1938). The defeat of the incumbent Tatarescu government in the Dec. 1937 elections by a Maniu-Codreanu coalition prompted Carol to promulgate a new constitution, Feb. 1938, which outlawed all political parties and granted him virtual dictatorial powers. Although outlawed and its leaders executed, Nov. 1938, the Iron Guard continued to challenge Carol's personal rule until, in 1940, accused of "treachery" for the territorial losses to Hungary, the Soviet Union, and Bulgaria the same year, he was forced to abdicate.

FOREIGN RELATIONS. As 1 of the victorious powers, Rumanian foreign policy during the interwar years was governed by her concern to preserve her territorial gains against the irredentist policies of Hungary, the Soviet Union, and Bulgaria. For this reason she joined both the Little and the Balkan Ententes. She also concluded a treaty of alliance with Poland, 3 Mar., 1921, to safeguard against the possible loss of Bessarabia to the Soviet Union. As a double guarantee, Rumania also entered into a nonaggression pact with the Soviet Union in 1933.

As a result of the failure of the Little Entente to protect Czechoslovakia against Hitler as well as the tendency of Hungary to look to Germany to realize her revisionist designs, Rumanian foreign policy during the last few years before the outbreak of World War II became increasingly pro-Axis. (*Cont. p. 537.*)

Yugoslavia

1917–41

CORFU MANIFESTO. Overcoming longstanding differences in customs, culture, and religion which had separated them for centuries, representatives of the South Slavs—Serbians, Croats, and Slovenes—met on allied-held Corfu and proclaimed a union, 20 June, 1917, under the Serbian King Peter I. Montenegro also joined the union, 26 Nov., 1918, after her National Assembly deposed King Nicholas I for opposing the union under Serbia.

Although—according to the manifesto—the 3 national groups were to "rank equally" in the projected federal state, the South Slavs split into 2 factions when the Hapsburg Monarchy finally disintegrated in Oct. 1918. One faction, headed by the Serbian national leader Nikola Pašić (?1845–1926), advocated a strong centralized state; the other, led by the Croatian Stefan Radić (1871–1928), demanded a large degree of autonomy for all constituent members in a federal union. Finally, on 4 Dec., 1918, the "Kingdom of the Serbs, Croats, and Slovenes" was formally proclaimed.

CENTRALISM vs. FEDERALISM. The domestic affairs of the new state remained confused and explosive throughout most of the interwar period. The issue which most prevented it from achieving a semblance of national unity was that of centralism vs. federalism.

A long-postponed election for a constituent assembly was held in late 1920 and, after much Croatian opposition and the subsequent boycott of the proceedings by 50 Croatian deputies, a centralist constitution was adopted, 28 June, 1921. Designed to do away with traditional localism and regional differences, the constitution replaced the provincial diets (parliaments) with one central Parliament (*Skupshtina*) in the Serbian capital, Belgrade. The Croatian Peasant Party under Radić, however, was determined to pursue an obstructionist policy until its avowed goal of complete autonomy was achieved.

The internal situation came to a crisis, 8 Aug., 1928, when Radić died of wounds he had received on 20 June for venturing to attack the Serbian-dominated government in Parliament. The Croatians then responded by convoking a separate Parliament in Zagreb, 1 Oct., 1928. To head off the collapse of the state, King Alexander I (ruled 1921–34) proceeded to dissolve the Parliament and instituted a dictatorship, 5 Jan., 1929. During the next 3 years, the state was ruled by decrees aimed at erasing particularism. In Oct. 1929, by royal proclamation the name of the state was changed to "Kingdom of Yugoslavia."

The adoption, Sept. 1931, of a new constitution ended the monarchical dictatorship. The new constitution, providing for a parliamentary procedure to ensure victory for the government party, was, however, rejected by the Croats, who viewed it as yet another attempt at "Serbianization."

ASSASSINATION OF ALEXANDER. Serbo-Croat antagonisms culminated in the assassination of King Alexander in Marseilles, 9 Oct., 1934, while on a state visit to France. Although new elections were held, May 1935, under the boy King Peter II (b. 1923), all oppósition members boycotted the Parliament to protest repressive campaign tactics.

SERBO-CROATIAN ACCORD. It was not, however, until 24 Aug., 1939, that an accord between the Serbian and Croatian leaders was reached. The agreement, prompted by the growing alarm at Hitler's *Drang nach Osten,* provided for full autonomy in all matters but defense, internal and foreign affairs, foreign trade, and communications. At the same time, the Yugoslav government was also reorganized so as to allow greater Croatian representation; Vladko Machek, who succeeded Radić as head of the Peasant Party, became vice-premier.

FOREIGN RELATIONS. Yugoslav foreign relations in the 1920's were dominated by a conflict with Italy over the latter's ambitions to gain Dalmatia and the port city of Fiume (based on secret promises by the allies during World War I). The conflict was settled in the Treaty of Rapallo, 1920, making Fiume a free port, and later modified by the Treaty of Rome, 1924, which gave the city to Italy but granted Yugoslavia access to the port for 50 years.

Since Yugoslavia was created largely at the expense of her former enemies Hungary, Austria, and Bulgaria, she entered into alliances with Rumania and Czechoslovakia, thus forming under French tutelage the Little Entente, 1921. Relations with Hungary became especially tense in 1934, when that country, in pursuing a revisionist policy, exploited Serbo-Croatian antagonism and, as a consequence, found herself implicated in King Alexander's assassination. Yugoslavia subsequently retaliated by deporting a number of Hungarian nationals across the border. In a gradual shift to a policy of *rapprochement* with her former enemies under Prince Paul (acting as regent for King Peter II), Yugoslavia first signed on 12 Dec., 1940, a "Treaty of Eternal Friendship" with Hungary and the next year in Mar. Premier Dragisha Tsvetkovich visited Vienna and signed the Tripartite Pact formally joining Yugoslavia to the Axis powers.

Within two days, however, the military opposing the pro-Axis drift executed a *coup d'état* which, in turn, provided Hitler with a pretext to invade the country in April 1941. (*Cont. p. 539.*)

Bulgaria

1919–39

TREATY OF NEUILLY. 27 Nov., 1919. As a member of the defeated Central Powers, Bulgaria signed the Treaty of Neuilly by which she ceded western Thrace to Greece—thereby losing her access to the Aegean Sea—and 4 other smaller areas to the newly created Yugoslavia. The treaty also limited her army to 20,000 men; her navy was reduced to 4 torpedo boats and 6 motor boats, "all without torpedoes." South Dobruja was confirmed as a Rumanian possession.

RULE OF BORIS III. Blamed for joining the defeated Central Powers, King Ferdinand was forced to abdicate in 1918 in favor of his son Boris III (ruled 1918–43). With the fall of the existing cabinet as well, Aleksandr Stamboliski (1879–1923), the Agrarian Party leader who had dared to oppose Ferdinand on the war issue, was named premier, Oct. 1919. He remained in power until 9 June, 1923, when a *coup d'état* ousted him for ruthlessly suppressing all but the peasantry. In the following years, Aleksandr Tsankov (1879–1959), the new prime minister, had to combat repeated Communist attempts at establishing a Soviet-type republic. Finally on 19 May, 1934, fear of Communism led to a military *coup d'état* under Kimon Georgiev; the following year Boris III introduced a personal dictatorship.

SUPPRESSION OF IMRO. In addition to the increasing Communist activity, Bulgaria's internal situation was made more difficult by the presence of some 200,000 World War I refugees from Serbian and Greek Macedonia. The well-armed Internal Macedonian Revolutionary Organization (IMRO), founded in 1893, constituted a constant source of embarrassment to Bulgarian governments because of its guerrilla activities—fanned by Communist agitation—against Greece and Yugoslavia. Already torn by internal dissension, IMRO, along with all other political parties, was finally suppressed in a *coup d'état* in 1934. Once the Macedonian exiles had been checked, the way was cleared for Bulgaria to join the Balkan Entente on 31 July, 1938 (Treaty of Salonika).

NAZI INFLUENCE. Not unlike the other states of Eastern Europe, Bulgaria also was affected by the spread of Nazism. Although officially outlawed in 1938 and 1939, the Nazi movement continued its activity under the leadership of former premier Tsankov. (*Cont. p. 530.*)

Albania

1920–39

PRESERVATION OF ALBANIAN INDEPENDENCE. Albania's independent status, which she had gained during the Balkan War of 1912, was confirmed by the allied powers at the Paris Peace Conference after World War I. A national congress (*Lushnje*) in 1920 also reasserted national independence and moved the capital to Tirana. Real independence, however, did not come until, in the fall of 1920, the Italian occupation troops left the country. Albania was admitted to the League of Nations in Dec. 1920.

ACCESSION OF ZOG I. With the election early in 1921 of a Council of Regents (acting for King William I), Albania remained a monarchy. During 1921–25, however, Albanian politics was characterized by a power struggle fought between various minorities, tribes of mixed origin and following different religions. From the beginning, the political situation was dominated by the personality of Ahmed Bey Zogu (1895–1961), a nationalist of long standing. The conflict turned into violence when, after the elections in 1924, the defeated candidates, followers of Zogu, resorted to arms to contest the results. After a brief sojourn in Yugoslavia, Zogu returned before the year was out and, with the aid of his faction, established himself president. Three years later, however, the monarchy was restored when, 1 Sept., 1928, Zogu was proclaimed King Zog I. In his attempt to introduce the country to the modern age, he ruled over his kingdom with an iron hand and maintained a semblance of order.

GROWTH OF ITALIAN INFLUENCE. Italian domination over Albania began to increase after the signing of the Treaty of Tirana in 1926; King Zog looked to Italy for financial, technical, and military aid, and, in order to gain a long-coveted foothold in the Balkans, Italy willingly complied. Under cover of the treaty, Italian influence continued to grow until, on Good Friday of 1939, the Italian army occupied the country outright. Zog fled and Albania, under King Victor Emmanuel III, was joined to Italy in a personal union. (*Cont. p. 529.*)

Greece

1921–40

GRECO-TURKISH WAR OF 1921–22. World War I fighting between Greece and Turkey was to have ended along the lines laid down in the Treaty of Sèvres of 10 Oct., 1920. Although the treaty was accepted by the government of Sultan Mohammed VI at Istanbul, a rival nationalist government under Kemal Atatürk proceeded to repudiate its terms. Despite initial successes due to British backing, Greece in the end lost the war and was obliged to sign, Oct. 1923, the Treaty of Lausanne which restored the Maritsa River in Thrace as the Greco-Turkish border. The new treaty also stipulated an exchange of population which left Greece with about 1.2 m. Greek refugees to assimilate. Greco-Turkish relations thereafter remained at best cool until 1930, when the 2 signed a treaty of friendship.

ROYALISTS vs. REPUBLICANS. The war with the Turks exacerbated an already tense internal situation. King Constantine, who had been deposed for his neutrality in 1917, was recalled after the death of his son King Alexander in 1920. Since his reign was too closely associated with military defeat by the Turks, Constantine was forced to abdicate again, 1922. Although he was succeeded by his son George II, defeat by the Turks shifted public sentiment toward the anti-royalist party and a republic was proclaimed, 1924, following the expulsion of George II in 1923.

The republican years 1924–35 were filled with political feuds, *coup d'états,* and countercoups, with Adm. Pavlos Koundouriotis, 1924–29, Eleutherios Venizelos, 1928–33, and Panagis Tsaldaris, 1933–35, among the chief political figures. In 1935, a plebiscite organized to decide the monarchy issue—which in the meantime had been revived—was canceled as a result of a *coup d'état* engineered by former War Minister Gen. Georgios Kondylis. In quick succession, Kondylis, now acting both as premier and regent, defeated the forces of Venizelos, ousted Premier Tsaldaris, and restored the monarchy under a reinstated King George II in Nov. 1935. Within less than a year, however, King George removed Kondylis for nonco-operation, Aug. 1936, and restored the 1911 constitution. A dictatorship was introduced under Gen. Joannes Metaxas (1871–1941). Death within 3 months eliminated Kondylis, Venizelos, and Tsaldaris; in 1938 Metaxas was named premier for life.

FOREIGN RELATIONS. In addition to the Turkish war, Greek foreign affairs in the 1920's were complicated by strained relations with Bulgaria over Greek minorities within Bulgarian Macedonia and Bulgarian aspirations for an outlet to the Aegean Sea, with Italy over Corfu, and with Yugoslavia over mutual ambitions to control Yugoslavian Macedonia.

When a Greek army contingent invaded parts of Bulgarian Macedonia in retaliation for alleged atrocities against Greek nationals, the League of Nations intervened on Bulgarian request and, scoring one of its few successes, arbitrated against Greece. Thereafter, relations between Greece and Bulgaria continued to improve until, in 1938, Bulgaria joined the Balkan Entente.

BALKAN ENTENTE. The Balkan Entente was a loose alliance created in 1934 by Yugoslavia, Rumania, Greece, and Turkey to secure their territorial integrity against Bulgarian and Hungarian revisionism.

Despite Greek neutrality at the outbreak of World War II, Italy, in Oct. 1940, invaded Greece. (*Cont. p. 527.*)

Poland

1918–39

REBIRTH OF HISTORIC POLAND. Although there had been faint attempts by the Central Powers and Russia to give Poland independence, 1914–16, the Polish nationalists, especially General Józef Piłsudski (1867–1935), soon realized that only through their own efforts could real independence be achieved. After the defeat of the Central Powers and with the support of the allies, the various nationalist factions arrived at a compromise and proclaimed an independent and united Poland, 9 Nov., 1918. On 16 Nov. Poland was declared a republic.

ESTABLISHMENT OF THE POLISH FRONTIERS. Recognizing the existence of an independent Poland, the allied powers by the Treaty of Versailles of 1919 fixed her boundaries according to economic, strategic, and ethnographic considerations, at least to the extent that these principles could be reconciled. On the west, Poland was given from Germany western Prussia, comprising an area stretching from Silesia to the Baltic Sea (Polish Corridor); and on the south, she received from Austria Teschen and Galicia. From the Soviet Union on the east, she was to receive parts of the former eastern provinces of historic Poland (which were inhabited mainly by White Russians and Ukrainians). But since the eastern border envisaged by the treaty (known as the Curzon Line) would have given Russia the easternmost parts of historic Poland, war ensued between Polish forces under General Piłsudski and the Red Army of Soviet Russia. It was not until 1921 that the Treaty of Riga fixed a border approximating that of 1772, as claimed by Poland.

Territorial disputes with the newly independent states of Lithuania (over the city of Vilna) and Czechoslovakia (over formerly Austrian-held Teschen) were prolonged throughout most of the interwar period.

MILITARY DICTATORSHIP. After his release from German imprisonment, Piłsudski appeared in Warsaw, took command of the army, and declared himself chief of state, 10 Nov., 1918. (Another national leader who had been active in promoting the Polish cause in allied circles in Paris, Ignacy Paderewski [1860–1941], became premier in Jan. 1919.) Piłsudski, after the adoption of a republican constitution, Mar. 1921, and its confirmation by a plebiscite, Nov. 1922, temporarily retired from public life.

Despite attempts by various cabinets at financial and agrarian reforms during the following 4 years, protracted parliamentary infighting between radicals and conservatives resulted in corruption and ineffectual government which, in turn, led Piłsudski to engineer a *coup d'état* on 11 May, 1926. With the ouster of Premier Wincenty Witos (1874–1945), Piłsudski named his friend Ignacy Mościcki (1867–1946) as president of Poland. The 2 cooperated in forming what came to be regarded as a virtual military dictatorship, which lasted until Piłsudski's death in May 1935. Following the adoption of another constitution, which reduced the Parliament to the role of a rubber stamp, Mościcki, under the tutelage of the military, continued in power until 1 Sept., 1939. On the outbreak of World War II, invasion by Germany and the Soviet Union led to the partitioning of Poland for the 5th time.

MINORITY PROBLEMS. The new state's non-Polish national minorities of Germans, White Russians, Ukrainians, and Jews—together comprising 1/3 of the population—made the task of establishing political harmony very arduous. Constant friction between government and minorities led to incidents which precipitated intervention by the League of Nations. The latter, however, tried in vain to enforce special treaty statutes designed to protect the minorities which Poland had been required to sign in 1919; by the 1930's, Poland became more and more associated with anti-Semitic policies.

BORDER SECURITY. As a new country wedged in between 2 major powers, Poland's principal concern during the inter-war years was to ensure her security through alliances. After settling the border conflict with the Soviet Union in 1921, she signed the same year treaties with 3 other countries. A treaty of alliance was negotiated with France and Rumania to guard against the Soviet Union and Germany, and a treaty of neutrality was concluded with Czechoslovakia. Both treaties were motivated by Poland's desire for friendly relations with the Little Entente without actually joining it, while enabling her to retain amicable relations with her traditional friend Hungary.

In 1929 Poland joined Finland, Latvia, Estonia, Rumania, and the Soviet Union in signing the Litvinov Protocol, which in turn activated the Briand-Kellogg Pact, Aug. 1928, designed to outlaw war as a means of settling conflicts between states. Poland also concluded nonaggression pacts with the USSR in 1931 and with Germany in 1934. (*Cont. p. 535.*)

The Growth of Russian Power

LENIN AND THE BOLSHEVIK REVOLUTION

1917

THE FEBRUARY REVOLUTION. A new era in Russian history dawned in 1917, when the Romanov dynasty, which had ruled the country for more than 3 centuries, was overthrown. Although the Romanov regime had already been gravely undermined by World War I, the immediate spark which ignited the February Revolution was the shortage of bread in Petrograd, at that time the Russian capital. On 12 Mar. (27 Feb. by the old Russian calendar), in the midst of bread riots, Czar Nicholas II (1868–1918) was forced to abdicate. A Provisional

Government set up by the Duma (parliament) and headed by Prince Georgi Lvov (1861–1925) superseded the monarchy. Meanwhile, more radical revolutionaries organized a Soviet of Workers' and Soldiers' Deputies, modeled on a similar institution which sprang up in St. Petersburg during the Revolution of 1905. Other soviets followed. Thus in the aftermath of the February Revolution a system of dual power prevailed in Russia, and the soviets proclaimed many decrees which directly contradicted the policies of the Provisional Government.

Vladimir Ilich Ulyanov, known as Nikolai Lenin (1870–1924), was in exile in Switzerland when the February Revolution occurred. With German approval he returned to Russia secretly via Germany in a sealed train. On arrival he promulgated the "April Theses," which called for opposition to the "bourgeois" Provisional government and assumption of power by the soviets.

Meanwhile, the Provisional Government had failed to stabilize itself, and attempted to postpone most vital decisions until a Constituent Assembly could be convened. In July Alexander Kerensky (b. 1881), a member of the Social Revolutionary Party (SR), became head of the Provisional Government. Kerensky dealt severely with the Bolsheviks after they staged a large demonstration in the capital, and Lenin was forced to flee to Finland. An important turning point for the Provisional Government was the Kornilov mutiny, Aug. The specter of military dictatorship frightened many, and the Bolsheviks were able to claim most of the credit for preventing counterrevolution. The soviets made no move to seize power, and control over them gradually passed from the Mensheviks and SR's to the more radical Bolsheviks. By Sept. the soviets in Moscow and Petrograd (the name of St. Petersburg from 1917 to 1924, when it became Leningrad), were under Bolshevik control.

THE OCTOBER REVOLUTION. Although the Bolsheviks remained a minority in most soviets, Russia's military situation became desperate in the autumn and peasant riots erupted throughout the country. In such an atmosphere Lenin was able to return from Finland and prepare an armed insurrection. His plan was opposed even by some of his intimate associates, notably Grigori Zinoviev (1883–1936) and Lev Kamenev (1883–1936), who argued that conditions in Russia were not yet ripe for a socialist revolution. These objections were voiced at a secret meeting of the Bolshevik Central Committee, 23 Oct., but Lenin overrode the protests. At this meeting the Bolshevik Party's first Political Bureau, its chief policy-making body, was selected. It consisted of Lenin; Lev Davydovich Bronstein, known as Leon Trotsky (1877–1940); Josif Vissarionovich Dzhugashvili, known as Joseph Stalin (1879–1953); Zinoviev; Kamenev; Grigori Sokolnikov (b. 1888); and Andrei Bubnov (1883–1940). The revolution began before dawn on 7 Nov. (25 Oct. by the old calendar), when military detachments loyal to the Bolsheviks seized key installations in Petrograd. In the late evening the Bolsheviks moved against the Provisional Government, whose headquarters were in the Winter Palace. The Bolsheviks simply entered the palace through a poorly guarded back door and arrested the government ministers. The change of government was virtually bloodless and resistance minimal.

CONGRESS OF SOVIETS. On 8 Nov. the 2nd Congress of Soviets convened and named a Council of People's Commissars with Lenin as chairman. (The terms "cabinet" and "prime minister" were rejected as bourgeois labels.) Trotsky was chosen foreign commissar and Stalin commissar of nationalities. The government was virtually a Bolshevik dictatorship, since the Bolsheviks refused to heed Menshevik and SR demands for a broad socialist regime, and provoked a walkout by these two groups. The Congress of Soviets also passed a Decree of Peace, proposing an end to World War I, "without annexations and indemnities," and a Decree on Land, which announced the abolition of private property in land and the transfer of private and church lands to special committees of the Soviets of Peasant Deputies for distribution to the peasantry. The Congress' last act was the election of a new Central Executive Committee composed of Bolsheviks and leftist SR's, with the former in a majority.

1918–21

CONSTITUENT ASSEMBLY. After assuring himself that all soviets were under Bolshevik domination, Lenin turned to the Constituent Assembly, which convened, Jan. 1918, with an SR majority. He would have preferred the Assembly not to convene at all, but strong popular support for it forced his hand. He therefore allowed it to meet, but dispersed it by force with the aid of Bolshevik-led sailors. Thus the last political institution around which the opponents of Bolshevism might have rallied was destroyed. Lenin was now free to construct a "dictatorship of the proletariat," which meant in practice dictatorship by the Bolshevik (renamed Communist in 1918) Party.

BOLSHEVIK PROGRAM. "Peace! Land! Bread!" These were the slogans with which the Bolsheviks had sought popular support in the prerevolutionary period. Peace was secured through the Treaty of Brest-Litovsk with Germany, 3 Mar., 1918. As for the land slogan, many acres were distributed to the peasants, and private property in land was formally abolished. The new regime at first left the peasants undisturbed in the use of the land. Early economic measures in the cities included the inauguration of an 8-hour working day, the establishment of "workers' control" through workers' committees given the right to oversee production, the creation of a Supreme Economic Council to supervise the entire economy, the nationalization of banks, and, June 1918, the nationalization without compensation of all major industries.

CIVIL WAR. Fulfillment of the Bolshevik program was impeded by the outbreak of civil war between "Reds" and "Whites," which lasted more than 3 years and almost destroyed the Russian economy. The White armies began to form in the winter of 1917–18 in peripheral areas of the former Russian Empire and planned thrusts toward the center to destroy the Bolshevik regime. The fact that they had to operate on the periphery placed the Whites at a severe military disadvantage, since their communications and supply lines were overstretched. Another major weakness was lack of unity among the Whites: all agreed on the immediate objective, to overthrow Bolshevik power, but their plans for a postwar government were vague and contradictory. Nor did the Whites possess a leader who could unify their movement on a nationwide basis. Their generals, indeed, lacked political experience. Still another White handicap was, ironically, allied intervention on their side. The 14 nations contributing troops or other assistance to the Whites failed to do enough to turn the tide of battle against the Reds, yet they provided the Bolsheviks with a valuable propaganda weapon by enabling them to pose as champions of the defense of the fatherland against foreign invaders. As a result thousands of Russians ignorant of or hostile to Communist ideology nevertheless fought on the Red side to preserve their country's territorial integrity. Trotsky, who became war commissar after Brest-Litovsk, created the victorious Red Army.

ESTABLISHMENT OF THE COMINTERN. While the civil war was in progress, Lenin sought to promote world Communist revolution. In Mar. 1919 he established the Comintern (Third International) as the vehicle for spreading revolutionary propaganda. In Apr. a Communist regime headed by Béla Kun seized power in Hungary, and soon afterward Bavaria came under Communist control. The Comintern played no significant role in these events, however, and both regimes were short-lived. Similarly, when Finnish Communists seized Helsinki in 1918, they were soon driven out by anti-Communist Finns. During 1920–21, Bolshevik troops brought the newly independent Transcaucasian republics of Georgia, Armenia, and Azerbaijan back under Russian control. The Red Army met more determined resistance in the free Baltic republics, however, and Latvia, Lithuania, and Estonia retained their independence until World War II. During a brief war with Poland, 1920–21, the Red Army failed to install a Communist regime in Warsaw.

CONSOLIDATION OF THE COMMUNIST REGIME. On the home front Lenin's main problem was to preserve his infant regime, which he had barely begun to consolidate when the civil war erupted. In particular he had to ensure the flow of grain from the countryside to the urban workers and the soldiers in the Red Army. His solution was to inaugurate the system of War Communism. Its chief feature was forcible requisitioning of the peasants' crops by the state. After grain had been distributed in urban and war zone areas, the remainder was to be divided among the peasants. The peasants resisted War Communism, however, by hiding grain and by refusing to produce more than their own subsistence required. Numerous peasant uprisings occurred during the summer and autumn of 1918. Shortages became so extreme that money lost all value and most workers had to be paid in kind.

Lenin also took steps to subordinate Russian trade unions to Communist Party control. Moreover, the power of workers' committees was steadily curtailed by political appointees stationed in industrial enterprises. Meanwhile, opposition to Bolshevik policies rose to dangerous heights. In Mar. 1918 the representatives of the Left SR's, the Bolsheviks' junior partners in the coalition government, resigned in protest against the Treaty of Brest-Litovsk. At the Fifth Congress of Soviets, held in June of the same year, Left SR's denounced the practice of requisitioning grain. In July a Left SR named Jacob Blumkin killed the German ambassador, Count von Mirbach, in hopes of provoking renewed Russo-German hostilities. In Aug. a group of Left SR's inflicted on Lenin an injury from which he never fully recovered, and assassinated 2 other Communist leaders.

In reply the Communists unleased a Red Terror under the aegis of the Cheka, the first of a series of names for the secret police. Lenin also used the atmosphere of civil war as a pretext for eliminating all real or potential enemies of the Communist Party. Among the victims were the entire imperial family, who were executed in July 1918. The first Soviet constitution, promulgated in the same month, guaranteed civil rights, but Lenin was already tightening the noose around dissenters. Mensheviks and orthodox SR's were expelled from the soviets, June 1918, and similar action was taken against the Left SR's after the Mirbach assassination. Even within the Bolshevik ranks opposition to Lenin was sharply curtailed.

NEW ECONOMIC POLICY. Red victory in the civil war was purchased at the price of the complete collapse of the Russian economy, widespread famine, and severe tensions in every segment of society. A revolt by sailors at the Kronstadt naval base, Mar. 1921, symbolized the mounting opposition to Lenin's regime. The men of Kronstadt, a bulwark of Bolshevik support during the revolution, now called for "Soviets without Communists!" Even as Lenin quelled the revolt, he realized that it reflected rising discontent throughout Russia.

To relax tensions, stimulate production, and achieve some measure of popular support, Lenin inaugurated the New Economic Policy (NEP), 28 Apr., 1919. The government retained control over the "commanding heights" of industry, but it now allowed a limited degree of freedom to peasants and small businessmen. The NEP abandoned forced requisitioning of crops, the peasants being required to pay the state only a tax in kind based on a certain percentage of output and receiving permission to sell the remainder of their produce on the free market. The Communist theoretician, David B. Goldendach, known as David Riazanov (1870–1942), termed the NEP the "peasant Brest-Litovsk," since it involved a temporary retreat from Communist principles and the granting of concessions to the peasants (like those at Brest-Litovsk to the Germans) and gave Lenin's regime time to strengthen itself. While urging the peasants to increase production, Lenin had to offer them consumer goods for which to trade their surplus grain. He thus focused on reviving industry. In consequence, small businessmen in particular benefited from the NEP; they gained permission to hire labor and to trade with relative freedom in the goods produced. In its early phase, the NEP encouraged the development of small industries, whether private or co-operative enterprises. The government promised new industries freedom from nationalization, while it leased to former owners or producers' co-operatives many small enterprises which had been nationalized previously. The NEP also stimulated trade. A class of so-called "NEP men" arose, operating through their own private trading concerns or as agents of state trading organizations. Many Communists looked suspiciously on the NEP men as an incipient capitalist class. But on the whole the NEP proved successful, both in its economic aspect of stimulating industrial and agricultural production, regaining financial stability, and generally repairing the war damage to the economy and in its political aspect of improving the attitude of social groups, especially the peasants, toward the Communist regime. Nevertheless, the peasant problem continued to haunt Lenin and the Party; they ruled an overwhelmingly peasant country with an ideology which stressed industrialization and glorified the proletariat.

1922–28

CONSTITUTION OF THE SOVIET UNION. While Lenin was introducing greater economic freedom in Russia, he was at the same time sharply reducing political freedom and seeking to eliminate all obstacles to Communist domination. The Tenth Party Congress in 1921, which had ratified the NEP, also banned factionalism within the Party. Shortly after this congress Lenin purged about ⅓ of the Party's membership. Beginning in 1922, any form of Menshevik, SR, or other anti-Communist political activity was labeled counterrevolutionary and was ruthlessly eliminated. Also in 1922 the GPU replaced the Cheka and, unlike the latter, obtained the right to arrest Communist Party members. A new Soviet constitution was promulgated in 1922, but did not differ significantly from the 1918 charter. Basic freedoms such as speech, press, and assembly were proclaimed, but only for the "working class." The constitution declared the separation of church and state, but guaranteed religious freedom as well as antireligious propaganda. Discrimination against national minorities was forbidden. The constitution formally instituted the Union of Soviet Socialist Republics (USSR). It contained a clause providing for the right of the constituent republics to secede, but this right existed only in theory. While the constitution described the USSR as a federation, in practice it became a union dominated by the Russian Republic. Surprisingly, the constitution did not even mention the Communist Party, which in fact was the fountainhead of power in the nation. The apparatus of the state was wholly subordinate to the parallel apparatus created by the Party at every level of administration.

FOREIGN POLICY. In part, the NEP symbolized a Soviet retreat in the face of the failure of Communist revolutions to materialize in the West. Unable to rely on economic assistance from western comrades, Lenin resorted during the NEP period to attempts to attract outside capital by granting concessions to foreign entrepreneurs. More significant, however, was his over-all policy of peaceful coexistence with capitalist nations. Lenin never ceased to believe in the inevitability of world revolution, which he held necessary for the building of socialism in Russia. After the collapse of Communist coups in Hungary and parts of Germany, however, he realized that world revolution would be delayed, and conceded that capitalism had entered a period of temporary "stabilization." He therefore took steps to end Russia's isolation. Already in 1920 the Russian government had signed peace treaties with Latvia, Lithuania, and Estonia; the following year witnessed treaties of friendship and commerce with Persia and Afghanistan. An Anglo-Russian commercial agreement negotiated in 1921 marked the beginning of a series of

30°
40°
50°
60°
BALTIC SEA
EUROPE
Kaliningrad
R.S.F.S.R.
Tallin
ESTONIAN S.S.R.
Murmansk
NOVAYA ZEMLAYA
Riga
Vilna
LATVIAN S.S.R.
LITHUANIAN S.S.R.
Brest
Lvov
Minsk
BYELORUSSIAN S.S.R.
Archangel
Vologda
MOLD. S.S.R.
Kishinev
Kiev
Moscow
UKRAINIAN S.S.R.
Odessa
Gorkiy
Kharkov
Kirov
BLACK SEA
Kazan
Ob R.
Rostov
Volga R.
Volgograd
Kuibyshev
Sverdlovsk
UNION OF SOVIET
GEORGIAN S.S.R.
Astrakhan
Chelyabinsk
ARM. S.S.R.
Erivan
Tbilisi
TRANS-SIBERIAN RAILWAY
KAZAKH S.S.R.
Omsk
Novosibirsk
AZERBAIDZHAN S.S.R.
Baku
CASPIAN SEA
Irtysh R.
Novokuznetsk
ARAL SEA
Karaganda
TURKMEN S.S.R.
LAKE BALKHASH
Ashkhabad
UZBEK S.S.R.
Tashkent
Alma-Ata
IRAN
Frunze
KIRGIZ S.S.R.
TADZHIK S.S.R.
Dushambe
AFGHANISTAN
JAMMU AND KASHMIR
W. PAKISTAN

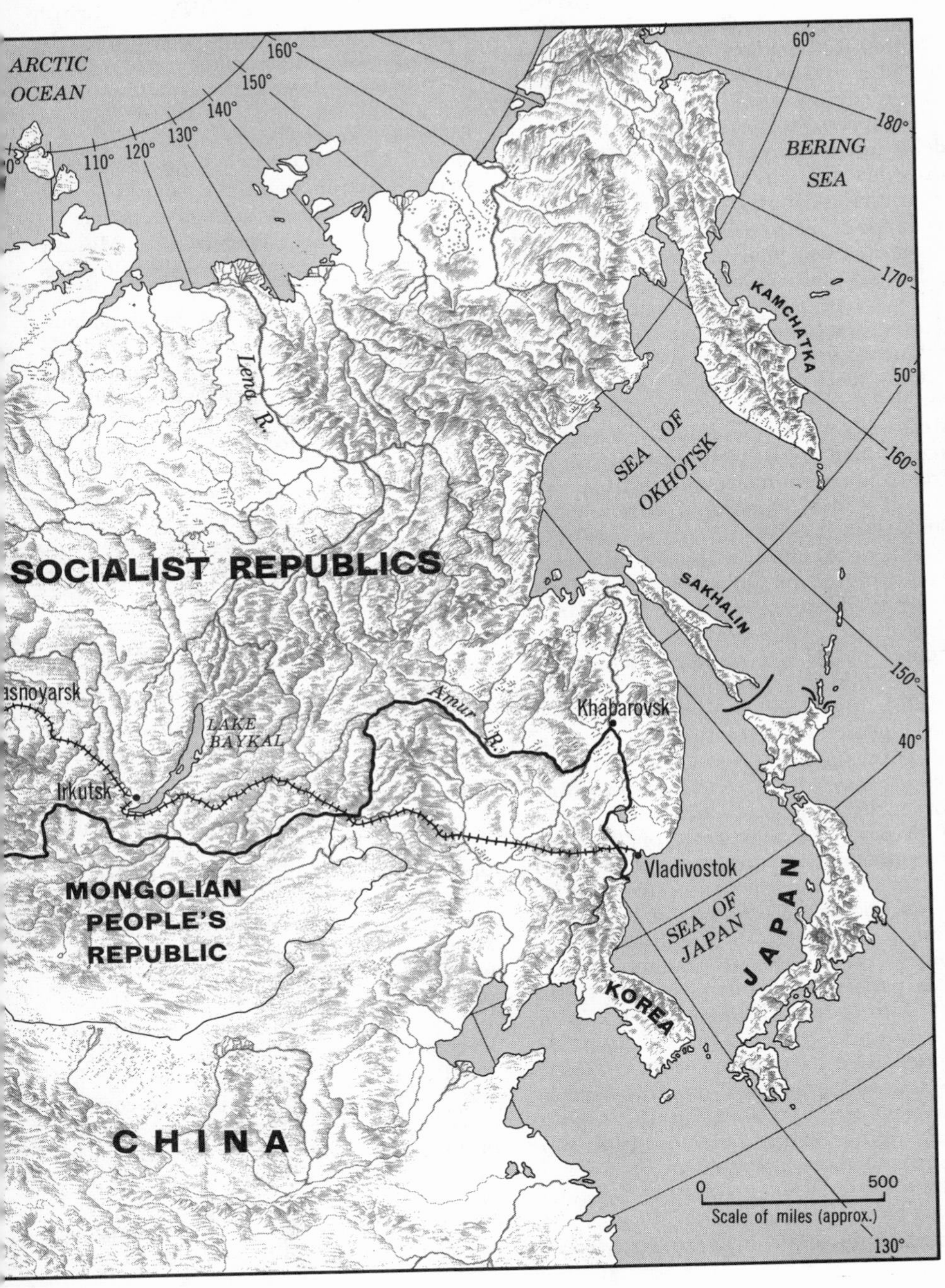

ARCTIC OCEAN
160°
150°
140°
130°
120°
110°
60°
180°
BERING SEA
170°
KAMCHATKA
50°
160°
Lena R.
SEA OF OKHOTSK
SOCIALIST REPUBLICS
SAKHALIN
150°
asnoyarsk
Amur R.
Khabarovsk
LAKE BAYKAL
40°
Irkutsk
Vladivostok
MONGOLIAN PEOPLE'S REPUBLIC
SEA OF JAPAN
JAPAN
KOREA
CHINA
0
500
Scale of miles (approx.)
130°

trade accords with Britain, Italy, France, and Germany. In 1922 Russia was invited to participate in the European Economic Conference at Genoa, Apr.–May. Grigori Chicherin (1872–1936), then foreign commissar, met his German counterpart, Walther Rathenau, at Rapallo, where they signed a treaty, 16 Apr., canceling Russian reparations claims from World War I in return for cancellation of czarist debts to Germany. The Treaty of Rapallo provided the Soviet Union with much more than economic benefits. It initiated a rapport between the 2 outcasts of Europe, ended their isolation, and greatly enhanced their diplomatic bargaining position. The treaty also marked Soviet Russia's 1st major success in the use of balance-of-power tactics; the accord guaranteed that no united capitalist world could launch an attack on the USSR. Most important, the Rapallo agreement inaugurated a shift away from British and French predominance in Europe and toward a new balance of power on the Continent. A Russian-German neutrality pact, 24 Apr., 1926, marked another step away from Soviet isolation. Several western nations accorded the Soviet Union diplomatic recognition in the 1920's, though the U.S.A. withheld recognition until 1933.

While the Foreign Commissariat pursued "peaceful coexistence" with capitalist governments, the Comintern, the second arm of Soviet foreign policy, worked by both secret and public means to prepare the overthrow of the same governments. An important new departure in Comintern policy occurred at the organization's 3rd Congress in 1921, when Moscow authorized the formation of united fronts between Communists and other parties. The united-front policy was put into effect during the 1920's in Britain and China. In Britain, 1924, the Conservative Party published the "Zinoviev Letter," a message allegedly sent by Zinoviev, then president of the Comintern, urging British Communists to support the Labour government in order to overthrow it at some future, unspecified date. The letter contributed to that government's downfall; it had recently established diplomatic relations with the USSR. The Communists then tried to seize power by means of the Anglo-Russian Trade Union Committee, but hopes of this faded when in 1927 British unionists dissolved the committee. In China the Comintern inaugurated a policy of collaboration with the Kuomintang in 1923. Four years later, however, Chiang Kai-shek ordered the liquidation of a large number of Chinese Communists and virtually annihilated their party. The sole Communist success abroad occurred in Outer Mongolia, where in 1924 Moscow established the Mongolian People's Republic.

RISE OF STALIN. Lenin alone possessed the stature and prestige to hold the competing factions in the Russian Communist Party in check. From the time he suffered his 1st stroke in 1922 a fierce struggle for the succession took place. He never designated a successor, but made clear his belief that Trotsky and Stalin were the party's 2 most capable leaders, at the same time deploring the bitter antagonism between them. The greatest achievement of Trotsky was the creation of the Red Army which won the civil war. Stalin, lacking Trotsky's intellectual and military prowess, made his mark by performing routine administrative chores scorned by more theoretically minded Bolshevik leaders. The most important of these chores involved liaison between the party's Politburo and the Orgburo, which assigned personnel to carry out Politburo directives. Stalin thus obtained a unique opportunity to staff the Party apparatus with his own supporters. He also held the post of commissar of nationalities, enabling him to exercise influence in the non-Russian republics, containing about ½ of the population of the Soviet Union, where his party adversaries had little leverage. As Commissar of the Workers' and Peasants' Inspectorate (*Rabkrin*), he was also responsible for efforts to combat corruption and inefficiency in all branches of government. He thus had numerous pretexts for dismissing his personal enemies on grounds of corruption or poor performance. Finally, he was a member of the Politburo and General

Secretary of the Communist Party's Central Committee. The latter post made him head of the Party's powerful Secretariat, its major administrative organ.

DEATH OF LENIN. After suffering a 2nd stroke in Dec. 1922, Lenin wrote his will, in which he criticized Stalin for overzealousness in the use of power. On 4 Jan., 1923, Lenin added a postscript to the will, urging the Central Committee to remove Stalin from the post of general secretary. Lenin later wrote to Stalin saying he was severing all personal relations with him. Lenin intended to culminate his assault on Stalin at the 12th Party Congress, scheduled for the spring of 1923; in Mar. of that year, however, he suffered a 3rd stroke, from which he never recovered although he clung to life until 21 Jan., 1924. Meanwhile, Lenin's will in its entirety was known only to his wife, Krupskaya, and his secretaries; knowledge of his personal break with Stalin was shared only by a few top Communist leaders.

STALIN-TROTSKY RIVALRY. With Lenin incapacitated, power passed into the hands of a triumvirate composed of Stalin; Zinoviev, then chairman of the Petrograd Soviet and president of the Comintern; and Kamenev, chairman of the Moscow Soviet and, like Zinoviev, a noted Communist theoretician. These 3 men, members of the Bolshevik Party from its birth in 1903, united against Trotsky, a relative newcomer to the party. Trotsky's brilliance, charismatic personality, and military achievements aroused jealousy among the triumvirate, which further added to their resentment against him. The party's 12th Congress in 1923 marked the triumvirate's victory over Trotsky and others, who denounced the "bureaucratic degeneration" of the party and vigorously opposed continuance of the NEP, which they saw as a virtual return to capitalism. Trotsky retained tremendous popularity in the Party, and especially in the Red Army he had created. At the time of Lenin's death, however, he was ill and away from Moscow. Stalin took advantage of this by posing as the sole defender of the Leninist tradition. Five days after Lenin died, Stalin delivered a eulogy in which he vowed to fulfill Lenin's behests. Although Zinoviev, because of his presidency of the Comintern, enjoyed international prestige unmatched by Stalin, and although both Zinoviev and Kamenev were regarded as Communist theoreticians in a way that Stalin was not and were both Russians while Stalin was a Georgian, the latter skillfully outmaneuvered his fellow triumvirs. An important turning point came in May 1924, when Lenin's will was read aloud to the Party's Central Committee. Zinoviev pointed to the smooth operation of the triumvirate as evidence that Lenin's fears of Stalin as general secretary were groundless. More important, the decision was taken not to publish the will.

As the struggle for power developed from 1924 onward, it involved both personal rivalries and controversies over the best and fastest way to realize Communist domestic and foreign goals. The 1st aim of the triumvirate was to eliminate Trotsky as a contender for power. Trotsky proved peculiarly unable to resist pressures on him, as was shown when Zinoviev demanded that he retract his "errors" at the 13th Party Congress, May 1924. Trotsky succumbed, declaring that one could be right only within the Party, not against it. This cry of "my Party, right or wrong" rendered Trotsky morally vulnerable to his opponents, who justified their actions in the name of the Party. The controversy between Trotsky and the triumvirate then took a theoretical turn. In the fall of 1924 Trotsky published *Lessons of October,* a restatement of his theory of "permanent revolution" with its emphasis on the necessity of world revolution and aid from the international proletariat if socialism in Russia was to survive. *Lessons of October* also reopened an ugly wound between Trotsky and 2 of the triumvirs by recalling the opposition of Zinoviev and Kamenev to Lenin's decision to launch an insurrection in 1917. Stalin used the appearance of *Lessons of October* to reiterate once again that Trotsky was a relative newcomer to the Bolshevik ranks, thus implying that he was unqualified to assume Lenin's mantle. More important, however, Stalin fashioned his own theoretical platform from which to challenge Trotsky. His *Problems of Leninism,* published in 1924, set out the theory of "socialism in one country," in direct contradiction to Trotsky's insistence that the preservation of socialism in the Soviet Union necessitated Communist revolutions in the West. Since the prospects of world revolution appeared dim at this time, Stalin's treatise generated a great psychological impact. Lenin and Trotsky both believed that construction of a socialist society could begin in the Soviet Union; what Stalin now asserted was that it could be successfully completed there as well, because of the country's natural wealth and the protection from outside interference offered by its great size. Stalin added that if the Soviet Union did not push on toward socialism despite the lack of Communist revolutions elsewhere, it would soon be unable to abandon the NEP and prevent a return to capitalism. Lenin himself had regarded the NEP as only a temporary expedient designed to spur recovery of the economy after World War I and the civil war. The question therefore arose of how and when to abandon this stage and build socialism and Communism.

ASCENDANCY OF STALIN. Meanwhile, the struggle between Trotsky and the triumvirate continued. In 1925 Trotsky was removed as war commissar. Shortly afterward, however, the Party's formal adoption of "socialism in one country" gave Stalin the influence needed to break up the triumvirate. Zinoviev and Kamenev had been too preoccupied with their struggle against Trotsky to notice the threat from Stalin's increasing power. Kamenev's attack on Stalin at the 14th Party Congress late in 1925 led to his demotion from full to candidate member of the Politburo. In the reconstituted Politburo which emerged from this Congress, 3 Stalin henchmen held full membership. After the Congress, Leningrad remained the only stronghold of resistance to Stalin, who therefore removed Zinoviev as Party leader there. Not until 1926, when the supporters of all 3 had been dismissed from positions of authority, did Zinoviev and Kamenev make common cause with Trotsky against Stalin. Even then, although all 3 opposed the continuation of the NEP, their personal antagonisms made their alliance extremely unstable. By this time Stalin had found new allies in Alexei Rykov (1881–1938), Lenin's successor as chairman of the Council of People's Commissars; Michael Tomsky (1880–1936), leader of the trade unions; and Nikolai Bukharin (1888–1938), a former Left Communist who now headed the Rightists. While Zinoviev, Kamenev, and the other Leftists advocated the abandonment of the NEP, the Right argued that it was successful and should continue. Bukharin championed a "snail's pace" construction of socialism, and told the peasants, "enrich yourselves." Stalin was later to champion the program of Trotsky and the Left, but felt this could not be implemented until the state had accumulated enough power to push it through against the peasants' will. Meanwhile Stalin used his allies on the Right to discredit the Left on both domestic and international issues. In July 1926 he engineered Zinoviev's expulsion from the Politburo; 3 months later he removed Trotsky from the Politburo and Zinoviev from the presidency of the Comintern, which Bukharin inherited. In 1927 Stalin plotted the removal of Trotsky and Zinoviev from the Central Committee on charges of attempting to overthrow the government; when the 2 men led street demonstrations on the 10th Anniversary of the Bolshevik revolution later that year, they were expelled from the Communist Party. At the 15th Party Congress, Dec. 1927, Stalin was able to oust the opposition from the Party en masse. By this time the Soviet united-front policy had collapsed. For this setback Stalin used Trotsky as a scapegoat, although the latter had cautioned against Communist dependence on an alliance with the Chinese Nationalists. The situation in Europe was equally bleak; Britain had severed diplomatic relations with the USSR in the wake of sharp political conflicts over Soviet policy in the Middle East and China, France followed with a *de facto* break in relations, and the Soviet minister in Warsaw was assassinated. Stalin shrewdly conjured up a "war scare" to rally the Party behind him, divert attention from his foreign-policy failures, and further consolidate his power. At the 15th Congress Zinoviev and Kamenev renounced their earlier views, and were permitted to re-enter the Party. Trotsky, however, refused to submit to his critics, and was exiled to Alma-Ata in Soviet Central Asia.

The way was now clear for Stalin to attack the Rightists. Having packed the Politburo with more of his henchmen at the Congress, he isolated Rykov, Tomsky, and Bukharin. He then launched a frontal assault on the concept of a "snail's pace" construction of socialism, calling instead for a rapid economic transformation and an end to the independence of the peasantry. Having made this *volte-face* in policy, he then proposed an alliance with the followers of Trotsky and Zinoviev, who had previously advocated the course he was now proposing. At the end of 1928 Stalin staged a test of strength with the Rightists; Bukharin lost the Comintern presidency and Tomsky the leadership of the trade unions. The following year Stalin expelled Bukharin from the Politburo. Tomsky and Rykov suffered the same fate in 1930, at which time Rykov was replaced as chairman of the Council of People's Commissars by Vyacheslav Mikhailovich Molotov (b. 1890).

Stalin now abandoned the myth of "collective leadership" and emerged as the unchallenged dictator of the Soviet Union. His victory in the succession struggle was based on several major factors: his skillful use of the party machinery, his ability to capitalize on the concept of Party loyalty instilled by Lenin, and his own shrewd sense of timing. Not until several years later, however, did he follow up the political liquidation of his opponents with their physical extermination. Trotsky, Stalin's prime rival, was deported from the Soviet Union in 1929, and ultimately enjoyed more years of freedom than did Stalin's foes who remained behind. During his years of exile he edited the *Bulletin of the Opposition,* copies of which found their way to Moscow. Although he denounced "bureaucratic degeneration" in the Soviet Union, Trotsky remained convinced that attempts to overthrow Stalin would merely benefit the cause of counterrevolution. He retained a substantial body of adherents, who built up parties in many countries, and sought in vain to affiliate them in a 4th International. The Trotskyite schism plagued international Communism from that time onward. Trotsky himself moved to various places, but Stalin's hired assassins finally caught up with him in Mexico, where one of them killed him, 21 Aug., 1940, with an icepick.

THE SOVIET UNION UNDER STALIN

1928–34

NATURE OF THE STALINIST REGIME. By 1928 Stalin was the unchallenged master of the Soviet Union. He had defeated his Party opponents, both Left and Right. He had been able to silence all opposition in the secret police, army, and trade unions, and to bring these bodies more closely under the Party's, and his own, surveillance. The Cheka had been virtually independent of Party control, but the GPU (Gosudarstvennoe Politicheskoe Upravlenie), as the Cheka was renamed, was directly subordinated to the Commissariat of Interior. Trotsky's ouster as war commissar had been followed by the installation of Stalin's henchmen as political commissars and by the tightening of Party supervision over the military. Stalin had also destroyed the considerable independence enjoyed by trade unions during the NEP period, and transformed them into organs of state control over industrial workers.

1ST 5-YEAR PLAN. Having secured his power in the Party and government apparatus, Stalin launched the 1st 5-Year Plan, covering the period 1928–32. The aim of the plan, which signaled the end of the NEP and of compromise with the peasantry, was to industrialize rapidly, and simultaneously to bring about a basic socioeconomic transformation by converting the entire urban and rural labor force into employees of state-controlled enterprises. Stalin presented his rationale for speed in 1931, when he declared: "We are 50 to 100 years behind the advanced countries. We must cover this distance in ten years . . . or they will crush us."

ENFORCED COLLECTIVIZATION. The socioeconomic transformation was most profound in the countryside, where the independent peasant producers constituting the great bulk of the Soviet Union's population were herded into collective farms, there to become a landless agricultural proletariat with the duty of providing the lion's share of the capital needed for industrialization. Stalin sought to foment class war in the villages by calling on "poor peasants" to "liquidate the kulaks [richer peasants] as a class." In practice, government officials brought class war to the villages from without and, by defining "kulaks" in accordance with arbitrary criteria, attacked all peasants who opposed socialism, i.e., the great majority of the peasantry. Faced with peasant unwillingness to join collectives, the state imposed its will by force. Stalin thus not only adopted the basic domestic program of his defeated Left opponents but ignored Lenin's warning that a proletarian-peasant alliance was indispensable to Communism's survival in Russia. Stalin expected some resistance in the campaign against the peasants, but the extent of the defiance, in which peasants slaughtered their own livestock and burned crops rather than deliver them to the state, took him unawares. From 5 to 10 m. peasants died in the process of collectivization and in the resultant famine of 1932–33; millions more were conscripted into industry.

SOVIET TOTALITARIANISM. Despite the disastrous economic consequences of the collectivization drive, its political results were far-reaching. In fact, collectivization ushered in the real beginning of Soviet totalitarianism. A powerful state was the prerequisite for a socioeconomic revolution from above (i.e., against the peasants rather from below, with their support), but this revolution, in turn, presupposed an authoritarian state to maintain the peasants in subjection. Such a system was required in the cities as well, where workers were assigned to jobs in state-owned enterprises, punished drastically for absenteeism or tardiness, deprived of collective bargaining through their trade unions, forced to engage in campaigns of "socialist emulation" to raise productivity still higher than the already inflated norms of the 5-year plans, and obliged, as were all social groups, to carry internal passports. The technique underlying the 5-year plans involved permanent intimidation of both the urban and the rural labor forces; such a tactic, coupled with the inefficient nature of Soviet planning and the substitution of political fanaticism for rational principles of management, undermined the success of the plans. In 1932, after 4¼ years had elapsed, the government announced that the 1st plan had been fulfilled, and 1933 witnessed the promulgation of the 2nd, covering the years 1933–37. The new plan was formally adopted at the 17th Party Congress in Jan. 1934.

By 1934, 99% of all industry was controlled by the state, and collective farms covered 90% of the country's arable land. The only private enterprise remaining in the Soviet Union was the sale of crops grown on the peasants' small garden plots. However, as a result of peasant resistance, collective farms (*kolkhozy*), in which peasants owned all land and farm implements in common and divided their profits, far outnumbered state farms (*sovkhozy*), in which the state owned all land, equipment, and livestock, and hired the peasants as wage laborers. What has been called the "second revolution" or Russia's "Iron Age" involved much more far-reaching economic and political consequences than the Bolshevik Revolution of 1917. For the first time, the Soviet totalitarian structure extended into every corner of every citizen's life. Far from "withering away," as Marx and Lenin had predicted, the state had become stronger than ever. Stalin justified this development by a theory of "capitalist encirclement," implying that the state would remain until Communists controlled the entire world.

FOREIGN POLICY. In 1927, a decade after the Bolshevik Revolution, Soviet foreign policy was at a low ebb. Comintern-sponsored coups and united fronts had failed, and Britain and France, then Europe's leading powers, had assumed a hostile stance toward Moscow. Stalin told the 1927 Party Congress that the era of "stabilization" of capitalism was ending and that the "imperialist" powers were plotting anew against the Soviet Union. The following year the 6th Comintern Congress adopted this interpretation by abandoning the concept of united fronts of Communists and other leftist groups and advocating an attack on all bourgeois political groups, including Social Democrats, who were labeled "Social Fascists." This policy reaped the most dire results in Germany, where the Communists not only assailed the Social Democratic policy of improving relations with the western powers but also aided Hitler's rise by refusing the pleas of many Social Democrats to make common cause against him. Hitler, once in power, repaid the favor by destroying the German Communist Party.

The Comintern's ineptitude stemmed not only from ideological rigidity—Stalin, professing that Nazism represented the highest stage of capitalism in Germany, claimed that it would soon be superseded by a Communist regime—but from Stalin's transformation of the International from a vehicle of world revolution to an instrument of Soviet foreign policy. At the 1928 Party Congress the preservation of the world's first Socialist state, the USSR, was proclaimed as the foremost duty of Communist parties everywhere. Stalin also purged and Russified the Comintern staff. The hard line imposed on the Comintern in 1928 found a certain parallel in Soviet foreign policy on the level of relationships with individual states. Moscow continued, as under Lenin, to regard Britain (held to be the strongest capitalist power) as the main enemy and to play the anti-Versailles powers against Britain and France in the European power balance. At the same time, however, Stalin was forced by the Soviet Union's isolation and the internal difficulties accompanying the 1st 5-Year Plan to pursue a cautious foreign policy. He was particularly anxious to neutralize the countries on the Soviet Union's western borders to prevent their being used by the capitalist powers as a potential staging area for an invasion of Russia. This was the chief motive behind the so-called Litvinov Protocol, named for Foreign Commissar Maxim Litvinov (1876–1951), and signed on 9 Feb., 1929, by the Soviet Union, Poland, Rumania, the 3 Baltic republics, Turkey, Persia, and the Free City of Danzig. Continuing domestic troubles and anxiety over rising German nationalism also led the Soviet Union to conclude nonaggression treaties with Poland, the Baltic states, Finland, and even France.

Meanwhile Moscow, although the USSR was not a member of the League of Nations, participated in many League-sponsored committees seeking to reduce international tensions. The Soviet Union also sought wider diplomatic recognition. Anglo-Soviet relations were renewed in 1929. In 1933 the U.S.A. accorded recognition. Sino-Soviet ties, severed in 1929, were revived in 1932 as a response to Japanese aggression in Manchuria. Mounting anxiety over Nazism in Germany and militarism in Japan led the Soviet Union to join the League of Nations, 17 Sept., 1934, and to veer away from the Comintern hard line toward bourgeois governments. What became known as the Comintern's "Popular Front" policy received its first trial in France in 1934, though the policy was not officially inaugurated until the following year.

1934–39

THE GREAT PURGES. The extent to which Stalin had disposed of all opposition to his regime was revealed at the 17th Party Congress held in Jan. 1934. At this "Congress of Victors," ostensibly so named to celebrate the achievements of the 1st 5-Year Plan, Stalin declared that "there is nothing more to prove and, it seems, no one to fight." On 1 Dec., 1934, however, Sergei M. Kirov (b. 1888), Zinoviev's successor as Leningrad Party chief, was assassinated. Stalin reasoned that since the assassin, Leonid V. Nikolaev, had had close ties with Zinoviev, the latter was "objectively" responsible. Beginning early in 1935, large numbers of real and alleged supporters of Zinoviev, Trotsky, and other "Leftists" were deported to Siberia. A more ominous development occurred in Aug. 1936, when 16 distinguished Old Bolsheviks, including Zinoviev and Kamenev, were placed on public trial, forced to fabricate confessions of their "errors," and executed. That same year N. I. Yezhov (1895–1938), the "bloodthirsty dwarf," became head of the NKVD, successor of the GPU, and the purges rolled to their peak. In Jan. 1937, 17 leading Communists were condemned to death at the trial of the so-called "Anti-Soviet Trotskyite Center." Marshall Mikhail Tukhachevsky (1893–1937), chief of the army general staff, together with most of the army's top generals, were tried and shot, June 1937. In Mar. 1938 the major leaders of the Right Opposition, including Bukharin and Rykov (Tomsky committed suicide), perished. Yezhov himself was executed after being replaced by Lavrenti P. Beria (1899–1953), Dec. 1938.

Beria's accession to leadership of the police signaled the end of the mass purges and show trials, although numerous arrests and exiles continued. The NKVD became, in fact, the Soviet Union's largest individual employer in the 1930's; perhaps as many as 10 m. persons toiled in its forced labor camps. The purge victims included Lenin's entire Politburo (Trotsky was tried *in absentia*) except Stalin himself, the whole Bolshevik Old Guard, 70% of the members and candidates of the Central Committee elected at the 1934 Congress, and the cream of the leadership of the army, economy, trade unions, and secret police. Reportedly, the police were empowered arbitrarily to arrest a certain percentage of the entire population of the Soviet Union; an estimated 8 m. people were thus affected.

The Great Purges fatally undermined the degree of independent action still left to Soviet institutions, which now became pliant instruments of Stalin's will. Younger and presumably more reliable men, who had spent their formative years under the Stalinist system, replaced the purge victims in key posts. All owed their careers, and some their lives, to Stalin. The totalitarian state structure was now complete. Stalin ignored even his own Party in reaching decisions; 13 years elapsed between the 18th and 19th Party Congresses, held in 1939 and 1952 respectively, and during those years Stalin consulted the Central Committee and even the Politburo ever more infrequently. He had become the infallible *vozhd* (leader), and the "cult of personality" rolled into high gear.

CONSTITUTION OF 1936. In Nov. 1936 Stalin promulgated a new constitution. He explained that the Soviet Union had now completed the building of socialism ("from each according to his ability, to each according to his work," as opposed to Communism, "to each according to his need"); exploitation of man by man had ended (allegedly because there was no more private ownership of the means of production); and antagonistic classes had disappeared (what remained were "friendly classes"—workers and peasants—and a "stratum"—the intelligentsia). Unlike the old constitution, which provided for indirect suffrage weighted in favor of the proletariat, the new document pledged equal, secret, and direct voting. (In fact, secret balloting was regarded with the utmost suspicion, while direct voting meant merely the fruitless and risky option of crossing out the name of the Party nominee on the ballot paper.) The new constitution guaranteed freedom of speech, press, and assembly, and even permitted "street processions and demonstrations." In fact these rights were lacking throughout the Stalin era. Soviet "federalism" and the right of union republics to secede were emphasized in the constitution, but still had no meaning in reality. The most glaring contradiction between the constitution and the facts of Soviet life was that the document merely mentioned the Communist

Party, the true center of power in the country (though naming it "The guiding force"), and omitted any mention of Marxism-Leninism, the official state ideology.

POPULAR FRONT POLICY. At its 7th Congress in the summer of 1935 the Comintern formally adopted the Popular Front policy, which proclaimed the willingness of all Communist parties to cooperate with any political group, whether Socialist or Rightist, which struggled against Fascism. Soviet entry into the League of Nations, implying that Moscow would respect the norms of international behavior, particularly necessitated such a Comintern shift. The major applications of the Popular Front policy occurred in France, Spain, and China.

In the French elections of May 1936 the Communists contributed to the Socialist leader Léon Blum's victory, and supported his government while refusing to enter it. Later, however, the French Communist Party helped to undermine the government through strikes and other tactics. The Communists repeated the same pattern until 1938, by which time the Popular Front policy in France had run its course.

In Spain the Socialists and Communists, both on the Republican side in the Spanish Civil War, formed a Popular Front government with Communist participation, Sept. 1936. Moscow, however, ordered the NKVD to arrest and execute Trotskyites, anarchists, and many Socialists in Spain. Stalin also began sending Soviet aid to the Spanish Republicans; by the summer of 1938 the Communists exercised a strong influence over what was left of the republican regime. Shortly afterward the Soviet Union cut off its aid; unable to secure British or French aid for the Republicans, Stalin hesitated to overcommit Soviet resources and prestige unilaterally, and feared a confrontation with Nazi Germany, which supported Franco's forces. Nevertheless, Stalin managed to delay Franco's victory until he had reaped the maximum advantage from the Popular Front policy; moreover, the experience in warfare and political infiltration gained by Soviet agents in Spain was to serve Stalin well in his Communization of Eastern Europe. On the other hand, Soviet intervention in Spain increased western distrust of Moscow.

A Popular Front appeared in China in 1937, when the Nationalists and Communists agreed to make common cause against the Japanese. The 2 groups cooperated sporadically over the next few years, but both took advantage of the united front to strengthen their respective positions. Since Communist-Nationalist collaboration heightened Chinese resistance to Japanese aggression, it served to protect the Soviet Union's eastern frontier.

INTERNATIONAL RELATIONS. The Popular Front policy gained Moscow little security, which Stalin was obliged to seek through conventional diplomacy. Once the Soviet Union had joined the League of Nations, it became a leading advocate of League action to maintain the peace. At the same time Stalin, ever fearful of Soviet isolation and hoping to divert world attention from the Great Purges, sought closer bilateral contacts with other European countries. In 1935, mutual assistance pacts were signed with France and Czechoslovakia. The latter pact obligated the Soviet Union to aid the Czechs only if France did likewise; this escape clause allowed Stalin to remain inactive after France and Britain had surrendered Czechoslovakia to Hitler. Soviet feelings of insecurity deepened in 1936, when Germany and Japan signed the Anti-Comintern Pact, 25 Nov., 1936. In 1937 the Soviet Union concluded a nonaggression treaty with the Chinese Nationalists, then engaged in a full-scale war with Japan. Soviet advisers poured into China, and limited Russian military aid to Chiang Kai-shek's forces continued until Germany invaded Russia in 1941. To some extent the Soviet Union used both bilateral pacts and the Popular Front policy, which had won Communism its greatest international influence up to that time, as diplomatic bargaining counters. As late as 1938, however, both the western democracies, which still believed appeasement of Hitler would work, and the Axis powers virtually ignored the Soviet Union. Then, in the spring of 1939, both sides began to court Moscow, which had meanwhile grown disenchanted about collective security as a result of the Munich agreement and had decided to draw closer to Hitler.

NAZI-SOVIET PACT. During the spring and summer of 1939 the Russian government was simultaneously negotiating openly with the western powers and secretly with the Nazis. Although Stalin regarded both western and Axis coalitions as anathema and hoped they would mutually exhaust each other in war, he aimed to prevent either from attacking the Soviet Union and to secure the highest possible price for adhering to one or the other. Molotov's replacement of Litvinov as foreign commissar, May 1939, symbolized Soviet intentions, for Litvinov had become identified with the policy of collective security against Nazism. Molotov immediately insinuated that Britain and France were not sincere in their negotiations with the USSR and were encouraging Hitler to expand eastward. Not until 5 Aug. did the British and French dispatch a military mission to Moscow, however, and then by ship and without providing it with written authorization to make political decisions. When talks finally began, 12 Aug., the Westerners proved unable and unwilling to meet Stalin's price for a pact—a free hand in the Baltic states and the right to send troops into Poland if Germany attacked. The Nazis, on the other hand, wanted an accord guaranteeing Soviet neutrality before they activated their planned invasion of Poland. On 23 Aug. Foreign Ministers Molotov and Ribbentrop signed the Nazi-Soviet Pact. Its public text was simply an agreement on nonaggression and neutrality; a secret protocol, however, divided Eastern Europe into "spheres of influence" by which the Soviet Union was to receive Finland, Estonia, Latvia, and Bessarabia. Furthermore, the Nazi-Soviet Pact was accompanied by a trade treaty and arrangements for a large-scale exchange of raw materials and arms. The pact, embodying the unusual provision that it was to take effect immediately, enabled Stalin to obtain temporary immunity against Nazi attack and to remain neutral in the 1st stage of the war, which he labeled an imperialistic conflict for the redivision of the world. (*Cont. p. 540.*)

The United States in Crisis and Recovery

EMERGENCE OF THE U.S. AS A WORLD POWER

1914–18

INTERVENTION IN HAITI. The U.S., holding large financial interests, intervened in strife-torn Haiti, 29 July, 1915. President Dartiguenave signed a treaty, 16 Sept., making Haiti a virtual U.S. protectorate. American troops left on 6 Aug., 1934.

BRYAN-CHAMORRO TREATY. 18 Feb., 1916. By this treaty the U.S. granted Nicaragua $3 m. in return for exclusive rights to a canal route and naval base.

MEXICAN BORDER CAMPAIGN. Pancho Villa's marauders killed 18 Americans, 18 Jan., 1916, at Santa Ysabel, Mexico, and 17, 9 Mar., at Columbus, N.M. President Wilson dispatched 15,000 men under Gen. John J. Pershing across the border to pursue Villa. The troops were withdrawn by 5 Feb., 1917. The U.S. recognized Carranza, who became president, 11 Mar.

INTERVENTION IN SANTO DOMINGO. Domestic difficulties in Santo Domingo further increased that country's national debt, and forced the Dominican president to resign, May 1916. The U.S. declared full military occupation, 29 Nov., and U.S. naval officers took over internal administration. The American marines withdrew, July 1924, when Gen. Horacio Vásquez became constitutional president.

WAR PREPAREDNESS. The war in Europe prompted individuals like Theodore Roosevelt and organizations like the National Security League to demand military readiness. Wilson resisted until the *Lusitania* incident, 7 May, 1915. On 3 June, 1916, the National Defense Act was passed. It expanded the army and authorized a 450,000-man National Guard.

PRESIDENTIAL ELECTION. 7 Nov., 1916. The Republicans nominated Supreme Court Justice Charles E. Hughes (N.Y.) and Charles W. Fairbanks (Ind.). Despite Roosevelt's support of Hughes, Wilson and Marshall, campaigning on a peace platform, won a close election, 277–254. (For entry of U.S. into World War I, see p. 374.)

WAR LEGISLATION. The Liberty Loan Act, 24 Apr., 1917, authorized the public sale of war bonds and loans to the allies to buy food and war matériel. The Selective Service Act, 18 May, established a military draft for men between 21 and 30 (later 18 and 45); 2,810,296 men were called. The War Industries Board was established, 28 July, to maximize efficiency in the nation's war industries. The Lever Food and Fuel Control Act, 10 Aug., empowered the President to control the production and distribution of food and fuel necessary for the war. An Act of 6 Oct. prohibited trading with the enemy. On 26 Dec. Wilson placed the railroads under emergency federal control with Secretary of the Treasury William Gibbs McAdoo (1863–1941) as administrator. The Sedition Act, 16 May, 1918, forbade statements detrimental to the war effort or attacking the American form of government.

1919–32

REJECTION OF LEAGUE OF NATIONS MEMBERSHIP. Wilson submitted to the Paris Peace Conference, 14 Feb., 1919, a draft covenant for a League of Nations, and then returned to the U.S., where 39 Republicans had signed Henry Cabot Lodge's senatorial "round robin" denouncing the League's proposed form. On his return to Europe, Mar.–Apr., Wilson agreed to certain compromises regarding reparations, the wording of the convenant, etc. After the signing of the Treaty of Versailles, 28 June, with its accompanying covenant, opposition to ratification broke out in the U.S. Senate. Wilsonian Democrats supported immediate ratification; Lodge's moderates had reservations; "irreconcilables" led by Hiram Johnson and William E. Borah opposed it. Wilson was adamant. Democrats and moderate Republicans defeated the Foreign Relations Committee's "irreconcilable" amendments, and Democrats and irreconcilables rejected Lodge's reservations, 19 Nov. The League Covenant was rejected and the U.S. did not become a member of the League.

WASHINGTON ARMAMENT CONFERENCE. 12 Nov., 1921–6 Feb., 1922. The conference reduced naval armaments and considered East Asian problems. Five powers agreed not to build capital ships for 10 years and to apportion capital tonnage among themselves at the ratio of 5 (U.S.) : 5 (Britain) : 3 (Japan) : 1.67 (France) : 1.67 (Italy). They also limited submarine warfare and outlawed asphyxiating gases. Nine powers reaffirmed the Chinese Open Door policy.

INTERALLIED WAR DEBTS. Wilson refused British and French arguments in favor of cancellation of interallied war debts. Congress established the World War Foreign Debt Commission, 9 Feb., 1922, which negotiated agreements based on the debtor nations' ability to pay. The European financial situation led the U.S. to reduce drastically the debt's principal, 1925–26, but U.S. insistence on partial payment generated anti-American feeling abroad and isolationism at home.

DAWES PLAN. 9 Apr., 1924. President Calvin Coolidge (1872–1933) appointed, 15 Dec., 1923, a commission under Charles G. Dawes to investigate why Germany had defaulted on her reparations payments. The resulting Dawes Plan advocated reorganizing the Reichsbank under allied supervision and a schedule of graduated reparations payments.

POLICY TOWARD THE LEAGUE OF NATIONS. The U.S., though not a member, was represented at numerous League gatherings, including the International Opium Conference, 1924. Five U.S.

officials represented American interests at Geneva.

WORLD COURT. Despite Senate approval, 27 Jan., 1926, U.S. reservations prevented her from joining the Court of International Justice proposed in the League Covenant. Elihu Root (1845–1937) formulated a plan, 1929, which prohibited the Court from rendering advisory opinions, without American consent, on matters involving U.S. interests. The Senate did not act, and later, 1935, rejected membership.

KELLOGG-BRIAND PACT. 27 Aug., 1928. The French foreign minister, Aristide Briand, submitted a bilateral treaty, 20 June, 1927, outlawing war. Secretary of State Frank B. Kellogg made the agreement multinational, and 14 nations signed the Kellogg-Briand Pact.

RELATIONS WITH NICARAGUA. Henry L. Stimson (1867–1950) negotiated, 1927, an agreement between warring Liberal and Conservative factions in Nicaragua, and Liberal José Moncado was elected president, 4 Nov., 1928, at a U.S.-supervised election. American marines, dispatched in 1926, withdrew in 1928.

YOUNG PLAN. A plan put forward by Owen D. Young, 1929, reduced German reparations to $8,032,500,000, payable over 58½ years at 5½% interest. The Lausanne Conference canceled, 16 June, 1932, over 90% of this obligation.

LONDON NAVAL CONFERENCE. 21 Jan.–22 Apr., 1930. The U.S., Britain, and Japan agreed to limit cruiser construction at the ratio of 10–10–6. Neither France nor Italy signed the more important provisions of the treaty, which was to expire on 31 Dec., 1936.

HOOVER DEBT MORATORIUM. 20 June, 1931. The desperate world economic situation prompted acceptance of President Hoover's 1-year moratorium on both interallied debts and reparations.

STIMSON DOCTRINE. Arising out of Japan's attack on Manchuria, 18 Sept., 1931, the Stimson Doctrine declared, 7 Jan., 1932, U.S. opposition to any agreement impairing China's sovereignty or integrity. After Japan's attack on Shanghai, 29 Jan., the League endorsed the Stimson Doctrine.

1933–39

"GOOD NEIGHBOR POLICY." President Franklin D. Roosevelt pledged a "Good Neighbor policy" toward Latin America, 4 Mar., 1933, and rejected, 28 Dec., the idea of armed intervention.

RECOGNITION OF SOVIET RUSSIA. 16 Nov., 1933. Notes were formally exchanged as the USSR agreed not to interfere in U.S. domestic affairs and to extend religious freedom to Americans in Russia.

HEMISPHERIC SOLIDARITY. Various Pan-American conferences met in response to the threat of European Fascism: the Montevideo Conference outlawed, 26 Dec., 1933, outside interference in internal affairs, and the Lima Conference's "Declaration of Lima" expressed, 24 Dec., 1938, the Americas' determination to resist foreign intervention.

COLONIAL POLICY. The Philippine legislature accepted the Tydings-McDuffie Act, which provided, 24 Mar., 1934, for eventual Philippine independence and promised removal of U.S. military posts. Roosevelt approved a Philippine constitution, 8 Feb., 1935, and Manuel Quezon (1878–1944) became president of the Philippines, 17 Sept. An Organic Act, 22 Jan., 1936, established a territorial legislature in the Virgin Islands.

DECLINE OF DOLLAR DIPLOMACY. Ambassador Sumner Welles (1892–1962) negotiated a treaty, 29 May, 1934, with conservative Carlos Mendieta's Cuban government abrogating the Platt Amendment. Roosevelt allowed, 17 Oct., 1933, Panama more equitable commercial rights in the Canal Zone (ratified 1939), and withdrew U.S. troops from Haiti, 1934.

NEUTRALITY ACTS. As Europe moved toward war, Americans became increasingly isolationist. The Neutrality Act of 1935 authorized a temporary embargo on arms shipments to all belligerents. The 1936 Act outlawed loans or credits to belligerents. Neutrality Acts in 1937 forbade munitions shipments to either side in the Spanish Civil War, empowered the President to list other commodities to be paid for on delivery, and made travel on belligerents' ships illegal.

RELATIONS WITH JAPAN. The Japanese sank, 12 Dec., 1937, the U.S. river gunboat *Panay* in China, but quickly apologized, 14 Dec. However, they rejected, 18 Nov., 1938, the Open Door policy.

MEXICAN EXPROPRIATION CONTROVERSY. President Lázaro Cárdenas nationalized most of the properties of American oil companies operating in Mexico, 18 Mar., 1938. Secretary of State Cordell Hull (1871–1955) insisted that fair compensation was due, and the governments eventually agreed that Mexico should pay American claims in return for financial aid.

RELATIONS WITH EUROPE. The British prime minister, Neville Chamberlain, rejected Roosevelt's proposal of 11 Jan., 1938, for a world conference to reduce armaments. Hitler denied hostile intentions when Roosevelt asked, 15 Apr., 1939, Germany and Italy to pledge themselves not to attack 31 specified European and Middle Eastern nations.

DOMESTIC ISSUES

1919

PROHIBITION. The 18th Amendment to the Constitution, prohibiting the manufacture and sale of alcoholic beverages, and submitted for ratification, 18 Dec., 1917, was ratified on 29 Jan., 1919. The National Prohibition Enforcement (Volstead) Act, 28 Oct., 1919, passed over Wilson's veto, defined any beverage with more than half of 1% of alcohol as an intoxicant.

1920

ECONOMIC LEGISLATION. The Esch-Cummins (Transportation) Act, 28 Feb., returned the railroads to private control, strengthened the I.C.C., and established a Railroad Labor Board. The Jones (Merchant Marine) Act, 5 June, ended wartime shipping legislation. The Water Power Act, 10 June, established a Federal Power Commission empowered to authorize construction to improve navigation and develop power resources.

WOMEN'S VOTE. The 19th Amendment to the Constitution, giving the vote to women, was ratified, 26 Aug.

"RED RAIDS." The success of Russia's Bolshevik Revolution prompted mass arrests and deportations of political and labor agitators by A. Mitchell Palmer's Justice Department.

PRESIDENTIAL ELECTION. 2 Nov. The Republicans nominated Sen. Warren G. Harding (Ohio) and Gov. Calvin Coolidge (Mass.), attacked the proposed League of Nations, and promised a "return to normalcy." The Democrats chose Gov. James M. Cox (Ohio) and Franklin D. Roosevelt (N.Y.), and supported the League. Harding won, 404–127.

1921

ECONOMIC RECESSION. A recession, bringing unemployment to 4,750,000 persons, was caused by tight credit, a glutted domestic market, and a decline in exports. Agriculture began a downward spiral which lasted through the depression.

BUDGET AND ACCOUNTING ACT. 10 June. This act created the Bureau of the Budget. The President was instructed to report annually to Congress on the government's fiscal status.

PACKERS AND STOCKYARDS ACT. 15 Aug. Unfair and monopolistic practices in the livestock, poultry, and dairy industries were prohibited.

1922–23

KU KLUX KLAN. The K.K.K., a fundamentalist, racist, and nativist organization, was revived in 1915 and grew in membership to 5 m. by 1922. Newspaper revelations, 1923, of its vicious tactics and the conviction of Indiana Grand Dragon David C. Stephenson for murder, 1925, caused its decline.

ACCESSION OF COOLIDGE. When Harding died, 2 Aug., 1923, of embolism,

Calvin C. Coolidge (1872–1933) became President. Coolidge's annual message to Congress, 6 Dec., advocated government economy and aid to business.

1924

HARDING ADMINISTRATION SCANDALS. Several departments of government were shaken by exposures of corruption in Harding's administration. Interior Secretary Albert B. Fall was jailed after Sen. Thomas J. Walsh's (Mont.) committee discovered that Fall had secretly leased naval oil reserve lands at Teapot Dome, Wyo., and Elk Hills, Calif., to oil operators Harry F. Sinclair and Edward L. Doheny. Attorney General Harry M. Daugherty resigned after revelations that he had received money from prohibition legislation violators.

SOLDIERS' BONUS ACT. 19 May. The World War Adjusted Compensation (Soldiers' Bonus) Act, passed over Coolidge's veto, provided 20-year endowment policies to veterans below the rank of major.

PRESIDENTIAL ELECTION. 4 Nov. Republicans nominated Coolidge and Gen. Charles G. Dawes (Ill.) and endorsed the high Fordney-McCumber Tariff. Democrats, split between the supporters of William G. McAdoo (Tenn.) and Alfred E. Smith (N.Y.), nominated John W. Davis (W. Va.) and Gov. Charles W. Bryan (Neb.), and advocated a competitive tariff. A farmer-labor Progressive Party chose Sen. Robert M. La Follette (Wis.) and Sen. Burton K. Wheeler (Mont.). Coolidge (382) defeated Davis (136) and La Follette (13).

1925–29

SACCO-VANZETTI CASE. Italian anarchists Nicola Sacco and Bartolomeo Vanzetti were executed, 23 Aug., 1927, for 2 murders committed in 1920. Liberals claimed their Massachusetts trial was prejudiced, but a Massachusetts commission sustained the verdict, 27 July, 1927.

PRESIDENTIAL ELECTION. 6 Nov., 1928. Republicans nominated Commerce Secretary Herbert Hoover (Calif.) and Sen. Charles Curtis (Kan.), and supported prohibition and the protective tariff. Democrats chose Gov. Alfred E. Smith (N.Y.) and Sen. Joseph T. Robinson (Ark.), and supported farm relief and collective bargaining for labor. Hoover (444) defeated Smith (87), whose Roman Catholicism and anti-prohibition views cost him votes.

EXPORT DEBENTURE PLAN. This plan, approved in 1929, provided for export bounties on certain agricultural commodities to be paid in debentures receivable in payment for import duties. Senate support collapsed when Hoover announced he would veto the measure.

AGRICULTURAL MARKETING ACT. 15 June, 1929. This act created a Federal Farm Board to promote the marketing of farm commodities through agricultural co-operatives and price stabilization corporations.

PANIC OF 1929. The stock market collapse of 1929 ended a period of unparalleled U.S. prosperity and touched off a worldwide depression.

1930–31

HOOVER RELIEF POLICY. Opposing direct federal relief to alleviate the depression, Hoover proposed federally aided local public-works projects to help the unemployed.

WICKERSHAM REPORT. 19 Jan., 1931. George W. Wickersham's Law Observance and Enforcement Commission advocated revision of the unpopular Prohibition Amendment. Hoover opposed repeal, 20 Jan.

VETERANS' BONUS. Over Hoover's veto, Congress authorized, 27 Feb., 1931, loans of up to 50% of veterans' bonuses.

1932

RECONSTRUCTION FINANCE CORPORATION. The R.F.C. was established, 2 Feb., to revive the economy by extending credit to banks, life insurance companies, building and loan societies, railroads, and farm mortgage associations.

GLASS-STEAGALL ACT. 27 Feb. An expansion of credit was encouraged by the allocation of $750 m. in government gold for business needs.

RELIEF AND CONSTRUCTION ACT. 21 July. The R.F.C. received authorization to lend $300 m. to states unable to finance economic relief themselves.

FEDERAL HOME LOAN BANK ACT. 22 July. Discount banks for home mortgages were established. The aims were to curtail foreclosures and encourage construction.

"BONUS ARMY." 28–29 July. In June 17,000 veterans camped around Washington to demand cash payment of their bonuses. Gen. Douglas MacArthur commanded troops who forcibly removed 2,000 veterans who had remained through July.

PRESIDENTIAL ELECTION. 8 Nov. The Republicans renominated Hoover and Curtis. The Democrats nominated Gov. Franklin Delano Roosevelt (1882–1945) (N.Y.) and John Nance Garner (Tex.). Both parties advocated cuts in government spending and a balanced budget, but Roosevelt pledged a "New Deal" for Americans and help for the "forgotten man at the bottom of the economic pyramid." Hoover attacked as radicalism ideas for government economic regulation proposed by Roosevelt's "Brains Trust," which included Rexford G. Tugwell and Adolph A. Berle, Jr. Roosevelt (472 electoral votes, 42 states) defeated Hoover (59), and the Democrats took both houses of Congress by substantial margins.

1933

THE NEW DEAL. Between Roosevelt's election and his inauguration the economic crisis became desperate. By 4 Mar. almost every state had closed its banks. On 5 Mar. Roosevelt called a special session of Congress for 9 Mar., and declared a bank holiday until then. Almost at once 75% of the Federal Reserve System banks reopened and stock prices began to rise. The "Hundred Days" session of Congress, 9 Mar.–16 June, produced the following relief and recovery measures:

9 Mar. An Emergency Banking Relief Act approved Roosevelt's emergency actions, enlarged his control of monetary policy, and authorized the Treasury to call in all gold.

20 Mar. An Economy Act, to balance the budget, reduced government salaries and veterans' benefits.

22 Mar. The Beer-Wine Revenue Act legalized and taxed beverages containing 3.2% or more of alcohol.

31 Mar. The Civilian Conservation Corps Reforestation Relief Act provided work for 250,000 young men developing the nation's natural resources.

19 Apr. The U.S. abandoned the gold standard. Stock and commodity prices rose.

12 May. A Federal Emergency Relief Act, administered by Harry L. Hopkins (1890–1946), authorized outright grants to local governments for relief purposes.

12 May. The Agricultural Adjustment Act (AAA) sought to restore prosperity by establishing parity prices for basic commodities based on farmers' 1909–14 purchasing power. It also authorized government subsidies for farmers who voluntarily limited production, and established the Agricultural Adjustment Administration.

18 May. Sen. George W. Norris (Neb.) proposed that the government reopen its First World War power plant at Muscle Shoals, Ala., to service inhabitants of the Tennessee River Valley. Hoover and Coolidge had vetoed the measure, but Roosevelt established the Tennessee Valley Authority (TVA) to sell electricity and fertilizer and develop the area, and serve as a "yardstick" to judge fair power rates.

27 May. A Federal Security Act required that prospective purchasers receive full information on securities issues.

13 June. A Home Owners Refinancing Act sought to save other than farm residences from repossession by refinancing mortgages through the Home Owners Loan Corporation (HOLC).

16 June. The Glass-Steagall (Banking) Act established the Federal Deposit Insurance Corporation (FDIC) to safeguard bank deposits under $5,000.

16 June. The Farm Credit Act provided low-interest, long-term mortgage refinancing by extending short-term production and marketing credits.

16 June. The National Industrial Recovery Act (NIRA) authorized the President to prescribe industrial fair-trade codes, exempt from antitrust legislation, in order to stimulate business. The act guaranteed labor's right to collective bargaining, and established Harold L. Ickes' Public Works Administration to promote recovery through construction programs. The Supreme Court (*Schechter* v. *U.S.*, 1935) declared the National Recovery Administration unconstitutional.

LATER NEW DEAL LEGISLATION. 18 Oct. The Commodity Credit Corporation attempted to raise farm prices by extending loans to enable farmers to retain their crops.

8 Nov.–Mar., 1934. The Civil Works Administration (CWA) put 4 m. jobless to work on government projects.

5 Dec. The 21st Amendment to the Constitution repealed the 18th (Prohibition) Amendment.

1934

30 Jan. The Gold Reserve Act enabled the government to control dollar devaluation by empowering the President to set the value of the dollar in relation to its gold content.

2 Feb. The Export-Import Bank encouraged overseas commerce by extending short- and long-term loans to American exporters.

15 Feb. The Civil Works Emergency Relief Act appropriated $950 m. for civil works and direct relief in fiscal 1935.

28 Mar. Independent Offices Appropriations Act. Congress overrode Roosevelt's veto to restore the expenditures reduced by the 1933 Economy Act.

7 Apr. The Jones-Connally Act and the Jones-Costigan Sugar Act placed additional crops under the AAA.

21 Apr. The Cotton Control (Bankhead) Act provided for compulsory limitation of the cotton crop.

6 June. The Securities Exchange Act created the Securities and Exchange Commission to license stock exchanges and regulate trading in securities.

7 June. A Corporation Bankruptcy Act enabled corporations to reorganize if ⅔ of their creditors agreed.

19 June. The Communications Act established the Federal Communications Commission to regulate interstate and foreign telegraph, cable, and radio communications.

19 June. The Silver Purchase Act, designed to please farm and silver interests, authorized an increase in the Treasury's silver holdings until they reached ⅓ of the value of its gold stocks.

28 June. A Federal Farm Bankruptcy Act (Frazier-Lemke Bankruptcy Act), later declared unconstitutional, 1935, enabled farmers to secure credit extensions.

28 June. The National Housing Act established a Federal Housing Authority (FHA) to encourage home construction.

28 June. The Tobacco Control Act imposed compulsory crop limitations in the tobacco industry.

1935

2ND NEW DEAL. On 4 Jan. a 2nd New Deal, containing social-reform legislation, was promised by Roosevelt.

8 Apr. The Emergency Relief Appropriation Act, relegating direct relief to the states, established Harry L. Hopkins' Works Progress (later "Projects") Administration (WPA) to employ the jobless in a national works program. By 1943 the WPA had employed 8,500,000 individuals in manual labor and the arts.

27 Apr. A Soil Conservation Act established the Soil Conservation Service.

1 May. The Resettlement Administration (RA), under Rexford G. Tugwell, conducted conservation projects and moved poor laborers and farmers to better housing, sometimes in government-built "greenbelt towns."

11 May. The Rural Electrification Administration (REA), intended to bring electricity to isolated rural areas, was founded.

22 May. The Patman Bonus Bill, authorizing cash payment of World War I bonuses, was vetoed as inflationary.

7 June. A National Resources Committee was created to plan the development of America's natural resources.

26 June. The National Youth Administration (NYA), under Aubrey Williams, provided part-time employment for needy school, college, and graduate students.

5 July. The National Labor Relations Act (Wagner-Connery Act) created a National Labor Relations Board (NLRB) and guaranteed workers' rights to organize and bargain collectively.

OPPOSITION TO THE NEW DEAL. An anti-New Deal coalition developed in 1934–35. Business interests established the Liberty League. Dr. Francis E. Townsend's Old Age Revolving Pension Plan, Sen. Huey Long's (La.) and Rev. Gerald L. K. Smith's Share-Our-Wealth program, and Rev. Charles E. Coughlin's National Union for Social Justice also opposed Roosevelt's policies.

SOCIAL SECURITY ACT. 14 Aug. This act established a federal-state system of unemployment insurance financed by a payroll tax, old-age and survivors' insurance financed by a tax on employers and employees, and appropriations to help states pay their own old-age pensions and help the destitute.

BANKING ACT OF 1935. 23 Aug. The ex-officio members were removed from the new 7-man Board of Governors of the Federal Reserve System.

PUBLIC UTILITY HOLDING COMPANY ACT (WHEELER-RAYBURN ACT). 28 Aug. Gas and electricity companies were placed under federal regulation and holding companies had to justify their existence or dissolve.

WAGNER-CROSSER ACT. 29 Aug. Retirement pensions were provided for railroad employees.

GUFFEY-SNYDER BITUMINOUS COAL STABILIZATION ACT. 30 Aug. This act, known as the "little NRA," applied NRA-type codes to the coal industry. It was later, 1936, declared unconstitutional.

REVENUE ACT (WEALTH TAX ACT). 30 Aug. This act increased the tax rate on incomes over $50,000, corporate earnings over $50,000, estates, and gifts.

1936

UNCONSTITUTIONALITY OF THE AAA. On 6 Jan. the AAA was struck down by the Supreme Court.

ADJUSTED COMPENSATION ACT. 24 Jan. This act authorized, over Roosevelt's veto, immediate cash payment of veterans' bonuses.

SOIL CONSERVATION AND DOMESTIC ALLOTMENT ACT. 29 Feb. This act replaced the AAA by granting benefit payments to farmers who conserved soil by restricting production.

REVENUE ACT. 22 June. Among other provisions the act levied an undistributed profits tax on corporate incomes.

MERCHANT MARINE ACT. 26 June. Government subsidies were authorized to develop the U.S. merchant marine.

PRESIDENTIAL ELECTION. 3 Nov. Republicans nominated Gov. Alfred M. Landon (Kan.) and Col. Frank Knox (Ill.); they condemned the New Deal and claimed regulated monopoly had replaced free enterprise, but did not predict repeal of Roosevelt's legislation. Fr. Coughlin's supporters endorsed Republican Representative William Lemke (N.D.) and Thomas C. O'Brien (Mass.) for the Union Party. Democrats renominated Roosevelt and Garner. Roosevelt attacked the "economic royalists" who opposed his policies and won a smashing victory, receiving 27,751,612 popular and 523 electoral votes (46 states) to Landon's 16,681,913 and 8.

1937

SUPREME COURT FIGHT. 5 Feb.–22 July. The Supreme Court's frequent invalidation of New Deal legislation prompted Roosevelt to suggest increasing its membership to 15 if justices refused to retire at age 70. Opponents attacked

F.D.R.'s attempt to "pack" the Court, and some New Dealers like Sen. Wheeler (Mont.) supported them. Chief Justice Charles E. Hughes' denunciation, 21 Mar., of Roosevelt's claim that more justices were needed to handle the case load and the Court's decisions sustaining New Deal measures, including the Social Security and Wagner Labor Relations Acts, doomed the bill, which had irreparably split Democratic ranks, to languish in committee. Roosevelt appointed 7 justices during the next 4 years through normal procedures.

GUFFEY-VINSON BITUMINOUS COAL ACT. 26 Apr. By this measure the unconstitutional Guffey-Snyder Act was reenacted, except for its wages-and-hours clause.

BANKHEAD-JONES FARM TENANT ACT. 22 July. Forty-year, low-interest loans were authorized to enable farm tenant laborers and sharecroppers to buy farms.

MILLER-TYDINGS ENABLING ACT. 18 Aug. This act legalized contracts to maintain the resale price of branded nationally advertised products traded in interstate commerce.

NATIONAL HOUSING (WAGNER-STEAGALL) ACT. 1 Sept. The U.S. Housing Authority (USHA) was established to extend 60-year, low-interest loans to local governments for slum clearance.

1938

LUDLOW RESOLUTION. 10 Jan. A resolution put forward by Rep. Louis Ludlow (Ind.) proposed an amendment requiring a national referendum before war could be declared, except if American territories were invaded. Roosevelt opposed and the House returned the resolution to committee.

AGRICULTURAL ADJUSTMENT ACT. 16 Feb. The AAA was reconstituted without the objectionable processors' tax. The Secretary of Agriculture was authorized to set acreage allotments if ⅔ of the farmers agreed to a marketing quota. The act authorized loans based on surpluses which would be stored until they could be sold at parity.

BUSINESS RECESSION. 14 Apr. Roosevelt expanded the WPA and authorized the Federal Reserve System to follow a loose-money policy to stimulate business.

HOUSE UN-AMERICAN ACTIVITIES COMMITTEE. 26 May. The committee was created to investigate Nazis, Fascists, Communists, and other "un-American" organizations.

REVENUE ACT. 27 May. Passed over Roosevelt's veto, the Revenue Act of 1938 lowered taxes on large businesses and raised them on small ones to stimulate the economy.

TEMPORARY NATIONAL ECONOMIC COMMITTEE. 16 June. The TNEC, headed by Sen. Joseph O'Mahoney (Wyo.), investigated the effects of monopolies on the economy. Its report, 31 Mar., 1941, advocated strengthening the Clayton Act and the FTC and passing legislation prohibiting corporations from acquiring the assets of large competitors.

FAIR LABOR STANDARD ACT (WAGES AND HOURS LAW). 25 June. A 40-hour week was established and also a minimum wage of 40 cents an hour.

CONGRESSIONAL ELECTIONS. 8 Nov. Roosevelt's attempt to "purge" conservative Democratic congressmen was generally unsuccessful, although he ousted Rep. John J. O'Connor (N.Y.). The Democrats lost 7 Senate and 80 House seats.

1939

DEFENSE POLICY. 12 Jan. Roosevelt requested a $525-m. emergency defense appropriation, and later asked for additional funds, 4 Mar. and 29 Apr.

ADMINISTRATIVE REORGANIZATION ACT OF 1939. 3 Apr. This act streamlined governmental bureaucracy, which had proliferated since the early 20th cent. A presidential order, 1 July, created the Federal Security, Federal Works, and Federal Loan Agencies, and another, 8 Sept., reorganized the President's Executive Office.

EMERGENCY RELIEF APPROPRIATION ACT. 30 June. Continuous WPA employment was limited to 18 months. Despite Roosevelt's wishes, lack of funds necessitated cutbacks in WPA jobs.

HATCH ACT. 2 Aug. It became illegal for non-policy-making federal officeholders to campaign politically and to take contributions from relief employees.

SOCIAL SECURITY AMENDMENTS. 10 Aug. The Social Security Act increased the federal contribution to state aid to dependent children, the number of occupations covered, and granted supplementary benefits to aged wives. Social Security Acts in 1950, 1952, 1954, 1956, and 1960 further liberalized the law. (*Cont. p. 598.*)

Latin America in Transition

LATIN AMERICA BETWEEN THE WARS

1914–30

THE NEW POLITICS. Although Latin America remained militarily aloof from World War I, the area could not isolate itself from the war's economic effects. Disruption of former trading patterns led to greater trade with the U.S.A. and stimulated local light manufactures. The change, however, was more apparent than real. The U.S. began to replace Great Britain as principal foreign investor, more than doubling direct private investment, 1914–29 (to $3.5 billion), but Latin America's economy remained largely semicolonial, dependent upon the export of agricultural and subsoil primary products.

The war itself had less political impact than the convergence of long-term social and economic change. Explosively in Mexico and more or less peacefully in Uruguay, Argentina, and Chile, the economic development of 4 decades combined with immigration and urbanization (in the southern countries) to produce a new politics. The urban middle sectors, with the support of awakening working classes, successfully challenged traditional landholding forces for control of the government. Elsewhere in Latin America, where socioeconomic change had been less extensive, established elites maintained their dominance—at least until the depression.

URBANIZATION IN ARGENTINA AND CHILE

	Urban (%)	*Pop.* (*m.*)
Argentina:		
1869	24.0	1.7
1895	31.8	4.0
1914	40.4	7.9
Chile:		
1875	17.2	2.1
1895	24.1	2.7
1920	32.2	3.7

NOTE: "Urban" defined as 20,000 pop. or over; based on Philip M. Hauser, ed., *Urbanization in Latin America* (New York, UNESCO, 1961), p. 98.

1930–45

EFFECTS OF THE DEPRESSION. The world depression dramatically demonstrated the vulnerability of Latin America's monocultural economies. In 1929–32 exports were down c. 60%, imports c. 75%. Foreign investment dried up almost completely until the end of World War II; U.S. direct private investment was $3.5 billion in 1929, but only $2.7 billion in 1943. The trade drop directly undercut governmental capabilities by shutting off crucial customs revenues. Latent social problems were sharply exacerbated and suddenly thrust upon traditional political systems quite unprepared to cope with them. The immediate political result almost everywhere was a military coup; only Colombia, Costa Rica, and

Uruguay had civilian-controlled governments in the early 1930's. Economic nationalism and "statism" were the typical response of the reformers to the crisis. The coming of the war, with its increased demand for Latin American raw materials, contained the new pressures for a time. But by the end of the war a new series of revolts signaled the beginnings of an agonizing adjustment to the modern era.

MEXICO

1914–17

THE MEXICAN REVOLUTION. On 20 Nov., 1910, Francisco Madero (1873–1913) launched an essentially liberal political revolt which succeeded in ousting, 25 May, 1911, the dictator Porfirio Díaz. The effect of Madero's assassination, 22 Feb., 1913, by Victoriano Huerta was to destroy central authority and broaden the conflict into a full-scale social revolution, the 1st in the Americas. By late 1915 Venustiano Carranza (1859–1920), together with his able general, Álvaro Obregón (1880–1928), had asserted military control over the other principal regional leaders, Emiliano Zapata (?1877–1919) and Francisco (Pancho) Villa (1877–1923) and secured *de facto* recognition, 19 Oct., 1915, from the U.S. and 5 Latin American countries. Carranza was elected president, 11 Mar., 1917, ending a 4-year constitutional interregnum. During the conflict the U.S. exacerbated the new Mexican nationalism by clumsy diplomacy, armed intervention at Vera Cruz, 21 Apr.–23 Nov., 1914, and the punitive Pershing expedition, 16 Mar., 1916–5 Feb., 1917.

CONSTITUTION OF 1917. A new constitution, written at Querétaro and reflecting the social as well as the political goals of the revolution, was promulgated, 5 Feb., 1917. Socialistic, nationalist, anticlerical, it was the vision of the new Mexico. Its views that the state should intervene actively in the economy, that property had an inherent social function, and that labor was not a commodity but a way of life were to have great influence elsewhere in Latin America. It struck at the power and property of the church (Art. 130) and established an exclusively, and militantly, secular public elementary educational system (Art. 3). In Art. 123 it encouraged labor union organization and set conditions for wages and hours, etc. Art. 27 provided for the breakup of large estates in favor of small and communal holdings and curbed foreign ownership of land, mines, and oil fields.

1918–34

RULE OF OBREGÓN. President Carranza was deposed, May 1920, by Gen. Obregón (ruled 1920–24), organizer of the last successful coup d'état in modern Mexican history. Subsequent revolts in 1923, 1927, and 1929 were all put down, though Obregón survived the one headed by Adolfo de la Huerta, 1923–24, only with the aid of the U.S. and armed workers and peasants. Obregón presided over a great flowering of cultural nationalism which glorified Mexico's Indian heritage (*indigenismo*). The minister of education, José Vasconcelos, sponsored muralists such as Diego Rivera, José Clemente Orozco, and David Alfaro Siqueiros, who, like the revolution itself, blended Marxism and *indigenismo*. Educational "missionaries" were sent out by the thousands to bring modernity to the parochial countryside.

RULE OF CALLES. In an effort to disguise a lack of fundamental reform, President Elías Calles (ruled 1924–34) began a campaign of strident anticlericalism. In the *Cristero* rebellion the church in effect went on strike for 3 years, performing no sacraments and stirring up rural violence against the government. In 1929 Calles created the National Revolutionary Party (PNR; since 1946, PRI) in an attempt to maintain personal control of the government and various regional elites—without actually succeeding himself in office. In this he was successful until 1934. In subsequent years a unique single-party system developed which, while not allowing democratic alternation in office, did provide stability with some representation and civil liberties.

1934–45

PRESIDENCY OF CÁRDENAS. Although chosen by Calles within the PNR, Lázaro Cárdenas (ruled 1934–40) soon proved as president to be his own man, conciliating the church and emphasizing the economic reform Calles had neglected. Cárdenas, more than any other president, strove to realize the social goals of the revolution. He distributed to peasants almost twice as much land, nearly 50 m. acres, as had been given away by all governments since 1916. Much of this (22.2% of the land area of Mexico by 1940) went into *ejidos,* traditional communal Indian holdings which Cárdenas believed distinctively valuable for agrarian Mexico. He fought for the country's "economic independence" by expropriating the foreign-owned railroads, 23 June, 1937, and oilfields, 18 Mar., 1938. The forbearance of the U.S. on the latter issue under the principles of the Good Neighbor policy (negotiated settlement, 17 Apr., 1942) was largely responsible for the warm ties which in the 1940's replaced the previously acrimonious relations between the 2 countries.

On 30 Mar., 1942, Mexico declared war on the Axis powers and subsequently gave the U.S.A. vital economic support. (*Cont. p. 609.*)

URUGUAY

1914–45

RULE OF BATLLE Y ORDÓÑEZ. During the 19th cent. Uruguay's history was full of civil strife, but José Batlle y Ordóñez (president, 1903–7, 1911–15) led the country to democratic stability through a uniquely peaceful social revolution. He was able to establish a working relationship with his opponents, the rural Blanco Party. His dominant, urban, middle-sector Colorado Party gained civilian control of the military, minimized the influence of the church, and established full civil liberties. Batlle early foresaw the need for a nation to control its own economic development. He instituted high tariffs to protect local industry and began the gradual nationalization of key foreign-dominated structures (railroads, electric power plants, telephone services, meat-packing plants, etc.). The state fostered labor organization and implemented some of the most advanced social security and welfare legislation anywhere in the world at that time. Batlle hoped to create lasting political stability by replacing the office of president with a plural executive of 9 men, an idea derived from his study of Swiss democracy. A modified version of this was embodied in the Constitution of 1 Mar., 1919.

CONSTITUTION OF 1934. President Gabriel Terra (ruled 1931–38) found his powers inadequate to deal with the effects of the depression. He therefore staged a bloodless coup, 1933, and wrote a new constitution, 1934, restoring presidential dominance. He and his successors continued to pass progressive social legislation. (*Cont. p. 606.*)

ARGENTINA

1914–30

IRIGOYEN AND MIDDLE-SECTOR REFORM. The Sáenz Peña law of 1912 made possible the free and representative election which, in 1916, brought Hipólito Irigoyen's party (UCR) to power. Under Irigoyen (ruled 1916–22, 1928–30) the urban middle classes proved no more effective in social reform than the landed *estancieros* had been. Education did improve, literacy rose, and the university reform movement, designed to give students and faculty a greater voice in university affairs, spread from Argentina throughout the continent. But the Radicals neglected fundamental social and economic problems. The government violently suppressed labor unrest during the *Semana Trágica,* Jan. 1919, and in the following decade failed to implement significant labor or welfare legislation. The prosperity derived from cereal and meat exports, begun during World War I, was largely taken for granted, and little thought was given to the need to develop an indigenous industrial base (although the national oil authority, YPF, was established in 1922).

1930–43

CONSERVATIVE RESURGENCE. Ending more than 75 years of civilian rule, Gen. José F. Uriburu deposed the aging Irigoyen, 6 Sept., 1930, amidst economic chaos. President Augustín P. Justo (ruled 1932–38), heading a conservative civilian coalition, revived the economy, but at the cost of dependence on Britain (Roca-Runciman Agreement, May 1933), thus offending Argentinian nationalist sentiment.

1943–45

PERÓN AND MILITARY NATIONALISM. The army returned forcefully to politics when a group of pro-Axis, nationalist officers (GOU) seized the government, 4 June, 1943. Juan Domingo Perón (b. 1895), who as labor minister skillfully built support among the neglected working classes, had gained effective control of a semi-Fascist regime by mid-1944. Argentina was the last Latin American state to declare war on Germany, 27 Mar., 1945. (*Cont. p. 605.*)

CHILE

1914–25

RULE OF ALESSANDRI. Arturo Alessandri Palma (1868–1950) was elected president in 1920 at the head of a distinctively middle-sector reformist coalition. The backlog of social and economic problems (collapse of the nitrate market after 1910, declining real wages, etc.), the dogged obstruction of a malapportioned Senate, plus the ineptitude of his own administration, proved too much for him. After instituting a moderate income tax and a progressive labor code (comparable to those of Mexico and Uruguay), he was forced from office, 1924, by junior military officers impatient with the slow pace of reform. This was the army's first intervention in Chilean politics for almost a century.

CONSTITUTION OF 1925. In a brief return to office Alessandri pushed through a modern constitution, 18 Sept., 1925, which strengthened the presidency, ended some 35 years of parliamentary dominance, separated church and state, and committed the government to an active role in economic development.

1926–45

IBÁÑEZ DICTATORSHIP. After several years of confusion Col. Carlos Ibáñez (1877–1960) became president (ruled 1927–31). He did not come to power to impede reform but to speed it. His action reflected the changed social composition of the army and anticipated the similar interventions that occurred in Brazil, 1930; Cuba, 1933; and Bolivia, 1936–39, and which became common toward the end of World War II. Benefiting from a large influx of foreign capital and the worldwide prosperity of the late 1920's, Ibáñez carried out extensive public works. His political repressiveness and the effects of the depression brought his downfall.

CONSERVATIVE REGIME OF ALESSANDRI. Following a brief and chaotic "socialist republic," Dec. 1931–Sept. 1932, Alessandri returned to office and restored political stability, 1932–38. His able finance minister, Gustavo Ross, successfully achieved economic recovery, but at the cost of growing social and political unrest.

THE POPULAR FRONT. The Socialists and Communists joined the Radicals to elect Pedro Aguirre Cerda (1879–1941) to the presidency by a narrow margin over Ross, 1938. The European-style Popular Front suffered from internal bickering but managed to beat back pro-Axis pressures and to benefit the lower- and middle-income groups that were its chief support. The Development Corporation (CORFO, 1939) was a major step toward a planned economy. (*Cont. p. 606.*)

BRAZIL

1914–30

THE OLIGARCHICAL REPUBLIC. From its late birth as a republic, 15 Nov., 1889, to 1930 Brazil was dominated by the powerful landowners (*coroneis*) of the states of Minas Gerais and São Paulo, with significant army influence. For Brazil, an immense and highly regionalized country, urbanization and national unity came more slowly than for the nations to the south. Army revolts in 1922, 1924, and 1927, and a 2-year harassment, 1924–25, by a guerrilla band led by Luis Carlos Prestes indicated strong dissatisfaction with the traditional leadership among reformist junior army officers (*tenentes*). When the overproduction of coffee and the depression produced economic chaos, Getulio Vargas (1883–1954), governor of the state of Rio Grande do Sul, supported by the *tenentes* among others, rebelled, 3 Oct., 1930, and succeeded to the presidency, 3 Nov., 1930.

1930–45

VARGAS AND BRAZILIAN NATIONALISM. During the following 15 years of moderate, personalist dictatorship, Vargas led Brazil along a unique path toward modernity. He held no elections, abolished all parties, 1937, but quadrupled the electorate by 1945. He organized labor for the 1st time, but kept it under close government control. Symbolized by the corporatist (but little-implemented) *Estado Novo* constitution of 1937, the state was at the center of a drive for national integration. Economic independence was to be won by government-sponsored industrialization; tariffs were raised to protect domestic industry; state-financed institutes were founded to control vital commodities (coffee, sugar, cotton, etc.); and a base of heavy industry was begun, epitomized by the national Volta Redonda steel plant, 1942. In 1943 total industrial output reached $1.4 billion ($153 m. in 1920). Although always ambivalent in his attitude toward World War II, Vargas joined the allies and sent troops to Europe. (*Cont. p. 608.*)

BOLIVIA

THE CHACO WAR. A 50-year period of comparative stability and growing tin prosperity was ended by the Chaco War, 1932–35. Great social currents were set in motion, and the mobilization of highland Indians as soldiers began finally to break down their castelike segregation from national life. Bolivia's defeat, at a cost of 60,000 lives, turned junior army officers decisively against the nation's traditional political leadership.

MILITARY RADICALISM. Col. José David Toro (president, 17 May, 1936–14 July, 1937) and the more radical Germán Busch (ruled 1938–39) dominated a period of modernizing military dictatorship, during which oil was nationalized, miners were organized, and attempts were made to establish public control of tin.

VILLARROEL. After a conservative resurgence and increasing agitation on both left and right, Maj. Gualberto Villarroel (ruled Dec. 1943–July 1946), with the aid of the radical Nationalist Revolutional Movement (MNR), established a socialist Perónist-leaning government. (*Cont. p. 606.*)

PARAGUAY

CHACO WAR AND ITS EFFECTS. The most traditional country in South America, Paraguay was little changed by its 3-year conflict with Bolivia over the Chaco, 1932–35. A brief modernizing regime led by Col. Rafael Franco, Feb. 1936–Aug. 1937, which initiated economic nationalism and state intervention, was quickly followed by a return to more conservative authoritarianism. (*Cont. p. 606.*)

PERU

INFLUENCE OF THE APRA. A "Progressive" dictatorship by Augusto B. Leguía (ruled 1919–30) was distinguished chiefly by its (largely U.S.-financed) material prosperity and unenforced social legislation. In 1924 Víctor Raúl Haya de la Torre (b. 1895) founded the Revolutionary Popular Alliance (APRA), which was to be the dominant force in Peruvian politics for the next 40 years, though rarely in power. *Aprismo* was a kind of native socialism which sought to end the "Indian problem" (the exploitation and isolation of the Indian from national society) by glorifying *indigenismo* as the cornerstone of Peruvian (and Latin American) cultural identity. APRA's economic nationalism drew wide support from the urban middle sectors. Victorious in the 1931 presidential election, Haya de la Torre was kept from office and APRA suppressed until the final years of World War II. (*Cont. p. 607.*)

ECUADOR

INSTABILITY AND LACK OF CHANGE. Although the breakdown of cocoa prosperity after 1916 created an economic crisis, Ecuador produced no leaders equal to its problems. Between 1931 and 1940 a succession of 14 men filled the presidency. The Indian remained outside national life. Dictator Carlos Arroyo del Rio (ruled 1940–44) brought some tranquillity, but lost scarce national territory in a disastrous war with Peru, 1942. (*Cont. p. 607.*)

COLOMBIA

CONSTITUTIONALISM. After a predominance which had lasted since 1880, the Conservative Party split in 1930 and allowed the moderate Liberal, Enrique Olaya Herrera (1881–1937), to be elected. The peaceful transfer of power, although rightly distinguished from the coups so common elsewhere in Latin America during these years, in effect involved only a shift within the same ruling stratum.

ALFONSO LÓPEZ AND LIBERAL REFORM. Olaya's successor, Alfonso López Pumarejo (ruled 1934–38, 1942–45), personified an attempt by the most progressive part of the traditional ruling group to meet the social and economic crisis of the times. López' 1936 constitutional amendments echoed the rhetoric (labor code, statism, agrarian reform, etc.) of the Mexican constitution without implementing its substance. Although labor unions were gathered into a national federation (CTC), it was essentially an appendage of the Liberal Party. Opposition to the *Revolución en marcha* within López's own party and from the Conservatives had, by 1938, recaptured the initiative, electing the moderate Eduardo Santos (ruled 1938–42) and causing López to resign early in his second term. (*Cont. p. 607.*)

VENEZUELA

THE LEGACY OF GÓMEZ. The ruthless dictatorship of Juan Vicente Gómez (ruled 1908–35) brought Venezuela some stability and an oil-based prosperity. Stimulated by huge North American, British, and Dutch investments after 1918, Venezuela had by 1928 become the 2nd oil-producing nation in the world. That this wealth was of small benefit to the masses and did not promote economic diversification was of somewhat more concern to Gómez' 2 authoritarian successors—not enough, however, to forestall the rapid growth of nationalist and democratic ideas. (*Cont. p. 607.*)

MIDDLE AMERICA

U.S. DOLLAR DIPLOMACY. The small countries of Central America and the Caribbean were largely dominated by the U.S. under the "international police power" asserted by the Roosevelt Corollary of 6 Dec., 1904. U.S. military interventions and direct occupations (notably in Nicaragua, 1912–25, 1927–33; Haiti, 1915–34; and the Dominican Republic, 1916–24) gave short-run stability but did little to change fundamental conditions or prepare the countries concerned for self-rule. Although the Good Neighbor policy withdrew U.S. troops; renounced interventionism, 1933; and abrogated special controls over Cuba, 1934, and Panama, 1939, its effect, following the older policy, was often to help U.S.-tutored military men to establish long-term dictatorships, e.g., those of Rafael Leonidas Trujillo (1891–1961), Dominican Republic, 1930–61, and Anastasio Somoza (1896–1956), Nicaragua, 1936–56. Repressive regimes also existed in Honduras (Tiburcio Carías Andino, 1932–48) and El Salvador (Maximiliano Hernández Martínez, 1930–44), the downfall of the latter being brought about by a spontaneous general strike. Costa Rica was notable for its stable constitutionalism and peaceful social reform, particularly during the enlightened rule of Ricardo Jiménez (ruled 1924–28, 1932–36).

CUBA. Even after abrogating the right of political intervention, the U.S.A. dominated Cuba economically. By 1929, 29% of all U.S. direct private investment abroad was in Cuba, mostly in sugar. The brief regime of Ramón Grau San Martín, 10 Sept., 1933–15 Jan., 1934, put in power by a junior officers' coup, 5 Sept., 1933, led by Sergeant Fulgencio Batista (b. 1901), threatened U.S. influence momentarily, but was forced out by diplomatic pressure. Batista, who held power for the next 10 years, moved his army-labor-based government gradually to the left, cooperating with the Communist Party. His progressive 1940 constitution, although frequently violated in practice, voiced the aspirations of a new generation. Batista accepted his candidate's defeat in the 1944 election at the hands of Grau San Martín and the *aprista* Auténtico Party.

GUATEMALA. The long-time dictatorship of Gen. Jorge Ubico (ruled 1931–44) was ended, 1 July, 1944, by a general strike in the capital. The victory of junior officers in the ensuing power struggle, 20 Oct., released pent-up social pressures and led to the election of the radical reformer Juan José Arévalo, Dec. 1944. (*Cont. p. 609.*)

The Rise of Nationalism in the Dependent World

SOUTH ASIA

India

1914–26

INDIA IN WORLD WAR I. British policy in India during and immediately after World War I had 2 strands. While the British took steps to suppress all revolutionary activity, they had nevertheless to promise further constitutional reforms leading to eventual self-government because of their ideological position in the war and because of the military exigencies of both recruiting Indians into the army and winning battles. The strands refused to intertwine when nationalists saw that the implementation of the former together with the apparent lack of fulfillment of the latter were oppressive. Nationalists were, however, divided, both in their perception of British policy goals and in the tactics they wished to adopt to achieve self-rule.

On 8 Sept., 1914, the Imperial Legislative Council at Simla expressed loyalty to the British cause and resolved to contribute to war expenses. During the war some 800,000 troops and 400,000 noncombatants participated in the war effort. India also supplied arms, ammunition, and other materials at an annual cost of c. £20 m.

GHADR MOVEMENT. Har Dayl began the Ghadr (Mutiny) Movement in California, U.S.A., by urging Indians resident there to return home and rebel. Early in 1914 it was arranged for a Japanese ship, the *Komagata Maru,* to carry 351 Sikhs and 21 Punjabi Moslems from Hong Kong to Vancouver to test Canadian immigration laws, which made it difficult for relatives of Indians in Canada to join them there. The ship arrived at Vancouver, 23 May, stayed in harbor for 2 months, during which time only a few passengers were admitted to Canada, and was forced to sail for India, arriving 29 Sept. 300 Sikhs refused to board a special train for the Punjab and marched to Calcutta; they were repulsed by force. This incident created an impetus for violence in the Punjab, 1914–15. Several thousand Indians returned home from the U.S. and Canada at this time.

BRITISH COUNTERREVOLUTIONARY LEGISLATION. On 5 Sept., 1914, the Ingress Ordinance was enacted to give the government of India power to jail or restrict to their villages Indians returning from overseas. The Defense of India Act, Mar. 1915, empowered the government to intern alleged revolutionaries and try them by special tribunals.

MONTAGU-CHELMSFORD REFORMS. When Lord Chelmsford (1868–1933) became viceroy, Apr. 1916, he solicited opinions regarding postwar methods of government. The 19 elected members of the Imperial Legislative Council submitted a proposal, Oct. 1916, calling for greater legislative authority and autonomy for the Indian vis-à-vis the British home government. With some changes these proposals were accepted by the Indian National Congress (INC) and by the Moslem League at a joint meeting in Lucknow, Dec. 1916. Included in the joint Congress-League scheme were (1) acceptance of communal electorates for central and provincial legislative councils, and (2) approval of the principle of "weightage," whereby minority communities would have more legislative seats than their population alone justified.

On 8 July, 1918, Montagu and Chelmsford published a report which was to be the basis of the Government of India Act, 23 Dec., 1919. The major elements of their reforms were (1) decentralization of authority, with the provinces receiving control of law and order, some classes of revenue, education, agriculture, and public health; (2) changes in the central government, with the creation of a bicameral legislature consisting of a Council of State with a 5-year life and 60 seats, 27 of which were for government-nominated members, and a Legislative Assembly with a 3-year life and 40 of its 140 seats for government nominees; (3) changes in the composition of the provinces, 5 chief commissioner's provinces being created and 10 governor's provinces (including Burma which, following the 1935 constitution, was separated from India in 1937); (4) the principle of dyarchy in the provinces, whereby the governor had some "reserved" powers, e.g., control of law and order, land revenue, canals, and finance, while the legislative councils acquired jurisdiction over "transferred" functions, e.g., education, agriculture, and public health; and (5) the extension of communal representation to include the Sikhs in the Punjab, Marathas in Bombay, non-Brahmins in Madras, and Europeans, Anglo-Indians, and Christians.

Bal Gangadhar Tilak, who controlled the INC by 1917, attacked the proposed reforms mainly because of the retention of overarching power by the governor general. Moderates who approved the report withdrew from the INC and, under the presidency of Surrendranath Bannerjee (1848–1925), held the 1st session of the All-Indian Conference of Moderates (changed to the National Liberal Federation of India, 1921) at Bombay, 1 Nov., 1918.

ROWLATT ACT. 18 Mar., 1919. Whereas the Montagu-Chelmsford Report seemed inadequate, at best, to Indian nationalists, the Rowlatt Act (after Sir Sidney Rowlatt, the British judge who chaired a Sedition Committee which reported on 19 July, 1918) antagonized almost all Indians. The act prolonged the wartime legal devices by which suspected revolutionaries could be interned and tried before a court of 3 High Court judges with no appeal. The INC had denounced the report, Dec. 1918.

GANDHI AND "SATYAGRAHA." Mohandas K. Gandhi (1869–1948), who returned to India from South Africa, 9 Jan., 1915, helped to recruit soldiers for the army during the war. Not yet a powerful figure in the INC, he initiated early in 1915 his 1st national *Satyagraha* (lit., "truth-force") campaign, aimed against the Rowlatt Act and other repressive laws, including the salt-tax law and prohibitions on some literature. The campaign opened with a nonviolent *hartal* (general strike) in Delhi, 30 Mar., and in other cities, 6 Apr. It consisted of mass nonco-operation with the government of India and civil disobedience against selected laws by those who had made the special *Satyagraha* pledge and had observed a 24-hour fast. The *hartal* was generally successful in closing down shops, but violence erupted in Delhi, Ahmedabad, Lahore, and Amritsar, as well as in several smaller towns.

AMRITSAR MASSACRE. At Amritsar, 9 Apr., the government arrested 2 INC leaders, provoking mob violence, 10 Apr. On 12 Apr., Gen. Edward H. Dyer arrived to take command. He banned public meetings, but the order was not widely publicized. On 13 Apr. a crowd gathered at Jallianwalla Bagh, a closed-in, courtlike area with few exits, to hear speeches. Without first warning the meeting to disperse, Dyer ordered his soldiers to open fire on the crowd, and about 379 were killed and 1,200 wounded. Martial law was imposed, and Dyer ordered all Indians to crawl when passing along a lane where an Englishman had been killed.

NON-CO-OPERATION. Gandhi won his first fight for control of the INC at Amritsar, Dec. 1919. He persuaded the INC, against Tilak's objections, to support the Montagu-Chelmsford reforms, which had been passed the previous day. However, the leniency of the recommendations of a commission appointed to inquire into the Amritsar Massacre, Mar. 1920, which merely censured Dyer, and the approval given Dyer's action by the House of Lords in Britain, repelled Gandhi. He turned to active nonco-operation, initially in conjunction with the Moslem Khilafat movement led by Mohammed and Shaukat Ali with the aim of persuading the British to amend the peace imposed on the Ottoman Empire.

The Non-Co-operation Movement began 1 Aug., 1920, and consisted of a boycott of British courts, schools, goods, and the Nov.–Dec. 1920 elections held under the 1919 Government of India Act. The movement was generally successful so far as the electoral boycott was concerned; some 75% of the electorate abstained. However, Gandhi canceled, 8 Feb., 1922, a planned civil disobedience campaign in Bordeli county in the Bombay Presidency, when he learned that on 5 Feb. an Indian crowd in Chouri Chaura, United Provinces, had killed police who had fired on them. By this time the Non-Co-operation Movement was dying. Without the threat of mass civil disobedience the government felt safe in arresting Gandhi, 10 Mar. He was tried at Ahmedabad, 18 Mar., for writing seditious editorials in *Young India* (19 Sept. and 15 Dec., 1921, and 23 Feb., 1922) and sentenced to 6 years in prison.

GROWTH OF INC MEMBERSHIP. The INC was restructured to enhance the mass character of its political activity, while facilitating centralized control. In Dec. 1920 it not only ratified its Sept. decision to nonco-operate but also, at Gandhi's urging, transformed its constitution to allow for mass participation. 21 Provincial Congress Committees (PCC's), based on linguistic divisions, were created, their members to be elected respectively by district, town, and village committees. An All-India Congress Committee (AICC), which theoretically was to conduct business between the annual sessions and to elect the real decision-making body, the Working Committee, was to be composed of delegates of the PCC's. The appeal to the masses was heightened by a change in the INC goal from "self-government within the Empire" to "*swaraj* . . . by all legitimate and peaceful means," thus making a Hindi word the key word. Because of this obvious appeal to Hindus, M. A. Jinnah (1876–1948) left the INC.

1927–39

SIMON COMMISSION. Sir John Simon (1873–1954), chairman of the Indian Statutory Commission, arrived in India early in 1928 to study the functioning of the 1919 constitution and to recommend improvements. Because his 7-man commission excluded Indians, the INC, at its Madras session in 1927, had decided to boycott it and organize *hartals* in the major cities as the members of the commission visited them.

NEHRU REPORT. An All-Parties Conference, Aug. 1928, adopted a report drafted by Motilal Nehru (1861–1931), which proposed the creation of 4 Moslem provinces, the retention of a strong central government, and the acceptance of dominion status within the British Empire. Dominion status was disapproved of by leftists like Jawaharlal Nehru (1889–1964) and Subas Bose (1897–1945). In Dec. 1928 the INC at Calcutta accepted a compromise resolution submitted by Gandhi, who called for a mass civil disobedience movement if Britain did not grant India independence by Dec. 1929.

At a meeting in Lahore, Dec. 1929, the INC, insisting on *purna swaraj* ("full independence"), called for a boycott of the legislatures and civil disobedience campaigns as decided upon by the AICC. Within a short time 172 Congress members had resigned from the central and provincial legislatures.

SALT MARCH. 12 Mar., 1930. Gandhi, with 78 followers, began the "Salt March" of 241 miles from Ahmedabad to Dandi, on the Arabian Sea, where, 5 Apr., he took salt from the sea, thus violating the salt-tax law. Both the method and the goal had mass appeal, and widespread boycotts of British goods and civil disobedience, including several instances of violence, followed. The government arrested some 60,000 persons, including the Nehrus and Gandhi, and initiated piecemeal measures to quell the agitation.

DELHI PACT. 5 Mar., 1931. By this pact Gandhi agreed with the viceroy to discontinue civil disobedience in return for efforts to rectify some of the repression resulting from nationalist agitation. Without the prior consent of the INC Working Committee Gandhi accepted the principle of a federal constitution (rather than the unitary constitution proposed by the Nehru Report). This federal constitution had been accepted by the 1st Round Table Discussion in London, 1930, at which the INC was not represented. The Delhi Pact achieved at least a moratorium during which the government and the INC could bargain.

2ND ROUND TABLE DISCUSSION. Gandhi was the sole INC representative at the 2nd Round Table Discussion, 1931, attended by British officials, Indian princes, and representatives of communal groups. The talks ended in a deadlock over the question of communal representation.

NO-TAX CAMPAIGN. In the United Provinces, Autumn 1931, a "no-tax campaign" was mounted by peasants who claimed they were unable to pay even half the usual land revenue tax. They were supported by the U.P. Congress Committee, and the protest spread to the North-West Frontier Province and Bengal. The government arrested all INC leaders, Dec. 1931–Jan. 1932, and passed emergency acts to halt the campaign.

FAST BY GANDHI. On 17 Aug., 1932, Prime Minister Ramsay MacDonald announced that the new constitution proposed for India would provide separate electorates for Harijans (untouchables). Arguing that this would only increase the rift between Harijans and caste Hindus, Gandhi stated from Yeravda Prison, 13 Sept., that, beginning 20 Sept., he would fast unto death unless the decision was reversed. On 26 Sept. his fast ended when the British cabinet approved a compromise between him and the Harijan leader B. R. Ambedkar, whereby Harijan representatives would be elected to reserved seats by the entire Hindu electorate after having been nominated by Harijans alone. If he had not done so before, by his fast Gandhi created a charismatic relationship between most Hindus and himself. He was released from prison, 8 May, 1933.

GOVERNMENT OF INDIA ACT. 4 Aug., 1935. This act, comprising the last constitution given India by the British, introduced the principle of federation: (1) the provinces were granted autonomy, and 3 lists of subjects—provincial, central, and concurrent—defined the limits of their authority; (2) when princes governing one half of the population of princely states acceded to the union, the central legislature would take responsibility for defense and foreign relations in those states. The suffrage was extended to about a sixth of the adult population, communal representation was retained, and reserved powers were granted to the governor general and the provincial governors. Since responsible government was not granted, the INC and the Moslem League were hostile to the new constitution.

ELECTIONS OF 1937. Elections held in the autumn of 1937 were contested mainly by the Moslem League and the INC. Both had organizational structures capable of reaching the masses. The INC captured 7 provincial governments, including the N.W.F.P., a Moslem majority province, but failed to win majorities in the Punjab, Bengal, Sind, and Assam. The elections demonstrated the weakness of the League's appeal to Moslems, and Nehru's reneging on a tacit agreement to form a coalition government with the League in the U.P. demonstrated to Jinnah the precarious position of a minority party in a parliamentary system. In Oct. 1937, in a presidential address, Jinnah made clear that the League must struggle against the INC.

1939–45

INDIA IN WORLD WAR II. On 3 Sept., 1939, without consulting the Legislative Assembly, the viceroy declared India a participant in the war. In Oct., INC ministers resigned after the viceroy had refused to promise independence immediately after the war in return for INC support of the war effort.

On 22 Mar., 1940, the Moslem League passed the "Lahore Resolution," demanding a separate Moslem state. Taking a pacifist line, Gandhi, 13 Oct., 1940, called for individual *satyagraha* by INC leaders to protest the war. About 14,000 were arrested.

With the Japanese threatening Burma and eastern India, Prime Minister Churchill sent Sir Stafford Cripps (1889–1952) to India, Mar. 1942, with an offer of immediate Indianization of the Executive Council, an Indian constituent assembly elected by provincial legislative assemblies, optional dominion status after the war, and the right of a province to secede from the union. The latter was an obvious sop to the League and encouraged Jinnah to strengthen his demand for partition. On 11 Apr. the Congress Working Committee rejected the Cripps offer because it recognized separatism and failed to give Indians control of defense. According to Gandhi, the offer was "a post-dated cheque on a failing bank."

On 8 Aug., 1942, the AICC passed the "Quit India Resolution," promising support for the war in return for independence. It sanctioned mass civil disobedience. On 9 Aug. the members of the Working Committee were arrested. News of the arrests prompted widespread demonstrations and violence, which the government dealt with by emergency measures, including the outlawing of the INC. This enabled the Communist Party to assert control over the hitherto INC-dominated All-India Trade Union Conference, and helped the League to expand its membership on a mass basis.

Assuming that the war with Japan would last at least another year, the viceroy called a conference, 25 June, 1945, at Simla of 21 Indian leaders, including the Congress Working Committee and the heads of the Moslem League, to work out an immediate political settlement. On Jinnah's insistence that the League nominate all the Moslem members, the conference foundered, 14 July. (*Cont. p. 564.*)

Ceylon

1914–25

COMMUNAL VIOLENCE. Fighting between Buddhists and Moslems erupted in Kandy and Gompala, 28 May, 1915, due to the playing by Buddhists of music in front of mosques. With the spread of violence into 5 provinces, the governor declared martial law, 2 June. Although the agitation was quelled within a week, martial law, including courts-martial for civilians, remained in force for 3 months. D. S. Senanayake (1884–1952), a western-educated Buddhist, was among those mistakenly arrested.

CEYLON REFORM LEAGUE. In 1917 educated Tamils and Sinhalese united in the Ceylon Reform League, with Ponnonbalam Arunachalom (1853–1924) as 1st president. In Dec. 1917 the League presented to the British colonial secretary a scheme of constitutional reform: (1) abolition of nominated members of the Legislative Council; (2) an elected majority with an elected speaker; and (3) reduction of the number of official members of the Executive Council and introduction of more elected, non-official members.

CEYLON NATIONAL CONGRESS. The 1st session of the Ceylon National Congress, which incorporated the Reform League and the National Association, was held, 11 Dec., 1918, under the presidency of Sir Ponnonbalam Arunachalom. It pressed for constitutional reforms.

CONSTITUTION OF 1920. Without making significant reforms the constitution introduced in 1920 increased to 37 the number of seats in the Legislative Council. Government officials and nominated members, however, still retained a majority. Congress rejected the constitution as inadequate, but co-operated to make it function in return for a promise by Sir William Manning (gov. 1918–25) that revisions would be considered in a year. At this time the complexion of the Congress changed because of the resignation of most of its Tamil members, who claimed that the Sinhalese had allowed Britain to impose a constitution that failed to make provision for Tamil representation in the Western Province. In Jaffna the Tamil association "Mahajana Sabha," with the goal of adequate Tamil representation, was founded.

CONSTITUTION OF 1924. The Legislative Council was expanded to 49, with a majority of unofficial, elected members, 23 of whom were elected by territorial constituencies and 11 by communal electorates (3 Europeans, 2 burghers, 2 Indian Tamils, 3 Moslems, 1 Western Province Ceylon Tamil). While there was no significant change in the composition of the Executive Council, members of the Finance Committee did gain the right to discuss with department heads their budgets, thus acquiring some power to participate in the executive machinery.

1926–45

CONSTITUTION OF 1931. A royal commission chaired by the Earl of Donoughmore (1875–1948) visited Ceylon, Nov. 1927–Jan. 1928, to consult with various groups on the functioning of the 1924 constitution. In its reports, submitted to the British government in July and published in Sept. 1928, the commission recommended significant changes, which were incorporated in the 1931 constitution. Elections based on territorial constituencies completely replaced communal representation, on the grounds that the latter only reinforced social stratification. Universal adult suffrage was instituted. The 1931 elections were, however, boycotted by Tamil leaders, with the result that the 4 Northern Province seats were uncontested.

Under the 1931 constitution important social legislation relating to education, public health, and unemployment was passed. In Mar. 1933, to correct the inequality in the civil service, in which out of 123 members in 1928 only 35 were Ceylonese, the State Council passed a resolution restricting entry into the civil service to Ceylonese unless no Ceylonese had the qualifications to fill a particular post. By that time the University College, founded in 1921, was graduating students with a British education. In 1934 the State Mortgage Bank was established so that landowners could borrow money at low interest. In 1938 the Bank of Ceylon was set up.

LANKA SAMU SAMAJA. The Lanka Samu Samaja Party (LSSP) was founded, 18 Dec., 1935, by young socialists—in particular, by Phillip Gunawardena, N. M. Perera, Colvin de Silva, and Leslie Goonewardena—who had been studying in Britain and the U.S.A. at the beginning of the depression. Although during the 1932 Spinning and Weaving Mills Strike they had failed to take over the leadership of the labor movement from H. E. Goonesinha, who organized urban workers in the 1920's and founded the Ceylon Labour Party, 1927, they worked hard in the countryside during the 1934–35 malaria epidemic. The LSSP, which won 2 seats in the State Council in 1936, was the only political party in Ceylon with any semblance of discipline or mass appeal. In 1939 it expelled its Stalinist members, who founded the Communist Party of Ceylon in 1944.

CEYLON IN WORLD WAR II. On 5 Sept., 1939, Gov. Sir Andrew Caldecott announced to the State Council that Ceylon would participate in the British war effort. The Council expressed its loyalty, and in June 1940 voted Rs. 5 m. for war expenses. On 5 Mar., 1942, Adm. Sir Geoffry Layton (1884–1964) became commander in chief, and exercised all necessary political power.

SOULBURY COMMISSION. On 26 May, 1943, the British government announced that a draft constitution for after the war and leading toward responsible government would be examined by a commission. By Feb. 1944 this draft constitution had been drawn up, and the colonial secretary disclosed, 5 July, 1944, that a commission would go to Ceylon to discuss it with various groups. When the Soulbury Commission arrived, 22 Dec., however, the Board of Ministers boycotted it because its members declined to base their report solely on the Board's draft. In July 1945 the Commission's report was presented to the colonial secretary, who then negotiated for its acceptance with the Ceylonese nationalist leader, D. S. Senanayake. On 31 Oct. a White Paper was published, incorporating both the Soulbury Commission's and Senanayake's constitutional proposals. The main features of the constitution finally promulgated were (1) retention of universal suffrage, (2) representation of constituencies delimited by both territory and population, (3) retention by the governor general of responsibility for defense and foreign affairs, (4) responsible cabinet government, and (5) establishment of a House of Representatives, composed of 95 elected members and 6 representatives of special interests, and of a Senate of 30 members, 15 elected by the House and 15 nominated by the governor general. (*Cont. p. 564.*)

SOUTHEAST ASIA

Netherlands East Indies

1914–27

COMMUNISM VS. SAREKAT ISLAM. In 1914 a Dutchman founded the Indies Social-Democratic Association, the first Marxist organization in Southeast Asia. Since a European-led party attracted little Indonesian support, it pressed for a common front with the more popular Sarekat Islam (SI). In 1920 the Association changed its name to the Indonesian Communist Union (later PKI), which joined the Comintern the following year. Friction between the PKI and SI became so serious, however, that a split developed. The Communists then created mass organizations to rival those of SI and temporarily emerged as the vanguard of the Indonesian nationalist movement.

OPENING OF THE VOLKSRAAD. The Volksraad (People's Council), reluctantly created by the Dutch, 1918, was not a true representative body; it had a European majority, and its powers were limited to offering advice which the government could ignore. Although more Indonesian delegates were chosen during the 1920's, the Volksraad's powers remained very slight.

ABORTIVE COMMUNIST REVOLUTION. From the time they split with SI, the Communists pursued extremist tactics that culminated in uprisings in Java and Sumatra, 1926–27. Lack of popular support and splits within the Communist leadership assured the defeat of the revolts. The Dutch then outlawed the PKI and deported or imprisoned most of its members. SI was thus left as the main vehicle of the Indonesian nationalist movement.

1928–45

SUKARNO AND THE NATIONALIST PARTY. Sukarno (b. 1902), a Dutch-trained Javanese engineer, founded the Indonesian Nationalist Party, 1929, with the aim of rallying all nationalist groups into a large nonco-operation movement. However, the Dutch quickly arrested Sukarno. Early in the 1930's Sutan Sjahrir (b. 1909) and Mohammed Hatta (b. 1902) sponsored a moderate Socialist Party, but they, too, were imprisoned.

PERIOD OF JAPANESE RULE. Having occupied the Netherlands East Indies, 1942, the Japanese freed Sukarno, Hatta, and Sjahrir. Sukarno and Hatta opted for co-operation with the Japanese, while Sjahrir's group organized an underground resistance movement. In Sept. 1943, as the tide of war turned against the Japanese, they sought popular support by naming Sukarno to head a Central Advisory Council in Java. In 1944 Japan made further concessions, including a qualified promise of Indonesian independence. An Independence Preparatory Committee was formed, Aug. 1945. (*Cont. p. 568.*)

Malaya

1914–29

CHINESE RADICAL ACTIVITY. By 1920 Chinese immigrants into the Malay States and Straits Settlements had organized branches of the Kuomintang, which adopted an anti-British stance during the period of Kuomintang-Communist co-operation in China. Chinese Communist agents helped to create radically oriented youth and labor organizations in Malaya. After the Kuomintang-Communist split in China in 1927, however, the Kuomintang branches in Malaya could no longer provide cover for Communist activity.

1930–45

ECONOMIC DEPRESSION AND COMMUNIST REVIVAL. A Malayan Communist Party (MCP) was founded in 1930, most of its members being Chinese. During the difficult post-depression years the Communists fomented numerous strikes. In 1937 the MCP, following the new line of its Chinese counterpart, called for a united front of all Malayans against the Japanese.

ADMINISTRATIVE DECENTRALIZATION. A major step toward governmental decentralization occurred in 1936, when the office of federal secretary was created. The secretary's duties consisted of liaison and co-ordination among the states. Each federated state remained a British protectorate under the high commissioner. Beneath the federal structure were state governments consisting of a sultan or raja, a resident and a State Council with an advisory role.

JAPANESE OCCUPATION. Efforts by Japanese occupation forces, 1942–45, to stir up Malayan hostility against the British proved largely fruitless. Communists formed the backbone of the underground resistance movement. As Japanese military fortunes decayed, the occupation authorities vainly sought popular support by creating a Malayan Consultative Council at Singapore. (*Cont. p. 569.*)

Burma

1914–29

CONSTITUTIONAL CHANGES. In 1923 Burma became a "governor's province" on the Indian pattern. Burmese ministers responsible to the Legislative Council were to handle such issues as education and public health, while the governor of Burma retained veto power over matters of defense policy, law and order, finance, and revenue. The People's Party, headed by U Ba Pe, became the dominant group in the Legislative Council. The party advocated educational preparation of the people for self-government, rapid Burmanization of the public services, and curtailment of foreign economic exploitation. By the mid-1920's most Burmese leaders favored full responsible government and separation from India.

1930–45

THAKIN PARTY. Frustration over inadequate education and job opportunities led a militant group of Burmese students to create the nationalistic Thakin Party, 1930. Five years later this party joined with another organization to form the "We Burmans Association," whose members addressed one another as *thakin* (master) to symbolize their aim of being masters in their own country. Led by Aung San (1914–47), the Thakins staged a successful student strike at the University of Rangoon, 1936.

GOVERNMENT OF BURMA ACT. The Government of India Act, 1935, promised the complete separation of Burma from India on 1 Apr., 1937. A Government of Burma Act, 2 Aug., 1935, provided for a cabinet led by a prime minister and responsible to a bicameral legislature. The governor remained solely responsible for finance, defense, foreign affairs, and minority groups, but was to act on the advice of his ministers on all other issues. Dr. Ba Maw was chosen prime minister, but by 1939 student strikes, industrial strife, and opposition pressure forced him to resign. His party then joined with the Thakins to form a "Freedom Bloc," which he headed. The Bloc's anti-British and antiwar agitation led to the jailing of Ba Maw and others, 1940.

JAPANESE INVASION. A puppet government headed by Ba Maw was established by the Japanese invaders, 1942, and the following year he became president of an "independent" Burma. By that time, most of the Thakins had joined an underground resistance movement. In 1944 Aung San and his followers secretly organized a nationwide Anti-Fascist People's Freedom League (AFPFL). Ba Maw's escape with the retreating Japanese armies into Thailand left Aung San and the AFPFL as the leading political force in Burma. (*Cont. p. 570.*)

Indochina

1914–40

INDOCHINA IN WORLD WAR I. French wartime policies, particularly unfulfilled promises of democracy for Indochina and the recruitment of Vietnamese youth for military service in Europe, intensified nationalist feelings among the Vietnamese. Ho Chi Minh (b. ?1891) traveled to France during the war; there he joined the French Socialist Party and, 1920, became a charter member of the French Communist Party. Meanwhile French opposition to the demands of moderate political parties in Indochina paved the way for extremist groups there.

FOUNDING OF THE COMMUNIST PARTY. In 1930 Ho Chi Minh directed the merger of several Communist factions into an Indochinese Communist Party. Communism was not the only threat to French colonial rule in Indochina, however; the Nationalist Annamite Party, organized in 1927, pursued a terrorist policy culminating in an ill-prepared mutiny at Yenbay, 9–11 Feb., 1930. Severe French countermeasures annihilated the party, but anti-French activities continued.

1941–45

FOUNDING OF THE VIETMINH. Ho Chi Minh founded the Communist-dominated Vietminh, 1941, as an instrument to drive the French from Indochina. In an effort to rally all anti-imperialist groups around the Vietminh, Ho eschewed Communist propaganda and spoke only of a united, independent Indochina. French intransigence allowed Ho and the Communists to gain control of the Vietnamese nationalist movement.

REPUBLIC OF VIETNAM. Originally an anti-French organization, the Vietminh moved to the allied side after Hitler's invasion of the Soviet Union, 1941. In 1943 the French promised autonomy for Indochina within the French Union, but by this time the Vietnamese nationalists were fully committed to independence. At the end of 1944 a Vietnam Liberation Army was formed to wage guerrilla warfare against the Japanese. When the Japanese ousted the French, Mar. 1945, the emperor of Annam, Bao Dai (ruled 1932–45), declared the country's independence. Ho Chi Minh ignored him. Shortly after the Japanese surrender, Ho convened a congress of the Vietminh and was named head of the Vietnam People's Liberation Committee. On 25 Aug., 1945, Bao Dai abdicated, and on 2 Sept. Ho proclaimed the Republic of Vietnam with a Provisional Government at Hanoi. Although the French reoccupied Saigon, the southern Vietnamese countryside remained largely in the hands of nationalist guerrillas. (*Cont. p. 567.*)

Philippines

1914–45

JONES LAW. Promising independence to the Philippines as soon as stable government could be established, the U.S. government's Jones Law, 29 Aug., 1916, accorded the islands substantial autonomy. Executive power was vested in a governor general, legislative prerogatives in a bicameral body, and judicial power in a Supreme Court. Despite the retention of some reserved powers by the U.S.A., from this time onward the Filipinos effectively controlled their domestic affairs.

TYDINGS-McDUFFIE ACT. 24 Mar., 1934. Passed by the U.S. Congress, the Tydings-McDuffie Act called for creation of a Commonwealth of the Philippines on 4 July, 1936, to be followed 10 years later by an independent republic. During the decade of the Philippine Commonwealth, U.S. forces would remain in the islands and Washington would control foreign relations and defense. Headed by Manuel Quezon (1878–1944) as president and Sergio Osmeña (1878–1961) as vice-president, the commonwealth was essentially a one-party state, since no opposition parties possessed significant support.

JAPANESE OCCUPATION. When Japanese forces seized Manila, 1942, Quezon's government escaped to Australia. In Oct. 1943 Japan proclaimed an "independent" republic of the Philippines, headed by puppet President José P. Laurel. The Filipinos created a resistance movement, whose backbone in Luzon was the Communist Hukbalahap organization. Quezon's government in exile later moved to Washington, where Quezon died, Aug., 1944, and was succeeded by Osmeña. (*Cont. p. 630.*)

Siam (Thailand)

1914–32

SIAM IN WORLD WAR I. Chulalongkorn's successor, King Vajiravudh (ruled 1910–25), personally sympathized with the allies in World War I. However, popular anti-French sentiment and a pro-German faction in the army prevented him from declaring war on Germany until 1917, when Siamese protests against submarine warfare tactics were rebuffed. Adherence to the winning side gained Siam many diplomatic benefits, the most important being membership in the League of Nations and abolition of extraterritorial treaties with western powers during the 1920's.

REIGN OF PRAJADHIPOK. King Prajadhipok (ruled 1925–35) faced serious economic problems bred by his predecessor's fiscal mismanagement and aggravated by the depression. A series of austerity measures, particularly the pruning of the civil service and salary cuts among junior Siamese officials, many of whom had returned from European study with an aversion to monarchy, helped to pave the way for the 1932 revolution.

REVOLUTION OF 1932. Pridi Banomyong, a law professor, became the leader of discontented factions in Siam and, with military assistance, seized control of Bangkok in a bloodless coup, 24 June, 1932. The king bowed to a constitution which severely curtailed his powers. Pridi's People's Party took over the government but named P'ya Manopakorn as prime minister to placate conservative groups. A new constitution promulgated in Dec. 1932 reflected the conservative influence in the government and restored some of the powers the king had lost 6 months earlier.

1933–45

RISE OF P'IBUN SONGGRAM. Competition between Pridi and P'ya led the latter to publicize his rival's program for a planned economy as Communistic. Pridi was forced into exile, but returned shortly afterward following a coup by his supporters. Toward the end of 1933 the king's cousin led an abortive military revolt in Bangkok. Although the king himself remained neutral, rumors insisted that he had given moral and financial backing to the rebels. The government became divided between followers of P'ibun Songgram, who had restored order after the abortive military coup, and those of Pridi. P'ibun gained the upper hand and became prime minister, 1938. The hallmark of his regime was intense nationalism marked by restrictive measures against aliens, reservation of certain occupations for Siamese, patriotic propaganda, and, symbolically, a change in the country's name from Siam to Thailand in 1939.

THAILAND IN WORLD WAR II. P'ibun's government developed close economic ties with Japan and signed a pact with the Japanese, Dec. 1940, in the belief that they would win the war. Thailand declared war against the U.S.A. and Britain, 1942, but P'ibun's pro-Japanese policy proved unpopular and he was forced to resign, 1944, when Japan's defeat became certain. Meanwhile Pridi had organized an underground movement which maintained secret liaison with a Free Thai Movement abroad. Once P'ibun fell, Thailand was free to seek accommodation with the western powers. (*Cont. p. 630.*)

THE MIDDLE EAST

Turkey

1914–23

TURKEY AFTER WORLD WAR I. By the armistice signed on 30 Oct., 1918, the government of the Ottoman Empire, discredited by defeat, placed the lands it had ruled virtually at the mercy of the allies. British and French forces landed in Anatolia and occupied it temporarily, Jan. 1919. With Anglo-French encouragement the Greeks landed at Izmir, 14 May, 1919. Resistance to these incursions led to the formation of Societies for the Defense of Rights which, under the leadership of Kemal Pasha (1881–1938), later known as Atatürk, set themselves up in opposition to the government in Constantinople.

ESTABLISHMENT OF THE TURKISH REPUBLIC. On 23 July, 1919, a congress was held at Erzerum which formulated a program, known as the "National Pact," for an integrated Moslem Turkey and resistance to the partition of its territory. The national legislature adopted this pact, 28 Jan., 1920. The British, disturbed at the political complexion of the new legislature, reoccupied Constantinople, Mar. 1920. On 23 Apr. Kemal organized a Grand National Assembly in Ankara, setting up a provisional government and declaring the sultan a "captive" of the allies. The signing of the Treaty of Sèvres, 10 Aug., 1920, by which Turkey was obliged to give up all non-Turkish provinces of the empire as well as a good deal of territory in Anatolia, increased nationalist resistance to the old regime, and on 1 Nov., 1922, the sultanate was abolished and Turkey declared a republic. A new peace treaty was signed, 24 July, 1923, incorporating Turkish aims as stated in the National Pact and abolishing the Capitulations.

1924–45

REFORMS OF KEMAL. Sweeping changes were made in Turkey under the leadership of Kemal. On 13 Oct., 1923, the capital was moved from Istanbul (name changed from Constantinople, 1930) to Ankara, indicating the new Turkish orientation of the country. On 3 Mar., 1924, the caliphate was abolished and Atatürk elected president of the Republic. A new constitution, 20 Apr., 1924, stated that Turkey was an Islamic state, but this article was expunged in 1928. The drive toward modernization and westernization led to measures such as the banning of the traditional headgear, the fez, 25 Nov., 1925, and the replacement of the Islamic by the Gregorian calendar, 26 Dec., 1925. By 1926 the law of the land had been secularized to a great degree with the adoption of an Italian penal code, a Swiss civil code, and German commercial law. On 3 Nov., 1928, the Latin alphabet was adopted in place of the Arabic one, and an effort was made to eliminate Arabic and Persian words from the vocabulary. Women were ordered to unveil and in Dec. 1934 received the vote. A law of 28 June, 1934, made the adoption of Turkish surnames compulsory by 1 Jan., 1935. The new regime involved itself closely with the economic development of the country by means of a series of 5-year plans, the first of which was issued 9 Jan., 1934. Atatürk died on 10 Nov., 1938, and was succeeded as president by Ismet Inönü (b. 1884), a close associate.

TURKEY IN WORLD WAR II. On 19 Oct., 1939, Turkey signed a treaty of alliance with Britain and France, but remained officially neutral in World War II until 23 Feb., 1945, when she declared war on Germany. (*Cont. p. 620.*)

Persia (Iran)

1914–45

INTERNATIONAL RELATIONS. British troops occupied parts of Persia during World War I, although the country was nominally neutral. On 9 Aug., 1919, an agreement was signed putting the country under preferential treaty relations with Britain and providing for a British loan of £2 m. The Majlis (legislature), however, refused to ratify the agreement, and it never came into effect. In May 1920 a Soviet republic, Gilan, was set up on the southern shore of the Caspian Sea, but it collapsed after the withdrawal of Red Army troops, Oct. 1921.

On 16 May, 1928, a treaty with Britain was signed, but in 1932 relations between the 2 countries became strained due to the shah's cancellation of the concession granted the Anglo-Persian Oil Co. The case came before the League of Nations and was finally settled by a new agreement, 29 Apr., 1933, which gave a larger share of oil profits to Persia.

RULE OF REZA KHAN. On 21 Feb., 1921, Col. Reza Khan (1877–1944) took over the government, and on 26 Feb. signed an agreement with Russia. Reza Khan remained the foremost power in the country, first as minister of war, then as prime minister. On 31 Oct., 1925, the Majlis deposed the shah and elected Reza Khan in his place, 13 Dec. The new shah was an admirer of Atatürk and attempted, on a somewhat smaller scale, to institute similar reforms. He introduced a French judicial system, 1927, and in 1928 abolished the Capitulations. In Mar. 1935 the name of the country was changed from Persia to Iran.

IRAN IN WORLD WAR II. With the advent of World War II, Iran proclaimed her neutrality, but in 1941 Britain and Russia requested rights of transit through Iranian territory. Permission having been refused, the 2 powers occupied Iran, 25 Aug., and divided it into 2 zones, Russian and British. The shah abdicated in favor of his son, Mohammed Reza Pahlavi (b. 1919), and a tripartite treaty was signed, 29 Jan., 1942, which specified that British and Russian forces would leave Iran within 6 months after the end of the war. On 9 Sept., 1943, Iran declared war on Germany, and on 1 Dec. the Teheran Declaration issued by Roosevelt and Churchill reaffirmed the independence and sovereignty of Iran. (*Cont. p. 621.*)

Egypt

1914–45

KINGDOM OF EGYPT. The years 1918–22 witnessed a great deal of nationalist agitation in Egypt, resulting in a unilateral abolition of the British protectorate, 28 Feb., 1922. In Mar. 1922 Sultan Fuad proclaimed himself king, and on 19 Apr., 1923, a constitution was inaugurated. The 1st elections, held in Jan. 1924, resulted in a large majority for the Wafd Party, around which the nationalist agitation had taken place. The king, however, wishing to curb the power of the Wafd, engaged in a continuing struggle with it which resulted in his dissolving parliament and revoking the constitution early in 1930. On 22 Oct., 1930, a new constitution and a new electoral law, providing for a system of indirect election, were promulgated, but in 1935 the king first suspended the constitution of 1930 and then, 12 Dec., 1935, restored that of 1923.

RELATIONS WITH BRITAIN. Negotiations with Britain for a treaty to define the relations between the 2 countries went on until 1930. On 8 May of that year they broke down over the question of the Sudan, and remained suspended for the next 5 years. On 26 Aug., 1936, an Anglo-Egyptian treaty was finally signed. It provided for the termination of the British military occupation, but Britain retained the right to maintain military forces in the Suez Canal Zone for defense of the Canal. The question of the Sudan was left largely unsettled. During World War II Egypt was the principal allied base in the Middle East, and the Middle East Supply Center was located there. (*Cont. p. 621.*)

Iraq

1914–45

CAMPAIGN FOR IRAQI INDEPENDENCE. At the end of World War I the British were in occupation of Mesopotamia (Iraq), and on 25 Apr., 1920, they received a mandate over the territory from the League of Nations. On 23 Aug., 1921, Faisal, a son of the sherif of Mecca, was crowned king of Iraq. Relations between the new kingdom and Britain were established on the basis of a treaty negotiated on 10 Oct., 1922, and ratified by the Iraq Constituent Assembly, 27 Mar., 1924. The treaty was originally to last for 20 years, but was subsequently limited to 4 by a protocol signed in 1923. On 10 July, 1924, a constitution was promulgated. Further treaties with Iraqi independence and the termination of the mandate as objectives were signed, 13 Jan., 1926, and 14 Dec., 1927, but it was not until 30 June, 1930, that the final treaty was concluded, providing for a 25-year alliance. By the terms of this treaty Iraq became fully independent and entered the League of Nations, 3 Oct., 1932. The British retained rights to 2 air bases and freedom of transit across Iraq for their armed forces.

FOREIGN RELATIONS. On 31 July, 1928, the "Red Line" Agreement, which regulated the interests of the various companies involved in the development of Iraqi oil, was signed. Oil production began in 1930. On 29 Oct., 1936, a coup resulted in the establishment of a military dictatorship, but its leader was assassinated, 11 Aug., 1937, and moderates returned to power. Still another coup, 3 Apr., 1941, in this case with a pro-Axis coloration, led briefly to the exile of the king, crushed by British troops. On 16 Jan., 1943, Iraq declared war on Germany and on 22 Jan. signed the United Nations Declaration, the first Arab state to do so. (*Cont. p. 622.*)

Transjordan

1914–45

ESTABLISHMENT OF THE KINGDOM. The Emirate of Transjordan was, in effect, an accidental creation arising out of the situation in the Middle East at the end of World War I. On 27 May, 1921, Britain recognized Abdullah ('Abd Allah), son of the sherif of Mecca and brother of King Faisal of Iraq, as the ruler of this territory. Britain's chief purpose in doing so was to prevent him from carrying out a threatened attack on the French in Syria. Transjordan formed part of the British mandate over Palestine, and Britain saw the establishment of Abdullah in this area as a way of controlling it indirectly. Transjordan was consequently excluded from the area of Jewish immigration.

RELATIONS WITH BRITAIN. On 25 May, 1923, the provisional agreement of 1921 was made permanent on the condition that a constitutional regime be set up and a treaty concluded with Britain. This treaty was finally signed, 20 Feb., 1928, and left the British with a large measure of control, especially over foreign affairs. The British agreed to contribute, through loans or grants, to the Transjordanian treasury. The agreement was amended, 2 June, 1934, and 19 July, 1941. On 16 Apr., 1928, an Organic Law was promulgated. During World War II the Arab Legion, created in 1921, played a valuable role on the allied side. (*Cont. p. 623.*)

Palestine

1914–45

BALFOUR DECLARATION. The so-called "problem of Palestine" originated with the Balfour Declaration, 2 Nov., 1917, by which the British, responding to pressures of Zionists (founder, Theodor Herzl (1860–1904), committed themselves to support the creation of a Jewish "national home" in the area. The differing interpretations which could be given to this phrase lay at the heart of the problem. A build-up of tension between Jews and Arabs in the years immediately following World War I came to the surface, Apr. 1920, with violent disturbances in Jerusalem. On 1 July, 1920, Sir Herbert Samuel (1870–1963), himself a Jew, became British high commissioner in Palestine. In Feb. 1922 an Organic Law was enacted, providing for an administration including a partially elected Legislative Council; but due to an Arab refusal to participate in the elections, this provision was never activated. The Arabs wished an end to both Jewish immigration and land sales to Jews, and throughout the period between the wars concentrated their efforts on achieving these ends.

ARAB-JEWISH CONFLICT. The 1st attempt by the British to define the "national home" came in the Churchill White Paper of 1 July, 1922, in which it was taken to mean cultural autonomy without political overtones. Riots in 1929 which were set off by a dispute about rights at the Wailing Wall in Jerusalem led to yet another elaboration of British policy involving stricter limits on immigration and land acquisition. Neither the Arabs nor the Jews were satisfied with the British measures, and the relative calm of the next few years was shattered in 1936 by a new series of riots. On 22 Apr., 1936, the Arabs called a general strike to underline their demands. A British commission, set up to investigate the situation, recommended partition, 7 July, 1937, but on 9 Nov. a report on the projected partition rejected it as unworkable. A conference was held in London, 7 Feb.–17 Mar., 1939, to which Arab and Jewish representatives were invited, and was followed, 17 May, by the issue of another White Paper specifying that Jewish immigration would end after 1944 and envisioning the establishment of an independent state within 10 years with provision for minority rights for Jews. The exigencies of war caused a temporary slowdown of Jewish and Arab efforts to gain their objectives, but this was merely a lull, and beginning in 1943 Jewish terrorist activities commenced as a prelude to the postwar struggle. (*Cont. p. 624.*)

Syria and Lebanon

1914–45

ESTABLISHMENT OF THE MANDATES. France had long had an interest in Syria and Lebanon, and this was reflected in her assumption of a mandate over these territories after World War I. King Faisal, who had been placed on the throne of Syria by the Arabs after the war, was expelled from Damascus, 24 July, 1920, by the French. France then took direct control over the whole of what was to become Syria and Lebanon. In 1925 and 1926 there were risings in Syria, but these were put down. In 1928, at the direction of the French high commissioner, a Constituent Assembly was called which drew up a constitution. It did not, however, receive the approval of the French government, and in May 1930 the high commissioner dissolved the Assembly and issued a constitution by decree. This was accepted by the Syrians, and elections were held, Jan. 1932.

Developments in Lebanon followed a similar pattern. In May 1926 a constitution drafted by the Lebanese Representative Council was promulgated and gave Lebanon parliamentary institutions. On 9 May, 1932, the high commissioner suspended this constitution, and on 2 Jan., 1934, a new one was issued.

INDEPENDENCE MOVEMENTS. Negotiations for a treaty to replace the mandates went on for 4 years and led to an agreement, 9 Sept., 1936, under the terms of which Syria was to become independent within 3 years. A similar treaty was signed with Lebanon, 13 Nov., 1936. France did not, however, ratify these agreements, and on 7 July, 1939, the president of Syria resigned. On 10 July the high commissioner suspended the constitution and dissolved the Assembly in Syria and, on the outbreak of war, did the same in Lebanon.

BRITISH CONQUEST. After the fall of France, Syria and Lebanon came under the Vichy government, and on 8 July, 1941, British troops invaded Syria. On the same day the commander of the Free French issued a proclamation promising an end to the mandate and independence. The British troops were victorious, and on 14 July an armistice was concluded and the British occupation of Syria and Lebanon instituted. On 28 Sept. Gen. Georges Catroux, sent by the Free French to negotiate treaties with the 2 countries, announced the independence of Syria, and on 26 Nov. that of Lebanon. In Mar. 1943 the suspended constitutions were reinstated and elections held, and on 22 Dec. an agreement was signed relating to the transfer of power to the Syrian and Lebanese governments. (*Cont. p. 623.*)

Arabian Peninsula

1914–45

PERSIAN GULF AND YEMEN. In contrast to the other Arab lands, the Arabian Peninsula was under less direct European control in the interwar period. The various sheikdoms along the Persian Gulf and the coasts of southern Arabia continued their long-established quasi-protectorate relations with Great Britain. Yemen claimed its independence, and negotiations with Britain led finally to recognition of this by the treaty of 11 Feb., 1934.

SAUDI ARABIA. The bulk of the peninsula was united under Ibn Saud, originally the ruler of the Najd, who founded the Kingdom of Saudi Arabia. A treaty with the British, 20 May, 1927, confirmed him in his possession of the Hejaz and Najd and its dependencies. The outside world's concern with Ibn Saud's kingdom related mainly to its oil resources. On 29 May, 1933, the Standard Oil Co. of California, obtained a 60-year oil concession. In 1934, with the addition of a 2nd company, the consortium became known as the Arabian-American Oil Co. (Aramco). A new concession was signed, 31 May, 1939. In 1943 an agreement was concluded with the U.S. permitting the latter to construct an air base at Dhahran. (*Cont. p. 624.*)

AFRICA

Morocco

1914–33

PACIFICATION. French military operations in the Rif Mountains, which had been interrupted by World War I, were resumed, 1920, by the resident general, Marshal Louis Lyautey (1854–1934). The resistance led by Abd-el-Krim (1885–1963) was finally overcome in 1926.

BERBER DAHIR. By this decree, 16 May, 1930, the French government transferred Berber tribes from the jurisdiction of Moslem law to tribal custom. Urban Moroccans protested against what they regarded as an attempt to undermine the unity of an Islamic Morocco.

1934–45

FOUNDING OF POLITICAL PARTIES. In May 1934 Sultan Sidi Mohammed (Muḥammad) ibn Yusuf (ruled 1927–61) received a tumultuous welcome on a visit to Fez, and riots broke out when the French shortened his stay. In Sept. a group of young Moroccans, calling themselves the Committee for National Action, drew up a plan of reform calling on the French to modify their direct administration and establish a protectorate system. In 1937 the committee formed the National Action Bloc under the Islamic scholar Allal al-Fassi (b. 1906). Amidst popular agitation al-Fassi was exiled to Central Africa, where he remained until the end of World War II. Some other Moroccan leaders escaped to Switzerland, and nationalist activity was much reduced for the next several years.

ISTIQLAL. In Jan. 1943, shortly after the Anglo-American landings in Morocco, President Roosevelt met privately with the sultan in Casablanca. Both Moroccans and French came to the conclusion that the President had assured the sultan of American hopes for Moroccan freedom. In Dec. the Istiqlal (Independence) Party was formed, regrouping most of the old National Action Bloc. In Jan. 1944 Istiqlal published a manifesto calling for negotiations to end the protectorate. The sultan allied himself informally with the nationalists by refusing to countersign French decrees. (*Cont. p. 573.*)

Algeria

1914–39

BEGINNINGS OF NATIONALISM. During World War I thousands of Algerians gained experience of European life as soldiers and as workers in French factories. After the war some 70,000 Algerians remained in France, to be stimulated by the postwar intellectual climate there. In 1919, as a reward for war services, the French government allowed some increase in Moslem representation on local bodies in Algeria and Moslem participation in local elections. Municipal elections in Algiers, 1920, brought victory to the Emir Khaled, who called for equality of rights with Frenchmen for all Moslems. French settlers denounced the elections and the results were invalidated. In 1923 Moslem workers in France formed L'Étoile Nord-Africaine, which included Khaled as an honorary president. Beginning as an organization to defend the interests of North African workers in France, the ENA under Messali Hadj evolved into a nationalist movement which demanded Algerian independence. In 1936, after the ENA had been banned, Messali formed the Parti du Peuple Algérien (PPA).

Meanwhile a contrasting movement was growing up among intellectuals in Algeria, who called for assimilation of all Moslems to French civilization. The assimilationists formed an association under Ferhat Abbas (b. 1899) in 1927. Reaction to assimilationist ideas took the form of Moslem-Arab nationalism under the leadership of Sheik Abd al-Hamid ben Badis. In 1935 ben Badis founded the Association of Algerian Ulema, which aimed to revive pure Islam and the Arabic language. The conflict became explicit in 1936, when Abbas denied the existence of an Algerian fatherland and called for emancipation of the Moslems so that they could be worthy of the name of Frenchmen. In return ben Badis declared that Algerian Moslems had their own history and culture distinct from French, and that they were not French and did not want to be.

1940–45

NATIONALIST UNITY. During World War II Algerian Moslems again came into contact with Europe, this time as witnesses to a French defeat. The illiterate mass of Algerians listened to allied broadcasts containing news of the Atlantic Charter and resistance to foreign invasion. In 1943 Abbas turned away from assimilation and presented a "Manifesto to the Algerian People," which asserted the right of Algerians to manage their own affairs under a constitution recognizing the equality of all residents of the country, French and Moslems alike. Gen. de Gaulle responded with the Ordinance of 7 Mar., 1944, which granted voting rights to certain categories of Moslems. The PPA and the ulema joined Abbas in rejecting the ordinance as inadequate. (*Cont. p. 573.*)

Tunisia

1914–33

DESTOUR. In 1920, inspired by President Wilson's declarations, the Young Tunisians joined with some of their more traditional countrymen to form a political party, the Destour (Constitution). Under the direction of Sheik Thaalibi, the Destour demanded the emancipation of Tunisia as a nation. The French resident general, Lucien Saint, responded with a blend of repression and minor reforms. The policy succeeded in dividing the nationalists and weakening their movement for several years.

1934–45

NEO-DESTOUR. In Mar. 1934 the young lawyer and writer Habib Bourguiba (b. 1904) led a group of his own generation out of the Destour to form a new party, the Neo-Destour. He actively sought mass support, but was deported by the French, Sept. 1935. Returning to Tunisia, 1936, Bourguiba traveled throughout the country, addressing workers and peasants in local dialects and organizing the Neo-Destour into local committees which held discussions on the nation's political and economic problems. The nationalists began a campaign of civil disobedience which included a general strike, 1937, and culminated in riots in Tunis, Apr. 1938. Bourguiba and other Neo-Destour leaders were arrested and brought to a trial which was still pending at the outbreak of war in 1939. The prisoners were held in France and Italy until their return to Tunisia, Mar. 1943. After the arrival of the allies in May, Bourguiba began a series of unsuccessful appeals for Tunisian independence. Unable to achieve his ends, he escaped in disguise to Egypt in 1945, while Salah ben Yusuf (1910–61) took over the organization of the party in Tunisia. (*Cont. p. 573.*)

French Black Africa

1914–45

RESISTANCE TO FRENCH RULE. Between the wars the French administration was faced with sporadic revolts against conscription, taxation, and forced labor: by the Dogon (French Sudan), 1918; the Tuareg (Niger), 1918–23; the Lobi (Upper Volta), 1919; etc. By 1930, however, all areas of French Black Africa were under civil rule. French policy made African chiefs civil servants. Representational politics were limited to the 4 communes of Senegal, which were represented in the French Assembly in Paris by an African, Blaise Diagne (1872–1934), 1914–34.

French forced labor policies provoked strikes on the Kayes-Thiès railroad, 1925, while the building of the Congo-Ocean railroad, 1922–34, cost the lives of thousands of Africans, provoking a revolt in 1928. In 1938–39 Africans in Ubangi-Shari rebelled against forced labor. In Jan. 1944 Gen. de Gaulle convened a conference at Brazzaville, French Congo, of French administrators in Africa, which foresaw African representation in the metropolitan Assembly. (*Cont. p. 575.*)

British Africa

1914–45

BRITISH WEST AFRICA. In 1917 J. E. Casely Hayford (1867–1930), a Gold Coast lawyer, founded the interterritorial National Congress of British West Africa, which held its 1st meeting at Accra in 1920. The Congress sought ultimate self-determination and an immediate increase in African representation in colonial Legislative Councils. African chiefs and some wealthy non-chiefs gained seats in these Councils: Nigeria, 1922; Sierra Leone, 1924; Gold Coast, 1925. J. E. K. Aggrey (1875–1927) returned from the U.S.A., Oct. 1924, and, preaching racial co-operation, worked successfully with Gov. Gordon Guggisberg (1869–1930) of the Gold Coast to achieve educational reforms. In 1922 Herbert Macaulay (1864–1946), a Nigerian engineer, founded the Nigerian Democratic Party. In London, Ladipo Solanke founded the West African Students' Union, 1925, in which the Gold Coast lawyer, Joseph B. Danquah (1895–1965), was prominent. All these organizations pressed for constitutional evolution.

In 1929 there was a major outbreak of opposition to colonial rule in Southern Nigeria, while in 1931 a tax strike was organized in Sierra Leone. In the Gold Coast an African Cocoa Growers' Association was formed, 1930, to withhold cocoa from a depressed market, an effort which was renewed, 1937–38, against the formation of a buyers' pool. In 1937 B. N. Azikiwe (b. 1904) returned to Nigeria after an American education to found a chain of newspapers, notably the *West African Pilot,* which asserted African values and pressed for more rapid constitutional reform. Azikiwe was active in the

Nigerian Youth Movement, founded in 1936, with Obafemi Awolowo (b. 1909) a leading Yoruba member. In 1944 Azikiwe formed the National Council of Nigeria and the Cameroons.

BRITISH EAST AFRICA. In 1920 Kikuyu chiefs in Kenya founded the Kikuyu Association and the following year Harry Thuku (b. 1895) formed the Young Kikuyu Association, militant in its protests against racial discrimination; Thuku was arrested and deported in 1922. Despite the opposition of white settlers, who looked to eventual self-governing status for Kenya, the British government declared African rights paramount in East Africa (Devonshire Report, 1923) . By that date some 2,000 white settlers owned 40% of the land of Kenya. Land acquisition by whites remained a core problem for the British administration, as the African population had to live within ever-decreasing territorial limits. In 1929 the Kikuyu Central Association was formed, with Jomo Kenyatta (b. 1893) as secretary; Kenyatta was sent to London to protest against the policies of the Kenya government.

Uganda was the scene of sporadic violence, 1929–34, following a fall in world cotton prices.

THE RHODESIAS AND NYASALAND. In 1915 John Chilembwe, an African Christian minister, led a rebellion in Nyasaland, which was rapidly crushed. From 1917 the Kitawala (Watchtower) movement in Northern Rhodesia preached an African millennium, and resisted British attempts to crush it. In 1922 white settlers in Southern Rhodesia voted to become a colony and against joining South Africa, and the following year the territory became an internally self-governing colony, with a franchise that excluded virtually all Africans. The Land Apportionment Act of 1930 assigned half the land to whites, while the Industrial Conciliation Act, 1936, explicitly excluded Africans from the collective-bargaining process. Settlers pressed increasingly for federation of the 3 territories and Africans vigorously opposed it. The rapid development of the mining industry of the Copperbelt after 1929 caused an inflow of African workers; in May 1935 and Apr. 1940 they staged strikes, which developed into riots, against low wages, increased taxes, and the settlers' "civilized labor" policy. In 1944 J. P. Sangala (b. 1900) founded the Nyasaland African National Congress.

SUDAN. The working of the Anglo-Egyptian Condominium in the Sudan did not satisfy Egypt, and after the achievement of Egyptian independence, 1922, demands grew for a closer union of Egypt and the Sudan. On 19 Nov., 1924, the British governor general of the Sudan was assassinated in Cairo. The British replied by effectively removing Egyptians from the administration of the Sudan. A growing group of educated Sudanese demanded union with Egypt, and formed the Graduates' General Congress in 1938. Ismail al-Azhari (1900–1969) emerged as leader of the pro-Egyptian wing. (*Cont. p. 574.*)

Ethiopia

1914–45

RULE OF HAILE SELASSIE. In Sept. 1916 a group of chiefs rebelled against Lij Yasu, and seized Addis Ababa. Zauditu was made empress and Ras Tafari (b. 1892) regent. Ras Tafari attempted to institute reforms, e.g., abolition of slavery, 1926, but met conservative opposition. In 1923 Ethiopia joined the League of Nations. In 1928, after putting down a revolt, Ras Tafari took complete control, and on 2 Nov., 1930, became emperor of Ethiopia as Haile Selassie I. Further revolts were crushed in 1931–32.

ITALIAN CONQUEST. In late 1934, Italian troops began to provoke incidents on the Ethiopian-Somaliland border, and in Oct. 1935 invaded Ethiopia. Ethiopian troops resisted fiercely, but after the loss of the Battle of Mai-Tchew, 25 Mar., 1936, Haile Selassie left Addis Ababa, 5 May. Ethiopia was joined to Eritrea and Italian Somaliland to form Italian East Africa, with the king of Italy as emperor of Ethiopia. Ethiopian guerrilla resistance continued. After Italy entered the war, June 1940, allied troops captured Italian

East Africa. Haile Selassie returned to Ethiopia, 5 May, 1941. (*Cont. p. 618.*)

Belgian Congo and Liberia

1914–45

BELGIAN CONGO. Africans having no political rights in the Belgian Congo, their opposition to colonial rule often took religious form, notably in the movement led by Simon Kimbangu (?1881–1951). There were major risings in Kasai, 1931–32, and Equateur, 1932–33.

LIBERIA. During World War I the Kru people rebelled against the ruling Americo-Liberians. The U.S.A. supplied arms to help put the rising down, and sought internal reforms. Liberia was deeply in debt, and in 1926 accepted a loan, granting a large land concession to the Firestone Rubber Co. in exchange. A League of Nations mission found evidence of forced labor and maladministration. In 1944 William V. S. Tubman (b. 1895) was elected president. (*Cont. p. 577.*)

THE CARIBBEAN ISLANDS

1914–34

ECONOMIC CHANGE. World War I stimulated the economies of the Caribbean islands to some extent, though permanent economic improvements were not yet in sight. Reliance on sugar production was relaxed as some islands began to diversify: Grenada, cocoa and nutmeg; Dominica, citrus products; St. Vincent, arrowroot and cotton; British Guiana, rice. The price of sugar rose rapidly after the war, but when the market crashed in 1923 there were many bankruptcies among the planters. The depression hit the West Indies severely and, in the early 1930's, induced a general apathy and listlessness.

PUERTO RICO AND VIRGIN ISLANDS. In 1917 the U.S. Congress passed the Organic Act, 2 Mar., which made Puerto Ricans U.S. citizens. The Danish Virgin Islands were purchased, 4 Aug., 1916, to prevent a possible German takeover.

1935–45

RISE OF POLITICAL PARTIES. Riots for higher wages and better living conditions began in St. Kitts, 1935, with a strike of sugar workers, and led a few months later to the formation of the St. Vincent Workingmen's Association. Bloodshed occurred in Trinidad, and spread to Barbados. There were disturbances in Guiana and Jamaica, June 1938. Labor unions grew out of these troubles and some of their leaders, Robert Bradshaw in St. Kitts, Vere Bird in Antigua, Grantly Adams in Barbados, and Alexander Bustamente and Norman Manley in Jamaica, were able to transform the labor organizations they controlled into political parties.

FEDERATION. Attempts at federation between the wars among various of the British West Indian islands failed because of lack of popular support, jealousy among political leaders, and the fear of the more economically self-sustaining islands that they would have to support the less developed ones.

MOYNE COMMISSION. The Moyne Commission Report, 1938, recommended (1) the setting up of a West Indian Welfare Fund to disburse £1 m. a year for 20 years, (2) that as many nominated members as possible of the colonial Executive Councils should be replaced by elected members, (3) the granting of universal adult suffrage, and (4) gradual political advance.

FRENCH WEST INDIES. The French followed a policy of centralization in Martinique, Guadeloupe, and French Guiana. The French islands sent soldiers to fight in both world wars, and developed parties and factions corresponding to those in France. The islands were governed by Vichy supporters until 1943, when governors loyal to Charles de Gaulle took over.

DUTCH WEST INDIES. In 1922 a new Netherlands Constitution Act had made Curaçao and Surinam integrated territories of the Kingdom of the Netherlands. In Dec. 1942 the Dutch Empire was divided into 4 coequal parts, with 3 votes each for Curaçao and Surinam, and 15 each for the Netherlands in Europe and the Netherlands East Indies. Representatives to the States-General, however, were not chosen by the people in the Caribbean colonies but by the crown. Surinam and Curaçao, as well as the other Dutch possessions—St. Eustatius (Statia), Saba, and the southern half of St. Martin—were ruled paternalistically, though with a slight democratic façade. (*Cont. p. 570.*)

The British Dominions

UNION OF SOUTH AFRICA

1914–25

SOUTH AFRICA IN WORLD WAR I. When Great Britain declared war on Germany, 4 Aug., 1914, there was no automatic necessity for the self-governing dominions of the British Empire to follow her lead. Canada, Australia, and New Zealand realized that a German victory in Europe would be followed by invasions of other areas, and unhesitatingly joined the war effort. But South Africa demurred, announcing that she would provide only for her own defense. South Africa was the only dominion with German forces on her frontier, yet she was faced with a more truculent domestic opposition to the war than any of the other three. In Apr. 1915 the prime minister, Gen. Louis Botha (1862–1919), suppressed a revolt of intransigent Afrikaners who considered the war another British war of conquest and hoped a German victory would mean independence from Great Britain. Two weeks later the government reversed an earlier decision, and South African forces invaded the neighboring German colony of South-West Africa. The Germans capitulated, 15 July. South African troops were then dispatched to fight in East Africa and France.

LABOR CONTROVERSIES. The South African economy was heavily dependent on gold mining and on the use of cheap African and Asian labor. Botha, who had forged the Union of South Africa in the period after the Boer War, tried to overcome jealousies and hatreds between British and Afrikaners and between Europeans and Africans. A government commission, however, advised, 1916, that if whites were to prevent black Africans from competing against them for jobs, the blacks would have to be confined to reserves. In 1918 Africans organized their first mass action, a boycott of public utilities. The following year Klements Kadali (1896–1951) formed the Industrial and Commercial Workers' Union for Africans, which instigated dock and railroad strikes to obtain better conditions.

SMUTS REGIME. In July 1919 Botha and the deputy prime minister, Gen. Jan C. Smuts (1870–1950), signed the Treaty of Versailles as representatives of a separate and independent nation. South Africa received a mandate from the League of Nations to govern South-West Africa. After Botha's death, 28 Aug., Smuts succeeded to the premiership and sought to strengthen South Africa's ties with the British Empire, resolve domestic racial problems, reduce the high cost of living, and deal with disruptive Afrikaner nationalism.

RISE OF THE NATIONALIST PARTY. In Dec. 1921, white mine workers on the Rand began an armed rebellion against a government policy of using Africans in semiskilled positions; it was suppressed at a cost of over 200 lives. In 1923 the Urban Areas Act restricted urban Africans to living in designated "locations." The Nationalist Party and the Labour Party, which took no position on the national question as they wanted to improve the standard of living of white workers, then united against the ruling South African Party of Smuts because of the latter's policy of lowering color restrictions. After an unsuccessful attempt, 1922, to have Southern Rhodesia join the Union to help thwart the effect of this alliance, Smuts was subsequently defeated in a general election, 1924. He was succeeded as prime minister by the Nationalist leader, J. B. M. Hertzog (1866–1942), who formed a ministry based on the enforced separation of whites and blacks in employment, habitation, and government, and on the loosening of imperial ties to Britain.

1926–45

IMPERIAL CONFERENCE OF 1926. The official declaration of the Imperial Conference of 1926, drafted by Lord Balfour (1848–1930), acknowledged that the 4 British dominions had reached a stage of total independence, equal in status to Great Britain and to one another, and in no way inferior to one another in any aspect of their domestic or external affairs. They would remain united under the crown by common allegiance and as "freely associated members of the British Commonwealth of Nations." Because of her peculiar history, geographical position, resources, and population, Britain would continue to bear the greater part of the burden of imperial defense, investment, and trade. Equality in status did not mean equality of function.

STATUTE OF WESTMINSTER. The decisions of the Imperial Conference of 1926 were given statutory force by Britain by the Statute of Westminster, 11 Dec., 1931. The crown renounced its right to legislate for the dominions except at their request and with their consent; but a dominion could still not pass laws repugnant to existing British laws applying to that dominion. These concessions were almost gratuitous, since Britain had not exercised her right of interference for decades.

NATIONALIST POLICIES. A series of laws closed skilled trades to Africans (Mines and Works Act, 1926), extended the pass laws, and instituted a "civilized labor" policy (Industrial Conciliation Act, 1924). A distinctive South African flag was adopted, 1927, and a Native Administration Act of the same year increased the government's power to restrict the rights and mobility of Africans. In 1929, to affirm her independence in foreign relations, South Africa appointed her own ambassadors to the U.S.A., Italy, and the Netherlands. The franchise was extended, 1931, to all adult white men and women; Bantu and Coloreds could vote only if they satisfied rigid educational and property qualifications.

THE DEPRESSION. The depression was beginning to have serious effects on the South African economy by 1931. The world market for timber and minerals had declined considerably, and widespread unemployment resulted among both whites and Africans, a situation exacerbated in the following year when Britain and other western countries abandoned the gold standard, causing a diminished demand for South African gold. To achieve greater political stability during the period of economic crisis, Smuts joined Hertzog in a coalition government, 1933.

DOMESTIC LEGISLATION. Continuing its policy of loosening Commonwealth ties, the government passed a Status Act, 1934, by which it attained full control over all domestic and foreign policy. The Native Laws Amendment Act, 1937, compelled South African cities to effect the complete separation of their white and nonwhite residents. In passing this law the Hertzog government also recognized the need to provide government funds for the education and housing of nonwhites. Despite this and other attempts to improve the lot of nonwhites, however, the disparity between the relative standards of living of the 2 groups gradually became more and more pronounced.

SOUTH AFRICA IN WORLD WAR II. When Britain declared war on Germany, 3 Sept., 1939, Hertzog asked the legislature to state that the European war was of no concern to South Africa. Smuts strenuously opposed Hertzog's indifference, and ultimately succeeded in having the House of Assembly declare war, 5 Sept., on the grounds that common ideals and institutions would otherwise be jeopardized. Smuts then assumed the leadership of a new coalition ministry composed of members of the United, Labour, and Dominion (formerly South African) Parties, and South Africa contributed over 300,000 men, 1/3 of whom were nonwhite, to serve in various theaters of war. In the general election of 1941 the coalition was returned with a greater majority than it had had before. Smuts helped to draft and, on South Africa's behalf, signed the United Nations Charter, 1945. (*Cont. p. 616*).

CANADA

1914–28

CANADA IN WORLD WAR I. Unlike South Africa, Canada unhesitatingly declared war on Germany, Aug. 1914. In the early years of the war the army filled its quotas with volunteers, but, to maintain a satisfactory rate of replacements, the Conservative government of Prime Minister Robert Borden (1854–1937) found it necessary to adopt military conscription, 1917. Later in the same year the Canadian army, which initially had been under the British, became a separate command under Gen. Sir Arthur Currie (1875–1933).

INDUSTRIAL RELATIONS AND AGRICULTURAL DEPRESSION. In 1919 the violent Winnipeg metal workers' strike was broken only by the arrest of the strike leaders. The strike helped to arouse public sympathy for labor's right to collective bargaining. By the end of 1920 the postwar economic slump, which had seriously affected other major countries, also began to be felt in Canada. The prairie farmers were the hardest hit, with the price of wheat falling from a 1919 high of (Can.) $2.15 per bushel to $0.60 in 1920. Since wheat was a major export, the effects of the slump were widespread. Farmers' co-operative organizations, which had been introduced earlier in the century, now became a vehicle for assisting farmers to maintain a minimum income. By 1923 the Liberal ministry of W. L. Mackenzie King (1874–1950) had completed the nationalization and merger into the Canadian National Railway of the former Canadian Northern and Grand Trunk Railways, which had fallen into bankruptcy. Later in the year the government reduced the high tariffs and internal taxes and subsidies to industry which had been introduced 3 years earlier to combat the postwar depression. In the years following, the rate of business expansion increased sharply, particularly in the textile industry. A government coalition which had come to power in 1921, the nadir of the slump, resigned, Mar. 1926, and in the general elections held some months later the Liberal Party gained a clear majority. Mackenzie King formed a new ministry which lasted until 1930.

FOREIGN POLICY. In foreign affairs Canada, a separate signatory of the Versailles Treaty and an independent member of the League of Nations, continued to pursue its own policy in the interwar period. In 1921, with the concurrence of the U.S.A., Canada influenced Britain to renounce her 19-year old treaty of alliance with Japan. The Canadian Government also declined to sign the Geneva Protocol, 1924, and the Locarno Pact, 1925.

1929–45

THE DEPRESSION. When the stock exchanges of Montreal, 29 Oct., 1929, and Toronto, 13 Nov., crashed, the federal government began an unprecedented program of aid to individual provinces according to their needs. With the worldwide fall in agricultural prices affecting them, the wheat-producing provinces were again the hardest hit. Revaluation by the U.S.A. of the price of gold from $20 an ounce to $35 helped the Ontario and Quebec mining industries to endure the depression, and in turn helped the federal government to bear the cost of its provincial-aid programs. The grave economic situation spawned additional political parties: the Co-operative Commonwealth Federation, a farm-labor group, and the Social Credit Party, which advocated monetary reform as a means of ending the depression and, 1935, won a majority of seats in the provincial legislature of Alberta.

CANADA IN WORLD WAR II. When the European war broke out in 1939, Canada delayed her declaration of war against the Axis powers for one week after the British declaration of 3 Sept. to emphasize the divisibility of the king of England's sovereignty. Canada signed agreements with the U.S.A., 1940, to share military and commercial transport routes across the Atlantic, and U.S.–Canadian relations remained at a high level of amity throughout the war. (*Cont. p. 602.*)

AUSTRALIA

1914–28

AUSTRALIA IN WORLD WAR I. During World War I Australia gave complete control over her land and naval forces, amounting to more than 300,000 men, to Great Britain for deployment against the German Empire. Australian and New Zealand troops fought first in Egypt and then took part in the Gallipoli campaign. They spent the last years of the war in France and Belgium, distinguishing themselves for gallantry at Ypres and Passchendaele. The ruling Labour Party under Prime Minister William M. Hughes (1864–1952) had tried unsuccessfully, 1916, to introduce military conscription to prevent war industries from draining off volunteers for the army.

FALL OF THE LABOUR GOVERNMENT. In 1923 Labour Prime Minister James H. Scullin (1876–1953) claimed and won the right from the crown to name the Commonwealth's governor general. But in the same year Labour lost power to a new coalition of Country and Nationalist Parties representing rural interests which had suffered during the postwar economic recession.

ECONOMIC POLICY UNDER BRUCE. The new prime minister, Stanley M. Bruce (b. 1883), sought to accelerate the development of industry through the use of extensive foreign loans. Bruce also took part in an Imperial Economic Conference held in London, 1925, to study market patterns and promote imperial trade. By 1926 his agricultural policies had raised butter to one of the country's major exports. The following year a government commission's inquiry into the necessity of protection concluded that high tariffs had been beneficial in raising the standard of living but were now costing certain sectors of the economy too much.

As the economy expanded, the Labour movement tried to organize more trades, meeting with mixed success. The maritime workers struck in 1925, and in 1929 strike action secured the right to collective bargaining for workers in the timber industry. A significant change in the constitution was effected, 1928, when the Commonwealth government assumed all the debts of the individual states, receiving in turn the prime taxing power.

1929–45

THE DEPRESSION. In Aug. 1929 the world price of wool, Australia's chief export, suddenly fell, and London bankers insisted on prompt payment of outstanding commercial and government debts. The depression soon aggravated the financial instability of the country. As a solution to the problem the Bank of England proposed balanced budgets and a reduction of 50% in wages and salaries. Australian economists had suggested a reduction of 10%, but in any case by 1932 the national income and standard of living were 30% lower than they had been in 1929. It was ultimately only through reducing costs that Australia narrowly avoided bankruptcy.

AUSTRALIA IN WORLD WAR II. On 3 Sept., 1939, when Britain declared war on Germany, Australia followed suit without opposition from either Parliament or the public. The economy was quickly put on a war footing, with a powerful government agency controlling and organizing industry for efficient war production. In Sept. 1940 Robert Menzies (b. 1894), a Liberal, headed a reorganized war cabinet. The Labour Party under Prime Minister John Curtin (1885–1945), whose ministry succeeded that of Menzies in 1941, introduced conscription (though not for overseas service) for the 1st time, 1942, and by the end of the war over 600,000 men and women had served in the armed forces. Unlike the pattern which followed World War I, the readjustment to postwar conditions was accomplished without inflation and with no substantial unemployment. (*Cont. p. 631.*)

NEW ZEALAND

1914–45

NEW ZEALAND IN WORLD WAR I. New Zealand entered World War I under a coalition government representing the Liberal and Reform Parties and headed by the Liberal leader, W. F. Massey (1856–1925). The nation's wartime military commitment was met by volunteers, although conscription was approved, 1916, as a stand-by measure. The country's chief natural resources, gold and agricultural products, were put at the disposal of Britain. Having signed the Treaty of Versailles and joined the League of Nations, New Zealand received the former German colony of Western Samoa under mandate from the League. The major piece of social legislation passed during the war provided for a triennial referendum on the question of national prohibition of alcoholic beverages, replacing the previous system of local options. Demobilized soldiers received either pensions or land grants from the government.

ECONOMIC POLICIES. The postwar period witnessed excessive speculation in rural land, which was ended only by a sudden fall in land prices, 1921. The Conservative Party victory in the general election of 1925 returned J. G. Coates (1878–1943) as prime minister. Coates's government encouraged the development and expansion of New Zealand's major exports, mutton and dairy products. Because of the success of this program and the nature of the products (which always retain a minimum level of demand), and also because of a sound financial system, New Zealand's economy did not suffer as severely during the depression as did those of the other dominions, whose markets diminished precipitously. New Zealand was not entirely immune from the world crisis, however, and adopted a series of laws, 1930–35, aimed at countering the effects of low prices and unemployment: many taxes were reduced or abolished, interest rates were lowered, subsidies were paid to farmers, and a reduction of 10% was made in wages, salaries, and pensions.

FOREIGN POLICY. Although New Zealand signed the Pact of Paris, 1928, and the London Naval Treaties, 1930 and 1936, and continued with the other dominions to emphasize her independence from Britain, she nonetheless was reluctant to accept too separate a role in foreign affairs, looking to Britain as guide and provider. She joined with Australia and Newfoundland in asking the British Parliament to allow the Statute of Westminster, 1931, to become operative only when ratified by individual dominion legislatures, which did not occur in New Zealand until 1941, 10 years later.

DOMESTIC LEGISLATION. In 1932 New Zealand participated in the general tariff reductions adopted by Commonwealth countries. The Labour Party returned to office in 1932, with M. J. Savage (1872–1940) heading the government. In the following year the Reserve Bank of New Zealand, founded in 1931, was nationalized. Legislation passed in 1933 fixed minimum wages, provided a 40-hour workweek for industrial workers, and began a program of free secondary education. The Social Security Act, 1938, offered health and medical benefits in addition to providing old-age pensions. The electorate expressed its approval of the establishment of the welfare state by returning Savage and a clear Labour majority in the general election of 1938.

NEW ZEALAND IN WORLD WAR II. Like the other dominions, New Zealand declared war on Germany in 1939 without being subjected to aggression herself, but made clear that she was acting as an independent power. In Sept. 1940 Peter Fraser (1884–1950), who had succeeded Savage as prime minister in Mar., formed a war cabinet on the British model, with members of other major parties holding important portfolios. (*Cont. p. 632.*)

East Asia

THE NEW CHINA

1914–18

RULE OF YÜAN SHIH-K'AI. In 1914 Yüan Shih-k'ai (1852–1916) dissolved parliament and had himself elected president of China for life. Aiming to establish a constitutional monarchy with himself at its head, he called a convention of "citizens' representatives" who, surrounded by armed soldiers, voted in favor of monarchy. Yüan, however, underestimated the opposition to such a move, especially from regional military leaders who viewed a strong centralized monarchy as a threat to their power. After Yüan's death, 1916, his republican opponents reconvened parliament, but in the summer of 1917 a group of provincial military governors seized Peking and parliament was again disbanded.

WARLORDISM AND THE ECLIPSE OF SUN YAT-SEN. The next decade in China's history has been called the "warlord period." Since no single military official was strong enough to dominate the rest, the leaders quarreled among themselves while the central government at Peking became a pawn in the hands of regional military forces. Sun Yat-sen and his followers were powerless to combat the military governments. During 1913–16 Sun lived in Japan, seeking financial support for his campaign against Yüan. After Yüan's death Sun returned to China, and became involved in warlord politics when military officials at Canton permitted him to establish a government there. At the end of World War I Sun's party was at the nadir of its influence.

THE 21 DEMANDS. While the western powers were preoccupied with the war in Europe, Japan seized the opportunity to further her expansion in China, particularly Manchuria. The Anglo-Japanese alliance called for Japan's participation in the war, and Japanese troops captured the German-leased territory of Kiaochow as well as the German-owned Marshall, Mariana, and Caroline Islands in the Pacific. In 1915, when Yüan's government challenged the Japanese occupation of Shantung, the Japanese refused to leave and instead presented China with the "21 Demands."

The Demands were divided into 5 groups, the first 4 dealing with the extension of Japanese rights in Manchuria, Shantung, and Fukien and with the need for increased control over the Hanyehp'ing Ironworks. The 5th group, which set out a scheme for Japanese domination over Chinese police forces and administration, demanded virtual Japanese control of China. Unable to oppose the 21 Demands by force, China revealed them to the world in the hope that the western powers would object. Anglo-American pressure led Tokyo to postpone the 5th and harshest set of demands, but China was compelled to conclude several treaties and exchange notes with Japan which seriously compromised her sovereignty. Most important, China was forced to agree in advance to any arrangements Japan might make in the peace treaty with Germany at the end of the war.

WESTERN FAILURE TO SUPPORT CHINA. The 1915 treaties and notes gave Japan a special position in China far exceeding that held by any of the western imperialist powers. A secret Russo-Japanese treaty of 1916 recognized Japan's new status in China in return for Japanese recognition of Russia's advance into Outer Mongolia. In 1917 Britain, France, and Italy secretly promised Japan that the peace treaty would recognize her new gains on the Asian mainland and in the Pacific. The U.S.A. was the chief opponent of Japanese expansionism, and reiterated American rights and the Open Door policy. When the U.S.A. entered the war in 1917, however, she sought assurance that the Japanese would not take advantage of her preoccupation with Europe to expand further in Asia. The Lansing-Ishii Agreement, 2 Nov., 1917, exchanged Japanese respect for the Open Door for U.S. recognition of Japan's "special interests" in China. Moreover, the U.S.A. agreed to recognize the gains already made by Japan in China in return for a Japanese pledge not to take any further territory.

CHINESE PARTICIPATION IN WORLD WAR I. In 1917 the Americans, believing that Chinese membership in the wartime alliance would strengthen China's voice at the peace table, and the British, wishing to eliminate German commercial rivalry in Chinese ports, both sought to bring China into the war. Parliamentary groups in China insisted that the western powers implement their promises on tariff revision, suspend demands for payment of the Boxer indemnity, and grant other financial concessions before China became a belligerent. The military goverment, however, succumbed to foreign pressure and declared war on Germany without securing these conditions.

1919–27

CHINA AT THE PEACE CONFERENCE. China's diplomatic weakness was clearly illustrated at the Paris Peace Conference. The Chinese delegate raised the question of the validity of the Sino-Japanese treaties and notes of 1915, particularly with regard to Shantung. When the Japanese threatened to leave the conference unless the Shantung question was decided in their favor, the other powers yielded. But China refused to sign the Treaty of Versailles.

TRENDS IN THE CHINESE NATIONALIST MOVEMENT. During the war years Chinese nationalism expressed itself in a series of boycotts against Japanese and western goods. China's failure at Versailles to recover her rights in Shantung gave a new impetus to the nationalist movement, whose backbone was the new intellectual elite. In the eyes of this western-educated group the collapse of the Manchu dynasty and China's continuing weakness discredited the traditional Confucian philosophy. The attack against the Confucian tradition merged with the so-called "literary renaissance." This began as an attempt to eradicate the old written language and replace it with one capable of expressing the concepts gained through western education. Hu Shih (1891–1962), an American-educated philosophy student, became the chief proponent of the new writing, which spread rapidly among educated Chinese and served as the vehicle of the new nationalism. Nationalist activity culminated on 4 May, 1919, when China's failure at Versailles led to a large demonstration by students and professors at Peking University. Intellectuals throughout the country followed suit. In the period after the "May 4th Movement," as it became known, virtually every school of western philosophy penetrated China. John Dewey's lectures at Peking, 1919–20, gained him many adherents, but his emphasis on gradualism and pragmatism displeased many Chinese intellectuals impatient for social change.

ORIGINS OF CHINESE COMMUNISM. A large number of intellectuals became attached to Communism, which promised rapid, "scientific" solutions to social and economic problems and offered a historically determined role of leadership for an intellectual vanguard. Lenin's theory of imperialism supplied a convincing explanation for China's exploitation by rival imperialist powers. The Bolshevik Revolution, too, with its promise to lift Russia out of backwardness, inspired those hoping to steer China toward modernization. Moreover, the new Soviet regime declared its readiness to surrender all czarist rights and privileges in China, denounced the secret treaties of World War I, and proclaimed its support of Chinese efforts to regain full sovereignty and equality. In 1918 Ch'en Tu'hsiu (1879–1942), head of the literature department at Peking University and a leader of the May 4th Movement, established a Society for the Study of Marxism. Two years later the Comintern sent 2 agents to China, where they contacted Ch'en and organized the 1st Communist cells in Chinese cities. In 1921 Ch'en officially founded the Chinese Communist Party (CCP) in Shanghai.

COMMUNIST-KUOMINTANG UNITED FRONT. Having vainly sought western help in building a Chinese republic, Sun Yat-sen accepted Soviet offers of assistance, 1923. This was the period of Communist-sponsored united fronts between Communists and other left-wing groups. In Jan. 1923 Sun and Comintern representative Adolf Joffe (1883–1927) issued a joint statement in Canton which marked the start of co-operation between the Kuomintang (KMT) and the CCP. The 2 men agreed that conditions in China were not conducive to the creation of a Soviet-type system, and that the chief goal should be attainment of national unification and independence from the imperialist powers. Comintern agent Mikhail Borodin (1884–1953) cemented the KMT-CCP alliance by reorganizing the KMT along the lines of the Russian Communist Party. He also urged Chinese Communists to align themselves with the KMT without, however, merging with it or abandoning the organizational unity of the CCP.

APPLICATION OF THE "3 PEOPLE'S PRINCIPLES." A program based on Sun Yat-sen's "3 People's Principles" was adopted at Borodin's suggestion. The Principles, though vague, appeared to share many of Communism's ideals. Nationalism, Sun's 1st principle, was used chiefly to symbolize China's struggle for freedom from imperialism. The 2nd principle, democracy, was best illustrated by Sun's statement that "on no account must we give more liberty to the individual; let us secure liberty instead for the nation." Sun thus favored an "authoritarian" or "guided democracy," in which a small educated elite governed in the name of the masses. Sun's 3rd principle, livelihood, was primarily concerned with what he called "equalization of land ownership."

KUOMINTANG PROGRAM. In Jan. 1924 Borodin wrote the official program of the KMT, which guaranteed freedom of speech, the press, association, and religion, but declared that only those "who are really loyal to anti-imperialism will enjoy all rights and privileges." In the economic sphere Borodin interpreted Sun's 3d principle as requiring equalization of landholdings but not nationalization without compensation. The program empowered the government to tax the land of private owners and reserved the option to purchase it in the future. Private industries, whether Chinese or foreign-owned, were to be nationalized if they assumed the nature of monopolies or if they were "beyond the capacity of private individuals to develop, such as banking, railroads, and navigation." The program's foreign policy advocated the abolition of "unequal treaties," foreign concessions, extraterritoriality, and foreign control of customs.

Soviet influence in Canton grew when the KMT created a special military academy at Whampoa. Russian military experts played an important role at Whampoa, as well as serving as advisers for the Nationalist army as a whole. Many KMT leaders were eager to launch a "Northern Expedition" to reunify China by freeing her central and northern regions from the warlords and by seizing arsenals in order to reduce Nationalist dependence on Soviet arms. Borodin worked to delay the expedition until he had completed the reorganization of the KMT along Communist lines and had ensured Soviet control over the Chinese revolution.

RISE OF CHIANG KAI-SHEK. Communist penetration of the KMT led to a split between its right and left wings. The schism widened after Sun's death in 1925, since the KMT possessed no leader of comparable prestige to succeed him. In Mar. 1926 Borodin left Canton temporarily, leaving a triumvirate which included Chiang Kai-shek (b. 1886), commander of the Whampoa Academy, in control. Chiang took advantage of Borodin's absence to stage an anti-Communist coup and arrested the Russian military advisers. After Borodin's return, however, a compromise was reached which reflected the desire of each side to maintain co-operation until it was strong enough to eliminate the other. Borodin now shifted his attitude to one of favoring the Northern Expedition, which he saw as an opportunity for the Communists to gather recruits among the proletariat and poor peasantry in the Yangtze provinces.

NORTHERN EXPEDITION. The Northern Expedition began, mid-1926, under Chiang's command. Communist agitators had arranged strikes and peasant revolts behind enemy lines and had even infiltrated the northern armies. Chiang's forces were received by the civilian population as an army of liberation, and deserters from warlord armies swelled his ranks. As the expedition continued, Chiang led 1 column to Nanking, while the other column, including Borodin, the Communists, and the Left KMT, took Hankow. The expedition halted while each group tried to force the other to come to its headquarters. On 10 Mar., 1927, the Hankow group called a meeting which deprived Chiang of his chairmanship of the standing committee of the KMT's Central Executive Committee as well as his military command.

KMT-COMMUNIST SPLIT. In the ensuing power struggle Chiang emerged as victor. He had the support of non-Communist labor leaders, Chinese businessmen and bankers, and the foreign community in Shanghai, all of whom were disturbed by the anti-imperialist attitudes adopted by the KMT under Borodin and were relieved by the Right KMT's break with the Communists. In Apr. 1927 Chiang's troops arrested and executed large numbers of Communists in Shanghai. In July the Left KMT at Hankow repudiated its alliance with the Communists because of CCP attempts to implement radical land reforms and encourage peasant uprisings. The Left KMT expelled the Chinese Communists from Hankow and deported the Russian advisers. Moscow then purged Ch'en Tu'hsiu, making him the scapegoat for the failure of the KMT-CCP alliance, and ordered the CCP to shift to a policy of fomenting strikes in urban areas. China's small proletariat, however, displayed more interest in negotiating for economic benefits than in revolution.

EARLY YEARS OF MAO TSE-TUNG. Born in 1893 of a fairly well-to-do peasant family in Hunan province, Mao Tse-tung was working in the library of Peking University at the time of the May 4th Movement. There he met Ch'en Tu'hsiu, and later became a charter member of the CCP. After the collapse of the KMT-CCP alliance he was sent to his native Hunan to foment peasant insurrections. His "Autumn Harvest Uprisings," named for the season when collection of rents and taxes by landlords aroused peasant hostility, failed miserably, and he was dismissed from the Politburo of the CCP. But Mao was so impressed by the possibilities of peasant revolts against landlords that he decided: "Without the poor peasants there will be no revolution." The Comintern, however, condemned the "excesses" of the peasant movement while the KMT-CCP alliance remained in force.

CANTON COMMUNE. In Dec. 1927 Communist forces, assisted by a local warlord, seized key installations in Canton and created a Soviet of Workers', Soldiers', and Peasants' Deputies. This regime, known as the Canton Commune, lasted only a few days. By the end of 1927, Communist influence in China was at a low ebb, and Chiang Kai-shek was preparing to set up a unified Nationalist government at Nanking.

1928–35

CONSOLIDATION OF THE NATIONALIST GOVERNMENT. In 1928 Chiang resumed the Northern Expedition and brought Peking and Manchuria under at least nominal control. He then established a KMT 1-party regime, for which he invoked the political philosophy of Sun Yat-sen, still revered as the hero of the revolution. Sun's political program had envisaged 3 steps: military unification of China; a period of "tutelage," in which the KMT monopolized power and educated the people in public affairs; and democracy, as defined by Sun.

Chiang's unification of the country was followed by the promulgation, Oct. 1928, of the Organic Law of the Nationalist government. The Political Council of the KMT's Central Executive Committee became the chief policy-making body of the new government, which also consisted of

5 *Yüan,* or branches—Executive, Legislative, Judicial, Examination, and Control—to implement the Council's directives. A president, who also held the posts of head of state in foreign relations and commander in chief of the military forces, headed the government.

RULE OF CHIANG KAI-SHEK. Since, as president, the limits of Chiang's power were undefined, he became a virtual dictator. In 1931 the Organic Law was replaced by a constitution, which retained the same government apparatus but added a bill of rights and weakened the president's power. Chiang resigned the presidency in favor of Lin Sen, who died in 1943, at which time Chiang again became president.

Although Chiang held many party and government posts after resigning the presidency, his real base of power remained the national army, which, in turn, was the instrument by which the Nationalist government exerted authority over military leaders who retained private armies after joining the KMT. Chiang created the Central Military Academy, whose graduates, as well as those from Whampoa, remained personally loyal to him. After the KMT's Russian advisers were expelled, Chiang invited German military experts to help him build a professional army, but he continued to promote officers on the basis of personal loyalty rather than ability. Next to the army the most important pillar of Chiang's power was his relationship, cemented by marriage to Soong Mei-ling (b. 1898), with China's major financial corporations.

Under Chiang the Nationalist government instituted such major reforms as the establishment of a sound currency system, a national budget, and modern economic accounting procedures, improvements in transportation and communications, the introduction of western-style law codes, and the spread of education. The government's critical weakness was its neglect of agrarian problems, particularly widespread tenancy and absentee landlordism. The Communists skillfully exploited agrarian discontent.

NEW LIFE MOVEMENT. Chiang sought to strengthen his rule by an ideological program of his own, the "New Life Movement," inaugurated in 1934. Emphasizing the Confucian virtues of propriety, righteousness, and sense of shame, the movement sought to reform daily living habits, strengthen Chinese moral character, and instill respect for the government's authority. It collapsed largely because of its incompatibility with the new western-inspired values of young Chinese, who rejected Confucianism.

OPPOSITION TO THE CHIANG REGIME. Chiang faced considerable opposition from political rivals within the KMT. The two Ch'en brothers, members of the party's right wing, were Chiang's chief supporters in the intraparty struggle. Known along with their adherents as the "C.C. Clique," the Ch'ens controlled the "Blue Shirts," a secret group charged with maintaining party discipline and weeding out opponents.

Outside the party Chiang's main enemies were the warlords, Communists, and Japanese. Since the Nationalist government firmly dominated only the lower Yangtze Valley, it was vulnerable to challenge by warlord regimes in the rest of China. The Japanese invasion of Manchuria, 1931, forged a temporary unity among rival forces in China. The Tangku armistice, 25 May, 1933, ended the fighting over Manchuria, which came under firm Japanese control.

CHINESE SOVIET REPUBLIC. In addition to fighting the warlords and the Japanese, Chiang's army staged several "extermination campaigns" against the Communists, who in the winter of 1927 retreated, under Mao's leadership, into the Chingkan Mountains in southeastern China. The regular CCP leaders remained in Shanghai, where they continued to obey the Comintern policy of armed insurrection in the cities. The CCP finally admitted the failure of this policy, and accepted Mao's theory of a rural base and peasant support, Nov. 1931, when the Chinese Soviet Republic was created at Juichin, in Kiangsi Province, under Mao's chairmanship. This regime issued a constitution and a land law providing for redistribution of land to the poorest peasants. Mao did not wish to break openly with the Comintern, however, until he had consolidated his power and could present Stalin with a *fait accompli*.

THE LONG MARCH. Thanks to the Japanese invasion of Manchuria and the resulting concentration of Nationalist energies against the threat this posed, the Communists won time to strengthen their republic. The Tangku armistice, however, left Nationalist forces free to attack the Communists again. In late 1933 Nationalist troops surrounded Communist-held territory, setting up a blockade which prevented the Communists from obtaining supplies. By Oct. 1934 the latter's position had become untenable. The result was the famous "Long March," in which the Communists broke free of their enemy's stranglehold and marched over 6,000 miles from southeast to northwest China. In Jan. 1935, in the middle of the Long March, the CCP held a conference at Tsun-yi at which Mao was elected party chairman. Mao thus became the first Communist to reach a top leadership position without formal investiture from Moscow. In Oct. 1935 the Communists established new headquarters at Yenan in Shensi Province. Although this was not far from the Sino-Soviet border, Stalin offered the CCP little assistance.

1936–45

FORMATION OF THE UNITED FRONT. Alarmed by Nazism in Germany and militarism in Japan, the Soviet Union ordered the Comintern to adopt a united-front policy, 1935. The CCP independently followed the same line: a party conference issued a resolution, 1 Aug., 1935, urging united resistance against Japan. Chiang and many CCP members remained wary of co-operation, but Japanese incursions near Yenan, 1936, led the Communists to reiterate the need for a united front. Chiang continued to resist the idea. In Dec. 1936 he ordered the troops under Chang Hsüeh-liang, warlord of Manchuria, to attack the Communists. These troops, however, had been driven out of Manchuria by Japanese forces and were garrisoned at Sian, not far from Yenan. They were thus susceptible to Communist propaganda advocating an anti-Japanese alliance and disobeyed Chiang's order. When Chiang personally flew to Sian to enforce his wishes, he was kidnapped by Chang's troops. Communist mediation was instrumental in Chiang's release; although he was their chief opponent, the Communists believed his leadership indispensable to a successful united-front policy. On 21 Aug., 1937, a Sino-Soviet treaty of nonaggression was signed at Nanking, and supplementary accords provided for substantial aid to China.

A month later the CCP issued a manifesto proclaiming a CCP-KMT alliance against Japan. The manifesto pledged a number of concessions, the most important of which was reorganization of the Red Army under Nationalist supervision, but Mao insisted on CCP independence within its own territory and autonomy within the united front to a degree still consistent with anti-Japanese unity. On 23 Sept. Chiang issued a statement welcoming the Communist proclamation and promising to cease military suppression of the CCP in favor of joint efforts against the Japanese.

In the 1st year of its existence the united front functioned smoothly. By mid-1938, however, cracks in its structure were apparent. From then on each side accused the other of violations of the 1937 agreements, and clashes between Communist and Nationalist forces increased. A serious military confrontation between the 2 sides in Jan. 1941 led the Nationalists to reimpose a blockade of Communist-held territory.

SUCCESS OF COMMUNIST POLICIES. The years 1941–42 were difficult ones for the Communists, but in mid-1943 a period of rapid Communist territorial expansion began. Japanese puppets ruled most of north China's cities, but the poorly garrisoned small towns and the vast countryside were a military and political vacuum which the Communists filled. The people of north China at first accepted Japanese rule willingly, but Japan's brutal occupation tactics alienated the villagers in time and paved the way for Communist-sponsored rural mobilization on the basis of peasant nationalism and hatred of the Japanese.

The theoretical basis of the Communist

program was Mao's *On the New Democracy,* 1940. It envisaged a "joint dictatorship of all revolutionary classes" under Communist leadership to lead China through the "bourgeois-democratic" and later the "socialist" stages of the revolution. In order to allay the fears of non-Communist groups, Mao suggested that the bourgeois-democratic stage, which was directed against imperialism and feudalism, would be prolonged and would permit private enterprise and expansion of capitalism. Whenever the Communists entered a village, they attracted peasants to their cause by persuading landlords to reduce rents. This policy also induced landlords to co-operate with the CCP in order to avoid confiscation of their land. The Communists distributed to the peasants land belonging to absentee or collaborationist landlords. One of the CCP's most successful policies during this period was the "Production Movement," which began as a reaction to the KMT blockade of Communist-held areas and aimed to make every such area self-sufficient in agriculture and industry. As the Sino-Japanese war progressed, people in Communist-administered regions came to enjoy a higher standard of living than their counterparts in Kuomintang areas. The Communists built people's militia units so that villagers could participate directly in the fight against the Japanese. These units, whose greatest contribution was gathering military intelligence, complemented the Communists' own regular and guerrilla troops.

COMMUNIST METHODS OF GOVERNMENT. The CCP introduced democracy in the form of elective village and town councils. Although all anti-Japanese political parties, including the KMT, were legalized, the Communists' position of leadership was not jeopardized but rather exercised through "mass organizations" of women's, farmers', youth, and other groups. The Communists also initiated a veritable social revolution in the "liberated areas," including introduction of free and compulsory education, enforcement of monogamy, reform of the legal code, and publication of vast quantities of newspapers and magazines as media for the spread of propaganda, which, however, never mentioned the word "Communist." Communist-held areas expanded from c. 35,000 sq. mi. containing about 1½ m. people in 1937 to c. 300,000 sq. mi. and 95 m. people in 1945. Similarly, the number of Communist troops increased from approximately 100,000 regulars in 1937 to 900,000 plus 2 m. in the people's militia by 1945.

In order to maintain party discipline in the midst of a vast influx of new members, Mao conducted *cheng feng,* or ideological remolding campaigns. He also emphasized the need to "Sinify" Marxism-Leninism, i.e., adapt it to Chinese conditions. This policy, moreover, did not entail repudiation of the Soviet line; when Stalin dissolved the Comintern in 1943, he urged each Communist Party to attune itself to local conditions. On international issues Mao continued to obey Stalinist dictates. In the spring of 1945 the CCP held its 7th Congress, the 1st since 1928. Its highlight was Mao's speech "On Coalition Government." He called for a "provisional, democratic coalition government—including representatives of all parties and groups" to initiate democratic reforms and mobilize all anti-Japanese elements. He made clear, however, that his ultimate goal was a Communist China.

DECLINE OF THE KUOMINTANG. In sharp contrast to the increased popularity and influence of the CCP, the KMT wallowed in stagnation and corruption. The KMT was never a mass organization, but rather an elite party enjoying passive acceptance, not active support, from the Chinese people. As war gripped China, the KMT abandoned whatever reform programs it may have harbored and, under the leadership of Chiang and the right wing, became increasingly autocratic. It alienated more and more social groups and then resorted to repression to ensure loyalty; repressive measures resulted, in turn, in further disaffection.

Before the war the KMT depended for political and financial support on western-oriented businessmen, industrialists, and financiers in the coastal cities. When the Japanese captured the coastal provinces, this support, as well as the important revenue from maritime customs, was lost.

The war also generated spiraling inflation, which turned many middle-class and wealthy elements against the government. As the Japanese penetrated inland, the Nationalists had to evacuate Nanking and move the capital to Chungking, where conservative landowners provided a basis of support and land tax became the chief item of government revenue. Since the KMT could not afford to alienate the large landlords by promulgating land reforms, the Communists attracted millions of propertyless peasants to their cause.

Chiang's answer to Mao's *On the New Democracy* was *China's Destiny,* 1943. In contrast to Mao's promise of a bright revolutionary future, Chiang envisaged a paternalistic regime. Whereas Mao offered all classes an opportunity to co-operate in China's reconstruction, Chiang scolded western-oriented intellectuals for disloyalty to China, condemned businessmen for profit-seeking, and alienated the youth with his emphasis on frugality and obedience. He disregarded completely the widespread popular support for the CCP, and argued that a military defeat of its forces would dispose of the Communist menace. This attitude led him to scorn the idea of basic reforms and to commit his best troops against the Communists rather than against the Japanese. Despite Chiang's intransigence, negotiations between the CCP and the KMT were held in Chungking in the autumn of 1942. In 1944 talks were resumed, but at the war's end the 2 sides were no closer to agreement. Neither was willing to abandon the 1-party control each enjoyed in its own territory. The surrender of Japan, Aug. 1945, freed both Communist and Nationalist troops for exclusive use against each other and for full-scale civil war. (*Cont. p. 545.*)

KOREA

1914–29

GROWTH OF KOREAN NATIONALISM. During 1918–19 Gen. Yi Tong-hwi organized an embryonic expatriate Korean Communist Party in Khabarovsk and Vladivostok, which sought Soviet arms and aid. On 1 Mar., 1919, the nationalist Samil movement was founded, and held a peaceful nationwide demonstration to indicate nationalist sentiment. The demonstration was brutally suppressed by the Japanese; 6,670 Koreans were killed, 14,611 wounded, and 52,770 arrested. Between 1919 and 1921, An Ch'ang-ho tried to set up a Provisional Government of the Korean Republic, and meetings in support of the attempt were held in Shanghai and Seoul, but no lasting interest was aroused. On 1 Mar., 1919, a Declaration of Independence was signed by 33 patriots and the Mansei movement, nationalist in tone, was formed (and soon suppressed by the Japanese). Anti-Japanese sentiment increased as the Japanese government expropriated the property of Korean farmers. Between 1910 and 1920, 400,000 Japanese moved to Korea.

KOREAN COMMUNISM. In 1925 the Korean Communist Party was inaugurated in Seoul. Between 1927 and 1931 a coalition of Communists and Nationalists formed the Shinganhoe (New Korea Society), but all subversive activities were put down by the Japanese. The year 1929 was marked by a general strike of factory workers in Wonsan and by the Kwangzu student revolt. During the 1920's Communism was a major focus for Korean anti-Japanese activities, in part because only the Soviet Union seemed willing to support such activities. The same period, however, was also marked by efforts on the part of the Japanese in the direction of liberalism, conciliation, and reform, under the leadership of Adm. Saito Minoru. These efforts had small result, but many Koreans were persuaded to collaborate with the Japanese.

1930–45

JAPANESE ECONOMIC EXPLOITATION. During the 1930's half the rice crop of Korea was exported to feed Japan, while the per capita consumption of rice by the Koreans themselves fell by 45%. Japanese liberal policies withered as militarism in the homeland gained sway.

The occupying power installed an excellent network of railways and roads as well as postal services, telecommunications, hydroelectric plants, mines, and some modern industries, but Korean living conditions remained poor, and Japanese large-scale landlordism increased greatly. By 1936, 3/5 of the government bureaucrats in Korea were Japanese, and the use of the Korean language was proscribed.

KOREA IN WORLD WAR II. In 1942 Korea became an integral part of Japan, though Koreans did not automatically acquire Japanese citizenship. Korean youths were conscripted into the Japanese army. On 1 Dec., 1943, at the Cairo Conference, Roosevelt, Churchill, and Chiang Kai-shek issued a statement proclaiming that "in due course Korea shall become free and independent." In Feb. 1945 at the Yalta Conference the Soviet Union agreed to declare war on Japan in return, *inter alia,* for the right to occupy the northern half of Korea pending the establishment of Korean independence. On 26 July at the Potsdam Conference the allies again pledged Korean independence. On 9 Aug. the Russians occupied North Korea, and U.S. troops soon afterward moved into South Korea. The 38th parallel was accepted as the boundary between the 2 occupation zones. (*Cont. p. 587.*)

JAPAN IN AN AGE OF MILITARISM

1914–20

JAPAN IN WORLD WAR I. Japan saw the war in Europe as a chance to improve her position in China. On 23 Aug., 1914, when the Germans ignored a Japanese ultimatum to withdraw their military and naval forces from China and yield up their leased territories, Japan declared war. By 1915 the Japanese had occupied all German-leased territory and the German-owned islands in the Pacific. They then presented to China the 21 Demands, and enforced acceptance of most of them, May 1915. During 1916–17 they consolidated their gains in China by means of a series of secret treaties with the European powers. Japan still lacked U.S. acquiescence in her China position, but the Lansing-Ishii Agreement, 2 Nov., 1917, recognized that "territorial propinquity" gave her a special interest in China. She therefore felt that her position was assured at the coming peace conference. Meanwhile she quietly pushed her economic penetration of China by means of the "Nishihara loans," 1917–18.

SIBERIAN EXPEDITION. When the success of the Bolshevik Revolution raised the possibility of allied intervention in Russia, Japan saw an opportunity to further her interests in Siberia and northern Manchuria. It happened that in June 1918 the Czech army, which had rebelled while returning home via the Trans-Siberian Railroad, captured Vladivostok. The U.S.A. wanted to support the Czechs, and requested Japan's help. The Japanese government favored modest action and adherence to the principle of self-defense. It was in this spirit that Japan assented to the American request. The Japanese army, however, followed its own plan and soon occupied Siberia from Lake Baikal to Vladivostok. Japan gained nothing from the venture, though her troops remained in Siberia until 1922.

PREMIERSHIP OF HARA TAKASHI. The economic boom caused by the war dramatically reversed Japan's unfavorable balance of payments and brought over-all prosperity. But it also caused a very sharp rise in prices. Widespread unrest resulted. The nearly nationwide rice riots of Aug. 1918 caused Premier Terauchi Masatake (1852–1919), a moderate general, to resign. He was followed by Japan's 1st "commoner" premier, Hara Takashi (1856–1921). Hara was not from Satsuma or Choshu, and had refused an appointment to the peerage. He was the president of the Seiyukai, the majority party in the Diet, and his cabinet was composed almost entirely of party men. But Hara was either unwilling or unable to promote strong party rule, and preferred to conciliate the military, the bureaucracy, business interests, and the Genro (Elder Statesmen). It was his party that defeated in the Diet a bill to introduce universal male suffrage. In 1921 he was assassinated by a rightist.

PARIS PEACE CONFERENCE. At Versailles, where she sat on the Council of 10, Japan obtained recognition of her rights in Shantung over bitter Chinese protests. She also received as mandates the former German islands north of the Equator. She failed, however, to obtain in the Covenant of the League of Nations a statement upholding racial equality. Considerable disillusionment in Japan was the result.

1921–31

WASHINGTON DISARMAMENT CONFERENCE. The U.S.A. called the Washington Disarmament Conference, 12 Nov., 1921–6 Feb., 1922, to discuss naval disarmament and the complexities of the China issue. Japan consented to a warship ratio in the proportion of 5 each for the U.S.A. and Britain to 3 for herself. However, she retained effective control over the Western Pacific. Japan also committed herself to returning Shantung to China. The latter concession, honored in 1922, was a signal example of the conciliatory China policy which became identified with Shidehara Kijuro (1872–1951), the foreign minister during much of the 1920's.

PREMIERSHIP OF KATO TAKAAKI. An earthquake destroyed vast areas of Tokyo in 1923. In 1924 Matsukata Masayoshi, the last of the senior Genro, died, the only Genro left was Saionji Kimmochi. Between 1921 and 1924, 3 brief nonparty cabinets succeeded one another. Then in June 1924 Kato Takaaki (1860–1926), president of the Kenseikai Party, was named premier. In May 1925 Kato succeeded in having the Diet pass the Universal Manhood Suffrage Act. However, the Diet also passed a stringently antisubversive Peace Preservation Law. Kato died in 1926 and was succeeded by Wakatsuki Reijiro (1866–1950). In Apr. 1927 Gen. Tanaka Giichi (1863–1929) took office as premier. Wakatsuki lost influence following the bank panic of early 1927 and Tanaka was selected as president of the Seiyukai, even though it was the minority party at that time.

INTERVENTION IN MANCHURIA. In June 1928, elements of the Kwangtung Army (the Japanese army in Manchuria) murdered the Manchurian warlord Chang Tso-lin (b. 1876) because he would not co-operate with Japan. As premier, Tanaka could not condone this act. But he was powerless to punish it, and eventually had to resign. His successor was Hamaguchi Osachi (1870–1931), the leader of the Minseito, the successor party to Kato's Kenseikai. Hamaguchi renamed Shidehara foreign minister and worked to cut expenditures and extend the real power of the legislative branch. Over stiff military opposition he obtained Privy Council approval of the further limitations imposed upon Japan by the London Naval Treaty, 1929. In Nov. 1930 he was shot and critically wounded by an assassin. Wakatsuki, who followed him, was unable to resist military pressure. The ultranationalist views of men like Kita Ikki (1883–1937) were inspiring a rash of assassination plots among young officers and rightists. Then on 18 Sept., 1931, the Kwangtung Army engineered a minor explosion on a Japanese-controlled railway line in Manchuria, thus providing the pretext for an instant take-over.

1931–41

INCREASE IN EXPANSIONIST PRESSURES. In Feb. 1932 Manchukuo, the Japanese puppet state in Manchuria, declared itself independent.

On 15 May, 1932, Inukai Tsuyoshi (b. 1855), Wakatsuki's successor as premier, was assassinated. He was the last party premier prior to the American occupation. Under his successor, Adm. Saito Makoto (1858–1936), the military pressed harder still for expansion on the Asian mainland and for greater control at home. On the continent the army did indeed expand, causing international protests which provoked Japan to walk out of the League of Nations, Mar. 1933.

At home factional struggles within the

army were approaching a climax. The contenders were the Kodo-ha (Imperial Way Faction), representing young officers and such senior extremists as War Minister Araki Sadao and Mazaki Jinzaburo, and the Control Faction, representing in general higher-ranking officers who were more moderate as to means, if not to ends. On 26 Feb., 1936, Imperial Way adherents tried to seize control of Tokyo and assassinate key members of the government. The coup was swiftly crushed. Its effects were to strengthen the Control Faction and allow it to pose as the savior of the nation.

1ST KONOYE CABINET. The expansionist mood of Japan's leaders was not shaken by the Diet election returns of Apr. 1937, which overwhelmingly favored moderates. Prince Konoye (Konoe) Fumimaro (1891–1945), inaugurated as premier in June, took the 1st positive steps toward a decisive effort on the continent. A Cabinet Planning Board was created to coordinate and direct the activities of the various branches of government. This board was an important example of several advisory bodies established in the late 1930's. They were meant to allow the government complete control over economic, political, and military activity, but none was entirely successful.

SINO-JAPANESE WAR. The Sino-Japanese war began with a clash at the Marco Polo Bridge near Peking, 7 July, 1937. In Dec. the Japanese took Nanking, whereupon Chiang Kai-shek removed his government inland instead of surrendering. Japan's stated objective had been only to obtain Chiang's recognition of her tutelary position vis-à-vis China. Now the Japanese army was to become bogged down in China's vast interior until 1945.

NATIONAL MOBILIZATION. A National General Mobilization Bill, drafted by the Cabinet Planning Board, was passed by the Diet in Mar. 1938. The bill provided for all measures necessary in the event of a national emergency. For the time being, however, it was not to be fully implemented. A new 5-Minister Conference (premier, war, navy, foreign affairs, finance), entrusted with the most urgent matters of state, was dominated by the military. But the most powerful civilians shared the goals of the army and navy.

THE NEW ORDER. On 3 Nov., 1938, Konoye issued a statement on "A New Order in East Asia." The statement looked to the integration of Japan, China, and Manchukuo under Japanese leadership, and to the eventual expulsion of western influence from the area. It had been drafted by a highly distinguished group of civilian intellectuals, not by outright militarists.

MAINLAND EXPANSION. Through the cabinet's Manchurian Affairs Board and the General Affairs Board controlled by the Kwangtung Army, the economies of Japan and Manchukuo were virtually integrated. For China a China Affairs Board in Tokyo and a series of Japanese-owned regional development corporations attempted to achieve the same results. Japan also exerted military pressure to reduce the western presence in China, occupying Hainan Island (French), Feb. 1939, and blockading the British concession in Tientsin, June. But damaging clashes with Soviet troops on the Korean border, July 1938, and on the Mongolian-Manchukuo border, Aug. 1939, alarmed the Japanese government. On the outbreak of war in Europe, Sept. 1939, Japan declared that she would not become involved, but would concentrate on settling the war in China. Negotiations staved off war with the USSR. In Mar. 1940 the Japanese-sponsored Wang Ching-wei government was established in Nanking, and in June Japan forced Britain to close the Burma Road.

DOMESTIC POLITICAL CONSOLIDATION. Konoye's 1st cabinet lasted until Jan. 1939. In July 1940 he was once more the only premier acceptable to all groups. This time his war minister was Gen. Tojo Hideki (1884–1948), Japan's principal wartime leader. Konoye's 4-point program included alliance with the Axis and a planned national economy. The Axis alliance was signed, Sept. 1940, but national economic planning was a vastly more complex problem. The natural and industrial resources available to Japan were widespread geographically and under very different types of control, from full Japanese sovereignty (Korea) to a sovereignty that was officially nominal (Manchukuo). Moreover, the huge family combines (*zaibatsu*) still resisted full state control. By Oct. 1941 the political parties had been dissolved and the Imperial Rule Assistance Association was established under the premier.

1941–45

PEARL HARBOR. Japan realized that among the western powers only the U.S.A. and the USSR could take action against her, although the Netherlands East Indies had done their best, Sept. 1940, by refusing Japan's demands for oil. In Mar. 1941 Japan obtained a nonaggression treaty from the USSR. From Apr. to Dec. 1941, Ambassador Nomura and Secretary of State Cordell Hull negotiated in Washington, but without result. Japan would not withdraw her troops from China, as Hull demanded, nor give up her alliance with the Axis powers. In June Germany invaded the USSR, prompting the summoning of a Japanese Imperial Conference, 2 July, 1941. At this conference Japan's leaders decided to move into Siam and Indochina even at the risk of war with the U.S.A. In mid-July Konoye removed Foreign Minister Matsuoka Yosuke, believing that Matsuoka was an obstacle preventing smooth negotiations between Japan and the U.S. On 29 July Japanese troops entered Indochina. The U.S.A. immediately froze Japanese assets. On 18 Oct. Tojo became premier. It was soon decided that Japan would make war on the United States and Britain if negotiations broke down. They did break down, and Japan attacked Pearl Harbor, Hawaii, 7 Dec., 1941.

PACIFIC WAR. By May 1942 Japan controlled East Asia from Burma and the Netherlands East Indies to Manchuria, and the islands of the Pacific from the Gilberts to the Aleutians. Her most immediate interest in this vast area was economic exploitation. Politically she hoped to set up "independent" friendly regimes. In Nov. 1942 the Greater East Asia Ministry was created to co-ordinate the exploitation of conquered areas. In Nov. 1943, allied victories like Guadalcanal forced creation of a Munitions Ministry, which finally achieved total economic control over Japan. By Feb. 1944 Tojo was premier, war minister, and chief of the general staff. But the capture of Saipan, July 1944, forced him to resign. He was replaced by Gen. Koiso Kuniaki (1880–1950). Aug. 1944 saw the formation of a Supreme Council for the Direction of the War, a final effort to co-ordinate all vital government functions. Its chairman was the emperor. In Apr. 1945 Okinawa fell, and Koiso was replaced by Suzuki Kentaro (1867–1948), who favored, in private, termination of the war. By July Japan had asked the USSR to secure a peace short of unconditional surrender.

POTSDAM DECLARATION AND SURRENDER OF JAPAN. On 26 July, 1945, the allies issued the Potsdam Declaration, which called for the unconditional surrender of Japan, to be followed by her occupation, demilitarization, and democratization. Japan did not reply. On 6 Aug. Hiroshima was destroyed by an atomic bomb. On 8 Aug. the USSR declared war on Japan, in accordance with the Yalta Agreement of Feb. 1945. It was the latter that Japan felt as the more crushing blow. On 9 Aug. the Supreme Council met and became deadlocked between those who favored immediate acceptance of the Declaration and those who insisted that Japan should not be occupied and that the emperor's status should not be changed. The atom bombing of Nagasaki on the same day did not break the deadlock. At last, the emperor himself voted for surrender. When the allies rejected a reservation about preserving the emperor's position, the emperor had again to order capitulation. President Truman accepted Japan's surrender on 14 Aug., 1945. The formal surrender was signed aboard U.S.S. *Missouri,* 2 Sept. (*Cont. p. 560.*)

The War of 1939–1945

AXIS-SOVIET PARTITION OF EASTERN EUROPE

1939–41

GERMAN INVASION OF POLAND. After the failure of Nazi efforts (begun 24 Oct., 1938) to gain Polish agreement to the return of the Free State of Danzig to the Reich and the construction of a German extraterritorial road and railway across the Polish Corridor to connect with East Prussia, Hitler secured his eastern flank through the Nazi-Soviet Non-Aggression Pact, 24 Aug., 1939. The German invasion of Poland began on 1 Sept., 1939. The German Luftwaffe gained complete air superiority by destroying the bulk of the Polish Air Force on the ground, and then disrupted lines of communication, thereby crippling Polish mobilization and deployment. Simultaneously the German Army Group North (630,000 men) struck from Pomerania and East Prussia and Army Group South (890,000 men) attacked from Silesia and Slovakia to encircle the hard-fighting but poorly equipped Polish Army (1 m. of its 1.7 m. men mobilized). On 3 Sept. Great Britain and France declared war on Germany, but sent no troops to Poland.

DEFEAT OF POLISH ARMIES. Aided by Poland's decision to make a stand near the frontier so as to protect Polish industry, the Germans quickly broke through everywhere, and by 7 Sept. were 25 miles from Warsaw. An attempted breakthrough, 9 Sept., to Warsaw by the by-passed Poznán Army (100,000 men) forced some German divisions to about-face, but finally the Poznán Army surrendered, 19 Sept. The rapid Polish withdrawal to the southeast compounded German fuel shortages, but on 17 Sept. the pincers of the envelopment closed at Wlodowa. Lvov fell on 21 Sept., Warsaw on the 28th, and the surrender of Kock, 6 Oct., ended organized resistance. The campaign proved the correctness of the German offensive concept of employing large armored striking forces with good close air support, rather than parceling armor out for infantry support. Against Germany the Poles lost 700,000 captured and 66,000 killed. The Germans suffered 44,000 casualties, including 14,000 killed.

NAZI-SOVIET PARTITION OF POLAND. Despite German prodding, the Soviet Union was so unprepared for the rapidity of the German advance that she was unable to invade Poland until 17 Sept. Thereafter the Russians met little resistance, and were mainly concerned with shunting the Germans out of the Soviet sphere guaranteed by the Nazi-Soviet Pact. The Russians captured 220,000 Polish troops, many of whom were to fight the Nazis again, but 4,000 Polish officers were slaughtered in the Katyn forest near Smolensk.

In dividing the spoils the Germans agreed to Stalin's request that no Polish rump state be created (which Stalin feared the Nazis might use against him), and that Lithuania be transferred to the Soviet sphere of control. In return territorial compensations gave Germany almost all ethnically Polish territory, and while the Russians refused to yield any of Poland's oil they did promise to supply Germany with the equivalent of the annual Polish output (300,000 tons of crude oil). Germany now possessed 22 m. and Russia 13 m. of Poland's prewar population. Some ethnically disputed Polish territory was given to Lithuania (including Vilna) and to Slovakia. On 28 Sept., 1939, a new treaty was signed and a joint statement issued calling for an end to the war between Germany and the western powers.

The USSR signed "mutual assistance" pacts, providing for military bases in the Baltic states (with Estonia, 28 Sept.; Latvia, 5 Oct.; and Lithuania, 10 Oct.).

RUSSO-FINNISH WAR. On 22 Oct., 1939, the Soviet Union opened negotiations with Finland, demanding a mutual assistance pact, a 30-year lease on a naval base at Hangö, and cession of most of the Karelian Isthmus, islands in the Gulf of Finland, and the western half of the Rybachi Peninsula. The Finns balked over Hangö and the Karelian Isthmus, and after voiding the Russo-Finnish Non-Aggression Treaty, 28 Nov., the Soviet Union opened the Russo-Finnish War, 30 Nov., with ground attacks all along the border and the bombing of Helsinki. The Russian proclamation of a puppet People's Democratic Republic of Finland failed to take sufficiently into account the determination of the Finns, who had completed mobilization (begun 14 Oct.) and built the "Mannerheim Line" (not nearly as formidable as Russian propaganda later claimed) across the Karelian Isthmus.

Finland initially mobilized 9 divisions and never had more than 210,000 men, including 11,000 foreign volunteers, while

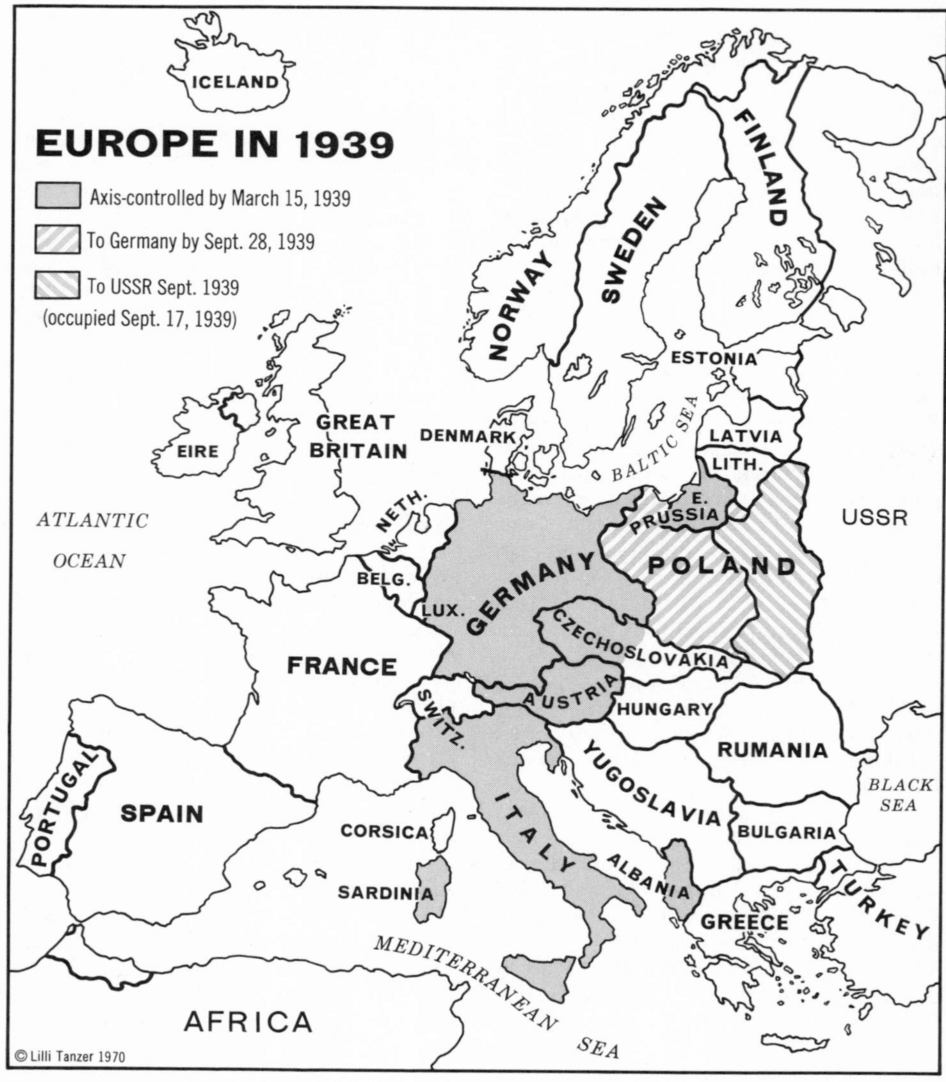

the USSR attacked with 30 divisions (1 m. men). To the world's surprise, Soviet efforts to sweep north of Lake Ladoga met with disaster as Finnish *motti* tactics isolated and literally chopped the Russian forces to pieces in the dense forests. The Soviet offensive in the Isthmus also stalled. Meanwhile, 14 Dec., the USSR was expelled from the League of Nations for her aggression. In Feb. 1940 the Russians began a massive battering offensive in the Karelian Isthmus which ground slowly forward. Finally, 4 Mar., Soviet armor began to cross the frozen Viipuri Bay, and the Finns, faced with a hopeless situation, sued for peace, 6 Mar. Increased Russian demands now included Finland's 2nd largest city, Viipuri (Viborg).

By the Treaty of Moscow, 12 Mar., 1940, Finland ceded 12% of her territory, from which 420,000 refugees had to be absorbed into the badly shaken Finnish economy. The Finns had lost 23,150 killed and 43,500 wounded and the Soviet forces lost 200,000 men killed.

Stalin rounded out his Baltic holdings when he ordered his troops to engineer Communist coups in Lithuania, Latvia, and Estonia, which were then absorbed into the USSR (15 June–16 Aug., 1940). Following the Nazi conquest of Norway, Apr.–June 1940, the Finns agreed, 12 Sept., to permit German troops, as a counterbalance to Soviet influence, to cross into Norway via Finland (which had been assigned to the Soviet sphere by the Nazi-Soviet Pact).

PARTITION OF THE BALKANS. Alarmed at the rapidity of Hitler's victory in the West, Stalin turned to Rumania, and informed the Germans, 23 June, 1940, that the USSR would demand not only Bessarabia (assigned to Russia by the Aug. 1939 pact) but also Bukovina. Both of these regions had large Ukrainian populations. To cool Hitler's displeasure Stalin agreed, 26 June, to limit his Bukovina claim to the northern part, and on 27 June demanded the cession of this area from Rumania, effective 28 June. It was Hitler's turn to be dismayed, and he decided to block further Soviet advances in the Balkans. Outstanding ethnic claims against Rumania were settled when Bulgaria received the southern Dobruja (lost in the 2nd Balkan War, 1913) by the Treaty of Craiova, 23 Aug., 1940, and Hungary obtained northern Transylvania (predominantly Magyar, but with a million Rumanians) by the Vienna Award, 30 Aug. In return Hitler guaranteed Rumania's borders, obviously against further Russian claims. In 2 months Rumania had lost ⅓ of her territory and population. On 20 Nov. Hungary joined the Tripartite Pact (concluded originally between Germany, Italy, and Japan, 27 Sept.), and Rumania and Slovakia followed suit, 22 Nov. While Hitler had ordered plans to be made for a possible invasion of the USSR, 21 July, he made one last attempt, in a meeting with the Russian Foreign Minister Molotov, 12–13 Nov., to direct Soviet interest away from the Balkans and south toward the Indian Ocean. But the Russians were adamant, and reaffirmed their interest in Bulgaria and the Dardanelles, while demanding withdrawal of German troops from Finland and revocation of the guarantee of Rumania's borders. Hitler now definitely decided on war, and approved Operation Barbarossa, 18 Dec., which provided for an invasion of Russia on 15 May, 1941.

INVASION OF GREECE AND YUGOSLAVIA. Meanwhile Mussolini, jealous of Hitler's successes, attacked Greece, 28 Oct., 1940, without warning the Germans. To the Duce's chagrin the defiant Greeks soon routed the Italians and mounted a counterinvasion of Albania which was not halted until 1 Mar., 1941. Hitler now had to cover his southern flank, and despite Soviet objections moved German troops into Bulgaria (following Bulgaria's adherence to the Tripartite Pact on 1 Mar.). Yugoslavia was also cowed into signing the pact, 25 Mar., but Serb patriots overthrew the regency of Prince Paul and proclaimed young King Peter of age, 26–27 Mar. Although the new Yugoslav government signed a friendship pact with the USSR, 4 Apr., and Molotov informed the Germans that Russia expected Germany to remain at peace with Yugoslavia, the German Balkan campaign began, 6 Apr., with a simultaneous invasion of Yugoslavia and Greece. Belgrade was devastated, 6 Apr., by German bombers and, aided in the north by widespread mutiny by Croat units whose members resented past Serb domination, the Nazis overran Yugoslavia by 17 Apr., on which date the Yugoslav army surrendered.

YUGOSLAV PARTISAN ACTIVITIES. Yugoslavia was now partitioned, with Croatia independent under the Fascist Ustaši regime of Ante Pavelić, and Germany, Italy (and her puppet, Albania), Hungary, and Bulgaria annexing all but a German-occupied Serbian rump state roughly the size of Serbia before the Balkan Wars of 1912–13. Large-scale Croat, Hungarian, Albanian, and German atrocities against the Serbs followed, partly as retaliation for the 1st serious guerrilla uprisings in Europe by Serbian Chetniks under Col. Draža Mihailović (1893?–1946). A Yugoslav Communist Partisan movement led by Tito (Josip Brož, b. 1892) next arose, and a 3-cornered struggle ensued in which Mihailović sometimes received Axis aid against the Partisans. Though staunchly anti-Axis, Mihailović distrusted the Communists and feared further genocidal reprisals against the Serbs. The ensuing fall-off in Chetnik activity, contrasted with unabated Partisan operations, caused a complete switch of western support to Tito by late 1943.

GERMAN CONQUEST OF GREECE. The Germans also overran Greece, taking Athens, 27 Apr., 1941, and a hastily contrived British expedition, which arrived on 5 Mar., suffered heavy casualties when forced to withdraw, 17 Apr.–1 May. A German airborne invasion took Crete, 20–31 May, suffering 6,600 casualties as against 18,000 British, but Hitler believed his losses were too high and that the surprise factor had been lost, so that he decided against paratroop operations for the rest of the war. Italy annexed the Ionian Islands, and Bulgaria that part of Macedonia and Thrace lost to Greece in 1913. While the Barbarossa Plan allowed for the Greek invasion, the Yugoslav campaign forced a critical postponement of the invasion of Russia to 22 June, 1941. The partition of Eastern Europe was complete.

NAZI SWEEP THROUGH WESTERN EUROPE

1940

INVASION OF DENMARK AND NORWAY. Hitler's expansionist ambitions were directed toward the east, and he hoped that the British and French would recognize his conquest of Poland as a *fait accompli.* In a Reichstag address of 6 Oct., 1939, he stated that the return of Germany's pre-World War I colonies was his only remaining claim, and called for a peace conference, but such pleas were ignored. During the Russo-Finnish War the British and French made an unsuccessful diplomatic attempt to establish a presence in Norway and Sweden, which would not only have aided the Finns but would also have cut the Nazis off from Sweden's high-quality iron ore being shipped from the Norwegian port of Narvik. Allied efforts to block such shipments culminated in the British mining of Norwegian coastal waters, 8 Apr., 1940.

Hitler responded with the simultaneous invasion of Denmark and Norway, 9 Apr. Faced with a hopeless situation, the Danish government agreed to the German occupation of Denmark a few hours after the invasion. Hitler hoped for an equally quick victory in Norway by landing 27,000 troops in the 1st week, and 40,000 soon afterward by warship. The Germans ran into difficulty at Oslo, where the Oscarsborg fort held off the invaders for a day, sinking several warships and allowing the government to escape. But half the 15,000-man Norwegian army was stationed in the Arctic because of the Russo-Finnish War. On 9 Apr. the Germans captured much military equipment and all key communication centers, and soon only 1 Norwegian division remained under central control to block the German advance north from Oslo.

TRONDHEIM AND NARVIK. Between 16 and 23 Apr. Anglo-French forces numbering 12,000 landed at Andalsnes to the south and Namsos to the north of

Trondheim. But following the defeat of a British brigade south of Andalsnes, the allies evacuated the Trondheim area, 3 May. The Germans faced their greatest difficulty at Narvik, which could be reached by land only from Sweden and was at the maximum air-support range. Here the German navy suffered heavy losses (10 destroyers), but the 2,000 German mountain troops landed were thereby reinforced by 2,600 sailors. Allied landings began on 14 Apr. and by the end of May built up the Anglo-French-Norwegian force to 25,000 men who finally drove the Germans from Narvik. The allied collapse in France, however, forced the evacuation of Norway, 4–8 June, and on 9 June the Norwegian army surrendered. Although Britain occupied the formerly Danish Iceland, 10 May, Greenland, and the Faroe Islands, the conquest of Norway gave Hitler naval bases on the North Atlantic and a secure monopoly of Swedish iron ore.

GERMAN INVASION PLANS FOR WESTERN EUROPE. After the failure of his Oct. 1939 peace overtures, Hitler ordered planning for an invasion of the west, *Fall Gelb* (Case Yellow—twice postponed, Nov. 1939 and Jan. 1940, due to bad weather). Army Group B or Belgium (variously 37–43 divisions, including 8 armored) was to swing through Belgium north of Liège, while Army Group A or Ardennes (22–27 divisions, no armor) moved through the heavily forested Ardennes region of Belgium and Luxembourg. The allies also believed the Liège route the more logical and therefore probable, since the formidable Maginot Line and the Ardennes obstructed a direct invasion of France, while northern France was unfortified because the allies planned to defend forward in Belgium. Aided by the barriers of the Ardennes, Meuse River, Liège forts, the supposedly impregnable Fort Eben-Emael, and the Albert Canal, the Belgians were expected to delay the Germans until the British and French reached the Schelde River (Plan E). German delay later led to the shifting of this forward position to the Dyle River (Plan D). Meanwhile the suggestions of Gens. Karl von Runstedt (1875–1953) and Erich von Manstein (b. 1887), commander and chief of staff respectively of Army Group A, that the main attack be through the Ardennes were accepted by Hitler. Army Group B was reduced to 28 divisions (3 armored), while Army Group A now had 44 divisions (7 armored) with which to drive to the English Channel. In May 1940, 136 German divisions opposed 94 French, 10 British, 22 Belgian, and 9 Dutch divisions. The Germans had 2,440 tanks to the allies' 2,690, but German armor was faster and as in the East concentrated for rapid offensive breakthroughs.

CONQUEST OF THE NETHERLANDS. The opening of Hitler's offensive in the West, 10 May, toppled Neville Chamberlain, who was replaced by Winston Churchill (1874–1965) as British prime minister on the same day. The Netherlands were quickly overrun. On 10 May paratroops captured key bridges and airfields near Rotterdam and The Hague, while the German 18th Army broke through the Maas (Meuse) River defenses in the southern Netherlands. French reinforcements arrived at Breda, 11 May, to stiffen the retreating Dutch, but were forced to fall back toward Antwerp, 13 May. Meanwhile the German army linked up with the paratroop forces, the Dutch government fled to England, and the remnants of the Dutch army withdrew into their final defensive line, the Fortress of Holland. On 14 May the Luftwaffe leveled the business district of Rotterdam as a warning to cease resistance, and the Dutch surrendered the same day.

SURRENDER OF BELGIUM AND THE BRITISH EVACUATION. In Belgium the German 6th Army drove across the Meuse and the Albert Canal north of Liège, 10 May, and then swung southwest. Meanwhile German parachute and glider troops captured Fort Eben-Emael, 11 May. Liège was occupied, 12 May, and by 15 May the 6th Army had concentrated against the Dyle Line, while the 18th Army moved against the Belgian left flank near Antwerp. In the meantime Army Group A required the entire 10th of May to cross the difficult Ardennes in northern Luxembourg. Hard fighting ensued before the Meuse could be crossed near Sedan, 14 May, but the shallow French defenses permitted a deep German penetration which threatened to outflank the allies in Belgium. Allied forces fell back to the Schelde while the Germans raced for the English Channel, which they reached near Abbeville, 20 May. Meanwhile Antwerp fell, 18 May, and hesitant allied efforts to break out south from Belgium, 21–23 May, failed, leaving 40 divisions trapped. A thrust to cut the allies off from the sea seemed likely when the German armor was suddenly halted, 23 May, due to Hitler's desire to husband his depleted tank strength for a drive southward to prevent the French from stabilizing their front as in 1914. King Leopold surrendered Belgian forces on 28 May, and the British Expeditionary Force completed its withdrawal via the port of Dunkirk on 4 June, evacuating 355,000 men (⅔ British).

CAPITULATION OF FRANCE. Having already lost half their armed forces and several bridgeheads across the Somme River portion of their new defense line, the French were unable to prevent a decisive breakthrough by Army Group B, 8 June, northwest of Paris. Meanwhile Mussolini had decided to share in the spoils, and declared war on France and Britain, 10 June. The French fell back behind the Marne, 11 June, and on 14 June the Germans entered the open city of Paris while in the east Army Group C quickly breached the demoralized Maginot defenses. Although Premier Paul Reynaud (b. 1878) considered continuing the fight from North Africa and Churchill offered, 16 June, a union with Britain, a new French government under Marshal Henri Pétain (1856–1951) sued for peace, 17 June. The armistice was signed, 21 June, at the same place, the forest of Compiègne, and in the same railway dining car in which the German capitulation had occurred in 1918. The French suffered 100,000 killed and 1½ m. captured (mostly in the mop-up stage of the campaign), while the British had 70,000 casualties and lost the bulk of their weapons and equipment. Germany lost 27,000 dead, 18,000 missing, and 110,000 wounded. Peace terms provided for German occupation of northern and western France, with the remainder under a government at Vichy headed by Pétain, and for the demobilization of the French fleet.

BATTLES OF BRITAIN AND THE ATLANTIC

1940–45

ANGLO-GERMAN STRUGGLE FOR AIR SUPREMACY. When the British did not come to terms, Hitler ordered, 2 July, 1940, planning for an invasion of Britain (Operation Sea Lion). Aerial supremacy was necessary for such an invasion, and the battle for command of the air began, 13 Aug., ending a preliminary phase which had concentrated on Channel shipping and nuisance targets. Until 6 Sept. the Luftwaffe struck against British airfields, aircraft factories, and communications, but the British Fighter Command refused to accept decisive battle against German fighter sweeps. Instead the RAF (Royal Air Force) concentrated against the bomber formations, inflicting heavy losses. Moreover, the British Spitfire fighter had better armament and maneuverability than the German Messerschmitt 109, and the Germans also faced British radar and antiaircraft artillery. In a further attempt to force a decision the Germans began to attack London, 7 Sept., and inflicted severe damage, but as before German losses exceeded those of the British. On 17 Sept. Operation Sea Lion was postponed indefinitely.

By mid-Nov. the Germans had switched entirely to less costly night raids, which continued until mid-May 1941, when the Luftwaffe began to move the bulk of its forces east for the Russian campaign. Despite heavy RAF losses, those of the Germans had been greater (5–3 ratio), and the survival of Fighter Command made the Battle of Britain a British victory. German air raids, including those by V-1 (subsonic) and V-2 (supersonic) rockets later in the war, killed 60,000 British civilians, but as elsewhere conventional bombing demonstrated nowhere near the knockout capability claimed by aerial enthusiasts before 1939.

BATTLE OF THE ATLANTIC. When the war broke out, the British and French together possessed overwhelming naval superiority over Germany (battleships and cruisers, 103 to 9; aircraft carriers, 9 to 0; submarines, 131 to 57). Only 22 of the German submarines were equipped for Atlantic operations. The German surface fleet proved no match for the allies, as the pocket battleship *Graf Spee* had to be scuttled in Montevideo Harbor, Uruguay, 17 Dec., 1939, and the battleship *Bismarck* was sunk on 26–27 May, 1941, on her maiden voyage.

Soon after the beginning of hostilities the British revived the convoy system, and the Germans responded, late 1940, with submarine wolf packs. In July 1941 the U.S. Navy began convoying merchant vessels bound for Britain part way across the Atlantic, and on 11 Sept. American escorts were ordered no longer to await hostile action but to "shoot first." Allied shipping suffered its heaviest losses in 1 month in Nov. 1942, but stringent anti-submarine measures (escort carriers, destroyer groups, radar, sonar, radio direction finding) turned the tide decisively by mid-1943. The invention of the snorkel and increased U-boat production in 1944 were unable to effect a reversal. Allied and neutral shipping losses amounted to 23 m. tons (⅔ to submarines) during the war, but the German U-boat campaign never came close to winning the Battle of the Atlantic.

INCREASING U.S. WAR INVOLVEMENT AND LEND-LEASE. On 20 July, 1940, President Roosevelt signed a bill providing for a 2-ocean navy and 200 new warships. Increased American war preparedness was further demonstrated when U.S. aircraft production reached 900 per month in Aug. On 3 Sept., 1940, Roosevelt, by executive order, agreed to provide Britain with 50 overage destroyers in return for a 99-year rent-free lease of naval and air bases in Newfoundland, Bermuda, the Bahamas, Jamaica, St. Lucia, Trinidad, Antigua, and British Guiana. On 16 Sept. the U.S. instituted her first peacetime draft, under the Selective Service Act.

By the Lend-Lease Act, 11 Mar., 1941, the President obtained complete freedom to provide the allies with war matériel, including the power to waive repayment (initial appropriation, $7 billion). On 9 Apr., to forestall any German take-over, the U.S. occupied Greenland, and on 7 July took over from Britain the defense of Iceland. Meanwhile, 14 June, all German and Italian assets in the U.S.A. were frozen. Hitler's attack on the Soviet Union soon brought U.S. ships to Soviet ports carrying war matériel.

On 12 Aug., off the coast of Newfoundland, Roosevelt and Churchill signed the Atlantic Charter as a gesture of solidarity and outline of the world peace to be established "after the final destruction of the Nazi tyranny."

INVASION OF RUSSIA

1941–43

OPERATION BARBAROSSA. As originally conceived by the Germans, Barbarossa had 2 phases: to destroy as much of the Russian army as possible close to the border to prevent any delaying withdrawal into Russia's vast interior, and then to drive rapidly to a line running from Arkhangelsk in the north to the Volga. The Germans assigned 152 divisions, including 19 Panzer divisions (3 m. men), to the invasion, opposing a Soviet force in western Russia of 118 infantry and 20 cavalry divisions, and 40 mechanized and armored brigades (2.3 m. men). German allies furnished 16 Finnish (the only immediately significant allied force), 15 Rumanian (initially to pin down Russian forces), and, after the invasion began, several Hungarian, Italian, and Slovak divisions. Armored striking power was even further concentrated by creating Panzer groups (the largest armored force up to this time having been the Panzer corps). German tanks numbered 3,350 compared to 10,000 Russian, most of which were equal to the German, while 2,000 Luftwaffe aircraft faced 6,000 Soviet planes, most of which were obsolete. The Russians had made a better showing since Finland by thwarting a Japanese incursion into Outer Mongolia during an undeclared war, May–Sept. 1939. While Stalin's annexations in Eastern Europe provided a buffer, they also led his army to fight forward of the Stalin Line (fortifications built behind the pre-1939 Soviet border).

1ST GERMAN OFFENSIVE: SUMMER 1941. To placate Hitler with a show of good will, Stalin kept promised raw materials rolling into Germany until the very eve of the Nazi attack. Finally, on the night of 21 June, the USSR got wind of the planned invasion, but it was too late to take any real countermeasures before the Nazis struck early on 22 June. The German Army Group North advanced from East Prussia toward Leningrad, and by the end of June had destroyed 14 Soviet divisions. On 10 July it reached Pskov, while the Finns advanced into the Karelian Isthmus on the same day. Army Group Center attacked toward Moscow via Smolensk (as had Napoleon), and by early July had encircled large numbers of Soviet troops at Bialystok and Minsk. Army Group South, though meeting stiff resistance, advanced steadily toward Kiev. These easy initial victories convinced Hitler and his generals that the campaign had been won. Certainly Stalin's rigid tactics, which equated withdrawal with treason, helped yield a huge bag of prisoners for the Germans.

Stalin made a radio appeal, 3 July, for allied aid, proclaimed a "scorched earth" policy to deny sustenance to the invader, and appealed to Russian nationalism. But the Germans continued to advance. By 5 Aug., Army Group Center had captured 100,000 prisoners near Smolensk while Army Group South destroyed 20 trapped Russian divisions near Uman. By mid-Aug. the 1st phase of the Barbarossa Plan had been accomplished, but, contrary to an initial total estimate of 200 Soviet divisions, the Germans had already identified 360.

At this point, instead of advancing on Moscow, where his generals believed the Russian army would fight the decisive battle, Hitler diverted forces from Army Group Center to help seize Leningrad, the Donets Basin industrial area, and the Crimea. On 19 Sept. Army Group South captured Kiev, and on 24 Sept. completed the disarming of no less than 660,000 trapped Soviet troops. Meanwhile to the north the Finns took Viipuri, 29 Aug., and on 31 Aug. reached their pre-1940 border. On 8 Sept. Army Group North cut Leningrad off from any land connection with the rest of Russia. Leningrad would probably have fallen had Hitler not ordered that the city be surrounded rather than attacked directly, and had the Finns not decided to remain on their old borders (so as to refute past Soviet arguments that Finland's boundaries threatened Leningrad).

ASSAULT ON MOSCOW. Hitler now decided to concentrate against Moscow, 6 Sept. Confident of victory, he also cut back German war production, which did not again reach its maximum until mid-1942. But valuable time had been lost. (Napoleon had reached Moscow on 14 Sept.) On 2 Oct. Army Group Center renewed the offensive after having refitted its armor, and on 19 Oct. completed the capture of 670,000 Soviet soldiers. The Soviet government moved east to Kuibyshev on the Volga, 19 Oct., but Stalin remained in Moscow to stiffen the defense. Then the fall rains turned the Russian roads into seas of mud and Army Group Center slowed to a crawl. The advance of Army Group South had meanwhile taken Kharkov, and on 20 Nov. seized Rostov, only to be driven out of the city, 28 Nov., by the first successful Soviet counteroffensive. Army Group North struck across the Volkhov River, 16 Oct., but rain falling on already marshy terrain slowed the advance so that Tikhvin was reached only on 8 Nov. By mid-Dec. the Russians had forced the Germans back to the Volkhov.

Freezing weather now set in, and while no one wanted to fight in the Russian winter there was disagreement within the German military as to whether Moscow could be taken in time. Hitler gave the go-ahead, and in clear weather Army Group Center began a double envelopment of the city, 15 Nov. But although only 20 mi. from Moscow, snow, fog, and extreme cold brought the German offensive to a halt on 5 Dec., 1941. The Germans had overrun most of the Soviet Union's coal and iron resources and 35 m. people. The

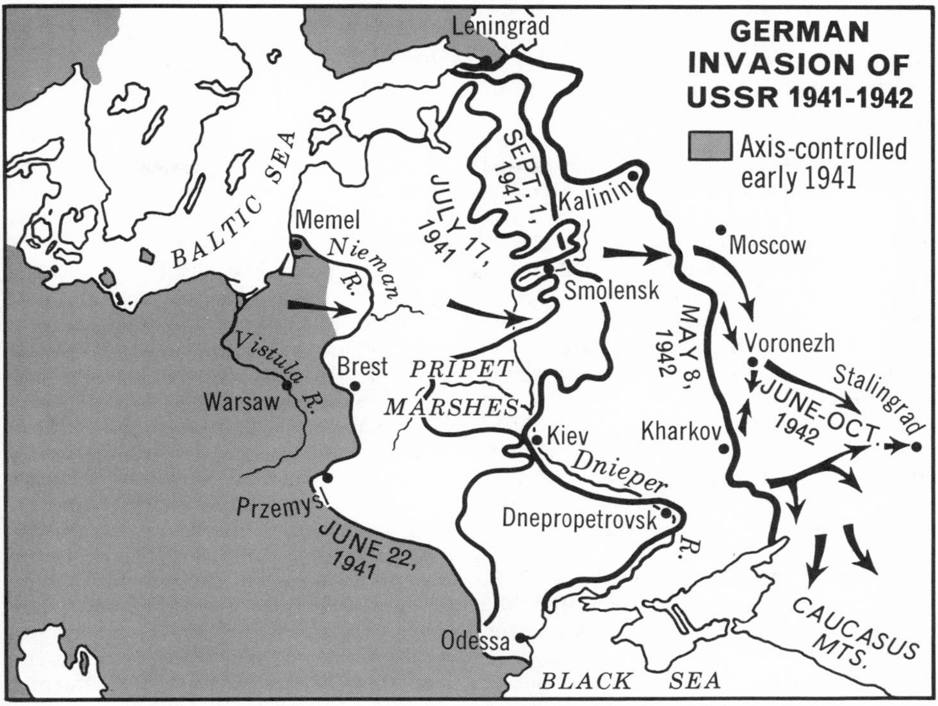
GERMAN INVASION OF USSR 1941-1942
Axis-controlled early 1941
Leningrad
BALTIC SEA
Memel
Nieman R.
Vistula R.
Warsaw
Brest
PRIPET MARSHES
Przemysl
JUNE 22, 1941
JULY 17, 1941
SEPT. 1, 1941
Kalinin
Moscow
Smolensk
MAY 8, 1942
Voronezh
Stalingrad
JUNE-OCT. 1942
Kharkov
Kiev
Dnieper R.
Dnepropetrovsk
Odessa
BLACK SEA
CAUCASUS MTS.

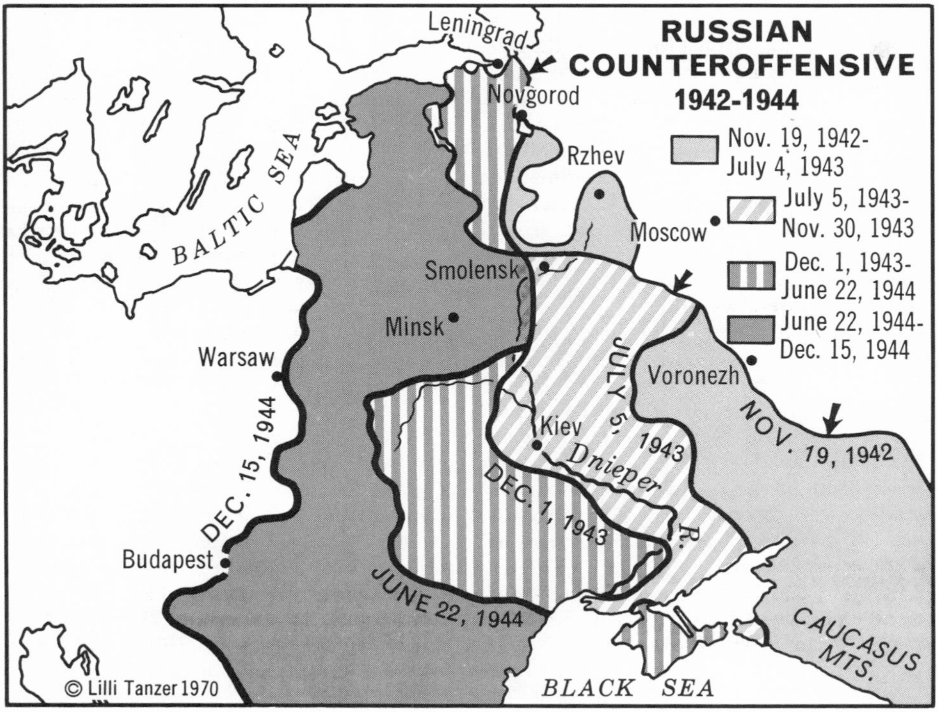
RUSSIAN COUNTEROFFENSIVE 1942-1944
Nov. 19, 1942- July 4, 1943
July 5, 1943- Nov. 30, 1943
Dec. 1, 1943- June 22, 1944
June 22, 1944- Dec. 15, 1944
Leningrad
Novgorod
Rzhev
Moscow
BALTIC SEA
Smolensk
Minsk
Warsaw
Voronezh
JULY 5, 1943
NOV. 19, 1942
Kiev
Dnieper R.
DEC. 1, 1943
DEC. 15, 1944
Budapest
JUNE 22, 1944
CAUCASUS MTS.
BLACK SEA
© Lilli Tanzer 1970

USSR had thus far suffered losses of 5 m. men including 3 m. prisoners, while German casualties totaled 740,000. But the strength of the Soviet government's power had been grossly underestimated by the Germans. Only in the Ukraine, where dissidence had always been widespread, had there been a Soviet collapse. At least 280 infantry and cavalry divisions and 44 armored and mechanized brigades still faced the Germans. The Luftwaffe had failed to strike hard enough to prevent the Soviet evacuation of war plants by rail to the east. Moreover, the Russian war effort received a $1-billion lend-lease credit from the U.S.A., 6 Nov. Confident of a rapid victory, the Germans had neither winterized their vehicles nor provided adequate winter clothing for their troops.

SOVIET COUNTEROFFENSIVE: WINTER 1941–42. On 6 Dec., 1941, the Soviet West Front struck a devastating blow against Army Group Center, which had spent its reserves in the drive on Moscow and, lacking previously prepared positions, could not entrench in the frozen terrain. Hitler rejected military advice to retreat, fearing a repetition of Napoleon's disastrous rout. On 18 Dec. German forces were ordered to stand fast, no matter what. Hitler now took real and direct command of the war when he himself replaced Gen. Heinrich von Brauchitsch (1881–1948) as army commander in chief, 19 Dec. Meanwhile, after the Japanese attack on Pearl Harbor, Hitler, followed by Mussolini, though neither was obligated by the Tripartite Pact to do so, declared war on the U.S.A. His object was to show solidarity with the Japanese and to vent his ire on America for intervening more and more in the European struggle. In turn the U.S.A. declared war on Germany and Italy on the same day, 11 Dec. Thus Hitler recklessly brought the world's strongest industrial power directly into the European war at a time when the Nazi forward march was faltering.

Russian efforts to encircle Army Group Center finally forced Hitler to order a major German withdrawal, 15 Jan., 1942, to a line some 80 mi. west of Moscow. But the situation worsened for the Germans as Russian troops ripped a huge gap between Army Groups North and Center and encircled 100,000 men south of Lake Ilmen. The Germans, however, employed "hedgehog" tactics successfully (withdrawing into communication centers as strong points which, if cut off, could be supplied by air). By mid-Feb. the Soviet offensive had run down, but Russian military prestige was greatly increased. On the other hand, Hitler had demonstrated a seeming ability to overcome overwhelming odds.

GERMAN SUMMER OFFENSIVE: 1942. By spring 1942 Hitler was issuing orders directly to units at the front, and Stalin maintained a similarly tight control. Hitler now planned to strike in the south toward Stalingrad (Volgagrad) and the Caucasus oil fields, thereby drawing in and destroying the Soviet man-power reserves. Although the Germans had suffered 1.2 m. casualties, replacements and allied forces (including 27 Rumanian and 13 Hungarian divisions) had made up the losses. Stalin also planned a major offensive, and a preliminary attack to take Kharkov, 12 May, by the Southwest Front ran straight into the jaws of the German build-up. Stalin refused to countenance retreat, and a German counterattack, 17 May, trapped 240,000 Soviet troops, 25 May. Stalin now increased pressure on the western powers for a 2nd front in Europe, which was finally publicly promised, 11 June, to take place before the year's end. The planned German offensive got under way on 28 June, and by 6 July had taken Voronezh. But by mid-July only 100,000 prisoners had been netted, for new elastic Soviet tactics enabled the bulk of their forces to escape across the Don.

Hitler now ordered Army Group A and the 4th Panzer Army to turn south and cut off Rostov (captured 23 July). He then, 23 July, transferred a Panzer corps from 4th Panzer Army to 6th Army and ordered the latter to take Stalingrad. Army Group A was ordered to cover tremendous distances and clear the Caucasus. Finally, Hitler decided that Stalin would fight a decisive battle for Stalingrad, and ordered 4th Panzer Army to reverse direction and move on the city from the south, 31 July. August brought the Germans empty victories and few prisoners. The oil fields at Maikop were found destroyed, 9 Aug., and although the swastika was planted on Mount Elbrus the Caucasus passes remained in Soviet hands. The armored drive on Grozny was halted by gasoline shortages. The 6th and 4th Panzer Armies lost momentum as they neared Stalingrad. It also became increasingly necessary to fill the expanding front with allied troops. On 19 Aug. 6th Army began its attack on Stalingrad in the teeth of fanatical Russian resistance, and by mid-Oct. the German offensive had ceased everywhere except in this decisive area.

STALINGRAD. The Soviet Union was now copying the Germans and building armored armies, while at the same time it fomented a large-scale guerrilla movement behind German lines, mostly in the north and center. By now the Germans were losing the battle of numbers, even with the use of *Osttruppen* from captured Soviet territory (reaching a maximum of 1 m. troops), some of whom, mostly Cossacks and Moslems, even served in the front line. But early Nazi racist policies had destroyed any chance of enthusiastic support from the Slav population of Russia. By the beginning of the Soviet Stalingrad offensive, 19 Nov., Russian forces in the vicinity amounted to 12 armies. The Soviet 5th Tank Army broke through the Rumanian 3rd Army north of the city in a few hours, and a Rumanian corps south of Stalingrad suffered a similar fate, 20 Nov. The Russians closed the pincers at Kalach, 22 Nov., trapping 6th Army and half of 4th Panzer Army (20 German and 2 Rumanian divisions, some 270,000 men in all). Employing the same policy as during the previous winter, Hitler refused to let 6th Army break out to the west. On 19 Dec. a German relief column drove to 30 miles of its beleaguered comrades, but was soon forced back. To the north of Stalingrad the Russians first destroyed the Italian 8th Army, mid-Dec., and the Hungarian 2nd Army, mid-Jan. 1943, and by 28 Jan. had surrounded 2 corps of the German 2nd Army, opening an enormous gap in the Axis lines. To the south a Russian drive cut off most of Army Group A (400,000 men) in the Caucasus. Hitler promoted Gen. Friedrich von Paulus (1890–1957), 6th Army commander, to field marshal, 30 Jan., in the hope that he would fight to the last man. But Paulus surrendered, 31 Jan., with 90,000 of his men still alive, only 5,000 of whom would survive their march east into the cruel Russian winter and captivity. The Soviet advance continued until a German counterattack, the last German victory in the East, retook Kharkov, 11 Mar., and Belgorod, 18 Mar., stabilizing the front, except for a Russian salient around Kursk, near where the Germans had started in May 1942.

JAPANESE ADVANCE IN THE EAST

1940–42

SINO-JAPANESE WAR. After seizing Manchuria, 1931, and setting up the puppet state of Manchukuo, 1932, the Japanese invaded much of northern China, 1937, and destroyed most of Generalissimo Chiang Kai-shek's German-trained forces. Although by 1939 Japan had struck the Chinese Nationalist regime a crippling economic blow by seizing all the key coastal ports, Chiang stubbornly fought on from his inland capital of Chungking and brought in supplies via Burma, Indochina, and Russia. Meanwhile the Japanese lived off the land and the Chinese Communists under Mao Tse-tung steadily increased their domains in the north.

DETERIORATION OF WESTERN-JAPANESE RELATIONS. Hitler's victories of spring 1940 in Western Europe gave Japan a seemingly wide-open opportunity to expand into Southeast Asia. On 20 June the Vichy French government accepted Japanese demands that trade with Nationalist China be halted and that Japanese military observers be permitted to ensure this provision. The British signed an agreement with Japan, 17 July, halting for 3 months the shipment of war matériel, including oil and trucks, via the Burma Road and Hong Kong to China. U.S. opposition to Japanese policies was soon obvious when, after the signing of the 2-ocean-navy bill on 20 July (aimed at enabling the U.S.A. to deal with both a Japanese and a German naval threat simultaneously), President Roosevelt placed an embargo on 1 type of scrap iron and on aviation fuel and lubricants, 26 July. After an ultimatum the Japanese invaded Tongking Province in Indochina, 23 Sept., and the U.S.A. retaliated with a further loan to China, 25 Sept., and a total embargo on scrap iron, 26 Sept. In turn Japan signed the Tripartite Pact with Germany and Italy, 27 Sept.

DIPLOMATIC PRELUDE TO PEARL HARBOR. Japan had meanwhile encouraged Thailand to demand disputed provinces from Indochina and had forced Vichy to accept Japanese mediation, 11 Mar., 1941. On 13 Apr. Japan secured her northern flank by means of a 5-year nonaggression treaty with Russia. Finally, 24 July, Japan began to occupy the remainder of Indochina. The United States now froze Japanese funds, 25 July, and Britain and the Netherlands followed suit. The Dutch also embargoed oil shipments and the U.S.A. and Britain restricted the issue of export licenses to achieve the same result unofficially. The Japanese government soon decided that its dependence on foreign imports obliged it to try to work out some easing of the American ban. If such attempts failed, expansion to the southeast and war with the U.S.A. was the only acceptable alternative. On 20 Nov., 1941, the Japanese offered to cease expansion in Southeast Asia and the South Pacific and to withdraw from southern Indochina on the signing of a treaty, and from Annam when the war with China was over. In return they asked for a free hand in China and the end of the embargoes (including that of the Dutch in the East Indies). On 26 Nov. the U.S.A. rejected this offer, and suggested instead that, in return for the requested concessions from the American side, Japan evacuate China (except Manchuria) and Indochina immediately and recognize the Chinese Nationalists as the legal government of all China. On 1 Dec. a Japanese Imperial Conference decided on war with the U.S.A.

ATTACK ON PEARL HARBOR. The Japanese planned to fight a limited war for the economic resources of the Southern Region of their planned "Greater East Asia Co-Prosperity Sphere." They intended first to knock out Pearl Harbor, the base of the potentially dangerous U.S. Pacific Fleet, and seize the Southern Region. A defensive perimeter would then be extended and strengthened so that the U.S.A. would see the futility of attacking such a bastion and make peace on the basis of the *status quo*. The Japanese Combined Fleet included 6 aircraft carriers, 2 battleships, 2 cruisers, and several destroyers. The U.S. Pacific Fleet had, on 7 Dec., 1941, 8 battleships, 9 cruisers, 29 destroyers, and 5 submarines, but its 3 carriers were on detached duty. The Japanese struck in 2 waves, at 7:59 and 8:40 A.M. respectively. Surprise was complete, since the 1st planes sighted were believed friendly. Only 4 U.S. aircraft got off the ground and were quickly shot down, while the remainder were strafed on the field. Of 360 Japanese planes only 29 were lost. The Americans lost 3 battleships sunk, 1 capsized, 1 severely damaged, and 3 able to return to the U.S.A. for repairs. In addition 3 cruisers were damaged, 2 destroyers badly damaged, and 2,400 men killed. The Japanese unwisely failed to destroy Pearl Harbor's nearly 5 m. barrels of oil, so as to force the U.S. fleet back to the American coast. Instead the U.S.A. had been humiliated by a "sneak attack" from which she could fairly soon recover.

CONQUEST OF SOUTHEAST ASIA. Also on 7 Dec., 1941, Japanese destroyers heavily damaged the U.S. air base on Midway Island. On 8 Dec. Japan exchanged declarations of war with the U.S.A. and Great Britain, and bombed unfortified Wake Island. Wake's defenders beat off 1 invasion attempt, 11 Dec., but were overwhelmed on 23 Dec. Guam fell quickly, 10 Dec., and the Japanese also took Tarawa and Makin in the Gilbert Islands. The invasion of Hong Kong began on 8 Dec., with the garrison finally surrendering, 25 Dec.

Meanwhile the Japanese 25th Army had seized control of Thailand, occupying Bangkok on 8 Dec. and making landings on the Kra Isthmus the same day. The meager British air forces in the Malaya-Singapore area were quickly destroyed, but a shock went through Britain when the only British capital ships in the Pacific and Indian Oceans, the battleship *Prince of Wales* and the cruiser *Repulse,* were destroyed by Japanese aircraft, 10 Dec. Weak British and Commonwealth forces were quickly pushed into Singapore, 31 Jan., 1942, and Japanese landings from Malaya, 8 Feb., forced the British to surrender, 15 Feb. Dutch forces in the East Indies numbered 40,000 Dutch and 100,000 badly equipped Indonesians. The Japanese landed on Borneo and Celebes, 11 Jan., and on 9 Mar. the Dutch had to surrender. Japan rounded out the southern boundaries of her defensive perimeter, 23 Jan.–mid-Mar., by seizing New Britain and New Ireland in the Bismarck Archipelago (Australian mandate) and Bougainville in the Solomon Islands (British), and by making landings in northeast New Guinea (Australian mandate).

Burma had meanwhile been invaded, 16 Dec., 1941, and the Japanese 15th Army took Moulmein, 31 Jan., 1942, and then advanced to the Sittang River, 24 Feb. Concerned with the threat posed to the Burma Road, Chiang Kai-shek sent the Chinese 5th and 6th Armies under U.S. Gen. Joseph Stilwell (1883–1946), but to little avail. Rangoon fell, 7 Mar., and on 29 Apr. the Japanese cut the Burma Road at Lashio. By the end of May Japan had taken its western objectives with the conquest of Burma and the Andaman and Nicobar Islands, and now threatened India.

CONQUEST OF THE PHILIPPINES. The Philippines were defended by 13,500 American soldiers, 12,000 reliable Philippine Scouts and 3,000 Constabulary, and 100,000 ill-prepared Philippine Army troops all commanded by Gen. Douglas MacArthur (1880–1964). His command also had 140 combat-ready aircraft and a small naval force. MacArthur planned to defend Luzon, the largest and most important of the Philippine Islands. Bad weather delayed the Japanese air attack, 8 Dec., 1941, which proved a stroke of luck, for American planes which had been searching for the enemy since dawn were caught on the ground refueling. Soon U.S. air power was destroyed. Japanese diversionary landings, 10–12 Dec., at each tip of Luzon failed to deceive the Americans. The main landings of the 100,000-man invasion force came with a division set ashore at Lingayen Gulf, 22 Dec., and another at Lamon Bay, 24 Dec. The Japanese began to converge on Manila, and by 7 Jan., 1942, 15,000 American (including aviation personnel) and 65,000 Philippine troops had withdrawn into the Bataan Peninsula (plus 25,000 unexpected refugees). Stubborn resistance held off the Japanese, but starvation began to take its toll as rations were reduced to ½ and then to ⅓, 11 Mar.

Pursuant to orders from President Roosevelt, MacArthur arrived in Australia 17 Mar. to assume command of allied Southwest Pacific forces, and Gen. Jonathan Wainwright (1883–1953) took command. On 9 Apr. the Bataan force surrendered, with 45,000 Philippine and 9,300 American soldiers completing the famous death march, the rest having died in the Bataan fighting or on the march. The Japanese now turned on Corregidor Island, which dominated Manila Bay, and, after a fierce artillery bombardment, gained a beachhead, 5–6 May, forcing the surrender of all Philippine forces, 6 May.

WESTERN COUNTERATTACK IN THE MEDITERRANEAN

1940–45

AFRICA AND THE MIDDLE EAST. After the fall of France the British sank part of the French fleet at Oran, 3 July, 1940, to prevent it from falling into German hands. But an attempt by British and Free French forces to land at Dakar in West Africa, 23–25 Sept., failed. Meanwhile the Italians advanced 60 miles into

Egypt, 13–18 Sept. On 11 Nov. British planes severely damaged half the Italian fleet at Taranto. In Egypt the British finally counterattacked, 9 Dec., and achieved spectacular success, taking Bedafomm deep in Libya, 7 Feb., 1941; 130,000 prisoners were captured at a cost of only 555 British killed. Britain now halted the advance to aid Greece. Meanwhile British forces moved into Iraq, 17 Apr., to oust pro-Axis political leaders and reinstate a pro-western government, 31 May. To prevent any German take-over the British also defeated Vichy forces and occupied Syria, 8–14 June. In Eastern Africa the Italians had early success, capturing British Somaliland by 19 Aug., 1940. But in Feb. 1941 the British counterattacked, and by 6 Apr. had taken Addis Ababa. Italian resistance ended in the Horn of Africa, 27 Nov., with the fall of Gondar in Ethiopia.

CYRENAICAN CAMPAIGNS. Meanwhile Hitler had decided to form the Afrika Korps under Lt. Gen. Erwin Rommel (1891–1944), who arrived in Tripoli on 12 Feb., 1941. The speed of Rommel's 1st offensive caught the British flatfooted, and by 3 Apr. Benghazi had been retaken. Nevertheless the successful defense of outflanked Tobruk and the Egyptian border enabled the British to counterattack, 15 June. But the offensive failed almost immediately with the lopsided loss of 90 British tanks compared to 12 German. During the ensuing lull Britain and Russia, in order to forestall possible Axis intrigue and gain a Persian Gulf supply route to Russia, occupied Iran, mid-Sept. Finally the British again attacked, 18 Nov., and in fierce fighting pushed the Axis forces back to El Agheila by mid-Jan. 1942, but with a heavy loss of armor (750 British to 340 German tanks). At almost the same time, 1 Jan., 26 nations, including the U.S.A., Soviet Union, Britain, Free France, and China, signed the Declaration of the United Nations in Washington, promising an all-out effort against Germany, Italy, and Japan, and no separate peace.

EL ALAMEIN AND ALLIED NORTH AFRICAN LANDINGS. Rommel now drove the British back to the El Gazala–Bir Hacheim line, 21–28 Jan., where another pause followed. On 27 May his forces renewed the attack, meeting stubborn resistance. A German attack on Alam el Halfa, 31 Aug., was turned back. Eleven British divisions (3 armored) now opposed 13 Axis (4 German) divisions, 4 of which were armored (2 German). The British, under Lt. Gen. Bernard Montgomery (b. 1887), attacked, 23 Oct., and began to force Rommel back from El Alamein.

Far to the west an allied landing, 8 Nov., commanded by U.S. Gen. Dwight D. Eisenhower (1890–1969), soon seized Algiers, Oran, and Casablanca. On 10 Nov. Adm. Jean Darlan (1881–1942) ordered the end of French resistance in North Africa and called on the French fleet in Toulon to defect to the allies. But by the end of Nov. the Germans had occupied all of France and the fleet at Toulon had been scuttled by its crews. On 11 Dec. the Axis forces halted the allied advance at Medjez-el-Bab in Tunisia.

TUNISIAN CAMPAIGN. Churchill and Roosevelt met at the Casablanca Conference, 14–24 Jan., 1943, and decided to invade Sicily but delay the invasion of France, and to force unconditional surrender on the Axis powers. By now Hitler realized the gravity of his situation and rapidly built up his forces, as did the allies. On 14 Feb. Rommel attacked U.S. forces in Tunisia and seized the vital Kasserine Pass, 20 Feb., but soon, 22 Feb., was driven back through the Pass. To the east the British had continued to advance, seizing Benghazi, 20 Nov., and Tripoli, 23 Jan., 1943. On 7 Apr., 1943, allied troops, converging from east and west, linked up northeast of Gabès, and soon a final offensive, 4–13 May, captured 250,000 Axis troops, half of them German, trapped in Tunisia.

INVASION OF ITALY AND SOUTHERN FRANCE. At the Trident Conference (Washington, 12–25 May), Churchill and Roosevelt agreed to invade the Italian peninsula after Sicily, postponing the invasion of France to 1 May, 1944. The 350,000 Axis troops in Sicily included 75,000 Germans. The 1st major allied paratroop operation of the war was marred as the troop-carrying aircraft were fired on as they overflew the invasion fleet without prior clearance, but the resulting random landings confused the defenders. The 140,000-man seaborne landing had little difficulty, however, and by 17 Aug. had eliminated resistance. Allied casualties totaled 20,000, while Axis losses, including prisoners, numbered 165,000 (32,000 German).

On 25 July, 1943, Mussolini had been replaced by Marshal Pietro Badoglio (1871–1955) as premier of Italy, and on 3 Sept. a secret armistice was signed by Italy with the allies (announced 8 Sept.). The British 8th Army crossed the Strait of Messina, 3 Sept., and quickly moved north up the peninsula. On 9 Sept. the Taranto naval base fell, and on 11 Sept. the Italian fleet surrendered itself at Malta. The U.S. 5th Army landed at Salerno, 9 Sept., and by 1 Oct. had taken Naples. Meanwhile Sardinia, 19 Sept., and Corsica, 4 Oct., fell. On 13 Oct. Italy declared war on Germany, and by 8 Nov. the allies had reached the German Gustav Line defenses. A landing at Anzio, 22 Jan., 1944, to outflank the Germans proved abortive when the invaders delayed too long in consolidation, thus permitting the Germans to pen up the beachhead. The Gustav Line was not cracked until Monte Cassino fell, 18 May, when the advance again picked up momentum. Rome, declared an open city by the Germans, fell unscathed, 4 June. The allies reached the Gothic Line north of Florence, 11 Aug.

At the Teheran Conference, 8 Nov.–1 Dec., 1943, Roosevelt, Churchill, and Stalin agreed to follow up the Normandy invasion with a landing in southern France. Landings began, 15 Aug., 1944. Toulon and Marseilles were soon captured, and the allies moved up the Rhone to the Belfort Gap. Meanwhile the Gothic Line had been forced, 24 Aug.–28 Sept., though with heavy casualties. In Greece, after the German withdrawal, the British landed, 3 Oct., took Athens, 14 Oct., and put down a Communist-backed uprising. Back in Italy progress was slow until 9 Apr., 1945, when the allies launched an offensive which broke into the north Italian plain. The Germans began to collapse, and on 28 Apr. Mussolini and his mistress were killed and mutilated by partisans. On 2 May, 1945, the German commander in Italy unconditionally surrendered his 1 m. men, ending the war in the Mediterranean.

THE SECOND FRONT

1944

NORMANDY LANDINGS. The German Commander in Chief West, Field Marshal Karl von Rundstedt, possessed 58 divisions of varying quality. His 7th Army occupied Brittany and most of Normandy, and the 15th Army the Pas de Calais. Both armies formed Army Group B under Field Marshal Rommel. While Rundstedt preferred a mobile defense, Rommel believed that overwhelming allied air superiority would block reinforcements, and therefore built strong coastal defenses to stop the invaders on the beaches. The allies duped the Nazis into believing that the main invasion would come in the Pas de Calais and would be commanded by Gen. George S. Patton (1885–1945). The German 15th Army therefore waited vainly while the decisive battle was fought in Normandy.

Gen. Eisenhower's 45 divisions (2.9 m. men) were originally to land on 5 June, 1944, but bad weather led him, 4 June, to postpone the invasion to 6 June. At 6:30 A.M. American troops landed at Omaha Beach, where they met the toughest opposition encountered by any of the landings, and at Utah Beach, where resistance was the lightest. British and Canadian landings at Gold, Juno, and Sword beaches linked up with the American ones by the end of the day. By 27 June the Americans had taken Cherbourg and the British Bayeux, but the British were stalled before Caen. The U.S. 1st Army fought across the defensively ideal hedgerows, suffering heavy casualties, but took St.-Lô on 18 July. Assisted by heavy bombing, the British took half of Caen, 8 July, but an attack toward Falaise gained only 6 mi., 18 July. By this time well over a million allied troops had been landed, against no serious counterattack (because of the Calais ruse and complete allied air superiority).

BOMB PLOT OF JULY 20. Rommel had meanwhile been seriously injured by a strafing attack, 17 July, and remained unaware of a conspiracy which attempted to overthrow Hitler, 20 July. Col. Claus von Stauffenberg had placed a bomb in Hitler's conference room in the Wolfsschanze at Rastenburg, East Prussia. But a heavy wooden table beam saved Hitler from the full force of the explosion, and he retaliated with the execution of those involved and many merely suspected. Rommel was forced to take poison, and others were garroted on meat hooks.

THE BREAKOUT. Aided by a massive carpet (4,000 tons) of bombs, 25 July, U.S. forces drove a huge gap, 27 July, in the German lines near St.-Lô and seized Avranches, 31 July. A drive into Brittany captured St.-Malo, 17 Aug., and Brest, 18 Sept., but both ports had been very badly damaged by the retreating Germans. Meanwhile to the east Le Mans had been taken, 8 Aug., and in a desperate attack designed to cut off the allied advance the Germans struck at Mortain, 7 Aug., toward Avranches. The U.S. 3rd Army under Gen. Patton now turned north from Le Mans and neared Argentan, 13 Aug.

From the north the Canadian 1st Army reached Falaise, 17 Aug., leaving only the gap to Argentan through which the Germans trapped in the Falaise pocket could escape. The gap closed, 20 Aug., netting 50,000 prisoners. Gen Eisenhower, desiring to concentrate on purely military objectives, favored bypassing Paris, which Hitler ordered defended to its destruction. But Gen. Charles de Gaulle (b. 1890), leader of the Free French, wanted Paris for its prestige value and to establish his government there. Faced with a spontaneous uprising, the German commander in Paris, Gen. Dietrich von Choltitz (1894–1966), refused to destroy the city and made a truce with the rebels. Franco-American forces liberated Paris finally on 25 Aug., 1944, and allied troops reached the line of the Seine. The drive north up the Rhone Valley seized Lyons, 3 Sept., but the Germans succeeded in stabilizing this front at the Vosges Mountains. However, most of France was again in allied hands.

EAST ASIA AND THE PACIFIC

1942–45

THE BURMA ROAD. American naval victories in mid-1942 in the Pacific lessened the Japanese threat to India, but the U.S.A. and Britain were still faced with the problem of reopening the Burma Road to supply China. Work began, Dec. 1942, on a new road from Ledo in India across northern Burma to intersect with the old Burma Road near the Chinese border. Until the completion of the Ledo Road the only supply route to the Chinese was by air over the 500-mile Himalayan Hump between Assam Province in India and Kunming in China, a most dangerous and costly route. Meanwhile the British in Oct. 1942 launched an offensive in Burma which captured Maungdaw, 17 Dec., but failed to reach Akyab. In Feb. 1943 a specially trained British brigade, the Chindits, struck deep into the Burmese jungles, but were surrounded and lost a quarter of their 3,000 men before infiltrating back. The Japanese also counterattacked from Akyab, Mar., and retook the British gains around Maungdaw, May.

ALLIED POSTWAR PLANS FOR ASIA. At the Cairo Conference, 22–26 Nov., 1943, Roosevelt and Churchill met with Chiang Kai-shek and recognized China as one of the great allies, promising also to send more supplies across the Hump. The Cairo Declaration, 1 Dec., announced U.S., British, and Chinese resolve to strip Japan of all former Chinese territory—including Manchuria, Taiwan, and the Pescadores—and of all Pacific islands acquired since 1914, and to set up an independent Korea. During the Moscow Foreign Minister's Conference, Oct. 1943, Stalin had promised to enter the war against Japan once Germany had been beaten, and at the Teheran Conference, 28 Nov.–1 Dec., he confirmed this

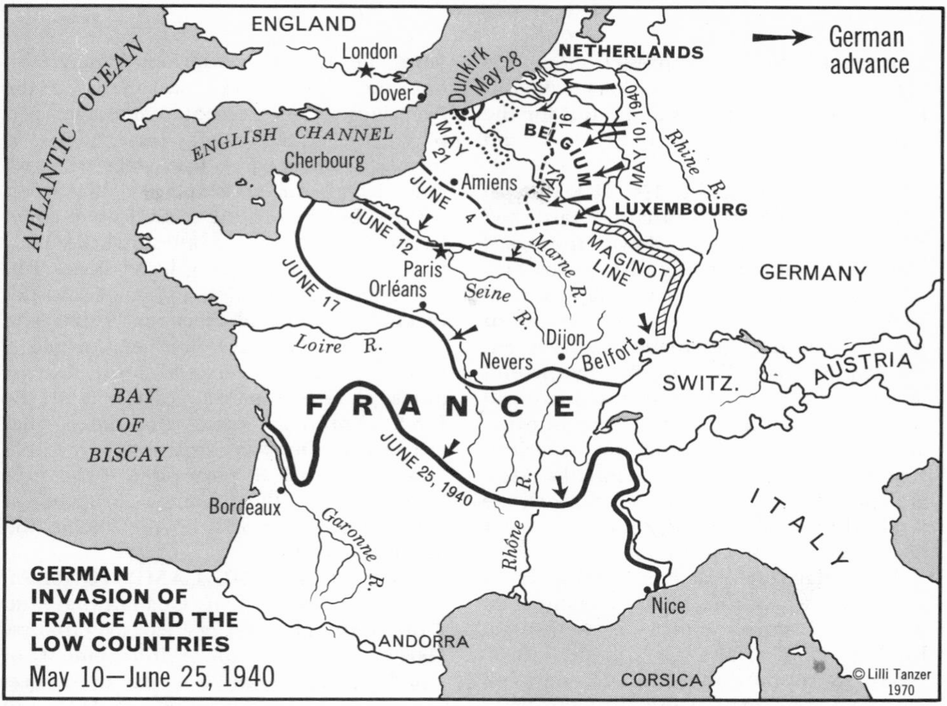

German advance
ENGLAND
London
Dover
Dunkirk May 28
NETHERLANDS
ATLANTIC OCEAN
ENGLISH CHANNEL
Cherbourg
MAY 21
MAY 16
MAY 10, 1940
BELGIUM
Amiens
JUNE 4
JUNE 12
LUXEMBOURG
Rhine R.
MAGINOT LINE
Paris
Marne R.
Orléans
Seine R.
JUNE 17
GERMANY
Loire R.
Dijon
Nevers
Belfort
SWITZ.
AUSTRIA
BAY OF BISCAY
FRANCE
JUNE 25, 1940
Bordeaux
Garonne R.
Rhône R.
ITALY
Nice
ANDORRA
CORSICA
© Lilli Tanzer 1970

GERMAN INVASION OF FRANCE AND THE LOW COUNTRIES
May 10—June 25, 1940

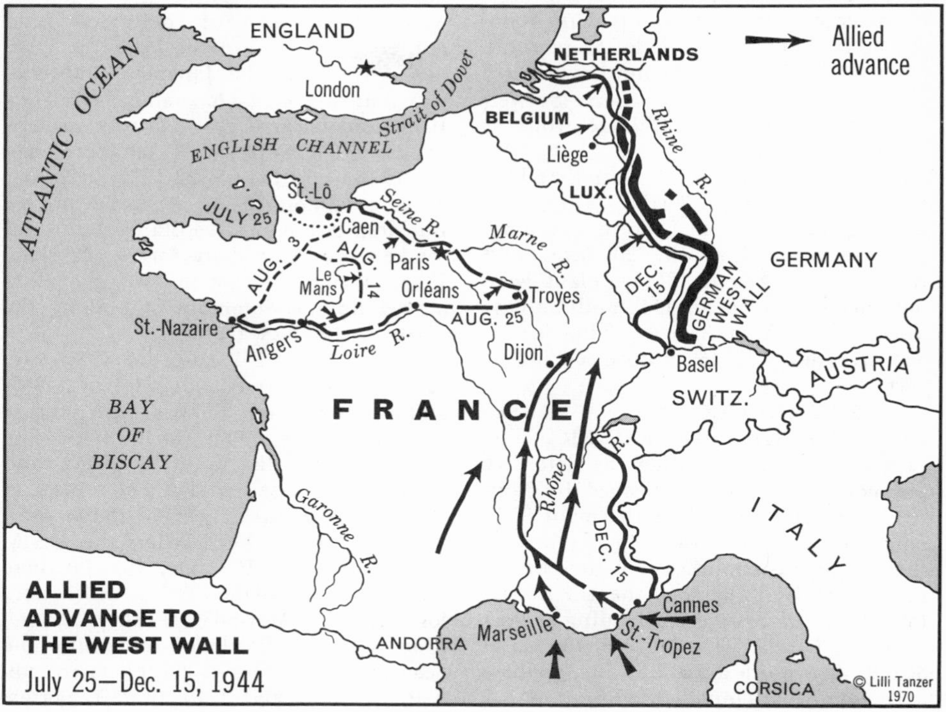

Allied advance
ENGLAND
London
Strait of Dover
NETHERLANDS
ATLANTIC OCEAN
ENGLISH CHANNEL
BELGIUM
Liège
Rhine R.
LUX.
St.-Lô
JULY 25
Caen
Seine R.
Marne R.
AUG. 3
AUG. 14
Paris
Le Mans
Orléans
Troyes
DEC. 15
GERMANY
GERMAN WEST WALL
AUG. 25
St.-Nazaire
Angers
Loire R.
Dijon
Basel
AUSTRIA
SWITZ.
BAY OF BISCAY
FRANCE
R.
Rhône
Garonne R.
DEC. 15
ITALY
Cannes
Marseille
St.-Tropez
ANDORRA
CORSICA
© Lilli Tanzer 1970

ALLIED ADVANCE TO THE WEST WALL
July 25—Dec. 15, 1944

agreement. He also expressed hope for the cession to Russia of southern Sakhalin Island and the Kurile Islands, and for the use of the Manchurian railways and Dairen.

ALLIED ADVANCE IN BURMA. In late Jan. 1944 the Japanese attacked British forces moving down the coast toward Akyab, but, despite early successes, the Japanese effort collapsed, and by Apr. the British were within 30 mi. of Akyab. Another Japanese offensive cut the Imphal road, 29 Mar., but by the end of June the Japanese, short of food and supplies, were in retreat. Meanwhile the allies pushed forward and the American version of the Chindits, Merrill's Marauders (5307th Composite Unit), took the vital Myitkyina airfield, but could not seize the town itself until 3 Aug.

The relatively inactive Chinese front flared up when the Japanese moved to eliminate a series of airfields established by U.S. Gen. Claire Chennault (1890–1958) to support the Chinese. Between Apr. and mid-Dec. all but 2 of the bases were taken and Japan had captured Chinese territory linking up with Indochina. U.S. efforts, mid-1944, to promote Chinese Nationalist-Communist military co-operation failed, and Gen. Stilwell was recalled from the Chinese front at Chiang's request.

The allied advance in Burma continued, taking Akyab, 3 Jan., 1945, and clearing the road from Ledo to Kunming, 20 Jan. Mandalay fell, 20 Mar., and Rangoon was taken, 3 May. Plans were now made to send all U.S. and Chinese forces in Southern Asia to China for an offensive designed to capture a Chinese port.

THE STRUGGLE FOR NAVAL SUPREMACY IN THE PACIFIC. The Japanese began expanding the defensive perimeter they had established by Mar. 1942 with the capture of the main Solomon Islands, May–June. Having broken the Japanese communications code before the outbreak of the war, the U.S.A. was forewarned of a projected landing at Port Moresby, Papua. The Battle of the Coral Sea, 8 May, was a draw, but the Japanese gave up the attempted landing. On 3–7 June the Japanese attacked Dutch Harbor and seized Kiska and Attu in the Aleutians. But intercepted messages prepared the U.S. for Japanese plans to invade Midway. The first wave of Japanese aircraft hit the island at 6:30 A.M. on 4 June, but before the second wave could attack U.S. torpedo planes struck. They were driven off, suffering heavy losses. But the defending Japanese fighters could not regain height, and between 10:20 and 10:25 A.M. U.S. dive bombers turned 3 Japanese heavy carriers into flaming hulks. A 4th Japanese carrier and the U.S.S. *Yorktown* were eliminated that afternoon. Due to Japanese overconfidence, and to U.S. possession of the code and some luck, the Japanese abruptly lost their naval superiority in the Pacific and never regained it.

PACIFIC ISLAND CAMPAIGNS. An American invasion of Guadalcanal and Florida islands, 8 Aug., led to Japanese alarm and the futile reinforcement of Guadalcanal. Japanese efforts to reassert their naval predominance failed, and during late Sept. and early Oct. the "Tokyo Express" of destroyers and cruisers moving at night built up Japanese forces. But the Japanese counterattack failed, 23–26 Oct., and by 9 Feb., 1943, Guadalcanal was entirely in U.S. hands. Meanwhile the Japanese had seized Buna in Papua, 22 July, 1942, and drove to almost 30 mi. of Port Moresby. But despite fanatical resistance Buna was retaken by Australian forces, 22 Jan., 1943. During the rest of 1943 the allies moved up the Solomons and along the north coast of New Guinea.

In the Central Pacific the U.S.A. invaded the Gilbert Islands, 21 Nov., 1943, and were met on Tarawa with suicide attacks that cost 1,000 Marine lives. The eastern Marshalls were by-passed and Kwajalein was seized, 1–8 Feb., 1944, as was Eniwetok, the largest of the western Marshalls, 18–23 Feb. When the U.S.A. invaded Saipan, 15 June, the Japanese sent out carrier planes, 227 of which were lost in the "Marianas Turkey Shoot." Moreover, this Battle of the Philippine Sea cost the Japanese 2 carriers to submarine attack and 1 to aircraft, permanently neutralizing the Japanese carrier force. Fanatical resistance on Saipan cost the U.S.A. 3,000 dead as opposed to 30,000 Japanese. Nearby Tinian was quickly taken, 24 July–1 Aug., and Guam also fell, 21 July–10 Aug.

RECAPTURE OF THE PHILIPPINES. The U.S.A. began her reinvasion of the Philippines with landings on Leyte, 20 Oct., but the naval Battle of Leyte Gulf almost turned the invasion into a disaster. While the U.S. fleet was decoyed away, the Japanese 1st Attack Force steamed through San Bernardino Strait and suddenly came upon a weak U.S. naval force. But instead of pressing the attack and destroying unprotected shipping in Leyte Gulf, the Japanese reversed direction. Despite heavy losses the Japanese reinforced Leyte, but to no avail, and by the end of 1944 the Leyte campaign was over. Japanese casualties numbered 70,000 to 16,000 American. Luzon was invaded at Lingayen Gulf, 9 Jan., 1945, and, despite bitter resistance, Clark Field and Fort Stotsenburg had been captured by 31 Jan. Manila was reached, 2 Feb., but the Japanese fought on in the capital for another month, and resistance continued in the interior until the end of the war. The result of Japanese suicide tactics was reflected in the relative casualties: 170,000 Japanese killed as against 8,000 Americans.

DEFEAT OF NAZI GERMANY

1943–45

GERMAN OFFENSIVE IN THE EAST: SPRING 1943. As usual, Hitler ordered planning for a spring offensive (Operation Citadel). Meanwhile the starving Polish Jews, crowded into Warsaw's ghetto preliminary to extermination, rose up in a desperate frenzy of the doomed, 6 May, 1943. Despite fierce resistance the 50,000 remaining inhabitants were wiped out by SS troops. Earlier, 13 Apr., the Germans had discovered the mass graves of the Poles executed by the Russians at Katyn, and when the Polish government in exile called for an investigation Stalin broke off relations. Hitler's offensive toward Kursk, 5–15 July, soon proved abortive.

SOVIET COUNTERATTACK. The Russians launched a counterattack, using a by now typical strategy of following a tremendous artillery barrage with a steamroller attack on a broad front. On 5 Aug. Soviet forces captured Orel and Byelgorod. Soon a broad gap opened in the German lines on this front, but Hitler maintained his policy of obstructing the timely withdrawal of German forces. When he did permit retreats, either it was too late or his troops were too exhausted to hold the planned line. By the end of Oct. the Russians had crossed the Dnieper and had cut off the German 17th Army in the Crimea. On 6 Nov. Kiev fell. By this time 5.6 m. Russians faced 4 m. Axis troops in the eastern theater. The Russians were far superior in quantity of tanks and artillery, and were more mobile, with wider-tracked tanks and U.S. 4-wheel-drive trucks. On 4 Jan., 1944, they crossed the 1939 border, at Sarny. An attack begun on 4 Mar. soon had them across the Bug, Dniester, and Prut rivers. When they halted in mid-Apr., they had reached the Carpathians.

ADVANCE INTO POLAND. To the north the previously static front near Leningrad was attacked, 15 Nov., 1943, and on 20 Nov. Novgorod was captured by the Russians. The Moscow-Leningrad railroad was cleared, and by 1 Mar. the Germans had been forced back to the Panther Line centered on Pskov, where they held. The next major Russian offensive surprised the Germans by striking Army Group Center, 22 June, 1944, which had sent most of its armor south. The German front disintegrated, and by 3 July Army Group Center had lost ⅔ of its divisions. On 29 July the Russians reached the Baltic Sea south of Riga and cut off Army Group North. Meanwhile a deep thrust, begun 13 July, took Lublin, 24 July, and then drove along the Vistula toward Warsaw. With the Russians on the outskirts and the Soviet "Kosciuszko" radio station calling for an uprising, the Polish underground took up arms to seize Warsaw, 1 Aug. But Stalin now saw an opportunity to let the German SS destroy a pro-western resistance movement, and made no further move to advance on the Polish capital. Not only did he refuse any support but he also banned western overflights (intended to drop supplies to the rebels) from landing in Soviet territory. After extremely bloody fighting which destroyed most of Warsaw, the Polish Home Army surrendered, 2 Oct.

Meanwhile Army Group Center had opened a corridor, mid-Aug., which permitted Army Group North to escape before the Russians counterattacked, 14 Sept. But when the Russians reached the Baltic north of Memel, 10 Oct., Army Group North was again cut off.

ADVANCE INTO THE BALKANS. In late Aug. a Russian offensive forced the collapse of the Axis southern front, and Rumania surrendered, 23 Aug., and declared war on Germany, 25 Aug. The Russians captured the Ploesti oil fields, 30 Aug.; Bucharest, 31 Aug.; and then invaded Bulgaria, 8 Sept., which also sued for peace and declared war on Germany. Outflanked, the Germans were forced to abandon Crete, Greece, and Albania. Belgrade fell, 20 Oct. The Horthy regime in Hungary had attempted, 15 Oct., to take Hungary out of the war, but the Nazis quickly installed a puppet regime. A Soviet-supported Hungarian government declared war on Germany, 29 Dec., but, although surrounded, the Germans fought on in Budapest.

To the north the Finns had been driven back to the 1940 frontier by mid-July 1944, and on 2 Sept. sued for peace (signed 19 Sept.). The German 20th Mountain Army now had to retreat into northern Norway. After several armed clashes the Finns gave up trying to disarm the Germans in accord with the Soviet armistice, and Finland declared war on Germany, 3 Mar., 1945.

ALLIED PURSUIT IN THE WEST. Gen. Eisenhower planned to advance on a broad front rather than try a daring breakthrough. His main effort was to be by Gen. Montgomery's 21st Army Group through Belgium into the Ruhr. In light of the apparent German collapse Eisenhower tried to satisfy Montgomery's demands for a strengthening of his forces by also sending the U.S. 1st Army north of the Ardennes. 21st Army Group captured Brussels, 3 Sept., 1944, and Antwerp, 4 Sept. Meanwhile the U.S. 1st Army took Mons, 3 Sept.; Liège, 7 Sept.; Luxembourg, 10 Sept.; and then crossed the German frontier, 11 Sept. South of the Ardennes, Gen. Patton's U.S. 3rd Army seized Rheims, 29 Aug.; Verdun, 31 Aug.; and crossed the Moselle south of Metz, 7 Sept.

Despite these reverses the Germans, through the use of 8 m. foreign laborers, were able to maintain an army of 10 m. men. German war production was still high, and Hitler looked for some miracle weapon like the jet plane (which he had earlier neglected) to save the Reich. On 25 Sept., 1944, he ordered the raising of a *Volkssturm* by calling up all able-bodied males between 16 and 60, thus mobilizing Germany's last manpower reserves.

The rapid allied advance now began to outrun its supplies, which could not be moved forward fast enough even by the one-way "Red Ball Express" truck route. Both Montgomery and Patton thought that their forces should receive the bulk of the available supplies to strike Germany a death blow. Eisenhower now authorized an airborne assault to leap the formidable Dutch river net along the lower Rhine (Operation Market) for 17 Sept. But the linking ground attack by the British 2nd Army (Operation Garden) was slowed by heavy resistance, so that the 1st Allied Airborne Army was badly mauled by enemy armor before it could be rescued. Meanwhile the Scheldt Estuary was finally cleared and the port of Antwerp opened, 28 Nov.

GERMAN ARDENNES OFFENSIVE. With the allied offensive bogged down, Hitler decided to attempt a last desperate counteroffensive through the Ardennes to Antwerp. Maintaining the greatest secrecy, and aided by fog, snow, and English-speaking infiltrators in allied uniforms, the German armored attack, 16 Dec., gained complete surprise. But although the Nazis surrounded the U.S. 101st Airborne Division at Bastogne and drove almost to Dinant, clearing weather, which permitted allied air strikes, and

German fuel shortages helped bring the offensive to a halt. The last phase of the Battle of the Bulge consisted of allied elimination of German gains, completed by the end of Jan. 1945. A lesser German attack in Alsace had little success, Jan. 1945, and the allies countered by reducing the German pocket around Colmar, 20 Jan.–9 Feb.

SLOWING OF THE GERMAN WAR MACHINE. With Germany's reserves spent, collapse was imminent. From Western European bases allied bombing was turning Germany into rubble. German oil production was down to a trickle, with tanks being hauled into action on the Eastern Front by oxen in order to save fuel. Chemical production was crippled, and artillery shells were ¾ filled with rock salt. Dwarfing the earlier fire bomb raid on Hamburg, 24 July–3 Aug., 1943, in which 50,000 were killed, a British incendiary raid on Dresden, 13–14 Feb., 1945, packed with refugees from the East, left 135,000 dead.

YALTA CONFERENCE. Meanwhile Roosevelt, Stalin, and Churchill met at Yalta in the Crimea, 4–11 Feb., 1945. Earlier, at the Quebec Conference, 12–16 Sept., 1944, Roosevelt and Churchill had accepted the proposal of U.S. Secretary of the Treasury Henry Morgenthau, Jr., that Germany be converted into "a country primarily agricultural and pastoral," but quickly abandoned this scheme as unrealistic. At Yalta Stalin suggested that Germany pay $20 billion in reparations through the dismantling of heavy industry, half the proceeds of which would go to war-ravaged Russia. There had never been any doubt among the Big 3 that Germany would be occupied after the war. The British Attlee Committee had, in 1943, devised a partition of Germany into 3 occupation zones and, during preliminary negotiations in 1944, the Soviets had adopted this plan as their own. At Yalta the same plan, except for the addition of a French zone created out of U.S. and British territory, was formally adopted. Berlin was also to be divided into sectors.

THE DRIVE FOR BERLIN. In the west the allies advanced toward the Rhine. Trier fell, 2 Mar., and Cologne, 7 Mar. To the south the Ludendorff railroad bridge at Remagen, which due to an error had not been blown up on time, was captured intact, 7 Mar. In the east Warsaw fell, 17 Jan., and a decisive breakthrough by the Russians reached to the Oder by the end of the month. By mid-Mar. Silesia and the right bank of the Oder had been cleared. Budapest was finally taken, 13 Feb., and the Russians continued into Austria, capturing Vienna, 13 Apr.

The western allies had meanwhile, by 25 Mar., cleared the Saar and Palatinate. Crossings were effected with increasing frequency all along the Rhine. The Ruhr was enveloped, 1 Apr., trapping 325,000 Germans. The advance was now extremely rapid and resistance light, except in a few diehard areas like the Harz Mountains, Kassel, and Heilbronn. In the Netherlands the Germans stubbornly held on and, to prevent the imminent starvation of the Dutch, an agreement, 22 Apr., was made halting the fighting and promising allied food for the inhabitants in return for German agreement not to flood the country. False rumors of a Nazi "National Redoubt" in the Alps led to a drive south. On 22 Apr. Stuttgart fell, on 30 Apr. Munich, and on 4 May Salzburg and Pilsen. No effort was made to seize the Czech capital of Prague, although, unlike Germany, no agreement on zones of occupation had been made.

GÖTTERDÄMMERUNG. The final Soviet offensive encircled Berlin by 24 Apr. Hitler ordered a desperate last-ditch stand, seeing in the death of Roosevelt, 12 Apr., 1945, the counterpart of the demise of Czarina Elizabeth, which disrupted the coalition facing Frederick the Great in the 7 Years' War. Hitler's scorched-earth orders were generally disregarded. But when Marshal Göring radioed a suggestion that he take charge of the government in place of the trapped Führer, Hitler had him arrested for treason. Adm. Dönitz was then designated by Hitler in his will as his successor. Blaming defeat on an unworthy German people, Hitler committed suicide, 30 Apr. Berlin fell, 2 May. Mean-

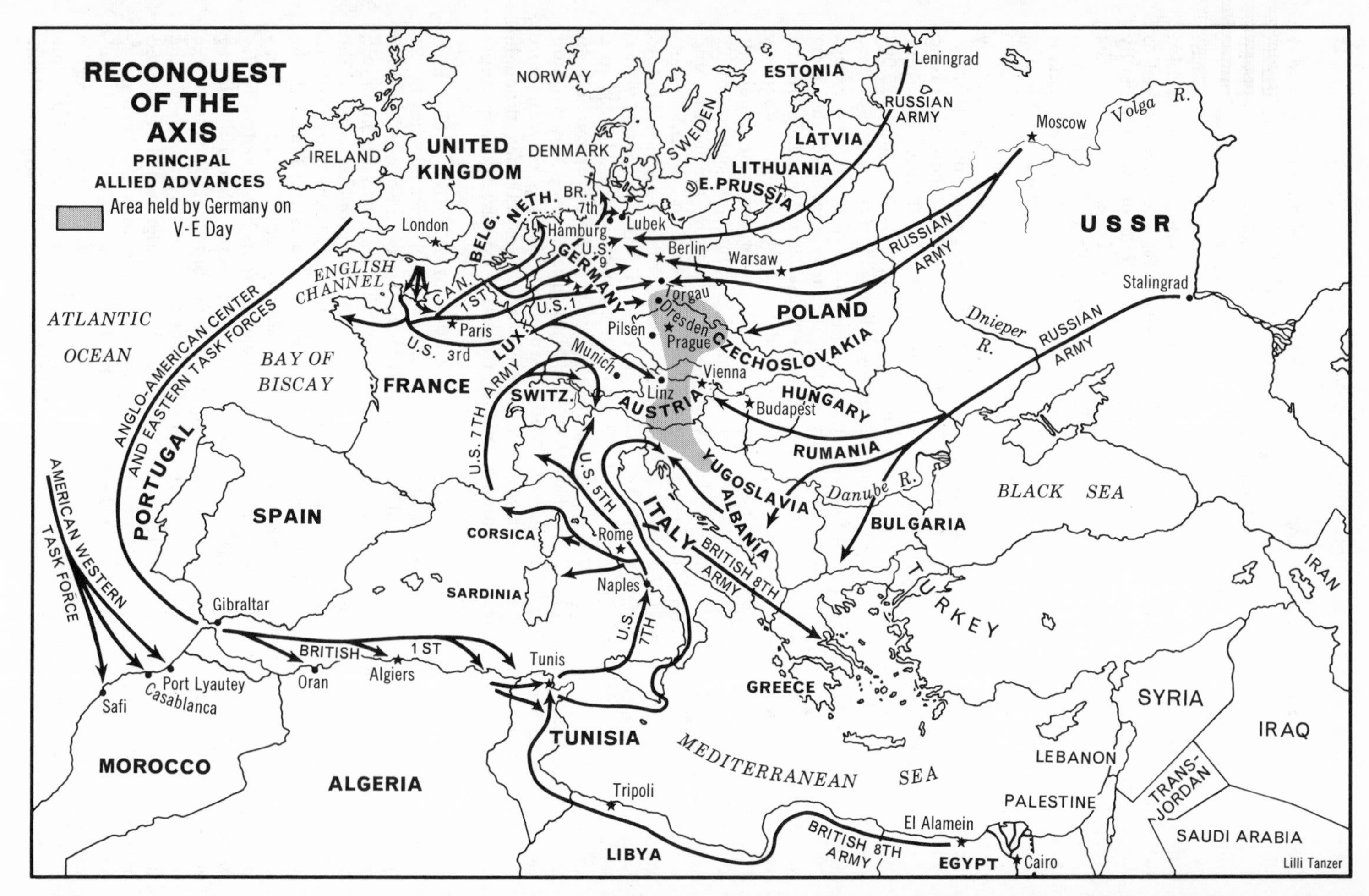

RECONQUEST OF THE AXIS
PRINCIPAL ALLIED ADVANCES
Area held by Germany on V-E Day
NORWAY
ESTONIA
Leningrad
RUSSIAN ARMY
LATVIA
Moscow
Volga R.
IRELAND
UNITED KINGDOM
DENMARK
SWEDEN
LITHUANIA
E. PRUSSIA
USSR
London
BELG.
NETH.
BR. 7th
Lubek
Hamburg
U.S. 9
Berlin
Warsaw
RUSSIAN ARMY
ENGLISH CHANNEL
CAN.
1ST
GERMANY
U.S. 1
Torgau
Stalingrad
ATLANTIC OCEAN
ANGLO-AMERICAN CENTER AND EASTERN TASK FORCES
Paris
U.S. 3rd
LUX.
Pilsen
Dresden
Prague
POLAND
Dnieper R.
RUSSIAN ARMY
BAY OF BISCAY
FRANCE
U.S. 7TH ARMY
Munich
SWITZ.
Linz
Vienna
CZECHOSLOVAKIA
AUSTRIA
Budapest
HUNGARY
RUMANIA
PORTUGAL
SPAIN
U.S. 5TH
YUGOSLAVIA
Danube R.
BLACK SEA
AMERICAN WESTERN TASK FORCE
CORSICA
Rome
ITALY
ALBANIA
BULGARIA
SARDINIA
Naples
BRITISH 8TH ARMY
TURKEY
IRAN
Gibraltar
BRITISH
1 ST
U.S. 7TH
Tunis
Oran
Algiers
Port Lyautey
Casablanca
Safi
GREECE
SYRIA
IRAQ
TUNISIA
MEDITERRANEAN SEA
LEBANON
MOROCCO
ALGERIA
Tripoli
PALESTINE
TRANS-JORDAN
SAUDI ARABIA
El Alamein
BRITISH 8TH ARMY
LIBYA
EGYPT
Cairo
Lilli Tanzer

while the world was exposed to a series of shocks by the uncovering of Hitler's extermination camps. Dönitz, concerned to prevent German troops from falling into Russian hands, encouraged local surrenders such as those in Italy, Denmark, and the Netherlands, 4 May, and in Bavaria by Army Group G, 5 May. But Eisenhower demanded simultaneous surrender on both fronts of the remainder, threatening to halt any further westward flow of refugees and soldiers. The Germans signed an unconditional surrender on 7 May. Victory in Europe (V-E) Day was proclaimed, 8 May, and a 2nd surrender ceremony took place in Berlin with the Russians present on 9 May, 1945. All Western Europe was now free of Axis control.

CASUALTIES. Greater than the enormous material losses of the European war was the human loss. Soviet dead amounted to some 20 m. (7 m. military). Including *Volksdeutschen,* the Germans lost 6.5 m. lives (3.5 m. military). 4.5 to 6 m. Jews were exterminated at Hitler's order. In Nazi-occupied Europe, Poland, with its large Jewish population, and Yugoslavia, where heavy guerrilla fighting and atrocities against the Serbs took place, suffered the highest casualties. The U.S. lost 405,000, Britain 330,000, and France 270,000 total military dead, primarily in the European theater.

THE DEFEAT OF JAPAN

1945

DRIVE ON THE JAPANESE HOMELAND. The captured Mariana Islands (Guam, Tinian, and Saipan) furnished bases for increasingly heavy air raids on Japan. The next step was to invade Iwo Jima, 19 Feb., 1945, to provide an intermediate base for emergency bomber landings and fighter cover. Marines raised the U.S. flag on Mount Suribachi, 23 Feb., and organized resistance on Iwo (the most strongly fortified island subdued by U.S. forces during the war) ended on 16 Mar. Practically the entire 22,000-man Japanese force fought to the death, while 6,800 Americans were killed. Okinawa, the largest island in the Ryukyus, on the edge of the Japanese homeland, was the next U.S. target. The assault began, 1 Apr., with the Japanese defending at inland positions rather than on the beaches. *Kamikaze* (divine wind) aircraft raids against supporting U.S. naval forces caused some losses but never seriously threatened the invasion. On 7 Apr. the Japanese Imperial Navy committed hara-kiri when, with the last 2,500 tons of fuel available to it, a suicide attack was mounted off Okinawa. The battleship *Yamato* and 4 destroyers were sunk at a cost of only 10 U.S. planes.

BOMBING OF JAPAN. Mass B-29 (range: 1,600 miles) high-altitude precision air raids on Japan, begun in Nov. 1944 from the Marianas, had poor results. But 21st Bomber Command switched to low-level attacks, and then turned to incendiary raids on Japanese cities with their numerous wooden structures. The 1st night fire bombing raid, 9 Mar., 1945, on Tokyo seared nearly 16 sq. mi. of the city and killed 83,793 persons. Similar attacks spread all over Japan, and Japanese air defense was so poor that soon the Americans were dropping warning leaflets in advance.

POTSDAM CONFERENCE. Meanwhile at the Yalta Conference, 4–11 Feb., 1945, in return for Soviet entry into the Japanese war after Germany's defeat, the USSR had been promised southern Sakhalin, the Kuriles, a lease of Port Arthur, pre-eminence in an internationalized Dairen, and the use of the Manchurian railways. After the fall of Okinawa the Japanese government began to seek a way out of the war, and secretly asked the Soviet Union to mediate. But the Russians stalled, and at the Potsdam Conference, 17 July–2 Aug., 1945, President Harry S Truman (b. 1884) only learned of these feelers second hand from Churchill. (Churchill's Conservative Party was defeated in a British election, 26 July, and Clement Attlee [1883–1967] became prime minister, leaving Stalin the last of the Big 3 war leaders.) The Potsdam Declaration, published on 26 July, called

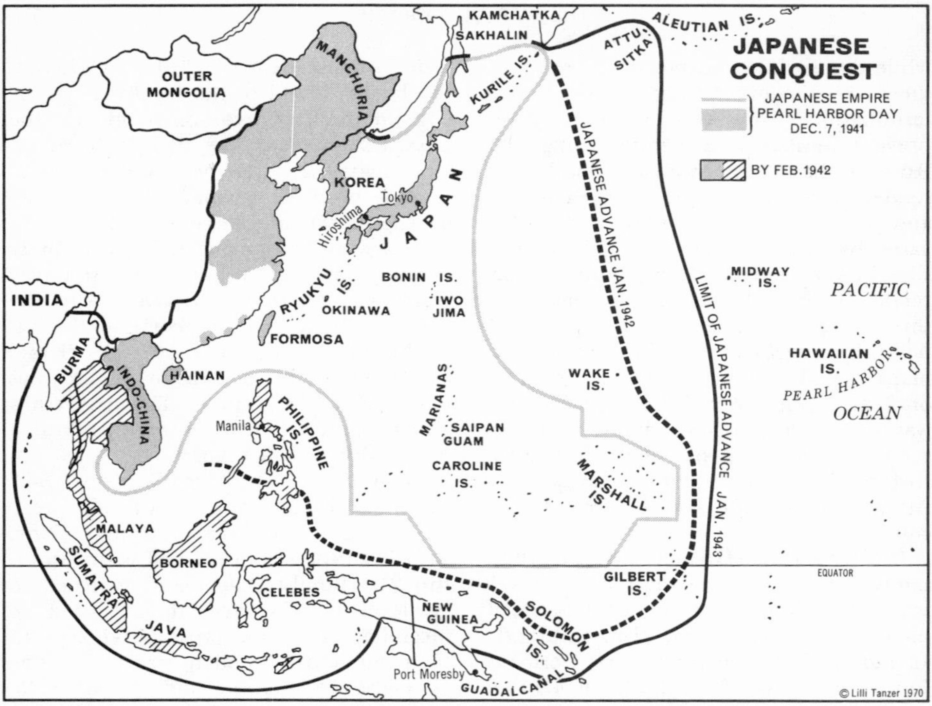

JAPANESE CONQUEST
JAPANESE EMPIRE PEARL HARBOR DAY DEC. 7, 1941
BY FEB. 1942
KAMCHATKA
ALEUTIAN IS.
SAKHALIN
ATTU
SITKA
KURILE IS.
OUTER MONGOLIA
MANCHURIA
KOREA
Tokyo
Hiroshima
JAPAN
JAPANESE ADVANCE JAN. 1942
LIMIT OF JAPANESE ADVANCE JAN. 1943
RYUKYU IS.
BONIN IS.
OKINAWA
IWO JIMA
FORMOSA
MIDWAY IS.
PACIFIC
OCEAN
INDIA
BURMA
INDO-CHINA
HAINAN
PHILIPPINE IS.
Manila
MARIANAS
SAIPAN
GUAM
WAKE IS.
HAWAIIAN IS.
PEARL HARBOR
CAROLINE IS.
MARSHALL IS.
MALAYA
BORNEO
SUMATRA
CELEBES
JAVA
NEW GUINEA
Port Moresby
SOLOMON IS.
GUADALCANAL
GILBERT IS.
EQUATOR
© Lilli Tanzer 1970

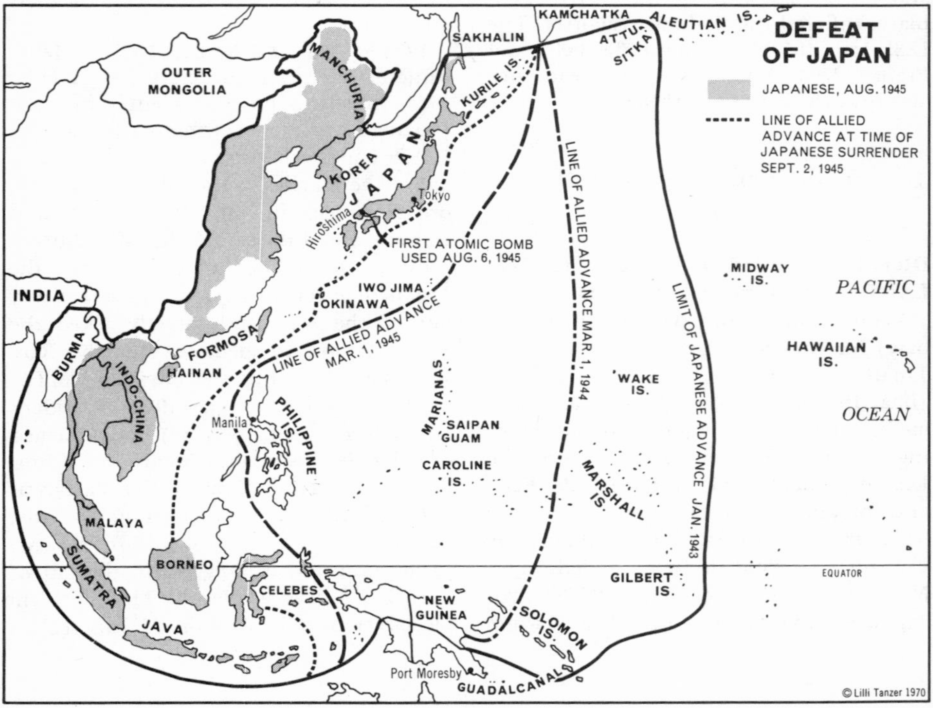

DEFEAT OF JAPAN
JAPANESE, AUG. 1945
LINE OF ALLIED ADVANCE AT TIME OF JAPANESE SURRENDER SEPT. 2, 1945
KAMCHATKA
ALEUTIAN IS.
SAKHALIN
ATTU
SITKA
KURILE IS.
OUTER MONGOLIA
MANCHURIA
KOREA
JAPAN
Tokyo
Hiroshima
FIRST ATOMIC BOMB USED AUG. 6, 1945
LINE OF ALLIED ADVANCE MAR. 1, 1944
LIMIT OF JAPANESE ADVANCE JAN. 1943
IWO JIMA
OKINAWA
FORMOSA
LINE OF ALLIED ADVANCE MAR. 1, 1945
MIDWAY IS.
PACIFIC
OCEAN
INDIA
BURMA
INDO-CHINA
HAINAN
PHILIPPINE IS.
Manila
MARIANAS
SAIPAN
GUAM
WAKE IS.
HAWAIIAN IS.
CAROLINE IS.
MARSHALL IS.
MALAYA
BORNEO
SUMATRA
CELEBES
JAVA
NEW GUINEA
Port Moresby
SOLOMON IS.
GUADALCANAL
GILBERT IS.
EQUATOR
© Lilli Tanzer 1970

for immediate Japanese capitulation and spelled out the terms of unconditional surrender.

JAPANESE SURRENDER. Since 1942 the U.S. "Manhattan Project" had been working to develop an atomic bomb, and the 1st was exploded at Alamogordo, N.M., on 16 July, 1945. When the Japanese balked at surrendering with the emperor's status unclear, the Hiroshima bomb was dropped, 6 Aug., 1945, killing 71,379 people. On 8 Aug. Stalin declared war, and Russian forces invaded Manchuria, Korea, and southern Sakhalin. The Japanese had, since Okinawa, been withdrawing to the Chinese coast in order to free troops for the defense of the home islands, so the Russians met little resistance. On 9 Aug. another atomic bomb was dropped, this time on Nagasaki. The Japanese now sued for peace. But the atom bombs were only the final blow, for the vulnerable Japanese economy was reduced to a shambles, due not only to air attack but even more to the destruction by submarines of Japan's merchant marine. The formal surrender of the Japanese Empire took place, 2 Sept., 1945, aboard the U.S. battleship *Missouri,* and the 5-m.-strong Japanese army was quickly disarmed. Total military casualties in the Asian war were much lighter than in Europe, with 2.2 m. Chinese dead, 1.5 m. Japanese, and 55,000 Americans.

THE POSTWAR WORLD, 1945–1968

The New Europe

RECONSTRUCTION AND CHANGE IN THE WEST

France

1945–58

FOUNDING OF THE 4TH REPUBLIC. Following the nationalization of the coal mines, 14 Dec., 1944, the provisional government of Charles de Gaulle created the Comités d'Entreprises, 22 Feb., 1945, and Air France, 26 June, and passed social security legislation, 11 Oct. It also purged Vichy collaborators: Pétain was sentenced to death, 14 Aug. (sentence later commuted to detention for life), and Pierre Laval (b. 1883) was executed, 16 Oct. Elections were held for an assembly, 21 Oct.: the Communists and the United Movement of the French Resistance won 152 seats; the Socialists 152; the new Popular Republican Movement (MRP), founded by Georges Bidault (b. 1899), 141; and other groups 110. De Gaulle was elected head of the provisional government, 13 Nov., with Bidault as foreign minister, René Pleven (b. 1901) finance minister, and the Communist leader Maurice Thorez (1900–1964) minister of state.

ECONOMIC LEGISLATION. On 21 Dec. plans were announced for the establishment of a Planning Commission; Jean Monnet (b. 1888) was named to head it, and the 1st plan was published, 3 Jan., 1946. On 25 Dec., 1945, the franc was devalued, the new rate being frs. 119.1 to (U.S.) $1. On 1 Jan., 1946, the Bank of France was nationalized. On 20 Jan. de Gaulle abruptly resigned, protesting against the weakness of the executive in the proposed constitution, and a new Socialist, MRP, and Communist coalition was formed. On 8 Apr. the gas and electricity industries were nationalized, followed by insurance, 25 Apr., and credit, 17 May.

THE SEARCH FOR STABILITY. The new constitution, providing for an all-powerful National Assembly, was rejected by referendum, 5 May, and on 2 June a new Constituent Assembly was elected, with the MRP as the largest bloc. Bidault formed a new coalition. On 16 June, de Gaulle made a speech at Bayeux, in which he decried party factionalism and called for a presidential type of government. A new constitution with a weak executive was, however, adopted by referendum, 13 Oct. After elections in Oct., from which the Communists emerged as the largest party, Vincent Auriol (1884–1966) was elected president of the Republic, 16 Jan., 1947. On 14 Apr., 1947, de Gaulle formed the Rally of the French People (RPF). Failing to hold down prices—by Jan. 1948 the price level was 13 times that of 1939—the government was faced with frequent strikes for higher wages, which it resisted. Finally, the Communists supported a strike of Renault auto workers, Apr., and joined a no-confidence vote against the government, 4 May. On 9 May Communist cabinet ministers were dismissed. A new liberal statute for Algeria was voted, Aug., but was not implemented. In municipal elections held in Oct. the **RPF**

emerged as the main party, and de Gaulle called for new general elections. The center parties replied by creating a "Third Force" of parties hostile to both Communists and RPF. On 26 Jan., 1948, the franc was again devalued, to frs. 214.4 to $1. In new elections, 17 June, 1951, the Third Force parties gained 404 out of 625 seats.

DECLINE OF THE 4TH REPUBLIC. The MRP proposed a law designed to give financial aid to Catholic schools, Sept. 1951, but Radicals and Socialists opposed it. The law (Loi Barangé) was eventually passed with MRP and RPF votes. Antoine Pinay (b. 1891) formed a new cabinet, May 1952, preaching financial austerity, and the "Pinay Miracle" (the achievement of national economic health) followed. Divisions of opinion on the conduct of the Indochinese war and on the proposed European Defense Community (EDC) provoked frequent ministerial crises, until on 18 June, 1954, Pierre Mendès-France (b. 1907) became premier on a pledge to end the war. This he

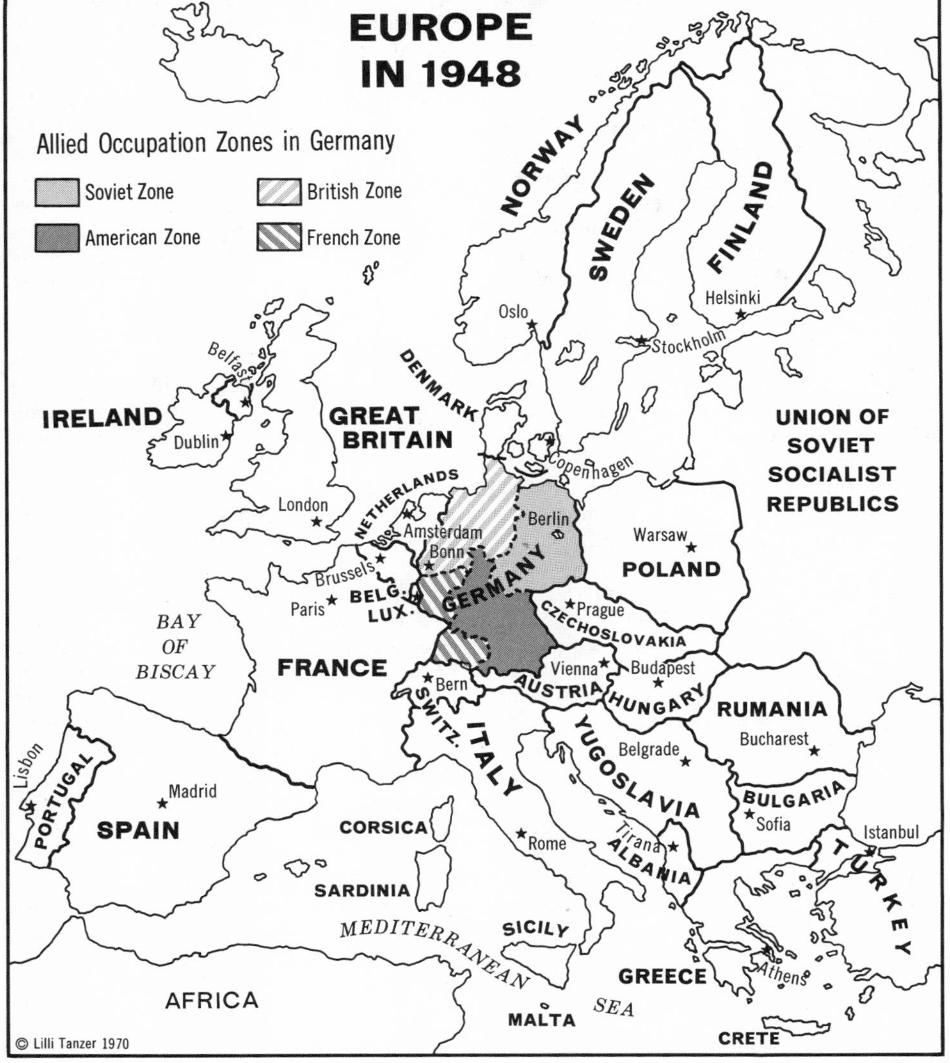

succeeded in doing, but on 1 Nov. rebellion broke out in Algeria. Mendès-France's government fell, 5 Feb., 1955. In elections held on 2 Jan., 1956, Pierre Poujade (b. 1920), leading a new party of small businessmen, won 13% of the votes. The Socialist Guy Mollet (b. 1905) formed a new cabinet. He at once visited Algiers, but his conciliatory statements provoked settler opposition. Reversing himself, he adopted a hard line, dispatching military reinforcements to Algeria. On 30 Oct., 1956, Mollet joined British Prime Minister Eden in sending an ultimatum to Egypt (the Suez Crisis). Facing increasing financial problems and with no success in Algeria, Mollet's government fell, 21 May, 1957. Succeeding governments were no more successful in dealing with the problem. On 13 May, 1958, settlers in Algeria, suspecting that the government was preparing to make a deal with the nationalists, rebelled, and were soon calling for the return of de Gaulle.

RECALL TO POWER OF DE GAULLE. As revolt spread throughout Algeria and to Corsica, de Gaulle was invested as prime minister, 1 June, with power to rule by decree for 6 months and to draw up a new constitution. He visited Algiers, but spoke in generalities. A commission under Gaullist Michel Debré (b. 1912) was set up to draft the new constitution. The draft of this document, providing for a strong presidency, was adopted by referendum, 28 Sept., in France and in all French overseas possessions except Guinée; it replaced the French Union with the French Community. A new National Assembly was elected, Nov., the new Gaullist "Union for the New Republic" (UNR) winning 189 out of 465 seats and the Communists only 10. De Gaulle was elected president, 21 Dec.

1959–68

THE 5TH REPUBLIC. Finance Minister Pinay devalued the franc, 27 Dec., to frs. 493 to $1. Debré was appointed prime minister, 8 Jan., 1959. On 16 Sept. de Gaulle recognized the right of the Algerians to self-determination, and launched the Constantine Plan. On 24 Dec. a new law vastly increased state aid to Catholic schools. In Jan. 1960 discontented army officers staged a revolt in sympathy with the settlers in Algeria, but it was soon put down. A referendum, 8 Jan., 1961, endorsed the principle of Algerian self-determination. In Apr. there was another army revolt, which also collapsed, and de Gaulle invoked emergency powers. The war in Algeria and the increasing violence led to widespread protests in France. In the fall of 1961 the settler Secret Army Organization (OAS) began a campaign of terror in France and Algeria. A referendum, 8 Apr., 1962, endorsed agreements reached at Évian, and Algeria became independent, 3 July.

THE GAULLIST REGIME. On 14 Apr., 1962, Georges Pompidou (b. 1911) replaced Debré as prime minister. The opposition, protesting a planned referendum for the direct election of the president, defeated the government, which resigned, 6 Oct. In the referendum on 28 Oct., however, the voters endorsed direct presidential elections. In national elections in Nov. Gaullists gained an overall majority. During Mar.–Apr. 1963 there was a wave of strikes calling for higher wages, and on 21 Apr. the government announced a price freeze, followed by a stabilization plan, Sept., to counter inflation.

In June 1965 proposals for a federation of non-Communist left-wing parties proposed by Socialist presidential candidate Gaston Defferre (b. 1910) failed, and Defferre withdrew. In the presidential elections, Dec. 1965, de Gaulle only beat François Mitterand (b. 1916) in a runoff. In Dec. 1966, Socialists and Communists agreed to co-operate in national elections. In the elections held in Mar. 1967 the Gaullists won a slim majority. The government acquired power to make certain economic and social changes by decree for 6 months.

MAY 1968 RIOTS. In May 1968 student rioting, beginning 2 May at the new Faculty of Letters at Nanterre and spreading to the Sorbonne and to provincial universities, touched off a month-long social and economic crisis. The students, led by Daniel Cohn-Bendit (b. 1945), protested against police brutality and called for a radical transformation of French society and for educational reforms. They rioted repeatedly, setting up barricades in the Latin Quarter and fighting with police. They occupied the Sorbonne from 14 May to 16 June. Workers went on strike for one day, 13 May, in sympathy with the students, then more extensively, demanding fewer working hours and higher minimum wages. By 20 May, 7–10 m. workers (1/3 of France's labor force) were on strike and transportation, communications, and production were at a standstill. On 24 May, de Gaulle proposed a referendum to decide upon his continuance in office. The "general strike" began to break, 31 May, as workers began making wage settlements with their employers. Normalcy was reachieved only on 6 June.

RETENTION OF POWER BY DE GAULLE. Parliamentary elections were held 23 and 30 June instead of the proposed referendum. De Gaulle's Union for the Defense of the Republic won an absolute majority for the 1st time, taking votes away from the Communists and from Mitterand's Federation of the Democratic and Socialist Left. On 10 July Maurice Couve de Murville (b. 1907) replaced Pompidou as premier. On 11 Oct. a sweeping educational reform bill was passed, decentralizing the university system and providing for student participation in academic administration. A monetary crisis developed, caused by the "events of May" and the ensuing flight of capital. On 24 Nov., de Gaulle refused to devalue the franc, but announced instead a program of austerity: a wage and price freeze, budgetary cuts, and better administration of the tax laws.

Great Britain and Ireland

1945–63

LABOUR ELECTION WIN. In the elections of 5 July, 1945, the Labour Party won a landslide victory on a platform of full employment, social reform, and nationalization of key industries. Clement Attlee (1883–1967) became prime minister, Ernest Bevin (1881–1951) foreign secretary, Hugh Dalton (1887–1962) chancellor of the exchequer, Herbert Morrison (1888–1965) leader of the House of Commons, and Aneurin Bevan (1897–1960) minister of health. The sudden ending of lend-lease, announced by the U.S.A. on 24 Aug., made rapid demobilization essential. Faced with a massive housing shortage, the government took compulsory purchase powers. The U.S.A. granted Britain a loan of $3,750 m., 6 Dec.

NATIONALIZATION LEGISLATION. The nationalization of the Bank of England became effective 14 Feb., 1946, and that of civil aviation 1 Aug. The harsh winter of 1946–47 provoked a severe fuel crisis. The Transport Act of 1947 nationalized railroads, canals, and the trucking industry. On 1 Jan., 1948, the coal industry was nationalized. On 5 July, 1948, the National Health Service began, providing free medical care for all. In response to continuing adverse trade balances the government devalued the pound sterling by 1/3, 18 Sept., 1949. In elections held on 23 Feb., 1950, Labour retained a bare majority. The steel industry was nationalized, 15 Feb., 1951. On 16 Apr. Bevan and Harold Wilson (b. 1916) resigned in protest against the rearmament program.

CONSERVATIVE RETURN TO POWER. Elections held on 25 Oct., 1951, were won by the Conservatives. Churchill returned to power as prime minister with Eden as foreign secretary and R. A. Butler (b. 1902) as chancellor of the exchequer. Faced with a new balance of payments problem, the government imposed higher taxes and cut construction programs. On 6 May, 1953, road transport was denationalized, and iron and steel followed suit, 13 July. Food rationing ended, 4 July, 1954. After improving during 1953–54, the payments position worsened in 1955 as speculation began on a return to sterling convertibility. On 5 Apr., 1955, Churchill retired and was replaced by Eden, with Harold Macmillan (b. 1894) as foreign secretary. The Conservatives increased their majority in elections held on 26 May. On 7 Dec. Attlee resigned and was succeeded by Hugh Gaitskell (1906–63) as Labour Party leader. The discount rate had again to be raised, 1956. Eden resigned, 9 Jan., 1957, following the Suez war, and Macmillan succeeded him. On 4 Apr. new defense plans were announced ending the draft and reducing the armed forces to 375,000 men. During 1958 there emerged a Campaign for Nuclear Disarmament, led by Bertrand Russell (b. 1872) and seeking British renunciation of atomic weapons. The issue figured in the elections of 8 Oct., 1959, which the Conservatives won, but not until Oct. 1961 did Labour finally reject nuclear disarmament as a party policy.

ECONOMIC POLICY. In Apr. 1960 the government instituted a credit squeeze, and in July 1961 called for a wage pause, simultaneously again raising the discount rate. On 20 Dec., 1960, plans for a drastic reorganization of the railways were announced. A rapidly growing rate of Commonwealth immigration led the government to impose controls, 27 Feb., 1962. In July 1962, in the wake of by-election losses, Macmillan shuffled his cabinet, making Reginald Maudling (b. 1917) chancellor of the exchequer. In Jan. 1963 Harold Wilson was elected leader of the Labour Party. During the spring of 1963 the government was badly shaken by a series of spy leaks and associated scandals, notably the "Profumo Affair." On 10 Oct. Macmillan resigned and Sir Alec Douglas-Home (b. 1903) replaced him.

REPUBLIC OF IRELAND. With the coming of peace, normal relations between Ireland and Britain were gradually restored. On 31 May, 1948, prewar trade links were re-established. In elections held on 4 Feb., 1948, de Valera's Fianna Fáil emerged as the largest party, but de Valera rejected a coalition, and Fine Gael leader John Costello (b. 1891) became premier. On 21 Dec., 1948, a law was passed withdrawing Ireland from the Commonwealth, and the Republic of Ireland was proclaimed, 17 Apr., 1949. Following new elections, May 1951, de Valera became premier, but was replaced by Costello in 1954. Costello's coalition was divided over economic policy and what attitude to adopt toward the I.R.A. (Irish Republican Army), which used terrorism to advance the reunion of Northern Ireland and the south. De Valera returned to power, Mar. 1957, and was elected president, 17 June, 1959. Sean Lemass (b. 1899) became premier and James Dillon (b. 1902) leader of the opposition. Slow moves began toward normalizing relations with Northern Ireland.

1964–68

2ND POSTWAR LABOUR GOVERNMENT. In elections held on 15 Oct., 1964, Labour won a narrow victory, and Wilson became prime minister with George Brown (b. 1914) as his deputy. The new government was faced with a massive sterling crisis, halted for the time being by large borrowings from the International Monetary Fund. On 26 Oct. a 15% surcharge was imposed on imports. In Sept. 1965 a national development plan was published. On 2 Nov. the Race Relations Act went into effect, outlawing racial discrimination in public. New elections, Mar. 1966, increased Labour's majority. Following yet another run on sterling, the government imposed a freeze on all wage increases, July, and cut expenditure heavily. Unemployment figures began to rise.

The steel industry was renationalized, 28 July, 1967. Both in 1963 and in 1967 de Gaulle vetoed British entry into the EEC, ECSC, and Euratom. The sterling crisis worsened and the pound was devalued, 18 Nov., 1967, to £1=$2.40. The Bank of England's discount rate was raised to 8% and government spending was reduced in order to restore confidence in the pound.

Germany

1945–49

DIVISION OF GERMANY. On 5 June, 1945, the allied powers occupying the 4 zones into which Germany had been divided constituted themselves the supreme authority in Germany. A 3-power conference at Potsdam, 17 July–2 Aug., decreed the extirpation of Nazism, the abolition of Nazi organizations and laws, the disbandment of German armed forces, the trial of war criminals, and allied control of education, democratization, and decentralization of government.

POLICIES IN THE ZONES. The borders between the occupation zones tended rapidly to become frontiers and each zone self-sufficient, as each occupying power carried out the Potsdam agreements in its own way. The French sought the separation of the Ruhr and the Rhineland from Germany. In Nov. 1945 the British took over the Ruhr mines and Krupp factories. In the Russian zone the Communist Party flourished under Wilhelm Pieck (1876–1960) and Walter Ulbricht (b. 1893). On 20 Dec. the Communists and Socialists in the Russian zone merged to form the Workers' Party, but Socialists in other zones refused to be associated with it. The Russians confiscated all landholdings over 100 hectares in size, dissolved the big trusts, and removed goods and machinery to the Soviet Union as reparations. The British and Americans united their zones economically to form the "bizone," 1 Jan., 1947. The U.S.A. made Bavaria the first German-controlled area, June 1947; it was soon followed by the united state of Baden-Württemberg and an enlarged Hesse. By the end of 1947 each zone had an elected government. Faced with severe shortages of food and housing, unemployment, and an influx of refugees from the east (c. 10 m. by 1947), the U.S.A. and Britain steadily modified limitations on German industry. On 7 June, 1948, the western powers announced their intention to create a federal state in their zones and to institute a currency reform. The latter came into effect, 20 June, but the Russians rejected it and instituted a land blockade of Berlin.

1949–63

CREATION OF THE FEDERAL REPUBLIC. In the west a parliamentary council drafted a new constitution which, at allied insistence, was to be federal. The task was completed in May 1949, and the constitution promulgated, 23 May. It created a federal system, with a ceremonial president, a powerful chancellor elected by the lower house (itself proportionally elected), and an upper house representing the constituent states.

Elections were held, 14 Aug. Of 402 seats the Christian Democratic Union (CDU), founded by Konrad Adenauer (1876–1967), won 139 and the Socialists, led by Kurt Schumacher (1895–1952), won 131. Theodor Heuss (1884–1963) was elected president of the republic, 12 Sept., and Adenauer formed a CDU-Free Democrat coalition, with Ludwig Erhard (b. 1897) as economics minister.

ADENAUER REGIME. Adenauer's policy called for friendship with France and the U.S.A., an end to the occupation, and German reunification, while Erhard sought economic growth through liberal capitalism. In July 1951 the western powers ended the state of war with Germany. Agreements to terminate the occupation were signed, 26 May, 1952, and Germany entered the EDC, 27 May. In general elections, 6 Sept., 1953, the CDU gained an over-all majority. By the beginning of 1955 industrial production was double that of 1936. On 5 May the Paris Agreements became effective and Germany regained her sovereignty. In the 1957 elections the CDU increased its majority. At their Bad Godesberg convention, 1959, the Socialists reversed their policy on nationalization, accepting the principle of private ownership. Willy Brandt (b. 1913) was elected the Socialists' leader. Adenauer announced his intention to seek the presidency, but later withdrew. In 1961 the CDU lost its majority, and Adenauer formed a coalition with the Free Democrats. In Oct. 1962 the government was shaken by the *Spiegel* affair, and Defense Minister F. J. Strauss (b. 1915) had to resign. Adenauer resigned, 11 Oct., 1963, and Erhard succeeded him.

1964–68

ACCESSION OF KIESINGER. On 27 Oct., 1966, the 4 Free Democrat cabinet ministers resigned over a budgetary dispute, and Erhard refused to seek a vote of confidence. The CDU replaced him as chancellor by Kurt Kiesinger (b. 1904), who formed a coalition with the Social Democrats, Brandt becoming vice-chancellor and minister of foreign affairs, Strauss finance minister, and Gerhard Schröder (b. 1921) defense minister.

GROWTH OF RIGHT AND LEFT RADICALISM. The National Democratic Party (NPD), a rightist, "neo-Nazi" organization founded in 1964 by Adolf von Thadden, became an active force in German politics, capturing 6 to 10% of the vote in elections for various provincial parliaments, 1966–68. The Sozialistischer Deutscher Studentenbund (SDS), led by Rudi Dutschke (b. 1940), demonstrated repeatedly in major cities, calling for educational reforms and diplomatic recognition of East Germany, and opposing the influence on public opinion of conservative publisher Axel Springer. On 14 June, 1968, the much-opposed Emergency Powers Bill was passed, providing for the suspension of civil liberties in time of national danger. With the bill's passage, the western allies relinquished their occupation rights in West Germany to the German government.

Italy

1945–63

CREATION OF POLITICAL PARTIES. Following the capitulation of German troops, 2 May, 1945, large areas of Italy remained outside government control, and there was widespread settling of accounts by Resistance groups. New parties emerged, notably the Christian Democrats, led by Alcide de Gasperi (1881–1954); the Social Democrats, led by Giuseppe Saragat (b. 1898) and Pietro Nenni (b. 1891); and the Communist Party, led by Palmiro Togliatti (1893–1964). An all-party government was formed, June 1945, but Liberals and Labor Democrats resigned, Nov., and de Gasperi formed a new coalition, with Nenni as vice-premier and Togliatti as justice minister.

THE REPUBLIC. In a referendum held on 2 June, 1946, the voters opted for a republic. A Constituent Assembly was elected, with 207 Christian Democrats, 115 Socialists, and 104 Communists out of a total membership of 556. A new constitution created a decentralized political system under a figurehead president and a premier who had to obtain investiture by both a senate elected for 6 years and a chamber elected for 5. Roman Catholicism remained the state religion, and the 1929 Concordat with the Vatican was retained. From the Fascists the republic inherited the Institute for Industrial Reconstruction (IRI), whose head, Enrico Mattei (1909–62), originally appointed to liquidate it, made the IRI a powerful instrument of industrial progress.

POLITICAL INSTABILITY AND ECONOMIC ADVANCE. On 13 Jan., 1947, the Socialists split apart. Refusing to work with the Communists, the right wing under Saragat formed a new Social Democratic Party. In May Communist ministers resigned, and de Gasperi formed a new coalition. Severe inflation led to a general strike, Dec. 1947. In elections held on 18 Apr., 1948, the Christian Democrats won 307 out of 574 seats. In 1949 there was unrest in Calabria, and on 1 July, 1950, the Cassa per il Mezzogiorno was set up to promote investment in southern Italy.

Deflation proved a successful stimulant of production, and the economic situation improved during 1950–51, sparked by oil discoveries and an upturn in tourism. In elections held in June 1953 the governing parties lost votes and a period of government instability followed the resignation of de Gasperi, July 1953, with the Christian Democrats allied sometimes with the Monarchists and sometimes with the Social Democrats. The Christian Democrats split into factions, a conservative group being led by Giuseppe Pella (b. 1902) and a reformist one by Amintore Fanfani (b. 1908), who was party secretary general. On 5 Oct., 1954, the Trieste dispute with Yugoslavia was finally settled. In Feb. 1955 oil was discovered in the Abruzzi, and Mattei arranged for IRI to exploit it.

Following the Russian denunciation of Stalin, the 2 Italian socialist parties began to move closer together. On 26 Jan., 1959,

Fanfani resigned as premier, and on 31 Jan. as secretary general of the Christian Democrats. A number of short-lived cabinets then held office. In Jan. 1962 the Christian Democrat party congress approved a Fanfani plan to negotiate with the Nenni Socialists, and Nenni agreed to support a left-of-center government, 19 Feb. In Dec. 1962 the government nationalized the electricity industry. The right wing gained strength, however, in the elections of Apr. 1963, and Fanfani resigned, 16 May. In June a government of administrators was formed, provoking left-wing protests.

1963–68

ECONOMIC AUSTERITY. In Sept. 1963 an austerity program was launched to check inflation. On 4 Dec. a new coalition took office, with Aldo Moro (b. 1916) as premier and Nenni as vice-premier. New austerity measures were introduced, 22 Feb., 1964, and on 14 Mar. an international loan was floated. In June Moro was defeated over a plan to aid Catholic schools. On 29 Jan., 1965, a 5-year development plan was adopted, based on a projected 5% annual growth rate. Fanfani again became premier, 5 Mar., resigning on 28 Dec. In July 1966 the two socialist parties, Nenni's Socialist Party and Saragat's Democratic Socialist Party, agreed to reunite.

The parliamentary elections held on 19–20 May, 1968, resulted in small gains for the Communists and Christian Democrats and losses for the Socialists and Liberals. A lengthy political crisis developed when the Unified Socialist Party pulled out of the coalition, opposing the unwillingness of the Christian Democrats to reform the pension, tax, and educational systems and to speed economic development in the south. Moro resigned, 5 June, and a minority Christian Democratic government under Giovanni Leone (b. 1908) was named until a coalition could be formed. Leone's government fell, 19 Nov., and it was not until mid-Dec. that a new coalition of Christian Democrats and Socialists took office under Mariano Rumor (b. 1915).

The Low Countries, Scandinavia, and Finland

1945–68

BELGIUM. A Catholic-Socialist-Liberal-Communist coalition under Achille van Acker (b. 1898) was formed, 11 Feb., 1945, with Paul-Henri Spaak (b. 1899) as foreign minister. Following the elections of 7 Apr., 1946, the Catholic Christian Socialists emerged as the largest party. The Communists left the cabinet, Mar. 1947, and Spaak formed an all-Socialist ministry.

The country was divided on the "royal question," which also heightened Flemish-Walloon differences, the largely Christian Socialist Flemings supporting the unconditional return of Leopold III and the largely Socialist Walloons wanting to make his return conditional. This provoked ministerial crises and street violence. Finally a plebiscite was held, 12 Mar., 1950, which resulted in a vote of 57% for the king's return and 42% against it. The king was restored to the throne, 22 July, and delegated his powers to his son, 31 July, who became Baudouin I on 7 Sept., 1951.

In elections held on 11 Apr., 1954, the Christian Socialists lost the majority they had acquired in 1950, and a Socialist-Liberal Coalition was formed. In the spring of 1955, Catholics demonstrated against a proposal to lower subsidies to private schools, but the bill passed, 13 June. On 3 Feb., 1958, Belgium signed an economic union treaty with the Netherlands and Luxembourg, but the resulting "Benelux" never became fully effective.

Following riots in the Belgian Congo, Jan. 1959, African problems began to dominate government activity, a situation which continued through 1960. In Feb. 1959, strikes broke out in the Belgian coal mines, and in Jan. 1960 there was a general strike in favor of economic and social reforms. In Dec. 1960 the Loi Unique was proposed, reducing state expenditure, increasing taxes, allowing greater investment, and seeking to promote financial stability. The law provoked widespread strikes, but was voted, 13 Jan., 1961.

Walloon demands for constitutional reform provoked another government crisis, and the Christian Socialists lost votes in the elections of 26 Mar. Theo Lefevre (b. 1914) formed a Christian Socialist-Socialist coalition. In Oct. 1961, Flemish and Walloon demonstrators clashed in Brussels. On 15 Feb., 1962, Parliament passed a bill defining the linguistic boundaries of Belgium and making Brussels bilingual, but Flemish-Walloon disputes continued, especially at the University of Louvain. In Apr. 1964, doctors went on strike to protest against a new government medical-care program. At a round-table conference, Jan. 1965, the parties agreed on constitutional reforms designed to prevent one language group from dominating the other, but in elections held on 23 May the governing parties lost votes to the "linguistic extremists." In Feb. 1966, Socialist ministers resigned, and in Mar. a new cabinet was formed of Christian Socialists and members of the Party for Liberty and Progress. Paul van den Boeynants' cabinet fell, 7 Feb., 1968, over linguistic disputes and student riots at the University of Louvain. The king dissolved Parliament in preparation for elections, 1 Apr., in which the Flemish Nationalist Party gained votes. A new coalition of Social Christians and Socialists was formed under Gaston Eyskens (b. 1905).

NETHERLANDS. The Netherlands suffered greatly in the last months of the war. Wide areas were flooded, and many people starved. Queen Wilhelmina returned, 3 May, 1945. From elections held on 17 May, 1946, the Catholic People's Party and a new Labor Party emerged as the strongest groups, forming a coalition, 2 July, which lasted until 1958. Following widespread flooding, 31 Jan.–2 Feb., 1953, a Delta Plan was launched to seal off several estuaries from the North Sea.

Gradually government reconstruction plans led to higher wages and, as the country industrialized, to a decline in unemployment. On 11 Dec., 1958, Premier Willem Drees (b. 1886) resigned. Following elections, 12 Mar., 1959, a Catholic-Protestant coalition was formed under Jan de Quay (b. 1901). On 15 Aug., 1960, natural gas was discovered in Groningen. On 7 Mar., 1961, the florin was revalued to fl.3.80 to (U.S.) $1. In the elections of 15 May, 1963, left-wing neutralists took votes from the Labor Party, and Victor Marijnen (b. 1917) formed a new coalition, 24 July. On 29 Feb., 1964, labor and management agreed on a 10% wage raise. The 1966 budget proposed a similar increase in government expenditures and on 23 May, in the face of balance-of-payments deficits, a 2-month wage freeze was imposed. In June 1966 there were riots in Amsterdam, originally of workers, and later of "provos." The government fell, 14 Oct., as Parliament refused to increase government spending. In the elections of 15 Feb., 1967, the Catholic and Labor Parties lost votes. Piet de Jong (b. 1915) formed a new coalition government, 3 Apr., 1967.

NORWAY. The Labor Party gained an absolute majority in the elections of 7 Oct., 1945, and retained it in the 1949 and 1953 elections. Vidkun Quisling (b. 1887) was executed, 24 Oct., 1945. By autumn 1946, production surpassed prewar figures. On 22 Jan., 1955, Einar Gerhardsen (b. 1897) returned to office as premier, and on 23 Mar., 1956, the government froze prices. In July 1957 there were strikes for higher wages in the forestry, paper, and construction industries. On 1 Mar., 1959, the workweek was fixed at not more than 45 hours.

On 15 Apr., 1961, a neutralist Socialist Party was formed of dissident Labor members, and Labor lost its majority, 11 Sept., 1961. A 4-year plan issued in 1962 foresaw a 17% increase in production. On 5 Jan., 1962, price controls were reimposed. Gerhardsen resigned, 24 Aug., 1963, but the conservative government that replaced him was short-lived, and he returned to power, 25 Sept. On 23 Apr., 1964, Parliament adopted a law authorizing compulsory wage arbitration by the National Wages Board.

SWEDEN. On 6 Oct., 1946, Tage Erlander (b. 1901) became premier. His government faced pressure to raise wages and had to introduce austerity measures to limit imports. On 1 June, 1955, compulsory health insurance was introduced. The Socialists lost their majority in the elections of June 1958, and Erlander formed a minority government. On 15 Dec., 1965, a law was adopted providing for state subsidies to political parties.

DENMARK. After the elections of 30 Oct., 1945, the Social Democrats remained the largest party. On 23 Mar., 1948, the Faroe Islands were granted internal autonomy. A new constitution with a single chamber came into force, 5 June, 1953. On 30 Sept., 1953, an all-Socialist cabinet under Hans Hedtoft (1903–55) was formed. On Hedtoft's death, H. C. Hansen (1906–60) succeeded him.

In Mar. 1956 a major series of strikes erupted, but were settled by wage increases, 12 Apr. On 20 Feb., 1959, Denmark became a member of the European Free Trade Association (EFTA), though much of her trade was with the EEC. Viggo Kampmann (b. 1910) replaced Hansen as premier, 19 Feb., 1960. On 31 July, 1962, Jens Otto Krag (b. 1914) became premier. On 12 Mar., 1963, Parliament voted to extend existing wage contracts for 2 years and freeze both prices and wages. The Socialists lost votes in the elections of Nov. 1966. On 2 May, 1967, the government announced that Denmark remained a candidate for membership in the EEC.

FINLAND. The Social Democrats and the Communists emerged as the main parties from the elections of Mar. 1945. J. K. Paasikivi (1870–1956) formed an all-party cabinet. A purge was instituted of individuals responsible for the anti-Soviet policy of 1939–40. On 19 May, 1948, Parliament censured a Communist minister and, following losses by them in the elections of July, the Communists were not included in the new cabinet. A nonaggression pact with the Soviet Union, 6 Apr., 1948, was complemented by a trade agreement, 13 June, 1950. The USSR became Finland's best customer.

In Mar. 1950 Urho Kekkonen (b. 1900) formed a new coalition, and was elected president, 15 Feb., 1951. In Mar. 1956 a general strike protested against repeal of the Emergency Powers Act, which tied wages to the cost-of-living index. In the elections of July 1958 the Communists emerged as the strongest party, but were unable to form a coalition, and minority governments continued to rule. On 27 Mar., 1961, Finland became an associate member of EFTA. Kekkonen was re-elected president, Feb. 1962, following Soviet indications that his re-election would be welcomed by the USSR. In Jan. 1964 a wage freeze was imposed for 6 months. After the elections of Mar. 1966 a coalition was formed which included Communists for the 1st time since 1948.

Spain and Portugal

1945–68

SPAIN. On 19 July, 1945, Gen. Franco reorganized his cabinet to include a Catholic Action leader. United Nations attempts to isolate Spain proved abortive, but Spain did not become a member of the UN. On 31 Mar., 1947, a new constitution was promulgated, making Spain a monarchy and giving the Caudillo power to nominate his successor. The constitution was denounced by the pretender to the Spanish throne, Don Juan, but was adopted by a referendum, 6 July.

In the spring of 1951, strikes erupted in Catalonia and the Basque country in protest against low wages and lack of political liberty. The strike leaders were jailed. A new concordat, 26 Sept., 1954, ensured state control of the church.

Prices continued to rise, and riots broke out in Madrid, Feb. 1956. In July 1959 the peseta was devalued, the new rate being 60 to (U.S.) $1, and Spain joined the Organization for European Economic Cooperation (OEEC). The steady growth of tourism (1 m. visitors in 1953, 8 m. in 1961) improved the country's balance of payments. In Sept. 1960, strikes and sabotage increased, and many intellectuals were arrested. On 23 Apr., 1962, the Asturias miners ceased work and their strike movement spread, as liberal church organizations supported the strikers. Arrests were made, and a state of emergency declared, 4 May, but on 24 May miners' wages were raised and the strikes ended early in June. On 14 Dec., 1966, a referendum endorsed a new Organic Law providing for the appointment of a premier and guaranteeing religious freedom for non-Catholics.

PORTUGAL. After the war the Portuguese government under Antonio de Oliveira Salazar (b. 1889) held elections on 18 Nov., 1945, and eased censorship. Left-wing parties formed a "Movement of Democratic Unity" to oppose the government, and censorship was re-established. In Oct. 1946 a group of army officers failed in an attempt to seize control of the state. Arrests for what the government regarded as "subversion" were frequent. The opposition boycotted the elections of 1949 as it had those of 1945.

In elections held on 8 June, 1958, however, Umberto Delgado (1906–65) did not withdraw, but stood on a platform of free elections in Portugal. Popular demonstrations in his favor led to police action and casualties. He won 23.5% of the vote, and his popularity grew. Fearing arrest by the government, he fled the country.

In Mar. 1959 an uprising was attempted in Lisbon, but it failed. On 23 Jan., 1961, a group of Portuguese hostile to Salazar seized control of the ship *Santa Maria* in an attempt to arouse support for Delgado. In the Portuguese African territories rebellion broke out in Angola, Mar. 1961. The Portuguese government sent troops to Angola, and to Mozambique and Portuguese Guinea in 1963. In Aug. 1963 the Social Democratic Action Movement was founded in opposition to the regime. It called for the easing of repression, democratization of the republic, and self-determination for the overseas territories. The dead body of Delgado was found, Apr. 1965, in Spain, where he was presumed to have come to contact members of the Portuguese opposition. The Action Movement took part in the campaign for the general elections of 7 Nov., 1965, but withdrew from the ballots, leaving Salazar's National Union in control of all 130 seats. In Sept. 1968 Salazar had a brain hemorrhage and was replaced as premier by Marcelo Caetano (b. 1906).

Austria and Switzerland

1945–68

AUSTRIA. On 29 Apr., 1945, the Russians installed a Populist–Social Democrat–Communist provisional government headed by Social Democrat Karl Renner (1870–1950), which Britain and the U.S.A. recognized. On 25 June Austria was partitioned into 4 occupation zones. In all zones, especially the Russian, intensive anti-Nazi measures were taken. Elections were held, 25 Nov., giving the People's Party 85 seats, the Socialists 76, and the Communists 4. Leopold Figl (1904–65) became chancellor of a 3-party cabinet, and Renner was elected president, 20 Dec.

The government outlined a program of de-Nazification, the nationalization of key industries, and the return to Austria of the South Tyrol. The U.S.A., Britain, the United Nations Relief and Rehabilitation Administration (UNRRA), and the European Recovery Program (ERP) aided Austria, which had also to cope with over 600,000 displaced persons.

Austrian sovereignty was restored, June 1946, though a final peace treaty waited on allied agreement. The Communists left the government, Nov. 1947. In Mar. 1955 the new chancellor, Julius Raab (1891–1964), visited Moscow, and the Russians subsequently agreed to make a treaty with Austria. A State Treaty between the allies and the Austrian Republic was signed on 15 May, 1955, and provided for Austrian neutrality and the withdrawal of foreign troops (completed Oct. 1955).

Raab resigned, 11 Apr., 1961, and was succeeded by Alfons Gorbach (b. 1898). On 15 Dec., 1961, Austria asked for negotiations to enable her to become associated with the EEC. On 31 May, 1963, the Supreme Court ruled that Otto von Hapsburg could return, but the Socialists rejected its decision. On 2 Feb., 1964, Gorbach resigned, and was replaced by Josef Klaus (b. 1910). In elections held on 6 Mar., 1966, Klaus's People's Party won absolute control of Parliament—the

1st time a single party had had a majority since 1945. On 17 Dec., 1966, Austria and the EEC agreed to a tariff cut on industrial products; but on 29 June, 1967, Italy opposed Austrian entry into the EEC and ECSC because of terrorist attacks against the Italian South Tyrol which were thought to have been perpetrated by Austrians.

SWITZERLAND. After the war Switzerland declined to join the UN, but kept in a high state of military readiness and actively contributed to peaceful international activities. On 11 July, 1958, the government announced that it favored the acquisition by Switzerland of nuclear weapons. On 1 Apr., 1962, a Socialist-sponsored referendum to prohibit all nuclear weapons in Switzerland was defeated. The government restricted the admission of foreign workers, 1 Mar., 1963. By Aug. of the previous year the number of these had risen to 645,000.

Greece

1945–49

CIVIL WAR. After the evacuation of German troops, Sept.–Nov. 1944, most of Greece was controlled by guerrilla forces, especially by the largely Communist ELAS. On 18 Oct., 1944, George Papandreou (b. 1888), a centrist, was made head of a national unity cabinet, but its ELAS members soon resigned. Civil war began as ELAS members attacked right-wing and British occupation forces. Negotiations led to the Varkizoi Agreement, 14 Jan., 1945: the government promised free elections, the basic freedoms, and an end to martial law; and dissidents promised to surrender their arms.

During 1945 there were 6 cabinets. In May 1945, workers in Athens struck in protest against low wages and high prices. Elections, 31 Mar., 1946, were won by the right-wing Populist Party, and a plebiscite, 1 Sept., voted to recall King George II.

In the fall of 1946, charging nonimplementation of the Varkizoi accords, the Communists renewed the civil war. With British, and later American, assistance the revolt was crushed by 1949. Between 1945 and 1949, 45,000 people were killed.

1950–68

POLITICAL INSTABILITY. In elections held on 16 Nov., 1952, the right-wing Greek Rally of Alexander Papagos (1883–1955) won 239 out of 300 seats, and Papagos became prime minister. He was succeeded, Oct. 1955, by Constantine Karamanlis (b. 1907). By 1954 the drachma was at 84,000 to the pound sterling (as against 600 in 1945). Karamanlis' National Radical Union won the elections of 19 Feb., 1956. From 1956 to 1958 the problem of Cyprus dominated Greek politics. In Feb. 1961 Papandreou formed the Center Union, which won 100 seats to the NRU's 176 in the elections of the following 29 Oct. The opposition claimed the elections were fraudulent, and accused the king of meddling in politics. Karamanlis resigned, 11 June, 1963, and the Center Union won most seats at the next election, 3 Nov. Papandreou was named prime minister but, refusing Communist support, resigned, 24 Dec. He won a landslide victory, however, at the elections of 16 Feb., 1964, and became prime minister. On 27 Apr. he amnestied 450 political prisoners, and on 14 July dissolved several right-wing organizations.

The NRU now began to accuse the Papandreou regime of preparing a Communist coup. In May 1965 the "Aspida Affair" broke, in which the right wing accused a number of officers of preparing to take over the army. In July Papandreou proposed the dismissal of the minister of defense. The king refused, and formed a new government which excluded Papandreou. On 14 Apr., 1967, Parliament was dissolved and new elections called, but on 21 Apr. a military coup was staged. The constitution was suspended and numerous arrests made. On 29 Apr. the government, led by Col. George Papadopoulos (b. 1919), abolished the pro-Communist United Democratic Left; on 4 May, 280 liberal and leftist organizations were banned. A law of 3 Nov. abolished jury trials for all common and political crimes and for press offenses. King Constantine XIII appealed, 13 Dec., to his countrymen to join him against the military junta. The countercoup failed and Constantine fled to Rome, 14 Dec. The government named Lt. Gen. George Zoitakis regent with the full powers of the king.

The junta promised to return Greece to civilian rule as soon as the aims of the revolution (to prevent Communist uprisings) should be achieved, and the draft of a new constitution was presented, 11 July, 1968. It provided for a reduction in the king's powers, a strengthened executive, press censorship, and a Constitutional Court which could deprive individuals of their rights and ban political parties. The constitution was overwhelmingly approved in a referendum, 29 Sept.

EAST CENTRAL EUROPE AND THE BALKANS

1945–68

EASTERN EUROPE AFTER 1945. With the exception of Greece, Yugoslavia, and Albania, the destinies of the states of Eastern Europe after World War II were largely determined by the fact that they had been liberated from German domination by the forces of the Soviet Union. Greece, which alone among the countries of Eastern Europe had been occupied by British forces in the wake of the retreating German army, continued to remain under the influence of the western powers. Although both Yugoslavia and Albania had freed themselves from Axis domination through their own partisan forces, they could not extricate themselves from the influence of the USSR until 1948 in the case of Yugoslavia, and until 1960 in the case of Albania. Both countries, however, remained under Communist, albeit dissimilar, rule throughout the 1950's and 1960's under the leadership of Josip Broz Tito (b. 1892) of Yugoslavia and Enver Hoxha of Albania. The rest of the countries—Czechoslovakia, Hungary, Poland, Rumania, and Bulgaria—were required by the Soviet Union for both strategic and ideological reasons to act as a cordon sanitaire to prevent the area from becoming the staging ground for another invasion attempt from the West.

Changes in the monolithic structure binding the satellite countries to the USSR did not occur until after 1953, the year Stalin died. After 1953 the process of de-Stalinization, and the concomitant relative ideological uncertainty set against a background of continuous power struggle, produced a number of ideological and foreign policy shifts. In addition to the factors which were rooted in tradition and national character, it was the process of Soviet-led de-Stalinization which produced, Oct.–Nov. 1956, a political upheaval in Poland and outright revolt in Hungary. Following the control of the Polish ferment and the bloody suppression by Soviet tanks of the Hungarian uprising, a relative stability ensued in Eastern Europe. By the early 1960's, it became increasingly evident, however, that the idea of "several roads leading to Communism," 1st enunciated by N. S. Khrushchev, would remain a permanent feature of East European political developments.

In Czechoslovakia the process of de-Stalinization, controlled tightly under the leadership, 1958–68, of Antonin Novotný, led to Novotný's ouster and subsequently to the implementation of a bold "liberalization" program under the new and reformist leadership of Alexander Dubček in early 1968. The far-reaching ferment of Czechoslovak life culminated in a Soviet-led invasion of the country by 5 of its Warsaw Pact allies, Aug. 1968.

WARSAW TREATY ORGANIZATION (WARSAW PACT). Signed in Warsaw, 14 May, 1955, a military pact created a mutual defense alliance between Albania, Bulgaria, Czechoslovakia, East Germany, Hungary, Poland, Rumania, and the USSR. The treaty, binding for 20 years, was to lapse in the event of the conclusion of a collective European security system; it provided for the reorganization of the armed forces of the member nations under a unified military command, with headquarters in Moscow. The pact also formally legalized the presence and future stationing of Soviet troops in some of the member states. (The signing ceremony took place just 1 day prior to the signing of the Austrian peace treaty, which voided the legality of the presence of Soviet troops in Hungary and Rumania.)

According to the Soviet Union, the treaty was made necessary by the creation of the North Atlantic Treaty Organization (NATO) ; it was a direct response to the inclusion in NATO of a remilitarized West Germany under the Paris Pacts of 1954.

In 1962 Albania became a nonactive member of the alliance, partly because it sided with Communist China in the Sino-Soviet dispute. As a result of the Soviet-led invasion of Czechoslovakia, Aug. 1968, Albania formally withdrew from the organization the same month.

COUNCIL FOR MUTUAL ECONOMIC AID (COMECON). Known as COMECON, the council was founded, Jan. 1949, to act as an instrument of greater economic integration between the USSR and the satellite states of Eastern Europe. Largely neglected till 1954–56, its role thereafter was gradually expanded until, in 1959, it adopted a new charter which elevated it to a status similar to that of the Common Market. The charter claimed to be the answer to the West's Marshall Plan, and provided for increased economic, commercial, and industrial collaboration not only between the USSR and the member states but also among the member states as well.

The added goal of industrial specialization, envisaged as being based on the availability of natural resources within each state, soon led to opposition, especially from Rumania after 1962. Albania, apparently because of the support extended to Communist China in the latter's polemics against the USSR, was excluded from council sessions beginning 1961. The Mongolian People's Republic was admitted into COMECON in 1962.

Albania

1945–68

VICTORY OF THE NATIONAL LIBERATION FRONT. The major Albanian partisan group, the National Liberation Front, was dominated by Communists under the leadership of Enver Hoxha. Supported by Tito of Yugoslavia, the front shortly after the departure of the German forces, Nov. 1944, took control of the country. The Communists, working under cover of the front, which was renamed, 1945, the Albanian Democratic Front, polled 93% of the votes cast in the elections on 2 Dec., 1945; on 11 Jan., 1946, the Communist-dominated legislature proclaimed the country a People's Democratic Republic with Hoxha as premier and Koçe Xoxe as vice-premier and interior minister.

Following the mining of 2 British warships near Corfu Island in the Adriatic, Britain and the U.S. broke off relations with Albania.

SPLIT WITH YUGOSLAVIA. Since attaining its independence in 1912, Albania had been dominated by one protector after another. Yugoslavia, which replaced Italian domination late in World War II, showed increasing interest in the country's affairs. For one thing Yugoslavia opposed U.S.-Albanian diplomatic ties; Yugoslavia also hoped to control Soviet-Albanian relations in the postwar period. As a result, Albania looked to the USSR for the protection of her independence; consequently, the rift between Tito and Stalin in the summer of 1948 was seized upon as an opportunity vigorously to denounce the former.

INTERNAL DEVELOPMENTS. Using police terror and political purges as a means to maintain control, the Albanian government after 1945 followed the example set by the other satellite states of Eastern Europe. Interior Minister Xoxe, who had been one of the leaders of the liberation movement during the war, was tried and executed for "Trotskyite and Titoist activity," May 1949. Later in 1961, Liri Belishova, a member of the Central Committee, and Teme Sejko, a Soviet-trained admiral, were executed for "treasonable activities." A constitution on the Soviet model was adopted in 1950.

FOREIGN AFFAIRS. Albania joined COMECON, Feb. 1949, and became a founding member of the Warsaw Pact in 1955. The same year Albania was admitted to the UN.

From the period following Tito's excommunication from the Cominform in

1948 until shortly after the suppression of the Hungarian Revolution in 1956, Albania was one of the most loyal of Soviet satellites. Although Albanian-Yugoslav relations improved, at least superficially, as a result of the 1955 *rapprochement* between Yugoslavia and the Soviet Union, the Tirana government did not cease to fear Tito's influence. Thus during 1956–58, when relations between Khrushchev and Tito deteriorated, Hoxha renewed his attack on Tito.

ALBANIAN-SOVIET SPLIT. Already deteriorating in 1959, Albania's relations with the USSR became progressively worse during the 1960's. The main cause of tension was the renewal of Khrushchev's *rapprochement* with Tito. In Nov. 1960, at a meeting in Moscow of representatives of 81 Communist parties, both Hoxha and Premier Mehmet Shehu openly charged Khrushchev with treason and "revisionism." At the 4th Congress of the Albanian Communist Party, Feb. 1961, Albania openly supported Communist China in her clash with the Soviet representative; in June, Adriatic-based Soviet submarines left Albania, and this was followed by the withdrawal of all economic assistance to Albania by the Soviet Union and other East European satellites. Following Khrushchev's open attack on the Albanian party at the 22nd Soviet Party Congress, Oct. 1961, as "dogmatist," Albania openly counterattacked, charging the Soviet leader with yielding to Yugoslav "revisionism" and collaborating with U.S. imperialism. In Dec. 1961, the USSR severed diplomatic relations with Albania. Thereafter, Albania became Communist China's mouthpiece in the latter's polemics against the USSR, and represented the Communist Chinese viewpoint at the UN General Assembly.

Bulgaria

1945–68

DOMESTIC ISSUES. After World War II Bulgaria went through a period of coalition government during which non-Communist representation was gradually eroded with Red Army assistance. First the monarchy was abolished in favor of a People's Republic, Oct. 1946, with power in the hands of a Communist-dominated Fatherland Front. The years 1944–47 were marked by a series of violent purges in which opposition parties and factions were destroyed. Nikola Petkov, leader of the opposition Agrarian Party in the Fatherland Front, was tried and hanged, Sept. 1947, shortly after a U.S.-Bulgarian peace treaty had been ratified. Other trials followed, and in Dec. 1947 the Sobranie (Parliament) adopted a new constitution modeled on the Soviet Constitution of 1936. By early 1948 Bulgaria was under a 1-party system ruled by the Communists led by Georgi M. Dimitrov, a former Comintern leader.

POST-STALIN ERA. After 1953 Bulgaria permitted only a limited degree of relaxation of political terror, despite promises made in response to pressure from the intellectuals and despite the resentment of the collectivized peasantry. In the party leadership, the Stalinist Vlko Chervenkov, successor to Dimitrov in 1949, was forced to give up his posts as general secretary of the Party in 1954 and as prime minister in 1956; finally, 1962, he fell victim to the 2nd de-Stalinization purge and was expelled from the Party. The political vacuum created by Chervenkov's fall was filled by a younger and native Communist, Todor Zhivkov. As a protégé of Chervenkov, Zhivkov succeeded him as party 1st secretary in 1954 and, in 1962, he also assumed the post of premier; thereafter Zhivkov remained the undisputed leader of Bulgaria, even weathering the fall of Khrushchev, who had been his mainstay till 1964.

Despite the emphasis on heavy industry, Bulgaria economically remained largely an agricultural country confronted with serious problems: in Sept. 1961 food rationing was introduced and on 1 Jan., 1962, the currency had to be revalued. In the late 1960's Bulgaria's rate of economic growth showed marked improvement.

FOREIGN RELATIONS. The Paris Peace Treaty of June 1947 allowed Bulgaria to keep South Dobruja but forced her to yield Thrace and Yugoslav Macedonia. During the period after 1944 and before the ouster of Tito from the Cominform in June 1948, a South Slav federation, which would have comprised Bulgaria, Yugoslavia, and, possibly, Greece, was contemplated by both Tito and Dimitrov. The 2 leaders agreed on a customs union and the abolition of their borders at Bled (Bled Agreement) in Aug. 1947. Stalin's opposition to a larger political unit in the Balkans and Tito's defiance of the Comintern, June 1948, scuttled the plan. Although the federation issue was buried, the Macedonian problem continued to plague Yugoslav-Bulgarian relations; during 1967–68 Bulgaria appeared to be renewing her old claim to Yugoslav Macedonia.

After Stalin's death Bulgarian relations with Greece and Turkey improved somewhat, despite a threat to expel all Turkish nationals, 1950–51. In 1955 Bulgaria joined the Warsaw Pact and was admitted to the UN; she had been a member of COMECON since Jan. 1949. As a member of the Warsaw Pact, she participated in the Soviet-led invasion of Czechoslovakia, Aug. 1968. In general, Bulgaria dutifully followed Soviet foreign policy shifts.

Czechoslovakia

1945–53

RESTORATION OF CZECHOSLOVAKIA. With the exception of Ukrainian-speaking Ruthenia—which was ceded to the USSR to create a common Soviet-Hungarian border—Czechoslovakia's pre-1938 borders were restored at the 1945 Potsdam Conference of the "Big 4"; Britain had already recognized the country's prewar borders, 5 Aug., 1942, when she repudiated the 1938 Munich agreement which dismembered Czechoslovakia. At Potsdam, Czechoslovakia was also authorized to expel some 2.5 m. Sudeten Germans—her main liability during the interwar years—and to enforce on Hungary an exchange of Hungarians in return for Slovaks; the latter move led to considerable friction between the 2 governments during the immediate postwar years. Left with a reduced minority of some 500,000 Germans and some ½ m. Hungarians (in Slovakia), Czechoslovakia became a near-homogeneous state after World War II.

Following the occupation of post-Munich Czechoslovakia by Germany, a government in exile under Eduard Beneš (1884–1948) was set up in London which, unlike that of Poland, was recognized by Moscow as well as the other allies. Though subjected to Nazi terrorism, Czechoslovakia suffered no major disruption of her economy during the war; Czechoslovak units fought with the allies under Gen. Ludvík Svoboda.

Early in Apr. 1944, a coalition government headed by Beneš accompanied the Soviet forces which entered the country through eastern Slovakia; American forces entered Bohemia from the west and Prague was liberated, 12 May, 1945. Both the U.S. and the Soviet forces left Czechoslovakia in Dec. of the same year.

COUP OF FEB. 1948. Already a legally functioning political party before the war, the Czechoslovak Communist Party in a free and secret election became the strongest party in the country when, 26 May, 1946, it polled 38% of the votes cast. Beneš, who became president of the republic, called upon Klement Gottwald, a pro-Moscow Communist, to form a coalition government; the Communists gained control of key portfolios, including the interior ministry under Vacláv Nosek.

Although the coalition worked well initially, the slow penetration by the Communists into all branches of the state apparatus led to increasing friction between them and the other parties in the coalition. By early 1948 Communist popularity was on the wane. Fearing the loss of its parliamentary strength at the approaching general elections, the Communist Party decided to seize power through a *coup d'état*. The decisive issue was the control of the police forces, especially those of Prague. After the resignation, 21 Feb., 1948, of 12 non-Communist ministers to protest a police purge, Premier Gottwald formed another cabinet, 25

Feb., rather than dismiss Interior Minister Nosek—responsible for the purge of the police—or advance the date of the election, as had been expected by the non-Communist faction. In anticipation of resistance by supporters of the "bourgeois" parties, the Communist Party, using armed Workers' Militia, staged repeated demonstrations in major cities. President Beneš, hoping to avoid civil war, approved the new government, thereby making the transfer of power constitutional.

GOTTWALD-ZÁPOTOCKY REGIME. After the Communist takeover, the National Assembly adopted a new constitution—a replica of the 1936 Soviet constitution—on 9 Mar., 1948. The Slovaks obtained greater autonomy. The next day, Foreign Minister Jan Masaryk (b. 1886), son of the founder-president of Czechoslovakia, Tomas G. Masaryk, was found dead at his office. In the elections, which followed on 30 May, only a single slate of National Front candidates was allowed to run. The new government was headed by the Communist Antonin Zápotocký, a former trade union leader; Gottwald succeeded President Beneš, who had resigned on 6 June.

The opposition silenced, the new regime enacted a program of rapid industrialization (at the expense of consumer industry) and proceeded to nationalize all industrial plants employing more than 50 workers; land collectivization was also pressed, but not as forcefully as in other satellite countries, such as Bulgaria and Hungary. The new regime closely aligned its foreign policy to that of the Soviet Union.

In order to rid the party of its dissenters, as well as in response to Tito's defiance of Stalin, 1948, a series of show trials was held between Mar. 1950 and Jan. 1954. The purges culminated in the arrest of Foreign Minister Vladimir Clementis (Slovak) and Communist Party Secretary General Rudolf Slánský (Czech Jew); both were executed, 3 Dec., 1952.

1953–68

NOVOTNÝ REGIME. Antonin Novotný became party 1st secretary, Mar. 1953, and president in 1957. Partly responsible for the purge of Slánský and Clementis, he ruled with an iron hand and paid only lip service to the Soviet-inspired policy of de-Stalinization in the late 1950's. To camouflage his own complicity in the purges, he purged as scapegoats 1st Deputy Premier Rudolf Barák, Feb. 1962, and then Premier Viliam Široký, Sept. 1963, both on false charges. These purges greatly strengthened Novotný's hand in his fight against the pressures for liberalization, resurgent Slovak nationalism, and demands for a drastic overhaul of the deteriorating economy.

A new constitution adopted in 1960 declared the state a Socialist Republic. Slovak autonomy, provided for under the 1948 constitution, was curbed in the new one; the Slovak National Council in Bratislava was made subservient to the National Assembly in Prague. This action, among others, led during the late 1960's to a renewal of the prewar antagonism between Czechs and Slovaks.

From 1963 onward, Czechoslovakia underwent a protracted process of cultural thaw, illustrated especially in the field of education and the revival of the once-famed Czechoslovak film industry. In 1965 an increasing demand for economic reform led to the adoption of a plan giving greater autonomy to local managers and making profitability a criterion of economic efficiency. At the same time foreign trade with nations other than Czechoslovakia's COMECON partners and the encouragement of tourism were stepped up.

The growing freedom of speech and the press, however, gave rise to ever bolder criticism of the Novotný regime. At the Congress of the Czechoslovak Writers' Union, July 1967, a coalition of anti-Novotný forces accused him of anti-Slovak sentiments and charged him with blocking the implementation of the 1965 economic reforms. During a stormy meeting of the Central Committee, Dec. 1967, his ouster was prevented only through the intervention of Leonid I. Brezhnev, the Soviet party leader. In Jan. 1968, however, Novotný was deposed as 1st secretary and was succeeded by the Slovak party leader, Alexander Dubček, who had previously attacked Novotný for relegating Slovakia to the status of a 2nd-class province.

LIBERALIZATION AND SOVIET OCCUPATION. Under Dubček's leadership, Czechoslovakia embarked upon a bold liberalization program—known as the "Action Program"—setting as its goal "to give Communism a human face." As part of the "Action Program," the reformist Dubček leadership released all political prisoners, allowed broad criticism of the party, and proceeded with the long-postponed rehabilitation of the victims of the previous political trials. In foreign policy, Czechoslovakia contemplated the resumption of diplomatic relations with West Germany and closer ties with non-Communist nations, especially with those of Western Europe.

Preceded by veiled and open criticism and warning, especially from the Soviet Union and East Germany, 5 Warsaw Pact allies of Czechoslovakia invaded the country on the night of 20–21 Aug., 1968. The invasion precipitated one of the broadest international condemnations of the Soviet Union and its more loyal allies—East Germany, Poland, Bulgaria, and Hungary. The occupation initially failed in its alleged objective of unseating the Dubček leadership (many members of which had 1st been abducted to the Soviet Union and then returned). Although Czechoslovakia was forced to legalize the Soviet troops' presence, some of the reforms, among them press freedom, survived until the liquidation of the Dubček regime by the spring of 1969. Rumania, a Warsaw Pact partner of Czechoslovakia, refused a Soviet demand to participate in the invasion; Yugoslavia also denounced the invasion.

Hungary

1944–49

DEFEAT IN WORLD WAR II. As a reluctant ally, Hungary joined Germany in the attacks on Yugoslavia and the USSR in 1941. After severe losses on the Russian front, however, the regime of Miklós Horthy (1868–1957) tried to take the country out of the war, 15 Oct., 1944; the ill-prepared attempt failed and he was 1st arrested and then deported to Germany. Unlike Czechoslovakia, Hungary became the scene of a devastating campaign waged by the retreating German forces against the Red Army, Oct. 1944–Apr. 1945. A provisional government, formed of 4 coalition parties, Dec. 1944, signed an armistice with the Soviet Union in Moscow, Jan. 1945.

The peace treaty, signed in Paris in 1947, forced Hungary to give up territories regained during the war; the treaty also called for $500 m. reparation payments to the USSR, Czechoslovakia, and Yugoslavia.

GOVERNMENT BY COALITION. For 3 years after the war, Hungary was ruled by a series of coalition governments which came increasingly under the domination of the minority Communist Party. Formed after free and secret elections, 4 Nov., 1945—which had returned the non-Communist Smallholder Party with a 59% majority against 17% polled by the Communists—the new coalition regime proceeded to implement wide-ranging social and land reforms. In addition, it passed other important measures aimed at the reconstruction of the economic, cultural, and social life of the war-torn country. In Jan. 1946 Hungary adopted a republican constitution.

COMMUNIST ASSUMPTION OF POWER. Although a minority party (but backed by the occupying Soviet army), the Communists, led by Mátyás Rákosi, were able to eliminate their coalition partners through the application of the famous "salami tactics." One by one, they 1st broke the Smallholder Party, 1948, through terror and blackmail, and then proceeded to absorb the Social Democrats, Jan. 1948. In Feb. 1949 the Communists merged all other opposition parties into the People's Independence Front, and on 15 May they held an election where Communist-approved candidates, without opposition, polled 95.6% of the votes. In Aug. 1949, a new constitution, patterned after the 1936 Soviet model, proclaimed Hungary a "People's Democracy."

1950–56

THE STALINIST PHASE. The opposition eliminated and the population intimidated, the country came under the virtual dictatorship of Rákosi, secretary general of the Hungarian Workers' (Communist) Party, 1944–56. He carried out drastic purges of the rank and file and eliminated all real and potential rivals and opponents.

All private industrial firms with more than 10 employees were nationalized; freedom of religion, the press, and assembly were greatly curtailed. At the same time, discontent grew: among the industrial workers because of the imposition of high work norms and wage and price controls; among the peasantry because of the forced collectivization of land just distributed. The chronic economic difficulties stemming from forced industrialization, and compounded by growing peasant resentment, led to a crisis situation by 1953.

THE "NEW COURSE." Imre Nagy, who had been minister of the interior and of agriculture in the early postwar coalition government, replaced Rákosi as premier on Soviet demand on 4 July, 1953, just 4 months after Stalin's death. Nagy, whose rise—and fall—closely paralleled that of Georgi Malenkov in the USSR, quickly embarked on the implementation of the so-called "new course," which, in effect, was the repudiation of most of the policies pursued by Rákosi. Nagy reversed the previous economic policy by emphasizing consumer-goods production as against the previously stressed heavy industry; the forced collective farms were dissolved and thousands of political prisoners were released.

Utilizing the brief power vacuum which existed in the USSR between Malenkov's fall, Feb. 1955, and Khrushchev's denunciation of Stalin, Feb. 1956, Rákosi began a counteroffensive against Nagy. The latter's "new course" policy was condemned as "right-wing deviationism"; in Apr. 1955 Nagy was removed as premier and, Nov., expelled from the Party. Most of the laws promoting collectivization were restored.

Following Khrushchev's denunciation of Stalin and his methods at the 20th Congress of the Soviet Communist Party, Feb. 1956, Hungarian intellectuals—many of them Communists—called for a similar investigation into Rákosi's own misdeeds and demanded the rehabilitation of victims sentenced on fabricated charges. Rákosi's attempt to arrest Nagy and some 400 intellectuals and thus to consolidate his position was blocked by the USSR; he was replaced as 1st secretary, July 18, by one of his most hated collaborators, Ernö Gerö.

1956–68

REVOLT OF 1956. Although Gerö tried to contain the growing cultural and political ferment which followed Rákosi's ouster, a peaceful mass demonstration, staged in support of Poland's confrontation with the USSR, erupted into a massive popular uprising, 23 Oct., 1956. The involvement in the street fighting of Soviet forces, whom Gerö had called upon to restore order, further exacerbated the antagonism between rebellious students and workers on the one hand and the pro-regime secret police on the other. Fighting did not abate until after Nagy had returned to the government and Soviet forces had withdrawn from Budapest, both demanded by the rebels. The Communist Party had disintegrated in the process and Gerö, who had been replaced by János Kádár, fled to the USSR.

Pressed by a progressively radicalized public opinion, Nagy formed a new coalition government, including Kádár, and withdrew from the Warsaw Pact, declared Hungary's neutrality, and appealed to the UN for help and a guarantee of independence. In the meantime, international tension rose as a result of a split between the U.S. and her European allies over the Suez crisis.

Meanwhile Kádár, who had secretly quit Nagy's cabinet to form a countergovernment, asked the USSR for armed support. On 4 Nov., 1956, the Soviet Union launched a 2nd, more massive military attack on Hungary. A short-lived armed resistance and the general strike which followed brought great economic hardship; nearly 200,000 refugees fled the country, leaving it faced with a severe skilled man-power shortage.

Nagy and some of his aides, who had been abducted by Soviet secret police despite Kádár's promise of safe conduct, were interned in Rumania and, after secret trial, executed in June 1958.

KÁDÁR REGIME. After the uprising, Hungary continued under the regime established by Kádár, whose prime goal for several years was to restore the country's economic and social life (aided by the infusion of massive Soviet-bloc financial help), and to bring about a reconciliation between his regime and the population, especially the intellectuals. In these tasks he was aided by the presence of the Soviet troops stationed in Hungary since World War II. Kádár also reorganized the Communist Party (renamed the Hungarian Socialist Workers' Party after Nov. 1956) along new lines: he purged the party of many diehard Stalinists (among them Rákosi and Gerö), whom he had accused of harsh practices, and made them quasi-responsible for the uprising. Kádár carried out severe reprisals against thousands of alleged participants in the revolt, many of whom were executed and imprisoned despite his promises to the contrary. Compulsory collectivization, which had been stopped in 1956, was resumed again in 1958–59.

By 1962, however, a general shift in party policy ("he who is not against us is with us"), a general amnesty (including pardon for political prisoners), the curbing of the secret police, and the encouragement of a liberalized cultural and economic life combined to help overcome the post-1956 antagonism of the population toward Kádár and his regime. In 1964, an accord giving more religious liberty to both the Catholic laity and the clergy was concluded between the regime and the Vatican.

In 1965, Kádár gave up his post as premier, though he retained the more important 1st secretaryship; he was succeeded by Gyula Kállai and then by Jenö Fock.

Broad economic reforms, introduced as the "New Economic Model," 1 Jan., 1968, provided for far-reaching decentralization of the hitherto bureaucratically planned economy by upgrading the role of management and introducing the profit motive in a limited way.

Hungary's foreign policy after 1956 remained closely aligned to that of the rest of the Soviet bloc, but diplomatic and trade relations with Yugoslavia and western countries—including the U.S.—steadily improved. As a member of the Warsaw Pact, Hungary reluctantly provided token forces for the Soviet-led occupation of Czechoslovakia, Aug. 1968.

Poland

1945–56

VICTORY OF THE LUBLIN GOVERNMENT. In accordance with an agreement reached at Yalta, Feb. 1945, the western powers awaited the creation of a coalition government based on the 2 governments in exile: 1 in London and the other, dominated by Communists, in Lublin. The USSR withheld recognition from the London government until July, when Stanislaw Mikolajczyk, leader of the main opposition Peasant Party, was included in the Lublin government. Although the Lublin government was nominally led by a Polish Communist, Władislaw Gomulka, as secretary general of the Communist Party, 1943–48, the real power lay with the Russian, Boleslaw Bierut, as head of state, 1944–47. Tension within the coalition came to a head in Jan. 1947, when, on Communist insistence, a single electoral list was proposed for the upcoming elections. Postponed by the Communists for tactical reasons for nearly 2 years, the elections and the preceding campaign were held under the most unfavorable conditions for the non-Communist parties, which had been required to give advance support to the Communists in return for being allowed to participate. Mikolajczyk refused the single list and was forced to flee the country in Oct. the same year. Despite terror tactics, the government coalition gained only 394 seats out of a total of 444. In Dec. next year, the Socialist Party was forced to fuse officially with the Communists (renamed thereafter the Polish United Workers Party): Josef Cyrankiewicz, the pro-Communist leader of the Socialist Party, was given the post of prime minister, 1947–52, in the new government.

THE NEW POLAND. Before the end of the war, Poland had lost to the USSR some of her eastern provinces (c. 70,000 sq. mi.) in return for former German (Prussian) territories (c. 39,000 sq. mi.) lying east of the rivers Oder (Odra) and Neisse (Nysa), including the former Free City of Danzig. A new border settlement, reached at the Potsdam Conference, Aug. 1945, also authorized Poland to expel some 8 m. Germans from the acquired areas. Although the USSR recognized as permanent Poland's new western frontier, the Potsdam agreement merely placed the newly acquired territories under Polish administration pending a German peace treaty.

STALINIST PERIOD. In the late 1940's and early 1950's, the Communist-dominated government carried out a land reform and nationalized all large enterprises. No longer hampered by opposition, the government liquidated the last elements of the wartime "underground." The Catholic Church, with a following among 95% of the population, was subjected to persecution and its leader, Stefan Cardinal Wyszynski, the primate of Poland, was arrested just after Stalin's death (26 Sept., 1953), despite the 1950 accord with the government guaranteeing freedom of religion. As a result of rapid but irrational industrialization, living standards suffered. A new constitution adopted in 1952 made Poland into a "People's Republic." In 1949, Poland joined COMECON. In Nov. of the same year Soviet (though Polish-born) Marshal Konstantin Rokossovsky was made minister of defense and commander in chief of the Polish army.

PURGE OF GOMULKA. A Communist who had opposed the indiscriminate copying of Soviet economic planning, as well as the denunciation of Tito's defiance of Stalin as necessarily bad, Gomulka found himself at odds with the pro-Moscow faction of the Polish Communist Party. Denounced on charges of having committed a "nationalist deviation," Gomulka was stripped of his posts: in Sept. 1948 as general secretary, and in Jan. 1949 as vice-premier. Finally, July 1951, he was imprisoned.

POST-STALIN REACTION. Reflecting the unsettled power struggle in the Kremlin that followed Stalin's death in 1953, the political situation in Poland remained confused. Unlike Hungary, Poland did not embark upon the implementation of a "new course." Only in Mar. 1954 did Bierut give up his position as premier (while retaining the more important post of leader of the Party). Though freed from prison in Dec. of the same year, Gomulka's release was not made public until Apr. 1956, the year of crisis. Uncertainty was added to the already confused situation created by the denunciation of Stalin's personality cult by Khrushchev, Feb. 1956, when Bierut died suddenly, 14 Mar. He was succeeded by Edward Ochab as party 1st secretary (till Oct. 1956).

1956–68

RETURN OF GOMULKA. An already volatile situation, created by growing criticism of the Stalinist era by numerous political clubs throughout Poland, was further exacerbated, June 1956, when riots broke out in Poznán and had to be put down by the army. First demonstrating against low living standards and then for more freedom, Poznán students and workers were initially denounced by the government as having been incited by foreign influences. As discontent became increasingly vocal and widespread, the government reconsidered its position, which in turn resulted in open division among the leadership. The situation was resolved, without bloodshed, when, after Stalinists had been ousted from the Politburo, Gomulka accepted the post of Communist Party 1st secretary.

SOVIET INTERVENTION. In the meantime, the Soviet leadership, alarmed by the growing anti-Soviet sentiment throughout the country, suddenly appeared in Warsaw to forestall Poland's defection, and the city, surrounded by Soviet contingents which had been stationed in the country since World War II, became tense. Receiving promises that Poland would remain within the bloc, the Soviet leaders—Khrushchev, Mikoyan, Kaganovich, and Molotov—departed. Following elections to the Politburo, 19 Oct., Rokossovsky was ousted and had to leave Poland.

NEW POLICY FOR POLAND. The main features of the new policy that was implemented in Poland after Oct. 1956 included (1) the disappearance of police terror, (2) relative freedom of cultural and creative activity, (3) a *modus vivendi* between church and state, and (4) a guarantee of private ownership in agriculture. In foreign policy, too, Poland was given freer rein in dealing with the West, including the U.S. At the same time she retained close relations with the USSR.

GOMULKA REGIME. During the late 1950's and 1960's Gomulka came under increasing attacks from both liberals and diehard neo-Stalinists, between whom he continued to attempt to strike a middle course. Although he had received important support from the Catholic Church at the critical moment in Oct. 1956, relations with the church during the 1966 millenary celebrations of Poland as a Christian nation became strained. The most liberal Communist state of Eastern Europe in the early 1960's, Poland after 1963 appeared to have lost much of the freedom she had gained in Oct. 1956. During early 1968, after weeks of student rioting in major Polish cities, the Polish government embarked upon an increasingly anti-Zionist campaign; thousands of persons of Jewish origin were purged from their positions. As Czechoslovakia in early 1968 embarked upon a bold liberalization program, Poland became alarmed. A member of the Warsaw Pact, Poland participated in the Soviet-led invasion of Czechoslovakia on 20–21 Aug., 1968. Despite renewed attacks from younger nationalist-minded Communists demanding more freedom of action from the USSR, Gomulka's position, backed by the Soviet Union, was confirmed at the Communist Party's 5th Congress, Nov. 1968.

Rumania

1944–68

POSTWAR RUMANIA. To avoid an anticipated Soviet occupation of his country, Rumania's King Michael, 23 Aug., 1944, overthrew the Fascist Antonescu government in a *coup d'état* and, 2 days later, declared war on Germany and opened the country to the Red Army. The king's move in switching sides before liberation by the Soviet Union proved to be the decisive factor in Rumania's reacquisition of all of Transylvania from Hungary. The Paris Peace Treaty of 1947 restored prewar Rumania except for northern Bukovina and Bessarabia, which were transferred to the USSR, and south Dobruja, which was retained by Bulgaria. The treaty also required Rumania to pay the USSR large sums in war reparations.

COMMUNIST TAKEOVER OF 1948. Following a brief rule by a coalition government named by King Michael, the Communist Party, backed by the Red Army, pressured him into the appointment, 6 Mar., 1945, of a Communist-dominated cabinet, 1945–52, under the pro-Communist Petru Groza. Despite repeated western protests at Yalta and Potsdam against the composition and methods of the Groza cabinet, the Communist Party had liquidated most opposition by Mar. 1948. After a sham election, 19 Nov., 1946, to confirm the Groza cabinet, the Communists, under the pro-Moscow leadership of Ana Pauker, staged in early 1947 a wave of mass arrests and forced the abdication of Michael, 30 Dec. Following the proclamation of a republic, the already purged Socialist Party was absorbed by the numerically much smaller Communist Party, Feb. 1948. A "People's Republican" constitution was adopted by the National Assembly, Apr. 1948, which had been elected in the absence of opposition, 28 Mar. This constitution was replaced by one more closely in line with the constitution of the USSR of 1936; adopted in Sept. 1952, it gave considerable regional autonomy to the large Hungarian minority in Transylvania.

GHEORGHIU-DEJ REGIME. Although already head of the small Communist Party in 1945, Gheorghiu-Dej's power became more real with the liquidation of a number of pro-Moscow party leaders in 1952, 1 year before the Soviet leadership launched its "new course" following Stalin's death. The ouster of Foreign Minister Ana Pauker (a Jew) and Justice Minister Vasile Luca (a Hungarian) was claimed by Gheorghiu-Dej during the 1st de-Stalinization period in 1956 as having been made in anticipation of that policy 4 years before it was launched. With the exception of a show of discontent among the Transylvanian Magyars, the Hungarian uprising of 1956 was weathered by the Rumanian leadership without any significant upheaval. During the uprising, Rumania fully supported the Soviet position of intervention. In recognition of Rumanian loyalty the USSR withdrew the Soviet garrisons in 1958. In 1961, the year Khrushchev launched his second de-Stalinization drive, Gheorghiu-Dej became president of the newly created state council and until his death, Mar. 1965, he ruled Rumania unchallenged. During his regime, but especially after the withdrawal of Soviet forces in 1958, Rumania showed signs of independence both in economic and foreign affairs while maintaining close affinity with the USSR in matters of ideology.

INCREASE IN INDEPENDENCE FROM THE USSR. Long considered 1 of the most docile of the Soviet satellites, Rumania in the 1960's began to oppose the USSR on a variety of issues involving the Soviet bloc and also relations with Communist China. Among these were her role within COMECON, the Warsaw Pact, cultural and economic ties with the West, and her apparently neutral stance in the deteriorating Sino-Soviet ideological dispute.

Beginning in 1963, and increasingly so thereafter, Rumania came to regard the inferior role assigned to her by the Soviet Union within COMECON as inhibiting her desire to industrialize. Envisaged by COMECON as a producer of raw materials and a manufacturer of oil-drilling and refinery equipment, Rumania refused to co-operate and instead looked to the West for capital to develop her heavy industry based on the untapped resources of Transylvania. Gaining much-needed concessions, Rumania signed trade agreements with the U.S., Britain, and West Germany; in 1967, she established diplomatic relations with the latter, the only East European country beside the USSR and Yugoslavia to do so. Championing the cause of national sovereignty, she refused to participate in the Sino-Soviet dispute and, instead, attempted to assume the role of umpire; China, in return, openly supported Rumania's aspirations. In foreign policy matters, Rumania twice defected from the common Soviet-bloc stand: during the 1967 Arab-Israeli war, she refused to condemn Israel and withheld support from Soviet-sponsored resolutions in the UN debate on the war: in 1968 she supported unconditionally the Czechoslovak liberalization drive and, when asked to participate in the invasion of that country, Aug. 1968, refused.

Rumania remained far behind such countries as Czechoslovakia, Hungary, and Poland in relaxing the Communist Party's hold on the population until 1965, when the death of Gheorghiu-Dej catapulted into prominence Nikolae Ceauşescu. A protegé of Gheorghiu-Dej, Ceauşescu began a partial rehabilitation of some of the purged leaders and even denounced his mentor for Stalinist practices. During the 2nd half of the 1960's, he abolished some of the most Stalinist features of his government, curbed the secret police, launched a cautious program of de-Russification of Rumanian cultural life, and called for the abolition of all military blocs, including the Warsaw Pact. Maintaining a strict observance of orthodox Marxist principles with regard to building Communism—a new constitution proclaiming a "Socialist Republic" was adopted in 1965—Rumania during the late 1960's appeared to be on the way to independence.

Yugoslavia

1945–68

VICTORY OF THE PARTISANS. At the conclusion of World War II Yugoslavia along with Greece and Albania were the only countries of Eastern Europe that were under the control of their own resistance movements dominated by Communists. Yugoslavia's postwar political development was largely determined by the fact that both the Soviet Union and the western allies granted recognition and support to the apparently more popular leftist partisan movement led by Josip Brož Tito as against the rightist Chetniks under Draža Mihajlović (1893?–1946).

ACCESSION OF TITO. Having made himself premier, Mar. 1945, of a government in which there was token representation of the rightist government in exile, Tito took control of the country, Jan. 1946, without Soviet assistance. In 1946 a constitution drafted on the 1936 Soviet model declared Yugoslavia a Federal Republic composed of 6 republics with nominal autonomy; actual power was vested in the Communist Party controlled by Tito.

WAR GAINS. The peace treaty of 1947 gave Yugoslavia the eastern part of Venezia Giulia, though Trieste, the area's most coveted portion, was made into a free territory. A subsequent agreement, 1954, divided the port city between Yugoslavia and Italy.

POSTWAR RECONSTRUCTION. After the war, Tito proceeded to implement Communist policies. A vigorous drive was undertaken toward socialization and industrialization under the dictatorship of the proletariat. With extensive aid from the western allies, and as a founding member of the UN in 1945, Yugoslavia received substantial financial aid for postwar reconstruction of her war-torn economy. Internally, the government eliminated opposition; the Roman Catholic Church was curbed by the imprisonment of Archbishop Stepinac of Zagreb, 1946 (released in 1951), and the execution of Mihajlović, 1946.

BREAK WITH THE USSR. The allegiance of Yugoslavia to the USSR was broken in 1948, when Tito's refusal to accept the unconditional supremacy of Stalin and the Soviet Union precipitated his country's expulsion from the Cominform. The rift with the Soviet Union, which with minor variations lasted throughout the post-Stalin era as well, freed Tito to build "national" Communism and enabled him to establish closer ties with the West and receive financial and political assistance when needed.

POST-STALIN PERIOD. Shortly after Stalin's death, May 1953, the Soviet Union resumed diplomatic relations with Yugoslavia. Especially after his assumption of full power in 1954, Khrushchev made serious efforts to heal the ideological breach created by his predecessor. Despite the drastic change in Soviet orientation in Feb. 1956, when Stalinist policies and methods—including those affecting Yugoslavia—were repudiated, Tito did not return to the Soviet-led bloc of nations as a full member. Although Yugoslav-Soviet relations deteriorated after the suppression of the 1956 Hungarian Revolution, they never again hit the low point of the Stalinist era. During the late 1950's and in the 1960's, Yugoslavia formed with such countries as the United Arab Republic and India the so-called nonaligned bloc, while relations with Czechoslovakia, Hungary, and especially Rumania were continuously improving.

Supporting the Soviet concept of peaceful coexistence between states with different systems, Yugoslavia in the 1960's sided with the Soviet Union in the Sino-Soviet dispute. In a show of token support of the USSR, Milovan Djilas, one of the severest critics of Soviet Communism, was rearrested in 1962. In 1964 Yugoslavia, in another token gesture of good relations, became an affiliate member of COMECON.

PURGE OF THE SECRET POLICE. The disclosure in 1966 of an extensive eavesdropping system by the secret police, headed by Alexander Ranković, led to a broad reorganization of the Communist Party and to a series of political purges of members closely connected with the police. Ranković, who had been considered Tito's heir apparent, was removed from his post in 1966; the same year Djilas was released from jail as a gesture to appease the party's liberal faction.

DENUNCIATION OF THE INVASION OF CZECHOSLOVAKIA. The Soviet-led invasion of Czechoslovakia, 20–21 Aug., 1968, seriously strained Yugoslavia's relations not only with the Soviet Union but with the other participants in the invasion as well. Shortly before it began, Tito had personally given his support to Alexander Dubček and the Czech liberalization policies during a visit to Prague, 9–11 Aug. Following the enunciation of the so-called "Brezhnev doctrine," Sept. 1968, which attempted to justify the right of the Soviet Union to invade any member of the "Socialist Commonwealth" in defense of socialism, Tito declared his determination to fight with force any unsolicited assistance from any source. As a Warsaw Pact member but not party to the invasion, Rumania drew closer to Yugoslavia by also denouncing as unjustified the invasion of Czechoslovakia.

THE SOVIET UNION

1945–50

THE USSR AFTER WORLD WAR II. The conclusion of the European war, 7 May, 1945, seemingly signaled the emergence of a new era in the lives of the Soviet people. Capped by Stalin's toast to the Russian people at a meeting of the senior Soviet military, 24 May, this triumph made the Japanese surrender of 2 Sept. an anticlimactic event. The deprivations of the anti-Nazi war, which left 25 m. homeless and some 20 m. civilian and military dead in its wake, were balanced by national pride in the USSR's world-power status and the expectancy that a better life was in the offing. The Communist Party, through expansion of its total membership from some 3,900,000 to 5,700,000 in the war years, had taken a step in the direction of becoming more and more representative. The Patriarchate of the Russian Orthodox Church had been restored, Sept. 1943, after 18 years in official limbo. Other signs of normalcy were the elections to the Supreme Soviet (legislature), 10 Mar., 1946, the 1st held since 1937. In the same month, the Council of People's Commissars was renamed, more universally, the Council of Ministers, with Joseph Stalin appointed its chairman (prime minister) and Vyacheslav M. Molotov, the foreign minister, his deputy.

RESTORATION OF AUTHORITARIAN RULE. Events, however, soon muted these widespread expectations among the populace. The 4th 5-Year Plan, launched in Mar. 1946, called for complete industrial recovery from the effects of the war and, in some capital sectors, for a surpassing of the 1941 economic developmental levels, all to the detriment of the long-neglected consumer sector. Agricultural recovery was set back by the drought of 1946, which resulted in continued grain rationing throughout 1947 and led to food riots in Kharkov over the winter of 1946–47. Further adverse indicators were the "anticosmopolitan" chauvinistic pronouncements, Sept. 1946, of Stalin's literary and cultural affairs chief, Central Committee Secretary Andrei A. Zhdanov (1896–1948). The commander in chief of the Soviet armed forces and military hero, Marshal Georgi Zhukov, was dismissed, Nov. 1946, and relegated to a minor post. The draconian labor law of 1940, freezing all workers in their positions and raising the workweek from 40 to 48 hours, remained in force. In agriculture, the Council on Kolkhoz Affairs, established 8 Oct., 1946, initiated measures to reduce the acreage of private peasant plots, which had swollen beyond control during the war, and within a year some 14 m. privately tilled acres had been brought back into the state sector. Taxes on farmers' non-Kolkhoz earnings rose to confiscatory levels through increases instituted in 1948, 1950, and 1951. Religious convictions soon became incompatible with advancement through the Komsomol (Party Youth Organization) and the

Party. Grandiose power and irrigation projects were projected in the Volga and Dnieper regions, spearheading Stalin's "nature transformation" program.

REJECTION OF WESTERN INFLUENCES. In the later 1940's conformity to conservative, xenophobic dictates became the rule. Dimitri Shostakovich (b. 1906) and other prominent Soviet musicians were called to heel for cosmopolitanism in their music and forced to recant, Feb. 1948. At an academic assembly on biological science, Aug.–Sept. 1948, Trofim D. Lysenko's (b. 1898) genetic theories (the outdated Michurin school), sponsored by Stalin, as applied to agrobiology, triumphed in a clash with Soviet "Mendelists"; Mendel's theses did not conform to the Stalinist manipulative concept of nature. Nikolai A. Voznesensky (1903–50), chairman of the State Planning Commission, went into sudden eclipse for his allegedly voluntarist approach to economics and was later shot, Sept. 1950; his advocacy of rational planning had failed to coincide with Stalin's turn to a deterministic emphasis on the dominant substructure (productive forces) in society. 1950 was also marked by the reinstatement, Jan., of the death penalty (abolished in 1947) for broadly interpreted subversive activities.

1950–53

AGRICULTURAL POLICY. A decree of the Council of Ministers on agriculture, 7 June, 1950, heralded a drive, sponsored by Nikita S. Khrushchev (b. 1894), to amalgamate Kolkhoz holdings; this was by 1953 to reduce the number of 1950 Kolkhoz units from 252,000 to 92,000 with a rise in average acreage from 2,800 to 20,000. The 5th 5-Year Plan, approved in 1952, called for completion of the Dnieper and Volga projects by the mid-1950's.

STALIN'S "LAST TESTAMENT." The long-range portents of the above became clearer with the publication of Stalin's "last testament" just prior to the 19th Party Congress of 5–14 Oct., 1952. His "Economic Problems of Socialism in the USSR" in essence called for a concerted drive to complete the socialist phase and defend the USSR as socialism's motherland from a hostile capitalist world—i.e., to perfect the garrison state on its road to communism.

19TH PARTY CONGRESS. The 19th Congress formalized Stalin's moves to assure the implementation of his directives for the future. The older guard, original Bolsheviks and the careerists of the 1930's alike, such as Molotov and Beria, had been stripped of their state posts and limited to Politburo posts close to Stalin's elbow. The Congress created a new, expanded Party Politburo, renamed Presidium, in which the older lieutenants were outnumbered by more pliable newcomers. Organizational and ideological educational reforms portended the further indoctrination of holders of important Party and state posts in the reasserted orthodox tenets of Stalin. The Doctors' Plot accusations of 13 Jan., 1952, implicating 10 Jewish Kremlin physicians in the deaths of Zhdanov, Aug. 1948, and high military figures, seemingly augured a thoroughgoing repurging of the Party and state structures. Then, on 5 Mar., 1953, Stalin died at 74.

1953–57

POST-STALIN RELAXATION. Soon after announcing Stalin's death, the new Party Presidium's reduced membership (representing again only the older leaders) implemented relaxation measures: in quick succession, a wide political amnesty, 29 Mar.; a drop in basic food prices, amounting to 50% for some vegetables, 1 Apr.; and a denunciation of the Doctors' Plot accusations, 4 Apr., ensued. With lightning speed Beria, reappointed head of the reconstituted Ministry of Internal Affairs (secret police), was purged by a Central Committee announcement of 10 July as an "enemy of the [Communist] Party and the Soviet people," seemingly because he had made a move for sole power at a hypersensitive time. Georgi M. Malenkov (b. 1902), Stalin's apparent chosen successor, had abandoned his dual Party-state leadership status in mid-Mar., retaining only the premiership. As 1953 progressed, Khrushchev, the senior Party secretary and main counterweight to Malenkov's political preeminence, gradually became his major rival.

MALENKOV-KHRUSHCHEV RIVALRY. Malenkov had moved to secure his position by (1) presiding, as prime minister, over a centralized Council of All-Union "superministries" in Moscow, which had been reduced from 51 to 25 ministries at Stalin's death; (2) inaugurating, 8 Aug., 1953, a "new course" aimed at increased development of consumer industries, while holding capital industrial development constant; (3) increasing investment in agriculture.

Khrushchev eventually undermined these bids through 1953 and 1954. At the 3–7 Sept., 1953, Central Committee Plenum, which officially appointed him 1st party secretary, he sketched a devastating picture of Soviet agriculture, revealing that in the areas of grain and livestock production the USSR was lagging behind pre-1917 levels. This directly refuted Malenkov's situation report at the 19th Congress. Organizationally, he undercut Malenkov by increasing the presence of the Party's local secretaries at the rural grass roots, in violation of the 19th Congress rules. He further counterattacked, 24 Feb., 1954, by unveiling a grandiose Stalinlike "Virgin Lands" project, which called for the expansion of (mainly grain) cultivated areas by 31 m. acres into marginal, hitherto unutilized sections in the eastern and southern USSR. Malenkov had advocated more intensive rational use of the land under cultivation. High yields in 1954 seemingly bore out Khrushchev's optimistic long-range agricultural prognostications.

FALL OF MALENKOV. On 21 Dec., 1954, *Pravda* and *Izvestia* (the Party and state dailies, respectively) carried contradictory editorials on the priorities to be assigned to heavy and consumer industry, reflecting personal policy differences in the leadership. Soon Khrushchev had gained support from the heavy industrial and military leaderships; at the 8 Feb. Supreme Soviet session, Malenkov resigned as premier and was succeeded by Nikolai A. Bulganin (b. 1895), a member of the Presidium; Marshal Zhukov, who replaced him as defense minister, headed the military elements in the coalition which brought Malenkov down.

Over the years 1955–57 there occurred a series of policy initiatives and modifications, reflecting struggles in the leadership, which reached a *dénouement* in the Anti-Party Group affair of mid-June, 1957, when Khrushchev, through skillful politicking, assembled a coalition to beat back his opposition.

20TH PARTY CONGRESS. The most dramatic moment in this sequence of events was the Secret Speech delivered by Khrushchev at the 20th Party congress, 14–25 Feb., 1956, during the final 2 days. In it he made a violent break with the Stalinist past, calling attention particularly to the excesses of the mass purges of the 1930's. The speech precluded any future attempts at internecine struggle at the leadership level, as well as indiscriminate use of mass terror. The Congress also created a Central Committee Bureau for the RSFSR, to become a preserve for Khrushchev appointees, and co-opted Leonid I. Brezhnev (b. 1906) and Zhukov (in candidate status) to the Presidium and the former to the Secretariat as well. On 5 June, Molotov was succeeded as foreign minister by Dimitri N. Shepilov (b. 1905), a Party secretary since July 1955.

GROWTH OF KHRUSHCHEV'S POWER. Early 1957 marked the announcement of sweeping economic organizational reforms: the Supreme Soviet's resolution of 10 May abolished 140 All-Union, Union-Republic, and Republic industrial ministries and established 105 Regional Economic Councils (*sovnarkhozy*), operating on regional economic principles. This move, coupled with Khrushchev's appeal to the consumer instincts of the populace and his liberalization of Soviet-bloc and East-West relations, crystallized against him a variegated Presidium majority, led by Molotov, Malenkov, and Lazar M. Kaganovich, which eventually mustered 7 of the 11 votes in that body. Khrushchev thwarted their move by throwing the conflict into the wider Central Committee arena for discussion; in this countercoup, he was abetted by the military faction. Zhukov rose to full membership in the Presidium and Aleksei N. Kosygin (b. 1904) to candidate status in the wake of the expulsion of the opposition's leadership from their high posts. Other key events during 1957 were the launching of Sputnik I, and the sudden eclipse of Zhukov, 31 Oct.

1958–64

THE KHRUSHCHEV ERA. Khrushchev became premier in late Jan. 1958, succeeding Bulganin, who was later identified as an "anti-Partyite." Until his own departure from politics in Oct. 1964, he followed a policy of constant reform in all areas of national life, designed to keep his opposition in the leadership off balance and to preserve his own position at the summit of power. Economic efficiency and Party involvement in economics were emphasized. The abolition of the Machine Tractor Stations (MTS's), Feb. 1958, made the Party more responsible for agricultural production; from May 1958 on, with indifferent success, greater investments were diverted into the chemical fertilizer industry. A main objective of the reform of Nov. 1962, the splitting of both Party and state into separate industrial and agricultural hierarchies, was to solve the chronic ills of Soviet agriculture. However, the highly touted Virgin Lands program proved undependable, with the harvests of 1955 and 1957 plummeting below half of those of 1954. The USSR was forced to import grain in the summer of 1963.

The *sovnarkhoz* decentralization move of 1957 was countered by a reassertion of economic centralization in Mar. 1963 through creation of a new superplanning agency, the Supreme Council of National Economy, which in part redressed the losses of the heavy-industry interests and authoritarian centralizers who had earlier been undercut.

RESISTANCE TO KHRUSHCHEV'S POLICIES. Within the Party itself, Khrushchev failed to achieve 2 primary goals after 1957—the total discrediting of the anti-Partyites and identifying himself as the great "de-Stalinizer" of Soviet life. The Extraordinary 21st Congress of Jan.–Feb. 1959, intended to read the 1957 opposition out of the Party, resulted in desultory denunciations and ambiguous criticisms. Only in Apr. 1964 was it announced that "Molotov and others" had been expelled from the Party. Likewise, a renewal in Oct. 1962 of the anti-Stalin campaign, sparked by a Khrushchev-approved poem, *Stalin's Heirs,* by Evgeni Evtushenko (b. 1933), was climaxed by Khrushchev's forced turnabout in midstream and his denunciation of liberal intellectuals and artists, 8 Mar., 1964. The Party-state reform of 1962, moreover, served to alienate the politically oriented Party bureaucrats at lower levels by its emphasis on economic production.

ANTAGONISM OF THE MILITARY. Khrushchev progressively disenchanted another important group, the conservative military, by his calls both early in 1960 and again in 1964 for a reduction in the size of the standing army. As with other reforms, he was forced to backtrack on these demands as cyclical tensions in international relations, such as Berlin (1958 and 1961), the U-2 and Paris Summit crises (1960), and Cuban crisis (1962), seemingly justified the "military preparedness" line of the traditional military.

FALL OF KHRUSHCHEV. Moves, only partly achieved, to enlist popular support by raising the Soviet system's status as a democratic and economic world power ultimately left the citizenry indifferent. These started with Khrushchev's promises at the 20th Congress on overtaking the U.S. by 1970 and ended with his famous "goulash communism" statement in Hungary, Apr. 1964. At the 22nd Congress, Oct. 1961, Stalin's class-struggle concept (dictatorship of the proletariat) was replaced with that of "the state of the whole people." There was increased public participation in government, e.g., the legal reinstatement, 1961, of the Comrades' Courts (these had atrophied in the 1930's), which provided for trial by 1 judge and 2 lay assessors. Official support was given to voluntary "vigilante" groups (*druzhiniki*) intended to preserve public order. These innovations implicitly called for the withering away of the state on the road to Communism. In Jan. 1960 a Commission for Constitutional Reform was instructed to draw up a new constitution to replace that of 1936 with its discredited Stalinist associations.

Khrushchev's fall was directly triggered by his summoning, Sept. 1964, of a mixed Party-state consultative assembly, with many outside "experts," to discuss increased investment allocations to the consumer sector. An alliance of alienated key groups voted him out of his leading Party and state positions, 14 Oct., 1964.

1964–68

ACCESSION OF BREZHNEV AND KOSYGIN. Brezhnev, as new Party first secretary, and Kosygin, as premier, led the institution of a wave of measures aimed at restoring stability in place of the administrative chaos created by Khrushchev's organizational reforms. In Dec. 1964, the functional division of the Party was abolished. A decree of Sept. 1965 completely dismantled the *sovnarkhoz* structure, which in Nov. 1962 had been reduced to some 40 territorial councils. Throughout 1964–65 the slogan of "the state of all the people" and the goals set by the 22nd Congress' program became progressively muted. Members of the Khrushchev "clique," such as Aleksei Adzhubei (b. 1924), his son-in-law and editor of *Izvestia,* and Leonid F. Ilichev (b. 1906), Party secretary, were demoted and replaced soon after Khrushchev's fall. A reassertion of the demand for ideological conformity underlay the Sinyavsky-Daniel trial of Feb. 1965, the 2 writers being sentenced to terms in corrective labor camps.

23RD PARTY CONGRESS. These calls for political and ideological uniformity were re-echoed by the Party at the 23rd Party Congress, 29 Mar.–8 Apr., 1966, which signaled the major themes of the post-Khrushchev style of leadership. Frequent references underlined the Party-state consensus on continued, but less erratic and inconsistent, change. The renewal of membership in the Central Committee touched only 20% of its 1961 members—a low turnover for the post-Stalin period (cf. 50% in 1961). Speeches emphasized a businesslike approach in contrast to Khrushchev's proposals for dramatic 1-shot panaceas. On the perennial economic allocations problem, continued stress was laid on heavy industry's investment priority, while consumer industries, though slated to grow, were to do so more gradually. Kosygin emphasized more the application of rational methods to stimulate industrial growth than increased investments to expand production. Notably missing were denunciations of the Stalinist era's excesses, a sign of tacit consent to shelve the anti-Stalin campaign. Although Khrushchev was not mentioned by name, it was unmistakably he at whose doorstep blame was laid for the shortcomings of the recent past. In failing to be re-elected to the new Central Committee, he lost his last important Party post.

ECONOMIC POLICIES. That the problems of the early 1960's had not vanished with the appearance of a new leadership was soon evident. Though the draft of the 5-Year Plan for 1966–70 had been approved by the Party in Mar. 1966, Kosygin announced, Sept., a delay in its implementation, and the Supreme Soviet ratified, Dec., only a truncated version for 1967.

The industrial reform announced in Jan. 1966, emphasizing greater profitability, material incentive, and autonomy for plant managers, had by Oct. 1967 been extended to some 5,500 industrial enterprises, or ⅓ of the total. Industrial growth, 1960–67, by official admission had slowed to a rate of 6%, as against 8.2% in 1956–60. In Soviet industry, the output of the average worker remained at only ⅓ of his U.S. counterpart. The minimum monthly wage was fixed by the Sept. 1967 Party Plenum for most white- and blue-collar workers at 60 rubles (U.S. $66), with the national nonagricultural average 100 rubles ($110). In the same month the legislature approved a higher growth rate for consumer industries than for heavy industry (8.6% vs. 7.9%) for 1968–69. In Jan. 1968, the country went on a 5-day, 41-hour week.

AGRICULTURAL POLICIES. In agriculture, efforts were made to draw the farmers into the productive process via the introduction of a minimum wage and pension plans. The relative share of state farms (*sovkhozy*—the preferred, more "advanced" socialist farms) in production had dramatically increased from 1940 to 1966 (e.g., from 3 to 42% of eggs, 10 to 54% of grain, 16 to 51% of vegetables produced) and their acreage climbed from 13% to 25% of total cultivated area between 1953 and 1958. However, private peasant plots, comprising only 3% of the cultivated land, contributed 13% of all marketed and 33% of total produce output.

INTELLECTUAL DISSENT. In Jan. 1968 the trial of 4 writers on charges of anti-Soviet activities sparked a new wave of intellectual dissent within the Soviet Union. Petitions and letters of protest against the trial led Communist Party General Secretary Brezhnev to call for "iron discipline" within the Party. Soon after Brezhnev's 29 Mar. warning, a number of Soviet scholars and writers were expelled from the Party.

DOCTRINE OF THE "COMMUNIST COMMONWEALTH." In an attempt to justify the Aug. 1968 invasion of Czechoslovakia, a new doctrine of intervention was advanced in *Pravda,* 26 Sept., 1968. It asserted that the sovereignty of individual countries in the world socialist community must be subordinated to the common welfare of that community, and that the community had the right to intervene when, in a fraternal socialist country, socialism was threatened.

Revolution in East Asia

THE PEOPLE'S REPUBLIC OF CHINA (MAINLAND)

1945–49

CHINA AFTER WORLD WAR II. After Japan was defeated in 1945, the civil war in China which had been temporarily and partially suspended broke out again, despite U.S. efforts to mediate. Mismanagement and corruption resulted in widespread popular discontent with the Nationalist regime and allowed the Communists to extend their influence in the country. By the end of 1948 they controlled Manchuria and were poised for the conquest of the rest of the mainland.

COMMUNIST MILITARY VICTORY. In Jan. 1949 Peking, which under the Communists again became the capital of China, was surrendered. During the next 10 months Communist armies moved south and southwest, taking the cities of Hankow, Wuchang, Shanghai, Canton, and Chungking. Finally, the Nationalist government was forced to flee to Taiwan, 7 Dec.

ESTABLISHMENT OF COMMUNIST GOVERNMENT. While the military conquest proceeded, the Communists prepared to set up a new government. Years of civil war and foreign invasion had made the people unused to functioning as one political unit. To help integrate them into a single polity and tie them as individuals to the regime, "mass organizations" were instituted for labor, peasants, women, youth, literary and art circles, etc.

The form of government was also designed to integrate the people. In July its principles were articulated in a speech by Mao Tse-tung, head of the Chinese Communist Party (CCP), entitled "On People's Democratic Dictatorship." The "people" (workers, peasants, petty bourgeoisie, and national bourgeoisie) would run the democratic government, but would impose a dictatorship on "enemies of the people" (landlords and counterrevolutionaries).

In late Sept. a national representative conference of the "people" was convened at which the form of government pending the promulgation of a constitution was adopted. On 1 Oct., 1949, The People's Republic of China (PRC) was inaugurated. Mao Tse-tung headed the new government with Chou En-lai (b. 1898) as his premier. The façade of democratic coalition was maintained by giving non-Communists prestigious government posts, but in reality the whole government structure acted as the administrative arm of the CCP and CCP members held all key posts.

INTERNATIONAL RELATIONS. Although a new government had been formed, the regime still faced severe economic problems, especially inflation, and still had to complete the conquest of Hainan Island, Taiwan, and Tibet and "mop up" Nationalist troops in west China and Sinkiang.

Mao had defined the PRC's international position in his July speech when he announced that the new state would "lean to one side," i.e., toward the Communist bloc. The USSR recognized the PRC, 2 Oct., 1949, and in Dec. Mao left for negotiations in Moscow. In addition to the Communist bloc, Burma, India, Indonesia, Switzerland, Sweden, Denmark, Pakistan, Ceylon, Afghanistan, Norway, Finland, the U.K., the Netherlands, and Israel also recognized the new government during 1949 and 1950.

1950–52

SINO-SOVIET TREATY. 14 Feb., 1950. Mao returned to China from Moscow soon after signing a 30-year Sino-Soviet Treaty of Friendship, Alliance, and Mutual Assistance. The negotiations had formalized the "lean to one side" policy and had guaranteed the infant Communist state a degree of security which would otherwise have been impossible in the largely non-Communist world. Agreements providing for Soviet economic and technical aid were also concluded.

KOREAN WAR. Meanwhile, the Communist armies took new territory. Hainan Island was captured, Apr. 1950, and preparations for the invasion of Taiwan were then begun. Success seemed assured because the Nationalists were defeated and disorganized and in Jan. the U.S. had denied a commitment to Taiwan's defense. The start of the Korean War, June, changed the situation radically. President Truman's 27 June statement that American security would be endangered by an attack on Taiwan and the subsequent presence of the U.S. 7th Fleet in the Taiwan Straits precluded any Communist action there. By fall UN victories in Korea threatened Chinese security and in early Oct. Chou En-lai asserted that China would intervene if UN troops crossed the 38th parallel. On 7 Oct. the troops did cross it and on 25 Oct. China announced that "Chinese People's Volunteers" were being sent to aid North Korea. By 1953 up to 1 m. Chinese troops had gone to Korea. In Oct. Tibet's "liberation" was also begun.

AGRARIAN REFORM LAW. 30 June, 1950. This measure aimed at eliminating the power of the landlord-gentry class. The program involved confiscation and redistribution of land and physical elimination of the landlords. The "rich peasants" were exempt to avoid disrupting the economy too severely. Class conflict, with the lower classes judging and punishing the upper ones, was an integral part of the drive. This had the dual advantage of encouraging peasant activism and committing the peasants to the reforms by making them responsible. Inflation had been curbed by the end of 1950.

CONQUEST OF TIBET. By Apr. 1951 the conquest of Tibet had been completed. Representatives of the Dalai Lama, Tibet's traditional ruler, signed an agreement in Peking incorporating Tibet into China as an autonomous region. (The PRC was to be responsible for Tibetan foreign affairs, but there was an independent local government.)

CONSOLIDATION OF CCP CONTROL. During 1951 several campaigns in addition to land reform were mounted, all aimed at consolidating the Communists' economic and political control. In Mar. a Party rectification campaign which lasted 2 years and involved a reinvestigation and reregistration of all members was begun. The "Resist-America, Aid-Korea" campaign and the campaign against counterrevolutionaries were conducted in conjunction with the Korean War. The former, stressing a presumed U.S. design to invade China, served both to arouse nationalism and eliminate "bourgeois" pro-western attitudes. The campaign against counterrevolutionaries, imposing a reign of terror on the urban population, resulted in mass executions of those accused of actively opposing the regime. The "3-Anti Campaign" (against corruption, waste, and bureaucratism) was begun experimentally, Aug., in Manchuria to increase discipline in Party and government organizations. In Dec. it was expanded into a nationwide drive and, in addition to its original purposes, became a tool to fight "bourgeois" and "rightist" thought. The campaign lasted through the following spring. Chou En-lai initiated the Ideological Reform Campaign, Sept., at a mass meeting of teachers and professors. It was originally planned as a 4-month drive to force intellectuals, through the use of criticism and self-criticism, to accept Marxism-Leninism and CCP rule. Because considerable passive opposition remained, this movement was combined with the 3-Anti Campaign late in the year.

5-ANTI CAMPAIGN. By 1952 most sectors of the economy had reached or surpassed pre-1949 levels and, although consumer goods were still in short supply, communications had been considerably improved and the economy had been centralized. However, despite the 3-Anti Campaign there continued to be some corruption, especially in economic circles. To combat this a nationwide "5-Anti Campaign" (against bribery, tax evasion, theft of state assets, cheating in labor or materials, and stealing state economic intelligence) was conducted among the bourgeoisie, especially the urban merchants and manufacturers, Jan.–Mar. The campaign was similar to the one against counterrevolutionaries in that it encouraged class warfare, public denunciations, and abject confessions, but it was carefully controlled by the Party and there were no mass executions. When it had run its course the influence of the old business class had been destroyed and what remained of the private sector was firmly under Party and government control. By this time most foreign investors had left China because of extremely strict government policies.

LAND POLICY. On 30 June the regime announced that land reform had been largely completed. By Aug. the 2nd step toward developing socialist agriculture was begun; the Ministry of Agriculture announced that 40% of the peasants in China belonged either to mutual-aid teams or agricultural producers' co-operatives. In the former, several families co-operated on a year-round basis, but each family retained its own land and received the produce raised on it. The latter included more families. In addition to a small private plot, each family owned shares in the rest of the land, which was farmed collectively. The income from the crop was divided according to the shares held and wages were paid according to work performed. Under both systems participation was voluntary but strongly urged.

1953–57

INCREASE IN SOVIET AID. The period of reconstruction which had begun with the Communist conquest in 1949 was basically complete by 1953. In Mar. of that year Stalin died, after which Soviet aid to China was substantially increased. A Soviet commitment to finance 91 new industrial and other projects was made in Sept. The Korean truce, July, gave the economy a further boost.

INDUSTRIAL POLICY. During the 1st part of the year industrial development was emphasized. However, by June 1953 management problems were evident and that month a national labor discipline campaign was launched. Cadres were widely criticized for poor management and organization. In mid-July the *People's Daily*, the regime's semiofficial newspaper, cited cadre mistakes as the main cause of serious target underfulfillment in state-operated factories. In Sept. a campaign to increase production and practice economy was begun.

AGRICULTURAL POLICY. Problems were also apparent in the agriculture sector. On 15 Feb., 1953, a Party decision ordered moderation in establishing new co-operatives. The cadres had

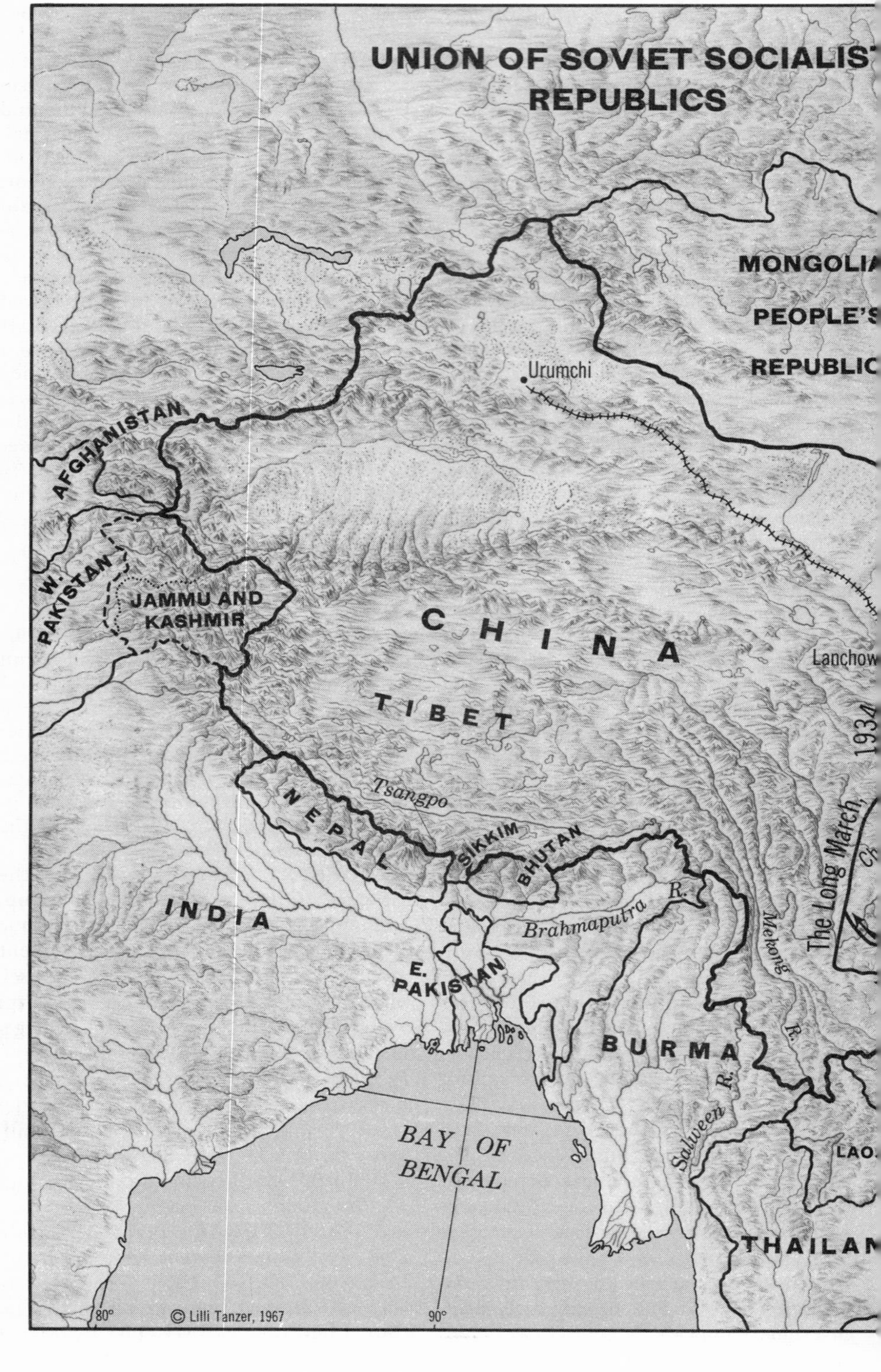

UNION OF SOVIET SOCIALIS
REPUBLICS
MONGOLIA
PEOPLE'S
REPUBLIC
Urumchi
AFGHANISTAN
W. PAKISTAN
JAMMU AND KASHMIR
CHINA
TIBET
Lanchow
NEPAL
Tsangpo
SIKKIM
BHUTAN
INDIA
Brahmaputra R.
E. PAKISTAN
BURMA
Mekong R.
Salween R.
The Long March, 1934
BAY OF BENGAL
LAO.
THAILAN
80°
© Lilli Tanzer, 1967
90°

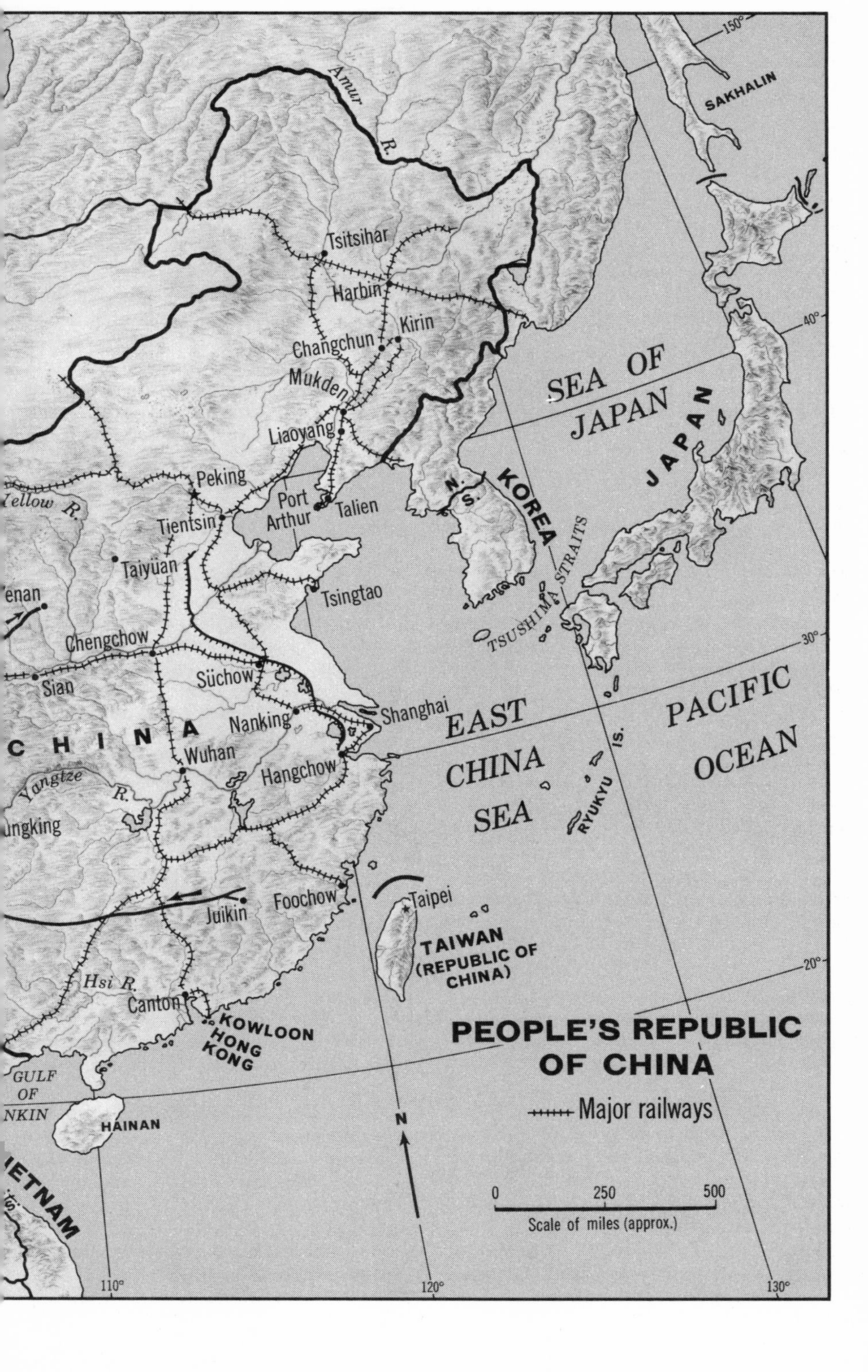

PEOPLE'S REPUBLIC OF CHINA
Major railways
Scale of miles (approx.)
0
250
500
SAKHALIN
Amur R.
Tsitsihar
Harbin
Kirin
Changchun
Mukden
Liaoyang
Peking
Port Arthur
Talien
Tientsin
Yellow R.
Taiyüan
Tsingtao
Chengchow
Süchow
Sian
Nanking
Shanghai
CHINA
Wuhan
Hangchow
Yangtze R.
Foochow
Juikin
Taipei
TAIWAN (REPUBLIC OF CHINA)
Hsi R.
Canton
KOWLOON
HONG KONG
GULF OF
HAINAN
SEA OF JAPAN
JAPAN
KOREA
N.
S.
TSUSHIMA STRAITS
EAST CHINA SEA
PACIFIC OCEAN
RYUKYU IS.
N
150°
40°
30°
20°
110°
120°
130°

apparently been pushing the program very hard and their zeal was resented by peasants who, having finally gained their own land, were not anxious to give it up. Disliking regimentation by the cadres, many were migrating to the cities. Measures to relieve the situation were taken in Apr. The peasants were ordered to remain in rural areas and a campaign to educate cadres in the Russian experience of industrialization and co-operativization was begun. As late as mid-Sept. the theme that co-operatives had been set up too rapidly was reiterated. However, on 1 Oct. a *People's Daily* editorial on the "general line of the state during the period of transition" explained that China had entered the transition to socialism and that nonsocialist sectors of the economy (including agriculture and industry) would be reformed. A nationwide movement to study the general line was launched and co-operatives were again encouraged. In mid-Dec. the Party called for the number of co-operatives to be increased from 15,000 to 35,000 in 1954. Preparations for a constitutional government were begun in mid-Jan., when a Committee to Draft the Constitution was set up. In July a national census was ordered.

INTERNATIONAL RELATIONS. In 1954 there was a general relaxation of tension between the Communist bloc and the rest of the world. The idea of a 3rd, neutral bloc subject to growing Communist influence began to gain acceptance in China. One of the earliest indications of the new policy was the Chinese role in the Geneva Conference which met to seek a settlement of the Indochina and Korean issues, Apr.–July. Agreement on Korea was not reached, but Chou En-lai played a key role in formulating the cease-fire agreement for Indochina. In Apr. China also negotiated an agreement with India in which Chinese sovereignty over Tibet was acknowledged and the 5 principles of "peaceful coexistence" on which Chinese foreign policy was based in following years were 1st outlined.

POLICY TOWARD TAIWAN. Shortly after returning from Geneva, Chou called for the "liberation" of Taiwan and attacked plans for the formation of SEATO. Chou's speech initiated the 1st Taiwan Straits crisis, which lasted into 1955. On his arrival in Peking, late Sept., Khrushchev lent his verbal support to the campaign. China condemned the mutual-defense treaty signed by the Nationalists and the U.S. late in the year as aggression.

PARTY PURGES. The only important Party purges between 1949 and the mid-1960's occurred at a Party conference in early Feb. 1954. Although it was not announced until a year later, at this time Kao Kang and Jao Shu-shih, the Party leaders in Manchuria and east China, were ousted for violating Party discipline and trying to create "independent kingdoms." Their removal was followed by a campaign for Party unity and collective leadership which lasted until summer.

ADOPTION OF THE CONSTITUTION. In Mar., Mao Tse-tung presented a draft constitution to the Committee for Drafting the Constitution. It was accepted by the temporary government, mid-June 1954, and shortly thereafter the completion of the basic-level elections and the national census was announced. The population of mainland China (excluding Taiwan and the overseas Chinese) was said to be 583 m. The 1st National People's Congress was held, 15–28 Sept., and formally adopted the constitution. A government reorganization followed. Mao Tse-tung, Liu Shao-ch'i (b. 1898), and Chou En-lai were elected to the top posts.

PEASANT CO-OPERATIVES. The co-operative movement grew rapidly in 1954. In late Mar. there were 91,000 co-operatives, 4 times the goal set for the whole year. Although in Aug. most of them were called failures, by late Dec. the figure was about 400,000.

BANDUNG CONFERENCE. In the early months of 1955 the Taiwan Straits crisis continued with Chou En-lai condemning UN efforts for a cease-fire as interference in China's internal affairs. The tension was finally relaxed when the Asian–African Conference was held in Bandung, Indonesia, 18–24 Apr. Like the 1954 Geneva Conference, the Bandung

Conference demonstrated China's new foreign policy of wooing the "3rd bloc." During the conference Chou En-lai said China was willing to discuss the Far East situation with the U.S., although he maintained a few days later that the Taiwan Straits problem was an internal one. A treaty concerning nationality was signed with Indonesia.

In late Apr. China's prestige was further enhanced by a nuclear-aid agreement with the USSR and in late July it was announced that ambassadorial-level talks between the PRC and the U.S. would be held in Geneva. As a symbol of the new diplomatic approach, a Chinese embassy was opened in Afghanistan, July, and diplomatic relations were established with Nepal, Aug.

POLICY TOWARD INTELLECTUALS. In early Feb. 1955 another campaign to reform intellectuals was undertaken. It centered around writer Hu Feng, who was accused of ignoring Marxist-Leninist principles. By May it had expanded into a general movement against "counterrevolutionaries."

5-YEAR PLAN. After a Party Conference in Mar. 1955, the 1st 5-Year Plan was finally announced. The plan covered the period 1953–57 and emphasized industrial development. During the year merchants and peddlers in rural areas were urged to join the co-operative movement. Between mid-Feb. and mid-Nov. the number of co-operatives jumped from about 600,000 to almost double that number. A Party conference in early Oct. hailed the approaching "high tide of socialization in rural areas." In 1956, however, it was revealed that the 1st 5-Yr. Plan was suffering severe maladjustments, at least some of which were due to a lack of enthusiasm on the part of the peasants, workers, and intellectuals. A Party conference held in Jan. 1956 considered how to increase Party control over the intellectuals and enlist their support for national construction and socialism.

"HUNDRED FLOWERS" SPEECH. On 2 May, 1956, Mao gave his famous address entitled "Let a Hundred Flowers Blossom, Let a Hundred Schools of Thought Contend" which outlined a new policy of encouraging free expression and creative thinking in order to deal with the country's problems. In spite of repeated urging throughout the year, the intellectuals did not take advantage of their new freedom, apparently preferring the safety of silence.

SINO-SOVIET RELATIONS. The 20th Congress of the Communist Party of the USSR was held in Feb. 1956 and 2 important issues were raised: the denunciation of Stalin and the admission that there are "many roads to socialism." The Chinese press did not comment on the Congress until early Apr., when it noted that Stalin had made some mistakes, but refused to condemn him entirely, presumably because Mao's position could be considered analogous to Stalin's. On the question of diverse patterns of socialist development, leeway in domestic policy was supported, but the need for a common foreign policy was also maintained. Thus China encouraged Poland and Hungary to assert domestic independence in the summer and early fall. However, during the Oct. Polish and Hungarian uprisings China supported the Poles, but opposed the Hungarians, the difference being that the Poles only wanted increased domestic freedom while the Hungarians threatened to leave the Communist bloc. The CCP played a major role in the negotiations and decisions made during this period of crisis. The competition and policy disagreements which led to the Sino-Soviet split may have begun at this time.

"HUNDRED FLOWERS" CAMPAIGN. The "Hundred Flowers" campaign was newly emphasized in early 1957. In a speech, Feb., entitled "On the Correct Handling of Contradictions Among the People," Mao outlined a policy for dealing with domestic dissent and reiterated the need to loosen controls over free expression of opinion. From then until late May the people were invited to express their suggestions and criticisms. Simultaneously, a national cadre rectification campaign was carried out, the implication being that the cadres were inhibiting free comment. Finally, in May and early June the response came with both basic and violent criticism of the CCP. Its intensity apparently took the Party by surprise, threatening to undermine the whole power structure. In early June the Party retaliated with a massive "antirightist" campaign which continued into 1958. In July and Aug. there were widespread arrests of "counterrevolutionaries." Thus the "Hundred Flowers" campaign was brought to a sudden halt.

BEGINNING OF THE SINO-SOVIET SPLIT. The fall of 1957 was another turning point in Chinese foreign policy. In late Aug. the USSR tested its 1st ICBM and agreed to help China build its own nuclear deterrent. Early the following month the 1st sputnik was launched. Then in early Nov. Mao made his 2nd trip to the USSR and met with the world's other Communist leaders. In a speech at one conference Mao maintained that the Russian scientific achievements gave the Communist world a strategic advantage which should be pushed immediately. He insisted that "the east wind prevailed over the west wind," and recommended aggressive action. The Russians apparently disagreed, cautioning against the dangers of nuclear war with the U.S. This basic strategy disagreement has persisted ever since and from it has developed the Sino-Soviet split, the Chinese accusing the Russians of holding "revisionist" attitudes toward "imperialist" states and the Russians accusing the Chinese of being unrealistic about the possible alternatives in the nuclear era. The theoretical question involved is said to turn on the inevitability of war.

1958

THE "GREAT LEAP FORWARD." In the early months of the year the antirightist and rectification campaigns continued and violent attacks on Yugoslav "revisionism" were made. (The latter were veiled criticisms of the USSR.) Then, in the summer, China launched a radically new program for speeding industrial development, abandoning the Soviet model and initiating the Great Leap Forward. The co-operative movement had been growing since 1952 and now the co-operatives were merged into multifunctional communes, averaging about 5,000 households each. The administration of each commune was responsible for the political, economic, and military organization of its members. Land was owned by the commune, but for production purposes the communes were subdivided into brigades (equivalent to the old co-operatives) and teams (equivalent to the old mutual-aid teams). In the movement's early stages communal living was encouraged with the establishment of central mess halls, child-care centers, etc. Although wages were paid, there was an effort to implement a free supply system based on the Communist precept "to each according to his needs." In addition to agriculture, the communes were expected to undertake industrial production. The small-scale steel plants established at this time have become a symbol of the economic disaster that the Great Leap brought.

Much of the commune movement apparently began without the specific orders of the top Party leaders, and in early Aug. Mao reportedly toured the communes to inspect the results. On his return, an important Party conference was held at Peitaiho and the communes were declared the best form for socialist construction and the transition to Communism. In the following months, as the movement spread, claims were made that China was rapidly approaching Communism (having outdistanced the Soviet Union in this respect) and had now become the true leader of the Marxist-Leninist revolution throughout the world. However, by late Nov. another Party conference seriously reviewed the movement and began to restrain it, announcing that the transition from socialism to Communism was in the very distant future. Economic dislocations had already become evident as a result of uneconomical production methods, particularly with reference to modern industry, and the crash programs implemented by the communes.

2ND TAIWAN STRAITS CRISIS. Simultaneously with the height of the Great Leap there occurred the 2nd Taiwan Straits crisis, which began in Aug. 1958 and was virtually over by Oct., but which was much more severe than the earlier one. The Communists blockaded one of the offshore islands and then extended their territorial limit to 12 mi. in order to cut off supplies. The U.S. refused to recognize the 12-mi. limit, escorting supply ships to the conventional 3-mi. limit and breaking the blockade. On 6 Sept. Chou En-lai offered to resume talks with the U.S. in Warsaw and in early Oct. the shelling of the island was temporarily halted. The USSR did not protest U.S. actions until after 6 Sept., suggesting that it was unwilling to support Chinese militancy. Thus the Chinese were forced to back down in the face of superior U.S. strength and new fuel was added to the smoldering Sino-Soviet dispute.

1959–61

REBELLION IN TIBET. In Mar. 1959, with the Tibetan rebellion, the regime faced the 1st serious threat to the unity of the Chinese state since it came to power in 1949. The revolt was speedily crushed and the Dalai Lama sought asylum in India. Because of his presence there, Apr., the Chinese accused India of expansionism and interference in Chinese internal affairs. By fall, border clashes which continued through Dec. began to occur between Indian and Chinese troops. Perhaps the most significant aspect of the conflict with India was the lack of support China received from the USSR, which apparently again refused to underwrite Chinese militancy. It was learned later that in 1959 the Russians had also abrogated their nuclear-aid agreement with China. This had serious implications for future Chinese security and further intensified the dispute with the USSR.

PROMOTION OF LIU SHAO-CH'I. At the 2nd National People's Congress, Apr. 1959, Mao was not re-elected chairman of the PRC, although he continued to head the Party. Instead, Liu Shao-ch'i was named to the post, implying that he would later succeed Mao as the most important leader of China.

MODIFICATION OF THE COMMUNE POLICY. From June 1959 onward, retreat from the excesses of the Great Leap became evident. Decentralization was urged for some aspects of commune work, the free supply system was limited, and efforts to develop small-scale modern industry in the agricultural setting were scrapped. In Aug. and Sept. announcements were made of deflated production statistics for 1958, thus discrediting the exaggerated claims for the "Great Leap Forward," and scaled-down targets were belatedly announced for 1959. However, the official explanation of economic setbacks caused by the Great Leap was that China suffered serious droughts and floods between 1959 and 1961, and in the last part of 1959 a campaign against the "rightist" critics of the Great Leap was waged.

RENEWED EMPHASIS ON AGRICULTURE. The retreat from the Great Leap was even more obvious in 1960. On 1 Jan. an article in the Party journal *Red Flag* announced that agriculture would be the foundation for economic growth during the year. (During the Great Leap, industry had been given priority.) A 12-year National Agricultural Program was ratified, Apr., and during July and Aug. a nationwide campaign to make agriculture the basis of the economy was conducted. Decentralization in the communes to increase popular enthusiasm and encourage better management was begun. Despite reorganization of rural communes, in Mar. and Apr. urban communes to organize neighborhood industry, household services, and welfare projects were promoted. However, it was stressed that most property would remain private and participation would be voluntary.

ARMY POLICY. Early in 1960 there was a move to prepare the militia to assume an economic role and a stress on the possibilities of a successful "people's" war against other states with highly developed weapons. (The latter was probably related to the Soviet withdrawal of nuclear aid.) In Oct. Defense Minister Lin Piao began to stress political indoctrination for the army, foreshadowing the nationwide campaigns of the following years.

SINO-SOVIET SPLIT. During 1960 the Sino-Soviet dispute became public. *Red Flag* articles, Apr., asserted that tactical maneuvers by imperialists did not change imperialism's basic nature and that so long as imperialism existed wars were inevitable. The Russians maintained that some wars could be avoided. In June, at a Conference of Communist Parties in Bucharest, a violent, personal exchange occurred between the CCP representative and Khrushchev, each accusing the other of poor judgment. In July the USSR withdrew all its experts and aid from China.

INCREASE IN FOREIGN ALLIANCES. As the Sino-Soviet dispute intensified, so did competition for allies in the Afro-Asian states. As a series of African states became independent in 1960, China quickly recognized them. (This was also part of China's effort to deprive Taiwan of votes on the China issue in the UN.) In Jan. the instruments of ratification for the Sino-Indonesian Dual Nationality Treaty signed in 1955 were finally exchanged, and a Treaty of Friendship and Mutual Non-Aggression was signed with Burma. Boundary and aid agreements with Nepal, Mar., a Friendship and Non-Aggression Treaty with Afghanistan, Aug., and a boundary treaty with Burma, Oct., were also signed. One desired effect of these agreements was to isolate India from her neighbors.

ECONOMIC DECENTRALIZATION. A Party meeting in Jan. 1961 announced the virtual abandonment of Great Leap economic policies. Between Jan. and June 1961 the value of the experience of old peasants, the importance of rural trade fairs to the economy, and the necessity of private plots and individual family sideline enterprise to supplement the collective economy were all stressed. By June decentralization of production decision-making to the team level had apparently been accepted. All of these trends indicated a reversion to co-operatives and in some cases mutual-aid-team levels of co-operation. Starting in Sept. there were campaigns to increase production and quality in light industry and to improve standards and systems of accounting in all enterprises.

A further deterioration in Sino-Soviet relations took place when Khrushchev made a violent attack on the Albanians at the 22nd Communist Party Congress of the USSR in Oct. Chou En-lai, who headed the CCP delegation, criticized the attack and then left the meetings.

During the year contacts between Japan and the PRC grew, particularly in the field of trade.

1962–65

SOCIALIST EDUCATION CAMPAIGN. Efforts for economic stabilization and commune decentralization continued in 1962. In the early months of the year there was also evidence of a new emphasis on Party discipline and effectiveness, but it was not until a Party conference in Sept. that this was clearly defined. With Mao presiding and delivering an important speech on class struggle, the conference marked the beginning of a nationwide effort to strengthen support for the regime and rectify Party work styles in order to guarantee the continuation of the revolution. At the conference the Party decided to conduct a Socialist Education Campaign and afterward several local ones were begun experimentally in the rural areas. Their results showed that, since the failure of the Great Leap, the rural population had increasingly reverted to "capitalist" forms such as private plots and individual marketing. Many had left farming for more lucrative jobs in business. The cadres had lost their revolutionary zeal to the point of being unable to control, and in some cases even encouraging, these tendencies. In short, the revolution was at stake.

CONFLICT WITH INDIA. In mid-Apr. 1962 the border conflict with India was renewed with each side accusing the other of aggression. By Oct. there was fighting between Chinese and Indian troops. The USSR continued military aid to India throughout, earning new denunciations from the CCP. The Russian handling of the Cuban missile crisis in the fall was especially criticized. On 1 Dec. China announced that her troops would withdraw from the Indian border unilaterally. They did conduct a partial withdrawal, but remained in what had been considered Indian territory.

IDEOLOGICAL REFORM CAMPAIGNS. Although the Socialist Education Campaign was not openly discussed until late in 1963, political drives which were related to it were begun. Socialist indoctrination for everyone was stressed with the dual goal of increasing class consciousness and collective production enthusiasm. One of the basic techniques was to make people compare their present lives with how they had lived before the Communists took over and to recall how they had suffered at the hands of the "exploiting classes." Early in the year a campaign to emulate the self-sacrificing spirit of an army martyr named Lei Feng was carried out. By June cadres were being urged to participate in physical labor to increase their ties with the general population.

In Sept. 1963 it was announced that the economy had recovered from the "natural disasters" of 1959–61.

INTERNATIONAL RELATIONS. Although China announced in Mar. that its withdrawal from Indian territory was complete, tensions along the Sino-Indian border were increased that month when the Dalai Lama announced a new Tibetan constitution to be implemented after the Chinese were driven out of Tibet. Efforts to isolate India continued as China signed new boundary agreements with Nepal, Jan., Pakistan, Mar., and Afghanistan, Nov. In 1965 the Chinese issued an ultimatum demanding Indian withdrawal from "Chinese" territory, but they later backed down.

The main preoccupation of Chinese foreign policy during 1963 was the dispute with the USSR and competition for leadership of the world Communist movement. As the U.S. and the USSR approached agreement on a partial nuclear test ban, Chinese accusations of Soviet "revisionism" became increasingly violent. Talks held in Moscow, July, between Soviet and Chinese Party leaders led nowhere. When the treaty was signed, late July, the Chinese condemned it and in the following months bitter personal attacks were leveled at Khrushchev in an effort to undermine his leadership.

EXPANSION OF THE SOCIALIST EDUCATION MOVEMENT. Efforts to increase socialist consciousness and collective production enthusiasm and improve cadre work styles were continued in 1964 while the Socialist Education Movement was considerably expanded. At various times nearly every other campaign was said to be part of this general one. In Jan. 1964 a nationwide production drive was launched in industry and commerce, called the campaign "to compare with, learn from, and overtake the advanced and help the backward." At the same time a movement to "Learn from the PLA" (the Chinese army) was begun. The political indoctrination which had been carried out in the army since 1961 was held up as an example for the rest of the country as all were urged to study Mao's works. By fall, the Socialist Education Movement had been extended to the cities and a new attack on intellectuals who allegedly denied the necessity of continuing class conflict was launched.

RELATIONS WITH THE USSR. Verbal attacks on the USSR intensified in the first half of 1964. When Khrushchev proposed, June, a meeting of all Communist parties, the Chinese called it an effort to further split the Communist movement by attacking the CCP. Khrushchev's unwillingness to give up his plan exacerbated the dispute and probably also contributed to his removal from power in mid-Oct. Then, 16 Oct., the PRC exploded its first atomic bomb, thereby gaining considerable international prestige and increasing China's bargaining power with the USSR. Since Soviet aid for Chinese nuclear development had been withdrawn in 1959, the Chinese could take much of the credit for the obvious technological advance. After these 2 events the dispute temporarily subsided. In Nov. Chou En-lai led a delegation to Moscow and Khrushchev's fall was hailed in the Chinese press as a great victory for Marxism-Leninism against "revisionism."

RECTIFICATION CAMPAIGNS. In Jan. 1965 Mao apparently personally ordered a reorientation of the Socialist Education Movement to deal with the few people in the Party who had been influenced by capitalism. In spite of this, the tendency to expand the campaign continued. For instance, national conferences on conducting political work in industry and communications and in agriculture and forestry were held. Rural and urban part-work, part-study schools whose programs were to be co-ordinated with the local socialist education campaigns were promoted. Thousands of people (particularly students) were sent into the countryside to help with the various campaigns and to gain an increased commitment to socialism in the process. By fall cadres above the basic levels were being held responsible for the morale problems lower down in the scale. A campaign to rectify county Party officials resulted. They were accused of enjoying a soft life, ignoring Party policy, and losing contact with real situations. The following year it was revealed that many cadre members had lost their posts during this period. Also in the fall, another campaign was begun among the intellectuals. Various writers were accused of allegorically opposing the regime. From these 1st criticisms in Nov. and Dec. the Cultural Revolution developed.

FAILURE OF THE 2ND AFRO-ASIAN CONFERENCE. The pause in the Sino-Soviet dispute was only temporary. In mid-Feb. 1965 Kosygin, the new Soviet premier, visited Peking. Shortly thereafter, the Chinese again began to comment on Soviet "revisionism" and, late May, accused Khrushchev's successors of continuing his line, only more subtly. The 2nd Afro-Asian Conference, the successor to the one held in Bandung in 1955, was scheduled to be held in Algeria in mid-1965. When the issue of Soviet participation arose, the Chinese were strongly opposed. Ultimately, the conference was "indefinitely postponed."

RELATIONS WITH INDONESIA. By 1965 the Afro-Asian states were seriously reconsidering their relations with China. The failure of the Great Leap, the militant Chinese stand on war, the Sino-Soviet split, and the confrontation on the Indian border had all engendered mistrust. An attempted coup in Indonesia, mid-Sept., in which Chinese Communists were implicated, was a final blow to the "peaceful coexistence" image. From this time, Indonesia, which had been one of China's firm supporters, began to harass Chinese in Indonesia until, 1967, diplomatic relations were suspended.

1966–68

START OF THE CULTURAL REVOLUTION. By early 1966 frequent references to the Socialist Education Campaign had ceased, but the political indoctrination campaign became even more massive. The slogans "Bring Politics to the Fore" and "Study Mao's Works" were nationally adopted. The "little red book," *The Quotations of Mao Tse-tung,* which was to become the symbol of the Red Guard, began to be generally distributed. Attacks on leading writers grew in number and severity. Their writings were condemned as "poisonous weeds" which advocated a return to the capitalist system and the overthrow of the regime. In mid-Apr. 1966 the 1st references to the Great Proletarian Cultural Revolution began to appear. They seemed to refer initially to the campaign against writers, but by June university faculties and Party personnel were also coming under fire. In mid-June university enrollment was postponed.

LIN PIAO AND THE RED GUARDS. Liu Shao-ch'i figured prominently as a leader of the movement until the Party conference in early Aug. over which Mao presided. The conference adopted a decision on the Cultural Revolution which stressed that the main problem was to purge the Party of a few members who had "taken the capitalist road." After this, a series of mass rallies was held in Peking with Mao often presiding. Defense Minister Lin Piao (b. 1908) usually appeared with him and, although Liu Shao-ch'i was generally present, he stayed in the background. By mid-Aug. Lin Piao was credited with correctly interpreting Mao's works and Red Guard units made up of teenagers were being formed on a national scale. The Red Guards, with the regime's blessing, temporarily ran wild, changing road and store names to more "revolutionary" ones and attacking and humiliating people for having "bourgeois" household goods or clothing. However, by early Sept. there were efforts to curb these excesses, the Red Guards being cautioned to use reason rather than force.

INTERNATIONAL RELATIONS. While the Cultural Revolution raged domestically, Chinese foreign relations steadily deteriorated. In Jan. 1966 both Dahomey and the Central African Republic broke diplomatic relations with the PRC. In Feb. the Chinese embassy in Indonesia was attacked and the Cuban regime was accused of being anti-Chinese. In Mar. the Chinese refused to attend the 23rd Russian Communist Party Congress and in Oct. Ghana suspended diplomatic relations with the PRC. During Dec. the Chinese began to put pressure on Macao, accusing the Portuguese authorities there of atrocities.

EFFECTS OF THE CULTURAL REVOLUTION. In 1967 the stability which had characterized the CCP for so long seemed to have completely broken down as the Cultural Revolution broadened and deepened, spreading to rural areas as well as cities and including more and more people. In the course of the year some of the Party's oldest and most powerful leaders, notably Liu Shao-ch'i, were denounced, but some subsequently reappeared without seeming to have lost their positions. Revolutionary committees to conduct the Cultural Revolution were set up at all levels of society and in the early months of the year they were urged to seize power from those following the capitalist road. This seemed to imply that the regime was trying to circumvent the Party apparatus. "Economism," encouraging production but overlooking politics, was attacked. By May there were reports of fighting in several provinces as Maoist and anti-Maoist factions apparently struggled to gain control. This continued sporadically through Sept. In that month Mao toured several provinces and afterward the Cultural Revolution seemed to slacken. Fighting broke out again, however, in a number of provinces in Dec. 1967, and continued through the summer of 1968. During this period the anti-Maoist faction continued to be purged. By the summer 34 of 63 active members of the 1965 Central Committee of the CCP had been removed, and 9 had been publicly criticized. Of 72 active alternates to the Central Committee, 27 had been purged and 29 publicly criticized, while only 9 of the 45 1st and 2nd secretaries of regional party organizations were still active. On 31 Oct., 1968, the Central Committee announced that Liu Shao-ch'i, earlier labeled as "the top Party person in authority taking the capitalist road," had been removed from his post as chief of state.

INTERNATIONAL RELATIONS. During 1967 pressure on Macao continued and a similar campaign against the British in Hong Kong was begun in the late spring. Diplomatic incidents involving many countries which had previously been relatively sympathetic toward China occurred. These ranged from a near rupture of relations with Britain over physical attacks on British diplomatic personnel to a squabble with Ceylon over the distribution in that country of Mao buttons. In 1968 the pressure against Hong Kong continued, and relations with India further deteriorated because of alleged Chinese assistance to the Naga rebels.

THE REPUBLIC OF CHINA (TAIWAN)

1949

LOSS OF THE MAINLAND. The Communist armies moved south from Manchuria in early Jan., forcing negotiations for the surrender of Peking. On 21 Jan. President Chiang Kai-shek announced his retirement from office and made Vice-President Li Tsung-jen (b. 1890) acting president. In the following months other major cities fell to the Communists. In mid-Oct. the Nationalist government was moved from Canton to Chungking, but in late Nov. Chungking also fell. In early Dec. Li Tsung-jen left for the U.S.A., the seat of government was moved to Taipei,

Taiwan, 7 Dec., and Chiang himself fled to Taipei.

Although the Nationalists now ruled the equivalent of only 1 Chinese province, the national structure of government was maintained. Government practice has since remained static; in spite of democratic forms, the real decisions are made by Chiang and his advisers, the provincial administration is mainly staffed with Nationalist refugees rather than Taiwanese, and public expression of opinion is tightly controlled. While this has created certain problems for the regime, thus far Chiang's power has not been seriously challenged and attention has been focused on economic development and foreign relations, especially the recovery of the mainland.

1950–53

THE KOREAN WAR. In Jan. 1950 the U.S. denied any commitment to the defense of Taiwan, and on 1 Mar. Chiang resumed his duties as president in Taipei. By late spring Communist troops were massing on the Chinese coast opposite Taiwan in preparation for invasion, but the Korean War broke out before the invasion was begun, causing President Truman to announce in late June that the 7th Fleet would neutralize the Taiwan Straits. In exchange, the Nationalist government agreed not to try to retake the mainland.

U.S. support for Taiwan continued during the next few years. In Jan. 1951, military aid to the Nationalists was resumed. In the following May, the U.S. said that it would aid Taiwan and refuse recognition to the Communist regime.

In Dec. 1951 a Taiwan Provincial Assembly was set up, but it has never exercised real power. Li Tsung-jen continued to claim the presidency, but in Jan. 1952 he was impeached *in absentia* for violating the nation's laws and was ousted from the Nationalist Party (KMT).

In the early months of 1952 there was a dispute between the Nationalists and the Burmese over Nationalist forces who had escaped into Burma and were using it as a safe base for operations against the Communists. Burma, fearing Communist retaliation, attacked these forces.

After President Eisenhower took office, he stated in early 1953 that the 7th Fleet's neutralization of the Taiwan Straits would be ended. With U.S. aid Taiwan was developing economically and it was felt that the neutralization protected the Communists more than the Nationalists. However, the decision was never implemented.

1954–55

1ST TAIWAN STRAITS CRISIS. In Mar. 1954 Chiang won his 2nd 6-year term as president. The following Aug. Communist Premier Chou En-lai called for the "liberation" of Taiwan, initiating the 1st Taiwan Straits Crisis, which lasted into 1955. Tensions in the Straits increased in the following months and on 3 Dec. the Nationalists signed a Mutual Defense Treaty with the U.S. which committed the U.S. to the defense of Taiwan and the Pescadores Islands. In Jan. 1955 it was noted that, by the defense treaty, the Nationalists agreed not to attack the mainland without previous U.S. approval. The UN Security Council voted, Feb., to discuss a cease-fire in the Taiwan Straits and to invite the Communists to participate. When the Communists refused the invitation, UN efforts were abandoned. The same month the Tachen Islands, which were difficult to defend because of their distance from Taiwan, were evacuated by the Nationalists with the help of the U.S. 7th Fleet. However, the Nationalists pledged continued defense of the other islands. By spring the crisis was passing as the Communist regime offered to negotiate with the U.S.A. on the Far Eastern situation.

1956–57

ECONOMIC POLICY. Although there were still guerrilla efforts to infiltrate the mainland and the ultimate goal of return was not renounced, from 1956 the Nationalists appeared to concentrate increasingly on economic development. The 1st 4-year program for development ended in 1956 and the 2nd began in 1957. By 1957 U.S. economic and technical aid since 1949 had exceeded $770 million. Public criticism of the administration indicated some relaxation of censorship.

In June 1956 Chou En-lai's offer to negotiate directly with the Nationalists over Taiwan's "peaceful liberation" was quickly rejected. In May 1957 there were anti-U.S. riots in Taipei and the U.S. embassy was burned after an incident involving the killing of a Chinese by a U.S. serviceman.

1958

2ND TAIWAN STRAITS CRISIS. By 1958 Taiwan's economy had progressed considerably, but it remained dependent on U.S. aid, which since 1949 had exceeded $1 billion. New strains were put on development in the summer when the 2nd Taiwan Straits Crisis began. The Communists blockaded Quemoy, one of the offshore islands, in late Aug., whereupon the U.S. reaffirmed its commitment to the islands as they related to the security of Taiwan. When the Communists declared, Sept., that their territorial waters extended 12 mi. from their shores (including Taiwan) instead of the usual 3 mi., the U.S. responded by escorting supply ships for Quemoy to the 3-mi. limit. This continued for a month, after which the Communists temporarily suspended the shelling of the island and then resumed it on alternate days. The problem was not solved, but the peak of the crisis had passed.

1959–64

ECONOMIC DEVELOPMENT. After 1959 Taiwan's economic development proceeded rapidly, achieving an annual growth rate of 6% by 1964. In 1959 a 10-year development program was outlined, and by 1964 the government had apparently shifted its emphasis from militarily recovering the mainland to attracting the mainland Chinese through economic prosperity.

Although guerrilla activities and some shelling of the offshore islands continued, there was only 1 major build-up of Communist forces opposite the Nationalist-held islands, mid-1962.

INTERNATIONAL AFFAIRS. Competition between the Communists and the Nationalists for support in Africa grew as it became clear that African nations could control the crucial votes on the question of Communist China's admission to the UN, which had become increasingly closely contested in the early 1960's. The Nationalists used aid, trade, and personal diplomacy to gain support among the African states and were relatively successful. One setback occurred in Jan. 1964, when France forced Taiwan to break diplomatic relations by denying that the Nationalists represented China in Paris.

TAIWANESE INDEPENDENCE MOVEMENT. During this period there were renewed efforts by the Taiwanese to gain independence from Chinese rule, or at least increased democracy, but little progress was made. In 1960 Taiwanese parties agitated for a place on the ballot in local elections. Fearing the formation of a united Taiwanese Party (the China Democratic Party), the KMT sought a coalition with 2 other Chinese parties, the Democratic Socialists and the Young China Party. The government said it would not recognize the new party if it were formed. Then, Sept. 1960, a publisher who was a leader of the new party was arrested for sedition and given a long prison sentence, Oct. The controversy continued into 1961 and 1962, and opposition leaders were arrested. The movement did not keep Chiang from being elected for a 3rd presidential term, Mar. 1960.

1965–68

U.S.-TAIWAN RELATIONS. A major turning point in U.S.-Taiwan relations was reached in 1965, when in July it was announced that U.S. economic aid was being phased out. In Aug., after over a decade of negotiation, a Status of Forces Agreement was reached between the 2 states providing for Nationalist jurisdiction over crimes committed by U.S. servicemen in Taiwan.

The economy was aided by U.S. purchases in Taiwan for the Vietnam War. The Nationalists strongly supported the war, but were not asked to contribute troops because of the implications it might have for Communist Chinese involvement.

RE-ELECTION OF CHIANG. Chiang's position remained secure. In 1965 one of the leading advocates of Taiwan's independence returned there from Japan calling for unity in opposition to the Communist mainland regime and consequently weakening the independence movement. In Mar. 1966 Chiang was elected, at the age of 79, to a 4th 6-year term as president.

JAPAN

1945–46

SURRENDER. Japan formally surrendered on 2 Sept., 1945, aboard the battleship *Missouri* anchored in Tokyo Bay. Gen. Douglas MacArthur and Foreign Minister Shigemitsu Mamoru were the principal signers. Shortly before this, MacArthur had landed in Japan as the Supreme Commander for the Allied Powers (SCAP). It soon became clear that the Japanese were stunned and disillusioned and wished genuinely to co-operate with the occupation forces. Moreover, they were impressed by the occupation's constructive goals: the elimination of militarism in Japan, the guaranteeing of human rights, and the achievement of basic democratic reforms.

1ST OCCUPATION MEASURES. On 4 Oct., 1945, SCAP published what has been called the Japanese Bill of Rights. It abolished laws restricting human rights, ordered the release of political prisoners, and deprived the Home Ministry of many of its powers. State Shinto was disestablished. A Trade Union Act gave workers the right to organize. On 1 Jan., 1946, the emperor published a rescript denying his divinity.

PROMULGATION OF THE CONSTITUTION. Premier Shidehara Kijuro (1872–1951) formed a commission to draft a new constitution. The resulting draft was presented to SCAP on 1 Feb., 1946. SCAP found it too conservative, and MacArthur immediately ordered the Government Section of his General Headquarters to draft another. The new draft, written at a feverish pitch, was presented to the Japanese cabinet on 13 Feb. SCAP representatives and the cabinet discussed it for 2 exhausting days, and a partial revision was made. On 6 Mar. the draft constitution was published with the strong endorsement of the emperor and of SCAP.

One reason for MacArthur's haste was fear of interference from the Far Eastern Commission (FEC). The FEC was an 11-nation body sitting in Washington, formally charged with establishing occupation policy. It met for the 1st time on 26 Feb., 1946. But MacArthur maintained his autonomy in the matter of the constitution, as in nearly everything else. In Nov. 1946 the constitution was approved nearly intact by the Diet. It became effective, 3 May, 1947.

PROVISIONS OF THE CONSTITUTION. The new constitution abolished the fiction that the emperor was the actual head of the government and placed genuine responsibility on the Diet and the cabinet. The Diet is supreme. It consists of the House of Councilors and the House of Representatives. Both are elected, but the latter is clearly stronger. The House of Councilors has 250 members who sit for 6 years; 60% of them represent prefectures, while 40% are elected by the nation at large. The House of Representatives has 467 members from 118 electoral districts, elected for 4 years each. The Diet elects the premier from among its members. It originates constitutional amendments. In legislative and budgetary matters, the representatives can overrule the councilors.

Although the constitution is unclear on the issue, it is agreed that the head of state is the premier. The emperor is described as the "symbol of the State and of the unity of the people," deriving his position from the will of the people with whom resides sovereign power. A Supreme Court is established to run the judiciary and to pass on the constitutionality of laws. The rights of the Japanese people are defined clearly and in detail, even to the optimistic "right to maintain the minimum standards of wholesome and cultured living." No form of discrimination based on sex is recognized. Lastly, Art. 9 specifies that Japan "renounces war as a sovereign right of the nation." This article was added with MacArthur's backing.

1946–48

DOMESTIC POLITICS. The 1st postwar elections—the 1st in Japan's history under universal adult suffrage—were held in Apr. 1946. The contending parties were the Liberals, the Progressives, the Social Democrats, and the Communists. Postwar political freedom had allowed the Japanese Communist Party (JCP) to become very active. One of its top leaders, Nosaka Sanzo (b. 1896), had returned from refuge in China to promote his own "peaceful revolution" line. The JCP obtained 5 seats, although its influence outside the Diet was stronger than this. The Social Democrats, who represented labor and urban intellectuals, won 93 seats. The Progressives, a conservative party descended mainly from the prewar Minseito and led by Shidehara, obtained 94. The Liberals, who came from the old Seiyukai, gained 139 seats. Shidehara was obliged to resign in favor of the Liberals' president, Yoshida Shigeru (b. 1878). Yoshida, a former diplomat, had escaped being purged because of his pro-peace stand during the war. Now he faced grave inflation, scarcity of food, and economic disruption, as well as the difficulty of dealing with SCAP. Labor discontent mounted and a massive strike planned for Feb. 1947 was only averted by last-minute fiat from MacArthur. In the elections of Apr. 1947, the Liberals obtained only 132 seats, and Katayama Tetsu (b. 1887) became premier at the head of a Socialist-Conservative coalition. However, he could not put his economic policies into effect over conservative opposition. In Feb. 1948 he resigned and was replaced by Yoshida.

REPARATIONS. Basic occupation policy required the exaction of reparations, and yet Japan was obviously unable to pay any. In the end the U.S. renounced any claim, while some surplus industrial facilities were distributed among 6 allied nations, especially China.

WAR CRIMES TRIALS. For the trial of suspected war criminals, a military tribunal was set up in each major area where Japanese troops had operated. In Tokyo, 28 major war criminals including former premiers Tojo, Koiso, and Hirota were tried by the International Military Tribunal for the Far East. The trials began in May 1946 and the sentences were handed down in Nov. 1948. Seven of the defendants were hanged.

LAND REFORM. In Oct. 1946 the Diet passed 2 radical land-reform bills sponsored by SCAP. Before the war, 46% of the land had been cultivated by tenants. The land reform reduced tenancy to 10% and placed the remaining tenants in a far more advantageous position than before. Absentee landlords were obliged to sell most of their land to the government for resale to their tenants on easy terms. Owner-cultivators were restricted to a maximum allowable holding. The reform was completed by 1950 and brought genuine improvement in the countryside.

THE PURGES. In 1946 highly placed individuals in all fields who had been active in Japan's war effort were purged. They were removed from their positions and forced into inactivity. In 1947 the purge was expanded, striking individuals down to the local level. This stage of the purge was mechanically applied and caused much confusion, though it undoubtedly brought new blood into many organizations. By 1951 most public figures had been "de-purged" and were able to resume their careers.

REFORM OF EDUCATION. The occupation stressed eliminating prewar nationalistic ethics and instilling the democratic ideals of individual initiative, academic freedom, and educational opportunity. The school system was decentralized and government control over it was eliminated. The pattern of elementary, secondary, and college education was modified to resemble more closely that of the U.S.A.

POLICE REFORM. In Dec. 1947 the Home Ministry, long associated with prewar police controls, was abolished. The police were decentralized and reorganized as local, municipal, and national rural police. But such extreme decentralization gradually proved unsuitable in a small country like Japan.

ECONOMIC DECENTRALIZATION. Japan's ability to wage war had depended on her modern industry, which was controlled by the *zaibatsu,* the great family combines peculiar to Japan. Hence, SCAP felt that the *zaibatsu* bore much of the responsibility for the war and attempted to dissolve them. The biggest were in fact broken up, but U.S. policy turned against the reform before long, on the grounds that Japan needed strengthening, not further curbing.

1948–50

YOSHIDA'S 2ND CABINET. Yoshida replaced Katayama as premier, Oct. 1948. In Jan. 1949 the Liberals won the 1st clear majority in the Diet since the war. At the same time the JCP won 35 seats and 10% of the vote. Thus there appeared a trend toward polarization in politics, with conservatism clearly dominant.

Another trend was called the "reverse course": reversal of occupation reforms. Conservatives objected most to the decentralization of the bureaucracy and the police, but they also disliked the educational reforms. But public pressure forestalled several government-sponsored threats to these reforms. Occupation policy changed too. Complete political freedom had allowed leftist-directed labor agitation to become highly effective. Hence SCAP acted to restrict political activity on the part of labor and in 1949 began a drive against the JCP which ended with the banning of top JCP officials, 1950. The JCP went underground for several years. The U.S. now preferred to think of Japan as an ally against the Communist threat in the Far East, and wished to end the occupation.

1950–52

THE PEACE TREATY. The outbreak of the Korean War, June 1950, strengthened the U.S. desire for peace with Japan. Already in 1947 the U.S. had tried to call a peace conference, though Soviet opposition had foiled the attempt. Negotiations for the treaty began in Oct. 1950 under John Foster Dulles. Dulles proceeded on the principle that the peace should be liberal and that Japan would of her own will prefer to join the free world. The free world allies were cooperative, but the USSR raised objections, the principal of which was that China should be represented by the regime in Peking. The San Francisco Peace Conference began 4 Sept., 1951, and 4 days later was signed by all nations attending, except the Soviet bloc. Peking was not represented. The treaty ended the state of war and the occupation, and recognized Japanese sovereignty. It also provided for a special agreement regarding Japan's security. Japan renounced all claim to Formosa, the Pescadores, the Kuriles, southern Sakhalin, and the mandated islands of the Pacific. UN trusteeship was established over the Ryukyus and the Bonin and Volcano islands.

REARMAMENT AND THE MUTUAL SECURITY PACT. From the start of the peace negotiations, Dulles encouraged Japan to rearm. Yoshida was willing, but the issue was highly controversial in Japan. The 1st step toward rearmament was the creation, July 1950, of a 75,000-man Police Reserve by directive of SCAP. In Mar. 1954 the U.S.-Japan Mutual Defense Assistance Agreement, covering equipment, goods, and services, was signed. In 1960, the Police Reserve was renamed the National Self-Defense Force with land, sea, and air arms.

Perhaps even more significant was the signing of the Mutual Security Pact in Sept. 1951, on the same day as the peace treaty. It became effective, Apr. 1952. The pact provided for the continued presence in Japan of U.S. forces and bases, thus defending Japan against any aggressor and at the same time serving U.S. strategic interests in the Far East.

1952–54

FALL OF YOSHIDA. Yoshida and the Liberals were confirmed in power by the elections of Oct. 1952. At the same time, the JCP lost all its seats. This was the price it paid for having switched from peaceful to violent tactics, thereby antagonizing the public. The labor demonstrations and riots of May Day 1952 were the work of the JCP, and resulted in the passage of a dangerously vague antisubversive-activity law. The Socialists were also weakened, having split in half over the question of whether or not to support the peace treaty. The 2 Socialist factions together received only 111 seats. But despite success in this and subsequent elections, Yoshida began to lose ground. There was much opposition to his "1-man cabinet" style of government and to his rearmament policy. Moreover, the Korean War had given a valuable boost to the Japanese economy. When the war effort ended, July 1953, the boom flagged too, reflecting unfavorably on Yoshida.

In the summer of 1954, the passage of a new law recentralizing the police and of enabling legislation related to the Mutual Defense Assistance Agreement intensified the opposition. Then Hatoyama Ichiro (1883–1959) bolted the Liberals and formed his own Democratic Party. Hatoyama had been purged from the office of Liberal Party president, and Yoshida had taken over with the understanding that he would return control to Hatoyama as soon as possible. But Yoshida would not step down. Hatoyama's move brought Yoshida's resignation and soon won him the premiership.

1954–57

THE HATOYAMA AND ISHIBASHI CABINETS. In Apr. 1955 the Democratic Party obtained only a plurality over the Liberals, thus forcing a coalition. When the 2 Socialist factions reunited, Oct. 1955, in the hope of making a serious bid for power, they alarmed the conservatives into merging. The result was the Liberal-Democratic Party (LDP) which has maintained control over the government to date. Under Hatoyama the Socialists reached essentially the same balance with the LDP that exists at the end of the sixties: $\frac{1}{3}$ of the seats in both houses. They have constituted a kind of perpetual opposition. This fact has driven them to resort frequently to strikes, petitions, and demonstrations in order to put pressure on the Diet from outside. The JCP has held a few seats in the Diet ever since 1955. In that year the Communists showed signs of returning to the peaceful policy of Nozaka, who came out of hiding to lead the party openly.

Japan further normalized her international position in Oct. 1956 by exchanging diplomatic representatives with the USSR and by signing a trade agreement. The territorial issue, however, was not settled, for the USSR refused to consider Japan's claim to those of the Kurile Islands that lie closest to her shores. Shortly after this agreement the USSR withdrew her veto, in force since 1952, and Japan was admitted to the UN.

In Dec. 1956 Hatoyama resigned because of illness. His successor, Ishibashi Tanzan (b. 1884) lasted only 2 months before his health failed too. He was followed by Kishi Nobusuke (b. 1896).

1957–60

THE KISHI CABINET AND THE RENEWAL OF THE SECURITY PACT. Since the occupation the Japanese have been uneasy about their position in the world, often fearing harmful involvement in the struggle between the blocs. They have generally approved and yet resented Japan's dependence upon the U.S.A. Some have urged Japan to stand with her Asian neighbors for pacifism and neutrality. The government itself has preferred to restrict Japan's international role to trade. Thus in 1957 Japan responded to business pressure by relaxing restrictions on trade with Communist China.

The biggest popular drive for neutrality was the campaign in 1960 to block renewal of the Security Pact. The pact had no term, but both Japan and the U.S. felt that it needed modification. Kishi obtained some control for Japan over the purpose to which U.S. bases in the country might be put, and hoped this would be enough to ensure quiet passage of the treaty. But when the agreement was put before the Diet in May 1960, violent student demonstrations broke out. The Socialists boycotted the Diet and picketed the House of Representatives. Left alone, LDP forces ratified the treaty. This action led to huge demonstrations on 26 May and after. The public disorder was so serious that on 16 June the cabinet had to ask President Eisenhower to cancel his forthcoming visit. On 18 June the ratification took effect. Kishi resigned immediately and was replaced by Ikeda Hayato (1899–1965).

1960–68

THE IKEDA AND SATO CABINETS. Ikeda quickly struck the keynote of his policy by promising to double the income of every Japanese in 10 years. By the late '60s Japan's prosperity suggested that his goal was not unrealistic. In Oct. 1960 occurred the sensational assassination of the Socialist leader Asanuma Inejiro (1898–1960). Asanuma was notorious for his pro-Peking leanings, which the Socialists have generally retained. The JCP has, after a violent internal struggle, rejected China and aligned itself with the USSR. The LDP's basic orientation reflects Japan's extremely close ties, especially economic ties, with the West. However, the LDP is obliged to remain sensitive to pressure for pacifism and neutrality and for increased contacts with Communist countries.

In Nov. 1964 Ikeda resigned for health reasons. He was followed by Sato Eisaku (b. 1901), Kishi's younger brother. In Feb. 1965 Japan and the Republic of Korea signed a Treaty on Basic Relations, the crucial step toward the normalization of relations between the 2 countries. Korean-Japanese normalization had been a highly controversial issue throughout the early 1960's. In the Jan. 1967 elections, the LDP for the 1st time obtained slightly less than 50% of the vote, though it only lost 1 seat in the House of Representatives. The LDP was under a cloud due to exposure of serious corruption among its officials. However, the Socialists made no significant gains on that score. The Komeito (Clean Government Party), the party sponsored by the militant Soka Gakkai (Value Creation Society) won 5.4% of the vote in this, its 1st election.

In elections to the upper chamber of the Diet, 7 July, 1968, the Komeito continued to show its strength by gaining 4 new seats. The LDP, however, was able to maintain its majority. Premier Sato retained his hold over the LDP in party elections, 27 Nov., 1968. He pledged strong leadership in dealing with the main problems confronting Japan: regaining Okinawa, the continuation or abrogation of the American-Japanese security treaty, and student unrest.

Retreat from Empire

INDIA, PAKISTAN, AND CEYLON

1945

COMMUNAL ANTAGONISMS. On 14 June, the British government announced its intention to form an Executive Council consisting of Indian leaders, with equal representation for Moslems and Hindus. At the suggestion of Lord Wavell (viceroy, 1943–47) a conference of Indian leaders met at Simla, 25 June. They were invited to submit nominations to the Council. The conference failed because of Jinnah's insistence that the League nominate all the Moslems, 14 July. Elections for the Central and Provincial Legislative Assemblies were announced, 21 Aug. Congress fought the election on the issue of independence, the League on that of Pakistan. Communal rioting was widespread. On 19 Sept., Wavell announced his intention to call a constitution-making body. In the Central Assembly elections, Nov.–Dec., the League won all the Moslem seats and Congress all the open seats.

1946

ALL-INDIA INTERIM GOVERNMENT. In the provincial elections, Jan.–Apr., Congress won 80% of the general votes cast, and the League 74% of Moslem votes cast. A British cabinet mission arrived, 23 Mar., talked with leaders, and convened a conference at Simla for 5 May, hoping to induce agreement to cooperate on constitutional progress. The conference broke down, 12 May, and the mission published its own plan, 16 May, proposing (1) an all-India interim government; (2) the grouping together of provinces desiring it, with their own legislatures and executives; (3) a decentralized federal system; and (4) the election of a Constituent Assembly. Both the League and Congress accepted these proposals, but interpreted them differently. In June both agreed to work in the interim government. Wavell formed a caretaker government, 29 June. Claiming Congress did not accept the mission plan, the League withdrew its own acceptance, 29 July, and named 16 Aug. "Direct Action Day," which was marked by riots and several thousand deaths in Calcutta. On 2 Sept. an all-Congress interim government was sworn in, including Nehru, Vallabhbhai Patel (1875–1950), Rajendra Prasad (1884–1963) and Rajagopalachari (b. 1879). In elections for a Constituent Assembly, held in July, Congress won all the open seats except 9 and the League 73 of 78 Moslem seats. After strong appeals from Wavell and Nehru, Jinnah agreed to join the interim government, 13 Oct., but kept up Direct Action and maintained the boycott of the Constituent Assembly when it met, 9 Dec., amidst spreading violence.

1947

PARTITION. On 22 Jan. the Assembly adopted a resolution submitted by Nehru to create an independent republic. With the League refusing to join the Assembly and Congress threatening to leave the government if the League remained in it, the British announced, 20 Feb., that they would transfer power in India before June 1948 and appointed Lord Mountbatten (b. 1900) viceroy. After consultations in India and London, Mountbatten formulated a plan which was put to Indian leaders at a meeting on 2 June which agreed to (1) partition; (2) consultation with communally mixed provinces (Punjab, N.W.F.P., Sind, Baluchistan, and part of Assam), and their partition if their people desired it; (3) the convening of a Pakistan Constituent Assembly; and (4) independence on 15 Aug., 1947.

INDEPENDENCE OF INDIA AND PAKISTAN. Under Mountbattan's guidance the subcontinent was divided between India and Pakistan. The Punjab and Bengal decided to partition themselves. A Boundary Commission delimited a provisional frontier on purely religious lines, thus splitting the Sikh area in 2, and the Sikhs turned to violence. Mountbatten convened a conference of Indian princes, 25 July, and urged them to opt for one dominion or the other. By 15 Aug., only Kashmir, Hyderabad, and Junagadh had not made their decision. Jinnah was named governor general of Pakistan and Mountbatten of India. Independence was declared, 15 Aug., in the two dominions, with millions of Hindus fleeing to India and millions of Moslems to Pakistan. Junagadh's Moslem ruler opted for Pakistan, but, his people being mainly Hindu, Nehru ordered in Indian troops, 9 Nov., and incorporated it after a plebiscite, Feb. 1948. Hyderabad declared its own independence, but was occupied by Indian troops, Sept., 1948.

INDEPENDENCE OF CEYLON. On 9 Oct., 1945, the Soulbury Commission pro-

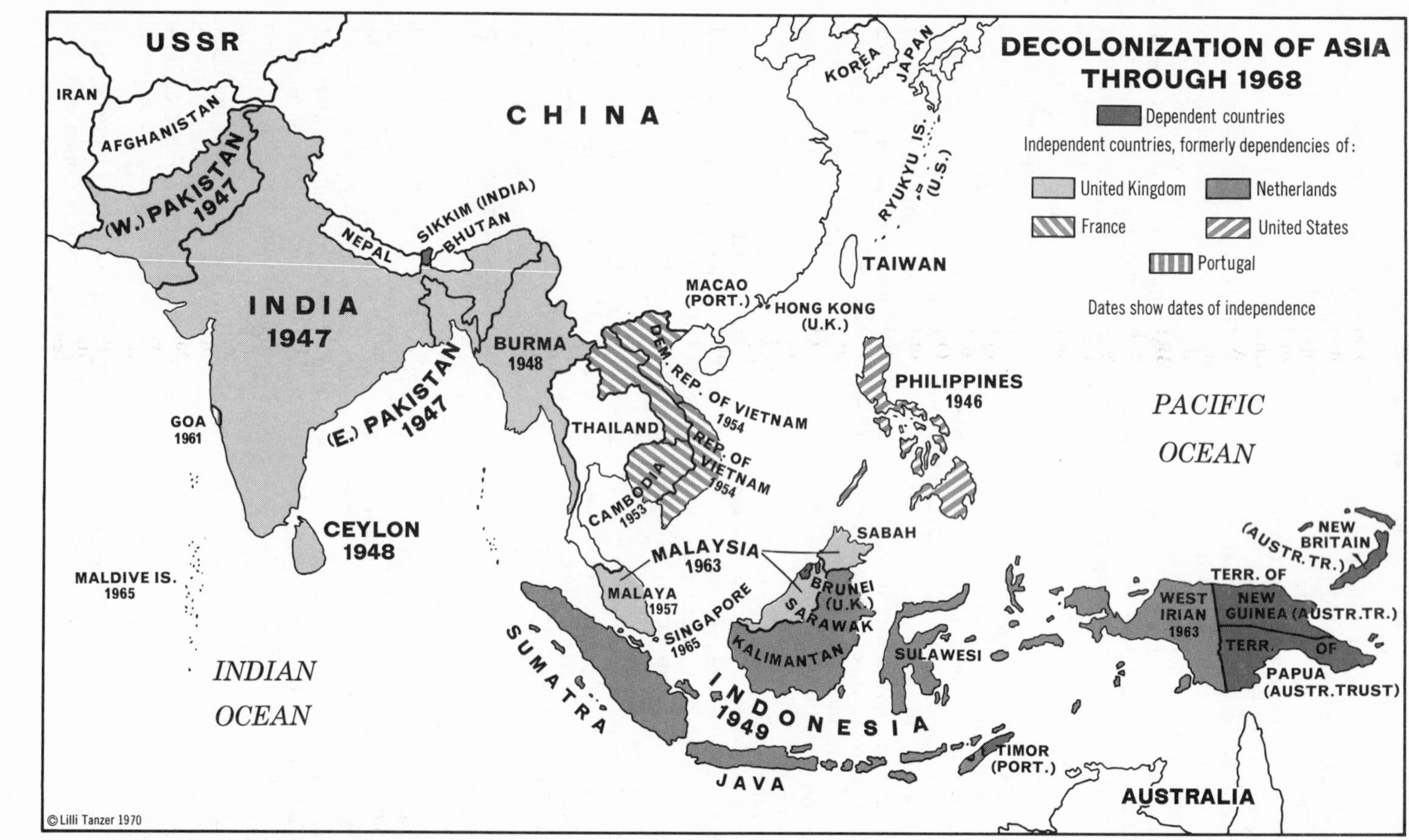
DECOLONIZATION OF ASIA THROUGH 1968
Dependent countries
Independent countries, formerly dependencies of:
United Kingdom
Netherlands
France
United States
Portugal
Dates show dates of independence
USSR
IRAN
AFGHANISTAN
(W.) PAKISTAN 1947
CHINA
NEPAL
SIKKIM (INDIA)
BHUTAN
INDIA 1947
GOA 1961
(E.) PAKISTAN 1947
BURMA 1948
CEYLON 1948
MALDIVE IS. 1965
INDIAN OCEAN
KOREA
JAPAN
RYUKYU IS. (U.S.)
TAIWAN
MACAO (PORT.)
HONG KONG (U.K.)
DEM. REP. OF VIETNAM 1954
REP. OF VIETNAM 1954
THAILAND
CAMBODIA 1953
PHILIPPINES 1946
PACIFIC OCEAN
MALAYSIA 1963
MALAYA 1957
SINGAPORE 1965
SABAH
BRUNEI (U.K.)
SARAWAK
KALIMANTAN
SUMATRA
INDONESIA 1949
JAVA
SULAWESI
TIMOR (PORT.)
WEST IRIAN 1963
TERR. OF NEW GUINEA (AUSTR.TR.)
TERR. OF PAPUA (AUSTR.TRUST)
NEW BRITAIN (AUSTR.TR.)
AUSTRALIA
© Lilli Tanzer 1970

posed responsible government for Ceylon, and on 17 May of the following year Britain published a new constitution, providing for full internal self-government. After elections held Aug.–Sept. 1947, D. S. Senanayake (1884–1952) was named prime minister. Ceylon became independent in the Commonwealth, 4 Feb., 1948.

SOUTHEAST ASIA

Indochina

1945–50

RESTORATION OF FRENCH INFLUENCE. On 9 Mar., 1945, the Japanese ousted the Vichy government of Indochina and united Tongking and Annam in the state of Vietnam under Emperor Bao Dai. Cochin China was added, 14 Aug. Bao Dai, however, was forced to abdicate, 26 Aug., and on 2 Sept. Ho Chi Minh proclaimed the Democratic Republic of Vietnam (DRV) in Hanoi, having already created a provisional Committee of the South in Saigon, which was challenged by the Cao-Dai and Hoa-Hao sects. On 12 Sept. British and Indian troops arrived south of the 16th parallel, while Chinese troops entered northern Vietnam in support of the DRV. On 23 Sept. the French, with British support, seized control of Saigon by force.

VIETMINH-FRENCH RELATIONSHIPS. On 31 Oct., 1945, Adm. Thierry d'Argenlieu arrived in Saigon as high commissioner for Indochina, and promised wide-reaching autonomy. In Nov. Ho Chi Minh dissolved the Indochinese Communist Party and formed a national government of Vietminh and Chinese-supported groups. After prolonged negotiations Ho and the French reached agreement, 6 Mar., 1946, whereby France recognized the DRV as an autonomous state within an Indochinese Federation which was itself to belong to a future French Union, and promised to withdraw French troops from the country within 5 years. French forces then entered Hanoi. At the Dalat Conference, 18 Apr.–11 May, 1946, Ho and the French failed to agree on an interpretation of the March Accords, especially the status of Cochin China. On 1 June d'Argenlieu established Cochin China as a state within the French Union. A conference at Fontainebleau, July–Aug., also failed to produce an agreement.

OUTBREAK OF WAR. On 23 Nov., 1946, the French bombarded Haiphong, killing several thousand persons. The Vietminh attacked the French in Hanoi, 19 Dec., and full-scale war broke out, the Vietminh troops being led by Vo Nguyen Giap (b. 1912). French reinforcements were brought in and, after heavy fighting, Dec. 1946–Feb. 1947, the French retook Hanoi. On 5 June, 1947, after long negotiations with Bao Dai, the French recognized the independence of Vietnam and its membership in the French Union by the Bay of Along Accords. On 8 Mar., 1949, the Élysée Agreements provided for the unification of Vietnam as an associated state in the French Union under Bao Dai, and agreements with Laos, 19 July, and Cambodia, 8 Nov., constituted these areas also as associated states.

1951–54

NEGOTIATIONS FOR INDEPENDENCE. On 3 Mar., 1951, the Indochinese Communist Party was reconstituted in the DRV as the Vietnam Workers' Party. A Vietminh offensive, Sept.–Oct. 1950, drove the French from northern North Vietnam, but French troops repulsed a Vietminh attack on the Red River Delta, May–Oct. 1951. In Apr. 1953 the Vietminh invaded Laos, overrunning the north and east of the country. On 13 June the king of Cambodia removed to Siam in protest against a French refusal to grant his country full independence. On 3 July the French announced plans to "complete" the independence of Indochina, and their proposals were accepted by Bao Dai, 28 Aug. A National Congress which met on 12 Oct., however, proceeded to call for independence before negotiations. A set of Franco-Laotian agreements, 23 Oct. provided for the independence of Laos.

DIEN BIEN PHU AND THE GENEVA CONFERENCE. In Jan. 1954 the Vietminh blockaded Dien Bien Phu, a strongpoint from which the French had hoped to protect Laos. By 21 July French forces had suffered 72,000 casualties, the Vietminh about 500,000, and some 250,000 civilians had died. On 26 Apr. the Geneva Conference on East Asian Affairs opened, and on 4 June France and Vietnam initialed agreements providing for Vietnamese independence. The final declaration of the Geneva Conference (not signed by any party) called for (1) the temporary partition of Vietnam at the 17th parallel, (2) the withdrawal of French troops from North Vietnam and Vietminh troops from the South, (3) the holding of elections in 1956, (4) the withdrawal of the Vietminh from Laos and Cambodia and recognition of the independence of both, and (5) the creation of an International Armistice Control Commission to supervise the arrangements made. (*Contd. p. 591.*)

Netherlands East Indies (Indonesia)

1945–49

PROCLAMATION OF THE INDONESIAN REPUBLIC. On 17 Aug., 1945, Sukarno declared the Republic of Indonesia in Batavia (Djakarta) with himself as president and Mohammed Hatta (b. 1902) as vice-president. On 28 Sept. British troops landed with orders to suppress the Republic, and on 30 Sept. the returning Dutch announced their unwillingness to negotiate with it. A series of engagements followed between allies and Indonesian forces, notably the Battle of Surabaya, Nov., in which the Indonesians held off the British for 10 days. By Dec., however, the allies controlled all of the East Indies except Sumatra and most of Java.

LINGGADJATI AGREEMENTS. On 25 Nov., 1946, after prolonged negotiations, the Dutch and Indonesians signed the Linggadjati Agreements, by which (1) the Dutch recognized the Republic of Indonesia as the *de facto* government of Java and Sumatra, and (2) a United States of Indonesia was to be set up, consisting of the Republic and East Indonesia, which would form a union with the Netherlands. The 2 sides interpreted the Linggadjati Agreements differently, and they were not ratified until 25 Mar., 1947.

1ST "POLICE ACTION." On 20 July, 1947, the Dutch, dissatisfied with the Indonesian interpretation of Linggadjati, resorted to arms. On 30 July India and Australia took the Indonesian case to the UN Security Council, which set up a Consular Committee, 25 Aug. (replaced by a Good Offices Committee, Sept.), to oversee a cease-fire and work toward a definitive solution. The Dutch continued their advance and created new "states" in areas brought under their control. On 17 Jan., 1948, the Good Offices Committee was able to arrange the Renville Agreements between the Dutch and Indonesians and a truce was agreed.

2ND "POLICE ACTION." A Communist-inspired rebellion, Sept. 1948, was suppressed by the Republic, Nov., but the Dutch and Indonesians continued to disagree over the distribution of power between the proposed United States of Indonesia and the proposed Union. On 18 Dec. the Dutch denounced the truce; took Djakarta; imprisoned Sukarno, Hatta, and other leaders; and overran the major population centers of Java and Sumatra. On 24 Dec. the Security Council called for a cease-fire and release of the Indonesian leaders.

INDEPENDENCE OF INDONESIA. While the Dutch procrastinated over compliance with the Security Council's resolution, guerrilla activity against them increased. On 28 Jan., 1949, the Council again called for a cease-fire, the release of all prisoners, and the transfer of sovereignty to the Republic by 1 July, 1950. Under U.S. pressure, the Dutch reluctantly agreed to stop the war, effective 3 Aug., 1949. The Indonesian leaders were released, and a Dutch-Indonesian conference met on 23 Aug. Agreement was reached on Indonesian independence and the creation of a Netherlands-Indonesian Union. Sukarno became president of the United States of Indonesia, 16 Dec., which achieved independence, 27 Dec. It consisted of all the former Netherlands East Indies except West New Guinea (West Irian). (*Contd. p. 627.*)

1961–68

WEST IRIAN DISPUTE. Indonesia maintained its claim to West Irian, and when the Dutch inaugurated a partly elective New Guinea Council, 5 Apr., 1961, the Indonesians began landing troops there, Jan. 1962. As Dutch-Indonesian troop clashes spread, the UN persuaded the two sides to talk, and it was agreed to transfer sovereignty to a temporary UN administration and then to Indonesia. The UN took over West Irian on 1 Oct., 1962, and relinquished it to Indonesia on 1 May, 1963. A plebiscite was agreed for 1969.

Malaysia

1945–48

MALAYAN UNION. On 10 Oct., 1945, the British government announced plans to create a Malayan Union, and on 1 Apr., 1946, the Union was inaugurated. It comprised the former federated and unfederated Malay States, but Singapore became a crown colony. The Malays, fearing the loss of their privileged status to the Chinese, opposed the Union, and formed the United Malays' National Organization (UMNO) under Dato Onn bin Ja'afar (b. 1895).

FEDERATION OF MALAYA. Following consultations with UMNO, the Federation of Malaya was created, 1 Feb., 1948. The Malays retained certain citizenship privileges and their sultans their prerogatives. In June a Communist-led rebellion broke out, and on 12 July a state of emergency was declared. The emergency lasted until 1960, although the political appeal of the insurgents declined after the promise of Malayan independence in 1956. A total of 11,000 lives were lost during the period of the emergency.

1949–63

INDEPENDENCE OF MALAYA. On 24 May, 1954, the Alliance Party (a merger of UMNO and the Malayan Chinese Association) under Tunku Abdul Rahman (b. 1904) called for elections. When the British government refused, the Alliance boycotted the administration. The impasse ended, 7 July, when elections were announced for 25 July, 1955. The Alliance won 51 out of 53 elective seats and called for self-government. Anglo-Malayan talks held in Jan. 1956 produced a promise of independence by 31 Aug., 1957, and set up the Reid Commission to make constitutional proposals. The Commission recommended, 20 Feb., 1957, dual citizenship for British subjects in Malaya, which the Alliance rejected, and the inclusion of Penang and Malacca (but not Singapore) in the Federation, which was approved. On 3 July a new constitution was promulgated for Malaya which preserved Malay citizenship privileges, and Malaya became independent, 31 Aug., 1957.

INDEPENDENCE OF SINGAPORE. A constitution promulgated in Feb. 1955 created a Council of Ministers, and elections held on 2 Apr. made the Labour Front the leading party. Its leader, David Marshall (b. 1908), became chief minister and called for immediate self-government. Anglo-Singaporean constitutional talks broke down, however, 5 May, and Marshall resigned, 7 June, to be replaced as chief minister by Lim Yew Hock (b. 1914). On 4 Apr., 1957, an agreement was reached with the British government by which Singapore would become self-governing after 1 Jan., 1958. The elections of 31 May, 1959, resulted in a victory for the left-wing People's Action Party, whose leader Lee Kuan Yew (b. 1923) became prime minister. Self-government was finally achieved on 3 June, 1959.

CREATION OF MALAYSIA. A proposal to create a "Greater Malaysia" of

Malaya, Singapore, Brunei, North Borneo (Sabah), and Sarawak was put forward by the Malayan prime minister. The government of Singapore endorsed the suggestion, as did the Singaporean electorate in a referendum held on 1 Sept., 1962. A commission of inquiry discovered majority pro-Malaysian sentiment in Sarawak and North Borneo, Aug. 1962. On 8 Dec., 1962, an Indonesian-aided anti-Malaysian rebellion broke out in Brunei, whose sultan had accepted membership in Malaysia. On 8 July, 1963, the governments of Malaya, Singapore, Sabah, and Sarawak agreed on a constitution for Malaysia. Brunei did not join. A UN mission confirmed that majority opinion in Sabah and Sarawak favored the membership of those countries, and Malaysia came into existence, 16 Sept., 1963. (*Contd. p. 628.*)

Burma

1945–48

DOMINANCE OF THE AFPFL. On 27 Mar., 1945, the Burmese National Army rebelled against the Japanese and joined the allies. On 17 May the British promised eventual dominion status for Burma, but argued that this must be delayed until war damage had been repaired. An Executive Council of 9 British and 3 Burmese was appointed, 1 Nov., after the Anti-Fascist People's Freedom League (AFPFL), led by Aung San (1915–47), had refused to co-operate with the British administration without a definite promise of independence. Discontent with British procrastination led to a strike, Aug. 1946, and a guarantee of independence was obtained.

INDEPENDENCE. An interim Burmese government and the summoning of a Constituent Assembly were agreed to by the British, Jan. 1947, and in elections held the following Apr. AFPFL candidates won 172 out of 182 noncommunal seats. On 19 July Aung San and 6 other Burmese ministers were assassinated. U Nu (b. 1907) formed a new government, and on 11 Oct. the independence agreements were signed by Britain and Burma. On 4 Jan., 1948, Burma became independent, and elected not to remain a member of the Commonwealth. (*Contd. p. 629.*)

THE CARIBBEAN

British West Indies

1945–66

FEDERATION PROPOSALS. On 15 June, 1945, the British government announced acceptance of the idea of a West Indian federation if the people of the West Indies favored it. In Jan. 1947 the Windward and Leeward Islands agreed to set up a federation. On 9 Sept. representatives of all British West Indian territories met at Montego Bay, Jamaica. They agreed on the desirability of federation but disagreed on its form. The Standing Closer Association Committee set up by the conference called for a federation in its report of 10 Mar., 1950. During 1951–52 all territories except British Guiana, British Honduras, the Virgin Islands, and Barbados accepted the idea in principle. A conference on federation met, 13 Apr., 1953, and agreed on a capital in Grenada. Universal suffrage was progressively introduced in the British colonies: in Barbados in 1951, where elections were won by the Barbados Labour Party led by Grantley Adams (b. 1898), and in British Honduras and British Guiana in 1953.

GUIANA CRISIS OF 1953–54. Elections in British Guiana, Apr. 1953, were won by the People's Progressive Party (PPP), led by Cheddi Jagan (b. 1918), with 18 out of 24 seats. In Oct., the British government sent military reinforcements to Guiana and, 9 Oct., suspended the constitution and dismissed the government, claiming Jagan and his colleagues were Communists. On 20 Oct., a British White Paper claimed that the PPP government had shown no concern for the people's welfare, had used strikes for political purposes, had been under Communist influence, and had been promoting violence. On 2 Dec., the Robertson Commission was charged with recommending modifications to the Guiana constitution, and an interim government of officials was appointed, 27 Dec. On 18 Feb., 1954, Jagan was arrested for disobeying an order confining him to Georgetown and, 12 Apr., was jailed for 6 months. On 2 Nov. the Robertson Commission reported that the Jagan government had made the Guiana constitution unworkable, and recommended slowing down the colony's progress toward self-government.

FEDERATION OF THE WEST INDIES. In Feb. 1956, a further conference on federation met in London but failed to resolve renewed disagreement over the site of a capital. Elections in Trinidad, 24 Sept., were won by the People's National Movement (PNM) of Eric Williams (b. 1911). In Jan. 1957, a British Colonial Office commission named Barbados as the site for the capital of the federation. On 3 Jan., 1958, the Federation of the West Indies was inaugurated, consisting of all the British territories except Guiana and Honduras, with a capital in Trinidad. The 1st federal elections, 25 Mar., were won by the Federal Labour Party, led by Manley, Williams, and Adams, over the Democratic Labour Party of Bustamante. Adams became federal prime minister. In September 1959, a federal constitutional revision conference opened, with Jamaica insisting on representation in the legislature on the basis of population; no agreement was reached. On 3 Aug., 1960, the Federation received internal self-government.

INDEPENDENCE OF THE ISLAND COLONIES. In May 1961, Bustamante announced that he would oppose the Federation. In May–June 1961, a Federal Constitutional Conference agreed on independence for the Federation on 31 May, 1962, and revised the constitution to make the federal government very weak. In a referendum, 19 Sept., the Jamaican electorate voted to leave the Federation. Williams won elections in Trinidad, 4 Dec., 1961, and decided to leave the Federation. After talks held on 1–9 Feb., 1962, Jamaica and Britain agreed on independence for that colony on 6 Aug. During Feb.–Mar. 1962, delegates from the Leeward and Windward Islands and Barbados met to plan a little federation. The West Indies Federation was dissolved, 31 May, 1962. On June 8, Trinidad and Britain agreed on independence on 31 Aug., 1962. In the Bahamas self-government was introduced, 7 Jan., 1964. In Nov. 1964, agreement was reached on a federation of Barbados, Antigua, Dominica, Montserrat, St. Kitts, St. Lucia, and St. Vincent. On 30 Dec., 1965, the British government proposed that the Leeward and Windward Islands become associate states of the United Kingdom. By early 1967 all had accepted this status except Montserrat.

BRITISH HONDURAS. Elections in British Honduras, 28 Apr., 1954, were won by the People's United Party (PUP), led by George Price, whose success was repeated in the 21 Mar., 1957, elections. Price called for closer co-operation with Central America. Constitutional talks with Britain broke down in Nov., however, when Price was found to be holding secret talks with a Guatemalan official. On 6 Dec. Price was expelled from the Legislative Council, and next day British troops landed at Belize. On 11 Dec. Mexico laid claim to British Honduras.

In the elections of Mar. 1961 the PUP won all seats, and Price became 1st minister. Internal self-government was introduced, 1 Jan., 1964.

SELF-GOVERNMENT IN GUIANA. In Feb. 1955 the PPP split as Jagan expelled a group led by Forbes Burnham (b. 1923). In Apr. 1956, despite Jagan's opposition, the British government established a Legislative Council composed of an equal number of nominated and elected members. In Mar. 1960 the governments of Britain and Guiana agreed on internal self-government for the colony during 1961.

Elections were held under a new constitution, Aug. 1960. The PPP won 20 seats to 11 gained by Burnham's People's National Congress. Jagan became prime minister and demanded full independence for Guiana. A proposed tax increase led to riots in Georgetown, Feb. 1962. Britain again sent troops to restore order, but a general strike lasted from 13 to 19 Feb. A constitutional conference, Oct.–Nov., failed to reach agreement. On

22 Apr., 1963, the British Guiana Trades Union Congress called a general strike to protest expected government action against trade unions. The strike produced violence, which took an increasingly racial turn, and lasted until 8 Aug. Further racial clashes, in which over 100 were killed, were associated with a sugar workers' strike, Jan.–July 1964, and an emergency was declared, 24 May. Citing the failure of Jagan and Burnham to agree on Guiana's constitutional progress, the British imposed a new constitution based on proportional representation. Elections held on 7 Dec. gave the PPP 24 seats, the PNC 22, and the European United Force 7. Jagan refused to resign, calling the elections fraudulent. On 12 Dec. Burnham was summoned to form a government. The PPP boycotted the Assembly until 18 May 1965. Constitutional talks in London, 2–19 Nov., which Jagan would not attend, resulted in agreement that the colony, to be known as Guyana,

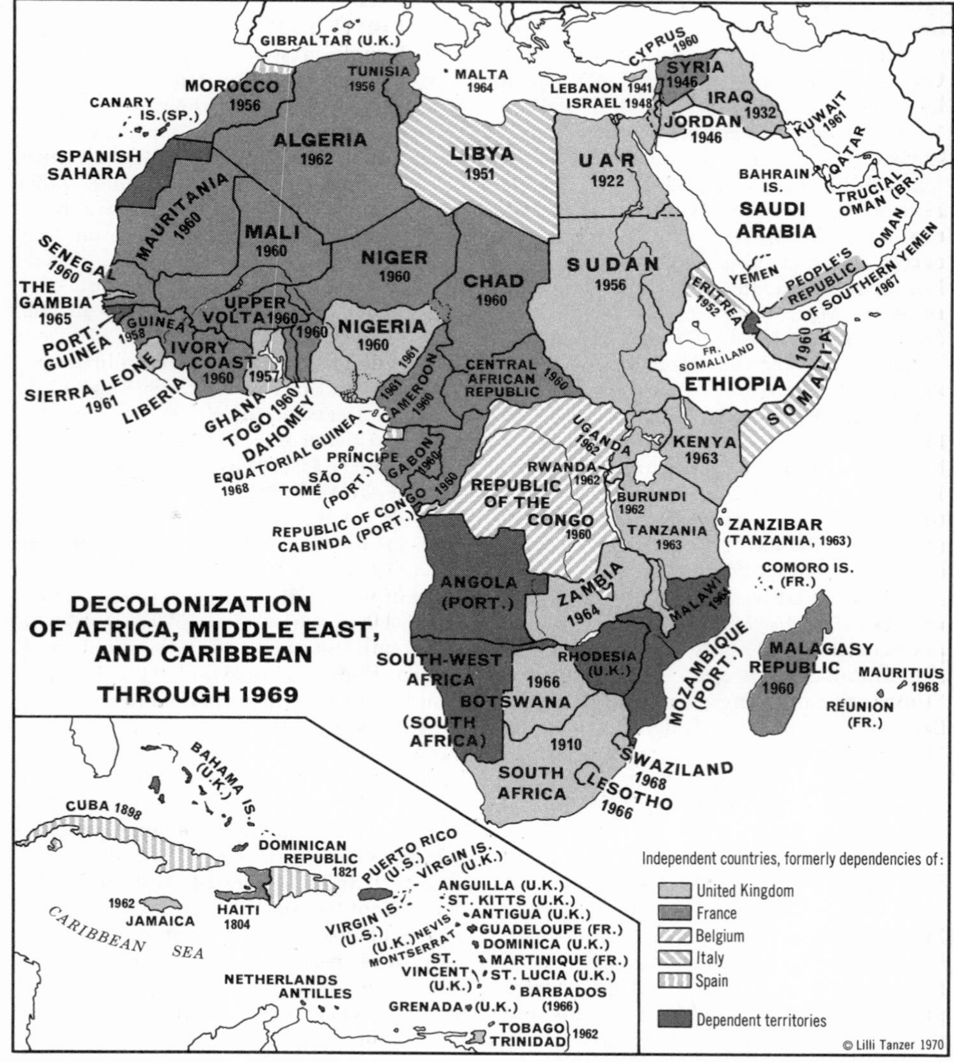

would become independent on 26 May, 1966. (*Contd. p. 610.*)

Other Territories

1945–61

FRENCH COLONIES. In accordance with the postwar French constitution, the colonies of Guadeloupe, Martinique, and French Guiana became departments of France by a law of 19 Mar., 1946. Each colony was to have an elected General Council and could send deputies to the metropolitan Parliament. In July 1961, a separatist movement, the Antillan and Guyanan Autonomy Front, was outlawed by the French government. Separatist activity continued, however, led by Aimé Césaire (b. 1913).

DUTCH COLONIES. On 3 June, 1954, representatives of the Netherlands, the Netherlands Antilles, and Surinam agreed on a constitution for a tripartite Kingdom of the Netherlands, with each region to control its own affairs and to be on an equal footing with the others. These arrangements became effective on 29 Dec.

PUERTO RICO. On 3 July, 1950, U.S. Public Law 600, ratified by the people of Puerto Rico by referendum on 4 June, 1951, went into effect: the law abolished the Organic Act of 1917 and authorized the Puerto Ricans to draw up a new constitution. This constitution, which gave Puerto Rico commonwealth status in relation to the U.S.A., was adopted by popular vote on 3 Mar., 1952, and became effective on 25 July. On 5 Nov., 1953, Luís Muñoz Marín, leader of the Popular Democratic Party, was elected governor.

AFRICA

French North Africa

1945–62

MOROCCO. Sultan Sidi Mohammed ben Youssef (1910–61) joined the *Istiqlal* call for independence in 1947. The French proposed minor reforms, but these were rejected as inadequate. Widespread violence followed, resulting in the banning of the *Istiqlal* in 1952. In 1953 the sultan was deposed by the French and exiled. Continued violence led to his recall, Nov. 1955. A new, predominantly *Istiqlal* government negotiated for independence, which was promulgated on 2 Mar., 1956.

TUNISIA. Habib Bourguiba (b. 1903), expecting little from the French after the war, settled in Cairo and campaigned for a sovereign Tunisia. In 1949 he returned to Tunisia, but reforms were blocked by French settlers. The French government moved too slowly for the Tunisian nationalists, who increased their agitation, and Bourguiba was arrested, Jan. 1952. Violence erupted throughout Tunisia, and the government of Premier Mendes-France permitted his return, June 1955, after initiating negotiations, completed 3 June, designed to lead to Tunisian internal autonomy. Bourguiba suppressed dissidence in the nationalist ranks and Tunisia became independent, 20 Mar., 1956.

ALGERIA. Police suppression of riots in Setif, May 1945, led to the death of thousands of Moslems. Ferhat Abbas (b. 1899) was elected to the French Constituent Assembly. His UDMA (*Union Démocratique du Manifeste Algérien*) campaigned for a federal relationship between France and Algeria. The government of the 4th Republic, however, created an Algerian Assembly (Law of 20 Sept., 1947), elected, half by 1,300,000 Moslem voters and half by 370,000 French and 60,000 assimilated Moslem voters. The militant nationalists of Messali Hadj's PPA (*Parti Populaire Algérien*) founded, Oct. 1946, the MTLD (*Mouvement pour le Triomphe des Libertés Démocratiques*). The UDMA representatives lost their seats in the corrupt elections of 1948 and the MTLD became the dominant nationalist force. Abbas' continued efforts to negotiate with the French failed, while, within the MTLD, those favoring violent action in the face of French repression initiated "the Revolution," 1 Nov., 1954, and created the FLN (*Front de Libération Nationale*).

The French government replied with force, but terrorism spread, leading to

French and settler reprisals. The French army in Algeria reached 450,000 men. In 1956, the French by a ruse arrested and imprisoned 5 nationalist leaders, including Ahmed Ben Bella (b. 1916). Amidst growing international pressure for a settlement, the European settlers, fearing a compromise on the part of France, rebelled, May 1958. De Gaulle returned to power. In Sept. 1958 the nationalists set up a Provisional Government in Exile (GPRA) in Tunis with Abbas, who had joined the revolution in 1956, as president. (He was replaced by Youssef Ben Khedda, Aug. 1961.) In Sept. 1959 de Gaulle recognized the right of Algerians to self-determination. He repressed settler and military revolts, Jan. 1960, Dec. 1960, and Apr. 1961. After preliminary negotiations between the French and the FLN at Mélun, June 1960, had failed, a settlement was reached at Évian and a cease-fire declared, 18 Mar., 1962. In a referendum, 1 July, 1962, Algerians voted overwhelmingly for independence, which was proclaimed. (*Contd. p. 611.*)

British West Africa

1945–65

GOLD COAST. A new constitution was introduced in 1946 (the Burns Constitution), but was ill-received by nationalists because it retained a majority of indirectly elected chiefs. Discontented intellectuals united under Joseph B. Danquah (1895–1965) to form the United Gold Coast Convention (UGCC) to press for rapid constitutional progress. Danquah called Kwame Nkrumah (b. 1909) from London to be secretary of the UGCC, 1947. A UGCC-organized boycott led to rioting in urban centers, Feb. 1948. The Watson Commission recommended social, political, and educational reforms. Nkrumah rejected compromise and broke away from the UGCC to form the Convention People's Party (CPP), June 1949, calling for "self-government now." He organized a strike and was imprisoned, Jan. 1950. In elections held under a new constitution, Feb. 1951, the CPP won and Nkrumah was released to lead a new government. In 1954 constitutional changes provided for direct elections to all seats and the CPP won 72 out of 104 seats contested in the elections of that year. Conservative opposition parties emerged to press for a federal form of government. This was rejected, and after new elections had indicated the continued majority of the CPP, the Gold Coast became independent as Ghana, 6 Mar., 1957.

NIGERIA. The Richards Constitution, 1946, provided for a federal Legislative Council dominated by traditional and official members and also for regional advisory bodies. Awolowo agreed to work with it, but Azikiwe boycotted it, pressing for a new constitution and Africanization of the civil service. The MacPherson Constitution, June 1951, set up a strong federal government, but soon proved unworkable. In 1951 Awolowo founded the western-based Action Group (AG), while in the north the conservative Northern People's Congress (NPC) emerged. In 1953 the British called a conference of Nigerian leaders, which worked out a new constitution (effective Oct. 1954). The NPC, dominated by Ahmadu Bello, *sardauna* of Sokoto (1909–1966), declined to heed a southern call for independence, 1956. The eastern and western regions became self-governing in 1957, and the northern in 1959. Further constitutional reforms provided for a federal prime minister, and Abubakar Tafawa Balewa (1912–66), vice-president of the NPC, was appointed to that office, 1957, heading an AG-NPC coalition. Elections in 1959 confirmed the power of the AG in the west, the NCNC in the east, and the NPC in the north; the new government was an NPC-NCNC coalition. Nigeria obtained her independence on 1 Oct., 1960.

SIERRA LEONE AND THE GAMBIA. Constitutional progress in Sierra Leone was hindered by the division between the colony and the protectorate. Internal self-government was granted, 1957, to a government led by Milton Margai (1895–1964), leader of the conservative, protectorate-based Sierra Leone People's Party, which led the country to independence, 27 Apr., 1961.

Proposals for a union of the Gambia

with Senegal failed, and the colony became independent within the Commonwealth, 18 Feb., 1965. (*Contd. p. 613*).

French Tropical Africa

1945–66

RISE OF NATIONALIST MOVEMENTS. The constitution of the 4th Republic made African subjects French citizens but retained the 2-college system for elections and gave only a limited number of citizens voting rights. It created territorial assemblies with federal Grand Councils for both West and Equatorial Africa; the territories elected deputies to the National Assembly in Paris.

At the initiative of Ivory Coast planter Félix Houphouet-Boigny (b. 1905) African leaders met in Bamako, Oct. 1946, and founded the interterritorial *Rassemblement Démocratique Africain* (RDA), 1947, to press for wider reforms. RDA worked with the Communists in the National Assembly and was repressed in Africa by the French administration.

In the late 40's many Africans were killed in political riots and many imprisoned. In Madagascar, there was a revolt, beginning in Mar. 1947, which took a year to suppress and resulted in many thousands of dead.

LOI-CADRE OF 1956. In Oct. 1950 Houphouet-Boigny broke with the Communists, but despite this the RDA was defeated in the elections of June 1951, leaving the IOM (*Indépendants d'Outremer*), led by Léopold Senghor (b. 1906) of Senegal, as the main African party in that colony. The French reversed their policy and began to work with a more moderate RDA; the franchise was gradually widened, and reforms culminated in the Loi-Cadre, enacted June 1956, in effect Feb. 1957. The Loi-Cadre provided for adult suffrage, for elections to the territorial assemblies, and for each assembly to elect a responsible Council of Government with an African vice-president and wide powers.

ACHIEVEMENT OF INDEPENDENCE. Togo became an autonomous republic within the French Union, Aug. 1956. The legislature of the French Cameroons received increased powers and the French initiated strong military action against the rebellion of the *Union des Populations du Cameroun,* a dissident branch of RDA.

In the territorial elections of Mar. 1957 the RDA won outright control in the Ivory Coast, Sudan, and Guinea. Houphouet-Boigny, a French minister since 1956, called an RDA conference at Bamako, Sept. 1957, at which disputes over federation with France were not resolved.

In the referendum on the new constitution of the 5th Republic, Sept. 1958, all territories voted for autonomy within the new French Community, except Guinea, where Sékou Touré (b. 1922) opted for independence. Attempts to refederate the territories, opposed by Ivory Coast, led to the creation of the Federation of Mali by Senegal and Sudan, 1959, while Ivory Coast, Upper Volta, Dahomey, and Niger formed the Council of the Entente, 1959. Mali demanded independence, Sept. 1959, and Malagasy did the same. All territories became independent in 1960.

French Somaliland, Réunion, and the Comoros remained as France's only African possessions after the independence of Algeria, 1962. In August 1966 de Gaulle's visit to Djibouti sparked proindependence riots. France announced a referendum on independence. (*Contd. p. 613.*)

British East Africa

1945–63

UGANDA. Buganda separatism was strong after the war, and the Baganda, rejecting any diminution of the powers of their Kabaka, Frederick Mutesa II (b. 1924), opposed increased African elected representation in the Legislative Council. In 1953 the Buganda legislature, supported by the Kabaka, asked for separate independence. The British refused and deported the Kabaka. He was allowed to return, Oct. 1955, after reforms had been negotiated providing for an enlarged Legislative Council, a ministerial system, and a promise of Baganda co-operation. African parties remained weak until the amalgamation of non-Baganda parties,

1960, to form the Uganda People's Congress (UPC) under Milton Obote (b. 1924) and the invigoration of the Democratic Party, founded 1956, by Benededicto Kiwanuke (b. 1922). In the elections of 1962, the UPC won in alliance with the Kabaka's party and Uganda became independent, 9 Oct., 1962.

KENYA. White settlers opposed the moderate reforms demanded by the Kenya African Union led by Jomo Kenyatta (b. 1893). Pressure on land and political frustration among the Kikuyu led to the growth of secret societies, culminating in the Mau Mau uprising, 1952–56. Between 1952 and 1955, 10,173 Mau Mau members were killed; terrorists killed 32 Europeans, 24 Asians, and 291 Africans. Kenyatta was arrested, found guilty of leading Mau Mau, and imprisoned. As the rebellion faded out, constitutional reforms widened African representation on the Legislative Council. The Kenya African National Congress (KANU) was founded, 1960, and Kenyatta took over its leadership after his release, Aug. 1961. KANU won the elections of May 1963, and Kenyatta led Kenya to independence, 12 Dec., 1963, as prime minister.

TANGANYIKA AND ZANZIBAR. Tanganyika, a UN trust territory, progressed toward independence as the British government came under increasing UN pressure. The Tanganyika African National Union (TANU) was founded, 1954, by Julius Nyerere (b. 1921) and soon had the support of virtually all Tanganyikans. Tanganyika became independent, 9 Dec., 1961.

In Zanzibar, rivalry between the dominant Arab group and the African population produced frequent clashes. At independence, 10 Dec., 1963, the Arabs retained power. (*Contd. p. 618.*)

British Central and Southern Africa

1945–68

FEDERATION OF RHODESIA. European settlers, whose numbers rose sharply after 1945, pressed the British government to create a federation of Northern and Southern Rhodesia and Nyasaland, where African rights were very limited. At the Victoria Falls Conference, 1949, white leaders, including Roy Welensky (b. 1907) and Godfrey Huggins (b. 1883), agreed on a federation, which the British government accepted. African opposition was strong and organized in the Northern Rhodesia African National Congress, led by Harry Nkumbula (b. 1916); the Southern Rhodesia African National Congress, led by Joshua Nkomo (b. 1917); and the Nyasaland African National Congress, inspired from London by Hastings Banda (b. 1902). Over African opposition, the Federation was created, 1953, with 6 Africans representing in Parliament 8 m. Africans and 29 whites representing 300,000 whites.

INDEPENDENCE. African opposition to the Federation continued and, despite settler pressure, Britain introduced electoral reforms in Nyasaland and Northern Rhodesia. Banda returned to Nyasaland, 1958, to fight federation. The federal government banned the Nyasaland ANC, 1959, and arrested Banda. The ANC was replaced by the Malawi Congress Party which won 90% of the vote in the elections of 1961. The Northern Rhodesia ANC was banned in 1959 and replaced by the United National Independence Party (UNIP), led by Kenneth Kaunda (b. 1924). In 1960 the British-appointed Monckton Commission proposed that each territory be empowered to leave the Federation, and the Federation was dissolved, 1963, after the departure of Nyasaland and Northern Rhodesia. New constitutions introduced in those territories provided for elected African majorities, and independence was granted. In Southern Rhodesia a new constitution had been imposed in 1961, providing for gradually increasing African rights. The settlers pressed for independence, but the British government refused. The settlers, led by Ian Smith (b. 1919), declared unilateral independence, Nov. 1965.

SOUTH-WEST AFRICA. In 1946 Chief Hosea Kutako rejected South African proposals to incorporate South-West Africa, a former League of Nations mandated territory, in the Union, and asked the UN to terminate the mandate. South Africa rejected this course. In 1950, the

International Court of Justice advised that the General Assembly had supervisory rights over South-West Africa. On 18 July, 1966, the International Court declared that Ethiopia and Liberia, which were trying to have the Court rule on whether or not South Africa had violated the mandate by imposing apartheid in South-West Africa, had no standing in the matter.

HIGH COMMISSION TERRITORIES. In 1950, the United Kingdom government banished the Bamangwato chief in Bechuanaland, Seretse Khama (b. 1921), but, at Bamangwato insistence, allowed him to return in 1956. In July 1958, the Cowen Report recommended the creation of elected organs of government in Basutoland. In local elections, 1960, the Basutoland Congress Party, led by Ntsue Mokhlehle (b. 1918), won 73 out of 162 seats. The 1st general elections in Bechuanaland, Mar. 1965, were won by Seretse Khama's Bechuanaland Democratic Party; he was named prime minister, and Bechuanaland became the independent Republic of Botswana, 30 Sept., 1966. Basutoland elections, Apr. 1965, were won by the Basutoland National Party whose leader, Leabua Jonathan, became prime minister; Basutoland became independent Lesotho on 4 Oct., 1966. The 3rd High Commission Territory, Swaziland, became independent on 6 Sept., 1968.

The Sudan and Ex-Italian Africa

1945–60

ANGLO-EGYPTIAN SUDAN. Anglo-Egyptian talks to revise the Condominium failed, Jan. 1947. Egypt demanded the union of Egypt and the Sudan, and in 1951 abrogated the condominium arrangement unilaterally. Union with Egypt was advocated by Ismail al-Azhari (b. 1902), leader of the National Unionists Party (NUP), whereas the Umma ('Umma) Party of Abdullah Khalil (b. 1888) rejected union. Under nationalist pressure, Britain evolved a Self-Government Statute, 1952, but the new Neguib government of Egypt and the NUP pressed for changes, which were incorporated in an Anglo-Egyptian agreement of 12 Feb., 1953. The NUP won the elections of 1953, and al-Azhari became prime minister. The Sudan became independent on 1 Jan., 1956.

EX-ITALIAN COLONIES. Failing agreement among the Big 4, the disposal of the Italian colonies was referred to the UN General Assembly, as agreed at the Yalta Conference. In Libya, nationalists led by Sayyid Idris (b. 1890) pressed for independence. In 1949, the UN Assembly called for the union of Cyrenaica, Tripolitania, and the Fezzan in an independent state, and in 1950 a National Assembly was convened, which drew up a constitution. Libya became independent, 24 Dec., 1951, with Sayyid Idris as king. The Assembly sent a commission to Eritrea, which failed to agree on recommendations. In Nov. 1950, the Assembly called for the federation of Eritrea with Ethiopia, and this went into effect, 15 Sept., 1952. In Somalia, the Somali Youth League (SYL, founded 1943) opposed an Italian trusteeship and called for independence within 10 years and the formation of a Greater Somalia. The Assembly voted to create an Italian trusteeship, which began on 1 Apr., 1950. The Italians encouraged the creation of parties. In municipal elections, 1954, the SYL remained the leading party. In 1956 the 1st general elections in Somalia under universal suffrage were won by the SYL, whose leader, Abdullahi Issa (b. 1922), became prime minister. Somalia united with British Somaliland and became independent, 1 July, 1960, with Aden Abdullah Osman (b. 1908), president of the SYL, as president.

Belgian and Portuguese Africa

1945–62

BELGIAN AFRICA. In 1955 a Belgian liberal manifesto called for a program leading to Congolese independence in 30 years. The 1st municipal elections in the Congo were held in 1957, and the *Mouvement National Congolaise* of Patrice Lumumba (1925–1961) achieved national prominence. Riots in Léopoldville, Jan. 1959, were followed by further reforms. In Jan. 1960 Belgian and Congolese leaders met in Brussels and agreed on 30 June, 1960, as independence date. After elections in May a government was formed with Lumumba as prime minister and Joseph Kasavubu (b. 1910), leader of ABAKO, as president.

The Belgian change of policy also affected Ruanda-Urundi. In 1959 in Ruanda, the Bahutu overthrew the ruling Batutsi and created a republic. Belgian trusteeship ended, 1 July, 1962, and Ruanda (Rwanda) and Urundi (Burundi) became separate independent states.

PORTUGUESE AFRICA. In June 1951 Portugal declared her African colonies integral parts of Portugal, though less than 0.50% of the African population had gained *assimilado* status. A development plan was launched and settlement by Portuguese encouraged. (The white population of Angola rose from 44,000 in 1940 to 200,000 in 1959.) African nationalist activity was not tolerated. In 1961 a revolt broke out in Angola, led by the Union of Angolan Peoples under Holden Roberto (b. 1925). In 1963 revolts broke out in Portuguese Guinea led by Amilcar Cabral (b. 1927) and the African Party for the Independence of Guinea and Cape Verde (FLING), and in Mozambique led by the Front for the Liberation of Mozambique (FRELIMO) under Eduardo Mondlane. The Portuguese sent large armies to all 3 countries, but failed to suppress the uprisings.

THE EVOLUTION OF DEPENDENT TERRITORIES

1945		*1968*	
Name	*Status*	*Name*	*Status*
Africa			
Algeria	Part of France	Algeria	Indep. (3 July, 1962)
Angola	Port. colony	Angola	Overseas territory of Portugal (11 June, 1951)
Basutoland	Br. colony	Losotho	Indep. (4 Oct., 1966)
Bechuanaland	Br. protectorate	Botswana	Indep. (30 Sept., 1966)
Cameroun (Fr.)	Fr. trust territory	Cameroun	Indep. (1 Jan., 1960)
Cameroons (Br.)			
Southern	Br. trust territory	—	Part of Cameroun (1 Oct., 1961)
Northern	Br. trust territory	—	Part of Nigeria (1 June, 1961)
Congo, Belgian	Belg. colony	Congo (Kinshasa)	Indep. (30 June, 1960)
Cape Verde Is.	Port. colony	Cape Verde Is.	Overseas territory of Portugal (11 June, 1951)
Comoro Is.	Fr. colony	Comoro Is.	Overseas territory of France (internal self-government, 22 Dec. 1961)
Eritrea	Ex-Ital. colony under Br. administration	—	Part of Ethiopia (11 Sept., 1952)
Fr. Equatorial Africa:			
Chad	Fr. colony	Chad	Indep. (11 Aug., 1960)
Gabon	Fr. colony	Gabon	Indep. (17 Aug., 1960)
Moyen-Congo	Fr. colony	Congo (Brazzaville)	Indep. (15 Aug., 1960)
Ubangui-Chari	Fr. colony	Central African Republic	Indep. (13 Aug., 1960)

1945		*1968*	
Name	*Status*	*Name*	*Status*
Fr. West Africa:			
Dahomey	Fr. colony	Dahomey	Indep. (1 Aug., 1960)
French Guinea	Fr. colony	Guinea	Indep. (2 Oct., 1958)
French Sudan[a]	Fr. colony	Mali	Indep. (20 July, 1960)
Ivory Coast	Fr. colony	Ivory Coast	Indep. (7 Aug., 1960)
Mauritania	Fr. colony	Mauritania	Indep. (28 Nov., 1960)
Niger	Fr. colony	Niger	Indep. (3 Aug., 1960)
Senegal[a]	Fr. colony	Senegal	Indep. (20 July, 1960)
Upper Volta[b]	Fr. colony	Upper Volta	Indep. (5 Aug., 1960)
Gambia	Br. colony	The Gambia	Indep. (18 Feb., 1965)
Gold Coast	Br. colony	Ghana	Indep. (6 Mar., 1957)
Kenya	Br. colony & protectorate	Kenya	Indep. (12 Dec., 1963)
Libya	ex-Ital. colony under Br. and Fr. adminstration	Libya	Indep. (24 Dec., 1951)
Madagascar	Fr. colony	Malagasy	Indep. (26 June, 1960)
Mauritius	Br. colony	Mauritius	Indep. (12 Mar., 1968)
Morocco (Fr.)	Fr. protectorate	Morocco	Indep. (2 Mar., 1956)
Morocco (Sp.)	Sp. protectorate	—	Part of Morocco (7 Apr., 1956)
Mozambique	Port. colony	Mozambique	Overseas province of Portugal (11 June, 1951)
Nigeria	Br. colony and protectorate	Nigeria	Indep. (1 Oct., 1960)
Northern Rhodesia	Br. colony	Zambia	Indep. (24 Oct., 1964)
Nyasaland	Br. protectorate	Malawi	Indep. (6 July, 1964)
Port. Guinea (Bissau)	Port. colony	Port. Guinea	Overseas province of Portugal (11 June, 1951)
Réunion	Fr. colony	Réunion	Overseas department of France (1 Jan., 1947)
Ruanda-Urundi	Belg. trust territory	Rwanda	Indep. (1 July, 1962)
		Burundi	Indep. (1 July, 1962)
St. Helena	Br. colony	St. Helena	Br. colony
São Tomé and Principe	Port. colony	São Tomé and Principe	Overseas territory of Portugal (11 June, 1951)

1945		1968	
Name	*Status*	*Name*	*Status*
Seychelles	Br. colony	Seychelles	Br. colony
Sierra Leone	Br. colony and protectorate	Sierra Leone	Indep. (27 Apr., 1961)
Somaliland (Br.) [c]	Br. colony	—	Part of Somalia (1 July, 1960)
Somaliland (Fr.)	Fr. colony	Fr. territory of the Afars and Issas	Fr. overseas territory (2 July, 1967)
Somaliland (ex-Ital.) [d]	Ex-Ital. colony under Br. administration	Somalia	Indep. (1 July, 1960)
South-West Africa	South African mandate	South-West Africa	South African mandate
Southern Rhodesia	Br. colony	Rhodesia	Br. colony; *de facto* indep. (11 Nov., 1965)
Sp. Equatorial Africa	Sp. colony	Equatorial Guinea	Indep. (12 Oct., 1968)
Sudan (Anglo-Egyptian)	Anglo-Egyptian condominium	Sudan	Indep. (1 Jan., 1956)
Swaziland	Br. colony	Swaziland	Indep. (6 Sept., 1968)
Tanganyika [e]	Br. trust territory	Tanzania	Indep. (9 Dec., 1961)
Tangier	International city	—	Part of Morocco (29 Oct., 1956)
Togoland (Br.)	Br. trust territory	—	Part of Ghana (6 Mar., 1961)
Togoland (Fr.)	Fr. trust territory	Togo	Indep. (27 Apr., 1960)
Tunisia	Fr. protectorate	Tunisia	Indep. (20 Mar., 1956)
Uganda	Br. protectorate	Uganda	Indep. (9 Oct., 1962)
Zanzibar [e]	Br. protectorate	—	Part of Tanzania (26 Apr., 1964)
The Americas			
Alaska	U.S. territory	—	Part of U.S.A. (3 Jan., 1959)
Bahamas	Br. colony	Bahamas	Br. colony
Barbados	Br. colony	Barbados	Indep. (30 Nov., 1966)
Bermuda	Br. colony	Bermuda	Br. colony
Br. Guiana	Br. colony	Guyana	Indep. (26 May, 1966)
Br. Honduras	Br. colony	Br. Honduras	Br. colony
Cayman Is.	Br. colony	Cayman Is.	Br. colony
Falkland Is. and Dependencies	Br. colony	Falkland Is. and Dependencies	Br. colony
Fr. Guiana	Fr. colony	Fr. Guiana	Overseas department of France (11 June, 1947)
Greenland	Danish colony	—	Part of Denmark (5 June, 1953)
Guadeloupe	Fr. colony	Guadeloupe	Overseas department of France (1 Jan., 1947)

1945		1968	
Name	*Status*	*Name*	*Status*
Leeward Is.[f] Antigua St. Kitts-Nevis-Anguilla Montserrat	Br. colony	Leeward Is.	Associated states of the U.K. (27 Feb., 1967, for Antigua and St. Kitts-Nevis-Anguilla)
		Montserrat	Br. colony
Martinique	Fr. colony	Martinique	Overseas department of France (1 Jan., 1947)
Jamaica	Br. colony	Jamaica	Indep. (6 Aug., 1962)
Neth. Antilles	Dutch colony	—	Part of Kingdom of the Netherlands (29 Dec., 1954)
Newfoundland	Br. colony governed by commission	—	Part of Canada (31 Mar., 1949)
Panama Canal Zone	U.S. leased territory	Panama Canal Zone	U.S. leased territory
Puerto Rico	U.S. colony	Puerto Rico	Commonwealth (3 July, 1952)
St. Pierre and Miquelon	Fr. colony	St. Pierre and Miquelon	Overseas dept. of France (1 Jan., 1947)
Surinam	Dutch colony	—	Part of Kingdom of the Netherlands (29 Dec., 1954)
Trinidad and Tobago	Br. colony	Trinidad and Tobago	Indep. (31 Aug., 1962)
Turks and Caicos Is.	Br. colony	Turks and Caicos Is.	Br. colony
Virgin Is. (Br.)	Br. colony[g]	Virgin Is. (Br.)	Br. colony
Virgin Is. (U.S.)	U.S. colony	Virgin Is. (U.S.)	U.S. colony
Windward Is.[h] Dominica Grenada St. Lucia St. Vincent	Br. colony	Windward Is.	Associated states of the U.K. (1 Mar., 1967, for St. Lucia and Dominica; 3 Mar., 1967, for Grenada)
Asia			
Aden Colony	Br. colony	—	Part of People's Republic of Southern Yemen
Aden Protectorate	Br. protectorate	People's Republic of Southern Yemen	Indep. (28 Nov., 1967)
Brunei	Br. protectorate	Brunei	Br. protectorate
Burma	Br. colony	Burma	Indep. (4 Jan., 1948)
Ceylon	Br. colony	Ceylon	Indep. (4 Feb., 1948)
Christmas Is.	Br. colony	Christmas Is.	Australian dependency (11 Oct., 1958)
Cocos Is.	Br. colony	Cocos Is.	Australian dependency (3 Nov., 1955)
Cyprus	Br. colony	Cyprus	Indep. (16 Aug., 1960)

1945		*1968*	
Name	*Status*	*Name*	*Status*
Fr. India:	Fr. Colony		
Chandernagore		—	Part of India (9 June, 1952)
Karikal		—	
Mahé		—	Part of India (28 May, 1956)
Pondichérry		—	
Yanaon		—	
Fr. Indochina	Fr. Colony		
Cambodia		Cambodia	Indep. (9 Nov., 1953)
Laos		Laos	Indep. (29 Dec., 1954)
Vietnam		North Vietnam	Indep. (declared 2 Sept., 1945; Geneva Agreement, 21 July, 1954)
		South Vietnam	Indep. (29 Dec., 1954)
Hong Kong	Br. colony	Hong Kong	Br. colony
India	Part of Br. Empire	India	Indep. (15 Aug., 1947)
		Pakistan	Indep. (15 Aug., 1947)
Korea	North, under Russian occupation	People's Republic of Korea	Indep. (8 Sept., 1948)
	South, under U.S. occupation	Republic of Korea	Indep. (15 Aug., 1948)
Kuwait	Br. protectorate	Kuwait	Indep. (19 June, 1961)
Macao	Port. colony	Macao	Overseas territory of Portugal (11 June, 1951)
Malayan Union[i]	Br. colony	Malaysia	Indep. (31 Aug., 1957)
Maldive Is.	Br. protectorate	Maldive Is.	Indep. (26 July, 1965)
Neth. East Indies[j]	Dutch colony	Indonesia	Indep. (27 Dec., 1950)
North Borneo	Br. protectorate	Sabah	Part of Malaysia (16 Sept., 1963)
Palestine[k]	Br. mandate	Israel	Proclaimed (14 May, 1948)
Philippines	U.S. colony	Philippines	Indep. (4 July, 1946)
Port. India (Goa, Daman, Diu)	Port. colony	—	Part of India (20 Dec., 1961)
Port. Timor	Port. colony	Port. Timor	Overseas territory of Portugal (11 June, 1951)
Ryukyu Is.	U.S. military occupied territory	Ryukyu Is.	U.S. administered territory (8 Sept., 1951)
Sarawak	Br. protectorate	Sarawak	Part of Malaysia (16 Sept., 1963)
Sikkim	Br. protectorate	Sikkim	Indian protectorate (15 Aug., 1947)

1945 Name	*1945* Status	*1968* Name	*1968* Status
Singapore[l]	Br. colony	Singapore	Indep. (16 Sept., 1963)
Transjordan	Br. mandate	Jordan	Indep. (22 Mar., 1946)
Trucial Oman	Br. protected state	Trucial Oman	Br. protected state
Europe			
Gibraltar	Br. colony	Gibraltar	Br. colony
Malta	Br. colony	Malta	Indep. (21 Sept., 1964)
Oceania			
Amer. Samoa	U.S. territory	Amer. Samoa	U.S. territory
Fiji	Br. colony	Fiji	Br. colony
Fr. Polynesia	Fr. colony	Fr. Polynesia	Fr. overseas territory (13 Oct., 1946)
Gilbert and Ellice Is.	Br. colony	Gilbert and Ellice Is.	Br. colony
Guam	U.S. territory	Guam	U.S. territory
Hawaii	U.S. territory	Hawaii	Part of U.S.A. (11 Mar, 1959)
New Caledonia	Fr. colony	New Caledonia	Fr. overseas territory (13 Oct, 1946)
New Hebrides	Anglo-Fr. condominium	New Hebrides	Anglo-Fr. condominium
Solomon Is.	Br. protectorate	Solomon Is.	Br. protectorate
Tonga	Br. protectorate	Tonga	Br. protectorate
Western Samoa	N.Z. trust territory	Western Samoa	Indep. (1 Jan., 1962)

[a] French Sudan and Senegal became independent as Mali, 20 July, 1960; the federation broke up, 22 Aug., 1960.

[b] Upper Volta was recreated as a distinct unit, 4 July, 1947, out of areas of the Ivory Coast, French Sudan, and Niger.

[c] Br. Somaliland became independent, 26 June, 1960, and joined Ital. Somaliland when it also achieved independence, 1 July, 1960.

[d] Ex-Ital. Somaliland became an Ital. trust territory before achieving independence as Somalia.

[e] Zanzibar became independent, 10 Dec., 1963, and united with Tanganyika, 26 Apr., 1964. The union was named the United Republic of Tanzania, 29 Oct., 1964.

[f] The Leeward Is. Federation was dissolved, 1 Jan., 1960. Antigua and St. Kitts-Nevis-Anguilla acquired self-government, 27 Feb., 1967, within the West Indies Associated States.

[g] Until 1 July, 1956, administered as part of Leeward Is.

[h] The Windward Is. Federation was dissolved, 1 Jan., 1960.

[i] The Malayan Union, formed Sept. 1945, was replaced by the Federation of Malaya, 31 Aug., 1957, which in turn became the Federation of Malaysia, 16 Sept., 1963.

[j] West New Guinea (West Irian) remained under Dutch control and did not become part of Indonesia until 1 May, 1963.

[k] Following the 1st Arab-Israeli War, Dec. 1948, Transjordan incorporated Arab Palestine and changed its name to Jordan, 2 June, 1949.

[l] Singapore joined Malaysia at its inception, 16 Sept., 1963, and left the Federation to become a sovereign state, 9 Aug., 1965.

The Cold War

THE COLLAPSE OF THE WARTIME ALLIANCE

1945

THE ALLIANCE IN 1945. It was President Roosevelt's hope that the alliance of Britain, the U.S., and the Soviet Union would continue into the postwar world. The newly formed United Nations, with its numerous supporting agencies, was intended both as a forum in which disputes might be settled peacefully and an effective means whereby postwar recovery might be carried through.

In this perspective, the Yalta Agreements were designed to allow France a powerful voice in Western Europe and Britain a commanding role in the Mediterranean world; the Soviet Union's influence in Eastern Europe was recognized and all 4 wartime partners would combine in controlling Germany.

The defeat of Germany and Japan served to loosen the bonds among the wartime allies. President Roosevelt died, April 1945; the subsequent years witnessed a gradual return to the hostile atmosphere of an earlier period. The

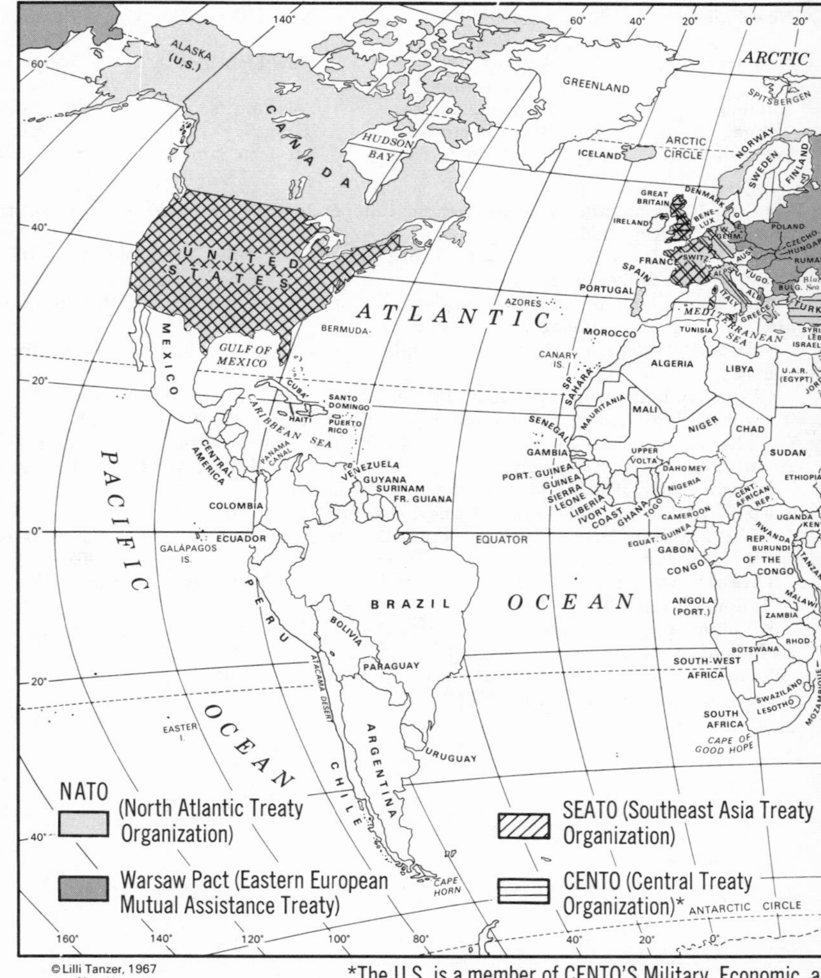

*The U.S. is a member of CENTO'S Military, Economic, a

competing pressures of 2 rival world systems definitively stamped the postwar decade as a period of Cold War tensions.

1946–47

THE IRON CURTAIN. In a speech at Fulton, Mo., 15 Mar., 1946, Sir Winston Churchill, while noting Russia's anxiety "to be secure on her western frontiers by the removal of all possibility of German aggression," called for closer Anglo-American co-operation to meet the challenge of a situation in which "from Stettin in the Baltic to Trieste in the Adriatic, an Iron Curtain has descended across the Continent."

TRUMAN DOCTRINE. In Mar. 1947 President Truman enunciated in a speech to the American Congress a policy later to be known as the Truman Doctrine. In a clear warning to the USSR he announced that for the future the U.S. "would support free peoples who are resisting subjugation by armed minorities or by outside pressure."

RIVAL POLITICAL PARTIES IN GERMANY. In Germany, a primary area of conflict, attempts at a quadripartite administration were defeated by Soviet refusal to co-operate in furnishing information and statistical returns. In Apr. 1946 the Communist Party in the Soviet zone formed an alliance with the Social Democrats in a new German Socialist Unity Party (*Sozialistische Einheitspartei Deutschlands,* SED). During 1946–47 elections were held in all zones of Germany. The SED won in the Soviet zone, and in the American, French, and British zones

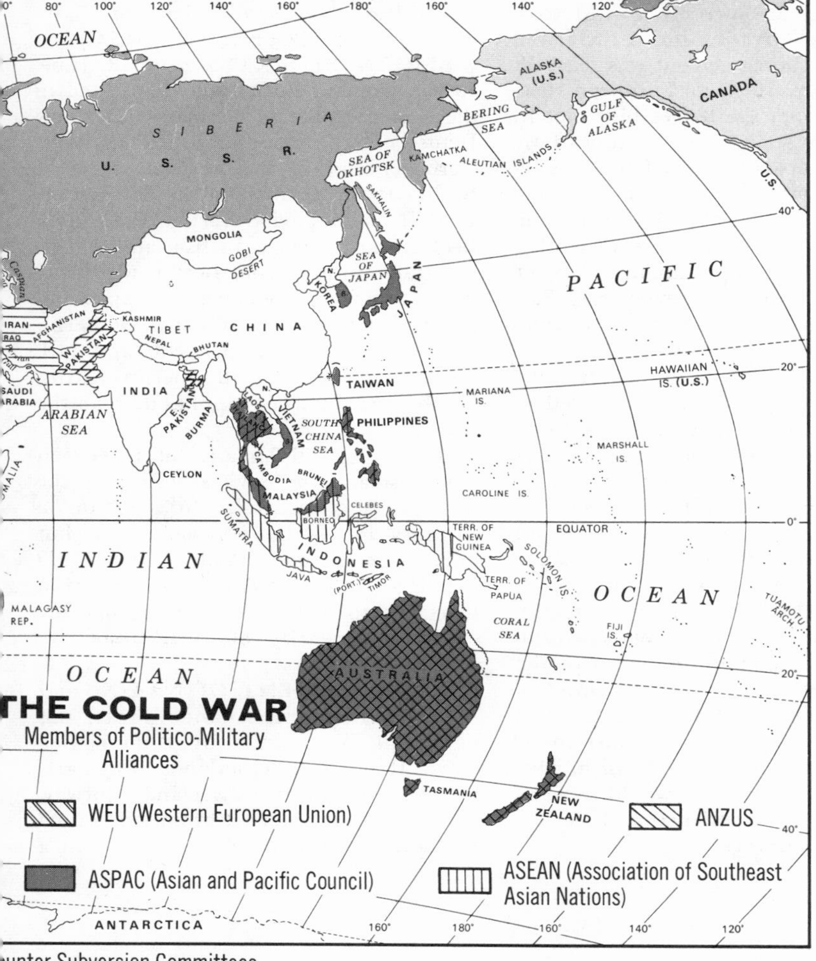

the Christian Democratic and Social Democratic parties topped the polls.

OCCUPATION ZONE POLICIES. In May 1946 General Lucius Clay (b. 1897), the American commander, suspended reparation deliveries to the Russian zone in retaliation for Soviet intransigence. Secretary of State James F. Byrnes announced at Stuttgart, Sept. 1946, the pending fusion of the American and British zones; and on 2 Dec. an agreement was signed between Byrnes and British Foreign Secretary Ernest Bevin. The Soviet zone gradually became a Communist state. The Junker estates in East Prussia were divided up, and a "People's Police" was armed as a paramilitary force.

WESTERN EUROPEAN ECONOMIC RECOVERY. On 10 Mar.–24 Apr., 1947, the Council of Foreign Ministers of the great powers met in Moscow to draft peace treaties for Austria and Germany, but no agreement was reached. On 12–15 July, 16 West European delegates and 9 from the Soviet bloc met in Paris to discuss plans for European recovery (the Marshall Plan). The ministers agreed to draft a European Recovery Program (ERP), the Soviet bloc declining to join on the grounds that such a plan depended on American financing. After the withdrawal of the Soviet and East European delegates, Austria, Belgium, Britain, Denmark, Ireland, France, Greece, Iceland, Italy, Luxembourg, the Netherlands, Norway, Portugal, Sweden, Switzerland, and Turkey set up a Committee of European Economic Co-operation (CEEC). The Committee's report (the Paris Report) outlined a scheme of exchange control and tariff reduction among the members and special dollar credits were made available by the U.S.

ESTABLISHMENT OF THE COMINFORM. In Sept. 1947 a Warsaw Conference of the Communist parties of the Soviet Union, Poland, Czechoslovakia, Hungary, Rumania, Bulgaria, Italy, and France established the Communist Information Bureau (Cominform), which, with headquarters in Belgrade, would serve as an "exchange of experience and the coordination of activities."

A further meeting of the Big 4 foreign ministers, 25 Nov.–15 Dec., failed to agree on a German settlement, and the Foreign Ministers' Council adjourned indefinitely.

1948–49

BRUSSELS TREATY AND OEEC. In Feb. 1948 the U.S., Britain, and France conferred in London on the question of German participation in the ERP. On 17 Mar. the Brussels Treaty was signed by Britain, France, and the "Benelux" countries (Belgium, Netherlands, and Luxembourg). It provided for a 50-year defensive alliance against armed attack in Europe and set up a Permanent Military Committee in London. On 20 Mar. Soviet Commander-Marshal Sokolovsky resigned from the Allied Control Council, and on 16 Apr. the 16 nations of the ERP established the Organization for European Economic Co-operation (OEEC).

BERLIN BLOCKADE. On 18 June, 1948, currency reforms were instituted in the western zones of Germany. The new Deutschemark was established in West Germany and in the western sector of Berlin. It was banned in the Soviet zone as well as in Soviet Berlin. From Jan. 1948 onward French, British, and American traffic to and from Berlin, which lay in the Soviet zone, was being stopped and searched. Gradually a blockade of Berlin cut all access by canal, road, and rail, thereby necessitating the Berlin Airlift, which carried tons of supplies daily to the city.

On 31 July diplomatic talks between the West and the Soviets began; by the end of Aug. a draft directive on a currency for Berlin was agreed on but broken almost immediately. In Feb. 1949 the U.S. and British forces set up a blockade to halt all traffic across the eastern boundaries of their respective zones.

ESTABLISHMENT OF NATO. On 4 Apr., 1949, a North Atlantic Treaty was signed in Washington by Britain, Belgium, Italy, the Netherlands, Denmark, Luxembourg, Portugal, Iceland, Norway, Canada, and the U.S.; it promised mutual assistance against the Soviet Union in a defensive pact under the guidance of a North Atlantic Council.

In May 1949 the Soviet government raised the Berlin blockade after 18 months of the airlift. The same month saw elections in the Soviet zone of Germany and a government under predominantly Communist leadership. The zone was renamed the German Democratic Republic (GDR), 5 Oct., 1949.

Western foreign ministers meeting in New York, 12–19 Sept., agreed to include West Germany in the system of western defense. Soviet Deputy Premier Molotov met at Prague, 20 Oct., with the foreign ministers of the GDR, Bulgaria, Hungary, and Rumania, and denounced West German participation in military alliances. On 20 Dec., 1949, the Brussels Treaty powers fused their military arrangements with those of the North Atlantic Treaty Organization (NATO).

1950–64

THE BERLIN WALL. In June 1961 the Cold War over Berlin took a serious turn. At the Vienna meeting of President Kennedy and Chairman Khrushchev, the Soviet leader called for a separate treaty with the GDR, leaving the West to negotiate arrangements with the East German government on the use of road, canal, and railway routes. Secretary of State Dean Rusk rejected these terms at a NATO Council meeting, 11 June.

In the first 10 days of July, over 1,000 refugees flooded daily into West Berlin from the east. Food and fuel rationing were introduced by the East German government. By the end of July over 13,000 had crossed. Checks and controls were increased on road and rail links. On 1 Aug. East Berliners working in West Berlin had their identity cards confiscated, and on 13 Aug. the borders were closed. This closure was made permanent, 18 Aug., by the erection of a 5-ft. concrete wall topped with broken glass and barbed wire. On 22 Aug. all crossing points except one were closed to "foreigners." A Soviet note, 23 Aug., accused the western powers of violating the 1945 agreements and called for 4-power (including Soviet) control of the air corridors. The 3 western powers replied, 26 Aug., and denied any "competence of the Soviet Union" to discuss the use of the air corridors. On 13 Sept. a Soviet statement denied that the suggestion for a separate Soviet–East German peace treaty was an "ultimatum." A 300-ft. zone along the 25-mi. frontier between East and West was bulldozed. On 25 Oct. American tanks moved up to the checkpoint and British and French troops arrived at the border; Soviet tanks also moved up, 27 Oct., only to withdraw after 16 hours; this was followed shortly afterward by the withdrawal of U.S. tanks. The year ended with a continuing series of harassing incidents.

An agreement was eventually negotiated permitting West Berliners to visit East Berlin during Christmas 1963, and a pass accord was agreed upon, Sept. 1964, which allowed West Berliners to visit the other sector of the city on certain fixed occasions.

KOREA

1945–49

ESTABLISHMENT OF NORTH AND SOUTH KOREA. At the Cairo Conference, 1943, the U.S., Britain, and China had declared for Korea's independence, later confirmed at Potsdam, 1945. On 9 Aug., 1945, Soviet troops entered Korea and accepted the surrender of Japanese forces north of the 38th parallel, 15 Aug. U.S. troops arrived, 8 Sept., to accept the Japanese surrender in the south. A temporary military arrangement was agreed, using the 38th parallel as a dividing line.

On 8 May, 1946, the U.S. and the USSR negotiated unsuccessfully to form a national Korean government. The USSR sponsored elections in North Korea, Nov., and set up an administration under the Communist leader Kim Il Sung (b. 1912). A meeting of a U.S.-USSR commission on Korea which began 13 May, 1947, broke down on 8 July. On 14 Nov., over Soviet objections, the UN decided to send a commission to Korea to supervise elections. Under the chairmanship of India's Krishna P. S. Menon, the commission met in Seoul, 12 Jan.-14 Feb., 1948. On 23 Jan., UN sources disclosed that it had been refused entry into North Korea.

On 16 Feb., 1948, a broadcast from Pyongyang stated that a North Korean "people's army" had been formed. In Apr. an "All-Korea Joint Political Conference," meeting in Pyongyang, announced its determination to prevent the holding of elections in South Korea. Despite serious disturbances, however, and the disruption of some railways and the government's communications system, elections were held, 10 May. They resulted in a victory for 2 "rightist" parties, headed by Syngman Rhee (1875–1965) and Kim Sung Soo. Rhee was elected president, 20 July. The Republic of Korea (southern part of the country) was proclaimed, 15 Aug., 1948. On 8 Sept. the northern part became the People's Republic of Korea.

1950–59

OUTBREAK OF THE KOREAN WAR. On 25 June, 1950, hostilities began. The UN commission reported that South Korea had been invaded by North Korean forces. A Security Council emergency meeting called for immediate cessation of fighting and withdrawal of northern forces. North Korea's failure to comply resulted in a Security Council resolution, 27 June, 1950, asking members to aid South Korea "to repel the armed attack." On 7 July the Security Council established a unified UN Command under the U.S. to send aid to South Korea. This was endorsed by 53 member states. Gen. Douglas MacArthur was appointed commander in chief of UN forces in Korea.

COURSE OF HOSTILITIES. South Korean territory was almost completely overrun in the initial engagements and U.S. casualties were heavy. The North Korean push was halted 50 mi. from Pusan on the south coast. On 14 Sept., 1950, an American army landed at Inchon and retook the old capital of Seoul. Each side reverted to the 38th-parallel demarcation line, and Gen. MacArthur delivered a surrender ultimatum to the North Korean forces. This was rejected and U.S. troops crossed the parallel, 9 Oct., took Pyongyang, the northern capital, and by Nov. had reached the Yalu River between North Korea and Manchuria.

Chinese forces intervened in considerable numbers; Seoul was captured by North Korean and Chinese troops, 4 Jan., 1951, but was retaken in Mar. by forces under Gen. Matthew B. Ridgway.

DISMISSAL OF MacARTHUR. Gen. MacArthur, without authorization from his government, declared himself prepared to negotiate with the commander of the Chinese and North Korean forces. He warned China she faced military extinction if the U.S. extended the war to Chinese coastal and interior bases. Secretary of State Dean Acheson characterized the threat as "unexpected and unauthorized" and Gen. MacArthur was relieved of his command, 11 Apr. He addressed a joint session of Congress, 19 Apr., criticizing the administration's handling of the war.

KAESONG AND PANMUNJOM TALKS. North Korean and Chinese armies began a spring offensive, 15 May. They sustained heavy losses and were forced to withdraw. Armistice negotiations began at Kaesong on the parallel in July and continued until 5 Aug., when Gen. Ridgway broke them off, charging violation of demilitarization regulations. The talks continued at Panmunjom, 25 Oct., mainly on the question of repatriation of war prisoners. An armistice was signed 26 June, 1953, with an uneasy truce continuing thereafter. A U.S.–South Korean mutual defense treaty went into effect 17 Nov., 1954.

SUPERVISORY COMMISSION. The armistice ended the war but the political differences remained. In Feb. 1954 a Geneva Conference of Foreign Ministers failed to agree on reunification procedures. The Neutral Nations Supervisory Commission was set up to carry out the armistice agreements, but was finally withdrawn in 1956.

1960–68

THE 2 KOREAS. In Mar. 1960 President Syngman Rhee of South Korea was re-elected, but the elections were subsequently declared fraudulent; student rioting followed and Rhee was forced to resign, Apr. 1960. In July 1960 new elections brought the opposition party, the Conservative Democrats, to power. The National Assembly chose as premier Dr. J. M. Chang (1899–1966) and as president Yun Po Sun (b. 1897), a rival of Chang's. The new administration promised economic reform, but large-scale unemployment and inflation reduced the effectiveness of the new government. On 16 May, 1961, the military overthrew the civilian government. Gen. Chung Hee Park (b. 1916) emerged as the dominant military figure, and in 1964 resigned from the army to be elected president. Park was faced with an increased number of border skirmishes, which were attributed to South Korean involvement in the Vietnam War. In Jan. 1968 North Korean infiltrators penetrated to Seoul in an attempt to assassinate Park. On 23 Jan., 1968, the U.S. Navy intelligence ship *Pueblo* was seized by North Korea,

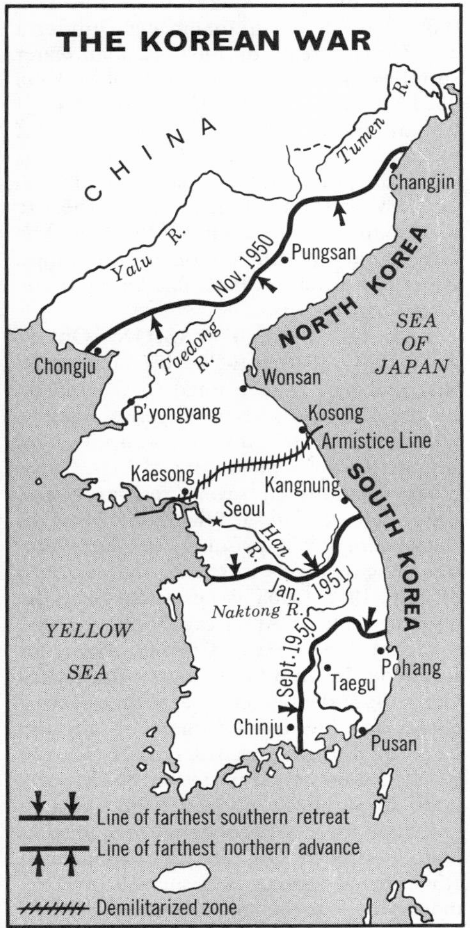

which charged that the vessel had been engaged in electronic spying within its territorial waters. Despite intensive U.S. diplomatic efforts the *Pueblo*'s 83-man crew were not released until Dec. 1968, and the ship herself remained in North Korean hands.

CUBA

1953–68

THE CASTRO REVOLUTION. On 26 July, 1953, Fidel Castro (b. 1927) with 170 followers attacked the Moncada Barracks at Santiago de Cuba. This event marked the beginning of the Cuban revolt against dictator Fulgencio Batista, who had come to power in a coup on 10 Mar., 1952.

Although the attack was a failure, it brought Castro recognition. In Sept. 1956 he traveled to the U.S. to collect support and funds for another rising. On 2 Dec. he landed in Oriente Province with 82 followers; they were discovered by Batista forces and only 12 escaped to the Sierra Maestra. During Aug.–Sept. 1958 Castro's lieutenant, Ché Guevara (1928–67) led a successful uprising in Las Villas Province. On 5 Nov. Castro emerged from the mountains and launched a military operation designed to take over the island. Santa Clara fell to Guevara, 31 Dec., and underground Castro supporters rose to take Havana. In Jan. 1959 Batista fled Cuba and Castro became premier, 16 Feb.

The beginning of Castro's rule was marked by an agrarian reform program and widespread executions of Batista officials. Criticism of the revolutionary tribunals carrying out these punishments led to their dissolution, May 1959.

U.S.-CUBAN RELATIONS. During 15–20 Apr., 1959, Castro visited the U.S., where his statements suggested a desire to maintain friendly relations and win the support of moderate elements. After the agrarian reform law of 2 June, however, there was a marked change in U.S.-Cuban relations. The new law allowed the government direction of the national economy and was the 1st step toward a socialist state in Cuba.

On 27 June the U.S. charged that Cuba was adding to tensions in Latin America. U.S.-owned oil refineries were nationalized, 29 June, and on 3 July Congress voted to cut the Cuban sugar quota. In Oct. 1960 the U.S. imposed an embargo on all exports to Cuba except unsubsidized food and medical supplies. Cuban trade with Communist countries served to fill the gap left by U.S. withdrawal: 700,000 tons of sugar rejected by the U.S. in July 1960 were bought by the USSR and China also became a customer. On 7 Aug. all major enterprises controlled by U.S. subjects in Cuba were nationalized.

Relations with the U.S. became further strained over the question of the U.S. naval base at Guantánamo, held under a U.S.-Cuban treaty of 1903. (Cuban water supplies to the base were cut off, 6 Feb., 1964, in reprisal for U.S. seizure of 4 Cuban fishing boats off the coast of Florida.)

On 3 Jan., 1961, Cuba ordered U.S. embassy personnel limited to 11, the size of Cuban representation in the U.S. The U.S. broke off all diplomatic relations, American interests in Cuba being represented by the Swiss.

BAY OF PIGS INVASION. On 17 Apr., 1961, 1,200 anti-Castro Cuban activists, who had been trained in Guatemala by the U.S. Central Intelligence Agency, landed with U.S. military supplies and support facilities at the Bay of Pigs, Cuba. They encountered severe resistance and were defeated in a few days. Most of them were taken prisoner and later ransomed with funds raised in the U.S. On 31 Jan., 1962, Cuba was expelled from the Organization of American States (OAS).

CUBAN MISSILE CRISIS. President Kennedy, in an address to the nation, 22 Oct., 1962, demanded the withdrawal of Soviet missiles from Cuba. An air and naval quarantine was ordered, 24 Oct. On 27 Oct. Kennedy rejected a Soviet proposal to withdraw missiles from Cuba in exchange for a withdrawal of U.S. missiles from Turkey. On 28 Oct. Chairman Khrushchev agreed to dismantle and remove Soviet rockets and Kennedy agreed not to invade Cuba. A joint U.S.-USSR note to UN Secretary General U Thant, 7 Jan., 1963, officially declared the crisis resolved.

DEATH OF GUEVARA. Cuba's efforts to export its revolution to other Latin American countries through the clandestine shipment of arms and the training of guerrillas continued to be largely unsuccessful. The U.S. accelerated its training of Latin American military men in counterinsurgency warfare, and on 9 Oct., 1967, these efforts bore fruit when Ché Guevara was killed while leading a guerrilla group in Bolivia.

VIETNAM

1954

GENEVA CONFERENCE. 26 Apr.–21 July. The Geneva Conference originally had been called to effect a political settlement in Korea as well as to resolve the Indochina war. The talks on Korea, involving 19 nations, quickly stalemated and ended, 15 June, without any results. The U.S., Britain, France, Russia, and Mainland China also took part in the talks on Indochina, the other participants being the French-sponsored State of Vietnam, the Democratic Republic of Vietnam (the Vietminh), Laos, and Cambodia. This phase of the conference opened, 8 May, coincident with the French surrender, a few hours earlier, of Dien Bien Phu—a military defeat which made clear the bankruptcy of France's policy and position in Indochina. The talks made little progress until after 18 June, when Pierre Mendès-France (b. 1907) became French premier and promised to end the war by 20 July.

GENEVA ACCORDS AND FINAL DECLARATION. 20–21 July. The Accords were signed cease-fire agreements between representatives of the forces fighting in Indochina. The Vietnam agreement included provisions calling for a temporary demarcation line (the 17th parallel) with a buffer or demilitarized zone 5 km. wide on either side designed to permit regrouping of forces, each signatory party to administer its half of the country pending general elections which would bring about unification, a ban on the introduction of new military personnel or matériel, a 300-day period during which Vietnamese would have free choice to decide which part of the country they wished to live in, and supervision by the International Control Commission (India [chairman], Canada, Poland) of the agreement. The Final Declaration, 21 July, endorsing the Accords as well as adding that the unification elections should take place within 2 years, was orally assented to by all but the State of Vietnam and the U.S., although U.S. delegate Undersecretary of State Walter B. Smith (1895–1961) declared that the U.S. would "refrain from the threat or use of force to disturb" the agreements, but would view "any renewal of the aggression . . . with grave concern. . . ."

1954–56

RISE OF DIEM. On 17 June, 1954, Bao Dai (b. 1913), head of the State of Vietnam, appointed Ngo Dinh Diem (1901–63) prime minister (invested formally 5 July). Diem, supported by various American interests, rapidly consolidated his power. American influence became paramount as by Apr. 1956 Diem had ended almost all official French presence in South Vietnam. Using cash and force of arms, he broke, 1955–56, the power of the politico-religious sects. He used an engineered referendum, 23 Oct., 1955, to depose Bao Dai and as a basis for the declaration, 26 Oct., of the Republic of Vietnam under his presidency. A Constituent Assembly, elected, 4 Mar., 1956, in polls which allowed for no real opposition, drafted a constitution (promulgated 26 Oct., 1956) which transformed it into a National Assembly and which confirmed Diem's power.

THE DVR AND UNIFICATION ELECTIONS. In the north the Democratic Republic of Vietnam, under the leadership of Ho Chi Minh (b. c. 1890), attempted to straighten out its economic difficulties (agrarian unrest led to a peasant rebellion which was brutally crushed in Nov. 1956), reorganized its government structure, and prepared for the unification elections. Most observers have agreed with the Vietminh's assumption that it would have won the elections handily. The Diem government, with American support, rejected attempts, 1955–56, to have these elections, declaring it had not signed and therefore was not bound by the Geneva Accords, and that conditions for free elections must 1st be evidenced in North Vietnam. The unification elections were never held.

FOREIGN SUPPORT FOR SOUTH VIETNAM. A protocol to the Southeast Asia Collective Defense Treaty, 8 Sept., 1954, extended its provisions to include Cambodia, Laos, and "the free territory under the jurisdiction of the State of Vietnam." On 1 Oct. U.S. President Eisenhower (1890–1969) wrote Diem (letter delivered 23 Oct.) offering U.S. assistance "in developing and maintaining a strong, viable state, capable of resisting attempted subversion or aggression. . . ."

1957–60

RENEWAL OF HOSTILITIES. At the end of 1956, Communist guerrillas (Vietcong, as they came to be called, from the words *Viet-Nam Cong-San* meaning "Vietnamese Communists") began sporadic terrorist activity in South Vietnam. The 1st U.S. military casualties occurred, 22 Oct., 1957, when a bomb exploded in the quarters of U.S. Military Assistance and Advisory Group personnel. The guerrilla campaign, constantly growing in scope and apparently receiving increasing encouragement from the north, reached its 1st peak in Jan. 1960, when the Vietcong overran some Army of the Republic of Vietnam (ARVN) posts. The U.S. announced, 5 May, 1960, that at the request of South Vietnam the number of U.S. military advisers would be raised from 327 to 685 by year's end.

The increasingly authoritarian (opposition winners in the 30 Aug., 1959, National Assembly elections were not allowed to take their seats), corrupt, and nepotistic Diem government had proved unable to counter the Vietcong's impact despite generous U.S. aid which some observers calculated averaged as high as $300 million annually. In a lengthy night meeting, 19–20 Dec., 1960, the National Liberation Front of South Vietnam (NLF) was formed, including both Communist and non-Communist anti-Diem insurgents.

1961–64

GROWTH OF COMMUNIST STRENGTH. In 1961 the annual death toll (c. 500) of Vietnamese friendly to the Diem regime and to the U.S. was 10 times greater than it had been in 1959. The strength of the Vietcong (est. 15,000) had trebled since 1959. Infiltration from the north of former Vietminh personnel was on the rise. Much of the countryside (estimates ran as high as 80%) had fallen under NLF sway. On 9 Apr., 1961, Diem, who had overcome, Nov. 1960, a coup directed against him, was re-elected, but despite the government's control of the polls the results demonstrated his limited support. On 18 Oct., 1961, he proclaimed "a state of emergency" (extended 26 Oct., 1962, for 12 more months).

AMERICANIZATION OF THE WAR. Three American missions visited South Vietnam during 1961, and U.S. President Kennedy (1917–63) reaffirmed, 14 Dec., the U.S. commitment to the country. Although Kennedy decided against sending large numbers of troops to Vietnam, 1,500 additional advisers were sent who now were permitted "to advise in battle mission." Two U.S. army helicopter companies, the 1st direct U.S. military support for battle against the NLF, arrived in Saigon, 11 Dec., 1961. During 1962 the situation continued to deteriorate despite massive American financial support. Great emphasis was placed on the "strategic hamlet" idea (1st used in the late summer of 1961), but by year's end maladministration had indicated the ultimate failure of this policy. Diem promised the U.S. that he would implement all sorts of needed reforms, but failed to do so effectively.

The by now 4,000 American military personnel (as of 8 Feb. under the direction of a new U.S. Military Assistance Command, Vietnam) chafed at their inability to do more than advise the ARVN, which in a series of supposed mopping-up operations demonstrated its incompetence. On 10 Mar. the U.S. admitted that American pilots were flying some combat missions in South Vietnam. On 31 Dec., 1962, U.S. forces numbered 10,000.

During 1963, although U.S. policymakers continued to affirm support for South Vietnam, their disenchantment with the Diem government rose perceptibly as it proved incapable either of dealing with the enemy or of winning over the citizenry. On 2 Jan., 1963, at Ap Bac, a fortified village in the Mekong Delta, in the war's 1st "stand and fight" battle, 200 Vietcong held their ground against 2,000 ARVN with armor and air support. Throughout the year the Vietcong, increasingly reinforced from the north, stepped up the number and intensity of their raids as the ARVN proved unable to deal with them.

BUDDHIST CRISIS. May–Sept. 1963. Diem, a Catholic, had received considerable support from the 900,000 mostly Catholic refugees who had fled south in 1954–55. Friction had arisen between the Diem government and the leaders of the Buddhist majority of the population at first because of apparent favoritism toward Catholics and then, 1962–63, because of religious oppression apparently instigated by Diem's brother Ngo Dinh Nhu (d. 1963), the head of the secret police. The climax came after police in Hué, governed by another Diem brother, fired, 8 May, into a crowd protesting against not being allowed to fly Buddhist flags during a religious festival. Demonstrations spread to Saigon. A Buddhist monk immolated himself in protest, 11 June, the first of 7 persons to do so. Increasing unrest forced Diem to proclaim, 21 Aug., martial law (ended 16 Sept.). In apparent indifference to all that had gone on, the government held elections, 27 Sept., in which all candidates had to be approved in advance.

END OF DIEM GOVERNMENT. 1–2 Nov., 1963. With American foreknowledge and probable connivance a group of South Vietnamese armed forces leaders carried out, 1 Nov., a coup against the Diem government, murdering, 2 Nov., Diem and Nhu, and establishing junta rule.

PLEDGE OF SUPPORT BY JOHNSON. In 1964 the official U.S. position continued to be that the war was strictly a Vietnamese conflict, but in practical terms the U.S. was taking over increasingly both its direction and prosecution, especially as the leaders of the South Vietnamese armed forces jockeyed with each other for control of the government. Coups followed each other so rapidly that no government lasted more than 5 months. On 1 Jan. U.S. President Johnson (b. 1908) reaffirmed the U.S. commitment in South Vietnam and promised the government there: "We shall maintain in Vietnam American personnel and matériel as needed to assist you in achieving victory."

INCREASED NLF ACTIVITY. The NLF again stepped up its activity (according to U.S. sources the total number of "incidents" went from 19,500 in 1963 to 25,500 in 1964). Increasingly terrorist operations were directed against Americans (most notably a raid on U.S. barracks in Kontum, 2 Feb., bombings of Saigon hotel billets, 25 Aug. and 24 Dec., and an attack on the U.S. air base at Bien Hoa, 30 mi. from Saigon, 1 Nov.)

TONKING GULF INCIDENT. 2–7 Aug., 1964. Apparently as an aftermath of a South Vietnamese raid, 30–31 July, on North Vietnamese naval installations, North Vietnamese PT boats attacked, 2 Aug., the U.S. destroyer *Maddox* on patrol in the Gulf of Tonking. President Johnson ordered, 3 Aug., the patrol reinforced; and although exactly what happened remains unclear, the destroyers *Maddox* and *C. Turner Joy* reported, 4 Aug., a North Vietnamese PT-boat attack. In reprisal U.S. planes for the 1st time bombed North Vietnamese bases. Johnson appealed to Congress for support and it approved, 7 Aug. (House: 416–0; Senate: 88–2), a resolution authorizing the President "to take all necessary measures to repel any armed attacks against the forces of the U.S. and to prevent future aggression." By 31 Dec., 1964, U.S. forces in South Vietnam numbered 23,000. The North Vietnamese army was estimated to have 1,000–5,000 troops in South Vietnam.

1965

ACCESSION OF THIEU AND KY. Although not officially, U.S. policy during 1965 shifted from support of democratic government in South Vietnam to defeat of North Vietnam.

Successive coups continued to disrupt the South Vietnamese government, Jan.–June, 1965, and the situation did not stabilize until 19 June, when in another coup Gen. Nguyen Van Thieu (b. 1923) and Air Vice-Marshal Nguyen Cao Ky (b. 1930) became head of state and premier in the 9th regime since the fall of Diem.

ESCALATION. Deeper U.S. involvement began ostensibly in response to a Vietcong attack, 7 Feb., on U.S. personnel at Pleiku which resulted in retaliatory air strikes against North Vietnam, 7, 8 Feb., as did, 10 Feb., a raid on U.S. barracks at Quinhon. On 24 Feb. U.S. bombers for the 1st time attacked Vietcong targets in South Vietnam. President Johnson announced, 28 Feb., a policy of continuous air strikes against North Vietnamese military targets to force the enemy into "a negotiated settlement." On 7–9 Mar. 3,500 U.S. marines landed at Da Nang to guard the U.S. air base there. This raised U.S. forces in South Vietnam to 26,500, which reinforcements by June had raised to 34,000, all technically still advisers. On 9 June U.S. troops were officially committed to field operations, taking part in their 1st major offensive, in Zone D, on 28 June. During July to Dec. increasing numbers of U.S. troops (31 Dec., 175,000) became involved in heavy combat operations throughout South Vietnam. U.S. casualties in 1965: 1,350 dead, 5,300 wounded, 148 missing or captured.

Despite the influx of U.S. troops, NLF operations continued (U.S. sources estimated 26,500 incidents). Estimates of North Vietnamese troops in south at year's end ranged from 11,000 to 40,000.

PEACE OVERTURES. On 24 Feb., 1965, UN Sec. Gen. U Thant (b. 1909) announced that his determined efforts, Sept. 1964–Jan. 1965, to arrange peace talks had failed, and indicated the fault lay with the U.S. On 8 Apr., North Vietnam put forth a 4-point program which in effect called for U.S. withdrawal, neutralization of a peacefully united Vietnam, and settlement of South Vietnam's internal affairs "in accordance with the program of the NLF." The U.S. termed the program unacceptable. A U.S. halt of air raids on North Vietnam, 13–19 May, elicited no response satisfactory to American policymakers. Tortuous negotiations, Nov.–Dec., involving Italian officials came to an abrupt and unsatisfactory end, 15 Dec., when U.S. planes for the 1st time bombed a major North Vietnamese industrial target. Other more informal attempts during the year by various parties, including the Russians, the pope, and French President de Gaulle to arrange peace talks also failed.

In the U.S. many disagreed with the escalation policies of the Johnson administration, and teach-ins, mass protests, and open letters expressed their dissatisfaction. On 15–16 Oct., 1965, there were nationwide antiwar demonstrations in which thousands participated.

1966

CONDUCT OF THE WAR. Despite heavy losses (600 planes between Feb. 1965 and Oct. 1966), the U.S. extended the air war over North Vietnam with multiplane missions (some from bases in Thailand) and a growing list of targets. On 29 June occurred the 1st U.S. bombing of installations near Hanoi, North Vietnam's capital, and Haiphong, its key port; 1st U.S. bombing of the demilitarized zone, 30 July.

On the ground, taking over the bulk of the offensive fighting from the dispirited ARVN, U.S. troops (by 31 Dec. nearly 380,000 strong, with another 30,000 in Thailand) engaged in "search and destroy" missions as well as larger actions in pursuit of a policy of attrition against the enemy. Despite impressive numbers of kills as well as a continued troop build-up, the U.S., even with the support of nearly 30,000 South Koreans, smaller contingents of Australian and New Zealand forces, and the ARVN, could not achieve the 10:1 ratio military experts considered necessary to control guerrilla operations. Vietcong recruits and North Vietnamese infiltrators kept the ratio at about 3:1.

PEACE OVERTURES. All attempts by interested parties (including U Thant, 24 May; de Gaulle, 1 Sept.; and the pope, 4 Oct.) to achieve some kind of settlement foundered on the divergent views of the U.S. and North Vietnam on the status of the NLF. The U.S. said it would not, as North Vietnam demanded, recognize the NLF's separate status.

Political unrest continued in South Vietnam as Buddhists confronted, Mar.–June, the government, which agreed to elections (held 11 Sept.) for a Constituent Assembly, although the electoral laws enacted assured Ky and the military junta of victory.

On 6–8 Feb., President Johnson met with Ky in Honolulu, and on 24–25 Oct. with the leaders of Australia, New Zealand, the Philippines, South Vietnam, Thailand, and South Korea (all countries directly involved in the war). These conferences resulted in declarations and afforded the U.S. President a chance, 26 Oct., to visit South Vietnam, but otherwise had little effect on the war.

In the U.S. antiwar protests continued. On 25–27 Mar. there was an international protest weekend.

1967

CONDUCT OF THE WAR. Events followed what had become a familiar pattern. A holiday truce, 31 Dec., 1966–2 Jan., 1967, as well as a Lunar New Year bombing halt, 8–12 Feb., resulted in no positive steps toward peace. The U.S. and North Vietnam expanded their efforts. On 22 Feb. U.S. artillery for the 1st time fired accross the demilitarized zone into North Vietnam. On 26 Feb. U.S. warships, which had done so, sporadically, in the past, began shelling targets in North Vietnam on a continuing basis without restrictions. U.S. planes began to mine North Vietnamese rivers, 27 Feb. On 11 Aug. U.S. planes began bombing within 10 mi. of the China border and the Chinese began to claim violations of their air space.

The ground war continued to be fought fiercely. U.S. forces, numbering, Feb., more than 400,000, and augmented contingents from South Korea (45,000), Australia (4,500), and New Zealand (360), were engaging an increasingly large enemy force. (The infiltration from North Vietnam was estimated as high as 7,000 a month.) On 19 May U.S. and ARVN forces moved into the southern portion of the demilitarized zone.

ELECTIONS IN SOUTH VIETNAM. In South Vietnam the military continued to dominate the political scene. Despite the presence of 20 eminent Americans, sent by President Johnson to observe the polling, campaign laws and practices made it evident that Thieu and Ky, the junta's candidates for president and vice-president, would win the elections, 3 Sept. They did so, but only with a plurality.

PEACE OVERTURES. International proposals for settlement of the war gave way to appeals for an end to hostilities, especially the bombing of the North, which North Vietnam indicated must be granted unconditionally before any talks could begin. The U.S., within which antiwar sentiment was sharply on the rise, came under renewed criticism internationally for its policies in Vietnam. The *détente* with the Soviet Union became strained as the latter increased its assistance to North Vietnam; on 23 Sept. the USSR formally signed an aid pact with the DRV.

1968

RIVAL POLICIES AND STRENGTHS. At the beginning of 1968 the dominant issues remained unchanged: North Vietnam insisted on an unconditional halt to the bombing as a preliminary to peace talks of any sort; the U.S. insisted on reciprocity. North Vietnam continued to demand NLF representation at any peace talks; the U.S. refused to accept the NLF as more than an expedient creation of North Vietnam. On 1 Jan., 1968, U.S. troop strength was 475,000 men, about 2,000 more than the peak U.S. strength during the Korean War. By Dec. 31 there were approximately 550,000 U.S. servicemen in South Vietnam.

TET OFFENSIVE. 30 Jan.–25 Feb. The NLF, using Vietcong guerrillas and North Vietnamese regulars, launched, 30 Jan., widespread co-ordinated attacks on major urban areas throughout South Vietnam. Coming on what was supposedly the 1st day of a mutually agreed upon Tet, or Lunar New Year, truce, this offensive had considerable success. In Saigon, Vietcong commandos occupied U.S. embassy buildings for 6 hours before being wiped out. In Hué, block-by-block fighting lasted until 24 Feb. Other cities also fell into Communist hands for a short time. Although U.S. military spokesmen said the offensive had failed to make any lasting military headway, they admitted it had a strong propaganda impact, since it came in many areas which had been said to be secure from such attacks.

On 31 Mar. President Johnson announced halting of the bombing north of the 21st parallel and asked for a response from North Vietnam.

PEACE TALKS. On 3 May, after 5 weeks of wrangling about the location, both sides finally agreed on Paris as the site for talks preliminary to peace negotiations. Preliminary talks, 10 May–1 Nov., failed, as North Vietnam continued to insist on an unconditional halt to the bombing and the U.S. continued to demand reciprocity. On 1 Nov. the U.S. ceased aerial, naval, and artillery bombardment of North Vietnam. Wrangling over the shape of the conference table, Nov.–Dec., an apparent detail related to the status of the NLF delayed the beginning of formal peace talks.

CONDUCT OF THE WAR. The war continued unabated while negotiations went on. From Jan. to 5 Apr., NLF forces besieged 6,000 U.S. marines at Khesanh. On 8 Apr., U.S. and allied forces launched "Operation Complete Victory," announced as "the biggest drive of the war so far," in an attempt to clean up Communist forces in the 11 provinces around Saigon. On 5–13 May the Communists' 2nd major offensive of the year throughout South Vietnam hit hard at Saigon, and the city was struck again, 3–15 June. Savage fighting broke out again in July in various provinces and continued into the fall.

On 23 June, 1968, the undeclared war in Vietnam became the longest sustained military action ever fought by the U.S. It had lasted 6 years, 6 months, and 1 day since the death of the 1st U.S. serviceman at the hands of the Vietcong on 22 Dec., 1961. Total U.S. casualties since then, as of 31 Dec., 1968: 29,000 dead, 185,000 injured, 950 missing, 350 captured. Deaths since 1 Jan., 1961, of other forces: ARVN, 73,000; allied forces, 2,500; enemy (U.S. and South Vietnam estimates), 414,000.

THE NUCLEAR ARMS RACE

1945–68

U.N. ATOMIC ENERGY COMMISSION. Atomic bombs dropped on Hiroshima, 6 Aug., and Nagasaki, 9 Aug., 1945, ushered in an international debate on the control of atomic armaments. On 24 Jan., 1946, the UN Atomic Energy Commission was established. It consisted of 1 representative from each Security Council nation and a Canadian representative.

EARLY ARMS CONTROL PROPOSALS. A Soviet motion at UN General Assembly, 1946, proposed a general reduction of armaments by all the major powers. A counterresolution submitted by Britain sought to extract details of all armed forces and verification of figures. The USSR insisted on the inclusion of armament details as well. A compromise resolution, 14 Dec., asked the Security Council to decide what information should be provided by each state. During 1947–48, however, discussions on the control of arms foundered. The USSR insisted in the UN General Assembly, 18 Sept., 1948, that primary importance must be attached to the banning of atomic weapons—on which the West then had a monopoly. No agreement could be reached on inspection procedures.

RESUMPTION OF THE ARMS RACE. 1949–50 were years of national rearmament, with wars taking place in Malaya, Indochina, and Korea. The production of more effective atomic bombs was announced, 1 Aug., 1949, by the U.S. Atomic Energy Commission. On 20 Sept., 1949, the 4th UN General Assembly met against a background of reports of an atomic explosion in Siberia and of a new U.S. weapon, the hydrogen bomb. On 28 Jan., 1950, the Russians claimed parity with the U.S. in the atomic field. The decision to rearm West Germany inside NATO, 19 Dec., 1950, and the Korean War prevented serious disarmament negotiations.

REJECTION OF DISARMAMENT PROPOSALS. In Oct. 1951 the USSR exploded another atomic bomb. An Atomic Energy and Conventional Armaments Commission of the 4 Big Powers was established, Dec. 1951, to draft a treaty providing for regulation and reduction of all armed forces as well as abolition of weapons of mass destruction. The USSR announced a successful hydrogen bomb test, 20 Aug., 1953. A Russian resolution on disarmament was defeated in the General Assembly, 27 Nov. On 8 Dec., President Eisenhower proposed an international pool of atomic materials, but this was rejected by the Soviet Union, 22 Dec.

INCREASE IN WEAPONS TESTING. U.S. Secretary of State John Foster Dulles spoke of the need for "massive retaliatory power," 12 Jan., 1954. American nuclear tests carried out in Mar. injured Japanese fishermen. Prime Minister Nehru of India called for a halt to all testing, 22 Apr.

A conference of heads of state and foreign ministers in Geneva, 18–23 July, 1955, saw the beginning of a letup in the arms race. No definite agreement was reached, however, and the USSR resumed testing of nuclear weapons, 24 Aug., 1956. Another call for the halting of tests was put forward, 2 July, 1957, by Canada, France, Britain, and the U.S.

All of these moves and countermoves were overshadowed by the growing tension in Europe. The Berlin crisis heralded resumption of heavy testing by the Soviet Union—a series of 30 tests from Aug. to Oct. 1961. U.S. testing resumed on 15 Sept.

BAN ON ATMOSPHERIC TESTS. On 5 Apr., 1963, the Soviet Union accepted a U.S. proposal for direct communication between the 2 heads of state—the "hot line." President Kennedy announced, 10 June, a moratorium on nuclear testing in the atmosphere. Three-power talks in Moscow (USSR, U.S., and Britain) began, 15 July, and produced the 1st Test Ban Treaty by which no tests might be conducted in the atmosphere, in outer space, or under water. The treaty was signed in Moscow, 5 Aug., and ratified by the U.S. Senate, 24 Sept. Neither China nor France subscribed to the treaty, although 99 other countries did so. On 20 Apr., 1964, President Johnson announced plans to cut back the production of materials for manufacturing nuclear weapons.

FRANCE AND CHINA AS ATOMIC POWERS. France became the world's 4th nuclear power when she exploded an atomic bomb on 14 Feb., 1960. In the following years France developed an independent nuclear striking force, and on 24 Aug., 1968, tested her 1st hydrogen bomb. In Oct. 1964 China tested her 1st nuclear device. U.S. Defense Secretary Robert McNamara warned, 7 Mar., 1966, that China would have warhead delivery capability in 2–3 years. China tested her 3rd nuclear weapon, 9 May, 1966, in Sinkiang. On 11 May the State Department revealed that the U.S. had rejected a Chinese suggestion that both countries pledge not to use nuclear weapons against each other. On 27 Oct., 1966, China announced the successful launching of a nuclear missile, and on 17 June, 1967, tested its 1st hydrogen bomb.

NUCLEAR MISSILE TREATIES. A U.S.-USSR agreement was signed, 27 Jan., 1967, which banned the placing of mass-destruction weapons in outer space. Although a nuclear nonproliferation treaty was signed, 1 July, 1968, by the United States, Soviet Union, Britain, and 59 other nations, West Germany, France, and China were not among the signatories.

Economic Development and Triumphant Nationalism

NORTH AMERICA

United States

1945–50

RELIEF AND RECONSTRUCTION. On 21 Aug., 1945, lend-lease terminated, having disbursed $50.6 billion in aid. President Truman announced, 27 Dec., 1946, that 7 nations had made settlements. Immediately after the war the U.S. gave over $116 billion in UNRRA, etc., loans, mostly to Eastern Europe. By a presidential directive of 22 Dec., 1945, 42,000 refugees gained admittance to the U.S.; 205,000 visas were granted for displaced persons. Secretary of State George C. Marshall proposed, 5 June, 1947, that the U.S. rebuild the world economy to enable free institutions to flourish. The resulting Marshall Plan Conference, 12 July, of 16 nations established the Committee for European Economic Cooperation, which relied heavily on U.S. support. A Foreign Aid Act, 17 Dec., 1947, granted relief to Austria, China, Italy, and France. Truman submitted to Congress, 19 Dec., a $17 billion European Relief Program (ERP). The "Point 4" program, also outlined by Truman, provided economic assistance to underdeveloped nations.

ANTI-INFLATION MEASURES. Price and wage controls, except those on rent, sugar, and rice, were ended by 9 Nov., 1946. Truman called, 26 July, 1948, a special session of Congress which enacted, 16 Aug., an Anti-Inflation Act. The Defense Production Act, 8 Sept., 1950, authorized Truman to fix prices and wages.

DEFENSE. On 1 Aug., 1946, the McMahon Act established the Atomic Energy Commission. The National Security Act, 26 July, 1947, combined the army, navy, and air corps into a National Military Establishment (later Department of Defense, 1949) under a cabinet-rank secretary of defense. Military appropriations remained high in the postwar period. The Defense Reorganization Act of 6 Aug., 1958, subordinated the uniformed services to a central civilian authority.

INTERNAL SECURITY. Truman's Loyalty Order, 22 Mar., 1947, provoked an investigation of subversive activities in the Executive Branch. On 3 Aug., 1948, ex-Communist Whittaker Chambers stated that Alger Hiss had been a Communist and had given him State Department papers. Hiss received 5 years for perjury, 17 Nov., 1949. Julius and Ethel Rosenberg were convicted, 29 Mar., 1951, of atomic espionage and were executed at Sing Sing Prison, 19 June, 1953. The Internal Security (McCarran) Act, 23 Sept., 1950, passed over Truman's veto, ordered the registration of Communist organizations, the internment of Communists in national emergencies, and prohibited the immigration of anyone who had belonged to a totalitarian organization. Puerto Rican nationalists Oscar Collazo and Griselio Torresola failed in an attempt to assassinate Truman, 1 Nov., 1950.

Subsequently, a Communist Control Act, 24 Aug., 1954, deprived the Communist Party of its rights, privileges, and immunities.

TAFT-HARTLEY ACT. 23 June, 1947. Passed over Truman's veto, this act outlawed the closed shop, instituted a mandatory 60-day "cooling-off" period before strikes, and permitted employers to sue for strike damages.

PRESIDENTIAL ELECTION. 2 Nov., 1948. Republicans nominated Govs. Thomas E. Dewey (b. 1902), N.Y., and

Earl Warren (b. 1891), Calif. Democrats selected Truman and Sen. Alben W. Barkley (1877–1956), Ky. Rebellious southern Democrats nominated Gov. J. Strom Thurmond (b. 1902), S.C., for the States' Rights ("Dixiecrat") Party. Truman (303) surprisingly defeated Dewey (189) and Thurmond (39). The Democrats regained both houses.

1951–64

22ND AMENDMENT. 26 Feb., 1951. The 22nd Amendment to the Constitution limited presidents to 2 terms in office.

PRESIDENTIAL ELECTION. 2 Nov., 1952. Gen. Dwight D. Eisenhower defeated Sen. Robert A. Taft (1889–1953), Ohio, for the Republican presidential nomination. Sen. Richard M. Nixon (b. 1913), Calif., became the vice-presidential candidate. Republicans opposed Truman's China and Korea policies, supported the Taft-Hartley Law, and took an ambiguous stance on Negro rights.

Truman declined to run for re-election, 30 Mar., and the Democrats nominated Gov. Adlai E. Stevenson (1900–1965), Ill., and Sen. John J. Sparkman (b. 1899), Ala. The Democrats attacked Taft-Hartley, supported the New and Fair Deals, and advocated federal civil-rights legislation. Eisenhower (442) soundly defeated Stevenson (89) by more than 6 m. votes. The Republicans won both houses.

"CAPTIVE PEOPLES" RESOLUTION. Congress shelved, 7 Mar., 1953, an administration resolution attacking Soviet subjugation of free peoples. Eisenhower urged, 16 Apr., Eastern European independence, but, despite East German rioting, 18–24 June, announced, 1 July, that the U.S. planned no physical intervention in Eastern Europe.

ESTABLISHMENT OF HEW. On 1 April, 1953, a new federal government department, Health, Education, and Welfare, was established.

FARM PROGRAMS. On 11 Jan., 1954, Eisenhower proposed a system of flexible price supports based on an updated parity. Legislation to this effect became law, 28 Aug. The Soil-Bank Bill, 28 May, 1956, compensated producers who kept their 1956–59 crops below their allotments. The Agriculture Act of 28 Aug., 1958, gave farmers a choice between modified price supports and increased crop quotas.

McCARTHY HEARINGS. Republican Sen. Joseph R. McCarthy's (1908–57), Wis., Permanent Investigating Subcommittee's hearings on Communist activities in government stirred much controversy. McCarthy attacked the Democrats, 4 Feb., 1954, for "20 years of treason." He charged that Army Secretary Robert T. Stevens and Brig. Gen. Ralph W. Zwicker had suppressed evidence of espionage at Fort Monmouth's (N.J.) Signal Corps Engineering Laboratories. Eisenhower's denunciation, 14 June, 1953, of "book burners" spurned McCarthy's tactics. The Senate "condemned," 2 Dec., McCarthy after Sen. Arthur V. Watkins', Utah, committee unanimously recommended that he be censured for contempt of the Senate Privileges and Elections Subcommittee.

OPPENHEIMER CASE. The Atomic Energy Commission suspended, Dec. 1953, Dr. J. Robert Oppenheimer (b. 1904) as a security risk. To Gordon Grey's special AEC Committee Oppenheimer admitted having aided Communist causes, but denied being a Communist. Nuclear physicist Edward Teller (b. 1908) testified that Oppenheimer had actively opposed the H-bomb project. The committee cleared him as "loyal" but found him lacking in "enthusiasm" for the H-bomb project. As a result, he was not reinstated, 12 Apr., 1954.

HOUSING LEGISLATION. The Housing Act of 2 Aug., 1954, authorized construction of 35,000 houses for people uprooted by slum clearance. It also raised maximum permissible mortgages and lowered down payments. 1955, 1957, and 1958 Acts liberalized the law, and Eisenhower assigned $650 m. for urban renewal, 24 Sept., 1959.

DIXON-YATES CONTRACT. Joint congressional hearings revealed that Budget Bureau consultant Adolph H. Wenzell, a vice-president of Dixon-Yates' financial agency, had taken part in negotiations which authorized, 5 Oct., 1954, the Dixon-Yates group to build a power generating plant to supply Memphis, Tenn. Eisenhower canceled the contract, 11 July, 1955.

CIVIL RIGHTS. A bus boycott by black citizens of Montgomery, Ala., led by Rev. Dr. Martin Luther King (1929–68) began, 1 Dec., 1955. In accord with a Supreme Court order, 13 Nov., 1956, desegregated bus service began in Montgomery, 21 Dec.

The Civil Rights Act of 9 Sept., 1957, created a 6-man bipartisan Civil Rights Commission to investigate unconstitutional denials of voting rights and authorized federal district courts to issue injunctions against interference with voting.

When a federal district court nullified a state court's injunction against the integrating of a high school at Little Rock, Ark., Arkansas Gov. Orval Faubus called out the National Guard, 24 Sept., 1957, and prevented the registration of 9 black students. Rioting erupted, 23 Sept., when Faubus withdrew the troops after a federal court order not to obstruct blacks. Eisenhower sent in 1,000 airborne troops. The black students entered the school, 25 Sept. Integration, however, progressed slowly in the South.

President Kennedy used federal troops to enable a black student, James Meredith, to register at the University of Mississippi, 30 Sept.–1 Oct., 1962; ordered an end to discrimination in federally financed housing, 20 Nov., 1962; and called, 19 June, 1963, for an Omnibus Civil Rights Law.

A Civil Rights Law of 2 July, 1964, protected the right to vote and outlawed discrimination in employment and places of "public accommodation."

HIGHWAY PROGRAM. The Federal-Aid Highway Act, 29 June, 1956, provided $32.5 billion for the construction of 42,000 miles of interstate highways and to complete the federal-aid highway system.

PRESIDENTIAL ELECTION. 6 Nov., 1956. Democrats nominated Adlai E. Stevenson for president. Sen. Estes Kefauver (1903–63), Tenn., narrowly defeated Sen. John F. Kennedy, Mass., for the vice-presidential position. Republicans renominated Eisenhower and Nixon. The party platforms were quite similar, though Stevenson proposed an international ban on H-bomb testing which Eisenhower opposed. Eisenhower won (457–74) by over 9,500,000 votes, but the Democrats took both houses.

U.S. INTERVENTION IN LEBANON. The "Eisenhower Doctrine," promulgated 5 Jan., 1957, warned that the U.S. would permit no Communist conquests in the Middle East. Modifying a resolution by Rep. Thomas A. Gordon, Ill., the Senate authorized aiding Middle East nations to develop economic and military power. When rebellion erupted in Lebanon, 9 May, 1958, U.S. marines landed, 15 July, at President Camille Chamoun's request for aid under the provisions of the Eisenhower Doctrine.

CIVIL LIBERTIES. A restriction of the use of F.B.I. files, 30 Aug., 1957, permitted the introduction in court only of material relating to a witness' testimony.

EURATOM. The European Atomic Energy Community Act, 2 July, 1958, authorized the exchange by the U.S. with its allies of atomic information and materials.

NATIONAL DEFENSE EDUCATION ACT. 2 Sept., 1958. This act authorized $295 m. in 3% loans to college students and 5,500 graduate fellowships for future college teachers.

LABOR MANAGEMENT REPORTING AND DISCLOSURE ACT. 14 Sept., 1959. This act sought to ensure fair union elections and end corruption, and forbade all unions to use the secondary boycott.

MEDICARE. A Medical Care Bill, 13 Sept., 1960, established a federal-state program to provide medical care for the needy aged.

1960 PRESIDENTIAL ELECTION. 8 Nov., 1960. Democrats nominated Sens. John F. Kennedy and Lyndon B. Johnson (b. 1908), Tex., and advocated medical care for the aged under Social Security. The Republicans selected Richard M. Nixon and Henry Cabot Lodge (b. 1902), Mass. Kennedy defeated Nixon, but by only 112,881 out of 68,800,000 votes cast. The official vote count, 6 Jan., 1961, gave Kennedy 303 and Nixon 219 electoral votes. Kennedy's Inaugural Address, 20 Jan., 1961, pledged action against tyranny, poverty, disease, and war.

THE "NEW FRONTIER." Kennedy's "New Frontier" brought intellectual enthusiasm and appointees like Defense Secretary Robert S. McNamara and Labor Secretary Arthur J. Goldberg to Washington. However, Congress rejected much of his program, including medical aid for the aged.

ASSASSINATION OF JOHN KENNEDY. 22 Nov., 1963. Lee Harvey Oswald allegedly shot Kennedy as he rode in a motorcade in Dallas, Tex., and was himself killed by civilian Jack Ruby while in custody. Vice-President Johnson succeeded Kennedy.

ECONOMIC OPPORTUNITY ACT. 30 Aug., 1964. This act established a youth Job Corps to implement Johnson's "war on poverty."

PRESIDENTIAL ELECTION. 3 Nov., 1964. Conservative-dominated Republicans nominated Sen. Barry M. Goldwater (b. 1909), Ariz., and Rep. William E. Miller, N.Y. Democrats nominated Johnson and Sen. Hubert H. Humphrey (b. 1911), Minn. Johnson crushed Goldwater by approximately 16 million votes. In his State of the Union Message, 4 Jan., 1965, Johnson called for redoubled efforts against poverty, disease, discrimination, and ignorance, in order to achieve a "Great Society."

1965–68

VIETNAM. The U.S. assumed the major responsibility for defending South Vietnam's government against the Vietcong. In Feb. 1965 President Johnson authorized bombing attacks on North Vietnam. By 1968 more than 500,000 American soldiers were in Vietnam. The war became increasingly unpopular as U.S. combat deaths rose, and many condemned it as an unnecessary, imprudent, and even immoral involvement in non-American affairs. Opponents of the war frequently demonstrated in the nation's cities (*pp. 591–596 above.*)

U.S.–COMMUNIST RELATIONS. The Vietnam war slowed the trend toward better relations with the Communist world, but both sides acted with restraint. In the 6-day war, June 1967, the U.S. supported Israel while the USSR encouraged the Arab states, but the leaders of the superpowers maintained direct communications to avoid a confrontation. President Johnson and Premier Aleksei Kosygin held a summit meeting at Glassboro, N.J., 23–25 June, 1967, which helped to reduce tensions. North Korea's seizure of the U.S. Navy intelligence ship *Pueblo* and its 83-man crew exacerbated deteriorating relations between the countries; the crew was released, 22 Dec., 1968, after 10 months of negotiations and a U.S. apology, later retracted, for spying. Russia's invasion of Czechoslovakia, Aug. 1968, led the U.S. Senate to delay consideration of the pending Nuclear Nonproliferation Treaty.

GREAT SOCIETY. Large Democratic majorities in both houses of the 90th Congress gave President Johnson legislation which he deemed necessary to create the "Great Society" promised in his State of the Union Message, 4 Jan., 1965. "Medicare," financed through Social Security, provided hospital insurance for those Americans over age 65. The Voting Rights Act authorized the attorney general to send federal registrars to enroll Negroes in states which violated the 15th Amendment. A new immigration act replaced the national-origins quota system with a less ethnically discriminating scale of priorities. Republican gains in the 1966 elections and the increasing costs of the Vietnam war reduced the output of domestic legislation in the latter half of the Johnson years.

BLACK AMERICA. Younger black leaders, like Stokely Carmichael, H. Rap Brown, and Eldridge Cleaver, called for "Black Power," a slogan expressive of black pride and militancy. Riots in the ghettos emphasized Negro dissatisfactions. Los Angeles, Aug. 1965, Cleveland, July 1966, and Detroit and Newark, July 1967, suffered scores of deaths and millions of dollars in property damage due to racial disturbances. President Johnson's Special Advisory Commission on Civil Disorders reported, Feb. 1968, that white racism underlay problems which threatened to tear the nation asunder. Black Americans made some gains as the Republican, Edward Brooke, was elected Senator for Mass., and as black Democrats Carl Stokes and Richard Hatcher won election, Nov. 1967, as mayors of Cleveland, Ohio, and Gary, Ind., respectively.

POLITICAL ASSASSINATIONS. Murderers continued to fell American public leaders. Black Muslims allegedly shot, 21 Feb., 1965, Malcolm X, leader of the rival Black Nationalists, as he spoke in Harlem. On 4 Apr., 1968, Rev. Martin Luther King, Jr., a moderate Negro leader, was shot to death in Memphis, Tenn., where he was encouraging support for the city's striking sanitation men, mostly blacks. James Earl Ray, a white American, was later extradited from London and convicted of the crime. On 5 June, 1968, Sen. Robert F. Kennedy (N.Y.) was fatally wounded in the Ambassador Hotel in Los Angeles as he left celebrations of his Democratic presidential primary victories in California and South Dakota. Bystanders captured his alleged assailant, Sirhan B. Sirhan, a Jordanian immigrant.

DEMOCRATIC PRESIDENTIAL NOMINATION. Sen. Eugene McCarthy (Minn.), an opponent of the war in Vietnam, stunned President Lyndon B. Johnson by gathering 42% of the vote, 12 Mar., 1968, in New Hampshire's Democratic primary. Sen. Robert F. Kennedy, another critic of the administration, soon entered the contest, 16 Mar. When the President surprisingly withdrew, 31 Mar., from the race, his Vice-President, Hubert Humphrey, announced his candidacy, 27 Apr. Sen. George McGovern (S.D.), another "dove," joined the fray after Kennedy's assassination, 5 June. Meeting at Chicago, 26–29 Aug., the Democrats nominated Humphrey and Sen. Edmund T. Muskie (Me.). The convention endorsed President Johnson's Vietnam policy while police clashed with antiwar demonstrators in the streets of Chicago.

PRESIDENTIAL ELECTION. At Miami Beach, Fla., Republicans nominated, 8 Aug., former Vice-President Richard M. Nixon with Maryland Gov. Spiro T. Agnew as his running mate. Although more conservative, the Republican platform was similar to the Democratic on the issues of war, the urban crisis, and law and order. Nixon won the election, 5 Nov., with only 43.4% of the popular vote, as an ultraconservative 3rd party, running former Alabama Gov. George C. Wallace and retired Air Force Chief of Staff Gen. Curtis LeMay, gathered 13.5%. Nixon received 302 electoral votes, Humphrey 191, and Wallace 45. The Democrats retained control of both houses of Congress.

SPACE EXPLORATION. In June 1965 Maj. Edward White left the Gemini 4 capsule commanded by Maj. James McDivitt for 20 minutes, thus becoming the 1st American to "walk" in space. Lt. Col. Gordon Cooper and Lt. Comm. Charles Conrad established several space endurance records during an 8-day flight in Aug. 1965. On 1 June, 1966, the U.S. "soft-landed" Surveyor 1, a research craft, on the surface of the moon. Tragedy struck, 27 Jan., 1967, when a fire in the Apollo I capsule killed astronauts Virgil Grissom, Edward White, and Roger Chaffee during a launch practice. The U.S. achieved a great space triumph in Dec. 1968, when Col. Frank Borman, Capt. James Lovell, and Maj. William Anders took Apollo 8 into orbit around the moon, at a distance of less than 70 miles from its surface. They ended their 6-day journey on 27 Dec., landing safely in the Pacific Ocean (moon landing, p. 652).

Canada

1945–47

1945 ELECTIONS. On 2 Feb., 1945, Prime Minister W. L. Mackenzie King's government received a setback with the defeat of Defense Minister A. G. L. McNaughton (1887–1966) in a parliamentary by-election. On 23 Feb. the government canceled 9 parliamentary by-elections due on 23 Apr. in favor of general elections in the summer. Elections in June gave the Liberal Party 119 seats. Parliament opened on 6 Sept.

ROSE CASE. In Feb. 1946, Fred Rose, Polish-born Communist M.P., was arrested and charged with violating the official-secrets acts by turning over secret information to the Russians. He was convicted on 15 June.

RELAXATION OF WARTIME CONTROLS. On 31 Jan., 1946, the government lifted price ceilings on over 300 consumer goods and relaxed controls over wages of office workers and factory workers. On 10 July the government took over the Dominion Steel and Coal Corp., the Steel Company of Canada, and Algoma Steel Corp., to meet strike threats. On 29 Nov. wartime controls on wages and salaries were removed, but price controls were retained. During the period 10 Apr.–15 May, 1947, there was a 400,000-man drop in unemployment. On 25 May a strike of 13,000 coal workers in Nova Scotia ended with a pay raise. On 30 Sept., all army, naval, and air forces changed from a wartime to a peacetime footing and the army changed its name from Canada Active Service Force to Canada Army Active Force. During 1947, price controls were removed from many items—household articles, fresh vegetables, fruit and fish, dairy products, restaurant meals, textile and leather products, bakery items, tea, and coffee. By Sept. most curbs were off. Canada also passed regulations relating to the immigration of displaced persons during 1947.

1948–55

ST. LAURENT REGIME. In Sept. 1948 Lester Pearson (b. 1897) became state secretary for external affairs, and Louis Stephen St. Laurent (b. 1882) served as acting premier and justice minister while King was abroad. On 15 Nov., King resigned and St. Laurent became prime minister. On 3 Aug., 1949, it was announced that "Dominion" had been dropped from the name of Canada on government letterheads and official documents. On 17 Oct. all wartime controls on foods ended.

On 27 June, 1949, St. Laurent's Liberal Party won 193 of the 262 seats in Commons, the Progressive Conservatives winning only 45. In Oct. parliamentary by-elections gave the Liberals 4 seats, the Independents 3, and the Progressive Conservatives 1. The fiscal year ending 31 Mar., 1950, showed a $111-million budget surplus and a dollar exchange reserve of more than $1.24 billion. A deadline of Apr. 1951 was set for the ending of rent control.

On 15 Sept., 1950, Parliament adjourned after a 16-day special session in which it (1) doubled the defense budget to $850 million, (2) called all of the country's regular armed forces to active duty, (3) gave the government power to control essential materials and services, and (4) approved government restraints on consumer installment buying as an anti-inflationary measure.

In Jan. 1951 Canada's population exceeded 14 million for the first time, and Canadian exports achieved a peacetime record of $3,118.4 million. On 26 Apr. the Liberal Party won elections in Prince Edward Island. On 25 June Conservative candidates unseated 4 Liberals in parliamentary by-elections by assailing the government for the high cost of living. The Commons now had 185 Liberals, 46 Progressive Conservatives, 13 Co-operative Commonwealth Federalists, 10 Social Credit Party members, 4 Independent Liberals, and 4 independents.

The national elections of 10 Aug., 1953, were won by the Liberals, their 5th consecutive victory. The House of Commons now consisted of 171 Liberals, 50 Conservatives, 23 Co-operative Commonwealth Federalists, and 15 members of the Social Credit Party.

VALUE OF THE CANADIAN DOLLAR. On 19 Sept., 1949, the Canadian dollar was devalued from U.S. $1.00 to U.S. $.90. On 30 Sept., 1950, it was freed to find its own level on the world market. By 5 Oct. it had risen on the New York exchange to U.S. $.94½. The Canadian dollar was freed because of the country's strong gold reserve of $1,798 million, up $534 million during the preceding 3 months.

APPOINTMENT OF MASSEY AS GOV. GEN. On 24 Jan., 1952, Vincent Massey (1887–1967), Canadian high commissioner in London, 1935–46, and chancellor of the University of Toronto since 1947, was appointed to succeed Field Marshal Viscount Alexander as gov. gen. Massey was the 1st Canadian appointed to the post.

1956–62

CONSERVATIVE VICTORY OF 1957. On 30 Oct., 1956, the Progressive Conservatives won the provincial elections in Nova Scotia for the 1st time in 23 years. On 14 Dec., John Diefenbaker (b. 1895) was elected leader of the Progressive Conservative Party at a convention in Ottawa. National elections held on 10 June, 1957, resulted in the loss of the Liberals' 170-seat majority in the Canadian Federal House of Commons. The Liberals won 104 seats and the Conservatives 109. Diefenbaker formed a new government on 17 June.

AWARD OF NOBEL PRIZE TO PEARSON. On 14 Oct., 1957, ex-External Affairs Secretary Lester B. Pearson won the 1957 Nobel Peace Prize. Although no reason was given by the committee, it was understood that he was honored principally for his efforts in 1950–53 to halt the Korean War, for his leadership in creating the UN Expeditionary Force to enforce the truce in the Middle East, and for efforts to strengthen the military and nonmilitary functions of NATO.

DIEFENBAKER REGIME. On 16 Jan., 1958, Pearson succeeded St. Laurent as Liberal Party leader. Elections held on 30 Mar. resulted in an overwhelming victory for Diefenbaker's Conservatives over Pearson's Liberals. On 8 Apr. the Gordon Commission, set up by Parliament to survey Canada's economic future, reported that Canada's trade would be primarily geared toward the U.S. within the next 25 years, to the detriment of her sales to Britain and Europe. On 18 Jan., 1960, Prime Minister Diefenbaker, in his 1st major message to Parliament, called for alterations in the British North America Act designed to broaden Canada's right to amend its constitution without the sanction of the British Parliament. On 4 Aug. a Canadian Bill of Rights was approved unanimously by the House of Commons.

NEW DEMOCRATIC PARTY. At a convention in Ottawa, 31 July–4 Aug., 1961, the New Democratic Party was formed by an amalgamation of the 1-million-member Canadian Labor Congress, members of the old Socialist Farmers' Co-operative Commonwealth Federation, and various intellectuals dissatisfied with both the Conservative and Liberal parties.

IMMIGRATION LAW. 19 Jan., 1962. New immigration regulations were issued, abolishing discrimination based on race, color, or religion. Immigrants now were to be judged solely on education, training, and skills.

MACKENZIE TERRITORY. The Northwest Territories Council (Little Parliament of the North) approved, 1962, a proposal to create by 1964 within its own 1.3-million-sq.-mi. territory a new 580,000-sq. mi. self-governing area to be called Mackenzie Territory. This territory would have its own governing council and a resident commissioner.

FALL IN FOREIGN RESERVES. In June 1962 the government devalued the dollar to a par value of U.S. \$0.92½. The step was taken to discourage the continual drain on foreign-exchange reserves. On 24 June Diefenbaker announced plans to borrow \$1 billion abroad to bolster the Canadian dollar and an austerity plan designed to reduce the budget deficit and the deficit in Canada's balance of payments.

1963–68

FALL OF THE DIEFENBAKER GOVERNMENT. On 5 Feb., 1963, Diefenbaker's Conservative government was overthrown by a vote of no confidence. The defeat resulted from a bitter domestic and U.S.-Canadian dispute begun by a statement, 30 Jan., by the U.S. State Department which was critical of Ottawa's reluctance to accept American nuclear weapons for joint U.S.-Canadian defense of North America and for Canadian units in NATO forces. Diefenbaker was overthrown by a Social Credit Party motion, approved by a 142–111 vote, which stated that his government had failed to give a clear statement of Canada's national defense policy. A Liberal motion of no confidence was then passed by the same 142–111 vote. In elections held 8 Apr. the Liberals fell 5 votes short of the majority required before they could automatically replace the Conservative government. The Liberals won 128 seats to the Conservatives' 96. Diefenbaker resigned, 17 Apr., and Pearson was sworn in, 22 Apr., as prime minister.

NEW CANADIAN FLAG. On 15 Feb., 1965, the new maple-leaf flag was raised for the 1st time. It was meant to symbolize the desired unity between French- and Anglo-Canadians.

POLITICS IN QUEBEC. 1966. On 16 June Daniel Johnson (1915–68) of the conservative Nationale Union replaced Jean Lesage (b. 1912) as premier of Quebec. In the 108-seat Quebec Legislative Assembly, there were now 55 Nationale Union members and 51 Liberals. In a news conference, Sept., Johnson discussed his "2-nation" theory and asked for more internal control for Quebec.

EXPO 67. A highly successful international exposition was held in Montreal, 1967.

ACCESSION OF TRUDEAU. On 6 Apr., 1968, Justice Minister Pierre Elliott Trudeau (b. 1921) was elected leader of the Liberal Party and sworn in as prime minister, 20 Apr. He dissolved Parliament, 23 Apr. In the general elections held on 25 June, the Liberals won a decisive victory.

LATIN AMERICA

Argentina

1945–55

THE AGE OF PERÓN. After demonstrating his overwhelming support among the ragged masses (*descamisados*), Juan Domingo Perón was elected, 24 Feb., 1946, president of Argentina. Perón inaugurated one of the most remarkable regimes in the history of Latin America. Under the cloudy ideology of *justicialismo,* Peronism proved a semifascist variant of extreme nationalism, built upon the twin pillars of labor (with mass involvement) and the army. Its nationalism took diplomatic ("3rd position") and economic forms (nationalization of telephones, 1946; railroads, 1948). Its statist economic policies, bent on industrialization at all cost, disastrously neglected agriculture, the source of nearly all foreign exchange. Wheat production declined from 8.2 metric tons in 1941 to 2.3 in 1950; agricultural and pastoral production declined 50%, 1946–52. Perón tolerated no organized opposition of any kind.

Until her death (26 July, 1952) Perón's wife, María Eva Duarte de Perón, was nearly his coruler, with labor unions, newspapers, and state welfare under her personal control. His (unsuccessful) attempt to impose her as his vice-president, 1951, alienated part of his crucial military support. The effects of his calamitous economic policies, his turning to foreign capital in an attempt to solve them (Standard Oil of Calif., 1953), and his growing anticlericalism (after an earlier harmonious relationship with the church) solidified opposition against him. He was deposed by a military coup, 19 Sept., 1955.

1955–68

THE LEGACY OF PERÓN. Neither Perón's military nor civilian successors were able to deal with his working-class supporters, who remained loyal, a source of continuing indigestion in the body politic. After the military regime of Gen. Pedro E. Aramburu, 1955–58, attempted to disperse the *peronistas* by suppression, civilian Radical Arturo Frondizi, 1958–62, tried to reintegrate them into traditional politics (while seeking to stabilize and reinvigorate the economy). After elections, 18 Mar., 1962, which demonstrated *peronista*-bloc strength, the military judged the attempt a failure and ousted Frondizi, 29 Mar. The army remained the arbiters through the uneasy administration of Arturo Illía, 1963–66, finally unseating him, 29 June, 1966, and installing Gen. Juan Carlos Onganía, 30 June, at the head of a new repressive dictatorship.

Chile

1942–64

THE POLITICS OF INFLATION. A runaway inflation, beginning during World War II and accelerating during the 1950's, reflected fundamental structural problems within Chile's democracy. Neither the governments of traditional politicians—Radicals Juan Antonio Ríos, 1942–46; Gabriel González Videla, 1946–52; and Liberal Jorge Alessandri Rodríguez, 1958–64—nor of a former dictator, now elected president—Carlos Ibáñez, 1952–58—could simultaneously achieve development and stability. The economy was not strong enough to support the demands that the government was too weak to refuse. Inflation masked the neglect of basic social and economic problems.

1964–68

EDUARDO FREI AND CHRISTIAN DEMOCRACY. As the long economic crisis wore on, Chile's electorate grew increasingly disenchanted with its traditional politicians of the center and right. In the 1958 elections, they had narrowly selected Alessandri over Salvador Allende, candidate of the Marxist FRAP coalition. In 1964, they turned massively to the progressive Christian Democrats and Eduardo Frei Montalva, who, in an essentially 2-man race with Allende, was the 1st president in the century to win more than 50% of the vote. The effect of this, and subsequent congressional elections, 1965, was to break the mold of traditional politics. Despite stiff opposition from the combined right and left, the Christian Democrats, a nonclerical reformist Catholic party, began a frontal assault on fundamental problems. The purpose of "Chileanization" of copper, Dec. 1964, principal source of foreign exchange, was to assure adequate funds for development. The government assumed greater control, but did not nationalize the U.S.-run mines, in exchange for promises of $500-m. new investment and doubled production by 1970. Important land reform, education, and community development legislation was enacted.

Uruguay and Paraguay

1945–68

STABILITY AND STAGNATION IN URUGUAY. In 1952 Uruguay replaced its presidential form of government with a 9-man executive National Council, which was operative until 1966, when the more conventional executive was restored. In the 1958 election the Nationalist Party (Blancos) ousted the Colorados from control of the national government for the 1st time in 93 years. The Colorados returned to power in 1966. Neither party under either constitutional arrangement seemed able to halt spiraling inflation (the price index rose from 100 in 1958 to 393 in 1963), the drain of the state's welfare burden, economic stagnation (especially wool and meat production), and the concomitant social unrest and frequent strikes.

PRAETORIAN STATE IN PARAGUAY. Ruled since 11 July, 1954, by Gen. Alfredo Stroessner, Paraguay continued as an isolated, backward, peaceful dictatorship.

Bolivia

1945–64

THE MNR AND SOCIAL REVOLUTION. On 9–11 Apr., 1952, a widespread popular uprising led to the recall from Argentina of Víctor Paz Estenssoro, exiled leader of the Bolivian National Revolutionary Movement (MNR). In the following decade the MNR presided over and partially directed the beginnings of a painful transformation of this poorest of South American countries. In his 1st term

Paz Estenssoro made suffrage universal; disbanded the army and armed a civilian militia; nationalized the tin mines, source of foreign exchange (COMIBOL, Oct. 1952) ; and, partially compelled by Indian uprisings, instituted an important land reform, 2 Aug., 1953. The social goals—rapid economic development and the integration of the Indian into national life—were laudable and supported financially by the U.S. The economic effects of revolutionary policies, however—declining agricultural production and an unparalleled inflation (average of 57.3% per year, 1951–60) —created grave new social problems and sharp rifts within the MNR. President Hernán Siles Zuazo, 1956–60, and Paz in his 2nd term, 1960–64, forced by economic necessity to austerity measures, were increasingly repressive. In 1963 labor leader Juan Lechín withdrew from the MNR. On 4 Nov., 1964, Gen. René Barrientos Ortuño headed a junta that ousted Paz and he assumed the presidency, 6 Nov.

1964–68

THE MILITARY IN POLITICS. Despite armed clashes between the army and tin miners, 1965, Ortuño was able to consolidate his hold over the government, and he was elected president in the national election held on 3 July, 1966. Ortuño's government was shaken by the publication of the captured war diary of Ché Guevara, who was killed by Bolivian troops, 9 Oct., 1967. Following the disclosure that a government minister had released the diary, a state of siege was declared, and on 27 July, 1968, an all-military cabinet was appointed.

Peru and Ecuador

1945–62

APRISTA INFLUENCE IN PERU. Although representing a majority of popular opinion in the country and with the fundamental support of President José Luis Bustamante, 1945–48, the Aprista Party was unable to carry through its economic or social legislation against the dogged opposition of Peru's traditional oligarchy. Gen. Manuel Odría (president, 1948–56) deposed Bustamante, outlawed the Apristas, and ruled without pretense of democracy. His elected successor, Manuel Prado, 1956–62, lacked the political advantage of high export prices from which Odría had benefited and ran into increasing economic difficulties.

1963–68

BELAÚNDE TERRY. After the military annulled the results of the 1962 presidential elections (in which Aprista leader Haya de la Torre had a plurality), another election was held, 9 June, 1963, and Fernando Belaúnde Terry of Acción Popular was elected. Lacking the traditional military enmity toward Haya, Belaúnde was able to enlist the support of progressive elements within the armed forces for social programs often largely appropriated from the Apristas. Belaúnde's inability to cope with a severe financial crisis and his imposition of a settlement with American oil interests, which offended nationalist army officers, led to a coup on 3 Oct., 1968. The civilian government was replaced by a "Revolutionary Government" composed of military men.

INSTABILITY IN ECUADOR. The apparent beginnings of constitutional succession begun by the reformist and democratic administration of Galo Plaza Lasso, 1948–52, were ended by a series of military coups in the 1960's. The Indians remained unintegrated into the nation, the economy underdeveloped, and politics traditionally personalistic and unstable.

Colombia and Venezuela

1946–57

VIOLENCIA IN COLOMBIA. A split in the Liberal Party allowed the Conservative, Mariano Ospina Pérez, to be elected president, 1946. Almost immediately the government began purging Liberal officials, increasingly making use of the army and police. The persecution aroused Liberal resistance and set in motion a dialectic of violence unparalleled in Latin America in the 20th cent. An estimated 200,000 people died in more than a decade of civil war, banditry, and class warfare. The *bogotazo,* an immense riot which destroyed all of central Bogotá ($500 m. damage, 1,500 killed), followed the assassination of the Liberal leader, Jorge Eliécer Gaitán, 9 Apr., 1948. The semifascist repression initiated by President Laureano Gómez, 1950–53, intensified hostilities and finally led to intervention by the army, June 1953. An inept attempt by Gen. Gustavo Rojas Pinilla to reshape Colombian politics in a Peronist mold united students, church, and both parties against him. He was ousted, May 1957.

DEMOCRACY AND DICTATORSHIP IN VENEZUELA. After a brief period of reformist rule, 1945–48, the Acción Democrática (AD) party was overthrown by the military, Nov. 1948. Emerging from the ruling junta, Col. Marcos Pérez Jiménez established a personal dictatorship, 1950–58, which was politically brutal and economically irresponsible. On 23 Jan., 1958, Pérez Jiménez fled in the face of overwhelming popular pressure.

1958–68

COLOMBIAN NATIONAL FRONT. The *Violencia* destroyed the fabric of Colombian society without producing a revolutionary government. On 7 Aug., 1958, Liberal Alberto Lleras Camargo, 1958–62, began the unique National Front, a constitutional arrangement for 16 years during which the 2 traditional parties would alternate in the presidency and otherwise divide all political offices equally between them. The agreement did bring greater stability but no concerted action to deal with the effects of the social upheaval. It remained to be seen if the Liberal Carlos Lleras Restrepo, 1966–70, would be more successful in attacking fundamental problems than the "do-nothing" administration of the Conservative Guillermo León Valencia, 1962–66.

AD AND VENEZUELAN DEMOCRATIC REFORM. Ruling in coalition with the Christian Democrats (COPEI), AD's Rómulo Betancourt, 1959–64, brought Venezuela planned economic development, significant social reform, and —in the face of guerrilla terror on the left and army pressure on the right—determinedly democratic government. Betancourt cut illiteracy from 50% to 21%, carried out agrarian reform, fostered labor organization and industry profit sharing, built the huge Guayana City industrial complex, and began to utilize Venezuela's enormous oil receipts to diversify the economy. Venezuela's 1st elected civilian president in history to finish his term, Betancourt turned over his office to former AD labor leader Raúl Leoni, 11 Mar., 1964. The coalition government broke down, Mar. 1966, with the AD's partners charging that they were not being permitted a large enough role in the government. Leoni was able to form another government, however, and continued to advance AD programs.

Brazil

1945–54

DUTRA. On 25 Oct., 1945, President Getúlio Vargas was deposed to assure the return of democracy. In Dec. Gen. Enrico Dutra was elected. He proved an unimaginative chief executive. Policy was shaped largely by the clash between the formerly dominant agricultural and mercantile interests and the nationalistic industrialists that had emerged during the Vargas era. The Constitution of 1946 established a federal system but included many provisions for social welfare pioneered by Vargas.

RETURN OF VARGAS. Vargas, reelected president, Oct. 1950, found leading a democratic government, with a hostile Congress, difficult (although he succeeded in founding the state oil monopoly, PETROBRAS, in 1953). Beset by a declining demand for exports and a threatened military coup, Vargas committed suicide, 24 Aug., 1954.

1956–64

KUBITSCHEK AND GROWTH. Juscelino Kubitschek won a narrow plurality in the presidential election of Oct. 1955 and, following a "preventive" coup to ensure his succession, took office in Jan. 1956. He brought the country rapid economic growth, especially of infrastructure (average growth 7.2% per year, 1956–60); built the new national capital of Brasília (dedicated Apr. 1960), opening the interior for development; attacked regional imbalance with a new development agency (SUDENE, headed by Celso Furtado) for the poverty-stricken northeast; and generally favored growth over stability. Brazil paid a price: rapid inflation (cost of living up 211%, 1956–60) and neglect of social development leading to increasing unrest.

DRIFT TO THE LEFT. Elected as a reformer in Oct. 1960 and promising an "independent" foreign policy, Jânio Quadros resigned enigmatically, 25 Aug., 1961. His successor, his leftist and independently elected vice-president, João (Jango) Goulart, took office after strong resistance from the military and amid rising tensions. His inability to deal with the inflation (more than 80%, 1963; 20% per month, 1964) and his drift to the left led to his ouster by the military in a broadly supported coup, 31 Mar.–2 Apr., 1964.

1964–68

"REVOLUTIONARY" GOVERNMENT BY THE ARMY. With the coup the military moved from its position as prompter in the wings, where it had been since 1945, to the center of the political stage. President Humberto Castelo Branco, 11 Apr., 1964–15 Mar., 1967, assumed far-reaching decree powers, deprived of political rights some 9,000 public figures, abolished existing political parties, re-established close ties with the U.S., and adopted conservative austerity remedies for inflation. After the indirect election and installation of Marshal Arthur da Costa e Silva as president, 15 Mar., 1967, there were some signs that the military might relax its direct hold over the nation.

Central America

1945–68

MEXICO. With the governments of Miguel Alemán, 1946–52, and Adolfo Ruiz Cortines, 1952–58, the civilian heirs of the Mexican revolution turned to the right, sacrificing social reform to economic development. The economic results were impressive: the most diversified economy in Latin America, with a high rate of sustained and balanced growth (average, 6.5% per year, 1951–60), and "Mexicanized" control of key sectors. But the level of real wages in 1958 was actually lower than in 1939, and in 1956 46% of school-age children were still not in school. Adolfo López Mateos, 1958–64, reversed the trend somewhat, channeling more of the budget into social investments, stepping up land redistribution more than any president had done since Cárdenas, and instituting profit sharing for labor (though using the army to break a rail strike, Apr. 1959). The guarantee of congressional seats to opposition parties, 1964, by Gustavo Díaz Ordaz (president, 1964–70) emphasized not the liberality of the government party (PRI) but rather its continuing inability to allow genuine democracy.

STUDENT UNREST. Dissatisfaction with heavy-handed police behavior and infringements on student autonomy led to violent street fighting between students and police-military contingents, July 1968. As the fighting extended through the summer into Oct., the demonstrators were able to force a government reappraisal of parts of the penal code, as well as a pledge to uphold university autonomy.

GUATEMALA. The progressive regime of Dr. Juan José Arévalo, 1945–51, began a decade of social change. Arévalo instituted social security and a labor code, restored civil liberties, encouraged the formation of labor and peasant unions, and attempted to integrate the Indians (50% of the population) into the national life. His successor, Col. Jacobo Arbenz Guzmán, 1951–54, moved further left, fell under Communist influence, and repressed opposition. His agrarian reform, July 1952, struck at the extensive holdings of the United Fruit Co., and alarmed the U.S., which helped arm the "liberation army" that overthrew him, June 1954. Between 1954 and 1968, 2 military and 2 civilian regimes have for the most part tried to avoid the problems raised by the revolution. From 1967 onward guerrillas were active in the countryside.

EL SALVADOR. Since a junior officers' coup, 13 Dec., 1948, El Salvador has had moderate military government, with economic development, stability, some social reform, and a degree of political freedom. With the exception of the period 26 Oct., 1960–24 Jan., 1961, when a more extreme military faction seized power, rule was lodged mainly with 2 government parties, PRUD, 1950–60, and PCN, 1961 onward. Resistance from the tiny but entrenched civilian oligarchy, added to the military's own fears of instability, prevented fundamental change.

COSTA RICA. After winning a 2-month civil war, 1948, and restoring the government to the president-elect, José Figueres was himself elected president in 1953. His *aprista*-type National Liberation Party (PLN) implemented a program of agricultural, industrial, and educational development, abolished the armed forces, and democratically turned over office in 1958 when the Conservative opposition (PUN) won a narrow victory. A change of presidents also occurred following the 1962 (PLN) and 1966 (PUN) electoral contests.

NICARAGUA. Despite the assassination of the long-time dictator, Anastasio (Tacho) Somoza in 1956, Nicaragua continued to be run like a private fief by his surviving family.

HONDURAS. Following a coup by restless junior officers, 1956, the Liberal, Ramón Villeda Morales, 1957–63, instituted a brief period of change in his poverty-stricken country. When his party appeared certain to win re-election, the army, desirous of regaining direct control, staged a coup, 3 Oct., 1963.

PANAMA. After a short period of reform under José Remón, 1952–55, Panama's politics continued to be characterized by electoral successions and extreme personalism. A growing sense of nationalism was demonstrated by the anti-U.S. riots of Jan. 1964. A new Canal Treaty followed, 24 Sept., 1965. In Mar. 1968 the National Guard, which supported the National Liberal Party government, prevented the National Assembly from removing President Robles from office. Robles' candidate in the May elections was defeated, but the National Guard overthrew the victor, President Arnulfo Arias, on 11 Oct., 1968. Charging that Arias had attempted to reshuffle the Guard's leadership, the National Guard replaced the president with a junta of senior officers.

The Caribbean

1945–68

THE CUBAN REVOLUTION. Following the ineffective and corrupt elected regimes of Ramón Grau San Martín, 1944–48, and Carlos Prío Socarrás, 1948–52, Fulgencio Batista, 10 Mar., 1952–31 Dec., 1958, built a dictatorship on the support of the army, organized labor, and the U.S. After 3 years of guerrilla warfare, he was overthrown by Fidel Castro, who gradually instituted the most sweeping social revolution in the history of the hemisphere.

The revolution in Cuba was not so much the events that brought Castro to power as the direction taken thereafter. The Agrarian Reform, 17 May, 1959, was a crucial turning point. It was intended to achieve Cuba's "economic independence" by nationalizing the vital sugar industry and estates (principal source of foreign exchange), diversifying agriculture, and distributing land to the landless. Its excutive agency, INRA, largely run by the revolutionary army, soon assumed the larger task of administering all nationalized properties (Cuban and foreign) and reorganizing the whole economy under state control. Anti-Batista moderates had left all top government posts by July 1959, gradually being replaced by members of the Communist Party (PSP). In July and Oct. 1960 all large foreign and Cuban businesses were nationalized (est. $1 billion U.S. property). The 15 Oct., 1960, Urban Reform limited income from rentals to $600 a month, driving middle-class *rentiers* into exile. But living conditions for the poor improved.

The effect of the U.S.-USSR confrontation over Cuba, 1961–62, was to accelerate its government's movement toward East European Communist models. Castro proclaimed Cuba a "socialist" country, 1 May, 1961, and himself a "Marxist-Leninist," 2 Dec., 1961. In Feb. 1961 a Ministry of Industry had been founded (headed by Ché Guevara) to carry out economic centralization and industrialization. This policy proved a failure. Importing raw materials for Cuban-produced manufactures was more expensive than importing finished goods from abroad. Serious food shortages provoked internal dissention and "Revolutionary Tribunals" were established, May 1962, to deal with economic crimes. But Castro was alert to the dangers of losing the authentically Cuban character of the revolution (and his own leadership of it). He denounced PSP leader Aníbal Escalante, 26 Mar., 1962, when the Communists attempted to co-opt the new single government party (ORI, later PURS). The limits on his control, however, were emphasized by the big-power settlement of the Oct.–Nov. 1962 missile crisis.

Castro's May 1963 visit to Moscow resulted in his reversing Cuba's development priorities. Terming its past policy "economic cretinism," Cuba agreed to return to intensive sugar production (which had fallen from 6.8 m. tons to 3.8 m. during 1961–63). The 2nd Agrarian Reform, 2 Oct., 1963, expropriated the land of some 10,000 medium farmers and shifted the ownership balance to 70% state, 30% private. Cuba's youth, who had taken part in a successful mass literacy campaign in 1961, were subject, after 12 Nov., 1963, to compulsory military service. The government's purposes were essentially to mobilize a cheap source of labor and to socialize the youth into revolutionary values. After Nov. 1964, more old-line Communist leaders were eliminated from power in government (Castro himself replacing INRA head Carlos Rafael Rodríguez). As of 1968, Castro remained at the center of the revolution, with his vast popular support largely intact.

DOMINICAN REPUBLIC. After the assassination of Trujillo, 30 May, 1961, the Dominican Republic struggled to overcome the effects of his brutal 31-year dictatorship—feeble institutions and powerful armed forces. The reformist democrat, Juan Bosch, landslide victor in the Dec. 1962 elections, was ousted after only 8 months in office, 27 Feb.–25 Sept., 1963. A popular revolt, including junior officers led by Col. Francisco Caamaño Deñó, overthrew the conservative Donald Reid Cabral regime, 24 Apr., 1965. Out of fear of "another Castro," the U.S. encouraged Trujillo's old officers to counterattack, 26 Apr., and then, for the 1st time since 1926, intervened directly, landing marines, 28 Apr. Some 20,000 invasion troops presided over 4 months of civil war (ending 31 Aug., 1965). On 1 Mar., 1966, Joaquín Balaguer, a puppet premier under Trujillo, defeated Bosch in an OAS-supervised presidential election.

HAITI. Beginning in 1957 François Duvalier ("Papa Doc") replaced the traditional dictatorship of the Garde d'Haïti by a reign of terror at the hands of his *Tons-Tons Macoutes* (voodoo secret police), driving foreign capital and the educated elite abroad and intensifying the misery of the masses.

AFRICA

North Africa

1956–68

TUNISIA. On 25 July, 1957, about 1 year after Tunisian independence, the Legislative Assembly abolished the monarchy and appointed Habib Bourguiba head of state pending preparation of a new constitution. Bourguiba initiated social reforms, granting full equality to all citizens and placing persons of all religions under the same secular law. During 1956–57, the state took over religious and tribal lands for distribution to individual farmers; and in Nov. 1958, the government began compulsory repurchase of land belonging to European settlers.

On 1 June, 1959, the constitution established Tunisia as a republic; in the Nov. elections, Bourguiba was returned as president at the head of a Neo-Destour government. Late in 1959, Bourguiba began a labor mobilization program, under which thousands of urban unemployed returned to their home provinces to carry out public works projects.

In 1961, when the French extended their base at Bizerte, Bourguiba called for evacuation and blockaded the base. The French retaliated with a paratroop attack which inflicted heavy casualties on Tunisian troops and prestige. Tunisia then took the case to the UN, which backed her position; and France agreed to evacuation, effective 1963. In Oct. 1964, the Neo-Destour held its 7th congress, at which the party was reorganized and renamed the Parti Socialiste Destourien (PSD). The national elections in Nov. returned Bourguiba as president and approved a single list of PSD candidates for the Assembly.

ALGERIA. Algerian independence, July 1962, came in the midst of an economic crisis resulting from war and from the exodus of the French who had operated the commercial economy. In addition, there was an open split in the FLN. In July the GPRA was established in Algiers with Ben Khedda as premier. But Ben Bella withdrew from the government and, with the support of the army under Col. Houari Boumédienne, organized his own Political Bureau. By Sept. Ben Bella had attained effective control of the country. He initiated a socialist economic policy under which Algerian peasants took over estates abandoned by the French and operated collective farms with the help of state-directed management committees. By the end of 1963, Algeria began to nationalize foreign-owned land and industry, although the economy continued to depend on French aid and French co-operation in exploitation of Saharan oil.

During 1963, Ben Bella consolidated his political position, bringing the Communist Party and the trade unions under FLN control and putting down revolts in the Kabyle region. In Sept. 1963, Algerian voters approved a new constitution which designated the FLN as the sole legal party, with the right to name a single list of candidates for president and National Assembly. In July 1964, revolts broke out again in the Kabyle and Biskra areas, in opposition to the excessive personal power of the president. On 19 June, 1965, Col. Boumédienne removed Ben Bella in a bloodless coup, suspended the constitution and the Assembly, and assumed the presidency at the head of a 26-man Conseil National de la Révolution. Boumédienne began to restructure the FLN and adopted a more gradual economic policy designed to ensure financial stability and attract foreign investment.

MOROCCO. The 1st year of independence, 1956, was devoted to restoration of public order, as the sultan and predominantly *Istiqlal* government put down dissidence in both urban and rural areas. Then the general unrest began to crystallize into organized political movements. Late in 1957, the Mouvement Populaire emerged in rural and Berber regions, advocating a doctrine of "Islamic socialism"; the party received legal recognition after a revolt in the Rif in 1958. Also in 1957, a split began to appear within *Istiqlal;* and in the summer of 1959, Mehdi Ben Barka joined trade unionists and other *Istiqlal* secessionists in the Union Nationale des Forces Populaires (UNFP), which was committed to a more radical economic and social policy than *Istiqlal* under Al Fassi.

Party rivalry brought renewed disorder, until King Mohammed announced, May 1960, that he was taking control of the government. After Mohammed's sudden death in Feb. 1961, the crown prince assumed power as King Hassan II. In Dec. 1962 a popular referendum ratified a new constitution which gave extensive authority to the monarchy and established a Legislative Assembly with limited power.

In preparation for the elections of May 1963, Ahmed Reda Guedira formed a new royalist party, the Front pour la Défense des Institutions Constitutionnelles (FDIC). The FDIC led, but failed to win an effective majority in the elections; and the new government under Prime Minister Ahmed Bahnini met constant challenges from the UNFP, which had boycotted the constitutional referendum, and from *Istiqlal,* which questioned the election returns. Guedira's regrouping of FDIC elements into the Parti Socialiste Démocratique (PSD), Apr. 1964, failed to strengthen his position significantly, and the Assembly continued to debate while economic and social conditions deteriorated. In Mar. 1965 the populace expressed its frustration by riots in Casablanca; in June Hassan suspended the constitution and himself took control as prime minister. He retained this post until July 1967, when he rearranged the cabinet and appointed Mohammed Benhima prime minister.

West Africa

1957–68

GUINEA. Guinea's rejection of the de Gaulle constitution, 1958, led to an immediate withdrawal of French technical and financial aid and consequent deterioration in economic conditions. The country became a 1-party state, Dec. 1958, when opposition parties merged with Sekou Touré's Parti Démocratique de Guinée (PDG). On 1 May, 1959, Guinea entered into a union with Ghana, as part of their common pan-African policy, and received a £10 m. Ghanaian loan. During 1960 Guinea withdrew from the franc zone and signed commercial and cultural agreements with various Communist countries. But nationalization and Communist aid proved largely ineffective; and in Dec. 1961, Touré expelled the Soviet ambassador for alleged plotting against his government. By Dec. 1962 Guinea was drawing closer to the West again in the hope of developing the country's promising bauxite and iron ore resources, although Touré received a new Soviet ambassador, Mar. 1962, and has continued to insist on Guinean nonalignment. In Mar. 1966 Touré gave asylum to deposed Ghanaian president Nkrumah and designated him co-chief of state, apparently a nominal position.

GHANA. At independence in 1957, Nkrumah's CPP governed Ghana with a program stressing national unity and socialist economic development. Opposition from traditional tribal and religious leaders, private cocoa farmers, and middle-class intellectuals coalesced into the United Party, to which the government responded by trying to concentrate power in the CPP. In 1958 an Industrial Relations Act placed national labor unions under central control, and a Preventive Detention Act set aside the right to free trial. Several opposition leaders were detained under the latter act in 1959.

In Apr. 1960, a plebiscite chose a republican constitution with Nkrumah as president. In 1961 falling world prices for Ghana's principal export, cocoa, increased the balance-of-payments problem and necessitated an austerity budget. In Sept. and Oct. the government repressed protest strikes by railway and dock workers. Nkrumah persisted in his policy of heavy investment in large, long-term development projects, including the Volta River hydroelectric power and aluminum smelter project, begun in 1962, and in spite of pressing domestic problems, he continued to devote considerable attention to leadership in the pan-African movement.

In a Supreme Court trial, Dec. 1963, Chief Justice Sir Arku Korsah acquitted 3 men accused of treason. Nkrumah dismissed Korsah and nullified the court's decision under a new Law of Criminal Procedure Act which was rushed through the National Assembly. On 31 Jan., 1964, a referendum approved constitutional amendments which empowered the president to dismiss judges and named the CPP as the sole national party. The CPP adopted an increasingly militant attitude which placed ideology before reality, while corruption within its ranks undermined popular support.

By 1965 Ghana was heavily in debt abroad; in Dec. Nkrumah negotiated a 2-year moratorium on debts to Communist countries and began seeking similar arrangements with western creditors. On 24 Feb., 1966, while Nkrumah was out of the country, a group of senior army and police officers took control and established a National Liberation Council (NLC) under Gen. Joseph Ankrah. The NLC outlawed the CPP, suspended the constitution, and dissolved the Assembly. It canceled the economic plan and announced a policy of stabilization by reduced government spending. Aid from western countries eased Ghana's balance-of-payments deficit.

NIGERIA. Regionalism continued to dominate Nigerian politics after independence in 1960. Chief Awolowo, leader of the Action Group in the federal Parliament, challenged the regional system when he tried to gather behind him all the more radical elements in the country who opposed the Balewa government's economic program and pro-western foreign policy. Chief Akintola, premier of the Western Region and deputy leader of the Action Group, opposed Awolowo. The party split open in May 1962, when Akintola lost both his positions. During the ensuing violence, the federal government declared a state of emergency in the west and began a long trial which ended with Awolowo's imprisonment for treason, Sept. 1963. Meanwhile, Jan. 1963, Akintola had been reinstated as western premier and had formed the Nigerian National Democratic Party (NNDP), a coalition of his followers and the NCNC.

On 1 Oct., 1963, Nigeria became a federal republic with 4 regions, including the Mid-West Region which had been created in May. The Parliament elected Azikiwe president. Two main groups opposed each other for the 1st national elections, 30 Dec., 1964: the Nigerian National Alliance (NNA), led by Ahmadu Bello, combined the NPC, NNDP, Mid-West Democratic Front, and small eastern opposition parties; and the United Progressive Grand Alliance (UPGA), led by eastern premier Michael Okpara, brought together the NCNC, Action Group, and northern opposition parties. The campaign became a north-south contest, marked by violence, and on 28 Dec. the UPGA announced that it would boycott the elections because of irregularities in nominating candidates in several constituencies. With a fraction of the electorate voting, the NNA won an overwhelming majority. President Azikiwe hesitated to acknowledge these results, but after intensive discussions with various political leaders, he announced, 4 Jan., 1965, that a compromise had been reached whereby Prime Minister Balewa would form a government and supplementary elections would be held in doubtful constituencies. The elections, held 18 Mar., brought UPGA representation in Parliament to 108 against 197 for NNA, but failed to end unrest.

On 15 Jan., 1966, a group of eastern junior army officers carried out a coup in which Balewa, Bello, and Akintola were assassinated. By 17 Jan., Maj. Gen. Johnson Aguiyi-Ironsi, commander in chief of the army, had suppressed the revolt. He banned political parties and established a military government. On 29 July, northern soldiers in a countercoup killed Ironsi and replaced him with Lt. Col. Jakubu Gowon. This action was followed by riots and the slaughter of thousands of easterners living in the north and by a mass exodus of easterners to their home region. Lt. Col. Odumegwu Ojukwu, governor of the Eastern Province, challenged the legitimacy of the new regime; and relations between the federal government and the east deteriorated. On 30 May, 1967, the east seceded and proclaimed itself the independent Republic of Biafra. On 6 July fighting broke out between federal and eastern troops, and continued during the rest of 1967 and throughout 1968.

Democratic Republic of the Congo

1960

SITUATION AT INDEPENDENCE. The Congo became independent on 30 June, 1960, with an excellent economic potential and an explosive political situation. The atmosphere was one of apprehension and mutual suspicion between the Belgian and African communities. In addition, the Africans, with almost no training in western politics and with extravagant expectations of the benefits of "independence," were themselves divided into numerous tribes.

ARMY MUTINY AND BELGIAN INTERVENTION. On 5 July, 1960, African soldiers in Léopoldville and Thysville mutinied against their European officers in protest against their unchanged status and low wages. The next day the prime minister, Patrice Lumumba, promoted all soldiers 1 grade but failed to halt the spread of the mutiny into Lower Congo, where European civilians were attacked. On 7 July frightened Belgians began leaving the Congo. On 9 July, as the mutiny spread to other parts of the country, the Belgian government decided to send troops to protect its citizens; Belgian soldiers arrived the next day in Elisabethville, Luluabourg, and other centers of violence. On 11 July Lumumba and President Joseph Kasavubu, who were touring the disturbed areas trying to restore peace, agreed to accept the Belgian troops if they restricted themselves to protecting Europeans. But on the same day, Belgian ships bombarded Matadi, which had already been evacuated by Europeans; and Belgian forces supported Katanga in a declaration of secession under Moise Tshombe. On 12 July, after they had been refused permission to land at Elisabethville, Lumumba and Kasavubu requested UN intervention against Belgian aggression. The first UN troops arrived, 15 July, the Belgians began to withdraw from Léopoldville, and a measure of order was restored.

FALL OF LUMUMBA. On 5 Sept., 1960, Kasavubu, with UN and western support, dismissed Lumumba, who had been seeking Russian aid to invade Katanga and restore national unity. Lumumba in turn dismissed Kasavubu, and in the resultant confusion Col. Joseph Mobutu of the Armée Nationale Congolaise (ANC) replaced them both, 14 Sept., with a College of Commissioners composed of university graduates and students. Lumumba, who opposed the new government, was confined to his residence, while Kasavubu began to come to an understanding with the College. Two of Lumumba's supporters, Antoine Gizenga and Christophe Gbenye, began working in Stanleyville, Nov., to set up a rival government; by the end of the month, they had established control over Orientale Province. Lumumba himself escaped, 27 Nov., but was captured by Mobutu's troops, 2 Dec., and imprisoned at Thysville.

1961–68

KATANGA SECESSION. On 17 Jan., 1961, the Léopoldville authorities transferred Lumumba to Elisabethville, where he was murdered. The event aroused anger throughout Africa and brought a new UN resolution to return the Congo to parliamentary government. President Kasavubu negotiated with Katangans and Lumumbists, and on 2 Aug. a new government was formed with Cyrille Adoula as prime minister and Gizenga as deputy prime minister. During Sept. fighting broke out in Katanga when UN forces under Conor Cruise O'Brien attempted to remove foreign mercenary troops. In Oct., after disagreement with the Adoula government, Gizenga returned to Stanleyville and rallied support in Orientale; but in Nov. some army elements turned against him, bringing about his arrest and imprisonment, Jan. 1962. In Dec. 1961 Adoula met with Tshombe, who consented to Léopoldville's demands for reunification but then delayed implementation of the agreement after returning to Katanga.

UN AND U.S. INTERVENTIONS. In Mar. 1962 Adoula and Tshombe began negotiating again, but the talks broke off without agreement in June. On 3 Sept. Tshombe accepted a UN proposal for reunification, but again postponed implementation. On 28 Dec. UN forces renewed military action, and on 14 Jan., 1963, Tshombe announced the end of Katanga's secession and went into exile.

But unrest continued throughout the Congo. In Apr. trade-union leaders were arrested after the threat of a general strike. In Sept. Kasavubu declared Parliament closed; and in Oct. several opposition leaders were arrested, while others escaped to Brazzaville, where they formed a Comité National de Libération (CNL) to plot the overthrow of the Adoula government.

During early 1964, insurrections which had begun in Kwilu, Dec. 1963, spread to Orientale and Kivu, where local guerrillas fought the ANC. In June Tshombe returned from exile to announce that he could bring about a compromise. Kasavubu appointed him prime minister, 10 July; but no compromise was reached and, after the rebels captured Stanleyville in Aug., Tshombe requested and received U.S. air support. In Oct. the ANC, reinforced with mercenaries, moved into Eastern Congo; in Nov., with the help of a U.S. airlift of Belgian paratroopers, the ANC took Stanleyville and the rebellion began to peter out.

COUP BY MOBUTU. In Feb. 1965, preparing for the Mar.–Apr. legislative elections, Tshombe joined several parties into the Convention Nationale Congolaise (CONACO). Opposition Lumumbist parties formed the Alliance des Mouvements Nationalistes Congolais Lumumba. Because of voting irregularities in some districts, the opening of the new National Assembly was delayed from 30 June to 20 Sept., during which time a power struggle between Kasavubu and Tshombe grew increasingly evident. When the Assembly did open, a deadlock developed between supporters of the 2 rivals and persisted until 25 Nov., when Mobutu executed a coup. He took power as president and minister of defense, appointed Col. Leonard Mulamba prime minister and commander in chief of the ANC, and announced that he would rule for 5 years by decree subject to parliamentary approval. On 26 Oct., 1966, Mobutu dismissed Mulamba, assumed the functions of prime minister himself under a presidential regime, and began building a new single party, the Mouvement Populaire de la Révolution (MPR). During the latter half of 1967, a rebellion by white mercenaries temporarily threatened stability, but crisis was averted when the OAU intervened to bring about evacuation of the mercenaries to Ruanda, Oct.

South Africa

1945–68

ADOPTION OF APARTHEID POLICY. At the end of 1947, the National Party published a pamphlet advocating *apartheid,* a policy of "preserving and safeguarding the racial identity of the white population of the country; of likewise preserving and safeguarding the identity of the indigenous peoples as separate racial groups, with opportunities to develop into self-governing national units. . . ." Its principles included segregation of ethnic groups into their own areas, with Africans working in cities regarded as temporary migrants without the political or social rights of white residents. The Nationalists, led by Malan, won the election of May 1948 and replaced Smuts's United Party government. Although his more militant supporters favored complete territorial separation of the races, Malan rejected this policy as impracticable, since the South African economy depended on African labor. Instead, the government initiated legislation for increasingly stricter control over relations among the races, including prohibition of mixed marriages, 1949, population registration, 1950, and provision of separate housing areas, 1950.

REACTION OF NONWHITES. Opposition to this legislation drew together all nonwhites, especially after enactment of the Suppression of Communism Act, 1950, which was so generally worded as to constitute a common threat. On May Day, 1950, the African National Congress (ANC) and the South African Indian Congress joined to sponsor a strike, during which 18 people were killed. In 1951 legislation restricted Africans to unskilled jobs; in 1952 the pass laws were tightened. In 1952 also, ex-Chief Albert

Luthuli, an advocate of racial co-operation, became president of ANC; from June until the end of the year, thousands of African, Indian, and Colored demonstrators violated *apartheid* laws and went to prison in a defiance campaign.

During 1953, new laws segregated transport facilities and schools and forbade Africans the right to strike. In that year, a group of whites split off from the United Party to form the Liberal Party, which demanded a universal franchise and a Bill of Rights. In 1954 Johannes Strijdom, a representative of the more extreme Transvaal branch of the National Party, was elected prime minister. In June 1955 a multiracial Congress of the People met near Johannesburg to demand equal rights and opportunities for all South Africans. Leaders of the Congress, including Luthuli, were among the 156 people arrested for treason in Dec. 1956 and held until their trial ended in acquittal, Mar. 1961. During that time, the revolutionary leadership was immobilized and dissension arose within the movement, culminating in the formation, Apr. 1959, of the Pan-Africanist Congress (PAC), an exclusively African party opposed to co-operation with other racial groups or with the Communists.

BANTUSTAN POLICY. Meanwhile, more restrictive laws were passed. In 1956 Coloreds were removed from the common voters' roll, and in 1957 the Immorality Act provided for stricter regulation of social intercourse. In 1958 Strijdom was succeeded by Hendrik Verwoerd, who advocated a positive approach to *apartheid* through "separate development." The Promotion of Bantu Self-Government Act, 1959, provided for eventual creation of 8 self-governing African territories (Bantustans) and abolished the 1936 agreement which had allowed qualified Africans to elect 3 white representatives to Parliament. Also in 1959, the Progressive Party emerged as another offshoot of the United Party; it called for a universal franchise with high but nonracial qualifications.

SHARPEVILLE. On 21 Mar., 1960, Africans gathered at Sharpeville to demonstrate against the pass laws. Police fired into the crowd, killing 72 people and injuring about 186. The government outlawed the ANC and PAC, proclaimed a state of emergency which suspended habeas corpus, and embarked on mass arrests. On 15 Mar., 1961, South Africa withdrew from the Commonwealth after other members expressed objection to her racial policies; on 31 May the country adopted republican status.

ECONOMIC PROSPERITY AND INTERNAL SECURITY. Outside pressure on the republic increased as more African states gained independence and pressed their case against South Africa in the UN and other international bodies, and provided more bases for African revolutionaries in exile. South Africa stiffened her laws: the Bantu Laws Amendment Act, 1963, further curtailed African rights and the General Law Amendment Act, 1963, allowed detention of persons for 90 days without trial. In addition, the republic pressed on with efforts to attain economic self-sufficiency. The country had achieved spectacular growth in the postwar period: exploitation of rich mineral resources provided export income (particularly from gold, which makes up some 70% of exports) and a basis for industrial development, which was increased by substantial domestic investment and the use of abundant cheap labor. But as of 1968, the economy remained dependent on imports of some industrial supplies and oil; hence, in spite of political differences, South Africa was careful to maintain good economic relations with western nations, which bought her exports and sent in foreign capital.

THE TRANSKEI. In Nov. 1963 the Transkei became the 1st Bantustan, after popular election of 46 of the 109 members of its Legislative Assembly. The Transkei Assembly received jurisdiction over some local matters (subject to approval by the republic), but control of foreign affairs and security remained with the central South African government. The partition of the country under the Bantustan policy was opposed by the United Party and became the major issue in the Mar. 1966 election. But the National Party emerged stronger than ever, with 126 out of 170 seats in Parliament.

ASSASSINATION OF VERWOERD. On 6 Sept., 1966, Verwoerd was stabbed to death, but there was apparently no political motive on the part of the white assassin, who was ruled insane. John Vorster replaced Verwoerd as prime minister.

Other Independent States

1955–68

ZAMBIA. Northern Rhodesia became the Republic of Zambia, 24 Oct., 1964, with Kaunda as president. His UNIP was the only effective political party, holding 55 out of 75 seats in the National Assembly. Copper exports (2nd largest in the world) gave the country a favorable balance of trade, but the resulting income was poorly distributed. Most of the people remained subsistence farmers or unskilled mine workers, while wealth was concentrated in the foreign-controlled Copperbelt. Kaunda's government immediately announced an agreement under which the British South Africa Co., in return for £4 m. compensation, surrendered to the Zambian government the mineral rights which had been yielding some £15 m. a year in royalties. With UN aid, the government was drawing up plans for balanced growth when Rhodesia's Unilateral Declaration of Independence, Nov. 1965, created a new series of economic problems. In 1965 Zambia had depended on the jointly owned Rhodesian Railways to carry copper exports and 96% of imports, among which coal and oil were particularly vital. After UDI, Zambia began to develop domestic coal deposits and sought to reorient trade routes through Tanzania and Congo. By the end of 1968, all Zambian oil imports came on these alternate routes, but some 75% of other imports continued to pass through Rhodesia.

TANZANIA. Just after Tanganyika's independence in Dec. 1961, Julius Nyerere demonstrated his dedication to political party development by resigning as prime minister to devote his full time to leadership of TANU. After he was elected president under the republican constitution which went into effect on 9 Dec., 1962, he continued to work to combine all elements of Tanganyikan society into a single-party structure which would retain the traditional African concept of government by consensus.

In Jan. 1964 a revolution in Zanzibar ended with power in the hands of Abeid Karume's Afro-Shirazi Party, which supported union with Tanganyika. In Mar. the 2 countries joined in the United Republic of Tanganyika and Zanzibar, renamed Tanzania in Oct. Karume was named vice-president, and his party became a branch of TANU.

On 5 Feb., 1967, following a meeting of TANU leaders in Arusha, Nyerere made his Arusha declaration on self-reliance. He stated that the way to economic development in a poor, agricultural country such as Tanzania was not through dependence on foreign capital with its attached conditions, but through hard work in the countryside by the Tanzanians themselves. He then nationalized foreign-owned commercial banks and other firms and large industrial and agricultural establishments, promising fair compensation.

On 1 June, 1967, Nyerere met in Kampala with the presidents of Kenya and Uganda to sign a 15-year East African Co-operation Treaty, which established an East African Community to take over and continue the communications, finance, commerce, industry, and social and research services which had been operated on a regional basis since 1961 by the East African Common Services Organization (EACSO). The treaty also provided for an East African Common Market and Development Bank.

UGANDA. On 9 Oct., 1963, when the post of governor general was abolished, the Kabaka of Buganda, Sir Edward Mutesa II, became president while Obote remained prime minister. The alliance between Kabaka Yekka and UPC continued but grew increasingly uneasy, and

UPC steadily built its strength until by Dec. 1965 it held 67 of the 91 seats in the National Assembly. On 24 Feb., 1966, moving to combat his enemies within the coalition, Obote suspended the constitution, and on 2 Mar. he assumed all powers of government. On 15 Apr., Parliament adopted a new constitution which provided for a president at the head of a unitary state, abolishing the federal status of Buganda and the other kingdoms. Obote was elected president. Upon the outbreak of violence in Buganda, he declared a state of emergency and sent in troops who captured the palace, 24 May, and the Kabaka fled the country. On 8 Sept., 1967, the Assembly approved another new constitution, which made Uganda a republic with a president having broad executive power.

KENYA. Kenya became a republic on 12 Dec., 1964, as a *de facto* 1-party state, since KANU had by then absorbed all opposition parties. Kenyatta was elected president and Oginga Odinga vice-president. During 1965 signs appeared of increasing tension between the radical, anti-western Odinga and the more moderate politicians, particularly Tom Mboya, minister of economic planning and development and secretary general of KANU. At a party conference in Mar. 1966, the post of deputy president, which had been held by Odinga, was eliminated. On 14 Apr. Odinga announced his resignation as vice-president of Kenya; and in the following days, 3 cabinet members and several trade-union leaders and members of the National Assembly resigned from KANU in support of Odinga, who took over as president of a new opposition party, the Kenya People's Union (KPU). Mboya engineered a constitutional amendment requiring the 29 KANU defectors in the Assembly to get affirmation of their constituents' continuing support in special elections which were held in June. KPU, facing the established KANU Party organization, emerged with 9 seats.

ETHIOPIA. The end of World War II found Ethiopian sovereignty completely restored and Emperor Haile Selassie firmly in control, with power to initiate legislation and to appoint the prime minister, senators, judges, and other government officials. In Nov. 1955 a revised constitution provided for election of deputies to the lower chamber of Parliament by universal suffrage. In the elections of 1957, there were still no political parties, but rather factions all of which sought the emperor's help.

In Dec. 1960, during the emperor's absence, some officers of the Imperial Bodyguard attempted a coup which failed when the army and air force opposed them. The populace rejoiced at the return of Haile Selassie, stronger than ever. During 1961 the emperor quieted some of the remaining discontent by distributing several ministerial portfolios, recognizing trade unions, and appointing commissions of investigation into administration and land reform; but modernization in Ethiopia continued to be hindered by feudal, religious, and political institutions and by a traditionalist approach to agricultural production. In 1963 the emperor prevailed upon Eritrea to become an integral part of the empire, giving up the federal status it had held since 1952. Also in 1963, he enhanced his pan-Africanist stature by acting as host to the 1st meeting of the Organization of African Unity at Addis Ababa.

SUDAN. At independence in 1956, Sudan faced serious problems of internal unity: ethnically, culturally, and linguistically, the country was divided between the Arab Moslem north and the tropical African south influenced by Christian missionaries; politically, temporary alliances were formed on the basis of personalities or interest groups, rather than clearly defined party ideologies.

Ismail al-Azhari of the NUP was replaced as prime minister, 5 July, 1956, by Abdullah Khalil at the head of an uneasy coalition between 2 northern conservative parties, Umma and the People's Democratic Party (PDP). In Feb. 1957 the government aroused southern resentment by announcing a policy of cultural integration under which missionary schools would be absorbed into a national system. In 1958 Sudan faced an economic crisis resulting from accumulated unsold stocks of cotton, which normally contributed more than 60% of exports, and falling world cotton prices. On 17 Nov., 1958, with the support of some political leaders, Gen. Ibrahim Abboud occupied government offices in a bloodless military coup. He suspended the constitution, dissolved Parliament and political parties, and established a Supreme Council of the Armed Forces.

The new government survived 3 attempted coups in 1959; but during the next few years, trade unionists, civil servants, and students grew increasingly discontented with the pervasive military rule. Southern opposition and demands for autonomy also increased. Southern leaders in exile in neighboring countries formed the Sudan African National Union (SANU) under William Deng. Inside Sudan, an underground movement, *Anyanya* (a poisonous insect), took shape in the south in 1963; its acts of terrorism in 1964 met with violent repression by the central government. In Oct. 1964, student demonstrations in Khartoum were supported by a Professional Front of civil servants and a general strike. The Abboud regime was replaced by a civilian caretaker government under Sir al-Khatim al-Khalifa, which achieved an interim agreement with the southern provinces and arranged elections for Apr.–May 1965. On 14 June the resulting Constituent Assembly elected Mohammed (Muḥammad) Ahmad Mahgoub of the dominant Umma Party as prime minister.

The Mahgoub government failed to deal effectively with renewed violence in the south and continuing economic and social discontent throughout the country. In July 1966 political infighting brought about Mahgoub's replacement by Umma Party President Saddiq al-Mahdi at the head of a coalition of Umma and NUP. In May 1967 Saddiq's government fell, primarily because of opposition by the various political factions to his plans for a new constitution providing for a strong president elected by direct popular vote. Mahgoub took over again and named a coalition government which included representatives of Umma, NUP, PDP, and the southern parties.

MIDDLE EAST

Turkey

1945–68

DEVELOPMENT OF POLITICAL PARTIES. In Turkey the postwar years witnessed the emergence for the 1st time of opposition parties, the most important of which was the Democratic Party, founded on 7 Jan., 1946. On 14 May, 1950, the 1st completely free elections, contested by several parties, took place, with the Democrats winning a large majority of the seats, thereby ending the almost 30-year rule of Atatürk's Republican People's Party. The fact that the RPP allowed such an election to take place seemed to bode well for democracy in Turkey. Early in 1952 Turkey was admitted to full membership in NATO, underscoring its membership in the European community. On 2 May, 1954, a 2nd election resulted in another victory for the Democratic Party, but in Oct. a split developed in the ranks of the party and led to the formation of the Freedom Party by the dissident elements. The elections of 27 Oct., 1957, reflected the beginnings of dissatisfaction with the Democrats; although the party received a plurality of the seats, it did not have an absolute majority of votes cast.

MILITARY COUP OF 1960. On 27 May, 1960, a coup led by Gen. Gürsel overthrew the regime, and he became president. The leading members of the Democratic Party were tried for treason, and several of them, including Adnan Menderes, the former prime minister, were executed. The military did not, however, wish to remain in power indefinitely, and a new assembly was convened, Jan. 1961, to act as a temporary Parliament until a new constitution was ratified, 26 May. Elections held on 15 Oct., 1961, resulted in the formation of a coalition government in which a new party, the Justice Party, was represented. On 22 Feb., 1962, there was an abortive military revolt by officers in Ankara who wished a military take-over, but this was put down, as was a similar attempt on 21 May, 1963. The Justice Party received a majority in the elections held in 1965.

CYPRUS. The problem of Cyprus, with its considerable Turkish population, was a source of continuous concern to Turkey in the postwar years. The island had become a British crown colony in 1925, and on 16 Aug., 1960, became an independent republic. Growing pressure for the union of Cyprus with Greece resulted in armed clashes between Greek and Turkish Cypriots, and the question came before the UN, which sent an international force, the 1st contingents of which arrived on 14 Mar., 1964. Although this eased the situation somewhat, the next years did not witness any permanent solution of the problem.

Iran

1945–68

RELATIONS WITH THE USSR. The conclusion of World War II found Russian troops still in occupation of the northern part of the country, and in the fall of 1945 there were disturbances in Azerbaijan, which was under Soviet control. On 12 Dec., 1945, the governor of Tabriz was deposed and an autonomous Republic of Azerbaijan proclaimed with Soviet support. At about the same time an independent Kurdish republic was established in Mahabad. On 4 Apr., 1946, Iran came to terms with the Soviet Union, signing an agreement which provided for the withdrawal of the Soviet troops. In return Iran agreed to the establishment of an Iranian-Soviet oil company to develop the northern provinces. On 9 May, 1946, the Soviet army withdrew, and on 15 Dec. the regime in Azerbaijan collapsed. On 22 Oct., 1947, the *Majlis* refused to ratify the agreement, and it remained a dead letter. In Feb. 1950 land reform, which was to continue over the next decade and a half, began with the handing over by the shah of the royal estates for redistribution.

OIL ROYALTIES. Perhaps the most crucial events that took place in Iran in this period revolved around the question of oil royalties. The agreement with the Anglo-Iranian Oil Co., signed in 1933, was revised, 17 July, 1949, but the new agreement was not ratified by the *Majlis,* which felt the increase in the percentage of profits was not large enough. On 20 Mar., 1951, the *Majlis* passed a law nationalizing the oil industry, which the shah was forced to sign. On 29 Sept., after negotiations had failed, Britain took the case to the UN, and on 3 Oct. the last British company personnel were evacuated. The question was finally settled, after the overthrow of the government in Iran by a military coup, 19 Aug., 1953, by a new agreement, 5 Aug., 1954. This provided for a division of the profits on a 50-50 basis.

REFORM POLICIES. Further land-reform laws were passed as part of the so-called "White Revolution" of the shah and his advisers, and on 20 Aug., 1960, the Office of the Land Reform came into being. On 17 Sept., 1963, a new Parliament was elected, and on 21 Jan., 1965, the prime minister was killed by a member of an extremist religious sect, indicating that the reform policy of the shah and the government was not approved in all quarters.

Egypt

1945–68

EXTERNAL RELATIONS. The efforts of Egypt in the years immediately following the war were directed toward achieving the complete withdrawal of British troops from Egyptian soil. A treaty initialed on 25 Oct., 1946, was not signed by the Egyptians because it did not provide for the British to leave the Sudan. Following the defeat of Egyptian forces in the 1st Arab-Israeli War of 1948, an armistice was signed with Israel, 24 Feb., 1949, but a permanent peace settlement was never made. On 15 Oct., 1951, Egypt unilaterally abrogated the Anglo-Egyptian Treaty of 1936, and it was not until 12 Feb., 1953, that an agreement was signed between the 2 powers for self-determination in the Sudan. This was followed on 19 Oct., 1954, by an agreement concerning the Suez Canal Base, under the terms of which British forces were to withdraw within 20 months but retained the right to return under certain conditions.

ACCESSION OF NASSER. Internally Egypt was going through a series of upheavals that resulted in radical changes. Increasing dissatisfaction with the monarchy led on 23 July, 1952, to a coup by a group of colonels in the Egyptian army, and on 26 July the king abdicated. On 18 June, 1953, the monarchy was abolished and Egypt became a republic. Gamal Abdel ('Abd al-) Nasser emerged as the leader of the movement and, assuming the presidency, 14 Nov., 1952, immediately began making changes. On 8 Sept., 1952, an agrarian reform decree was issued, followed by the abolition of the *Waqfs* (lands held in perpetual trust, usually for the ultimate benefit of some religious institution or good work). On 10 Dec., 1952, the old constitution was abrogated, and it was not until 23 June, 1956, that a new one came into existence.

SUEZ CRISIS OF 1956. One of Nasser's most cherished schemes was the construction of a high dam at Aswan to increase the cultivable land of the country. When on 17 July, 1956, the U.S. refused a loan it had earlier promised for the dam, he reacted swiftly and violently. On 26 July he seized and nationalized the Suez Canal. The situation was further complicated on 29 Oct. when Israeli forces invaded Egypt, and on 31 Oct. Britain and France began air attacks which were followed by the landing of troops in the Canal Zone. On 1 Nov. Egypt blocked the Canal, on 6 Nov. a cease-fire was accepted, and a UN force was dispatched, 15 Nov. The dispute over the use of the Canal itself was not settled until 18 Mar., 1957. On 9 Jan., 1960, work was begun, with large-scale Soviet aid, on the Aswan Dam.

ESTABLISHMENT OF UAR. Egypt had long seen itself as the leader of the movement for Arab unity and made several attempts to establish its position formally. On 1 Feb., 1958, the United Arab Republic was formed by a union with Syria which lasted until the withdrawal of the latter, 28 Sept., 1961. On 17 Apr., 1963, an agreement for an Arab Socialist Union comprising Egypt, Syria, and Iraq was signed, but dissensions among the member countries rendered it ineffective. Nasser was re-elected for a 6-year term on 15 Mar., 1965, but with diminished prestige because of the deteriorating economic situation in Egypt and because of the defeat of the Egyptian armed forces in the 3rd Arab-Israeli War, 1967.

Iraq

1945–68

INTERNATIONAL RELATIONS. The evacuation of the last British troops from Iraq, Oct. 1947, marked the real beginning of Iraqi independence, and on 16 Jan., 1948, a treaty was signed between the 2 countries by the terms of which the British were to withdraw from the air bases they had previously held. This treaty was not, however, ratified, due largely to the Arab-Israeli War of 1948. In 1950 a Development Board was set up which was to receive 70% of future oil royalties. These were to be used for land development. On 3 Feb., 1952, a new agreement was signed with the Iraq Petroleum Co. giving Iraq 50% of the profits. On 24 Feb., 1955, Iraq joined a mutual defense pact with Turkey to which Britain adhered, 30 Mar. The Anglo-Iraqi alliance of 1930 was abrogated.

ESTABLISHMENT OF THE REPUBLIC. Iraq was not exempt from the revolutionary fever current in the Middle East, and on 14 July, 1958, the monarchy was overthrown. King Faisal II and his prime minister, Nuri al-Sa'id, were killed and Iraq was made a republic. On 24 Mar., 1959, Iraq withdrew from the Baghdad Pact. In Mar. 1961 the 1st of a new series of Kurdish rebellions that were to continue for the next 5 years broke out. On 8 Feb., 1963, the government of Gen. Kassem was overthrown and Arif, a leader of the Ba'ath Party, became president. On 17 Apr., 1963, Iraq joined with Syria and Egypt in the National Socialist Union, and on 29 Apr., 1964, a new constitution came into being. In June 1966 a cease-fire with the Kurds was effected, and on 30 June, 1966, an attempted coup was put down.

Jordan

1945–68

CREATION OF THE KINGDOM OF JORDAN. On 25 Apr., 1946, the amir of Transjordan took the title of king, and on 15 Mar., 1948, he signed a treaty of alliance with Britain. During the Arab-Israeli War of 1948, Abdullah's forces occupied parts of what had been the Palestine Mandate, and he annexed this territory on 1 Dec., 1948. On 26 Apr., 1949, to underscore this new acquisition Transjordan became the Kingdom of Jordan. On 20 July, 1951, Abdullah was murdered, but the monarchy remained 1st under his son Talal and then under his grandson Hussein. On 2 Jan., 1952, a new constitution was promulgated. On 1 Mar., 1956, King Hussein, in a move to gain popular favor in the face of increasing criticism of Jordanian dependence on Britain, dismissed Gen. Glubb, the commander of the Arab Legion, and on 24 Oct. Jordan signed an agreement with Egypt and Syria which placed the armed forces of these 3 countries under an Egyptian commander in chief. On 7 Apr., 1957, there was an attempted coup against the king, but Hussein put this down, 10 Apr., thereby demonstrating the viability of the monarchy. The Iraqi revolution in July 1958 produced tensions in Jordan, and the British landed forces to protect the country against the threat of external interference, but they were evacuated within a short time.

ARAB-ISRAELI WAR OF 1967. Early in the summer of 1967 Jordanian forces were defeated by Israel, and in the course of the war Jordanian territory, including the old city of Jerusalem, was captured by the Israelis.

Syria

1945–68

POLITICAL INSTABILITY AND MILITARY COUPS. Governmental instability characterized the history of Syria in the postwar years, with a number of coups resulting in frequent changes in government. On 21 June, 1945, Syria, together with Lebanon, issued a declaration releasing all French citizens from service in the 2 countries, and French and British troops were withdrawn from Syria at the end of Apr. 1946. In July 1947, elections took place, but in 1949 there were 3 coups, resulting finally in a military dictatorship under Shishakli that lasted from 29 Nov., 1951, to 25 Feb., 1954. With the coming of a new regime the constitution, suspended in 1950, was restored, and elections held, Sept. 1954.

PARTICIPATION IN THE UAR. On 20 Oct., 1955, Syria signed a mutual-defense pact with Egypt, and on 1 Feb., 1958, in the face of the threat of growing Soviet influence in Syria, concluded a complete union with Egypt with the formation of the United Arab Republic. This union was not, however, a success, due largely to Syria's resentment at finding itself the junior partner in the arrangement and to Syrian dislike of Egyptian economic policies.

BREAKUP OF THE UAR. On 28 Sept., 1961, a coup by the Syrian army led to the dissolution of the United Arab Republic, and on 1 Dec. elections were held for a Constituent Assembly. A new series of coups in 1962 and 1963 led to the formation of a coalition government composed of army elements and members of the Ba'ath Party as well as other elements. A conflict within the Ba'ath Party itself between moderates and extremists has kept the political situation extremely fluid with constant reshuffling of governments.

Lebanon

1945–68

REVOLUTION OF 1952. Unlike its Arab neighbors, Lebanon enjoyed relative stability in the postwar years with 1 major exception. Foreign troops were withdrawn from the country by the end of 1946 and elections held in the spring of 1947. On 18 Sept., 1952, a bloodless revolution ousted President al-Khuri, who had been in office since 1943, and a new president was elected by Parliament. The distinctive feature of Lebanese government derived from the fact that due to the heterogeneous population it had always to be composed along strictly observed sectarian lines, with certain offices traditionally going to members of specified religious groups.

CRISIS OF 1958. The crisis that arose in Lebanon in 1958 occurred over the election of a new president and coincided with the Iraqi revolution. President Chamoun wished to amend the constitution to enable him to run for a 2nd term, a proposition contested by a loosely organized National Front, which included most of the Moslem leaders of the country as well as some Christians and supporters of Arab unity. Egypt supported the rebels, who gained control of not inconsiderable parts of the country. When the outbreak of the Iraqi revolution threatened to aggravate the situation even further, the U.S. acted to preserve Lebanese independence by landing marines on 15 July, 1958. Ultimately the president decided not to seek re-election, the American troops were evacuated, and a compromise candidate was agreed upon for the office. The sectarian system of government was maintained and continued to form the basis of Lebanese stability.

Arabian Peninsula

1945–68

SAUDI ARABIA. Saudi Arabia in the years after the war concentrated largely on the development of its oil resources and on a slow but perceptible process of political and social modernization. On 30 Dec., 1950, the agreement with Aramco was revised to give the government 50% of the company's profits, and in 1956 a government-owned oil company was formed to develop areas not included in the Aramco concession. On 2 Nov., 1964, King Ibn Saud abdicated in favor of his brother Faisal, to whom he had relinquished most of his power earlier in the year. From 1962 onward Saudi Arabia was involved in the conflict in the Yemen through its support of the Royalists there.

YEMEN. Despite several attempted coups the monarchy in the Yemen retained control until Sept. 1962, when a republican revolt broke out led by Col. Sallal. On 8 May, 1965, a republican constitution was proclaimed, but the conflict did not remain an internal one due to the support of the Royalists by Saudi Arabia and of the Republicans by Egypt. Various attempts to settle the question failed, notably at the Khartoum Conference in Sept. 1967, Egypt being anxious to withdraw its troops in the Yemen for possible use against Israel.

Israel

1945–68

ARAB-ISRAELI WAR OF 1948–49. The state of Israel was proclaimed on 14 May, 1948, the day on which Britain officially ended its mandate over Palestine, with Chaim Weizmann (1874–1952) as first president and David Ben-Gurion (b. 1886), prime minister. The new state was immediately invaded by armies from the surrounding Arab countries, but armistice agreements signed between Jan. and June 1949 left Israel in control of a great deal of Palestine. No peace treaties were negotiated, since the Arabs refused to recognize the existence of Israel. The history of Israel since its creation has necessarily been dominated by the fact that it is surrounded by hostile powers whose avowed purpose is to annihilate it.

SUEZ CRISIS OF 1956. Continuing raids by both Arabs and Israelis in the border areas marked the years after 1948, erupting into full-scale war in 1956, as a result of which Israel gained access to the sea through the Strait of Tiran. Over the course of the next decade the situation remained relatively quiet, although the Arabs made no secret of their firm intention to recapture Palestine.

ARAB-ISRAELI WAR OF 1967. On 5 June, 1967, in response to Egypt's blockade of the Strait of Tiran, Israel launched a series of campaigns against Egypt, Syria, and Jordan. In the lightning Six Days'

War, she administered crushing defeats on all 3, capturing considerable teritory and matériel. A cease-fire was arranged under UN auspices, but the problem remained unsolved, the Israelis refusing to give up the positions they had taken and the Arabs still unwilling to negotiate with a government whose existence they would not concede. Meanwhile fighting continued intermittently through 1968 along the new borders.

SOUTH AND SOUTHEAST ASIA

India

1947–58

SITUATION AT INDEPENDENCE. Britain partitioned her Indian empire into predominantly Hindu India and predominantly Moslem Pakistan. India's constitution provides for a federal system, with the central and state governments sharing power. The bicameral central Parliament consists of a House of the People and a Council of States. India's president is largely a ceremonial figure; real power rests in the prime minister, who heads a cabinet responsible to the House of the People.

ASSASSINATION OF GANDHI. Known worldwide for his championship of *Ahimsa* (nonviolence), Mahatma Gandhi (1869–1948) was a prime mover in India's struggle for independence. His appeal for mutual tolerance between Hindus and Moslems alarmed Hindu extremists, one of whom killed him, 30 Jan., 1948.

PANCHA SHILA. As the Cold War intensified, Indian Prime Minister Jawaharlal Nehru pursued a nonaligned foreign policy. At the same time, he worked to promote world peace on the basis of his 5 Principles of Peaceful Coexistence (*Pancha Shila*), endorsed in a joint statement by Chinese Premier Chou En-lai, 1950. In the postwar years India led a nonaligned bloc of states with considerable influence in international affairs.

COMMUNISM IN KERALA. The biggest surprise of the 1957 general elections was the victory of the Communist Party in the southern Indian state of Kerala. This victory was due more to superior organization than to massive popular support. Although the Communist regime did not pursue radical policies, Kerala's Congress Party, churches, and other groups launched a nonco-operation movement which paralyzed the government and forced Indian President Rajendra Prasad to suspend Kerala's government in 1959.

1959–68

SINO-INDIAN BORDER DISPUTE. The Sino-Indian border was never satisfactorily demarcated, and in 1959 military clashes erupted on the Himalayan frontier. A much more serious border crisis occurred in 1962, when Chinese troops staged a limited invasion of India. Continuing Chinese hostility forced India to rely increasingly on Soviet and American military aid, thus undermining Indian nonalignment. Prime Minister Nehru's death, 27 May, 1964, further diminished India's leading role in world affairs. His successor, Lal Bahadur Shastri (1904–66), was virtually unknown to the international community.

WAR WITH PAKISTAN. India fought 2 wars with Pakistan during 1965, 1 in the Rann of Kutch, the other in Kashmir. Militarily the struggles were inconclusive, but the Kashmir conflict led Soviet Premier Aleksei Kosygin to offer to mediate Indo-Pakistani differences at a summit conference in the Soviet city of Tashkent. The Tashkent Declaration, signed in Jan. 1966, pledged mutual withdrawal of forces from the battle zone and settlement of future Indo-Pakistani disputes without resort to force. As he prepared to return home from Tashkent, Prime Minister Shastri died suddenly of a heart attack. His successor was Nehru's daughter, Mrs. Indira Gandhi (b. 1917).

DECLINE OF CONGRESS PARTY. After governing India virtually unchallenged since independence, the Congress Party suffered a serious setback in the 1967 national elections. It barely retained a majority in the central Parliament, and in more than half of the states it actually lost its edge to opposition coalitions ranging broadly over the political spectrum. Regional and linguistic grievances, religious fanaticism, widespread poverty and hunger, and discontent with Congress' increasingly corrupt and ineffective leadership combined to produce the electoral debacle.

Pakistan

1947–60

WAR WITH INDIA. Pakistan achieved independence as a state consisting of 2 regions divided by 1,000 miles of Indian territory. Although both East and West Pakistan adhered to Islam, they differed greatly in geography and climate and in the ethnic and linguistic background of their peoples. The death in 1948 of Mohammed Ali Jinnah, Pakistan's founding father, deprived the new nation of a potent unifying symbol. Pakistan's difficulties were further compounded that year by an undeclared war with India over Kashmir, a state with a predominantly Moslem population and a Hindu ruling class. The Kashmir issue was debated in the UN Security Council, which in 1949 secured a cease-fire and partitioned Kashmir. Pakistan has insisted that India hold a plebiscite permitting the Kashmiris to choose between Indian and Pakistani rule, but India has consistently refused.

PAKISTAN, SEATO, AND CENTO. Pakistan's foreign policy has been motivated primarily by fear of Indian aggression. U.S. offers of weapons in return for Pakistani adherence to the SEATO and CENTO military alliances were therefore well received. Although Washington conceived of both SEATO and CENTO as vehicles for preventing Communist expansion, Pakistan's membership rested primarily not on anti-Communism but on the need for U.S. protection against India.

COUP OF 1958. Party rivalries, cabinet instability, and deterioration of law and order marked Pakistani politics and prompted the army in 1958 to stage a bloodless coup. Field Marshal Mohammed Ayub Khan became the dominant figure in the new military regime. In an effort to legitimize his government, Ayub in 1959 launched a Basic Democracies plan, providing for the direct election by universal suffrage of 80,000 so-called Basic Democrats who, in turn, would elect Pakistan's president. In 1960 the newly chosen Basic Democrats chose Ayub.

1961–68

DRIFT TOWARD CHINA. Securely in the western camp until 1962, Pakistan then expressed anxiety over large U.S. arms shipments to India in the aftermath of the Sino-Indian border war. Ayub feared these arms would eventually be used against Pakistan. Increasingly skeptical of SEATO's or CENTO's ability to protect her against India, Pakistan sought closer ties with China, most notably through a Sino-Pakistani border agreement signed in 1963. Nevertheless, Pakistan, still dependent on U.S. economic aid, retained membership in the western military pacts, and still outlaws her Communist Party.

GROWTH OF OPPOSITION TO AYUB. For the 1st time in her history, Pakistan in 1965 held direct presidential elections. Ayub was challenged by a coalition of opposition groups whose candidate was Miss Fatimah Jinnah, sister of Pakistan's founder. Ayub won handily, however, and the opposition failed to remain united after the voting. In 1968 rising separatist sentiment in East Pakistan and the growth of opposition sentiment in West Pakistan posed an increasing threat to Ayub's regime.

Ceylon

1948–59

INDEPENDENCE. Ceylon's 1st independent government was headed by Prime Minister Sir John Kotelawala's United National Party. The conservative-oriented UNP, which maintained close ties with the West, remained in power until 1956, its main opposition coming from Ceylon's Marxist groups.

COLOMBO PLAN. A meeting of British Commonwealth Foreign Ministers in Colombo, Ceylon, resulted in the Colombo Plan, a program of regional co-operation in economic aid and technical assistance. The Plan's members include the U.S., Britain, Canada, Australia, New Zealand, and Japan as donors and 17 Asian states as beneficiaries who use the aid for economic development projects.

COLOMBO CONFERENCE. In 1954, representatives from Ceylon, India, Pakistan, Indonesia, and Burma met at Colombo to devise plans to promote economic and political co-operation among themselves and to call for united efforts to preserve world peace. The 5 later sponsored the Bandung Conference, held in Indonesia in 1955. The 5 Colombo Powers, as they were called, gave a major impetus to Afro-Asian co-operation and for a time represented a significant bloc in international affairs.

DEFEAT OF UNP. Having ruled Ceylon since independence, the UNP lost the 1956 elections to the Sri Lanka Freedom Party, led by S. W. R. D. Bandaranaike. The SLFP governed in coalition with a leftist party as the People's United Front until 1959, when conservative SLFP members forced the leftists out of the government.

1960–68

RULE OF BANDARANAIKE. After Prime Minister Bandaranaike's assassination by a Buddhist monk, his widow replaced him in office. Because Mrs. Bandaranaike, the world's 1st woman prime minister, adopted increasingly radical policies, she lost so much support that in 1964 her SLFP was forced to form a coalition government with 3 Communist groups. Her radicalism, reflected at home by confiscation of foreign-owned industries and abroad by the loosening of many western ties in favor of friendship with Communist states, finally generated such opposition from moderates in her party that the government collapsed. The ensuing elections returned the UNP to power under Prime Minister Dudley Senanayake. He advocated a mixed socialist economy and a return to closer relations with the West.

LANGUAGE RIOTS. Friction between Ceylon's Sinhalese-speaking majority and Tamil-speaking minority had simmered since independence, but in 1966 a decision to permit use of the Tamil language for government business in Tamil areas led to bloody communal riots. A state of emergency was imposed; but the language issue, together with severe economic difficulties, remain the country's most acute problems.

Indonesia

1949–60

NATIONAL ELECTIONS. Indonesia's 1st national elections, 1955, gave the largest number of votes to the Nationalist Party and Masjumi (a Moslem organization), but the Indonesian Communist Party (PKI) captured 4th place. Since staging an abortive coup in 1948, the PKI had been obliged to moderate its tactics.

BANDUNG CONFERENCE. Indonesia's foreign policy remained neutralist, and the Bandung Conference, 1955, of 29 Afro-Asian nations marked her debut as a leader of the nonaligned world. Sponsored by the Colombo Powers, the conference condemned colonialism and urged international co-operation.

"GUIDED DEMOCRACY" AND REGIONAL REBELLIONS. Weak coalition governments and widespread political factionalism led to disillusionment with parliamentary democracy, which Sukarno called unsuitable for Indonesia. In 1957 he advocated "Guided Democracy," featuring a National Advisory Council with functional representation and an all-party cabinet, including Communists. Meanwhile, centrifugal pressures, always strong in Indonesia, exploded in 1958 in rebellions in Sumatra and Sulawesi directed against the Javanese-dominated central government. The army crushed the uprisings. In 1959 the Constituent Assembly rejected Sukarno's plan for "Guided Democracy," whereupon the president dissolved the Assembly by decree. The following year he suspended Parliament and replaced it with a "Mutual Cooperation" Parliament with functional representation. Sukarno formally inaugurated the new system in his Political Manifesto of 17 Aug., 1960.

1961–68

"LIBERATION" OF WEST IRIAN. In 1961 Sukarno severed diplomatic relations with the Netherlands for its failure to hand over West Irian, a part of the former Dutch East Indies, to Indonesia. Threatening to seize West Irian by force, Sukarno authorized guerrilla forays into the territory. When war between the Netherlands and Indonesia loomed, the U.S. intervened to mediate the crisis. In 1962 an accord stipulated that West Irian would revert to Indonesian hands on 1 May, 1963, following an interim UN administration.

CONFRONTATION WITH MALAYSIA. Countering western hopes that the acquisition of West Irian would satisfy Indonesia's nationalist ambitions, Sukarno announced, 1963, his intention to crush the new British-sponsored Federation of Malaysia. As in the case of West Irian, much of the impetus for the campaign came from the Communists, who had successfully exploited Sukarno's growing anti-western orientation to increase their influence in Indonesia. During the anti-Malaysia campaign, Sukarno, having alienated his western friends, pursued an increasingly pro-Chinese foreign policy which culminated, 1965, in Indonesia's withdrawal from the UN.

ABORTIVE COMMUNIST COUP OF 1965. On 30 Sept., 1965, the 3 m.-strong PKI, largest Communist Party outside the Communist bloc, staged an abortive coup which was crushed by the troops of Gen. Suharto. The result was a military takeover of Indonesia and a massacre of Communists.

ACCESSION OF SUHARTO. In Mar. 1966, having already been pressured into banning the Communist Party, Sukarno, whose own connection with the coup remained obscure, reluctantly signed over all executive powers to Suharto. In Mar. 1967, the Provisional People's Consultative Congress named Suharto acting president. Gravitation of political power to the army has been accompanied by concentration on Indonesia's desperate economic problems and abandonment of foreign adventures such as the Malaysian confrontation. Indonesia rejoined the UN, abandoned the Jakarta-Peking axis, and returned to a neutralist foreign policy. Meanwhile, Sukarno, though shorn of all real power, retained considerable popularity, especially in Java.

On 27 Mar., 1968, Suharto was elected president by the Consultative Assembly. Faced with renewed PKI guerrilla activity (stimulated by discontent because of inflation and rice shortages), the government began to concentrate its energies on a new anti-Communist military campaign.

Malaysia

1957–68

SITUATION AT INDEPENDENCE. After independence, 31 Aug., 1957, Malaya remained in the Commonwealth and permitted Britain to maintain military bases in the country. Independent Malaya was a federal state with an elective monarch (chosen by a conference of rulers for a 5-year term). The cabinet was responsible to a bicameral legislature. Malayan independence was a blow for the Communist rebels, who lost hope of exploiting anti-British nationalist feelings.

FEDERATION OF MALAYSIA. Fears that Singapore, with its predominantly Chinese population, would become an outpost of Peking led the British, 1963, to advocate merger between Malaya and Singapore (independent, 1959). Such a merger, however, would have given the Chinese a racial preponderance. The decision was therefore taken to include the British territories of Sarawak and Sabah in Borneo in the new Federation of Malaysia, along with Singapore. Born on 16 Sept., 1963, Malaysia was immediately threatened with extinction by Indonesia. Not until 1966, when a military regime replaced Sukarno, did a treaty end the undeclared war.

WITHDRAWAL OF SINGAPORE FROM THE FEDERATION. After only 2 years of merger, Singapore, for political and economic reasons as well as personal rivalry between Tengku Abdul Rahman of Malaysia and Lee Kuan Yew of Singapore, seceded from Malaysia, 1965. However, Singapore pledged co-operation with her neighbor in defense and economic matters.

Burma

1947–68

SITUATION AT INDEPENDENCE. After the proclamation of the Republic of the Union of Burma, 1947, and in return for a generous financial settlement from Britain and a British promise to supply military personnel to train Burma's army, Thakin Nu signed a treaty allowing Britain to use Burmese ports and airfields. Burma's constitution embodied a system of parliamentary democracy, cabinet responsibility to the legislature, and separate states or administrative divisions for Shans, Kachins, Karens, and other minority groups.

COMMUNIST REBELLION. A combination of opposition to the agreement with Britain and adherence to the new militancy advocated by the international Communist movement prompted Burma's Communists to rise in rebellion against the central government, 1948. Sporadic violence among Burma's minority groups further weakened the government.

MILITARY COUP OF 1958. Economic difficulties and minority grievances plagued Burma throughout the decade following independence. In 1958 the AFPFL, which still dominated the country's politics, split into 2 factions, of which that headed by U Nu remained in power. Nu, however, resigned and invited Gen. Ne Win to take over the government and pacify the country. Army rule, characterized by efficiency, honesty, and reduction of Communist and other insurgencies, was followed by free elections in 1960. U Nu's wing of the AFPFL won, but its inefficiency and weakness again imperiled national unity.

COUP BY NE WIN. Finally, Ne Win seized power in a military coup, 1962, which ended parliamentary democracy in Burma. He preserved the country from fragmentation along ethnic lines, but his vague ideal of "Burmese Socialism" did little to solve pressing economic problems. In foreign policy the military regime maintained strict nonalignment and pursued an increasingly xenophobic policy.

Vietnam, Laos, and Cambodia

1954–68

GENEVA ACCORDS. The Geneva Conference of 1954, attended by the major world powers and the Indochinese states, established a cease-fire and partitioned Vietnam into a Communist nation under Ho in the north and a French-supported state in the south, with elections to reunify the country scheduled for 1956. The Geneva Conference also dealt with the newly independent states of Cambodia and Laos, where Communists harassed the royal governments. The influence of both the Khmer Issaraks in Cambodia and the Pathet Lao in Laos was greatly curtailed, and the 2 nations committed themselves to neutral foreign policies.

RISE OF THE VIETCONG. Ngo Dinh Diem, who became South Vietnam's president in 1956, refused to hold national elections as stipulated by the Geneva Conference. Thus, the Communist Vietcong, seeing no hope of Vietnamese reunification while Diem ruled, plotted to overthrow his government. Beginning in 1957, the Communists assassinated large numbers of village and hamlet officials. In 1960 their efforts entered a new phase with the creation in Hanoi of the Front for the Liberation of the South and plans for concerted military action.

CIVIL WAR IN LAOS. Indigenous Communists continued to harass the neutralist government of Laos after the Geneva Conference. A triangular struggle among right-wing military forces, the neutralist government, and the Pathet Lao led to full-fledged civil war, 1961. At a new Geneva Conference, 1962, the world powers imposed a settlement along the lines of the 1954 accords, but its terms were not regarded as binding by the Pathet Lao.

ASSASSINATION OF DIEM. President Diem's autocratic regime alienated virtually every segment of South Vietnam's population. His overthrow by a military coup and assassination, 2 Nov., 1963, led to a long series of military juntas apparently more preoccupied in squabbling among themselves than in improving the lot of the peasantry or prosecuting the war against the Vietcong.

ESCALATION OF VIETNAM WAR. The U.S., which formerly had supplied arms, financial aid, and military advisers to South Vietnam, gradually assumed a major combatant role. During 1965, large numbers of American troops entered South Vietnam and U.S. planes began bombing North Vietnam (*pp. 591 ff.*).

Philippines

1946–68

U.S.-FILIPINO RELATIONS. Following Filipino independence, 4 July, 1946, the Philippines received tariff concessions on imports into the U.S., but in return had to accept a "parity clause" guaranteeing American businessmen equal rights with Filipinos to exploit the islands' natural resources. This provision generated much bitterness among Filipinos, as did the Military Bases Agreement, signed in 1947, which granted the U.S. a 99-year lease and full legal jurisdiction over several base complexes.

HUKBALAHAP REBELLION. Having led the anti-Japanese resistance in Luzon during World War II, the Communist Party of the Philippines (CPP) deeply resented the government's refusal to allow its leader, Luis Taruc, to occupy the congressional seat he won in postwar elections. President Manuel Roxas also failed to reach an agreement with the Communists to surrender their arms. In 1948 a full-fledged rebellion erupted, led by the Hukbalahaps, the military arm of the CPP. Two years later, Ramon Magsaysay was named defense minister and placed in charge of anti-Communist operations. Magsaysay intensified military action against the Hukbalahaps, but simultaneously launched a land-reform program to free peasants from the abuses of landlordism. Such measures, coupled with a well-timed police raid on Communist headquarters in Manila, forced the insurgents underground by 1952. Elected president in 1953, Magsaysay continued his agricultural reforms, but they did not survive his death in a plane crash, 1957.

MANILA PACT AND SEATO. Having maintained close links with the U.S. after independence and with the memory of Communist insurgency fresh in mind, the Filipino government welcomed the creation of the Southeast Asia Treaty Organization (SEATO), inaugurated by the Manila Pact, Nov. 1954. Later, left-wing Filipinos advocated renunciation of SEATO and a more independent foreign policy, but Manila continued to support U.S. policy in Asia.

RENEWAL OF COMMUNIST TERRORISM. Although it was outlawed in 1957, the CPP emerged from underground, 1965, to recruit peasant support, denounce the corruption-ridden government, and exploit anti-American sentiment among left-wing students, intellectuals, and others. Hukbalahap terrorists assassinated or threatened many provincial and local officials and big landlords.

CONTROVERSY OVER SABAH. In 1968 the Philippines became embroiled with Malaysia in a war of words over the state of Sabah (formerly North Borneo). The Filipino government claimed the area because Sabah was at one time part of a region the remainder of which is now within the Philippines.

Thailand

1945–68

RULE OF PRIDI. After World War II, Pridi and his colleagues dominated Thai politics. Political instability and widespread corruption and smuggling, however, discredited civilian government. The mysterious death, moreover, of the young king of Thailand, 1946, raised speculation about Pridi's possible complicity.

MILITARY COUP OF 1947. When P'ibun staged a military coup in 1947, he claimed to have saved Thailand from a Communist and republican take-over. Elections in 1948 gave him a mantle of legitimacy both at home and abroad. In 1949 Pridi, backed by some military men, sought to oust P'ibun's regime and reinstate civilian government. When the coup failed, Pridi fled to China.

THAI ACCESSION TO SEATO. In response to police allegations, 1952, of a Communist plot to overthrow the government, P'ibun authorized the arrest of hundreds of resident Chinese and a ban on Chinese newspapers and schools. The regime also promulgated an Un-Thai Activities Act forbidding Communist activity. Thailand's anti-Communism was reflected in foreign policy by adherence, 1954, to SEATO, which established its headquarters in Bangkok.

EXPERIMENT WITH DEMOCRACY. In 1955 P'ibun suddenly announced that democracy would be permitted in Thailand. This decision was due to a combination of factors: a recent trip by P'ibun to the U.S. and Britain, an attempt to gain popular support, and a softening attitude toward China due to Chou En-lai's warmth at the Bandung Conference.

RETURN TO MILITARY GOVERNMENT. Elections held under the new multiparty system, 1957, gave the government a bare majority, but it was widely accused of ballot rigging. When opposition reached threatening proportions, the government declared a national emergency, which ended political democracy in Thailand. Later that year, Gen. Sarit Thanarat staged a bloodless coup, dissolved the legislature, and suspended the constitution. An army-led coalition government was formed, but in 1958 Sarit staged another coup and assumed power at the head of a military junta. His regime renewed suppression of the Communists and other opposition groups.

U.S. GUARANTEE TO THAILAND. Disturbed by Communist successes in the Laotian civil war across Thailand's frontier, Thai Foreign Minister Thanat Khoman signed a joint statement with U.S. Secretary of State Dean Rusk, 6 Mar., 1962, guaranteeing Thailand's security and territorial integrity and pledging U.S. protection of the country from armed attack or "indirect aggression." Two months later, as the Laotian situation deteriorated further, the U.S. landed a marine contingent in Thailand.

COMMUNIST INSURGENCY. As the Vietnam War intensified, the U.S. made increasing use of its military bases in Thailand, while the Thais sent troops to South Vietnam. Such actions angered Peking, which in 1965 announced creation of a Thai Patriotic Front dedicated to the overthrow of the Bangkok regime and elimination of U.S. influence from Thailand. The Communist threat became particularly strong in the northeast, Thailand's most underdeveloped area, whose residents are ethnically similar to the Lao peoples across the Mekong River. In 1967 the military took over complete control of the anti-Communist campaign in the northern provinces, and martial law was declared, 1 Dec., in 5 central and southern provinces.

AUSTRALASIA

Australia

1945–68

POSTWAR POLICIES. On 5 July, 1945, Joseph B. Chifley replaced John Curtin as prime minister. Labour remained in office until 1949, running the country according to principles far different from those employed by prewar governments. The almost immediate achievement of full employment resulted from a sharp increase in consumer demand and not from a healthy balance among various types of industries or from an adequate supply of basic services supporting production growth. As a reaction against having been attacked, Australia was now determined to sustain her position by rapidly increasing her economic strength and by building up her population by encouraging the flow of immigrants from Europe. Though aware of changes in Europe, the Australian government was much more concerned with her neighbors to the north, and Labour's general reaction was to view the rising anticolonialism of the new Asian nations in terms of nationalism rather than Communism, even at the risk of alienating the former colonial powers.

LABOUR PARTY–COMMUNIST CLASH. The Australian Communist Party, having followed a prowar policy, had won control of several important unions, though its numbers remained small. These unions antagonized the Labour government by employing the strike weapon to settle disputes rather than by using the available arbitration machinery. The Communist-inspired strike in the New South Wales coal mines, 1949, brought swift government retaliation. Public reaction to the economic chaos caused by the coal strike and also to Chifley's unsuccessful attempt to nationalize the banks resulted in a victory for the Liberal-Country Party coalition in the 1949 general election.

THE MENZIES ERA. Under Robert G. Menzies (prime minister, 1949–66), Australia entered a new era. To promote economic growth Menzies did not hesitate to borrow abroad. Although in the 1950's there were 3 periods of inflation and 3 of recession, the general trend of the national income was upward. Employment, especially in the steadily growing industrial sector, remained full, and Menzies remained in office. He dealt with the 2 important issues which had defeated Labour by satisfactorily regularizing relations between the Commonwealth Bank and the private trading banks, and by proposing to proscribe the Communist Party. Fearing gross infractions of the civil liberties of all citizens as a consequence of an attempt to silence one group, Labour successfully fought the proscription attempt, but anti-Communism was not thereby abated or the Communist cause noticeably advanced. Though accused of favoring the Communists and badly split when a large Roman Catholic element set up a splinter Democratic Labour Party, Labour candidates gained 15 more seats in the House in the 1961 elections, reducing the Liberal-CP majority to 2.

FOREIGN AFFAIRS. For Menzies Australia's relations with Britain were of primary importance, and next to them her relations with the U.S. But as the postwar world changed, the Australian government's foreign policy changed likewise to meet new demands. The Commonwealth had to sustain its own position, especially in regard to the U.S. and Asia, and with less dependence on Britain than before the war. Thus Australia refused to recognize mainland China (though Britain did so), was the first UN member to join the U.S. in the Korean War, and sent troops to Vietnam.

On 20 Jan., 1966, Menzies retired and was succeeded as prime minister first by Harold E. Holt (1908–67) and then by John H. Gorton (b. 1911). There has been little change in the government's internal or external policies.

New Zealand

1945–68

INDUSTRIAL RELATIONS. In Feb. 1945 the government substantially altered New Zealand's 3-year-old wage stabilization plan by allowing labor unions dissatisfied with existing wages and scales to apply to arbitration courts for review.

LABOUR VICTORY OF 1946. On 27 Nov., 1946, the Labour government was re-elected, winning 42 parliamentary seats to the National Party's 38.

ECONOMIC POLICY. In Sept. 1947 New Zealand extended butter and meat rationing into 1948 to permit maximum exports to Britain. In Aug. 1948 New Zealand restored currency parity with Britain. In Sept. meat rationing was abolished, with only butter and gasoline remaining. (Butter rationing ended on 4 June, 1950.) New Zealand had record trade totals for the year ending 30 June, 1948. In Sept. 1949 the New Zealand pound was devalued from U.S. $4.03 to $2.80.

NATIONAL PARTY REGIME. In elections held 30 Nov., 1949, Labour (in power 14 years) lost control of Parliament when the National Party won 46 seats to Labour's 34. On 13 Dec. Sidney George Holland (1893–1961), leader of the National Party, became prime minister. In June 1950 Holland announced that the Legislative Council, the upper house of Parliament, would vote itself out of existence after he appointed enough new members to give his National Party a Council majority. Elections in Sept. 1951 increased the National Party's strength—50 seats to Labour's 30. In the Nov. 1954 parliamentary elections, the National Party won 43 seats to Labour's 37. On 20 Sept., 1957, Holland resigned as prime minister because of poor health and was succeeded by Deputy Prime Minister–Agriculture Minister Keith Jacka Holyoake (b. 1904).

LABOUR VICTORY OF 1957. In Nov. 1957, Labour won the general elections, and Walter Nash (1882–1968) was sworn in as prime minister, 12 Dec. In Jan. 1958 Nash imposed licensing controls on all imports because New Zealand's foreign-payment deficit had increased from $11.2 million in Sept. 1956 to $84 million in Sept. 1957. In Sept. 1959, the government announced a $114-million trade surplus for the year ended 30 June, due to heavy U.S. purchases of beef and wool.

ACCESSION OF HOLYOAKE. In Nov. 1960, Nash's Labour Party was defeated by the National Party led by ex-Prime Minister Holyoake. The National Party won 45 seats to Labour's 35. On 1 Dec., 1963, Holyoake's National Party won another 3-year term, and in 1966 Holyoake won his 3rd 3-year term, indicating public endorsement of his policy of sending combat troops to Vietnam. In 1967, the New Zealand currency was devalued by nearly 20% in response to British devaluation.

Patterns of Regional Organization

THE MOVEMENT FOR EUROPEAN UNITY

1946–54

EARLY PROPOSALS. European union had been discussed among European resistance leaders during the war and by the governments in exile in London. Speaking in Zurich, 19 Sept., 1946, Churchill called for a United States of Europe, with Britain as a sponsor rather than a member. European socialists, especially Paul-Henri Spaak (b. 1899), supported closer union, but British socialists were unenthusiastic. In June 1946 Churchill launched the United Europe Movement.

CONGRESS OF EUROPE. In Dec. 1947, most of the movements for European unity formed the International Committee of the Movements for European Unity; among these were Churchill's United Europe Movement, the European Union League led by Paul van Zeeland (b. 1893), the European Union of Federalists led by Henri Brugmans (b. 1906), the Nouvelles Équipes Internationales of Robert Bichet (b. 1903), the Socialist Movement for a United States of Europe of Bob Edwards (b. 1906), and the European Parliamentary Union founded on the initiative of the veteran proponent of European unity, Count Coudenhave-Kalergi (b. 1894). The committee convened a "Congress of Europe" at The Hague, 7–10 May, 1948, with 713 participants from 16 countries, including Churchill, de Gasperi, Spaak, and Robert Schuman; it called for an economic and political union of Europe and the creation of a consultative assembly of European parliamentarians and a European Court of Human Rights. These proposals were studied by the Brussels Treaty Permanent Council, while the U.S.A. announced its support for European union.

COUNCIL OF EUROPE. Belgium and France proposed a parliamentary assembly, but Britain rejected this, proposing instead an intergovernmental council of ministers. Meanwhile, the International

Committee formed the European Movement, 25 Oct., as a permanent unofficial group to promote European unity. The British reluctantly agreed to the idea of an Assembly. On 5 May, 1949, the statute creating the Council of Europe was signed by 10 powers in London; it set up a parliamentary Consultative Assembly and a Committee of Ministers meeting in Strasbourg. The Consultative Assembly, whose 1st president was Spaak, attempted at once to strengthen the supranational nature of the Council, but British and Scandinavian members opposed such moves. A European Convention on Human Rights was signed, 4 Nov., 1950, creating a Court and a Commission, and granting the right of individual recourse.

MARSHALL PLAN. On 5 June, 1947, Gen. George C. Marshall, in a speech at Harvard, invited European countries to draw up a recovery program, promising American aid in implementing it. Bevin, Molotov, and Bidault met to discuss the offer 27 June–3 July, but could not agree, Molotov rejecting a collective approach. Britain and France invited other European states to meet to prepare a joint program; 14 non-Communist states attended the Paris Conference, July. The Conference set up a Committee on European Cooperation to construct a joint 4-year program of needs, resources, and requirements; this report was adopted, 22 Sept., and sent to Washington. On 15 Jan., 1948, Britain and France proposed creating a permanent organization to harmonize action; on 16 Apr., 16 countries participating in the European Recovery Program signed the Convention creating the Organization for European Economic Cooperation (OEEC). From 1948 to 1952 OEEC distributed $12 billion of American aid.

EUROPEAN COAL AND STEEL COMMUNITY. On 9 May, 1950, French Foreign Minister Robert Schuman made public a detailed proposal worked out by Jean Monnet (b. 1888) for placing French and German coal and steel under a High Authority which would have directly binding powers, the agreement to be open to other European states. Benelux (the economic union of Belgium, the Netherlands, and Luxembourg, formed 29 Oct., 1947), Italy, and Germany welcomed the plan; the British stood aloof. Within continental Europe, only the Gaullists, Communists, and German Socialists opposed the idea. In the ensuing negotiations among the 6 countries, a Council of Ministers to represent the states was added to the plan. The Treaty of Paris creating the European Coal and Steel Community (ECSC) was signed, 18 Apr., 1951. The High Authority of 9, appointed by but not responsible to the member states, took office under Jean Monnet as president, 10 Aug., 1952; a Common Assembly of 78 parliamentarians designated by each Parliament was empowered to discuss the work of the Community; a Court of Justice adjudicated treaty disputes; and a Consultative Economic and Social Committee advised the Authority. By May 1953 the Common Market in coal and steel was effective.

EUROPEAN DEFENSE COMMUNITY. With the outbreak of the Korean War, the U.S. sought the raising of 12 German divisions. On 11 Aug., 1950, Churchill proposed the creation of a European army; Reynaud, Adenauer, and Schuman supported it. Pressure grew, especially after the adoption, Sept., of a "forward" strategy by NATO. In an effort to prevent the creation of an autonomous German army, René Pleven (b. 1901) proposed, 24 Oct., the creation of a European Defense Community (EDC), on the lines of the ECSC. Benelux, Italy, and Germany accepted. Negotiations led to the signature of the Treaty of Paris instituting EDC, 27 May, 1952; it provided for organs similar to those of ECSC and for the integration of the 6 armies.

EUROPEAN POLITICAL COMMUNITY. On 30 May, 1952, the Common Assembly asked the governments of the 6 to prepare the draft of a European Political Community as foreseen in the EDC Treaty. The 6 foreign ministers invited the Common Assembly to draft such a treaty, 10 Sept.; adding representatives of other member states of the Council of Europe, it formed an Ad Hoc Assembly, presided over by Spaak, which presented its draft for a "European Community," 10

Mar., 1953; it proposed a People's Chamber, directly elected, and a Senate representing the states, an Executive Council responsible for general administration, a Council of national ministers to harmonize national and European policies, a Court of Justice, and an advisory Economic and Social Council. The proposed community would absorb the functions of EDC and ECSC. The other 5 ratified EDC, but when it was put to the French National Assembly, it was rejected on a technicality, 30 Aug., 1954. Both EDC and EPC therefore died.

1954–68

WESTERN EUROPEAN UNION. Following the French Assembly's action, Eden at once called a conference in London of the 6, Britain, the U.S.A., and Canada, 28 Sept.–3 Oct. Britain declared her willingness to maintain British troops on the Continent. The Conference re-

sumed in Paris, 20–23 Oct., and resulted in the Paris Agreements. These restored German sovereignty; allowed controlled rearmament of Germany; admitted Italy and Germany to a revised Brussels Treaty (renamed Western European Union); prohibited Germany from manufacturing atomic, bacteriological, or chemical weapons; and established a European Statute for the Saar. (The Statute was rejected by the Saar voters, 23 Oct., 1955, and the Saar was incorporated in Germany, 1 Jan., 1957.)

EUROPEAN ECONOMIC COMMUNITY. In May 1955 the Common Assembly called on the 6 to proceed with economic union. The foreign ministers met at Messina, 1–2 June, and endorsed the idea of economic integration and an atomic energy community. An intergovernmental committee (Spaak Committee) was formed and reported in Apr. 1956. Pressure was also brought to bear by the Action Committee for the United States of Europe, founded by Monnet, 18 Jan., 1956. The ministers approved the report and the Spaak Committee prepared a draft treaty. The resultant Treaty of Rome was signed, 25 Mar., 1957, and entered into force, 1 Jan., 1958. It provided for a European Economic Community (EEC); for the gradual elimination over 12 to 15 years of all tariffs among the Six, and the introduction of a common external tariff; for the making of common agricultural, social, trade cycle, transport, and energy policies; and for the free movement of labor, capital, and services. It created a Council of Ministers, an independent Commission of 9, and an enlarged Common Assembly of 142 with powers of discussion. The ECSC Court of Justice became that of the EEC. A European Development Bank to aid underdeveloped areas of the EEC and a European Investment Bank to assist the associated territories of the EEC (colonies of France, Belgium, and the Netherlands) were established. A separate treaty set up the European Atomic Energy Community (Euratom). Walter Hallstein (b. 1901) was named president of the EEC Commission and Louis Armand (b. 1905) president of the Euratom Commission. Both organizations settled in Brussels.

EUROPEAN FREE TRADE ASSOCIATION. In July 1956 Macmillan proposed to the OEEC that it investigate the creation of an industrial free trade area. A working group reported its feasibility, Jan. 1957. In Sept. negotiations began among the OEEC members in a committee chaired by Reginald Maudling (b. 1916). The French were cool to the proposal, and in Nov. 1958 they declared it impracticable, thus ending the negotiations. The British canvassed the idea of a free trade area without the 6, and 7 states (Austria, Britain, Denmark, Norway, Portugal, Sweden, and Switzerland) signed the Convention of Stockholm, 20 Nov., 1959, creating the European Free Trade Association; a progressive reduction of industrial tariffs among the members was to be instituted. The organization was based in Geneva; the 1st 20% tariff reductions were made on 1 July, 1960.

BRITISH ATTEMPT TO JOIN EEC. The 1st EEC tariff reductions were made on 1 Jan., 1959. By July 1960 duties had been reduced to 80% of their 1958 level, and a decision was made to speed up further cuts and also the institution of a Common External Tariff. On 10–11 Feb., 1961, after a series of bilateral meetings, the heads of government of the 6 met in Paris to discuss political union. They set up a commission headed by Christian Fouchet (b. 1911) to outline proposals. At a 2nd meeting in Bonn, 18 July, they instructed the Fouchet Committee to draw up a formal draft. On 31 July, Macmillan announced that Britain would open negotiations with a view to joining EEC. Denmark and Ireland did likewise, Aug. The British negotiations opened on 10 Oct., Edward Heath leading the British team. The Fouchet Committee presented its plan, Nov., proposing a Union of European States, with frequent regular meetings of heads of government and foreign ministers, acting unanimously; other states might be admitted by unanimous decision. In Dec. the European Parliamentary Assembly called for the inclusion in the plan of a secretary general with powers of initiative and direct elections to the Assembly. After prolonged discussions, the 6 agreed, 14 Jan., 1962, on the broad lines of a common agricultural policy and passage to the 2nd stage of the treaty. Discussions on political union continued, but on 17 Apr., following a British request in the Western European Union Council to take part in them, Belgium and Holland refused to accept a revised French draft plan, and declined further discussions without British participation, which the French in turn rejected. The British negotiations continued, the British insisting on safeguards for their agriculture, Commonwealth trade, and their EFTA partners. De Gaulle made a state visit to Germany, 4–9 Sept. In a press conference, 14 Jan., 1963, de Gaulle stated that he did not deem Britain ready to join the EEC; the negotiations were adjourned, *sine die,* 29 Jan.

DEVELOPMENT OF EEC. On 22 Jan., 1963, de Gaulle and Adenauer signed a Franco-German Treaty of Co-operation, providing for semi-annual meetings of heads of government and more frequent meetings of other ministers. The Bundestag attached a preamble to it on ratification, reiterating Germany's commitment to NATO and belief in British membership in the EEC. On 20 July the 6 signed the Convention of Yaounde with 18 associated states of the EEC, to run to 1969. In Sept., Nigeria asked for association negotiations; the association agreement with Turkey was signed, 12 Sept. On 24 Sept, Tanganyika, Uganda, and Kenya requested negotiations, on 18 Oct. Tunisia, and on 14 Dec. Morocco. On 23 Dec. the Council agreed on basic regulations for certain agricultural products. On 5 Feb., 1964, negotiations opened with Algeria. In a decision, 15 July, the Court of Justice recognized the primacy of Community law over national law. In Sept., the Commission proposed "Initiative 64" to speed up the customs union and remove other trade barriers. On 15 Dec., the Council finally agreed on common cereal prices, the heart of the agricultural policy, to be effective 1 July, 1967. On 19 Mar., 1965, negotiations on membership began with Austria. On 8 Apr., a treaty was signed for the merger of the executives of the ECSC, EEC, and Euratom. On 30 June, following disagreement on the financing of the agricultural policy, the French decided to boycott Community activities. The crisis was resolved, 28–29 Jan., 1966, when France agreed to resume participation after agreement to disagree on the question of majority voting. On 16 July the association agreement with Nigeria was signed. On 8 Feb., 1967, the Council adopted the 1st medium-range economic program. British Prime Minister Harold Wilson made a new bid to join EEC, 11 May. On 17 May de Gaulle virtually ruled out the possibility of British membership in the foreseeable future.

WESTERN HEMISPHERE CO-OPERATION

1945–68

REGIONAL ORGANIZATION BEFORE WORLD WAR II. "Pan-Americanism," a term much in use before World War II, referred specifically to regional organization which included both the U.S. and Latin America (as distinct from a "Latin Americanism" which concerned Latin nations exclusively). The history of Pan-Americanism dates from the 1st International Conference of American States, 2 Oct., 1889–19 Apr., 1890, which instituted a "Commercial Bureau," renamed the "Pan American Union" in 1910. This limited machinery for diplomatic and economic co-operation could serve no multilateral function, confronted by the overwhelming preponderance of power asserted by the U.S., especially in the Caribbean, 1890–1930. The system was powerless to stop several intraregional conflicts in the interwar period, notably the bloody Paraguay-Bolivia Chaco War, 1932–35. In the early 1920's Latin nations tried, unsuccessfully, to use the League of Nations as an institutional counterweight to the regional organization, which, by the time of the Havana Conference, 1928, they were openly denouncing as a State Department puppet.

U.S. GOOD NEIGHBOR POLICY. Franklin Roosevelt rejuvenated the North-South relationship, ending unilateral U.S. intervention (Montevideo Conference, Dec. 1933), laying foundations for economic co-operation (e.g., Export-Import Bank, 1934), and involving Latin nations in hemispheric defense during World War II (Havana Conference, 1940).

PAN AMERICAN CONFERENCES. Following World War II the range of U.S.-Latin American co-operation broadened, with the periodic grandiose Pan American conferences (the last held in Caracas, 1954) gradually replaced by more frequent and specialized contacts, diplomatic, cultural, military, and economic. Nevertheless, inter-American regional organization remained weak, providing neither the collective security desired by the U.S. nor the economic development wanted by Latin America.

ORGANIZATION OF AMERICAN STATES. U.S. involvement in World War II and the Cold War ended whatever basis the old Pan-Americanism possessed—a common New World isolationism from Europe. The U.S. inevitably saw Latin America as one part of its worldwide commitment. It conceived of regional organization primarily in terms of collective security, with the Rio Pact for mutual defense (2 Sept., 1947) and the Organization of American States (OAS, created Mar. 1948) as its instruments. Latin American nations, the long fight for the principle of nonintervention fresh in their memories, resisted this initiative. They remained largely unresponsive to U.S. appeals for OAS action on Korea, Mar. 1951, Guatemala, Mar. 1954, and Cuba, 1960 onward. In 1965 the U.S. demonstrated its lack of confidence in multilateral military action when it unilaterally invaded the Dominican Republic, 28 Apr., in direct violation of the OAS Charter, only afterward requesting creation of an OAS peace force, which came into existence, 6 May.

ECONOMIC CO-OPERATION. Through the 1950's Latin nations worried less about an external threat from Communism than an internal one from pressing social and economic problems. The violent Latin response to the good-will tour of Vice-President Richard Nixon, 27 Apr.–15 May, 1958; the proposal of "Operation Pan America" by Brazilian President Juscelino Kubitschek, June 1958; and the victory of Fidel Castro in Cuba, 1 Jan. 1959, finally spurred the U.S. to a new kind of regional co-operation. On 29 Dec., 1959, it supported establishment of an Inter-American Development Bank, with $1 billion capitalization. By the Act of Bogotá, 12 Sept., 1960, the U.S. endorsed Latin American social reform and statist economic planning.

ALLIANCE FOR PROGRESS. Proposed, 13 Mar., 1961, by President John F. Kennedy, and chartered at Punta del Este, Uruguay, 17 Aug., 1961, the Alliance for Progress committed the nations of the Americas to a $100 billion 10-year program of tax and land reform and a projected 2.5% annual economic growth. Of the $100 billion, the U.S. pledged $20 billion, with $11 billion of this from government funds at low interest. The results have not been encouraging. Few Latin governments have had either the technical expertise to implement national economic planning or a real commitment to social reforms. For its part, the U.S. has appeared less concerned with social justice than social stability. Despite the creation of an Inter-American Committee for the Alliance, Jan. 1964, the *Alianza* has remained essentially a foreign aid program, based on bilateral bargaining between individual Latin nations and the U.S.

LATIN AMERICANISM. Although efforts were made in the 19th cent., there was no significant intra–Latin American co-operation until the 1960's. Then it was not so much cultural similarities that brought Latin nations together as a common economic dilemma. Through the 1950's the UN's Economic Commission for Latin America (ECLA, headed, 1950–63, by the Argentine, Raúl Prebisch) made them aware of their deteriorating position vis-à-vis the advanced manufacturing nations. Latin America's terms of trade declined by 21% between 1950 and 1962. What was desirable for the developed countries was not necessarily beneficial to them: stripped of protection under the tariff reductions approved by GATT (General Agreement on Tariffs and Trade), intraregional Latin trade dropped from 12.1% of total exports in 1955 to 7.1% in 1961. With the example of the thriving European Economic Community before them, Latin America turned to economic integration.

CENTRAL AMERICAN COMMON MARKET. In the century and a half following independence from Mexico, 1823, 25 unsuccessful formal efforts were made to reintegrate the Central American countries politically. In Dec. 1960, turning to economic co-operation, Guatemala, El Salvador, Nicaragua, and Honduras (joined by Costa Rica, July 1962) signed at Managua, Nicaragua, a General Treaty establishing a customs union. With the elimination of tariff barriers between one another (on 85% of tariff items by mid-1965), intraregional trade rose from $32.7 m. in 1960 to $136.0 m. in 1965. The creation of a common external tariff was 70% complete (by value) by 1966. Some progress had been made on integrated economic planning.

LATIN AMERICAN FREE TRADE AREA. The Treaty of Montevideo (ratified 2 May, 1961) created a free trade area (LAFTA) between Argentina, Brazil, Chile, Mexico, Paraguay, Peru, Uruguay, Colombia (30 Sept., 1961), and Ecuador (3 Nov., 1961), determined "to establish, gradually and progressively, a Latin American common market." This broader commitment was strengthened by the Latin nations at Punta del Este, Apr. 1967, and there endorsed by the U.S., which, although not directly included, stood to gain greatly from expanded markets for U.S.-owned subsidiaries. The gradual elimination by 8% per year of internal tariffs raised intra-LAFTA trade from $299 m. in 1961 to $588 m. in 1964, but Argentina alone reaped almost half this gain. By 1967 LAFTA had achieved neither a common external tariff nor significant economic complementarity and integration. An "Andean Group" (Colombia, Chile, Venezuela, Peru, and Ecuador) was created by the Declaration of Bogotá, 16 Aug., 1966, to counterbalance the economic weight of the 3 largest Latin countries, Brazil, Mexico, and Argentina.

PAN-ARABISM

1945–68

NATURE OF PAN-ARABISM. Pan-Arabism, although it had its roots in the 19th and early 20th cents., is, in political terms, largely a creation of the years since 1945. What began primarily as a cultural movement in the mid-19th cent. and received further stimulus from the Pan-Turkic policy of the Ottoman Empire after the Young Turks' revolution of 1908, emerged as a more recognizably political movement in the mid-1930's mainly as a result of the Palestine Question. The basic components of Pan-Arabism had long been present: a common language and culture as well as a glorious past, the memory of which still produces a strong emotional response. In its early stages, however, Pan-Arabism remained little more than a vague attachment to a culture and language and lacked a concrete program. The first objective of Pan-Arabism was freedom from foreign control, and it was not until the Arabs had attained independence from Ottoman and European overlordship that there could be any real attempt to make Pan-Arabism a meaningful basis for unity within the Arab world.

FORMATION OF THE ARAB LEAGUE. The attempts to make Pan-Arabism a reality have taken several different forms. The earliest and most long-lived of these was the creation of the Arab League, 22 Mar., 1945. Composed originally of 7 states, it has grown to include 13 Arab countries of the Middle East and North Africa. It was envisaged as an organization through which the members could co-ordinate their political activities and make decisions on Arab affairs. The power of the League was limited from the beginning, however, by the proviso that its decisions were only binding on those members who accepted them. The success of the Arab League as an instrument of Pan-Arabism has been confined largely to the nonpolitical sphere. During the Palestine war of 1948 there was dissension in its ranks because of the determination of Jordan to annex parts of what had been Palestine, and the Arab military effort against Israel met with defeat. The armies of the various Arab states participating in the war were unable to co-operate effectively.

ARAB LEAGUE POLICIES. On the positive side the Arab League adopted a cultural treaty, 27 Nov., 1945, providing for exchanges of professors and students and for translations of texts and co-operation between scientists and writers of member countries. In 1950 a joint defense and economic co-operation treaty was signed, and in 1954 an Arab postal union was set up. Jan. 1959 saw the creation of an Arab Development Bank and further economic ties were established, Jan. 1965, with the creation of an Arab common market. The Arab League has also held conferences on common problems such as the division of the Jordan waters. There have, however, been continuous quarrels among its members, leading in some cases to temporary withdrawals from the League, such as those of Iraq and Egypt.

LEADERSHIP OF NASSER. With the emergence of Gamal Abdel Nasser in Egypt after the revolution of 1952, Pan-Arabism found its most powerful exponent. As the spokesman of the Pan-Arab ideal, Nasser had no rival. His personal charisma, coupled with his notable success in dealing with the West, made him the natural leader of the Pan-Arab movement, but even he was unable to preserve for long the ephemeral unions created with Syria in 1958 and with Syria and Iraq in 1963. The United Arab Republic, created by the merger of Syria and Egypt, lasted only until 1961, when Syria withdrew, having disliked the imposition of Nasser's economic policies, which were ill-suited to the Syrian economy, and resenting the almost totally Egyptian personnel and orientation of the regime. In the case of the UAR practical considerations proved too powerful for Pan-Arab feeling to overcome. The union of the monarchies of Iraq and Jordan, which occurred almost immediately after the formation of the UAR in Feb. 1958, was also short-lived and vanished in the Iraqi revolution of July 1958.

INFLUENCE OF THE BA'ATH PARTY. The projected union of Egypt, Syria, and Iraq, 1963, brought into play the conflict between Nasser and the Ba'ath Party, a socialist organization founded in 1940 and having branches in several Arab countries. At the moment of union, Apr. 1963, the Ba'ath was in power in Syria and Iraq and on good terms with Nasser, and it seemed that the union might have some chance of success. This situation did not last, however, and the union was never implemented. In addition conflict within the Ba'ath organization itself, both in Syria and Iraq, weakened the party's position as a potential basis for Pan-Arab unity. Ba'ath theoreticians have attempted to formulate an ideology for the Pan-Arab movement, but the party has not been able to attain and hold onto political leadership.

PAN-AFRICANISM

1945–58

PAN-AFRICAN CONGRESSES BEFORE WORLD WAR II. The idea of pan-Africanism had its origins in the Western Hemisphere, among black men living in the United States and the West Indies. The 1st Pan-African Congress was convened in London, 1900, by H. Sylvester Williams, a lawyer from Trinidad. About 30 delegates from Britain, the West Indies, and North America met together to express their solidarity as black men in the face of white oppression in America and Africa. They addressed a protest to Queen Victoria about British expansion into African land in Central Africa. It was at this congress that the American intellectual, W. E. B. Du Bois, made his well-known prediction: "The problem of the twentieth century is the problem of the color line."

The 2nd Pan-African Congress met in Paris, 1919, during the Peace Conference. Fifty-seven representatives from the U.S., the West Indies, and various African colonies came together under Du Bois' leadership. This congress adopted resolutions calling for laws to prevent exploitation of Africans and asserting the right of Africans to participate in the government of their own countries.

In 1921, Du Bois presided over the 3rd Pan-African Congress, which met in 3 sessions in London, Brussels, and Paris. The delegates now numbered 113, but the majority were still from America and Europe. The conference called for increased local self-government in colonies and recognition of the equality of all races. These demands were reiterated at the 4th Pan-African Congress in London and Lisbon, 1923. A 5th Congress met in 1927 in New York; it was the last meeting led directly by Du Bois.

PAN-AFRICAN FEDERATION. During World War II, Britain became the center of pan-Africanism. In 1944, several organizations joined to form the Pan-African Federation, whose leaders included the West Indians George Padmore and C. L. R. James and the African Jomo Kenyatta. In 1945, the Federation sponsored the 6th Pan-African Congress in Manchester. Although influential Americans and West Indians were present, this congress was predominantly African. Among its members were such future leaders as Kwame Nkrumah, Chief S. L. Akintola, Jomo Kenyatta, and Wallace Johnson. The resolutions of the Manchester Congress reflected the change in the pan-African movement; the delegates demanded independence for Africa within the world community, and they pledged to use force, as a last resort if necessary, to achieve African freedom.

1958

1ST CONFERENCE OF INDEPENDENT AFRICAN STATES. The 1st pan-African meeting on African soil included all 8 independent African states: Ghana, Liberia, Ethiopia, Sudan, Egypt, Tunisia, Libya, and Morocco. The delegates met at Accra, Ghana, 15–22 Apr., 1958, and declared their opposition to colonialism and their support for Algeria's fight for independence. They adopted a policy of nonalignment and loyalty to UN decisions in foreign affairs, and they agreed to recognize each other's sovereignty and settle differences among themselves by negotiation.

PAN-AFRICAN FREEDOM MOVEMENT FOR EAST AND CENTRAL AFRICA. Political parties in Tanganyika, Kenya, Uganda, Northern and Southern Rhodesia, Nyasaland, and Zanzibar met at Mwanza, Tanganyika, Sept. 1958, to form a loose grouping which aimed to promote continental unity by consolidating regional associations. In 1962, PAFMECA became PAFMECSA with the addition of countries of Southern Africa. The organization became increasingly concerned with assisting liberation movements.

1ST ALL-AFRICAN PEOPLES ORGANIZATION CONFERENCE. The AAPO was a group not of governments but of political parties. The first conference, held in Accra, Ghana, 5–13 Dec., 1958, declared its ultimate objective to be "the evolution of a Commonwealth of Free African States." This aim was strongly supported by Ghana's President Nkrumah, who called for the "total liberation of Africa."

1959–68

CONAKRY DECLARATION. On 1 May, 1959, at Conakry, Guinea, Ghana and Guinea declared the creation of the Ghana-Guinea Union, which was to be the beginning of a Union of Independent African States. In Dec. 1960, Mali joined to form the Ghana-Guinea-Mali Union.

SANNIQUELLIE DECLARATION. In reaction to the Conakry Declaration, Liberia's President Tubman called a meeting with Nkrumah and Touré at the Liberian village of Sanniquellie. On 19 July, 1959, they issued a statement setting forth the principles which should underlie a Community of Independent African States. In such a community, each state would maintain its own national identity.

2ND CONFERENCE OF INDEPENDENT AFRICAN STATES. The conference met at Addis Ababa, Ethiopia, 15–24 June, 1960, with delegates from 13 countries: Algeria Provisional Government, Cameroon, Ethiopia, Ghana, Guinea, Libya, Liberia, Morocco, Nigeria, Somalia, Sudan, Tunisia, United Arab Republic. The discussion at this meeting revealed the continuing difference of opinion between those who would impose African unity immediately from above and those who would allow unity to evolve gradually out of federations of sovereign states.

BRAZZAVILLE DECLARATION. Brazzaville, Republic of Congo, was the site of a meeting of delegates from 12 former French territories: Cameroon, Central African Republic, Chad, Republic of Congo, Dahomey, Gabon, Ivory Coast, Malagasy Republic, Mauritania, Niger, Senegal, Upper Volta. In addition to discussing several current political questions, they declared, 19 Dec., 1960, their desire for progress in inter-African co-operation, but they opposed complete political integration.

CASABLANCA CONFERENCE. Algeria, Ghana, Guinea, Libya, Mali, Morocco, and the United Arab Republic met at Casablanca, Morocco, 3–7 Jan., 1961, to express their opposition to the Brazzaville group's position on the Congo and Mauritania. But on the question of African unity, although Nkrumah argued for political union, the majority of the Casablanca powers were willing to commit themselves only to efforts for "an effective form of co-operation."

MONROVIA CONFERENCE. This conference met at Monrovia, Liberia, 8–12 May, 1961, in an attempt to reconcile differences among the various groups. In addition to the 12 Brazzaville states, Liberia, Nigeria, Somalia, Sierra Leone, Togo, Ethiopia, and Libya sent representatives. But the absence of most of the Casablanca group weakened the force of the Monrovia declaration on principles of unity.

LAGOS CONFERENCE. From 25–30 Jan., 1962, the Monrovia group met again in Lagos, Nigeria, with the addition of Congo (Léopoldville) and Tanganyika but without Libya, which stayed away along with the other Casablanca states. Although this conference also failed to bring together all African states, it ratified a charter for an Inter-African and Malagasy States Organization.

ADDIS ABABA CONFERENCE AND THE OAU. Thanks largely to the efforts of Ethiopia's Haile Selassie, Nigeria's Abubakar Tafawa Balewa, and Guinea's Sekou Touré, it finally came about that almost all the independent African states met together to form the Organization of African Unity. On 25 May, 1963, in Addis Ababa, Ethiopia, 30 states signed a charter which stated that the purpose of the OAU was "to promote the unity and solidarity of the African states" and which pledged members to co-ordinate various political, economic, and social activities. The Organization was to have an Assembly of Heads of State and Government meeting annually, and a Council of Ministers and various special commissions which were to meet more often to implement Assembly decisions.

During 1963, the Ghana-Guinea-Mali Union, PAFMECSA, the Casablanca, and the Monrovia groups all disbanded in order that their members could concentrate their unity efforts on the OAU. After some controversy, the Brazzaville group also agreed, 1964, to cease functioning as a political body but continued economic and social co-operation.

The OAU has remained a group of sovereign states rather than a political unit. As such it has sometimes suffered from disputes among its members over frontier quarrels and interference in one another's internal affairs. But the Organization has presented a united viewpoint on such issues as *apartheid,* neocolonialism, and liberation of the remaining colonies and has thus provided an African voice in international discussion.

Postwar International Co-operation

1945–49

FOUNDING OF THE UNITED NATIONS. During World War II, support for a new organization to prevent recurrence of war developed among the allies. In the Moscow Declaration of 30 Oct., 1943, the Soviet Union, the U.S., and Britain, joined by China, agreed to seek its establishment. A proposal on organizational structure was prepared after a series of conversations held at Dumbarton Oaks near Washington, 21 Aug.–9 Oct., 1944, and agreement on most basic points was secured at Yalta, Feb. 1945. With the approach of European victory, the United Nations Conference on International Organization, representing 50 allied or associated states, met in San Francisco, 25 Apr.–26 June, to draft a Charter. A Steering Committee, composed of all heads of delegations, decided major policy questions. A 14-member Executive Committee supervised routine matters; most drafting was done by 12 technical committees of 4 commissions. The Dumbarton Oaks proposal formed the basis of discussion; few changes were made in its general outlines, since approval by the great powers was vital. Primary political powers were accorded to a General Assembly and a Security Council. The former, representing all members, received extensive powers of discussion and recommendation on international issues. The Security Council was given the responsibility of preserving peace, with real enforcement powers. It was to be composed of 5 Permanent Members: Britain, China, France, Russia, and the U.S., and 6 (later increased to 10) members elected by the General Assembly. Action on substantive matters would require agreement of 7 (later 9) members, including all 5 major states. Other organs were to include the Secretariat, the Trusteeship Council, and the Economic and Social Council. The International Court of Justice was reconstituted by a separate statute. The Conference adopted the Charter, 25 June, and the U.S. joined, 8 Aug. With Soviet accession, 24 Oct., the Charter went into effect.

INTERNATIONAL FINANCE. In 1945 the dollar and the pound were the basic international reserve currencies. On 27 Dec., 1945, the International Monetary Fund was created, a basis being thereby established for co-operation in international monetary matters. On 18 Sept., 1949, the British pound was devalued by 30.5% in relation to the U.S. dollar; within a few days 25 countries devalued their currencies: Australia, Burma, Ceylon, Denmark, India, Ireland, New Zealand, Norway, Sweden, Union of South Africa, 18 Sept.; Canada, Egypt, Finland, Israel, Portugal, 19 Sept.; France, Iceland, Iraq, Netherlands, 20 Sept.; Belgium, 21 Sept.; Greece, Jordan, 22 Sept.; Luxembourg, 23 Sept.; Thailand, 27 Sept.; and West Germany, 29 Sept.; the devaluations involved countries accounting for almost half the world's trade and about 60% of the exports of the industrial countries.

During the 1950's most currencies remained inconvertible. In 1958 convertibility at fixed rates of exchange in the sterling area for nonresidents was introduced, and thereafter convertibility spread and there was a general decline in the restrictions on payments.

On 18 Nov., 1967, the British pound was devalued from $2.80 to $2.40, a change of 14.3%. Ireland followed, devaluing immediately. Other countries devalued: Israel, 19 Nov.; Guyana, Spain, Cyprus, Malawi, and New Zealand, 20 Nov.; Denmark, Jamaica, and Ceylon, 21 Nov.; Sierra Leone and Trinidad and Tobago, 22 Nov.; Iceland, 27 Nov.; and Nepal, 11 Dec.; the devaluations affected countries accounting for only 12% of world trade and only 12% of the exports of the industrial countries.

After the Second World War the world's monetary reserves (dollars, pounds, and gold) did not increase as fast as world trade; because an expansion of international liquidity was considered essential to the continued growth of commerce, world financial leaders gave thought to new means of supplementing existing reserve assets. On 26 Aug., 1967, the "Group of 10," made up of representatives of Belgium, Britain, Canada, France, West Germany, Italy, Japan, Sweden, the Netherlands, and the U.S., agreed to a plan to establish a new kind of international monetary reserve, known as "special drawing rights" (SDR's). At a meeting in Rio, the Board of Governors of the International Monetary Fund resolved that work proceed toward the introduction of SDR's. On 16–17 Mar., 1968, the governors of the central banks of Belgium, Britain, West Germany, Italy, the Netherlands, Switzerland, and the U.S. met in Washington, D.C., and agreed to a "Dual Gold Market"; officially held gold would be used only to effect transfers among monetary authorities, and the central banks were no longer to supply gold to the London gold market or any other gold market. On the free market the price of gold would fluctuate; officially, gold would remain at $35 per ounce. The "Group of 10" met in Stockholm, 29–30 Mar.; with the exception of the French representatives the Ministers and central bank governors in Stockholm agreed to give the necessary authority to the Executive Directors of the IMF to take steps to introduce SDR's. Their hope was that the SDR system would "make a very substantial contribution to strengthening the [world] monetary system."

INTERNATIONAL BANK. On 27 Dec., 1945, the International Bank for Reconstruction and Development (World Bank) was founded. Unlike the IMF, which sought to stabilize currencies, the IBRD's functions were to provide financing for worldwide reconstruction and development. The International Finance Corporation, an affiliate of the World Bank, was established, July 1956. The IFC was especially designed to encourage the expansion of private enterprise in less developed countries. In Nov. 1960 another affiliate of the World Bank was set up—the International Development Association, designed to spur development financing. In 1967 the disbursements of the World Bank group (including IBRD, IFC, and IDA) exceeded $1 billion.

INTERNATIONAL TRADE. After World War II most states had high tariffs, quantitative restrictions, exchange controls, and other restraints on international commerce, and from 1945 onward member states of the UN discussed measures designed to lead to trade liberalization. In 1947 tariff bargaining sessions were held in Geneva. A UN-sponsored international conference on trade was held in Havana, Nov., with 57 countries participating; in Mar. 1948 the conference completed preparation of the so-called Havana Charter, which provided for the establishment of an International Trade Organization to seek reductions in world trade restrictions. The U.S. Congress, however, never accepted the charter and ITO never came into existence.

Meanwhile, Jan. 1948, a General Agreement on Tariffs and Trade (GATT) had been accepted as an interim measure designed to serve until ITO was established; the tariff schedules negotiated in Geneva in 1947 were annexed to the Agreement; since ITO was never created, GATT continued and became an important institution. The 1st round of tariff bargaining under GATT was held at Annecy, France, 1949; the 2nd round was at Torquay, England, 1950–51. Geneva was the site for the 3rd round, 1956, and also for the 4th and 5th rounds, 1960–62. The 4th round involved the application of GATT rules to the European Economic Community and the 5th, the "Dillon Round," involved an exchange of tariff concessions among GATT members and included the formulation of concessions as a result of the Common Market's external tariff. While the Dillon Round was still in progress, the U.S. Trade Expansion Act, 11 Oct., 1962, became law; it provided a basis for further negotiations for the liberalization of trade. After more than a year of preliminary talks, GATT formally launched its 6th round, the so-called Kennedy Round, Nov. 1964. On 30 June, 1967, 46 members of GATT signed the "Kennedy Round Pact," a group of agreements which provided for the gradual cutting of tariffs by as much as 50% over the ensuing 5 years; the average cuts were estimated at 35%, affected almost 6,000 items, and involved $40 billion of world trade in industrial products; the Kennedy Round had achieved the largest tariff reductions ever made among industrial nations. Tariff concessions on agricultural products were also agreed on, as was a world grains agreement which was to guarantee higher minimum trading prices and institute a program of food aid to less developed countries of 4.5 m. metric tons of grain annually.

INTERNATIONAL COMMODITY AGREEMENTS. Of international agreements designed to stabilize commodity prices, those for wheat, sugar, tin, and coffee were the most important.

In 1949 an International Wheat Agreement was signed; the agreement was revised in 1953, 1956, and 1962; and the 1962 agreement was extended, 1965 and 1966. By 1966, exporting countries involved in the agreement included the Big 4—U.S., Canada, Australia, and Argentina—plus France, Sweden, Spain, Italy, Mexico, and the USSR (which joined for the 1st time in 1962) ; importing countries participating numbered 39. The 1966 agreement expired on 31 July, 1967, and an International Wheat and Food Aid Agreement was drafted as part of the GATT Kennedy Round to replace it.

An International Sugar Agreement came into force, 1 Jan., 1954, and covered about 95% of the free world market's sugar supplies. In 1960, owing to events in Cuba, the sugar agreement ran into difficulties; the U.S. government put an end, 16 Dec., to all American purchases of Cuban sugar. In the fall of 1961 international discussions on sugar quotas were held, but no agreement was reached, and on 31 Dec. of that year all regulation of the free market in sugar ended.

On 30 June, 1954, the principal tin producing countries—Malaya, Bolivia, Indonesia, Congo, Thailand, and Nigeria—signed an International Tin Agreement; all the major consuming countries, except the U.S., also signed; but ratification was delayed and the agreement did not become operative until 1 July, 1956. Its aim was to create adequate supplies of tin at reasonable, stable prices. In Feb. 1962 a 2nd International Tin Agreement came into effect with much the same participants.

An International Coffee Agreement was signed, Sept. 1962. At that point coffee prices had been declining for 8 consecutive years. The Coffee Agreement succeeded in stabilizing prices, and an International Coffee Organization was established which included 61 countries (exporters and importers) and represented 98% of the world trade in coffee.

NUREMBERG TRIALS. German atrocities before and during World War II led the U.S., USSR, Britain, and France to agree in London, 8 Aug., 1945, to try responsible military, political, and industrial leaders. The agreement included a statute establishing the jurisdiction and functions of an International Military Tribunal, whose members were to be named by the signatories. Twenty-four individuals and 8 organizations were indicted by the allies for conspiracy to wage war, crimes against peace, war crimes, and crimes against humanity. The Tribunal heard prosecution and defense evidence in Nuremberg, 20 Nov., 1945–31 Aug., 1946. Its judgment was delivered, 30 Sept.–1 Oct. Of the 22 who were tried, 19 were convicted. Sentences ranged from 10 years' imprisonment to death; 4 organizations were proscribed. The Nuremberg trials, one of the last joint actions of the allies before the outbreak of the Cold War, was also the precedent for trials held later in Germany and in Tokyo, 1946–48.

UNIVERSAL DECLARATION OF HUMAN RIGHTS. International interest in the preservation of human rights grew during World War II, and the San Francisco Conference incorporated their protection into the UN Charter as one of the organization's purposes. In 1946, the Economic and Social Council created the Commission on Human Rights with Mrs. Franklin D. Roosevelt as its 1st chairman. Eventually the Commission and Council produced a Declaration of Human Rights which was adopted by the General Assembly, 10 Dec., 1948. The Declaration specified many political, social, and economic rights that were to be sought as goals by UN members. Efforts to draft a convention embodying these principles failed at first, partly because of growing tensions between the U.S. and the Soviet Union, partly because of opposition to UN action in domestic affairs. The deadlock continued throughout the Cold War, until 2 conventions were approved by the Assembly, 16 Dec., 1966. Other efforts had more immediate success. The Convention on the Prevention and Punishment of the Crime of Genocide received Assembly approval, 9 Dec., 1948, becoming effective in 1951. The Convention on the Political Rights of Women entered into force in 1954. Slavery and forced labor were also reviewed by the Economic and Social Council, as were the rights of national minorities. In a number of resolutions, the Assembly condemned racial discrimination in South Africa, and the Security Council eventually decreed sanctions against that country for its continued violations of human rights.

REFUGEES. The UN Relief and Rehabilitation Administration (UNRRA) was created, 9 Nov., 1943, to deal with the refugee problem after the Second World War. The war and the flight or expulsion of populations from Eastern Europe produced a vast care and resettlement problem which UNRRA proceeded to meet. Although the organization performed vital services for European and Far Eastern refugees in the postwar world, increasing Cold War tensions led to its dissolution. In its place, the General Assembly established the International Refugee Organization (IRO), 14 Dec., 1946. Lacking general international support, IRO did not complete accepting transferred functions from UNRRA until late in 1948. After substantially completing its work in Europe, IRO was succeeded by the Office of the UN High Commissioner for Refugees, created on 3 Dec., 1949. Becoming operational on 1 Jan., 1951, this Office experienced difficulties in its early years, but eventually secured broad international backing, and continues the work of UNRRA and IRO throughout the world. In addition to these general organizations, the Assembly created the UN Relief and Works Agency for Palestine Refugees in the Near East (UNRWA), 8 Dec., 1949, to aid those displaced by the Arab-Israeli hostilities of 1948.

1950–59

TRUST TERRITORIES. The UN Conference at San Francisco left disposition of former League mandates and Italian colonies to interstate negotiations, subject to approval by the General Assembly, or the Security Council in the case of "strategic" territories. The UN Trusteeship Council was to supervise administration. By 1 Nov., 1947, the General Assembly had approved agreements covering 9 former mandates; South Africa never accepted UN supervision of South-West Africa. On 2 Apr., 1947, the Security Council approved the "strategic" United States Trust Territory of the Pacific Islands. When negotiations over former Italian colonies failed, their disposition was submitted to the General Assembly for final determination. On 21 Nov., 1949, that body recommended independence for Libya on 2 Jan., 1952, and suggested that Italy should administer Somaliland as a trust territory for 10 years. The Trusteeship Council accepted the terms of the Somaliland agreement, requiring direct supervision by an Advisory Council, and on 2 Dec., 1950, the General Assembly gave final approval, establishing the last UN Trust Territory. Ethiopia received Eritrea on 11 Sept., 1952. In the next decade the Trusteeship Council exercised active supervisory powers, utilizing Visiting Missions, and by 1967 all but 3 Trust Territories were independent.

SPECIALIZED AGENCIES OF THE UN. With the outbreak of the Korean War in 1950, relations between the U.S. and the USSR, and their allies, reached their lowest point. It was in the UN and its specialized agencies that regular cooperative contacts between the eastern and western blocs were maintained.

These agencies were created by intergovernmental agreement and associated with the UN through the Economic and Social Council. Among those created soon after World War II were the Food and Agriculture Organization (FAO), the UN Educational, Scientific, and Cultural Organization (UNESCO), the World Health Organization (WHO), the International Bank for Reconstruction and Development (IBRD), and the International Civil Aviation Organization (ICAO). The World Meteorological Organization (WMO) was formed in 1951. Some of these provide services, like FAO, concerned with increasing food supplies and preventing famine; WHO, combating epidemic diseases and promoting public health; and WMO, providing worldwide weather observations. IBRD aids underdeveloped states financially, and UNESCO promotes literacy, research, and protection of cultural properties. Others are regulatory, like ICAO, which sets standards for international air navigation and transport. The older agencies include the International Labour Organization (ILO), the International Telecommunications Union (ITU), and the Universal Postal Union (UPU). These are primarily regulatory, with the ILO acting through the device of multilateral conventions. In recent years, all agencies have increased their interest in aiding underdeveloped nations through technical assistance.

UN SECRETARIAT. The Secretariat is the administrative arm of the United Nations. Headed by a secretary general chosen by the Security Council, the civil servants of the Secretariat are selected by, and responsible to, him. In carrying out decisions of the political organs, it is presumably impartial; members are expected to serve the organization, not national or ideological interests. The secretary general possesses wide powers of a political nature, including the right to bring issues before the Security Council. The Council and Assembly frequently grant him broad discretion in implementing their decisions, and he exercises independent investigative and diplomatic functions. Trygve Lie of Norway was the 1st secretary general. Elected before the start of the Cold War, he was caught in the middle of the struggle between the U.S. and the Soviet Union. The latter boycotted him after 1951 because of the Korean War; in late 1952 suggestions of Communist infiltration of the Secretariat disturbed the U.S. Unable to ease international tensions, Lie announced his earlier decision to retire, 10 Nov. With the election of Dag Hammarskjold of Sweden, Apr. 1953, an era of activism began, evidenced in the 1958 Lebanon crisis and the 1960 Congo crisis. After Hammarskjold's death, U Thant of Burma was chosen, Nov. 1961, and continued the role of conciliator and mediator between East and West.

ATOMS FOR PEACE. With the end of the Korean War, the atmosphere for international negotiation improved, and the 1st detonation of a Russian hydrogen bomb, 12 Aug., 1953, turned thoughts in the U.S. toward promoting the peaceful applications of atomic energy. The concept of the internationalization of nuclear energy for nonmilitary purposes had first been advanced by the U.S. as part of a comprehensive arms control plan on 14 June, 1946. This Baruch Plan had been almost forgotten when, 8 Dec., 1953, President Dwight D. Eisenhower put forward his "Atoms-for-Peace" proposal in a speech before the General Assembly. International reaction was favorable, after initial Soviet hesitation. Following several years of negotiation, the International Atomic Energy Agency (IAEA) was established as a UN subsidiary, 23 Oct., 1956, with support from both East and West. This organization assists states in their development of nuclear power for peaceful purposes. It operates as a bank through which fissionable materials are provided to nonnuclear powers under adequate safeguards. In addition, it promotes research in the peaceful uses of atomic energy and provides technical assistance in this field to developing nations.

GENEVA CONFERENCE ON FAR EASTERN AFFAIRS. Since 1946, France had been faced with a growing independence movement in Indochina. Attempts to create national regimes linked to the French Community in Cambodia, Laos, and Vietnam had failed. By 1954, the revolutionary forces, including Communists, were steadily gaining strength. On 18 Feb. the Berlin 4 Power Conference of Foreign Ministers agreed to convene a Conference on Far Eastern Affairs under British and Russian cochairmanship in Geneva on 26 Apr. Representatives of 19 countries, including the U.S., mainland China, and France, attended. After Dien Bien Phu fell to Communist-led forces on 8 May, 3 Accords were signed by all participants except the U.S. and the incumbent Vietnamese government on 21 July. They provided for suspension of hostilities, withdrawal of foreign forces, and complete independence for Cambodia, Laos, and Vietnam. Vietnam was partitioned between a Communist regime in the North and the incumbent regime in the South, pending 1956 elections. Simultaneously, the U.S. stated that it would respect the Accords and view their violation with concern. Although the system later broke down, these agreements represented an early effort at stabilization of conflict through direct East-West negotiations.

GENEVA "SUMMIT" CONFERENCE. In the decade following the 1945 Potsdam Conference, the hardened positions and mutual distrust engendered by the Cold War prevented additional direct contacts between the leaders of the U.S. and the Soviet Union. However, partial successes at the 1954 Berlin 4 Power Conference of Foreign Ministers led to increased support for similar meetings at a higher level. The Austrian State Treaty of 15 May, 1955, ending the postwar division and occupation of Austria after years of discussions, showed that agreement was possible. Encouraged by the progress of these negotiations, in early May the western states proposed a 4-nation "summit" conference of heads of government to convene in Geneva on 18 July. When the conference was held, its results were insubstantial; the division between East and West was still too great. Nevertheless, the participants did succeed in lessening tensions to some degree and obtaining a better understanding of each other than would have been possible at the height of the Cold War. The Geneva Conference of Foreign Ministers, which followed on 27 Oct., was even less successful. German reunification was an obstacle, and renewed acrimony marked the meeting, although agreements on increased cultural exchanges were negotiated.

SUEZ CRISIS. On 29 Oct., 1956, Israel invaded Egypt in retaliation for Egyptian support of terrorist attacks upon Israeli territory. Israeli troops advanced rapidly toward the Suez Canal. By prearrangement with Israel, Britain and France demanded withdrawal of all belligerent forces from the Canal and permission to intervene to safeguard the waterway. When Egypt refused, Britain and France bombed Egyptian airfields, 31 Oct., and on 5 Nov. landed troops near the Canal. International reaction was swift. The Soviet Union, though engaged in crushing a rebellion in Hungary, condemned the invasion. The U.S. also denounced the intervention, and worked to secure withdrawal. More by accident than by design, the U.S. and the USSR voted together in the Security Council to demand withdrawal. When British and French vetoes prevented action, the U.S. supported a Yugoslav resolution transferring the issue to the Assembly. On 1 Nov. the Assembly demanded a cease-fire, and on 4 Nov. it requested the secretary general to establish a UN Emergency Force (UNEF) to police the cease-fire and supervise withdrawal. Faced with opposition by the major powers, on 7 Nov. Britain, France, and Israel agreed to end the fighting. On 14 Nov. units of UNEF, the 1st truly international UN police force, arrived in the Suez area; removal of troops began by 23 Nov. The Suez crisis marked a turning point in the Cold War; relations within and between blocs were never the same again.

INTERNATIONAL GEOPHYSICAL YEAR. Growing demands for planet-wide information by scientific communities of all nations, reinforced by the speed of scientific progress and improvements in information-gathering techniques, led to the institution of the International Geophysical Year (IGY) of 1 July, 1957–31 Dec., 1958. In the 18 months of the IGY, scientists of 66 countries co-operated in research and data-gathering projects on a nonpolitical basis. Studies of the earth, its atmosphere, and outer space were conducted by groups that made their discoveries available to all participants. Exploration of outer space was highlighted by the launching of the 1st artificial earth satellite by the USSR on 4 Oct., outside the framework of the IGY. This was followed by a similar U.S. launching on 31 Jan., 1958. Exploration in Antarctica by scientific teams of several nations laid the foundations for co-operation which later resulted in the 12-state Antarctic Treaty of 1 Dec., 1959, an agreement that demilitarized Antarctica and suspended territorial claims there. The synoptic and interdisciplinary information gathered and made available to the world's scientists in this period was vast; the process of sorting alone required several years.

1ST GENEVA CONFERENCE ON THE LAW OF THE SEA. Under the UN Charter, one of the duties of the General Assembly is that of promoting the development and progressive codification of international law. To accomplish this purpose, the Assembly created the International Law Commission, 21 Nov., 1947. Despite the pressures of the Cold War, the Commission carried out its mandate in many fields. Among its accomplishments, the development of the law of the sea is outstanding. In 1956 the group adopted a proposed convention codifying the law in this field. On 21 Feb., 1957, the Assembly called for an international conference to consider the suggestions, and the 1st Geneva Conference on the Law of the Sea convened, 24 Feb., 1958. Representatives of 86 states, including the Soviet Union and the U.S., attended. Despite the expected disagreement stemming from strongly conflicting national interests in the regime of the seas, the Conference produced 4 multilateral conventions covering the continental shelf, the high seas, fisheries, and territorial waters. The success of the 1st Conference led to the 2nd Conference, 1960, to consider questions that remained unanswered. Although further agreement was not reached, the 2 Conferences were models of international co-operation in the resolution of conflicting nonpolitical claims.

INCREASING EAST-WEST CONTACTS. In the years after the 1955 Geneva "Summit" Conference, communication between East and West continued to increase. In 1959 this exchange of contacts multiplied. The 24 July–2 Aug. trip of the American vice-president to Moscow for the opening of a U.S. trade fair followed closely upon a visit by the British prime minister. Later, on 15–27 Sept., the chairman of the Council of Ministers of the USSR, Nikita S. Khrushchev, toured the U.S. In this 1st visit by a Soviet Russian head of government to the Western Hemisphere, talks held with President Dwight D. Eisenhower helped reduce some tensions of the period. During these visits, arrangements were made for a 4-nation meeting, to be held in Paris in 1960. Although the Paris "Summit" Conference ended abruptly in failure, official high-level contacts continued. At the same time, the cultural and other exchange programs that had been instituted earlier continued to spread, and East-West trade in nonstrategic goods began to grow. The period also saw increasing numbers of western tourists in Russia, contributing to a decline in the strong popular distrust that had developed in both blocs after World War II.

1960–68

CONGO CRISIS. Belgium granted the Congo independence on 30 June, 1960. During the colonial period, little had been done to prepare the Congolese for self-government, and disintegration soon began. Army mutinies spread, endangering European lives and property, and impelling Belgium to intervene militarily. On 11 July the major province of Katanga seceded. In response to these events, the Security Council, with East-West support, created a UN Force under the direction of Secretary General Dag Hammarskjold, 14 July, to end both intervention and violence. The Congolese central government collapsed into 2 competing factions, 5 Sept., and the neutrality of the secretary general in refusing to recognize the group supported by the USSR led to Soviet demands for a 3-man Secretariat leadership, or "troika." The operation continued, however, and on 21 Feb., 1961, the Council authorized the use of force to prevent civil war. After the central government crisis was resolved on 2 Aug., 1961, in favor of the pro-western faction, Soviet disinterest grew, prompting refusals to pay assessments for the operation. When the secretary general died in a plane accident, 18 Sept., 1961, while in the Congo, "troika" demands were again raised, but the appointment of Secretary General U Thant on 3 Nov., 1961, ended the controversy. Eventually the action was successful in removing a source of tension and preserving Congolese unity; after several minor clashes, Katangese secession ended, 21 Jan., 1963, and troops were withdrawn on 30 June, 1964.

THE DEVELOPMENT DECADE. As old colonial empires dissolved, the number of independent nations increased rapidly. In 1960, a total of 16 states from Africa alone were admitted to UN membership, and in the following years still more were added. Since most of these countries were underdeveloped and in need of assistance to achieve economic viability, demands increased. Early multilateral aid programs had been carried on under the UN through the Expanded Program of Technical Assistance (EPTA), established in 1949, and the Special UN Fund for Economic Development (SUNFED), created in 1956. Additionally, specialized agencies, particularly the International Bank for Reconstruction and Development, had also been established to provide assistance. These international efforts, even when added to the vast American and Soviet bilateral programs, were unable to meet rising demands. These difficulties caused the underdeveloped states to try to use their increased UN voting strength to mandate increasing aid programs. Although this occasionally led to a common U.S.-Soviet front to defeat excessive demands, both supported the General Assembly resolution, 19 Dec., 1961, declaring the 1960's a "Development Decade." A goal of increasing annual growth rates in underdeveloped nations to 5% was adopted, and developed countries were urged to participate more fully in multilateral efforts. Although the first half of the decade was unsuccessful, the institution of the UN Conference on Trade and Development, 1964, an increasing emphasis on multilateral aid, and the merger of EPTA and SUNFED into the UN Development Program, 1966, gave hope for later success.

NEUTRALIZATION OF LAOS. Although the 1954 Geneva Accords on Indochina resulted in peace in Laos for several years, Communist-led outbreaks against the national government began in 1959. A neutralist government was created in 1960, but pro-western military forces took control later that year. The neutralists allied with the Communist Pathet Lao, and hostilities continued with both sides receiving outside support. On 24 Apr., 1961, Britain and the Soviet Union called for a new Conference on Laos; it opened in Geneva, 16 May, 1961. Representatives of East and West encouraged the leaders of the Laotian factions to agree on a common program, and on 22 June, 1961, they did so. A national government was established under neutralist leadership, June 1962, and a Declaration of Neutrality was made on 9 July. This was incorporated into the Final Declaration of the Conference, 23 July. The attending states, including the U.S. and mainland China, agreed to recognize the independence and neutrality of Laos and to refrain from further intervention. Although unrest continued, it was primarily of local origin, and the Geneva Conference did succeed, at least for a time, in eliminating another point of contention between East and West.

NUCLEAR TEST BAN TREATY. Early disarmament proposals, such as the 1946 Baruch Plan and the 1955 "Open Skies" proposal made at the Geneva "Summit" Conference, were unsuccessful in the years following World War II. Although both the U.S. and the Soviet Union continued to advance suggestions for general and complete disarmament, it became clear that the continuing Cold War made agreement on such proposals unlikely. Instead, the interest of the major powers turned to control of atomic weapons, as a step toward eventual total disarmament. In 1959 and 1960 the USSR and the U.S. suspended nuclear testing temporarily, but the moratorium ended in 1961. Negotiations continued, and agreement on a partial nuclear test ban was reached in Moscow, 5 Aug., 1963. The resultant treaty, effective on 10 Oct., prohibited atomic testing in the atmosphere, under water, and in outer space. Of the nations possessing nuclear capabilities, the U.S., USSR, and Britain acceded to the treaty. France and mainland China, allied respectively with the U.S. and Soviet Union, did not adhere, thus pointing up the growing disunity within the formerly monolithic opposing blocs. Efforts in disarmament continued, directed largely at the problem of nuclear proliferation and the question of eventual total disarmament.

CYPRUS. Strong hostility between the Greek Cypriots, who desired union with Greece, and the island's Turkish minority delayed independence for Cyprus until constitutionally guaranteed privileges for the protection of the Turks were accepted. When Britain granted independence, 16 Aug., 1960, Greece, Turkey, and Britain signed a Treaty of Guaranty with Cyprus to assure its continued existence. Attempted constitutional changes disadvantageous to the minority triggered violence, 21 Dec., 1963, and fear of Turkish intervention led Cyprus to appeal to the Security Council. After an observation mission appointed by the secretary general had reported, the Council acted, 4 Mar., 1964. The vote underlined how greatly the rigidity of the eastern and western blocs had continued to alter over the years. France decided to abstain together with the USSR and Czechoslovakia, while the Soviet Union's allies joined the majority in recommending that the secretary general establish a UN Force to be supported by voluntary contributions. Although the Force formed rapidly and contributed to the maintenance of order, the truce that was established remained uneasy. The secretary general was compelled to request repeated extensions of the life of the Force. Nevertheless, it did constitute an example of a multilateral peacekeeping operation undertaken and continued with Soviet acquiescence.

UNITED NATIONS FINANCES. In the Suez and Congo crises, UN action was based partly upon resolutions of the General Assembly instead of the Security Council. Several states, including the Soviet Union and France, challenged the legality of assessments levied for expenses incurred under these resolutions, and refused payment. By 1964, 16 countries were sufficiently in arrears to fall within the Charter provision requiring that they be deprived of their General Assembly votes. At the 1964 Assembly session, a constitutional crisis was avoided by acting only with unanimous consent, thus making votes unnecessary. A Special Committee on Peacekeeping Operations was established, 18 Feb., 1965, to review the financial problems of the organization and recommend solutions. The committee met during 1965, and on 31 Aug. approved a proposal designed to solve existing difficulties. This compromise provided that the Assembly would proceed normally, and that the question of voting would not be raised. The budget deficit would be met by voluntary contributions, primarily from the developed nations, including the U.S. and the Soviet Union. The compromise was accepted before the 1965 session opened on 21 Sept., and the UN was able to function normally, saved from a constitutional crisis by international co-operation and compromise.

INTERNATIONAL COURT OF JUSTICE. An organ of the UN, the International Court of Justice (ICJ) is composed of 15 judges elected to 9-year terms by the General Assembly and Security Council. Advisory opinions may be requested by other UN units, but only states may refer actual controversies to it. The Court's jurisdiction over such disputes arises from either specific agreements to refer questions or prior acceptance of its compulsory jurisdiction by unilateral declaration. Since its creation as the successor to the Permanent Court of International Justice, the ICJ has acquired compulsory jurisdiction over more than 40 states, some with reservations. When a dispute is brought before the Court, an *ad hoc* judge is named by each party to the controversy. Among the disputes settled by the ICJ were the *Corfu Channel* case of 1949, and the *Asylum* and *Norwegian Fisheries* cases of 1951. In the 1962 opinion on *Certain Expenses of the United Nations,* the Court upheld certain UN peacekeeping operations and assessments to support them as valid, resulting in the 1965 negotiations on UN finances. The 18 July, 1966, decision to reject, on procedural grounds, complaints against South Africa in the *South-West Africa* case illustrated the Court's reluctance to deal with political questions, and its ability to function independently.

PEACEFUL USES OF OUTER SPACE. The international community took an early interest in the exploration and exploitation of outer space. On 12 Dec., 1959, a permanent UN Committee on the Peaceful Uses of Outer Space was created to report on international aspects of space exploration. ITU, WMO, and UNESCO soon became involved with programs in space communications, weather observation, and scientific research; on 20 Dec., 1961, a UN Registry of Space Vehicles was established. The UN played a major role in the development of rules for space exploration. On 17 Oct., 1963, the Assembly urged that states refrain from orbiting weapons of mass destruction, and on 13 Dec., 1963, adopted a declaration of principles governing the exploration and use of outer space. These resolutions were later embodied in a treaty which received Assembly approval on 19 Dec., 1966, and which was signed by over 60 nations, including the U.S. and the USSR, 27 Jan., 1967. Its major provisions restrict military uses of space and call for free access to space installations. Additionally, it provides for peaceful co-operation by setting standards and promoting dissemination of information. Approval of the Outer Space Treaty by the U.S. Senate, 25 Apr., was a landmark of the developing international consensus of the 1960's.

U.S. MOON LANDING. Preparatory to the 1st successful moon landing, the U.S. launched, 11 Oct., 1968, the 1st manned flight of an Apollo spacecraft (Walter M. Schirra, Jr., Donn F. Eisele, R. Walter Cunningham), and the 1st manned voyage around the moon (launched 21 Dec.) was made in Apollo 8 by Frank Borman, James A. Lovell, Jr., and William A. Anders. The U.S.S.R. Soyuz 5 (launched 15 Jan., 1969) rendezvoused with Soyuz 4 (Yeliseyev and Khrunov). U.S. astronauts James A. McDivitt, David R. Scott, and Russell L. Schweikart, in an Apollo 9 space flight, docked with a lunar model (launched 3 Mar., 1969). On 18 May astronauts Thomas R. Stafford, Eugene A. Cernan, and John W. Young descended in Apollo 10 to within 9 mi. of the moon. Climaxing 8 yrs. of manned space flight competition between the U.S. and the Soviet Union, U.S. astronauts Neil A. Armstrong and Col. Edwin E. Aldrin, Jr., taking off 16 July in Apollo 11, touched down on the moon with their lunar module. Armstrong's 1st step on the moon was taken 20 July at 10.56:20 EDT. After taking rock and soil specimens, the pair successfully rendezvoused with Lieut. Col. Michael Collins, navigator of the Apollo craft, and splashed down 950 mi. S.W. of Hawaii, 24 July.

II

TOPICAL CHRONOLOGY

ECONOMIC DEVELOPMENT AND TECHNOLOGY IN AN AGE OF REVOLUTION

Introductory. The period 1760–1968 witnessed a rapid and unprecedented rise in per capita income in Europe, North America, Australia, and New Zealand. The "West" came to regard economic growth as a normal condition. In the 19th and early 20th cents. relative economic stagnation was replaced by economic growth in many nations—from Argentina to Japan. Changes in the economic structure of nations took place. After World War II, governments throughout the world—in Latin America, Africa, the Middle East, Asia, and also in Europe and the United States—turned their attention to economic development.

1760–1830

The First Industrial Revolution—Great Britain

SCIENTIFIC AGRICULTURE AND ANIMAL HUSBANDRY. The British Industrial Revolution was characterized initially by an agricultural revolution. Jethro Tull (1674–1740) had demonstrated the need for selectivity in the choice of seed, sowing in rows, deep hoeing, and plowing, and had invented the seed drill; his innovations provided new techniques in constant tillage. Charles Townshend (1674–1738) promoted scientific crop rotations and advocated use of the turnip in crop rotation. Robert Bakewell (1725–95) taught improved stock breeding. Arthur Young (1741–1820) popularized new farming techniques and large-scale farming. 1771: John Brand of Lawford (Essex) manufactured the 1st all-iron plow, although by 1830 most English farmers still used wooden plows. 1772: Thomas Coke (1752–1842) in Norfolk started reforms in animal husbandry; later Coke was successful with 4-crop rotation (the "Norfolk System"). C. 1784: Scotsman Andrew Meikle made 1st threshing machine. 1798: John Wilkinson, British ironmaker, installed a steam-powered threshing machine; he also innovated in land reclamation and reforestation schemes. Before the end of the 18th cent. Irishmen, Scots, Frenchmen, Americans, Germans, and Flemings considered England their agricultural mentor.

New crops: Novel fodder crops—clover and rye grass, alfalfa, roots, swedes, cabbages, carrots as well as turnips tried in crop rotation. 1795–1814: Potato acreage in England increased an est. 60%.

Land reform: The enclosure movement of the 18th cent. involved the fencing and consolidation of medieval open fields, which had formerly been farmed in small, discontinuous strips by peasants who had shared the right of pasture, fuel, and game on common land. It also involved the enclosure of waste lands. Enclosure replaced small holdings with large-scale farming, using advanced methods. 1710–60: Est. 300,000 acres were enclosed; 1760–1843: est. 7 million acres enclosed.

1801: Parliament passed the 1st General Enclosure Act.

Agricultural productivity: Because of new agricultural techniques and because enclosures increased the productive land in England, agricultural productivity (output per man) rose sharply. There were food surpluses to meet demands from growing urban centers. Because of enclosures, peasants were turned off the land and became wage laborers and purchasers of food. Increasingly, agriculture became concerned with producing for national markets rather than for local consumption. Rising prices of corn in the 2nd half of the 18th cent. encouraged greater production.

Price rise: 1793–1815: Due to war demands agricultural prices soared, which stimulated the growing of additional crops for sale. Rising prices meant profits for reinvestment in agriculture and industry. The changes in English agriculture caused a breakup of village life and an end to traditional patterns. Estimates indicate that in 1811 and all years prior to that agriculture, forestry, and fishing provided the greatest percentage of British national income. In 1821 and all years thereafter the manufacturing, mining, and building sector exceeded the agricultural sector.

INDUSTRIAL RAW MATERIALS. Britain was well-endowed with raw materials needed for industrialization, namely, coal and iron. Cotton for the textile industry could be imported; the use in the American South of the cotton gin, invented, 1793, by Eli Whitney (1765–1825), sharply reduced the cost of raw cotton.

LABOR. A demographic revolution took place in England and Wales, with population expanding rapidly. Estimates: 1760, 6.6 million; 1830, 16.4 million. The population of England and Wales increased 7% in the decade 1760–70, 11% in the decade 1780–90, and 16% in the years 1810–20. Rising population meant a demand for goods—a market for food and industrial products. Men moved from rural areas to urban centers because of changes in agriculture and because of the pull of industry. 1800: Greater London had a population of 959,000 and was the largest city in the world, but population estimates indicate that the number of inhabitants in rural areas grew almost as rapidly as in the cities. The growth of population was the main reason for labor surpluses from which the industrial labor force could be drawn. Labor became wage labor. Slavery never existed on a large scale in England; in 1772 Lord Chief Justice Mansfield ruled it illegal. Henceforth, all labor was free labor. Education was at a high level in England (compared with the rest of the world); literacy was important for the success of the Industrial Revolution.

STEAM POWER. Industry was revolutionized by steam power. 1698: Devonshire inventor Thomas Savery (1650?–1715) patented a steam engine for use in pumping mines; it was not successful for this purpose, but was utilized in water-supply systems. 1712: Blacksmith and ironmonger from Devonshire Thomas Newcomen (1662–1719) built the 1st successful steam engine to be employed in pumping water from copper, tin, and coal mines. 1765: Scotsman James Watt (1736–1819) devised a separate condensing chamber, making the steam engine suitable for more extensive application. 1769, 5 Jan.: Watt patented his 1st engine with the separate condenser. 1774: Hardware manufacturer Matthew Boulton (1728–1809) agreed to finance Watt and to allow

STRUCTURE OF THE BRITISH NATIONAL PRODUCT
(% of national income)

	Agriculture, Forestry, Fishing	*Manufactures, Mining, Building*	*Trade, Transport, and Income from Abroad*	*Government, Domestic, and Other Services*	*Housing*
1811	35.7	20.8	16.6	21.7	5.7
1821	26.1	31.9	16.9	19.3	6.2
1831	23.4	34.4	18.4	18.1	6.5

the latter to use his employees to perfect the machine. 1776: Watt completed his 1st successful engine at Boulton's Birmingham works. The Boulton-Watt steam engine was the 1st practical steam unit for industrial purposes. Watt adapted the engine to rotary motion, 1781; invented the reciprocating expansion engine, 1782; applied the steam engine to tilt hammers in iron and steel forges, 1784. 1785: Cotton mill at Papplewick was 1st textile plant to use a steam engine. 1775–1800: Boulton and Watt built 289 steam engines (84 for cotton mills, 9 for wool and worsted mills, 30 for coal mines, 28 for foundries and forges, 22 for copper mines, 18 for canals, and 17 for breweries). Steam power made possible urban factories, created innovations in transportation, and had linkage effects in the iron and steel industry. Steam engines required precise working parts, which encouraged the use of new machine-tools to make the parts and encouraged new developments in the metallurgical industries.

INDUSTRIES AND TECHNOLOGICAL ADVANCE. The cotton textile industry: Expansion was stimulated by the demand for cotton textiles whetted initially by imports brought in by the East India Company. 1733: John Kay (1704–64) invented the flying shuttle. 1769: Richard Arkwright (1732–92) patented the water frame, introducing the possibility of power spinning; 1770: James Hargreaves (d. 1778) patented the spinning jenny. 1779: Samuel Crompton (1753–1827) combined the water frame and the jenny in the "mule." 1785: Edmund Cartwright (1743–1823) invented the 1st power loom; 1813: 2,400 power looms in England; 1829: roughly 50,000 power looms in England. After 1785, with the application of steam power to this industry and with the new technology, the mill could be moved from the stream to urban centers, where labor was available. By 1830, cotton textile production was a factory industry; hand spinning had ceased and all processes prior to weaving were done in the factory; weaving took place partly in the factory on power looms and partly still in homes on hand looms. From a relatively insignificant industry in 1760, by 1831 cotton textile production employed over 800,000; cotton textiles had become the major British export. Improvements in this industry were followed (at varying speeds) by producers of wool and other textile fibers. Most important, textiles were a primary manufacturing sector: by 1830, expansion was generating employment in the making of power equipment, machinery, and, in turn, in the basic iron and steel industry.

The revolution in iron: 1589: 1st patent for use of coal in ironmaking. 1709: Abraham Darby (1676–1717) used coal as a substitute for charcoal in smelting iron in blast furnaces. 1776: John Wilkinson (1728–1808) introduced steam blast for smelting iron with coke. 1783–84: Henry Cort (1740–1800) took out 2 patents for "puddling" and "rolling." 1784: The Boulton-Watt steam engine applied to iron production—for the bellows, the hammers, rolling, and slitting. 1786: John Smeaton used blowing cylinders of cast iron at the Carron ironworks. 1827: J. B. Neilson invented the hot blast (patented 1828), which more than cut in half the coal or coke required to smelt iron. The use of coal (instead of charcoal) and steam as a source of power opened the possibility of large, integrated iron works; a single concern could do smelting and refining. 1788: Britain's 59 coke furnaces produced 53,800 tons of pig iron, while 26 furnaces produced 14,500 tons of charcoal iron; 1806: Britain's output of 250,400 tons of pig iron practically all came from coke furnaces. 1830: Production rose to 677,000 tons, due to demands for iron in making steam engines, machinery, apparatus of various sorts, and water pipes. 1805: Because of its use of coal, England became the world's greatest iron producer (surpassing the earlier leaders of 1740, Russia and France).

Steel: Pig iron could be transformed into cast iron in the foundry, into wrought iron by the puddling process, or into steel. Most pig iron was converted into cast or wrought iron and only a small quantity into steel. Blistered steel and sheet steel were made in cement furnaces and used for swords, knives, and razor blades. 1740: Benjamin Huntsman (1704–

76) developed a process for making "crucible" or cast steel. 1787: Some 20 Sheffield steel refiners used this method. 1800: David Mushet (1772–1847) patented a process to make steel directly from bar iron. Innovations made poor-grade iron usable in steel.

The machine-tool industry: 1777: Jesse Ramsden (1730–1800) described a screw-cutting lathe. 1797: Henry Maudslay (1771–1831) invented the carriage lathe; Maudslay was the key maker of industrial lathes in England; his shop was the training ground for English machine-tool builders, among them Joseph Clement (1779–1844), Richard Roberts (1789–1864), Joseph Whitworth (1803–87), and James Nasmyth (1808–90).

The chemical industry: Innovations related mainly to developments in textiles. 1797, 1799: Charles B. Tennant (1768–1838) took out patents for bleaching powder, made by absorbing chlorine in slaked lime.

Gas lighting: 1792: William Murdock (1754–1839) used coal gas to light a room in a home in Redruth, Cornwall (gas lighting had been used earlier in Germany). 1805: Coal gas used in lighting a factory in Great Britain; 1806: in London, German-born Frederick Albert Winsor formed the world's 1st gas co., the National Light and Heat Co. (later the Gas Light and Coke Co.); 1807: gas lighting installed on Pall Mall in London.

Other technological innovations: 1809: The arc lamp invented by Sir Humphry Davy (1778–1829); 1821–31: Michael Faraday (1791–1867) developed the electric motor and generator. 1822: Charles Babbage (1792–1871) developed the principles of a calculating machine. 1760–1830: Rapid rise in number of English patents sealed in each decade: 1760–69, 205 patents; 1780–89, 477 patents; 1800–9, 924 patents; 1820–29, 1,453 patents.

TRANSPORTATION REVOLUTION. Roads: In mid-18th cent., roads in England were inadequate and in poor repair. 1767: A road went down the Taff Valley; earlier coal had been shipped from the Merthyr and Dowlas district along a path on the backs of ponies and donkeys. Three great road engineers, J. Metcalf (1717–1810), Thomas Telford (1757–1834), and John Loudon McAdam (1756–1836), made major improvements. McAdam replaced unbroken flints with a packing of angular granite fragments, which consolidated into a natural concrete (macadam); c. 1815: 1st macadam road completed; the new highways were smooth and well drained. Turnpike companies were formed for road repair and construction. 1784: The 1st mail coach left London for Bristol; the Post Office began to promote road construction. The stagecoach provided regular service and horse-drawn wagons moved goods along the new roads. 1784: James Watt patented a steam-driven carriage; 1800: English engineer Richard Trevithick (1771–1833) invented a steam engine which he used to propel carriages, but steam-propelled road vehicles were not produced commercially.

Inland waterways: In the mid-18th cent. rivers near Wigan and St. Helens were improved to handle the increased coal trade. 1759–61: James Brindley (1716–72) built a canal from Worsley to Manchester for shipments of coal for the coal owner, the Duke of Bridgewater; this "Bridgewater Canal" was the 1st great accomplishment of the "canal age"; the canal "mania" began. 1830: There were 3,639 miles of canals and canalized rivers in England.

Steamships: 1801: First practical British steamboat—the *Charlotte Dundas*—was built by William Symington (1763–1831); 1812: Henry Bell's steamer, the *Comet*, with side paddle wheels appeared on the Clyde. 1814: England had 2 steamers; 1830, 315 steamers. 1826: The British steamer *Enterprise*, en route to India, used steam power on 63 days of 103-day trip. (The rest of the voyage was under sail.)

Railroads: Before 1820, the Newcastle area had some 360 miles of railroad; traction was by cable attached to a fixed engine or to a horse. 1802: Trevithick was the 1st in the world to use a steam-propelled carriage on a railroad. 1814: George Stephenson (1781–1848) built his 1st locomotive. 1825: Stockton and Darlington Railway opened, with Stephenson driving a steam-powered train; this was the world's 1st public passenger-carrying railway, but passenger traffic was by horse-drawn coach until 1833. 1829: Stephenson's *Rocket* demonstrated the superiority of steam locomotion over the horse. 1830, 15 Sept.: Manchester & Liverpool Railway opened; it used locomotive power for traction; it was built to carry passengers as well as freight; it marked the start of the "railway age." The Industrial Revolution was for all practical purposes completed before the introduction of railways using steam power.

FINANCE. 1760: England had the world's highest per capita income. In general capital was invested in government securities and land. Capital had been accumulated by British merchants who accrued large fortunes through foreign trade. Financial intermediaries had developed. Britain had an established system of money and banking. The Bank of England (formed in 1694) was a semipublic, semiofficial institution to lend money to the government, receive deposits, and make commercial loans. The 18th-cent. pound was theoretically based on silver (the pound *sterling*). By the 1760's, there was little silver coin in circulation; actually, but not legally, Britain was on the gold standard. 1816: Gold was made the sole standard and full legal tender; 1821: this took effect, and Britain formally and legally went onto the gold standard. At this time, British banking consisted of the Bank of England, 60 London private banks (without note issue), and roughly 800 private small note-issuing country banks. Among the most prominent of the London private banks were Baring Brothers, founded in 1770 by Francis Baring (1740–1810), and N. M. Rothschild & Son, founded in 1798, a branch establishment of the House of Rothschild, Frankfurt. 1825–26: Financial crisis resulted in the failure of some 60 country banks. 1826: Parliament passed an act which allowed the Bank of England to establish branches throughout the United Kingdom and which permitted the establishment of joint-stock banks outside of a radius of 65 miles of London. (1833 Act permitted joint-stock banks to be established in London area.) Banking for merchants, manufacturers, and farmers, which had been done mainly by private banks before 1826, came increasingly to be done by joint-stock banks owned by security holders. 1810: Formation of the Ruthwell savings bank in Scotland; the savings-bank concept spread from Scotland to England and Wales. Insurance companies in England provided sources of savings. The last decade of the 17th cent. had seen a money market develop in England and a stock exchange. 1773: London stock-brokers, who had met at Jonathan's Coffee House, in Change Alley, moved to Sweeting Alley; this building became known as "The Stock Exchange Coffee House"—the first use of the phrase "stock exchange." 1802: New stock exchange building opened on Bartholomew Lane; members of the exchange totaled 500.

FOREIGN TRADE. 1760–1830: British foreign trade soared.

BRITISH TRADE EXPANSION
(in millions £ and U.S. $ equivs.)

Year	*Imports*		*Domestic Exports*		*Re-exports*	
	(£)	($)	(£)	($)	(£)	($)
1760	9.8	49.0	11.0	55.0	3.7	18.5
1800	17.8	173.0	12.0	60.0	4.8	24.0
1830	55.9	279.5	38.3	191.5	5.6	28.0

By 1815 British foreign trade was the largest in the world. Tea, sugar, rice, and tobacco were key imports and were not only for the rich but also for the lower classes. 1760: 2.5 million pounds of cotton imported; 1800: 56 million pounds; 1830: 264 million pounds. Cotton became the largest single import. Imports were mainly raw materials. Manufactured goods were the main export; of these, cotton yarn and cotton manufactures by 1830 comprised more than 50%. The slave trade was lucrative; 1783–93: Liverpool-registered ships carried more than 300,000 slaves—valued at £15,186,850—from the West Coast of Africa to the Western Hemisphere. 1807: Britain abolished the slave trade; smuggling, however, remained a source of revenue. The Napoleonic Wars curtailed certain trade. 1807: Jefferson's Embargo cut commerce with the U.S. In the face of these impediments the British resorted to smuggling, changed markets rapidly, and, when the Napoleonic Wars ended, Britain's trading connections and volume of trade were broader and larger than before. The growth of the cotton textile industry contributed importantly to trade expansion; likewise, freer commerce encouraged more commerce. The age of the great trading companies—with monopoly privileges—was closing. 1793: under its renewed charter, the English East India Co. was required to let certain private merchants trade in India; 1813: Act, renewing East India Co.'s charter, opened Indian trade completely. 1821: End of Co. of Merchants Trading with Africa. 1825: Dissolution of the Levant Co., which had had trading privileges with Mediterranean countries. 1833: Act terminated East India Co.'s monopoly in China and provided that after 22 Apr., 1834, the company should close its commercial business in India. By the early 1830's, with few exceptions, exclusive privileges were annulled. 1824 ff.: William Huskisson (1770–1830), president of the Board of Trade, sponsored measures rationalizing the customs legislation, reducing import duties on manufactured goods, eliminating or lowering import tariffs on raw materials, removing prohibitions on imports, and cutting out bounties and most restrictions on exports. Parliament liberalized the Navigation Acts (which had given preferential treatment to British shipping). 1824 ff.: Britain made a series of treaties, putting foreign ships on an equal basis with British ships in British ports. The expansion in international trade was essential to British economic growth, providing accumulated capital for industrial growth, encouraging the modernization of transportation, aiding the emergence of financial intermediaries, giving access to raw materials, and, most vital, offering a market for what new industries—especially the textile industry—produced. Foreign trade stimulated the development of the port cities of London, Hull, Newcastle, Bristol, and Liverpool. Foreign trade assisted in the creation of a business environment with values conducive to profit making. It widened the vision of participants.

FOREIGN INVESTMENT. British foreign investments were made by large trading cos.; there were British investments in sugar plantations in the West Indies. Foreign governments floated loans in London; Britishers bought U.S. federal and state securities after the American Revolution. During the wars of 1793–1815 British capital went to Europe as loans or subsidies to allies. British capital financed American trade. From 1806 British moneys went into South American investments. 1815 ff.: Operating through the Barings, Rothschilds, and others, British investors were active in French *rentes*. After the Napoleonic Wars, London replaced Amsterdam as the dominant city in international capital markets. Britain became a creditor nation.

BUSINESS ORGANIZATION. 1720: As a result of the South Sea Bubble, British law passed, requiring all joint-stock cos. to be incorporated by Act of Parliament or chartered by the crown. Cumbersome procedure retarded the use of the joint-stock co. form. The industrialist in Britain was usually an entrepreneur, who employed his own money and skills; he might get others to lend him funds or go into association with friends. He used personal contacts to raise funds. He reinvested profits earned for purposes of expansion. While he devised new forms of business organization, integrating processes of production and marketing, he did not act through the media of the corporate form. Even after 1825, when the 1720 Act was repealed, the corporate form was not associated with industrial investments. Since it was possible to establish joint-stock enterprises by private act before 1825 and without one after 1825, canal, dock, bridge, road, insurance, and banking cos. (which needed to mobilize large amounts of money) did take this form; they had continuity of life, transferable shares, and by the end of the 18th cent. some had even arranged limited liability for their members.

GOVERNMENT POLICY. The role of government in the British Industrial Revolution was one of providing a favorable environment. A series of strong kings had unified the English state; there was a stable political structure, a common law, internal free trade, and patent protection for inventors. 1800: Parliament made it generally illegal for workers to combine to increase wages or reduce hours of work. 1811–12: The Luddite riots (workmen breaking machines) were countered by Parliament in 1812, legislating that machine destruction was a capital felony. Government action in eliminating monopolies cleared the path for the expansion of manufacturing and trade. The government's role was to avoid entanglement in the economic system.

OTHER FACTORS CONDUCIVE TO INDUSTRIALIZATION. 1776: Publication of Adam Smith, *The Wealth of Nations:* expression of sentiment that a nation's resources should be developed without government direction; monopolies at home and abroad should be abolished; trade should be free. Nonconformity in religion in England aided the industrialization process; hard work was not discouraged; thrift was a virtue. The general interest in the nation in science and engineering—whether applied to agriculture or industry—provided a favorable environment for change. England was the leader in scientific inquiry. Innovation was not rejected; innovation was based on new products, new markets, new forms of organization, new sources of raw materials, as well as new production methods. There was the opportunity for an entrepreneur to rise on the basis of his own merits.

THE BUSINESS CYCLE. The first Industrial Revolution took its course through war and sharp oscillations in the business cycle. The American Revolution did not sever America's economic ties with Britain, or retard the change. The Napoleonic Wars aided British prosperity, but with the temporary cessation of hostilities in 1801 there was a depression and in 1811 a deep depression. 1815 witnessed another downturn and not until 1821 was there a slow revival; 1831: recession.

The Beginnings of Sustained Industrialization—U.S. and Western Europe

During 1760–1830 the beginnings of sustained industrialization were evident in the U.S. and in parts of Western Europe. The lead was taken by the U.S., France, and Belgium, while Italy, the German states, Switzerland, Austria, and the Netherlands also showed some signs of change. In the U.S. and in these parts of Europe—as everywhere around the world except in England—agriculture employed the most men and contributed more than any other sector to national income.

AGRICULTURE AND ANIMAL HUSBANDRY. Agricultural improvements: In the U.S. and Europe, British agricultural improvements combined with indigenous innovation. In the U.S., agriculture ranged from small farms in New England to larger farms in the Midwest to plantations in the South. The most dramatic change in American agriculture was due to Eli Whitney's cotton gin, 1793, which provided a basis for the southern 1-crop economy. The U.S. was in the forefront in the invention and application of new farm machinery. 1797: Charles Newbold patented America's 1st cast-iron plow; it did not win popular acceptance. 1819: Jethro Wood (1774–1834) perfected a 3-piece cast-iron plow with standardized interchangeable parts, which became the most widely used plow in northern farming. With labor shortages and with the high cost of labor, northern farmers were receptive to improvements in agriculture that economized on men. In the South, owing to the cotton economy, slave labor increasingly replaced free labor; mechanization was not widely used. Because there was an abundance of land, Americans paid little attention to conservation, use of fertilizers, or methods involving better utilization of existing lands. The open frontier meant that new land could come under cultivation and the old could be abandoned. On the European Continent progress in agricultural innovation took place more slowly. There was in Western Europe much more interest in British agricultural methods than in the U.S. Crop rotation was adopted by forward-looking landowners on the Continent at the end of the 18th and begining of the 19th cent.; but side by side, old systems of agriculture prevailed. Flanders and Brabant led in intensive scientific farming. In Germany, in the Palatinate, Rhineland, Baden, Nassau, and in the area near Erfurt, Wurzburg, and Augsburg, farming was well advanced. This was also true in Alsace. In Holland, France, Germany, and Sweden marsh- and grassland were reclaimed and put under the plow. In Western Europe more land was put under cultivation. Mechanization of agriculture, occurring in England and the U.S., was slow to take place in Western Europe because of the presence of small landholdings and tenant farming. In some areas in France, grain was still trodden out by oxen as it had been for centuries. Many French landlords, unlike their British counterparts, found attention to the details of scientific agriculture beneath their dignity; French peasants because of their poverty could not afford scientific agriculture.

New crops: Cotton output, after the cotton gin, expanded rapidly in the U.S.

U.S. Cotton Output
(000 bales)

1790–91	9
1800–01	211
1810–11	269
1820–21	647
1830–31	987

The potato became an important food crop in much of Western and Central Europe. New fodder crops were cultivated. At the turn of the century the sugar beet was introduced in France.

Land reform: America had no peasant economy and no "traditional" medieval landownership structure. Vestiges of the feudal forms that did exist were eliminated: 1779, Virginia and Pennsylvania; 1786, New York abolished quitrents (payments of rents by settlers). 1776: Virginia ended entail, which had made land inalienable; other states followed. 1777: Georgia eliminated primogeniture, which passed land to the eldest son; other states followed. 1777: Confiscation of Loyalist estates broke up large landholdings. Land Acts of 1785, 1796, 1800, 1804, and 1820 set the terms of sale of western land and opened the way to new settlement and cultivation. In the American South, the size of landholdings grew, as plantations became the means of growing cotton. Land reform in Western Europe involved a sharp change in the traditional pattern. In the 18th cent. French peasants had been tenants under the feudal system. 1789–93: French Revolution freed peasant from his dues and services. Unlike in England, where land reform transformed the peasant into a wage laborer, in France the peasant became a landowner. The French armies during the Revolutionary and Napoleonic period brought French ideas of land reform to Belgium, the Netherlands, Germany, Italy, and Austria-Hungary. 1795–1814: Seigneurial dues were terminated in Belgium and the Netherlands; many peasants became landowners. 1798: French abolished feudalism on the left bank of the Rhine and from 1804 sold property of the church and the emigrés to the peasants. In French-dominated Westphalia and the Grand Duchy of Berg, certain obligations of the peasants to the lord were abolished. In western Germany, as the feudal system was eliminated, peasants became landowners; but in many parts of Germany west of the Elbe, the traditional structure prevailed; 1783: emancipation of serfs in Baden; 1807–9: Baron von Stein (1757–1831) of Prussia freed the serfs; 1808: his edict permitted trade in land and consolidation of holdings; 1811: Karl August von Hardenberg (1750–1822) of Prussia gave peasants the right to become full proprietors, but this edict and a subsequent one, 1816, made it virtually impossible for a peasant to obtain full title without selling some of his land to the lord. Thus there occurred the formation of large landholdings by the Junkers in Prussian territory east of the Elbe. 1808: Serfs emancipated in Bavaria; in Hesse, 1811; in Württemberg, 1819. 1808–9: The French extended land reforms to Italy; peasants got clear title to land, estates of religious orders were seized and sold, and seigneurial obligations were abolished. 1815 ff.: After the overthrow of Napoleon, the manorial system in Italy ended. In northern Italy peasant farming and large farm units remained, whereas in the south large landholdings (latifundia) prevailed, worked largely by hired hands and sharecroppers. 1760's and 1770's: Under Maria Theresa, queen of Bohemia and Hungary, archduchess of Austria, etc., new codes fixed the dues and services of the peasant and number of days of labor service (*robot*) required of him; the peasant was given greater freedom. 1781: Joseph II ended serfdom in Austria; 1782: law extended to Galicia; 1783, Transylvania; and 1785, similar decree issued for Hungary. Reforms by Joseph II, which aimed to replace large landed estates with small peasants' farms, were not successful; the reform movement collapsed because of landlord opposition. 1789, 10 Feb.: Joseph II issued a famous agrarian reform decree which was later withdrawn because of landlord opposition; the peasant remained subject to the lord of the manor. In Denmark enclosure of common lands took place. 1682, 1725, 1769, 1791: Royal government ordinances protected the peasant and secured for the cottager, who lost his rights to common land, sufficient land to keep a cow and pigs. Agrarian reform in Denmark created a nation of peasant owners. In southern Sweden peasants obtained titles to their land.

Productivity: In the U.S. agricultural productivity rose, as agriculture became increasingly efficient. 1789–1830: In France there was little improvement in agricultural productivity. Small peasant ownership did not serve to raise output per man. Elsewhere in Europe, there is little evidence of significant increases in productivity.

Commercialization: American agriculture became commercial agriculture. Stimulated by rising American population as well as by the growth of urban areas in the East and export opportunities, most agricultural output went to market. In Western Europe the trend was to greater commercialization of agriculture. Commercialization was stimulated by rising population, growth of urban areas, ascending agricultural prices (c. 1755 to c. 1817), and improved transportation. Between 1817 and 1850 there was a decline in price levels, but changes that took place in earlier years were not reversed.

Effects of the changes: In the U.S. cotton became a major export crop, capable of aiding American economic development. In Western Europe, the changes in agriculture, which disrupted the old seigneurial land-tenure system, to some extent introduced labor mobility, thus creating preconditions for subsequent economic development. In the U.S. and in Western Europe, the level of agricultural activity was high enough that these countries could feed themselves; none depended on food imports for existence. Judged as a whole, the period 1760–1830 could be considered as a time of agricultural boom in both the U.S. and Western Europe.

RAW MATERIALS. The U.S. had vast areas of timber resources. 1776: roughly 1/7 of the world's iron supply was produced in the U.S. Coal existed, but the coal industry did not. Total consumption of anthracite coal in the U.S. in 1828 was less than 100,000 tons. (Charcoal rather than coal served as the basic fuel.) The resources of the U.S. were vast, but were unknown and undeveloped. France had large timber resources, which were dwindling as charcoal consumption rose. In Western Europe, the coal and iron region stretched from the British Isles across the English Channel to Scandinavia and Upper Silesia. Sweden had important iron-ore resources, as did Germany and France. France, while it held Belgium (1797–1815), had access to its coal resources. 1800: Belgian coal mining was the most important on the Continent, located at Mons, Charleroi, and Liège. 1800–1830: Belgian coal-mining industry expanded rapidly. 1815 ff.: France's own supplies of coal were inadequate. 1815 ff.: The coal mines of the Ruhr in Germany began to be worked effectively.

LABOR. In the U.S. labor was scarce. Population rose from 1.6 million in 1760 to 12.9 million in 1830, but this still was inadequate. There was a high land-man ratio. Compared with Europe, labor in the U.S. was expensive; this encouraged mechanization and technological advance. In Western Europe, population was also rising, but not as dramatically. France's population rose from 26.9 million in 1801 to 31.8 million in 1831. At the end of the 18th cent., there was abundant cheap labor on the Continent, which may have slowed technological advance. The population of the U.S. was basically rural; in 1800 only 6 cities had populations over 8,000 (Philadelphia, New York, Baltimore, Boston, Charleston, and Salem); France's population was also rural, but in 1801 there were 90 cities with populations over 10,000; in Europe, Paris was 2nd only to London as the largest city. Increasing urbanization occurred in both the U.S. and France; this was less true elsewhere in Europe. In the U.S., compared with Europe, labor was mobile. The freeing of the serf in Prussia, other German states, and Austria increased mobility, but when in the elimination of feudal levies the peasant became an owner of land (as in France), this often reduced the mobility. As the guild system was eliminated in Western Europe, this encouraged labor mobility. In the U.S., Americans were tinkers out of need; slowly they developed industrial skills; American education, especially in New England, was good; literacy was high. France took the leadership in civil engineering and mining schools (1747: École des Ponts et Chaussées and 1794: École Polytechnique were founded); but secondary education and beyond were available only to an elite; elementary education was poor; there was no compulsory system of schooling. 1821: 25,000 communes had no schools of any sort; the majority of the French population was illiterate. The rest of Europe was also lacking in mass education and industrial skills.

ENERGY. Water, wind, and domestic animals were the main sources of power in the U.S. and on the European Continent. The small mill and factory on the small stream were typical in the 13 American colonies and then in the U.S. As late as 1815, horse- or ox-pulled winches were typically used in powering cotton mills in France. 1820–1830: Water power was the usual source of energy for cotton mills in France; industry on the Continent mainly used water power. Steam-power developments in England had impact in the U.S. and on the Continent. 1801: Oliver Evans (1755–1819) built a small, stationary high-pressure steam engine; 1803: he established a shop to manufacture that engine, Mars Iron Works, which marked the beginnings of commercial production in the U.S.; Evans' high-pressure engine was simple, powerful, and cheap; it quickly replaced the imported Boulton-Watt engine for use in American industry. In the U.S. steam came to be employed where water power was not readily obtainable and also in such industries as glass manufacture, bleacheries, and print works, where heat was needed; by 1830, industries in the Middle States were adopting steam power (57 out of the 161 plants in Pennsylvania used steam), while New England still depended on water power. (Only 4 out of 132 Rhode Island textile mills used steam.) On the European Continent, Belgium was most receptive to the adoption of steam power; it was tied in with the mining industry, cotton textiles, and the engineering industry. 1784: Le Creusot iron works in France used a steam engine as motive power for hammers of the forge, for pumping in the mines, and blowing the furnace. 1812: Steam introduced into cotton mills in Alsace, by 1817 in Lille, and in a woolen mill at Louviers; 1817–20: steam employed in cotton-spinning mills of Rouen; 1818: between 150 and 200 steam engines in operation in France, half imported from England. 1819 ff.: Most steam engines were made in France, because of high tariffs. 1830: 625 French establishments possessed steam engines. The German states did not adopt steam power readily; by 1800 only a few Newcomen machines and a few Watt engines were in use, mainly for mining operations. 1812: Freund was 1st Berliner to make a steam engine; 1832: only 30 steam engines in Berlin.

INDUSTRIES AND TECHNOLOGICAL ADVANCE. 1760's: In the American colonies, there was a thriving shipbuilding industry (1760: ⅓ of total British tonnage was colonial-built). Other manufacturing included household products, leather goods, and hats; weaving and shoemaking were done in the home. Mills and factories included lumber, flour, paper mills, and glass manufactories; there were breweries (in New York and Pennsylvania) and sugar refineries (in Pennsylvania); local furnaces and forges produced iron. On the European Continent as in America there existed artisan industries; in Europe, textiles were made everywhere—in France, Switzerland, Italy, Germany, the Low Countries, and in the Hapsburg Empire; local furnaces and forges produced iron. By the end of the 18th cent. France and Italy had glass, paper, metal-working, and sugar-refining industries. 1780–1830: Spread of British technology, despite British legislation prohibiting emigration of mechanics (until 1825) and prohibiting export of drawings, models, or specifications of textile machinery, or the machinery itself (until 1842); Americans, Germans, French, and Belgians learned from the British. In the U.S. and on the Continent, British machinery and workmen aided the diffusion of British methods; British technology meshed with indigenous innovations.

Textiles: 1789: Samuel Slater (1768–1835) came to America; he transferred by memory designs of the spinning frame in Richard Arkwright's and Jedediah Strutt's works in England; he began to build spinning machinery in Pawtucket, R.I.; 1790, 5 Apr.: Slater became partner in firm of Almy & Brown; 20 Dec: spinning began, the 1st spun cotton by power in the U.S. 1793: John and Arthur Scholfield arrived from England; they introduced British methods of wool carding and reduced from hours to minutes the time required to prepare wool fibers before spinning. 1813: Boston Manufacturing Co. was established at Waltham, Mass.—the 1st textile factory to conduct all operations under a single roof, converting with power-driven machinery cotton into cloth (the "Waltham System"); its technology was American rather than British. 1816: American William Gilmour introduced a successful crank-type loom in Rhode Island; Ira Draper, in Massachusetts, patented self-acting loom temples for holding and guiding cloth during weaving, 1823. 1823: Asa Arnold's compound gear for changing velocity for winding cotton filaments; 1828: Charles Danforth invented cap spinner for improving weft; John Thorp invented ring spinning process. By 1830, in the wool industry, America was using power looms. (Here the U.S. was in advance of Great Britain.) On the Continent, Irish engineer John Holker settled in Normandy, France, and introduced British techniques. 1798: Lancashire mechanic William Cockerill made textiles machines at Verviers and later at Liège. C. 1800: The flying shuttle was widely adopted in the French cotton industry; a Scotsman, Norman Douglas, who understood wool carding and spinning machinery, founded a workshop on an island in the Seine (financed by French capital); Hargreaves' spinning jenny was accepted in France; jennies were being used in Alsace, 1803. 1801: Frenchman Joseph Marie Jacquard (1752–1834) exhibited at a Paris industrial exhibition a loom he had invented for weaving figured fabrics. Earlier, Frenchman Jacques de Vaucanson (1709–82) invented a loom; Jacquard saw it in 1803, and incorporated Vaucanson's methods to improve the Jacquard loom. 1823: In the vicinity of Mulhouse, France, experiments began with power looms; by 1830, 2,000 in use. 1830: France was 2nd only to England in world cotton spindleage, but produced only about ¼ as much cotton as Great Britain. (U.S. was in 3rd place in world spindleage.) 1794: 1st German cotton-spinning mill using Arkwright water frame established; progress in German cotton textiles was slow; what cotton textile activity did develop was in the Rhenish provinces at Krefeld and Elberfeld and in Saxony. 1801: In Belgium, a modern cotton textile industry began to develop at Ghent.

Iron industry: By the time of the American Revolution, 1776, there were ironworks in every colony except Georgia and more forges and blast furnaces in the colonies than in England and Wales combined; their output was smaller than that of British industry. 1816: Welsh ironworker Thomas C. Lewis introduced Cort's puddling and rolling processes to American industry. Technical innovation in the U.S. took a different pattern from Britain; in the U.S. the pattern was puddling, rolling, and then utilization of coal. The European Continent followed the British order: coal, puddling, rolling. 1782: At Le Creusot in France 1st blast furnace on the Continent to use coke. Because France lacked good coking coal, progress using coke was slow. 1791–92: 1st coke blast iron was produced from charcoal furnace in royal manufactory at Malapan, Prussia; 1796: coke blast furnace built in Upper Silesia, Germany; the Germans experimented with puddling in 1825; c. 1810: Friedrich Krupp (1787–1826) purchased a small forge in Essen, Germany, and tried to manufacture cast steel; 1815: he put his product on the market without success. 1821: John Cockerill built the 1st coke blast furnace in Belgium.

Factory production: American innovations were in labor-saving devices. 1782 ff.: Oliver Evans created an automated flour mill. (1780's: LeBlanc in France used interchangeable parts in production of firearms, but the system was not developed in France); 1798–1800: Eli Whitney developed a system of interchangeable parts in the manufacture of arms; 1799: Simeon North (1765–1852) of Connecticut also used interchangeable parts in manufacture of pistols. C. 1800: Manufacturing of nails standardized; cut rather than hand-wrought nails were an American innovation. 1807–12: Americans Eli Terry (1772–1852) and Seth Thomas (1785–1859) began to make clocks on the basis of machine-made interchangeable parts; 1825: Henry Burden (1791–1871) of Troy, N.Y., made railroad spikes by machine; 1826: Collins Co. was formed in Connecticut to mass produce axes.

IRON PRODUCTION
(000 tons)

Year	*United Kingdom* (long)	*France* (metric)	*Germany* (metric)	*U.S.* (long)	*World Total* (long)
1740	20	26	18	1	160
1790	68	40	30	30	280
1800	190	60	39	40	460
1810	250	85	45	55	620
1820	368	140	89	110	1,010
1830	677	220	118	180	1,590

Gas lighting: 1786: German Johann Georg Pickel, a pharmacologist, lit his laboratory with coal gas—the 1st known application of coal gas to lighting; 1799: German Wilhelm Lampadius did experimental gas lighting of the palace of the Elector of Saxony in Dresden; 1816: Baltimore was 1st American city to have gas lighting.

Other technological innovations: 1785: French chemist Berthollet invented method of bleaching cloth with chlorine. 1791–94: Frenchman Nicolas LeBlanc is credited with being the 1st to succeed in making artificial soda. 1794: Frenchman Claude Chappe (1763–1805) developed semaphore telegraph; the 1st line ran from Lille to Paris and the system spread to other countries. 1799: Frenchman Louis Robert invented a machine to make a continuous web of paper. 1800: Italian Alessandro Volta (1745–1827) made 1st electric battery. 1803: Fourdrinier brothers in France invented papermaking machine. 1809: German Samuel Thomas Sommering invented 1st electric telegraph. 1819: Dane Hans Christian Orsted (1777–1851) discovered electromagnetism. 1820: Frenchman André Marie F. Ampère (1775–1836) applied the discovery of electromagnetism to the telegraph.

TRANSPORTATION. Roads: Often following Indian trails, roads had been built in the American colonial period; local roads were linked for long-distance travel; by 1776 an unpaved road extended from Boston, Mass., to Savannah, Ga. After the Revolution, U.S. turnpike companies were formed to build toll roads; by 1810, thousands of such turnpike companies existed; 1820: all major cities in the eastern and northern states were connected by surfaced roads; after 1825, highway development by private cos. slackened; the roads reverted to state and local governments. 1811–18: Construction of the Cumberland Road, a paved highway, linking Cumberland, Md., on the Potomac River, with Wheeling, W. Va., on the Ohio River, was financed by federal government funds. Horse-drawn wagons and carriages provided the traffic; 1800: American Oliver Evans ran a "steamer on wheels" through Philadelphia, but this did not inaugurate a new age. 1760: France and Italy had a network of Roman roads, some of which had been cared for, many of which were neglected. 1760–89: Road building accelerated in France based on administrative and strategic needs; great highways were constructed between important cities. During the Revolution, French roads were not maintained. 1799 ff.: Napoleon made attempts to build and repair roads; government funds were spent on routes linking Paris with Antwerp, Amsterdam, and Hamburg; with Metz and Mainz; and with Italy via Marseilles and Corniche, via Mont Cenis, and via the Simplon Pass; 1814: there were 16,300 miles of imperial roads; much of Napoleon's expenditures for roads lay outside what became the permanent frontiers of France. 1815–30: roads in France fell into disrepair; only a few were improved. In Belgium and the Netherlands, main roads, paved with stone blocks, were reasonably good. German roads were poor, compared with those in France and the Low Countries. 1815: Prussia benefited by obtaining French-built roads in the Rhenish and Westphalian provinces. Transport was by horse-drawn carriages and wagons. 1769: Frenchman Nicolas Joseph Cugnot (1725–1804) built the world's 1st steam-propelled wagon; it was not developed commercially.

Inland waterways: In America, rivers often provided the best commercial routes. Sailing vessels went up the Mississippi, James, Potomac, Delaware, Hudson, and Connecticut rivers; rafts and flatboats were used to transport produce; where these were not suitable there was an early incentive to apply steam transport. 1787: John Fitch (1743–98) ran 1st U.S. steamboat up the Delaware River; James Rumsey (1743–92) ran his steamboat on the Potomac River. 1807: Robert Fulton's (1765–1815) *Clermont* was 1st successful U.S.-built steamboat; it was demonstrated on the Hudson River. 1813: John Stevens (1749–1838) built 1st ironclad steamboat; 1815–60: the "golden age" of river steamboats. 1816: Steam navigation began on Lake Ontario—and later spread to other lakes. 1819: The American steamship, *Savannah,* crossed the Atlantic. France had many rivers, but some (Loire and Garonne) were irregular in flow; others (the Rhone, for instance) flowed too swiftly; many were too shallow; navigation was not easy. Elsewhere in Western Europe, rivers provided an important form of transportation. 1783: Marquis Jouffroy d'Abbans (1751–1832) operated the 1st paddle-wheel steamboat on the Saône River. 1821: Steam used on the Calais packets. 1820's: France was slow in adopting river steamers. Before 1825, steam services existed in Danish waters, from Stockholm to St. Petersburg, on the Rhine, and on Swiss lakes.

Canals: 1792–96: 1st canal in U.S. was built at South Hadley, Mass.; by 1800 in the U.S. a handful of successful canals had been built; 1816: about 100 miles of canals existed; 1817: New York state legislature authorized the Erie Canal, a 364-mile canal from Albany to Buffalo, through unsettled country; 1825: canal was completed. Its success triggered a canal-building effort in the U.S., similar to that which had occurred in England after the completion of the Bridgewater Canal. By 1830 total canal mileage in U.S. reached 1,277 miles. Canal construction in Europe had a far longer history. In the Netherlands and Belgium canals had existed for centuries; they were kept in repair; France had started its modern canal system in the early 17th cent.; by 1830 total canal mileage in France was 1,260 miles. Germany was slower in building canals; 1772–75: Bromberg Canal linked the Oder and Vistula rivers.

Tramways and railroads: 1795: Boston Brick Works built 1st U.S. tramway; others carrying freight followed, powered by gravity, horses, mules, or cable attached to fixed engines. 1829: Delaware and Hudson Canal Co. imported 2 English steam locomotives for its new railroad; they proved too heavy and were abandoned. 1830: The Baltimore & Ohio Railroad, the 1st common carrier (carrying both passengers and freight) in the U.S., began operations; it used steam locomotion; the engines were made in New York. The American "railroad age" had begun. 1830: 23 miles of railroads operated in the U.S. There was not a single railroad in operation on the European Continent using steam locomotion.

FINANCE. Sources of capital: In colonial America and in the early history of the American Republic, capital was accumulated mainly through trade and through investments in land. British capital financed trade and to a small extent invested in America. In Europe mercantile capital provided the largest basis for surpluses. 1801: France was the wealthiest nation in the world (in terms of total—not per capita—national income); its net national product in 1801 was £288 million compared with Great Britain's gross national income of £232 million. Yet much of France's resources were devoted to unproductive use: loans to the state, upkeep of the court and government bureaucracy, and war expenditures.

Financial intermediaries: These developed in the U.S. only after independence. 1781: Bank of North America was founded. 1784: Bank of New York and Massachusetts' Bank of Boston were established. 1791: Bank of the United States was organized as a central bank (not rechartered in 1811). 1816: 2nd National Bank of the United States was chartered (1832: recharter vetoed by President Andrew Jackson; 1836: expiration of charter of 2nd Bank). 1817: 1st savings bank in the U.S. was founded in New York. On the European Continent, banking institutions had a long history. 1609: Bank of Amsterdam was founded (collapsed 1791). Amsterdam was Europe's financial center until it lost its position to England during the Napoleonic Wars; 1814: Netherlands Bank formed; it could control issue of paper currency as well as perform other banking activities. 1619: Hamburg Bank founded (survived until 1875). 1656: Bank of Stockholm established (closed in 1664; refounded 1668 as Bank of Sweden and still exists). 1716: French bank established by John Law (failed in 1720); 1776: Caisse d'Escompte formed (modeled on Bank of England); it had unfortunate history; 1800, 13 Feb.: establishment of Bank of France; 1817 ff.: France set up a number of independent note-issuing banks; 1818: 1st savings bank in France. 1736–1816: Banks to finance the Danish, Prussian, and Austrian governments came into existence. 1736: Courant Bank of Denmark; 1765: Royal Exchange and Loan Bank of Berlin (became the Prussian Bank in 1846); 1816: the Austrian National Bank. 1760's: Meyer Amschel Rothschild (1743–1812) founded the House of Rothschild in Frankfurt. The Hopes, Parish, Bleichröder, and Mallet Frères in Amsterdam, Hamburg, Berlin, and Paris respectively were important private bankers. 1822: Société Générale pour Favoriser l'Industrie Nationale was founded in Brussels; a milestone in continental banking, it combined commercial and investment banking operations, granted loans on current account, discounted commercial paper, accepted drafts, and entered into long-term industrial financing. Despite these many banking activities, banking on the European Continent lagged behind that in Great Britain. While most of Europe was part of a monetary society (some peasants were not), banking facilities did not yet reflect this.

Stock exchanges: 1791: A group of Philadelphia traders organized the 1st stock exchange in the U.S. 1792: A group of 24 curb brokers in New York signed an agreement on methods to be followed in trading stock on Wall Street; 1817: these stockbrokers drafted the constitution and rules of the New York Stock Exchange. In Europe the Amsterdam stock exchange was founded in the early 17th cent.; it held the dominant position in Europe; 1795: it almost completely collapsed when the French conquered Holland. 1724: Stock exchange founded in Paris; it stopped operations during the French Revolution, reopened under the Directory, and was reorganized by Napoleon; 1815: stock exchange listed only government securities. France was far behind England in developing a capital market. Berlin and Frankfurt also had stock exchanges.

FOREIGN TRADE. American trade expanded, despite setbacks immediately after the Revolution and after Jefferson's 1807 Embargo. Imports were mainly manufactured goods; exports were mainly raw materials. After 1793 raw cotton became an important U.S. export, after 1803 the most important single export. The slave trade had been profitable for New England merchants; after it became illegal considerable illicit trade continued. In the colonial period, American trade had been mainly wih England and the West Indies ("triangular trade"); 1776 ff.: trade became more diversified; 1784: U.S. entered profitable Canton trade with voyage of the *Empress of China*. By 1830, U.S. imports were $71 million; exports, $74 million; U.S. was in 3rd place after Britain and France in foreign trade. 1787: French foreign trade totaled livres 1,153.5 m., or $230 m.; it was greater than British foreign trade. During the Napoleonic Wars, Napoleon hoped for commercial strangulation of Britain by excluding her goods from Europe—the "Continental System." By 1809 he had closed all European ports except those in Turkey, Sicily, and Portugal to British commerce. The Continental System failed; British goods reached Continental Europe through the Greek islands, Malta, the Channel Islands, and Helgoland. Napoleon himself violated the System, clothing his army in Lancashire cloth, selling licenses which exempted traders from the decrees, and attempting to attract profits away from the smugglers. France did not develop her trade and dropped to a position below Britain. 1830: French foreign trade totalled $181 million. The Netherlands, which had a flourishing international trade in the 17th cent., was by the end of the 18th cent. in a poor position. 1782: Dutch East India Co. (founded in 1602) paid its last dividend; 1798: Co. was dissolved; 1792–1820: European nations outlawed the African slave trade, though slaving continued illegally until after the U.S. Civil War, when it dropped sharply.

BUSINESS ORGANIZATION. Structure: In colonial America business organization consisted of family industries (within the household), domestic or "putting-out" systems in textiles and shoemaking (a merchant brought raw materials to the producer; the producer made the product in his home; the merchant marketed it), and mills and factories (usually owned by individual entrepreneurs or their families or partnerships). Trading firms were usually family enterprises. 1776 ff.: manufacturing increasingly went out of the home into the factory.

Guilds: No guilds barred development of business activity in the U.S. 1760: On the Continent, guilds still impeded business enterprise; with the abolition of guilds in France, 1791, ideas on freer enterprise spread with French military might to the Low Countries, western Germany, and Italy. Tuscany, 1770, Sicily, 1786, Lombardy, 1787, and Naples, 1821, abolished guilds. This gave entrepreneurs the possibility of entering into key trades. Private business enterprises in

France, the Low Countries, Germany, and Italy tended to be family units; they sought high profits at the expense of low volume, quality rather than quantity, traditional patterns rather than innovation, security rather than risk-taking.

Adoption of corporate form: In the U.S. manufacturing enterprises were in general unincorporated. Corporations did spread rapidly for use in internal improvements (turnpikes, bridges, canals, etc.), insurance, and banking; in the U.S. the use of the corporate form was more important than in Britain or on the Continent. The French, suspicious of the joint-stock co. form, avoided it, and permission to incorporate was difficult to obtain; up to 1830 there were fewer than 150 *sociétés anonymes* created in France. In Belgium industrial enterprise tended to be unincorporated. 1819: The insurance company Securitas was Belgium's 1st 19th-cent. *société anonyme*. 1822: The *société générale* took this form. In Germany, joint-stock cos., if formed at all, were by special charter; it was not a form much used. This was also true in Italy.

Entrepreneurs: Important early American entrepreneurs included Henry William Stiegel (1729–85), ironmaster (after 1760) and glassware maker (after 1764); ironmakers Peter Hasenclever (1716–93), John Jacob Faesch (1729–99), and William Alexander ("Lord Stirling," 1726–83); merchants John Hancock (1737–93), Stephen Girard (1750–1831), John Jacob Astor (1763–1848), and John P. Cushing (1787–1862). 1801, 21 Apr.: founding papers and articles of incorporation executed in Paris for E. I. Du Pont de Nemours & Co. of Delaware, a company to manufacture military and sporting powder in the U.S. 1806: William Colgate founded a small business in New York to manufacture soap and candles. Among the key European entrepreneurs were the ironmakers: Krupp in Prussia, the Boignes brothers and François de Wendels and his brother in France, and John Cockerill in Belgium.

GOVERNMENT POLICIES. British government policies may have aided economic development in the American colonies; British mercantilism—furnishing preferential markets and protection for shipping—assisted American foreign traders, although British restraints angered the merchants. The British saw the colonies as providers of raw materials and markets for the mother country; British policy was to discourage manufacturing in the colonies; manufacturing developed despite British attitudes rather than because of them. 1789: The U.S. Constitution gave Congress rights to pass laws in the fields of interstate commerce and foreign trade, coinage, weights and measures, contract and property, taxation, disposition of unsettled lands, transportation, and banking. The Constitution stipulated that states could not erect tariff barriers against one another, an essential prerequisite for the creation of a national market. In the early years of the republic, with tariff, patent, and banking legislation, laws for funding the national and states' debts (which established public credit) as well as aid to internal improvements, the U.S. federal government provided foundations for economic development. 1792: U.S. Congress authorized the creation of 2 national armories; subsidies were given to private business to make muskets, pistols, and rifles; these subsidies for national defense purposes were exceptional aids to industrial activity. State governments provided corporate charters to business enterprise; state and local governments in the U.S. promoted internal improvements and education. 1819, 2 Feb.: the *Dartmouth College Case* gave new security to corporate charters, and later aided business enterprise. 1760–1830: The governments in France, Prussia, and Austria were more involved in industrial activity than the U.S. government; they became direct investors in certain industries and also encouraged industrialization through patent legislation, financial aids to research, tax concessions, tariffs, monopoly rights, assurance of supplies and labor, technological aid (which the governments obtained for businesses from abroad), loans at low or no interest, and often outright subsidies. In Western Europe restraints on free enterprise came to be removed; there was clarification and codification of legislation. 1760 ff.: Reforms of Maria Theresa and Joseph II in the Austrian Empire were in the direction of cutting internal tariffs; 1789 ff.: France reduced barriers to trade; weights and measures were standardized; 1791: Loi le Chapelier abolished guilds in France with influence throughout Europe. 1807: Clauses in French Commercial Code set basis for co. laws of Belgium, Holland, Switzerland, Italy, and Spain; under the Code there was the joint-stock co., *société anonyme,* which might or might not have limited liability (according to its charter) and which was subject to government regulation, and the *sociétés en commandite,* which had sleeping partners (with limited liability) and active partners (with no limited liability) and which were not subjected to government supervision since they were not considered legally to be corporations. 1810–11: Prussia abolished guilds. 1819: Maassen tariff in Prussia removed internal barriers.

OTHER FACTORS. The "Protestant Ethic," endorsing thrift, hard work, and personal achievement played a role in American economic development. Americans had some interest in science, but their inventive spirit was more important. America was an "open" society; there were few traditions, tremendous optimism, and new land for settlement. There was the opportunity for individual accomplishment. Success in the American Revolution and the War of 1812 gave the country a sense of optimism. France had many advantages helping her toward industrialization. The French had a tradition of interest in science; there was no absence of invention; what was lacking was the translation of science and invention into profitable opportunities. The French were still fettered by traditional attitudes and values. The Napoleonic Wars also impeded French economic development, depriving the nation of men, capital, and raw materials. 1815: Loss of the French conquests under Napoleon cut off Piedmont, Lombardy, Rhenish Prussia, and Belgium from France, all of which had contributed to French industry: the settlement left an aura of defeat. Lack of political independence may have slowed Belgian development. 1815 ff.: Germany consisted of 38 sovereign states; the political divisions hindered the development of a common market; traditional political and economic patterns continued, despite the changes caused by the French impact, 1790–1815.

The Nonindustrial World

During the period 1760–1830 most of the world's economy was nonindustrial. Nonindustrial societies were heterogeneous. There were areas of western tradition (Eastern Europe, parts of Russia, Spain, and Portugal), of western impact (from Canada, Australia, and New Zealand to Latin America, the West Coast of Africa, and South Africa to the Ottoman Empire, India, Malaya, Java), of eastern tradition (China and Japan), and societies of technologically primitive nonliterates (e.g., North American Indians, Australian aborigines, nomads of the Middle East, Central Asia, Southeast Asia, etc.).

Securing food took priority over other forms of economic activity. Wants were related to survival. In practically all the nonindustrial world, agriculture was the primary mode of existence, employing and supporting most of the population. Exceptions lay in primitive communities: certain North American Indian tribes, the Eskimos, the Bushmen of the Kalahari Desert in Southern Africa, the aborigines of the southeastern coastal lands of Australia, the Negritos, Semang, and Sakai of the Malay Peninsula, plus jungle tribes in Assam, Burma, and Siam; these peoples lived by hunting, plus in some instances fishing, and in all cases collecting wild roots and plants. Other exceptions were the "pastoral nomads"; they domesticated animals—camels, sheep, goats, cattle, or horses; they were present in North Africa, Arabia, Afghanistan, and southern Russia. In most of the world, however, agriculture was practiced.

AGRICULTURE AND ANIMAL HUSBANDRY. Eastern and most of Southern Europe, Ireland: There was little improvement in agricultural methods; innovations taking place in England were known but not applied; in Eastern Europe, the feudal manorial system persisted as did serfdom or the near equivalent, despite the reforms of Joseph II. In Russia the manorial system with serfdom remained unaltered. In Spain, large entailed landed estates prevailed, using low-paid wage labor or, more typically, sharecroppers. In Ireland tenant farming on a subsistence level was the main mode of cultivation.

Canada, Australia, and New Zealand: Two societies coexisted—that of the original peoples and of the immigrants. In Canada settlers rapidly outnumbered the Indian population. Cultivation of the land occurred and a timber industry developed. Lumbering proved a key by-product of general farming. 1788: 1st British settlement in Australia. 1796: 1st plow introduced in Australia by John McArthur of the New South Wales Corps; McArthur became an advocate of sheep breeding, and in 1813 sheep breeding in Australia began to be actively pursued. 1769–70: Capt. James Cook, visiting the islands of New Zealand, found cultivated land "laid out in square plantations." 1826: New Zealand Co., founded in England, dispatched colonists to New Zealand, but these, unimpressed, migrated to Australia. The Maoris (natives of New Zealand) still outnumbered the immigrants; agriculture was primarily native cultivation. None of these "new" countries had the manorial system, serfdom, or the use of slave labor. White settlers had no "traditional agricultural society." There was, moreover, land suitable for cultivation once exploration and transportation opened these regions. In Canada and Australia, changes in agriculture and animal husbandry involved innovations introduced by immigrants. In New Zealand, since Europeans were mainly traders, whalers, and missionaries, most of whom imported food, the effects on agriculture were as yet minimal.

Latin America and the West Indies: Native agriculture coexisted with 2 types of western agriculture. There were the "plantation colonies" in the tropics, where sugar, cotton, and indigo were raised for export; these were characterized by large landholdings and absentee proprietors; most used slave labor. The sugar plantations of the West Indies and of Brazil stand out in this category. Second, there were the "farm colonies" in the temperate zones, established by the Spaniards in Chile and Argentina and by the Portuguese in southern Brazil, and characterized by settlement and freehold land systems. In Jamaica, Barbados, and other British-controlled islands in the 18th cent., British owners had small farms for grazing and breeding animals. The sugar plantations of the West Indies were owned by Britons, Frenchmen, Danes, Dutchmen, and Spaniards and organized to supply the European Continent. In much of Spanish America, the land tenure pattern existing in Spain in the 16th cent. had been introduced—large manorial estates, cultivated by "peons"; entail prevented the dissolution of the estates, which passed generation by generation to eldest sons. Although the church favored the retention by Indians of their land held before the conquest, the church likewise became a large owner of property in Spanish America. By the time of independence, 1810 ff., giant estates in the "plantation colonies" and in the "farm colonies" on the mainland were owned by white or mestizo Latin Americans or ecclesiastical corporations. Landholdings by native villages still existed, but became increasingly less important. Concentration of land ownership, labor by slaves or poorly paid peons, inefficient use of the land (tillage of only part of the land area and primitive agriculture methods), retarded economic progress in Latin America. The political revolutions did not alter the structure of land tenure or the development of agriculture. 1824: Bernardino Rivadavia land law in province of Buenos Aires; 1826: extended to rest of Argentina. Contrary to its intentions, the land law fixed on Argentina the pattern of the latifundia. In subsequent years, large tracts of public land passed into the hands of a few families.

Tropical Africa: Most European settlement in tropical Africa by 1830 was along the coast by merchants. 1817: French officials in Senegal attempted to develop agriculture; they attracted a small group of settlers, who started plantations, tried to grow indigo, sugar, coffee, and cotton, but found the crops not competitive with varieties grown in the West Indies. 1835: The colony of Senegal abandoned its plantations. Outside Senegal, almost all agriculture in tropical Africa was native agriculture; in most of Africa, where the soil permitted, cultivation was practiced. Often there was shifting cultivation: a rotation of farming sites in contrast to a rotation of crops; a group would burn to clear the land, cultivate for several years, and then move on to new land when the soil was exhausted. From the 16th cent., the Portuguese had introduced to West Africa from Latin America such food plants as maize, manioc, sweet potatoes, groundnuts (peanuts), papayas, cayenne pepper, tomatoes, and tobacco. These spread throughout tropical Africa. 1822: The Portuguese introduced cacao from South America to São Tomé; cultivation spread. 1820–30: Cloves were introduced from the Moluccas to the islands of Zanzibar and Pemba. Generally African crops were raised intermingled with one another. Agricultural organization revolved around the village. In some instances, the village "owned land" and in other cases the equivalent of private property existed. In parts of West Africa (for instance in Dahomey, in Hausaland, among the Ibos, etc.), cultivation was done in part by Africans using slave labor. Most agriculture in tropical Africa was on a subsistence basis, but in Hausaland and elsewhere some cash crops were produced. Palm oil became a cash crop in West Africa, but nowhere were specialized, commercial crops the norm. Because of the tsetse fly in much of the African tropics there were no animals for transport, manure, meat supplies, or milk. On the other hand, in parts of East Africa, cattle, sheep, and goats were of primary importance.

Southern Africa: Native agriculture coexisted with the farm communities of the Dutch and British colonists. The latter practiced European methods, while the former farmed in traditional fashion. 1810–11: Travelers to Cape Colony found the Hottentots cultivating vegetables, tobacco, and pumpkins; the Klaarwater Hottentots grew tobacco and used wild leaves for tea; in the early 19th cent. Europeans introduced the plow to the African tribes in the eastern district of the Cape.

Ottoman Empire: In Anatolia farm techniques remained what they had been for almost 1,000 years; village agriculture was on a subsistence basis. Cultivated areas in Iraq, Syria, and Arabia were fewer than in Roman or early Arab times. By the 18th cent. tobacco was being raised for export from Salonica, Syria, and Trebizond, but tobacco exports were still not substantial. Egyptian agricultural developments represented an exception. 1806–1814: Mohammed Ali (Muḥammad 'Alī) (1769–1849), founder of modern Egypt, introduced land reforms: peasants were required to pay taxes to the government directly instead of to a landlord; he ordered a resurvey of cultivated land; the state acquired large landholdings on which taxes had not been paid or where title deeds were irregular; his followers or relatives were granted large estates; as a substitute for communal ownership, peasants were given *de facto*—not yet legal—ownership of land. New crops were introduced, including cotton, rice, and maize. 1821: Planting of long-staple cotton began in Egypt on a commercial scale. 1820's: Cotton replaced grain as Egypt's chief export. Agriculture in Egypt became more efficient.

India: Agriculture was inefficient and precarious. The soil suffered from exhaustion after centuries of cultivation. Famines followed droughts. 1769 and 1790–92: Widespread famines swept through India, made worse through soil deterioration and overpopulation. Indians cultivated small plots, barely adequate for subsistence. 1793: Lord Charles Cornwallis as gov. gen. of India made landlords of the zamindari (individuals recognized by the Moguls [Mughals] as responsible tax collectors in the villages). The zamindari were to pay the same amount to the government each year (and not have periodic reassessments). Cornwallis hoped the zamindari, with an eye to raising their own incomes, would encourage agricultural improvements (like contemporary English landlords). The system, mainly in operation in Bengal, was not effective. 1812: In southern Madras, the tax payments were fixed for each individual cultivator (ryot) and were to be paid by the occupier of the land to the government (the ryotwari settlement); these arrangements, unlike the permanent settlements with the zamindari, were temporary and subject to reassessments. C. 1818: In Bombay Presidency the peasant was not made an owner (as in Madras) but was given "rights" to his estate; assessments were temporary. The British created a revolution in land tenure in India; throughout the area they ruled, they demanded payment in money and payment in full each year; they established a system of private property in land.

Ceylon: 1824: The 1st British plantation in the East was begun at Peradeniya; coffee was the product.

China: South Chinese farmers had constructed and maintained for centuries elaborate terracing and irrigation systems for wet-rice cultivation. Tea cultivation was widespread in south China. In northern China wheat was the major crop. Throughout China subsistence agriculture predominated; peasants were using iron plows, however crude the wrought iron, while in Europe many peasants still used wooden plows; there were thousands of small isolated villages; Chinese agriculture was commercialized to a certain extent; urban areas requiring foodstuffs meant the presence of a domestic market; tea was the key export crop, and it met with increasing demand in England. In China rising population meant peasants' farms were subdivided into small plots, often insufficient to keep a family alive in the poor seasons. Peasants had to borrow, which in turn led to dispossession from their land. C. 1775: Serious peasant rebellions began, becoming widespread in the following decades.

Japan: Technological (not mechanical) changes took place in Japanese agriculture, based not on western practice but on Japanese and Chinese experience. Miyazaki Antei's *Nogyo zensho,* 1698, was the 1st Japanese treatise on scientific agriculture and had influence throughout the Tokugawa period (to 1868). Other works followed, such as Okura Eijo's *Nogu Benri ron* (*On the Efficacy of Farm Implements,* c. 1768). Commercial fertilizers (dried fish, oil cakes) were widely used, supplementing the natural fertilizers. These raised crop yields and permitted more intensive use of land. There was improved use of seed varieties. In response to increasing urbanization in Japan in the 18th cent., quantities of grain, rice, fish, timber, and fibers were required to fill basic needs. Prior to urbanization, each region, village, and holding had produced for subsistence. Rice and lesser grains were staples. Each family grew a little fruit and some vegetables, and perhaps tobacco. By the beginning of the 19th cent. Conditions had changed. Except in especially remote, backward locales, peasants specialized according to the soil, climate, and price. Local markets supplied other needs. Cultivation of mulberries and raising of silkworms took place in the valleys of central Honshu, cotton in the same area, sugar cane in southern Kyushu and the islands in the south. Not all crops had become commercial; self-sufficient plots intermingled with cash crops. Much of the agricultural activity had come to involve wage labor. Owing to infanticide, the Japanese population seems to have remained approximately constant, which curbed the excessive subdivision of peasant farms typical of India and China.

Southeast Asia: Commercial agriculture commingled with village subsistence agriculture, with the latter predominant. Rice was the basic crop. In Burma, Siam, and Malaya European trading cos. (by their purchases) encouraged the commercialization of agriculture. The Philippine Islands, Java, and Sumatra also developed commercial agriculture. 1798: The Dutch East India Co. dissolved into bankruptcy and the Dutch government took control over the East Indies; the policy of the

Co. was continued: demands for pepper, coffee, indigo, cotton, and sugar, which were sold in Europe (the "forced delivery system"). Through controls over local rulers, the Dutch fixed prices and restricted trade but did not act directly. In the vicinity of Batavia, Co. employees had started hundreds of private sugar estates, the proprietors of which were Chinese. 1811: Thomas Stamford Raffles (British administrator) took over from the Dutch in Java. Raffles abolished the forced delivery system, hoping farmers would produce for a free market; he collected land taxes in money to encourage more commercialization. 1816: Java returned to the Dutch; they kept Raffles' method in part, but it did not work. Peasants preferred to grow the traditional crop, rice, and to borrow money for land tax payments rather than switch to the more profitable commercial crops. 1830: Raffles' system abandoned in favor of the "culture system."

RAW MATERIALS. Basic raw-material resources in the nonindustrial world were largely unknown and inaccessible. Russia's vast raw-material supplies were in the main unconnected by transportation and undeveloped; there was, however, substantial iron-ore mining in Russia. Spain had iron resources and copper. By contrast the indigenes of New Zealand and Australia did not know how to make bronze or forge iron. The settlers in Australia had not yet uncovered that land's mineral resources, nor had the Canadian settlers in their land. Spain and Portugal in colonizing Latin America invested in mines to obtain precious metals. The colonizers extracted huge quantities of gold and silver from the mines of the New World. 1759–88: During the reign of Carlos II, nearly 500 million pesos in coin and bullion were imported from the American colonies into Spain. 1783: Carlos III promulgated a new mining code for New Spain, which in the next years extended to Venezuela, Guatemala, New Granada, Peru, and Chile. It served as the basic mining law for most of Spanish America until the late 19th cent.; it covered operations of mines, fiscal organization of the industry, regulation of labor, trade in precious metals, banking and credits, technical training for mining engineers, etc. 1800: Spanish and Portuguese American mines were producing 90% of the world's precious metals. It was precious metals rather than industrial raw materials that were developed in Latin America. In most of Africa iron was known and used. Africans had worked the copper deposits in Central Africa and had smelted low-grade copper oxide ores. Gold had long been mined by Africans.

Ottoman Empire: Minerals were undeveloped. The Arab Middle East seemed to lack mineral resources.

Asia: The mining industry, although it had a long history, was still in its infancy; in India, gold, copper, and iron were mined but the volume was negligible; Chinese coal, iron, copper, tin, and silver resources had begun to be developed, but silver in circulation as currency came from the New World via Europe and the Philippines; in Japan, mining enterprises existed in gold, silver, and copper—operated by the shogun or by daimyo; coal was produced as was iron from iron sands, but on a small scale; in Southeast Asia, tin was mined on a small scale in the Red River Valley, the Malay Peninsula, and the islands to the south; iron and gold were mined in the Malay Peninsula; tin was mined on the island of Banka off eastern Sumatra. More important, industrial raw materials other than minerals that were developed in the nonindustrial world included cotton (in India, China, Japan, Egypt, etc.), hemp and jute (in Russia, India, Southeast Asia, and the Philippines), silk (in East Asia), and timber (in Eastern Europe, Russia, Canada, Manchuria, Japan, Korea, southern China, etc.). Massive development of mineral resources of underdeveloped countries awaited exploration, transportation, and capital-intensive investment. None was yet available.

LABOR. Much of Asia was heavily populated, with the population rising in China and India, and fairly stable in Japan. Elsewhere in the nonindustrial world the population was sparse. Australia was being newly settled by convicts transported from England plus some free immigrants; Canada had a slow stream of immigration. In Latin America and Africa, there was no overpopulation, nor was this the case in the Dutch East Indies. Population in the nonindustrial countries was mainly in rural areas. Many Asian cities were large, but only 1% of the entire Asian population (excluding Russia) lived in urban areas. The cities, with their commercialized economies and their accumulations of wealth and also poverty, were in sharp contrast to the prevailing massive poverty of the vast rural areas. Large income differentiations existed throughout the nonindustrial world. With the partial exception of the new white settlers in Australia and Canada, for the most part the nonindustrial world was characterized by a highly structured traditional society; the structure of such societies varied dramatically, but status rather than contract everywhere prevailed; there was, with the exception of Japan, little labor mobility. In Eastern Europe and Russia, the presence of serfdom retarded economic progress. The caste system in India provided a strong bar to change. Slavery in much of the underdeveloped world also provided a block to progress. Abolition of slavery spread slowly: 1826: Chile abolished slavery; 1829: Mexico. Yet slavery remained in much of Latin America, Africa, the Arab world, the British Empire, and Southeast Asia, though its harshness and rigor varied very greatly. Throughout the underdeveloped world, with the exception of Japan, industrial skills and education were lacking; in Japan, industrial skills emerged in rural industries. In India, the British introduced a European educational system; 1813: the East India Co. was ordered to spend £10,000 per year to instruct Indians.

ENERGY. The basic energy resources throughout the nonindustrial world were human power and domestic animals. Wind and water power were used to a small extent.

MANUFACTURING. Manufacturing ranged from the whittled stick for digging to tools of stone, bone, or shell to decorations (necklaces, earrings) to clothing to household goods (pottery, matting, bags, and baskets, etc.) to weapons (clubs, bows and arrows, etc.). Boats were manufactured. In most societies, metals were worked. Wood carvings and leather goods were typical manufactures. No matter how primitive a society, it had some sort of manufacturing. Even economies that were nonexchange societies had manufacturing. There were no known societies that did not have the use of fire, the use of a cutting instrument, or the use of string. Most manufacturing was within the household. In some few underdeveloped countries, factories, forges, and foundries were introduced (they were exceptional). In Russia, Eastern and most of Southern Europe, artisan manufacturing prevailed. 1760: Russia was the world's largest producer of iron; in 1805, Russia's output fell below England's; after 1828, its production was lower than that of France or the U.S. Settlers in Australia and Canada manufactured basic household items; Canadian settlement was of longer duration, and there were an ironworks (at St. Maurice, Que.), shipbuilding, potash works, and a number of sawmills and gristmills; nevertheless, most of the colonists' requirements for manufactured goods were imported from England. New Spain and Peru, under Spanish rule, had cotton and woolen cloth industries; silver, leather goods, hardware, furniture, shoes, and handicrafts were manufactured; food-processing industries had developed; shipbuilding became important in Havana, Guayaquil, and Buenos Aires. Spain discouraged manufacturing in the New World colonies, but by 1800 the Spanish colonies had more extensive industry than their mother country, although the manufacturing was insignificant compared with Northern Europe or the U.S. 1811 ff.: In Argentina, under Rivadavia the state built a foundry for cannon, a powder factory, and a gun works. African manufactures consisted of bags, baskets, hats, nets, cloths, etc.; there were smiths, weavers, potters, woodworkers, ropemakers, and boatbuilders; simple utensils were produced, as were ornaments and weapons. In the Middle East handicraft industries had retrogressed from their level in earlier eras and were still retrogressing; artisan industry in the Moslem (Muslim) world had a higher level of activity in 1760–1830 than after 1830, when European machine-made goods increasingly replaced the handmade products; within the Ottoman Empire cotton, silk, embroidery, Moroccan leather, and cutlery industries existed. In Egypt Mohammed Ali made attempts to start modern industry; 1818 ff.: machinery and technicians were imported into Egypt from Europe; the Egyptian government made direct investments in the factories, trained workers, and sought out raw materials and fuel; by 1830 modern cotton, woolen, silk, and linen textile mills, sugar refineries, glass and paper factories, as well as tanneries existed in Egypt plus a government armament plant complete with a foundry. Egyptian progress was exceptional for the less developed world. India, once a net exporter of manufactured cotton goods, was becoming, 1800–1830, a net importer of cotton goods; India's own handmade product could not compete with British machine-made goods. In China spinning, weaving, and printing cotton was a well-developed art since the 17th cent., an industry of craftsmen; a Chinese silk industry had also emerged. Chinese porcelain was world-renowned. Japan had well-developed rural industries, in cotton and silk and in crafts. In Java Chinese inhabitants made embroidery, dyed cotton, and were tailors, carpenters, joiners, and smiths. In New Zealand the Maoris made clothing from animal skins. In the South Pacific, clothing was manufactured from tree bark. The less developed world—with its range of manufactures and manufacturing methods—was characterized by a low level of technology by comparison with the West. In these years, not a technological innovation of worldwide consequence came from anywhere in the nonindustrial world.

TRANSPORTATION. In the nonindustrial world, transportation facilities were poor.

Roads: In Eastern and Southern Europe roads were in disrepair. Road building in Canada and Australia was in its infancy. Rough trails were in evidence in much of Latin America, while footpaths characterized much of Africa and Southeast Asia. In Egypt, under Mohammed Ali attempts were made to build modern roads. Japan had a road system.

Overland transport: Human beings, using their hands, heads, backs, and shoulders (worldwide); mules, donkeys, and llamas (in Latin America); and camels, mules, donkeys, and less often horses (in the Middle East), were beasts of burden. Rough carts drawn by oxen were present in much of the nonindustrial world. Dogs pulled sleds in the Arctic. Caravan travel was typical of arid regions in Asia and Africa.

Water transportation: Use was made, when possible, of navigable rivers. 1812 ff.: British government began to build canals in Canada to avoid the rapids on the St. Lawrence; this was done partly as a measure of defense against the U.S. 1829: Welland Canal completed in Canada, which improved the St. Lawrence Seaway. 1819: Digging of the Mahmudia Canal, connecting the Nile with Alexandria. The Grand Canal in China (on which construction started in the 5th cent. B.C.), covering some 1,200 miles from Peking to Ningpo, was a major transit route. These canals for internal communication were exceptional in the less developed world. For shipping, the nonindustrial world had a wide range of vessels: bark canoes, dugouts, rafts, catamarans, sampans, and a variety of small sailing ships. 1816: 1st steamship launched by Canadians in Lake Ontario. Water transport was developed, often primarily for the purpose of fishing; when used for transport, travel by water was usually superior to and cheaper than overland transit. In short, in the nonindustrial world, transportation facilities were limited, as were the needs for such facilities.

FINANCE. All underdeveloped countries were short of capital.

Financial intermediaries: 1750's: Russia had begun modern banking institutions; 1769: the Russian Note Bank founded; 1817: in Russia, formation of government-owned State Commercial Bank, with specific purpose of granting commercial credits; it was not very active. Spain and Portugal had commercial banking facilities, developed as a result of their long-time trading connections. Initially, Canadians and Australians depended on Great Britain for banking facilities. By the early 1800's, banks were started in Canada; 1817: 1st bank established in Australia. 1808: The Bank of Brazil was founded (failed in 1829). 1825: Argentina organized a national bank (which survived until 1836). These banks were exceptional in Latin America. Before 1810 a bank at the Cape of Good Hope was established. Japan was exceptional in its range of financial institutions; by the end of the 17th cent. a credit system had developed from money changers, merchant bankers, and financiers of the daimyo which was similar to that existing in Europe in that period; by 1760–1830 Japan had substantial urban banking activity. China too had private banking facilities: some were pawnshops, some "cash shops," which changed one kind of money to another; others received deposits, made loans, bought and sold drafts, and issued bills, which served as money in the locale. In India, indigenous banking consisted of native bankers or "schroffs" who dealt in the large commercial centers and in the courts of native rulers; they aided payments by means of their hundis, or bills of exchange. With the exception of Japan, in no case in the underdeveloped world were financial intermediaries well developed. In fact, in the less developed world large segments of the economy were self-sufficient and not part of a monetized economy, or only peripherally part of one. In Australia in the 1790's rum was the medium of exchange for the white settlers. 1810–21: Under Gov. Lachlan Macquarie, Australia developed a more effective monetary system. In primitive societies there would often be a highly developed system of trade and exchange using shell currencies (the Tolai of New Guinea, for instance) or cattle (in East Africa) or brass rods (in much of Africa); barter was common in many transactions.

FOREIGN TRADE. With the exception of Japan, most nonindustrialized countries felt the impact of foreign trade (some to a greater, some to a smaller extent). Foreign trade served (1) to monetize the economy (barter went only so far; traders usually dealt in money); (2) to jar existing traditional systems (even when European, Arab, and Indian traders recruited native intermediaries to act on their behalf, this detached men from their villages); (3) to create urban centers (which were often enclaves isolated from the traditional rural activity of the country); (4) to introduce new machine-made products; (5) to create new wants; and (6) in some countries to retard or wipe out existing handicraft activities. World trade was liberalized. Monopolies held by English companies were abandoned. 1765: Spain opened the Caribbean islands to almost unlimited trade with 9 key Spanish ports; 1770: concession extended to Campeche and Yucatán; 1776–77: New Granada; 1778: extended to all Spanish America with the exception of New Spain and Venezuela; by 1790 traders from any port in Spain could buy and sell anywhere in Spanish America. 1769: Monopoly of French East India Co. abolished. 1798: The Dutch East India Co. dissolved. The result of these measures was a great increase in trade. Liberalization of trade did not mean an end to privilege; instead it meant the assertion of new rights by the leading trading nations. Britain, for example, by Anglo-Portuguese treaties of 1642, 1654, and 1661 had obtained special privileges for her merchants in trading in Portugal. 1810: Britain transferred her old privileges and pre-eminent position in Portugal to the Portuguese colony, Brazil. 1827: After independence, Brazil and Britain concluded a commercial treaty, the new empire accepting Britain as having special privileges (including extraterritoriality, consular concessions, guaranteed low import tariff); Brazil lost its right to set its own tariffs; this treaty expired in 1844 and so did the privileges. In general, nonindustrial nations were exporters of primary commodities, usually agricultural products; the imports of nonindustrial countries were in the main manufactured goods. Russia exported, with rare exceptions, only raw materials (hemp, flax, wood, grain, tallow, hides, and furs); from China it imported tea, silk, jewels, etc., much of which it re-exported. Russia depended on Western European nations for most of its colonial products (sugar, coffee, spices, and drugs) and for most manufactures (textiles, metals, pottery, paper, etc.). Spain imported raw materials and precious metals from Latin America, and re-exported much of what it imported in exchange for manufactured goods. Canada exported mainly furs, fish, and timber. Wheat also became an export (but not yet an important one because of the English corn laws). 1821: New South Wales and Van Diemen's Land (Tasmania) exported 175,433 pounds of fine wool; 1831: the total exports were 2,493,339 pounds, and a major export industry had been launched. Both Canadians and Australians were importers of manufactured goods. Latin America by the close of the 18th cent. exported a greater agricultural output per annum than it did precious metals; imports were mainly manufactured goods. With the official end of the slave trade, trade in palm oil and to a lesser extent groundnuts (peanuts) became a staple of West African commerce. With the Industrial Revolution in England, there was more interest in cleanliness, and the soap industry that developed in Great Britain depended on imports of palm oil. About 1825: Liverpool merchants turned their attention to palm oil, and major exports from West Africa began. Interest also arose in palm kernels; 1822: 1st export of palm kernels from West Africa. The demand for groundnuts was stimulated by the soapmakers. 1830: Groundnuts 1st appeared in the trade returns of Gambia. India, 1760: Chief exports were indigo, saltpeter, and manufactured cotton and silk textiles; imports were specie, woolens, and miscellaneous manufactured goods. 1830: India exported very few manufactured textiles; instead, exports were raw materials; imports were manufactured goods. China exported fine textiles, porcelain, and tea, and imported bullion, some manufactured products, raw cotton, and opium. Southeast Asian commerce and the trade of the East Indies involved the export of tropical crops. From the Spice Islands the main exports had changed to coffee and sugar, since fresh meat was available in Europe (owing to agricultural improvements), and Europeans no longer needed spices to disguise the flavor of spoiled meat. Foreign trade of Africa and Asia was usually conducted by European traders, although Arab and Indian traders were active in Africa. For the most part, European trading companies were content to remain traders rather than colonizers.

FOREIGN INVESTMENTS. Investing by European countries in less developed regions had begun—in foreign loans, trade, plantations, etc.—but the era of giant foreign investments was still ahead.

BUSINESS ORGANIZATION. Foreign trade was dominated by Europeans. Production was developed, resting on ties of kinship, religion, and social status. Guilds were significant in Latin America and in India, China, and Japan. Practically everywhere business was small business, family enterprise; exceptions were isolated state-owned units (in Egypt and Argentina, for example).

GOVERNMENT POLICY. The policy of the state toward economic growth in nonindustrial countries varied; generally governments did little to aid economic change, except for colonial governments seeking trade expansion, but at the same time discouraged manufacturing. In Australia the early British governors granted land and stock—the initial capital for development—to members of the New South Wales Corps, to freed convicts, and to other settlers; the governors tried to make Australia self-sufficient in agricultural products. In Argentina in the 1820's there were abortive attempts to use the government as an agency for economic growth. In Egypt there was a definite governmental effort to industrialize the nation. But such concerted state measures toward economic development were isolated. Whether tribal authority, government by village elders, or other kinds of local government, order and the *status quo* rather than economic progress and growth were basic.

OTHER FACTORS. Throughout the underdeveloped world, ignorance and poverty created their own vicious circle. In general, the desire for industrialization or for achievement was absent. With the exception of the new settlers in sparsely populated Canada and Australia, traditional patterns (although what was "traditional" varied) were carried on without change or desire for change. Generally, religious and ritualistic customs retarded progress. Practically everywhere in the less developed world, kinship and the extended family took priority over the nuclear family and the individual. Climate played a key role in retarding development in much of the nonindustrial world. Much of the tropics were infested with malaria. Filariasis, hookworm, schistosomiasis, and yaws were dangerous diseases. Exposure to high temperatures sapped energy. The impact of the West through trade provided a basis for change, but change was slow.

1830–1870

The Workshop of the World—Great Britain

AGRICULTURE. British agriculture was the most efficient in the world. 1846: repeal of the corn laws; farmers feared the effects on British agriculture; imports did rise, but there was no fall in wheat prices. Demand for agricultural output grew. 1846–73: "Golden age" of British agriculture. Productivity rose. 1840's: Iron and steel plows substituted for heavy wooden plows; iron tooth and disk implements replaced brush and wooden rollers for harrowing. 1850's: Widespread adoption of planting in drills by machine; the cultivator came into use. 1850's ff.: American innovations of Cyrus McCormick and Obed Hussey in reapers and mowers were employed. Fertilizers were well used. 1839: Imports of Peruvian guano on a commercial scale began; the U.K. became a key importer of Chilean nitrates; c. 1840: John B. Lawes (1814–1900) began to produce phosphate from bones to be used as fertilizer; the employment of chemical fertilizers spread. British agriculture became capital-intensive; there was an increase in the proportion of capital to other inputs. Real wages in agriculture rose. Yet, at the same time, British agriculture came to make an ever-lower percentage contribution to national income; agriculture, forestry, and fishing, which comprised 23.4% of national income in 1831, represented only 14.2% in 1871.

RAW MATERIALS. 1830's: New coal and iron-ore fields were opened in Scotland; 1850's: Cleveland ore field opened; 1860's: Cumberland-Lancashire field developed. 1830–70: Coal output in U.K. rose from 22.4 m. tons to 110.4 m. tons; iron-ore output in 1870 totaled 14.6 m. tons. 1858: Mining and quarrying accounted for about 3.5% of British national income; of this coal mining was 60%, iron ore 9–10%, tin, copper, and lead about 12.5%, and other minerals (including stone, clay, etc.) about 18.5%. The development of mining in Britain was caused by the demands of the iron and steel industry, manufacturing in general, and the growth of railroads. Britain continued to be a large importer of raw cotton, and also of wool, for the textile industry.

ENERGY. The use of the steam engine spread rapidly; steam was the basis for factory industry; it was essential for the "railway age" and significant in ocean travel. 1831: Michael Faraday discovered that electricity could be generated by revolving a copper coil in a magnetic field. 1867: Charles Wheatstone (1802–75) and S. A. Varley invented a dynamo-electric machine, practically simultaneously with Siemens' invention in Germany. These innovations notwithstanding, the age of electricity had not yet arrived.

INDUSTRY. For the 1st time in history a nation was obtaining its major income from manufacturing, machine production.

STRUCTURE OF BRITISH NATIONAL PRODUCT
(as % of national income)

Year	*Agriculture, Forestry, Fisheries*	*Manufactures, Mining, Building*	*Trade, Transport, and Income from Abroad*	*Government, Domestic, and Other Services*	*Housing*
1831	23.4	34.4	18.4	18.1	6.5
1851	20.3	34.3	20.7	18.4	8.1
1871	14.2	38.1	26.3	13.9	7.6

Productivity in manufacturing rose, and real wages also rose. British manufactures dominated world markets.

Textiles: The cotton textile industry became increasingly capital-intensive as the use of power machinery spread; by the 1850's handloom weavers contributed little to the output of the industry. By mid-cent., England produced half the world's cotton cloth. 1850's and 1860's: Power looms were widely adopted in the woolen industry.

Iron: The British made heavy investments in the iron industry. 1870: Britain produced 6 m. tons of pig iron (almost half the world's total). Iron was used to make boilers, bridges, rails, buildings, ships, and agricultural implements.

SHARE OF IRON INDUSTRY IN
BRITISH NATIONAL PRODUCT
(as % of GNP)

App. Date	*Gross Output (Less Coal and Imported Ore)*
1831	3.6
1851	6.2
1871	11.6

Steel: 1839: J. M. Heath added manganese to crucible steel while it was smelting and made it easier to weld; this lowered by 50% the cost of the best steels. 1856: Henry Bessemer (1813–98) demonstrated the "Bessemer process" of blowing air through molten cast iron and at the same time removing the silicon and carbon by oxidation; the process required the use of pig iron low in sulphur and phosphorus. 1856: Robert Mushet recognized the need to add manganese after the blowing for deoxidation and recarbonation; 1862: the 1st Bessemer steel rails were laid; 1863: Bessemer steel 1st used in ship construction. 1856: William Siemens (1823–83), German-born British subject, conceived the idea of a gas regenerative furnace, and by 1861 had built one. 1863: The Siemens regenerative furnace was used at the Martin works in France in connection with an open-hearth bath of molten pig iron and scrap to make steel, thus the Siemens-Martin process. 1867: Siemens started to make steel at Birmingham. 1870: Britain, as the world's largest steel producer, made only 287,000 metric tons.

Chemical industry: In most branches of the chemical industry, Great Britain led. The chemical industry was not a big industry (only 9,172 workers employed in 1851), but it did stimulate scientific inquiry. Britain led in soda manufacture. 1849: Thomas Graham (1805–69) was responsible for the birth of colloidal chemistry. 1856: Mauve, the 1st coal-tar dye, was made in England by William Henry Perkin (1838–1907).

Other technological innovations: 1840: Sir William R. Grove (1811–96) invented the 1st incandescent electric light. 1845: R. W. Thompson invented the pneumatic tire. 1845: I. C. Johnson, manager of Messrs. White & Sons' works at Swanscombe, Kent, produced modern Portland cement.

TRANSPORTATION. Road transport: British roads continued to be improved; early in the 1830's, the steam carriage was heavily taxed. 1835: A Red Flag Law was passed by Parliament, fixing a speed limit of 4 mph on all free-moving self-propelled vehicles and requiring a flagman on foot to walk ahead of the moving vehicle. Thus the steam (and later motor) vehicle industry was retarded and the horse-drawn carriage and wagon prevailed. 1839: Kirkpatrick MacMillan of Dumfries invented the 1st real bicycle.

Railways: From 1830 on canal building declined and railroad building soared.

BRITISH RAILROADS

Date	*Miles*
1825	26
1844	2,236
1850	6,635
1860	10,410
1870	15,310

1847: Peak of building boom; railway construction equaled c. 12% of national income. 1850: Railways were carrying more goods and passengers than roads and canals.

Transoceanic travel: In international commerce, ocean transit by steamer increasingly replaced the sailing ship. 1834: The East India Co. started to use steamships between Bombay and Suez. 1836: The Oriental Steamship Co. (British) started service to Egypt and Syria; 1838: the British steamer, *Great Western,* was the 1st regular steamship to cross the Atlantic without recoaling. 1839: The Peninsular & Oriental line (P. & O.) established regular steamship service from England to Alexandria to meet ships of the East India Co. which came up the Red Sea. 1840: Samuel Cunard (1787–1865) founded the 1st significant transatlantic steamship line (Cunard Line). 1842: Royal Mail Steam Packet Co. (British) started service to the Caribbean and South America. 1842: P. & O. began to run steamers between Suez and Calcutta; 1845: that co. added a line to Hong Kong. 1845: The *Great Britain* made her 1st voyage; she was the 1st large steamer (over 3,000 tons) to be built of iron and the 1st to introduce the screw propeller in ocean navigation. 1846: Britain introduced steamer service to West Africa. But of all the transportation innovations, one was outstanding; 1869, Nov. 16: the Suez Canal opened. The canal, built by a Frenchman, Ferdinand de Lesseps (1805–94), and financed by an international company, had a dramatic impact on the organization of British transport. The British Empire became more accessible for trade.

COMMUNICATIONS. 1837: A 5-needle telegraph system was tried on the London & Birmingham Railway, devised by William Fothergill Cooke (1806–79) and Charles Wheatstone (1802–75). 1837: Railways in England were 1st to adopt the telegraph. 1846 ff.: Independent telegraph companies were formed. 1851: The 1st successful submarine telegraph cable was laid across the English Channel, from Dover to Calais. 1866: Transatlantic cable connected America and Europe. 1869: British Post Office bought all existing telegraph lines in Britain.

FINANCE. England was the financial capital of the world. Capital for expansion of industry was practically all internally generated, although industry did resort to some short-term bank financing. Industrial capital was reinvested in more industry; mercantile capital went into industry and transport; funds once invested in land were applied to industry and railroad investments. The government was not an important source of capital. Banking facilities developed rapidly, with joint-stock banks and branches replacing country banks. 1844: Under the Bank Act the Bank of England was divided into 2 separate departments for issue and for banking; no new banks of issue were to be created; the amount of issue of existing

EFFECTS OF THE SUEZ CANAL

	By Cape	*By Canal*	*Nautical Miles Saved (%)*
London to:			
Bombay	10,667	6,274	41.2
Madras	11,280	7,313	35.2
Calcutta	11,900	8,083	32.1
Singapore	11,740	8,326	28.8
Hong Kong	13,180	9,799	25.8

banks was not to be increased; country-bank issues were not to be legal tender. The act was designed to eliminate gradually all notes except those of the Bank of England.

FOREIGN TRADE. 1842: Sir Robert Peel secured the reduction of duties on 750 British imports; he reinstated the income tax to make up for loss of revenue. 1845: Peel abolished 430 out of the 813 remaining import duties and eliminated all export duties. 1846, 6 June: Repeal of the corn laws, leaving small duties on grain until 1849 and then only a nominal duty, which was later abolished. The opening of Britain to foreign grain marked her transition from an agricultural to a manufacturing and commercial nation. Foodstuffs would have to be imported from abroad.

British 10-Year Import Averages
($ million at fixed prices)

Year	*Grain*	*Animal Foodstuffs*
1830's	10.5	8.5
1840's	31.0	17.0
1850's	55.5	18.0
1860's	100.5	66.5

1849, 1854: Britain finally repealed the Navigation Acts, which had restricted commerce. 1853, 1860: British legislation swept away hundreds of remaining import duties and left Britain a "free-trade" nation. 1860, 23 Jan.: the Cobden Treaty with France was signed, heralding freer trade between Britain and France. 1860 ff.: Britain made treaties with Belgium, Italy, Prussia, the *Zollverein,* Austria, etc., obtaining tariff reductions. The free-trade measures had salutary results. The British government did not have to protect industry since there was no competition from abroad. British factories produced goods at lower costs than hand-made products the world over. British foreign trade expanded dramatically; Britain kept her leadership in international commerce. Her foreign trade (exports plus imports) in 1830 was $564 million; in 1870 it was $3,186 million. Foreign trade provided a market for British manufactures; the demand aided in sustaining her industry.

FOREIGN INVESTMENT. 1830's: Some British speculated in American securities (with large losses); 1840's: the British made investments in railroad building in France and Belgium, until crises and revolutions, 1848, slowed this outflow; 1850's: the British made foreign investments in railroads, government securities, and businesses worldwide: in U.S., Canada, Brazil, France, Belgium, Denmark, Sweden, Portugal, Italy, Russia, Turkey, Algeria, British India, and Australia.

Book Value of British Foreign Investment, 1854
($ million)

U.S.	250–350
French, Belgian, Dutch, and Russian govt. sec.	225–275
Spain and Portugal	175–225
Latin America	175–200
French railways	125–150
Belgian railways	25

BUSINESS ORGANIZATION. The predominant form of business organization in Britain remained the partnership or the unincorporated company. 1844: The Companies Act; 1856: the Joint Stock Company Act, establishing limited liability; and 1862: the Consolidated Statute. These acts made the incorporated co. a more feasible way of doing business and the form came more into use. 1830's: Charles Babbage did pioneer work on factory management—making cost studies of the process of production.

GOVERNMENT POLICY. Government policy in Britain was designed to remove barriers to commerce. Government aid to business was through providing political stability, law and order, charters and rights of ways for railroads, and subsidies to the steamer services. 1842: Peel's reintroduction of the personal income tax gave the government new means of meeting expenses (Britain had had general income taxes, 1798–1816, to cope with war needs); 1842 ff.: income tax remained in operation in Britain. Except in the case of the telegraph the British government did not directly participate in domestic business. In the colonies, the British government played a more affirmative role, but there existed in England in these years an unfavorable attitude toward colonies. While Britain's imperial responsibilities increased in Australia, New Zealand, India, Ceylon, Malaya, South Africa, and Canada (until Canada was given dominion status in 1867), the government accepted responsibility in economic matters with grave reservations. Yet improvements in transportation and communication and the 1869 opening of the Suez Canal were factors that forecast greater trade and greater imperial involvement by the British government.

The Spread of Industrialization—U.S. and Western Europe

During 1830–70 industrialization spread to the U.S., Belgium, France, Germany, etc. All (Belgium excepted) were still predominantly agricultural. Yet in these countries the relative importance of agriculture was declining. The gainfully occupied force in agriculture in the U.S. was 70%, 1830, and 53%, 1870; France, 52%, 1860–69; Germany, 47%, 1871.

AGRICULTURE. In the U.S. dramatic changes took place in agriculture. American agriculture moved westward. The fertile prairies of the Midwest came under the plow; large-scale farming operations developed there.

Agricultural innovations: 1830: Chilean nitrate 1st imported into U.S. as fertilizer. 1831: Obed Hussey (1792–1860) of Maryland patented 1st successful reaper. 1831: Cyrus H. McCormick (1809–84) of Virginia established McCormick Harvesting Machine Co., a predecessor co. of International Harvester Co.; 1834: McCormick patented his reaper. 1833: Chicago blacksmith John Lane made 1st steel plow. 1837: John Deere (1804–86) introduced his steel plow; 1847: Deere started a factory in Moline, Ill., to manufacture steel plows; by 1860, the steel plow was standard throughout the American West, but iron plows continued to be used because of the relatively high cost of the steel plow. 1837: Hiram and John Pitts of Maine introduced the 1st successful thresher. 1850: 1st chemical fertilizer plant established in Baltimore, Md. 1854: Ketchum patented his mower. 1856: The Marsh brothers designed a harvester (with hand binding). 1850's: Grain drills began to displace broadcast sowing of wheat in Pennsylvania and in other wheat-growing areas. Everywhere in the North the use of new farm equipment spread, increasing productivity. In the antebellum South the work was done by slave labor and there was no need for mechanization. 1862–63: End to slavery, but with the Civil War and Reconstruction mechanization proceeded slowly. Agricultural innovation also spread in Europe. 1840: German chemist Justus von Liebig (1803–73) published his *Organic Chemistry in Its Application to Agriculture and Physiology,* dealing with soil chemistry; he argued that by adding chemicals, land fertility would be greatly increased. 1840's: Chemical fertilizers began to be sold in France and Germany to a limited extent. French agriculture, on the whole, remained traditional; there was knowledge of British innovation, of foreign competition, and of prices, but still change was tardy. Plows and threshing machines powered by horses or mules were the only types of agricultural machinery commonly adopted, and the number of threshing machines was limited. Horse hoes, drilling machines, reapers, mowers, horse rakes, and haymaking machinery were used only to a modest extent in France. Retarding agricultural advance in France was the presence of small peasant holdings. By the middle of the 19th cent., French peasants still left some of their land fallow, ignoring information on crop rotation well known in England.

German agriculture, likewise, was slow to adopt agricultural implements, yet on the larger farms east of the Elbe better machinery was being adopted. Transportation aided the merchandising of machinery and fertilizer, and also the farms' produce. 1830–65: There seems to have been an increase in agricultural productivity in German states. In Austria the larger farms were the 1st to begin mechanization, but slowly.

New crops: In the U.S. there were no new crops. Cotton production in the South rose steadily before the Civil War; as the Midwest came to be settled grain moved westward; corn and wheat became far more important American crops. 1850's: 72% increase in wheat production, which took place in the Mississippi Valley; 50% increase in corn production. In Europe, sugar-beet production, which had begun in France, spread; 1830's: a boom in sugar-beet growing in Silesia and Saxony; c. 1845: the sugar-beet industry became well established in Germany. Sugar-beet production decreased Europe's dependence on sugar imports from the West Indies and Brazil.

Land reform: In the U.S. the Preemption Act, 1841, gave settlers 1st rights to purchase land on which they squatted. 1854: Graduation Act declared lands not disposed of at the government-prescribed minimum could be sold at lower prices. 1862: Homestead Act gave title to 160 acres (at no charge) to a bona fide settler if he lived on the land and improved it. In Europe, land-reform legislation of earlier years took effect. In France the peasant remained the cultivator. In Germany in the west the peasant got title to his holdings by paying indemnities to the lord over a long period of time. East of the Elbe, peasants, who did not have enough land to support themselves, sold all and migrated to the New World or moved to western Germany to become a pool of labor for industry. Open fields became increasingly a thing of the past. By 1850, large landowners could carry out improvements, unhampered by traditional rights and customs. 1848–49: In Austria peasants secured clear title to their holdings after payment of indemnities; the peasant was a free man. In Austria large estates coexisted side by side with peasant holdings.

Commercialization: In the U.S. and in Western Europe there was increasing commercialization of agriculture. In the U.S. the demand for more food production owing to the growing population, especially the urban population, put new incentives on the development of agriculture; the extension of American transportation facilities enabled specialization and meant American agricultural products could go into domestic commerce; the repeal of the corn laws in England, 1846, opened British markets to American grain. In Western Europe, new transportation connections also increased the specialization and commercialization of agriculture, but the process was slower because of the presence of peasant holdings. When in the late 1840's and early 1850's the British market was opened to Danish grain, butter, and livestock, Danish agriculture prospered.

RAW MATERIALS. 1848: Gold was discovered in California. In the U.S. there was an expansion of mining of basic minerals: coal, iron, and copper (1845: copper output 100 long tons; 1870: 12,600 long tons). 1859: Drilling of Drake's well at Titusville, Pa.; this became the world's 1st commercial oil well. 1859: U.S. petroleum production 2,000 barrels; 1870: 5.3 million barrels; a new industry had been created. 1830's: The French undertook a search for additional coal resources; expansion of production in the Pas de Calais; France was short of coal and yet levied tariffs to protect high-cost domestic production; 1847: discovery of coal fields in the Nord; output expanded. German coal resources were superior. The 3 main coal fields (the great Ruhr field, the Roer field, and the Silesian field, on which mining began in the 1840's) provided a basis for the German iron and steel industry. 1830's: Large-scale mining began in the western fields; by 1846, German coal production was roughly 3.2 m. English tons a year, which was less than the U.S. total of 5.3 m. tons, or the French total of 4.5 m. tons; the Germans still thought their resource base was "limited."

By 1870 Germany's position had improved.

Coal Production, 1870
(million metric tons)

Great Britain	112.2
Germany	34.9
U.S.	29.9
France	13.3
Belgium	13.6
Austria-Hungary	8.4

1840's: Belgium was producing more iron than the entire *Zollverein;* 1870: growth of German iron mining. By 1870 German iron-ore production was the greatest on the European Continent. Germany had excellent resources for a chemical industry—not only coal but potash deposits. 1856: German potash deposits developed in Stassfurt. Sodium chloride, potassium salts, and sulphur could be extracted from German deposits of iron pyrites. The German resource base gave Germany a superior position in the chemical industries. With British free trade, there was a demand for Swedish iron and Sweden expanded its iron-ore production.

ENERGY. 1837: Frenchman Benoît Fourneyron (1802–67) developed the water turbine, with 60 hp. 1840's: Uriah A. Boyden (1814–79) introduced Fourneyron's water turbine to the New England textile industry, thus retarding introduction of steam power. Yet steam as an energy source spread most rapidly.

Capacity of All Steam Engines
(million hp)

	U.S.	*U.K.*	*France*	*Germany*	*Belgium*	*Austria*	*Russia*	*Italy*
1840	.76	.62	.09	.04	.04	.02	.01	.01
1850	1.68	1.29	.27	.26	.07	.10	.07	.04
1860	3.47	2.45	1.12	.85	.16	.33	.20	.05
1870	5.59	4.04	1.85	2.48	.35	.80	.92	.33

1837: Thomas Davenport of Rutland, Vt., was 1st to produce a successful electric motor. 1838: Charles Page of Boston drilled steel plates with a battery-driven motor. 1860–63: Antonio Pacinotti in Italy improved the design of generators. 1867: German Ernst Werner von Siemens (1816–92) announced invention of the electric dynamo. (His work came simultaneously with that of Wheatstone and Varley in England.) 1870: French engineer Z. T. Gramme (1826–1901) made a ring dynamo, the 1st commercially practical generator of direct current.

INDUSTRY. In the U.S. manufacturing in every industry from food processing to lumbering to iron (and steel) to metalworking spread. The U.S. became independent of imports of basic manufactured goods. On the Continent, Belgium became the great manufacturing country, consuming more coal and iron per capita than any country besides Great Britain. 1840's: Expansion of textiles in France; 1850's and 1860's: expansion of iron industry. 1835 ff.: German industrial development accelerated. 1830 ff.: Progress in Austria in cotton textiles, woolens, silk goods, and paper; development was mainly in lower Austria and Bohemia.

Textiles: The important innovations in the U.S. textile industry had taken place before 1835; the industry (although the largest American industry in terms of assets) became conservative in nature. 1845: Frenchman Josué Heilmann (1796–1856) invented a machine comb for combing cotton and wool. While mechanization of the textile industry increased in France, Belgium, Switzerland, Germany, and Austria, their textile industries did not become a leading sector as had textiles in England. 1850: Raw-cotton consumption in France, Belgium, and the German *Zollverein* combined was far less than half that in Great Britain.

Iron and steel: 1839: 1st successful coke-smelting furnaces in U.S. built in Maryland; success with smelting anthracite on a commercial scale achieved at Pottsville, Pa., under the supervision of English ironworker Benjamin Perry; this marked a new era in American iron technology. 1840: American Henry Burden (1791–

1871) introduced rotary concentric squeezer for working puddled iron free of slag. 1845: Foundation of Trenton Iron Works; 1851: foundation of the Cambria Iron Works; 1853: foundation of Jones & Laughlin, pioneers in the modern American iron industry. 1847: Pittsburgh-born William Kelly (1811–88) refined molten pig iron with a blast of air in an acid-lined vessel. 1856: The 1st Bessemer patents were taken out in the U.S., but the Commissioner of Patents awarded Kelly priority. 1864, Sept.: The 1st production of steel in the U.S. under the Kelly process done at the Wyandotte Works, Mich. 1865: A. L. Holley (1832–82) built at Troy, N.Y., the 1st Bessemer steel works in the U.S.; 1866: Kelly and Bessemer interests merged in the U.S.; 1867: Abram S. Hewitt (1822–1903) acquired American rights to use and license the Siemens-Martin open-hearth process of making steel. 1869: F. J. Slade built the 1st open-hearth furnace for steelmaking in the U.S. for Cooper, Hewitt & Co. Belgium with its well-located coal resources took the lead in the European iron industry; its per capita production continued high, but it was quickly surpassed in total production. France's coal resources were poorer and not well located, and thus it lagged. 1850: France still smelted more than half its iron ore in charcoal furnaces. 1850's and 1860's: France completed the transformation to coke smelting. 1863–67: Bessemer steel converters were adopted in 6 great French ironworks. 1863: Émile and Pierre Martin (father and son) in Sireuil, France, 1st used successfully the open-hearth process; their use of pig iron and scrap steel to make steel became known as the Siemens-Martin process. Germany was slower than France to develop a modern iron industry. 1847: 1st coke blast furnace constructed in the Ruhr. 1867: August Thyssen (1842–1926) founded his works in Duisburg for the manufacture of hoop iron. 1868: For the 1st time German pig-iron production surpassed that of France. 1849: Lohage and Bremme started a company to make steel by puddling, a major advance in producing cheap steel. 1851: Alfred Krupp (1812–87) demonstrated at the Crystal Palace exhibition in London a 2-ton flawless block of cast steel; his Essen steelworks achieved international fame. Germany took a clear lead in the European steel industry.

Production of Pig Iron and Steel, 1870
(000 metric tons)

	Pig Iron	*Steel*
U.K.	6,061	287
U.S.	1,682	68
Germany	1,391	170
France (incl. Alsace-Lorraine)	1,178	84
Belgium	565	9

Metalworking industries: Americans took the initiative in the metalworking industries. Locomotives: 1832: Baldwin Locomotive Works established in Philadelphia; 1834: Norris Works built to make locomotives. Guns: 1836: Samuel Colt (1814–62) invented the revolver (1853: he built a new armory south of Hartford, Conn. with 1,400 machine tools) ; 1847: Eliphalet Remington (1793–1861) put Remington pistol on the market (built at Remington's works at Ilion, N.Y., est. 1816). 1860: Oliver F. Winchester (1810–80) introduced repeating rifle; 1862: Richard J. Gatling (1818–1903) invented the revolving machine gun. Printing: 1846: Richard M. Hoe (1812–86) invented the rotary printing press. Sewing machines: 1846: Elias Howe (1819–67) patented the sewing machine; 1850: Isaac M. Singer (1811–75) invented the 1st practical sewing machine; 1858: Lyman R. Blake (1835–83) patented a machine for sewing the tops of shoes to the bottoms; 1862: Gordon McKay (1821–1903) improved Blake's machine. Washing machines: 1847: 228 U.S. patents issued for washing machines. Machine tools: 1848: Frederick H. Howe (1822–91) designed the 1st milling machine manufactured for sale; it was made by the arms maker Robbins & Lawrence Co., Windsor, Vt.; the milling machine was used in production of small arms, clocks, sewing machines, and other light metal products made by mass production; by 1860 it was well established in American shops; 1850 ff.: Americans began to take world leadership in the machine-tool industry. Grinding machines driven by power, lathes, shapers, planers, drill presses became common in American shops; the use of interchangeable parts (machine-made parts of uniform design) in mass production by mid-19th cent. was known as the "American System"; 1855 ff.: specialized tool builders came into being; 1860: Francis A. Pratt and Amos Whitney founded Pratt & Whitney of Hartford, Conn., to make machine tools for guns and sewing machines. Safety pins: 1849: Walter Hunt invented modern safety pin. Elevators: 1852: Elisha G. Otis (1811–61) invented 1st passenger elevator. Railroad cars: 1864: George M. Pullman (1831–97) made 1st railroad car for sleeping. Typewriters: 1867: Christopher Sholes (1819–90) invented 1st practical typewriter. Vacuum cleaners: 1869: I. W. McGaffey patented a suction-type vacuum cleaner. On the European Continent there was no similar large-scale proliferation of metalworking industries. John Cockerill's Belgian engineering works, est., 1817, stood out in the heavy industries; by 1839, it was making locomotives, engines, and machinery of all descriptions and employed 4,320 persons; Belgian machinery was exported to Holland, Russia, and Germany. In France, metallurgical industries consisted of skilled cutlers (who made fine handmade goods), small shops manufacturing specialized machinery and machine tools, manufacture of textile machinery (esp. in the 1860's; Schlumbergers of Mulhouse, Alsace, was the 1st in France and among the 1st in Europe); engineering firms, such as Schneiders of Le Creusot, would make a range of metallurgical products on order, including steam engines and other industrial machinery. 1830: German metalworking industries were mainly artisan industries; 1830–1870: there developed the engineering shops of Harkort, Borsig, Egells, which made locomotives, marine engines, and lathes; Alfred Krupp's Essen works made grinding machines and other machine tools.

Electrical industry: The electrical industry was in its infancy. The 1st applications were to the telegraph. 1847: The German firm of Siemens & Halske was established, one of the world's earliest and most important electrical firms. 1869: In Chicago, Western Electric Co. formed, as a supplier to Western Union.

Chemical industry: 1837: Proctor & Gamble (soap and candles) was established in Cincinnati, Ohio. 1839: American Charles Goodyear (1800–1860) accidentally discovered the process of vulcanizing rubber. 1840: British traveler John Bowring reported of Germany, "Chemical knowledge in its various branches is further advanced than with us." 1840: 1st soda produced in Germany by the Leblanc method. 1840–70: German soda and sulphuric acid production was less than in France; the German chemical industry had diversity; it turned out the rarest pharmaceuticals, alkaloids, and organic acids. 1843 ff.: German A. W. Hofmann made major strides in industrial uses of coal tar; he stimulated the development of industrial chemistry in Germany and England. 1845: A. P. Sharp (later Merck, Sharp & Dohme) opened apothecary shop in Baltimore, Md., 1846: Swiss chemist C. F. Schönbein (1799–1868) discovered nitrocellulose or "explosive cotton wool"; Italian A. Sobrero (1811–70) discovered nitroglycerin. 1849: Chas. Pfizer & Co., fine chemicals, established. 1855: 1st commercial production of aluminum started at Rouen, France (using process developed by Henri Sainte-Claire Deville); sulphuric acid was extracted from zinc ores in Germany; German F. Gaedcke obtained cocaine from coca leaves. 1863: Belgian Ernest Solvay (1838–1922) began to operate process for production of soda. 1865: French chemist Paul Schutzenberger (1829–97) invented "celanese," acetate rayon. 1866: the Swede Alfred Nobel (1833–96) invented dynamite; in U.S., Duffield, Parke & Co. (later Parke, Davis) established. 1869: Celluloid, the 1st successful pyroxylin plastic, manufactured in the U.S. by J. W. & I. S. Hyatt, Albany (patented 1868).

Other industries and innovations: 1851: American Gail Borden (1801–74) began commercial production of condensed milk. 1855: Bunsen burner invented in Germany. 1859 ff.: Kerosene began to be used to light residences and offices in the U.S. and Europe.

% Distribution of World's Manufacturing Production, 1870

U.K.	31.8	Russia	3.7
U.S.	23.3	Belgium	2.9
Germany	13.2	Italy	2.4
France	10.3	Others	12.4

TRANSPORTATION. Roads: In the U.S. and Europe roads were improved. 1845–70: Great age of Prussian roadbuilding.

Canals: 1830: 1,277 miles of canals in the U.S.; 1840: 3,326 miles of canals; 1859: 3,698 miles of canals, the end of the "canal era"; by 1850 there was more abandoned canal mileage in the U.S. than there were new additions. 1830: 1,260 miles of canals in France. 1835–48: 1,200 miles of major canals newly cut in France, linking the Rhine to the Rhone, from the Marne to the Rhine, and from the Aisne (near Berry-au-Bac) to the Marne above Épernay. 1848: End of 1st canal era in France. 1860: Imperial Plan in France: canals and canalized rivers were improved and modernized. 1869: 2,736 miles of canals were open in France. By 1870 most of the German river basins were linked by canal. Other inland waterways were improved in the U.S. and Europe. Steamboat travel became the norm. American entrepreneur Cornelius Vanderbilt (1794–1877) made his fortune out of steamboats.

Railroads: In the U.S. railroads rapidly replaced canals as the typical means of travel. U.S. railroad mileage: 1830, 23; 1840, 2,818; 1850, 9,021; 1860, 30,636; 1870, 52,922. 1869: 1st transcontinental railroad completed in the U.S. America led the world in the construction of railroads. The railroad system in the U.S. was privately owned, but was aided by land grants and subsidies from the government. 1832: 1st steampowered railroad started operations on the European Continent: the French railway line, St.-Étienne to Lyons. 1835: 1st Belgian railway, Brussels to Malines, opened; 1st German railroad from Nuremburg to Fürth covered 5 miles. 1839: 1st Dutch railway, Haarlem-Amsterdam. The 1st French railway was built by private capital; the French state aided private cos.; 1842: the French national railroad program was drafted; 1857: French railroads for the 1st time carried more traffic than French waterways; by 1859, 6 great cos. controlled the French railroad system; the cos.' profits on part of the system were guaranteed by the state; 1860–70: decade of most intensive railroad building in France. 1870: The French railway system was basically complete. The 1st Belgian railroad was state-built, as was the basic system; private cos. were also allowed to construct railroads in Belgium. Railroad expansion in Germany accelerated; in Prussia, private cos., aided by the government, took the initiative (1844, 500 miles in operation; 1860, 3,500 miles in operation); in western and southern Germany, railroads were state-owned from the start. 1840, 92% of German railroads were owned by private cos.; by 1870, 57% were in private hands. 1850–70: The key railroad connections were completed in Western Europe. 1870: Railroad mileage (thousands of miles): U.S., 52.9; Germany, 12.2; France, 10.8; Belgium, 1.9. Railroads in the U.S., Belgium, France, and Germany provided a basis for other industries to develop. Railroads opened new mining regions. Railroads stimulated the iron and then the steel industries, and the metallurgical and timber industries. They encouraged construction. Because they were capital-intensive, they served to attract capital. Railroads, inasmuch as they required new products, spurred innovation. In the U.S. railroads provided a means of extending settlement. Railroads in Germany connected navigable rivers, brought together the German states, linked Germany with Poland and Russia, and gave Germany the opportunity to develop its trade in Central Europe and the Balkans. In every nation, railroads created national unity and a national market, gave industries the possibilities of economies of scale, and provided opportunities for industries to obtain cheaper raw materials. Good transportation links opened the way for more specialization, better utilization of resources, and thus cost advantage; similarly, faster transportation lowered costs and offered economies. 1869: 1st use of refrigeration in railway transit in the U.S., which would in time revolutionize railroad haulage.

Transoceanic travel: Despite the pioneering *Savannah,* Americans were slow to adopt the steamship for ocean transit, clinging to the sailing ship. 1840's: The fastest clipper ships crossed the Atlantic eastbound in about 14 days—as did contemporary steamships. 1844: The *Midas,* owned by Boston merchant R. B. Forbes, left Boston for Hong Kong, arriving 14 May, 1845; the *Midas* was the 1st American steamship in Chinese waters (though she traveled mainly under sail). 1844 ff.: use of the steamship spread; 1846: Ocean Steam Navigation Co. established in U.S. as a subsidized steamship line, N.Y.-Bremen. (It went out of business in 1857 when its mail contract ran out.) 1847: Collins Line established in U.S. with a mail contract to Liverpool (1858: suspended operations). Other U.S.-government-subsidized steamship lines developed. European steamship lines also started. 1837: Messageries Maritimes, a French line, introduced a steamer service between Marseilles and Alexandria; 1838: an Austrian steamship line, Lloyd, began a Mediterranean service. 1840: The French government offered to subsidize the establishment of a steamship line between Le Havre and New York and to establish government-owned and -operated lines to the Caribbean and South America. 1847: The Hamburg-Amerika Line founded (1856: adopted its 1st screw-propelled steamer). 1851: The French Messageries Impériales began operations in the Mediterranean and extended services into the Indian Ocean, to the Far East, and to the South Atlantic. 1861: The Compagnie Transatlantique, founded by the Péreire brothers, connected France and Mexico. 1867: North German Lloyd lines began a weekly service to New York.

COMMUNICATIONS. 1836: Samuel F. B. Morse (1791–1872) invented a practical electric telegraph. By 1846–47, New York was connected to Albany, Boston, Buffalo, Cleveland, Detroit, and Chicago by telegraph. 1861: Telegraph connections in the U.S. made with the West Coast. 1840's: Telegraph lines spread throughout Europe. 1850's: Submarine cables introduced. 1866: Completion of the transatlantic cable.

FINANCE. Capital, although still scarce, became more plentiful in the U.S. as business growth occurred. Foreign capital (mainly British) was invested in the U.S. in the 1830's, and in the 1850's, the late 1860's, and the 1870's. On the European Continent, capital was locally generated and also came from Britain. Financial intermediaries developed. 1833: U.S. federal funds were deposited in state banks, "pet banks." 1834–37: Growth in number of state banks in the U.S. from 506 to 788; by 1860, 1,562 state banks. 1864, 3 June: National Banking Act passed in the U.S., designed to deal with both monetary chaos and fiscal needs; established a national banking system; national banks could issue a uniform paper currency and national bank notes. 1865: Congress placed a 10% per annum prohibitive tax on the notes of state banks, thus effectively giving sole privilege of bank note issue to the national banks; the number of national banks increased, while the number of state banks decreased. Investment banking by J. P. Morgan, A. Belmont (representing the Rothschilds), and S. G. Ward (representing Baring Brothers) began to make headway in the U.S. On the European Continent modern banking facilities developed. 1835: Banque de Belgique and Banque Liègeoise founded in Belgium; 1841: Bank of Flanders established. These banks along with the Société Générale provided Belgium with banking facilities to aid her industrialization. 1850: The Belgian Parliament reformed the banking system, establishing a central bank, the Banque Nationale, which received a monopoly of note issue. 1830's: The Bank of France, under sound and successful management, expanded steadily; 1848: Bank of France awarded a monopoly of note issue. 1848: Revolution in France destroyed existing credit institutions; the government helped found Comptoir National d'Escompte (collapsed 1889). 1852: The Crédit Foncier, the famous mortgage bank, founded. 1852: Émile and Isaac Péreire established Crédit Mobilier in Paris for industrial finance (failed 1867); while it lasted, Crédit Mobilier financed railroad cos. as well as dock and gas cos. 1855 ff.: the Paris market played a key role in financing European railroads; of importance besides the Péreires, were the Paris Rothschilds. 1859: France's 1st real deposit and loan bank founded, the Crédit Industriel et Commerciel; 1863: Crédit Lyonnais established; 1864: Société Générale pour Favoriser de Développement du Commerce et d'Industrie en France started operations. 1850's and 1860's: Foundation of new era in French banking; industrial banks were important in stimulating growth. 1830 ff.: Frankfurt played an important role in European finance because of the Rothschilds. 1846: Prussian Bank took the place of the previous State Bank, which marked the start of modern banking in Prussia. 1848–56: foundation of important joint-stock banks in Germany: Bankverein of A. Schaaffhausen in Cologne, 1848; the Diskontogesellschaft, 1851; the Bank für Handel und Industrie in Darmstadt, 1853; and the Berliner Handelsgesellschaft, 1856. 1870: Deutsche Bank founded. 1855: The Austrian Kreditanstalt für Handel und Gewerbe was established; it became the largest commercial bank in Austria.

FOREIGN TRADE. After Great Britain, France and the U.S. followed in volume of foreign trade. 1870: French foreign trade (exports plus imports) totaled $1,094 million; U.S. foreign trade, $867.6 million. 1832–60: U.S. tariffs were scaled down or shifted from specific duties to ad valorem duties. 1861: High Morrill tariff passed. 1861–69: U.S. duties increased to an average rate of 47%. 1870: Minor reduction in U.S. tariff. In France, high tariffs remained until c. 1860, when France began to lower tariffs. 1860: France signed commercial treaty with Britain; 1861: trade agreements were made between France and Belgium, Italy, and Switzerland; 1862: trade agreement between France and Prussia, and, 1866, by extension, France and the *Zollverein*. In Germany, 1 Jan., 1834, *Zollverein* tariff established, forming into a customs union ⅔ of the German states; other states subsequently joined. 1834–48: The *Zollverein* tariffs on manufactured goods rose. 1841: Friedrich List's (1789–1846) doctrine of protecting infant industries appeared in Part 1 of his *National System of Political Economy;* the doctrine had a keen impact on German policy. 1860's: Temporarily, there was a liberalized trade policy. 1863 and 1865: Trade agreements were made between Prussia and Belgium; 1865: trade agreements were made between Prussia and Britain and Prussia and Italy. In short, in the 1860's, when the U.S. was moving toward a higher tariff, France and Germany were, temporarily, moving in the other direction.

FOREIGN INVESTMENT. The U.S. and France were net recipients of foreign investment, while the Dutch were important international investors.

BUSINESS ORGANIZATION. In the U.S. the corporate form came to be used more frequently (the U.S. led the world in the use of this form); it was still mainly used for banking, insurance, and public utilities. 1856: Western Union Telegraph Co. became America's 1st giant corporation. In the U.S. most corporations continued to be incorporated by special charter granted by the states, although increasingly states were adopting general incorporation laws. Belgium had taken the leadership on the European Continent in using the joint-stock co. form (*société anonyme*). 1830's and 1840's: In France the joint-stock co. form was rare and used mainly for banking, insurance, and public utilities. There was far wider use of the *société en commandite sur action* form. 1850's: The French put such forms under stricter government control. Although the form remained important, the *société anonyme* form began to be used more frequently. 1863: France created the *société à responsabilité limitée,* a true limited-liability company. 1867: The need to get individual authorization for every *société anonyme* was eliminated. 1838: Prussia adopted a railway co. law, based on the French Commercial Code. 1843: Prussia adopted a general law for joint-stock cos. Yet by the 1860's only in

Hamburg and Bremen could a co. come into existence without a special government authorization. The joint-stock co. form was still rare in Germany.

GOVERNMENT POLICY. In the U.S. under Andrew Jackson (President, 1829–1837), the federal government stayed out of business. The Maysville Road veto, the veto of the charter of the National Bank, and the lowering of the tariff were reflections of a laissez-faire philosophy. State and municipal governments, however, contributed to building transportation facilities. 1840's: The U.S. federal government began to subsidize steamship lines. 1850's: the U.S. government started aid for railroad construction. 1861 ff.: Steady rise in U.S. tariff. In France under the July Monarchy and 2nd Empire the government assisted transportation ventures. German industrialization was dependent on political considerations. The German state governments invested directly in railroads. The Prussian state government operated ironworks and leadworks and coal mines. German states brought in technicians to aid development. 1834: The formation of the German *Zollverein,* 1834, and the North German Confederation, 1867, directly aided economic growth by creating a national market. 1834–67: Most customs duties on imports of machinery were used by the *Zollverein* to promote manufacturing—textile mills, paper mills, and sugar-beet plants. German polytechnic schools and universities were state-supported; they provided technical and scientific training which proved a special aid to the chemical and electrical industries.

OTHER FACTORS. From 1839 to 1879 the U.S. GNP is estimated to have grown at 4.3% per year. In France, the Industrial Revolution was gradually effected in an environment of political turmoil. Germany had to await complete unification before its Industrial Revolution could flower. Belgium, once it achieved political independence in 1830, led in the Industrial Revolution taking place on the European Continent.

Economic Change in the Less Developed World

AGRICULTURE AND ANIMAL HUSBANDRY. In most of the nonindustrial world agricultural conditions prevailing between 1760 and 1830 persisted without change. Yet some changes did occur.

Scientific agriculture: 1830's and 1840's: In Egypt land under cultivation increased, owing to large-scale irrigation works. 1830–70: There was increasing application of scientific techniques to Japanese agriculture. 1830: British engineers in India began to reconstruct the Indian canal system (the Western Jumna, Eastern, and Cauvery canals) to provide irrigation. 1836: Surveys were made for the great Ganges Canal (opened 1854); 1846: Godaveri Canal planned, for irrigation; 1850–70: canal making spread over India, penetrating deserts and wasteland to bring water to land to extend cultivation. Australian sheep raising expanded dramatically, using modern methods. When plantation agriculture was introduced by Westerners into the tropics, the techniques were western in origin.

New crops and livestock: Tea: 1834: Lord William Bentinck sent a committee to China to obtain tea seeds and Chinese labor and to introduce the crop in northern India. 1835: Government tea plantations were started in Assam on these Chinese foundations; Assam, however, had a native tea plant; the British tried to market it and were successful. 1850's: cultivation of the native tea plant progressed rapidly in Assam, Bengal, southern India, and Ceylon; the capital promoting the expansion of tea was European. Jute: 1838: The regular export of raw jute from India to Dundee began. Coffee: 1830's: Systematic cultivation of coffee as a plantation industry began in India; it flourished up to 1862, when the deadly borer beetle and leaf blight appeared; 1885: almost complete end to coffee cultivation. 1830's: Crown land sold to planters in Ceylon; 1869: 176,000 acres under coffee; fungus attacked the coffee plant in Ceylon and after 1876 the coffee plantings were ruined. In Java large-scale coffee cultivation developed, as also in Brazil and Colombia; in Brazil coffee was plantation agriculture; in Colombia it was peasant agriculture. In Brazil, as sugar, tobacco, and cotton became less profitable, coffee assumed key importance in the national economy. Sugar-cane cultivation continued in the West Indies and Brazil. In Hawaii, under the impact of Americans, sugar-cane cultivation spread. In Java sugar-cane cultivation, although not new to this period, was greatly enlarged; sugar was grown on the sawah land used for rice cultivation. 1830 ff.: In the Ukraine sugar-beet cultivation began. Quinine: 1865: cinchona (quinine) plantations started in Java. Palm oil and peanut production in West Africa greatly expanded, stimulated by the growth of the European soap industry. Sheep: 1844: 1st sheep station in New Zealand started in the Wairarapa, with sheep imported from Australia.

Landholding: In eastern Europe the feudal manorial system began to break down. By 1850 in Livonia, Hungary, and Rumania large estates were employing wage labor. 1861: End to serfdom in Russia; land reform established a landowning peasantry. In Japan land passed into the hands of the merchants; by 1853, Japanese merchants controlled more than 30% of the cultivated land in that country, acting as rent receivers; among the large landowners were the Konoike and Mitsui commercial houses; there emerged in Japan a wage labor force as a result of peasants losing their land; agriculture became more efficient; intensive cultivation by peasant families proved highly productive in Japan. In India the British land reforms had not made agriculture more productive, since they left virtually unchanged the basic process of production. In China, with no primogeniture, landholdings became more fragmented. There is no indication that agriculture became more efficient; in fact, the opposite seems possible. After acquiring Algeria (beginning 1830) the French decided to treat land in that country as private property. A land law, 1863, led to the breaking up of village holdings and the acquisition of about 20% of the best land by European settlers. New European settlement in Canada, Australia, New Zealand, and Latin America meant new landholdings. In Canada settlement extended into more of the country. Land laws in Australia tried to encourage cultivation, but despite the land laws wool remained the staple; farming did not take priority over grazing. 1829: Edward Gibbon Wakefield (1796–1862) in England advocated systematic immigration to Australia and favored land sales at a "sufficient price" within Australia; 1831: land grants were abolished in Australia; all land was sold; 1835: South Australian Co. formed for colonization; 1861: Crown Lands Alienation Act in New South Wales allowed anyone to select 40 to 320 acres of crown land (raised to 640 acres maximum in 1875) and pay £1 an acre (5s. down); similar land acts made available land to settlers in Victoria. 1837 ff.: Traders, speculators, and missionaries began to buy land in New Zealand; 1839: the New Zealand Co. started to sell land in that country at £1 per acre to colonists and investors. Latin America: 1840–60: New public lands were settled in Colombia, and the government distributed them to farmers in medium-sized plots, a policy in sharp contrast to that of the Mexican, Chilean, and Argentine governments, which made huge land grants, continuing the prerevolutionary practice of large landholdings.

Commercialization: Throughout the less developed world, agriculture became more commercial, as transportation facilities made it possible to market crops, as European traders and investors created new means of bringing produce to market, and as the volume of world trade increased. 1830: Johannes van den Bosch, gov. gen. of the Netherlands East Indies, introduced a forced-delivery plan, known as the "culture system"; each peasant, instead of paying a land tax, had to cultivate government-owned export crops on

⅕ of his fields or, alternatively, to work 66 days a year on government-owned estates or other projects; the system was most important in Java, but was also present elsewhere in the Dutch East Indies; the new system, with commercialization as its goal, tested out a wide variety of crops (indigo, sugar, coffee, tea, tobacco, pepper, cinchona, cinnamon, cotton, silk, cochineal); coffee and sugar were at first the most successful.

Increase in cultivated land area: With scientific agriculture in some countries, with new crops in others, with changes in the structure of landholdings, with new settlement, and with commercialization, cultivation of lands in the less developed areas was extended. Also encouraging the spread of cultivation was the extension of the railroads. Factors retarding the development of agriculture in the less developed world were (1) use of traditional methods; (2) general absence of mechanization; (3) lack of capital to be applied to agriculture; (4) absence of extensive transportation facilities; (5) absence of a developed marketing structure to encourage surpluses; (6) absence of information (as late as the 1850's and 1860's, there was a widespread belief that a large portion of what is now the Canadian Northwest was unfit for agriculture on account of the climate and the soil); (7) absence in some cases of agricultural labor (in Australia and in much of Africa); and (8) giant landholdings in much of Latin America (that were not efficiently farmed) and small landholdings in much of Asia (that were too small for efficient farming).

RAW MATERIALS. The economic development of 2 less developed nations was sharply spurred by the finding of precious minerals: 1851: gold was discovered in Australia (in New South Wales and Victoria); 1867: diamonds were discovered in South Africa. Both encouraged immigration to the countries and brought wealth in their train. So great a spur was the discovery of gold in Australia that by 1861 the estimated gross national income per capita was $250; the average for Britain (excluding Ireland) in 1861 was about $150: Australia had become relatively rich. 1858: Discovery of gold in New Zealand caused a smaller "gold rush." 1830: An English co., the São João d'El Rei Mining Co., leased a mining property in Brazil; later it worked the Morro Velho mine; from 1837 to 1865 its production of gold alone was valued at $18,180,133. The mining of industrial minerals in the less developed nations proved less dramatic. Coal production was concentrated in the important industrial and industrializing nations. Compared with them in 1870, Russia's output of .69 million metric tons, Spain's .66 million metric tons, and India's .61 million metric tons were humble. In Canada, in the 1850's, coal mines in Cape Breton, Maritime Provinces, opened; Cape Breton coal replaced coal imports from England. 1858: The coal fields at Arroio dos Ratos in Brazil began to be worked. Japan had coal adequate to its early needs, and by 1869 the Hizen domain had a modern coal mine in operation, started with British capital and technical assistance. Iron production was concentrated in the important industrial and industrializing countries, although Spain, Algeria, and Cuba had iron-ore resources and were exporters. Russia was known to have good iron resources, but these were not well situated; Russian iron-ore production rose slowly. The Brazilian iron mines of Ipanema were being worked on a small scale; the iron deposits in Minas Gerais were known. Iron mining was done in Canada in Ontario and in New Brunswick. The less developed countries excelled in other metals. Copper: 1850: Chile took the world's leadership in copper production. Tin: While in 1870 Great Britain was the world's largest tin producer, less developed countries followed. In the Malay Peninsula, British and Chinese capital and entrepreneurs developed the tin mines. In the Dutch East Indies the islands of Banka and Billiton were most important as sources of tin. On Banka the mines were controlled by the Dutch government, while on Billiton (where tin was found in 1851) the mines were privately owned. 1849: Tin was discovered in Australia.

TIN PRODUCTION, 1870
(000 long tons)

U.K.	10.2
Malaya (incl. small output from Thailand)	9.0
Netherlands East Indies	7.3
China	.5
Australia	.2
Bolivia	.1

In the new oil industry, where the U.S. took the leadership, by 1870 Russian production was .21 million barrels; Rumania, in 3rd place, had an output of .08 million barrels. 1859: Oil discovered in Canada, but production was negligible.

LABOR. In much of the less developed world slavery still remained, but was declining in importance. 1833, 23 Aug.: Britain abolished slavery in the British colonies. 1851: New Granada (later Colombia) abolished slavery. 1854: Ecuador and Venezuela ended slavery. 1861: End to serfdom in Russia. Education in the less developed world was generally on a low level, although Japan's urban population was literate; in Japan in the 1860's new schools, teaching western science, opened. China had a scholar aristocracy with the mass of the people uneducated. Missionaries from the western nations created schools and spread education. In the Gold Coast, for example, the Basel Mission trained craftsmen, carpenters, blacksmiths, and mechanics; the Gold Coast would become a recruiting ground for nearby African countries that wanted skilled labor. Missionaries transmitted western ideas and values. Likewise, in areas of new settlement educational standards of the West began to be communicated.

ENERGY. Human and animal power, wind, and water still provided the main sources of energy in the nonindustrial world. Steam had minor impact in some factories and in transportation.

INDUSTRIES. The conditions of 1760–1830 remained in most of the less developed countries. Modern machinery and methods spread slowly. Nowhere was the industrial sector substantial and yet it existed in embryo. In Russia a modern cotton textile industry slowly began to emerge after 1830, primarily in the provinces of Moscow and Vladimir. In 1850 there were 1,300 power looms in the Russian cotton textile industry, and in 1860, 10,000 power looms, but in 1859 Russia had 86,000 handlooms, producing ⅘ of Russian cotton cloth. The Russian wool industry also began to mechanize, but even more casually. 1840: Sugar-beet refineries in the Ukraine began to use steam power; 1861: 85% of Russian sugar production was from refineries using modern machinery. The Russian iron industry grew slowly. Pig-iron production: 1830, 182,953 metric tons; 1870, 359,531 metric tons. By 1857 locomotives were being made in St. Petersburg. In Canada the lumber industry of earlier years expanded; shipbuilding existed based on the wood resources. 1830: The Canadian iron industry was inefficient and on a small scale: stoves, axes, agricultural implements were made in Canada. 1860: 1st Canadian rolling mill opened at Toronto. 1866: Iron and nail works were one of the key industries in Montreal. By 1870 iron products to supply the railroads were produced in Canada and other iron products were made in quantity, but many iron manufactures continued to be imported. Tanneries, whisky distilleries, and breweries sprang up in Canada, as did paper factories and glass manufactories. Woolen and cotton mills also made rough fabrics; their numbers grew. Latin America: 1830: Mexico's modern textile industry started using power-driven machinery. 1850's: Brazil started a modern textile industry; c. 1863: a beef-extract plant was built in Uruguay by the Liebig Meat Extract Co. of London—probably the 1st modern factory in that country; yet throughout Latin America there was little modern industry. 1835: Turkey set up a fez-cap factory (caps of red wool), founded by Sultan Mahmud; other government-sponsored manufacturing enterprises in Turkey included cloth, paper, and glass factories; a foundry and forge were established in Constantinople, which used English engineers, mechanics, materials, and machines. 1838: By an Anglo-Turkish Convention foreign traders were allowed to buy and sell anywhere within the Ottoman Empire, including Egypt;

competition from foreign goods was too much for Egypt's infant industry, which mostly collapsed. Throughout the Ottoman Empire, handicraft manufacturing slumped because of competition from cheap British-manufactured goods. The pressure of imports retarded industrialization in this case. India: 1830's: Rapid decline of native cotton textile industries and crafts with influx of British products. Imports stimulated industrialization. 1854: Parsi merchant Cowasjee Nanabhoy Davar (b. 1815) established the Bombay Spinning and Weaving Mill, marking the start of the modern steam-powered cotton textile industry in India; the capital was Indian and British; the machinery, technicians, and management were all British. 1855: Manufacture of jute on a large scale started at Rishra, near Serampore, India; the machinery, technicians, and management were British; here the stimulus was not imports but potential export demand. 1859: 1st power loom used in jute industry at Barnagore, near Calcutta. Japan: Rural industries manufacturing cotton and silk proliferated. 1854 ff.: After the opening of Japan to the West, the shogun started ironworks and other industrial plants along western lines; both the central government and the daimyo (provincial lords) established arms manufactories along western lines. Foreign advisers were brought in to offer their skills. 1859 ff.: Imports of cheap British machine-made cotton textiles began to disrupt the existing Japanese cotton textile industry. 1863: Prince H. Shimazu at Kagoshima, with the aid of an English engineer, started Japan's 1st cotton spinning by machinery. 1868: After the Meiji Restoration, Japan became fully committed to industrialization. 1870: The Japanese government established factories for silk reeling, following the French and Italian model. Early modern industry in China was in armaments; 1855: Tseng Kuo-fan (1811–72) established small arsenals in Kiangsi; others followed.

TRANSPORTATION. Everywhere in the less developed world transportation was inadequate. Yet it was primarily changes in transportation that created basic conditions for economic growth in much of that world. Commercialization of agriculture depended on transportation; raw material utilization rested on transportation; urbanization and transportation went hand and hand. Innovations in transport, more than in industry, brought steam power to most of the less developed world. Industry would in some cases be stimulated later by the growth of transportation links (in Canada, for instance), but it was also hampered, for cheap machine-made British goods, carried by new means of transport, often put artisan industries out of business. The development of transportation facilities brought foreign capital to less developed nations. Transportation was the basis for the expansion of foreign trade. In these years, only preliminary steps were taken in the transportation revolution.

Roads: Within most less developed countries, roads were inadequate, yet some changes took place. 1834 ff.: Substantial improvements were made on the road from Cairo to Suez, which connected the Red Sea to the Nile. Under Lord Dalhousie, gov. gen. of India, 1848–54, trunk roads for wheeled traffic began to be built in India; it was found that 1st-class roads were almost as expensive to build as railroads, and while the latter brought returns to the builder, the former did not. 1830: There was only a single trunk road into the interior of Java; by 1847, owing to the labor due the Dutch under the "culture system," Java had fine roads and bridges. In Australia, under the influence of Thomas Mitchell and Britisher David Lennox, a student of Thomas Telford, road building made progress; travelers used vehicles that often managed in part without roads. One such was the "bush coach," made and driven by Cobb & Co.; by 1870 Cobb & Co. harnessed 6,000 horses per day and their coaches went 28,000 miles a week.

Inland waterways: Rivers continued to provide important transportation routes in less developed countries. 1852: The Yellow River (a main transportation route in China) broke loose with great damage. Rivers were more important than canals in the less developed countries. "The Age of the Canal"—so significant in the history of transportation in Great Britain, the U.S., France, and on the Continent—was generally bypassed by less developed nations. Canada offered a major exception to this; 1830–40: canal building flourished in Canada. In India canals built for irrigation were used on occasion for navigation; the Godaveri Canal was considered an excellent means of transport; but the irrigation canals, except in the deltas of the rivers, were in general not successful for commerce. The Grand Canal in China continued as an important transport route, but it was hardly a "modern" canal; moreover, the accumulation of silt in the canal made it less suitable for grain transport. Steam slowly made an impact. 1830's: Steamers in Canada regularly plied the rivers. 1839, 1842: 4 British steamers, belonging to the East India Co., sailed up and down the Tigris, the Euphrates, and the Karun, surveying the rivers and carrying passengers and mail; 1860: Britishers obtained rights of navigation and rights for a mail service between Baghdad and Basrah; 1861: the Euphrates and Tigris Steam Navigation Co., Ltd. (British-owned), was incorporated to start a steamship service on both rivers. 1830's, 1840's and 1850's: Latin American countries gave concessions for steam navigation of various rivers; 1837: Brazil introduced regular steamship services along the Atlantic coast and on the Amazon; navigation was restricted to Brazilian ships. 1849: Cornelius Vanderbilt (1794–1877), American steamboat tycoon, got a concession from the Nicaraguan government to provide transit across Nicaragua by canal or carriage road and steamboat; he chose the latter means. 1867: The Amazon was opened to navigation by steamers of all nations. 1841–42: Mohammed Ali authorized the Peninsular & Oriental Co. to run 2 steamships on the Nile as well as steam tugs on the Mahmudia Canal. 1853: Francis Cadell piloted a river steamer (built in Sydney, Australia) up the Murray River; travel by steamer became common in Australia. 1862: Shanghai Steam Navigation Co. was founded in Shanghai by American trading firm, Russell & Co., a joint venture with Chinese and American capital; it plied the Yangtze River and was important on routes along the China coast. 1866: Steamer service started in Japan between Yokohama and Nagasaki. By the late 1860's, local steam navigation companies, mainly British, were operating water routes to and into every country and major island in East Asia from Burma to Japan. By 1868 the Japanese owned 138 western-type steamships, either imported or built in Japan. Slowly, the steamboat became more in evidence on rivers and lakes around the world, yet it was by no means the typical means of water transport in less developed nations.

Railways: 1830's: Canada and Russia started railroad construction. 1836: St. Johns, Quebec, had 1st Canadian railroad, with horse traction, replaced by steam locomotion in 1837. 1836: 1st railroad completed in Russia, St. Petersburg to Tsarkoe-Selo, but only after Russia's defeat in the Crimean War did railroad construction accelerate. 1837: 1st Cuban railroad built. 1840's: Railroad construction began in Asia. 1845: British cos. were established in India to build railroad lines from Calcutta to Raniganj (coal fields) and from Bombay to the cotton-growing districts (1853: 1st 20 miles of the Great Peninsula Line opened, Bombay to Thana; 1854: 1st part of the East Indian Railroad, Calcutta to Raniganj, opened). 1848: 1st railroad in Spain. 1848–55: Construction of Panama Railroad, by U.S. capital, connecting the Atlantic and the Pacific (opened for passenger traffic, 1851); 1849–52: construction in Chile of 1st railroad from coal-mining town of Copiapo to coast (opened 1851; built by American William Wheelwright and financed by British capital). 1850's: 1st railroads in Africa and Oceania. 1853: 1st railroad in Egypt from Alexandria to Kafr al-Zayyat was completed (1856: extended to Cairo; 1858: Cairo linked by rail to Suez). 1854: 1st railroad in Australia opened, near Melbourne, and 1st railroad in Brazil started operations (9 mi.) from Rio to Petropolis. 1856–66: European capital built 1st Turkish railroad, Smyrna to Aydin (opened 1860). 1857: 1st Argentine railroad opened (6 mi. of track from Buenos Aires to San José de Flores). 1860: 1st railroad opened in Cape Colony, South Africa. 1863: 1st railroad in New Zealand, Christchurch to Ferrymead, started operations. 1865: Railroad system started in Ceylon.

RAILROADS IN THE LESS DEVELOPED WORLD, 1870
(000 mi.)

Russia	7.0
India	5.0
Canada	2.5
Latin America	2.4
Africa	1.1
Oceania	1.1
Asia (excl. India and Russia)	0.1

In most of the less developed world (exceptions were Canada, and to a small extent Russia), all rails and locomotives for the railroads had to be imported. Railroad construction, which stimulated heavy industry in Great Britain, U.S., Belgium, France, and Germany, did not have that effect in most of the less developed world.

Transoceanic travel: Steamship connections between less developed countries and Europe meant greater foreign trade, more immigration to areas of new settlement, and the spread of technology, skills, know-how, and capital. 1833: Canadian-built steamship, the *Royal William,* steamed across the Atlantic; she, like other transoceanic steamers before her, used sail as well as steam.

FINANCE. Capital in less developed nations was scarce. Modern financial institutions were often absent. Yet they began to develop; some were indigenous; some were based on foreign investment. 1860: State Bank founded in Russia (it was not a bank of issue; paper currency was issued by the State Printing Office, on the basis of an 1843 law); 1864: 1st joint-stock commercial bank was founded in Russia—the St. Petersburg Private Commercial Bank. 1841: Savings banks were legislated for in Russia, but by 1862 only 2 savings banks existed in that country. In Canada there was a broad development of banking facilities. This was the case also in Australia. In Latin America, 1851, the 2nd Bank of Brazil was founded with sole right of issue; 1864: financial panic in Brazil; while the Bank of Brazil survived, the right of issue was transferred to the Treasury. In Argentina, 1862–68, under Bartolomé Mitre's government, a national credit bank was founded and foreign banks were welcomed. Banking in Latin America was in its infancy. Middle East: 1846: English private banking firms had established themselves in every Mediterranean port (40 of them) between Gibraltar to Jerusalem; 1848: there were 7 British bankers in Alexandria. 1850's: Growth of foreign banking activities in Egypt. 1855: The Bank of Egypt was established in Alexandria with British capital. 1856: The Ottoman Bank was founded in Constantinople, with British capital. There were in India several kinds of "European" banks: the Presidency Banks of Bengal, Bombay, and Madras, which were to a limited extent government banks; 1862: the Presidency Banks were deprived of their privilege of note issue. In the mid-19th cent. joint-stock co. banks started under both European and Indian management; the rate of failure of both was high. 1850's: Growth of foreign branch banking activities in India. 1870: Post Office Savings Bank started. Banking by Indian bankers charging excessive rates of interest also continued; it was often difficult to distinguish between the banking, trading, and moneylending functions of the Indian banker. After the opening of 5 treaty ports in China in 1842, financial institutions were needed to handle expanding trade; Chinese banks had never financed foreign commerce; foreign banks filled the gap. 1845: The British-owned Oriental Banking Corporation started a branch in Hong Kong and in 1848 in Shanghai; this was the 1st foreign bank in China. 1848–72: A dozen foreign banks opened branches in Shanghai, among them 2 key British banks: the Chartered

Bank of India, Australia, and China (chartered in 1853) and the Hong Kong and Shanghai Banking Corporation (est. in Hong Kong in 1864 by British, German, American, Persian, and Chinese merchants; 1865: branch in Shanghai; in time this bank became all British-owned and the largest bank in China). Shanghai became the capital market of China. The foreign banking houses financed Chinese merchants and Chinese banks as well as foreign trade. Japan: While Japan had a history of considerable financial expertise, by the time of the Meiji Restoration the country as yet had no national banking institutions. Locally, however, Japanese merchants, serving as bankers, did channel funds into profitable ventures. Japan had an exceptionally high rate of savings and investment. Japan was by 1870 probably more accustomed to money than any other nation in the less developed world.

FOREIGN TRADE. Commodity exports from underdeveloped nations rose as railroads penetrated the interiors of less developed lands, as steam travel replaced sail, and as the demand for imports increased in the more developed nations, especially Britain. Industrializing nations sought out new markets the world over. World commerce, including the trade of industrializing and less developed nations, rose dramatically.

World Trade (Exports Plus Imports)
($ billion)

1830	1.9
1840	2.7
1850	4.0
1860	7.2
1870	10.6

There are no available figures indicating what percentage of this trade involved less developed countries and what percentage was among more developed countries; from qualitative evidence, it seems likely that during 1830–70 a growing volume came to involve the less developed lands. New treaties aided the expansion of trade. Britain made treaties with less developed nations, obtaining trading privileges; other industrializing nations followed Britain's lead, making their own treaties. Such agreements came to be known as the "unequal treaties" (pp. 68–72, 78–80 above). As new areas were opened to trade, commodities from new locales entered into trade and existing commerce expanded. 1830: Exports of nitrates from Chile began (but, 1830–70, copper was Chile's most important export in terms of value); 1830's ff.: wool had become the key item in Australian trade; coffee from Ceylon, Java, and also Brazil took on new significance; opium, carried on British ships from India to China, became important in trade; tea exports from China mounted (there existed a triangular trade involving Britain-India-China); 1838: the regular export of raw jute from India began. 1840 ff.: Egypt became an export-oriented economy with raw cotton the major export; 1846 ff.: after the repeal of the British corn laws grain exports from Canada started to mount. (Forest products were still the most important export from the Canadian colonies.) 1850–60: The value of Australian wool exports doubled (1851: Australia became the world's largest exporter of wool); the export of palm oil from West Africa increased from 30,000 tons, 1851, to over 50,000 tons, 1860; palm oil had become West Africa's major export; the groundnut trade also became important in West Africa's export trade. 1854–55: During the Crimean War Indian jute replaced Russian supplies of flax and hemp in the British market. 1856: Tea became for the 1st time an important item in Indian trade. (China was still the largest supplier of tea for Britain; the British plantations in India and Ceylon were just getting established.) 1857: New Zealand had become a major exporter of wool. 1858 ff.: Raw silk became an important export from Japan. 1860–65: Boom in raw cotton exports from Egypt, India, and Brazil, because of the curtailment of U.S. exports during the American Civil War. 1861: Agricultural exports from Canada for the 1st time exceeded forest exports. 1870: Sugar had become the most important item in the trade from the Dutch East Indies, representing 45% of all exports (coffee represented 43%). For the most part the newer commodities from less developed countries engaged in foreign trade were agricultural. Precious metals in terms of their value were also important in commerce. Industrial minerals were not yet significant in international trade. The expansion of foreign commerce brought less developed nations into closer contact with the industrializing nations. Because in most cases the less developed countries did not provide the banking facilities, the insurance, the shipping, and the marketing of their exports, they did not reap the maximum benefits from this trade.

FOREIGN INVESTMENT. Investment by Europeans in less developed countries included stakes in (1) plantations, (2) railroads, (3) banking, (4) mining, (5) trade, as well as loans to the less developed nations. There were isolated investments in manufacturing.

BUSINESS ORGANIZATION. In most countries the conditions described as applicable during 1760–1830 were still in force. But there also began to develop "dual organizations" in many less developed nations. On the one hand, there was traditional, local handicraft industry, established on a family basis. On the other hand, foreign business organizations operated in these countries. Some of these latter were family firms (trading houses), but many were large-scale concerns creating efficient enclave enterprises. Local and foreign businesses meshed in different fashions. In many areas, foreign business provided capital, management, and machinery as well as marketing, while the local contribution was only labor. In India, the managing-agency system developed. At first managing agents were exclusively British. They promoted new industries, found financing for existing industries, and offered management for companies. In return, they were paid a commission based on production, sale, or profit of the business. Contracts with managing agents assured a commission, even if the firm suffered a loss. The managing agent provided a means of by-passing the traditional caste-structured society, which forbade many castes in India to engage in industrial activity. In China, before the opening of the treaty ports, all foreign transactions went through the Chinese Hong merchants' monopoly; by 1836 their monopoly had fallen apart. Instead, the comprador system developed; foreign firms employed on contract a comprador to handle the Chinese side of the business (hiring of the Chinese staff and work force, dealing with Chinese merchants, buying and selling). 1831 and 1843: In Japan (before the opening of foreign trade), the shogun abolished by decree all forms of guilds; the effect was so disrupting that in 1851 the government attempted to recreate the guilds; this proved impossible and monopolistic privileges were to be swept away. After the opening of Japan, Japanese business enterprises developed rapidly. Although they used foreign technicians, methods, and machinery, there was no direct domination of Japanese business by foreign capital. In most of the less developed world, entrepreneurship was absent, though there were exceptions. In Canada and Australia, there is evidence of business entrepreneurship. There were some striking examples of entrepreneurship in Latin America. Irineu Evangelista de Souza, Baron of Mauá (1813–89) in Brazil, built roads, canals, railroads, and ports; he invested in shipping; laid telegraph lines; introduced gaslighting in Rio de Janeiro; built textile mills, and owned and operated huge acreages of farm land in Brazil, Uruguay, and Argentina; he organized joint-stock cos. for his ventures, and from 1850–75 (until the financial crash which ruined him) dominated the Brazilian money market. In India, Parsi and Bhatia merchants were key to developing the modern textile industry, because they were not restrained by caste restrictions and taboos. In China, entrepreneurship seemed stifled by governmental bureaucracy, yet the compradores came in time to be transformed into independent entrepreneurs. In Southeast Asia, Chinese immigrants were an important entrepreneurial group. More than anywhere in the East entrepreneurship began to flourish in Japan.

Minomura Rizaemon (1821–77) started as a poor orphan and rose to be general manager of Japan's leading commercial house, Mitsui (founded in the 17th cent. in sake brewing, Mitsui had branched into commerce and banking); Minomura handled Mitsui's relations with the shogunate, and then after the Meiji Restoration undertook banking for the new government. 1860's: Iwasaki Yataro, founder of Mitsubishi, started his career as a leading business entrepreneur. Okura Kihachiro (1837–1928) traded rifles before the Restoration and later went to Tokyo, entering into foreign trade and then into industry. Sumitomo (tracing its origins to the 17th cent.) was another Japanese firm (in copper mining) that later became important.

GOVERNMENT POLICY. The role of government in economic development was still not an important factor in most of the less developed world. That the Ottoman Empire, China, Japan, Siam, and Burma had given up their rights to control their tariffs meant that they had lost a vital instrument for protecting industry and developing fiscal policy; this retarded industrialization. Japan found alternative methods of development and of gaining revenue; the Ottoman Empire, China, Siam, and Burma did not. Throughout the less developed world (with the exception of Japan), governments did not take leadership in industrialization. In Russia the government, frightened by defeat in the Crimean War, was desirous of strengthening the country. Basic reforms were made: 1861: the manor was abolished by imperial decree; serfdom was ended. Yet in the 1860's the Russian government was not committed to industrialization. In Latin America political instability retarded economic growth. In the Ottoman Empire, and also in China, government bureaucracy, inefficiency, and corruption held back development. In India, Great Britain acted to develop the nation as a supplier of raw materials. The British government brought order to much of India, but 40% of the country was left to the personal rule of India's princes. The British decided not to act in the sphere of religion; thus one of the factors that was retarding economic development in the country continued to operate. The British did bring public-health measures and more education. They arranged for railroads built by private companies to be given land free, a guarantee of 5% interest on the capital, and they were to share with the government any profit over the 5%. The government kept close control over the railroads since it had provided the guarantees. Japan was the only less developed nation where the government took the leadership in industrialization. Even before the Meiji Restoration, 1868, the shogun and the daimyo played an affirmative role; after it, the government acted in an even more positive fashion. The 1867 Confederation of Canada and the 1868 Restoration in Japan provided a base for national unity in each country, aiding economic development.

OTHER FACTORS. Throughout the less developed world inertia, tradition, custom, and existing institutions retarded growth. With the exception of the newly settled countries and of Japan, and with some other minor exceptions, change was regarded with suspicion and distrust. In Latin America, preoccupation with political problems left little time for economic planning or forethought. In Africa most of traditional society remained little altered. Wars, rebellions, and political instability throughout much of the less developed world held back development. 1848–65: The Taiping Rebellion in China impeded industrialization. Practically everywhere in the less developed world, the extended family played an important role in retarding change; for the successful, saving was often impossible because of the nature of the family commitment. Yet the diffusion of the technology, ideas, and institutions of the industrializing countries was taking place. In Australia and Canada all 3 took hold. Japan by the 1850's, if not earlier, showed a propensity to accept innovation. Where the social structure of countries tended to be rigid, the impact of industrializing nations was less. In Australia and

Canada, the newness of the nations made for receptivity. In Japan, while status depended on birth, there was an acceptance of a potential in individuals; personal achievement was recognized; the divisions between samurai and commoner were becoming less sharp as samurai became entrepreneurs or as they were linked by marriage to merchant families. This flexibility in social structure made Japan more adaptable to ideas from the West. The size of nations affected the receptivity to change. Where nations were large, where there was no political unity or interdependence, where isolation prevailed, the degree of industrialization was slight.

1870–1919

The Drive Toward Maturity—U.S., Britain, and Western Europe

During the years from 1870 to the end of World War I, certain countries—the U.S., Britain, France, Germany, and some other parts of Western Europe—achieved the status of "mature industrial societies."

AGRICULTURE. The percentage of gainfully occupied labor participating in agriculture, forestry, and fishing showed a marked decline in every industrial nation. In the U.S., although agriculture became relatively less important, there was significant expansion in agricultural output.

% GAINFULLY OCCUPIED LABOR FORCE IN AGRICULUTRE

	U.K.	*Germany*	*U.S.*	*France*
1870–79	15	47	52	53
1880–89	12	42	50	48
1890–99	10	36	42	49
1900–09	9	34	37	42
1910–19	8	n.a.	31	n.a.

NOTE: Data represent a year or an average of the available years within the time period. N.a. = not available.

U.S. FARMING, 1870–1920

	Indexes of Output (1947–49 = 100)	*Improved Land* (000 acres)
1870	23	188,922
1880	37	284,771
1890	43	357,617
1900	56	414,451
1910	61	478,452
1920	70	505,023

1870–96: American agricultural expansion took place despite the drop in farm prices. 1896–1914: The price index moved upward, and then in 1914–20 prices soared; American agricultural output continued to grow.

FARM PRODUCTS, U.S. WHOLESALE PRICE INDEX 1910–14 = 100

1870	112
1880	80
1890	71
1896	56
1910	100
1920	211

America was an exporter not an importer of food products. British agriculture followed a different course. As transportation facilities increased, cheap American and later Canadian, Argentine, Australian, Russian, and Rumanian grain began to enter Britain in quantity. No tariff barred the imports. 1876: British agriculture began to suffer; it was not competitive. 1879: A great depression began in British agriculture. 1875–1908: British wheat acreage fell by ½ as imports substituted for British wheat; imports of animal foodstuffs also rose; Denmark, the Netherlands, and New Zealand provided bacon, eggs, cheese, and ham for the British consumer. With the coming of refrigeration, beef from the U.S., and then Argentine beef and New Zealand lamb became competitive in Britain.

DECENNIAL IMPORT AVERAGES, GREAT BRITAIN
($ million at fixed prices)

	Grain	Animal Foodstuffs
1870's	170.5	123.0
1880's	210.5	185.5
1890's	290.0	316.5
1900's	310.0	464.0

By the last 2 decades of the 19th cent. British agriculture had fallen to a relatively low level of significance; its decline continued. Britain imported more food than it raised. 1914: Great Britain produced only 20% of the wheat and cheese it consumed, 25% of the butter and oleomargarine, and 58% of the meat. 1914–18: The consequences of importing so much from abroad were serious during the war, and there arose widespread sentiment in England for the rehabilitation of agriculture—a policy not followed. A similar crisis threatened other countries in Western Europe. 1873–96: France was affected by the great agricultural depression; agricultural output (measured at constant prices) declined. 1881: France began to restrict the imports of foodstuffs. 1896 ff.: Agricultural expansion resumed, with the recovery due partly to the upturn in prices but mainly to the impact of the Méline protectionist tariff of 1892; thereafter, French tariffs were further raised. France, as a result, continued to be self-sufficient in bread.

GROSS FRENCH AGRICUTURAL PRODUCT AT CONSTANT (1905–13) MARKET PRICES
(million 1905–13 francs)

	Gross Product	Geometrical Average of Annual Rate of Growth
1865–74	8,713	0.59
1875–84	8,356	–0.42
1885–94	8,326	–0.04
1895–1900	9,256	1.06
1905–14	10,265	1.04

1870–90: With improvement in sea transportation and railroad lines linking Germany with the Polish and Hungarian plains, the Russian agricultural areas, and the cornlands of Rumania, Germany began to import food. C. 1871–79: Germany shifted from a net exporter to a net importer of food. 1873–96: During the great agricultural depression, prices fell. 1879: Germany, like France, resorted to tariff protection of agriculture. German tariffs were lower than French and, unlike in France, did not result in self-sufficiency.

GERMAN AGRICULTURE
(million metric tons)

	Wheat		Rye		Barley		Oats	
	Crops	Imports	Crops	Imports	Crops	Imports	Crops	Imports
1900–04	3.90	2.03	9.66	.83	3.12	1.17	6.95	.51
1905–08	3.72	2.32	9.94	.55	3.15	1.96	7.95	.62
1911–12	4.21	2.08	11.23	–.32	3.32	3.30	8.11	3.00

1861/65–90: German agricultural production (including the great agricultural depression) rose an average of .7% per year. 1880–1912: Over 4 m. acres were added to the area under main food crops in Germany; 1890–1913: German agricultural production expanded an average of 2% per annum.

Technical innovations: 1870's: In the U.S. and Europe use of wire fencing spread. 1880's: Introduction of barbed wire. American agriculture became mechanized with the introduction of the spring-tooth harrow, after 1877; twine binder, 1878; gang plow, after 1880; giant combine harvester-thresher, 1880's; corn-shucking and fodder-shredding machine, 1890; corn binder, 1892; and disk harrow, after 1892. The results were large increases in yield per man. 1886: Invention of the steam tractor; 1892: 1st gasoline tractor developed. Tractors in the U.S.: 1910, 1,000; 1915, 25,000; 1920, 246,000. In the U.S. primary power on farms (other than man power) increased from estimated 1.6 hp per worker, 1870, to estimated 4.1 hp per worker, 1920. In the U.S. the use of commercial fertilizer spread.

COMMERCIAL FERTILIZERS CONSUMED IN U.S.
(000 short tons)

1870	321
1880	753
1890	1,390
1900	2,730
1910	5,547
1920	7,176

1920: Mainly because of mechanization, agricultural productivity in the U.S. was from 2 to 6 times that of the main countries of Western Europe. 1870–1920: The more progressive of British farmers increasingly introduced agricultural machinery and commercial fertilizers. France and Germany, which had been much slower than Britain to mechanize, now did so.

AGRICULTURAL IMPLEMENTS
(000)

	Threshers		*Reapers*		*Sowing Machines*		*Steam Plows*
	Germany	*France*	*Germany*	*France*	*Germany*	*France*	*Germany*
1882	374	211	20	35	64	29	.8
1892		234		62		62	
1895	856		35		169		1.2
1907	1,436		301		290		3.0

NOTE: (Holdings using implements in Germany; number in use in France).

Unfortunately, statistics do not exist for France during 1892–1919, but after 1905 observers reported a great increase in mechanization in that country. 1911: Threshers were practically universal in France. The use of commercial fertilizers in both France and Germany spread, causing a rise in yield per acre.

Innovations in dairy industry: 1878: Introduction of centrifugal cream separator by the Swede, C. G. P. de Laval (1845–1913). 1890: Stephen Babcock in Wisconsin perfected a simple butterfat test.

New forms of agricultural enterprises: 1870's ff.: In the U.S., farmer co-operatives spread (1st co-operative was in cheesemaking in Wisconsin, 1841). In Germany (where the agricultural co-operative movement began in the 1860's), the number of agricultural societies rose rapidly. 1883: 1st agricultural co-operative founded in France; by 1914, 6,667 such societies existed with membership of over 1 m. In Britain agricultural co-operatives were organized, but co-operation was slow in developing. Co-operative societies in every one of these countries got new impetus with the declining prices at the end of the 19th cent. Co-operatives offered facilities for credit, marketing, purchasing, and often joint processing.

RAW MATERIALS. Coal: Coal output of the major industrial nations expanded rapidly up to the time of World War I, and in some cases into the war. 1919: Fall of world coal production under 1913 level. The greatest percentage growth in coal production had been in the U.S., followed by Germany. The basic raw material for the early Industrial Revolution had been coal, which came from the industrializing nations. Though new sources of energy developed, coal remained essential. 1870–1919: Petroleum also became a vital industrial raw material. With the exception of the U.S.,

COAL PRODUCTION
(million metric tons)

	U.K.	*Germany*	*U.S.*	*Belgium*	*France*	*World Total*
1870	112.2	34.2	29.9	13.7	13.3	218
1900	228.8	149.6	244.7	23.5	33.4	767
1913	292.0	277.3	517.1	22.9	40.8	1,341
1919	233.4	210.3	505.5	18.5	22.5	1,173

petroleum was not found in quantity in the leading industrial nations. It was imported, the revolution in transportation making this possible. The U.S. was in 1st place in world petroleum production.

CRUDE-OIL PRODUCTION
(million barrels, 42 U.S. gals.)

	U.S.	*World Output*
1870	5.26	5.80
1900	63.62	149.14
1913	248.45	385.35
1919	378.37	555.88

Iron: The major industrial nations continued to be large consumers and producers of iron ore. 1876: The Thomas-Gilchrist process made it possible to use high-phosphorous-content iron ores in the making of steel (patented 1878). Germany thus developed the Lorraine iron fields. Until c. 1900 Britain ignored her phosphorous-bearing ores, continuing to import the low-phosphorous ores from Sweden and Spain. In the U.S., the key innovation in iron-ore production was the move of the industry westward. 1909–14: Ore from the Mesabi Range (about 100 mi. long in northeast Minnesota) virtually replaced ore from the Wisconsin and Michigan fields. The growth of the steel industry stimulated iron-ore mining.

Copper, lead, zinc: As electrical industries developed there were new demands for copper. Of the leading industrial nations, only the U.S. developed a major copper industry. 1883: As the Montana copper mines came into production, the U.S. surpassed Chile and became the world's leading copper producer.

PRODUCTION OF COPPER
(000 metric tons)

	U.S.	*World Output*
1870	13	n.a.
1880	27	156
1890	122	274
1900	275	497
1913	557	1,002
1919	584	1,009

1881–86 and then 1898 ff.: U.S. was the world's largest producer of lead. To 1906: Germany was the world's leading producer of zinc. 1909 ff.: U.S. was consistently in 1st place in zinc production.

New processing methods: 1877: Bessel brothers introduced flotation, a new means of mineral separation; 1886: Denver schoolteacher Carrie J. Everson patented all the essential elements of the flotation process. 1901–10: With the introduction of froths, produced mechanically with air, use of the flotation method spread. As a result, low-grade sulphide ores—copper, lead, zinc—that had not been economical to mine could now be utilized. 1887: In Glasgow, R. W. and W. Forrest and J. S. MacArthur patented a process using a dilute solution of potassium cyanide as a solvent for gold; use of the "cyanide" process spread, making recovery of gold cheaper and more thorough, thus tremendously increasing the world's gold supply. 1890: German-born British subject Ludwig Mond (1839–1909) developed a nickel-extracting process; German-born American chemist Herman Frasch (1851–1914) patented a hot-water process of sulphur mining (1901: commercial production achieved). 1891: In the U.S. the Orford Copper Co. introduced a new process of treating nickel, the Orford nickel process. Such new methods increased the possibilities of developing new resources on a large scale.

ENERGY. The use of the steam engine for power led men to think of other more efficient means of harnessing energy. Electrical power and the internal combustion engine took on importance.

Electrical power generation: 1881: The 1st public electric power station established at Godalming, England, by Siemens Brothers. 1882: Thomas Edison's (1847–1931) system of central-station power production started. 1884: Britisher Charles A. Parsons (1854–1931) invented a practical steam turbine; it was devised to turn an electric generator, which Parsons himself designed; later, 1887, C. G. P. de Laval, Swede, and, 1898, C. G. Curtis, American, developed variations of the Parsons steam turbine. 1895: Hydroelectric power project completed at Niagara Falls—a pioneer venture in the large-scale development of electrical power.

Power transmission: 1882: Edison's central-station power plant used direct current in transmission. 1885–86: Transformers were developed by William Stanley in the U.S. and Zipernowski, Deri, and Blathy in Hungary. 1886: American George Westinghouse (1846–1914) produced a commercially practical transformer, which cleared the way for alternating-current electrical distribution (the main advantage of a.c. over d.c. was the efficiency of transmission). 1890's ff.: Alternating current began to triumph over direct current in America. 1891: Exhibition at Frankfurt with a demonstration of the long distance over which electric power could be transmitted; this stimulated important developments in the German electrical industry. 1895: Niagara Falls electric power facility used alternating current, indicating the superiority of this system over direct current. The way was set for the growth of large centralized electric utilities in the 20th cent. The central power station with long-distance transmission and versatility as a power source replaced the isolated plant serving a single function. 1904: 1st electric locomotive built.

Internal-combustion engine: The internal-combustion engine also became an important source of power. 1876: German engineer N. A. Otto (1832–91) produced the 1st practical gas engine; 1885–86: German Gottfried Daimler (1834–1900) developed a practical internal-combustion engine, using gasoline; 1895: German Rudolf Diesel (1858–1913) invented a new variety of internal-combustion engine, burning heavy oil. While the Germans took the initiative in all 3 inventions, America, the world's largest petroleum producer, made the most dramatic applications of the internal-combustion engine.

Prime-mover capacity:

TOTAL HORSEPOWER OF ALL PRIME MOVERS IN U.S.
(million)

	Total	*Automotive*[a]	*Work Animals*	*Factories*	*Mines*	*Farms*[b]	*Railroads*	*Powered Merchant Ships*	*Sailing Vessels*	*Windmills*	*Electric Central Stations*
1870	16.9	—	8.7	2.4	.4	—	4.5	.6	.3	.03	—
1900	65.0	.1	18.7	10.3	2.9	4.0	24.5	1.7	.2	.1	2.4
1920	453.4	280.9	22.4	19.4	5.1	21.4	80.2	6.5	.2	.2	17.0

[a] Includes passenger cars, trucks, buses, and motorcycles.
[b] Excludes horses and other work animals in 3rd col.

Comparable figures do not appear to exist for Great Britain, France, or Germany. The following census data probably underestimate the prime-mover capacity:

PRIME-MOVER CAPACITY
(millions hp)

	Country	*Total*
1907	U.K.	10.7 (tot. cap.)
1907	Germany	8.7 (power prod.)
1906	France	3.5 (tot. cap.)

1870–1920: The major portion of the world's inanimate energy was produced by the U.S., Great Britain, Germany, and France.

INDUSTRY. 1870: Britain was still the leading industrial nation of the world; 1906–10: Britain trailed the U.S. and Germany. France's slow industrial development meant her percentage of world manufacturing output steadily declined. Belgium, a small nation, never had a sizable percentage of world manufacturing, although its manufacturing per capita remained high (1881: 51% of all Belgians were engaged in manufacturing—a higher percentage than in Britain, Germany, France, or the U.S.).

The age of steel: 1878: Two Englishmen, S. G. Thomas (1850–85) and his cousin Percy Gilchrist (1851–1935), introduced a process adapting the Bessemer steelmaking process for use with high-phosphorous-content iron ores. This process, which removed the phosphorous, became the basis of the development of

% Distribution of World's Manufacturing* Production

	U.K.	U.S.	Germany	France	Belgium
1870	31.8	23.3	13.2	10.3	2.9
1881–85	26.6	28.0	13.9	8.6	2.5
1896–1900	19.5	30.1	16.6	7.1	2.2
1906–10	14.0	35.3	15.9	6.4	2.0
1913	14.0	35.8	15.7	6.4	2.1

* Note: Finished products, semimanufactures, as well as manufactured foodstuffs.

European steelmaking. 1880 ff.: Steel production, using the Thomas-Gilchrist method applied to both the Siemens-Martin open-hearth and Bessemer processes, grew rapidly in France, Germany, Belgium, and the U.S. The open-hearth method of steel production was slower than the Bessemer process, but it produced steel almost free of nitrogen and thus more malleable; it also could use a relatively high percentage of scrap instead of pig iron. 1907: World steel output from open-hearth furnaces exceeded that from the Bessemer converters. Until the adoption of the oxygen process (in the 1950's and 1960's), the open-hearth method remained the prime technique for steelmaking. 1879: Werner von Siemens invented an electric furnace, which made possible the production of high-grade steel free from impurities. 1900: Bethlehem Steel Corp. exhibited chromium-tungsten steel at the Paris Exposition; 1904: Vanadium steels 1st developed. 1912: British metallurgist Henry Brearley invented stainless steel. The U.S. steel industry grew most dramatically. 1873 ff.: Andrew Carnegie (1835–1919) devoted himself to steel production. 1901: Carnegie Steel Co.—the largest steel co. in the world—was merged into the newly formed billion-dollar corporation, U.S. Steel. In the industrial nations most pig iron came to be converted into steel. From railroad tracks to shipbuilding, steel replaced iron. Steel opened the way to a vast new construction industry, and to a variety of new products from machine tools to consumer goods. In the 20th cent. the automobile industry became a major user of steel.

The oil industry: 1870, Jan.: Standard Oil Co. of Ohio incorporated, capitalized at $1 m.—John D. Rockefeller (1839–1937), president. (1863: John D. Rockefeller had joined Maurice B. Clark and Samuel Andrews in operating a Cleveland oil refinery; the firm was Clark, Andrews & Co.; 1865: new firm, Rockefeller & Andrews formed, the direct predecessor of Standard Oil of Ohio.) 1870's: Standard Oil Co. of Ohio expanded its refining facilities; by 1879 it controlled 90–95% of the oil refined in the U.S. 1882, 2 Jan.: Standard Oil Trust Agreement: the shares of the acquired companies were transferred to a trust. 1882: Standard Oil Co. of New Jersey and Standard Oil Co. of New York were incorporated; 1889: Standard Oil Co. of Indiana formed. Shares were held by the trust. 1892: After decision by Ohio Supreme Court, 2 Mar., Standard Oil Trust was dissolved and reorganized; Standard

Pig Iron and Steel Production
(million metric tons)

	Great Britain		United States		Germany		France	
	Iron	Steel	Iron	Steel	Iron	Steel	Iron	Steel
1870	6.06	.29	1.69	.07	1.39	.17	1.18[a]	.08[a]
1880	7.88	1.32	3.90	1.27	2.79	.66	1.73	.39
1890	8.03	3.64	9.35	4.35	4.66	2.16	1.96	.57
1900	9.10	5.13	14.10	10.38	7.55	6.64	2.71	1.56
1910	10.17	6.37	27.74	26.51	14.79	13.70	4.04	3.51
1913	10.26	7.66	31.00	31.30	19.00	18.63	5.10	4.64

a 1870 figures include Alsace-Lorraine.

Oil of New Jersey was assigned a leading corporate role. 1899: Standard Oil Co. (N.J.) was reincorporated and served as *the* holding and operating company for the Standard Oil group. 1900: Standard Oil Co. (N.J.) acquired the Pacific Coast Oil Co. (formed in 1879); this co. was renamed Standard Oil Co. (Calif.) in 1906. 1911: U.S. Supreme Court decision dissolved the Standard Oil Co. (N.J.) and in its place arose 34 separate companies, among them Standard Oil Co. (N.J.), Standard Oil Co. (N.Y.)—later, 1931, merged with Vacuum Oil Co. to become Socony-Vacuum, then, 1955, Socony-Mobil Oil Co. and, 1966, renamed Mobil Oil Corp., Standard Oil Co. (Ind.), Standard Oil Co. (Calif.). 1901: Oil discovered at Spindletop in Texas; start of Texas oil industry; Gulf Refining Co. of Texas formed (predecessor to Gulf Oil Corp.). 1902: The Texas Co. started (predecessor of Texaco, Inc.). America remained in 1st place in the world's petroleum industry, and in the 1870's and 1880's, U.S. refined-oil exports dominated European markets. 1880's ff.: Foreign investments in Russian oil (mainly by the French Rothschilds and the Swedish Nobel brothers—Robert, Ludwig, and Alfred) developed the Russian oil fields. 1883: Completion of railroad from the Baku oil fields to Tiflis; this made Russian oil available in Europe. 1888 ff.: Standard Oil responded to the competition from Russian oil by establishing affiliates in Europe. 1880: Aeilko Jans Zijlker (1840–90), manager of the East Sumatra Tobacco Co., sent some petroleum to Batavia to be tested; 1890, May: Royal Dutch Co. came into existence to develop the Sumatra fields discovered by Zijlker. 1896: H. W. A. Deterding (1866–1939) joined Royal Dutch, and took charge of the marketing. 1896: The British firm, M. Samuel & Co. (est. 1830), traders in oil and other produce, purchased oil properties in East Borneo. 1897, 18 Oct.: Britisher Marcus Samuel (1853–1927) established the Shell Transport & Trading Co., Ltd. (named after the kerosene brand sold by his M. Samuel & Co.). 1907: Merger of Royal Dutch and Shell Transport and Trading Co. into the Royal Dutch-Shell group. 1912: American Gasoline Co. established (name changed to Shell Oil Co. of California, 1914), as 1st entry of Royal Dutch-Shell group into the American oil business. 1870–1900: The oil industry's main product was kerosene for lighting; 1880 ff.: kerosene began to meet competition from electricity; 1900 ff: with the automobile, the oil industry began the change-over to gasoline as its main product in the western world; kerosene was still the major export to markets east of Suez. 1914–19: Expansion of the oil industry because of the war, as vehicles powered by internal-combustion engines were used on the fronts, as oil-burning ships were adopted, and as the airplane made its entry on the scene. Likewise, the tractor, more frequently used in farming, called for gasoline.

The electrical industry: 1871: Electric-arc lighting perfected by Ohio inventor C. F. Brush (1849–1929). 1874: Stephen Dudley Field of New York invented the 1st electric streetcar. 1876: Alexander Graham Bell (1847–1922) patented the telephone; Elisha Gray (1835–1901) of Western Electric also patented a telephone; Edison established his laboratory at Menlo Park, N.J. 1877: Edison invented phonograph and microphone. 1879: Edison developed the 1st practical incandescent lamp; Joseph Wilson Swan (1828–1914) in England also developed a practical incandescent lamp; 1st experimental streetcar line built by Siemens and Halske for the Berlin Industrial Exhibition; Elihu Thomson (1853–1937) and Edwin J. Houston (1844–1914) designed an arc-lighting system. 1881: 1st city in the world lighted by electricity, Aurora, Ill.; 1st electric railway opened in Germany for public service. 1882: American Schuyler Skaats Wheeler (1860–1923) invented an electric fan; American Henry W. Seely patented an electric iron. 1883: German Edison Co. founded (name changed to Allgemeine Electrizitäts-Gesellschaft in 1887); Emil Rathenau (1838–1914) was managing director. 1885: 1st electric streetcars operated commercially in the U.S. in Baltimore, Md. 1886, 8 Jan.: Westinghouse Electric Co. incorporated. 1887: Edison invented a motion-picture machine. 1888: Croatian-born American inventor, Nikola Tesla (1857–1943), patented the alternating-current induction motor. (Tesla also invented new forms of dynamos, transformers, induction coils, and condensers, arc and incandescent lamps.) 1889: Singer Manufacturing Co. developed an electric sewing machine. 1891: Edison obtained 1st radio patent in the U.S. 1892: General Electric Co. incorporated, C. A. Coffin (1844–1926), 1st president. 1895: 1st practical wireless telegraphy invented by Italian, G. Marconi (1874–1937). 1896: American William S. Hadaway patented an electric stove. 1897: German-born American inventor, Emile Berliner (1851–1929), developed a commercial product later called a phonograph record. 1902: American Lee De Forest (1873–1961) established the American De Forest (later United) Wireless Telegraph Co. at Jersey City, N.J., which installed for the U.S. Navy the 1st high-power naval radio stations. 1903: The Siemens enterprises in Germany (the Siemens Konzern) reorganized; Siemens & Halske, which had handled all facets of the electrical business, confined itself to telephony and electrochemistry, while Siemens Schuckert Werke now dealt with heavy electrical equipment. 1906, 20 Oct.: De Forest announced his 1st 3-element vacuum tube (filament and 2-plate electrodes). 1907: Hurling Machine Co. (U.S.) developed an electric washing machine. 1913: De Forest presented the oscillating Audion, which gave him the title, "the father of radio broadcasting." 1913: Germany and the U.S. led in world output of electrical products; the British and French electrical industries lagged behind. 1914–18: With the war, the electrical industry's output in the allied countries grew dramatically. 1917: Metropolitan-Vickers acquired Westinghouse's English plant.

The automobile industry: 1875: German Siegfried Marcus made a crude but operable model of a gasoline automobile; it was never manufactured. 1885–86: Germans Gottfried Daimler and Karl Benz (1844–1929) developed practical engines and drove experimental motorboats, motor cycles, and cars. 1889: Panhard & Levassor in France, using Daimler and Benz patents, manufactured Daimler engines and made the 1st commercial automobiles. 1893: The Duryea car was 1st American gasoline-propelled vehicle to make a verified run. 1896: Highway Act in Great Britain repealed restrictions on self-propelled vehicles; H. J. Lawson formed England's 1st motor-car co., the Daimler Motor Car Co. (using a foreign car); Peugeot established in France. 1896, 4 June: Henry Ford (1863–1945) drove his 1st car on the streets of Detroit. 1899: Louis Renault (1877–1944) began production of the Renault car; 1900: Herbert Austin (1866–1941) in England drove his 1st model. 1903, 16 June: Ford Motor Co. incorporated. 1903: European automobile production was greater than American output. 1908, 16 Sept.: General Motors Co. formed—a holding co., promoted by William C. Durant (1861–1947); 1908–9: General Motors acquired ownership or substantial control of more than 20 American automobile and accessory companies, including Buick, Cadillac, Oldsmobile, and Oakland; 1909: GM became the largest automobile company in the world. 1908: Ford Motor Co. introduced the Model T. 1911, 8 Mar.: Ford Motor Co. (England), Ltd., formed (the successor of an English branch of the Ford Motor Co., organized in 1909). 1911, Nov.: Chevrolet Motor Co. of Michigan founded. 1913–14: Ford Motor Co. introduced the moving assembly line, the basis for mass production. 1913: Ford's Model T sales exceeded those of all General Motors products and became the greatest in the world. By 1913 American automobile production far exceeded that of all of Europe. 1913, Apr.: William Richard Morris, later Lord Nuffield (1877–1963), produced his 1st car in England, the Morris-Oxford; his aim was to rival the Model T. 1915–16: Chevrolet obtained control of the larger General Motors; 1916, 13 Oct.: General Motors Corp. formed, an operating company, which acquired the assets of General Motors Co., and in 1918 the assets of Chevrolet; the Model T Ford, however, remained the largest-selling car in the world and the Ford Motor Co. remained the world's largest automobile company. Using interchangeable parts and the moving assembly line, the American automobile industry had taken world leadership. The French did not adopt mass production; French entrepreneurs admired quality custom-made units, and as a result the French automobile industry fell behind; similarly the German automobile industry tended to be conservative. Percival L. D. Perry (1878–1956; 1938, Lord Perry) of the Ford Motor Co. (England), Ltd., introduced American ideas of mass production to the British industry; Morris was ready to follow. But the U.S. industry surged ahead, in good part because it had economies of scale (the more units made, the cheaper the price per unit) and the American market was large enough to take advantage of these economies. The automobile industry stimulated the steel industry and also encouraged parts manufacturers, glassmakers, rubber-tire producers, electrical-equipment manufacturers, leather and leather fabric industries. The automobile industry, especially in the U.S., prompted a range of services, dealerships, repair shops, service stations, etc.

The chemical industry: 1870: Vaseline 1st produced by R. A. Chesebrough (1837–1933) in U.S. 1871: Carbon black made from natural gas in Pennsylvania and West Virginia—U.S. patent to J. Howarth and S. T. Lamb; salicylic acid synthesized from phenol by German H. Kolbe; sulphuric acid made from copper-ore roaster gases in Germany. 1872: Brunner-Mond founded in England; it became the world's largest producer of alkalies (merging into the Imperial Chemical Industries, Ltd., 1926); 1873: practical ammonia ice machine perfected by American David Boyle; Carl von Linde in Germany invented ammonia refrigeration; 1875: Raoul Pictet in France developed sulphur dioxide refrigeration. 1878: Adolf von Baeyer (1835–1917) in Germany synthesized indigo; Germany took the lead in the world in the manufacture of synthetic dyestuffs. 1879: American Ira Remsen (1846–1927) discovered saccharin. 1870's: Spread of the use of chemical pulp for papermaking in England, and then elsewhere. 1885: American George Eastman (1854–1932) manufactured the 1st commercial film. (1888: Eastman registered the trademark "Kodak" for his new camera.) 1886: Charles Martin Hall (1863–1914), American, and Paul L. T. Héroult (1863–1914) in France independently devised means of electrolytic production of aluminum; this opened up the new field of electrochemistry. 1887: A German co., Aluminum Industrie A.G., formed to work the Héroult process at Neuhausen, Switzerland. (1892, this co. was the largest producer of aluminum in the world.) 1888: Pittsburgh Reduction Co. was founded to develop the Hall process (1907, name changed to Aluminum Co. of America). The new methods of producing aluminum caused a sharp drop in price (1855, when aluminum was produced by the earlier methods, the cost was $90 per lb.; by 1892, it was $.50 per lb.). 1889: Count Louis Marie Hilaire Bernigard de Chardonnet (1839–1924) exhibited in Paris the 1st dress made of "artificial" silk. 1880's and 1890's: The application of chemical methods to the processing of minerals spread. 1891: American Edward G. Acheson (1856–1931) 1st produced carborundum (abrasive, produced by an electrochemical process). 1901: C. von Linde in Germany made liquid oxygen. 1904: F. Stolz in Germany synthesized adrenalin. 1905: F. Rothe in Germany developed cyanamide process for nitrogen fixation; J. C. Wood in England invented safety glass. 1909: The plastic, Bakelite, 1st of the synthetic resins, was discovered by Belgian-born American chemist Leo H. Baekeland (1863–1944). 1912: Development of Haber-Bosch nitrogen fixation process in Germany. 1914: Corning Glass Works (U.S.) introduced pyrex glass. 1914: Despite innovations in the American and British chemical industry, in drugs, coal-tar dyes, and potash production, Germany led. 1914: Germany, with nitrogen fixation from cyanamide, the arc, and the Haber processes, produced 80,631 tons of nitrogen.

Production of Synthetic Dyestuffs, 1913
(000 short tons)

Germany	150.0
U.K.	5.6
U.S.	3.3
France	2.2

1914: Because of German and British involvement in war, the U.S. chemical industry began to develop products previously imported. 1916: U.S. gave special protection to the American chemical industry, Emergency Dye Tariff, 8 Sept. 1917, 6 Apr.: U.S. entered the war. 1917, Aug.: Alien Property Custodian in U.S. seized German chemical patents and American producers were licensed to produce under them. 1917, 1 Nov.: Union Carbide & Carbon Corp. established (later 1 May, 1957, renamed Union Carbide Corp.), a merger of 4 independent chemical companies. 1918: At war's end the American chemical industry showed new strength; the U.S. coal-tar dye industry was a product of the war; U.S. producers had developed local supplies of potash; nitrogen fixation in the U.S. had begun.

Other innovations: 1871: H. W. Bradley, Binghamton, N.Y., patented oleomargarine. 1873: Remington arms makers began to manufacture the typewriter, invented by Sholes. 1876: Melville R. Bissell, American, invented 1st workable carpet sweeper. 1878: Dayton saloonkeeper James Ritty conceived the idea for a cash register. (1883: National Manufacturing Co. formed to acquire the cash-register patents; 1884, John Henry Patterson [1844–1922] obtained control of National Manufacturing Co. and changed name to National Cash Register Co.). 1884: American Herman Hollerith (1860–1929) developed a system of using punch cards to sort, tabulate, and analyze data; 1st applied to Census of 1890. (1896: Hollerith formed the Tabulating Machine Co., a predecessor company to International Business Machines.) 1886: American Ottmar Mergenthaler (1854–99) patented the linotype. 1888: American William S. Burroughs invented the adding machine. 1889: American Hiram Maxim (1840–1916) designed an automatic machine gun. 1895: "Cinematograph" patented in France.

TRANSPORTATION. Railroads: The railroad age reached its apogee in U.S. and Western Europe.

Railroad Lines
(000 mi.)

	1870	*1910*
U.S.	52.9	240.3
U.K.	15.3	23.4
Germany	12.2	38.0
France	10.8	24.2
Austria-Hungary	6.0	27.6

The vast extension of the railroad shortened distances and tremendously enhanced trade. Use of refrigerated railway cars meant meats and other perishables went into national and then international trade.

Steamships: Steamships connected domestic railroads with foreign lands. 1870's: New steamship tonnage (built and registered) exceeded for the 1st time new sailing-ship tonnage. Refrigerated ocean transport came into use. 1870: U.S. shipments of chilled beef and other foodstuffs were being sent to British and other European ports; 1877: French interests experimented with shipping frozen meats from Argentina to France; 1880: 1st cargo of frozen meat sent from Australia to London; 1882: Australian mutton, beef, poultry, and fish were regularly frozen and shipped to Britain; 1892: transoceanic trade in frozen meats equaled 2 m. carcasses; 1902, 4 m. carcasses. 1885: The 1st ocean-going steam tanker for the transport of refined oil, used by the Nobels, carried 1st cargo of refined oil from Batum to Antwerp. The expansion of the railroads and steamship service put Europe and the U.S. in closer contact with the rest of the world. The opening of the Suez Canal, 1869, and the U.S.-owned Panama Canal, 1914, shortened distances.

Domestic transport (other than railroads): 1880's: Introduction of electric streetcar. The bicycle, invented earlier, was now improved. 1877: Ball bearings were presented; 1885: safety rear driving mirror was 1st marketed (invented 1876 by Englishman H. J. Lawson); 1889: Britisher John Boyd Dunlop (1840–1921) introduced pneumatic tires. 1900: 5 m. bicycles in France, 5 m. in Britain, 4 m. in Germany, and 4 m. in the U.S. Just as the bicycle industry grew, the automobile industry developed. In Europe and the U.S. the automobile began as a "toy" of the rich, but with mass production and with the Model T (introduced 1908), by 1920 in the U.S. the automobile was becoming a popular mode of conveyance.

PRIVATE AUTOMOBILES IN USE
(000)

	U.S.	*France*	*U.K.*	*Germany*
1900	8	3	1[a]	1[a]
1910	458	54	53	n.a.
1920	8,123	135	187	60[a]

[a] Estimated.

Air transport: 1903, 17 Dec.: Americans Wilbur Wright (1867–1912) and his brother Orville (1871–1948) made 1st successful airplane flight at Kitty Hawk, N.C., 1906: German Count Ferdinand von Zeppelin (1838–1917) flew 1st practical airship (dirigible) at 30 mph (passenger service began, 1910). 1908: Louis Breguet and Charles Richet built a combined helicopter and biplane, which flew 64 ft. 1912: American Glenn Hammond Curtiss (1878–1930) built 1st seaplane. 1913: U.S. total aircraft production, 43 planes. 1914 ff.: World War I provided a stimulus to the airplane industry. 1915: Dutchman Anthony H. G. Fokker (1890–1939) built for the Germans the 1st of his famous planes, with machine-gun fire through a revolving propeller. 1918: U.S. aircraft production, 14,020 planes (of which 13,991 were for military use).

COMMUNICATIONS. Cables: New cable connections linked Europe with North and South America and the Far East.

Telephones: 1876: 1st "long distance" telephone conversation, Cambridge to Boston, Mass. 1879 ff.: The telephone was introduced in Europe. 1892: Europe had 254,900 telephones; U.S., 239,300 telephones. 1898: Number of telephones in U.S. surpassed number in Europe. 1915: 1st transcontinental telephone line opened between New York and San Francisco. 1920: 1.5 telephones per 100 persons in Europe, 12.4 telephones per 100 persons in the U.S.; the U.S. had 13 million telephones.

FINANCE. Gold and the gold standard: The financial situation worldwide was shaken by the fabulous discoveries of gold in South Africa. 1870–90: World gold production fluctuated between a low of 4.75 m. troy oz., 1883, and a high of 6.05 m. troy oz., 1889. 1890 ff.: Production rose rapidly. 1915: Production 22.72 m. troy oz. In that year, 40.0% of the world's gold supply came from South Africa, 21.2% from the U.S., 8.6% from Australia, and 5.6% from Russia—the leading gold producers. Even before this rise in gold production, in 1871–73 Germany adopted the gold standard and, 1873–74, so did the Latin Monetary Union (including France, Belgium, Italy, and Switzerland); 1875–76: Denmark, Norway, and Sweden followed, and, 1879, the U.S.; Britain had adopted the gold standard much earlier. By 1914 most of the world (China was a key exception) was on the gold standard. 1914–18: With the war, most participants went off the gold standard.

Banking structure: By 1870, in Britain, France, and Belgium a modern banking structure had been erected. 1875, Mar.: German Reichsbank established, based on the Prussian Bank (est. 1846); it controlled note issue throughout the empire, and carried the main cash reserves and provided banking facilities for the entire empire. 1875–1905: The Reichsbank opened nearly 100 main branches and 4,000 subbranches. In the U.S. the Federal Reserve Act, 23 Dec., 1913, established the Federal Reserve System, the 1st central banking structure in the U.S. since the expiration of the 2nd National Bank charter in 1836. Rise of investment banking in U.S. and Germany. In the U.S. investment banking houses such as Jay Cooke & Co. (failed 1873); Drexel, Morgan & Co. (J. P. Morgan & Co. after 1894); Kuhn, Loeb & Co.; Lee, Higginson & Co.; and Kidder, Peabody & Co. played important roles in financing American railroads and industries. J. P. Morgan (1837–1913), particularly, was important in organizing, financing, and obtaining management for consolidations that took place in the U.S. in the 1890's and early 1900's. Germany developed investment banking on a grand scale. Banks of deposit were committed to building industry. 1872: 130 deposit banks in Germany; 1914: almost all the liquid savings and credit resources were in the possession of 12 banks. The major ones had become the "4 D's": the Deutsche (est. 1870), the Dresdner (1872), the Diskontogesellschaft (1851), and the Darmstadter (1853). The banks were noncompetitive, had areas of specialties, and often joined in banking syndicates to finance business expansion. In France there were the private banks (such as the Paris House of Rothschild), which participated in banking syndicates. There were the industrial banks, key among them the Banque de Paris et Pays Bas, the Banque de l'Union Parisienne, the Banque Française pour le Commerce et l'Industrie. There were also the deposit banks, including Crédit Lyonnais, Comptoir Nationale d'Escompte (failed 1889), the Société Générale, and Crédit Industriel et Commerciel. The industrial and deposit banks looked in the main to foreign investment and foreign financing. The deposit banks had started for the most part as industrial banks and then stopped lending to domestic industry. French banks, unlike the German banks, did not concern themselves mainly with the foundation and supervision of domestic industrial enterprises (they tended to issue bonds rather than stock). The industrial banks, when they did finance domestic enterprise, tended to abjure responsibilities for management. Unlike the German banks, they did not take leadership in making industrial enterprises more efficient. It is frequently argued that whereas the German banks served a progressive entrepreneurial function encouraging economic growth, the French banks accepted the passive conservativism of the French people and did not stimulate the latter's industry, inventive talent, or organizing ability. Others counter that the French banks failed to aid French industry because they were not needed. In Britain private banks were important in underwriting securities, but did not give leadership to British enterprise or control it.

Allocation of savings: In the U.S. domestic savings were practically all reinvested within the country. Capital accumulated in industries was reinvested in industries. Savings in Germany were in the main reinvested in German economic development, but there were also substantial foreign investments. In France savings tended to go into foreign rather than domestic investments in search of higher rates of return, while in Britain, c. 1875 ff., foreign lending also attracted a substantial portion of savings.

Stock exchanges: An American capital market developed. 1908: Foundation of New York Curb Agency by group of street brokers (1952, the Curb became the American Stock Exchange). The Paris Bourse (stock exchange) and the Berlin Börse were both subject to close national governmental control and supervision. 1896: German legislation severely restricted business on the Berlin exchange, to check speculation in stocks. French and German speculators transacted their business abroad, especially in London, Brussels, and Amsterdam. The London market was the greatest in the world, handling securities of nations around the globe.

FOREIGN TRADE. The foreign trade of industrial nations rose. London remained the center of world trade.

VALUE OF FOREIGN TRADE (EXPORTS PLUS IMPORTS)
($ million)

	1875	*1913*
U.K.	3,186	6,837
Germany	1,433	4,970
U.S.	1,079	4,392
France	1,430	2,953

Railroads, steamships, and refrigerated transport plus growing world population encouraged the expansion of commerce. The gold standard assured a stability of international exchange rates. The rise of new colonial empires stimulated foreign trade. Industrial nations exported manufactured goods and imported foodstuffs and industrial raw materials. The U.S. was the major exception to this pattern, since it was an important exporter of agricultural products. (1865–75 ff.: American grain began to reach European markets in quantity; 1880's: U.S. became an important exporter of beef and to a lesser extent pork. With the exception of isolated years, raw cotton remained the largest single U.S. export. Petroleum—refined and crude—became a significant U.S. export.) British exports of manufactured goods grew. (Cotton manufactures continued as Britain's largest single export, comprising in 1913 ¼ of the volume.) German exports came to compete with British products in many markets. The Germans developed a "double selling price": at home, manufacturers, protected by the tariff and through cartel arrangements, raised domestic prices; overseas, in competitive situations, German goods were often sold below cost. Multilateral trading patterns developed among European nations, Europe and Asia, and North and South America. It has been suggested that the slowing down in the pace of British economic growth at the end of the 19th cent. and start of the 20th cent. was due to the growth of foreign competition at home and in world markets.

Tariff policies. From the repeal of the corn laws to the McKenna duties, 1915, Britain remained committed to free trade. Her free-trade policy had been adopted when she was the workshop of the world. 1915, 21 Sept.: When Britain had fallen behind the U.S. and Germany in industrial productivity, when she required new revenues for wartime needs, she adopted the McKenna duties, placing duties on imports of manufactured goods; the McKenna duties also provided imperial preference. 1870–97: U.S. held to a protectionist tariff policy; although there were occasional reductions in tariff, the trend was upward: 1872, 6 June: 10% tariff reduction in U.S.; 1875, 3 Mar.: 1872 tariff reduction removed; 1883, 3 Mar.: 5% reduction in tariff; 1890, 1 Oct.: McKinley tariff raised duties to new high level, average 49.5%; this tariff had for the 1st time explicit provisions for negotiations with other nations on reciprocal concessions; 1894, 28 Aug.: Wilson-Gorman tariff lowered duties to average 39.9%; 1897, 7 July: Dingley tariff raised level to new high, average 57%; 1909–19; moderate tariff policy in U.S.; 1909, 9 Apr.: Payne-Aldrich tariff lowered duties to average of about 38%; 1913, 3 Oct.: Underwood tariff decreased levies to average of about 32%; 1916, 8 Sept.: emergency dye tariff designed to protect the new chemical industry. 1870–79: Germany reduced duties. 1873: German duties on iron and shipbuilding materials were abolished; those on iron products were lowered (eliminated, 1 Jan., 1877, but protection remained on certain manufactured goods). 1879: New German tariff raised rates on manufactured imports and also imposed duties on corn imports. The levies on manufactured goods were designed primarily for revenue rather than protection. 1885 and 1888: Germany raised duties higher. In the late 1870's, agricultural imports began to flood into France. 1880's: Restrictions on imports into France; 1881: French government forbade entry of American pork. 1884: France increased taxes on foreign sugar. 1885, 1887: France imposed higher duties on cattle. 1885: Rye, barley, and oats imports were taxed. 1885, 1887: Flour duty raised. 1885: Import duty increased on wheat. 1890–92: General European response to the McKinley tariff in the U.S.: 1890: France raised her tariff. 1892: In France the Méline tariff raised most agricultural duties and also duties on manufactured goods. 1891–1902: Germany raised some duties, but also negotiated treaties reducing key agrarian and industrial tariffs. 1902, 14 Dec.: Germany enacted a new tariff, characterized by (1) higher level of duties on foodstuffs, (2) free entry of raw materials used in manufacture, (3) low duties on partially finished manufactures, and (4) increasingly higher duties depending on how finished a manufactured product was. 1910: France further raised tariffs, but the government could negotiate tariff reductions by reciprocal agreements. The principal object of protectionism in France and Germany was to aid agriculture.

Tariff Comparison (Based on 78 Items), 1913
(% ad valorem)

U.S.	32%
France	16
Germany	12
Belgium	6
U.K.	0

Nontariff trade restrictions such as prohibitions of imports and exports, quotas, exchange controls, and licensing did not in general exist; most such were outlawed by trade treaties. Only on occasion, e.g., in emergencies, might such restraints be imposed. 1914–18: Worldwide restrictions were introduced because of wartime needs; it was expected that after the war these would terminate. 1914, Aug.: British blockade of Germany started; other nations joined blockade. 1917, 6 Oct.: U.S., Trading with the Enemy Act. 1919, 12 July: Allied blockade lifted.

FOREIGN INVESTMENT. 1875: Book value of existing British foreign investment was estimated at $6 billion—mainly in bonds of foreign governments and railway shares and debentures. Of this about $2.5 billion was invested in Europe and Egypt and the remainder in the U.S., India, South America, and the Dominions and colonies in that order. 1914: Book value of Britain's long-term foreign investments reached $18.3 billion. The direction of British new capital outflows moved increasingly toward non-European countries; Britain financed new investments in Africa and Asia through liquidating older investments on the Continent. Most of the foreign investment involved construction of railroads and development of natural resources. 1870–1914: British foreign investment represented a high percentage of current British savings. (1905–14: British foreign-investment outflow was over half British savings.) Britain led in overseas investment, but France too was a large foreign investor. 1850–1914: ½ to ⅓ of French savings went to foreign investments. 1914: Book value of French long-term foreign investments was estimated at $8.7 billion. Germany devoted less of its savings to foreign investment. Yet by the 1880's it

Trends in U.K. Capital Formation as % Expenditure Generating GNP
(decade averages)

	Gross Domestic Fixed Capital Formation	*Net Foreign Investment*
1870–79	8.1	3.9
1875–84	7.8	3.1
1880–89	6.1	5.9
1885–94	5.7	4.9
1890–99	6.9	3.2
1895–1904	8.5	2.1
1900–1909	7.8	3.9
1905–14	6.0	6.9

had changed from a capital-importing to a capital-exporting nation. 1914: Book value of German foreign investments equaled $5.6 billion. 1914: Belgium, the Netherlands, and Switzerland together had foreign investments to the extent of $5.5 billion, while that year the U.S. (still a debtor in international accounts) had some $3.5 billion invested abroad. The presence of the gold standard and the stability of foreign exchange rates encouraged international capital flows. Foreign investment financed foreign trade. The long-run effects of the large foreign investment on the British and French economies are controversial. It has been argued that in Britain and France, economic growth was retarded by the diversion of savings to foreign investment. On the other side, it is claimed that had there been demand for it capital would have gone to domestic use and that the slow economic growth of Britain and France was a *cause* of the capital outflow rather than an effect. It is also argued that foreign investment, by encouraging foreign trade and by the returns through dividends and interest, did pay. Germany and more so the U.S., both of which devoted a smaller percentage of their savings to foreign investment than Britain and France, used most of their capital at home. This undoubtedly contributed to their growth. 1914–18: Wartime losses (including the repudiation by the Soviet government of foreign debts to international investors in the U.K., France, and Germany) came to about $4–$5 billion each. U.S. losses were far less. 1914: The U.S. was a debtor nation in international accounts to the extent of $3.7 billion. 1914–18: Britain borrowed from abroad, mainly from the U.S. 1919: The U.S. had become a creditor nation to the extent of the same $3.7 billion and was the largest creditor nation in the world; New York replaced London as the world's financial center.

BUSINESS ORGANIZATION. Limited-liability corporations: 1914: In the U.S. and, to a smaller extent, Britain the limited-liability corporation had become the typical means of doing business not only for public utilities (including transportation) but also for industrial enterprises; in Germany and France the use of this form increased. Limited liability made it easier to attract funds; the corporate form contributed to business expansion; it provided the basis for the separation of ownership and control which came later.

Pools: Associations of otherwise independent businesses to control prices and/or apportion markets were common in the U.S. in the 1870's and 1880's. (1887: The Interstate Commerce Act forbade pooling in American railroads; 1890: Sherman Antitrust Act prohibited agreements to restrain trade; 1899: U.S. Supreme Court case, *Addyston Pipe and Steel Co.* v. *U.S.* [175 U.S. 211] applied the Sherman Act prohibition to pools among manufacturers.) In Britain trade associations of a voluntary nature often served the same function as pools in the U.S. In France agreements to control competition were also evident. In these countries no antipooling measures were taken.

Cartels (Europe and international): Similar to pools, but often more formal, cartels were associations of otherwise independent producers to fix production quotas, prices, and/or market territories; sometimes the German government took direct part as a participant in German cartels. Before 1877, c. 14 cartels in Germany (earliest in 1860's); 1876–77: 1st Rhenish-Westphalian coal cartel agreement. 1879: 1st German potash cartel; 1900: c. 275 cartels in Germany; there was hardly a trade without a cartel. The rational industrial organization created by a cartel was favored by German producers and the government. The cartel was most in evidence in Germany, although there were cartels in Britain, France, and elsewhere; in Britain agreements establishing a "community of interests" between otherwise independent firms were not uncommon. Under U.S. antitrust legislation the cartel was clearly illegal in America; it was not illegal in Europe. International cartels involved American, German, French, Swiss, Canadian, British, and Dutch businesses. 1883: 1st international cartel (steel rails).

Trusts (U.S. and Europe): Stockholders deposited their stock with trustees, vesting in the latter the right to vote the stock and thus control the policies of the corporations involved. The most important American trusts were the Standard Oil Trust, est. 2 Jan., 1882, the American Cotton Oil Trust, 1884, the National Linseed Oil Trust, 1885, the Sugar Trust, 1887, and the Distillers' and Cattle Feeders' Trust (the Whisky Trust), 1887. Trusts were not incorporated and not subject to state control; they were the focus of much public opposition in the U.S. 1890, Jan.: The Whisky Trust was reorganized as a single corporation; 1891: the Sugar Trust was reorganized as a single corporation (as a result of an 1890 New York state court decision); 1892: the Standard Oil Trust was dissolved, and replaced by single corporations (as a result of 1891 Ohio state court decision). 1890, 2 July: Sherman Antitrust Act forbade "every contract, combination in the form of trust . . . in restraint of trade. . . ." 1895–1902: The trust form, described above and used as a means of combining 2 or more corporations, no longer existed in the U.S.; the term, however, had come to be loosely used to mean large conglomerations of corporate power. In Europe "trusts" were often set up to give shareholders financial returns while depriving them of voting rights; there were not the restrictions upon them that there were in the U.S.

Mergers: Large corporations became the norm in the U.S.; many were formed by mergers of existing cos. 1897–1902: 1st major wave of mergers in the U.S.; some merged units were holding cos. (a single co., holding the shares of other cos.); some were operating cos. (if in a merger the acquired corporations were dissolved and merged into the single co., this unit became an operating co.); others combined the functions of holding and operating cos. There were in the U.S. major consolidations of financial and railway interests. Large industrial cos. in the U.S. were made possible by a joining of financial and industrial interests.

Combines: What was known in the U.S. as a giant corporation, generally formed by mergers, or, in the loose sense of the word, a "trust," was called a "combine" or "trust" in England and on the European Continent. 1890: Royal Dutch formed, which in time became a major European "combine." 1891: Formation in England of United Alkali, including competing alkali firms. 1895–96: Messrs. J. & P. Coats (thread) amalgamated with its 4 chief competitors into an important British combine. 1896–1901: Large (by British standards) combines were formed for the manufacture of Portland cement, wall paper, tobacco, and various facets of the textile industries; by this time Brunner Mond had become another large British "combine." 1903: Krupp enterprises in Germany were a combine. 1906: William Hesketh Lever, Viscount Leverhulme (1851–1925), used Lever Brothers, Ltd., to acquire major competitors and created in Britain the "soap combine." The "combines" in the U.S. were the largest in the world; those in Britain 2nd; Germany was fast catching up; France, for the most part, remained a country of small business. In some usages, the word "combine" carried the connotation of combination in restraint of trade, but this was by no means the general meaning of the term.

Konzerns: A German form of organization of firms bound together by personal ties, e.g., the Siemens Konzern and the Stinnes Konzern (in steel).

Business entrepreneurs: Characteristic of America, leading business entrepreneurs were Collis P. Huntington (1821–1900), James J. Hill (1838–1916), and Edward H. Harriman (1848–1909) in railroads; Carnegie in steel; Cyrus Hall McCormick, harvesters; John D. Rockefeller, oil; James Buchanan Duke (1856–1925), tobacco; Henry Clay Frick (1849–1919), coke; Philip D. Armour (1832–1901) and Gustavus Swift (1839–1903), meat packing; Arthur Vining Davis (1867–1964), aluminum; Henry Ford, automobiles; Andrew W. Mellon (1855–1937), banking and diversified enterprises; J. P. Morgan, banking. 1880: 100 millionaires in U.S. (est.); 1916, 40,000 millionaires in U.S. (est.). Leading German entrepreneurs included Friedrich Alfred Krupp (1854–1902) and his son-in-law Gustav Krupp von Bohlen und Halbach (1870–1950), August Thyssen, and Hugo Stinnes (1870–1924) in steel; Emil Rathenau and his son Walther Rathenau (1867–1922) and Siemens in electricity. In Britain Alfred Moritz Mond, 1st Baron Melchett (1863–1930), in chemicals, Sir

10 Largest U.S. Industrial Cos., 1 Jan., 1904

	Incorporated	*No. of Plants Acquired or Controlled*	*Stocks and Bonds Outstanding*[a] *($ million)*
1. U.S. Steel (and controlled properties)	1901	785	1,370
2. Consolidated Tobacco Co. (and affiliated corps.)	1901	c. 150	503
3. American Smelting & Refining Co. (and affiliates)	1899	121	202
4. Amalgamated Copper Co.	1899	11	175
5. American Sugar Refining Co.	1891	c. 55	145
6. United States Leather Co.	1893	25	130
7. International Harvester Co.	1902	6	120
8. Consolidated Lake Superior Co.	1897	16	117
9. Standard Oil Co. (N.J.)	1899	c. 400	97
10. Pittsburgh Coal Co.	1899	c. 207	84

[a] This includes the stocks and bonds in the hands of the public of all subsidiary or controlled corps., as well as of the parent co., at par values.

Thomas Lipton (1850–1931) in tea retailing, and Lever in soap were key entrepreneurs, while Cecil Rhodes was an important British entrepreneur abroad.

General industry associations: 1895: In U.S., National Association of Manufacturers formed. 1916: Federation of British Industries. 1919: Confédération Générale de la Production Française established on the proposal of the minister of commerce "to contribute to the development of the productive power and export trade of France." 1919, Feb.: Reichsverband der Deutschen Industrie founded.

Scientific management: 1911: American Frederick Winslow Taylor (1856–1915) published *Principles of Scientific Management;* this and other volumes by Taylor turned attention to the problems of efficiency in job management, planning the work flow, understanding costs; Henry Lawrence Gantt (1861–1919) and Frank B. Gilbreth (1868–1924) were other American innovators in job management. 1916: In France, Henri Fayol (1841–1925) published his pioneering study of business administration, *Administration industrielle et générale.*

GOVERNMENT POLICY. Protection: Protection of and aid to agriculture became a new function of the governments of industrial nations. The French protection was most significant, but was at a cost, and food prices in France were higher than anywhere else on the Continent. 1889: The British Board of Agriculture was established "to foster and direct the farmer." 1916, 17 July: U.S. Federal Farm Loan Act, 1st step in U.S. aid to the farmer. Protection of industry occurred through tariffs in the U.S. and on the European Continent. The British, committed to a free-trade policy, did not protect their industry until 1915. Until the war emergency, there was virtually no direct aid to or participation in industry in the U.S. or Britain on the part of government. Taxes were low. (There was no income tax on corporations in the U.S. until 1909, and then the so-called "corporate excise tax" was 1% on corporate incomes.) In Germany, on the other hand, profitable private industrial enterprises were fostered by government subsidies; the German dyemakers got subsidies for research, favorable rates on the state-owned railways, and remission of certain taxes; the German automobile industry was subsidized. German states operated state-owned mines and iron works. 1914: Prussia owned some 40 mines and 12 blast furnaces. Municipalities in Germany often owned slaughterhouses and other plants.

Aids to transportation: The U.S. government gave land grants to the railroads. 1914, 15 Aug.: The U.S. government-built-and-financed Panama Canal opened to traffic. 1875, 25 Nov.: purchase of Suez Canal Co. shares by Prime Minister Disraeli; British government later ratified his action. 1870's: French government took part in building and operating certain railroads in France. 1879: Freycinet plan called for French government construction of major public works, including railroads; 1883: railroads built under the plan were in difficulty, and private operations began—although the French government retained a railroad network in southwestern France and guaranteed interest on the capital invested in other railways (railroads paid profits over a certain level to the government); 1908: French state took over the Ouest line when it was in difficulty. 1870–1910: Increasing German governmental involvement in railroads; 1910: 94% of German railroads under public ownership. 1885: Germans gave government assistance to steamship services to Eastern Asia and Australia.

Involvement in other public utilities: The British, German, and French telegraph and telephone systems were under government control. In Britain the telephone monopoly belonged to the General Post Office, which initially licensed private companies. 1902: The G.P.O. began to install its own telephone exchanges. 1911: G.P.O. acquired all telephones in Great Britain. In Germany telephones began as a government monopoly; the German government encouraged their introduction. 1881: 1st public telephone service opened in Paris, by private company licensed by the French government; subsequently, the French government introduced telephones; 1889: French government took over the entire telephone system. Throughout Western Europe (Belgium, Holland, Austria, Italy) telephones came into government hands. In Britain municipal ownership of water supplies and gas enterprises grew. In Germany municipalities nationalized electric power plants, gasworks, and waterworks; joint-venture cos. ("mixed ownership cos.") combined private and public ownership in electric power plants, gasworks, waterworks, and traction systems; a private co. would form such enterprises and the municipalities would acquire stock interests in exchange for the granting of franchises.

Involvement in education: In all the industrial nations, governments provided education facilities, which served to raise the standards of the work force. Involvement in social welfare measures moved countries away from free enterprise. (This was especially true in Germany, then in Britain, but to a far less extent in the U.S.)

Aid to business abroad: The growth of colonial empires helped create conditions suitable for British, French, German, Belgian, and Dutch businesses to operate overseas. Cos. chartered to do business abroad were helped by the British, French, German, Belgian, Dutch, and U.S. governments. In their business activities within the empires, European businessmen could count on their governments' support. In the U.S., under the presidencies of McKinley, Roosevelt, and Taft, American businessmen could get aid for defense of their properties abroad; under Woodrow Wilson, there was less enthusiastic support, but in certain instances American businesses asked for and got assistance from their government.

Regulation of business: In an attempt to increase competition, the U.S. Congress passed a series of measures: 1887, 4 Feb.: Interstate Commerce Act established an Interstate Commerce Commission, America's 1st regulatory agency; 1890, 2 July: Sherman Antitrust Act (see above). 1914, 26 Sept.: Congress established the Federal Trade Commission as a powerful regulatory agency. 1914, 15 Oct.: Clayton Act enumerated unlawful restraints of trade. Comparable measures to increase competition were not passed by the European governments. 1888–94: In Britain railroad legislation regulated the rights of railroads to change prices, which decreased rather than increased competition. In the U.S., court decisions as well as legislative acts were designed to increase competition.

The power to tax: 1913, 25 Feb.: Adoption of the 16th Amendment to the U.S. Constitution gave Congress the power to levy taxes on incomes. 1914, 15 July: France for the 1st time passed a law taxing personal incomes. 1920: Germany for the 1st time taxed personal incomes. (German states earlier, 1891 ff., had introduced income taxes.)

Role of government in wartime: 1914–18: In every belligerent nation, government involvement in the economy increased during World War I. Every nation imposed new taxes. 1915, Sept.: British raised taxes sharply and introduced excess-profits tax; every year during the war British taxes rose. 1916, June: Germany imposed new war taxes on profits and business turnover. 1916: French raised taxes and introduced a turnover tax. 1917, 3 Oct.: U.S. War Revenue Act imposed a graduated income tax and an excess-profits tax on corporations. Every nation issued some type of war bonds. Every belligerent nation established new government offices to deal with wartime planning, raw-material procurement, and transport of goods. 1914, 22 May: British government acquired a 51% interest (later raised to 56%) in Anglo-Persian Oil Co., which gave the British navy a major source of fuel oil. 1915, 9 Mar.: Defence of the Realm Act was designed to mobilize Britain's resources; May: British Ministry of Munitions Act placed under government control plants that could be used to produce for the war effort. By 1918 the British government was purchasing 85% of all imported foodstuffs; operated 250 munitions factories; had oil interests; held possession of railroads, coal mines, flour mills, and Irish distilleries; controlled prices on many commodities; and rationed, 14 July, sugar, meat, butter, margarine, bacon, ham, and lard. The French, likewise, introduced extensive economic controls, taking over all the railways, making loans to manufacturers for them to convert their factories to war production, and establishing agencies for the purchase of raw materials. 1917, 28 July: U.S. established War Industries Board to coordinate the nation's war industries; it included agencies for purchase of raw materials. 10 Aug.: Lever Food and Fuel Control Act gave U.S. President the right to issue orders to encourage production and to control food and fuel distribution. 4 Dec.: 1st government contract signed for the government-owned nitrogen fixation plant at Muscle Shoals, Ala.—the only one of 5 different government-owned fixation plants that was in successful operation at the signing of the Armistice. 26 Dec.: President Woodrow Wilson took over the railways. 1918, 5 Apr.: War Finance Corporation created in the U.S. to finance war industries. Among the allies, joint government activities coordinated transport. (The Allied Maritime Transport Council was a multistate authority.) Germany took similar measures; most of the railroads were already in government hands. 1914 ff.: German War Food Administration sought to reduce German food consumption (since many imports were cut off), regulated production and distribution of foodstuffs, gave the individual states power to impose price controls (by war's end price controls covered almost all foodstuffs in nation); 1915, 25 Jan.: Germany introduced rationing. 1914 ff.: The War Raw-Material Office (Kriegs-Rohstoffabteilung—K.R.A.) regulated purchases of raw materials. 1915: German War Industry Administration started. 1915 ff.: New "War Industrial Companies" created mixed government-industry-owned companies, under the supervision of the War Industry Administration. 1916, 5 Dec.: The Hindenburg Plan enacted into law in Germany, with the goal of the complete militarization of the nation's economic life; workshops could be compelled to produce for the war effort, unused machinery could be transferred to workshops where it would be used, workers could be kept on munitions production, and all civilian men between the ages of 17 and 60 were drafted for war work. In every nation it was recognized that the extent of government involvement was temporary.

OTHER FACTORS. 1870: German unification had a highly favorable effect on economic growth in that country. 1870 ff.: The development of nationalism in Germany aided economic development, until the nationalism became so extreme that World War I began; the military interests of the state served to encourage industrialization. 1914–18: World War I stimulated American economic development; industries were built to meet war needs; there was no physical damage in the U.S. In Britain, France, Germany, and Belgium, the war caused major dislocation and slowed economic development. 1870–1919: The revolution in medical science raised health standards in the industrial nations and had a favorable effect on economic development.

MEASURES OF ECONOMIC GROWTH. 1870–1913: From the available statistics on economic growth it is clear that France developed slowly, falling far behind; Britain too, once the workshop of the world, now by her slow growth lost her leadership to the U.S.; the U.S. in particular and Germany, though to a far less extent, had a favorable rate of growth up to World War I.

Annual Growth Rates: Total Output and Output per Capita, 1870–1913 (%)

	Total Output	*Output per Capita*
U.S.	4.3[a]	2.2[a]
Germany	2.9[a]	1.8[a]
Belgium	2.7	1.7
Netherlands	2.2[b]	0.8[b]
U.K.	2.2	1.3
France	1.6	1.4

Note: Figures are compound rates.
[a] 1871–1913.
[b] 1900–1913.

Estimated per capita income in 1911: U.S., $368; Great Britain, $250; Germany, $178; France, $161.

The Spread of Industrialization

During the years 1870–1919, industrialization spread into northern Italy, the Hapsburg Empire (notably Bohemia), Sweden, Denmark, Norway, Russia, Japan, Argentina, Australia, Canada, and elsewhere. Most of these regions remained primarily pastoral or agricultural, but c. 1900 in Sweden, Norway, and Denmark there was a shift from the majority of the population being in agriculture to the majority being in other occupations. The agricultural population of Bohemia-Moravia-Silesia was 50% in 1890 and 38% in 1900. Whether agriculture or livestock raising remained the dominant mode of life or whether other activities employed more men, in all of these areas the *relative* employment in agriculture and pastoral activities was declining.

AGRICULTURE. The key change in agriculture and livestock raising was due to the expansion of the railroads, which brought farm produce into international commerce. Moreover, the development of refrigerated railroad cars and ocean transport made possible shipments of meat and other perishables over distances. Steamship travel made bulky commodities easier to ship. Everywhere commercialization of agriculture and specialization spread. In all these countries (Russia excepted), productivity in agriculture or livestock raising increased. In most cases there was more mechanization of agriculture, better breeding techniques, or alternatively (in Japan) the introduction of new seeds and better fertilizers. 1901–11: In Canada machinery used on farms more than doubled. 1884: Australian H. V. McKay invented a stripper-harvester. Wheat became important to the economic growth of Argentina, Australia, Canada, and Russia. Beef became key to the prosperity of Argentina and sheep to Australia and New Zealand. Dairy products were crucial in Denmark's economic development. Japan and Russia used taxes on agriculture as the basic means of financing industrial development. In both countries major agricultural reforms occurred. Japan: 1871: Abolition of fiefs and emergence of national taxation. 1873, July: Land-tax revision which unified revenue collection and modernized the Japanese agrarian system; it provided the government with large tax revenues, placing the burden of capital accumulation on the agricultural sector; inefficient peasants were driven into tenancy and debt (1913: 46% of land was farmed by tenant farmers); many peasants left the farms; but farm output rose, and the tax, designed to enhance agricultural efficiency as well as raise revenues, achieved its end. 1876: land tax in Japan reduced, yet it still remained the only important source of Japanese government revenues. 1885/89–1905/14: Japanese agricultural output doubled. Russia: 1870's: Peasants formed about ⅘ of the Russian population. Since 1861 they were no longer serfs, but they lived in village communes, or mirs; no peasant could leave without communal permission. The land in the commune was subdivided into allotments among peasant households; the peasants paid redemption payments stemming from the 1861 emancipation. The peasant economy was unable to increase its productivity because its income after taxes and the redemption payments did not permit large investments. Taxes were not designed to reward efficiency. 1880's: Deterioration of position of Russian peasant; Russian government policy was to tax the peasant to obtain state revenues used to industrialize; Russian grain output per capita was less than it had been 3 decades before. 1890's: Conditions worsened. 1905: Revolution in Russia accompanied by peasant uprisings. 1906, 22 Nov., and 1910, 27 June: Acts sponsored by prime minister of Russia Peter A. Stolypin (1862–1911) introduced agrarian reforms; peasants were permitted to acquire personal ownership of the land

and to swap strips of earlier allotments into a single consolidated holding; the Russian government no longer accepted the concept of household ownership; the land of peasants who left the village commune went to the head of the household, in private ownership. The way was open for the 1st time for the movement to urban areas of peasants; also for the 1st time, Russian peasants could sell their land and use the proceeds outside of agriculture. Redemption payments were ended. The acts introduced something resembling the British enclosure movement. 1907–14: More than 6 m. households asked for consolidations of allotment land. Stolypin's reforms favored personal initiative. They contributed to industrial growth, since more labor was available for the factories; the reforms also temporarily relaxed the fiscal pressures on agriculture and started to create for the 1st time among the peasantry a group of consumers. After the 1917 Russian Revolution, there were major land reforms. 1917, 8 Nov.: Land Decree ordered immediate partition of large estates and their division among the peasantry. 1918, 19 Feb.: Law for nationalization of the land. 1919: Soviet government attempted to establish state farms; major protests from the peasantry resulted.

Agricultural prices: 1890's: The low worldwide prices of agricultural products affected all these nations, but most of all Australia. The pastoralists faced not only low prices but labor difficulties and droughts, which sharply reduced the number of sheep.

Agricultural co-operatives: 1882: 1st successful Danish agricultural co-operative established; 1918: 90% of the Danish landowners were involved in co-operative societies, including creameries, bacon factories, butter and cattle export societies, and credit unions. Co-operative techniques developed in Denmark were copied throughout Scandinavia and in Canada and Australia. 1891: Cheese and butter factories (built in Canada in the 1880's) were reorganized on a co-operative basis by the Dominion Dairy Commissioner; co-operation spread; 1909: United Farmers of Alberta formed a co-operative to erect its own grain elevators; 1911: Saskatchewan Co-operative Elevator Company followed. 1915: In Australia, as a result of state action, co-operative wheat pools were formed. 1880's: In the Austrian Empire, following the German model, agricultural co-operatives were started; they developed in Italy too, at first for buying supplies and then for processing and marketing fruits, vegetables, milk, and wine. In many instances, the agricultural co-operatives were inaugurated as a response to low worldwide prices.

RAW MATERIALS. The development of industrial raw materials hastened the industrialization process in many nations; improvements in transportation made raw materials more accessible. Northern Italy's industrialization utilized iron deposits around Lake Como, in the Val d'Aosta, on the island of Elba, and at Termi in Umbria; yet the nation was short of iron. Italy produced some coal, but also imported coal from Britain. Rich natural resources existed in Bohemia, Styria, Silesia, and Moravia, and these were the parts of the Austro-Hungarian Empire where industrialization took place. Because of improved transportation, the iron-ore deposits in Krivoi Rog and coking coal in the Donets Basin began to be used for Russian industrialization. 1880's: Important petroleum deposits in the Baku region were developed, and 1883 ff.: oil became a Russian export. Canada's mineral resources were increasingly discovered and developed: copper, lead, zinc, silver, nickel, asbestos, and iron. Canada had adequate coal for domestic use, although it did import some of its coal requirements. Australia had iron and coal, but the iron and steel industry in that country was in its infancy. 1874–82: Australia was the world's largest tin producer. Japan was short of iron, which it had to import; it had coal, but needed to import blending and coking coals from north China for its metallurgical industries; Japan also had copper resources. 1885/89–1905/13: Output from Japanese mines increased tenfold. Nonmineral industrial raw materials were particularly important in the economic development of Australia: Australia had wool, which provided needed foreign exchange. Japan at first used locally grown cotton and silk as basis for its textile industry (by the 1890's, it was an importer of raw cotton). Timber exports from Russia and Sweden were important in their development.

COAL PRODUCTION
(million metric tons)

	1870	*1913*
Austria-Hungary	8.35	54.11
Russia	.69	32.21
Japan	.25[a]	19.68[b]
Canada	.67	14.62
Australia	.90	14.51
Italy	.06	.70

[a] 1874, earliest available.
[b] 1914 (1912, 19.50).

ENERGY. In the industrializing nations, the use of coal, petroleum, natural gas, water power, and electricity spread. These nations reflected the trend in the industrial nations away from fuel wood, gas-producer wood, sawmill waste, bagasse, and other vegetable fuels toward solid and liquid fuels, natural gas, and water power (commercial sources). Norway, Sweden, Austria, Canada, and Italy had excellent water resources which could be mobilized for hydroelectric power; development was just beginning. 1914: Russia exceeded France and Germany in terms of horsepower per head of industrial population, although Russia still lagged behind Britain and the U.S. (But Russia was still mainly agricultural and in terms of horsepower per head of total population she followed the world's leaders.)

INDUSTRY. Textiles: The 1st modern industry to develop in most of the industrializing countries was textiles. This was true in Italy, the Hapsburg Empire, Russia, Japan, Argentina, Australia, and Canada. The development of the silk and cotton industries was particularly important in the history of Japan. 1870: 1st modern silk filature opened in Japan with a French technician as superintendent. 1883: Osaka Spinning Co. established 1st cotton mill in Japan to use modern large-scale production methods. 1885: More cotton cloth was produced in Japan than imported. C. 1896: More cotton was spun by machine than by hand; 1896 ff.: modernization of the cotton industry proceeded rapidly. 1914: In cotton weaving as in spinning a modern industrial organization existed in Japan. Similarly, the silk industry developed; Japan became a major exporter of raw silk (a semimanufactured product) and also of silk textiles. Of all the newly industrializing nations, Japan alone found in the export of cotton and silk products an important source of foreign exchange; Japan alone of the newly industrializing nations found these industries to be a leading sector. 1870: All the industrializing nations imported textile machinery; 1914: some textile machinery was made in these countries—except in Argentina and Australia, which still remained dependent on imports of machinery.

% DISTRIBUTION OF THE WORLD'S MANUFACTURING[a] PRODUCTION

	Russia	*Italy*	*Sweden*	*Canada*	*Japan*	*India*	*Other Countries*
1870	3.7	2.4	0.4	1.0		11.0	
1881–85	3.4	2.4	0.6	1.3		12.1	
1896–1900	5.0	2.7	1.1	1.4	0.6	1.1	12.6
1906–10	5.0	3.1	1.1	2.0	1.0	1.2	12.3
1913	5.5	2.7	1.0	2.3	1.2	1.1	12.0

[a] Finished products, semimanufactures, and manufactured foodstuffs. See p. 707 above for world leaders; these plus the above add across to 100%.

Iron and steel: Steelmaking techniques spread from Britain, Western Europe, and the U.S. to the industrializing nations. In Russia, under the aegis of government support and with the help of foreign investment, the iron and steel industry developed dramatically; 1880's and 1890's: the small charcoal furnaces of Russia's 18th-cent. iron industry were increasingly replaced by coke-fired furnaces, mainly in the Ukraine. 1914: These new furnaces were larger than the ones in use in Germany or Britain, although smaller than those employed in the U.S. In Russia steel output rose even more rapidly than iron output. Austro-Hungarian iron and steel output also increased, as did production in Canada, Italy, and Sweden. C. 1890–1910: Start of Canadian steel industry (1914, 90% of Canada's annual consumption of steel rails was produced within the Dominion). 1900, Apr.: William Sandford in Australia established an open-hearth furnace and turned out the 1st Australian steel (co. was Sandfords, Ltd.); 1913: Australian steel production was still negligible. 1901: Start of modern Japanese iron and steel industry with 1st production at government-owned Yawata Ironworks (founded in 1896, mainly for military purposes); before 1913, practically all iron and steel in Japan was produced by this works.

PIG IRON AND STEEL PRODUCTION
(million metric tons)

Year	*Austria-Hungary*		*Russia*		*Sweden*		*Italy*		*Canada*		*Japan*	
	Iron	*Steel*	*Iron*	*Steel*	*Iron*	*Steel*	*Iron*	*Steel*	*Iron*	*Steel*	*Iron*	*Steel*
1870	.40	.04	.36	[a]	.30	.01	—	—	—	—	—	—
1880	.46	.05	.45	.30	.41	.04	.02	[a]	—	—	—	—
1890	.96	.50	.93	.39	.46	.17	.01	.11	.02	—	—	—
1900	1.47	1.15	2.89	2.22	.52	.30	.02	.12	.09	.02	.02[b]	—
1910	2.01	2.15	2.74	2.35	.60	.47	.22	.64	.75	.83	.16[c]	—
1913	2.31	2.68	4.55	4.82	.73	.59	.43	.85	1.13	1.17	.24	.25

NOTE: See p. 707 for comparisons with major industrial nations.
[a] Less than 10,000, but some recorded production.
[b] 1901.
[c] Est., c. 1912.

1914–18: During World War I the Japanese and Australian iron and steel industries grew, stimulated by the cutting off of imports. 1918: Japanese output of pig iron was .63 m. tons, and .54 m. tons of steel. 1915: Broken Hill Proprietary Co. in Australia entered into iron and steel production at Newcastle, N.S.W., Australia's 1st major iron and steel producer.

Metal-products industries: In Italy metal-products industries flourished. 1870 ff.: The Ansaldo Co., founded by Giovanni Ansaldo (1819–59) in 1852, was building steam engines, then moved into shipbuilding, construction of locomotives, munitions, and, 1914–18, Ansaldo interests began to manufacture airplanes. 1880's: In Italy other general engineering firms came into operation. 1880's and 1890's: Italian bicycle industry developed and then the automobile industry. 1899: Giovanni Agnelli (1866–1945) formed FIAT (Fabbrica Italiana Automobili Torino) to manufacture automobiles; 1899–1907: c. 40 companies established in Italy to produce automobiles. 1908: Camillo Olivetti (1868–1943) started to make typewriters. In Russia heavy-machinery industry developed rapidly, usually utilizing foreign capital; there were no automobiles or tractors or typewriters made in Russia. In Sweden, engineering industries began. Canada developed a range of metal-products industries, in heavy industries and in consumer products. Many American companies established affiliates or subsidiaries in Canada to manufacture the items they made in the U.S.; indigenous industries also emerged. 1904: Gordon M. McGregor (1873–1922) of Walkerville, Ont., in collaboration with Henry Ford, founded Ford Motor Co. of Canada, Ltd., Canada's 1st significant automobile enterprise. (1905, assembly of automobiles began; 1908, manufacture of automobiles began. Australia lagged behind, because of its less developed iron and steel industry. 1914–18: Stimulation of Australian metal-products industries because of the curtailment of imports. 1917 ff.: Automobile bodies began to be made in Australia (the chassis were still imported). 1893: 1st locomotives made in Japan. 1899: 1st bicycle manufactory established in Japan; it did not prosper. 1914–18: World War I cut off imports of bicycles; a Japanese bicycle industry developed; Japan became an exporter of bicycles to China, India, South Asia, New Zealand, etc. 1906: Horatio Anasagasti started to manufacture automobiles in Argentina (his enterprise was not a success).

Food-processing industries: As wheat, beef, and to a less extent sheep came from the Argentina pampas to Buenos Aires, stockyards, packing houses, and flour mills rose; the expanding food-processing industries led to the growth of Buenos Aires, stimulating the development of other industries, breweries, textile mills, shoe manufacturing, etc.; commerce in food products developed, based on the food-processing industries. Argentina flourished. 1890 ff.: Argentine beef increasingly replaced American beef in European markets. 1880's and 1890's: Denmark mechanized and reorganized her dairy industry, which became the basis for Danish prosperity. Food-processing industries in Australia and New Zealand spurred those nations' development.

Other industries: In most of the newly industrializing nations, breweries and sugar refineries were built, early industries in the industrializing process. Also developed: petroleum refining (Russia, Canada, Japan, Argentina), paper (Russia, Canada, Japan, Italy, Austria-Hungary, Sweden), chemicals (throughout Europe, Canada, and in Japan. 1881–1913: Chemicals were Italy's major growth industry, growing an average of 11.3% per annum). Others: electrical equipment (Russia, Canada, Japan, Italy, Austria-Hungary), rubber goods (Canada, Italy, Japan, Russia), glass (Canada, Italy, Austria-Hungary, Russia, Japan, Australia, and Argentina), and cement (Russia, Canada, Italy, Austria-Hungary, Japan, Australia, and Argentina). Switzerland developed an important watchmaking industry. In all of these nations, there was "import substitution," the increasing replacement by local manufacture of goods previously imported from abroad.

TRANSPORTATION. Canals: 1895: The German-constructed Kiel Canal across the Danish peninsula opened, reducing the time to get from the Baltic to the North Sea. 1901: The Austrian Chamber approved a proposal creating a network of canals, connecting the basins of the Danube, Elbe, Oder, Vistula, and Dniester.

Railroads: The age of the canal was past. Everywhere railroad construction far surpassed canal mileage.

RAILROAD LINES
(000 mi.)

	1870	*1880*	*1890*	*1900*	*1910*	*1914*	*1920*
Russia	7.0	15.0	20.2	31.7	41.2	48.0	36.6[a]
Austria-Hungary	6.0	11.5	16.8	22.9	27.6		—
Italy[b]	3.8	5.4	8.0	9.8	10.6		12.7
Canada	2.5	6.9	14.0	17.9	24.8	30.8	39.0
Sweden	1.1	3.7	5.0	7.0	8.7		9.4
Australia	1.1	3.6	9.8	12.6	16.5		24.1
Switzerland	0.9	1.6	2.0	2.4	2.9		3.3
Argentina	0.4	1.4	6.1	10.2	16.5		22.5
Norway	0.2	0.7	1.0	1.3	1.9		2.0
Japan	0	0.1	1.4	3.7	6.1		8.5

[a] Drop because of changes in territory. [b] State-owned railroads only.

1872: 1st Japanese railroad opened. 1885: Opening of Canada's 1st transcontinental railroad. 1903: Completion of the Trans-Siberian Railroad, Russia's transcontinental. 1917, Oct.: Opening of East-West Transcontinental Railway in Australia. 1919: After war, revolution, and civil war, about 80% of the railroads in European Russia were damaged and 60% were out of order; moreover, Russia's territorial losses deprived her of considerable railroad mileage. Railroad construction was essential to economic growth in Russia, Canada, Australia, and Argentina. Railroads decreased transportation costs and brought new regions and products into commerce; they made possible the movement of bulky commodities. They served to increase exports. In Russia and Canada the development of railroads stimulated the modern coal, iron, steel, and metallurgical industries. More slowly, in Australia, heavy industry developed, prompted in part by the railroads. By contrast, Argentina, penalized by lack of natural resources (coal and iron), did not develop heavy industries; all the materials for the Argentine railroads had to be imported. In most countries railroads extended the areas of settlement and stimulated construction industries; in Russia and Canada the construction industries were based on locally available raw materials; in Australia this was partially true; in Argentina, steel buildings were imported and not until 1908 did Argentina even have commercial production of cement.

Other overland transportation: 1877–1917: 14-fold rise in number of registered carts pulled by horses, oxen, and men in Japan was indicative of the increase in travel. Bicycles became a common mode of transport in Europe and in Japan; 1917: 1.1 m. bicycles registered in Japan. 1913: Private automobile usage in Canada was 54,000 vehicles; 1919, 342,000 (Canada in 1919 2nd only to the U.S. in private automobile usage). 1913: Private automobile usage in Italy was 20,000 vehicles; 1919, 24,000. 1913: Private automobiles in use in Russia, 7,000—all imported from abroad. 1913: C. 1,000 private automobiles in use in Japan—all imported from abroad; 1917: 3,856 automobiles registered in Japan. 1913: Figures for Australia are not available, but they were far higher than Japan; 1909–12: 2,000 Model T's were sold in Australia, plus a range of other American, British, and continental makes.

Shipping: With the exception of Argentina (because of absence of raw materials) and Switzerland (because it was inland), the industrializing nations all expanded their steamship fleets.

FINANCE. Capital: Capital was short in all the newly industrializing countries, and there was considerable reliance on foreign capital. 1870's ff.: The gold standard was adopted by all; 1914: practically all abandoned it.

Banking structure: Before unification in Italy, states had had separate currency and banks of each state had rights of note issue. 1874: The Sardinian National Bank, which had grown the fastest and had ⅓ more capital than all other banks of issue combined, came to act as a central bank. 1870's: Investment banks in Italy multiplied. 1893: Massive Italian bank failures; 1893, 10 Aug.: the Sardinian National Bank was renamed the Bank of Italy. 1893 ff.: Expansion of investment banking. 1895 ff.: The large Italian banks played important roles in the industrialization of Italy, serving, as in Germany, an entrepreneurial role; the banks did their banking along German lines, making long-term loans to the metallurgical, electrical, and shipping industries. 1914: There was considerable German investment in Italian banking. Italy had an established banking structure. 1897: The Russian State Bank became a bank of issue and was converted into a central bank. 1870–1900: Development of commercial banking, at 1st along British lines. 1900–1913: Growth of large banking institutions in St. Petersburg; St. Petersburg banking developed mainly along German lines. 1913: 50 joint-stock commercial banks in Russia (6 holding 55% of total liabilities); chief among them were the St. Petersburg banks, which eclipsed the Moscow banks. 1908 ff.: Foreign investment in Russian joint-stock banks multiplied. (50.5% of the foreign investment was French, 37.1% German, 9% British, and 3.4% other nationalities.) Whereas in the 19th cent. Russian banks had not invested in industry because of absence of good investment opportunities, low standards of commercial honesty in the country, and inadequate capital, by 1908 ff. the joint-stock banks were active in industrial financing. Russia also had municipal banks, mutual credit societies, and private commercial credit banks. 1890's ff.: State savings banks developed; their deposits provided funds for a Russian capital market. 1905 ff.: The number of small rural banks in Russia grew rapidly. 1908 ff.: Foreign banking houses, in addition to participating in Russian joint-stock banks, formed syndicates with the latter for financing industries, municipal services, and railroads. After the Russian Revolution, 27 Dec., 1917, banking was decreed a state monopoly, and private banks were merged into the State Bank; the name of the latter was soon changed to the National, or People's, Bank. Canada, after confederation, 1867, developed a new banking system. 1871: Canadian Bank Act established a branch banking system for the entire Dominion; by year's end there were 23 banks with 150 branches. 1914: Canada had 22 banks, with 3,000 branches. 1914: Canadian Finance Act gave Department of Finance the right to issue Dominion notes on the pledge of approved securities. 1870: Australia had a highly developed system of private banks. 1911: Commonwealth Bank established in Australia by Labour government, not as a central bank, but to compete with the private profit-making banks. 1873: National Bank established in Argentina and authorized, in conjunction with other banks, to issue notes. Foreign banking institutions were welcomed in Argentina, and English, German, and Italian banks were founded. 1872 ff.: Japanese government began to adopt western financial institutions. 1872: The National Bank Act sought to emulate American banking legislation; national banks were established. 1876: Modern private banking began; the House of Mitsui got government permission to use the word *ginko* (meaning "western-style bank") for its financial, as distinct from its commercial, activities. 1880: Yokohama Specie Bank established to deal in foreign exchange and to finance foreign trade. 1882: Bank of Japan founded, after the model of the Belgian central bank. 1890: Japanese Bank Act (which took effect 1893) codified and unified the commercial banking system; both national and private banks became "ordinary banks." 1897 ff.: Special banks organized in Japan (their dividends guaranteed by the government) to finance agriculture, industry, transportation, and electric power. 1902: The Japanese Industrial Bank opened, modeled after the French Crédit Mobilier. The effective banking system aided Japan's economic development.

Stock markets: Most of the industrializing countries had stock exchanges, but none had a developed national capital market. 1908–14: Growth of the St. Petersburg stock market (but more Russian securities were quoted in Paris and Brussels than in St. Petersburg; the Paris market dealt in Russian metallurgical and construction, coal mining, and oil shares; the Brussels bourse listed Russian metallurgical companies and electric streetcar securities; the London market handled Russian oil, copper, and gold-mining stock, while the Berlin bourse dealt in electrical and chemical company shares and the Amsterdam bourse handled Russian government stock). The Moscow bourse dealt mainly in bonds issued by the government, mortgage bonds, and railroad-co. securities. 1878: Tokyo Stock Exchange opened, to be followed by exchanges in other cities; at 1st the Tokyo exchange dealt in government bonds and later in industrials; the Japanese securities markets were mainly speculative and private, until after World War II.

FOREIGN TRADE. Developing nations depended on imports of sophisticated machinery from industrial nations; some, such as Argentina and Australia, imported a wide range of basic manufactured products. For most, the growth of their exports was crucial to their development. For all, the rise of foreign trade was marked. Danish exports of dairy products aided growth, Canadian grain the Canadian economy, while Argentine meat, wheat, and wool exports created prosperity in that nation. Australian wool and meat exports spurred development. Russia was an exporter of grain, but while her exports did finance the import of capital equipment and did cover servicing the foreign debt, and thus aided industrial development, they did so at the expense of shortages at home. 1870: Sweden, Italy, and Japan exported more primary products than manufactured goods. 1870's and 1880's: Sweden's national income rose, stimulated by timber exports; 1890's ff.: Sweden shifted from the export of timber to the export of wood pulp, lumber, and matches. 1870: Foodstuffs and raw materials constituted the bulk of Italian exports; 1881–85: 50.7% of Italian exports were semifinished or finished industrial products; 1916–20: 71.4% of Italian exports were semifinished or finished industrial products. 1870: Japan's export of raw products (industrial and foodstuffs), such as tea, seaweed, copper, gold, silver, and coal, exceeded the nation's exports of manufactures (partly or wholly finished); 1888–92: Japanese exports of manufactures (semifinished and wholly finished) exceeded that of raw products; raw silk (a semimanufactured product) was Japan's major export; 1870–93: it accounted for c. 40% of Japan's total exports. (1893–1919: Silk continued to be Japan's chief source of foreign exchange.) 1894: Japan removed export tariffs on cotton yarn; 1896: Japan eliminated import tariffs on raw cotton, designed to protect domestic cotton. These measures cleared the path for Japan to become an exporter of manufactured cotton goods and an importer of raw cotton. 1897: Japan became a net exporter of cotton yarn with exports going mainly to China and Korea. (1909: Japan became a net exporter of cotton cloth.) 1898 ff.: Raw cotton for Japanese industry was imported, mainly from India (earlier the imports of cotton had been from China). 1914–19: Japanese cotton goods replaced British in eastern markets, spreading from the Far East to India, Iran, and even Africa. Cotton goods were second only to silk as Japanese exports.

Tariff policies: Practically all these nations raised tariffs to protect either agriculture or industry and sometimes both.

VALUE OF FOREIGN TRADE, 1913
(EXPORTS PLUS IMPORTS)
($ million)

Russia	1,491
Austria-Hungary	1,319
Italy	1,170
Canada	1,026
Argentina	1,007
Australia	755
Japan	679

In Europe, country by country, there was a return to a protectionist policy. 1874–75: Austria returned to a protectionist policy (1878, 1882, and 1887: Austria raised duties). 1877: Russia adopted a protectionist tariff. 1881: Russian tariff raised by 10%; 1885: tariff raised by 20%; 1887: new special tariffs on pig iron, steel, and machinery; 1891: Russia adopted an almost prohibitive tariff on manufactured goods; 1913: Russia had the steepest tariff on manufactured goods in the world (it had no tariff on wheat). 1878: Italy introduced a tariff devoted to protecting cotton textiles and metal products. (1887: Italian tariff raised on wheat; this tariff also increased protection for industry.) In the non-European world Argentina raised tariffs primarily for revenue rather than protection; 1877: Victoria, Australia, enacted a protective tariff and adopted protection, with duties ad valorem ranging from 30% to 45%; other Australian states followed. 1901: Federation of Australia brought customs unity and the tariff prerogative went to the Commonwealth; 1908: protective tariff adopted by the Commonwealth. 1879: Macdonald's government in Canada started the so-called "National Policy," aiming at industrial development by means of protective tariffs. 1899: End to unequal treaties in Japan; Japan obtained right to establish its own tariffs. 1899–1911: Japanese tariff rates ran between 10% and 15%, ad valorem. 1911: New Japanese tariff came into effect, adopting the policy of (1) free or low rates on industrial raw materials that could not be produced economically in Japan, (2) low duties on semimanufactured goods, (3) moderate duties on finished manufactures, and (4) high duties on luxury products. 1914: The average tariff in Japan on dutiable imports was just under 20%; 1914–18: scarcity in Japan meant the lowering of duties. 1919: Average tariff in Japan on dutiable imports was 9%.

AVERAGE AD VALOREM TARIFF (LEAGUE OF NATIONS CALCULATIONS BASED ON 78 ITEMS), 1913 (%)

Argentina	26.0
Italy	17.0
Canada	15.0
Sweden	14.5
Austria-Hungary	14.0
Australia	14.0
Denmark	8.5
Switzerland	6.0

1914–18: World War I disrupted international trade, creating shortages in most of the industrializing countries.

FOREIGN INVESTMENT. The industrializing nations were net importers of foreign capital, which played a crucial role in the economic development of Russia, Argentina, Sweden, Australia, and Canada. 1896–1913: Japan borrowed heavily from abroad to meet the drain on its national budget, balance-of-payments requirements, and the needs of the domestic capital market created by the large armament costs involved in the war with Russia. Most of the foreign capital going to these nations went into government bonds and railroad securities. 1913–14: Foreign loans represented 32.2% of the Russian national debt (or the equivalent of $1.474 billion), 56.6% of the Argentine national debt ($357 million), 57.4% of the Canadian national debt ($231 million), 60.3% of the Japanese national debt ($798 million), 70.5% of the Australian national debt ($1.163 billion), 75.3% of the Danish national debt ($73 million), 82.2% of the Swedish national debt ($153 million), and 93.7% of the Norwegian national debt ($90 million). Argentine railroads were built by British capital; British capital also invested heavily in the Canadian railroads. 1914: Foreign investments represented ⅓ of the capital invested in the existing 2,000 or so industrial companies in Russia (90% of the investment in the mining industry, including petroleum, 40% in the metallurgical industries, 50% in the chemical industries, and 28% in textiles); 42.6% of the capital in the 18 chief Russian banks was foreign. In Argentina, the large meat-packing industry was dominated by British and American capital; in Canada and Australia foreign investment played a significant role in the private sector. By contrast, the impact of foreign investment in Italy was modest.

BUSINESS ORGANIZATION. The business organization forms developed in Western Europe and the U.S. extended to the industrializing countries. Joint-stock cos. with limited liability became increasingly common. 1914: Corporate capital was estimated to represent 86% of the funds invested in industrial and commercial firms in Russia; the corporation had become the typical means of doing business there. This was true elsewhere in Europe, Japan, Canada, and Australia. 1889 ff.: Canada and Australia passed antitrust measures, which were ineffective; other nations did not. 1890–1917: On the contrary, the Russian government, admiring the German example, saw advantage in large-scale and rationalized business enterprise and did not look with hostility on giant units. 1902 ff.: Cartels became common in Russia. Italy saw no need for antitrust measures. Enterprises of scale began to develop in Sweden; 1917: the Swedish Match Co., formed by Ivar Krueger (1880–1932), was a multinational enterprise. Under the Japanese government's watchful and sympathetic eye, large business units were formed in Japan; there were no antitrust measures. Of the newly industrializing countries, only Japan developed novel business forms for private enterprise (i.e., those not adopted in the leading industrial nations): the Japanese *zaibatsu* were giant enterprises, comprising a range of business activities, joined together in a group, with each co. in the group dealing with cos. within the *zaibatsu* and also with cos. exterior to the *zaibatsu*. *Zaibatsu* was often translated as "financial clique." The Meiji government had turned to Japanese families and commercial houses for financial aid, and these families and houses, which came to be called *zaibatsu,* served as agents of government policy. They aided the government, and the government in turn assisted them by offering them properties at low prices and valuable contracts. The House of Mitsui was the largest *zaibatsu;* under Minomura Rizaemon, it moved into modern banking and merchandising, and then into a wide variety of industrial activities. While the Mitsui family held ownership control of the House of Mitsui, already the management was professional. 1870–71: Iwasaki Yataro (1834–1885), who was the eldest son of a peasant and who had bought the title of rural samurai, reorganized the business of the Tosa domain, and developed his own enterprise—the Mitsubishi enterprise, at first in shipping, then in marine insurance, warehousing, banking, mining, manufacturing, and shipbuilding. 1885: After Iwasaki's death, members of his family continued the enterprise. 1919: Mitsubishi cos. were involved in all the above activities as well as iron and steel, general engineering, and import-export trading in general merchandise; Mitsubishi had become the 2nd largest *zaibatsu.* Sumitomo—the 3rd largest of the giant enterprises—expanded greatly after the Restoration, becoming involved in modernizing its copper mining and undertaking industrial ventures, banking, and commerce. 1880: Yasuda Zenjiro founded the 4th largest *zaibatsu,* beginning with the establishment of the Yasuda Bank; 1908: Yasuda's *zaibatsu* involved 11 banks, 3 insurance companies, 3 railroads, a construction company, and an electric power company. In the industrializing countries, entrepreneurial talent was in evidence, although often foreign businessmen were brought in to teach skills and techniques.

GOVERNMENT POLICY. In the newly industrializing countries, the government role in the economy was usually significant (Argentina is an exception). It was most significant in Russia and Japan.

Aids to Industry, 1870–1914

Government	*Steel and Other Heavy Industry*	*Means Employed*
Italy	1884: Helped start steel works at Termi	Direct involvement; tariffs
Russia	1890's: Under Sergei Witte (1849–1915), full commitment to development	Direct involvement; government orders; extension of credit; tariffs and subsidies
Japan[a]	1870's: Established factories in textiles, cement (1875), glass (1876), white brick (1878). 1896: Established Yawata Ironworks	Direct involvement; technical assistance; extension of credit; tariffs and subsidies
Canada	1883: Bounties to iron and steel producers; 1900: Dominion Railroad Act required that every railroad receiving national subsidies had to use rails made in Canada	Tariffs; bounties; legislation encouraging local processing of timber
Australia	1909: Bounties on iron and steel made from Australian ore. 1910: New South Wales govt. involved directly in coal mines, brickworks, metal quarries, and concrete works	Tariffs; bounties; direct involvement (in New South Wales)

[a] 1878: Japan raised a loan to import textile spinning machinery.

1906–14: The Russian government became less involved in industrialization and the banks assumed a large role. 1880's: The Meiji government in Japan withdrew from the field of industrial enterprise, encouraging private enterprise to substitute for it. Nonetheless in 1914, government manufactories still employed 10% of the work force in industry.

AIDS TO TRANSPORTATION, 1870–1914

Government	*Private Railroads*	*Government-Owned Railroads*
Italy[a]		1884: 2/3 railroads; 1905: 7/8 railroads
Denmark	1870's ff.: Subsidized	1870's: Some; 1880's: commitment to develop state railroads
Russia		1881: Decision on national ownership and, 1881 ff., government bought up practically all privately owned railroads
Japan		1906–9: Nationalization of trunk railroads
Argentina	1850's–1907: Private capital got a guarantee of 7% return on investment in railroad construction, land for right of way, and duty-free imports of all equipment; 1907, 30 Sept.: Mitre Law discontinued 7% guarantee, but railroads were given a 40-year duty exemption on all equipment and materials used on the roads	1870's and 1880's: Provincial government (Buenos Aires) built 726 mi. of railroad; 1889: sold to British co.
Canada	Subsidized	
Australia		1870's: State governments adopted policy in favor of state-owned construction

[a] There was also a small percentage of mixed private-government ventures in Italy.

INVOLVEMENT IN TELEGRAPH AND TELEPHONES, 1870–1914

Government	*Telegraph*		*Telephones*
	All Government	*Part Government*	
Italy	Yes		1907 ff.: Purchase of private cos.
Russia	Yes		
Japan	Yes		Owned and operated
Canada		In sparsely settled communities	
Australia	Yes		Owned and operated

1880's ff.: Telegraph lines on the European Continent were government owned and operated; most telephone systems, started by private enterprise, came to be government owned and operated; Danish and Norwegian telephones remained in the private sector; in Russia telephones were not a state monopoly.

REGULATION OF BUSINESS, 1870–1914

Government	*Antitrust Legislation*	*Other Regulation*
Italy	None	Promotion rather than regulation
Russia	None	Promotion rather than regulation
Japan	None	Promotion rather than regulation
Argentina		1907, 30 Sept.: Mitre Law taxed railroads for the 1st time; introduced government's right to regulate railroads
Canada	1889: Act made it illegal to enter into conspiracy in "restraint of trade"—Canada's 1st such measure; 1910: Combines Investigation Act superseded 1889 legislation and authorized investigation of associations whose activities were detrimental to the public good (the act remained in force until 1919, when it was superseded by another, but only one investigation was conducted under it)	
Australia	1906: Industries Preservation Act to prevent monopolies; act was never made effective	

1914–18: With the war, government involvement increased. 1915: A Central Committee of War Industries in Russia sought to co-ordinate that nation's war effort; 22 Aug.: Central Committee for War Mobilization created in Italy. 1916: War profits tax introduced in Italy. In Canada and Australia, the state increasingly participated in economic life. 1917, Nov.: With the Russian Revolution, the Russian state assumed an entirely new role. It undertook land reform and nationalized the banks; a 27 Nov. decree gave workers control over Russian factories; 17 Dec.: church property was confiscated; 18 Dec.: decree established the Supreme Council of National Economy (*Vesenkha*).

OTHER FACTORS. Nationalism became associated with industrialization in the newly industrializing nations. Militarism, in Japan especially but also in Russia, contributed to the growth of industry. Japanese victory over China and Russia gave that nation new industrial prowess. 1905: Russia's defeat made Russians reexamine their industrial weakness. Political unity in Italy, Japan, Canada, and Australia was an important component in the growth process. Russia, Canada, and Australia had unsettled frontiers, which had impact on economic development. As yet the Russian frontier had little effect on economic growth; the railroad had penetrated Siberia; the frontier meant the possibilities of a national market and rich resources. Wheat made the Canadian West, and the frontier gave vitality to that country; by 1914, most of Canada was settled, and the frontier could be considered "closed." In Australia the open frontier attracted new immigrants, but the growth in output was accompanied by a rise in population, so the growth rate per capita was relatively low. The development process was uneven. There were spurts and then setbacks. 1890's: Russian economy saw rapid industrial growth; 1901–3: serious economic crisis in Russia; then, with the Revolution of 1905 and other disorders, not until 1909 did industrialization again proceed. 1870's and 1880's: Years of rapid development in Australia; 1890's: depression; 1903/04–1913/14: continuous and dramatic rise in real Australian gross domestic product. In Europe the effects of World War I were disastrous. There was a loss of men, of financial assets, and of momentum. In no country was the damage more devastating than in Russia. With the war came a disorganization of production and supply. Industrial output slumped; transportation could not meet national needs. War losses were immense. The revolutions disrupted the Russian economy. With the signing of the Brest-Litovsk Treaty, 3 Mar., 1918, Russia withdrew from the war; the economic losses under this treaty were substantial; Russia gave up large territories, which included 40% of the industry and industrial population of the former Russian Empire, 70% of the iron and steel production, and 90% of the sugar output. Civil war followed, and the Russian economy experienced new setbacks. 1914–18: In Argentina and Australia, with imports curtailed, there were shortages. In Argentina total industrial production and national income went down, while with scarcity prices rose 27%. 1913/14–1919/20: In Australia prices increased 72.6%; in constant prices there was a decline in gross domestic product. Yet in Argentina and Australia, there were import substitutions; after the war, both countries emerged strengthened. In Japan industry developed new vigor.

MEASUREMENT OF ECONOMIC GROWTH. 1860–1914: Divergent estimates of Russian increases in aggregative national output range from 2.5% per annum (and 1% per capita) to over 3.5% per annum; in Russia the mass of the population was involved in relatively stagnant agriculture, which deflated the aggregative national output figures (1885–1913: annual rate of industrial growth in Russia estimated at 5.7%).

ANNUAL % RATE OF GROWTH OF TOTAL OUTPUT, 1870–1913 (compound rates)

Japan	4.4[a]
Canada	3.8
Australia	3.4
Denmark	3.2
Sweden	3.0
Switzerland	2.4
Norway	2.2[b]
Italy	1.4

a 1880–1913.
b 1871–1913.

ANNUAL % RATE OF GROWTH OF OUTPUT PER CAPITA, 1870–1913 (compound rates)

Sweden	2.3
Denmark	2.1
Canada	2.0
Japan	1.9[a]
Norway	1.4[b]
Switzerland	1.3[c]
Australia	.8
Italy	.7

a 1880–1913.
b 1871–1913.
c 1890–1913.

Economic Change in the Less Developed World

During the years 1870–1919, in Africa and Asia, nomadic peoples began to settle. Algerian nomads established villages. Yet in the Arabian peninsula, in Persia and Afghanistan, in parts of New Guinea, and in parts of Africa, nomads still followed the way of life they had pursued for centuries.

AGRICULTURE. Most of the world continued to live by agriculture. In isolated locales little disturbed the traditional patterns. And yet, increasingly, there was a breakdown of isolation, disruption, and change. With the opening of the Suez Canal, the extension of transportation facilities, and the expansion of international trade, new commercialization of agriculture was possible. The many new plantations and new crops caused change. The spread of colonization began to alter the agricultural life of less developed countries; the colonial powers' confrontation with alien patterns of land tenure and their attempts to understand, formalize, or revise these patterns created change. In many areas ideas of private property, wage labor, and cash crops were introduced on a large scale for the 1st time. In the less developed tropical areas there was primitive (subsistence), commercial (within the country), and export agriculture. Primitive agriculture still predominated in most of Africa, Asia, and parts of Latin America; it continued to be shifting or settled, to involve the most rudimentary use of tools, and to be characterized by an absence of specialization. Crop failures, famines, and often starvation continued to be the fate of masses of peoples who lived on a subsistence basis, especially in Asia. Commercial agriculture for domestic consumption was still not widespread in the less developed world, because of lack of markets. Nonetheless, as cultivation of crops for export grew, indigenous growers no longer raised their own food; they began to purchase food; their specialization stimulated domestic commercial agriculture. Likewise, colonial administrators and white settlers were part of a market economy. Urban centers in Asia, Africa, and Latin America depended on food purchases. Paid agricultural labor on plantations had money to buy food. Thus there was being created limited commercial agriculture for domestic consumption. Export agriculture of 2 kinds existed, plantation and native agriculture. Plantations in Asia and Africa were usually foreign owned and managed; in Latin America, many were foreign owned, but many were not. Plantations have been described as "enclaves" in less developed countries; they used the most advanced knowledge and scientific techniques of the developed nations; in general they employed considerable capital; they were part of a market economy; they specialized in particular tropical export crops. They hired native wage labor. Their modern business organization was in contrast to the backwardness of the societies in which they existed.

Tropical agriculture: The years 1870–1914 were the peak period for Europeans and Americans to organize new overseas plantations. In Ceylon the British started quinine, tea, and then rubber plantations. In Malaya the British began sugar, coffee, and coconut plantations; 1895: rubber started as a large-scale plantation crop in Malaya; investors were British and Chinese. In India, British-owned or -managed tea, quinine, sugar, cotton, and jute plantations multiplied. French investors started plantations in the newly acquired French territory in Indochina. The Dutch government had, in accord with the culture system, created large estates in the Netherlands East Indies; 1870: the Dutch government introduced an Agrarian Land Law, inaugurating the "Corporation Plantation Period" in the history of the East Indies. 1873: 73% of the agricultural exports from the Netherlands East Indies came from private plantations; 19% came from Dutch government plantations; the plantations were in sugar, coffee, tea, quinine, tobacco, sisal, tapioca, oil palm, and even rice; by the turn of the cent., rubber plantations were founded. Thus the plantation system extended throughout the colonial areas of the Far East. It was the same in Africa. In tropical Africa, British, German, Belgian, and French-owned plantations became prevalent. King Leopold and then the Belgian government encouraged private investors to start plantations in the Congo. 1899: In French Equatorial Africa, the French decreed that about ⅔ of the territory would be divided among some 40 French cos.; these cos. got monopoly rights over forest and other products. 1909 ff.: In place of these large concessions (many of which were failures), the French government started to grant smaller concessions for French private rubber, coffee, banana, cocoa, and palm-oil plantations. In German East Africa, as in German West Africa, the Germans granted huge tracts of land to companies, syndicates, and individuals with large amounts of capital for them to establish sisal, coffee, rubber, cotton, cacao, tea, and banana plantations; 1903 ff.: in East Africa, where there were large areas of uncultivated, unsettled land, British investors started sisal, rubber, coffee, and tea plantations. In the Caribbean, especially Cuba, American-owned sugar plantations multiplied, and in Middle America banana plantations were created. In Brazil, coffee, sugar, cacao, tobacco, and cotton plantations continued to be owned by Brazilians. Elsewhere in Latin America, large-scale sugar plantations, owned by wealthy Latin Americans (Peruvians, Colombians, Ecuadorians, Mexicans, etc.), continued. Often the plantations in Latin America would have absentee landownership, but the absentee owner would be a Latin American rather than a European or North American. 1876–1910: In Mexico under Porfirio Díaz, lands of Indians and mestizos and communal lands (*ejidos*) increasingly went into the possession of large landowners, some of them Mexicans and some foreign; by 1910, 90% of the rural population of Mexico had no land. 1917, 31 Jan.: The new Mexican constitution was adopted; it proclaimed the principles of agrarian reform; yet large landholdings, foreign and Mexican, still persisted in Mexico. Often plantation agriculture stimulated local farming. United Fruit Co. purchased from small farmers; British planters in the West Indies bought, processed, and marketed the output of native sugar-cane growers; similarly, British plantation owners in Ceylon purchased from local tea producers. In Malaya, stimulated by the success of the large rubber plantations, natives planted the same seeds with excellent results. Plantation owners provided marketing outlets and often processing facilities for the local crop. European traders, who were not plantation owners, offered marketing channels for peasant agriculture. British administrators in West Africa believed that the development of peasant agricultural activities was a natural growth and plantations were an artificial creation (only maintained through organized immigration or some form of compulsory labor), that native agriculture was the cheapest means of producing for export markets, and that peasant output could be increased. Thus the British in West Africa encouraged local production. Native export crops were at first raised, mixed in with traditional crops; initially, they involved no change in the method of cultivation and no new technology. Often, increases in peasant output came simply from the expansion of land under cultivation. Peasant export agriculture grew particularly in areas where there was no population pressure and where there were unused arable lands available. As indigenous farmers developed cash crops, they often came to specialize. Native agriculture for export included the rubber of the Amazon Valley (collected from wild trees by Brazilians): rubber, coffee, and cocoa from the Gold Coast; palm oil throughout British and French West Africa; groundnuts (peanuts) in Gambia and Senegal; cocoa in Guinea; timber from the Ivory Coast; cotton in Uganda; coffee in Colombia and Central America; and rice in Burma and Thailand. In short, crops that were primarily native crops in one country (rubber in Brazil, palm oil in Nigeria, coffee in Colombia, for instance) could be plantation crops in another country (rubber in Malaya, palm oil in the Belgian Congo, coffee in Brazil).

Agricultural research: The colonial powers conducted research into tropical crops and conditions of growing. The British led in establishing botanical gardens, in testing seeds, in introducing agricultural laboratories, in starting government demonstration farms, but the other colonial powers also took similar steps. Studies were made of plant diseases, of methods of obtaining higher yields, and of means of eliminating insects and parasites. The British found agricultural research a profitable proposition; foreign plantation owners also conducted research on their own.

Temperature-zone agriculture: Most of the less developed areas were in tropical climates. In the temperate zones of the less developed regions, changes in agriculture were somewhat different. Whereas in the tropics large foreign investments were made in plantation agriculture, in the temperate areas of the less developed world, although foreign capital often was involved in the commercialization of agriculture, in trade and transportation, there was far less foreign investment in agriculture itself. When there was foreign investment, it was by settlers rather than by large impersonal plantation enterprises. In temperate zones of the less developed world, south of the Tropic of Capricorn, white settlers were common. In Southern Africa, European settlers established corn, wheat, and tobacco farms; in South-West Africa, Europeans became involved in stock raising. In the temperate areas of Latin America that were less developed—in southern Brazil, Uruguay, and south-central Chile—settlers undertook European-style farming. In southern Brazil and Uruguay, stock raising and corn and wheat farming prevailed. Chile, following Iberian-peninsula practices, developed large estates with inefficient farming, but these were owned by settlers in Chile, not foreigners. Agriculture in all these temperate zone nations was largely commercial. It involved agriculture on private property. In the less developed areas of traditional settlement above the Tropic of Cancer some changes took place in agriculture, although these regions in large part were characterized by an absence of change, by a continuation of old forms of cultivation, traditional patterns of land tenure, and subsistence agriculture. Nonetheless, in western Turkey, mechanization of agriculture began. (In Adana, for example, in the early 1900's there were in use 1,000 mowing machines, 100 steam threshers, and 110 steam plows.) Cash crops for export increased; 1884–1911: Turkish tobacco cultivation grew 3-fold (tobacco was Turkey's main export); Turkish cotton output in Adana expanded from 400 tons, 1896, to 33,750 tons, 1911. In Syria (tobacco), Egypt (cotton), Iraq (dates), and Lebanon (silk), as well as wheat and barley in most of these lands, there was an expansion of cash crops for export. The extension of breeding of silkworms in Lebanon provided a basis for considerable prosperity. In general, in the 19th cent. agricultural methods did not alter, but the areas under cultivation rose, causing output to expand. In the early 20th cent. there was some introduction of improved seeds and commercial fertilizer in the Middle East countries; in Lebanon scientific research aided in preventing diseases of the silkworm. Throughout the Ottoman Empire, the substitution of private property for communal or tribal systems of land tenure began to occur. In Iran the output of cash crops rose slowly, but exports were restricted by poor transportation. 1870's ff.: In China attempts to increase areas under cultivation were made, but methods of cultivation remained unchanged. 1878–79: A famine was estimated to have destroyed between 9 to 13 m. persons in China. The Chinese had used the iron plow before Europe; now, as the West switched to steel plows and extensive mechanization, China did not change, believing in its superiority. China's tea production dropped, faced with competition from Indian tea, which was raised on large plantations; China failed to modernize her tea industry, and tea remained a peasant crop. Likewise, cotton in China was a peasant crop. 1900 ff.: Chinese silk suffered a decline, faced with Japanese competition. (Chinese farmers were unable to prevent silkworm disease, or produce as high a quality product as Japan.) Land taxes and land tenure relationships remained basically unaltered in China, although tenant farming increased. 1918: C. 50% of Chinese peasants were occupying owners, 30% tenants, and 20% owned part and leased part of their land. The unit under cultivation remained small. With population rising, in the early 20th cent., landless peasants provided a pool of cheap coolie labor for urban and rural areas (and for emigration) and also a source of recruits for warlord armies. Productivity in Chinese agriculture showed no increase; changes in agriculture did not become aids to economic development. There was no foreign investment in Chinese agriculture.

Relocation of agricultural production: (1) Rubber: 1876: Britisher H. A. Wickham transported rubber seeds from the Brazilian Amazon River to England; 1876–79: some 7,000 plants were raised at Kew Gardens. 1876 ff.: These plants were shipped to the Far East, replanted in government gardens, and then transplanted on plantations; in time the trees began to yield, especially in Malaya and Ceylon; the cultivation of *Hevea brasiliensis* then spread to the Netherlands East Indies. Plantation output rose rapidly in the East, and, 1914, Asian rubber output reached 52.17% of the world's production; Brazilian wild rubber production was eclipsed. (2) Cacao: 1885: 1st export of cacao from the Gold Coast; 1919: the Gold Coast produced half the world's supply. (3) Quinine: 1870's: Increasing production of plantation quinine in Java and India brought the price of quinine planted in Ceylon down to unprofitable levels. (4) Tea: 1870's: British producers of quinine in Ceylon increasingly switched to tea; 1875: barely 1,000 acres planted with tea in Ceylon; 1893: 305,000 acres of tea. (5) Coffee: 1880's: Coffee became a major crop for Colombia. 1885: Coffee cultivation—plagued by the borer beetle and leaf blight—came to an end in India (land was replanted with tea or quinine). As coffee in India and Ceylon declined, Brazilian coffee output grew. 1880–81: Brazilian coffee output 3.7 m. 60-kilo bags; 1901–02: output 16.3 m. 60-kilo bags; Brazil was the world's largest coffee producer. (6) Sisal: 1893: 1st introduced from Mexico into Africa by the Germans. (7) Opium: 1907: British government in India made an agreement with China to cut opium exports to China; this resulted in a reduction of opium cultivation in India.

Agricultural co-operatives: 1904: Co-operative Credit Societies' Act passed in India, allowing credit societies to be formed. 1907: India had 149 co-operatives. 1912: Indian law passed allowing the formation of co-operative societies for other than credit; co-operatives were formed for seed distribution, purchase of manures and implements, cattle insurance, cotton sales, dairying, and cotton ginning; 1918: India had 26,465 co-operatives. Even so, co-operatives did not have significant impact in India—or in other parts of the less developed world.

Effects of change: The consequences of all the changes in agriculture were (1) plantation agriculture disrupted existing traditional society and demonstrated what could be done with agriculture, given sufficient capital and skill; (2) plantations in their demand for wage labor, no matter how small the wage was and no matter if they used immigrant labor, increased the monetization of the economy—an essential precondition for later economic development; (3) plantation agriculture, in that it encouraged native growers to raise and market similar crops, created profitable farming enterprises outside the foreign enclave; (4) commercialization of agriculture in the tropics and in the temperate areas brought increased monetization; (5) agricultural research, to the extent that it existed, served a useful purpose for less developed countries; (6) new crops offered new sources of revenue and more effective use of resources; (7) the agricultural co-operative movement served to spread information about scientific agriculture, and to encourage commercialization of agriculture. These were affirmative aspects of the changes. Attempts at changing or clarifying land-tenure relations seem at this point to have had no clearly positive or negative effect on economic development. What was still absent in all these less developed areas was an effective use of agricultural surpluses for economic development; this did not occur because (1) there were still limited surpluses outside of the plantation economies (which because of their foreign ownership were "capital-autonomous"), and (2) the governments of these countries did not devise fiscal policies designed to tax agriculture for the benefit of economic development, as was done, for example, in Russia and Japan. The co-operative movement did not serve a constructive function in this respect, because of its limited impact. Likewise, in none of the less developed nations did agricultural incomes rise to the point that peasants provided a market for domestically produced industrial products. In India, China, Mexico, and Brazil, incipient industrialization seems to have been retarded by the absence of rural markets. Because a large part of the distribution of export crops was in foreign hands, the profits accrued from the trading activities did not usually go back into the countries' economy and aid their growth. But over time, Asians, Africans, and Latin Americans did participate in the trade and services, with favorable results.

RAW MATERIALS. Diamonds and gold: 1869: Diamonds were discovered in the Kimberley fields in South Africa; 1886: discovery of gold on the Witwatersrand in South Africa. Diamonds and gold spurred immigration to South Africa and created prosperity. Except during the Boer War, South African gold production rose steadily; 1905 ff.: South Africa was consistently the world's largest gold producer; 1913: South African gold output was 8.81 m. troy ounces. Industrial raw materials in the less developed countries were slowly coming into production, but, compared with the industrial nations, output was small.

Coal: Production in 1913 (m. metric tons): India, 14.9; China, 14.0; South Africa (Transvaal, Natal, and Cape of Good Hope.) 8.8; Mexico, 2.4 (1912). In India the new railroad lines opened the way to develop certain coal-mining areas. The coal fields in Bengal and Bihar were developed by British capital. 1895 ff: Chinese coal attracted foreign capital; 1913: the largest producer was the Kailan Mining Administration, a British-Chinese enterprise. 1905 ff.: Japan, which lacked good coking coal, made investments in Chinese coal mining. 1914 ff.: There was considerable foreign interest in developing Chinese coal mines, but poor transportation and lack of good harbors on the China coast hampered the export trade in coal.

Iron: The iron-ore resources of Brazil were becoming well known, but there was not much development. Iron ore was mined in India. 1905 ff.: In China, the Japanese, who had virtually no iron-ore resources, took leadership in developing Chinese iron mining with the goal of meeting Japanese needs; the 3 largest Chinese iron mines were all financed by Japanese capital. The Japanese invested in iron mining in Manchuria. Iron-ore deposits in North Africa (in Tunisia and Algeria) were developed by European capital. With extension of railroads, new minerals came into production.

Other minerals: Minerals (other than gold, coal, and iron) which provided, or would provide, substantial export industries for less developed nations included nitrates, tin, copper, and oil. (1) Nitrates: Nitrate production in Chile grew steadily; during World War I Chile was under a cloak of prosperity based on nitrate production. Nitrates had been developed mainly by British capital. (2) Tin: 1883: Malayan tin output exceeded Australian production and, 1883–1919, Malaya was 1st in worldwide production. 1889–1904: The Netherlands East Indies was in 2nd place, then, 1904–19, Bolivia held 2nd place, with the Netherlands East Indies in 3rd position. China and Thailand also became substantial producers of tin; 1903 ff.: Nigerian production of tin began, undertaken by British capital; Nigeria became an important producer. (3) Copper: 1878 ff.: Copper in Chile was a declining industry; 1880: Chile produced ⅕ of the copper consumed in the world; 1882: Chile produced less than 1/10 of the world's copper. In the early 1900's American investments in Chilean copper (based on new technology for processing low-grade ores) created new possibilities for that Chilean industry. 1911: Belgian capital started production in the copper mines of the Belgian Congo. 1870–1910: Mexico increased its production of copper, lead, zinc, silver, etc. 1870–1914: Turkey enlarged its production of coal, lead, emery, borax, and chrome.

Oil: While most of the world's oil came

from the U.S. and Russia (until 1917), in underdeveloped countries oil resources began to be developed. 1890: Royal Dutch started to develop oil fields in Sumatra, and other Dutch oil companies got concessions there. 1896: Samuels obtained 3 concessions in East Borneo. 1901: American Edward Doheny started to drill in Mexico; commercial oil production began; 1918: Mexican oil production surpassed Russian output and became 2nd only to U.S. output. (1918: U.S. output, 355 m. barrels; Mexican output, 63 m. barrels.) 1908: Oil was found in commercial quantities in Iran by Anglo-Persian Oil Co. 1914: Commercial oil discovered in Venezuela. The development of mineral resources on a large scale was by foreign capital. Oil production in the less developed countries was in every case financed and managed by foreign enterprises. Whereas in all the industrial and most of the industrializing nations a large percentage of the mineral resources was used domestically to supply domestic industry, in less developed countries the bulk of the mineral resources was exported to industrial nations. Nonmineral industrial resources in the less developed countries often existed in the form of raw cotton, hemp, jute, and timber. Both India and China grew cotton, which provide a basis for their early cotton industries. But by the early 1900's China was importing raw cotton for her industry.

LABOR. Mobility of labor: Demand for wage labor on the plantations and in the mines of the industrializing areas created new labor mobility. In Brazil, the new textile mills in Rio attracted wage labor. The entry of foreign labor—European, Chinese, or Indian—or the migration of African labor over considerable distances within Africa (and the mixing in the labor forces of various African tribes) represented new mobility throughout the less developed world. The continued migration of Arab traders into Africa and of Greeks, Armenians, and Syrians into Egypt was also evidence of mobility. 1878: China lifted official prohibitions on migrations of peasants from northern China to Manchuria. Slavery was being ended in most of the less developed countries, although it still persisted in much of the Arab world. 1868–1910: Thailand and Cambodia abolished slavery. 1873: End of slavery in Puerto Rico. 1884: Legal status of slavery abolished in Malaya. 1886: Cuba ended slavery. 1884, Nov.–1885, Feb.: The Berlin Conference formally prohibited slavery in the Congo, but King Leopold's subsequent use of enforced black labor virtually voided the antislavery provisions. 1877, Aug.: Egypt and Britain signed a Slave Trade Convention, providing for an end to the slave trade in the Sudan by 1889 (it was not effective). 1888, 13 May: Brazil abolished slavery. 1916: Slavery made illegal in southern Nigeria and in all of Kenya. Tradition remained a key factor inhibiting labor mobility everywhere in the less developed world. The caste system in India was not conducive to labor mobility. In a number of Latin American countries, Ecuador, Peru, Bolivia, and in parts of Central America, Indians and poor mestizos fell into debt to landlords and signed wage contracts to cover the debt that involved debtor servitude; such contracts served to impede labor mobility. Similarly, in exchange for land, certain relationships of servitude or indenture existed in the west-coast countries of Latin America.

Quality of labor: In all the less developed countries, there was a persistent shortage of skilled, literate labor. In India, despite overpopulation, there was an acute shortage of factory workers. Labor was uncommitted to factory work, and served part time in farming. Other less developed countries found similar shortages. On foreign-owned plantations and even more in the mining camps, workers were taught elementary skills which had been lacking. The absence of skilled, literate workers was unquestionably a major factor in retarding industrialization. Even more, the absence of managers and technicians retarded industrialization.

ENERGY. The energy resources of the less developed world remained for the most part undeveloped. The use of steam power in developing modern industry spread slowly in India and China and parts of Latin America. The use of electric power and the power of the internal combustion engine was starting. 1893: 1st use of hydroelectric power in Mexico. 1901: 1st large hydroelectric plant started in Brazil. Human, animal, and water power were, however, still the main sources of energy for most of the less developed world.

INDUSTRIES. Textiles: India's modern textile industry had preceded Japan's, yet it developed more slowly. 1876: India had a million power driven spindles. 1887: Empress Mills Factory started operations in Nagpur, India, founded by Jamsetjee N. Tata (1839–1904); it installed the newest British machinery and was an innovator in the Indian textile industry. Indian cotton textile factories were under the control of Indians, including Parsees, and were located in Bombay and western India. Often they employed British managers. While the Indian industry had difficulty maintaining itself against the pressure of goods imported from Britain and later (in the 20th cent.) from Japan, the industry did develop. 1914: India was the 4th largest cotton manufacturer in the world (following the U.S., Great Britain, and Japan). India likewise developed an important jute industry. 1870's: Boom in jute production; 1908: Calcutta jute output surpassed that of Dundee. 1890: China's 1st modern textile mill was established, the Shanghai Machine Cotton Weaving Co. 1912: China passed the million mark in power spindles; 1913: there were 46 Chinese-owned cotton mills in that country, and a number of others which were financed by foreign capital. In the cotton-producing countries in Latin America, modern textile industries developed. 1909: There were a million power-driven spindles in Brazil. Brazil's textile industry developed slowly because of high production costs. (Transportation of the raw cotton to the factory was expensive, coal for steam power was usually imported, productivity was low, equipment was imported, marketing charges were high with poor transportation, and taxation proved a handicap.) 1880's–1910: Modern textile industries in Mexico, Peru, and to a lesser extent Colombia and Venezuela developed. British textile machinery and technicians from Lancashire were often imported for the industry. In the Ottoman Empire, there were successful silk factories (in Lebanon), a variety of carpet-weaving plants, and a few cotton-yarn factories. Many of the latter were failures; attempts at modernization were unsuccessful; older handicraft industries disappeared; and the empire became increasingly dependent on imports of cotton yarn and fabrics. Egypt did start a few modern textile plants and 2 spinning mills; it was exceptional on the African continent. South of the Sahara there were no modern textile plants, and increasingly African consumers imported western textiles.

Iron and steel: The iron and steel industries in the less developed countries were in their infancy. 1890: Construction of China's 1st modern iron and steel plant, the Hanyang Iron and Steel Works, began in Hankow (completed 1893); 1914: production, 135,000 tons of steel; that year, the iron and steel firm passed to Japanese financial and managerial control; 1914–18: Japanese influence in the Chinese iron and steel industry grew. 1900–1903: 1st modern steelworks in Latin America built at Monterrey, a joint venture of American and Mexican capital. 1905: Chilean government granted a concession to a French co. to start an iron and steel industry in Chile (the French enterprise was not a success). 1911, Dec.: Operation of Tata Iron and Steel Co. began in Bengal, 155 mi. west of Calcutta, financed by Indian capital but with foreign management; this was India's 1st iron and steel plant; 1914: production: 150,000 tons of pig iron and 75,000 tons of finished steel. 1917, 19 Oct.: 1st successful manufacture of commercial steel in Brazil—in the Engenho de Dentro works of the Central Railroad of Brazil.

Other industries: An assortment of modern industries, all on a small scale, began to develop in India, China, and parts of Latin America (Brazil and Mexico, mainly). In Egypt, under the British occupation, some breweries, cigarette factories, and soap manufactories developed. These were typical early industries. Other early industries included flour milling and sugar refining. In Brazil there were glass and paper factories. 1914: In India cement production started. But industrialization in the less developed world was limited.

TRANSPORTATION. Railroads: Railroad construction expanded in Asia, Africa, and Latin America. Railroads were built primarily by foreign capital; most were designed to bring primary products (agricultural and mineral) into world commerce. Some had as a goal more effective colonial administration. Improved ocean transportation connected with the railroads.

RAILROADS IN THE LESS DEVELOPED WORLD
(000 mi.)

	1870	*1880*	*1890*	*1900*	*1910*	*1920*
Latin America	2.4	7.9	34.9	37.5	60.7	69.2
Asia (excl. Russia)	5.1	10.0	20.1	36.5	59.5	59.5
Africa	1.1	2.9	5.9	12.5	23.0	n.a.

1870: Brazil had 650 mi. of railroad; 1920, 17,800 mi.; the railroads were built mainly by foreign capital. 1876, June: 1st railroad opened in China, with capital provided by the British trading house of Jardine, Mattheson & Co. (a short line from Shanghai to Kiangwan); 1876, Aug.: a Chinese was killed on the railroad; 1877: the rails were torn up and shipped to Formosa (where they rusted); 1880: the Tangshan-Hsukochwang railroad was built in China between the Kaiping coal mines and Pei Tang; 1896: China had only 240 mi. of railroad; 1896 ff.: the French, Russians, British, Japanese, and later Americans got concessions to build railroads in China. 1920: Only 5,000 mi. of railroads in China; many provinces had no railroads at all; transportation was inadequate. 1877: Mexico had 417 mi. of railroad; 1920: 13,000 mi., mainly financed by foreign capital. 1885: 1st railroad in Malaya, built to transport tin from the mines; 1st railroad in tropical Africa, connecting Dakar with the Senegal River port of St. Louis. 1888, 12 Aug.: Railroad connections made between Constantinople and Western Europe; 1889: German investors started railroad construction in Turkey; this was the 1st step on a projected Berlin to Baghdad Railroad; large sections of the railroad were built but at the outbreak of war, 1914, the railroad had not been completed. 1890's: Much of African railroad construction was in South Africa; 1892: 1st railroad built in Iran; 1915: Iran had no other railroads; 1916: Russian company completed a line from Dzhulfa to Tabriz. 1893: 1st railroad opened in Thailand. 1896: Kenya-Uganda railroad started, a key East African railroad. 1900–1910: Intensive railroad building in India, based on British capital; 1920: India alone had 37,000 mi. of railroad. 1903: Benguela railroad started in Africa. 1909: British South Africa Co. had provided Southern and Northern Rhodesia with their railroad systems, offering alternative routes to the sea through the Cape or through Beira.

Consequences of railroad building: New areas were opened to development. Agricultural properties and mines were brought into commercial development. Isolation of communities was broken down. Employment on railroads meant the introduction of cash wages and more monetization. Not only did railroads open new sources of supplies but they opened new markets. 1920: Lord Lugard estimated that 1 railroad train in Africa could do the work of 13,000 human carriers at 1/20 the cost. Locomotives were not bothered by the tsetse fly, which killed draft animals in much of Africa. Thus, with the railroads, large areas in Africa became open to development. But railroad construction in the less developed world was not sufficient to create countrywide markets because of the low per capita income.

Other means of transportation: Despite the development of the railroad, primitive means of transportation still persisted in most of the less developed world. Human carriers were widely used. Where tsetse flies were absent, pack animals were used in many areas. Automobile usage in the less developed nations was low. Internal water transport was aided by the increasing use of steamships, but traditional means of travel by water persisted.

COMMUNICATIONS. Under the aegis of foreign investment and colonial administrators, telegraph lines were introduced worldwide. 1870–71: Cable lines connected Vladivostok, Nagasaki, Shanghai, Hong Kong, and Singapore, and from there telegraph communications went around the world via London and San Francisco.

FINANCE. All the less developed countries were short of capital. They had no domestic capital markets of importance. Many countries borrowed in Europe. With the aid of European entrepreneurs private companies floated their stock in Europe. Colonial governments often became involved in local enterprises because of the absence of available private (foreign or domestic) capital. In China the government took part in Chinese industry. Banking intermediaries (foreign and domestic) came into existence in the less developed areas, but they were inadequate to serve the needs of economic development. Everywhere there were foreign banking houses. 1896: 1st modern Chinese bank established, Imperial Bank of China. 1913: Bank of China started under government auspices; 1914: 17 modern banks in China; modern banking began to replace the old-fashioned Shansi banks. 1915: Chinese government authorized the creation of agricultural banks. In India, banking lagged; the government of India was the key banker in the country; in these years it had its own cash balances and had exclusive right of note issue. 1913: British-owned exchange banks—handling remittances of monies to and from India—numbered 12; there were 18 joint-stock banks in India, with capital and reserves of more than Rs. 5 lakhs (Rs. 500,000) ; there were also the Presidency banks. 1890: Imperial Bank of Persia founded, chartered in England. 1891: Loan Bank of Persia established, as branch of the Russian State Bank. In the Ottoman Empire, foreign banks proliferated; 1888: the government founded an agricultural bank in the Ottoman Empire. In Latin America new banking institutions started; 1871, 17 Aug.: Banco Nacional de Bolivia founded; 1911: Banco Central de Bolivia established. 1882: Banco Nacional Mexicano founded (1884: reorganized as Banco Nacional de Mexico, S. A.) . 1888–89: New banks in Brazil multiplied. *In toto,* banking facilities in the less developed world, however, were not plentiful. Moneylenders, charging high rates of interest, continued to be prevalent in all countries.

Stock exchanges: Less developed countries had no domestic capital markets of importance, although stock exchanges were being started. 1892: 1st stock exchange in Chile established in Valparaiso; 1893: stock exchange in Santiago, Chile, begun. 1893: A mercantile exchange, the Royal Exchange, was established in Calcutta. 1899: Indian Share and Stock-Brokers Association formed in Bombay; it dealt in joint-stock co. securities. 1908: The Calcutta Stock Exchange Association was started. Often with the aid of European entrepreneurs, private cos. in less developed countries would sell their securities on European exchanges.

FOREIGN TRADE. Commodity exports from undeveloped nations rose, and European and American businessmen made investments in agriculture, mining, and trade in less developed nations, as Latin America became increasingly settled, as railroads penetrated the interiors of all continents, as port facilities were improved, as the Suez Canal (completed 1869) made transportation between East and West easier and the Panama Canal, opened Aug. 1914, encouraged trade between the U.S. and Latin America, as refrigerated cars aided the movement of tropical output, and as the demands in most developed nations grew, based on higher income in the latter nations.

VALUE OF FOREIGN TRADE IN 1913
(EXPORTS PLUS IMPORTS)
($ million)

British India	1,383
China	750
Brazil	643

Less developed countries were typically exporters of primary materials and importers of manufactured goods. The unequal treaties of earlier years meant that many less developed countries could not place high duties on imports. Some less developed countries, which had in earlier years exported manufactured products, found they could no longer compete in world markets. 1900 ff.: India lost its export markets for cotton goods in the Far East to Japan. Probably the only instance where a less developed country developed a new manufactured product as an important export was India, with its export of manufactured jute. There were some other cases where there were exports of manufactured goods, based on the processing of local raw materials.

Trading cos.: The age of the chartered co. temporarily returned. Having eschewed monopoly privileges and having dissolved the major trading cos. of times past, Great Britain in Africa and in Borneo, and Germany in Africa, re-embarked on a policy of chartering giant trading cos. with special privileges. Outside of Africa and Borneo, however, large trading cos. with monopoly rights and administrative functions were a thing of the past. Trading firms and corporations, without monopolies, handled international transactions.

Consequences of foreign-trade expansion: Increased foreign trade introduced money into less developed countries. Port cities grew up based on foreign trade. The coastal towns remained in sharp contrast to the interiors of many nations where commercialization had not penetrated; yet more and more, Africans and Asians who had never had any contact with money became fewer. Foreign trade introduced new products to the less developed countries. As international trade grew, banking, insurance, shipping, and marketing abroad continued to be handled in large part by foreigners. Thus the benefits of this activity did not accrue to indigenous entrepreneurs. Yet in some countries there developed certain services connected with trade—and moneys were made locally. Chinese merchants—aided by their guild organizations—began to handle the distribution within that country of imported goods. In India and China profits made from these activities were sometimes reinvested within the country. Indian merchants mingled their capital with British money in developing industry. Chinese merchants invested in industries (in joint activities with the government or with foreign capital, and sometimes alone). Yet frequently, in the less developed countries, men who made money did not invest their earnings at home; instead they spent the earnings on articles of consumption imported from abroad. Thus, moneys made from foreign trade did not altogether satisfactorily serve the function of providing domestic investment capital, as had been the case, for example, in Great Britain and the U.S.

FOREIGN INVESTMENT. Foreign investment in the less developed countries played an increasingly important role. In some countries, foreign investment prompted the extension of imperialism. Thus, 1869: the bey of Tunis, who had borrowed heavily in Europe, did not meet his obligations, and Britain, France, and Italy exercised financial control over Tunis; 1881: France occupied Tunis, making it a French protectorate. 1876, 4 Apr.: The British accused the Khedive Ismail of Egypt of poor financial management, and advocated European supervision; 18 Nov., khedival decree appointed British and French controllers to manage the Egyptian debt; 1878, 15 Aug.: Sir Rivers Wilson (an Englishman) made minister of finance and M. de Blignières (a Frenchman) made minister of public works; 1879, 25 June: sultan of Turkey deposed Ismail; 4 Sept.: under new khedive, Tewfik, European controllers were reappointed and their tenure was subject to British and French (not Egyptian) "Anglo-French Dual Control." 1880, 17 July: Law of Liquidation provided that all Egyptian budgetary surpluses should go to service the national debt; 1882, 11 July: after threats to British investment, the British landed troops in Egypt to protect the Suez Canal; 15 Sept.: British occupied Cairo; 9 Nov.: Dual Control of Britain and France ended; the British took charge. 1883–1907: Sir Evelyn Baring (1841–1917; 1892, Lord Cromer), as British Consul-General in Egypt, reordered Egyptian public finance. In short, foreign investment led to British occupation. Similarly, French occupation of Morocco was closely tied to the protection of foreign loans. Foreign investment also led to foreign administration: the British established a number of chartered cos. in Africa, and Britain then followed as colonizer. Because of their foreign debts, some less developed countries lost control of their finances and were faced to greater or less degree with the presence of foreign administrators. 1900, Jan., and 1903–4: Persia pledged its customs revenues at all places except Fars and the Persian Gulf ports to the Russians, and at Fars and the Persian Gulf ports to the British in return for foreign loans. 1917: American financial commission was established in Nicaragua to stabilize that nation's finances. In these cases, political interference followed foreign loans. In other instances, the prior presence of colonial governments created a good environment for foreign investment. Likewise, the foreign-investment climate was improved by the presence of the western powers in China, supported by unequal treaties, extraterritoriality, open ports (1895, 17 Apr.: Treaty of Shimonoseki at end of Sino-Japanese War gave Japanese subjects freedom to engage in manufacturing in open ports and towns in China; other nations got the same advantage under the most-favored-nation clause), spheres of influence (1895, 20 June: treaty between China and France gave France a sphere of influence south to the borders of French Indochina; 1896 and 1899: Russia obtained a sphere of influence in Manchuria; 1898, Feb.: Britain got from the Chinese government the Yangtze Valley as her sphere of influence; 1905, 5 Sept.: in the Treaty of Portsmouth, after the Russo-Japanese War, Russia handed over her sphere of influence in south Manchuria to Japan; 1905: Japan also obtained Shantung as her sphere), and leased areas (1898, 6 Mar.: the Germans leased Kiaochow; 27 Mar. and 7 May: Russians leased the southern part of the Liaotung Peninsula, including Talienwan and Port Arthur; 10 Apr.: France leased Kwangchow; 9 June: Britain secured a lease of Kowloon and Weihaiwei; 1905, 5 Sept.: Japanese took over the Russian lease of the southern part of the Liaotung Peninsula; the leased areas were under the complete control of the foreign power during the term of the lease, in all cases 99 years except in the Russian lease and the British lease of Weihaiwei, which were both 25 years). The political implications of foreign investment were thus extensive; the loss of national sovereignty that might occur after the acceptance of foreign loans or preliminary to foreign investment was feared in less developed countries. Yet there were important benefits that did accrue to less developed regions as a result of the British, Dutch, Belgian, French, German, American, Canadian, Japanese, and Russian investments that went into railroads, port facilities, schools, plantations, mines, public utilities, and banking in less developed regions. Oil production began, based on foreign capital. Foreign investment stimulated trading activities. While there were certain foreign investments in manufacturing in less developed countries, this was not typical, because within the latter there was no large domestic market for locally produced goods; moreover the industrial nations wanted to export *their* products to the less developed countries. Most foreign investments in manufacturing in the less developed countries that did exist were in the processing of materials for export or in manufacturing for the use of the expatriate community of the plantation, in the mining town, or in the foreign concession. Exceptions were foreign investments in cigarette factories that sold their product in the less developed countries. Foreign investments assisted economic progress through the establishment of infrastructure and in the development of primary products for export; foreign investment was not aimed at industrialization of the less developed nations. Industrialization that occurred, based on foreign investment, was an extra bonus rather than an intended consequence. As a result of foreign investment, new resources went into international commerce; in time in many nations this commerce would provide sources of taxable revenue. Foreign investment brought money into the economy, and there were linkage effects; wage laborers had money to spend, no matter how little. Services developed as a result of foreign investment, which provided income for local people. Local farmers produced crops which were sold to the foreign investor. Local mines developed, based on the existence of foreign demand as represented by a new smelter. Foreign investors introduced new skills. Foreign investors in many cases introduced the conception of profit making. Foreign investors demonstrated new standards of health, sanitation, and education. Foreign investment brought in new capital that was not otherwise available. In the Middle East, foreign investment accounted for the greater part of net capital formation. 1900–1914: Annual capital imports into India from Britain came to about 1% of Indian national income. In China, foreign capital dominated the modern sector; it provoked the Chinese government and Chinese people to try to modernize their economy. Foreign investment brought to the less developed countries an obligation to repay the investment which had both positive and negative effects: the negative effects are obvious; the positive effects were that the obligation meant a need to raise revenue which stimulated development. Most important, foreign investment brought with it in every less developed country a disruption of the old economy; new social and cultural patterns as well as political and economic change came with foreign capital.

BUSINESS ORGANIZATION. Traditional family enterprises continued in less developed countries as they had for centuries. Family enterprises ranged from the small subsistence plot (cultivated by the extended family) to a variety of household activities to prosperous family firms. At the other pole, there were modern foreign-owned joint-stock cos. These companies included the limited-liability corporations that by the turn of the century were managing the Dutch plantations in the Netherlands East Indies and the banana plantations in Middle America, the large companies that ran the Belgian mining enterprises in the Congo, and the American-owned mining enterprises in Latin America. For all kinds of mining ventures in less developed countries, joint-stock cos. were organized and their stock floated on the London market. Other corporations active in less developed countries included such multinational units as Standard Oil, Lever Brothers, and British-American Tobacco. In addition, there were the new British chartered cos. 1884: British North Borneo Co. established (its aim was to develop trade and to make a profit out of land disposal and taxation). 1886: Royal Niger Co. chartered, designed to engage in trade in palm oil and palm kernels; it had monopoly privileges in Northern Nigeria (1899: British government agreed to buy the co.'s monopoly rights and its treaties, land, and mining rights; the co. kept trading posts and warehouses; 1900 ff.: Royal Niger Co. continued as a profitable trading co. with no administrative responsibilities, the British government having taken over the administration of Northern Nigeria); 1888, 3 Sept.: Imperial British East Africa Co. chartered to promote "trade, commerce, and good government" in East Africa; it expanded and established British rule in Kenya and Uganda (it sought to develop the trade routes to Uganda, to put new products into trade, and to make profits out of land sales and taxation; it became overextended; 1894: the British government bought the co.'s assets and took over the administration of British East Africa). 1889, 29 Oct.: British South Africa Co., founded by Cecil Rhodes (1853–1902), chartered by the British government to bring the lands north of the Limpopo River within the reach of miners, farmers, foresters, and traders, but primarily to develop gold mining; it built railroads and carried on the administration of Southern Rhodesia (until 12 Sept., 1923) and of Northern Rhodesia (until 1 Apr., 1924). Between the 2 poles of the various native unincorporated family enterprises and the various foreign incorporated companies were certain indigenous firms in the modern sector, such as the Indian businesses run by managing agencies. 1870's: In China, a form of business organization, the *kuan-tu shang-pan* (the official supervision and merchant system), started new industries; the government would aid a Chinese enterprise, and the merchant would supply the basic capital; it was thought that only with official patronage would Chinese merchants invest in industry. 1894: 1st year in which total capital of new Chinese private enterprises in the modern sector (manufacturing and modern mining) exceeded that of Chinese government and government-private enterprises. 1894 ff.: Private Chinese businesses in modern industries developed (generally within the treaty ports); 1894–95: Sino-Japanese War aided in dissolving the links between the Chinese merchant and the government. Chinese merchants often went into joint ventures with foreign capital. In Latin America modern factory enterprises developed, in textiles, processed foods, and beverages, which were owned and managed by an individual, his family, or a small group of partners. These businessmen might go into several different kinds of enterprises, each on a relatively small scale. They were generally unincorporated.

Entrepreneurship: The development of entrepreneurship in the less developed countries was slow. Risk taking was not a typical attribute. Traditional attitudes and loyalties inhibited entrepreneurial behavior. Indian investors hedged their risks by using management agencies; the Chinese hedged theirs by involvement 1st with the government and then with foreign capital. In India certain groups had special entrepreneurial talents, e.g., the Parsees. A number of compradors in China became leaders in industry, but usually linked with foreign capital and generally in the treaty ports. Foreign firms in China often served entrepreneurial roles, and the Chinese imitated. There was considerable entrepreneurial activity on the part of the Chinese in Southeast Asia, where they developed new industries. In Lebanon and Syria indigenous entrepreneurs emerged to a far greater extent than elsewhere in the Middle East, where entrepreneurship was limited. Lebanese and Syrians also migrated to become entrepreneurs away from home—in Africa and in Latin America. In Latin America successful entrepreneurs were few, but there were some. 1881: Francisco Matarazzo (1851–1937) arrived in Brazil; he was a leading example of the immigrant entrepreneur; he began as a rural store owner, started a lard refinery, then dealt in flour and grain, erected flour mills, moved into manufacture of bags for flour, then into cottonseed oil production, and next into soap and boxes; his operations became among the largest enterprises in South America. Another success was Simón Patiño (1868–1947); born in Cochabama, Bolivia, of humble parents, Patiño acquired a small tin mine in the 1890's; by 1910 he was a millionaire; his interests expanded to include tin properties in Malaya and tin smelters in Germany and England.

GOVERNMENT POLICY. In most less developed countries, governments became involved in economic development.

Colonial governments: British government policy—that colonies must be self-supporting—meant revenues had to be found locally. Since revenues were not easy to come by, British administrators took steps to encourage economic development so that there would be sources of government income. British colonial governments, by building railroads, ports, and public utilities, and by introducing law and order, made important contributions to the development of the colonies. With the exceptions of the railways in India, the Rhodesias, and Nyasaland, the railroads throughout the British tropics were built by British colonial governments. In India, the railroads were subsidized by land grants and the state-guaranteed interest on investments; in time Indian lines came to be built by the British government directly. 1888: King Leopold organized the Comité d'Études du Haut-Congo, designed to develop the Congo with Belgian capital; 1906: Belgium adopted a plan for economic development for the Congo—probably the

1st central-government development plan. The French government provided subsidies to French colonies. Because of their concern for health, education, and commerce and as a result of their sponsorship of agricultural research, the colonial powers played important roles in economic development; they were, however, hesitant about the industrialization of the colonial areas and contributed little to that end. The introduction by the colonial powers of western concepts of law, justice, and contract likewise set a basis for later economic development.

Independent governments—Eastern Hemisphere: In the Ottoman Empire, the Convention of 1838 had deprived the empire of the right to raise tariff duties above 5%; 1862: the empire got the right to raise duties to 8%, but this was inadequate to encourage modern industry. 1873: The Ottoman Empire exempted machines used in industry from duties. 1913: The Ottoman Empire offered special privileges to individuals establishing new industries or expanding existing ones. These measures were not effective. Moreover, the rules, codes, and patterns of law existing within the empire were not conducive to economic development. China too, by the unequal treaties, was deprived of the right to set her tariffs to protect industry or to raise tariffs for revenue purposes. 1870's: The Chinese government sought to promote industrial development. 1872: Li Hung-chang undertook to develop guns, cannons, and armament industries, but this had no substantial effect on economic growth. The government introduced the *kuan-tu shang-pan* system. But, in general, the Chinese government was not successful. The imperial government had no funds for these enterprises; often the enterprises were left to provincial governors. The government-sponsored industries found themselves in financial difficulties. 1882: Chinese imperial government exempted factory-produced cotton goods from inland transit taxes and later applied this policy to all machine-made products (but a large internal market did not develop because of the low standard of living). 1882 ff.: Provincial governments offered monopoly privileges to companies which introduced western-type manufactures. 1898: China for the 1st time permitted the patenting of inventions. 1903: Active government promotion of private industry began in China with the formation of the Ministry of Commerce, yet promotion was limited owing to the bankruptcy of the imperial government. 1912: New republican government in China continued the policy of attempting to promote industry. 1914: Chinese government agreed to guarantee dividends of 5% to 6% of paid-up capital to stockholders in selected industrial corporations. Despite the efforts of the Chinese governments—central and provincial, before and after the revolution—they were unable to spur economic development on a substantial scale. Neither before nor after 1912 did the governments give the Chinese economy a stable set of laws and monetary practices to provide the basis for economic development. Corruption in government served as a drain on efficient use of the few existing government resources. Where industry did develop, it was primarily in the treaty ports, where western standards prevailed.

Independent governments—Western Hemisphere: In Latin America, national governments took initial steps to prompt development. In Mexico Porfirio Díaz subsidized railroads, provided police protection for foreign investors, and granted concessions to those who would build smelters. 1903–9: The Mexican government purchased control of the main railroad lines. 1917: The Mexican constitution set the basis for a far more extensive government role in economic life. 1911 ff.: In Uruguay, President José Ordóñez began to nationalize foreign-owned public utilities. 1870 ff.: Brazil encouraged railway construction through subsidies. 1875: Brazilian government guaranteed 7% return on investment to those sugar planters who modernized production. 1879: Brazilian import tariff increased the protection granted to industry; the policy of protective tariffs was confirmed in the tariff of 1888; 1905: Brazil extended tariff protection to food output. Legislation in Brazil granted duty exemptions on certain industrial equipment and raw materials (although this was erratic and Brazilian industries in this period complained of the tariffs on their imports of equipment). 1906–7 ff.: Coffee Valorization Scheme. The state of São Paulo, Brazil, took the initiative in the world's 1st large-scale attempt to control the world price of a foodstuff; the state, in order to establish a balance between supply and demand for coffee, intervened in the market and purchased surpluses; the plan was financed by foreign capital. Elsewhere in Latin America, governments subsidized railroads and aided in the flotation of railroad securities; they became involved in construction of highway and port facilities, but negligible effort was made by Latin American governments in the direction of industrialization.

OTHER FACTORS. In Asia and Africa there was the broad challenge of the West. With colonization came new ideas on administration, justice, and property. Christian missionaries, who arrived in large numbers with the colonizers (and before), confronted old religious values with new alternatives. Medical practices of the colonists vied with past superstitions. The basic inertia of traditional societies in Asia and Africa was jarred, even when there was no colonization—as in the case of China. Along with the western impact came humiliation; traditional societies had not stood up to the encounter. Whereas in Japan the humiliation of the unequal treaties offered a stimulus for rapid and profound change, in most of the less developed world the humiliation of colonization or of unequal treaties and defeat in war (as in the case of China) did not spur a positive response. The revolution in China and the establishment of the republic, and the achievements of the Young Turks in the Ottoman Empire, were partially successful as attempts at modernization, but unsuccessful as attempts at economic development. Latin America had long since thrown off colonization; in much of the region, however, political instability slowed economic development. Political instability in China had similar effects. Economic development required a concept of progress, and this was absent in much of the less developed world. Likewise, a concept of nationality has served the cause of economic development. Ideas of nationalism were absent in Africa, and in Asia too they were in many cases lacking. China, which had a unity and feeling of national tradition, did not have a central government strong enough to promote political and national unity. Poor communications in most of the less developed world retarded the extension of ideas of "the nation." Throughout the less developed world the vicious circle of poverty, which begot more poverty, provided a seemingly insuperable obstacle to economic development.

1865–1914

The International Economy

INTERGOVERNMENTAL MULTINATIONAL ECONOMIC INSTITUTIONS. 1865: Latin Monetary Union established (treaty took effect, 1866), including France, Belgium, Italy, and Switzerland; 1868: Greece joined; Spain, Rumania, Finland, and several Latin American countries followed the policies of the Union without joining; it established standards of fineness of coins and metal or metals to be used in coinage; 1873–74: it adopted the gold standard; from its adoption the use of the gold standard spread, so that by the end of the 19th cent. every country of importance in world commerce, except China and Persia, had adopted gold as the basis of its currency. 1865: 20 European nations signed international telegraphic treaty, establishing the International Telecommunication Union; 1868: several Asiatic countries joined; 1869: International Office of Telegraphy established at Bern, Switzerland; 1875: International Telegraph Convention signed at St. Petersburg, and revised at Lisbon, 1908; there were 50 signatories to the Lisbon Convention. 1874: Universal Postal Union founded by 21 countries under the Treaty of Bern; other nations subsequently joined; the organization made the world a single postal territory. 1878: Semiofficial World Meteorological Organization established. 1879: International Bureau of Weights and Measures founded by convention signed in Paris by 17 nations. 1883: Convention of the International Union for the Protection of Industrial Property signed in Paris, protecting patents and trade marks. 1886: Bern Convention inaugurated international copyright protection. 1912: International Radiotelegraphic Convention signed in London. 1919, 25 Jan.: Resolution of the Peace Conference established the League of Nations; the Secretariat of the League was to collect information dealing with international economic problems.

THE ENERGY REVOLUTION.

World Production of Commercial Sources of Energy
(billion kwh electricity equivalent)

	Coal[a]	*Petroleum*[b]	*Natural Gas*	*Water Power*	*Total*
1870	1,658	8		8	1,674
1880	2,569	43		11	2,623
1890	3,894	109	40	13	4,056
1900	5,785	213	75	16	6,089
1910	8,724	467	162	34	9,387
1920	9,934	1,046	254	64	11,298

[a] Includes lignite.
[b] Includes natural gasoline.

THE TRANSPORTATION REVOLUTION.

Speed of Transport
(mph)

	Horse Coach	*Canal Tug*	*River Boat*	*Ocean Ship*	*Railroad*	*Automobile*	*Airplane*
1880	5	3	8	20	50		
1900	5	4	10	25	60	30	
1920	5	4	11	30	65	55	110

Even more important than speed, the actual existence of steamships, railroads, telegraphs, and cables as well as refrigerated transport provided the basis for a global economy. The airplane made the world still smaller.

World Consumption of Energy from Commercial Sources
(as % of total energy use)

1870	35.4
1880	44.3
1890	53.3
1900	62.5
1910	68.0
1920	72.7

World Trade (Exports Plus Imports)
($ million)

1870	10.6
1880	14.7
1890	17.5
1900	20.1
1910	33.6
1913	40.4

1919–1945

The Mature Industrial Society of the West

AGRICULTURE. 1920: In the major industrial nations (except the U.S.), agricultural output was lower than before World War I.

INDEX OF PHYSICAL VOLUME OF AGRICULTURAL PRODUCTION, 1920
(per capita of total population; 1913 = 100)

Germany	62
Belgium	78
France	83
U.K.	89
U.S.	112

1920–45: agriculture occupied an increasingly less significant role in these economies. 1920's: American agriculture did not share the general prosperity; 1930 ff.: U.S. agriculture felt the depression more severely than did industry. 1940–45: U.S. agriculture prospered. 1920–40: In Western Europe low agricultural prices existed, with the nadir in 1932–33.

Mechanization: Despite economic difficulties on American farms, mechanization increased rapidly.

TRACTORS AND AUTOMOBILES ON U.S. FARMS
(000)

	Tractors	*Automobiles*
1920	246	2,146
1930	920	4,135
1940	1,545	4,144
1950	2,354	4,148

In Europe, long-distance transmission of electricity and use of tractors, trucks, and, to a far lesser extent, automobiles aided the farmer. Compared with the U.S., European mechanization on the farm proceeded slowly. 1940–45: British and Swedish mechanization especially accelerated.

TRACTORS IN USE
(000)

	1939	*1949*
Germany	60	75[a]
U.K.	55	280
France	30	89
Sweden	20	52

[a] 70,000 in western zones, 5,000 in Soviet zone.

Self-sufficiency: 1920–45: The U.S. remained self-sufficient in foodstuffs. 1930's: Attempts were made in Britain, France, and Germany to enlarge national food output; in France and Germany, especially, the governments hoped to achieve self-sufficiency.

SELF-SUFFICIENCY IN FOODSTUFFS, 1937

	% total consumption
U.K.	25
Netherlands	67
Germany (1934 boundaries)	83
France	83

RAW MATERIALS. Coal: U.S., Germany, and Britain still led in world coal production.

COAL AND LIGNITE PRODUCTION
(million metric tons)

	1920	*1930*	*1938*
U.S.	597.2	487.1	355.3
U.K.	233.2	247.8	230.7
Germany	252.4	288.7	381.5
France	25.3	55.0	47.6
World total	1,319	1,416	1,469

1920: European coal production had been sharply affected by the war. The peace settlement provided that the Saar Basin be detached from Germany and the coal mines ceded to France (the coal reserves of the Saar were equal to those in all of France); the settlement also provided that Upper Silesia, the source of 23% of Germany's hard coal, would go to Poland; by the peace settlement, Germany lost c. 36% of its coal reserves. 1923: French occupation of the Ruhr temporarily halved German coal output. 1930: Coal output figures reflected the worldwide depression; increases in German, French, and British output represented recovery from the postwar disorder. 1935, 1 Mar.: After a plebiscite had been held in the Saar Valley, the Saar region was returned to Germany. Germany took advantage of its rights under the peace treaty to repurchase the coal mines; this accounted for the large increase in German coal production in 1938. 1938: Coal production figures indicated German preparation for the war and the waning of U.S. and British coal industries. Liquid fuels, natural gas, and hydroelectrical power began to compete with coal; the shift had been made during World War I from coal-burning to oil-burning ships, eliminating this large source of coal consumption; improved utilization of coal in electrical generation curtailed the demand for coal. 1930's: The British coal industry was in the doldrums, as was the U.S. coal industry.

Oil: With the exception of the U.S., all the mature industrial nations continued to be importers of oil. 1919: U.S. became concerned with the problems of oil shortages; Americans began an intensive search for oil resources abroad; 1930: large east Texas oil discoveries.

OIL PRODUCTION
(million barrels of 42 U.S. gals.)

	1920	*1930*	*1938*
U.S.	422.9	898.0	1,213.2
World total	688.9	1,411.9	1,978.3

Iron ore: 1919: When Lorraine was returned to France, Germany lost the source of 74% of its prewar iron ore; Germany had to buy from France. 1930's: German improvements in steelmaking meant it could use previously unutilized ore. 1938–41: German territorial expansion brought huge iron-ore resources under its control. The U.S. remained basically self-sufficient in iron ore. 1938: Great Britain's output of iron ore was 11,800 metric tons; its imports were 5,100 metric tons.

General: 1930's: Key innovations in raw-material usage occurred as a result of the German drive toward self-sufficiency. The Germans developed new chemical industries based on utilization of waste wood and German timber; they put more acreage into such industrial raw materials as flax and hemp; they sought to develop substitutes for basic raw materials.

Synthetics revolution: 1920–45: Increasingly, in the mature industrial nations substitutes for natural raw materials appeared—rayon for silk, plastic for wood, clay, glass, and metals, synthetic nitrates for natural nitrates, and synthetic rubber for natural rubber; research was done on obtaining oil from coal. Such steps made industrial nations less dependent on specific primary products.

ENERGY. Use of electric power and the internal combustion engine created a revolution as great as the one caused by the use of steam in the 1st Industrial Revolution.

ENERGY CONSUMPTION PER CAPITA, 1937
(electricity equivalent in kwh for all energy sources)

	Per Capita Use	*Ratio of Inanimate to All Other Sources*
U.S.	6,996	97.6
U.K.	5,553	97.9
Germany	3,461	96.2

A substantial portion of the world's energy production was represented by the major industrial nations.

ENERGY PRODUCTION, 1935
(%)

U.S.	37.695
U.K. and Ireland	13.743
Germany (1936)	12.556
France	3.300
World	100.000

SOURCE: Abbott Payson Usher, "The Resource Requirements of an Industrial Economy," *Journal of Economic History*, Suppl. VII (1947), pp. 44–46.

Electric power: New techniques sharply reduced coal consumption in electric generation.

FUEL EFFICIENCY IN THERMAL POWER STATIONS
(kwh per ton of coal)

	U.S.	*U.K.*	*Germany*[a]
1920	735	662	
1925	1,102	926	
1930	1,378	1,250	
1935	1,531	1,515	1,469–2,571
1938	1,575	1,587	
1948	1,695	1,587	

[a] Lower and upper limits of power stations.

1920 ff. Application of new techniques involving high-voltage transmission (currents of 100,000 volts or more) extended the distance over which electricity could be distributed.

ELECTRICAL PRODUCTION, 1930–40
(billion kwh)

	1930	*1940*
U.S.	114.6	179.9
Germany	13.2	25.4
France	8.2	11.5
U.K.	6.9	10.5[a]

[a] Estimated. 1940 figure is not available; 1937, 8.9; 1943, 12.0.

GROWTH IN ELECTRICITY PRODUCTION PER CAPITA, 1920-47

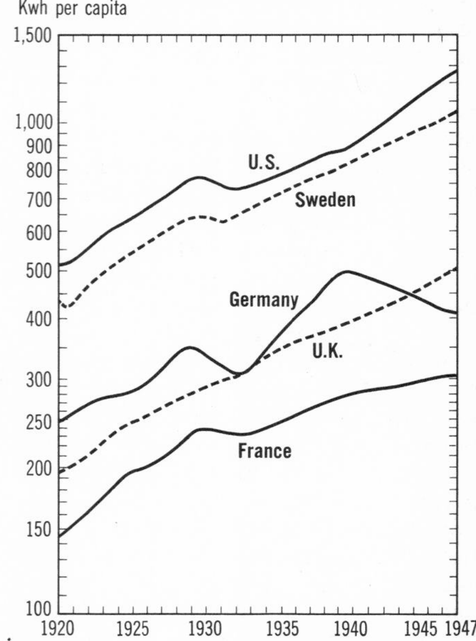

Internal-combustion engine: The internal-combustion engine as a means of powering transport came of age. 1924, 17 Dec.: 1st diesel-electric locomotive put into service in the U.S.

Rocket power: 1919, 28 June: Treaty of Versailles disarmed Germany of its military air force, but did not mention rockets as potential weapons; Germany could develop them without treaty violation. 1923, 1 Nov.: American Robert H. Goddard (1882–1945) successfully operated a liquid oxygen and gasoline rocket motor on a testing frame. 1923: Publication in Germany of Hermann Oberth, *Die Rakete zu den Planetenräumen* (*The Rocket into Interplanetary Space*), which stimulated widespread discussion of rocket propulsion. 1928, 11 Apr.: 1st manned rocket automobile tested by Fritz von Opel, Max Valier, and others in Berlin, Germany. 1930, 17 Dec.: German army decided to develop military missiles. 1930: British inventor Frank Whittle (b. 1907) awarded patents for 1st turbojet engine. 1932: German engineer Paul Schmidt patented a ram-jet engine, which was later modified and used in the V-1 flying bomb. 1937, 12 Apr.: Whittle's 1st gas turbine engine, the U-type, was static-tested. 1942, 22 Oct.: Westinghouse Electric Co. got government authorization to build the 1st practical jet engines of wholly American design. 1944, 17 Nov.: Following the success of the German missiles, U.S. Army Ordnance initiated the "Hermes" program for research into and development of ballistic missiles. (When on 31 Dec., 1954, Army Ordnance ended the Hermes project, the latter had developed high-performance liquid-fuel rockets and stabilized platform inertial guidance equipment).

Atomic energy: 1942, 2 Dec.: 1st self-perpetuating nuclear chain reaction (fission of uranium isotope U-235) was achieved at the University of Chicago, under physicists Arthur H. Compton (1892–1962), Enrico Fermi (1901–54), and others. 1945, 16 July: 1st atomic bomb tested at Alamogordo, N.M. (bombs were dropped 6 Aug. on Hiroshima and 9 Aug. on Nagasaki, Japan); the harnessing of the atom opened the way for a new source of industrial energy.

INDUSTRY. 1919: In the U.S. new capacity had been built during the war; many industries in America had not been fully converted to war production and so reconversion was not difficult; there was no physical damage in the U.S. In Europe economic dislocation was immense; nations had to convert from war to civilian production and reconstruct plants damaged during the war. In the U.S. and Europe the war had witnessed inflation, which created adjustment problems in the postwar era; demobilization caused an indigestion of man power. 1920–21: Severe economic downturn in the U.S. and Europe. 1922–24: Rapid recovery in the U.S.; slow recovery in most of Europe, with France the exception. 1924: Industrial production in France had surpassed the 1913 level; based on 1913 = 100, the index for manufacturing production in France was 117.9, in England only 87.8, while in Germany it was 81.8. 1925–29: Industrial growth in Europe and especially in the U.S. was the norm. 1929–33: During the Great Depression industrial output fell. 1933–39: France remained in general stagnation. 1933 ff.: U.S. witnessed languid recovery, blemished by the depression of 1938, and then followed by an upturn with the war demands; British industrial expansion resumed until 1937, when the recession of 1937–38 slowed development, which restarted with the outbreak of war. German industrial growth, sharply jarred by the depression, moved upward as Germany prepared for war. 1930's: Growth of manufacturing in the mature industrial nations did not keep pace with the world as a whole.

INDEXES OF MANUFACTURING ACTIVITY
(1913 = 100)

	U.S.	*Germany*	*U.K.*	*France*	*World*
1920	122.2	59.0	92.6	70.4	93.2
1921	98.0	74.7	55.1	61.4	81.1
1922	99.5	81.8	73.5	87.8	99.5
1923	141.4	55.4	79.1	95.2	104.5
1924	133.2	81.8	87.8	117.9	111.0
1925	148.0	94.9	86.3	114.3	120.7
1926	156.1	90.9	78.8	129.8	126.5
1927	154.5	122.1	96.0	115.6	134.5
1928	162.8	118.3	95.1	134.4	141.8
1929	180.8	117.3	100.3	142.7	153.3
1930	140.0	101.6	91.3	139.9	137.5
1931	121.6	85.1	82.4	122.6	122.4
1932	93.7	70.2	82.5	105.4	108.4
1933	111.8	79.4	88.3	119.8	121.7
1934	121.6	101.8	100.2	111.4	136.4
1935	140.3	116.7	107.9	109.1	154.5
1936	171.0	127.5	119.1	116.3	178.1
1937	185.8	138.1	127.8	123.8	195.8
1938	143.0	149.3	117.6	114.6	182.7

SOURCE: League of Nations, *Industrialization and Foreign Trade*, New York, 1945.

In the mature industrial nations innovations were not for the most part in textiles (except for synthetics), or in iron and steel, or in shipbuilding.

Textiles: 1920's: To counteract decline, certain American textile companies transferred their operations from New England to the South, where labor rates were lower; 1930's: the textile industry in the U.S. floundered. 1920–40: The British textile industry, Britain's great staple in the past, was on the decline; 1924: British

% Distribution of the World's Manufacturing Production

	U.S.	*Germany*	*U.K.*	*France*
1913[a]	35.8	14.3	14.1	7.0
1926/29	42.2	11.6	9.4	6.6
1936/38	32.2	10.7	9.2	4.5

[a] These 1913 figures (unlike those on p. 707 above) are adjusted to represent the frontiers established *after* World War I.

Source: League of Nations, *Industrialization and Foreign Trade,* New York, 1945.

output of cotton textiles equaled £84 million; 1935: British cotton textile output was £40 million. Rayon production in the U.S. and Great Britain grew.

Iron and steel: Basic innovations were absent in iron- and steelmaking, although there were advances in metallurgy and chemistry of steels (new alloys and improvements in old methods: larger ovens, mechanization of rolling mills, and fuel economy); in Germany new processes of producing steel, using low-grade iron ore, were introduced by the state-owned Hermann Göring Works. On the whole, however, the iron and steel industries in the mature nations were not progressive industries and were slow to adopt what technological improvements there were. Growth industries in the mature industrial nations were automobiles, chemicals, and electrical supplies of all kinds. The pattern of development in the growth industries varied by country and by decade.

Automobiles: 1920's: Prosperity in America was linked with the expansion of the automobile industry. 1929: In the U.S., automobile production peaked at an output of 4.5 m. passenger cars, a figure not exceeded again until after World War II; the U.S. automobile industry had 3 large producers, Ford, General Motors, and Chrysler (formed in 1925). 1919 ff.: Europe copied America's mass-production methods; in England, Morris and Austin produced cars by mass production; Ford expanded its output at Manchester, England; in France, Renault and Citroen adopted moving assembly lines. 1924: Adam Opel, A.G., in Germany (which had begun to manufacture cars in 1898) started postwar operations, adopting American mass-production methods; it made a small car and led in German industry. 1925: General Motors bought the small British producer, Vauxhall Motors, Ltd. 1928 ff.: Ford started construction of the largest automobile plant outside the U.S., at Dagenham, England (1st cars produced in 1931). 1929: General Motors purchased control of Adam Opel, A.G., giving G.M. leadership in the German automobile industry. 1931: Ford started to manufacture at Cologne, Germany. 1934: Ford began to make automobiles in France; Simca (Société Industrielle de Mécanique et Carrosserie), the successor to a Fiat dealership in France, began to produce Fiat cars in France. 1934, 8 Mar.: Adolf Hitler proposed the *Volkswagen,* a cheap mass-produced vehicle. 1934 ff.: British, German, and French automobile output (protected by tariff barriers) rose; in all these countries small cars, locally produced, designed for the European markets, made progress over the imported large American units. 1930's.: U.S. automobile production was lower than in the 1920's; in Europe, automobile output exceeded the European levels of the 1920's, but the U.S. industry continued to outproduce all of Europe.

Chemical industry. 1919 ff.: The American chemical industry adopted innovations developed in Europe (rayon, cellophane, etc.). 1920: Standard Oil (N.J.) produced isopropyl alcohol commercially, the 1st chemical from petroleum. 1923: Thiokol, 1st synthetic rubber, discovered by American chemist J. C. Patrick (1892–1965). 1925, 28 Nov.: I. G. Farbenindustrie formed, combining all the major chemical producers in Germany; I. G. Farben diversified into all facets of the chemical industry. 1928, Oct.: Imperial Chemical Industries (I.C.I.) joined together the 4 great British companies manufacturing heavy chemicals, alkalies, explosives, and coal-tar dyes into a new company with an authorized capital of £65 million, a new high in Britain. 1928: Établissements Kuhlmann in France linked the Kuhlmann enterprises (in sulphuric acid), St.-Gobain (heavy chemicals, alkalies, fertilizers, glass, etc.), Pechiney (electrochemicals), and the

Nitrogenous & Composited Fertilizer Co. (synthetic ammonia). 1929: In the U.S., there was no single great chemical company; the leaders in the American chemical industry were Du Pont, Allied Chemical, and Union Carbide; there were a large number of pharmaceutical concerns; the oil companies were becoming interested in the chemical industry. 1920's: The age of synthetics and new chemical processes; synthetic nitrogen increasingly replaced natural nitrates, synthetics challenged wood chemicals, synthetic medicines rose in numbers, synthetic lacquers and resins came into commercial production, the phenolic and cellulosic plastics were widely used, rayon output grew, the petrochemical industries began, and hydrogenation of oil and coal was developed. 1931: Belgian-born American chemist Julius A. Nieuwland (1878–1936) discovered "Neoprene," a synthetic rubber introduced by Du Pont. 1933: I.C.I. made 1st commercially produced synthetic detergent; soapless shampoos were developed in Germany by I. G. Farben. 1934: 1st Buna rubber (S) patented in Germany by I. G. Farben; commercial production of vitamin C began in the U.S. and Europe, the 1st vitamin to be prepared chemically. 1935, 28 Feb.: Nylon discovered by Wallace H. Carothers (1896–1937), American chemists, at Du Pont (1940, 15 May: nylon stockings 1st put on sale). 1936: Leonard Colebrook and Neave Kenny in England introduced sulfanilamide, the 1st of the sulfa drugs. (1938: A. J. Ewins and M. A. Phillips in England synthesized sulfapyridine, the most effective of the early sulfa drugs.) 1937, Mar.: Sun Oil Co. began to operate the 1st fully commercial catalytic cracking unit by the Houdry process, developed by French engineer Eugène J. Houdry (1892–1962); the Houdry process created a revolution in oil refining, producing high-octane gasoline at quality and yields better than ever before. 1938: "Fiberglas" patented by Americans Games Slayter (1896–1964) and John H. Thomas (b. 1907). 1939: Swiss chemist Paul Müller (1899–1965) invented DDT. 1930's: Large expansion in synthetic plastics and abrasives; the Germans maintained superiority in a wide range of chemical products. 1939: The value of chemicals produced by American industry totaled $3.7 billion compared with $454 million in 1920; a chemical revolution had taken place, involving the use of chemicals in many industries and the spread of new chemical processes and new synthetic products. 1930's: In the mature industrial nations, especially the U.S. and Germany, the chemical industries were highly innovative. 1942: Penicillin (discovered in England in 1929) was introduced to the public, the 1st antibiotic to prove useful for injection into the body. 1944: Streptomycin introduced. The age of antibiotics had begun.

Electrical industries: The expanding use of electric power meant a comparable growth in the manufacture of industrial and consumer electrical products. 1919: General Electric Co. formed Radio Corporation of America. 1920's: The radio changed from a toy to a household appliance in all the mature industrial nations. 1924: 1st television system developed. 1925: The 1st 2 theaters in the world to be completely air-conditioned were in New York, the Rivoli and the Rialto; this stimulated the development of air-conditioning equipment by electrical cos.; 1st automatic electric percolator developed in the U.S.; 1926: 1st automatic electric toasters for use in the home produced in the U.S. 1929, Jan.: Formation of Associated Electrical Industries, Ltd. in England, a merger of several of the largest British electrical firms. 1930, July: Schick, Inc., marketed the 1st commercial electric shaver. 1937: 1st fully automatic electrically operated washing machine produced in the U.S. 1938: Introduction of fluorescent lamps in the U.S. 1939: R.C.A. demonstrated 1st color T.V. 1940's: Electronics developed as a subsidiary of the electrical industry. 1944, May: Professor Howard Hathaway Aiken (b. 1900), with the co-operation of International Business Machines, built an automatic sequence-controlled calculator, Harvard Mark I; this was the 1st successful general-purpose digital computer. 1945: John W. Mauchly (b. 1907) and J. Presper Eckert (b. 1919) at the University of Pennsylvania designed and built the Electronic Numerical Integrator and Calculator (ENIAC), the 1st electronic computer. 1945, May: 1st computer program, written by J. von Neumann (1903–57), for the Electronic Discrete Variable Automatic Computer (EDVAC), then under design.

Aircraft industry: An aircraft industry grew in every mature industrial nation.

AVERAGE ANNUAL INCREASE IN MANUFACTURING, 1933–48
(% per annum)

U.S.	8.1
Belgium	2.4
U.K.	1.5
Holland	1.0
France	.2

SOURCE: UN, *Growth of World Industry—National Tables.*

1938–48: Decline in manufacturing activity in West Germany was equivalent to an average annual loss of 6.9%.

CONSUMER GOODS. 1920's: Revolution in consumer goods industries, especially in U.S.: automobiles, electrical appliances (from radios to refrigerators), cosmetics, etc., were widely available to consumers. Consumer goods were accompanied by consumer credit provisions and new retailing outlets. The U.S. had developed mass-production industries that went far beyond those related to housing, clothing, feeding, and defense. 1930's: Depression temporarily dampened consumer spending. 1939–45: Industries converted from consumer goods to wartime industries.

TRANSPORTATION. Railroads: 1919 ff.: Traffic on the railroads rose steadily in the U.K., France, and Germany. 1919–39: American railroads were eclipsed by the automobile; passenger traffic declined. 1924–41: Transition from steam to diesel and diesel-electric locomotives.

Automobiles, trucks, and highways: 1919 ff.: Automobile travel in the U.S. and Europe grew rapidly, but the private automobile in Europe was not nearly as ubiquitous as in the U.S.; in the U.S. and Europe, the truck began to provide competition with the railroads for freight traffic.

REGISTERED MOTOR VEHICLES
(million)

	U.S.		*U.K.*		*France*		*Germany*	
	Total	*Private Autos*	*Total*	*Private Autos*	*Total*	*Private Autos*	*Total*	*Private Autos*
1921	10.49	9.21	.46	.25	.23	.17	.09	.06
1926	22.05	19.22	1.04	.68	.89	.54	.32	.21
1930	26.53	23.00	1.52	1.04	1.46	1.10	.68	.43
1935	26.23	22.49	2.04	1.48	2.06	1.50	1.12	.81
1938	29.44	25.17	1.42	1.94	2.25	1.82	1.82	1.30

Expansion of motor vehicle use created a need for new roads and highways. 1930's: Highway construction was a form of public works to use the unemployed, especially in Germany and the U.S. 1933, June: Law passed in Germany authorizing construction of 4,200 miles of Reich motor roads. 1933–40: Germany built a system of expressways (the *Autobahnen*). 1940: In the U.S. the Pennsylvania Turnpike opened, the 1st modern toll road in America.

Air travel: 1919, 5 Feb.: 1st civilian airline with passenger service, Germany's Deutsche Luftreederei, started operations between Berlin, Leipzig, and Weimar; 8–31 May: American Albert Cushing Read (1887–1967) made 1st transatlantic crossing, stopping at 2 islands in the Azores, at Lisbon, and then on to Plymouth, England. 14–15 June: British aviators Capt. John Alcock (1892–1919) and Lieut. Arthur W. Brown (1886–1948) made 1st nonstop transatlantic crossing by airplane (Newfoundland to Ireland, 1,936 mi.—15 hrs. and 57 mins). 1924, 6 Apr.–28 Sept.: 3 U.S. Army planes circumnavigated the globe. 1927, 20–21 May: American Charles

A. Lindbergh (b. 1902) in his monoplane, *Spirit of St. Louis,* made 1st nonstop solo flight from New York to Paris, 3,610 mi.—33 hrs. and 29 mins. 1929, 24 Sept.: American aviator James H. Doolittle (b. 1896) made 1st public all-blind (i.e. instrument) flight, accompanied by a check pilot. 1935, 9 Mar.: Hermann Göring announced the existence of a German Air Force; this meant that Germany was openly violating the Treaty of Versailles; Dec.: U.S.-built Douglas DC-3 made its 1st flight; the DC-3 was one of the most successful aircraft in aviation history. (By 1938 the bulk of air travel in the U.S. was by DC-3.) 1937: Scheduled airlines worldwide transported 2.5 m. passengers. 1938, 10–14 July: American Howard Hughes (b. 1905), with 4 others, flew around the world in 3 days, 19 hrs., and 17 mins. 1939, 20 May: Pan American Airways started regular commercial flights between the U.S. and Europe, by way of the Azores. 1939–45: Air travel for military purposes expanded. 1940, 8 July: Boeing 307-B Stratoliner made 1st commercial flight with a pressurized cabin. Application of new forms of propulsion to air travel: 1926, 16 Mar.: Goddard launched world's 1st liquid-fueled rocket at Auburn, Mass.; it traveled 184 ft. in 2½ secs.; the event was the "Kitty Hawk" of rocket history. 1928, 11 June: Friedrich Stamer in Germany made 1st rocket-powered flight in a tailless glider (1-mi. flight). 1929, 17 July: Goddard fired a liquid-fueled rocket with a camera, thermometer, and barometer and recovered these items intact after the flight; Aug.: 1st recorded jet-assisted take-off of an airplane occurred in Dessau, Germany, powered by a battery of solid-propellant rockets; 30 Sept.: 1st jet-assisted take-off of a glider (powered with 16 rockets of 50 lbs. thrust), which made successful 75-sec. 2-mi. flight in Frankfurt, Germany; Fritz von Opel was the pilot. 1930, 4 Apr.: Formation of the American Interplanetary Society (later American Rocket Society) by David Lasser, G. Edward Pendray, Fletcher Pratt, and 9 others, with the goal of "interplanetary expeditions and travel." 1931, 14 Mar.: In Germany, 1st European-made liquid-fueled rocket was launched (built by Johannes Winkler). 1939, 27 Aug.: 1st complete flight of jet-propelled aircraft, piloted by Erich Warsitz, took place secretly in Germany. 1941, 15 May: 1st official flight of British turbojet (with Whittle's jet engine); July: 1st successful U.S. jet-assisted take-off. 1942, 1 Oct.: 1st U.S. jet-propelled aircraft tested at Muroc, Calif.; aircraft was powered by engines developed by General Electric Co. in the U.S. from the British Whittle model; 3 Oct.: 1st successful experimental launch and flight of 5½-ton German rocket (V-2). 1943, Aug.: Germans launched 1st radio-controlled glide bomb against a British ship—the start of guided-missile warfare. 1944, 8 Jan.: Jet-propelled Lockheed XP-80 made 1st flight (at 500 mph) from Muroc, Calif.; this was the 1st U.S. airplane designed from the start for turbojet propulsion; it was powered by a British engine; 13 June: 1st German V-1 fell on London. 1944, Summer: German program initiated for use of manned V-1's for suicide missions; test flights made in Germany. 8 Sept.: 1st German V-2 rocket (3,400 mph) struck England. 1945, 8 May: At time of German surrender, more than 20,000 V-1's and V-2's had been fired.

COMMUNICATIONS. 1920, 16 July: World's 1st commercial radio telephone service opened between Los Angeles, Calif., and Santa Catalina Island; 2 Nov., Station KDKA, owned and operated by Westinghouse Electric & Manufacturing Co., opened in Pittsburgh—the 1st radio station to broadcast regularly scheduled programs (1st broadcast was the election returns of the Harding-Cox presidential contest). 1922: British Broadcasting Company organized; in the U.S. Albert H. Taylor and Leo C. Young 1st developed "radio detection"—the 1st step in radar. 1923: Charles Francis Jenkins (1867–1934) transmitted pictures of President Harding by radio from Washington to Philadelphia; Apr., 1st sound-on-film talking pictures (vaudeville shorts) shown at Rivoli Theater, New York. 1924: Russian-born American Vladimir K. Zworykin (b. 1889) completed a television system, including an iconoscope (pickup eye) and kinescope (receiving tube) in the Westinghouse research laboratory in Pittsburgh; 1st 3-color traffic lights appeared in the U.S. 1926: Western Electric Co. made sound films commercially practical; British Broadcasting Corp. established, replacing British Broadcasting Co.; in U.S. Gregory Brett (b. 1899) and Merle A. Tuve (b. 1901) developed effective radar detection; in Britain J. L. Baird (1888–1946) demonstrated television in Soho. 1927: New York to London telephone communication established; talking equipment, with simultaneous action and sound, announced in U.S. for motion pictures; 1st transmission of television signals, New York to Washington, by American Telephone & Telegraph Co. 1928, 6 July: 1st all-talking moving picture presented at Strand Theater, New York; the "movie" spread rapidly and movie theaters multiplied; 11 Sept.: Radio Station WGY, Schenectady, broadcast the 1st television play. 1928: American scientist E. F. W. Alexanderson (b. 1878) made 1st demonstration of home television; in Britain J. L. Baird demonstrated color television. 1932, 11 Oct.: Television 1st used in a political campaign in the U.S. 1935: Great Britain had 5 radar detection stations in operation. 1936: Broadcasting by FM (frequency modulation) developed by American Edwin H. Armstrong (1890–1954); 2 Nov.: BBC started television service. 1938: Chester Carlson demonstrated the feasibility of xerography. (1940: Carlson took out his 1st patent; 1944: the Battelle Memorial Institute agreed to develop the invention; 1947: agreement between Battelle and the Haloid Co. (now Xerox Corp.) to further develop the invention; 1960: 1st xerographic copier marketed.) 1941: 1st full commercial television in U.S., but television did not become commonplace in the U.S. until after World War II.

FINANCE. 1919 ff.: Domestic and international finance became interwoven. The mature industrial nations were the principals in international financial relations, involving the entire world. 1919: Disruption of European financial conditions after the war; huge wartime-incurred debts represented peacetime obligations. Wartime inflation had destroyed the value of savings, thus impeding the revival of investment; postwar inflation continued; interest rates on borrowing were high because no one knew the value of money. 1919: U.S. had become the greatest creditor nation in the world; America came out of the war with inflation, but with prosperity. U.S. returned to the gold standard. (1917: U.S had placed an embargo on gold and suspended gold redemption.) 1921: Severe worldwide recession in the U.S. and Western Europe.

German financial crisis: 1921, 30 Apr.: Reparations Commission set German reparation obligations at roughly $32.5 billion; at that point Germany had paid less than half its interim obligations. Germany accepted these reparation terms and raised funds for the initial payment by borrowing in London. German inflation grew, and the German mark lost its value rapidly. 1922, July: Germany requested a 2-year moratorium on reparation payments. The French government refused. 26 Dec. and 9 Jan.: The Reparations Commission declared Germany in default on reparations. 1923, 11 Jan.: As a result, France and Belgium occupied the Ruhr district. Oct.: A new bank, the Rentenbank, was established in Germany to issue new currency. Nov.: German currency reform; new German mark replaced the old mark at the rate of 1 new mark for every 1 trillion old marks. The successful currency reform had been accomplished by Hjalmar Schacht (b. 1877), president of the Rentenbank. 1923: Britain had lent the allies funds during the war, which the latter expected to repay through reparations; the U.S. had lent Britain money during the war, which it expected to have repaid; with the German defaults, the chain of debt repayments broke down. 1924, 9 Apr.: The Dawes Plan issued, prepared by a committee under American Charles G. Dawes (1865–1951); it provided for reorganization of the German Reichsbank under allied supervision, reduction of German reparation payments, a virtual moratorium on German debt payments for 1 year, a loan to Germany of 800 m. gold marks (of which $110 m. would be raised in the U.S.); 1 Sept.: the Dawes Plan went into effect; Schacht became president of reorganized Reichsbank (serving until 1930). 1924: With the Nov. 1923 currency reform and the Dawes Plan, Germany seemed on the route to recovery; the nation returned to the gold standard. 1925, May: Britain went back to the gold standard at the prewar parity in relation to the dollar ($4.86); 1926, 25 Oct.: Belgium returned to the gold standard. 1928, 25 June: French legislation brought France back to the gold standard. 1928: Restoration of pre-1914 financial conditions seemed achieved; yet the restoration was precarious.

International indebtedness: International long-term lending on the part of U.S., Britain, and France rose. Germany was by now an important debtor on international account, borrowing from abroad about 3 times as much as she paid out in reparations. The U.S. lent money to Germany for the latter to pay reparations, which allowed European countries to pay their war debts to the U.S. 1929, 7 June: The Young Plan, prepared by American Owen D. Young (1874–1962), aimed at a final settlement of the reparations question; it reduced German indebtedness to $8 billion, payable over 58½ years. 1929, Oct.: U.S. stock-market crash; Nov. ff.: U.S. stock-market prices continued to fall; U.S. loans to Europe began to dry up. 1930: Bank suspensions in U.S. reached 1,352; losses to depositors, $343.5 million. 1931, Mar.: When Germany made plans for a customs union with Austria, the French in opposition brought financial pressure on Austria and Germany. 11 May: The largest commercial bank in Austria, Kredit-Anstalt, failed. 5 June: German government memorandum mentioned the possibility of discontinuing reparations payments; foreign short-term funds, fearing disaster, fled Germany; Bank for International Settlements (established May 1930), Bank of England, Bank of France, and the U.S. Federal Reserve System loaned Germany $25 m. to tide her over financial collapse. 20 June: U.S. President Herbert Hoover proposed a 1-year moratorium on all reparations and war-debt payments. 7 July: French government accepted the Hoover proposal. 12 July: The important German Darmstädter and National Bank failed; run on other German banks; German government decided to close all banks and credit institutions in the country (banks were reopened 5 Aug.); Germany froze British short-term assets in Germany. 20–23 July: London conference of representatives of the U.S., Belgium, France, Germany, Italy, Japan, and the U.K. agreed to renew loans to Germany when they expired. July: Britain (because of blocked short-term assets in Germany and Central Europe) became a heavy borrower from abroad. French banks began to withdraw funds from London, as did other foreign banks, when rumors spread of possible financial difficulty. Aug.: Britain's reserves of foreign exchange reached a new low. 23 Aug.: British government resigned. 21 Sept.: Britain suspended the gold standard. 23 Dec.: Committee of the Bank for International Settlements reported Germany would not be able to make payment on reparations, due in July 1932. 1931: 2,294 bank suspensions occurred in the U.S.; losses to depositors came to $391.2 million. 1932, 2 Feb.: Reconstruction Finance Corporation established in the U.S. with authority to provide emergency financing for U.S. banking institutions, life insurance companies, building and loan societies, railroads, and farm mortgage associations; Charles G. Dawes headed the R.F.C. 27 Feb.: In U.S. the Glass-Steagall Act passed, designed to increase the collateral the Federal Reserve could hold against Federal Reserve notes; government bonds as well as eligible paper were to serve as collateral; the act provided aid for individual banks, broadening the conditions under which they could borrow from the Federal Reserve. 16 June: International conference opened at Lausanne to discuss problem of German reparations and interallied debts; plans made were not ratified by governments involved. Germany never resumed reparations payments. 1932: Britain established an Exchange Equalization Account, through the operations of which it attempted to control fluctuations of the pound and the currencies tied to it; Britain, as leader of the so-called sterling bloc, took responsibility for stabilizing the currency of the bloc.

U.S. financial crisis: 1932: 1,456 bank suspensions in U.S.; losses to depositors, $172.5 million. (The existence of the R.F.C. had stemmed the tide of bank failures temporarily.) 1933, Jan.–Feb.: Bank failures in the U.S. mounted; 4 Feb., Louisiana declared a 1-day bank holiday; 14 Feb., Michigan governor called for an 8-day bank holiday; 2 Mar., 21 other U.S. states had suspended or restricted banking operations. 4 Mar.: On Inauguration Day practically every bank in the U.S. was closed or under restriction by state proclamation. 5 Mar., 11 P.M.: The new U.S. President, Franklin Delano Roosevelt, issued a proclamation, dated Mon., 6 Mar., proclaiming a 4-day bank holiday and placing a 4-day embargo on gold, silver, and currency exports; although Secretary of Treasury William H. Woodin declared U.S. had not gone off the gold standard, this effectively took the country off gold, for it put gold out of reach. 9 Mar.: Emergency Banking Relief Act in U.S. approved the national bank holiday and other measures taken by the President; the act provided a plan for the reopening of all sound banks and gave the President broad powers over transactions in credit, currency, gold, and silver. 10 Mar.: U.S. executive order continued the prohibition against gold exports and dealings in foreign exchange, except under Treasury permission. 19 Apr.: Executive order took U.S. definitely off the gold standard, prohibiting gold exports unless they were shown to be "necessary to promote the public interest." 12 May: Thomas Amendment to the Agricultural Adjustment Act authorized U.S. Federal Reserve banks to purchase up to $3 billion of government securities directly from the Treasury, and if they did not the President was authorized to direct the Treasury to issue up to $3 billion in greenbacks; the Thomas Amendment provided for devaluation by presidential proclamation of the gold content of the dollar by a maximum of 50%. 5 June: Gold Clause Repeal Joint Resolution; the gold clause in U.S. federal and private obligations was canceled; contracts and debts became payable in legal tender.

Increase in governmental controls: 1932, 12 June–27 July: World Economic Conference in London, avoiding discussion of the insoluble issues of war debts and reparations, sought to secure agreement on currency stabilization; the U.S. sent representatives, but the U.S. policy—with the removal of the gold standard just before the conference—was more national than international; the conference did nothing to restore international financial stability. 1933, 16 June: U.S. Banking Act (1) created the Federal Bank Deposit Insurance Corporation, for guaranteeing individual bank deposits under $5,000; (2) prohibited the payment of interest on moneys in checking accounts in banks in the Federal Reserve System; (3) raised minimum capital requirements for national banks to $30,000; (4) allowed branch banking by national banks, where it was permitted to state banks by state law; and (5) extended the open-market operations of the Federal Reserve Board—all of which measures were designed to cope with the U.S. domestic crisis. 25 Oct.: U.S. government set the price of gold at $31.36 an ounce (as compared with $29.01 an ounce on the world markets on 24 Oct). 18 Dec.: Price of gold increased to $34.06. 1933: France remained on the gold standard (until Sept. 1936); Germany kept an "artificial" parity and retained foreign-exchange controls. The National Socialist government in Germany completely repudiated its reparation obligations. European nations, which owed the U.S. $10.3 billion (of which $7.1 billion were war debts and $3.2 billion were postwar loans), had repaid less than $3 billion. 1933 ff.: Under Hjalmar Schacht, as president of the Reichsbank (1933–39) and as minister of economics (1934–37), Germany mobilized its finances for rearmament; Schacht printed banknotes, manipulated currency (at 1 point, German currency was estimated to have 237 different values), and created credit within the nation; Schacht was considered to be a financial magician. 1934, 30 Jan.: Gold Reserve Act in U.S. gave the government greater control over dollar devaluation; the act placed the U.S. on a gold-bullion standard internationally and on an irredeemable paper standard domestically; it amended the Thomas Amendment to give the President the power to devalue the dollar to between 50% and 60% of its former gold value. 31 Jan.: President Roosevelt by proclamation officially devalued the dollar to 59.06% of its former value, and Secretary of Treasury Henry M. Morgenthau, Jr., announced that he would buy and sell gold at $35 an ounce plus or minus ¼ of 1% handling charge. 13 Apr.: The Johnson Act in the U.S. prohibited loans by Americans to any foreign government that remained in default in its payments to the U.S. 5 Dec.: German law for regulation of credit put German banks under tight government control. 1935, Mar.: Belgium went off the gold standard, devaluing its currency. 23 Aug.: U.S. Banking Act of 1935—a purely domestic act—provided that (1) the title of the Federal Reserve Board be changed to the Board of Governors of the Federal Reserve System, (2) state nonmember banks having $1 million or more deposits were required to become members of the Reserve System by July 1942 or forfeit their insurance benefits, and (3) an open-market committee composed of the Board of Governors and 5 representatives of the Reserve banks be created; these and other provisions made the Banking Act of 1935 an important step in the direction of central banking in the U.S.—the largest step since the passage of the Federal Reserve Act of 1913. 1936, July: Reform of the Bank of France, under which the French government got a leading voice in bank policies. (7 Aug.–25 Sept.: The Bank of France lost $320 m., principally to the U.S. and England.) 25 Sept.: Tripartite Currency Agreement between France, Great Britain, and the U.S. announced; these countries agreed to co-operate in the stabilization of currencies; this was a key move toward joint action in monetary and exchange matters; 26 Sept.: France virtually suspended the gold standard; 27 Sept.: Holland left gold; 28 Sept.: Switzerland left gold. 1 Oct.: Legislation in France authorized suspension of the gold standard law of 25 June, 1928, thus officially devaluing the franc; U.S. arranged with Great Britain and France for the purchase and sale of gold through stabilization funds of these countries, with the aim of reducing fluctuations between their currencies. 1937, June: Gold began to flee France; the franc declined. 1 July: France removed the legal limits on exchange fluctuations. 1937–38: French franc gained value in late 1937 (with reaffirmation of the Tripartite Agreement), but declined again in 1938. 1939, 20 Jan.: Walther Funk replaced Schacht as president of the Reichsbank in Germany; 24 Mar.: Germany undertook a new inflationary financial program; German foreign-exchange controls remained in force; remittances remained blocked.

World War II measures: 1939, Sept.: With the coming of the war, new controls on foreign exchange were imposed. The British pound, which had declined from $4.86 to $3.20 after the Sept. 1931 devaluation and had risen up to $4.90 before World War II, was now fixed at $4.03. 1940: U.S., France, and Great Britain recognized that to deal with the disruption of trade and payments in the 1930's a properly functioning international payments systems was required; the experiences of the 1930's indicated that the *ad hoc* steps taken by individual states were inadequate, but solutions were not yet at hand. 1940, Apr.: When Germany invaded Denmark and Norway, U.S. froze the assets owned by these countries in the U.S., to prevent American funds and property of these countries being utilized by Germany and to protect them for their owners. (As other areas were occupied by Germany, U.S. followed the same procedure.) June: With German occupation of France, the Tripartite Agreement became inoperative; it had, however, been an early stage in international co-operation. 1942, Aug.: John Maynard Keynes proposed an International Clearing Union, equivalent to an international central bank. 1944, Apr.: Agreement was reached between the U.S. and the U.K. on the establishment of an International Monetary Fund. July: At Bretton Woods, N.H., plans were made by 44 nations for such a fund; plans were also made for a world bank. 1945, 27 Dec.: Articles of Agreement for the International Bank for Reconstruction and Development (the World Bank) and for the International Monetary Fund were signed by 30 countries.

FOREIGN TRADE. 1920's: World War I disrupted commerce. 1920: The current value of U.S. exports reached an all-time high, not to be exceeded until 1948. The high figures reflected postwar inflation and worldwide demand. 1921: With the recession there was a sharp drop in demand. 1924: Measured in terms of *constant* purchasing power (1913 currencies as base), the value of foreign trade of France had risen 9%, 1913–24, while British trade had declined 3% and that of Germany 42%. 1928: All the mature industrial nations were exporting more (in current values) than in 1913; yet Britain, which had in the pre-World War I years depended on foreign trade to stimulate prosperity, was in a poor position; if the export values for Britain are recalculated in terms of 1925–29 prices, then, 1927–29, the average real value of British exports ran to about 84% of the 1913 level. When in 1925 Britain had returned to the gold standard, the pound was overvalued—thus imports were cheap and exports expensive; British goods had difficulty competing abroad. Textile industries in less developed countries and Japanese output created competition with British textiles overseas. British coal exports lagged. By contrast, when France returned to the gold standard in 1926, the franc was undervalued, and French exports rose as a result. 1926–29: U.S. foreign trade exceeded British foreign trade and the U.S. became the world's largest trader.

Trade restraints in the 1920's: 1920's: Tariffs to some extent impeded the trade of industrial countries, but not in a major fashion. 1920: Britain decided on a complete prohibition of imports of dyestuffs and coal-tar dyes to protect its domestic chemical industry and to bar the revived German industry. 1921, 3 Apr.: France passed a temporary tariff, raising duties 5 times their 1910 level; 27 May: Emergency Tariff Act in the U.S., with dye licensing provisions and embargoes on oxalic and formic acids, amyl and butyl alcohols, butyl acetate, and fusel oil, aimed to protect America's new chemical industry; this act also raised duties on agriculture; the act contained antidumping provisions, which provided for special duties on goods sold in the U.S. at lower prices than they were sold abroad; 12 Aug.: Britain also passed an antidumping act; 1 Oct.: Safeguarding of Industries Act in Britain extended the range of wartime McKenna duties, which were retained; under the new British act, customs duties were collected on 6,000 imported articles. 1922, 21 Sept.: Fordney-McCumber Tariff (U.S.) imposed higher duties on agricultural products, raised other rates, and gave the U.S. President the power to alter duties as much as 50% to equalize foreign and domestic costs of production; this act contained the highest duties in American history. 1924: Minor reductions in duties in England, but duties reimposed in 1925. 1925, 11 Jan.: High tariff protection given to agriculture in Germany, as Germany enacted a tariff of the same type as its 1902 tariff. 1926, Apr.: France raised all import duties by 30%; Aug.: France again raised all import duties by 30%. 1927: Further increase in French duties, but modifications were made through tariff negotiations. 1929: Customs duties had risen in the mature industrial countries well above the 1919 level, but nowhere were the duties prohibitive.

1930's: 1930–33: Sharp decline of trade with worldwide depression. 1933 ff.: Attempts at trade recovery, but in a context of restraint; Britain regained leadership in world foreign trade, followed by U.S., Germany, and France.

Trade restraints in the 1930's: 1930–33: Trend worldwide toward trade restrictions, tariffs, exchange controls, quotas, and licensing. 1930, 17 June: Hawley-Smoot Tariff became law in the U.S.; it increased U.S. tariff rates to their highest level in 20th cent.; this tariff provoked retaliatory action by other countries. 1931, May: France became the 1st nation during the depression to adopt "quantitative restrictions" on trade, i.e., to put quotas on imports. (By 1934, 3,000 articles were on the French quota list.) 1932: U.S. introduced "import excise taxes," which were tariffs by another name, on copper, petroleum, coal, lumber, oils, and fats. 1932, Feb.: With the Import Duties Act, Britain instituted quotas; Britain was finally fully committed to a protective tariff policy; 21 July–20 Aug.: at the Ottawa Conference various parts of the British Empire accepted increased imperial preference; the result of the conference was a higher external tariff for the empire (including Britain). 1932: France gave preferential tariff concessions to its colonies. 1933 ff.: Germany expanded export trade to the Balkans and Latin America. Policies of "bloc trading" came into evidence: Britain with its empire, France with its empire, Germany with selected regions, and the U.S. to a greater extent with Latin America. 1933: With the depression and trade restraints, foreign commerce of the major industrial nations sank to a nadir. 1933: U.S. exports were a mere 37.9% of the 1929 level, while imports were 35.8% of that level. 1933–34: Britain made bilateral commercial treaties to reduce tariff barriers with Scandinavian and Baltic countries. 1934, 12 June: U.S. sought to stem the tide of rising trade barriers with the Trade Agreements Act, a turning point in U.S. tariff history; it authorized the President to enter into reciprocal trade agreements with other governments for reduction of specific duties by as much as 50%. 1934 ff.: U.S., under this act, made a series of bilateral agreements aiming toward freer trade, but the foreign trade of the U.S. and of the industrial nations in Europe recovered slowly; economic nationalism was the norm. 1937: British exports reached their peak for the decade (83% of the 1929 level; at no time in the 1930's did British exports exceed their 1913 level). 1938: British exports represented a new low as a percentage of British industrial output: 1924, 27%; 1930, 22%; 1935, 17%; 1938, 15%. German government policy of self-sufficiency discouraged imports; the Germans encouraged exports through (1) direct export subsidies, (2) rewards of various sorts to exporters, (3) barter agreements, and (4) manipulation of exchange rates. Exports did rise as a result. 1939–45: International trade came to be shaped by the patterns of war deliveries. 1940, July: U.S. started export control; 1941, Apr.: almost half of U.S. exports had to be licensed (arms, ammunition, certain machine tools, chemicals, raw materials); Dec.: all U.S. exports became subject to license after U.S. entered the war. Britain and Germany also put on restraints of trade designed to meet wartime requirements.

FOREIGN INVESTMENT. 1920's: The principal capital markets were New York and London. Americans made foreign investments as never before. 1929: U.S. foreign investments had a book value \$17.2 billion; those of Britain were \$18.2 billion; this total of \$35.4 billion represented the bulk of international investments. (France had \$3.5 billion invested abroad, the Netherlands \$2.3 billion, Germany \$1.1 billion, Switzerland \$2 billion, and other countries, including Canada, Belgium, Sweden, Japan, India, Australia, and New Zealand, together totaled \$5.7 billion.)

1929–33: U.S. capital market evaporated; 1934–40: the U.S. was a net importer of capital. 1932–37: There was a general disenchantment in Britain with foreign investment; Britain became a net importer of capital. 1937: The value of U.S. foreign investments had dropped to \$11.8 billion, while British foreign investment (converted at the exchange rate at end of year) had grown slightly to \$18.8 billion.

FOREIGN INVESTMENT POSITION, 1938
($ million)

	Credits (Foreign Investments Abroad)	*Debts (Foreign Investments Within Nation)*
U.K.	22,905	1,299
U.S.	11,491	7,007
France	3,859	559
Germany	676	2,743

1939–45: With the war, Germany lost almost all its foreign assets. At war's end the U.S. and Britain still ranked as the world's largest creditor nations. Together they controlled foreign assets of about $29.5 billion compared with $35.4 billion in 1929 and $34.3 billion in 1938.

FOREIGN AID. 1941, 11 Mar.: U.S. Lend-Lease Act aided Britain in supplying her dollar requirements; goods were supplied to Britain without immediate payment. 1941, 11 Mar.–1945, Aug.: U.S. lend-lease aid came to $43,615 m., of which $30,073 m. went to the British Empire (mostly to Great Britain) and $10,670 m. went to USSR. Reciprocal aid to the U.S. from the British Empire came to $7,567 m.

BUSINESS ORGANIZATION. The methods of business organization developed in the U.S. spread to Europe. 1920's: More use of the corporate form in Europe. The "rationalization" movement assumed popularity in Western Europe, with conferences, discussions, and study groups established to apply the techniques of scientific management; linked with this was the diffusion to Europe of American ideas on mass production of standardized products. In the U.S. innovations in business organization included (1) the increased use of the pyramided holding-company structure in utilities, which served to centralize control; (2) the introduction by Du Pont and General Motors of a form of organization structure for business enterprises—comprising a central staff and multidivisional operating units, designed to provide efficient use of resources within a large corporation; (3) the more frequent use of committees within a business organization, in place of a 1-man decision making system; and (4) the spread of research laboratories within business enterprises (the earliest ones were before World War I, but only in the 1920's did they become common). 1925–29: 2nd large wave of corporate mergers in the U.S.; the corporate form provided continuity of business organization and a means of facilitating mergers. In the U.S. the corporation had become the way of doing business. 1929: In large American corporations, there was increasingly a separation of ownership and management control. This was more the case in the U.S. than in Europe, because of (1) the greater use of the corporate form, (2) the longer use of the corporate form, and (3) the growth in the U.S. of enterprises to a larger scale. In Europe too the age of the giant enterprise was emerging. 1925, 28 Nov.: Formation of I. G. Farbenindustrie A. G. in Germany. 1926, Oct.: Sir Alfred Mond united Brunner-Mond, United Alkali, British Dyestuffs Corp., and the Nobel Industries into Imperial Chemical Industries, Ltd. 1926: Vickers-Armstrong, Ltd., munitions makers, was founded. 1929, Jan.: Associated Electrical Industries founded in Britain, merging several of the key British electrical companies. 1930: Establishment of Unilever, Ltd. In Germany, the cartel form of operation continued, sometimes encouraged by the German government. International cartels also became more prevalent. International business enterprises—single companies with business stakes worldwide—came into new prominence. 1930's: Americans, seeking explanations for the depression, asked new questions about corporate organizations, concentration of corporate power, and the role of the large business enterprise. 1932: Estimated 2,400 cartels in Germany. 1933 ff.: Under National Socialism in Germany, the tendency of business organization was toward more combination, greater co-operation, and less competition; compulsory cartels became prevalent in Germany. 1930's: The decline of competition was also evident in Britain. In France, with general stagnation there was little change in private business organizations, although the government played a far larger role in business. 1930's: Americans began to fear the decline of competition (pp. 769–770 below).

GOVERNMENT POLICY. General: 1919–26: The French government, expecting Germany to cover the bill (with reparation payments), put large sums of money into reconstruction of devastated areas, which encouraged economic expansion in France.

French Central Government Expenditures as % of National Income

	Estimates
1920	47.5
1921	28.1
1922	29.6
1926	27.9

In Britain the government played a less significant role in generating investment; after the war, most government intervention stopped. 1922–26: British central government expenditures, however, ran just over 20% of national income, with the expenditures mainly on payments of the national debt, defense, and veterans' pensions. In the U.S., Republican governments held to the motto "less government in business, more business in government"; 1920, 1 Mar.–5 June: Merchant Marine Act (Jones Act) provided for sale of U.S. government-owned ships to private interests. 1922–26: U.S. federal government expenditures were about 4% of national income. Germany, trying desperately to recover from its wartime losses, found its domestic policies shaped by international conditions. 1920: German state railways became the property of the Reich; 1924: on the recommendation of the Dawes Plan, private companies undertook to operate the German railroads on 40-year leases. 1926–29: Except in respect of aid to agriculture, in some cases tariffs, and in Britain aid to exports, there was no marked increase in governments' role in the economies of the mature industrial nations. 1929–39: With the depression and postdepression attempts at recovery, governments of mature nations took on a more important role, trying for the 1st time to provide extensive aid to the able-bodied unemployed. 1933 ff.: The New Deal in the U.S. inaugurated greater government participation; the National Industrial Recovery Act introduced government-industry planning (which lasted 1933–35). 1933, 1 May: Adolf Hitler outlined Germany's 1st 4-year plan, aiming at lowering unemployment and increasing economic advance. 1935 ff.: In the U.S. government-industry planning was abandoned, and more reliance was placed on the market mechanism, including a government role in regulation and welfare. 1935–36: The British government's activities in supervising, co-ordinating, and planning industrial expansion began to increase. 1936 ff.: In France under the Popular Front government, state intervention took the form of welfare measures and direct participation. 1936, Sept.: Hitler announced Germany's 2nd 4-year plan, which involved more extensive planning than had ever been undertaken in the U.S. or Western Europe; state control and interference sought to make Germany self-sufficient in raw materials, encourage industries, prompt technological changes, and use existing resources efficiently. Hitler and Hermann Göring indicated that the 4-year plan involved sacrifices; workers had to put aside wage increases, business to accept curtailment of freedom of action, everybody to pay higher taxes; in return the state promised Germans security from enemies in time of war, economic strength, and a higher standard of living in the long run. The German 4-year plan was directed toward developing Germany's economic capacity to fight a war. 1938: With the recession in the U.S., President Roosevelt was prepared for the 1st time consciously to employ fiscal policy as an aid to recovery; U.S. regulation of business enterprise increased. 1940–45: Wartime governments' involvement in economic matters soared in the U.S., Germany, and Britain; 1944: after liberation, Ministry of National Economy established in France, and wave of nationalization began.

Aids to agriculture: The pleas of the farmer in the mature industrial nations made government aid seem essential. 1921: U.S. 1st postwar tariff gave special protection to agriculture. 1922, 18 Feb.: Co-operative Marketing Act (Capper-Volstead Act) in U.S. exempted agricultural producers, co-operatives, and associations from antitrust laws. 1923, 4 Mar.: Intermediate Credit Act in U.S. sought to facilitate loans for crop financing; it established 12 intermediate credit banks, each with a capital of $5 million subscribed by the government; each bank was authorized to make short-term loans (6 months to 3 years) to agricultural co-operatives; the act also authorized the creation by private capital of agricultural credit corporations. 1924, 24 Aug.: Agricultural Credits Act provided for government loans to dealers and co-operatives to permit them to withhold commodities from domestic and foreign trade in an effort to prevent bankruptcies and dumping. 1925: German agricultural tariff rose sharply; British Sugar (Subsidy) Act was passed, under which Britain provided subsidies to its beet-sugar industry. 1929: German legislation made provisions for agricultural credits. 1929, 15 June: Agricultural Marketing Act, in U.S., established a Federal Farm Board to promote marketing of farm commodities through agricultural co-operatives and by stabilization corporations. 1930: In U.S., Federal Farm Board created Cotton Stabilization Corp., Grain Stabilization Corp., and Wool Marketing Corp. 1931: British Agricultural Marketing Act established an agricultural marketing board; Wheat Act in Britain guaranteed wheat prices. 1932, 2 Feb.: Reconstruction Finance Corp. in U.S. authorized to loan money to farm mortgage associations. 1933: Agricultural Marketing Act in Britain placed new restraints on agricultural imports; under the act, schemes were established for marketing potatoes, pigs, and milk. 1933 ff.: Under the New Deal in the U.S. and under National Socialism in Germany, new aids to farmers. 1933 ff.: In addition to high protective duties, France established extensive support programs for wheat, wine, sugar beets, and some other crops. 1933, 27 Mar.: Farm Credit Administration set up in the U.S. by executive decree; 12 May.: Agricultural Adjustment Act in U.S. sought to guarantee a fair return to agriculture and to restore the purchasing power of the farmer; it introduced the concept of parity prices (based on 1909–14 period); it aimed to eliminate surplus crops through compulsory curtailed production; for the 1st time the American farmer was subsidized (1936: Supreme Court ruled the act unconstitutional). 2 June: German Law for the Reduction of Unemployed contained provision for national funds to be spent on agricultural activities; sums spent out of profits for improvement of agriculture were made exempt from income tax. 16 June: Farm Credit Act in U.S. gave the farmer the opportunity to refinance farm mortgages on long terms at low rates. Aug.: U.S. participated in International Wheat Agreement. 18 Oct.: Commodity Credit Corp. established in U.S., authorizing the use of Reconstruction Finance Corp. funds for loans to farmers. 1933–34: German agriculture was completely reorganized under the Food Estate (Reichsnährstand), which included landowners, tenants, cultivators, agricultural workers, processors of foodstuffs, and wholesale and retail traders in agricultural produce, as well as all agricultural co-operative societies and farmers' organizations; German agriculture was rationalized; state control and guidance of marketing associations was established; the Germans sought self-government of agriculture under state supervision. 1934: British introduced subsidies for cattle raisers; Germans started a "battle for production" of agricultural output with extensive government subsidies. 31 Jan.: Farm Mortgage Refinancing Act in U.S. established Federal Farm Mortgage Corp., 23 Feb.: Crop Loan Act in U.S. allocated more funds for loans to farmers. 21 Apr.: Cotton Control Act in U.S. provided for compulsory reduction of surplus cotton crops. 9 May: Jones-Costigan Sugar Act in U.S. sought to limit sugar production. 28 June: Federal Farm Bankruptcy Act in U.S. gave new relief to farmers, providing means of obtaining credit; it suspended bankruptcy proceedings for 5 years (act declared unconstitutional in *Louisville Joint Stock Land Bank* v. *Redford,* 1935). 28 June: Tobacco Control Act in U.S. provided for compulsory reduction of surplus tobacco crops. 1935, 29 Aug.: Farm Mortgage Moratorium Act in U.S. offered a 3-year moratorium on seizure to debt-burdened farmers. 1936, 6 Jan.: In U.S., Agricultural Adjustment Act of 1933 declared unconstitutional (*U.S.* v. *Butler*); 29 Feb.: Soil Conservation and Domestic Allotment Act in U.S. provided benefit payments to growers who co-operated with the government soil-conservation program; payments related to the acreage withdrawn from production (this was designed to replace the unconstitutional AAA legislation); there was to be no compulsion. Sept.: 2nd German 4-year plan aimed at agricultural self-sufficiency, cutting food imports and developing agriculture; government funds were allocated for land improvement; prices of fertilizers were artificially lowered; credits were provided farmers for purchase of machinery and fertilizers; attention was paid to better agricultural practices; agriculture prices were artificially raised to encourage production of potatoes and sugar beets. 1937: In Britain, legislation guaranteed prices for oats and barley; producers of fertilizers were subsidized by the government. 1938, 16 Feb.: New Agricultural Adjustment Act in U.S. sought to curb farm surpluses; the secretary of agriculture could fix marketing quotas and authorize acreage allotments to farmers; as in the 1933 Agricultural Adjustment Act, the parity principle was repeated; this act established the concept of the "ever-normal granary"; the U.S. government would store excess crops and only when the price was above parity would these be marketed; the act authorized the creation of the Federal Crop Insurance Corp.

Aids to industry: 1918, 10 Apr.: Webb-Pomerene Act passed in U.S., an act to promote export trade; it allowed exporters to combine without being subject to U.S. antitrust laws. 1919: German Coal Act was designed to merge the entire German coal industry into a national compulsory cartel, supervised by the German government; under this legislation there was a rationalization of the German coal industry. 1920's: In Britain, where the coal industry was ailing, the government sanctioned restrictive agreements among coal producers and the fixing of production quotas; export subsidies were paid by the government. 1921 ff.: Tariff protection of industry in the U.S. and in Western Europe. 1928: British established an Export Credits Guarantee Department. 1930: Coal Mines Act in Britain endorsed earlier restrictive measures in industry and introduced a marketing scheme for coal, including quotas, export markets, and minimum prices; this amounted to a government-sponsored cartel. 1933, 20 Feb.: Hitler in Germany made promises to industrialists to aid them, and asked that they assist him; Apr.: taxation on all new motor cars removed in Germany to encourage that industry; 2 June: Law for the Reduction of Unemployment in Germany contained tax aids to firms that raised capital expenditures and increased employment. 16 June: National Industrial Recovery Act in the U.S. sought to raise prices and encourage industrial expansion; the act employed the concept of industrial self-regulation (with industry codes) under government supervision; the act created the National Recovery Administration. (1935: The U.S. Supreme Court declared the code provisions of the act unconstitutional in *Schechter Poultry Corp.* v. *U.S.*). 1933 ff.: British government supported rationalization proposals in the shipbuilding, tin-plate, and wool-combing industries. 1934, 2 Feb.: Export-Import Bank established in U.S. to provide industry with credits for exports to the newly recognized Soviet Union (this bank never functioned in this capacity); 12 Mar.: a 2nd Export-Import Bank was established in the U.S. to provide credits for American exports to Cuba and then to other countries (1936, the 2 Export-Import banks became 1). 1935, 21 May: Defense Law passed in Germany (Schacht was appointed plenipotentiary general for war economy); under the law, encouragement of industrial development, especially munitions factories and armaments. 1935 ff.: British government began to aid the nation's steel industry. 1936, Sept.: 4-year plan in Germany; Hermann Göring in charge; export subsidies were given to industries and industry was urged to expand. 1937: British steel industry discussed planned price changes with the government's Import Duties Advisory Commission, which favored the industry's needs. 1939: Cotton Industry (Reorganization) Act passed in Britain sought to reduce competition in the British cotton industry. The attempts by government to reduce competition were seen as aids to industry.

Aids to transportation: 1920's: The British subsidized their airlines, as did the U.S. 1928, 22 May: Merchant Marine Act (Jones-White Act) in the U.S. was designed to encourage private shipping. 1933: Road and Rail Traffic Act in Britain sought to reduce competition on the railroads. 1936, 26 June: Merchant Marine Act in U.S. provided outright subsidies to develop domestic shipping. In every mature nation, governments built new highways. 1944: In the U.S., Federal Aid Highway Act provided federal assistance for the building of a national system of interstate highways and federal aid to primary and secondary road construction.

Other government aids: 1919: British passed an act to encourage home building, guaranteeing local authorities against losses on approved municipal projects. 1920, 10 June: Water Power Act in U.S. established a Federal Power Commission, which was authorized to issue licenses (limited to 50 years) for the construction and operation of facilities to improve navigation and to develop and utilize power facilities (such as powerhouses, dams, reservoirs, and transmission lines) on U.S. public lands; the commission was empowered to regulate rates and security issues of such licensees. 1923: Chamberlain Act in Britain provided for 20-year annual subsidies of £6 on new (suitable) houses; 1924: Wheatley Act raised the subsidy to £9 per annum for 40 years. 1930: Housing Act in Britain gave financial aid for slum clearance. 1932, 2 Feb.: Reconstruction and Finance Corp. established in U.S., which would provide emergency financing for banking institutions, life insurance companies, building and loan societies, railroads, and farm mortgage associations. 21 July: Relief and Construction Act in U.S. extended the functions of the R.F.C. 22 July: In the U.S., Federal Home Loan Bank Act established a Home Loan Bank Board and authorized the establishment of 8 to 12 banks for home mortgages. 1933, 31 Mar.: Civilian Conservation Corps Reforestation Relief Act in U.S. involved the government in public works programs, designed to cut unemployment. 1 May: German 4-year plan announced by Hitler provided a range of public works measures. 12 May: Federal Emergency Relief Act in U.S. authorized grants to states and municipalities for the administration of relief. 13 June: Home Owners Refinancing Act passed in U.S., which created the Home Owners Loan Corporation; act provided means for refinancing home mortgage debts for nonfarm owners. 16 June: Title II of the U.S. National Industrial Recovery Act provided for a federal emergency administration of public works to be established by the President; Roosevelt set up the Public Works Administration, under Secretary of Interior Harold L. Ickes (1874–1952); this section of the act was not considered to be unconstitutional and continued after the code provisions of the act were rejected by the U.S. Supreme Court. 8 Nov.: Civil Works Administration established in U.S. as an emergency unemployment relief program. 1934, 15 Feb.: Civil Works Emergency Relief Act authorized $950 million in U.S. for civil works and direct relief. 27 Apr.: In the U.S., Home Owners Loan Act authorized funds for the refinancing of home mortgages. 28 June: National Housing Act in U.S. was designed to stimulate residential construction; it provided for the establishment of the Federal Housing Administration for the purpose of insuring loans made by banks, trust companies, building and loan associations, and other private lending institutions for new construction and improvements. 1935: Housing Act in Britain authorized local authorities to plan housing projects. 8 Apr.: Emergency Relief Appropriation Act in U.S. provided for the establishment of large-scale public works programs for the jobless; it authorized the establishment of the Works Progress Administration (renamed Works Project Administration in 1939). 26 June: National Youth Administration created as part of the Works Progress Administration to superintend work-relief and employment programs for persons between 16 and 25 years of age. 14 Aug.: Social Security Act broadened the U.S. government's aids to the unemployed and to the aged.

Regulation, rationalization, and control: 1933, 27 May: Federal Securities Act ("Truth in Securities" Act) in the U.S. made corporations disclose in detail relevant information relating to new securities issues offered the public. 1933, 16 June: Under the National Industrial Recovery Act in the U.S., the American government sought to supervise industry, to raise prices, and to develop a system of industrial self government. 1934, June–Dec.: German government sought to control prices of industrial goods; the National Socialist government organized industry into 13 groups, each with subgroups, with the whole structure under the Ministry of Economics; the goal was industrial self-government; the management was left to private enterprise; general direction and planning were by the state; compulsory cartels were formed in Germany in 26 important industries. 16 June: Emergency Railroad Transportation Act in U.S. provided for financial reorganization of the carriers, avoidance of unnecessary duplication of services and facilities, and other means of improving conditions of rail transportation; the act authorized a new office, the Federal Coordinator of Transportation. 1934: Dividends Limitation Law in Germany, designed to encourage industries to reinvest profits. 6 June: Securities Exchange Act in the U.S. established a Securities and Exchange Commission; act provided for federal regulation of the stock exchanges; all issues of securities offered the public (not just new issues) required full disclosure of relevant information. 19 June: Communications Act in U.S. established the Federal Communications Commission (FCC) for regulation of interstate communication by telephone, telegraph, cable, and radio. 1935, 26 Aug.: Public Utility Holding Co. Act (Wheeler-Rayburn Act) in U.S. put public utilities under federal regulation; all utility holding companies had to register with the Securities and Exchange Commission; the act required utility holding companies to simplify their corporate structure and to eliminate pyramiding; the act also gave the U.S. Federal Power Commission authority to regulate the transmission and sale of electric power in interstate commerce. 1936, 19 June: Robinson-Patman Act in U.S. was designed to protect small retail businesses against the large chain stores; it made illegal price discrimination between different purchasers of commodities of like grades and qualities, where the effect was to lessen competition or to create a monopoly. June: Price regulation adopted in France, in an effort to obtain price stability after the introduction of new social legislation. Sept.: Under a new German 4-year plan there was large increase in government regulation. 1936–37: Enlarged British government regulation, including some price controls. 1937, 17 Aug.: Miller-Tydings Resale Price Maintenance Act in U.S. protected small retailer; it amended the U.S. antitrust laws to legalize contracts made between producers and distributors, which involved maintenance of resale prices of branded nationally advertised goods traded in interstate commerce. 1938, 16 June: Temporary National Economic Committee (TNEC) established in the U.S. to look into concentration of corporate power. 1939 ff.: Department of Justice in the U.S. initiated a series of antitrust suits against giant American enterprises. The attempts of the U.S. government policy, 1936 ff., to protect and encourage small business had no counterpart in Europe, where the thrust of government policy was toward rationalization and elimination of competition. European governments' controls sought larger-scale, more efficient business enterprises, while the U.S. government sought to safeguard competition and return to the classical free-market economy. 1939, spring: French government assumed authority over entire economy, in the belief war was imminent. 24 Aug.: British Parliament passed the Emergency Powers Bill, giving the British government key powers over all facets of the economy; the British Treasury ordered all owners of foreign securities to return their holdings to the Bank of England within 30 days; this gathering of foreign assets was to obtain resources with which to buy needed materials from abroad. 1 Sept.: British Currency (Defense) Bill passed, which provided that funds from the Exchange Equalization Account could be utilized for war needs. Nov.: Britain adopted a broad price-control law, Prices of Goods Act. During the war, for every participant regulation and control expanded.

Direct participation in industry: 1920: The operation of the potash properties in Alsace, returned to France under the Treaty of Versailles, went under a "national industrial office," Les Mines Domaniales de Potasse d'Alsace, administered by a French government office; a French government agency also started to manufacture synthetic ammonia, taking over from a German firm the patents for the Haber process. 1924: French government participated in a group of "mixed" industry-government cos. in the Alsace territory. 1933–34: German government chose the route of supervision rather than direct participation; the state actually divested itself of certain direct participations. 1934, 8 Mar.: Hitler at Berlin automobile show made 1st suggestions for the *Volkswagen*. 1936, Aug.: With the establishment of the Popular Front in France there was accelerated state participation; law in France authorized 3 defense ministries to nationalize enterprises in munitions and aircraft industries. 1936, Sept. ff.: Under 4-year plan in Germany new government-owned enterprises began to make synthetic rubber, textiles, fuel, and other products from Germany's own resources, designed to make Germany self-sufficient; Hermann Göring Works was built by the German government to make steel by a new process from local low-grade ore. 1936: In Britain the Air Ministry started the "shadow factory" plan, new plants to be built by the government and operated by cos. in the automobile industry to manufacture parts for aircraft engines. 1940–45: With the coming of the war, government direct participation increased; the making of the atomic bomb at Oak Ridge, Tenn., was a U.S. federal government project; the German government participated directly in research on and manufacture of V-1 and V-2 missiles. Government and/or government-financed plants to build aircraft existed in all the mature nations. Governments financed new factories to fill war needs. 1940–45: U.S. government financed new plant construction, so that by the end of the war 90% of the plants for synthetic rubber, aircraft, magnesium, and shipbuilding, 70% of the aluminum capacity, and 50% of the machine-tool facilities were U.S. government-owned. 1944–45: Wave of nationalizations in France. 1944, Oct.: The holdings of Louis Renault, who was accused of having collaborated with the Germans, were nationalized; a new co., Régie Nationale des Usines Renault, owned by the state, was established, Jan. 1945. 18 Dec.: Coal-mining companies in northern France were merged into a single public enterprise, Houillères du Nord et du Pas de Calais. French nationalization continued in 1945–46.

Direct participation in other sectors: 1926: Electricity (Supply) Act passed in Britain, establishing a Central Electricity Board, to own and operate a national transmission system known as the "grid"; this spurred development of electric power on a national basis. 1933 ff.: In the U.S. and Germany, governments became involved in large-scale public works programs, designed to eliminate unemployment and revive the economy. 1933, 18 May: Establishment of the Tennessee Valley Authority (TVA) in the U.S. as an independent public corporation, authorized to construct dams and power plants and to improve economic and social conditions in the Tennessee Valley region (including 40,000 square miles in the states of Tenn., N.C., Ky., Va., Miss., Ga., and Ala.); this was the U.S. government's 1st entry into electrical power production. TVA would produce, distribute, and sell electric power and nitrogen fertilizer to the region's residents and industry (1933–40: Congress appropriated $270 million for TVA's activities). 1933: Roosevelt authorized the use of Public Works Administration funds for the construction of the Grand Coulee Dam on the Columbia River as part of a plan for the development of the Columbia Valley. 1933–40: Other power developments by the U.S. federal government included the completion of the Boulder Dam on the Colorado River, the Fort Peck Dam on the Missouri River (in Montana), and the Bonneville Dam on the Columbia River. 1935, 11 May: Rural Electrification Administration was established in the U.S., by executive order, to administer a program of generating and distributing electricity in isolated rural areas not served by private utilities. These measures, involving the U.S. in public utilities enterprises, had worldwide impact; from France to Latin America, governments took part in large-scale hydroelectrical developments. 1937, Aug.: Nationalization of the railroads in France; Société Nationale des Chemins de Fer Français established to administer a unified railroad system (51% owned by the state, 49% owned by private capital). 1940–45: General wartime participation of the governments was extensive; 1940–45: In U.S. 3,800 miles of oil pipelines were constructed by the government to carry petroleum to the East Coast, one of many types of direct participation.

OTHER FACTORS. 1936: John Maynard Keynes (1883–1946) published *General Theory of Employment, Money and Interest,* introducing the "new economics"; using Keynesian ideas, economists in the U.S. and abroad would in time demonstrate a new role for government.

MEASURES OF ECONOMIC GROWTH.

REAL NATIONAL INCOME PER CAPITA, 1920-46
(index 1925-29 = 100)

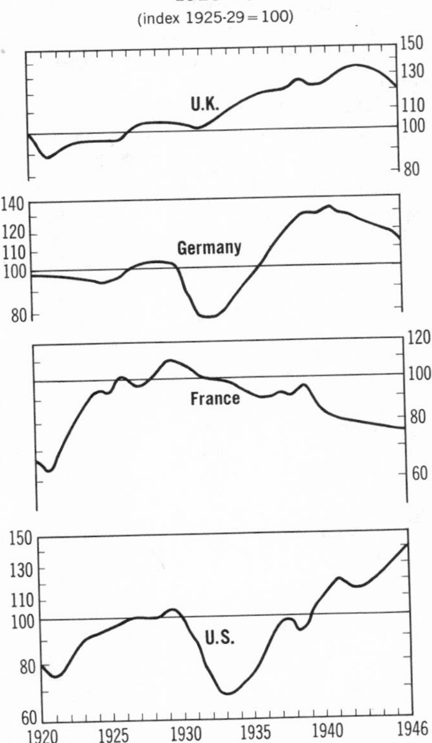

Nonmonetary Indicators of Relative National Consumption Levels, 1934–38

	Relative Data (U.S. = 100)
U.S.	100.0
U.K.	75.6
Germany	62.0
France	57.6

Note: Includes food, tobacco, medical and sanitary services, education and recreation, transportation, and communication.

Source: M. K. Bennett, "International Disparities in Consumption Levels," *American Economic Review,* Sept. 1951, p. 648.

The Drive Toward Maturity—USSR, Canada, Australia, Japan, Etc.

During the period 1919–45 the Soviet Union, Italy, Canada, Australia, and Japan (and some other countries) took large strides along the path to industrial maturity.

AGRICULTURE. 1919: The USSR, Italy, and Japan (but not Canada or Australia) had over 50% of their labor force in agriculture. 1940: In none of these countries (except the Soviet Union) was over 50% of the labor force in agriculture.

% OF LABOR FORCE INVOLVED IN AGRICULTURE, FORESTRY, FISHERIES

	1920–29	*1930–39*
Australia	20	17
Canada	36	32
Italy	56	48
Japan	53	49
USSR[a]	85	59

[a] Soviet figures are for 1925 and 1940.

AGRICULTURAL LABOR FORCE IN OTHER SELECTED COUNTRIES

	% of Total Labor Force
New Zealand (1945)	20
Denmark (1940)	29
Norway (1930)	35
Czechoslovakia (1947)	38
Austria (1939)	39

Agricultural progress: 1920's: The low agricultural prices experienced by farmers in the mature industrial nations adversely affected the newly industrial nations, with these major exceptions: (1) In Canada and Australia—based on available land—wheat acreage expanded. 1923–28: Canadian wheat acreage grew by 3 m. acres. Costs were low and western Canadian farmers prospered despite similarly low agricultural prices. 1919: 6.5 m. acres were planted with wheat in Australia; 1929, 15 m. acres in wheat in Australia; here too expansion occurred despite lower price. (2) Russian agricultural output began slowly to turn upward, 1922–28 (as the government left the individual farmer on his own). Most of this output was absorbed by domestic consumption. 1927–31: Large rich harvests in Japan sent rice prices down to their nadir. 1929 ff.: All the newly industrialized nations felt the depression severely. 1930: With the virtual closing of the American market for Japanese silk, prices dropped drastically. 1930 ff.: Soviet agriculture stagnated because of the depression and peasant opposition to collectivization. 1932–33: Famine in Russia.

OFFICIAL INDEX OF GROSS AGRICULTURAL OUTPUT, USSR
(1913 = 100; base refers to geographic area of Sept. 17, 1939)

1913	100
1920	67
1921	60
1926	118
1928	124
1929	121
1930	117
1931	114
1932	107
1933	101
1934	106
1935	119
1936	109
1937	134
1938	120
1939	121

1930 ff.: Canadian wheat production sank into the doldrums; depression, drought, crop failures, and foreign tariff barriers had a disastrous impact on the wheat farmer. (1929–36: The Saskatchewan wheat crop averaged only 60% of the preceding 5-year period; wheat prices were about 56%.) The plight of the wheat farmer affected the rest of the

Canadian economy, causing the 1930's to be a time of national stagnation. 1930's: Australian acreage in wheat production declined from the 1930–31 high of 18 m. acres to 12 m. acres, 1934–37, and then rose to 14 m. acres, 1938–39. 1930's: Japanese agricultural output rose slowly, aided to a small extent by the government; Italian output in agriculture expanded significantly, mainly because of government assistance and protection. 1930's: On the whole, the decade saw few benefits accruing to the farmer in the newly industrialized nations.

Land reform: 1919, July: Italian war veterans, spurred by talk by socialists and populists about agricultural reform, began to occupy the farming area in the Lazio and then elsewhere; the government gave the prefects power to expropriate holdings and cede them to the new occupants; 1920, 15 Apr.: 27,252 hectares (half in Lazio) had been redistributed in this manner; 1922 ff.: under the Italian Fascist government no attempt was made to change the landholding pattern, but with agricultural distress large landowners frequently sold or rented part of their holdings to small farmers; 1922–40: in Italy there was a rise in number of independent cultivators, who were loyal to the Fascist regime. 1919 ff.: In Eastern Europe (including Czechoslovakia) there were major agrarian reforms, with some 60 m. acres redistributed; these measures created more small farmers. 1919–28: In Russia, despite efforts, 1919–21, to initiate state farming and despite formal "nationalization," most land remained in peasant hands; 1921: under the New Economic Policy in Russia peasants were allowed to hold their land (though title was vested in the state) and to trade in their own produce. 1927: In the USSR all forms of state and co-operative farming included only 2% of the peasants; the number of small farms had increased (1916, 18 m. farms in Russia; 1928, 25.6 m. farms). The Soviet government thought small farming was inefficient. 1928: The Soviet government undertook a new policy of collectivization; to succeed in the other goals of its 5-year plan, it needed labor released from agriculture to man new factories, large amounts of food to feed the urban labor force, and exportable surpluses to obtain foreign exchange for industrial machinery. It wanted to put unused land into production, to mechanize farming, and to increase productivity. To obtain these benefits and also for ideological reasons (peasants were conservative and hostile to Communist goals), the Soviet government decided to substitute collective farms (*kolkhozy*) for individual peasant farms. 1928 ff.: Collectivization proceeded by force over the violent opposition of the peasants. 1932: Sharp reduction in area seeded. 1933: Under 2nd Soviet 5-year plan peasants were allowed to farm "garden plots" (allocated to them by the collectives) and to sell freely any surplus. 1938: Collectivization in Russia included 19 m. peasant households and 99.3% of cultivated land. 1940: The USSR had more than 236,000 collective farms (with 371 m. acres) and 4,000 state farms (with 4.7 m. acres).

Mechanization: 1919 ff.: In Canada and Australia extensive mechanization of agriculture occurred. 1928 ff.: Russian government policy sought to increase output through mechanization; tractor plants were built as part of the 1st Russian 5-year plan. The low level of mechanization is evident from the table that follows.

NUMBER OF TRACTORS IN SELECTED COUNTRIES (000)

	1939	*1949*
USSR	483.5	400.0
Canada	131.5	322.9
Australia	50.0[a]	76.3
Italy	39.0	39.0
Austria	2.2	10.0
Japan	.1	1.8

a 1940–41 figures.

Self-sufficiency: 1930's: Government policy in the maturing nations aimed at agricultural self-sufficiency. Most were or became self-sufficient in foodstuffs: Russia (1937), 100%; Italy (1937), 95%; Japan (1930), 80%. Japan—failing to achieve domestic self-sufficiency—sought self-sufficiency within its empire.

RAW MATERIALS. Coal: 1920: Soviet coal production was 27% of its 1913 value; its coal output was only 6.2 m. metric tons; 1930, 50.4 m. metric tons; 1938, Soviet coal production exceeded that of France, and ranked 4th in world industry (following Germany, U.S., and Great Britain).

COAL AND LIGNITE PRODUCTION, 1938
(million metric tons)

USSR	132.9
Japan	53.0
Poland	38.1
Czechoslovakia	30.5
Australia	14.0
Canada	12.9
Italy	2.2

Canada and Italy had inadequate coal for domestic needs and were importers. Japan needed to import certain coking coals.

Oil: Of the newly industrialized countries, only the USSR was self-sufficient in petroleum. 1920: Soviet oil production was 41% of the 1913 value. 1927: USSR resumed its role as the 2nd largest oil producer in the world. (USSR surpassed Mexican output to achieve that status.) Soviet oil production (in millions of barrels of 42 U.S. gallons): 1920, 25.4; 1930, 127.4; 1938, 206.2.

Iron ore: USSR and Canada had substantial reserves of iron ore; on the other hand, Italy was an importer of iron ore. Japan had virtually no iron ore, and had to import for its needs.

Other industrial resources: USSR was rich in natural resources of all kinds; Canada too had excellent mineral resources, while Italy and Japan were deficient. Raw silk from Japan—an industrial raw material—continued as an important Japanese export and provided Japan with foreign exchange. 1930's: In the search for self-sufficiency, efforts were made in Italy to develop local resources and also substitutes for certain natural resources. Japan's expansion into Manchuria, 1931, and China, 1937, and then its sweep through Southeast Asia, 1941–42, provided it with basic industrial resources (iron, coal, rubber, and oil).

ENERGY. The energy revolution—the use of electricity and the internal-combustion engine—that had occurred in the mature nations spread to the newer industrial nations. Inanimate sources of energy now did the bulk of the work.

ENERGY CONSUMPTION PER CAPITA FOR PRODUCTIVE PURPOSES, SELECTED COUNTRIES, 1937
(electricity equivalent in kwh for all energy sources)

	Per Capita Use	*Ratio of Inanimate to All Sources*
Australia	2,971	91.3
USSR	1,380	88.2
Japan	1,251	91.0

1935: Energy production as a percentage of the world total was, with the exception of the USSR, small compared with the leading industrial nations.

ENERGY PRODUCTION, 1935
(%)

World	100.000
USSR	8.584
Japan	2.963
Canada	1.488
Czechoslovakia	1.046
Australia	0.722
Italy	0.675

SOURCE: Abbott Payson Usher, "The Resource Requirements of an Industrial Economy," *Journal of Economic History,* Suppl. VII (1947), pp. 44–46.

Electric power: The surge of industrialization in the newer countries came to be based from the start primarily on electric rather than steam power. In Canada, Japan, and Italy most of the electric production was from hydroelectrical facilities; in the USSR and Australia, the developments were primarily in thermoelectrical plants; 1940: only about 10% of Soviet electrical energy was generated by hydroelectrical stations.

ELECTRICAL PRODUCTION, 1930–40
(billion kwh)

	1930	*1940*
Canada	18.1	30.1
Japan	15.7	35.5
Italy	10.6	19.4
USSR	8.4	48.0
Australia	2.4	5.1

Internal-combustion engine: Applications of the internal-combustion engine to motor-vehicle transport took place along the same lines (but on a smaller scale) as in the mature industrial nations.

Other sources of energy: 1924, Apr.: Establishment in the USSR of a Central Committee for the Study of Rocket Propulsion. 1932: According to Soviet historians, jet-assisted-take-off-type rockets were 1st used in that country. 1935: Successful flight of Russian liquid-propellant meteorological rocket, designed by M. K. Tikhonravov. 1937: The USSR set up rocket test centers—Kazan, Moscow, and Leningrad. 1941, Nov.–Dec.: The Russians used antiaircraft rockets against German aircraft which were attacking Moscow and also air-to-air rockets on their Stormovik Il-2 fighters. Russian work on rocketry—whether for civilian or military purposes—aided in the development of a powerful propellant to be used in the postwar years.

INDUSTRY. Industrialization occurred in the new industrial nations mainly through the borrowing of techniques developed in the mature industrial nations. 1920's: Canadian industrial progress was significant, following closely the course of U.S. development; U.S. investors in the dominion aided in the growth of the latter's industry. Yet Canadian manufacturing continued to represent only a small portion of world manufacturing. 1930's: With the depression, there was a slowdown in the development of manufacturing in Canada. 1920–40: Italian, Japanese, Soviet, and Australian manufacturing output rose more rapidly than the world average; only Soviet manufacturing, however, came to provide a substantial percentage of *world* manufacturing. 1938: USSR was 2nd only to the U.S. in world manufacturing.

Textiles: Among all the newly industrialized nations, only in Japan did the textile industry act as the leading sector. The Japanese textile industry became increasingly efficient (1920, 91 workers per 100 looms in Japan; 1931, 36 workers per 100 looms); 1927–32: the technical revolution in the Japanese cotton industry gave that nation the opportunity to move into foreign markets formerly served by British goods. 1930's: Japan introduced more precision machinery, improved the quality of its cotton goods, and reduced prices. Although its textile industry became increasingly capital-intensive, wage levels remained low. Japan had the lowest-cost cotton textile production in the world.

INDEXES OF MANUFACTURING OUTPUT
(1913 = 100)

	USSR	*Italy*	*Canada*	*Japan*	*Australia*	*World*
1920	12.8	95.2	99.1	176.0	100.5	93.2
1921–25	41.1	124.7	103.9	203.3	125.9	103.2
1926–29	134.9	170.1	147.4	289.8	146.9	138.9
1930	235.5	164.0	147.5	294.8	129.1	136.9
1931–35	393.2	139.7	122.8	365.8	142.9	128.2
1936–38	774.3	186.3	163.6	528.9	188.2	185.0

SOURCE: League of Nations, *Industrialization and Foreign Trade,* New York, 1945.

% DISTRIBUTION OF WORLD'S MANUFACTURING PRODUCTION

	USSR	*Italy*	*Canada*	*Japan*	*Other Countries*[a]
1913[b]	4.4	2.7	2.3	1.2	18.0
1926/29	4.3	3.3	2.4	2.5	17.7
1936/38	18.5	2.7	2.0	3.5	16.7

SOURCE: League of Nations, *Industrialization and Foreign Trade,* New York, 1945.

[a] Excludes U.S., Germany, U.K., and France; the latter plus those included in the table above total 100%.

[b] 1913 figures adjusted to represent the frontiers established after World War I.

Iron and steel:

CRUDE STEEL PRODUCTION, 1938
(million metric tons)

USSR	18.0
Japan	6.5
Italy	2.3
Czechoslovakia	1.9
Australia	1.2
Canada	1.2

SOURCE: United Nations, *Statistical Yearbook 1949–50.*

Utilizing steel, engineering industries developed especially in the USSR and Japan. 1930's: Growth of Japanese and Soviet armaments industries. Automobiles and tractors: 1919: Japanese army authorities ordered trucks from existing private factories; 1919–31: most motor vehicles in Japan were imported; 1931: Japan started to develop an indigenous motor-vehicle industry.

MOTOR VEHICLE PRODUCTION IN JAPAN FROM HOMEMADE PARTS

1931	434
1932	840
1933	1,612
1934	2,701
1935	5,355
1936	9,632

1923, 4 Mar.: Soviet decree formally established a domestic tractor industry. 1928: 5-year plan endorsed expansion of tractor output. 1930, June: Stalingrad tractor factory opened, the 1st Russian large-scale tractor plant. 1932, Jan.: USSR began to produce the 1st all-Russian-made cars and trucks at a plant in Nizhni Novgorod. 1944: Australia made the commitment to full manufacture of automobiles (not only building the bodies); the Australian government invited foreign automobile makers to submit proposals, which they did.

Other industries: 1920's: Increase in industries processing raw materials (paper and pulp in Canada, especially). 1920–40: Electrical and chemical industries grew. 1930–45: In the USSR, Japan, Italy, Canada, and Australia new aircraft industries began. Petroleum refining became an important industry in USSR and Canada (the latter based mainly on imported oil). 1930's: In Italy, the state-owned Azienda Generale Italiana Petroli (AGIP), established in 1926, started to build refineries in that country; American cos. also built refineries in Italy. Although Australia had several oil refineries, they were concerned almost entirely with by-products and accounted for only a small fraction of Australian requirements; all automobile and aviation gasoline used in Australia was refined abroad. 1938–48: The war stimulated industrial activity in some cases and destroyed it in others.

AVERAGE ANNUAL RATE OF CHANGE OF MANUFACTURING ACTIVITY, 1938–48
(%)

Australia	4.5
Canada	6.0
Italy	−0.2
Japan	−4.5

SOURCE: United Nations, *Growth of World Industry—National Tables,* New York, 1963.

TRANSPORTATION. 1920: For practically all the new industrial countries railroad development had been completed; the USSR was the exception. 1920–40: Railroad lines in the Soviet Union increased from 36,600 to 62,500 mi. Automobiles became the main means of transportation in Canada. 1920's: Total private automobiles in use in Canada numbered 2nd only to those in U.S.; 1930's: private automobiles in use in Canada numbered 3rd, after the U.S. and Britain.

PRIVATE AUTOMOBILES IN USE
(000)

	Canada	*Italy*	*Japan*	*Russia*
1921	423	34	8	—
1926	736	105	28	8
1930	1,047	183	56	10
1935	990	244	83	44
1938	1,160	289	59[a]	85

[a] The decline was due to the Japanese government's policy of not granting foreign exchange for imports of private automobiles.

In Japan available transportation ranged from the primitive to the sophisticated.

BICYCLES, CARTS, AND MOTOR VEHICLES (INCLUDING TRUCKS) REGISTERED IN JAPAN, 1937

Bicycles	7,878,463
Carts for goods, human or animal drawn (excl. horsecarts and oxcarts)	1,519,334
Horsecarts	307,889
Oxcarts	111,146
Motor vehicles (incl. trucks)	128,735
Rickshas	15,376

With the growth of automobile travel came improvements of the roads in all these countries, especially Canada and Italy. Travel by air increased. 1937, 15 July: 3 Russian flyers made a world-distance nonstop record, flying over the North Pole from Moscow to San Jacinto, Calif., in 62 hours. 1941, Aug.: An Italian Caproni-Campini jet-propelled plane, having a conventional engine with ducted fan, was produced and test-flown in Italy; 30 Nov.: Italian jet-propelled Caproni-Campini airplane flew 275 miles from Turin to Rome.

FINANCE. Capital: 1919–39: In the drive to maturity, the new industrial nations generally financed their economic growth out of locally available funds; this was true in the USSR, Italy, and Japan; it was not in large part true in Canada and only partly true in Australia. USSR, because of its refusal to honor previous debts, got virtually no capital from abroad. Italian economic growth was out of reinvested earnings rather than foreign capital. Japan too financed its own development in the main with a high rate of savings and investment. Canada, by contrast, depended on U.S. and to a smaller extent British capital; Australia got considerable capital from Britain.

Banking reform: 1919: In the USSR banking was in disarray following the Revolution, 1917, when it had been nationalized. 1921, 16 Nov.: New Russian state bank (the Gosbank) established. 1919–20: Boom in Japanese banking; 1920–21: failure of a number of Japanese banks; 1923: Kwanto earthquake in Japan meant new calls on banking facilities; moratorium declared as an emergency measure; 1927: Watanabe Bank failed, the Akaji Bank followed, and a run occurred on Japanese banks; this major banking crisis had come in the wake of the construction boom after the earthquake. 1928, 1 Jan.: as a result of the 1927 crisis, a new Banking Law in Japan provided that all ordinary banks must have capital of more than 1 m. yen (banks in Tokyo and Osaka were required to have capital of more than 2 m. yen, while banks in towns and villages with populations under 10,000 were allowed a minimum capital of 1.2 m. yen); the new Banking Law prompted many bank mergers. 1926, 6 May: When the right of issue was finally confined to the Bank of Italy, Italy at last had a central banking system; 1936, 12 Mar.: in a major reform of the Italian banking system, the Bank of Italy was transformed into a public institution. 1934: Canada established its 1st central bank; the Royal Bank of Canada opened, 11 Mar., 1935.

Stock exchanges: After the Bolshevik Revolution, Russian stock exchanges were closed. 1922, 2 Jan.: Re-establishment in Moscow of a Central Commodity Exchange with a stock-exchange section. 1930: Abolition in the USSR of both the commodity and stock exchange; the spread of government ownership and centralized allocation of capital in the USSR made the use of stock exchanges irrelevant.

Effects of international financial conditions: Unlike the mature industrial countries, the new industrial nations were less active as principals in international financial transactions. The events that stemmed from the establishment of German reparations and German inability to pay, however, ultimately had important worldwide ramifications. While Japan's domestic financial crisis of 1927 anticipated the world crisis, her financial recovery was once more jarred by world conditions, 1929–33. Although there were no bank failures in Canada, Canada felt the world financial crisis in a severe manner, with economic stagnation as a consequence. The Soviet Union, seeking to end her isolation from the world economy, found the curtailment of credit worldwide, affecting her economy. 1929–33: The world crisis left no nation exempt. 1931, 2 Dec.: Japan went off the gold standard. 1934, 26 May.: The Italian government imposed strict control over foreign exchange, and controls continued through World War II. 1936 ff.: Japanese controls on foreign exchange became more extensive.

FOREIGN TRADE. 1920's: Japan depended on imports of essential raw materials and on exports to obtain foreign exchange to import for its needs; textiles continued as the main Japanese export. Italy required imports of iron and oil—basic raw materials; initially, Mussolini's government, 1922 ff., sought to stimulate foreign trade through commercial treaties (1922, 13 Nov.: Italian-French treaty; 1923, 28 Apr.: Italian-Austrian treaty; 1925, 31 Oct.: Italian-German treaty); 1925 ff.: Italy's policy became more nationalist. After the Bolshevik Revolution, Russian foreign trade dropped sharply; 1921 ff.: the Soviet Union sought to reenter international trade, with only minor success. 1920's: Wheat was the basic Canadian export. 1929, Aug. ff.: Wheat prices in Liverpool began to fall sharply; Canada had giant grain surpluses which pushed down prices; there were excellent harvests in Europe; USSR began to export wheat; 1930: Australia had a record wheat crop (214 m. bushels); to add to the depressing influences, European nations erected high tariff barriers, closing off markets to Canadian, Russian, and Australian wheat. The Canadian and Australian economies suffered, as the result of falling export prices. 1931–32: Australian wheat exports were 80% greater in volume than before the depression; butter exports more than doubled; mutton increased nearly 2½-fold; sugar twice over; beef by ⅓, flour by ¼, and wool by ⅒; nonetheless, with the low prices, in value Australian exports were 55% of their 1928–29 value. 1929, Apr.: Export price per 100 *kin* of Japanese silk was 1,420 yen; 1932, June: export price for the same quantity of silk was 390 yen. 1929–33: Italy, Canada, Australia, and Japan followed the international pattern of raising tariffs and imposing restraints on imports. 1932, 21 July–20 Aug.: Ottawa Conference was convened with the goal of reviving trade within the British Empire; the British offered dominion products preferential treatment; such products were guaranteed free entry into Britain for 5 years (except for certain exempted items on which a duty might be applied after 3 years); Britain imposed or raised its duties on foreign goods. In return, the dominions lowered their tariffs on British imports. 1932 ff.: These arrangements notwithstanding, Canadian trade stagnated. Australia lowered its duties in accord with the Ottawa Agreements, but because of imperial preference the Commonwealth became involved in trade disputes with other countries. 1933 ff.: Australia negotiated commercial treaties with Belgium, France, and Czechoslovakia. 1936, May: Australian government adopted the policy of "trade diversion," consisting of discriminatory duties, quotas, and import licenses directed against the U.S. and Japan; the U.S. was subjected to discrimination because it sold far more in Australia than it bought there; the Australians discriminated against the Japanese to protect British trade (Japanese products in Australia competed against British goods); Japan, as a result, stopped buying Australia's major export, wool, which hurt the Australian economy. 1936, Dec.: Australian-Japanese agreement. Japan, however, continued to purchase less from Australia than in the 1920's. 1930's: Australian commerce recovered very slowly from its depression lows. 1930s: In Italy self-sufficiency became the cornerstone of government commercial policy; 1935, 7 Jan.: Count Paolo Taon di Revel, Italian minister of finance, terminated completely the system of multilateral trade and payments negotiations; he imposed added restrictions on trade and foreign exchange transactions; Italy encouraged bilateral agreements and barter plans. 1935: League of Nations declared economic sanctions against Italy after that nation's invasion of Ethiopia (9 Oct., 1935: sanctions declared, to be imposed 18 Nov.); the League urged all countries (1) to end exports of arms and war matériel to Italy; (2) to refuse credit to the Italian government, public agencies, businesses, and private persons in Italian territories; (3) to stop importing Italian goods; and (4) to discontinue exporting raw materials required for Italy's war industries. 1935, 9 Oct.–18 Nov.: Italy bought everything it could before the sanctions went into effect; 18 Nov. ff.: many nations (including U.S., Germany, and Japan) did not follow the League's proscriptions; Italy was able to import sufficient goods. 1936, 15 May: The League's sanctions against Italy ceased; they had been a total failure. Yet Italy continued to pursue a policy of self-sufficiency. 1933: Yardage of Japanese cloth exports exceeded that of Britain for the 1st time. Tariff barriers abroad rose against "cheap" Japanese exports. 1934: Japanese Trade Protection Law gave the government power to retaliate against discrimination against its goods; Japan increasingly turned to "empire self-sufficiency." 1930's: National and empire "self-sufficiency" became common goals. "Bloc trading," such as that within the British Commonwealth and in the Japanese Empire, assumed increasing importance. Soviet participation in world trade remained low; because of the USSR's continued failure to honor its prewar debts, it was not considered a reliable trading partner. USSR achieved virtual self-sufficiency. 1939 ff.: Canadian exports and imports rose as Canada filled wartime needs; with many imports cut off, Australia moved into more manufacturing. 1941, Dec. ff.: Japanese trade with the allied countries ceased entirely and was confined during the war years to areas under Japanese control. 1943: Under lend-lease Americans made large shipments to Russia for the latter's defense; the USSR's imports rose sixfold over their 1936–40 level; her exports fell by ¼.

FOREIGN INVESTMENT. USSR had renounced her foreign obligations. 1920's: While a few foreign investments were made in the USSR, most foreign investors hesitated; 1928 ff.: USSR stopped trying to encourage foreign investors. There were no important Soviet investments abroad. Japan and Italy were creditors in international accounts, while Canada and Australia were debtors.

FOREIGN INVESTMENT POSITION, 1938
($ million)

	Credits (Foreign Investments Abroad)	*Debts (Foreign Investments Within Nation)*
Japan	1,230	534
Italy	424	176
Canada	1,855	6,628
Australia	254	3,730

1939–45: Following the war and military defeat, Japan and Italy lost almost all their foreign assets; Canada and Australia continued to be debtors on international accounts.

BUSINESS ORGANIZATION. Canadian and Australian business organizations in all but size bore a clear resemblance to those developed in the U.S. 1928 ff.: In the USSR government participation in business meant an attempt to substitute a "command" economy for one regulated by the market; government-owned business enterprises allocated resources to correspond with prescribed needs (prescribed by the government) rather than market demands; profit in Russia was not the measure of business performance—as in other contemporary industrial nations. In Japan the *zaibatsu* form of business organization assumed greater importance; 1931: Major Industries Control Law and Industrial Association Law in Japan legalized the existence of cartels; 1930's: the leading giant *zaibatsu* continued to be Mitsui, Mitsubishi, Sumitomo, and Yasuda; other large *zaibatsu* existed; in addition, private Japanese corporations developed outside the *zaibatsu* structure. Also present in Japan were literally thousands of small businesses (of the type prevalent in a backward economy). 1922 ff.: Mussolini's plans for a corporate state in Italy took shape; private businesses were expected to co-ordinate their plans with national goals; yet within the context of the corporate state, private enterprise was given a large measure of freedom. The Italian government encouraged cartelization. 1930's: Increasingly the Italian government became directly involved in industrial enterprises. There do not seem to be any valid generalizations on the path of the newly industrialized nations and forms of business organization; prevailing government attitudes toward competition ranged from acceptance of competition as desirable (in Canada and Australia) to rejection of it as inefficient (in the USSR, Japan, and Italy). The rejection of competition was most complete in the Soviet Union; in Japan, despite government encouragement of cartelization, there seems to have been considerable competitive activity on the part of private businesses; in Italy harmonization took priority over competition.

GOVERNMENT POLICY. 1920–40: As a whole, these decades saw increased government intervention in every industrial nation; there were (1) aid to agriculture, (2) participation in building transportation facilities, (3) aid to and in some instances direct involvement in industry, and (4) in some nations new planning and control.

Aid to agriculture: 1925, 20 June: Mussolini called for higher Italian grain output and urged agricultural self-sufficiency; 1925 ff.: Italian farmers got tariff protection, artificially high prices, and other government assistance; the Fascist state undertook land reclamation and improvement; 1926, 30 Dec.: Italian government aid went to farmers' co-operatives (purchasing, processing, and marketing units); 1927, 29 July: law passed in Italy creating the National Consortium of Agrarian Credit for Improvements, providing loans to farmers. 1936: After the Ethiopian War, the Italian government renewed its efforts toward developing agricultural self-sufficiency; under government sponsorship new crops were introduced. 1928: With government encouragement, Canadian wheat pools held back part of their crop, seeking to avoid price declines. 1930, Nov.: Canadian federal government provided substantial aid to the wheat pools. 1930's: The Japanese government used its funds to attempt stabilization of rice and silk prices, to readjust farm debts, to provide relief to indigent tenant farmers, to control fertilizer prices, and to encourage emigration to Manchukuo. 1931–35: The Australian government subsidized wheat farmers to the extent of £12.5 million; state governments in Australia canceled debts of many wheat growers; 1934: the Australian government imposed high domestic prices on wheat to aid the farmer; the proceeds of a tax on flour were distributed among the wheat growers; similar government support went to the dairying and sugar industries in the Commonwealth.

Transportation: Participation in highway and railroad construction became a common function of all governments. 1920: Formation of Canadian National Railroads, which put the transcontinental railroads in Canada (except for the Canadian Pacific Railway) in government hands; nationalization was not based on principle, but rather to maintain operations on railroads that were not profitable to private investors. 1928: Establishment in Italy of the Autonomous State Agency for Roads, which undertook a large-scale program of building *autostrade* and improving existing roadways. The Japanese railroads and roadways were government-built.

Government aid to and participation in industry: Tariffs and restrictions against imports aided industry; likewise, governments sought to encourage exports. 1919 ff.: Japanese government extended protectionist tariffs to key industries, iron and steel, machinery, and chemical; it encouraged citizens to "buy Japanese." 1931 ff.: Japanese government policy of armament and industrial development went forward with dramatic results. Key officials in the *zaibatsu* took on important roles in shaping government economic policy; the government thus was sympathetic to industry's needs. 1934: Yawata Ironworks (the government-owned iron and steel co.) merged with 6 *zaibatsu* firms to form the Japan Iron Manufacturing Co. (the Japanese government owned 78% of the authorized capital of this firm—the largest iron and steel producer in Japan). 1937 ff.: After the start of the Sino-Japanese War, the Japanese government undertook extensive direct investment in Japanese business. "National Policy Cos." were formed, owned by the government to expand production for war needs. The Australian government had participated in munitions production during World War I; after the war, some plants were retained by the government; these produced consumer goods until the outbreak of World War II, when they were reconverted into armament facilities. The Australian government, which owned railroads, also manufactured equipment for the railroads; it participated with British oil cos. in joint ventures, refining certain oil products. The Australian government also took part directly in aircraft production and shipbuilding. The Italian government gave aid to industry when it was required. 1933, 23 Jan.: Formation in Italy of the Istituto per la Ricostruzione Industriale (IRI), with capital provided by the state and by the sale of its own bonds; the new IRI was to aid banks and faltering industries. IRI made direct investments in a number of enterprises, providing financing and management; 1936: IRI took over the Italian Line, Lloyd Triestino, Adriatica, and Tirrenia and established, as a shipping subsidiary, Finmare; 1937: IRI created Finsider, a subsidiary, which had holdings in the metallurgical trades, including Italy's major steelworks; IRI also became involved in shipbuilding, machine industries, and munition manufacturing. 1933–41: IRI's net expenditures were 4 billion lire; through its activities what had started as government aid became extensive direct government involvement in industry. This supplemented the Italian government's participation in the petroleum industry and its general controls.

Government planning and control: The most extensive government involvement was in the Soviet Union. 1918–21: Period of "War Communism": the Soviet government attempted to nationalize the means of production and also the service industries; it sought to nationalize land. 1921–28: New Economic Policy (NEP) in the USSR marked a sharp change in policy; about 40% of Russian business was returned to private ownership and operation (this involved mainly enterprises in light industry and trade); peasants were allowed to till their own land (although technically the land belonged to the state); foreign concessionnaires were invited to invest in USSR. Basic industry and utilities remained nationalized. 1928, 1 Oct.: The 1st 5-Year Plan of the Soviet Union was announced, providing for heavy industry, increased coal and oil production, greater electrical energy output, and automobile, tractor, and machining plants. The plan offered the basis for an industrialized Russia. Renewed emphasis was placed on nationalization of all industry. Foreign technical aid was called in, but foreign capital was not. The 5-Year Plan endorsed collectivization of the land. 1933: By this time all private ownership of Soviet industrial production had ended; with the exception of collective farms and some co-operatives (mainly in retailing), state ownership had become general. 1933: 2nd 5-Year Plan introduced; it stressed the growth of transportation; initially it put emphasis on enlarged consumption. 1933–35: Output of consumer goods increased, so that severe shortages, which occurred under the 1st 5-Year Plan, were in part eliminated. 1936: Emphasis of 2nd 5-Year Plan shifted attention primarily to heavy industry; production for defense began. 1938: USSR inaugurated 3rd 5-Year Plan, concerned mainly with providing for the possibility of war. Italy: 1922–25: "Liberal phase" of Italian Fascist economic policy began: Mussolini, 1922, returned to private ownership all government-owned utilities, reopened to private underwriters the field of life insurance (which had been nationalized in 1912), issued decrees seeking to attract foreign capital, and eliminated government subsidies to co-operatives; tariffs were moderate; Mussolini's plans for a corporate state began to take shape; the goal was to organize employers and employees into syndicates or "corporations" that would act in harmony in the interest of the total national welfare. 1923, 20 Dec.: Mussolini named a permanent commission of 5 worker and 5 employer representatives to study means of improving relationships between business and labor. 1926, 3 Apr.: Rocco Law on Corporations (written by Alfredo Rocco, minister of justice) was the capstone of the "corporate state"; it created means for the government to use in handling disagreements between employers and workers. The law authorized the establishment of 13 syndicates (6 each for employers and employees plus 1 for professionals and intellectuals); employees had a general confederation and a similar general confederation was projected for employers (the latter never came into existence); at the top of the pyramid was the Ministry of Corporations, which controlled the entire system; the system sought to encourage private initiative; state intervention was to occur only when private enterprise could not act efficiently or when there were political considerations involved. Government intervention could be in the form of aid, regulation, ownership, and control. 1933 ff.: Major increase in Italian government's role. 1934, 4 Feb.: Reform of the Italian corporate state's structure occurred, substituting 9 syndicates for the original 13; the reform introduced 22 new corporations composed of leaders in the 9 syndicates, technicians, workers, co-operatives, and Fascist Party. Members of the 22 corporations formed the National Council of Corporations. 1939, 19 Jan.: Italian Chamber of Deputies replaced by a Chamber of Fasces and Corporations, made up of members of the National Council of Corporations, representatives of the Fascist Party, and the Grand Council of Fascism. The extensive government planning and control in the USSR and the novel role of the government in Italy put these states in a unique peacetime economic position. The Japanese government, in its attempt to build up armaments, did not perhaps take radical departures, although its role was clearly one of increased national involvement. By contrast, the Canadian government sought to promote economic development by maintaining classical competitive enterprises. 1919: Combines and Fair Prices Act and the Board of Commerce Act passed in Canada to cope with postwar profiteering (1921: Privy Council disallowed these measures). 1923: Canadian Combines Investigation Act passed, which became Canada's basic antitrust measure. 1923 ff.: Canada continued to see the role of government as favoring competition rather than co-operation among business enterprises. 1938 ff.: In every newly industrialized nation, as the threat of war grew, government regulation and control became the norm. New government agencies were formed to direct the various economies toward war production. Planning and control came to be linked with national defense and victory.

MEASURES OF ECONOMIC GROWTH. The indexes of manufacturing output indicate that with the exception of Canada (which felt the depression years most severely) the USSR, Italy, Japan, and Australia all grew faster during the interwar years than the world average.

NONMONETARY INDICATORS OF RELATIVE NATIONAL CONSUMPTION LEVELS, 1934–38

	Relative Data (U.S. = 100)
Canada	80.6
Australia	80.0
Czechoslovakia	47.0
Japan	40.0
Italy	39.6
USSR	33.6

NOTE: Includes food, tobacco, medical and sanitary services, education and recreation, transportation, and communication.

SOURCE: M. K. Bennett, "International Disparities in Consumption Levels," *American Economic Review*, Sept. 1951, p. 648.

Economic Change in the Less Developed World

During 1919–45 much of the less developed world remained unchanged. There were still the Bedouins, who moved with their camels and horses over vast territories. Masai cattle breeders in East Africa still wandered over long distances to obtain fresh pasturage. Mongol and Turkish cattle-breeding tribes in Central Asia held to established patterns of migration, returning regularly to the same regions. Change in the lives of most nomads was nonexistent. Yet in some cases change did occur. 1920's: the Siberian reindeer nomads began to adopt a more settled pastoral life. King ibn Saud in Saudi Arabia took preliminary steps to develop agricultural communities and to transform Bedouins into farmers. In Outer Mongolia some nomads began to settle.

AGRICULTURE. For most of the world agricultural conditions—subsistence farming, commercial (domestic and export) farming, and plantation agriculture (for export)—persisted in much the same fashion as in 1870–1919. Typically, a less developed country had more than 50% of its population involved in agriculture, although there were exceptions. 1920–45: Changes in agriculture included spreading use of the plow in agriculture (especially in Africa), increasing monetization of economies (through greater commercialization of agriculture practically everywhere and through more demand for male labor where there were plantations), new lands under cultivation, and some new plantations (but the peak years of starting fresh enterprises, 1870–1919, were past). Efficient plantation agriculture in rubber, quinine, tea (for example) eclipsed indigenous agriculture; 1920's: expansion of rubber plantation economy in Malaya and the Netherlands East Indies. Except for foreign-owned plantations, everywhere agriculture remained undercapitalized. Mechanization (except on foreign-owned plantations) proceeded slowly.

AGRICULTURAL LABOR FORCE IN SELECTED COUNTRIES

	Agricultural Labor as % of Labor Force
Thailand (1937)	89
Turkey (1935)	82
Bulgaria (1934)	80
Rumania (1930)	79
Korea (1938)	76
Nigeria (1931)	74
Philippines (1939)	73
Nicaragua (1940)	73
Colombia (1938)	73
Yugoslavia (1948)	72
Guatemala (1940)	71
Egypt (1937)	71
Burma (1931)	70
Netherlands East Indies (1940)	69
India (1931)	67
Brazil (1940)	67
French Morocco (1946)	67
Mexico (1940)	65
Poland (1931)	65
Peru (1940)	63
British Malaya (1931)	61
Ceylon (1921)	54
Greece (1928)	51.8
Chile (1940)	36
Argentina (1946)	36

NOTE: Includes forestry and fishing.

Agrarian reform: 1919 ff.: 12 Eastern European nations undertook agrarian reform. 1924 ff.: In Turkey a gradual process of land redistribution began; peasants were given tax relief and encouraged to raise output. In Latin America, where large landed estates, inefficiently farmed, retarded economic progress, land reform began. 1917–34: In Mexico 20 m. acres were returned by the government to Indian villagers and to mestizos; nonetheless, large landholdings persisted. 1934–40: Under the administration of Lázaro Cárdenas in Mexico, millions more acres were redistributed and there

AREA AND BENEFICIARIES OF LAND REDISTRIBUTION IN EUROPE AFTER WORLD WAR I

	Area Redistributed		*Area, in Millions of Acres, Allocated to*			*Plots, in Thousands, Allocated to*		
	Millions of Acres	*% of All Agricultural Land*	*State*[a]	*Former Owners*	*Other Farmers*	*New Farmers*	*Small Farmers*	*Former Tenants*
Finland	3.7	2.1	—	2.2	1.5	22	10	97
East Germany	1.0	—	—	—	1.0	16	28	—
Poland[b]	3.7	6.1	—	—	3.7	109	200	—
Czechoslovakia	9.9	14.1	4.9	0.2	4.7	1.7	303	—
Hungary	1.7	9.7	—	—	1.7	549	113	—
Yugoslavia	4.9	4.6	1.2	2.5	1.2	—	256	—
Rumania	14.8	29.7	2.2	—	12.6	—	1,369	—
Bulgaria	0.5	2.0	—	—	0.5	—	17	—
Greece	3.2	—	—	1.2	2.0	—	229	—
Latvia	9.1	42.4	5.2	0.5	3.5	64	13	7
Lithuania	2.0	17.5	0.2	—	1.7	36	19	—
Estonia	5.7	25.0	2.7	1.2	1.7	33	—	27
Total	60.3	—	16.5	7.9	35.8	—	—	—

SOURCE: W. S. and E. S. Woytinsky, *World Population and Production,* New York, 1953, p. 497.

[a] Often includes woodlands or wasteland.

[b] By 1937 about 6.5 million additional acres had been redistributed among some 700,000 purchasers.

was a breakup of the largest landed estates. 1945: By this time the Mexican government had redistributed 76 m. acres to 1.7 m. individuals; land had been given to agrarian communities known as *ejidos,* to the extent of 3 m. acres. Mexican land reform was the most dramatic in Latin America. 1921: Tenancy reform legislation in Argentina sought to protect the tenant by requiring contracts of not less than 5 years' duration and by recognizing certain tenant rights; the legislation was, however, ignored by the large landlords. 1930's: Laws were passed in Argentina, seeking to tax large landowners and aid small farmers; but the legislation was evaded. The Argentine land reforms had no important effects. In much of Asia small peasant plots grew smaller as population increased. Attempts were made in India to consolidate "postage stamp" plots, with little success. 1939: 75% of the landholders in India held less than 10 acres; in many sections of India average farm size was less than an acre. 1929–33: A survey of about 17,000 farms in China in 22 provinces discovered 80% averaged less than 7.17 acres. 1930: Land Law in China gave the Land Bureau power to take steps for the consolidation of scattered plots into single holdings; success in this effort was minimal. In China, there was no reform of tenancy relations and, at the same time as fragmentation in ownership existed, there were also large absentee landowners. Inequity in land distribution was evident. 1930's: In Tongking (Indochina) 62% of all farm families had less than .9 acres in rice fields (the major crop), while in Annam 69% of the peasants cultivated less than 1.2 acres in rice; little was done to cope with this situation. Egypt had a similar problem, with 70.7% of all farms under an acre in size; on the other hand, Egypt also had huge landholdings. 1938: The average cocoa farm in the Gold Coast was 2½ acres. Land reform in colonial empires continued to involve clarification of land-tenure relations and the introduction of concepts of private property.

Agricultural progress: 1920–45: The perpetuation in many countries of existing agricultural conditions (or the worsening of agricultural conditions with land fragmentation), plus the low level of agricultural technology, did not aid agricultural productivity and served to retard the process of industrialization. One exception was Turkey, where, based mainly on the increase in agricultural output, per capita income rose by over 50% between 1924 and 1938.

RAW MATERIALS. Coal: On the whole, less developed nations were not large producers of coal. 1938: In all South America only 3.3 m. metric tons of coal were produced, while in all Africa (excluding South Africa and Southern Rhodesia) only .5 m. metric tons of coal were mined. In the less developed world, only Poland, India, China, and Union of South Africa developed their coal output so it exceeded that of Australia or Canada. They were exceptional and compared with the leading industrial nations their coal output was low.

COAL PRODUCTION, 1938
(million metric tons)

Poland	38.1
India	28.9
China	27.0[a]
Union of South Africa	16.3
Hungary	9.3
Southern Rhodesia	1.0
Mexico	.9

[a] Estimate for 1936.

Oil: 1919–40: The major interwar development in the less developed countries was in petroleum. Oil development was by foreign capital. 1919: The largest oil producers were the U.S., Mexico, USSR, and the Netherlands East Indies (in that order); oil production was just starting in Venezuela; the only Middle Eastern countries producing oil were Iran and Egypt. 1940: The largest oil producers were the U.S., USSR, Venezuela, Iran, Netherlands East Indies (in that order); in the interim, key events in the oil industry were: 1927, Oct.: large Kirkuk oil field discovered in northern Iraq. 1932, 1 June: Oil discovered in Bahrain. 1938: Oil discovered in commercial quantities in Saudi Arabia; oil discovered in Kuwait. 1938, 18 Mar.: Mexican government nationalized its oil industry.

Iron ore: In China, India, French Indochina, Brazil, Chile, Union of South Africa, and North Africa, iron-ore mining developed.

Copper: 1930's: In Chile copper replaced nitrates as the nation's major export. Northern Rhodesian mines came into production; output of copper mines in the Belgian Congo rose. The U.S. remained the world's largest producer of copper.

Tin: Tin came almost exclusively from less developed countries, and the world's

OIL PRODUCTION IN LESS DEVELOPED COUNTRIES
(million barrels of 42 U.S. gallons)

	1920	*1925*	*1930*	*1935*	*1940*
Mexico	157.1	115.5	39.5	40.2	44.1
Netherlands East Indies	17.5	21.4	41.7	47.2	60.8
Iran	12.2	35.0	45.8	57.3	79.3
India (incl. Burma)	8.4	8.3	8.9	9.2	10.1
Rumania	7.4	16.6	42.7	61.8	43.8
Poland	5.6	6.0	4.9	3.8	3.9
Peru	2.8	9.2	12.4	17.1	13.4
Trinidad	2.0	4.4	9.4	11.7	20.2
Argentina	1.6	6.3	9.0	14.3	20.3
Egypt	1.0	1.2	2.0	1.3	5.2
British Borneo	1.0	4.3	4.9	5.5	7.0
Venezuela	.5	19.7	136.7	148.2	186.8
Colombia	—	1.0	20.3	17.6	25.9
Iraq	—	—	.9	27.4	25.7
Bahrain	—	—	—	1.3	7.3
Saudi Arabia	—	—	—	—	5.6

COPPER PRODUCTION
(000 metric tons)

	1920	1925	1930	1935	1940
Chile	99	190	223	267	352
Mexico	45	54	68	42	41
Peru	33	37	48	30	36
Belgian Congo	19	90	139	108	160
Rhodesia (primarily Northern Rhodesia)	3	2	8	146	231

largest tin producers were Malaya, Netherlands East Indies, Bolivia, Thailand, China, and Nigeria. World War II resulted in changes of patterns of control over raw materials. The Japanese invasion of Southeast Asia meant that industrial raw materials such as rubber and tin, and to a lesser extent oil, were under Japan's control.

Synthetics: 1919–45: While less developed countries produced increased quantities of industrial raw materials, a challenge to raw-material industries came in the form of synthetics; the development of synthetic nitrates put the prosperous Chilean nitrate industry into the doldrums; synthetic rubber presented a potential challenge to natural rubber; synthetic fibers began to offer competition to other industrial raw materials.

ENERGY. In less developed countries, use of electrical power and the internal-combustion engine rose, especially in Latin America. The use of human beings and animals as sources of energy, however, remained common in Asia and Africa.

ENERGY CONSUMPTION PER CAPITA FOR PRODUCTIVE PURPOSES, 1937
(electricity equivalent in kwh for all energy sources)

	Per Capita Use	*Ratio of Inanimate*[a] *to All Sources*
Chile	1,162	85.0
Mexico	664	70.9
Argentina	1,600	67.0
Brazil	450	56.6
India	289	35.4
Egypt	242	36.0
Netherlands East Indies	197	30.9
China (excl. Manchuria and Jehol)	164	21.2

[a] Inanimate includes wood, falling water, coal, oil, gas, and electricity.

ENERGY PRODUCTION, 1935
(%)

World	100.000
Latin America	3.626
Asia (excl. USSR and Japan)	4.752
Africa	0.916

SOURCE: Abbott Payson Usher, "The Resource Requirements of an Industrial Economy," *Journal of Economic History*, Suppl. VII (1947), pp. 44–46.

The less developed countries accounted for only small portions of the world's total energy production.

INDUSTRY. The spread of industry to less developed nations was most pronounced in Latin America and Asia (especially India and China); manufacturing in Africa (except for South Africa) remained rudimentary (and mainly of a household sort). 1920–45: In South Africa, substantial development of manufacturing industries. 1920's: In the

Netherlands East Indies attempts made to establish large-scale manufacturing enterprises failed because of the absence of local markets. 1930's: In India, China, and a number of Latin American countries modern industries were established; in the Netherlands East Indies, development of small-scale industry in rural regions; in French Indochina, new industries were established on a small scale, of a native handicraft type. Measures of growth of manufacturing in less developed countries are few.

INDEXES OF MANUFACTURING ACTIVITY
(1913 = 100)

	India	*Spain*	*Rumania*	*Chile*	*Greece*	*South Africa*[a]	*World*
1920	118.4	94.0	—	—	—	312.1	93.2
1921–25	122.1	104.5	75.0	79.5[b]	292.8	342.9	103.2
1926–29	146.6	126.2	122.8	127.7	345.6	477.0	138.9
1930	144.7	131.5	132.5	156.7	363.2	—	136.9
1931–35	174.8	117.0	144.3	147.7	398.3	662.9[c]	128.2
1936–38	230.4	—	178.6	196.5	497.1	998.8	185.0

SOURCE: League of Nations, *Industrialization and Foreign Trade,* New York, 1945.
[a] Base: 1911 = 100.
[b] 1922–25.
[c] 1932–35.

Despite the impressive growth of manufacturing in India, Greece, and South Africa, as indicated above, the manufacturing output of these countries, along with that of other less developed countries, remained low compared with that of the industrial nations. Using a different index, Mainland China's industrial production also showed significant growth.

INDEX OF INDUSTRIAL PRODUCTION OF MAINLAND CHINA
(1933 = 100)

1920	45.9
1925	64.1
1930	80.2
1933	100.0
1935	119.8
1938	102.3
1940	136.1

NOTE: Index based on net value-added per unit of product, weighted by 1933 net value-added. (This should reflect changes in level of output.)

SOURCE: John K. Chang, "Industrial Development of Mainland China, 1912–1949," *Journal of Economic History,* XXVII, Mar. 1967, p. 66.

Textiles: 1920–40: Indian factory-made cotton cloth replaced imports. 1920 ff.: China's machine-made yarn replaced imports; 1925: China was no longer a net importer of yarn. (1937: China had roughly 5 m. spindles, about half of them in foreign-owned—mainly Japanese—mills.) 1920–40: Modern power looms began to replace handlooms in China; 1937: China's 60,000 power looms were also mainly in Japanese mills; 80% of China's cloth was still woven on handlooms. 1920 ff.: Brazilian cotton textiles became a well-developed factory industry; in Argentina, new textile factories—on a large scale—began.

Iron and steel: 1921: Establishment of Brazil's 1st integrated iron and steel operation, with charcoal blast furnaces, by the Belgo-Mineira Co. (a Luxembourg steel combine); 1941: construction started on the National Steel Co. (Companhia Siderúrgical Nacional) works at Volta Redonda (production began 1946)—the true start of Brazil as a steel-producing nation. 1920–40: Expansion of existing iron and steel facilities in India and Mexico. 1934: Establishment in Pretoria, South Africa, of a fully integrated iron and steel industry. 1944: Incorporation of Cia. de Acero del Pacífica, S.A., in Chile, and the start of construction on what would become a large-scale fully inte-

SOURCE OF COTTON CLOTH CONSUMED IN INDIA
(% by source)

	Indian Mill-Made	*Women on Handlooms*	*Imports*
1920–25	38	29	33
1931–32	57	30	13
1940–41	65	28	7

grated Chilean steel enterprise. Few underdeveloped countries had steel industries; where steel was made, production was small relative to the industrial nations.

CRUDE STEEL PRODUCTION, 1938
(000 metric tons)

India	982
South Africa	300
Rumania	277
Yugoslavia	227
Brazil	92
Mexico	74
China (excl. Manchuria)	60
Turkey	38

UN figures (except China); Chinese figures are from *Mineral Industry;* they are in gross tons. Turkish figures are for 1940.

Other industries: 1920–45: India developed certain metal products and chemical industries. India's sugar-refining, papermaking, soap, match, cement, rubber, and leather-goods industries developed. In China, factory-made paper, matches, and pottery replaced village industries; 1930's: the main Chinese industrialization took place in Manchuria, which was (from 1931) under Japanese control. 1937: Japan invaded China proper; the effects on industry were twofold: (1) the destruction of industrial equipment, but (2) the rebuilding of industry to meet Japanese requirements. 1920's and 1930's: British firms developed business enterprise in Hong Kong—sugar refining and cement, as well as textiles. 1937: After the Japanese invasion of China, industrialization of Hong Kong (still under British sovereignty) accelerated. 1920's: In Malaya, where there was prosperity based upon rubber and tin, rubber-tire industries and automobile assembly began (based on foreign investment). 1920's: In South Africa, automobile assembly began, 1924; processing of locally produced foodstuffs (flour, cheese, preserved fruit, and sugar) developed as a substantial industry; diamond-cutting workshops were established (1927 for the 1st time); other industries from the making of gasoline pumps to nails and shovels started in South Africa. 1934 ff.: As the South African steel industry developed, metalworking industries expanded, involving engineering industries (including machinery) as well as consumer goods. 1920's: In Brazil, automobile assembly began, 1920; electrical-appliance, cement, and corn-products industries took form. 1930's: In Brazil a variety of new chemical, metal products, and foodstuffs industries started. In Argentina and Mexico similar industries made headway. In many less developed countries factory industries were often confined to textiles, paper, soap, and breweries. In much of Africa even these basic factory industries did not exist. Facilities for manufacturing automobiles, tractors, trucks, or aircraft existed in none of the less developed countries. In none of the petroleum consuming countries in Asia or Africa was there a petroleum refining industry; where petroleum production existed, however, refineries were built, generally by foreign capital, and in some Latin American countries refineries existed running on imported crude oil. 1938–45: World War II stimulated industrialization in Latin America, especially Argentina and Brazil. It also spurred manufacturing in South Africa. In China, after the Japanese invasion, industrial production showed marked annual variations (see table p. 789).

TRANSPORTATION. In most less developed countries, railroad construction continued. Most railroads were built in

Average Annual Rate of Growth of Manufacturing Industries, World War II Years
(%, compound rates)

	1936/38–48	*1938–48*	*1939–48*	*1940–48*
Argentina			5.8	
Brazil			6.6	
Bulgaria[a]			8.5	
Chile	4.6			
Colombia		.7		
Greece			–4.6	
India			1.5	
Morocco		4.9		
Rumania		–1.8		
South Africa		6.1		
Spain				1.7

Note: These rates are based on *quantity* of production.

Source: United Nations, *Growth of World Industry—National Tables*, New York, 1963.

[a] Includes mining.

Industrial Production of Mainland China
(1933 = 100)

1937	110.4
1938	102.3
1939	119.0
1940	136.1
1941	161.6
1942	176.5
1943	157.5
1944	141.3
1945	94.3

Note: Index based on net value-added per unit of product, weighted by 1933 net value-added. (This should reflect changes in level of output.)

Source: John K. Chang, "Industrial Development of Mainland China, 1912–1949," *Journal of Economic History*, XXVII, Mar. 1967, p. 66.

Railroad Lines: Length by Continent
(000 mi.)

	1920	*1930*	*1949*
Latin America	69.2	84.4	85.2
Asia (excl. USSR)	59.5	82.5	92.1
Africa	23.0[a]	42.4	42.1

[a] 1910 figures; 1920 figures not available.

order to carry primary commodities to port cities for export; they did not develop national markets. India with its substantial railroad network still used bullock carts to a large extent for internal transit. 1919: In China most of the major cities were connected by rail; this should have aided development. 1920's: The political chaos in China was not conducive to more railroad building and operations of the existing system were curtailed. 1929 ff.: Chinese government's plans to extend the railroads came to little. 1938: Completion of 865-mi. Trans-Iranian Railway from the Persian Gulf to the Caspian Sea, built with native capital, a major construction feat, designed with national interests in mind rather than as a link with foreign railroads (as had been the case with most Middle Eastern lines). Despite the extension of railroad lines, rail transport remained inadequate in most less developed countries. Nonetheless, railroads did compete with traditional methods of transport, substituting for, in some cases, and supplementing, in other cases, water, animal, and human carriers. Likewise, highways were constructed in less developed countries. 1919 ff.: Highways were built in Iran, Iraq, Turkey, Syria, Egypt, and Arabia; many followed the ancient pilgrim and caravan routes; automobile and truck traffic along the roads increasingly replaced camel caravans. In Africa highways were often built as links connecting with the railroads. Many African roads were built to improve the utilization of human porterage. 1920's and 1930's:

Trucks and cars began to travel African roads; railroad and truck transport (in that order) were far cheaper than the use of humans; 1923: 1st steps taken to build a Pan-American Highway. Late 1920's and 1930's: Provisions for air travel (airline routes, airports, etc.) were introduced into less developed countries; air travel, however, was mainly by foreigners or the select few within these countries. Despite the introduction of modern transportation facilities throughout much of the less developed world, traditional modes of transport persisted as they had for hundreds of years. Yet the basis for a transportation revolution had been set.

FINANCE. All underdeveloped countries were short of capital. They depended to a large extent on foreign investment. Banking facilities were inadequate in most countries. In most less developed lands, foreign banks continued to finance foreign trade and deal in foreign exchange. The major innovation in banking in the less developed countries in the 1920's and 1930's was the spread of central banking institutions. 1920's: In China about 100 local banks (private, provincial, and national) issued large amounts of bank notes, the value of which depreciated rapidly. 1924: Establishment of the Central Bank of China in Canton; 1928: this bank was reorganized and relocated in Shanghai; it was to act as a central bank of issue and a government treasury. China sought to create domestic banks to compete with foreign banks in dealing with foreign exchange (the Bank of China), to aid internal improvements and industry (the Bank of Communications), and to assist the farmer (the Farmers' Bank of China). The 4 major banks—the Central Bank of China, the Bank of China, the Bank of Communications, and the Farmers' Bank of China—all issued notes, and their functions, theoretically distinct, were not so in practice. 1935, Nov.: China nationalized the old silver currency and substituted a uniform paper currency; the notes of the 4 key banks replaced silver and other notes. 1921: The 3 Presidency Banks in India were merged, and the Imperial Bank of India, a central bank, was created to handle the general banking business of the government of India. 1934: Reserve Bank Act and Imperial Bank of India (Amendment) Act were passed in India; under these measures a central reserve bank (a new central bank) was established and the Imperial Bank of India no longer acted as the government bank; the new Central Bank (which began to function Apr. 1935) controlled credit and currency, regulated exchange, and handled the government's banking business. 1919 ff.: 1st Arab, Egyptian, and Turkish commercial banks established; they were small compared with the European banks operating in these countries. 1920's and 1930's: Establishment in Latin America of added banking facilities, and also of central banks (for example, 1923, 11 July: Banco de La Republica, established in Colombia as a central bank; 1925, 21 Aug.: Banco de Chile established in Chile as a central bank; Sept.: Banco de Mexico, S.A., established as a central bank; 1939, 8 Sept.: Banco Central de Venezuela, S.A., incorporated). 1934, 24 Apr.: Nacional Financiera formed in Mexico to provide a market for Mexican government bonds; 1941: it was reorganized to aid in financing industrial expansion. Stock exchanges in less developed countries were in their infancy. 1933: Formal organization of Mexico City Stock Exchange. By 1939 there were organized stock exchanges in Rio, São Paulo, Pôrto Alegre (government bonds only), Recife, Santos, and Vitoria, Brazil. Stock exchanges existed in other Latin American cities. 1927: Manila Stock Exchange organized.

FOREIGN TRADE. To the extent that less developed countries were involved in world trade, they felt market fluctuations more severely than the industrial nations. 1921: Sharp temporary drop in prices of primary products, but full recovery did not take place. 1920's: Because populations of industrial countries were growing more slowly, demands for primary goods also rose slowly. Prices on primary products showed weakness. Attempts were made to stabilize prices. 1922, 1 Nov.: The British rubber restriction scheme, the Stevenson Plan, sought to curtail output of the rubber plantations in Malaya and Ceylon with an eye to raising the world price of rubber. (Increased rubber production elsewhere brought the plan to failure.) 1923: After overproduction of coffee in Brazil, the Brazilians introduced a coffee valorization plan, which sought to raise the export price of coffee. 1926: Cuba restricted exports of sugar, seeking to raise the price of that commodity; the principal exporters of copper sought to control world prices (on a private basis, without government participation). 1929–32: The Great Depression affected primary producers severely. The terms of trade moved sharply in favor of industrialized countries as prices of primary commodities sank more rapidly than the prices of manufactured items. With prices of primary products reaching new lows, underdeveloped countries erected high barriers to imports—tariffs, quotas, exchange controls, etc. They sought to manufacture for themselves; governments and private interests participated in more concerted attempts to raise export prices. 1931, Feb.: International Tin Restriction Scheme involved the governments of Malaya, Netherlands East Indies, Bolivia, and Nigeria (Thailand joined the agreement, July 1931); May: sugar agreement made between trade associations of exporters designed to raise price of sugar in world markets; 1933, Apr.: International Tea Agreement signed by exporters; the governments of India, Ceylon, and Netherlands East Indies agreed to uphold the agreement; 1934, June: International Rubber Agreement involving the governments of Britain, Holland, Siam, and Indochina sought to regulate rubber exports; 1936: agreement between producers of copper in Chile, Northern Rhodesia, and the Belgian Congo was designed to raise copper export prices. 1933–37: Although the terms of trade swung back slowly in favor of the primary producing countries, the volume of trade remained low. Foreign trade of less developed countries languished. 1938: Terms of trade once more turned against the less developed countries. 1939, Sept.–1940, May: Prices of primary commodities rose rapidly, stimulated by wartime demands. 1940, May: Following the German invasion of Europe, curtailment of markets for much of the output of primary producers; 1941, Dec. ff.: after Japanese invasion of Southeast Asia, commerce in vegetable-oil seeds from the Philippines, the Netherlands East Indies, and Malaya ceased; the Philippines stopped exporting sugar to the U.S. Britain could no longer buy tea from the Netherlands East Indies and China. Burma, Indochina, and Thailand no longer exported rice. Rubber and tin exports to the allies from Japanese-controlled territories were cut off, as were exports of manila hemp and petroleum.

FOREIGN INVESTMENT. Foreign investment dominated certain economies. 1920–45: Oil in Venezuela and the Middle East was developed by foreign capital; copper in Chile once more became an important export because of American capital; in Northern Rhodesia and the Belgian Congo, copper was found and mined on a substantial scale because of foreign investment. Foreign investment grew in South African mining. 1920's: Railroads, gas, electricity, water supply, river transport, banking, and some factories in the Middle East remained under foreign control; Middle Eastern export trade was handled in the main by foreign concerns; the key interests were the French and British in Turkey (the Germans lost much of their stake after World War I); French, British, and Belgians in Egypt; British in Iran (the Russians retreated from their investments after World War I) and the French in the Levant. In India, large-scale British investments continued to be important. The modern sector in China was both stimulated and dominated by foreign capital; the largest Chinese coal mines were in foreign hands (Japanese and British), the iron and steel industry was under foreign control, modern plants (for export) were under foreign hegemony; in fact, a significant portion of China's transportation, trade, and large-scale banking was owned by foreign capital. In the Netherlands East Indies, rubber, tin, coal, oil, sugar, and tea still attracted giant Dutch investments. Huge British (and Chinese) investments were made in Malayan tin and rubber. French Indochina obtained French (and to a far smaller extent Chinese) investment in rubber, coal mining, and the export trade. The bulk of foreign investment in less developed countries was in primary production or in infrastructure (transportation, port facilities, public utilities, etc.). 1930's: Opposition in many less developed countries to foreign investment became increasingly apparent. In some countries the opposition came at the same time as these countries were assuming political controls over their own economy; this was not the case in Latin America, where the opposition had nothing to do with the resumption of political sovereignty, although often it was *expressed* in terms of hostility to political intrusions. In Latin America the foreign investor was put under new restraint; profit remittances were blocked; exchange was not granted for imports; hampering restrictions on operations were frequently imposed. 1937: The Brazilian constitution limited foreign investments in water power and mining, banks and insurance cos., and public utilities; oil refining and production in Brazil were confined to Brazilian nationals. Bolivia expropriated the Standard Oil Co. (N.J.) oil refineries; Mexico completed nationalization of railroads. 1938, 18 Mar.: Large-scale expropriations of foreign oil properties in Mexico. Late 1920's: In Turkey, after the Kemalist Revolution, foreign debts were reduced through defaults, negotiations, and some repayments. 1929 ff.: Turkey bought out foreign investments in railways, coal and copper mines, the tobacco monopoly, and a number of public utilities; legislation in Turkey regulated foreign investment, licensed imports, and offered preferential treatment to Turkish business. 1930's: New capital raised in Egypt increasingly came from domestic rather than foreign sources. In India, sentiment turned away from encouraging foreign investment. In Thailand restrictions on foreign control of industries were imposed; the Thai government became involved in many industries in order to forestall and to substitute for foreign investment. In China the government sought alternatives to foreign capital. 1930's: The flow of capital from industrial to underdeveloped countries slowed down because of the depression and because of hostility to foreign investment. (Only oil exploration and production continued to attract major foreign investments.) 1938–48: British investment in India declined by over 80%, in large part because of the liquidation of British railway holdings and sterling loans; by 1944, Indian railroads had become the property of the government of India. 1941–45: Introduction of American lend-lease and the financing by the U.S. Export-Import Bank of development in Latin America added a new dimension to foreign investment, the dimension of foreign aid.

Effect of foreign investment: 1919 ff.: Foreign investment, as in previous years, proved highly disruptive to traditional societies. Africans and Asians were thrust into a monetized economy, due in considerable part to the presence of foreign investment. Most Latin Americans were already involved in a money economy, although in the Andes the presence of new and large mining enterprises served to introduce Indians into a commercial economy. Foreign investment introduced new desires for goods, the demonstration of a different pattern of life. It developed previously unused resources. Yet clearly less developed countries were going to carry on their growth with reservations about foreign investment.

BUSINESS ORGANIZATION. Underdeveloped countries generally had a range of business organization, from the labor-intensive, capital-short family unit to the large foreign-owned modern sector establishment (generally involved in extractive industries, plantations, public utilities—transportation and power—and/or distribution). What was in between depended on the country. In much of Latin America and Asia, indigenous traders and businessmen transferred their activities to the modern sector. Immigrants served to introduce novel business practices. In Latin America and in India, entrepreneurial efforts spread over a variety of ventures rather than being concentrated in a single industry. Entrepreneurship in Latin America was stimulated by Italian immigration (especially in Brazil and Argentina) and also by Jews who left Germany during the Hitler years. In India the Tata family diversified into various ventures in the modern sector. Of the Hindus who entered modern industry, enterprise came to be in the hands of the former bankers, moneylenders, and traders (primarily the Marwaris, the Gujaratis, and the Bhatias). In India commercial commitments began to be transformed into industrial interests. The Birla family, of the Marwaris caste, came to participate in a range of industrial enterprises under the aegis of Ghanshyandas Birla (b. 1894) and B. M. Birla (b. 1904). In India the managing agent system, initially in British hands, came increasingly under Indian control. While the managing agent did direct Indian capital into industrial activities, the system had major inadequacies; it seems to have offered a poor foundation for industrial finance; profits frequently went to the managing agent rather than into the specific industrial enterprise, leaving the latter with insufficient funds for reinvestment. In China the problems of developing nonforeign, modern, efficient industrial business organizations were not surmounted. There emerged in China nothing comparable to the Japanese *zaibatsu* or even to the Indian managing agencies; no entrepreneurs of national stature such as the Tatas or the Birlas existed in China. In Southeast Asia, however, Chinese entrepreneurs continued to play important roles in stimulating business enterprise. Syrians and Lebanese in Africa (as traders rather than in industry) were important entrepreneurs. In East Africa, Indians, mainly in the retail trade, filled entrepreneurial functions. In South Africa, British immigrants created new businesses. In less developed countries, governments started to become involved in industrial activity, especially in Latin America.

GOVERNMENT POLICY. Government efforts to mobilize resources for economic development in some less developed countries began to take shape.

Aid to agriculture: Government aid to agriculture took various forms: (1) in certain countries, land reform occurred, generally designed to assist the small farmer; (2) on occasion, when farmers were hurt by imports, governments imposed protective tariffs (thus, 1931, India placed import duties on wheat); (3) governments (colonial and independent) offered new agricultural credits (from India to China to Mexico to Chile); (4) imports of agricultural implements were made duty-free in countries such as India to encourage their use; (5) governments sought to commercialize agriculture; (6) 1933 ff.: Chinese government planned projects in land reclamation, irrigation, water conservation, and reforestation; the Chinese government sought to introduce scientific methods, but its efforts in this direction were not successful; and (7) when world prices of agricultural commodities declined (in the 1920's, and especially in the early 1930's), governments tried to stabilize prices through participation in worldwide commodity agreements.

Aid to industry: Underdeveloped countries made use of the tariff and other protective devices to encourage industry. 1920's, and especially in the 1930's: In Latin America high protective tariffs became commonplace. 1920's and 1930's: Less developed countries that had been deprived of tariff autonomy by unequal treaties reassumed their right to establish their own tariffs and to protect nascent industry. 1921, June: India obtained fiscal autonomy and for the 1st time had the right to establish her own protective tariff; a Tariff Board was established to consider the need for protective duties. 1920's: Certain Indian industries (steel the most important of them) were given protection from imports; no protection in India was granted to locomotive building, steel casting, or enamelware, for example, because these industries were seen as having little possibility of developing. 1927: Thailand recovered tariff autonomy. 1929: China recovered tariff autonomy effective 1 Jan., 1931: customs duties were increased. 1929, June: High protective tariff introduced in Turkey with the goal of encouraging Turkish industrialization. (The Capitulations had been abrogated in 1914 and Turkey could set its own tariffs.) 1929–33: Practically everywhere in the less developed world, tariffs rose and other restrictions on trade (quotas, prohibitions, exchange controls, etc.) were imposed. 1930's: Latin American governments aided industry through exempting from import duties machinery needed in building plants and by granting other tax exemptions.

Participation in the economy: In the independent nations rather than the colonial countries, governments took on a direct role in the economy. 1920's: A government oil co. in Argentina sought to develop oil resources. 1924 ff.: Turkey began to take over railroads, public utilities, and mines that had previously been in the hands of foreign investors. 1930's: Thai government became directly involved in shipping, in the oil industry, teak lumbering, production of sugar, tobacco, alcohol, silk, and other consumer goods. 1937: Bolivia nationalized Standard Oil Co.'s (N.J.) oil facilities in that country; Bolivia established a national oil co. 1938: A government-owned Mexican oil co. was established to operate the nationalized facilities there. 1939–45: A Chilean government co. participated directly in industry.

Development plans: 1920: The Gold Coast began a 10-year Development Plan, "The Guggisberg Plan," one of the earliest development plans. 1925–41: Riza Pahlavi (1877–1944), shah of Iran, undertook reform programs, resulting in improved public sanitation and education. 1931, Nov.: National Economic Council established in China to draw up a plan of work most needed. 1934: Mexico adopted a 6-year development plan; Turkey committed itself to a 5-year plan, aimed at industrializing the country. 1935, 24 May: Portugal passed a Law of Economic Reconstruction. 1937: Cuba adopted a 3-year plan for economic and social reconstruction. 1938: Venezuela initiated its 1st 3-year plan; in India, a National Planning Committee was established, with Nehru as chairman. 1939: Corporación de Fomento de la Producción (CORFO) established in Chile; this government corporation was designed to plan and promote economic development; 1939–45: CORFO became involved through direct stock participation in mining, steel, agriculture and stock raising, fish packing, radio production, public utilities, electrical products, wine distribution, reforestation, chemicals, pharmaceuticals, dyes, etc. 1940: Colombia adopted a development plan. 1944: Paraguay announced a 5-year plan; Puerto Rico's Planning, Urbanizing, and Zoning Board prepared a development plan.

Problems: Government aid to economic development in the less developed countries was in many instances impeded: (1) In certain countries, chaotic political conditions, lack of full government control, tended to vitiate the power of government; in China, for instance, the failure of government to keep peace and order was an important factor inhibiting economic advance; in many industries, China had the potential of Japan, but did not realize it because of political uncertainties; with life and property in jeopardy in the interior of China, investors were discouraged. Similarly, in other countries where political uncertainty prevailed, economic development was retarded. (2) Corruption and excessive bureaucracy in the governments of many less developed countries tended to slow development. (3) While they sought to create peace and order, while they discouraged corruption, and while they promoted economic development (which would provide more funds to administer the colony and which would utilize unused mineral resources and increase agricultural production), colonial governments in general did not encourage factory industries for fear their development would curtail the colonial powers' exports.

OTHER FACTORS. 1930's: The growth of nationalist feeling occurred in the less developed countries, some of which was due to the new tariffs, behind which the countries developed their own national identity; much of the rise of nationalist feeling stemmed from a hostility to foreign "colonialists." Likewise, the impact of the West on Asia had resulted in many Asians adopting western ideas of nationalism. With World War II, ideas of nationalism were reinforced; in China and Southeast Asia, opposition to the Japanese stimulated national feeling. This would have important impact in the post-World War II years. Likewise, western ideas of modernization spread and had their impact. The demonstration of the material achievements of Europe, the U.S., and Japan had ideological consequences. More important, beliefs in change and progress began to spread in the less developed countries. Traditional societies were increasingly under stress.

MEASURES OF ECONOMIC GROWTH.

Nonmonetary Indicators of Relative National Consumption Levels, 1934–38 (U.S. = 100)

Argentina	53.7
Cuba	41.0
Spain	36.8
Brazil	31.6
Mexico	29.0
Poland	28.8
Yugoslavia	27.4
Philippines	25.7
Rumania	25.4
Turkey	24.2
Egypt	22.2
Thailand	21.4
India	20.8
Korea	19.4
Persia	18.2
China	18.0
Nigeria	17.9
Fr. Indochina	17.7
Neth. East Indies	17.0
Fr. W. Africa	15.8

Note: Typically 1934–38; deals with food, tobacco, medical and sanitary services, education and recreation, transportation, and communications.

Source: M. K. Bennett, "International Disparities in Consumption Levels," *American Economic Review*, Sept. 1951, p. 648.

1919–1945

The International Economy

ENERGY.

World Production of Commercial Sources of Energy (billion kwh electricity equivalent)

	Coal[a]	*Petroleum*[b]	*Natural Gas*	*Water Power*	*Total*
1920	9,934	1,046	354	64	11,198
1930	10,228	2,123	575	128	13,054
1940	11,702	3,120	867	193	15,882

Source: United Nations, *Conference on Peaceful Uses of Atomic Energy*, Geneva, 1956.
[a] Includes lignite.
[b] Includes natural gasoline.

World Generation of Electricity (billion kwh)

	World	*U.S.*	*All Other Countries*
1920	126	57	69
1925	180	85	95
1930	310	115	195
1935	375	119	256
1940	505	180	325
1942	585	233	352
1944	660	280	380

Source: Edison Electric Institute, *Pocketbook of Electric Utility Industry Statistics*, 1965.

COMMUNICATIONS. 1944: Radiotelephone service connected more than 70 countries; a person in the U.S., if it were not for the war, could be connected by telephone with any one of 93% of the world's telephones.

FINANCE. 1919: Disruption of European finance after the war. 1919: Return to the gold standard by the U.S. 1920–21: Worldwide recession. 1922 ff.: General readoption of the gold standard:
1922: Lithuania and Latvia
1924: Germany, Sweden, and Hungary
1925: Britain, Holland, Neth. East In-

dies, Australia, New Zealand, South Africa, Switzerland, and Austria
1926: Canada, Finland, and Belgium
1927: Denmark, Czechoslovakia, Poland, and Italy
1928: France and Norway.
The key trading countries that did not adopt gold in these years were Brazil, Spain, and Turkey, which kept on an inconvertible paper basis, and China and Persia, which maintained the silver standard. 1929–33: Worldwide depression. 1929 ff.: Departures from the gold standard included:
1929, Dec.: Argentina
1930: Australia and New Zealand
1931, July: Germany, Hungary, and Chile initiated exchange control
1931, 21 Sept.: Britain left the gold standard
1931, 21 Sept. ff.: Denmark, Norway, Sweden, Finland, India, Japan, and Colombia suspended gold payments; Austria, Greece, Czechoslovakia, and Italy introduced exchange control.
1932, Apr.: 24 countries had suspended the gold standard and in 17 countries the gold standard was virtually inoperative. Temporarily, U.S., Belgium, France, Holland, and Switzerland formed a gold bloc. Britain led a sterling bloc, represented by those countries whose currencies were depreciated in terms of gold and in varying manners tied to the pound; the latter countries had most of their monetary reserves in sterling. The bloc included the Commonwealth countries (except Canada, Newfoundland, Hong Kong, and South Africa), the Scandinavian countries, Portugal, Finland, Iran, Greece, Egypt, Iraq, and Siam. Argentina, Bolivia, and Japan came to be on the fringe of the sterling bloc. 1933, Mar.–Apr.: U.S. went off the gold standard. 1935, Mar.: Belgium left the gold standard; 1936, 26 Sept.: France in effect suspended the gold standard. Holland, 27 Sept., Switzerland, 28 Sept., followed. 1930's: General disruption of international finance. 1939: The sterling bloc came to an end, and was replaced by the so-called "sterling area" comprising much the same countries. 1939, Sept.: Free convertibility of pounds into dollars, gold, and other outside currencies was abandoned with the outbreak of war; exchange controls applied. 1939, Sept.–1945: Disruption of international finance with the war.

TRANSPORTATION.

SPEED OF TRANSPORT
(mph)

	1920	*1930*	*1940*	*1945*
Horse coach	5	5	5	5
Canal tug	4	4	4	4
Passenger ship (river)	11	11	11	11
Ocean ship	30	30	35	35
Railroad	65	70	100	100
Automobile	55	60	75	75
Airplane	110	185	300	500
Rocket	—	—	—	3,400

SOURCE: W. S. and E. S. Woytinsky, *World Commerce and Governments*, New York, 1955, p. 308, with modifications.

FOREIGN TRADE. 1920's: Resumption of world trade after World War I; 1929–33: depression, rise of tariff and other barriers to trade; world trade shrank. 1933 ff.: Economic nationalism spread, and as a result foreign trade stagnated.

WORLD TRADE (EXPORTS PLUS IMPORTS)
(gold U.S. $ billion)

1920	65.8
1921	41.8
1922	45.3
1923	49.7
1924	56.8
1925	64.7
1926	62.0
1927	65.2
1928	67.4
1929	68.6
1930	55.5
1931	39.7
1932	26.8
1933	24.2
1934	23.3
1935	23.8
1936	25.7
1937	31.8
1938	27.7

SOURCE: Woytinsky and Woytinsky, *World Commerce*, p. 39.

FOREIGN INVESTMENT. 1919–45: Foreign investment was keenly affected by slow economic recovery in Europe in the 1920's, depression in the 1930's, and

10 Leading Articles in World Trade, 1937
(value of exports in $ million)

1. Iron and steel products	1,350
2. Machinery (excl. electrical)	1,100
3. Raw cotton	880
4. Cotton fabrics	740
5. Wheat (incl. flour)	710
6. Wool and hair	700
7. Automobiles and parts	640
8. Petroleum products	600
9. Coal	575
10. Rubber (nonfabricated)	520

war in the 1940's. 1944–45: One scholar (W. S. Woytinsky) estimates that in relation to world income, the value of foreign investment was probably not much more than ¼ and certainly less than ⅓ of what it had been in 1914 on the eve of World War I. (His estimate takes into account the lower purchasing power of the dollar, the rise in world population, and the growth in world income.)

INTERGOVERNMENTAL INSTITUTIONS. 1920, 10 Jan.: League of Nations formally came into operation with a membership of 64 nations; the U.S. did not join. 1920 ff.: Economic activities of the League and its committees were undertaken by its Economic and Financial Organization. Conferences held by the League dealt with such economic problems as raw-material resources, statistical co-ordination, simplification of customs formalities, etc. The League undertook special studies of economic problems. The Economic and Intelligence Section of the Secretariat made country data available on a comparative basis for the 1st time. The League's economic activity was mainly in research, but it did take concrete actions: 1922: the League aided in arranging for the post-World War I rehabilitation of Austria, Hungary, Greece, Bulgaria, Estonia, the Free City of Danzig, Albania, and the Saar Territory. 1935: The League advocated economic sanctions against Italy, a highly unsuccessful act. 1943–45: Plans for post-war international institutions multiplied. 1943, May: International conference at Hot Springs, Va., proposed a permanent body to consider problems of an adequate food supply for increasing world population. Such a body (the Food and Agricultural Organization) came into existence in 1945. 1943, Nov.: United Nations Relief and Rehabilitation Association created to arrange supplies of food and clothing to allied nations after their liberation. 1944, summer: Conference at Bretton Woods, N.H.; 2 new institutions were to be created, an International Monetary Fund and an International Bank for Reconstruction and Development; they started operations in 1945. Thus were the foundations for postwar international co-operation in the economic sphere established.

1945–1968

The Industrial Nations

AGRICULTURE. The main trends in agriculture in the industrial nations were: (1) 1945–68: Agriculture represented an increasingly smaller percentage of gross domestic product in the major industrial nations. Only in the USSR did agriculture still involve a substantial portion of GDP. (2) 1945–68: Population participating in farming declined in all the industrial nations. (3) 1945–68: Output per man-hour (productivity) of those individuals employed in agriculture rose, primarily because of increasing mechanization and application of chemical fertilizers, insecticides, and improved seeds. Despite the reduction in farm population, total agricultural output everywhere grew. Yet in some countries the rise was outpaced by the nations' population growth. 1965: For example, per capita output in the Soviet Union was less than in 1958. (4) Agriculture tended to become capital- rather than labor-intensive. (5) 1945–68: No general trend existed in the amount

% OF GDP AT FACTOR COST OF AGRICULTURE, SELECTED INDUSTRIAL NATIONS

	1950	*1953*	*1958*	*1965*
Australia	29			14
Austria	18			10
Canada	13			6
France	15			8
West Germany	10			4
Italy		23		13
Japan		21		12
USSR			24	22
U.K.	6			3
U.S.	7			4

SOURCE: United Nations, *Statistical Yearbook 1966.*

of land under cultivation. 1945–66: In the U.S. acreage harvested dropped from 354 to 296 m. acres. 1954–57: In the Soviet Union, 90 m. acres of virgin land were put under cultivation, substantially raising the acreage harvested. (6) Attitudes toward conservation: 1945–68: Industrial nations were in general conscious of the need for conservation of land resources; in this respect Soviet agricultural policy was a major failure. 1945 ff.: In an attempt to raise Soviet agricultural output per annum, policies under both Stalin and Khrushchev showed no concern for subsequent harvests or long-run agronomic consequences; crop rotation and soil preservation measures were neglected; farms became denuded of feed and seed grains. 1961, Oct.: Introduction in the Soviet Union of the "plow-up" program, seeking to replace "low-yielding" crops (sown grasses and oats) and fallow with "high-yield" crops (peas, beans, and sugar beets); the plan was a failure. 1964, Oct. ff.: After the fall of Khrushchev, caused in part by his failure in agriculture, more attention was paid in the USSR to providing for long-term agricultural planning and to conservation of farm resources. (7) Land tenure and ownership: With the exception of Japan and to some extent the USSR, there were no major changes in land tenure and ownership relations in industrial nations, although there were alterations in the size of the farm unit under cultivation. Private property in agriculture remained the norm in North America, Western Europe, Japan, and Australia. (In Russia there were some concessions to private property.) In the U.S. large corporate enterprises became involved in agriculture; farm size rose. 1946, Oct.: Farm Land Reform Law passed by the Japanese Diet, a key land reform, insisted upon by the occupation forces: absentee landlordism was prohibited but a landlord might keep up to 2½ acres in the area in which he lived; a cultivator could own as much as 7½ acres for his own use and also could have an additional 2½ acres, which he could rent; under the land reform about 5 m. acres were redistributed and about 2 m. tenants became landowners; the reform removed major inequalities in ownership. In the Soviet Union landownership relations underwent some changes, and important revisions in government policies occurred, including changes in attitudes toward collective farms, state farms, and private plots, changes in the degree of central government control of farm production, greater utilization of economic incentives, and a more favorable attitude toward larger farm units; collective farms that averaged 1,000 acres in the 1930's averaged by the 1960's 15,000 acres (1960's: state farms averaged 30,000 acres). (8) Agricultural self-sufficiency: The U.S., Canada, and Australia had agricultural surpluses, which they exported. Under normal conditions, the USSR was agriculturally self-sufficient but, 1963–65, the Soviet Union made wheat purchases of $1½ billion from Canada, Australia, and other non-Communist countries, which suggested that her agricultural production was deficient. 1958 ff.: The European Common

Market countries together produced a surplus of lard, milk, fruit, potatoes, and vegetables; were self-sufficient in butter and cheese; produced 90–99% of meat, fish, rye, eggs, beet, sugar, and wine; 80–89% of their barley, corn, wheat, and rice; but imported over half their needs for citrus fruits, tobacco, cane sugar, cotton, and dried fruits. Japan required imports of foodstuffs to supplement her home-grown supplies, but her dependence on foreign supplies of food was less than in the pre-World War II years, owing to improvements in Japanese agriculture. Britain continued to be a large importer of foodstuffs. In the West all the industrialized nations subsidized agriculture to keep agricultural output higher than it would be were the market mechanism relied upon. (9) Trade in agricultural produce: 1945–57: Trading patterns for agricultural exports and imports of the industrial countries shifted, but no newly defined trend emerged. 1957–68: The key innovation in commerce in agricultural products came about with the adoption of an agricultural policy for the European Economic Community. 1957, 24 Mar.: By the Treaty of Rome, France, West Germany, Italy, Holland, Luxembourg, and Belgium committed themselves to act in the European Economic Community (EEC) to encourage increased agricultural productivity, to obtain for agricultural workers a fair standard of living, to stabilize agricultural markets, to develop regular and adequate supplies of farm produce, and to assure the consumer agricultural produce at a reasonable price. The EEC had difficulty in formulating the specifics of a common agricultural policy because of differences among the member countries. 1962, Aug.: 1st of the Market's regulations to implement a unified agricultural program came into force, representing the start of common policies on price, community financing, and commercial relationships. 1967, 1 July: A common market for cereals, pork, eggs, and poultry emerged; all restrictions on trade in these farm products among the 6 member nations ceased; external tariffs on these products became uniform. 1968, 1 July: A common market came into existence for all the Community's agricultural output. (10) 1945–68: In the domestic distribution of food products in industrial nations, the spread of the sale of frozen foods to the consumer represented an important trend.

RAW MATERIALS. Coal: 1945–68: Industrial nations remained large producers of coal, but as technology changed and as oil, natural gas, hydroelectric power, and nuclear power became more important sources of energy, coal industries in the U.S., Canada, Britain, and West Germany did not grow.

Oil: With the exception of the U.S. and USSR, the key industrial nations remained importers of oil. The U.S. was —as in the past—the world's largest oil producer; the USSR was in 3rd place after Venezuela. 1961: Oil output in the USSR surpassed that of Venezuela. 1947: Oil discoveries at Le Duc, south of Edmonton, Alberta, Canada, opened up new oil fields in that country.

CRUDE OIL PRODUCTION
(million metric tons)

	1948	*1965*
U.S.	273.0	384.9
USSR	29.2	242.8
Canada	1.7	39.7
France	.1	3.0
Netherlands	.5	2.4
Italy	a	2.2
World total	467.1	1,511.4

SOURCE: United Nations, *Statistical Yearbook 1966.*
a 9,000 metric tons.

Natural gas: 1945–68: Major deposits of natural gas were located in the U.S. and the Soviet Union. Canada's gas fields in southern Alberta and in the Peace River area on the Alberta-British Columbia boundary came into production. 1950's: Discovery of natural gas deposits in Italy; France had a gas field in the Pyrenean foothills; 1959: discovery of Groningen gas field in the Netherlands; 1966: natural gas discoveries in the North Sea and Britain. Natural gas was expensive to transport and its use depended on its nearness to the consuming markets; thus these discoveries were a boon to Western Europe.

NATURAL GAS PRODUCTION
(billion cubic meters)

	1957	*1965*
U.S.	300.8	454.2
USSR	18.6	127.7
Canada	6.2	41.6
EEC Countries	6.5	18.0

SOURCE: United Nations, *Statistical Yearbook 1966.*

Iron ore: The major industrial nations were among the largest producers of iron ore. 1950's: Massive development of Canadian iron resources.

IRON-ORE PRODUCTION (IRON CONTENT)
(million metric tons)

	1948	*1965*
USSR	16.2	89.0
U.S.	50.9	50.5
Canada	1.5	21.7
France	7.5	19.3
Sweden	8.2	17.6
Australia	1.3	4.3
U.K.	4.0	4.2
West Germany	1.8	2.5

SOURCE: United Nations, *Statistical Yearbook 1966.*

Technological changes: In the raw-materials industries, technological changes brought increased mechanization. 1948: Introduction in U.S. of a continuous-mining machine for use in coal mining—a major step in raising productivity. Technological change also improved resource utilization. Natural gas, pumped into oil wells, increased the output of these wells. Deep-drilling and offshore-drilling techniques opened up new oil resources. 1967, 10 Dec.: World's 1st use of a thermonuclear blast to release inaccessible natural gas took place in New Mexico. Late 1950's: As high-grade iron ores in the Lake Superior region became exhausted, Americans began to use formerly neglected taconite ore, which was pelletized by a new process. 1957, 13 Sept.: Large-scale commercial production of taconite started in the U.S.; this provided the basis for the revival of the Mesabi Range. In nonferrous minerals improved processing methods offered possibilities of using low-grade ores; technological change made it possible to utilize formerly wasted minerals and thus enlarged the resources of developed nations. Slag—once rejected as waste—became of interest to mining engineers. Technological change also altered the demand for minerals; 1950's: uranium, for example, was at a premium because of the requirements of atomic energy.

The synthetics revolution: Despite continuing replacement of primary raw materials by synthetics, there remained many raw materials for which there were no substitutes and industrial raw materials continued in high demand in the industrial nations. Moreover, the chemical industry, in its production of synthetics, began to place new demands on formerly wasted raw materials.

Political problems: 1946, 23 July: Strategic and Critical Materials Stockpiling Act sought to assure the U.S. of essential raw materials. 1950, 9 May: Robert Schuman, then French minister of foreign affairs, proposed that France and Germany put their coal and steel production under a supernational authority: Schuman favored inviting other nations to participate; the so-called Schuman Plan emerged from French concern over the economic revival of Germany. 1951, 18 Apr.: Treaty establishing the European Coal and Steel Community (ECSC) was signed by the foreign ministers of France, West Germany, Italy, Luxembourg, Belgium, and the Netherlands; the treaty—following the Schuman Plan—aimed to eliminate internal trade restrictions for coal and steel products and to encourage free movement of productive resources among the 6 nations. 1953, Feb.: An ECSC free-trade zone, involving iron ore, coal, and scrap, came into existence and all intra-Community tariffs on these commodities were eliminated; the resources of the member nations effectively complemented one another. The ECSC was a predecessor to the EEC.

ENERGY. Fossil Fuels: 1945 ff.: Coal, which once represented the primary source of low-cost energy, increasingly met competition from forms of energy available at still lower cost. Oil provided 1 alternative; natural gas, which on the basis of energy content was substantially cheaper than fuel oil, also competed. 1964: Coal still represented the main primary source of energy in the U.K., Germany, and the USSR, but it no longer held this position in the U.S., Canada, or France, where oil and natural gas stood supreme.

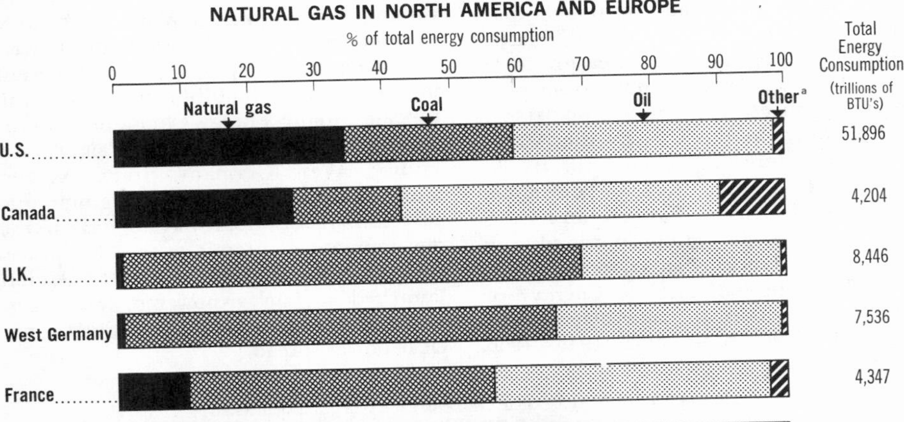

[a]Hydroelectric power and nuclear energy.
SOURCE: United Nations, Data for 1964, Chase Manhattan Bank, *World Business*, Sept. 1966.

1964–68: USSR shifted increasingly away from use of coal for energy, as did Britain and Germany.

Internal-combustion engine: 1945–68: The internal-combustion engine continued to be the best form of propulsion for automobiles and other motor vehicles. Innovations in the internal-combustion engine consisted primarily of higher horsepower units.

Electrical energy:

Electrical Energy Production in Selected Countries and Regions
(billion kwh)

	1948	*1965*
U.S.	336.8	1,157.4
Europe (excl. USSR)	249.0	996.1
USSR	66.3	506.7
Japan	35.6	192.1
Canada	47.2	144.3
Australia	8.3	35.7

Source: United Nations, *Statistical Yearbook 1966.*

1960–68: Stimulated by concern about air pollution, experiments in the U.S., Japan, and elsewhere were made with electric-powered automobiles; storage batteries were given trials but had to be replenished after each discharge by a relatively long process of recharging; fuel cells were devised which continued to function after a few minutes of "refueling"; the work on fuel cells was still experimental, and the advantages of the electric propulsion remained the same as in 1900: short range, low power, high cost, and high weight-to-energy ratio. 1945 ff.: Diesel-electric engines proved the most satisfactory form of propulsion for railroad locomotives.

Rocket power: 1945–68: Rocket power for propulsion came increasingly into use; the turbine-powered automobile, experimented with as early as 1928, was not manufactured commercially, but jet-powered airplanes became commonplace. Rocket power made possible the "space age".

Nuclear power: 1946, 1 Aug.: McMahon Act in U.S. established the Atomic Energy Commission. 1947: North American Aviation report dealt with the possibility of applying nuclear power to missile propulsion (a nuclear rocket); research along this line met with serious technical problems, but continued. 1951: The feasibility of producing electric power by using a nuclear reactor to replace the boiler in a thermal power plant (or to substitute for a hydro plant) was demonstrated in the U.S. by the Atomic Energy Commission, which with its Experimental Breeder Reactor developed 100 kw of electricity. 1954, 21 Jan.: U.S.S. *Nautilus,* the 1st atomic-powered submarine, was launched at Groton, Conn. 1954: Formation of Atomic Energy Authority in Britain to take over British atomic facilities built since 1945. 1956, 17 Oct.: The world's 1st full-scale nuclear power station opened at Calder Hall, Cumberland, England, and Britain took world leadership in production of electrical power using nuclear energy. 1957: Shippingport Atomic Power Station in Pennsylvania went into operation, becoming the 1st nuclear plant in the U.S. to produce commercial electrical power; 1st Soviet nuclear power plant also went into operation; establishment of the European Atomic Energy Community (Euratom) by Treaty of Rome signed by France, West Germany, Italy, Netherlands, Luxembourg, and Belgium; the function of Euratom was to aid in the development of atomic energy for peaceful purposes. 1958: Soviet Union launched a nuclear-powered icebreaker. 1958 ff.: Production of electricity by nuclear power spread.

WORLD PRODUCTION OF ELECTRICITY BY NUCLEAR ENERGY
(billion kwh)

Country	*1957*	*1960*	*1965*
U.K. (1957)	.409	2.079	15.836
U.S. (1957)	.010	.518	3.657
USSR (1957)	n.a.	n.a.	n.a.
Italy (1963)	—	—	3.510
France (1958)	—	.130	.897
Canada (1962)	—	—	.120
West Germany (1961)	—	—	.112
Belgium (1962)	—	—	.050[a]
Japan (1963)	—	—	.002[a]

NOTE: Date in parentheses is when production was 1st recorded in UN *Statistical Yearbook* except for USSR, where date is 1st installed capacity.

SOURCE: United Nations, *Statistical Yearbook 1966.*

[a] 1964.

1965–66: Cost of generating electricity with nuclear power went down sharply, because of improved reactors and because the cost per kwh declined as nuclear power plants increased their capacity. 1966: 1st year that orders for nuclear power generation equipment in the U.S. exceeded all other types of power facilities.

Other new sources of power: 1950's and 1960's: Work was under way in the U.S. and Britain on magnetohydrodynamics, the process of generating electricity by shooting ionized gas through a magnetic field. New developments took place in the U.S. and Western Europe and in New Zealand in using tidal energy, wind energy, solar energy, geothermic energy, and thermal energy of the sea. 1955, 31 Aug.: A sun-powered automobile was demonstrated in Chicago; Oct.: 1st solar-powered telephone call made by customer of regular Bell Telephone System. 1957 ff.: Italy, New Zealand, and the U.S. developed electrical production using geothermal energy. Developments in space-age sciences brought forth a new variety of techniques for generating power. 1959, 19 Jan.: U.S. Atomic Energy Commission demonstrated a 5-watt radioisotope thermoelectric generator. 1960, 18 Apr.: National Aeronautics and Space Administration let contracts for an electric rocket; 4 May: tests made in the U.S. at Lewis Research Center of hydrogen-oxygen high-energy engine; 17 June: Lewis Research Center undertook tests of hydrogen-fluorine engines. 1960's: In the U.S. and Western Europe, experiments were made with optical lasers, a potential source of power. 1966: Union Carbide in the U.S. developed a hydrogen-oxygen fuel-cell system used to power an experimental delivery van.

INDUSTRY AND TECHNOLOGICAL CHANGE. Postwar reconstruction: 1945 ff.: Industrial development in Europe and Japan involved rebuilding the damaged industrial plant. In North America and Australasia, by contrast, there was no wartime damage; the task involved conversion to peacetime production. 1945 ff.: American foreign aid contributed importantly to rebuilding Europe and Japan. 1948: Every principal Western European country (except West Germany) had reached or surpassed its 1938 level of production. Late 1947–early 1948: Decision made to let Germany rebuild its industry. SCAP (Supreme Commander of the Allied Powers) in Japan similarly decided to encourage Japan to rebuild. 1951: West Germany surpassed its 1938 level of production; 1953: Japanese manufacturing reached the 1938 level. 1950's: Major rebuilding of industry in Soviet Union, parts of Eastern Europe, Western Europe, and Japan.

Automation: 1947: Delmar S. Harder (b. 1892) and John Diebold (b. 1926) used the word "automation." The word came to mean anything from the use of machines to run machines, to a controlled operation of an entire process, involving machines that automatically performed their operations, using an electronic judgment ("feedback"). 1950's and 1960's: The feedback element of automation became crucial—electronic controls inspected, approved, and corrected industrial work in the process of manufacture. Automation came of age with the computer and was applied in most industries.

Steel: 1950 ff.: Worldwide introduction of the basic oxygen process, which refined pig iron into steel by injecting jets of oxygen into a molten pool of pig iron; the process produced high-grade steel, more quickly and efficiently than older methods, at lower investment and operating costs. It was a major innovation. 1950, Nov.: VOEST, a nationalized Austrian steel company, using the patents of German C. V. Schwarz (issued in 1943) and of Belgian John Miles (issued in 1946), completed its tests of the oxygen process. 1952: VOEST was the 1st firm in the world to go into commercial production of steel using the oxygen process. 1954: A Canadian plant, Dominion Foundries & Steel Co., introduced the process in the

INDEXES OF MANUFACTURING ACTIVITY
(base: 1958 = 100)

	1959	*1960*	*1961*	*1962*	*1963*	*1964*	*1965*
World[a]	111	120	127	137	145	157	169
Japan	121	152	182	198	219	257	267
USSR and Eastern Europe[b]	112	125	138	151	163	177	192
U.S.	114	117	118	127	134	143	156
EEC	107	118	124	130	137	147	155
Canada	107	109	113	122	131	143	155
Australia	110	112	111	122	131	139	148
U.K.	106	115	115	115	120	130	134

SOURCE: United Nations, *Statistical Yearbook 1966.*

[a] Excluding Albania, Mainland China, Mongolia, North Korea.

[b] Eastern Europe includes Bulgaria, Czechoslovakia, East Germany, Hungary, Poland, and Rumania.

Western Hemisphere. On the European Continent and in Japan use of the process spread; by the end of the 1950's and 1960's the major American steel cos. had adopted it.

WORLD'S LEADING STEEL PRODUCERS
(million metric tons)

	1948	*1960*	*1965*
U.S.	80.4	90.1	119.3
USSR	18.6	65.3	91.0
Japan	1.7	22.1	41.2
West Germany	6.8	34.1	36.8
U.K.	15.1	24.7	27.4

SOURCE: United Nations, *Statistical Yearbook 1966.*

Automobiles: The motor-vehicle industries in the industrial nations grew dramatically.

MOTOR-VEHICLE PRODUCTION
(000)

	1948	*1960*	*1965*
Australia			
Cars	—	150.6	334.5
Trucks	—	53.7	69.3
Canada			
Cars	166.8	325.8	710.7
Trucks	96.9	72.0	141.8
France			
Cars	100.1	1,135.6	1,374.0
Trucks	98.3	233.6	242.1
West Germany			
Cars	29.9	1,816.8	2,733.7
Trucks	29.8	237.8	237.7
Italy			
Cars	44.4	595.9	1,103.9
Trucks	15.0	48.9	71.6
Japan			
Cars	.4	165.1	696.2
Trucks	36.8	595.2	1,222.4
USSR			
Cars	20.2	138.8	201.2
Trucks	176.9	501.3	612.6
U.K.			
Cars	334.8	1,352.8	1,722.0
Trucks	173.3	458.0	455.2
U.S.			
Cars	3,909.3	6,674.8	9,305.6
Trucks	1,376.3	1,194.5	1,751.8

SOURCE: United Nations, *Statistical Yearbook 1966.*

1950–68: The largest car producers in the U.S. remained General Motors, Ford, and Chrysler. In Germany, Volkswagen (a nationalized German company, established in the 1930's in response to Hitler's demand for a cheap car) and Opel (a GM subsidiary) led the industry. In Britain the British Motor Corp. (formed in 1952, uniting Morris and Austin) along with Ford Motor Co., Ltd. (a Ford subsidiary), led that nation's industry. In Italy, Fiat was the pace-setter.

Chemicals: 1950's and 1960's: The large petroleum cos. took part in the chemical industry, making a range of petrochemical products. The pharmaceutical industry witnessed a veritable revolution in the manufacture of drugs, serums, and vaccines. With antibiotics, new vaccines, and new methods of treatment, the industry was transformed. The U.S., Britain, and Germany led in the world's chemical industries. Japan also developed a substantial chemical industry; it was especially active in the production of synthetic fibers, but also in other chemicals (see table, pp. 806–807).

Electricity and electronics: 1945–68: Electronics was a major growth industry; innovations were revolutionary; the television set was the most complex electronic product marketed commercially.

PRODUCTION OF TELEVISION RECEIVERS
(000)

	1948	*1960*	*1965*
U.S.	975	5,611	10,036
U.K.	91	2,141	1,591
USSR	4	1,726	3,655
France	1	655	1,250
West Germany	—	2,164	2,776
Japan	—	3,578	4,180

SOURCE: United Nations, *Statistical Yearbook 1966.*

1948: Invention of the transistor by Americans John Bardeen (b. 1908) and W. H. Brattain (b. 1902), working under William Shockley (b. 1910) at Bell Telephone Laboratories, was the next stage in the electronics industry. 1950, 1 Mar.: Eckert-Mauchly Computer Co. acquired by Remington-Rand; 1951, 14 June: Remington Rand delivered (to the Bureau of Census) UNIVAC—the 1st production model of an advanced large-scale general-purpose computer—a vacuum-tube computer; this was the 1st commercially produced computer. 1952: Masaru Ibuka, president of the Japanese Sony Co., obtained Bell Lab's transistor patents. 1954–61: Discoveries made by Bell Labs in the field of intermetallic alloys, through which electric current could be conducted without loss ("super-conductors"). 1954: International Business Machines (IBM) demonstrated the 1st large transistorized computer. 1955: Sony turned out the world's 1st transistor radio; 1957: Sony introduced the 1st pocket-sized transistor radio; 1958: Sony presented the 1st transistorized FM radio. Invention in the U.S. of the integrated circuit, which reduced costs of computer operations at a ratio of 3–1 over transistorized computers and increased the speed of calculations. 1959: Sony introduced the 1st all-transistorized television set. Use of vacuum-tube computers—the 1st generation of computers—had practically ceased; 2nd-generation transistorized computers had replaced them; these would now be replaced by the 3rd generation, integrated-circuit computer. (From the vacuum-tube computers of the early 1950's to the integrated-circuit computers of the 1960's, computers' capacity for calculation was increased 1,000-fold). Christopher Strachey, British mathematician, gave 1st public paper on time-sharing. ("Time-sharing" involved the utilization of a single computer by many individuals in diverse locations; 1961, Nov.: 1st demonstration of time-sharing at the MIT Computation Center, using 4 "remote" consoles in the same room.) 1960: Sony introduced the 1st transistorized videotape recorder. 1964: Charles H. Townes (b. 1915), American from MIT, and Russian scientists Nikolai Basov and Alexander Prokhorov won the Nobel Prize in physics for their work on lasers; 1964–68: research into the laser, a device for generating and manipulating light, brought forth varied applications to data display systems for computers, tunnel-boring machines, cancer surgery, plasma diagnosis, 3-dimensional photography, and communications (transmission over a light beam of TV programs). 1965: Sony introduced the 1st transistor microphone; Union Carbide achieved the most powerful solid-state continuous-wave laser beam yet recorded. 1966: The IBM 360, a multipurpose computer line, using advanced microcircuitry, was introduced; Sony presented the 1st integrated-circuit radio. 1968: Prospects of large-scale (circuit) integration (LSI), with higher speeds, greater reliability, and lower costs, in the 4th generation of computers.

Number of Computers Installed in the U.S., 1950–68

1950	10–15
1955	1,000
1960	6,000
1965	30,800
1968 (as of 1 Jan.)	40,159

Source: American Federation of Information Processing Societies and *EDP Industry Report,* Jan. 26, 1968, p. 14.

SPACE AGE. Prelude: 1945: The U.S. made the commitment to develop missiles for military purposes; Feb.: "Project Nike" initiated to seek new means of air defense against high-speed, high-altitude bombers, which were beyond the reach of existing artillery; 8 Mar.: 1st test launch of U.S. air-to-air missile; Aug.: components of about 100 V-2 ballistic missiles were shipped from Germany to the U.S. for study; Oct.: Secretary of War Robert P. Patterson (1891–1952) endorsed a plan to bring key German scientists to the U.S. to aid in military research and development; 1946, 22 Mar.: 1st American rocket launched to move outside the earth's atmosphere. 24 Oct.: U.S. launched a V-2 rocket carrying a camera and taking motion pictures of the earth at about 65 mi. above the earth's surface. 1947, 24 Apr.: French government established a rocket test range in Algeria. Sept.: U.S. "Project Rand" report indicated that earth satellites were technically feasible. 1948, 4 Nov.: U.S. Air Force announced the formation of the Rand Corp., successor to Project Rand, to assemble and develop the most advanced scientific, technical, industrial, and military knowledge relevant to Air Force decisions. 1949, 11 May: U.S.

SOME INNOVATIONS IN THE CHEMICAL INDUSTRY, 1945–67

Food	*Clothing*	*Shelter*	*Health*	*Transportation and Communications*	*Tools and Equipment*	*Packaging*
Selective and pre-emergent weed and brush killers	New synthetic fabrics, including, 1950: introduction of "Orlon" acrylic fiber; 1951: introduction of "Dacron" polyester fiber, which became important in "wash and wear" garments; other synthetic fabrics	Silicone products, such as construction sealants, coating and surfacing materials	1945 ff.: New antibiotics, among them, 1948: aureomycin; 1950: terramycin; 1952: chloromycetin	Higher-octane gasolines	Silicones	Polyethelenes for packaging
Defoliation as harvest aid	Durable-press fabrics	New paints and pigments	Antihistamines	New lubricants	Low-cost sheet-forming dyes	
New insecticides (1947: 1st use of organic phosphates as insecticide; others followed)	Inherent colors in man-made fabrics	New insulation materials	Synthetic hormones	Nonflammable hydraulic fuel	Nylon machine parts	
Fungicides		Foamed plastics	Cortisone for arthritis	Range of new coating and insulation materials	Fluorinated hydrocarbons	
Soil conditioners		Synthetic carpeting of tufted plastic	Radioisotopes	Nylon tire cord	Expansion of electrochemical industries, making for better metals for tools and equipment	
Mold inhibitors			1952: Tran-	New uses of plastics in the automobile industry		

Range of new fertilizers and fertilizer-pesticide mixtures	New cleaning solvents, introduced into textiles as stain and water repellents	Aerosol foam cleaners	quilizers	New synthetic rubber compounds	1955: Man-made industrial diamonds
Synthetic hormones for animals		Consideration of polymers as "basic structural" materials	1955: Salk vaccine for poliomyelitis	New resins for reinforced plastics with applications in the utility, outboard motor, and transportation fields	Man-made industrial rubies
Animal disease-control agents (including antibiotics, and antioxidants)	1964: "Corfam," a synthetic material for shoe uppers		1956: Oral contraceptives; 1961: Sabin vaccine for poliomyelitis could be taken orally		
	Plastic protective helmets		1966: Measles vaccine		
Liquid nitrogen systems for in-transit food refrigeration			1967: Symmetrel, 1st oral chemical agent to work efficiently against influenza 1960's: Drugs for treatment of mental illness		

SOURCE: Adapted from Manufacturing Chemists' Association, *The Chemical Industry Facts Book*, 3rd ed., 1957, with many additions.

President Harry Truman signed a bill providing for a 5,000-mi. guided-missile test range; it was subsequently established at Cape Canaveral (later Cape Kennedy), Fla. 1951, 4 Oct.: M. K. Tikhonravov declared Russian rocket advance equal to or superior to that of the U.S. and that the Russians believed the creation of artificial earth satellites and space flights were feasible. 1954, 29 Apr.: 1st launching in the U.S. of a 3-stage rocket vehicle, including 2 Nike boosters and a Deacon rocket as the 3rd stage; 14 Oct.: 4-stage solid-fuel rocket launched in U.S.; USSR established an Interdepartmental Commission on Interplanetary Communications to develop an earth satellite; 16 Dec.: U.S. Air Force announced that the Atlas Intercontinental Ballistic Missile (ICBM) was being constructed by Convair. 1955, 1 Dec.: Eisenhower gave highest priority to ICBM programs, especially the Thor and Jupiter projects. 1957, spring: Several Russian tests of ICBM's; 26 Aug.: Soviet News Agency announced that the USSR had a "few days" earlier successfully launched a "super long-distance intercontinental multistage ballistic rocket"; 20 Sept.: 1st successful launch of the U.S. Air Force's Thor Intermediate Range Ballistic Missile.

Space research and travel: 1957, 4 Oct.: Soviet Union launched Sputnik I (weighing 180 lbs.)—the earth's 1st artificial moon; 3 Nov.: USSR's Sputnik II (weighing 4 tons) carried a dog named "Laika." 1958, 31 Jan.: U.S. launched its 1st artificial earth satellite, Explorer I (30.8 lbs.); it discovered the presence of a radiation belt around the earth. (6 Dec., 1958: Pioneer I, an American satellite, identified a 2nd radiation belt around the globe; these belts were called the Van Allen belts.) 17 Mar.: U.S. launched Vanguard I rocket to test solar cells; as a scientific satellite, it proved that the earth was slightly pear-shaped. 26 Mar.: U.S. launched Explorer III, which produced valuable information on the radiation belt, micrometeorite impacts, and temperatures. 15 May: Soviet Union put Sputnik III into orbit for aerodynamic studies; this satellite weighed about 7,000 lbs. 1 July: Japanese Kappa-6tw 2-stage rocket was flown to the altitude of 30 mi. above the Michikawa Rocket Center, Japan. 27 Aug.: Russians sent 2 dogs to an altitude of 281 mi. and safely returned them to earth. 27 Aug.: President Eisenhower signed Public Law 85–766, which included an appropriation of $80 m. for a National Aeronautics and Space Administration (NASA), including $50 m. for research and development and $30 m. for other expenses. (1 Oct.: NASA officially came into existence.) 7 Oct.: NASA organized Project Mercury to (1) put a manned capsule into orbital flight around the earth, (2) consider man's reactions to and capabilities in space, and (3) find means by which the capsule and the pilot could be recovered without harm to either. 11 Oct.: U.S. launched Pioneer I, a space probe which went 70,700 mi. before returning to earth: it determined the extent of radiation bands, observed the earth's magnetic field, and made 1st studies of the density of micrometeors in space and 1st measurement of the interplanetary magnetic field. 1959, 2 Jan.: USSR put Lunik I into a solar orbit—the 1st man-made object placed in orbit around the sun. 3 Mar.: Pioneer IV was the 1st U.S. satellite to orbit the sun. 2 Apr.: The 1st 7 astronauts were selected in the U.S. for Project Mercury: Capts. Leroy G. Cooper, Jr., Virgil I. Grissom, and Donald K. Slayton; Lieut. Malcolm S. Carpenter; Lieut. Comms. Alan B. Shepard, Jr., and Walter M. Schirra, Jr. (U.S.N.); and Lieut. Col. John H. Glenn (U.S.M.C.). 12 Sept.: Russia's Lunik II launched; Lunik II became the 1st man-

SEQUENCE OF KEY U.S. MISSILE DEVELOPMENTS

	1st Successfully Launched in U.S.
V-2	1946
Navaho	1950
SNARK	1952
Redstone	1953
Jupiter	1956
Atlas	1957
Thor	1957
Vanguard	1957
Titan	1959
Nike-Zeus	1959
Saturn	1960

made object to hit the moon. 4 Oct.: USSR launched Lunik III, which took the 1st photographs of the hidden side of the moon. 1960, 1 Apr.: U.S. launched 1st weather observation satellite, Tiros I (Television Infrared Observation Satellite), which inaugurated a new era in meteorological observation. 12 Aug.: Echo I, launched in the U.S., demonstrated radio communication by satellite. 19 Aug.: USSR launched into orbit Spacecraft II, weighing 5 tons and carrying 2 dogs and biological specimens; 21 Aug.: USSR announced the safe recovery of the dogs and the biological specimens from Spacecraft II, the 1st successful recovery of living organisms from orbit. 1961, 12 Apr.: Russian Yuri A. Gagarin made a 1-orbit trip in space and returned safely —the 1st man to fly beyond the earth's atmosphere. 5 May.: Astronaut Alan B. Shepard, Jr., was the 1st American in space. 6 Aug.: Maj. Gherman S. Titov, Russian cosmonaut, was launched into orbit in Vostok II; he made 17 orbits and returned to earth safely, 25 hours and 8 minutes later (7 Aug.). 1962, 20 Feb.: Lieut. Col. John H. Glenn, U.S. astronaut, was 1st American to orbit the earth; he orbited 3 times and returned safely; 7 Mar.: solar observatory satellite launched by the U.S. into orbit—the 1st of large 2nd-generation satellites developed by NASA. 26 Apr.: 1st international satellite (Ariel) —a British-American joint venture—launched from Cape Canaveral, with the goal of studying cosmic radiation. 10 July: U.S. launching of Telstar, a communications satellite. 11 Aug. and 12 Aug.: 2 manned Soviet space ships (Vostok III and Vostok IV) were launched into orbit; 12 Aug.: 1st live TV broadcast from a spaceship—from Vostok III. 15 Aug.: Vostok III and IV landed safely, Vostok III after 64 orbits and Vostok IV —6 minutes later—after 48 orbits. 27 Aug.: U.S. launched unmanned Mariner II on its 109-day mission to fly by Venus. (14 Dec.: Mariner II took 1st instrument readings of Venus's temperature, atmosphere, etc., as it flew within 21,100 mi. of the planet; Mariner II radioed these data 36 m. miles back to earth.) 1963, 14 June: Vostok V, Russian spacecraft, manned by Lieut. Col. V. F. Bykovsky, was launched; 16 June, Russian Valentina Tereshkova, in Vostok VI, was 1st woman in space; 17 June, communications in space between Vostok V and VI. 20 June: Vostok V and VI landed safely; Bykovsky set new record by orbiting the earth 81 times, covering 2 m. miles (Tereshkova orbited 48 times). 16 Oct.: U.S. Air Force launched twin unmanned satellites, designed to detect nuclear explosions in space. 1964, 12 Oct.: Voskhod I was launched by the USSR—the 1st 3-man satellite. 1965, 18 Mar.: Russian Aleksei Leonov, leaving Voskhod II, took the 1st walk in space—duration 10 minutes; 23 Mar.: U.S. spacecraft Gemini III was pilot-maneuvered during orbit by Americans Virgil Grissom and John Young. 3 June: Launch of Gemini IV, U.S. 2-man orbital flight, from which American Edward H. White took a 20-minute walk in space; 15 July: unmanned U.S. Mariner IV (launched 28 Nov., 1964) transmitted 1st photographs of Mars, from 10,500 mi.; subsequent photographs received from the satellite were from as close as 6,118 mi. from the planet. 21–29 Aug.: U.S. spacecraft, Gemini V, with 2 astronauts on board, made new world record—120 orbits. 26 Nov.: 1st French satellite launched. 4 Dec.: Gemini VII, U.S. 2-man orbital flight, launched; it remained in orbit for 14 days, a new record; 15 Dec.: Gemini VII made 1st rendezvous in space (with Gemini VI, launched 15 Dec.). 1966, 4 Feb.: Russian Lunik IX (launched 31 Jan., 1966) was the 1st spacecraft to soft-land on the moon; 1 June: U.S. 3-legged Surveyor I spacecraft landed on the moon. 1967, 27 Jan.: Fire in Apollo spacecraft on the ground killed 3 American astronauts—Virgil I. Grissom, Edward H. White, and R. B. Chaffee. 23 Apr.: Soviet cosmonaut Vladimir M. Komarov crashed on re-entry from space, the 1st known Russian space casualty. 18 Oct.: Russians made the 1st soft-landing of a capsule on the planet Venus; it found temperatures of from 104° to 536° F., and obtained other scientific information, which it relayed back to earth. (For moon landing, see p. 652).

Supersonic transports: Anglo-French agreement to build "Concorde" supersonic airliner (1,400 mph), 26 Mar., 1962. U.S. decided to build prototype SST (1,750 mph), 29 Apr., 1967. On 31 Dec., 1968, Russian SST, TU–144 (1,550 mph), made 1st flight; 1st flight of Concorde, 2 Mar., 1969.

TRANSPORTATION. The dramatic spread of motor-vehicle usage was reflected in the rise of automobile and truck production. Construction of limited access roads accelerated, to meet the demands for new highways. 1964, 1 Oct.: The world's 1st high-speed (125 mph) modern passenger train was introduced in Japan. 1967, 4 Dec.: French wheelless "aerotrain" went 215 mph on a cushion of air—a world record for track vehicles; the train was powered by a turboprop engine. 1950's and 1960's: Growth of pipe-line facilities in major industrial nations to transport oil and gas.

Shipping: 1966: Figures on major nations' merchant shipping are misleading, because many American and other ships sail under foreign flags.

MERCHANT SHIPPING OF LEADING INDUSTRIAL NATIONS
(million gross registered tons)

	1948	*1966*
World		
Shipping other than tankers	80.3	171.1
Tankers	15.3	60.2
U.K.		
Ships	18.0	21.5
Tankers	3.5	8.0
U.S.		
Ships	29.2	20.8
Great Lakes	2.3	1.9
Tankers	5.5	4.4
Japan		
Ships	1.0	14.7
Tankers	.01	5.1
USSR		
Ships	2.1	9.5
Tankers	.1	2.5

SOURCE: United Nations, *Statistical Yearbook 1966.*

Air travel: 1945 ff.: Airplanes became a common means of traveling; passenger and, to a smaller extent, freight mileage by air mounted. Jet aircraft, used during the war, were improved upon by the British, Americans, and Russians, initially primarily for military use. 1947, 14 Oct.: U.S. Air Force Capt. Charles E. Yeager made the 1st supersonic flight in a manned aircraft in level or climbing flight; flight was made in a rocket-powered research plane, the Bell XS-1 (later the X-1). 1950, Oct.: U.S. Air Force announced a plan to replace all piston-engined planes with jet aircraft. 1952, 21 Apr.: British Overseas Airways, with the De Havilland Comet, started the 1st jet passenger service—London to Rome. 1958, 4 Oct.: 1st commercial jet airplane crossing of the Atlantic made by BOAC; this inaugurated a new epoch in civilian travel. 1958: 1st year in which total number of transatlantic passengers by air exceeded the number of passengers by sea. 1960: World's scheduled airlines (excluding USSR and Communist China) carried 108 m. passengers.

Communications: 1945 ff. There was a remarkable growth in telephone, radio, and television usage in the industrial world.

TELEPHONES
(no. in use in million units)

	1948	*1965*
U.S.	38.20	93.66
U.K.	4.87	10.62
Canada	2.45	7.44
France	2.23	6.12
West Germany	1.86	8.80
Sweden	1.43	3.38
Japan	1.31	14.00
Italy	1.01	5.98
Australia	.96	2.81

SOURCE: United Nations, *Statistical Yearbook 1966.*

The field of "telecommunications" blossomed. 1956: Bell Telephone Co. developed a "visual telephone," which would transmit pictures over telephone wires. 1960's: Development of long-distance xerography (introduced Dec. 1962); scanners and printers could operate reliably between cities miles apart; electronic blackboards were developed, which transmitted writing over a long distance on telephone wires (the writing received could be preserved). 1960, 12 Aug.: Echo I, launched in the U.S., demonstrated the

RADIOS
(est. no. in use in million receivers)

	1948	*1965*
U.S.	74	240
U.K.	11	16
Canada	2	10[a]
France	6	15
West Germany	7	26
Japan	7	20
Australia	2	3
USSR	11	74

SOURCE: United Nations, *Statistical Yearbook 1966.*
[a] 1964.

feasibility of radio communication by satellite. 1962, 10 July: Launching of Telstar I at Cape Canaveral made possible the 1st transmission of live TV pictures across the Atlantic Ocean. 31 Oct.: President Kennedy signed a communications satellite bill, establishing a private profit-making corporation (50% owned by the general public and 50% owned by utilities) to handle global communications by satellite. 1965, 2 May: TV 1st used "Early Bird," the U.S. Commercial Communications Satellite (Comsat).

FINANCE. International: 1945: U.S. emerged from the war a great creditor nation. Britain, by contrast, had become a debtor nation, as had France. Germany and Japan were in desperate need of foreign funds for revival. American foreign aid came to the assistance of Europe. The International Bank for Reconstruction and Development (established 27 Dec., 1945) had as one of its key purposes financing reconstruction. 1947: 1st IBRD loans went to Belgium, Denmark, Finland, Luxembourg, the Netherlands, and Yugoslavia. In Europe there developed a "dollar shortage," an inadequate supply of dollars at the established rate of exchange. Foreign-exchange controls remained. 1948, June: West German currency reform, wherein the reichsmark was exchanged for a new deutschemark at the rate of 10 to 1. 1949, 1 Apr.–18 Sept.: Britain's reserves declined by over $500 m. 18 Sept.: Britain devalued the pound sterling, from $4.03 to $2.80; other countries followed. 1950, 1 July: European Payments Union (EPU) created to facilitate payments between member countries. 1950's: European nations increased their gold and foreign-exchange reserves; the dollar shortage began to disappear; U.S. balance-of-payments deficits became endemic. 1956, July: Egyptian government nationalized the Suez Canal. Oct.: The Suez Canal and oil pipe lines traversing Syria were closed; 1957, Apr.: reopening of Canal and partial restoration of oil pipe lines; the "Suez Crisis" put a severe strain on European financial resources. The International Monetary Fund played a prominent role in promoting international financial stability—aiding member nations. Nonetheless the franc continued to be weak. Aug.: France devalued the franc; the British pound seemed in jeopardy; Britain raised the bank rate to 7%—the highest level since the early 1920's—and the crisis was averted. 1958, 27 Dec.: Britain announced the immediate convertibility of the pound sterling by residents of countries outside the sterling area; earnings in sterling could thereafter be freely converted into dollars at roughly the official rate of $2.80 per pound. Austria, Belgium, Denmark, Finland, France, West Germany, Ireland, Italy, Luxembourg, the Netherlands, Norway, Portugal, and Sweden made similar announcements. Most nations excluded capital from the convertibility provisions. France devalued the franc from 420 to 493.7 francs to the U.S. dollar. European Monetary Agreement came into force, superseding the now defunct European Payments Union; it aimed to promote convertibility of currencies and aid international trade; it was signed by the OEEC members. 1959–60: The right of convertibility for current transactions was extended by European countries to include their own members; restrictions on capital movements remained. 1961, Mar.: Germany revalued the mark upward. Aug.: The pound sterling was again under pressure and there was a threat of devaluation; again the crisis was averted. 1960's: U.S. balance-of-payments deficits continued; new weakness of the pound. 1967, 18 Nov.: Britain devalued the pound, making it worth $2.40.

Domestic: 1950's: All the industrial nations committed a higher proportion of GNP to domestic investment than ever

GROSS DOMESTIC CAPITAL FORMATION AS A SHARE OF GNP
(based on totals in current prices)

	Years	*% GNP*
U.K.	1950–60	15.4
West Germany	1950–60	24.0
Italy	1950–60	20.8
Denmark	1950–60	18.1
France	1950–60	19.1
Netherlands	1950–60	24.2
Sweden	1950–60	21.3
Australia	1950/51–1959/60	28.6
Canada	1950–60	24.8
U.S.	1950–60	19.1
Japan	1950–59	30.2
USSR	1960	32.6[a]

SOURCE: Angus Maddison, *Economic Growth in the West,* New York, 1964, p. 76, and Simon Kuznets, *Modern Economic Growth,* New Haven, 1966, pp. 236–239.

[a] Gross national capital formation as % of GNP.

before in their history, the U.S. excepted. (In the U.S. pre-World War I percentages were higher.)

Central Banks: In Europe especially, but also in other industrial countries, central banking policies sought to encourage a high rate of investment. Central banks became of key importance in controlling credit and regulating demand; they became instruments of economic planning.

Other banking facilities: 1945 ff.: Bank of International Settlements became in the postwar years an important European banking institution. 1958, 1 Jan.: In accord with the Treaty of Rome establishing the EEC, a European Investment Bank was founded; it was organized primarily to make loans principally to private enterprises and governmental agencies within the EEC, although it could finance enterprises outside the EEC.

Capital markets: 1945–68: The U.S. was the world's major capital market. In Europe, there were attempts to stimulate capital markets, but by 1967 there was still not complete freedom of capital movement. 1958–59 ff.: There developed in Europe a "Eurodollar market"—a market for lending and borrowing the world's key convertible currencies, mainly dollars, but other currencies as well. 1967: The Eurodollar market was one of the world's largest markets for short-term funds. 1951–61: The Tokyo Dow Jones average rose from 100 to over 1,800 points. The Japanese stock exchange aided in creating a capital market in that country; for the 1st time in the postwar years, securities of major industrial companies were publicly traded. Trading per day on the Tokyo Exchange rose from an average 2.5 m. shares in 1951 to 100 m. shares in 1961. 1961–65: Decline of Tokyo Dow Jones—from a high of 1,829 to a low of 1,020. 1965–67; sweeping changes in Japan, as the exchange sought to regain public confidence.

FOREIGN TRADE. 1945: After the war, world trade was disrupted. Everywhere there were restrictions on commerce. 1946: Despite the restrictions, U.S. trade boomed; exports were 90% over their 1938 level and imports about 40% over the 1938 level. By contrast, exports of European countries (leaving Germany aside) were about 60% of their prewar (1938) level; German exports were negligible. Financed by loans and grants from abroad, European imports were 80% of their prewar level. Japanese exports were small; Japanese imports were higher than exports. 1947–48: U.S. continued to have large export surpluses; other industrial countries had difficulty exporting because of war devastation; they had difficulty paying for imports because of low exports. 1948: Customs union became effective between the Netherlands, Luxembourg, and Belgium as these nations abolished tariffs among one another and established a common external tariff. 1949: With the devaluation of the pound and other currencies, European exports became more competitive and foreign trade mounted. 1957: Treaty of Rome and formation of European Economic Community, 1 Jan., 1958; the EEC sought to remove all trade restrictions among the member nations (France, West Germany, Italy, Holland, Belgium, and Luxembourg) and to establish a common external tariff; 1968, 1 July: removal of internal tariff barriers and establishment of a common external tariff. 1959, 20 Nov.: Formation of the European Free

Trade Association (EFTA), including Britain, Sweden, Norway, Denmark, Switzerland, Austria, and Portugal. EFTA sought to remove quotas and tariffs among the 7 members, but did not seek to develop a common external tariff; 1967, 1 Jan.: EFTA achieved free trade in manufactured products among its 7 members. 1959 ff.: While no single country in the EEC had a larger foreign trade than the U.S., together they did. So too, the EFTA countries together had larger trade than the U.S. 1960's: The U.S. remained the largest single trading nation; West Germany replaced Britain as 2nd largest. 1962, 4 Oct.: Trade Expansion Act in U.S. committed the U.S. to freer trade worldwide; the U.S. President was given the authority to negotiate tariff reductions. 1964 ff.: Subsequent discussion, known as "Kennedy Round" negotiations, served to lower tariff barriers. 1967: Rise of protectionist sentiment in the U.S., which represented a reversal of entire postwar trend, yet during 1967 this sentiment was not translated into legislation. 1968: Despite the end of tariff barriers in the EEC, France undertook protective measures to safeguard the franc.

FOREIGN INVESTMENT. 1945–68: The U.S. became the world's major foreign investor. 1945: U.S. and Britain together controlled foreign assets of about $29.5 billion. 1966: U.S. alone controlled foreign assets that had a book value of about $111.9 billion. 1945–67: Rapid growth of American business enterprises abroad, especially in Europe. In many major European industries (automobiles, chemicals, oil, computers, etc.), American companies had a crucial role.

FOREIGN AID. 1945, June–1950, June: U.S. foreign aid exceeded $28 billion; included in this total were aid under United Nations Relief and Rehabilitation Administration and its successor programs (about $3.5 billion); aid to civilians furnished by the armed services in occupied countries, mainly Germany and Japan ($5.3 billion); surplus property credits and other credits for reconstruction, recovery, and development (over $10 billion, including the British loan of $3.75 billion in 1946); and the European Recovery Program, exclusive of program credits ($7 billion). 1947, 12 Mar.: President Truman appeared before the U.S. Congress and urged that "it must be the policy of the U.S. to support free peoples who are resisting attempted subjugation by armed minorities or outside pressures" —a policy of containment to prevent Communist aggression against non-Communist states (the Truman Doctrine); 15 May: Passage of Greek-Turkish aid program by the U.S. to assure those countries' peaceful development "free from coercion." 5 June: In a speech at Harvard, U.S. Secretary of State George C. Marshall proposed a European Recovery Program, the "Marshall Plan." 17 Dec.: Adoption in U.S. of an emergency Foreign Aid Act. 1948, 3 Apr.: Economic Co-operation Act

MAJOR TRADING REGIONS AND COUNTRIES
(in $ million; exports are f.o.b.; imports are c.i.f.)

	1948	*1960*	*1965*
U.S.			
Exports	12.5	20.5	27.1
Imports	7.2	15.7	21.3
EEC[a]			
Exports	6.7	29.7	47.9
Imports	10.6	29.6	49.0
EFTA[a]			
Exports	9.6	18.5	26.1
Imports	12.8	23.0	31.8
U.K.			
Exports	6.3	10.2	13.2
Imports	8.1	12.6	15.6
West Germany			
Exports	.8	11.4	17.9
Imports	1.7	10.1	17.5
France			
Exports	2.1	6.8	10.1
Imports	3.5	6.3	10.2
Japan			
Exports	.3	4.1	8.5
Imports	.7	4.5	8.2
USSR			
Exports	n.a.	5.6	8.2
Imports	n.a.	5.6	8.1
Canada			
Exports	3.8	5.6	8.1
Imports	2.6	5.7	8.0

SOURCE: United Nations, *Statistical Yearbook 1966.*

[a] 1948 figures involve countries that would become part of EEC or part of EFTA.

in U.S. created the Economic Co-operation Administration (ECA) to develop plans for European economic recovery; subsequent to the passage of the act, 16 European nations formed the Organization of European Economic Co-operation (OEEC) to co-operate with the ECA in developing programs to benefit Western Europe. 1949, 20 Jan.: "Point 4 Program": President Truman in his inaugural address declared, "We must embark on a bold new program for making the benefits of our scientific advances and industrial progress available for the improvement and growth of underdeveloped areas" (Point 4 of the speech). 6 Oct.: Mutual Defense Assistance Act authorized the President of the U.S. to grant military assistance in the form of equipment, materials, and services to nations participating in the North Atlantic Treaty Organization. 1950, 5 June: Act for International Development incorporated Truman's Point 4 Program and represented an important shift in American aid programs from Europe to less developed countries. 25 June: Start of Korean War; foreign aid became increasingly an instrument of defense. 1951, 10 Oct.: Mutual Security Act consolidated most of the current U.S. aid programs into 1 mutual security program; the ECA became the Mutual Security Administration (MSA). 1953, 1 Aug.: Establishment in the U.S. of the Foreign Operations Administration to replace MSA and to handle the aid programs. 1955, 30 June: International Co-operation Administration took over the functions of the FOA; the ICA's main thrust was toward technical assistance, although it did allocate certain aid funds. 1961, 13 Mar.: President Kennedy called for an Alliance for Progress, which committed the U.S. to massive social and economic aid to Latin America. 4 Sept.: Act for International Development in the U.S. created a new Agency for International Development (AID) to co-ordinate the U.S. aid programs. U.S. aid programs were the most extensive in the world (1945, 1 July–1966, 31 Dec.: U.S. net foreign aid totaled $106.9 billion). Other industrial countries saw their responsibility to or their political advantage in foreign aid programs. 1949, 25 Jan.: In response to the establishment of the OEEC, there was—under Soviet influence—the formation of the Council of Mutual Economic Assistance (COMECON); it included the USSR, Poland, Czechoslovakia, Bulgaria, Hungary, and Rumania (East Germany and Albania joined later; 1962: Albania dropped out; Mongolia was added; 1964, Sept.: Yugoslavia was made an affiliate); COMECON sought to assist socialist planning, commerce, and economic development within, and then outside, Eastern Europe. 1961, 30 Sept.: OEEC was officially replaced by the new Organization for Economic Co-operation and Development (the OECD); the members of the OECD included the former members of the OEEC, plus the U.S. and Canada; Yugoslavia and Finland became involved in certain of its activities (1964: Japan became a member); the OECD sought to aid economic growth of its member nations and of less developed countries; within the OECD was the Development Assistance Committee (formed as the Development Assistance Group in 1960 and incorporated into the OECD in 1961); the DAC aimed to co-ordinate and improve bilateral aid programs of its members. 1950's and 1960's: European nations (in Western and Eastern Europe) and Japan were involved in bilateral foreign aid to less developed countries. Foreign aid also went through various multilateral channels. Foreign aid consisted not only of capital exports but of the export of managers, skills, and technological "know-how."

BUSINESS ORGANIZATION. Significant changes in business organization occurred in every industrial nation.

U.S.A.: 1945–68: As business enterprises in the U.S. grew larger, they tended to diversify their activities; late 1950's and 1960's: a new type of American corporate enterprise came into being, the so-called "conglomerate"; a conglomerate was a corporate enterprise with no *major* product line or industrial specialty; no single industry produced over 50% of its revenues; instead, the conglomerate's output might include a range of products, from ships to typewriters. U.S. antitrust legisla-

Official Bilateral Transfers of Long-Term Capital and Grants from Individual Developed Market Economies to Underdeveloped Countries
($ billion)

	1961–65
U.S.	15.211
France	4.074
U.K.	1.925
West Germany	1.728
Japan	.638

Bilateral Commitments of the USSR to Developing Countries
($ billion)

	1954–61	*1962–65*
USSR	2.684	1.416

Net Flow of USSR Aid to 11 Less Developed Countries in Africa, Asia, and Latin America as Reported by These Countries[a]
($ billion)

	1961–64
USSR	.3597

Source: All 3 tables, United Nations, *Statistical Yearbook 1966.*

[a] Brazil, Burma, Ceylon, Ethiopia, Ghana, India, Indonesia, Pakistan, Somalia, Sudan, United Arab Republic.

tion, which served to bar large enterprises from expanding in the same line through acquisition, initially did not pose an obstacle to the new conglomerate. Likewise, large American corporations became increasingly "multinational"; they expanded their operations worldwide (except in the Communist countries). Many large American corporations became oriented toward research and development to a greater extent than ever before. For the 1st time in U.S. peacetime history, the federal government became a major customer of American business; the U.S. government underwrote a considerable part of the massive investment in research and development by American corporations. As corporations grew in size, diversified their business activities, expanded overseas, entered into new research projects, and developed new relationships with the U.S. government, significant changes took place in the management of these large enterprises. Management became professionalized. Businessmen increasingly took professional training courses in management methods. During World War II, the field of "operations research," as applied to military logistics, developed; 1950's and 1960's: operations research was used to handle business problems; mathematical and statistical techniques were applied to business analysis. Likewise, during World War II, again related to military needs, new techniques of financial analysis were developed which had peacetime business applications. 1960's: Use of computers by American business created a revolution in data gathering and analysis. Routine clerical tasks, such as payrolls, were easily handled by a computer. Information could be stored in computers and retrieved in seconds; using techniques of linear programming, the computer could solve certain limited business problems; the consequences of other business decisions could be simulated on the computer. American businesses became "systems-oriented"; i.e., they sought to prepare complete, integrated systems of control of production, inventories, finance, marketing, etc. The "systems approach" involved rigorous analysis of "cost-effectiveness," generally utilizing the computer to digest masses of information and often to simulate the consequences of individual decisions.

Western Europe: In Western Europe the changes in business management were different and less dramatic. 1945 ff.: After the war, the occupation forces in Germany sought to break up the giant cartels. I. G. Farbenindustrie—the largest German combine—with interests in 400 cos. in Germany and 500 foreign enterprises, was the key combine under attack; 1952–53: I. G. Farbenindustrie was divided into 3 separate major groups: the Badische Aniline und Soda Fabrik, the Bayer Werke, and the Hoechst Werke; these became Germany's 3 leading chemical cos. In many parts of Europe, government ownership of key enterprises became common. 1950's and 1960's: European business growth tended to involve increases in scale in the *same* industry, although British enterprises undertook some of the diversification that American cos. were experiencing. 1957, 25 Mar.: The Treaty of Rome, establishing the Common Market, contained antitrust provisions, designed to avoid cartelization, but the idea of antitrust did not have deep roots. 1960–68: The tendency in Europe was away from strong antitrust policies. To meet American competition, European business hoped to grow in size and Europeans tended to encourage rather than to discourage mergers. There was a realization throughout Western Europe that the professionalization of American management gave American cos. a competitive advantage in European markets. Within Europe there was a proliferation of management training programs and an awakened concern for the techniques of management; there came to be a recognition that increases in productivity (output per resource input) came not only from technological change but also from effective management. In Britain, especially, the nation's loss of competitive advantage was blamed on poor management. Major British cos. employed American management consultants. On the Continent, Europeans sought to close the "management gap"—the gap between American and European management methods.

Soviet Union: 1945–68: The means of production in the Soviet Union remained government-owned, but there came to be a separation of ownership and management; a managerial group developed, which ran the state-owned enterprises. 1945: The Soviet Union continued to seek central planning of the entire economy. 1950's and 1960's: USSR began to realize that decentralization of decision-making would lead to more efficient use of resources. Late 1950's and 1960's: Still committed to government ownership and to over-all central planning, the Russians began to make concessions to the market system in running state-owned enterprises. They recognized that the use of money was a good measure of performance (and even considered the use of "profits" as a means of measuring the relationship of inputs to outputs). They introduced economic incentives, which related managerial compensations to increases in productivity. They even began to recognize a need for measuring the cost of money. Writers on the Soviet economy began to talk of a "convergence" in business organization between capitalist and socialist systems: both systems had increasing separation of ownership and control; both developed managerial elites; both had enterprises that seemed to require similar talents for administration; by the mid-1960's the USSR had begun to use techniques similar to those used in the U.S. to measure performance; the USSR, however, was far behind the U.S. in developing "professional management" methods. In Eastern Europe, late 1950's and 1960's, Yugoslavia developed a high degree of decentralization in production, investment decisions, and pricing; it led in this respect in Eastern Europe.

Japan: 1945–47: Under the Supreme Commander of the Allied Powers (SCAP) there was the so-called *"zaibatsu*-busting." 83 *zaibatsu* holding companies were dissolved and were required to sell their stock in the individual companies forming the *zaibatsu* to the general public on the open market. Large fortunes of leading families were confiscated by a capital levy. 1947, 10 Dec.: Law to provide for "deconcentration" of 1,200 Japanese companies; it was not implemented. 1948, Dec.: The *zaibatsu*-busting activities of SCAP tapered off. 1950's and 1960's: Re-formation of the *zaibatsu* in Japan, but on a different basis; no longer were there key families owning these huge organizations. Large *zaibatsu* enterprises, linked by interlocking directorates, were highly diversified units, in a wide variety of industries; 1960's: government policy in Japan was to encourage concentration and amalgamation of enterprises and to avoid "undue competition." Yet at the same time, small business in Japan flourished. The ownership of publicly held securities in businesses became widespread. In Japan there was interest in American management techniques and receptivity to American technology; Japanese management did not rigidly follow American management practices; instead, in many important respects, Japan developed distinctive managerial structures. As for American technology, Japan welcomed it and modified it in a creative fashion.

GOVERNMENT POLICY. Economic role of the state: In every industrial nation, the role of government assumed new significance. In market economies (U.S., Western Europe, and Japan), governments utilized monetary and fiscal policies to promote economic development. In the USSR economic planning continued; in Eastern Europe it began. 1945: The Labour Party took office in Britain; the tone was set for government intervention. 1945–46: France prepared its 1st plan for modernization and equipment. 1946, 20 Feb.: Employment Act adopted in the U.S.; it has been called the "Magna Carta of government interventionism"; the act established the Council of Economic Advisers to prepare "national economic policies to foster and promote free competitive enterprise, to avoid economic fluctuation, and to maintain employment, production, and purchasing power." 1946: Netherlands introduced its 1st Central Economic Plan. Russia adopted its 4th 5-Year Plan, seeking to reconstruct war damages and with an emphasis on industrial development. 1947: Monnet Plan (1947–51, extended to 1953), in France, put emphasis on the development of coal mining, electric power, ferrous metals, cement, agricultural machinery, and domestic transportation; this was the start of so-called "indicative" planning in France—i.e., planning where goals were formulated and government aids for achieving these goals were provided, but there was no direct control over private firms. 1947, late, and 1948: Occupation forces in Germany and Japan took steps to rebuild these devastated countries. 1948 ff.: Under the Marshall Plan each participating nation was required to prepare 4-year and annual plans. Eastern Europe, under Russian influence, began to plan after the Soviet model. 1951: 5th Russian 5-Year Plan was for the 1st time concerned with consumer goods. 1955: Introduction of the Vanoni 10-Year Plan for Italian economic development; 23 Dec.: Japanese cabinet approved a 5-Year Plan for 1956–60. 1956: 6th Russian 5-Year Plan—in fact, a 7-year plan, emphasizing agriculture, housing, and industry. 1961–68: Using fiscal and monetary policies, along with wage-price guidelines, the U.S. government took steps to promote economic growth; President Kennedy's "New Frontier" and President Johnson's "Great Society" programs demonstrated an enlarged government role. 1966: 8th Russian plan, a 5-Year Plan; the plan put new emphasis on decentralization of industry.

Extension of government ownership: 1945: The wave of nationalizations begun in France in 1944 continued. May: Nationalization of Société des Moteurs Gnome et Rhône. June: Provisional nationalization of Air France. Nov. ff.: The French Constituent Assembly formed after the elections undertook to nationalize (1) the Bank of France and the 4 largest credit institutions, (2) gas and electricity, (3) 34 insurance companies (between 50% and 62% of the total insurance activity), and (4) the remainder of the coal-mining industry (May 1946: Charbonnages de France established as a national corporation to administer the nationalized coal industry). 1945, 19 Dec.: Final passage in Britain of the Bank of England Act (effective 1 Mar., 1946, the Bank of England was nationalized); Dec.: British government introduced the Coal Industry Nationalisation Bill (passed in July 1946; 1 Jan., 1947: the new National Coal Board assumed control over the British coal mines). 1946, 17 Apr.: British government announced it intended to introduce legislation to nationalize the steel industry. (Nov. 1948: A Steel Bill was introduced; 24 Nov., 1949: Steel Bill passed; under its provisions the government-owned Iron and Steel Corp. took over 107 major British steel companies.) Nov.: British government introduced measures to nationalize the railroads, highway freight transportation, canals, and London Transport, which were adopted and became effective 1 Jan., 1948. Dec. 1946: British government introduced a bill to nationalize the electrical utility system in its entirety (13 Aug., 1947: passage of the Electricity (Supply) Act, which nationalized the British electrical utility system, effective 1 Apr., 1948). 1948, Mar.: The French nationalized the Paris transport network. 1948: French government reorganized 2 maritime shipping cos. (Compagnie Générale Transatlantique and Compagnie des Messageries Maritimes), keeping the pattern of mixed ownership; new statutes for Air France changed the ownership pattern from 100% state to mixed ownership. The British Parliament passed an act nationalizing the gas industry (effective 1 May, 1949). 1953: Iron and Steel Act in Britain returned the steel industry to private enterprise; under the Tory government long-distance road transport was also denationalized and the publicly owned railroads were reorganized. Establishment in Italy of Ente Nazionale Idrocarburi (ENI)—a government-owned oil co.; ENI's operations under Enrico Mattei (1906–62) came to be broad in scope and to cover atomic energy as well as petroleum and chemicals; the Italian government-owned IRI continued to expand throughout the postwar years. 1962: Electric power industry nationalized in Italy. 1967, 22 Mar.: British Parliament passed the Steel Nationalization Bill; the 14 major producers were nationalized; 200 small firms were left under private ownership; 28 July: British government took over ownership of 90% of the British steelmaking capacity; the 14 major steel cos. were consolidated into the new British Steel Corp., the largest industrial enterprise in Britain.

Status of government ownership: 1968: In France the government was involved in electric power, gas, coal, atomic energy, motor-car production, banking, railroads, airlines, some shipping lines, radio, television, telegraph, telephone, city transport, and tobacco, plus parts of the insurance, aircraft, armaments, and petroleum industries; the French state was a shareholder in some 500 industrial and commercial enterprises. In Britain, the state was involved in banking, electric power, coal, gas, atomic energy, steel, railroads, airlines, radio broadcasting, telephone and telegraph, and part of the television industry; the government had investments in petroleum. In Italy, the government participated in a wide range of industries and owned electric power, railways, and telephones; certain enterprises in Italy were joint ventures between the government and private enterprise. In the Soviet Union, all basic industry, transportation, communications, and banking were government-owned. The Australian government was involved in railroads, airlines, coastal shipping, and electricity supply (the state governments). The German government was not importantly involved in business, with the exception of the railroads, telephones, and some industrial enterprise, the most important being mining. The Japanese government owned the railroads, radio broadcasting, television broadcasting, telephones and telegraph, and the airlines; it was involved in banking; yet basic industry was in the private sector (the

U.S. FEDERAL ADMINISTRATION BUDGET EXPENDITURES, 1945–66
($ billion)

	Total	*National Defense*
1945	98.3	81.3
1946	60.3	43.2
1947	38.9	14.4
1948	32.9	11.8
1949	39.5	12.9
1950	39.5	13.0
1951	44.0	22.5
1952	65.3	44.0
1953	74.1	50.4
1954	67.5	47.0
1955	64.4	40.7
1956	66.2	40.7
1957	69.0	43.4
1958	71.4	44.2
1959	80.3	46.5
1960	76.5	45.7
1961	81.5	47.5
1962	87.8	51.1
1963	92.6	52.7
1964	97.7	54.2
1965	96.5	50.2
1966	107.0	57.7

SOURCE: *Economic Report of the President, 1967.*

public sector in Japan was smaller than it had been before World War II). In the U.S. and Canada there was not widespread government ownership; in the U.S., the government, through agencies such as the Atomic Energy Commission and through NASA, was directly involved in business activity. In Canada certain railroads were publicly owned, and there were some other concessions to public ownership in utilities, but here too basic industry remained in the private sector.

Defense spending: In the U.S. especially, but also elsewhere in the industrial world, defense spending represented a substantial portion of government expenditures. U.S. government expenditures provided a spur to industry.

AVERAGE ANNUAL RATE OF GROWTH OF GROSS DOMESTIC PRODUCT[a]
(%)

	1950–60		*1960–65*	
	Total	*Per Capita*	*Total*	*Per Capita*
Australia	4.3[b]	2.0[b]	4.7[c]	2.6[c]
Belgium	3.1[b]	2.4[b]	4.9	4.2
Canada	3.9	1.2	5.5	3.6
Denmark	3.2	2.5	4.9	4.1
France	4.5	3.6	5.1	3.7
West Germany	7.9	6.7	4.9	3.6
Italy	5.5[d]	4.8[d]	5.1	4.4
Japan	9.0[b]	6.4[b]	9.6	8.5
Netherlands	4.8	3.4	5.0	3.6
Sweden	3.3	2.6	5.0	4.3
U.K.	2.8	2.4	3.3	2.5
U.S.	3.3	1.5	4.7	3.1

SOURCE: United Nations, *Statistical Yearbook 1966.*
a At constant market prices.
b 1953–60.
c 1960–64.
d 1951–60.

The Developing Countries

AGRICULTURE. 1945–68: Although the agricultural sector continued to represent a substantial portion of the gross domestic product in most developing countries, here as in the industrial nations the percentage of agriculture to GDP (with a few exceptions) declined. Argentina, Brazil, Bulgaria, India, Indonesia, Jordan, and Rumania number among the exceptions; in these countries the contribution of agriculture either rose or remained constant.

In less developed countries a large percentage of the population continued to be involved in agriculture, but as industry developed their proportion declined. As population rose in less developed countries, the latter sought to keep food production rising as fast or faster than the population. The record shows that food production had difficulty keeping pace with rising population.

Much of agriculture in the less developed world remained on a subsistence level. Small plots peripheral to the market economy continued in India, Pakistan, and much of tropical Africa. (1954: Estimated 65–75% of the total cultivated land and 60% of the total adult male labor force in tropical Africa were involved in subsistence agriculture; 1968: most Africans still got their livelihood in this way, although the tendency was toward increasing commercialization of agriculture.) In less developed countries peasants intermingled cash crops with

% of Gross Domestic Product at Factor Cost of Agriculture, Selected Underdeveloped Countries

	1950	1951	1952	1953	1954	1955	1956	1958	1959	1960	1961	1962	1963	1964	1965
Algeria	34							21							
Argentina	14														16
Bolivia								32							23
Brazil	29													29	
Bulgaria				30											34
Burma	40													33	
Cambodia										46			41		
Chile	14														10
China (Mainland) [a]			59				48								
China (Taiwan)				39											26
Colombia	38														32
Congo (Dem. Rep. of)	37								28						
Costa Rica	44													31	
Ecuador	39														34
Ethiopia											67		65		
Greece	34														25
Honduras	56														44
Hungary	25														20
India	51													51	
Indonesia		54							56						
Iran									34						30
Iraq				22									16		
Jordan									18						25
Kenya					47										38
Korea (Rep. of)				48											41
Lebanon	20							17							
Malawi					55								47		
Malaysia										37			31		
Mexico	22														17
Nigeria	74											65			
Pakistan	58													48	
Peru	23													20	
Philippines	42														34
Poland						25									23
Portugal	33														21
Rumania	28														30
Spain					26									21	
Sudan						61								54	
Tanzania						62									55
Thailand								40							33
Turkey	49														36
Uganda						67									59
United Arab Rep.								33			25				
Vietnam (Rep. of)										34					29

Source: United Nations, *Statistical Yearbook 1966.*

[a] The structural change that took place in Communist China is better demonstrated by figures given in T. C. Liu and K. C. Yeh, *The Economy of the Chinese Mainland,* Princeton, 1965, p. 66. Their figures are: 1952: agriculture represented 47.9% of net domestic product; 1959: agriculture represented 29.9% of net domestic product.

their subsistence crops; this became the tendency in Africa. There were also peasant export economies specializing in cash export crops; for example, in Burma and Thailand (based on rice) and Ghana (based on cocoa). Often when export cash crops replaced subsistence crops, there was a decline in food production

INDEX NUMBERS OF PER CAPITA FOOD PRODUCTION BY REGION
(1958/1959 = 100)

	1955–56	*1956–57*	*1957–58*	*1958–59*	*1959–60*	*1960–61*	*1961–62*	*1962–63*	*1963–64*	*1964–65*	*1965–66*
Africa	100	102	99	100	101	104	99	102	102	102	97
Latin America	95	99	99	100	98	96	96	95	97	99	95
Asia											
Near East	91	97	98	100	100	98	96	100	100	97	95
Far East[a]	98	100	97	100	103	104	104	103	103	105	101

SOURCE: United Nations, *Statistical Yearbook 1966.*
[a] Excluding Mainland China.

for domestic consumption. All these 3 types of peasant agriculture created limits on the rise of agricultural output per capita (because there was no change in traditional methods of cultivation). As urban areas and population expanded, and as peasants moved into producing cash crops for export, a number of countries found they could no longer support their food needs; moreover, famines and starvation once accepted in less developed countries were no longer tolerable by modern standards. Thus many less developed countries became importers of foodstuffs. This was true in parts of Africa; India, in times of natural disasters, became a food importer; Mainland China, 1961–62, became a large importer of wheat; because of large estates and inefficient use of land in Chile, that nation, once self-sufficient in foodstuffs, became a regular net importer of food. Plantation agriculture, which *was* efficient, continued to concentrate on export. With the exception of sugar, there were few plantations growing basic foodstuffs (cereals, rice, potatoes, breadfruit, etc.)

Plantations: 1945–68: Decline of plantation agriculture. In some areas large plantations founded in the past persisted, but few new plantations were established. In Central America, United Fruit moved in the direction of purchasing bananas from small indigenous farmers rather than growing them. In South Vietnam, where the French had had large rice plantations, in 1954–58 the South Vietnamese government purchased the plantations. In Indonesia, 1957, the giant Dutch plantations were expropriated. 1947 ff.: The policies of Asian and African governments favored the small holders. 1959–60: Nationalization of the large American sugar plantations in Cuba.

Scientific agriculture and mechanization: 1945 ff: Exhaustion of soil through long use of the land accentuated the difficulties of raising agricultural output in less developed countries, especially in East Asia. In Africa improper use of the land through overgrazing, destruction of growths by fire, overcropping, and poor rotation techniques destroyed land resources. In most of the less developed world, there was an attempt to introduce chemical fertilizers, irrigation, and flood control. 1950's and 1960's: In Communist China, new use was made of electric energy in pumping stations to drain farmlands in time of flood and to irrigate in times of drought (1952–65, est. increase in application of electricity in Mainland China for this purpose 43 m. kwh to 2,500 m. kwh). Mechanization of agriculture in most less developed countries proceeded slowly. Granting technical assistance to developing countries were the Food and Agriculture Organization, ECAFE (Economic Commission for Asia and the Far East), the World Bank, and the International Development Corp. (a World Bank affiliate). Likewise, new regional and national development banks provided capital for transforming agriculture.

Agrarian reform: Many less developed countries took steps toward agrarian reform. Land reform followed 2 paths with respect to the size of the unit under cultivation: (1) the breakup of large estates in the hope of getting more land into production and in the interest of "justice" (this included massive redistribution of land) and (2) the consolidation of small plots into large holdings in the hope of making agriculture more efficient. In addition, land reform involved changes in ownership and land tenure toward (1) more widespread ownership of land, (2) eliminating absentee landlords and protecting tenants and small farmers, (3) freeing small holdings from feudal arrangements, (4) collectivization or socialization of ownership, and/or (5) desocialization of agriculture. Such land reforms were endemic in underdeveloped countries, with certain exceptions. (Most of tropical Africa, Laos, and Cambodia represent exceptions; in these areas, small landholdings predominated, and there was as yet no pressure of overpopulation.) 1945: 1st Agrarian Law was passed in Venezuela (1945–48: 1.17 m. acres distributed to 7,000 families); May: Turkish Land Reform granted small plots to peasants (1950, Dec.: About 1.3–1.4 m. acres had been distributed to the peasants under the Land Reform Act in Turkey; nonetheless, many large estates remained). 1945-49: Socialization of agriculture in Eastern Europe after the Communist governments took over. 1947 ff.: Land reform started in India. (1945: 43% of India's cultivated land was under a zamindari-type system; 1956: only 8.5% was under this system. Land-reform laws in India varied from state to state; in general, the tendency was toward more fragmentation in ownership, which was counteracted by government-sponsored co-operatives to supply to peasant farmers credit, fertilizers, marketing assistance, etc.; 1965: 200,000 co-operatives in India.) 1948: Uruguay organized the National Land Settlement Institute; it sought to buy and redistribute land; lack of funds and other difficulties made its success minimal. Oct.: Land Nationalization Act passed in Burma; under it the government obtained title to all land owned by absentee landlords; the land was to be redistributed among the landless peasants. 1949, June: Land Reform Law in South Korea provided for government purchases of land from landlords and redistribution of the land among tenant farmers. 1950: Agrarian reorganization on the Chinese mainland followed the Communist take-over; an agrarian law authorized confiscation from landlords and rich peasants of almost ⅓ of the cultivated land of the country; the land was redistributed to the poorer peasants, confirming the system of private ownership; Oct.: seizure of all privately owned land in North Korea, and distribution of the land to small farmers (title remained in the hands of the government). 1950–54: Experiments were made on the Chinese mainland with mutual-aid teams, which worked to cultivate the land (by 1954, over ½ the farm households in the nation were involved). Land reform in the Philippines undertaken; peasants who renounced the Hukbalahap were granted landholdings by the government. 1952: Agrarian Law in Guatemala made idle farmlands over 667 acres subject to expropriation and distribution to landless farm workers (1954: Revolution in Guatemala slowed the land-reform activities). Sept.: Egyptian Land Reform sought to improve the position of the small farmer and tenant; large landholdings were confiscated. 1952–53: Desocialization of agriculture in Yugoslavia (although Yugoslavia claimed long-run commitment to socialized agriculture). 1953: Law in Formosa expropriated large estates, involving about 71% of the island's land surface; successful land redistribution followed. Sept.: Agrarian Reform Law in Bolivia provided for extensive land redistribution, settlement of new areas, and improvement in tenancy relations; large haciendas (including ¾ of the nation's crop land) were expropriated; these were divided among small farmers (1952: 50,000 landowners in Bolivia; 1956: 800,000). 1954: Consolidation of mutual-aid teams in China into agricultural co-operatives. 1955–57: Small farm co-operatives in China were merged into large collective farms (by 1957 collectives involved almost all the farms in China); in the collective, manpower was organized into production brigades. 1956: Poland and Hungary desocialized agriculture. (Hungary soon reversed the pattern and resocialized agriculture; Poland did not, although the country remained committed in word to socialized agriculture.) 1958: Introduction of the commune in China, a combination of the large collectives, but with broader functions; the commune assumed local government powers, promoted village manufacture, and sought to communalize the life of its members (1958, Oct.: 98% of all peasant households in China were involved in the 26,500 communes); the communes entirely eliminated private property. (1958, Dec.–1959, Aug.: The commune in China became a loose federation of collectives; the "brigade"—equivalent in size to the old collective farm—directed economic activity; many precommune forms began to reappear.) 1958 ff.: Under Ayub Khan in Pakistan attempts were made at land redistribution. 1959: After Syria joined with Egypt in the United Arab Republic, 1 Feb., 1958, Syria followed the Egyptian pattern of land reform, breaking up the large estates and redistributing land (after Syria broke away from the UAR, Sept. 1961, the land-reform movement still continued). Iraqi Land Reform involved the dissolution of the large landed estates and redistribution of land. Cuban Land Reform Act sought to break up large estates and to expropriate foreign-held land; in Cuba former owners were permitted to retain a minimum amount of property; each peasant family was to receive 66.6 acres; 1959–60: wholesale expropriation of sugar, tobacco, and cattle lands in Cuba; instead of peasants receiving land, they were drafted to work on large cooperative agricultural enterprises. 1960: Venezuela passed Agrarian Reform Law, aiming to improve the pattern of land tenure and rural living conditions. Iran passed a law restricting private landholdings (the actual large-scale land reform was carried out in Iran in 1963). 1961: As a result of the decline in agriculture, Mainland China revised its system; private plots (aggregating about 5% of the collectively owned land) were returned to peasants; in the commune, production brigades owned the land, while at sublevel production teams directed work. Colombia adopted Social Agrarian Reform Law, which established Colombian Agrarian Reform Institute (INCORA); the aim in Colombia was to redistribute land to small farmers; INCORA could purchase, expropriate, or cancel ownership of land not worked productively for 40 years. Costa Rica approved Land Settlement Law to give permanent title to squatters, legalize occupancy, and settle idle agricultural land. 1962: Chile passed its 1st agrarian reform law; the government was empowered to expropriate and subdivide large holdings. (1963: Constitutional amendment in Chile authorized the government to pay compensation for expropriated land in installments; 1965: new agrarian reform law submitted to Chilean National Assembly; 1967, July: after 2 years of delay, the Chilean Agrarian Reform Bill became law; the act called for the redistribution of about 15 m. acres of previously privately held land.) Dominican Republic adopted Agrarian Reform Law; its aim was to consolidate small private holdings into more efficient operations; the problem in the Dominican Republic was fragmentation of land into postage-stamp plots; the government also began distribution of publicly held land. Honduras enacted an Agrarian Reform Law which authorized expropriation (with compensation) of unproductive land and a progressive land tax to penalize private owners of unused farmland. Mainland China established "the production team" as the "basic accounting unit" in agriculture; ownership of most land continued to be vested in the production brigade; small private plots continued, but were peripheral to the system. 1963: Nicaragua passed a Land Reform Law; it was to create a more desirable pattern of land distribution and tenure. New land-reform measures introduced in the Philippines, protecting tenant farmers. 1964: Brazil amended its federal constitution to accord with the needs of its land-reform program; Brazilian land statute gave the federal government power to expropriate idle or underutilized farmland with compensation in cash for small holdings and in agrarian bonds for latifundia (large estates). Ecuador adopted Agrarian Reform and Colonization Law, which sought to limit landownership to economically productive units and do away with absentee ownership and semifeudal forms of tenancy and labor; the law banned forced labor. Peru enacted Agrarian Reform Law; this eliminated so-called *feudatorios*—tenants, sharecroppers, and laborers who worked under arrangements similar to indentured labor; aim of the law was to increase agricultural output and productivity; land redistribution was planned; large inefficient private holdings were made subject to expropriation. Mainland China created new communes and acted to make the unit under cultivation smaller (1964: 74,000 communes). 1966: Land reform in North Vietnam—with redistribution of land to the peasants. 1966–67: Algeria took steps in the direction of agrarian reform; it nationalized large estates and redistributed land on a collective basis to landless Algerians. 1967, Nov.: South Vietnamese government committed itself to full-scale land reform.

Agricultural progress: 1945–68: Difficulties in the agricultural sector often held back industrialization. Nations that would have preferred to spend foreign exchange on imports of machinery had to spend it on food. Transforming traditional agriculture into efficient modern agriculture was one of the hardest problems faced by developing countries. The pattern was one of commercialization of agriculture.

RAW MATERIALS. Coal: The most dramatic development was that of Communist China's coal resources. 1960: Communist China led the world in coal production (420 m. metric tons, compared with 392 m. in the U.S. and 374 m. metric tons in the USSR). 1961–65: Decline in Communist Chinese output, so that the nation dropped behind the U.S. and USSR in production; nonetheless Mainland China continued as a 1st-rank coal producer. 1945–68: Coal production in Latin America and in the developing countries in Africa continued to be small.

Coal Production of Selected Less Developed Countries
(million metric tons)

	1948	*1960*	*1965*
Mainland China	32.4	420.0	316.0
Poland	70.3	104.4	118.8
India	30.6	52.6	67.2
North Korea	2.1	6.8	14.9
South Korea	.9	5.3	10.2

Source: United Nations, *Statistical Yearbook 1966*, except for 1965 Mainland China figure, which is an estimate in millions of tons given by W. P. Wang, "The Mineral Resource Base of Communist China," *An Economic Profile of Mainland China*, Washington, 1967, p. 174.

Oil: 1945–61: Venezuela ranked after the U.S. as the world's 2nd largest oil producer. (In 1961 it became the world's 3rd largest oil producer, following the U.S. and the USSR.) 1945 ff.: Oil reserves of the Middle East were tapped on a large scale. 1950's: Discovery that Africa, once considered to have little or no oil, had huge quantities of oil in Libya, Algeria, and Nigeria, and possibly elsewhere as well. New techniques for finding oil, along with new means of deep drilling and offshore drilling, served to raise oil reserves and output. Oil production in less developed countries was in large part for export.

Key Oil-Producing Countries in Latin America, Asia, and Africa
(000 metric tons)

	1948	*1965*
Venezuela	70,215	182,409
Kuwait	6,393	109,045
Saudi Arabia	19,052	101,033
Iran	25,270	93,454
Iraq	3,427	64,473
Libya	—	58,475
Algeria	—	26,481
Indonesia	4,326	23,925

Source: United Nations, *Statistical Yearbook 1966.*

Natural gas: Natural-gas resources in less developed countries were in general not developed for export because of the transportation expense; natural gas was used to improve the output of existing oil wells, but frequently it was flared—that is, burned and wasted because it was not economical to utilize. Yet in oil-producing nations, where there were natural-gas deposits, attempts began to be made to utilize the natural gas locally or to ship it in liquefied form.

Iron ore: The mining of iron ore in certain less developed countries accelerated or began on the basis of new discoveries. In Communist China, India, and Brazil, the iron ore was in large part used domestically, while iron ore in Venezuela and Liberia was in the main for export. 1960's: Iron-ore resources in many African countries were known to exist, and development was beginning.

KEY IRON-ORE-PRODUCING COUNTRIES IN LATIN AMERICA, ASIA, AND AFRICA
(IRON CONTENT)
(million metric tons)

	1948	*1965*
Mainland China	n.a.	39.0 (est.) [a]
India	1.4	14.3
Brazil	1.1	12.3
Venezuela	—	10.8
Liberia	—	10.3

SOURCE: United Nations, *Statistical Yearbook 1966.*

[a] Economic Commission for Asia and the Far East, *Economic Survey,* New York, 1966, estimated 1965 production at 50 m. tons.

Copper: Copper exports became an important source of revenue for such less developed countries as Chile, Zambia, and the Democratic Republic of the Congo. 1965: The world's largest producers of copper, in order, were the U.S., USSR, Chile, Zambia (formerly Northern Rhodesia), and the Democratic Republic of the Congo (formerly the Belgian Congo).

COPPER PRODUCTION
(000 metric tons)

	1948	*1965*
Chile	567.4	730.6
Zambia	226.5	695.7
Congo (Dem. Rep. of)	155.5	288.6

SOURCE: United Nations, *Statistical Yearbook 1966.*

Bauxite: As aluminum uses grew in industrial nations, there came to be an enlarged demand for bauxite.

KEY BAUXITE PRODUCERS, 1965
(000 metric tons)

World	34,080
Jamaica	8,722
Surinam	4,360
Guyana	4,302

SOURCE: United Nations, *Statistical Yearbook 1966.*

1950's and 1960's: Development of bauxite resources in Africa; the largest enterprises were in Guinea. Ghana's bauxite resources were known, and development had started. Another mineral that provided important export revenues was tin from Malaysia, Bolivia, Thailand, Indonesia, and Nigeria.

Contribution of raw materials to economic development: 1945–68: The coal and iron-ore output of Communist China and India helped their national development. Other less developed countries began to employ their raw-material resources—once primarily for export—for domestic use. Raw materials that were extracted by foreign investors provided valuable sources of income for the Middle Eastern oil-producing nations, for Venezuela, and for Chile. 1948: Petroleum Agreement in Venezuela resulted in the establishment of the concept of a 50–50 division of profits between the producers and the government as a basic principle. 1950's: The 50–50 principle spread to the oil-producing countries in the Middle East. 1950's and 1960's: Less developed countries began to get more than 50% of the profits from oil production. Revenues from oil particularly, but also from other minerals, provided capital for economic development.

ENERGY. 1945 ff.: Many underdeveloped lands still depended on humans and oxen, especially in Asia and Africa. Yet as countries developed, they increasingly utilized modern forms of energy.

Commercial sources of energy: (1) Fossil fuels. Some less developed countries went through the traditional Industrial Revolution pattern, using coal as the primary energy resource. Late 1950's and early 1960's: Coal represented by far the largest portion of primary energy used in Communist China—roughly 66% of the

CONSUMPTION OF ENERGY FROM COMMERICAL SOURCES IN RELATION TO TOTAL ENERGY CONSUMPTION IN LESS DEVELOPED REGIONS, 1952

	%
Asia (excl. China, North Korea, and USSR)	42
Africa	50
South America	55
Central America	65

SOURCE: United Nations, *Peaceful Uses of Atomic Energy,* Geneva, 1956.

fuel and power balance of the country (the rest being composed of brushwood, rice husks, dung, and other local noncommercial fuel); as for commercial energy in Mainland China, coal supplied over 90%. Other underdeveloped countries, which were producers of oil and natural gas, based their industrial revolutions on these raw materials rather than coal. (2) Use of the internal-combustion engine in less developed countries spread as automobile registrations increased. (3) Output of electrical energy rose rapidly.

ELECTRICAL ENERGY PRODUCTION BY REGION (billion kwh)

	1948	*1965*
World	809.8	3,339.7
Africa	13.4	56.6
South America	17.9	73.2
Asia (excl. Japan)	23.2	132.9

SOURCE: United Nations, *Statistical Yearbook 1966.*

1950's and 1960's: Recognition and some development of large hydroelectrical power potential in Asia and Africa. Some sites were, however, so remote that use of the power was not considered. Development of hydroelectric energy involved tremendous capital. When consumers were not present, development was not economical.

Nuclear energy: 1964, Oct.: Communist China exploded its 1st nuclear bomb; this indicated the potentials for harnessing nuclear energy. 1965: India made contracts for its 1st nuclear power station at Tarapur, near Bombay, and had 2 other proposed nuclear power projects; Pakistan made plans for nuclear power stations in Rooppur in East Pakistan and in Karachi in West Pakistan. The Philippines started an Atomic Research Center.

INDUSTRIES. Industrialization spread in Latin America; 1950–65: Latin American industry grew at an average annual rate of 5.6%. 1955–65: Share of light industry in total production in Latin America decreased from 60% to 51%, while that of heavy industry increased from 40% to 49%. Industrialization in Latin America occurred in large part as a result of government policies of import substitution. Often small high-cost industrial plants were built to serve national markets; the high production costs made most of Latin American industry uncompetitive in world markets. In less developed countries in Asia, industrialization took diverse patterns. Countries such

SOURCES OF PRIMARY ENERGY IN SELECTED OIL-PRODUCING NATIONS, 1964

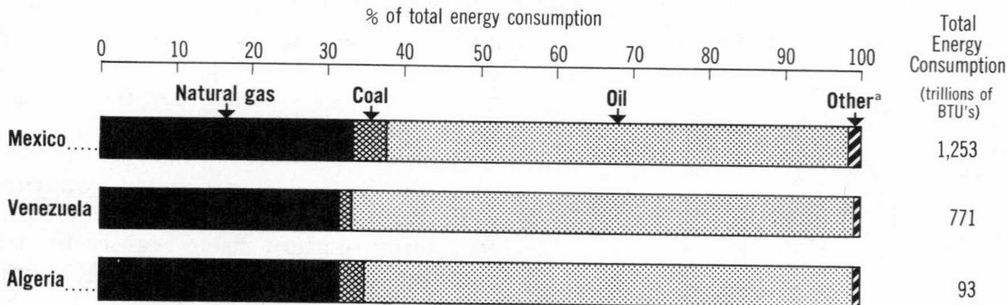

[a]Other-hydroelectric power.

SOURCE: United Nations, *Statistical Yearbook 1964*, and Chase Manhattan Bank, *World Business.*

as India, Mainland China, North Korea, and North Vietnam, where the government role was impressive, emphasized heavy industry—metal and machine building—in order to produce capital equipment to encourage economic growth. On the other hand, Pakistan and China (Taiwan) stressed consumer and intermediate goods; they expected later to move into heavy industry. Malaysia, Singapore, and Hong Kong tended to concentrate on light industry. 1960's: Recognition throughout Asia that nations ought to be self-sufficient in such industries as textiles, steel (in many countries), chemical fertilizers, cement, and petroleum. 1945–68: For developing nations in Asia as a whole there was a shift of emphasis from light to heavy industry; import substitution became the general policy. 1950's and 1960's: Industry in tropical Africa remained rudimentary, though countries began to do more processing of domestic raw materials. Assisted by foreign technical aid and foreign investment, new industries began in tropical Africa. Economists debated whether in their growth less developed countries, which had abundant labor and little capital, should use labor-intensive rather than capital-intensive methods; while economists argued, less developed countries tended in new industries to adopt the most sophisticated technological methods—borrowed from the industrial nations.

Textiles: 1945–68: Most less developed countries had textile industries, ranging from handicraft industries to machine manufacture. Among the less developed countries, Communist China surged ahead in the cotton textile industry. 1965: China had 130,000 automatic looms (compared with 96,000 in Japan and 28,000 in India; the U.S. had 285,000, the USSR 182,000, and Britain 47,000); 1960: cotton-yarn production in Communist China (1.6 m. metric tons) was 2nd only to the U.S. (1.8 m. metric tons). Some less developed countries, India, for example, had old-fashioned machinery in their textile industries; the industries were already "mature." Other countries were still seeking self-sufficiency in cotton textiles (Burma, Ceylon, Indonesia, Cambodia, and Malaysia, for example). African nations remained large importers of textiles. 1950's and 1960's: A number of less developed countries undertook output of synthetic fabrics (India, Communist China, Brazil, Argentina, for example).

Steel: Substantial steel industries existed in only a few developing countries.

STEEL PRODUCTION, 1965
(000 metric tons)

Mainland China	15,000[a]
Poland	9,088
India	6,413
East Germany	3,890[b]
Spain	3,460
Rumania	3,426
Brazil	2,896[c]
Hungary	2,520
Mexico	2,403
Yugoslavia	1,769
Argentina	1,360
North Korea	1,230[a]

SOURCE: United Nations, *Statistical Yearbook 1966.*

[a] Bureau of Mines estimate; Emery in the *Asian Survey,* June 1966, estimated Communist China's steel production at 10 m. metric tons, while the *Far Eastern Economic Review,* Mar. 31, 1966, p. 623, estimated China's production at 12 m. metric tons.

[b] Ingots only.

[c] Excluding alloy steels.

1965: The spread of steel production was evident in that less developed countries with steel production between 500,000 and 1 m. metric tons included Venezuela, Bulgaria, and Turkey; those with production between 500,000 and 200,000 metric tons included Chile, Portugal, China (Taiwan), Greece, and Colombia; those with production under 200,000 metric tons included Egypt, Rhodesia, Israel, South Korea, Peru, Pakistan, Uruguay, and Thailand. Other nations starting new steel industries were Burma, Ceylon, Indonesia, Malaysia, the Philippines, and Iran. 1965: Communist China began to produce steel tubing for oil-drilling equipment, high-silicon steel rails, and alloy-steel plates for making chemical fertilizer and power generation equipment. Machine tool and equipment industries developed in countries that had steel industries.

Automobiles: Late 1950's: 1st automobile manufacturing in Latin America; 1968: Brazil, Argentina, and Mexico had significant automobile manufacturing industries. India had some motor vehicle production (not on a large scale).

Petroleum refining: 1945–68: Less developed countries with oil production built petroleum refineries; this was not new; the key innovation was the proliferation of refineries based on imported crude oil. New refineries were built in India, China (Taiwan), South Korea, Malaysia, Pakistan, the Philippines, Singapore, Thailand, Rhodesia, Kenya, and Senegal, for example.

Chemicals: In Latin America and Asia, chemical industries developed. Synthetic fabrics, chemical fertilizer plants, heavy chemicals, and pharmaceuticals were among the new industries of the 1950's and 1960's. 1960's: Petrochemical complexes designed to utilize the by-products of petroleum refineries and to use otherwise wasted natural gas were developed in many less developed countries.

Electrical and electronics industries: Electrical-equipment industries proliferated. New activities started in Communist China, India, Brazil, Argentina, Mexico, and Chile. 1960's: Communist China had 2 large facilities to build electrical equipment, 1 in Manchuria (started by the Japanese in the 1930's and, 1953–60, expanded with aid from the USSR) and 1 near Shanghai (1952–55, built with Czech technical aid). In Hong Kong, China (Taiwan), the Philippines, and South Korea, electronics industries developed, turning out TV, radio, and phonograph components and sets, electronic memory units, semiconductors, and other products of the electronics industry. 1965: Reports from Communist China indicated that that nation was building large electronic microscopes and high-speed electronic digital computers.

Other industries: Processing of locally produced minerals in many less developed countries increased. 1956: Opening in Guinea of the 1st alumina plant in Africa (based on locally available bauxite). 1965, Aug.: Opening in Thailand of that country's 1st tin smelter (although the nation had been a tin producer for centuries). New industries in Latin America, Asia, and Africa included, in many countries, cement, paper, and glass enterprises; the countries which had these industries before World War II expanded such industrial activities.

TRANSPORTATION. 1950's and 1960's: Less developed countries presented the paradox of using traditional means of transportation (human carriage, animals, etc.) but also the airplane. In practically every less developed country transportation facilities continued to be inadequate. Railroad traffic rose, but with few exceptions (Mainland China and certain African nations) there was little building of new track. Mainland China did build railroad lines into west China, seeking to unify the country; 1966: the entire railroad system of Communist China covered 22,000 miles. India modernized its railroads and made small extensions; India's railway system—the 4th in size in the world after the U.S., USSR, and Canada—equaled (1963–64) 34,500 mi.

FREIGHT RAILROAD TRAFFIC
(billion net ton-kilo.)

	1948	*1965*
World	1,804	3,972
Africa (excl. South Africa)	14	31
South America	26	40
Asia (excl. USSR and Japan)	52	377

SOURCE: United Nations, *Statistical Yearbook 1966.*

Road and highway construction proceeded, though slowly. 1959, Mar.: Plans made and approved by the Economic Commission for Asia and the Far East for an Asian Highway. 1963, 16 Apr.: Pan-American Highway in Central America completed; the highway was at this point passable from Argentina (Tierra del Fuego) to Alaska (Fairbanks) except for a 450-mi. stretch in eastern Panama. For the transportation of oil, oil companies built pipe lines in less developed countries. Water transportation remained important in some nations, especially in Mainland China, where the length of inland waterways suitable for navigation was more than 55,000 mi. (compared with 5,000 mi. in India). 1945–68: Development of port facilities in West Africa and harbor improvements in East Africa.

MOTOR VEHICLES IN USE
(000 units)

	1948	*1965*
World		
Passenger cars	42,970	139,730
Comm. vehicles	13,050	37,600
Africa (excl. South Africa)		
Passenger cars	226	1,303
Comm. vehicles	176	609
South America		
Passenger cars	650	2,750
Comm. vehicles	520	2,160
Asia (excl. USSR, Japan, Mainland China, North Korea, and North Vietnam)		
Passenger cars	345	1,082
Comm. vehicles	313	1,243

Air travel: The true revolution was in air travel. Most less developed countries had airports, served by the international airlines; many less developed countries started their own airlines. 1960's: An expression of sovereignty in Africa was to have a national airline. The new accessibility of the less developed world, made possible by the jet airplane, was of vast importance in the process of economic development. The knowledge of the industrial world became more readily available in the developing nations.

COMMUNICATIONS. Not only the jet airplane but the appearance in less developed countries of movies, radios, and television demonstrated events in the outside world. Radios—especially after the introduction of the low-priced transistor set—gave illiterate peoples insights that the printed page could not give. 1950's: Introduction of television in major Latin American nations and to some extent in Asia. 1960's: From Congo (Brazzaville) to Ethiopia, from Gabon to Ghana, from Kenya to Liberia, from Malaysia to Indonesia, and from Pakistan to Saudi Arabia, television spread. Such channels of communications gave millions of people access to modern ideas, which contributed to the breaking down of the traditional order.

FINANCE. 1945–68: Among the key innovations was the availability of large amounts of capital to less developed countries for the purpose of economic development. Capital came through bilateral foreign aid programs, through international agencies, and through private foreign investment; by using their power to tax, governments could obtain significant revenues for development—especially governments in the oil-producing states, which put levies on the foreign oil producers. While rich individuals in poor countries built palaces and bought luxuries or dispatched their money abroad for deposit in Swiss banks, increasingly more effective efforts were made by the governments of less developed states to channel the newly available capital into use for development. Capital from foreign sources and from taxing foreign enterprises domiciled within less developed countries opened possibilities to the governments of those nations for planning and organizing their national development. Marketing Boards in Africa were often used to accumulate profits which could be put back into development schemes. 1960's: ⅘ of the investments being made in less developed countries came from the resources of those countries; the ⅕ from abroad, however, provided a necessary aid.

Banking: 1945–68: More banking facilities became available in less developed countries—some of them domestic and some foreign. Central banking and development banking institutions emerged. Banks were established to offer agricultural credits. Attempts were made to start savings banks, but in many less developed countries inflationary pressures militated against them. In West Africa traders who accumulated savings frequently did not deposit them in banks for fear of demonstrating their wealth to relatives, who would expect a share.

International banking institutions: 1945–68: Less developed countries could use international banking institutions to aid their economic development. 1959 ff.: Regional banking facilities were created to meet the needs of developing countries. 1958: Establishment of the European Development Fund to aid the dependencies of European states associated with the European Economic Community. 1959, Dec.: Establishment of the Inter-American Development Bank, to aid in financing development in Latin America; all members of the Organization of American States subscribed (1 Oct., 1960: the Bank started operations; 1961, 1st loans were made by the Inter-American Development Bank). 1960, 13 Dec.: The treaty establishing the Central American Common Market provided for the organization of a Central American Bank for Economic Integration to promote growth within the region. 1964, 1 Jan.: International Bank for Economic Co-operation started operations in Eastern Europe; it was modeled on the European Payments Union; Aug.: the African Development Bank came into existence (1 July, 1966: the African Development Bank started to do business from its headquarters in Abidjan, Ivory Coast); the capital of the African Development Bank was subscribed by some 31 African governments. 1965, 4 Dec.: Agreement signed in Manila under the auspices of the Economic Commission for Asian Development Bank. 1966, 22 Aug.: Asian Development Bank officially came into existence. 24–26 Nov.: Inaugural meeting of the Asian Development Bank held in Tokyo; member countries at this time totaled 30 (18 within and 12 outside Asia); 19 Dec.: the Bank officially started operations. 1967, 6 June: The Kampala Treaty included provisions for an East African Development Bank. Oct.: Arab economic ministers meeting in Algiers approved the text of an agreement establishing an Arab Development Fund.

Interest rates: For moneys locally available, interest rates in less developed countries tended to be high. Where inflation existed, such as in most of Latin America, exorbitant interest rates held back development. In many countries—especially in Asia and Africa and to a lesser extent Latin America—there existed a financial dualism; on the one hand there were the new modern banking institutions serving the modern sector of the economy, and on the other hand the rural economy still had the old moneylenders who practiced usury. Peasants borrowed from local lenders (village moneylenders, landlords, shopkeepers, etc.) at steep interest rates.

Stock exchanges: Throughout Latin America—in Argentina, Brazil, Chile, Mexico, and Venezuela, for example—large cities had stock exchanges. The number of securities traded rose; yet the volume was small compared with industrial nations. 1956: Securities (Contracts) Regulation Act in India recognized 7 Indian stock exchanges and was India's 1st attempt since independence to control stock-exchange activities. Stock exchanges that emerged in less developed countries served the same function as they had in the key industrial nations. Major development of stock-market activities in less developed countries was, however, for the most part still in the future.

FOREIGN TRADE. 1948–65: Foreign trade of less developed countries grew, but on the whole the growth did not keep pace with the expansion of world trade, which rose over 3-fold.

Exports: 1945–68: Underdeveloped countries depended as in the past on exports of primary commodities. Some of their exports were challenged by synthetics during World War II. In many uses synthetic rubber replaced natural rubber; synthetic preparations substituted for cotton; paper bags were used instead of jute. Synthetic nitrates (perfected during World War I) almost completely replaced natural nitrates; chicle was no longer required in chewing gum; synthetics took the place of the castor bean in castor oil. Thus countries that had exported these raw materials had to substitute other exports, if possible. Likewise, as industrial nations grew more prosperous, the amount of money they spent on food did not rise as fast as incomes; thus the relative demand for foodstuffs was less. On the other

WORLD TRADE BY REGIONS AND COUNTRIES
($ million; imports are c.i.f.; exports are f.o.b.)

	1948	*1960*	*1965*
World			
Exports	57,500	128,000	186,300
Imports	63,600	135,300	196,800
Latin America			
Exports	6,520	8,560	11,100
Imports	6,180	8,350	9,600
Africa (excl. South Africa)			
Exports	3,030	5,240	7,680
Imports	3,600	6,480	7,860
Asia (excl. Japan and Mainland China)			
Exports	6,490	11,930	15,810
Imports	7,390	13,060	17,240
Mainland China, North Korea, North Vietnam, Mongolia[a]			
Exports	520	2,040	2,000
Imports	740	2,200	2,200

SOURCE: United Nations, *Statistical Yearbook 1966*.

[a] Excluding the trade among these Communist countries.

hand, certain raw-material exports were important expanding sources of revenue. In general, however, underdeveloped countries found that what they could buy with a given amount of exports of primary commodities became less; that is, the terms of trade were going against them. (This was not true for every underdeveloped country, nor was it true for all years; in some years the terms of trade shifted in favor of less developed countries; but the generalization is valid for the whole period 1945–68.) In Latin America and Africa, underdeveloped countries had little success in exporting manufactured products. On the other hand, in Asia, certain less developed countries did undertake substantial exports of labor-intensive manufactured goods.

MANUFACTURED EXPORTS AS % OF TOTAL EXPORTS IN SELECTED ASIAN COUNTRIES, 1964

Republic of Korea	46.6
India	42.8
China (Taiwan)	32.0
Pakistan	24.5

SOURCE: United Nations, *Economic Survey of Asia and the Far East,* Bangkok, 1966, p. 190.

In the main, however, underdeveloped countries remained exporters of primary commodities and importers of manufactured articles. Prices of commodity exports fluctuated in world markets and underdeveloped countries sought means of controlling the price and promoting more exports. They entered into international commodity agreements; 1962: UN Conference on Trade and Development (UNCTAD) was organized at the insistence of less developed nations; it considered the problems facing exporters of primary products. Many countries on their own established government export cos. or marketing boards, which sought to promote exports and stabilize the price of the exported commodities. (Examples: 1946, 28 May: Establishment in Argentina of the Instituto Argentino de Promocion del Intercambio—IAPI; 1945 ff.: establishment of Marketing Boards or *caisses de stabilisation* to control marketing of cocoa in Ghana and Nigeria; coffee in Ivory Coast, Uganda, and Kenya; cotton in Nigeria and Uganda; peanuts in Nigeria and Senegal, etc. 1961: Foreign trade became a government monopoly in Egypt.)

Imports: Less developed countries tried to increase exports in order to obtain foreign exchange to buy goods from abroad; as they industrialized, the manufactured goods that they imported showed a definite shift from consumer to producer goods. Often less developed countries maintained barriers against imports to encourage local industry; most protected their indigenous industries with high tariffs. Less developed countries typically had restrictions on imports, including licensing, limitations on the allocation of foreign exchange, multiple exchange rates, and even prohibitions on some imports. 1960's: A few less developed countries had state-owned trading cos., which carried out the major part of the import trade. 1966: Algeria had a number of government-owned units, which had monopolies over imports. The Guinean state enterprise handled a large part of that nation's imports. Imports of jute, sugar, tea, olive oil, and certain medicines were a government monopoly in Iraq, while imports of sugar, salt, tobacco, cigars, and cigarette papers were a government monopoly in Libya. The Ghanaian National Trading Corporation handled much of that nation's import trade. The lowering of restrictions on foreign trade so typical of the industrial nations in the postwar years was less characteristic of the underdeveloped countries, where trade restraints remained the norm. Each nation wanted to protect its own industry and aid its *own* development.

Regional integration: Some attempts were made toward regional integration, but these were on the whole not as successful as the EEC. Latin America: 1960, 18 Feb.: Treaty of Montevideo signed by Argentina, Brazil, Chile, Mexico, Paraguay, Peru, and Uruguay; it established the Latin American Free Trade Association (LAFTA); the treaty took effect 2 June, 1961; 30 Sept., 1961: Colombia joined; 3 Nov., 1961: Ecuador joined; 1966: Venezuela, 11 July, and Bolivia, 12 Dec., joined; the goal of LAFTA was to eliminate internal trade barriers by 1973; 1960–65: trade within the LAFTA countries increased by 86%. 1960, 13 Dec.: General Treaty on Central American Economic Integration, signed at Managua, Nicaragua, by Nicaragua, El Salvador, Guatemala, and Honduras (took effect June 1961); July 1962: Costa Rica accepted the treaty provisions and joined the Central American Common Market; the Central American Common Market showed quick results; 1960–65: trade within the market increased more than 300%. 1966: Establishment of the Andean Group, a subregional group, comprising Chile, Colombia, Ecuador, Peru, and Venezuela (Bolivia joined in 1967). This group of countries, which were also in LAFTA, proposed a customs union and free transit within their region. 1967, 11–13 Apr.: U.S. President Lyndon B. Johnson visited Punta del Este, Uruguay, and met with the Latin American presidents; new plans were made for a Latin American Common Market, with the goal of free internal trade by 1985; under the new plans the 11-nation Latin American Free Trade Association and the 5-nation Central American Common Market would be merged. Africa: Colonial policy gave a kind of regional integration; there were no tariff barriers between French colonies or between British colonies. Integration, however, was based on the territories of the mother country; French Africa used the franc; British Africa used sterling. Trade between French and British Africa was negligible. Before independence there were some efforts at increased integration; independence meant national policies; some new tariff barriers rose; border crossings became complicated by red tape; coins and bank notes bore new national designations. Yet after independence there were renewed efforts at regional integration, which were challenged by nationalist disintegration, and then once more new attempts were made at integration. The key attempts at economic integration were: 1953–63: the Federation of Rhodesia and Nyasaland provided economic as well as political unity. 1959: 2 customs unions were formed: (1) The Conseil de L'Entente, involving the Ivory Coast, Upper Volta, Niger, and Dahomey (Togo joined in 1964); this customs union was never implemented; and (2) the Union Douanière Économique d'Afrique Équatoriale, involving Congo (Brazzaville), Gabon, Central African Republic, and Chad (1962: Cameroon was also included). 1960, 26 Dec.: Ghana, Guinea, and Mali agreed to coordinate their economic and monetary policies; later Upper Volta endorsed the agreement (this attempt at economic integration failed). 1961, Dec.: East African Common Services Organization united Kenya, Uganda, and Tanganika in a *de facto* common market. 1963, 20 July: Yaounde Convention was signed by 17 independent African states—Burundi, Cameroon, Central African Republic, Chad, Congo (Brazzaville), Congo (Léopoldville), Dahomey, Gabon, Ivory Coast, Mali, Mauritania, Niger, Rwanda, Senegal, Somalia, Togo, and Upper Volta—and Madagascar; the group became associated with the European Economic Community for 5 years (the convention became operative 1 June, 1964). 31 Dec.: The breakup of the Federation of Rhodesia and Nyasaland left intact the regional economic integration among the 3 countries, which was only shattered by the 1965 Unilateral Declaration of Independence from Britain by Rhodesia. 1964, Dec.: The Treaty of Brazzaville authorized an economic union, comprising Congo (Brazzaville), Gabon, Central African Republic, Chad, and Cameroon —nations already in the Union Douanière Économique d'Afrique Équatoriale. 1966, 1 Jan.: Inauguration of the Central African Customs and Economic Union, as authorized by the Brazzaville Treaty. 4 May: 8 East African countries—Burundi, Ethiopia, Kenya, Malawi, Mauritius, Tanzania, Uganda, and Zambia—signed a co-operation agreement as a transition until an East African Economic Community could be created. 3 June: Treaty signed in Abidjan, Ivory Coast, establishing a customs union for West Africa. 15 Dec.: The Abidjan Treaty went into force; included in the new West African Customs Union were Ivory Coast, Upper Volta, Niger, Dahomey, Mauritania, and Senegal; the treaty provided for a common external tariff and discriminatory duties against goods coming from outside the French franc area and the European Economic Community; this superseded the Conseil de L'Entente. 1967, 6 June: Kenya, Tanzania, and Uganda signed a treaty in Kampala, which established an East African Economic Community and Common Market. 1 Dec.: The Kampala Treaty came into effect; it provided for the strengthening of existing common-market ties among the East African nations and the transfer of the headquarters of the East African Common Services Organization from Nairobi, Kenya, to Arusha, Tanzania. Kenya, Tanzania, and Uganda planned to establish a common customs tariff against imports into East Africa; the treaty guaranteed freedom of transit of goods across the national borders within the common market. Middle East: 1964, Apr.: Agreement reached to establish an Arab Common Market (effective 1 Jan., 1965); agreement was signed by Iraq, Jordan, Syria, and the UAR.

FOREIGN INVESTMENT. Less developed countries continued to be recipients of private foreign capital.

NET FLOW OF PRIVATE LONG-TERM CAPITAL FROM DEVELOPED MARKET ECONOMIES TO NEWLY DEVELOPING COUNTRIES, 1956–65 ($ million)

	OECD Estimate	*UN Estimate*[a]
1956	$2,578	
1957	3,230	
1958	2,717	
1959	2,435	
1960	2,580	
1961	2,593	2,362
1962	1,914	1,600
1963	1,872	1,808
1964		2,009
1965		2,703

SOURCE: Organization for Economic Co-operation and Development, *The Flow of Financial Resources to Less-Developed Countries, 1956–1963,* Paris, 1964, p. 19, and United Nations, *Statistical Yearbook 1966.*

[a] The UN estimates are lower because the UN excludes the flow of resources to Cyprus, Greece, Malta, Spain, Turkey, and Yugoslavia which are included by the OECD. Other adjustments are also made, which add to the discrepancy between OECD and UN estimates.

The flow of private foreign capital to these nations seemed inadequate to supply their needs. The flow was not greater because of the uncertainties of investment in less developed areas and because of the more promising investment possibilities in developed countries. 1945–68: Most less developed countries (except the Communist nations, which expropriated foreign holdings) viewed private foreign investors with mixed feelings. On the one hand, they feared and resented the presence of foreign investment, because (1) it might interfere with national sovereignty (impede national planning, thwart national defense, exercise undue power); (2) aliens pocketed the profits; (3) other benefits—payments of certain wages and salaries, payments for patents, payments for equipment, etc.—went to foreigners; (4) the enterprise might be more in the interest of the investor than the nation where the investment was made; (5) it might destroy local business that could not compete with giant foreign units; (6) it might discourage entrepreneurship, since foreigners took advantage of the opportunities; and (7) it might create new desires for goods that less developed countries did not have and that if obtained would result in a drain of the nation's foreign exchange. Thus, some non-Communist countries attempted to rid themselves of certain existing foreign investments; for example: 1946: Argentine government purchased the assets of the foreign-owned telephone system; 1948: Argentina completed its purchase of the British-owned railroads. 1951, 15 Mar.: Iran nationalized the Anglo-Iranian Oil Co. (1954, Aug., a settlement was reached which allowed foreigners to develop the Iranian oil fields). 1952, 31 Oct.: Bolivian government nationalized the 3 largest tin-mining enterprises (foreign and domestic capital had been intermingled in these ventures). 1956, 26 July: Egypt nationalized the Universal Co. of the Suez Maritime Canal, owned in large part by the British government and French private stockholders (in time, they were reimbursed). 1957, Dec.: Indonesian government took over some 400 agricultural estates as well as a number of banks, industrial firms, and transportation lines owned by Dutch investors. 1958 ff.: A number of countries in Latin America acquired the properties of the foreign utilities there. 1962, 27 Apr.: Ceylon nationalized 83 gasoline stations and other oil facilities owned by 2 American cos. Other countries barred new foreign investment in certain sectors, for example, in oil distribution, refining, and production, in petrochemicals, and in industries whose products were facing stern competition. India, for example, banned foreign investors from industries "reserved as a State responsibility." 1965: Foreign investment in the form of direct equity participation was not allowed in Burma and Indonesia (but with the fall of Sukarno, the situation changed in Indonesia; 1967: Indonesia again desired to attract foreign investment). On the other hand, less developed countries often greatly desired foreign investors because (1) the latter provided needed capital frequently unavailable elsewhere; (2) they provided required skills, patents, and equipment, plus the knowledge of the functioning of an industrial economy; the last was essential, for projects undertaken by foreign investors were likely to be well formulated and implemented; (3) they could be taxed, and would provide an excellent source of government revenues; (4) by developing natural resources, they gave poor countries the opportunity to earn foreign exchange; (5) they provided employment; (6) they often served not to discourage other industries but, quite the opposite, to stimulate ancillary industrial activities. 1960's: Less developed countries often indicated that they desired certain types of foreign investment and not others. Likewise, as the bargaining power of less developed nations rose, these nations often stipulated as a condition of doing business that the foreign investor make a marked contribution to their economies. In turn, less developed nations actually provided a range of incentives to encourage foreign investors. Such incentives included tax relief, aid in providing overhead facilities, protection from competition, exemptions from duties on capital goods required for the establishment of a plant, and release from payment of duties on certain raw-material imports (if the raw materials were not available locally).

FOREIGN AID. Less developed countries were recipients of foreign aid from industrial nations and international agencies. Foreign aid provided capital for projects that could not otherwise have been undertaken. Technical assistance was an added type of foreign aid, which offered less developed countries skills that they lacked. Foreign aid did not present conflicts for less developed countries that private foreign investment created, although bilateral aid was often considered as politically motivated and created other conflicts. A few less developed countries had their own foreign-aid programs. 1954–65: According to UN statistics, Communist China committed the equiva-

NET OFFICIAL FLOW OF CAPITAL FROM DEVELOPED MARKET ECONOMIES AND MULTILATERAL AGENCIES TO DEVELOPING COUNTRIES, 1961–65
($ million)

	Bilateral	*Multilateral*	*Total*
1961	4,595	224	4,919
1962	4,963	415	5,378
1963	5,272	639	5,911
1964	5,186	725	5,911
1965	5,449	730	6,179

SOURCE: United Nations, *Statistical Yearbook 1966.*

lent of $835 m. to foreign aid. Underdeveloped countries in Eastern Europe—Poland, Hungary, Rumania, and Bulgaria—had small foreign-aid programs. 1960's: Arab oil-producing nations, such as Kuwait, considered foreign-aid programs.

BUSINESS ORGANIZATION. 1945–68: Key trends involved: (1) More participation by the state in business activities. In less developed countries in Eastern Europe and in Communist China, North Vietnam, and North Korea, all business enterprises came to be owned and operated by the state. In many non-Communist countries governments owned large enterprises. (2) More participation by local entrepreneurs in the modern sector. In Latin America, where the state played a substantial role, private enterprise also flourished. Small businesses run by individuals, families, or partnerships still prevailed in Latin America, yet at the same time many Latin American entrepreneurs managed modern corporations. Large industrial empires existed in Argentina, Brazil, and Mexico, created by entrepreneurs of Italian origin. In Medellín, in Colombia, modern enterprises, run by Colombians, prospered. A substantial middle class was developing in Latin America to provide a basis for the modern business. In Hong Kong, Malaysia, and Singapore, private enterprise prevailed; increasingly, entrepreneurs—many of them Chinese—took part in the modern sector of the economy. In Africa, entrepreneurship was in evidence, although in the growth of modern business enterprises, tropical Africa was far behind Latin America and even far behind most of Asia. In much of Asia and Africa the traditional producing unit, made up of individuals, bound by ties of kinship, religion, and social status, was challenged by the emergence of modern business enterprise. Widespread use of money in Asia and Africa provided the basis for the growth of business enterprise. (3) Decline of the "managing agent" in India. 1954: Of the total productive assets of companies in India, the Federation of Indian Chamber of Commerce and Industry estimated that nearly 80% were managed by managing agents. 1956: Indian Cos. Act restricted operations of the managing agent. 1956–68: Less use of the managing agent form in India. To some extent, new "management contracts" between Indian enterprises and foreign firms represented an adaptation of the old form. (4) 1950's and 1960's: When large foreign enterprises existed, they often tried to encourage local businesses, providing jobs to local contractors, buying when possible from local suppliers, and utilizing and stimulating local service industries. (5) In many less developed countries new enterprises combined private and public, domestic and foreign capital. There were enterprises that were entirely domestic, which combined government and private funds; there were enterprises that involved co-operation between public-sector cos. and foreign investors; there were enterprises that involved private-sector cos. or individuals and foreign investors. The extent of these combinations was new in less developed countries. (6) Late 1950's and 1960's: In Eastern Europe, there was a marked decentralization of decision-making in state enterprises. 1957 ff.: Mainland China, following the Soviet model, began to decentralize its economic planning; this was not fully implemented. 1961: After the failure of the "Great Leap," indications were that decentralization plans had been abandoned. 1960's: In most non-Communist less developed countries, successful government enterprises seemed to have developed considerable independence from centralized direction. (7) As modern businesses took form in less developed countries, managerial talent was required. 1950's and 1960's: An attempt was made by industrial nations to aid in establishing business schools and training programs in less developed lands. Moreover, literally thousands of students—financed by their governments, by foreign grants, or by foreign companies—went to industrial countries to learn business methods. Managerial contacts served to communicate business methods. There was an injection of western business procedures throughout the world.

GOVERNMENT POLICY. 1945–68: Independent governments of less developed countries accepted the goal of rapid industrialization; they insisted it would not do for their countries to remain producers of primary products and importers of manufactured goods; the commitment to manufacture became general, in Communist and non-Communist developing countries, in former colonial states and long-independent countries. Industrial countries were seen as world leaders; governments of less developed countries wanted to follow the same path. A few governments—such as that of Mainland China—went to the extreme of seeking economic self-sufficiency. Economic nationalism became a key to many governments' policies. In most less developed countries, governments assumed leadership in planning the growth of industry. Development plans were characteristic of less developed countries. Some plans were partial, some were general, but all involved governments in actively promoting economic growth. Some of the early plans were developed by colonial governments in the colonies or in London, Paris, or Brussels; these were designed to encourage economic growth, but did not generally seek to sponsor industrialization; some were influenced by colonial powers; by the 1960's, development plans were prepared by national governments and were practically all devoted to industrialization; as the 1960's progressed, however, planners recognized that effective industrialization also involved planning improvements in agriculture.

Aids to agriculture: Most government plans recognized a need for government aid to agriculture. Aid took the form of assistance in providing chemical fertilizers, irrigation, flood control, and technical advice. Aid occasionally involved rural electrification. The initiation of land reform was designed in part to assist agricultural output (although this was not always the reason for it or the effect of it).

Government-sponsored co-operatives: Governments participated in marketing boards and export cos. which it was hoped would assist agriculture (but did not always do so). Governments were involved in extending agricultural credits. They also took part in negotiations for international commodity agreements which provided aid to agriculture.

Aids to industry: Governments of less developed countries offered aid to domestic industries through such measures as (1) allocation of investment funds; (2) protective tariffs; (3) import quotas and exchange controls, which barred competitive products; (4) outright prohibition of the entry of competitive goods; (5) providing foreign exchange for cos. to import needed (but not locally available) raw materials and machinery; (6) a favorable (often a special) rate of exchange for imports of required raw materials and machinery; (7) exemptions from certain taxes, or tax concessions of various types (including good depreciation allowances); (8) promises to foreign investors that they could transfer their capital and their earnings freely; (9) subsidies to industries that exported; (10) establishment of industrial estates with power, water, transportation, and other facilities; and (11) rarely, monopoly privileges or assurances that no other cos. in the same industry would be allowed to enter the market. In Communist countries, and some non-Communist countries, aids to industry involved allocations of funds to those industries desired under the development plans.

Initiation of Economic Development Plans by Developing Countries, 1945–66

1945	Ecuador; British Colonial Development and Welfare Act, leading to development plans for Barbados, Basutoland, British Guiana, British Honduras, Cyprus, Dominica, Gold Coast, Grenada, Jamaica, Leeward Islands, Nigeria, Northern Rhodesia, Nyasaland, St. Kitts-Nevis-Anguilla, St. Helena, St. Lucia, St. Vincent, Seychelles, Sierra Leone, Tanganyika, Uganda
1946	Angola, Argentina, Poland, Sudan; French Plan Pleven for development of French colonies
1947	Bulgaria, Ceylon, Czechoslovakia, French Cameroons, Greece, Philippines, Yugoslavia
1948	Burma, East Germany, Iran, Swaziland; all countries of the French Union
1949	Belgian Congo, Ruanda-Urundi
1950	Colombo Plan, affecting Ceylon, India, Malaya, North Borneo, Pakistan, Sarawak, Singapore
1951	Albania, Antigua, Iraq, Liberia, Macao
1952	Aden, French Guinea, India
1953	Brunei, Capo Verde, Mainland China, Mozambique, North Vietnam, Portuguese Guinea, Republic of China (Taiwan), Timor
1954	Italian Somaliland, Jordan, Kenya, North Korea, Surinam
1955	Guatemala, Pakistan, Syria
1956	Afghanistan, Bechuanaland Protectorate, Cambodia, India, Indonesia, Malta
1957	Ethiopia, South Vietnam
1958	Mainland China
1959	Chad, Iceland, Laos
1960	Chile, Colombia, Guinea, South Korea, United Arab Republic, Venezuela
1961	Bhutan, Cameroon, Congo (Brazzaville), El Salvador, Fiji, India, Mali, Nicaragua, Niger, Senegal, Thailand
1962	Bolivia, Dahomey, Honduras, Lebanon, Mexico, Turkey
1963	Bermuda, Brazil, Congo (Léopoldville), Costa Rica, Federation of South Arabia, Gabon, Haiti, Israel, Libya, Panama, South Africa, Turkey, Upper Volta
1964	Canary Islands, Gambia, South Africa, Spain
1965	Kuwait, Malawi, Uruguay, Zambia
1966	Cameroon, India, Togo, Zambia

Aid to other sectors: Less developed countries were concerned about the development of transportation and port facilities, public utilities, and education. Such activities were in large part undertaken by government bodies. Governments sought out funds from development banks to apply to such infrastructure investments.

Direct participation: 1945–68: Governments of less developed countries generally participated directly in economic development. In Communist nations (in Eastern Europe, Mainland China, North Vietnam, North Korea, Mongolia, and, after 1960, Cuba), government ownership became the rule. Government ownership of large enterprises also became widespread in Latin America. 1966: Chilean government for the 1st time participated directly in the copper industry. 1960's: In non-Communist Asian nations,

GOVERNMENT OWNERSHIP OF THE LARGEST ENTERPRISES IN LATIN AMERICA, 1963

		Rank of the Enterprise by Size in Each Country	*% Government Ownership by Enterprise (s)*
Petroleum	Argentina	1	100
	Brazil	2	90
	Chile	5	100
	Mexico	3	100
Petrochemicals	Colombia	16	100
	Venezuela	3[a]	100
Railroads	Argentina	2	100
	Brazil	1	100
	Chile	1	100
	Colombia	1	100
	Mexico	1, 7, 11	100
Electricity	Argentina	3	100
	Brazil	5, 14, 17	15–100
	Chile	4, 7	100
	Colombia	18	100
	Mexico	3, 4, 9	100
	Venezuela	6, 7[a]	100
Steel	Argentina	4	99
	Brazil	6, 9, 10	60–91
	Chile	13	35
	Colombia	2	4
	Mexico	12	66.8
	Venezuela	2[a]	100
Banking and Finance	Argentina	5, 8, 20	100
	Brazil	3, 4	56–100
	Chile	6, 15	100
	Colombia	5	100
	Mexico	5, 8, 10, 16, 17	83–100
	Venezuela	10, 19[a]	100
Automobiles	Argentina	11	23
Telephones	Argentina	16	100
	Brazil	8	100
	Colombia	7	100
	Mexico	12	20
	Venezuela	8[a]	100
Sugar	Chile	16	100
	Venezuela	15[a]	100

SOURCE: Based on data compiled by Frank Brandenburg, *Development of Private Enterprise in Latin America,* Washington, 1964.

[a] Venezuelan rankings exclude privately owned oil companies.

such as Afghanistan, China (Taiwan), Indonesia, Iran, South Korea, and the Philippines, governments assumed an important role in starting such key import-substituting industries as cement, fertilizers, chemicals, rubber tires and tubes, iron and steel, and machinery, textiles, and sugar. In India the government participated directly in iron and steel production; in petroleum production, refining, and distribution; in fertilizer and other chemical industries. The Indian government ran the railroads and produced locomotives for them. 1961: The Indian government reserved for the state such other industries as arms and ammunition, atomic energy, heavy castings and forgings, heavy plant and machinery, coal and minerals, aircraft and air transport, shipbuilding, telephones and telephone cables, telegraph and wireless apparatus (excluding radio sets), and generation and distribution of electricity. 1960's: The government of Ceylon invested in the nation's nascent steel industry and established a plywood factory, paper factory, vegetable-oil mill, footwear factory, ceramic factory, cement plant, and sugar factories. 1963 ff.: The Burmese government committed itself to bringing about the gradual government ownership and development of the whole industrial sector; it established a steel plant, a pharmaceutical industry, spinning and weaving mills, a brick plant, and cement works. 1950's and 1960's: Throughout the Middle East public-sector operations increased. Middle Eastern governments established government-owned oil and petrochemical companies. 1961, July: United Arab Republic nationalized most of the industry, finance, transport, and foreign trade in Egypt and Syria. 1964, July: Iraq nationalized its key industries and its financial institutions. 1960's: Government ventures in Africa became extensive in Ghana and Tanzania; in many other African countries, governments, through mixed enterprises with foreign capital, became involved in developing industry.

REGIONAL PLANS. Not only did countries develop customs unions and development banks on a regional basis but other attempts were made to create regional economic integration.

Latin America: 1945: Establishment of the UN Economic Commission for Latin America, which did studies of regional development problems. 1948 ff.: The Organization of American States, basically a political organization, had an economic and social council; 1959 ff.: the OAS became more concerned with problems of economic development.

Africa: 1945: Establishment of the UN Economic Commission for Africa, which promoted regional economic development. Pan-Africanist sentiment had impact on regional planning for economic development.

Middle East: 1945, 22 Mar.: Arab League formed; it was basically a political organization, but it also considered economic problems.

Asia: 1945: Establishment of the UN Economic Commission for Asia and the Far East (ECAFE), headquartered in Bangkok, which made studies on means of promoting economic development. 1950, 28 Nov.: Colombo Plan was established to channel funds and technical assistance from the U.S., Canada, Europe, and Australasia to certain South and Southeast Asian nations; it had no funds of its own. 1957, Sept.: Under the auspices of ECAFE, establishment of the Committee for Co-ordination of Investigations of the Lower Mekong Basin after an international agreement was made among the governments of Cambodia, Laos, Thailand, and the Republic of Vietnam to develop water resources in the Mekong Delta. 1961, July: Association of Southeast Asia was established by Malaya, Thailand, and the Philippines; it sought to exchange economic data among these countries. 1964, July: Organization for Regional Co-operation for Development (Turkey, Iran, and Pakistan) formed to co-ordinate the economic planning of all 3 countries. 1965, July: Pakistan and Indonesia created the Indonesian-Pakistan Economic and Cultural Organization. 1967, Aug.: Association of Southeast Asian Nations came into being as a successor to the Association of Southeast Asia; it included Malaysia, Thailand, the Philippines, Indonesia, and Singapore.

OTHER FACTORS. Ideas contributed to economic change. The idea of progress: in many countries for the 1st time there was the possibility of improving the lot of the average individual. The idea that reason, science, and engineering could be applied to control the environment and could substitute for tradition, superstition, and magic was new in many countries.

The concept of equality, the equitable distribution of wealth, provided a basis for land reform, taxation, and many measures that were breaking down the old order and assisting in economic growth. The idea of socialism in some less developed countries—although not in all—provided a break with tradition. The idea of independence from colonial domination and the development of political sovereignty in Africa and Asia offered a basis for industrialization. The idea of nationalism was important in contributing to economic development; industrialization in Germany, Italy, Japan, and Russia, as well as in other countries, had been marked by the growth of intense nationalism; this was also the case in less developed countries. Attempts at regional co-operation among less developed countries met major obstacles because each nation sought its own independent development. This was especially true in Latin America, to some extent in Asia (especially Communist China), while in Africa, national lines were still being defined. The idea of regional co-operation in economic development vied with the idea of nationalism. Regional co-operation had many advantages, and the success of the European Economic Community provided an example of what many less developed nations aspired to achieve. Less developed countries were confronted with the problem of the huge gulf between them and the industrial nations of the world. Even though development was occurring in underdeveloped countries, the gap between them and the industrial nations seemed to broaden. This was a gap between poor and rich nations, the imitators and the innovators in technology, the countries that had to seek out capital and those that had considerable capital resources, those with an unskilled and untrained population and those with a highly trained labor force. Moreover, the gulf between poor and rich nations began to be copied *within* underdeveloped countries, where poverty and wealth stood in contrast, where traditional methods of work vied with new technology borrowed from the industrial nations, where labor-intensive activities provided a sharp contrast with modern sector enterprises financed by foreign investment or foreign aid, and where illiterate majorities stood out in stark contrast to educated nationals of less developed countries. Political instability in less developed countries was another factor which often retarded economic development. Less developed countries—many of them newly freed from colonialism—appeared more prone to *coup d'états* and revolutions than industrial nations; changing governments and civil disorder slowed the development process. The need of a politically stable base for economic development had not been met in many countries.

GOVERNMENT AND SOCIETY IN AN AGE OF REVOLUTION

The Constitutional Order

THE NATURE OF CONSTITUTIONALISM

INTRODUCTORY. While the meaning of the word "constitution" is not a fixed one, a constitution has generally been regarded as the supreme law of a state, by reference to which all other laws, enactments, actions, and dispositions of the instrumentalities of that state are judged. A constitution usually consists of general principles which are accepted as binding standards of lawful action. Written constitutionalism was formally introduced in the U.S. in 1787, and the U.S. Constitution remains the oldest written constitution in use. In 1789 the French National Assembly adopted a "Declaration of the Rights of Man and of the Citizen," and from that time on state after state has adopted a written document, generally called a constitution, to serve as its basic law.

Some states, however (notably Great Britain), although possessing a constitutional form of government, do not have the fundamental principles by which their citizens live set down in a single document. In the British case a progressive limitation of the prerogatives of the monarch—the Magna Carta, 1215; the Confirmatio Cartarum, 1297; the Petition of Right, 1628; the abolition of the Court of Star Chamber, 1641; the Habeas Corpus Act, 1679; the Bill of Rights, 1689; the Act of Settlement, 1701; and the Act of Union with Scotland, 1707—created constitutionalism without a (single) constitution, since these documents have always been regarded by the British people as compacts of everlasting duration. Their provisions have been respected by later acts of Parliament and have been rendered effective by judicial interpretation.

Modern constitutionalism, as exemplified in the U.S. and France, arose because of the desire of men seeking freedom under law to strike down the pretensions of absolutist monarchies. A republican form of government was sought in order to deny the claims of an unfettered royal prerogative, of a "divine right" of kings, and of the doctrine of *"l'état, c'est moi."* The French Declaration of the Rights of Man drew its inspiration from the theories of the European Enlightenment, from the practical experience of Frenchmen under the *ancien régime,* and specifically from the bills of rights previously adopted by the American states. From the late 18th cent. onward, constitutionalism has sought to articulate the individual freedoms which the citizens of a state feel themselves entitled to demand, and to lay down, permanently and with precision, the limits beyond which the authority of governments may not extend.

ELEMENTS OF A WRITTEN CONSTITUTION: PREAMBLE. The development of constitutional forms has resulted in general agreement on what such a document should contain. Almost every constitution begins with a preamble. Typically, the preamble states the source of the constitution's authority, and sets out its ideals and objectives. The brief

52-word preamble of the U.S. Constitution, 1787, speaks the language of the Enlightenment. The German constitution of 1871, written in the period of national unification, refers to the need to safeguard German territory.

More recent constitutions, such as those of many independent African states, affirm an adherence to broad political and social ideals. The Moroccan, 1962, speaks of the necessity for African unity, while others, e.g., the constitution of the Ivory Coast, 1962, proclaim support not only for the principles of democracy and of the Declaration of the Rights of Man but also for the principles of the UN Charter.

The preamble to the constitution of the Republic of South Africa, 1961, indicates that its people are "convinced of the necessity to stand united." The preamble to the constitution of the People's Republic of China, 1954, describes in detail the "heroic struggle" of the Chinese people to achieve socialism.

FORM OF GOVERNMENT. A constitution also describes the form of government under which the people of the polity to which it applies will live. Constitutions have been written for empires (e.g., the German Empire, 1871) and monarchies (e.g., Italy, 1848), but more often for republics (e.g., France, 1959). In more recent times nations have described their forms of government in terms of social classes. The Italian constitution of 1947 declares: "Italy is a democratic republic based on labor." The constitution of the People's Republic of China, 1954, states that "China is a people's democratic state led by the working class and based on the alliance of workers and peasants." The description in the constitution of the 5th French Republic, 1959, of France as "an indivisible, secular, democratic, and social Republic" has been transferred directly to the constitutions of at least 12 former French African colonies. As independent states they have adopted most of the provisions of the French constitution as their basic law.

SOVEREIGNTY. Constitutions usually also describe the source of sovereign, or ultimate, power. Most declare that sovereignty resides in the people (e.g., the U.S., 1789, and Belgium, 1831). Others proclaim that it resides in the nation (e.g., Chile, 1925, Burundi, 1962, and Turkey, 1945). Others again ascribe sovereignty to (1) "God alone [but] given by His will as a sacred trust to the State" (Libya, 1951); (2) an emperor (Ethiopia, 1955); (3) "the working people of town and country" (USSR, 1936); and (4) the pope (Vatican City Constitutional Laws, 1929).

STRUCTURE OF GOVERNMENT. Most nations employ written constitutions to establish and delimit their governmental structures. A 3-branch structure (executive, legislature, judiciary) is common. Separate functions result in a separation of powers, while the sharing of many functions results in a system of checks and balances. This form of government, usually with an elected chief of state, and usually therefore republican, is the most widespread. Constitutional monarchies, where surviving, are today generally characterized by the same tripartite division of powers.

The legislative branch, with the principal function of enacting laws, often consists of a 2-house body (U.S., Britain, France), although many nations have a unicameral legislature (Israel, USSR). Popular universal suffrage is the rule.

Some nations elect a president by direct popular suffrage to serve as chief of state and head of government (Brazil). Others elect a president who serves as chief of state, while a prime minister elected by Parliament heads the government (Italy). While the principal function of the executive is to oversee the administration of law, some countries vest much legislative power in the president (France), while in others parliamentary rule is almost complete (West Germany). Party responsibility dominates the British model, which depends on constant majority rule and collective responsibility for governmental action. The U.S. model is marked by a lack of collective party responsibility and by no removal of the chief executive from office following an adverse parliamentary vote.

All nations provide for an instrumentality to adjudicate citizen disputes and legal grievances and to enforce the law of the land. Written constitutionalism has tended to create judiciaries independent of the other branches of government, since they exist by constitutional right and not at the whim of executive or legislative fiat. Strong executive action, however (e.g., Ghana, 1964), can deprive a judiciary of its independence, whether constitutional safeguards are present or not. Many states (e.g., the U.S.) vest powers of review in their highest judicial bodies. Possession of review power enables the judicial branch to pronounce upon the constitutionality of both legislative and executive acts, and strike them down if deemed contrary to the state's fundamental law. Some states, however (e.g., South Africa), forbid constitutional adjudication by their judiciaries.

AMENDMENT. Every constitution makes provision for amending itself, since it is necessary from time to time for a state's fundamental law to be adapted to changing conditions. In the U.S. the constitutional amendment process is formal and arduous. One result of this has been that, since the Bill of Rights, the U.S. Constitution has been amended only 15 times. On the other hand, the U.S. Constitution has readily lent itself to judicial interpretation, and a resort to frequent amendments has not been so necessary as might otherwise have been the case.

India represents the other extreme. The Indian constitution is detailed and contains many provisions usually found in statutes. A relatively simple amending process is therefore appropriate—a ⅔ majority in both houses of Parliament. Certain fundamental provisions of the Indian constitution, however, notably those affecting executive powers, state powers, and property rights, can be amended only by more difficult procedures.

Many countries, particularly those in Latin America, where the average life of a constitution has been less than 20 years, have had numerous constitutions. Venezuela has had 23, the Dominican Republic, 22, and Haiti, 18. France has had, since the Revolution of 1789, 2 empires, 2 kingdoms, and 5 republics.

It is not the rule that constitutional amendment follows constitutional procedure, since constitutional government can be overthrown as well as any other. In Latin America, between Mar. 1962 and Apr. 1964, 7 military coups deposed constitutional, duly elected presidents. In Africa, between June 1965 and Feb. 1966, another 7 governments were overthrown.

HUMAN RIGHTS

THE CONCEPT OF HUMAN RIGHTS. Almost every constitution lays down the fundamental rights of the citizen. The U.S. Constitution lists them, mainly in the form of a group of constitutional amendments commonly designated the Bill of Rights. The American example has been followed by many states.

In the course of time the concept of fundamental human rights, which in the late 18th cent. meant mainly political and religious freedoms, has achieved a broader applicability. Many social and economic rights are now guaranteed constitutionally. Moreover, whereas previously human rights were thought of primarily as those rights which were judicially enforceable, the 20th cent. has witnessed the drawing up of constitutions which establish nonenforceable rights as well. These may be intended to serve as a guide to instrumentalities of government (India, 1949) or to describe the goals of the individual citizen rather than his current situation (Mexico, 1917).

Some nations (e.g., Saudi Arabia, 1926, and South Africa, 1961) are without constitutionally declared rights. On occasion in the past citizens' rights have been deliberately abrogated (Law Centralizing the Administration of Justice, Germany, 1935). Guarantees of human freedom, moreover, are not always enforced even when clearly specified in written constitutions.

PROTECTION OF LIFE AND LIBERTY. Constitutional provisions in the area of the protection of life and liberty are generally designed to safeguard the dignity and worth of the individual. They prohibit slavery and inhumane treatment. The last 200 years have seen a steady erosion of *legally* sanctioned denials of human dignity (slavery, serfdom, outcaste status, etc.) and the appropriate constitutional safeguards are almost universally acknowledged in theory. In practice, however, emergency situations, such as war, and the elevation by some states of the well-being of society as a whole above that of the individual (Law for the Protection of German Blood and German Honor, Germany, 1935) have led to the loss by large numbers of the most fundamental human rights.

FAIR PROCEDURES IN THE ADMINISTRATION OF JUSTICE. Constitutions also commonly stipulate that all citizens shall enjoy the benefits of a fair and impartial system of justice. These may include the right to a jury trial, and usually do include immunity from arbitrary arrest, the right to a speedy trial, the right of a man to face his accuser in a court of law (trials *in absentia* being specifically prohibited), and the right to a legal defense, often provided, if necessary, at state expense. In addition to the traditional protections against double jeopardy and *ex post facto* laws, the more modern constitutions often contain detailed provisions concerning the conduct of trials and limitations on the penalties that may be imposed.

PERSONAL FREEDOMS. Political, social, economic, and religious freedoms are guaranteed by many constitutions. In the period following the French Revolution of 1789 the constitution drafters were most concerned with political and religious guarantees. These included the right of religious observance; freedom of thought and conscience; freedom of speech, of the press, and of assembly; a limited right to vote; and the sanctity of privately owned property. Since then, however, modern constitutions have not only expanded the right to vote and limited the right of property but have greatly extended the scope and number of guaranteed individual rights. In many states these now include the right to an education, the right to work, the right to form political organizations, the right of free marriage, the right to travel, freedom of communication between citizens, and the right to form trade associations. Socialist nations have sharply curtailed private ownership of property (USSR, 1936), while some African nations (particularly those formerly under British colonial rule) have incorporated detailed guarantees of the right to private property (Kenya, 1963). Provisions calling for the social use of property and those in Latin America vesting subsoil mineral rights in the nation (Mexico, 1917) rather than in individuals or corporations have created conflict between capital-exporting and capital-importing nations.

WOMEN'S RIGHTS. The mid-19th cent. saw women uniting for the 1st time in political groups to strengthen their demand for equality with men. From that period onward they began actively seeking higher education and entry into professions previously barred to them. By 1840 the 1st formal women's suffrage movement had been organized, and progress toward constitutionally guaranteed rights for women began. New Zealand was the 1st state to extend the franchise to women, 1893. Women began voting in Britain in 1918 and in the U.S. in 1920. Other states soon followed. Ecuador was the 1st Latin American state to grant the vote to women, 1929, and France permitted them to vote in 1945. In Indonesia and in India, in particular, women played a vigorous role in the struggles for independence and were accorded full political rights after independence had been achieved. Today women vote in almost every state (Switzerland being the most notable exception). The greatest advances in this area, comparatively speaking, have been made in the Communist states, where full employment has meant encouraging female participation, at all levels, in the national work force. The UN enacted a Covenant on the Political Rights of Women in 1952—the 1st instrument of international law aimed specifically at advancing women's rights on a worldwide basis.

THE DEVELOPMENT OF CONSTITUTIONAL GOVERNMENT

1776–1810

UNITED STATES. Modern constitutionalism was born in the U.S. and in France, and tied, initially, to a rejection of monarchical institutions. In the U.S. the British colonial administrations had proved oppressive and were judged intolerable; in France the ruling classes had lost contact with a politically awakening *bourgeoisie*. The result was revolution against the old order in 1776 in the U.S. and in 1789 in France.

The American "Founding Fathers" were profoundly influenced by French political thought and by British constitutional practice and precedent. Rousseau's and Montesquieu's ideas, reinforcing almost 2 centuries of British common-law tradition, were frequently cited as authority for political proposals. The Declaration of Independence, 1776, an assertion of natural rights and a list of the British government's misuses of power, was written and approved of by men conscious of an inherited legal tradition, familiar with the patterns of colonial self-government, and appreciative of the latest modes of political expression.

After a period of ineffective national government under the Articles of Confederation, 1781, a national Constitution was adopted, 1787, which was conservative in tone and reflected the new nation's need for stability, national organization, and order.

FRANCE. The French *philosophes* had intended to correct the abuses of the *ancien régime* by an attack on aristocratic government and by instituting basic changes in governmental structures. They hoped as well to affirm the natural birthright of man to "liberty, property, security, and resistance to oppression" (Declaration of the Rights of Man and of the Citizen, 1789). Further, they built the constitution of 1791 around the need to correct specific abuses of the *ancien régime*.

The 1791 constitution, however, monarchical in form, was doomed to failure by political events, as also were the constitutions of 1793, 1794, and 1795. France was in turmoil and chaos, and while the constitution of 1791 represented a reaction against the *ancien régime,* the more conservative constitution of 1795 was a response to the Reign of Terror and the Jacobin constitution of 1793. In 1795 the constitution makers expounded not on the rights of man, as the Declaration of Rights had done, but also listed his duties; they reposed sovereignty in the people, but limited it as well.

Nevertheless, the French constitutions of 1789–95 established a precedent that has lasted to the present day. Almost immediately constitutions based on the French model (and following in the wake of the French army) were proclaimed in part of Switzerland, 1798, and in the Italian states of Modena, 1796, Milan, 1797, Genoa, 1797, and Naples, 1799.

1810–1914

LATIN AMERICA. From 1810 onward the emergence of the U.S. as an independent nation capable of maintaining its independence served as an example to the Spanish colonies in Latin America. Similarly, the successful operation of the U.S. Constitution during several decades provided political inspiration. All Latin America (save Mexico, 1822–24 and 1862–67, and Brazil, 1824–89) adopted the republican form of government. Most newly independent Latin American states followed U.S. forms and structures of government and passed bills of rights. They also derived inspiration from the egalitarian and republican thought of late 18th-cent. France.

Latin America, however, was basically ill prepared for democracy. Years of tight colonial administration from abroad, regionalism accentuated by poor communications, an unyielding retention of power by the upper classes, fierce and divisive ideological conflicts, and revolutions that did not bring social reform inhibited the development of democratic government under law. Power was frequently seized by a *caudillo,* a regional or national strong man, supported by military force. Such leaders dominated Latin American politics for a century or more. The result was that, even though provided with adequate and sometimes admirable written constitutions, the Latin American states did not achieve the commonly accepted goals of constitutionalism.

INFLUENCE OF NAPOLEON. Soon after revolutionary France began spreading its influence over Europe, Napoleon Bonaparte began exercising his own influence over the revolution. Successively first consul, 1799, first consul for life, 1802, and emperor, 1804, Napoleon, while retaining many of the superficialities of republicanism, turned France full cycle back to monarchy. He made France stable again, but erased most political rights in the process. His administrative, bureaucratic, and military reforms were lasting, but few of the constitutional structures he imposed survived his defeat in 1815.

TRIUMPH OF CONSERVATISM. The fall of Napoleon occasioned the Congress of Vienna, 1814–15, which called for a restoration to their thrones of those European princes who had suffered at Napoleon's hands. Prompted by Metternich and Talleyrand, the Congress attempted to restore much of the old order on the principle of legitimacy. Absolutism was now replaced by constitutionality, but the constitutional states of Europe after 1815 were not legitimized by an appeal to the sovereignty of the people but by a grant delivered out of the hands of a beneficent king. In the period after 1815 a conservative reaction occurred even in Great Britain. The Habeas Corpus Act was suspended, 1816, and from 1819 to 1822 6 Acts of Parliament curbed the long-established rights of freedom of speech, of the press, and of assembly.

GROWTH OF PARLIAMENTARY DEMOCRACY. Despite the strength and initial success of the conservative reaction which followed the Napoleonic Wars, the leaven of French revolutionary ideas continued to work throughout Europe. Kings and subjects alike retained memories of freedoms enjoyed under the republican governments of the Napoleonic era. In Mar. 1822 Fernando VII of Spain was forced to accept reforms demanded by the Spanish Cortes. When Greece won independence from the Ottoman Empire, 1829, a monarchy was set up as a concession to the principle of legitimacy, but the power of the new king of Greece was constitutionally circumscribed. The attempt of Charles X of France to replace legitimist constitutionalism by absolute rule failed when the revolt of July 1830 claimed his throne. When, in the same year, Belgium broke away from the United Kingdom of the Netherlands, legitimacy sustained another blow. A national Belgian Congress established strong parliamentary government, and Art. 78 of the constitution of 1831 limited the powers of the king to those the state granted him.

In Britain the supremacy of Parliament had already severely reduced the prerogatives of the monarch. The Reform Bill of 1832 increased the franchise, and the Chartist Movement, though defeated by 1848, laid the foundations of the constitutional democracy that was to be achieved in the years ahead: universal manhood suffrage, annual Parliaments, equal parliamentary constituencies, no property qualifications for office, and salaries for members of Parliament.

The aims of the revolutionaries of 1848 included constitutional government, and constitutions were promulgated in Austria, Piedmont, and Switzerland. Even in Asia constitutionalism made its mark. The Japanese constitution of 1889, though almost devoid of citizen guarantees, demonstrated an understanding of the technology of western government, and Sun Yat-sen introduced the concept of western constitutionalism to China after the revolution of 1912.

1914–45

REPUBLICANISM. For the 1st modern constitutional states, the U.S. and France, constitutionalism and republicanism had gone hand in hand. Elsewhere, however, constitutional democracy, where achieved, came about with only a slight reduction in the number of the world's monarchies. The Americas remained the only part of the world where the republican form of government could be regarded as the norm. In Europe, Asia, and Africa only 7 states were republics in 1916: Andorra, China, France, Liberia, Portugal, San Marino, and Switzerland.

The results of World War I, however, were so decisive, and the collapse of 4 great empires—the Austrian, German,

Russian, and Turkish—so complete, that in many areas entirely new states were formed and in others new governments created with wide freedom to fashion new constitutional forms. In Europe 6 new (fully independent) states appeared—Czechoslovakia, Poland, Finland, Estonia, Latvia, and Lithuania—and all were republics, with constitutions based on the principles of 19th-cent. liberalism, i.e., emphasizing political rights and avoiding questions of economic injustice. In all, however, democratic ideas and institutions were protected by constitutional forms. Czechoslovakia, for example, modeled its 1920 constitution on those of the U.S. and France. The depression severely tested the strength of newly won constitutionalism in Europe, and ended it in Latvia, Lithuania, and Estonia. Poland reacted to the threat of Nazi Germany by curtailing parliamentary government and concentrating power in the hands of the president. Only Finland and Czechoslovakia, among the new European republics, were able to maintain constitutionally guaranteed democratic forms between the wars.

In Germany the Weimar Republic was a brief essay in democracy after decades of absolutism. Turkey became a republic but, although its forms of government were strongly influenced by western examples, it soon fell under a 1-party regime. Only Bulgaria, among the states that were on the losing side in World War II, did not undergo radical constitutional transformation after the war ended.

THE SOCIAL CONSTITUTION. While Europe was engaged in war, Mexico was witnessing a period of civil unrest which had not been fully resolved at the time of the adoption of the Mexican constitution of 1917. Europe responded to the postwar challenge by producing political constitutions. Mexico, by contrast, created the world's 1st social constitution, a document that has been widely imitated in Latin America and throughout the world.

Though an intensely nationalistic document, embodying few structural changes, the Mexican constitution was in other respects strikingly innovative. It was the 1st constitution to emphasize the social value of privately owned property, thus laying a foundation not only for future strict regulation (later, nationalization) of private foreign investment but preparing for decades of successful land reform in a country where 25% of the land was once held by slightly more than 100 proprietors. The 1917 Mexican constitution established broad and comprehensive personal guarantees: the right to education, an 8-hour working day, social security, family rights, trade-union rights. It spoke not only of rights to be enforced now, but of the goals a nation should have before it if it is to achieve true democracy.

THE INTERWAR AUTHORITARIAN STATES. The USSR, though possessing a theoretically constitutional form of government, created a political system under which individual rights were subordinated to the demands of the state. In the Stalin era, popular guarantees had meaning only within the context of the requirements of the Communist Party and were limited by the Party's interests. Italian Fascism promised efficient and strong government, industrial peace, prosperity, salvation from Communism, and a revival of the glories of the Roman past. To achieve these ends the Fascists altered the Italian constitution and devitalized Parliament. A "corporate state" was created, 1925, in which labor, industry, commerce, and the arts were wedded to government. Citizens' rights were consciously subordinated to the needs of the corporate state. In Germany, Hitler attained power by constitutional means, but from Mar. 1933 he and his Nazi henchmen ruled dictatorially. All forms of dissent were ruthlessly suppressed, and the most fundamental of human rights, that to life itself, was repeatedly and flagrantly denied during the years of the Nazi tyranny. Authoritarianism and arbitrary governmental action also marked the activities of the Japanese state as, in the period leading up to World War II, civilian agencies of the Japanese administration were increasingly subordinated to control by a militarist elite. By the time the war began, a large part of the world was being ruled by governments which rated state or party interest above constitutionally guaranteed popular rights.

1945–68

THE COMMUNIST STATES. After World War II, Communist governments were established in East Germany, Poland, Czechoslovakia, Hungary, Rumania, Bulgaria, Yugoslavia, and Albania. As satellites of the USSR (Yugoslavia broke away from the Soviet bloc in 1948) these states adopted economic programs in harmony with Soviet policy and united politically with the USSR against the West. Socialist constitutions, modeled on the Soviet constitutions of 1918, 1924, and 1936, were adopted, reposing sovereignty in the working class. Acceptance of the concept of the "unity of the people's power" meant that the classical western constitutionally guaranteed separation of powers was not adopted. Nevertheless, although all Communist states limit personal freedom if that freedom is used, or is likely to be used, for "antidemocratic" purposes, they guarantee many social and economic rights, such as free medical services, free education at all levels, inexpensive housing, and full employment.

NEW NATION STATES IN ASIA AND AFRICA. The end of World War II signaled the beginning of the end of imperial and quasi-imperial rule throughout Asia and Africa. The Islamic states of the Middle East adopted constitutional forms of government on achieving independence, but have not yet seen fit to guarantee full religious freedom or equality between the sexes. The state of Israel, though without a written constitution, guarantees the rights of its citizens in its Declaration of Independence, and possesses a judiciary noted for its vigor in redressing violations of personal liberty suffered by Israeli citizens. In Japan constitutionalism was restored by the U.S. occupation, and an independent judiciary created. Some court decisions, 1960, have limited the freedom of assembly for political purposes.

The constitution of India, 1949, borrowed heavily from the rest of the world. Definitions of fundamental rights were taken from the U.S. Constitution, a federal structure from the Canadian, a parliamentary system from Britain, and the notion of nonjusticiable directive rights from Ireland. Despite serious economic crises India has remained committed to the preservation of democracy, and its citizens' fundamental rights have been construed liberally by zealous courts.

All of Africa, with the exception of Liberia, Egypt, Ethiopia, and South Africa, was under foreign domination until the 1950's. In the period of colonial rule Africans were not without constitutional rights, though their European rulers tended to act more arbitrarily in overseas dependencies than they did at home. As the African states attained independence, they erected their new governments on a firmly constitutional base, accepting in most cases the principles of the separation of powers, the independence of the judiciary, and the need for citizens' guarantees. It was in Africa (Lagos, 1961) that an International Commission of Jurists proclaimed that "fundamental human rights, especially the right to personal liberty, should be written into and entrenched in the constitutions of all countries."

Human rights, however, have often been ignored in independent Africa. Ghana established laws, Sept. 1962, permitting police detention for 28 days without charges being preferred and indefinite "preventive detention" on the authority of the attorney general; Dahomey dissolved all political parties, Nov. 1963, after jailing the president of the supreme court; in May 1966, political parties were outlawed in Nigeria. Numerous military coups—in Algeria, Congo (Kinshasa), Dahomey, the Central African Republic, Nigeria, and Ghana between June 1965 and Feb. 1966 alone—have removed legitimate governments by unconstitutional means.

The Social Order

THE NATURE OF SOCIAL MODERNIZATION. The 2 defining characteristics of a modern society are a high degree of differentiation and of integration.

The former refers simply to specialization. A highly differentiated society is one in which the various tasks necessary for keeping the economic, political, and cultural subsystems going are performed by specialized social units. In contrast, in an undifferentiated society particular social units perform a much larger variety of tasks.

A high degree of integration means that most if not all segments of the society interact with each other and are in some way dependent on each other, and that, as a result, they all share a set of common basic cultural principles or values. In a poorly integrated society, various geographical parts may be almost self-sufficient and independent of the rest of the society, or particular classes may have value systems basically different from other classes, or they may exist largely outside the economic life of other classes, or they may be barred from power in the political life of the society. In a highly integrated society the elimination of these separations enables the society to effectively mobilize all of its parts when threatened by danger. Class differences are not ended (they may actually be intensified), but classes interact more fully and co-operate more effectively.

The history of social modernization is one of increasing differentiation (which increased social efficiency) and of an accompanying integration (which was needed to tie the various parts of society together in an age of specialization). In the past, societies that failed to differentiate sufficiently also failed to industrialize and keep up economically with more "modern" societies that were quicker to adapt. On the other hand, nations that failed to integrate sufficiently did not hold together; either provinces broke away or else semipermanent class warfare disrupted them as various "out" classes attempted to seize the benefits of "in" classes.

The process of increasing differentiation and integration did not go smoothly in all modernizing states. As men were forced into new occupations and life patterns, and as they increasingly demanded a share of political, economic, and cultural power, tensions inevitably developed. The working out of these tensions produced the social revolution that has created the modern world.

Modernization in the sense here defined began in Western Europe and spread from there during the 19th and 20th cents. to the rest of the world.

RURAL DISLOCATION AND URBANIZATION IN THE WEST, 1750–1900

POPULATION. A striking characteristic of the period between 1750 and 1900 in Western Europe and the U.S. was the rapid increase in population (pp. 877 ff. below).

Approximate Total Population (million)

	1750	*1800*	*1850*	*1900*
Britain	c. 7.5	10.5	20.8	37.0
France	c. 20.0	27.6	35.8	39.0
Germany	–	24.5	35.4	56.4
U.S.	1.5	5.3	23.2	76.0

As industrialization increased, so did urbanization. By 1871, 61.8% of the population of England and Wales lived in urban districts. Urbanization, though still considerable, was less marked in the U.S., France, and Germany. In 1870, 74% of the U.S. population was classed as rural; 68.9% of the French population, 1872; and 63.9% of the German, 1871.

The populations of the modernizing

states were much affected by migration. Britain and Germany lost many people, mainly to the U.S. and, in the case of Britain, to her dominions (pp. 881–883 below).

TOTAL EMIGRATION FROM BRITAIN AND GERMANY
(000)

	Britain	*Germany*
1846–50	199	
1851–60	1,313	622
1861–70	1,572	634

Fewer Frenchmen emigrated, but France suffered a population loss when Alsace-Lorraine was added to the German Empire, 1871.

Over-all population increases in the modernizing nations were made possible primarily by the rapid advances achieved in agricultural technology (p. 655). But improvements in agriculture also had the effect of making much of the rural population unnecessary for food production. In England, 1740–1830, one result of better rural technology was the enclosure movement (p. 655) in which landlords and prosperous farmers evicted the small peasantry from the land by prohibiting them the traditional usage of common lands. France had no enclosure movement, and there was no direct pressure on the peasantry to abandon the land (which explains the relatively slower rate of urbanization of France compared to that of England and Germany). But France's population, already the densest in Europe in the 17th cent., continued to

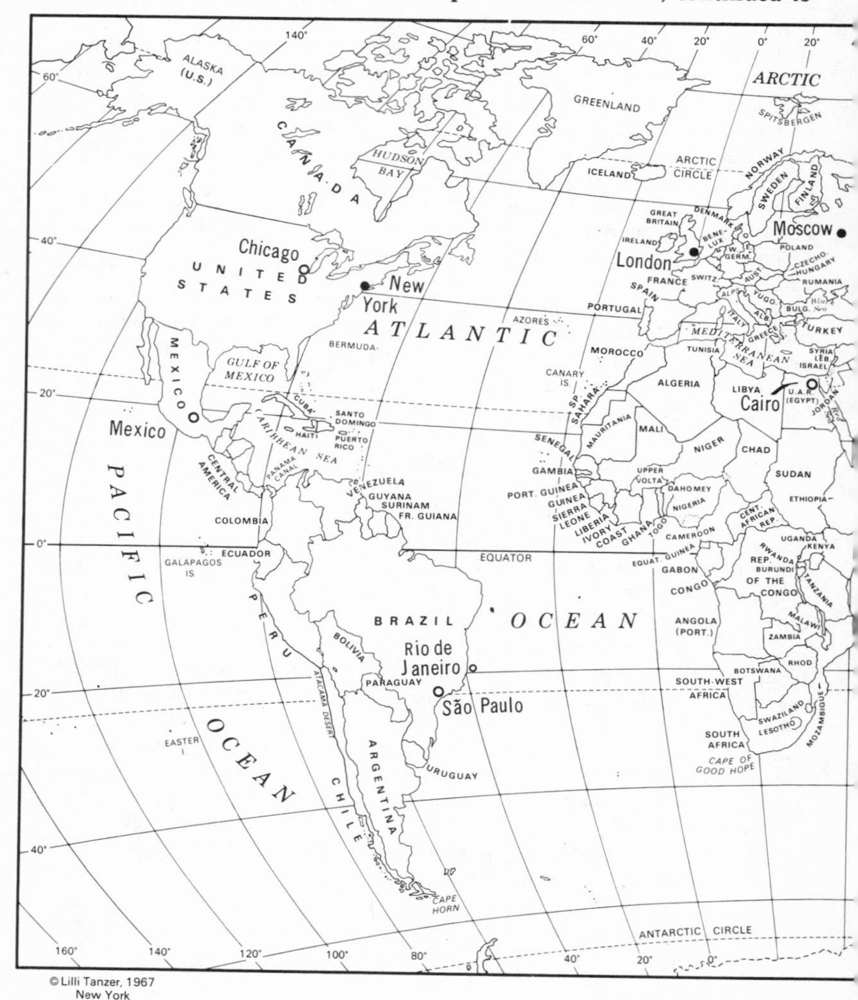

grow well into the 19th. French farms became smaller and smaller, and because land tended to be divided equally among all a farmer's sons, many peasants found themselves with uneconomic holdings and this forced them to emigrate to the cities.

In Germany the formal emancipation of the serfs in 1807 allowed the more efficient landowners to take over the small and inefficient holdings. In the half-century that followed emancipation, the proportion of lands controlled by the big estates grew rapidly. While the East Prussian estates grew most rapidly, most of western Germany did not escape the trend. Marginal peasants were forced off the land and into the growing industrial zones (and many, eventually, to America).

The pattern in the U.S. was exceptional because it was the immense immigration from Europe between 1860 and 1910 and not internal migration that swelled the urban labor force. Meanwhile, the rapid extension of cultivated lands in the West and the improvement of agricultural techniques more than kept pace with the rising food needs of the country. Since it was European social disorders that forced the bulk of the immigrants into the U.S.'s cities, the U.S. profited from these without itself having to experience them.

The population growth and urbanization of Western Europe and the U.S. coincided with a greatly stimulated industrial development.

SOCIAL EFFECTS OF INDUSTRIALIZATION. There had long been cities before the growth of modern industrial

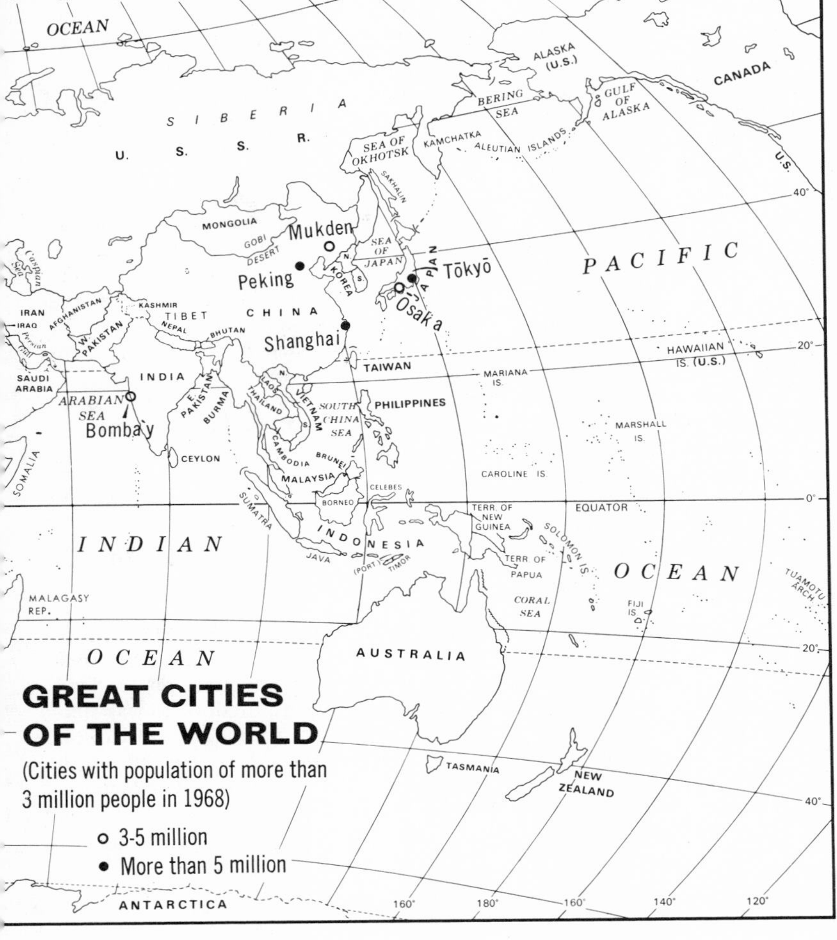

GREAT CITIES OF THE WORLD

(Cities with population of more than 3 million people in 1968)

- o 3-5 million
- • More than 5 million

% of Population Living in Cities of More Than 10,000 People

	1800	*1850*	*1890*
U.K.	20.0	38.5	59.0
France	9.5	14.5	26.0
Germany	7.2[a]	10.5	30.0
U.S.	3.8	12.0	27.5

[a] For Prussia only, 1816.

ones, but their economic and social organization was different. Premodern cities were centers of commerce and artisan production, but no city until modern times developed a machine-based production system. The old cities had fairly small-scale units of production which depended on the individual skills of specialized craftsmen. Industrial cities, on the other hand, relied on their easily operable machines and abundant unskilled labor. In the old artisan centers, craftsmen were organized into closed guilds or even hereditary castes. In the industrial cities, such closed, restrictive practices were replaced by open recruitment of workers and constant competition within industries to make their machines produce ever more cheaply to raise profits.

The 1st country to establish such an industrial system on a large scale was Great Britain (p. 657). British industrialization was in a sense spontaneous. But as British exports spread, less efficient local handicrafts in many countries suffered. It became increasingly obvious that in order to meet the British threat, other countries also had to industrialize. The ideas and techniques of industrialization spread quickly. But while certain societies were sufficiently well organized to industrialize themselves, others were not. Those countries that failed gradually became economic, and often political, colonies of the industrialized West.

Urbanization and industrialization everywhere created similar sorts of social problems. Essentially, the peasants of Western Europe had lived in small communities bound by traditional rules of mutual support. Families were large and included more distant kin than they now do. The extended family was committed to supporting its members. Behavior in economic and political activities was also regulated by traditional rules, and each individual had his security more or less assured by the community. But as demographic forces pushed men off the land, the old families and communities broke up and their mutual support functions were not replaced by new institutions. Individuals became isolated and only marginally useful units. The early factory system demanded long working hours in poor conditions, and female and child labor was more cruelly exploited than it had ever been before. Wages were low and workers were reduced to bleak existences further accentuated by the feeling of loss and the frightening uncertainties felt by the new immigrants.

As workers were detraditionalized by their new environments and exposed to the material wealth of the richer classes in the cities, their discontent with the social order grew, and they eventually began to organize themselves into protest movements demanding a redress of the wrongs done them. But since the rural dislocation and urbanization that occurred were spread over a long period of time, and since the workers were not at first sufficiently numerous, concentrated, or organized to act against the system, it was the protest movements by the better established and more coherent middle classes spawned by early industrialization that dominated the social scene in the West in the latter part of the 18th and in the first half of the 19th cents.

BOURGEOIS DEMANDS AND REVOLUTIONS, 1770–1860

RISE OF THE BOURGEOISIE. To finance the machines and factories necessary for industrial production, and to lead and organize this production, it was necessary to have a certain amount of capital and to have certain skills conducive to maximization of profits and efficiency. The leaders of industrialization were the financial and industrial bourgeois, or capitalists.

This group had its antecedents in Western Europe in the commercial middle classes that had dominated European trade for several centuries before industrialization. It was during that period that such financial institutions as joint-stock companies and credit banks had been established, and that the techniques of modern accounting and large-scale organization of production were learned.

But throughout the period of developing commerce that preceded industrialization, there persisted a conflict between the old landowning feudal aristocracy and the rising merchant class. The former felt it deserved a near monopoly of prestige and high political office, while the latter felt that its commercial skills and growing wealth entitled it to a share of prestige and power. The revolutionary wave which began to sweep Europe toward the end of the 18th cent. was essentially a struggle between the old feudal aristocracy and the rising middle classes that wanted to replace it.

The desires of the middle classes between 1750 and 1850 were roughly similar throughout the West. They wanted their societies to promote or at least permit the expansion of the commercial and industrial activity on which they, as a class, depended. This required a sufficiently large market and the possibility of conducting commerce freely within it. It required protection against outside competition. It required at least that modicum of social and political stability that is necessary for commerce and for the defense of property rights. Finally, the middle classes wanted social recognition in the form of high prestige for their most successful members, for this would legitimize the pursuit of profits which had been considered somewhat immoral in earlier European society.

The outcome of the revolutions between 1774 and 1848 was largely determined by the degree to which middle-class demands were met in various western countries. These demands were enshrined in a liberal value system that asked for national unification and the elimination of internal restrictions on trade, government co-operation against threatening outside forces which frequently took the form of militant nationalism, government abstention from regulating society in any way that might preserve artisan production against the more efficient industrial producers, repression of radical anti-property movements such as socialism, and voting rights and democracy for the *bourgeoisie*. The liberal ideology claimed that the less government interference there was, the better, but only up to the point at which government interference became necessary to help the middle class.

There were various middle classes and their interests were not always identical. For example, the old artisan class favored the extension of voting rights, but was resolutely opposed to the development of large-scale industries which put it out of business. This old middle class was gradually pushed down by industrialization and became the most radical of the lower classes in the 19th cent. The rural middle class wanted tariffs against foreign crops but not against outside manufactured goods (which it bought) if these were cheaper than domestic goods. The industrial middle class had precisely the opposite interest. And in all the countries being discussed there were somewhat distinct financial, commercial, and industrial middle classes whose interests sometimes coincided but at other times clashed.

U.S. The 1st of the modern revolutions was the American one. The 13 American British colonies emerged from the war with France, 1757–63, heavily dominated in the North by mercantile interests and in the South by a rural planter class. American society was characterized by the almost total absence of a feudal aristocracy and by the equal absence (with the exception of the southern Negro slaves) of a serf class. Thus the 2 extreme forces that plagued Europe throughout the 19th cent., the diehard reactionary aristocratic element and the uprooted small peasant, were largely absent. From the Boston merchants to the small farmers, the entire society fitted into a sort of all-encompassing middle class with a common liberal ideology. These were the "self-made" men who had achieved whatever position they had through their own work and who naturally felt entitled to rule themselves. On the other hand, these were not the sort of men who felt impelled to achieve a radical transformation of the entire social system, although a change in a more egalitarian direction did come about as a result of the American Revolution.

The British attempt to tighten political control over the American colonists at the end of the French and Indian War led to resentment. The colonists considered taxation without representation to be a grievance, although representation in Parliament was not in fact a colonial demand. But, worst of all, Britain tried to restrain the commerce conducted by the Americans in order to favor British merchants. Simultaneously, the southern planters were heavily indebted to the British merchants from whom they imported their consumer goods, and the small American farmers were increasingly indebted to the coastal American merchants from whom they bought their finished goods and to whom they sold their produce. Almost all segments of the middle class had some sort of grievance against the system, and the middle class was all-pervasive. These grievances were channeled against the British by the revolutionary leaders, who were primarily those men of substance who wished to free themselves in order to attain what they felt to be their rightly deserved position of eminence in the society.

The Revolutionary War ended in 1783, but the internal goals of the Revolution were not yet met. The failure of the colonies to unite effectively and to establish a common legal and monetary system displeased those commercial interests which felt that national integration was a prime requisite for a sound economy. The Constitution of 1787 enshrined liberal values demanded by the middle class and city workers without ending sources of conflict between the merchant *bourgeoisie,* the planter class in the South, and the interior farmers. The virtue of the Constitution was that it established a system ideally suited to later industrialization with only one major exception, the preservation of slavery. Though the various state constitutions continued to require property qualifications for voting, a substantial proportion of the white males could nevertheless vote. (Yet it was not until 1807 that the 1st state abolished all restrictions on voting for white males and, as late as May 1842, there was an armed rebellion in Rhode Island by forces demanding universal white male suffrage.) A common money, a common foreign policy, and the abolition of internal trade barriers were the other main aspects of the integration demanded by Americans. Aside from this, a common language and a shared implicit belief in the allocation of social prestige by achievement rather than by birth were already part of the American value system.

GREAT BRITAIN. If Great Britain ever had a bourgeois revolution, it took place in the 1640's, not in the 18th or 19th cent. By 1750 British economic and social conditions were already favorable to the growth of a middle class. The nation was politically united and there were no internal restrictions on trade. The government's foreign policy successfully kept outside markets open for English business and the import of primary products from the colonies flowing. Perhaps most importantly, the British aristocracy was a viable and profit-oriented class which saw no objection to rational business activity. This enabled capitalist methods to spread quickly into agriculture and made British agriculture the most efficient in the world.

As Britain industrialized, the business class remained nonrevolutionary. During the wars with France between 1790 and 1815, they felt that the defense of their continental markets by their government against the Napoleonic blockade justified their remaining passive as various radical movements threatened the social order.

These tended to be dominated by artisans who were beginning to be hurt by the growth of industry. There were riots in 1795 and 1797 against the war with France, but these were easily repressed. Later there developed the Chartist movement, which was a radical lower-class protest organization. It reached its culmination in the 1830's and 1840's, but its failure to attract middle-class support doomed it.

Despite periodic depressions the British economy grew rapidly between 1780 and 1850 (p. 659). As economic progress was achieved, the middle classes won increasing political power through parliamentary reform (Reform Bill, May 1832). This was crucial in keeping them socially conservative. Similarly, the repeal of the corn laws, June 1846, which had imposed tariffs on cheap food imports against the interest of the urban business class (and working class), did much to convince the middle classes that they could gain their ends peacefully.

Only Catholic Ireland was left out of this evolution (culturally expressed by the persistent hostility to Catholics in Britain despite their formal emancipation by the Act of 1829).

FRANCE. If the American and British middle classes had their basic desires more or less easily satisfied between 1780 and 1850, the same cannot be said about their French and German counterparts. There only violent revolution achieved the national integration necessary for modernization.

In 1789 France was notably less integrated than Britain. There were internal tariff barriers and various laws antithetical to the development of business. (For example, nobles could theoretically lose their privileged status by engaging in ordinary nonagricultural business; though this regulation was unevenly enforced, it symbolized the conservative character of the regime.) The monarchy was aware of the problem. In 1774 it tried to eliminate internal trade barriers. But the entrenched nobles who dominated the *parlements* were intent on preserving their local privileges, and the inefficiency of the bureaucracy blocked the reforms. By 1789 the government was bankrupt and incapable of helping French commerce keep its foreign markets against British incursion.

To be sure, the Paris crowd and the rebellious peasants who together provided the shock troops of the Revolution could not properly be called middle class. In fact they were revolting against the economic modernization that was spreading capitalist methods into agriculture and threatening the small artisans in the city. But the leadership of the Revolution fell into the hands of the better organized and educated middle classes. When the petty artisans, the radical sans-culottes, threatened to take power, the middle classes turned more conservative. The radicals were overthrown on 27 July, 1794 (on the 9th of Thermidor by the revolutionary calendar). First the Convention, 1794–95, and then the socially more conservative Directory, 1795–99, came to power. In 1799 the military coup led by Bonaparte was in large measure prompted by the continued fear of the *bourgeoisie* of the radical masses.

The reforms of the Revolution and of Napoleon exemplify the meaning of national integration. The remnants of the old feudal order were abolished between 4 and 11 Aug., 1789. On 26 Aug. the Declaration of the Rights of Man took away the privileges of the nobles and made advancement in the administration conditional on merit rather than birth (though of course the statement of the principle did not make it so, and only the *bourgeoisie* rather than the poor really profited). On 26 Feb., 1790, France was divided into 83 departments to create a more centralized and efficient administration to replace the chaotic mosaic of the traditional provinces. Internal trade barriers were eliminated. On 12 July the church was officially subordinated to the state. On 24 Aug. a centralized judiciary was created. On 17 Mar., 1791, guilds were abolished (but on 14 June trade unions were made illegal). On 20 Sept., 1792, registration of births, deaths, and marriages passed into the hands of the state (rather than the church as before) and divorce was legalized. On 1 Aug., 1793, a common system of weights and measures was established. In 1794 and 1795 a series of higher schools were created to train the upper levels of the technical bureaucracy. The tax structure was rationalized, and between 1799 and 1801 an even more thorough centralization and simplification of the fiscal structure were decreed. The Bank of France was created, Feb. 1800. The *lycées,* or state secondary schools, were founded and numerous scholarships established for good students, May 1802. The final form of the revised civil code (the Napoleonic Code) was proclaimed in Mar. 1804. Throughout the entire period from 1789 to 1815 a strong attempt was made to keep out British industrial goods, at first through tariffs (thus reversing the royal policy of 1786), and then by war.

The symbol of national unity was the army, which for the 1st time in Europe included all classes. No longer was the officer corps to be a small noble elite but rather the most able from all classes, leading a large mass of conscripts. This, more than Napoleon's military genius, made France powerful during this period. Ironically, the spread of similar reforms and of French nationalism during Napoleon's successes eventually turned against the French and defeated them between 1813 and 1815.

The attempted partial restoration of monarchical ways after Napoleon's defeat in 1815 caused another revolution in France in 1830.

In spite of the 1830 revolution, only the rich were enfranchised. The Orleanist monarchy was dominated by the high financial and agricultural *bourgeoisie* whose old-fashioned banking and credit techniques inhibited rapid economic growth. Risk taking was discouraged, and heavy tariffs protected native industry against outside competition. Between 1830 and 1848, coal production tripled but fell behind Belgium's. Pig-iron production doubled but fell to ¼ of Britain's. Railway construction took place, but much more slowly than in Britain or parts of Germany (p. 689). Poor adaptation to industrialization was a main cause of the business crisis of 1846–51. It was this and the arbitrary exclusion of the middle ranks of the *bourgeoisie* from politics that disillusioned this class with the system.

It was not the *bourgeoisie* that took to the streets in 1848 to overthrow the government, but the proletariat, which had been suffering from repeated economic crises. But whereas in Britain the middle classes did not support worker action, in France they did (briefly) and again took control of the revolution and assured its success. After a short interlude of radical fervor, the middle classes once again turned conservative and a new Napoleon came to power, 10 Dec., 1848, to save the propertied against the masses. It was during the reign of Napoleon III (1848–71) that France seriously industrialized. Railroad construction went up 6-fold, investment banking was restructured, foreign trade tripled, and booms in stock-exchange speculation characterized the period and marked the lasting triumph of the middle class in France.

GERMANY. The problem of national integration was much more severe in Germany than in either Britain or France. Before the Napoleonic era Germany was politically fragmented and Prussia merely the biggest of a host of German states. The social modernization of Germany began only during the Napoleonic period. In southwestern Germany Napoleon consolidated the petty states into several larger ones, 1803–6. Prussia was not under direct French control, but its military humiliation persuaded its aristocracy that some modernization was necessary for national survival. Laws were promulgated to enable Prussia to mobilize against France. Serfdom was ended, Oct. 1807. Municipal self-government was encouraged, 1808; the army was reorganized, 1808–10; guilds were abolished, 1810–11; and universal military conscription decreed, 1814. These moves were accompanied by a conscious glorification of things German to arouse opinion against the French. The result was a revolution from above, which succeeded well enough in reviving Prussian military power and in driving out Napoleon.

After the Napoleonic Wars the aristocracy and the Prussian court reverted to a more natural conservatism, but the social effects of the reform continued. The artisan class declined, the cities grew, and the great industrial bourgeois families of Germany, such as the Krupps, were founded. The various customs unions of the 1830's further stimulated the growth of industry. But the aristocracy retained its political privileges, and at least in Prussia there was no development of constitutional government (though southern German states continued to be more progressive than northern and eastern ones). The period, in fact, was characterized by ostensible tranquillity covering the changes and labeled the Biedermeier era (after an architect whose complacent style epitomized the times).

As in the case of the French revolution of 1848, the mass discontent that exploded in Germany in the same year was largely fed by discontented artisans who were losing their positions to the growing industries. There had been several outbreaks of discontent in the 1820's, 1830's, and 1840's, but the revolution of 1848 was far more serious because it was supported in the countryside by the impoverished peasantry, and, most importantly, it was joined by the middle-class liberals who had long been in the opposition. It was the latter element that seized control of the revolution (p. 190).

The turmoil released by the 1848 revolution, however, separated the *bourgeoisie* from its lower-class supporters. The peasant uprisings destroyed too much property, the artisans asked that industrial freedom be curtailed, and the liberals were alienated. The middle-class response in trying to stop a revolution opened the door for the aristocracy, who regained power by playing, on the one hand, on the dislike of the poor for the *bourgeoisie,* and, on the other, on the *bourgeoisie's* fear of instability and radicalism.

Though the revolution was quickly defeated, the conflicting forces it had brought into play set social policy in Germany for the rest of the century. Toward the poor, the policy was to be fairly generous (by 19th-cent. standards). On 16 May, 1853, child labor was proscribed (at a time when it was still current in Britain and France) in Prussia, and throughout the decade other measures pacified and relieved the poor. For the bourgeois there was nationalism which was translated into German unification, protection from outside competitors, and an aggressive foreign policy. For the bourgeois there was also full industrial freedom and the social acceptance of the wealthiest industrialists into the aristocracy through intermarriage. For the aristocracy, especially for the Prussian Junkers, there was, 1st, the imposition of tariffs against food imports (part of the protectionist policy of 1879) and, 2nd, the maintenance of high social prestige and the senior positions in the army. Binding all this together was an aggressive nationalistic monarchy and a bureaucracy whose top members were largely recruited from the richer classes. The upper middle class won a victory in the economic sphere at the price of surrendering political control to the aristocracy and the monarchy.

OTHER EUROPEAN COUNTRIES. The growth of a middle class, and with it the desire for national independence and integration, took place to a greater or lesser extent elsewhere in Europe.

The case of Austria-Hungary demonstrates what happens to a modernizing society which fails to integrate itself culturally. In 1848 there was no unified Austrian revolution; instead there was a Czech, a Hungarian, an Italian, and an Austrian uprising. The way was paved for the eventual disintegration of the empire.

In Russia there was no middle-class revolution because the middle class remained much too small. In the mid-19th cent. the economic developments which had unbalanced Western Europe had not yet occurred on a large scale in Russia.

In the rest of Eastern Europe the idea of nationalism spread, but the social and economic base of the middle classes was too weak to make its demands a real issue. Rather there was a series of nationalist uprisings against the Russian, Ottoman, and Austrian empires without strong accompanying liberal movements.

At the start of the 19th cent. Italy was as politically disunited as Germany, and throughout the 1st half of the century the goal of national unification was most deeply cherished by middle-class liberal secret societies (p. 149). Since it eventually proved too difficult for these groups to unite their country, there developed, as in Germany, a monarchical-liberal alliance that eventually succeeded in performing the task.

In industrializing countries like Sweden economic progress such as the development of the railway system after 1850 brought with it the eventual triumph of liberalism within several decades. But in countries like Spain (which had little economic development outside of Barcelona) no middle class evolved. The agrarian sector of the society was little changed and political life was more typical of nonmodern societies than of the more developed European nations.

THE WESTERN INDUSTRIAL SOCIETIES, 1860–1914

THE NATURE OF RATIONALIZATION. In those countries where bourgeois revolutions and demands achieved a measure of success, and where there was successful industrialization, there followed certain institutional and value changes. Not only were political structures changed but also the structure of families, religions, and daily work for most people. Attitudes toward these also changed. The ideal of rationalization spread from the economic to other sectors of society as differentiated and specialized institutions were created at all levels to perform tasks previously left to more diffuse structures.

The dominant value of industrialization is rationalism. In business terms this is the capacity to take a given goal (profits) and consciously to examine the most suitable means of attaining it. Nonbusiness considerations such as family ties, religious beliefs, or the host of loyalties and obligations normally held by men must be relegated to a lesser place insofar as economic management is concerned.

Rationality was not "invented" by middle-class entrepreneurs. The origins of western rationality are old and the systematic, rational pursuit of knowledge began in Europe during the Renaissance. Then the idea was to isolate the causes and effects of various natural phenomena from the bundle of religious and moral values of the time. Just as business rationality examines the best means of gaining profits and judges success by the careful accounting of results, so did modern science from the 16th cent. onward judge the validity of its theories by the careful measurement of phenomena to see if the theoretical predictions coincided with observed events. In rational business as in science, when events did not match expectation, new methods or explanations were sought.

The modern period was preceded by the expansion of rationality into religion. A basic idea common to most varieties of Protestantism was that each believer ought to examine the Bible to find in it the correct principles. The means to attainment of proper religious thought were to be chosen and religious success measured by worldly results, not by hypothetical abstraction. Each individual was required to bring his life into harmony with his religion, and success in the former was interpreted as a sign of grace in the latter. Thus the pursuit of business and scientific rationality was in harmony with religious expectations.

The flowering of intellectual rationalism took place in the 18th cent., when the notion of rationality spread to the examination of society and governments. But it was not until the growth and economic triumph of the middle class in the 19th cent. (a little earlier in Britain and the U.S.) that such rationalization spread to the wider society.

The most obvious consequence of

economic rationalization was a vastly increased division of labor. Within factories more and more workers performed smaller and more precise tasks as part of an assembly line. A host of new occupations was created. For example, full-time scientists first appeared in the 19th cent.; before, there had only been amateurs who rarely received their income purely from research. The numbers and types of doctors, lawyers, and engineers vastly increased. Types and varieties of industries multiplied. An index of this large-scale differentiation was the growth of property, contractual, and administrative law and a relative decline in the importance of religious and moral law.

THE FAMILY. A further consequence of industrialization was increased social mobility. Rationality demanded that the best men be picked for the right jobs and, although this principle was very far from being thoroughly carried out in the 19th cent., the need for efficiency at least caused widespread recognition of merit. Through education or business or administrative skills it became possible for men to advance above the positions into which they were born. The expansion of the middle-class "liberal" professions further opened the door to social advancement through education. Even people who did not raise their relative standing in society could realistically hope to raise their material prosperity, and to educate their children sufficiently to raise their standing.

Families had been the principal economic, welfare, and educational units in society. In the industrial cities they ceased to be units of production. Schools took over much of the educational function. Moreover, the dispersion of families through migrations in search of work disrupted the extended family and destroyed its capacity to take care of its old and disabled members. In the new industrial society elders were a drag on a couple's ability to live well and finance an education for their children. Similarly, too many children impoverished a family and made it less likely that the children would be well-enough educated to rise to higher social status.

The destruction of the extended family was not simply the result of economic pressures. The young could escape from the restrictions of their elders and move to the city which had no restrictive traditional obligations. Once married, young people desired to maximize their own enjoyment of material benefits and not to share them with others.

Europe's population through the early 19th cent. had continued to rise because of the decline in death rates due mostly to economic advances. But as the upwardly conscious middle class became an ever larger proportion of the society, the birth rates began to fall (p. 875). Rates fell most sharply among the middle classes, who saw a real possibility of improving their position, or at least their children's, and not so much among the very poor, who had no such hope. It was, moreover, the middle classes who tended to accumulate a certain amount of property and did not want to have to leave it to too many children. Neither the very rich nor the very poor had such concerns.

Not only the industrial and commercial middle class but also the small landowning peasantry, who felt many of the same desires for the preservation of their property, limited the number of their children. In fact, this phenomenon was chiefly one of the lower middle class, landowning peasants, shopkeepers, and lower-level bureaucrats. France, the proverbial nation of little shopkeepers and small farmers, had almost no increase in population between 1870 and 1940.

In many rural areas in Western Europe the increased life expectancy of the old (which meant that they kept control of their farms longer), the lack of new lands, and the increasing capital requirements for running successful farms drove the young to the cities and overseas. Areas that had no industry lost population. For example, between 1848 and 1900 Ireland's population dropped from 8.2 million to 4.5 million. (See further "World Population," pp. 877 ff.)

THE CHURCHES. Along with the family and the economy, religious institutions were also changed by industrialization and the spread of the middle-class ethic. Whereas churches had claimed wide competence outside of strictly religious matters, their field of action was gradually restricted during the 19th cent.

In the first half of that century the bulk of the middle classes in Catholic Europe tended to be pronouncedly anticlerical because of the alliance of the church and the old aristocracy. Even in Protestant countries the middle classes tended toward opposing the power of official churches. In the U.S., for example, religion was excluded from direct interference in politics even though it continued to play a large role in men's personal lives. There was no established church in the U.S.

Bismarck's relations with the Catholic populations and church in the German Empire in the 1870's were conditioned by the church's hostility to industrialization and secularization of the state. His greatest ally in the struggle to destroy the influence of the Catholic Church was the middle class, while the church found support from the working classes as well as from the aristocracy. Though the *Kulturkampf* waged against Catholicism in the 1870's was cloaked in the guise of German nationalism, it was firmly opposed by the Lutheran Church and by the Prussian aristocracy, who saw it chiefly as a drive toward secularization of the schools and the legal system. (For example, civil marriage was introduced in Germany in 1872.)

In France, the early Revolution, 1789–95, had been violently anticlerical. Church lands had been confiscated, clergy persecuted, and ecclesiastical privileges removed. Napoleon was more lenient, but his concordat with Rome, 1801, affirmed the French state's control over the church. Attempts to revive the former power of the church during the Bourbon restoration ended with the revolution of 1830. Thereafter, a combination of rejuvenated church thought and the growing social conservatism of the high *bourgeoisie* (especially after the radical popular excesses of 1848) revived the power of the church. By the 1850's the high *bourgeoisie* had become very Catholic.

In opposition to this, there developed between 1850 and 1900 a powerful, militantly anticlerical Freemasonry, drawing its support mainly from the members of the liberal professions (doctors, lawyers, and teachers) and the lower middle classes who eventually formed the Radical Party. In 1886 this group succeeded in having mildly anticlerical laws passed, designed to weaken the Catholic school system. The church issue, however, continued to divide France until the anticlericals succeeded, Dec. 1905, in formally disassociating church and state from each other by using the passions aroused by the Dreyfus case, 1894–99. The power of the French Catholic Church was broken.

In Italy there occurred a similar growth of anticlericalism in the early 19th cent. among the revolutionary middle classes. In the second half of the century the situation was further exacerbated by the refusal of the papacy to accept the political unification of Italy and the elimination of the secular papal state. It was not until 1929 under Italian Fascism that state and church in Italy finally made their peace.

In Great Britain the dominant religious institution was the Anglican Church, which played a powerful political role in the first half of the 19th cent. Typically, Britain handled her religious reform through parliamentary action. In 1828 the old law which prohibited Protestant Nonconformists and Catholics from holding office (the Test Act) was repealed. Nevertheless, the largely middle-class non-Anglican Protestants continued to be excluded from the universities and to be discriminated against by the Anglican aristocracy. Much of the substance of the disagreement between Liberals and Conservatives in the Victorian period (as it had been between Whigs and Tories earlier) was over religion. The former were largely middle- and lower-class Dissenters (or Nonconformists) who fought the power of an official church as the middle class on the Continent fought the power of the Catholic Church. The universities were finally opened to Dissenters, 1871, and nonchurch primary schools were established (though not in every part of Britain).

Naturally, these political crises over church-state relations and the weakening of the political power of the official churches furthered the general secularization of values and hastened the decline of religion's influence over everyday life.

BUREAUCRATIZATION AND CENTRALIZATION. The supremely rational management tool is a bureaucracy whose members are chosen and promoted according to their merit (that is, their technical capacity to advance the purposes of the organization). Bureaucracies are specialized into departments skilled in particular facets of organizational requirements. Such an administrative group is effective in all fields from industrial to military to religious organization. Bureaucracy is not an exclusively modern phenomenon, but it is only in the modern period that it has become so widespread.

During the late 18th cent. governments began to undertake vast new tasks. It was necessary to integrate national economies and cultures, to command large armies to preserve national interests against outsiders, and to maintain internal social calm in the face of increasing social dislocations. To fulfill these tasks governments needed better administrations than they had previously possessed.

The earliest model of an efficient government bureaucracy in modern times was the French Revolutionary–Napoleonic structure whose development was much helped by the previous growth of the administration under the old monarchy. It consisted chiefly of some 90 departments ruled by career bureaucrats appointed by the central government. At the center the administration depended on a number of specially trained, technically proficient bureaucrats. Education was similarly reorganized and the French were the first to establish a series of state schools for the training of centrally controlled teaching cadres. Napoleon also greatly increased the size of the permanent police force.

Britain was far slower to develop a centralized bureaucracy because, by comparison with France, its monarchical institutions had been less centralized. Nevertheless, the British rationalized much of their governing structure during the 19th cent. In 1829 the 1st permanent police force was created in England, largely to control radical mobs. In 1834 central control over the workhouses for the poor was established according to a new set of poor laws (Poor Law Amendment Act). In 1836 government registration of births, marriages, and deaths was begun to help the government keep track of its population. This served government inspectors in enforcing the factory reform laws of the 1830's. In 1835 municipal government was somewhat standardized by parliamentary law (Municipal Corporations Act). Bit by bit local tradition and powers were replaced by central-government authority. Under the Liberal Gladstone government, 1871, the army began to be converted into a modern military machine where before it had been officered by gentry who had bought their commissions. In 1870 the civil service was opened to competitive examination. Before the end of the century the government took in hand a number of welfare schemes to satisfy the demands of the working class. But over all, Britain, save for the U.S., remained the slowest of the industrial powers to bureaucratize itself.

The unique characteristic of the German bureaucracy was the remarkable development of a highly rationalized and efficient army ruled by the bureaucracy of the general staff. The German bureaucracy of the 19th cent. had a particularly high reputation for technical competence.

The bureaucracy of the U.S. grew even more slowly than that of Britain because of the decentralized form of government. It was only in the 1880's that large-scale federal bureaucratization began with the creation of the 1st of the federal administrative boards, the Interstate Commerce Commission, 4 Feb., 1887. Only on 16 Jan., 1883, was civil-service recruitment made competitive and, in some degree, by merit.

But in the U.S., as everywhere else in the industrial world, the habits of bureaucratization spread much farther than merely into the central government. Big industries, municipalities, and even some political parties came to be run according to the rules of bureaucratic efficiency. This was, however, only an intimation of what was to come in the 20th cent.

ECONOMIC AND CULTURAL INTEGRATION. The entire process of modernization made the various geographic parts of the western nations ever more closely bound to each other. Whereas in medieval times a province could be detached from a state without disrupting the economic life of either, this became increasingly difficult in the 19th cent.

Similarly, local customs and languages (or dialects) and loyalties tended to be increasingly submerged by national language, law, and value systems. Economic interdependence was much helped by the need of industries for mass markets and by the growth of productive capacity. Improved communications also helped. Railways, telegraphs, and mass literacy and the growth of a popular mass press were the instruments of cultural integration as well as of economic. The notion of the "nation," though not a novelty in the 19th cent., was much strengthened.

Conversely, the sprawling multilingual and multinational empires of Eastern Europe (the Austro-Hungarian, the Ottoman, and to some extent the Russian) failed to bind their peoples together, and became ever more vulnerable in face of the more modern powers.

LIMITS OF 19TH-CENT. LIBERALISM. The general rationalization of western society brought a large number of benefits. The standard of living rose to unprecedented heights after the painful beginnings of industrialization. The advantages of science, education, and legal rights were spread to wide sectors of society which had not previously enjoyed them. Religious intolerance diminished. (For example, the Jews were emancipated in France on 27 Sept., 1791, and elsewhere in Western Europe following the Napoleonic conquest.) The political participation of the masses increased. These advantages may be subsumed under the title "liberalism," and everywhere liberalism's chief standard bearers were the growing middle classes.

But middle-class rationalism had distinct limitations. For one thing, with growing prosperity and success the middle classes in the industrial world began to worry more about the conservation of their advantages than about the spread of these to the less advantaged. In the 2nd place, the fervent nationalism that accompanied the rise of the middle classes turned increasingly into chauvinism. This trend produced the 1st formally racist ideology in history. In France, Joseph Gobineau (1816–82) expounded the doctrine of Aryan racial superiority (*Essay on the Inequality of the Human Races,* 1853–55). In Germany, similar theories were popularized by Richard Wagner (1813–83) in his operas. At first such doctrines appealed mainly to the aristocratic sentiments that opposed the bourgeois revolutions, but toward the end of the 19th cent. their assumptions came to be increasingly adopted by the middle classes.

France, the most middle class of the great European powers, came to be politically dominated by the shopkeeper and small farmer toward the end of the century, and the fear of change felt by these groups slowed down progress in France decisively. Small producers and distributors were consistently protected against their larger and more efficient competitors. This, combined with the lack of population growth, created a stagnant French economy that was surpassed by Germany and the U.S. Of the major industrial nations, France showed the slowest economic growth between 1870 and 1914 (or for that matter, until 1939). In other words, where the lower middle class became too dominant, progress slowed.

Britain and Germany continued to be dominated by an alliance of the old aristocracies and the wealthy industrialists (2 classes that increasingly merged as they intermarried). The U.S. toward the end of the 19th cent. became increasingly dominated by big-business elements, the

1st generation of the great millionaires, Rockefeller, Morgan, Harriman, and others. Where the major industrialists had such control over their nation's economies, they continued to press the expansive industrial growth on which their positions rested.

Though the economies of most of the industrial powers did not fall under the domination of the lower middle classes, the chauvinism of these classes influenced foreign policy. In Britain, at first Disraeli, and then Joseph Chamberlain, rose to power on the nationalism of these elements. Political imperialism and the conquest of colonies was one of the results. This was also the case in Germany, Italy, France, and even the U.S., whose war with Spain carried imperialist overtones.

Toward the end of the century social Darwinism, epitomized by the works of Herbert Spencer (1820–1903) and W. G. Sumner (1840–1910), tended to become popular among the middle classes. This ideology claimed that, as in the plant and animal world, so in the human world, the most capable rise to the top. The most capable were presumed to be the biologically strongest, and therefore, to improve the race, it was necessary to avoid helping the poor, who constituted a weakening element. This sort of reasoning was extended to nationalities. The industrial whites were said to be racially superior to the nonindustrialized peoples outside Europe and the U.S. since the former were materially more successful.

RISE OF WORKING-CLASS MOVEMENTS. It was not the aim of the middle-class revolutions of the late 18th and 19th cents. to absorb the industrial working class or proletariat into national political life or to spread the material benefits of industrialization to it. Indeed, the standard of life of early British, French, and German workers was low. In Orleanist France, for example, the working day in the new industrial cities was 15 hours. Half a man's wages was spent on bread alone. Meat was almost never available. Conditions in Britain were somewhat better by the 1830's, but child labor, low wages, and wretched living standards were still common. Prostitution, alcoholism, and the other social diseases symptomatic of the bewilderment of uprooted rural folk dumped into the cities abounded. It was reports of these miseries that fueled Marx's revolutionary indignation.

Two sets of factors, however, changed this pattern. First, the increased productivity of industry made it ever more possible to spread material benefits to the workers, and even highly desirable to include them in the rising prosperity in order to expand markets. Second, the numerical growth of the working class, its increased concentration, improved methods of communications, and a higher standard of literacy made it increasingly easier for the working class to organize itself. In the end the threat of violence posed by working-class organizations to the established system at the end of the 19th cent. convinced the higher and middle classes of the industrial nations that it was better to give in to some working-class demands than to face the disruptive effects and possible social chaos that would result from violent confrontation.

Working-class demands were fairly simple: shorter hours, a higher standard of living, the right to form unions and strike, and some sort of welfare scheme to replace the vanished welfare coverage of the rural extended family and to protect workers from the wide economic swings then current.

SOCIALISM. Before the revolutions of 1848 there were intellectual socialist programs, e.g., those of Claude Henri de Saint-Simon (1760–1825), Charles Fourier (1772–1837), Pierre Proudhon (1809–65), and others, several socialist utopian movements (most notably that of Robert Owen, 1771–1858), and a host of proletarian outbursts ranging from that of François Baboeuf (1760–97) during the French Revolution to Chartist agitation in England. But these were only weakly organized movements and there were no real socialist parties; nor was there much trade union activity, since this was illegal in most of the industrial countries.

The abortive national workshops of

1848 France were the 1st serious attempt by an industrializing nation to guarantee fair and full employment to workers. But the defeat of the far left between 1848 and 1850 by an aroused middle class ended this experiment.

In 1864 the 1st Socialist International convened and was dominated by the theories and personality of Karl Marx (1818–83). In 1871 the Paris Commune proved the disruptive potential of the radical left. But in fact the Commune was largely controlled by the followers of Auguste Blanqui (1805–81) and Proudhon, who were more typically small artisans opposed to industrialization than Marxist industrial workers.

In Germany the 1st socialist movement was led by Ferdinand Lassalle (1825–64) and as early as 1866 it received some encouragement from Bismarck, who eventually hoped to use it against possible middle-class opposition. One of the results of this vague alliance was Bismarck's support for universal suffrage (granted in Prussia in 1866). Though formally Marxist, the German Socialist Party (founded in 1875) had an increasing stake in the system against which it preached as its parliamentary representation rose. In 1877 it received 493,000 votes; in 1884, 550,000 votes; in 1887, 763,000 votes; in 1890, 1,427,000 votes; and by 1912 it was the largest single party in Germany. The German labor class was even stronger than these figures indicate since many of the Catholic workers adhered to the Catholic Center Party.

In France the strength of the Socialist Party also gradually rose. In 1884 trade unions were legalized. In 1899 the socialists participated in a government coalition in Parliament for the 1st time (largely because of their pro-Dreyfus, anticlerical, antiarmy, and anticonservative position). But because of the socialist tendency to co-operate with the system, and despite its formal theoretical Marxism, there developed a split in the French working class between the trade unions and the Socialist Party. The trade unions felt that they were not gaining enough concrete benefits, while the socialists under Jean Jaurès (1859–1914) took an increasingly moderate tack and limited their activity to parliamentary maneuvering. The anarcho-syndicalist movement that developed from the more violence-oriented trade-union movement in France later formed the heart of the French Communist Party (founded in Dec. 1920).

In 1889 the 2nd International was formed. It too was Marxist, but it was ideologically split between the reformists and the revolutionaries. By organizing workmen's benevolent associations and by providing insurance, cultural activities, and even some schooling for the children of their members, the more successful European socialist parties cooled revolutionary ardor. Although from 1890 to 1914 there were frequent strikes and although the myth persisted of the great general strike that would eventually overthrow bourgeois society, strikes tended to be for short-term objectives and not for ultimate political ideals. In 1898 Eduard Bernstein (1850–1932) proposed that the socialist parties abandon their revolutionary ideologies. His ideas were defeated by the orthodox Marxist Karl Kautsky (1854–1938), but while the intellectual aims of the European socialists remained revolutionary, their actions did not. By 1914 French and German socialists were loyal supporters of their governments and the ideals of proletarian internationalism were quite dead (leading Lenin to denounce Kautsky as an arch-hypocrite and betrayer of Marxism).

BRITISH LABOUR MOVEMENT. In Britain and the United States analogies could be found with continental Europe except that the labor movements began as gradualist reform movements without passing through a prolonged Marxist revolutionary stage.

The almost unique quality of the British Labour movement was its early association with religion. Nonconformist, primitivist Protestant sects filled many of the emotional and social needs of the British working class, and though these sects were frowned upon by the Church of England, they remained nonrevolutionary and absorbed much of the radicalism of the poor. Methodism in Britain grew from 60,000 members in 1790 to about 600,000 in 1850. There were, moreover, other similar sects, though the Methodists were the largest. These sects grew in periods of social and economic turmoil and retreated in periods of stability. For example, the height of Chartist agitation coincided with a rapid increase in their numbers. After 1850 their growth was slowed by the amelioration of working-class conditions, but they continued to grow rapidly in the newly industrialized parts of Britain. Thus as trade unions developed (they were legalized in 1824, 60 years ahead of France), their leaders and membership tended to be more religious than their continental counterparts and consequently less Marxist and revolutionary. (On the Continent there was a tendency outside of Catholic parts of Germany for the churches to leave workers alone, and they in turn were largely agnostic.)

In the 1830's and 1840's a series of laws limited child and female labor in British mines and factories and remedied some of the harsher conditions of working-class life. In 1851 the 1st modern trade union, the Amalgamated Society of Engineers, was formed in Britain. It was the purpose of this union to keep itself out of politics and to work instead for the improvement of its members' standard of life. In 1867 some of the working class were enfranchised by the 2nd Reform Bill (Disraeli felt that he could thereby gain the votes of the workers), and in 1884 the 3rd Reform Bill enfranchised almost all the urban workers. In 1883 the Fabian Society was formed by British intellectuals who felt that evolutionary socialism was desirable. In the 1880's unskilled workers were organized for the 1st time and this produced the successful dock strike of 1889. In 1906 the trade unions and the Fabians united to form the Labour Party.

U.S. TRADE UNIONISM. American trade unionism had its roots in the post-Revolutionary and Jeffersonian eras, enjoyed an efflorescence during the 1830's, but really came to maturity after the Civil War. But the Knights of Labor, founded in 1869, and the National Labor Union included only a small part of the workers of the U.S. As of 1885 the Knights of Labor engaged in a series of strikes that brought them about 700,000 members. In 1886 the American Federation of Labor was formed, but it was more an organization of skilled craft workers than a mass union trying to include all workers. It was also much less radical than the Knights of Labor, who, however, were too loosely organized to survive the reaction that came in the wake of the Chicago Haymarket Square bombing, 1886, attributed to anarcho-Communists.

Although American labor has always been considered reformist rather than revolutionary, and although the most successful of the labor organizations, the A.F. of L., was always antirevolutionary, the gains made by American labor in the 1880's and 1890's may in part have been the response to a series of violent strikes: Railway strike, 1877, McCormick strike, 1886, Homestead, 1892, Pullman, 1894, coal strike, 1902. In the 1877 railroad strike federal troops were called in, and the government adopted a hostile posture toward radical unionism. But by the Presidency of Theodore Roosevelt (1901–9), a new attitude emerged. Within a comparatively short time progressive labor measures were adopted. In President Wilson's 1st term, 1913–17, a Seaman's Act was passed, 4 Mar., 1915, and child labor was prohibited by Congress, 1 Sept., 1916—though this act was later declared invalid by the courts. By the Clayton Antitrust Act, 15 Oct., 1914, labor received the right to organize itself, to strike, and to demand collective bargaining.

The partial success of working-class movements in the West up to 1914 legitimized labor organizations and brought certain benefits to the workers. It did not yet lead to what has since become known as the welfare state. By accepting the 1st demands of the working class, however, western societies blunted the revolutionary potential of the labor movements. This was made possible only by the ever rising productive capacity of the industrial economy which made it easier to spread material benefits to all.

THE INDUSTRIAL SOCIETIES, 1914–55

THE EVE OF WORLD WAR I. Between 1890 and 1914 it began to seem as though the industrial countries were entering a period of great stability. The struggle between aristocracies, bourgeois, workers, and peasants was ending. In Germany and Britain the old aristocracies had survived, but they had accepted, though in different ways, industrialization and were merging with the richer industrialists. The middle classes were content with their prosperity, and even the working class had been sufficiently pacified to blunt its revolutionary impact. In France the coalition between the bourgeois and the prosperous farmers and peasants found a new stability following the resolution of the church-state conflict of 1905. Even the radical labor unions were less anarchistic by 1910 than before. In the U.S. the pacification of labor had begun and the reforms of Theodore Roosevelt and Woodrow Wilson had largely placated the populist progressives.

In the nonindustrial world the western powers and Japan had political or economic control. It was only in Eastern Europe, in the Balkans, in the Ottoman Empire, and in Russia that there seemed much potential for instability.

WAR CASUALTIES. World War I destroyed the illusion of tranquillity. The casualty figures alone reveal the extent of the blow, though they cannot measure the moral and economic shock.

Approximate Number of Deaths During the War Due to Fighting, 1914–18

Germany	1,900,000
Russia	1,700,000
France	1,400,000
Austria-Hungary	1,000,000
U.K.	750,000
Italy	500,000
Turkey	400,000
Serbia	400,000
U.S.	115,000

Counting both deaths and serious injuries, the French casualty rate was 25% of the total army. For Serbia, Russia, Germany, and Austria-Hungary, these rates were higher. Death on an appalling scale and the accompanying privations brought old social systems into question. All the major losers went through subsequent revolutions (Germany, Austria-Hungary, Turkey, and Russia, which may be regarded as a loser despite its support for the eventual victors from 1914 to 1917).

POSTWAR GERMANY. During the last 2 years of the war, Germany fell under the total control of the army general staff. Imminent military collapse, Nov. 1918, provoked a revolt in the army and navy among tired and disillusioned soldiers. On 9 Nov., 1918, the German emperor abdicated and the war ended 2 days later.

The Weimar Republic which followed had the general support of the moderate socialists, the Catholics, and most of the middle classes, but it never destroyed the pre-eminence of the big industrialists, of the landowning Prussian Junkers, or of the army. From 1919 to 1923 the government had to rely on the army to crush revolts from the right and left (among them Adolf Hitler's attempted Nazi coup of 8–9 Nov., 1923). By 1922 the German economy had not yet recovered from the war because of the continued occupation of the Rhineland and because of the heavy reparations payments it had to make. From 1918 to Jan. 1923, the value of the German mark deteriorated from a rate of 4 marks to U.S. $1 to over 7,000 to $1. By 1 Nov., 1923, the rate had fallen to 130,000,000,000 marks to $1. While the holders of real property did not suffer, especially those with debts, the middle and lower classes had their savings wiped out. As small businesses collapsed, unemployment rose, and a general depression began. These events so frightened and demoralized the middle classes that they began to turn increasingly toward the radical right, while significant numbers of workers became Communists. From 1924 to 1929 there was a recovery, but the army, the landowners, and the industrialists continued to fear a Communist takeover and thus financed right-wing antidemocratic forces. The depression of 1929 precipitated a new crisis of confidence.

FRANCE IN THE 1920's. France did not suffer the kind of collapse that occurred in Germany. On the contrary, the illusion of stability and prosperity prevented the necessary rationalization of an economy that was retaining too many small family firms operating inefficiently behind a wall of tariffs. War losses seriously aggravated the population problem, and the birth rate remained too low. Only through immigration from Eastern Europe did France manage to keep its population from declining. But the average age of the population increased, and this strengthened the social conservatism of the government. Furthermore, the influx of immigrants served to reawaken the chauvinism and anti-Semitism of the 1890's.

BRITAIN IN THE 1920's. The end of the war opened a period of economic depression in Great Britain, from which it did not really escape until the late 1930's. From 1919 to 1921 there was a series of labor strikes which almost produced a general strike. In Glasgow, Jan.–Feb. 1919, the army was used to put down a Communist-type workers' revolt. Despite the Housing Act of 1919 and the Unemployment Insurance Act of 1920, the social situation remained tense. In 1926 there was a 9-day general strike in response to a new economic slowdown produced by the government's attempt to preserve the pound sterling at its old value. The strike failed because it could not gain middle-class support, but its failure did nothing to solve Britain's problem, arising from its loss of its leading industrial position to the U.S., Germany, and Japan, which had captured many of its foreign markets.

U.S. IN THE 1920's. Of the major participants in World War I, the U.S. was hurt least. Between 1923 and 1929 there was a spectacular economic boom. In 1919 there had been 65 automobiles for every 1,000 people; in 1929 there were 200. Union membership declined. Increased wealth and the loosening of social restrictions (especially for women) produced a spirit of general buoyancy. The 1920's saw vast proliferation of those archetypal Americans, the salesman and the advertiser, whose task it was to convince the population that they needed the ever-growing number of consumer goods being produced.

There were, however, problems produced by this very success. On 16 Jan., 1920, the sale of alcohol in the U.S. was prohibited (the Volstead Act). Americans did not, however, stop drinking liquor. Instead, the liquor industry was replaced by highly organized, and criminal, bootlegging operations. In the 13 years that followed, not only did a large proportion of Americans knowingly violate the law, but the big crime syndicates established themselves so solidly that even after the end of prohibition they remained strong by branching out into other illegal activities such as narcotics and gambling. The hypocritical complacency engendered by prohibition was generalized into a lack of concern for social and economic reform and an excessive glorification of business values. It also produced a wave of antiforeign chauvinistic nationalism. Radical aliens were deported, socialists were persecuted, and the Ku Klux Klan (originally created in the South in 1867 as an anti-Negro organization) came back to life as anti-Negro, anti-Semitic, and anti-Catholic.

One sector of the economy, agriculture, went into a depression after World War I. By 1929 a crisis in overproduction was spreading to all parts of the economy. This was accompanied by frenetic, unregulated stock-market and real-estate speculation. In Oct.–Nov. 1929 there was a stock-market crash. The credit structure of the U.S. tumbled. Since America had accumulated large short-term investments in Europe, it withdrew them to compensate. The economies of the rest of the industrial world quickly followed the American one into depression.

UNEMPLOYMENT. By 1932–33 the unemployment problem had become severe in most of the industrial countries.

Approximate Unemployment Figures, 1932–33 (million)

U.S.	15.0
Germany	6.0
U.K.	3.0
France	0.5

The nonindustrial countries also suffered as the prices of their exports fell drastically. Only the Soviet Union, which had withdrawn from the world economy, remained largely untouched.

There were 2 broad types of response to the depression, the fascist and the democratic.

RISE OF FASCISM. Fascism triumphed in those countries that had retained powerful antidemocratic landowning aristocracies. European fascist movements, however, were not exclusively or even mostly aristocratic ones. They tended to get their mass support from the lower middle classes for whom depression meant ruin. Fascism was fed by the middle and upper classes' fear of socialist or Communist takeovers. Since unemployed workers gravitated toward the radical left, the depression everywhere increased this fear. The combined agrarian and petty bourgeois bent of most fascist movements produced a paradoxical ideology that was both antilabor and anti–big business. To reform crisis-ridden societies, fascists from Japan to Spain promised a return to the "old agrarian virtues," the curbing of big capitalists, and the purification of the nation from "evil foreign influences." (By these they meant liberals, Jews, Reds, bankers, and/or anarchists.) The fascists promised to replace the unregulated, chaotic, too individualistic, and too strongly competitive quality of modern life by a regulated corporate society in which guildlike occupational groupings would take care of their members, protect them, and represent them in the state. Thus democracy could be replaced by the corporate state.

In practice fascist ideology tended to break down when it achieved power because of the practical impossibility of implementing its programs. Since fascists came to power largely with the support of fearful elites, fascist governments continued to support these elements once in power. But in industrial countries the big industrialists were too important a part of the elite to allow an anti–big-business program to develop; moreover, industrial output was a vital part of national strength, and a simple return to an agrarian past was out of the question. Instead of becoming real corporate societies, most fascist countries simply turned into repressive police states helping to keep the rich safe from the poor.

ITALY UNDER MUSSOLINI. The 1st fascist government was created before the depression in Italy. Benito Mussolini (1883–1945) organized fascist youth groups in 1919 to fight in the streets against Communists and unionists. Italy's slow economic recovery from the war led to numerous workers' strikes, 1919–22, as well as to serious incidents of agrarian violence. True to form, the frightened middle and upper classes responded by contributing to Mussolini's growing strength. With the help of the king of Italy, Mussolini came to power on 29 Oct., 1922. In 1925 all parties but the fascists were made illegal. Mussolini, however, substituted public-works programs and an extremist nationalist policy for real social reform. Though Italy's economy never achieved the desired level of prosperity, Mussolini's regime managed to achieve wide popular support and maintain social and political stability until World War II.

EASTERN EUROPE. In some of the less industrialized European states semifascist governments also came into power in the 1920's. In Hungary the Communist revolution led by Béla Kun (1885–1937) produced a fascist reaction. The regime of Adm. Miklós Horthy (1868–1957), however, was more purely of the agrarian elite than Italy's. In 1930 a few hundred families owned over 35% of Hungary's land. In Poland there was a military coup in May 1926 which brought a similar type of regime to power.

Other Eastern European countries had weaker aristocracies and thus had more or less effective land reforms. But as Germany regained its economic power in the 1920's and 1930's, the nonindustrial Eastern European countries (and Czechoslovakia was the only well-industrialized one) became increasingly dependent on it. They exported their agricultural produce and raw materials to Germany in return for industrial products, and Germany came to dominate their economies as if they were colonies. This facilitated the rise of fascism, particularly in Rumania and Austria.

PORTUGAL AND SPAIN. In 1933 a fascist corporate state was declared in Portugal, and after a bloody civil war (1936–39) Spain also became a fascist state. These, however, were more agrarian than industrial fascist regimes.

GERMANY UNDER HITLER. Though much more industrialized than Italy, Germany still had a landed aristocracy, a powerful antidemocratic army and bureaucracy, and, most significant, an insecure, disillusioned middle class which had hardly recovered from the financial collapse of 1923 when it was hit by the depression of 1929. Since the working class seemed to be going increasingly Communist, the Nazi Party of Adolf Hitler (1889–1945) gained many adherents from the middle classes. Using the example of Mussolini's fascist toughs of the early 1920's, Hitler created the Brown Shirts (Storm Troopers). By early 1932 there were 300,000 of these (many of them unemployed men), forming a private Nazi army. In 1930 and 1931 in a series of private meetings with German industrialists, Hitler raised much of the money necessary to finance his party. In 1932 he gradually won over the Junker and officer aristocracy by posing as the only bulwark against Communism. On 30 Jan., 1933, after important electoral successes, he came to power. On 23 Mar. (Enabling Law) he received absolute power.

In their drive to power, the Nazis had created not only their own army but also their own administrative structure parallel to the state's. This machinery moved rapidly to take control of Germany after Hitler's accession to power. The semi-decentralized federal structure was dismantled and replaced by full centralization, Jan. 1934. Earlier the Nazis had begun implementing their anti-Semitic policy by removing all state bureaucrats from office if they were Jewish, Apr.–July 1933. All cultural activities were placed under the party, 22 Sept., 1933. In Mar.–Apr. 1934 trade unions were destroyed.

But in the 1st year of Nazi rule there developed a split between the mass revolutionary Nazi movement (whose power base was the Brown Shirts) and the more pragmatic Hitler. The radical Nazis aimed to eliminate the big capitalists as well as the aristocratic elements of the officer corps. Hitler wished to avoid such social upheaval, which might have seriously weakened Germany. On 30 June, 1934, the radical wing of the Nazi Party was violently purged, much to the relief of the German conservatives.

Hitler, however, was not a simple puppet of the old-line conservatives. He continued to move toward the elimination of every independent organization in Germany and to make the entire society subservient to the party. The Christian churches were restricted. A secret police, the Gestapo, placed its agents everywhere to root out subversion. The introduction of so many young Nazi officers amounted to a virtual take-over of the army (thus, on 20–21 July, 1944, when the officer corps tried to overthrow Hitler, it was easily defeated and much of the old Junker high-officer caste was liquidated). In Sept. 1936, Hitler proclaimed a 4-Year Economic Plan which put German industry directly under party control. By that time the Nazi regime had become as "totalitarian" as the contemporary Soviet Russian regime.

TOTALITARIANISM. Dictatorship was not a new phenomenon in history. But until the 1920's and 1930's it had not been technically possible for any state to assume such thorough control of all levels of society. It was only with modern mass communications that there could be the possibility of ever present mass indoctrination. Only a highly efficient bureaucracy could control so many details. This effective control over the totality of German life was what distinguished German fascism from other European fascisms, even Italian fascism, since these had arisen in far less efficient and industrialized societies.

FRANCE IN THE 1930's. Those countries that lacked reactionary military and quasi-feudal elites did not turn to fascism during the depression. In France, it is true, a host of fascist movements developed, of which the Cagoulards (hooded men), the Patriotic Youth, Jacques Doriot's French Popular Party, and the older Cross of Fire were the most important. Doriot's party actually achieved a membership of some half-million at its height in the late 1930's. But unlike Italy, there was no French monarchy to help the fascists into power. Nor was there a Junker class, a hereditary officer caste, or even an antirepublican bureaucracy. The monarchists (chiefly in the Action Française) remained a risible minority of reactionary youth who never played an important role. (It was only the German occupation between 1940 and 1944 that permitted a fascist regime to establish itself in France.)

France's early response to the depression was to seal itself off from the outside world by tariffs, to maintain price supports, and to discourage industrial competition. This kept France safe until 1931–32, when the cheapness of foreign products made it impossible for France to sell goods abroad. Even then unemployment remained low compared to Germany, Britain, or the U.S. Conservative economic policies remained in force until 1936, and prevented a rationalization of the French economy.

In May 1936, the Front Populaire, a leftist coalition of Socialists, Communists, and Radicals (which in France meant moderates), came to power. The Front quickly passed a series of labor reform bills. A 40-hour workweek was instituted. But the economy itself was neither overhauled nor primed by heavy government spending and, predictably, it remained stagnant. The demoralization of France produced by this stagnation, its declining strength vis-à-vis Germany, and its insistent social and economic conservatism (popular and moderate as it was) led to its startlingly rapid defeat by Germany in 1940.

BRITAIN IN THE 1930's. Great Britain responded to the depression by reversing its century-old free-trade policy in 1932. But since there had been a Labour government in power at the start of the depression, the election of 1931 brought a Conservative victory. Britain thus did not engage in a wholesale program of reform to overcome the depression, and it was not until rearmament for World War II began that, in the late 1930's, it regained its prosperity.

U.S. IN THE 1930's. Of the major western democratic nations, the U.S. carried out the most ambitious program of social reform in response to the depression. The New Deal, as this reform program was called, did not really end the depression (that had to wait until the heavy spending put into rearmament from 1939 on), but it did restore domestic tranquillity and confidence in the government. It also ended many of the most glaring social injustices.

An outstanding feature of the New Deal and of New Deal legislation was the increase it entailed in the activity of the federal government. After Roosevelt's accession to power, 4 Mar., 1933, a flood of federal legislation consciously attempted to correct social injustices and improve the lot of the underprivileged. Acts of Congress and of the executive reformed banking, securities trading, and the currency, created jobs for the unemployed, and regulated housing, agriculture, wages, labor relations, trade unions, pensions, insurance, and taxation (p. 445). Though highly unpopular among many of the affluent in the U.S., these measures saved the old social system by reforming it.

THE ROOTS OF SOCIAL INSTABILITY. Industrialization continued the differentiation and rationalization of society which had started in the 18th and 19th cents. But by 1930 there remained large parts of society for whom new integrative bonds had not yet evolved to replace traditional ones. One indication of the decay of old social bonds was continued urbanization. Another was the continued disintegration of traditional extended families and their replacement by more upwardly mobile, smaller families. The birth rate continued to fall (except for a momentary upward spurt after World War I), and this movement was accelerated by the depression.

FEMINIST MOVEMENT. Yet another element of social change was the new role played by women. Rather than remaining in the traditionally subordinated roles which they had held, some women began to compete with men in political and economic life, a process accelerated by the use of women in factories during World War I. Though the pattern changed slowly for the majority of women (in the 1960's men still held almost all superior positions), there were certain dramatic legal changes such as the extension of the right to vote to women (1918–20 in the U.S., Britain, and Germany, but not until 1945 in France and Japan).

INCREASE IN GOVERNMENTAL ACTIVITY. All these continuing changes increased the problem of the individual's isolation from larger social units which could support him in times of trouble. This made individuals feel more vulnerable to the complex and distant forces that shaped their daily life. In every industrial society in the 1930's, strong pressures arose for increased government action. Were there no longer any extended families to care for the old? Then the government must do it. Did stock-market speculation bring unemployment? The government must regulate it. And indeed central governments were the only agencies that could effectively deal with the intermeshing world economic and social problems before which local associations were dwarfed.

Government action was not enough. The uprooted also sought to form their own associations for protection and companionship. These tended to play into the hands of political parties which could use them for their own purposes. Thus workers' associations fulfilled more than political purposes, but they also provided a main base of support for various leftist parties. Early fascist movements were coalitions of similar types of groups. The logical extension of this search for new groupings was the over-all attempt to organize men's lives in the totalitarian states, and it was the need for new organization that allowed totalitarianism to succeed. In countries where economic and social change was sufficiently gradual to allow older associations and groupings to survive, there was less need for government involvement.

WORLD WAR II CASUALTIES. World War II surpassed all previous wars in total casualties. It was at once a racist war (of Germans against Slavs and Jews, of Japanese against whites), an ideological war (of fascism against all other systems), an economic, and a nationalistic war. Technical efficiency made mass slaughter possible, and also involved larger proportions of populations than in any previous war.

MILITARY AND CIVILIAN DEATHS, WORLD WAR II

USSR	20,000,000
Poland	6,000,000[a]
Germany	5,000,000[b]
China	1,300,000[c]
Japan	1,800,000
Yugoslavia	1,600,000
France	540,000[d]
Rumania	460,000
Italy	450,000
U.K.	420,000
Czechoslovakia	415,000
Austria	380,000
U.S.	350,000

[a] Incl. c. 3,000,000 Jews.
[b] Incl. c. 1,100,000 civilians.
[c] Military deaths only; civilian casualties were much more numerous.
[d] Incl. c. 330,000 civilians.

RISE OF COMMUNIST POWER. Communists played a leading role in many European resistance movements which arose against the Nazi occupation. This was because the prewar Communist organizations had better prepared their members for clandestine operations than had other political groups. In Yugoslavia the Communists emerged as the only ruling force after the war. In Greece, Italy, France, Czechoslovakia, and Poland they became important components in the postwar political balance. Where the Soviet army could directly assist them, as in Eastern Europe, they took power. Where it could not, they nevertheless remained significant as the representatives of the working class and poor peasants (most notably in France and Italy). In Greece they were defeated in a civil war.

SOCIAL CHANGE IN THE POSTWAR YEARS. In Britain, war suffering created pressures for social reforms. In 1945 the Labour Party took power after winning an overwhelming victory at the polls. A National Insurance Act, 1946, and a National Health Service Act, 1946, were passed and went into effect in 1948. A series of nationalizations of major industries took place. Britain thus became a welfare state (pp. 519, 817–818).

The shock of the 1940 defeat in France and the victory of the Resistance movement against the Vichy government in 1944 had a major effect. Economic planning and rationalization were pushed. Coal, gas, and electric industries were nationalized as well as the largest deposit banks and insurance companies. The social-security system was enlarged. Even the pattern of demographic decline was somewhat reversed by an increased birth rate. Between 1946 and 1958 the 4th Republic ruled over the greatest economic expansion known to France since the 1850's. Many of the old problems remained, however, particularly because of a failure to achieve sufficient concentration of industry through large firms, the persistence of too many small shopkeepers and peasants, and the relative stagnation of southern France. These problems manifested themselves in political instability and persistent hostility between labor and management which helped the French Communist Party to remain strong.

German society was profoundly changed by the war. The Prussian landowners disappeared as their lands were occupied by the Communists. The officer caste (largely decimated by Hitler during the war) went with them. Great prosperity after 1949 discouraged any return to fascism.

Defeated and occupied Japan went through a similar social transformation. The landowners were expropriated by the land reform of 1946. The democratization of Japan, however, did not curb the growth of the *zaibatsu,* who participated in an industrial boom (which made Japan the world's 3rd largest industrial power by 1969). From 1945 to 1955 Japan went through a large-scale modernization which spread the benefits of the economy to the population and brought her into the ranks of the high-mass-consumption industrial nations.

Eastern Europe had entered World War II as a semicolonial area of big landowners. Communist rule decisively broke this pattern; however, it was not enough to do away with landlords. Full modernization presupposes the tightening of internal links within a society and the relative decrease of dependency on outside powers. Until the mid 1950's the Soviet Union acted as a sort of colonial overlord in Eastern Europe. After this period, however, an internal liberalization of East European regimes occurred (with notable exceptions and reversals), accompanied by increasing independence from Soviet domination. Rumania's refusal to adhere to Russia's demands in 1966 that it delay industrialization to continue exporting agricultural and mineral products marked the formal recognition in Eastern Europe that modernization there had to take a path roughly similar to that earlier followed in the West.

By 1955 Soviet Russian industrial production was from 2 to 3 times greater than in 1940. But successful industrialization brought with it the same demands for liberalization which had previously taken place in the West. The managerial class created in the 1930's to run the economy was opposed to irrational police-state methods which put a higher premium on political behavior than on technical efficiency. Stalin's death, 5 Mar., 1953, stopped a planned attack on this growing source of protest. His successors pursued for a time the more rational line of liberalization and a softening of police methods, accompanied by a drive to increase consumer goods and raise the low standard of living. How significantly these reforms have stabilized Soviet society has not been tested in crisis.

THE NONINDUSTRIAL SOCIETIES, 1760–1968

THE SOCIAL ORDER IN THE COLONIAL WORLD. Except for a few peripheral European communities in Canada, Australia, New Zealand, and South Africa (which were not industrialized but whose populations already had semimodernized social structures), the world outside Europe and the U.S. was neither much industrialized nor modernized (with the partial exception of Russia and Japan) before the 20th cent. (p. 740). There was neither the large-scale differentiation and rationalization of society nor the tight integration of states which characterized western nations. The economies of the nonindustrial societies were poor and the middle classes small. Malintegration of these nonmodernized areas left them vulnerable to western interference, which was able to play on regional, political, and cultural differences. Their technological backwardness left them open to economic and military domination by the West. This and the West's aggressiveness produced the age of modern colonialism.

Despite wide differences between the various colonies and semicolonies that arose in Asia, Africa, and Latin America between 1760 and World War I, a general model may be described for them since they shared many characteristics.

Where there was actual domination from the outside (imperialism) rather than commercial exploitation only, some form of cash taxation was imposed on the local population to pay for administration. Taxation often forced peasants to grow cash crops, since they needed money to satisfy the new government's demands. In all colonies the production of cash crops and mineral products which could profitably be exported to the home and other markets was pushed. Everywhere the effect was to discourage the growth of local manufacturing and to strengthen the position of native landowners—unless they were too poorly organized to produce the desired commodities or were expropriated by Europeans. In some areas, e.g., in India, a whole new class of landowners was created. Elsewhere, e.g., in coastal China, a class of middlemen (compradors) used their commercial profits to buy land and transform themselves into a new landowner class which partially replaced the traditional aristocracy. Nearly everywhere, however, native artisans and putative manufacturing middle classes were destroyed or prevented from getting any kind of start.

With colonialism came an improvement in internal communications. This permitted large-scale population migrations which had not before been possible. There developed large commercial and administrative cities, usually along the coasts. The demand for labor in these cities attracted young men from the interior who came to earn tax money and to partake in the pleasures of "modern life." Thus in most colonies and semicolonies there was a rapid growth of cities which were not, however, in most cases manufacturing centers. Urbanization and the growth of a class of uprooted peasants living in cities eventually proved to be major stimulants to revolt against western authority.

European schools were started, either by missionaries to win converts or by administrations to train low-level help. At first the products of these schools in Asia and Africa were docile supporters of the colonial regimes, but as they gradually discovered that impassable race barriers blocked the advancement of "natives," they became leaders of the nationalist, anticolonial protest movements.

The colonizers frequently supported landowners and traditional authorities who shared in the profits of colonial-

TABLE I. Estimated Population by Region
(million)

	1750	*1800*	*1850*	*1900*	*1940*	*1950*	*1960*	*1965*
World total	728	906	1,171	1,608	2,295	2,517	3,005	3,295
North America	1	6	26	81	144	166	199	214
Middle America	5	10	13	25	41	52	68	80
South America	6	9	20	38	89	111	146	166
Europe and Russia	144	192	274	423	575	572	639	676
Asia (excl. Russia)	475	597	741	915	1,244	1,381	1,659	1,830
Africa	95	90	95	120	191	222	277	311
Oceania	2	2	2	6	11	13	16	17

Note: Columns may not add up because of rounding.

TABLE II. % Distribution of World Population by Region

	1750	*1800*	*1850*	*1900*	*1940*	*1950*	*1960*	*1965*
World total	100.0	100.0	100.0	100.0	100.0	100.0	100.0	100.0
North America	0.1	0.7	2.2	5.0	6.3	6.6	6.6	6.5
Middle America	0.7	1.1	1.1	1.5	1.8	2.1	2.3	2.4
South America	0.8	1.0	1.7	2.4	3.9	4.4	4.9	5.0
Europe and Russia	19.8	21.2	23.4	26.3	25.0	22.7	21.3	20.5
Asia (excl. Russia)	65.2	65.9	63.3	56.9	54.2	54.9	55.2	55.6
Africa	13.0	9.9	8.1	7.5	8.3	8.8	9.2	9.5
Oceania	0.4	0.2	0.2	0.4	0.5	0.5	0.5	0.5

Source: (Tables I and II): A. M. Carr-Saunders, *World Population,* Oxford, 1936, p. 42 (1750–1900); United Nations, *Determinants and Consequences of Population Trends,* New York, 1953, p. 11 (1750–1900); and *Demographic Yearbook 1966,* p. 95 (1940–65).

TABLE III. Rate of Growth per Annum
(%)

	1750–1800	*1800–1850*	*1850–1900*	*1900–1950*	*1950–1965*
World total	.4	.5	.6	.9	1.8
North America	3.6	3.0	2.3	1.4	1.7
Middle America	1.4	.5	1.3	1.5	2.9
South America	.8	1.6	1.3	2.2	2.7
Europe and Russia	.6	.7	.9	.6	1.1
Asia (excl. Russia)	.5	.4	.4	.8	1.9
Africa	–.1	.1	.5	1.2	2.3
Oceania	0	0	2.2	1.6	1.8

TABLE IV. Rate of Growth per Annum, 1750–1965
(%)

World total	.71
Areas of European settlement (Europe, the Americas, and Oceania)	.93
All other	.63

Source: (Tables III and IV): Data from Table I. Growth rates derived, using formula $r = \left(\sqrt[n]{\frac{x_t}{x_i}} - 1\right) 100$, where n = number of years; x_t = terminal-year data; and x_i = initial-year data.

type economies, but these tended to be the most conservative elements in their societies. The more modernized, western-educated subjects of colonial regimes naturally opposed these conservative elements who not only served as the tools of imperialism but simultaneously opposed internal modernization.

THE REVOLUTION OF RISING EXPECTATIONS. With the breakup of the European colonial empires after World War II, a host of newly independent states emerged in Asia and Africa. All professed modernization as their goal, but few were able to establish a social order conducive to achieving it. A major source of instability was rapid urbanization. Traditional village and family ties were broken, and individuals were thrown into less secure environments. In consequence, they sought out and created new organizations for moral and economic support. Their requirements were fulfilled by a wide variety of radical political parties as well as by new unions, churches, and other associations. The rise of socialist parties in 19th-cent. Europe may be seen as an analogous development. But whereas the revolutionary potential of the European socialists was blunted by increasing prosperity, the nonindustrial world of the mid-20th cent. developed radical mass parties before the onset of industrial maturity. This has made the satisfaction of radical demands unrealistic.

In 19th cent. Europe, moreover, economic and medical advances lowered the death rate. But within 50 years after the drop in death rates, birth rates also began to drop as increased prosperity and social mobility induced people to have fewer children. In the nonindustrial world of today, however, medical advances imported from the West have reduced the death rates while birth rates have remained very high. Thus population growth has been rapid even though industries have not grown to absorb the extra manpower.

Mobilization for nationalist and modernizing revolutions has increasingly led the masses to demand equality. This has forced leaderships to promise ever greater

TABLE V. CRUDE BIRTH RATES OF SELECTED COUNTRIES PER ANNUM
(rates per 1,000 total population)

	1751–1780 (1)	*1781–1810* (2)	*1841–1850* (3)	*1891–1900* (4)	*1920–1929* (5)	*1930–1939* (6)	*1940–1949* (7)	*1950–1959* (8)	*1960–1964* (9)
England and Wales	37.2	37.5[a]	32.6	29.9	19.2	15.1	16.7	15.7	17.9
Belgium	—	—	30.5	29.0	20.0	16.5	15.6	16.8	17.0
France	38.6[b]	34.7	27.3	22.2	19.2	16.2	17.5	18.9	18.0
Germany*	—	—	36.1	36.1	21.1	17.8	*	16.6	17.5
Netherlands	—	38[c]	33.0	32.5	25.0	21.0	23.8	21.7	20.7
Russia**	—	43.7[d]	49.7	49.2	44.4[e]	37.6[e]	31.4[e]	25.8	22.4
Japan	—	—	—	29.8	34.5	30.5	30.1	21.4	17.2
Australia	—	—	—	29.9	23.0	17.4	21.3	22.8	21.9
U.S.	—	55[f]	44.3[g]	33	21.4	17.4	21.6	24.5	22.4
Argentina	—	—	—	—	30.9	25.4	24.6	24.5	22.4
Egypt (UAR)	—	—	—	45.2[h]	43.3	43.2	41.0	42.2	42.8
Chile	—	—	—	38.8[h]	42.1	38.5	36.1	34.8	34.8
India	—	—	—	46[i]	46.4[i]	45.2[i]	39.9[i]	41.7[i]	38.4

SOURCE: Col. 1: Phyllis Deane and W. A. Cole, *British Economic Growth 1688–1959*, Cambridge, 1964, p. 127 (Britain); D. V. Glass, "World Population," in *Cambridge Economic History of Europe*, Cambridge, 1965, VI, p. 101 (France).

Col. 2: Deane and Cole, *op. cit.*, p. 127 (Britain); Glass, *op. cit.*, pp. 101, 97 (France and Russia); Simon Kuznets, *Modern Economic Growth*, New Haven, 1966, p. 43 (Netherlands and the U.S.).

Col. 3: Glass, *op. cit.*, pp. 68–69, 97 (all except U.S.); Department of Commerce, Bureau of the Census, *Historical Statistics of the U.S.*, Washington, 1960, p. 23 (U.S.).

Col. 4: W. S. and E. S. Woytinsky, *World Population and Production*, New York, 1953, p. 144 (all except U.S., India, Egypt, and Chile); Kuznets, *op. cit.*, pp. 42–44 (U.S.; Kuznets gives the Australian birth rate as 42 per thousand.); Glass, *op. cit.*, p. 84 (India); Carlo Cipolla, *The Economic History of World Population*, Baltimore, 1962 (Egypt and Chile).

Cols. 5–9: UN, *Demographic Yearbook 1965*.

[a] 1781–1800; [b] 1771–75; [c] 1813–24; [d] 1801–10; [e] 1926–28, 1937–39, 1940–44; [f] 1790–1800; [g] 1860; [h] 1905–9; [i] est. annual averages for 1891–1901, 1921–31, 1931–41, 1941–51, and 1951–61.

* Germany to 1945; West Germany, 1945–64; 1940–44, 17.4; 1945–49, 13.0.

** European Russia, pre-1920; USSR, 1920–64.

TABLE VI. CRUDE DEATH RATE OF SELECTED COUNTRIES PER ANNUM
(rates per 1,000 total population)

	1751–1780 (1)	*1781–1810* (2)	*1841–1850* (3)	*1891–1900* (4)	*1920–1929* (5)	*1930–1939* (6)	*1940–1949* (7)	*1950–1959* (8)	*1960–1964* (9)
England and Wales	30.4	27.7[a]	22.4	18.2	12.2	12.0	11.9	11.6	11.8
Belgium	—	—	24.4	19.2	13.8	13.2	14.2	12.0	12.1
France	—	—	23.2	21.5	17.3	15.8	15.8	12.2	11.2
Germany*	—	—	26.8	22.2	12.9	11.4	*	10.8	11.1
Netherlands	—	—	26.2	18.4	10.5	8.8	9.8	7.5	7.8
Russia**	—	—	—	34.1	22.6[b]	17.9[b]	18.0[b]	8.6	7.2
Japan	—	—	—	20.9	21.4	17.7	16.6	8.6	7.3
Australia	—	—	—	13.0	9.6	9.2	10.4	9.1	8.7
U.S.	—	25[c]	—	19	11.9	11.0	10.3	9.4	9.5
Argentina	—	—	—	—	13.5	11.6	10.0	8.7	8.5
Egypt (UAR)	—	—	—	26.5[d]	26.1	27.0	24.9	17.8	16.5
Chile	—	—	—	32.5[d]	27.8	23.6	18.5	13.0	11.8
India	—	—	—	44[e]	36.3[e]	31.2[e]	27.4[e]	22.8[d]	12.9

SOURCE: Col. 1: Deane and Cole, *op. cit.*, p. 127.
Col. 2: Deane and Cole, *op. cit.*, p. 127 (Britain); Kuznets, *op. cit.*, p. 43 (U.S.).
Col. 3: Glass, *op. cit.*, pp. 68–69.
Col. 4: Woytinsky and Woytinsky, *op. cit.*, p. 165 (except U.S., Chile, Egypt, and India); Kuznets, *op. cit.*, p. 43 (U.S.); Glass, *op. cit.*, p. 84 (India); Cipolla, *op. cit.*, p. 78 (Chile and Egypt).
Cols. 5–9: UN, *Demographic Yearbook 1966.*
[a] 1781–1800; [b] 1926–28, 1937–39, 1940–44; [c] 1790–1800; [d] 1905–9; [e] est. annual averages for 1891–1901, 1921–31, 1931–41, 1941–51, and 1951–61.
* Germany to 1945; West Germany 1945–64; 1940–44, 12.2; 1945–49, 11.3.
** European Russia, pre-1920; USSR, 1920–64.

TABLE VII. NATURAL INCREASE IN POPULATION IN SELECTED COUNTRIES PER ANNUM
(rates per 1,000 total population)

	1751–1780 (1)	*1781–1810* (2)	*1841–1850* (3)	*1891–1900* (4)	*1920–1929* (5)	*1930–1939* (6)	*1940–1949* (7)	*1950–1959* (8)	*1960–1964* (9)
England and Wales	6.8	9.8[a]	10.2	11.7	7.0	3.1	4.8	3.9	6.1
Belgium	—	—	6.1	9.8	6.2	3.0	1.4	4.8	4.9
France	—	—	4.1	.7	1.9	.4	1.7	6.7	6.8
Germany*	—	—	9.3	13.9	8.2	6.4	*	5.8	6.4
Netherlands	—	—	6.8	14.1	14.5	12.2	14.0	14.2	12.9
Russia**	—	—	—	15.1	11.9[b]	12.6[b]	12.1[b]	12.8	10.0
Japan	—	—	—	8.9	13.1	12.8	13.5	12.8	9.9
Australia	—	—	—	16.9	13.4	8.2	10.9	13.7	13.2
U.S.	—	30.0[c]	—	14.0	9.5	6.4	11.3	15.1	12.9
Argentina	—	—	—	—	17.4	13.8	14.6	15.8	13.9
Egypt (UAR)	—	—	—	18.7[d]	17.2	16.2	16.1	24.4	26.3
Chile	—	—	—	6.3[d]	14.3	14.9	17.6	21.8	23.0
India	—	—	—	2.0[e]	10.1[e]	14.0[e]	12.5[e]	14.3[e]	25.5

SOURCE: Tables V and VI, birth rate minus death rate.
[a] 1781–1800; [b] 1926–28, 1937–39, 1940–44; [c] 1790–1800; [d] 1905–9; [e] est. annual averages for 1890–1901, 1921–31, 1931–41, 1941–51, and 1951–61.
* Germany to 1945; West Germany, 1945–64; 1940–44, 5.2; 1945–49, 1.7.
** European Russia, pre-1920; USSR, 1920–64.

rewards to maintain popular support. (This double phenomenon is what is often called the revolution of rising expectations.) But the leaders find it ever more difficult to maintain the tight social discipline and economic austerity demanded by early industrialization. Thus a vicious circle has developed of promises followed by disappointments. The resulting instability, with leaders' attempts to put the blame for failure on outsiders by encouraging rabid jingoism, has favored the rise of military regimes which alone have the power to control their populations.

A further problem has been the very existence of highly successful industrial nations. To be sure, these can transfer technology to less favored countries, but they are also a source of almost insurmountable competition in world markets. This has made the development of internal industries increasingly difficult for nonindustrial countries.

Finally, Western Europe, the U.S., Russia, Japan, and China all entered the modern age as fairly coherent cultural units with old intranational links. Most new Asian and African states have not enjoyed a similar advantage.

WORLD POPULATION, 1760–1968

TOTAL POPULATION AND DISTRIBUTION. Between the mid-18th cent. and the present, world population has increased more than 4-fold (see Table I). The distribution of world population altered as indicated on Table II.

POPULATION GROWTH. There has been an acceleration in the rate of the world's population growth (see Table III). While the growth of population has occurred in less developed areas of Asia and Africa as well as in areas of European settlement, the rate of growth has been greatest in the areas of European settlement (see Table IV). In the 20th cent. the rate of growth in Africa exceeded the world rate (see Table III). Between 1950 and 1965 the rate of growth in Asia exceeded the world rate (see Table VI). The rate of growth in less developed areas surpassed that of industrial countries.

BIRTH RATES. Good data are not available to measure the birth-rate pat-

TABLE VIII. Infant Mortality Rates in Selected Countries, Annual Average (deaths under 1 year of age per 1,000 live births)

	1871–1880 (1)	*1891–1900* (2)	*1920–1929* (3)	*1930–1939* (4)	*1940–1949* (5)	*1950–1959* (6)	*1960–1964* (7)
England and Wales	149	153	74	59	45	25	21
Belgium	153	161	105	87	78	41	28
France	172	164	94	76	77	40	25
Germany*	—	207[a]	113	72	*	43	29
Netherlands	203	158	67	42	41	22	16
Russia (USSR)	266	268	178[b]	166[b]	182[b]	61	32
Japan	—	170	153	117	77	40	26
Australia	—	112	57	41	32	23	20
U.S.	—	162[a]	73	57	38	27	25
Argentina	—	—	113	97	78	63	60
Egypt (UAR)	—	—	150	163	148	128	117
Chile	—	—	233	209	163	122	115
India	—	—	180[c]	169[c]	183[d]	139[d]	80[e]

Source: Cols. 1 and 2: Woytinsky and Woytinsky, *op. cit.*, p. 167; Cipolla, *op. cit.* (Germany and U.S., 1900).

Cols. 3–6: UN, *Demographic Yearbook 1966.*

[a] 1900; [b] 1926–28, 1937–39, 1940–44; [c] British India only; [d] 1941–51, 1951–61. [e] 1960–64, but only the "registration area," which comprised a population of about 320 m. in these years.

* Germany to 1939; West Germany, 1946–64; 1946–49, 100.

tern worldwide. The table on p. 875 summarizes some of the available historical information.

As nations industrialized, birth rates witnessed an overall decline. For industrial nations, the lowest years were the 1930's; then there was an upward turn in birth rates, but the birth rates of the 1960's did not reach the levels of before 1900 (before 1929 in Europe). Less de-

TABLE IX. LIFE EXPECTANCY AT BIRTH
(years)

		1875 (1)	*1905* (2)	*1925* (3)	*1950* (4)	*1963–65* (5)
England and Wales	M	41[a]	51[b]	56[c]	66	68
	F	45[a]	55[b]	59[c]	71	74
Belgium	M	—	45[d]	56	62[e]	68[f]
	F	—	49[d]	60	67[e]	73[f]
France	M	—	45[g]	52[h]	64[i]	68[j]
	F	—	49[g]	56[h]	69[i]	75[j]
Germany*	M	36	45	56	65[k]	68[l]
	F	38	48	59	68[k]	73[l]
Netherlands	M	—	51[m]	62[n]	71[o]	71[p]
	F	—	53[m]	63[n]	73[o]	76[p]
Russia (USSR)	M	—	31[q]	42	61[r]	66[l]
	F	—	33[q]	47	67[r]	74[l]
Japan	M	—	44[s]	42	56	68[t]
	F	—	45[s]	43	60	73[t]
Australia	M	—	55	63	66[u]	68[v]
	F	—	59	67	71[u]	74[v]
U.S.	M	—	47	58	66	67[t]
	F	—	50	61	71	74[t]
Argentina	M	—	45[w]	—	57[x]	63[y]
	F	—	47[w]	—	61[x]	69[y]
Egypt (UAR)	M	—	—	36[z]	41[e]	52[aa]
	F	—	—	41[z]	47[e]	54[aa]
Chile	M	—	—	40[bb]	50[cc]	—
	F	—	—	41[bb]	54[cc]	—
India	M	25[dd]	23[ee]	27[ff]	32[gg]	42[hh]
	F	25[dd]	23[ee]	27[ff]	32[gg]	40[hh]

SOURCE: Col. 1: Glass, *op. cit.*, pp. 72 (England and Wales), 82 (Germany), 84 (India).

Col. 2: Glass, *op. cit.*, pp. 72 (England and Wales), 82 (Belgium, Germany, Russia, Australia), 84 (India); UN, *Demographic Yearbook 1948* (France, Netherlands, Japan); *Historical Statistics of U.S.* (U.S.); UN, *Demographic Yearbook 1957* (Argentina).

Col. 3: UN, *Demographic Yearbook 1957* (England and Wales, France, Netherlands, Egypt, Chile); Glass, *op. cit.*, pp. 82 (Belgium, Germany, Russia, Australia), 86 (Japan), 84 (India); *Historical Statistics of U.S.* (U.S.).

Col. 4: UN, *Demographic Yearbook 1957* (all except U.S. and Egypt), *Historical Statistics of U.S.* (U.S.); UN, *Demographic Yearbook 1966* (Egypt).

Col. 5: UN, *Demographic Yearbook 1966.*

[a] 1871–80; [b] 1901–12; [c] 1920–22; [d] 1895; [e] 1946–49; [f] 1959–63; [g] 1898–1903; [h] 1920–23; [i] 1950–51; [j] 1964; [k] 1949–51; [l] 1964–65; [m] 1900–1909; [n] 1921–30; [o] 1950–52; [p] 1961–65; [q] 1895; [r] 1954–55; [s] 1899–1903; [t] 1965; [u] 1946–48; [v] 1960–62; [w] 1914; [x] 1947; [y] 1959–61; [z] 1936–38; [aa] 1960; [bb] 1930; [cc] 1952; [dd] 1881–91; [ee] 1901–11; [ff] 1921–31; [gg] 1941–50; [hh] 1951–60.

* To 1945, all Germany; after 1945, West Germany only.

veloped countries, with few exceptions, were characterized by high birth rates. Birth-rate figures for poorer countries are incomplete, but from c. 1920 onward there seems to have been the same general decline in the birth rate in poorer countries (as they improved their well-being) as there had been in the case of the leading industrial nations in earlier years. The decline was a slow one.

DEATH RATES. Good data are not available to measure the death-rate pattern worldwide. Table VI summarizes some of the available historical information.

In the leading industrial nations, death rates declined steadily. Evidence for the death rates in most poorer countries in the 18th, 19th, and early 20th cents. is not available. Figures given by Carr-Saunders indicate a rise in death rates in India, 1885–1900. Between 1900 and 1917 death rates in India fluctuated. Because of severe crop failures, causing starvation, and because of the influenza epidemic, death rates in India soared in 1918. An estimated 5 m. deaths occurred in India during 1918–19. In some less developed countries the death rate rose during 1920–40 (see Table VI, data on Egypt); in other countries, the death rate declined (see Table VI, data on Chile and India). From 1940 onward there was a sharp drop in death rates in poorer nations, as

TABLE X. Age Composition of Western Populations at Various Points of Time
(% of total population)

	Age Group	*England and Wales*	*France*	*Sweden*	
Before 1800	*(years)*	*1695*	*1775*	*1750*	
	0–14	(38)	33.3	33.3	
	15–64	(57)	62.6	60.5	
	65 and over	(5)	4.4	6.2	
	Total	100	100.0	100.0	
1800			*1801*	*1800*	
	0–14	—	33.0	32.3	
	15–64	—	61.4	62.0	
	65 and over	—	5.6	5.7	
	Total	—	100.0	100.0	
		Great Britain			*U.S.*
1850		*1851*	*1851*	*1850*	*1850*
	0–14	35.5	27.3	32.9	41.6
	15–64	59.9	66.2	62.3	55.5
	65 and over	4.6	6.5	4.8	2.9
	Total	100.0	100.0	100.0	100.0
1900		*1901*	*1901*	*1900*	*1900*
	0–14	32.6	26.1	32.4	34.4
	15–64	62.7	65.7	59.2	61.3
	65 and over	4.7	8.2	8.4	4.1
	Total	100.0	100.0	100.0	100.0
1950		*1951*	*1950*	*1950*	*1950*
	0–14	22.5	21.7	23.4	27.0
	15–64	66.7	66.5	66.3	64.9
	65 and over	10.8	11.8	10.3	8.1
	Total	100.0	100.0	100.0	100.0

Source: Glass, *op. cit.*, p. 134.

modern medicine, sanitation, and disease control had their effect.

NATURAL INCREASE IN POPULATION. The figures in Table VII do not reflect the change in population in these countries because they do not take into account international migration. The rate of increase in the U.S., 1790–1800, was due to an extraordinarily high birth rate (see Table V). Natural-increase figures rose sharply, 1960–64, in the UAR, Chile, and India because of sharply falling death rates (see Table VI).

INFANT MORTALITY RATES. From the decade of the 1890's onward, infant mortality rates, in every country in Table VIII, except USSR and India, show a steady and drastic drop. The Soviet rates show a steady drop, except for the World War II years; the Indian rates show an upward turn during 1941–51, but this may be due to changes in the statistical series. There seems ample evidence of a general sharp drop in infant mortality from the late 19th cent. to the mid-20th. Progress in medicine and sanitation plus

TABLE XI. AGE COMPOSITION AROUND 1950 OF POPULATIONS WITH HIGH FERTILITY (% of total population)

	Age Group (years)	*Netherlands 1950*	*Spain 1950*	*Portugal 1950*	*Yugoslavia 1950*
Europe	0–14	29.3	26.2	29.5	30.8
	15–64	63.0	66.6	63.5	63.5
	65 and over	7.7	7.2	7.0	5.7
	Total	100.0	100.0	100.0	100.0
		Brazil 1950	*Colombia 1950*	*Venezuela 1950*	
Latin America	0–14	41.9	42.0	42.0	
	15–64	55.6	55.1	55.3	
	65 and over	2.5	2.9	2.7	
	Total	100.0	100.0	100.0	
		Ceylon 1946	*India 1951*	*Japan 1950*	*Mainland China 1953*
Asia	0–14	37.2	37.5	35.4	35.9
	15–64	59.3	58.9	59.7	59.7
	65 and over	3.5	3.6	4.9	4.4
	Total	100.0	100.0	100.0	100.0

SOURCE: Glass, *op. cit.*, p. 136.

TABLE XII. CITIES WITH 100,000 OR MORE INHABITANTS BY REGION, 1800, AROUND 1930, AND AROUND 1965

	1800	*1930*	*1965*
World total	36	678	1,508
America (N. and S.)	1	162	332
Europe (excl. Russia)	18	248	374
Russia (USSR)	2	56	193
Asia (excl. Russia)	14	193	492
Africa	1	17	103
Oceania	—	2	14

SOURCE: Woytinsky and Woytinsky, *op. cit.*, p. 118 (1800 and 1930); UN, *Demographic Yearbook 1966* (1965).

NOTE: Figures include urban agglomerations, not just cities proper.

better nutrition and standards of living cut down infant mortality just as such progress lowered the death rates.

LIFE EXPECTANCY AT BIRTH. The period shows a steady increase in life expectancy at birth. In 1875 life expectancy at birth in England and Wales was only 41 for men and 45 for women; in India it was 25 for both sexes. By the 1960's, in industrial nations, the life expectancy at birth was 67 to 71 years for men and 73 to 76 years for women. In India, 1950's, the life expectancy at birth was 42 years for men and 40 for women.

AGE COMPOSITION OF THE POPULATION. The data on age composition reflect the aging of western populations since 1850. The aging population so in evidence among western populations was not yet apparent, 1950, among Latin American and Asian populations.

MIGRATION. During the past 2 centuries there has been a tendency worldwide toward greater mobility of population. After c. 1820 the world's main recipient of immigrants was the U.S. Emigration from Europe provided the bulk of U.S. immigrants.

TABLE XIII. Immigrants to the U.S. by Country of Last Permanent Residence, 1820–1966
All countries, 43,614,313

Country	Immigrants	Country	Immigrants
Europe	35,221,800	Rumania	160,459
Albania	2,242	Spain	201,916
Austria[a], Hungary	4,287,149	Sweden	1,261,768
		Switzerland	335,818
Belgium	195,319		
		Turkey in Europe	162,412
Bulgaria	66,789	USSR[a]	3,345,610
Czechoslovakia	130,569	Yugoslavia	73,594
Denmark	357,342	Other Europe	50,261
Estonia	1,021		
Finland	29,559	Asia[d]	1,242,189
		China[e]	419,643
France	713,532	India	18,502
Germany[a]	6,862,900	Japan	348,623
Great Britain[b]	4,711,711	Turkey in Asia	208,415
England	3,014,362	Other Asia[d]	247,006
Scotland	804,821		
Wales	93,543	America	6,710,846
		Canada and Newfoundland	3,836,071
Greece	514,700	Mexico	1,414,273
Ireland[c]	4,706,854	Central America	177,641
Italy	5,067,717	South America	400,926
Latvia	2,233	West Indies	777,382
Lithuania	3,533	Other America	104,553
Luxembourg	2,431		
Netherlands	345,036	Africa	59,117
Norway	849,811	Australia and New Zealand	89,928
Poland[a]	473,670	Pacific Islands[d]	22,305
Portugal	305,844	All other countries	268,128

Source: Department of Justice, Immigration and Naturalization Service, *Annual Report; Statistical Abstract of U.S. 1967*.

[a] 1938 to 1945, Austria included with Germany; 1899 to 1919, Poland included with Austria-Hungary, Germany, and USSR.

[b] Beginning 1952, includes data for United Kingdom not specified, formerly included in "Other Europe."

[c] Comprises Eire and Northern Ireland.

[d] Philippines included in "Other Asia" beginning 1952 and in "Pacific Islands" 1934 to 1951. Prior to 1934, recorded separately as insular travel.

[e] Beginning 1957, includes Taiwan.

TABLE XIV. Emigration from Europe, 1851–1960
(000)

	1851–1960	%	*1851–1860*	*1861–1870*	*1871–1880*	*1881–1890*	*1891–1900*	*1901–1910*	*1911–1920*	*1921–1930*	*1931–1940*	*1941–1950*	*1951–1960*
British Isles	20,501	33.6	1,313a	1,572a	1,849a	3,259	2,149	3,150	2,587	2,151	262	755b	1,454c
Sweden	1,265	2.1	17	122	103	327	205	224	86	107	8	23	43
Norway	882	1.4	36	98	85	187	95	191	62	87	6	10b	25
Finland	426	.7	n.a.	n.a.	n.a.	26	59	159	67	73	3	7	32
Denmark	575	.9	n.a.	8	39	82	51	73	52	64	100	38d	68
France	548	.9	27	36	66	119	51	53	32	4	5	n.a.	155e
Belgium	284	.5	1	2	2	21	16	30	21f	33	20g	29h	109
Netherlands	631i	1.0	16	20	17	52	24	28	22	32	4j	75k	341l
Germany	6,485j	10.6	671	779	626	1,342	527	274	91	564	121j	618	872
Austria	4,241m	6.9	31	40	46	248	440	1,111	418n	61	11o	n.a.	53p
Switzerland	383	.6	6	15	36	85	35	37	31	50	47	18d	23
Spain	5,184	8.5	3	7	13	572	791	1,091	1,306	560	132	166	543
Portugal	2,950	4.8	45	79	131	185	266	324	402	995	108	69q	346
Italy	11,511	18.8	5	27	168	992	1,580	3,615	2,194	1,370	235	467	858
Russiar	2,238	3.7			58	288	481	911	420	80s			
Poland	3,048t	4.9								634t	164t		
Total	61,152		2,171	2,805	3,239	7,785	6,770	11,271	7,791	6,865	1,226	2,275	4,922

Source: William Woodruff, *The Impact of Western Man*, New York, 1967, pp. 106–7.

n.a. = Not available.

[a] Figures are not available for 1851 and 1852, nor for Irish ports before 1880; [b] 1946–50; [c] includes intracontinental emigration from Ireland, 1952–54; [d] includes intracontinental emigrants, 1941–44; [e] 1946–59, excludes emigration to French overseas territories; [f] 1913–18 excluded; [g] 1940 excluded; [h] 1941–47 excluded; [i] until 1940, estimates only; [j] no estimates for 1937–40 available; [k] 1946–50 only, excludes emigration to Dutch overseas territories; [l] excludes emigration to Dutch overseas territories; [m] figures pre-1930 cover entire Austrian empire; 1921 ff. cover Austrian republic; total refers to all overseas emigrants; figures by decade until 1920 cover only Austrian emigrants; [n] 1911–13; [o] 1931–37; [p] 1954–60; [q] includes intracontinental emigration, 1941–49; [r] figures underestimate overseas emigration; [s] Estonia and Lithuania; [t] incomplete data.

TABLE XV. INTERCONTINENTAL IMMIGRATION INTO SELECTED AREAS, 1851–1960
(000)

	1851–1960	*1851–1860*	*1861–1870*	*1871–1880*	*1881–1890*	*1891–1900*	*1901–1910*	*1911–1920*	*1921–1930*	*1931–1940*	*1941–1950*	*1951–1960*
U.S.	34,711	2,536	2,160	2,433	4,852	3,684	8,666	4,775	2,723	443	804	1,635
Canada	6,156	n.a.	290	220	359	231	947	1,154	987	82	419	1,467
Argentina	7,602	20[a]	160	261	841	648	1,764	1,205	1,397	310	461	535
Brazil	5,413	122	98	219	525	1,129	671	798	840	239	131	591[b]
British West Indies	1,030	75	101	98	66	61	170	459	n.a.	n.a.	n.a.	n.a.
Cuba	629	6	13	n.a.	n.a.	n.a.	243	367	n.a.	n.a.	n.a.	n.a.
Mexico	287	n.a.	n.a.	n.a.	n.a.	n.a.	n.a.	107	113	37[c]	16	14
Uruguay	642	n.a.	85	112	140	90	21	57	21[d]	57		59[e]
Australia	4,592						652	1,172	949	143	491	1,185
New Zealand	961	33	69	145	65	35	89	91	116	32	58	228
South Africa	439	n.a.	n.a.	n.a.	n.a.	n.a.	n.a.	71	100	53	97	118

SOURCE: Woodruff, *op. cit.*, pp. 108–9.
[a] 1857–60; [b] 1951–59; [c] 1941–49; [d] 1920–29; [e] 1951–58.

The Expanding World of Education

The revolution in education which has occurred during the past 2 cents. can be construed in 3 broad and overlapping phases: (1) the rise of massive publicly supported systems of education in the West, (2) the spread of western ideas about education to nonwestern peoples, and (3) the creation of a world educational community.

THE RISE OF PUBLIC EDUCATION IN THE WEST, 1750–1914

THE CONCEPT OF PUBLIC EDUCATION. In feudal Europe education tended to be a privilege of the aristocracy and the preserve of the church. During the Renaissance, however, formal education became more secular in nature and more widespread in application. Nevertheless, it remained for the 18th-cent. Enlightenment to stress the democratic idea that education was the right of all men; and for 19th-cent. nationalists to emphasize the republican idea that education, since it was a necessity if a nation was to grow economically and preserve its integrity militarily, was the concern of the state. During this period the role of the church in education progressively

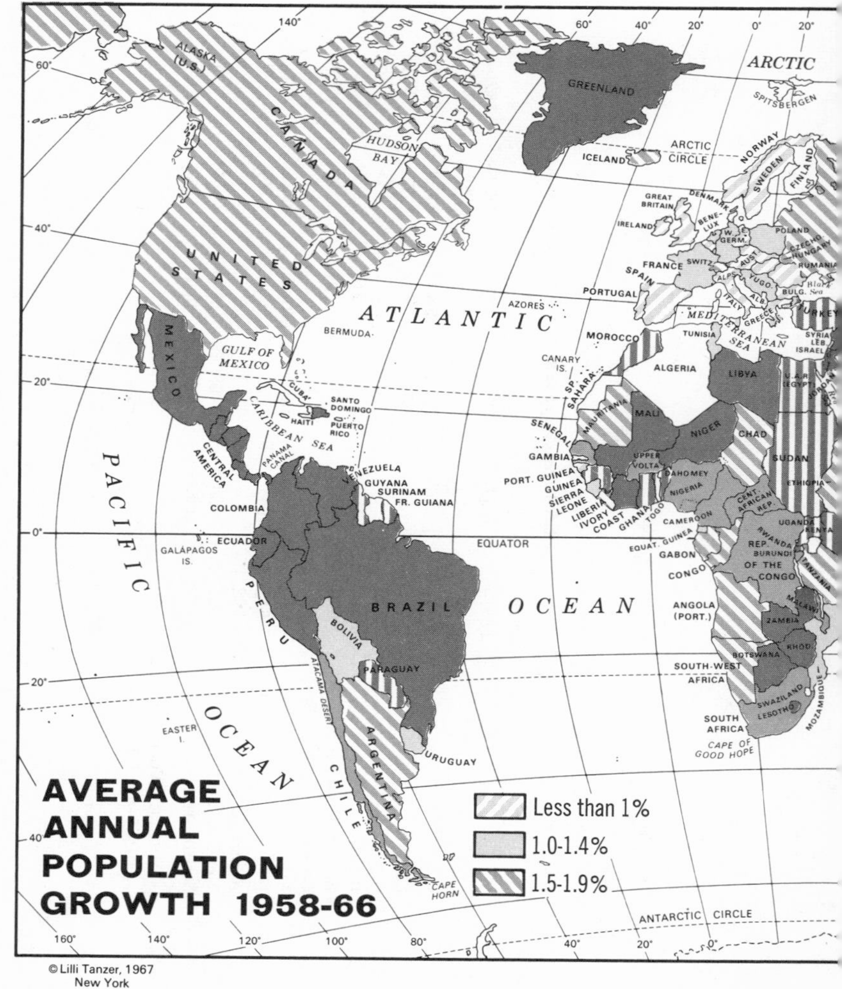

AVERAGE ANNUAL POPULATION GROWTH 1958-66

diminished, and the classical curriculum, which formed the basis of training for the feudal nobility and those who served it, was de-emphasized in favor of more popular and utilitarian studies.

RUSSIA. Russia was the 1st major European power to begin setting up a state-controlled system of education. As part of his scheme of modernization, Czar Peter the Great (ruled 1689–1725) called for the construction of state schools so that Russia's need for government administrators and military officers could be met. In 1701 he crowned his fledgling school system with the Moscow School of Navigation and Mathematics (now the Naval Academy). In 1755, the University of Moscow was founded. Under Catherine the Great (ruled 1762–96), the Russian state education system received a great impetus. Her Statute of 1786 ordered that (1) government primary schools be created in district and provincial towns; (2) religion should be taught only in the lower 3 years of those schools; (3) the study of Latin should be de-emphasized in favor of subjects more useful to the state; and (4) the state system should be free and open to all, including serfs. Catherine's educational schemes were greatly extended during the reign of Czar Alexander I (ruled 1801–25), whose Statutes for Vilna, 1803, and the Russian Provinces, 1804, reflected a Utilitarian's concern for education, and whose Ukase Law of 1809 declared that educational attainment be made the key criterion for governmental appointments. Three universities were built during Alexander's reign: Kharkov, 1804; Kazan, 1804; and St. Petersburg, 1819.

Public education suffered a reversal at

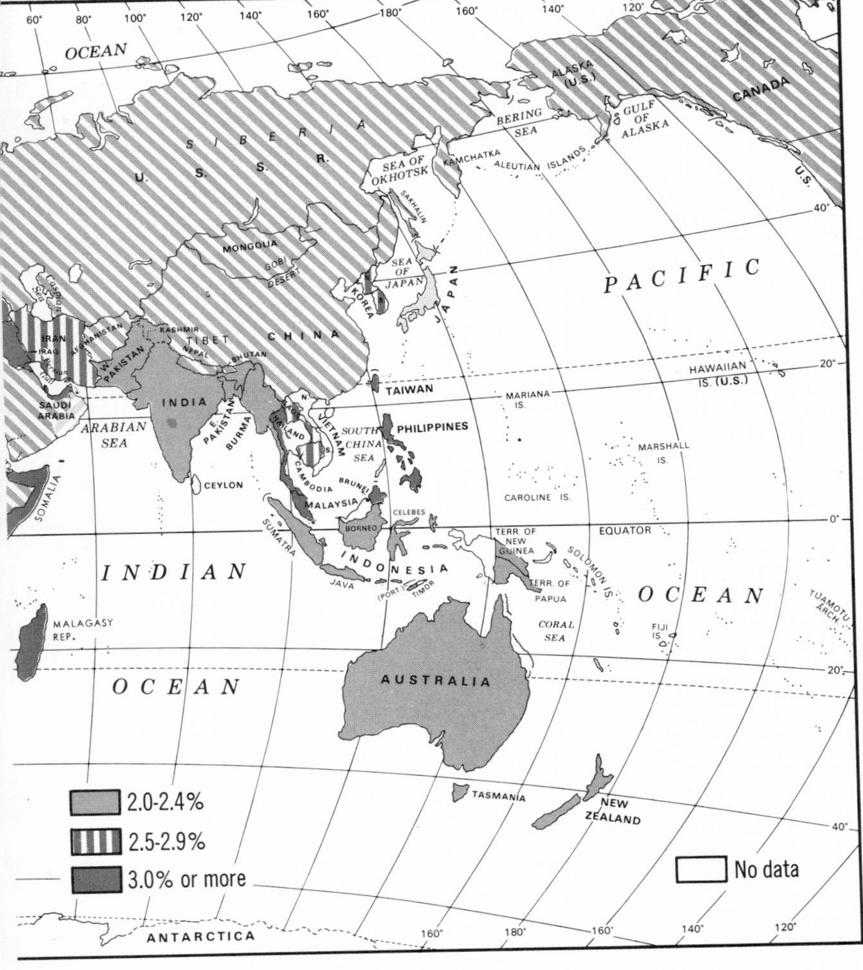

the hands of Nicholas I (ruled 1825–55). Frightened lest vast numbers of serfs be allowed to rise above their stations in life, he promulgated a statute, 1827, which effectively barred them from higher education and re-emphasized the importance of an aristocratic curriculum of Latin and Greek. In 1861, however, the serfs were emancipated and all educational restrictions were removed from them. In reaction to the assassination of Alexander II, Alexander III (ruled 1881–94) suspended all educational reforms and embarked on a plan of Russification. His Decree of May 1887, which made the Russian language obligatory in all schools, was specifically aimed at the Baltic provinces, where (especially at Dorpat University) German was in vogue. Alexander III's reign was further marked by the efforts of the procurator of the Holy Synod, K. P. Pobedonostsev, to turn the state system into a parochial one, and of the minister of public instruction, T. D. Delyanov, to return to the elitist system of Nicholas I. Such reactionary schemes were countered when the Duma was created in 1906. The ill-fated Nicholas II (ruled 1894–1917), however, turned a deaf ear to most proposals for educational reform, thus making the Revolution of 1917 all the more inevitable.

GERMANY. Certainly the most influential and emulated educational system of the 19th cent. was that of Prussia, whose 1st educational advances came during the reign of Frederick William I (ruled 1713–40). In 1717, he ordered all children of

primary-school age to attend school, should one be convenient; and, in 1736 and 1737, he promulgated edicts calling for the erection of schools in certain educationally barren areas. In 1763, his successor, Frederick the Great (ruled 1740–86) laid down the Landschulreglement, an educational code that was to become the basis of Europe's 1st compulsory-education laws. After Prussia's disastrous defeat by Napoleon at Jena, 1806, control over education was given over to the imaginative reformer Wilhelm von Humboldt (1767–1835). Inspired and aided by the nationalistic philosopher, Johann Gottlieb Fichte (1762–1814), Humboldt initiated many reforms: (1) the establishment of a permanent Department of Education, 1808; (2) the conversion of several old-fashioned grammar schools into more modern Gymnasiums, 1809; (3) the revival of the school-leaving examination, 1812; (4) the gradual institution of local educational authorities; and (5) the revitalization of the German universities. In 1809 Humboldt founded the University of Berlin on the experimental principle of *Lehrfreiheit* (complete academic freedom in teaching and research), a principle which was soon copied in other universities both in Germany (e.g., Bonn, 1818) and abroad (e.g., Athens, 1837). Germany's leading educational philosopher at this time was Johann Friedrich Herbart (1776–1841), whose "culture approach" idea advocated teaching by actual experience. Other educational thinkers (notably

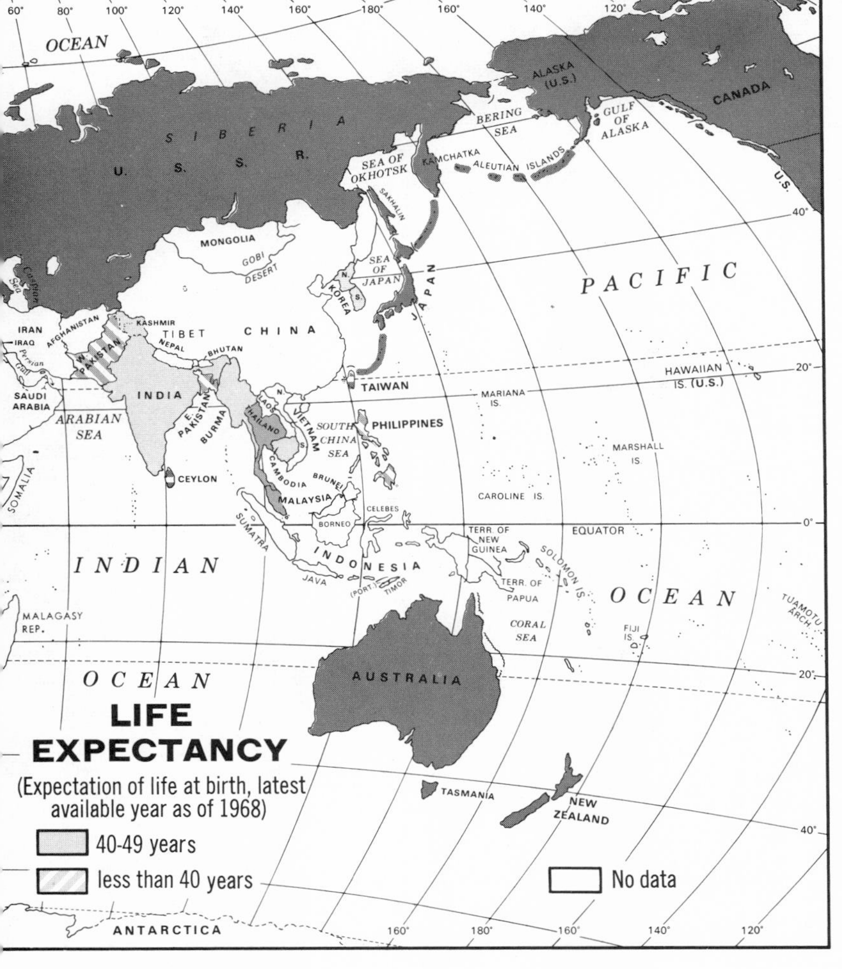

Friedrich Froebel (1782–1852), the founder of the Kindergarten) were profoundly influenced by the ideas of the Swiss educator Johann Pestalozzi (1746–1827), who was in turn influenced by Rousseau's ideas of a natural education.

The events of 1870–71, coupled with Germany's rapid industrialization, caused Germans to re-examine and reformulate their educational policies. The nation's major educational struggle lay between champions of a classical secondary-school curriculum and advocates of a more scientific and nationalistic course of study. Despite the fact that Germany needed more scientists and despite the pronouncement of Kaiser William II at the 1890 Education Conference ("It is our duty to educate young men to become young Germans and not young Greeks and Romans"), the classics retained their social and academic prestige. Not until the Educational Conference of 1900 was a workable truce arranged between the classicists and the modernists.

FRANCE. 18th-cent. France was a place of vast educational ferment as both philosophers and revolutionaries reconsidered the purpose and methods of education. The most influential of the philosophers was Jean Jacques Rousseau, whose *Émile,* 1762, asserted that education should develop the "natural goodness" of the child, an idea that effectively countered many of the then-powerful Christian beliefs which stressed the depravity of the child and the constant need for discipline. Another influential En-

lightenment thinker was Louis René de la Chalotais (1701–85), whose essay *On National Education* was an influential argument for a unified and state-controlled system of education. Though the activists of the French Revolution attempted to create such a system, the Reign of Terror stifled any lasting educational reforms. Thus it remained for the Napoleonic reforms of 1808 to set the foundations of France's modern educational system. These reforms (1) founded the Université de France, a purely administrative organ; (2) reorganized the structure of secondary and higher education into a unified state-controlled system; (3) instituted a state-controlled system of certificates (e.g., *baccalauréat, licence*) which could attest to educational qualifications; and (4) created a government system of teacher placement and school inspection.

Although François Guizot (1787–1874) attempted, in the Law of 1833, to extend state control to the primary-school level, his efforts were eventually thwarted by the Loi Falloux, 1850, passed during the 2nd Republic. However, Prussian military successes in 1866 and 1870 (the so-called "victories of the Prussian schoolmaster") jolted many Republican reformers, most notably Jules Ferry (1832–96), into working for the creation of a universal system of state-controlled public education. Thus, there quickly followed the Laws of (1) June 1878, which required each commune to own its own primary school; (2) June 1881, which abolished all fees

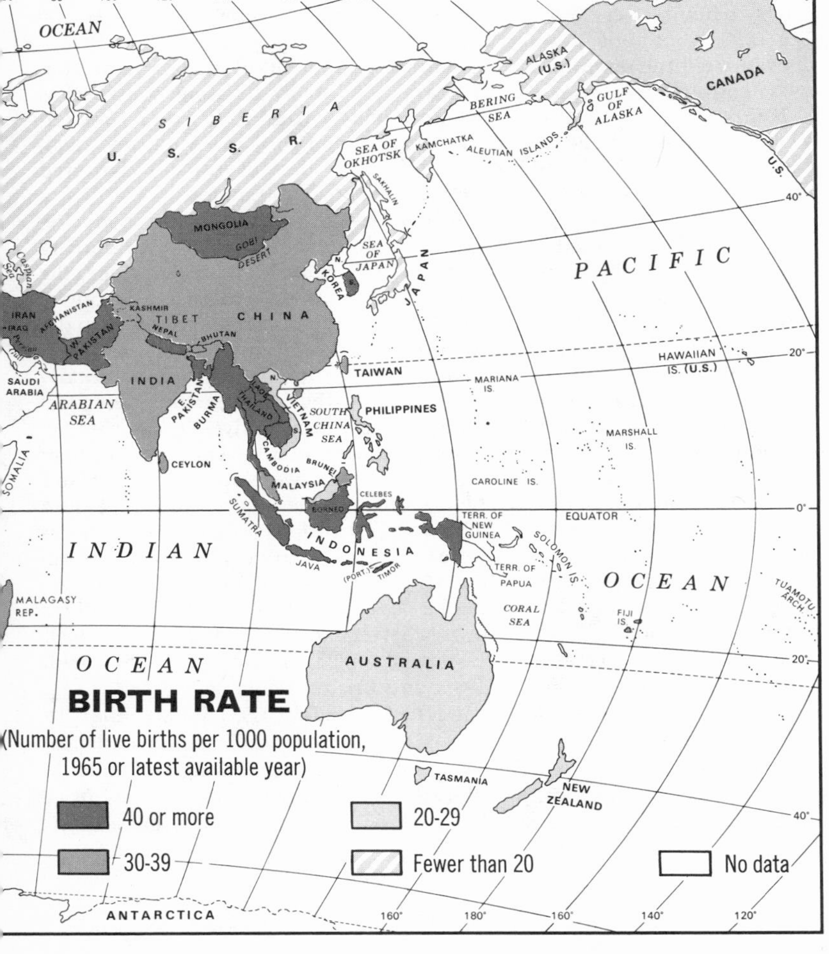

for primary schools and training colleges; and (3) Mar. 1882, which made education compulsory for all children between the ages of 6 and 13. Church influence in the public schools was greatly restricted by the Law of 30 Oct., 1886 (which forbade clerics to teach in the schools and banned all religious instruction in the primary schools), and by the Associations Law of 1901 (under which the anticlerical Prime Minister Émile Combes closed some 300 parochial schools, 1902–5, and forbade, 1904, all teaching congregations).

BRITAIN. Hampered by a severe church-state controversy, Britain was the last of the major European powers to develop a system of public education. The need for establishing one, however, was seen early in the 19th cent. by the Anglican parliamentarian Andrew Bell (1753–1832), the Quaker schoolmaster Joseph Lancaster (1778–1838)—both of whom claimed to have originated the monitorial, or Lancastrian, system—and the Whig reformer (Lord) Henry Brougham (1778–1868). In 1832 the reforming Whig government set aside some £20,000 to aid school construction, the 1st parliamentary education grant; and in 1839, an inspection body, the Committee of Council on Education (the forerunner of the Ministry of Education), was established.

Despite governmental concern and increases in grants (£813,400 by 1861), it was not until after the extension of the suffrage in 1867 that Parliament turned its attention to major educational reform. A product of religious compromise, the Education Act of 1870 (Forster Act) provided that (1) V.A. ("Voluntary Agency," i.e., parochial) schools remain under private management; (2) new secular and rate-aided schools be built in order, in the words of W. E. Forster, to "complete the voluntary system and fill the gaps"; (3) local school boards be created; and (4) nondenominational religious instruction be given in all secular schools (the controversial "Cowper-Temple Clause"). This act, coupled with those of 1880 (compulsory education) and 1891 (abolition of fees), caused a great increase in school attendance (from 1,168,000 in 1870 to 4,000,000 in 1881).

Dissatisfaction with the Cowper-Temple Clause and with the inefficiency of a plethora of local boards (over 2,500 by 1900) resulted in the Board of Education Act, 1899, which instituted a unified central control, and the Balfour Act, 1902, which (1) set up a smaller number of Local Educational Authorities (L.E.A.'s) in place of the school boards; (2) brought all schools, including V.A. schools, under varying degrees of control by the L.E.A.'s; (3) abolished the religious requirements of the Cowper-Temple Clause; and (4) recognized, for the first time, that secondary education was a responsibility of the state. The full meaning of this last provision was underscored in the only partially successful Fisher Act of 1918, which required that all youths 14–18 years of age receive some form of education.

The development of higher education was also affected by religious controversy. Rather than charter a dissenters' university in London or an Anglican rival, King's College, the government chartered the University of London, 1836, as a nonaffiliated and nonteaching body responsible for examining and conferring degrees. At Oxford and Cambridge the Established Church remained in control until 1858, when dissenters were finally admitted, and not until 1871 were religious tests at the 2 institutions totally abolished. Further, to meet increasing demand, some 9 other university colleges besides London and the Anglican Durham University, 1837, were opened in England before 1900. Called "red brick," these nonaffiliated institutions (whose curriculums were designed originally to meet the demands of the special trades of their particular cities) eventually received their own charters (e.g., Birmingham, 1900; Liverpool, 1903; Leeds, 1904; Sheffield, 1905; and Bristol, 1909).

UNITED STATES. When the 13 colonies declared their independence, they already possessed a long and notable educational tradition. Some colonies (e.g., Massachusetts, 1647) had even experimented with compulsory-education laws, and by 1776 the new nation could boast of some 9 colleges (Harvard, 1636). The bulk of this educational activity, however, took place in the semi-theocracies of the northern colonies, where the church was closely identified with the state. Thus the beginnings of modern education in America date not so much from colonial times as from the years directly following the Declaration of Independence, when the church was progressively disassociated from the state, and hence from education. Also, although the Federal Land Grant Ordinances of 1785 and 1787 did contain provisions for education, the control of schools in the U.S. evolved as a function of state rather than federal government. The 1st important laws establishing the right of the state to create a system of "free schools" for all (laws passed over violent religious opposition) were in Massachusetts, 1827; Pennsylvania, 1834; New York, 1867; Connecticut, 1868; and the midwestern states, 1850's. The building of effective systems of public education, necessitated by the advent of Jacksonian democracy (1830's on), was accomplished by the so-called "common school" reformers, e.g., Horace Mann (1796–1859) in Massachusetts and Henry Barnard (1811–1900) in Connecticut. In 1852 Massachusetts became the 1st state to pass a compulsory-education law.

Secondary education, too, expanded in 19th-cent. America. In addition to the traditional Latin schools of colonial times, there arose a multitude of academies which stressed a more modern secondary-school curriculum. By 1850 there were some 5,000 of these schools. From 1860 on, however, the academies were supplanted by the public high school (the 1st established in Boston, 1821), especially after the Kalamazoo Decision of 1874, which held that local school boards did have the right to tax for the maintenance of public secondary schools.

The 19th-cent. witnessed a vast extension of higher education as well. As a result of public demand and religious controversy, hundreds of colleges (most of them denominational and many short-lived) were founded by 1861. The number increased even more after the Morrill Land Grant Act of 1862, which set up public agricultural colleges. Private philanthropy of the Gilded Age resulted in further university growth, e.g., Vanderbilt, 1873; Johns Hopkins, 1876; and Stanford, 1895.

During the Progressive Era a reform movement in education was born. The philosopher John Dewey (1859–1952), who argued that learning must be related to life, was the chief exponent of progressive education. The resultant curriculum reform, begun by the Committee of 10, 1890, culminated in 1918 with the publication of the influential *Seven Cardinal Principles of Secondary Education* (which emphasized civic education) and the passage of the Smith-Hughes Act (which stressed vocational education in the high school).

OTHER WESTERN COUNTRIES. Not all of Europe experienced educational success. In Italy, for example, the Casati Law of 1859, passed originally for Sardinia but later adopted for all of Italy as the basis for that nation's compulsory-education laws, was not very effective; in 1922–23, illiteracy rates ranged from 11% in the north to 70% in the south. The Casati Law also attempted to organize Italy's secondary schools, but they remained in a fairly chaotic state until the Gentile reform of 1923. The most famous of Italy's educational reformers was Maria Montessori (1870–1952), whose pedagogical beliefs roughly paralleled those of John Dewey.

Elsewhere, the European emigrants of the 17th–19th cents. took their educational heritage with them. The 1st schools in Australia (New South Wales, 1803) were Anglican-controlled, and it was not until the Act of 1866 that a free, secular, and virtually compulsory school system was established. Canada was plagued by violent religious controversy. The Quebec Act of 1774 allowed the French Catholic educational system (which began in 1685) to continue, but made no provision to support it. The British North America Act, 1867, placed the control of education in the hands of the provincial governments, but stipulated that they could not interfere with the internal management of parochial schools. Universal free schooling was available in the eastern provinces in 1870, and in the western provinces by 1910.

In Latin America, the educational reform movements prompted by the independence struggles of the early 19th cent. were marked by efforts to remove the church from the classroom and to set up national systems of education. National universities created at this time include Argentina's Buenos Aires, 1821; Colombia's Antioquia, 1822; Peru's Trujillo, 1824; Bolivia's La Paz, 1831; and Chile's Santiago (founded in 1738 but nationalized in 1843). In their efforts to found national systems of education, the reformers of Latin America looked to Europe and America: Argentina's Bernardino Rivadavia and Domingo Faustino Sarmiento, for example, drew their inspiration from England's Lancaster and the U.S.'s Mann, respectively. Argentina, however, was the only South American nation which met with any significant success in eradicating illiteracy.

SPREAD OF WESTERN EDUCATION TO THE NONWESTERN WORLD, c. 1800–1950

The spread of western education to nonwestern peoples came as a result of (1) a direct imposition of European institutions by means of colonization, and/ or (2) an expedient adoption of modern education by a country seeking to defend itself against western military or economic encroachment. As was true for Europeans a century or so before, nonwesterners found western education to be a potent force for modernization.

JAPAN. The seeds of Japan's modern system of education were sown at the beginning of the Tokugawa period when the Shogun Ieyasu issued the Buke Shohatto, 1615, which ordered the samurai to devote themselves to learning as well as to warfare. Soon schools of Confucian learning (imported from China) sprouted throughout the land. Into this state system of education the militaristic shogunate of the 18th cent. infused western knowledge. Convinced that his officers should know something of western military sciences, the Shogun Yoshimune ordered, 1740, 2 of his courtiers to study Dutch and then translate works in that language. To further the cause of translating yet more western writings, the shogunate established, 1811, the Bansho Wage Goyo (Office for Translating Barbarian [i.e., Western] Writings), an institution replaced, 1856, by the more important Bansho Toishirabe-dokoro (Institution for the Investigation of Barbarian Languages). Also, 1856, the shogunate opened the Kobusho, a school of western military science, and 3 years later a western-style naval academy was established. Foreign education penetrated to the local level as well. By 1868, among the 300 or so schools run by the feudal lords, there were some 45 teaching Chinese medicine; 12, western medicine; 29, western studies; 3, Dutch studies; and 6, English studies.

The Meiji Restoration of 1868 signaled an acceleration of Japan's educational growth. In 1868, Keio University was founded; in 1877, out of the shogunate's school for western learning, there sprang the Tokyo Imperial University, the pinnacle of Japan's education system; and, in 1882, Waseda University was founded, the 1st of Japan's private universities. Primary education also received emphasis. The Education Law of 1872 stipulated that all people, regardless of sex or social position, should receive a basic education. Popular education was greatly advanced when Japan's 1st "modern" prime minister, Ito Hirobumi, took office in Dec. 1885. Ito promptly appointed the greatest of Japan's ministers of education, Mori Arinori. Mori, who had traveled extensively in and was impressed by Europe, adopted a German organizational and pedagogical pattern for Japan. The Sino-Japanese War, 1894–95, demonstrated to Japan's leaders the strategic value of heavy industry; and to further its development, a Vocational Education Law was passed in 1894. The Meiji emperor was concerned, however, lest this modernizing of education lead to a westernizing of Japan. In 1890, therefore, an Imperial Rescript commanded that Confucian and Shinto values be made the basis for all education. Except for expansion, the Japanese system of education remained in this form until the American occupation.

CHINA. Traditional Chinese education (formalistic and identified with the political service) remained unchanged from the 14th to the mid-19th cent. The 1st western school (a Catholic seminary) was opened in 1852, and shortly afterward a variety of other missionaries opened western-style schools. In 1861, as a result of increasing commercial involvement, the government established 2 colleges (Canton and Peking) for the study of western languages, and from the mid-1880's it started sending students to America and Europe to study. Not until after the Boxer Rebellion, 1899–1900, however, were there any massive governmental reforms, the most important being the establishment of the National University at Peking, 1902, and the modernizing of the civil-service examination requirements, 1905.

Popular education was a great concern of the Nationalists, who, from 1912 on, established a system of education which closely resembled the American pattern. Indeed, the ideas of the American educator John Dewey enjoyed a considerable vogue in the Nationalist period. The greatest problem facing the exponents of popular education was the simplification of the traditional, and very complicated, system of writing. This problem was partially solved by the introduction of the *pai-hua* ("plain talk") system invented by the philosopher Hu Shih. Using such simplified Chinese, James Yang-ch'u Yen organized a massive government literacy campaign in the 1920's and 1930's. (By 1937, 42% of primary-school-age children were in school.) The number of universities also increased: 47 in 1925, and 108 in 1937. During the 1930's the Nationalists tried to bring all schools (including missionary institutions) under a unified central control. World War II laid waste many schools and universities, but this was only a temporary setback; by 1946, some 60 universities, with some 60,000 students, were in operation. After 1949 the Nationalists in Taiwan established a system of education on the Japanese model, while the Communists on the mainland nationalized all schools.

INDIA. Western education was introduced into India in the 18th cent., when Protestant missionaries (e.g., Danish, from 1705; English Baptists, from 1793) 1st arrived. But not until the rise of British ascendancy over the subcontinent at the beginning of the 19th cent. was education officially sponsored. In 1813, prompted by Utilitarian motives, Parliament directed the English East India Co. to set aside a sum each year for the education of Indians; some 10 years later, the Company set up 2 Committees of Public Instruction (at Madras and in Bengal) to supervise this educational effort. The cause of western education in India received its greatest impetus, however, with the publication of Thomas B. Macaulay's *Minute on Education,* 1835. Eloquently arguing the case for Anglicizing the people of India, Macaulay was instrumental in spreading a system of education in which English was the medium of instruction and literary studies were emphasized. The resulting educational policy was not without its defects: (1) it was not at all conducive to the growth of primary education (in 1905, only 1 village in 5 could boast of a school); (2) it caused a disproportionate growth of secondary schools and universities (1st university colleges: Calcutta, Bombay, and Madras, 1857; Punjab, 1882; Allahabad, 1887); (3) instead of science, it emphasized a literary curriculum which trained students only for a diminishing number of civil-service positions; and (4) it created a special breed of men, at ease neither in eastern nor in western society.

Though the British sponsored numerous commissions of inquiry into the problems of education, it was not until the 20th cent. that anything positive was accomplished in the way of reform. Both the Indian National Congress and the All-India Moslem League were outspoken in their demands for universal primary education and an emphasis on Indian, rather than European, studies. The pace-setting All-India National Education Conference convened by Gandhi at Wardha, 1933, called for the creation of special junior- and senior-level secondary schools in which vocational and technical instruction, and not simply university preparation, would be stressed (a scheme reinforced by the influential Sargent Report of 1944). The Wardha Scheme and the Sargent Report remain the basis of India's present educational system.

MIDDLE EAST. Western education came to the Middle East as a result of both a direct imposition of European control and a conscious adoption by indigenous governments seeking to improve themselves militarily. The latter case is well illustrated by Turkey. During the reign of Selim III (ruled 1789–1807) western education was introduced through military schools staffed with European teachers. During the time of Mahmud II (ruled 1808–39), Turkish students went to study in the capitals of Western Europe for the 1st time, and a Council of Public Instruction was founded, 1838, to lay the basis of a system of public education. In the reign of Abdul Mejid (ruled 1839–61), a reign dominated by the westernized reformer Mustafa Reshid, a modernization plan, the *Gulhanehatti-kumayouni* (which called for education expansion) was drawn up and partially implemented. As a result of the revolt of the "Young Turks," July 1908, the reign of Mohammed V (ruled 1909–18) was marked by a reorganization of military academies and a policy of secularization in government-supported schools. Secularization occurred even more under the republican regime of Mustafa Kemal Atatürk, 1923–38, when even the *medresses* (Islamic colleges) were brought under the Commissariat of Education. Not until 1948 did the Turkish Assembly soften this hard policy of strict separation between mosque and state.

As had been the case in Turkey, so in Egypt the modernization of the educational system was begun locally, though later it received an impetus from direct European intervention. Following the French occupation, 1793–1801, and the British invasion, 1807, Mohammed Ali (ruled 1805–48) was determined to modernize the Egyptian army. By 1820 he had imported a variety of French instructors (notably Col. Joseph Sèves) and opened a military school at Isna. In addition, Ali sent several officers to Europe (principally France) for study. During the reign of Ismail Pasha (ruled 1863–79), who himself had studied in Europe, government schools patterned after the French *lycées* were established. During the period of direct British control of Egypt, 1882–1919, education did undergo some reform: (1) many foreign schools (chiefly missionary enterprises) were opened; (2) the curriculum of higher educational institutions became Anglo- rather than Francocentric; (3) the ancient Islamic university al-Azhar (founded A.D. 970) was modernized by the Mufti Mohammed Abduh, 1899; and (4) Cairo University was opened at Giza, 1908. There were problems, however. As in India, there were too many unemployed westernized intellectuals, and British efforts to spread primary education were feeble and half-hearted.

In much of the remaining Middle East, French influence predominated (e.g., at the University of St. Joseph, founded at Beirut by French Jesuits, 1881, and the Académie Libanaise, Beirut, 1937). The one major exception to this generally French pattern was the American University at Beirut, founded by missionaries in 1866.

SUB-SAHARAN AFRICA. The 1st main thrust of western education was carried to Africa by missionary societies founded as a result of or in reaction to Pietism in Germany and Wesleyanism in Britain, e.g., the Church Missionary Society (C.M.S.) founded by Anglicans in 1799 and operational in West and East Africa; the Swiss Basel Society, active in the Gold Coast from 1828; and the French Society of Our Lady of Africa ("White Fathers"), founded in 1868 and operational in East and Central Africa. Although influential despite their small numbers, the missionaries' educational effectiveness was confined to a very few areas, e.g., Freetown, Sierra Leone, where in 1816 the C.M.S. opened tropical Africa's 1st secondary school, Fourah Bay College, which, in 1876, offered tropical Africa's 1st university courses. The missionaries sought primarily to increase mass literacy so that the Bible could be read, but they did dispense some advanced literary education to a few of their brighter students. By the 1820's Freetown was sending students to Britain to study the classics, and by 1848 some citizens of Dakar were fully assimilated into French culture.

With the onset of imperialism at the end of the 19th cent., education fell into the hands of colonial governments. But because of the problems connected with establishing colonial rule and the demands of World War I, the organization of education remained in a confused state until the 1920's, when Britain, France, and Belgium each issued a policy statement which set the pattern for the modern development of education in tropical Africa. The British statement, prepared by the Advisory Committee on Native Education, 1925, and prompted by the American Phelps-Stokes Commission to Africa of 1921–22, called for (1) primary education in the vernacular, (2) a stress on vocational (especially agricultural) education, and (3) the planning of a comprehensive system of education that was to culminate eventually in university training and at the same time prevent the creation of an unemployed educated elite. The French policy statement, written by R. Antonetti in 1925, largely echoed the British statement except that French, and not the vernacular, was to be the medium of instruction in the primary schools. The Belgian government's statement of 1925 differed considerably, however. Emphasis was placed only on primary education, which, after the Concordat of 1906, was left largely in the hands of the Catholic Church.

The next set of major reforms came during and after World War II. During 1943–45, Britain's Asquith Commission (for West Africa) and Elliot Commission (for East Africa) planned the development of university expansion (Achimota, Gold Coast, 1948; Ibadan, Nigeria, 1948; Makerere, Uganda, 1949; University College, Khartoum, Sudan, 1951), and a British White Paper, *Education for Citizenship,* 1948, called for primary-school expansion. France's educational reforms were initially outlined at the Brazzaville Conference of 1944, at which de Gaulle promised a vast expansion of primary education. In response to African demands, however, technical and secondary education received the main emphasis in the Colonial Development Plan of 1946. Two years later, the University Institute of Dakar was established. Also in 1948, Belgium issued a 10-year development plan which made provisions for academic secondary schools. In 1954, Lovanium was established as the 1st Congolese university.

THE WORLD EDUCATIONAL COMMUNITY, 1945–1968

The 3rd phase in the development of modern education has been in effective operation only during the past quarter-century or so. In this stage, education became less western and more universal in its appeal and application, its problems and potentialities.

A SIMILARITY OF PROGRAMS. As a relatively homogeneous form of modern education settled over the world, the educational policies of the nations exhibited distinct similarities. For one thing, scientific and technical education received a universal stress. In the U.S. this stress could be seen in the increasing involvement of the federal government in education, e.g., in the large number of grants to universities for scientific research both during and after World War II, and in the National Defense Education Act of 1958 (a product of the "Sputnik Crisis"). In the USSR, as a result of the efforts of Professor A. I. Markushevich, among others, mathematics and science instruction received great emphasis after 1950. In 1953, the Moscow School No. 425 was opened as a specialized scientific school for talented youths (by 1969 there were about 100 schools operating on the No. 425 plan), and soon afterward 4 special boarding schools (Moscow, Leningrad, Kiev, and Novosibirsk) were opened for extremely gifted young scientists. Chinese education also stressed scientific study. Both the speech of Vice-Premier Chen Yi, June 1961, and the *70 Articles Concerning Education,* Fall 1961, called for Chinese schools to produce an increasing number of technical experts and not simply revolutionaries. (This policy, implemented during 1961–66, later came under fire during the Cultural Revolution.) In Britain, technical education at a lower level was sponsored by the Education Act of 1944, and at a higher level by the expansion of the Imperial College of Science and Technology, beginning 1953, and the growth, beginning 1957, of some 14 Colleges of Advanced Technology (C.A.T.'s).

Another similarity in programs can be seen in the efforts of virtually all nations to extend educational opportunities to as many citizens as possible. In the U.S. a considerable expansion took place at the post-high-school level: the number of colleges increased from 9 in 1776 to nearly 700 in 1967, while the number of 2-year "junior colleges" (1st one: Joliet, Illinois, 1902) grew from 74 in 1915 to over 700 in 1967. Britain's Education Act of 1944 promised "secondary education for all" and the British evolved a system of "modern" schools roughly comparable to American general high schools. In the USSR, Khrushchev's educational reforms of 1958–59 planned for (1) an extension of the period of compulsory lower-school attendance from 7 to 8 years, (2) the addition of an extra year to the higher-school curriculum, and (3) a 3-year non-compulsory continuing education scheme for students not in a higher school. Developing nations have felt keenly the need to extend a basic education to all their citizens. The Indian Constitution of 1949, for example, laid down the principle (not yet converted into the fact) of compulsory education until the age of 14, and the 1961 Conference of African States on the Development of Education placed a high priority on achieving 100% primary-school enrollment by 1980.

A SIMILARITY OF PROBLEMS. Increasingly, nations have discovered that their educational problems are not unique. The relationship of church, state, and education is an example. In the U.S., although both federal and state constitutions stress the necessity of a separation of church and state (the New York Board of Regents barred all forms of prayer from the classroom, June 1962), the hard line of no aid at all to parochial schools has softened somewhat. The Oregon Decision, 1925, recognized the right of churches to maintain separate school systems, and the Everson Decision, 1947, found that the parents of parochial-school children might legitimately be reimbursed for some educational expenses such as school-bus transportation. The Elementary and Secondary Education Act of 1965 provided some federal financial assistance to church schools. In France, too, as a result of de Gaulle's controversial Law of 31 Dec., 1959, some government aid to the parents of children attending religiously sponsored schools was allowed. In Britain the existence of Voluntary Agency schools was much strengthened by the Butler Act of 1944, which institutionalized a dual system of state and church schools. Even such nonwestern areas as tropical Africa have been troubled by the problem of church schools. Though many nationalists (especially Sekou Touré of Guinea, whose government took over the church schools) have attacked mission schools as agents of neocolonialism, most newly independent African countries have chosen not to nationalize their church schools, so great is the cost of any alternative.

Another major area of controversy is the perennial conflict between educational quantity and quality a conflict which in the USSR and the People's Republic of China has taken on the added flavor of an ideological conflict. In an ideal Communist state all students are treated as intellectually equal, and none should be permitted educational advantages denied to others. But, in practice, many planners in the USSR and China have realized the importance of creating an intellectual aristocracy. Thus scholars of the Soviet Academy attacked Khrushchev's reforms of 1958–59, the effect of which was to water down the scientific curriculum in order to reach more students, and also to place a higher value on practical experience than on academic qualifications in university placement. Similarly, scholars of the Chinese Academy came under attack, June 1966, from the forces of the Cultural Revolution.

RISE OF INTERNATIONAL CO-OPERATION. Despite international education conferences at London, 1851, Philadelphia, 1876, and Brussels, 1880, it was not until 1909 that the Belgian, Edward Peeters, set up at Ostend the 1st permanent International Bureau of Education. World War I, however, suffocated this infant society and not until Dec. 1925 was a 2nd Bureau (still in existence) established at Geneva. In addition, under the auspices of the League of Nations a Committee on Intellectual Co-operation was established, 1922. The events of 1936 onward diminished the effectiveness of this committee, but a Conference of Allied Ministers of Education held in London, Apr. 1944, agreed to re-establish an international education body at the war's completion: the United Nations Economic, Scientific, and Cultural Organization (UNESCO), which was established at Paris in 1946.

International educational co-operation, however, has not been limited to multilateral organizations; many individual governments have furthered its cause. For example, Britain's Colonial Development and Welfare Acts of 1940 and 1945 devoted some £7,350,000 toward the construction of universities and technical institutes; France's Plan for Modernization and Equipment, 1946, called for an over-all development of education in her overseas possessions; and the U.S.'s Fulbright Act, 1946, and "Point 4" program, 1949, called for an international exchange of students and teachers, and recognized the responsibility of industrial nations to give educational aid to developing areas.

Recent events in the field of international educational co-operation have taken on a variety of new forms. The Soviet-American Cultural Agreement, 1958, provided for educational exchanges between the world's 2 most industrialized countries. Former colonial powers continued to aid their former colonies, but in a different way: e.g., France co-ordinated its educational assistance within the French Community, 1958, while Britain channeled assistance through a newly formed, 1964, Ministry of Overseas Development. Many nations that were not themselves great colonial powers began sending educational aid to the developing world. For example, Canadians are presently teaching in West and East Africa; Chinese and Soviet teachers are now, or have been recently, instructing in Guinea, Ghana, and Tanzania; and the U.S., through the Agency for International Development, 1961, the Peace Corps, 1961, and the International Education Act, 1966, has extended educational assistance into virtually every corner of the "3rd World."

THE REVOLUTION IN SCIENCE

The Philosophical Outlook of Post-Newtonian Science

CARTESIAN DUALISM. From Descartes (1596–1650) to Kant (1724–1804), science and philosophy groped hand in hand for a viable exit from the labyrinth of the mind-body problem set up by Descartes. Cartesian dualism, fully developed in the *Principia philosophiae,* 1644, was a congenial inspiration for scientific methodology, though a metaphysical monster. To treat the physical world as body alone was, for Descartes, to reduce phenomena to extension and motion. This, in turn, should permit a complete mathematization of physics. However, Cartesian mathematics and Cartesian physics were never wedded in the philosophical restatement of Galileo's practical program for physics. Galileo described specific terrestrial motions in detailed mathematical language in his *Discorsi,* 1638. Descartes outlined a universal dynamics, which by its very nature could not be set out satisfactorily in quantitative terms; even the 2nd book of Newton's *Principia* showed the impossibility of developing successfully a fluid mechanics capable of justifying the Cartesian vortexes in mathematical terms. Nonetheless, it was the authority of Descartes more than any other single writer which set the tone and temper for science of the Newtonian era.

Concentrating on body apart from mind was to center on matter alone (in terms of motion and extension). Only the rational soul of man qualified as an inhabitant of the realm of mind. All other activities of living beings could be explained through material actions. The details of these material actions were to be perceived by rules laid down in the *Discours sur la méthode,* 1636, modeled on the methods of Greek geometry and theoretically available to anyone. The method aimed at eliciting clear and distinct ideas about things. Clearness and distinctness led to an assurance of reality; they also led to a determination of true qualities. The only qualities sufficiently clear and distinct were the mathematical ones, extension and motion. This reductive materialism can be found in Galileo's *Saggiattore,* 1623, and in extreme form in Hobbes's *De corpore,* 1655. The complete separation of mind from body led not only to materialism in physics but also to mechanism, since dynamics (physical causality) was of primary concern to Descartes. Purposely eschewing all spiritual and occult forces, he laid out a physics designed to yield clear and distinct cognition of simple causative processes, viz., mechanical, "billiard-ball" situations.

MECHANISM. Mechanism, the primary legacy of Descartes to his scientific contemporaries, spurred both practical and theoretical researches in physics. Since material contact of bodies was the *sine qua non* of a mechanistic model, the problem of impact was the leading question of the day for physicists. Despite their disavowal of Aristotelian-scholastic thought, Cartesians were forced to introduce subtle (ethereal) matter in the place of supposed vacuums. The alternative was empty space through which physical forces were still propagated—such mysterious occurrences could not be allowed! The work of Boyle in pneumatics registered aversion to the existence of an absolute vacuum. In the investigations of Christiaan Huyghens (1629–95) on the nature of light and of gravity, the apex of mechanistic physics was reached. He followed Descartes in analyzing light in terms of impulse transmitted through subtle matter. He surpassed Descartes in developing a theory of "gravific" subtle matter in a spherical vortex; the weight of a body corresponded to the centrifugal tendency of its component subtle matter. In the preface to the 2nd edition, 1713, of Newton's *Principia,* Roger Cotes placed the Cartesian mechanists between the scholastics and Newton in scientific method with the following words: "These [Cartesians] supposed all matter homogeneous, and that the variety of forms which is seen in bodies arises from some very plain and simple affection of the component particles; and by going on from simple things to those which are more compounded, they certainly proved right, if they attribute no other properties to those primary affections of the particles than nature has done. But when they take a liberty of imagining at pleasure unknown figures and magnitudes, and uncertain situations and motions of the parts; and, moreover, of supposing occult fluids, freely pervading the pores of bodies, endued with an all-performing subtilty, and agitated with occult motions; they now run out into dreams and chimeras, and neglect the true constitution of things. . . ." Here Newton parted with the mechanists though he sympathized with their enterprise. For him mechanism was an hypothesis, not a program in physics. Even so, he showed hopes in the General Scholium to the *Principia* that eventually a fully mechanical model of the world might be conceived on the basis of experimental physics.

ABSOLUTISM. Newton was not without metaphysical assumptions. In his absolutist notions of space and time he showed the effects of mechanistic materialism. With matter and motion related mathematically, science moved teleological explanation and the use of secondary qualities to a different level of discussion. This naturally led to preoccupation with space and time. Since Descartes, science had been presented with the idea of space as something primary. The Platonist Henry More (1614–87) made it clear that extension need not be equated with matter, and that extension, or space, is real even though uninhabited by matter. Space, in fact, became divine (not deity) in More's view, and possessed the qualities of unity, simplicity, eternity, perfection, incorruptibility, and pure actuality. Like the Jewish mystics, More identified space with God's omnipresence. His influence on Isaac Barrow (1630–77) showed in the latter's geometrical Platonism, and more especially in a common notion of space. Barrow, Newton's mentor, saw space as the presence and potency of God. As a mathematician and physicist he went on to deal with time as well as space, both entities being necessary to motion. "Time," asserted Barrow, "does not denote an actual existence, but simply a capacity or possibility of permanent existence . . . whether things run or stand still, whether we sleep or wake, time flows in its even tenour." Motion served only as a measuring stick for time. In space and time as divine absolutes, Barrow saw the source of mathematics' certitude and lucidity.

Ignoring the religious overtones of his teacher, Isaac Newton (1642–1727) retained the absolutist views of space and time, even attempting to demonstrate the difference between absolute and relative acceleration in his famous bucket experiment. Observing that water spinning in a bucket takes the same shape whether the bucket be moving or still, he concluded that the operative forces cause an accelerated motion relative to absolute space. Not until Ernst Mach (1838–1916) did anyone point out that the water accelerates with respect to the fixed stars, i.e., some other reference frame, not absolute space.

EXPERIMENTALISM. Before Newton, experimentation had usually been called upon for individual cases in evidence rather than for conclusive proof.

The growing interest in experimental approaches to physics was fostered primarily by Francis Bacon (1561–1626) and René Descartes. Bacon, impressed by the image of the craftsman creating tools to control nature, took this image as a key in his program for reforming society through science. Descartes, in less extensive manner than Bacon, set up the craftsman's experience as something close to his clear and distinct ideas necessary for scientific knowledge. In both cases, and generally among succeeding physicists, the experimental approach had meaning only in terms of a dehumanized nature. With the magical element absent from nature, control through rational, manual manipulation made sense. Mechanistic materialism was both symptom and partial cause of this trend. Only through this new philosophical outlook of the 17th cent. did the influence of the craftsman pervade scientific theory and lead to an emphasis on experimentation. Through the programs of scientific academies, e.g., the Accademia del Cimento in Italy, there occurred systematic experimenting on problems such as atmospheric pressure. A leading experimentalist prior to Newton was Robert Boyle (1627–91), but his work was not always systematic, nor was there in it the nice relationship of theory and data found in Newton's work. With Newton, especially in the *Opticks,* a new standard was set for the use of experimental evidence in scientific argument. Theory became dependent primarily upon systematic experiment. This novel view was so unusual that only the Frenchman Pardies among his many critics came to recognize Newton's "New Theory of Light and Colours" as a simple statement of observations. Much given to speculation in more informal contexts, Newton resisted indemonstrable hypotheses in his formal work on optics and mechanics. He saw action-at-a-distance as the result of ignorance of causes, not as a positive hypothesis about nature. The success of Newtonian physics, coupled with the new scientific philosophy, made systematic, experimental science the only respectable sort. The 18th cent. saw a large body of technical and sophisticated experiments devised to particularize and extend Newton's theories; one example was Cavendish's determination of the value of the universal gravitation constant.

THEORIES OF KNOWLEDGE. The epistemology accompanying the new scientific philosophy incorporated the same elements, viz., dualism, materialism, and mechanism. Very few systematic philosophers espoused all these elements, but they formed the central problems in 17th- and 18th-cent. theories of knowledge. Cartesian dualism sprang from Descartes' concern over confused ideas in the mind. Since these perturbations could not be from God, they must be from a non-mental source, the body. The bodily senses were capable of materialistic and mechanistic explanation. Only the human reason, receiving and recognizing clear and distinct ideas, was free of mechanism. These innate ideas were intuitive, rational truths, their reality hanging upon the reality of the ultimate idea, God. On clear and distinct ideas Descartes believed it possible to build certain knowledge. His followers overemphasized the deductive side of the system, and saw in it a geometrical, demonstrative sort of method. As such it inspired skepticism and mysticism in men like Pascal, who saw that metaphysics and empirical studies could never attain the certitude of Euclidean geometry. Spinoza (1632–77) carried the so-called Cartesian method to perfection in his *Ethica,* where a totally Euclidean system of demonstration appeared. In this line of thought Spinoza influenced many, from Leibniz in metaphysics to Pufendorf in political theory.

Spinoza's epistemology solved the mind-body problem by dissolving it: he saw body and soul as 2 aspects of the same reality. The universe, both physical and mental, was described in terms of substance, attributes, and modes. Knowledge of the universe proceeded through 3 grades—opinion, reason, intuition. Observation of particulars gained significance only when such knowledge cohered in a system of truth. Harmony, rather than external correspondence, was the test of truth. His monistic epistemology and ontology determined Spinoza's commitment to a strictly demonstrative methodology, leading from the unitary essence of God to all things.

John Locke (1632–1704) aimed his denial of innate ideas at Platonists like More as much as at the Cartesians. Stressing the empirical grounds of knowledge, Locke conceived the "blank tablet" (a phrase going back to Aquinas) of the mind as gaining knowledge through simple and complex ideas. Simple ideas derived from sensation and reflection, complex ideas from combinations of simple ones. His indecision on the degree of self-activity possessed by the mind during the relating of simple ideas allowed a variety of developments in his name by later philosophers. Also, despite his attempt to leave the existence of inner experience independent of outer, he made sensation so clearly the root of reflection that complete sensualism was the ultimate derivative of his system. It is notable that this 1st systematic attempt at empiricism in modern philosophy, 1690, appeared just 3 years after the 1st systematic attempt at empiricism in modern science—Newton's *Principia*.

George Berkeley (1685–1753), bishop of Cloyne, showed the direction which Locke's views, controlled by Cartesian dualism, were to take. If there is a strict division of mind and matter, Berkeley maintained, then all direct attempts at correlation of sensation and the external world are doomed. Complete certitude is present, according to Descartes, Locke, and Berkeley, only in intuitive knowledge. But Descartes and Locke saw the possibility of an intuition of substantial reality; Berkeley showed that only perception, not an object of perception, can be intuited. Like Hobbes, Berkeley disproved the conception of corporeal substance, yet through nominalism he ended up with no reality beyond perception. Only his development of a spiritualistic metaphysics led him to posit the reality of anything beyond perceptions.

While Berkeley disposed of the Cartesian realm of body in favor of mind, with finite spirits receiving ideas from the infinite spirit, his successor David Hume (1711–76) carried empiricism to its logical end, viz., that neither spirit nor body can be shown to have any objective existence. Both Berkeley and Hume demolished the reality of abstract ideas: both recognized them as general names for groups of individual perceptions. A completely consistent nominalism led Hume to deny reality to mind as well as body; both were no more than complexes of perceptions. The only certain knowledge for Hume was pure mathematics, precisely because it concerns only the possible relations between contents of ideas. Hume's positivistic stand led also to a denial of any perception of cause and effect. The causal relation is no more than an imposition upon what is really sequence and nothing more.

The French temper was more receptive to this positivism than was the English. Étienne Bonnot de Condillac (1715–80) nicely represented the spirit of the French Enlightenment with his positivistic synthesis of sensualism and rationalism. Its sensualistic basis depended on a popular materialism. The detailed development of Condillac's views involved relations of ideas, science being only the result of various transformations of ideas. Simple composition and decomposition sufficed to explain all signs of ideas, thus all knowledge.

By the end of the 18th cent. the various issues raised by Descartes concerning knowledge of the external world had all seen development. Both empiricists and rationalists turned more and more to a recognition of the radical separation of the intellect from the outside world. That mental activity, rather than external reality, was the basis of knowledge emerged in such different philosophies as those of Leibniz and Hume.

OPTIMISM OF THE ENLIGHTENMENT. The optimism of the Enlightenment resulted from all the trends discussed above. The new scientific philosophy's most general impact was a guarantee of certitude. Whether through idealism or materialism, the scientific and philosophical outlook of the period suggested that now, as Pope said of Newton, "all was light." Mechanism in science and determinism in philosophy were taken as favorable signs. In England, the Newtonian universe seemed to prove deism and rational religion in general. The geometrical metaphysics of Spinoza and the harmonic monadology of Leibniz had optimistic outlooks—one for knowledge, the other for ethics. German rationalism led, in the person of Alexander Baumgarten, to a science of aesthetics. Christian Wolff applied the geometrical method of Spinoza and Leibniz to pedagogy in general. Materialistic mechanism was carried to its physiological extreme of mechanistic biology by the physician Pancratius Wolff in Germany along with Hartley and Priestley in England. Heinrich Lambert turned Locke's distinctions, in a more sharply conceived formulation, to good use in the measurement of intensity of illumination of light (*Photometria,* 1760).

The interest in sense perception and its systematization is apparent in the careful aesthetic distinctions of Lessing's *Laocoön* and the sensual bases given to mathematics by Rüdiger and Lossius. La Mettrie's *L'Homme machine* expressed the popular currency in French thought of a strictly materialistic and mechanical world in biology as well as physics. Voltaire increased the popularity of skeptical sensualism with his *Lettres sur les Anglais,* and literature saw the theory canonized in Diderot's *Rêve d'Alembert.* Condillac's brand of empiricism was recognized as the only philosophy by the government during the French Revolution; these views were called "ideology," i.e., the only worthwhile ideology in epistemology, by Destutt de Tracy. Sensualism and mechanism advanced to the extent that Laplace felt free to reply to the emperor that he had no need for the "hypothesis of deity."

Only toward the end of the 18th cent. did disillusionment with the great empirico-rational synthesis of the era appear. Leibniz' concern with feeling was accentuated by Herder in his essay on the soul. The failure of mechanistic biology appeared in the more rational objections of Kant as well as in the mystical tracts of Oken and Schelling. In France, Rousseau's *Émile* and *Nouvelle Héloise* registered the failure of positivistic and mechanistic methods for the improvement of society. The optimism of the 18th cent. was finally swallowed up by the French Revolution.

Astronomy and Cosmology

NEWTON. Newton's *Principia,* 1687, was based upon the establishment of the law of gravitation. The basic relevant problem, as put to Newton by Halley in 1684, was the shape of a planetary orbit wherein the centripetal force varied inversely as the square of the distance from the central body. Newton's proof that conic sections all describe paths involving such a force appeared formally in the 1st 4 sections of the *Principia.* His claim to have worked this out 2 decades earlier remains unproven by external evidence. The problem of mathematically resolving the attraction of a massive body into an attraction by a mass point at the center may have kept him from making his discovery known earlier; this problem was solved by 1686. Positive scientific advances necessary to the law of gravitation, 1st based on the moon's motion, were Galileo's law of falling bodies, Kepler's laws of planetary motion, and Huyghens' law of pendulum motion. To these Newton added basic definitions (primarily mass) and axioms (his 3 laws of motion) plus a highly inventive mathematics. On the basis of fluxions (p. 907, below) Newton blended successive finite rectilinear figures into successions of infinitesimals forming smooth curved surfaces. The 3 books of his major work respectively deal with the motion of bodies *in vacuo,* the motion of bodies in resisting media, and the mathematical system of the world. The *Prin-*

cipia itself proceeds in the form of Euclidean geometry, while employing a mathematics foreign to Greek geometry. For both reasons the *Principia* could never serve as a textbook. Its form was too monumental and its mathematical reasoning was too intuitive. The subsequent development of calculus left the *Principia* standing as a lone pinnacle of human ingenuity and philosophic brilliance, but earthbound by a ponderous mathematics.

BRADLEY. The Newtonian synthesis gave rise to 2 centuries of observational and theoretical developments in astronomy and cosmology. Virtually all of these were elaborations or applications of Newtonian mechanics. James Bradley (1693–1762), 3rd Astronomer Royal, attempted for some time to give the 1 ironclad proof of the heliocentric hypothesis—observation of parallactic displacement of the stars, resulting from the earth's motion in its orbit. When he found the star Gamma Draconis to change as much as 40 min. in position, 1725, he realized that this maximum parallactic displacement should have occurred at a different time of the year than the motion observed. But only in 1728 did astronomical aberration of light occur to him as an explanation. Involving the presumed motion of the earth in its orbit, the explanation depended upon the variations in speed and direction of the earth relative to the light coming from the star. Aberration suggested the heliocentric hypothesis almost as strongly as parallax; only a revolving earth would account satisfactorily for the phenomenon.

In the observations basic to his discovery of aberration, Bradley reported some minor variations not due to this cause. Between 1727 and 1747 he investigated the possibility that the influence of the moon's nodes (intersections of the lunar and earthly orbits) might cause the minute variations. After correlating changes in the moon's orbit with stellar displacement for the 19 years of a lunar nodal period, he showed that nutation accurately accounted for the data. Nutation, an irregularity in the motion of precession, is made up of many gravitational effects, but that identified by Bradley in 1748 is of primary importance. It gave observational evidence of Newtonian gravitational effects of other bodies upon the oblate spheroid of the earth.

KANT. Use of Newtonian mechanical principles was made in a speculative fashion in *Allgemeine Naturgeschichte und Theorie des Himmels,* 1755, published anonymously by Immanuel Kant. Thomas Wright's idea of a disklike form for the Milky Way provided Kant with a basis for hypothesizing an infinite system of such galaxies. Contractions in the rotating nebular disk were made the scientific explanation for the creation and motions of planets, satellites, and rings. This manifestation of 18th-cent. rationalism made Newton's scientific reasons for theism less compelling.

CLAIRAUT. Comets, while generally explained by Newton, still posed problems in astronomy. Alexis Claude Clairaut (1713–65) began theoretical computations on the expected perturbations in the motion of Halley's comet, due to reappear sometime from 1757 on. After laborious computations he reported late in 1758 that Saturn and Jupiter had retarded the comet's motion 100 and 518 days respectively. His resultant prediction for the perihelion of the comet was just 32 days later than the actual occurrence, a margin of error he had explicitly anticipated. This prediction gave another support to the Newtonian gravitational theory on which it was constructed.

BODE. In 1772 Johann Elert Bode (1747–1826) put forth a strange law intended to give some mathematical (not physical) meaning to the positions of the planets. Drawing the law from a recent footnote by J. D. Titius, Bode gave a series of integers representing the locations of the known planetary orbits. Starting with Mercury as zero, the series assigned the consecutive integers to the known succeeding planets (almost) in the general formula Radius $= 0.4 + 0.3\ (2^n)$. This worked well until $n = 5$, for which no planet existed. When Herschel later discovered Uranus, which fitted into position $n = 8$, a body for $n = 5$ was searched for, and the asteroids were discovered. Neptune was later discovered under the impetus of Bode's law, but its 20% deviation combined with Pluto's 50% deviation showed that the "law" was ultimately numerology.

HERSCHEL. Apparently without stimulation from Bode's law, William Herschel (1738–1822), in examining a section of Gemini with his self-made, superior telescope, noted a body moving along the ecliptic at about 1 min. per day. Since it could be easily magnified and had no tail, his final conclusion was that a new planet had been found. After computing the whole orbit, he found it to be 19 times larger than the earth's orbit. His attempt to name it for King George was ultimately thwarted by foreign insistence on the name Uranus.

In 1784–85 Herschel published 2 papers *On the Construction of the Heavens.* His extensive experience with telescopes brought him to the conclusion that galaxies were simply groups of small stars. He assumed the stars to be equally luminous and essentially equidistant from each other; on this basis he computed the depth of the Milky Way by counting the stars in the field of his telescope. The result was a given magnitude of the galaxy in terms of a mean distance between stars. The dynamic aspects of the universe he drew up in terms of a clustering tendency in nebulae, with the Milky Way as one example of such nebulae. His speculations evolved over the next decades so that in 1811 he maintained that distant, small nebulae were not results of agglomeration but rather the primitive state of thin nebulous matter from which cosmic evolution took place. Herschel's German-bred rationalism, evident in these theoretical works, was not received sympathetically at the Royal Society or the major universities of England.

LAPLACE. Pierre Simon de Laplace (1749–1827) was comparable to Newton in depth and breadth of genius in physics. While owing much to the simultaneous attentions of Lagrange to the same problems, Laplace completed and generalized the theory of lunar and planetary inequalities. Beginning with the distinction of secular and periodic inequalities of motion, he finally realized, 1784, that the perturbations in the orbits of Jupiter and Saturn were periodic, not cumulative, over a long time. Since the times of revolution of Jupiter and Saturn are not quite commensurable (in terms of small whole numbers), disturbances in their motions were found to be repetitive in cycles of about 900 years with a rather appreciable, 3rd-order inequality. In his paper on the long inequality of Jupiter and Saturn, Laplace set down 2 significant relations for planetary motion. With respect to eccentricity he declared: "If the mass of each planet be multiplied by the square root of the axis of its orbit and by the square of the eccentricity, then the sum of these products for all the planets is invariable save for periodical inequalities." For inclination he gave an exactly similar law. It is notable that these statements establish funds of eccentricity and of inclination, which the planets collectively can never overdraw; if one increases its eccentricity, another's decreases.

In line with his discovery of apparently complete periodicity of planetary inequalities, Laplace found, 1787, the so-called secular acceleration of the moon's mean motion to be cyclical as well. He showed that a slowly decreasing eccentricity of the earth's orbit results, via the sun's influence, in acceleration of the moon's average rate of motion. Both variables he proved to be periodic: earth's orbital eccentricity would ultimately begin to increase, and the moon's motion would show deceleration in response.

With the publication of *La méchanique céleste,* 1799–1825, Laplace systematized his various discoveries into a tour de force of scientific and philosophical optimism. The concept of periodic variations was central to his universe, as it thus became predictable, certain, and essentially unchanging. (However, it should be remembered that his mathematics involved neglect of certain small quantities.) To Laplace it seemed that Leibniz' image of a perfectionist clockmaker was more correct than Newton's version of a deity occasionally resetting and rewinding his timepiece.

GAUSS. Karl Friedrich Gauss (1777–1855) added to the mathematical regularization of the solar system by publishing, 1809, a method for calculating the orbit of a planet from 3 complete observations. Each positional observation involves right ascension and declination. The 6 equations based on 3 pairs of such elements allowed quick calculation of bodies difficult to observe. When Ceres, the 1st of the asteroids, was discovered, 1801, it was lost after a few weeks. Gauss applied his method to predict its orbit, and the planetoid was rediscovered about a year later very near the predicted position.

LEVERRIER. Jean Joseph Leverrier (1811–77) represented both the zenith and the nadir of Newtonian mechanics. On the basis of utter faith in the classical system, he considered it necessary to posit, 1846, an unseen planet beyond Uranus to explain the latter's perturbations. Using Bode's law and computations based on the Uranian inequalities, Leverrier assigned a position within 1° of that 1st observed for Neptune later in the year. Unfortunately for the Newtonian system, Leverrier then turned to the observation of 38″ advance in the perihelion of Mercury. His reasoning for the existence of Neptune to explain problems with Uranus was reapplied with disastrous results. The prediction of an intra-Mercurial planet, christened Vulcan, led to a great search and ultimate failure. The presumption of an ironclad Newtonian system was tacitly dropped by Asaph Hall (1829–1907), who suggested a slight departure from the Newtonian inverse square law to explain Mercury. It only remained for Einstein to suggest a more significant departure.

EINSTEIN. The paper of Albert Einstein (1879–1955) on "Die Grundlage der Allgemeinen Relativitätstheorie", 1916, predicted a perihelial advance of 43.03″ ± 0.03″. The amazing correlation between this theoretical statement and observational data served to establish the general theory of relativity's point that the correct form of laws of nature is independent of the motion assumed for the observer. For Mercury's perihelion the theory worked on a basis of the square of the ratio of the planet's velocity and the velocity of light; for other planets the result would be so small as to indicate an imperceptible motion. In 1917 Einstein indicated the cosmological usefulness of general relativity theory. With gravity reduced to local curvatures, produced by matter, in space-time, the primary object of investigation became space itself via non-Euclidean geometry. Since space has a positive curvature in terms of attracting matter, the universe must have a finite content. The model of the universe set out by Einstein, as well as Willem de Sitter's variation on Einstein's model, was static. However, the equations used in the model require a situation without equilibrium. Succeeding cosmologists have generally recognized an expanding universe.

HUBBLE. Edwin P. Hubble (1889–1953) gave some sense of observational order to the concept of an expanding universe when he demonstrated, 1929, that receding nebulae observed by Slipher and Shapley were moving away from us with a regular, linear increase in velocity. The shift toward the red end of the spectrum in analyses of nebular light indicated tremendous outward velocities and millions of light-years in distance.

EDDINGTON. Arthur S. Eddington (1882–1944) 1st computed the forces involved in the massive bodies of radiant stars. For the sun he found a central temperature of 18 million degrees and a central pressure of 9 billion atmospheres. In *The Internal Constitution of the Stars,* 1925, he set out the mass-luminosity law, showing that stellar luminosity is entirely determined by mass and quite independent of the diameter of stars. Eddington had assumed that stellar matter behaved like a perfect gas. When he found no contradictions to this assumption, even in dense dwarf stars, it became evident that centrally located stellar atoms had lost outer electron shells through ionization and thus moved freely despite the extreme internal density of stars like the white dwarfs. Eddington's work on the interior construction of stars has been basic for subsequent cosmology.

MILNE. E. A. Milne (1896–1950) was responsible for an alternative view, developed from 1932 onward, of the cosmos based upon special rather than general relativity theory. Deriving space measures from observable time measures, he constructed a system with every member surrounded by an infinity of others receding with linear increase in velocity. The outermost move with the speed of light and are inaccessible, since the measuring standard (light) puts them an infinite distance away. Nonequivalent particles gather around equivalents to form nebulae. Abandoning the tensor equations of general relativity, Milne made natural laws invariant in transformations between equivalent observers according to special relativity. Though attempting to obviate ambiguities in applications of the general theory, Milne could not easily encompass certain features of gravitation, and his theory has remained peripheral to the major trend in cosmology.

THE EXPANDING UNIVERSE. The problems with which Milne was grappling are the essential characteristics of the cosmic model of Jules Lemaître (b. 1894), proposed in 1927 and developed by himself and George Gamow (b. 1904) since then. Lemaître's expanding universe theory develops from the instability of a world in Einstein's general relativistic model. Galaxies diverge outward from a "primeval atom" because their matrix, space, is constantly expanding with a broadly homogeneous distribution of "matter" therein. The equation of matter with geometrical features of space-time, and the meaning of homogeneity in such a model, prodded Milne to attempt a reformulation of the assumptions of cosmology.

THE "STEADY-STATE" THEORY. The general relativity universe involved certain conclusions which divided theorists in the 1940's. According to orthodox theory, the expanding universe must have had a point of singularity—a point when the density of the universe was infinite. Largely in reaction to this theoretical requirement, the "steady-state" version of the expanding universe was proposed by Hermann Bondi and Thomas Gold in 1948; Fred Hoyle and William McCrea remodeled it in accord with relativity theory. Such a universe had no beginning and in its expansion was constantly forming new galaxies from hydrogen created in the gaps resulting from expansion. The singularity was thereby obviated, allowing a time-independent mean density as well as other time-independent properties.

QUASARS. Difficulties arose for the steady-state theory in the 1960's with the newly discovered significance of cosmic radio sources. As early as 1931 the appearance of radio signals in space was noticed. After World War II the improved techniques of radar were applied to obtain positions for radio sources in order to direct optical telescopes to these sources. In this way the 1st visible radio source, the Crab Nebula, was discovered, 1949. In the 1950's a number of strong radio emissions were found to correspond to weak light sources and were christened quasi-stellar objects, or quasars. Working in 1962 with the spectrum of one of these objects (3C 273), Maarten Schmidt 1st noted the red shift in quasar spectra. Since then quasars have been observed with red shifts indicating recession speeds over 80% the velocity of light. According to steady-state theory, such objects must be at noncosmological (intragalactic) distances. But it has been found that 3C 273, at least, shows radio emission passing through the Virgo cluster of galaxies, about 40 million light-years from earth. Only if the red shifting is of non-Doppler origin can quasar data fit into steady-state theory.

BLACK-BODY RADIATION. The detection of cosmic black-body radiation, 1965, has been a major blow against the steady-state concept and in favor of some form of "big-bang" theory. About 1950 Gamow spoke of a very dense, extremely hot, early stage of the universe, from which an outward explosion took place. The original thermonuclear explosion would explain the large amount of helium observed today relative to hydrogen. From such an early stage, time would allow the passage to a state of equilibrium between matter and radiation having a black-body spectrum. Such a spectrum would continue and the only change during expansion would be cooling of the radiation. Recent calculations and observations have arrived at a temperature of 3° Kelvin for the current stage. According to steady-state theory there is no explanation for the apparent ubiquity of black-body characteristics of the spectra over a wide range of wave lengths. The theory would seem to demand new radiation with newly created matter, and this new radiation would not be uniformly black-body. Further observation of cosmic black-body radiation, with respect to its uniformity and universality, and with respect to other cosmological characteristics, such as an isotropic universe, will have much to say about the fate of present cosmological theories.

Mathematics

BERNOULLI BROTHERS. When Newton (in the 1660's) and Leibniz (in the 1670's) evolved the calculus, numerous mathematical problems suggested themselves. The Bernoulli brothers, Jakob (1654–1705) and Johann (1667–1748), both found inspiration in the mathematics of Leibniz and corresponded with him. They worked out most of the material contained in modern elementary texts on differential and integral calculus. Superior to his brother in critical power, Jakob followed Leibniz' more cautious view of infinitesimals as only potentially existent. The infinitely small he saw as "a perpetual fluxion toward nothing." Viewing the differential as variable, Jakob associated the calculus more with the method of limits. Johann, the more imaginative, adhered to the more philosophical side of Leibniz on infinitesimals and considered them to be actual. Rather than work toward a limit concept, he considered increase by an infinitesimal to be no increase at all, thereby making omission of higher-order differentials the fundamental procedure. It was, however, partly on the basis of Johann's unpublished treatise on differentiation, 1691–92, that L'Hospital wrote his *Analyse des infiniments petits,* 1696, the 1st published textbook on the subject. L'Hospital's text was highly influential in spreading the new techniques.

TAYLOR AND MACLAURIN. Brook Taylor (1685–1731) is remembered chiefly for his series for $f\ (x + h)$, published in 1715. His *Methodus incrementorum* interpreted ratios of fluxions in terms of finite differences of moments. Colin Maclaurin (1698–1746), in his *Treatise on Fluxions,* 1742, attempted to satisfy the complaints of Berkeley's *The Analyst,* 1734, against the new analysis. Maclaurin therefore abandoned the infinitesimal as well as Taylor's algebraic tendencies in analysis; instead he developed geometrical demonstrations of analysis, omitting all notation of fluxions until the end of his treatise. His notion of instantaneous velocity for a variable motion was in terms of "the space that would have been described if the motion had continued uniformly" from the reference point. Maclaurin did not conceive of any such notion as the limit of an average rate of change as the intervals approach zero. His elegant geometry was much admired, but it obscured the greater promise of an algebraic approach.

EULER. Leonhard Euler (1707–83), despite his naïve notions of infinity and continuity, contributed extensively to the development of calculus by means of a new, formalistic approach. He freed the new analysis from geometrical limitations by making the subject into a formal theory of functions. Systematically he studied and classified the elementary functions plus their differentials and integrals. In the use of infinite series, Euler warned others to be careful with divergent series, yet made such statements as $1 - 1 + 1 - 1 + \ldots = 1/2$. His contributions to trigonometry, theory of numbers, analytical geometry, and other fields all bear the mark of his genius for formalization.

D'ALEMBERT. Jean-le-Rond d'Alembert (1717–83) refused to consider Newton's prime and ultimate ratios of quantities literally, but rather as limits of quantities. Strictly speaking, he decided, the variable quantity only approaches its limit rather than ever coinciding. The differential was simply the limit of ratios of finite differences of 2 variables. D'Alembert likewise defined 2nd- and higher-order differences in terminology similar to the concept of limiting ratios. His geometrical analogies, however, involved paradoxes which dissuaded many mathematicians from abandoning the older view of actual infinitesimals. In various dynamical applications of the differential, he introduced—along with Daniel Bernoulli—the use of partial differential equations.

LAGRANGE. Joseph Louis Lagrange (1736–1813) avoided the imprecise conceptualization of limit given by d'Alembert, turning to Euler's function concept. In so doing Lagrange focused attention on the derivative (*fonction dérivée*). The use of Taylor's series, with some care for considerations of convergence, was basic in Lagrange's work; he assumed that all functions allow such a series expansion. Noting that the coefficients of the powers of h in the series involve the ratios of differentials and fluxions, he saw definition of differentials and fluxions in terms of these coefficients as a way to avoid introducing limits or infinitesimals. The result was a useful, formalized calculus, based on algebraic method. In his *Méchanique analytique,* 1788, the full power of his calculus of variations (developed in 1760–61) appears, with its unification of the varied principles of statics and dynamics.

LAPLACE. In contrast to Lagrange, Laplace (p. 904, above) saw mathematics purely as a tool for solving physical problems. This is evident in his *Méchanique céleste,* which introduced the potential function in the form of a partial differential equation applicable to gravitation, electricity, and magnetism. His *Théorie analytique des probabilités* was based on the method of generating functions, which treated successive values of any function as the coefficients in the expansion of another function with reference to a different variable; the latter is the generating function of the former. Laplace also showed that the most advantageous method, in terms of minimum mean probability of error, for reducing many equations of condition to the number of unknown quantities to be determined was the method of least squares. In general, Laplace synthesized and formalized all prior knowledge on probabilities in a highly original and creative way.

LEGENDRE. Adrien Marie Legendre (1752–1833) made his contributions in the shadows of Laplace and Lagrange. His work on elliptical functions, 1825–26, started with Euler and Lagrange and left the subject in a state unchanged for another 40 years. Beginning with an integral depending upon the square root of a polynomial of the 4th degree in x, Legendre showed that such integrals reduce to 3 canonical forms. In number theory, his other abiding fascination, he did important work, crowned by the theorem of quadratic reciprocity. His formulation, 1806, of the method of least squares was useful to Laplace in probability theory.

GAUSS. Karl Friedrich Gauss (1777–1855) represented a turning point in the history of mathematics. For men like Laplace and Lagrange, mathematics had the service of science as its highest goal. Gauss, while still influenced by this older view, maintained that mathematics was the "queen of the sciences." Especially in number theory was Gauss's genius radiant. His *Disquisitiones arithmeticae,* 1801, gave the 1st rigorous proof of the so-called fundamental theorem of algebra, i.e., that every algebraic equation with real coefficients has at least 1 root and therefore n roots. His 3rd proof of this involved complex integrals. With the theory of quadratic residues, Gauss 1st introduced into number theory complex numbers of the form $a + bi$. This was extended, 1831, into an arithmetic as well as an algebra of complex numbers. Gauss gave remarkable clarification to the notion of complex numbers by representing them by points in a plane. Though contributing important work in calculus of variations, geodesy, etc., Gauss made his most striking discoveries in the realm of arithmetic, his "queen of mathematics."

FOURIER. It was Joseph Fourier (1768–1830), an active participant in the French Revolution, who called attention to the need for rigor in pure mathematics. His *Théorie analytique de la chaleur,* 1822, based on investigations of the propagation of heat in solid bodies, is the source of modern methods for the integration of partial differential equations with fixed boundary values. Objections by Lagrange to the theory did not disturb Fourier, who trusted to his physical intuition for the proper results. For all functions, even the discontinuous and the wholly arbitrary, he used an infinite series of sines and cosines of multiple arcs; the proof he provided in the expansion of an "arbitrary" odd function by a sine series. Earlier Lagrange had constructed by interpolation a finite summation formula from which Fourier's result is obtainable by a jump to infinity. But it required Fourier's lack of pure mathematical conscience to make this transition to an integration formula. Henceforth it was painfully obvious that mathematicians needed clarification of their intuitions of "arbitrary" function, real number, and continuity.

CAUCHY, WEIERSTRASS, AND RIEMANN. Augustin Louis Cauchy (1789–1857) made complex-function theory an independent field of mathematical research. He is responsible for the foundations of the calculus as found in modern textbooks. His extraordinary output included detailed studies of convergence in infinite series. He gave the 1st existence proof for the solution of a differential equation and of a system of such equations. His attention to rigor in the definitions of limit, derivative, differential, definite integral, and continuity established a satisfactory means for dealing with the ancient paradoxes of Zeno, as well as the elements of the classical theory of functions of a real variable. In theories of functions, Cauchy's lectures, 1821, at the École Polytechnique were truly epoch-making. The establishment of complex-function theory on a basis of the power series was due to Karl Weierstrass (1815–97), who began the reduction of principles of analysis to simple arithmetical concepts. The importance of topology for complex function theory was established by G. F. Bernhard Riemann (1826–66).

ABEL AND JACOBI. To Niels Henrik Abel (1802–29) and Karl G. J. Jacobi (1804–51) belongs the systematic foundation of elliptical functions. In 1827 Abel stood the investigation of elliptical integrals on its head: he considered a as a function of x rather than following the "normal" procedure of seeing x as a function of a. Through this inversion of the integral, he discovered the double periodicity of the elliptical function. Jacobi's classic text, 1829, on elliptical functions made the theory available to the mathematical public. From the details of Abel's and Jacobi's work many new directions appeared in mathematics, e.g., complex multiplication, elliptical theta functions, and elliptical modular functions.

HAMILTON AND GRASSMANN. William Rowan Hamilton (1805–65) was the 1st to publish, 1844, a consistent algebra of rotations and vectors in space. The fundamental formula was $i^2 = j^2 = k^2 = ijk = -1$. The quaternions derived therefrom did not follow the commutative law of multiplication. In successively more sophisticated presentations, 1853 and 1866, Hamilton showed the key importance of quaternions in mathematical physics, but a strong conservative tendency discouraged use of his new tool in physics. The more philosophically based contemporary algebra of Hermann Grassmann (1809–77) was almost totally ignored by physicists except for J. Willard Gibbs (1839–1903). Yet Grassmann's algebra not only dropped the commutative law; it also dealt with space of n dimensions. It included Hamiltonian quaternions as a special case and expanded the results to n-dimensional space. It included the theories of determinants, matrices, and tensor algebra.

NON-EUCLIDIAN GEOMETRY. Janos Bolyai (1802–60), N. I. Lobachevsky (1793–1856), and Riemann all discovered non-Euclidean geometry. Bolyai in 1833 and Lobachevsky in 1826–29 published their independent developments of hyperbolic geometry. In hyperbolic geometry there is more than 1 parallel to a reference line. In Riemann's "spherical" non-Euclidean system, 1854, one finds the additional result that 2 straight lines intersect twice. Thus space becomes unbounded yet finite. In conjunction with abstract algebra, non-Euclidean geometry gave to modern mathematics its reputation as the imaginative creation of mathematicians.

CANTOR. Georg Cantor's (1845–1918) contribution to number theory was through point-set theory. In his arithmetical analysis Cantor derived all rational numbers from natural numbers and then defined irrationals through infinite sequences of rationals. Thus he arithmetized the continuum of real numbers. A 1-to-1 correspondence of points on a straight-line segment and the continuum of real numbers was established. In turn, he proved that all points in a spatial continuum can be put in 1-to-1 correspondence with all points on a straight-line segment. Distinguishing cardinal from ordinal numbers, he showed a significant difference between the 2 in the realm of transfinite numbers. With the transfinite ordinals, one could count well-ordered sets. For cardinal numbers Cantor proved, 1874, the set of all algebraic numbers to be denumerable, and in 1878 he showed how to construct an infinite nondenumerable set of real numbers. Demonstrating the existence but not the identity of any of these transfinite numbers, Cantor was fully in line with the medieval tradition of Adam of Littlebridge and Albert of Saxony.

KLEIN. Felix Klein (1849–1925) represented, in his Erlangen Program, a strong tendency of mathematics toward unification in the later 19th cent. His key to the classification of different fields was the group concept. In his inaugural address at Erlangen, 1872, he declared every geometry to be the theory of invariants of a particular transformation group. His approach to geometries dealt with distinct figures in restricted groups of transformations leaving definitions and theorems invariant. Yet it was exactly the geometry where the group is unrestricted and corresponds to identity which suddenly sprang to prominence in 1916 with general relativity theory. This theory showed space to be more than a locus and to have a structure of its own consisting of a set of relations generally not defined in terms of a transformation group. However, for almost half a century, group theory provided the basis for a synthesis of geometry and algebra.

LIE. M. Sophus Lie (1842–99) shared with Klein the honor of unifying mathematics through group theory. While Klein dealt essentially with discontinuous groups, Lie dwelt on continuous groups, writing in 1893 that this "theory of invariants of all continuous groups embraces all theories of invariants hitherto noted." Under continuous-group theory he was able to subsume Newtonian mechanical principles, kinematics, and differential invariants.

POINCARÉ. Henri Poincaré (1854–1912) stands at the pinnacle of 19th-cent. mathematics. In the calculus of finite differences his focal position is paralleled only by Newton's. Poincaré's automorphic functions, 1881–84, uniformized any algebraic curve $f(x, y) = 0$. He profitably applied continuous group theory to linear algebra. His many individual contributions, however, are paralleled by a sense of the unifying trends of late 19th-cent. mathematics, a development from which 20th-cent. mathematics has in great degree been departing. In 1900 he looked to the philosophies of number based on the theory of infinite sets to dispel past difficulties in the continuum of analysis. Though suspicious of logicians, he could not ignore work like Hilbert's postulational discussion of geometry, 1899.

HILBERT. At an international congress of mathematicians in Paris, 1900, David Hilbert (1862–1943) proposed 23 mathematical problems for the 20th cent. He agreed that the arithmetical continuum and non-Euclidean geometry were the 2 greatest achievements of the 19th cent. His 1st problem for the new era dealt with the real-number continuum and related to the axiom of choice of

Ernst Zermelo (1871–1956). It asserted the existence, given a set of mutually exclusive nonempty sets, of a set having only 1 element in common with each of the given sets. Kurt Gödel (b. 1906) proved the consistency of this axiom, 1940, and Paul Cohen (b. 1934) showed its independence of other axioms in a specified system of set theory. Hilbert's 2nd problem raised the question of the consistency of the axioms of arithmetic. Russell's and Whitehead's *Principia mathematica,* 1910–13, showed pure mathematics to be derivable from a few logical principles, but only with Gödel's theorem of 1931 was Hilbert's problem answered. Gödel showed that the axioms of a system are never sufficient to prove or disprove every statement within that system: a metasystem is always required. Hilbert's *Grundlagen der Geometrie,* 1899, provided an axiomatization for geometry to match the earlier development in other branches of mathematics.

BROUWER. From 1907 on L. E. J. Brouwer (1882–1966) attacked the logical and formal bases of mathematics supported by Russell and by Hilbert. Brouwer's intuitionism insisted, for example, that the use of indirect proof in transfinite arithmetic is invalid because uncertain. He denied the logical law of the excluded middle. In 1918 Brouwer was joined by Hermann Weyl (1885–1955), and their attacks could not be met satisfactorily by Hilbert.

LEBESGUE. In a less philosophical vein Henri Lebesgue (1875–1941) eschewed generalism for more detailed development. His most striking creation was the Lebesgue integral, 1902, which reconstructed the field of integration, substituting a sense of point correspondence for smooth variation.

FRÉCHET. With Hilbert, Maurice Fréchet (b. 1878) is responsible for the modern generalizing and abstraction of set theory and of space. From 1904 to 1910 Hilbert developed the formal concept of space named for him. Around 1906 Fréchet generalized the methods of calculus of variations through his functional calculus. Another generalizing tendency was the creation of topology, especially by Brouwer with his invariance theorems, 1911, and a fusion of methods from Cantor and Poincaré. In the succeeding half-century topology moved from a geometrical character to an algebraic under the influence of work in the U.S. The period between the 2 world wars saw an abstraction in algebra as well. Since World War II the development of homological algebra, a topological version of abstract algebra, has taken place, with the 1st book on the subject, 1955, by Henri Cartan (b. 1904) and Samuel Eilenberg (b. 1913).

PROBABILITY, STATISTICS, AND THE COMPUTER AGE. Perhaps the most popularly known area of modern mathematics is probability and statistics. In 1901 J. Willard Gibbs published his *Elementary Principles in Statistical Mechanics,* and Émile Borel (1871–1956) published a basic text in probability theory in 1909. In physics, genetics, and elsewhere the field found applications as its axiomatic foundations were worked out (Hilbert's 6th project). The use of high-speed calculating machines to solve problems in statistics and probability theory has revolutionized 20th-cent. mathematics. Beginning with the experiments of Charles Babbage in the 1830's, calculators and computers have become progressively more efficient and sophisticated (p. 805, above). Two men deeply involved in generalizing the mathematical implications of the computer revolution were John von Neumann (1903–57) and Norbert Wiener (1894–1964). Neumann assisted in the development of computer capabilities during and after World War II and was largely responsible for the extended application of finite mathematics in the social sciences. Among his earlier work were the recognition of Hilbert space as the framework for quantum theory, the solution of Hilbert's 5th problem for compact groups, and basic work in the foundations of mathematics. His later work included a theory of automata. Wiener had earlier assisted in the creation of the modern theory of linear spaces. His *Cybernetics,* 1948, established a new subject, the study of control and communication in both machines and living beings.

Classical Physics

MECHANICS

NEWTON. The basis of classical dynamics lies in Newton's *Principia,* where one finds under "Definitions" and "Axioms" the fundamentals of the new mechanics. Of 8 definitions, the first 4 define mass, momentum, inertia, and impressed force. There follow descriptions of absolute time and absolute space, necessary prerequisites for the definitions established as the 1st 2 laws, or axioms, of motion. The 1st is the law of inertia; the 2nd finds alteration of motion proportional to the motive force impressed and in the direction of the impressed force. The 3rd law of motion sets action equal to reaction. Determined empirically, this law describes conservation of momentum. In the last book (III) of *Principia,* Newton derived the law of universal gravitation. It was shown to be deducible from Kepler's 2nd and 3rd laws via 4 "Rules of Reasoning in Philosophy." These rules embodied the new world outlook of the 17th cent. While it is possible to see the law of gravitation as a simple deduction from empirical data, it is historically more correct to see Newton's reasoning as a hypothetico-deductive process from the hypothesis of the inverse-square law of gravitation. In any case, he made no special hypothesis for the mechanism of gravitation. More than just a mathematical law, universal gravitation was conceived as a physical hypothesis, a force the detailed explanation of which he guessed at only in the concluding General Scholium of *Principia.*

D'ALEMBERT. One of the quarrels ensuing from *Principia* was the exact nature of "quantity of motion." In the *Traité de dynamique,* 1743, d'Alembert maintained to be fruitless the question whether the force of a body in motion is proportional to mv or mv^2. He not only clarified the difference between the 2; he considered "forces inherent in bodies" to be "obscure and metaphysical." D'Alembert preferred a more positivistic program for mechanics.

D'Alembert's principle was 1st elevated to the status of a unifying principle by its namesake, although it had already been applied in more limited fashion by Hermann, 1716, and Euler, 1740. By this principle the general dynamical problem became the discovery of the motion of each body in a system where a particular motion is impressed on each, while the interference of other bodies prevents direct transmission of the motion. D'Alembert's solution used analysis of each motion into a part having a direct effective transmission and a part effecting no change in the body. The sum of the former parts will describe the collective motions actually occurring in the system of bodies. Lagrange developed a more practical means of applying this principle.

LAGRANGE. Lagrange summarized and analyzed the 4 principles of dynamics. The conservation of *vis viva,* he observed, originated with Huyghens. The conservation of motion of the center of gravity was shown to be Newton's principle. The conservation of moments, discovered by Euler and Daniel Bernoulli, was found to be a generalization of a Newtonian theorem. Maupertius' principle of least action appeared to Lagrange as vague and arbitrary, and he opted for Euler's alternative version, the integration product of $m\,v\,d\,s$.

The basic principle of statics, the principle of virtual displacements, was 1st perceived in its universal applicability by Johann Bernoulli, who mentioned it in a letter of 1717. Lagrange, in his *Mécanique analytique,* 1788, asserted "that all the general principles which may still be discovered in the science of equilibrium, will be only this same principle of virtual velocities." He saw it to be a general formula encompassing all problems of equilibrium. Lagrange's deduction, that $P\alpha + Q\beta + R\gamma + \ldots = 0$ defines equilibrium, used the principle of the pulley.

According to Ernst Mach, the Lagrangian demonstration classifies as discernment of a principle rather than as logical deduction.

HERTZ. Among basic systems of mechanics, that of Heinrich Rudolf Hertz (1857–94) in *Die Principien der Mechanik in neuem Zusammenhange,* 1894, suggested a return to a Cartesian view of the world, wherein the concept of force is eliminated and space, time, and mass alone are the necessary concepts for a mechanics in the world described by Maxwell's equations. The single basic principle of Hertzian mechanics was a combination of the law of inertia and Gauss's principle of least constraint (applied through connection of masses). While the principle was new in form, the origins were in Lagrange's equations. Hertz's geometrical approach to mechanics was the last attempt to carry out a Cartesian program via the traditional concepts of space and time. A revolution in those concepts led the way to the geometrical approach of relativity theory.

PROPERTIES OF MATTER

NEWTON. Perhaps the most controversial property of matter in the Newtonian system was the force of gravitation. Newton himself was rather careful to avoid attributing any such intrinsic force to matter. For him gravitation in "experimental philosophy" was the deduced result from phenomena. Gravitation simply described a situation; the cause of gravitation he professed not to know. His successors were not always as careful. A property of matter of 1st importance in Newton's system was mass, statically defined at the beginning of *Principia.* Ernst Mach supposed a definition of mass to be an undesirable premise and attempted to base the logical deduction of the laws of motion on bodies rather than mass. For Newton acceleration derived from bodies rather than mass would have been a dubious hypothesis. In the law of gravitation Newton finds gravitational mass equivalent to inertial mass almost by accident. This equation is basic in relativity theory.

CAVENDISH. In 1789 the direct, experimental determination of the law of gravitation was made by Henry Cavendish (1731–1810). A simple apparatus gave data for the horizontal attraction of 2 large leaden balls for 2 small spheres suspended from the ends of a bar. In terms of the measured times of oscillation of the suspended spheres, Cavendish was able to compute the density of the earth.

YOUNG. The elasticity of matter, defined by Robert Hooke and put in successively improved mathematical form by Poisson, Navier, and Cauchy, was neatly defined in its common form by Thomas Young, 1807, who coined the phrase "modulus of elasticity." Young's modulus gives characteristic coefficients for materials deformed by tension or pressure, as in a wire or a column; the coefficients relate variation in force applied to change in length of material.

AMPÈRE. André Marie Ampère (1775–1836) was responsible for the 1st clear statement of the formal distinctions between particles, molecules, and atoms as 19th-cent. science understood them. "Particle" referred to the smallest portion of a body still having the same gross characteristics as the body itself (e.g., solidity). Molecules were the subdivisions of particles and were considered to be held in spatial relationships with each other by a combination of attractive and repulsive forces, including gravitation. The atoms were understood as the "material points" from which attractive and repulsive forces in the molecule emanated.

HEAT

BLACK. Beyond such general concepts and experimental determinations of material properties as outlined above, the areas of heat, light, electricity, and magnetism were extensively explored in late 18th- and 19th-cent. physics. As early as Galileo, heat had been explained as the result of atomic motion. On the other hand, Lavoisier had considered "caloric" as a substance, albeit weightless, in his quantitative approach to chemistry. From Joseph Black (1728–99) and his *Lectures on the Elements of Chemistry,* 1803, came accounts of the discovery of specific and latent heats. Recounting his work of 1760, he treated heat as a fluid substance ("caloric"). Clearly distinguishing temperature from quantity of heat, he saw specific heat in terms of the amount of "caloric" necessary to raise the temperature of a certain mass by 1°C. About the same time he recognized the latent heat in bodies, the amount of "caloric" which must be dissipated from a body in one state before it will change to another denser state at the same temperature. However, Black's experiments did not suggest to him the consequent difficulties in maintaining a materialistic, or substantial, theory of heat.

RUMFORD. Benjamin Thompson, Count Rumford (1753–1814) was the 1st to quarrel with the caloric theory of heat. He noted, 1798, the appearance of heat in the boring of cannon, recording the creation of enough heat to boil 18¾ lbs. of water in 2½ hrs. It became apparent that the heat increase was generated by friction alone. He concluded that "any thing which any *insulated* body, or system of bodies, can continue to furnish *without limitation,* cannot possibly be a *material substance:* and it appears to me to be extremely difficult, if not quite impossible, to form any distinct idea of any thing, capable of being excited and communicated, in the manner the heat was excited and communicated in these Experiments, except it be MOTION."

GAY-LUSSAC. Louis Joseph Gay-Lussac (1778–1850), while a demonstrator at the École Polytechnique, showed experimentally, 1802, that any gas between the freezing and boiling temperatures of water will expand or contract at the same rate as any other gas with a given amount of heating. The results encouraged scientists in the current viewpoint that gases are harmoniously and simply elastic. Upon Gay-Lussac's work was founded J. R. Mayer's hypothesis that the work spent in the compression of a gas is exactly the mechanical equivalent of the heat evolved.

DULONG AND PETIT. Further unification of heat theory, in terms of atomic theory, was accomplished by the experiments, 1819, of Pierre Louis Dulong (1785–1838) and Alexis Thérèse Petit (1791–1820) on a selection of solids. The results showed a close correlation of specific heats and relative atomic weights of the various simple substances; the specific heats varied inversely as the relative atomic weights. This led directly to the law adopted by Dulong and Petit that "the atoms of all simple bodies have exactly the same capacity for heat."

FOURIER. Joseph Fourier, following Lavoisier's line of reasoning, tended to see heat as material rather than the product of mechanical forces. Avoiding the question of causes of factors in heating, he observed general relationships among these factors and expressed them in equations analogous to the general equations of dynamics. Experimentally he noted the necessity of temperature difference for the motion of heat. The analogy of heat flow to water flow was unimportant for Fourier's work, but it was central in the genesis of Carnot's *Réflexions sur la puissance motrice du feu,* 1824.

CARNOT. Nicolas Léonard Sadi Carnot (1796–1832) anchored his thought on the notion of the impossibility of a perpetual motion. Thus the transmission of heat from an area of higher temperature to one of lower temperature created work, but at least that much work was required to recreate the original temperature differential. Carnot introduced the idea of a complete cycle of a working material and the correlative reversibility. At the same time he recognized that no engine could have a greater efficiency than a reversible engine: a perpetual motion machine is impossible. Later in life Carnot abandoned the material theory of heat for the mechanical and even calculated a mechanical equivalent of heat. Carnot's work, while referring only to heat, contained the ideas behind the 1st 2 laws of thermodynamics, i.e., the conservation, equivalence, and convertibility of energy, and the availability of energy.

MAYER. Julius Robert Mayer (1814–78) can be credited with the 1st published statement of the equivalence of heat and mechanical energy, 1842, as well as quantitative determinations thereof. Mohr had made a general philosophical statement of the principle in the preceding decade.

Mayer stated that the work spent in compressing a gas is the exact mechanical equivalent of the heat evolved. He based his view on Gay-Lussac's work. The philosophical matrix of Mayer's version of the principle of the conservation of energy caused tardy acceptance of his results.

JOULE. Late recognition was also the response to James Prescott Joule's (1818–89) experimental statement of the mechanical equivalent of heat, 1843, making it clear that the principle of conservation of energy was involved. Yet like Mayer, Joule had to await Kelvin's recognition of his work, 1847, before seeing its wide acceptance. Joule founded his reports on painstaking and extensive experiments—more so than Mayer—and published his most famous and complete memoir on the equivalence of heat and work in 1850.

HELMHOLTZ. Hermann von Helmholtz (1821–94) composed the classic statement of conservation of energy in *Über die Erhaltung der Kraft,* 1847. His pamphlet introduced a correct mathematical expression of the principle and interrelated the various forces studied in physics. The treatise concluded with an assertion of the universality of the principle of conservation of "force," including even the heat of living beings. His paper was refused (as Mayer's had been) by Poggendorff's *Annalen,* because it offered no new data and suggested a return to the more philosophical trend from which physics had so recently escaped. In fact, Helmholtz persisted in the use of the ambiguous term "force," although his mathematical statement was quite clear. Only with Kelvin's adoption of Young's term, "energy," and with Rankine's rephrasing of the principle to one of "conservation of energy" was ambiguity completely removed.

CLAUSIUS. Rudolf Clausius (1822–88) published in 1850 a paper which paralleled Kelvin's contemporary perception of the importance of "loss" of energy. To Mayer, Joule, and Helmholtz, it had not occurred to ask how the loss and waste of power in nature occurs, if energy is not only conserved but converted to work. Only Carnot (after 1824) had faced the problem of the inability to convert all the heat involved into work; it occurred to him that heat might pass from a hotter body to a colder without the creation of any motion, though he made no real study of this issue. Clausius, however, turned his considerable mathematical skills—he was not a great experimenter—to the problem of energy lost during conversion of energy to work. He pointed out that maximum work is gained by heat flow when the 2 bodies of different temperatures never touch. The full consequences of the 2nd law of thermodynamics, correctly stated by Clausius in 1850, were synthesized in his 1865 paper, which introduced the term "entropy" and developed its properties. Clausius concluded that (1) the energy of the universe is constant, and (2) the entropy of the universe tends toward a maximum.

KELVIN. It was William Thomson, Lord Kelvin (1824–1907), who 1st attempted, 1848, to establish an absolute temperature scale wherein all degrees would have the same value, so that a decrease of a given number of degrees at any temperature would always have the same mechanical equivalent. A more correct scale, that now current, was described by Kelvin in 1851. At the same time he made his own statement of the 2nd law of thermodynamics. Kelvin 1st saw the necessary interrelationship of the 1st 2 laws in physics. Only the acceptance of both at once would explain the impossibility of a perpetual-motion machine, since energy must be available before useful work can be done. Mathematically as well as conceptually he made the issue clear. Along with Clausius, Kelvin saw the universal significance of the constant tendency toward dissipation of energy.

ANDREWS. In experimental physics the work of Thomas Andrews (1813–85) on the continuity of gaseous and liquid states, 1863, was closely related to the mechanical theory of heat, which most English physicists favored. Andrews identified as a "critical temperature" that at which a gas and a liquid appear to form a single-phased fluid, unidentifiable in whole or in part as distinctly gas or liquid. Increase in pressure made no difference.

BERNOULLI AND BROWN. The mechanical theory of heat owed much to the development of a kinetic theory of gases. Daniel Bernoulli (1700–1782) gave the 1st successful application of the kinetic theory in his *Hydrodynamica,* 1738. Giving a quantitative account of the force necessary to compress a gas, he credited the increase by heat of air's elasticity to an increased motion of the particles of air. Observation of the effects of these particulate motions in fluids was made by the botanist Robert Brown (1773–1858), who reported Brownian motion in 1827 on the basis of microscopic observation of the motions of subparticles of pollen.

MAXWELL. In 1860 James Clerk Maxwell (1831–79) published his 1st statement of the distribution of molecular velocities. He later improved on the calculations previously given. With direct reference to heat, "Maxwell's demon" was an instructive device for pointing out the basis in distribution alone for heat "flow."

GIBBS. From 1871 on Josiah Willard Gibbs (1839–1903) developed a very abstract form of thermodynamics, quite independent of any association with heat engines. With respect to systems of different chemical or physical "phases," Gibbs devised his Phase Rule, 1877, $F = C - P + 2$. While Maxwell was aware of Gibbs's work and made good use of the latter's development of 3-dimensional graphing of the different thermodynamic quantities, it was not until Ostwald's translations of 1892 that Gibbs's work became generally available. Meanwhile Maxwell and Ludwig Boltzmann (1844–1906) were developing statistical mechanics on the basis of probability theory, showing the strong tendency of molecules to approach a norm of activity. Improvements by Maxwell and Boltzmann over the former's distribution law of 1860 have become the basis of thermodynamics. In 1877 Boltzmann pointed out the relationship of probability to entropy, a direct and striking relationship, indicating that increase in entropy is the most probable state of the universe.

LIGHT

HUYGHENS. Huyghens' *Traité de la lumière,* 1690, had posited a wave theory of light, but with such flaws that it was overwhelmed by Newton. Huyghens adopted a geometrical view of propagation of light in waves in order to explain the most interesting phenomenon of double refraction in Icelandic spar. Although his theory had the philosophical merit of reinforcing Fermat's mathematical deduction of the law of refraction from the principle of economy, his waves were not periodic and could not account for the extensive phenomena reported by Newton in thin films.

NEWTON. On the other hand, Newton's *Opticks,* 1704, showed in irrefutable experimental fashion the composition of white light and an explanation of Newton's rings which seemed complete. Yet his theory involved a particulate view of light. This required such peculiarities as the "fits" of easy reflection and easy transmission for the rings, the possession of "sides" by light particles to explain polarization, and a mechanism for refraction which made light travel faster in denser media (as with Descartes also). Furthermore, Newton took very poor note of the data of interference patterns described in Grimaldi's *De lumine,* 1665, for Newton reported and explained only the internal fringes.

YOUNG. The interference patterns in thin films and especially in experiments with slits and knife edges were the crucial phenomena leading to the reintroduction of a wave theory by Thomas Young (1773–1829) in his papers of 1801–4. Although Young had a firm grasp of the principle of interference, the key to the success of wave theory, he was widely ignored, because of the authority of Newton, until the appearance of Fresnel's work over a decade later.

MALUS. Between the work of Young and Fresnel there appeared the significant observations of Étienne Louis Malus (1775–1812) on polarized light. Huyghens and Newton, each through his own theory, had observed and explained polarization in connection with doubly refractive crystals. Malus, a Newtonian, showed that polarization occurs in a variety of substances and is even found in reflection as well as refraction. Not until 1817 did it strike Young that a transverse vibration, perpendicular to the direction of propagation, would account for the phenomena in terms of wave theory.

FRESNEL AND ARAGO. Beginning in 1815 Augustin Jean Fresnel (1788–1827) delivered a series of papers on diffraction and the light fringes caused by interference. Pressed by minds like Laplace and Poisson, Fresnel applied mathematical analysis in order to obtain more exact and persuasive results in favor of the wave theory of light. Although Arago sympathized with the undulatory theory, he refused to have his name attached to the article, 1821, resulting from his work with Fresnel on the interference of polarized light. Fresnel's commitment to the notion of a wave transverse to the longitudinal propagation was more than Arago wished publicly to espouse, because of the entailed, paradoxical nature of the ether. The Fresnel-Arago view triumphed, however, even in the face of opposition from scientists such as Biot and Brewster.

RÖMER, FIZEAU, AND FOUCAULT. An important constant in the study of physical optics is the speed of light. Olaf Römer (1644–1710) 1st determined a value by studying the eclipses of Jupiter's moons, 1676; the eclipses occurred late when the earth was farthest in its orbit from Jupiter, and they happened early when the earth was nearest in its orbit to Jupiter. Bradley's discovery and explanation, 1728, of the astronomical aberration of light (p. 903, above) corroborated Römer. In 1838 Arago described a device for measuring the speed of light. Both Fizeau, 1849, and Foucault, 1862, actually constructed measuring devices on the basis of Arago's ideas. The principle behind Foucault's method was the observation of the fixed image of a moving image. His results indicated a velocity of 298,000 km. per sec. By 1926 Michelson had achieved a determination of 299,796 km. per sec.

STOKES. The phenomenon generally known as fluorescence was 1st correctly described by George Gabriel Stokes (1819–1903) on the basis of his experiments with fluorspar and other organic substances. Carefully distinguishing false from true "internal dispersion," Stokes pointed out the change of refrangibility of light involved. His memoir, 1852, indicated that such a change is always in a direction of less refrangibility; this led him to the discovery of spectral lines for light normally beyond the visible, violet end of the spectrum. On the most basic level Stokes's account suggested a way to understand mechanically the interaction of the ether and the parts of ponderous bodies in the transmission of light.

KIRCHHOFF. A full understanding of spectrum analysis came with the joint paper, 1859, on Fraunhofer lines by Gustav Kirchhoff (1824–87) and Robert Wilhelm Bunsen (1811–99), although Kelvin claimed that Stokes had recognized the relationship of sodium vapor lines and those of the sun's atmosphere as early as 1849. Kirchhoff noted that a sodium flame emits only yellow light, having the same refractive index as the Fraunhofer D line in the solar spectrum. Further experiment proved that sodium vapor absorbs the same light as it emits. While Euler had already speculated on a general law for the relation of emitted and absorbed light, Kirchhoff saw correctly the relevance of a heat law for thermal equilibrium between absorption and emission. He concluded that "colored flames in the spectra of which bright lines present themselves, so weaken rays of the color of these lines, when such rays pass through them, that in place of the bright lines, dark ones appear."

BALMER AND RYDBERG. Johann Jakob Balmer (1825–98) was the 1st to set out a law for the distribution of the spectral lines discovered in the 19th cent. Balmer's formula treated the wave lengths of the 4 prominent lines in the hydrogen spectrum. The ratios of the wave lengths were given by small numbers. A constant was determined as a multiplier for each of the ratios in order to get the wave lengths. From his formula, $m^2 / (m^2 - n^2)$, where m and n are integers, he found a series of ratios defining very closely the 9 spectral lines definitely assigned to hydrogen. Johannes Robert Rydberg (1854–1919) introduced a formula, $n = n_0 - \frac{N_0}{(m + \mu)^2}$, in 1890. N_0 represented the Rydberg constant, applied in common to all elements. This constituted an advance beyond Balmer's formula of 1896, wherein the constants varied with each element.

MICHELSON AND MORLEY. Among the most well-known experiments on light was the series of attempts made by Albert Abraham Michelson (1852–1931) and Edward Williams Morley (1838–1923) to measure the motion of the earth relative to the ether. Their paper of 1887 posed the problem of explaining astronomical aberration of light in terms of Fresnel's undulatory theory, which required the ether to be at rest except in the interior of transparent media. Aberration could indeed be explained by the theory; Michelson and Morley proposed to test the theory itself. Their results, given in terms of the displacement of interference fringes, indicated displacements much less than 1/8 of those predicted by theory. The experiments showed a failure of Fresnel's theory to explain aberration and similar failure on the part of alternatives suggested by Stokes and by Lorentz. It should be noted that the Michelson-Morley experiment was not a basis for Einstein's special relativity theory; Einstein became aware of the experiment after formulating his theory.

ELECTRICITY AND MAGNETISM

GRAY. The study of electricity and magnetism became a science only in the 18th cent., and in electrostatics the century saw the establishment of a complete mathematical and physical theory. Stephen Gray (d. 1736) initiated the steps leading to a scientific theory by discovering, 1729, that "electrick vertue" can be transmitted from a charged body to other bodies. The ability of certain substances, especially metals, to conduct electricity was recognized, and Gray showed that "electric fluid" acted only at or near the surface of a conductor.

DU FAY. At midcentury the electric fluid was generally thought to comprise an area, filled with electric effluvium, around the electrified body. Charles François Du Fay (1698–1739) explained the attraction and, subsequent to contact, repulsion of gold leaf for an electrified glass tube by a 2-fluid theory, 1733–34. He reasoned that the leaf acquired electric force by contact with the glass; the gold leaf then became surrounded by its own effluvium and repelled the effluvium, or vortex, around the glass. Noting, further, that a glass rod and a resinous rod attract each other when electrified and repel their own kinds, Du Fay suggested separate electrics, named vitreous and resinous. The actual flow of electric fluid was suggested by Musschenbroek's discovery, 1745, of the Leyden jar. William Watson (1715–87), a London apothecary, interpreted the shock received in making physical contact between the charged gun barrel and the outside of the jar as a simple transferrence of "electrical aether," 1746. No creation or destruction of electric was suggested, only the accumulation, depletion, and flow of a substance possessed by all bodies.

FRANKLIN. Benjamin Franklin (1706–90) theorized, 1747, that electric charge is conserved when flow of electric takes place. He interpreted his experiments to show that a differential in a single electric accounted for electrical force. Two repelling glass rods were similarly charged, while 2 attracting rods had one with a surplus of electric and the other suffering an actual deficiency. When Franklin recognized that 2 resinous, charged rods also repelled each other, he was disconcerted, for he saw vitreous electricity as a surfeit of electric, while resinous was only an absence. How could 2 bodies repel by virtue of a lack of electric? Franklin also found himself in an ambiguous position over the existence of an electric effluvium, as a means of conveying charge between bodies. His interpretation of the Leyden jar experiment disposed him to an action-at-a-distance theory. On the other hand, the attraction of a charged body for smoke from heated resin suggested that electric did flow into and suffuse the atmosphere around the charged body.

AEPINUS. Problems in Franklin's model of electric action were worked out by Franz Ulrich Theodor Aepinus (1724–1802). Following the 1-fluid theory, he explained repulsion of resinously charged bodies as mutual repulsion by matter itself, since neutral bodies were matter plus electric, and positive charge required a surplus of electric. Aepinus' generalization, 1759, of the observation that glass is impermeable to electric led to dismissal of the effluvial view of propagation of electric force. Noting that air and other bodies were nonconductors, he reasoned that electric, shown by Gray to reside only on the surface of conductors, acts at a distance across intervening air. Action at a distance also was shown to explain electric (electrostatic) induction of charge. Joseph Priestley (1733–1804), reinforced by John Robison in 1769, 1st hypothesized, 1767, electric force to be like gravitation, i.e., inversely proportional to the square of the distance and without effect on a body within the shell of electric charge.

COULOMB. The inverse-square law for the force between magnetic poles was 1st discovered by John Michell (1724–93) in 1750. To an understanding of both electricity and magnetism Charles Augustin Coulomb (1736–1806) made contributions. Using a torsion balance of his own invention, he verified Priestley's inverse-square law. Coulomb, reasoning from the model of physical and chemical processes, revived the 2-fluid theory of electricity in the new terms of Aepinus—action at a distance. In the study of magnetism Coulomb overthrew the vortex theory and verified Michell's law of inverse squares.

POISSON. Mathematical maturity came to electrostatics rapidly through the efforts of Simeon Denis Poisson (1781–1840). Accepting the 2-fluid theory, he applied Lagrange's function for the attraction of spheroids to electrical considerations, 1813. Poisson gave a solution to the electrostatical problem of determining surface density on 2 charged conducting spheres at any distance apart. In the study of magnetism he defined mathematically the magnetic potential and gave a law for induced magnetism in a sphere placed in a magnetic field, 1824. Four years later, George Green (1793–1841) generalized and extended the electrical and magnetical investigations of Poisson.

GALVANI. The distinction of electrostatics from electrodynamics did not take place until the end of the 18th cent., since electrodynamics had not aroused serious interest previously. Luigi Galvani (1737–98), at 1st by accident, 1780, observed the sensitivity of a frog's crural nerve to metallic contact. Thinking at first that electricity caused the muscular contraction, he made repeated experiments to learn, 1786, that a metallic contact between nerve and muscle produced the contraction. While some supposed the effect to be caused by a new, animal electricity, Galvani felt the electric fluid in the nerves was the same as that of the Leyden jar.

VOLTA. Alessandro Volta (1745–1827) refused to countenance the hypothesis of an electrical fluid in the nerves. In 1800 Volta suddenly made galvanic action of more interest by intensifying the electric force. This was accomplished by a connected series of units, each unit comprised of discs of copper, zinc, and wet pasteboard in that order. The resulting "pile," it was observed, gave an indefinite number of shocks in succession, apparently inexhaustible in its electric charge. Volta conceived the charge to be a result of electric tension between the 2 kinds of metal; this "tension" included confusedly the modern notions of charge and potential. The necessity for moist connecting discs he also saw, though not understanding the mechanism of the pile.

As early as 1796 Giovanni Fabroni (1752–1822) noted the partial oxidation of 1 of a pair of metals in a vessel of water with a circuit completed between them; he concluded that galvanic action was connected with chemical action. Learning of Volta's pile, William Nicholson (1753–1815) and Anthony Carlisle (1768–1840) repeated the Voltaic experiments and noticed, 1800, the production of gas where a drop of water was added on the upper plate to secure good contact. Succeeding experiments with the wires from both ends of the pile in a tube of water showed them that hydrogen appeared at 1 wire and oxygen at the other. Late in the same year Humphry Davy (1778–1829) found that pure water permits no current between the plates, thus supporting Fabroni's theory of a necessary connection between chemical and electrical activity. Davy proved that oxidation is necessary for establishment of Voltaic electricity. His explanation, however, was the reverse of actuality, for he believed the chemical changes responsible for restoring an equilibrium of electrical charge, while the contact of metals produced electromotion by disturbing the equilibrium.

OERSTED. From early in the 18th cent. a connection between electricity and magnetism was suspected. In the early 19th cent. Hans Christian Oersted (1777–1862) set out to discover precisely what relationship might exist. By 1820 he was able to announce the qualitative effect of a closed electric circuit on a magnetic needle—the tendency of the current to orient the needle perpendicular to the direction of flow, oppositely as the wire was placed above or below the needle. Oersted explained the effect as the force of electric conflict in space on material magnetic particles, which alone are impenetrable and resistant to that conflict. Later in the same year, Jean Baptiste Biot (1774–1862) and Felix Savart (1791–1841) announced precise results of repetitions of Oersted's experiments. The force on the magnetic pole was found to be exactly at right angles both to a perpendicular from the wire and to the wire itself; the intensity of the force was found to be inversely proportional to the distance. Contrary to Oersted, Dominique François Jean Arago (1786–1853) spoke of action at a distance in reporting, 1820, that iron filings are attracted; that steel can be completely magnetized by a current was also reported. In 1825 Arago described a phenomenon which presented for some time afterward a problem of interpretation. This was the deflection of a magnetic needle by a parallel rotating plate of some conductor; the deflection increased with the velocity of the plate.

AMPÈRE. André Marie Ampère (1775–1836) immediately turned to extending Oersted's discovery when it was announced in Paris. He quickly discovered, 1820, that between parallel currents there is attraction when the currents flow in the same direction, while repulsion occurs if the currents flow oppositely. In 1823 Ampère published a brilliant paper in which he derived a mathematical expression for the force between two elements of circuits, assuming the force to act along the line joining those elements. Regarding his formula as the foundation of quantitative electrodynamics, he saw it as the analogue of the law of gravitation in mechanics. Ampère's assumption of force acting along the line joining 2 elements, embedded in an action-at-a-distance matrix, was exactly what could be shown to be false by 1900. Furthermore, the tendency to discuss discrete electric charges in Ampère's theory was an embarrassment to Maxwell's field theory, despite the success of the latter in predicting a finite velocity of propagation for electromagnetic waves. Finally, Heaviside insisted, 1888, that Ampère's foundation for electrodynamics is not to be found in his law of force between current elements, but in his formula for the magnetic force of an element of a conductor supporting current in a magnetic field. Yet the work of Ampère remained basic; witness its extension in the force laws of Clausius and Lorentz.

SEEBECK. Quite different from Volta's order of electromotive power of metals was the thermoelectric order discovered in 1822 by Thomas Johann Seebeck (1770–1831). He noted that only heat, no intervening liquid, is required to establish a circuit in a ring composed of copper and bismuth, or other pairs.

OHM. Whether thermoelectric or electrochemical, currents were studied more and more for their relative efficacies. Davy's paper of 1821 explored fully the significance of length and cross-sectional area of conductors. It was left to Georg Simon Ohm (1787–1854) to complete a theory of Voltaic circuits by considering the battery's power. On an analogy with heat flow in a wire, Ohm discussed electric flow, leading up to a determination of "driving power" of the battery in terms of a differential between 2 points in a circuit; the analogue was temperature.

Via a confusion of electrostatic potential with electroscopic force of an open pile, Ohm was led to his correct equation of current in a wire with the product of conductivity of the wire and electroscopic differential between the terminals. The analogy between electroscopic difference and temperature was illuminating, and was realized to link electrostatic with electrodynamic theory.

FARADAY. Michael Faraday (1791–1867) is commonly accounted the greatest experimentalist of the 19th cent. in electrical and magnetical research. His *idée fixe* was the lines of force suggested by the curves followed by iron filings on paper over a bar magnet. In 1832 he showed that induction of current is the production of a definite electromotive force, depending only on the intersections of the wire and the magnetic curves: currents induced under the same circumstances in different wires were proportional to the conducting powers of the wires. His explanation of current induction was: "Whether the wire moves directly or obliquely across the lines of force, in one direction or another, it sums up the amount of forces represented by the lines it has crossed . . . the quantity of electricity thrown into a current is directly as the number of curves intersected." In 1833 Faraday showed that all known effects of electricity, whether physiological, luminous, mechanical, or other, could be obtained equally well from static and current electricity. This indicated the similarity of process in the wire of a completed Voltaic circuit and the wire discharging a condenser. Later in the same year he reformed a branch of electrochemistry by proving that the action of the metals in electrodes is not integral to the decomposition of solutions by currents; his theoretical account indicated why the evolved substances appear only at the terminals, why the substances are often not retained at the terminals, and why compounds, not mixtures, are separated by currents. He even speculated that the electricity which flows during decomposition in a Voltaic cell is the exact equivalent of the electric power possessed by the atoms separated at the electrodes. In 1838 Faraday developed a full theory of electrostatic induction on the model of magnetic induction. His explanation involved propagation of electrostatic action via a medium in a way similar to the propagation of currents. After a 4-year interval of rest, he resumed research and entered the field of light polarization. His *Thoughts on Ray Vibrations,* 1846, show a clear tendency toward an electromagnetic theory of light. Faraday's major contributions in the following years were in the area of diamagnetic and paramagnetic action, especially in relation to axial orientations of crystals. The essential thrust of Faraday's work appears in his formation of a clear, physical version of field theory. He came to conceive of all matter as composed of space-filling forces, a so-called atom being no more than a point center for a field of force. Crediting Boscovich with this basic idea, Faraday conceived of no true vacuum and no ultimate particles; action at a distance was discarded.

KELVIN. Although Faraday constantly fell back on his physical model of electric action propagated in a continuum, it was William Thomson (Lord Kelvin) who first introduced this same model, 1842, to mathematical physics. Thomson's argument was by way of analogy between distribution of electrostatic force, traditionally seen as action at a distance, and distribution of heat flow, a phenomenon of continua. His memoir of 1846 suggested a parallel between the propagation of electromagnetic phenomena and the transmission through an elastic solid of changes in elastic displacement.

MAXWELL. From Faraday's models and Thomson's mathematical analogies came the 1st memoir, 1855, of James Clerk Maxwell (1831–79). In this paper Maxwell 1st showed the physical significance of the operators *curl* and *div,* already introduced by Stokes. Maxwell's papers of 1861–62 gave a mechanical picture of the electromagnetic field. Thomson's view of magnetism as rotation was combined with Faraday's tubes of force; each unit tube of force was to be regarded as a single vortex, with the contained medium rotating about the axis of the tube. His mechanism for current, electromotive force, and tension was extended to electrostatic phenomena. The electrostatic state was described as a displacement of particles from equilibrium, constant at a certain value. Maxwell generalized Faraday's displacement concept, which likened electrostatic and electrodynamic phenomena, but only in material dielectrics. For Maxwell displacement exists with electric force not only in material bodies but also in free ether. His full exposition of electromagnetic field theory came in 1864 (modified in 1868). A striking part of his theory was the inclusion of light with electromagnetic phenomena. He applied it accurately to the propagation of light in crystals, metals, and isotropic media. Maxwell's theory was strange and unacceptable to some like Kelvin, who saw electric current as transmission by a wire, rather than by the surrounding dielectric with the wire as no more than a guide for the current. More difficult for many to accept was the notion that all currents are closed, since a displacement current in the dielectric of a condenser would complete an apparently discontinuous current. Only the later success of Maxwell's equations within special relativity theory brought general acceptance of the displacement idea.

Experimental support for Maxwell began to appear in the 1870's. Kerr showed, 1875, that dielectrics under strong electrostatic stress become doubly refractive. In 1875–76 Helmholtz and Schiller showed that the pre-Maxwellian potential theory gave incorrect predictions for the action of a ring magnet on an unclosed current. H. A. Rowland (1848–1901) supported the Faraday-Maxwell equivalence of a moving electrified body and an electric current by his production, 1876, of a magnetic field when a charged plate was rotated (electric convection) parallel to fixed condenser plates above and below. In 1879 Edwin H. Hall demonstrated an additional electromotive force from the action of an electromagnet on a current passing across the lines of force. The details of the Hall effect gave further support to the increasingly accepted hypothesis that magnetism is a rotatory, not a linear, phenomenon.

HERTZ. With Heinrich Hertz (1857–94), Maxwell's theory found its experimental justification. In a series of researches, 1887–90, Hertz studied the propagation of electric waves in air. On the basis of observed interference of electric waves in air and in a wire, he calculated the velocities in each. Electric waves in air were shown to be of finite velocity and of the same order of magnitude as the velocity of light. He also found electric waves to be reflected, refracted, diffracted, and polarized similar to light waves. In 1892 Hertz presented the various possible interpretations of action across free space. He favored the view that only polarizations exist, and such a fundamental state is the cause rather than the effect of electricity. Hertz concluded that Maxwell's position was a combination of this and the view that energy is present only in the medium, not in charges acting at a distance. Since both views are expressed by Maxwell's equations, both views were seen by Hertz as the same theory. Here he engaged in a positivist error, forgetting that there might be testable consequences of one theory differing from the other. In fact, relativity theory gave yet another interpretation of the equations, leading to different consequences from the interpretations of Maxwell and Hertz.

CATHODE RAYS. Under the heading of electrical studies, the investigation of the cathode-ray tube led to a totally different aspect of electrical action, the activity of discrete particles. Johann Wilhelm Hittorf (1824–1914) found, 1869, the cathode ray to be obstructed by metals, deflected by a magnet, and to travel in a straight line. Eugen Goldstein (1850–1930) noted that an extended cathode surface emits rays only as perpendiculars to the surface of the terminal; thus they could be focused. To William Crookes (1832–1919) was due the construction of the tube, thereafter named for him, in its modern shape. His experiments, 1879, showed the cathode ray to carry energy and also, he thought, to have momentum. Crookes's hypothesis, commonly accepted in England, interpreted the cathode ray as a stream of electrically charged gas molecules. The German school of thought adhered to an electromagnetic-wave interpretation. Each school had experimental evidence for support. Against the ethereal-vibration theory were experiments by Jean Perrin (1870–1914) and J. J. Thomson (1856–1940). In 1895 Perrin found that a metallic cylinder which received the rays became charged with resinous electricity. Thomson pointed out that such electrification no longer occurred when a magnet turned the rays so that they no longer entered the cylinder. Yet it remained difficult to explain how charge-carrying particles of the type known could penetrate an aluminum film, as Philipp Lenard had shown cathode rays to do, 1894.

The application of magnetic fields to cathode rays suggested the solution to the dilemma in 1897. J. J. Thomson was impressed by the size of the deflection of the rays by a magnetic field; such particles should be much more massive than atoms. The year before, Lorentz had suggested for the Zeeman effect an electric atom of 1/1,000 the mass of a hydrogen atom; calculating the theoretical charge-to-mass ratio necessary to produce the effect, Larmor found it 2,000 times too small, since the hydrogen atom was the smallest conceivable particle with mass.

THE ELECTRON. Thomson's experiments, resulting in the epoch-making papers of 1897–99, showed deflection of the rays in an electrostatic as well as a magnetic field and computed the charge and mass of the particle as well as the charge-to-mass ratio. Though accepted with reticence, Thomson's hypothesis of the electron, about 1.4×10^{-3} the mass of a hydrogen ion, was well supported by ingenious experimentation. His model of the atom, 1904, was of a region of uniformly distributed positive charge, regularly interspersed (in terms of mutual repulsion) with the negative electrons. While the model was purely hypothetical, the discovery of subatomic particles was not.

Modern Physics

HEAT AND LIGHT

In 20th-cent. physics, the study of thermal radiation was responsible for initiating the most profound revolution in physical theory since the 17th cent. The relevant problem was a satisfactory theory to explain **black-body radiation.** In 1859 and 1860 Gustav Kirchhoff published papers showing the independence from the nature of bodies of the emission-absorption ratio of radiation. It was this universal aspect which much later attracted Planck. Kirchhoff's 2nd paper introduced the notion of a perfectly absorbent and emissive "black body." Yet not until 1895 were Otto Lummer and others able to construct black-body radiators. In the next few years Lummer and others determined accurately the spectra of black bodies. In 1894 Wien had already developed a theoretical **displacement law,** indicating a general relationship for spectral distribution of black-body radiation with respect to temperature. Wien's radiation law of 1896 applied satisfactorily for high-frequency vibrations, but experiments reported in 1900 proved its incorrectness for low frequencies. Meanwhile, John William Strutt, Lord Rayleigh (1842–1919), made use of the equipartition theorem of statistical mechanics to derive an alternate law for low-frequency vibrations. The resultant **Rayleigh radiation law,** 1900, agreed with Wien's displacement and admirably accounted for the low frequencies where Wien's radiation law failed. But at high frequencies it would lead to the so-called ultraviolet catastrophe (after Ehrenfest, 1911); that is, at higher frequencies the energy density would tend to an infinite maximum. This contradicted experience.

Max Planck (1858–1947) recognized

the mutual limitations of Rayleigh's and Wien's radiation laws. His reaction was to interpolate between the 2 and so obtain a law applicable to both high and low frequencies. In its final state, presented to the German Physical Society on 14 December, 1900, Planck's radiation law introduced the universal **quantum** constant *h* and combined views of continuously and discontinuously varying energy (an inconsistency 1st noted by Einstein in 1906). Most interesting about this revolution in physics—that energy exists in discrete "packets" represented by the constant *h*—was the tardy recognition of its significance. Planck repeatedly tried to fit the new formula into classical theory; he later referred to the initial postulation of *h* as "an act of desperation."

In 1907 Einstein applied quantum theory to specific heat and showed its greater usefulness than the previously applied equipartition theorem. While classical theory predicted specific heat of solids to be independent of temperature, Einstein showed clearly that specific heat decreases with temperature and only appears to be independent at higher temperatures. This broadened applicability of quantum theory to molecular kinetic theory was largely responsible for Walter Nernst's support, 1911, of Planck's hypothesis and thereby for the holding of the 1st Solvay Conference, 1911, in Brussels. This conference marked the end of quantum theory as radiation theory. From Nernst's interest in molecular kinetic theory, from Bohr's enthusiasm over the conference proceedings (as reported to him by Rutherford), and from the growing recognition of the significance of Einstein's quantization of light, quantum theory soon became the new basis for the theory of matter.

In 1905 Einstein published a paper "On a Heuristic Viewpoint Concerning the Production and Transformation of Light" in which it was shown that a quantum view of light is the best (not necessarily the only) explanation for the behavior of high-frequency, low-density monochromatic radiation. Thus in the so-called photoelectric effect—the term **photon** was introduced in 1926 by G. N. Lewis—an increase in the frequency of incident light brought an increase in the velocity of ejected photoelectrons; to increase the intensity of incident light gave corresponding increase only in the number of photoelectrons ejected. This theoretical result, suggested by Lenard's experiments of 1902 and verified by A. L. Hughes in 1921, was contrary to all expectations in classical electromagnetic theory. Expansion of this hypothesis of light quanta to a view allowing both particulate and undulatory characteristics for light was tentatively realized by Einstein as early as 1909. His "heuristic viewpoint" was accepted only with great reluctance by physicists like Lorentz and Planck in the years immediately after 1905; as late as 1913, Planck, Nernst, and others recommended Einstein's work very highly in general, but referred to the hypothesis of light quanta as having "missed the target in . . . [its] speculations."

In addition to the photoelectric effect, other experiments contributed to the **wave-particle** dualistic view of light. In 1912 Max von Laue (1879–1950), using the atomic structure of a crystal as a diffraction grating, obtained the 1st observed interference phenomena for X rays. While this also opened up a new field, solid-state physics, its immediate effect was to suggest a wave aspect for X rays, previously considered as particle streams by many. In 1922 Arthur H. Compton (b. 1892) discovered the effect named for him. Inexplicable on the wave theory of light, the scattering of photons by electrons in a way requiring the assignment of mass to light gave additional support to the particle aspect of light. In no other way could physicists explain the difference in frequency between incident and scattered X rays on the 2 sides of a thin material layer. Combination of Laue's and Compton's experiments with X rays produced the same poignant paradox as combination of Fresnel's and Einstein's theories of light, viz., a wave-particle duality.

MECHANICS

The universality of Einstein's thought is suggested by his development of relativity theory in addition to his invaluable contributions to quantum theory. The special theory of relativity, published in 1905, was conceived as a basic theoretical structure for a study "On the Electrodynamics of Moving Bodies." This article postulated (1) that physical laws are the same in all inertial systems and (2) that the velocity of light in an inertial system is independent of the motion of its source. The applicability of these assumptions to the predicament posed by the Michelson-Morley experiments (*pace* D. C. Miller's proposals) was obvious (p. 918 above).

The **Fitzgerald hypothesis,** suggested in 1892, assumed the velocity of the earth relative to the ether to be unmeasurable in principle, for it postulated a contraction of all bodies in the direction of their motions in the ether. The contraction occurred in the ratio of $\sqrt{(1-v^2/c^2)}:1$. In 1895 Lorentz added transformation equations to the Fitzgerald contraction. The transformation regarded time as measurable differently in systems moving with respect to each other; the equations gave length and time measures from 1 system to another. While equivalent to special relativity theory as a method, the Fitzgerald-Lorentz interpretation tended to leave the ether theory in disrepute. If the ether were inconceivable in physical terms and unobservable in principle, it seemed to be a superfluous hypothesis.

Einstein's **special relativity theory** was conceived as a physical application of part of Ernst Mach's philosophy of science. For Mach scientific theory required both economy and generality of explanation. With this in mind, rather than the Michelson-Morley experiments, Einstein conceived space without ether and in which the speed of light was a constant. The result was to eliminate the ether on grounds of methodological economy.

While special relativity related only to uniform, or inertial, motion, Einstein's **general theory of relativity,** 1915, dealt with accelerated motion as well. In the spirit of Mach's philosophy, general relativity made space-time and matter interrelated phenomena, rather than allowing space-time to retain a quasi-absolute status, whereby it would remain independent of contained matter. With noninertial frames of reference, Einstein was able to show the gravitation of inertial frames (the Newtonian world) to be characteristics of the reference frame alone. Since gravitational acceleration is the same for all masses, a reference frame with such acceleration will show no gravitational effects from an internal viewpoint. Experimentally, gravitational mass and inertial mass can be shown to be equivalent. Einstein considered this to indicate a theoretical equivalence of gravity and inertia. The purpose of general relativity is to provide a field theory of gravitation which will satisfy the idea of equivalence of all reference frames. With space-time itself as the field, the theory defines such characteristics as mass in terms of the geometrical character of space-time. Likewise, the equivalence of energy and mass became apparent through general relativity theory, which was responsible for the famous equation $E = m\,c^2$. This gives an increasing mass as acceleration occurs and does not admit the oft-heard characterization of Newtonian gravitation as a limited case of general relativity. Also, the Euclidean geometry of space in the Newtonian world disappears in order to retain the general principle of relativity with regard to the velocity of light. Nonuniform gravitational fields, like the sun's, are described by curved, non-Euclidean space. Here the properties of space are determined by the presence and characteristics of matter.

CONSTRUCTION OF MATTER

The construction of matter as viewed theoretically derives essentially from 20th-cent. thinking, developing out of experimental work with subatomic particles and out of the rapidly expanding theory of quanta. J. J. Thomson's discovery of the **electron** (p. 923, above) was soon followed by W. Kaufmann's experimental discovery, 1910, of variability in the electron's mass, the mass increasing rapidly as its speed approached that of light. Only after the appearance of the relativity theory was this observation correctly explained. Various models of the atom preceded the important Bohr model of 1913. Thomson's model, 1904, spoke of a sphere of positive electrification containing discrete corpuscles of negative electricity, adding that atomic properties depended on the number and distribution of electrons. The 1st really useful **atomic model,** viz., one which accounted for a sufficiently large number of data, was that of Ernest Rutherford (1871–1937), who based his model, 1911, upon extensive work with radioactive particles. The scattering of alpha particles by thin metal foils indicated a concentrated nucleus but a vastly less dense region for the electron population. Rutherford's planetary electrons—the electrons around the nucleus were conceived like planets around the sun—directly contradicted Thomson's model. While Thomson had made a useful determination of charge (c) and mass (m) for the electron, it was the method, 1913, developed by R. A. Millikan which gave the most accuracy. The method hinged on a change in velocity of an oil droplet as it captured ions during its rise and fall between 2 horizontal plates. He showed that units of ionic charge are fixed and always equal, not just statistical means. The completion of pre-quantum atomic theory came with the determination of atomic numbers, indicating the number of positive electric units in the nuclei of atoms. Working in his newly developed science of X-ray spectroscopy, H. G. J. Moseley (1884–1915) found, 1913, that the frequency of a given line in the spectra of atoms successive by weight varied as $(N-b)^2$; b is a constant and N is an integer changing by unity in the succession of elements. N was the **atomic number** and allowed determination of the number of elements possible between any 2 of known atomic number. Elemental properties thus became fixed by atomic number.

The introduction of quantum notions into the theoretical picture of atomic structure occurred with **Niels Bohr's** (1885–1962) reconsideration of the Rutherford model. Rutherford had been able to produce no constant value for the length of an electron from the nucleus. Bohr's addition of Planck's constant h gave the required constant. The most convincing evidence for a quantized atomic model came when Bohr turned his attention to the classification of spectral lines in 1913. Immediately Bolmer's formula struck a harmonic note in his thoughts. Subsequent computation produced Rydberg's formula and the Rydberg spectroscopic constant through use of the quantum constant h. Assuming a nucleus surrounded by normally stable electron orbits, Bohr "explained" the failure of the atom to collapse from constant dissipation of energy by the orbiting electrons; energy could be emitted only in passage of an electron from 1 privileged orbit (in terms of h) to another. This anticlassical conception of the atom, 1913, was rapidly accepted as a result of support from Einstein, Jeans, and Campbell, and because of directly confirming experiments by J. Franck and G. Hertz, 1914, on radiation in the transition of electrons from excited to stable energy levels. The extremely fertile views of Bohr provided adequate ground for both speculative and experimental development over the next decade.

Bohr's model was easily conceivable by the mind, which gave it both appeal and severe limitations. An initial modification was the transition from circular orbits to elliptical electron orbits, suggested by Arnold Sommerfeld (1868–1951). In addition, Bohr calculated the effect of the "perihelial" motion of the electron (analogous to the advance of Mercury's perihelion), according to general relativity theory, and was thus able on purely theoretical bases to explain adequately the fine structure of spectral lines, 1915. Bohr's consciousness of an apparently ineluctable contradiction between classical and quantum notions brought him to the statement, 1918, of the **principle of correspondence.** Considering the case where the frequency ν approaches zero, that is, where the energies approach a virtual continuum, Bohr noted that methodologically the classical frequency and the quantum frequency approach identity. This result occurs with very high quantum numbers. Theoretically, however, Bohr appeared to find both quantum and classical theories to be "caricatures," each representing only an extreme region of phenomena. The correspondence principle formed a link between these extremes.

The isolation of Bohr's model from the issue raised by Einstein of wave vs. particle assured, hindsight shows, the downfall of that model. In 1924 Louis Victor de Broglie (b. 1892) set forth in his doctoral dissertation an elaboration of several preceding papers in which he expanded the wave-particle duality proposed by Einstein for light into a wave-particle duality for all matter. Introducing relativistic conceptions as well, Broglie suggested the existence of phase waves (faster than light), many of which composed a wave moving with exactly the speed of the particle concerned, e.g., an electron. He observed the mathematical equivalence of the undulatory principle of least time and the particulate principle of least action. His theory gave a simple, striking vision of the basis for Bohr's permissible orbits. But only with the experimental proof provided inadvertently by Davisson and Germer, 1925, in the Bell Telephone Laboratories was Broglie's new **wave mechanics** given belief. It was shown, to the initial surprise of the experimenters, that electrons (presumably particles par excellence) exhibited diffraction patterns (presumably evidence par excellence for waves). Almost simultaneously, other research led to an explosion of theory development in the mid-20's of this century. In 1925 Wolfgang Pauli (b. 1900) enunciated his **exclusion principle.** Quite simply, it said that no 2 electrons can have the same set of 4 quantum numbers. In the model of the atom the exclusion principle assigned the planetary electrons to their proper positions on a more rational basis than Bohr's previous *ad hoc* arrangement. At the same time, 1925, G. E. Uhlenbeck and S. Goudsmit provided Pauli with a new quantity needed to complete the basis of his exclusion principle. They proposed for the electron a 4th quantum number, realized on the basis of electron spin, introducing an angular momentum and magnetic moment. Spin of the electron accounted for anomalies of the Zeeman effect as well as the fine structure of optical and Röntgen spectra.

Still struggling with the inadequacies of the continually revised Bohr atom, Werner Heisenberg (b. 1901) sought for the 1st time to obviate the use of classical mechanics as a preliminary to the use of quantum theory. Starting with nothing more than direct observation, and ignoring classically based formulas for co-ordinates and velocities of electrons as functions of time, Heisenberg recreated the calculus of matrices as a foundation for an independent **quantum mechanics,** 1925. In this system, multiplication of the quantum values p and q is noncommutative, to wit, $p \times q \neq q \times p$. The matrix mechanics of Heisenberg, in collaboration with Born and Jordan, was within a year converted from its initial unwieldy form to a quantum algebra based on the mathematical formalism of classical Hamiltonian mechanics. This was done by P. A. M. Dirac (b. 1902), who made use of the classical Poisson bracket expression to obtain $pq - qp = \frac{ih}{2\pi}[p, q]$. On the basis of this mathematical reasoning, Dirac brought into quantum mechanics all of classical mechanics amenable to Poisson brackets rather than derivatives. By making the basic equation a postulate of the theory, he integrated Bohr's correspondence principle into the heart of the new mechanics, for the new postulate correlated quantum mechanical variables with their classical prototypes.

Before 1926 Broglie and others had not extended the theory of waves in quantum mechanics to the point of introducing a medium. In this year Erwin Schrödinger (1887–1961) gave the initial impetus to what became wave mechanics. His **psi function** related to the motion of a point in many-dimensional space (equivalent to highly complex motions in space of 3 dimensions). It gave a picture of the atom as a system of vibrations. As in acoustics, Schrödinger reasoned, so in a quantum energy transition, the change in frequency can be considered as a "beat" phenomenon. Rather than a jumping of electrons in the atom, he posited a change in vibrational mode, a process continuous in space and time and characteristic of waves. Thinking in terms of Hamilton's optical-mechanical analogy, Schrödinger made use of the already developed notion of wave packets to link particle and wave mechanics. Yet there still remained a basic philosophical problem in 1926. If the methodology seemed acceptable, the epistemology was a paradox. What did the equations signify experientially? Schrödinger attacked Bohr's view of discontinuity and quantum jumps. It was Heisenberg who saw the analogue in the progress of relativity theory. Just as Einstein's new views of space and time formed a conceptual matrix for the Lorentz transformations, Heisenberg looked for a way to fit nature to the situations described by quantum mechanics. His result was the uncertainty relation $\Delta p \, \Delta q \geqq h/2\pi$. That is, as p becomes more definite, q becomes less precise. Thus, in measurements on the order of magnitude of the quantum constant, when position is well determined, momentum is indeterminate, and vice versa. More than any other aspect of quantum mechanics the **uncertainty principle** has excited scientists, philosophers, and laymen in discussions of acausality, free will, determinism, and other similar topics. Finally, in a magnificent attempt at unification, Dirac, followed by Jordan, brought relativity theory into the new quantum mechanics, 1929. For the 1st time, electron spin became intrinsically involved in the equations. The symmetry introduced by relativistic mechanics led to other problems, however. It predicted the existence of particles similar to electrons but with negative mass. This strange result appeared to be a hole in the theory until 1931, when Carl Anderson actually observed these so-called "holes in matter," now referred to as **positrons.** Yet the synthesis of relativity and the quantum, as Broglie observed, 1937, still needed refinement, for the new theoretical predictions for the behavior of the photon did not accord with experiment.

MAGNETISM

The further advance of the physicist's view of the structure of matter is best pursued by review of a separate, though closely related, tradition: the experimental discovery and observation of radioactivity and elementary particles. But before following the experimental extension of the quantum picture of matter, the remarkable advances permitted in the understanding of magnetism on the basis of quantum theory should be outlined.

In the modern (20th-cent.) study of magnetism the preliminary developments grew out of the late 19th-cent. theory of electrons. In 1901–3 W. Voigt and J. J. Thomson restated earlier conceptions of paramagnetism and diamagnetism in terms of electrons; the attempt was made to explain both forms as induced states following collision by spinning electrons. The explanation failed. Only with Paul Langevin's explanation of 1905 was it generally accepted that the magnetic theory of Ampère and Weber could be reformulated through electron theory. Regarding diamagnetism as the immediate and sole effect when 1st applying an external magnetic field, Langevin found that diamagnetism is a general atomic property based on the absence of magnetic moment. **Paramagnetism,** by contrast, appeared as an induced state masking the natural diamagnetism and caused by molecular collisions. Pierre Weiss extended Langevin's work by explaining **ferromagnetism,** 1907. Weiss considered the internal magnetic field in molecular aggregates, using the mutual effect of molecules on each other to account for ferromagnetism and its disappearance above a critical temperature. The explanations of Langevin and Weiss, Bohr wrote in 1911, were derived from failure to apply classical statistics completely; this meant that assumptions of a quantum nature had been made unwittingly.

The development of the Bohr atom, 1913, led physicists to suggest the existence of a distinctive **magnetic moment,** resulting from the quantization of electron orbits. This elementary magnetic moment came to be known as the **Bohr magneton.** In 1918 Bauer and Picard experimentally verified this elementary moment as equal to $he/4\pi mc$ in paramagnetic gases. Sommerfeld's above-mentioned work of 1915 involved the limiting of orientations of the magnetic moments with respect to the field. Only parallel, antiparallel, or perpendicular orientations are possible. Magnetic moment associated with Uhlenbeck's and Goudsmit's 1925 discovery of electron spin explained fine spectral lines. Weiss's proposed internal magnetic field was explained in 1928 by Heisenberg on the basis of electron exchanges in the atom and between atoms. Ferromagnetism, he said, results from the stable parallelism of a number of electron spins, as the electrons exchange positions between atoms. Further understanding of ferromagnetism came from Felix Bloch's postulating a "Bloch wall," 1932, between neighboring domains magnetized in different directions. This wall constituted a transition layer where the magnetic moments were arranged in spiral fashion. In 1934 Bloch suggested **spin waves.** These arose at a certain point when rising temperature caused the directional change of an atomic magnetic moment in a ferromagnetic substance. The originally (at absolute zero) parallel moments would be disturbed by the heat input, and the reorientation of 1 atomic moment would affect nearby atoms, the continuing effect being known as a spin wave.

The attribution of a magnetic moment to the atomic nucleus as well as to the electron 1st occurred with Pauli, 1923, but it was Enrico Fermi (1901–54) who clearly developed and quantitatively defined **nuclear magnetic moment,** 1930. This moment turned out to be on the order of 1/1,000 the value of the Bohr magneton. The possibility of correctly and accurately measuring nuclear magnetic moment arrived with the work of I. I. Rabi, 1934. His method involved quantitative determination of the basic cause of magnetic moment, **precession,** via the effect had by an electromagnetic wave in resonance.

RADIOACTIVITY AND ELEMENTARY PARTICLES

While the rapid development of magnetic theory was a notable result of an effective, matured quantum mechanics, the applicability of the basic laws of the quantum was constantly questioned and stretched by the experimental discoveries of elementary particles. In fact, the very inception of a quantum theory of atomic structure grew out of such discoveries.

The earliest modern curiosity about components of the atom arose with work on radioactivity. From the Crookes tube, Wilhelm Konrad Röntgen (1845–1923) observed a new emission in 1895. This new ray, which he called **X ray,** caused fluorescence of a paper screen washed with barium-platinum-cyanide, and the radiation could penetrate wood, flesh, aluminum, and other materials. However, refraction and other properties of normal rays did not seem to belong to Röntgen's rays. It was known in the Cavendish laboratory at Cambridge that photographic plates were affected by Crookes tubes. The reaction was simply to keep Crookes tubes away from storage areas for photographic plates! The 1st recognition of the importance of such exposure of sealed photographic plates was that of Henri Becquerel (1852–1909), who observed the effects of uranium salts on these plates, 1896. He initially assumed exposure of the uranium to sunlight to be necessary, but soon found that similar results occurred after months of nonexposure. This radiation, like X rays, had the property of discharging electrified bodies by making conductors of insulators. Excited by Becquerel's work, Marie Curie and her husband Pierre began work on radioactive elements. Thorium was found to behave like uranium. A new element, **polonium,** was discovered, 1898. Since both bismuth and barium obtained from pitchblende ore exhibited radioactivity, it appeared that another component of the ore must explain the radioactive properties. In 1898 the separation of a radium salt, and presumably therefore a new element, was announced. Only 4 more years of work enabled the Curies to isolate **radium** in sufficient amount and pure enough to establish unequivocally, 1902, its independent existence and attributes. These 4 years resulted in the collection of one decigram of pure radium chloride.

The continuing emission of energy in radioactivity, especially by radium, raised the problem of conservation of energy. How could this emission continue, apparently undiminished, with no observable change in the radium? It was suggested by Elster and Geitel, 1898, and developed by Rutherford and Soddy on experimental bases, 1902–3, that a radioactive atom is in the process of changing from an unstable to a stable condition. As early as 1900 the rays emitted by radium had been recognized as 3 in type: alpha, beta, and gamma rays, in order of penetrability. In 1903 the **disintegration hypothesis** of Rutherford and Soddy was given experimental support by Ramsay and Soddy, who identified helium spectroscopically as the gaseous emanation from radium bromide. By 1908 Rutherford could recount the recent discoveries in support of the disintegration theory in terms of an established list of parentage from uranium down to radium and on to a variety of subsequent products including lead. The particle experiments of 1908–9 by Rutherford, Geiger, Marsden, and Royds liberated extensive data. An electric method of counting alpha particles was devised and used. Alpha particles were proven to be positively charged helium atoms. The scattering of alpha particles by atoms of a thin plate was observed and quantitatively determined. The appearance of deflections at angles greater than 90° was the basis of Rutherford's important atomic model of 1911. Within a year C. T. R. Wilson had devised the **cloud chamber,** wherein the deflections of alpha particles by single atoms, described by Rutherford, could be photographed and observed.

With the investigation of radioactive breakdown of elements, there emerged the suggestion of atoms chemically identical but physically (by atomic weight) different. By 1913 much experimental data existed supporting this result for radioactive elements. In that year J. J. Thomson, using his "positive-ray analysis" for finding values of *m/e,* found that neon in his discharge tube produced results for atomic weight 20 and atomic weight 22 also. Both atoms were neon, differing only in atomic weight. The displacement laws indicating the position in the periodic table of atoms derived from radioactive decay were drawn up by A. S. Russell, K. Fajans, and F. Soddy in 1913. The name **isotope** was given by Soddy to both radioactive and nonradioactive variants of an atom. F. W. Aston (1877–1945) contributed extensively to isotope research. He confirmed the 1913 work of Thomson, assessed the masses of various isotopes with respect to oxygen (the ratios being in whole numbers), and suggested possible methods for separating isotopes, 1919. In 1913 Rutherford had already laid down the theoretical distinction explaining isotopes when he pointed to the positive charge of the nucleus as the fundamental constant determining chemical properties; change in mass alone would have no chemical effect.

In 1919 Rutherford established the **proton.** Explaining the collision of an alpha particle with hydrogen atoms, he showed by measuring deflections in magnetic and electric fields that a hydrogen nucleus of unit positive charge resulted from the collisions. This charged hydrogen nucleus was soon designated by the term proton. Subsequently he directed alpha particles at nitrogen. In 1920 he proved that an occasional particle will actually collide with a nitrogen nucleus and alter the nucleus from charge 7 to charge 8 and from mass 14 to mass 17, i.e., from nitrogen to an isotope of oxygen. Transmutation of matter was thus realized. In 1921 Rutherford and Chadwick noted similar transformations for 5 other elements, the beginning of a continually extended list.

The climactic era of quantum mechanics (c. 1925–28) issued in the unexpected, initially unwanted prediction of a new particle by Dirac's theory of the electron, 1928, which required the existence of a positive election and an antiproton. The positron was discovered in 1932, but it was not until 1955 that the **antiproton** was observed with certainty. While antiparticles were disconcerting, the discovery of newer types of particles left the neat world of the proton and electron (and perhaps their antiparticles) aghast. As early as 1920 Rutherford had postulated the neutron. Bothe and Becker, 1930, discovered the emission by light nuclei of extremely penetrating rays, when bombarded with alpha particles. Attempts to explain the radiation as electromagnetic failed. Using new detecting techniques, Chadwick, 1932, identified the rays of Bothe and Becker as neutral particles, i.e., **neutrons.** The antineutron was not observed until 1956.

From 1930 on the world of elementary particles rapidly came to resemble a zoo —or even a haunted house—as many particles were postulated as necessary and discovered only years later. In order to save the law of conservation of energy, Wolfgang Pauli, 1930, invented the **neutrino.** Maintaining a constant speed, that of light, this particle was without mass or charge. Posited to account for the apparent imbalance of energy in beta radiation, the neutrino was claimed to possess whatever energy the observed beta particles lacked to add up to the loss of energy by the emitting nucleus. The neutrino remained an article of faith with physicists until its experimental detection in 1956. Pauli's idea of an origin within the nucleus was soon discarded by Fermi, 1934. Since the establishment of neutrons, 1932, it seemed unreasonable to suppose electrons within the nucleus. So also for neutrinos, said Fermi. Instead, the electron (beta particle) and its accompanying neutrino are created at the moment of emission; simultaneously a nuclear neutron becomes a proton. Here was the 1st successful theory of creation and destruction of basic matter.

In 1935 Hideki Yukawa predicted the existence of the pi meson, or **pion.** Just as the recent quantum theory of electric and magnetic force had designated photons as the carriers of force, so Yukawa considered a particle exchange as the cause of nuclear force holding protons and neutrons together. Such a force had to be strong enough to overcome the electrical repulsion of protons in the nucleus, but its strength must act only over very short distances, about 10^{-12} cm., the size of the nucleus. The existence of the pion was justified in terms of the uncertainty principle, which defined both the energy limit and lifetime limit of the pion. The occurrence of the particle was explained by collision of 2 highly energetic protons, one of which converted momentarily into a neutron and a pion. The continuing process in protons accounted for the stability of the atomic nucleus. Over a decade passed before this useful particle was actually observed, 1947. In 1936 a particle thought to be the pion was observed in cosmic radiation. However, this newly observed particle turned out to be the **muon,** which is 200 times as massive as the electron, but otherwise essentially identical to it.

From 1934 on, a number of physicists, pre-eminently Fermi, developed the discovery by I. Curie and F. Joliot, 1934, that highly energetic alpha particles will bring about a continuing emission of positrons when nonradioactive elements are bombarded. Fermi turned to the production of neutrons in place of alpha particles and thereby increased greatly the potential for artificial nuclear transmutations, since the neutron is not repulsed by the positive nucleus. This new tool, the bombarding neutron, became the critical tool in producing continuous nuclear fission. By 1939 it was recognized that suitable materials, such as uranium 235 and plutonium, produced much kinetic energy and beta radiation, with the simultaneous release of neutrons providing a basis for further fission. Technical difficulties were surmounted to allow Fermi and his collaborators to produce a "critical" **atomic pile** in late 1942.

In 1941 the divergence difficulties of quantum field theory prompted Wheeler and Feynman to propose the notion of action-at-a-distance as an alternative to that of the field. In terms of particle physics this meant direct particle interaction with no independent field having its own energy and momentum. The approach of Wheeler and Feynman did aid in eliminating divergences (infinite terms), and it also introduced the peculiar notion of advanced potentials (1st suggested by Schwarzschild in 1903). In fact, the 2 men argued that field and action-at-a-distance interpretations are ultimately interchangeable. The union, rather than conflict, of Newtonian mechanics and relativistic, four-dimensional space was the basic direction proposed. The means was a complementary view of particle and field.

From 1947 to 1954 the list of known particles expanded from 14 to 30. In the same time period the available energy in a particle accelerator was increased 30 times. The 16 new particles belonged to 4 families, kaons, lambdas, sigmas, and Xis. Though unpredicted and unexpected, they soon came to be considered the last strongly interacting long-lived particles to be available for discovery. In 1953, Gell-Mann and Nishijima (independently) developed a conservation law in terms of values assigned *ad hoc* to the types of particle. The law predicts whether and what sort of particle can be expected in a strong interaction process. The 4 new types have been found always to be produced in numbers of 2 or more.

In 1956 Tsung Dao Lee and Chen Ning Yang suggested that the previously assumed parity principle might profitably be abandoned in order to solve certain problems. That this spatial symmetry (or parity) could be violated in *weak* interactions was verified in the same year, when it was shown experimentally by Chien Shiung Wu that nature shows a definite preference for emission of beta rays from cobalt 60 in a particular direction. This suggested, theoretically, that the equations for interaction of quantized fields need not be symmetrical with respect to parity and to charge separately. A simpler mathematical expression could be introduced, involving only a combined symmetry in charge and parity. In the mid-1960's workers at the Brookhaven National Laboratory apparently established violation of symmetry (charge-conjugation symmetry) in interactions other than weak ones, specifically in the decay of neutral eta mesons, about 7.2% of the time. However, repetition of the Brookhaven experiments by C.E.R.N. (Conseil Européen pour le Recherche Nucléaire) workers with almost 10 times as many examples failed to confirm the proposal of violation in some strong interactions.

Chemistry

17th and 18th Cents.

BOYLE. The 2 kinds of chemical change most interesting to the alchemists of medieval times were combustion and the calcination of metals. Both involved heating, and both were actually the same sort of reaction. The recognition of the identical nature of these 2 processes marked the initial stage of modern chemistry. That fire was an especially potent agent in chemical change was a truism for the alchemist; witness the stereotype of a practitioner huddled over his retort. In the late 17th cent. Robert Boyle (1627–91) experimented ingeniously with heated compositions. In an evacuated jar he heated tin; after cooling it he opened the jar to weigh the tin, finding that its weight had increased. Because he made the measurement after opening the container, Boyle failed to perceive the equal importance of air in calcination and in combustion. He had noted the failure of heated sulphur to burn in an evacuated jar. But the calcination of tin he explained as passage of igneous corpuscles through the container into the metal, thus adding to the weight. Despite such errors Boyle is remembered as a founder of modern chemistry. He emphasized its theoretical study for no ulterior, i.e., alchemical or iatrochemical, reason; he rigorized experimental method; he gave a clear definition of an element.

STAHL. The problem of "fiery corpuscles" as discussed by Boyle was made elementary in the phlogiston theory of George Stahl (1660–1734), who explained changes accompanied by heat in terms of "the matter and principle of fire." The phlogiston theory presumed to account for combustion and calcination. However, when considerations of weight change were added to this essentially qualitative theory, it was found inadequate—unless phlogiston should sometimes possess negative weight! The centrality of the quantitative question in phlogiston theory led chemical theory in a more mechanical and materialistic direction. The phlogiston theory was never conceived to deal primarily with the question addressed by Lavoisier's oxygen theory—the question of weight changes.

LAVOISIER. Antoine Laurent Lavoisier (1743–94) led a life of varied interests, many of which exhibited his economical approach, as if using a balance sheet to organize the answer to any question. This balance-sheet outlook dominated his chemical work. Along the way, his careful method led him safely past the pitfall of Boyle. Lavoisier weighed his heated tin both before and after opening the exhausted container. He soon had the quantitative aspects of combustion and calcination completely in hand. The theoretical explanation occurred to him only after the suggestion from Priestley that the product of heating a calx (oxide) was dephlogisticated air. Ignoring phlogiston, Lavoisier saw that "purified air" (oxygen) was the product. Subsequent quantitative experiment, including a correct interpretation of Cavendish's combustion of "inflammable air" (hydrogen) to get water, led to the formulation of Lavoisier's oxygen theory of chemical combination.

19th Cent.

DALTON. After Lavoisier, oxidation as such ceased to be the most attractive topic of chemical discussion. Lavoisier stopped short at classification and refused to consider an atomic theory in chemistry, for he saw such a theory as metaphysics. The primary issue leading to atomic theory after Lavoisier was the mechanism of reaction. Whether the structure of matter was continuous or not was argued by Berthollet (continuum) and Proust (discontinuity). J. L. Proust (1754–1826) completely discredited his opponent and set forth the law of fixed proportions in 1799. In the same vein, but in a somewhat forbidding and speculatively mathematical way, J. B. Richter (1762–1807), laid down the law of reciprocal proportions in 1794. The 3rd such law, that of multiple proportions, was given by John Dalton (1766–1844), who realized the full theoretical import of these quantitative laws, each of which showed a preservation of integral amounts of the substances involved. Dalton's atomic theory appears in *A New System of Chemical Philosophy*, 1808. Making the philosophical jump needed to pass beyond the macroscopic laws on proportions, he hypothesized a microscopic world of atoms. For Dalton every atom of a single element was alike; the differences between elements were discontinuous. Like the ancient atomists, he retained a simple mechanical view, implicitly involving himself in the reductionist's difficulty of explaining qualities of the compound not possessed by its constituents.

Dalton's emphasis on simplicity, both mechanically and quantitatively, led to a persistent confusion for another half-century. His atomic theory was based directly on relative weights, whence he considered a compound like water, seen simply as HO, to be made of hydrogen having a weight of 1 and oxygen 8. The principle of economy could hardly have been more misleading.

In 1808 J. L. Gay-Lussac suggested on sound experimental bases integral volume relationships in gas reactions. Based on the equal expansion of gases with temperature increase, his hypothesis should have led chemists to the view that equal volumes of gases have equal numbers of reactive particles. Gay-Lussac noted the ease with which Daltonian atomism fitted into his law, yet Dalton never agreed. Dalton chose to assess the validity of the law via his assumption of monatomic particles in common gases like oxygen. Since this obviously made Gay-Lussac's statements on relative densities of gases seem paradoxical, Dalton blithely assumed Gay-Lussac wrong. Berzelius was able to use Gay-Lussac's hypothesis to define water as H_2O and ammonia as NH_3.

AVOGADRO. Amadeo Avogadro (1776–1856) explicitly resolved the problem in Dalton's thinking. Gay-Lussac had pointed out that 2 volumes of hydrogen and 1 of oxygen give 2 of steam. The implications of this fact and others behind the law of combining volumes were made distinct by Avogadro's hypothesis, 1811. Interested in combining volumes from the chemical rather than physical viewpoint, Avogadro conceived an equal number of molecules in equal volumes of 2 gases. Noting that this required the splitting of molecules into "half-molecules" in such combinations as hydrogen plus oxygen, he explained away Dalton's objections to Gay-Lussac. In 1814 Ampère revived Avogadro's hypothesis, but it was generally ignored for half a century until its usefulness was more obvious to chemists.

BERZELIUS. In the early development of electrochemistry, growing out of the experiments by Galvani, Volta, and Nicholson and Carlisle (p. 919, above), the use of atomic theory and Avogadro's hypothesis did not seem necessary. As early as 1803 Jöns Jakob Berzelius (1779–1848) noted that decomposed salts in electrolysis resulted in acids at the positive pole and bases at the negative. Berzelius, who introduced modern chemical symbolism in 1813, followed up extensive experiments by Humphry Davy and himself with a dualistic theory, 1812. As a synthesis this theory assumed an identity of chemical and electrical attraction. Metals were electropositive; oxygen was strongly electronegative. Chemical combination came from neutralization by oppositely charged elements, but this occurred on a nonquantitative level. A compound could retain over-all charge, so that a substance like copper sulphate exhibited characteristics considered to be electropositive. Michael Faraday (p. 921, above) brought electrochemistry to a more quantitative level. Contemporary with his collaboration (with William Whewell) on the development of a nomenclature for electrochemistry, 1833, Faraday experimented with conductivity and electrolysis. Observations such as the unsatisfactory nature of pure water as conductor resulted. More significantly, he recognized a relationship between amount of electrical current and amount of substance decomposed. The ratios of quantities gave rise to electrochemical equivalents. The potential assistance of this work for solving atomic-weight values was postponed by Berzelius' refusal to accept Faraday's electrochemical laws.

DEVELOPMENT OF ORGANIC CHEMISTRY. The dualistic theory of Berzelius eventually foundered on the growing mass of data from organic chemistry. Rather like animal electricity, animal, or organic, chemistry was considered in the late 18th cent. to be radically different from its mineral, or inorganic, relative. The basically German school of *Naturphilosophie* supported this distinction. The vitalists in biology and medicine also maintained the essential differentiation of living from nonliving matter. Not until 1828 was a crucial blow given to the vitalist view of organic compounds. At this time Friedrich Wöhler (1800–1882) synthesized urea, an animal product, from inorganic substances. The synthesis of organic from inorganic compounds henceforth provided the keystone of antivitalist literature.

The wide variety of organic compounds made up of a small number of chemical elements posed special problems for organic chemists. Gay-Lussac established, 1815, the concept of the radical, "a body which, though compound, acts the part of a simple substance in its combinations with hydrogen and metals." At the same time Michel Eugène Chevreul (1786–1889) studied the composition of fats with the help of the radical concept. He concluded, 1823, that fats were compounds formally analogous to inorganic salts; fats were compounded from organic acids and glycerol. Organic and inorganic substances reacted according to the same laws. The discovery by Wöhler and Liebig, 1832, of the benzoyl radical seemed to confirm the hopes of the organic chemist for the radical concept. By 1830 the significance of structure, introduced implicitly by the radical concept, became clear when Berzelius noted the identity upon analysis of tartaric and racemic acids. That different properties could result from structural variations with the same chemical atoms he indicated by the term "isomerism."

In 1837 Justus von Liebig (1803–73) and J. B. A. Dumas (1800–1884) claimed the radical concept as the final key to organic chemistry. But the simple nature hereby assumed for the organic radical, as a direct analogue of the inorganic element, was soon discredited. In 1834 Dumas reported the substitution of hydrogen by chlorine in the process of chlorinating ethyl alcohol. Auguste Laurent (1808–53) carried this line of questioning far enough to say that chlorine "takes the place of" hydrogen in such reactions; for example, chlorination of naphthalene gave compounds remarkably similar to the original naphthalene. Dumas rejected this extension of the empirical evidence. Forced by later evidence to revise, Dumas went even further and suggested chlorine substitution for the carbon atom as well as the hydrogen, thus prodding Liebig into public ridicule, 1840, of Dumas' overextension of the "type" theory of substitution. Laurent's theory, experimentally based, made untenable Berzelius' attempt to apply dualistic theory to organic chemistry. It also aroused Liebig's ire, since the substitution theory made the simple radical concept unacceptable. The theory of original and derived nuclei (the type theory), begun by Laurent, was a focus of chemical controversy for over a decade. A notable aspect of Laurent's version was the use of a geometrical model to explain substitution.

MOLECULAR STRUCTURE. At mid-century a primary interest was locating the position of radicals in molecules. Various type theories were introduced by Charles A. Wurtz (1817–84), Alexander W. Williamson (1824–1904), and Charles F. Gerhardt (1816–56). These new types had predictive value for indicating substitution products; the older type theory had been only a classifying tool. In 1852 Edward Frankland (1825–99) was able to add the concept of valence to clarify the organic combining capacities of various metals and, by extension, of all atoms.

As early as 1848 Louis Pasteur (1822–95) had given classic demonstration of the importance of structure for understanding chemical compounds on the level of microscope observation. The only difference between levorotatory and dextrorotatory optical activity of salts of tartaric acid was in their crystalline structure. One was the mirror image of the other. J. H. van't Hoff (1852–1911) and J. A. Le Bel (1847–1930) independently explained such behavior, 1874, by noting possibilities for isomerism with tetravalent carbon, having 4 equally spaced (3-dimensionally) positions for attachment. If 4 different radicals were shifted among these 4 positions on carbon, e.g., in lactic acid, 2 different, mirror-image arrangements existed. This was the only difference between the 2 optically active forms of CH_3 CH(OH) CO_2H. To Friedrich August Kekulé (1829–96) belongs the credit for making known the ability of carbon atoms to form chains. In 1858, after working on the variety of formulae possible by mixing different types, the idea of multiple carbon chains occurred to him. He thought of the concept when he generalized tetravalence of carbon to include combination between 2 carbons, so that each was left with only 3 positions for attachment of other atoms or radicals. The open-chain, or aliphatic, structure as well as the ring, or aromatic, structure, 1865, were conceived by Kekulé in a modified, 2-dimensional way. Kekulé's "flat" projections were 1st given stereometric interpretation by van't Hoff and Le Bel's conception of the carbon atom's distribution of its 4 bonds in the directions of the corners of a regular tetrahedron, 1874.

The organic synthesis represented by Kekulé, van't Hoff, and Le Bel led to a flowering of analytic work in the field. A. Grum Brown (1838–1922) noted the double bond for ethylene, 1864. Emil Erlenmeyer (1825–1909) conceived the triple bond for acetylene, 1862. Tautomerism, observed in acetoacetic ester as early as 1863, was explained, 1876, by Alexander M. Butlerov (1828–86). Only gradually did the equilibrium between *keto* and *enol* forms of such compounds become apparent. Adolf Baeyer (1835–1917) developed the strain theory, 1885, to explain stability in ring compounds by the distortion of their bonds from the normal tetrahedral arrangement. Victor Meyer's (1848–97) theory of steric hindrance, 1894, appealed to structural considerations to explain the obstruction of substitutions on any carbon atom near another holding large groups. Emil Fischer (1852–1919) was able to make elegant use of stereochemical techniques in characterizing isomeric sugars, 1891.

SYSTEMATIZATION OF INORGANIC CHEMISTRY. Roughly contemporary with the structural organization of organic chemistry occurred the systematization of inorganic chemistry. Basic to this was Stanislao Cannizzaro's (1826–1910) revival and promulgation of Avogadro's hypothesis via the "Sunto di un Corso di Filosofia Chimica," 1858. Referring atomic weights to the weight of a half-molecule of hydrogen as unity, Cannizzaro gave correct molecular weights for many compounds. With correct molecular weights as the index for establishing elemental interrelationships, progress rapidly appeared. Earlier William Prout (1785–1850) suggested, 1815–16, that atomic weights might be systematized as integral multiples of hydrogen as unity. Johann W. Döbereiner (1780–1849) noticed, 1829, a natural grouping of elements in triads, such as chlorine, bromine, and iodine.

Following the reintroduction of Avogadro's hypothesis, A. E. B. du Chancourtois (1819–86) arranged, 1862–63, the elements in a spiral in terms of atomic weight. John A. R. Newlands (1837–98) also developed the notion of periodic repetition in his law of octaves, 1865, placing all elements in a chart with 8 vertical rows. The most important systems were those of Julius Lothar Meyer (1830–95) and Dmitri Ivanovitch Mendeleev (1834–1907). Both used the atomic weights made possible by Avogadro's hypothesis in order to construct a list of elements in order of increasing atomic weight. Meyer, 1870, emphasized periodicity of physical properties while Mendeleev, 1869, was most struck by the periodicity of chemical properties. Mendeleev stressed the predictive value of the periodic table. Noting 3 empty places on the chart, he predicted the characteristics of the elements which would be found to fit in these places. The subsequent discoveries of gallium, 1874, scandium, 1879, and germanium, 1885, confirmed his speculations. Thereafter the periodic table was widely accepted.

PHYSICAL CHEMISTRY. Physical chemistry in the 19th cent. developed significantly in the areas of kinetic theory, thermodynamics, and electrochemistry. C. L. Berthollet (1748–1822) 1st recognized clearly, 1803, the importance of concentration, or mass, in the extent of a reaction. Gay-Lussac reiterated the idea of mass action. In 1850 Ludwig Wilhelmy (1812–64) found a determinate relationship of rate of reaction and amount of reactant present. The notion of 2 simultaneous and opposite reactions, at equal rates, was pointed out by Williamson, 1850, as characteristic of chemical equilibrium. In 1862–63 Marcellin Berthelot (1827–1907) and L. Péan de St.-Gilles (1832–63) measured the affinity relations in the formation of esters, but failed to study the reverse reaction, hydrolysis, in the equilibrium. Only with Cato Maximilian Guldberg (1836–1902) and Peter Waage (1833–1900) was the law of mass action fully stated and demonstrated, 1863. Showing that equilibrium is achieved in incomplete reactions, they gave a quantitative expression of equilibrium conditions at a given temperature in terms of molecular concentration. Other conditions being equal, the "driving force" for substitution was found to be directly proportional to the product of the masses. Van't Hoff classified reactions in terms of the number of molecules participating, 1877. Svante Arrhenius made it clear that not every molecular collision resulted in reaction, 1889. With the solid basis accumulated by the last quarter of the century, kinetics became a recognized field in chemistry.

For roughly 50 years after Lavoisier, no chemical studies of heat were made. In 1840 Germain Henri Hess (1802–50) established the constancy of heat evolved in a reaction sequence, no matter the number of intermediate steps. Following the initial translations of thermodynamics from physics to chemistry, Josiah Willard

Gibbs made important studies in thermochemistry. In addition to the phase rule, already discussed, he introduced useful concepts like chemical potential.

Prior to Arrhenius, the most important study of ions was that of Johann Wilhelm Hittorf (1824–1914), who studied ion transport in solutions and observed that each ion had a characteristic rate of transport. He concluded that ions in an electrolyte do not exist in a stable, molecular form. Svante Arrhenius (1859–1927) announced the dissociation theory in 1883. Basically, he said that a dissolved electrolyte was immediately dissociated, whether or not current flowed. The theory explained electrolytic conduction; osmosis of aqueous solutions of acids, bases, and salts; and other results in physical chemical research of the period. Extending the dissociation theory, Walther Nernst (1864–1941) explained electromotive force via solution pressure of the electrodes balanced by osmotic pressure of the dissolved ions, 1889. In the same year he conceived the theory of solubility product to explain precipitation reactions.

20th Cent.

PHYSICAL CHEMISTRY. Nernst's 3rd law of thermodynamics, 1906, defined the entropy of a crystal at absolute zero as zero. The theory proved most useful in calculating chemical equilibrium from few physical constants. G. N. Lewis (1875–1946) made current the thermodynamic notion of free energy as maximum work available in a system, 1923. He and others in California have done much to extend the use of the 3rd law of thermodynamics.

In 1913 Max Bodenstein discovered the chain reaction resulting from the bombardment of hydrogen and chlorine by a photon. This along with observation, 1900, of free triphenyl methyl radicals suggested the general existence of free radicals. Spectroscopists' reports along these lines were affirmed in 1925 by Hugh Taylor, who considered free radicals to be frequent participants in chemical reactions.

Chemical kinetics received further interest because of radiation studies. Jean Perrin advocated a radiation hypothesis of reaction, 1918, seeing that frequency of collision in monomolecular reactions did not determine reaction rates. Activation energy was assumed to come from radiation from the walls of the container. The hypothesis forced re-examination of reactions and brought a reassertion by F. A. Lindemann, 1922, of the collision hypothesis. Further study showed that activation energy must be concentrated in a single bond for a monomolecular reaction to take place.

Arrhenius' theory of solutions had raised more questions than it answered; it applied only to dilute solutions and was based only on aqueous solutions. Peter Debye (1884–1967) and Erich Hückel (b. 1896) improved the theory of dilute aqueous solutions by postulating an "atmosphere" of oppositely charged ions for each ion. The atmosphere was used to explain the decrease in mobility of the central ion toward an oppositely charged electrode. Reduction in mobility was made proportional to the square root of concentration. Thomas M. Lowry (1874–1936) and J. N. Brønsted (1879–1947) independently proposed, 1923, a broader acid-base theory in terms of the acceptance (by a base) or loss (by an acid) of a hydrogen ion. The transfer of hydrogen ions was the essential character of acids and bases compared to salts, which were left under the aegis of the Debye-Hückel theory. G. N. Lewis broadened acid-base theory more by considering acceptance or donation of an election pair (rather than loss or acceptance of hydrogen ions or protons) as the characteristics of acids and bases respectively, 1938. This definition of an acid as any molecule or ion with an incomplete election group around 1 of its atoms gave much greater generality to the acid-base theory of solutions.

Following the placement of orbital electrons through the work of Bohr, Sommerfeld, and Moseley (p. 926, above), it was possible for G. N. Lewis and Walther Kossel each to propose the electrovalent theory of chemical bonding, 1916. Since 8 outer-ring electrons were required for stability, as in the rare gases, any deficiency could be filled by the transferring or sharing of electrons apropos of their number of vacancies in the outer shell. In the case of electrovalency, 2 ions are conceived as contributing to each other, as in common salts. Irving Langmuir (1881–1957) further developed Lewis' theory, introducing the term "covalent" to explain more clearly combination in nonmetallic atoms as a bond in which both of a combination pair of electrons come from the same atom, 1919. Nevil V. Sidgwick (1873–1952) 1st called attention to the radical difference of the so-called covalent bond from the electrovalent, 1923. As understood by Langmuir, the covalent bond simply explained combination of incomplete electron shells. Sidgwick recognized the usefulness of what he called the co-ordinate bond to explain co-ordination compounds like H_2PtCl_6, formed by HCl and $PtCl_4$. Alfred Werner (1866–1919) had given the 1st successful account of these formations in 1893. Sidgwick's application of covalent bonds to co-ordinate compounds gave a more suitable mechanism for their occurrence.

With the development of quantum mechanics in the 1920's, physical chemistry saw new vistas opened. Among the early users of the new physics in chemistry was Linus Pauling, who developed the resonance theory, 1931, as a means for treating a nonvisualizable state between 2 conceptual structures. Pauling contributed the concept of electronegativity for explaining partially ionic compounds and assisted in the working out of the notion of hydrogen bonding in liquids such as H_2O, HF, and CH_3CO_2H.

BIOCHEMISTRY. In the 20th cent. biochemistry's most extensive contribution has been in the area of nutrition. In 1906 Frederick Gowland Hopkins (1861–1947) made it experimentally clear that highly refined fats, proteins, carbohydrates, and minerals are insufficient as foods. He pointed out that natural foods obviously contain many other substances essential for health. In 1909 Thomas B. Osborne (1859–1929) and Lafayette B. Mendel (1872–1935) began experiments which showed the wide variety of chemical composition of proteins, especially in terms of amino acids present. The dietary importance of different amino acids became evident as a result of experiments with different proteins.

Casimir Funk (b. 1884) introduced the notion of vitamins in 1912 when he found in rice polishings and in yeast a concentrated pyrimidine which cured beriberi. The original name "vitamine," coined by Funk, meant that the trace nutrients responsible for curing beriberi, scurvy, pellagra, and rickets were amines involved in vital processes. Even though later research showed some to be nonamines, the shortened form, "vitamin," came into use.

E. V. McCollum and M. Davis identified vitamin A as present in the nonglyceride part of fats, in glandular tissues, and in plant leaves, but not present in animal fatty tissues or in vegetable oils. While vitamin A was initially considered a preventive for rickets as well as for the characteristic eye soreness associated with vitamin A deficiency, E. Mellanby, 1919, found rickets in animals fed the vitamin. McCollum, 1922, introduced the term "vitamin D" to explain the prevention of rickets by cod-liver oil even after its vitamin A was destroyed.

Vitamin C, or ascorbic acid (named 1933), was 1st isolated in 1928 by Albert Szent-Györgyi from adrenal glands, orange juice, and cabbage. When Charles G. King found a crystalline substance, 1931, preventing scurvy in guinea pigs, Szent-Györgyi and J. Svirbely identified it as the compound isolated in 1928. Structural analysis and subsequent development of commercial syntheses soon made vitamin C an inexpensive product.

In 1915 McCollum introduced the water-soluble B vitamin concept. As studies progressed, the extensive complex of vitamins involved here became evident. Not until 1926 was the antiberiberi factor isolated in crystalline form. Another decade was required for analysis and commercial synthesis; R. R. Williams, who did this work, named the substance thiamin.

The isolation of vitamin B_2 in the early 1930's was due to the work of many biochemists. Preparation of a yellow oxidation enzyme from yeasts and also from whey powder led Kuhn and Booher to the recognition of a spectroscopic similarity of yellow pigments from yeast, liver, heart muscle, spinach, and eggs. Kuhn and Karrer synthesized B_2 in 1935. In 1936 nicotinic acid was found to be a derivative of the yellow oxidation enzyme from yeasts. By 1937 the usefulness of this substance in curing pellagra was established by Conrad Elvehjem. Throughout the 1930's and 1940's further extension of the B vitamin complex was made, down to the isolation, 1948, of B_{12}, successfully analyzed via X-ray studies, and usefully applied in the treatment of pernicious anemia.

In addition to vitamin studies, the explorations of effects of inorganic elements made clear by the end of the 1930's the need of animals for such as sodium, magnesium, zinc, cobalt, iodine, and phosphorus. While nutrition studies form only 1 field in modern biochemistry, they serve to illustrate the fruitful interaction of biological, chemical, and medical knowledge found as well in the biochemical studies of metabolism and hormones in the modern era.

Biology

DEVELOPMENT OF RESEARCH TECHNIQUES. The emergence of modern biology, especially zoology, was intimately connected with the Scientific Revolution's themes of experimental method and quantitative investigations. Following the 16th cent. return to an emphasis on direct observation (which Aristotle and Galen had always stressed), a systematic experimental method was not unnatural for biology when such a method was put forth by Bacon and Descartes. William Harvey (1578–1657) showed the advantage of careful, controlled experiment in his inductive reasoning concerning the circulation of the blood. He also made some use of quantitative reasoning, when he wondered what the body could do with such a large quantity of blood as the heart pumps per minute. 17th-cent. mechanistic views were carried to their logical conclusion by Richard Lower (1631–91), who treated the heart as nothing but a mechanical pump. Stephen Hales (1677–1761) carried the quantitative methodology to cruel perfection in his experiments on blood pressure and blood quantity in a horse (*Haemastaticks,* 1733). His earlier work, presented in *Vegetable Staticks,* 1727, provided important quantitative and functional information on plants. Along with Hales, Albrecht von Haller (1708–77) was one of the few 18th-cent. biologists to continue the experimental tradition of the 17th cent. His distinction of irritability (contractility) from sensibility in the nervous system, 1755, provided an important basis for the flourishing of neurophysiology in the 19th cent.

SYSTEMS OF CLASSIFICATION. Most characteristic of 18th-cent. biology were philosophical discussions over the nature of life and the system of natural order. These discussions were close to the heart of Enlightenment rationalism. One of the more fruitful results of such interest was a useful system of classification. As early as Andrea Cesalpino (1519–1603) a system of plant classes by flower and fruit types had been offered, 1583. Kaspar Bauhin (1560–1624) used part of Cesalpino's scheme and suggested a clearer distinction of genus from species in plants. John Ray (1627–1705) 1st turned to a distinctly "natural" system of classification, 1686. This required that all resemblances be accounted for, rather than an artificially chosen few. Building upon his predecessors, Carl Linnaeus (1707–78) first issued his *Systema naturae* in 1735. His system was essentially that still in use today, involving a hierarchy of class, order, genus, and species. His regular form of description for the parts of plants and animals became standard.

From Linnaeus on it was accepted practice to use a binary name for every plant and animal. Two of the most notable successors to Linnaeus in classifying were A. P. de Candolle (1778–1841), author of a botanical system with better correspondence to nature, 1824–70, and Georges Cuvier (1769–1832), whose *Le règne animal,* 1817, described a nonphilosophic system of life, based on the latest findings in comparative anatomy. Linnaeus, Candolle, and Cuvier provided the essence of modern classification.

NEUROPHYSIOLOGY

THE NERVOUS SYSTEM. The 19th cent. was the heroic age of experimentation on the nervous system. Modern neurophysiology began with Sir Charles Bell's (1774–1842) clear distinction of the anterior and posterior roots of the spinal cord as sources of motor and sensory stimuli respectively, 1811. However, it was necessary for François Magendie (1783–1855) to repeat Bell's demonstration in 1822 before general acceptance was forthcoming. Jean Marie Pierre Flourens (1794–1867) introduced the notion of nervous co-ordination, 1826, via his experiments on a dog and a pigeon deprived of their cerebellums. He also found the dependence of vision on the cerebral cortex and the importance of the semicircular canals of the inner ear for regulating movement. Marshall Hall (1790–1857) applied himself to the study of similar stimuli in a complete and a separated spinal cord. He demonstrated the ineffectiveness of voluntary action beyond the break, although a stimulus applied to the nervous system beyond the break would produce involuntary activity in the muscles, 1833. Pain was not felt in limbs beyond the separation of the spinal cord. Hall's conclusion was the hypothesis of serial segmental reflex arcs, activated by the spinal cord without need of connection to the brain.

Robert Remak (1815–65) contributed to neuroanatomy by describing the 6 cortical cell layers of the cerebrum. He noted the continuity of axons with nerve cells in the spinal cord, and discovered the grayness of the nonmedullated, sympathetic nerve fibers, 1838. Johannes Evangelista Purkinje (1787–1869) described the nuclei and dendrites of nerve cells in 1837. Rudolf Albert von Kölliker (1817–1905) pointed out the primacy of nerve cells over nerve fibers, some of which are processes of nerve cells, 1845.

More general theory appeared in neurophysiology with Johannes Müller (1801–58), whose law of specific nerve energies, 1834–40, laid down a specificity of nerve impulse in terms of the sense organ rather than the stimulus: fire registers heat to the touch and light in the eye, and electric stimuli result in sensations characteristic of the sense organ affected. Emil DuBois-Reymond (1818–96), publishing his *Untersuchungen über Thierische Elektricität* in 1848, was largely responsible for the exact study of electricity applied to animal nervous systems. His interest in this was generated by a vigorous opposition to vitalism; he predicted in this book that physiology would disappear into chemistry and physics, and then reversed himself to speak in 1872 of the inability of a physiochemical view to explain the origins and nature of life.

Otto Dieters' posthumous work, 1865, distinguishing long and short nerve processes (axons and dendrites), pointed out that nerve cells do not form networks. Camillo Golgi (1843–1926) rediscovered, 1873, Dieters' law positing 1 axon and many dendrites per nerve cell. At the same time Golgi reported his method of using silver chromate to stain the nerve elements for microscopic observation. Wilhelm His (1831–1904) showed that axons grow from primitive nerve cells, 1887. The neuron theory was fully stated in 1891 by Heinrich W. G. Waldeyer-Hartz (1836–1921). Foremost in the histology of the nervous system at the turn of the century was Santiago Ramón y Cajal (1852–1934). Ramón and Golgi differed on the neuron theory, the former upholding it. Ramón showed definitely that there is no reticulum, or continuous network, of nerve fibers. The nerve cells were found to be an insulated series with either contact or contiguity, but no continuity, 1889. Ramón's work was based upon improvements on Golgi's staining techniques, allowing Ramón to show the finer structure of the brain far more successfully than ever before.

SHERRINGTON. The high point in neurophysiology came with the work of Sir Charles Scott Sherrington (1857–1952). His general method was to eliminate the brain stem, using a "spinal animal" alone; the primary animal used was the rhesus monkey, with lower animals as controls. Concentrating on spinal reflexes, he postulated the synapse, 1897, a reflex arc consisting of 2 or more neurons, as basic in all spinal reflexes. This brought into consideration the intercellular barrier and required recognition of varying ease of transition of impulses under different conditions. Sherrington's *Integrative Action,* 1906, set forth a brilliantly elaborated theory of integrated nervous action. He built up a complex system of co-ordinated motor behavior based upon the study of reflexes as the simplest expression of integrative action; the primitive elements of the theory were excitation and inhibition of impulses at the synapses. This work constituted the high point in the study of involuntary reflex actions.

CELL THEORY

GLOBULES. Another area of biology which saw its real beginning in 19th-cent. experimentalism was cell theory. Kaspar Friedrich Wolff (1733–94), in the course of his embryological studies, remarked on the microscopic "little globules" constituting all animal organs, 1759; his meaning was vague but suggestive. Of practical value in the prehistory of cell theory was the invention of slicing machines, 1780, capable of cutting as thin as .0005 in. The globular theory, quite distinct from, though ancestral to, cell theory, was advanced by C. F. B. de Mirbel (1776–1854), who observed, 1802, the universality of uniform cells, or globules, in plant structure. Even René Henri Joachim Dutrochet (1776–1847) remained within the confines of globulist theory when he described organs as differing in the contents of their cells, but he maintained a very indefinite doctrine of the actual contents or processes of the cells. He did recognize that cells are themselves responsible for growth, 1824. The essential isolation of each cell in plants was stressed by Franz J. F. Meyen, 1830, who participated in the gradual exposition of the various parts of the cell in the 1830's.

THE CELL NUCLEUS. In cytology the 1830's brought the critical point in theoretical development, supported by better microscopy with much greater attention to details. Of primary importance in this era was Robert Brown's (1773–1858) discovery of the cell nucleus in plants. His 1833 paper on Orchidaceae and Asclepiadaceae clearly distinguished the cell nucleus from other structures, and set up the nucleated cell as the botanical unit of structure. Dumortier's observation of algal cell division, 1832, was soon followed by the similar observation, 1837, of Hugo von Mohl (1805–72), who also described in detail some of the steps of mitosis, 1835–39. 1838 saw the 1st full statement of cell theory, by Matthias Jakob Schleiden (1804–81), who conceived of the cell as the essential unit of plant life and the nucleus as its essential internal element. However, Schleiden also believed that the cellular reproduction was by free-cell formation: the nuclear membrane was supposed to become the wall for daughter cells formed within a parent cell, and structures of the parent cell would dissolve to reform in the daughter. By 1844, Mohl's studies of the cell wall and the protoplasm effectively destroyed Schleiden's hypothetical mechanism of cell reproduction. In 1839 Theodor Schwann (1810–82), directly inspired by Schleiden, applied the cell theory to animals, emphasizing that the activity of the total organism is the sum of activities of essentially independent cell units. Of special importance was Schwann's recognition of 2 classes of cell phenomena, those concerning structural change and those concerning metabolic change. With respect to the latter, for example, the importance of cell membranes for separation of chemical substances was stressed, although the mechanism was conceived to be like that of a galvanic pile. Unfortunately, Schwann adopted Schleiden's system of cellular reproduction.

PROTOPLASM. In 1839 Purkinje introduced the term "protoplasm" to describe the initial product in the development of the cell. He represented only the sap and wall of plant cells as results of the protoplasm. Explanation was needed for other contents of the "sarcode" of Félix Dujardin (1801–62), who thus named the moving mass of contents between the food vacuoles of protozoa, 1835. Dujardin was concerned to put to rest the notion that the parts of microscopic animals were parallel to parts of complex, macroscopic animals. Karl Theodor von Siebold (1804–84) 1st made clear the unicellular nature of protozoans and described the function of the cilia as motive parts, 1845. Kölliker the embryologist treated the ovum as a single cell and embryonic development as cellular division, 1844. Max Schultze (1825–74) finally unified the ideas on protoplasm, protozoa, and egg cell with his idea of the cell as "a lump of nucleated protoplasm," 1861; he decided on protoplasm as "the physical basis of life" in 1863. Rudolf Virchow (1821–1902), in his *Die Cellular Pathologie,* 1858, dealt with the structure of the tissues of every bodily organ. His aphorism "every cell from another cell" was, unfortunately, linked to a doctrine of endogenous formation of cells, though the exogenous version of Schleiden was considered untenable. Initial scientific reception tended not only to criticize Virchow's weaker points but to follow traditional views of free-cell formation and spontaneous generation in preference to his improvements. Another couple of decades were needed for general approbation of "every cell from another cell."

In the 1880's Walther Flemming (1843–1915), Eduard Strasburger (1844–1912), Eduard van Beneden (1846–1910), and others worked out the essentials of cell division. Both the full details and the nomenclature for mitosis appeared at this time (1882 on). The high level of individuality in cells was shown by H. V. Wilson, 1907. The appearance of a truly reliable and well-defined technique of culturing cells outside the body came with R. G. Harrison's paper of 1907. Henceforth cytology developed, especially in practical medical directions, with much greater rapidity than before.

MICROBIOLOGY

SPONTANEOUS GENERATION. The realm of microbiology, like many other aspects of biology, was a creation of the microscope. Anton van Leeuwenhoek (1632–1723) stood out among the early microscopists for the accuracy of his observations. Among a mass of reports on different body tissues and animals, his discoveries of infusoria, 1676, and bacteria, 1683, were especially remarkable, considering his use of only a simple lens. The observations of infusoria, apparently generated spontaneously from initially clear infusions of hay, gave rise to controversy over such generation for almost 2 centuries. An important point in this controversy came in the mid-18th cent. John Turberville Needham (1713–81) boiled mutton broth and transferred it to a perfectly sealed container. A few days later he observed that swarms of little animals had appeared in the infusion, 1748. Lazzaro Spallanzani (1729–99) felt that the state of the air in the experiment was crucial. His experiments (published 1767) compared mixtures heated to boiling in open and in closed containers. With sufficient time of heating (over ½ hr.), the sealed containers produced no organisms, no matter how long one waited. Opponents believed Spallanzani had spoiled the air and that spontaneous generation would take place in unheated air.

A new dimension appeared with chemical experiments on fermentation. It was considered to be a strictly chemical process supporting spontaneous generation. In 1836 Charles Cagniard de Latour (1777–1859) claimed that yeast is made of minute organisms, which cause fermentation. Theodor Schwann (1810–82) immediately repeated this claim. Franz Schulze (1815–73) and Schwann experimented (1836 and 1837, respectively) to show that purified air does not support spontaneous generation. These experiments were not conclusive, and during the 1840's the chemist Liebig swayed the field with his view that fermentation was not microbial but rather a chemical process peculiar to organic matter. In 1854 Heinrich G. F. Schröder (1810–85) and Theodor von Dusch (1824–90) succeeded in filtering out bacteria from air by cotton wool. This mechanical method obviated the objections proposed by abiogenists against the use of acid baths or heat to "spoil" the air before introducing it to a boiled infusion. However, modifications of the experiment raised some questions about the universality of Schröder's and Dusch's conclusion.

PASTEUR. It was Louis Pasteur who laid to rest the question of spontaneous generation. Late in life Pasteur set down in a polemical dialogue—following the style of Galileo—the reasons for pasteurizing wines. He began his biological studies in 1854 with fermentation experiments. The ultimate result of the work was not to prove that microbes are involved in fermentation—Schwann had done this—but rather to show that the presence of microbes is the sole condition both necessary and sufficient for fermentation. Pasteur's classic experiments appeared in his *Mémoire sur les corpuscules organisés qui existent dans l'atmosphère,* 1861, where the most convincing display of his theory was made by a flask with a very long, thin, unstopped neck, bent in a horizontal "S." After prolonged heating of a decomposable substance in the flask, no putrefaction or fermentation took place for an extended period of time; yet within a few hours after breaking the neck near the body of the flask, putrefaction appeared. Only the length and angle of the neck prevented bacteria from entering, and this changed when the neck was removed. Even this experiment failed to convince everyone, and the era of belief in spontaneous generation persisted until John Tyndall (1820–93) added further experiments of a most convincing nature in his 1881 *Essay on the Floating-Matter of the Air.*

Microbiological research following Pasteur was able to deal more with questions of detail and less with the basic issue of abiogenesis. Karl Nägeli (1817–91), known for his programmatic lack of interest in Mendel's work on genetics, was able to assert, "I have for 10 years examined thousands of different forms of bacteria, and I have not yet seen any absolute necessity for dividing them even into 2 distinct species." By contrast Robert Koch (1843–1910) made as one of his essential postulates in medical microbiology the complete correspondence of bacteria inoculated and bacteria terminally extracted in assigning the bacterial cause of a disease; extensive data were collected to support the notion of distinct species of bacteria. In 1882 Koch introduced publicly the method of plating bacteria either in (anaerobic) or on (aerobic) a culture solidified with gelatin or agar. Coupled with his perfection of the fixing of bacteria and staining with aniline dyes, Koch's culture method provided a basis essentially unchanged to date for the preparation of bacteria for study. Of special and ironic interest in the study of fermentation was the work of the chemist Eduard Buchner (1860–1917), who resolved the controversy between Liebig and Pasteur by showing fermentation in cell-free extracts. Buchner demonstrated the production of a chemical ferment by the yeast fungi; the ferment could be isolated and still function to give fermentation without the fungi, 1897. Subsequent microbiological work rests more in such areas as disease research and genetics. In the 20th cent. the disappearance of microbiology as an independent field exemplifies the growing tendency toward synthesis of the branches of biology.

EMBRYOLOGY

GERM-CELL THEORY. In the 18th cent. there was disagreement about the nature of the development of the embryo. The preformation theory then held sway in, and *ipso facto* was a discouragement to, embryological research. Why investigate, if everything is ready-made from the beginning? Some preformationists went so far as to imagine miniature but mature figures under their microscopes while examining animal ova. Charles Bonnet (1720–93) rediscovered (after Leeuwenhoek) parthenogenesis in the summer-hatched generations of aphids, 1745. This led him to work out a thorough preformation theory, under the influence and with the subsequent support of Albrecht von Haller. As Bonnet saw it, every egg contained within itself all the germs of all individuals to which a mother gave birth and the subsequent generations *ad aevum*. These germs had a noncorporeal aspect in Bonnet's thinking and mirrored rather well Leibniz's monad theory.

Kaspar Friedrich Wolff (1738–94) published in 1759 his *Theoria generationis,* attacking preformation theory and suggesting epigenesis, which had already been the model of Aristotle and Harvey. According to Wolff, generation means creation. By epigenesis he intended the growth of new parts, not actually present to begin with; the arbiter of direction of such growth was an "essential force" in each organism. Spallanzani, a preformationist, discovered the necessity of spermatozoa for gestation to begin in many animals, but he believed the sperms provided no added element to the embryo, only initial stimulation of the process, 1780. His "proof" was the increase in size of a frog's egg before fertilization in the mother. G. R. Treviranus (1776–1837) lent his weight to the side opposite Spallanzani when he treated spermatozoa as the analogue of pollen, 1805; this was done as part of a grand attempt to unify the various sciences of life under the heading of "biology," a term Treviranus originated.

As an age of much more systematic commitment to experimentation, the 19th cent. saw a rapid succession of observations resolving and surpassing the repetitious controversy of the 18th cent. in germ-cell theory. Étienne Geoffroy Saint-Hilaire (1772–1844) made experiments, 1822–26, in which he artificially produced abnormal developments in chicks, thereby arguing against preformation. Jean Louis Prévost and Jean Baptiste Dumas found that filtration destroyed the fecundating power of sperms, 1824. The following year Dumas repeated and reversed Spallanzani's experiments for preformation. Dujardin, 1827, distinguished spermatozoa from infusoria and showed the production of sperms in the seminiferous tubules. In 1841 Kölliker wrote on the essential place of sperms in reproduction, noting that spermatozoa, like ova, were cellular by nature and origin. George Newport (1803–54) showed the significance of the sperm's entry point for the segmentation of amphibian eggs, 1850–54. In botany Nathaniel Pringsheim (1823–94) went beyond the primitive statement of sexuality in flowers and observed the sexual process in detail in the fresh-water alga *Vaucheria sessilis,* 1855.

In 1859 Darwin's *Origin of Species* suggested by omission a serious problem. If new species occurred, then variation is possible. But if variation is possible, why is it not rampant, and how do we account for the continued transmission of characteristics? Unfortunately, Darwin tried to answer this question—by a theory of pangenesis, 1868. Flying in the face of experimental embryology, Darwin's speculative embryology was little better than a return to the previous century. He theorized that particles from all parts of an organism pass to the reproductive material and thus determine the nature of sperm and egg. Side by side with this turning back of speculative thought, the embryologists continued their observations. In 1875 Oscar Hertwig (1849–1922) described the nuclear fusion in the formation of the zygote, a process brought over from general cytology. Hermann Fol made the 1st actual observation in detail of penetration in *Asterias glacialis* of the ovum by the sperm, 1879, marking the final datum needed to complete Pringsheim's work. Flemming, 1879, began intranuclear research with description of the splitting of chromosomes. In the study of chromosomes Eduard van Beneden demonstrated the equal number of chromosomes in every cell of any body, as well as the production of the haploid stage in meiosis, 1887. By 1892 it was possible for Theodor Boveri (1862–1915) to give the detailed stages of spermatogenesis and oögenesis. August Weismann (1834–1914) combined in himself the knowledge of a skilled experimenter and the ability to generalize shrewdly. His concept of a substance continuous from parent to child was called germ plasm, distinct from general body cells. An elaborate hierarchy of particles and particle groups was conceived to explain heredity, 1892. Despite the perspicacity of Weismann's thinking, his speculative bent disenchanted experimentalists and made it less easy for genetic theories like Mendel's to gain general acceptance when known.

EMBRYONIC DIFFERENTIATION. The exact differentiations involved in embryonic development have been a creation of the late 19th and 20th cents. There was, of course, some speculation in this direction as early as Wolff's *Theoria generationis* in order to support epigenetic theory. Wilhelm His developed a mechanical explanation for all biological phenomena. His student Wilhelm Roux (1850–1924) followed this direction with his program of "mechanics of development." In the spirit of Haeckel, Roux distinguished an initial period of predetermined embryonic development and a 2nd period of functional development. Support for preformation came from the application to this scheme of Roux's famous experiment on a frog's egg, 1888. Destruction of 1 half (a blastomere) left the other uninjured, and it developed as a half-embryo, presumably along a predetermined pattern. Hans Driesch (1867–1941) soon overturned this reasoning and observation by showing that 1 half a sea urchin's egg (a blastomere) will give a complete individual, differing only in size from the normal case, 1891. This same course was later found to apply to the frog as well, if great care were taken in the experiment. The discrediting of Roux's supraexperimental reasoning led to a greater attention to purely experimental results in embryology.

From the end of the 19th cent. to the mid-20th, the organization of knowledge of cell division evolved from a series of ingenious and detailed experiments. Some of these are briefly chronicled below. By constricting a newt's egg Hertwig, 1893, obtained twin embryos. His further studies included centrifuging frogs' eggs so that the yolk collected at 1 pole and the protoplasm at the opposite pole. The result was cleavage and development only at the protoplasm pole, 1897. The various studies of abnormal cleavage were climaxed in the experiment of Jacques Loeb (1859–1924), where an enucleated half of an egg began to develop only after many divisions of the nucleate half and when a nucleus wandered from the nuclear side into the other, 1894. This experiment discredited Weismann's theory of genetic development, whereby nuclei following cell division were considered of more specific developmental potency, incapable of producing a total organism. Loeb's experiment showed the creation of a complete individual from each half of the original egg. In 1899 Loeb went on to suggest that a certain ion concentration in the environment is all the sea urchin ovum needs for parthenogenetic reproduction. From this he concluded that physicochemical explanations may be sufficient to explain embryonic development. Here Loeb indicated one of his abiding interests—the desire to develop a systematically mechanistic view of life processes.

One of the philosophical convictions of Haeckel and Roux was elaborated on an experimental basis by Hans Spemann (1869–1941). By introducing ordinary ectoderm in place of ectoderm specifically destined to form nerve cord in a newt, he observed the completely normal development of the nerve cord in the growth of the newt, 1918. This showed that there is indeed an earlier period when development of the organism seems to take a predetermined pattern, and only later do artificial changes halt or disrupt the normal process. To this discovery was added the climactic concept of an "organizer." In 1921 Spemann showed by comparing frontal and median cleavages in eggs that the gray crescent, or dorsal, region is responsible for organizing an embryonic axis. In embryos deprived of this region, though possessing as much as $\frac{31}{32}$ of the cleavage nucleus, no more than a ventral fragment ever developed. Stöhr, 1924, found trunk mesoderm to differentiate itself enough to produce an embryonic heart. Vogt, 1925, was able to predict the destinies of various parts of amphibian blastulae. Spemann and others, 1933–34, demonstrated that even cell-free extracts from an organizer area remained capable of controlling development. The influence of biochemistry in the field became paramount about this time. Needham and Waddington found evidence, 1933–35, that the controlling element in organizers was a sterol. Brachet (1938 on) pointed to the importance of RNA (ribonucleic acids) in the development of specialized regions. This was supplemented by his suggestion, 1952, that relocation of microsomes (containing RNA) is involved in neural induction. In the 20th cent. the advance of embryology has become closely related to advances in genetics, for both have focused on intracellular studies, often on a biochemical basis.

GENETICS

MENDEL. The study of genetics probably has fewer precursors, or protogeneticists, in its history than any other area of biology. Before and contemporary with Gregor Johann Mendel (1822–84) the study of variation was conceived essentially as a population rather than an individual phenomenon. The few earlier suggestions of individual change tended to be environmentally based, as with Lamarck, and speculative. No concept of a genetic factor in individuals was previously introduced. Mendel's work appeared in articles of 1866 and 1869. From examinations of pea plants he recorded the appearance of dominant and recessive traits. By inbreeding of not only the 1st filial but succeeding filial generations with dominant and recessive traits, he found that only the recessives bred true. Interpretation of these observations via the construction of a genealogical tree gave a series of statements known as Mendel's 1st law. Wide application of the laws for inheritance of Mendelian (paired and opposed) characters has since been demonstrated. Mendel's 2nd law stated the independence of a given pair of opposed characters from every other pair. This law has been extensively modified with the 20th-cent. discoveries concerning linked characters. It is remarkable that Mendel's hypotheses were so simple. He excluded the notion that the hereditary contributions of the parents might be unequal. He excluded the possibility of linkage of different inherited factors. Also, in his experiments most of the results were unbelievably more regular than should be expected from the standard deviation in random sampling. Only by these hypothetical and methodological simplifications is it likely that one could have achieved Mendel's results.

The monumental disregard of Mendel's work deserves comment. The journal containing his articles, though obscure, was received by both the Royal Society and the Linnaean Society. The biologist Nägeli, with whom Mendel corresponded extensively on inheritance, continually referred in print to the absence of strict rules for inheritance. W. O. Focke's 1881 publication of *Die Pflanzenmischlinge* referred 15 times to Mendel, but never showed comprehension of the significance of his discoveries. The biologists interested in variation were evolutionists, but they were not seeking a Mendelian type of theory.

CHROMOSOME THEORY. From Mendel to 1900 the best work relevant to genetics was done by embryologists. In 1883 van Beneden suggested genetic continuity of the chromosomes. Theodor Boveri (1862–1915) gave experimental evidence, 1887–1902, to support this, concluding, "for every chromosome that enters into a nucleus there persists in the resting stage some kind of unit, which determines that from this nucleus come forth again exactly the same number of chromosomes that entered it. . . ." The researches of Hertwig and others (1884–88) pointed to the cell nucleus as the basis for inheritance. The individuality of chromosomes was postulated in 1885 by Karl Rabl (1853–1917). It was Boveri's work which shifted biological attention from nucleus to chromosomes. In 1887 Weismann's comprehensive theory of chromosome distribution in cell division appeared. Weismann's theory made direct conversion of observed facts from population studies into factors on the individual level. His speculations were ingenious and predicted certain discoveries, such as the occurrence of meiosis, but the nonexperimental basis of his postulates of biophore, determinant, and id (*Das Keimplasma,* 1892) excited distaste in many thoroughgoing experimentalists. The superficial similarity of Weismann's thought and Mendel's helped delay general acceptance of the latter's work after its rediscovery in 1900.

Exemplary of the evolutionist approach to inheritance was Francis Galton (1822–1911). Taking a hint from the developing field of social statistics, Galton applied statistics to the study of variation. Characteristic of his work was the law of ancestral inheritance, 1889, which predicted for each member of each ancestral generation an arithmetically determined influence on an individual. No correspondence with observed phenomena was given. This "biometrical" approach was opposed by William Bateson (1861–1926), an able polemicist and subsequently a Mendelian, in his 1894 publication of numerous examples of discontinuous variations. Whereas Galton's bell curves of distribution of variations suggested continuity or only minute discontinuity, Bateson's field work led to an emphasis on striking and large discontinuities observed in the field.

1900 marks the rediscovery of Mendel's work. E. Tschermak, Karl Correns, and Hugo De Vries (1848–1935) all published works that year with explicit references to Mendel; Correns and De Vries, when they learned of him, were already well advanced in their own work. Of some relevance is De Vries' study of *Oenothera lamarckiana* (evening primrose) in 1886 and subsequently. The striking variations, including divergent forms like dwarf and latifoliate, he interpreted as new species. He also denied the validity of the law of cleavage (Mendelian) for the primrose mutations. Discrepancies appeared when others repeated his experiments, and it was later made clear that De Vries had failed to distinguish carefully between phenotype and genotype. The weakness of this work brought resistance to Mendel's work, as it was linked initially to that of De Vries. In 1901 Bateson had Mendel's work translated into English, for Bateson saw its significance for natural selection. After his 1904 confrontation with the biometricians at the British Association of Natural Science, Mendelian principles spread rapidly.

The developments of the 1st decade of the 20th cent. served to ensure Mendel's place in the history of genetics. In 1891 H. Henking reported the "peculiar chromatin element," lone and nonpaired in meiosis. In 1905 this was proven to be the sex-determining chromosome by E. B. Wilson (1856–1939) and N. M. Stevens, the 1st case of attribution of a single characteristic to a definite chromosome. Walter S. Sutton (1876–1916) and Boveri pointed out independently, 1903, that heredity particles in general appear to be carried by the chromosomes. The conscious interrelationship of cytology and heredity research dates from Sutton's paper. W. L. Johannsen (1857–1927) substituted mutation theory for natural selection, which had been thought by evolutionists to be an active source of variation, 1903. For some time thereafter the idea of natural selection was completely discredited as a significant part of evolution. From 1905 to 1908 Bateson and R. C. Punnett published experimental studies introducing clearly the notion of particle (gene) interaction and implying by their data, though not consciously realizing, particle (gene) linkage. G. H. Hardy (1877–1947) introduced rigorous statistical reasoning into genetics, giving rise to the field of population genetics, 1908. From Hardy's paper came the awareness of a "gene-pool" concept and of evolution as a result of change in the proportional distribution of genes in a normally unchanging pool. All this was produced by Hardy's simple answer to the question whether a dominant characteristic should be expected to spread through the whole population or not.

GENE THEORY. By 1906 *Drosophila melanogaster,* the fruit fly, was recognized to be virtually "created by God solely for heredity research," as one student put it. In 1910 Thomas Hunt Morgan (1866–

1945) explained the appearance of white eye in *Drosophila* as a sex-linked characteristic. Morgan, trained as an experimental embryologist, had disliked Weismann's theories and Mendel's as well until the work of Sutton and other researchers (mentioned above) convinced him of both Mendel's validity and the significance of the sex chromosome in heredity. Morgan's subsequent gene theory, 1911, brought him a Nobel prize in 1933. The seminal contribution of his 1910 paper was the assignment of a specific gene to a specific chromosome. In 1913 A. H. Sturtevant showed definitely that genetic factors follow a linear arrangement on the chromosome. By 1915 heredity research was sufficiently advanced to see the publication of *The Mechanism of Mendelian Heredity,* a classic, by Morgan, Sturtevant, Bridges, and Muller.

In 1917 Sewall Wright published an article often regarded as a crucial point in genetics. Via his studies of the mechanism of coat color formation in mammals he laid the foundations for physiological genetics. His focus was on how the gene accomplishes its effects rather than on the mechanics of gene transmission. The study of the gene's mode of action has remained the central problem in genetics since Wright and is of critical interest in other areas of biology as well. In actual application, Wright's research direction was exceedingly difficult to prosecute because of use of the mouse. Not until 1941 was an ideal organism, the mold *Neurospora,* found for such studies by G. W. Beadle and E. L. Tatum. Their hypothesis of 1 gene acting as or through 1 enzyme was much strengthened by N. H. Horowitz and U. Leopold, 1951. Among the biochemical studies on microorganisms to determine mode of genetic action, one of the most impressive was that of O. T. Avery, C. M. MacLeod, and M. McCarty, 1944, to show DNA (desoxyribonucleic acid) of primary importance in changing the hereditary make-up of an organism.

In 1921 L. C. Dunn wrote on unit character variation in rodents. Certain mutations, Dunn showed experimentally for the 1st time, were homologous in different species, thus providing the 1st genetical evidence directly useful in the study of evolution of natural populations.

The view of a genetic effect as due simply to presence or absence of a factor was radically changed by Sturtevant, 1925, in a study of the bar, or narrow-eyed, character in *Drosophila.* Previously, "crossing over" (exchange of homologous chromosome parts) was thought to involve equal parts. Sturtevant noted unequal crossing over, i.e., a quantitative variation, as cause of the variations in the bar characteristic, though other mutations remained susceptible of qualitative explanation only. One especially interesting result was that ". . . two genes lying in the same chromosome are more effective on development than are the same two genes when they lie in different chromosomes." Supporting the study of mutation in genes was H. J. Muller's application, 1927, of X rays to *Drosophila,* whereupon the mutation rate rose several thousand %. Stadler independently showed the same phenomenon in barley, 1927. This new tool has greatly assisted the study of mutation as such. In 1931 the Sutton-Boveri hypothesis was given overwhelming experimental substantiation by Harriet B. Creighton and Barbara McClintock. Their paper established in classic fashion that "pairing chromosomes, heteromorphic in two regions, have been shown to exchange parts at the same time they exchange genes assigned to these regions." The reality of simultaneous crossing over in cytological and genetic phenomena was thus admirably demonstrated. For the study of chromosomes and chromosome rearrangement and mapping, T. S. Painter introduced an invaluable aid with his discovery, 1933, of the giant chromosomes of the nuclei in *Drosophila's* salivary glands. Since then detailed cytological maps have been constructed for over 5,000 numbered bands, and the positions of genes for 400 mutations have been established.

In 1946 Joshua Lederberg and Edward L. Tatum demonstrated that gene recombination exists in the bacterium *Escherichia coli,* thus indicating sex in bacteria.

The rapid reproduction of bacteria made this discovery important, for new genetic series could be produced rapidly. With N. D. Zinder, 1952, Lederberg found the striking fact of viral transmission of hereditary materials from 1 bacterium strain (*Salmonella typhimurium*) to another, with the acceptance and reproduction of those materials by the 2nd strain. The medical significance of this discovery was immediately recognized.

An obvious classic of recent genetical literature was the model for the structure of DNA proposed by J. D. Watson and F. H. C. Crick, 1953. Their hypothesis, in agreement with all experimental data, involved a bihelical structure with the atomic sequences running in opposite directions. The suggested pairing of atoms in turn has indicated for the 1st time a possible mechanism for self-reproduction of the molecule. With this model to work from, genetics has entered a period of even more detailed and precise experimentation than before.

RADIATION EFFECTS. Genetics has constantly caught the public eye more than any other branch of biology. A notable example of the social concern of geneticists was the 1947 Genetics Conference report on the genetic effects of the atomic explosions in Hiroshima and Nagasaki. A list of 7 recommendations was made to establish a long-term government-supported research study of the affected populations. Another example of increasingly numerous statements by scientists was A. H. Sturtevant's "Social Implications of the Genetics of Man" (*Science,* 1954, pp. 405–7), which indicated the extensive, permanent, and almost totally deleterious effects of radiation on human genetics.

EVOLUTION

PRE-DARWINIAN EVOLUTIONISTS. An area of biology which has become intimately related to genetics from the 1930's, but was initially considered irrelevant to or even antithetical to genetics, is evolution theory. Preceding the notion of biological evolution, there existed a strong sense of cultural evolution. The 17th cent. saw a transition of religious millenary views to secular utopian theories. The correlative idea of secular progress was a strong theme in 18th-cent. Enlightenment thought, embodied earlier in Vico and later in Condorcet. An excellent example of the synthesis of religio-cultural ideas of progress with a biological—and teleological—evolution was the thought of the preformationist Charles Bonnet; his belief in the evolution of species derived from an eschatology of increasing perfection of the world after each of a series of past and future catastrophes.

Georges Louis Leclerc de Buffon (1707–88) laid down a strictly naturalistic evolution, based upon geological evolution (1749 on). Species, he felt, were clearly mutable. Erasmus Darwin (1731–1802), the grandfather of Charles Darwin, was impressed by Buffon and was led to emphasize both variability in the single attributes of species, whether from artificial or climatic or other causes, and the broad similarity among animals. The implication of his work, 1794–96, is evolution by differentiation, via acquired characteristics, from few primitive ancestors. With Buffon and E. Darwin, Jean Baptiste de Monet Lamarck (1744–1829) completed the triumvirate of naturalists most important as precursors of Charles Darwin.

GEOLOGY. An area of scientific thought initially more relevant than natural history to evolution theory was geology. Buffon's *Théorie de la terre,* 1749, made intelligent deductions from the locations of fossil shells to the redistribution of seas in time. His *Époques de la nature,* 1778, reasoned from current tidal deposits to an age of over 75,000 years for the earth, with 6 epochs. Peter Simon Pallas (1741–1811) undertook for Catherine II an exploration of eastern Russia and Siberia, 1768–74, from which he brought back a mine of information, including the discovery of "great animals of India, bones of elephants," etc., in the Siberian ice. Responsible for the 1st geological survey (1746, of France and England) was E. Guettard (1715–86), who noted the continuity of bands of rock on both sides of the Channel and suggested the volcanic nature of mountains in central France. N. Demarest (1725–1815) 1st confirmed the latter. It was William Smith (1769–1839), a drainage engineer, who gave a sufficiently detailed account of British strata and their characteristic fossils, 1815, to initiate serious stratigraphical studies in England. In Switzerland, Horace Benedicte de Saussure (1740–99) established the importance of strata bedding in the Alps, 1786–96, noting that the strata must have been laid down on a level and then forcibly folded into their observed form.

Large-scale controversy in geology emerged in the conflict of Neptunism and Vulcanism. Abraham G. Werner (1750–1817) swayed numerous students at the Freiburg School of Mines with his view that the essential process of formation for all rocks is aqueous, or sedimentary. His diluvial (Neptunist) theory, 1774, was based on data from the Harz Mountains in Saxony and applied universally. The Vulcanist theory of James Hutton (1726–97) appeared in 1795, and can be seen as the 1st scientific geological theory, for it recognized both igneous and aqueous processes and tended much more to limit itself to observable fact. Werner's inability to explain reasonably the known columnar structure of basalt formations was exemplary of the limits of Neptunism. John Playfair's defense, 1802, of Hutton's theory was largely instrumental in its acceptance.

A principal figure in the creation of modern geology was Georges Cuvier (1769–1832), who with Alexandre Brongniart published the 1st systematic account, 1808, of strata—taking note of all fossilized fauna rather than 1 or 2—based on study of the Paris basin. In 1812 Cuvier's *Recherches sur les ossemens fossiles* established the modern science of paleontology on his correlation theory, which required that all elements of an animal's (fossil's) structure be functionally consistent. Introducing the book was Cuvier's catastrophist theory of geological change, designed to explain the marked variation in fossil contents from stratum to stratum.

Epitomizing a continuing tendency to combine good fossil research with extravagant religious history was William Buckland's *Reliquiae diluvianae,* 1823, seeking to give geological support to the Genesis account of the Flood. Élie de Beaumont (1798–1874) represented the updated continuity of catastrophism with his description of mountain building, identifying 4 distinct upheaval systems in Southwestern Europe. Carrying over Hutton's Vulcanist thinking, Charles Lyell (1797–1875) insisted on the absence of variation in the forces bringing change to the earth's crust. His *Principles of Geology,* 1830–33, the origin of uniformitarian theory in geology, was a cornerstone of optimistic materialism's edifice against divine activity in nature.

DARWIN. Lyell's uniformitarian views along with Malthus' *Essay on Population,* 1798, acted as the leaven for biological data provided by the voyage, 1831–36, of the *Beagle,* on which Charles Darwin (1809–82) acted as ship's naturalist. By 1844 Darwin had drawn up his 1st sketch of the transformation of species. In 1858 appeared the joint essays of Darwin and Alfred Russel Wallace (1823–1913), who had independently conceived the theory of natural selection. Finally in 1859 the *Origin of Species by Means of Natural Selection* saw daylight. Its breadth of application made it incontrovertible on the general issue of evolution. That new species appear was thenceforth clear, but the mechanism remained debatable, despite the popular appeal of natural selection (soon current in "social Darwinism"). The problem of finding a suitable mechanism occasioned debate for another 4 decades and more (p. 944, above). The apparent conflict of evolution theory and genetics theory in explaining variation was dissolved only after the temporary replacement of natural selection by Mendelian genetics. When it was realized that each complemented the other, the areas of evolution theory and genetics blended together rapidly. Paralleling Hardy's contribution to genetics were Sewall Wright's studies on the mathematics of evolutionary variation in populations (1930 on). R. A.

Fisher pointed out, 1932, that the dominant characteristics present in wild types are due to natural selection. The study of adaptation and viability in different geographical regions was forwarded by Goldschmidt (1932 on) and Timofeeff-Ressovsky, 1933. Amidst advancing techniques and more detailed studies, Theodosius Dobzhansky's *Genetics and the Origin of Species,* 1937, marked the full integration of 2 long-separated areas. The modern applications of evolution theory have extended as far as scientific anthropology (Robert Redfield) and Catholic theology (Teilhard de Chardin).

Psychology

Interest in human psychology is as old as man himself. From Aristotle until the present, nearly every great philosopher has speculated about the structure and functions of the mind. But only at the end of the 19th cent. did psychology become a subject worthy of study in its own right, due to modern advances in science—improvements in the empirical method, advances in mathematics, and the development of an experimental physiology and of the theory of evolution.

BIRTH OF EXPERIMENTAL PSYCHOLOGY. Throughout the 19th cent., physiologists, developing their experiments on body functions, increasingly turned to psychological problems. Believing that sensations could be measured, several German physiologists performed the 1st experiments in psychology. Working in Leipzig, c. 1830–40, Ernst Heinrich Weber (1795–1878) studied the perception of variations in touch, weight, and vision. He investigated the sensitivity of various areas of the body by measuring the "2-point threshold"—the necessary distance between 2 compass points applied to the skin for each to be felt distinctly (*Der Tastsinn und das Gemeingefühl,* 1846). Gustav Theodor Fechner (1801–87) introduced "psychophysics," the science of the relations between mind and body (*Elemente der Psychophysik,* 1860). Johannes Müller (1801–1858) related further the mind and the body by explaining that nerves are specialized to perform specific functions (*Elements of Physiology,* 1834–40). His pupil, Hermann von Helmholtz (1821–94), did pioneering research on optics (*Physiological Optics,* 1856–66) and acoustics and on "reaction time"—the amount of time which elapses between a stimulus and the response.

ASSOCIATIONISM. In England, the predominating psychology was based on "associationism": experience was held to be the basis of all mental capacity. Alexander Bain (1818–1903) produced the 1st systematization of psychology, along associationist lines. In *The Senses and the Intellect,* 1855, and *The Emotions and the Will,* 1859, he attempted to analyze every mode of experience. In 1876 he founded *Mind,* the 1st journal devoted to psychology.

WILHELM WUNDT. Wilhelm Wundt (1832–1920) is the 1st man who can properly be called a psychologist. He, too, began as a physiologist and philosopher; but he believed that psychology should be freed from metaphysics, and set up psychology as an experimental science by founding the Psychologisches Institut—the 1st formal psychological laboratory—at Leipzig in 1879. Here virtually all the early experimental psychologists were trained; here, too, was founded a 2nd and more important psychological journal, the *Philosophische Studien,* in 1881. Wundt himself rarely conducted experiments, but he always appealed for experimental proof of his theories and readily changed them in response to the results. His major works (*Grundzüge der physiologischen Psychologie,* 1873–74; *Logik,* 1880–83; *Ethik,* 1886; *Einführung in die Psychologie,* 1911) underwent considerable changes from one edition to the next. Wundt considered psychology to be the science of conscious experience. Experience was composed of sensations, images, and feelings. The appropriate method of psychology was introspection (*Selbstbeobachtung*); experiment was to proceed by measuring stimuli and responses. At the Psychologisches Institut, notable experiments were performed on sensation and perception.

DEVELOPMENT OF EXPERIMENTAL PSYCHOLOGY. In 1883, one of Wundt's students, G. Stanley Hall (1844–1924), founded the 1st formal psychological laboratory in the U.S. at Johns Hopkins. In 1887 he began the *American Journal of Psychology,* the 1st U.S. periodical devoted to psychology. His interests were varied, and included child psychology and religious psychology. He was the 1st to use the questionnaire to study children, and later helped introduce psychoanalysis to the U.S.

James McKeen Cattell (1860–1944) was Wundt's 1st laboratory assistant. He did pioneering studies of reaction time, of attention span, and of perception time in reading. He studied the differences between individuals, which Wundt tended to ignore, and in 1894 administered the 1st mental tests to students at Columbia University, N.Y., to measure their memory, associations, and reaction time.

Francis Galton (1822–1911) was early interested in the theories of Charles Darwin. In 1869 he published *Hereditary Genius,* a discussion of the inheritance of brilliance in certain families. He later turned to experimental methods and was a pioneer in the use of statistics for psychological measurement. His *Inquiries into Human Faculty and Its Development,* 1883, described his discovery, while experimenting on association, that subjects allowed to associate freely most often spoke about their childhood and adolescence.

Hermann Ebbinghaus (1850–1909) subjected both learning and memory to quantitative treatment, 1879–84. He was the 1st to take up a psychological problem not derived from physiology. Using nonsense syllables, he studied the difficulties of memorization, the effects of overlearning, and the amount of time saved in relearning (*Memory,* 1885).

Edward Lee Thorndike (1874–1949) studied animal learning, deciding that learning is achieved by trial and error: the animals repeated accidental solving of their tasks until they had learned the solution (*Animal Intelligence: An Experimental Study of the Associative Processes in Animals,* 1898).

WILLIAM JAMES. A doctor and physiologist at Harvard, William James (1842–1910) was interested in psychology, and in 1875—4 years before Wundt—set up an informal laboratory in which his students could do psychological experiments. He took an interest also in the study of hypnotism and hysteria then going on in France, in the Darwinian theories, and in unexplainable psychic phenomena—telepathy, clairvoyance, etc. In 1884 he founded the American branch of the Society for Psychical Research (founded in England, 1882). In *Principles of Psychology,* 1890, he described mental life as a unity, a total experience which was constantly being transformed ("stream of consciousness"). He denied the possibility of studying psychology by measurement alone. He experimented on emotions and believed they were caused by physiological changes. He made a catalogue of human instincts. In *The Varieties of Religious Experience,* 1902, he made a psychological analysis of conversion, believing that it occurred through the ejection of certain elements of the personality from consciousness and the identification of the self with one purpose.

STRUCTURALISM. Under the leadership of one of Wundt's students, Edward Bradford Titchener (1867–1927), the structuralists developed experimental psychology along the lines set by the Leipzig laboratory. Titchener began a laboratory at Cornell in 1892 and in 1927 founded the Society of Experimental Psychologists. His published works include *Experimental Psychology,* 1901–5, and *A Textbook of Psychology,* 1909–10.

FUNCTIONALISM. In opposition to structuralism, which studied mental states, the functionalists concerned themselves with processes, investigating the relationships between mental and organic functions. A group of functionalists formed at the University of Chicago, led by John Dewey (1859–1952) and James Rowland Angell (1869–1949).

WÜRZBURG SCHOOL. In Germany also an antistructuralist tendency developed at the turn of the century. Oswald Külpe (1862–1915), Karl Marbe (1869–1953), and others investigated conscious attitudes which had escaped Wundt's attention: doubt, certainty, affirmation, dissent. They were most interested in the items of experience which are not sensory in nature.

CONDITIONING AND BEHAVIORISM. The work of 2 Russian physiologists led to an entirely new theory of behavior and learning, based on reflexes. Ivan Petrovich Pavlov (1849–1936), professor of physiology at the St. Petersburg Military Medical Academy, received the Nobel prize in 1904 for his work on the physiology of digestion. His research led him to difficult problems of behavior and, in experimenting with dogs, c. 1905, he devised the method of "classical conditioning." If the ringing of a bell constantly accompanied the feeding of a dog, it could eventually cause the dog to salivate, even if no food were presented. Thus a "conditioned reflex" could be induced. Vladimir Michailovich Bekhterev (1857–1927) arrived at similar results while doing independent work (*Objective Psychology,* 1907). He developed a theory of learning through conditioned reflexes (*General Principles of Human Reflexology,* 1917).

John B. Watson (1878–1958) founded the school known as behaviorism, building a new psychological theory around conditioning (*Psychology as the Behaviorist Views It,* 1913). He treated behavior in terms of stimuli and responses alone. More recent experiments in conditioning have been performed by B. F. Skinner (b. 1904). He invented the "Skinner box," a simple rat's cage containing a bar which, when depressed, releases a pellet of food.

GESTALT. While studying the perception of motion, Max Wertheimer (1880–1943) decided that experience had to be studied as a whole, not in terms of each of its parts taken separately. In 1912, with Wolfgang Köhler (1887–1967) and Kurt Koffka (1886–1941), he founded the Gestalt school of psychology, devoted to the study of forms, structures and patterns (*Gestalten*). Köhler applied the principles of Gestalt in his study of anthropoid apes. He discovered that the apes solved problems by sudden insight and not by trial and error: they would respond all at once to an integrated set of clues (*The Mentality of Apes,* 1917). In *The Growth of the Mind,* 1921, Koffka described learning as the progressive realization of forms, rather than an accretion of experiences.

FIELD THEORY. Kurt Lewin (1890–1947) was influenced by Gestalt, by scientific field theory, and by mathematical topology. In *A Dynamic Theory of Personality,* 1935, and *Principles of Topological Psychology,* 1936, he developed the concept of individual action within a field, a "life space" which provided certain barriers to action which could be circumvented only by leaving the field: e.g., by withdrawing into dream or daydream.

STUDIES OF SEXUALITY. Baron Richard von Krafft-Ebing (1840–1902), a German neurologist and psychiatrist, studied the influence of heredity on insanity and sexual deviation. In 1886 he produced the *Psychopathia Sexualis,* a catalogue of sexual deviations. Two common forms of sexual perversity have come to be named for the authors who 1st described them: "sadism," describing sexual gratification obtained through inflicting pain on the love object, after the Marquis de Sade (1740–1814); and "masochism," describing sexual gratification obtained by causing the love object to inflict pain on oneself, after Leopold von Sacher-Masoch (1836–95).

Havelock Ellis (1859–1939) published 7 volumes on sexuality between 1898 and 1928, collectively entitled *Studies in the Psychology of Sex.* His works were the subject of legal proceedings, but he was the 1st to succeed in publicly broaching this delicate subject. He interpreted the vast collection of data at his disposal from a biological, rather than clinical, viewpoint.

The most prominent recent writer on sexuality was Alfred Kinsey (1894–1956), an American zoologist who discovered considerable variation in human sexual behavior among the 18,500 individuals he and his associates interviewed (*Sexual Behavior in the Human Male,* 1948; *Sexual Behavior in the Human Female,* 1953).

PSYCHIATRY. Philippe Pinel (1745–1826) was the 1st to give insanity a medical, rather than demonic, interpretation (p. 963, below). Franz Mesmer (1734–1815) discovered that he could relieve patients of their symptoms by "animal magnetism"—later called "mesmerism" and then "hypnotism." Subsequently, French neurologists began to study neurotic behavior by means of hypnotism. At his neurological clinic in the Salpêtrière in Paris, Jean Martin Charcot (1826–93) and his pupil Pierre Janet (1859–1947) found they could cure patients by means of suggestion while they were under hypnotism. Charcot believed the hypnotic state to be a form of hysteria.

In the 20th cent. psychiatry has used several methods. Adolf Meyer (1866–1950) stressed the importance of biology, psychology, and sociology in understanding and helping patients. He urged psychiatrists to study the life history of each patient; he considered the individual both a victim and a product of his environment and experiences. Psychotherapy was widely used by psychiatrists as well as psychoanalysts. Medical means were also employed. The Viennese psychiatrist Manfred Sakel (1906–1957) began using insulin shock in 1933 to treat schizophrenia. Two Italians, Ugo Cerletti (b. 1877) and Lucio Bini (b. 1908) used electroconvulsive therapy for the 1st time in 1938. Psychosurgery—the cutting of nerve fibers to cure certain neurotic symptoms (lobotomy)—was devised in 1935 by the Portuguese neurologist Antônio de Egas Moniz (1874–1955). New drugs known as "tranquilizers" have largely replaced sedatives. The American Psychiatric Association was founded in 1884.

PSYCHOANALYSIS. Sigmund Freud (1856–1939) was born in Moravia, received his medical degree from the University of Vienna in 1881, and then became associated with the neurologist Josef Breuer (1842–1925). While treating hysteria cases by means of hypnosis, Breuer had discovered that a cure was often effected by catharsis: by allowing the patient to talk freely about his experiences while in the hypnotic state. Freud studied in Paris with Charcot and Janet, 1885–86, and at the renowned neurological clinic in Nancy. In 1895 Freud and Breuer published *Studies in Hysteria.* They had discovered that the neurotic's symptoms were often caused by the **repression** from consciousness of undesirable memories of thoughts, which the individual either could not remember or refused to recognize. Hypnosis proved useless in effecting lasting cures; furthermore, the patients became emotionally attached to the therapist (**transference**). Breuer felt that the method was discredited and Freud went on alone after 1895. He replaced hypnosis with the method of **free association:** the patient, while in a relaxed state, said anything that occurred to him, however nonsensical or immoral. In this way, repressed material was often brought to consciousness, although **resistances** frequently prevented this. In dreams, however, subconscious material was often allowed to reach consciousness in distorted form. Freud's theory of dream elaboration, **censorship** of the unconscious material, and **symbolism** was published in 1900 (*The Interpretation of Dreams*). By analyzing and discussing his patients' dreams, Freud was often able to bring the repressed memories to consciousness and thus to alleviate the symptoms.

Central to psychoanalysis was Freud's theory of sex (*Three Contributions to the Theory of Sex,* 1905), for he believed that **libido,** sexual energy, was the driving force of life, beginning at birth. The young child went through phases of sexual development, from **autoerotism** (love of his own body), through the **Oedipus** or **Electra complex** (love of parent of the opposite sex and competitive feelings toward the parent of the same sex), homosexuality (attachment to his playmates of like sex), to "normal" heterosexual love. The earlier attachments (**cathexes**) subsisted in weakened form, causing conflicts in the adult which frequently resulted in neuroses. It was, therefore, into their childhood that Freud delved for the solution to his patients' problems.

After 1900, disciples grouped themselves about Freud. He began to teach seminars in psychoanalysis in 1902, continuing as professor of neuropathology at the University of Vienna until he fled the **Nazis** in 1938. The earliest and most important of his followers were Karl Abraham (1877–1925), Alfred Adler (1870–1937), Sandor Ferenczi (1873–1933), Ernest Jones (1879–1958), C. G. Jung (1875–1961), and Otto Rank (1884–1939). The International Psychoanalytical Association was founded in 1910. The 1st journal of the movement was the *Jahrbuch für psychoanalytische und psychopathologische Forschungen,* 1908–14; the *Internationale Zeitschrift für Psychoanalyse* and *Imago* followed in 1912.

From 1912, Freud began to apply psychoanalysis to the study of society, religion, and anthropology, beginning with *Totem and Taboo,* 1912. Under the influence of World War I, he began to write of a **death instinct** that struggled in every individual against a **life instinct,** causing aggression and war ("Thoughts on War and Death," 1915; *Civilization and Its Discontents,* 1930). In the latter part of his life, Freud attempted to describe the mental forces which struggle against one another in each person. They were 3: the **id,** expressing the instinctual drives of the individual; the **ego,** the reality principle which adapts the individual to the requirements of society; and the **superego,** the reproving parental conscience. These theories were outlined in *Group Psychology and Analysis of the Ego,* 1920, and *The Ego and the Id,* 1923.

Alfred Adler was one of the earliest participants in the psychoanalytic movement. Interested in Freud's theory of **compensation** for deficiencies, he published *A Study of Organic Inferiority and Its Psychical Compensation,* 1907, demonstrating how social, intellectual, or physical inadequacy was compensated for by overt behavior or symptoms. These studies led him to break with the Freudian movement, 1911, and begin the school of "individual psychology." He believed that the driving force in life was the desire for power, not libido. He called admitted inferiority the **inferiority complex** and showed how the attempt to overcome it could lead to aggressiveness.

Carl Jung was also unable to accept the primacy of sexuality as stipulated by Freud and left the psychoanalytic movement in 1913 to practice "analytical psychology." He studied the effects of heredity and of spiritual forces on the mind: he spoke of the "collective unconscious," mythic material which he felt to be inherited by members of a culture. He classified individuals according to basic psychological categories, coining the terms "extrovert" and "introvert" (*Psychological Types,* 1920).

SOCIAL PSYCHOLOGY. William McDougall (1871–1938) was interested in the irrational foundations of behavior. In *An Introduction to Social Psychology,* 1908, he developed a theory of human behavior based on inherited instincts and an acquired superstructure of sentiments. He saw social life as the product of instincts. In *Instincts of the Herd in Peace and War,* 1916, Wilfred Trotter (1872–1939) described World War I as a clash of instincts. McDougall himself began studying abnormal psychology while in the British army during the war. He published an *Outline of Abnormal Psychology* in 1926.

CHILD PSYCHOLOGY. The most important child psychologist of the 20th cent. was Jean Piaget (b. 1896). His major theory (expounded in *The Language and Thought of the Child,* 1923; *The Child's Conception of the World,* 1929; *The Moral Judgment of the Child,* 1932) treats of the child's egocentricity: he accepts his own viewpoint as the objective one and fails to distinguish himself from what is external, so that he attributes life to all he encounters. Piaget considered intellectual development to be a gradual emancipation from the egocentric way of thought.

Child psychoanalysis was developed notably by Anna Freud (*Einführung in der Technik der Kinderanalyse,* 1927) and Melanie Klein (*The Psychoanalysis of Children,* 1932).

INTELLIGENCE AND PERSONALITY TESTING. Alfred Binet (1857–1911) founded the 1st French psychological laboratory at the Sorbonne in 1889 and the 1st French psychological journal, *L'Année psychologique,* in 1895. He devised the 1st intelligence tests for schoolchildren in 1905. The tests, revised in 1908 and 1911, were arranged for the age levels at which the average child could be expected to do them satisfactorily. A child's "mental age" was the level he attained on this scale. The German psychologist Wilhelm Stern (1871–1938) suggested that absolute retardation or advancement in years was less important as a measure than relative retardation or advancement. In 1911 he introduced the intelligence quotient (IQ), determined by dividing mental age by chronological age. The "Stanford revision" of Binet's test, 1916, has been the most widely used of intelligence tests.

The Swiss psychiatrist Hermann Rorschach (1884–1922) began in 1911 to use a group of ink blots in order to compare normal, neurotic, and psychotic personalities. By showing the subject an ink blot and asking him to state what he saw in it, Rorschach was able to classify many personality types. A standard set of "Rorschach prints" has been widely used.

Medicine

EARLY MEDICINE

SYSTEMATIC CLINICAL INSTRUCTION. The establishment of systematic clinical instruction, the hallmark of modern medical education, dates from the 17th–18th cents. The Leiden School in the Netherlands, after Hermann Boerhaave (1668–1738) became a teacher there, 1701, provided the model for modern medical bedside teaching. Early imitators of Boerhaave's methods included Archibald Pitcairne (1652–1713) at the College of Physicians in Edinburgh, founded in 1681, and Gerard van Swieten (1700–1772) at the Old Vienna School, founded c. 1745.

RISE OF SCIENTIFIC PHYSIOLOGY. Boerhaave's *Institutiones medicae,* 1708, were widely adopted, but it was his pupil, Albrecht von Haller (p. 939, above), who started physiology on its modern career with his *Elementa physiologiae corporis humani,* 1757–66. In addition to his work on the nervous system, Haller's studies of respiration, bone formation, and embryology were influential. Combined with the work of Stephen Hales (p. 939, above) on blood pressure, quantity, etc., 1740's, the advances of Boerhaave and Haller marked the rise of scientific physiology.

DEVELOPMENT OF DIAGNOSTIC TECHNIQUES. Basic modern diagnostic techniques were devised in the later 18th cent. Only as a result of the work of Giovanni Battista Morgagni (1682–1771) was morbid anatomy made a regular part of medical analysis. After his time the anatomical location of lesions became a routine concern of pathologists. Leopold Auenbrugger (1722–1809) 1st noted the medical value of the characteristic resonances of various parts of the body. His invention of percussion as a medical device, 1761, was simple and basic. Of similar value was the invention of the stethoscope, 1819, and the practice of auscultation by R. T. H. Laennec (1781–1826). For over half a century, however, the stethoscope remained in its less dependable, monaural form.

BEGINNING OF OCCUPATIONAL MEDICINE. *On the Disease of Artificers,* the 1st work on occupational disease, was published, 1700, by Bernardino Ramazzini (1633–1714) of Modena. In 1831 Charles Turner Thackrah (1795–1833) published *The Effects of Arts, Trades and Professions on Health and Longevity.* Thackrah's comprehensive study of industrial disease and poverty renewed interest in occupational medicine (which had lapsed since Ramazzini's time) and special attention was given from this time onward to health and safety measures in industry.

BEGINNING OF PEDIATRICS. *A Treatise on the Diseases of Children,* by Michael Underwood (1737–1820), appeared in 1784. The book remained the standard pediatric reference until supplanted, 1848, by *Lectures on the Diseases of Infancy and Childhood,* by another Englishman, Charles West (1816–98). In France the most significant publication in the field was the *Practical Treatise on Diseases of Children* by Frédéric Rilliet (1814–61) and Antoine Barthez (1811–91), 1838–40. In Germany the *Handbuch der Kinderkrankheiten* began publication in 1877. The German immigrant physician, Abraham Jacobi (1830–1919), was the chief pioneer pediatrician in the U.S.

PATHOLOGY AND THE STUDY OF INFECTION. Sir John Pringle (1707–82) recognized the danger of putrefaction, 1750, and managed to have some influence in favor of antiseptics in British military hospitals. It was long, however, before his and similar views were influential (as is shown by the handbooks used by surgeons at the time of the American Civil War, when suppuration and septic conditions were still regarded as normal). James Lind (1716–94) noted the importance of lemon juice as a preventative of scurvy, 1753, and made improvements in shipboard hygiene, 1757, including the drawing up of rules for the prevention of typhus.

CLAUDE BERNARD. The outstanding medical physiologist of the mid-19th cent. was Claude Bernard (1813–78). From him stem 3 discoveries of primary importance. The vasoconstrictor function of the cervical sympathetic nerve was observed in 1852, and vasodilation by nerves like the submaxillary in 1857. By the latter date Bernard had recognized that the vasomotor nerves affect capillaries, not arteries or veins. Bernard's investigations produced 2 especially notable facts about the digestive system. The 1st was the discovery of the digestive function of pancreatic fluid. Comparative anatomical dissections alerted him to the digestion of fat into fatty acid and glycerol below the entrance of the pancreatic duct into the intestine. He also noted production of maltose from starch by the pancreatic juice, 1848. His most outstanding experimental work, however, led to the discovery of glycogen in the liver, 1857. His experiments were related to the debate as to whether or not animals could synthesize complex substances like fats and sugars. The laboratory procedure of Bernard in investigating the conditions of the existence of sugar in the liver and its possible sources is a classic of experimental procedure. (The ramifications of his discovery have extended as far as the Cori cycle, a biochemical cycle based on glycogen, for which C. F. and G. J. Cori received the 1947 Nobel prize in medicine and physiology.) Bernard's *Introduction à la médicine expérimentale,* 1865, established itself both as a medical and as a philosophical classic. Together with the works of Descartes, the *Introduction* still forms part of a basic education in a French *lycée.*

RUDOLF VIRCHOW. A towering figure among pathologists was Rudolf Virchow, a student of Johannes Müller. Contributing significantly to an understanding of thrombosis and pyemia, Virchow made his greatest contribution as a result of microbiological work (*Die cellular Pathologie,* 1858). This study both demolished unsatisfactory theories of "humors" and prepared the ground for new investigations. The cellular basis for studying inflammation led Virchow to the correct explanation of leukemia and to the distinction between the myeloid and lymphatic types.

THE FIGHT AGAINST COMMUNICABLE DISEASE

SMALLPOX. Smallpox inoculation using serum from mildly infected patients was advocated by Cotton Mather (1663–1728) in the American colonies and was successfully practiced there by Zabdiel Boylston (1679–1766). The inventor of smallpox vaccination, however, was the Englishman, Edward Jenner (1749–1823). Jenner's contribution was his recognition, 1796, of the way in which cowpox disease can pass from person to person indefinitely and in undiluted strength. The use of fluid from a human cowpox pustule became a widespread and effective preventive measure against smallpox.

GERM THEORY. Louis Pasteur's demonstration of the germ-bearing capacity of the air (p. 943, above) was the biological basis for his specialized studies on various diseases, such as the French silkworm disease, 1866, and anthrax. Contemporaneously with Robert Koch (p. 943, above), Pasteur worked out the reasons for the deadly and apparently irrepressible outbreaks of anthrax among European, especially French, cattle. Pasteur had witnessed the forming of bacterial spores in fermentation and in the process of the silkworm disease. It was Koch who 1st worked out the importance of bacterial spores, encysted bodies highly resistant to destruction. The necessity of a minimum heat and an amount of oxygen was established by Koch, 1876, for the production of anthrax spores. The purely microbial origin of anthrax was subsequently clarified by Pasteur, 1877, who learned the possibility of weakening anthrax bacillus to prevent the appearance of spores, thus producing an effective agent for anthrax inoculation, 1880. Pasteur's preparation of a treatment for incipient rabies, 1885, followed the same principles.

DIPHTHERIA. Diphtheria was 1st clearly distinguished from scarlet fever by Pierre Bretonneau (1771–1862) of Tours, France. Its bacterium was discovered by Klebs, 1883, and Loeffler, 1884, and Bela Schick (b. 1877) introduced, 1913, the "Schick test," a skin test which indicates susceptibility to diphtheria. The disease was dramatically reduced in incidence when those showing Schick-positive reactions were immunized with antitoxin serums 1st developed, 1894, by Emil von Behring (1854–1917).

TYPHOID. Typhoid and typhus fever were first clinically differentiated by William W. Gerard (1809–72) in 1837. In the mid-19th cent. William Budd (1811–80) suggested that typhoid was transmitted by the ingestion of infected material and that a contaminated water supply resulting from defective sewers was likely to be particularly responsible for spreading the disease. Further steps toward conquering typhoid, however, could not be taken until Carl J. Eberth (1835–1926) recognized the typhoid bacillus, 1880, and Georg Gaffky (1850–1918) isolated it in a pure culture, 1884. In 1896 Georges F. Widal (1862–1929) developed a diagnostic test for enteric (typhoid) fever, and in the same year Sir Almroth Wright (1861–1947) discovered the killed-virus vaccine which has had great success in immunizing against the disease. Karl Wilhelm von Drogalski (1871–1950), director of the Saarbrücken Typhoid Station, Germany, discovered, 1903, an individual with no past history of enteric fever excreting the organism. Shortly afterward several other healthy carriers of the disease were also found. "Typhoid Mary," the best-known of these individuals, worked as a cook in the U.S. and infected at least 26 persons with enteric fever between 1900 and 1907.

CHOLERA. The 1st great cholera epidemic swept through Europe in 1831–32. This catastrophe greatly increased interest in public-health measures. Following a cholera epidemic in London, 1848, John Snow (1813–58) suggested that the disease was spread by consumption of contaminated water. Six years later he produced epidemiological proof of this theory by demonstrating that water drawn from a pump in Broad Street, City of London, had been directly responsible for over 500 of the deaths which had occurred during the cholera epidemic of 1854. In 1883 Robert Koch discovered the organism *vibrio cholerae,* which causes cholera. Theobald Smith (1859–1934) proved, 1886, that injection with a filtered virus obtained from infected hogs provided immunization against the disease.

TUBERCULOSIS. In 1859 Hermann Brehmer (1826–89) opened the 1st successful tuberculosis sanatorium at Görbersdorf in Silesia. Similar institutions were soon established in other countries. In the U.S Edward Trudeau (1848–1915) founded the well-known sanatorium, 1884, and laboratory for the study of tuberculosis, 1894, at Saranac Lake, N.Y. In 1865 the experiments of the French military surgeon Jean Antoine Villemin (1827–92) proved tuberculosis to be an infectious disease, and in 1882 Robert Koch (1843–1910) discovered its cause, the tubercule bacillus. Early diagnosis was aided by Röntgen's discovery of the X ray, 1895, and in 1898 Theobald Smith distinguished 2 types of tubercule bacilli, human and bovine. Inoculation against tuberculosis, using live but attenuated tubercule bacilli vaccine, was introduced in France, 1921, by Albert Calmette (1863–1933).

YELLOW FEVER. In 1881 Carlos Finlay (1833–1915) of Havana, Cuba, first suggested that the *Aëdes aegypti* mosquito was the transmitter of yellow fever. Not until 1900, however, did a commission headed by Walter Reed (1851–1902) of the Medical Corps of the U.S. Army prove Finlay's theory by means of massive experiments on volunteer civilians and soldiers. William Gorgas (1854–1920) made the 1st practical application of Reed's findings. In 1898 the extremely high mortality rate from yellow fever among soldiers in Havana caused the U.S. Army to send Gorgas there as its chief sanitary officer. Operating at 1st on the theory that yellow fever was a filth disease, Gorgas initiated measures to improve the city's sanitation. His improvements drastically lowered the incidence of malaria, typhoid fever, and dysentery, but had no appreciable effect on yellow fever. When Reed's findings became known in 1901, Gorgas instituted stringent measures designed to eliminate the mosquito from the environs of Havana. His efforts were highly effective. In 1904 he was placed in charge of a sanitation team charged with eradicating yellow fever from the Canal Zone. In attempting to isolate the microorganism responsible, false starts were made by men as eminent as Hideyo Noguchi (1876–1928), one of many physicians to succumb to yellow fever. Not until 1927 were researchers successful in infecting experimental animals. The virus was found, 1933, to be one of the smallest known. Max Theiler (b. 1899) and others finally produced a satisfactory vaccine, 1937.

MALARIA. Discovered, 1880, by Charles L. A. Laveran (1845–1922), the malaria parasite was observed through its asexual stages in erythrocytes by Ettore Marchiafava (1847–1935) and others. Golgi (p. 940, above) noted the coincidence of the fever phase with rupture of red blood cells, 1885. It was Sir Ronald Ross (1857–1932) who painstakingly dissected anopheles mosquitoes for evidence of malaria as well as culex mosquitoes for bird malaria parasites. In 1898 he observed the complete cycle, both asexual and sexual, for bird malaria, and failed to see each stage in *Plasmodium* only because he was transferred—at the time he was in the India Medical Service of the British army—to another area and assignment. The observations were actually made by Amico Bignami (1862–1929), Giuseppe Bastianelli (1862–1959), and Giovanni Grassi (1854–1925) in all 3 species of *Plasmodium,* 1899. In the same year Ross was able to return to his investigations and verified the work of the Italians. He received the Nobel prize in 1902.

INFLUENZA. In 1946 a World Influenza Center was established in London to prevent a recurrence of the pandemic of 1918–19, when more than 15 m. people died of influenza. By identifying the virus at the time of an outbreak and quickly developing a vaccine to combat it, the Center was able to reduce the fatality rate during the influenza pandemic of 1957–58.

POLIO. In 1949 John F. Enders (b. 1897), Thomas H. Welter (b. 1915), and Frederick C. Robbins (b. 1916) of Harvard Medical School demonstrated that polio virus could be grown in cultures of nonnervous human and monkey tissues in quantities sufficient for use in preparing a vaccine. In 1953 a vaccine was constructed from 3 strains of inactivated polio virus by Jonas E. Salk (b. 1914) and, after successful laboratory tests, 1,830,000 U.S. schoolchildren were vaccinated. Evaluation of this further massive testing showed that the Salk vaccine provided active immunity for at least 6 mos., and that booster injections provided further protection. In 1961 an even more effective live-virus vaccine developed by Albert B. Sabin (b. 1906) was licensed.

SURGERY

STERILIZATION. At the Vienna General Hospital, Ignaz Philipp Semmelweis (1818–65) was aroused by the death rate

(10–30%) in the obstetrics ward. Puerperal fever, he suggested and then proved, 1846, was induced because attending physicians came from the post-mortem room to the maternity patients without any sterilization. The incidence of puerperal fever was reduced to about 1% through his insistence on sterilization, yet the idea aroused opposition and was discarded until the time of Lister. Nor was Semmelweis' article on the disease published until the beginning of the antiseptic era, 1861. That an idea will not prevail in the absence of a proper milieu is indicated by the similar neglect of the work, 1795, of Alexander Gordon (1752–99) stressing the need for sterilization to prevent puerperal fever. It was the public insistence, 1843 and 1855, of Oliver Wendell Holmes (1809–94) which led to adherence, in the U.S., to Gordon's and Semmelweis' recommendations.

JOSEPH LISTER. Joseph Lister (1827–1912) is considered the author of the fundamental revolution in surgery—the antiseptic method. In the mid-19th cent. blood poisoning, erysipelas, pyemia, and gangrene (called "hospital gangrene") were considered normal accompaniments of the healing of a wound. Lister made a preliminary study of the early stages of inflammation in 1858, but it was Pasteur's work on air-borne bacteria that opened his eyes to the medical significance of sterilization. By 1870 he was practicing effective antiseptic surgery and gradually introduced less drastic antiseptics. By 1879 Sir William Macewen (1848–1924) had given up Lister's carbolic spray and had, in fact, been practicing essentially aseptic—as opposed to antiseptic—surgery earlier. The introduction of aseptic surgery was made possible by the same revolution in bacteriology that inspired Lister.

ANESTHESIA. Despite occasional use of nitrous oxide and ether by earlier surgeons, William T. Morton (1819–68) was the 1st to make extensive attempts to inform the medical world of the value of anesthetics, 1846. Sir James Young Simpson (1811–70) sought an alternative to ether, which was favored by Morton, because of its unpleasant effects on some patients. He established chloroform, 1847, as an effective substitute in general anesthesia. From this time onward, neatness and thoroughness could replace speed as the mark of a good surgeon.

APPENDICITIS. Henry Hancock (1809–80), a London surgeon, performed the 1st operation for peritonitis, 1848, although at that time it was not recognized as such. In 1886 Reginald Haber Fitz (1843–1913) of Philadelphia established "appendicitis" as a lesion. In the same year Rudolf Ulrich Krönlein (1847–1910) performed the 1st appendectomy, but credit for the 1st successful operation following the correct diagnosis of a perforated and abscessed appendix goes to the Philadelphian, Thomas George Mason (1835–1903). In 1889 Charles McBurney (1845–1913) of New York recognized inflammation of the lower right abdomen to be a symptom of appendicitis.

CORNEA TRANSPLANTS. The 1st cornea transplants were achieved in 1905. Receiver rejection of the new tissue was not a problem in these early homografts—transplants between 2 unrelated individuals—since the cornea is the transparent cover of the eyeball and has no blood circulation.

HEART SURGERY. The development of various electrical graphing devices (p. 961, below) greatly assisted in the establishment of viable techniques for surgery on the heart. In 1939 Gross began arterial canal surgery, and in 1944 the concept of compensatory heart surgery was put forward by H. Taussig. An early example of the latter technique was Blalock's anastomosis between an aorta branch and a branch of the pulmonary artery, 1945. In 1966 Michael De Bakey, (b. 1908) of Houston, Texas, successfully utilized a "left ventricular by-pass," allowing the device to assume the function usually performed by the left ventricle for 10 days, during which time the patient's heart was able to recover sufficiently to permit removal of the by-pass.

ORGAN TRANSPLANTS. The 1st complete explanation for the major problem in transplant operations, recipient rejection of the donor's tissue, was offered by Sir Peter B. Medawar, 1953, who demonstrated the manner of functioning in this connection of the white blood cells.

The following year Joseph E. Murray of the U.S. performed the 1st successful kidney transplant. In this instance the problem of rejection was not present, since the donor was the identical twin of Murray's patient.

However, since 1954 new methods of blocking tissue rejection have permitted kidney transplants between individuals with a dissimilar genetic background. More than 1,000 such operations have been performed, and some patients have survived for more than 5 years with kidneys from unrelated donors. An important step toward successful heart transplant was taken in 1964, when James D. Hardy (b. 1918) of the University of Mississippi Medical Center attempted to transplant the heart of a chimpanzee to a dying man. The heart failed after an hour and a half.

The 1st successful heart transplant between 2 humans occurred on 3 Dec., 1967, when Christiaan N. Barnard (b. 1933) of Capetown, South Africa, replaced the heart of 55-year-old Louis Washkansky with that of 25-year-old Denise Darvall. Several hundred similar operations have since taken place throughout the world. During 1966 and 1967, liver and pancreas transplants were also attempted, but no patient survived these operations for longer than 5 months.

SPECIALIZED BRANCHES OF MEDICINE

NEUROLOGY. The creator of neurology as a distinct discipline was Moritz Heinrich Romberg (1795–1873), whose *Lehrbuch der Nervenkrankheiten des Menschen,* 1840–46, had wide influence. It dealt primarily with disorders of the peripheral nerves and also with locomotor ataxia. The 2nd great textbook in neuropathology, 1872–87, came from the hand of Jean Martin Charcot (1825–93). Another of Charcot's works, 1876, presented the clinical side of human cortical motor centers. Localization of the poliomyelitis lesion in the spinal cord was a further contribution of Charcot.

ENDOCRINOLOGY. Endocrinology provides a striking example of the contributions of biology and chemistry to medicine. Not until 1922 were investigators successful in extracting the hormone insulin, hypothesized to be in the pancreas by J. de Meyer in 1909. The preparation of insulin went through various improvements, 1926, 1936, and the formula was established in 1953. The 1st hormone synthesized was adrenalin, 1904, whose release into the system by the splanchnic nerve because of environmental conditions was shown by W. B. Cannon in the 1920's. The growth hormone in the anterior pituitary was established by Evans, 1921, and its control over gonads, thyroid, and suprarenal cortex was then shown by P. E. Smith. The sex hormones were conceived of as early as 1849 by Berthold after experiments on chickens. Testosterone was 1st extracted in pure form by Laqueur, 1935. The embryological importance of androgens was clarified by Jost, 1947, who pointed to their action in developing the male genital passages from the female prototype. Estrogen was suggested by the production of estrus in bitches after administration of an ovarian extract, 1906. The presence of estrogen was shown in the Graafian follicle by Doisy, Allen, and Courrier, 1924, and in the urine of pregnant women by Aschheim and Zondek, 1927. The isolation of progesterone, the preparative for gestation, was accomplished in 1934. Also of note are the adrenocortical hormones, recognized to be of wide efficacy. A variety of cortisones synthesized in the 1940's and 1950's were applied with remarkable success to such diseases as arthritis, Addison's disease, asthma, dermatitis, carditis, etc.

BIOPHYSICAL DIAGNOSTIC TECHNIQUES. The effective use of the X ray in diagnosis dates from c. 1913. The application of electrocardiographs to humans by A. D. Waller, 1887, only became common after the introduction of the string galvanometer, 1903. Hans Berger, 1924, began systematic and fruitful use of electroencephalographs (EEG). In the 1930's and later, characteristic cerebral waves were established as distinctive of certain diseases and effects. In 1929 Adrian and Bronk introduced the electromyograph, but only from 1940 onward was it possible to correlate recordings with disorders. From 1934, with the discovery of artificial radioactivity by Joliot and Joliot-Curie, it has been possible for biologists and physicians to trace virtually all elements in human physiology through the system. The minute amounts of radioactive element needed have allowed the tracing of iodine in thyroid functioning, of iron in hemoglobin formation, and of tritium in nucleic-acid synthesis.

CANCER RESEARCH. As early as 1889 Hanau succeeded in grafting cancer. In the period 1916–21 Yamagiwa and Ichikawa 1st produced cancer artificially when they repeatedly applied tar to rabbits' ears. Ross had already shown that only a small fraction of tar is carcinogenic, 1913, and in 1932 it took 2 tons of tar to produce 7 grams of carcinogen. The steroid composition of carcinogens has led to extensive studies of the possible interrelationships of hormones and cancer. Loeb prevented mammary cancer in mice by removing the ovaries, 1919, and Lacassagne induced mammary cancer by injecting estrogen, 1932. Borrel, 1930's, pressed the view that a parasitically introduced virus is responsible for cancer. Whether viral or otherwise, cancer is usually studied now as more related to environmental than constitutional factors. The apparent connection of cancer and cigarette smoking (p. 968, below) is a prime example of this direction in cancer research.

CHEMOTHERAPY. The term "chemotherapy" was coined by Ehrlich, c. 1905. German industrial production of dyes created many by-products, some of which were discovered to be medicinally useful. Various febrifuges and analgesics, including aspirin and phenacetin, appeared at the turn of the 20th cent. Ehrlich's notion was of a specific treatment for a specific disease. He was especially impressed by the specificity of action of antibodies in the blood, and sought chemicals which would act with the same accuracy and, in consequence, safety. His discovery of salvarsan, an organic arsenical, as an effective treatment for syphilis, 1911, was the initial practical model for chemotherapy—synthetic and specific medication. As a result of World War I the Germans set out to synthesize a substitute for natural quinine in case of wartime restriction of the natural supply. As a result of their efforts and those of others, quinacrine (Atebrin), 1934; chloroquine (Aralen), 1939; chloroguanide (Paludrine), 1946; and Daraprim, 1951, were produced.

Less specific chemotherapeutics resulted from the discovery of Gerhard Domagk (1895–1964) that the synthetic dye prontosil red protected mice against streptococci, 1935. Investigation showed that the colorless component of prontosil, sulfanilamide, was an antibacterial agent. Other sulfonamides were later produced, notably sulfapyridine, and gave protection against diseases like erysipelas, puerperal fever, pneumonia, and gonorrhea.

Chemotherapy entered the field of nonsynthetic as well as nonspecific drugs with the discovery of penicillin. Sir Alexander Fleming (1881–1955) discovered the penicillin mold inhibiting growth in cultures of a common coccus, 1928. He named it and studied both its activity and toxicity to animals. Only with the increased attention to chemotherapy following discovery of the sulfonamides did researchers devote enough time to penicillin to concentrate it effectively. Earlier tests with insufficient supply and inefficient production had brought partial cure and then relapse and death in seriously ill patients. Howard W. Florey (b. 1898) and Ernst B. Chain (b. 1906) finally concentrated penicillin, 1939, and showed its low toxicity and broad-spectrum applications in both animals, 1940, and humans, 1941. In 1944 Selman A. Waksman (b. 1888) isolated streptomycin from a newly discovered fungus, and found the substance especially effective against tuberculosis. The tendency of streptomycin-resistant types of tubercle bacilli to appear in response to treatment was met by William H. Feldman, who introduced para-aminosalicylic acid and isonicotinic acid hydrazide in combination with streptomycin in order to prevent the resistance build-up. The 1st synthetic antibiotic was chloramphenicol, 1947, useful against typhoid and paratyphoid, which are untouched by penicillin. Duggar found aureomycin in 1948, and terramycin was discovered by Finlay's research team, 1950. Both are wide-spectrum and can be taken orally.

MENTAL HEALTH

ABOLITION OF PHYSICAL RESTRAINTS. In 1788 Vincenzo Chiarurgi (1739–1820) abolished all forms of restraint at the Boniface Asylum in Florence, and in 1793 Philippe Pinel (1745–1826) unshackled the patients at Bicêtre, the Paris asylum for men. Previously, the "treatment" of lunatics had included incarceration and occasional torture. Thomas Kirkbride (1809–83) and Benjamin Rush (1745–1813) followed their example in the U.S., and the Quaker, William Tuke (1732–1822), and his son, Henry Tuke (1755–1814), reduced the use of restraint in England. However, no institution abolished all forms of mechanical restraint until 1839, when the reformer, John Conolly (1794–1866), was appointed resident physician at the Middlesex Asylum at Hanwell, the largest mental hospital in England. The corollary of constant observation was stressed as well. Early publications in the field of mental health include Philippe Pinel, *Medico-Philosophical Treatise on Mental Alienation,* 1801; Jean Étienne Dominique Esquirol, *Des Maladies mentales,* 1838, the 1st true textbook of psychiatry; Vincenzo Chiarurgi, *On Mental Diseases in General and in Particular,* 1793–94; and Benjamin Rush, *Diseases of the Mind,* 1812.

CAMPAIGN FOR BETTER MENTAL HOSPITALS. A memorial to the legislature of Massachusetts, 1843, inaugurated the campaign of Dorothea Dix (1802–87) to obtain better-equipped institutions for the mentally ill. Through her efforts 32 asylums were established or enlarged in the U.S. and Europe.

INFLUENCE OF FREUD. The Viennese physician Josef Breuer (1842–1925) was the 1st to use hypnotism to allow his patient to achieve emotional "catharsis," 1880–82. Following this success, he was joined by Sigmund Freud (1856–1939) and together they published, 1895, their observations on this technique in *Studies on Hysteria.* Breuer failed to pursue these findings, but Freud continued the work. The appearance of his book *Interpretation of Dreams,* 1900, marked the beginning of modern psychoanalysis (p. 954).

SHOCK TREATMENT. Julius von Wagner-Jauregg (1857–1940) 1st used shock therapy, 1917, to treat certain types of severe melancholia and depression. In 1933 Manfred Sakel (1900–1957) of Vienna introduced the use of insulin in shock therapy, and in 1938 2 Italian physicians, Ugo Cerletti (b. 1877) and Lucio Bini (b. 1908), improved the technique by using electricity to produce the necessary convulsive state. In recent years the widespread use of tranquilizers has caused a decline in all types of shock treatment.

LOBOTOMY. Antonio de Egas Moniz (1874–1955), a Portuguese neurologist, performed the 1st prefrontal lobotomy, 1935. This was the 1st time brain surgery had been used to treat mental illness.

Public Health

MEDICAL EDUCATION AND HOSPITALS

LONDON DISPENSARY. In 1696 the London Dispensary, the 1st clinic in the English-speaking world, was opened to dispense medicines to the sick poor. In 1771, 1786, and 1796 similar dispensaries were founded in New York, Philadelphia, and Boston respectively.

EARLY HOSPITALS. In the 18th and early 19th cents. many of the great hospitals of Britain, the U.S., and Western Europe were either founded or rebuilt: St. Bartholomew's, 1730, and the London Hospital, 1752, in Britain; Allgemeines

Krankenhaus, 1774, in Vienna; Philadelphia General, 1752, New York Hospital, 1771, and Massachusetts General, 1811, in the U.S. The Foundling Hospital of London, the 1st institution for unwanted infants, was opened by Thomas Coram (?1668–1751) in 1739.

MEDICAL EDUCATION IN THE U.S. The 1st medical faculty in the U.S. was established at the College of Philadelphia, 1765. In 1768 medical instruction was given at King's College; 1783, Massachusetts Medical School; 1798, Dartmouth; 1799, Transylvania; 1810, Yale; 1807, College of Medicine (Md.).

GOVERNMENT FINANCING OF HOSPITALS. In 1831 in Denmark and Sweden a hospital system financed by taxes was instituted.

BEGINNING OF NURSING EDUCATION. In Ireland, Catherine McAuley (1787–1841) started the Sisters of Mercy, and Mary Aikenhead (1787–1858) founded the Irish Sisters of Charity, 1834, for the improvement of nursing. Two years later Theodor Fliedner (1800–1864) opened a small hospital in Kaiserwerth, Germany, and began training 6 young "deaconesses" according to the hygienic principles of the English Quaker philanthropist, Elizabeth Fry (1780–1845). Although Kaiserwerth is important in the history of nursing reform, instruction there and at other institutions modeled after it consisted primarily of several months of daily attendance at a hospital where the student learned as much as possible from the untrained nurses on duty. Among the deaconesses trained at Kaiserwerth was Florence Nightingale.

MEDICAL ETHICS. The British physician Thomas Percival (1740–1804) drew up a comprehensive scheme of medical conduct. His work, *Medical Ethics,* remains a standard in the field.

REGULATION OF THE MEDICAL PROFESSION. The British Medical Act of 1838 established a General Medical Council to control entry into the medical register, thereby standardizing medical education and examinations. In the U.S. the Council on Medical Education and Hospitals of the American Medical Association (established in 1847) took on the supervision of the quality of medical education. In most countries today medical education is state-controlled. Only those physicians whom the General Medical Council admits to the register are licensed in Britain and the Commonwealth countries, although in Britain unlicensed doctors are allowed to practice. In most Western European countries, the USSR, China, and Japan, graduation from state-controlled medical schools serves as a license to practice. In the USSR each doctor must also practice in an assigned location for 3 years. Licensing of doctors in the U.S. is controlled by each state; there are no national laws.

WOMEN IN MEDICINE. Elizabeth Blackwell (1821–1910), the 1st woman to receive an M.D. degree, graduated from the Medical School at Geneva, N.Y., 1849. Women's Medical College of Pennsylvania, the 1st medical school to instruct only female students, opened in 1850.

MEDICAL EDUCATION IN VIENNA. The Vienna School of Medicine, founded in the mid-19th cent., continued until World War I to hold a pre-eminent position among world medical schools.

FLORENCE NIGHTINGALE. *Notes on Nursing,* 1860, was published by Florence Nightingale (1820–1910) shortly after her return from nursing activities in the Crimea during the Crimean War. In the same year Miss Nightingale began to put her theories into practice when she became superintendent of the Nursing School at St. Thomas' Hospital in London. Training at this 1st modern nursing school consisted of a 1-year probationary period and 2 years' work as a member of the hospital staff. In 1873 a school following this model was begun at Bellevue Hospital in New York.

MEDICAL BIBLIOGRAPHY. John Shaw Billings (1838–1913), curator of the Army Medical Museum and Library in Washington, D.C., founded the *Index-Catalogue to the Library of the Surgeon-General's Office,* a massive attempt to compile a complete cumulative bibliography of medical literature. The vast amount of medical literature published in recent years throughout the world (more than 5,000 medical journals appeared in 1960) made it impossible to keep the project up to date and it was abandoned in the mid-20th cent. Other indexes are available which catalogue articles from several thousand journals, but they make no effort to present a cumulative compilation.

REGISTRATION OF NURSES. Mrs. Bedford Fenwick (1857–1947) established the British (later Royal) Nurses Association to promote government registration of nurses and standardization of their training in Britain, 1887. In 1901 New Zealand became the 1st state to require the registration of nurses, and shortly afterward the U.S. followed this example. In 1911 a Nurses Registration Act became effective in Britain, and in 1919 another Nurses Act established the General Nursing Council to maintain a register of nurses.

JOHNS HOPKINS MEDICAL SCHOOL. The opening of the Johns Hopkins Medical School, 1893, and Abraham Flexner's (1866–1959) report, *Medical Education in the United States and Canada,* 1910, helped to upgrade the standards of American medical schools. Johns Hopkins required at least a year of undergraduate training in the natural sciences, and combined theoretical scientific education with bedside experience in its 4-year program. Flexner's report emphasized the need for adequate laboratories, frequent contact with patients, and skilled teaching staffs. Johns Hopkins became the model for medical schools throughout the country. However, the rising costs which implementing reform entailed reduced the number of American medical schools: 148 (1910), 76 (1932), 77 (1950), 83 (1962).

WORLD CONFERENCE ON MEDICAL EDUCATION. In 1953 the 1st World Conference on Medical Education was held in London. 600 delegates representing 59 nations considered the problems of undergraduate medical training. Further training to follow graduation from medical school was the main topic of a 2nd conference held in Chicago, 1959.

BIRTH CONTROL

CONTRACEPTION. Jeremy Bentham's recommendations in favor of birth control, 1797, were received without enthusiasm in Britain; but when Francis Place (1771–1854) suggested, 1822, in *Illustrations and Proofs of the Principle of Population,* that contraception might be considered preferable to late marriage as a means of curbing reproduction, his ideas met with a more favorable response.

FAMILY PLANNING. In 1912 a Socialist newspaper, *The Call,* published Margaret Sanger's articles "What Every Woman Should Know," and "What Every Girl Should Know," urging contraception as a means of emancipating women from unlimited childbearing. In 1914 Mrs. Sanger published information about contraception in a pamphlet, *Family Limitation,* and in 1910 she opened the 1st birth-control clinic in the U.S. in Brooklyn, N.Y. Similar clinics opened in other U.S. cities and these formed the National Birth Control League in 1917 and the Planned Parenthood Federation of America in 1942.

Marie Stopes initiated the birth-control movement in Britain, and the 1st clinic opened there in 1921. Sweden, which in the 1930's established tax-supported municipal clinics, was the 1st country to give public assistance to birth control. In other countries family limitation assistance includes legalization of abortion and contraception in Japan, 1948; government support to birth-control campaigns in India, 1950's; re-establishment of "abortion on request" in the USSR, 1955; and support for family planning in Chile, 1963, the 1st predominantly Roman Catholic country to do so.

THE PILL. The U.S. Food and Drug Administration approved the 1st oral contraceptive, 1960, following 5 years of field tests in Puerto Rico, Haiti, Los Angeles, San Antonio, and New York. "The Pill," which was developed during the 1950's by Gregory Pincus, M. C. Chang, and John Rock, has been declared effective in preventing pregnancy if taken according to prescription.

PAPAL ENCYCLICAL. Oral contraceptives, however, were condemned by Pope Paul VI in his encyclical *Humanae vitae,* 29 July, 1967, together with other forms of artificial contraception. The rhythm method, sanctioned by Pope Pius XI (encyclical *Casti connubii,* 1930), remained the only method of contraception approved by the Roman Catholic Church.

PUBLIC-HEALTH LEGISLATION

1ST HEALTH-INSURANCE SCHEME. In 1757 the British Parliament approved an act "for the relief of coal heavers working upon the River Thames." The act required employers to make deductions from the coal heavers' wages. The money was then paid into a common fund from which sick, invalid, and aged workers received benefits. Employer fraud forced the act to be abandoned, 1770, but the system was reinstated, 1792.

SLUM CLEARANCE. The decade of the 1760's saw the 1st attempt at slum clearance in London. Wooden buildings were replaced by brick, and the streets were paved, lighted, and drained in some areas.

GOVERNMENT RESPONSIBILITY FOR HEALTH. Johann Peter Frank (1745–1821) published *A Complete System of Medical Polity* in 1779. Frank, who practiced medicine in 10 different cities in Germany, Austria, and Russia, and served as head of the General Hospital in Vienna, was the 1st to suggest that a government should be responsible for the health of its citizens. Far in advance of his time, he urged international regulation of health and the establishment of national authorities to co-ordinate efforts to improve hygiene and sanitation.

1ST FEDERAL HEALTH PROGRAM IN U.S. In 1798 Congress adopted a plan for the insurance by the state of disabled seamen. The scheme was to be financed by a 20% deduction from mariner's wages.

CHILD LABOR. The British Health and Morals of Apprentices Act, 1802, limited child workers to a 12-hr. day. Although the act was largely ineffective, its approval by Parliament made the British government the 1st to recognize its responsibility for industrial conditions and awakened interest in child-labor reforms in other countries. The Factory Act of 1819 prohibited the employment of children under 9 in British cotton mills, and limited children under 16 working in the industry to a 12-hr. workday. The Factory Act of 1833 forbade the employment of children under 9 in all British textile mills, and restricted those under 13 to an 8-hr. workday and those between 13 and 18 to 12 hrs. Even more important, the act provided for the appointment of 4 factory inspectors to enforce these regulations and made 2 hrs. of schooling each weekday mandatory for all children between the ages of 9 and 13 working in factories.

In the U.S. the 1st child-labor law was enacted in Massachusetts, 1842. Six yrs. later Pennsylvania prohibited children under 12 from working in certain mills and limited their workday to 10 hrs. in other industries. However, loopholes in the act and the mild punishment prescribed for violators rendered this legislation ineffective.

PUBLIC SANITATION. In 1842 Edwin Chadwick (1800–1890) published *Report of an Inquiry into the Sanitary Conditions of the Labouring Population of Great Britain.* Chadwick, who advanced the "sanitary idea" by focusing concern on preventive group measures rather than the cure of individual instances of disease, is often regarded as the founder of modern public-health systems. His report recognized the correlation between poverty and illness, and his recommendations favoring such innovations as daily refuse removal, abolition of cesspools, and a radical redesign of sewers were later adopted.

FEMALE LABOR. In Britain the Mines and Collieries Act, 1842, forbade underground work by women and young children. In 1845 these prohibitions were extended to print shops, in 1860 to bleaching and dyeing works, in 1861 to lace factories, and in 1864, 1867, 1874, and 1878 to many other hazardous industries.

BRITISH PUBLIC HEALTH ACT. 1848. A milestone in public-health legislation, this act established locally elected health boards, each of which appointed a medically trained health officer and created a sanitary code to serve as the standard for remedying sanitation defects. Although the reforms inaugurated were short-lived, the act laid the basis for further public-health legislation.

U.S. BOARDS OF HEALTH. The report of the Massachusetts Sanitary Commission, 1850, by Lemuel Shattuck (1793–1859) recommended the establishment of a state board of health. The *Systematic Treatise,* 1850, by the Ohio physician, Daniel Drake (1785–1852), urged the same reform. However, Massachusetts did not institute such a board until 1869. Most other state and municipal governments took similar action during the 1870's and 1880's, though Texas waited until 1909.

BRITISH FOOD AND DRUGS ACT. 1872. The Adulteration of Food and Drugs Act required inspection and analyses of most foodstuffs and levied a fine of £250 for the 1st violation and 6 mos'. imprisonment at hard labor for 2nd offenders.

BRITISH PUBLIC HEALTH ACT. 1875. This act contained a complete sanitary code which, following necessary adjustments and additions, is still in operation in the U.K.

POLLUTION. The Chicago City Council adopted the 1st smoke ordinance in the U.S. in 1881. In 1912 the 1st federal water-pollution studies were undertaken by the Public Health Service.

In the 20th cent. the increasing danger of air pollution was emphasized by numerous disasters: in the Meuse Valley in Belgium, 1–5 Dec., 1930, contaminants emanating from steel mills, power plants, glassworks, lime kilns, a zinc factory, a sulphuric-acid factory, and a fertilizer plant, all located within a 15-mi. area, caused, in exceptional atmospheric conditions, over 60 deaths. A meteorological inversion and stagnation over Donora, Pa., U.S., on 27–31 Oct., 1948, resulted in 20 fatalities and 6,000 reported illnesses. On 24 Nov., 1950, a malfunctioning sulphur removal unit at a petroleum refinery in Poza Rica, Mexico, vented large quantities of hydrogen sulphide into the air, killing 22 and hospitalizing 320. A temperature inversion in London, 5–9 Dec., 1952, was responsible for an increase in the death rate by 3,500 during the immediately ensuing months.

COMPULSORY SICKNESS INSURANCE. The 1st compulsory health insurance scheme was originated, 1883, by Otto von Bismarck in Germany. Bismarck's plan provided for free treatment, free medicine, and a cash allowance for industrial and certain other manual workers. It departed from common-law doctrine, since proof of employer negligence was not required before a worker received these benefits. Similar schemes were adopted in Austria, 1888, Hungary, 1891, Luxembourg, 1901, and Norway, 1909. The German plan also served as a model for the British Workmen's Compensation Act of 1907 and for the workmen's compensation laws approved by every state in the U.S. between 1902 and 1948.

U.S. PURE FOOD AND DRUG ACT. 1906. By this act Congress prohibited the manufacture, transportation, or sale of adulterated food. The legislation had minimal effect, however, since the courts narrowly defined "adulteration," and the "distinctive name exemption" was a wide loophole which permitted the sale of virtually anything provided its manufacturer gave it a "distinctive name."

HEALTH EDUCATION. After World War I, health education became a major preoccupation of many governments. The USSR established a department of health education within the Commissariat of Health, the U.S. set up a similar division within the Public Health Service, and the British founded a Central Council for Health Education. Public-health activity, including education, began in India shortly after the Government of

India Act of 1919 placed health administration under the jurisdiction of the provinces.

U.S. SOCIAL SECURITY ACT. 1935. This act included health provisions, such as maternal and child health care, aid to crippled children, child-welfare services, vocational rehabilitation, and assistance to state public-health programs. The plan was financed by equal contributions by employers and employees.

NEW ZEALAND SOCIAL SECURITY ACT. 1938. This New Zealand Act provided completely state-supported hospital and medical care for the entire population. A tax of 1s. 6d. in the pound was approved to pay for the medical attention and other social benefits provided by the act.

U.S. FOOD, DRUG, AND COSMETIC ACT. 1938. Following the deaths of 73 persons who had taken a poisonous drug, elixir sulfanidimide (the Pure Food and Drug Act of 1906 did not prohibit the distribution of poisonous drugs), this act eliminated major loopholes in the earlier legislation.

BRITISH DISABLED PERSONS EMPLOYMENT ACT. 1944. The basis of vocational rehabilitation in Britain, the act provided for employment of the disabled—to be arranged by resettlement officers in the Ministry of Labour—and established the quota of disabled workers each employer was required to engage. Austria, France, Germany, Greece, and Israel, among other countries, adopted similar "quota" arrangements. In the USSR the handicapped are retrained by the Ministry of Social Welfare and employers are required to provide them with suitable work.

BRITISH NATIONAL INSURANCE ACT. 1946. The act insured employees against accidental personal injury and industrial disease arising from their particular employment. Coverage under the act became compulsory; previously, benefit plans had depended on the payment of workmen's compensation insurance.

BRITISH NATIONAL HEALTH SERVICE ACT. 1946. This act provided complete medical care for the entire population of England and Wales. The government had 1st guaranteed sickness benefits to workers in 1911, when the National Insurance Act had been passed. This early act provided treatment, drugs, and cash allowances for nonmanual workers earning less than £160 per year and for all manual laborers. Financed by levies on employers and employees in addition to contributions from the state, it benefited 16 m. workers. The 1946 act fully socialized medicine in England and Wales. Financed by a flat-rate system of payment, the National Health Service was organized to provide medical service for all. Each citizen was to select the doctor by whom he wished to be treated, and the government contracted to pay the doctor a fee for each patient on his list. In 1947 the act was extended to Scotland.

U.S. NATIONAL MENTAL HEALTH ACT. 1946. The Congress approved funds to finance research and training programs and to aid the states in founding community mental-health centers.

CANCER AND CIGARETTE SMOKING. In 1953 Anton Ochsner (b. 1896) in the U.S. released a study showing that cigarette smoking was responsible for an increased incidence of lung cancer. His findings were confirmed by a British government study and by a report by the American Cancer Society, 1954. In 1964 the surgeon general of the U.S. reported that "cigarette smoking is a health hazard of sufficient importance to warrant remedial actions." In response to this, Congress, 1964, approved the Federal Cigarette Labeling and Advertising Act which required the warning "Caution: Cigarette Smoking May Be Hazardous to Your Health" to be printed on all cigarette packages sold in the U.S. after 1 Jan., 1966. Several European countries have since adopted similar measures.

CANADIAN HOSPITAL INSURANCE ACT. 1958. The Canadian government, by the Hospital Insurance and Diagnostic Services Act of 1958, undertook to provide grants-in-aid to the individual provinces, which in turn were to provide unlimited hospitalization in ward beds and hospital outpatient diagnostic services.

BRITISH MENTAL HEALTH ACT. 1959. Passed by Parliament in an effort to eliminate legal and social distinctions between mental and physical illness and to provide care for sick persons not requiring institutionalization, the act madé it possible for any mental patient to be treated on an informal basis. Hospitalized patients might have their cases regularly reviewed to determine whether further residential care was necessary. Before this the Mental Treatment Act of 1930, which had relaxed the provisions of the Lunacy Act of 1890 that had made all hospitalized mental patients subject to compulsion, regulated the care of the mentally ill in Britain.

MEDICARE. A Medicare Bill was approved by the U.S. Congress in 1965. Hospitalization benefits under Medicare provide up to 90 days of hospital care to the aged for each spell of illness, with the patient paying the 1st $40 of his hospital expenses and $10 a day after the 1st 60 days. Part of the plan, which became effective in 1967, also pays for up to 100 days of nursing-home care following 3 or more days of hospitalization, and provides up to 100 different medical services (e.g., home nursing) after discharge from a hospital or nursing home. Other benefits include outpatient diagnostic services, with the patient paying the 1st $20 and 20% of the costs from the same hospital during a 20-day period, and a lifetime limit of 190 days of inpatient psychiatric care. This part of the plan is financed by compulsory taxes on earnings, which began in 1966 at 7⁄10 of 1% (half paid by the employer and half by the employee) and are scheduled to rise to 1.6% by 1987. A voluntary supplementary plan is also available to individuals 65 or older. Under this option each subscriber pays a $3 monthly fee which is matched by an equal contribution from the federal government. In return, after the patient pays the first $50 of his annual medical expenses, the federal government assumes responsibility for 80% of the fees resulting from physicians' and surgeons' care, up to 100 home health services (without previous hospitalization), lab tests, surgical dressings, etc. Outpatient psychiatric services are limited to $250 or 50% of the expenses, whichever is smaller.

INTERNATIONAL REGULATION OF HEALTH

NEUTRALITY OF MILITARY HOSPITALS. Sir John Pringle (1707–82) recommended in *Observations on the Disease of the Army,* 1752, that the military hospitals of both protagonists during the Battle of Dettingen, 1743, should have been regarded as sanctuaries. His suggestion foreshadowed the plan adopted at the 1st meeting of the Red Cross, 1863.

INTERNATIONAL SANITARY CONFERENCES. The 1st International Sanitary Conference, 1851, marked the beginning of worldwide control of public health. Representatives from Austria, France, Greece, the Papal States, Portugal, Sardinia, Russia, the 2 Sicilies, Spain, the Ottoman Empire, Tuscany, and Britain gathered in Paris to establish minimum quarantine regulations in the wake of the great cholera epidemics then sweeping Europe. Similar conferences met regularly thereafter to ease barriers to trade and protect Europe against exotic pestilences. But not until the 13th International Sanitary Conference, 1903, was sufficient information on cause and control available for adequate plans to be made to cope effectively with the 3 principal epidemic diseases of the time: cholera, plague, and yellow fever.

RED CROSS. Influenced by the widespread suffering of the French, Italian, and Austrian troops during the Battle of Solferino, Jean Henri Dunant (1828–1910) published *A Memory of Solferino,* 1862. His suggestion that a relief organization be founded in peacetime that would be available to aid the wounded in time of war led to the establishment of a committee, 1863, which later became the International Committee of the Red Cross. The 1st national Red Cross societies were founded, 1864, in Belgium, France, Italy, and Spain; by the mid-1960's more than 100 national organizations existed. Originally designed to help victims of war, the Red Cross since the end of World War I has expanded its operations to include peacetime activities such as assistance to the victims of natural disasters.

PAN-AMERICAN SANITARY BUREAU. This bureau, with headquarters in Washington, D.C., was founded, 1902, to work toward the eradication of yellow fever.

BERN CONFERENCES. Conferences held at Bern, Switzerland, in 1905, 1906, and 1913 led to international conventions outlawing the use of white phosphorus in matches, employment of women and children under 16 at night, and stipulating hours of labor for such workers.

DRUG FORMULAE STANDARDIZATION. In 1906 the 1st international agreement was signed for the "Unification of the Formulae of Potent Drugs."

DISSEMINATION OF PUBLIC-HEALTH INFORMATION. In 1909 the Office International d'Hygiène Publique was founded with headquarters in Paris to disseminate public-health information, especially data on communicable diseases.

NARCOTICS CONTROL. The 1st international conference on narcotics control met in Shanghai, 1909. The Hague Opium Convention, 1912, required international control of the production, importation, and export of raw opium and coca leaves and domestic regulation of their manufacture, distribution, and use. These objectives were included in the 1919–20 peace treaty and were upheld by the League of Nations. The Geneva Convention, 1925, attempted to establish an opium production quota system and entrusted the Health Committee of the League with the task of determining which narcotics should be placed under international control.

SOVIET LABOR CODE. 1922. The labor code of the USSR, 1922, theoretically included a comprehensive social-service and medical-aid program financed by heavy taxes levied on employing agencies. Although the constitution of 1936 reaffirmed this plan, it did not go into actual operation until after World War II. Health care in the USSR is standardized, and most services are provided by polyclinics, health centers employing general practitioners, specialists, and public-health experts. 70,000 village and street committees are responsible for sanitary matters and medical care within their individual jurisdictions.

LEAGUE HEALTH ORGANIZATION. In 1923 the Permanent Health Organization of the League of Nations was created, with headquarters in Geneva.

BRUSSELS AGREEMENT. 1924. This agreement introduced free medical care for seamen in major world seaports. It was part of an attempt to prevent the spread of contagious disease and was carried out under the auspices of the Office International d'Hygiène Publique, the League of Nations, the League of Red Cross Societies, the International Union against Venereal Disease and the Treponematoses, and the Belgian government.

INTERNATIONAL SANITARY CONVENTION. 1926. This agreement added smallpox and typhus to the list of quarantinable diseases (the others were malaria, plague, and yellow fever) and made the Office International d'Hygiène Publique a clearinghouse for data on epidemics throughout the world.

INTERNATIONAL PHARMACOPOEIA. In 1929 an international agreement provided for the compilation of an international pharmacopoeia. It was signed by 26 nations.

UNICEF. In 1946 the United Nations International Children's Emergency Fund (UNICEF—after 1953 the UN Children's Fund) was established to aid children in countries devastated by World War II and to promote child health throughout the world after the emergency conditions of the postwar era had passed.

NARCOTICS PROTOCOL OF 1946. This agreement placed all prior narcotics control instruments under the supervision of the UN and replaced the Opium Advisory Committee of the League of Nations by the UN Commission on Narcotic Drugs. A further protocol, 1948, provided the means whereby new drugs might be added to the controlled categories. By 1953 more than 50 nations had agreed to drastic limitations on opium production, and the Single Convention of 1961 codified the provisions of numerous multilateral treaties.

WORLD MEDICAL ASSOCIATION. The World Medical Association for the promotion of closer ties among national medical organizations was established in 1947.

WORLD HEALTH ORGANIZATION. In 1948 the World Health Organization (WHO) was established with headquarters in Geneva. The organization aims to provide the highest possible level of health for all peoples and to increase international co-operation for improved health conditions. A specialized agency of the UN, WHO absorbed the League of Nations Health Organization and the Office International d'Hygiène Publique, but the Pan-American Sanitary Bureau continues to function both as an independent organization and as WHO's regional office in the Western Hemisphere.

INTERNATIONAL SANITARY REGULATIONS. 1951. These regulations were drawn up by the World Health Assembly and replaced a multiplicity of earlier international health conventions. They stipulate the sanitary standards and measures to be enforced against contagious diseases at seaports and airports open to international traffic, and include provisions for sanitary documents such as vaccination and other health certifications.

THOUGHT AND CULTURE IN AN AGE OF REVOLUTION

Religion and Philosophy

RELIGION

Roman Catholicism

18TH-CENT. DECLINE IN THE CHURCH'S POWER. Deism, which spread from England to France in the 18th cent., became an important element in antichurch ideologies. While the deists and the *philosophes* attacked the religious doctrines of the church, Febronianism, Gallicanism, and Josephinism sought to limit the authority of the pope and give the church a local character. Agitation by these groups led to the expulsion of the Jesuits from Portugal, 1759, from France, 1764, and from Spain, Naples, and Parma, 1767. Bowing to diplomatic pressure, Pope Clement XIV (reigned 1769–74) dissolved the Society of Jesus, 9 June, 1773. With the onset of the French Revolution further attempts were made to limit the church's power. The Civil Constitution of the Clergy, 12 July, 1790, sought to reorganize the French Catholic Church, but resulted in a schism. The papal bull *Caritas,* 13 Apr., 1791, condemned the innovations. Persecution of the church in France continued until the Concordat of 10 Apr., 1802.

19TH-CENT. REVIVAL. After the collapse of the Napoleonic Empire, the church began to reassert its power in Europe as well as benefit from a revival of belief. In reaction to the Enlightenment, spokesmen for Ultramontanism such as Joseph de Maistre (1753–1821) and Félicité de Lamennais (1782–1854) emphasized the infallibility of the church. The 18th-cent. pattern of church-state conflict was replaced by papal concordats with Sardinia and Bavaria, 1817, Naples, 1818, and the Netherlands, 1827. The French concordat was revised, 1819, while special arrangements were worked out with Prussia, 1821, and later with other German states. The revival of faith led to the establishment of a number of new orders. The Society of Jesus was revived, 1814, while missionary orders were established, such as the Oblates of the Blessed Virgin Mary Immaculate, 1816, the Marists, 1817, the Lyons Society of African Missions, 1856, the Fathers of the Holy Spirit, 1848, and the White Fathers, 1868.

CHALLENGE OF LIBERALISM. The revival of faith continued throughout the 19th cent., but the church felt itself threatened by the re-emergence of nationalism and by the development of liberal doctrines which challenged it in matters of marriage, education, and authority. Pius VIII (reigned 1829–30) issued the encyclical *Traditi humilitati nostrae,* 24 May, 1829, to promote Christian education, maintain marriage laws, and oppose secret societies. During the pontificate of Gregory XVI (reigned 1831–46) a number of other encyclicals were issued to counter the wave of liberalism both in the church and in society. Of these *Mirari vos,* 15 Aug., 1832, which denounced the program of the Liberal Catholics, was the most important.

PAPAL INFALLIBILITY. The reign of Pius IX (1846–78) was initially seen as liberal but, following the upheavals of 1848–50, Pius joined the counterrevolution against liberalism and nationalism. He strengthened his hold on the church when he declared the Immaculate Conception of the Blessed Virgin Mary to be dogma, 8 Dec., 1854. This was the 1st time a dogma of the church had been promulgated without consulting a council, and thus served as a demonstration of the pope's authority within the church. In the *Syllabus of Errors,* which was appended to the encyclical *Quanto cura,* 8 Dec., 1864, and in a number of other declarations Pius IX detailed the church's stance against liberalism. The church hierarchy, which was fully under ultramontane control, concurred with Pius' actions, and during Vatican Council I, 8 Dec., 1869–1 Sept., 1870, defined the dogma of the infallibility of the pope while speaking *ex cathedra* on questions of faith or morals, 18 July, 1870.

DEFEAT OF LIBERALISM. The growing conservativism of the pope and the church hierarchy led to the division of the church, 1st in France and then elsewhere, into Liberal and ultramontane factions. In Germany the Liberal Munich school of theology led by Johannes von Döllinger (1799–1890) was challenged by the Mainz school. In England, Döllinger's disciple Lord Acton (1834–1902) and Richard Simpson (1820–76) faced increasing opposition from the hierarchy, while John Henry Cardinal Newman (1801–90), the leader of the Anglican converts, was regarded with great suspicion. By the end of Pius' reign the Liberal movement had been overcome, and papal authority in spiritual matters secured. The temporal power of the church was cut short, however, by the occupation of Rome by Italian forces, 20 Sept., 1870. The conservativism of the national churches was an important factor in the major church-state conflicts in Germany (*Kulturkampf*), 1871–90; in France, 1879–1914; and in Mexico, 1913–37.

THE CHURCH AND MODERN SOCIETY. Under Leo XIII (reigned 1878–1903) the church began a gradual adjustment to modern society. His encyclical *Aeterni patris,* 4 Aug., 1879, which established Thomism at the center of Catholic theology, was a step toward improving the education of the clergy. Building upon the teachings of Cardinal Manning (1808–92) of England and Bishop Ketteler (1811–77) of Germany, Leo directed the church toward a Catholic response to the problems of industrial society. The encyclical *Rerum novarum,* 15 May, 1891, announced the church's support of social justice, while the ideas of Christian democracy were given limited support in *Graves de communi re,* 18 Jan., 1901. Pius X (reigned 1903–14) amplified Leo's social doctrines and affirmed the ideas of Catholic Action under church control. Catholic Action was given its greatest impetus by the encyclical *Ubi Arcano Dei,* 23 Dec., 1922, issued by Pius XI (reigned 1922–39). In *Quadragesimo anno,* the 2nd of the great social encyclicals, 15 May, 1931, Pius XI pressed for the implementation of social reforms. This stance was taken up by subsequent popes, and in *Mater et Magistra,* 14 July, 1961, John XXIII (reigned 1958–63) brought the church's social doctrines up to date.

MODERNISM AND AFTER. Attempts to reconcile the teachings of the church with the findings of science led, in the 1890's, to the formation of a modernist movement. Alfred Loisy (1857–1940) challenged the doctrine of the inerrancy of the Bible, while a number of other French Catholics, looking to the church in America as a model, proclaimed the need for a free church in a free state. Despite Leo's attack on the modernists in the encyclical *Providentissimus Deus,* 18 Nov., 1893, and the establishment of the Pontifical Biblical Commission to supervise Catholic biblical studies, 1902, the movement flourished in Catholic intellectual circles. The definitive condemnation of modernism came in 1907 with the decree *Lamentabili san exitu,* 3 July, and the encyclical *Pascendi dominici gregis,* 8 Sept. A number of modernist leaders were excommunicated, and the movement was crushed by 1910.

Subsequent orthodox Catholic theology has followed along the path laid down by Leo XIII. The dogma of the Assumption of the Blessed Virgin Mary was set forth by Pius XII in *Munificentissimu Deus,* 1 Nov., 1950. The main current of theology has been Neo-Thomism, of which Jacques Maritain (b. 1882) and Étienne Gilson (b. 1884) are the leading exponents. Cardinal Augustin Bea (1881–1968) has been influential in broadening the permissible scope of scriptural interpretation. Attempts to formulate a "new theology" incorporating evolutionism, existentialism, and historicism were condemned, however, by Pius XII in the encyclical *Humani generis,* 12 Aug., 1950. Many of the writings of Pierre Teilhard de Chardin (1881–1955), which outlined a metaphysic of evolution, were banned from publication during his lifetime, but are now making an impact upon Catholic theology. John XXIII gave impetus to the ecumenical movement and summoned Vatican Council II, 11 Oct., 1962–8 Dec., 1965. Hans Küng (b. 1928), who has sought to reconcile Barth (p. 976 below) and Catholic theology on the doctrine of justification, was appointed official theologian of the Council. The Council evoked a number of liturgical innovations, and established the principle of collegiality, by which the pope shares power with the bishops of the church. With the publication, however, of the encyclical *Humanae vitae,* 29 July, 1968, which condemned all methods of artificial contraception, Pope Paul VI, whose reign began in 1963, may have set aside this principle.

Protestantism

EVANGELICALISM. The decisive moment in the rise of evangelicalism from its 16th-cent. pietistic origins was the beginning of the Methodist movement in England. Based on the teachings of John (1703–91) and Charles (1707–88) Wesley and George Whitefield (1714–70), the movement did not separate from the Anglican Church until American Methodists demanded their own clergy following the American Revolution. Presbyters were ordained by John Wesley for the American Church in 1784, and later for Scotland and England. Between 1795 and 1836 the separation from the Church of England was completed. Conflicts over leadership and methods led to secessions: the Methodist New Connection, 1797, the Primitive Methodists, 1812, and the Bible Christians, 1818. Evangelical techniques spread to the Baptists and Congregationalists, who experienced revivals, as well as to the Church of England, where evangelicalism became the decisive force in the early 19th cent. Isaac Milner (1750–1820) and Charles Simeon (1759–1836) were the early religious leaders of the movement, and the Clapham Sect its philanthropic arm.

MISSIONS. Evangelicalism also gave impetus to new missionary societies. The Baptist Missionary Society, founded 1792, the London Missionary Society, 1795, the Church Missionary Society, 1799, the British and Foreign Bible Society, 1804, and the Methodist Missionary Society, 1813, were the main English movements. On the Continent, the Basel Mission was established in 1815, the Berlin and Paris Missionary Societies 1824, the Rhenish Missionary Society 1828, the Swedish Society 1835, Leipzig Society 1836, Bremen Society 1836, and the Norwegian Society 1842.

NORTH AMERICAN PROTESTANTISM. In North America the evangelical movement aided in the rapid growth of Baptist and Methodist denominations. It also gave birth to a number of benevolent and missionary societies, such as the American Board of Commissioners for Foreign Missions, 1810, the American Education Society, 1815, the American Bible Society, 1816, and the American Sunday School Union, 1824. The repeated evangelical revivals of the 19th cent. gave rise to a large number of sects. The Adventists were one offshoot that arose in response to the millennial prophecies of William Miller (1782–1849). The 7th-Day Adventist Church established by Ellen G. White (1827–1915) stemmed from Miller's preaching, as did the Church of Jesus Christ of Latter-Day Saints (Mormons) founded by Joseph Smith (1805–44) in 1830. However, after its movement to Utah in 1847 under the leadership of Brigham Young (1801–77), the Mormon Church diminished the adventist emphasis. The Jehovah's Witnesses were established as the Watch Tower Bible and Tract Society, 1879, by Charles Taze

Russell (1852–1916). The Christian Science Church, established in 1879 by Mary Baker Eddy (1821–1910), was a sect which based itself upon special knowledge and prayer healing. A revulsion from Calvinistic orthodoxy led to the foundation of the American Unitarian Movement, 1825, while the Universalists were established as a separate denomination in 1833.

ROMANTICISM AND ITS RESPONSES. The 19th-cent. reaction to the Enlightenment gave birth to romanticism, which in religious thought led to an emphasis upon the nonrational aspects of the human mind. The main figures of the romantic philosophy of religion were Immanuel Kant (1724–1804), Georg Hegel (1770–1831), and Hegel's opponent Friedrich Schleiermacher (1768–1834). Outside Germany the movement had its greatest impact in American transcendentalism. Within Germany it gave birth to a number of diverse responses. Lutheran orthodoxy denied the tenets of the romantic school, and instead revived confessionalism, which stressed doctrine, the sacraments, and church discipline. Its main spokesmen were Ernst Wilhelm Hengstenberg (1802–69) and Gottlieb von Harless (1806–79). Ferdinand Christian Bauer (1792–1860), the main figure of the Tübingen school, moved away from the speculation of Hegelianism to a closer analysis of the New Testament. Bauer stimulated the development of Biblical criticism, which flourished in the late 19th cent. David Friedrich Strauss (1808–74) and Ernest Renan (1823–92) were among the leading figures in the attempt to reconstruct the life of Jesus, as was Albrecht Ritschl (1822–89), who rejected the association of Christianity with any form of metaphysics, and the church historian Adolf von Harnack (1851–1930). With the publication of *The Quest of the Historical Jesus,* 1906, by Albert Schweitzer (1875–1965) the 19th-cent. delineation of Christ in ethical terms was replaced by one in theological terms.

THE OXFORD MOVEMENT. Following the passage of the Irish Church Act of 1833, the Oxford movement arose in England to assert the independent authority of the clergy as the successors of the apostles. The movement was led by John Keble (1792–1866); Edward B. Pusey (1800–82), the most famous of the English Tractarians; and John Henry Newman (1801–90). When Newman left the movement in 1845 to join the Roman Catholic Church, where he became the central figure in the revival of English Catholicism, the Oxford movement went into decline.

THE DEVELOPMENT OF A SOCIAL GOSPEL. Anglicans under the leadership of John Malcolm Ludlow (1821–1911) and Frederick Denison Maurice (1805–72) were among the 1st to respond to the conditions of industrial society. Their movement, Christian Socialism, flourished between 1848 and 1854. The Anglican Church took up the challenges of industrial society with the organization of the Guild of St. Matthew, 1877, and the Christian Social Union, 1889. The Y.M.C.A. was founded by George Williams (1821–1905) in 1844, while the Y.W.C.A. had its beginnings in 1855. Both organizations sought to combine religious and social objectives. English and American nonconformists were deeply involved in the temperance movement, and also in the efforts to reach the urban poor through the Salvation Army, organized in 1878 by William Booth (1829–1912), and the Volunteers of America, established by Booth's son Ballington (1859–1940) in 1896. In Germany the writings of Albrecht Ritschl, one of the founders of modern Liberal Protestantism, helped to provide a theological basis for the social gospel. The inspiration for a Christian social movement came, however, from leaders of the Inner Mission, such as Johann H. Wichern (1808–81) and Adolf Stöcker (1835–1909), and in the U.S. from such figures as Walter Raushenbusch (1861–1918).

SCIENCE AND RELIGION. While Biblical criticism provided the internal challenge to Protestantism, science provided the external one. After the publication of Charles Darwin's *Origin of Species,* 1859, the literal interpretation of Genesis was undermined. Anthropological studies of primitive societies challenged the concept of the universality of the moral code, while the rise of "social Darwinism" alienated large numbers of intellectuals from organized religion. Liberal theology attempted to accommodate the new doctrines of science, while American fundamentalism, which arrived at its views at a Bible conference at Niagara in 1895, rejected them.

THE RISE OF REFORMED CHURCHES. The conflict between church leadership, supported by the state, and evangelicalism led to a number of reformed Calvinist churches in the 19th cent. In Scotland about ⅓ of the clergy and laity of the Scottish Kirk broke away to form the Free Church of Scotland under the leadership of Thomas Chalmers (1780–1847) in 1843. The Scottish churches were not reunited until 1929. A revival in Switzerland led to the breakup of several of the established canton churches: the Free Church of Vaud was organized in 1849, the Free Church of Geneva in 1849, and the Independent Evangelical Church of Neuchâtel in 1873. The repercussions of this movement had their greatest effect in France, where the Reformed Church was sharply divided throughout the 19th cent. Following the separation of church and state in 1905, the Reformed Church divided into 3 churches. In the Netherlands the established Dutch Church was split by a secession in 1834 which led to the formation of the Christian Reformed Church. Another group broke away in 1886 and joined the Christian Reformed Church in 1892.

THE THEOLOGY OF CRISIS. Liberal theology, which had dominated Protestant thought in the last half of the 19th cent., was shattered by World War I. Optimism gave way to a revival of the teachings of Søren Kierkegaard (1813–55), and the theology of crisis became the dominant form of 20th-cent. Protestant theology. Karl Barth (1886–1968), the founder of the movement, emphasized that man and his religion stood under the judgment of God (the *Krisis*), and that God was approachable only through faith. Emil Brunner (b. 1889) broke with Barth to formulate a more personalistic approach to Christ, while Rudolf Bultmann (b. 1884) combined crisis theology with Heidegger's system of existentialism; he also stressed the need to "demythologize" the Gospel in order to make it relate to the situation of modern man. Reinhold Niebuhr (b. 1892), who has become increasingly critical of Barth's approach, was a pioneer of neo-orthodoxy in the United States. Paul Tillich (1886–1965) moved away from Barth's emphasis upon Biblical theology to elaborate a form of philosophical theology.

THE ECUMENICAL MOVEMENT. Although the ecumenical movement had antecedents in the 19th cent.—the formation of the Evangelical Alliance, 1846, and the organization of the World's Student Christian Federation, 1895—the movement effectively dates from an International Missionary Conference held at Edinburgh in 1910. The movement was given impetus through the 1925 Universal Christian Conference on Life and Work organized by Nathan Söderblom (1866–1931) and the World Conference on Faith and Order of 1927. Missionary conferences held at Jerusalem, 1928, and at Tambaram, 1938, brought in many of the Asian and African churches. The Oxford Conference on Life and Work, which promoted the development of lay institutions, and the Edinburgh Conference on Faith and Order were held in 1937. They laid the groundwork for the World Council of Churches, which was established at Amsterdam on 23 Aug., 1948.

Eastern Orthodoxy

DECLINE OF THE ECUMENICAL PATRIARCHATE. Until the early 19th cent. the heads of the various Greek and Slavic Orthodox churches of the Balkans were selected by the ecumenical patriarch at Constantinople. As these nations won their independence from the Ottoman Empire, their churches asserted the right to elect their own primates and to be self-governing. The Greek Church was declared autocephalous in 1833, the Serbian Church in 1878, the Rumanian Church in 1885, and the Bulgarian Church in 1908.

RUSSIAN ORTHODOX CHURCH. In the 19th cent. the Russian Orthodox Church underwent a spiritual and theological revival. A form of evangelical awakening was inspired by the *startsi* or elders, intense ascetics credited with the gift of healing. The most important of the *startsi* was St. Serafim of Sarov (1759–1833). In theology there was a return to the patristic traditions and a reaction against western thought. The main Slavophile thinkers were Alexei S. Khomiakov (1804–60), Feodor Dostoevski (1821–81), and Vladimir S. Soloviev (1853–1900). Under the influence of Soloviev's teachings, Nicholas Berdyaev (1874–1948) and Sergius Bulgakov (1871–1944) reacted against Marxism and pioneered a renovated Orthodox theology in the 20th cent.

The Holy Synod, which acted as the government of the church, became more closely bound to the czarist regime as the 19th cent. progressed. After the Bolsheviks gained power in 1917, the church, which was seen as a bulwark of the monarchy, was subjected to intense persecution, 1918–27. During World War II, however, the government permitted the election of a new patriarch (the post had been vacant since 1925), and the church entered an era of limited toleration.

Judaism

CABALISM AND HASIDISM. Cabalistic philosphy gave rise to mysticism and to a number of messianic movements in 18th-cent. Europe. The most important of these was led by Jacob Frank (1726–91) and his daughter Eve (d. 1817). The mystical teachings of Cabalism were absorbed into the doctrines of Israel ben Eliezer (known as the Baal Shem Tov, 1700–1760), the founder of Hasidism. Opposition to Hasidism centered around Elijah, the Gaon of Vilna (1720–97), and the Misnagdim (the "Opponents"). During the 19th cent. this schism within the East European Jewish community gradually healed.

REFORMISM. The Jewish Enlightenment began in Germany under the leadership of Moses Mendelssohn (1729–86). The challenges to Jewish life brought about by the breakdown of the ghetto system and the final emancipation of the Jews (beginning in France, 27 Sept., 1791, and spreading to Prussia, 1812 and 1848, England, 1858, Austria-Hungary, 1867, Italy, 1870, and Russia, 1917) led to Reformism as well as assimilation (to the Gentile world) and Zionism. Napoleon aided the spread of Reform Judaism through his sponsorship of the Grand Sanhedrin, 9 Feb., 1807. The Reform movement centered initially on Germany, where the 1st Reform synagogue was established in 1810. Talmudic Judaism was undermined in the writings of Abraham Geiger (1810–74) and Samuel Holdheim (1806–60), while the Reform Society of Frankfurt, in its Declaration of 1843, rejected the doctrines of the Talmud. The aims and practices of the movement were elaborated in rabbinic conferences held in Brunswick, 1844, Frankfurt, 1845, and Breslau, 1846. Milder forms of Reform Judaism spread to Britain in 1840, to the U.S., where the reform movement dates from the arrival in 1846 of Isaac Mayer Wise, and to France in 1907. Attempts to unite Reform congregations resulted in the formation of the Union of American Hebrew Congregations, 10 July, 1873; the Central Conference of American Rabbis, 9 July, 1889; and the World Union for Progressive Judaism, 10 July, 1926.

COUNTERREFORM. Reform was unable to make headway against Orthodox Judaism in Eastern Europe, the Middle East, or Africa. The Union of Orthodox Jewish Congregations, founded 8 June, 1898, became the spokesman for Orthodoxy in the U.S., while the Agudath Israel was established, 8 May, 1912, to function as the international authority in matters of Orthodox law. Attempts to define a middle ground between Orthodoxy and Reform gave rise to the neo-Orthodoxy of Samson Raphael Hirsch (1808–88) in Germany, and to the Conservative Judaism of Solomon Schechter (1850–1915) in the U.S. The United Synagogues of America, founded 23 Feb., 1913, affiliated Conservative synagogues in the U.S. and Canada. In 1922 Mordecai M. Kaplan (b. 1881) established the Reconstructionist movement in the U.S.

Islam

REFORMISM. The 1st Islamic reform movements were directed against the internal deterioration of the faith. The Wahabi (Wahhābi) movement, founded c. 1744 by Mohammed ibn-Abd-al-Wahab (Muḥammad 'Abd al-Wahhāb) (1703–87), rejected Sufism and demanded a return to early, puritanical Islam. The impact of Wahabi ideas led to the formation of the Faraidi sect under Shariat Allah (Shari'at Allāh), c. 1804, in India, but all other major Islamic reformers and movements have shown deep Sufi influence. In 1781 Ahmed al-Tijani (Aḥmad al-Tijānī) (1737–1815) founded the Sufist Tijaniya (Tijāniyya) brotherhood, which became an important force in the western Sudan during the 19th cent. Shan Waliyullah of Delhi (1703–81) emphasized reform Sufism and a revival of Indo-Moslem power.

Although the Sufi doctrine of union with God was rejected by Ahmad ibn Idris (1760–1837), the Idrisiyya movement which he founded, as well as the other missionary orders influenced by him, were organized along the lines of Sufi *tariqas* (*tarīqas*). Of these movements the most important were the Sanusiya (Sanūsiyya), founded in 1837 by Mohammed ibn Ali al-Sanusi (Muḥammad ibn 'Alī al-Sanūsi) (1791–1851) in Cyrenaica, the Mirghaniyya of Mohammed Uthman al-Mirghani (Muḥammad 'Uthmān al-Mirghani) (1793–1853), and the Rashidiyya of Ibrahim (Ibrāhīm) ar-Rashidi (d. 1874) in the Sudan and East Africa.

By the middle of the 19th cent. a new group of reformers were emerging who recognized that the West had to be confronted as well as Islam reformed in order for Moslem society to be fully regenerated. The main figure in the search for internal Islamic reform and defense from western penetration was Jamal al-Din al-Afghani (Jamāl al-Dīn al-Afghānī) (1839–97). Although his dream of Pan-Islam was not realized, his influence survived in popular movements which combined Islamic fundamentalism and activist politics. Afghani also influenced Mohammed Abduh (Muḥammad 'Abduh) (1849–1905), the most important modern commentator on the Koran. Abduh, and also Sir Sayyid Ahmad Khan (Aḥmad Khān) (1817–98), the founder of Aligarh College (India) in 1875, strove to accommodate western thought to Islam; they brought about a revaluation of traditional social ethics. Sir Mohammed (Muḥammad) Iqbal (1876–1938) urged the incorporation of western learning and science as a means of resuming the heritage of Moslem civilization.

RISE OF NEW SECTS. In 1844 Sayyid Ali Mohammed ('Alī Muḥammad) of Shiraz announced that he was the Bab ("gateway" to knowledge) and began a new sect, Babism. After his death, the majority of his disciples followed Bahaullah (Baha 'ullah) (1817–92), who founded the Bahai (Baha'i) faith. Partially in reaction to the "Aligarh movement" the Ahmadiya (Aḥmadiyya) sect arose, 1889, when Mirza Ghulam Ahmad (Aḥmad), c. 1835–1908, received the 1st oaths of loyalty from his followers. Later he proclaimed himself the Mahdi and Messiah in India. The Ahmadiya split in 1914, the majority forming the Qadianis and the minority the Lahore Ahmadiya.

Hinduism, Buddhism, and Shinto

REFORM OF HINDUISM. The impact of the West on India in the 18th cent. led initially to a large number of conversions to Christianity. But by the 19th cent. contact with the West tended to revitalize Hinduism through the teachings of a number of reformers. In 1828 Raja Rammohan Roy (1774–1833) founded the Brahmo Samaj based on the unitarian doctrines of the Upanishads. Although almost extinct today, the Brahmo Samaj under the leadership of Roy, Devendranath Tagore (1817–1905), and the latter's son Rabindranath (1861–1941) campaigned successfully against certain aspects of Hinduism, such as suttee (abolished 4 Dec., 1829), child marriage, and polygamy. Keshab Chandra Sen (1828–84) broke away from the Brahmo Samaj to teach a more Christian-oriented form of Hinduism in 1866. A return to the teachings of the Vedas was stressed in the Arya Samaj founded in 1875 by Dayananda Sarasvati (1824–83). Ramakrishna Paramahamsa (1834–86) stressed the mystical aspects of Hinduism. His teachings inspired Swami Vivekananda (1863–1902) to found the Ramakrishna Mission in 1897. Yoga was popularized by Shri Aurobindo Ghose (1872–1950), who aided in its spread to Europe and the U.S. Mahatma Gandhi (1869–1948) renewed interest in the Bhagavad-Gita in his campaigns for political and social reform.

BUDDHISM. The 5th Great Council was held in Mandalay, Burma, in 1871, and the Pali text of the canon was inscribed on marble slabs. Between 17 May, 1954, and 23 May, 1956, the 6th Great Council met at Rangoon, Burma, where the Tipitaka was recited in Pali. Steps were also taken to translate it into several modern languages.

SHINTO. As one of the first acts of the Meiji Restoration, Emperor Mutsuhito (1852–1912) disestablished Ryobu Shinto (a fusion of Buddhism and Shintoism) and established Shinto as the state religion of Japan on 30 Nov., 1868. On 15 Dec., 1945, the allied occupation government directed that Shinto be disestablished as the state religion.

PHILOSOPHY

German Idealism

At the end of the 18th and beginning of the 19th cents. a group of German philosophers, perhaps the most influential of modern times, took up and developed the philosophical system of idealism. Earlier expounded by George Berkeley (1685–1753), idealism was an assertion of the primacy of mind and of spiritual values over matter. It denied the existence of physical objects apart from man's perception and consciousness of them. Discontented with the Enlightenment philosophers' confidence in knowledge and science to explain all aspects of the world, Immanuel Kant and his followers made use of the idealist argument to reject utilitarian explanations and to demonstrate that there were some things that could not be known by means of reason.

KANT. Immanuel Kant (1724–1804) was born in Königsberg in East Prussia, where he spent his entirely uneventful and regular life. He was greatly influenced by Leibniz, Hume, and Rousseau and admired Newton. His 1st work was scientific: he wrote a theory of earthquakes and of the winds, and published *General Natural History and Theory of the Heavens,* 1755. He considered the physical sciences to be the true realm of reason and, beginning c. 1780, began to point out the limits of reason in other fields. In his *Critique of Pure Reason,* 1781, he attacked metaphysics, claiming that there was no way of gaining knowledge of the suprasensible world. Empirical evidence can never be employed to prove metaphysical concepts, such as the existence of God, freedom of the will, or the immortality of the soul. The nature of human experience remains uncertain, since the reality behind sense perception consists of unknowable "things-in-themselves." For Kant there were 2 distinct realms: sensations or phenomena, and reason. Our own mental apparatus orders sensations according to its intuition of space and time and by means of innate "categories." Thus we perceive a material world of objects existing in time and space; yet what we experience through our senses need not apply to the things-in-themselves, which are beyond the realm of experience (*Prolegomena to Any Future Metaphysics,* 1783). Kant thus demolished all intellectual proofs of the existence of God. Yet he found proof in the study of morals, which he called "practical reason" (*Critique of Practical Reason,* 1786). His argument ran as follows: since the moral law demands justice—i.e., happiness proportional to virtue—and since justice does not obtain for all in this life, then there must be a God and a future life. In the *Metaphysic of Morals,* 1785, he developed an ethical system, condemning actions—no matter how useful they might be—that were performed merely out of self-interest. Moral actions are performed out of a sense of duty; Kant's "categorical imperative" prescribed that each man act in such a way that he can will his actions to become a law for all men.

FICHTE AND SCHELLING. Kant's disciple Johann Gottlieb Fichte (1762–1814) drew more radical consequences from the idealist philosophy. Abandoning the things-in-themselves, he considered that all of experience is derived from the activity of the ego (*Introduction to the Theory of Knowledge,* 1797). He is best known for his *Addresses to the German Nation,* 1807–8, which prompted the surge of German nationalism leading to the defeat of Napoleon. Friedrich Wilhelm von Schelling (1775–1854) was Fichte's disciple. He turned from early theorizing about the ego (*Vom Ich als Prinzip der Philosophie,* 1795) to a "philosophy of nature." He considered the natural world to be just as real and important as the ego (*Ideen zu einer Philosophie der Natur,* 1797). Yet he did not desert idealism, and in 1800 produced a Kantian system of knowledge (*System des transzendentalen Idealismus*).

HEGEL. The most influential of the German idealists was Georg Wilhelm Friedrich Hegel (1770–1831). With the intention of making philosophy scientific, he constructed a system explaining the history of the world and of the philosophies and institutions produced by man. He considered the history of the world to be an evolution toward ever greater perfection. It was the progressive realization of "spirit" (*Geist*) in man. In philosophy, this meant an ever nearer approach to truth; in history, an ever greater realization of human freedom (*Phenomenology of Mind,* 1807; *Philosophy of Right,* 1821; *Philosophy of History,* lectures c. 1830.) This evolution proceeded, according to Hegel, by a dialectical process: inadequate ideas, sharply contrasted with each other, were continually being synthesized into new and slightly better ones. This process would repeat itself until the state of perfection was reached. Hegel spoke of a "spirit of the times" (*Zeitgeist*) which dominated each historical period. The prime movers of history were "world historical individuals."

MARX. During his lifetime, Hegel collected a great many disciples, among whom were conservatives as well as the radical "Young Hegelians." The most important of these latter was Karl Marx (1818–83), who based his revolutionary socialist theory largely on Hegelian precepts. (He was also influenced by French socialism and English classical economics.) Working with Friedrich Engels (1820–95), Marx accepted the evolutionary, dialectical view of history propounded by Hegel (*The German Ideology,* 1845–46). But he "stood Hegel on his head" by replacing "spirit" with matter (that is, economics) as the moving force in history ("dialectical materialism"). He saw the history of the world, not as the progression from one type of state to another (Hegel), but as a succession of modes of production—as the replacement of one class by another in the dominant role in society. The dialectical process would end only with the triumph of the working class and the end of private ownership of the means of production. Marx's aim was not merely to construct an abstract philosophical system explaining world history, but to use such a system in order to change the world.

REVIVALS OF IDEALISM. The influence of Kant and Hegel was often of a negative sort, eliciting violent attacks on their theories. But at the end of the 19th cent. there was a revival of idealism in England and in Italy. The group of neo-Hegelians at Oxford and in Scotland included Thomas Hill Green (1836–82), Francis Herbert Bradley (1846–1924), Bernard Bosanquet (1848–1923), and John Ellis McTaggart (1866–1925). In Italy, Benedetto Croce (1866–1952) expounded a "philosophy of the spirit."

Utilitarianism

Unlike the German idealists, the group of English philosophers known as utilitarians made no attempt to construct abstract philosophical systems. Rather, they formulated theories that they hoped would lead to the betterment of mankind. They belonged to the "philosophical radicals," a group of liberal Whigs who hoped to produce reforms by combining philosophy, economics, and politics.

Jeremy Bentham (1748–1832) and James Mill (1773–1836) developed an empirical theory of ethics which was later refined and adapted to new conditions by Mill's son, John Stuart Mill (1806–73). The basic theory was formulated by Bentham in *Introduction to the Principles of Morals and Legislation,* 1789. Utilitarian morality was based on hedonism, the doctrine that pleasure is the chief good in life and pain the chief evil. Bentham defined happiness as the greatest amount of pleasure and of freedom from pain. The rightness of an action was to be judged by the contribution it made to human happiness and to the decrease of human misery. Laws and political institutions were to be judged according to the same criterion. Coercion by the state was allowable only when the action of individuals did not lead to the greatest good. James Mill used the utilitarian principle to defend representative institutions (article on "Government" in the 1820 *Encyclopaedia Britannica*). John Stuart Mill attempted to broaden Bentham's system without destroying its fundamental principles. He insisted that certain kinds of pleasures (i.e., those of the intellect) were more important than other kinds: therefore the *quantity* of pleasure it produced was not an adequate measure of the rightness of action (*Utilitarianism,* 1863). He contributed to the study of logic (*System of Logic,* 1843) and to liberal political theory as well (*On Liberty,* 1859).

Positivism

Auguste Comte (1798–1857) was educated as a scientist and was influenced by the French socialist Saint-Simon (1760–1825). His great respect for the precision and certainty of scientific knowledge led him to reject metaphysics as meaningless. His philosophy of positivism, based only on verifiable propositions, was meant to make philosophy scientific. In his *Course of Positive Philosophy,* 1830–42, and *System of Positive Philosophy,* 1851–54, he expounded an evolutionary theory of the sciences. He named a new science, sociology, which would submit society and religion to empirical study. He propounded a "Law of 3 Stages" to explain the evolution toward perfection of each of the sciences. In the *theological* stage, men describe the world in terms of their knowledge of themselves, ascribing life to all they encounter. In the *metaphysical* stage, they abandon personalized agencies, yet retain entities which are beyond experience. In the final *positive* (or scientific) stage, they finally learn to trust only the data of experience. At the end of his life, Comte attempted to develop a theory of ethics without metaphysical precepts. He suggested a Religion of Humanity, in which the best of human qualities would be worshiped.

Schopenhauer and Nietzsche

Arthur Schopenhauer (1788–1860) was influenced both by Kant and by the study of Oriental religions. In *The World as Will and Idea,* 1818, he described 2 ways of looking at the world, corresponding to Kant's 2 realms: the scientist studies the world in terms of *ideas* produced by experience, while the philosopher can get beyond appearances by studying the forces of *will* at work in the world. Schopenhauer believed in a World Will of which each individual, as well as inanimate things, partakes. He was a pessimist, believing that the will, always demanding and never satisfied, causes pain to predominate over pleasure in human experience. He described 2 ways of deliverance from unhappiness: the contemplation of eternal ideas or the conduct of a saintly life.

Friedrich Nietzsche (1844–1900) was the son of a Protestant pastor and reacted violently against the piety of his family. He was a brilliant student of classical philology and received a professorship at the University of Basel at the age of 24. He was influenced by Richard Wagner, with whom he quarreled, and by Schopenhauer. He became insane in 1889, just as his philosophy began to gain recognition. He had great influence on literature and the arts as well as on philosophy.

Nietzsche's philosophy was developed from psychological speculation on morality and religion. His 2 volumes of aphorisms, *Human, All Too Human,* 1876–80, and *The Gay Science,* 1882, are full of psychological observations. He concluded that "the will to power" is the basic human drive. In *Thus Spoke Zarathustra,* 1883–84, he demonstrated this human drive to reach a higher, more powerful position. He was the 1st to describe *sublimation*—later a basic element in Freudian psychoanalysis—as the overcoming of one's passions and making them creatively useful. The rare individual who could do this Nietzsche called the "Overman" (*Übermensch*) : he alone became a creator, rather than a creature, and thus had no need of power over others. In *Beyond Good and Evil,* 1886, and *The Genealogy of Morals,* 1887, Nietzsche noted the relativity of ethical systems. He divided them into two types: master morality and slave morality. Master morality was joyous: it was imposed by a ruling class which delighted in its power. Slave morality, however, the morality of Christianity, was imposed out of resentment felt by a weak and servile class which used religious dicta to terrorize its superiors. While he did not approve a return to master morality, Nietzsche called for a revision of Christian morality, for a "transvaluation of values."

Bergson

Henri Bergson (1859–1941) was educated at the École Normale Supérieure and spent much of his career as a professor at the Collège de France. His philosophy of "creative evolution" had a considerable influence on the literature and thought of the 20th cent. He was a defender of metaphysics and developed a theory of the relation of life and matter. In *Time and Free Will* (*Essai sur les données immédiates de la conscience,* 1889), *Matter and Memory,* 1896, and *Introduction to Metaphysics,* 1903, he contrasted 2 mental faculties—intellect and intuition. The intellect, viewing things from the outside, conceives of them spatially, as a succession of static moments. Even time is so considered. Intuition, a part of the individual's self-consciousness, does not measure by clock time, but by "duration" (*durée*) : it experiences an endless succession of states; it is aware of the constantly changing flow of consciousness. Bergson considered intuition to be a creative force which allows man to use his intellect to best advantage. He developed a philosophical theory of evolution in *Creative Evolution,* 1907. He believed that evolution proceeded, not by regular change, but by the *élan vital,* the vital impulse which brings new forms to life. He discussed 2 tendencies in the universe: a tendency to repetition and dissipation of energy, and the contrary thrust of life, constantly producing and renewing. In *Two Sources of Morality and Religion,* 1932, he applied these 2 tendencies to the study of social and religious groups.

Philosophy in the United States

William James (1842–1910) was a physician and psychologist before turning to philosophy. He wanted to use philosophy as therapy—to show men how they might lead better lives—and defended human initiative against such deterministic theories as Hegelianism and the evolutionary philosophy of Herbert Spencer (1820–1903) . He is best known as an exponent of pragmatism (*Pragmatism, a New Name for Some Old Ways of Thinking,* 1909) . The name pragmatism was coined by Charles Sanders Pierce (1839–1914) . The meaning of an idea was considered to be the sum of all possible consequences which might ensue from the truth of that idea. An idea without consequences was not an idea at all. James embraced this theory, considering ideas as plans of action which should be tested frequently and discarded if they did not work. He was willing to accept any hypothesis whose consequences were useful to life.

John Dewey (1859–1952) was very different from James, but he, too, was a psychologist and was interested in a philosophy that would affect culture and society. He developed out of his philosophy a system of education which was widely influential. His philosophical works include *How We Think,* 1910, *Human Nature and Conduct,* 1922, *Experience and Nature,* 1925, *The Quest for Certainty,* 1929, and *Logic, the Theory of Inquiry,* 1938. Dewey believed that the function of thought is problem solving: the value of an idea could be judged by the permanence of the belief or action to which it led. His educational theory stressed learning, not by memorization, but by problem solving, by thinking questions through and finding the most valuable solutions. He developed an ethical theory along the same lines: a new course of action had always to be judged by its degree of success in removing the causes of breakdown. Every idea was to be tested empirically, for Dewey had no interest in ideologies applied "from the top down."

George Santayana (1863–1952) and Alfred North Whitehead (1861–1947) were not born in the U.S., but they made considerable contributions to American philosophy. Santayana was born in Spain. He was educated at Harvard University and lived in the U.S. between 1872 and 1912. He was interested in aesthetics (*The Sense of Beauty,* 1896; *Interpretations of Poetry and Religion,* 1900) and in the use of the imagination. In *The Life of Reason,* 1905–6, he distinguished 2 major elements in man's nature, "impulse" and "ideation," which must unite in order for the individual to function properly. Impulse, he felt, is responsible for artistic creation; ideation, for wisdom. After leaving the U.S., Santayana devoted himself to theories of knowledge and metaphysics (*Realms of Being,* 1927–40). Combining realism and idealism, he decided that the existence of physical objects can never be proved but can be accepted on "animal faith" (*Scepticism and Animal Faith,* 1923). He asserted the existence of a realm of universals, which he called "essences."

Whitehead was trained in England as a mathematician and based his philosophy on logic and mathematics. He was invited to the U.S. in 1924 to teach philosophy at Harvard University, where he remained until his death. He believed that experience is felt as interconnected continua of feelings and not as separate elements, and he tried to describe the overlapping of these continua by means of topology. His most important works include *Principles of Natural Knowledge,* 1919, *The Concept of Nature,* 1920, *Science and the Modern World,* 1926, *Process and Reality,* 1929, and *Adventures of Ideas,* 1933.

Logical Analysis

Bertrand Russell (b. 1872) has achieved eminence in several fields: he wrote on mathematics, philosophy, political affairs, and the history of philosophy. Trained as a mathematician, he began studying philosophy because he wished to find some reason for believing in the truth of mathematical precepts. He was first drawn to Hegelian idealism, but became a realist under the influence of George Edward Moore (1873–1958), who emphasized the importance of common-sense beliefs and everyday language. Furthering the work of Gottlob Frege (1848–1925) in mathematical logic, Russell rejected traditional descriptions of mathematical thought and attempted to reduce mathematics to logical principles. In *Principles of Mathematics,* 1903, he analyzed mathematical terms, forming them into purely logical concepts; in *Principia Mathematica,* 1910–13, he and Alfred North Whitehead developed a system of logic from which propositions of mathematics could be deduced. His analysis of sentences was of great influence on the school of logical positivism.

Logical positivism (or logical empiricism) was developed by Russell's pupil Ludwig Wittgenstein (1889–1951) and by the members of the "Vienna Circle" (Moritz Schlick, 1882–1936; Rudolf Carnap, b. 1891; *et al.*). They were influenced by the mathematical logic of Frege and Russell and the antimetaphysical attitude of Ernst Mach (1838–1916). Their philosophy, which claimed to be scientific, was based on linguistic analysis. They allowed only 2 sorts of statements:

factual ones, which could be verified, and the "analytical" statements of definition used in logic. All ethical and metaphysical statements were ruled out as nonsensical violations of the proper use of language. The most important publications of logical positivism are Schlick's *Allgemeine Erkenntnislehre,* 1918, Wittgenstein's *Tractatus Logico-Philosophicus,* 1921, Carnap's *Logical Syntax of Language,* 1934, and *Language, Truth and Logic,* 1936, by Alfred Jules Ayer (b. 1910), who spread the philosophy in England. Carnap formulated the most radical version of the theory, ruling out as nonsensical not only metaphysics but most of the postulates of science as well. All of the logical positivists have more recently modified their views.

Phenomenology

Phenomenology was developed by Edmund Husserl (1859–1938). He carried forward the "intentional psychology" of his teacher, Franz Brentano (1838–1916), by creating a philosophy which aimed at the description of experience. He did not intend empirically to study consciousness, but rather to examine our perceptions and beliefs from the inside. He wished to study things as they appear in consciousness; whether objectively existing entities or purely imaginary ones was immaterial. His "phenomenological method," the investigator's suspension of belief in the natural world in order to examine his consciousness, has been widely used by existentialists. His major publications include *Logical Investigations,* 1900–1901, *Formal and Transcendental Logic,* 1929, and *Cartesian Meditations,* 1931.

Existentialism

The name existentialism is given to the theories of a widely varied group of philosophers who by no means form a school or agree in all their ideas. In general, existentialists assert the freedom and dignity of man, protesting against deterministic theories which place man at the mercy of mechanical or natural processes. They object to generalizations and to system building, nor do they wish to posit new dogmas, for they insist on the right of the individual to choose to believe and act as he desires. Thus, instead of writing philosophical treatises, some existentialists have preferred to express their ideas through informal essays and fiction. They assert that existence is absurd, for there is no ultimate explanation of why we exist. The existentialist dictum that "existence precedes essence" suggests the necessity for each man to make his own world and find his own meaning in life, rather than to accept traditional beliefs.

Much of existentialist theory was formulated in the late 19th cent., although its impact has been entirely on the 20th. Nietzsche, the Russian novelist Feodor Dostoevski (1821–81—*Notes from the Underground,* 1864), and the Danish religious thinker Søren Kierkegaard (1813–55 —*Concluding Unscientific Postscript,* 1846) were the 1st existentialists. Karl Jaspers (b. 1883) described the dangers to individualism of modern technological society (*Die geistige Situation der Zeit,* 1931). He retained his religious faith, but referred, not to God, but to "transcendence," an unknowable source of being (*Philosophie,* 1932). Martin Heidegger (b. 1889) was a student of Husserl and made use of phenomenology in his philosophy. In *Sein und Zeit,* 1927, he described man as cast into an unsympathetic world in which he tries to achieve purposes which are ultimately rendered meaningless in death. Jean Paul Sartre (b. 1905) described his atheist version of existentialism in the treatise *Being and Nothingness,* 1943; in his plays *The Flies,* 1943, and *No Exit,* 1944; and in the series of novels *Les Chemins de la Liberté* (begun 1946). Both he and Albert Camus (1913–60—*The Stranger,* 1942; *The Plague,* 1947; *The Fall,* 1956; *The Myth of Sisyphus,* 1942: *The Rebel,* 1959) were profoundly influenced by their experiences during World War II. The defeat of France and the rise of resistance to the Nazis suggested to them the necessity for each individual to take responsibility for his fate. Gabriel Marcel (b. 1889) developed a religious form of existentialism.

Literature

BRITAIN, IRELAND, AND THE COMMONWEALTH

18th Cent.

POETRY. In most of Europe the literature of the 18th cent. was dominated by a classical revival, characterized by a devotion to reason, propriety, balance, and purity of form. The works of antiquity were revered and imitated. In England the outstanding poet of the neoclassical period was Alexander Pope (1688–1744), who welded the heroic couplet into a lethal weapon in a masterful series of satires beginning with *Essay on Criticism,* 1711. Other poets of importance in Pope's time were James Thomson (1700–1748) and John Gay (1685–1732). In the latter half of the century the neoclassical traditions were carried on by Oliver Goldsmith (1728–74), author of *The Deserted Village,* 1770, an attack on industrialization, and Thomas Gray (1716–71), whose *Elegy in a Country Churchyard,* 1751, celebrates rural life. Preromantic strains are discernible in the nature poetry of William Collins (1721–59), the melancholy "graveyard" verse of Edward Young (1683–1765), and the medieval ballads of Thomas Chatterton (1752–70). Also noteworthy in this period were George Crabbe (1754–1832), who offered a harsh, naturalistic view of village life, and Robert Burns (1759–96), the national poet of Scotland, who combined humor and lyricism in such memorable dialect poems as *To a Mouse,* 1785.

PROSE. Among 18th-cent. prose writers Pope's counterpart was Jonathan Swift (1667–1745), whose savage satires (particularly *Gulliver's Travels,* 1726) pilloried human life remorselessly. A more benign spirit ruled in the urbane essays of Joseph Addison (1672–1719), who collaborated with Richard Steele (1672–1729) on the famous journal, the *Spectator,* 1711–12, 1714. After 1750 the reigning sovereign of English letters was Samuel Johnson (1709–84). A powerful Latinate style, a moralistic, somewhat didactic bent, and a sober skepticism informed such great critical works as the *Lives of the Poets,* 1779–81. Other significant figures in the realm of nonfiction prose were James Boswell (1740–95), author of the *Life of Samuel Johnson,* 1791, the historian Edward Gibbon (1737–94), and the statesman Edmund Burke (1729–97).

THE NOVEL. The outstanding literary development of the 18th cent. was the emergence of the modern realistic novel. The chief innovators in this new genre were Daniel Defoe (1660–1731), author of such "autobiographical" histories as *Moll Flanders,* 1722; Samuel Richardson (1689–1761), whose *Clarissa Harlowe,* 1747–48, became the prototypical work of sentimentalism and middle-class morality; and Henry Fielding (1707–54), a bawdy but humane novelist who gave the world one of its great comic masterpieces, *Tom Jones,* 1749. Subsequent practitioners of the novel form included Tobias George Smollett (1721–71), the Gothic horror writer Ann Radcliffe (1764–1823), and the great humorist Laurence Sterne (1713–68).

19th Cent.

ROMANTICISM: POETRY. The romantic era in English literature spanned roughly the first ⅓ of the 19th cent. It represented a rebellion against the Industrial Revolution and a rejection of 18th-cent. neoclassicism. Politically, the romantics favored equality and social justice. Aesthetically, they discarded the principles of reason, propriety, and simplicity of form in favor of intuition, individualism, love of nature, and expansive, highly colored diction. The period began with the appearance of *Lyrical Ballads,* 1798, by William Wordsworth (1770–1850), in whose works nature is glorified as a moral teacher and poetry becomes "the spontaneous overflow of powerful feelings." Wordsworth's friend and collaborator, Samuel Taylor Coleridge (1772–1834), showed his fascination with the supernatural in such haunting, evocative poems as *The Rime of the Ancient Mariner,* 1797–98. Contemporaneously, a love of the past and a gift for narrative verse marked the poetry of Sir Walter Scott (1788–1824). Among the younger generation of romantic poets George Gordon Byron (1788–1824), Percy Bysshe Shelley (1792–1822), and John Keats (1795–1821) were the foremost figures. Byron, a social rebel, ran the gamut from agonized confessions to the great satiric epic *Don Juan,* 1819–24. Shelley declared his Neoplatonist sympathies in such poems as *Prometheus Unbound,* 1820, and *Ode to the West Wind,* 1819. Keats produced a series of rich, sensuous meditations on the nature of beauty, most notably *Ode on a Grecian Urn,* 1820, and *To Autumn,* 1820.

NONFICTION PROSE. Major contributions in nonfiction prose were made by Charles Lamb (1775–1834), whose gentle, humorous essays appeared under the name "Elia"; William Hazlitt (1778–1830), an accomplished stylist and sensitive critic; and Thomas De Quincey, best remembered for his autobiographical *Confessions of an English Opium Eater,* 1821.

THE NOVEL. The leading novelists of the period were Walter Scott, who displayed his impressive gift for historical romance in such works as *Quentin Durward,* 1823, and Jane Austen (1775–1817), the 1st great novelist of manners, whose delicately precise style and fine eye for nuance reached their apex in *Pride and Prejudice,* 1813.

VICTORIANISM: POETRY. The Victorian age is generally thought to have begun with the passage of the Reform Bill of 1832. As a literary era, it is marked by an interest in social reform, a widening breach between science and religion, and an extreme didacticism. In poetry, it produced at least 2 figures of the 1st rank, Alfred Tennyson (1809–92) and Robert Browning (1812–89). Tennyson's lyric poetry achieved a mellifluous, free-flowing beauty, while *Idylls of the King,* 1859, an extended treatment of the Arthurian legend, lamented the moral decay in Victorian society. Cultivating a much rougher poetic line, Browning imitated the fitful movements of the human mind in brilliant dramatic monologues like *Fra Lippo Lippi,* 1855. In contrast to Browning's rugged verse stood the lush post-romanticism and medievalism of the Pre-Raphaelite school, particularly Dante Gabriel Rossetti (1828–82) and Algernon Charles Swinburne (1837–1909). Other poets of note in this era were William Morris (1834–96), Elizabeth Barrett (1806–61), the novelist George Meredith, and Matthew Arnold (1822–88), whose *Dover Beach,* 1867, announced the poet's melancholy disillusionment. In the late Victorian period the vigorous, infectiously rhythmical verse of Rudyard Kipling (1865–1936) made him world famous.

NONFICTION PROSE. Nonfiction prose of high distinction was produced by the historian Thomas Babington Macaulay (1800–1859); by Thomas Carlyle (1795–1881), a stern critic of his society; by John Ruskin (1819–1900), whose notions of art were set forth masterfully in *The Stones of Venice,* 1851–53; by John Henry Newman (1801–90), a penetrating religious thinker and eloquent stylist; and by Matthew Arnold, who advanced a classically oriented social criticism in *Culture and Anarchy,* 1869.

THE NOVEL. Victorian fiction soared to extraordinary height with the emergence of Charles Dickens (1812–70). *David Copperfield,* 1849–50, showed its creator's gift for robust characterization, good-natured humor, entertaining melodrama, and the exposure of social abuses. Other Victorian novelists followed Dickens' lead. William Makepeace Thackeray (1811–63) turned his powerful gift of comic irony on fashionable society in *Vanity Fair,* 1847–48. Charles Reade (1814–84) gave English literature one of its greatest historical novels, *The Cloister and the Hearth,* 1861. The Brontë sisters, Charlotte (1816–55) and Emily (1818–48), earned lasting fame with, respectively, *Jane Eyre,* 1847, and *Wuthering Heights,*

1847. George Eliot (pseudonym of Mary Ann Evans, 1819–80) excelled in the realistic depiction of provincial life, a talent best exhibited in *Middlemarch,* 1872. Of slightly less stature, Anthony Trollope (1815–82) also focused his attention on the provinces. More psychological than either Trollope or Eliot, George Meredith (1828–1909) studied the comic aspects of human behavior in *The Ordeal of Richard Feverel,* 1859. Thomas Hardy (1840–1928) sounded a much gloomier note, imparting a bleak, morbidly deterministic mood to such novels as *The Return of the Native,* 1878. The master romanticist among the Victorian novelists was Robert Louis Stevenson (1850–94), who combined romance and psychology in *The Master of Ballantrae,* 1889. Lesser figures in the realm of Victorian fiction include Edward Bulwer-Lytton (1803–73), Benjamin Disraeli (1804–73), and Charles Kingsley (1819–75).

20th Cent.

POETRY. Abandoning his career as a novelist, Thomas Hardy devoted his energies exclusively to poetry after 1895. The morbid determinism and harsh texture of his verse represent a distinct departure from Victorianism. Such a departure was also apparent in the verse of Gerard Manley Hopkins (1844–89), published posthumously in 1918 by the poet's friend and disciple, Robert Bridges (1844–1930). The religious intensity and metrical irregularity of Hopkins' verse appealed to the modern age, and his reputation has grown steadily.

Although somewhat marred by sentimentality, the poetry of A. E. Housman (1859–1936) achieved a classical purity of form and an exquisite precision of phrasing that won him a wide audience. Of slightly less stature were Rupert Brooke (1887–1915) and Wilfred Owen (1893–1918), 2 gifted poets whose careers were cut short by World War I. Numerous schools of poetry sprang up during the war, notably the imagists (an English version of the American movement founded by Amy Lowell), whose most prominent adherents were Richard Aldington (1892–1962) and D. H. Lawrence. Imagism strove to eliminate abstractions from poetry and to employ an impressionistic technique. Concurrent with the imagists was the Georgian school, which sought escape from the unpleasantness of modern life in bucolic settings (*vide* W. H. Davies, 1871–1940).

The 2 most influential poets of the 20th cent. writing in English were the Irishman, William Butler Yeats (1865–1939) and the American-born Thomas Stearns Eliot (1888–1965). Yeats began as a lyric poet of deeply romantic sensibilities, but in the period preceding World War I underwent a period of disillusionment with his former beliefs and thereafter, in works like *Responsibilities,* 1914, his diction grew sparser and the content of his verse more intellectual. Most of his subsequent poetry, relying for philosophical framework on a system expounded in *A Vision,* 1925, showed a profound despair over contemporary life, a continual hardening of style, and a highly recondite symbolism.

In the 1930's a wave of Marxism swept across England, carrying on its crest C. Day Lewis (b. 1904), Stephen Spender (b. 1909), and W. H. Auden (b. 1907). The most important of these was unquestionably Auden, whose marriage of colloquialism and polished literary diction can be seen in poems like "Venus Will Now Say a Few Words," 1930.

Of the poets who achieved prominence in the post–World War II period, Dylan Thomas (1914–53), a master of lush lyricism, was probably the greatest. Other figures of note are Philip Larkin and John Wain.

ESSAYS AND CRITICISM. Predominant in the art of the essay during the Edwardian years, 1901–10, were the fervent Catholic Gilbert Keith Chesterton (1874–1936) and the elegant, urbane Max Beerbohm (1872–1956). In a more revolutionary vein, Herbert George Wells (1866–1946) provided lively and perceptive social criticism, while George Bernard Shaw turned his attention to everything from music criticism to economic problems with the same witty, delightfully imperious results.

FICTION. The naturalistic school of Zola revealed its impact on English writing in the works of George Moore (1852–1933), Arnold Bennett (1867–1931), and John Galsworthy (1867–1933). All 3 relied to a large extent on accurate chronicling of social details. Galsworthy, however, must be singled out for his uniquely evocative style.

The psychological novel found its proponents in Ford Madox Ford (1873–1939) and Joseph Conrad (1857–1924). Both were disciples of Henry James and, less directly, Turgenev. Emphasizing the inner life of his characters, Conrad sought to recreate their elusive experience through the use of flashback, fragmented narrative, and point-of-view techniques, and a heavily impressionistic style. *Lord Jim,* 1900, and *Nostromo,* 1904, are among his best works. Conrad's friend and sympathizer, Ford, employed his own variety of psychological realism, using jumbled time schemes and stream-of-consciousness in such works as *The Good Soldier,* 1915.

The spirit of liberalism that informed the writings of H. G. Wells found a very different spokesman in E. M. Forster (b. 1879). Forster's humane, compassionate temperament can be seen in the anti-imperialistic *A Passage to India,* 1924. Forster was part of a literary set known as the Bloomsbury Group which called for more emphasis on psychological realism. Next to Forster, Bloomsbury's most important writer was Virginia Woolf (1882–1941), whose novels ignored the social and physical side of experience, focusing exclusively on various states of the conscious mind.

However, the writers who broke most sharply with tradition were D. H. Lawrence (1885–1930) and James Joyce (1882–1941), who may be viewed as the 2 opposing poles in modern fiction. Both displayed a far-reaching disenchantment with modern life, but here the similarity ends. Lawrence, a visionary and impassioned primitive, pilloried the scientific and rational spirit of the age. His novels (e.g., *The Rainbow,* 1915, *Women in Love,* 1920) are written in an onrushing, romantic diction that seeks the mystical essence of the novelist's characters. By contrast Joyce's novels reveal a static, formalistic approach. A great innovator, Joyce moved from the lyrical, intensely personal *A Portrait of the Artist as a Young Man,* 1916, to the greater objectivity, intricate symbolism, and stylistic virtuosity of *Ulysses,* 1922, which in effect introduced the stream-of-consciousness method into English literature.

Among other, lesser novelists who felt equally alienated from their society were Aldous Huxley (1894–1963), who wrote a series of bitter, satirical novels on modern life; Evelyn Waugh (1903–66), also a satirist, whose mordant Catholic novels flayed society with a kind of witty cruelty; and Graham Greene (b. 1904), another Catholic, who produced a series of lean, tough novels about human frailty that employ some of the technique and framework of the "thriller."

The art of the short story found its most brilliant exponent in Katherine Mansfield (1888–1923). Miss Mansfield's delicate neurasthenic temperament expressed itself in such stories as "The Garden Party," 1922, where unsatisfied, Chekhovian longings are sketched with great refinement and attention to nuance. Elizabeth Bowen (b. 1899) exhibits a similar sensibility in novels like *The Death of the Heart,* 1938.

Since the end of the 1920's English literature has abandoned its former experimental qualities, emphasizing instead traditional forms of expression, a greater concern for objective reality, and moral consciousness. This is particularly true of the novel, where such figures as C. P. Snow (b. 1905) and Angus Wilson recall the ethical and social awareness of George Eliot. Exceptions to this trend are Iris Murdoch (b. 1919), whose novels often make use of bizarre, almost baroque elements, and Lawrence Durrell (b. 1912), whose lushness of style, exotic settings, and omnipresent symbolism set him off from his contemporaries.

CANADA. The outstanding poetic school in 19th-cent. English-speaking Canada was the "Confederation Group," in which C. D. G. Roberts (1860–1943) and William Bliss Carman (1861–1929) were major figures. Contemporaneously, Canadian fiction produced such writers as John Richardson (1796–1852) and William Kirby. In the 20th cent. Robert Service (1874–1958) became internationally known with his Yukon ballads (e.g., "The Shooting of Dan McGrew"), Stephen Leacock (1869–1944) achieved similar fame for his satires, and novelists Morley Callaghan (b. 1903) and Hugh MacLennan (b. 1907) became familiar to Canadian and non-Canadian readers alike.

AUSTRALIA. The adoption of the "bush idiom" as a literary style in the 1880's gave rise to the 1st uniquely Australian literature, specifically in the bush ballads of Adam Lindsay Gordon (1833–70) and, at the turn of the century, Henry Lawson (1867–1922). Lawson also displayed striking gifts as a short-story writer. In the realm of fiction Lawson is equaled only by the novelist Henry Handel Richardson (pseudonym of Henrietta Richardson, 1870–1946).

UNITED STATES

18th Cent.

POETRY. Though not a period of literary giants, the 18th cent. produced several writers of interest and importance. In Philadelphia a circle of neoclassicists grew up which included Thomas Godfrey (1736–63) and Francis Hopkinson (1737–91). In New England a group known as the "Hartford wits" became famous through the satires and mock epics of John Trumbull (1750–1831) and Joel Barlow (1754–1812). But the finest American poet of this century was the fiery patriot Philip Freneau (1752–1832), who, though an imitator of English verse styles, showed a certain originality in such efforts as the romantic *The Wild Honeysuckle,* 1788.

PROSE. Prose was well in advance of poetry during the 18th cent. William Byrd (1674–1744), a Virginia aristocrat, left behind diaries and several discursive studies of southern life. Benjamin Franklin (1706–90), a jack of all trades and master of many, won fame with his collections of homely maxims (e.g., *Poor Richard's Almanack,* 1732–57) and his uncompleted *Autobiography* (begun in 1771), the 1st self-portrait by an American. Far from the serene capitalism and cheerfully middle-class ethics of Franklin, Jonathan Edwards (1703–58) revealed a stern Puritan temperament and great intellectual vigor. A fine prose stylist, his best-known work is the sermon *Sinners in the Hands of an Angry God,* 1741, while *The Freedom of the Will,* 1754, shows his consuming interest in philosophy. Other prose writers of note in the 18th cent. were William Bartram (1739–1823), author of travel literature from which Coleridge and Wordsworth borrowed, and Michel Guillaume Jean de Crèvecoeur (pen name J. Hector St. John, 1735–1813), a Frenchman who produced some interesting descriptions of life in America, including the famous essay *What Is An American?* Though not strictly speaking a literary figure, Thomas Paine (1737–1809) showed an impressive command of language in his impassioned political pamphlets (e.g., *Common Sense,* 1776).

19th Cent.

POETRY. In the 19th cent. American poetry came of age. William Cullen Bryant (1794–1878) wrote memorable nature poetry and Edgar Allan Poe (1809–49) superimposed a gloomy melodiousness on his Gothic subject matter. In Boston, Henry Wadsworth Longfellow (1807–82), Oliver Wendell Holmes (1809–94), and James Russell Lowell (1819–91) formed a group of poetically inclined Brahmins. John Greenleaf Whittier (1807–92) won immortality with homespun poems like "Barbara Frietchie." Of considerably greater stature were Emily Dickinson (1830–86), whose brief, fragile lyrics often departed from traditional prosody, and Walt Whitman (1819–92), who wrote a frank, virile free verse that revolutionized American poetry. In the South, Sidney Lanier (1842–81) achieved lasting fame.

FICTION. American fiction as a major force began with the delightful sketches of Washington Irving (1783–1859) and continued through the Leatherstocking frontier novels of James Fenimore

Cooper (1789–1851). In the same period, nonfiction prose of the highest order was written by the transcendentalists Ralph Waldo Emerson (1803–82) and Henry David Thoreau (1817–62). The American novel reached decisive greatness with the somber, guilt-ridden *The Scarlet Letter,* 1850, by Nathaniel Hawthorne (1804–64) and the cosmic whaling saga *Moby Dick,* 1851, by Herman Melville (1819–91). Shortly afterward the great humorist Mark Twain (pseudonym of Samuel Clemens, 1835–1910) proved himself a great novelist too with *The Adventures of Huckleberry Finn,* 1884. Meanwhile tales of local color were supplied by Bret Harte (1836–1902). The realistic novel was officially sponsored by William Dean Howells (1837–1920) and resulted in the psychological realism of Henry James (1843–1916) and the naturalism of Stephen Crane (1871–1900) and Frank Norris (1870–1902). Of these writers James bulks the largest. In *The Portrait of a Lady,* 1884, and *The Ambassadors,* 1902, he emerged as a master of the point-of-view technique, seeking to present the world through the expanding moral awareness of his characters.

20th Cent.

POETRY. American poets in the 20th cent. have produced a staggeringly rich body of work. The trail breaker was Edwin Arlington Robinson (1869–1935), a dry ironist through whose brilliantly chiseled verse blew the bleak winds of New England. Concentrating on the misfits and outcasts of modern life, Robinson painted a gallery of memorable character portraits. Another New Englander, Robert Frost (1874–1963), also broke ground for modern poetry, creating a carefully understated verse that crackled with sly humor and adroit colloquialisms. Outside New England a good deal of poetic activity was concentrated in the imagist school, whose members were H. D. (Hilda Doolittle, 1886–1961), Ezra Pound (b. 1885), and Amy Lowell (1874–1925). The imagists called for a sensuous verse freed of philosophical stuffing and built with clear, concrete images. Although imagism left few poems of lasting value, it stimulated much experimentation. William Carlos Williams (1883–1963), employing a colloquial idiom and free-verse forms, chose prosaic subject matter and made it poetry. Beginning under the influence of the imagists, Wallace Stevens (1879–1955) went on to establish himself as a preeminent force in American poetry, cultivating an aloof, detached manner, an almost dandiacal elegance of diction, and a kind of neohumanistic philosophy. Coming of age in the 1920's along with Stevens were Marianne Moore (b. 1887), a creator of urbane, precisely worded verse; e. e. cummings (Edward Estlin Cummings, 1894–1962), whose lyrical and witty poems often made use of typographical effects; Harte Crane (1899–1932), who set out to create an epic about America. During this period the 2 most influential of modern American poets also came to the fore, Ezra Pound and T. S. Eliot (1888–1965). Breaking away from the imagists, Pound's poetry began to reflect a new and difficult diction, an interest in the literature of other countries, an antirational bent, and a disgust with modern society (e.g., *Hugh Selwyn Mauberley,* 1920). Eliot shared most of his friend's attitudes; his masterpiece, *The Waste Land,* 1922, is a panoramic view of modern life, heavily symbolic, incorporating numerous passages from other authors and other languages, and attempting to depict the spiritual aridity of the contemporary age. Contemporaneous with Eliot and Pound were the southern poets John Crowe Ransome (b. 1888) and Allen Tate (b. 1899), who developed their own tradition of sophisticated formalism and keen irony. To further enrich the 1st quarter of the century, several minor poets made their mark, among them Edgar Lee Masters (1869–1950), Carl Sandburg (1878–1967), Vachel Lindsay (1879–1931), Robinson Jeffers (1887–1962), Stephen Vincent Benét (1898–1943), and Edna St. Vincent Millay (1892–1950).

The Great Depression of the 1930's stimulated a new proletarian verse, but little of it reached the level of excellence achieved by the preceding generation.

Archibald MacLeish (b. 1892), beginning with an "invocation to the social muse," soon abandoned social themes for a more subjective form of verse. Of those poets 1st heard in the 1930's Muriel Rukeyser (b. 1913) and Louise Bogan (b. 1897) are among the best remembered. Following World War II, a highly introverted "confessional" school of poetry emerged; its best-known member is Robert Lowell (b. 1917). For the most part, postwar poets have been plagued by a growing alienation from the general public and a shrinking market for poems. It has become convenient to divide contemporary poetry into the academics—those poets connected with a university and writing a dry, abstract verse—and the underground poets—practitioners of a wild, unorthodox poetry usually hostile to the intellectual establishment. Theodore Roethke (1908–64) is an example of the 1st school, Allen Ginsberg (b. 1926) of the 2nd.

FICTION. The 20th cent. opened with the publication of *Sister Carrie,* 1900, by Theodore Dreiser (1871–1945); the frank realism and unflagging energy of this and other Dreiser novels compensated for their technical awkwardness. Working in the naturalistic tradition of Frank Norris, Upton Sinclair (1878–1968) published *The Jungle,* 1906, an exposé of the meat-packing industry. More sophisticated criticism of America was provided by the trenchant social satire of Sinclair Lewis (1885–1951), who took aim at the smugness and hypocrisy of the middle class with deadly accuracy. *Main Street,* 1920, and *Babbitt,* 1922, are typical of his better work. Edith Wharton (1862–1937) used the novel of manners to expose the tradition-bound mores and cruel codes of the American aristocracy. Willa Cather (1873–1947), a gifted regionalist, laid bare the greed of the West in *Death Comes for the Archbishop,* 1927. A different kind of realism flowed through the robust adventure stories of Jack London (1876–1916).

But aesthetically speaking, the real revolutionaries were the avant-garde writers who grew up in the 1st 2 decades of the century. Gertrude Stein (1874–1946), enthroned in her Paris salon, reigned as queen of experimental writing. Her influence was felt by such figures as Sherwood Anderson (1876–1941), who employed a bare, unadorned style to chronicle frustrated dreams; John Dos Passos (b. 1896), whose novels presented life in a jumble of narrative, headlines, and "newsreels"; and Ernest Hemingway (1898–1961), perhaps Miss Stein's greatest disciple. Rejecting the traditional forms of literary diction, Hemingway, in works like *The Sun Also Rises,* 1926, developed a lean, economical style aimed at communicating the most powerful feelings in the fewest possible words. The other great spokesman for what Miss Stein called the "lost generation" was F. Scott Fitzgerald (1896–1940), official biographer of the Jazz Age, whose haunting novel *The Great Gatsby,* 1926, expressed both the frenetic vitality of the 1920's and the author's romantic disillusionment.

Also a romantic, William Faulkner (1896–1962) found most of his inspiration in the sweat-soaked life of his native Mississippi, from which he carved a rich microcosm called Yoknapatawpha County. In such novels as *Absalom, Absalom!,* 1938, and *Light in August,* 1935, he portrayed the South as "a land primed for fatality," tragic and decadent, struggling to redeem itself from the curse of slavery.

Under the influence of Joyce and Lawrence, a rash of *Bildungsroman* appeared in America, each evoking the young manhood of its author. The best of these was *Look Homeward, Angel,* 1927, by Thomas Wolfe (1900–1938), a long, loose, ornately styled novel. The 1930's brought a new wave of social realism to literature, of which the Studs Lonigan trilogy by James T. Farrell (b. 1904) is a good example. But the best writer to emerge from this movement was John Steinbeck (1902–68), whose *The Grapes of Wrath,* 1939, stated eloquently the plight of migrant workers in California. A solitary figure during the 1930's was Nathanael West (1902–40), author of 4 short, bitter novels about the various myths and illusions manufactured by contemporary society. Another writer who stood apart from the social realism of the time was Katherine Anne Porter (b. 1890), whose lyrical short stories, written in a stream-of-consciousness style, emphasized psychology and symbolism.

Since World War II proletarian writing has given way to a fiction based on the problems of the individual. Alienation of man from society is a popular theme, appearing in such works as *The Catcher in the Rye,* 1951, by J. D. Salinger (b. 1919), *The Adventures of Augie March,* 1953, by Saul Bellow (b. 1915), and *Invisible Man,* 1952, by Ralph Ellison (b. 1914). The Salinger and Bellow works also indicate a trend toward picaresque plotting and a colloquial, often comic, prose style. In the 1960's "black humor," a type of grotesque satire, developed. *Giles Goat Boy,* 1966, by John Barth (b. 1930), is a prominent example. Simultaneously, Bernard Malamud (b. 1914), author of several brooding novels of Jewish life, found a large popular audience with *The Fixer,* 1966.

FRANCE

18th Cent.

THE ENLIGHTENMENT. For the most part French poetry lay fallow in the 18th cent., though the didactic works of Jacques Delille (1738–1813) showed definite skill, and the fervent verse of André de Chénier (1762–94) anticipated later developments in romantic poetry. The greatest contribution of the French Enlightenment was in the area of social thought, where Montesquieu (Charles de Secondat, 1689–1755) led the way with *L'Esprit des Lois,* 1748, a prodigious and influential study of political institutions. The leading man of letters in this century, however, was unquestionably Voltaire (François Marie Arouet, 1694–1778), whose voluminous output included short verse, epic poems, classical tragedies, essays, and historical works. A champion of reason and an unrelenting opponent of ignorance, intolerance, and outmoded institutions, Voltaire vented his rage most memorably in such satires as *Candide,* 1759, and *L'Ingénue,* 1767. In addition, he was one of the countless intellectuals who contributed to the *Encyclopédie,* 1751–80 (35 vols.), a work of staggering proportions whose aim was nothing less than the systematic organization of all learning. More than anything else it typifies the French Enlightenment, with its fierce confidence in the powers of knowledge and human progress. Others who devoted their time and wisdom to this great work were Denis Diderot (1713–84), Jean d'Alembert (1717?–83), and Claude Adrien Helvétius (1715–71). The most gifted of these was Diderot, whose philosophical essays, critical writings, and the brilliant dialogue *Le Neveu de Rameau,* 1762, have made his reputation secure. In philosophy the dominant figure of the 18th cent. was Jean Jacques Rousseau (1712–78), whose famous attack on society, *Contrat Social,* 1762, trumpeted the cause of the "natural man" and made its author world-famous. In his novel *La Nouvelle Héloise,* 1761, and his renowned *Confessions* the passionate and rebellious Rousseau prefigured the romantic sensibility. In the domain of the novel proper, the outstanding accomplishments of this period were the realistic *La Vie de Marianne,* 1731–41, by Pierre de Marivaux (1688–1763), the psychological *Manon Lescaut,* 1731, by the Abbé Prévost (1697–1763), and the wittily amoral *Les Liaisons dangereuses,* 1782, by Choderlos de Laclos (1741–1803).

19th Cent.

ROMANTICISM. During the Napoleonic era, 2 major literary figures emerged: François René de Chateaubriand (1768–1848) and Mme. de Staël (1766–1817). Chateaubriand eloquently reasserted the traditional Christian values, adopting a highly colored prose that made him known as the father of romanticism. De Staël, very much a daughter of the Enlightenment, defended democratic institutions in a series of critical works and romances. Three transitional figures, the poets Pierre Jean de Béranger (1780–1857) and Alphonse de Lamartine (1790–1869) and the philosopher Hugues Félicité Robert de Lamennais (1782–1854), helped pave the way for the French romantic movement. It arrived torrentially in the 2nd quarter of the century, bringing to the fore Victor Hugo (1802–85), Alfred de Musset (1810–

57), Alfred de Vigny (1797–1863), Théophile Gautier (1811–72), and Gérard de Nerval (pen name of Gérard Labrunie, 1808–55). In both verse and drama these revolutionaries abandoned classical rules in favor of unrestrained emotionalism and florid diction. Hugo, with his astonishing profusion of odes, ballads, and philosophical poetry, was the Promethean figure of this school. Sainte-Beuve (1804–69) was the guiding critical force of romanticism.

PARNASSIANISM AND SYMBOLISM. The transition from romantic to modern poetry was stimulated by Charles Baudelaire (1821–67) in his brilliantly evocative *Fleurs du mal,* 1857, in which the poet dwelt fondly on unsavory, forbidden experiences. In the wake of this work a new school, known as Parnassianism, arose. Led by such former romantics as Gautier and Leconte de Lisle (1818–94), the Parnassians raised the banner of art for art's sake, advocating purity of expression and the subordination of feeling to form. Sully Prudhomme (1839–1907), José María de Heredia (1842–1905), Paul Verlaine (1844–96), and Stéphane Mallarmé (1842–98) were among the young poets attracted to this movement.

Emotionally sterile, Parnassianism soon gave way to symbolism, the foremost practitioners of which were Mallarmé, Verlaine, and Arthur Rimbaud (1854–91). Making extensive use of symbols, these poets groped after strands of mysticism and strove to suffuse their work with the rich, mysterious qualities of music. An all-pervasive suggestiveness was their aim: to express the ineffable. A later phase of symbolism, 1880–85, known as the "decadent period," produced Jules Laforgue (1860–87). The influence of Mallarmé, Verlaine, Rimbaud, and Laforgue on modern poetry throughout the western world has been immense.

FICTION. In fiction the romantics were represented by the inexhaustibly prolific Hugo (*Les Misérables,* 1862); the tormented, introspective Benjamin Constant de Rebecque (1767–1830), author of *Adolphe,* 1815; the inventive Alexandre Dumas (1802–70), creator of such great adventure novels as *Monte Cristo,* 1845; and the impassioned humanitarian George Sand (pseudonym of Amandine Dupin, Baronne Dudevant, 1804–76). Ranged in opposition to the romantics were great realistic novelists like Honoré de Balzac (1799–1850), Stendhal (pseudonym of Marie Henri Beyle, 1783–1842), and Gustave Flaubert (1821–80). Balzac displayed his withering skepticism and exceptional talent for characterization in the massive series *La Comédie humaine,* novels which explored every stratum of French society. Stendhal depicted the tragic unsuitability of the romantic temperament in post-Napoleonic France in *Le rouge et le noir,* 1831. Flaubert, something of a romantic himself, subordinated this side of his nature to a painstakingly classical style and a realistic point of view; *Madame Bovary,* 1857, is his greatest work. In the last third of the century realism hardened into naturalism, a mode more or less invented by Émile Zola (1840–1902), who sought to transform the novel into a scientific study of man and his environment (e.g., *L'Assommoir,* 1877). Naturalism also produced the outstanding short-story writer of the period, Guy de Maupassant (1850–93), a masterfully controlled craftsman and penetrating observer of human psychology. Alphonse Daudet (1840–97), another naturalist, also made his mark in the short-story form. A *fin-de-siècle* reaction against naturalism produced the ivory-tower aestheticism of J. K. Huysmans (1848–1907), whose most famous work is the influential *À Rebours,* 1884.

20th Cent.

POETRY. Though modern French poetry has not maintained the brilliance of the 19th cent., several figures of great interest have appeared. Chief among these is Paul Valéry (1871–1945), a symbolist who created a highly introverted and self-analytic verse. In the period preceding World War I, Valéry was joined by the Catholic prose poet Paul Claudel (1868–1955) and Charles Péguy (1873–1914), another Catholic, whose work displayed mystical and patriotic strains.

Surrealism, one of the most viable

movements in contemporary French poetry, had its roots in the pre-World War I verse of Guillaume Apollinaire (1880–1918), who attempted to follow the lead of the cubist painters and produce a thoroughly modern, antitraditionalist poetry. The founders of surrealism were André Breton (1896–1966), Paul Éluard (Eugène Grindel, 1895–1952), and Louis Aragon (b. 1897). Freudian psychology had a powerful impact on this new school, which sought to depict the activities of the unconscious mind by presenting experience in a series of disordered, dreamlike images. The interest in preconscious mental states encouraged "automatic writing." In the 1930's the best of the surrealist poets, Aragon and Éluard, abandoned the movement in favor of Marxism.

During World War II the threat of Nazism united the divergent strains in French poetry for a while, and patriotic verse abounded. Following the war, poets maintained their ties with popular sentiments for a time and then returned to a more personal and esoteric manner.

The best of the postwar poets are Pierre Jean Jouve (b. 1887), whose verse is dipped in a deeply felt pessimism; Saint-John Perse (Alexis Saint-Léger Léger, b. 1887), a highly cerebral poet with a disciplined style; and Jules Supervielle (1884–1960), an apostle of simplicity whose main gifts were wit and a sly charm. Also noteworthy in the contemporary period are Jacques Prévert (b. 1900) and René Char (b. 1907).

NONIMAGINATIVE PROSE. The spirit of self-analysis in the French temperament resulted in such autobiographical writings as the famous *Journal* of André Gide (1869–1951), with its lucid, penetrating style. Jules Renard (1864–1910), François Mauriac, and Julian Green issued similar works in this vein. Many novelists also turned their pens to translations, biography, and criticism. Marcel Proust translated John Ruskin's writings; Mauriac brought out a volume of perceptive reflections on his contemporaries; Romain Rolland (1866–1944) produced biographies of Tolstoy and Beethoven. Rolland's work, however, was transcended by an outstanding biographer of the modern period, André Maurois (Émile Herzog, b. 1885), whose studies of Hugo, Proust, and Balzac have won him a high place in French letters.

FICTION. The modern French novel has significantly outpaced the poetry of the period, contributing several Promethean figures. In the ranks of the titans one finds Marcel Proust (1871–1922), whose huge novel cycle, *À la recherche du temps perdu,* 1913–28, has already taken its place as one of the enduring classics of world literature. In this remarkable work Proust analyzes the fashionable society of his time, creating a world of infinite subtlety and nuance and filling it with characters whose lives seem no less genuine to the reader than his own. The governing theory of *À la recherche* is that experience is fully comprehended only when sorted out and scrutinized by memory.

André Gide, another luminary of the post–World War I years, was not a novelist of Proust's stature, but his intriguing fiction (*L'Immoraliste,* 1902) combined with his brilliant *Journal* made him an immortal in his own lifetime. He promulgated a doctrine of radical freedom in which man could free himself from all soul-destroying restraints.

The vogue of the novel cycle continued after the success of Proust's great work with *Les Thibault,* 1922–40, by Martin du Gard (1881–1958), which offers an extended family history. Jules Romains (b. 1885) contributed another such cycle in *Les hommes de bonne volonté,* 1932–47, based on the principle of "unanimism," a theory which held that one underlying factor forms the basis of all human life. The most popular novel cycle of the period (though far from the greatest) was Romain Rolland's *Jean Christophe,* 1904–12, which focuses on a composer of Beethovenesque genius.

World War I produced a substantial body of antiwar literature. The most gifted exponent of this mode was Georges Duhamel (1884–1966), whose *La Vie des Martyrs,* 1917, emphasizes the cruel absurdity of war.

Of the woman writers who appeared in the 1st quarter of the century, the most highly regarded is Colette (Sidonie

Gabrielle Colette, 1873–1954), whose brief, carefully polished stories generally deal with the turbulence of romantic love.

In the 1930's French writing took on an intensely political and social tone. On the left, the proletarian novel found passionate partisans in Charles Plisnier (1897–1952), a Belgian, and Louis Aragon. On the right, Louis Ferdinand Céline (Louis Fuch Destouches, 1894–1961) showed conservative, even fascist, leanings. His most famous work is the bleak *Voyage au bout de la nuit,* 1932.

The modern French short story owes much to the pen of Marcel Aymé (1902–67), whose sardonic humor has made him an international favorite. Others who have worked successfully in this form are Paul Morand (b. 1888) and Jean Cassou (b. 1897).

The working out of human destinies within a Catholic framework became the domain of François Mauriac (b. 1885), who drew his materials from bourgeois life in the provinces. Cultivating a classically pure style, Mauriac regarded the inevitable clash between body and soul with brooding compassion in such brilliant novels as *Therèse Desqueyroux,* 1927, and *Le Noeud de vipères,* 1932. Second only to Mauriac among the Catholic novelists is Georges Bernanos (1888–1948), who presented the struggle for salvation in the starkest possible terms. His masterpiece is *Journal d'un curé de campagne,* 1936, an episodic study of a young cleric's struggles.

Humanism found its most eloquent voice in André Malraux (b. 1901), a Marxist who showed that he understood the human soul, singly as well as collectively. The best of his ideologically based novels is *La Condition humaine,* 1933. Following World War II Malraux renounced Communism. Also of humanistic leanings, but less political in orientation, Antoine de Saint-Exupéry (1900–1944) sought a transcendent reality in the exaltation of flying, a search beautifully described in *Vol de nuit,* 1932. More memorable, however, is his charming children's fantasy, *Le petit prince,* 1943.

Henry de Montherlant (b. 1896) carried on the traditions of French realism, exhibiting a keen eye for social problems and a fine command of language. *Les Jeunes Filles,* 1938–39, may be singled out for special praise.

The existentialist school of philosophy, popular in France after 1930, exercised a profound influence on the world of letters. The most famous of the existentialist writers is Jean Paul Sartre (b. 1905), whose bleak view of a meaningless universe in which man must choose his own values is reflected in *La Nausée,* 1938. Simone de Beauvoir (b. 1908), a disciple of Sartre, established her reputation with *L'Invitée,* 1943. Generally associated with the existentialists, Albert Camus (1913–60) expounded his famous theory of an "absurd" universe in works like *L'Étranger,* 1942, in which the author's style is remarkable for its combination of lucidity and lyricism.

After World War II the avant-garde novel came into fashion in France. A revolt against the old forms took place and writers began to experiment with new methods of construction; the result was the so-called antinovel. The chief practitioners of this new mode are Nathalie Sarraute (b. 1900) and Alain Robbe-Grillet (b. 1922). In a lighter vein, the novels of Raymond Queneau (b. 1903) found favor in the 1950's.

CANADA. The most memorable poetry to come out of French-speaking Canada in the 19th cent. was the patriotic verse of Octave Crémazie (1822–79). In fiction, the novel *Les anciens canadiens,* 1863, by Philippe Aubert de Gaspé (1786–1871) was the outstanding work. After the turn of the century symbolist and Parnassian influences became pronounced in French-Canadian poetry; the formalistic verse of Jean Charbonneau is exemplary. Among contemporary novelists of importance are Claude Henry Grignon and Léo Paul Desrosiers (b. 1896).

GERMANY

18th Cent.

CLASSICISM AND STURM UND DRANG. In the early decades of the 18th cent., German classicism, under the leadership of the critic Johann Christoph

Gottsched (1700–1766), instituted a somewhat slavish imitation of French theories. Rebelling against French influence and demanding more room for personal inspiration, F. G. Klopstock (1724–1803) produced a body of ardently patriotic verse. His work helped spark a revival of interest in German antiquity, though no poets of the 1st rank emerged until the arrival of Goethe. Worthy of mention, however, is C. M. Wieland (1733–1813), author of several verse romances and one of the 1st to translate Shakespeare. A major force in the search for a national consciousness was the critic and playwright Gotthold Ephraim Lessing (1729–81), who rejected the French authority and looked instead to England and to classical Greece for aesthetic guidance, adapting both of these cultures to the needs of contemporary Germany. *Laokoon,* 1766, is his best-known critical treatise.

The 4th quarter of the 18th cent. was dominated by 2 movements, *Sturm und Drang* and classicism. The former represented an attempt to throw off the hegemony of rationalism. Radical individualism, *Weltschmertz,* and an emphasis on the primacy of feeling were some of the hallmarks of this new school. Its greatest disciple was Johann Wolfgang von Goethe (1749–1832), whose early lyrics set the tone for all *Sturm und Drang* literature. In fiction, too, it was Goethe's *Die Leiden des jungen Werthers,* 1774, that became the dominant work. It was in dramatic arts, however, that *Sturm und Drang* flourished most impressively. There Goethe was rivaled by Johann Christoph Friedrich von Schiller (1759–1805). The foremost critical spokesman for *Sturm und Drang* was Johann Georg Hamann (1730–88). Wild and undisciplined, the movement soon expended its energies and yielded to the chastening influence of a resurgent classicism, one which combined the old, idealistic yearning and violent individualism with a new sense of duty and control. The aesthetician Johann Gottfried von Herder (1744–1803) enunciated most of the major principles of classicism in his writing, particularly the notion of *Humanität* (humanitarianism), which stresses the need of each country for an indigenous literature, one that draws on folklore and tradition. Abandoning *Sturm und Drang,* Goethe and Schiller soon became the leading forces in this classical school with a brilliant outpouring of plays and ballad poetry. In fiction, Goethe loomed equally large, contributing the immortal *Bildungsroman, Wilhelm Meisters Lehrjahre,* 1795–96.

19th Cent.

ROMANTICISM. Near the end of the 18th cent. German romanticism began to emerge, even as classicism was coming into full bloom. Rabid subjectivism, sentimental yearning for the unattainable, and an interest in the supernatural were among the characteristics that marked the romantic movement in Germany. Two separate schools existed, 1 founded in 1798 (in which Johan Ludwig Tieck, 1773–1853, was the leading figure) and 1 in 1804, whose best-known representative was Clemens Brentano (1778–1842).

After 1809 romanticism as an organized movement ceased to exist, although it survived in such solitary geniuses as Heinrich von Kleist (1777–1811), the Prussian dramatist and short-story writer, and the novelist E. T. A. Hoffmann (1776–1822). At the same time the classicism of Goethe burst powerfully on the world in *Faust,* Part I, 1808. Part II, 1832, brought the poet's powers to their apex.

In lyric poetry the 2 foremost names after 1835 were Eduard Mörike (1804–75) and Heinrich Heine (1797–1856). Heine was the leader of a movement known as "Young Germany," which lodged vigorous protests, literary and political, against the old order.

FICTION. After the death of Heine, German fiction began to outstrip poetry. A realistic regionalism appeared in such writers as Adalbert Stifter (1805–68), Gottfried Keller (1819–90), and Theodor Storm (1817–88).

Writers of a somewhat different stamp were the antibourgeois Wilhelm Raabe (1831–1910); Conrad Ferdinand Mayer (1825–98), author of several historical

Novellen; and Theodore Fontane (1819–98), who focused on social problems. Naturalism made itself felt at the end of the century in the poetry of Arno Holz (1863–1929) and the prose of Wilhelm von Polenz (1861–1903).

20th Cent.

POETRY. Germany's 1st major poet after the turn of the century was Stefan George (1868–1933), champion of aestheticism. His formalistic and somewhat esoteric verse shows him to be a descendant of the French symbolists. At the same time a spirit of classical control hovers over his poetry. A poet of equal delicacy, Hugo von Hofmannsthal (1874–1929) created a small but striking body of lyric poetry. Introspection and a sense of the evanescence of human experience dominate his verse.

The outstanding German poet of the modern period is Rainer Maria Rilke (1875–1926). A hypersensitive temperament is apparent throughout his work and also a strong lyrical impulse. Spiritual dilemmas generally form the subject matter of his poetry; an onrushing, almost rhapsodic flow of verse carries him through these dilemmas. World War I had a deadening effect on Rilke's creativity, but in 1922 his inspiration reawakened triumphantly, and he completed the *Duineser Elegien* and *Sonette an Orpheus.*

Another rich vein of poetic activity was the expressionist school, which called for a rebellion against traditional values and the materialism of modern Germany. Revolted by what they saw, the expressionist poets turned inward, attempting to depict states of mind in place of external reality. In their poems the logical structure is suppressed and bizarre images often predominate. The key figures in expressionist poetry were Georg Heym (1887–1912), Georg Trakl (1887–1914), Ernst Stadler (1883–1914), Heinrich Lersch (1889–1936), and Gottfried Benn (1886–1956).

The 3rd Reich brutally interrupted the development of modern literature in Germany. But following World War II a new group of poets appeared. Günter Eich (b. 1907) and Paul Celan (b. 1920) reflect the shock and despair of postwar Germany in their deliberately fragmented, disconnected verse. Wilhelm Lehman (b. 1882), though belonging to an older generation, came into prominence after the war. Peter Huchel (b. 1903) has shown a gift for verse dealing with rustic life.

FICTION. At the turn of the century Vienna was one of the great cultural centers of Europe. Among the writers it nurtured was Arthur Schnitzler (1862–1931), a trenchant analyst of character and manners in the upper layers of Viennese society. A sharp sense of irony tempered his impressionistic portraits in such stories as *Die griechische Tänzerin,* 1904. Another astute critic of Austrian life was Robert Musil (1880–1942), whose massive novel *Der Mann ohne Eigenschaften,* 1930–43, recognized only after World War II, became 1 of the most highly regarded works of modern German literature.

The greatness of Rilke is counterbalanced in the novel by that of Thomas Mann (1875–1955). Influenced by Wagner and the symbolist movement, Mann interlaced his works with myths, leitmotifs, and symbols. His subject matter was usually the German *bourgeoisie,* whose decadence he portrayed with unparalleled profundity in his 1st great work, *Buddenbrooks,* 1901. A philosophical tone predominates in Mann's works, especially in his masterpiece *Der Zauberberg,* 1924.

Mann's older brother Heinrich (1871–1950) was a more outspoken critic of specific social and political corruptions. Later he exhibited a gift for the historical novel. By contrast the mystical, impressionistic works of Hermann Hesse (1877–1962) explored the interior life of man (e.g., *Demian,* 1919).

The expressionist movement had ramifications in the domain of fiction, whereas in poetry it dealt with alienation and sought to depict mental states. Though he later abandoned expressionism, Franz Werfel's (1890–1945) early works reveal the impact of this vital school. Simultaneously, however, a far greater novelist was at work. Franz Kafka (1883–1924) successfully objectified a series of frightening neuroses in his novels and stories, and described his painful isolation from the world of ordinary men. Guilt and anxiety are the ruling moods in Kafka's world, where large inscrutable institutions torment people for unstated offenses. In novels like *Der Prozess,* 1925, reality is distorted systematically, and the characters find themselves trying to deal rationally with an irrational universe.

German fiction became more objective during the 1920's with the founding of a movement called *Die neue Sachlichkeit.* Out of this school came Arnold Zweig (b. 1887), Erich Maria Remarque (b. 1898), and Hans Fallada (1893–1947). But technical innovation did not cease. Stream-of-consciousness was employed successfully in the novels of Hermann Broch (1886–1951), especially *Das Tod des Vergil,* 1945.

Since World War II literary activity has been heavy. Wolfgang Borchert (1921–1947) depicted the chaos and pessimism of postwar life. Max Frisch (b. 1911), a Swiss, Heinrich Böll (b. 1917), Günter Grass (b. 1927), and Uwe Johnson (b. 1934) are others who have made names for themselves in the field of the modern novel.

RUSSIA

18th and 19th Cents.

18TH CENT. Relatively little writing of the 1st rank was produced in Russia during the 18th cent., a period during which German, French, and English models were imitated shamelessly. Among those who showed some degree of originality were Mikhail Lomonosov (1711–65), a ground-breaking critic and poet; Gavriil Derzhavin (1743–1816), author of several remarkable odes; and Alexander Radishchev (1749–1802), whose work of social criticism, *Journey from St. Petersburg to Moscow,* 1790, marks the beginning of revolutionary literature in Russia. Also noteworthy were Nikolai Karamazin (1766–1826), who introduced numerous linguistic reforms and left some memorable fiction. Two of Karamazin's disciples, Vasili Zhukovski (1783–1852) and Konstantin Batzushkov (1787–1855), won fame as poets.

19TH CENT. The 1st great literary figure in Russian history was Alexander Pushkin (1799–1837), whose vigorous and original genius expressed itself in dramatic narratives, folk tales, and the great verse novel *Evgeni Onegin,* 1836. Second only to Pushkin during this era was Mikhail Lermontov (1814–41), a lyric poet of great distinction, while the metaphysical poetry of Fyodor Tyutchev (1803–73) made him another major figure.

In the 2nd half of the century a symbolist movement appeared in reaction against the dominance of realism in Russian letters that developed after 1850. Alexander A. Blok (1880–1921) was the leading figure of this movement.

In fiction, Lermontov, though chiefly a poet, nevertheless succeeded in giving Russia one of its 1st important novels, *A Hero of Our Times,* 1840. But the finest fiction of the period 1800–1850 was written by Nikolai V. Gogol (1809–52), a realist whose satires of provincial life reached their culmination in *Dead Souls,* 1842. Following Gogol's lead, Ivan A. Goncharov (1812–91) created one of Russia's great classics of realism, *Oblomov,* 1858.

From the 1850's onward, 3 extraordinary giants divide the laurels of Russian fiction. Ivan Turgenev (1818–83) carried on the traditions of Pushkin and Gogol in such triumphs of irony and compassion as *A Sportsman's Sketches,* 1847–52. Feodor Dostoevski (1821–81) de-emphasized the importance of external reality and concentrated on the spiritual and psychological turbulence of his characters. *The Brothers Karamazov,* 1880, is his masterpiece. Count Lyev Tolstoy (1828–1910) showed his broad human sympathies and his profound sense of historical movement in the great classic of world literature, *War and Peace,* 1869.

The outstanding master of the short-story form during the 19th cent. was Anton Chekhov (1860–1904), whose gently ironic tales undercut the hopeless dreams of their characters. Maxim Gorky (1868–1936), exponent of social realism, made his mark before the Revolution as a novelist and playwright, and went on to become a leading literary figure in the later Soviet state.

20th Cent.

POSTREVOLUTIONARY LITERATURE. After the Revolution a vigorous control over literary activity was exercised by the government, and literature was expected to reflect official Soviet values: confidence in Communism, love of the proletariat, and the importance of communal action.

POETRY. The new Marxist aesthetic produced poetic propagandists for the most part, but one figure, Vladimir Mayakovski (1884–1930), exhibited genuine poetic gifts. He was part of a "futurist" movement, which called for the abolition of all literary traditions and the creation of a new Soviet literature. He himself celebrated the Revolution and the Russian people in a highly colloquial free verse. The best of Mayakovski's numerous disciples is Nikolai Aseyev (b. 1889).

Although the majority of poets expressed the philosophy of the state, a few turned instead to subjective concerns. Chief among these, and perhaps the greatest Russian poet of the 20th cent., was Boris L. Pasternak (1890–1960). Pasternak began as a futurist, and produced 2 long narrative poems on social themes, but his natural tendencies carried him toward the lyric, where nature, religion, individualism, and eternal human values were the focus of his attention. Stylistically, Pasternak's poetry is unorthodox, but powerful rhythmic and melodic qualities are present. It has often been accused of obscurity by Soviet critics. Nikolai Tikhonov (b. 1896), another poet of independent temperament, mixed romance and realism in his multivarious outpouring of tales, ballads, and lyrics.

After the death of Stalin, the government's rigid control over literary activity was somewhat relaxed, and 2 highly individualistic poets, Yevgeny Yevtushenko (b. 1933) and André Voznesensky (b. 1931) appeared. In the late 1960's poets and other creative writers found rather rigid controls re-imposed.

FICTION. Fiction under the Soviet regime has concentrated on social realism and is often marred by too blatant propaganda. At the same time, however, the influence of Russia's 19th-cent. masters has not been entirely obliterated. The spirit of Dostoevski is present in the writings of Leonid M. Leonov (b. 1899), who emphasizes character development (e.g., *The Thief,* 1927), and a Chekhovian tone pervades the fiction of Konstantin A. Fedin (b. 1892). Similarly, the novels of Aleksandr A. Fadayev (1901–56) reflect the influence of Tolstoy. Seeking to bridge the gap between the Russian masters and the new social realism, A. N. Tolstoy (1883–1945) wrote his memorable novel *The Road to Calvary,* 1920, the events of which span the pre- and postrevolutionary periods. Also noteworthy is the novelist Isaac Babel (b. 1894).

The writer who best succeeded in adapting the art of the novel to the demands of proletarian writing was Mikhail Sholokhov (b. 1905), whose 2 great works, *And Quiet Flows the Don,* 1940, and *The Don Flows Home to the Sea,* 1941, are epic novels of Russian life which display a skillful, Tolstoyan balance between panorama and character delineation.

In spite of the Marxist edict that literature must follow the party line, satires of Communist life have been permitted over the years, most notably in the case of E. I. Zamyatin (1884–1937), whose stories exposed the follies of bureaucracy. However, his extraordinary novel, *We,* 1924, was considered too subversive and was banned. Ilya Ehrenburg (b. 1891) and Mikhail Zoshenko (1895–1958) are 2 other writers who have worked well in the satirical manner.

The most famous Russian novel of modern times is undoubtedly *Doctor Zhivago,* 1955, by Boris Pasternak. This is a long, richly drawn work about the life of a young poet and doctor who witnesses the Revolution and its aftermath. The book was banned in Russia because of its implied criticism of Communism. Nevertheless, the period of de-Stalinization in Russia had at least made it possible to attack the abuses of the Stalin era, as can be seen in the famous *One Day in the Life of Ivan Denisovich,* 1962, by Aleksandr I. Solzhenitsyn (b. 1918).

ITALY

18th and 19th Cents.

18TH CENT. In the 1st half of the 18th cent. the Arcadians, a highly academic school of poets, held sway in Italy. The verse dramas of Metastasio (Pietro Trapassi, 1698–1782) were the finest products of Arcadianism. After 1750 a reaction against the aridity of the Arcadians brought the vigorous Sicilian Giovanni Meli (1740–1815) to the fore. Also crucial to the literary revival of this period was the cultural historian, Giovanni Battista Vico (1668–1744). A healthy, viable neoclassicism appeared in the odes of Giuseppe Parini (1729–99) and in the balanced, well-ordered verse of Vincenzo Monti (1754–1828).

Toward the end of the 18th cent. a new spirit of romanticism began to express itself. It is particularly evident in the poetry of Ugo Foscolo (1778–1827), which blends deeply felt patriotism, classical harmony, and romantic pessimism.

19TH CENT. In the 1st half of the 19th cent. the romantic and classical schools overlapped. The towering giant of Italian classicism was Giacomo Leopardi (1798–1837), whose lyrical poetry expressed in a lucid, masterfully controlled style a profound sadness over man's fate.

Alessandro Manzoni (1785–1873) was the leader of the romantic school in Italy. He is best known for *I promessi sposi,* 1825–26. Romanticism was closely allied with the *Risorgimento,* and the patriotic impulse was passionately indulged by writers like Giuseppe Mazzini (1805–72) and Francesco De Sanctis (1817–83).

In the latter part of the 19th cent. romanticism was abandoned and realism became the dominant trend. Among the poets Giosuè Carducci (1835–1907) reflected this new outlook, combining it with a revived classicism. But in prose, realism tended to be regionalism. The greatest prose writer of the period was the novelist Giovanni Verga (1840–1922).

20th Cent.

POETRY. Italian literature of the early 20th cent. gave the world of letters one of its most glamorous figures, Gabriele D'Annunzio (1863–1938), whose romantic verse sweeps the reader exultantly from nature to nationalism to self-glorification. Elsewhere in Italian poetry of the period, 2 major schools were discernible: the *"crepuscolare"* poets (e.g., Guido Gozzano, 1883–1916), who adopted a disenchanted malaise as their basic attitude, and the futurists (e.g., Filippo Marinetti, 1876–1944), who denounced all literary tradition and pursued a dynamic and violent modernism in their poetry.

During the Mussolini years the "hermetic" school came into the forefront, advocating a dry, abstract formalism (e.g., Giuseppe Ungaretti, b. 1888). Since World War II the futurist school has yielded to a more realistic approach, and Italian poetry has become more responsive to political and social forces.

PROSE. Though not strictly speaking creative authors, Benedetto Croce (1866–1952) and Giovanni Gentile (1875–1944) made enormous contributions to Italian literature. With the publication of *Estetica,* 1902, Croce established himself as one of the most influential aestheticians of the century. Gentile, one of Croce's disciples, produced several impressive studies of Italian authors.

In fiction the poet D'Annunzio was active, but without much distinction. More important work issued from such figures as Grazia Deledda (1875–1936), who faithfully recorded the way of life in Sardinia, and Alfredo Panzini (1863–1939), who cultivated a fine-drawn irony blended with precision of style. Of the writers who came into prominence during the Fascist era, the most unusual was Italo Svevo (pseudonym of Ettore Schmitz, 1864–1928), whose novel *La Coscienza di Zeno,* 1923, has gained an international audience. The novel of social protest found an able practitioner in Ignazio Silone (pseudonym of Secondo Tranquilli, b. 1900), whose anti-Fascist left-wing sympathies were set forth in *Pane e vino,* 1937.

After World War II a striking revival took place in Italian fiction. Cesare Pavese (1908–50) and Elio Vittorini (b. 1908) led the way with several vigorous, neorealistic novels. They were soon followed by Vasco Pratolini (b. 1913), who re-created working-class life with accuracy and compassion. Carlo Levi (b. 1902) extended his reputation far beyond Italy with *Cristo si è fermato a Evoli,* 1945. The postwar novelist of greatest renown, however, is Alberto Moravia (pseudonym of Alberto Pincherle, b. 1907), whose novels are marked by a cold, analytical detachment and well-realized sense of ennui.

SPAIN AND PORTUGAL

18TH CENT. A time of great intellectual awakening in Spain, the 18th cent. produced such enlightened critical forces as Ignacio de Luzán Claramunt (1702–54) and Benito Jerónimo Feijóo y Montenegro (1676–1764), both products of the French Enlightenment. In opposition to these rationalist and humanistic tendencies stood the truculently reactionary scholastic, Juan Pablo Forner (1756–97).

19TH CENT. Romanticism burgeoned briefly (and belatedly) in Spain, giving the country 1 important poet, José de Espronceda y Delgado (1808–42), but no novelists of the 1st rank. However, the fierce subjectivism and individuality of romantic poetry paved the way for the more enduring verse of Gustavo Adolfo Bécquer (1836–70) and Gaspar Núñez de Arce (1834–1903).

The growth of the Spanish novel was linked with regionalism. The greatest example of this tradition was José Maria de Pereda (1833–1906), whose novels chronicled the life of his native Santander with extraordinary verisimilitude and richness. In the next generation Emilia Pardo Bazán (1852–1921) carried realism to naturalism in her studies of Galicia. Standing apart from regionalism and naturalism alike, Benito Pérez Galdós (1843–1920) gave his novels a broader scope, treating the entire Spanish nation and its recent history in a prolific flow of novels.

20TH CENT. Modern Spanish literature began with the "generation of 1898," which sought to rehabilitate a demoralized country. Among the poets of this period were the Andalusians Juan Ramón Jiménez (1881–1958) and Antonio Machado Ruiz (1875–1939). The subsequent generation, however, produced the best-known Spanish poet of this century, Federico García Lorca (1899–1936), whose lyrical verse draws heavily on the rhythms and themes of folk ballads. The surrealist poet Vicente Aleixandre (b. 1900) also produced much work of merit.

In prose the greatest spokesman for the generation of 1898 was the philosopher and essayist Miguel de Unamuno y Jugo (1864–1936). His influence on contemporary thought was rivaled only by José Martínez Ruiz (b. 1874) and José Ortega y Gasset (1883–1955). Among novelists of this generation, the outstanding figures are Pío Baroja y Nessi (1872–1956), a vigorous master of picaresque adventure; Ramón de Valle Inclán (1870–1936), an eclectic and imaginative writer; Ramón Pérez de Ayala (b. 1881), a satirical novelist; Gabriel Miró Ferrer (1879–1930), a creator of mystical, dreamy romances; and Vicente Blasco Ibáñez (1867–1928), whose novel *The Four Horsemen of the Apocalypse,* 1918, made him world-famous. Among the more prominent younger novelists is Camilo José Cela (b. 1916).

PORTUGAL. Dominating the 1st half of the 19th cent., Portuguese romanticism produced the poetry of Almeida Garrett (1799–1854) and the novels of Camilo Castello-Branco (1826–90). A rebellious movement known as the "Coimbra Group" and led by the poet Antero de Quental (1842–91) ruled the 2nd half of the century. Camilo Pessanha (1871–1926), a deeply subjective poet, and Aquilino Ribeiro (1879–1941), a skillful novelist, are 2 of the many figures who have emerged since 1900.

LATIN AMERICA

18th Cent.

CULTERANISMO AND NEOCLASSICISM. A classical movement took hold of Latin American letters in the 18th cent. with generally stultifying results. Numerous poets wrote exclusively in Latin, and a new term, *culteranismo,* was coined to describe their pomposities of style. But in the 2nd half of the century the currents of neoclassicism, emanating mainly from France, had an invigorating effect, and social critics began to appear. The most gifted of them were the Peruvian Pablo de Olavide (1725–1804), the Ecuadorian Francisco Eugenio de Santa Cruz Espejo (1747–95), and the Mexican Fray Servando Teresa de Mier (1765–1827). The only poet of note in this era was the bucolic Mexican, Manuel de Navarrete (1768–1809).

19th Cent.

ROMANTICISM. For 70 years following their emancipation the Latin American nations produced a literature of romanticism in which strong nationalistic sentiments predominated. The Argentine poet Esteban Echeverría (1809–51) is generally considered to have inaugurated this movement. Among the many Argentine poets who joined it were Olegario Víctor Andrade (1841–82) and Rafael Obligado (1851–1920). Elsewhere in South America romanticism begot an equally popular school of poetry; its members included the Chilean Salvador Sanfuentes (1817–60), the Bolivian Adela Zamudio (1854–1928), the Uruguyan Juan Carlos Gómez (1820–84), and the Mexican Fernando Calderón (1809–45).

Romanticism permeated the fiction of the 19th cent. as fully as it did the poetry, beginning in Mexico with José Joaquín Fernández de Lizardi (1776–1827) and continuing in Argentina with José Mármol (1817–71). Other novelists of a romantic stamp were the Uruguayan Alejandro Magariños Cervantes (1825–93), the Ecuadorian Juan León Mera (1832–94), and the Colombian Jorge Isaacs (1837–95), author of the most famous novel in Latin American history, *María,* 1867. But the most impressive of the romantic writers was the Argentinian Domingo Faustino Sarmiento (1811–88).

The inevitable reaction against romanticism came in 1888 with the publication of *Azul,* a brilliant and influential book of poems by the Nicaraguan Rubén Darío (Félix Rubén García Sarmiento, 1867–1916). The influence of French symbolism and Parnassianism pervaded these rich, exotic poems.

BRAZIL. In Portuguese-speaking Brazil, 19th-cent. literature followed a predictably similar course to that of the other Latin American states. The period of romanticism issued in the patriotic verse of Domingos José Gonçalves de Magalhães (1811–82) and Antônio Gonçalves Dias (1823–64). In the 1880's romanticism gave way to Parnassianism and such ivory-tower "formalists" as Raimundo Correia (1860–1911) and Olavo Bilac (1865–1918) took over the leadership of Brazilian poetry.

A moreninha, by Joaquim Manuel de Macedo (1820–82), is considered to be the 1st Brazilian novel. But the 1st work of literary importance is *Memorías de um sargento de milicias,* 1854, by Manuel Antônio de Almeida (1830–61). The next step forward came with the cyclic novels of José Martiniano de Alencar (1829–77). These stages of development culminated in Joaquim Maria Machado de Assis (1839–1908), the greatest of all Brazilian novelists. Toward the end of the century, social realism made its appearance in the works of Aluízio Gonçalves de Azevedo (1857–1913) and others.

20th Cent.

MODERNISM. The modernism of Rubén Darío continued to dominate Latin American literature after the turn of the century. Among Darío's disciples were the Argentinian Leopoldo Lugones (1874–1938), the Colombian Guillermo Valencia (1873–1943), and the Mexican

Amado Nervo (1870–1919). However, Darío, who remained nominal leader of the modernist school, began to move away from it, returning to traditional forms and more humanistic concerns. At the same time, some of his followers, notably Lugones and Nervo, had passed into new phases of modernism. Perpetuating the earlier symbolist phase of *modernismo* was, among others, a group of women poets that included the Nobel prize winner, Gabriela Mistral (Lucila Godoy Alcayaga, 1889–1957), and Delmira Agustini (1887–1914). Also direct descendants of modernism were the Mexican Ramón López Velarde (1888–1921), a lyric poet; the Guatemalan Rafael Arévalo Martínez (b. 1884), a mystic; and the Cuban Nicolás Guillén (b. 1904), who made effective use of native techniques and rhythms in his verse.

VANGUARD MOVEMENT. After 1910 a general break with modernism took place. Mexico's Enrique González Martínez (1871–1952) and Uruguay's Julio Herrera y Reissig (1875–1910) struck out on their own, setting new styles and experimenting with new techniques. Along with Darío, Lugones, and Nervo, they anticipated the next move in Latin American letters, vanguard literature. Born of the nihilistic disillusionment that followed World War I and bred by the general turbulence of political and social institutions in South America, the vanguard movement espoused radical experimentation. Free verse, new forms, startling images, bizarre syntax—these were a few of the things the new literary rebels advocated. *Ultraistas* was the name given to these poets and writers, the most prominent of whom were César Vallejo (1895–1938) of Peru, Jorge Luis Borges (b. 1900) of Argentina, and Pablo Neruda (b. 1904) of Chile. The latter, creating verse of uniformly high quality and ranging from neoromanticism to surrealism, has established himself as the greatest of modern South American poets.

PROTEST LITERATURE. The political and social turmoil of Latin America ensured the primacy of social protest in the novel. The precursors of modern fiction were Chile's Baldomero Lillo (1867–1923) and Mexico's Federico Gamboa (1864–1939), naturalists in the Zola tradition. Later, somewhat more sophisticated writers emerged, including Mariano Azuela (1873–1952) of Mexico, whose *Los de abajo,* 1915, is a penetrating study of the Mexican Revolution, and José Rubén Romero (1890–1952), another Mexican. The passionate concern with social conditions swelled the growing *indianista* literature, a body of work dating from the 19th cent., which exposed the terrible plight of the Latin American Indian. In their novels and stories the Peruvian Enrique Lopez Albujar (b. 1872), the Bolivian Alcides Argüedas (1879–1946), and the Ecuadorian Jorge Icaza (b. 1906) took up the Indian's cause.

The painful process of modernization served as an additional spur to social and economic commentary. The inevitable abrasion between modern dynamism and old, settled ways was ably reflected in the fiction of the Argentinians Benito Lynch (1885–1952) and Ricardo Guiraldes (1886–1927), and of the Uruguayan Javier de Viana (1872–1927). The problems of urban life were examined in the memorable writings of Argentina's Manuel Gálvez (b. 1882) and Chile's Manuel Rojas (b. 1896) and Eduardo Barrios (b. 1884). While men sought to exploit the natural resources of Latin America in arid plain and dense jungle, the struggle was recorded by Horacio Quiroga (1878–1937) of Uruguay and José Eustasio Rivera (1889–1928) of Colombia.

Nor has the psychological novel been absent from Latin America, as the works of María Luisa Bombal (b. 1910) bear witness. At the same time, historical fiction found a skilled exponent in Enrique Rodríguez Larveta (1875–1961), and powerful social criticism has flowed from the pen of the Nobel prize winner, Miguel Asturias.

BRAZIL. In Brazil modern literary developments paralleled those of Spanish America with only a few exceptions. Poets like Bilac and Alberto de Oliveira (1857–1937) perpetuated the escapist tendencies of symbolism and Parnassianism after the turn of the century. But in 1922 came the Brazilian version of vanguard writing.

The *modernistas,* as the avant-garde authors were termed, proclaimed their revolt against tradition. The standard-bearer of revolution among poets was Mario de Andrade (1893–1945). Other *modernistas* of distinction were Manuel Bandeira (b. 1886) and Jorge de Lima (1898–1953). More recently, Vinícius de Morais (b. 1913) has come to the fore.

Brazilian prose in this century began on a high level with Euclides da Cunha (1866–1909), whose epic work *Os sertões,* 1902, set the tone for the protest writing that was to come. Regionalism and a search for native subject matter resulted in the "Northeastern school" of the 1930's, which focused on the problems of the Brazilian backlands. Among the key figures in this school were José Lins do Rego (1901–57), whose great "sugar cane" novel cycle has already become a classic, and Jorge Amado (b. 1912), a Marxist of almost hypnotic power. Departing from this general trend, the cosmopolitan and experimental Erico Veríssimo (b. 1905) has concentrated on the individual and his problems.

SCANDINAVIA

Sweden

18TH CENT. Voltaire's classicism and Rousseau's idealism were the major forces in 18th-cent. Swedish literature. The classical temper is evident in the satirical poetry of Olof von Dalin (1708–63), while Rousseau's influence is equally pervasive in the prose of Thomas Thorild (1759–1808). Standing apart from these trends were the lyric poet Carl Michael Bellman (1740–95), the philosopher Emanuel Swedenborg (1688–1772), and the scientist Carl von Linné (Linnaeus, 1707–78), whose travel books are remarkable for their lucid prose style.

19TH CENT. In Sweden the 1st half of the 19th cent. was dominated by romanticism, a movement in which the poet Per Daniel Amadeus Atterbom (1790–1855) and the critic Esaias Tegnér (1782–1846) were 2 of the leaders. The period from 1850 to 1875 witnessed the growth of realism in such writers as Fredrika Bremer (1801–65) and, with the appearance of the great playwright August Strindberg, realism became naturalism. In the 1880's, however, a sharp reaction against naturalism resulted in a brilliant group of neoromantic writers that included Selma Lagerlöf (1858–1940) and Verner von Heidenstam (1859–1940).

20TH CENT. In the 20th cent. Sweden's realistic traditions re-emerged with such vigorous talents as Hjalmar Söderberg (1869–1941) and Hjalmar Bergman (1883–1930); the latter was a gifted psychological novelist who anticipated Sweden's greatest literary figure of this century, Pär Lagerkvist (b. 1891). Poet, playwright, and novelist, Lagerkvist portrays the spiritual crises of modern man unforgettably, though there is also a political strain in his works. The gifted poet Birger Sjölberg (1885–1929) was one of his followers.

The influence of American writers, especially Ernest Hemingway, resulted in a group called "The Young Five," of which the most important members were Artur Lundkvist (b. 1906) and Harry Martinson (b. 1904). Of equal importance are Eyvind Johnson (b. 1900), a realist who recorded the abuses of the industrial system, and Agnes von Krusenstierna (1894–1940), whose novels examined sexual problems with great sensitivity. Since World War II the interest in realism has grown even stronger.

Norway

18TH CENT. Due to the political unity that existed between Denmark and Norway in the 18th cent., a Dano-Norwegian culture developed, in which the outstanding figure was Ludvig Holberg (1684–1754), poet, essayist, and playwright. Simultaneously, a separatist movement spawned such poets as Jens Zetlitz (1761–1821) and Johan Nordahl Brun (1745–1816).

19TH CENT. Gaining its independence from Denmark in 1814, Norway sought a national consciousness. This search is reflected in the great romantic poet Henrik Arnold Wergeland (1808–45), from whose work a massive folk tale and ballad revival issued. At the same time, 1850–80, European realism was on the rise and these 2 forces combined to produce the fierce social protest of Henrik Ibsen and Björnstjerne Björnson (1832–1910), playwright, novelist, and poet. But the 1890's brought a revolt against realism in such neoromantic figures as Knut Hamsun (1859–1952).

20TH CENT. In modern Norway the "epic," a long series of novels about a particular region or family, became the dominant literary trend. The 1st of the epicists was Johan Bojer (1872–1959), who glorified the Norwegian fishermen. He was followed by Knut Hamsun, who, abandoning romanticism, began to write in this new mode. But the 2 greatest epic writers were Sigrid Undset (1882–1949), whose novels probed the role of women in the modern world, and Olav Duun (1876–1939), who concentrated on country life.

The best poets of this generation were Olav Bull (1883–1933) and Arnulf Överland (b. 1889), the former a charming lyricist, the latter a passionate, patriotic leftist. Överland's verse set the tone for the literature of the 1930's, which dwelt heavily on anti-Fascist themes. After World War II the best writings produced in Norway were reminiscences and accounts of the war.

Denmark

18TH CENT. During the 1st half of the 18th cent. lyric poetry of a high order flowed from H. A. Bronson (1694–1764) and Ambrosius Stub (1705–58). Both were surpassed, however, by Johannes Eurald (1743–81), whose verse exploited Scandinavian folklore extensively. Contemporaneously, the humorist Johann Herman Wessel (1742–85) created a striking body of satirical plays, poems, and stories.

19TH CENT. Like most of Europe, Denmark experienced a romantic period in the 1st half of the 19th cent., and a subsequent upsurge of realism after 1850. The best-known products of Danish romanticism are Hans Christian Andersen (1805–75) and Søren Kierkegaard (1813–55), while the famous critic, Georg Brandes (1842–1927), was the acknowledged leader of the realist movement.

20TH CENT. The outstanding Danish poets in the pre-World War I era were Johannes V. Jensen (1873–1950) and Jeppe Aakjaer (1866–1930), both masters of lyric verse. In the interwar period Tom Kristensen (b. 1893), Harald Bergstedt (b. 1877), and Nis Petersen (1897–1943) emerged as major poets. Influenced by the French symbolists, Kai Friis Möller (1888–1960) and Paul la Cour (1902–56) also made their reputations during this period. Among the new voices 1st heard after World War II, the lyric poet Ola Sarvig (b. 1921) may be singled out.

The 20th-cent. Danish novel flowered brilliantly in the fiction of Martin Andersen Nexö (1869–1954) and the poet Johannes V. Jensen, both realists working in the epic manner. After World War I, Jacob Paludan (b. 1896) and H. C. Branner (b. 1903) established themselves as significant psychological novelists. At the same time Karen Blixen (pseudonym Isak Dinesen, 1885–1962), a subtle ironist of international stature, came to the fore. In the post–World War II era, Erik Aalback Jensen (b. 1923) and Hans Jepsen (b. 1920) have made names for themselves.

LOW COUNTRIES

The Netherlands

18TH CENT. Imitations and translations of the French neoclassical literature dominated Dutch letters in the 18th cent. Exceptions to this situation were the realistic novels of Elisabeth Wolff-Bekker (1738–1804) and the preromantic poetry of Antony Staring (1767–1840).

19TH CENT. Romanticism in the Netherlands expressed itself through a movement called *reveil,* 1830–50. After a subsequent period of decline, a new renaissance blossomed, bringing with it such figures as the poet Willem Kloos (1859–1938). Standing apart from these trends was Eduard Douwes Dekker (1820–87), who, using the pseudonym Multatuli, produced *Max Havelaar,* 1860, a novel protesting Dutch treatment of the Javanese.

20TH CENT. Impressionistic verse, dominant in the 1890's, gradually gave way to a more reflective and symbolic poetry, as in the works of Frederik van Eeden (1860–1932) and Albert Verwey (1865–1937). Also of importance were the surrealist Martinus Nijheff (1894–1953) and the formalist Gerrit Achterberg (b. 1905).

The Dutch novel reached greatness in the naturalistic work of Louis Couperus (1863–1923). Following World War I a reaction against naturalism brought to the fore Arthur van Schendel (1874–1946), who emphasized spiritual struggles. A more recent novelist of genius is Simon Vestdijk (b. 1898).

Belgium

18TH CENT. Among 18th-cent. Belgian writers working in Flemish, the neoclassical essayist Karel Broeckaert (1767–1826) and the poet P. J. de Borchgrave (1758–1819) are 2 names that stand out. Among French-speaking writers in Belgium during this period, Prince Charles Joseph de Ligne (1735–1814) is remembered for his charming essays and memoirs.

19TH AND 20TH CENTS. Flemish literature in the 19th cent. produced only 1 important poet, Guido Gezelle (1830–99), and 1 memorable novelist, Hendrik Conscience (1812–83). But out of a revival at the turn of the century the novelist and essayist August Vermeylen (1872–1945) emerged and inspired such writers as the novelist Herman Teirlinck (b. 1879) and the poet Karel de Woestijne (1879–1929). Following World War I, successive waves of antitraditionalism, idyllic pastoralism, and naturalism swept through Flanders. Around 1930 the formalistic work of poets like Bert Decorte (b. 1915) began to appear. Among post-World War II authors of particular merit is Louis-John Boon (b. 1915).

Except for the great novelist Charles de Coster (1827–79), French writing in Belgium languished during the 19th cent. until about 1880. At that time it experienced a rebirth under the leadership of Max Waller (pseudonym of Maurice Warlomont, 1860–89). The most significant poet to reach fame during this period was the symbolist Maurice Maeterlinck (1862–1949). In the years preceding World War I the impact of Maeterlinck's symbolism showed itself in the melodious verse of Albert Mockel (1866–1945). During the interwar period French novelists sought to break away from localism and universalize their fiction. Among the more successful were André Baillon (1875–1932), John Tousseul (pseudonym of Olivier Degee, 1890–1944), and Georges Simenon (pseudonym of Georges Sim, b. 1903).

EASTERN EUROPE

Finland

19TH CENT. Finland's 1st modern author of significance was Aleksis Stenvall (pseudonym Aleksis Kivi, 1834–72), whose novels and plays blend humor and psychological realism. Simultaneously, the art of poetry in Finland was advanced by A. Oksanen (pseudonym of August Engelbert Ahlquist, 1826–89). In the 1880's, 2 major novelists appeared, Minna Canth (1844–97) and Juhani Aho (pseudonym of Juhani Brofeldt, 1861–1921).

20TH CENT. At the turn of the century neoromanticism flourished in the lyric poetry of Eino Leino (pseudonym of Armas Eino Leopold Lönnbohm, 1878–1926), the finest Finnish poet of modern times. Leino's 3 closest rivals for this honor are Larin Kyösti (pseudonym of Kaarlo Kyösti Larson, 1873–1948), Otto Manninen (1872–1950), and Veikko Antero Koskenniemi (1885–1962). Among recent poets, Kaarlo Sarkia (1902–45) and Aaro Hellaakoski (1893–1952) are especially noteworthy.

While poetry was embracing romanticism, the novel was moving in another direction, toward the naturalism of Itmari Kianto (b. 1874) and Joel Lehtonen (1881–1934). Of the same generation but less realistic in approach, Aino Kallas

(1878–1956) produced memorable work in the novel and short-story forms. Frans Eemil Sillanpää (b. 1888) holds the distinction of being the only Finn to win a Nobel prize for literature, 1939. The best-known Finnish writer outside Finland is Mika Waltari (b. 1908), whose novel *Sinuhe, egyptiläinen,* 1945, became famous in English translation as *The Egyptian.* Of greater stature than Waltari, however, is the untranslated Volter Kilpi (1874–1939).

Poland

18TH AND 19TH CENTS. The impact of French neoclassicism is clearly discernible in 18th-cent. Polish letters, especially in the poetry of Ignacy Krasicki (1735–1801) and Stanislaw Trembecki (c. 1740–1812) and in the verse dramas of Franciszek Zablocki (1750–1821). Romanticism in Poland, emerging during the period of Russian domination, took the form of impassioned patriotism. The greatest of the romantic poets was Adam Mickiewicz (1798–1855). The Polish novel flowered most impressively after the rise of realism in the works of Boleslaw Prus (pseudonym of Aleksander Glowacki, 1847–1912). At the same time, Henryk Sienkiewicz (1846–1916) became known throughout Europe for his historical novels.

20TH CENT. At the end of the 19th cent. a reaction against realism set in, resulting in the symbolist movement known as "Young Poland." The outstanding poet of this school was the "decadent" Kazimierz Tetmajer (1865–1940). But for pure poetic skill Tetmajer was easily surpassed by Jan Kasprowicz (1860–1926), a lyric poet employing predominantly religious themes.

Polish independence, 1918, brought a new surge of poetic activity. The Skamandrite school cultivated bizarre new forms and irregular verse, which it used for exultantly patriotic themes. Julian Tuwim (1894–1953) was the leading figure. A still more radical school, the Vanguards, demanded the complete abolition of all old forms and traditions; the verse of Tadeusz Peiper (b. 1891) is typical of this school. During this era the great dramatic poet Karol Rostworowski (1877–1938) also emerged.

Among modern Polish novelists, few have attained greater stature than Stefan Zerowski (1864–1925), a master of social protest, and Wladyslaw Reymont (1867–1925), who recorded peasant life in epic terms. In the newly independent Poland, fiction was mainly realistic. Zofia Nalkowska (1884–1954), Marja Dabrowska (b. 1892), Jósef Wittlin (b. 1896), and Michal Chorománski (b. 1904) made important contributions to the novel of realism. An antirealistic strain existed also, however, as exemplified in the novels of Juljusz Bandrowski (1885–1944) and Stanislaw Wittiewicz (1885–1939), where the subject matter is often distorted almost to the point of surrealism. Historical novels were not without adherents; the best of them was by Zofja Kossak-Szczucka (b. 1890). During World War II much writing flowed up from the underground and the postwar period has seen a certain amount of literary productivity, most of it the socialist realism encouraged by the Communist rulers.

Czechoslovakia

18TH AND 19TH CENTS. Relatively little was produced in the way of literature in the 18th cent., although the enlightened scholarship of Josef Dobrovský (1753–1829) laid the foundations for the renaissance that was to come. Swelling powerfully in the 19th cent., this national revival reached its height in the romantic poets Karel Hynek Mácha (1810–36) and K. J. Erben (1816–70). Among novelists the quasi-realistic works of Božena Němcovâ (1820–62) have retained their appeal. A 2nd wave of romanticism, flowing from France after 1870, produced the lofty poetry of Jaroslav Vrchlický (1852–1912).

20TH CENT. The 20th cent. ushered in for Czechoslovakia a cultural revolution led by T. G. Masaryk (1850–1937), aimed at freeing the country from German influence. Out of this movement came Petr Bezruč (pseudonym of Vladimír Vašek, b. 1867) and R. X. Salda (1867–1937), who stressed the moral, reformative function of poetry. But the greatest poet of the period was Antonín Sova (1864–1928), a symbolist. He was followed by the mystic Otakar Březina (pseudonym of Václav Jebavý, 1868–1929), the "decadent" Jiří Lvovic (pseudonym of Josef Jiří Antonín Karásek, 1871–1951), and the realist Stanislav Neumann (1875–1947), a champion of vitalism. During World War I proletarian poetry was popular, but in the late 1920's and 1930's many poets turned away from social realism to surrealism. The leader of this movement was Vítězslav Nezval (b. 1900). Neoromanticism also sprang up in such poets as Martin Rázus (1888–1937).

Modern Czech fiction has chosen various modes. Vitalism produced the impressionistic novels of Fráňa Šrámek (1877–1952), while realistic writing was well represented by Josef Holeček (1853–1929) and Teréza Nováková (1853–1912); the latter documented peasant life vividly. Realism shaded into naturalism in the works of Karel Čapek-Chod (1860–1927), which describe middle-class life in Prague. Satire, too, was employed effectively by Czech writers, first by Viktor Dyk (1877–1931) at the turn of the century, later by Karel Čapek (1890–1938) and Jaroslav Hašek (1883–1923), whose novel *The Good Soldier Schweik* is an international favorite.

Hungary

18TH AND 19TH CENTS. The beginning of a great revival of Hungarian culture dates from the 18th cent., when such emerging figures as Ferenc Kazinczy (1759–1831) fought for the readoption of the Hungarian language, long neglected by the ruling Hungarian nobility, who had written in German or Latin. In the following century, with this revival at its height, nationalism shaped the most characteristic literature, the poetry of Sándor Petöfi (1823–49), János Arany (1817–82), and Mihály Vörösmarty (1800–55). In fiction, the historical novelist Mór Jókai (1825–1904) was pre-eminent.

20TH CENT. After the turn of the century a great revival took place in Hungarian letters, partly spurred by the vigorous periodical *A Het* (*The Week*). In 1906 the lyric poet Endre Ady (1877–1919) burst into the literary world and quickly gained recognition as a major figure. Left-wing verse found a home in the new journal *Nyugat* (*The West*). The interwar period was an especially rich one for Hungarian poetry, boasting as it did the militant verse of Attila József (1905–37) and the religious poetry of Lászlo Mécs (b. 1895). Little verse of importance was written in Hungary during World War II, but since then at least one voice has been heard, that of Gyula Illyés (b. 1902).

Modern Hungarian fiction began with *A Het,* where such writers as Zoltán Ambrus (1861–1932) appeared. Among novelists of this era, the greatest is Zsigmond Móricz (1879–1942), whose novels are realistic portraits of provincial life. Also of significance is Frigyes Karinthy (1888–1938). Generally speaking, the new wave in Hungarian writing was represented by the *Nyugat* group, which eventually gained recognition. However, the novelist Dezsó Szabó (1879–1945) is a solitary giant, as is Lajos Kassák (1887–1967), a chronicler of the proletarian world. In the interwar period memorable fiction was written by Lajos Zilahy (b. 1891) and Sándor Márai (b. 1900), who depicted middle-class life; Pál Szabó (b. 1893) and József Darvas (b. 1912), masters of social realism; and Péter Veres (b. 1897), who championed the cause of the peasants. Since the war social and economic forces have been emphasized in literature. Tibor Déry (b. 1894) has acquired the greatest reputation.

Rumania

18TH AND 19TH CENTS. The outstanding literary figures in 18th-cent. Rumania were the scholars Dimitrie Cantemir (1673–1723) and Ion Neculce (1672–1745). Toward the end of the century a Latinist movement, attempting to establish the Latin origins of the

Rumanian language, sprang up. It spurred much literary activity in the following century, including the lyric poetry of Mihail Eminescu (pseudonym of Mihail Eminovici, 1850–89) and the fiction of Ion Creangă (1837–89).

20TH CENT. An interest in folklore can be discerned in the poetry of Octavian Goga (1879–1938). Occidental influences were apparent in the symbolist poetry of I. Minulescu (b. 1881). Following World War I, the key poetic figures were the philosophical Lucian Blaga (b. 1895) and the lyrical Tudor Arghezi (b. 1880).

Rumanian fiction grew to prominence with the novels of Liviu Rebreanu (?1885–1943). Rebreanu was followed by such regional novelists as Cezar Petrescu (b. 1892), G. Mihaescu (b. 1894), and, most notably, the Transylvanian I. Agarbiceanu (b. 1892).

Yugoslavia

18TH AND 19TH CENTS. In the 18th cent. the ideas of the Enlightenment were developed steadily by the Serbian scholar Dimitrije Obradović (?1742–1811), the Croat satirist Matija Reljković (1732–98), and the Slovene poet Valentin Vodnik (1758–1819). In the 19th cent. the growth of the area's literature was inextricably bound up with the awakening of national consciousness, folk poetry, and western romanticism. The foremost romantic was the poet Sima Milutinović-Sarajlija (1791–1847). Realism followed, bringing with it the novelist Laza Lazarević (1851–90).

20TH CENT. Expressionist, surrealist, and symbolist influences are discernible in Yugoslav poetry after 1900. Among the leading poets are the Serbs Milan Rakić (1876–1938) and Aleksa Santić (1868–1924), the Croats Vladimir Nazov (1876–1949) and Vladimir Vidrić (1875–1909), and the Slovenes Oton Župančić (1878–1949) and Alojz Gradnik (b. 1882).

Fiction has not kept pace with poetry. Nevertheless, important work has been done by the Nobel prize winner Ivo Andrić (b. 1892) in Serbian, Vjekoslav Kaleb (b. 1905) in Croatian, and V. Levstik (1886–1957) in Slovene. Other writers of importance are Krleža, Ćopić, and Davičo. The Macedonian language has also developed a unique literature, in which the novelist Slavko Janevski is a central figure.

Greece

18TH CENT. Literary activity was not great during the 18th cent., due to Turkish control of Greece. However, the didactic verse of Kaisarios Dapontis (1714–74), the patriotic poetry of Rhigas (1757–98), and the anacreontic efforts of Ioannis Vilaras (1771–1823) are worthy of note. In prose, important efforts at linguistic reform (anticipating later developments) were made by Adamantios Korais (1748–1833).

19TH CENT. In the aftermath of the revolution of 1821, the deeply patriotic Ionian school sprang up; its chief representatives were Andrea Kalvos (1796–1869) and Dionysios Solomos (1798–1857). In the 2nd half of the century, romanticism found an uninhibited voice in the Athenian poets of that period, but subsequently a new antiromantic school appeared in Athens, headed by Kostes Palamas (1859–1943). Allied with Palamas was Jean Psichari (Ioannes Psychares, 1854–1929), who revolutionized the Greek written language by his use of the vernacular.

20TH CENT. The pre–World War I period was marked by 3 major poets: Konstantinos Kavafes (1863–1933), a prophet of disillusionment and despair; Angelos Sikelianos (1884–1951), a melodious and powerful mystic; and Kostas Varnales (b. 1884), a Marxist with a deep sense of tragedy. After the war a group of disillusioned surrealist poets appeared, most notably Georgios Seferes (pseudonym of Georgios Seferiades, b. 1900).

Modern Greek prose lagged behind poetry until after World War I, although the prewar era produced such figures as Kostas Theotokes (1872–1923), who perfected the novel of social criticism, and Konstantinos Christomanos (1887–1911), a refined and subtle stylist. The greatest writer of this period was Gregorios Xenopoulos (1867–1951), a psychological novelist. During the interwar period several major authors emerged, among them Angelos Terzakes (b. 1907) and Elias Venezes (b. 1903). Nikos Kazantzakis (1885–1957), also a poet, gained an international reputation with novels like *Zorba the Greek,* 1943, and *The Last Testament of Christ,* 1960.

HEBREW AND YIDDISH

Hebrew

18TH AND 19TH CENTS. Beginning in 1750, a great renaissance in Hebrew letters swept Jewish communities in Europe. Known as Haskalah, this movement was initiated by Moses Mendelssohn (1729–86) and his disciples. Its influence was felt by Jews in Russia, Galicia, Germany, Italy, and elsewhere. In the 19th cent. it produced such poets as the contemplative Abraham Dob Lebensohn (1794–1879) and the fiery Jehuda Leb Gordon (1830–92). The 1st great novelist of the Haskalah was Abraham Mapu (1808–67), author of several historical novels. Mapu was surpassed, however, by Perez Smolenskin (1842–85), whose powerful novels depicted contemporary Jewish life. Among other writers of importance were Mordecai Feierberg (1874–99) and Judah Steinberg (1863–1908).

20TH CENT. At the close of the 19th cent. new spirits of realism and nationalistic yearning became pronounced in Hebrew letters. Among contemporary Hebrew poets, these trends can be seen clearly in the verse of Saul Chernikovsky (1875–1943), Jacob Kahn (b. 1881), and Jacob Fichman (b. 1882). Chernikovsky, the best of the 3, recreated Russian village life in striking Biblical language. Also of significance was C. N. Bialik (1873–1934), who gave memorable expression to the search for a modern Jewish identity. Later poets worthy of mention are Rachel (R. Blovstein, 1890–1931) and A. Shlonsky (b. 1900), a symbolist.

An emphasis on the Hebrew past had characterized much of the Haskalah literature. *Fin-de-siècle* and 20th-cent. writers abandoned this emphasis and turned their attention to modern Jewish life. Under the influence of the Yiddish novelist Mendele such writers as Ahad Haam called for a modern Hebrew culture centered in Palestine. Realistic short stories of high quality were produced by I. H. Brenner (1881–1921), G. Schofmann (b. 1880), and U. N. Gessin (1880–1913), all emigrants whose work is pervaded by a rootless melancholy. In Palestine there was a good deal of literary activity; the novels of A. A. Kabak (1881–1944) portray pioneer life there, and the Nobel prize winner S. J. Agnon (b. 1880), perhaps the greatest of modern Hebrew writers, has set his scenes in the Holy Land. Hebrew literature has continued to thrive in the state of Israel and has become more colloquial and cosmopolitan. In the U.S. a substantial body of Hebrew writing has arisen, most notably the poetry of Simon Halkin (b. 1899) and Eisig Silberschlag (b. 1903), the fiction of Abraham Shoar (1869–1939), and the essays of Abraham Goldberg (1883–1942).

Yiddish

The fountainhead of modern Yiddish literature is Mendele Mokher Sefarim (Sholem Abramovitch, 1836–1917), whose novels and stories drew a realistic portrait of Jewish life in Russia. Mendele was followed by the greatest of Yiddish humorists, Sholem Aleichem (Solomon Rabinowitz, 1859–1916), who successfully blended humor and pathos. Contemporaneously, the short-story writer and playwright I. Leibush Peretz (?1851–1915) brought a new universality to Yiddish letters. Among Peretz' disciples were Sholem Asch (1880–1957) and Abraham Reisen (1876–1953). Other Yiddish writers of prominence in the 20th cent. are Der Nister (pseudonym of Pinchas Kahanovitch (1885–?1948) in the Soviet Union and David Pinsky (1872–1959), Joseph Opatoshu (b. 1886), and the poet Morris Rosenfeld (1862–1923) in the U.S. The best-known novelist now writing in Yiddish is probably Isaac Singer (b. 1904).

CHINA

18TH CENT. Antiquarian trends were powerful in the Chinese literature of the 18th cent., with writers striving to imitate the great classical and medieval works. Especially praiseworthy is the fiction of Wu Ching-tzu (1701–54) and Ts'ao Chan (?1715–63), author of the famous *Hung Lou Meng* (*Dream of the Red Chamber*), a tragic love story written in the vernacular.

19TH CENT. With the opening of China to western influence, translations from European languages soon became common. Yen Fu (1852–1921) and Lin Shu (1852–1924) did especially memorable work in the field of translation. Among creative writers western models were widely imitated. The spoken rather than the literary language was adopted by the poet Huang Tsun-hsien (1845–1905), who made extensive use of folk songs and foreign materials. In prose, the leading figure was Liu E (1857–1909), whose *Lao Ts'an Yu Chi* was the most important in a series of picaresque novels.

20TH CENT. An ardent supporter of Huang Tsun-Hsien, Liang Ch'i-ch'ao (1873–1929) carried on the modernization of Chinese literature by cultivating a more flexible prose style and by introducing foreign expressions. This set the stage for the Literary Revolution of 1917, an antitraditional movement which championed the vernacular over the classical language and called for a new literature. The chief "revolutionary" was Hu Shih (b. 1891), whose persuasive articles appeared in the journal *Hsin Ch'ing-Nien* (*The New Youth*), edited by another key figure, Ch'en Tu-hsiu (1879–1942). With the publication of Hu Shih's masterful *Chung-kuo che-hsüeh Shih Ta-Kang* (*Outline History of Chinese Philosophy*), 1919, the Literary Revolution gained victory. The spoken language, *pai-hua,* became the accepted form of literary and journalistic expression. Among the poets to adopt *pai-hua* was Kuo Mo-jo (b. 1891), whose Marxist leanings were typical of the new writers. The outstanding fiction of the period was written by Lu Hsün (pseudonym of Chou Shu-jen, 1881–1936), author of the famous story "The Diary of a Madman." Other writers of importance were Chou's brother, Chou Tso-jen (b. 1885), Mao Tun (b. 1896), and the woman novelist Ting Ling. Realism was the dominant trend in all these authors.

Under the rule of the People's Republic, Chinese literature has been strictly controlled through the Chinese Writers' Union, which tolerates little deviation from Marxist theories of art. In poetry the use of classical forms has been discouraged; in fiction socialist realism is the official mode of expression. Nevertheless, poetry of considerable merit has been written under the Communists, notably by Ko Pi-chou and by the party chairman himself, Mao Tse-tung (who has to a great extent ignored his own interdiction of classical form). In the genre of the novel, Choi Li-po (b. 1908) has excelled with such works as *Great Changes in a Mountain Village,* 1958.

JAPAN

18TH AND 19TH CENTS. The period 1700–1850 represented the culmination of a great renaissance in Japanese letters which had begun in the 1630's. Old verse forms such as the tanka were employed with great success by poets like Motoori Norinaga (1730–1801). Adapting the tanka to realistic subject matter, Okuma Kotomichi (1798–1868) and Tachibana Akewi (1812–68) broke new ground. At the same time, the haiku became a major genre in the hands of such new masters as Kobayashi Issa (1763–1827). In fiction, the 18th cent. produced such new forms as the *sharehon* (wit book) and *kokkeibon* (comic book). Jippensha Ikku (1765–1831) was a master of the latter mode. After 1800 the novelist Takizawa Bakin (1767–1848) made his mark. From 1853 on, western influences left their impact; the tanka and haiku were modernized by poets like Masaoka Shiki (1867–1902). In the 1880's translations of European narrative poems encouraged the Japanese to attempt poetry of unusual length. Meanwhile, a realistic brand of fiction developed in the works of Furabatei Shimei (1864–1909) and Natsume Soseki (1867–1916).

20TH CENT. The popularity of free verse and symbolist poetry after 1900 bore witness to continuing western influence. More traditional in its approach was the Asakasha school, founded near the end of the 19th cent. and including among its members Onoe Shibafune (1876–1957) and Sasaki Nobutsuna (1872–1963). Opposed to the Asakasha group was the Shinshisha school, calling for a new naturalistic verse that utilized the vernacular. Its leading figures were Yosano Tekkan (1873–1935), his wife Akiko (1878–1942), and Ishikawa Takubaku (1885–1912). Still another school of poetry that sprang up was the Negishi, which called for classical restraint and propriety. Masaoka Shiki was the founder of this group and Saito Mokichi (1882–1953) one of the chief members. Ranged against the Negishi were numerous younger poets of a revolutionary bent who sought to abandon all traditions. Kawahigashi Hekigodo (1873–1936) was the most famous of these young insurgents.

In fiction, a vast profusion of movements appeared after 1900. The realistic novel found able exponents in Tayama Katai (1871–1930), Masamune Hakucho (1879–1962), Kikuchi Kan (1888–1948), and, more fiercely, in the proletarian novels of Kobayashi Takiji (1903–33). Simultaneously, idealism was cultivated by Koda Rohan (1867–1947) and Tokutomi Roka (1868–1927), and by the Mita school, whose outstanding representative, Nagai Kafu (1879–1959), produced many brilliant portraits of the theatrical world in Tokyo. The idealists represented a more subjective, aesthetic approach to literature; some of them, notably Yokomitsu Riichi (1898–1947), became known as "neo-sensualists." Extending these trends even further, Tanizaki Jun-ichiro (1886–1965) advocated art for art's sake. Also a deeply subjective writer, Shiga Naoya (b. 1883) developed a loosely constructed autobiographical form called the "I novel," which has been widely adopted in modern Japan. From the younger generation have come such new voices in fiction as Dazai Osamu (1909–48) and Mishima Yukio (b. 1925). In 1964 Hiraoka Kiwitake (b. 1925) created a stir with the novel *The Sailor Who Fell from Grace with the Sea.*

INDIA

19TH CENT. The impact of English culture wrought profound changes in Indian literature. New forms were introduced, such as the novel and the short story, and numerous European authors were translated. Before these revolutionary changes exerted their effect, classical literature had been the dominant force, imposing on the writer a rigid series of conventions and a fixed literary language. Prose was not used as a literary medium, and poetry was expected to deal exclusively with religious and mythic subjects. In addition, the metrical schemes used in poetry were highly standardized. But all these traditions were discarded by progressive 19th-cent. writers, who adapted the vernacular, experimented with new meters and new forms, turned from religious to secular subjects, cultivated the novel, and used literature as a vehicle for social commentary.

20TH CENT. In the 20th cent. the demand for independence became a major literary theme. At the same time, the short story surpassed the novel in its appeal, and Indians assiduously studied European masters of this form. Generally speaking, the focus of attention in both novels and short stories was on economic and social injustice—against a backdrop of swelling patriotism. Once independence had been achieved, however, Indian literature was faced by a new problem: the immense diversity of languages and dialects, which prevented the creation of a truly national literature.

HINDI. The well-known journal *Saraswati* was a seminal force in modern Hindi literature, encouraging many young writers. *Saraswati*'s editor, Mahavivprasad Dwivedi (1868–1938), was also noteworthy for promoting a modernized version of Hindi. The way was then clear for Prem Chand (1880–1936), who became the leading Hindi novelist with such works as *Godan* (*Godān*), 1935. Also of impressive stature is Ilachand (Ilāchand) Joshi (b. 1902), a Freudian writer.

The 1st modern Hindi poet of importance was Bharatendu Harishchandra (1850–83). In 20th-cent. poetry, aestheticism was represented by Surykant Tripathi (1896–1961), social criticism by Yashpal (b. 1904), and experimental verse by S. H. Vatsyayan (known as Ajney, b. 1911).

URDU. The father of modern Urdu is Sir Sayyid Ahmad Khan (Khān) (1817–98), who organized a movement aimed at adapting western ideas to Islamic culture. In poetry the 1st modern figure was Mirza Ghalib (Ghālib) (1797–1869), while Anis (1801–74) proved himself a master of older forms. Soaring beyond these 2 (and all other rivals) Mohammed Iqbal (Muḥammad Iqbāl) (1873–1938) has taken his place as the greatest of Urdu poets.

Urdu prose found gifted practitioners in Altaf Hali (Altāf Hālī) (1837–1914), biographer, poet, and critic, and in Sarshar (Sarshār) (1846–1902), the novelist of Lucknow. After 1900 Prem Chand, who also wrote in Urdu, established himself as a major novelist and short-story writer.

BENGALI. Modern Bengali poetry began in the 1860's with the introduction of such metrical innovations as blank verse. The guiding figures in this movement were Michael Madhu Sudan Dutt (1824–73), Rangalal Bandyopadhyay (Rangalāl Bandyopādhyāy) (1826–77), and, most notably, Hemcandra Bandyopadhyay (Bandyopādhyāy) (1838–1903). Among recent poets Buddhadeva Bose (b. 1908) has produced much excellent work.

Modern Bengali prose dates from the journalistic work of men like Ishwarchandra Gupta (1806–58) in the 1830's. Their renovation of Bengali prepared the way for the unsurpassed fiction of Bankim Chandra Chatterji (1838–94) and the world-famous Rabindranath Tagore (1861–1941). Later writers of high achievement include Bibhuti Bhusan Banerjee (1896–1950) and Annada Sanka Roy (b. 1904).

GUJARATI. The modernization of Gujarati poetry and prose began with Narmadashankar (1833–86). Subsequent poets of impressive achievement were Narsimhrao Divatia and Kavi Nanalal Dalpatram. Gujarati prose reached its peak in the novel *Sarasvaticandra* (*Sarasvatīcandra*) by Govardhanram Tripathi (1855–1907) and in the works of K. M. Munshi (b. 1887) and Mohandas K. Gandhi (1869–1948).

MARATHI. Keshavsut (Krishnaji Keshav Damle, 1866–1905) is generally considered the father of modern Marathi poetry. In the 20th cent. the poetry of Bhaskar Ramchandra Tambe (1874–1941) is especially memorable. Marathi fiction came of age with the novelist Hari Narayan Apte (1864–1919) and further developed in the hands of Vaman Joshi (1882–1943) and of the outstanding short-story master Vishnu Sitaram Phadke (b. 1898).

A certain amount of literary activity has also taken place in the other Indo-Aryan languages: Assamese, Kashmiri, Oriya, Panjabi.

DRAVIDIAN LITERATURE. Dravidian literature has followed roughly the same course of modernization as the Indo-Aryan tongues: the use of nationalism as a literary theme, the adoption of the colloquial idiom, etc. The languages with the most extensive literatures are Tamil, Kanarese, Telugu, and Malayalam.

LITERATURE IN ENGLISH. Among the numerous Indian poets who have written in English are Sarojini Naidu (1879–1949), an ardent nationalist, and Sri Aurobindo (Aurobindo Ghose, 1872–1950), whose religious writings include an epic in blank verse. Modern Indian fiction in English has produced such outstanding works as *Coolie,* 1936, by Mulk Raj Anand (b. 1905) and *The Guide,* 1958, by R. K. Narayan, (b. 1906).

SOUTHEAST ASIA

BURMA. Modern Burmese literature dates from the introduction of western printing methods, c. 1875. Around the turn of the century the novel became an accepted literary form, and such writers as U Kyi and U Lat quickly made their mark. The foundation of the University of Rangoon, 1920, stimulated further literary activity. Fiction remained the dominant genre, and in 1936 *Tet Hpon-gyi* (*The Modern Monk*) by Thein Pe made a tremendous impact. Burmese independence, 1948, added a strongly nationalistic impulse to literature. Recent writers in whom this strain is pronounced are Min Aung and Ja-nè-gyaw Ma Ma Lay.

THAILAND. In the early part of the 19th cent., King Rama II produced a number of notable poetic works, chiefly romances in the traditional manner. *Pra Abhaimani,* by Soutorn Bhu, is a memorable fantasy also written during this period. After 1850 prose became a major form of literary expression. At the same time, court poetry continued to be written by such figures as Prince Bidyalongkorn, Jit Buradat, and King Chulalongkorn. The poem *Talengpai,* by Prince Paramanujit, has earned its author a high place in modern Thai poetry. Novelists of significance are Dokmaisod and Kukriddhi, author of *Phaiden* (*The Red Bamboo*).

INDONESIA. Contemporary Indonesian literature takes in a multiplicity of attitudes and styles. Among the writers working in Djakarta, eastern and western influences clashed sharply. Of this group Amir Hamzah became the leading poet in the 1930's and Armijn Pané the leading novelist. Prose itself had only appeared as a literary form in the 1920's with writers like Merari Siregar. An Islamic movement emerged in Medan, favoring extreme nationalism and calling for a religious revival. Simultaneously a Marxist school sprang up and produced a small body of proletarian literature. Among subsequent poets Chairil Anwar and Usmar Ismail displayed exceptional gifts. In the post–World War II period a new group of writers, known as the "generation of 1945," came into prominence. Some of this group's more outstanding members were Asrul Sani, Achdiat Mihardja, and Mochtar Lubis, whose novel *There Is No Tomorrow,* 1948, evoked much interest.

PHILIPPINES. The outstanding novel of the 19th-cent. Philippines was *Noli me tangere,* 1886, by José Rizal. Since the turn of the century Filipino authors have increasingly used English as their literary medium.

AFRICA

19th Cent.

INFLUENCE OF MISSIONARIES. European missionaries played a crucial role in the growth of modern African literature by developing written languages where only oral ones had existed before and by introducing the printing press. The missionaries also made numerous western works available to Africans through translations. Naturally, the Bible and other religious writings were translated first. Deeply influenced by these materials, western-educated Africans began to produce hymns, parables, essays, and didactic verse. Also crucial in shaping the sensibility of modern African letters was Africa's rich tradition of oral literature: chants, tales, folklore, drum histories, praise songs, and the like. Among the more prominent literary efforts of the 19th cent. were Tiyo Soga's translation of *Pilgrim's Progress* into Xhosa; *The Song of the Cross,* a religious poem by H. M. Mthakathi; and the "Great Discussions" by William Gqoba.

20th Cent.

SOUTH AFRICA. Bantu languages like Tswana, Xhosa, Zulu, and Sotho have been extensively cultivated as literary media. Poetry, though not the dominant literary mode in South Africa, has found gifted practitioners in H. I. Dhlomo, S. E. K. Mqhayi, and B. W. Vilakazi, whose *Isabelo Seka Zulu KaZulu,* 1935, is one of the landmarks of Zulu poetry. Bantu fiction began with Thomas Mofolo (1873–1948), whose historical romance *Chaka* (translated into English in 1931) celebrates heroic aspects of the African past. Another distinguished figure is Solomon T. Plaatje, who compiled Tswana proverbs, translated Shakespeare's plays into Tswana, and produced a series of historical novels.

The best-known African writers in South Africa, however, Ezekiel Mphahlele and Peter Abrahams, both write in English. They have, moreover, discarded the romantic tradition of Mofolo and Plaatje and replaced it with a fiction of social protest. This new realism is evident in Abrahams' impassioned novel *The Path of Thunder,* 1943, and Mphahlele's excellent short-story collection *The Living and the Dead,* 1961. Other writers of note are Alex La Guma and Richard Rive.

South African writers of European descent include Stuart Cloete, Nadine Gordimer, and Alan Paton. Paton will be remembered for his deeply felt novel *Cry, the Beloved Country,* 1948.

ENGLISH-SPEAKING WESTERN AFRICA. Poetry of excellence has been written in the Yoruba language by Ajayi Ajisafe and in English by the Nigerian Dennis Osadebay. Fiction is, however, the most popular literary genre. The father of Anglo-African literature in the region is Amos Tutuola, whose novel *The Palm-Wine Drinkard,* 1952, is widely read. Tutuola has been very successful at weaving folk tales and motifs into his works. Another Nigerian, Chinua Achebe, produced the powerful and celebrated novel *Things Fall Apart,* 1958, a study of the conflict between African custom and encroaching western patterns of life. After Achebe and Tutuola, 3 of the most respected West African writers are Cyprian Ekwensi, Wole Soyinka, and T. M. Aluko. In Sierra Leone, Abioseh Nicol has established himself as a leading short-story writer. Among women authors Efua Sutherland of Ghana is noteworthy.

FRENCH-SPEAKING AFRICA. In contrast to the other regions of the continent, poetry is more popular in the French-speaking areas than fiction. The most distinguished poet is Léopold Senghor (b. 1906; president of Senegal, 1962), author of 5 vols. of highly polished French verse, the 1st appearing in 1945. Senghor spent his *Wanderjahre* in Europe, where he drank in western culture and blended it with a passionate need to assert his African heritage. This need expresses itself in the theme of *négritude*—the nature and beauty of blackness—which runs through his poetry. Léon Damas (b. 1912) of French Guiana served the same term of expatriation as Senghor and employs similar themes. Among the many other African poets writing in French are Keita Fodeba of Guinea, Antoine Roger Bolamba of the Congo, and David Diop of Senegal.

The appearance of *Batouala,* 1921, by René Maran (b. 1887), which won the Prix Goncourt, marks the beginning of Afro-French fiction. Of no less importance is the Guinean Camara Laye (b. 1928), whose subtle allegory *Le Regard du roi,* 1954, is 1 of the masterpieces of African literature. Simultaneously, the Camerounian writer Mongo Beti made his mark, and another Camerounian, Ferdinand Oyono, has emerged as a gifted satirist.

PORTUGUESE-SPEAKING AFRICA. Literary activity in Portuguese-speaking Africa has resulted in a small body of work, mostly poetry. Among the chief characteristics of this poetry are a hatred of colonialism, a strong concern with social and economic problems, and the use of local dialects along with standard Portuguese. Oswaldo Alcantara, Onesimo Silveira, and Antonio Jacinto are among the most noteworthy figures.

MIDDLE EAST

Arabic

19TH CENT. After several centuries of intellectual stagnation during the period of Turkish domination, Arabic literature began to revive during the latter half of the 19th cent. This renaissance stemmed from an invigorating contact with western culture; it resulted both in a revival of interest in classical Arabic literature and in an effort to modernize Arabic letters along western lines. The classical school was led by the Lebanese Nasif al-Yaziji (1800–1871), who published a skillful imitation of al-Hartri's 12th-cent. Maqamat (Maqāmāt), a collection of picaresque stories. The modernization movement was spearheaded by the missionary schools, particularly in Beirut. Other cornerstones of modern Arabic literature were the publication of the 1st modern Arabic dictionary by Butrus al-Bustani (al-Bustāni) (1819–83); the introduction of printing presses and daily newspapers;

translations from European languages; and the founding of influential periodicals such as *al-Muqtataf* (*The Culled Ones*), 1877.

20TH CENT. Toward the end of the 19th and beginning of the 20th cent., western forms such as the novel, short story, and essay were adopted by Arabic men of letters. Poetry remained more closely bound by tradition. In contemporary literature the works of Tawfiq al Hakim (b. 1902), an Egyptian novelist and dramatist, have won great praise. His satirical mystery *Yanmīyāt Nā'ib fī al-Aryāf* (*The Diaries of a Country Magistrate*), 1937, is perhaps his best novel. Also of considerable importance is Taha (Tāhā) Husayn (b. 1889), another Egyptian, whose fiction and autobiography have been widely read. In the U.S. the Lebanese immigrant Kahlil Gibran (Jubrān Khālīl Jubrān, 1883–1931) has become well known for his volumes of prose poetry (e.g., *The Prophet*).

Persian

19TH CENT. In Persia the story of modern literature has been much the same as in the Arabic countries: the impact of the West, translation of European works, revived interest in the Persian classics, etc. In addition, Persian authors such as Qu'im Magam Farahani and Amir Kabir revealed a commitment to social reform as early as the 1820's. In the following years the use of fiction as a medium for social commentary was further stimulated by James Morier's *Hajji Baba,* 1834. Among others, Zain al-Abidin (al-'Abidin) drew much inspiration from this work.

20TH CENT. The Persian renaissance continued after 1900, assisted by the publication of numerous classical works under government auspices. The press also contributed to the revival by helping to render the language more colloquial and more flexible. In poetry the 1st blows for modernist verse were struck by such figures as Adib i Pishavari and Iraj Mirza. Among the more conservative poets, Parvin i I'tisami was an outstanding figure. Left-wing verse was represented by Ishgi and, more recently, by Lahuti. In the post–World War II period the names of Mohammed (Muhammad) Hussein Shahriyar (b. 1904) and Parviz Natel Khanlari (b. 1914) have become well known.

The Theater

GREAT BRITAIN AND IRELAND

18TH CENT. In the 18th cent. the English theater boasted several noteworthy figures, among them the novelist Henry Fielding (1707–54), who achieved both popularity and notoriety with such stinging political satires as *The Tragedy of Tragedies,* 1731. Another novelist (and poet), Oliver Goldsmith (1728–74), contributed one of the most entertaining comedies in the history of English drama, *She Stoops to Conquer,* 1773. However, the theater's most original genius during this century was Richard Brinsley Sheridan (1751–1816), whose polished, witty style cut deeply into the surface of upper-class hypocrisy. His gift for comic portraiture and command of the comedy of manners is best seen in such works as *The Rivals,* 1775, and *The School for Scandal,* 1777.

19TH CENT. During the 1st half of the 19th cent., however, the English theater produced little of value. It was not until the appearance of T. W. Robertson (1829–71), with a series of relatively realistic comedies, that Victorian England had a playwright of even historical importance. More significant were the translations of Ibsen that began to appear in the 1870's, gradually stimulating an interest in the drama of social criticism. Out of this interest were born the "problem plays" of Arthur W. Pinero (1855–1934), which focused on current social issues. Meanwhile comedy began to flourish again in the clever *divertissements* of Henry Arthur Jones (1851–1929) and rose to decisive greatness with the arrival of Oscar Wilde (1856–1900), whose deftness of situation and polished brilliance of dialogue are best exemplified in *The Importance of Being Earnest,* 1895, perhaps the finest drawing-room comedy ever written.

20TH CENT. Following the realistic tradition of Pinero, John Galsworthy (1867–1933) stressed social and economic problems in loosely constructed but moving plays. Simultaneously, Sir James M. Barrie (1860–1937) displayed his gift for charming, whimsical fantasy in such plays as *What Every Woman Knows,* 1908. The realistic, Ibsenite movement culminated in the towering genius of George Bernard Shaw (1865–1950). Brazenly didactic, Shaw bombarded his audiences with eloquent social protest and outrageous iconoclasm—though as often as not the playwright's iron hand came gloved in masterful wit and unrivaled command of rhetoric. His powers reached their pinnacle in *Man and Superman,* 1905, though lesser plays such as *Saint Joan,* 1923, and *Heartbreak House,* 1917, still raise him higher than any other English or Irish dramatist of the century.

Meanwhile a remarkable dramatic revival was under way in Ireland, where the Abbey Theater was founded in 1902. The Abbey mounted plays by W. B. Yeats, Lady Augusta Gregory (1859–1932), and, more notably, John Synge (1871–1909), whose *The Playboy of the Western World,* 1907, satirized Irish life in a kind of poeticized vernacular. There, too, the rough-hewn plays of Sean O'Casey (1881–1964) were performed (*The Plough and the Stars,* 1926).

After 1930 the quality and vigor of English drama fell off sharply. Exceptions to this were the smooth, craftsmanlike plays of Terence Rattigan (b. 1912) and the ambitious verse dramas of T. S. Eliot (who became a British subject in 1927). The best of Eliot's plays was *Murder in the Cathedral,* 1935. Following World War II a spirited revival in the British theater brought such "angry young men" as John Osborne (b. 1929) to the fore. *Look Back in Anger,* 1958, a furious broadside at the British Establishment, made Osborne world-famous. Still more recently, Harold Pinter (b. 1930) has achieved success on both sides of the Atlantic with a series of plays that suggest undercurrents of horror beneath the conventional surface of life.

REPERTORY THEATER. England's repertory system is perhaps the most extensive in the world. Annie Horniman (1860–1937) founded the 1st modern English repertory theater in Manchester in 1907. At present there are about 50 such companies operating on a full-time basis; in the provinces one of the most respected of these is the Birmingham Repertory, founded in 1913. Generally speaking, a repertory company performs a play a week throughout the year; most British actors receive their early training in repertory. In London the major companies are the Royal Shakespeare, dividing its time between Stratford-upon-Avon and London, and the newly created, 1962, National Theater, subsidized by the government and under the direction of Sir Laurence Olivier (b. 1907).

UNITED STATES

DEVELOPMENT OF AMERICAN DRAMA. In the 19th cent. American drama was largely an imitative form, drawing both subject matter and technique from England. However, at the turn of the century a number of playwrights achieved conspicuous success on the American stage, among them W. V. Moody (1869–1910) and Clyde Fitch (1865–1909), the latter often having 2 or 3 hits running simultaneously. But American drama as a major art form arrived with Eugene O'Neill (1888–1953), whose plays, though often clumsy in language and construction, carried a full-blooded intensity that stunned audiences. A gloomy, morbid quality pervades all his work from *Beyond the Horizon,* 1920, the tragedy of a poetic dreamer, to *Mourning Becomes Electra,* a retelling of the *Oresteia,* to *The Iceman Cometh,* 1947, which deals with the inevitability of human illusion.

Although O'Neill bestrode the American theater for 3 decades, other playwrights reached considerable prominence as well. In the 1920's Sidney Howard (1891–1955) came forward with *They Knew What They Wanted,* 1925. He was followed by Robert E. Sherwood (1896–1955), George Kelly (b. 1889), and Philip Barry (1896–1949). Elmer Rice (1892–1967) assured his place in American literature with the expressionistic *The Adding Machine,* 1923, and the naturalistic *Street Scene,* 1929. Next to O'Neill the best playwright of this period was Maxwell Anderson (1888–1959), who revived the verse play in such works as *Winterset,* 1935. In the 1930's a theater of social consciousness became popular, and gave rise to Clifford Odets (1906–63) and Sidney Kingsley (b. 1906). Also coming to the fore in the 1930's were Lillian Hellman (b. 1905) and Thornton Wilder (b. 1897), whose *Our Town* has become an American classic. The 1940's produced 2 dramatists who surpassed all predecessors except O'Neill: Tennessee Williams (b. 1915), author of *The Glass Menagerie,* 1947, and Arthur Miller (b. 1915), whose *Death of a Salesman* is of great distinction. Among the younger playwrights, Edward Albee (b. 1928) is the best known.

THEATERS AND DRAMA GROUPS. The Theater Guild (founded in 1918) provided New York with a home for serious drama and helped spawn such figures as Eugene O'Neill and Maxwell Anderson. In spite of the impact of the depression, American drama continued to grow; the Group Theater, based on Stanislavski's acting system, was founded to cultivate new actors, and the Federal Theater Project created low-price theater for the mass audience. After World War II the Actors' Studio became famous for "method acting," a technique influenced by Stanislavski. New directors rose to prominence, among them Elia Kazan (b. 1909) and José Quintero. The expense of mounting Broadway productions stimulated the development of numerous "off-Broadway" theaters, e.g., the Circle in the Square, where revivals and less commercial plays could be produced. In recent years several repertory companies of note have appeared; the APA Co. in New York is the most widely admired.

MUSICAL COMEDY. The most original of American theatrical institutions is musical comedy, a unique blend of operetta, revue, and burlesque. *The Black Crook,* produced in New York in 1866, is generally considered to be the 1st musical. Among the subsequent landmarks are the sassy, infectious songs of George M. Cohan (1878–1942), the light operas of Victor Herbert (1858–1924), the witty, cosmopolitan lyrics of Cole Porter (1891–1964) and Lorenz Hart (1895–1943), the dynamic and inventive jazz rhythms of George Gershwin (1898–1937), and the sentimental but richly melodious shows of Richard Rodgers (b. 1902) and Oscar Hammerstein II (1895–1960). From the standpoint of musical sophistication and substance, Gershwin's *Porgy and Bess,* 1935, is probably the greatest work of this genre (though it is sometimes termed a "folk opera").

FRANCE

18TH CENT. The tragedies of Voltaire, lifeless imitations of Racine, dominated the French theater of the 18th cent., but quickly vanished from the boards with their author's death. Diderot also tried his hand at comedy with even less success. The only French playwright of lasting importance in this period was Beaumarchais (Pierre Augustin Caron, 1732–99), who achieved immortality with 2 ingenious comedies, *The Barber of Seville,* 1775, and *The Marriage of Figaro,* 1784, which served as the bases for operas by Rossini and Mozart, respectively. The same hero, a common barber, appeared in each, and his skillful handling of aristocratic intrigues represented to theatergoers a new and democratic, even revolutionary, note in French drama.

19TH CENT. The production of Victor Hugo's *Hernani,* 1830, inaugurated the romantic age in French drama. Classical rules of construction were abandoned, comedy and tragedy were mixed, and a new, extravagant emotionalism prevailed. Hugo's success was soon duplicated by Alexandre Dumas *père* (1802–70) in *La* *tour de Nesel,* 1832, by Alfred de Vigny (1797–1863) in *Chatterton,* 1835, and by Alfred de Musset in *Lorenzaccio,* 1833. A reaction against the excesses of the romantics came with the "well-made plays" of Eugène Scribe (1791–1861), which limited themselves to light, amusing situations. In a broader vein Georges Feydeau (1862–1921) perfected the bedroom farce. Meanwhile, serious theater in the 2nd half of the century thrived on the plays of Alexandre Dumas *fils* (1824–95), Henry Becque (1837–99), and Émile Augier (1820–89). Problem plays, such as those of Eugène Brieux (1858–1932), introduced a new realism into the theater. But the outstanding playwright of the period was the anachronistic Edmond Rostand (1868–1918), an impassioned romantic, whose *Cyrano de Bergerac,* 1898, tempered poetry with wit in an exquisite blend.

20TH CENT. The forces that shaped contemporary French theater were gathering at the close of the 19th cent. Maurice Maeterlinck's symbolic dramas made their impact, and in 1896 Alfred Jarry (1873–1907) produced his *Ubu-Roi,* a violent, heavily stylized burlesque of French society. Often considered the 1st modern French play, it anticipated much of the experimental theater that was to follow. In the post–World War I era French drama came into full bloom with such figures as Jean Cocteau (1899–1963), a leading surrealist, whose *Orphée,* 1926, showed him at his best. Also part of the flowering was Jean Giraudoux (1882–1944), who adapted classical situations to modern themes with disarming adroitness (*La Guerre de Troie n'aura pas lieu,* 1935). More recently, Jean Anouilh (b. 1910) has also made use of ancient myths; his best work varies from tragedy to comedy and his interpretations of historical figures are striking. Of slightly less stature, Armand Salacrou (b. 1899) has cast his bitter anti-bourgeois vision in several notable satires.

Several French novelists have successfully adapted their talents to the theater, among them François Mauriac and Henry de Montherlant. During and after World War II existentialism invaded the theater through the works of Jean Paul Sartre (*Les Mains sales,* 1948) and Albert Camus (*Caligula,* 1944). In the 1950's and early 1960's Samuel Beckett, an Irish dramatist writing in French, rose to prominence with such plays as *En attendant Godot,* 1952. The Theater of the Absurd, an antirealistic movement specializing in various forms of irrationalism, bubbled up in the exuberant comedies of Eugène Ionesco (b. 1912).

GERMANY

18TH CENT. The 1st German playwright of significance in the 18th cent. was Gotthold Lessing (1729–81), who left his mark on the theater of his time with the adept folk comedy *Minna von Barnhelm,* 1763, and the prose tragedy *Emilia Galotti,* 1772. Lessing was followed by Goethe, whose plays also had a tremendous impact on the drama of the period, though they survive more as literature than as theater. Among his more stage-worthy works are the domestic drama *Clavigo,* 1774, and the tragedy *Egmont,* 1788. Better suited to the stage were the wild, romantic plays of Friedrich von Schiller, especially the prose melodrama *Die Räuber,* 1780–81, whose revolutionary fervor was imitated and echoed in the *Sturm und Drang* literature of the time. Schiller's most successful verse plays, the product of his later, classical period, were the tragedy *Don Carlos,* 1787, and the historical trilogy *Wallenstein,* 1798–99.

19TH CENT. In the 1st half of the 19th cent. the greatest German dramatists were Heinrich von Kleist, Franz Grillparzer (1791–1872), Friedrich Hebbel (1813–63), and Georg Büchner (1813–37), all tragedians. After 1850 the heroic operas of Richard Wagner (1813–83), especially the tetralogy *Der Ring des Nibelungen,* exerted a great force in the theater. From this pinnacle of romanticism the pendulum swing to naturalism was inevitable, and came with the social protest of Gerhart Hauptmann (1862–1946) in such dramas as *Die Weber,* 1892. Hauptmann's chief disciple, Hermann Sudermann (1857–1928), also made several notable contributions to naturalist drama.

20TH CENT. Sudermann and others carried naturalism into the 20th cent. (though Hauptmann himself abandoned it for various forms of experimental drama). However, in the post–World War I era expressionism came into the foreground, adopting an extreme form of symbolism and endeavouring to project states of mind into concrete externals. The leading expressionists were Georg Kaiser (1878–1945), whose *Von Morgen zu Mittag,* 1916, was produced throughout the world, Ernst Toller (1893–1939), and Frank Wedekind (1864–1918). Other dramatists who appeared in the 1st quarter of the century were Hugo von Hofsmannsthal, author of several verse dramas, and Arthur Schnitzler, whose impressionistic "playlets" dwell on sexual impulses. Meanwhile, in the vibrant Berlin of the 1920's, the greatest German playwright of the century, Bertolt Brecht (1898–1956), appeared. His *epische Theater* was, in its efforts to instruct the audience, both antiromantic and antirealistic. A confirmed Marxist, Brecht leavened his fine sense of theater with lectures on the corruption and dehumanization of class society. *Mutter Courage und ihre Kinder,* 1941, and *Das Leben des Galileo Galilei,* 1943, are among his best dramas.

In the period following World War II the most important work in German theater was done by 2 Swiss writers, the novelist Max Frisch and Friedrich Dürrenmatt (b. 1921). In 1962 Rolf Hochhuth, 1931, a German playwright, scored an international success with *Der Stellvertreter* (*The Deputy*), an attack on the papal policy toward Jews during World War II.

STAGING AND DIRECTION. The greatest director in modern German theater was without question Max Reinhardt (1873–1943), who departed from both the stiff, tradition-bound schools of acting and the new naturalistic movement. Between these 2 extremes Reinhardt found a middle way, which balanced color and theatricality with quasi-realistic acting styles. In the 1920's 2 of Reinhardt's followers, Leopold Jessner (b. 1878) and Erwin Piscator (b. 1893), helped to develop the new expressionist theater in which stylization and symbolism predominated. After World War II Bertolt Brecht's theories of a didactic drama were pre-eminent, and his company, the Berliner Ensemble (East Berlin), is still the most famous in Germany.

SOVIET UNION

PREREVOLUTIONARY DRAMA. Of the 4 best-known Russian playwrights from 1800 to 1850, 3—Pushkin, Lermontov, and Gogol—worked chiefly in other genres. The 4th, Alexander Griboyedov (1795–1829), produced the delightful comedy *Woe from Wit,* 1822. In the 2nd half of the century the dominant dramatist was Alexander N. Ostrovski (1823–86), whose tragicomedies portrayed the author's fatalistic view of life with uncompromising realism. Among other novelists who worked successfully in the dramatic mode were Turgenev and Tolstoy.

Breaking away from the declamation and bathos of the classical acting styles, Stanislavski (Konstantin Alekseyev, 1863–1938) founded the Moscow Art Theater, 1898. There he developed a new naturalistic acting technique in which performers were expected to plumb the depths of the characters they portrayed and bring out the spiritual essence of each. Stanislavski immediately found the ideal material for his purposes in the plays of Anton Chekhov (*Uncle Vanya,* 1900; *The Cherry Orchard,* 1904), tragicomedies in which the characters discover the impossibility of happiness and the inevitability of longing for it. Tragedy for Chekhov was a gradual abrasion rather than a sudden blow. His key disciple was the novelist Maxim Gorky, whose still more gloomy, naturalistic plays include the famous *The Lower Depths,* 1902.

POSTREVOLUTIONARY DRAMA. Under the Soviet regime dramatists, like other authors, have been expected to express the values and beliefs of Marxist ideology and to help to educate the masses. State support for the dramatic arts resulted in the construction of many new theaters and in the expansion of old ones. Of the prerevolutionary playwrights, those who retained prominence were Gorky, Aleksei N. Tolstoy (1883–1945), and Anatol Lunacharski (1875–1933). Among the postrevolutionary figures were Aleksandr Afinogenov (1904–41), author of the propagandistic but penetrating *Fear,* 1930, and Nikolai F. Pogodin (1900–1962), whose didactic play *Tempo,* 1930, showed an understanding of mass psychology. During World War II patriotic anti-Nazi plays prevailed, the best of them being *The Russian People,* 1942, by Konstantin Simonov (b. 1915). Since the period of de-Stalinization began, greater freedom of artistic expression has been permitted, but no major dramatists have yet come forward.

ITALY

18TH AND 19TH CENTS. A great revival in Italian drama took place in the 18th cent., bringing to the fore the comic playwright, Carlo Goldoni (1707–93), and the tragedian, Count Vittorio Alfieri (1749–1803). Goldoni's droll portraits of native life resulted in such masterpieces as *Il Servitore di Due Patroni.* Alfieri projected his hatred of tyranny and his fiery patriotism into a series of preromantic tragedies, of which *Filippo,* 1787, is one of the best remembered.

During the *Risorgimento* patriotic dramas seemed to flow from every pen. The best of these nationalistic plays were those of Giovanni Niccolini (1782–1861), in which the author denounced tyranny and argued passionately for his country's unification. As the realistic movement engulfed Italian letters, a theater of social criticism began to appear, especially in the works of Fausto Martini (1886–1931), Giuseppe Giacosa (1847–1906), and Marco Paga (1862–1929), where adultery recurred as a major theme.

20TH CENT. At the turn of the century Roberto Bracco (1862–1943) became famous for his depiction of Neapolitan life. He was quickly eclipsed, however, by the poet and novelist Gabriele D'Annunzio, author of several spectacularly decadent and sordid dramas which won him a temporary international reputation. Also popular outside Italy, chiefly for *La Cena del Beffe,* 1909, was Sem Benelli (1877–1949).

Both D'Annunzio and Benelli were overshadowed, however, by Luigi Pirandello (1867–1936), Italy's leading modern dramatist and a great force in the theater throughout the world. An intensely cerebral playwright, Pirandello challenged old assumptions about the sacredness of facts, arguing in his plays that truth is subjective and fragmentary. This point of view is set forth with particular ingenuity in *Cosi è (se vi pare),* 1917. *Sei Personaggi in Cerca d'Autore,* 1921, which demonstrates the impenetrability of truth and illusion, is Pirandello's masterpiece. The only recent Italian dramatist to approach major stature is Ugo Betti (1892–1953), whose plays concern themselves with the problems of moral responsibility.

SPAIN

19TH CENT. Romanticism invaded Spanish drama through the works of Francisco Martínez de la Rosa (1789–1862), Antonio García Gutiérrez (1813–84), and José Zorrilla y Moral (1817–93), whose play *Don Juan Tenorio,* 1844, is still performed. In the 1870's a wave of realism began to wash over Spanish drama. In *El Hijo de Don Juan,* 1892, the romantic José Echegaray y Eizaguirre (1832–1916) successfully mixed romanticism and Ibsenesque realism.

20TH CENT. Benito Pérez Galdós (1843–1920), primarily a novelist, further advanced the realistic movement in his didactic plays (e.g., *Alcestis,* 1910), which struck out at injustice and reactionary institutions. Less powerful than Galdós but far more sophisticated in dramatic technique was Jacinto Benavente y Martínez (1866–1954), Spain's greatest modern playwright. His early plays (e.g., *Gente Conocida,* 1896) quickly established him as a masterful satirist. Later he produced several highly imaginative fantasies and the impassioned melodrama *La Malquerida,* 1913, which extended his influence and reputation far beyond Spanish borders. After Benavente the most successful playwrights in modern Spain were the brothers Quintero, Serafín

(1871–1938) and Joaquín (1873–1944), whose unbroken flow of charming peasant dramas won them enduring popularity. Humor, pathos, and compassion are combined in such plays as *Papá Juan: Centenario* (performed in England and America as *A Hundred Years Old*). Also significant is Gregorio Martínez Sierra (1881–1947), who wrote *El Reino de Dios,* 1915.

In terms of international renown, Spain's leading playwright in the 20th cent. was the poet Federico García Lorca (1899–1936), whose romantic verse dramas (e.g., *La Casa de Bernarda Alba,* 1936) are widely performed. Other modern Spanish playwrights of importance are José Pemán (b. 1897), Jacinto Grau (b. 1877), and Enrique Poncela (1901–52).

LATIN AMERICA

MEXICO. The romantic movement provided a healthy stimulus for Latin American drama. In Mexico it resulted in the plays of Ignacio Rodríguez Galván (1816–42), of which *Muños, visitador de México* is the most outstanding. Other playwrights who felt the impact of romanticism were Fernando Calderón (1809–45) and José Peón y Contreras (1843–1907). Social protest emerged in the dramas of Maurice Magdaleno (b. 1906). The 20th cent. has thus far produced 2 figures of noteworthy achievement: Rodolfo Usigli (b. 1905) and Celestino Gorostiza (b. 1904). The growth of Mexican drama has been aided by the establishment of numerous *teatros debolsillo* (pocket theaters).

BRAZIL. Brazil's 1st significant dramas were written in the 2nd quarter of the 19th cent. Particularly memorable is the tragedy *Antonio José ou o Poeta e a Inquisicão,* 1838, by Domingo José Gonçalves de Magalhães (1811–82). In the same year Luis Carlos Martins Pena (1815–48) produced his enduring satire *O Juiz de paz na roca.* Some of the more important romantic dramatists were Francisco Pinheira Guimarães (1832–77) and João Franklin Távora (1842–88). In the contemporary period Brazilian drama has been enriched by playwrights like Joracy Camargo, whose *Deus lhe pague* is known throughout America, and Raoul Raoulian, author of the immensely successful *Robert the Irresistible.* Other significant names are Olwald de Andrade (b. 1890) and Claudio de Souza (b. 1876). The Brazilian government has contributed to the development of theater through various types of subsidy.

CUBA. In Cuba drama thrived in the 19th cent. but fell off sharply in the 20th. For a time, 1900–1910, *bufes cubanos,* a unique brand of political satire, were popular. In the 1930's a similarly indigenous musical form called *zarzuela cubano* found a wide following.

CHILE. Chilean theater boasts 2 figures of distinction, Acevedo Hernández (b. 1886), author of numerous folk plays and realistic dramas, and Armando Moock Bousquet (1894–1942), from whose prolific output of plays *Rigoberto,* 1935, may be singled out.

ARGENTINA. Of the Latin American countries, Argentina boasts the most flourishing theater. Although José J. Podesta (1858–1937) staged the popular *Juan Moreira* in 1886, most Argentine drama of importance began after the turn of the century. Then such plays as *La Piedra de escándolo,* 1912, by Martín Coronado (1850–1919) and *Sobre las ruinas,* 1902, by Roberto J. Payró (1867–1928) established their authors as important playwrights. The greatest modern dramatist in Argentina is the Uruguayan Florencio Sánchez (1875–1910), whose plays (*La Gringa,* 1904; *Barranca abajo,* 1905) depict the clash between old creole families and the new immigrant element. After Sánchez, the most significant figures are Samuel Eichenbaum (b. 1894), a perceptive student of psychology; Alberto Vacarezza (b. 1896), whose great tragedy *Tu cuna fue un conventilla,* 1920, became a long-run success; and Conrado Nalé Roxlo (b. 1898), author of *El pacto de Cristina,* 1945.

SCANDINAVIA

NORWAY. It is Scandinavia's distinction to have produced the 2 playwrights who mark the beginning of modern drama, the Norwegian Henrik Ibsen (1828–1906) and the Swede August Strindberg (1849–1912). With Ibsen began the tide of realism that was to sweep across Europe. Mixing ideas, poetry, and fierce social protest, Ibsen almost singlehandedly revived European drama. His 1st great success was *A Doll's House,* 1879, championing the cause of female emancipation, which stirred the most violent debates from London to Moscow. *Ghosts,* 1881, debunking the middle-class notion of respectable marriage, and *An Enemy of the People,* 1882, exposing small-town venality, were controversial landmarks in a stormy career.

The leading Norwegian playwright after Ibsen is Björnstjerne Björnson (1832–1910), another stern social critic who called attention to many contemporary ills. The most admired of his works is *Beyond Human Power,* 1883.

In the 20th cent. there were no Norwegian dramatists of Ibsen or Björnson's stature, though Gunnar Heiberg (1857–1929) and Nordahl Grieg (1902–43) produced a good deal of interesting work.

SWEDEN. In Sweden, Strindberg stood almost as high as Ibsen, though he evoked less controversy and earned less notoriety. A disturbed and deeply misogynistic personality, Strindberg pioneered the techniques of naturalistic psychology in such plays as *The Father,* 1887, and *Miss Julie,* 1888, where a morbid, almost pathological tone predominates. He was also a forerunner of the expressionist drama that was to flower more fully in the 20th cent. *The Dream Play,* 1890, and *The Spook Sonata,* 1890, with their fascinating evocation of dream states, set the tone for many later developments in modern drama. A contemporary Swedish playwright of international importance is the novelist Pär Lagerkvist.

EASTERN EUROPE

While the art of theater has not flourished in Eastern Europe as it has in Western, neither has it been inactive. Hungary's Ferenc Molnár (1878–1952) created a series of engaging comedies whose cosmopolitan tone has won them an international audience. *The Guardsman,* 1910, and *Liliom,* 1919, are his best-known works. In Czechoslovakia the Čapek brothers, Karel (1890–1938) and Josef (1887–1927), wrote several memorable plays, most notably Karel's *R.U.R.* and *Ze Života hmyzu,* 1921, written in collaboration. Produced in English-speaking countries as *The World We Live In,* this latter play was enthusiastically received.

CHINA

19TH CENT. In 19th-cent. China a traditional theater, relying heavily on stylization and convention, predominated. There were 2 types of plays, *wu* (military) and *wen* (civilian). The former usually dealt with heroism and warfare, the latter with domestic life; in the latter, reverence for the family and scholarly ability were emphatic virtues. Singing generally accompanied both types of drama. Other conventions included a relatively bare, curtainless stage, where a few simple objects signified a larger setting; rhythmical, dancelike movements by the actors; lush, colorful costumes; and the use of men in female roles.

20TH CENT. Under the influence of western drama a new realistic Chinese theater grew up alongside the old. Beginning in 1907, this "talking drama," as it was called, abandoned pure Chinese for the vernacular, *pai-hua,* and gradually spread throughout China. After the "Literary Revolution" of 1919 the new drama soon gained acceptance. It tended to focus on social and economic rather than psychological problems, and revolutionary groups soon seized on it as a medium for propaganda and indoctrination. It has continued to serve this function under the Communist regime. Traditional, conventionalized drama, however, has been allowed to survive—at least until it came under attack at the time of the Great Cultural Revolution. The quality of acting in modern China owed much to the impressive example of Mei Lan-fang (1894–1943).

JAPAN

18TH AND 19TH CENTS. Two traditional forms of extremely stylized drama were pre-eminent in the 18th and 19th cents. These were the No play, an aristocratic genre, and the Kabuki, a more popular form. In the 18th cent. the most distinguished dramatists to write for the Kabuki theater were Chikamatsu Monzaemon (c. 1652–1724) and Takeda Izumo (1688–1756). In the 19th cent. the most popular guardian of Kabuki tradition was the playwright Kawatake Mokuami (1816–93).

The No play was generally an episodic treatment of a Japanese myth or legend; the Kabuki drama, involving ritualistic songs and dances, presented plays of a more worldly nature. Both made use of music (often a flute and drums), a stage open to the audience on 3 sides, chanting and declamation of lines, an all-male cast, and resplendent costumes. The stagehands often mingled with the players during the performance, and as a rule acting was emphasized rather than plot or characterization.

20TH CENT. Both the No and Kabuki theaters (especially the latter) survived as viable genres in the 20th cent. But around 1900 a new naturalistic form of drama began to emerge, one that dealt with everyday life, allowed women to appear on stage, and used the spoken rather than the literary language. It was called *shimpa* (new school). Out of it evolved modern Japanese drama, whose 1st great spokesman was Tsubouchi Shuyo in *Shingakugekiron,* 1905, a treatise on the theater. The new movement which grew up around Tsubouchi contained divergent factions, among them the neo-realistic school of Kikuchi Kan and the idealistic school of Arishima Takeo. Influenced by western playwrights and the Moscow Art Theater, Hijikata Yoshi founded the Tsukiji Little Theater in Tokyo, 1924. Subsequently another actor, Ichiawa Chojuro, organized the Progressive Theater. The groups performed both traditional Kabuki and modern dramas of socialist realism. Because of its left-wing origins, contemporary Japanese theater has retained a strong impulse toward social protest.

INDIA

19TH CENT. The influence of British rule in India tended to foster a realistic westernized theater from the 18th cent. onward. However, after 1850 there was a revival of classical Indian theater through translations from the original Sanskrit into Bengali. This new theater was traditional in its combination of music and dance, artificial and conventionalized subject matter, symbolic stage settings, and stress on acting. Elaborate headdresses were worn to signify particular gods or heroes. Broadly speaking, 2 genres existed: *nataka,* dealing with the exploits of mythic figures, and *prakarama,* treating aspects of everyday life. The guiding theory, known as *rasa,* called for the evocation of an emotional response from the audience, who could thereby attain serenity.

20TH CENT. Classical drama has flourished in this century due, in great measure, to the efforts on its behalf of Sir Rabindranath Tagore. Government subsidies have also helped. Tagore, who adopted the classical form in such plays as *The King of the Dark Chamber,* 1914, is India's best-known modern playwright. English influence is largely represented by the popularity of Shakespeare, who is widely performed. The most popular theater at present is the Prithui, founded in 1943, which tours the country regularly. More modern in technique is the Theater Unit in Bombay, which performs in English, while the Gujarati Theater, also in Bombay, has shown a preference for plays of social criticism. Other dramatic groups are the Madras Theater, with a repertory of religious plays, and the Indian National Theater, which tours farms and factories. Among Indian dramatists writing in English, Bharati Sarabhai has achieved special distinction with plays like *The Well of the People,* 1943.

AFRICA

In recent years a formal African drama has begun to take shape. Various African dance troupes have toured Europe and the U.S., and the South African jazz opera, *King Kong,* created a sensation in London in 1962. In addition, numerous theatrical groups have been formed, most notably the Mbari Club in Nigeria and the Ogunmola Folk Opera. In South Africa a National Theater was founded in 1948 with a government subsidy.

Among African dramatists the most eminent are Wole Soyinka of Nigeria, whose plays (e.g., *A Dance of the Forest*) dramatize the impact of western culture on the African mind; J. P. Clark (b. 1935), also of Nigeria, who enjoyed a notable success with *Song of a Goat;* and B. H. Khakleta of Botswana.

Newspapers, Periodicals, and Journalism

GREAT BRITAIN

EARLY NEWSPAPERS. In London at the end of the 18th cent. the *Morning Post* (founded as the *Morning Post and Daily Advertising Pamphlet,* 1772) rose to prominence. The *Times,* begun by John Walter (1739–1812) in 1785, reached a circulation of 5,000 by 1815. The editorial genius of Thomas Barnes (1785–1841) helped make the paper a national institution. In 1880 the *Evening Standard* was begun and, in 1881, the *Evening News.* The *Daily Mail,* 1896, introduced numerous typographical innovations.

In the provinces the *Manchester Guardian,* 1821, won national fame as a Whig organ and exponent of liberalism. Other important provincial journals were the *Yorkshire Post,* 1854, the *Liverpool Daily Post,* 1855, and the *Birmingham Daily Post,* 1857.

A crucial event in the history of British journalism was the abolition of the stamp tax, 1855, part of the "taxes on knowledge." With the elimination of these taxes and the consequent rise of the "penny newspaper" (the 1st in London was the *Daily Telegraph and Courier,* later the *Daily Telegraph,* founded 1855), English newspapers burgeoned. Between 1855 and 1857 over 100 new papers were established.

Notable newspapers of the past century which expired through discontinuance or merger include *Morning Chronicle,* 1769–1862; *Daily News,* 1846–1930 (edited for a time by Charles Dickens); *Pall Mall Gazette,* 1865–1925; and *St. James's Gazette,* 1880–1903.

EARLY PERIODICALS. One of the earliest and most famous of British periodicals was the *Spectator,* published by Joseph Addison and Richard Steele. Half a century later Samuel Johnson brought out the *Rambler,* 1750-52, which won similar fame. Perhaps the greatest of British periodicals, the *Observer,* 1st appeared in 1791. During the 19th cent. 3 British periodicals achieved international renown: the *Edinburgh Review,* 1802, the *Quarterly Review,* 1809, and *Blackwood's Magazine,* 1817. The popular Sunday newspaper, *News of the World,* 1843, emphasized crime and sports.

20TH CENT. The *Daily Express,* 1900, founded by C. Arthur Pearson (1866–1921), became the 1st British paper to publish lead stories on the front page. Lord Beaverbrook (1879–1964) acquired control in 1922, and by 1966 the circulation had reached 4 m. In 1903 the *Daily Mirror* was established by Alfred Harmsworth (1865–1922), who made it the 1st halfpenny illustrated tabloid in England. The *Daily Sketch,* 1909, another illustrated tabloid, absorbed the *Daily Graphic,* 1869, in the 1920's, becoming for a time the *Daily Sketch and Graphic.* In 1911 the *Daily Herald* was established as an organ of the Labour Party. It passed into the hands of the T.U.C. (Trade

Union Congress) in 1929 and later, 1961, the *Daily Mirror* group (International Publishing Corp.) gained a controlling interest. In 1964 this group replaced the *Daily Herald* with the *Sun*. In the 20th cent. the *Times* has maintained its reputation as the most influential British newspaper. Alfred Harmsworth (owner from 1908 to 1922) introduced numerous modernizations, and George Geoffrey Dawson (editor, 1912–19 and 1923–41) provided an independent-minded editorial policy.

In the provinces the *Yorkshire Post, Birmingham Daily Post,* and *Liverpool Daily Post* have remained among the major organs. The *Manchester Guardian,* also one of the leading journals of opinion, became the *Guardian* in 1960 and began to appear in London as well as in Manchester.

Among the more important journals of opinion founded in the 20th cent. are the *Times Literary Supplement,* 1902, the *Listener* (a publication of the British Broadcasting Corp., founded 1929), and the cultural review *Encounter,* 1954.

FREEDOM OF THE PRESS. In the 18th cent. government harassment of the press was a frequent occurrence. John Walter, publisher of the *Times,* and the poet Leigh Hunt were among those who paid with jail sentences for having given offense to men of power. However, important victories in the struggle for the freedom of the press were: 1763, when John Wilkes (1727–97), publisher of the *North Briton,* was acquitted of "seditious libel"; 1771, when another libel case determined (though unofficially) the right of newspapers to publish parliamentary debates; 1792, when the passage of Charles Fox's libel law guaranteed a jury trial in cases of alleged defamation; and 1855, when the stamp tax was abolished.

Though not specifically protected by law, British journalists enjoy the protection of tradition. Apart from restrictions against libel (more stringent than those in the U.S.), sedition, blasphemy, etc., governmental interference in the workings of the press is practically nonexistent. As a result of this a broad spectrum of political opinion finds expression. However, charges of slackening standards and excessive concentration of ownership prompted an investigation by a Royal Commission, 1949. As a consequence the industry began to exercise a self-regulating function through a body called the Press Council.

UNITED STATES

EARLY NEWSPAPERS. In 1783 the *Pennsylvania Evening Post,* founded by Benjamin Towne, became the 1st American daily. It was followed the next year by the *Pennsylvania Packet and Daily Advertiser.* During the same period most newspapers developed a vehemently partisan tone, acting as spokesmen for particular parties and distorting the news accordingly. Trumpeting the Federalist cause was the *Gazette of the U.S.,* 1789–1818, founded in New York by John Fenno, while Philip Freneau's *National Gazette,* 1791–93, a Philadelphia paper, briefly looked after the interests of the Jeffersonian Republicans. After 1800 some of the most influential party papers were the Washington *National Intelligencer,* 1800, organ of the Jefferson administration, and the New York *Evening Post,* 1801, controlled in its early days by Alexander Hamilton and edited from 1829 to 1878 by William Cullen Bryant.

PENNY PRESS. The advent of the "penny press" marked a new era in American journalism. Selling for a penny rather than the normal 6 c., these papers were noted for their small size, their appeal to low-income groups, their exposés of social abuses, and their use of human-interest stories. In addition, the emphasis on timeliness in the penny press resulted in the development of swifter and more efficient means of transmitting news.

The history of the penny press began with the establishment, 1833, by Benjamin H. Day of the New York *Sun.* Within a decade the *Sun* had 2 powerful competitors: the New York *Herald,* created, 1835, by James Gordon Bennett (1795–1872), and the New York *Tribune,* begun, 1841, by Horace Greeley (1811–72). Rivals for 30 years, Bennett and Greeley towered over all other editors, the former famous for innovations and organizational ability, the latter a renowned crusader and abolitionist. Elsewhere in the country, the penny (or twopenny) press was represented by the *Republican* (1844, Springfield, Mass.), the *Picayune* (1836, New Orleans), and the Baltimore *Sun,* 1837.

West of the Appalachians journalism arrived with the *Pittsburgh Gazette,* 1786. Among other important papers in the West and Midwest were the *Indiana Gazette,* 1808, the Chicago *Democrat,* 1833, the *Minnesota Pioneer,* 1849 (later the St. Paul *Pioneer*), the *Alta California,* 1849, and the Hawaii *Polynesian,* 1840–64.

During the Civil War rigid censorship was imposed on the press, and several papers were suspended, notably the New York *Daily News,* founded 1855, and the Chicago *Times,* founded 1854. In the Reconstruction era, such papers as the Chicago *Daily Tribune,* founded 1847, and the New York *Sun* emerged as powerful organs; the latter owed its greatness to the editorial genius of Charles A. Dana (1819–97). These years also saw efforts, largely successful, by many papers to free themselves from specific party ties.

BEGINNING OF MODERN JOURNALISM. Modern American journalism dates from the last quarter of the 19th cent., when Joseph Pulitzer (1847–1911) founded the St. Louis *Post-Dispatch* and, purchasing the New York *World,* transformed it into the most popular paper in the country. The *World* was lively and well written, set generally high standards of reportage, and involved itself in numerous crusades. Two of its rivals for the huge New York readership were the New York *Sun* and the New York *Herald.*

YELLOW JOURNALISM. After a youthful success with the San Francisco *Examiner,* William Randolph Hearst (1863–1951) came to New York in 1895 and bought the *Journal.* In its pages a new style of writing was born: yellow journalism. So called because of a Hearst comic strip, "The Yellow Kid," this term came to designate such journalistic techniques as a reliance on pictures, a Sunday supplement (with a special magazine and comics), stories of a lurid, sensational nature, and large headlines. A great rivalry developed between the Hearst and Pulitzer papers, with the *World* soon perfecting its own brand of sensationalism in order to stay in the race. Elsewhere in the country the influence of yellow journalism made itself felt, and the impact of this style on American—and even world—journalism has been immense.

It was during this period, however, that a different kind of paper came to maturity in *The New York Times.* One of the world's great newspapers, the *Times* attained prominence under the editorship of Adolph S. Ochs (1858–1935), who emphasized dignity, objectivity, and conservatism, adopting the slogan "All the news that's fit to print." Maintaining extremely high standards of reportage in domestic and foreign affairs, the *Times* rose to a position of unrivaled prestige among American papers.

NEWSPAPER CHAINS. Newspaper chains became a prominent feature of American journalism at the end of the 19th cent. The 1st was the E. W. Scripps empire, which included the Cincinnati *Post,* the Kentucky *Post,* and the Cleveland *Press.* In 1922 the organization became Scripps-Howard, and soon added the Pittsburgh *Press* and the New York *Telegram,* which was later merged with the *World* and the *Sun.*

The most famous of the newspaper chains was William Randolph Hearst's, which began with the San Francisco *Examiner* and the New York *Journal.* On this foundation Hearst went on to build a journalistic empire that eventually included 40 daily papers. His personal power reached its apex in 1898, when the sensational jingoism of the papers he controlled created a favorable atmosphere for the U.S. declaration of war on Spain. Other organs he founded were the Boston *American,* 1904, and the Chicago *American,* 1900.

Second only to Scripps and Hearst was Frank Munsey (1854–1929), who in 1916 acquired the New York *Sun,* the *Evening Sun,* and the *Press,* merging the *Press* and the *Sun.* Munsey's career consisted largely of such consolidations. In 1924, for example, he combined the *Mail and Express* and the *Telegram.*

RISE OF THE TABLOID. Still another crucial chapter in the history of American journalism began at the turn of the century when the "tabloids" were born. Beginning with the redesigned New York *World,* 1 Jan., 1900, the tabloid soon came to be characterized by extensive use of photographs, a highly compressed style, and a small 4-column page. Most successful of the New York tabloids was the *Daily News.* Founded in 1919, it captured the largest readership of any daily in America.

In recent years there have been numerous discontinuances and mergers, particularly in New York. The number of New York dailies has diminished from 6 in the 1950's to 3 in the late 1960's. The most dramatic loss was the death of the *World Journal Tribune* (a merger of the *Journal American,* the *World Telegram & Sun,* and the *Herald Tribune*), 1967.

PERIODICALS. The 1st American periodical, Andrew Bradford's *American Magazine,* appeared in Philadelphia in 1741. Outstanding magazines founded in the years 1800–1850 were the *North American Review,* 1815–1940; the transcendentalist *Dial,* 1840–44; *Youth's Companion,* 1827–29; and the *Saturday Evening Post,* 1820. *Harper's New Monthly Magazine,* 1850, became the 1st quality magazine by introducing woodcut illustrations and imported English serials. The *Atlantic Monthly,* 1857, began under James Russell Lowell's editorship. The *Nation,* still a leading political organ, was founded in 1865.

In the 20th cent. the pre-eminent periodicals empire builder was Henry Luce, founder of *Time,* 1923, and *Life,* 1936. Huge success has also been enjoyed by the *Reader's Digest,* 1922. On a more sophisticated level, such "little magazines" as the *Little Review,* 1914–29, and the *Double-Dealer,* 1921–26, specialized in avant-garde writing, and helped to give new authors their first audience. *Poetry,* 1912, began as a little magazine and grew into an established literary organ. *The New Yorker,* founded in 1925 by Harold Ross and famous for both cartoons and advertisements, also became the most influential literary magazine in the U.S. Economic problems, however, have caused a steady shrinkage in the numbers of magazines published since World War II, and mergers and discontinuances have been frequent.

FRANCE

EARLY NEWSPAPERS AND JOURNALISM. The 1st French daily, *Journal de Paris,* was founded in 1777 and survived until 1819. It was followed by *Journal des débats* (1789; discontinued, 1939) and *Moniteur* (*Gazette nationale, ou le moniteur universel*), founded in 1789, which provided official news. In 1826, one of France's best known papers, *Le Figaro,* came into existence. The appearance 10 years later of *La Presse,* founded by Émile de Girardin (1806–81), and *Le Siècle* marked the beginning of inexpensive papers aimed at a mass market. Within a few years *La Presse* could claim a readership of 20,000 and *Le Siècle* of 38,000.

The next major development in French journalism was the passage of the *Loi Tinguy,* a law stipulating that all newspaper articles had to be accompanied by their authors' names. A lasting result of this law is the high percentage of signed articles in French papers; journalists in France are generally better known to the public than in other countries.

The French halfpenny press was born when *Le Petit journal* was founded, 1863, by Moïse Polydore Millaud. Accentuating crime and scandal, *Petit journal* appealed to a mass audience and soon had countless rivals.

In the last quarter of the 19th cent. French papers began to shift their emphasis from analysis of political situations to a relatively objective presentation of the news. Factual reporting—especially extensive coverage of foreign affairs—gave rise to a new species of newspaper known as the *journal d'information,* of which leading examples were *Écho de Paris,* 1884, and *Le Matin,* 1884.

French provincial newspapers of the 19th cent. remained stubbornly independent of Paris, and often surpassed the Parisian journals in the collection of domestic news. Among those which became nationally famous were *La Dépêche* of Toulouse, *Le Petit Marseilles,* and *La Petite Gironde* of Bordeaux.

MODERN JOURNALISM. Modern French journalism has provided an unusually broad spectrum of political opinion. *L'Humanité,* 1904, was created by Jean Jaurès as a Socialist organ, but in 1920 became Communist and has continued to speak for the Marxist point of view. On the right *L'Action française* fought for the royalist cause after World War I, and in the political center *Le Quotidien,* 1919, struggled to preserve France's republican institutions.

At the time of the Nazi invasion Paris possessed some 25 dailies. This total was quickly reduced to 6, of which *Le Petit Parisien* and *Le Matin* (among others) continued to appear throughout the occupation with the approval of the Germans. Simultaneously, a defiant underground press was born, including such papers as *Combat* and *Libération.*

Following the liberation of France, 1944, only those papers which had resisted the Germans were allowed to continue: *L'Humanité, Le Populaire* (Socialist, 1920), *Le Figaro* (moderate), and *L'Aube* (Christian-Democrat). As a result many new papers sprang up. By the mid-1960's the 2 leading dailies were both of recent origin, *France-Soir* and *Le Parisien libéré. France-Soir* proved especially successful at adopting American-style emphasis on headlines, pictures, and accounts of crime. *Le Figaro* became famous for its coverage of literary and social activities, while *Le Monde,* another product of the postwar era, maintained very high journalistic standards and commanded a respect extending far beyond the borders of France.

PERIODICALS. The 1st French periodical was the *Journal des scavans,* founded in 1665. The 18th cent. saw the birth of numerous imitations of the English *Spectator,* the best being *Le Pour et contre,* 1733–40, written by the Abbé Prévost. In the 19th cent. France possessed one of the world's most famous cultural reviews, *Revue des deux mondes,* 1829–1944. During the same period *L'Illustration,* 1843–1944, achieved international renown for its pictures.

In present-day France *Paris-match,* 1949, a weekly illustrated magazine, and *Marie-Claire,* 1954, a woman's magazine, are especially popular, as is a French translation of *Reader's Digest. Réalités,* modeled on American magazines, is noted for its lush illustrations. In the cultural sphere, the *Revue de littérature, histoire, arts et sciences des deux mondes* came into being in 1948 to replace the old *Revue des deux mondes.*

GERMANY

EARLY NEWSPAPERS AND JOURNALISM. Notable German newspapers of the 18th cent. included the *Hamburgischer Correspondent,* 1714, the *Spener'sche Zeitung,* 1749, of Berlin, and the *Hamburger Nachrichten,* 1792. Renamed the *Berlinische Nachrichten,* the *Spener'sche* survived until 1827. During the period of Napoleonic domination the German press was used as a propaganda organ by the French. Even after the liberation of Germany, however, strict supervision of the press continued.

Among 19th-cent. German papers the *Allgemeine Zeitung,* 1798, was perhaps the most famous. Founded by Johann Friedrich Cotta (1764–1832) at Tübingen, it shifted its location during the next 50 years to Stuttgart to Augsburg to Munich. The intense revolutionary activity of the 1st half of the century found its voice in numerous short-lived organs. Also in sympathy with the insurgents were such established papers as the *Kölnische Zeitung,* 1804.

The period 1850–1900 was an era of phenomenal expansion in German journalism. Such papers as the *Frankfurter Zeitung,* 1856, became nationally famous, and by 1900 there were some 45 dailies in Berlin alone. It was also during this period that Leopold Ullstein laid the foundations of his great newspaper empire (known as the House of Ullstein) by purchasing the *Berliner Zeitung,* 1877.

20TH-CENT. NEWSPAPERS. *Der Tag,* founded in 1900, soon became a major Berlin daily, and this and other papers enjoyed extraordinary freedom (by previous standards) from government control under the Weimar Republic, 1919–32. During this period German newspapers were divided into the *Gruppenpresse* (organs of particular political, social, and religious movements) and a *Massenpresse* (the big-city dailies with a mass circulation and a more or less objective style of reporting). It was also at this time that several publishing empires grew up. The most notable of these was the House of Ullstein, which included the *Berliner Morgenpost,* the *Vossische Zeitung, Tempo,* and *BZ am Mittag* (formerly *Berliner Zeitung*).

Rivaling the Ullstein chain in size and power were the papers controlled by Alfred Hugenberg, leader of the Nationalist Party. These included *Der Tag* and the *Berliner Nachtausgabe,* 1924. Another combine, founded by Rudolf Mosse, included the *Berliner Tageblatt,* the *Volkszeitung* and the *Morgenzeitung.*

The nature of German journalism changed abruptly on the accession of Adolf Hitler, 1933. Freedom of the press was suspended unconditionally, Jewish newspaper owners were eliminated, and hundreds of papers ceased publication. The *Deutsche Nachrichtenburo* (DNB) was created to supersede all other news agencies. Hitler's personal organ, the *Völkische Beobachter,* 1920, became one of the leading papers in the country, together with such state-controlled journals as *Angriff,* 1927, and *Hitlerjugend.* As propaganda minister, Joseph Goebbels was absolute monarch of the German press.

In the postwar period, under allied occupation, a new German press was born. *Der Kurier* was founded by the French, *Telegraf* by the British, *Tagesspiegel* by the Americans, and *Tagliche Rundschau* by the Russians. After the establishment of the Federal Republic, many new papers were created, old ones reappeared, and occupation papers became permanent. In the late 1960's the largest readership in West Berlin had been attained by *Morgenpost* and *BZ am Mittag,* 2 revivified pre-Hitler papers. Of lower circulation but higher quality are *Der Tagesspiegel* and *Telegraf,* 2 surviving occupation papers. In East Berlin 8 daily papers flourish.

PERIODICALS. The earliest German periodical was *Acta eruditum,* 1682–1731. In the 18th cent. *Der Vernunftler,* 1713, and *Die lustige Fama,* 1718, achieved fame by adopting the style of Addison and Steele's *Spectator.* Later in the century C. M. Wieland's *Der Teutsche Merkur,* 1773–1810, was a leading literary periodical, while the *Jenaische Allgemeine Litterature-Zeitung,* 1804–41, became famous under Goethe's editorship. Political ferment bubbled up in the pages of the *Jahrbucher für wissenschaftliche Kritik,* 1827–46. In the 2nd half of the 19th cent. the *Deutsche Rundschau,* 1874, became an influential journal.

In the 20th cent. the status of the periodical press in Germany has varied with the political situation. In the post-World War II era, however, a certain stability was achieved, and by 1960 there were over 4,000 German periodicals, among them the *Deutschland Review,* 1949, *Spiegel,* 1947, *Die Besinnung,* 1946, and the picture magazine, *Zeit und Bild,* 1947.

SOVIET UNION

PREREVOLUTIONARY NEWSPAPERS. Although newspapers existed in Russia as early as 1703, the brutal repression enforced by successive czars stunted the growth of Russian journalism until the 19th cent. By then such papers as *Novaye Vremya* had become famous. Meanwhile, revolutionaries seized on the press as a means of disseminating their ideas, and the results included *Kolkol* (*Bell*), founded in London, 1857, by refugees, and *Novaya Zhizn* (*New Life*), established, 1905, by Lenin.

SOVIET JOURNALISM. After 1917 the Russian press became an arm of the government. By 1966 there were some 6,000 daily newspapers in the Soviet Union, some national, some issued by individual republics, and some municipal. These papers appeared in a total of 60 different languages, the chief ones being Russian, Byelorussian, Uzbek, and Ukrainian.

The foremost paper in the Soviet Union is *Pravda* (*Truth*), official organ of the Communist Party (1966 circ., 7 m.). Regional editions appear throughout the USSR. *Pravda* generally consists of from 4 to 8 pages, is conservatively designed, avoids sensationalism, and emphasizes politics, science, and education. Second only to *Pravda* in influence is *Izvestia* (*Spark*), the chief publication of the Presidium of the Supreme Soviet (1966 circ., 8.3 m.). Publications aimed at specific groups within the Soviet Union include *Trud* (trade unions) and *Selskaya Zhizn* (agriculture). The official Soviet news agency is *Telegrafnuye Agentstvo Sovietskovo Soyuza* (TASS), which provides both domestic and foreign news.

PERIODICALS. The 1st Russian journal was *Yezhemyesyatchnüya Sochinemiya* (*Monthly Works*), founded in 1755. Among the most popular of Soviet magazines today are *Krokodil,* a humorous publication often used to satirize the West, and *Novy Mir* (*New World*), a cultural journal.

OTHER EUROPEAN COUNTRIES

ITALY. Italy's largest paper is *Corriere della séra,* published in Milan. Other important dailies are *Unità* (Communist), Rome; *La Nuova Stampa,* Turin; and *Il Tempo,* Rome. In 1962 there were 95 Italian dailies. A unique aspect of the Italian press is the so-called *terza pagina,* or "3rd page," where cultural news is discussed.

SPAIN. By 1962 Spain was supporting over 100 dailies. At present the largest is *A.B.C.* Of the numerous papers in Madrid, *Ya* (Catholic) and *Arriba* (Falangist) are among the most popular. All Spanish papers are subject to strict government censorship.

PORTUGAL. Severe government repression has hampered the growth of a press in Portugal. The highest circulation in the country has been achieved by 2 dailies, *Diario de noticias* and *Diario Popular.* By 1962 there were 25 dailies in Portugal.

BELGIUM. The biggest of the Belgian newspapers are issued in Brussels, *Le Soir* and *Het Laatste Nieuws.* In Antwerp the major organ is *Gazet van Antwerpen.* In 1962 there were 47 dailies, 18 of them Flemish, 28 French, and 1 German. In Belgium freedom of the press is constitutionally guaranteed.

NETHERLANDS. The largest Dutch paper is *Het Vrije Volk,* a Socialist paper published in Amsterdam, Groningen, Rotterdam, and Arnhem. *Het Parool* and *De Telegraaf* (both independent) are the next largest. The oldest Dutch newspaper is *Oprechte Haarlemsche Courant,* founded in 1656. There were 93 newspapers in the Netherlands in 1964.

DENMARK. Copenhagen's *B.T.* has the largest readership in Denmark, while the *Berlingske Tidende* is the oldest paper in the country and the most respected. Next in popularity is the *Politiken,* a Liberal organ. In 1962 there were some 81 dailies in Denmark.

SWEDEN. The 3 most popular dailies in Sweden are *Dagens Nyheter, Expressen,* and *Aftonbladet,* all originating in Stockholm. The oldest paper is *Norrkopings Tidningar,* founded in 1758. In 1962 there were more than 94 dailies in the country.

SWITZERLAND. The multiple languages of Switzerland appear to have encouraged the growth of newspapers. In 1962 there were no less than 127: 67.5% German, 26% French, and 4.5% Italian. *Tages-Anzeiger* is the largest Swiss paper.

AUSTRIA. One of the major Austrian papers today is the influential *Die Presse* (independent). Like most present-day Austrian papers, it was founded after World War II. Earlier papers included the *Wiener Zeitung,* the official government newspaper, and the *Arbeiter Zeitung* (Socialist). Two organs represent the majority People's Party, *Österreichische Neue Tageszeitung* and *Das Kleine Volksblatt,* a tabloid.

GREECE. The poverty of modern Greece has prevented the development of a flourishing newspaper industry, though by 1964 there were no less than 95 dailies in the country. Athens is the center of activity, supporting over 20 dailies; of these *Akropolis* has the largest readership. Among the most distinguished papers are the Athenian *Kathimerini* and the Salonikan *Makedonia.*

FINLAND. The major paper is *Helsingin Sanomat* and the oldest is *Åbo Underrättelset,* 1824. In 1962 Finland had 91 dailies, 11% printed in Swedish.

EASTERN EUROPE. The press in the Communist states of Eastern Europe is, in general, in the service of party and government. In Czechoslovakia the official Communist organ, *Rudé Pravo,* has the largest circulation. Other important dailies are *Mladá Fronta* (*Youth League*) and *Prace* (*Labor*). In Hungary journalistic activity is centered around *Nepszabadság,* the party newspaper. In Rumania the trade unions are represented by *Munca,* the government by *Romînia Liberiă,* and the party by *Seînteia.* In Bulgaria the major newspapers are *Zemedelsko Znam* (Peasant Union), *Otechestven Front* (Fatherland Front), and *Rabotnichesko Delo* (Communist Party). In Yugoslavia newspapers are printed in 2 alphabets, Cyrillic for Serbia, Montenegro, and Macedonia, and Latin for Croatia and Slovenia. The party newspaper is *Borba.* Other leading organs are *Vjesnik* (Zagreb), *Oslobodjenje* (Sarajevo), and *Politika* (Belgrade). Of the Communist countries, Poland possesses the most independent press, and a relatively objective form of reporting prevails. The official party organ is *Trybuna Ludu,* while the highest circulation is possessed by *Express Wieczovny.*

LATIN AMERICA

EARLY NEWSPAPERS. The 1st regular newspaper in Latin America, *Gaceta de México,* appeared in 1722. *Diario de México* and *Diario de Veracruz,* both founded in 1805, were the 1st daily papers. Among the oldest journals still publishing in South America are *La Capital,* 1867, in Argentina, and *Diario de Pernambuco,* 1825, in Brazil. A major hindrance to the growth of journalism in the 19th cent. was censorship, exercised 1st by the Spanish and Portuguese authorities and later by the governments of the newly independent republics.

20TH CENT. In 1962 there were about 900 daily newspapers publishing in Latin America. The states which contributed most heavily to this total were Brazil (200 dailies), Mexico (140), Argentina (150), and Peru (60). The actual readership, however, of these numerous papers was rather low because of widespread illiteracy. At present a few papers, like *La Razón* and *Clarin* of Buenos Aires, reach a fairly large audience, but the majority of dailies do not sell more than 50,000 copies. The most famous journal in South America is undoubtedly *La Prensa* of Buenos Aires.

PERIODICALS. Among the major periodicals in Latin America in 1964 were Mexico's *Tiempo,* a news magazine modeled on *Time;* Argentina's *Veritas,* which stresses business reports; and Brazil's *O Cruzeiro,* a picture magazine with the largest circulation in the area. Latin American editions of *Life* and *Reader's Digest* are also popular.

ASIA

CHINA. Modern Chinese newspapers began in the 19th cent. The 1st paper intended for the general public was the English-language *Canton Register,* 1827. Other English-language papers followed, among them the *China Mail* of Hong Kong, 1845, with Andrew Shortrede as editor. Chinese-language papers began to appear in 1858 with a translation of the *China Mail* called *Chung Ngoi San Pao.* Soon afterward many Chinese-language papers were founded, the most important of these being *Shun Pao* of Shanghai.

The liberal constitution promulgated after the revolution of 1911 encouraged the growth of newspapers. By 1921 over 500 dailies were in existence. *Sin Wan Pao* of Hong Kong reached a circulation figure of c. 350,000, with *Shun Pao* not far behind. After the Communist takeover, 1949, all newspapers in China were subordinated to the party. By the late 1950's nearly 800 dailies were being issued throughout the country, the most important being *Jen Min Jih Pao* (*People's Daily*). The official news agency is Hsin Hua. Nationalist China supports 30-odd dailies, including 3 in English. The largest paper in Taiwan is *Chung Yang Jih Pao.*

JAPAN. The 1st Japanese newspaper was the *Shipping List and Advertiser,* 1861, of Nagasaki, an English-language journal. The 1st Japanese-language paper was *Shimbunshi,* 1864. After the Meiji Restoration, 1868, Japanese journalism began to burgeon, and newspapers sprang up in Tokyo, Yokohama, and Kyoto. The Tokyo *Nichi-Nichi,* 1872, and the Osaka *Mainichi,* 1876, were 2 of the most successful of the new papers. Meanwhile the coverage of foreign affairs was improved by the sophisticated Tokyo *Asahi* 1888, and Osaka *Asahi,* 1879.

After World War II Japanese newspapers were strictly supervised by the allied authorities. Gradually control was lessened, and by 1962 Japan could claim 100 dailies with a combined readership of 39 m. In Tokyo 3 papers dominate: *Yomiuri, Asahi,* and *Mainichi.* Also publishing in Tokyo is the *Nippon Keizai Shimbun* (the "Japanese *Wall Street Journal*"). In Osaka, *Asahi* and *Mainichi* are the largest papers.

INDIA. The 1st Indian newspaper, the *Bengal Gazette or Calcutta General Advertiser,* was launched in 1780 by James Augustus Hickey. It was followed the same year by the *Indian Gazette or Calcutta Advertiser,* which dealt mainly with East India Co. affairs. Vernacular papers began with the *Digdarshan,* 1818, published in Bengal. A prime mover in the journalism of this period was the religious leader Ram Mohan Roy, who started *Mirat-ul-Akhbar,* a Persian-language weekly, in Calcutta. Later he lent his support to *Banga Dutt* (*Bengal Herald*), whose multilingual editions included Persian, Hindi, and Bengali.

In 1962 India possessed 300 dailies—76 in Hindi, 42 in Urdu, 33 in English, and the remainder in other languages. Among English-language papers, the leading organs are the *Times of India* of Bombay, founded in 1838; the *Amvita Bazar Patrika,* 1860, a Calcutta paper; and the *Tribune,* 1881, of the East Punjab. The largest non-English dailies are the Bengali *Ananda Bazar Patrika* of Calcutta and the Hindi *Naubharat Times* of New Delhi. Other prominent non-English dailies are the Tamil *Thanthi* and the Telugu *Andhra Patrika,* both of Madras.

OTHER ASIAN COUNTRIES. In Pakistan perhaps the most influential daily is *Dawn,* which appears in many languages. The *Pakistan Times* of Lahore is the leading English-language paper. In the Philippines the 1st regular newspaper was *Del Superior gobierno,* 1811, and the 1st daily, *La Esperanza,* 1846. At the present time the largest daily is the *Manila Times,* founded in 1848. In Indonesia the earliest paper was the *Bataviase Nouvelles,* a weekly founded in 1744. The leading journal today is *Indonesia Raya.* Burma's oldest paper is the *Hanthawaddy,* 1889. In Singapore, the *Straits Times,* founded in 1845, is still one of the leading papers, while in Malaysia the *Malay Mail,* 1896, retains its importance. In Ceylon the Sinhalese and Tamil tongues are represented by the *Dinamina* and *Thinakaran* respectively.

MIDDLE EAST AND AFRICA

TURKEY. The Turkish press has, in general, suffered from official restriction and governmental interference. The largest paper in the country is *Hürviyet* of Istanbul, a Turkish-language journal, but newspapers also appear in Greek, Armenian, English, and French. In Istanbul alone over 40 individual dailies are published, and in Turkey as a whole over 300 were in existence in 1962.

EGYPT. Although newspapers were printed for a short time on Napoleon's orders in 1798, the 1st permanent Egyptian paper was an official gazette printed in 1828 by Mohammed Ali. A true Egyptian press emerged in the 2nd half of the 19th cent., and by 1865 there were 12 papers in Cairo and 2 in Alexandria. The oldest and most influential Egyptian journal is *Al Ahram,* 1875, which pioneered the use of foreign correspondents and introduced linotypes with Arabic characters at the turn of the 20th cent.

OTHER MIDDLE EASTERN COUNTRIES. In Iran the 1st regular newspaper was *Rúznáma,* 1851, of Teheran, and the 1st daily, *Khulásatul-Hawádith,* 1898. At present *Ettela'at,* 1925, is the leader. In Lebanon, though journalistic activity was slight until recently, the country now supports more than 30 dailies, most of them in Beirut. In Syria, the press is of similarly recent origin, yet by 1962 there were c. 20 Arabic-language dailies in publication. In Iraq daily newspapers have existed since 1914, when the *Baghdad Times* (later the *Iraq Times*) was founded. In Jordan there are 6 dailies, and in Saudi Arabia, 2: *Al Bilad* and *Um Al Quarah.* In Palestine, the 1st Hebrew-language daily was *Haheruth,* 1909. After the state of Israel was established, journalism flourished, and by 1962 there were 23 dailies being published in, among others, the Hebrew, Yiddish, German, and Bulgarian languages. The largest Israeli paper is *Ma'ariv,* 1948.

SOUTH AFRICA. Journalism in South Africa dates from the publication in 1800 of the *Capetown Gazette* and *African Advertiser.* In the mid-20th cent. the most influential English-language papers are the *Cape Times,* 1876, the *Cape Argus,* 1857; and, in the Transvaal, the *Star, Rand Daily Mail,* and *Sunday Times.* Afrikaans-language papers include *Die Burger* of the Cape, *Die Vaderland* of Johannesburg, and *Die Volksblad* of Bloemfontein. The 1st African-language newspaper was the Xhosa *Imvo Zabantsundu,* 1884. More than 20 African-language papers exist today.

FRENCH-SPEAKING AFRICA. In Tunisia there are 5 dailies at present, 2 in Arabic and 3 in French; the largest is *L'Action.* In Algeria 7 dailies are published in French and Arabic; *L'Écho d'Alger* is the best known. In Morocco there are 11 dailies, in Spanish, French, and Arabic.

ENGLISH-SPEAKING AFRICA. In the mid-20th cent. 7 Arabic- and 2 English-language dailies were appearing in the Sudan; in Ghana, 5, all in English; in Nigeria, 22; in Kenya, 4; in Sierra Leone, 2; in Liberia, 1; and in Tanzania, 6.

In all of Africa, c. 1962, there were some 230 dailies in publication.

Cinema, Radio, and Television

CINEMA

SILENT FILMS. The foundations of the art of the motion picture were laid in several different countries. The American cinema was responsible for the following landmarks in silent film history: the "peepshow" kinetoscope, developed by Thomas Edison in 1889; the 1st narrative film, *The Great Train Robbery,* 1903; the creation and growth of the Nickelodeon; and the spectacularly successful *The Birth of a Nation,* 1915, and *Intolerance,* 1916, made by the father of American—and perhaps of world—cinema, D. W. Griffith (1875–1948). Griffith's dynamic, brilliantly edited films revolutionalized cinematic technique and made "the movies" an art. His genius was equaled by that of Charles Chaplin (b. 1889), whose combination of pathos and comedy in films which he wrote, directed, and starred in (e.g., *City Lights,* 1930) made him world famous.

Particularly vital also was the German school, where surrealism and the technique of the moving camera were combined to produce such masterpieces as *The Cabinet of Dr. Caligari,* 1919, for which the scriptwriter, Carl Mayer, was largely responsible. In Russia, a radically different theory dominated the cinema. Known as "montage," it called for a series of brief shots assembled, for rhythmic effect, into an over-all pattern. Its masters were Sergei Eisenstein (1898–1948) and V. I. Pudovkin (1893–1953); the former's *Battleship Potemkin,* 1925, has taken its place among the masterworks of world cinema. In Scandinavia, the greatest film maker of the silent era was the Dane, Carl Dreyer, who cultivated the close-up in his memorable *The Passion of Saint Joan of Arc,* 1929.

THE MODERN CINEMA. In the U.S., chiefly in Hollywood, Calif., the major technical innovations of the modern cinema were born: the 1st motion picture using a sound track beside the picture frames (*The Jazz Singer,* 1927), the invention of color movies (Technicolor, 1930's), and the development of wide-screen techniques (Cinerama, Cinemascope, 1950's). Generally speaking, American film makers have proved themselves masters of escapism, specializing in such genres as the melodrama, the "Western," and the musical, in which directors like John Huston, Preston Sturges, Vincente Minelli, and Fred Zimmerman have been prominent.

In Europe a new breed of directors appeared with the coming of sound, and succeeded in adapting spoken dialogue to the visual nature of the medium. Especially gifted in this respect was the Frenchman, René Clair, whose talents were best exemplified in *À Nous la liberté,* 1931. Clair's countryman, Jean Renoir, also made his mark in the early sound era. In 1944 Marcel Carné equaled the best work of both these men with his richly textured *Les Enfants du paradis.* Germany too remained in the vanguard as directors like Fritz Lang and G. B. Pabst came to the fore.

Following World War II international reputations were earned by Robert Bresson in France, Vittorio de Sica in Italy, Carol Reed in Britain, and the Spanish-born Luis Buñuel in Mexico. The 1950's gave birth to the "New Wave" in France, a school of young directors in which François Truffaut and Jean-Luc Godard were the principal figures. In Italy Michelangelo Antonioni came into prominence. The most impressive films of the decade, however, were those of the Italian Federico Fellini and the Swede Ingmar Bergman. The former's *La Strada,* 1954, and the latter's *The Seventh Seal,* 1956, were major landmarks in world cinema. In Japan the most admired director was Akira Kurosawa (*Rashomon,* 1951). In the 1960's films from Eastern Europe, particularly from Poland and Czechoslovakia, attracted much attention.

RADIO AND TELEVISION

EUROPE. In Great Britain, radio broadcasting began in 1920 under an independent monopoly granted by the government to the British Broadcasting Co. (later Corp.), or BBC. Television, also controlled by the BBC, began in 1939, but lapsed during World War II. In 1954 commercial television was permitted under the supervision of an Independent Television Authority and operating alongside the BBC's revived service. In general, European radio and TV are organized along similar lines to the British: exclusive broadcasting privileges leased to a private co. or cos. and the individual set owner paying a regular annual license fee. European commercial radio broadcasting began in the 1920's and television in the 1950's. A smaller percentage of time has traditionally been devoted to advertising than in the U.S. In Eastern Europe, where commercial advertising is not employed, all communica-

RADIO AND TV SETS IN USE IN SELECTED COUNTRIES, 1965–66 (million)

	Radio Sets	*TV Sets*
U.S.	240.0	61.8[a]
USSR	74.0	7.0
West Germany	26.0	12.0
Japan	20.0	20.0
U.K.	16.0	12.5
China (mainland)	15.7	.1
France	15.0	8.4
Italy	11.0	7.5
East Germany	5.6	1.6
Poland	5.4	1.0
Czechoslovakia	3.7	1.3
Sweden	2.9	2.0
India	2.1	b
South Korea	1.0	.04
Thailand	.16	.16

a Estimated number of viewers rather than sets, 1963 figure.

b TV used chiefly for educational purposes.

tions networks are owned and operated by government agencies.

UNITED STATES. Commercial radio in the U.S. began in the 1920's. By 1963 both standard (AM) and frequency modulation (FM) stations existed in abundance. Commercial TV appeared as a significant force only after World War II, but by the 1960's had become the foremost communications medium in the country, devoting the bulk of its program time to situation comedies, dramatic shows, Westerns, and other types of popular entertainment. All radio and TV stations and networks, though generally privately owned, are regulated by the Federal Communications Commission (FCC).

Music

EUROPE AND THE UNITED STATES

18th and 19th Cents.

1750–1827

CLASSIC PERIOD. Contributing to the evolution of new forms in music was the social and cultural unrest generated by the rationalist philosophy of the Enlightenment. Previously, the monumental forms of the baroque period, 1600–1750, had found their highest expression in the masterworks of Johann Sebastian Bach (1685–1750), whose major works include the B minor Mass, 1738; *Passion According to St. John,* 1723; *Passion According to St. Matthew,* 1740; and of Georg Friderich Handel (1685–1759)—*Messiah,* Dublin, 1742. These baroque composers were succeeded by a new generation of composers presaging the changing taste and ideas of the 2nd half of the 18th cent. Instrumental music, long subordinated to the dominance of vocal music, now emerged as the primary medium of expression. The classic sonata of 3 movements, later 4, developed from earlier models, crystallized in the genius of Franz Joseph Haydn (1732–1809)—104 symphonies for orchestra (No. 94, "Surprise," 1791; No. 100, "Military," 1794; No. 101, "Clock," 1794; No. 104, "London," 1794), 26 concerti, 84 string quartets. The emergent architectonic form served the composers of the classic period. Also by Haydn are 2 outstanding oratorios—*The Creation,* 1798, and *The Seasons,* 1801—which resemble their baroque choral and instrumental counterparts.

MOZART. The aesthetic and artistic ideals of the period are superbly exemplified in the compositions of Wolfgang Amadeus Mozart (1756–91). His works include 12 operas (*Marriage of Figaro,* K.492, 1786; *Don Giovanni,* K.527, 1787; *Magic Flute,* K.620, 1791, in German), 41 symphonies (No. 39 in E flat, K.543; No. 40 in G minor, K.550; No. 41 in C major, K.551), 35 concerti, much chamber music, sonatas for piano, and masses (Requiem, 1791). Originality, musical sophistication, charm, wit, and sentiment are expressed with elegance and refinement in compositions that balance and integrate form and content, music addressed to the aristocratic audience upon whom the composer depended for patronage. By 20th-cent. standards the orchestras were small, generally including strings, flute, oboe, clarinet (late Mozart), bassoon, trumpets, and horns. Trombones were introduced by Gluck and Mozart in their operas (and were 1st used in symphonic music by Beethoven in his 5th Symphony); also tympani.

BEETHOVEN. The classic period attained its climax in the works of Ludwig van Beethoven (1770–1827), whose works include 9 symphonies (No. 3 in E flat major, Op.55, "Eroica"; No. 5 in C minor, Op.67; No. 7 in A major, Op.92; No. 9 in D minor, Op.125, 1824, with chorus and soloists); 5 concerti for piano (No. 4 in G major, Op.58, and No. 5 in E flat, Op. 73, "Emperor"), violin concerto in D major, Op.61, 1806; 32 sonatas for piano alone; 10 sonatas for violin and piano; numerous chamber music works; masses

(*Missa Solemnis* in D major, Op.123, and Mass in C); and the opera *Fidelio,* 1805, rev. 1806. Beethoven infused the established forms with a dynamism of emotional energy and spiritual elevation that transcended the personal expression of his genius. In depth and range of expression he mirrored the spirit of the changing social, cultural, economic, and political climate of Western Europe which followed the French Revolution, and forecast the approaching romanticism of the 19th cent. The liberating influence of these changes affected the author's humanistic and individualistic approach to his art and broadened his attitude toward his audience, the new *bourgeoisie* that was emerging in the early stages of the Industrial Revolution.

1824–98

ROMANTICISM. The introduction of poetry into the classic symphonic form in Beethoven's 9th Symphony in 1824 marks a new era in the evolution of music. The verses of Schiller's *Ode to Joy* proclaiming the brotherhood of man, sung by a quartet of singers and a chorus, epitomized Beethoven's optimism about man's ultimate ability to resolve his problems.

Franz Peter Schubert (1797–1828) largely followed Beethoven's principles of form, yet imbued his 8 symphonies with his own exquisite sense of tender poetry, sensitive orchestral coloring, and characteristic harmonies and modulation, thereby bridging the period from classic to romantic. His symphonies include No. 7 in C major, "The Great," 1828, and No. 8 in B minor, "The Unfinished," 1822. Subsequent composers, though still influenced by the classic concept of form, tempered their symphonies with elements drawn from romanticism—broader melodic line; more complicated harmony, in some cases even chromatic; more involved and even cross-currented rhythms; and more elaborate and even more sensitive orchestration. Notable among these composers were Felix Mendelssohn (1809–47) —Symphony No. 3 in A minor, "Scotch," 1842; No. 4 in A major, "Italian," 1833; No. 5 in D minor, "Reformation," 1830–32; Robert Schumann (1810–56)—Symphony No. 1 in B flat major, "Spring," 1841; No. 3 in E flat major, "Rhenish," 1850; No. 4 in D minor, 1841; Johannes Brahms (1833–97)—Symphony No. 1 in C minor, Op.68, 1876; No. 2 in D major, Op.73, 1877; No. 3 in F major, Op.90, 1883; No. 4 in E minor, Op.98, 1885; Anton Bruckner (1824–97)—Symphony No. 4, "Romantic," 1874; No. 7, 1881–83; No. 9, 1894; César Franck (1822–90)—Symphony in D minor, 1888; Peter Ilyich Tchaikovsky (1840–93)—Symphony No. 4 in F minor, 1877; No. 5 in E minor, 1888; No. 6 in B minor, "Pathétique," 1893; Antonin Dvořák (1841–1904)—Symphony No. 5 (now known as No. 9) in E minor, Op.95, "From the New World," 1893.

PROGRAM MUSIC. The *Symphonie fantastique,* 1830, of Hector Berlioz (1803–69), with its autobiographical program and extravagant instrumentation, served as a model for much of the romantic program music to follow. Such music found its subject matter in extra-musical sources, such as poetry, painting, folklore, and philosophy, and was given form in the 1-movement symphonic tone poems of Franz Liszt (1811–86)—*Tasso,* 1840–48; *Les Préludes,* 1845. Liszt's *Faust Symphony* (after Goethe), 1850, comprises 3 movements, musical characterizations respectively of Faust, Gretchen, and Mephistopheles. Subsequently, Richard Strauss (1864–1949) intensified the form in a series of tone poems—*Aus Italien,* 1886; *Macbeth,* 1887; *Don Juan,* 1888; *Tod und Verklärung,* 1880; *Till Eulenspiegel,* 1895; *Also sprach Zarathustra,* 1896; *Don Quixote,* 1897; *Ein Heldenleben* (*Hero's Life*), 1898. Other examples of pictorial orchestral music were provided by Mendelssohn's *Midsummer Night's Dream,* 1826; *Fingal's Cave,* 1832; *Ruy Blas,* 1839; and by symphonic suites such as *Scheherazade,* 1888, by Nicolai Rimsky-Korsakov (1844–1908).

SMALLER FORMS. The romantic aesthetic, with its stress on personal emotion, found its proper medium in the lieder (art songs) of such outstanding composers as Franz Schubert—*Der Erlkönig,* D.328, 1815; *Gretchen am Spinnrade,* 1814; *Serenade,* D.889, 1826; as well as in song cycles, including *Die Schöne Müllerin,* D.795,1823; *Die Winterreise,* D.911, 1827; *Schwanengesang,* D.957, 1828; Robert Schumann—*Die beiden Grenadier,* 1840, and the song cycles *Frauenliebe und -leben,* Op.42, 1840, and *Dichterliebe,* Op.48, 1840; Johannes Brahms—*Vergebliches Ständchen,* Op.84, 1878–81; *Sapphische Ode,* Op.94, 1884; *Wiegenlied,* Op.49, c. 1868; and the song cycles *Magelone,* Op.33, 1861–68 and *Vier Ernste Gesänge,* Op.121, 1896; Hugo Wolf (1860–1903)—*Nachgelassenelieder* (*Youthful Songs*) ; *Mörikelieder,* 1888; *Eichendorfflieder,* 1888; *Goethelieder,* 1889; *Spanisches Liederbuch,* 1890; *Italienisches Liederbuch,* 1891–96; Richard Strauss—4 sets of songs with orchestra, 1897–1921; 26 sets with piano, 1882–1929.

MUSIC FOR PIANO. The piano, invented by Bartolommeo Cristofori in Florence, c. 1710, improved by Broadwood (London, 1817) and Érard (Paris, 1821), with its fuller tonal resources, provided the 19th-cent. composer with an instrument of extraordinary range and possibilities for expression. It inspired a variety of new forms (mostly short), such as études, preludes, waltzes, mazurkas, polonaises, nocturnes, intermezzi, capriccios, rhapsodies, fantasies, etc. Foremost among the composers for the piano were Frédéric Chopin (1810–49) —*Fantasie* in F minor; ballads, waltzes, preludes, mazurkas, nocturnes, and, in larger forms, sonatas in B flat minor, 1839, and in B minor, 1844; Franz Schubert—6 *Moments musicaux,* 1823–28; 8 impromptus, 1827; *Wanderer Fantasie,* 1822; and 11 sonatas (A flat major, 1817; B flat major, 1828) ; Robert Schumann—*Album for the Young,* Op.68, 1848; *Scenes from Childhood,* Op.15, 1838; *Papillons,* Op.2, 1832; *Carnaval,* Op.9, 1834–35; *Symphonic Études;* Fantasy in C major, Op.17, 1836; and 3 sonatas; Felix Mendelssohn—*Songs in Short Words,* 8 vols., 1830–45; *Variations sérieuses,* Op.54, 1841; Franz Liszt—*Années de Pélérinage,* 3 vols., 1855, 1858, 1883; 12 *Études d'exécution transcendante,* 1852; *Deux études de concert: Waldesrauschen* and *Gnomenreigen,* 1849–63; *Deux légendes,* 1866; 20 *Hungarian Rhapsodies,* 1851–86; Johannes Brahms—6 sets of variations; 3 rhapsodies (B minor, A minor, E flat major) ; intermezzi, capriccios, ballades; 3 sonatas.

MUSIC FOR SOLO INSTRUMENTS WITH ORCHESTRA. The piano with orchestra served as a vehicle for distinguished concerti (large form) : Schumann —A minor, Op.54, 1845; Chopin—E minor, Op.11, 1833; F minor, Op.21, 1836; Liszt—E flat major, Op.22, 1857; A major, Op.23, 1863; Brahms—No. 1 in D minor, Op.15, 1858; No. 2 in B flat major, Op.83, 1881; Tchaikovsky—No. 1 in B flat minor, Op.23, 1875; Grieg—A minor, 1868, rev. 1907. Concertos for violin and orchestra include Mendelssohn—E minor, Op.64, 1844; Brahms—D major, Op.77, 1878; Paganini—No. 1 in E flat major, No. 2 in B minor; Tchaikovsky—D major, Op.35, 1878. Brahms also composed a double concerto for violin and cello in A minor, Op.102, 1887.

CHAMBER MUSIC. Piano quintets include Schubert—Quintet in A, "Die Forelle," 1819; Schumann—E flat major, Op.47, 1842; Brahms—F minor, Op.34, 1864; César Franck—F minor, 1879. Other distinguished chamber works (large form) include Schubert—string quartets in A minor, D.804, 1824; D minor, D.810, "Death and the Maiden," 1824–26; A major, D.887, 1826; string quartet in C, D.956, 1826; trio in B flat major, D.898, 1827; octet in E for clarinet, horn, bassoon, and string quartet, D.803, 1824; Mendelssohn—octet in E flat for strings, Op.20, 1825; piano trio in D minor, Op.49, 1837; Brahms—string quartets in C minor, Op.51, No. 1, 1873; A minor, Op.51, No. 2, 1873; B flat major, Op. 67, 1875; sextets in B flat major, Op.18, 1860, and in G major, Op.36, 1865; clarinet quintet (with strings) in B minor, Op.115, 1891.

CHORAL WORKS. Religious works for chorus and orchestra include Schubert —Mass in A flat, D.667, 1819–22; Mass in E flat, D.957, 1828; Mendelssohn—oratorios (influenced by Handel and Haydn), *St. Paul,* Op.36, 1838, and *Elijah,* Op.70, 1876; Berlioz—*L'Enfance du Christ,* 1854; Requiem (*Grande Messe des Morts*), Op.5, 1837; *Te Deum,* 1849; Liszt—*Hungarian Coronation Mass,* 1867;

oratorios, *Legend of St. Elizabeth,* 1857–62, and *Christus,* 1855–62; Brahms—*Ein Deutsches Requiem* (Protestant), 1866; Verdi—*Manzoni Requiem,* 1874. Secular works include Brahms—*Rhapsodie* (*Alto Rhapsody*), Op. 53, 1869; *Song of Destiny,* Op.54, 1871; *Nanie,* Op.82, 1880–81; *Song of the Fates,* Op.89, 1882.

1762–1814

OPERA: CLASSIC PERIOD. Italian opera maintained its pre-eminence in the repertory of European opera houses throughout the 18th cent. The "reform" operas of Christoph Willibald Gluck (1714–87)—*Orfeo ed Euridice* (Vienna, 1762) and *Alceste* (Vienna, 1767)—represent an effort to avoid the abuses and excesses of Italian opera and to confine music to its proper function of serving poetry to express the plot. The official opera of the Austrian court remained Italian, the humbler *Singspiel,* with its folk subject matter in the vernacular, being relegated to less prestigious theaters. The trio of Italian operas by Mozart to librettos by Lorenzo da Ponte (1749–1838)—*Le Nozze de Figaro* (*Marriage of Figaro,* Vienna, 1786), *Don Giovanni* (*Don Juan,* Prague, 1787), and *Cosi fan Tutti* (*Thus Do They All,* Vienna, 1790)—and his German opera, *Die Zauberflöte* (*The Magic Flute,* Vienna, 1791), with libretto by Emanuel Schikaneder, have survived as musical masterpieces. Beethoven's only opera, *Fidelio,* originally performed in Vienna in 1805 with a French libretto and revised twice to a final German version performed in Vienna in 1814, has its roots in Mozart, but exemplifies Beethoven's unique dynamism.

1821–42

OPERA: ROMANTIC PERIOD. Founder of the German romantic opera was Carl Maria von Weber (1786–1826), whose *Der Freischütz* (*The Freeshooter,* Berlin, 1821) incorporated such characteristics as (1) romanticizing plots, using folklore and legend; (2) elements of the supernatural; (3) nature, wild and mysterious; (4) use of German folksongs to characterize the realities of contemporary life; (5) recurrent musical motives; and (6) brilliantly effective pictorial orchestration, defining a style Germans recognized as their own, and inspiring a developing tradition. Also by Weber were *Euryanthe* (Vienna, 1823), based on medieval romanticism, and the fairy opera *Oberon* (English libretto, London, 1826).

1842–82

WAGNERIAN OPERA. German opera reached its zenith with the controversial operas and music dramas of Richard Wagner (1813–83)—*Rienzi* (Dresden, 1842); *Der Fliegende Hollander* (*Flying Dutchman,* Dresden, 1843); *Tannhaüser* (Dresden, 1845); *Lohengrin* (Weimar, 1850); *Der Ring des Nibelungen: Das Rheingold* (1854, performed Munich, 1869), *Die Walküre* (1856, performed Munich, 1870), *Siegfried* (1871, performed Bayreuth, 1876), and *Die Götterdämmerung* (*Twilight of the Gods,* 1874, performed Bayreuth, 1876); *Tristan und Isolde* (1857, performed Munich, 1865); *Die Meistersinger von Nürnberg* (1867, performed Munich, 1868); and *Parsifal* (1882, performed Bayreuth, 1882). Wagner's concept of music drama, set forth in voluminous prose works, envisaged a composite or total art form through the fusion of poetry, music, dance, architecture and painting, and unity of stage and music direction. This concept utilized the art form as a vehicle of propaganda for advancing the German national state. Characteristics of Wagnerian music drama include (1) use of German mythology and folk material in later works; (2) use of "endless melody" (breaking down of the concept of 4-bar melody by avoiding final cadences); (3) chromatic harmony; (4) use of the orchestra as a psychological delineator; (5) use of leitmotif (leading motive) as a guide to identifying characters and situations; (6) increased technique of voice and instruments by enormously new demands; (7) enlarged number of instruments in the orchestra. *Der Ring des Nibelungen* was given for the 1st time in its entirety in

1876 at the Festspielhaus (Festival Theater), conceived, designed, and built under Wagner's direction expressly for the production of his music dramas (the 1st time this had been done in the entire history of music).

1797–1908

FRENCH OPERA. French opera was centered in Paris in the early part of the 19th cent. The grandeur and heroism of the French Revolution were favorite themes. Prominent composers were Luigi Cherubini (1760–1842)—*Médée* (Paris, 1797) in the classic tradition, and *Les Deux Journées* (1800, known in England as "The Water Carrier"), a good example of the *"reçue"* opera; and Gasparo Spontini (1772–1851)—*La Vestale,* 1807.

GRAND OPERA. Influenced by the rising generation of French playwrights (Eugène Scribe, 1791–1886; Victor Hugo, 1802–85; and others), grand opera often took for its subject matter pseudo-historical situations, directing battles and mob scenes toward overemotional effects. *La Muette de Portici,* 1828, by Daniel François Esprit Auber (1782–1871), opened the new era. Exerting enormous influence were Giacomo Meyerbeer (1791–1861)—*Robert le Diable* (1831), *Les Huguenots* (1836), *Le Prophète* (1849), *L'Africaine* (1864); Hector Berlioz—*Benvenuto Cellini* (1834–38), *Les Troyens* (1859), *Béatrice and Bénédict* (1862); and Jacques François Halévy (1799–1862)—*La Juive* (1835). An outstanding example of lyric opera was *Faust* (1859), by Charles Gounod (1818–93), while *Manon* (1884), by Jules Massenet (1842–1912), reveals a growing trend toward sentimentalism. Outstanding among composers in lighter vein was Jacques Offenbach (1819–80), whose many operettas influenced light opera for years to come—*Orphée aux Enfers* (*Orpheus in the Underworld,* 1858), *Les Contes d'Hoffmann* (*Tales of Hoffmann,* Paris, 1881). The operatic masterpiece *Carmen* (1875), by Georges Bizet (1838–75), a folk drama of extraordinary power, inspired the subsequent school of veristic Italian opera. *Louise* (1900), by Gustave Charpentier (1860–1956), was a combination of naturalism, nostalgia, and lyricism.

ITALIAN OPERA. The most celebrated composer of Italian opera in the early 19th cent. was Gioacchino Rossini (1792–1868)—*Barber of Seville* (Rome, 1816), still a sparkling gem of Italian comic opera; *William Tell* (Paris, 1829), in the grand-opera tradition. *Lucia di Lammermoor* (Naples, 1831), by Gaetano Donizetti (1797–1848), is still a vehicle in the repertory for brilliant coloratura sopranos. Also surviving are Donizetti's 2 comic operas, *L'Elisir d'Amore* (Milan, 1832) and *Don Pasquale* (Paris, 1843). Still produced are Vincenzo Bellini's (1801–35) semi-seria opera, *La Sonnambula* (Milan, 1831), and the opera seria, *Norma* (Milan, 1831), both distinguished for their beautiful melodies. Arrigo Boito (1842–1918) completed 1 full opera, *Mefistofele* (Milan, 1868), but his reputation rests chiefly on 2 librettos for Giuseppi Verdi—*Otello* and *Falstaff*—and the libretto of *La Gioconda* (Milan, 1876) by Amilcare Ponchielli (1834–86).

VERDI. Giuseppi Verdi (1813–1901) outranked all composers of Italian opera. Originally following in the traditions of his predecessors, beginning with *Nabucco* (Milan, 1842), he quickly found his own style. Endowed with an unusually fertile gift of melody, using harmony, rhythm, and orchestration with a sure hand (the last never permitted to overshadow the vocal line), and possessing an extraordinary sense of the theater, Verdi composed operas epitomizing dramatic energy and passion. Throwing himself into the struggle of his people to escape the Austrian yoke, he chose subjects for his librettos that, despite the most rigorous censorship, carried meaning and inspiration to his compatriots—*Ernani* (Venice, 1844), *Luisa Miller* (Naples, 1849), and *Rigoletto* (Venice, 1851). The last, along with *Il Trovatore* (Rome, 1853) and *La Traviata* (Venice, 1853), are 3 of the most popular operas of all time. More ambitiously conceived were his operas of the middle period—*Un Ballo in Maschera* (*Masked Ball,* Rome, 1859), *La Forza del Destino* (St. Petersburg, 1862), and *Don Carlos* (Paris, 1867). Verdi composed his greatest works in his later years—*Aïda* (Cairo, 1871), commissioned by the khedive of Egypt for the opening of the Suez Canal; *Otello* (Milan, 1887); and the *opera buffa, Falstaff* (Milan, 1892), which appeared in the composer's 80th year.

RUSSIAN OPERA. Russian opera properly begins with *A Life for the Czar* (1836) and *Russlan and Ludmila* (1842) by Michael Glinka (1804–57), who was inspired by contact with poets and writers of the national literary movement. Aleksandr Sergeyevich Dargomijsky (1813–69), the other outstanding figure among the Russian composers of his generation, produced *Esmeralda* (1847), *Russalka* (1856), and *The Stone Guest* (*Don Juan*, 1872). Of the Russian 5 (see below), 3 wrote outstanding operas: Aleksandr Porfirevich Borodin (1833–87)—*Prince Igor* (St. Petersburg, 1890); Nicolai Andreyevich Rimsky-Korsakov (1844–1908)—*Mlada* (1890), *Christmas Eve* (1895), *Sadko* (1896), *Czar Saltan* (1896–98), *Kitezh* (1904), *Le Coq d'Or* (1907); all of these works made charming use of Russian fairy tales and folk melodies, and were attractively written for voice and brilliantly orchestrated; Modest Mussorgsky (1839–81), the most distinguished of these operatic composers, whose *Boris Godunov* (1868–69) is a masterpiece and an extraordinary psychological study; and Peter Ilyich Tchaikovsky (1840–93), among whose 11 operas are *Eugene Onegin* (1884) and *Pique Dame* (*Queen of Spades*, 1890).

OTHER OPERATIC COMPOSERS. Other national operatic composers of this period include Bohemian—Bedřich Smetana (1824–84)—*The Bartered Bride*, a comic opera which is a treasure trove of folk song and folk dance; English—outstanding were the operettas of Sir Arthur Sullivan (1824–1900), set to librettos by Sir William Gilbert (1836–1911)—*H.M.S. Pinafore* (1878), *Pirates of Penzance* (1879), *Patience* (1881), *Iolanthe* (1882), *Princess Ida* (1884), *The Mikado* (1885), *Ruddigore* (1887), *Yeomen of the Guard* (1888), *The Gondoliers* (1889); Austro-German—the outstanding composer of operetta in the German language was Johann Strauss, the younger (1825–99), also famous as a composer of waltzes, as was his father Johann Strauss, Sr. (1804–49), before him—*Die Fledermaus* (*The Bat*, Vienna, 1874).

1854–1927

NATIONALISM. The compulsive desire of various ethnic groups to assert their own cultural identity found forthright expression in music. Richard Wagner, influenced by Carl Maria von Weber, successfully unified music and drama, imbuing his creations with a philosophic concept that was seized by German nationalists (and was subsequently exploited in the 20th cent. in the USSR). In at least 5 of his 1st 15 operas, Verdi chose subjects that inspired Italian patriots to fight Austria.

Nationalism found particular expression in the Russian group known as the "Mighty 5": Aleksandr Borodin (1833–87)—opera, *Prince Igor* (1890); César Cui (1835–1918); Mily Balakirev (1837–1910)—*Islamey* (1869); Modest Mussorgsky (1839–81)—*A Night on Bald Mountain* (1867), *Pictures at an Exhibition* (suite for piano, 1874; orchestrated by Maurice Ravel, 1935), song cycles *Sunless* (1874) and *Songs and Dances of Death* (1875–77), opera *Boris Godunov* (St. Petersburg, 1874; revised and orchestrated by Rimsky-Korsakov, 1896, and also by Dmitri Shostakovich, 1941), opera *Khovantchina* (St. Petersburg, 1886); and Nicolai Rimsky-Korsakov (1844–1908), active as composer, collector of folk songs, orchestrator and teacher, and author of *Foundations of Orchestration* (St. Petersburg, 1913). Rimsky-Korsakov's most widely played orchestral works include *Capriccio Espagnol* (Op.34, 1887), *Scheherazade* (Op.35, 1888); his operas include *Sadko* (Moscow, 1898) and *Golden Cockerel* (Moscow, 1909). Russian folk song and dance, although less consciously used, are reflected in the music of Peter Ilyich Tchaikovsky (1840–93), whose outstanding works include Symphonies No. 4 in F minor, Op.36, 1877; No. 5 in E minor, Op.64, 1888; No. 6 in B minor, Op.74, "Pathétique," 1893; Violin Concerto in D major, Op.35, 1875; Piano Concerto in B flat minor, Op.23, 1875; programmatic works: the symphonic fantasy, *Francesca da Rimini,* Op.32, 1876; symphonic poems: *Romeo and Juliet,* 1880, and *Manfred,* Op.58, 1885; ballet music from *Swan Lake,* Op.20, 1876, *Sleeping Beauty,* Op.66, 1889, *Nutcracker Suite,* Op.71A, 1892; operas: *Eugene Onegin,* Moscow, 1879, and *Queen of Spades,* St. Petersburg, 1890.

Other Russian nationalist composers include Alexander Glazunov (1865–1936) —Symphony in C minor. Op.58, 1896; Violin Concerto in A minor, Op.82, 1904–15; Alexander Scriabin (1872–1915) —2 symphonic pieces: *Poem of Ecstasy,* Op.54, 1908, and *Prometheus: Poem of Fire,* Op.60, 1910; Sergei Rachmaninov (1873–1943) —Piano Concerto No. 2 in C minor, 1901; No. 3 in D minor, 1909; Symphony No. 2 in E minor, Op.27, 1907; Reinhold Glière (1875–1956) —Symphony No. 3, Op.42, "Ilya Murometz," 1911; ballet *The Red Poppy,* Op.70, Moscow, 1927; awarded Stalin prize twice, 1948 and 1950.

CENTRAL EUROPE. In Central Europe, the songs and dances of Poland were prominent in the piano music of Frédéric Chopin, while the Czech composers Antonin Dvořák and Bedřich Smetana gave distinct ethnic color to their music through the use of indigenous folk material. Smetana's opera *The Bartered Bride* (1866) is considered a folk masterpiece, and his *My Country* (1874–79), a cycle of 6 symphonic poems, includes the well-known epic of *The Moldau.* In addition, Franz Liszt used Hungarian gypsy tunes in his 20 *Hungarian Rhapsodies,* 1851–86.

SCANDINAVIA. Scandinavian nationalist and folk motifs are exemplified in the work of Edvard Hagerup Grieg (1843–1907), with his liberal use of Norwegian songs and dances; also Piano Concerto in A minor, 1868, rev. 1907, and 2 suites from Ibsen's *Peer Gynt,* 1888–91. Denmark is represented by Carl Nielsen (1865–91) —6 symphonies, 3 concertos, 2 operas. Intense Finnish nationalist aspirations are expressed in the tone poems of Jean Sibelius (1865–1957) —*En Saga,* 1892, and *Finlandia,* 1899, and in his 4 legends —*The Swan of Tuonela,* 1893; *Lemminkainen and the Maidens,* 1895; *Lemminkainen in Tuonela,* 1895; *Return of Lemminkainen,* 1895—based on the Finnish folk epic *Kalevala.* Sibelius also composed tone poems—*Pohjola's Daughter,* Op.49, 1906, and *Tapiola,* Op.112, 1925—and the Finnish folk idiom is evident in his 7 symphonies, his Violin Concerto in D minor, Op.47, 1903, and his string quartet *Voces Intimae,* Op.56, 1909.

SPAIN. The colorful rhythms and exciting melodies of Spanish folk music are captured by Isaac Albéniz (1860–1909) —*Iberia,* suite of 12 pieces for piano, 1906–9; by Enrique Granados (1867–1916) —opera *Goyescas,* 1916; and by Manuel de Falla (1876–1946) —opera *La Vida Breve,* 1913; ballets *El Amor Brujo,* 1915, and *Three-Cornered Hat,* 1917; and suite for piano and orchestra *Nights in the Gardens of Spain,* 1916.

GREAT BRITAIN. British folk tunes and nationalism are easily recognizable in the music of Sir Edward Elgar (1857–1934) —*Enigma Variations,* Op.36, 1899; oratorio *The Dream of Gerontius,* Op.38, 1900; 5 *Pomp and Circumstance* marches, Op.39, 1901–30, of which No. 2 in D major is world-famous. Other distinguished British composers include Sir Arthur Sullivan (see above); Frederick Delius (1862–1934), who, though influenced by French impressionism and the Norwegian Grieg, used English folk idioms in his symphonic music—*Over the Hills and Far Away,* 1895; *Brigg Fair,* 1907; *In a Summer Garden,* 1908; *On Hearing the First Cuckoo in Spring,* 1913; and in his work for chorus and orchestra, *Sea Drift* (after Walt Whitman), 1903.

1872–1933

FRENCH NATIONALISM AND POST-ROMANTICISM. The founder of the French school of composition based on classical forms, yet featuring a symphonic and leitmotif treatment of lyric drama, was César Franck (1822–90). Among his outstanding works were his oratorios, *Redemption,* 1872, and *Les Béatitudes,* 1880; and his church music, *Mass for Three Voices,* motets, offertories, *Psalm 150.* His major orchestral works include the Symphony in D minor, 1888, and *Symphonic Variations for Piano and Orchestra,* 1885. In addition, he wrote chamber music—Piano Quintet in F minor, 1879; Sonata in A major for Violin and Piano, 1886; String Quartet in D major, 1889; and music for piano and organ, *Trois Chorales,* 1890, as well as songs.

Other outstanding French composers of the time were Vincent d'Indy (1851–1931) —*Symphony on a French Mountain Air,* Op.25, 1886; Symphony in B flat major, Op.57, 1903; symphonic variations, *Istar,* Op.42, 1896; Paul Dukas (1823–92), who survives through his brilliant orchestral scherzo, *The Sorcerer's Apprentice,* 1897; Édouard Lalo (1823–92), skilled violinist and violist—*Symphonie Espagnole* for violin and orchestra, 1875; Concerto in D minor for cello and orchestra, 1877; Emmanuel Chabrier (1841–94) —orchestral rhapsody *España,* 1883; Ernest Chausson (1855–99) —Symphony in B major, 1898; *Poème* for violin and orchestra, 1897; Camille Saint-Saëns (1835–1921), whose works still in the repertory include: opera *Samson et Dalila,* Op.47, 1877; Piano Concerto No. 2 in G minor, Op.22, 1868; Concerto for Cello and Orchestra, Op.33, 1873; tone poem for orchestra *Danse Macabre,* Op.40, 1874; Concerto in B minor for Violin and Orchestra, Op.61, 1880; Symphony in C minor for orchestra with organ and 2 pianos, Op.78, 1886; Gabriel Fauré (1845–1924) —*Requiem,* Op.48, 1887; chamber works: Violin Sonata in A, Op.13, 1876; Piano Quintet in C minor, Op.115, 1921; String Quartet in E minor, Op.121, 1924; incidental music to *Shylock,* Op.57, 1889; musical score for Maeterlinck's *Pelléas et Mélisande,* Op.80, 1898; Henri Duparc (1848–1933), outstanding as an exponent of the French art song—*Chanson Triste, L'Extase, L'Invitation du Voyage.*

FRENCH IMPRESSIONISM. The French impressionist movement came as a reaction against German romanticism. The French aesthetic spirit, deeply wounded by the defeat in the Franco-Prussian War, 1870–71, retreated into a twilight world best represented in painting by Monet, in poetry by Verlaine and Rimbaud, and in music by Claude Debussy (1862–1918). Debussy expressed his concern for mood, atmosphere, and color by means of forms of his own invention—freedom of rhythms; modal, pentatonic, and whole-tone scale patterns; suppleness of melody; harmony somewhat influenced by Wagner, yet original in concept. His orchestration was expertly coloristic and delicate in contrast to the broad, heavy, deep strokes and colors of the German school. His orchestral works include *Prélude à l'Après-midi d'un Faune,* 1894; 3 *Nocturnes,* 1899; *La Mer,* 1905; works for piano: *Estampes,* 1903; *Images,* 1905–7; *Préludes,* 1910–11; opera: *Pelléas et Mélisande* (after Maeterlinck's play), 1902; choral works: *L'Enfant Prodigue,* 1884; *La Damoiselle Élue,* 1888; *Le Martyre de Saint Sébastien,* 1911.

The other leading exemplar of this school was Maurice Ravel (1875–1937). Influenced by Debussy's impressionism, Ravel combined classic forms, clear-cut melodic line, substantive harmony, and more precise rhythms in his music. His numerous compositions include, for piano—*Jeux d'Eau,* 1901; *Sonatine,* 1905; *Gaspard de la Nuit,* 1908; *Pavane pour une Enfante Défunte,* 1899 (arranged later for orchestra); chamber music—String Quartet, 1903; Introduction and Allegro for harp, string quartet, flute, and clarinet, 1906; Piano Trio, 1915; Cello Sonata, 1922; Violin Sonata, 1927; ballets —*Daphnis et Chloé,* 1912; *Ma Mère l'Oye* (from suite for piano duet), 1915; operas —*L'Heure Espagnole,* 1907; *L'Enfant et les Sortilèges,* 1925; for orchestra—*Rhapsodie Espagnole,* 1907; *La Valse,* 1920; *Boléro,* 1928; Concerto for Piano (left hand alone) and Orchestra, 1931; Concerto for Piano and Orchestra, 1931; orchestral arrangement of Mussorgsky's *Pictures at an Exhibition,* 1922.

POSTROMANTICISM. The outstanding composers of the postromantic period were Gustav Mahler (1860–1911) in the field of the symphony and Richard Strauss (1864–1947), 1st in the tone poem and subsequently in German opera. Mahler encompassed in his symphonies lyricism (the folk songs and dance tunes of his native Bohemia permeate his music), the chromatic harmony of Wagner (somewhat refined), a loosening of the symphonic form, a characteristic polyphony, and extraordinary sensitivity and mastery of the orchestra, using full-scale orchestral resources and extended instrumental techniques. Inherent in his work is a deep religiosity and an attempt to communicate philosophic principles. His works include Symphony No. 1, "Titan," 1888; Symphony No. 2, "Resurrection," 1894; No. 3, 1895; No. 4, 1900; No. 8, "Symphony of a Thousand" for expanded orchestra, choir, 8 solo voices, double chorus, boys' chorus, and organ, 1907; *Das Lied von der Erde* for solo voices and orchestra, 1908; also many songs and song cycles.

Gifted with a fertile imagination, extraordinary dramatic sense, and a brilliant mastery of orchestral technique, Richard Strauss 1st achieved fame with his series of tone poems: *Don Juan,* 1888; *Tod und Verklärung,* 1889; *Till Eulenspiegel,* 1895; *Also Sprach Zarathustra,* 1896; *Don Quixote,* 1897; *Ein Heldenleben,* 1898; *Symphonia Domestica,* 1903. His most important operas are *Salome,* 1903; *Elektra,* 1909; *Der Rosenkavalier,* 1911; *Ariadne auf Naxos,* 1912; *Die Frau ohne Schatten,* 1919. Among the loveliest of his many songs are his last compositions, *4 Last Songs,* with orchestra, 1947.

1890–1958

ITALIAN OPERA TRENDS. The style of the period was primarily *verismo,* in which everyday life was presented realistically. Exemplars include Pietro Mascagni (1863–1945) —*Cavalleria Rusticana* (Rome, 1890); Ruggiero Leoncavallo (1858–1919) —*I Pagliacci* (Milan, 1892); Umberto Giordano (1867–1948) —*Andrea Chénier* (Milan, 1896). Most important of Italian composers after Verdi was Giacomo Puccini (1858–1924), whose operas, still outstandingly popular in the current repertory, reveal an unsurpassed ability to write for both voice and orchestra—*Manon Lescaut* (Turin, 1890); *La Bohème* (Turin, 1896); *Tosca* (Rome, 1900); *Madame Butterfly* (Milan, 1904); *The Girl of the Golden West* (New York, 1910); *Turandot* (completed by Franco Alfano, Milan, 1926). Other operatic composers include Italo Montemezzi (1875–1952) —*L'Amore dei Tre Ré* (Milan, 1913); Ildebrando Prizzetti (1880–1968) —*Murder in the Cathedral* (based on T. S. Eliot's play, 1958). The leading Italian composer of symphonic music in this period was Ottorini Respighi (1879–1931) —*Fountains of Rome,* 1917, *Pines of Rome,* 1924, *Roman Festivals,* 1929—works incorporating Italian color with the impressionism of Debussy, the postromanticism of Strauss, and the brilliant orchestral technique of Rimsky-Korsakov.

U.S. COMPOSERS. In this period, U.S. composers reflected nationalist influences and impressionism. Although influenced by his German romantic musical training, Edward MacDowell (1861–1908) sought to express American nationalistic feeling in such works as Suite No. 2 ("Indian") for Orchestra, Op.48, 1895; *Woodland Sketches* for piano, Op.51, 1896; *New England Idyls* for piano, Op.62, 1902; Piano Concerto No. 2 in D minor, 1889. For his time an extraordinary innovator, Charles Ives (1874–1954) used polytonality, cross rhythms, quarter tones, dissonances (together with, on occasion, quite conservative harmony), and consciously drew upon American folk subjects in his Sonata No. 2 for piano ("Concord, Mass., 1840–1860"), 1915; the symphonic piece *Three Places in New England,* 1914; Symphony No. 3, 1904, rev. 1911 (awarded Pulitzer prize, 1947). Charles Martin Loeffler (1861–1935), whose work was dominated by impressionist influences, left *A Pagan Poem* for piano and orchestra, 1905–6. Similar influences, along with motifs from Asia, are reflected in the works of Charles Tomlinson Griffes (1884–1920) —*White Peacock* from *Four Roman Sketches,* 1914; *Poem for Flute and Orchestra,* 1918; *Pleasure Dome of Kublai Khan,* 1919.

20th Cent.

1900–1968

NEW MUSICAL TRENDS. 20th-cent. music has been composed in the spirit of change. Although cognizant of tradition, composers have endeavored to write present-minded music, and even to project into the future. This point of view has manifested itself in different uses of the elements of music: melody seldom composed in symmetrical phrases, but frequently instrumental in concept, with jagged leaps rather than a consonant vocal line; harmony becoming increasingly complicated and dissonant; rhythms similarly more complicated and irregular; chromaticism, polytonality (simultaneous use of many keys), and atonality (absence of a tonal center) becoming common; form becoming freer, yet the old baroque and classic forms used; texture frequently polyphonic (many-voiced) instead of largely homophonic (melodically dominated); orchestration becoming more involved, yet expressive, with the techniques of older instruments and the human voice extended and newer, electronic instruments introduced; style affected by contemporary painting and literature—primitivism, objectivism, urbanism, sports, ballet, humor, satire—and resulting in neoclassicism, neoromanticism, neonationalism, and expressionism (the attempt of the artist to use the inner experience or subconscious as the only reality).

EXPRESSIONIST COMPOSERS. Expressionist composers include Arnold Schoenberg (1874–1951), best known for such 12-tone compositions, 1921–33, as the following: Five Pieces for Orchestra, Op.23; Suite for Piano, Op.25; Serenade for 7 Instruments and Bass Baritone, Op.24; Quintet for Wind Instruments, Op.26; String Quartet No. 3, Op.30; Variations for Orchestra, Op.31. His earlier nonatonal works include *Verklärte Nacht,* 1899, and *Gurre-Lieder,* 1901–2, and the more experimental music dramas, *Die Glückliche Hand,* Op.18, 1913, and *Pierrot Lunaire* for Sprechgesang and instruments, Op.21, 1912. Later more conservative works include Violin Concerto, Op.36, 1936, and *A Survivor from Warsaw* for narrator, male chorus, and orchestra, Op.46, 1947. Alban Berg (1885–1935), a pupil of Schoenberg, composed the operas *Wozzeck,* 1921, and *Lulu,* 1937; 3 Orchestral Pieces; Chamber Concerto for piano, violin, and 13 wind instruments; String Quartet; Lyric Suite for string quartet; and Sonata for piano. Anton von Webern (1883–1945), also a Schoenberg pupil, used pointilist technique, frequent rests, and low dynamic level in his works, which include 6 Pieces for Orchestra, Op.6, 1909; 5 Pieces for Orchestra, Op.10, 1913; Symphony for Chamber Orchestra, Op.21, 1928.

NEOCLASSIC COMPOSERS. Prominent among the neoclassicists is Igor Stravinsky (b. 1882). His early works—*Fireworks for Orchestra,* 1908, and the ballet *Firebird,* 1910—reveal the influences of his teacher Rimsky-Korsakov, but he has been constantly evolving different styles. Other works include the ballets *Petrouchka,* 1911, and *Le Sacre du Printemps,* 1913. The larger part of his output falls into the neoclassic category: *Les Noces* (with chorus), 1923; *Histoire du Soldat* (with speaking voice), 1918; the operas *Rossignol,* 1914, *Mavra,* 1922, and *Rake's Progress,* 1951; opera oratorio *Oedipus Rex,* 1927; orchestral works: Symphony for Wind Instruments, 1920, Symphony in C, 1940, Symphony in 3 Movements, 1942; concertos, *Dumbarton Oaks,* 1938, Concerto for String Orchestra, 1946, Concerto for Piano and Wind, 1924, Violin Concerto, 1931; choral works: *Symphony of Psalms,* 1930, Mass, 1948, *Canticum Sacrum,* 1956, *Threni—Id Est Lamentationes Jeremiae* (in 12-tone technique), 1958; *The Flood* (ballet for pantomime with narrative, written for television), 1962.

Paul Hindemith (1895–1963) was associated with the idea of *Gebrauchsmusik* ("music for use"). His works include Sonata No. 3 for piano, 1936; 3 Sonatas for organ, 1937–40; Symphony in B flat for Band, 1951; *Ludus Tonalis* for piano, 1943; symphony *Mathis der Maler,* 1934; *Nobilissima Visione* for orchestra, 1938; *Symphonic Metamorphosis on Themes of Weber,* 1945; song cycle, *Marienleben,* 1923, rev. 1948.

Carl Orff (b. 1895) found the inspiration for his cantata *Carmina Burana* (Frankfurt, 1937) in the 13th-cent. song manuscripts which were discovered at the Bavarian monastery of Benedictbeuren. He has since incorporated that work into the triptych *Trionfi* (Milan, 1953) for soli, chorus, and instruments, with scenery.

Béla Bartók (1881–1945) was an avid

collector of Central European folksongs, the influences of which are prominent in his music. His compositions include an opera, *Duke Bluebeard's Castle,* 1911; ballet, *The Wooden Prince,* 1914–16; pantomime, *The Miraculous Mandarin,* 1919; set of studies for piano, *Mikrokosmos,* 1926–37; Rhapsody No. 1 for cello and piano, 1928; *Cantata Profana* for chorus and orchestra, 1930; Music for Strings, Percussion, and Celesta, 1936; Sonata for 2 Pianos and Percussion, 1937; Concerto for Orchestra, 1943–44; 6 string quartets; 2 violin sonatas; 3 piano concertos; and many arrangements of folksongs for voices and instruments.

Zoltán Kodály (1882–1967) also used much Hungarian folk material in his music, including *Psalmus Hungaricus* for chorus and orchestra, 1923, and the suite from his ballad opera *Háry Janos,* 1926.

NATIONALIST COMPOSERS. In the USSR art has always been a political concern, and artist and composer have been expected to adhere to the aesthetic credo of socialist realism. Composers who, despite political limitations, have achieved world recognition are Sergei Prokofiev (1891–1953) —Symphony No. 1 ("Classical"), Op.25, 1918; Symphony No. 5, Op.100, 1944; Symphony No. 6, Op. 111, 1944; Symphony No. 7, Op.131, 1952; Piano Concerto No. 3 in C major, Op.26, 1921; 2 violin concertos—No. 1 in D major, Op.19, 1914, and No. 2 in B minor, Op.63, 1935; opera *The Love for Three Oranges,* Op.33, 1921; orchestral suite from the movie *Lieutenant Kije,* Op.60, 1934; *Peter and the Wolf,* for narrator and orchestra, Op.67, 1936; ballet *Romeo and Juliet,* Op.64, 1935–36; Dmitri Shostakovitch (b. 1906), noted for 12 symphonies, including No. 1, Op.10, 1925; No. 5, Op.47, 1937; No. 7, Op.60, 1941; opera *Lady Macbeth of Mzensk,* 1934; ballet *The Age of Gold,* Op.22, 1930.

British composers who have developed characteristic British music, using British folk tunes and dances in their compositions, include Ralph Vaughan Williams (1872–1958) —*A London Symphony* (No. 2), 1914, rev. 1920; *Pastoral Symphony* (No. 3), 1922; Symphony No. 4 in F minor, 1935; Symphony No. 5 in D major, 1943; Symphony No. 8 in D minor, 1956; Symphony No. 9 in E minor, 1958; *Fantasia on a Theme of Thomas Tallis,* 1910; Gustav Holst (1874–1934) —orchestral suite *The Planets,* Op.32, 1916; Benjamin Britten (b. 1913) —operas *Peter Grimes,* Op.33, 1945, *The Turn of the Screw,* Op. 54, 1954, and *A Midsummer Night's Dream,* Op.64, 1960; choral works *A Ceremony of Carols,* Op.28, 1942, and *War Requiem,* 1962; orchestral work *The Young Person's Guide to the Orchestra,* Op.34, 1945.

Of the French composers who rebelled against French impressionism, the following are notable: Erik Satie (1866–1925) —*Ballet Parades,* 1917; and 3 composers of the group called *Les Six:* Francis Poulenc (1899–1963) —religious opera *Les Dialogues des Carmelites,* 1957; *La Voix Humaine,* 1958; Darius Milhaud (b. 1892) —ballet *La Création du Monde,* 1922; operas *Christophe Colombe,* 1930, and *Bolivar,* 1950; *Sacred Service for Synagogue,* 1947; Arthur Honegger (1892–1955) —*Pacific 231* ("Locomotive") for orchestra, 1923; oratorio, *Le Roi David,* 1921.

AMERICAN MUSICAL TRENDS. American jazz, which originated in New Orleans in the early part of the 20th cent., spread to northern cities of the U.S. by 1917, when "King Oliver" (1885–1938) moved his band to Chicago, followed in 1922 by Louis ("Satchmo") Armstrong (b. 1900), and since has had an enormous impact on world music. A blend of Afro-American songs, blues, and spirituals, ragtime, Appalachian folksongs, and religious hymns, jazz has passed through many transformations: boogie-woogie, swing, bop, cool jazz, and rock 'n' roll (from 1954), and is constantly being further transformed. Other outstanding jazz figures are Duke Ellington (b. 1899); Benny Goodman (b. 1909), who introduced the era of "swing" in the 1930's, along with such "swing" artists as Harry James (b. 1916) and "Count" Basie (b. 1904); "Dizzy" Gillespie (b. 1917), protagonist in the early 1940's of "bop"; and Dave Brubeck (b. 1920), popularizer of "cool" jazz. An annual jazz festival was established at Newport, R.I., in 1954.

Increasing popularity of folk music is a worldwide phenomenon. In the U.S. such music is primarily rooted in early Appalachian folk, work, hillbilly, and cowboy songs. In the 1960's Tennessee country music influenced English groups such as "The Beatles" (George Harrison, John Lennon, Paul McCartney, and Ringo Starr), and they in turn have affected popular music in the U.S. Aside from traditional ballad themes, a major source of material is found in songs of protest, expounding pro-civil rights and anti-Vietnam War sentiments.

A successful blending of jazz elements and classic forms was achieved by George Gershwin (1898–1937) in his *Rhapsody in Blue* for piano and orchestra, 1924; *Concerto in F,* 1925; *An American in Paris,* 1928; and his folk opera *Porgy and Bess,* 1935. Among the composers who have consciously incorporated American folk and nationalist materials in their compositions are Aaron Copland (b. 1900) —*Lincoln Portrait,* for narrator and orchestra, 1942; ballets *Rodeo,* 1938, *Billy the Kid,* 1942, and *Appalachian Spring,* 1945; and Roy Harris (b. 1898) —Symphony No. 3, 1939. Other U.S. composers include Samuel Barber (b. 1910) —Adagio for Strings, 1936; Concerto for Violin, 1940; Concerto for Piano, 1962; operas *Vanessa,* 1956, and *Anthony and Cleopatra,* 1966; and Gian-Carlo Menotti (b. 1911 in Italy but active in American opera) —*The Medium,* 1946, *The Consul,* 1950, *Amahl and the Night Visitors* (1st opera composed for television), 1951, *The Saint of Bleecker Street,* 1954; and Leonard Bernstein (b. 1918), distinguished also as conductor and educator—*Jeremiah Symphony,* 1942, *Age of Anxiety,* 1949, *Kaddish Symphony,* 1963, the stage musical *West Side Story,* 1957.

EXPERIMENTALISM. Among experimentalists who have influenced the more recent composers are Henry Cowell (1897–1967), who attracted attention in the 1920's with his "tone clusters"; Edgar Varèse (1855–1965), whose *Ionisation,* 1931, scored for 35 percussion and friction instruments, played by 13 performers, anticipated later developments; and John Cage (b. 1912), who in his early works used percussion instruments and prepared piano. Cage's later works, based on the concept of chance, stimulated a cult of composers of aleatory music in which silence was regarded as compositional material.

ELECTRONIC MUSIC. The most significant contribution to the expansion of the vocabulary and tonal resources of 20th-cent. music has been in the field of electronics. Electronic music, based on techniques that generate, transform, and manipulate sounds electronically, came to attention in the 1950's. Three principal schools, French, American, and German, pioneered its development. Under the direction of Pierre Schaeffer (b. 1910), the French school developed a research center at Radiodiffusion Française, and included the composers Olivier Messiaen (b. 1908) and Pierre Boulez (b. 1925). The American school has been centered at Columbia University under the direction of Otto Luening (b. 1900) and Vladimir Ussachevsky (b. 1911). In 1959 the Columbia-Princeton Electronic Center was established. Milton Babbitt (b. 1916), a 12-tone composer, joined the group. The German school centers in the studio of West German Radio in Cologne, where experiments have been conducted under the direction of Herbert Einert. Prominent in this latter group is Karlheinz Stockhausen (b. 1928).

LATIN AMERICA, AFRICA, AND ASIA

1760–1968

LATIN AMERICAN MUSIC. The distinctive character of Latin American music results from a syncretic fusion of Indian, African, and European elements. Here the classical distinction between traditional folk and popular (commercial) music is not valid, for tunes and rhythms pass freely from the folk to the urban popular composer and back again to the folk. The varied history and diverse ethnic population of the nations of South and Central America make any generalization subject to interpretation for each country. The immigration of

Europeans during the 19th and early 20th cents. dominated the musical life of the cities with a strong Italian influence, music clubs were formed, conservatories established, and concerts and opera performances organized. Composers went to Italy and France to further their studies and it was not until the 20th cent. that they began to speak musically in their native tongue. A wide diversity of styles is to be noted in contemporary music. While some composers have localized their music and given it a Latin American color through the use of indigenous idioms and native instruments, others have elected to write in an international style.

Foremost among the 20th-cent. composers who have achieved international recognition are the Brazilian Heitor Villa-Lobos (1881–1959), composer of a total of 2,000 works, including the symphonic poem *Amazones,* 1917; ballet *Uirapurú,* 1935; *Dança da Terra,* 1943; *Chôros* (serenades combining Brazilian, Indian, and popular elements) for guitar, 1920, for flute and clarinet, 1921, for male chorus and 7 wind instruments, 1925; for piano, *Prole do Bébé* (*Baby's Family*); choral *Vidapura,* 1918; also *Bachianas Brasileiras,* for soprano and 8 cellos, 1938, 1945; the Mexicans Carlos Chávez (b. 1899)—symphonies *Sinfonía India,* 1936, No. 3, 1951, No. 4, 1952, No. 5 ("Symphony for Strings"), 1953; and Sylvestre Revueltas (1899–1940); the Argentinian Alberto Ginastera (b. 1916)—ballets *Panambi,* 1940, and *Estancia,* 1941; *Sinfonía Porteña,* 1942; opera *Bomarzo,* 1966; and the Chileans Domingo Santa Cruz (b. 1899) and Juan Orrego-Salas (b. 1919). Notable ethnological musical research into indigenous Indian and mestizo music has been done by Carlos Vega (1898–1966) for the Argentine Museum of Natural Sciences, Isabel Aretz and L. F. Ramón y Rivera at the Instituto de Folklore, Caracas, Venezuela, and others. The Inter-American Music Council (CIDEM); the Music Division of the Pan American Union, Washington, D.C., under the direction of Guillermo Espinosa (b. 1905); the Inter-American Institute for Musical Research, Tulane University, New Orleans; and the Latin American Music Center, Indiana University, Bloomington, Ind., have organized conferences and festivals which have promoted the development and exchange of musical ideas and research findings throughout the Western Hemisphere.

The infectious rhythms of Latin American dances have gained for them a worldwide distribution and strong influence on the contemporary popular music of other countries. Most popular among these dances are the tango, congo, rumba, samba, and bossa nova.

AFRICA. 18th- and 19th-cent. reports of travelers and missionaries give an amateurish and often prejudiced impression which is of limited value in reconstructing African music prior to 1900. However, the vitality of the music tradition is so great and the integration of music and dance with tribal life so complete that one may assume that the music of the past 2 centuries did not differ greatly from the traditional music of today. It was not until 1900 that South African musicians performed for Otto Abraham in Berlin. Since that time the collection, description, and analysis of African music has occupied a number of ethnomusicologists. Erich M. von Hornbostel's *Phonographierte Tunesische Melodien* (*Recorded Tunisian Melodies,* 1906) was the 1st collection to be published, but it was not until after World War II that the use of magnetic tape, replacing the earlier cylinders and disks, made possible the improved recording of entire ceremonies and extended pieces of music. *African Music from the Source of the Nile,* 1956, by Y. Kyagambiddwa (Uganda), and *Funeral Dirges of the Akan People,* 1955, by J. H. Nketia (Ghana), are pioneer attempts by African scholars to notate, analyze, and explain their indigenous music. The establishment of institutes for African studies and centers for ethnomusicological research in European and American universities has provided resources and material for continuing work in a field of study only recently recognized. The African Music Society was founded, 12 Aug., 1947, in Roodepoort, South Africa.

ASIAN MUSIC. The Asian continent is home to so many diverse cultures that it is impossible to treat its music as a whole. Through the centuries there has been cultural exchange between ethnic and national groups, but despite such contacts there have emerged national styles of music that are distinct.

INDIA. The music of India is the oldest living music in the world and one of the most sophisticated. Based on the concepts of the *raga,* a melodic pattern with a distinctive ethos that serves both as scale and subject matter for composition, and of the *tala,* a rhythmic formula that gives organization to the music in time, Indian music has remained melodic-rhythmic in nature through millennia of development. It is thus quite different from the music of the western world, which, by contrast, is harmonic and polyphonic in concept. The continuity of the musical tradition in India was not affected by British rule, although the introduction of military music and European folk song occasionally intrigued an Indian composer and caused him to adapt a foreign tune to his native musical idiom. Both the Hindustani music of the north and the Karnatic music of the south trace their origin to the *Samaveda,* the musical version of the *Rigveda.* They are in agreement on fundamentals, though the nomenclature of *ragas* and *talas* differs. Today the difference between them is largely a matter of style. Instrumental music is more developed in the north.

The late 18th cent. gave birth to 3 great composers, Tyagaraja (1767–1847), Muthuswamy Dikshitar (1776–1835), and Syama Sastri (1762–1827), often referred to as "the Trinity." Their compositions (with texts in Telugu, Sanskrit, and Tamil), together with the works of Purandara Dasa (1484–1564), constitute the core of the Indian artist's repertory. It is in this period that the necessity for evolving an accurate system of notation arose. Earlier, music had been passed on by rote from master to pupil. In 1873 Tachur Singaracharlu began publishing graded books on music. The published works on Indian music in English by P. Sambamoorthy (b. 1901) affected music education at all levels, not only in India, but throughout the world.

With the attainment of independence, 15 Aug., 1947, Indians took a new interest and pride in their musical heritage. National and state music academies (Sangeet Natak Akademi) were established for the recording, archiving, study, and publication of works from the various musical cultures—tribal, folk, and classical. State-government music schools, private academies, and the music departments of colleges and universities began to offer courses in history, theory, and practice of Indian music. The popularity of the cinema gave rise to a new genre, film music, which reflected considerable foreign influence.

CHINA. The long-established tradition of imperial interest in music was followed by the Ch'ien Lung emperor (ruled 1736–95), under whose auspices 128 chapters were added to *Lü Lü Cheng I,* 1746, an encyclopedia on music theory (including a chapter on western music), 1st published under the auspices of the K'ang Hsi emperor in 1713.

Ceremonial music (*ya yüeh*) flourished until the middle of the 19th cent., when continuous internal rebellion and invasions by western powers caused its decline. After the downfall of the Ch'ing Dynasty, 1911, the practice of *ya yüeh* was discontinued. Thus a great tradition, established in the Chou Dynasty and perpetuated by all major dynasties of the past, passed into oblivion.

Music drama (*k'un ch'ü*), which was developed by Wei Liang-fu in the middle of the 16th cent. and was already in a state of decline by the end of the Ming Dynasty, 1368–1661, enjoyed a revival during the Ch'ing, 1662–1911. In 1776 the Ch'ien Lung emperor summoned 4 provincial drama troupes to Peking, paving the way for the emergence of *Ching hsi* (the so-called Peking opera), which represented a merger of the various regional drama schools. However, *Ching hsi* did not achieve its great popularity until after 1821, when it gradually replaced the declining classical school, *k'un ch'ü,* as the predominating school of music drama in

China. Meanwhile, *k'un ch'ü* persisted as a revered classical drama school and later enjoyed a slow revival in its popularity after the revolution of 1911. A very popular collection, *O Yün Ko Ch'ü P'u,* was published as late as 1870.

In the field of solo and ensemble music, the *ch'in* (*koto* or *kin* in Japanese, and *kum* or *kumunko* in Korean), a fretted long zither, has maintained an uninterrupted tradition as the instrument cultivated by scholars and artists. Publication of treatises on the instrument and collections of its music have continued to the present. It has enjoyed some degree of popularity with the public since the revolution of 1911, an important publication, *Ch'in Hsueh Ts'ung Shu,* being compiled in 1911–31. The *p'i p'a* (*biwa* in Japanese), a short 4-stringed lute, has always been an important instrument in ensemble music and in certain types of dramatic music, but it did not emerge as a solo instrument until the early 19th cent. The 1st collection of *p'i p'a* music, Hua Ch'iu Ping's *P'i P'a P'u,* was published in 1819. A popular collection, Li Tsu Fen's *P'i P'a Hsin P'u,* appeared in 1895, and other collections have been published since the revolution of 1911. The *p'i p'a* now shares with the *ch'in* the 1st position among Chinese solo instruments.

A parallel interest in other instruments and ensemble music is represented by the publication of important treatises and collections, notably *Hsuan So Shih San T'ao* (*Thirteen Compositions for Strings*), 1782, and *Hsuan So Pei K'ao* (*A Study of Music for Strings*), 1814. This led to a revival of interest in ensemble music, particularly the type known as *szu cho* (music for strings and winds). Although not comparable with the great orchestral music of the past, *szu cho* nevertheless became a popular category in the so-called *kuo yüeh* (a modern term meaning "national," i.e., "traditional," music), and was encouraged by the government and by persons interested in preserving traditional music. During the Nationalist regime a strong effort was made to reform traditional music. The *szu cho* ensemble was expanded into the so-called *kuo yüeh t'uan* (national music orchestra). After the establishment of the People's Republic, 1949, this reform was intensified. Under the Communist regime all forms of traditional music, except *ya yüeh,* which is not a secular form, have been actively revived. Musicological research has been encouraged and an impressive number of publications in this field have appeared from the mid-1950's onward.

JAPAN. A spirit of nationalism in the Tokugawa period, 1603–1867, began to supplement the intercultural influences which had affected Japanese music in earlier times. Three new genres emerged —*shamisen, koto,* and *shakuhachi*—which were held in great esteem by the merchants and artisans in the cities. The *koto,* a long zitherlike instrument with 13 silk strings, each tuned by a movable bridge, was regarded as the 1st instrument for accompanying songs as well as being a solo instrument in its own right. The *shamisen,* a 3-string banjolike long-necked lute, was employed in 3 styles of music: *Uto-mono* (singing style), *Kotori-mono* (narrative style), and *Minyo* (folk song). The *shakuhachi,* an end-blown or vertical bamboo flute, played by itinerant Buddhist priests in the Middle Tokugawa period, was adapted to solo art music. At the close of the period the 3 instruments were joined together, thus establishing an ensemble style of music called *sankyoku* (3 instruments).

Gagaku, the ancient court music of Japan, represented a synthesis of Chinese, Korean, Indian, and indigenous influences. Established in the early half of the 9th cent., it has been preserved to the present day at the imperial court and in some shrines and temples, although it suffered a decline following the Meiji Restoration of 1868. The repertory today consists of instrumental ensemble (*Kangan*), dance music (*Bugaku*), songs, and ritual music for Shinto ceremonies. The latter category is restricted to religious use, but the remaining pieces are secular and are played at court ceremonies and banquets. At present the *Gagaku* orchestra is divided into 2 groups—saho (left) and uho (right)—the former consisting mainly of music from China and, to a smaller extent, from India, the latter of music from Korea and Manchuria. The instrumentation of Saho Kangan consists of ryuteki (flute), hichirick (oboe), sho (mouth organ), so (zither), biwa (lute), kakko (side drum), shoko (gong), and taiko (big drum).

Genres of traditional music which have been preserved into the present include shomyo (Buddhist chanting), biwa music, nohgaku (music of the No drama), and kabuki music. The development of Japanese music has been influenced by the dominant position of vocal modes, and a teacher-student relationship which is a special feature of the music system.

Fine Arts and Architecture

PAINTING

1789–1830

THE CLASSIC-ROMANTIC PERIOD. In the late 18th cent. Paris, with its many painters and its regularly held salons, was the greatest European center of painting, though the latest wave of enthusiasm for antiquity which spread in the wake of the excavations at Herculaneum and Pompeii meant that Rome was still a source of inspiration for artists as it had been since the 17th cent. Jacques-Louis David (1748–1825), whose *Oath of the Horatii,* 1785, was a symbol of the new revolutionary virtues in ancient Roman form, won the coveted Prix de Rome, 1774, and spent several years there, returning to become the champion of the neoclassical ideal of academic drawing, composition, and highly finished surface, and of subjects drawn from classical sources. David had a powerful realist vision. His portraits set a new standard of vitality, and in such works as the *Death of Marat,* 1793, and the *Coronation of Napoleon,* 1808, he participated in a new expansion of history painting to include subjects of current political importance. But his dominant influence, made powerful through his high position under Napoleon and his studio teaching as well as by such works as *The Rape of the Sabines,* 1795–1800, was on the side of neoclassicism. Such immediate followers of David as François Gérard (1770–1837), Anne Louis Girodet de Roucy (1767–1834), and Pierre-Narcisse Guérin (1774–1833) maintained a smooth sculptural style and relieflike composition, often in subjects drawn from classical sources (Guérin's *Return of Marcus Sextus,* 1799; Gérard's *Cupid and Psyche,* 1798), but increasingly influenced by romantic literature, as in Girodet's *Entombment of Atala,* 1808, derived from Chateaubriand. David's greatest pupil was Jean Auguste Dominique Ingres (1780–1867), who during a long life kept alive at least in theory the qualities of classical form and the tradition of the Academy. *The Apotheosis of Homer,* 1827, was an image of the classical tradition, though his great nudes (*L'Odalisque, Le Bain Turque*) betray a romantic intensity. For Ingres classicism was a bulwark against chaos, both personal and social. Like David, he was one of the greatest of portraitists; in fine pencil drawings as well as in paintings (M. Bertin, Mme. d'Haussonville) he recorded the character of the 19th-cent. *haute bourgeoisie.*

TRENDS IN ROMANTICISM. The new forces, beginning c. 1800, which challenged neoclassical principles and modified their practice grew gradually more powerful as the Napoleonic Wars exercised their unsettling effect throughout Europe. Some of the general characteristics of the new movement were (1) a feeling for the national past, with heroes taken from among the knights and princes of European history rather than from Greece or Rome; (2) a feeling for one's own locality, expressed in a new landscape realism; (3) a new value placed on the experience of strong dramatic feeling, whether in subject or in composition and color; and (4) a growing preference for the particular over the general, and for observation over formulas.

SPAIN. Francisco de Goya y Lucientes (1746–1828), coming out of the baroque tradition of Velasquez and Tiepolo, developed a powerfully anticlassical, expressionist style which was one of the foundations of romanticism and ultimately of modernism. Beginning as a bravura court painter, his unsparing realism later overcame flattery in his royal portraits. His *Caprichos,* 1796–98, reveal a wealth of dark, unconscious imagery, as well as a mastery of the etching medium. In the series of etchings known as the *Disasters of War,* 1810–13, Goya expressed his horror of the French campaign in Spain by vividly describing the wretchedness of its victims, and his *Second of May,* 1813, was a statement of the evil that mankind inflicts upon itself. More than anyone else of his time he made of painting a powerful instrument for the expression of deep emotions.

ENGLAND. The greatest contribution of the English to the new era in painting was in the development of landscape painting, and the consequent interest in qualities of light and atmosphere. Joseph Mallord William Turner (1775–1851) began in the established English tradition of fine topographic description, but became increasingly involved with the complex and ephemeral experience of light, particularly of light and water (*Burning of the Houses of Parliament,* 1833). His later pictures (e.g., *Rain, Steam and Speed,* 1844) are almost formless in the traditional sense because the artist has been true to the actual experience of the dissolving of solid form by atmosphere, light, and movement. Where Turner's temperament inclined him toward the drama of landscape and weather and toward the exotic, John Constable (1776–1837), who was imbued with a Wordsworthian reverence for the simplest natural facts, devoted himself to the quieter subtleties of the English countryside, particularly around his Sussex home of East Bergholt. His *Hay Wain,* shown at the Salon in Paris of 1824, was an inspiration to Delacroix and other French artists because of the lightness of its palette, which placed it in strong contrast to the traditionally brown-toned studio landscapes of the time. In addition to their oils, both Constable and Turner made many studies and paintings in water color, a medium highly suited to fresh color, effects of light, and immediacy of impression, and some of these qualities were incorporated into their work in oil. At this period in England the art of water-color painting was highly developed, most notably in the work of the Norwich School—John Crome (1768–1821), John Sell Cotman (1782–1842), Peter de Wint (1784–1849), and many others. Richard Parkes Bonington (1802–28) also came out of this water-color tradition, and his many paintings of French coastal scenes formed a link between the English school and the later development of atmospheric painting in France. From an entirely different milieu and exemplifying a quite different attitude were William Blake's (1757–1827) highly personal linear engravings and water-color drawings used to illustrate his own hermetic mythological poetry as well as the works of Milton and Dante. Other artists in England, including the Swiss Henry Fuseli (1741–1825), George Romney (1734–1802), and John Martin (1789–1854), though not visionaries like Blake, also responded to the awakening interest of the period in early literature. The works of Shakespeare, in particular, who had long been the target of classical critics, now provided themes for many paintings.

GERMANY AND AUSTRIA. Romantic art in Germany combined a sharp linear realism of technique with symbolism and religious nostalgia. Philipp-Otto Runge (1773–1810) in his *Times of Day,* 1805–8, attempted like Blake to create a personal cosmic symbolism, while Caspar David Friedrich (1774–1840) used the Christian symbolism of the Cross and the Gothic church in order to express a sense of the isolation of the soul in the world (*The Cross on the Mountain, The Ruined Abbey*). Frederick Overbeck (1789–1869) and his disciples founded an ascetic community of artists in Rome, called the Nazarenes, whose ideal of the stylistic and religious purity of Italian painting before Raphael was to influence a later generation of English artists.

FRANCE. Though trained by David, Baron Gros (1771–1855) expressed the romantic spirit in panoramic scenes of contemporary battle (*Napoleon at Eylau,* 1808). In the *Pesthouse at Jaffa,* 1804, Napoleon is seen as a national and religious hero rather than as a nobly classical one, and the viewer is not spared the details of the sick men's sufferings. Théodore Géricault (1791–1824) carried this intense psychological realism further in his studies of old and insane people and in his *Raft of the Medusa,* 1819, which made of a contemporary shipwreck a dramatic image of human courage and suffering. Géricault died young, and of the other young men of the rising romantic generation, who included Paul Delaroche (1797–1855), Ary Scheffer (1795–1858), and Eugène Deveria (1805–65), the greatest (though he disowned the term romantic) was Eugène Delacroix (1788–1863). Delacroix was imbued not only with classical literature but with the works of Shakespeare and Dante, Walter Scott, and Byron, and took his subjects from these (*The Barque of Dante,* 1824; *The Shipwreck of Don Juan,* 1841), as well as from medieval and classical history (*The Entry of the Crusaders into Constantinople,* 1841; *The Justice of Trajan,* 1840), and from his own experience in North Africa (*The Women of Algiers,* 1834; *The Lion Hunt,* 1855). He was one of the last great artists to decorate large public buildings with important paintings (The Chamber of Deputies, the Luxembourg Palace Library, the Church of St.-Sulpice). As a gentleman with high government connections who nevertheless despised the Academy (which long refused him membership because of the novelty and independence of his work), Delacroix was a kind of bridge between the older type of artist who served a patron and the modern artist whose independent creative spirit isolates him from society. For this reason as well as for his painterly style and his experiments in light and color, Delacroix was revered by succeeding generations of French artists. A remarkable writer, his *Journal* is a lucid and moving expression of wide-ranging artistic ideas and a valuable source for the cultural life of the period.

1830–60

TYPES OF REALISM. The mood of progressive mid-19th-cent. art focused increasingly on the observation and description of external facts, both physical and social. One of the legacies of romanticism with its expansion of the possibilities of feeling was a greater awareness of the conditions of life of the humbler classes, and a sense that neither the formulas of classical nobility nor the newer conventions of romantic heroism and drama could adequately convey the truth of actuality. Honoré Daumier (1808–79) is noted for his sympathetic portrayal of the working people of Paris (*3rd-Class Carriage,* 1862; *The Laundress,* 1861) as well as for his many lithographs, published in the journals of the day, which satirized by sharp observation and caricature the foibles of the *bourgeoisie.* Jean François Millet (1816–75) was primarily concerned with the life of the peasant, and his *Sower,* 1850, and *Angelus,* 1859, though considered subversive at the time, have become probably the most widely known images of the 19th cent., so popular indeed that they have obscured knowledge of the rest of Millet's work. Official opposition was even fiercer in its hostility to Gustave Courbet (1819–77), who aggressively flaunted political and social views which after the Commune of 1871 forced him into exile, and encouraged him to paint with powerful detail and in shocking size the rough country people of the *Stonebreakers,* 1849, and *The Burial at Ornans,* 1851. Courbet painted many landscapes, often of dark, unpeopled forest interiors, but is best known for large figure compositions, of which the most ambitious is *The Painter's Studio,* 1855.

BARBIZON SCHOOL. Landscape realism was developed by the painters who came to be known as the Barbizon School because they often stayed in the little village of Barbizon in the Forest of Fontainebleau outside Paris. Here they worked directly from nature under the inspiration of 17th-cent. Dutch and more recent English landscape painting. Jean Baptiste Camille Corot (1796–1875) perfected his lucid style in trips to Rome and the northern French countryside and, though his reputation was based on studio-made Salon paintings, his most lasting works were *plein-air* landscapes which created a convention of tonal harmonies and inspired many followers. The guiding spirit of the Barbizon group was Théodore Rousseau (1812–67), who, with a less classical, more northern feeling than Corot, typified in his paintings of various regions of France the movement away from the ideal landscape of Italy and toward the recording of particular motifs in the French countryside (*Village in Berry,* 1842, *Le Givre,* 1845, many paintings of Fontainebleau, Les Landes, the Auvergne, etc.). Other artists in this group were Charles Daubigny (1817–78), whose free touch earned him the kind of criticism later directed against the impressionists; Constant Troyon (1810–65), heavily influenced by the Dutch in his treatment of animals in their rural environment; Jules Dupré (1811–89); and Narcisse Virgile Diaz de la Peña (known as Diaz) (1808–76). All of the Barbizon painters were in varying degrees known to and admired by the generation that followed them, the impressionists. Two other painters, even more intimately associated with impressionism through their friendship with Monet, were Eugène Boudin (1824–98) and the Dutchman, Johann Barthold Jongkind (1819–91). Both of these men were noted particularly for their coastal scenes, in which low horizons, vast skies, and the flicker of light on water provided an opportunity for experiments with color as light.

ENGLAND. Outside of France the most notable type of realism was that of the Pre-Raphaelite painters in England. The young artists John Everett Millais (1829–98), William Holman Hunt (1827–1910), and Dante Gabriel Rossetti (1828–82) formed the Pre-Raphaelite Brotherhood in 1848, and for a few years thereafter produced pictures in which the intense rendering of detail was supported by a genuine moral conviction (Millais' *The Blind Girl,* 1856; Hunt's *The Awakening Conscience,* 1853). Their art greatly influenced later artists such as Ford Madox Brown (1821–93), and was defended by John Ruskin against accusations (by Charles Dickens and others) of crudeness and blasphemy.

LATER REALISM. The French artists were the pioneers of realism, which spread rapidly throughout Europe. In its later phases the style tended toward the dry and the literal, and was always at its best in modest genre and landscape subjects. In France the academic realism of Meissonier (1815–91) and J. L. Gérome (1824–1904) was the expression not of a deep personal vision but of the more trivial interests and fantasies of bourgeois society. The stronghold of such artists was the Salon, a large exhibition juried by members of the Académie des Beaux-Arts and held regularly in Paris. The Salon was taken by the public to be the arbiter of aesthetic taste and regularly refused to admit the most original works of the time.

1860–85

BEGINNING OF IMPRESSIONISM. Although impressionism as a critical (in both senses) term was not officially coined until the 1870's, the group of extraordinarily gifted artists who were associated with the movement came into their maturity in the 1860's.

MANET. Édouard Manet (1832–83), a bourgeois and even a dandy, and trained in the studio of the academic Thomas Couture (1815–79), consistently submitted his work to the Salon, where it was frequently refused. In 1863 he and other rejected artists—Camille Pissarro (1830–1903), Armand Guillaumin (1841–1927), the American James Abbott McNeil Whistler (1834–1903), and Jongkind—exhibited their works separately at what was called the Salon des Refusés, where Manet's *Picnic on the Grass* caused a public sensation, although in its combination of nude women and clothed men it was following a long-established Renaissance tradition. Manet's *Olympia,* shown in the Salon of 1865, also aroused the public, who could not tolerate the novel, contemporary treatment of what had been established as an idealized theme, the reclining nude. Manet's realism was fresh and direct. He had a remarkable gift for creating convincing form with great economy of stroke, and his subjects—contemporary Parisians in contemporary dress—made him what the poet Baudelaire had called for in his critical writing, the "painter of modern life" (*Concert at the Tuileries,* 1862; *Portrait of Zola,* 1868; *At the Café,* 1878; *The Bar at the Folies Bergère,* 1882).

DEGAS. His friend Edgar Degas (1834–1917), an admirer of Ingres and student of Renaissance painting who began his career by portraying traditional subjects (*The Young Spartans Exercising,* 1860; *Semiramis Founding a Town,* 1861), also developed into an acute observer of the contemporary scene in many penetrating portraits (*The Bellelli Family,* 1859) and in his paintings of the ballet, the racecourse, the café, and women bathing (*The Dancing Class,* 1874; *The Absinthe Drinker,* 1876). Degas, influenced by the Japanese prints which 1st appeared in Paris in the 1850's, and by experiments in photography, developed a new sense of pattern in his compositions and an asymmetrical cutting off of figures which creates the impression of immediacy (*Place de la Concorde,* 1873; *The Millinery Shop,* 1886). Neither Manet nor Degas considered themselves impressionists. Manet, though friendly with the group, joined none of their 8 group exhibitions held in Paris between 1874 and 1886; Degas participated in 7 of these but held himself aloof from what he considered the radical nature of the group.

THE IMPRESSIONIST STYLE. The general characteristics of the impressionist style, all of which became fundamental sources of modern painting, were (1) a lightening of the palette far beyond anything previously known; (2) a concentration on the relationship of light and color, so that form is created by many individual touches of color and hence traditional solidity is dissolved; (3) an increasing interest in the 2-dimensional surface of the picture rather than the 3-dimensional penetration into depth; (4) an apparently casual, over-all "scatter" composition; and (5) a concern with the life of leisure and private experience, whether among strolling city crowds and country vacationers or in domestic interiors and gardens.

MONET AND RENOIR. The most consistent and powerful of the impressionists was Claude Monet (1840–1926), whose *Impression—Sunrise* drew the contemptuous term "impressionist" at the 1st group exhibition in 1874. Monet worked in the 1860's and 1870's with Auguste Renoir (1841–1919), painting brilliant *plein-air* landscapes on the Normandy coast and in villages along the Seine outside Paris. They often employed the same motifs (*La Grenouillère,* 1869; *The Duck Pond,* 1873; *The Seine at Argenteuil,* 1874). As early as 1873 Monet built a studio on a boat at Argenteuil, and for the rest of his long life he never ceased to study the effects of light and atmosphere, often in series which rendered the changing colors of the different times of day (*Haystacks,* 1893; *Rouen Cathedral,* 1894). His crowning works were the great *Water Lilies* paintings, created (between the late 1890's and his death) in a specially constructed water garden at Giverny, where he had settled in 1883. Renoir also continued to paint landscape, but with less intensity, and was always more interested in figure painting (*The Moulin de la Galette,* 1876; *The Boating Party,* 1879), and increasingly devoted to women and children (*Mme. Charpentier and her daughters,* 1878) and bathers from the 1880's until the end of his life.

OTHER IMPRESSIONISTS. The most genial of the impressionists was Pissarro, who produced many canvases of scenes of Paris and the Île-de-France, which changed little except for a period in the late 1880's, when he was influenced by the ideas of Georges Seurat. Other painters in or associated with the impressionist group were Alfred Sisley (1839–99), Frédéric Bazille (1841–71), Berthe Morisot (1841–95), the American Mary Cassatt (1845–1926), Jean Louis Forain (1852–1931), and Félix Bracquemond (1845–1914).

1885–1905

POST-IMPRESSIONISM. The 1880's saw a reaction against impressionism and a desire, variously expressed, for an art that would be more structured, more austere, less sensuous, and more spiritual. The belief that impressionism, with its interest in light and air, was an art of naturalism formed part of one of the most important processes of the modern revolution in art: the divorce of the painting from nature, the destruction of the idea of the "mirror of nature," the assertion of the autonomy of a work of art.

POINTILLISM. Georges Seurat (1859–91), fascinated by the scientific color theories of Chevreul and Rood, systematized the loose, varied, commalike strokes of the impressionists into a pattern of uniform, calculated spots of color with which he built up a relatively flat, highly simplified, and carefully composed pattern of shapes (*La Grande Jatte,* 1886; *Les Poseuses,* 1888; *Le Cirque,* 1890). Known as pointillism—though Seurat preferred the term divisionism—the style attracted many followers, who tended to apply Seurat's original method rather mechanically and without his compositional structure. Seurat's imitators included Paul Signac (1863–1935), Maximilien Luce (1858–1941), Henri Édouard Cross (1856–1910), and the Dutchmen Théo van Rysselberghe (1862–1926) and Henry van de Velde (1863–1957).

CÉZANNE. The greatest of the forerunners of modern painting was Paul Cézanne (1839–1906), who, after 1st working in a very intense romantic vein (*The Temptation of St. Anthony,* 1868), disciplined himself through impressionism and went on to develop an art in which strong feeling is controlled by form. He made of the impressionist brush stroke a sensitive, vibrant plane of pure color, with which he built structures at once solid and luminous. After the death of his disapproving father in 1886, he was able to work steadily in his native Provence, where he made many landscapes of the region, still lifes, and figure paintings. These works, with their visible structure of overlapping planes, express a new sense of what a painting is: not a finished product in which the artist's effort is concealed, but a dynamic object which conveys the experience of the artist responding and deciding. This structure and this dimension of time were later of great significance for the cubists.

VAN GOGH. For Vincent Van Gogh (1853–90) impressionism was not a discipline but a release, freeing him from his early dark Dutch palette (*The Potato Eaters,* 1885), but not taking him far enough for a man of his intense spiritual ardor. At Arles in the south of France he found the brilliant light he needed and, for a time, the hoped-for simplicity of man and nature. In the 2½ yrs. before his death by suicide he produced an extraordinary body of work marked by brilliant color, rich pigment laid on rapidly in swirling brush strokes, and powerful distortions of form (*L'Arlésienne,* 1886; *Cypresses,* 1889; *Crows over a Wheatfield,* 1890). Unknown in his lifetime—Van Gogh remains the archetype of the great but neglected artist—his work exerted a strong influence on later expressionist artists. Two other northern artists of the same generation, the Belgian James Ensor (1860–1949; *Entry of Christ into Brussels,* 1888) and the Norwegian Edvard Munch (1863–1944; *The Cry,* 1893), also created powerfully emotional images through exaggeration and distortion of form.

GAUGUIN. Paul Gauguin (1848–1903), like Van Gogh, despised Parisian sophistication—indeed, social convention of almost any kind—and sought simplicity, 1st at Pont-Aven in Brittany, later for a short disastrous period in Arles with Van Gogh, and finally, from 1891 until his death, in Tahiti. The strength and range of Gauguin's revolt against western society and art has been enormously influential. His life—beginning as a conventional stockbroker and Sunday painter, abandoning income and family for art, and finally leaving Europe entirely to seek the freedom of a primitive land—is a modern paradigm, and his art has given birth to many forms of antinaturalism. Gauguin's development out of impressionism was toward an increasing flattening of the picture surface, composing with strongly outlined shapes in brilliant colors, with a minimum of 3-dimensional modeling. His emphasis on the expression of feeling or idea rather than representation of nature allied him with the literary movement of symbolism, though he and his collaborator Émile Bernard used the term synthetism. Both in his actions and in his art Gauguin reached out toward cultures which had long been ignored as alien or crude—Romanesque Europe, the Near and Far East—and which have ever since his time exerted a strong influence on western art. Artists associated with and directly influenced by Gauguin were the Nabis, active in the 1890's: Maurice Denis (1870–1945), Pierre Bonnard (1867–1947), Édouard Vuillard (1868–1940), and the sculptor Aristide Maillol (1861–1944). Bonnard and Vuillard later developed their own personal styles of post-impressionist depiction of private, domestic interiors, known as intimism.

OTHER LATE-19TH-CENTURY PAINTERS. Other artists active at this time and associated with the antinaturalistic movement were Henri de Toulouse-Lautrec (1864–1901), whose combination of sharp observation and flat patterns revolutionized the art of the poster; Odilon Redon (1840–1916), who painted the imagery of dreams; Henri Rousseau (1844–1910), called "le Douanier" and the father of modern primitivism in painting; the Swiss Ferdinand Hodler (1853–1918); and the Viennese Gustave Klimt (1862–1918).

ART NOUVEAU. Much of the painting of the 1890's and particularly the work of Gauguin, is characterized by a highly developed surface pattern, often with curved and twisting shapes. This strong emphasis on the long, sinuous curve, the curve of a stem or a flame, was the basis of an extremely unified style, known variously as Art Nouveau, Jugendstil, and Style Moderne, which appeared all over Europe at the end of the 19th cent. Appearing perhaps earliest in England (Arthur Mackmurdo [1851–1942]; title page of Wren's *City Churches,* 1883) as a development of the Arts and Crafts movement, it soon went well beyond that movement's serious social aims in the art of Aubrey Beardsley (1872–98), whose extraordinary illustrations for *Siegfried, Salomé,* and *Lysistrata* exploit the possibilities of the long curve, the arabesque, and the pattern of black and white to a point at the extreme edge of refinement. A contemporary Dutch artist, Jan Toorop (1858–1928), had something of Beardsley's feeling for curving, attenuated, neurasthenic figures (*The Three Brides,* 1893).

Art Nouveau, resulting primarily from a revival of the craft of design, is found most of all in the decorative arts and in architecture. The poster, revived by Lautrec and the Nabis, became a universal expression of the style, whether or not designed by a well-known painter. New magazines—*Studio, Jugend, Simplizissimus, L'Art Décoratif, The New Art Club, Sezession, Les Vingt*—sprang up and made use of the new style in illustration and typography. Émile Gallé (1846–1904) in France and Louis Comfort Tiffany (1848–1933) in America made glass vessels and lamps which often took the actual form of growing plants. In Belgium, one of the earliest architectural sources of the style was Baron. Victor Horta's (1861–1947) house at 6 Rue Paul-Émile Janson in Brussels, where every element, iron stair railings, molding, floor patterns, is in the form of flowing tendrils. Perhaps the best-known examples of Art Nouveau are Hector Guimard's (1867–1942) stations of the Paris Métro, dating from 1900. Its most extraordinary manifestation is in the architecture of Antonio Gaudí (1852–1926) in Barcelona: Sagrada Familia, 1903–26; Casa Batiló, 1905–7; Casa Milá, 1905–7, with their elaborately worked surfaces, their sudden shifts of proportion, and their obsession—e.g., the undulating façade of the Casa Milá—with the curved line.

1905–45

THE NATURE OF 20TH-CENT. ART. Almost the only accurate generalization that can be made about 20th-cent. art is that it possesses no single, unified tendency. There are, however, dominant forces, and it is these which will ultimately characterize the period in historical perspective. Schools and movements multiply in this century, but there are certain fundamental elements: (1) a sharp reaction against the classical tradition of the West, and a ready acceptance of influences from the arts of Africa, India, Persia, the Pacific Islands—all the earlier arts in which realism is subordinate to expressive form; (2) a profound sense of the dimension of time: the role of speed, the rapidity of change, the relativity of point of view; (3) the notion of object-as-energy: things are no longer seen as solid impregnable surfaces but as microcosms of invisible universal energy, hence unstable and built of forms entirely new, having nothing to do with their visible surfaces; (4) the increasing significance of color, which ceases to be an attribute of things and becomes an independent substance with attributes and implications of its own; (5) the idea that the unconscious, both personal and collective, has a greater force than the rational will, hence the significance of unconscious imagery, spontaneous gesture, and chance; and (6) in the nonwestern world the universal influence of styles developed in the West, particularly the styles of abstraction which liberate the artist from local tradition and imagery.

EXPRESSIONISM. With roots in the work of Van Gogh, Munch, Ensor, and Klimt, expressionism as a movement emerged in Germany with the founding in 1905 of the group of artists called "Die Brücke": Ernst-Ludwig Kirchner (1880–1938), Erich Heckel (b. 1883), and Karl Schmidt-Rutloff (b. 1884). These artists, joined in 1906 by Emil Nolde (1867–1956) and Max Pechstein (1881–1955), looked for inspiration to the harshness of northern medieval art and to primitive African art, which now for the 1st time was looked at aesthetically. They were possessed by a strong social and religious antagonism against bourgeois society, and their subjects were often drawn from the lower depths and were expressed with brilliant acid color and violent, angular shapes. They particularly developed the art of the woodcut, creating simple, angular forms suited to the cutting medium. Other German and Austrian artists who worked in an expressionist style were Egon Schiele (1890–1918), Oskar Kokoschka (1886–1966), George Grosz (1893–1959), and Max Beckmann (1884–1950). The latter 2 in particular, with their savage imagery of German life between the wars, exemplified the characteristic expressionist content of moral concern and fierce social criticism. Another significant European expressionist was the Polish Chaim Soutine (1894–1943), who, like so many artists at this time, was an *émigré* in Paris and whose imagery was largely French—still life, landscape, figure—but whose tensions and agonies were expressed in thick, swirling impasto and dislocations of form. Later important examples of expressionism on a large public scale were the murals done in Mexico and the U.S. by the Mexican painters José Orozco (1883–1949) and Diego Rivera (1886–1957), both of whom were deeply concerned with the social and political content of their work.

FAUVISM. The members of Die Brücke were much influenced by the work of a group of French painters who in 1905, when a number of them showed together for the 1st time in the Salon d'Automne in Paris, were dubbed "Les Fauves" or "The Wild Beasts": Henri Matisse (1869–1954), Georges Rouault (1871–1958), André Derain (1880–1954), Raoul Dufy (1877–1953), Maurice Vlaminck (1876–1958), Albert Marquet (1875–1947). With the exception of Rouault, who went on to create a Christian imagery involving prostitutes, evil judges, and the Man of Sorrows, these artists were far less concerned with social problems than were their German contemporaries. Their main objective was to develop the implications of the art of Seurat, Van Gogh, and Gauguin by the use of strokes of brilliant arbitrary color, often so separated as to leave empty canvas between, and highly simplified shapes, composed in a strong surface pattern. Fauvism as a movement was short-lived but, particularly in its use of color, it had a permanent effect on modern painting. It was Matisse who most consistently worked with the Fauve principles of color throughout his life. His late works were composed of organic shapes cut from papers which he had himself painted in brilliant saturated colors.

CUBISM. Cubism was probably the single most fruitful movement of the century, affecting as it did the development not only of painting but of sculpture and architecture as well. Both the form and the content of cubism were implicit in the late work of Cézanne, and the movement took root all over Europe at roughly the same time, wherever the new currents of thought were fertilized by knowledge of Cézanne's work. It was Pablo Picasso (b. 1881) and Georges Braque (1882–1963), however, who 1st seriously worked out the appropriate implications and gave form to the cubist vision. Picasso's *Demoiselles d'Avignon,* 1907–8, was the 1st major work in which solid form is broken into planes, in this case harsh and angular as though wrenched from stability. In the following year Braque and Picasso became close friends, and began to make paintings which were deliberately indistinguishable in their earth colors and their increasingly more complex network of interpenetrating planes. By 1912, they were composing pictures entirely with superimposed flat shapes, a structure emphasized by the invention of the collage, in which some of the shapes are actual pieces of newspaper, concert tickets, or printed wallpaper. This final destruction of traditional pictorial depth was fundamental to all future painting, and the collage became a new independent medium, widely practiced in the 1920's by the Dada group, in particular by the German Kurt Schwitters (1887–1948), and most recently giving birth to the contemporary form of the assemblage, in which collage moves from the realm of painting into that of sculpture. Picasso and Braque grew apart after 1914. Braque went on to make out of the cubist spatial structure a perfect medium for still-life painting, while Picasso used it for essentially expressionist purposes, as in his *Guernica* of 1937.

Among the Parisian contemporaries of Picasso and Braque were many artists who around 1910 began to experiment with cubist forms. These were the men who showed in the Salons and attracted critical attention and the term "cubism" to their work. (By this time in Paris independent Salons in which all artists were free to show their work had existed for 25 years. However, Picasso never showed there, but made his work known to buyers through the great dealer Daniel Henri Kahnweiler. In this he again foreshadowed the future: after World War I the Salons declined in importance, and the present system of exhibitions held at dealers' galleries, publicized in the press and by critics, was fully established.) Albert Gleizes (1881–1953) and Jean Metzinger (1883–1956) were the theorists of the movement, interested, as was Jacques Villon (1875–1963), the leader of their group, in the simultaneity of vision in cubism—the seeing of all aspects of an object at once by the breaking of it up into shifting planes. Robert Delaunay (1885–1941), noted for his *Eiffel Tower* series, moved close to abstraction in his *Simultaneous Disks* of 1912; Fernand Léger (1881–1955) expressed a new enthusiasm for industrial life by constructing figures out of cylindrical, machinelike forms; Marc Chagall (b. 1887), a Russian fantasist, adapted the structures of cubism to his own expressive dislocations; and Marcel Duchamp's (b. 1887) *Nude Descending a Staircase* was one of the sensations of the Armory Show of 1913, which 1st brought to the U.S. the work of the European moderns. Other important cubists were Juan Gris (1887–1927) and Francis Picabia (1879–1953).

FUTURISM. An Italian movement, futurism was affiliated with cubism, both because its progenitors, Filippo Marinetti (1876–1944) and Gino Severini (1883–1966), were friends of the Parisian circle of cubists and because they used the style to express their progressive sense of time and motion. Other futurists were Giacomo Balla (1871–1958) and the sculptor Umberto Boccioni (1882–1916).

DER BLAUE REITER. Der Blaue Reiter (The Blue Rider), a group formed in 1911 in Munich by Wassily Kandinsky (1866–1944) and Franz Marc (1880–1916) and later joined by Paul Klee (1879–1940) was the center of the cubist style in Germany, most particularly in the work of Marc, who was killed in the War, and Klee, who made out of cubist structure his own cryptic, miniature style.

ABSTRACT PAINTING. Pure abstraction was the 1st of the modern movements not to receive its main impulse from Paris, though Delaunay and the expatriate Czech Franz Kupka (1871–

1957; *Disks,* 1912) contributed to its origin. The 2 major theorists and practitioners of abstraction were Wassily Kandinsky in Munich and Piet Mondrian (1872–1944) in Holland. Each arrived at abstraction around 1911 by a very different development and with very different results. Their work represents the 2 historic poles of abstract painting: the organic and the geometrical, the expressionist and the restrained, the romantic and the classic. Kandinsky's color abstractions, the 1st of which was perhaps done in water color, developed out of a richly colorful style that had been strongly influenced by the Fauves. They were composed of a variety of loose strokes and touches, all held together by color, tone, and movement. In 1912 Kandinsky's book, *Concerning the Spiritual in Art,* expounded his theories of the metaphysical meaning of color harmonies. Mondrian, on the other hand, coming out of Dutch realism and Art Nouveau, was greatly affected by cubism, and in a series of *Trees,* 1909–11, he moved from delicate realism through increasing linearity to a basic "plus-minus" pattern—gridlike, but so sensitively composed that it is never mechanical. With Theo van Doesberg (1883–1931) he founded in 1917 *De Stijl,* a revolutionary review of the arts which particularly attracted architects like J. J. P. Oud (1890–1963) and G. T. Rietveld (1888–1964), and whose name became attached to the severely rectilinear style of Mondrian and his followers, also called "neoplasticism." Mondrian had a monklike austerity and a belief in the value of utter purity, which led him to limit himself to the 3 primary colors, plus black and white, and to employ only right-angle forms. In 1940 he came to New York, where he experimented with smaller color areas, juxtaposed so as to create optical movement (*Broadway Boogie-Woogie*), and where his personality and art influenced young painters such as Robert Motherwell (b. 1915).

Kandinsky's own spontaneous style became more schematic and geometrized when he went in the 1920's to teach at the Bauhaus, the great German school of design founded by Walter Gropius in 1919 and later closed by Hitler. There the most powerful influences were the ideas of neoplasticism and the Russian constructivist Kasimir Malevich (1878–1935). Three of the major figures at the Bauhaus—Lyonel Feininger (1871–1956), László Moholy-Nagy (1895–1946), and Josef Albers (b. 1888)—all came in the 1930's to the U.S., where the latter 2 helped to revolutionize the teaching of art and design. Although Kandinsky never went to the U.S., his works were collected by the Guggenheim family and exhibited in New York in the 1940's, where they influenced a new generation of artists. Another influence was the teaching of the German artist Hans Hofmann (1880–1966), who taught in the U.S. from 1932, and whose work from 1940 on represented an effort at synthesis of the 2 poles of abstraction.

DADA AND SURREALISM. In 1916 a group of artists in Zurich taking refuge from the war—Jean Arp (1887–1966) and the poets Tristan Tsara and Richard Huelsenbeck—picked for themselves the nonsense word "Dada" to express their feeling that all traditional seriousness about high art was foolish. Picabia, Duchamp, and Max Ernst (b. 1891) later joined the group in Paris, and exhibitions were held in which the aim was to shock the beholder by displaying ordinary objects, such as urinals, and extraordinary objects, such as a mustachioed Mona Lisa, with all the solemnity of a work of art. The point was not to confer serious meaning on the objects so much as to satirize and destroy the notion of serious meaning in art as it had traditionally existed. Visitors were also assaulted by sudden blackouts, nonsense readings, and false disasters. In all these attitudes and actions the Dada group proved to be what they would certainly have disowned at the time—the founders of a tradition, now very active in the current international "scene" of Pop art and Happenings.

Surrealism, a term coined by the poet-critic Guillaume Apollinaire (1880–1918) in 1917, was developed in the 1920's in Paris by some of the Dada artists, together with André Masson (1896–1967), Joan Miró (b. 1893), Salvador Dali (b. 1904), Yves Tanguy (1900–1955), Giorgio di Chirico (b. 1888), and the French poets Louis Aragon, André Breton, and Paul Éluard. Philosophically the movement drew on Freudian ideas of the unconscious; pictorially it represented a reaction against the discipline of cubism and geometric art. One aspect of surrealism, exemplified by Dali, is the highly realistic rendering of impossible objects, or ordinary objects in extraordinary relations. This kind of surrealism continued to be practiced by the Belgian artists René Magritte (1898–1967) and Paul Delvaux (b. 1897). Another and more fruitful development was the invention of abstract organic forms, as in the work of Miró and Arp. Masson and Ernst contributed the influential idea of "automatic writing" (or drawing) as a significant record of spontaneous, subconscious gesture. Both Masson and Ernst lived in New York during World War II (Dali and Tanguy were also there, and Duchamp had lived in New York since 1920) and established important contacts with younger American artists, some of whom, like Arshile Gorky (1904–48) and William de Kooning (b. 1904), had themselves emigrated from Europe as young men.

1945–68

ABSTRACT EXPRESSIONISM. With the appearance of a group of artists known as the "New York School"—Mark Rothko (b. 1903), de Kooning, Franz Kline (1910–1962), Motherwell, Barnett Newman (b. 1905), Adolph Gottlieb (b. 1903), William Baziotes (1912–1966), Jackson Pollock (1912–1956)—American artists became for the 1st time full participants in the international artistic world. The U.S. had always, since John Singleton Copley (1738–1815), had a powerful tradition of realism, ranging from the mid-19th-cent. landscape and genre painters through Winslow Homer (1836–1910), Thomas Eakins (1844–1916), and Edward Hopper (1882–1967), but its role in relation to the European discoveries since impressionism had been largely that of pupil and assimilator. Many things contributed to the change, the most immediate being direct personal contact for American artists with European modernists who expatriated themselves during World War II. What took place in the U.S. was a leap into abstraction that had the character of the Kierkegaardian leap of faith, full of exaltation and anxiety and of a strength sufficient to make itself felt during the postwar years as a genuinely new movement.

The work of Pollock, de Kooning, and Kline introduced a new conception of the canvas as an over-all field of force in which the drama of painting itself is enacted, and in which personal gesture is of primary significance. Rothko, Newman, and Gottlieb, working like the others on a new large scale, concentrated on the massive, single, contemplative image in which experimental color relationships play a major role. Postwar European abstraction developed along similar lines in the work of Pierre Soulages (b. 1919), Nicolas de Staël (1914–55), Hans Hartung (b. 1904), and others, but for the 1st time in interaction with American work rather than as inventor and master, and in countries outside France the impact of New York was often greater than that of Paris.

The various styles of abstraction, though personal and hence individually different, became in the aggregate a new international style, spreading rapidly due to the new mobility of travel, the ease of reproduction, and the growth of international loan exhibitions. Artists in Eastern Europe, particularly in Poland and Yugoslavia, were deeply influenced by the new abstraction as they tried to break away from the prescribed socialist realism which had been the official Soviet style since the early 1920's. At that time, after approving an initial burst of modernism connected with the Revolution, the Soviet government had reversed its position and suppressed the modern movement, causing the exile of such major figures as Kandinsky, Malevich, Pevsner, and Chagall. Abstract painting, which does in fact give visual expression to the modern sense of personal, emotional, and imaginative freedom and thus carries some of the most advanced values of individualistic western civilization, continues to be resisted by official-Communist culture, which asserts the supremacy of social over individual values. (Ironically, conventional opinion in the West, particularly in the U.S., has often regarded abstract art as dangerously "socialistic," imaginative freedom here being linked with anarchy and the destruction of traditional community values.) The new international style was also the model for artists outside the European tradition, whose struggle was not political but rather cultural, since they had to assimilate modernism to centuries-old traditional patterns. The results have of necessity been more imitative than inventive, but such figures as Japan's Zao-wou-ki (b. 1920) and Kenzo Okada (b. 1902) represent original contributions to modern painting.

The later 1950's saw a reaction against the dramatic, emotional content of abstract expressionism and toward a greater impersonality and objectivity in works of art. One aspect of this reaction, to be seen in the work of Robert Rauschenberg (b. 1925) and Jasper Johns (b. 1930), was the conferring of a new kind of aesthetic status on such common objects as mattresses and beer cans. This innovation was followed by the introduction of a whole range of themes derived from popular, commercial imagery by a group that came to be known as the "Pop" artists. Another trend was the development of hard-edge, or "post-painterly," abstraction by such figures as Ellsworth Kelly (b. 1923), Kenneth Noland (b. 1924), and Frank Stella (b. 1936), who use the traditional materials of paint and canvas but often combine modular units in constructivist fashion to create complex patterns of line, color, and shape. Their experiments in color relations link them to such older European figures as Victor Vasarely (b. 1908) and the Groupe de Recherche Visuel (founded in Paris in 1960), who work with the physical properties of light and color to create the optical illusion of actual movement on a surface. One of the convictions held by these artists is the importance of anonymity and impersonality. They also feel the need to relate their work to the discoveries of science.

SCULPTURE

1800–1910

NEOCLASSICAL SCULPTURE. In the 1st half of the 19th cent. sculpture was largely dominated by neoclassical style and subject matter. The two neoclassical masters, the Dane Bertel Thorwaldsen (1768–1844) and the Italian Antonio Canova (1757–1822), set a pattern which went unchallenged and continued to be practiced throughout the century by such men as James Pradier (1792–1852; *Atalanta at Her Toilet,* 1830) and Giovanni Dupré (1817–82; *Sappho,* 1857). The most characteristic sculptural expression of the period was the monument, usually publicly commissioned to honor a national hero. Numerous 19th-cent. monuments of this kind remain, but for the most part their creators have been forgotten. Among the most famous is the Arc de Triomphe, on which the central relief group, *Departure of the Volunteers,* 1836, by François Rudé (1784–1855), is a fine example of dramatic romantic expression in neoclassical form. The monumental tradition was carried on to the end of the century in such works as the Statue of Liberty, 1886, by Frédéric Auguste Bartholdi (1834–1904) and the *Adams Memorial,* 1891, by the American Augustus Saint-Gaudens (1848–1907).

On a smaller, more private scale were the portrait busts of David d'Angers (1788–1856) and the animal sculptures of Antoine Louis Barye (1795–1875). The most expressive sculpture of the midcentury was done by Daumier, who made many studies of figures and heads which he considered only as personal sketches and of which few have been preserved. Degas, too, made powerful little wax studies of dancers which he cast in bronze but did not exhibit. A gentle genre realism was practiced by Jules Dalou (1838–1902), while the Belgian,

Constantin Meunier (1831–1905), taking up sculpture after a career in painting, continued to create heroic images of the working man (*The Puddler*). Jean Baptiste Carpeaux (1827–75) produced classical sculpture, but with a new feeling of directness and realism; his stone group, *The Dance,* done for the Paris Opera House, 1865–69, had the compliment paid to it of a bottle of ink thrown at one of the nude figures, which were felt to be obscene not because of their nudity but because of their expressiveness.

RODIN. By far the greatest sculptor of the 19th cent. was Auguste Rodin (1840–1917). Formed essentially by a study of Michelangelo and by painstaking observation of nude models in movement and in repose, Rodin produced sculpture which in its monumentality climaxed the Renaissance figural tradition, in its dramatic realism expressed the 19th cent., and in its innovations foreshadowed the 20th. On the appearance of his 1st major piece, *The Age of Bronze,* 1877, Rodin was accused of having achieved such convincing realism by making a cast of a live young man; later objections were raised to the expressive realism of his *Burghers of Calais,* 1884–86, and to the insufficient dignity of his *Balzac,* 1891–98. In *Man Walking,* 1888, and other figures he used anatomical fragmentation as an expressive means, and the surface of his bronzes retains the rough marks of the sculptor's touch in clay.

1910–68

CUBISM AND CONSTRUCTIVISM. Sculpture in the 20th cent. has had a development more closely related to painting than at any time during the preceding century. Leaving public commissions to the academic realist, modern independent sculptors have participated to the full in the visual revolution, i.e., in the denial of naturalism and the invention of new forms based on a new view of reality.

Much of modern sculpture has grown from the cubist vision, Picasso himself in his *Head* of 1910 having created volume out of angled planes. In Raymond Duchamp-Villon's (1876–1918) *The Horse,* 1914, form is entirely broken up and reconstituted into separate elements, which combine to express the movement rather than the surface appearance of the animal. This destruction of solid 3-dimensional form and reconstruction into multidimensional form was also accomplished in the years before World War I in the work of Alexander Archipenko (1887–1964), Henri Laurens (1885–1954), and Jacques Lipschitz (b. 1891). Their productions were created by a new method, by means of which a piece of sculpture was constructed out of separate pieces of material. Previously, the 2 traditional ways of making sculpture had been either to cut away from solid material or to mold the object, using a plastic material. The new method was 1st definitively followed by the Russian constructivists Vladimir Tatlin (b. 1885) and the brothers Naum Gabo (b. 1890) and Antoine Pevsner (b. 1886), all of whom were greatly influenced by cubism and by collage, itself a constructivist medium. Gabo's *Head,* 1910, is constructed of sheets of iron bent and folded like paper so that the hollows of space are an intrinsic part of the structure. Gabo and Pevsner soon made completely abstract forms out of such new materials as plastic, steel, and nylon thread, with such titles as *Translucent Variation on a Spheric Theme* (Gabo, 1937). Other notable constructivist sculptors are Julio Gonzales (1876–1942), David Smith (1906–65), and Richard Lippold (b. 1915).

KINETIC SCULPTURE. Important contemporary developments resulting from the constructivist revolution include "kinetic" sculpture. Alexander Calder (b. 1898) began making wire "drawings in space" and in the early 1930's constructed the 1st mobile: a structure of flat iron shapes and wires so composed and balanced that it moves with air currents. Nicolas Schöffer (b. 1912) introduced the electric motor as the source of movement along with light, color, and sound in a kind of grand synthesis of the arts. Jean Tinguely (b. 1925) went beyond Calder's playful humor in his sardonic "meta-machines" which are intended to destroy themselves as they operate. The use of electronics for both movement and light has become an important area of investigation in kinetic sculpture today.

FOUND OBJECTS AND JUNK SCULPTURE. Probably the earliest *objet trouvé* in sculpture was the metal cheese-server in Picasso's *Glass of Absinthe,* 1912. The Dada artists originated the phrase, though their interest was in the nature of the object itself rather than in its transformation into part of a constructed sculpture. Picasso's *Goat,* 1950, is an example of the latter—a bronze casting of a lifelike animal figure constructed out of bicycle parts, toy cars, and other bits of junk. Eduardo Paolozzi (b. 1924) and Richard Stankiewicz (b. 1924) are 2 major figures whose sculpture is made in this way. Louise Nevelson (b. 1900) does not cast but builds directly with an enormous variety of objects, constructing hugh boxlike reliefs encased in wood, which approach the quality of a total environment.

ORGANIC SCULPTURE. Another trend in 20th-cent. sculpture was the concern not so much with space, movement, and mechanics as with the simplification of volume so as to bring sculptured forms closer to the basic forms and rhythms of nature. Biology rather than physics has been its inspiration. Constantin Brancusi (1876–1957), a Hungarian who worked in Paris from 1904, was influenced by cubist planarity but even more by archaic Mediterranean sculpture and his feeling for such natural phenomena as the egg and the water-polished stone. He advanced from his simplified heads of 1910–20 to the more completely abstract forms of the *Fish,* 1928, and *Bird in Space,* 1940. Amadeo Modigliani's (1884–1920) painting as well as his sculpture was influenced by Brancusi, whose close friend he was. Jean Arp (1888–1966) worked his way from organic shapes in cut paper and in relief toward sculpture in the round, the latter purely abstract, but with the smooth, irregular curving shapes of a snowdrift, a sleeping cat, or a nude woman. In England, sculpture was revitalized by Henry Moore (b. 1898), who like Brancusi has always used the traditional media of wood, stone, and bronze. He has progressed from purely formal organic shapes to an increasing interest in the human figure, which he has interpreted in terms of the natural rhythms of solid and void, convex and concave. His monumental reclining figures, made for an outdoor setting, take on the character of Mother Earth herself. Barbara Hepworth (b. 1903) makes abstract forms of wood and stone which express the movements of nature. In the postwar period Seymour Lipton (b. 1903) and Isamu Noguchi (b. 1904) have worked primarily in the organic mode.

EXPRESSIONIST SCULPTURE. Expressionist sculptors tend to be concerned with the human figure, distorted for emotional effect and spiritual meaning. Wilhelm Lembruck's (1881–1919) *Standing Youth,* 1913, uses elongation to express pathos and vulnerability. Alberto Giacometti's (1906–1966) bronze figures are reduced to the dimensions of a structure of nerves, while Germaine Richier (1904–1959) created the effect of the tearing apart of nerves and flesh. A very different kind of expressionism is found in the later works of Jacques Lipschitz, such as the *Minotaur,* where human and animal forces are expressed in heavy, curving, twisting shapes.

RECENT TRENDS. "Pop" sculpture is a reprise of Dada wit with a distinctly American flavor. It is characterized by a fusion of sculpture and painting (Jim Dine, Marisol) and by a desire to make of sculpture not a single object but a total environment (George Segal). In "minimal" sculpture, where the work is composed of flat, geometrical, or bulging organic forms, the impulse is essentially constructivist, both in technique and in the desire for impersonality. The Englishman Anthony Caro (b. 1924) has been an important originator in this mode.

ARCHITECTURE AND DESIGN

1800–99

19TH-CENT. REVIVALISM. 19th-cent. architecture was characterized by a series of revival styles: primarily neoclassical and pure Gothic in the 1st half of the century, and picturesque and eclectic mixtures of Neo-Renaissance and neo-baroque in the 2nd half. Some magnificent monuments have resulted: Charles Barry's Houses of Parliament in London, the Paris of Napoleon III, and the great museums and opera houses of Europe, as well as many buildings whose high degree of decorative articulation has come to be appreciated anew in modern times. For the progressive minds of the later 19th cent., however, such historicism became increasingly intolerable. The ardent Gothicist, Augustus Welby Northmore Pugin (1812–52), believed that architecture expressed the character of an age, and that the virtue of medieval society could be deduced from the beauty of its buildings; he concluded that the building of Gothic was essential for the spiritual health of modern society, which with the advent of industrialism had become mean-spirited and ugly. The creators of modern architecture agreed with his premise, but repudiated his conclusion; for them, only that society could be healthy which developed its own style out of its own conditions, materials, and aspirations. The desire to formulate a distinctive modern style of architecture resulted from a growing awareness of modernity shared by all the arts.

ARTS AND CRAFTS MOVEMENT. 19th-cent. sources of modern design were in their time completely unrelated and even antithetical: the English Arts and Crafts movement and the iron and steel constructions of the engineers. William Morris (1834–96), trained as an architect and painter and repelled by the cheap, ornate, inorganic quality of the textiles, utensils, and furniture produced by the factories of the 1850's, made the crucial decision to become, not a painter withdrawn from the crass world, but a designer and head of a firm of designers who would devote themselves to making objects of solid craftsmanship and honest design. Morris' medievalism and particularly his rejection of the machine put him at odds with his own theory of art for the people, but his stubborn belief that present-day society should produce valid design and his establishment of the dignity of craftsmanship were very important to the following continental generation. With his architect friend Philip Webb (1831–1915) he designed his own home, The Red House, in 1859, also a model for the European modernists in its simple, undecorated forms and in the fact that conscious craftsmanship was applied to every detail of a middle-class home.

ENGINEERING STRUCTURES: IRON AND STEEL. At a time when architecture was defined as the ornamental part of a building, the new demands of industrial life were giving birth to purely functional structures, such as bridges and railway stations, in which the physical requirements and the nature of the materials determined the form of the structure. An impressive early example was the Clifton Suspension Bridge of 1836 by I. K. Brunel (1806–59), with its simple, sweeping curve and total lack of adornment. The same architect, with Sir M. D. Wyatt (1820–77), built Paddington Station in London, 1852–54, where glass supported by slender iron columns and ribs served to enclose the large space of the train shed. Joseph Paxton's (1801–65) Crystal Palace, built to house the 1st international exhibition (London, 1851), was a prophetic structure of prefabricated iron and glass parts, spanning an unprecedentedly enormous space. The skeletal structure and consequent lightness resulting from the load-bearing powers of the slender iron shafts and large quantities of non-load-bearing glass looked forward to one of the most characteristic forms of the 20th cent., the curtain wall. Probably the best-known 19th-cent. iron structure, also built for an international exhibition (Paris, 1889), is the Eiffel Tower. Designed by the French engineer Gustave Eiffel (1832–1923) as an openwork structure of small iron and steel beams, its upward thrust and sense of release from earth were very appealing to the constructivists.

THE SKYSCRAPER AND THE CHICAGO SCHOOL. Developments in steel manufacture by 1890 made possible the skeletal construction of the skyscraper, which was for a long time a primarily American phenomenon. Louis Sullivan's (1856–1924) Wainwright Building in St.

Louis, 1890–91, was the 1st in which the uniform gridlike appearance reveals the structure (despite the ornament and the top cornice, which are reminiscent of traditional masonry buildings). Other important industrial buildings in Chicago were the Marshall Field Wholesale Building of 1885, built by Henry Hobson Richardson (1838–86), a pioneer in the use of large, simple masses and an important influence on Sullivan; and Burnham and Root's Monadnock Block of 1890–91. Frank Lloyd Wright (1869–1959) was also associated with the Chicago school through his early studies with Sullivan, though his major contribution has been in the field of organic domestic architecture (Ross House, 1902; Bear Run, 1936).

Apart from steel, the most important modern material developed in the 19th cent., but not widely exploited until the 20th, was reinforced concrete, an aggregate which combines the compression strength of concrete and the tensile strength of steel. The French architect Auguste Perret (1874–1954) was the 1st to develop fully the possibilities of this new material (flats at 25 bis Rue Franklin, Paris, 1902–3; Notre-Dame du Raincy, Paris, 1922–23), which was further developed by his Swiss-born student Le Corbusier (Charles Édouard Jeanneret, 1887–1965) and the Italian engineer-architect Pier Luigi Nervi (b. 1891).

1900–68

EARLY MODERNISM. Apart from Perret, the major French contributor to early modernism was Tony Garnier (1869–1948), whose plans for an Industrial City were made as early as 1901, exhibited in 1904, and published in 1918. Garnier, with his statement that "in architecture, truth is the result of calculations made to satisfy known necessities with known materials," clearly states the case not only against Beaux-Arts academicism but against all historical architecture which embodies "false principles"—i.e., considerations other than the purely functional. This extreme position has never been consistently followed by modern architects, but it implies an attitude toward the past which the architects, like the painters, required in order to achieve their revolutionary changes. Garnier's designs were extraordinarily advanced in their conception of town planning, in their technical inventions (e.g., the cantilever principle), and in the flat, clear, uncluttered lines of the buildings.

British and Austrian architects were pioneers in the development of the new modern style which, in the effort to cast away the habits of eclecticism, strove toward simplicity of form and, where ornament was used, toward the invention of original ornamental forms. In the Glasgow School of Art, 1896–1907, by Charles Rennie McIntosh (1868–1928), there is no element drawn from period styles. The austere masses of the walls and the large plain windows are combined, in the interiors, with an intricate rectilinear design of pillars and galleries which look forward to abstract geometric painting. The interior wall designs of the Cranston Tea Room in Buchanan Street, Glasgow, 1897–98, with their slim, hieratic figures, establish a link with the Viennese designers of the Sezession, who subsequently invited McIntosh to Vienna, where he designed a Music Room for the founder of the Wiener Werkstätte. After McIntosh, British architecture, like American architecture generally after the Chicago Exhibition of 1893, fell back into a reaction against the new movements and a return to "neo" styles, while the most advanced work was being done by Austrian and German architects. The Viennese Joseph Hoffmann's (1870–1955) Convalescent Home at Purkersdorf, 1903–4, with its flat, unadorned lines, could easily be dated in the 20's, while his major work, the Palais Stoclet in Brussels, 1905, has the "streamlined" quality of the 30's. The Steiner House, 1910, in Vienna by Adolf Loos (1870–1933) could similarly be misdated. The older Viennese architect Otto Wagner (1841–1918), stimulated by the work of his followers, built the Post Office Savings Bank in Vienna in 1905, a building in which the structural facts of load-bearing vertical members and curtain wall (in this case a vaulted glass ceiling) are expressed with great visual clarity.

BEHRENS. The most important German architect of this period was Peter

Behrens (1868–1940), who expressed the reaction of the 1st decade of the 20th cent. against not only period styles but also the elaboration and the increasingly hothouse aestheticism of Art Nouveau, a reaction comparable in its seriousness and austerity to that of the cubist painters against the patterned decorativeness of the art of the 1890's. Behrens was influential not only through his buildings, such as the AEG Turbine Factory (Berlin, 1909), but through his emphasis on simplicity and excellence of design for all kinds of industrial products and through his effect on his disciples, among whom were 3 of the great architects of the century: Le Corbusier, Ludwig Mies Van der Rohe (1886–1969), and Walter Gropius (1883–1969).

THE BAUHAUS AND THE INTERNATIONAL STYLE. The work of Gropius before World War I (Fagus Factory, 1911; Model Factory for the Werkbund Exhibition, Cologne, 1914) developed the ideas of Behrens and established many of the principles of the 20th-cent. style—smooth lines, corners without visibly massive supports, walls of glass with only the slenderest of steel supporting beams—all adding up to a visual statement of technological mastery over new materials. In 1919 Gropius founded the Staatliche Bauhaus, a workshop and school, in which the style later christened by Alfred Barr as the "international style" was worked out not only in building (Gropius' Bauhaus at Dessau, 1925) but in typography, painting, and industrial design. The Bauhaus was the realization of William Morris' desire for high standards of design in ordinary objects, here enthusiastically applied to the products of the machine; and its style put a permanent mark on the 20th-cent. visual environment. Gropius' belief in anonymous group design and in the importance of relating architecture to actual social needs and problems (e.g., the importance of mass housing) were later adopted by the Architect's Co-operative which he founded in Cambridge, Mass.

MIES VAN DER ROHE. The director of the Bauhaus (at Dessau from 1930; moved to Berlin, 1932) until its closing under Hitler in 1933 was Mies Van der Rohe, who had planned the Wiessenhof Housing Exhibit of 1927 (including buildings by Gropius and Corbusier as well as by himself) in which models of future mass housing were displayed. His elegant Barcelona Pavilion, 1929—for which his famous Barcelona chairs were designed—was the prototype of the "glass box" which became so well known. Like Gropius, Mies went to America in the 1930's, and from his position at the Illinois Institute of Technology (whose building he designed, 1940) he influenced a whole generation of architects and designers. His spare, skeletal Seagram House in New York, 1955–58, is a recent example of his epigram, "less is more."

LE CORBUSIER. The 3rd of the great shapers of the 20th-cent. style was Le Corbusier, whose tremendous influence on architects has come not only from his buildings (Villa Savoie at Poissy, 1929–31; Swiss Pavilion at the Cité Universitaire of Paris, 1931–32; Unité d'Habitation at Marseilles, 1952; the Capital at Chandigarh, India, beginning 1950) but in his writings (*Vers Une Nouvelle Architecture,* 1923; *La Ville Radieuse,* 1925), in which he expressed his intense convictions about the classical purity of proportion in modern architecture and about the qualities of the machine as a model for architectural form. Le Corbusier, who was himself a Purist painter, is an outstanding example of the profound connection between the cubist and constructivist vision and that of the architects of the international style. Another example of this link is the Schröder House in Utrecht, Holland, built by Gerrit Rietveld (1888–1964) in 1923–24; Rietveld was a member of De Stijl, a group which grew out of cubism and included Mondrian and Van Doesburg, and the house, with its structure of lines and planes and lack of any fixed point of view from which to be observed, is a 3-dimensional translation of a De Stijl painting.

The most consistent exponent of the international style in the postwar world has been the firm of Skidmore, Owings, and Merrill, whose major designer is Gordon Bunschaft (b. 1909), but which has inherited the Gropius principles of group design. The Lever Building in New

York, 1950–52, was the 1st of a series of elegant glass office towers (Pepsi-Cola, Union Carbide, Chase Manhattan) that established the style (unfortunately often cheapened by its imitators) of American commercial building both at home and abroad.

EXPRESSIONISM. Expressionism in architecture is a rather vague term which can nevertheless be used to characterize those ideas and forms which stress sculptural shape and personal or organic feeling as opposed to an emphasis on rationality, technology, and objective geometrical proportion. It has its roots in the work of Gaudi; in the plans and drawings of the Italian Antonio Sant' Elia (1880–1916), whose Città Nuova project of 1914 aroused great interest; and in the work of Eric Mendelsohn (1887–1953) in Germany in the 20's (Schocken Department Store, Stuttgart, 1927). In the post-World War II period a reaction against the stringencies of the international style led to a renewal of expressionist feeling, even on the part of such creators of the classic style as Le Corbusier. Le Corbusier's Chapel of Notre-Dame du Haut at Ronchamp, 1950–54, with its swelling roof, fortresslike walls, and mysterious lighting from irregularly scattered windows, is a highly personal statement. So too is the soaring, sculptural TWA Building at Kennedy Airport, 1960, by Eero Saarinen (1910–61) the Finnish-American architect whose earlier General Motors Technical and Research Center (Warren, Mich., 1946–55) was a perfect Miesian glass box.

BRUTALISM. Brutalism is a term loosely derived from *béton brut,* or poured concrete, which is left with the rough cast marks of the wooden forms visible on the surface, and is therefore opposite in feeling to the smooth perfection of the glass curtain wall. Related qualities are the use of thick, massive forms, deeply inset fenestration, and a visual irregularity or complexity of structure such as that found in Paul Rudolph's (b. 1918) School of Art and Architecture at Yale University, 1964. Le Corbusier again provides an example in his Maisons Jaoul at Neuilly, Paris, 1945–56. Another is the Richards Medical Research Building at the University of Pennsylvania, 1958–60, by the Estonian-born American Louis I. Kahn (b. 1901), whose powerful and unconventional personality has been, like Frank Lloyd Wright's earlier, an important influence on the generation of architects now coming to maturity. The work of the Finn, Alvar Aalto (b. 1898), is related to brutalism, though his use of native timber and brick in such buildings as the Technical College at Otaniemi, Finland, 1955, is more natural and organic than doctrinaire.

THE CONTEMPORARY INTERNATIONAL STYLE. It is, however, misleading to apply the term international style only to the classic modernism developed in the 1920's and 1930's, since the various more expressionistic postwar styles have also been international in scope. Because of its close link with modern technology and the abstract simplicity of its formal idiom, modern architecture has been relatively easily assimilated to a great many indigenous traditions, and important modern architects have emerged all over the world. An outstanding example of the fusion of traditional style with modern forms and methods is found in Japan, whose traditional architecture was itself an influence on modernism, particularly through the work of Frank Lloyd Wright. For example, Kenzo Tange (b. 1913), who belonged to a group of Bauhaus-trained architects in Tokyo in the 1930's, has built since the war a number of important buildings such as the Kurayoshi Town Hall, 1956, which uses form-marked concrete in a way that is both completely contemporary and reminiscent of the wooden temples of traditional Japan. Other outstanding examples of such assimilation of modern technology to indigenous traditions are the Ministry of Education and Health Building, Rio de Janeiro, the University of Mexico Library, Mexico City (with its mosaic decoration), and the Knesset, Jerusalem.

INDEX

70 71 72 73 10 9 8 7 6 5 4 3 2 1